LEXIKON
DER DEUTSCHSPRACHIGEN
GEGENWARTS-
LITERATUR
SEIT 1945

BEGRÜNDET VON HERMANN KUNISCH,
FORTGEFÜHRT VON
HERBERT WIESNER, SIBYLLE CRAMER
UND DIETZ-RÜDIGER MOSER,
NEU HERAUSGEGEBEN VON
THOMAS KRAFT

BAND 1: A–J

NYMPHENBURGER

Vollständig überarbeitete und aktualisierte Neuausgabe des »Lexikons der deutschsprachigen Gegenwartsliteratur seit 1945«

Besuchen Sie uns im Internet unter
nymphenburger-verlag.de

Umschlaggestaltung: Wolfgang Heinzel
Lektorat, Herstellung und Satz:
VerlagsService Dr. Helmut Neuberger
& Karl Schaumann GmbH, Heimstetten
Gesetzt aus der 8,5/11 Punkt Sabon
Druck und Binden: Ueberreuter Buchproduktion, Korneuburg
Printed in Austria
ISBN 3-485-00989-X

LEXIKON
DER DEUTSCHSPRACHIGEN
GEGENWARTS-LITERATUR
SEIT 1945

INHALT

VORWORT

Die vorliegende Ausgabe des *Lexikons der deutschsprachigen Gegenwartsliteratur* steht für Kontinuität und Neubeginn gleichermaßen. Wie seit der von Hermann Kunisch betreuten ersten Ausgabe von 1965 gewohnt, gehen Literaturwissenschaft und Literaturkritik weiterhin Hand in Hand, was die Auswahl der Beiträger und die Diktion der Artikel betrifft. Auch die schöne Tradition, dass nicht nur Literaturkritiker, Germanisten und Lektoren schreiben, sondern auch Schriftsteller über Kollegen, findet in der neuen Ausgabe ihre Fortsetzung. Ein Verzeichnis am Ende des zweiten Bandes gibt Aufschluss über alle Beiträger, die ausgewiesene Kenner und in vielerlei Hinsicht professionell mit der Materie befasst und vertraut sind. Hervorzuheben ist, dass Verfasser bio- und monografischer Standardwerke zu Autoren wie zum Beispiel Alfred Andersch, Inge und Heiner Müller sowie Christa Wolf für die Mitarbeit gewonnen werden konnten. Aber auch alle anderen Beiträger haben sich durch Bücher, Aufsätze und Rezensionen zu »ihren« Autoren besonders empfohlen. Erfreulich ist, dass sowohl die beiden früheren Herausgeber Sibylle Cramer und Herbert Wiesner wie auch andere Beiträger vorangegangener Ausgaben mit neuen und aktualisierten Artikeln wieder vertreten sind. Die formalen Standards, die sich in den letzten Ausgaben bewährt haben, wurden weitgehend beibehalten.

Und doch gab es gute Gründe für eine Neukonzeption des 1997 letztmals erschienenen, von Dietz-Rüdiger Moser betreuten Lexikons. In zahlreichen Gesprächen des Herausgebers mit Kollegen kristallisierte sich das vorliegende Autorenverzeichnis heraus, das, bei aller unvermeidlichen Subjektivität der Auswahl, den Versuch einer kritischen und umfassenden Standortbestimmung inmitten eines dynamischen Prozesses mit allen Risiken reflektiert. Während Herbert Wiesner 1981 noch von einem Herantasten an die Gegenwart sprach, befindet sich die vorliegende Ausgabe inmitten derselben. Das bedeutet, dass der hier verwendetete Begriff der Gegenwart der fortschreitenden Entwicklung Tribut zollt: Als zeitliche Eingrenzung für die Aufnahme von Autoren gilt, dass ihr Schaffensschwerpunkt eindeutig nach 1945 liegen muss. So werden manche Leser vielleicht Artikel über Thomas Mann, Bertolt Brecht und deren Zeitgenossen vermissen. Aber obwohl diese auch nach 1945 bedeutende Texte veröffentlicht haben, zählen sie doch nicht mehr zum Umfeld einer Literatur der Gegenwart. Dafür kann man in diesem Lexikon über Autoren nachlesen, die noch nirgendwo lexikalisch erfasst wurden. Und dies in Ausnahmefällen selbst dann, wenn sie bislang nur mit einem Buch hervorgetreten sind, dieses aber von so hoher Qualität ist, dass eine Aufnahme geboten schien. Das hier angedeutete Potenzial soll auch den ins Zukünftige weisenden Charakter des Lexikons betonen.

Der Bestand an Artikeln hat sich noch einmal auf nunmehr 818 vermehrt, davon wurden 545 neu geschrieben. Diese hohe Zahl an neuen Texten resultiert, neben der Wahrnehmung und Wertschätzung neu hervorgetretener Autoren, aus der Notwendigkeit zur grundlegenden Umarbeitung und Aktualisierung mancher Artikel. Besondere, zum Teil erstmalige Aufnahme finden nun ebenfalls ausgewählte Kinder- und Jugendbuchautoren, Hörfunkautoren, Dramatiker, Essayisten und Vertreter der so genannten »Migrantenliteratur«. Auch die verspätete Rezeption von Exilautoren wie H. G. Adler und Hans Sahl findet hier ihren Niederschlag. Sie alle prägen und bereichern das große Feld der zeitgenössischen Literatur. In diesem Sinne versteht sich diese Neuausgabe als Reflex auf die aktuellen Strömungen, aber auch, in Anlehnung an das von Herbert Wiesner formulierte Desiderat, als »Gebrauchsgegenstand«, der nicht nur als bio-bibliografisches Nachschlagewerk funktioniert, sondern allen Literaturinteressierten zur Anregung und Auseinandersetzung mit Autoren und Texten dienen soll. »Deutung, Wertung und Unterscheidung«, wie es Hermann Kunisch einst formulierte, zählen weiterhin zu den besonderen Anliegen dieser Ausgabe. Deshalb ging es in der Werkbetrachtung nicht (nur) um die chronikalische Auflistung und Bewertung der Publikationen, sondern um die Darstellung von Werklinien, Motiv- und Themenkomplexen.

Das Bemühen um ein formal einheitliches Erscheinungsbild galt dem gesamten Projekt; der Aufbau der Artikel mit Biografie, Werkbetrachtung und Bibliografie der Primärliteratur trägt dem Rechnung. Die verschiedenen Temperamente und Stile der Verfasser sollten zum Ausdruck kommen; ihre individuellen Betrachtungsweisen bereichern das Profil des Lexikons. Dafür kann allen nicht genug gedankt werden. Besondere Sorgfalt galt dem Faktenmaterial; häufig bestand ein Kontakt zum Autor, der quasi als »letzte Instanz« bio- und bibliografische Daten überprüfte und bestätigte. Auch hierfür ist Dank auszusprechen. Erfasst und verzeichnet wurden in der Bibliografie selbstständig veröffentlichte Texte, zum Teil auch Radiofeatures, Hörbücher, Kataloge und Filme. Zeitungs-, Zeitschriften- und Anthologiebeiträge wurden in der Regel nicht berücksichtigt. Auf die Angabe von Sekundärliteratur wurde verzichtet; angesichts der immensen Textmenge hätte dieser Bereich nur lückenhaft angeboten werden können.

Dieses Lexikon wäre nicht ohne die Mithilfe zahlreicher Literaturenthusiasten zustande gekommen, denen an dieser Stelle besonders herzlich gedankt sei. An erster Stelle der Verlegerin Brigitte Fleissner-Mikorey für die wohlwollende und tatkräftige Unterstützung des Projekts, Sabine Jaenicke und Helmut Neuberger für genaues Lesen, Matthias Lausen für den ausgezeichneten juristischen Beistand, Wolfgang Heinzel für den guten Geschmack, Petra Ernst für ermunternde Worte, allen Autoren und Verlagen, die mit Materialien und Auskünften geholfen haben, und allen Beiträgern, die trotz mancher Terminnöte und anderer widriger Umstände ihr großes Wissen in dieses Unternehmen eingebracht haben. Besonders gedankt für viele gute Anregungen sei hierbei Jochen Meißner, Christiane Zintzen, Michael Fischer, Thomas Tebbe, Cornelia Zetzsche, Michael Braun, Lutz Hagestedt und Beat Mazenauer.

Dieses Mammutprojekt in vergleichsweise kurzer Zeit zu realisieren, hat viel Kraft gekostet. Dass es trotz allem zu einem guten Ende gefunden hat, verdanke ich im Besonderen meiner Frau Tanja. Ihr und meinem Sohn Luka, der während dieser Zeit geboren wurde, sei dieses Lexikon gewidmet.

München, 30. Juni 2003 Thomas Kraft

Achleitner, Friedrich, wurde am 23. 5. 1930 in Schalchen in Oberösterreich als Sohn eines Landwirts geboren. Nach dem Studium der Architektur an der Meisterschule Clemens Holzmeister (Akademie der bildenden Künste, Wien) und vier Semestern Bühnenbild realisierte Achleitner in den Jahren 1953 bis 1958 gemeinsam mit J. G. Gsteu architektonische Projekte, als deren bedeutendstes die Modernisierung der Wiener Rosenkranz-Kirche gilt. 1958 wandte sich Achleitner von der praktischen Architektur ab, um fortan als freier Schriftsteller zu arbeiten. Im Kontakt zu den Künstlerfreunden der später so genannten »Wiener Gruppe« (H. C. Artmann, Konrad Bayer, Gerhard Rühm, Oswald Wiener) experimentierte Achleitner mit konzeptueller und konkreter Poesie, Dialektdichtung und Montage, beteiligte sich darüber hinaus an den spektakulären Aufführungen der so genannten *literarischen cabarets* (1958/59). Parallel dazu erprobte Achleitner ab 1961 in verschiedenen Tageszeitungen eine bis dahin vorbildlose Form pointierter Architekturkritik, welche das bauliche Geschehen in Österreich bis 1972 kommentierend begleiten sollte. Seit 1963 an der Akademie der bildenden Künste lehrend, wurde Achleitner 1983 zum Vorstand der Lehrkanzel für »Geschichte und Theorie der Architektur« an die Hochschule für angewandte Kunst in Wien berufen. Nach seiner Emeritierung 1998 nahm Achleitner nicht nur seine – aus zeitlichen Gründen beiseite gelegten – literarischen Agenden wieder auf (*einschlafgeschichten*, 2003), sondern widmet sich seither der Vollendung jenes fünfbändigen *Führers zur Österreichischen Architektur im 20. Jahrhundert* (1980ff.), dessen Vorarbeiten und Bestandsaufnahmen bis in das Jahr 1965 zurückreichen. Die umfangreiche Foto- und Materialsammlung, die im Zuge der weitläufigen Recherche entstanden war, wurde im Jahr 2000 anlässlich seines 70. Geburtstags als »Archiv Achleitner« dem Architekturzentrum Wien für die Begründung einer Datenbank zur österreichischen Architektur übergeben, Teile daraus unter dem Titel »Achleitners Österreich« ausgestellt. Friedrich Achleitners Verdienste um die Architekturpublizistik sind mit zahlreichen Preisen – u.a. 1983 mit dem Camillo-Sitte-Preis, 1984 mit dem Österreichischen Staatspreis f. Kulturpublizistik, 1990 mit dem Preis der Stadt Wien für Kulturpublizistik sowie 1999 mit dem Preis des Architekturmuseums Basel – ausgezeichnet worden, eine dezidiert literarische Würdigung steht allerdings noch aus.

Anders als es die Legendenbildungen um die »Wiener Gruppe« oft glauben machen wollen, haben sich ihre Proponenten nie im Sinne von Mitgliedern – gar einer Schule – verstanden. Besonders deutlich wird dies an der Künstlerpersönlichkeit Friedrich Achleitners, die sich bei aller Experimentierfreudigkeit und Neugier nie dem (sich selbst und anderen gegenüber) rücksichtslosen Comment eines Avantgardismus à tout prix unterwarf. Zwar hat sich Achleitner zwischen 1958 und 1964 von den poetischen Planspielen des »methodischen Inventionismus« inspirieren lassen, war als Akteur an den *literarischen cabarets* (1958/58) sowie an der spektakulären Aufführung der gemeinschaftlich konzipierten *kinderoper* (1964) beteiligt, doch ist bereits seinen frühen *konstellationen* und *dialektgedichten* eine unverkennbare Eigenwilligkeit ablesbar. Es fehlt bei Achleitner nicht nur der intransingente Brustton des avantgardistischen »kaders« (G. Rühm), sondern auch jeder kunst-ideologische Verbalradikalismus. Auch die makaberen und sadistischen Inhalte – durch welche Konrad Bayer und Gerhard Rühm »dem spiesser ... auf sein wiener schnitzel« zu treten beabsichtigen – wird man im Werk ihres oberösterreichischen Kollegen vergeblich suchen. Wiewohl er im April 1959 zusammen mit Rühm auf offener Bühne ein Klavier zertrümmert haben soll, bevorzugt Achleitner die stilleren Parts: etwa die Darbietung *achleitner als biertrinker* (1958/59, in: *Die Wiener Gruppe*), welche weitgehend Selbigen als Selbigen zeigt. Achleitner bedient sich für einige Arbeiten – wie der 1957 aus einem Exerzierreglement der k. k. Kavallerie montierte Text *vorbereitung für eine hinrichtung* bzw. den *veränderungen* (1960), in welcher eine Zeitungsmeldung sich durch die Weglassung der Satzzeichen, Permutation von Satzgruppen und Einzelwörtern sowie deren Ersetzung sukzessive verwandelt – der gängigen Verfremdungs- und Montageverfahren, doch wendet er sich bald seinen spezifischen Explorationen von Schrift und Räumlichkeit zu. Bezogen schon die *veränderungen* die Leerstellen zwischen den Wörtern als Gestaltungsmittel des Textbildes ein, so gilt dies in noch höherem Maße für die *montage in weiss* (1957), wo der weiße Raum (die Fläche) der leeren Seite als conditio sine qua non der poetisch-grafischen Komposition bewusst wird.

Darin an André Bretons »blancs« bzw. die »silence« des John Cage erinnernd, gestalten die sechs Seiten das Prinzip »weiss« jedes Mal neu: teils, indem sie den Zustand des un- bzw. karg bedruckten Blattes vorführen, teils, indem die Buchstabenfolge »weiss« an verschiedenen Positionen (abfallend, mittig) der Seiten erscheint. Noch die in symmetrischen Kolonnen angeordneten Sprachformeln (»weisser sonntag«) akzentuieren das Moment der vielfach angeordneten Nicht-Farbe, sei es nun im konzeptuellen oder im qualitativen Sinn. Dass die Buchstaben, aus welchen sich die Wörter des Weißen formen, selbstredend schwarz gedruckt sind, ist ein für Achleitners Werk charakteristischer, gerne mit dem Paradox liebäugelnder Zug. Weitere typografische Erkundungen der Grenzen des Papiers (und damit vielleicht der schreibbaren Welt) finden sich in den als *studien* zusammengefassten Arbeiten *schwer schwarz* (1960, in: *prosa, konstellationen, montagen*) sowie *o-i-studie*. Jeweils mit »schwarz« am linken Blattrand anhebend, führt Achleitner sechs Reihen von nicht näher aufeinander bezogenen Wörtern typografisch so lange fort, bis sie im doppelten Kursus in einer ausschließlich – einmal mit dem Wort »schwer«, ein andermal mit dem Wort »schwarz« beschriebenen – wortuniformen Seite münden. Solcher Rekurs lässt sich bereits in den *veränderungen* beobachten, setzt sich in der Struktur der typografischen *o-i-studie* (1960) fort, kommt im selbstbezüglichen »pattern« des *quadratromans* (1973) ebenso zum Tragen wie bei der Wortidylle *die gute suppe* (1958). Letzterer, als »montage« ausgewiesener Text versieht bei der Darstellung der kulinarischen Zubereitung alle Nomina mit möglichst trivialen Attributen, um nach vollzogenem Sprachaufwand letztlich keine geringere Erkenntnis servieren zu wollen als: »die gute suppe ist gut«.

Mit dem *quadratroman* (1973) systematisierte Achleitner seine bis dahin unternommen typo-grafischen, blatt-strukturellen und referenziellen *studien*, indem er mit dem titelgebenden Quadrat ein Spielfeld absteckt, welches er insgesamt 174-mal (inklusive Einband und Impressum) mit Über-, Unter-, Ein-, Aus- und Beschreibungen versieht, mit Typografien, Zeichnungen und Montagen, mit Plänen, Frottagen und Typen, kurzum: Achleitner reizt nach allen poetischen und grafischen Richtungen hin aus, was das Quadrat im Sinne des Wittgensteinschen »Sprachspiels« herzugeben vermag. Der *quadratroman* repräsentiert damit ein singuläres Kunstwerk zwischen Poesie, bildender Kunst und angewandter Philosophie, bei welchem Radikalität (vonseiten des Künstlers) und Vergnügen (seitens des Rezipienten) einander nicht ausschließen.

Mag man die Phase der *studien*, und wohl auch der – oft auf Minimalpaare abzielenden – *konstellationen* (z.B. *baum*: »baum / bim // baum / bim / baum / bim // bim«, 1956) mit dem *quadratroman* für abgeschlossen halten, so leiten Letztere gleichzeitig über in den Werkkomplex der *dialektgedichte*, deren unübertroffener Reduktionismus deutlich die Spuren typografischer und konstellativer Poesie trägt (vgl. das Gedicht *KAAS*). Anders als H. C. Artmann und Gerhard Rühm schöpft Achleitners dialektale Lautdichtung nicht aus dem breiten Wiener Idiom, sondern zieht die oberösterreichische Spielart des Bayrischen heran. Die zwischen 1956 und 1963 entstandenen Rudimentärfügungen (sie bestehen oft nur aus Einzelvokalen) erschließen sich erst während der lauten Lektüre, überraschen dann allerdings durch die Treffsicherheit, mit welcher sie Sprechakt-Situationen fassen: Ob bei Schimpfrede (*i schmia da anö*, *ge waida*) und Fäkalfantasie (*oe moe*, *laggal mocha*), bei kolloquial repetitivem Räsonieren (*mia grausd*) oder beim Minimaldialog (*wos*: »wos / na / ge // ge / na / wos // na / wos / ge // ge / wos / na // wos / ge / na // na / ge / wos«) (alle in: *prosa, konstellationen, montagen*). Damit hat die konkrete Poesie jeden doktrinären literarischen Realismus unversehens überholt. Dies ist es auch, was Achleitner in seinem wichtigen Essay zu Heimrad Bäckers *nachschrift* (Graz 1993) theoretisch ausführt, wenn er betont, dass fern jeder Buchstabenspielerei der konkreten Poesie dort eine eminente Rolle zukommen kann, wo – wie im Fall des Holocaust – im System verstandesmäßiger Aussagen die sprachlichen Ausdrucksmittel versagen: »Der Realismus liegt nicht im Grad der Annäherung an eine Wirklichkeit, sondern in der Distanz zu ihr, in der Chance, ihre Dimensionen denk- und erfahrbar zu machen.«

Es ist der seit den Sechzigerjahren glänzend und pointiert entwickelten Architekturpublizistik zu danken (*Nieder mit Fischer von Erlach*, 1986; *Aufforderung zum Vertrauen*, 1987), dass sich Achleitner trotz oder wegen seiner grundlegenden Zweifel an der realistischen Be-Schreibbarkeit der Welt vom »degré zéro« des Sagbaren fern gehalten hat. Der Aufwand an Beschreibung, Dokumentation und Charakterisierung, welchen die umfassende Darstellung architektonischer Leistungen in ganz Österreich seit 1980 (und vorraussichtlich bis zur Vollendung des fünften Bandes 2004) dem Autor abverlangt, hat ihm zwar eine pragmatische Schreibweise abgefordert, ihn dennoch nicht weniger von der Sprachskepsis entfernt. Man muss keinen »erweiterten Literaturbegriff« bemühen, wenn man die zwischen asketischer Dokumentation, stupender Beschreibungskunst und sarkastischer Polemik formulierten Texte (*Österreichische Architektur im 20. Jahrhundert*, 1980ff.) als Großwerk sui generis anerkennt.

Im engeren Sinne zur literarischen Prosa gezählt, waren Achleitners narrative Texte von jeher dazu angetan, traditionellen Erzählzwängen zu entkommen: Verhalten sich die drei frühen *geschichten* (z. B. *der mann ohne schnurrbart*, 1957, in: *prosa, konstellationen, montagen*) in Ermangelung jedweder Fabel eher enumerativ als narrativ und wären somit im Kontext der *konstellationen* zu lesen, so behalten der wesentlich später publizierte »Bericht« *Die Plotteggs kommen* (1995) sowie die *einschlafgeschichten* (2003) zwar den charakteristischen minimalistischen Duktus bei, sind aber deutlich auf Pointe oder Polemik angelegt. Bilden die in ruralen Gegenden anzutreffenden weißen Sillageballen (»Plotteggs«) Anlass für Beobachtungen und Reflexionen über Formen (touristischer) Landschaftswahrnehmung, so setzen sich solche Überlegungen – diesmal in minimalisierter und anarchisch-witziger Form – in einigen Texten der *einschlafgeschichten* fort. Wo sich die Naturbetrachtung als grundsätzlich problematisch erfährt, so gilt dies in mindestens ebensolchem Maße für die Selbstwahrnehmung des Schreibenden, dessen Capriccios lustvoll mit den Aporien des Erzählens spielen.

Christiane Zintzen

Werke: *hosn rosn baa. Dialektgedichte*, zus. m. H. C. Artmann u. Gerhard Rühm, Wien 1959; *schwer schwarz. konkrete poesie*, Frauenfeld 1960; *super rekord extra 100. ein werkstück*, zus. m. G. Rühm, Wien 1961; *Die Wiener Gruppe. Achleitner Artmann Bayer Rühm Wiener*, Anth., Hg., Reinbek 1967, erw. Neuausg. Reinbek 1985; *Lois Welzenbacher*, Monogr., zus. m. O. Uhl, Salzb. 1968; *prosa, konstellationen, montagen, dialektgedichte, studien*, Reinbek 1970; *Veränderungen*, Hsp., SWF/WDR 1972, gedr. in: *Die Wiener Gruppe*, Reinbek 1967; *quadratroman*, Darmst. 1973; *WOHNEN ETCETERA*, Aufs., Mü. 1975; *Die WARE Landschaft*, Anth., Hg., Salzb. 1977; *super rekord 50 + 50*, Texte u. Briefe, zus. m. G. Rühm, hg. v. Heimrad Bäcker, Linz 1980; *Österreichische Architektur im 20. Jahrhundert. Ein Führer*, 5 Bde., Salzb. 1980–2004; *Friedrich Achleitner*, Kat., Wien 1985; *Nieder mit Fischer von Erlach*, Aufs., Salzb. 1986; *Aufforderung zum Vertrauen*, Aufs., Salzb. 1987; *Die rückwärts gewandte Utopie: Motor des Fortschritts in der Wiener Architektur*, Aufs., Wien 1994; *Die Plotteggs kommen. Ein Bericht*, Pr., Wien 1995; *Wiener Architektur. Zwischen typologischem Fatalismus und semantischem Schlamassel*, Aufs., Wien 1996 (= Bibliothek der Kulturgeschichte 9); *Region, ein Konstrukt? Regionalismus, eine Pleite?*, Aufs., Basel 1997; *Die Wiener Gruppe. Ein Moment der Moderne 1954–1960*, Kat. z. österr. Ausst. d. Biennale Venedig 1997, hg. v. Peter Weibel, m. CD-ROM, Wien 1997; *Die Wiener Gruppe. Kunsthalle Wien 1998/99*, Kat., Wien 1998; *einschlafgeschichten*, En., Wien 2003.

Achternbusch, Herbert, wurde am 23. 11. 1938 als Herbert Schild geboren. Der Schriftsteller, Maler und Filmemacher, Sohn eines Zahnarztes und einer Sportlehrerin, wuchs ab 1943 bei seiner Großmutter in Beitenbach in der Gemeinde Mietraching im Bayerischen Wald auf, wo er die Volksschule besuchte. Erst 1960 wurde er von seinem leiblichen Vater adoptiert. In Deggendorf ging er zum Gymnasium und wurde 1959 zum ersten Mal Vater; das Abitur bestand er 1960 in Cham. Nach einer abgebrochenen Lehre als Schreiner studierte er ein Semester an der Pädagogischen Hochschule München-Pasing (1960/61), dann drei Semester Malerei an der Nürnberger Kunstakademie sowie Bildhauerei an der Münchener Akademie der Bildenden Künste. 1962 heiratete er seine erste Frau Gerda, 1963, 1964, 1966 und 1968 kamen seine Kinder Rut, Andi, Rita und Judit zur Welt. Aus zweiter Ehe mit Judith Tobschall ging eine Tochter, Naomi Semiramis (geb. 1994), hervor. Zehn Jahre lang arbeitete Achternbusch als Maler und verdiente seinen Lebensunterhalt durch Hilfsarbeiten; die Familie wohnte in München, Starnberg und Gauting sowie in Buchendorf und Amberg am Ammersee; in den Neunzigerjahren erwarb der Autor ein Haus in Karlstein im österreichischen Waldviertel. 1964 erschienen in der Zeitschrift »Akzente« erste Gedichte, im gleichen Jahr legte Achternbusch einen Band seiner Radierungen vor. Nach einigen Schmalfilm-Experimenten Anfang der Siebzigerjahre lernte er die Filmemacher Werner Herzog, Volker Schlöndorff und Magarethe von Trotta kennen, die ihn in seiner Arbeit bestärkten. 1973 spielte er in Schlöndorffs Film *Übernachtung in Tirol* die Rolle des Volksschullehrers.

Kaum beachtet vom Block-Buster-Publikum realisierte der Filmemacher seit seinem Kino-Debüt *Das Andechser Gefühl* (1974) 30 Filme, 50 Bücher und 20 Theaterstücke, ein brisantes, provokatives Werk, in dem Komik als durchgearbeiteter Schmerz erscheint: Lotte H. Eisner sprach von »schmerzensvollen Burlesken«, Heinrich Böll lobte den »existenzielle[n] Sog« seiner Prosa, Martin Walser verteidigte ihn als »größte[n] Darsteller der Egomanie«. Das Enfant terrible der deutschen Literatur- und Filmszene legte sich des Öfteren mit Institutionen des politischen und kulturellen Lebens an: »Brunditsch die Nazisau ist wieder zum Obersten des IOC gewählt worden«, heißt es in seiner Erzählung *Hülle* (1969). 1981 wertete der Rundfunkrat des Bayerischen Rundfunks seinen Film *Servus Bayern* (1978) als Verstoß gegen das Rundfunkgesetz des Freistaates: »Für mich ist der Film schlicht und ergreifend eine Sauerei«, so Gerold Tandler, damals bayerischer Innenminister und Rundfunkrat. 1983 verweigerte die Freiwillige Selbstkontrolle (FSK) die Freigabe seines Films *Das Gespenst* (1982), weil dieser »sowohl das religiöse Empfinden wie auch die Würde des Menschen grob« verletze. Bundesinnenminister Friedrich Zimmermann (CSU) stoppte daraufhin die Auszahlung der letzte Rate des Bundesfilmpreises. Zahlreiche Reisen führten den Autor nach Griechenland, Japan, Grönland, Kalifornien und Ägypten. Achternbusch ist Mitglied des VS und der Bayerischen Akademie der Schönen Künste. 1975 erhielt er die Ludwig-Thoma-Medaille der Stadt München, 1977 den Petrarca-Preis, 1982 den Jahrespreis der deutschen Filmkritik, den Spezialpreis des Filmfestivals Locarno sowie den Bundesfilmpreis (Filmband in Silber) und den Preis der Arbeitsgemeinschaft der Filmjournalisten, 1986 und 1994 den Mülheimer Dramatikerpreis, 1989 den Tukan-Preis, 1994 den Dramen-Preis des Goethe-Instituts, 1996 den Friedrich-Wilhelm-Murnau-Preis der Stadt Bielefeld und 1999 den Ernst-Hoferichter-Preis der Stadt München.

Achternbusch begann sein literarisches Werk mit experimenteller, scheinbar regelloser, bajuwarisch-mundartlich geprägter Kurzprosa (*Hülle*, 1969; *Das Kamel*, 1970; *Die Macht des Löwengebrülls*, 1970), die, »sich nach dem Hochdeutschen streckend« (Martin Walser), in rascher Folge erschien: »Ich hab keinen andern Weg, von einem komplizierten Nebeneinander Kenntnis zu geben, als durch das Nacheinander und dadurch zunächst die einseitige Vereinfachung, die ich ja doch nie ergänze überbaue berichtige.« Seine detailgenauen Zeitprotokolle, autornah angelegt und inszeniert, sind auf mehrfache Verwertbarkeit (Film, Theater, Buch) ausgerichtet und spotten jeder (regel-)poetischen, ästhetischen oder pragmatischen Konvention.

Achternbusch stattet seine Figuren häufig mit Daten seiner eigenen biografischen Realität aus, stellt sie dann aber in Kontexte, die eine rein autobiografische Lesart ausschließen: Durch Überzeichnung entweder zum Grotesken hin (*Das Andechser Gefühl*, in dem Roman *Die Stunde des Todes*, 1975) oder zur Katastrophe (*Wind*, 1984) werden die Kunstwelten an die Stelle der Realität gesetzt. Die burleske Überhöhung bzw. Unterschreitung der Realitätsvorgaben zielt auf eine Kritik der sozialen, politischen und kulturellen Wirklichkeit der deutschen Nachkriegsgesellschaft, besonders Bayerns, das durch sein konservatives, katholizistisches Wertesystem von Achternbusch des kulturellen Muffs, der Reaktion und Bigotterie verdächtigt wird. Sein Buch *Breitenbach* (1986) ist eine wortreiche, gebetsmühlenhafte Schmähschrift auf die CSU und ihre Anhänger. Der Faschismus wird hier als historische Konstante, die BRD als saniertes Konzentrationslager beschrieben, wo »Arbeit« wieder »frei« macht. Achternbuschs Hassliebe zu Bayern und seine z.T. harsche Kritik an Staat und Politik, an Kirche und Religion wurde als Verletzung sittlicher und religiöser Gefühle empfunden; sein Jesus-Film *Das Gespenst* (1982; Filmbuch 1983) war ein internationaler Skandal und in einigen Ländern (Schweiz, Österreich) zeitweilig verboten und wurde zum Streitgegenstand über »Freiheit und Missbrauch der Kunst«.

Die nicht bewältigte deutsche Vergangenheit ist ein Motiv dafür, dass das komödiantische, satirische, absurde Element seines Œuvres umkippen kann in erklärte Geschmacklosigkeit. Die Darstellung eines Arztes, der seinem Patienten 3000 Hektoliter Schnaps verschreibt, damit er den Völkermord an sechs Millionen Juden vergisst (in *Das Haus am Nil*, 1981), überschreitet bewusst die Grenzen des Zumutbaren: Der Normverstoß besteht darin, dass der Genozid in ein Register (un-)passender Vergleichsthemen (Umweltkatastrophen, Aids, atomarer Overkill etc.) gespannt und überzogen drastisch, satirisch und mit Komik dargestellt wird.

Heimatlosigkeit und die Suche nach Ersatzheimaten (Afrika, China, Grönland etc.) sind wiederkehrende Themen. In seinem Film *Servus Bayern* (1977) wird die Schönheit des Schreibens darin gesehen, Eis zu brechen und Eis zu schmelzen. In Bayern haben die Menschen, bildlich gesprochen, »das Eis in sich«, sind also gefühlskalt. Aber in welche Weltgegend das Subjekt auch immer verschlagen werden mag, es wird nirgendwo eine Idealheimat finden, in der die Erfüllung von »konservativen« Werten wie Glück, Harmonie, Heimatliebe, Wärme, Familie garantiert ist. In Grönland, wo das Eis außerhalb des Menschen liegt, ist die »trostlose Landschaft« der Gletscher mit »Tod« korreliert, sogar Sizilien ist von »grönländischer Atmosphäre überlagert«. Die Nichterfüllung der utopischen Suche ist systemimmanent zugleich Vorbedingung der Autorschaft selbst; denn wenn es für den Schriftsteller kein Eis mehr zu brechen gibt, dann gibt es für ihn auch die »Schönheit des Schreibens« nicht mehr, und das würde den Tod der Literatur bedeuten.

Trotz seiner Bajuwarismen, die einer breiteren Rezeption entgegenstehen, ist Achternbusch in den Achtzigerjahren zum bundesdeutschen Skandalautor avanciert, nicht nur thematisch. Auch sein Stil unterläuft provokativ die »Hoch- oder Kunstgestochenheit der Bildungsträger«, und zwar durch eine betont unkünstlerische Erzählhaltung, die sich scheinbar der Kunstproduktion verweigert, die aber der Darstellung der kleinen Leute und ihrer Nöte besser zu entsprechen scheint. Eine »spezielle literarische Form«, heißt es in dem »Roman« *Die Alexanderschlacht* (1971), könne sich bereits affirmativ bzw. subversiv zu einem »politischen System« verhalten. Das Merkmal des Anarchischen, von der Literaturkritik oft thematisiert, kann dabei zu einer positiven ebenso wie zu einer negativen Bewertung führen, je nachdem, welche formal-ästhetische Erwartung mit Literatur verknüpft wird. Die Erzählstruktur seiner Texte wird häufig als regellos, sprunghaft, subjektivistisch, von seinen Gegnern auch als schlampig und dilettantisch beschrieben. Sie suggeriert, dass die Texte verständlicher wären, würde man den realen biografischen Hintergrund und den situativen Kontext kennen, in dem sie entstanden sind. »Das beste Verständnis«, heißt es in *Die Alexanderschlacht*, hätte der, »der sich am nächsten beim Autor befindet«. Diese Einheit von Literatur (bzw. Film, Theater, Malerei) und Leben wird nicht zuletzt dadurch postuliert, dass die Texte ihre eigenen Entstehungsbedingungen immer schon mitreflektieren. Sie orientieren sich am Leitfaden einer fiktiven Autobiografie und an einer freien Form mündlicher Überlieferung (böhm. »Kuschwarda«). Sie stellen die Tante (*Ella*, 1978), die Mutter (*Die Olympiasiegerin*, 1982; *Mein Herbert*, 1983), den Onkel (*Gust*, 1984), die Großmutter (*Weg*, 1985), die Ehefrau oder Freundin (*Das Ambacher Exil*, 1987; *Mixwix*, 1990) und den besten Freund (*Wind*, 1984) ins Zentrum der dargestellten Welt. In *Der letzte Schliff* (1997), der jüngsten Lebensabschnittsautobiografie, beschwört Achternbusch die Rückkehr seiner in Trennung lebenden zweiten Ehefrau. Das Buch, ein »verzweifelter Liebes- und Scheidebrief« (Willi Winkler), kümmert sich nach Ansicht der Kritik zu wenig »um jenes Minimum an Distanz, das jede Fiktion nötig hat, um vom Privaten ins Allgemeine zu gelangen« (Urs Widmer). Somit erscheint dieser (wie jeder) Text eher als ein Konglomerat aus Darstellungen der alltäglichen, oft banalen Lebensbedingungen (als den Begleiterscheinungen des Schreib- und Produktionsprozesses) und weniger als Thematisierung der Kunstproduktion selbst.

Achternbusch hat viele seiner Texte, auch die bereits publizierten, nachträglich überarbeitet und Textteile aus Einzelveröffentlichungen herausgelöst und neu zusammengestellt. Besonders gut sichtbar ist dies an seiner sechsbändigen Werkausgabe unter dem Motto *Du hast keine Chance, aber nutze sie* (1978 ff.). Die Existenz solcher Versatzstücke zeigt, dass Achternbusch im Gegensatz zur generativ-hierarchischen eine additiv-kombinatorische Textgenese bevorzugt. Er verzichtet weitgehend auf die gängigen Gattungsbezeichnungen, die Grundformen gehen ineinander über: Der Roman *Der Tag wird kommen* (1973) ist wiederholt von Gedichten durchbrochen, jedes Kapitel in *Breitenbach* beginnt als Erzähltext und endet als Gedicht. Ein Erzähltext kann zugleich als Theaterstück (z.B. *Ella*, 1973/78), als Film oder Hörspiel (z.B. *Das Andechser Gefühl*) realisiert werden. Die bevorzugten Formen sind gleichwohl die Kurzprosa und der Dialog, wobei der jeweilige Texttyp eher annäherungsweise als Erzählung (z.B. *Blutentnahme*, in *Land in Sicht*, 1977), Brief *(Wind)*, Essay (z.B. *Das Mumienherz*, 1976, in *Land in Sicht*) oder Drehbuch (z.B. *Herz aus Glas*, 1976) und Theaterstück (z.B. *Ella*, 1978) bestimmbar ist. Seit Ende der Siebzigerjahre ist die Theater-, Hörspiel- und Filmarbeit des Autors stärker darauf angelegt, die Genres ineinander zu übersetzen oder doch miteinander kompatibel zu machen. Als Regisseur hat Achternbusch seine Texte sowohl film- wie auch bühnenwirksam inszeniert (z.B. *Linz*, 1987). Seit Anfang der Achtzigerjahre ist Achternbusch zudem wieder stärker als Maler hervorgetreten, der seine Aquarelle unter anderem auf bedrucktes Zeitungspapier malt (abgedruckt in *Die Föhnforscher*, 1985) – ein Zeichen für die Vergänglichkeit der Kunst.

Lutz Hagestedt

Werke: *Sechs Radierungen*, Stierstadt/Ts. 1964; *Kimonos Tod*, G., 1965; *Südtyroler*, G. u. Siebdrucke, Mü. 1966; *Hülle*, Pr., Ffm. 1969; *Das Kamel*, Pr., Ffm. 1970; *Die Macht des Löwengebrülls*, Pr., Ffm. 1970; *Das Kind ist tot*

IDas Kind, Film, Ffm. 1970; *Hörspiel in München und am Starnberger See*, Hsp., HR/BR 1970; *Die Alexanderschlacht*, Pr., Ffm. 1971, Neuausg. Weitra 2000; *Absalom*, Hsp., SDR 1971; *L'Etat c'est moi*, Pr., Ffm. 1972; *6. Dezember 1971/72*, Film, 1972; *Der Tag wird kommen*, R., Ffm. 1973; *Übernachtung in Tirol*, Film, 1973; *Jeder für sich und Gott gegen alle*, Film, 1974; *Happy oder Der Tag wird kommen*, R., Ffm. 1975; *Das Andechser Gefühl*, Film, 1975, Hsp., SDR/SR/SWF 1975; *Die Stunde des Todes*, R., Ffm. 1975 u. 1978; *Die Atlantikschwimmer*, Film, 1976; *Heart of Glass*, Film, Text v. Alan Greenberg, Scenario v. H. A. u. Werner Herzog, Mü. 1976; *Herz aus Glas*, Film 1976; *Land in Sicht*, R., Ffm. 1977; *Servus Bayern*, Pr., Gauting 1977, Film, 1978; *Bierkampf*, Film, 1977; *1969. Schriften 1968–69*, Pr., Ffm. 1978; *Die Alexanderschlacht. Schriften 1963–71*, Ffm. 1978; *Die Atlantikschwimmer. Schriften 1973–1979*; Ffm. 1978; *Servus Bayern*, Film, 1978; *Der junge Mönch*, Film, 1978; *Ella*, Theaterst., UA Stg. 1978; *Susn*, Theaterst., UA Bochum 1979; *Gust*, Theaterst., Ffm. 1979, UA 1980; *Der Komantsche*, Pr., Hdbg. 1979, Film 1979; *Es ist ein leichtes beim Gehen den Boden zu berühren*, Pr., Filmtexte, Theaterst., Ffm. 1980; *Kuschwarda City*, Theaterst., UA Bochum 1980; *Der Neger Erwin*, Filmb., Ffm. 1981, Film, 1981; *Das Haus am Nil. Schriften 1980–81*, Ffm. 1981, Neuausg. Weitra 2002; *Die Olympiasiegerin*, Pr., Ffm. 1982, Film, 1983, Filmb. Ffm. 1984; *Das letzte Loch*, Filmb., Ffm. 1982, Film, 1981; *Revolten*, Pr., Theaterst., Filmtext, Ffm. 1982; *Der Depp*, Filmb., Ffm. 1982, Film, 1982; *Plattling*, Theaterst., UA Ffm. 1982; *Das Gespenst*, Film, 1982; *Der Frosch*, Theaterst., UA Bochum 1982; *Wellen*, Theaterst. u. Filmtexte, Ffm. 1983; *Mein Herbert*, Theaterst., UA Graz 1983, Hsp., BR 1984; *Gust*, Theaterst., UA Caen 1984; *Rita Ritter*, Film, 1984; *Wind*, Ffm. 1984; *Wanderkrebs*, Filmb., Ffm. 1984, Film, 1984; *Sintflut*, Libretto, UA Bochum 1984; *Weg*, Pr., Ffm. 1985, Theaterst., UA Mü. 1985, Hsp. SDR/BR/NDR 1985; *Blaue Blumen*, Film, 1985; *Die Föhnforscher*, Film, 1985; *Breitenbach*, Pr., Ffm. 1986; *Heilt Hitler!*, Film, 1986; *Die blaue Blume*, Kat., Ffm. 1987; *Das Ambacher Exil*, Pr., Köln 1987; *Das Haus am Nil. Schriften 1980–1981*, Ffm. 1987; *Linz*, Theaterst., UA Mü. 1987; *Weißer Stier*, Theaterst., UA Bonn 1987; *An der Donau*, Theaterst., UA Wien 1987; *Punch Drunk*, Film, 1987; *Wohin?*, Pr., Köln 1988, Film, 1988; *Duschen – du schon. Zwanzig Tuschen. Ein Trostbrief in 20 Kapiteln*, zus. m. Scarlatto Negrentino, Mü. 1988; *Herbert Achternbusch. Der Maler*, Kat., Mü. 1988; *Wind. Schriften 1982–1983*, Ffm. 1989; *Mix Wix*, Film, 1989; *Mixwix*, Pr., Köln 1990; *Auf verlorenem Posten*, Theaterst., Mü. 1990; *Das Schaf im Wolfspelz*, Video, Köln 1990; *Die Föhnforscher. Schriften 1984*; Ffm. 1991; *Drei Künste. Ich mach meinen Stiefel und lauf in Socken rum*, Kat., Saarbr. 1992; *Es ist niemand da*, Pr., Ffm. 1992; *I Know the Way to the HofBrauhaus*, Film, 1992; *Ich bin da Ich bin da*, Film, 1992; *Elefant als Straßenkehrer*, Künstlerb., Eching 1992; *Ab nach Tibet!*, Film, 1993; *Der Stiefel und sein Socken*, Theaterst., Mü. 1993; *Der kleine Prinz der Neunziger? Das Buch Arschi*, hg. v. Elisabeth Schweeger, Ostfildern 1994; *Der Stiefel und sein Socken*, Theaterst., Ffm. 1994; *Hades ade*, Film, 1994; *Hundstage*, Pr., m. Illustr. v. Autor, Ffm. 1995; *Dschingis Khans Rache. Bayerisches Totenbuch*, m. Polaroids, Weitra 1995; *Ich bin ein Schaf*, Memoiren, Mü. 1996; *Was ich denke*, Pr., Mü. 1996; *Letzter Gast*, Theaterst., Mü. 1996; *Die Einsicht der Einsicht*, Ges. Theaterst., Ffm. 1996; *Hinundherbert. Immerwährender Kalender*, Weitra 1996; *Meine Grabinschrift*, Theaterst., Mü. 1996, Hsp., BR 1997; *Guten Morgen*, Kinderb., Weitra 1997; *Der letzte Schliff*, Pr., Mü., Wien 1997; *Picasso in München*, Film, 1997; *Luther in Tibet*, Saarbr. 1997; *Malerei auf Papier*, Regensb. 1997; *Neue Freiheit Keine Jobs Schönes München Stillstand*, Film, 1998; *Misslungen*, Drehb., Weitra 1998; *Tukulti*, Theaterst., Mü. 1998; *Weisse Flecken*, Bilder, hg. v. Elisabeth Schweeger, Weitra 1998; *Schlag 7 Uhr*, R., m. Bildern, Weitra 1998; *Dulce est*, Theaterst., Mü. 1998; *Fotografie. Fotografien aus 25 Jahren und ein Gedicht*, zus. m. Barbara Gass, Hdbg. 1998; *Drifting Bottles*, Film, 1998; *Die Reise zweier Mönche. Bilder und Geschichten*, Weitra 1999; *Karpfn*, Kinderb., Weitra 1999; *Die Vorgänger*, Theaterst., hg. v. Uwe B. Carstensen u. Stefanie von Lieven, Ffm. 1999; *Ich bin da. Drehbücher seit 1999*, Weitra 1999; *anatomie und idee. Vom Leben zur Idee zum Leben. Sammelschrift*, zus. m. R. Marten u. Carolyn Carlson, 1999; *Bilderzyklen und Gemälde seit 1985*, Mü. 2000; *Pallas Athene*, Theaterst., hg. v. Uwe B. Carstensen u. Stefanie von Lieven, Ffm. 2000; *Daphne von Andechs*, Theaterst., hg. v. Uwe B. Carstensen u. Stefanie von Lieben, Ffm. 2001; *Von Andechs nach Athen. Die griechische Tradition*, hg. v. Elisabeth Schweeger u. Raimund Wünsche, Weitra 2001; *Die Alexanderschlacht. Du hast keine Chance, aber nutze sie*, hg. v. Richard Pils, Werkausg. Bd. 1, Weitra 2001; *Der alte Film war tot. 100 Texte zum westdeutschen Film 1962–1987*, zus. m. Doris Dörrie und Rainer Werner Fassbinder, Ffm. 2001; *Herberts Hellas. Achternbusch trifft Apollon*, Film, zus. m. Andreas Ströhl, 2001; *Das Klatschen der einen Hand*, Film, 2002; *Mein Vater heißt Dionysos*, hg. v. Richard Pils, Werkausg. Bd. 3, Weitra 2003; *Liebesbrief*, Weitra 2003; *Fabeln* (nach Aesop), Weitra 2003; *Ist es nicht schön zu sehen wie den Feind die Kraft verlässt. Zeitungsartikel*, hg. v. Richard Pils, Weitra 2003.

Acklin, Jürg, wurde am 20. 2. 1945 als Sohn eines Elektroingenieurs geboren und ist in Küsnacht am Zürichsee aufgewachsen. Er promovierte nach dem Studium der Sozialwissenschaften an der Universität Bremen mit einer Arbeit über den Frühsozialisten Wilhelm Weitling. Als Lehrer führte er, gemeinsam mit einem Kollegen, ein vom Erziehungsestablishment angefeindetes und in der Presse viel debattiertes Schulexperiment durch, bevor er eine Alternativschule leitete. Anschließend war er drei Jahre als Redakteur, später als Gastgeber der Sendung »Sternstunden Philosophie« und von Januar bis August 1999 als Leiter des »Literaturclubs« für das Schweizer Fernsehen tätig. Seit 1983 führt er eine eigene Praxis als Psychoanalytiker, zu dem er sich während seiner TV-Redakteurszeit ausbilden ließ. 1972 wurde er mit dem Bremer Literaturpreis und dem Conrad-Ferdinand-Meyer-Preis, 1996 mit dem Buchpreis der Stadt Zürich ausgezeichnet. Acklin lebt in Zürich.

Die Romane Acklins haben ein Generalthema: die stete Gefahr des Ich-Verlusts und damit auch einer unzulänglichen Wahrnehmung und Bewältigung der Realität, die sich in einer Krise menschlicher Beziehungen niederschlagen. Sein erster Roman, *Michael Häuptli* (1969), gestaltet dieses Thema noch eher konventionell, als jugendlichen Ablöse- und Selbstfindungsprozess in der Tradition der literarischen Darstellung von Pubertät. Zukunftsweisend war das Debüt, insofern es ein Moment einführte, das – manchmal zentral, manchmal hintergründig oder nebengeleisig – im Acklinschen Werk leitmotivisch präsent ist und in seiner allgemeinen Dynamik von deutschen Schriftstellern nach dem Zweiten Weltkrieg im politisch-ideologisch überschatteten Bruch mit der Väter-Generation der NS-Zeit kaum erfasst wurde: die wechselseitig unzertrennliche, elementare Verwicklung der Generationen. Dabei bedient Acklin sich stets des Kunstgriffs, die Wirklichkeit modellhaft in einer völlig bizarren Situation zu zeigen. So entwickelt er im Roman *Der Vater* (1998) ein problematisches Familienporträt anhand des Marsches, auf dem ein Sohn seinen Senior, der als bösartiger Tyrann nicht einmal mehr im Altersheim geduldet wird, auf dem Rücken in die Berge zum gemeinsam erbauten Ferienhaus schleppt, um ihn vor einer Einweisung in die geriatrische Klinik zu bewahren.

Im *Froschgesang* (1996), der gesellschaftskritischen Vision einer Zukunft, in der Wissenschaftler für intelligente und sensible Computer Bürgerrechte fordern und Alte entweder zwangsverjüngt oder in Sterbehotels geschickt werden, treibt ein greises Ehepaar auf einem See in einem liebevoll restaurierten Oldtimer, den das eindringende Wasser langsam versenkt. In *Tangopaar* (1994) spielen Mann und Frau ihre Beziehungsgeschichte als öffentliches Spektakel live vor der Fernsehkamera.

Die scheinbar unglaublichen Geschichten sind künstlerisch und als Lektüre überzeugend, weil sie dank einer »mit virtuoser Wendigkeit« angewandten »Standpunkttechnik« (Gerda Zeltner) »mit nahezu irrsinniger Folgerichtigkeit« eine »satirisch überhöhte Realitätsnähe« (Charles Cornu) exemplifizieren. Der thematische Ernst enthüllt sich in absurden Konstellationen, die aufgrund des dichten Gewebes von genau geschilderten objektiven Details fast »bodenständige Selbstverständlichkeit« (Gerda Zeltner) gewinnen. Die Slapstick nicht scheuenden surreal komischen Einfälle werden getragen von rigoroser umgangssprachlicher Schlichtheit. Dieser »fantastische Realismus à la suisse« (Adolf Muschg) – in den Romanen *Der Kängurumann* (1992) und *Defekt* (2002) zu Meisterwerken des schwarzen Humors geformt – hat Jürg Acklin zu »einer der markantesten Stimmen der helvetischen Gegenwartsliteratur« (Renate Rossow) gemacht.

Gerhard Beckmann

Werke: *Der einsame Träumer*, G., Zür. 1967; *Michael Häuptli*, R., Zür. 1969; *alias. Ein Text*, Zür. 1971; *Das Überhandnehmen. Ein Text*, Zür. 1973; *Der Aufstieg des Fesselballons*, R., Mü. 1980; *Beim Psychoanalytiker*, Hsp., DRS 1989; *Der Kängurumann*, R., Zür., Frauenfeld 1992; *Das Tangopaar*, R., Zür., Frauenfeld 1994; *Froschgesang*, R., Zür., Frauenfeld 1996; *Der Vater*, R., Zür., Frauenfeld 1998; *Defekt*, R., Zür. 2002.

Adler, H[ans] G[ünther], wurde am 2. 7. 1910 als Sohn des Buchbinders Emil Alfred Adler in Prag-Karolinenthal geboren. Er studierte Musik- und Literaturwissenschaft, Philosophie und Soziologie an der Deutschen Universität zu Prag und promovierte 1935 mit einer Arbeit über *Klopstock und die Musik*. Bis Juli 1938 arbeitete er als Lehrer im Prager Volksbildungshaus Urania. Nach der deutschen Besetzung schlüpfte er zunächst im väterlichen Betrieb unter, kam dann im Sommer 1941 in ein Arbeitslager nahe Iglau. Im Februar 1942 wurde er zusammen mit seiner Frau Gertrud Klepetar nach Theresienstadt deportiert. Im Oktober 1944 brachte man beide in das Vernichtungslager Auschwitz-Birkenau, wo Adlers Frau und deren Mutter ermordet wurden. Adler kam nach kurzer Zeit ins Lager Niederorschel, später wurde er ins KZ Langenstein-Zwieberge transportiert. Dort befreite ihn die US-Armee im April 1945. Er nannte sich fortan nur noch H. G., da der Stellvertreter von Adolf Eichmann in Prag ein Mann namens Hans Günther war. Zwar kehrte Adler zunächst nach Prag zurück, seine Heimatstadt verließ er jedoch 1947 endgültig und ging nach London, wo er bis zu seinem Tod am 21. 8. 1988 lebte.

Sein umfangreiches Werk ist von der wissenschaftlichen und literarischen Auseinandersetzung mit dem Holocaust geprägt. 1958 erhielt er für seine Monografie über Theresienstadt den Leo-Baeck-Preis, 1968 für den Roman *Panorama* den Charles-Veillon-Preis, 1974 wurde ihm für die Studie *Der verwaltete Mensch* die Buber-Rosenzweig-Medaille verliehen.

Adlers Lebenswerk steht ganz im Zeichen seiner Erfahrungen der Jahre 1941–1945. Deshalb hat ihn Klaus Briegleb als den »jüdischen Dichter der Verfolgung« bezeichnet. Dieses Prädikat charakterisiert die außergewöhnliche Komplexität, mit der Adler seine wissenschaftliche und dichterische Reaktion auf Konzentrationslager und Vernichtung als komplementäre Teile zu einem Gesamtkunstwerk verschmolz. Seine universale Reflexion der Lagerzeit begann 1942 in Theresienstadt, als Adler anfing, Unterlagen für eine wissenschaftliche Auseinandersetzung mit diesem Getto zu sammeln. Im gleichen Jahr verfasste er seine ersten Lagergedichte, die er zum *Theresienstädter Bilderbogen* (*Die Wahrheit verpflichtet*, 1998) vereinigte. Nach Kriegsende machte sich Adler zunächst an die faktuale Darstellung des Erlebten. Das Buch *Theresienstadt 1941–1945*, dessen Erscheinen in Deutschland 1955 Th. W. Adorno durchgesetzt hat, ist bis heute ein Standardwerk, das sein Autor einen »Kafka-Roman mit umgekehrten Vorzeichen« nannte. Bemerkenswert ist die intensive literarische Rezeption von Adlers Buch, die sich bei Günter Kunert (*Tagträume in Berlin und anderswo*, 1972), Robert Schindel (*Gebürtig*, 1992) und jüngst W. G. Sebald (*Austerlitz*, 2001) konstatieren lässt.

Wie sehr der wissenschaftliche Diskurs auch dem Literaten Adler zur theoretischen Durchdringung des Stoffes diente, zeigt, dass er binnen weniger Jahre die Romane *Panorama* (1948, 1968), *Die Ansiedlung* (1949, unpubl.) sowie die Erzählung *Eine Reise* (1950/51, 1962) fertig stellte. *Panorama*, ein Bildungsroman in zehn Kapiteln, erzählt das Leben von Joseph Kramer, der unverkennbar die Züge H. G. Adlers trägt. Der Leser folgt dessen Spuren von der Prager Kindheit bis hin zum englischen Exil. Herausragend ist das neunte Bild, das einen erschütternden Einblick in das so genannte Zigeunerlager Auschwitz-Birkenau gibt. Der Verleger Willi Weismann hatte sich nach Vermittlung von Elias Canetti sehr darum bemüht, dieses Kapitel schon 1949 in der angesehenen Zeitschrift »Die Literarische Revue« zu publizieren, doch Adler lehnte dies ab. Der hochartifizielle Text *Eine Reise* literarisiert das Lager Theresienstadt. Geschildert wird die Verschickung der fünfköpfigen Familie Lustig in das fiktive KZ Ruhenthal, von der nur Paul, auch hinter dieser Figur verbirgt sich wohl ihr Schöpfer, überlebt. Um die seelischen Zustände der Lagerinsassen plastisch zu machen, spielt Adler kunstvoll auf der Klaviatur moderner Erzähltechnik: Anrede, innere Monologe und direkte Rede wechseln ständig. Wie fruchtbar die Wechselwirkung von Wissenschaft und Kunst bei Adler ist, lässt sich besonders anhand von *Eine Reise* nachvollziehen. Viele Rechercheergebnisse aus seiner Studie über das Getto Theresienstadt werden literarisches Motiv. Eine theoretische Reflexion etwa über die »Leistungsfähigkeit« von Krematorien bricht der Literat zynisch in einem fiktiven Werbetext für Verbrennungsöfen. Es verwundert mithin nicht, dass in Adlers Opus magnum, dem von 1954–1961 entstandenen Roman *Die unsichtbare Wand* (1989), das Motiv des Holocaust-Forschers zentral wird. »Die Dinge sind mir gegenwärtig als Erlebnisse und als Bild«, berichtet Adlers Alter Ego Arthur Landau, »und ich will sie auch erforschen, weil ich anders gar nicht kann. Bevor nicht alles durchgedacht und aufgewiesen ist, werde ich nicht rasten, geschweige denn Ruhe finden.«

Mit seinem komplementären Schaffen ist Adler das personifizierte Gedächtnis des Holocaust. Der Band *Auschwitz. Zeugnisse und Berichte*, in dem Überlebende des Lagers ihre Geschichte erzählen, kam nicht nur auf vier Auflagen (1962, 1979, 1984, 1988), sondern er hat bis heute große Bedeutung als Beitrag einer die Lager betreffenden Oral History. Noch für Erich Hackl stellt er eine unersetzliche Quelle für sein Buch *Die Hochzeit von Auschwitz* (2002) dar. Eine Art Schlussstein von Adlers Arbeit ist die Studie *Der verwaltete Mensch* (1974), für die er im Auftrag des Instituts für Zeitgeschichte seit 1959 die Deportationsakten der Würzburger Gestapo auswertete. Heinrich Böll bezeichnete sie als »umfassendes Lexikon der Deportation«.

Marcel Atze

Werke: *Meer und Gebirge*, G., Radolfzell 1931; F. B. Steiner: *Unruhe ohne Uhr*, Hg., Hdbg. 1954; *Theresienstadt 1941–1945. Das Antlitz einer Zwangsgemeinschaft*, Tüb. 1955, erw. Aufl. 1960; *Der Kampf gegen die »Endlösung« der Judenfrage*, Bonn 1958; *Die verheimlichte Wahrheit. Theresienstädter Dokumente*, Hg., Tüb. 1958; *Die Juden in Deutschland. Von der Aufklärung bis zum Nationalsozialismus*, Mü. 1960; *Unser Georg. Und andere Geschichten*, Wien 1961; *Eine Reise, E.*, Bonn 1962; *Auschwitz. Zeugnisse und Berichte*, Hg., zus. m. Hermann Langbein u. Ella Lingens, Ffm. 1962; *Der Fürst des Segens. Parabeln – Betrachtungen – Gleichnisse*, Bonn 1964; *Die Erfahrung der Ohnmacht. Beiträge zur Soziologie unserer Zeit*, Ffm. 1964; *F. B. Steiner: Eroberungen. Ein lyrischer Zyklus*, Hg., Hdbg. 1964; *Sodoms Untergang. Bagatellen*, Bonn

1965; *Panorama*, R., Olten u.a. 1968; *Kontraste und Variationen*, Würzb. 1969; *Ereignisse*, En., Olten u.a. 1969; *Der verwaltete Mensch. Studien zur Deportation der Juden aus Deutschland*, Tüb. 1974; Fenster, G., London 1974; *Viele Jahreszeiten*, G., Mü. 1975; *Die Freiheit des Menschen. Aufsätze zur Soziologie und Geschichte*, Tüb. 1976; *Spuren und Pfeiler. Gedichtzyklus, m. Zeichn. v. Friedrich Danielis*, London 1978; *Transubstantiations Mixed and Fixed*, London 1978; *Zeiten auf der Spur. Zwei Gedichtzyklen*, Aachen 1978; Blicke, G., Bln. 1979; *Stimme und Zuruf*, G., Hbg. 1980; *Vorschule für eine Experimentaltheologie. Betrachtungen über Wirklichkeit und Sein*, Stg. 1987; *Hausordnung. Wortlaut und Auslegung*, Wien 1988; *Die unsichtbare Wand*, R., Wien 1989; *Der Wahrheit verpflichtet. Interviews, Gedichte, Essays*, hg. v. Jeremy Adler, Gerlingen 1998.

Aebli, Kurt, wurde am 20. 10. 1955 in Rüti (Kanton Zürich) geboren. Er studierte an der Universität Basel, hielt sich danach längere Zeit in Wien und Paris auf und lebt heute als freier Autor in der Nähe von Zürich. 1989 wurde ihm ein Stipendium des Berliner Senats zugesprochen, 1997 und 2001 erhielt er Werkbeiträge des Kantons Zürich.

Als »Aebligramme« hat ein Kritiker die Sprachsplitter einmal bezeichnet, in denen sich Kurt Aeblis skeptischer wie ironischer Umgang mit der Welt, die sich Wirklichkeit nennt, ausdrückt. Seit seinen ersten Veröffentlichungen, dem Gedichtband *Der perfekte Passagier* (1983) und dem Journal *Die Flucht aus den Wörtern* (1983), verfolgt Aebli abseits der aufgeregten literarischen Debatten eine eigene Linie, die sich »hartnäckiger Selbsterkundung« (Bruno Steiger) verschrieben hat.

»Aufhören mit dem symbolischen Gerede, dem Gemunkel der Zeichen, Schluss, Vorhang, aus«, heißt es demonstrativ in *Die Vitrine* (1988). Die meist kurzen Prosatexte, filigrane Beobachtungen aus dem Alltag, reflektieren die Sprache als Erzählmedium, indem sie in verwickelten Satzkaskaden und kraftmeierischen Gesten deren Grenzen aufzuzeigen suchen. Dieser experimentelle Mutwillen kulminiert in den lakonischen Erzähldekonstruktionen in *Küss mich einmal ordentlich* (1990) und befreit sich aus der scheinbaren Unsagbarkeit in *Mein Arkadien* (1994). In abermals kurzen, eher skurrilen als wütenden Miniaturen dekliniert Aebli jene Orte durch, die sein Arkadien sein könnten: zuvorderst der, »wo es mir gelungen wäre, ungestört unglücklich zu sein«. Das Paradox ist diesem Band eingeschrieben, denn wer findet, geht der Suche verlustig.

Aebli bemüht sich um ein poetisches Optimum zwischen Aufwand und Ertrag, kein Wort soll überflüssig sein, die Aufmerksamkeit konzentriert sich aufs selbstständige Detail. Diese Kompaktheit zeichnet auch die längere, dreigeteilte Erzählung *Frederik* (1997) aus. Drei Personen, Yvette, Paul und Frederik, verlieren sich und laufen auseinander ins Leere, hinter der sie die sich verbergende Welt vermuten. Sie irren durch New York, Zürich, London, Berlin, durch »ein einziges, sämtliche Sinne betäubendes Gewirr und Getöse, eine undurchdringbar chaotische Kulisse«, die Rücksichtslosigkeit provoziert und die Selbstverlorenheit nährt.

Erst im Epilog findet Frederik, wie Zarathustra hinauf ins Gebirge steigend, einen möglichen Weg zu sich. In einer Berghütte entdeckt er eine alte Schreibmaschine, auf die er, nachdem er sie »monatelang keines Blickes gewürdigt hatte«, eines Tages wie ein Kind einzuhämmern beginnt. Aebli lässt seine Figuren die Welt wie durch Nebel wahrnehmen: schleierhaft und zugleich überscharf, oder irgendwie im »Irgendwie« stochernd, wie einzelne Kritiker auch bemängelt haben. Dem abstoßenden Gewimmel der Städte vermögen sie lediglich ihre scheinbare Ungerührtheit entgegenzusetzen, worin Panik und Weltekel wie zugefroren, nicht aber gebannt sind. Angesichts dessen wirkt der Epilog freilich allzu pathetisch aufgeladen.

Einer solchen Schwäche erliegen die Gedichte in *Die Uhr* (2000) nicht mehr. »Das Wort hat der Niemand / in keinem von mir // Ich habe nur etwas Farbe / die abblättert«, heißt es darin. Dieser Niemand ist gereift in der stilistischen Verknappung und Konzentration, alles Kryptische und Pathetische hat er getilgt. Die Gedichte versagen sich einer kunstvoll modellierten Form, sie beschränken sich auf kurze, ungezwungene Zeilen, in denen einfache Impressionen und Aussagen präzise eingefangen sind. Die Selbsterkundung ist stets auch Spracherkundung. Aebli hat hier den Furor der frühen Gedichte ebenso abgelegt wie den Hang zur aleatorischen Pointe in der kurzen Prosa, um zu einer klaren, bildhaften Form zu finden, in der das Ich »in vielen Namen / spurlos vorhanden« ist. Der Dichter will nichts außer »Fehltritte in die entscheidende Richtung einüben / Einem Wort als Fluchtweg dienen«.

Beat Mazenauer

Werke: *Der perfekte Passagier*, G., Basel 1983; *Die Flucht aus den Wörtern*, Pr., Zür. 1983; *Die Vitrine*, Pr., Zür. 1988; *Küss mich einmal ordentlich*, Pr., Ffm. 1990; *Mein Arkadien*, Pr., Ffm. 1994; *Frederik*, E., Ffm. 1997; *Die Uhr*, G., Ffm. 2000; *Ameisenjagd*, G., Ffm. 2003.

Ahrends, Martin, wurde am 20. 3. 1951 in Berlin-Zehlendorf geboren. Er studierte von 1970 bis 1974 Philosophie und Musik in Berlin (Ost). Nach dem Studium arbeitete er als Redakteur der Monatszeitschrift »Musik und Gesellschaft«, danach als freier Journalist mit den Schwerpunkten Musik und Theater. Von 1979 bis 1981 studierte Ahrends Schauspielregie in Berlin, erhielt jedoch aus politischen Gründen Arbeitsverbot. 1984 erfolgte die Ausreise in die Bundesrepublik. Von 1986 bis 1988 war er Redakteur der Wochenzeitschrift »Die Zeit«. Er lebt als freier Schriftsteller in Potsdam.

Zwei Jahre nach seiner Ausreise aus der DDR erschien Martin Ahrends' erstes Buch, ein »Wörterbuch der DDR-Sprache« (*Trabbi, Telespargel und Tränenpavillon,* 1986). Darin wurden die Westdeutschen mit den sprachlichen Eigenarten in der ostdeutschen Gesellschaft vertraut gemacht, um Verständigungsschwierigkeiten überwinden zu helfen. Die strenge Form des Wörterbuchs wird hier aufgegeben. Die Neologismen und Ost-spezifischen Komposita drückten auch die Realität, die Ideologie und den Lebensalltag aus, und so ist das »Wörterbuch«, ebenso wie die Sprachglossen in dem Buch *Klirrende Wörter* (1990), auch eine Einführung in die Gesellschaft der DDR.

Nach dem Untergang der DDR wandte sich Ahrends der Geschichte des sozialistischen Staates zu, als Herausgeber (*Mein Leben, Teil zwei,* 1989) und als Schriftsteller. Sein erster Roman *Der märkische Radfahrer* (1992) erzählt davon, wie der junge Herweg Hansen in den Fünfziger- und Sechzigerjahren in die DDR hineinwächst und wie sich mit zunehmendem Alter Politik und Partei in familiäre und berufliche Belange hineindrängen. Ahrends beschreibt einen Lebensweg, der sich nicht in die schlichten Schemata von willfähriger Anpassung oder unmittelbarer Rebellion einfügt. Von der Kritik wurde er dafür gelobt, dass er die gängigen Stereotype über das Leben in der DDR konterkariere. In der Fortsetzung, dem Roman *Mann mit Grübchen* (1994), steht die avisierte Ausreise Herweg Hansens im Mittelpunkt. Die Übersiedlung in die Bundesrepublik wird aber nicht als zweifelsfreier Vorgang, als sich von selbst verstehende Wahl erzählt, sondern als ein allmählicher und konfliktreicher Prozess. Der Roman ist frei von Pathos, die Atmosphäre elegisch. Bei häufiger Verwendung von Ellipsen ist die Schreibweise sehr konzentriert, zuweilen sogar lakonisch.

Die Entscheidung zugunsten eines anderen Landes wird nicht ausgehend von einem Kampf der Systeme, sondern »von unten«, aus der Perspektive der alltäglichen Lebensführung geschildert. Dieses Verfahren wendet Martin Ahrends auch in seiner Novelle *Verlorenwasser* (2000) an, einer Erzählung über eine Frau, die zuerst von den Stasi-Verbindungen der Familie ihres Mannes profitiert, nach der Scheidung hingegen unter Verfolgungen leiden muss. Wie in den Romanen sind es auch hier statt großer politischer zuerst lebenspraktische Dinge, die das Verhalten der Figuren motivieren. Die Erzählung beginnt mit einer Montagsdemonstration 1990 auf dem Alexanderplatz, leitet dann aber über zu einem Rückblick, in dem die Ausbildung eines Kindes, die Intrigen und Behinderungen der Staatssicherheit im Mittelpunkt stehen. Gegen eine Geschichtsschreibung der Sieger, mit ihren abstrakten moralischen Bewertungen und vorschnellen Urteilen, insistiert Martin Ahrends auf den Erfahrungen aus vierzig Jahren DDR, die auch nach dem Untergang dieses Staates ihre Spuren in den Lebenswegen hinterlassen.

Mario Scalla

Werke: *Trabbi, Telespargel und Tränenpavillon. Das Wörterbuch der DDR-Sprache*, Mü. 1986; *Allseits gefestigt. Stichwörter zum Sprachgebrauch der DDR*, Mü. 1989; *Mein Leben, Teil zwei. Ehemalige DDR-Bürger in der Bundesrepublik, Interviews*, Köln 1989; *Klirrende Wörter. Sprachglossen*, Ffm. 1990; *Ihr verbrauchten Verbraucher. Von der diskreten Hässlichkeit der Westdeutschen*, Ess., Gött. 1991, *Der märkische Radfahrer*, R., Köln 1992; *Mann mit Grübchen*, R., Bln. 1994; *Der Satz des Philosophen*, Ess., zus. m. Kurt Drawert, Durs Grünbein, Felix Florian Weyh, Gött. 1996. *Zwischenland*, Ess., Wilhelmshorst 1997; *Verlorenwasser*, E., Gött. 2000; *Szenen aus dem Grenzgebiet*, Hsp., SR/NDR/RB 2001.

Ahrens, Henning, wurde am 22. 11. 1964 in Peine geboren. Er studierte Anglistik, Geschichte und Kunstgeschichte in Göttingen, London und Kiel und promovierte 1995 mit einer Arbeit über die Lebensphilosophie von John Cowper Powys. 1999 erhielt er den Wolfgang-Weyrauch-Förderpreis, 2000 den Niedersächsischen Förderpreis und 2001 den Hebbel-Preis. Er lebt als Schriftsteller und Übersetzer in der Nähe von Hannover.

Der Zusatz »in der Nähe von« ist bei Ahrens programmatisch zu verstehen. Eine sichere Distanz zur Metropole charakterisiert sein Werk. In den Gedichtbänden *Lieblied was kommt* (1998) und *Stoppelbrand* (2000) lotet Ahrens die Möglichkeiten moderner Naturlyrik aus. Ahrens entwirft keine bukolischen Idyllen. Zwischen die Schreie der vielstimmigen Vogelwelt mischt sich immer auch der Motorenlärm der Mähdrescher, und zwischen den

Erlen zeichnet sich ein rauchender Fabrikschornstein ab. Schon in den beiden Lyrikbänden findet sich der Dekor für den Roman *Lauf Jäger lauf* (2002). Wider alle Zeitströmungen siedelt Ahrens seinen ersten Prosatext in einer märchenhaften Provinz an. Als hätte der Dichter allzu lange sein dramaturgisches Talent im Zaum halten müssen, lässt er seiner Erzählung freien Lauf. Der Lyriker macht der Prosa Beine. Der junge Held Oskar Zorrow jagt im ICE durch die Tiefebene der Wirklichkeit. Sein Ziel ist die Metropole Nillberg. Vom Bahndamm aus verhext ihn ein Fuchs. Zorrow ist gebannt und muss raus zum Märchenfuchs. Er zieht die Notbremse und flüchtet aus der Hightechwelt der Fließquarzanzeigen. Je weiter er sich von den Schienen entfernt, desto tiefer taucht er in eine sumpfige Traumwelt ein. Er gerät in die Fänge einer Logenbruderschaft, die unter der Fuchtel des Malers John Isegrim Reineke-Schmutz auf einem Gutshof als »Widergänger« konspiriert. Ihre Verschwörung richtet sich vor allem gegen die Tiefebene der Wirklichkeit. In der morastigen Landschaft um das Widergänger-Gut gärt das Fantastische. Ahrens entwirft eine poetisch verdichtete Traumwelt, die sich aus den Traditionen der romantischen Fantastik und der Naturlyrik speist. Wie der Intercity schnurrt der Intertext. Ahrens zitiert die klassischen Topoi der Schauerromantik. Der Kampf der Sumpfbrüder gilt dem Zeitgeist. Im Moor wollen sie ein Naturschutzgebiet für Unzeitgemäßes errichten. Jenseits der ironischen Inszenierung nebulöser Sumpf-Intrigen gibt sich der Roman kämpferisch. Ahrens spielt einen aggressiven Provinzialismus gegen die landläufige Metropolenliteratur aus. Nillberg lässt sich unschwer als anagrammatische Variation von Berlin entziffern. *Lauf Jäger lauf* ist ein Anti-Berlin-Roman. Anstelle von Metropolengeglitzer feiert Ahrens die Natur mit dem präzisen Vokabular eines wortgewandten Oberförsters. Seine Fantastik bezieht ihre bannende Kraft aus einem poetischen Hyperrealismus. Die Modernität dieses Textes besteht nicht in seiner Thematik, sondern in seiner Erzähltechnik, die mit schnellen Schnitten heterogene Materialien und Atmosphären zu einem stimmigen Ganzen arrangiert. Ahrens verfremdet und verzerrt den Ton des Volkslieds, die Strukturen des Märchens und die Motive der Romantik mit den Effektpedalen zeitgenössischer Kunst. Eine im Ländlichen verwurzelte Volksliteratur wird mit den Erzählcodes der urbanen Massenkultur vermischt. Statt fahrplanmäßig Zeugnis von der Wirklichkeit abzulegen, erschafft der Autor ein poetisches Universum, das wie eine Märchenblase in die Realität eingeschlossen ist. Henning Ahrens bringt Kunde aus dem »Hinterland der Wirklichkeit« (Nachwort des Autors zu *Lauf Jäger lauf*).

Stephan Maus

Werke: *John Cowper Powys: Die Tagebücher 1929–1939*, Übs., Salzb.1997; *Lieblied was kommt*, G., Stg. 1998; *Annie Dillard: Ich schreibe*, Übs., Salzb. 1998; *Guanlong Cao: Lange Schatten*, Übs., Salzb. 1998; *Martha Baer: Inez an Francesca*, Übs., Hbg. 1998; *Peter Dickinson: Die Kinder des Mondfalken*, Teil 1, Übs., Hbg. 1999; *André Alexis: Kindheit*, Übs., Hbg. 2000; *Peter Dickinson: Die Kinder des Mondfalken*, Teil 2, Übs., Hbg. 2000; *Colson Whitehead: Die Fahrstuhlinspektorin*, Übs., Hbg. 2000; *Stoppelbrand*, G., Stg., Mü. 2000; *Lauf Jäger lauf*, R., Ffm. 2000; *Brooks Hansen: Die Versuchung des August Perlmann*, Übs., Mü. 2001; *Lois Lowry: Auf der Suche nach dem Blau*, Übs., Hbg. 2001; *Brady Udall: Der Bierdosenbaum*, Übs., Mü. 2001; *Fergus Fleming: Barrow's Boys*, Übs., Hbg. 2002; *Walter Kirn: Der Vielflieger*, Übs., Köln 2003.

Aichinger, Ilse, wurde mit einer Zwillingsschwester am 1. 11. 1921 in Wien geboren als Tochter einer Ärztin und eines Lehrers. Nach der Scheidung der Eltern verbrachte sie ihre Jugend großenteils bei der Großmutter und in Klosterschulen. Mit dem Einmarsch Hitlers in Österreich verlor die jüdische Mutter Praxis, Wohnung und ihre Stelle als städtische Ärztin. Während die Schwester noch im Juli 1939 nach England fliehen konnte, verhinderte der Kriegsausbruch die Ausreise der restlichen Familie. Solange die Tochter – nach den Nürnberger Gesetzen ein »Mischling ersten Grades« – minderjährig war, war die Mutter vor der Deportation geschützt. Die Großmutter und die jüngeren Geschwister der Mutter wurden 1942 in Minsk ermordet. Nach Kriegsende begann Ilse Aichinger ein Medizinstudium, das sie zugunsten des Schreibens abbrach. 1947 reiste sie zu ihrer Schwester nach England. Ab 1950 war sie in Wien und Frankfurt am Main Lektorin des S.-Fischer-Verlags und arbeitete mit Inge Aicher-Scholl am Aufbau der Hochschule für Gestaltung in Ulm. 1953 heiratete sie Günter Eich. Sie lebten mit zwei Kindern erst in Bayern, dann in Groß Gmain bei Salzburg. 1972 starb Eich. 1984 übersiedelte Ilse Aichinger nach Frankfurt am Main, seit 1988 lebt sie wieder in Wien. Sie erhielt u.a. 1952 für die *Spiegelgeschichte* den Preis der »Gruppe 47«, 1957 den Bremer Literaturpreis, 1961 den Literaturpreis der Bayerischen Akademie der Schönen Künste, 1979 den »aspekte«-Literaturpreis, 1982 den Petrarca-Preis, 1983 den Franz-

Kafka-Preis, 1995 den Großen Österreichischen Staatspreis für Literatur und 2000 den Joseph-Breitbach-Preis. Sie ist Mitglied der Deutschen Akademie für Sprache und Dichtung, der Bayerischen Akademie der Schönen Künste und der Berliner Akademie der Künste.

Im Juli 1946 meldete sich Ilse Aichinger zum ersten Mal öffentlich zu Wort. In der Zeitschrift »Der Plan« erschien der *Aufruf zum Misstrauen*: Misstrauisch soll er sein, der angesprochene »bleiche Bürger des XX. Jahrhunderts«, aber nicht gegen die anderen, sondern gegen sich selbst – damit er vertrauenswürdiger werde. Bereits dieser frühe rhetorische Text weist die doppelte Bewegung auf, die für das gesamte Werk der Autorin kennzeichnend ist: Der Missstand – hier die Gefahr, in so genannt friedlichen Zeiten in selbstgerechtem Denken zu erstarren – wird konstativ benannt und zugleich in der Art und Weise, wie dies geschieht, im dialogischen Prozess, performativ überwunden: Der unerwartete Appell und die paradoxe Behauptung brechen eingefahrene Denkmuster auf und provozieren zu persönlicher Stellungnahme. Solche Freiheit in Wahrnehmung, Denken und Empfinden haben bei Aichinger die Kinder den Erwachsenen und die Opfer den Tätern voraus, allerdings nicht als festen Besitz, sondern als Möglichkeit, die stets aufs Neue realisiert werden muss. Jedes der zehn in sich geschlossenen Kapitel des autobiografisch grundierten Romans *Die größere Hoffnung* (1948) gestaltet und vollzieht diesen Prozess. Erzählt wird von einer Gruppe jüdischer Kinder im (nicht benannten) Wien der Kriegsjahre. In der Situation äußerster Bedrängnis, als sich die »große Hoffnung« auf ein Ausreisevisum zerschlagen hat, gewinnen diese im Dialog, Erzählen, Spielen die »größere Hoffnung« auf Frieden, Versöhnung, Neuanfang, die unabhängig ist vom Wunsch zu überleben. Erzählt wird aus der Perspektive von Ellen, die als jugendliche Halbjüdin für den Zwischenbereich steht, in dem sich die Gegensätze von Kind und Erwachsenem, Freund und Feind, Hoffnung und Verzweiflung berühren, zuletzt gar Tod und Leben: Während der Befreiung der Stadt läuft Ellen als Botin mitten ins Gefecht. »Es war ihr, als flöge sie zum letzten Mal auf dem alten Ringelspiel. Die eisernen Ketten krachten. Sie waren bereit, Ellen fliegen zu lassen. Sie waren bereit, zu zerreißen. Ellen lief gegen den Kai, gegen die umkämpften Brücken. Sie lief dem König Frieden auf seinem Kreuzweg nach. Niemand hielt sie mehr auf, niemand konnte sie aufhalten.« Nachdem Ellen den Brief übergeben hat, wird sie auf der Brücke im Sprung von einer Granate zerrissen. Formal entsteht der Zwischenbereich durch das Oszillieren zwischen personaler und auktorialer Erzählperspektive, zwischen zeitlich und örtlich klar lokalisierter Handlung und Elementen aus Mythos und Märchen, zwischen linearer Erzählstruktur und einem bildhaften, lyrischen Sprechen.

Die Erzählungen im Band *Rede unter dem Galgen* (1952, in Deutschland 1953 unter dem Titel *Der Gefesselte* erschienen) stellen die Bedingungen existenziellen Lebendigseins, von Sprache und Erkenntnis in modellhaften Situationen dar. In der poetologischen Vorrede *Das Erzählen in dieser Zeit* überträgt Aichinger die Erfahrung der »größeren Hoffnung« auf die Bedingungen des Schreibens: »Wenn wir es richtig nehmen, können wir, was gegen uns gerichtet scheint, wenden, wir können gerade vom Ende her und auf das Ende hin zu erzählen beginnen, und die Welt geht uns wieder auf.« In ganz konkreter Weise bestimmt dieses Prinzip die Struktur der Erzählungen: Sie enden in einer Pointe, die »vom Ende her« eine neue Interpretation und Bewertung des ganzen Geschehens erfordert. Die *Spiegelgeschichte* stellt den Vorgang auch auf der inhaltlichen Ebene dar: Im Augenblick, als eine junge Frau an den Folgen einer verpfuschten Abtreibung stirbt, läuft ihr Leben noch einmal ab, im Rückwärtslauf und unter Umwertung aller Werte. Im »blinden Spiegel« betrachtet, wird die fremdbestimmte Existenz zur selbst verantworteten, die von Konventionen eingeengte Beziehung zur Liebe im Wissen um die Fremdheit des Anderen: »Am Anfang nimmt man Abschied. Ehe man miteinander weitergeht, muss man sich an den Planken um den leeren Bauplatz für immer trennen.« Der Augenblick der Gleichzeitigkeit des Ungleichzeitigen ist auch das Zeitmaß der Prosagedichte *Kurzschlüsse. Wien* (2001, entstanden größtenteils 1953–54) und der Dialoge *Zu keiner Stunde* (1957). Er ereignet sich in Zwischenzeiten, vornehmlich am Sonntagnachmittag zwischen drei und vier. Im Moment, wo die Menschen ziellos sich selbst überlassen sind, erkennen sie »das Nächste als das Fernste und die Heimat als die Fremde, die sie zugleich ist« (*Die Sicht der Entfremdung*, 1954). In den Prosagedichten zu Straßen und Plätzen von Wien vollzieht sich ein »Kurzschluss« von Subjekt und Objekt, Wahrnehmung und Erinnerung: »Die Orte, die wir sahen, sehen uns an.« In den Dialogszenen begegnen sich Personen über die Grenze von Wirklichkeit und Imagination, Realität und Bild, Leben und Tod hinweg. Sie versuchen einander zum »Bleiben« zu verführen, was Erstarrung zur Folge hat (als Figur auf einer Kirchensäule zum Beispiel), oder umgekehrt zum Entschluss, sich auf Vergänglichkeit und Tod einzulassen, wodurch erst das Leben gewonnen wird. Die Gedichte und die Aufzeichnungen bilden Textformate, deren sich Aichinger, in zunehmender Verknappung und Radikalisierung, über Jahrzehnte hin bediente. Die Normalität des Alltags zu überleben, ihr zu widerstehen, ist durchgehend Thema und Ziel. Die aphoristischen Notate der *Aufzeichnungen 1950–1985* (*Kleist, Moos, Fasane*, 1987) definieren, oft in einem einzigen Satz, durch harte Fügung der Gegensätze: »Jeden Tag die Verzweiflung neu erwerben, aus der der Mut kommt.« Die Gedichte (*Verschenkter Rat*, 1978), die über ihre elementare Bildwelt wie den Duktus der Sprache ohne Metrum und Reim mit der Prosa unmittelbar verbunden sind, führen in der Betrachtung die Gegensätze ineinander über. Voraussetzung dazu ist ein autonomer, kritischer Blick, deshalb der »verschenkte Rat«: »Hör gut hin, Kleiner, / es gibt Weißblech, sagen sie, / es gibt die Welt, / prüfe, ob sie nicht lügen.«

In der Bedrängnis der Kriegssituation war für Aichinger die Welt noch einmal so deutlich erkennbar wie in der Geborgenheit der Kindheit. Seither verblassen die Konturen. Die »Undeutlichkeit klar zu machen« ist fortan die paradoxe Herausforderung. Die Wirklichkeits- und Sprachskepsis wird zum vorherrschenden Thema der Prosa und Hörspiele und prägt in zunehmendem Maß auch deren Struktur. Vielfältige Assoziations- und Dissoziationstechniken heben Hierarchien, Reihenfolgen und Kausalitäten auf, lockern die interne Bindung des sprachlichen Materials, das sich umso mehr intertextuell vernetzt und unkontrollierbare Polysemie erzeugt. »Niemand kann von mir verlangen, dass ich Zusammenhänge herstelle, solange sie vermeidbar sind. Ich bin nicht wahllos wie das Leben«, heißt es im programmatischen Text *Schlechte Wörter* (1976), der eine Poetik des Marginalen und Abseitigen entwirft, den »besseren Wörtern« die zweit- und drittbesseren« vorzieht, die »ungenau genug« sind. Viele benennen konkrete, sinnfällige Dinge und Materialien: Heu, Schnee, Holz, Glas. Im Erzählband *Eliza, Eliza* (1965) sind die Protagonisten, die teilweise auch als Erzähler fungieren, Alte, Außenseiter, Tiere, Puppen. Das surreal anmutende Geschehen ergibt sich aus der Kombination der verschiedenen Logiken von Alltag, Sprache und Motiven. Die Erzählung *Mein Vater aus Stroh* nimmt die Metapher des »Strohmanns« wörtlich. Der Vater, den die »alte Uniform« der »alten Bahn« und der Aufenthalt in der »alten Remise« als Gestrigen ausweisen, ist tatsächlich aus Stroh, im Gegensatz zu den Heutigen, die nur noch im übertragenen Sinn »Strohmänner« sind: »Keiner ist aus Stroh und wenn ers ist, so gibt er es nicht zu, und schon gar nicht einer von der Bahn, es ist ihnen viel zu gefährlich. Dabei sind Strohköpfe schön, die Luft zieht leicht durch sie hindurch, auch die schwere Luft in der Remise, und mein Vater hat viele Gedanken.« Auf den ursprünglichsten Wortsinn zurückgeführt, gewinnt die Vorstellung des »Strohmanns« eine neue Bedeutung. Sie leitet sich aus der Eigenschaft des Materials ab: Dessen lose Struktur gibt dem Denken Spielraum. So ist das Stroh nicht nur deshalb gefährlich, weil es leicht brennt. In der Kurzprosa in *Schlechte Wörter* (1976) sind von den genauen Topografien der frühen Texte nur noch Ortsnamen übrig und gerichtete architektonische Versatzstücke wie »alte gesprungene Westsäulen« und »Balkone in Heimatländern«. In anarchischer und manchmal provozierend aggressiver Betrachtung wird deren Bedeutung präzisiert und erweitert. Bei den Prosagedichten im gleichen Band erfasst diese Bewegung auch die syntaktische Struktur: »Die Betten kippen auch und die Lieblinge fliegen durch die Luft, Fetzenthemen, verkehrtes Gelächter, weiß, weiß, da fliegt es, rollt zurück, weiß ein, weiß aus und aus, hat viel zu lange ein und aus gewusst« (*Bergung*).

Am Hörspiel interessiert Aichinger die Raum- und Zeitlosigkeit der Stimmen. Im Verzicht auf eine einheitliche Handlung und klar konturierte Figuren nehmen die zwischen 1953 und 1967 entstandenen Stücke (versammelt in *Auckland*, 1969) Aspekte des Neuen Hörspiels vorweg, bleiben dabei aber ganz in der Sprache. Auf der inneren Bühne der Erinnerung gewinnen alltäglich gehörte Stimmen durch Wiederholung, Selektion und Kombination (in künstlerischer Fiktion also) Kontur, werden deutlich und kenntlich. Seit den Sechzigerjahren entstehen auch explizit autobiografische Texte, die von unterschiedlichen Gegenwartsstandpunkten aus Szenen der Kindheit und Jugend vergegenwärtigen und auf ihre Zukünftigkeit hin bedenken. Der Erinnerungstext *Kleist, Moos, Fasane* (der gleichnamige Band von 1987 enthält eine erste Reihe dieser Texte) bildet ein Tryptichon von Erinnerungen an die Küche der Großmutter, den Nachmittagsunterricht in der Klosterschule, das Beerensuchen auf dem Land. Sie zeugen heute von der »Unaufhörlichkeit der frühen Zeit«, da sie schon damals

»aus der Zeit gehoben« waren, »mitten in den Raum der Erinnerung hinein«. *Film und Verhängnis. Blitzlichter auf ein Leben* (2001) dokumentiert das Projekt einer »Erinnerung, die sich nicht zu Ende begreift«. Während sie leicht »splittert«, »wenn man sie zu ordnen versucht«, stellt sie sich ein, wenn man ihr »Freiräume und Absprungmöglichkeiten« bietet. Das 2000/2001 wöchentlich in der Wiener Tageszeitung »Der Standard« erschienene *Journal des Verschwindens* und zu anderen aktuellen Gelegenheiten entstandene Beiträge nennen, beschreiben und kommentieren in akzentuierter Auswahl von Details Filme, Fotos, Lebensläufe von Regisseuren, Schauspielern und Dichtern oder Tagesaktualitäten, »sobald sie absurd genug sind« – um dann unversehens zu persönlichen Erinnerungen zu springen. Sie schaffen den Toten einen Ort und erlauben im Gegenzug der Autorin, der Überlebenden, die die Existenz immer als Zumutung empfunden hat, zu »verschwinden«.

Simone Fässler

Werke: *Aufruf zum Misstrauen*, in: *Der Plan*, hg. v. O. Basil 1 (1946). *Die größere Hoffnung*, R., Wien, Amsterdam 1948, überarb. Neuausg. Ffm. 1960, erw. Neuausg. Ffm. 1991; *Rede unter dem Galgen*, En., Wien 1952; *Der Gefesselte*, En., Ffm. 1953, erw. Neuausg. Ffm. 1991; *Knöpfe*, Hsp., NWDR/Südwestfunk 1953, veröff. in: Hörspiele, hg. v. E. Schnabel, Ffm. 1961; *Zu keiner Stunde. Szenen und Dialoge*, Ffm. 1957, erw. Neuausg. Ffm. 1980 u. 1991; *Französische Botschaft*, Dialog, BR 1960; *Weiße Chrysanthemen*, Dialog, NDR 1961; *Besuch im Pfarrhaus. Hsp. und Dialoge*, Ffm. 1961; *Besuch im Pfarrhaus*, Hsp., 1962. *Wo ich wohne*. En., G., Dialoge, Ffm. 1963; *Eliza, Eliza*, En., Ffm. 1965, Neuausg. Ffm. 1991; *Nachmittag in Ostende*, Hsp., NDR/SDR 1969; *Die Schwestern Jouet*, Hsp., BR 1969; *Auckland*. 4 Hörspiele, Ffm. 1969, erw. Neuausg. Ffm. 1991; *Auckland*, Hsp., NDR 1970, Neuinsz. SDR 1986; *Nachricht vom Tag*, En., Ffm. 1970; *Dialoge, Erzählungen, Gedichte*, Ausw. u. hg. v. H. Schafroth, Stg. 1971; *Günter Eich: Gedichte*, Hg., Ffm. 1973; *Gare maritime*, Hsp., ORF 1974, Neuinsz. SDR/WDR 1977; *Schlechte Wörter. Prosa und das Hörspiel »Gare maritime«*, Ffm. 1976, Neuausg. Ffm. 1991; *Verschenkter Rat*, G., Ffm. 1978, erw. Neuausg. Ffm. 1991; *Meine Sprache und ich*, En., Ffm. 1978; *Spiegelgeschichte. Erzählungen und Dialoge*,. hg. v. Klaus Schuhmann, Lpz., Weimar 1979; *Kleist, Moos, Fasane*, Pr., Ffm. 1987, Neuausg. Ffm. 1991; *Rede an die Jugend*. Rede zur Verleihung des Weilheimer Literaturpreises, hg. v. den Deutschlehrern des Gymnasiums Weilheim, Weilheim 1988; *Werke in 8 Bänden*, hg. v. Richard Reichensperger, Ffm. 1991; *Aufzeichnungen 1950–1985*, Ffm., Lpz. 1993; *Belvedere*, Dialog, ORF 1995; *Das Verhalten auf sinkenden Schiffen. Reden zum Erich-Fried-Preis 1997*, zus. m. Gert Jonke, Salzb. 1997; *Eiskristalle. Humphrey Bogart und die Titanic*, Ffm. 1997; *Film und Verhängnis. Blitzlichter auf ein Leben*, Ffm. 2001; *Kurzschlüsse*. Wien. *Prosagedichte*, hg. v. Simone Fässler, Wien 2001.

Aigner, Christoph Wilhelm, wurde am 18. 11. 1954 in Wels in Österreich geboren. Er studierte Germanistik, Publizistik und Sport in Salzburg. Neben dem Studium arbeitete er als freier Mitarbeiter beim ORF und beim »Salzburger Tagblatt«, dort von 1979 bis 1984 als Lokalredakteur, er gründete auch den Verlag »Salzburger AV Edition«. Seit 1985 ist er freier Schriftsteller, lebt abwechselnd in einem kleinen Ort am Fuße der Abruzzen und in Salzburg. 1998 hielt er als Gastprofessor an der Universität Innsbruck Vorlesungen zur Poetik. Er ist P.E.N.-Mitglied. Er wurde 1980 mit dem Preis für Literatur und Arbeitswelt, 1982 mit dem Förderpreis des Georg-Trakl-Preises, 1988 zusammen mit dem Komponisten Michael Rüggeberg mit dem Ernst-Koref-Preis, 1991 mit dem Österreichischen Staatsstipendium, 1993 und 1995 mit dem Arnim-Stipendium im Künstlerhaus Schloss Wiepersdorf, 1993 mit dem Förderpreis des Lyrikpreises Meran und dem Wissenschaftspreis des Rotary-Clubs Salzburg sowie 1996 mit dem Förderpreis des Else-Lasker-Schüler-Lyrikpreises ausgezeichnet.

»O seltner Glückskarfunkel!«, rief Sarah Kirsch, Aigners Gedichte lesend, vom Olymp der Lyriker herunter, und in der Tat rechtfertigt Aigner in seinen besten Texten diese Exaltation. Zarte, musikalische Töne, die sich wie eine leise Melodie im Ohr festsetzen, lichtdurchflutete Bilder vom Spiel der Natur mit ihren Geschöpfen, ein Sehen und Staunen von Text zu Text, Zeilen von großer lyrischer Schönheit: »Das Wasser löst aus dem Teppich / der untergehenden Sonne / Goldfische. Die schwimmen in Gruppen / hintereinander zum Strand« (*Landsolo*, 1993). Hier ist jemand von der Natur bezaubert, beseelt, doch er geht nicht – wie im romantischen Naturgedicht – in ihr auf, sondern verweilt in inniger Anschauung, wird Medium, durchlässig, ein ihrem Werden und Vergehen letztlich trostlos Gegenüberstehender. Denn keine Idylle tut sich hier auf, auch wenn Märchenwald und Zaubersee locken; er sieht, bei aller außerordentlichen Schönheit, auch ihre Dissonanzen und Spannungen, ihre Abgründe und Metamorphosen, wie im moorigen *Waldsee*: »Wer ist hier eingedrungen und untergegangen / Sonnenlocken liegen auf dem Wasser / Im Schlamm ein Lichtkopf mit Gesicht nach unten / Schon nähen Tannen und Fichten sich ein in den Abend.« Vögel platzen, die Erde stößt sauer auf, Sirenenduft und Regenhiebe, rüpelhafte Frösche, ein schlagfertiger Mond und gierige Wogen, die sich den blutigen Schaum von den Lippen wischen – ein heimeliges Refugium sieht anders aus. Wald und Wiese, Meer und Strand setzen »täglich wundersame Zeichen« (*Das Verneinen der Pendeluhr*, 1996), die betören und verstören zugleich. Aigners Gedichte bestehen aus Tönen, Farben und Licht, beschreiben Sonne und Mond, den Regen und den Wind, der die Wolken treibt. Doch hier ist kein naiver Romantiker am Werk, sondern ein Autor, der die Mimesis subtil durchbricht und mit Melancholie und leiser Komik seine Zweifel formuliert. Entstanden ist ein eigenwilliger poetischer Kosmos, der konsequent und ohne falsche Töne strukturiert erscheint, ein weltzugewandter Versuch eines Dialogs, der Trost sucht, Liebe vielleicht, und doch herumirrt in Waldeinsamkeit: »Ich bin was durch die Wälder geht / zurückschreckt wenn es Leute schreckt / Im Unterholz auf Nebelheide / im Wind im Licht auf Messers Schneide« (*Das Verneinen der Pendeluhr*, 1996).

Aigner sucht das Kostbare, das Außerordentliche, im Wechsel der Zeiten: »Ich wills einfach sagen / Da war eine zufällige Berührung / und ein Lächeln dazu / Nicht mehr. Aber noch immer / entstehn daraus Tage als schaukle / die Erde an einem großen / blauseidenen Schirm« (*Die Berührung*, 1998). Dabei hebelt er das Verhältnis von Natur und Mensch aus, dreht es um; in Aigners Echoraum der Empfindungen kommen Dinge zur Sprache, die verloren zu gehen drohen. Im Nachwort seiner Übersetzung von Federigo Tozzis Prosaminiaturen *Bestie, Cose, Persone* (1997) schreibt er über Tozzi: »Er legt die sublime Schicht der Empfindungen unter dem Alltagspanzer frei. Daher die Verletzlichkeit in diesen Texten« – eine Charakterisierung, die auch für seine eigenen Gedichte zutrifft. Hemmungslose Wolken und rollige Sonnen, sprechende Wälder und Wimpernblitze avancieren zu Indikatoren einer Gemütsverfassung, die mit der Zeit des Wartens ringt und sich unterdessen, nicht ohne Selbstironie, mit Stoßseufzern und Poesie behilft. Manchem mag das zu preziös und variantenarm erscheinen – all die stotternden Bäche und flüsternden Bäume –, doch Aigner gelingen immer wieder Bilder von unglaublicher Intensität, anspielungsreich, lautmalerisch, schwebend und doch genau. Sowohl seinen Gedichten wie seinen Prosaminiaturen (*Mensch. Verwandlungen*, 1999) ist ein stetes Bemühen um noch stärkere Reduktion und Verdichtung zu attestieren, ein »Prozess der Dematerialisierung« (Gerhard Melzer), der die Grenzen zum Traum, zur Sehnsucht, zum Unterbewusstsein befühlt und erkundet. Aigner geht es nicht darum, die Wirklichkeit zu deuten; man müsse vielmehr die in ihr wohnenden Geheimnisse zum Klingen bringen. Gedichte haben für ihn ein »Wesen«, er spricht vom »lebendigen Leib der Dichtung« (*Engel der Dichtung*, 2000), der sinnlich erfahrbar sei und nicht nur intellektuelles Spielzeug. Und doch versucht Aigners Sehschule die Diskrepanz zwischen Poesie und Naturwissenschaft zu überwinden. Die Poren offen für das Aufspüren und Aufschreiben der Weltgeheimnisse – das sind jene Momente des Glücks (*Vom Schwimmen im Glück*, 2001), die ihn elektrisieren und in denen er jene »Art Unschärfe«, die aller Wirklichkeit eigen ist, in Worte kleidet.

Diese Problematik berührt im Kern Aigners einzige längere Erzählung, *Anti Amor* (1994), in der ein junger Nuklearphysiker die Einsamkeit eines abgelegenen Hauses im toskanischen Hügelland aufsucht, um über die Individualität der Quanten nachzudenken. Auf einem Spaziergang verirrt er sich im Nebel und findet Zuflucht bei Manuela und Guido Theseider, einem ehemaligen Mönch, der jetzt mit seinem Freund Bruno Bienen züchtet und eine Theorie über die Liebe entwickelt hat. Bei der Gestaltung seiner Figuren mag Aigner an den Renaissancedenker und Pantheisten Giordano Bruno (1548–1600) und an den Benediktinermönch und Musiksystematiker Guido von Arezzo (992–1050) gedacht haben. Denn in den Gesprächen der drei Männer über Möglichkeiten und Grenzen der Wahrnehmung kristallisieren sich Denkpositionen heraus, die eine geistige Verwandtschaft mit diesen historischen Gestalten möglich erscheinen lassen. Während Bruno, ein Himmelsgucker und Wolkenzähler, die Polyphonie der Natur zum Anlass nimmt, über »verdunkelte Räume« und unsichtbare Welten zu spekulieren, glaubt Guido, dass dies nur Projektionen zum Schutz vor Ekel, Banalität und Einsamkeiten seien. Im Grunde sei alles Selbstbetrug und nur Spiegel unserer Existenz. Bruno hingegen sieht für sich eine »Aura von Möglichkeiten« und hat sich ein kindliches Vertrauen auf die Kräfte der Natur erhalten. Durch seine Wanderungen und sein Studium der Schriften des heiligen Franz von Assisi sieht sich der junge Physiker in seiner Überzeugung bestärkt, dass alles auf den subjektiven Sensor des Betrachters ankomme – und zwar in Abhängigkeit von den Vorgaben, die die Natur in allen Belangen gemacht habe, eben auch in der Unberechenbarkeit und Eigenständigkeit, die das Leben anbiete. Alle Diskussionen werden jäh dadurch beendet, dass Guido, der eigentlich jeden Meter des Terrains kennt, den Unwägbarkeiten der »Nebelgeister« zum Opfer fällt und abstürzt.

Die Entschlüsselung der Welträtsel, so mag das poetische Credo Aigners lauten, wird auf technisch-wissenschaftlichem Wege fortschreiten; die inneren Geheimnisse indessen entziehen sich letztlich menschlichem Zugriff, die Poesie aber ist ein gültiger Weg, sich ihnen immer wieder aufs Neue anzunähern. In diesem Sinne sieht und schreibt Christoph W. Aigner, dem Erich Fried schon früh attestierte, »einer der originellsten heute in deutscher Sprache schreibenden Lyriker« zu sein, »einer, der an Spannweite seiner Dichtung die meisten Zeitgenossen übertrifft« (Nachwort in *Weiterleben*, 1988).

Thomas Kraft

Werke: *Scherzo. Anton B. Eine Annäherung*, Hsp., ORF 1977; *Kein schöner Land.* 50 österreichische Autoren über Stadt und Land Salzburg, Hg., Salzb. 1982; *Katzenspur. Verse und Marginalien*, m. Zeichn. v. Hermann Kremsmayer, Salzb. 1985; *Weiterleben*, G., Salzb. 1988; *Drei Sätze*, G., Salzb. 1991; *Landsolo*, G., Salzb. 1993; *Anti Amor*, E., Stg. 1994; *Der Mönch von Salzburg: Die weltliche Dichtung*, Übs., Salzb. 1995; *Das Verneinen der Pendeluhr*, G., Stg. 1996; *Federigo Tozzi: Tiere, Dinge, Menschen*, Übs., Mü. 1997; *Die Berührung*, G., Stg. 1998; Mensch. *Verwandlungen*, Stg. 1999; *Sarah Kirsch: Beim Malen bin ich weggetreten. Aquarelle, Bilder, Zeichnungen v. Sarah Kirsch*, Hg., Stg. 2000; *Engel der Dichtung. Eine Lesereise*, Mü. 2000; *Sarah Kirsch entdeckt Christoph Wilhelm Aigner*, G., hg. v. Sarah Kirsch, Hbg. 2001; *Vom Schwimmen im Glück*, G., Mü. 2001; *Giuseppe Ungaretti: Zeitspüren. Gedichte*, Hg. u. Übs., Mü. 2003.

Albus, Anita, wurde am 9. 10. 1942 in München geboren. Von 1960 bis 1964 studierte sie Grafik an der Folkwang-Schule für Gestaltung in Essen. Seit 1964 lebt sie als Malerin und Schriftstellerin in München und Burgund. 2001 erhielt sie das Bundesverdienstkreuz am Bande für ihre Verdienste um die deutsch-französischen Kulturbeziehungen. 2002 wurde sie mit dem Friedrich-Märker-Preis für Essayisten ausgezeichnet.

Die Malerin und Schriftstellerin Anita Albus trat zunächst mit ihren Gemälden an die Öffentlichkeit. Sie erschienen in dem Kinderbuch *Der Himmel ist mein Hut, die Erde ist mein Schuh* (1973). Es folgten Miniaturen in *Der Garten der Lieder* (1974) und die Trompe-l'oeil-Bebilderung in der von ihr übersetzten und kommentierten Wiegenlied-Sammlung *Eia popeia etcetera* (1978). Albus illustrierte *Die eifersüchtige Töpferin* (1987) von Claude Lévi-Strauss und *Die letzte Welt* (1988) von Christoph Ransmayr. Von 1985 bis 1987 malte sie die Pflanzen in ihrem Garten in Burgund. In den dazu verfassten Legenden verknüpfte sie den Weg dieser Pflanzen mit dem Schicksal der Botaniker, die ihnen ihren Namen gegeben haben. Das Buch erschien 1987 unter dem Titel *Das botanische Schauspiel.*

1989 veröffentlichte sie ihren Brief-Roman *Farfallone*, in dem die genaue Beobachtung der Natur eine wesentliche Rolle spielt. Hier überträgt die Miniaturenmalerin Albus ihre Detailbesessenheit auf die Literatur. Die Trompe-l'oeil-Malerei findet ihre literarische Entsprechung und die Techniken der Täuschung werden auch sprachlich zur Kunstform erhoben. Die Protagonistin des Romans, die Insektenforscherin Philippa Iselin, hat sich auf eine komplizierte Liebesaffäre eingelassen. Sie registriert und seziert mit dem unbarmherzig voyeuristischen Blick der Naturwissenschaftlerin alle menschlichen Beziehungen in ihrer Umgebung. Sich selbst und ihr eigenes Verhalten nimmt sie allerdings von dieser Sichtweise aus, was zunächst unverständlich, dann lächerlich-anrührend und letztlich erschreckend erscheint. Geschildert wird eine Art Labor-Experiment, bei dem die Forscherin nicht erkennt, dass sie selbst ein Teil ihrer eigenen Versuchsanordnung ist. Der Roman bedeutet auch eine Hommage an das Werk des französischen Entomologen Jean Henri Fabre, dessen poetische Beschreibungen der Verhaltensweisen der Insekten immer wieder im Text auftauchen. Formal bezieht sich das Werk auf *Die gefährlichen Liebschaften* von Choderlos de Laclos.

1989 publizierte Albus ihre Übersetzungen der Porträts aus den Tagebüchern von Edmond und Jules de Goncourt unter dem Titel *Blitzlichter,* ergänzt durch ihren Essay *Menschen im Etui.* 1993 erschien eine Sammlung von Erzählungen mit dem Titel *Liebesbande*, für die die Autorin das Leitmotiv gewählt hat: »Die Literatur kann es sich nicht leisten, so unglaubwürdig wie das Leben zu sein.« Die vier Erzählungen weisen große Gemeinsamkeiten mit ihren Bildern auf, sowohl was die Genauigkeit der Details als auch was die Raffinesse der Komposition betrifft. Vladimir Nabokovs Aufforderung »Detail ist always welcome« hat sie der Titelerzählung des Bandes vorangestellt. Daneben bestimmen die Lust an der Doppeldeutigkeit und an der Überspitzung, bis hin zur Parodie, ihre Schilderungen eigenartiger Liebesverhältnisse.

Albus' Erinnerungen an die Malerei, *Die Kunst der Künste*, die den großen Meistern des 15., 16. und 17. Jahrhunderts gewidmet ist, wurden 1997 veröffentlicht. Das Werk ist eine Hommage an Erwin Panofsky und enthält minuziöse Interpretationen einer Auswahl von Bildern aus Frankreich, Deutschland und Holland. Die Autorin wirft ihren Blick auf die Genres Andachtsbild, Landschaftsmalerei und Stillleben. Es ist ein Blick zurück und gleichzeitig ein Lob des Handwerks und der Nachahmungskunst, die die Schöpfung unsterblich werden lässt. Die präzisen Interpretationslinien werden ergänzt durch Nebenpfade – Exkurse, die auf den Doppelsinn und den symbolischen Gehalt der Bilder hinweisen. Albus vertritt die Auffassung, dass die Malerei einst die Kunst der Künste und der Wissenschaft war und dem Denken daher weit voraus ist. In ihrem Werk *Paradies und Paradox, Wunderwerke aus fünf Jahrhunderten* (2001) schlägt sie den Bogen »von Joris Hoefnagels Miniaturkunst der Spätrenaissance bis zur kunstsinnigen Leidenschaft eines Vladimir Nabokov«. Daneben kommen vor: Maria Sibylla Merian, die Gebrüder Goncourt sowie Marcel Proust. Was sie alle verbindet, ist die Leidenschaft für die Kunst der Natur und ihre Umsetzung mit malerischen oder literarischen Mitteln. Hier wird das in *Die Kunst der Künste* ausgesprochene Lob der Nachahmung noch einmal unterstrichen. Die Beherrschung künstlerischer Techniken, die handwerkliche Geschicklichkeit, die das naturgetreue Abbilden ermöglicht, wird von Albus rehabilitiert, indem sie aus dem Bereich der unterschätzten Reproduktion in die Höhen der Kunst emporgehoben wird. Das Fazit ihrer Betrachtung liegt in der Erkenntnis: »Heute sind wir Gefangene eines technischen Universums, in dem die fortschreitende Verarmung des Naturkosmos einem immer kärglicheren Kulturkosmos entspricht.«

Gunna Wendt

Werke: *Der Himmel ist mein Hut, die Erde ist mein Schuh*, Kinderb., Ffm. 1973; *Der Garten der Lieder. Ein Buch für Kinder und andere*, Ffm. 1974; *Eia popeia etcetera. Eine Sammlung alter Wiegenlieder aus dem Volk*, Ffm. 1978; *Das botanische Schauspiel. Einundzwanzig Blumen nach dem Leben gemalt und beschrieben*, Nördlingen 1987; *Farfallone. Ein Roman in Briefen*, Mü. 1989; *Blitzlichter. Auszüge aus den Tagebüchern von Edmond und Jules de Goncourt*, Übs., Nördlingen 1989; *Liebesbande*, En., Mü. 1993; *Die Kunst der Künste. Erinnerungen an die Malerei*, Ess., Ffm. 1997; *Paradies und Paradox. Wunderwerke aus fünf Jahrhunderten*, Ess., Ffm. 2002.

Allemann, Urs, wurde am 1. 4. 1948 in Schlieren bei Zürich geboren, studierte Soziologie und Sozialpsychologie an der Universität Hannover, arbeitete als Redakteur bei »Theater heute« und ist seit 1986 Literaturredakteur der »Basler Zeitung«. 1991 erhielt er den Preis des Landes Kärnten beim Ingeborg-Bachmann-Wettbewerb in Klagenfurt.

Mit seiner preisgekrönten Erzählung *Babyficker* (1991) provozierte Allemann einen der größten Literaturskandale am Ende des 20. Jahrhunderts. Sein Held und Ich-Erzähler lebt zurückgezogen in einer gegen die Außenwelt völlig verschlossenen Mansarde und imaginiert unablässig einen Satz, der jedes moralische Regelsystem sprengt: »Ich ficke Babys.« In einer hoch emotionalisierten Debatte beim Klagenfurter Ingeborg-Bachmann-Wettbewerb denunzierte man diesen Text als Wunschfantasie eines perversen Zynikers, dem »jede menschliche und moralische Qualität« fehle. Die *Babyficker*-Prosa entfaltet mitnichten eine realistische Schilderung der Untaten eines Kinderschänders, sondern einen beklemmenden Monolog eines in seiner morbiden Fantasie-Welt eingeschlossenen Ich-Erzählers, der auf wenige Bewusstseinsreize reduziert ist. Der Erzähler handelt nicht, vergeht sich nicht an Babys, sondern saugt monomanisch Wörter an, die kraft ihres Assoziationsfeldes immer wieder zurückführen ins sexuell Entsetzliche.

Allemanns Figuren laborieren stets an einem Gefühl ihrer Irrealität und versuchen sich mit Sätzen, vokabulären Obsessionen und verbalen Fetischisierungen in die Existenz zurückzukatapultieren. In den »fernmündlichen Delirien« des Bandes *öz & kco.* (1990) sind es total in sich verschlossene Architekturen, Bunker, Türme oder ein »Boxfloß«, aus denen heraus die »schizoiden Fluchtlinien« der Protagonisten führen: »Meine Figuren«, so Allemann in einem Interview mit Dietmar Schellin (»Schreibheft«, Nr. 39), »sind hochreflektierte Drei-, Vier-, Fünfjährige, die eine Sprache sprechen, in der Aggressivität und Libido schlicht selbstverständlich sind.« Im täglichen Umgang mit der Sprache des Alltags, so Allemann weiter, befalle ihn ein »ganz starkes Derealisierungsgefühl«. Dieses sprachskeptische Unbehagen an den Stereotypen der geläufigen Rede wirkt als Antriebsenergie in den Oden und Elegien fort, die Allemann nach langer Schreibpause veröffentlichte. In der strengen antiken Form der Ode hatte er eine poetische Form gefunden, die dem gefährlichen Eigensog der Sprache Widerstand bot. Zu diesem Zeitpunkt schienen die Möglichkeiten der Ode mit ihrer metrisch genau festgelegten Zahl von betonten und unbetonten Silben in den jeweils vierzeiligen Strophen längst erschöpft. Hölderlin hatte die alkäische und asklepiadeische Odenstrophe zur Vollendung geführt, seither lieferte die Literaturgeschichte nur noch epigonale Reprisen dieser Gedichtform.

Allemanns Sonette erproben eine motivische Erweiterung und formale Radikalisierung der antiken Form, indem Bilder der Gewalt und Metaphern des Zerreißens und Schneidens in die Ode eingeführt werden, die dort bislang kaum Platz gefunden hatten. Hier konstituiert sich nicht eine Sprache der »ständigen Entzückung«, wie sie die traditionelle Lyriktheorie für die Ode vorsieht, sondern eine fragmentarische Sprache der Verstörung und der Glossolalie, die schmerzhafte Einschnitte an Körpern und am Sprachmaterial selbst thematisiert. Die Abfolge der Silben wird konsequent eingehalten, aber zugleich wird die Ode von innen her durch eine brüchige und assoziativ verschlungene Sprachbewegung aufgesprengt. Allemanns Oden und Elegien sind von prekärer semantischer Instabilität, bewegen sich über Paradoxien, Unschärfen und Sinnverweigerungen vorwärts. Eine Identität der Subjekte kann es hier ebenso wenig geben wie eine sprachliche »Synthesis«.

Michael Braun

Werke: *Fuzzhase*, G., Zür. 1988; öz & kco. *sieben fernmündliche Delirien*, Pr., Zür. 1990; *Babyficker*, E., Wien 1991; *Der alte Mann und die Bank. Ein Fünfmonatsgequassel*, Wien 1993; *Holder die Polder. Sonette, Elegien und anderes*, Basel, Wien 2001; *schoen schoen*, G., Basel, Wien 2003.

Aloni, Jenny, geborene Rosenbaum, wurde am 7. 9. 1917 in Paderborn geboren. 1935 ging die Zionistin vom katholischen Lyzeum ihrer Heimatstadt ab, um sich in einem Lager der Jugend-Alijah in Gut Winkel (Brandenburg) auf die Auswanderung nach Palästina vorzubereiten. Von 1936 bis 1939 lebte sie in und bei Berlin, arbeitete in jüdischen Organisationen, machte 1939 das Abitur nach. Im November 1939 verließ sie Deutschland als Leiterin eines Kindertransports, im Dezember 1939 kam sie nach Palästina. Von 1942 bis 1946 war sie Soldatin in der britischen Armee, vor allem im Krankenhausdienst tätig. 1948 heiratete sie Esra Aloni (Erich Eichengrün). Seit 1957 bis zu ihrem Tod am 30. 9. 1993 wohnte Jenny Aloni mit ihrer Familie in Ganei Yehuda bei Tel Aviv. Sie war in der Sozialarbeit, in der Jugendfürsorge und in der Krankenpflege tätig. Seit den Fünfzigerjahren widmete sie immer mehr Zeit ihren schriftstellerischen Arbeiten. 1967 erhielt sie den Kulturpreis ihrer Heimatstadt Paderborn, 1991 den Meersburger Droste-Preis für Dichterinnen sowie den Annette-von-Droste-Hülshoff-Preis (Großer Westfälischer Literaturpreis).

Jenny Aloni schrieb seit ihrer Schulzeit Gedichte, Erzählungen, Märchen, Dramen. Mit der Auswanderung stellte sich ihr das Sprachproblem: Sie schrieb teilweise in Ivrith und veröffentlichte Ende der Vierzigerjahre Gedichte und Prosatexte in dieser Sprache. Dann entschloss sie sich aber, primär für deutsche Leser zu schreiben und in Deutschland zu publizieren. Zunächst erschienen *Gedichte* (1956), später mehrere Romane und Erzählbände. Als, auch bedingt durch Krankheit, ihre Publikationsmöglichkeiten in Deutschland zurückgingen, veröffentlichte sie in den Achtzigerjahren zwei Bände Gedichte und Prosa im Selbstverlag. Erst im Rahmen eines Bandes *Ausgewählte Werke* (1987) und vor allem der *Gesammelten Werke* (1990 ff.) erschienen eine Reihe weiterer Texte im Druck.

Jenny Alonis Erlebnisse im Deutschland der Dreißigerjahre führten dazu, dass sie sich früh vornahm: »Ich muss mir diese Zeit von der Seele schreiben, sonst wird sie mich nie zufrieden lassen.« Viele Texte sind autobiografisch grundiert, oft werden Erlebnisse aus der Zeit des anwachsenden Nationalsozialismus aus der Perspektive jüdischer Mädchen und Frauen geschildert: die Ausgrenzung als Fremde, das Entstehen einer jüdischen Identität. So behandelt etwa die Erzählung *Kristall und Schäferhund* (1963) die Geschehnisse der Pogromnacht in Berlin und in der Heimatstadt der Ich-Erzählerin: Detailreich, in einer Fülle von Beobachtungen, Gesprächen, Einzelszenen entsteht eine bedrückende, vergiftete Atmosphäre, der Verlust des Elternhauses wird zur Chiffre einer generellen Heimatlosigkeit, von »Finsternis und Fremde«.

Nach der Auswanderung tritt allmählich die neue, zunächst noch so fremde Heimat Palästina literarisch in den Vordergrund: die Natur, der Alltag, die Lebensformen von Menschen aus vielen Ländern. Der erste Roman *Zypressen zerbrechen nicht* (1961) verarbeitet zahlreiche Erlebnisse, Eindrücke und Begegnungen aus der ersten Zeit der Autorin in Israel: die Ankunft im Land kurz nach Ausbruch des Zweiten Weltkriegs, die Schwierigkeiten des Einlebens, die Feindschaft der Volksgruppen. Für die aus Deutschland stammende Heldin Helga wird das Vergessen der Vergangenheit notwendig zum Überleben und doch unmöglich zugleich. Auch die Annahme eines jüdischen Namens – »Hagar« (die Fremde) – kann dieses Problem nicht lösen. Der zweite Roman *Der blühende Busch* (1964) zeigt die Aufbaujahre in Israel am Beispiel eines kleinen Dorfes und mehrerer Generationen, deren Lebensläufe miteinander verflochten sind. Zu einem Hauptthema dieser aus vielen Kulturen hervorgegangenen Gemeinschaft wird der Versuch einer neuen Identitätsbestimmung des Staates Israel nach Abschwächung der zionistischen Impulse der Gründerzeit. Gegenüber diesem vielsträngigen, komplexen Roman erzählt *Das Brachland. Aufzeichnungen aus einer Einsamkeit* (erst 1990 veröffentlicht) ein Einzelschicksal: vom Alltag in der Anonymität einer Stadt, dem Leben in einem Brachland am Rande der Wüste, dem schwierigen Umgang mit einer nur angedeuteten Vergangenheit. Die letzten Romane *Der Wartesaal* (1969) und *Korridore oder das Gebäude mit der weißen Maus* (entstanden 1966–69, erschienen postum 1996) radikalisieren solche Isolation: die Ordnungskategorien werden aufgebrochen, Realitätsebenen übereinander geschoben, Zeitebenen verflochten. Die Grundthemen – Trennung des Subjekts von der Außenwelt, Suche nach Identität – finden in der Erzählform ihre Entsprechung. Auch die Sprache unterscheidet sich deutlich von früheren Werken. Sie ist lakonisch, die meisten Sätze sind relativ kurz, wesentliche Satzglieder werden ausgespart, kurze Abschnitte in harten Schnitten gegeneinander gesetzt. Dieselbe Entwicklung lässt sich in den Erzählungen seit etwa Mitte der Sechzigerjahre verfolgen. So verknappt die Kurzgeschichte *Zwei Inschriften* (1967) sowohl die einzelnen Sätze, in denen häufig Artikel und Kopula entfallen, als auch die Gesamtanlage, die lakonisch Szenen nebeneinander stellt; der Leser muss sich das Geschehen – den Abtransport jüdischer Kinder und das Verhalten der Bewohner eines gegenüberliegenden Klosters – selbst erschließen. Auch in den Gedichten ist dieser Wandel offensichtlich: Lange Zeit sind sie eher traditionell, in Reimform und Sprache, die Verknappung führt hier bis zum Spruchartigen und Aphoristischen.

In Israel wurde Jenny Aloni seit den Sechzigerjahren zur wichtigsten deutschsprachigen Autorin ihrer Generation, ihre Wiederentdeckung in Deutschland in den Neunzigerjahren führte dazu, dass sie heute als wichtige Vertreterin zweier Literaturen und Kulturen, der israelischen wie der deutschen, gilt. Ein noch fast unbekannter Bereich von Jenny Alonis Schreiben sind die Tagebücher, die sie von 1935 bis zu ihrem Tod 1993 führte. Erste Teilpublikationen zeigen, dass hier ein Werk vorliegt, das nicht nur für Leben und Schreiben der Autorin, sondern auch in seinen Beobachtungen und Kommentaren zu mehr als einem halben Jahrhundert deutsch-jüdischer Geschichte interessant ist. Eine umfangreiche Publikation ist für 2004 angekündigt.

Hartmut Steinecke

Werke: *Gedichte*, Ratingen 1956; *Zypressen zerbrechen nicht*, R., Witten, Bln. 1961; *Jenseits der Wüste*, E., Witten, Bln. 1963; *Der blühende Busch*, R., Witten, Bln. 1964; *Die silbernen Vögel*, E., Mü. 1967; *Der Wartesaal*, R., Freiburg/Br. 1969; *In den schmalen Stunden der Nacht*, G., Ganei Yehuda 1980; *Die braunen Pakete*, E., Ganei Yehuda 1983; *Ausgewählte Werke 1939–1986*, hg. v. Friedrich Kienecker und Hartmut Steinecke, Paderborn 1987; *Gesammelte Werke in Einzelausgaben*, hg. v. Friedrich Kienecker und Hartmut Steinecke, Paderborn 1990–1997: Bd. 1: *Das Brachland. Aufzeichnungen aus einer Einsamkeit*, R., 1990; Bd. 2: *Zypressen zerbrechen nicht*, 1990; Bd. 3: *Erzählungen und Skizzen 1*, 1991; Bd. 4: *Der blühende Busch. Wege nach Hause*, R., 1992; Bd. 5: *Der Wartesaal*, R., 1992; Bd. 6: *Erzählungen und Skizzen 2*, 1994; Bd. 7: *Gedichte*, 1995; Bd. 8: *Korridore oder Das Gebäude mit der weißen Maus*, R., 1996; Bd. 9: *Kurze Prosa*, 1996; Bd. 10: Berichte – Gedichte in Prosa – Hörspiele – Gespräche, 1997.

Altenburg, Matthias, wurde am 14. 12. 1958 in Fulda geboren. Er wuchs im nordhessischen Baunatal auf und machte am Oberstufengymnasium in Kassel sein Abitur. An den Zivildienst in Göttingen schloss sich ein Studium der Literaturwissenschaft, Publizistik und Kunstgeschichte an – ebenfalls in Göttingen. Von 1987 bis 1996 arbeitete Altenburg als Lektor beim Verlag der Autoren in Frankfurt am Main, wo er seitdem als freier Schriftsteller, Reporter, Kritiker und Essayist lebt. Altenburg erhielt 1996 ein Stipendium des Deutschen Literaturfonds sowie 1998 den Marburger Literaturpreis.

Parallel zur Veröffentlichung seines Debüt-Romans *Die Liebe der Menschenfresser* (1992) meldete sich Altenburg im »Spiegel« (42/1992) mit einer Polemik zu Wort. Unter dem Titel »Kampf den Flaneuren« attackierte er Autorinnen und Autoren seiner Generation, denen er vorwarf, eine lebens- und wirklichkeitsferne Literatur zu produzieren, die durch einen »ästhetischen Kodex gezähmt« sei oder sich an den marktgängigen Konzepten orientiere. Dagegen setzte er provokant seinen Anspruch: »Literatur hat mit Wahrheit und Schönheit zu tun ... Aber auch mit Arbeit, Spannung, Tempo, Leben.« Altenburg schaltete sich damit in eine Literaturdebatte Anfang der 90er-Jahre ein, in der Forderungen nach einem neuen literarischen »Realismus« laut wurden. Mit *Die Liebe der Menschen-*

fresser legte er einen Roman vor, der in weiten Teilen seinen eigenen Anspruch einlöst und einen knappen Duktus findet, in dem sein schillerndes Figuren-Ensemble aus Halbwüchsigen, Kriegsheimkehrern und randständigen Existenzen in den Vordergrund gerückt wird. Altenburg erzählt die Geschichte einer zerrütteten Familie. Sie beginnt in der nordhessischen Provinz der Nachkriegszeit: »Alles war einerlei, jahraus, jahrein – jahrein, jahraus. Man redete über die Ernte und über den Speck und wer mit wem. Manchmal starb jemand und seltener kam ein Kind zur Welt.« Das Mädchen Elfi bringt, ohne zu wissen, wer der Vater ist, ihren Sohn Koller zur Welt. Ihr Versuch, aus der ländlich rauen Welt zu entkommen, führt nur bis zu einem Industrievorort von Kassel. Koller gehört dort bald zu einer Gang Jugendlicher, deren Mitglieder vor allem aus einer »Stalingrad« genannten Barackensiedlung kommen. Als die Bande auseinander fällt, will Koller aufbrechen »in die Welt«. Weil er in Frankfurt nicht Fuß fassen kann, kehrt er zurück und muss erfahren, dass seine Mutter verrückt geworden ist. Ohne jegliche sozialkritische Ambition schildert Altenburg in seinem Roman das Milieu der »kleinen Leute« und deren Versuch, ihrem Dasein Lebensfreude, Würde und Menschlichkeit abzugewinnen. Seine Geschichte integriert zahlreiche Episoden, in denen immer wieder burleske Figuren agieren wie die farbige »Mama Bonzo«, die in einem Bordell arbeitet, oder der greise jüdische Kommunist »Opa Porno«. Altenburg verzichtet dabei auf introspektive Momente, er beobachtet seine Protagonisten von außen und definiert sie über ihr Handeln. So entsteht ein lebenspralles, mal derbes und ausschweifendes, mal witziges und mit viel poetischem Sentiment gezeichnetes Genrebild aus den ersten Jahrzehnten der Bundesrepublik.

In der Novelle *Die Toten von Laroque* (1994) reduziert Altenburg seinen lakonischen Stil weiter. Die Handlung um den Lehrer Schäfer gewinnt ihre dramaturgische Qualität durch die Aussparungen und offen gehaltenen Fragen. Müde geworden an der Gegenwart, lässt Schäfer sich in einen unheilvollen Sog ziehen, der in die Katastrophe führt. Bei einer ziellosen Reise strandet er in Frankreich in dem Ort Laroque, der im Zweiten Weltkrieg von deutschen Soldaten besetzt war, die sich »über die Männer und Frauen hermachten«. Hier war auch Schäfers Vater stationiert. Bei dem Versuch, seiner Biografie zu entkommen, wiederholt Schäfer die Vergangenheit, obwohl er sie ignorieren möchte: Er vergewaltigt die Kellnerin Natalie, in die er verliebt ist. Ob er sie auch ermordet hat, bleibt offen. Schäfer wird weder zur Rechenschaft gezogen noch verändern die Vorgänge seine indifferente Lebenshaltung.

Auf den ersten Blick scheint auch Neuhaus, der Protagonist in Altenburgs 1997 erschienener *Landschaft mit Wölfen,* einen bis zum Nihilismus gesteigerten Zynismus zu pflegen. Aggressiv im Ton und stark überzeichnend beschreibt Altenburg Frankfurt am Main als einen Ort endzeitlicher Agonie. In einer gewissermaßen antithetischen Schöpfungsgeschichte, die nach sieben Tagen das Böse hervorbringt, einen allerdings nur halluzinierten Amoklauf, begegnet Neuhaus seinen Mitmenschen mit Verachtung: »Neunzig Prozent der Menschen sind Abziehbilder, Matschfressen, Hampelmänner, Auswurf auf Beinen.« Unter der Oberfläche aber ist Neuhaus ein romantisch zerrissener und alles andere als moralloser Streuner: Er leidet an seiner Liebe zum Leben, die keine Erfüllung in einer Welt findet, die von depravierten Individuen bevölkert und von den grotesken Erscheinungen der Medien- und Warenwelt verstellt ist. Einen Ausweg weist der Autor nicht, die Perspektive bleibt pessimistisch. Als präziser Beobachter allgegenwärtiger Absurditäten und Deformationen ist Neuhaus ein Alter Ego des Schriftstellers. Auch in seinen Essays sowie in seinem Theaterstück *Alles wird gut* um einen Schriftsteller und Alt-68er ist Altenburg ein sprachmächtiger, (selbst-)ironischer und oft polemischer Kritiker eines für ihn geistlosen »Zeitgeistes« sowie einer zynischen Vernunft, die vielfältige Lebenslügen hervorbringt. Den Ausgangspunkt seiner literarischen Poetik formuliert er so: »Außerdem habe ich ... einen Hang zur Schönheit. Nur, dass ich sie eben nicht dort finde, wo andere Menschen sie suchen. Ich finde sie an den Rändern, im Ruderalbewuchs. Der Riss in der Mauer interessiert mich mehr als ein Sonnenuntergang« (*Irgendwie alles Sex*, 2002).

Stefan Sprang

Werke: *Die Liebe der Menschenfresser*, R., Mü. 1992; *Die Toten von Laroque*, N., Ffm. 1994; *Landschaft mit Wölfen*, R., Köln 1997; *Alles wird gut*, Theaterst., UA Bremen 1997; *Irgendwie alles Sex*, Ess. und Pr., Köln 2002; *Partisanen der Schönheit*, Ess., Münster 2002.

Alves, Eva-Maria, wurde am 27. 9. 1940 in Osnabrück geboren. Nach dem Abitur 1960 absolvierte sie ein Volontariat bei einer Tageszeitung und war von da an als Redakteurin, freie Journalistin, Autorin und Herausgeberin (*Stumme Liebe*, 1993; *Evas Biß*, 1995) tätig. Nach mehrjährigem Auslandsaufenthalt, unter anderem in Österreich, in der Tschechoslowakei und in der Sowjetunion, lebt Alves seit 1979 in Hamburg. 1992 wurde sie mit dem Hamburger Förderpreis für Literatur ausgezeichnet.

Bereits in ihrer ersten Erzählung, *Caput mortuum* (1980), treten die zentralen Motive ihres erzählerischen Werkes auf. Wie später noch einmal in *Maanja* (1982) richtet die Ich-Erzählerin ihre Worte an ihre Lebensgefährtin, beschreibt eine Liebe, die keine ist: »Wir können uns überhaupt nicht lieben, weil das, was wir für Liebe halten, nichts als der angstvolle Austausch von Ängsten ist.« Das immer wiederkehrende Zeichen des Spiegels steht für den endgültigen Verlust der Unmittelbarkeit; der Mensch ist zu einer Beobachterrolle verurteilt; seine Mitmenschen werfen ihm ein fremdes Bild seiner selbst zurück, dem letztlich niemand entrinnen kann. Lisa, die Malerin, Maanja, die Restauratorin, der namenlose Innenarchitekt – sie sind die Abbildenden, die Konstruierenden, die so den Prozess des »Besterbens« fortführen, der bereits mit der Geburt begonnen hat. Wieder und wieder beschreibt Alves die Verstümmelungen der Kinderseele durch die Eltern und die Klosterschule, die das Leben von Anfang an zum Sterben werden lassen. Für Alves' Figuren gibt es nur eine Konsequenz, die eine Existenz möglich macht: Sie führen das an ihnen begonnene Schöpfungswerk, das eigentlich eine Destruktion ist, selbst zu Ende. Die »Dame« aus *Abgerissene Blumenköpfe* (in: *Versuch einer Vermeidung*, 1980), die mit der Ich-Erzählerin immer mehr zusammenfließt, beschreibt, wie sie alles ihrem Wesen Eigentümliche, Gefühlvolle, das Bild der anderen Störende abgelegt hat, um zu der farblosen Perfektion zu gelangen, in der sie sich jetzt ihrer Umgebung, ihren Spiegeln, präsentieren kann.

Noch stärker tritt die Entkörperlichung – wieder durch den Verlust von Farbe symbolisiert – in der Erzählung *Neigung zum Fluss* (1981) in den Vordergrund. Gemeinsam entledigen sich die beiden sprechenden Stimmen, Frau und Mann, ihrer Voraussetzungen, indem sie der anderen Person eine neue, selbst erfundene, glatte Kindheit präsentieren. Ihrem allumfassenden Gestaltungsversuch fällt notwendigerweise auch ihr Körper zum Opfer. Die Flucht ins Zeichenhafte führt notwendig zur Flucht in die Sprache: »Unsere Rettung kommt wieder einmal aus den korrekten Sätzen. Unsere Rettung ist die dezidierte Meinung, ein kompromissloses Festhalten, eine klare Aussage.« Die Sprache allein als Reflexionsinstrument, niemals unmittelbarer Ausdruck von »Am-Leben-Sein«, entspricht der vollkommenen Distanzierung, die Alves' Figuren mehr oder weniger freiwillig erleiden. Alves präsentiert unveränderbare Zustände, ausgedrückt auch als Wiederholung kurzer Passagen, die scheinbar willkürlich immer wieder im Text auftauchen. Handlungen erscheinen höchstens als niemals realisierte Möglichkeiten; die Anrufungen der Erzählerin bleiben stets ohne Echo – Spiegel geben keine Antwort.

Schwärzer (1993), dunkel, sarkastisch, spielerisch, führt dieselben Motive und Themen fort. Der Roman ist eine Konstellation von Wahnverwandten: Vanessa, Literaturwissenschaftlerin, ganz auf Goethes Roman und ihre eigene »Verschwindsucht« fokussiert, und Schwärzer, ein »Zweiling«, Vanessas Papa und Ethymologe, der das eine Wort sucht, »das alles treffende Wort, das alle anderen verwirft, alle anderen auslöscht und überflüssig macht«, und der mit seinem Tod Vanessa seinem Zwillingsbruder/Alter Ego überlässt, »Onkelchen«. Der ist Psychiater und Hobby-Entomologe: »eines Tages, so Onkelchen, werde es nur noch ein Insekt, das prototypische, einzige Kerbtier geben«, von Schwärzer gezüchtet. Bis dahin sammelt, katalogisiert, seziert, konserviert und zerstört er in seinem zerfallenden, von Insekten und Chemikalien zerfressenen Haus, Kerbtiere wie Frauen, die beide Unordnung und Vielfalt repräsentieren. Auch dieser Roman ist eine komplexe Spiegelung, weibliche und männliche Stimme beobachten, sezieren, analysieren, lieben und zerstören sich schließlich gegenseitig. Die Männer sprechen, die Frauen schreiben: »damals, seine Frau, kaum dass sie das Kind geboren, sei stumm geworden, und habe mit dem Aufschreiben begonnen – seine oder seines Bruders Frau – und er oder der Bruder hätten ihr den Stift weggenommen und das Heft auch [...]«. Doch sie stiehlt den Bleistift und schreibt weiter.

Die Bleistiftdiebin (1996), ein weiterer lyrischer Kurzroman der Autorin, führt dieses Motiv fort. Im verfallenden, vormals herrschaftlichen Hotel »Sankt« – der Name ist abhanden gekommen – im Böhmerwald entfaltet sich ein endzeitliches Stimmengewirr, als zwei Engländer, »Ornithothanatologe« und Antiquitätenmakler, eintreffen und nach und nach die Gegend und die BewohnerInnen kennen lernen: die Offizierin, den Kaiser, die Bleistiftdiebin und viele andere, teils surreale Figuren. Ein heiterer Albtraum, ein surrealer »Zauberberg« entfaltet sich. »Man taumelt durch Geschichten«, spielerischer, lebendiger und unterhaltsamer als in den früheren Erzählungen der Autorin. Die Bleistifte, Werkzeug der Poesie, Verteidigung gegen das Verschwinden, sind zum puren Sammelobjekt geworden – »Der Bleistift schreibt nicht.«

Patricia Hallstein

Werke: *Hamburg–Wien ohne Rückfahrkarte*, Jugendb., Würzburg 1979; *Caput mortuum*, E., in: *Von nun an*, Ffm. 1980; *Versuch einer Vermeidung*, En., Ffm. 1981; *Neigung zum Fluß*, E., Ffm. 1981; *Maanja, meine Freundin, meine Mutter, meine Puppe: eine Anrufung*, Pr., Ffm. 1982; *Ansprüche. Frauen berichten*. Verständigungstexte, Hg., Ffm. 1982; *Transition*, Hsp., NDR 1983; *Ansprüche. Verständigungstexte von Männern*, Hg., zus. m. J. Tonnemacher, Ffm. 1985; *Namenzauber: Erzählungen vom eigenen Namen. Ein Lesebuch*, Hg., Ffm. 1986; *Alstervergnügen*, Hsp., NDR 1989; *Schwärzer*, R., Berlin 1993; *Stumme Liebe: der »lesbische Komplex« in der Psychoanalyse*, zus. m. B. Gissrau, Freiburg/Br. 1993; *Evas Biß, Agressivität und ihre Wirklichkeiten*, Hg., m. M. Christlieb u.a., Freiburg/Br. 1995; *Die Dichterin, die eine Puppe wurde. Porträt der Unica Zürn aus ihren Gesichten, Gedichten und Geschichten 1916–1970*, Funkess., NDR 1995; *Die Bleistiftdiebin*, R., Bln. 1996; *Judith zum Beispiel*, Funkess., RB 1996; *Gedichte der Erfahrung: Else Lasker-Schüler*, Funkess., RB 1997; *Eisfrauen*, mit Zeichnungen v. N. Schmidt, Hbg. 1996; *Frauenforum: Heller Wahnsinn – dunkler Irrweg. Frauen, Männer – und Psychosen: wer leidet mehr? Über den alltäglichen Wahnsinn und geschlechtsspezifische Vorurteile*, Funkess., NDR 1996; *Gedichtetes Weiß – Ein Farbton in der Literatur*, Funkess., WDR 1998; *Wortwunder – Wunderworte. Rose Ausländer zum Gedächtnis*, Funkess., NDR 1998; *Dichterin Schmerzensreich – Elisabeth Langgässer*, Funkess., NDR 1999; *PLUS-Punkte für die Schule: Prävention, Integration, Kooperation*, Hbg. 1999; *Legenden aus dem wirklichen Leben – Selma Lagerlöf*, Funkess., NDR 2000; *Glückshungrig – Hedwig Courths-Mahler*, Funkess., NDR 2000; *Nun breche ich in Stücke. Leben, Schreiben, Suizid*, zus. m. E. Bronfen u. B. Gerisch, Bln. 2000; *Das Kleid, die Seelenhaut – Dichtungen über Gewänder*, Funkess., WDR 2000; *Kriegsfolge: Vaterlos*, Funkess., NDR 2001; *Heidi und seine Erfinderin Johanna Spyri*, Funkess., NDR 2001; *Leben auf dem besten Platz. Goethes Mutter heiter und stolz*, Funkess., NDR 2001; *Wilde Braut*, Hsp., RB/SR.

Amann, Jürg, wurde am 2. 7. 1947 in Winterthur/Schweiz als Sohn eines Buchdruckers und Lyrikers geboren. Er besuchte zunächst das Gymnasium und nahm 1966 das Studium der Germanistik, Europäischen Volksliteratur und Publizistik in Zürich und Berlin auf, das er 1973 mit einer Promotion über Franz Kafka abschloß. Nach ersten schriftstellerischen Versuchen in Berlin arbeitete er von 1974 bis 1976 als Dramaturg am Schauspielhaus in Zürich und als Literaturkritiker beim »Tages-Anzeiger« und beim Schweizer Radio, um sich einen finanziellen Rückhalt für seine literarischen Ambitionen anzusparen. Seit 1976 lebt Amann als freier Schriftsteller, heute in Zürich. Amann erhielt nicht nur einige Werkstipendien, sondern wurde u.a. 1982 mit dem Ingeborg-Bachmann-Preis, 1983 mit dem Conrad-Ferdinand-Meyer-Preis, 1984 mit dem Kunstpreis der Stadt Meilen, 1989 und 2001 mit dem Preis der Schweizerischen Schillerstiftung und dem Carl-Heinrich-Ernst-Kunstpreis der Stadt Winterthur, 1998–2000 jeweils mit dem Preis des Internationalen Hörspielzentrums, 2001 mit dem Schillerpreis und 2002 mit dem 2. Preis Floriana ausgezeichnet. Er ist Mitglied des AdS und des deutschen P.E.N-Zentrums.

»Schreiben, oder Stückliverfertigen, wie er es nennt, ist für ihn immer beides: sich offenbaren und sich verbergen. Sich verbergen natürlich in der kindlichen Hoffnung, wie beim Versteckspiel von den andern gesucht und am Ende gefunden zu werden.« Diese Passage aus seinem Porträt des Schweizer Schriftstellers Robert Walser (1985) beleuchtet die zentrale Problematik, mit der sich Jürg Amann auseinander setzt. Durch die frühe Beschäftigung mit Kafkaschem Gedankengut und dem Gefühl geistiger Verwandtschaft mit Robert Walser und Thomas Bernhard erklärt sich Amanns Vorliebe und Sympathie für die gebrochene Künstlerexistenz, für den Literaten als gesellschaftlichen Außenseiter. Literatur als Lebenshilfe, als Placebo für soziale Kontakte, aber auch als Instrument der Selbstbespiegelung ist ein durchgängiges Motiv seiner erkennbar oft autobiografischen Texte. Bindungsängste und andere Formen emotionaler Entfremdung versuchen seine Ich-Erzähler durch die Hinwendung zur Literatur und zu einem vage umrissenen »radikalen Künstlersein« (*Über die Jahre*, 1994) zu kompensieren: »Wunderbare Selbstbildnisse entwirft er – über andere Künstler.« In einer eigentümlichen Mischung aus Lamento, Depression und Elitarismus werden Künstlerexistenzen entworfen. So beschreibt Amann im Erzählband *Die Kunst des wirkungsvollen Abgangs* (1979) u.a. den selten gewordenen Berufsstand des Fallenstellers, der sich mit Fallen umgibt, »um sich notfalls in sie fallen lassen zu können und sich so der Welt und ihren Gefahren zu entziehen«. Die eigene Unzulänglichkeit im sozialen Umgang wird zum Lebensprinzip, zum Motor künstlerischen Schaffens erhoben, die eigene Isolation zur Bedingung künstlerischer Existenz. Einerseits führe die selbstgewählte Abkapselung zwangsläufig in den Tod (denn die enge Bindung an die Kunst verhindere jeglichen Zugang zum realen

Leben), andererseits böte die Kunst allein die Chance, mit wesensverwandten Menschen echte Gefühlsregungen zu erleben (vgl. *Der Klavierschüler*). Aber diese Hoffnung erfüllt sich für Amanns Figuren nur selten. Auch in der Novelle *Zwei oder drei Dinge* (1993) trennt sich ein Schriftsteller von seiner Frau, um einer tiefen Schaffens- und Identitätskrise zu entrinnen, doch auch dies sowie mehrere Ortswechsel und erotische Abenteuer lösen seine Probleme nicht.

Amann bzw. seine literarischen Alter Egos gefallen sich in der Rolle des Grenzgängers, der sich wie seine literarischen Vorbilder auf geistige Höhen zurückzieht *(Reduit)* und nur in der literarischen Äußerung, meist im Monolog, relative Befriedigung findet. »In diesen Töpfen, hinter diesen Topfrändern, die euch zugleich einschließen und ausschließen, gefangen nehmen und frei machen, schütze ich euch vor der Tödlichkeit der Natur«, sagt der Lehrer Karr in der Erzählung *Die Baumschule* zu seinen selbst gezogenen Eichenschösslingen. Am Ende aber wird doch die Natur triumphieren; auch die künstlich gezogenen Pflanzen können sich dem natürlichen Kreislauf der Natur nicht entziehen.

Der Tod determiniere das Leben, mit dem Künstler sterbe, so Amann, auch die Kunst: »Ich weigere mich, dem Tod einen Sinn zu geben. In die Natur kann ich mich nicht flüchten, denn dort beobachte ich das Gleiche: Leben ist nur mit Sterben möglich. Deswegen versuche ich, mein Leben zu verlangsamen« (1982). Man könne der Realität und damit dem Tod nicht entrinnen, sicherlich auch nicht mithilfe der Kunst. Aber mit dem Schaffen eines Kunstwerkes nähere sich der Künstler seinem Objekt an, verwachse mit ihm. Das bedeute Tod und Neubeginn zugleich. »Im Toten immer die Spuren des Lebens, im Leben immer die Spuren des Todes. Spuren sichern, dachte ich, sich auf die Spur kommen, eine Spur hinterlassen, das ist alles, was wir noch können« (*Die Kunst des wirkungsvollen Abgangs*, 1979). Biografie und Schreiben sind bei Amann, dem »Chronisten geschundener Existenzen« (Roman Bucheli), eng zusammengerückt, und gleichzeitig ist doch ein distanzierter Gestus bei ihm überaus ausgeprägt.

Die Literaturkritik hat neben der Ausklammerung nahezu jeglicher gesellschaftlichlicher Bezüge vor allem das Problem der Authentizität in Amanns Texten hervorgehoben. In *Hardenberg. Romantische Erzählung aus dem Nachlass des Novalis* (1978) zerlegt und montiert Amann historisches Textmaterial und fügt es zu einem dreiteiligen Text neu zusammen. Prosa- und Briefmaterial von Novalis wird ohne Rücksicht auf historische Werktreue umstrukturiert und neu geordnet. Auch in seinen Texten über Franz Kafka und Robert Walser verändert Amann gesicherte biografische Fakten, um durch Neugewichtung und Umschreibung des Materials eine eigene, stark affirmative Perspektive auf die von ihm verehrten Autoren zu gewinnen.

Häufig berauscht sich Amann an seinen leicht surrealen, pathetischen Sprachbildern und verliert sich in den Winkeln und Nischen seiner überlangen Schachtelsätze. Er springt zwischen distanzierter Erzählhaltung und Ich-Erzählung einher und überlässt der Sprache oft eine scheinbare Eigendynamik, die er am Textende in prägnanter Form zu bändigen versteht. So könnten viele seiner Texte von ihrem Ende her komponiert sein.

Seine ergreifendsten und nachhaltigsten Wirkungen, wie zum Beispiel in seinem 1982 mit dem Ingeborg-Bachmann-Preis ausgezeichneten Prosastück *Rondo*, einer bis zur körperlichen Aggression sich steigernden Abrechnung mit seiner kranken Mutter und seinem Elternhaus, erzielt Amann immer dann, wenn er sich von seinen literarischen Vorbildern lösen kann und unmittelbar Erlebtes in knapper und dichter Form ganz eigenständig schildert – ein Weg, dem Amann in seiner Erzählung *Fort* (1987), einem resignierenden Rückblick auf seine Berliner Studienjahre, nicht zu entsprechen vermag. Äußerungen wie »Ich liebe ihn (Stifters *Nachsommer*), weil man darin lernen kann, wie es im wirklichen Leben zugehen könnte«, scheinen das Urteil derer zu bestätigen, die Jürg Amann als einen Autor einschätzen, der immer nur im Text weiterzuwissen scheint. Überzeugender hingegen gelang die Erzählung *Am Ufer des Flusses* (2001) über die Begegnung zweier alter Freunde, einer »vom anderen Ufer« und, bereits im Krankenbett liegend, kurz davor, über den Fluss zu wechseln. Ein über weite Strecken streng komponierter Text, wohltuend knapp formuliert mit einem diskreten Erzähler, der den Figuren und ihren Geschichten den nötigen Freiraum lässt.

Thomas Kraft

Werke: *Das Symbol Kafka. Eine Studie über den Künstler*, Bern, Mü. 1974, Neuausg. u. d. T. *Franz Kafka*, Mü. 1983; *Das Fenster*, Theaterst., UA Zür. 1975; *Der Traum des Seiltänzers vom freien Fall*, Hsp., ORF 1976, Theaterst., UA Zür. 1978; *Das Ende von Venedig*, Theaterst., UA Zür. 1976; *Hardenberg. Romantische Erzählung aus dem Nachlass des Novalis*, Aarau, Ffm. 1978, Neuausg. in: *Nachgerufen. Elf Monologe und eine Novelle*, Mü. 1983;

Verirren oder Das plötzliche Schweigen des Robert Walser, Aarau, Ffm. 1978, Neuausg. Hbg. 2003, Hsp., RB 1980; *Die Kunst des wirkungsvollen Abgangs*, En., Aarau, Ffm. 1979; *Die Korrektur*, Theaterst., UA Zür. 1980, Hsp., BR 1982; *Der Sprung ins Wasser*, Hsp., DRS 1982; *Die Baumschule. Berichte aus dem Reduit*, Mü. 1982; *Play Penthesilea*, Hsp., zus. m. Hanni Geister, RB 1982; *Die deutsche Nacht*, Theaterst., UA St. Gallen 1982, Hsp., 1982; *Büchners Lenz*, Hsp., RB 1983, Theaterst., UA Darmst. 1984; *Nachgerufen. Elf Monologe und eine Novelle*, Mü. 1983, Hsp., RB 1983, Theaterst., UA Regensburg 1984; *Über die Hungerkunst*, in: *Das Franz Kafka Buch*, hg. v. Knut Beck, Ffm. 1983; *Patagonien*, Pr., Mü. 1985; *Ach, diese Wege sind sehr dunkel. Drei Stücke*, Mü. 1985, Theaterst., UA Karlsruhe 1985; *Der Aufenthalt*, Hsp., RB/SFB 1985; *Robert Walser. Auf der Suche nach einem verlorenen Sohn. Porträt*, Mü. 1985; *Liebe Frau Mermet*, Hsp., RB 1986, Theaterst., UA Bln. 1992; *Tod Weidigs*, Hsp., RB 1986; *Max Deatwyler. Friedensapostel oder Der lange Weg nach Genf*, Hsp., DRS 1986; *Fort. Eine Brieferzählung*, Mü. 1987, Hsp. RB 1988; *Aus dem hohen Lied. Nachdichtungen, Gedichte. Nur fünf Exemplare*, Wien 1987; *Ist dieser dunkle Raum die Welt?*, BR/HR 1988; *Nach dem Fest. Drei Stücke*, Mü. 1988, Hsp., BR 1988, Theaterst., UA Graz 1989; *Tod Weidigs*, En., Mü. 1989; *Der Jausenfall*, Hsp., RB 1989; *Der Rücktritt. Eine nationale Tragödie*, Theaterst., Zelg-Wolfhalden 1989, UA Zür. 1989; *Der Vater der Mutter und der Vater des Vaters. Zwei Erzählungen*, Düsseld. 1990; *Der Anfang der Angst. Aus einer glücklichen Kindheit*, Düsseld. 1991; *Zweite Liebe*, Theaterst., UA Basel 1992; *Zwei oder drei Dinge*, N., Innsbr. 1993; *Über die Jahre*, R., Innsbr. 1994; *Und über die Liebe wäre wieder zu sprechen*, G., Innsbr. 1994; *Jugend ohne Gott*, Theaterst., nach Ö. v. Horvath, UA Zür. 1993; *Robert Walser. Eine literarische Biographie in Texten und Bildern*, Zür., Hbg. 1995; *Ich bin nicht ihre Luise*, Theaterst., nach *Nachgerufen*, UA Köln 1995; *Kleiner Schmerz*, Hsp., RB 1995; *Rondo und andere Erzählungen*, Zür., Hbg. 1996, Hsp., RB 1995; *Sit well, Edith!*, Hsp., RB 1993, Theaterst., UA Zür. 1996; *Ach, diese Wege sind sehr dunkel*, Oper, Musik v. Roger Matscheizik, UA Karlsruhe 1996; *Schöne Aussicht*, Pr., Innsbr. 1997; *Reise zum Nordpol*, Theaterst., UA Zür. 1997; *Hotel*, Theaterst., UA Sils-Maria 1997; *Iphigenie oder Operation Meereswind*, Tr., Düsseld. 1998; *Ikarus*, R., Zür., Hbg. 1998; *Golomir*, R., Weitra 1999; *Kafka. Wort-Bild-Essay*, Innsbr. 2000; *Weil immer das Meer vor der Liebe ist. Elegie für und nach Herta Kräftner*, Theaterst., UA Wien 2000; *Am Ufer des Flusses*, E., Innsbr. 2001; *Kein Weg nach Rom. Ein Reisebuch*, m. Fotografien v. A.T. Schaefer, Düsseld. 2002.

Amanshauser, Gerhard, geboren am 2. 1. 1928 in Salzburg. Nach dem Realschulabschluss besuchte er zwei Jahre die Technische Hochschule in Graz, studierte dann Germanistik und Anglistik in Wien und Marburg/Lahn. Kurze Zeit war Amanshauser als Hauptschullehrer in Wien-Floridsdorf tätig. Seit 1953 lebt er als freier Schriftsteller in Salzburg. Reisen und Auslandsaufenthalte führten ihn 1981 nach Moskau, Leningrad, Wilna, 1982 nach Toronto und New York, 1983 für zwei Monate nach Peking. Amanshauser wurde mehrfach ausgezeichnet, darunter 1952 mit dem Georg-Trakl-Förderungspreis für Lyrik, 1973 mit dem Rauriser Literaturpreis (zusammen mit Peter Rosei), 1982 mit dem Rauriser Bürgerpreis, 1985 mit dem Preis der Salzburger Wirtschaft, 1986 mit dem Förderungsstipendium zum Österreichischen Staatspreis, 1987 mit dem Alma-Johanna-König-Preis, 1992 mit dem Literaturpreis der Stadt Salzburg und 1994 mit dem Österreichischen Würdigungspreis für Literatur.

Bereits in seinem ersten Buch *Aus dem Leben der Quaden* (1968) wird der Leser mit der für Amanshauser typischen Figur des Außenseiters konfrontiert. Auch die literarischen Vorbilder, zu denen er sich bekennt – Edgar Allan Poe, Charles Baudelaire und Friedrich Nietzsche –, waren »Ausgestoßene, Feinde der Gesellschaft, Gegner der nivellierenden Massenbewegungen und Parteienkämpfe« (*Grenzen*, 1977). Der Außenseiter ist bei Amanshauser selten der Rebell, der aktive Widerständler, vielmehr steht er aus Einsicht in die Zusammenhänge vorwiegend als Beobachter, »Wahr-Nehmer« oder als Deserteur und stummer Verweigerer im gesellschaftlichen Abseits, wobei die Orte des Rückzugs noch in einen sozialen Bezugsrahmen eingebettet sind (z.B. Dachboden, Untermietszimmer, verfallenes Schloss, Terrasse). Die Observierten, sprich die normierten Bürger, registrieren aufgrund ihrer Tumbheit und ihrer festgefahrenen Wahrnehmungsmuster die Andersartigkeit ihrer Beobachter nicht. Amanshausers erstes Buch handelt von einem Biologiestudenten, der sich in die Einsamkeit eines Untermietszimmers zurückzieht, um von dort aus das seltsame Treiben der »Quaden« zu erforschen. In den neun Jahre später erschienenen Aufzeichnungen *Grenzen* erläuterte Amanshauser noch einmal das Wesen der »Quaden«: »Unter Quaden verstand ich jene neue Menschenart, die sich nach und nach durch Angleichung an Konsumgüter, politische Programme und Medien herausgebildet hat ... Quaden sind gekennzeichnet durch eine nackte, distanzlose, anmaßende und gleichmäßig verteilte Begehrlichkeit, mit der sie, wie an Nabelschnüren, an gewissen Konsum- und Informationsfabriken hängen.« Amanshausers »Un-Helden« (Peter Rosei) zeichnen sich hingegen durch völliges Fehlen dieser Begehrlichkeit und der daraus resultierenden Abhängigkeit aus.

In seinem ersten Roman, *Schloss mit späten Gästen* (1975), füllen der Architekt Stockhammer, der stellungslose Philosoph Nihal und der »klassenvergessene« Handwerker Glawischnig, der niemals Zeitung liest und für den es keine geregelte Arbeitszeit gibt, diese Positionen aus. Stockhammer und Nihal werden von dem Industriellen Meyer-Nimmfür engagiert, in einem stark verfallenen Schloss, das sich im Stadium der Restaurierung befindet, einen »Kulturkreis« zu gründen. Als die beiden für den Geldgeber unbrauchbar geworden sind, entlässt er sie. Das Schloss wird nun zur endgültigen Sanierung freigegeben. Mit leisem Bedauern und dem Wissen um die Durchsetzungskraft des »Zeitgeistes« beschreibt Amanshauser hier in 28 Kapiteln (Personenporträts, Szenen, Traumpassagen) satirisch einen Weltausschnitt, der die scheinbar unsinnige Verschrobenheit seiner Einzelgänger ins rechte Licht rückt. Die Bewahrungsriten der Gesellschaft werden dabei als eigennützig und verlogen desavouiert; den eigentlichen Bewahrern, die der Leistungs- und Konsumideologie still und unauffällig Persönlichkeit und individuelle Ideale entgegensetzen, gehört Amanshausers Sympathie. Das Individuum scheint machtlos, vorherrschende Strukturen zu durchbrechen, ist somit zur Passivität verurteilt. Trotz der pessimistischen Züge in seinem Werk bescheinigt Peter Rosei dem Autor eine »Art von utopischer Melancholie«, keinesfalls dürfe man seine Darlegungen als restaurativ missverstehen.

Zauberer und Artisten gehören ebenso zur Gegenwelt von Amanshauser wie die Künstler, von denen er eine bewusste und aktive Form des Widerstands fordert. In seinem Essayband *Satz und Gegensatz* (1972) entwickelte er eine Analogie zwischen Künstlern und Kriminellen: »Sie können geistig kriminell genannt werden, weil sie die eingefahrene, automatische Sensibilität zersprengen wollen.« Entsprechend seiner Auffassung von der Aufgabe des Künstlers lehnt er jede Form einer »verordneten« oder aus rein wirtschaftlichen Interessen entstehenden Kunst ab. In den *Aufzeichnungen einer Sonde* (1979) persiflierte Amanshauser unter anderem die Auswüchse des modernen Konzert- und Kunstbetriebes und seine Vermarktungsstrategien. In der *Entstehungsgeschichte der Window-Art*, einer Satire auf die Action-Art, offerierte der Autor neben wohl bekannten Argumenten originelle kunsttheoretische Ansätze. In einem fiktiven letzten Abstraktionsschritt führte Amanshauser vor, dass das inflationäre Erfinden immer neuer künstlerischer Stilrichtungen ohne gesellschaftliche Relevanz im Zuge einer allgemeinen destruktiven Entwicklung der Menschheit zukünftig zu einer Un-Kunst zu werden droht, einer Kunst ohne menschliches Publikum.

Die tief sitzende Skepsis Amanshausers hat eine generelle Ablehnung absolut gesetzter Theorien, Werte und Ideologien zur Folge; er bemüht sich, die Prozesshaftigkeit und Vorläufigkeit des Denkens vorzuführen, fordert Offenheit und Flexibilität des Lesers. In seinen Parodien, Satiren und Aufzeichnungen bedient sich Amanshauser gerne fremder Literaturen (z.B. *Aus dem Ärmeltaschenbuch des Kaisers Wu-ti*), benutzt vorgegebene Muster aus Science-Fiction-Romanen (z.B. *Aufzeichnungen einer Sonde*) und entwirft »Utopische Szenen«, um aus einer fiktiv gewonnenen Distanz seine Weltsicht mitzuteilen. Durchgängige Handlungsstränge findet man bei Amanshauser selten; selbst seine Erzähltexte, die oft mit Verfremdungseffekten arbeiten, sind mit Kommentaren und essayistischen Einschüben durchsetzt. Kindheits- und Jugenderfahrungen nimmt er zum Anlass seiner Ausführungen, erhebt aber konsequenterweise keinen Anspruch darauf, Allgemeingültiges zu formulieren. »Ich möchte dagegen Gedanken ausführen, die von meinen Erlebnissen, meinen Träumen, meiner Lektüre und von einzelnen Menschen, die mich beeinflussten, abhängig sind.«

Erschienen in den Neunzigerjahren mehrere Sammlungen mit zum Teil bereits früher publizierten Texten, so ließ Amanshauser 2001 mit seinen Jugenderinnerungen *Als Barbar im Prater* wieder aufhorchen. Die persönlichen Erfahrungen während der Zeit des Nationalsozialismus in Österreich reflektiert er im Wechsel von anekdotischem Erzählen, Gesprächsaufzeichnungen, Tagebuch- und Briefausschnitten. Beeindruckt zeigte sich die Kritik nicht zuletzt von Amanshausers künstlerischer Fähigkeit, »den komplexen Schuldzusammenhang einer Jugend im Nationalsozialismus [...] in ein poetisch eindringliches Bild« zu bringen (»Neue Zürcher Zeitung«). Gerade die Reaktionen auf dieses Buch machten einmal mehr deutlich, dass Amanshauser zu den wichtigsten österreichischen Autoren der Gegenwart zählt.

Petra Ernst

Werke: *Das hohe Lied in deutschen Liebesliedern*, Hg., m. Zeichnungen v. Anton Lehmden, Wien 1959; *Aus dem Leben der Quaden*, Satire, Salzb. 1968; *Der Deserteur*, En., Salzb. 1970; *Satz und Gegensatz. Essays*, Salzb. 1972; *Ärgernisse eines Zauberers. Satiren und Marginalien*, Salzb. 1973; *Schloss mit späten Gästen*, R., Salzb. 1975,

Fssp., ORF 1982; *Grenzen*, Ess., Salzb. 1977; *Aufzeichnungen einer Sonde. Parodien*, Salzb. 1979; *List der Illusionen. Bemerkungen*, Salzb. 1985; *Gedichte*, Salzb. 1986; *Fahrt zur verbotenen Stadt. Satiren und Capriccios*, Salzb. 1987; *Der Ohne-Namen-See. Chinesische Impressionen*, Zür. 1988; *Moloch horridus. Aufzeichnungen*, Salzb. 1989; *Lektüre. Aufzeichnungen*, Salzb. 1991; *Das Erschlagen von Stechmücken. Verstiegene Geschichten*, hg. v. Dante Andrea Franzetti, Zür. 1993; *GEGEN-Sätze*, hg. v. Josef Donnenberg, Salzb. 1993; *Tische, Stühle & Bierseidel*, Vorträge, Weitra 1997; *Artistengepäck*, En., Weitra 1998; *Mansardenbuch*, Weitra 1999; *Reinhard Mlineritsch: Wie ein Fremder. Fotografien 1992–1998*, Texte v. G. A., Salzb. 1999; *Terrassenbuch*, bearb. Neuausg. v. 1966, Weitra 1999; *Der Sprung ins dritte Jahrtausend*, zus. m. Martin Amanshauser, Weitra 2000; *Als Barbar im Prater*, Autobiogr., Salzb., Wien 2001; *Ohrenwurst für Österreich*, Satiren, Weitra 2001; *Der rote Mann wird eingeschneit*, Kinderb., Weitra 2001; *Entlarvung der flüchtig skizzierten Herren*, Salzb. 2003.

Amatosero, Susanne, wurde 1952 als Tochter eines Hörspielautors und Verlagslektors in Wittlich an der Mosel geboren. Sie besuchte eine freie Waldorfschule und studierte Malerei an der Akademie der Künste in Karlsruhe und an der Hochschule für Bildende Künste in Hamburg. Studienreisen führten sie Anfang der Achtzigerjahre in die Karibik und in den Neunzigerjahren nach Nigeria und Sansibar. Susanne Amatosero lebt und arbeitet in Hamburg als Autorin und Regisseurin für Theater, Radio, Film und Fernsehen. Ausgezeichnet wurde sie 1988 mit dem Prix Leroi Gourhan, Paris, 1990 mit dem Springer&Jacoby-Preis für dialogische Literatur, 1997 mit der Goldmedaille des New York Festivals.

Die ersten künstlerischen Arbeiten von Susanne Amatosero sind ethnologische Dokumentarfilme, die während mehrerer Studienreisen auf den Spuren der Yoruba-Kultur in der Karibik entstanden. Im Zentrum der Filme stehen die Riten und Zeremonien dieser nigerianischen Kultur, die von Sklaven in verschiedene Teile der Neuen Welt importiert wurde. Ihre rhythmische Struktur und der hohe Musikanteil inspirierten schwarze Musiker u.a. zur Jazzmusik. In Amatoseros wichtigstem Dokumentarfilm *Die Reise der Pilgrim Number One* (1986) sind die musikalischen Elemente der Yoruba-Zeremonien von zentraler Bedeutung. Sie begründeten das Interesse der Autorin an der Arbeit mit akustischem Material, das bis heute in ihrer vielschichtigen Beschäftigung mit Musik und Rhythmen fortwirkt.

Die Radioarbeiten der Autorin führen mit unterschiedlicher Gewichtung die schon in den Filmen angelegten Themen weiter: In ihren Features verfolgt die Autorin musikethnologische Spuren in Afrika. Reisen und das Fremde bilden auch in den frühen Hörspielen das zentrale Thema. Unverwechselbar ist die Bewegung, mit der Amatosero das Fremde in die eigene Welt einführt: Die Schwierigkeiten ausländischer Freunde mit der deutschen Sprache und den deutschen Gepflogenheiten werden zum neuen und wertvollen Blick von außen auf die eigene Kultur. Aus der fehlerhaften Aussprache des Deutschen entstehen neue Sprachen, die fantasievolle Interpretation typisch deutscher Verhaltensweisen öffnet ein ganz eigenes, poetisches Erleben des Alltags (*Mrs. Patience geht aus dem Haus*, 1993; *Delta*, 1994/95; *Asylanten*, 1999). In ihren jüngsten Hörspielen verwendet Amatosero Sprache immer stärker in musikalisch-spielerischer Weise, gleichwertig mit Musik und Rhythmen. Diese Stücke bewegen sich in einem Grenzgebiet zwischen Lautpoesie, Musikstücken und musikalischer Klangkunst (*funky yard*, 1996; *Phönixhouse*, 1997; *Licht*, 1998).

Ihr erstes Hörspiel *Die Buchstabenhütte* (1989) thematisiert die Annäherung an das Fremde in Form einer Reisegeschichte. Aufbau und Inszenierung erinnern stark an eine Reportage. Einführend beschreibt ein Erzähler mit präzisem, ethnologischem Blick die Umgebung, an die sich die Reisende vor allem sprachlich annähert. In langen Aufzählungen spricht sie sowohl die fremden und unverständlichen Worte als auch ihre deutsche Übersetzung aus. Solche Aufzählungen sind ein wichtiges Stilmittel von Amatosero, mit dem sie klangliche Qualität und Bedeutung als unterschiedliche Elemente von Sprache einander gegenüberstellt und die jeweiligen Eigenheiten betont. Das Fremde repräsentieren zwei Einheimische – ein Mann und die Besitzerin der Buchstabenhütte – und vor allem umfangreiches Originalton-Material, das als faszinierender, unverständlicher Fremdkörper den unkommentierten Kern des Stücks bildet. Wegweisend ist besonders die doppelte Struktur, die die Fremden aufweisen: Ihr Verhalten erscheint bekannt und Vorurteilen entsprechend, gleichzeitig bleiben sie unverständlich, unantastbar und würdevoll. In *Die Buchstabenhütte* wird diese Wirkung durch die ausbleibenden negativen Reaktionen auf die Fremden erzielt, in späteren Hörspielen eignen sich Figuren das Fremde kreativ an. Den Einsatz von O-Ton-Material verlagert Amatosero vom Hörspiel in die Radio-Features. Im Hörspiel stellt sie das Fremde stattdessen mit afrikanischen Rhythmen und fremden Sprachen dar – Englisch, Französisch, Afrikanisch. Besonders eindrucksvoll wird dies vom fremdsprachlich akzentu-

ierten Deutsch der afrikanischen Schauspieler zur Wirkung gebracht, die von Amatosero mit Bedacht ausgewählt wurden.
Besonders vielschichtig ist das Hörspiel *Delta* (1994/95). Eine Frau, auch Schreiberin genannt, trifft mit Fremden zusammen, denen sie oder die sich selbst sprechende Namen geben: Special Guest, Kam-über-das-Meer, Bushmaster etc. Die Szenen zwischen der Schreiberin und den Fremden spielen sich am Telefon, in ihrer Wohnung und im Delta ab – einem nicht näher beschriebenem Land, das mal ein authentisches, wahrscheinlich in Afrika liegendes Land zu sein scheint, mal wie ein Fantasieland wirkt. An die Stelle einer Geschichte rücken Beobachtungen der jeweiligen Sprachen und Alltagsverhalten, die immer wieder aus der Perspektive des Fremden geschildert werden. Diese Perspektive nehmen vor allem die in Deutschland lebenden Delta-Bewohner ein; aber auch die Schreiberin wird zur Fremden, wenn sie selbst sich im Delta aufhält. Die banale Aussage, dass Fremdsein relativ ist, kleidet die Autorin in kleine Szenen, die das »typisch ausländische« Verhalten beider zeigt: Deltabewohner, die im Supermarkt nur der luxuriösen Bilder wegen sind, die Schreiberin, die im Delta über die Schönheit im Gesicht eines Gelähmten staunt. Die Berührung der beiden Gruppen findet in der Sprache statt, wobei es die Deltabewohner sind, die die Schreiberin mit ihrem »Pidgin-Deutsch« bereichern. Durch zusätzliche Silben, verdoppelte Vokale und veränderte Betonung schafft Über-das-Meer Sprachen, in denen Behörde »Behorhordenge« heißt und Feierabend »Fafafyriquam«. Das Spiel mit den starren Bildern vom Fremden treibt *Asylanten* (1999) auf die Spitze. Dieses ironische Stück führt die Hörer, ausgehend von Spielen mit dem Wort »Asylanten« (»Ah, sie landen«), in die Welt der »Be Horde«, der doppelten Pässe und der Dealer ein. Weitaus assoziativer, mehr an musikalischen Strukturen und der Welt der Musik als an konkreten Ereignissen orientiert sind Stücke wie *funky yard* (1996), *Phönixhouse* (1997), *Licht* (1998) und *The Girl from Ipanema in Dub* (2003). Letzteres zum Beispiel spielt verschiedene Variationen des bekannten Songs mit neuen Rhythmen durch. Dazu kommen Wortspiele, die selbst zu Musik werden sowie Berichte von Szenen auf der Straße oder mit Straßenmusikern auf der ganzen Welt, sodass das Thema des titelgebenden Stückes – das Vorbeigehen, Erotik und Schönheit – auch auf der inhaltlichen Ebene variiert wird.

Sabine Wollowski

Werke: *Reise ins deutsche Ausland*, Film, 1984; *Die Reise der Pilgrim Number One*, Film, 1986, *Baptism in the Holy Temple of the Unicorn*, Film, 1986; *Die Buchstabenhütte*, Hsp., NDR 1989; *Ein ziemlich milder Winter*, Hsp., NDR/BR 1; *38,0 Grad*, Hsp., NDR 1992; *Starkstrom*, Film, 1992/93, Hsp., 1993; *Mrs. Patience geht aus dem Haus*, Hsp., NDR 1993; *Delta*, Hsp., NDR/SR 1994/95; *funky yard*, Hsp., BR/NDR 1996, *Rhythmen und Worte*, Feat., SWR 1996; *Asylanten*, Theaterst., UA Hbg. 1996, Hsp., DLR/NDR/SR 1999; *Phönixhouse*, Hsp., NDR/BR 1997; *Licht*, Hsp., BR/NDR 1998; *dogs*, Theaterst., UA Hbg. 1998, Hsp., DLR 2000; *Fool's Büttel*, Theaterst., UA Hbg. 1999; *Fela Anikulapo Kuti*, Feat., SWR 2000; *ART AUD*, Hsp., BR/NDR 2001; *Highlife in Nigeria*, Feat., SWR 2002; *The Girl from Ipanema in Dub*, Hsp., DLR/NDR 2003.

Amery, Carl, mit bürgerlichem Namen Christian Mayer, wurde am 9. 4. 1922 in München geboren. Er besuchte die humanistischen Gymnasien in Freising und Passau, bevor er zum Kriegsdienst eingezogen wurde. 1946 kehrte er aus amerikanischer Kriegsgefangenschaft zurück und studierte anschließend Neuphilologie sowie Literaturkritik und Literaturtheorie unter anderem an der Catholic University in Washington. Seit 1950 lebt Amery als freier Schriftsteller in München. Von 1967 bis 1971 war er Leiter der Städtischen Bibliotheken. 1955 las er zum ersten Mal bei der »Gruppe 47« und gehörte von da ab zu ihrem Mitgliederkreis. Von 1976 bis 1977 war Amery Bundesvorsitzender des Verbands Deutscher Schriftsteller (VS), dessen bayerischen Landesverband er bereits zwei Jahre zuvor geleitet hatte. Bis 1988 war Amery zugleich Vorsitzender des Deutschen Literaturfonds. Von 1989 bis 1991 präsidierte er dem bundesdeutschen P.E.N.-Club. Amery ist Mitbegründer der »E.-F.-Schumacher-Gesellschaft für Politische Ökologie« sowie der Partei der Grünen. 1975 und 1979 erhielt er von seiner Heimatstadt München den Ernst-Hoferichter-Preis sowie den Tukan-Preis; es folgte 1991 der Große Literaturpreis der Stadt München. Im selben Jahr erhielt er auch noch den Fantastik-Preis der Stadt Wetzlar und 1997 zeichnete ihn die bayerische SPD-Landtagsfraktion mit dem Wilhelm-Hoegner-Preis aus.
»Zorn, der einen Sinn und eine Legitimität haben soll, hat sich gegen die Mächtigen zu richten, hat nach oben zu reden.« Carl Amerys im besten Sinne zornige Literatur hat immer »nach oben geredet«, war immer höchst unbequem für die Mächtigen. Er ist einer der letzten Vertreter einer »litérature engagée«, ein Autor im Geiste der französischen Mora-

listen des 17. Jahrhunderts. Ob Essay oder Roman, ob Hörspiel oder politische Rede: immer ist sein Engagement, den Leser zum Umdenken anzuregen, unüberhörbar. Im Falle seines Aufsehen erregenden Essays *Die Kapitulation oder Deutscher Katholizismus heute* (1961) wären es die Kirchenoberen gewesen, die Amerys im Grunde sympathisierende, wenn auch – wie immer bei ihm – schonungslos scharf formulierte Kritik am etablierten Christentum zum Umdenken hätte bringen sollen. Stattdessen setzten sie Amery zusammen mit Heinrich Böll und Rolf Hochhuth gewissermaßen auf den Index und veröffentlichten einen Hirtenbrief gegen sie. Allerdings hat das den bekennenden Katholiken Amery nicht davon abhalten können, weiterhin seine kritischen Fragen zu stellen. Vor allem die ökologische Perspektive ist es, die er in den darauf folgenden Jahrzehnten immer dringlicher als die Menschheitsfrage schlechthin aufwirft. Die zunehmende Umweltzerstörung sieht er als eine »gnadenlose Folge« des christlichen Auftrags »Macht euch die Erde zum Untertan« (*Das Ende der Vorsehung*, 1972), und auch in dem Band *Global Exit* (2002) mahnt er die großen Weltkirchen an, den ihnen einzig verbliebenen Auftrag anzunehmen und der neuen weltumspannenden »Reichsreligion«, Mammonismus und Totaler Markt, entgegenzutreten. Und zwar indem sie wieder die Tugenden der Nachhaltigkeit predigen, als da wären Verzicht, Entschleunigung, das Machbare auch einmal ungemacht sein zu lassen.

Welche Folgen ein weiteres Ignorieren dieser Schikksalsfrage für die Menschheit haben muss, hat Carl Amery früh in spekulativen Romanentwürfen erzählt, die – vielleicht nicht ganz zutreffend – gerne als bayerische Science-Fiction rubriziert wurden. Im Roman *Der Untergang der Stadt Passau* (1975) ist es eine vom Nordkap bis Timbuktu wütende Seuche, die auch die Landstriche rund um die niederbayerische Dreiflüssestadt entvölkert. Die Frage ist: Wie soll ein Neuanfang aussehen? So wie es sich der »Scheff« von Passau vorstellt, eine technologische Zivilisation auf engstem Raum? Oder reüssiert das Modell der Rosenheimer, eine der wiederaufkommenden Wildnis angepasste vorzivilisatorische Lebensweise? Oder sind es einige versprengte Ungarn, die das Modell der Zukunft vorleben, nämlich dass wir wieder Nomaden werden müssen?

War der *Untergang der Stadt Passau* noch ein eher knapp gehaltenes Gedankenspiel, so gerieten Carl Amery seine – ja immer nur als Mahnung gemeinten – Endzeitfantasien in dem Roman *Die Wallfahrer* (1986) weitaus monumentaler. In diesem »wirklichen Meisterwerk« (»Die Zeit«) hat Amery die Metapher für jenen religiösen Modus Operandi gefunden, der im Grunde unser ganzes Verhältnis zur ständig von uns geschändeten Natur umreißt: der hilflose Ablasshandel. Die Wallfahrer – Exponenten aus vier Epochen – verloben sich der Gnadenstätte »Unserer Lieben Frau« im oberbayerischen Tuntenhausen und können doch nicht jenes Schicksal abwenden, das menetekelhaft am Ende des Buches steht, es spielt im Jahre 49 999 868 in einer von Menschen gänzlich gesäuberten Naturwelt. Zuvor aber sieht der Leser vier Pilgerzüge durch Bayerns Geschichte vom Ende des Dreißigjährigen Krieges bis in die erste Hälfte des 20. Jahrhunderts streifen, die Amery in grandioser Stilvielfalt zu erzählen weiß.

In seinem bislang letzten Roman schließlich, *Das Geheimnis der Krypta* (1990), ist es ein verschrobener Privatgelehrter, der sich in den Tiefen des Freisinger Domberges verschanzt, um ein höchst makabres Gedankenspiel durchzudeklinieren: Was wäre, wenn man das unleugbare Problem der Überbevölkerung dadurch löste, daß man die Menschheit drastisch reduzierte, etwa durch eine wahllos selektierende Bio-Waffe? Ein kryptofaschistischer Balkanstaat, Krawonia, bemächtigt sich dieser Idee und führt sie tatsächlich aus. Das Ende des Romans spielt in einem entvölkerten Freising.

Nach diesen beiden großen epischen Apokalypse-Fresken ist Amery zurückgekehrt zum Geschäft des Essayisten, um noch einmal zwei fulminante »Versuche« vorzulegen, die, wie meist bei ihm, kontrovers aufgenommen wurden. *Die Botschaft des Jahrtausends* (1994) blieb dabei noch relativ unwidersprochen: nämlich dass es die entscheidende Frage sein wird, ob die menschliche Spezies zu einer Lebensweise zurückfinden kann, die »im Ansatz den Auflagen der Natur folgt, um Zukunft zu sichern«. In dem Essay *Hitler als Vorläufer* (1998) indes wagt er die umstrittene These, Hitlers Selektionsprogramm könne jederzeit von Epigonen des Diktators wiederbelebt werden, wenn sich die Krise der knapper werdenden Lebensressourcen weiter verschärfe. Auch mit diesem Buch beweist Amery, daß er einer der eloquentesten und streitbarsten Autoren der Bundesrepublik ist, der sich nie gescheut hat, die großen neuralgischen Fragen und Themen anzugehen.

Bernhard Setzwein

Werke: *Der Wettbewerb*, R., Mü. 1954; *Das Tegernseer Spiel vom Antichrist*, Hsp., 1956; *Unter Brüdern. Eine Moralität*, Bühnen-Ms., Mü. 1957; *Die große deutsche Tour*, R., Mü. 1958; *Goortstraße*, Hsp., zus. m. H. Schallinger, 1961; *Die Kapitulation oder Deutscher Katholizismus heute*, Ess., Reinbek 1963; *Die Provinz. Kritik einer Lebensform*, Hg., Mü. 1964; *Der Tag eines Löwen*, Hsp., 1964; *Ich stehe zur Verfügung*, Hsp., 1966; *Fragen an Welt und Kirche*, Ess., Reinbek 1967; *Gott hat mich benachteiligt. Genie und Mißgestalt in elf historischen Porträts*, zus. m. E. Skasa-Weiß u. A. Sailer, Bergisch-Gladbach 1967; *Katholizismus und Faschismus*, zus. m. H. Lutz, Düsseld. 1970; *Kreuzverhör. Ein neues Detektiv-Spiel*, Ebenhausen. 1971; *Zucker und Zimt. ff. Gereimtheiten*, G., zus. m. K. Kusenberg u. E. Oker, Ebenhausen 1972; *Loki oder Unserem Held die goldene Fünfzig*, Bühnen-Ms., Mü. 1972; *Das Ende der Vorsehung. Die gnadenlosen Folgen des Christentums*, Reinbek 1972; *Bayern – ein Rechtsstaat?*, Hg., zus. m. J. Kölsch, Reinbek 1974; *Das Königsprojekt*, R., Mü. 1974; *Dortmals. Ein Leben in Bayern*, Hg., Mü. 1975; *Der Untergang der Stadt Passau*, R., Mü. 1975; *Natur als Politik. Die ökologische Chance des Menschen*, Reinbek 1976; *Energiepolitik ohne Basis*, zus. m. P. C. Mayer-Tasch u. K. Meyer-Abich, Ffm. 1978; *Kommentare zu Snuff*, Film v. R. Rimmel, 1978; *An den Feuern der Leyermark*, R., Mü. 1979; *Marsch, zurück auf die Bäume ...*, Dortmund 1979; *Leb wohl geliebtes Volk der Bayern*, Mü. 1980; *G. K. Bayern. Ein patriotisches Requiem*, 1980; *Chesterton oder der Kampf gegen die Kälte*, Ess., Freiburg/Br., Hdbg. 1981; *G. K. Chesterton: Der Held von Nottinghill*, Hg., Hdbg. 1981; *Finale Rettung Michigan*, Hsp., 1982; *Schirmspringer*, Hsp., 1984; *Gesammelte Werke in Einzelausgaben*, Mü. 1985 ff.; *Die ökologische Chance*, Mü. 1985; *Die starke Position oder ganz normale Mamus. Acht Satiren*, Mü. 1985; *Die große deutsche Tour. Ein heiterer Roman der fünfziger Jahre*, Mü. 1986; *Das Penthouse-Protokoll*, Hsp., 1987; *Die Wallfahrer*, R., Mü. 1986; *Die Kapitulation oder Der real existierende Katholizismus*, Mü. 1988; *Das Geheimnis der Krypta*, R., Mü. 1990; *Die Botschaft des Jahrtausends. Von Leben, Tod und Würde*, Ess., Mü. 1994; *Hitler als Vorläufer. Auschwitz – der Beginn des 21. Jahrhunderts*, Ess., Mü. 1998; *Global Exit. Die Kirchen und der Totale Markt*, Ess., Mü. 2002.

Améry, Jean (eigentlich Hans Maier), wurde am 31. 10. 1912 in Wien geboren. Nachdem der Vater, Paul Maier, 1917 als Tiroler Kaiserjäger gefallen war, betrieb die Mutter Valerie Maier, geb. Goldschmidt, in Bad Ischl eine Pension, die 1924 Bankrott ging. Nach dem Gymnasium in Wien siedelte Améry für kurze Zeit nach Berlin über, wo er als Gelegenheitsarbeiter aus der Ferne die hauptstädtische Literaturszene erlebte. 1930 begann er eine Buchhändlerlehre in Wien; bis zu seiner Flucht nach Belgien 1938 betrieb er dort auch verschiedene philosophische und literaturwissenschaftliche Studien. In dieser Zeit war er besonders vom Neopositivismus Moritz Schlicks und Rudolf Carnaps beeinflusst; außerdem beschäftigte er sich intensiv mit Ernst Mach und der Sprachphilosophie Fritz Mauthners. 1934 gab er mit Ernst Mayer die Literaturzeitschrift »Die Brücke« heraus und arbeitete gleichzeitig an dem Roman *Die Schiffbrüchigen*, von dem nur ein kurzer Auszug im »Jahrbuch 1935« erschien. 1938 floh er nach Antwerpen; nach dem Überfall der deutschen Truppen auf Belgien im Mai 1940 wurde er als »feindlicher Ausländer« in Mechelen interniert. Im Juli 1941 gelang ihm die Flucht aus dem französischen Lager Gurs. Am 23. 7. 1943 wurde er als Mitglied der belgischen Widerstandsbewegung erneut verhaftet, in Einzelhaft genommen und schweren Folterungen ausgesetzt. Im Januar 1944 erfolgte die Deportation nach Auschwitz, von dort wurde er nach Buchenwald und schließlich nach Bergen-Belsen verschleppt, dessen Befreiung durch britische Streitkräfte er am 15. 4. 1945 zusammen mit 40 000 weiteren Häftlingen erlebte. Améry, der zu diesem Zeitpunkt nur noch 45 kg wog, kehrte nach Brüssel zurück, wo seine Frau wenige Tage nach der Befreiung Bergen-Belsens an Herzversagen gestorben war. In den folgenden Jahren, die er überwiegend in Belgien verbrachte, schrieb er eine Vielzahl von feuilletonistischen Beiträgen vor allem für Schweizer Zeitungen und Zeitschriften. In jener Zeit wandte er sich dem Existenzialismus Jean-Paul Sartres zu, dem er 1945 persönlich begegnet war. 1955 nahm er den »nom de plume« Jean Améry an. Seit den Sechzigerjahren arbeitete Améry, der in Helmut Heißenbüttel 1964 einen engen Freund und Förderer gefunden hatte, u.a. für »Die Zeit« und wurde durch zahlreiche Rundfunkbeiträge und Monografien einem breiteren Publikum bekannt.

1974 unternahm Jean Améry einen ersten Suizidversuch; in der Nacht vom 16. zum 17. 10. 1978 schied er während einer Lesereise in einem Salzburger Hotelzimmer freiwillig aus dem Leben.

Jean Améry erhielt 1970 den Kritikerpreis des Verbands deutscher Kritiker, 1972 den Literaturpreis der Bayerischen Akademie der Schönen Künste und 1977 den Lessing-Preis der Stadt Hamburg sowie den Preis der Stadt Wien für Kunst, Wissenschaft und Volksbildung.

Die traumatischen Erfahrungen von Verfolgung, Folter und insgesamt 642 Tagen Haft in nationalsozialistischen Konzentrationslagern bilden den Bezugspunkt für Amérys durchweg essayistisches

Œuvre. Schon der erste, nicht zuletzt unter dem Eindruck des Frankfurter Auschwitz-Prozesses entstandene Essayband *Jenseits von Schuld und Sühne* (1966) reflektiert den für ihn charakteristischen Themenkomplex von historischer Schuld und Verantwortung, von der Rolle des Intellektuellen und vom prekär gewordenen Erbe der Aufklärung. Der berühmt gewordene Essay *Über die Tortur* untersucht erstmals aus der Perspektive des Opfers totalitärer Gewalt die Grundlagen des NS-spezifischen Sadismus, der auf der »Negation des Anderen« und auf einer fundamentalen Verneinung des Sozialprinzips beruhe. Ein anderer dieser *Bewältigungsversuche eines Überwältigten,* wie der Untertitel des Bandes lautet, befasst sich mit der Frage *Wieviel Heimat braucht der Mensch?* Schonungslos und gewissenhaft durchleuchtet Améry in diesem autobiografischen Text jene Ereignisse, welche die deutsche und österreichische Nachkriegsgesellschaft mit aller Macht zu verdrängen bemüht war. Eindrucksvoll schildert er den Verlust der vertrauten Sprache und Umgebung, aber auch die Verwandlung der Mitmenschen in Schläger und Denunzianten. Nur ex negativo, aus dem irreversiblen Verlust heraus, ließe sich Heimat überhaupt adäquat definieren – trotz wiederholter Einladungen konnte sich Améry zeitlebens nicht zur Rückkehr nach Österreich entschließen. In *Ressentiments* schließlich insistiert er gegenüber dem prosperierenden Nachkriegsdeutschland auf der Erinnerung an die nationalsozialistische Barbarei und führt den in mehreren seiner Werke aufscheinenden Begriff der »Zeitumkehrung« ein: Aufgabe des Geistes sei es, gegen den natürlichen Prozess des Vergessens zu revoltieren: »Recht und Vorrecht des Menschen ist es, dass er sich nicht einverstanden erklärt mit jedem natürlichen Geschehen, also auch nicht mit dem biologischen Zuwachsen der Zeit.« Auch in den *Unmeisterlichen Wanderjahren* (1971), einer ebenso schonungslosen wie stilistisch brillanten Autobiografie, setzt er sich mit dem Antisemitismus, dem Austrofaschismus und dem Naziterror auseinander und bekennt, diese Gefahren selbst viel zu spät erkannt zu haben.

Der 1974 erschienene Roman-Essay *Lefeu oder der Abbruch*, dessen Held, ein Überlebender des Holocaust, sich dem Umzug aus einem alten Pariser Haus in eine Neubausiedlung verweigert, diskutiert auf vielschichtige Weise die möglichen Formen des Widerstands gegen eine geschichtsvergessene Gesellschaft. Mit besonderer Deutlichkeit zeigt sich in diesem »Anti-Antiroman« die Technik Amérys, die monologische Form des Essays durch ein System assoziierender Zitate (etwa Wittgensteins, Thomas Manns und Hölderlins) und literarischer Anspielungen (z. B. aufs Sartres Roman *La nausée*) aufzubrechen und gleichsam in einen Dialog mit rezenten wie vergangenen Stimmen zu treten. Eine ähnliche Form kritischer Dialogizität prägt auch das letzte zu Lebzeiten erschienene Werk, *Charles Bovary, Landarzt* (1978), das dem einfältigen und alltäglichen Ehemann der Madame Bovary eine humanistisch begründete Sympathie bezeugt und gleichzeitig eine kritische Vivisektion der bürgerlichen Ideologie beinhaltet, die sich in Flauberts Roman manifestiert. Doch ist Amérys Ideologiekritik hier wie in anderen Arbeiten keineswegs vom zeittypischen Dogmatismus gekennzeichnet, genauso wenig wie er in seiner Essayistik zu einer philosophischen Systembildung neigt. Obgleich deutlich der Linken zuzurechnen, setzte er sich auch mehrfach kritisch mit linken Publizisten wie François Bondy auseinander und verwahrte sich etwa gegen antizionistische Tendenzen. Nicht die Frage nach der Gültigkeit von Theorien, sondern die konkrete historische bzw. existenzielle Erfahrung bildet den Ausgangspunkt seiner literarischen Arbeit. Dies gilt beispielsweise für die fünf unter dem Titel *Über das Altern. Revolte und Resignation* (1968) veröffentlichten Aufsätze, die sich kritisch mit der Tradition der Verklärung des menschlichen Alterungsprozesses auseinander setzen, aber vielleicht mehr noch für sein wohl bekanntestes Werk, den Essay *Hand an sich legen. Diskurs über den Freitod* (1976), einem philosophisch-moralischen Traktat, der, ohne den Suizid zu glorifizieren oder gar zu empfehlen, das Recht des Menschen auf einen frei gewählten Tod verteidigt. Das Buch reiht sich nicht ein in die suizidologische Fachliteratur, ist vielmehr »jenseits von Psychologie und Soziologie situiert«. Nicht aus der »Welt der Lebenden und Überlebenden« berichtet Améry, sondern er leuchtet, auf phänomenologische Konzepte zurückgreifend, das Innere der als »Suizidäre« oder »Suizidanten« benannten Menschen »vor dem Absprung« aus. Dieser reflektierte Verzicht auf wissenschaftliche Distanz in Verbindung mit der gedanklichen Schärfe, mit der Améry seine Verteidigung vorbringt, erhebt *Hand an sich legen* zu einem »document humaine« von höchstem Rang und zu einem der bedeutendsten Essays der deutschen Nachkriegsliteratur. Gleichzeitig beweist dieser schmale Band, dass Amérys

Freitod keine Kurzschlusshandlung war, sondern dass er damit die wohlabgewogene Konsequenz zog aus der für ihn letztlich nicht zu bewältigenden politischen und metaphysischen Heimatlosigkeit, in die ihn das NS-Regime genau 40 Jahre vor seinem Tod gestürzt hatte.

Klaus Böldl

Werke: *Karrieren und Köpfe. Bildnisse berühmter Zeitgenossen*, Zür. 1955; *Teenager-Stars. Idole unserer Zeit*, Rüschlikon-Zür., Wien 1960; *Im Banne des Jazz. Bildnisse großer Jazz-Musiker*, Rüschlikon-Zür., Stg., Wien 1961; *Geburt der Gegenwart. Gestalten und Gestaltungen der westlichen Zivilisation seit Kriegsende*, Olten, Freib./Br. 1961; *Gerhart Hauptmann. Der ewige Deutsche*, Ess., Mühlacker 1963; *Winston Churchill. Ein Jahrhundert Zeitgeschichte*, Luzern, Ffm. 1965; *Jenseits von Schuld und Sühne. Bewältigungsversuche eines Überwältigten*, Ess., Mü. 1966; *Über das Altern. Revolte und Resignation*, Ess., Stg. 1968; *Unmeisterliche Wanderjahre*, Autobiogr., Stg. 1971; *Widersprüche*, Ess., Stg. 1971; *Lefeu oder der Abbruch*, R., Stg. 1974; *Hand an sich legen. Diskurs über den Freitod*, Ess., Stg. 1976; *Charles Bovary, Landarzt. Porträt eines einfachen Mannes*, Stg. 1978; *Lessingscher Geist und die Welt von heute. Rede zur Eröffnung des Wolfenbütteler Lessinghauses am 15. April 1978*, Wolfenbüttel 1978; *Örtlichkeiten. Sechs autobiografische Stationen*, Stg. 1980; *Bücher aus der Jugend unseres Jahrhunderts*, Ess., Stg. 1981; *Weiterleben – aber wie? Essays 1968–1978*, hg. v. Gisela Lindemann, Stg. 1982; *Unterwegs nach Oudenaarde*, bearb. v. F. Pfäfflin, Marbach 1982; *Der integrale Humanismus. Zwischen Philosophie und Literatur. Aufsätze und Kritiken eines Lesers 1966–1978*, hg. v. H. Heißenbüttel, Stg. 1985; *An den Grenzen des Geistes*, Hsp., Stg. 1985; *Der Grenzgänger, Gespräch*, hg. v. Ingo Hermann, Gött. 1992; *Cinéma. Arbeiten zum Film*, hg. v. J. Kalka, Stg. 1994; *Werke Band 2: Jenseits von Schuld und Sühne. Unmeisterliche Wanderjahre. Örtlichkeiten*, hg. v. G. Scheit, Stg. 2002; *Werke Band 1: Die Schiffbrüchigen. Lefeu oder der Abbruch*, hg. v. I. Heidelberger-Leonhard, Stg. 2003; *Werke Band 3: Über das Altern. Hand an sich legen*, hg. v. M. Boussart u. L. Baier, Stg. 2004; *Werke Band 4: Charles Bovary, Landarzt*, hg. v. H. Kesting, Stg. 2005; *Werke Band 5: Aufsätze zur Literatur und zum Film*, hg. v. H. Holler, Stg. 2003; *Werke Band 6: Aufsätze zur Philosophie*, hg. v. G. Scheit, Stg. 2003; *Werke Band 7: Aufsätze zur Politik und Zeitgeschichte*, hg. v. S. Steiner, Stg. 2005; *Werke Band 8: Briefe*, hg. v. F. Pfäfflin, Stg. 2004; *Werke Band 9: Materialien*, hg. v. I. Heidelberger-Leonhard, Stg. 2006.

Ammer, Andreas, wurde am 23. 3. 1960 in München geboren. Das Studium der Germanistik, Philosophie und Geschichte der Naturwissenschaften schloss er 1990 mit einer Promotion über Angst und Schrecken in der Goethezeit ab. Von 1989 bis 1991 war er wissenschaftlicher Angestellter und Lehrbeauftragter an der Ludwig-Maximilian-Universität München, seitdem arbeitet er im Wechsel als freier Autor, Universitätsdozent und Fernsehjournalist (u.a. für die Kulturmagazine der ARD). Für seine Hörspiele erhielt er mehrere nationale und internationale Auszeichnungen, darunter zweimal den Hörspielpreis der Kriegsblinden. Ammer ist Juror beim Deutschen Krimipreis.

Schon Ammers Erstlingswerk, die akustische Enzyklopädie der Geräuschkunst *Orbis Auditus – Das Lautlexikon* (1990) wurde von der Frankfurter Akademie der Darstellenden Künste als Hörspiel des Jahres 1990 ausgezeichnet. Ammer geht darin der Geschichte der onomatopoetischen Ausdrücke seit Aristophanes nach, bis sie von der Schrift in das Zeitalter ihrer technischen Aufzeichnung eintraten und von Futuristen und Dadaisten endgültig kunstfähig gemacht wurden: »Das Geräusch ist der Rausch der Literatur.« Ammers Aufforderung, aus den einzelnen Stichwörtern des Lexikons eigene Geräuschwörter zusammenzusetzen, war 1990 noch mit einigem Aufwand verbunden. Erst mit Frieder Butzmanns *Spunkkrachlexikon* (2001) hat ein lineares Hörspiel, das wie ein nichtlineares Lexikon funktioniert, den ihm angemessenen medialen Ort im Internet gefunden. In seinen häufig für Liveaufführungen konzipierten Hörspielen arbeitet Ammer fast immer mit Komponisten und Musikern wie FM Einheit, Ulrike Haage, Console (d.i. Martin Gretschmann), Sebastian Hess und Phil Minton zusammen. Denn zur künstlerischen Belebung der Kunstform Hörspiel brauche es weniger Schriftsteller als Medientechniker, sagte Ammer in seiner Rede zur Verleihung des Kriegsblindenpreises 1995 für *Apokalypse live*.

Es sind drei Medientechniken, auf die sich Ammer bezieht. Die Erste wurde von Monteverdi vor 500 Jahren in Mantua entwickelt, die Oper: »eine Radiosendung ohne technischen Apparat«, nennt Ammer sie, die »an die letzten Dinge, an die heiligen Bereiche des Lebens und des Todes dringt«. Die Zweite ist die Hitparade, die populär ist und im Wechsel von Moderation und Song strukturanalog zu Rezitativ und Arie funktioniere; und drittens die Fußballreportage, die ein Höchstmaß an dramatischer Spannung bei gleichzeitiger künstlerischer Überformung ermöglicht: »Texte, die im Radio funktionieren«.

Auf Basis dieser Medientechniken sind die Stücke *Radio Inferno* (1993) nach Dantes *Göttlicher Komödie* und *Apokalypse live* (1994) nach der biblischen Offenbarung des Johannes entstanden.

Moderiert hatte den auf Dauer gestellten Weltuntergang der Anchorman der Tagesthemen, Hanns-Joachim Friederichs, kurz vor seinem Tode zu Gloria Gaynors Überlebenshymne (»I will survive«). Die ironische Distanz zum Material als von vorneherein Künstlichem (»Die Hölle ist ein Buch von Dante«) und die möglichst hohe Intensität der Umsetzung unter Einsatz aller künstlerischen Mittel stehen in einem spannungsreichen, paradoxen Verhältnis: »Das Medium war das Messer, die Message ist null eins.«

Als Tonträgeroper haben Andreas Ammer und FM Einheit den Zyklus *Deutsche Krieger* (1995) bezeichnet, der aus musikalisierten und rhythmisierten O-Tönen des Fonografenkrieges (*Kaiser Wilhelm Overdrive*, 1991), des Radiokrieges (*Adolf Hitler Enterprise*, 1995) und des Fernsehkrieges (*Ulrike Meinhof Paradise*, 1997) besteht. Der letzte Teil setzt sich in der ersten Originaltonoper von Ammer und Einheit *Alzheimer 2000/Toter Trakt* (UA 2002) fort, einer Reflexion der gespaltenen Figuren Frau Meinhof und Herr Baader über Ulrike M. und Andreas B. Ihnen bleibt die freudige Erwartung ihrer Seligkeit versagt, die die künftigen Heiligen in *7 Dances of the Holy Ghost* (1998) angesichts der detailliert geschilderten Folterqualen ihres Martyriums ergreift.

Crashing Aeroplanes (2001) beschreibt eine andere Art zu sterben. Man hört die zu technischen Zwecken aufgezeichneten Originaltöne aus den Cockpit-Voice-Rekordern abstürzender Flugzeuge. Ernsthaft und respektvoll, ohne voyeuristische Effekthascherei und mit einer Musik, die lediglich das Vergehen von Zeit fühlbar machen soll, entfaltet sich ein Requiem, das inmitten der technischen Sounds in den Stimmen der Piloten das Humanum rettet. Erstaunlich ruhig überliefern sie die letzten Daten, die eine Wiederholung der Katastrophe verhindern helfen sollen. Gemäß Ammers medientechnologischer Zielsetzung (der akustischen Liveübertragung der größtmöglichen Annäherung an den Tod mit höchster Intensität) sei der Cockpit-Voice-Rekorder ein idealer Hörspielapparat und in seiner Überlieferungsfunktion der Sieg der Technik über den Tod, als den sich die Medien schon immer verstanden hätten, so Andreas Ammer in seiner Rede zur Verleihung der Hörspielpreises der Kriegsblinden 2002 für *Crashing Aeroplanes*.

Mit geringerem technischen Aufwand arbeitet das »Natural Techno«-Stück *Bugs & Beats & Beasts* (1999), das die Sounds von Insekten zu einer »Musica Entomologica von den Massen für die Massen« komponiert. Fünf Akteure sind aufgefordert, jemand beliebigen zu verfolgen und diese Verfolgung akustisch zu protokollieren. »Tracking«, das gleichzeitig verfolgen und Spuren lesen bedeutet, bildet das dynamische Gegenstück zur akustischen Raumüberwachung, die in *Crashing Aeroplanes* zum Einsatz kam. Die so gewonnenen akustischen Beschattungsprotokolle stellen die Differenz von Form und Material aus, liefern dem Hörer als Beobachter zweiter Ordnung mehr Material zur Identifizierung des Verfolgers als zum Objekt der Observation und machen ihm seine Rolle als Beobachter von Beobachtern und konstruierender Ko-Autor des Stücks bewusst. So nutzen Ammers Hörspiele die Möglichkeiten der akustischen Aufzeichnung, Übertragung und Manipulation voll aus und reflektieren zugleich ihre mediale Bedingtheit.

Jochen Meißner

Werke: *Horrorgraphie: das Aufschreiben der Angst und die Schrecken der Schrift als Mikromechanik des Sinns in der klassischen Zeit deutscher Literatur*, Diss., Mü. 1990; *Orbis Auditus – Das Lautlexikon*, Hsp., BR 1990; *J. W. v. Goethe: Erotische Gedichte*, Hg., Ffm. 1991; *Über das Ende der Kunst: Multiple Joyce, Cage in Words, Made in Duchamp*, Feat., BR 1991–96; *Kaiser Wilhelm Overdrive*, Hsp., BR 1991; *Die Benjamin Loops*, Hsp., BR 1992; *Radio Inferno*, Hsp., zus. m. FM Einheit, BR 1993; *Apocalypse live*, Hsp., zus. m. FM Einheit u. Ulrike Haage, BR 1994; *Deutsche Krieger I und II*, Hsp., zus. m. FM Einheit, BR 1995; *Odysseus 7 – Radio Space Opera*, Hsp., zus. m. FM Einheit, BR 1997; *It came from outer space*, Feat., DLF 1998; *Loopspool* (Remix der Benjamin Loops), Hsp., zus. m. Console, BR 1998; *Frost. Robert F. Scotts Tod im Eis*, Hsp., zus. m. FM Einheit, Pan Sonic u. Gry, WDR 1998; *7 Dances of the Holy Ghost*, Hsp., zus. m. Ulrike Haage, BR 1998; *Fut-Fut-Futurismus. Ein akustisches Traktat über die Manifeste des Futurismus vom Ende des 20. Jahrhunderts*, Feat., DLF 1999; *Bugs & Beats & Beasts. Musica Entomologica*, Hsp., zus. m. Console, BR 1999; *IS&DN – Interleaved Songs and Dancefloor Narration*, Hsp., zus. m. Console, WDR 1999; *Heimat und Technik. Das Heidegger Bootleg*, Hsp., zus. m. Console, BR 1999; *The official Olympia Bootleg*, Hsp., zus. m. Console, WDR 2000; *Marx Engels Werke*, Hsp., zus. m. FM Einheit u. Sebastian Hess, BR 2001; *Crashing Aeroplanes (Fasten your seatbelts)*, Hsp., zus. m. FM Einheit, WDR 2001; *On The Tracks*, Hsp., zus. m. Console, WDR 2002; *Alzheimer 2000/Toter Trakt*, Oper, zus. m. FM Einheit, UA Bonn 2002, WDR 2002; *Nihilismus de Luxe. Ein Stück von Nietzsches Wahnsinn*, zus. m. FM Einheit, UA Ffm. 2002; *Unser Oskar. Sprachoper für Oskar Maria Graf*, zus. m. Sebastian Hess, UA Mü. 2003, BR 2003.

Andersch, Alfred, wurde am 4. 2. 1914 in München geboren, besuchte das Gymnasium und absolvierte eine Buchhändlerlehre. 1933 wurde er als kommunistischer Jugendleiter im KZ Dachau inhaftiert. Er löste sich von der KPD und ging als Angestellter in die Industrie, war dann Soldat und gelangte 1944/45 als Kriegsgefangener in die USA. Nach 1945 wirkte er als Redaktionsassistent Erich Kästners am Feuilleton der »Neuen Zeitung« in München mit, betätigte sich als Herausgeber von Zeitschriften (»Der Ruf«, 1946/47, zusammen mit Hans Werner Richter; »Texte und Zeichen«, 1955/57) und der Buchreihe »Studio Frankfurt« (1952/53) und arbeitete am Rundfunk (Abendstudio Frankfurt/M., Feature-Redaktion Hamburg und Frankfurt/M., Radio-Essay Stuttgart zusammen mit Hans Magnus Enzensberger). Zeitweise gehörte er zur »Gruppe 47«. Seit 1958 lebte er als freier Schriftsteller in Berzona/Locarno, wo er am 21. 2. 1980 starb. 1972 hatte er die Schweizer Staatsbürgerschaft erhalten.

In Leben und Werk von Alfred Andersch ist das Prinzip der Selbstbefreiung bestimmend geworden, – Selbstbefreiung aus der Gewalt des Staates, den Institutionen der Partei, demoralisierender Milieus. Aus dem nationalkonservativ-militaristischen Elternhaus brach der junge Andersch aus und wurde Organisationsleiter des Kommunistischen Jugendverbandes Südbayern. Am 8. März 1933 verhaftet, wurde er im KZ Dachau als »Schutzhäftling« bis Ende April interniert. Als er am 9. September noch einmal kurz festgenommen und verhört wurde, löste er sich von der KP, enttäuscht darüber, dass sie sich nicht gegen die Machtergreifung der Nazis zur Wehr gesetzt hatte. Andersch, der zunächst im medizinischen, völkischen »J. F. Lehmann's Verlag« – in dem auch die Zeitschrift »Volk und Rasse« erschien – Zeitschriften fakturierte, heiratete in München Angelika Albert, Adoptivtochter des 1929 gestorbenen bekannten Münchner Verlegers und Chemiefabrikanten Eugen Albert. Angelikas älterer Halbbruder Fritz Albert, Chefchemiker der Leonar-Werke in Hamburg, holte ihn 1937 als Leiter der Werbeabteilung an die Alster. Der Münchner Antiquar und Rezitator Günther Herzfeld-Wüsthoff, dem Andersch Gedichte zeigte, ermunterte ihn zum Schreiben. Zur Wehrmacht einberufen, lernte Andersch im Sommer 1940 Gisela Groneuer, Tochter des 1929 in Konkurs gegangenen Elberfelder Konservenfabrikanten Dichgans, kennen. Als seine Ehe mit – der »Halbjüdin« – Angelika zerbrochen war, drängte Andersch, der publizieren wollte und zu diesem Zweck Mitglied der »Reichsschrifttumskammer« werden musste, auf Scheidung. Damit überließ er Angelika dem im »Dritten Reich« ungewissen Schicksal einer Halbjüdin – ein moralisches Desaster, das Andersch in eine schwierige Lebensphase führte. Sie sensibilisierte ihn für Opportunismus sowie intellektuellen und menschlichen Verrat. Der Germanist W. G. Sebald konstruierte daraus in dem Pamphlet *Between the devil and the deep blue sea* (»Lettre I«, 1993) den Vorwurf, Andersch habe diese Verstrickung in Schuld nicht eigentlich zum Thema gemacht und »verarbeitet«, vielmehr sei seine literarische Produktion nach 1945 »Transsubstantiation von Schuld bzw. Mitschuld in Schuldfreiheit«. Das Gegenteil dürfte richtiger sein: Mitschuld wird transparent gemacht im Wunsch, Schuld »abzuarbeiten«. In seinem »Bericht« *Die Kirschen der Freiheit* (1952) hat Andersch seine Verstrickung durchaus verbalisiert: Er habe 1937 dem Führer in München zugejubelt, und bezogen auf Hitlers schnelle militärische Erfolge: »Ich war derart auf den Hund gekommen, dass ich einen deutschen Sieg für möglich hielt. Ich gab damals der Kanalratte eine Chance, jedes Mal, wenn ich daran denke, spucke ich vor mir aus.« Allerdings hat Andersch noch bis etwa 1975 erklärt, unter Hitler kaum geschrieben und nichts veröffentlicht zu haben. In Wirklichkeit hatte er immer geschrieben, am 25. April 1944 die Erzählung *Erste Ausfahrt (Sechzehnjähriger allein)* in der »Kölnischen Zeitung« veröffentlicht und sich vergeblich um die Publikation eines Erzählbandes bemüht. Andersch war froh, als kurz vor seinem Tod der Publizist Fritz J. Raddatz am 12. Oktober 1979 in der »Zeit« das Tabu brach, Autoren wie Eich, Koeppen, Andersch hätten im »Dritten Reich« aus Protest gegen die Nationalsozialisten nichts veröffentlicht. (»Ich stimme vollständig zu«, antwortete Andersch am 29. November 1979 in der »Zeit«.) Andersch, seit 1943 Werbeleiter bei der Kosmetikfirma Mouson in Frankfurt am Main, wurde erneut zur Wehrmacht eingezogen. In Italien desertierte er am 6./7. Juni 1944 bei San Virginio, 60 Kilometer nördlich von Rom. Zurückgekehrt aus amerikanischer Gefangenschaft, wurde er in Westdeutschland für über zehn Jahre einer der literaturpolitisch einflussreichsten Gegner jeder Restauration, brach aber dann mit dem Literaturbetrieb, schied aus der »Gruppe 47« mit dem Vorwurf aus, sie habe sich zu einer Literaturbörse verwandelt, und zog in die Schweiz, um dort als freier Schriftsteller zu arbeiten. Ende der Sechzigerjahre stand er der »außerparlamentarischen« Opposition offen gegenüber, mit dem Vorbehalt: Er opferte nicht als Bilderstürmer die Literatur der Politik (wie er dies bei Grass und Enzensberger zu beobachten meinte). Obwohl Andersch den Augenblick für fatal hielt, in dem sich ein Schriftsteller mit der Kirche, dem Staat oder einer Partei identifizierte, führte sein eigener Weg keineswegs ins unpolitische Außenseitertum. Doch Humanität, bekannte er, bedeute ihm mehr als Engagement. Dass es sich dabei um eine engagierte Humanität handelte, zeigt sein politisches Gedicht über Berufsverbote *Artikel 3 (3)*, das nach dem Abdruck in der »Frankfurter Allgemeinen Zeitung« im Januar 1976 heftige Kontroversen auslöste.

Flucht im Werk von Alfred Andersch ist nicht zu verwechseln mit der Illusion, dieser Welt spurlos entrinnen zu können, wie sie von der bundesdeutschen Literatur der Fünfzigerjahre so häufig gehegt worden war (im poetischen Theater, im Hörspiel, im Naturgedicht). Anderschs Helden kommen auch nach ihrem Ausbruch in die Freiheit immer wieder in der Wirklichkeit an. Schon in dem autobiografischen Bericht *Die Kirschen der Freiheit* (1952), der mit der geglückten Desertion an der italienischen Front 1944 endet, wird Freiheit nur als Augenblick zwischen Gefangenschaft und Gefangenschaft gewährt – hier symbolisiert in der Freiheit des Deserteurs, der sich in dem schmalen Niemandsland zwischen den Lagern bewegt. Flucht gilt als Rettung: Um einer humaneren Existenz willen entscheidet sich der Einzelne zum positiven Verrat an Verbrechern und Narren, an der »falschen« Gesellschaft. Andersch hält in seinen Romanen am Prototyp dieser bedrohlichen Umklammerung fest, aus der es sich zu befreien, zu retten gilt: dem Nationalsozialismus. Gregor, der junge kommunistische Funktionär im Roman *Sansibar oder der letzte Grund* (1957), wendet sich von der Partei ab, um als Einzelner dem »Dritten Reich« zu widerstehen. Der Junge, der sehnsüchtig von Sansibar in der Ferne träumt, kehrt auf seinem Weg ins Ausland um, damit er nicht die gefährdet, die einem jüdischen Mädchen aus Deutschland zur Flucht verholfen haben. Sinnbild dieses Mutes, über sein Leben selbst zu entscheiden, ist im Roman eine Skulptur (»Der lesende Klosterschüler« von Ernst Barlach), die als Exemplar der »entarteten Kunst« geschützt und gerettet wird: die Figur des »Lesenden Klosterschülers«, einfühlsam gedeutet als Darstellung eines kritischen, unbotmäßigen Lesers, der über sich selbst verfügt, jederzeit das Buch zuschlagen, aufstehen und fortgehen kann.

Franziska, Titelfigur im Roman *Die Rote* (1960), bricht aus ihrer Ehe und dem Bannkreis des deutschen Wirtschaftswunders aus, um sich selbst zu finden. Ein einfaches Leben an der Seite eines politischen Revolutionärs und Künstlers scheint ihr eine moralisch gültigere Existenz zu verschaffen. Die revidierte Fassung des Buches von 1972 verzichtet auf diesen optimistischen Schluss und lässt die Flucht offen enden.

Der Held des Romans *Efraim* (1967), ein jüdischer Emigrant, beobachtet als englischer Journalist das Deutschland der frühen Sechzigerjahre, begegnet den Nachwirkungen des Nationalsozialismus, verfolgt Spuren in die Zeit vor 1945 zurück. Efraim, ein »heimatloser« Intellektueller, bleibt Fremder allerorten, in allen Sprachen, selbst in seinen privaten Verhältnissen: Er führt die problematische Variante der Flucht, die Vereinsamung, vor.

Andersch verkannte nicht die Gefahren eines Wechsels über die Grenze zum Niemandsland, nicht die Angst vor dem Sprung ins Ungewisse. Etliche seiner Geschichten handeln von gescheiterten Fluchtversuchen – zum Beispiel das Hörspiel *Fahrerflucht* (1957), die Erzählungen *Ein Liebhaber des Halbschattens* (1963) oder *Mein Verschwinden in Providence* (1971). Selbstbefreiung gelingt eher den weiblichen als den männlichen Hauptfiguren – erkennbar auch daran, dass sie sich aus ihren halbherzigen Beziehungen zu Männern lösen. So wird etwa Käthe Lenk im Roman *Winterspelt* (1974) zur »Partisanin ohne Partei«, während sich Major Dincklages fantastischer Plan einer großen Desertion zerschlägt – er will angesichts der unausweichlichen Niederlage sein 1944 in der Eifel stationiertes Bataillon den Amerikanern übergeben. Selbst befreit haben sich die alten Kommunisten, die als würdig-achtenswerte Vaterfiguren bei Andersch wiederholt auftauchen: Desillusioniert, bleiben sie doch, gerade in ihrem Tun, den humanen Idealen des Sozialismus treu. Alfred Andersch erzählt häufig in der Perspektive seiner Figuren, versetzt sich in ihre Lage und Sprache. Selbst komplizierte Ausdrucksformen wie Redezitat, erlebte Rede, innerer Monolog wirken bei ihm meistens wie selbstverständlich, da man die Personen vor Augen zu haben meint. Andersch hat geäußert, ihn interessiere, was ein einzelner Mensch von sich mitzuteilen hat: Er macht den Leser zum Vertrauten der Figuren – und zum Betrachter. Selbst in autobiografisch gefärbten Erzählungen – wie in der authentischen Schulgeschichte um den Münchner Gymnasialtyrannen Gebhard Himmler (*Der Vater eines Mörders*, 1980)

– und in Reiseberichten führt sich Andersch selbst gerne in der dritten Person und dann noch unter anderem Namen ein (zum Beispiel als Franz Kein); nicht um sich hinter Masken zu verstecken, sondern um Distanz zu schaffen, um Positionen zu erproben. Andersch verteidigte das Erzählen als ein Denken im Konjunktiv, ein »Sandkastenspiel« – eine Verhaltensweise, Geschichte nicht einfach hinzuweisen. Andersch kommt es nicht darauf an, die Menschen zu interpretieren, sondern zu beschreiben. Er strebt einen »metaphernlosen« Stil an, der die Sachen, auch die »Realität der Seele« exakt schildert. Er richtet nicht allwissend über seine Figuren, sondern stellt ihre »Aussagen« nebeneinander. Seine Misch- und Mosaik-Montage (besonders augenfällig in *Winterspelt*) erlaubt es, sowohl nicht-fiktionale Elemente, wie Dokumente, Auszüge, Statistiken, in die Erzählung aufzunehmen, als auch zahlreiche Einzeldaten und Details anzuhäufen. Die Fülle dieser »Informationen«, bisweilen als Gelehrsamkeit verstanden, erschien der Kritik verschiedentlich allzu üppig.

Der Erzähler Andersch beweist einen geschärften Sinn für Bildeindrücke. Diese empfindliche Optik zeichnet auch seine Reiseberichte aus. Auf der Suche nach unberührter Landschaft und fremden Menschen durchwanderte, durchfuhr er – in Begleitung seiner Frau Gisela, die einige dieser Berichte mit Fotografien ausgestattet hat – Skandinavien oder die Mittelmeerländer (z.B. Portugal nach der Revolution), stets als hellsichtiger »Jäger des Augenblicks«, der die Farbwerte einer Meeresstimmung wie die Armut eines mexikanischen Dorfmarktes in einprägsame Bilder fasst (*Wanderungen im Norden*, 1962; *Aus einem römischen Winter*, 1966; *Hohe Breitengrade*, 1969).

Andersch stellt in seinem Œuvre Fragen, die auch heute nichts von ihrer Brisanz verloren haben: Wie ist es um die konfliktreiche Dialektik zwischen Kollektiv und Individuum bestellt? Wenn Dasein und Geschichte interpretiert werden als bloße Entfaltung von Strukturen und Verhältnissen, von Schicksal und Verhängnis, droht Geschichte dann nicht zu einem Prozess ohne Subjekt zu werden? Kommt es nicht in besonderer Weise auf den Einzelnen an? Ist Subjektivität nicht ein Mittel, der Wahrheit näher zu kommen? Müsste man das Ich nicht in Fahrt bringen, statt zum Verschwinden? Ist Literatur nicht eine enorme Möglichkeit, zur Wirklichkeit das Mögliche hinzuzuerfinden, Alternativen durchzuspielen, Geschichte und schuldhaft erlebte Lebensgeschichte zu korrigieren? Das schließt politische und soziale Sensibilität nicht aus. Im Gegenteil. Denn, so Andersch im Porträt des ihm seelenverwandten italienischen Schriftstellers Elio Vittorini, »jegliche Beziehung des Künstlers zur Gesellschaft und zu seinem Gewissen« könne geradezu produktivitätssteigernd sein. Für Andersch besteht die Würde des Intellektuellen wie des Schriftstellers sowohl in der ästhetischen Radikalisierung seiner Subjektivität als auch in der Teilhabe am Ganzen und im Mitgefühl für Schwächere und Marginalisierte.

Thomas Koebner/Stephan Reinhardt

Werke: *Deutsche Literatur in der Entscheidung*, Ess., Karlsruhe 1948; *Europäische Avantgarde*, Hg., Ffm. 1949; *J. Wechsberg: Ein Musikant spinnt sein Garn*, Übs., 1949; *Th. Mann: Politische Dokumente 1930–1950*, Hg. 1950 (nicht ersch., ital. Ausg. 1957); *Biologie und Tennis*, Hsp., 1950, Fssp., zus. m. H. Krapp, 1958; *Menschen im Niemandsland*, Hsp., NWDR 1952; *Die Kirschen der Freiheit*, R., Ffm. 1952; *Die bitteren Wasser von Lappland*, Feat., NWDR 1953; *Gegen den Dezembersturm oder Langsame Gedanken über ein schnelles Thema*, Hsp., NWDR 1953; *Die Feuerinsel oder Die Heimkehrer des Kapitän Tizzoni*, Hsp., NWDR 1954; *Die letzten vom Schwarzen Mann*, Hsp., NWDR 1954; *Paris ist eine ernste Stadt*, Funkess., 1955, gedr. Olten 1961; *Von Ratten und Evangelisten*, Hsp., 1956; *Des weißen Mannes Bürde. Brennpunkt Indochina*, Hsp., 1957; *Piazza San Gaetano. Neapolitanische Suite*, Olten, Freiburg/Br. 1957, Hsp., 1957; *Sansibar oder der letzte Grund*, R., Freiburg/Br. 1957; *Fahrerflucht*, Hsp., SWF/RB 1957; *Aktion ohne Fahnen*, Hsp., nach Sansibar, HR/RB 1958; *Geister und Leute*, En., Olten, Freiburg/Br. 1958; *Der Tod des James Dean*, Funkmontage, SWF/HR/RB 1959, gedr. St. Gallen 1960, *Schpl.*, Theaterst., m. Texten von Dos Passos, Ginsberg, Cummings u.a.; *Der Albino*, Hsp., SWF/RB 1960; *Von Ratten und Evangelisten*, Hsp., SWF/RB 1960; *In der Nacht der Giraffe*, Hsp., HR 1960; *Russisches Roulette*, Hsp., SWF/RB 1961; *Postkarten aus Delft und Trondheim*, Hsp., SDR/NDR 1961; *Luigi Nono: Intolleranza*, Oper, Übs., 1962; *Wanderungen im Norden*. Reisebuch, Olten, Freiburg/Br. 1962; *Vergebliche Brautschau*, Hsp., 1963; *Die Flamme und die Polis – Laudatio auf Hamburg*, Hsp., NDR/SDR 1964; *Fahrerflucht*, 4 Hsp., Mü. 1965; *Die Blindheit des Kunstwerks und andere Aufsätze*, Ffm. 1965; *Bericht, Roman, Erzählungen*, Ausw., Olten, Freiburg/Br. 1965; *Aus einem römischen Winter. Reisebilder*, Olten, Freiburg/Br. 1966; *Efraim*, R., Zür. 1967; *Haakons Hosentaschen*, Fssp., zus. m. M. Bosboom, 1969; *Hohe Breitengrade*. Reisebuch, Zür. 1969; *Die Entwaffnung*, Fssp., 1969; *Tochter*, Hsp., 1969, E., Zür. 1970; *Mein Verschwinden in Providence*, Zür. 1971, Hsp., SWF 1984; *Gesammelte Erzählungen*, Zür. 1971; *Norden Süden rechts und links. Von Reisen und Büchern 1951–1971*, Zür. 1972; *Alte Peripherie*, En., Ost-Bln., Weimar 1973; *Winterspelt*, R., Zür. 1974; *Die Brandung von Hossegor*, Hsp., NDR/HR/SR/WDR 1976; *Tapetenwechsel*, Hsp.,

WDR 1976; *Öffentlicher Brief an einen sowjetischen Schriftsteller, das Überholte betreffend*, Aufs., Zür. 1977; *Weltreise auf deutsche Art*, Zür. 1977; *empört euch der himmel ist blau*, Zür. 1977; *Radfahrer sucht Wohnung*, Hsp., SDR 1977; *Mein Lesebuch oder Lehrbuch der Beschreibungen*, Anth., Ffm. 1978, Hsp., NDR 1978; *Neue Hörspiele*, Zür. 1979; *Das Alfred Andersch Lesebuch*, Zür. 1979. *Werk- und Studienausgabe*, 15 Bde., Zür. 1979; *Der Vater eines Mörders*, Zür. 1980, Hsp., SWF 1982; *Flucht in Etrurien*, E., Zür. 1981; Arno Schmidt u. A. A. Der Briefwechsel, hg. v. B. Rauschenbach, 1985; *»... einmal wirklich leben«. Ein Tagebuch in Briefen an Hedwig Andersch 1943–1975*, Zür. 1986; *Erinnerte Gestalten*, frühe En., Zür. 1986; *Biologie und Tennis*, Hsp., SWF 1992.

Anderson, Sascha, wurde am 24. 8. 1953 in Weimar geboren, lebt in Berlin und Frankfurt am Main. Der gelernte Schriftsetzer sang, dichtete und komponierte seit Ende der Siebzigerjahre zunächst für eine Punk-, dann für eine Jazz- und schließlich für eine Rockband (»Fabrik«). Er lebte in Dresden und Ost-Berlin, wo er bis zu seiner Ausreise in die Bundesrepublik im August 1986 als Symbolfigur einer sich frei entwickelnden, unabhängigen DDR-Kulturszene galt, die den Staat und seine Institutionen ignorierte und die politische Identifikation verweigerte. Zusammen mit befreundeten Malern produzierte Anderson im Selbstverlag schon seit Beginn der Achtzigerjahre »schriftgrafische« Bücher in kleinen Auflagen. 1985 gab er zusammen mit Elke Erb die Anthologie *Berührung ist nur eine Randerscheinung* heraus, in der erstmals 29 Autoren der freien DDR-Kulturszene vorgestellt wurden. Ebenso wie diese Publikation erschienen seine eigenen Lyrikbände nur in der Bundesrepublik Deutschland. Anderson hatte nach eigener Aussage die Ausreise in den Westen nicht aufgrund politischer Motive beantragt. Er selbst bezeichnete sich als »Nachzieher«, der seinen alten Freunden aus der DDR, Musikern und Malern, in den Westteil Berlins gefolgt sei, um dort wieder mit ihnen zusammenarbeiten zu können: »Wenn ich eine Funktion für mich sehe, dann die, durch mein Schreiben die Maler zu begleiten, die ich mag. Das sind: Ralf Kerbach, Cornelia Schleime, Helge Leiberg und Wolfram Scheffler« (1986). 1990 war er Mitbegründer des Druckhauses Galrev. 1987 erhielt Anderson zusammen mit Jürgen Fuchs den Thomas-Dehler-Preis, der nach zehnjähriger Pause erstmals wieder vergeben wurde, das ihm 1991 zuerkannte Villa-Massimo-Stipendium wurde aufgrund seiner mittlerweile bekannt gewordenen »Stasi«-Tätigkeit ausgesetzt.

Sascha Anderson präsentiert seine vorwiegend lyrischen Texte meist in Verbindung mit Malerei, Grafik und/oder Musik. Er arbeitet zwar auch mit konventionellen Stilmitteln, lässt sich aber grundsätzlich weder formal noch inhaltlich festlegen. Im Gegensatz zu seinen Songtexten, die sehr direkt und aggressiv wirken, stellen sich die literarischen Texte meist verklausulierter und undurchsichtiger dar. Politische Realitäten nahm Anderson, als er noch in der DDR lebte, zur Kenntnis, ohne sie jedoch zum vorrangigen literarischen Thema zu wählen. Gerade deshalb erwartete man von seiner Übersiedlung von Ost nach West keine radikalen Veränderungen hinsichtlich seiner künstlerischen Aktivitäten. Die »Mauer«, ein häufig vorkommendes Bild in seiner Lyrik, wurde ihm nur deshalb »zum Thema«, weil er »dabei immer wieder an Grenzen« stieß. »Deutschland dagegen hat nie eine Rolle gespielt. Aus dem Bewußtsein heraus, daß ich Deutschland gar nicht kenne« (1986).

Die Gedichte des Bandes *totenreklame. eine reise* (1983) basieren auf Eindrücken, die der Autor auf einer mehr als 7000 km langen Fahrt durch die DDR gewonnen hatte. Sich immer wieder auf deutsche Kultur, Geografie und Geschichte beziehend, verknüpft Anderson seine Kritik mit Anspielungen auf klassische Vorbilder: »... erhebend ist die deutsche geschichte / so ineinandergekrallt / die grenze ein erleuchtendes zeichen / für den fliehenden wald //... Was ist der Mensch? ein dudelsack / für den dialektischen marsch / der mit dem kopf nur wackeln kann / und brüllen mit dem arsch ...« (*eine harzreise*). Der 1988 erschienene Band *brunnen, randvoll* versammelt fünf Prosastücke, in denen Anderson Erfahrungen eines Gefängnisaufenthaltes in der DDR verarbeitete, fünf Gedichtzyklen, die zwischen die Prosatexte eingeschoben sind, einige Sonette und (Liebes-)Gedichte. Gleichsam als literarisierte Reaktion auf die Erfahrungen im Gefängnis nehmen der subjektivierende Zug und die Chiffrierung einzelner lyrischer Passagen zu. Sie verweigern sich einem logischen Nachvollzug. Am Ende entzieht sich das »Ich« schließlich völlig: »... ich höre nicht was du sagst / ich schreibe nicht was ich höre / ich lege mein notizbuch auf den tisch / ich war es nicht« (*waldtrauds leichen*).

In die Schlagzeilen geriet der jahrelang als zentrale Figur der Künstlerszene am Prenzlauer Berg geltende Schriftsteller zwei Jahre nach dem Fall der Mauer nicht wegen literarischer Erfolge, sondern aufgrund seiner IM-Tätigkeit für die »Stasi«. Das Magazin »Der Spiegel« forderte nach Hinweisen von Jürgen Fuchs und Wolf Biermann, dass Anderson jahrelang als Spitzel tätig gewesen sei, die Geschichte der DDR-Literatur müsse neu geschrieben werden. Eine emotional geführte Diskussion – für und gegen den Verdächtigten – begleitete den »Fall Anderson«, bis erwiesen war, dass der stets unpolitisch wirkende Künstler u.a. Lutz Rathenow, Jürgen Fuchs sowie enge Freunde selbst noch nach seinem Wechsel in die Bundesrepublik für die »Stasi« ausgehorcht hatte. Aus der zeitlichen Distanz von einigen Jahren wurde der »Fall Anderson« als »Lehrstück über Macht und Moral, Verrat und Engagement und über die Verantwortung des Intellektuellen« (Klaus Michael, 2000) gedeutet. Anderson trat nach seiner Enttarnung nur mit zwei wenig beachteten Lyrikbänden in Erscheinung, bis er sich mit einer Art Autobiografie, die 2002 u. d. T. *Sascha Anderson* veröffentlicht wurde, schließlich auch literarisch mit seiner »Stasi«-Vergangenheit auseinander setzte. Ob mit diesem Text die Ereignisse tatsächlich nachvollziehbarer, verstehbarer werden, mag dahingestellt bleiben, gleichwohl liegt hier ein wichtiges (literarisches) Dokument belasteter deutsch-deutscher Vergangenheit und Gegenwart vor.

Petra Ernst

Werke: *Marienkäfer Siebenpunkt*, zus. m. Gisela Röder, Bln. 1980; *Dezember. Poe-sie-all-peng*, zus. m. Wolfram Scheffler, Bln. 1982; *jeder satellit hat einen killersatelliten*, G., m. Zeichnungen v. Ralf Kerbach, Bln. 1982; *totenreklame. eine reise.* Texte und Zeichnungen, zus. m. Ralf Kerbach, Bln. 1983; *The south is also translated*, zus. m. Wolfram A. Scheffler, 1984; *waldmaschine*, zus. m. Michael Wildenhain, Ralf Kerbach, Cornelia Schleime, Bln. 1984; *Ich fühle mich in Grenzen wohl. 15 deutsche Sonette*, zus. m. Stefan Döring u. Bert Papenfuß-Gorek, Bln. 1985; *Berührung ist nur eine Randerscheinung*, Anth., Hg., zus. m. Elke Erb, Bln. 1985; *O. T.*, zus. m. H. Leiberg, Bln. 1985; *Entgrenzungen*, Kat., Köln 1988; *brunnen, randvoll*, Bln. 1988; *Jewish Jetset* zus. m. A. R. Penck, Bln. 1989; *Rosa indica vulgaris*, G. und ein Ess., m. Zeichnungen v. A. R. Penck, Bln. 1994, *Herbstzerreissen*, G., Bln. 1997; *Sascha Anderson*, Köln 2002.

Ani, Friedrich, wurde am 7. 1. 1959 in Kochel am See geboren. Er schrieb seine ersten Hörspiele und Theaterstücke bereits kurz nach dem Abitur, als er nach München zog. Dort absolvierte er eine Drehbuchwerkstatt an der Hochschule für Film und Fernsehen. Nach einem Volontariat beim »Münchner Merkur« arbeitete Ani einige Jahre als Polizeireporter und Kulturjournalist für verschiedene Münchner Zeitungen und den Rundfunk. Neben seinen Romanen schreibt Ani regelmäßig Drehbücher (u.a. für *Ein Fall für Zwei* und *Tatort*). 1997 erhielt Ani den Staatlichen Förderpreis für Literatur des Landes Bayern, 2001 erhielt er den Radio-Bremen-Krimi-Preis und 2002 den Deutschen Krimipreis.

Bereits in seinen ersten beiden München-Krimis *Abknallen* (1996) und *Killing Giesing* (1997) konzentriert sich Ani mehr auf eine genaue Milieuschilderung und die psychologische Gestaltung der Charaktere als auf die genretypische Action. Der melancholische Grundton und die Aura von Einsamkeit, die sich durch Anis frühe Krimis ziehen, klingen auch in seiner weiteren literarischen Produktion an. *Das geliebte süße Leben* (1996) betitelte Ani den inneren Monolog einer 85-jährigen Frau, die ihr Leben mit all seinen Brüchen und Verletzungen in einem Zwiegespräch mit Gott, den sie »Oskar« nennt, noch einmal Revue passieren lässt. Sie fühlt sich von Oskar im Stich gelassen und inszeniert ihre Suada auf einer Brücke stehend als einen großen Abschiedsgesang – vor dem finalen Sprung aus dem Leben.

Die seelischen Verwundungen der Protagonisten stehen auch in *Die Erfindung des Abschieds* (1998) im Mittelpunkt. Im Dezernat 11 der Münchner Kripo siedelt Ani seinen Krimi an und bestellt damit ein neues Genre: Denn nicht Mord, sondern Vermisstenfälle, kleine und große Fluchten inmitten des Lebens, beschäftigen Kommissar Tabor Süden, den Ani später zu einer Serienfigur ausbaut. Die individuelle Psychologie des Kommissars, der selbst seinen Vater nicht finden kann und sich mit diesem Verlust durchs Leben schleppt, zieht sich als Motiv durch Anis Kriminalromane. Auch in seinem Jugendbuch *Durch die Nacht, unbeirrt* (2000) konfrontiert Ani den 16-jährigen Protagonisten mit einer Verlusterfahrung, an der dieser aber reifen wird, als er die Hilfe einer neuen Vertrauensperson annimmt. In *German Angst* (2000) und *Verzeihen* (2001) lässt Ani zwar ebenfalls Kommissar Süden auftreten, doch setzt der Autor hier vor allem auf den aktuellen gesellschaftlichen Bezug: Mit *German Angst* gestaltet Ani nach einem realen Vorbild eine Geschichte von Fremdenfeindlichkeit in einer deutschen Großstadt. Den Plot hat Ani an den »Fall Mehmet« angelehnt, die erstmalige Abschiebung eines jugendlichen Straftäters in die Türkei. Bei Ani übernimmt diese Rolle Lucy, die Tochter eines Nigerianers. Ani sucht in diesem Gesellschaftsroman den Ursprung von Gewalt und auffälligem Verhalten in traumatischen Erlebnissen in jungen Jahren.

Im Grundton noch dunkler gestimmt ist der Roman *Verzeihen* (2001), in dem Ani einen Borderline-Journalisten in den Mittelpukt stellt. Diese an einen realen Presseskandal angelehnte Geschichte gestaltet Ani zu einer grundsätzlichen Überlegung über die Realitätskonstruktion von Medien. Der Journalist kann selbst die Grenzen von Wahrheit und Fiktion nicht mehr erkennen und wird zum Protagonisten eines gewalttätigen Spiels. »Verstehen und nicht Verurteilen«, der Schreibgrundsatz des belgischen Schriftstellers Georges Simenon, könnte auch als Credo des Simenon-Anhängers Ani über dem Roman stehen.
Erzählökonomisch weitaus sparsamer als in seinen Romanen zeigt sich Ani in der Tabor-Süden-Reihe (ab 2001): Die in Ichform aus der Perspektive des Kommissars geschilderten Fälle sind bestechende Milieuschilderungen, meist in sozialen Randgebieten Münchens. Ani will auch in dieser Reihe ergründen, was in einem Menschen stecken kann und wie die Figuren in Extremsituationen reagieren.

Volker Isfort

Werke: *Alte Liebe*, Hsp., 1988; *Der Mann, der Olsdorfer erschoss*, Hsp., 1989; *Die unerreichbaren Frauen*, Hsp., 1991; *Ein Fall für Zwei – Weißes Land*, Fssp., Drehb. zus. m. Markus Bräutigam, ZDF 1995; *Killing Giesing*, R., Köln 1996; *Das geliebte süße Leben*, R., Mü. 1996; *Faust – Diebin des Feuers*, Fssp., Drehb. zus. m. Markus Bräutigam, ZDF 1996; *Faust – Tote weinen nicht*, Fssp., Drehb., ZDF 1997; *Abknallen*, R., Köln 1997; *Brennender Schnee*, R., Mü. 1998; *Die Erfindung des Abschieds*, R., Mü. 1998; *Tür zum Meer*, G., Köln 1999; *Tatort – Das Glokkenbachgeheimnis*, Fssp., Drehb., ARD 1999; *Federmann*, Fssp., Drehb., ZDF 1999; *Durch die Nacht, unbeirrt*, Jugendb., Mü. 2000; *Jagd auf den Plastiktüten-Mörder*, Fssp., Drehb. zus. m. Markus Bräutigam, 2000; *German Angst*, R., Mü. 2001; *Verzeihen*, R., Mü. 2001; *Süden und das Gelöbnis des gefallenen Engels*, R., Mü. 2001; *Wie Licht schmeckt*, Jugendb., Mü. 2002; *Süden und der Straßenbahntrinker*, R., Mü. 2002; *Süden und die Frau mit dem harten Kleid*, R., Mü. 2002; *Süden und das Geheimnis der Königin*, R., Mü. 2002; *Stahlnetz – Das gläserne Paradies*, Fssp., Drehb., ARD 2001.

Arendt, Erich, geboren am 15. 4. 1903 in Neuruppin, gestorben am 25. 9. 1984 in Wilhelmshorst bei Berlin. Er war Bankangestellter, Journalist und Lehrer der Karl-Marx-Schule in Berlin-Neukölln, einer sozialistischen Versuchsschule der Zwanzigerjahre. Seine ersten Gedichte wurden in der von Herwarth Walden herausgegebenen Zeitschrift »Der Sturm« gedruckt. Arendt trat 1926 der KPD, 1928 dem »Bund Proletarisch-Revolutionärer Schriftsteller« bei. 1933 emigrierte er in die Schweiz, ging dann nach Spanien; dort nahm er von 1936 bis 1939 am spanischen Bürgerkrieg teil. Über Frankreich floh er 1940 nach Kolumbien, wo er acht Jahre lang lebte, bis zu seiner Rückkehr in die DDR. Während der Emigration publizierte er gelegentlich in den Moskauer Zeitschriften »Das Wort« und »Internationale Literatur«, auch in der mexikanischen Emigranten-Zeitschrift »Freies Deutschland«.
Die Jahre des südamerikanischen Exils prägten Arendts Lyrik. Die beiden Bände *Trug doch die Nacht den Albatros* (1951) und *Bergwindballade* (1952), für die er 1952 den DDR-Nationalpreis erhielt, versuchen, das Erlebnis der Emigration und des Spanienkriegs in Worte zu bannen. Doch schon diese Verse wirken nicht kämpferisch, eher resignierend; nicht optimistisch, eher melancholisch. Arendts Lyrik ist politische Dichtung nur in sehr mittelbarem Sinne, sie erinnert vor allem an Elegie und existenzielle Klage; – ein Werk voll poetischer Überraschungen und bildnerischer Kraft. Es handelt sich um eine insuläre Dichtung in des Wortes vieldeutiger Möglichkeit: der Gesang von den Sichelinseln des Mittelmeers, aber auch von der Inseleinsamkeit, zu der der moderne Mensch verurteilt ist: »Wo schwarze / Algen nachtwärts schwammen, / uns ist am Ufer nur / das Salzskelett / der Steine.« Arendts Musikalität, Farbigkeit und Wortbarock sind nicht denkbar ohne seine jahrzehntelange Beschäftigung mit romanischer, lateinamerikanischer Poesie. Sein *Albatros* ist jedoch kein lebensfähiger Vogel, es ist der Albatros Baudelaires. Die großen Dichter der hispano-amerikanischen Moderne, Neruda und Alberti, Guillén und Aleixandre, hat er uns durch seine meisterhaften Übertragungen und höchst subtilen Interpretationen nahe gebracht. In seiner eigenen, oft dem Vorbild Neruda gefährlich nahen Dichtung, fehlen aber das Jauchzen und die Lebenslust, das pochende, reißende Temperament von Nerudas *Großem Gesang*, die freundliche, tanzende Geschmeidigkeit von Guillén. Nicht zufällig ist es Paul Celan, der ihn von allen deutschen Dichtern am stärksten beeinflusst hat – auch er stellt Fragen nach Zeit und Schuld und Sühne.
Bei Arendt findet sich nicht die Strenge und Nüchternheit, die Ton- und Farbarithmetik Celans – und so rauscht es manchmal bedenklich farbig durch seine Zeilen: die »Fliederaugen Chagalls« oder das »Rote Cello« von Einsteins Herz wären entbehrlich. Arendts Sehnsucht, die Zeit zu bannen, hebt sich durch das eigene Bewusstsein auf. Ihr Ablauf bleibt

Synonym für Unbarmherzigkeit, seine Bilder sind deutlich: »Verebbte Zeit – augenloses Dämmern.« Er ist nie der Gefahr erlegen, seine Bilder durch ein »Wie« zu binden: Arendts Identifikation mit der Trauer war immer vollständig. Sein Wortmaterial gibt dunkle Töne: Kummer und Stein, Blindheit und Leid, kalt, hohl und öde, Schwermut und Vergänglichkeit. Das Schlüsselwort seines ganzen poetischen Werkes ist »Nacht«; das Wort »ich« kommt nur selten vor, einmal heißt es da: »Ich treibe schon / im Nachten der Flut, nackt / und von schwarzen Lippen umwogt« oder – in *Zeitsaum* (1978) – »Es kränzt uns ein, / und / wo wir ich- / los werden, ein / spurenloser / Ernst.«

Fritz J. Raddatz

Werke: *Héroes*, G., zus. mit M. Falcó, Barcelona 1938; *Die Indios steigen vom Mixco nieder. Anthologie südamerikanischer Lyrik*, Übs., 1951; *Trug doch die Nacht den Albatros*, G., Ost-Bln. 1951; *Bergwindballade*, G., Ost-Bln. 1952; *N. Guillén: Bitter schmeckt das Zuckerrohr*, Übs., 1952; *P. Neruda: Der große Gesang*, Übs., 1953; *Tropenland Kolumbien. Bildreportage*, Lpz. 1954; *P. Neruda: Die Trauben und der Wind*, Übs., 1955; *Tolú*, G., Lpz. 1956; *P. Neruda: Spanien im Herzen*, Übs., zus. m. Stephan Hermlin, 1956; *J. Zalamea: Der große Burundun-Burunda ist tot*, Übs., 1957; *Über Asche und Zeit*, G., Ost-Bln. 1957; *Gesang der sieben Inseln*, Ost-Bln. 1957; *P. Neruda: 20 Liebesgedichte*, Übs., 1958; *R. Alberti: Stimme aus Nesselerde und Gitarre*, Übs., zus. m. Katja Hajek-Arendt, 1959; *Flug-Oden*, Lpz., Wiesbaden 1959; *P. Neruda: Aufenthalt auf Erden*, Übs., 1960; *Griechische Inselwelt, Bildreportage*, zus. m. Katja Hajek-Arendt, Lpz. 1962; *P. Neruda: Gedichte*, Übs., 1963, erw. u. d. T. *Dichtungen 1919 bis 1965*, 2 Bde. 1967; *V. Aleixandre: Nackt wie der glühende Stein*, G.-Übs., 1963; *M. Hernandez*, G.-Übs., zus. m. K. Hajek-Arendt, 1965; *Säule, Kubus, Gesicht. Bauen und Gestalten auf 60 Mittelmeerinseln*, Dresden 1966; *Unter den Hufen des Winds. Ausgew. G. 1926–1965*, hg. v. V. Klotz, Reinbek 1966; *W. Whitman: Lyrik*, Übs., zus. m. K. Hajek-Arendt, 1966; *P. Neruda: Extravaganzenbrevier*, Übs., zus. m. K. Hajek-Arendt 1967; *Ägäis*, G., Lpz. 1967; *Aus fünf Jahrzehnten*, G., Rostock 1968; *M. A. Asturias*, G.-Ausw. m. Biogr. u. Dokumenten, Hg., 1968; *Griechische Tempel*, Foto-Bd., Lpz. 1970; *M. Hernandez: Der Ölbaum schmeckt nach Zeit*, Übs., 1972; *L. de Góngora: Soledades*, Übs., 1973; *Feuerhalm*, G., Lpz. 1973; *»Poesiealbum« 76*, Ausw. v. B. Jentzsch, Ost-Bln. 1974; *Memento und Bild*, G., Lpz. 1976, Darmst. 1977; *Zeitsaum*, Lpz. 1978, Bln. 1978; *Das zweifingrige Lachen*, ausgew. G., Düsseld. 1981; *Starrend von Zeit und Helle. Gedichte der Ägäis*, 2 Ess., hg. v. G. Wolf, Lpz. 1981, Mü. 1981; *Entgrenzen*, G., Lpz. 1981, Bln. 1981, erw. Lpz. 1983; *Reise in die Provence – unterwegs. Tagebuchnotiz aus dem Jahr 1929*, m. Radierungen v. Christoph Meckel, Bln., Darmst. 1983.

Arens, Birgitta, geboren 1948 in Oeventrop (Sauerland). Nach dem Realschulabschluss arbeitete sie zwei Jahre als Schwesternhelferin. Nach dem Abitur 1970 studierte sie Germanistik, Geschichte, Pädagogik und Publizistik in Münster. Schon während der Studienzeit arbeitete sie bei verschiedenen Zeitungen. Von 1975 bis 1978 war sie beim Westdeutschen Rundfunk in Köln tätig; heute lebt sie in München. Ihre ersten Veröffentlichungen erschienen ab 1980 in Zeitschriften. 1982 war Birgitta Arens Preisträgerin in Klagenfurt, 1983 erhielt sie das Märkische Stipendium für ihren bisher einzigen Roman *Katzengold* (1982), der bis 1997 dreimal aufgelegt wurde.

»Wenn wir nicht sterben wollen, dann müssen wir erzählen vom Allerwichtigsten«, beginnt die Erzählerin ihr geschickt konstruiertes Geschichtenwerk, das sich aus vielen eigenständigen Episoden, persönlichen Erinnerungen, Traumszenen, Personenbeschreibungen und kommentierenden Gedanken zusammensetzt. Das Leben und Sterben der Großmutter Lina steckt den äußeren Rahmen des Textes ab, bestimmt den Modus des Erzählens, bildet gewissermaßen Grundlage und Voraussetzung des Textes. Geschichten und Ereignisse aus dem Leben Linas, der Eltern, der Freunde, aus dem westfälischen katholischen Dorf und aus der Stadt, aus dem bäuerlichen und aus dem Arbeitermilieu werden skizzenhaft wiedergegeben. Die Verwendung historischer, topografischer, sozialer oder politischer Daten und Fakten besitzt vorwiegend illustrativen und atmosphärischen Charakter und dient nicht der Aufhellung übergeordneter Zusammenhänge. Die Figuren sind motivisch dadurch miteinander verknüpft, dass sie auf der ständigen Suche nach dem Glück meist nur »Katzengold« finden. Das Einzelschicksal interessiert die Autorin nur insoweit, als es – auf einschneidende Zwischenfälle und Begebenheiten reduziert – zum erzählbaren »Stoff« wird. Am deutlichsten wird dieses Verfahren in den zentralen Kapiteln des Romans über die jüdische Familie Bechthold. »Das ist die [Geschichte], die keiner ganz erzählen will. Nur Bruchstücke, wie damals.« Aus der Erzählerperspektive verkleinert sich in *Katzengold* jedes Schicksal und Ereignis zu einer (Kurz-)Geschichte; den Versuch, des Lebens auf diese Weise – durch Poesie – habhaft zu werden, erkennt die Ich-Erzählerin schließlich als Trugschluss: »Freiheit, als mir der Gedanke kommt, daß ich in meiner eigenen Geschichte wie in einem Käfig sitze [...] Ich kann lange so bleiben. Aus dem Käfig heraus kann ich nicht.«

Petra Ernst

Werke: *Katzengold*, R., Mü., Zür. 1982; *Streunerin im Advent. Ein Roman in 24 Briefen und Bildern*, m. Zeichnungen v. Reinhard Michl, Mü. 2001.

Arjouni, Jakob, wurde am 8. 10. 1964 unter dem Namen Jakob Michelsen in Frankfurt am Main geboren. Nach dem Abitur ging er für einige Jahre nach Montpellier/Südfrankreich und begann 1986 eine Ausbildung an einer Berliner Schauspielschule. Nach kurzer Zeit brach er ab und nahm ein Studium an der Freien Universität auf. Es folgte ein neuerlicher Umzug nach Frankreich, bevor er sich schließlich wieder in Berlin niederließ. Heute lebt er sowohl in Berlin als auch in Frankreich. 1987 erhielt Arjouni den Baden-Württembergischen Autorenpreis für das deutschsprachige Jugendtheater sowie 1992 den Deutschen Krimipreis.
Als Jakob Arjouni mit *Happy Birthday, Türke!* 1985 seinen ersten Roman um den türkisch-stämmigen Privatdetektiv Kemal Kayankaya veröffentlichte, galt er als Shootingstar der deutschen Kriminalliteratur. Mittlerweile hat er jedoch außer drei weiteren Kriminalromanen mehrere Theaterstücke, Erzählungen sowie mit *Magic Hoffmann* (1996) einen Berlin-Roman veröffentlicht, die die Zuordnung zum Krimigenre als zu eng erscheinen lassen. Gemeinsam ist Arjounis Prosa, dass er stets aus der Perspektive des Außenseiters erzählt. In den Krimis um Kemal Kayankaya ist es der deutschstämmige Türke, der mit den Vorurteilen gegenüber Ausländern konfrontiert wird, in *Magic Hoffmann* ist es der Ex-Häftling, der von seiner Umgebung mit neuen Straftaten in Verbindung gebracht wird.
Auch in den Erzählungen wählt Arjouni gesellschaftlich Gestrandete – z.B. erfolglose Künstler, Terroristen, verkannte Genies – als Antihelden. Alle Figuren tragen, ungeachtet ihres Charakters, zumindest einige sympathische Züge. »Kein Mensch ist hundertprozentig hassenswert«, begründet das Jakob Arjouni. Die Muster von gut und böse, wie sie Krimis transportieren, erscheinen bei ihm obsolet. Er versteht es generell, mit Lesererwartungen zu spielen. Deutlich wird dies vor allem in den Kayankaya-Büchern, die zunächst eindeutig an die Tradition der amerikanischen Klassiker des Detektivromans wie Raymond Chandler und Dashiell Hammett anzuknüpfen scheinen: Der einsame Außenseiter als Held, das zwielichtige Milieu sowie brutale, actionreiche Szenen erfüllen vordergründig den Anspruch des *hardboiled*-Krimis. Dennoch bricht Arjouni mit dieser Tradition, geht es ihm doch nicht allein um den Sieg des Guten über das Böse, sondern auch um die Darstellung philosophischer und moralischer Aspekte des Handelns. Deutlich wird dies vor allem in der Wahl seiner Themen, die oftmals politisch motiviert sind. Seine knappe, mitunter von Situationskomik und Witz beherrschte Sprache kontrastiert mit einem ernsten Inhalt, der allen Romanen und Erzählungen zugrunde liegt.
Seit der Entscheidung für den deutsch-türkischen Privatdetektiv Kayankaya als Hauptfigur steht eine politische Komponente fest, sie wird allerdings jeweils noch durch zeitaktuelle Bezüge aktualisiert: In seinem Debütroman *Happy Birthday, Türke!* (1985) schildert Arjouni den Mord an einem Türken im Frankfurter Bordell- und Drogenmilieu, in *Mehr Bier* (1987) wird der tödliche Anschlag auf einen Industriellen als Familienintrige entlarvt, nachdem zuvor eine ökologisch orientierte Gruppierung verdächtigt wurde. Im dritten Kayankaya-Roman, *Ein Mann, ein Mord* (1991), geht es um das Verschwinden einer thailändischen Asylbewerberin, im vierten Buch der Krimiserie, *Kismet* (2001), bilden die Spätfolgen des Balkankrieges und seine Auswirkungen auf das Leben kroatischer Flüchtlinge in Deutschland den Hintergrund für das Geschehen.
In dem Roman *Magic Hoffmann* (1996) schildert Arjouni die Erlebnisse eines jugendlichen Ex-Häftlings, der nach Berlin kommt und weder seine alten Freunde noch seine – zwischenzeitlich wieder vereinigte – Heimat wiedererkennt: Fred versucht, wenigstens seine Vorstellungen von Treue und Freundschaft in die neue Zeit zu retten, was ihm letztlich misslingt. Vordergründig zwar ebenfalls leicht erzählt, kreisen auch die Erzählungen aus *Ein Freund* (1998) um philosophisch-moralische Werte und Normen wie Treue und Verantwortungsbewusstsein. In den als »Märchen« titulierten Erzählungen des Bandes *Idioten* (2003) führt Arjouni dagegen vor Augen, dass das eigene Verhalten und der Wunsch nach Veränderung nicht zwangsläufig zum ersehnten Resultat führen müssen. Mittels einer ihrer märchenhaften Züge beraubten und stattdessen äußerst realitätsnah gezeichneten Fee lässt Arjouni zwar die Wünsche der Protagonisten wahr werden, allerdings nimmt das Geschehen dadurch einen völlig unerwarteten Verlauf.

Heidi Rehn

Werke: *Happy Birthday, Türke!*, R., Hbg. 1985; *Mehr Bier*, R., Zür. 1987; *Die Garagen*, Theaterst., UA Mü. 1988; *Nazim schiebt ab*, Theaterst., UA Mainz 1990; *Ein*

Mann, ein Mord, R., Zür. 1991; *Magic Hoffmann*, R., Zür. 1996; *Edelmanns Tochter*, Theaterst., UA Wuppertal 1996, gedr. Zür. 1996; *Ein Freund*, En., Zür. 1998; *Kismet*, R., Zür. 2001; *Idioten. Fünf Märchen*, Zür. 2003.

Artmann, H(ans) C(arl), wurde am 12. 6. 1921 in dem Wiener Vorort Breitensee als Sohn eines Schuhmachermeisters geboren. Nach dem Hauptschulabschluss absolvierte er eine Schuhmacherlehre und begann mit ersten autodidaktischen Sprachstudien (Schwedisch, Walisisch, Malaiisch) und literarischen Arbeiten (Detektivgeschichten). 1940 bis 1945 war H. C. Artmann Soldat; in amerikanischer Kriegsgefangenschaft half er als Lagerdolmetscher aus. Ende 1945 kehrte er nach Wien zurück, lebte dort von Gelegenheitsarbeiten und später (bis 1958) von Arbeitslosenunterstützung. In den Fünfzigerjahren unternahm er ausgedehnte Reisen (Schweiz, Italien, Irland), von 1961 an hatte er Wohnsitze in Stockholm, Berlin, Malmö, Graz und Rennes. Seit Anfang der Siebzigerjahre wohnte er abwechselnd in der Nähe von Salzburg und im Waldviertel. Nach 1991 sind keine neuen Dichtungen mehr entstanden. Artmann zog von Salzburg nach Wien und arbeitete noch an der Übersetzung von Theaterstücken von Goldoni, die nach seinem Tod am 5. Dezember 2000 dann 2001 erschienen sind. Er ist in einem Ehrengrab der Stadt Wien auf dem Centralfriedhof begraben. Artmann erhielt u.a. 1974 den Großen Österreichischen Staatspreis, 1977 den Preis der Stadt Wien, 1981 den Ring der Stadt Salzburg und den Rauriser Bürgerpreis, 1986 den Stadtschreiber-Literaturpreis des ZDF und der Stadt Mainz, das Goldene Verdienstkreuz des Landes Salzburg sowie das Österreichische Ehrenkreuz für Wissenschaft und Kunst 1. Klasse, 1987 den »manuskripte«-Literaturpreis, 1989 den Literaturpreis der Stadt Salzburg und den Franz-Nabl-Literaturpreis der Stadt Graz, 1997 den Georg-Büchner-Preis. Er war Mitglied der Akademie der Künste Berlin.

Diese biografischen Angaben klingen so definitiv, wie sie nach Artmanns Willen gar nicht sein dürften, denn als Geburtsort gab er häufig ein mythisches »St. Achaz am Walde« in Niederösterreich an, als Geburtsjahr bisweilen auch, wenn er in barockisierender Stimmung war, das Jahr 1621; absolut verlässliche Angaben über seine Schuhmacherlehre sind nicht erhältlich, und die vollzählige Aufzählung der Wohnorte – ebenso wie die Zahl der Ehefrauen und Kinder – erweist sich als unmöglich. Mystifizierende Selbstinszenierung, die Darstellung vielfältig changierender Identität, das konsequent und zugleich wie mit der linken Hand durchexerzierte Posieren in den verschiedensten Rollen und Kostümen gehört gleichermaßen zu Person und Werk Artmanns wie zu der Legende, die sich längst um ihn gebildet hat. Nur eine Rolle Artmanns bedeutet mehr als eine bloße Spiel-Rolle: die des Dichters; sie ist Indiz des von ihm empfundenen Verlustes einer Welt und eines Weltbildes, in denen Wirklichkeit anschaulich und sinnlich erfahrbar war und der Dichter noch einen festen Platz besaß. Sein Werk und seine Existenz verstehen sich als der poetisch-exzentrische Einspruch gegen eine nivellierte, zivilisatorisch entsubstanzialisierte Umwelt, in der das Dichterische als Absolutum und die Individualität gefährdet sind. H. C. Artmann versucht exemplarisch vorzuführen, wie dichterische Existenz als Widerstand gegen Unterordnung und Obrigkeit, gegen Militär und Plastik-Kultur zu setzen ist. Daher bieten sich sein Leben und sein Werk als unendlich schillernde Artefakte dar, sie sind ganz stimmungshafte und zugleich durchreflektierte Beiträge zu einer Restitution des Poetischen als des Inbegriffs von Magie und Unergründlichkeit.

In Artmanns Dichtungen gibt es fast nur »fiktive Stellungnahmen zur Realität« (Reinhard Prießnitz); der Stil, der Gestus, die Haltung, in die er sich jeweils begibt, produzieren erst die Inhalte, in denen die zeitgenössische Wirklichkeit und das Ich des Autors nur gebrochen und maskiert auftreten. Seine frühesten Gedichte aus der Zeit um 1950 zeigen den Einfluss des Surrealismus, auch der Dichtungen von Lorca und Ramón Gómez de la Serna; später knüpft Artmann dann an Expressionismus, Dadaismus und die Schwarze Romantik an. »Edel« (ein wichtiges Wort in seinen Wertbegriffen) und kostbar wie die Metaphorik seiner Gedichte vor allem der Fünfzigerjahre soll die Haltung des Ästheten der *achtpuncte-proclamation des poetischen actes* (1953) zufolge sein; propagiert wird in diesem Manifest die Geste als ästhetischer »acte gratuit«, der Wert und Vollendung in sich selbst hat und auch nicht überliefert werden muss. Zusammen mit den Arbeiten anderer Autoren, vor allem aus dem Kreis um die Zeitschrift »Neue Wege«, später dann der »Wiener Gruppe« (Friedrich Achleitner, Konrad Bayer, Oswald Wiener, Gerhard Rühm) steht Artmanns Dichtung in den Fünfzigerjahren in der Opposition gegen die stockige literarisch-kulturelle Atmosphäre Wiens, die keine Publikationsmöglichkeiten für experimentelle Dichtung bot. Exzentrisch und sektiererisch stilisieren die Autoren sich nolens volens in eine publikumsfeindliche Haltung, die nicht zuletzt als Reflex der feindlichen Haltung des Publikums aufzufassen ist. Jedoch sind diese Jahre für Artmann außerordentlich fruchtbar, der Zentrum und Lehrmeister der »Wiener Gruppe«, Inspirator von unabsehbarer Wirksamkeit (u.a. auf Friederike Mayröcker, Ernst Jandl und Urs Widmer) wird. Dennoch berührt sich sein intuitionistisches, Stil und Metapher nicht ablehnendes, sondern nur erweiterndes und raffiniert bereicherndes Schreibprogramm nur am Rand mit der sprachlich-konstruktiven und experimentellen Intention der anderen Autoren der »Wiener Gruppe«.

Die 1954 entstehenden Sammlungen *erweiterte poesie*, *sieben lyrische verbarien*, *inventionen* und *böse formeln* sowie beispielsweise die Theaterstücke *nebel und blatt* und *fahrt zur insel nantucket* von 1955 zeigen ihn am nächsten bei den Montagetechniken und den konkreten bzw. phonetischen Schreibweisen seiner Freunde, mit denen er auch eine große Zahl von Gemeinschaftsarbeiten produziert, die – wie die meisten Arbeiten jener Jahre – erst sehr viel später, vor allem in dem Sammelband *Die Wiener Gruppe* (hg. v. Gerhard Rühm, 1967) erschienen, wenn sie nicht (wie manches von Artmann) überhaupt verloren gingen. 1958 publizierte H. C. Artmann dann sein erstes Buch *med ana schwoazzn dintn*, eine Sammlung von makabren Gedichten im Dialekt des Wiener Vororts Breitensee, die ihn mit einem Schlag in Österreich berühmt machen, allerdings gewissermaßen durch ein Missverständnis: Was das Publikum als Lokaldichtung nahm, bildete für den Stilimitator Artmann nur eine mögliche Art, »poetisch« (im Falle der Dialektgedichte: zwar in Mundart, aber mit einer Metaphorik, die an der Lyrik der westeuropäischen Avantgarde, vor allem der Spanier und des Surrealismus geschult war) zu sprechen. Mit diesem Band endet auch die unmittelbare Zusammenarbeit mit den anderen Autoren der »Wiener Gruppe«; die genießerische Exploration von Metaphorik, Symbolik und Mystifikation in den Gedichten trennte ihn von deren konstruktivistisch-theoretischem Schreibprogramm.

1964 erschien *das suchen nach dem gestrigen tag oder schnee auf einem heißen brotwecken,* ein stilisiertes Tagebuch aus Schweden voller Vokabularien, Bilderkaskaden, vielfältiger Ansätze zu neuen Dichtungen und kaum maskierter Stimmungsbeschreibungen. 1967 folgte der Prosaband *Fleiß und Industrie* mit 30 Berufsporträts in einem Genre, das gemischt ist aus dem betulich-verklärenden Lesebuch konservativer Provenienz und dem »Ständebuch« des 16. und 17. Jahrhunderts, gewürzt zudem mit kalkulierten Anachronismen. Artmann gab auch einen Band mit Kinderreimen heraus, *allerleirausch* (1967), worin Bankräuber und Vampire, Mumien und Westernhelden die harmlosen Verse zu Horror-Kontrafakturen ihrer selbst werden lassen. Erst 1969 konnte Artmann in *ein lilienweißer brief aus lincolnshire* und *die fahrt zur insel nantucket* die bis dahin entstandene Lyrik und die Theaterstücke gesammelt (und meist überhaupt zum ersten Mal) vorlegen; 1970 wurden dann die Prosadichtungen aus den Jahren von 1949 bis 1953 unter dem Titel *Das im Walde verlorene Totem* herausgegeben, und es erschien der Sammelband *The Best of H. C. Artmann,* der seine Popularität vergrößerte.

Zeigen die *persischen qvatrainen* (1966) den genialen Anempfinder persischer Lyrik in Gedichten, die zugleich authentisch und wie literarischer Tand, wie kostbare Zuckerbäckerei wirken, führen die Theaterstücke Artmanns Fähigkeit zur Veredelung und phantasmagorischen Verwandlung von Kasperltheater, Schwank und Zauberposse, also von gesunkenen und verachteten Theatergenres vor, so erweisen die Erzählungen des Bandes *Die Anfangsbuchstaben der Flagge* (1969) ihn als Liebhaber der trivialliterarischen Muster von Krimis und Abenteuerromanen, in denen Tugenden wie Männlichkeit, Unerschrockenheit und Scharfsinn noch intakt sind. Bemerkenswert sind vor allem die Erzählungen des Bandes *How much, schatzi?* (1971), in denen statt unbezweifelbarer Helden der Antiheroismus, die Lächerlichkeit und das wüste Schimpfen szenisch und vokabulär ausgekostet werden, und der Roman *Die Jagd nach Dr. U.* (1977), eine Variation auf das Dr.-Jekyll-und-Mr.-Hyde-Motiv, aufschlussreich für die Identitätssuche und Identitätsflucht als zentrales Thema aller Artmannschen chamäleonhaften Stil- und Stilimitationskünste, ein phantasmagorisches und melancholisches Selbstporträt.

»ein brechmittel der linken, ein juckpulver der rechten«, so charakterisiert sich H. C. Artmann in dem Selbstporträt zu Anfang seiner Schrift *das suchen nach dem gestrigen tag,* und so, als Existenz, die sich den literarischen wie den politischen Problemen des Tages anarchistisch entzieht und in den Kategorien sowohl bürgerlicher Verantwortlichkeit als auch schriftstellerischen Engagements für soziale Fragen nicht zu definieren ist, erscheint er auch in dem bramarbasierenden Quasselroman *Nachrich-*

ten aus Nord und Süd (1978). Das Werk erläutert bei Artmann den Autor; Sehnsüchte und Stimmungen der Werke legen sein Selbstverständnis dar, der Stil adaptiert sein Lebensgefühl, und vor allem liegt ihm am Herzen, dass Worte und Bilder unter Verwischung von Stil-, Sprach- und Zeitgrenzen sinnlich und überraschend sich in einer kupplerischen Verbalerotik neu figurieren, die den ganz und gar unmodernen Gesetzen von Magie und Alchemie gehorcht.

Artmanns Werk wuchs am Ende nur noch langsam – 1984 erschien der Band *nachtwindsucher. 61 österreichische Haikus,* 1989 der Band *gedichte von der wollust des dichtens.* Ein Grund dafür mag sein, dass auch Artmanns umfangreiches Werk nur Honorare abwarf, die ihn zwangen, sehr häufig in Lesungen seiner eigenen Texte aufzutreten. Er hat den Status eines Klassikers erlangt; Zeugnis dafür ist nicht zuletzt das Erscheinen einer Auswahl aus seinem Werk bei Reclams Universal-Bibliothek unter dem fröhlich simplifizierenden und tautologischen (und natürlich aus Artmann selbst zitierten) Titel *wer dichten kann, ist dichtersmann* (1986).

Jörg Drews

Werke: *med ana schwoazzn dintn*, G., Salzb. 1958; *hosn rosn baa.* Dialektgedichte, zus. m. Friedrich Achleitner u. Gerhard Rühm, Wien 1959; *Von denen Husaren und anderen Seiltänzern*, Pr., Mü. 1959; *la coco-drilla*, Stück, UA 1963; *das suchen nach dem gestrigen tag oder schnee auf einem heißen brotwecken. eintragungen eines bizarren liebhabers*, Olten, Freiburg/Br. 1964; *Montagen nach dem vollständigen Lehrbuche der böhmischen Sprache des Heinrich Terebelsky 1853*, zus. m. Konrad Bayer u. Gerhard Rühm, Bleiburg 1964; *dracula dracula, ein trans-sylvanisches abenteuer*, E., m. Illustr. v. Uwe Bremer, Bln. 1966, szen. Auff. 1966; verbarium, G., Olten, Freiburg/Br. 1966; *artmann-brief*, Bad Homburg 1966; *persische qvatrainen*, Hommerich 1966; *auf den leib geschrieben*, G., Hbg. 1967; *allerleirausch. Neue schöne Kinderreime*, Bln. 1967; *Grünverschlossene Botschaft. 90 Träume*, m. Zeichnungen v. Ernst Fuchs, Salzb. 1967; *Fleiß und Industrie*, Ffm. 1967; *tök ph'rong süleng oder notwendiger beitrag zur erlegung eines werwolfes*, E., Mü. 1967; *shâl-i-mâr. der persischen qvatrainen anderer teil*, Hommerich 1967; *Strip oder wer unter den Menschenfressern erzogen*, Stück, UA 1967; *der handkolorierte menschenfresser*, m. Illustr. v. Patrick Artmann, Kinderb., Stg. 1968; *überall wo hamlet hinkam*, Pr. Stg. 1969; *ein lilienweißer brief aus lincolnshire. Gedichte aus 21 Jahren*, hg. v. Gerald Bisinger, Ffm. 1969; *die fahrt zur insel nantucket*, Stücke, Neuwied, Bln. 1969; *Mein Erbteil von Vater und Mutter. Überlieferungen und Mythen aus Lappland*, Hbg. 1969; *Frankenstein in Sussex*, Pr., Ffm. 1969; *Die Anfangsbuchstaben der Flagge*, Pr., Salzb. 1969; *Yeti oder John, ich reise ...*, zus. m. R. Pichler u. H. Schneider, Mü. 1970; *The Best of H. C. Artmann*, hg. v. Klaus Reichert, Ffm. 1970; *Das im Walde verlorene Totem. Prosadichtungen 1949–1953*, Salzb. 1970; *Text zu W. Schmögner: Böse Bilder*, 1970; *How much, schatzi?*, Ffm. 1971; *Interior Fotografico*, Hsp., SDR 1971; *Die ungläubige Columbina*, Hsp., SDR 1971; *Am wunderschönen Flusse Pruth oder Des Zaren Dach*, Hsp., SDR/RB 1971; *Erlaubent Schas, sehr heiß bitte*, Hsp., 1971, später auch als Stück, UA 1984; *Detective Magazine der 13*, Hg., Salzb. 1971; *Von der Wiener Seite. Geschichten*, Bln. 1972; *Der aeronautische Sindtbart oder Seltsame Luftreise von Niedercalifornien nach Crain. Edirt u. annotirt durch Klaus Reichert*, Salzb. 1972; *3 Herren aus Verona. Musical nach Shakespeare*, zus. m. N. Brieger, UA 1972; *kleinere taschenkunststücke. fast eine chinoiserie*, Wollerau, Wien, Mü. 1973; *Prognose für den Nachmittag*, Hsp., SDR 1973; *Nebel und Blatt*, Hsp., SDR 1973; *Die Schwalbe*, Hsp., SDR 1973; *meine maorifrau. ein gedicht*, Pfaffenweiler 1973; *Unter der Bedeckung eines Hutes. Montagen und Sequenzen*, Salzb. 1974; *Ompül*, Kinderb., zus. m. S. Jucker, Zür., Mü. 1974; *Christopher und Peregrin und was weiter geschah. Ein Bären-Roman in drei Kapiteln*, zus. m. B. Wehr, m. Bildern v. Georg Martyn, Ffm. 1975; *Aus meiner Botanisiertrommel.* Balladen und Naturgedichte, Salzb. 1975; *Gedichte über die Liebe und über die Lasterhaftigkeit*, ausgew. v. Elisabeth Borchers, Ffm. 1975; *sämtliche persische qvatrainen*, Stg. 1977; *Die Heimholung des Hammers*, zus. m. Uwe Bremer, Wien 1977; *Die Jagd nach Dr. U.*, R., Salzb. 1977; *Nachrichten aus Nord und Süd*, R., Salzb., Wien 1978; *Die Wanderer*, En., Erlangen, Mü. 1979; *Grammatik der Rosen. Gesammelte Prosa in drei Bänden*, Salzb. 1979; *Kein Pfeffer für Czermak. Ein Votivsäulchen für das goldene Wiener Gemüt*, Wien, Mü. 1980; *Im Schatten der Burenwurst. Skizzen aus Wien*, m. Zeichnungen v. Ironimus, Salzb., Wien 1983 (z.T. identisch mit *Von der Wiener Seite. Geschichten*, 1972); *das prahlen des urwaldes im dschungel*, G., Bln. 1983; *Nachtwindsucher. 61 österreichische Haikus*, Bln. 1984; *Einsamer Spiegel, in dem sich der Tag brach*, Hsp., ORF 1984; *Die Sonne war ein grünes Ei*, Pr., Salzb., Wien 1985; *Artmann, H. C., Dichter. Ein Album mit alten Bildern und neuen Texten*, hg. v. Jochen Jung, Salzb. 1986; *wer dichten kann, ist dichtersmann*, hg. v. Christina Weiss u. Karl Riha, Stg. 1986; *Kein Pfeffer für Czermak*, Hsp., ORF 1988; *gedichte von der wollust des dichtens in worte gefasst*, Salzb. 1989; *Vier Scharniere mit Zunge*, zus. m. Makoto Ooka, Oskar Pastior, Shuntaro Tanikawa, Renshi-Kettendichtung, Mü. 1989; *wenn du in den prater kommst*, G., hg. v. Richard Pietraß, Bln. 1989; *Von einem Husaren, der seine guldine Uhr in einem Teich oder Weiher verloren, sie aber nachhero nicht wieder gefunden hat*, m. Illustr. v. Christian Thanhäuser, Salzb. 1990; *Wiener Vorstadtballade. Ein Spaziergang rund um den Galizinberg*, m. Fotos v. Franz Hubmann, Salzb. 1991; *Off to Liverpool oder Ein Engel hilft mir*, Hsp., ORF 1991; *Hans-Christof Stenzel's POEtarium*, Ms. zum Film *Staub, der an Asche erinnert*, Mü. 1991; *ARTMANN BRIEF*, zus. m. Thomas Bayrle, Mü. 1991; *Erotika.* Zeichnungen und Texte zu Casanova, Bozen 1991; *die zerstörung einer schneiderpuppe. poetisches theater*, Mü. 1992;

holzrausch. Gedichte & holzschnittabbildungen, Ottensheim 1992; *Der Schlüssel zum Paradies. Religiöse Dichtung der Kelten*, Salzb. 1993; *Das poetische Werk*. In X Bänden, u. Mitw. d. Autors, hg. v. Klaus Reichert, Bln., Mü., Salzb. 1994; *Was sich im Fernen abspielt. Gesammelte Geschichten*, hg. v. Hans Haider, Salzb., Wien 1995; *Der zerbrochene Krug von H. C. Artmann nach Heinrich von Kleist*, Salzb., Wien o. J. (ca. 1995); *Achtundachtzig ausgewählte Gedichte*, hg. v. Jochen Jung, Salzb., Wien 1996; *Sämtliche Gedichte*, hg. v. Klaus Reichert, Salzb., Wien 2003. – Übertr. a. d. Keltischen, Bretonischen, Spanischen, Französischen, Schwedischen, Englischen und Jiddischen von Werken des Francisco de Quevedo, Francois Villon, Carl von Linné, Edward Lear, Tage Aurell, Daisy Ashford, Harry Graham, Howard Phillips Lovecraft, Calderón de la Barca, Carlo Goldoni, Molière, Eugène-Martin Labiche, Georges Feydeau, Cyril Tourneur, Lars Gustafsson, T. H. White u. Paul Keineg.

Askan, Katrin, wurde am 21. 2. 1966 in Ost-Berlin geboren. Nach dem Abitur arbeitete sie als Aushilfe in einem Krankenhaus, später in einem Buchladen. 1986 flüchtete sie im Kofferraum eines Autos in den Westen. Sie studierte Philosophie und Germanistik an der FU Berlin, verbrachte viel Zeit in Schweden und arbeitete als Tutorin an der Universität. Seit 1998 lebt sie als freie Autorin in Köln. Ausgezeichnet wurde sie 1998 mit dem Förderpreis zum Friedrich-Hölderlin-Preis der Stadt Homburg, 1999 mit dem Rolf-Dieter-Brinkmann-Stipendium der Stadt Köln und 2001 mit dem 3sat-Preis beim Ingeborg-Bachmann-Wettbewerb in Klagenfurt.

Spielarten des Selbstbetrugs zählen zu Katrin Askans bevorzugten Motiven. Ihre Figuren schweben häufig zwischen Sehnsüchten und nüchternen Realitäten, kennen Verlustängste und Abschiede, Risse in der eigenen Biografie. Ihr Erzähldebüt *A-Dur* (1996) verknüpft den fliegenden Kranich und Mozarts Klarinettenkonzert in A-Dur, eine vergebliche Liebe und den Tod einer Freundin, erotische Lockungen mit Wut, Angst und Schuldgefühlen. Während sich die Erzählerin Toni in ihre Freundin Pia verliebt und sie am Ende wieder verliert, läuft als zweiter Handlungsstrang der Video-Film des Vaters, der die Geschichte seiner Tochter zu fassen sucht. In diesem Buch der Abschiede nimmt der verhaltene, sachliche Tonfall der Erzählerin Askan bereits jene Konturen an, die in ihrem zweiten Buch, *Eisenengel* (1998), noch markanter aufscheinen. Autobiografisch fundiert, erzählt der Roman vom Leben auf der Straße in Berlin-Kreuzberg, von Drogen und anderen Abhängigkeiten. Im Zeitlupentempo und mit dem verschleierten Blick der tablettensüchtigen Punkerin Ida entfaltet Askan ein trostloses Szenario, in dem vier junge Frauen sich bettelnd und stehlend durchs Leben schlagen. Sie schlafen in einem verlassenen Schulhaus und haben sich weitgehend aufgegeben. Als Ida einen Unfall hat, tritt der Krankenpfleger Achim in ihr Leben; doch seine selbstsüchtigen Versuche, Ida aus dem Sumpf zu holen, enden in der Katastrophe. So kalt und mechanisch wie die »Eisenengel«, wie nützliche Maschinen eben, funktioniert hier das Leben, sodass es nur konsequent erscheint, wenn Ida durch den Himmel von Berlin fliegt.

Aus dem Schneider (2000) ist eine Flucht- und Familiengeschichte, in der ein Haus als Vexierspiegel eingelöster, verpasster und erhoffter Chancen und Sehnsüchte fungiert. Die Erzählerin Judith befindet sich wenige Stunden vor ihrer geplanten Republikflucht in ihrem Elternhaus, das, mittlerweile verlassen und von der Stasi observiert, die Geschichte ihrer Familie über drei Generationen hinweg repräsentiert. Die Männer sind bereits »aus dem Schneider« und haben sich ohne große Mühe und Rücksicht abgesetzt, während die Mutter tot ist, die Schwester in Haft und Judith auf dem Sprung ins Ungewisse. Bilder, Möbel, Schallplatten, ja selbst kahle Flecken bieten Anlass zur Erinnerung beim Rundgang durch die Zimmer und erzählen ihre Geschichten. Katrin Askan »braucht nur wenige Worte, um sehr viel zu sagen« (Eberhard Falcke), ihr knapper, distanziert-sachlicher Erzählgestus und die geschickte Zusammenführung mehrerer Erzählperspektiven am Ende des Textes machen diesen zu einem nachdrücklichen Leseerlebnis. Die 13 Erzählungen aus dem Band *Wiederholungstäter* (2002) sind dagegen von unterschiedlicher Qualität; herausragend sicherlich die Titelgeschichte und die Erzählung *Der Skorpion*, zum einen ein raffiniertes Verwirrspiel um einen Serienmörder und sein (mögliches) Opfer und zum anderen die Geschichte einer ehrgeizigen Reporterin, die ihren Geliebten, einen marokkanischen Untergrundkämpfer, durch ihr unvorsichtiges Verhalten in tödliche Gefahr bringt. Immer wieder sind es Texte, die vom Scheitern erzählen: von Suziden, vom Ende einer Freundschaft, vom Misserfolg eines Autors. Askan überzeugt immer dann, wenn sie ihren kunstvollen Weg des Aussparens und Andeutens verfolgt.

Thomas Kraft

Werke: *A-Dur*, R., Halle 1996; *Eisenengel*, R., Halle 1998; *Aus dem Schneider*, R., Bln. 2000; *Wiederholungstäter*, En., Bln. 2002.

Astel, Hans Arnfrid, geboren am 9. 7. 1933 in München als Sohn eines in die Nazi-Verbrechen verstrickten Medizinprofessors, der sich 1945 das Leben nahm. Astel studierte Biologie und Literaturwissenschaft in Freiburg und Heidelberg und gab von 1959 bis 1971 die Lyrik-Zeitschrift »Lyrische Hefte« heraus. Von 1967 bis 1998 arbeitete er als Leiter der Literaturabteilung des Saarländischen Rundfunks in Saarbrücken. Nach dem Freitod seines Sohnes Hans im Jahr 1985 nahm Astel dessen Vornamen an. 1980 erhielt er den Kunstpreis der Stadt Saarbrücken, 1994 war er Ehrengast der Villa Massimo in Rom, 2000 erhielt er den Kunstpreis des Saarlandes.

Seit Ende der Fünfzigerjahre publiziert Arnfrid Astel knappe, aphoristisch zugespitzte »Stillleben-Gedichte«, die in der Tradition der epigrammatischen Spruchdichtung und des japanischen Haiku stehen. Eine gewisse Popularität erreichten diese Gedichte in den ideologiekritisch geprägten Siebzigerjahren, als Astel via Epigramm »Strafzettel für den Rechtsstaat« ausstellte und mit seinen gesellschaftskritischen Erkenntnisblitzen zu Neutronenbombe und Berufsverbot, CSU und RAF linke Podiumsdiskussionen munitionierte. Den Höhepunkt dieser lyrisch-operativen Phase markiert das 1974 erschienene Buch *Zwischen den Stühlen sitzt der Liberale auf seinem Sessel,* das neben dezidiert politischen Epigrammen auch Dokumente zu Gerichtsprozessen enthält, die Astel damals gegen seinen Arbeitgeber führen musste.

Als Lyriker ist Astel seither Opfer eines folgenreichen Missverständnisses: Den Ruf, ein Repräsentant des gesinnungstüchtigen Kurzstreckengedichts zu sein, ist er nie mehr losgeworden. Dagegen hat Hubert Fichte bereits 1983 erkannt, dass sich hinter dem politischen Epigrammatiker Astel ein geistreicher Gedankenlyriker vom Range des antiken Dichters Martial verbirgt. Die Epigramme Astels entzifferte Fichte nicht als »kurtze Satyra« (Martin Opitz) mit politischem Aha-Effekt, sondern als naturpoetische Miniaturen, die sich an den mythischen Erzählungen der Antike orientieren. Wiederkehrende Motive in Astels naturfrommen Epigrammen sind die Schnecke, die Grille, die Zikade und der Schmetterling.

Die 1992 publizierte Gedichtauswahl *Wohin der Hase läuft* zeigt deutlich die Verschiebung des lyrischen Blickwinkels von politischen zu mythologischen und biologischen Stoffen. Diese Epigramme stehen den *Metamorphosen* Ovids, den Erzählungen der *Anthologia Graeca* und der Theogonie Hesiods näher als dem Typus des brechtschen Aufklärungsgedichts. Astel präsentiert sich in diesen Texten als sensibler Beobachter von Insekten, Pflanzen und Steinen, der die Naturphänomene in mythische Zusammenhänge rückt. Der Schmetterling, das heimliche Wappentier des Buches *Jambe(n) & Schmetterling(e) oder Amor & Psyche* (1993), wird in den mythologischen Lehrgedichten ebenso als erotisches Symbol gebraucht wie »die Jambe«. Denn was der Dichtung als antikes Versmaß überliefert ist, bezeichnet ursprünglich den Namen einer sich obszön gebärdenden Magd. Ausgehend von solchen etymologischen Exkursen ins Griechische (»Falter, phallaina, / fliegendes Glied«), setzt Astel seine Natur-Motive und mythologischen Fragmente in erotische Gedichte um: »Geflügelt, ach, / die Liebe kommt dir nah. / Der Schmetterling / fliegt auf von deinem Schoß. / Nun schwebt er, Psyche, / über deinem Haar.«

Michael Braun

Werke: *Lyrische Hefte. Zeitschrift für Gedichte*, Hdbg. 1959–1971; *Notstand. 100 Gedichte*, Wuppertal 1968; *Kläranlage. 100 neue Epigramme*, Mü. 1970; *Zwischen den Stühlen sitzt der Liberale auf seinem Sessel. Epigramme und Arbeitsgerichturteile*, Darmst. 1974; *Neues (& Altes) vom Rechtsstaat & von mir. Alle Epigramme*, Ffm. 1978. *Die Faust meines Großvaters & andere Freiübungen*, Hdbg. 1979; *Die Amsel fliegt auf. Der Zweig winkt ihr nach*, Hdbg. 1982; *Ohne Gitarre. Senza Chitarra. 84 Epigramme, deutsch und italienisch*, Saarbr. 1988; *Wohin der Hase läuft. Ausgewählte Gedichte*, Lpz. 1992; *Jambe(n) & Schmetterling(e). Eine Schmetterlingskunde*, Hdbg. 1993; *Sand am Meer. Eine poetische Geheimkorrespondenz*, Saarbr. 1994ff.; *Sternbilder. West-östliche Konstellationen*, Hdbg. 1999; *Was ich dir sagen will, kann ich dir zeigen. Epigramme* (mit CD), Saarbr. 2001.

Atabay, Cyrus, geboren am 6. 9. 1929 in Sadabad bei Teheran, Iran. Von 1936 bis 1945 besuchte er eine Schule in Berlin, lebte nach Kriegsende im Iran und in der Schweiz. 1951 kehrte er nach Deutschland zurück, studierte Germanistik in München. 1978 folgte die Ausbürgerung des Pahlewi-Enkels durch das Chomeini-Regime. Atabay, der schon mehr als 20 Jahre in Deutschland gelebt hatte, wurde gezwungen, seine Sprachheimat zu verlassen. In dem 1981 erschienenen Lyrikband *Die Leidenschaft der Neugierde* spielt Atabay klaglos auf dieses Erlebnis an: »Schöne Isarstadt, in der ich bald / überzählig wurde, aber meine Wirtin / betet noch für mich / bei der Mutter Gottes.« 1978 übersiedelte er nach London, lebte aber seit 1983 wieder in München. 1957 erhielt Atabay den Hugo-Jacobi-

Preis, 1960 den Berliner Förderungspreis für Literatur, 1984 den Literaturpreis der Stiftung zur Förderung des Schrifttums, 1990 den Adelbert-von-Chamisso-Preis. Er war Mitglied der Bayerischen Akademie der Schönen Künste und der Deutschen Akademie für Sprache und Dichtung. Atabay starb am 26. 1. 1996 in München.
27-jährig debütierte Atabay mit dem Lyrikband *Einige Schatten* (1956), der damals trotz der Fülle lyrischer Neuerscheinungen die Aufmerksamkeit der Literaturkritik auf sich zog. Der Schweizer Essayist und Literaturhistoriker Max Rychner, der zu den ersten Förderern Atabays zählte, konstatierte in seinem Nachwort bereits die Mittlerfunktion Atabays zwischen Orient und Okzident: »Altes Persisches und modern Westliches begegnen und verbinden sich in ihm.«
Mörike, Brentano, Nietzsche, Hofmannsthal, Marie Luise Kaschnitz, Bert Brecht, Günter Eich und Ingeborg Bachmann bezeichnete Atabay in den Sechzigerjahren einmal als seine Geistesverwandten. Atabay »transponiert« Elemente persisch-orientalischer Gedanken- und Symbolwelt ins Deutsche, verwebt sie mit der eindeutigeren westlichen Sprache. Dies erscheint nicht immer ganz unproblematisch, schieben sich doch im Deutschen zuweilen Vorstellungen kruder Wirklichkeit vor die Begriffe, die im Persischen einen nuancenreichen Symbol- und Zeichencharakter haben. Dabei versucht Atabay, allzu blumige Bilder zu vermeiden, hält Abstand zu einer panegyrischen Lyrik, »wie sie lange für die iranische Literatur typisch war« (Brigit Keller). Die oft beziehungsreichen Gebilde von Andeutungen, Metaphern und Symbolen entschlüsseln sich aber nur jenem Leser, der sich auf eine geduldig-meditative Lesart einlassen kann. Ikonografisches Wissen und die Kenntnis orientalischer Dichtung erleichtern das Lektüreverständnis, obwohl manchen Gedichten etwas Traumhaft-Schwebendes anhaftet, dessen letzte Ausdeutung eben verbal nicht mehr zu leisten ist. Das mag dazu geführt haben, dass Atabay, den Marcel Reich-Ranicki zu den »wenigen deutschen Dichtern« rechnete, in manchen Kritikerkreisen als »Pseudo-Romantiker« abgetan wurde.
Sowohl stilistisch als auch thematisch entzog sich Atabay hartnäckig der Dynamik literarischer Moden. Politisches, Kultur- und Sozialkritisches sucht man in seinen Gedichten vergeblich. Ihn interessiert das Verhältnis von Ich und Welt, das rastlose Ich, das auf der Suche nach letzten Wahrheiten und der eigenen Identität ist. Unübersehbar bleibt, dass Atabay, der auch durch Übersetzungen persischer Mystiker hervorgetreten ist, stark durch sufische Traditionen beeinflusst ist. Viele Metaphern und Symbole, die in seinen kontemplativen Gedichten regelmäßig wiederkehren – das Meer, das Licht, die Flamme der Kerze, der Falter, der Vogelzug etc. –, entstammen der Gedankenwelt des Sufismus, jener philosophischen Richtung des sunnitischen Islam, die im 12. und 13. Jahrhundert ihre Blüte erreichte.
Orientalisches bestimmt Atabays Gedichte; sie erscheinen meist reimlos, vorzugsweise gestaltet in freien Rhythmen, zeigen sie Tendenzen zur lyrischen Prosa, in die auch Sinnsprüche einfließen. Eine lineare Entwicklungslinie kann man in seinen Publikationen nicht ausmachen. Die Wiederholung seiner Leitmotive und Leitvorstellungen zielt eher auf eine Objektivierung des Gesagten. »Seine Einfachheit, Klarheit und das, was Marie Luise Kaschnitz die ›beinahe klassische Ruhe‹ nannte, diese Ausgeglichenheit und Stille, eine unmodische Überlegenheit, wiesen ihm eine Sonderstellung zu«, schrieb Karl Krolow anlässlich des Erscheinens von *Stadtplan von Samarkand* (1983), einem Band mit kleinen Prosaskizzen, Gedichten und Porträts. In dem Titelgedicht findet sich das lyrische Ich im Getriebe der chaotischen Großstadt, um jedoch sofort wieder zu entfliehen, die Reise fortzusetzen: »Verschlagen in die Smogstädte, / die sich von den Ausscheidungen der Maschine nähren, / war ich verloren, /... Im Stadtplan von Samarkand / fand ich den Garten / und die Karawanserei, / auch die Straße, / in der du wohnst – / ich bin ein Reisender, / unterwegs nach Samarkand.«
Nirgends spricht Klage oder Anklage aus Atabays Texten, Auflehnung und Protest scheinen dem Dichter fremd. Das Motiv des Reisenden, Rastlosen, der nirgendwo beheimatet sein kann, kehrt in seinen Gedichten regelmäßig wieder. Zu einer möglichen realitätsnahen Lesart gesellt sich in zweiter Instanz der Aspekt des Wahrheit suchenden Menschen, der sich »auf den Weg der Erkundung der Welt begibt« (Atabay). Auf der Reise, der ein festgeschriebenes Ziel fehlt, wird der Mensch mit plötzlich auftretenden Erscheinungen – »Epiphanien« – konfrontiert: »Nicht in Blüten / erscheint der Frühling – / obwohl Helligkeit aus Bäumen bricht –, / nicht in erwarteter Epiphanie, / nein, gewappnet und drohend: / in anderer Gestalt« (*Meditationen am Webstuhl*, 1960).
Ebenso wenig wie die Übereinstimmung von Schein und Sein gewährleistet ist, entzieht sich die Erschei-

nung oder Begebenheit der zeitlichen Fixierung: »Immer wieder die An- und Abflüge, / die Ankünfte und Abschiede, / die im Augenblick / den unzerstörbaren Tempel errichten« (*An- und Abflüge*, 1958). Die Flüchtigkeit der Dinge verbürgt nur insofern Sicherheit, als auch dieser Prozess einer Regelhaftigkeit und Regelmäßigkeit unterliegt. Von Verzweiflung oder Auflehnung will der Dichter jedoch nichts wissen; ganz im Sinne einer orientalischen Weltsicht empfiehlt er Gelassenheit, Akzeptanz des Zwangsläufigen, Ruhe und aktives Verharren. Nicht zuletzt spricht aus Atabays Versen die Überzeugung – vielleicht die Erfahrung –, dass sich dem Suchenden zu einem nicht bestimmbaren Zeitpunkt ein Gegenüber gewährt, das dem entspricht, was er sucht. Auch hierin zeigt sich der starke Einfluss der persischen Mystiker auf den Autor. Im Vorwort zu seinen Übertragungen ausgewählter Verse und Prosa von Dschelaladdin Rumi (1207–1273), Sa'di (1213–1292), Hafis (1325–1390) u.a. (*Die Worte der Ameisen*, 1971) weist Atabay darauf hin, dass er die Übersetzungstätigkeit als Fortführung seiner eigenen Arbeiten verstehe und dass er die »Ursprünge einer Mystik aufzuspüren« suchte, die Johann Schaeffler folgendermaßen definiert hatte: »Freund, so du etwas bist, so bleib doch ja nicht stehn: man muß aus einem Licht fort in das andre gehn.«

Petra Ernst

Werke: *Einige Schatten*, Wiesb. 1956; *An- und Abflüge*, Mü. 1958; *Meditationen am Webstuhl*, Mü. 1960; *Gegenüber der Sonne*, Hbg., Düsseld. 1964; *Hafis: Liebesgedichte*, Übs., Hbg. 1965, erw. Neuausg. Ffm. 1980; *Gesänge von Morgen. Neue iranische Lyrik*, Übs., Hbg., Düsseld. 1968; *Doppelte Wahrheit*, Hbg., Düsseld. 1969; *Die Worte der Ameisen*, Übs., Hbg., Düsseld. 1971; *An diesem Tag lasen wir keine Zeile mehr*, G., Ffm. 1974; *Das Auftauchen an einem anderen Ort*, G., Ffm. 1977; *Die Leidenschaft der Neugierde*, Düsseld. 1981; *Salut den Tieren. Ein Bestiarium*, m. Lithografien v. B. Jäger, Düsseld. 1983; *Stadtplan von Samarkand*, Düsseld. 1983; *Omar Chajjam: Wie Wasser strömen wir*, Übs., m. Grafiken v. J. Reichert, Düsseld. 1984; *Prosperos Tagebuch*, G., m. Grafiken v. W. Gaul, Düsseld. 1985; *Die Linien des Lebens*, G., m. Grafiken v. W. Gaul, Düsseld. 1986; *Obeyd-e-Zakani: Mäuse gegen Katzen*, Fabel, Übs., m. Holzschnitten v. W. Simon, Düsseld. 1986; *Hafis: Offenbares Geheimnis. Fünfzig Gedichte aus dem Diwan*, Übs., m. Graf. v. J. Reichert, Düsseld. 1987; *Galal-ad-Din Rumi: Die Sonne von Tabriz. Gedichte, Aufzeichnungen und Reden*, Übs., m. Lithografien v. W. Gaul, Düsseld. 1988; *Puschkiniana*, G., m. Lithografien v. U. Erben, Düsseld. 1990; *Gedichte*, Ffm., Lpz. 1991; *Leise Revolten. Kleine Prosa aus drei Jahrzehnten*, m. Illustr. v. W. Gaul, Düsseld. 1992; *Abul Ala Al-Ma'arri: Die Notwendigkeit des Unnützen*, G., Übs., Düsseld. 1993; *Die Wege des Leichtsinns. Zerstreutes äolisches Material*, G., Düsseld. 1994; *Galal-ad-Din Rumi: Ich sprach zur Nacht. Hundert Vierzeiler*, Übs., m. Graf. v. J. Reichert, Düsseld. 1996.

Augustin, Ernst, wurde am 31. 10. 1927 in Hirschberg im Riesengebirge, dem heute zu Polen gehörenden Jenia Góra, als Sohn eines Studienrates geboren. Er wuchs die ersten Jahre, von 1929–1934, in Schweidnitz (heute poln. Swidnica) auf, wo er zwei Jahre zur Grundschule ging. In Schwerin besuchte er die Oberschule und legte im März 1947 die Reifeprüfung ab. Erstes Geld verdiente er sich mit Aushilfstätigkeiten, u.a. als Zeltarbeiter beim Zirkus. Von 1947 bis 1950 studierte er Medizin in Rostock. Zum Wintersemester 1950 wechselte er an die Humboldt-Universität nach Ost-Berlin, wo er seine Studien 1952 mit dem medizinischen Staatsexamen abschloss. Gleichzeitig wurde er mit seinen »experimentell-psychologischen Untersuchungen« zum Thema »Das elementare Zeichnen bei den Schizophrenen« promoviert. Von 1953 bis 1955 absolvierte er in Wismar seine Pflichtassistenz mit Schwergewicht auf Unfallchirurgie. Von 1955 bis 1958 war er Assistenzarzt an der Nervenklinik der Charité in Ost-Berlin. 1958 ging der Republikflüchtling für drei Jahre als Leiter eines amerikanischen Krankenhauses nach Chah-i-anjirs in Afghanistan, bereiste im Anschluss Indien und wurde nach seiner Rückkehr 1961 Stationsarzt in der Münchener Universitäts-Nervenklinik Nussbaumstraße. 1962 zog er sich aus der Klinischen Psychiatrie zurück, um bis zu seiner Pensionierung 1985 als psychiatrischer Gutachter zu arbeiten. Im Londoner East End, in New Orleans und Costa Rica hat er zeitweise Alternativ-Leben geführt, in seinen Reisefeuilletons hat er darüber hinaus aus Hongkong und aus der Südsee berichtet. Augustin war Mitglied der »Gruppe 47«, vor der er 1966 in Princeton mit einem Text aus seinem Roman *Mamma* (1970) reüssierte. Er ist Mitglied der Bayerischen Akademie der Schönen Künste und der Deutschen Akademie für Sprache und Dichtung. 1962 erhielt er den Hermann-Hesse-Preis, 1989 den Kleist-Preis, 1996 den Tukan-Preis und 1999 den Literaturpreis der Stadt München für sein literarisches Gesamtwerk.

Der Schriftsteller Ernst Augustin ist ein genuiner Erzähler. In seinem Leben hat er sich eingerichtet wie in seinen neun Romanen: Gargantueske Fülle und Farbigkeit beherrschen die reale ebenso wie die fiktive Welt. Seine Flucht aus der DDR und seine Zeit in Afghanistan und Indien haben auch sein Œuvre geprägt. Neben die Eindrücke der Außenwelt treten die der Innenwelt: Spuren seiner Kindheitslektüren (Hans Fallada, Lion Feuchtwanger, Max Pannwitz, William Quindt, Hans Riedel, Karl Aloys Schenzinger, Margot von Simpson, Hugh Walpole) lassen sich noch in seinen Romanen nachweisen, denn dort sind bereits grundlegende Motive seines Schreibantriebs – Exotismus, Fernweh, Kulturgeschichte, Robinsonade, Seelenwanderung, Sehnsucht und Selbstfindung bzw. Selbstverlust – angelegt. Das Erzählwerk Ernst Augustins kann insofern als Abenteuerliteratur im besten und intellektuellsten Sinne verstanden werden. Zugleich ist es Ausdruck einer fundamentalen Zivilisationskritik: *Der Kopf*, 1962 erschienen und Augustins Debüt als Romancier, wurde als Nachhall der Katastrophe des Zweiten Weltkriegs gelesen und gilt als sein schwierigstes und experimentellstes Werk. Zu Beginn der Handlung lässt Türmann, die Hauptfigur, einen Stein vom Balkon im fünften Stock fallen, sieht sich zugleich aber unten auf der Straße stehen, wo ihm der gleiche Stein ins eigene Auge fällt. In dem Sekundentod, den er imaginiert, dreht sich seine Realität und gebiert eine Reihe apokalyptischer Visionen, die von einem Grundgefühl gestaltloser Angst geprägt sind. Was sich in einer Kultur denken lässt, so führt Augustin literarisch vor, wird sich auch in der Realität ereignen: Der Ausnahmefall wird eintreten, allen Wahrscheinlichkeitsrechnungen zum Trotz.

Ein frühes Beispiel für Augustins Erzählweise ist *Das Badehaus* (1963), sein zweiter Roman, der unter dem Eindruck von Alain Robbe-Grillets *Der Augenzeuge* (dt. 1957) entstand. Während jedoch der »nouveau roman« mit Umstellungen auf der Discours-Ebene arbeitet, operiert *Das Badehaus* mit der Umstellung der Histoire. Der Roman erzählt drei Varianten der Geschichte vom verlorenen Sohn. In verschiedenen Einstellungen tritt ein Hochstapler, der Bankangestellte Eddy, gedanklich eine Reise in die Heimatstadt an, um dort einem Vater seinen Sohn zurückzugeben. Er schlüpft in die Rolle von David Haferkorn und fährt in die Kurstadt Hagel. Doch die Wirklichkeit vor Ort gestaltet sich nicht nach seinen Erwartungen: Der Vater erweist sich als Phantom, das Elternhaus ist in andere Hände übergegangen – der falsche Sohn muss umdisponieren. In immer neuen Anläufen, die sich strukturell wiederholen, aber inhaltlich entscheidend voneinander abweichen, versucht der Hochstapler-Sohn doch noch zum Ziel, seinem Erbe, zu kommen.

Augustins Romane plädieren für die unbegrenzten Möglichkeiten der Literatur und entwickeln seine Fantasiewelten in Alternativen: *Mamma* (1970) steht in der Tradition des pikarischen Romans und erzählt nach einem Introitus die Biografien der Drillinge Kulle, Stani und Beffchen. Jeder Bruder wird einmal Ich-Erzähler, und mit jedem Wechsel der Perspektive ändert sich auch die dargestellte Welt, die stark vom 19. Jahrhundert geprägt ist: Kulle, der künftige Soldat, erstickt schon als Kind in einer Jauchegrube; Stani, der Kaufmann, ist ein genialer Geschäftemacher und Bankrotteur; Beffchen schließlich, »das Bild des Chirurgen«, durchläuft die Karriere des Arztes. Schon der Sechsjährige doktert an seinem Bruder Stani herum (mit tödlichem Ausgang) und erzählt dabei ein Stück Medizingeschichte. Jede Biografie dieses bewusst widersprüchlichen Triptychons endet vorzeitig letal und geht doch in einer erzählten Endlosschleife weiter.

Als Hauptwerk gilt der 1976 erschienene Doppelroman *Raumlicht. Der Fall Evelyne B.* (1976). *Raumlicht* erzählt zum einen die Biografie des Ich-Erzählers, eines Arztes und Psychiaters, zum anderen die Geschichte der schizophrenen Evelyne B. Der Ich-Erzähler hat Krankenhäuser in Afghanistan und Indien geleitet und besitzt in der Gegenwartshandlung eine eigene Praxis in München. Seiner einzigen Patientin Evelyne B. ist er schon begegnet, als sie noch ein junges Mädchen war. Ihre Schizophrenie ist in der dargestellten Form keine Krankheit, sondern die plötzliche Erkenntnis des Vorhandenseins: In ihr drückt sich das Bewusstsein aus, mit der materiellen Welt nicht fertig werden zu können. Evelyne gerät in Panik, weil sie fürchtet, aus Raum und Zeit zu fallen. Ihre Symptome, Wahnvorstellungen und Angstzustände sind folglich Erklärungsversuche für das Unaussprechliche – nämlich nicht mehr zu existieren. Der Arzt setzt zur Behandlung seine Orienterfahrungen ein und entwickelt für Evelyne ein »Wahrnehmungstraining« (Jutta Osinski). Er führt sie durch Erlebniswelten, die von Wissens- und Erkenntnisformen profitieren, die er sich in Indien erworben hat, die sich aber »nicht bezeichnen lassen«.

An die Frage der Normalität und Realität aller Erfahrung knüpft auch *Eastend* (1982) an, ein satirisch überzeichnetes Bild westlicher Gruppentherapeutik und ihrer zerstörerischen Wirkung. Die dargestellte Encounter-Therapie des Friedjelm Bähr

ist ein berechnendes und zugleich gefährliches Psychospiel, in dessen Verlauf die Trennung des Ehepaars Almund und Kerrie Grau erfolgt: Durch das »Gruppengefühl« wird das an sich perfekte Paar auseinander dividiert. Ein missglückter Selbstmordversuch des Schriftstellers Almund führt jedoch zu einem Lebenswechsel: In London begegnet er dem kleinen Zauberer Bannister, rettet ihn aus misslicher Lage und hat dafür drei Wünsche frei. Er verwandelt sich in den erfolgreichen Psychotherapeuten Almond Gray, erwirbt ein Haus im Londoner East End und gewinnt Kerrie zurück.
In seinem Roman *Die Schule der Nackten* (2003) hat Augustin die Encounter-Therapeutik einer Tantra-Gruppe gegenübergestellt – mit ähnlich katastrophalem Ergebnis. Alexander, ein Historiker Anfang 60, verliebt sich auf der FKK-Wiese des Münchener Jakobi-Bades in die deutlich jüngere Heilgymnastin Juliane. Doch sein Hochgefühl bricht bald zusammen, als er gewärtigen muss, dass Juliane bei jeder seiner Berührungen große Seelenpein erleidet. Nur in ihrer Tantra-Gruppe und nur unter Anleitung ihres Gurus Pradhi Rama ist es ihr möglich, Zärtlichkeit zu empfangen. Als auch Alexander zu dieser Gruppe stößt, ergibt sich eine Rivalität zwischen ihm und Pradhi Rama, die auf dem streng abgezirkelten Nacktbadegelände des Jakobi-Bades ausgetragen wird. *Die Schule der Nackten* ist ein »genitales«, gleichwohl weder lüsternes noch frivoles Buch. Der Gruppendruck der fernöstlichen Tantrawelt wird als ebenso gefahrvoll erlebt wie die Dynamik der westlichen Gruppentherapeutik. Folglich stellt Augustins Konzept der Person subjektive Begrenzungen und Gefährdungen ins Zentrum der Darstellung. Es ist Ausdruck jenes radikalen Skeptizismus, der den Realitätsbegriff unserer Kultur befragt und mit einer differenziellen Psychologie und Poetologie auf ihn antwortet.
Das Konzept der – zuallererst gedachten und konstruierten – Wirklichkeit kann anscheinend das Unabwendbare abwenden, kann dem Schicksal ein Schnippchen schlagen, wie es Augustins Roman *Der amerikanische Traum* (1989) vorführt. Hier stirbt im Sommer 1944 ein kleiner Junge durch die Schüsse eines amerikanischen Tieffliegers. Doch in den »paar sinnlosen Sekunden« des Sterbens findet der Geist der Erzählung (respektive des Jungen) einen Ausweg: Der Geist des Jungen steht quasi auf, macht sich selbstständig und sucht sich aus den wenigen Lebens- und Leseerfahrungen seines bisherigen Daseins den Stoff für ein alternatives Leben – ein Leben als kauziger Privatdetektiv Hawk Steen in Amerika. Die Er-Erzählung verwandelt sich in eine Ich-Erzählung, und dann macht Hawk Steen (ein Klangbild für »Augustin«) in Amerika Jagd auf seine Mörder. Die Kritik las Augustins Buch als »fantastisches Kompliment an die Möglichkeiten der Fiktion« (Martin R. Dean).
Die Literatur, so wird in diesem Œuvre dargestellt, kann das Unabwendbare abwenden und sich über das Schicksal hinwegsetzen. Sie kann sich aber auch gegen ihren Autor wenden, wie *Mahmud der Schlächter* zeigt, Augustins Indien-Roman aus dem Jahre 1992, der den Leser in die Zeit um das Jahr 1000 entführt. Dieser Roman kann als historische Erweiterung von *Raumlicht* gelesen werden, da der Anti-Held des Titels, der aus Afghanistan stammende Mahmud von Ghazni (970–1030 n. Chr.), ein Vorläufer der Mogule, tatsächlich gelebt hat. Doch ist Augustins »Biografie« an der geschichtlichen Wahrheit weniger interessiert als an der Logik und Wahrscheinlichkeit einer fiktiven Geschichte, denn »wahr ist am Ende nur die Dichtung«. Der Ich-Erzähler, der Geist der Geschichte ist (ähnlich wie in *Der amerikanische Traum*) ein Vermittler zwischen den Zeiten und Welten, die er zugleich erlebt und erfindet.
Mahmud der Schlächter ist in drei Teilbücher gegliedert: Das erste Buch, »Sohn des Sandes«, schildert die Geburt des Bastards am Königshof der sandgelben Wüstenstadt Ghazni, Mahmuds Aussetzung als Säugling, seine vierjährige Aufzucht durch eine Löwin, die Rückkehr des »Tiermenschen« an den Fürstenhof, die Kunde vom sagenhaften Goldland und den Aufbruch des 16-jährigen Fürstensohnes zum Beutezug nach Indien. Das zweite Buch, »Der Affengott«, erzählt die Geschichte des Königssohnes Hanuman, des verfeinerten, delikaten, bis zur Dekadenz kultivierten Gegenspielers von Mahmud, der in einer märchenhaften Dschungelfestung in der Obhut zahlreicher Ammen, Mütter und Ersatzmütter, sagenhafter Götter und Götzen lebt und sich vor Sehnsucht nach seiner Schwester Nahmini verzehrt. Im Zentrum des dritten Buchs, »Die Dame mit der schwarzen Zunge«, stehen Mahmuds missglückter Auftritt als Brautwerber bei Hanuman sowie die Begegnung mit seiner leiblichen Mutter im unterirdischen Tempelberg. Der Roman enthält zahlreiche Motive aus der tradierten Mythologie und Anklänge an populäre Gestalten aus indischen Sagenstoffen und Epen.
Gutes Geld (1996) schließlich ist ein Buch, das sich – von Augustin als Novelle angelegt – zu einem kleinen Roman ausgewachsen hat. Ich-Erzähler ist

der Neffe eines alten, griesgrämigen Falschmünzers, der durch die Einführung neuer Geldscheine um seine sorgsam zurückgelegte »Altersversicherung« gebracht wird, ein Vermögen aus wertlos gewordenen »Blüten«. An seinen Neffen gibt er seine Kenntnisse des Geldfälschens noch weiter, bevor er buchstäblich aus dem Leben stürzt. Auf der Suche nach dem Erbe findet der Neffe in den Unterlagen des Onkels ein Romanmanuskript – *Gutes Geld.* Die Fabel ist einer Schleife ähnlich in sich selbst zurückgelaufen.
Augustins Wirklichkeit spricht von Vertrautheit und Geheimnis zugleich. Oft geht es nur um Nuancen, um den Klang einer tief unten angestimmten Saite, um die Frage, wie sich Normalität konstituiert und wodurch sich der Spielraum des Wirklichen erweitern lässt. Ernst Augustin ist in der deutschen Gegenwartsliteratur eine unbekannte Größe und noch zu entdecken.

Lutz Hagestedt

Werke: *Der Kopf*, R., Mü. 1962; *Das Badehaus*, R., Mü. 1963; *Sommerlicher Tod in Arlbeck*, E., Mü. 1963; *Mamma*, R., Ffm. 1970; *Raumlicht. Der Fall Evelyne B.*, R., Ffm. 1976; *Eastend*, R., Ffm. 1982; *Der amerikanische Traum*, R., Ffm. 1989; *Mahmud der Schlächter oder Der feine Weg*, R., Ffm. 1992; *Das große Spiel*, Kollektivroman v. Percy Warberger (das sind Ernst Augustin, Harald Eggebrecht, Sten Nadolny u. Michael Winter), Mü. 1995; *Gutes Geld*, R., Ffm. 1996; *Die sieben Sachen des Sikh*, En., hg. v. Lutz Hagestedt, Ffm. 1997; *Die Schule der Nackten*, R., Mü. 2003; *Mahmud der Bastard*, R., Mü. 2003.

Ausländer, Rose, geborene Rosalie Beatrice Ruth Scherzer, wurde als Kind jüdischer Eltern in Czernowitz in der Bukowina – damals Österreich-Ungarn – am 11. 5. 1901 geboren. Im Ersten Weltkrieg, 1916, floh sie nach Wien, schloss dort die Germinal-Handelsschule der Wiener Kaufmannschaft und eine Lehre in einem Handelsgewerbe ab. 1919 folgte die Rückkehr in das jetzt rumänische Czernowitz. 1921 übersiedelte sie in die USA, ab Ende 1922 lebte sie in New York und war sieben Jahre lang mit Ignatz Ausländer verheiratet. 1931 bis 1933 lebte sie wieder in Czernowitz, danach sieben Jahre in Bukarest. Ab Sommer 1940 war sie in Czernowitz, wo sie zunächst sowjetische Haft und danach im Getto der Stadt die Shoa überlebte. 1946 erfolgte über Bukarest und Konstanza die Emigration nach New York. Dort blieb sie bis 1964 und arbeitete als kaufmännische Angestellte. Sie kehrte nach Europa zurück, ließ sich für ein knappes Jahr in Wien nieder und flüchtete sich vor antisemitischen Ausschreitungen 1965 nach Düsseldorf, lebte zunächst sieben Jahre in einer Pension und dann nach einem Unfall ab 1972 im Nelly-Sachs-Haus, dem Elternhaus der Jüdischen Gemeinde Düsseldorf. Die Anerkennung ihres literarischen Werkes erfuhr sie erst sehr spät. Mit einigen sehr erfolgreichen Gedichtbänden wurde sie ab 1976 schnell bekannt, schließlich berühmt und populär. Ende 1977 erklärte sie sich für bettlägerig, obwohl dies aus medizinischer Sicht nicht notwendig war. Sie verließ das Bett nicht mehr, konzentrierte sich völlig auf ihr Schreiben und isolierte sich fast vollständig. Sie starb am 3. 1. 1988 und wurde auf dem Jüdischen Friedhof in Düsseldorf begraben.
Rose Ausländer hat zahlreiche Preise für ihr Werk erhalten, u.a. 1967 den Droste-Preis der Stadt Meersburg, 1977 den Andreas-Gryphius-Preis, 1977 den Ida-Dehmel-Preis, 1978 den Literaturpreis des BDI, 1980 die Roswitha-Medaille der Stadt Bad Gandersheim, 1984 den Literaturpreis der Bayerischen Akademie der Schönen Künste und 1986 den Literaturpreis des Verbandes der Evangelischen Büchereien. Außerdem wurde sie mit dem Großen Verdienstkreuz des Verdienstsordens der Bundesrepublik Deutschland geehrt.
1939 veröffentlichte Rose Ausländer ihren ersten Gedichtband: *Der Regenbogen* erschien in Czernowitz. Bis auf wenige Ausnahmen enthält er Gedichte, die den Gesetzen der Metrik verpflichtet und in der Erneuerung romantischer oder Rilkescher Redeweisen befangen waren. Gleichwohl entdeckte Karl Kraus in etlichen dieser Gedichte »die Spuren einer starken Begabung«, und nicht wenige Leser schätzen besonders die Liebessonette aus jener Zeit. In den zeitgleich entstandenen expressionistischen New-York-Gedichten »ist die Schilderung des sozialen Elends und der Härte des Alltagslebens von einem Realismus, den man in den gleichzeitigen Amerika-Gedichten Bertolt Brechts vergeblich suchen würde« (K. Witte). Ausländer hat sich später von allen Gedichten, die sie bis 1946 schrieb, distanziert. Sie könne nicht begreifen, dass sie jemals so geschrieben habe, und erkenne sich in diesen Texten nicht wieder.
Die Shoa ist die große Zäsur im Leben und Schreiben Ausländers. »Der Reim ging in die Brüche. Blumenworte welkten«, notierte sie. Sie verließ die Fesseln der Metrik, wandte sich freien Rhythmen und freien Versen zu. Dieser stilistische Wandel geschah während eines siebenjährigen Schreibprozesses von 1947 bis 1955, in dem sie ausschließlich in eng-

lischer Sprache dichtete. Sie orientierte sich dabei an zeitgenössischen amerikanischen Dichtern wie Cummings, Williams und Moore. Erst 1996 wurde die Mehrzahl der englischen Gedichte in dem Band *The Forbidden Tree* veröffentlicht. Anglisten billigen diesen Gedichten einen hohen Rang zu. *Blinder Sommer*, Ausländers zweiter Gedichtband, erschien 1965 in Wien. In langzeiligen Versen und Strophen, die aus ganzen Sätzen bestehen, gelegentliche formale Experimente nicht scheuend, schreibt sie von der verlorenen Heimat, der Shoa und dem Exil. Damit sind drei ihrer großen, ständig wiederkehrenden Themen angesprochen. Später kommen die Gedichte über das Dichten, über die Sprache als Heimat und die Gedichte über Liebe und Tod hinzu.

»Verse wie in Granit gemeißelt« (Dominik Jost) finden sich in *36 Gerechte* (1967). Tatsächlich begann damit bei Ausländer die immer stärkere Reduktion des Textes. Die Verse und Strophen werden immer knapper und präziser, auf einen kostbaren Kern reduziert. Dabei bleibt ihnen Musikalität, Rhythmus und Melodie eigen, sie gehen ins Ohr. Viele Gedichte Ausländers sind Dialogtexte, die den Leser direkt ansprechen und einbeziehen, sein Einbringen in den Text ermöglichen. Darin liegt ein erheblicher Reiz ihrer Lyrik. Mit *Mein Atem heißt jetzt* (1981) beginnt das Spätwerk, welches sich durch handwerkliche Meisterschaft, große Emotionalität und einen hohen Reflektionsgrad auszeichnet. »Am Ende hat Rose Ausländer, der Sprache sich hingebend, den Deutschen ein Wortkunstwerk geschenkt, wie es stärker im Ausdruck, feiner in der Form und präziser in der Aussage kaum zu denken ist« (»FAZ«). Sie findet zur »Wortdichtung«, in der die auf ein Minimum reduzierten Wörter ihren Bedeutungshorizont voll ausschöpfen. Ausländer verlässt sich dabei auf unser kulturelles Gedächtnis und setzt einen umfassenden Wissens- und Erkenntnisstand voraus (*Ich spiele noch*, 1987, und *Der Traum hat offene Augen*, 1987). Ihre in 70 Jahren entstandenen fast 3000 Gedichte bilden einen Hypertext, der vielfach verknüpft ist. Dabei sind ihre Erfahrungen aus der Shoa als Metatext allen Gedichten nach 1946 eingeschrieben. Über Schlüsselgedichte (z.B. *Meine Nachtigall*, *Jerusalem*, *Der Vater*, *Paul Celans Grab*) ist der Zugang zu ihrem überwältigenden Textkosmos möglich. Neben den bereits benannten Hauptthemen finden sich, wie Kettfäden im Gewebe, Themen, die sie über Jahrzehnte immer wieder aufgegriffen und fortgeschrieben hat, so u.a. der Eva-Mythos, den sie in 40 Gedichten völlig neu erzählt und umdeutet.

Ausländer war sich der Langzeitwirkung ihres Werkes sicher: »Ich habe mich / ins Nichts / geschrieben // es wird / mich / ewig aufbewahren« und »Der Tod / macht / mich / unsterblich«.

Helmut Braun

Werke: *Der Regenbogen*, G., Czernowitz 1939; *Blinder Sommer*, G., Wien 1965; *36 Gerechte*, G., Hbg. 1967; *Inventar*, G., Duisburg 1972; *Ohne Visum. Gedichte und kleine Prosa*, Krefeld 1974; *Andere Zeichen*, G., Düsseld. 1975; *Noch ist Raum*, G., Duisburg 1976; *Gesammelte Gedichte*, Leverkusen 1976; *Doppelspiel*, G., Köln 1977; *Es ist alles anders*, G., Pfaffenweiler 1977; *Mutterland*, G., Köln 1978; *Aschensommer*, ausgew. G., Mü. 1978; *Es bleibt noch viel zu sagen*, ausgew. G. u. zwei Schpl., Köln 1978; *Ein Stück weiter*, G., Köln 1979; *Einverständnis*, G., Pfaffenweiler 1980; *Mein Atem heißt jetzt*, G., Ffm. 1981; *Einen Drachen reiten*, G., Pfaffenweiler 1981; *Im Atemhaus wohnen*, G., Ffm. 1981; *Mein Venedig versinkt nicht*, G., Ffm. 1982; *Südlich wartet ein wärmeres Land*, G., Pfaffenweiler 1982; *Mutterland/Einverständnis*, G., Ffm. 1982; *So sicher atmet nur Tod*, G., Pfaffenweiler 1983; *Hügel aus Äther unwiderruflich*, G. u. Prosa, GW, Bd. 3, Ffm. 1984; *Im Aschenregen / die Spur deines Namens*, G. u. Prosa, GW, Bd. 4, Ffm. 1984; *Ich höre das Herz / des Oleanders*, G., GW, Bd. 5, Ffm. 1984; *Die Sichel mäht die / Zeit zu Heu*, G., GW, Bd. 2, Ffm. 1985; *Die Erde war ein atlasweißes Feld*, G., GW, Bd. 1, Ffm. 1985; *Ich zähl die Sterne meiner Worte*, G., Ffm. 1985; *Festtag in Manhattan*, G., Pfaffenweiler 1985; *Wieder ein Tag aus Glut und Wind*, G., GW, Bd. 6, Ffm. 1986; *Ich spiele noch*, G., Ffm. 1987; *Freundschaft mit der Mondin*, G., Hauzenberg 1987; *Der Traum hat offene Augen*, G., Ffm. 1987; *Einst war ich Scheherezade*, ges. G., Ffm. 1987; *Und preise die kühlende / Liebe der Luft*, G., GW, Bd. 7, Ffm. 1988; *Immer zurück zum Pruth. Ein Leben in Gedichten*, Ffm. 1989; *Jeder Tropfen ein Tag. Gedichte aus dem Nachlass*, GW, Bd. 8, Ffm. 1990; *Sieben neue Tage*, G. u. Pr., Ost-Bln. 1990; *Treffpunkt der Winde*, G., Werke, Ffm. 1991; *Gelassen atmet der Tag*, G., Werke, Ffm. 1992; *Hinter allen Worten*, G., Werke, Ffm. 1992; *Wir wohnen in Babylon*, G., Werke, Ffm. 1992; *Die Musik ist zerbrochen*, G., Werke, Ffm. 1993; *Wir ziehen mit den dunklen Flüssen*, G., Werke, Ffm. 1993; *Wir pflanzen Zedern*, G., Werke, Ffm. 1993; *Denn wo ist Heimat*, G., Werke, Ffm. 1994; *Sanduhr-Schritt*, G., Werke, Ffm. 1994; *Regenwörter*, 100 G., Stg. 1994; *Und nenne dich / Glück*, G., Werke, Ffm. 1994; *Brief aus Rosen*, G., Werke, Ffm. 1994; *Schweigen auf deine Lippen*, G., Werke, Ffm. 1994; *Die Nacht hat zahllose Augen*, Pr., Werke, Ffm. 1995; *Schattenwald*, G., Werke, Ffm. 1996; *The Forbidden Tree. Englische Gedichte*, Werke, Ffm. 1996; *Es bleibt noch viel zu sagen*, Schpl., Köln 1998; *Gedichte*, Ffm. 2001; *Mutter Sprache*, Schpl., Gespräch m. Paul Assall, Mü. 2002.

Bachér, Ingrid, wurde am 24. 9. 1930 in Rostock geboren. Sie wuchs in Berlin auf, studierte an der Hochschule für Musik und Theater in Hamburg und ist seit 1949 journalistisch tätig. Von 1960 bis 1966 lebte sie in Rom, seit 1970 wohnt sie in Düsseldorf. Sie gehörte von 1958 an zur »Gruppe 47«, seit 1958 ist sie Mitglied des VS und des deutschen P.E.N.-Zentrums, 1995/96 war sie Präsidentin des westdeutschen P.E.N., seit 2002 ist sie Vorsitzende der Heinrich-Heine-Gesellschaft. 1960 erhielt sie das Villa-Massimo-Stipendium, 1961 den Förderpreis der Stadt Düsseldorf, 1964 ein Stipendium des Kulturkreises im BDI, 1973/79 ein Arbeitsstipendium des Landes Nordrhein-Westfalen, 1982 das Stipendium für Literatur der Märkischen Kulturkonferenz, 1984 das Stipendium des Stuttgarter Schriftstellerhauses und 1986 den Literaturpreis »Gedok«, 1989 den Preis der Düsseldorfer Sparkasse und 1995 den Ferdinand-Langenberg-Kulturpreis.

Schreiben bedeutet für Ingrid Bachér »Konkretwerden, Wirklichkeit erfassbar, zu tatsächlicher Realität machen, den Zwang der Zeitfolge aufheben, Darstellung der gleichzeitigen Wirkung vergangenen und gegenwärtigen Geschehens, um die Struktur der Bedingungen einer einzelnen Existenz deutlich zu machen«. Ein derartiges Literaturverständnis erfordert eine sensible psychologische Figurengestaltung. Das differenzierte Wahrnehmungsvermögen der Autorin führt die Protagonisten ihrer Texte zur Selbstreflexion und lässt sie Fragen nach der Vermittelbarkeit des eigenen Selbst mithilfe einer Sprache stellen, deren kommunikative Funktion immer wieder in Zweifel gezogen wird. So wird besonders in den jüngeren Texten Bachérs das Leistungsvermögen von Sprache problematisiert. Wegen ihres behutsamen Umgangs mit Sprache hat Karl Krolow sie als »Erzählerin der Nuance« bezeichnet.

Die frühe Prosa, die Titel wie *Lasse Lar oder Die Kinderinsel* (1958), *Schöner Vogel Quetzal* (1959) und die Reisebeschreibung *Karibische Fahrt* (1961) umfasst, spielt häufig an fremden, oft exotisch anmutenden Schauplätzen und zeichnet sich durch starke Symbolik aus. In der Erzählung *Lasse Lar oder Die Kinderinsel* verbringen vier Geschwister die Sommerferien auf einer finnischen Insel, wo sie durch die Geschichten Lasse Lars in die abenteuerliche Welt der Fantasie versetzt werden. Trotz märchenhafter Elemente werden die Kinder in den Geschichten mit Armut, Krieg und Leid konfrontiert. Der Abschied von der Kindheit vollzieht sich zunächst allmählich im Unbewussten, später auch ganz real, wenn die Kinder die Insel verlassen, um nach Hause zurückzukehren: »Als das Schiff von der Insel abstieß, löste es sich auch von ihrer Kinderzeit, die blieb vielleicht auf der Insel zurück.« Der Roman *Schöner Vogel Quetzal* spielt in Guatemala. Ein Bauingenieur verliebt sich in ein Indio-Mädchen. Ihr kurzes Glück wird durch den Freiheitsvogel Quetzal symbolisiert, der »stirbt, wenn man ihn fängt«. Ihre Reiseeindrücke von Süd- und Mittelamerika fasste Ingrid Bachér in dem Band *Karibische Fahrt* zusammen, impressionistischen Betrachtungen über Kultur, Landschaft und Lebensbedingungen.

Die späteren Prosatexte verzichten auf märchenhaft Exotisches; Schauplatz der drei Romane *Ich und Ich* (1964), *Das Paar* (1980) und *Woldsen oder Es wird keine Ruhe geben* (1982) ist Deutschland. Geht auch die Landschaft in Form poetischer Bilder in die Texte ein, so dient sie doch vorrangig der Charakterisierung der Figuren als Spiegel ihrer seelischen Räume. Die Novelle *Ich und Ich* besteht aus den Monologen zweier Frauen. Die Jüdin Lena kommt nach Jahren der Emigration nach Norddeutschland zurück, um in ihre Vergangenheit einzutauchen. Die junge Ruth hingegen drängt sich in ihr Leben, identifiziert sich völlig mit ihr – »Meine belanglose Vergangenheit ging auf in ihrer, ich schien nicht fähig zu sein, eine eigene zu haben« – und will die faschistischen Gräueltaten rächen. Die unterschiedlichen Bedürfnisse machen eine Beziehung zwischen den Frauen unmöglich, was kompositorisch auch in den zwei parallel organisierten Monologen zum Ausdruck kommt. Beide Frauen scheitern in ihrem Bemühen, als Lena »erschöpft von den Dingen, die nicht geschehen«, an den Folgen eines Autounfalls stirbt und Ruths misslungene Identitätsfindung in Verzweiflung endet.

Im Zentrum des aus der Ich-Perspektive erzählten Romans *Das Paar* (1981) steht Anne, die Freundin von Martin, der nach einem Autounfall die Sprache verloren hat. Während Ärzte und Verwandte Martin bald aufgeben, beschäftigt sich Anne eingehend mit seiner Person. Die beiden treten in eine Art nonverbalen Dialog ein, der ihre Beziehung noch intensiviert. Als Martin in eine psychiatrische Klinik

abgeschoben werden soll, entführt ihn Anne aus dem Krankenhaus.
In *Woldsen oder Es wird keine Ruhe geben* (1982) wird der historisch belegte Konflikt zwischen Storm und seinem Sohn Hans, genannt Woldsen, rekonstruiert. Es entsteht das Psychogramm zweier Männer, die altersbedingt unterschiedliche Wertvorstellungen haben. Theodor Storm repräsentiert die etablierte wilhelminische Gesellschaft, während Woldsen ein weltfremder Träumer ist. Storm will seinen Sohn von der Unrechtmäßigkeit seiner Lebensweise, seines gesellschaftlichen Umgangs und seines politischen Denkens überzeugen, will ihn zu einer durch Familie und Herkunft gesicherten Existenz bewegen. Storm erreicht schließlich sein Ziel; Woldsen besteht das medizinische Examen, bricht jedoch den Kontakt zum Vater völlig ab. Er stirbt früh an Schwindsucht, ohne seinen Vater jemals wieder gesehen zu haben.
Im Roman *Die Tarotspieler* (1986) treffen sich im Sommer 1985 in San Remo acht Teilnehmer eines Übersetzerkongresses allabendlich zum Tarotspiel auf der Hotelterrasse. Das Kongressgeschehen gipfelt im Konflikt zwischen literarischen und nichtliterarischen Übersetzern, die, obwohl »alle durch die gleiche Arbeit am Wort verbunden«, doch zu keiner gemeinsamen Auffassung über Wesen und Funktion der Sprache gelangen können. Vor diesem Hintergrund trifft die Ich-Erzählerin nach 20 Jahren ihren ehemaligen Freund Benno wieder, dessen Familie von den Nationalsozialisten umgebracht worden ist; ein Zusammentreffen, das die Vergangenheit weckt und nach einer Klärung der Beziehung in der Gegenwart verlangt. Hinzu kommen philosophisch anmutende Gespräche während des Tarotspiels sowie eingeschobene Erzählungen, in denen die Spieler vom Schicksal anderer berichten: getarnte Versuche der Selbstdefinition. All diese Ebenen stehen in Bezug zueinander, stellen die Frage nach der Schicksalshaftigkeit der Existenz, nach der Möglichkeit, die Zeichen des Schicksals zu deuten, es zu beeinflussen oder es einfach anzunehmen. Wie beim Tarot, sei beim Übersetzen und auch im Leben alles von der individuellen Wahrnehmung bzw. Deutung abhängig. »So wie die Betrachter der Tarotkarten nicht nur Eigenes hineinlesen wollen, sondern fasziniert von den Bildern hoffen, sie würden etwas erfahren von Erkenntnissen aus jener Zeit, in der Menschen in Übereinstimmung mit dem lebten, was sie umgab, und so in der Lage waren, Symbole aufzuzeichnen für eine Grundstruktur, in der alle wirkenden Kräfte sinnfällig wurden, für sich und in ihrem Verhältnis zueinander.« Diese Deutungen setzen zu nächtlicher Stunde die Komplexe und Fantasien der Spieler frei. Aber es ist ihnen letztlich nicht möglich, das Leben als formbares Schicksal zu begreifen und die Grenzen der eigenen Angst zu überwinden. Die Kongressteilnehmer gehen ihren gewohnten Weg weiter. In den Neunzigerjahren veröffentlichte Ingrid Bachér nur noch kürzere Prosaarbeiten.

Jutta Ressel

Werke: *Ein Weihnachtsabend*, Jugendst., UA Hbg. 1957; *Lasse Lar oder Die Kinderinsel*, E., Wiesbaden 1958; *Schöner Vogel Quetzal*, R., Wiesbaden 1959; *Karibische Fahrt*, Reiseber., Mü. 1961; *Ich und Ich*, R., Ffm. 1961; *Das Karussell des Einhorns*, Hsp. 1962, gedr. Zür. 1979; *Um fünf, die Stunde des Klavierspielers*, Hsp., 1962; *Die Straße*, Fssp., 1963; *Tiger – Tiger*, Fssp., 1964; *Marie Celeste*, Hsp., 1964; *Das Kinderhaus*, Jugendb., Zür. 1965; *Die Ausgrabung*, Hsp., 1965; *Lübeck: Die Bengstraße*, Hsp., 1966; *Ein Tag der Rückkehr*, Hsp., 1966; *Winterliches Rom*, Hsp., 1967; *Das Fest der Niederlage*, Hsp., 1967; *Mein Kapitän ist tot*, Fssp., 1968; *Siesta*, Fssp., 1971; *Verletzung*, Fssp., 1972; *Rekonstruktion einiger Augenblicke aus dem Leben meines Freundes B. am Tag vor seinem Tod*, Fssp., 1973; *Erzähl mir nichts*, Jugendb., Weinheim 1974; *Der Besuch*, Jugendst., UA Hann. 1974; *Gespenster sieht man nicht*, Jugendb., Zür. 1975; *Das war doch immer so. Merkbuch für Jungen und Mädchen*, Weinheim 1976; *Ein Schiff aus Papier*, Hsp., SDR 1977; *Unterwegs zum Beginn*, En., Krefeld 1978; *Morgen werde ich fliegen*, Jugendb., Zür. 1979; *Das Paar*, R., Hbg. 1980; *Woldsen oder Es wird keine Ruhe geben*, R., Hbg. 1982; *Die Tarotspieler*, R., Hbg. 1986; *Assisi verlassen*, E., m. Zeichn. v. Ulrich Erben, Düsseld. 1995; *Schliemanns Zuhörer*, E., Düsseld. 1995; *Der Zuhörer*, Hsp., SWR 1999; *Sarajewo 96*, E., m. Bildzeichen v. Günther Uecker, Düsseld. 2001; *Sieh das, das Alter. Tagebuch einer Annäherung*, Köln 2003.

Bächler, Wolfgang, kam am 22. 3. 1925 in Augsburg zur Welt. Gottfried Benn attestierte dem jungen Lyriker später »persönliches Erleben und Mut zu offener, sammelnder wie zerstörerischer Form«. Den zerstörerischen Formen in Bächlers Werk entsprechen seit Anfang der Fünfzigerjahre die selbstzerstörerischen Krisen seines Lebens. Nach Abitur und Arbeitsdienst wurde der Sohn eines Juristen 1943 eingezogen und ein Jahr später in Frankreich lebensgefährlich verwundet. Seine »Stunde null« schlug im September 1947 mit der Einladung des damals 22-Jährigen zum Gründungstreffen der »Gruppe 47«. Er studierte Philologie, Theaterwissenschaft, Kunstgeschichte – und schrieb. Mit ersten literarischen Erfolgen kam die Angst. Zwar gefällt sich Wolfgang Bächler bis heute als Fremder am Rande der Gesellschaft, als Unsteter und ewig Reisender, aber er fürchtet, literarisch keine Wurzeln schlagen und vor den Nachgeborenen als Dichter nicht bestehen zu können. Ein mehrjähriger Frankreichaufenthalt befreite ihn nicht von dieser Angst. 1967 kehrte Wolfgang Bächler nach München zurück. Literarisch versuchte er, sich seine Depressionen 1972 in *Traumprotokolle. Ein Nachtbuch* und 1988 mit dem Sammelband *Im Schlaf. Traumprosa* von der Seele zu schreiben. »Vielleicht ist es eine beschwörende Abwehr der Krankheit, sie in Worte zu bannen« – trotzdem ist Bächlers Werk, wie Heinrich Böll feststellte, persönlich, nicht aber privat. Ein rätselhafter Zimmerbrand in Bächlers früherer Münchner Wohnung zerstörte 1992 Entwürfe, Fragmente und Briefe. Damit schloss sich ein Kreis »zerstörerischer Formen« in Leben und Werk Wolfgang Bächlers. Er befreite sich vom Ballast des Geschriebenen und verkaufte seinen verbliebenen Vorlass dem Literaturarchiv der Stadtbibliothek München. In Spielfilmen von Rainer Werner Fassbinder, Volker Schlöndorff und anderen deutschen Filmemachern spielte Bächler Randfiguren. Einige Gedichte sicherten ihm in der Geschichte der deutschen Literatur zwischen Wirtschaftswunder und Mauerfall einen Platz in den vorderen Reihen. An Preisen sprach man ihm bislang nur wenige zu, er war und ist wohl zu sperrig für den bundesdeutschen Literaturbetrieb, und so blieb es 1975 beim Tukan-Preis der Landeshauptstadt München und 1984 bei der Ehrengabe des Kulturkreises im Bundesverband der Deutschen Industrie.

Im Jahr seiner ersten Gedichtbände *Tangenten am Traumkreis* und *Die Zisterne* (*Gedichte der Jahre 1943–1949*) erschien 1950 der bislang einzige umfangreichere, abgeschlossene Prosatext von Wolfgang Bächler, *Der nächtliche Gast*. Dieser romanhaft angelegten Ödipusvariante aus inzestuöser Homosexualität und Vatermord folgten vor allem Gedichte. Bächler gilt seither als anerkannter, wenn auch nicht unumstrittener Verfasser literarischer Miniaturen zwischen Lyrik und Prosa. Sein Scheitern als Romancier begründete er mit wiederkehrenden Phasen schwerer psychischer Zerrüttung, die ihn jedes Mal zu völligem Neubeginn zwängen: »Da ich an Zerstreuung, Gedankenflucht, Disharmonien leide, zu Formlosigkeiten, melancholischen und manischen Aus- und Abschweifungen neige, zwingt mich das Gedicht zur Sammlung und Konzentration, mich kurz zu fassen, mich und ein Stück Welt zu fassen« (*Zwischen den Stühlen* aus *Stadtbesetzung*, 1979). Zeittypisch und charakteristisch für das Frühwerk des »bildschwelgerischen und zuweilen metaphernwütigen Bächler« (Karl Krolow) ist – zwischen traditioneller Liebes- und Naturlyrik – die Klage einer keineswegs nur physisch verwundeten Generation: »Wir sind die Söhne gnadenloser Zeit. / Wir waren schon als Kind des Tods Gespielen. / Die Zauberwelt der Märchen war so weit, / der kalte Strom des Grauens war so breit, / auf dem gelenkt von unsrer Träume Hand / die schmalen Boote unsrer Sehnsucht trieben …«

Der Träume Hand ist bis heute Wolfgang Bächlers zentrales Thema geblieben – Von *Tangenten am Traumkreis* (1950) bis hin zu seiner Fortschreibung der *Traumprotokolle, Im Schlaf*. Hölderlins Verse als Motto seines zweiten Gedichtbandes *Die Zisterne* waren Programm: »Oh, ein Gott ist der Mensch, wenn er träumt, ein Bettler, wenn er nachdenkt …« Eskapismus? Nein, Bächler spiegelt Geschichte und Politik im Einzelschicksal: »Die Qualen bleiben, die wir einst erlitten, / ins Antlitz, in das Wesen eingeschnitten. / In unsren Träumen lebt noch oft, was war.«

In den beiden Lyrikbänden *Türklingel* (1962) und *Türen aus Rauch* (1963), beide während Bächlers langjährigem Aufenthalt in Frankreich entstanden, treten zu Landschaftsgedichten und lyrischen Impressionen aus der einstweiligen Wahlheimat erstmals auch Gedichte zur Arbeitswelt des Menschen. Der Betrachter vom Rand des Geschehens tritt vor und wird zum Satiriker:

»Steigert die Umsätze, Männer, / erhöht die Absätze, Frauen, / setzt eure Männer mit um! / Setzt Frauen und Kinder mit ab, / sichert euren Nachlaß, sichert euren Ablaß, / sichert euch und versichert euch / und zahlt die Reststeuer pünktlicher, / Bürger!« Wie schon in der als *Balladen, Berichte, Romanzen* bezeichneten Lyrik aus *Türklingel*, dem sicherlich hoffnungsvollsten und provokantesten Buch Wolfgang Bächlers, so finden sich auch in den zum Teil gleichzeitig entstandenen Gedichten der *Türen aus Rauch* Verse gegen die Monotonie saturierter, umfassend abgesicherter Existenz (*Stillleben mit Ehepaar*). Während *Türen aus Rauch* einigen Kritikern zu plakativ erschien, störten sich andere an der Metaphernschwere und übertriebenen Bildfülle seiner Strophen. Wolfgang Bächler zog sich zurück. Als er nach langem Schweigen 1976 eine um 50 neue Gedichte ergänzte Auswahl aus 30 Jahren vorlegte, schloss diese Retrospektive mit der nachgelieferten Begründung seines Schweigens:

»Ausbrechen / aus den Wortzäunen, / den Satzketten, / den Punktsystemen, / den Einklammerungen, / den Rahmen der Selbstbespiegelungen, / den Beistrichen, den Gedankenstrichen / – um die ausweichenden, aufweichenden / Gedankenlosigkeiten gesetzt – / Ausbrechen / in die Freiheit des Schweigens.« Nach lyrischen Selbstbespiegelungen war Bächler in die Freiheit des Schweigens »ausgebrochen«. Offensichtlich bestand zumindest vorübergehend ein Zwang, sich schreibend gegen die eigene »Innenwelt« zur Wehr zu setzen. Manchmal geriet dies allerdings zur Pose: »Ich habe nie etwas besessen. / Doch alles ist in mich eingedrungen.« Manches im Werk und Selbstverständnis Wolfgang Bächlers erinnert an den Spätexpressionisten Jakob Haringer, dessen Vergessensein er jedoch hoffentlich nicht teilen wird.

Michael Bauer

Werke: *Tangenten am Traumkreis*, G., Ffm. 1950; *Die Zisterne*, G., Esslingen 1950; *Der nächtliche Gast*, E., Ffm. 1950; *Lichtwechsel. Neue Gedichte*, Esslingen 1955; *Lichtwechsel II. Neue Gedichte*, m. Tuschen v. HAP Grieshaber, Mü./Esslingen 1960; *Türklingel. Balladen, Berichte, Romanzen*, Mü./Esslingen 1962; *Türen aus Rauch*, G., Ffm. 1963; *Traumprotokolle. Ein Nachtbuch*, Pr., Mü. 1972; *Ausbrechen. Gedichte aus 30 Jahren*, Ffm. 1976; *Stadtbesetzung*, Pr., Ffm. 1979; *Die Erde bebt noch. Frühe Lyrik*, m. Holzschnitten v. HAP Grieshaber, Esslingen 1982; *Nachtleben*, G., Ffm. 1982; *Ich ging deiner Lichtspur nach. Liebesgedichte*, hg. von Peter von Becker, Ffm. 1988; *Im Schlaf. Traumprosa*, G., Ffm. 1982; *Einer, der auszog, sich köpfen zu lassen*, R., Ffm. 1990; *Wo die Wellenschrift endet. Ausgewählte Gedichte aus fünf Jahrzehnten*, Denklingen 2000.

Bachmann, Guido, wurde am 28. 1. 1940 in Luzern geboren und wuchs in kleinbürgerlichen Verhältnissen in Bern auf (*Lebenslänglich. Eine Jugend*, 1997). Zu seinem Glück wurde er durch einen älteren Freund in die Welt der Philosophie und Künste eingeführt. Die Schule musste er frühzeitig verlassen und studierte am Konservatorium und an der Universität Theaterwissenschaft und Musikgeschichte. Mit 20 Jahren begann er zu schreiben. Er ließ sich zum Pianisten und Schauspieler ausbilden. Sein Erstling *Gilgamesch* (1966) brachte ihn wegen des Vorwurfs der Homosexualität vor Gericht. Nach einer Tätigkeit als Musiklehrer war er von 1973 bis 1977 als Musikrezensent und Essayist bei den »Basler Nachrichten« tätig. Seiner Unabhängigkeit wegen blieb er mit einer Ausnahme – darüber berichtet er in skurriler Weise in *bedingt entlassen* (2000) – freier Autor als literarischer Freibeuter und provokatorischer Außenseiter und lebt seit 1998 als Schauspieler und Schriftsteller in St. Gallen. Ausgezeichnet wurde er u.a. 1971 mit dem Großen Literaturpreis des Kantons Bern, 1979, 1983, 1987 und 1998 mit dem Buchpreis der Stadt Bern, 1987 mit dem Werkpreis von Stadt und Kanton Luzern, 1990 mit dem Basler Literaturpreis und dem Buchpreis des Kantons Bern, 1991 mit dem Literaturpreis Basel, 1993 und 2000 mit dem Werkjahr Pro Helvetia und 1995 mit dem Jahresstipendium Landis & Gyr, London.

Guido Bachmann zählt noch immer zu den unbekannteren Schweizer Autoren – zu Unrecht, hat er doch ein umfangreiches und literarisch bedeutsames Werk vorgelegt. Es umfasst hauptsächlich Romane, aber auch Hör- und Bühnenspiele, Erzählungen, einen Sonettenkranz (*Ad astra*, 1968) sowie zahllose Zeitungsbeiträge (teilweise abgedr. in *Kehrseiten*, 1991), in denen sich der streitbare Zeitgenosse lautstark und sprachmächtig zu Wort meldet wie z.B. in seiner fulminanten Attacke gegen die Basler Pharma-Multis anlässlich des Brandes von Schweizerhalle.

Als Hauptwerk muss die Trilogie *Zeit und Ewigkeit* (1989) bezeichnet werden, die aus den Romanen *Gilgamesch* (1966), *Die Parabel* (1978) und *Echnaton* (1982) besteht, ein monumentales Werk von über 1200 Seiten, beeinflusst durch James Joyce und H. H. Jahnn. Darin unterwirft er sich musikalischen Parametern wie der Fugentechnik, d.h. sein Erzählen sprengt das feste Gefüge von Zeit und Raum und vermischt höchst kunstvoll Gegenwärtiges mit Mythologischem. Freundschaft, Liebe, Tod und Kunst bilden die Grundbereiche, die er erzählerisch ausmisst, doch schöpft er darüber hinaus aus der hermetischen Tradition, die von den babylonischen Mythen über das Tarot bis in die magische Zahlenkombinatorik reicht. Seine Phantasmagorien zielen auf Ekstase, Eruption und Orgasmus. Auch Autobiografisches spielt mit hinein, verfremdet allerdings, zumindest in den frühen Werken. Topografisch lokalisiert sind sie in Bern, Basel, Madeira, Chauvirey und London, wo Bachmann mehrere Monate als Stipendiat weilte. Einzigartig in unserer schnelllebigen Zeit mutet sein Schreibverfahren an: Er stellt von jedem Teil mehrere Fassungen her; das zeugt von handwerklicher Solidität und Souveränität, wie sie nur von wenigen Autoren angewandt wird.

Weitere Romane sind *Dionysos* (1990), *Die Wirklichkeitsmaschine* (1994) und *Sommerweide* (2002) sowie kürzere Erzählungen wie *Madeira* (1976) und

Der Basilisk (1987). In all diesen Texten spielt das Verhältnis von Zeit und Ewigkeit, von Erinnerung, Gegenwart und utopischer Vision im Anschluss an die Apokalypse die Großstruktur der Erzähltexte, was ihm Ausblicke ins Uralte wie Zukünftige eröffnet. All dies macht Bachmanns Erzählpartituren, auch wenn ihnen stets ein kriminalistisches Moment anhaftet, nicht leicht rezipierbar und dürfte der Hauptgrund dafür sein, dass er als Störenfried und Bürgerschreck noch zu wenig wahrgenommen wird – doch das wird sich ändern.

Christoph Siegrist

Werke: *Gilgamesch*, Wiesbaden 1966; *Wannsee*, E., Düsseld. 1967; *Ad astra. Ein kosmischer Sonettenkranz*, Bern 1969; *Die Klarinette. Eine Kriminalnovelle*, Bern 1969; *Gloria. Wannsee*, En., Zür. 1970; *Papagei Jossey*, Hsp., DRS 1974; *Madeira*, E., Basel 1976; *Die Parabel*, Basel 1978; *Echnaton*, Basel 1982; *Die Kriminalnovellen*, Basel 1984; *Der Basilisk*, N., Basel 1987; *Selbander. Stück für zwei Personen*, Basel 1988; *Zeit und Ewigkeit. Trilogie* (enth. *Gilgamesch, Die Parabel, Echnaton*), Basel 1989; *Dionysos*, Basel 1990; *Kehrseiten. Aufsätze und Reden*, Basel 1991; *Die Wirklichkeitsmaschine*, Basel 1994; *Lebenslänglich. Eine Jugend*, Basel 1997; *Annus horribilis – Schwarze Vögel*, St. Gallen 1998; *Bedingt entlassen*, Basel 2000; *Sommerweide*, Basel 2002.

Bachmann, Ingeborg, geboren am 25. 6. 1926 in Klagenfurt, studierte von 1945 bis 1950 Philosophie, Psychologie, Germanistik an den Universitäten Innsbruck, Graz und Wien, promovierte 1950 mit einer Dissertation über *Die kritische Aufnahme der Existentialphilosophie Martin Heideggers*. Kurzzeitig war sie als Assistentin am Wiener Philosophischen Institut, von 1951 bis 1953 als Mitarbeiterin beim »Sender Rot-Weiß-Rot« in Wien tätig. Prosa veröffentlichte sie erstmals 1946, Gedichte 1948. Ab 1952 nahm sie regelmäßig an Treffen der »Gruppe 47« teil, mit deren Preis sie 1953 gewürdigt wurde. Von 1953 bis1957 lebte sie in Italien, zuerst bei Hans Werner Henze auf Ischia und in Neapel, dann in Rom, von wo sie unter dem Pseudonym R(uth) K(eller) für Radio Bremen und die »Westdeutsche Allgemeine Zeitung« über Politik und Alltagsleben in Italien berichtete. 1955 nahm sie auf Einladung Henry Kissingers an der »Harvard Summer School« teil. 1957/58 wirkte sie als Dramaturgin beim Bayerischen Fernsehen, anschließend lebte sie bis 1963 abwechselnd in Rom und Zürich, von 1963 bis 1965 als Stipendiatin der »Ford Foundation« in Berlin. 1959/60 hielt sie als erste Gastdozentin Poetik-Vorlesungen über *Probleme zeitgenössischer Dichtung* an der Universität Frankfurt am Main, seit 1961 war sie Mitglied der Akademie der Künste Berlin. 1964 führten sie Reisen nach Prag und Ägypten, von 1963 bis zu ihrem Tod lebte sie vorwiegend in Rom. Sie starb am 17. 10. 1973 an Medikamentenentzug nach einem schweren Brandunfall. 1957 erhielt sie den Literaturpreis der Freien Hansestadt Bremen, 1959 den Hörspielpreis der Kriegsblinden, 1964 den Büchner-Preis, 1968 den Großen Österreichischen Staatspreis, 1972 den Anton-Wildgans-Preis.

Früh hat Bachmann entwickelt, was sie im Gedicht *Ich frage* (1945) als »Lastbewußtsein« bezeichnet. Dessen »Woher« wird sie bis zu ihren späten Werken immer wieder nachfragen. In einem Interview bezeichnete sie den Einmarsch der Truppen Hitlers in Klagenfurt als Schlüsselerfahrung ihres Lebens. Der dadurch ausgelöste »frühe Schmerz« hat ihr Leben und Schreiben geprägt. Dass es sich nicht um eine auf einen geschichtlichen Moment beschränkte, sondern durchgehende Erfahrung der Versehrung handelt, wird deutlich in der Kriegsblinden-Preisrede *Die Wahrheit ist dem Menschen zumutbar* (1959), in der Vorlesung über *Das schreibende Ich* (Geschichte der Erfahrung von Gewalt als Beginn einer Ich-Zerstörung), manifestiert sich aber auch im Beginn der Vernichtung des weiblichen Ichs im Roman *Malina* durch einen »ersten Schlag«, der »die erste Erkenntnis des Schmerzes« auslöst, sowie in der Rückführung des Faschismus als politische Erscheinung auf privates Verhalten im *Franza*-Fragment: »denn irgendwo muß es ja anfangen«.

In der frühen Lyrik, die bestimmt ist von Kälte-, Einsamkeits-, Nacht- und Schattenmetaphorik sowie von Bildern der Zerstörung und des Vernichtetwerdens (vgl. z.B. *Befreiung, Ängste*, 1945), aber auch in Erzählungen klagt die Autorin über Unterdrückung (*An Kärnten*, 1944) und heroisiert Freiheitsstreben (*Das Honditschkreuz*, 1944). Die Gedichte des ersten Lyrikbandes *Die gestundete Zeit* (1953) thematisieren die Gefährdungen des geschichtlichen Moments und sind geprägt von einem appellativen Gestus, der Aufforderung zu Widerstand und Aufbruch (Titelgedicht, *Alle Tage* u.a.). Angesichts der Erfahrung von Faschismus (»Wo Deutschlands Himmel die Erde schwärzt«) und von dessen Weiterwirken (»Sieben Jahre später / in einem Totenhaus, / trinken die Henker von gestern / den goldenen Becher aus«) erteilt Bachmann der durch intertextuelle Bezüge auf Wilhelm Müller, Goethe und Eichendorff apostrophierten klassisch-romantischen Lyrik-Tradition im Gedicht *Früher*

Mittag eine entschiedene Absage. Bilder von Zerstörung und Gefährdungen dominieren auch die drei traditioneller illusionistischer Hörspielkonzeption verpflichteten Funkstücke *Ein Geschäft mit Träumen* (1952), *Die Zikaden* (1955) und *Der gute Gott von Manhattan* (1958). Die Autorin entwirft in diesen jedoch auch – an Musils Reflexionen über Utopien anknüpfend – Gegenvorstellungen von absoluter Liebe und vom totalen Austritt aus der Gesellschaft.

Gegenbilder anderer Art zu den Erfahrungen einer »verheerten Welt« (*Mein Vogel*) und indefiniter Gefährdungen (Titelgedicht) entwirft Bachmann in der Lyriksammlung *Anrufung des Großen Bären* (1956) aus dem positiven Erleben des Südens, konkret Italiens (vgl. *An die Sonne*; *Das erstgeborene Land*). In diesen formal wieder traditionelleren Gedichten thematisiert sie auch die für ihr Werk zentrale Sprachproblematik. Bis in die Mikrostruktur der Texte schlägt sich das Schwanken zwischen den Polen Sprachskepsis und Sprachhoffnung nieder, wobei häufig, wie in *Rede und Nachrede*, die in den Poetik-Vorlesungen postulierte Bewegung von Sprachverzweiflung (»der schlechten Sprache«) hin zu Sprachutopie (zu einer »Sprache hin, die noch nie regiert hat«) beobachtbar ist. In den Vorlesungen sieht Bachmann ein Charakteristikum der Literatur des 20. Jahrhunderts in der Thematisierung von »Stürze[n] ins Schweigen« wie auch der »Wiederkehr aus dem Schweigen«. Die poetologischen, von der Philosophie Heideggers, Wittgensteins und der Wiener neopositivistischen Schule (Carnap u.a.) geprägten Reflexionen der Dichterin sowie ihr gesamtes literarisches Werk sind in diesem Spannungsfeld angesiedelt.

Eine spezifische Bedeutung kommt diesbezüglich der Musik zu, über die Bachmann den Zugang zur Dichtung gefunden hat. Musik, die die »Ahnung« von einer »umfassenderen Sprache« ermögliche, wirkt über die Zusammenarbeit mit Henze (Hörspiel *Die Zikaden*, 1954, Libretti zu den Opern *Der Prinz von Homburg*, 1960, und *Der junge Lord*, 1964) und die musikästhetischen Essays der Autorin, *Die wunderbare Musik* (1956) sowie *Musik und Dichtung* (1959), bis zu einem ihrer letzten Gedichte, *Enigma* (1968), und zum Roman *Malina* (1971) als wesentlicher Impuls ihres Schreibens und geradezu als existenzieller Bezugspunkt: »Wir, befaßt mit der Sprache, haben erfahren, was Sprachlosigkeit und Stummheit sind – unsre [...] reinsten Zustände! –, und sind aus dem Niemandsland wiedergekehrt mit Sprache.« Beispielhaft bleibt in *Enigma* die schwache Hoffnung auf eine »Wiederkehr aus dem Schweigen« eben an die Musik gebunden. Die Sprachproblematik hat für Bachmann zwei Aspekte, einen logisch-philosophischen im Anschluss an Wittgensteins rigorose Grenzziehung zwischen *Sagbarem und Unsagbarem* (Titel eines Wittgenstein-Essays der Autorin) und einen ethisch-pragmatischen: Das, was die Autorin als »schlechte Sprache«, »Nachrede«, »Sterbenswörter« (*Ihr Worte*, 1961) oder – in der Erzählung *Das dreißigste Jahr* (1961) – als »Gaunersprache« bezeichnet, ist der schlechte, martialische, kalligrafische, denunziatorische Sprachgebrauch, dessen »Phrasen zu vernichten« ebenso Aufgabe der Literatur ist wie das »Richtung«-Nehmen auf ein »Utopia der Sprache« (vgl. die Poetik-Vorlesung).

Diese Thematik ist auch zentral im ersten Prosaband von Bachmann, *Das dreißigste Jahr*. Ein durchgehendes Thema ist die Orientierungslosigkeit, die in der Titelerzählung und in *Alles* als existenzielle Gegebenheit erscheint, in anderen Texten als Folge des historischen »Lastbewußtseins«, zurückgeführt auf die Sozialisation in einer faschistischen Gesellschaft (*Jugend in einer österreichischen Stadt*) oder auf den latenten Faschismus in der Nachkriegsgesellschaft, der jederzeit wieder in offene Aggressivität umzuschlagen drohe (*Unter Mördern und Irren*). An den Erzählungen des *Dreißigsten Jahrs* ist deren lyrischer Charakter vermerkt worden, der sich Gegenbildern zur Bedrohung und zur Desorientierung verdankt, etwa in *Jugend in einer österreichischen Stadt* der transitorischen Aufhebung der »frühen Dunkelhaft« in einem mystischen Naturerlebnis oder in der Erzählung *Ein Schritt nach Gomorrha* säkularisierten religiösen Bildern. In dieser und in *Undine geht* wird ein weiteres zentrales Thema insbesondere des Spätwerks von Bachmann angetönt: die »Frau als Opfer«. Es findet sich allerdings bereits im frühen Text *Im Himmel und auf Erden* (1948), einer Erzählung von der Vernichtung einer Frau durch ihren Mann, die – wie ähnlich später in *Malina* – mit einem Schlag ins Gesicht einsetzt, oder auch im Hörspiel *Ein Geschäft mit Träumen*. Im *Dreißigsten Jahr* dominiert die männliche Perspektive, nur *Ein Schritt nach Gomorrha* und *Undine geht* sind aus weiblicher Sicht erzählt. Die erstgenannte Erzählung thematisiert den mangelnden Spielraum für die Frau in patriarchalischen Strukturen und die Utopie eines absolut Anderen: »Nicht das Reich der Männer und nicht das der Weiber«. Die gleichgeschlechtliche Liebe wäre bloß »ein Schritt« Richtung »Gomorrha«, brächte nur andere Herrschaftsverhältnisse. Die Utopie erweist sich als nicht lebbar, eine Rückkehr in den Alltag als notwendig. Der thematisch und (da gattungsmäßig schwer kategorisierbar) formal herausforderndste Text des *Dreißigsten Jahrs* ist *Undine geht*. Die Vorstellungen, die sich mit Undine verknüpfen – sei es Kunstideal, männlich imaginiertes, überhöhtes Frauenbild oder absolutes weibliches Begehren –, brechen jedenfalls radikal mit der Tradition der Undine-Dichtungen. Bachmanns Undine ist das Gegenbild zu zerstörerischer Polarisierung von männlich und weiblich und einem entfremdeten Sein in einer patriarchalischen, instrumenteller Vernunft verpflichteten Ordnung. Dieser Text markiert den Übergang zum Spätwerk der Autorin.

1962/3–1965 arbeitete sie an einem ersten *Todesarten*-Roman, ab 1965/66 unter diesem Titel am Buch *Franza*. Seit 1966 ist der Begriff »Todesarten« für einen Zyklus vorgesehen, von dem *Malina* 1971 als »Ouvertüre« erschienen ist. Von den zu Lebzeiten der Autorin erschienenen Texten können die Büchnerpreisrede *Ein Ort für Zufälle* und – bedingt – der Erzählzyklus *Simultan* dem *Todesarten*-Komplex zugerechnet werden. Durch motivisch-thematische, genetische und zyklische Verbindung gehört auch eine Reihe unvollendeter Texte aus dem Nachlass dazu. Thematisch nahe sind einige der späten Gedichte wie *Wahrlich*, *Keine Delikatessen*, *Böhmen liegt am Meer*. In einer Vorrede zum *Franza*-Fragment hat Bachmann konstatiert, dass »der Virus Verbrechen« nach dem Ende der NS-Diktatur »nicht aus der Welt verschwunden ist«, dass vielmehr »noch heute sehr viele Menschen nicht sterben, sondern ermordet werden«, die Verbrechen finden auf »inwendigen« als den »wirklichen Schauplätzen« statt. Diese Vorstellungen sind geprägt von Barbey d'Aurevilly (*Die Teuflischen*), Brecht (*Es gibt viele Arten zu töten*), von der Auseinandersetzung mit Jean Améry (*Die Tortur*) und von der Beziehung zu Paul Celan. »Todesarten« haben in Bachmanns Werk aufgrund der Erfahrung des »frühen Schmerzes« immer eine Rolle gespielt, im *Todesarten*-Zyklus meint der Begriff »Todesarten von Frauen«. *Malina* ist denn auch, dem Schlusssatz »Es war Mord« zufolge, die Geschichte eines Verbrechens. Der Roman ist auf Irritation angelegt, durch Bezug auf diverse Prosagenres, aber auch auf Dramatik (einleitendes Personenverzeichnis, Reflexionen über Ort und Zeit, Handlung auf einer »Gedankenbühne«), durch den erzähllogisch verwirrenden, ambivalenten Schluss, durch doppelbödige Beschreibungen, insbesondere der Figur Malina. Er wird »aus Gründen der Tarnung« als Beamter eingeführt, tatsächlich ist er der männliche Doppelgänger des weiblichen Ichs. In scheinbar konventioneller Dichotomisierung wird dem weiblichen Ich-Anteil »Gefühl« und »Selbstzerstörung«, dem männlichen hingegen »Verstand« und »Produktivität« zugeschrieben. Tatsächlich wird diese Dichotomisierung aber nicht weitergeschrieben oder bestätigt, vielmehr deren Destruktivität einer radikalen Analyse unterzogen. In der Beziehung zum Durchschnittsmann Ivan nimmt dieser Malina, mithin die Intellektualität der Frau nicht wahr, sie hat in dieser Beziehung keinen Spielraum außerhalb der Rolle als Hausfrau, Mutter und Sexualobjekt. Nur in narzisstischem Selbstbezug vermag sie transitorisch die Ahnung von einer anderen, selbstbestimmten weiblichen Existenz zu entwickeln und beginnt für Ivan die Arbeit an einem »schönen Buch«, der Legende über die »Geheimnisse der Prinzessin von Kagran«. Durch diese sollte die Liebe zu Ivan eine mythische Begründung erfahren und sollten alle Bedrohungen und Widerwärtigkeiten des zwischenmenschlichen Zusammenlebens aufgehoben werden. Gleichwohl sind diesem Projekt von vornherein »TODESARTEN« eingeschrieben, erinnert doch die mythische Präfiguration Ivans an den Dichter der *Todesfuge*. Die Aufarbeitung der perniziösen Liebesbeziehung vor der kritisch kontrollierenden Instanz Malina verweist auf die Wurzeln der Persönlichkeitszerstörung des Ichs: Die »verschwiegene Erinnerung« an die vernichtende Wirkung des Vaters wird in einer Reihe von Träumen aus der Verdrängung geholt. Die Vaterfigur repräsentiert das Gewaltprinzip, als dessen schlimmste Verwirklichung Bachmann der Nationalsozialismus gilt, weshalb auch des Vaters Mordversuche am Ich in Traumbildern veranschaulicht sind, die z.T. den NS-Terrormethoden entstammen. Die *Todesarten*-Texte erzählen von unterschiedlichen Todesarten von Frauen: Sie werden zur Abtreibung gezwungen, »mit den Folterwerkzeugen der Intelligenz« als »Fall« für die Wissenschaft missbraucht und so zur Selbstvernichtung getrieben (*Franza*), als »Gerüchtegestalt« (*Das Portrait von Anna Maria*, 1955–57) denunziert, literarisch vergewaltigt, zu Hassgefühlen bewegt, die die »Krankheit zum Tode« bedeuten (Fanny Goldmann). Im *Franza*-Fragment wird private Gewaltausübung explizit enggeführt mit NS-Verbrechen und Neokolonialismus.

Thematisch, aber auch durch Namensverkettung

und Zuordnung der Figuren zum »Reigen« der Wiener Gesellschaft sind die Erzählungen von Bachmanns letzter Buchpublikation *Simultan* (1972) mit dem *Todesarten*-Projekt verknüpft. Sie handeln von ironisch beleuchteten Versuchen, der Wirklichkeit nicht ins Auge sehen zu müssen. Die Protagonistinnen stürzen sich in eine Karriere (*Simultan*; *Drei Wege zum See*), ziehen sich auf narzisstische Selbstbespiegelung zurück (*Probleme, Probleme*), schränken ihre Wahrnehmungsfähigkeit ein (Miranda in *Ihr glücklichen Augen*) oder basteln an einer Lebenslüge (Frau Jordan in *Das Gebell*), bleiben aber alle letztlich Gefangene des Systems. Diese Erzählungen loten wie alle *Todesarten*-Texte implizit die Möglichkeiten weiblichen Schreibens aus und haben nachhaltige Wirkung in der Literatur von Frauen entfaltet und entsprechende Rezeption in der feministischen Wissenschaft erfahren.

Kurt Bartsch

Werke: *Ein Geschäft mit Träumen*, Hsp., RWR 1952; *Thomas Wolfe: Das Herrschaftshaus*, Hsp.-Übs., BR 1954; *Louis MacNeice: Der schwarze Turm*, Hsp.-Übs., ORF 1952; *Die gestundete Zeit*, G., Ffm. 1953; *Zikaden*, Hsp., NDR 1955; *Anrufung des großen Bären*, G., Mü. 1956, Hsp., NDR 1957; *Der Idiot*, Ballett-Pantom. nach F. M. Dostojewksi v. T. Gsovsky, Musik v. H. W. Henze, Mainz 1955, UA Bln. 1960; *Nachtstücke und Arien nach Gedichten von IB*, Musik v. H. W. Henze, UA Donaueschingen 1957, gedr. Mainz 1958; *Der gute Gott von Manhattan*, Hsp., BR/NDR 1958; *Der Prinz von Homburg*, Oper nach H. v. Kleist, Libr., Musik v. H. W. Henze, Mainz 1960; *Jugend in einer österreichischen Stadt*, E., m. Gravuren von R. Schoofs, Wülfrath 1961; *Das dreißigste Jahr*, En., Mü. 1961, Hsp., RB 1961; *Giuseppe Ungaretti: Gedichte*, ital. u. dt., Übs., Ffm. 1961, veränd. Aufl. 1963; *Der gute Gott von Manhattan – Die Zikaden*, Hspe., Mü. 1963; *Ingeborg Bachmann liest Gedichte und Prosa*, Schpl., 1963; *Chorfantasie über die »Lieder von einer Insel« von Ingeborg Bachmann*, Musik v. H. W. Henze, Mainz 1964, UA 1967; *Gedichte, Erzählungen, Hörspiel, Essays*, Mü. 1964; *Der junge Lord, komische Oper nach W. Hauff*, Libr., Musik v. H. W. Henze, Mainz 1965; *Ein Ort für Zufälle*, m. Zeichnungen v. Günter Grass, Bln. 1965; *Gedichte*, Ausw., Bln., Weimar 1966; *Das dreißigste Jahr*, En., Bln., Weimar 1968; *Malina*, R., Ffm. 1971; *Unter Mördern und Irren*, Hsp., ORF 1971; *Simultan. Neue Erzählungen*, Mü. 1972; *Undine geht*, Lpz. 1973; *Meistererzählungen*, Wien 1974; *Die Hörspiele*, Mü. 1976; *Der Tag des Friedens*, Mü. 1976; *Werke*, 4 Bde., hg. v. Chr. Koschel, I. v. Weidenbaum u. C. Münster, Mü. 1978; *Der Fall Franza – Requiem für Fanny Goldmann*, Mü. 1979; *Sämtliche Erzählungen*, Mü., Zür. 1980; *Probleme, Probleme*, Hsp., SWF 1982; *Die Wahrheit ist dem Menschen zumutbar. Essays, Reden, Kleinere Schriften*, Mü. 1981; *Die Fähre*, En., Mü. 1982; *Sämtliche Gedichte*, Mü. 1983; *Wir müssen wahre Sätze finden, Gespräche und Interviews*, hg. v. Chr. Koschel u. I. v. Weidenbaum, Mü. 1983; *Die kritische Aufnahme der Existentialphilosophie Martin Heideggers*, Diss., Wien 1949, Neuaufl. Mü. 1985; *Vierzig Gedichte*, Mü. 1985; *Dass noch tausend und ein Morgen wird*, hg. v. Chr. Koschel und I. v. Weidenbaum, m. Fotos v. Erika Hausdörffer u. Alfred Darda, Mü. 1986; *Ausgewählte Werke*, 3 Bde, hg. v. Paul Konrad u. Sigrid Töpelmann, Bln., Weimar 1987; *Nebelland hab ich gesehen – Nebelherz hab ich gegessen, Gedichte aus »Anrufung des Großen Bären«*, m. Siebdrucken u.a. von Albert Merz, Bln. 1987; *Warten auf ein Wunder*, Hsp., SWF/SR 1988; *Freies Geleit*, Linolschnitt, Schwäbisch Hall 1990; *Lieder auf der Flucht*, Hbg. 1990; *Briefe an Felician*, m. Radierungen v. Peter Bischof, Mü. 1991; *Der Fall Franza*, Hsp., DRS/NDR 1993; *Undine geht*, Hsp., DRS 1993; *»Todesarten«-Projekt*, krit. Ausg., 4 in 5 Bden, u. d. Leitung v. Robert Pichl hg. v. Monika Albrecht u. Dirk Göttsche, Mü. 1995; *Letzte, unveröffentlichte Gedichte, Entwürfe und Fassungen*, hg. v. Hans Höller, Ffm. 1998; *Römische Reportagen, Eine Wiederentdeckung*, Mü., Zür. 1998, Schpl., RB 2002; *Ich weiß keine bessere Welt. Unveröffentlichte Gedichte*, hg. v. Isolde Moser, Heinz Bachmann u. Christian Moser, Mü. 2000.

Bäcker, Heimrad, wurde am 9. 5. 1925 in Wien geboren und wuchs in Oberösterreich auf. In Graz und Wien studierte er Philosophie, Soziologie sowie Völkerkunde und promovierte 1953 mit einer Dissertation über Karl Jaspers. Neben seiner Tätigkeit als Referent für Geisteswissenschaften an der Volkshochschule Linz gab er zwischen 1968 und 1991 die Zeitschrift »neue texte« heraus. 1976 gründete er zusammen mit seiner Frau Margret die »edition neue texte«, die er bis zur Übergabe an den Grazer Droschl-Verlag im Jahr 1992 betreute. Für sein Werk erhielt er u.a. 1985 das Österreichische Ehrenkreuz für Wissenschaft und Kunst, 1986 die Buchprämie des Bundesministeriums für Unterricht und Kunst, 1989 den Robert-Geisendörfer-Preis, 1990 den Förderungspreis für Film- und Medienkunst des Kunstpreises der Akademie der Künste Berlin, 2001 den Würdigungspreis für Literatur. Am 8. 5. 2003 ist er in Linz, Oberösterreich, gestorben.

Mit seinem literarischen Schaffen trat der Autor, sieht man von einzelnen Lyrikbeiträgen in Zeitschriften ab, erst relativ spät an die Öffentlichkeit. Viele Jahre war er vor allem als Mentor, Vermittler und Theoretiker konkreter und visueller Poesie präsent, für die er mit seiner Zeitschrift und Edition »neue texte« dauerhafte Foren schuf. Das Verlagsprogramm enthält neben theoretischen Beiträgen durchwegs Titel heute relevanter Autoren und Autorinnen wie Ernst Jandl, Friederike Mayröcker,

Elfriede Gerstl, sowie eine Werkausgabe von Reinhard Priessnitz, den Bäcker als »zentrale Gestalt« der Edition bezeichnet.
Im Zusammenhang mit Bäckers Engagement für diese Avantgarde sind auch seine eigenen visuellen, dokumentarisch konkreten Werke zu sehen, die in der Auswahl, Bearbeitung und Präsentation unkonventioneller Materialien neue Perspektiven eröffnen. So gestaltet der Autor die Entscheidungsfindung einer italienischen Volksbefragung über eine Komposition von Bild- und Schriftspuren nach (*REFERENDUM*, 1988) oder schreibt die Verfahren exemplarischer Lyrik vom Mittelalter bis hin zur Gegenwart in extrem komprimierten Gedichten fort (*Gedichte und Texte. Eine Auswahl aus dem Werk*, 1992). Den sparsamen Einsatz vorgefundenen Materials kennzeichnet auch seine dokumentarische Poesie *SEESTÜCK* (1985), das Zitate des Internationalen Militärtribunals kombiniert und als Vorläufer des beeindruckenden Lebenswerks des Autors gilt: der *nachschrift*. Die Materialien, die Bäcker hier bearbeitet, stehen alle im Kontext des Holocaust. Über Jahrzehnte sammelte und sichtete der Autor zahllose Zeugnisse der Massenvernichtung, Dokumente aus den nationalsozialistischen Archiven und Spuren an den Tatorten der Verbrechen ebenso wie juristische Schriftstücke und wissenschaftliche Aufarbeitungsliteratur der Nachkriegszeit. Sie bilden das Ausgangsmaterial, das Heimrad Bäcker, auf einen Bruchteil seiner quantitativen Dimension reduziert, bearbeitet und mit Quellenangaben versehen, seit 1986 der Öffentlichkeit präsentiert.
Den zentralen Teil des Projekts stellen die zwei Aufsehen erregenden Bände der *nachschrift* (1986 und 1997) dar, ein Hauptwerk der Konkreten Poesie, das mit der Spezifik der angewandten Verfahren und der eminent politischen Ausrichtung über die bisherigen Leistungen dieser Literatur hinausgeht. Bäcker isoliert Bruchteile authentischer Dokumente – wie etwa Tabellen, Register, Schriftstücke, Amts- und Privatschreiben der Täter und Opfer – und lässt sie, ohne sie zu verändern oder zu kommentieren, »durch Korrespondenzen zwischen den Textteilen« zu Literatur werden. Am einzelnen Bruchstück wirkt der Autor lediglich durch Aussparung, Reihung und Anordnung. Besondere Wirksamkeit kommt dem visuellen Aspekt zu, etwa durch den Kontrast voll bedruckter Seiten mit Aufzählungen oder Zahlen und den vielen weißen Flächen, mit denen Sätze und Teilsätze korrespondieren, wie: »die zu wählenden todesursachen werden nach folgenden gesichtspunkten bestimmt:« (Bd. 2, S.161). Die Genese und Struktur des Holocaust macht der Autor insbesondere durch die Arbeit mit bürokratischen Sprach- und Ordnungsmustern sichtbar, die sich auch in den Dokumenten der Nachkriegsliteratur fortsetzen und damit eine beklemmende Kontinuität bis hin zur Gegenwart herstellen.
Neben dem Hörstück *Gehen wir wirklich in den Tod?* (1989), das aus den Textbänden hervorgegangen ist, gehören auch Bäckers fotografische Arbeiten zum Projekt *nachschrift* (zusammen mit Texten in *EPITAPH*, 1989, sowie *Heimrad Bäcker*, 2003). Jahrelang hat er am Gelände der NS-Tatorte Gebäude, Steine, Fundstücke etc. abgelichtet, die meist nur über die Quellenangaben kontextualisierbar sind, weil bekannte Motive der KZ-Ikonografie fehlen. So setzen auch diese Arbeiten, wie *nachschrift*, auf Störung eingewöhnter Rezeption und erzwingen veränderte, erweiterte Auseinandersetzungen mit dem Holocaust.

Sabine Zelger

Werke: *SEESTÜCK*, Linz 1985; *nachschrift*, hg. v. Friedrich Achleitner, Linz 1986, überarb. Ausg. Graz 1993; *REFERENDUM*, Wien 1988; *Gehen wir wirklich in den Tod?*, Hsp., SFB 1989, Schpl., Graz, Wien 1995; *EPITAPH*, Linz 1989, erw. Ausg. Linz 1990; *SGRA*, Bln. 1990; *Gedichte und Texte. Eine Auswahl aus dem Werk*, Bln. 1992; *EPITAPH*, Theaterst., Bühnenfssg. v. Roland Steckel, Bln. 1993; *nachschrift 2*, hg. v. Friedrich Achleitner, Graz 1997; *Heimrad Bäcker*, Fotobd. m. Textauswahl, Linz 2003.

Bärfuss, Lukas, wurde am 30. 12. 1971 in Thun (Schweiz) geboren. Er machte eine Ausbildung zum Buchhändler und ist seit 1997 freier Schriftsteller. Er lebt in Zürich. 1998 erhielt er das Stipendium der Stiftung Lydia Eymann, Langenthal, 2000 den ZKB-Förderpreis, 2001 den Kulturpreis der Stadt Thun, 2002 einen Literaturpreis der Stadt Bern und 2002 einen Kulturpreis der Stadt Zürich.
Lukaś Bärfuss begann seine Arbeit für das Theater mit einer Fassung von Sophokles' *Oedipus* für die freie Gruppe »400asa« aus Zürich. Später folgten Auftragsarbeiten für verschiedene Theater in Deutschland und in der Schweiz, mit denen er zu einem der meistbeachteten Nachwuchsautoren im deutschsprachigen Raum wurde. In *Siebzehn Uhr Siebzehn* (2000), »ein Stück über den Weltuntergang«, begegnen sich 13 Schüler zum letzten Mal auf einem eingezäunten Schulhof, der sich als Raumschiff erweist, das in den Tod führt. Der

Monolog *74 Sekunden* (2000) erzählt die schicksalhaften Szenen vor der Explosion der Challenger-Rakete in Zeitlupe nach. *Medeää* (2000) ist der Versuch einer hochauflösenden Skriptnacherzählung des gleichnamigen Films von Lars von Trier. *Die Reise von Klaus und Edith durch den Schacht zum Mittelpunkt der Erde* (2001) erinnert an eine surreale Versuchsanordnung, in der die Titelfiguren auf die drei Grundfarben treffen und in Turbulenzen geraten, bei denen sich alles in ein düsteres Graubraun vermischt. *Meienbergs Tod* (2001) beschäftigt sich mit der umstrittensten intellektuellen Figur der Schweiz, dem 1986 verstorbenen Skandaljournalisten Nikolaus Meienberg. *Vier Bilder der Liebe* (2002) ist ein vierteiliges Liebesdramolett über die Stadien des Liebesverlusts. Je weniger die Liebe gelingt, umso gewandter der Diskurs über sie: Seitensprung, Verrat, Verdrängung, Vergänglichkeit. In *Die sexuellen Neurosen unserer Eltern* (2002) thematisiert Bärfuss die Bigotterie einer scheinaufgeklärten Gesellschaft, die im Sog der Emanzipationsbewegungen sich selbst Freizügigkeiten gestattet, die sie gegenüber ihren Kindern wieder zurücknimmt.

Bärfuss bedient sich oft der Mittel der Farce, um die Wirklichkeit zu überhöhen, wie er sie in seiner Heimat erfährt: »Die Schweiz ist für mein Schreiben ein Glücksfall, weil dieses Land so modellhaft ist, so überschaubar ... Man kann auch nicht verschwinden in der Schweiz ... nur im Knast, in der psychiatrischen Klinik, in der Fremdenlegion.« Aus dem Unbehagen an der Normalität entstehen bei Bärfuss oft von Sympathie getragene Porträts über das Anormale.

2002 legt Bärfuss seine erste Prosa vor: *Die toten Männer*. Ein erfolgreicher Buchhändler beschließt, sein Leben zu ändern: Er verlässt Frau und Tochter und sagt sich von der Liebe los. Doch etwas treibt ihn zurück. Er verspürt keinen Hass, nur Ekel und vollkommene Leidenschaftslosigkeit. Alles drängt zu einer Entscheidung. Endlich glaubt er einen Weg gefunden zu haben, seine Frau hinter sich zu lassen: »Man muss sich entscheiden. Entweder Freiheit oder Liebe, und ich habe mich entschieden, künftig ohne die Liebe auszukommen.« Der Protagonist bewundert seine Mutter für »das Maß ihrer menschlichen Kälte«. Bärfuss beschreibt einen Mann, der beim Versuch scheitert, sich ins Gefrierfach der Gefühle zu legen. Auch dieser Text relativiert den Gegensatz von Liebe und Freiheit mithilfe parodistischer Einschläge. Bärfuss findet zu einer unaufdringlichen Sprache: »Ich habe einerseits immer eine gewisse Distanz zur Hochsprache, was prinzipiell etwas sehr Bereicherndes ist ... Andererseits vermisse ich manchmal, gerade beim Stückeschreiben, ... dass ich den Reichtum eines mundartlichen Gesprächs nicht direkt übernehmen kann.« Da ist es nicht verwunderlich, dass Schreiben »komisch macht«. »Man wird merkwürdig dabei. Ich fürchte mich immer, diese Wildnis zu betreten.«

Michael Schindhelm

Werke: *Sophokles' Oedipus*, Theaterst., UA Zür. 1998; *Siebzehn Uhr Siebzehn*, Theaterst., UA Zür. 2000; *74 Sekunden*, Monolog, UA Zür. 2000; *Vier Frauen. Singspiel*, Theaterst., UA Bern 2000; *Medeää. 214 Bildbeschreibungen*, Theaterst., UA Wien 2000; *Die Reise von Klaus und Edith durch den Schacht zum Mittelpunkt der Erde*, Theaterst., UA Bochum 2001; *Meienbergs Tod*, Theaterst., UA Basel 2001; *Othello*, Theaterst., UA Hbg. 2001; *Vier Bilder der Liebe (AT)*, Theaterst., UA Bochum 2002; *schweizerkreuzfrei*, Theaterst., UA Biel 2002; *Die sexuellen Neurosen unserer Eltern*, Theaterst., UA Basel 2002; *Die toten Männer*, N., Ffm. 2002.

Baier, Lothar, wurde am 16. 5. 1942 in Karlsruhe geboren und lebt heute in Montreal. Für seine publizistischen Arbeiten – er ist u.a. Mitarbeiter der »Wochenzeitung« (Zürich) – wurde er 1982 mit dem Jean-Améry-Preis, 1989 mit dem Johann-Heinrich-Merck-Preis der Deutschen Akademie für Sprache und Dichtung sowie 1994 mit dem Heinrich-Mann-Preis ausgezeichnet. 1995 wurde er in Frankreich zum »Chevalier de l'Ordre des Arts et des Lettres« ernannt.

»Auf der Bank Bergengruen und Wiechert, unter der Bank Camus und Sagan. Frankreich war etwas von unten, Subkultur.« So erklärt Baier seine Faszination schon als Schüler für alles aus Frankreich Kommende in seinem ersten Buch *Französische Zustände* (1982). Jean-Paul Sartre und der Existentialismus, die revoltierenden Studenten des Pariser Mai 1968 und das alles in allem »linkere« Nachbarland zogen Baier so stark an, dass er für längere Zeit seinen Wohnsitz nach Frankreich verlegte (*Gleichheitszeichen*, 1985).

Aus dieser Innenansicht heraus konfrontierte er das bundesrepublikanische Publikum mit dem Frankreich der Achtzigerjahre, das, wie er meinte, in vielen Punkten dem linken Klischee nicht mehr entspreche. In dem Großessay *Firma Frankreich* (1988) heißt es dazu: »Frankreich ist ein Land geworden, in dem sich zu den wesentlichen Optionen der Regierung in der Verteidigungs-, Außen-

und Modernisierungspolitik keine politische Opposition mehr artikuliert.« Allzu sehr beschäftigt mit Minderwertigkeitskomplexen und Selbstanklage aufgrund einer, wie man glaubt, falschen linken Parteinahme, könnten die Intellektuellen Frankreichs nicht mehr reagieren auf die Herausforderungen der Achtzigerjahre: Le Pen und der neue Rassismus, ungeminderter Militarismus und Nationalchauvinismus, die Umweltproblematik.

Auch in seiner bislang einzigen rein literarischen Veröffentlichung, der Erzählung *Jahresfrist* (1985), bleibt Frankreich Thema: Während sich der Ich-Erzähler, ein Intellektueller und »Buchstabenmensch« aus der BRD, in einem verfallenen Bergbauernhof im Rhônetal einquartiert, treibt es die dortige Dorfjugend gerade aus dieser provinziellen Enge fort. Diese Enge wird auch der Erzähler bald zu spüren bekommen; seine Flucht findet nicht nur vor den Intellektuellenfreunden der deutschen Heimat statt, sondern auch vor den argwöhnischen französischen Nachbarn. Er möchte beinahe allen Menschen »aus den Augen gehen«, in seiner selbstgewählten Einsamkeit das Experiment eines autarken Lebens verwirklichen. Letzten Endes muss er jedoch sein Scheitern eingestehen.

Lothar Baier hat Frankreich den Rücken gekehrt und einige Jahre in Frankfurt gelebt, vielleicht auch aus dem Grund heraus, den »deutschen Zuständen« nach der Wiedervereinigung näher zu sein. In seinem Essay »über das eilige Vaterland«, *Volk ohne Zeit* (1990), beschreibt er u. a. die Wiedervereinigung als einen »neuartigen kulturellen Prozess«, bei dem »zwei Arten von Langsamkeit und zwei Arten von Stille, die eine eher aus dem Mangel geboren und die andere aus der Fülle«, zusammenzubringen waren.

Eine allgemein gesellschaftliche »Entdeckung der Langsamkeit« (in diesem Sinne deutet Baier Sten Nadolnys Erfolgsbuch) greift der Autor auch noch einmal Jahre später in seinem Anschlussbuch *Keine Zeit. 18 Versuche über die Beschleunigung* (2001) auf, in dem er zum Beispiel auch auf ein Phänomen wie das des »Zeitschluckers Computer« eingeht: eine technische Neuerung, die ursprünglich Zeitersparnis bringen sollte, dabei aber ständig Zeitknappheit und Beengung suggeriert. Diese verschiedenen Zeiterfahrungen stellt Lothar Baier auch fest, wenn er die sich nur langsam auflösende kulturelle Scheidelinie quer durch Europa Richtung Osten überquert. In den *Ostwestpassagen* (1995) wird diese kulturelle Differenz näher betrachtet, die Schlussvermutung Baiers ist allerdings nicht allzu hoffnungsvoll. Er glaubt nämlich, dass »die Menschen heute« sich zwar gewappnet halten für das »plurale Zusammenleben [...], dass sie es aber dann, wenn sie sich ihm in der Wirklichkeit aussetzen müssen, gar nicht aushalten«.

Bernhard Setzwein

Werke: *Über Ror Wolf*, Hg., Ffm. 1972; *Französische Zustände. Ber. u. Ess.*, Ffm. 1982, erw. Ausg. Ffm. 1985; *1984?*, Ess., Bruxelles 1983; *Die große Ketzerei. Verfolgung und Ausrottung der Katharer durch Kirche und Wissenschaft*, Bln. 1984; *Jahresfrist*, E., Ffm. 1985; *Gleichheitszeichen. Streitschriften über Abweichung und Identität*, Bln. 1985; *Firma Frankreich. Eine Betriebsbesichtigung*, Bln. 1988; *Zeichen & Wunder. Kritiken und Essays*, Bln. 1988; *Die Früchte der Revolte. Über die Veränderung der politischen Kultur durch die Studentenbewegung*, Ess., Bln. 1988; *Volk ohne Zeit. Essay über das eilige Vaterland*, Bln. 1990; *Christoph Hein*, Hg., Ffm. 1990; *Die verleugnete Utopie. Zeitkritische Texte 1988–1992*, Bln. 1993; *Was wird Literatur?*, Ess., Wien 1993; *Ostwestpassagen. Kulturwandel, Sprachzeiten*, Ess., Mü. 1995; *Zwischen den Trümmern von Babel. Spaziergang über Zeitstrände*, Ess., Bln. 1995; *Anders schreibendes Amerika. Eine Anthologie der Literatur aus Quebec 1945–2000*, Hdbg. 2000; *Keine Zeit. 18 Versuche über die Beschleunigung*, Mü. 2001.

Bánk, Zsuzsa, wurde am 24. 10. 1965 als Tochter ungarischer Flüchtlinge in Frankfurt am Main geboren. Sie wuchs zweisprachig auf und absolvierte nach einer Buchhandelslehre ein Studium der Literatur, Publizistik und Politik an der Johannes-Gutenberg-Universität Mainz. Ein Fulbright-Hochbegabten-Stipendium führte sie zu einem Studium der Public Communication an die American University, School of Communication, Washington, D.C. Danach arbeitete sie als freie Mitarbeiterin für Tageszeitungen und später als Wirtschaftsredakteurin fürs Fernsehen. Seit 2000 lebt sie als freie Autorin und Journalistin in Frankfurt. Sie wurde 2000 mit dem Open-Mike-Literaturpreis der Literaturwerkstatt Berlin-Pankow, 2001 mit einem Stipendium des Literarischen Colloquiums Berlin, 2002 mit dem Literaturförderpreis der Jürgen-Ponto-Stiftung, dem aspekte-Literaturpreis und dem Mara-Cassens-Preis des Hamburger Literaturhauses ausgezeichnet.

Zsuzsa Bánks Geschichte um eine allmählich auseinander fallende Familie im Ungarn der Fünfzigerjahre zeichnet sich durch eine detailgesättigte Darstellung aus, mit zahllosen Episoden und Erinnerungen, die aber Raum lassen, zu Ende gedacht zu werden. So wie der Vater stundenlang rauchend auf einer Bank liegend an die Zimmerdecke starren oder alte Fotos seiner Frau betrachten kann, so ruhig und beharrlich entfaltet die Erzählerin ihren Stoff, beobachtet aufmerksam alle Regungen ihrer Verwandten und luchst, wie ihr Bruder Isti, sogar den Dingen, »die keinen Laut von sich gaben«, noch Töne ab. Die Mutter hat die Familie wortlos verlassen und ist mit einer Freundin in den Westen gegangen. Diese unerwartete Tat hat die Zurückgebliebenen verstört; letztlich erzählt der Roman, allen Koloriten vom Leben auf dem Lande und am See zum Trotz, nur von den Folgen dieser Trennung. Der Vater verkauft den ärmlichen Hof im Westen Ungarns, und fortan ist die Familie unterwegs. Es wird viel Zug gefahren in dieser Geschichte, doch man kommt immer nur für eine begrenzte Zeit irgendwo an. Das Leben geht weiter, die Bahnhöfe wechseln, die Kinder sammeln Träume und verstecken Kleinigkeiten in den Häusern, in denen sie vorübergehend ihr Zuhause suchen. Streiche und Albernheiten, Schlachtfeste und Hochzeiten, Weinlese und Marmeladenkochen, der Sommer, in dem der Vater den Kindern im Plattensee das Schwimmen beibringt – idyllische Stimmungen mit Untertönen in Moll. Der Vater holt sich eine blutige Nase, ein Großvater hängt im Dachboden, Herzen brechen und Häuser brennen, und wie von fern dröhnen die Ereignisse des Jahres 1956 dumpf auch in die Abgeschiedenheit der ländlichen Gegenden herein.

»Je einfacher die Geschichte war, desto häufiger erzählten wir sie«, schreibt Katica und meint die Ausreden, die sie für die Abwesenheit ihrer Mutter erfanden. Alle 17 Kapitel des Romans sind einzelnen Personen gewidmet; im Grunde wird aber immer wieder nur eine – vielfältig verzweigte – und ergreifende Geschichte erzählt. Ähnliche Texte konnte man von Térezia Mora und Aglaya Veteranji lesen: Flucht- und Familiengeschichten in einer gänzlich unprätentiösen, atmosphärisch aber höchst verdichteten Sprache, die einen eigenwilligen, ganz ›unmodernen‹ Ton entwickelt. »Dem Geist der Erzählung«, so der ungarische Autor Péter Nádas, »ist es zu danken, dass die Sprache der deutschen Autorin gegenüber ihrem Gegenstand und den Gefühlen der Figuren so spannungsgeladen und mitleidlos ist wie der Chor der griechischen Tragödien. Mit asketischer Sachlichkeit verbannt sie das Pathos aus der Tragödie. Sie zeigt das persönliche Leben im historischen Stoff, die persönliche Paranoia im historischen Kontext.«

Am Ende ist die Katastrophe nicht aufzuhalten. Isti bricht im Eis ein und stirbt an einer Lungenentzündung, der Vater verzweifelt und bleibt ein rastlos Getriebener, die Mutter erhält ein Telegramm und wird nicht weiter erwähnt, und auch die Erzählerin steht vor einem Abschied. Im Hintergrund rollen wieder die Panzer. Wenige Worte, fast skizzenhaft, vollenden die Tragödie, die Zsuzsa Bánk hier so meisterhaft ausgebreitet hat.

Thomas Kraft

Werke: *Die Schwimmerin*, R., Ffm. 2001.

Baroth, Hans Dieter, geboren am 12. 2. 1937 in Oer-Erkenschwick, besuchte sieben Jahre lang die Volksschule und erhielt dann eine Ausbildung als Bergarbeiter. Nach bestandener Prüfung und Arbeit unter Tage nahm er 1957 Abschied von der Zeche und übte seither verschiedene Tätigkeiten als Gelegenheitsarbeiter, Jugendsekretär einer Gewerkschaft, Pressesprecher, Chefredakteur (der DGB-Wochenzeitung »Welt der Arbeit«) und schließlich als Autor aus. Seit 1963 lebte er in Düsseldorf, heute in Berlin. Hans Dieter Baroth erhielt 1968 das Ehrendiplom bei den Sportfilmtagen in Oberhausen, 1971 mit der Redaktion »ran« den Deutschen Journalisten-Preis der IG Druck und Papier und 1992 den Literaturpreis Ruhrgebiet für sein Gesamtwerk.

Zechen und Hochöfen, Kohlegruben und Stahlhütten, die roten Backsteinsiedlungen der Arbeiterfamilien zwischen Erkenschwick und Essen, die Kumpels am Tresen und unter Tage, Taubenzucht und Oberliga West – das grau-eintönige Gebiet zwischen Ems, Ruhr, Rhein und Lippe, genannt »Pütt« oder Revier, das Zentrum der deutschen Bergbau- und Stahlindustrie – dieser Region, diesem Milieu hat sich Hans Dieter Baroth verschrieben. Aus eigener Anschauung kennt er die mit der deutschen Industriegeschichte und mit der Geschichte der deutschen Arbeiterbewegung untrennbar verbundene Entwicklung dieses ehemals nahezu dörflichen Landstriches. Aus einer stets tief empfundenen Bindung an diese Region schreibt er über die soziale Wirklichkeit der Bergarbeiterfamilien, kombiniert biografisches Material mit historischen Fakten zu einem fesselnden und wichtigen, weil von der Literatur weitgehend (sieht man von Max von der Grün und Franz Josef Degenhardt ab) vernachlässigten Dokument deutscher Sozialgeschichte. Wo Lebenswelt weitgehend mit Arbeitswelt identisch ist, Bildung und sozialer Aufstieg die Ausnahme bilden und ein monotones Leben ohne sichtbare Perspektiven vorherrscht – »es gab keine Anreize für ein besseres Leben, denn das kannte niemand«, – da fühlt sich Baroth verpflichtet, über jene dort zu schreiben, die in den Geschichtsbüchern vergessen werden: Ausgebeutete, Arbeitslose, unbekannte Vorkämpfer in Parteien und Gewerkschaft für soziale Gerechtigkeit gegenüber den herrschenden Großkonzernen: »Mir geht es darum, Menschen vorzustellen, die die Geschichte durch- und erlebt haben.« Dies geschieht im Rückblick auf die eigene proletarisch-kleinbürgerliche Vergangenheit (*Aber es waren schöne Zeiten*, 1978) und im kleinen Geschichtspanorama, das am Beispiel der aus Polen zugewanderten Familie Woetke für das Ruhrgebiet typische Lebensläufe detailliert überliefert (*Streuselkuchen in Ickern*, 1980). Die »erlebten Geschichten« *Gebeutelt, aber nicht gebeugt* (1981) benutzen, wie nahezu alle Texte Baroths (z.B. auch *Das Gras wuchs ja umsonst*, 1983), authentische Biografien, um gesamtgesellschaftliche Zusammenhänge transparent und am Einzelschicksal nachvollziehbar zu machen. Baroth kommentiert dabei sparsam und zurückhaltend; seine Sprache entspricht in ihrer Nüchternheit der freudlosen Szenerie des Kohlereviers. Entbehrungen, früher Tod, soziale Ohnmacht und politische Passivität kennzeichnen in seinen Texten eine im Inneren so kompakte wie nach außen hin isolierte Welt, die nach der Erkenntnis: »Die Besitzer (der Konzerne) wechselten, die Arbeit blieb« jahrzehntelang durchlebt wurde. Zuletzt schrieb Baroth vier vor allem im Ruhrgebiet erfolgreiche Fußballbücher und zuletzt, nach seiner Übersiedlung in eine Berliner Plattenbausiedlung, seine Beobachtungen über die letzten Zuckungen der DDR.

Thomas Kraft

Werke: *Schriftsteller testen Politiker-Texte*, Hg., Mü. 1967; *Der unaufhaltsame Aufstieg des Ferdi B.*, Drehb. u. Regie, WDR/BR 1970; *Meine Klasse*, Film, WDR 1971; *Frauen, eine Mehrheit, die wie eine Minderheit behandelt wird*, 4-teilige TV-Serie, WDR 1972; *Mit Politik und Porno*, Hg., Köln 1973; *Anpassung*, Film, WDR 1974; *Eine Früh-Ehe*, Film, WDR/BR 1974; *Erkenschwick bleibt Erkenschwick*, Film, ZDF 1975; *Bergeborbecker Notizen*, Film, WDR 1976; *In unseren Betrieben*, Köln 1977; *Erkenschwicker Notizen*, Film, WDR 1978; *Aber es waren schöne Zeiten*, R., Köln 1978; *Im Pott – eine proletarische Familiengeschichte*, Film, WDR 1978; *Streuselkuchen in Ickern*, R., Köln 1980; *Gebeutelt, aber nicht gebeugt. Erlebte Geschichten*, Köln 1981; *Der schreibende Funktionär*, Film, WDR 1981; *Porträt eines Arbeitsdirektors*, Film, WDR 1981; *Das Gras wuchs ja umsonst*, Köln 1983; *Die Emscher-Husaren*, Film, WDR 1985; *Das Revierbuch*, Text-Bildband, Köln 1986; *Mann ohne Namen*, R., Essen 1987; *Jungens, Euch gehört der Himmel. Die Geschichte der Oberliga West zwischen 1947 und 1963*, Sportb., Essen 1988; *Anpfiff in Ruinen*, Essen 1990; *Des deutschen Fußballs wilde Jahre*, Essen 1991; *Unsere letzten Zechen. Mit literarischen Texten aus fünf Jahrhunderten*, Bildbd., Essen 1991; *Als der Fußball laufen lernte*, Essen 1992; *Anpfiff in Ruinen*, Essen 1994; *Aber jetzt ist überall Westen*, Bln. 1994.

Bartsch, Kurt, wurde am 10. 7. 1937 als Sohn einer Arbeiterfamilie in Berlin geboren. Nach dem Besuch der Oberschule (ohne Abschluss) war Bartsch in vielen Berufen tätig, als Lagerarbeiter, Sargverkäufer, Transportarbeiter, Telefonist, Leichenträger und Lektoratsassistent. 1964/1965 studierte er am »Johannes-R.-Becher-Literaturinstitut« in Leipzig unter anderem mit Sarah Kirsch und Helga M. Novak. Die veränderten kulturpolitischen Verhältnisse nach dem 11. Plenum des »Zentralkomitees« im Dezember 1965 veranlassten Bartsch, sein Studium abzubrechen. Er war in der Folgezeit vorwiegend freischaffend tätig, verfasste Kabarett-Texte und Lieder für das Theater. Von 1974 bis 1979 war Bartsch Mitglied des Schriftstellerverbandes der DDR. Nachdem er die Protestresolution 1976 bei der Ausweisung Wolf Biermanns und 1979 einen Protestbrief an Erich Honecker unterzeichnet hatte, wurde er aus dem Schriftstellerverband ausgeschlossen und erhielt Aufführungsverbot. 1980 ging er in den Westteil der Stadt, er lebt auch heute in Berlin. 1981 erhielt er den Förderpreis für Literatur der Deutschen Akademie der Künste, 1986 das Arbeitsstipendium für Berliner Schriftsteller und 1997 den Deutschen Fernsehpreis TeleStar. Er ist Mitglied des bundesdeutschen P.E.N.-Zentrums.

1968 erschienen in der DDR Bartschs Debütbändchen *Zugluft* und *Poesiealbum 13* mit Gedichten, Sprüchen und Parodien. In dem von ihm selbst illustrierten Band *Zugluft* fällt seine Affinität zur bildenden Kunst auf: Er porträtiert den *dachdecker*, *die verkäuferin*, *die trümmerfrau* und den *heizer*, *die mutter*, den *vater* und die *märkische kleinstadt*; das Gedicht *Berlin* entstand »nach aquarellen von George Grosz«, *die revolutionsfeier* »nach einem Gemälde von Marc Chagall«. Mit den Worten »mein bleistift zeichnet« leitet Bartsch einige der poetischen Beschreibungen ein. In teilweise satirischen Epigrammen, die bei Erscheinen des Bandes heftige Kontroversen auslösten, polemisiert Bartsch gegen die gesellschaftliche Wirklichkeit im sozialistischen Staat: »die nächtliche stadt; im stacheldraht / der posten zählt die zigaretten. / noch

sind es dreizehn, sieben sind schon rauch. / und jede war ein kurzer frieden« (*Bernauer Straße*).
In der Bundesrepublik erschien als erste Veröffentlichung Bartschs 1971 der Auswahlband *Die Lachmaschine*. Die leicht verständlichen, bissigen und lakonischen Gedichte, Songs und Prosafragmente weisen ihren Verfasser als Kämpfer für die Schwachen und sozial Benachteiligten und als Kritiker heuchlerischer bourgeoiser Verhaltensweisen aus. Der Traditionsbezug zu Bert Brecht ist unübersehbar. Seine Vertrautheit und außerordentliche Kenntnis unterschiedlichster literarischer Stilrichtungen und Epochen stellte Kurt Bartsch schließlich mit seinen Parodien in der literarischen Tradition Robert Neumanns unter Beweis – erschienen in einer repräsentativen Auswahl 1983 unter dem Titel *Die Hölderlinie – deutschdeutsche Parodien*.
Nachdem er sich mit dem Parodieren von fremden Stilen »die Schuhsohlen abgelaufen« (Bartsch) hatte, konzentrierte er sich auf völlig eigenständige poetische Arbeiten und versuchte, den Alltag, den er als Fabrik- und Transportarbeiter sowie als Leichenträger erlebt hatte, literarisch umzusetzen. Neben den satirischen Einaktern *Der Bauch* (UA 1974), *Die Goldgräber* (UA 1976) und *Der Strick* (UA 1977) verfasste er realistische Kurzprosa und Gedichte, die unter dem Titel *Kaderakte* (1979) nur in der Bundesrepublik erscheinen konnten. Bartschs *Kaderakte*, ein literarisches Gegenstück zu den Dossiers, die die DDR über ihre Bürger anlegte, dokumentiert anhand unterschiedlichster, protokollarisch knapp formulierter Lebensläufe das Elend der kleinen Leute und das Versagen des sozialistischen Staates. Bartsch, der Döblin und Brecht als Vorbilder nennt, beschreibt die Monotonie im Leben der Fließbandarbeiter (*Kaderakte Anna B.*; *Lebenslauf; Tagschicht Nachtschicht*), das freudlose Dasein geschlagener und verlassener Frauen (*Sonett 2. G.*; *Johanna. Deutscher Spielfilm*), die Desillusionierung ehemals begeisterter Kommunisten und die Verständnislosigkeit der Bürger angesichts staatlicher Gewaltakte (*Stolz; Grenzfall; Gedenktafel; Totensonntag*). Durch seine Arbeit am Theater beeinflusst, setzt Bartsch auch Monologe oder Dialoge in Gedichtform um und bedient sich der Montagetechnik. Einige der Rollentexte stehen in der Tradition des klassischen Kabaretts.
In seinem ersten längeren Prosatext *Wadzeck* (1980) erzählt Bartsch die Geschichten des Berliner Zuhälters Paul Wadzeck, seiner früheren Geliebten Rita Henze, des Frührentners Karl Baumann und dessen ehemaligen Freundes, des Parteifunktionärs Richard Koslowski. Der 1967 nach vierjähriger Gefängnisstrafe entlassene Wadzeck sucht Rita, die sich nach seiner Verhaftung mit Baumann angefreundet hat. Die Biografie Baumanns verleiht dem Roman die historische Perspektive: als ehemaliger Rotfrontkämpfer ist dieser nach zwölf Jahren Gefängnis Moabit, Brandenburg und KZ Sachsenhausen/Oranienburg als Mann der ersten Stunde am Aufbau der DDR beteiligt gewesen. Enttäuscht über die politische Entwicklung und zerstritten mit seinem Freund Koslowski, der sich ihm als Funktionär entfremdete, zieht sich Baumann aus dem gesellschaftlichen Leben zurück und sorgt für Rita und ihr Kind. Die Geschichten der drei Protagonisten kreuzen sich im offenen Schluss: Wadzeck findet Rita bei Baumann, läuft verwirrt davon und kauft sich ein Messer. In einer Vorbemerkung bedankt sich Bartsch für die Anleihen und Zitate bei Heiner Müller, Alfred Döblin, Richard Leising und Georg Büchner. Versatzstücke aus Schlagern, Liedern der Arbeiterbewegung und Parolen fanden in den Roman ebenso Eingang wie Ausschnitte eigener Texte aus früheren Jahren.
In dem Gedichtband *Weihnacht ist und Wotan reitet* (1985) attackiert Bartsch in bissigen und schwarzhumorigen Versen gesamtdeutsches Kulturgut. Märchen, Mythen, Sagen, historische Persönlichkeiten und Ereignisse beraubt er ihrer weihevollen Aura. Dornröschen verstaubt während ihres 100-jährigen Schlafes, Dracula wird aufgrund seiner schlechten Zahnprothese zum Rotweintrinker, und Brecht sitzt in der Hölle bei den »armen Teufeln«.
Von der bundesdeutschen Kritik wurden Bartschs Gedichte und seine Kurzprosa sehr positiv aufgenommen, während seine Theaterstücke und der Roman *Wadzeck* unterschiedliche Beurteilung erfuhren. Auch als Kinderbuchbuchautor ist Bartsch mehrfach hervorgetreten. Seinen größten und wohl nachhaltigsten Erfolg erreichte er aber als Drehbuchautor: mit Filmen der Krimi-Serie *Peter Strohm* und mit der über mehrere Jahre ausgestrahlten Serie *Unser Lehrer Doktor Specht*.

Petra Ernst

Werke: *Zugluft. Gedichte, Sprüche, Parodien*, Ost-Bln. 1968; *Poesiealbum 13*, G., Ost-Bln. 1968; *Orpheus. Operette für Schauspieler*, Musik v. Reiner Bredemeyer, UA Ost-Bln. 1970; *Die Lachmaschine. Gedichte, Songs und ein Prosafragment*, Bln. 1971; *Kalte Küche. Parodien*, Ost-Bln. 1974; *Molière: Der Menschenfeind*, Übs., 1974; *Der Bauch*, Songspiel, Musik v. Henry Krtschyl, UA Ost-Bln.

1974; *Der Menschenhasser*, n. Molière, UA Ost-Bln. 1974; *Die Goldgräber*, Songspiel, Musik v. Henry Krtschyl, UA Schwerin 1976; *Die Goldgräber. Der Strick. Der Bauch. 3 Einakter*, in: »Theater der Zeit«, H. 6, 1977, UA Regensburg 1983; *Der Bauch und andere Songspiele*, Ost-Bln. 1977; *Der Strick*, Songspiel, Musik v. Henry Krtschyl, UA Budapest 1977; *Aristophanes: Die Vögel*, Übs., 1978; *Herakles 13/Warten auf Brecht*, Einakter, UA Ost-Bln. 1978; *Kaderakte. Gedichte und Prosa*, Reinbek 1979; *Wadzeck*, R., Reinbek 1980; *Geschichten vom Floh*, Kinderb., 1981; *Blut im Schuh*, Theaterst., 1981; *Hedwig*, Theaterst., UA Tüb. 1983; *Der private Frieden*, n. Aristophanes, Theaterst., UA Schwerin 1982; *Aristophanes: Die Acharner*, Übs., 1982; *Die Hölderlinie. Deutschdeutsche Parodien*, Bln. 1983; *Hedwig*, Lustspiel, UA Tüb. 1983; *Annes Wiese*, Kinderb., Bln. 1983; *Checkpoint Charlie*, Theaterst., UA Bln. 1984, Hsp., RIAS 1986; *Weihnacht ist und Wotan reitet*, G., Bln. 1985; *Die Raupe Rosalinde*, Kinderb., Bln. 1985; *Reisen und Abenteuer der Maus Belinda*, Kinderb., Bln. 1986; *Tatort: Leiche im Keller*, Drehb., NDR 1986; *Checkpoint Charlie*, Hsp., 1986; *Blaubart. Eine Rock-Oper*, UA Bln. 1987; *Das Bein*, Minidrama, Ffm. 1989; *Peter Strohm: Das blaue Wunder*, Fssp., WDR 1989; *Eins, zwei, drei zurück ins Ei*, m. Illustr. v. Ingrid Jörg, Bln. 1989; *Jack the Ripper und die Frau seines Herzens*, Musical, Musik v. Günter Fischer, UA Celle 1989; *Peter Strohm: Reihe 7 Grab 4*, Fssp., WDR 1989; *Peter Strohm: Drei Minuten bis Himmelfahrt*, Fssp., WDR 1989; *Unser Lehrer Doktor Specht*, Fernsehserie in 70 Teilen, ZDF 1991–1999.

Batberger, Reinhold, wurde am 21. 10. 1946 in Würzburg geboren. Er studierte Germanistik, Philosophie und Geschichte und promovierte. Seit 1980 lebt er als freier Schriftsteller in Frankfurt am Main. 1995 war er »writer-in-residence« am Allegheny College in Meadville, 1999 der Bowling Green State University in Columbus/Ohio.

Das Schaffen von Reinhold Batberger steht wie ein erratischer Block in der deutschsprachigen Literaturlandschaft der Achtziger- und Neunzigerjahre. Wohl nur wenige Schriftsteller dieser Zeit schufen auf eine solch extreme Weise antirealistische, antipsychologische und in jederlei Hinsicht kryptische Prosa wie dieser Autor, der bei weiten Teilen der Kritik auf Unverständnis stieß. Schon in dem Erstling *Auge* (1983) wird man in ein groteskes Paralleluniversum versetzt: Ein Detektiv namens Messer ist mit dem Mädchen Auge von Hotel zu Hotel unterwegs, um Observationen im Auftrag eines gewissen Cartago durchzuführen, dessen geheimnisvolle Botschaften in Zeitungsannoncen Messer zu dekodieren hat. Im zweiten Teil trifft er in einem Kloster auf den Mönch Märzdörfer, der sich Messer in langen Monologen zuwendet, und im letzten Teil, offenbar Jahre später, räsoniert Messer in einem absatzlosen Redestrom über sein Dasein und sein problematisches Verhältnis zu Auge, ohne dass aber wirklich kausale Strukturen im Sinne eines konventionellen Erzählens erkennbar würden. Batberger geht es sichtlich nicht um das Erzählen einer Kriminalgeschichte. Der Roman, der wie auch die folgenden Werke in einer nahezu metaphernfreien Sprache abgefasst ist, verweilt rekurrent bei der Beschreibung von Details, deren Relevanz sich nicht unmittelbar erschließt. Bei näherer Betrachtung gruppieren sich diese scheinbar funktionslosen Einzelheiten aber durchaus zu leitmotivischen Ordnungen. Auch in erzähltechnischer Hinsicht ist der Roman interessant, da darin mehrere Erzählpositionen wie Ich-Erzählweise oder auktoriale Erzählhaltung auf raffinierte Weise verschachtelt werden. Dass Batberger bei seinem hermetischen Debüt keine Anfängerschwächen unterliefen, sondern er einem strikten Programm folgt, zeigen sämtliche Bücher, die in den Achtzigerjahren entstanden: Auch in *Beo* (1985), *Skalp* (1987) und dem Erzählband *Drei Elephanten* (1988) vertritt Batberger eine Poetologie der radikalen Autonomie des literarischen Feldes. Der Titelheld in der ebenfalls an eigentümlichen Details reichen Erzählung *Beo* ist ein junger, erfolgloser Schriftsteller, wodurch der in Batbergers Texten häufig auftretende Komplex »Produktion von Literatur und ihre Problematik« thematisiert wird. Beo entschließt sich, aus Liebe zu seinem Vater den kleinbürgerlichen Onkel zu töten, der die Position des Direktors einer Nervenheilanstalt innehat, fortwährend zynische Monologe von sich gibt und die Literatur mitsamt den Dichtern verhöhnt. Zwischen dem Onkel und dem Vater des Protagonisten herrscht unerbittlicher Streit wegen ihrer differierenden Verhaltensweisen während des Nationalsozialismus und der Nachkriegszeit. Am Ende verwandelt sich Beo, nachdem er noch einige Miniaturerzählungen durchexerziert hat, in denen er sich selbst zum »einstigen Erzähler« degradiert, in einen Mördervogel und stürzt sich auf den Onkel. Wie schon *Auge* verschließt sich auch *Beo* in weiten Teilen einem direkten Zugang. Die beiden Texte können ebenso auf formaler Ebene aufgrund ihrer jeweiligen Mischung von Erzählsituationen als verwandt betrachtet werden.

»Nichts, worauf Rücksicht zu nehmen ist«, lautet das sinnfällige Motto des Buches *Skalp*, das auch über dem Gesamtwerk stehen könnte. Im Zentrum steht hier ein inzestuöses Geschwisterpaar in einer apokalyptisch grundierten Welt, in der frisches

Trinkwasser zum kostbaren Gut geworden ist. Die Geschwister versuchen, ihren gemeinsamen Sohn aus einem verbrecherischen Internat zu befreien, in dem gentechnische Versuche vorgenommen werden, was aber missglückt. Der Autor geht in diesem Text besonders weit in seinem poetischen Extremismus, wenn er im zweiten und abschließenden Kapitel die im ersten Teil begonnene Erzählung mittels eines enigmatischen Gedichts abbricht, gefolgt von einer obsessiven, schizoiden Suada des Ich-Erzählers. Der Protagonist trägt Züge der Wahnhaftigkeit, da er nicht zu sagen imstande ist, wer ihn eigentlich verfolgt, und er auch nicht weiß, ob der angenommene Zustand der Skalpiertheit für ihn und seine Schwester überhaupt zutrifft, wobei seine Schwester offenbar im gleichen Wahn verhaftet ist. Die Bitterkeit des Autors, dessen Form von experimenteller Literatur so beharrlich marginalisiert wurde, floss in die Erzählung *Pirckheimers Fall* (1995) ein, die voller polemischer Seitenhiebe gegen den Literaturbetrieb ist. Im Zentrum dieses leichter zugänglichen Textes steht der Schriftsteller Pirckheimer, der, zumindest allem Anschein nach, Suizid beging. Dieser machte sich zu Lebzeiten über den Literaturmarkt samt Leserschaft lustig. Er ließ sich sogar eine KZ-Nummer auf den Arm tätowieren und lobte gleichzeitig Hitlers *Mein Kampf* in seiner Eigenschaft als Bestseller, den sogar Analphabeten kaufen würden. Für Pirckheimer gab es keine Leser, nur Käufer. Der Erzähler, der all dies in einer Wartehalle eines New Yorker Flughafens erinnert, ist ein Getränkefahrer, der Pirckheimer zehn Jahre zuvor kennen lernte. Batbergers Konstruktion will es, dass dieser unwahrscheinliche Erzähler (aber was unterwirft sich im Œuvre dieses eigenwilligen Autors schon den Gesetzen der Wahrscheinlichkeit) zum Lieferanten von Fragmenten aus Pirckheimers Leben und zynischem Treiben wird. Nach dieser Veröffentlichung scheint Reinhold Batberger zunehmend im Genre des Hörspiels ein geeignetes Ausdrucksmedium zu finden.

Stephan Landshuter

Werke: *Auge*, R., Ffm. 1983; *Beo*, E., Ffm. 1985; *Skalp*, R., Ffm. 1987; *Drei Elephanten*, En., Ffm. 1988; *Joseph Conrad: Herz der Finsternis*, Übs., Ffm. 1992; *Buster*, Hsp., SWF 1993; *Buster, Bestie*, Theaterst., Ffm. 1994; *Pirckheimers Fall*, E., Ffm. 1995; *Fünf Fragen an Joseph Conrad*, Hsp., SWF 1995; *Wir genießen die himmlischen Freuden*, Hsp., SWF 1995; *Chinchilla*, Hsp., SWF 1997; *Skandal & Söhne*, Hsp., WDR 1997; *Nur Worte*, Hsp., SWR 1998; *Püppi tritt auf*, Hsp., SWR 2002; *Die Schönheitschirurgin*, Hsp., WDR 2003.

Bauer, Christoph, geboren am 30 3. 1956, wuchs in Luzern auf; er lebt und arbeitet als Schriftsteller und Buchhändler im schweizerischen Fribourg, einer von Konservatismus und Katholizismus bestimmten Atmosphäre, die zu gut zwei Dritteln von der französischsprachigen Bevölkerung geprägt wird. Bauer, sprachgeografisch betrachtet ein innerschweizer Exilant, war in den Siebzigerjahren mit dem Ziel eines Germanistik-Studiums nach Fribourg gekommen, jedoch die Erkenntnis, dass der akademische Zugriff jedem literarischen Text seine Sprengkraft nehme und ihn entschärfe, führte zu einem Abbruch und zu einem Rückzug auf die Position des »naiven Lesers«, für den Rabelais, Dostojewski, Hans Henny Jahnn, Henry Miller und Rolf Dieter Brinkmann orientierungsweisend, aber nicht Vorbilder wurden.

Bereits im Alter von 19 Jahren schrieb er seinen ersten Roman *Ekstase* (1981), für den er 1982 mit dem Werkpreis der Stadt Luzern ausgezeichnet wurde. In diesem Erstling, dem ein Satz von Franz Kafka als Motto vorangestellt ist (»Ein Buch muß die Axt sein für das gefrorene Meer in uns«), wird konsequent Kleinschreibung praktiziert, auf Kapitelüberschriften verzichtet und auf ungewöhnlichste Weise mit bizarren Sprachbildern jongliert. Man wüsste gerne mehr darüber, aus welchen Strafkolonien und Brutalitätenkabinetten der Autor seinen Wortschatz rekrutiert. Die Grundstimmung ist pessimistisch, die Atmosphäre eiskalt; der Leser fühlt sich gefangen in verbalen Räumen ohne Notausgang.

Auch Bauers zweiter Roman *Missgeburten* (1982) kennt keine Erzähl- und Handlungskontinuitäten. Die Reisethematik wird variiert, der Totentanz gewinnt neue Dimensionen; Perversion und Verfremdung holen menschliche Fantasien aus psychischen Untiefen hervor, die bislang noch mit Tabus besetzt waren. Man spürt Ähnlichkeiten zum makaber-grotesken Erzähluniversum des Psychiaters Walter Vogt, einem schreibenden Zeitgenossen Bauers. Die unter dem Titel *Harakiri* versammelten Erzählungen (1983) und das *Europäische Totenbuch* (1984) geben ein erschreckendes Zeugnis möglicher Weltgestalt: Kälte, Einsamkeit, Selbstzerstörung, Auflösung humanitärer Bindungen, Sadismus, Destruktion und Depression. Der Mensch, degradiert zum Produktionsfaktor, erlebt die Welt noch negativer als die hilflosen Kreaturen Kafkas; das Groteske wird bis an die Grenzen ästhetischer Akzeptanz ausgereizt.

Paranormal mit dem Untertitel *Roman einer Stra-*

tegie der Affirmation (1985) stellt die monologische Schilderung eines Ich-Erzählers dar, der als einziger Überlebender einer Katastrophe am Wiederaufbau der neuen Gesellschaft scheitert; – hier artikuliert sich der Zyniker und scharfsinnige Kritiker der Wirtschaftswunderphilosophie.

Als Satiriker und Karikaturist zeigt sich Bauer in *Nahkampf* (1987), einem »demokratischen Heimatroman«; einen strukturierten Handlungsablauf gibt es auch hier nicht. Präsentiert wird eine Sequenz von hochsensiblen Personenbeschreibungen, in denen Schwächen und menschliches Versagen stilisiert werden: die Glaubwürdigkeit der Schweizer Nationalräte, die hier einzeln porträtiert werden, gerät vollends ins Wanken. Bauer verzichtet auf expressive Sprachgewalt und Tabubruch: sein »Nahkampf« vollzieht sich außerordentlich subtil, die eidgenössische Haut einritzend; geradezu selbstverständlich ist von Neurosen die Rede, werden Politikerseelen psychogrammatisch ausgelotet und Machtansprüche ad absurdum geführt. Mit sprachlichem Feingefühl entlarvt Bauer schließlich Bildungsbürgertum und bürgerliche Konventionen in seiner *Volkstümlichen Enzyklopädie alltäglicher Widerlichkeiten* (1989). Auch hier wird dem Typus Mensch, der sich für normal hält und – des Denkens überdrüssig – die Wohlstandsgesellschaft propagiert, ein Spiegel vorgehalten, der die Fragilität ihrer Harmonie und Funktionstüchtigkeit drastisch reflektiert.

Bauers Interesse ist durchaus soziologisch motiviert, doch sollte man ihn nicht nur in der Rolle eines politischen Schriftstellers und Weltdeuters sehen; das würde ihn auf nur eine Wahrnehmungsperspektive reduzieren. Sein Augenmerk gilt der Darstellung realer und fiktiver Extremsituationen in der Alltagsgesellschaft und den in ihr schlummernden irrationalen Domänen. Davon zeugen auch seine 18 *Amoralischen Fabeln* (1993), die einen Höhepunkt in seinem Werk bilden. Der Rückgriff auf eine seit der Antike bewährte Darstellungs- und Deutungsform, die der Fabel, sowie die Einbeziehung fabeluntypischer Tiere wie Borkenkäfer, Fledermaus und behinderter Wolf im Rollstuhl schaffen ein vergnügliches Panoptikum, lassen die Abgründe und Angstzustände für Augenblicke – und manchmal für Minuten – vergessen. Ironie und Humor bestimmen das Erzählgeschehen in diesen *fabel*haften Episoden.

In seinen 216 *Mikromelodramen* (1994), dem neunten Buch Bauers, erleben wir eine hämische Abrechnung mit den Schriftstellerkollegen und ihrer Zunft. Es herrschen wieder Sarkasmus und Absurdität: die Sinnlosigkeit der Welt (und des Schreibens) zeigt sich abermals, doch nun in additiven Reihungen der literarischen Form, der biografischen Skizze. Es beginnt eine gefährliche ästhetische Gratwanderung für den Autor, der das Prinzip der Wiederholung bis an die Grenzen zur Langeweile treibt. Weltschmerz und Selbstentblößung markieren die weitere Entwicklung Bauers, die allerdings in *affengeist* (1996) zu einem unverhofften Stillstand kommt. Der Autor hatte schon andere sprachliche Register gezogen, wenn es darum zu tun war, Beschimpfungstiraden zu schmieden und mit der Schweiz abzurechnen, mit den Intellektuellen oder mit den Beamten und Politikern. Seit einigen Jahren ist es um Christoph Bauer sehr still geworden.

Nicolai Riedel

Werke: *Ekstase*, R., Zür. 1981; *Missgeburten*, R., Zür. 1982; *Harakiri*, En., Zür. 1983; *Das Europäische Totenbuch*, En., Zür. 1984; *Paranormal. Roman einer Strategie der Affirmation*, Zür. 1985; *Nahkampf*, R., Zür. 1987; *Volkstümliche Enzyklopädie alltäglicher Widerlichkeiten*, Zür. 1990; *Amoralische Fabeln*, Zür. 1993; *Mikromelodramen*, Zür. 1994; *Die selbstreflexive Endlosschleife. Eine Polemik*, Fribourg 1995; *Affengeist*, Zug 1996.

Bauer, Wolfgang, wurde am 18. 3. 1941 als Sohn einer Lehrerfamilie in Graz in der Steiermark geboren, wo er heute lebt. Während der Schulzeit interessiert er sich für Malerei, ab 1959 studiert er Jus, Philosophie, Romanistik, Geografie, Philosophie und Theaterwissenschaften an den Universitäten Graz und Wien. Seit den Fünfzigerjahren ist er schriftstellerisch tätig, es erscheinen regelmäßige Publikationen in der von Alfred Kolleritsch herausgegebenen Zeitschrift »manuskripte«, ab 1961 ist er Mitglied des Grazer »Forum Stadtpark«. Dort fanden erste Lesungen und Theateraufführungen statt, bei denen er zum Teil selbst Regie führt. In den Sechzigerjahren begegnete er in Wien und Graz Künstlern und Literaten, schloss Freundschaft mit Joe Berger, Peter Handke, H. C. Artmann u.a. Gemeinschaftsauftritte und Happenings (mit Gunter Falk) machten ihn in der Avantgardeszene bekannt, mit der Uraufführung von *Magic Afternoon* gelang ihm 1968 der internationale Durchbruch. 1970 erhielt er den Peter-Rosegger- und den Franz-Theodor-Csokor-Preis und ging als DAAD-Stipendiat nach Berlin, weitere Preise folgten, wie 1994 der Große Österreichische Staatspreis für Literatur. Neben seiner schriftstellerischen Tätigkeit als Theater- und Prosaautor sowie als Lyriker schreibt Bauer für Film, Rundfunk und Zeitungen, arbeitet als Zeichner und Maler, führt Regie am Theater, bei Hörspielen und bei (Fernseh-)Filmen und unterrichtet seit 1992 als Dozent an der Schule für Dichtung in Wien; außerdem ist er Gründungsmitglied der Grazer Autorenversammlung (1973).

»Ich mache Stücke, die vor allem von der Erwartung des Zuschauers leben. Der Zuschauer ist ja für Jahrhunderte auf gewisse Dinge im Theater eingestellt – und diese Erwartungen werden bei mir enttäuscht.« Wolfgang Bauer – über die Literaturszene hinaus als »enfant terrible« bekannt, geschätzt und geschmäht – hat bereits mit ersten, an das absurde Theater anknüpfenden Arbeiten (beeinflusst von Ionescos *Die Nashörner*) Publikum angezogen, amüsiert und schockiert. Bauer bricht mit Seh- und vor allem Hörgewohnheiten (er selbst spricht von Stücken als »Hörspiele für das Theater«), nicht wie mancher seiner (österreichischen) Zeitgenossen primär durch Sprachexperimente und -zertrümmerungen, sondern indem er seine fiktiven und im Leben gefundenen Figuren mit einer Unbekümmertheit agieren lässt, ihr Tun und/oder Lassen lustvoll ins Extreme und Groteske steigert, Banales mit Dämonischem verbindet und dadurch Abgründe menschlicher Existenz ausleuchtet. Selten mangelt es seinen sprachspielerischen Texten an (Selbst-)Ironie, Lachen ist erlaubt, dieses bleibt manchem Zuschauer bzw. Zuhörer allerdings im Hals stecken. Weil der Autor konsequent Erklärungen schuldig bleibt und sich Theorien verweigert, sind Missverständnisse nicht auszuschließen. Von der Literaturkritik oft zwischen Pop (Frühwerk) und Surrealismus (Spätwerk) eingereiht, wird eines zumeist übersehen: Bauer ist in erster Linie ein hervorragender Dialogschreiber.

Tatsächlich sind seine frühen *Mikrodramen* (1964) unspielbar und nur als absurd-witzige Filmszenen zu lesen. Literarische Formen ad absurdum führt auch sein einziger Roman *Der Fieberkopf* (1967). Die Form dieses Romans in Briefen erlaubt dem Verfasser ein dialogisches Sprechen zwischen den in ihrer Kommunikation gestörten Briefpartnern Heinz und Frank, die sich als innere Stimmen einer schizophrenen Figur entpuppen. Bis zur überraschenden Pointe – einem Schlussbrief von Wolfgang Bauer, in dem einem Kärntner Arzt von seiner literarischen Arbeit mit »künstlerischen« Produkten von Geistesgestörten erzählt wird, wobei die letzten Briefe ineinander übergehen – entwickelt sich eine wirr-rasante Kriminalgeschichte, eine ereignisreich-konfuse Story mit immer neuen Personen und Schauplätzen. Das Ende geht schließlich in den Anfang über, fertig ist der Circulus vitiosus.

Eine mögliche Verbindung von Geisteskrankheit und künstlerischem Schaffen taucht auch in anderen Werken auf, z.B. in *Magnetküsse* (UA 1976). Das Theaterstück verzichtet auf die Darstellung jeder Außenwelt, Schauplatz ist das Gehirn eines verrückten Krimiautors, die Bühnenhandlung bloßes Abbild eines Sekundentraumes.

Auch in *Memory Hotel* (UA 1980) verschwimmen die Grenzen von Innen- und Außenwelt, verrückt die Welt und überlappen sich Traum und Wirklichkeit. Am Ende taucht der vermeintlich krebskranke Selbstmörder, der sich auf Jamaika ins Meer stürzt und von Haien gefressen wird, mit seiner eigenen Leiche im Arm auf der Bühne auf. In *Woher kommen wir? Was sind wir? Wohin gehen wir?* (UA 1982) ist der reale Bühnenort ein Hotelzimmer in Singapur. Dort leben drei Paare – Schriftsteller (wie so oft), Geograf und Diplomat samt Frauen – nebeneinander, ohne sich gegenseitig wahrzunehmen. Während, über Lautsprecher hörbar, die Welt wie im Fernsehen draußen bleibt, richten sich die Menschen drinnen im Chaos einer umgestülpten Ordnung ein. Wieder ist das Stück ein Traum, der Traum eines Wahnsinnigen von der »Hinrichtung der Zeit«.

Diese und andere, dramaturgisch komplexe Stücke jener Jahre scheinen an Inhalte und Formen der frühen Einakter anzuknüpfen. So läuft in *Das kurze Leben der Schneewolken* (UA 1983), ähnlich wie in *Maler und Farbe* (UA 1962), die Geschichte parallel auf zwei Ebenen ab. Ist es in dem Achtziger-Jahre-Stück in drei Akten über den in der Ekstase beschlossenen gemeinsamen Liebestod eines Paares in einer Berghütte der ausgeprochene Gedanke neben dem tatsächlich Gesagten, so sind es in dem tragischen Märchenspiel rund um Umwelt, Gesellschaft und Kunst 20 Jahre davor zwei ineinander greifende Stücke mit den Stück-im-Stück-Titeln »Finis Africae« und »Die Raubritter« des ins Englische und Französische übersetzten Autorenegos Farmer und Paysan. Zwischen den frühen Dramen – *Der Schweinetransport* (UA 1962), *Katharina Doppelkopf* (UA 1964), *Die Menschenfresser* (UA 1967), *Party for Six* (UA 1967) – und den späteren traumbilderreichen, Angstzustände widerspiegelnden und oft verstörenden Theatertexten schieben sich jene Stücke, mit denen Bauer Ende der Sechziger-, Anfang der Siebzigerjahre schlagartig bekannt geworden ist. *Magic Afternoon* (UA 1968) verschaffte dem Verfasser den Beinamen »Magic Wolfi«. Von manchen als Nachfahre des Wiener Volkstheaters angesehen, trifft das realistisch-witzig-böse Stück in einem Aufzug – in österreichischer Umgangssprache vermischt mit deutscher Hochsprache – den Nerv seiner Zeit. Vier Personen zwischen 22 und 30 Jahren treten auf. Schauplatz ist ein unordentliches Zimmer voll Rauch und Alkoholdunst, Zeit: ein Sommernachmittag. Birgit und Charly, Joe und Monika haben sich von der Welt der Erwachsenen abgeschlossen. Was sie verbindet, ist Langeweile und Gleichgültigkeit als Antwort auf die kapitalistische Gesellschaft. Ihr perspektivloser Protest äußert sich im Konsum von Haschisch, Beat- und Popmusikplatten, Porno- und Horrorfilmen; echte Gefühle und jede Kommunikation werden von Geblödel erstickt, aus Überdruss wird rasch Aggression. Was mit dem Nasenbeinbruch von Monika relativ harmlos beginnt, endet nach einer albernen, homosexuellen Szene mit dem Mord an Joe durch Birgit. Vor dem Hintergrund der Studentenunruhen wurde das spannende Stück als kritisches und provokantes Theater gegen die gesellschaftlichen Normen verstanden und gefeiert (bis 1972 an 50 deutschen Bühnen gespielt). Dabei stellt Bauer seine Figuren nicht als Opfer dar, er verzichtet auf jede Moral und zeigt im Bühnengeschehen und seinen scheiternden Helden den Spiegel der Gesellschaft in Form der Verdoppelung.

Größere Aufmerksamkeit wurde auch den Stücken *Gespenster* und *Change* (UA 1969) zuteil, in denen Bauer eine ähnliche Situation wie in *Magic Afternoon* erfindet: Ein gescheiterter Schriftsteller will in seinem vertrauten, vergammelten Künstlerzirkel einen Provinzmaler, Außenseiter und Eindringling in den Tod treiben und begeht am Ende Selbstmord. In *Gespenster* (UA 1974) wird die Situation umgekehrt: Die von außen kommende Person geht an der Gruppendynamik zugrunde und wird in die Irrenanstalt eingeliefert.

Die Stücke, Hörspiele und Drehbücher der späten Achtziger- und der Neunzigerjahre erreichten bei Kritik und Publikum nicht die erhoffte Resonanz. Unterschätzt und zu wenig beachtet wird bislang der Prosaautor und der Lyriker Wolfgang Bauer (z.B. *Das stille Schilf. Ein schlechtes Meisterwerk: schlechte Texte mit schlechten Zeichnungen und einer schlechten Schallplatte*, 1969; *Das Herz*, 1981). Die Werkausgabe im Droschl Verlag bietet eine Chance, den Schriftsteller und Dichter (wieder) zu entdecken. Im Gedicht *Krüppel Sprache* wird Bauers wütend-ironischer Textgenerator beinahe programmatisch vorgeführt, wenn er die »Sprache, du Krüppel« würgt und foltert und so endet: »Kurz vor deinem schrecklichen Tode / werde ich noch / – ob du es willst oder nicht – / dichten mit dir, dass du schreist!«

Tomas Friedmann

Werke: *Der Schweinetransport/Maler und Farbe*, Theaterst., UA Graz 1962; *Zwei Fliegen auf einem Gleis*, Theaterst., UA Graz 1962; *Katharina Doppelkopf*, Theaterst., UA Graz 1964; *Mikrodramen*, Bln. 1964, Hsp., ORF 1971, Schpl., Stg. 1975; *Der Fieberkopf. Roman in Briefen*, Ffm. 1967, Hsp., NDR 1976, Neuprod. als 4-teiliges Hsp., ORF 1983; *Die Menschenfresser*, Theaterst., UA Graz 1967; *Party for Six*, Theaterst., UA Innsbr. 1967; *Magic Afternoon*, Theaterst., UA Hann. 1968, Hsp., RIAS 2001, Fssp., ORF 1969; *Romeo und Julia. Mikrodrama*, Theaterst., Mü. 1969; *Change*, Theaterst., UA Wien 1969, Fssp., WDR 1971, Kinofilm 1975; *Das stille Schilf. Ein schlechtes Meisterwerk: schlechte Texte mit schlechten Zeichnungen und einer schlechten Schallplatte*, G., Ffm. 1969, m. Schpl., Musik v. Herbert Feuerstein, erw. Neuausg. Wien 1985; *Film und Frau*, Theaterst., UA Hbg. 1971; *Silvester oder Das Massaker im Hotel Sacher*, Theaterst., UA Wien 1971; *Die Edegger-Familie*, Fssp., ARD/SDR 1972; *1431*, Hsp., ORF 1972; *Magic Afternoon/Change/Party for Six. Drei Stücke*, Theaterst., Köln 1972; *Katharina Doppelkopf und andere Eisenbahnstücke*, Theaterst., Dornbirn 1973; *Hallo-hallo*, Hsp., ORF 1973; *Gespenster*, Theaterst., UA Mü. 1974; *Gespenster/Silvester oder Das Massaker im Hotel Sacher/Film und Frau. Drei Stücke*, Theaterst., Köln 1974; *Es war nicht die Nachtigall …*, Kinofilm, 1974; *Reise zum Gehirn*, Fssp., ORF 1975; *Magnetküsse*, Theaterst., UA Wien 1976; *Die Sumpftänzer. Dramen, Prosa, Lyrik aus zwei Jahrzehnten*, Köln 1978; *Magnet*, Ballett, Bremen 1978; *Bathyscaphe 17–26 oder Die Hölle ist oben*, Theaterst., Graz, Wien 1980, UA Graz 1982, Hsp., ORF 1988; *Pfnacht. Komödie in drei Akten*, Graz/Wien 1980, UA Graz 1985; *Memory Hotel*, Theaterst., UA Graz 1980, Hsp., ORF 1980; *Der Schweinetransport*, Hsp., ORF 1981; *Das Herz*, G., Salzb., Wien 1981; *Hirn mit Ei. Lyrik und Jazz live 1981*, Schpl., zus. m. H. C. Artmann, Musik v. Hans Koller u. Fritz Pauer, Graz, Wien 1981; *Woher kommen wir? Was sind wir? Wohin gehen wir?*, Theaterst., Wien 1981, UA Bonn, Bad Godesberg 1982; *Woher kommen wir? Wohin gehen wir? Dramen und Prosa mit bisher unveröffentlichten und neuen Stücken*, Mü. 1982; *Ein fröhlicher Morgen beim Friseur. Text, Materialien, Fotos*, Graz, Wien 1983, UA Graz 1983; *Das kurze Leben der Schneewolken*, Theaterst., UA Stg. 1983, Hsp., ORF 1985; *In Zeiten wie diesen*, Drehb., Salzb., Wien 1984, Fssp., ORF/ARD 1984, 4-teilige TV-Serie ORF/NDR 1989/90; *Der Tod des Herrn Ingenieur Leo Habernik aus Linz*, Theaterst., UA Wien 1984; *Die Kunst von A bis Z*, Experimentalfilm, Graz 1984; *Werkausgabe in bisher 8 Bänden*, hg. v. Gerhard Melzer, Graz, Wien 1986 ff.: 1. Bd.: *Einakter und frühe Dramen*, Graz, Wien 1987; 2. Bd.: *Schauspiele*

1967–1973, 1986; 3. Bd.: *Schauspiele 1975–1986*, 1986; 4. Bd.: *Der Fieberkopf*. R., 1986; 5. Bd.: *Gedichte*, 1992; 6. Bd.: *Kurzprosa, Essays und Kritiken*, 1987, 7. Bd.: *Filme und Fernsehspiele*, 1995; 8. Bd.: Schauspiele 1988–1995, 1996; *Ein schrecklicher Traum*, Theaterst., UA Bln. 1986; *Herr Faust spielt Roulette*, Theaterst., Wien, Mü. 1987, UA Wien 1987; *Ach, armer Orpheus!*, Theaterst., UA Wien 1991; *Graz*, Übs. ins Engl. Elisabeth und Siegfried Kraus, Übs. ins Ital. Hans Kitzmüller, Graz, Wien, Köln 1991; *Das Lächeln des Brian de Palma*, Theaterst., UA Graz 1991; *Totu-wa-botu*, Theaterst., UA Wien 1992; *Die Kantine. Capriccio à la Habsburg*, Theaterst., UA Graz 1993; *Café Museum – Die Erleuchtung*, Oper, Libr., Musik v. Kurt Schwertsiknach, UA Deutschlandsberg 1993; *Tadpoletigermosquitos at Mulligan's (Insalata mista)*, Theaterst., UA New York 1993; *In den Augen eines Fremden*, Theaterst., UA, Mü. 1994; *Skizzenbuch*, Theaterst., UA Wien 1996; *Die Menschenfabrik*, Theaterst., UA Graz 1996; *Dream Jockey*, Hsp., ORF 1998.

Bauersima, Igor, wurde am 23. 6. 1964 in Prag geboren. Seine Familie emigrierte in die Schweiz, als 1968 im »Prager Frühling« russische Truppen einmarschierten. In Bern studierte Bauersima Architektur und arbeitete als freier Architekt. Neben seinem Studium begann er, als Theaterautor, Filmregisseur und Musiker zu arbeiten. 1994 war er in Zürich Mitbegründer der freien Gruppe »Off Off Bühne«. Das zweite dort entstandene Stück *Tourist Saga* wurde zum Bestentreffen der freien Theater, »Impulse«, eingeladen. Dort wurde Bauersima in den nächsten Jahren zum Stammgast. Für *Forever Godard* erhielt die »Off Off Bühne« 1998 den Preis für die beste Aufführung, der mit einer Fernsehaufzeichnung durch 3sat verbunden war. 2000 wurde er als Nachwuchsdramatiker des Jahres von »Theater heute« ausgezeichnet, 2001 erhielt er die Publikumsstimme bei den Mülheimer Stücke-Tagen.

In fast allen seinen Stücken verbindet Bauersima Filmeinspielungen mit Schauspiel. Er hat bisher die Uraufführung jedes seiner Stücke selbst inszeniert.

In *Forever Godard* (1998) verabreden sich vier junge Leute nachts in einer Videothek. Ihre Obsessionen, Erinnerungen und Träume vermischen sich, ebenso die Ebenen von Wirklichkeit und Traum. Der Zuschauer kann nicht zuordnen, wessen Visionen gerade zu sehen und zu hören sind. Wie Godard in seinen Filmen stellt Bauersima sich und sein Theater ständig selbst infrage. Das Stück wurde aus Improvisationen und Videoclips erst kurz vor der Premiere zusammengebaut.

Context (1999) ist ein bewegendes Generationenporträt der heute 30-Jährigen, das sich im Gegensatz zu mancher Produktion der Off Off Bühne zuvor ausgezeichnet zum Nachspielen eignet. Drei Freunde haben sich nach zehn Jahren wieder getroffen. Sie hatten damals, am Ende der Schulzeit, die Abmachung getroffen, ihre eigenen Wege zu gehen und sich nicht vereinnahmen zu lassen. Nun wollen sie beweisen, dass sie sich an die Vereinbarung gehalten haben. Casper bezeichnet ein Luxusauto als seinen gesellschaftlichen »Context«, Olga wartet ständig auf das Klingeln ihres Handys, weil sie auf einen Auftrag für eine Fernsehreportage hofft, und das Schriftstellertalent Nils schiebt Koffer auf dem Flughafen. Alle haben ihre Ideale von einst verloren, sind menschliche Wracks, lieblos, ängstlich und verzagt.

Ab 2000 bekam Bauersima die Gelegenheit, an großen Häusern zu arbeiten. In Düsseldorf brachte er das Stück heraus, das zu einem der meistgespielten der nächsten Jahre und sein bisher erfolgreichstes wurde, *norway today*. Der Theatersaal ist ein Chat-Room. Julie sucht jemanden, der sich mit ihr zusammen umbringen will. Allein zu sterben findet sie pathetisch. Sie ist nicht depressiv, will »keine schlechte Stimmung machen«, der Selbstmord ist keine Augenblicksreaktion, sondern ein durchdachter Entschluss. Julie hat erkannt, dass ihr auf Erden nicht zu helfen ist. August ist bereit, mit ihr in den Tod zu gehen, und gemeinsam fliegen sie nach Norwegen, um sich einen Abgrund hinunterzustürzen, in den Julie als Kind hineingeblickt hat, während ihr Vater sie an den Füßen festhielt. Julie und August tragen die Namen von Sommermonaten und suchen den Tod im skandinavischen Schnee. Sie filmen sich gegenseitig wie die Studenten im Horrorfilm *Blair Witch Project* und suchen verzweifelt nach Authentizität – Medienkinder auf der Suche nach dem Unverfälschten, der Wahrheit, der verlorenen Unschuld. Igor Bauersima hat in der Düsseldorfer Uraufführung vielleicht die beste Theater-Sexszene der letzten Jahre entwickelt. Julie und August krabbeln in ihr Zelt. Auf der Leinwand sieht man die körperliche Annäherung, das Innehalten, die Entscheidung, die Erotik in die Sprache zu verlagern, sich Berührungen und Zärtlichkeiten zu beschreiben, in Worten zu vögeln. Die beiden Schauspieler verlassen das Zelt, ihre Film-Ichs bleiben drin und schauen von der Leinwand herab zu, wie der erzählte Beischlaf vorangeht. Eine wunderbare Stilisierung, die vom eigenen Leib als Fremdkörper erzählt. Das ist eine Kernszene des gesamten dramatischen Schaffens von Igor Bauersima.

Seit dem Erfolg von *norway today* gehört Igor Bauersima zu den etablierten Regisseuren und Autoren der Theaterszene. Er inszenierte die deutschsprachige Erstaufführung von Neil LaButes *Das Maß der Dinge* bei den Salzburger Festspielen und brachte zwei weitere eigene Stücke am Düsseldorfer Schauspiel heraus. *Launischer Sommer* (2001) ist eine Überschreibung des Romans des tschechischen Schriftstellers Vladislav Vancura, ein Stück über die Langeweile in einer Kleinstadt. *Tattoo* (2002) – hier arbeitet Bauersima erstmals mit der Schauspielerin Réjane Desvignes als Koautorin – ist eine boshafte Satire, die den Kunstbetrieb aggressiv karikiert, dabei aber auch konservativen Denkmustern Vorschub leistet, die abstrakte Kunst schlicht für Quatsch halten. *Futur de luxe* (2002) ist die groteske Geschichte der Musterfamilie Klein. Die Söhne diskutieren, wie sie den Vater umbringen wollen, während sich die Schwester aufhängt. »Wie leben wir jetzt weiter?«, lautet die Kernfrage, und wiederum werden die Schauspielszenen mit Filmsequenzen verschränkt. *FILM* (2003) heißt Bauersimas bisher letztes Werk, ein Konversationsstück, vorwiegend heiter, durchsetzt mit Fellini-Zitaten und Filmanspielungen.

»Ich bin ein totaler Retorten-Second-Hand-Kinofan«, hatte Bauersima schon vor einigen Jahren gesagt. Er ist seiner Handschrift treu geblieben, doch scheint die serielle Produktion nicht die Qualität seiner Stücke zu erhöhen.

Stefan Keim

Werke: *Terminal Diner*, Film, 1989; *Bowling*, Film, 1992; *Plain thoughts*, Theaterst., UA Zür. 1994; *Tourist Saga*, Theaterst., UA Zür. 1995; *50% absolut*, Film, 1995; *Die Pflicht glücklich zu sein*, Theaterst., UA Zür. 1996; *Snobs*, Theaterst., UA Zür. 1997; *Mixed*, Theaterst., UA Zür. 1997; *Forever Godard*, Theaterst., UA Zür. 1998; *Context*, Theaterst., UA Zür. 1999; *Dr. Younamis Couch*, Film, 1999; *Exil*, Theaterst., UA Zür. 2000; *norway today*, Theaterst., UA Düsseld. 2000; *Launischer Sommer*, Theaterst., UA Düsseld. 2001; *Un regard sur deux*, Film, 2001; *Tattoo*, Theaterst., zus. m. Réjane Desvignes, UA Düsseld. 2002; *Factory*, Theaterst., UA Zür. 2001; *Futur de luxe*, Theaterst., UA Hann. 2002; *FILM*, Theaterst., UA Hann. 2003

Baumgart, Reinhard, wurde am 7. 7. 1929 in Breslau-Lissa geboren und lebte ab 1941 in Königshütte in Oberschlesien. 1945 floh die Familie ins bayerische Allgäu. Nach dem Abitur 1947 in Mindelheim arbeitete er für kurze Zeit als Verlagsvolontär in München. Nach dem Studium der Geschichte, Germanistik und Anglistik in München, Glasgow und Freiburg i. B. übernahm er eine Stelle als Deutschlektor in Manchester. 1953 promovierte er bei Walter Rehm mit einer Dissertation über *Das Ironische und die Ironie in den Werken Thomas Manns*. Von 1953 bis 1962 arbeitete er als Lektor im Münchner Piper-Verlag. Danach lebte er als freier Schriftsteller und Literaturkritiker in Grünwald bei München. Von 1964 bis 1965 war er Kolumnist bei der Zeitschrift »Der Spiegel« und von 1969 bis 1975 Literaturkritiker bei der »Süddeutschen Zeitung«. Von 1970 bis 1974 amtierte er als Stellvertretender Vorsitzender des Schriftstellerverbandes (VS). Seit 1982 gehörte er zum Vorstand des deutschen Literaturfonds, 1987/88 war er »Fellow« am Wissenschaftskolleg in Berlin. Von 1990 bis 1997 lehrte er als Professor für Neuere Literatur an der TU Berlin. Er war Mitglied des deutschen P.E.N.-Zentrums und der Deutschen Akademie für Sprache und Dichtung. 1987 erhielt er den Johann-Heinrich-Merck-Preis für literarische Kritik und Essay und 1988 den Adolf-Grimme-Preis. Am 2. 7. 2003 ist er im oberitalienischen Brescia gestorben.

Reinhard Baumgart trat 1961 mit dem medienkritischen Roman *Der Löwengarten* hervor, mit dem er als gewandter, ironisch-distanzierter Erzähler der bundesrepublikanischen Nachkriegsverhältnisse Beachtung fand. Der sichere Zugriff auf die inneren Gleichgewichtsprobleme einer Gesellschaft, deren politisch-wirtschaftlicher Rekonstituierung und Stabilisierung die geistig-seelischen und moralischen Befindlichkeiten nicht entsprachen, zeichneten auch die Erzählungen des Bandes *Panzerkreuzer Potjomkin* (1967) aus. Sein zweiter Roman *Hausmusik. Ein deutsches Familienalbum* (1962) führte anhand der Geschichte einer Familie modellhaft die nachkriegsdeutsche Gedächtniskatastrophe vor. Der Zusammenhang von Vergangenheitsverdrängung, Fragmentation und Desintegration des Sinns spiegelt sich in einer zersplitternden Erzählung, die in Bruchstücken Spuren zu der verlorenen Totalität des Erinnerns legt.

Danach hat Baumgart ausschließlich Essays und Kritiken veröffentlicht, die sich mit dem Spannungsverhältnis zwischen Kunst und Gesellschaft beschäftigen, unter anderem am Beispiel der Dokumentarliteratur, des politischen Theaters und Films. Analysen der Gattungen und kulturkritische Kommentare erörtern die von Walter Benjamin übernommene Frage, inwieweit Kunst und Literatur in einer veränderbaren Gesellschaft zum »Entwurf einer künftigen Massenkultur« beitragen können.

Den literarischen Faden nahm Baumgart mit Dramatisierungen epischer Vorlagen auf, die er auf eine historische Wechselbühne zwischen 1800 und 1980 stellt. *Jettchen Geberts Geschichte* (1978), ein Stück, das einen zweibändigen Roman Georg Hermanns über den scheiternden Emanzipationsversuch einer jungen Frau bearbeitet, und *Wahlverwandtschaften* (1980) sind Selbstbespiegelungen einer das Geschlechterverhältnis krisenhaft reflektierenden Gegenwart. *Wahnfried* (1985), ein szenischer Bilderbogen um Cosima und Richard Wagner, untersucht, angelehnt an die Tagebücher Cosima Wagners, den Tauschhandel zwischen Kunst und Leben.

Demselben Sachverhalt gelten Texte über Thomas Mann, Brecht, Kafka und Joseph Roth, die in essayistischer Form zunächst in dem Band *Glücksgeist und Jammerseele. Über das Leben und Schreiben, Vernunft und Literatur* (1986) erschienen und in den folgenden Jahren, der Intention nach ein Akt der Kanonbildung, zu einer vergleichenden werkbiografischen Studie ausgearbeitet wurden: *Selbstvergessenheit. Drei Wege zum Werk: Thomas Mann, Franz Kafka, Bertolt Brecht* (1989), 1991 folgte *Auferstehung und Tod des Joseph Roth*. Zu den literaturkritischen Arbeiten der folgenden Jahre gehört ein geselliger Streifzug durch den Resonanzraum Weltliteratur, der den Spielformen, Grundtonarten und Transformationen des Erotischen gilt: *Liebesspuren. Eine Lesereise durch die Weltliteratur* (2000).

Mit Geschichten, die bei Vermeidung melancholischer Tonfälle die Reflexionsfigur Abschied umkreisen, kehrte er 2002 in die erzählende Prosa zurück. *Glück und Scherben. Drei lange Geschichten, vier kurze* bahnen sich im Schwankungsfeld zwischen Verlust und Wiederkehr, vorläufigem Leben und flüchtigem Sinn, einen Weg zurück zu den Anfängen des Lebens und Liebens. Die Erzählungen überzeugen vor allem dort, wo sie sich, wie in *Ein Denkmal für Muth*, energisch von Vorbildern lösen.

Sibylle Cramer

Werke: *Der Löwengarten*, R., Olten, Freiburg/Br. 1961; *Hausmusik. Ein deutsches Familienalbum*, R., Olten, Freiburg/Br. 1962; *Das Ironische und die Ironie in den Werken Thomas Manns*, Diss., Mü. 1964; *Literatur für Zeitgenossen*, Ess., Ffm. 1966; *Panzerkreuzer Potjomkin*, En., Bln., Neuwied 1967; *Aussichten des Romans oder Hat die Literatur Zukunft? Frankfurter Vorlesungen*, Neuwied 1968; *Über Uwe Johnson*, Hg., Ffm. 1970; *Die verdrängte Fantasie*, Ess., Darmst., Neuwied 1973; *Jettchen Geberts Geschichte*, Theaterst. nach G. Hermann, UA Bln. 1978; *Wahlverwandtschaften*, Film, zus. m. M. Mrakitsch, HR 1978; *Wilhelm Meisters Lehrjahre*, Film, zus. m. M. Mrakitsch, HR 1978, Theaterst., UA 1980; *Beruf: Kritiker*, TV-Feat. 1981; *Wahnfried. Bilder einer Ehe*, Film-E., Mü. 1985; *Glücksgeist und Jammerseele*, Ess., Mü., Wien 1986; *Lesmona. Eine Liebe, eine Ehe*, Film-E., 1987; *Selbstvergessenheit. Drei Wege zum Werk. Thomas Mann, Franz Kafka, Bert Brecht*, Mü. 1989; *Auferstehung und Tod des Joseph Roth*, Mü. 1991; *Deutsche Literatur der Gegenwart. Kritiken, Essays, Kommentare*, Mü. 1994; *Addio. Abschied der Literatur*, Mü. 1995; *Liebesspuren. Eine Lesereise durch die Weltliteratur*, Mü. 2000; *Glück und Scherben. Drei lange Geschichten, vier kurze*, Mü. 2002.

Baur, Margrit, geboren am 9. 10. 1937 in Adliswil bei Zürich, besuchte ein Lehrerinnenseminar in Küssnacht und die Schauspielschule in Wien. Sie pflegte Kontakte zur »Wiener Gruppe« um Konrad Bayer, den sie bewunderte und um dessentwillen sie eigene Schreibambitionen zunächst zurückstellte. Durch Texte von Ludwig Hohl fühlte sie sich dann doch zum Schreiben ermuntert. Einige Jahre verbrachte sie als Schauspielerin an Kleintheatern, danach arbeitete sie als Zeitungskorrektorin, später als Teilzeitsekretärin in Zürich. Sie erhielt 1981 den Preis der Schweizerischen Schiller-Stiftung und die Ehrengabe der Stadt Zürich, 1984 und 1988 den Buchpreis des Kantons Bern, 1988 das »Werkjahr« des Kantons Zürich und 1993 den Schillerpreis der Zürcher Kantonalbank.

Mit pointierten, splitterartigen Prosaminiaturen strebte Margrit Baur in den »aphoristischen Romanen« *Von Straßen, Plätzen und ferneren Umständen* (1971) und in *zum beispiel irgendwie* (1977) eine »Inventarisierung des Alltags« an. Impressionen wie kantige Bruchstücke, minimalistisch reduziert und scheinbar unzusammenhängend arrangiert, charakterisieren bei ihr eine krude Lebenswirklichkeit, in der die Menschen nur als isolierte, profillose »Nebenfiguren« existieren, arm an Handlungen, an Kontakten, an sprachlichem und gedanklichem Austausch. Dazu kommen Einsamkeit und Identitätsprobleme: Der Versuch der Annäherung an die eigene Sprache, die Überwindung vorgeformter Sprachmuster durch die Entwicklung eigener Entwürfe, der Weg über die sprachliche Autonomie hin zum individuellen Selbstbewusstsein bilden die Perspektiven für die Protagonisten all ihrer Texte und – sofern diese die eigene Lebensgeschichte miteinbeziehen, wie es häufig der Fall ist – auch der Autorin.

Von der Sprachlosigkeit des Vaters (»Stillhalten und Stummsein«), der rhetorischen Überlegenheit des Ehemannes und der männlichen Herrschaftssprache im Büroalltag verunsichert und verfolgt, bewegt sich die Ich-Erzählerin im Prosatext *Überleben* (1981) als Zeitungskorrektorin zwischen einer »täglich achtstündigen Bestrafung für unser Am-Leben-Sein« und der »Privatapokalypse« ihrer Freizeit, die sie mit Schreiben verbringt. Tagebuchartig sammelt sie Aussagen über sich, will ihrer »Beklommenheit auf die Spur kommen«, ermittelt »unsystematisch gegen die Not aller Tage«. Knapp 40 Jahre alt, geschieden, allein lebend mit gelegentlichen Affären, ein »Hirntier mit Fehlverhalten«, konstatiert sie eine Fremdheit zwischen sich und der Wirklichkeit; sie will einerseits »die Person, die da in meinen Schuhen herumläuft, in irgendeiner Weise dingfest machen«, aber auch der Wirklichkeit habhaft werden, um zu überleben. Menschenscheu, ständig dem »gefährlichen Reiz des Rückzugs« ausgeliefert und sprachskeptisch, misstraut sie allen Kategorien, allen Teilwelten, allen Betäubungen. Sie will »die Tage einigermaßen zusammenhalten«, doch dabei unauffällig sein und »möglichst leise auftreten«. Die Umstellung der Arbeitsplätze ihrer Firma von Blei- auf Lichtsatz, die Umstrukturierung ihrer Abteilung, das scheinheilige Betriebsklima, die seelische Krise eines engen Freundes und die eigenen Beziehungsprobleme geben den entscheidenden Impuls zur dringend notwendigen Veränderung: eine neue Tätigkeit als Bibliothekarin. Ihr mit Selbstironie und Beharrlichkeit gestarteter Emanzipationsversuch, die »ungebrochene Gleichgültigkeit« der Tage zu durchdringen und eine annähernde Deckungsgleichheit zwischen ihren Wünschen und den »verfügbaren Möglichkeiten des Überlebens« zu erlangen, verzeichnet kleine Erfolge, auch wenn das Bemühen um eine der eigenen Wirklichkeit adäquat geformte Sprache noch hilflos erscheint: »Ich bin vierzig, ich lebe noch, in winzigen Schritten komme ich vom Fleck. Kein Anlass zur Euphorie. Das Wünschen ist weit voraus.«

In dem thematisch verwandten Text *Ausfallzeit* (1983) vergrößert sich die Distanz zu den geschilderten Ereignissen; der monologische Charakter von *Überleben* geht über in eine indirekte Erzählhaltung. Eine »Art Atemnot, aus der sie sich zu befreien sucht«, führt die Büroangestellte Elsbeth Fischer von Zürich nach Bern, wo sie die Stadt durchstreift, ihren Erinnerungen nachhängt, »sich zum Kotzen allein fühlt« und beinahe Opfer eines Unfalls wird. Durch die ruhige und kraftvolle Harmonie eines Paares, das sich ihrer annimmt, gewinnt sie Vertrauen und neue Zuversicht. Als »Schalentier«, wie sie sich bezeichnet, legt sie allmählich die Schutzwände ab, legt ihr Innerstes bloß, häutet sich seelisch. »Ich hab gedacht, man könne sich ans Frieren gewöhnen. Zustandegebracht hab ich nur, dass es keiner mehr merkt.« Zurück in Zürich, hat sie an Selbstsicherheit gewonnen und ist bereit, sich selbst anzunehmen. Sie, die »der eigenen Sprache nie ganz sicher« war, will »die Berner Geschichte als ihre eigene erzählen, in der sie sich wiedererkennt, wird vielleicht sogar MEINE SÄTZE sagen«.

Geschichtenflucht (1988) erzählt von Beziehungen, die vor allem durch das Erzählen von Geschichten zusammengehalten werden. Die Personen – der 70-jährige Geschäftsmann Stefan und die mit ihm befreundete Modedirektrice Helen, der lebensfremde Student und Taxifahrer Étienne und seine Freundin Lisa – bleiben ziemlich konturenlos und unscharf, nur durch ihr Interesse an der Geschichte der anderen scheinen sie Leben in sich aufzunehmen: »Das Leben schreibt keine Geschichten. Es hat keine nötig. Nötig werden sie immer erst danach.« Der einjährige Griechenland-Aufenthalt Stefans vor vielen Jahren, als er sich wie ein Einsiedler in ein fremdes Land und in eine fremde Sprache hineingerettet hatte, bildet den Gegenstand des allgemeinen Interesses, der neugierigen Fragen, der Deutungsversuche. Fremdes Leben zu vereinnahmen, scheint zur Basis eigener Existenz zu werden. Man sucht die Geschichten zu entwenden, listig oder fordernd zu entlocken, sich dabei Erfahrungen zu sichern, jemand über seine Geschichte festzulegen und für sich zu gewinnen. Aber der im Sterben liegende Stefan zeigt ein »Abgrenzungsbedürfnis«, er erzählt viel, ohne viel von sich preiszugeben; er hat »sich in sich selbst gerettet«. »Er nimmt, was ihm zufällt, er hält einfach die Hände auf.« Als er stirbt, fährt Lisa zu Helen, die nun nur noch zuhört, statt zu fragen. Auch Étienne, der Lisa von Stefan erzählt hatte, kommt mit seiner Geschichte zu Ende; der Weg ist wieder frei für das Aufeinanderzugehen ohne Umwege und Hilfsmittel.

Mit dem Roman *Alle Herrlichkeit* (1993) knüpft Baur an die in *Geschichtenflucht* aufgeworfenen Probleme an. Geschichten werden auch hier entlockt und preisgegeben; es wird versucht, jemanden über seine Geschichte festzulegen. Wobei die Erfahrbarkeit des Fremden begrenzt erscheint: Konturen ergeben Profile, und Deutungen sind doch nur Ansätze des Verstehens. Der Roman führt in »das geschüttelte Paradies« Irlands, wo die Zürcher

Malerin Ruth nach dem Ende einer Beziehung Geist und Seele auslüften will. Zwei Freundinnen setzen ihr dabei zu und versuchen auf ihre Art, Ruths »Ausschwitzen« zu begleiten. *Alle Herrlichkeit* ist ein kluger, besinnlicher Roman über die Schwierigkeiten des Älterwerdens, über Liebe und Einsamkeit, über das Reisen und die Suche nach neuem Lebensmut.
»Als fremder Zuschauer könne man mit einiger Kompetenz allerhöchstens die Bilder beschreiben. Jeder unterlegte Text, jede versuchte Deutung sei Spekulation«, so Margrit Baur. Der Respekt vor individuellen Sprachwelten bedeute aber nicht, sich selbst den Zugriff auf externe Phänomene zu versagen. Es geht der Autorin folglich um die (stets erprobbare) Endlichkeit weltlicher Erfahrbarkeit durch Sprache und damit nicht zuletzt um die Erfahrbarkeit der eigenen Identität.

Thomas Kraft

Werke: *Von Straßen, Plätzen und ferneren Umständen. 3 Romane*, Zür. 1971; *zum beispiel irgendwie*, Basel 1977; *Überleben. Eine unsystematische Ermittlung gegen die Not aller Tage*, Ffm. 1981; *Ausfallzeit*, E., Ffm. 1983; *Geschichtenflucht*, E., Ffm. 1988; *Alle Herrlichkeit*, R., Ffm. 1993.

Bayer, Konrad, wurde am 17. 12. 1932 in Wien geboren und war mit H. C. Artmann, Gerhard Rühm und Oswald Wiener Mitglied im 1951 gegründeten »Art-Club«, aus dem später die »Wiener Gruppe« hervorging. Er arbeitete als Dichter, Darsteller und Autor von Experimentalfilmen. Von 1952 bis 1957 war er von Beruf Bankangestellter. 1962 wurde er Redakteur der avantgardistischen Zeitschrift »edition 62«. Durch Lesungen auf den Tagungen der »Gruppe 47« in den Jahren 1963/64 erlangte er einen gewissen Grad an Publizität, wobei ihm aber erst nach seinem Tod die heutige Wertschätzung als einer der Wegbereiter der Avantgarde nach 1945 zuteil wurde. Konrad Bayer nahm sich am 10. 10. 1964 in Wien das Leben.
Als Mitglied der ersten Formation der »Wiener Gruppe« interessierte sich Bayer für das Verfahren der Montagetechnik und die an die Methode anknüpfenden Konsequenzen, wonach die Reduktion auf die materiale Basis den Manipulationscharakter der Sprache bloßlegt. Der »methodische Inventionismus« der Gruppe war für ihn eine Vorstufe zu weiteren Versuchen, bei denen es ihm darum ging, sich die Erkenntnisschranken spürbar zu machen, die dem persönlichen Begreifenwollen durch die Sprache gesteckt sind. Die während dieser Phase entstandenen Texte lassen sich als »methodische Poesie« beschreiben, wobei das Schwergewicht auf der Darlegung sprachtheoretischer Überlegungen liegt.
Es entstand der Text *herostrat* (1966), der später in den Zyklus *26 namen* integriert wurde. Mit der Grausamkeit eines Lautréamont negiert Bayer hier die Gesellschaft, weil sie ihn hindert, ICH zu sein. Andererseits, fatal genug, ist er auf sie angewiesen, denn nur durch den Akt der Beseitigung erweist er sich ihr gegenüber als Überlegener. Bayer geht davon aus, dass Sprache keinen subjektiven Erkenntniswert besitzt. Wirklichkeit, so wie sie in den sprachlichen Formulierungen erscheint, ist immer allgemeiner Natur. Sprache ist für ihn Wiedergabe von Vorgedachtem, Vorgeformtem. Kommunikation fordert zweckgerichtetes Verstehen, aber sobald sich ein Konsens gebildet hat, ist das Moment reiner Individualität nicht mehr gegeben. Kommunikation verlangt also notwendig die Ausgrenzung von Subjektivität. Aus solchen Überlegungen heraus entstand 1958 der Text *seit ich weiss* (1966). Die Welt erscheint hier als Inventar des Bewusstseins, Kommunikation als Spiel mit den eigenen Erfindungen. Während Bayer im *herostrat* noch alles um sich herum vernichten muss, um allein zu sein, ist hier die Welt faktisch nicht existent. Alles scheint nur eine Sache des Vorstellungsvermögens zu sein, Welt ist auf den begrenzten Spielraum eines Comics zurückgestutzt. Aber: Wie sicher kann der Erfinder einer solchen Welt eigentlich sein, dass nicht auch er eine Erfindung ist? Und weiter, auf die Sprache bezogen: Ist die Subjektivität des Menschen nicht auch bloß eine sprachliche Fiktion? Fragen, die Konrad Bayer zeit seines Lebens beschäftigten.
Ende der Fünfzigerjahre ging er dazu über, umfangreichere Texte zu schreiben und kürzere Prosa zu einem Ganzen zusammenzufassen. Die umfangreichste Arbeit, die er selber abgeschlossen hat, ist das Porträt in Prosa *der kopf des vitus bering* (1965). Es werden Ausschnitte aus dem Leben des Seefahrers und Entdeckers Vitus Bering berichtet, der auf seinen Expeditionen mit verschiedenen Schamanenkulten konfrontiert wurde. Das dem Vitus Bering übergeordnete Phänomen des Schamanismus wird von Bayer nicht im Sinne einer objektiven Wirklichkeit vorgestellt, sondern quasi als Metapher für eine dem Individuum übergeordnete Welt von Bezugsfeldern. Im Mittelpunkt steht die hypothetische Frage, inwieweit das Subjekt zu einem nachvollziehbaren Wirklichkeitsbegriff unter

Miteinbeziehung seiner subjektiven Bewusstseinsinhalte kommen kann. Diese Fragestellung ist die Ausgangsproblematik, die Bayer in fast allen seinen Texten aufgreift.
Bayer nimmt im *vitus bering* quasi eine Schädelöffnung vor. Durch ein ausgefeiltes Montageverfahren – er reiht Daten aus Berings Biografie, Überlieferungen schamanischer Tranceerlebnisse und mögliche Alltagserlebnisse Berings aneinander – versucht er anzudeuten, was an Geordnetem und Ungeordnetem simultan in einem Kopf versammelt sein kann. Bering erlebt die Welt als Chaos. Verbindliches und Unverbindliches, Realität und Traum vermischen sich, Werte scheinen aufgelöst. Je größer der Platz ist, der dem Irrationalen im Kopf eingeräumt wird, umso größer werden auch die Schwierigkeiten, diese Irrationalismen in die subjektive Anschauung von Wirklichkeit einzubringen. Die Hinwendung nur zum Irrationalen löst den Wirklichkeitsbegriff auf. Die Bewusstseinsfragmente, als Berings subjektives Wirklichkeitsinventar, irritieren mehr, als dass sie ihm helfen, sich zurechtzufinden. Es ist das auf Bering projizierte Ziel Bayers, nicht die Welt als einen alles umspannenden Kosmos, sondern sie in ihrer im Subjekt begründeten Bewertung zu erkennen.
Als Hauptwerk Bayers kann der Fragment gebliebene Roman *der sechste sinn* (1966) angesehen werden. Damit wird ein Versuch abgeschlossen, dessen Ziel und Utopie es ist, die eigene Bedingtheit zu hintergehen. Bayer entwirft eine private Wirklichkeit, die einzig von subjektiven Bedürfnissen und Interessen hergeleitet ist. Die Annahme eines »sechsten Sinnes« fungiert bei Bayer als Begründung für eine versuchte Grenzüberschreitung, die darin besteht, Traumfantastiken mit dem Status Realität zu versehen. Er versucht einen Ausbruch aus dem tradierten Sinngefüge, das sich über die Wahrnehmungen der fünf herkömmlichen Sinne ergibt. Mithilfe der Simultaneität stiftenden Montagetechnik beschreibt er die Welt so, als sei sie nicht in einer Ordnung. Alles, was sagbar ist – so scheint es –, ist auch deshalb existent. In diesen Schilderungen ist das Bemühen Bayers erkennbar, sich aus der Bedingtheit zu lösen, die sich einerseits durch die biologischen Gesetzmäßigkeiten, andererseits durch die konventionalisierten Beschreibungen des sinnlich Wahrgenommenen ergeben. Der »sechste Sinn« ist hierbei Leitmotiv, Motto und Zielvorstellung in einem. Der Versuch, mithilfe eines halluzinierten »sechsten Sinnes«, der die surrealistischen Verfremdungen legitimieren soll, einen subjektbedingten Weltentwurf zu begründen, scheitert an den eigenen, selbst formulierten Einwänden, die die literarische Aufbereitung von Erinnerungs- und Traumrudimenten letztlich als Schleier erscheinen lassen, hinter den zu schauen uns verwehrt bleibt. Die metasprachlichen Erörterungen kreisen sämtlich um die Fragestellung, inwieweit das, was man als Subjektivität behauptet, nur eine sprachliche Fiktion ist und inwieweit sich jede gegenteilige Behauptung in einer Aporie bewegt, da sie sich letztlich auf die Suggestionskraft der Sprache zurückführen lassen muss. Die von Bayer angestrebte Fähigkeit des leitmotivischen »sechsten Sinns« lässt sich auch beschreiben als »Epiphanie in Permanenz«, als dauerhafter Erleuchtungszustand. Während sich aber die Joycesche Epiphanie dem Augenblick zuwendet, den es intuitiv und unmittelbar zu erleben gilt, will Bayer die Fähigkeit des »sechsten Sinns« als ständiges Strahlen begreifen. Aber wie schon Carl Einsteins Bebuquin, so bleibt auch Bayers Goldenberg dieses Wunder versagt.

Ulrich Janetzki

Werke: *Mosaik im Vertrauen*, Film, 1955; *Sonne halt!*, Film, 1959–1962; *Am Rand*, Film, 1961–1963; *der stein der weisen*, Traktat, Bln. 1963; *der kopf des vitus bering*, Pr., Olten/Freiburg 1965; *der berg*, Hsp., SDR 1966; *der sechste sinn. texte von konrad bayer*, Reinbek 1966; *die wiener gruppe. texte, gemeinschaftsarbeiten, aktionen*, hg. v. Gerhard Rühm, Reinbek 1967, erw. Neuausg. 1985; *sie werden mir zum rätsel, mein vater*, Hsp., zus. m. Gerhard Rühm, WDR 1968; *der sechste sinn. roman*, Reinbek 1969; *der schweißfuß*, Hsp., zus. m. Gerhad Rühm, NDR/SFB 1971; *Konrad Bayer spricht Konrad Bayer: Der Kopf des Vitus Bering*, Hattingen-Blankenstein 1973; *Das Gesamtwerk*, Reinbek 1977, *Sämtliche Werke*, 2 Bde., hg. v. Gerhard Rühm, Wien 1985; *Poesiealbum 267: Konrad Bayer*, Bln. 1989; *Theatertexte*, Ffm. 1992; *Sämtliche Werke*, erw. Neuausg., Wien 1996; *die wiener gruppe / the vienna group. a moment of modernity 1954–1960. the visual works and the actions*, hg. v. Peter Weibel, Wien 1997; *der sechste sinn. originaltonaufnahmen 1962–1964*, Schpl., Köln 2002; *gemeinschaftsarbeiten 1957–1962*, zus. m. Gerhard Rühm, Schpl., Köln 2002.

Bayer, Thommie, wurde am 22. 4. 1953 in Esslingen/Neckar geboren. Er besuchte Waldorfschulen in Stuttgart und Tübingen, die er 1971 mit der Mittleren Reife abschloss. Von 1972 bis 1978 studierte er an der Kunstakademie Stuttgart bei Rudi Haegele. Schon während der Schulzeit spielte er als Gitarrist, Schlagzeuger und Sänger in verschiedenen Bands. Von 1974 bis 1985 machte Bayer als Singer und Songwriter professionell Musik und war mit eigener Band unterwegs. Während dieser Zeit arbeitete er auch mit dem Kabarettisten Thomas C. Breuer zusammen und veröffentlichte mit ihm zwei Bücher. Von 1987 bis 1992 bildete er mit Breuer und Werner Bodinek die Kabarettgruppe »Die drei Männer, die sie Pferd nannten«. Seit 1985 hat sich Bayer weitgehend von der Musik verabschiedet und schreibt Romane, Erzählungen, Gedichte, Drehbücher, Hörspiele, Kritiken, Reiseberichte und Kolumnen. 1992 erhielt er den Thaddäus-Troll-Preis. Er lebt mit seiner Frau in Staufen/Breisgau.

Bayer hat sich mit seinen Romanen den Status eines Kultautors der Post-68er-Generation erschrieben. Seine Liebes-, Alltags- und Zeitromane rekonstruieren die Erlebniswelt der Gegenwart, »wie man heute liebt und lebt, unter Dreißig- bis Vierzigjährigen im bürgerlich-akademisch-künstlerischen Milieu, progressiv, aber desillusioniert, voller Skepsis unerschütterlich an seinen Sehnsüchten festhaltend, an deren Erfüllung man kaum glauben mag« – so Martin Ebel in seiner Laudatio bei der Verleihung des Thaddäus-Troll-Preises. Bereits Bayers erster Roman *Eine Überdosis Liebe. Von einem, der auszog …* (1985) spielt im Milieu der modernen Boheme, und es klingen bereits all jene Motive an, die fortan sein Werk prägen werden. In der Geschichte des Musikers Robbi Allmann, der sein bisheriges Leben aufgibt, um mit seiner Jugendliebe Rita zusammenzuleben, hat Bayer den Bruch im eigenen Leben verarbeitet. Hauptfigur Robbi Allmann ist wie seine Nachfolger ein Melancholiker, für den die Wendung in der Biografie Anlass ist, seine Träume und Utopien zu hinterfragen und dennoch zu versuchen, das eigene Leben gegen die Konventionen zu leben. Insofern sind die vermeintlichen Liebesromane Bayers immer auch Zeit- und Generationsromane, die ein bestimmtes Lebensgefühl authentisch widerspiegeln.

Das soziale Umfeld, die Themen Musik, Kunst und Erotik, auch der plaudernde Alltagston der Sprache und das offensichtliche Talent für Dialoge kehren in dem Freiburg-Roman *Einsam, Zweisam, Dreisam. Eine beinah »himmlische« Liebesgeschichte* (1987) wieder. Der Versuch, den Liebes- und Künstlerroman durch eine satirisch-fantastische Parallelhandlung, die einen Streit der verschiedenen Religionen im Himmel persifliert, ironisch zu brechen, misslingt allerdings, da Bayer sich hier seiner Stärken – Realismus und spielerisch leichte Gegenwartsanalyse – beraubt.

Das Herz ist eine miese Gegend (1991) ist dagegen ein breit angelegter Entwicklungsroman, der den – stark autobiografisch gezeichneten – Helden Giovanni durch den wechselnden Zeitgeist der Jahre zu einem Happyend führt. Es ist Bayers bis dahin ausgewogenster, dichtester und atmosphärisch intensivster Roman.

Mit *Spatz in der Hand* (1992) bekommt das Thema Erotik eine neue, für die weiteren Bücher entscheidende Dimension. Die Fernsehredakteurin Sabine und der Drehbuchautor Carl telefonieren in einem Hotel zufällig miteinander, wobei er sie durchs Fenster beobachtet. Aus dem Telefon-Flirt wird ein Spiel mit Voyeurismus und Exhibitionismus, das die Frage nach Schein und Wirklichkeit, nach den richtigen und falschen Bildern von sich selbst und anderen aufwirft. Sexualität stellt Bayer immer mehr als kommunikativen Akt dar, der über Sprache oder – wie im Künstlerroman *Der langsame Tanz* (1998) – als visuelle Beziehung zwischen Maler und Modell funktioniert.

Einen Bogen zu den beiden ersten Romanen spannt *Der Himmel fängt über dem Boden an* (1994), das erneut in Freiburg spielt und in dem Figuren aus früheren Romanen auftreten. Die bisexuelle Dreiecksgeschichte zwischen den Geschwistern Urs und Irene und ihrer Freundin Marie gönnt den Hauptfiguren Ansätze einer Idylle, in der das Glücksversprechen romantischer Liebe postmodern variiert wird.

Nach dem Roman *Der langsame Tanz* (1998) und dem Urlaubsroman *Andrea und Marie* (2001) – erneut eine Dreiecksgeschichte, die auf einem Drehbuch Bayers basiert und 1998 mit Iris Berben und Hannelore Elsner verfilmt wurde – legte Bayer 2002 mit *Das Aquarium* seinen ambitioniertesten Roman vor. Die Telefonsituation von *Spatz in der Hand* (1992) wieder aufnehmend und mit deutlichen Bezügen zu Alfred Hitchcocks *Das Fenster zum Hof* wird der erotische E-Mail-Dialog zwischen dem nach einem Unfall zurückgezogenen Barry und der in einem gläsernen Appartement wohnenden, gelähmten June erzählt, die von Barry beobachtet wird. Ihr Spiel und der elektronische Verkehr dienen als Metapher für die Isolation des Großstadtmenschen. Bayer, der seit 1997 erfolgreich verfilmte Drehbücher schreibt, erzählt mit deutlich filmischen Anleihen, verwendet erstmals Thriller-Elemente, seine Sprache ist strenger, der Roman ist komplex konstruiert, mit Rückblenden und mehreren Binnenerzählungen, von denen vor allem Junes Bericht über ihre Zeit in New York, eine fast klassische Novelle, überzeugt – vermutlich Bayers bester Text überhaupt.

Neben satirisch-kabarettistischen Büchern (*Die frohe Botschaft abgestaubt und frisch gefasst*, 1989) oder humoristischen Ratgebern wie *Es ist nicht alles Kunst, was glänzt. Ein Künstler-Erkennungsbuch* (1991) sind vor allem die gesammelten Liedtexte und Gedichte *Irgendwie das Meer* (1995) zu nennen, die mit ihrem heiter-melancholischen Grundton die Verbindung zwischen dem Musiker und Songschreiber und dem Schriftsteller Thommie Bayer herstellen.

Berndt Herrmann

Werke: *Wir, die wir mitten im Leben stehen, mit beiden Beinen in der Scheiße*, Pr., zus. m. Thomas C. Breuer, Trier 1977; *Über Menschen & unter Menschen. Ein Lesebuch für Zwischenmenschen*, Pr., zus. m. Thomas C. Breuer, Trier 1979; *Georg Moser – Eine Karriere*, Hsp., 1980; *Eine Überdosis Liebe. Von einem, der auszog …*, R., Reinbek 1985; *Einsam, Zweisam, Dreisam. Eine beinah »himmlische« Liebesgeschichte*, R., Reinbek 1987; *Die frohe Botschaft abgestaubt. Nacherzählung des Evangeliums*, Zür. 1989; *Sellavie ist kein Gemüse. 30 Typen wie du und er*, Pr., Weinheim 1990, u. d. T. *Der neue Mann und das Meer*, Mü. 1995; *Das Herz ist eine miese Gegend*, R., Reinbek 1991; *Es ist nicht alles Kunst, was glänzt. Ein Künstler-Erkennungsbuch*, Pr., Weinheim 1991; *Spatz in der Hand*, R., Ffm. 1992, Drehb., ARD 1997; *Sponto, Carla, Mike und Bobby McGee*, E., Bielefeld 1992; *Der Himmel fängt über dem Boden an*, R., Ffm. 1994; *Irgendwie das Meer. Gedichte & Lieder*, G., Ffm. 1995; *Der langsame Tanz*, R., Ffm. 1998; *Andrea und Marie*, Drehb., ZDF 1998, R., Mü. 2001; *Brandwunden*, Drehb., ARD 1998; *Ein Weihnachtsmärchen – wenn alle Herzen schmelzen*, Drehb., RTL 1999; *Wenn man sich traut*, Drehb., 2000; *Neues vom bewegten Mann*, Drehb., Mü. 2001; *Das Aquarium*, R., Ffm. 2002.

Becher, Ulrich, kam am 2. 1. 1910 als Sohn eines prominenten Anwalts und einer Schweizer Pianistin in Berlin zur Welt, studierte ab 1928 Jura in Genf und Berlin, prügelte sich mit Nazi-Rabauken, wovon zeitlebens seine lädierte Nase zeugte, wurde der erste Schüler des expressionistischen Malers George Grosz und begann gleichzeitig seine ersten Erzählungen zu schreiben, die bald in Österreich, bald in Berlin, Brasilien, New York spielen und schon viel von der Kraft und Eigenwilligkeit ihres Autors ahnen lassen. Der Rowohlt Verlag druckte sie 1931 unter dem Titel *Männer machen Fehler.* 1933 wurde das Buch zusammen mit den Werken Brechts, Manns, Tucholskys öffentlich verbrannt. Becher emigrierte zunächst in die Schweiz, machte sich aber mit seinem provokanten Mysterienspiel *Niemand* (1934/36) so unbeliebt, dass er nach Wien übersiedeln musste, wo er die Tochter des großen Satirikers Roda Roda heiratete. Am Tag vor dem »Anschluss« (13. 3. 1938) flüchtete er erneut in die Schweiz, reiste 1941 mit einem tschechischen Pass durchs besetzte Frankreich nach Brasilien, 1944 nach New York, wo sein Sohn, der Schriftsteller Martin Roda Becher, geboren wurde. 1948 kehrte Becher nach Wien zurück, um an der Uraufführung seines *Bockerer,* seines größten Bühnenerfolgs, teilzunehmen. Die »tragische Posse« ist eine beißende Satire auf die Charakterlosigkeit, mit der die kleinen Leute sich der Nazi-Herrschaft und dem »Massenmord-Fabrikdirektor« beugen – nur Metzgermeister Bockerer leistet schwejkhaft eigensinnigen Widerstand.

Es folgten rastlose Wanderjahre. Bechers in der Tradition des literarischen Expressionismus stehende, doch vom Naturalismus mit geprägte Stücke *Samba* (1951), *Feuerwasser* (1952) und *Mademoiselle Löwenzorn* (1954) wurden an großen deutschen Bühnen uraufgeführt und vielfach nachgespielt. 1955 erhielt der Autor den Dramatikerpreis des Deutschen Bühnenvereins. Ab 1954 wohnte Becher in Basel und konzentrierte sich mehr und mehr auf sein erzählerisches Werk. Zwischen 1957 und 1973 erschienen jene fünf Romane, die seinen literarischen Ruf begründeten. 1976 wurde ihm der Preis der Schweizerischen Schillerstiftung zuerkannt, dann wurde es stiller um den Autor, der sich zusammen mit seiner unerschütterlich zu ihm stehenden Frau Dana in einem kleinen Appartement verschanzte. Er starb am 15. April 1990.

»Ich denke nicht daran, meine Memoiren zu schreiben – sie stehen in meinen Romanen, hübsch verteilt und in wunderbarer Freiheit ausgemalt«, sagte Becher 1978 in einem Gespräch über seine soeben erschienenen Erinnerungen an Freunde und Feinde (*SIFF*), ein Buch, das Schlüsseltexte zu seinem Werk enthält. Tatsächlich gibt es in allen Romanen Figuren und Konstellationen, die als eulenspiegelhafte, ironische oder beklemmende Varianten seiner Biografie gelesen werden können: In *Kurz nach 4* (1957) lässt der von Kriegserfahrungen und KZ-Traumata geschundene, zeitlebens mit dem Stigma einer »Displaced Person« behaftete Grafiker Franz Zborowsky innerhalb zweier schlafloser Nächte sein von Verfolgung, Kampf und »Gnade-für-Unrecht-ergehn-Lassen« gezeichnetes Leben an sich vorüberziehen, bevor er, der »Leidensbekämpfer«, sich entschließt, auf seine Rache am heimtückischsten Verräter – und besten Freund – zu verzichten. *Das Herz des Hais* (1960) kann als Selbstpersiflage und vor allem als Hommage an Dana Becher gelesen werden; das ironisch erzählte Ferienabenteuer des Basler Künstlerpaars Lulubé und Angelus auf Lipari endet mit dem Bruch einer allzu einseitigen Ehe.

Von erzählerischer Wucht ist die 600-seitige *Murmeljagd* (1969), die »man in einem großen, durstigen Zug liest« (Herbert Rosendorfer). Der im letzten Moment vor dem Einmarsch der Nazis aus Österreich geflohene Schriftsteller Trebla und seine ebenso schöne wie geheimnisvolle Frau Xane, Tochter des weltberühmten Clown-Satirikers Giaxa – er gleicht Roda Roda –, verbringen den Frühsommer 1938 im Engadin. Misstrauisch beäugt von der Eidgenössischen Fremdenpolizei, bedroht von aufgebrachten Einheimischen, gejagt von SS-Agenten und verfolgt von schlimmen Nachrichten aus der Heimat, verstrickt sich der »abgetakelte Austromarxist« in skurrile Begegnungen, bizarre Auseinandersetzungen, groteske Missverständnisse. Unter anderen Umständen könnte sein Verhalten etwas verrückt wirken, doch in einer Zeit, in der die »patentierten Retter der aaabendländischen Kultuuur ... mit Em-Ge-Salven gegen Velasquez und Greco und Goya« Krieg führen und ein »Kleinhäusler« (= Hitler) mit seinen »infernalischen Kackern« Europa terrorisiert, ist es nur konsequent, wenn ein Flüchtling so etwas wie eine Exil-Paranoia entwickelt.

Das Profil (1973), ein »heiter-ernstes Manifest männlicher Leidenschaft« (Süddeutsche Zeitung) konfrontiert den aus Deutschland emigrierten, um 1960 auf Long Island gutbürgerlich installierten Maler Altdorfer (alias George Grosz) mit dem exzentrischen Journalisten Howndren, der »Altie« eine Woche lang für ein »Profil« seiner Zeitung interviewt. Am letzten Abend gibt es eine Dinner-Party, in deren Verlauf der bis dahin Abstinente ungeheure Mengen Alkohol vertilgt, Altdorfers Schwiegertochter in spe entjungfert, seine stramm amerikanisierten Söhne blamiert, allerhand Schaden in der Villa anrichtet und schließlich vom Gipfel einer riesigen Ulme aus in reinen Hexametern deklamiert: »Singe den Zorn, *Manhatten Review*-Profilschreiber Howndren ... Wisset, die Menschen lehren das Fürchten die Götter, die Menschen ...« Im gleichen Jahr erschien *William's Ex-Casino* (1973). Der Roman spielt kurz nach Hemingways Tod in Nizza und kann als »Hommage« an den großen Amerikaner gelten. Im Zweiten Weltkrieg hat die Liebesgeschichte zwischen dem Ich-Erzähler Kandrian und der jungen Loux begonnen. 20 Jahre später findet sie eine heftige Fortsetzung, doch Kandrians »linksbürgerlicher Ehebruch« (Becher) ist vom Tod umstellt. Seine Frau weilt am Totenbett ihrer Mutter, er selber entgeht knapp einer tödlichen Blutvergiftung und überdies wird er albtraumhaft verstrickt in ein Mordkomplott gegen einen arabischen Politiker.

Der Romancier Becher verfügt über ein »beneidenswertes erzählerisches Instrumentarium« (»National-Zeitung«, Basel). Dazu gehört seine Fähigkeit, entlarvende Wortkombinationen zu erfinden (»Schwermotorrad-berittene Polizisten«), Personen oder Sprechweisen durch Lautmalerei und typografische Eigenwilligkeit zu charakterisieren (»Ewiewa il Duhtschä«) und stets mit suggestiven Metaphern zu arbeiten. Dazu gehört auch die Souveränität, mit der er – ohne je den Spannungsbogen zu brechen – Rückblenden, Reflexionen, frappante Hintergrundinformationen einfügt, die grelle Schlaglichter auf die vom Wahnsinn des Faschismus, des Krieges und des Antikommunismus geprägte Zeitgeschichte werfen und damit eine unglaubliche Realitätshaltigkeit generieren: »Becher ist ein Moralist, den man nicht missverstehen kann« (Hans Bender). So gegenwärtig der Tod in Bechers Prosa ist, so voller Leben und Lebensmut sind die Gestalten des Werks. Morbidität ist ihrem Autor ebenso fremd wie Larmoyanz – eher lässt er sich schon mal von seinem Engagement und seiner Fabulierlust zu polemischer Überzeichnung, pikaresker Abenteuerlichkeit und genussvollem Ausleben männlicher Fantasien hinreißen. Im Grunde aber bleibt er immer Realist. Schon in Deutschland und später im Exil ist er hautnah Zeuge des verzweifelten Kampfes gegen Ungerechtigkeit und braunen Ungeist geworden. Er formuliert diese Erfahrungen, die ihn geschunden und geprägt haben, als literarische Dokumente einer dunklen Epoche.

Valentin Herzog

Werke: *Männer machen Fehler*, En., Bln. 1931, erw. Ausg. mit d. Untertitel *Geschichten der Windrose*, Hbg. 1958; *Niemand. Neuzeitliches Mysterienspiel*, Theaterst., Mährisch-Ostrau 1934, UA Bern 1936; *Die Eroberer. Geschichten aus Europa*, En., Zür. 1936; *Das Märchen vom Räuber, der Schutzmann wurde. Moritat*, Rio de Janeiro o. J. (1943); *Der Bockerer. Tragische Posse*, zus. m. Peter Preses, Theaterst., Wien 1946, UA Wien 1948, Film v. Fritz Antel, 1981; *Reise zum blauen Tag*, G., St. Gallen 1946; *Die Frau und der Tod*, N., Bln. 1949; *Nachtigall will zum Vater fliegen. Ein Zyklus Newyorker Novellen in vier Nächten*, Wien 1950; *Brasilianischer Romanzero*, G., Wien, Zür. 1950, erw. Ausg. Hbg. 1962; *Der Pfeifer von Wien. Tragische Posse*, zus. m. Peter Preses, UA Wien

1950; *Samba*, Theaterst., UA Wien 1951; *Feuerwasser. Deutschamerikanische Chronik*, Theaterst., UA Gött. 1952; *Mademoiselle Löwenzorn. Fatale Komödie*, Theaterst., UA Bln. 1954; *Die ganze Nacht. Zwei Erzählungen*, Hbg. 1955; *Kurz nach 4*, R., Hbg. 1957, bearb. Neuausg. Zür. 1975; *Der schwarze Hut*, E., Halle/Saale 1957; *Spiele der Zeit* (*Samba*, *Feuerwasser*, *Die Kleinen und die Großen*), Theaterst., Hbg. 1957; *Der Herr kommt aus Bahia*, Theaterst., UA Gött. 1958; *Das Herz des Hais*, R., Hbg. 1960; *Der große Grosz und eine große Zeit*, Rede, Hbg. 1962; *Spiele der Zeit 2* (*Niemand, Makumba, Mademoiselle Löwenzorn*), Theaterst., Bln. 1968; *Murmeljagd*, R., Hbg. 1969; *New Yorker Novellen. Ein Zyklus in drei Nächten*, Bln. 1969; *Josua war kein Feldherr*, Hsp., 1971; *Das Profil*, R., Hbg. 1973; *William's Ex-Casino*, R., Zür. 1973; *Ihre Sache, Madame! und andere Erzählungen*, Bln. 1973; *Biene gib mir Honig*, Theaterst., UA Bern 1974; *Der Deserteur*, Hsp., 1976; *Zwei im Frack*, Hsp., 1976; *SIFF. Selektive Identifizierung von Freund und Feind*, Ess., Zür. 1978; *Franz Patenkindt. Romanze von einem deutschen Patenkind des François Villon in fünfzehn Bänkelsängen*, m. Linolschnitten v. Wolfgang Jörg u. Erich Schönig, Bln. 1979; *Vom Unzulänglichen der Wirklichkeit. 10 nicht so nette Geschichten*, En., Basel 1983; *Flaschenpost. Geschichte einer Freundschaft. Briefwechsel mit George Grosz*, Basel 1989; *Abseits vom Rodeo*, N., Basel 1991.

Becker, Artur, wurde am 7. 5. 1968 als Sohn polnisch-deutscher Eltern in Bartoszyce (Masuren) geboren, seit 1985 lebt er in Deutschland. Er studierte Kulturgeschichte Osteuropas sowie Deutsche Literatur- und Sprachwissenschaft an der Universität Bremen und lebt als freier Schriftsteller in Verden bei Bremen. 1997 erhielt Becker das Autorenstipendium der Freien Hansestadt Bremen. Sein Roman *Der Dadajsee* (1997) wurde vom Verband Deutscher Schriftsteller ausgezeichnet. Becker bekam von 1998 bis 2000 von der Kulturstiftung der Länder Berlin und des Polen-Instituts Darmstadt geförderte Aufenthalte in Krakau und New York, ein Stipendium der Stiftung Deutscher Literaturfonds in Darmstadt und 2002 das Jahresstipendium für Literatur des niedersächsischen Kultusministeriums.

Artur Beckers Lyrik formt den intellektuellen Überbau seines literarischen Themenkreises; zentrales Thema ist, neben Spiritualität und Religiosität, die eigene Position zur Sprache. Als Gliederungsprinzip sowohl in *Der Gesang aus dem Zauberbottich* (1998) als auch in *Die Dame mit dem Hermelin* (2000) fungieren geografisch definierte Zyklen. Beckers Gedichte bewegen sich zwischen Tiefe und Nachdenklichkeit auf der einen und einer klaren Alltäglichkeit, die durch eine einfache, bildhafte Sprache verstärkt wird, auf der anderen Seite. Sie versuchen eine Verortung in einer Fremdsprache, die zwar gelebt und in der geschrieben wird, die aber immer wieder neu erforscht und bestimmt werden will und muss.

Der transitorische Moment zwischen Aufbruch und Rückkehr steht auch in Beckers Prosa für die Geschicke und Sehnsüchte der kleinen Leute zwischen grotesker Hoffnung und heiterer Resignation. So taumeln auch die Protagonisten seines Schelmenromans *Onkel Jimmy, die Indianer und ich* (2001) durch das Leben – von Masuren nach Kanada und wieder zurück in ihre Heimat. Der Generationskonflikt zwischen Vater und Sohn, in Beckers Debütroman *Der Dadajsee* (1997) noch zentrales Thema, tritt in seinen späteren Prosawerken hinter die Problematik einer Identitätssuche zwischen Osten und Westen zurück. Die laut Aussage des Autors stark autobiografisch geprägten Figuren erleben in Beckers Texten, in seinen Romanen wie auch in seinen Erzählungen *Die Milchstraße* (2002) zwar zahlreiche skurrile Abenteuer, episodenhaft dargestellt, müssen aber jedes Mal erfahren, dass Alltagswidrigkeiten und die Beschränkung durch ihre Lebensumstände eine Erfüllung ihrer Träume unmöglich machen. Dennoch verlieren sie ihre Lebensfreude nicht: Artur Becker schildert in knappem und prägnantem Stil humorvoll und einnehmend die tragikomischen Schicksale seiner Charaktere, ohne sie dem Bedauern oder der Lächerlichkeit preiszugeben.

Johan de Blank

Werke: *Der Dadajsee*, R., Bremen 1997; *Jesus und Marx von der ESSO-Tankstelle. Ein Lyrikheft*, G., Bremen 1998; *Der Gesang aus dem Zauberbottich*, G., Bremen 1998; *Schuri Buri*, Hsp., zus. m. Gerald Zschorsch, HR 1999; *Die Dame mit dem Hermelin*, G., Bremen 2000; *Onkel Jimmy, die Indianer und ich*, R., Hbg. 2001; *Die Milchstraße*, En., Hbg. 2002; *Kein Spaß am Wasser*, Hsp., DLR 2002; *Kino Muza*, R., Hbg. 2003.

Becker, Jurek (eigentlich: Jerzy Bekker oder Beker bzw. Georg Becker, Pseud.: Georg Nikolaus), stammt aus Lodz, dem Zentrum der polnischen Textilindustrie. Sein genaues Geburtsdatum ist infolge fehlender Unterlagen ungewiss und wurde von seinem Vater nach 1945 auf den 30. 9. 1937 datiert. Mieczyslaw Bekker arbeitete vor dem Zweiten Weltkrieg als Prokurist in der Textilfabrik eines Onkels, die Mutter war eine ehemalige Näherin. Da die Familie zur jüdischen Bevölkerung gehörte, musste sie im März 1940 in das von den deutschen Besatzern abgeriegelte Getto der Stadt ziehen, wo sich die

Lebenssituation der Eingeschlossenen binnen kurzem dramatisch verschlechterte. Im Februar 1944 wurde Becker von seinem Vater getrennt und mit der Mutter ins Frauenkonzentrationslager Ravensbrück deportiert. Ende April 1945, nach der Befreiung durch die Rote Armee, wurden die schwer kranken Häftlinge in ein provisorisches Krankenhaus im nahe gelegenen Lager Sachsenhausen verlegt, wo die Mutter an Unterernährung starb. Becker selbst entging dem Tod nur um Haaresbreite und wurde wenig später mithilfe einer amerikanischen Hilfsorganisation mit seinem Vater zusammengeführt, der nach der Auflösung des Lodzer Gettos von den Nationalsozialisten nach Auschwitz verschleppt worden war. Aus Dankbarkeit gegenüber seinen Befreiern und mit Blick auf die Gefahren des polnischen Antisemitismus ließ sich der Vater 1945 im Ostteil Berlins nieder, wo den Opfern des Faschismus eine bevorzugte Stellung zukam. Der in vielerlei Hinsicht traumatisierte Sohn kehrte nur langsam in ein normales Leben zurück. Er lernte die Sprache seiner neuen Umgebung und wurde in Familie und Schule zu einem überzeugten deutschen Sozialisten erzogen, der sich tatkräftig in der FDJ engagierte. Die Jahre der Getto- und Lagerhaft indes sowie sein Judentum blieben tabu. Mit dem Vater war darüber nicht zu sprechen.

Nach dem Abitur trat Becker in die SED ein und leistete freiwillig zwei Jahre lang Wehrdienst. Ab 1957 studierte er Philosophie an der Berliner Humboldt-Universität, da er darin die beste Vorbereitung für die von ihm angestrebte Existenz als Schriftsteller sah. Bereits nach sechs Semestern jedoch musste er die Universität verlassen, weil er sich weigerte, die offizielle Parteilinie zu vertreten. Becker, der seither von der Staatssicherheit überwacht wurde und seit dem Ende der Fünfzigerjahre mit dem Schauspieler und Sänger Manfred Krug zusammenlebte, erlernte daraufhin das Handwerk des Drehbuchschreibens im DDR-Filmzentrum Babelsberg. Er schrieb Texte für das Ostberliner Kabarett *Die Distel*, satirische Kurzfilme für die DEFA-Serie *Stacheltier*, Gegenwartskomödien für das Fernsehen sowie mehrere überwiegend heitere Spielfilme. Der Erfolg seines Romans *Jakob der Lügner* (1969/1970) katapultierte ihn in die erste Reihe der DDR-Autoren. 1972 wurde Becker Mitglied des P.E.N.-Zentrums der DDR, 1973 Vorstandsmitglied im einflussreichen Berliner Bezirksverband des Schriftstellerverbands der DDR. Der Film *Jakob der Lügner* (1974) untermauerte seinen Ruhm.

Die Niederschlagung des Prager Frühlings 1968 und das Ende des kulturpolitischen Tauwetters in der DDR ab 1972/73 verschärften Beckers oppositionelle Haltung. Im Herbst 1976 protestierte er offen gegen den Ausschluss Reiner Kunzes aus dem Schriftstellerverband der DDR und gehörte zu den ersten Unterzeichnern der Biermann-Petition. Daraufhin wurde er aus der SED ausgeschlossen. 1977 verließ er den Schriftstellerverband, im Dezember des gleichen Jahres, als sein Roman *Schlaflose Tage* nicht erscheinen durfte, die DDR.

Ausgestattet mit einem mehrmals verlängerten Reisevisum, das ihm die jederzeitige Rückkehr zu seinen beiden Söhnen aus erster Ehe in Ostberlin erlaubte, lebte Becker ab diesem Zeitpunkt in Berlin-Kreuzberg im Westteil der Stadt, zunächst mit seiner amerikanischen Freundin Hannah, ab 1983 mit seiner späteren Ehefrau Christine, die 1990 seinen dritten Sohn zur Welt brachte. Nach seiner Ausreise nutzte Becker die neu gewonnene Freiheit zu zahlreichen Reisen in alle Welt und setzte seine literarische Arbeit fort. Da er sich als gesamtdeutscher Autor verstand, erschienen die meisten seiner Bücher in Ost und West. Parallel und in enger Verzahnung mit seinen Romanen und Erzählungen entstanden zahlreiche Drehbücher für Film und Fernsehen. Als dezidiert politischer Dichter, der sich nach wie vor als Sozialist verstand, nahm Bekker an zahlreichen Diskussions- und Protestveranstaltungen teil und wurde schon bald nach seiner Übersiedlung zu einer vielfach umworbenen öffentlichen Person. Mit Kritik an der DDR hielt er sich jedoch zurück, da er sein Reisevisum nicht gefährden und vom Westen nicht vereinnahmt werden wollte. Gleichwohl mischte er sich in den Lauf der Zeit ein, wie in den Frankfurter Poetikvorlesungen *Warnung vor dem Schriftsteller* (1990) und dem Essayband *Ende des Größenwahns* (1996) nachzulesen ist. 1978 ging Becker als »writer-in-residence« ans Oberlin-College in den USA und nahm eine Gastprofessur an der Gesamthochschule Essen an. 1981 hielt er Vorlesungen an der Universität Augsburg, 1984 an der Cornell University in Ithaca (N.Y.), 1987 an der University of Texas in Austin. 1989 wurde ihm an der Universität in Frankfurt am Main eine Gastdozentur für Poetik übertragen. 1990 referierte er über die Wiedervereinigung der deutschen Literatur an der Washington University in St. Louis, die er nochmals 1993 und 1995 besuchte. In den Monaten nach dem Mauerfall verhielt sich Becker eher unauffällig, begleitete aber den deutschen Vereinigungsprozess

als stets kritischer, mitunter auch polemischer Kommentator. Vor allem der anwachsende Rechtsradikalismus erregte seinen Zorn.
Becker war seit 1983 Mitglied der Akademie für Sprache und Dichtung in Darmstadt und seit 1990 der Westberliner Akademie der Künste. Im Verlauf seines Schriftstellerlebens wurde er mit zahlreichen Preisen ausgezeichnet: 1971 mit dem Heinrich-Mann-Preis der Akademie der Künste der DDR und dem Schweizer Charles-Veillon-Preis; 1974 mit dem Bremer Literaturpreis; 1975 mit dem Nationalpreis II. Klasse im Kollektiv, dem Silbernen Bären der Berlinale und einer Oscar-Nominierung in der Kategorie »Bester ausländischer Film« für den Film *Jakob der Lügner*, dem in Hollywood zudem ein Ehrenpreis zuerkannt wurde. 1982 folgte das Stadtschreiberamt von Bergen-Enkheim. Für seine Drehbücher zur ARD-Serie *Liebling Kreuzberg* erhielt Becker den Adolf-Grimme-Preis in Gold und Silber (1986/1988), den Goldenen Gong (1986), den Tele-Star (1988), den Preis des deutschen Anwaltvereins (1989) und den Bayerischen Fernsehpreis (1990). 1990 wurde ihm für sein Gesamtwerk der Hans-Fallada-Preis der Stadt Neumünster verliehen, 1991 der Bundesfilmpreis-Filmband in Gold für das Drehbuch zum Film *Neuner* (1990). Becker starb am 14. 3. 1997 in seinem Landhaus im schleswig-holsteinischen Sieseby. Sein Nachlass wurde der Berliner Akademie der Künste übergeben.
Beckers Romane, die seinen literarischen Ruhm begründen, weisen deutliche autobiografische Spuren auf und folgen einer mathematisch anmutenden Symmetrie: Der erste, dritte und sechste Roman handelt von der Schwierigkeit, ein Jude zu sein, der zweite, vierte und siebte von den Problemen eines freiheitlichen Sozialisten in der DDR. Die einzige Ausnahme bildet der Roman *Aller Welt Freund* (1982), der auf dem Höhepunkt des Ost-West-Konflikts mit den Mitteln des schwarzen Humors den an sich und der Welt verzweifelnden Nachrichtenredakteur Kilian vorstellt, dem nicht einmal sein Selbstmord gelingt.
Beckers Ringen mit seinem Judentum, das er in seinem Aufsatz *Mein Judentum* (1977) beschreibt, findet erstmals in *Jakob der Lügner* (1969) einen literarischen Niederschlag. Der Roman spielt in einem polnischen Getto während des Zweiten Weltkriegs und erzählt die Geschichte des Juden Jakob Heym, der wider Willen und wider seine Natur zum Helden wird. Die von ihm erfundenen Radio-Nachrichten über den Vormarsch der Roten Armee wecken die Hoffnung vieler Mithäftlinge und stärken dadurch ihren Überlebensmut. Der Autor entwirft ein differenziertes Soziogramm der Gettogesellschaft und erweist sich dabei als souveräner Erzähler, dem alle Mittel des modernen Romans zu Gebote stehen. Ironie und Humor erzeugen Distanz und erhellen eindringlich die Unmenschlichkeit des Gettos. Gleichzeitig bricht Becker mit zwei Grundanschauungen der Literaturdoktrin der DDR. Zum einen stellt er nicht den kommunistischen Widerstand gegen die Nazis in den Mittelpunkt, sondern deren Opfer, die Juden. Zum anderen wird ein optimistisches Ende verweigert. Die Rote Armee befreit das Getto nicht, der Zug der Gettojuden fährt in die Vernichtungslager. Der Roman zählt zu den bedeutendsten Werken der deutschsprachigen Literatur nach 1945 und wurde bis heute in über 20 Sprachen übersetzt. Die Verfilmungen durch Frank Beyer (1974) und Peter Kassowitz (1999) fanden ein großes Kinopublikum.
Fixiert *Jakob der Lügner* die Zeit des Holocaust, so geht es in *Der Boxer* (1976) um dessen Nachwirkungen bei den Überlebenden. Entgegen den Vorstellungen des sozialistischen Realismus wird die Unmöglichkeit betont, Lebenserfahrungen objektiv vergegenwärtigen zu können, und daher das Erzählte als Fiktion kenntlich gemacht. Der nach dem Tod von Beckers Vater geschriebene Roman beharrt auf der Subjektivität individueller Erfahrung. Er beschreibt aus der Perspektive eines Nachgeborenen die Traumata des ehemaligen KZ-Häftlings Aron Blank, der durch den Rassenwahn der Nationalsozialisten seine Frau und die beiden ältesten seiner drei Söhne verloren hat. Nach 1945 gelingt es ihm nicht mehr, ein normales Leben zu führen. Als er in einem Kinderheim den sechsjährigen Mark entdekkt, der sein jüngster Sohn sein könnte, und diesen bei sich aufnimmt, scheitert auch diese Beziehung. Erst in den monatelangen Gesprächen mit dem jüngeren Erzähler gelingt es Aron doch noch, neuen Lebensmut zu fassen.
1986 erschien der Roman *Bronsteins Kinder*, der ursprünglich den Titel *Wie ich ein Deutscher wurde* trug und bei der Kritik einhellige Anerkennung fand. Ein in der DDR lebender junger Jude entdeckt, dass sein bis dahin unauffällig lebender Vater im Waldhaus der Familie einen ehemaligen KZ-Aufseher gefangen hält und foltert, um ein Geständnis seiner vermuteten Untaten zu erzwingen. Dieser Vorgang konfrontiert den Sohn erstmals mit seiner bis dahin unausgesprochenen jüdischen Herkunft und löst in ihm einen intensiven Reflexionsprozess aus. Er bezweifelt das Recht auf Selbstjustiz und

gerät in einen Loyalitätskonflikt. Als er den Gefangenen eigenmächtig befreit, findet er den Vater tot an dessen Seite. Erst nach einem Jahr der Trauerarbeit vermag er sich dem Geschehenen zu stellen und sich dem bereits Verdrängten erzählerisch anzunähern. Aus diesem späten Einsatz der Erinnerung erwächst dem Roman eine distanzierende zweite Erzählebene, die den Leser in enger Verzahnung mit der Beschreibung der Vergangenheit mit der Gegenwart des erzählenden Ichs vertraut macht. Ob und wie dem Sohn Hans sein neues Leben gelingt, bleibt offen.

Beckers Auseinandersetzung mit der DDR beginnt mit dem Roman *Irreführung der Behörden* (1973), der den Opportunismus und die ihn hervorbringenden Mechanismen der sozialistischen Gesellschaft kritisiert. Nur durch seine Mutation zum Autor seichter Unterhaltungsware gelingt es dem einstigen Rebellen Gregor Bienek, sich im DDR-Kulturbetrieb zu etablieren – zum Schrecken seiner staatstreuen Lebensgefährtin, die ihm Verrat an den sozialistischen Gesellschaftsidealen vorwirft. Dass sich Bienek Lolas naivem Glauben an die Kulturbehörden anschließen wird, erscheint indes zweifelhaft, denn der im Lesen zwischen den Zeilen geübte Leser kann bei der Lektüre eine Doppelbödigkeit des Erzählten entdecken. Sie weist darauf hin, dass Becker auch in der liberalen Phase der DDR-Kulturpolitik der Parteilinie misstraute. Unter den Bedingungen eines staatlich gelenkten Literaturbetriebs konnte er dies allerdings nur in Form der Camouflage ausdrücken.

Der Roman *Schlaflose Tage* (1978), dessen Verbot seinen Autor in den Westen zwang, ist das radikalste und gleichzeitig kunstloseste Buch Beckers. Nur selten wird der politische Appellcharakter durch den bitteren Humor und den Sarkasmus des auktorialen Erzählers relativiert. Entstanden in der angespannten Phase vor und nach der Biermann-Ausbürgerung, zeigt es den Modellfall der Verweigerung eines von seiner sozialistischen Umwelt zutiefst enttäuschten Sozialisten. Der skrupulöse und zur permanenten Selbstreflexion neigende Lehrer Simrock will nicht mehr mitspielen und beschließt »aufrichtig zu sein«. Er trennt sich von Frau und Kind und zieht mit der unbürgerlichen Antonia zusammen, die wegen ihrer politischen Aufmüpfigkeit von der Universität relegiert wurde. Als sie beim Versuch der Republikflucht verhaftet wird, erfährt Simrock die Unmenschlichkeit der DDR-Justiz. Während seiner Arbeit in einer Brotfabrik gewinnt er desillusionierende Einblicke in die Welt der sozialistischen Produktion. Als er schließlich im Unterricht das Konzept einer kritischen Pädagogik in die Tat umsetzt, wird er vom Schuldienst suspendiert. Er erkennt, dass er nur im Rückzug ins Private seine Identität bewahren kann und verweigert die von ihm geforderte Selbstkritik.

Amanda herzlos (1992) stellt erstmals eine Frau in den Mittelpunkt, die jedoch auf keiner der rund 380 Seiten des dreiteiligen, durch zahlreiche Vorwegnahmen und Rückblicke zusammengehaltenen Buchs selbst zu Wort kommt und dadurch bis zuletzt ein Rätsel bleibt. Amandas Bild wird von ihren Liebhabern entworfen, zwei verflossenen und einem gegenwärtigen, die sich in jeweils abgeschlossenen Kapiteln an ihre Geliebte erinnern: im ersten Fall in Form einer nicht enden wollenden Mitteilung an den Scheidungsanwalt, im zweiten als weitschweifige Rekonstruktion einer autobiografischen Novelle, im dritten als Tagebuch. Drei Männer, die sich durch ihren Redeschwall selbst entlarven und Amanda deutlich unterlegen sind, drei sich gegenseitig relativierende Perspektiven, drei Arten der Erinnerung – Günter de Bruyn erkannte darin »eine kleine und meist auch feine DDR-Innenansicht«, die bis kurz vor dem Mauerfall reicht und aus der Rückschau den Verhältnissen im Realsozialismus erneut einen kritischen Spiegel vorhält.

In seinen letzten Lebensjahren machten Becker vor allem seine mehr als 40 Drehbücher für die ARD-Serie *Liebling Kreuzberg* bekannt, die ihn von 1983 bis zu seinem Tod beschäftigten. Becker erzählt Geschichten aus dem Arbeits- und Privatleben des in vielerlei Hinsicht unkonventionellen Westberliner Rechtsanwalts Robert Liebling, der in Manfred Krug eine ideale Verkörperung fand. Gefragt nach den politischen Absichten der Serie, die zu den Meilensteinen einer anspruchsvollen Fernsehunterhaltung zählt, antwortete er mit dem ihm eigenen Understatement: »Vielleicht hat sie ein wenig das Bewusstsein gestärkt oder geweckt, dass es nicht sinnlos ist, sich zu wehren. Ist ja eine bedeutende Sache, das Rechtsgeschehen in einem Land nicht für ein Schicksal zu halten, das vom Himmel fällt, sondern sich als Teilnehmer an diesem Rechtsgeschehen, als Subjekt und nicht nur als Objekt zu verstehen.«

Hermann Ruch

Werke: *Mit der NATO durch die Wand*, Drehb., DEFA 1961; *Wenn ein Marquis schon Pläne macht*, Drehb., DDR-Fernsehen 1962; *Komm mit nach Montevideo*, Drehb., zus. m. K. Belicke, DDR-Fernsehen 1962; *Guten

Morgen heißt Glückauf, Drehb., DDR-Fernsehen 1962; *Gäste im Haus*, Drehb., DDR-Fernsehen 1963; *Zu viele Kreuze*, Drehb., DDR-Fernsehen 1963/64; *Ohne Pass in fremden Betten*, Drehb., DEFA 1964/65; *Immer um den März herum*, u. d. Ps. G. Nikolaus, Drehb., DDR-Fernsehen 1967; *Mit 70 hat man noch Träume*, u. d. Ps. G. Nikolaus, Drehb., DDR-Fernsehen 1967; *Jungfer, Sie gefällt mir*, Drehb., DEFA 1968; *Jakob der Lügner*, R., Bln., Weimar 1969, Neuwied, Bln. 1970; *Meine Stunde Null*, Drehb., DEFA 1969/70; *Irreführung der Behörden*, R., Rostock 1973, Ffm., 1973; *Jakob der Lügner*, Drehb., DEFA/DDR-Fernsehen 1974; *Der Boxer*, R., Rostock 1976, Ffm. 1976; *Das Versteck*, Drehb., zus. m. Frank Beyer, DEFA 1976/77; *Schlaflose Tage*, R., Ffm. 1978; *David*, Mitarb. am Drehb., BRD 1978/79; *Der Boxer*, Drehb., ZDF 1979/80; *Nach der ersten Zukunft*, En., Ffm. 1980; *Schlaflose Tage*, Drehb., ARD 1982; *Aller Welt Freund*, R., Ffm. 1982, Rostock 1983; *Rede und Gegenrede*, Hsp., WDR 1983; *Bronsteins Kinder*, R., Ffm. 1986, Rostock 1987; *Erzählungen*, Rostock 1986; *Liebling – Kreuzberg*, TV-Serie in 5 Staffeln, 41 Drehb., ARD 1986–1997; *Der Passagier – Welcome to Germany*, Mitarb. am Drehb., BRD 1988; *Warnung vor dem Schriftsteller. Drei Vorlesungen in Frankfurt*, Ffm. 1990; *Neuner*, Drehb., BRD 1990; *Bronsteins Kinder*, Drehb., zus. m. J. Kawalerowicz, BRD 1992, ZDF 1993; *Amanda herzlos*, R., Ffm. 1992; *Die beliebteste Familiengeschichte und andere Erzählungen*, Ffm., Lpz. 1991; *Das Märchen von der kranken Prinzessin. Von Jakob erzählt – und dann von Lina*, Mödling 1993; *Wir sind auch nur ein Volk*, TV-Serie in 9 Teilen, Drehb., ARD 1994, gedr. in 3 Bdn., Ffm. 1994 und 1995; *Wenn alle Deutschen schlafen*, Drehb. n. d. Erz. *Die Mauer*, ZDF 1994; *Ende des Größenwahns. Aufsätze, Vorträge*, Ffm. 1996; *Jurek Beckers Neuigkeiten an Manfred Krug & Otti*, hg. v. Manfred Krug, Düsseld. 1997.

Becker, Jürgen, wurde am 10. 7. 1932 in Köln geboren. Er siedelte 1939 mit den Eltern nach Erfurt über. 1947 zog er mit seinem Vater in den Harz, dann nach Waldbröl im Bergischen Land. Von 1950 an lebte er wieder in Köln, wo er 1953 das Abitur ablegte. Ein Studium der Germanistik und Theaterwissenschaft brach er nach drei Semestern ab und schlug sich zwischen 1954 und 1959 in verschiedenen Berufen durch. Von 1959 an war er freier Mitarbeiter beim Westdeutschen Rundfunk. 1964 zog er über Berlin nach Hamburg und wurde Lektor beim Rowohlt-Verlag. 1965 bis 1967 lebte er als Stipendiat der Villa Massimo in Rom. 1973 wurde ihm die Leitung des Suhrkamp-Theaterverlags übertragen, von 1974 bis 1993 leitete er die Hörspielabteilung des Deutschlandfunks in Köln. Jürgen Becker erhielt u.a. 1967 den Preis der »Gruppe 47«, 1980 den Literaturpreis der Bayerischen Akademie der Schönen Künste, 1987 den Bremer Literaturpreis, 1994 den Peter-Huchel-Preis, 1995 den Heinrich-Böll-Preis und 2001 den Uwe-Johnson-Preis. Er ist Mitglied der Akademie der Künste in Berlin-Brandenburg, der Deutschen Akademie für Sprache und Dichtung in Darmstadt, der Mainzer Akademie der Wissenschaften und der Literatur und des bundesdeutschen P.E.N.-Zentrums. Becker lebt mit seiner Frau, der Malerin Rango Bohne, in Köln und Odenthal.

Am Anfang seiner Laufbahn als Schriftsteller steht die Absage an den Wahrheitsbegriff der Fiktion, insbesondere des bürgerlichen Romans, und seine Voraussetzungen: das Vertrauen in die Autonomie des Erzählers, ja überhaupt in die Erzählbarkeit von Wirklichkeit. In einer programmatischen Rede *Gegen die Erhaltung des literarischen Status quo* anlässlich des Berliner Kritiker-Colloquiums 1963 (nachzulesen in: Leo Kreutzer, Hg., *Über Jürgen Becker*, 1972) bekannte sich der 31-Jährige unter Berufung auf Uwe Johnson, Peter Weiss und Helmut Heissenbüttel und natürlich dem Eindruck von James Joyce zur Beweispflicht. Für den Sprachskeptiker Becker hieß dies, ein Dilemma produktiv, nämlich in den überlieferten Erzähl- und Redemustern die Impulse dingfest zu machen, von denen er auch die eigene Wahrnehmung verformt und gesteuert sah: »Unkenntlich und doch vorhanden, monströs und dabei durchorganisiert, in Redewendungen verfestigt und in keinem Satz genau drin: eher so wird die Wirklichkeit erfahren, und so widersteht sie zäher noch ihrer Formulierung.«

Das erste viel beachtete Experiment einer Sprachbewegung ins Voraussetzungslose, von ihm selbst als »offene Schreibweise« bezeichnet, war 1964 die Prosa *Felder*. Die Erzählerfigur dieses über drei Jahre geführten Wahrnehmungsprotokolls konstituiert sich als hochirritables Medium andrängender und einander durchkreuzender Realitätsfragmente, deren synchrone Erfassung, auch gegen syntaktische Regeln, in 101 durchnummerierten Konnotations-»Feldern« versucht wird: anbrandendes Gerede, aufschießende Erinnerungen, Wörter und Wortketten, in denen sich ganze Lebensabschnitte chiffrieren, schließlich die Gegenstände, Bewegungen, Blickfelder der sichtbaren Welt und der durch sie evozierten Bilder. Seine radikale Zuspitzung erfährt das Verfahren in der elfteiligen Prosa *Ränder* (1968). Systematisch werden Semantik, Syntax, Grammatik aufgelöst; das zentrale Kapitel besteht aus zwei leeren Seiten. Wohl folgt dem Dekonstruktionsprozess spiegelbildlich die Bewegung zurück zu den Rändern des Verstehens, aber sie steht unter dem Vergeblichkeitsschock. Dieser Versuch, über das Sagbare hinaus dem Authentischen nachzuspüren, fand einen Nachhall in dem Fotoband *Eine Zeit ohne Wörter* (1971): 281 zu Bildgruppen zusammengefasste Schwarz-Weiß-Aufnahmen von Landschaften, Straßen und Gebäuden überwiegend in Köln und Berlin – Überreste der alten Bürgerwelt, die Tristesse und der Müll unser technisch-zivilisatorischen Moderne, in Spannung gesetzt zu sachlichen oder enigmatischen Überschriften. Doch so sehr sich Becker zu außersprachlichen Medien – Film, Fotografie, Malerei, Musik – hingezogen fühlt, stand für ihn nie außer Zweifel, dass sein Bedürfnis nach Ausdruck, Selbstvergewisserung und Weltaneignung an den Reflexionshorizont der Sprache gebunden ist. Die nach *Ränder* entstandenen Hörspiele *Bilder*, *Häuser* und *Hausfreunde* (1969), ohne Fabel und erkennbare Dramaturgie, folgen, indem sie die Simultanität des Bewusstseinsstroms und das anbrandende Gerede in Einzelstimmen neben- und übereinander führen, dem gleichen Prinzip wie die vorausgegangenen Lesetexte. Verstärkt erscheint gegenüber dem sprachskeptischen das sprachkritische Element, das ironische Spiel mit Phraseologien und verbalen Stereotypen der Entfremdung. In noch entschiedenerem Maße gilt dies für die Prosa *Umgebungen* (1970), in der Becker das ganze Repertoire nicht mehr möglicher Sageweisen Revue passieren lässt. Durchgespielt werden zeittypische Modelle unauthentischen Sprechens, vom heimattümelnden Chronikton über die leeren Sprachrituale des Alltags, die Euphemismen der Gleichschaltung in Politik, Industrie und Werbung bis zu progressiver Gesinnungsrhetorik – verbale Zurichtungen, die das beschädigte Leben widerspiegeln: die Unwirtlichkeit der Städte, die Verplanung und Vernutzung von Mensch und Landschaft, Verblendung, Verdrängung, Geschichtsvergessenheit. Zugleich werden die – bis heute nicht obsoleten – Modelle unreflektierten Sprachgebrauchs aufgebrochen, ja in Anspruch genommen für eine Suchbewegung, die aus der Wechselbeziehung von Wahrnehmung und inneren Vorgängen den eigenen Ort, die eigene Geschichte und den eigenen Schmerz zu extrapolieren sucht.

Diese subjektive Energie war auf Dauer durch keine Objektivierungsanstrengung zu bändigen. Zudem ahnte Becker, als typischer Vertreter der »skeptischen Generation« misstrauisch gegen Königswege jeder Art, dass eine weitere Fixierung auf die »Ränder« des Sagbaren die Gefahr formalistischer Routine mit sich führte. Der Gattungswechsel, den er zu Beginn der Siebzigerjahre vollzog, gab ihm die Möglichkeit, sprachskeptische Reflektiertheit und poetischen Ausdruckswillen in beweglichen Kontexten zusammenzuführen: In einem runden Vierteljahrhundert entstand ein lyrisches Werk, das zu den großen Gedächtnisleistungen der deutschen Nachkriegsliteratur gehört. Ein vielstimmiges Parlando ohne Reim und Metrum, das die Suchbewegung nach dem gültigen Ausdruck in Anakoluthen, Ellipsen und Permutationen, in »Bilderrissen«, präsent hält, zugleich der allzeit drohenden Dissoziation, der nervösen Unruhe des lyrischen Subjekts die emphatisch-präzise Erfassung des Sichtbaren entgegensetzt.

Ergebnis ist nicht zuletzt eine Phänomenologie des Alltags, die den Wechsel der Jahreszeiten, Natur- und Tierbeobachtung, Wetterlagen, Nachbarschaften, Ehe- und Dorfthemen ebenso umfasst wie den gesellschaftlichen Wandel, die Mutation der Jargons, die Menetekel der Umweltvergiftung und die Verstädterung und Betonierung des ländlichen Raums. Zugleich sind die protokollierten Momente Einfallstore der Erinnerung, Schlüsselreize, die die unzugänglich gewordenen Landschaften Mitteldeutschlands, die bedrängende Präsenz des Unfassbaren im geteilten Berlin, Erinnerungen an Krieg und Bombenterror evozieren können: »Riesig die Fliegen; eine Art Offensive / im Sommer / (einmal, Stille und Hitze, / im Gasthof im Dorf im August, / erinnerte mich / das schwere Gesumm an das schwere Gesumm / in einer Küche im Dorf im August, / und es war, / in der Stille und Hitze, / aufeinmal, / das Summen der Bomber / aus dem Raum Hannover-Braunschweig).« Die Überblendung und Verkeilung mehrerer Zeitschichten und Topografien – wie hier im Gedicht *Mittags-Geräusch* aus dem ersten großen Zyklus *Das Ende der Landschaftsmalerei* (1974) – zieht den Augenblick in den Schatten historischer Verläufe und der Verstörungen, Verluste und Ängste eines Deutschen vom Jahrgang 1932. So erscheint in Beckers Recherche das Private immer kurzgeschlossen mit kollektiven Traumata und Verdrängungen, mit Krieg und Kaltem Krieg, Umweltzerstörung und gesellschaftlichem Zwang: »[...] im Selbstgespräch kämpft / das Gedicht / gegen die Stummheit der Einzelnen und / das Vergessen der Mehrheit«, heißt es in einem der groß angelegten Städte-Psychogramme des Zyklus, dem *Kölner Fernseh-Gedicht* von 1972. Richtet sich der Blick in den Langgedichten und epigrammatisch knappen Strophen von *Das Ende der Landschaftsmalerei* noch auf großräumige Veränderungen, die Verwüstungsspur des technischen Fortschritts und die intellektuellen Diskurse in Köln

und Berlin, so zieht Becker die Kreise in den folgenden vier Bänden enger.
In seinem »lyrischen Tagebuch« *Erzähl mir nichts vom Krieg* (1977) tritt die Selbstbeobachtung in den Vordergrund, Augenblicke aus dem privaten, beruflichen und dörflichen Alltag werden zu einem Netz fester Koordinaten verknüpft, das freilich gegen Schreibnöte, Grübeleien über Alter und Vergänglichkeit, Eintrübungen durch ein »Selbstgespräch, das nicht aufhört, bis alles zermürbt ist« (*Vier Zeilen*) so wenig wappnet, wie es den Einbruch der Erinnerung an Kriegszeiten hindert. Noch stärker steht *In der verbleibenden Zeit* (1979) im Bann der Endlichkeitserfahrung. Der Ton ist nach innen gekehrt, elegisch, bisweilen fast gesanglich. Lakonisch, ausgenüchtert hingegen die gesammelten Kurzgedichte (*Gedichte 1965–1980*; in *Die Gedichte*, 1995, unter dem Titel *Die gemachten Geräusche*), die er 1981 vorlegte. Hier wie dort freilich registriert das Auge mit emphatischer Präzision die umgebende Dingwelt und Naturvorgänge, von denen schließlich, in *Odenthals Küste* (1986), vermehrt auch beruhigende und regenerative Kräfte ausgehen: »Ein Leuchten / zwischen den Klippen und Büschen erinnert / an die Entdeckung, den Jubel der Möglichkeiten / Die Fläche verheißend Stürze wie Flüge bleibt leer / im Vorbeigehen. Zeitweise kommt / das Gedächtnis aus der Entfernung der Wörter zurück« (*Die Treppen der Villa Malaparte*). Die melancholisch gefärbten Wahrnehmungsmuster, die Naturnähe und der introspektive Zug dieser vier in Beckers genuin »lyrischem« Jahrzehnt publizierten Gedichtbände geben auch in den Prosaarbeiten *Erzählen bis Ostende* (1981) und *Die Türe zum Meer* (1983) den Grundton vor. Mit *Das Gedicht von der wieder vereinigten Landschaft* (1988), einem einzigen, komplex gefügten Gedicht in fünf Teilen, unternahm Becker den Versuch, die disparaten Zeitschichten und Wahrnehmungssplitter der eigenen Bewusstseinslandschaft in einer großen Synthese zusammenzuführen – ein Jahr vor der realen Wiedervereinigung, die plötzlich das mit Anstrengung vor dem Vergessen Gerettete begehbar machte und zu einer erheblichen Verschiebung der inneren Koordinaten führte. In Ortsbegehungen und Wiederbegegnungen gewinnt die Vergangenheit eine Präsenz, die auch im Gedicht zur Entfaltung drängt. So schieben sich die Erinnerungssplitter in *Foxtrott im Erfurter Stadion* (1993) und *Journal der Wiederholungen* (1999) vermehrt zu geschlossenen Sequenzen zusammen. »[...] und du weißt, / du bist übrig geblieben, wie einer, der / durchs leergestorbene Haus geht und die Gegenstände / noch einmal berührt, bevor es leergeräumt wird, der / nach dieser Berührung für immer alles Verlorene / wieder erkennt, in diesem weiten, unaufhörlichen Raum, in den nur die Erinnerung / Eintritt erhält«, heißt es im Titelgedicht des vorläufig letzten seiner lyrischen »Journale«.
Das Bedürfnis, dieses Umfassende festzuhalten, führte Becker, dessen Suche nach »einer poetischen Sprache innerhalb einer öffentlichen Sprache« immer mehr instinktgesteuert als einem Avantgarde-Begriff verpflichtet war, erneut zur Prosa, nun zum Experiment mit der Erzählkonvention. 1997 erschien die Erzählung *Der fehlende Rest*, eine Art Vorspiel zu seinem bislang einzigen Roman *Aus der Geschichte der Trennungen* (1999), der von der Kritik fast einhellig als eine der eindringlichsten und sensibelsten Annäherungen an das Thema der Wiedervereinigung begrüßt wurde. Beide Bücher, ohne Fabel, sind Selbsterkundungen eines Deutschen in seiner wieder gefundenen Landschaft. Das Protokoll jedoch führt ein Erzähler, der nicht identisch ist mit dem erinnernden Subjekt, einem Maler namens Jörn Winter, in dem man unschwer das Alter Ego des Autors erkennt. Das »Ich« ist nur ein Chronist, der die Erinnerungen Jörns hervorlockt, deutet, in einen geordneten Erzählzusammenhang zu bringen versucht und durch permanente Methodenreflexion einen komplexen Distanzzusammenhang schafft: »Meine Eintragungen veränderten sich beim wiederholten Lesen, in der Weise, dass etwa zwischen vereinzelten Wörtern und Sätzen plötzlich ein bislang unbekannter Zusammenhang entstand, oder dass ein topografischer Hinweis eine Landschaft entwarf, die ihre genaue Beschreibung noch erwartete« (*Der fehlende Rest*). Ist es in der Erzählung noch ein einzelnes Déjà-vu-Erlebnis, das analoge Erinnerungen weckt, so erscheinen im Roman die Grenzen zwischen Vergangenheit und Gegenwart, Zeiten und Räumen durchgehend gelockert. Auf dem Gebiet der früheren DDR, konfrontiert mit der »angehaltenen Zeit« eines älteren und deutscheren Deutschlands, findet Jörn zurück in eine entsprechende Schicht von sich: ins Daseinsgefühl der Kindheit, zum Grund seiner Ängste und Sehnsüchte.
Auch die beiden Hörspiele *Erker mit schöner Aussicht* und *Ahrenshooper Holz* (2000) thematisieren die Recherche von Heimgekehrten, und auch in ihnen hat sich Becker von den »Stimmen« zugunsten konkreter Personen in konkreten Verhältnissen gelöst. Leicht und klar, ohne an sprachkritischer

Reflektiertheit und Offenheit eingebüßt zu haben: So erscheint der Ton in den jüngsten Werken dieses Bewusstseins-Topografen und Chronisten deutscher Verhältnisse und Befindlichkeiten. Dass ihm dieser Ton für das Gespräch mit Natur und Kunst von jeher zur Verfügung stand, zeigen die vier Bücher mit Texten zu Bildern seiner Frau, der Malerin Rango Bohne. *Häuser und Häuser* erschien 2002: »Es ist immer ein anderes Leben, das sich zwischen die Augenblicke des Alltags mischt, nicht im Sinn einer Alternative, die eine Entscheidung verlangte zwischen zweierlei Orten und Existenzen. Der Vorgang stellt eher eine Gleichzeitigkeit her, die das Leben unbegrenzt ausdehnt und mehrfach, an verschiedenen Orten stattfinden lässt.«

Andreas Nentwich

Werke: *Phasen*, Pr., m. Typogrammen v. W. Vostell, Köln 1960; *Felder*, Pr., Ffm. 1964; *Happenings, Fluxus, Pop Art, Nouveau Réalisme. Eine Dokumentation*, Hg., zus. m. W. Vostell, Reinbek 1965; *Ideale Landschaft. Texte zu einem Farbmusterbuch*, zus. m. K. P. Bremer, Bln. 1968; *Ein Polizist*, Fssp., 1968; *Ränder*, Pr., Ffm. 1968; *Bilder* (SR 1969) – *Häuser* (WDR/SDR/SWF 1969) – *Hausfreunde* (WDR 1969), 3 Hspe., Ffm. 1969; *Umgebungen*, Pr., Ffm. 1970; *Schnee*, G., Bln. 1971; *Die Zeit nach Harrimann*, Theaterst., Ffm. 1971; *Erzählungen finden in den Geräuschen statt*, Hsp., WDR 1971, gedr. Ffm. 1971; *Schreiben und Filmen*, Fssp., zus. m. K. Schöning, 1971; *Die Wirklichkeit der Landkartenzeichen*, Hsp., WDR 1971; *Türen und Tore*, Hsp., zus. m. L. Harig und R. Döhl, WDR 1971, gedr. Ffm. 1971; *Zeit ohne Wörter*, Fotob., Ffm. 1971; *Einzelne Bäume. Im Wind*, Hsp., WDR 1972, gedr. Ffm. 1972; *Menschen in der Nähe*, Hsp., WDR 1973; *Ein Zimmer wird leer*, Hsp., WDR 1973; *Das Ende der Landschaftsmalerei*, G., Ffm. 1974; *Notizbuch. Neun Autoren Wohnsitz Köln*, Hg., zus. m. H. Bender u. H. Böll, Köln 1974; *Elisabeth Borchers: Gedichte*, Hg., Ffm. 1976; *Erzähl mir nichts vom Krieg*, G., Ffm. 1977; *In der verbleibenden Zeit*, G., Ffm. 1979; *Gedichte 1965–1980*, Ffm. 1981; *Versuchtes Verschwinden*, Hsp., WDR 1981; *Erzählen bis Ostende*, Pr., Ffm. 1981; *Im August ein See*, Hsp., WDR/SWF 1982; *Eigentlich bin ich stumm*, Hsp., WDR 1982; *Die Abwesenden*, 3 Hspe., Ffm. 1982; *Fenster und Stimmen*, G., m. Bildern v. Rango Bohne, Ffm. 1982; *Die Türe zum Meer*, Pr., Ffm. 1983; *Odenthals Küste*, G., Ffm. 1986; *Jahrbuch der Lyrik 1987/88*, Hg., Darmst., Neuwied 1988; *Das Gedicht von der wieder vereinigten Landschaft*, Ffm. 1988; *Frauen mit dem Rücken zum Betrachter*, Pr., m. Bildern v. Rango Bohne, Ffm. 1989, Hsp., WDR/SWF 1996; *Das englische Fenster*, G., Ffm. 1990; *Beispielsweise am Wannsee. Kurze Gedichte 1965–1990*, Ffm. 1992; *Foxtrott im Erfurter Stadion*, G., Ffm. 1993; *Die iGedichte* 1965–1993, Ffm. 1995; *Geräumtes Gelände*, G., zu Fotos v. B. Becker, Köln 1995; *Bahnhof am Meer*, Hsp., WDR/SWF 1995; *Korrespondenzen mit Landschaft*, G., m. Collagen v. Rango Bohne, Ffm. 1996; *Gegend mit Spuren*, Hsp., WDR 1996; *Der fehlende Rest*, E., Ffm. 1997; *Kaleidoskop der Stimmen. Ein Gespräch mit Leo Kreutzer und das Hörspiel Bahnhof am Meer*, Laatzen 1998; *Die Züge hinter den Wäldern*, Hsp., WDR/SWF 1998; *Aus der Geschichte der Trennungen*, R., Ffm. 1999; *Journal der Wiederholungen*, G., Ffm. 1999; *Erker mit schöner Aussicht*, Hsp., DLF 2000; *Das Gras auf der Wiese*, Hsp., SWR 2000; *Möbel im Regen*, Hsp., WDR 2000; *Ahrenshooper Holz*, Hsp., NDR 2001; *Häuser und Häuser*, Pr., m. Bildern v. Rango Bohne, Ffm. 2002; *Schnee in den Ardennen*, Pr., Ffm. 2003.

Becker, Thorsten, geboren am 4. 9. 1958 in Oberlahnstein, aufgewachsen in Köln, Schüler des dortigen Schiller-Gymnasiums. Nach dem Abitur Schauspielprüfung am Max-Reinhardt-Seminar in Wien, nach Abbruch des Schauspielunterrichtes Regieassistent und Schauspieler in Köln, Stuttgart und zuletzt in Bochum, wo er u.a. mit Manfred Karge Heiner Müllers *Schlacht* erfolgreich in Szene setzte. Anschließend 1978–1984 studierte Becker Philosophiegeschichte, Soziologie und Theaterwissenschaft an der FU in Berlin, wo er heute lebt. 1985 erhielt er neben vielen Stipendien für seine Erzählung *Die Bürgschaft* den Literaturpreis der »Frankfurter Allgemeinen Zeitung« zugesprochen, 1990 den Premio Grinzane Cavour, Turin.

Mit seinem charmanten Erzähldebüt *Die Bürgschaft* (1985) über deutsch-deutsche Verhältnisse hatte sich Thorsten Becker erfolgreich in die Herzen von Kritik und Lesepublikum hineingeschrieben. Er verwendet Friedrich Schillers gleichnamige Ballade, für Becker »eine der blendendsten Leistungen der bürgerlichen Ideologie«, ironisierend als Vorlage für sein ideologisches Planspiel, Bürger beider Staaten gegeneinander auszutauschen, befristet zwar und mit gewissen Auflagen, aber auf Vorschlag und im speziellen Interesse der DDR-Funktionäre. Beeindruckt vom politischen Programm des »Gesellschaftsvertrages«, der in der Bundesrepublik mit ausgehöhlten Werten und Phrasen, einseitig auf der Opferbereitschaft und Passivität der Bürger aufbauend, bestehende Macht- und Ausbeutungsverhältnisse stabilisiere, appelliert der Erzähler an die Loyalität und den Willen der DDR-Bevölkerung, die historische Chance zur produktiven Zusammenarbeit mit ihrem Staat zu nutzen. Die unverhohlene Sympathie des Erzählers für den Sozialismus, »wie furchtbar er auch immer war, ist oder werden wird«, findet ihre Entsprechung in der kritischen Beurteilung westlicher Lebensart. Der Westen sei »ein Stachel, der wuchert im Fleisch der arbeitenden Welt«, ein dem Konsum- und Geschwindigkeitsrausch höriger Ort, arm an kultivier-

ter Gelassenheit, erdrückt von systemkonformen »Schriftstellern der zweiten Kategorie«.
Der Einsicht folgend, »dass die einzige logische Konsequenz, die man daraus ziehen kann, die ist, dass der Intellektuelle zu seinem Beruf erst im Sozialismus kommt«, platziert Becker auch seine zweite Erzählung *Die Nase* (1987) im proletarischen Alltag des Arbeiter- und Bauernstaates. Er verfremdet Goethes *Wilhelm Meister* zum Selbstverwirklichungsversuch zweier philosophisch dilettierender Geistesartisten, die eine filmische Umsetzung des Originals planen und daran produktiv scheitern. Wie ihre Protagonisten, denen auch »zunehmend schummriger wurde, weil sich die Ahnung breit machte, dass sie sich mit dem Wilhelm Meister möglicherweise einen Brocken vorgenommen hatten, der sie beide erdrücken konnte«, verpasst die Erzählung die Chance, die Aktualität Goethes ernsthaft zu überprüfen. Der Rekurs auf Goethes Gedankenwelt erschöpft sich in der langatmigen Wiedergabe germanistischer Seminarweisheiten und Materialismusdiskurse, der Text bedient sich zwanglos bei literarischen Vorbildern wie Proust, Rabelais, Brecht und Shakespeare. Gleichsam sich selbst parodierend, empfiehlt Becker DDR-Autoren den Verzicht auf ästhetische Textspielereien, die sich am westlichen Geschmack orientieren, zugunsten »ideologischer Arbeit zur Verbesserung der Gesellschaft«. Sein karg inszeniertes, manches beschönigendes Bild der DDR wirkt oberflächlich, die Schauplätze und das meist alkoholisierte Personal verblassen zur Staffage, Motive werden nicht weiterentwickelt, Tempowechsel und die Aneinanderreihung von Berichten, Dialogen, Kommentaren und Reflexionen erscheinen häufig willkürlich. Thorsten Becker wollte nach eigenem Bekunden »auf Schriftsteller machen, weil ich da am wenigsten Schaden anrichte«.
Einst Wunderkind des Literaturbetriebes, dann Prügelknabe – Thorsten Becker hat die Autorenexistenz als rasante Achterbahn erlebt. Seine Bücher entstanden fast immer auf Reisen, ob in Mexiko, Kenia, Indien, Türkei, Syrien, Aserbeidschan oder ein Jahr auf einem Kaolin-Frachter auf dem Atlantik unterwegs. Becker bewegt sich gerne in fremden Sprachen, um die so entstehenden Spannungsmomente für das eigene Schreiben auszubeuten. Entstanden sind so in den letzten zehn Jahren mehrere monumentale Werke, die aber alle bei Kritik und Lesern durchfielen. Grund dafür mag der Ehrgeiz des Autors sein, nahezu alles Erlebte und Gedachte literarisch zu verwerten und so aus Kompositionen Kompostieranlagen zu machen. Dabei enthalten nahezu alle diese sich Gattungsbezeichnungen verweigernden Textmonumente stilistische Kleinode, die das Talent des Autors andeuten. Doch zahllose Tagebucheinträge, recycelte Textversionen, Etüden und unbearbeitete Einfälle blähen diese Partikel unnötig auf. Im *Tagebuch der Arabischen Reise, darin der Briefwechsel mit Goethe* (1991) steht am Anfang eine Geschichte von einer Schiffsreise mit mysteriösen Passagieren, die viel versprechend sein könnte, doch dann abrupt abbricht und in ein 400-seitiges Tagebuch mündet, das vor allem den dreimonatigen Aufenhalt des Autors beim Goethe-Institut in Damaskus illustriert, dazwischen noch kleine Erzählungen, Dramolette und Reden montiert. Die Geschichte wird exekutiert und eine private Literaturbetriebserfahrung ausgebreitet. *Mitte* (1994) enthält Tagebucheinträge von 1989 bis 1993, zwei Gedichtzyklen, eine Erzählung über das Leben einer Ratte, einen essayistischen Versuch *Über den Witz und den Sinn des Lebens* und die Übersetzung der Erzählung *Voyage autour de ma chambre* (1795) des Franzosen Xavier de Maistre (1765–1852). Auch der hier angestrebte Versuch, »tradierte Buchformen zu unterlaufen und zu erneuern«, scheitert, weil das Repetieren privater Reiseerlebnisse mit gelegentlichen Exkursen in Sachen Alkohol und Melancholie, wie es hier geschieht, inhaltlich trivial und sprachlich anspruchslos erscheint, egal, ob man das nun als »work in progress«, als »Globetrotter-Protokolle« (Sabine Brandt) oder als »Philosophie der Unrast« (Michael Schmitt) bezeichnen mag.
1993 kehrte Becker nach Berlin zurück und wurde Zaungast beim »Berliner Ensemble«, wo Heiner Müller gerade Brechts *Arturo Ui* mit Martin Wuttke in der Hauptrolle probte. Aus dieser Begegnung entstand die Satire *Schönes Deutschland* (1996), in der ein alter Mann im mexikanischen Exil sich im Jahr 2048 an seine Zeit in Deutschland vor 50 Jahren erinnert. Er war Starschauspieler am »Berliner Ensemble« und erlebte damals mit, wie Erich Honecker aus Chile in die DDR zurückkehrte und jubelnd empfangen wurde. In der Theaterkantine unterhielt er sich darüber mit dem Regisseur Fritz Meier (ist Heiner Müller). Becker macht das BE zum deutschen Modellfall, Deutschland ein einziges Theater, historisch wird die Rolle rückwärts vollzogen, die DDR wird restauriert, eine gemäßigte Volksfrontregierung eingesetzt und nur durch einen Propagandafilm von Volker Schlöndorff über den Einmarsch serbischer Truppen in München wird

verhindert, dass sich der Osten wieder Richtung Westen wendet. Es gibt glänzende parodistische Anspielungen auf das Theater und auf Prominente, doch mancher Klamauk und »ein unscharfes Altfränkisch« (Robin Detje) mindern das Vergnügen. Mit *Der Untertan steigt auf den Zauberberg* (2001) knüpft Becker an seine Klassiker-Travestien an, diesmal im Hause Mann. Dem »Zauberer« Thomas Mann unterstellt er den »Seelenraub«, der Wahnsinn tobt in der gesamten Künstlerfamilie, die sich im ehemaligen Künstlerdorf Orbeswenden eingefunden hat. Becker entwickelt, unter Einbeziehung einer rätselhaften Geschichte Worpswedes, ein kompliziertes Gestrüpp von Referenzen und Mischungen, das Reinhard Baumgart für einen »gescheiten Jux« und Burkhard Müller für einen »hochvertrackten Unsinn« hielt.

Thomas Kraft

Werke: *Die Bürgschaft*, E., Zür. 1985; *Die Nase*, E., Köln 1987; *Schmutz*, E., Zür. 1989; *Tagebuch der Arabischen Reise, darin der Briefwechsel mit Goethe*, m. Zeichn. v. Jörg Immendorf, Zür. 1991; *Mitte, darin die vollständige Übersetzung von Xavier de Maistres ›Voyage autour de ma chambre‹ aus dem Jahre 1794*, Bln. 1994; *Schönes Deutschland*, R., Bln. 1996; *Der Untertan steigt auf den Zauberberg*, R., Reinbek 2001; *Die Besänftigung*, R., Reinbek 2003.

Becker, Uli, geboren am 14. 9. 1953 in Hagen, studierte Amerikanistik und Germanistik und lebt seit 1979 in Berlin als freier Schriftsteller. Er wurde 1979 mit dem »Hungertuch« des Hessischen Schriftstellerverbandes und 1985/86 mit dem Villa-Massimo-Stipendium ausgezeichnet.

»Willkommen in der wunderbaren Welt / der Sprachregelungen, wo ein Wort / das andere dem Gelächter preisgibt« (»Schall und Rauch«, in: *Das Wetter von morgen*, 1988). Despektierliche Anspielungen und melancholischer Unernst durchziehen Beckers lyrische Welt aus Trivialmythen, Alltagsbeobachtungen und ironischer Nabelschau: »Lyriker sind die Nigger in diesem Bizzness« (*Dass ich nicht lache*, 1982). Rezensionen zu Beckers Prosagedichten lesen sich wie Stimmungsbilder aus dem Western- oder Kriminalroman-Genre; als literarische Bezugsfigur wird wiederholt Rolf Dieter Brinkmann bemüht. »Sprachdynamische Parforcejagden« (Karl Riha) mit einer »lyrischen Wut im Bauch und dem Nachdenken darüber im Klo« (Karl Krolow) bescheinigt man Becker ebenso wie »ein furioses (und) polyglottes Mund- und Feuerwerk« (Wulf Segebrecht). Becker entlarvt hintersinnig die Doppelbödigkeit der Sprache, beobachtet die hilflosen Rituale einer Welt, in der man nur mehr dem Schein huldigt, und nagelt diese Impressionen mit wenigen, aber nachhaltigen Schlägen als Anmerkungen zur Zeitgeschichte in unser Bewusstsein. Zwischen Bluff und Provokation, Parodie und Anklage changierend, prangert er den »Irrsinn des Alltags« (*Das blaue Wunder*, 1985) an, versteht sich als »Systemkritiker« und behauptet gleichzeitig: »Mich abarbeiten an den letzten Fragen? / Ist nicht mein Bier.« Kalauer, Aphorismen, Pointen, Sarkasmen und Anspielungen verhindern die moralische Endzeitprognose; Becker schreibt lieber über »Leute, denen am Brenner einfällt, dass sie zu Hause das Bügeleisen angelassen haben«, über die, »die man am liebsten in einer Aufzeichung aus dem Millowitsch-Theater untergebracht wüsste«, oder über jene, »die mit dem knappen Nicken am Müllschlucker auskommen und sich ihre Emotionalität für die Lichthupe aufsparen«. Die Welt sei schlecht, die Aussichten nicht minder, doch zur Traurigkeit bestünde kein Grund. Diesem Credo entsprang wohl auch der Satireband *Ich mal wieder* (1987), der, von Becker unter einem Pseudonym herausgegeben, als Parodie auf das »neudeutsche Innerlichkeitsgewinsel« (»Der Spiegel«, 6. 6. 1988) gemünzt war und ihm eine Anklage wegen Plagiats einbrachte. Schnoddriges Understatement, gepaart mit einem gesunden Maß an intelligentem Trotz, macht Uli Becker zu einem liebenswert spleenigen Autor, der mit seinen frechen Sprüchen ganz auf den Augenblick setzt: denn »Wenn ich schon sterben / muß, dann soll gefälligst auch die letzte Station / so sein, wie ich mein ganzes Leben will. Intensiv!« (*So gut wie nichts*, 1984).

Seit langem beschäftigt sich Becker mit der Kunst des Haiku, dieser traditionellen japanischen Gedichtform, die den »Raum zwischen den Gedanken« (Allen Ginsberg) zum Ausgangspunkt nimmt und im 5-7-5-Silbenschema den poetischen Ausdruck einer unmittelbaren Erfahrung sucht. So versammelt ein Flaneur in den so genannten *Asphalthaiku* unter dem Titel *Fallende Groschen* (1993) Momente und Splitter aus der baumlosen Betonwüste Berlins und schreibt sie als komprimierte Eindrücke in ein schräges Poesiealbum urbanen Lebens. Seltsame Rattenmenschen, Blut, Lärm und Dreck allerorten, dazwischen aber Sekunden der Besinnung (»Komischer Kiesel / warum hebe ich gerade den auf / verwandte Seelen?«). Becker hat eingeräumt, im Grunde gar keine (naturnahen) Haiku, sondern die verwandte, aber freiere Form des Senryu zu dichten; zuletzt arbeitet er – nach langer Zeit als Solitär im deutschsprachigen Raum – auch mit Kollegen an Renshis, 40-gliedrigen Kettengedichten in freien Drei- und Fünfzeilern.

Thomas Kraft

Werke: *Meine Fresse!*, m. Zeichn. v. Jörg Michel, G., Hbg. 1977; *Menschen! Tiere! Sensationen!, Ein Poem. Das Buch zum Film*, Horn 1978; *Der letzte Schrei*, G., Reinbek 1980; *April, April. Ein Fragment*, Hbg. 1980; *Dass ich nicht lache*, G., Reinbek 1982; *Frollein Butterfly. 69 Haiku*, Augsb. 1983; *So gut wie nichts*, ausgew. G., Reinbek 1984; *Das blaue Wunder. Leute auf den ersten Blick*, Reinbek 1985; *Das höchste der Gefühle. Erotische Gedichte.*, m. Zeichn. v. Frank Witzel, Augsb. 1987; *Ich mal wieder. Ein selbstverliebtes Lesebuch*, hg. u. d. Ps. Erwin Kliffert, Reinbek 1987; *Das Wetter von morgen*, G., Zür. 1988; *Sechs Richtige oder How to make sense. Dadaistische Karrieren*, m. 15 Zeichn. v. Anselm Glück, Hbg. 1989; *Alles kurz und klein. Erinnerungen*, Zür. 1990; *Das nackte Leben. Mann und Frau in Wort und Bild*, m. Zeichnungen v. Rotraud Susanne Berner, Augsb. 1991; *Harry Mathews: Der Obstgarten. Erinnerungen an George Perec*, Übs., Bln. 1991; *Mark Beyer: Agony*, Übs., Augsb. 1992; *Fallende Groschen. Asphalthaiku*, m. Illustr. v. Henning Wagenbreth, Augsb. 1993; *Joseph Moncure March: Das wilde Fest*, Übs., Reinbek 1995; *United Colors of Buxtehude. Ein Kettengedicht*, zus. m. Michael Buselmeier, Kerstin Hensel u. Helga Novak, Lpz. 1996; *Mit dem Shinkansen nach Jottweedee*, zus. m. Hugo Dittberner, Günter Herburger u. Steffen Jacobs, Eschede 1998; *Dr. Dolittles Dolcefarniente. In achtzig Haiku aus der Welt*, m. Skizzen v. Hartmut Neumann, Augsb. 2000; *Licht verborgen im Dunkel. Ein Renshi-Kettengedicht*, zus. m. Durs Grünbein, Makoto Ooka, Junko Takahashi, Shuntaro Tanikawa, Hann. 2000.

Behrens, Alfred, wurde am 30. 6. 1944 in Hamburg-Altona als Sohn eines Schlossers geboren, besuchte die Mittelschule und absolvierte von 1961 bis 1963 eine Lehre als Verlagskaufmann. Von 1963 bis 1966 studierte er an der Meisterschule für Grafik, Druck und Werbung in Berlin und arbeitete anschließend als Werbetexter. 1967 wurde er Program-Assistant bei der BBC in London. Seit 1968 ist er freier Schriftsteller und lebt seit 1971 als Hörspielautor und -regisseur, Drehbuchautor und Filmemacher sowie als Prosaautor und Lyriker in Berlin. 1974 erhielt er den Hörspielpreis der Kriegsblinden für *Das große Identifikationsspiel* (1973), 1978 und 1983 den Adolf-Grimme-Preis, 1982 den Bundesfilmpreis, 1986 den Unifilm-Sonderpreis/Max-Ophüls-Preis, 1987 den Tagesspiegel-Literaturpreis, den Frankfurter Hörspielpreis und den »Lautsprecher«-Hörspielpreis der Akademie der Künste, 2001 die Weltmedaille in Silber »Best Drama Special« des New York Festivals für sein Hörspiel *Riverside Drive 68/2000*. Er ist Mitglied des VS und des bundesdeutschen P.E.N.-Zentrums.

Alfred Behrens' Werk ist eine detaillierte und formal vielschichtige Auseinandersetzung mit gesellschaftlicher Realität und individueller Wirklichkeitserfahrung sowie deren komplementären Wechselwirkungen. Vor allem behandelt er die fünf Themenfelder Pop-Kultur, Arbeit/Gesellschaft, Werbung/Kommerz/Medien, Film/Kino/Klang sowie die Privatsphäre mit häufig autobiografischen Bezügen. Als Autor und Regisseur bedient er sich der Medien Buch, Hörspiel und Film/Fernsehen, wobei seine zumeist selbst inszenierten Radiotexte den Schwerpunkt seiner Arbeit darstellen. Behrens ist ein Autor, der seine Texte in und für unterschiedliche mediale Kontexte konzipiert. Medienphänomene sind nicht nur ein zentrales Thema, auch die Ästhetik der jeweiligen medialen Präsentation ist für seine Arbeiten maßgebend, da sich die behandelten Themen darin formal widerspiegeln. »Kopfkino«, »Kopfkamera«, die »Maschine Radio« oder die »Maschine Kino« sind wiederkehrende Schlagworte, die den individuellen Blick auf die Wirklichkeit als medial determinierten Blick markieren. Sie zeigen auch, dass Behrens inhaltlich wie ästhetisch in medialen Zusammenhängen denkt.

In den frühen Siebzigerjahren entstanden drei Buchpublikationen und mehrere Hörspiele, in denen Behrens die Mythen und Manipulationsmechanismen der Massenmedien und der Werbung decouvriert. Dabei bedient er sich geschickt der erzählerischen Mittel der Trivialgenres Krimi und Science-Fiction sowie der Popmusik und präsentiert Medien- und Gesellschaftskritik als Unterhaltung. Indem er in seinen Texten außerdem den spezifischen Fachjargon der Medien- und Werbebranche als literarisches Mittel einsetzt, überführt er die suggestive Steuerung der Konsumenten und unterzieht sie durch Imitation einer kritischen Analyse. In dieser von ihm so bezeichneten »Social-Science-Fiction« überdreht Behrens die Wirklichkeit um ein kleines Stück. Damit verschärft er den Blick auf das Verhältnis von Medienprodukten und -rezipienten und auf einen Kosumterror, dessen Absurdität erst durch die Gegenüberstellung mit seiner möglichen Entwicklung in der Zukunft deutlich wird. Es entsteht das Bild einer durch und durch medialisierten und von Werbebotschaften infiltrierten, kranken Gesellschaft. Pop-, Hollywood- oder Fußballikonen wie John Lennon, Humphrey Bogart, Uwe Seeler etc. werden als überhöhte Leitbilder skizziert, zu denen die Konsumenten in einem identitäts- und bewusstseinsverändernden Abhängigkeitsverhältnis stehen. Die Simulation von Wirklichkeit tritt als »zweite Realität« an die Stelle der »ersten«, tatsächlichen Realität.

In seinem ersten Buch *Gesellschaftsausweis. Social-Science-Fiction* (1971) arrangierte er unterschiedliche Textsorten (fiktive wissenschaftliche Vorträge, Marketingstudien, Tiefeninterviews, Zitate aus Radio und Fernsehen etc.) zu einer zynischen Parodie der Werbung, ihrer Techniken und der Folgen für den Verbraucher. Der erscheint als Opfer gezielter Suggestion, beispielsweise durch eine »totale Sexualisierung des Produkts«. Außerdem wird erkennbar, wie die Vertreter der Werbung treibenden Wirtschaft über den Konsumenten denken. Durch Aussagen wie »Die Unterdrückung der Verbraucher ist vor allem an dem Verhalten der Verbraucher selber zu erkennen« ist Behrens in der Tradition der Konsum- und Kapitalismuskritik der Siebzigerjahre zu verorten. Und mit den zum Teil an die Technik des Cut-up angelehnten Formen der Collage und Montage, die Behrens zur Hervorhebung von Gegensätzen dient, wie mit dem Einsatz von Originaltönen vertritt er auch formal den Tenor einer politisierten Literatur, ohne sich dabei allerdings auf ein theoretisches gesellschaftspolitisches Fundament zu stützen. Aufgrund seiner stilistischen Heterogenität kann dieser Prosaband kaum den klassischen Genres Roman oder Erzählung zugeordnet werden. Ähnlich verhält es sich bei Behrens' zweiter Buchveröffentlichung *Künstliche Sonnen. Bilder aus der Realitätsproduktion* (1973). Hier werden unterschiedliche fiktionale Erzählstränge über die Auswüchse der Mediengesellschaft so ineinander verwoben, dass sie sich gegenseitig erhellen. Mit seiner dritten Buchpublikation, der zur Fußballweltmeisterschaft 1974 erschienenen Satire *Die Fernsehliga. Spielberichte vom Fußballgeschäft der Zukunft* (1974), legt Behrens eine fortlaufende Erzählung vor, in der er das Bild einer rein kommerziellen Fußball-Liga entwirft, bei der nicht mehr der Sport über Sieg, Niederlage und Tabellenstand entscheidet, sondern ausschließlich die Einschaltquoten. Alle drei Publikationen sind als Dystopien zu lesen – als pessimistische Zuspitzungen der empirischen Wirklichkeit und der möglichen Konsequenzen für das Individuum. Einzelne Erzählstränge variiert Behrens in Hörspielen, in denen die Sinnlichkeit von Filmzitaten, Popsongs oder Werbebotschaften ihre suggestive Wirkung noch stärker entfalten (*Das große Identifikationsspiel*, 1973; *Die Schlagertexte*, 1972; *Der synthetische Seeler*, 1974).

Der rasante und effektvolle Sprach- und Inszenierungsstil wich in den späten Siebzigerjahren einer radikalen Selbstthematisierung mit einem sehr persönlichen und geradezu intimen Gestus. Der Tod seiner eigenen Tochter, die Versuche, eine nachträgliche Beziehung zu seinem verstorbenen Vater aufzubauen (»Seine Liebe war die sprachlose Liebe des Proletariats«), damit einhergehende Nachforschungen über die Menschen und den Ort seiner eigenen Kindheit in Hamburg-Altona sowie das Interesse an den Lebensumständen der Arbeiterschicht, einer »Geschichtsschreibung von unten«, sind die Themenbereiche dieser Jahre, die Behrens vor allem in Hörspielen, aber auch in einigen Filmen umsetzte. Hier suchte Behrens nicht mehr nach einer Fiktionalisierung der ihn umgebenden Wirklichkeit, sondern nach einer möglichst authentischen Wiedergabe des Umfelds seiner eigenen Sozialisation und einer Reflexion der eigenen Geschichte (*Der Tod meines Vaters*, 1976; *Annäherungen an meinen Vater*, 1977; *Reise an den Anfang der Erinnerung*, 1980).

In den Achtzigerjahren griff Behrens die Thematik seiner Social-Science-Fiction wieder auf, verlagerte aber den Schwerpunkt von den Unternehmensstrukturen hin zum alltäglichen Wahnsinn, der sich in den Köpfen abspielt. In Hörspielen wie *Der Zustand der Sehnsucht* (1979), *Die Durchquerung des Morgentiefs* (1981) oder *Die Betelnuss im Kopf* (1983) verknüpfte Behrens Arbeitssucht und seelische Leere zur Psychopathologie einer ausschließlich auf Leistung ausgerichteten Gesellschaft. – Versuche mit einer z.T. textbasierten Ästhetik des als »akustischer Film« oder »Hörfilm« bezeichneten Filmhörspiels (*Der Augenblick des Verlangens*, 1987; *LocoMotion*, 1987) und mit Hörstücken, in denen Behrens durch die Konvergenz von Text und Klang innere Spannungszustände akustisch vergegenwärtigt (*Die Fabrik, das Zimmer, die Fabrik*, 1990; *Der Körper. Der Schmerz*, 1993), kennzeichnen seit den späten Achtzigerjahren seine Arbeiten für das Radio. Außerdem engagiert sich Behrens stärker für Übersetzungen, Bearbeitungen und Hörspiel-Inszenierungen von Prosavorlagen anderer Autoren. Dass Behrens einzelne Motive immer wieder aufgreift, hat ihm den Vorwurf der Routine eingebracht. Dennoch ist es ihm gelungen, vor allem mit seinen Hörspielen immer wieder inhaltliche und ästhetische Impulse zu setzen.

Götz Schmedes

Werke: *Also manchmal hat man Tage, die sind wie Gummi*, Hsp., SWF 1969; *Wir waren doch ein Einzelkind. Ein Hörtext*, RB 1970; *Wünsche und Warensprache. Ein Sprechversuch*, Hsp., SWF 1971; *John Lennon, du musst sterben. Pop-Hörspiel*, SWF 1971; *Lucy in the sky with diamonds*, Hsp., RIAS/SR 1971; *Gesellschaftsausweis. Social-Science-Fiction*, Ffm. 1971; *Die Schlagertexte heißen nicht mehr ich hab' mich so an dich gewöhnt*, Hsp., SWF/RIAS 1972; *Nur selbst sterben ist schöner*, Hsp., WDR 1972; *Als Nowhere Man den Fall erledigt hatte, legte er ›Street Fighting Man‹ von den Rolling Stones auf. Pop-Kriminalhörspiel*, BR/HR 1972; *Das große Identifikationsspiel. Science-Fiction-Thriller*, Hsp., BR/RIAS 1973; *Künstliche Sonnen. Bilder aus der Realitätsproduktion*, Ffm. 1973; *Die Fernsehliga*, E., Bln. 1974; *Frischwärts in die große weite Welt des totalen Urlaubs*, Hsp., SDR/NDR 1974; *Der synthetische Seeler*, Hsp., BR/SDR 1974; *Das Problem des Glücks frontal angehen*, Hsp., BR 1975; *Die Fernsehliga*, Fssp., ZDF 1975; *Der Tod meines Vaters. Kurzfilm*, zus. m. M. Kuball, Autorenproduktion 1976; *Der Tod meines Vaters*, Hsp., SDR 1976; *Annäherungen an meinen Vater*, Hsp., RIAS 1977; *Von sechs Uhr früh bis sieben Uhr abends*, Hsp., SDR/BR 1977; *Tagebuch einer Liebe oder Jetzt erzählen wir uns eine Geschichte, in der Jetzt immerzu Jetzt bleibt*, Hsp., SDR 1978; *Familienkino*, 7-teilige TV-Serie, zus. m. M. Kuball, NDR/WDR 1978/79; *Worpsweder Tagebuch*, Hsp., RB 1979; *Traumradio*, Hsp., SFB 1979; *Der Zustand der Sehnsucht. Nachrichten aus dem Inneren mehrerer Köpfe*, Hsp., RB 1979; *Die Reise an den Anfang der Erinnerung*, Hsp., SDR/RB 1980; *Sie verlassen den amerikanischen Sektor*, Dok.-Film, zus. m. S. Schwarz-Arendt, SFB 1980; *Die Durchquerung des Morgentiefs*, Hsp., HR/NDR/SDR 1981; *Berliner Stadtbahnbilder*, zus. m. V. Noth, Bln. 1981; *Berliner Stadtbahnbilder*, Dok.-Film, ZDF 1981/82; *Teufelsmoor – Beschreibung einer Landschaft*, zus. m. M. Kuball, RB 1982; *Mottenburger Alltag*, Dok.-Film, zus. m. M. Kuball, NDR 1982; *Mottenburger Geschichten. Originalton-Erzählung*, zus. m. M. Kuball, NDR 1982; *Der elektronische Playboy*, Hsp., SFB 1983; *Die Betelnuss im Kopf*, Hsp., HR/NDR/SDR 1983; *Der unsichtbare Film*, Hsp., RB 1984; *Walkman Blues*, Spielfilm, ZDF/Channel Four 1985; *LocoMotion. Originalton-Hörspiel*, zus. m. N. Jochum, HR/BR/SFB 1986; *Der Augenblick des Verlangens. Ein Hörfilm*, NDR/SR 1987; *Train of Thoughts*, zus. m. M. Herold, Hsp., Autorenproduktion 1987; *Autoreverse*, Hsp., SWF/SFB 1988; *Abschied in der Dämmerung*, Hsp., BR/HR 1988; *LocoMotion*, Dok.-Film, zus. m. M. Kuball, NDR 1989; *Cinememo*, 9-teilige TV-Serie, zus. m. M. Kuball, NDR/BBC 1990; *Die Fabrik, das Zimmer, die Fabrik*, zus. m. M. Herold, Hsp., HR/BR/ SWF 1990; *Jahrgang 1949. Deutsche Demokratische Lebensläufe*, Hsp., SFB/SWF 1992; *Die Liebe, der Tod und die Wörter*, Hsp., NDR/DS 1993; *Der Körper. Der Schmerz*, zus. m. M. Herold, Hsp., HR/BR 1993; *Stealth Fighter – Krieg auf der Autobahn*, Hsp., HR/NDR 1994; *Berliner Stadtbahn. Bilder und Geschichten*, zus. m. V. Noth, Bln. 1995; *Boogie Woogie Victory 1943–1945*, Film, zus. m. M. Kuball, arte/NDR 1995; *Il dolce assalto – Der Liebesangriff*, Hsp., SFB/RB 1996; *Fabrik/Leben*, Dok.-Film, ZDF 1998; *Die Tür nach Hochtief*, Hsp., RB 2000; *An einen unsichtbaren Mann*, Hsp., HR/NDR 2000; *Riverside Drive 68/2000. Eine Woche in Johnsons Jahrestagen*, Hsp., SWR/WDR 2000; *A las cinco de la tarde – Atemlose Stille*, Hps., NDR 2001; *Die Liebe ist das, was du siehst*, Hsp., SFB/ORB 2001; *Die Flüsse der Welt 9: Der Rhein*, Hsp., HR 2002.

Behrens, Katja, geboren am 18. 12. 1942 in Berlin, zog nach dem Krieg mit Mutter und ihrer jüdischen Großmutter nach Wiesbaden um. Sie besuchte das Gymnasium, heiratete früh, bekam eine Tochter, ließ sich scheiden. Nach mehrmaligem Berufswechsel war sie von 1960 bis 1973 als freiberufliche Übersetzerin vor allem amerikanischer Literatur tätig. Von 1968 bis 1970 lebte sie in Israel. 1973 übernahm sie ein Lektorat beim Luchterhand-Verlag, das sie 1978 wieder aufgab. Mittlerweile lebt sie als freiberufliche Schriftstellerin (Mitglied des P.E.N.) in Nieder-Beerbach bei Darmstadt. 1978 erhielt sie den Förderpreis zum Ingeborg-Bachmann-Preis und den Förderpreis der Märkischen Kulturkonferenz, 1982 den Thaddäus-Troll-Preis, 1986 das Villa-Massimo-Stipendium, 1992 den Stadtschreiber-Literaturpreis des ZDF und der Stadt Mainz, 1996 das Armin-Stipendium im Künstlerhaus Schloss Wiepersdorf, 2000 den Lo Stellato in Salerno und 2003 die Ehrengabe der Deutschen Schillerstiftung. 1986 lehrte sie als Gastdozentin an der Washington University in St. Louis/USA, 1991 am Dartmouth Collage in Hanover/New Hampshire und 1994 in Florida.

Katja Behrens hatte schon zwei Literaturpreise erhalten – im deutschen Literaturbetrieb eine seltene Ausnahme –, ehe sie 1978 mit dem Erzählband *Die weiße Frau* debütierte. Die widersprüchlichen Gefühlshaltungen einer emanzipierten Frau, die zwischen dem Bedürfnis nach Unabhängigkeit und der Sehnsucht nach Geborgenheit schwankt, steigern sich in einsamen Momenten, wie in den Erzählungen *Spiel* und *Kein Platz für zwei*, zu wirklichkeitsfremden Verhaltensformen. Die Erzählerin erfindet sich Gesprächs- und Lebenspartner zur Überwindung depressiver Zustände, vor einer realen Bindung jedoch schreckt sie zurück: »Denn so weit, dass ich seine Berührung spürte, wollte ich doch lieber nicht gehen.« Das Objekt ihrer Zuneigung existiert nur in ihrer Vorstellung; auch als sie einen jugendlichen Einbrecher zu ihrem Liebhaber macht und mit dieser heftigen Liaison aus ihrer Lethargie herausgerissen wird, bleibt der Mann bei aller körperlichen Präsenz eher eine abstrakte Projektion. In den in Südamerika spielenden Erzählungen erfährt die Erzählerin, obwohl sie sich als Teil einer »mitteleuropäischen Befreiung« versteht, die Fremdheit dieser Länder. Gleichermaßen angewidert von der Arroganz amerikanischer Touristen wie dem Chauvinismus der einheimischen Männer, verliert sie die Orientierung im Koordinatensystem unbekannter Rollenbilder.

Auch in der Titelerzählung des Bandes *Jonas* (1981) wird die Sehnsucht vom Zweifel untergraben. Der Herrscher über »das Volk von Wörtern« will sie einsperren und aushungern lassen; der damit beauftragte Jonas versteckt sich, bis der Herrscher über ein nunmehr »trostlos willfähriges Volk« sich langweilt und die Sehnsucht wieder freilässt. Jonas baut sich daraufhin einen Turm, »um nachzudenken und sich zu erinnern, wie das war, bevor er in den Bauch des Wortes Zweifel geriet«. In der Erzählung *Der große Hunger der Serafina* kann dieser erst gestillt werden, als sich ihr der neue Dorfbewohner Ben zuwendet. Ihre Fresssucht erscheint als Ersatz für unerfüllte Sehnsucht, als sie nach Bens Verschwinden ihre alten Gewohnheiten wieder aufnimmt.

»Ich erzähle von dem, was Alice Miller in ihren Büchern theoretisch abhandelt, davon, wie Menschen von Generation zu Generation bestimmte Verhaltensweisen, Denkweisen weitergeben, von den Müttern an die Töcher ... Dinge, die vielleicht längst überholt sind, die zurückgehen auf uralte Schmerzen, die irgendjemand einmal erlitten hat und an denen die Enkel immer noch zu leiden haben«, so Katja Behrens. In ihrem Roman *Die dreizehnte Fee* (1983), der deutliche Anklänge an die eigene Familiengeschichte enthält, beschreibt Katja Behrens diese »Schmerzen«: die als Makel und Verpflichtung gleichermaßen empfundene jüdische Abstammung der Protagonisten Marie, Hanna und Anna, deren enttäuschte Hoffnungen im Hinblick auf die Männer sowie die große Verantwortung für die Erziehung ihrer unehelichen Kinder. Vor dem Hintergrund der »unbegreiflich deutschen Zeit der Männerstiefel und der Frauenzöpfe, (der) Zeit der großen ewgen Werte und Denunziationen« trägt diese familiäre Zwangsgemeinschaft, bestehend aus einer kapriziösen Großmutter, einer stets an die Vernunft appellierenden Mutter und einer rebellisch-romantischen Tochter, schwer an diesen Bürden, ohne die eigenen Träume und Wünsche aufzugeben und sich die Hoffnung auf (ehemalige und neue) Männer, die ihnen die Lasten des Alltags abnähmen, zu versagen.

Neben der Erzählung *Nach innen ausgewandert*, einer autobiografischen Vorstudie zum Roman *Die dreizehnte Fee*, enthält der Band *Von einem Ort zum andern* (1987) die gleichnamige Erzählung, in der die Autorin ihre Schreibhemmungen schildert, die sich durch den allgemeinen Erwartungsdruck nach ihrem ersten Roman eingestellt haben. Sri Lanka, Nicaragua, Capri und in Rückblenden das Berlin der Dreißigerjahre sind die wechselnden Schauplätze der Handlung, in deren Verlauf die Erzählerin merkt, dass sie immer wieder von der Vergangenheit, insbesondere von den Verbrechen der Nazis am jüdischen Volk, eingeholt wird, »dass ich meinem eigenen Land nicht entrinnen kann, indem ich mich in ein fremdes begebe, dass ich in diesem gequälten Land nichts zu suchen habe, weil ich zu sehr mit meinem eigenen Land beschäftigt bin. Ich träume von dem Haus meiner Kindheit. Oben, wo wir wohnen, ist ein großer Judenstern aufgemalt, von dem Blut herabfließt, zwei lange Ströme roten Blutes.«

Dieses Thema liegt auch den *Jüdischen Geschichten* des Erzählbandes *Salomo und die anderen* (1993) zugrunde, in denen Beobachtungen und Reiseerlebnisse aus dem deutschen und isralischen Alltag wiedergegeben werden. In ihren Begegnungen mit Menschen, die während des Nationalsozialismus verfolgt wurden, stößt sie immer wieder auf eine Mauer des Schweigens: ob die Mutter der Erzählerin, eine Jüdin, sich so verzagt verhält, als ob ein Makel an ihr haften geblieben wäre, die Waise Juliette ängstlich um ihr zwischen Judentum und Christentum hin und her gerissenes Selbstverständnis ringt, sich der nach Israel emigrierte Salomon Meyer ebenso wie der lange inhaftierte russische Schriftsteller Leonid »schämt, dass man ihm hatte tun können, was man ihm getan hatte«, oder ob die Erzählerin, sich in den kleinen Israeli Dannile versetzend, an Albträumen leidet. Behrens war bei ihren Recherchen behindert, abgewiesen und bedroht worden. Geschichte, das wird hier deutlich, wird immer noch verfälscht und verdrängt.

Mit Ausnahme ihrer Romane, die mit Märchenmotiven und sanft sprudelnden Sprachfontänen den Leser in eine eigenartige, überwiegend von Frauen gestaltete Welt zu entführen suchen, arbeiten die Prosatexte von Katja Behrens mit einer hart zupackenden, ökonomischen Sprachhaltung. Behrens ist eine stilistisch versierte und eloquente Autorin mit einem wachen und kritischen Blick für die Zeitgeschichte, immer wieder auch Fragen wie der Geschlechterrolle in unserer Gesellschaft oder eines neuen Faschismus in Deutschland reflektierend,

ohne dass den Texten ein Attribut wie »Frauenliteratur« anzuhängen wäre.
Ihrer Fabulierfreude ließ Behrens im umfangreichen Roman *Die Vagantin* (1997) freien Lauf. Dieses Geschichtsfresko erzählt von der Suche zweier Frauen nach Heimat und schlägt dabei den Bogen vom 13. Jahrhundert bis zur Gegenwart. Von einer Burg im Hessischen brechen die Halbtürkin Aische und die Adlige Laura auf, um den verschwundenen Vater bzw. einen Kreuzritter zu suchen, und landen am Ende in Istanbul bzw. Konstantinopel. Die parallele Handlung wird von Spiel- und Zirkusleuten, Räubern, Berbern und Freibeutern reich bevölkert, viele Sprachen und Dialekte bis hin zum Rotwelsch kommen vor, die Autorin hat die mittelalterliche Lebenswelt akribisch rekonstruiert und überaus prächtig ausgestattet. Das Mäandernde und Ornamentale dieser ungestüm die Perspektiven und Darstellungsformen wechselnden Weltschau sprengte nach Ansicht der Kritik das Format; mehr Erzählökonomie hätte, so der Vorwurf, diesem Monumentalwerk gut getan.

Thomas Kraft

Werke: *William S. Burroughs: Naked Lunch*, Übs., zus. m. Peter Behrens, Wiesbaden 1962; *William S. Burroughs: Junkie. Bekenntnisse eines unbelehrbaren Rauschgiftsüchtigen*, Übs., Wiesbaden 1963; *William S. Burroughs/Allen Ginsberg: Auf der Suche nach Yage. Ein Briefwechsel*, Übs., zus. m. Peter Behrens, Wiesbaden 1964; *Kenneth Patchen: Erinnerungen eines schüchternen Pornographen*, Übs., Wiesbaden 1964; *Ilja Ehrenburg: Die Pfeife des Kommunarden*, Übs., zus. m. Tatjana Weindling, Rothenburg 1966; *Michael Rumaker: Gringos*, Übs., Darmst. 1968; *Stephen Longstreet: Das war New Orleans*, Übs., Ffm. 1969; *Acid. Neue amerikanische Szene*, hg. v. Rolf Dieter Brinkmann u. Ralf R. Rygulla, Mit-Übs., Darmst. 1969; *Chester Himes: Schwarzer Samt in heißen Nächten*, Übs., Bergisch-Gladbach 1970; *Henry Miller: Mein Leben und meine Welt*, Übs., Mü. 1972; *Clair Huffaker: Hilf dir selber, Indianer*, Übs., Ffm. 1973; *Solschenizyn. Eine Bild-Biographie*, Hg., Darmst. 1974; *Henry Miller: Insomnia oder Die schönen Torheiten des Alters*, Übs., Ffm. 1975; *Chilenische Erzählungen*, Hg., Neuwied 1977; *Die weiße Frau*, En., Ffm. 1978; *Jolan Chang: Das Tao der Liebe*, Übs., Reinbek 1978; *Frauenbriefe der Romantik*, Hg., Ffm. 1978, Schpl., Belteshausen 1999; *Das 3. Jahr*, zus. m. S. Dietz, R. Habetin u.a., Hagen 1979; *Peter Schultze-Kraft: Der Herr der Berge. Südamerikanische Geschichten aus alten und neuen Zeiten*, Illustr., Darmst. 1979; *Jonas*, En., m. Lithografien v. Hallveig Tettenborn, Pfaffenweiler 1981; *Das Insel-Buch vom Lob der Frau*, Hg., Ffm. 1982; *Die dreizehnte Fee*, R., Düsseld. 1983; *Weiches Wasser bricht den Stein. Widerstandsreden*, Hg., Ffm. 1984; *Leo*, Hsp., WDR 1986; *Abschiedsbriefe*, Hg., Düsseld. 1987; *Von einem Ort zum andern*, En., m. Abb. v. Hans Benesch, Pfaffenweiler 1987; *Keine mildernden Umstände. Geschichten von Frauen aus der BRD und Westberlin*, zus. m. Marianne Herzog, Gisela Elsner u.a., Bln. 1987; *Einstmals in Amazonien*, Hsp., 1988; *Der Fluß*, Drehb., 1988; *Im Wasser tanzen. Ein Erzählzyklus*, Ffm. 1990; *Josef geht*, Hsp., WDR 1990; *Der Regen*, Hsp., SDR/SWRF 1990; *Dorfleben oder Das kleine Fressen*, Hsp. WDR 1991; *Die schönsten Pferdegeschichten*, Hg., Ffm. 1992; *Salomo und die anderen. Jüdische Geschichten*, En. Ffm. 1993; *Jerusalem – Berlin*, TV-Dok., 1993; *Leitfaden zum Hanfanbau in Haus, Hof und Garten*, Ffm. 1996; *Die Vagantin*, R., Ffm. 1997; *Tessa Bridal: Der Baum der roten Sterne*, Übs., Bln. 1998; *Zorro – Im Jahr des Pferdes*, Jugendb., Weinheim 1999; *Alles Sehen kommt von der Seele. Die Lebensgeschichte der Helen Keller*, Weinheim 2001; *Ich bin geblieben – warum? Juden in Deutschland – heute*, Hg., Gerlingen 2002; *Hathaway Jones*, Jugendb., Weinheim 2002.

Beil, Ulrich Johannes, geboren am 24. 6. 1957 in München als Sohn eines Architekten. Er studierte seit 1978 an der Universität München Germanistik, Philosophie, Theologie und Politologie. Der biografische Weg ist gekennzeichnet durch die Begegnung mit dem Fremden, die Beil auf vielen Reisen nach Italien, Frankreich, Spanien und Griechenland gesucht hat, die er besonders in Japan erfuhr, von 1988 bis 1991 mit seiner Frau an der Hokkaido-Universität in Sapporo als Lektor wirkend. In der Auseinandersetzung mit der Tradition des Judentums, der Kabbala und der politischen Theorie der Antike wurden vor allem Horst Aulitzky und Eric Voegelin seine prägenden Lehrer. Nach der Dissertation 1987 arbeitete er von 1992 bis 1998 als Lehrbeauftragter für Germanistik/Komparatistik an der Universität München, 1993 als wissenschaftlicher Mitarbeiter an der Universität Göttingen. 2003 erfolgt die Habilitation über *Die hybride Gattung: Zur Funktion von Gedichten im europäischen Roman bis Goethe*. Von 1995 bis 2000 war Beil Chefredakteur der Zeitschrift »Das Gedicht«, seit Februar 2000 ist er Professor Visitante für Deutsche Literatur an der Universidade de São Paulo in Brasilien. Ausgezeichnet wurde er 1984 mit dem Vera-Piller-Poesie-Preis und 1997 mit dem Kester-Haeusler-Stipendium für junge Autoren.
Der Poeta doctus, der sich mit seiner Prosa in der Tradition einer Poesia perennis, einer fortwährenden Dichtung weiß, allem voran in der Tradition der Bibel, aber auch der griechischen und römischen Klassiker, des Korans, der Kabbala, der mittelalterlichen Mystiker und der modernen europäischen und südamerikanischen Literatur-Tradi-

tion, versteht die Gelehrsamkeit zu einem Abenteuer des Lesens zu machen. Die Erzählung *OFF oder Doktor Faust incognito* (1978) ist gerade in ihrer Modernität, in den vielen Brechungen der Erzählperspektive, in den Geschichtsklitterungen, im Gegen-den-Strich-Schreiben dem Faust des 16. Jahrhunderts atemberaubend nahe. Die Magie des *Faust incognito* enthüllt sich im raffinierten Zauber des technischen Mediums, im Off, bei dem der Sprecher unsichtbar bleibt, auf bestürzende Weise. Diese Magie des Poetischen enfaltet sich auch in der Jorge Luis Borges gewidmeten Erzählung *Der Eingang ins Paradies* (1988). »Die meist gefälschten Varianten«, so heißt es dort einleitend, »sorgen für anhaltende Verunsicherung. Möglicherweise ist es ihr einziger Zweck, das Urteil der Späteren ins Wanken zu bringen.« Diese »Verunsicherung«, dieses »Ins-Wanken-Bringen« des Urteils ist so etwas wie das Signum des Autors, eine Stil- und wohl auch Lebenshaltung, die einen langen Atem braucht.

Sein eigentliches Zuhause sucht und findet der Autor in der Lyrik. Früh schon zeugen davon die ersten Gedichtsammlungen: *Blickwechsel* (1976), *Guetaria* (1983). In den Gedichten wird die Erwartung einer zyklischen Wiederkehr der Natur und einer linearen Ordnung der Zeit durch eine Bild-Sprache durchbrochen, die wie zufällig erscheint und in der zugleich nichts dem Zufall überlassen wird. Die Gedichte der Sammlung *Dieser Tag geht* (1985) lesen sich wie Deutungsversuche einer Traumgeschichte zwischen Schlaf und Erwachen: »Zwischenbericht. In den Wipfeln hausten / verschwundene Störche, / durch Schulhefte / blätterte der Wind, / und während mein Kopf / noch Tropenluft einsog, / stieg schon der Frost / durch Beine hoch. / Nichts bleibt sich gleich. / Schachtelhalme/ als Antennen verkauft … / Die Unzuverlässigkeit / (wer weiß?) / auch des Todes.«

In poetologischer Reflexion ausländischer Vorbilder des Langgedichts (T. S. Eliot, W. Stevens, J. Ashbery, F. Gullar, Saint-John Perse, Derek Walcott) und in der eigenen poetischen Praxis des Langgedichts wird das Leicht-werden-Lassen des Gewichtigen der überlieferten und der zu überliefernden Welt zu einer Herausforderung des Umgangs mit der Sprache, die das Können eines Meisters verlangt. In dem zuletzt erschienenen Gedichtband *Aufgelassene Archive* (1998) wird das Gedicht zum Träger der Überlieferung, indem es von Sachen spricht, die, aufgehoben im Gedicht, ihr Gewicht verloren haben. Das Gedicht *Stele, Altes Reich* umschreibt diese Aufgabe so: was »überliefern« bedeutet: »ein Wort, von dem alles Gewichtige abzuziehen ist / und das leicht sein muss / wie der über viele Grenzen geschmuggelte Gott, / leichter als eine Statue, eine Fotografie«. Ein Widerspruch scheint sich also in dem Titel anzukündigen: Es wird nicht aufbewahrt, was Gewicht hat; es wird überliefert, was »alles Gewichtige verloren hat«. Und dies scheint die genuine Aufgabe des Gedichts zu sein, auch in unserer Zeit, von der behauptet wird: »Jetzt? Zu spät für Gedichte.« Mit dieser Zeile, leicht im Tonfall, beginnt der Gedichtband, und es ist dieses fast Gewichtslose im Sprechen, das den Leser von Gedicht zu Gedicht trägt. Der Autor vermag drei Jahre seiner Erfahrung in Japan *zusammenzufalten* auf zwei Zeilen: »Drei Jahre zusammenfalten, bis sie schmal genug sind. / Schnittig. Ein Blatt Papier.« Dieser leichte Tonfall ist das Ergebnis einer Konzentration, die die abend- und morgenländische Überlieferung durchdrungen hat. Das Mitgehen auf diesem Weg der Konzentration verlangt vom Leser eine Art »relecture«, eine Neuentdeckung des Lesens.

Hans Unterreitmeier

Werke: *Blickwechsel*, G., Mü. 1976; *Dieser Tag geht*, G., Mü. 1985; *Die Wiederkehr des Absoluten: Studien zur Symbolik des Kristallinen und Metallischen in der deutschen Literatur der Jahrhundertwende*, Diss., Ffm., Bern, New York 1987; *Aufgelassene Archive*, G., Köln 1998.

Bender, Hans, wurde am 1. 7. 1919 in Mühlhausen im Kraichgau geboren. Der Sohn einer Gastwirtsfamilie besuchte katholische Internatsschulen in Bruchsal und Sasbach. Nach Abitur und Arbeitsdienst begann er 1939 in Erlangen ein Studium der Literaturwissenschaften und der Kunstgeschichte, das er erst 1949, nach seiner Soldatenzeit (ab 1942) und der Rückkehr aus russischer Kriegsgefangenschaft, in Heidelberg fortsetzen konnte. 1951 begründete er die »Konturen, die Blätter für junge Literatur«, 1954 erfand er gemeinsam mit Höllerer die »Akzente«, die lange Zeit einflussreichste deutsche Literaturzeitschrift, die er bis 1980 leitete. Von 1960 bis1962 war Bender Leiter des Feuilletons der »Deutschen Zeitung«, danach Chefredakteur des Magazins »magnum« und bis 1965 Lektor im Carl-Hanser-Verlag. Bender ist Mitglied der Mainzer Akademie der Wissenschaften und der Literatur und der Berliner Akademie der Künste. 1984 wurde er zum Adjunct Professor der Universität Austin/ Texas ernannt, 1986 verlieh man ihm die Ehrendoktorwürde der Philosophischen Fakultät Köln, 1997 den Professorentitel durch das Land Nordrhein-Westfalen. 1957 erhielt Bender den Kurzgeschichtenpreis der Süddeutschen Zeitung, 1961 den Förderpreis des Kulturkreises im Bundesverband der Deutschen Industrie. 1987 war er Ehrengast der Villa Massimo in Rom, 1988 erhielt er den Kunstpreis des Landes Rheinland-Pfalz, 2000 wurde er mit dem Kulturpreis der Stadt Köln ausgezeichnet.

»Am Anfang stand die Kurzgeschichte«, hat Hans Bender 1961, in einem essayistischen Rückblick (in: »Akzente«, H. 4/1961), die Entwicklung der Nachkriegsliteratur resümiert. Tatsächlich gründet auch Benders Ruhm als Autor auf seinen Kurzgeschichten, in denen er die autobiografischen Stoffe Krieg und Gefangenschaft, Rückkehr und Neuanfang in exemplarischen Erzählungen verarbeitete, die auch in zahlreiche Schullesebücher Eingang fanden. Das bekannteste Beispiel ist die 1957/58 entstandene Geschichte *Die Wölfe kommen zurück*, die ein symbolträchtiges Szenarium der Kriegsgefangenschaft im russischen Osten skizziert. Fünf Monate nach Kriegsende wird ein deutscher Gefangener in der Abgeschiedenheit einer archaisch-ländlichen Lebenswelt zum Arbeitsdienst herangezogen. In knappen, lakonischen Sätzen schildert Bender die Kargheit dieses Lebens, wobei der Gefangene nach anfänglichem Misstrauen seiner Quartiersleute in einer fast harmonischen Eintracht mit seinen Bewachern gezeigt wird. Am Ende der Geschichte steht die massenhafte Rückkehr der Wölfe in diese ländliche Welt. Gerade die unheimliche Präsenz der Wölfe hat die unterschiedlichsten Interpretationen provoziert.

In der ihm eigenen Lapidarität hat Bender die Geschichte eines Kriegsgefangenen, des an einer Lungenentzündung erkrankten Soldaten Ulmer, auch in *Wunschkost* (1959), seinem erfolgreichsten Roman, erzählt. Der moribunde, von seinen Kameraden isolierte Gefangene erhält Wunschkost – das letzte Privileg der Todgeweihten.

Stilistisch orientiert sich Bender in seinen Kurzgeschichten und Romanen am Realismus eines Ernest Hemingway und John Steinbeck. Neben Kriegs- und Nachkriegs-Erfahrungen thematisiert er in seinen Geschichten immer wieder Sozialisations- und Initiations-Szenen aus seiner Kraichgauer Heimat, Kindheitsbilder aus den späten Zwanziger- und frühen Dreißigerjahren, die zu atmosphärisch sehr dichten Geschichten gefügt werden. Von den Erzählungen des Bandes *Das wiegende Haus* (1961) bis zu den entsentimentalisierenden *Geschichten aus dem Kraichgau* (1995) erweist sich der Erzähler Bender immer wieder als ein großer literarischer Regionalist. Einem seiner Protagonisten, der Dichtergestalt in der Erzählung *Die halbe Sonne* (1955), hat Bender ein poetologisches Bekenntnis in den Mund gelegt: »Ich will Geschichten schreiben, die keinen Anfang und kein Ende haben, die nicht der Dichter macht, sondern die Figuren der Geschichte selber machen. ... Friedo Lampe hat solche Geschichten erzählt.«

Seine ersten literarischen Versuche unternahm Bender freilich als Lyriker, eine Ausdrucksform, die er nach seinen Bänden *Fremde soll vorüber sein* (1951) und *Lyrische Biografie* (1957) nicht weiter verfolgte. Aus dem Lyriker Bender wurde der einflussreiche Lyrik-Vermittler, der mit Anthologien und poetologischen Sammlungen die Lyrik-Diskussion maßgeblich prägte. Mit legendären Textsammlungen wie *Mein Gedicht ist mein Messer* (1955) und repräsentativen Anthologien wie *In diesem Lande leben wir* (1978) und *Was sind das für Zeiten* (1988) hat er der Gegenwartslyrik eine einprägsame Kontur gegeben.

In der literarischen Aufzeichnung fand er in den späten Siebzigerjahren schließlich das Genre, das ihm die Konzentration aufs Wesentliche ermöglichte. In dem Band *Einer von ihnen* (1979) hat er eine bündige Definition dieser Prosaform vorgelegt: »Eine Aufzeichnung soll die Konzentration eines Gedichtes erzielen, ohne dessen Stilgebärde, dessen Angestrengtheit oder gar dessen Schmuck. Die eigene Stimme soll aus der Aufzeichnung sprechen, die Erfahrung, der Gedanke, die Einsicht.« Es ist eine »ruhig schreitende Prosa«, die sich der Verfasser der Aufzeichnungsbände zum Modell erwählt und die ihm bei seiner Arbeit der Selbstbeobachtung zu literarischen Illuminationen verhilft. Das Stilideal der Klarheit und ruhigen Genauigkeit gewinnt der reflektierende Diarist aus der Lektüre der Journale von Elias Canetti, Julien Green und – vor allem – Jules Renard. Dort findet er jene konstatierende, chronikale Grundhaltung, die moderne Aufzeichnungsprosa den Weisheits-Sätzen alter Philosophen verwandt erscheinen lässt. In dem Aufzeichnungsband *Wie die Linien meiner Hand* (1999) spricht ein skeptischer Menschenbeobachter, ein Bäume- und Katzen-Liebhaber, ein enthusiastischer Leser und Italien-Reisender. In der immer weiter intensivierten Betrachtung von Bildern, Fresken und Altären in den Kirchen, Kapellen, Grotten und Museen von Rom und Florenz gewinnt er nicht nur ästhetische Erfahrungen, sondern auch existenziellen Trost: »Heute aber will ich an meinem Fenster sitzen bleiben und mich damit begnügen, zu schauen, zu träumen, zu sinnen.« Inspiriert durch dieses Arbeitsmotto des Landschaftsdichters Philippe Jaccottet versucht sich Bender im absichtslosen Schauen auf die Welt und im träumerischen Nachsinnen über die Dinge der Natur.

Michael Braun

Werke: *Fremde soll vorüber sein*, G., Augsb. 1951; *Die Hostie. Vier Storys*, Ffm. 1953; *Eine Sache wie die Liebe*, R., Hbg. 1954; *Mein Gedicht ist mein Messer. Lyriker zu ihren Gedichten*, Hg., Hbg. 1955; *Lyrische Biografie*, G., Wuppertal 1957; *Wölfe und Tauben*, En., Mü. 1959; *Wunschkost*, R., Mü. 1959; *Das wiegende Haus*, En., Stg. 1961; *Widerspiel. Deutsche Lyrik seit 1945*, Hg., Mü. 1962; *Mit dem Postschiff*, En., Mü. 1962; *Die Wölfe kommen zurück*, En., Hbg. 1965; *Klassiker des Feuilletons*, Hg., Stg. 1965; *Worte, Bilder, Menschen*, Pr., Mü. 1969; *Aufzeichnungen einiger Tage*, Bln. 1971; *Was alles hat Platz in einem Gedicht?*, Hg., zus. m. Michael Krüger, Mü. 1977; *In diesem Lande leben wir*, Anth., Hg., Mü. 1978; *Einer von ihnen. Aufzeichnungen einiger Tage*, Mü. 1979; *Das Katzen-Buch. Von Katzen und ihren Freunden*, Hg., zus. m. Hans Georg Schwark, Ffm. 1982; *Das Herbstbuch. Gedichte und Prosa*, Hg., Ffm. 1982; *Mein Gedicht ist die Welt*, Anth., Hg., zus. m. Wolfgang Weyrauch, Ffm. 1982; *Deutsche Gedichte 1930–1960*, Hg., Stg. 1983; *Deutsche Jugend*, Hg., Ffm. 1983; *Geschichten aus dem 2. Weltkrieg*, Hg., Mü., Zür. 1983; *Das Winterbuch. Gedichte und Prosa*, Hg., zus. m. Hans Georg Schwark, Ffm. 1983; *Hans Meisel: Eine Gondel ganz aus Glas. Früherinnerungen*, Hg., Mainz 1984; *Der Hund von Torcello*, En., Ffm. 1984; *Briefe an Hans Bender*, Mü. 1984; *Das Insel-Buch der Gärten*, Hg., Ffm. 1985; *Deutsche Erzähler 1920–1960*, Hg., Stg. 1985; *Das Sommerbuch. Gedichte und Prosa*, Hg., Ffm. 1985; *Als das Licht verlöschte. Dreißig Nachtgedichte*, Hg., zus. m. Nikolaus Wolters, Neu-Isenburg 1985; *Das Frühlingsbuch. Gedichte und Prosa*, Ffm. 1986; *Spiele ohne Ende. Erzählungen aus 100 Jahren*, Hg., Ffm. 1986; *Bruderherz*, En., Mü. 1987; *Capri. Ein Lesebuch*, Hg., Ffm. 1987; *Die Orte, die Stunden*, Aufzeichn., Hauzenberg 1992; *Ich schreibe kurz*, Aufs., Köln 1995; *Postkarten aus Rom. Autobiografische Texte*, Mü. 1997; *Hans Bender/Rainer Brambach: Briefe 1955–1983*, Mainz 1997; *Komm, schöne Katze. Gedichte, Prosa*, Ffm. 1997; *Wie die Linien meiner Hand*, Aufs. 1988–1998, Mü. 1999; *Autoren sehen einen Autor. Hans Bender. Ausgewählte Aufzeichnungen, Gedichte und Briefe*, hg. v. Hugo Dittberner, Darmst. 1999; *Ich erzähle, ich erinnere mich*, Pr., Bonn 2001; *Jene Trauben des Zeuxis*, Aufz., Aachen 2002; *Nachmittag, Ende September. Vierzeiler*, Köln 2002.

Benyoëtz, Elazar, wurde am 24. 3. 1937 in Wiener Neustadt geboren, emigrierte 1939 mit den Eltern nach Palästina und lebt seither in Jerusalem. Bis zum frühen Tod des Vaters 1943 wurde im Elternhaus auch Deutsch gesprochen, aber der junge Dichter verstand Hebräisch als seine Muttersprache, publizierte seit 1957 Gedichte auf Hebräisch und entdeckte erst mit fast 30 Jahren wieder Deutsch, die Sprache der Großeltern. Seit Mitte der Sechzigerjahre schreibt Elazar Benyoëtz deutschsprachige Gedichte, Essays, Aphorismen. Auf Deutsch wurde der Israeli zum Erneuerer und Meister des Aphorismus und zum Mittler zwischen Juden und Deutschen. »Es freuen sich beide Sprachen in mir«, sagte er 1988 in seiner Dankrede zum Adelbert-von-Chamisso-Preis für ausländische Autoren deutscher Sprache. 1964 erhielt der den Förderpreis des Theodor-Körner-Stiftungsfonds, 1997 das Bundesverdienstkreuz, 2002, mit Robert Menasse und Erika Burkart, den Joseph-Breitbach-Preis der Akademie der Wissenschaften und der Literatur Mainz.

Eine deutsche Stimme in Israel. Eine Biografie zwischen den Welten. Dass seine Großmutter die Shoa nicht überlebte und Millionen zum Schweigen gebracht worden waren, wurde für Elazar Benyoëtz zur Grundlage seiner Sprachlehre. »Erinnerungen – Selbstbelebungsversuche«, assoziiert er und schreibt für die Überlebenden und deren Kindeskinder. »Warum ich das tue? Weil es mir die einzig mögliche Weise der Solidarität ist; es ist mein Auschwitz – mit Abstand«, erklärt er im Band *Treffpunkt Scheideweg* (1990), ein biblisches Bild von Versöhnung und Abschied als Gleichnis für die deutsch-jüdische Symbiose. Sein »Muttersprachkomplex« ist Ursache für die lebenslange Auseinandersetzung des Juden mit der Wunde Deutschland. Um den jüdischen Beitrag an der deutschen Geistesgeschichte zu zeigen, gründete er 1964 das heute an der Akademie der Wissenschaften und der Literatur fortgeführte Archiv der *Bibliographia Judaica* mit Titeln deutsch-jüdischer Autoren der letzten 200 Jahre. Er übersetzte Schriftsteller wie Franz Werfel und Nelly Sachs, um den Israelis die Literatur deutscher Juden zugänglich zu machen. Er zitierte Erich Fried und Karl Kraus, kontaktierte Kolleginnen wie Annette Kolb und Marie-Luise Kaschnitz, die ihn mit dem Vorkriegsdeutschland verbanden.

Zur gleichen Zeit, als er von 1964 bis 1968 als Stipendiat in Berlin weilte, fand Elazar Benyoëtz im Deutschen »dichterisches Glück« und Deutsch als seine Literatursprache – Gegenwehr zwecklos. »Sie wollte mir nur Gutes, die deutsche Sprache, als sie mir – nach einer kurzen Begegnung auf deutschem Boden – sagte: Ich lasse dich nicht, du segnest mich denn.« Auch dieses Zitat hat biblischen Klang. Benyoëtz' Dichtung ist verwurzelt in der Religiosität und Spiritualität des Judentums. Als Mann des Glaubens schreibt er an der Schnittstelle von Glauben und Zweifel, Mystik und Intellekt, Dichten und Denken, Sprache und Schweigen, Sprach-Reflexion und Philosophie. 1959 bestand er die Prüfung als Rabbi, wollte aber Dichter werden, und Dichten versteht er als Daseins-, Denk- und »Geistesart«.

Elazar Benyoëtz denkt nach, denkt vor, spitzt zu, bringt Gedanken auf den Punkt, ohne dass seine Sätze mit einem Punkt enden müssten. Seine Aphorismen sind gedacht und nicht gemeint. Fern von Bonmots und Kalenderweisheiten führt er seine Leser in die Aphoristik als »Hochschule des Buchstabierens«, als Schule des Denkens; Spruch und Widerspruch inbegriffen – jüdischer Tradition gemäß. Paradoxien bergen Erkenntnis, Mehrdeutigkeiten sind gewollt: »Man glaubt im Zweifelsfall« und »Das Wissen von Gott ist grenzenlos beschränkt«, heißt es in der Aphorismen-Sammlung *Der Mensch besteht von Fall zu Fall* (2002).

Benyoëtz' Poesie fußt auf Erfahrung. Sein Tastsinn ist die Sprache. Sein Ziel: Erkenntnis. Sein Mittel: das Wort. Die Methode: Präzision. Das Prinzip: *Worthaltung* (1977). Benyoëtz nimmt Redewendungen beim Wort und schöpft aus Buchstabenverschiebungen oder unüblichen Wortkombinationen neue Bedeutungen. Auf seiner deutschen Sprachinsel in Jerusalem erfindet er den »Dreifel« als Verstärkung des Zweifels, »Sinnsang«, »Sprachialgewalt«, »Glaubwürde«, »Filigranit«, – Wortschöpfungen im Spannungsfeld von Hebräisch und Deutsch, Vertrautheit und Fremdheit: »... die eine Sprache hält mich durch, die andere auf Abstand, so kann ich mir selber nicht in die Karten gucken«, schrieb er 1981 in einem Brief an den Romanisten Harald Weinrich. Bis heute hält der Dichter Abstand vom Alltagshebräisch. *Einsprüche* (1973), *Einsätze* (1975), *Vielleicht – Vielschwer* (1981), *Die Zukunft sitzt uns im Nacken* (2000) – seine deutschsprachigen Buchtitel sind Programm. »Im Aphorismus gewinnt das Unhaltbare sein Gleichgewicht«, dichtet er in erschöpfender Kürze.

Benyoëtz' Aphorismen und *Einsätze* in Ein-Satz-Gestalt sind eine Form der Ewigkeit im Sinne Nietzsches. Seine Denkeinheiten fordern ein Mit-, Nach- und Weiterdenken des Lesers. Sie stehen für sich und sind zugleich integriert in eine Seite, ein Buch. Mit solchen, auch grafisch gestalteten Kompositionen rückt er die Prosa-Form des Aphorismus in die Nähe der Lyrik. In Anlehnung an Aphoristiker wie Lichtenberg lobte die Jury bei der Vergabe des Joseph-Breitbach-Preises seine Bücher als »außerordentliche Ideenparadiese«, und Laudator Harald Fricke bescheinigte dem Dichter, durch äußerste Verdichtung der Sprache uralten Wortuntergrund freizulegen. Elazar Benyoëtz sieht sich auch nicht als Zeitgenossen. Er lebt mit Mendelsohn in der Aufklärung, mit Wolfskehl in den Zwanzigerjahren des 20. Jahrhunderts, in der Wüste oder – mitgehangen, mitgefangen – im Brennpunkt Jerusalem. Politische Statements liegen ihm fern, aber manches in *Die Zukunft sitzt uns im Nacken* ist politisch lesbar, wenn er schreibt: »Du kannst nichts Größeres leisten als Widerstand.«

Cornelia Zetzsche

Werke: *Bibliographia Judaica.* Lexikon u. Autorenverzeichnis, Hg., Mü., Ffm. ab 1964 (seit 30 Jahren redigiert v. Renate Heuer, Akademie der Wissenschaften und der Literatur Mainz); *Paul Engelmann: Dem Andenken an Karl Kraus*, Hg., Wien 1967; *Sahaduta*, Aphor., Bln. 1969; *Annette Kolb und Israel*, Ess., Erinn., Tgb., Briefe, Hdbg. 1970; *Einsprüche*, Aphor., Mü. 1973; *Einsätze*, Aphor., Mü. 1975; *Worthaltung. Sätze und Gegensätze*, Aphor., Mü. 1977; *Eingeholt. Neue Einsätze*, Aphor., Mü. 1979; *Wort in Erwartung*, Aphor., Gottlieben 1980; *Mishpatim/Sentences*, hebr., Tel Aviv 1980, *Fraglicht*, Aphor., Gottlieben 1981; *Vielleicht – Vielschwer*, Aphor., Mü. 1981; *Im Vorschein*, Aphor., Gottlieben 1982; *Nahsucht*, Aphor., Gottlieben 1982; *Andersgleich*, Aphor., Gottlieben 1983; *Für- und Gegenwart*, Aphor., Gottlieben 1984; *Treffpunkte*, Aphor., Bad Soden 1985; *Weggaben*, Aphor., Weinfelden 1986;; *Kzot ha-choschech*, hebr., Erinn., Fragm., Briefe, G., Tel Aviv 1989, *Solange wie das eingehaltene Licht. Briefwechsel mit Clara v. Bodmann 1966–1982*, Konstanz 1989; *Treffpunkt Scheideweg*, Aphor., Ess., Briefe, Mü. 1990; *Filigranit. Ein Buch aus Büchern*, Aphor., Ess., Gött. 1991; *Paradiesseits. Eine Dichtung*, Herrlingen 1992; *Taumeltau. Vom Erwachen der Liebe*, Aphor., Herrlingen 1992; *Was nicht zündet, leuchtet nicht ein*, Aphor., Herrlingen 1992; *Beten*, Aphor., Ess., Herrlingen 1993; *Träuma*, Aphor., Ess., Herrlingen 1993; *Brüderlichkeit. Das älteste Spiel mit dem Feuer*, Aphor., Ess., G., Wien 1994; *Hörsicht. Eine Dichtung*, Herrlingen 1994; *Ichmandu. Oder: Was nicht trifft, kommt nicht an*, Briefe, Tübingen 1994; *Wirklich ist, was sich träumen lässt*, Aphor., Herrlingen 1994; *Endsagung*, Aphor., Herrlingen 1995; *Identitäuschung*, Ess., Herrlingen 1995; *Querschluss*, Aphor., Ess., Herrlingen 1995; *Entwirt*, Aphor., Ess., G., Herrlingen 1996; *Variationen über ein verlorenes Thema*, Aphor., Ess., G., Mü., Wien 1997; *Keineswegs*, Aphor., Ess., G., Herrlingen 1998; *Anschluss*, Aphor., Ess., G., Herrlingen 1999; *Die Zukunft sitzt uns im Nacken. Dichtung aus Aphorismen*, Mü.,

Wien 2000; *Allerwegsdahin. Mein Weg als Jude und Israeli ins Deutsche*, Erinnerungen, Zür., Hbg. 2001; *Der Mensch besteht von Fall zu Fall*, Aphor., Lpz. 2002; *Finden macht das Suchen leichter*, Aphor., G., Mü., Wien 2003; *Hinnaemlich*, G., Aphor., Herrlingen 2003.

Berg, Sybille, wurde 1962 in Weimar geboren und lebt heute in Hamburg und Zürich. Nach ihrer Ausreise aus der DDR 1984 und einer abgebrochenen Ausbildung bei der Clownsschule von Dimitri im Tessin jobbte sie als Lastwagenfahrerin und Werbetexterin in Hamburg. Seit 1994 schrieb sie zunächst für das »Zeit-Magazin« und später für »Cosmopolitan«, »Vogue« oder »Allegra«.

Sybille Berg gilt seit ihrem Debütroman *Ein paar Leute suchen das Glück und lachen sich tot* (1997) als Übermutter der jungen deutschen Literatur. Die Geburt ihres ersten Buches erfolgte aus dem Geist provokanter Kolumnen. In den Jahren zuvor hatte sie begonnen, den Alltag zu sezieren, um den darunter liegenden Irrsinn sichtbar zu machen. Ihr Debüt erwies sich als Manifest einer neuen, respektlosen, mit einer im Medienbetrieb geschärften Wahrnehmung ausgestatteten Generation von Autoren. Berg gab mit einer raffinierten Inszenierung von Prosa und Performance bald dem Trend die Richtung vor. Schon im ersten, galligen Roman über die Unmöglichkeit, das Glück zu finden, wird mit abgefeimter Sachlichkeit ein opulentes Repertoire der Zumutungen etabliert. Berg erzählt Episoden von Glückssuchern, die zwar nie ihr Ziel erreichen, dafür aber bei Wahrsagern, Kannibalen, Sado-Maso-Spezialisten, Skalpjägern und Bankräubern landen.

In *Sex II* (1998) führt sie tiefer hinein ins Beziehungsgrauen, feiert moralisches Elend und Vulgarität und hält sich dabei noch konsequenter an die selbst aufgestellten Regeln: eigene Grammatik, Kommandoton, frenetische innere Monologe, romantischer Gestus der Verzweiflung. *Sex II* handelt von der Einsamkeit geheimnisloser Körperbegegnungen am Ende des 20. Jahrhunderts in Mitteleuropa, erzählt vom Stand der Dinge in einer Gesellschaft nach dem Ende der Liebe.

Die Entschlossenheit, mit der die Autorin auch in ihrem dritten Roman *Amerika* (2000) ihre Kreaturen mit der Peitsche in der Hand über die Bühne jagt, lässt keinen Zweifel daran, dass sich hinter Bergs misanthropischer Kälte eine Moralistin zu Wort meldet. Wieder geht es um Projektionen vom Glück, diesmal allerdings haben diese keinen tödlichen Ausgang wie in den ersten beiden Büchern. Die Art, wie die vier Figuren Anfang 40 scheitern, spendet allerdings auch keinen Trost. Kein einziger Traum der Protagonisten, reich, berühmt, schön zu sein, die große Liebe zu finden, geht in Erfüllung – im ersten Teil des Buches. Doch damit ist der Kümmernis noch kein Ende gesetzt, denn Berg gibt ihren traurigen Helden eine zweite Chance. Sie dürfen noch einmal ins hoffnungsspendende Leben starten, diesmal nicht in Deutschland, sondern in Amerika. Ihre Träume gehen jetzt in Erfüllung. Nur, damit ist auch niemand glücklich. *Amerika* ist eine Spielanordnung, ein dialektischer Versuch über den Kitschroman, der die Sinndefizite seiner Helden ernst nimmt, um diese in parodistischer Überzeichnung als das zu entlarven, was sie sind: hoffnungslos banal.

Gold versammelt im Herbst 2000 Aufsätze, Reportagen und Kolumnen, die Berg für (Frauen-)Zeitschriften geschrieben hat. *Gold* ist das Protokoll von Erfahrungen mit einer absurden Wirklichkeit, die Sybille Berg in ihren belletristischen Texten entzaubert.

Mit ihrem vierten Roman schlägt die längst als Popliteratin annoncierte und sich gerne selbst inszenierende Autorin Berg plötzlich einen anderen Ton an, ohne von ihrem Stoff – das von der totalitären Dynamik des postmodernen Lebens überforderte Ich – zu lassen. Diesmal, in *Das Unerfreuliche zuerst* (2001), wechselt die Stimmung des Erzählens. Dieses Buch ist keine lockere Abrechnung mit der noch lächerlicher gewordenen, aber weiterhin mächtigen Welt der Männer. Die Trauer über das Elend der anderen, auch über das Elend der Männer, in deren Dämmerlicht sich das eigene spiegelt, ist unüberhörbar. Es geht nicht mehr um die Modellierung knallbunter Illusionswelten, sondern um das Warten auf den Tod und die Angst vor ihm, lichtlose Blicke in die Menschenseele am Anfang des neuen Jahrhunderts. Hier wird am deutlichsten Zeugnis davon abgelegt, dass sich Berg dem französischen Autor Michel Houellebecq verwandt fühlt. Die Demütigungen und Zerstörungen, die sie ihren Figuren zufügt, Männern und Frauen, die keine Namen tragen, verletzen auch ihre Schöpferin. Es ist deshalb kein Zynismus, wenn Berg eingangs des Buches »mein aufrichtiges Mitgefühl« allen armen Männern auf der Welt erklärt.

Auch vor dem ersten Theaterstück standen Texte für die »Zeit«: die »Berg hasst das Theater gründlich«-Kolumnen. Der erste Versuch war die Theaterfassung ihres ersten Romans. Acht Figuren sind bei der Redaktion übrig geblieben. In Endlosschleifen liefern die Personen ihre Geschichten ab, monologisch, um für den Moment der Erzählung die Zeit anzuhalten und die Einsamkeit zu überlisten. *Helges Leben* (2000) ist ein Stück über die Welt nach dem Ende des Menschen. Jetzt regieren die Tiere. Frau Gott möchte mal wieder eine Welt erschaffen, ist aber nur noch fürs Entertainment zuständig. Der Tod möchte mal wieder so richtig töten, kommt aber nicht so recht zum Zuge. Ein Tapir, ein Reh und ein Schnapphamster sitzen Möhrchen knabbernd auf dem Sofa und ziehen sich ein Video rein. Durch den gnadenlosen Blick der Haustiere wird das Stationendrama von *Helges Leben* zur beißenden Satire. Helga und Helmut ziehen zusammen und bekommen ein Kind. Helge schreit und macht die Eltern ganz nervös. Ihre Liebe zerbricht, und dann bekommt Helge Angst. Später wiederholt sich die Geschichte von Helga und Helmut mit Helge und Tina. Auch in *Hund, Frau, Mann* (2001) ist ein Haustier Protagonist. Zugrunde liegt der Roman *Liebe pur* der Israelin Yael Hedaya. Ein Straßenköter erzählt aus nächster Perspektive (er wird von einem Paar adoptiert) vom aussichtslosen Beziehungsversuch zweier Singles um die 40 in einer hermetischen Dreizimmerwohnung.

In ihrem Theaterstück *Herr Mautz* (2000), dem Schauspieler Rolf Mautz zugedacht, wird erneut ein unerfülltes Leben aus der Retrospektive rekapituliert. Ein Mann kratzt seine Ersparnisse zusammen und bricht ins vermeintliche Paradies nach Asien auf. Dort trifft er unter anderem auf drei Kakerlaken, die »Depression tropicana« feststellen und Herrn Mautz eine Maschine schenken, die ihm einen Rückblick auf sein Leben ermöglicht: ein Leben ohne Liebe. Wie in einem Tierversuch nimmt sich Herr Mautz das Leben.

Michael Schindhelm

Werke: *Ein paar Leute suchen das Glück und lachen sich tot*, R., Lpz. 1997, Theaterst., UA Stg. 1999; *Sex II*, Pr., Lpz. 1998; *Amerika*, R., Hbg. 1999; *Gold*, Hbg. 2000; *Helges Leben*, Theaterst., UA Bochum 2000; *Eine Stunde Glück*, Theaterst., UA Hdbg. 2000; *Das Unerfreuliche zuerst – Herrengeschichten*, Köln 2001; *Hund, Frau, Mann*, Theaterst., UA Stg. 2001; *Herr Mautz*, Theaterst., UA Oberhausen 2002.

Berkéwicz, Ulla, geboren am 5. 11. 1951 in Gießen als Tochter einer Schauspielerin und eines Arztes. Von 1966 bis 1969 besuchte sie die Hochschule für Musik und die Schauspielschule in Frankfurt. Seit 1969 war sie an mehreren deutschen Bühnen (Münchener Kammerspiele, Hamburger Schauspielhaus u. a.) als Schauspielerin engagiert, arbeitete an der Staatsoper und der Komischen Oper Berlin. 1982 gab sie den Schauspielberuf auf. Sie lebt in Frankfurt/M. und war seit 1990 mit dem 2002 verstorbenen Verleger Siegfried Unseld verheiratet. 1982 erhielt sie ein Stipendium der Stadt Klagenfurt und ein Stipendium der Stadt Hamburg, 1983 den Förderpreis der Künstlergilde Esslingen und den Förderpreis des Deutschen Literaturfonds, 1987 das Märkische Stipendium für Literatur und 1995 den Rheingau Literaturpreis.

Als »Todesbeschwörung von beklemmender Authentizität« (Paul Kersten) und als »ein Ereignis in der Natur« (Benjamin Henrichs), das durch seine »stark sinnlichen Elemente« (Walter Hinck) bestehe, rühmte man Ulla Berkéwiczs Debüttext *Josef stirbt* (1982). Die Situation des Todes auch mit all seiner physischen Widerwärtigkeit unsentimental aufbrechend, beschreibt die Ich-Erzählerin den Todeskampf ihres 90-jährigen Vaters, eines böhmischen Bauern, der noch bis ins hohe Alter vital war und nun in einem Hochhaus in einer trostlosen Stadtrandgegend, an einer »hitzigen Brustkrankheit« leidend, dahinsiecht. Anfangs angstvoll und gehemmt – »Ich bin praktisch und ziehe warme Sachen an und binde meine Haare fest, dass nirgendwo was reingerät, sich verfängt, fault, stirbt an mir« –, überwindet die Tochter ihre Berührungsängste, erlebt in einem steten Wechsel von Nähe und Distanz, von neu erlebter Intimität und alten Kämpfen, zwischen Verkrampfungen und Scheu, wirren Fragen und Halluzinationen, wie der Tote sie »in seine Zwischenwelt« hineinzieht. Der ängstliche Bruder, der sich schon um die Begräbnisformalitäten sorgt, seine vor lauter Sachlichkeit erkaltete Frau, die eifersüchtige Mutter, der hinfällige Freund und die aufdringliche Nachbarin mit ihren religiösen Fetischen treten in den Hintergrund, werden immer mehr zu voyeuristischen Nebenfiguren degradiert; eine nie gekannte Vertrautheit zwischen Tochter und Vater entsteht; »Josef, der Sterber« will sie mitnehmen in die unbekannte Totenwelt; Bilder entstehen, Traumsequenzen, die über die körperliche Fürsorge (»der Tod ist kein Mythos, er tritt tatsächlich ein«) hinaus innere Berührungen dokumentieren, auch wenn die Tochter sich lange dagegen wehrt, »damit ich nicht eingleite in Bilder, die ich nicht übersehen kann«.

Fesselnd und sperrig zugleich zeigt sich die sprachliche Umsetzung dieses Leidens- und Annäherungsprozesses, der mit expressiv-rauen, oft gegen grammatikalische Konventionen verstoßenden Formulierungen, Akribie, Präsizion und einem Sinn für dramatische Gewichtungen »das Entsetzen in Sprache bannt« (Paul Kersten). Nach seinem Tod ist Josef »unbekannter geworden, er heißt nicht mehr, sein Name ist frei«; freier auch fühlt sich die Erzählerin, die Ängste abgebaut, Erinnerungen wieder belebt und wohl erstmals eine liebende Beziehung zu ihrem Vater erlebt hat. »Plötzlich von ihm getrennt, finde ich mich nicht zurecht, bin hinterlassen, durchs ganze Zimmer verstreut.«

Ein Mädchen vom Land geht in die »Stadt, den Michel suchen«. Eine Mischung aus Märchen und zivilisationskritischer Parabel bietet der Text *Michel, sag ich* (1984), in dem die Erzählerin in der apokalypisch anmutenden Ruinenlandschaft der Stadt Frankfurt auf der Suche nach ihrem Angebeteten in die Straßenkämpfe zwischen denen, die »Hoffnung in der Angst und Angst in Hoffnung« verspüren, und einer anonymen Militärmacht gerät. In Anlehnung an die Orpheus-Sage betritt sie das Totenreich der Zivilisation, eine seelenlose Wüste mit »Türmen aus Spiegelglas«, in denen unbekannte Mächte die Kontrollhebel des Lebens bedienen. »Die Türme stehn vorm Licht, das Eis wächst hoch, der Wald bricht um, die Erde hat zu atmen aufgehört. Wir müssen in die Erde gehen, wir müssen graben, untergraben, was uns zerstört, muss weg, muss untergehen.« Mit ihrem Marat-ähnlichen Führer Rudi (an Dutschke erinnernd) kämpft eine junge Stadtguerilla, eine Mischung aus APO und RAF, auf dem »Roßmarkt« unter hohen Verlusten gegen das drohende Weltende und seine Verursacher. Als die Erzählerin schließlich Michel findet, ist er verändert; auch er »gräbt und ist älter geworden«, hat »was Fremdes in seinem Blick«. Sie flieht aus der Stadt, durchschwimmt den Main, ohne sich noch einmal umzuschauen; während ihr Begleiter beim Anblick der untergehenden Stadt erstarrt und versinkt, erreicht sie das rettende Ufer. Sie kehrt in eine heile bäuerliche Welt zurück, und als Michel wie Phönix aus der Asche bei ihr auftaucht, ist die Idylle komplett. Was als Modernismus- und Zivilisationskritik angelegt ist, gerät der Autorin mit ihrer Schwarz-Weiß-Zeichnung der beiden antagonistischen Lebenswelten unversehens in einen mythisch-irrationalen Dunstkreis; vor allem wird der mit archaischen Bildern gestaltete Gegenweltentwurf mit seinen stereotypen Strukturen problematisch.

»Wir sind auf dem Theater, nur hier können wir uns von der Form befreien, in der wir unser tägliches Leben zubringen, denn das Theater ist der Ort, auf den eine größere Wirklichkeit gerufen werden kann.« Ein Spiel mit der Wirklichkeit, mit ihren Transformationen im Film, in Theater und Literatur, verfolgt die Autorin in *Adam* (1987). Die Kunst als Lebensersatz oder -ergänzung, wenn das Leben nicht ausreicht, die eigenen Wünsche zu realisieren. Adam, hebräisch: der Mensch, »das waren Adam und Eva in einem Körper vereinigt, ehedem ... wenn die Liebe zwischen zwei Menschen kommt, dann hat sie die Funktion von Leim, und die zwei können eins werden zusammen, wie Adam«. Die Erzählerin, eine in Hamburg arbeitende Schauspielerin, wartet tagelang sehnsuchtsvoll auf den Geliebten, auf die Erfüllung in der Liebe, letztlich auf den Sinn des Lebens. Die in den Ritualen des Theaters und des Films vorgelebten Liebesszenen (Standardfrage: »Wie geht der Film?«), die im Durchbrechen sexueller Tabus in der frühen Jugend vorweggenommenen Wünsche aus einer scheinbar anderen Welt sollen mit der Alltagswirklichkeit kongruent, das heißt real ausgelebt werden in der liebenden Vereinigung mit dem Mann, um wieder eins zu werden wie Adam, den »Gott zertrennt und in zwei Bilder brachte«. Als der Geliebte endlich kommt, will sie den Unberechenbarkeiten der Wirklichkeit bzw. des Spiels mit ihr keine Chance lassen: »Den letzten Akt schreiben wir so lange um, bis er stimmt.«

Auch in den drei Erzählungen von *Maria Maria* (1988) »rutschen uns hier die Zeiten durcheinander«. Die Titelerzählung stellt eine Hommage an die Schauspielerin Maria Nicklisch dar (in Begleitung des »Eklektikers« Botho Strauß), die die Autorin mit Literaten aus dem Schwabinger Bohemekreis in einer fiktiven Begegnung in einer Münchner Künstlerkneipe aufeinander treffen lässt. *Hi, Wendy* erzählt von der Liebesaffäre eines deutschen Gastprofessors mit einer amerikanischen Sekretärin, die Goethes *Wahlverwandtschaften* als Lebens- und Liebesanleitung benützt, und *Das Geheimnis von Fräulein Doktor Faußt* besteht in dem Liebesverhältnis einer einsamen Lehrerin zu einem Baum, der als Mann ihre Träume beherrscht, um dem Alltag in der »Flachstadt der Strichmenschen« zu entgehen. Zum Schluss aber »lag sie unter den Blättern, auf ihr lag ein schwerer Ast, er war durch sie hindurchgewachsen mit seinen hundert Zweigen«. Die Verschmelzung der Wirklichkeitsbereiche durch die Kraft der Fantasie, die Annäherung einer häufig als lieb- und emotionslos empfundenen Lebenswelt an die realen Sehnsüchte mithilfe der Literatur beschreibt

Ulla Berkéwicz in ihren Prosatexten, die Zeugnis dafür ablegen, »dass man mit der Liebe nichts als Theater hat. Aber man geht immer wieder hin« (R. Groß).

So sind es auch eher die Miniaturen, die kleinen Episoden, die Berkéwicz so bravourös zu erzählen versteht, und weniger die große epische Strecke wie zum Beispiel im Roman *Engel sind schwarz und weiß* (1992), der die Geschichte der verführten Hitlerjungen wiedergibt, ihrem zaghaften Aufbegehren, ihrer Zeugen- und Mittäterschaft im Krieg und ihrem Erwachen inmitten der Toten und Ruinen, oder im Liebes- und Spionageroman *Ich weiß, daß du weiß*t (1999), der im kasachischen Restaurant »Ural« in Amsterdam inmitten der schrägen Stammbesetzung ein an James-Bond-Filme erinnerndes Szenario platziert, in dem sich zwei Agenten, von ihren Staaten aufeinander gehetzt, ineinander verlieben und in dieser absurden Situation ihre jeweilige abenteuerliche und blutige Lebensgeschichte der Wirtin des Lokals erzählen. Ihre Schilderungen von Krieg, Ausbildungscamps, Terroreinsätzen gelingen der Autorin überzeugend. Berkéwicz erzählt wirkungsvoll, wenn sie ihre Vorliebe für Drastik und Metaphorik zähmt und mit sinnlicher und doch nüchterner Sprache konzentriert arbeitet. Wie zum Beispiel in *Mordad* (1995) und in *Zimzum* (1997), in denen der Wille zur gedanklichen und sprachlichen Verdichtung und Stringenz überzeugend zum Ausdruck kommt. Während *Mordad* das spannende Protokoll einer Schreib- und Identitätskrise einer Schriftstellerin ist, die, im »Nullraum« sitzend, mit der Differenz von Erfindung und Einfall hadert und erst am Ende aus ihrem Dämmerzustand erwacht, palavert sich in *Zimzum* eine meist alkoholisierte Clique auf einer spanischen Insel durch Tag und Nacht, pflegt Selbstekel und rauschhafte Exaltation, allesamt routinierte Darsteller der »Leerecamouflage« und des Posenkarussells. Die Differenz zwischen Trivialität und Intellektualität ist vor allem eine sprachliche: Dinge und Begriffe zerfallen, die Autorin setzt Lebens- und Leerläufe artifiziell und spielerisch in Szene. Gleiches gilt für den literarischen Essay *Vielleicht werden wir ja noch verrückt* (2002), der im Fluss der Gedanken über die Spielarten des religiösen Fundamentalismus großartige Erzählinseln verankert, die die moraltheologischen und zeitdiagnostischen Reflexionen – vor dem Hintergrund des 11. September 2001 – geistreich und unterhaltsam durchbrechen.

Thomas Kraft

Werke: *Josef stirbt*, E., Ffm. 1982; *Michel, sag ich*, Pr., Ffm. 1984; *Adam*, Pr., Ffm. 1987; *Maria Maria*, En., Ffm. 1988; *Nur Wir. Ein Schauspiel*, Ffm. 1991, UA Mü. 1991; *Engel sind schwarz und weiß*, R., Ffm. 1992, Schpl. 1992; *Mordad*, Ffm. 1995; *Zimzum*, Ffm. 1997; *Der Golem in Bayreuth. Ein Musiktheaterstück*, zus. m. Lesch Schmidt, Ffm. 1999, UA Wien 1999; *Ich weiß, daß du weißt*, R., Ffm. 1999; *Ankst*, Theaterst., UA Ffm. 2001; *Vielleicht werden wir ja verrückt. Eine Orientierung in vergleichendem Fanatismus*, Ffm. 2002.

Bernhard, Thomas, wurde am 9. 2. 1931 in Kloster Heerlen bei Maastricht (Niederlande) als unehelicher Sohn eines österreichischen Tischlers und der Tochter des österreichischen Schriftstellers Johannes Freumbichler geboren. Bernhard wuchs bei seinen Großeltern mütterlicherseits in Wien und Seekirchen am Wallersee auf, bis die Mutter heiratete. Ihr Mann wurde sein Vormund; die Familie zog nach Traunstein in Oberbayern, Schulbesuch dort und in einem Salzburger Internat. Kurze Zeit wurde er kinderlandverschickt in ein Heim für schwer Erziehbare im thüringischen Saalfeld. 1945 bis 1947, die Familie war inzwischen aus Deutschland ausgewiesen worden, besuchte er das Salzburger Johanneum. Von einem Tag auf den anderen brach er dann die Gymnasialausbildung ab und wurde Kaufmannsgehilfe. Von 1947 bis 1948 arbeitete er als Lehrling bei einem Lebensmittelhändler; dabei zog er sich eine Rippenfellentzündung zu, die sich zu einer Lungenkrankheit und schließlich zur Tuberkulose ausweitete. Zwei Jahre verbrachte er in verschiedenen Krankenhäusern, wurde aufgegeben und mit den Sterbesakramenten versehen. In dieser Zeit starben sein Großvater und seine Mutter. »Immer den Tod vor Augen«, begann Bernhard zu schreiben, bewundert und unterstützt von der 35 Jahre älteren Hedwig Stavianicek, die er in der Lungenheilanstalt Grafenhof kennen lernt. Sie wurde bis zu ihrem Tod 1984 Bernhards »Lebensmensch«. Auf Wunsch des Großvaters erhielt Bernhard seit 1943 Privatunterricht auf der Geige, im Malen und in Gesang. Durch Vermittlung Carl Zuckmayers, der bereits den Großvater Freumbichler gefördert hatte, wurde Bernhard Journalist und vor allem Gerichtsreporter beim »Demokratischen Volksblatt« in Salzburg. Dort und in Zeitschriften erschienen erste literarische Texte. Von 1955 an studiert er Gesang, Regie und Schauspielkunst am Salzburger Mozarteum. Reisen nach Italien, Jugoslawien, Polen und England folgten. Die Jahre von 1957 bis 1959 verbrachte er vorwiegend bei Gerhard Lampersberg auf dem Tonhof in Maria Saal, wo 1960 vier seiner kurzen Schauspiele aufgeführt wurden. Seit 1965 lebte er dann in Wien sowie einsiedlerisch auf einem von ihm selber instandgesetzten Gutshof im oberösterreichischen Ohlsdorf. 1984 folgte eine gerichtliche und publizistische Auseinandersetzung mit dem Komponisten Lampersberg um den Beleidigungsgehalt in Bernhards Roman *Holzfällen* (1984); Bernhard verfügte ein zeitweiliges Vertriebsverbot seiner Bücher für Österreich. Er starb am 12. 2. 1989 und wurde auf dem Grinzinger Friedhof im Grab Hedwig Stavianiceks bestattet.

1964 erhielt Thomas Bernhard den Julius-Campe-Preis, 1965 den Bremer Literaturpreis, 1968 den Österreichischen Staatspreis und den Anton-Wildgans-Preis, 1970 den Büchnerpreis, 1972 den Grillparzer- und den Csokor-Preis, 1974 den Prix Séguier, 1983 den Premio Mondello. Er ist einer der größten Komödianten der neueren deutschsprachigen Literatur. Diese Einschätzung, zuerst von Eckhard Henscheid proponiert, mag überraschen bei einem Schriftsteller, der die Welt rabenschwarz wie kein anderer einfärbte und rings um sich nichts als Dummheit und Verzweiflung, Krankheit und Tod am Werk sah. Trotz des nihilistischen Credos seiner Helden, die sich für ein grundsätzlich scheiterndes »Werk« von der übrigen Menschheit abschließen, fand Bernhards Pathos früh Anklang bei der Literaturkritik. Wohl gab es Vorwürfe wie »Lazarett-Literatur«, aber im Ganzen erfreute sich gerade der Bernhardsche Pessimismus bei Lesern und Kritikern allergrößter Beliebtheit. Zum wachsenden Ruhm trugen die häufigen, leidenschaftlich gern öffentlich ausgetragenen Querelen des Autors mit Amtspersonen und Kollegen bei.

Das existenzialistische Tremolo, wie es durch die frühen Bücher bebt, erreichte zunächst nur wenige, aber rasch begeisterte Leser. In der Prosa der Sechzigerjahre entwickelte Bernhard sein zunehmend verfinstertes Weltbild: »Es ist alles sinnlos, wenn man an den Tod denkt.« Der große, auch finanzielle Erfolg kam jedoch erst mit den unbedingt zirzensischen Stücken, zumeist von Claus Peymann an dessen jeweiliger Wirkungsstätte inszeniert.

Bernhards umfangreiches Werk lässt sich grob in drei Abschnitte gliedern: eine frühe religiöse, eine mittlere pathetische und eine ohne Bruch aus der vorigen abgeleitete letzte Phase, die das Pathos nur mehr ironisch aufrechterhält. Die ersten seit 1950 bekannt gewordenen dichterischen Versuche Bernhards zeigen ihn noch völlig im Einklang mit der Welt, insbesondere der Heimat im Salzburger Land, dem Land und dem Thema seines Großvaters. Diese Zeit der klaren Affirmation geht im ersten Gedichtband *Auf der Erde und in der Hölle* (1957) über in einen weiterhin religiös bestimmten, aber bereits zweifelnden Abschnitt der Gottsuche in der Nachfolge Pascals: »Warum muss ich die Hölle sehen? Gibt es denn keinen anderen Weg zu Gott?« Die »Hölle« ist die irdische Wirklichkeit, die vor einer transzendent bestimmten Erlösung steht. »Schwarz ist meine Botschaft«, sagt das lyrische Ich dieser Gedichte in der Nähe Trakls und Rilkes, und diese Aussage gilt auch für die weiteren Bücher Bernhards. In dem 1981 veröffentlichten Zyklus *Ave Vergil*, der nach Angaben seines Verfassers bereits 1959/60 entstanden ist, zeigt sich dieser von der europäischen Lyrik der Moderne beeinflusst, zugleich scheint ein Umschlag in der religiösen Sinnsuche eingetreten zu sein: »In der Finsternis deines Hauses / erkenne ich meinen Vater / als den Erfinder meines Sterbens, / als den Hervorbringer meiner Leiden«; hier klingen bereits die späteren Hasstiraden seiner Figuren an. In dieser Zeit muss bei Bernhard der »Bruch mit der Welt« erfolgt sein, denn die religiöse Inbrunst der Gedichte verwandelt sich in die reine Negativität der Prosa. In einer Auswahl aus den Gedichten Christine Lavants, die er zwei Jahre vor seinem Tod herausgibt, nennt er womöglich einen Schlüssel für seine eigene Wandlung: Diese Dichterin sei »in ihrer Existenz durch sich selbst gepeinigt und in ihrem christlich-katholischen Glauben zerstört und verraten« worden. Das große Ergebnis dieser invertierten Bekehrung bildet der Roman *Frost* (1963), mit dem Bernhard erst eigentlich in das Bewusstsein der Gegenwartsliteratur tritt. »Der Selbstmord ist meine Natur, müssen Sie wissen«, sagt der Maler Strauch zu dem Medizinstudenten, der im Auftrag seines Vorgesetzten in das Gebirgsdorf Weng gefahren ist, um dort dessen Bruder, eben Strauch, zu beobachten. Weng stellt ein apokalyptisches Tableau menschlicher Verkommenheit dar, die sich zur Grausamkeit und unberechenbaren Aggression der Natur gesellt. In immer neuen Hyperbeln wird die Gebirgstalwelt als kalt, böse und menschenfeindlich beschrieben; die Menschen, die in dieser schwer existenzialistischen Metaphorik leben müssen, können gar nicht anders als zu verrohen. Der Student notiert die endlosen superlativistischen Tiraden des Malers gegen Gott und die Welt. In einem sarkastisch parodierten Bildungsroman stellt sich die Paranoia, die der Student beobachten soll, beim Lokaltermin als einzig mögliche Existenzform in einer vollkommen entgeistigten und pervertierten Welt dar, der Wahnsinn ist die einzig angemessene Antwort auf die Sinnlosigkeit des Daseins. Der Student reist ab, bevor er vollkommen in den Sog der pathetischen Rhetorik des Malers gerät.

Mit *Frost*, dem nachfolgenden Roman *Verstörung* (1967) und den Erzählungen *Amras* (1964), *Watten* (1969) und *Midland in Stilfs* (1971) erschrieb sich Bernhard den Ruf eines »Unterganghofers«, weil er zwar den traditionellen Schauplatz des sentimentalen Heimatromans nutzte, sich aber selber jeder Sentimentalität enthielt und sie durch eine ins Negative gekippte schwarze Idyllik ersetzte. Das »sanfte Gesetz« Adalbert Stifters wird bei Bernhard umgewertet in ein Gesetz von Tod und Wahnsinn: »... Es ist alles lächerlich, wenn man an den Tod denkt.« Für die Literaturkritik etablierte sich Bernhard als ein durch die eigene Krankheit legitimierter Schmerzensmann, der mit seinem Leben in selbst gewählter Einsamkeit für die Negativität seiner Bücher einsteht. Strauch ist die erste der vielen Künstlergestalten Bernhards, die sich aus der Welt zurückgezogen haben, um allein ihrem Geist zu leben. Während zumindest rhetorisch die Möglichkeit besteht, dass Einsamkeit und Isolation ein Geisteswerk hervorbringen, negiert Bernhard diese anarchisch-individuelle Utopie gleich selbst, indem er seine Geistesmenschen der Lächerlichkeit preisgibt. Konrad in *Das Kalkwerk* (1970) hat alles aufgegeben, um endlich seine Studie über das Gehör abfassen zu können; als es so weit wäre, bringt er seine Frau um und wird selber wahnsinnig. *In der Korrektur* (1975) stirbt eine Frau beim Anblick des Betonkegels, den ihr Bruder Roithamer als ihr Idealbauwerk errichtet hat. Der Erzähler in *Beton* (1982) ist wegen der Gegenwart seiner Schwester unfähig, den alles entscheidenden ersten Satz einer Studie über Mendelssohn-Bartholdy aufs Papier zu bringen. Das Werk eines großen Geistesmenschen wird bei Bernhard zunehmend der Sinnlosigkeit und Lächerlichkeit überführt, der Wert der Kunstproduktion überhaupt und damit die Rolle der Kunst als einer säkularen Ersatzreligion bezweifelt – und zwar von Bernhard selbst, der seinerseits der Schöpfer eines großen Geisteswerks ist.

Trotz der häufig eingestreuten Hinweise auf europäische Großdenker von Pascal bis Schopenhauer wird ab Mitte der Siebzigerjahre in Bernhards Werk ein ganz anderer und bis dahin fast nur Bernhard selbst bekannter Geistesriese sichtbar: der Schriftsteller Johannes Freumbichler. »Die Großväter sind die Lehrer, die eigentlichen Philosophen jedes Menschen, sie reißen immer den Vorhang auf, den die andern fortwährend zuziehen.« Bernhard nennt den autodidaktisch gebildeten und auf Kosten seiner Familie gescheiterten Freumbichler seinen »geliebtesten Menschen«. In den Aufzeichnungen Freumbichlers findet sich bereits der »Übertreibungskünstler« Thomas Bernhard: »Ich muss in den Wahnsinn verfallen – oder ich bin verloren!!« – »Ich will es vollbringen oder sterben!!« Manuskript um Manuskript entsteht unter dem selbst geschaffenen Druck, und die Familie duldet's. »Tagelang«, schreibt der Enkel, »hatte er sich eingesperrt, und seine Frau, meine Großmutter, wartete auf den Schuss aus der Pistole, die er auf dem Schreibtisch liegen hatte.« Mit *Beton* hat Bernhard deshalb eine Wurzel seines Schaffens freigelegt, eine Wurzel, die ihn mit dem Großvater verbindet, den Schreibzwang aus Sterilität. Bei einem Groß- und Hauptartisten wie Thomas Bernhard kann man allerdings nie wissen, woran man ist: Während die autobiografischen Bücher den Großvater als einzigen Menschen feiern, denunzieren die Romane wie die Stükke den kunst- und ruhmbesessenen Großvater als Provinzkunstveranstalter.

Die autobiografischen Bücher *Die Ursache* (1975), *Der Keller* (1976), *Der Atem* (1978), *Die Kälte* (1981) und *Ein Kind* (1982) bezeichnen als Ursachen für Bernhards monomanischen Schreibzwang die miteinander konkurrierende Erziehung durch Schule und Internat auf der einen und durch den übermächtigen Großvater auf der anderen Seite, die durch die sozialen Bedingungen entstandene und durch die Sorglosigkeit der Ärzte verschleppte Krankheit sowie einen aus dem vorigen resultierenden Hass auf das kleingeistige Österreich. Dieses Österreich hatte den Großvater vernichtet, und Bernhard zahlte es ihm mit seinen immer musikalischer aufspielenden Beschimpfungsorgien heim. Die Ursache mag sehr ernst sein, in der Darbietung durch ein ewiges Crescendo gelang es Bernhard, ein tragisches Possenspiel aufzuführen. Klang bereits im Prosawerk seit *Frost* die Möglichkeit dazu an, so schlägt in den häufig als Komödien bezeichneten Stücken das Tragische endgültig ins Lächerliche um. Bernhards Werk, insbesondere das dramatische seit *Ein Fest für Boris* (1970), ist durchgehend musikalisch angelegt. Es handelt sich, und hier setzt sich eine Linie seit dem Frühwerk *Köpfe* (1960) fort, um Stücke für Marionetten, die Rollenprosa bzw. Arien verschiedener Intensität vortragen und als Lautsprecher für Ideen und Geisteshaltungen funktionieren. Bernhards Stücke sind weniger Dramen als

Libretti für Lieblingsdarsteller, zu denen insbesondere Bernhard Minetti und Schauspieler aus der Truppe Claus Peymanns gehören. Der Geistesaristokratismus Bernhards weicht in seinen letzten Büchern *Wittgensteins Neffe* (1982), *Der Untergeher* (1983), *Holzfällen* und *Alte Meister* (1985) einer sich selbst reflektierenden Ironie, die auch selbstbewusst mit der Öffentlichkeit und den Medien umgeht. Mit dem Text *Auslöschung* (1986) legte Bernhard sein umfangreichstes Buch vor, in dem sein komödiantisches Spiel mit Leseerwartungen eine neuerliche Wendung nahm. Hatte er in den zurückliegenden 25 Jahren die etablierte Kunst und ihre Produzenten nur mit Spott und Verachtung bedacht, so gelang es ihm hier, in einer Travestie des Künstlerromans die Kollegen einerseits mit noch mehr Hass zu bedenken (eine bemerkenswerte Ausnahme ist die verehrte und ihrerseits für die Kunst und damit auch gegen Österreich gestorbene Ingeborg Bachmann), gleichzeitig aber von der Kritik für seine Verstellungskünste mit den Weihen des Dichters versehen zu werden. Diese Art der »negativen Dialektik« hat seiner »Übertreibungskunst« schließlich doch noch das Gütesiegel »Weltliteratur« eingebracht. Bernhard lieferte bis zuletzt die gewohnten Beschimpfungsorgien, vornehmlich gegen das »nationalsozialistisch-katholische« Österreich, aber er führte dieses Rasen nun als ironisches Stilmittel vor. Am Ende ereilte ihn der Weltruhm.

Willi Winkler

Werke: *Auf der Erde und in der Hölle*, G., Salzb. 1957; *In hora mortis*, G., Salzb. 1958; *Unter dem Eisen des Mondes*, G., Köln 1958; *die rosen der einöde. fünf sätze für ballett, stimmen und orchester*, Ffm. 1959; *Frost*, R., Ffm. 1963; *Amras*, E., Ffm. 1964; *Verstörung*, E., Ffm. 1967; *Prosa*, Ffm. 1967; *Ungemach*, E., Ffm. 1968; *An der Baumgrenze*, En., Salzb. 1969; *Ereignisse*, Pr. (entst. 1957), Bln. 1969; *Watten. Ein Nachlass*, Ffm. 1969; *Der Berg. Ein Spiel für Marionetten als Menschen oder Menschen als Marionetten* (entst. 1957), in: »Literatur und Kritik«, 1970; *Das Kalkwerk*, R., Ffm. 1970, Hsp., DLR/SWR 2001; *Ein Fest für Boris*, Theaterst., Ffm. 1970, UA Hbg. 1970; *Midland in Stilfs*, En., Ffm. 1971; *Der Italiener*, Pr.-Fragm., Salzb. 1971; *Film-Geschichte, persönliche Aussagen vor der Kamera*, Salzb. 1971; *Gehen*, E., Ffm. 1971; *Der Ignorant und der Wahnsinnige*, Theaterst., Ffm. 1972, UA Salzb. 1972, Fssp. 1972; *Die Jagdgesellschaft*, Theaterst., Ffm. 1974, UA Wien 1974; *Der Kulterer. Eine Filmgeschichte*, Salzb. 1974; *Die Macht der Gewohnheit*, Hsp. 1973, Theaterst., Ffm. 1974, UA Salzb. 1974, Fssp. 1974; *Der Präsident*, Theaterst., Ffm. 1975, UA Wien 1975; *Die Ursache. Eine Andeutung*, Salzb. 1975; *Korrektur*, R., Ffm. 1975; *Die Berühmten*, Theaterst., Ffm. 1976, UA Wien 1976; *Der Keller. Eine Entziehung*, Salzb. 1976; *Minetti. Ein Portrait des Künsters als alter Mann*, Theaterst., Ffm. 1977, UA Stg. 1976; *Immanuel Kant*, Theaterst., UA Stg. 1978; *Ja*, E., Ffm. 1978; *Der Stimmenimitator*, Pr., Ffm. 1978; *Der deutsche Mittagstisch. Eine Tragödie für ein Burgtheatergastpiel in Deutschland*, *Minidrama*, 1978; *Der Atem. Eine Entscheidung*, Salzb. 1978; *Vor dem Ruhestand. Eine Komödie von deutscher Seele*, Ffm. 1979, UA Stg. 1979; *Der Weltverbesserer*, Theaterst., Ffm. 1979, UA Bochum 1980; *Die Erzählungen*, Ffm. 1979; *Die Billigesser*, E., Ffm. 1980; *A Doda. Für zwei Schauspielerinnen und eine Landstraße, Minidrama*, 1980; *Über allen Gipfeln ist Ruh. Ein deutscher Dichtertag um 1980*, Theaterst., Ffm. 1981, UA Ludwigsburg 1982, Hsp., RIAS 1983; *Die Kälte. Eine Isolation*, Salzb. 1981; *Ave Vergil*, Ffm. 1981 (entst. 1959/60); *Am Ziel*, Theaterst., Ffm. 1981, UA Salzb., Fssp. 1981; *Ein Kind*, Salzb. 1982; *Wittgensteins Neffe. Eine Freundschaft*, Ffm. 1982; *Beton*, E., Ffm. 1982; *Der Schein trügt*, Theaterst., Ffm. 1983, UA Bochum 1984; *Der Untergeher*, R., Ffm. 1983; *Am Ziel*, Hsp., WDR 1983; *Der Theatermacher*, Theaterst., Ffm. 1984, UA Salzb. 1985; *Ritter, Dene, Voss*, Theaterst., Ffm. 1984, UA Salzb. 1986; *Holzfällen. Eine Erregung*, Ffm. 1984, Hsp., MDR/DT 2000; *Alte Meister. Komödie*, Ffm. 1985; *Auslöschung. Ein Zerfall*, 1986; *Einfach kompliziert*, Theaterst., Ffm. 1986, UA Bln. 1986; *Elisabeth II. Keine Komödie*, Ffm. 1987, UA Bln. 1989; *Christine Lavant: Gedichte*, Hg., Ffm. 1987; *Die Irren. Die Berühmten*, Hsp., ORF/DRS 1988; *Die Häftlinge*, G., Ffm. 1988 (entst. vor 1962); *Der deutsche Mittagstisch. Dramolette*, Ffm. 1988; *Heldenplatz*, Ffm. 1988, UA Wien 1988; *In der Höhe. Rettungsversuch. Unsinn*, Pr., Salzb. 1989 (entst. 1959); *Claus Peymann kauft sich eine Hose und geht mit mir essen. Drei Dramolette*, Ffm. 1990; *Thomas Bernhard. Ein Lesebuch*, hg. v. Raimund Fellinger, Ffm. 1993; *Thomas Bernhard und seine Lebensmenschen. Der Nachlass*, hg. v. M. Huber, M. Mittermayer u. P. Karlhuber, Ffm. 2002.

Bernig, Jörg, wurde am 17. 1. 1964 als Sohn einer aus Böhmen stammenden Familie in Wurzen/Sachsen geboren. Nach einer Bergmannslehre, dem Abitur und dem Militärdienst studierte er von 1985 bis 1990 Deutsch und Englisch an der Universität Leipzig. Danach war er Assistenzlehrer an einem katholischen und einem protestantischen Gymnasium in Dunfermline in Schottland, später Lektor am Germanistischen Seminar der University of Wales in Swansea. Ende 1993 kehrte er nach Deutschland zurück und promovierte 1996 mit einer Arbeit über deutsche Kriegsromane an der Freien Universität Berlin. Es folgten zwei Jahre, in denen er freiberuflich tätig war, u.a. als Lehrbeauftragter der TU Dresden, für das Goethe-Institut und als Redakteur der Literaturzeitschrift »Ostragehege«. 1999–2000 arbeitete er an einem Forschungsprojekt des Lehrstuhls für neuere deutsche Literatur an der TU Dresden und 2002–2003 an einem Forschungsprojekt des Mitteleuropa-Zentrums der TU Dresden. Seit 1995 lebt er in Radebeul. Er ist Mitglied im Autorenkreis der Bundesrepublik. Ausgezeichnet wurde er 2000 mit dem Förderpreis des Friedrich-Hölderlin-Preises der Stadt Bad Homburg und 2001 mit dem Else-Heiliger-Stipendium. Im Herbst 2001 war er »writer-in-residence« an der University of Aberdeen.

»Wundränder verkrusten nur langsam«, heißt es im Gedicht *Geschichte* in Jörg Bernigs Gedichtband *Winterkinder* (1998), und diese Zeile mag man fast programmatisch für seine Texte beanspruchen. Immer wieder geht dort der Blick zurück, erinnert erschöpft, oft atemlos an Vergangenes. Da treffen die Winterkinder mit hochschlagenden Herzen auf kraftlose Sommerblätter, Frost, frierende Augen und die Fahrt zur Toteninsel, dann wieder ein »Ich bin in der Wüste geboren«, es zischt und stinkt, nichts ist hier heimelig. Zwischen Wales und Washington D. C. begegnet man dem verlorenen Kaspar Hauser, dazwischen immer wieder ein Warten und Gehen, Zeit für ein »Erinnerdichlicht«. Im ersten Roman *Dahinter die Stille* (1999) ist es die Trennung der Eltern und der Selbstmord der Mutter, der eine Wunde nicht verschließen und den Sohn verstummen lässt. In einem Abschiedsbrief schreibt er: »Sie haben mich verraten.« Seine Freundin recherchiert in seinen Notizen, die er hinterlassen hat, und erfährt so von den Traumata des Verschwundenen. Er hatte als Hilfskraft des Gärtners in einem Dorf gearbeitet, hinter einem schmiedeeisernen Tor zum Friedhof. Bernig präsentiert einen stillen Text, in dem das Erzählen selbst zum Gegenstand wird. Die Bekannte, dann ein Jugendfreund und dessen Sohn, ein weiteres »Glied in einer Kette von Erzählern«. Der will am Ende lauthals erklären, was vorher still und behütet erinnert wurde, und bricht damit die Erzählatmosphäre. Ohne größere soziale und topografische Verortungen entsteht eine Struktur um einen Abwesenden, der die imaginären Gespräche und Gedanken der Toten notiert hatte: »Ich habe meine Stimme gegen viele eingetauscht.« Bernigs zweiter Roman *Niemandszeit* (2002) thematisiert eine politische, lange schmerzende Wunde: die Vertreibung der Deutschen aus der Tschechoslowakei 1945. Selbst aus Böhmen stammend, erzählt Bernig eine Liebesgeschichte zwischen den Grenzen während des Krieges, in der die Gestapo, die Kohlengruben von Falkenau und das deutsch-tschechische Paar Theres und Tomás vorerst die Handlung bestimmen. Nach dem Krieg sucht Tomás, der als Pfadfinder für die blutrünstigen Revolutionsgarden arbeitet, seine Geliebte und findet sie in einem von Wäldern umgebenen, verlassenen Dorf, das zum Zufluchtsort für Versprengte aller Couleur geworden war. Sie hatten ein Jahr im Niemandsland gewartet in der Hoffnung, dass sich das revanchistische Treiben verlieren und der Friede kommen werde. Sie hatten sich, Deutsche und Tschechen, Geschichten erzählt und waren sich näher gekommen. Als Tomás das Dorf schließlich findet, kommt es zur Katastrophe.

Thomas Kraft

Werke: *Eingekesselt. Die Schlacht um Stalingrad im deutschsprachigen Roman nach 1945*, Diss., Ffm. 1997; *Winterkinder*, G., Dresden 1998; *Dahinter die Stille*, R., Stg. 1999; *Niemandszeit*, R., Mü. 2002; *billett zu den göttern*, G., Hauzenberg 2002.

Bernstein, F. W. (eigentlich Fritz Weigle), wurde am 4. 3. 1938 in Göppingen als Sohn des Wagnermeisters Friedrich Weigle und dessen Frau Anna geboren. Dort legte er 1957 das Abitur ab. Er studierte in Stuttgart und Berlin Kunsterziehung, Kunst und Germanistik. Dabei lernte er Robert Gernhardt kennen, mit dem zusammen er komische Zeichnungen und Gedichte verfasste. Ab 1962 erschienen seine Beiträge in »Pardon. Die deutsche satirische Monatsschrift«, seit 1964 insbesondere auf der Doppelseite »Welt im Spiegel (WimS)«. 1964/1965 war er Redakteur der Zeitschrift. Seitdem ist er als Schriftsteller, Zeichner und Illustrator tätig. 1966 trat er in den hessischen Schuldienst ein. Ab 1972 war er Assistent, Akademischer Rat und Oberrat an der Pädagogischen Hochschule in Göttingen. Von 1984 bis 1999 lehrte F. W. Bernstein an der Hochschule der Künste in Berlin als erster deutscher Professor für Karikatur und Bildgeschichte. Der heute in Berlin lebende Autor und Künstler gehört der »Neuen Frankfurter Schule« und der Gründergeneration des Satiremagazins »Titanic« (ab 1979) an. 2003 wurde er mit der Satirepreis »Göttinger Elch« ausgezeichnet, dessen Name auf Bernsteins berühmten Zweizeiler zurückgeht: »Die schärfsten Kritiker der Elche / Waren früher selber welche.«

In Bernsteins Lyrik, insbesondere der frühen Jahre, taucht ein Motiv häufig auf, das man mit einem Gedichttitel als *Behobene Störung* bezeichnen könnte: Fabelwesen stören die Nachtruhe des Helden und werden schlicht davongejagt. Ein Saufbruder hält bei einem Staatsbegräbnis eine launige Leichenrede, Ordner entfernen ihn stumm. Ebenso lapidar und nachvollziehbar handelt das lyrische Ich, wenn ihm Freund Hein nach dem »Lieblingsleben« trachtet: »Lieber Hein, / Nein!« Und auch der Teufel, der ihm die Seele abzuhandeln gedenkt, muss erfolglos abziehen, weil der geforderte Preis seine finanziellen Möglichkeiten übersteigt. Komiktheoretisch könnte man diese Auflösungen als Balanceakt zwischen Pointe und Pointenverweigerung erklären: Gerade dass die in ihrer Ruhe Gestörten die nächstliegende Verhaltensweise wählen, frappiert den Leser; ehe er sich versieht, ist der Friede im Gedicht wiederhergestellt.

Diese Kraft, Gegensätze in bester dialektischer Tradition aufzuheben, zeichnet Bernsteins Gedichte in vieler Hinsicht aus. So thematisieren sie immer wieder den Schöpfungsprozess des Dichtens und betonen die dabei zu beachtenden formalen Regeln, wenn etwa eine rezepthafte Anleitung zum Verfassen eines Sonetts in Sonettform auftritt, oder der Rhythmus eines Gedichts eingangs im Schema »da damm da damm« vorgestellt und nach und nach erst mit Worten gleichsam verkleidet wird. Andererseits werden diese Regeln mit anarchischer Lust – und zwar keineswegs auf das Frühwerk beschränkt – gebrochen, wird Reim- und Metrumzwang die Gefolgschaft versagt oder aber in ihrer strikten Befolgung jeder Sinn konsequent verweigert.

Eine Ambivalenz zwischen Revolution und Restauration lässt sich in Bernsteins Lyrik auch in literaturgeschichtlicher Hinsicht feststellen. Von allen Mitgliedern der »Neuen Frankfurter Schule« mischt Bernstein wohl am konsequentesten die konventionelle zeitgenössische Lyrik auf, indem er uralte Traditionen wiederbelebt. Er widmet sich scheinbar abgelebten Gattungen wie der Ballade, der Moritat und dem Lehrgedicht und nutzt Schüttel- und Stabreim. Er durchbricht die Beschränkung der Lyrik auf Subjektivität und Privatheit und macht Weltbewegendes zu ihrem Thema, darunter Staatsrecht (»Die Gewalt im allgemeinen / muss der Bürger strikt verneinen«), Kosmogonie (»Am Anfang war der Rhythmus da«) und Eschatologie (»Montag geht die Welt zu Grunde«). Darin liegt schon deshalb keine Regression, weil Bernstein die Themen stets mit komischem Effekt behandelt. Oft wird dieser aber durch eine so überraschende Sichtweise oder geniale Verknappung erzielt, dass sich auch veritable Erkenntnis einstellt.

Auf der anderen Seite eröffnet Bernstein dem Gedicht auch völlig neue Inhalte. Insbesondere in *Lokkruf der Liebe* (1988) bespricht und analysiert er kenntnisreich in Gedichtform die Werke befreundeter Künstler (Robert Gernhardt, F. K. Waechter, Volker Kriegel). Die tradierten Regeln für die Übernahme eines Sujets in eine andere Kunstform (wie zum Beispiel die Verfilmung eines Roman) stellt Bernstein auf den Kopf – und macht sie damit sichtbar, wenn er Loriots Nudel-Sketch als Szenerie für ein Gedicht nutzt, in dem die noch zu verspeisende Suppe eben jener Nudel den Inhalt des Sketches und sein Eindringen ins kollektive Bewusstsein prophezeit.

Einem neuen alten Stoff wendet sich Bernstein in seinen Gedichten zu, wenn er groß angelegt und ebenso informativ wie heiter Historisches schildert. Mit einer Moritat über Eduard Fuchs und einem Gedicht über die Entstehung der Dürerschen Kissenzeichnungen verfolgt er schon in *Lockruf der Liebe* dieses Konzept. Mit *Richard Wagners Fahrt ins Glück* (2002) folgt er dem biografischen Duktus über die Länge eines ganzen Buches. Formal herrscht ein Balladentonfall vor, der aber reich variiert und verfremdet wird. Es finden sich Anspielungen und Parodien u.a. auf Texte Wagners, Eichendorffs und Buschs bis hin zu zotigen Pennälerversen. Inhaltlich treibt Bernstein stärker noch als die Fakten die Frage um, wie sich Wagners Lebenslauf noch anders – insbesondere glücklicher – hätte gestalten können. Anlass für solche Überlegungen bietet oft Wagners »schwindelreiche« (Bernstein) Autobiografie *Mein Leben*, die ebenso wie Cosimas Aufzeichnungen und Standardbiografien regelmäßig zitiert wird. Zusammen mit Bernsteins kurzen, meist sehr sachlich gehaltenen Prosa-Einschüben und seinen als gleichberechtigt zu den Gedichten auftretenden Illustrationen entsteht ein Gesamtkunstwerk, das in der Abgewogenheit der einzelnen aufeinander bezogenen Bestandteile auf Wagners Opernkonzeptionen anzuspielen scheint.

Die völlige Öffnung der Gattungsgrenzen, die freie Kombinierbarkeit aller Formen und ihre Indienstnahme für gleichberechtigten Lust- wie Erkenntnisgewinn sind auch Kennzeichen von *Bernsteins Buch der Zeichnerei*, seinem 1989 erschienenen Opus magnum, für das er als Herausgeber, Verfasser zahlreicher prosaischer und einiger lyrischer Texte sowie als äußerst produktiver Illustrator verantwortlich zeichnet. Thema ist alles, was mit Zeichnerei zusammenhängt: von der sachbuchartigen Beschreibung der erforderlichen Materialien über Biografien weltberühmter bis eher privat bekannter Zeichner und die Analyse einzelner Zeichnungen bis hin zur Beschreibung didaktischer Probleme. Dabei kann der einzelne Text unversehens und mehrfach seinen Gegenstand wechseln.

So ist ein Text Bernsteins Jacques Louis David und seiner bekannten Zeichnung gewidmet, die Marie-Antoinette auf dem Weg zur Hinrichtung darstellt. Bernstein schildert das Schicksal der Königin, dessen literarische Verarbeitung u.a. durch Heinrich Heine und die Entstehungsgeschichte der Skizzen, die von den Zeichnern unter den Geschworenen angefertigt wurden – was unter anderem zu der Frage führt, seit wann es eigentlich Löschpapier gibt. Selbstverständlich wird die Zeichnung genau beobachtet und interpretiert. Bernstein führt weiter aus, wie Schulmeister in den Sechzigerjahren die Französische Revolution bewerteten, und flicht eine Anregung aus dem Werk *Die Tafelzeichnung im Unterricht* (1925) ein, wie man Aufbau und Funktionsweise der Guillotine durch ein bewegliches Tafelbild veranschaulichen kann. Denn auch »Zeichnerei« wird von ihm großzügig interpretiert und setzt nicht zwingend Kunstwollen voraus. Die Variationsvielfalt in der literarischen Verarbeitung spiegelt wider, was Bernstein am Zeichnen fasziniert – und wovon auch sein grafisches Werk kündet: die Möglichkeit, alles und jedes mit einfachsten Mitteln zur unmittelbaren Anschauung zu bringen, ohne sich einem formalen Korsett, der Vorgabe einer Intention oder auch nur der Notwendigkeit eines weiter reichenden Plans unterwerfen zu müssen. »Was will der Zeichner damit zeigen?«, lautet dann auch die bewusst schlichte Frage, die er in seinen Interpretationen stellt.

Die formale Offenheit kennzeichnet einen großen Teil seines weit verstreuten epischen Werks. Kurze Texte mit anekdotischen Zügen würden sich harmonisch in eine »WimS«Ausgabe einfügen. Daneben dokumentiert Tagebuchartiges den alltäglichen Wahnsinn. Einen Schwerpunkt bildet das komische Kleindrama, dem sich Bernstein zu »WimS«-Zeiten intensiv gewidmet hat (Anhang zum »WimS«-Sammelband, 1979) und dem er bis heute treu geblieben ist. Die Werke, die oft eher für den Vortrag als für die szenische Aufführung geschrieben sein dürften, spielen oft mit der Meta-Ebene, etwa wenn die Figuren zur Rechtfertigung ihres Aussehens die Regieanweisung zitieren oder der Regisseur hingerichtet wird. Der Geist des fiktiven »Arnold Hau« (1966) hat im Werk F. W. Bernsteins besonders lange gewirkt und vermutlich die reifste Ausprägung erhalten.

Johannes Möller

Werke: *Die Wahrheit über Arnold Hau*, fiktive Biogr., zus. m. L. Jeman (d. i. R. Gernhardt) u. F. K. Waechter, Ffm. 1966; *Besternte Ernte. Gedichte aus 15 Jahren*, zus. m. R. Gernhardt, Ffm. 1976; *Welt im Spiegel 1964–76*, zus. m. R. Gernhardt u. F. K. Waechter, Ffm. 1979; *Reimwärts*, G., Gießen 1981; *Die Drei*, zus. m. R. Gernhardt u. F. K. Waechter (enth.: *Die Wahrheit über Arnold Hau*; *Besternte Ernte*; *Die Blusen des Böhmen*), Ffm. 1981; *Sternstunden eines Federhalters. Neues vom Zeichner Lebtag*, Zür. 1986; *Unser Goethe. Ein Lesebuch*, Anth., Hg., zus. m. E. Henscheid, Ffm. 1987; *Lockruf der Liebe*, G., Zür. 1988; *Bernsteins Buch der Zeichnerei. Ein Lehr-, Lust-, Sach- und Fach-Buch sondergleichen;* Hg. unter editorischer Mitwirkung v. P. Zimmermann, Zür. 1989; *Der Dinggang*, G., Weilerswist 1994; *Reimweh. Gedichte und Prosa*, Stg. 1994; *Wenn Engel, dann solche*, Bln., Mü. 1994; *Die Stunde der Männertränen. Texte auf Papier. Zeichnungen auch*, m. einem Gastbeitrag v. H. Tomayer, Bln. 1995, *Elche, Molche, ich und du. Tiergedichte*, m. Gastbeiträgen v. W. Droste, V. Kriegel u. K. Weigle, Mü. 2000; *Der Untergang Göttingens in Wrt & Bld*, hg. v. P. Köhler, Gött. 2000; *Richard Wagners Fahrt ins Glück. Sein Leben in Bildern und Versen*, Biogr., Bln. 2002.

Beuse, Stefan, wurde am 31. 1. 1967 in Münster/Westfalen geboren. Nach dem Abitur begann er 1986 eine Ausbildung zum Fotografen, arbeitete als Werbetexter und Journalist. Heute lebt er als freier Autor in Hamburg. Ausgezeichnet wurde er 1998 mit dem Förderpreis für Literatur der Freien und Hansestadt Hamburg und 1999 mit dem Preis des Landes Kärnten beim Ingeborg-Bachmann-Wettbewerb in Klagenfurt, dem »Preis der Dreizehn« des Nordkollegs Rendsburg und dem GWK-Förderpreis Literatur.

Nach einem Band mit Prosaminiaturen *Wir schießen Gummibänder zu den Sternen* (1997), mit kleinen Szenen, die pointiert auf ein Ende hingeschrieben sind, legte Stefan Beuse mit *Kometen* (2000) eine Geschichte voller Koinzidenzen vor, die eine episodenhafte, scheinbar unverbundene Oberflächenstruktur zumindest teilweise zusammenhalten. Eine »dämliche E-Mail« an amerikanische Anthropologiestudenten mit der Frage, ob es Grillen in ihren Stahlspinden gebe, bringt eine Lawine ins Rollen. Die Studenten fahren in einen Wald und entdecken in einer Hütte einen toten Mann und seine Notizen. Ein blind werdender Fotograf trifft einen amerikanischen Naturfreund, der ihn in den Wald lockt. Ein japanischer Junge besteigt einen Berg und entdeckt einen Kometen. Einige deutsche Paare beziehen Wohnungen und haben Affären. Der Chef eines Unternehmensberaters verabredet sich per Internet zu einem Mord. Der Fotograf schreibt Tagebücher und verliert eine Hand. Dann gibt es noch einen einsamen Förster, eine Katze namens

Penny Lane, eine abgehackte Hand, die unter einem Baumstumpf liegt, und einen an Alzheimer leidenden Großvater. Daraus entsteht eine komplexe Geschichte, die sich an der Metapher vom Kometen abarbeitet. Das Irrlichtern zwischen den Menschen deutet Beuse mit seinem kleinteiligen Roman ebenso an wie die Überzeugung, dass sich hinter den kleinen Geschichten eine große Geschichte verbirgt. Diese Haltung und die dabei entstehenden Irritationen reflektiert auch sein zweiter Roman *Die Nacht der Könige* (2002). Auch hier findet ein Spiel im Grenzbereich der Wahrnehmung mit dem Rätselhaften statt, eine albtraumhafte Reise in das eigene (Unter-)Bewusstsein, bei der die Grenzen zwischen Sein und Schein verwischen. Ein Werbetexter wird bei einem Kundentermin mit seiner eigenen Vergangenheit konfrontiert, Personen und schließlich ein Video tauchen auf, die ihn an eine unheilvolle Nacht vor zehn Jahren erinnern. Als Teilnehmer eines Motivationsseminars für Manager wurde er von einem wahnsinnigen Seminarleiter gedemütigt und mit seinen Kollegen zum Verbrecher abgerichtet. Die Ereignisse von damals holen ihn ein, das damalige Opfer zieht ihn in einen Strudel allmählichen Wahnsinns. Mit Elementen des Psychothrillers entwirft Beuse eine filmisch wirkende Halluzination, die Wirklichkeit geworden zu sein scheint. Mit Momenten des Unbewussten und Dämonischen spielend, interessiert sich Beuse für die Schnittstellen zwischen Wahn und Vernunft, für die rätselhaften Grenzbereiche von Fantasie und Intuition, Obsession und Verbrechen. Mit einer klaren und kühlen Sprache, einigen metaphorischen Anleihen und einer durchgängigen Handlung verlässt der Roman die Patchwork-Machart seines Vorgängers, ohne die Absicht aufzugeben, Figuren wie Lesern den Boden unter den Füßen wegzuziehen.

Thomas Kraft

Werke: *Wir schießen Gummibänder zu den Sternen. Kurze Geschichten*, Lpz. 1997; *Kometen*, R., Köln 2000; *Gebrauchsanweisung für Hamburg*, Mü. 2001; *Die Nacht der Könige*, R., Mü. 2002.

Beyer, Marcel, wurde am 23. 11. 1965 in Tailfingen/Württemberg geboren. Er studierte Germanistik, Anglistik und Allgemeine Literaturwissenschaft an der Universität-GH Siegen. Gemeinsam mit Karl Riha gab er dort von 1989–2000 die Schriftenreihe *Vergessene Autoren der Moderne* heraus. Seit 1986 veröffentlicht er in Zeitungen und Zeitschriften literarische und journalistische Arbeiten. Von 1990 bis 1993 arbeitete er in der Redaktion der Literaturzeitschrift »Konzepte« und ab 1991 im Musikmagazin »SPEX«. Von 1987 bis 1992 arbeitete er mit Norbert Hummelt an literarisch-musikalischen Projekten unter dem Titel »Postmodern Talking«. Bis 1996 lebte er als Autor, Herausgeber und Übersetzer in Köln, seitdem in Dresden. 1996 war Beyer »writer-in-residence« am Londoner University College, 1998 an der University of Coventry in Warwick. Im Dezember 1996 leitete er ein Hip-Hop-Seminar für einheimische Rapper in Yaoundé in Kamerun. 1999 war er Gastdozent am Deutschen Literaturinstitut in Leipzig. Ausgezeichnet wurde er 1987 mit dem Nordrhein-Westfälischen Literaturpreis, 1991 mit dem Ernst-Willner-Preis beim Ingeborg-Bachmann-Wettbewerb in Klagenfurt und dem Rolf-Dieter-Brinkmann-Stipendium der Stadt Köln, 1992 mit dem Neusser Diotima-Preis, einem Stipendium des Literarischen Colloquiums Berlin und dem Förderpreis des Landes Nordrhein-Westfalen, 1995 mit dem Künstlerstipendium Schloss Wiepersdorf, 1996 mit dem Preis des Deutschen Kritikerverbandes, dem Berliner Literaturpreis und der Johannes-Bobrowski-Medaille, 1997 mit dem Uwe-Johnson-Preis, 1998 mit dem Förderpreis zum Horst-Bienek-Preis für Lyrik der Bayerischen Akademie der Künste, 1999 mit dem Förderpreis zum Lessing-Preis des Landes Sachsen, 1999/2000 mit einem Stipendium des Deutschen Hauses in New York und 2001 mit dem Heinrich-Böll-Preis der Stadt Köln.

Es wird nicht mehr lange dauern, dann zählen Marcel Beyers Romane zur Schullektüre. Wie kaum ein anderer seiner Generation beeindruckt dieser Autor durch die konsequente Fortschreibung eines Projekts, einer literarischen Phänomenologie sinnlicher Wahrnehmung im Kontext der Zeitgeschichte. Rekonstruierte Beyer in seinem Roman *Flughunde* (1995) die agitatorischen Methoden der Nationalsozialisten am Beispiel des Akustikers Hermann Karnau, einer historisch verbürgten Figur, so verzahnen sich Lebensgeschichten und Zeitläufte in seiner Familiengeschichte *Spione* (2000) in einer fiktiven Handlung im visuellen Bereich. Es ist ein Schreiben, das die eigenen Voraussetzungen stets im Blick hat und reflektiert. Es sind keine Zeit-Romane im engeren Sinne und doch sind sie dem Zeitgeschehen dicht auf der Spur. Marcel Beyer attackierte dann auch in seiner Dankesrede bei der Entgegennahme des Heinrich-Böll-Preises jenen Typus des engagierten Schriftstellers, der zu jeder politischen Frage Stellung bezieht. Für Beyer droht der

Missbrauch der Sprache, wenn sie instrumentalisiert wird; er will Politisches und Gesellschaftliches in den Blick nehmen, ohne dabei bestimmte ästhetische Positionen aufzugeben. Beyer geht es um Erkenntnisgewinn, um die Weitergabe von Fragen, um die in seinen drei Romanen fortwährende Beschreibung von Verlusten und die Hilfe der Sinnesorgane, das Verlorene wieder zugänglich zu machen.

1986 durch die Lektüre der Texte Friederike Mayröckers zum Schreiben von Prosa angeregt, schätzt Beyer Autoren wie Claude Simon, Michel Leiris und Francis Ponge, wie sein erster Roman *Das Menschenfleisch* (1991) in vielerlei Hinsicht reflektiert. Beyer spricht darin von »parasitärem Schreiben« und meint damit die zahlreichen Zitate und Hinweise auf andere Texte, die er bearbeitet und in neue Kontexte stellt. Ein Ich-Erzähler versucht, Anzeichen und Belege dafür zu finden, dass seine Eifersucht begründet ist. Er ringt um eine eigene, neue Sprache der Liebe und verzweifelt, weil alles schon gesprochen scheint. Er übersieht aber dabei, dass dies von den neuen Zusammenhängen, in denen seine Sprache steht, bereits geleistet wird. Beyer hat viel Gehörtes und Gesehenes in den Text integriert, spricht von »Textdoping« und vom »Gerinnen der Schnittstellen verschiedener Gesprächsverläufe«. Zwischen er/sie/es tauchen in diesem avancierten, poststrukturalistischen Verfahren Körperbeschriftungen auf, »Hautwörter«, die die Sinnlichkeit der Beyerschen Sprache transportieren.

Der Roman *Flughunde* (1995), mittlerweile in zwölf Sprachen übersetzt, ist ein herausragendes Beispiel für das Bemühen, wie Autoren der jüngeren Generation mit der eigenen unerlebten Vergangenheit umgehen können. Über einen Zeitungsartikel stieß Beyer auf die Figur Hermann Karnau, in dem dieser schildert, wie er Hitler habe brennen sehen. Sonst ist über die als Wachmann im Führerbunker historisch verbürgte Figur wenig bekannt; damit wurde sie zur idealen Projektionsfläche für Beyer, der die Rolle der Propaganda im Dritten Reich, der massenwirksamen Stimmenhypnose via Volksempfänger oder der berühmten Sportpalast-Rede, mit textlichen Mitteln zum Ausdruck bringen wollte. Hermann Karnau ist im Dienste von Joseph Goebbels als Akustiker für die Beschallungsanlagen bei den NS-Großveranstaltungen verantwortlich. Im Rahmen eines SS-Sonderprogramms kann diese stimmlose, monströse Gestalt ihr Verfahren der Rassen- und Sprachhygiene, der »Entwelschung« deutscher Sprache, mit brutalsten Mitteln durchführen. Karnau stiehlt den Menschen ihre Stimme, bannt sie auf Wachsmatrize oder später auf Magnet-Tonband. Seine Mikrofone stehen in Beichtstühlen, Folterkellern und Schützengräben. Besessen von der Idee, das Spektrum der menschlichen Stimme komplett zu kartografieren, legt er ein Schall-Archiv an und foltert mit Skalpell und Sonde Menschen, um ihnen extreme Schmerzensschreie abzuringen. Neben dieser kalten Stimme erklingt die helle, unschuldige Kinderstimme von Helga, Goebbels ältester Tochter. Mit überlagernden Szenen und Verfremdungen führt dieses Erzählduett durch den akribisch recherchierten Roman der Einflüsterung; Karnau taucht im Frühling 1945 mit der Goebbels-Familie im Führerbunker in Berlin auf, in dem die sechs Goebbels-Kinder ermordet werden. Die Dämonie dieses »akustischen Landvermessers von Menschenmaterial« wird noch gesteigert, als im letzten Kapitel im Zeitsprung nach 1992 der noch lebende Karnau mit einem Teil des Schall-Archivs konfrontiert wird, dabei dem Bettgeflüster der Goebbels-Schwestern lauscht, die Imitation seiner Erzählstimme durch die Kinder erstmals vernehmen kann und er daraufhin Gefühle entwickelt.

Wenn in *Spione* ein Großteil der Handlung in den Siebzigerjahren spielt, dann wird eher eine Atmosphäre des Misstrauens und der staatlichen Nervosität im »Deutschen Herbst« spürbar, als dass die Attentate der »RAF« auf deutsche Politiker und Wirtschaftsführer im Mittelpunkt stünden. Dieses Klima des Unbehagens und Belauerns wird kenntlich als ein Netz aus Lügen, Halbwahrheiten, Intrigen und (Selbst-)Täuschungen. Selbst dem Erzähler ist nicht mehr zu trauen. In diesem Erinnerungsbuch wird einsichtig, dass Erinnerung stets subjektiv ist und zur Verzerrung neigt. Wer sich erinnert, verfügt über einen veränderten Blick. Das wird deutlich, wenn sich verschiedene Personen aus unterschiedlichen Perspektiven bestimmter Vorgänge zu erinnern suchen und dabei zu anderen Ergebnissen gelangen. Mit dem gezielten Vernichten von Erinnerungsstücken wird Erinnerung selbst zerstört. Falsche Fährten werden gelegt, Erinnerungen manipuliert und entsorgt, Deckadressen gehandelt, Todesanzeigen fingiert und Lebensläufe erfunden und vertuscht. Alles gleicht einer großen Inszenierung, einem Traumgebilde, in dem die realen Verwirrungen des Lebens aufzugehen drohen. Alle Sicherheiten scheinen am Ende, man pflegt fremde Gräber, deckt über manches den Mantel des Schweigens und fotografiert sich gegenseitig, um sich zu vergewissern, dass man existiert. Eine hilflose Beglaubigung am Ende eines ebenso stillen wie furiosen Romans, der fast alles infrage gestellt hat. Ein entschiedenes »Vielleicht« schwebt über allem, von nichts kann man sich wirklich ein Bild machen, die technischen Systeme, die unsere Wahrnehmung stützen und beglaubigen sollen, sind so unzuverlässig wie diejenigen, die sich ihrer bedienen. Auch wenn der Erzähler am Ende sagt, dass es besser sei, »das Gesehene im Kopf zu behalten, als irgendwelche vordergründigen, am Ende auch noch falsch belichteten Fotografien zu sammeln«. Nach der Lektüre des Romans mag man sich selbst nicht mehr trauen.

Das poetische Verfahren, wie es in Beyers Gedichtbänden *Falsches Futter* (1997) und *Erdkunde* (2002) angewandt wird, hat Michael Braun umschrieben: »Sein lyrisches Ich hat sich auf penible historische Recherche verpflichtet und fungiert vorwiegend als Speicherinstanz für verschiedenste Bilder und Stimmen, die der Nachgeborene aus einer scheinbar versunkenen, in Wirklichkeit unabgegoltenen Vergangenheit herübergerettet hat.« Beyer benutzt viele Quellen als Inspiration und Material, montiert Stimmen, verfremdet Orte und blendet eigene Erfahrungen ein. Der »versierte Tonmeister« (Heinrich Detering) spielt in seinen manchmal rätselhaften und konzentrierten Geschichten-Gedichten mit einer doppelbödigen Wahrnehmung, die in jedem Falle anschaulich bleibt.

Thomas Kraft

Werke: *Obsession*, Bonn 1987; *Rudolf Blümmer: Der Stuhl, Die Ohrfeige und anderes literarisches Kasperltheater. Stücke aus dem Sturm (Reihe »Vergessene Autoren der Moderne«)*, Siegen 1988; *Kleine Zahnpasta. Gedichte 1987–1989*, Paris 1989; *Ernst Jandl, Friederike Mayröcker, Andreas Okopenko: Gemeinschaftsarbeit*, Hg., Siegen 1989; *Buchstabe Geist Buchstabe. 12 hilflose Einbrüche ins Textgeschehen*, Köln 1990; *Walkmännin. Gedichte 1988/89*, Ffm. 1991; *Das Menschenfleisch*, Ffm. 1991; *Friederike Mayröcker. Eine Bibliographie 1946–1990*, Ffm. 1992; *Gertrude Stein: Spinnwebzeit / Bee time vine und andere Gedichte*, Hg., zus. m. Andreas Kramer u. Barbara Heine, Zür. 1993; *Rudolf Blümmer: Ango laina und andere Texte*, Hg., zus. m. Karl Riha, Mü. 1993; *Grosz – Berlin. Autobiografisches, Bilder, Briefe und Gedichte*, Hg., zus. m. Karl Riha, Hbg. 1993; *Potztausend*, zus. m. Pilar Baumeister u. Erika Buch, Köln 1993; *Braunwolke*, G., m. Grafiken v. Klaus Zylla, Bln. 1994; *William S. Burroughs*, zus. m. Andreas Kramer, Eggingen 1995; *Flughunde*, R., Ffm. 1995; *Erinnere einen vergessenen Text*, zus. m. Kurt Aebli u. Eleonore Frey, Basel, Weil am Rhein, Wien 1997; *Falsches Futter*, G., Ffm. 1997; *Ausreichend lichte Erklärung. Jahrbuch für Lyrik 1998/99*, Hg., zus. m. Christoph Buchwald, Mü. 1998; *Spione*, R., Köln 2000; *Michael Hofmann: Feineinstellungen*, Übs., Köln 2001; *Zur See*, Pr., m. Grafiken v. Andreas Zahlaus, Bln. 2001; *Friederike Mayröcker: Gesammelte Prosa 1947–1975*, Hg., Ffm. 2001; *Ein bombastischer Saustall – Grabbe zum 200sten. Es braucht nichts anderes als Worte*, zus. m. Thomas Kling u. Werner Fritsch, Detmold 2001; *Erdkunde*, G., Köln 2002; *Nonfiction*, Köln 2003.

Beyse, Jochen, wurde am 15. 10. 1949 in Bad Wildungen geboren. Er studierte in Köln Theaterwissenschaft, Philosophie und Germanistik und promovierte mit einer Arbeit über Siegfried Kracauer. 1985 erhielt er den aspekte-Literaturpreis und den Literaturförderpreis der Stadt Hamburg, 1986 den Preis der Kärntner Industrie im Rahmen des Ingeborg-Bachmann-Wettbewerbs. 1986, 1989, 1991 und 1996 war er Stipendiat des Deutschen Literaturfonds, 1988 Stipendiat der Villa Massimo in Rom. Viele Jahre lebte er als freier Schriftsteller in Hamburg, seit 1992 ist er in Berlin ansässig.

1981 debütierte Beyse, der bislang ausschließlich mit Prosawerken an die Öffentlichkeit getreten ist, mit dem Roman *Der Ozeanriese*. Den Versuch eines Marathonschwimmers, die »Straße« zwischen Kuba und Florida schwimmend zu überqueren, nimmt dessen ehemaliger Lehrer Bloch zum Anlass, »das Geschehen aufzuschreiben, zu analysieren«. Die in der Ichform angelegten Ausführungen Blochs beabsichtigen keine Rekonstruktion des außergewöhnlichen Ereignisses, sondern entlarven »die Geschichte des Menschen als Entzweiungs- und Entfremdungsgeschichte von der Natur«, die nach Bloch mit der »Geschichte des instrumentellen Denkens [und] der Herrschaft der Ideen über die Natur im Zeichen der Vernunft« (N. Schachtsiek-Freitag) begonnen hat. Während sich Herbert Achternbuschs Opus *Die Atlantikschwimmer* vor allem durch eine skurrile und üppige Bildhaftigkeit auszeichnet, präsentiert sich Beyses *Ozeanriese* vornehmlich als vernunftkritische Gedankensammlung.

Kritik am abendländischen Rationalismus übte Beyse auch in den folgenden Prosabänden *Der Aufklärungsmacher* (1985), *Das Affenhaus* (1986) und *Ultima Thule* (1987). Er entwirft literarische Gegenwelten und Trugbilder, die sich herkömmlichen Ordnungsprinzipien zu entziehen suchen; dabei greift er auch immer wieder auf ein breites kulturgeschichtliches Wissen zurück. Seine isolierten Erzählerfiguren machen reale und fiktive Reisen zum Ausgangspunkt ihrer Raum und Zeit entgrenzenden Selbstgespräche und Reflexionen. In der Novelle *Der Aufklärungsmacher* steckt Beyse noch einen eindeutigen erzählerischen Rahmen ab: Moritz Nicolai, Sohn des berühmten Aufklärers Friedrich Nicolai, verfasst 20 Jahre nach der Reise mit seinem Vater »durch Süddeutschland und die Schweiz im Jahre 1781« eine persönliche Bestandsaufnahme dieser Unternehmung, die sein Verhältnis und seine Gegnerschaft zum Vater widerspiegelt. Essayistisch formulierte Überlegungen, die an die aktuelle Mythosdiskussion der vergangenen Jahre erinnern, werden vor historischem Hintergrund vorgetragen.

In den folgenden Werken verlieren die Ausgangssituationen für den Erzählverlauf und dessen Struktur an Bedeutung. In der Erzählung *Das Affenhaus* lässt ein alter gehbehinderter Schauspieler, der in einem Pflegeheim für »ausgediente« Künstler lebt, bizarre Gestalten vor unwirklichen und stetig wechselnden Kulissen auftreten; in *Ultima Thule* beschwört der Erzähler, ausgelöst durch die riesenhaften Skulpturen der Osterinsel, die mythischen und sonderbaren Kräfte entlegener Welten. Die Protagonisten grenzen sich durch endlose gedankliche Höhenflüge von ihrer realen Umgebung ab und kreisen – über Grundprobleme des Seins, Natur und Mensch sowie über das schriftliche Fixieren ihrer »Geschichten« räsonierend – letztlich nur um sich selbst. Die kunstvoll-intellektuelle Sprache ist durchsetzt von abstrakter Begrifflichkeit, die an geisteswissenschaftliche Diskurse der Siebziger- und Achtzigerjahre denken lassen: »Ein Universum, in dem jedes Ereignis erfundene Geschichte ist – überall waren Zeichen, die diese Annahme erhärteten. Die Ordnung der Dinge, einmal arrangiert, war in den Köpfen festgewachsen. Sie war in das Bewusstsein gedrungen und dort zu einer Petroglyphe versteinert. Als sie zu verwittern begann, verlor die Wirklichkeit mehr und mehr an Bedeutung. Jeder Anhaltspunkt der Welt entglitt. Form um Form legten sich die Zeichen übereinander und lösten sich auf …« *(Ultima Thule)*. Für den Text *Ultima Thule* wurde Beyse 1988 das Kranichsteiner Stipendium zugesprochen, das der Autor allerdings zurückwies.

Im 1988 publizierten Prosaband *Die Tiere* wird in lose aneinander gereihten Sequenzen, die »ganz nebenbei Einblicke in das Wesen des Theaters« gewähren sollen, vom diffizilen Verhältnis dreier Männer und einer Frau berichtet, die gemeinsam eine Urlaubsreise in den Süden unternehmen. Formal führte Beyse hier fort, was sich in den vorherigen Texten bereits angedeutet hatte: die »Dekonstruktion gegenständlichen Erzählens« (Walter Hinck). Den eigenwillig-artifiziellen und vieldeutigen Ausführungen des Autors zu folgen, gestaltet sich deshalb für den Leser gelegentlich mühsam, doch schon in der Erzählung *Das Affenhaus* heißt es ironisch-tröstend: »Selten erreicht ein Geschöpf meine Höhen.«

Trieb in *Unstern. Bericht* (1991) Beyses Vorliebe für postmoderne Wortkaskaden schließlich einen namenlosen Erzähler durch unscharfe Erinnerungsfelder und paradox-chaotisch anmutende Bilder-Welt(en), so setzte mit den als Trilogie avisierten Prosawerken *Bar Dom* (1995), *Ferne Erde* (1997) und *Fremdenführung* (2001) eine gewisse Reduktion ein. Irrend und sich verirrend, bewegt sich z. B. in *Fremdenführung* der Erzähler in Räumen und Innenräumen, wobei der Autor für die Sprache der Mitteilung permanent die Überprüfung ihres Potenzials zu fordern scheint. Ob oder inwieweit der selbstreflexive Gestus des Erzählens dann jedoch als Spiegel aktueller theoretischer Literatur fungiert und dadurch in gewisser Weise wiederum affirmiert, was eigentlich (auch) kritisch hinterfragt werden soll, lässt sich kaum entscheiden – und ist solchermaßen womöglich Teil einer Aporie, die einem in Beyses Texten immer wieder begegnet.

Petra Ernst

Werke: *Der Ozeanriese*, Reinbek 1981; *Der Aufklärungsmacher*, N., Mü. 1985; *Das Affenhaus*, E., Mü. 1986; *Ultima Thule. Eine Rückkehr*, Mü. 1987; *Die Tiere*, E., Mü. 1988; *Ultraviolett*, E., Ffm. 1990; *Unstern. Bericht*, Ffm. 1991; *Larries Welt*, R., Ffm. 1992; *Bar Dom*, En., Ffm. 1995; *Ferne Erde*, E., Ffm. 1997; *Fremdenführung durch die Räume M. C. Eschers*, Hsp., SWF 1998; *Fremdenführung*, E., Ffm. 2001.

Bichsel, Peter, geboren am 24. 3. 1935 in Luzern, besuchte eine Lehrerbildungsanstalt im Kanton Solothurn, wo er von 1955 bis 1968 als Lehrer tätig war. Von 1974 bis 1981 war er persönlicher Berater des sozialdemokratischen Bundesrates Willi Ritschard. In den Siebziger- und Achtzigerjahren wurde er für Gastdozenturen an verschiedene amerikanische und deutsche Universitäten eingeladen. 1965 erhielt er den Preis der »Gruppe 47«, 1979 den Großen Kunstpreis des Kantons Solothurn, 1986 den Johann-Peter-Hebel-Preis, 1999 den Gottfried-Keller-Preis und 2000 den Charles-Veillon-Essaypreis. Bichsel ist Mitglied der Akademie der Künste in Berlin und korrespondierendes Mitglied der Deutschen Akademie für Sprache und Dichtung. Er lebt heute als Schriftsteller und Journalist in Bellach bei Solothurn.

Kaum ein Autor hat sich Flauberts Wunsch, einmal ein Buch über nichts zu schreiben, so sehr zu Eigen gemacht wie Peter Bichsel. Und kaum einmal hat ein Schriftsteller schon in seinem ersten Buch so sehr zu seiner Sprache, zu seinen Figuren und zu seinem Stoff gefunden wie Peter Bichsel mit seinem Erstling *Eigentlich möchte Frau Blum den Milchmann kennenlernen* (1964). Die 21 Geschichten ergaben ein Büchlein von gerade 50 Seiten – und gerieten zu einer literarischen Sensation. Es waren nicht die erzählten Geschehnisse, die das Publikum überwältigten; denn genau besehen geschah in diesen Geschichten fast nichts. Das Unerhörte dieser Prosa lag in der Verbindung der scheinbaren Ereignislosigkeit mit einer ebenso vermeintlichen Schlichtheit der Sprache: denn hinter harmlos spröden Anfangssätzen trat man jäh ins Leere. So übte man mit diesen Sätzen und mit ihren Figuren die Schrecken des freien Falls. Exemplarisch gilt dies für die Titelgeschichte. Morgens um vier Uhr kommt der Milchmann. Frau Blum kennt ihn nicht. Nur hin und wieder hinterlässt er einen Zettel: »Heute keine Butter mehr, leider.« Oder: »Zehn Rappen zu wenig.« Dann schreibt sie ihrerseits einen Zettel: »Entschuldigung.« Mehr nicht. Obgleich Frau Blum »eigentlich« möchte, wird sie den Milchmann nicht kennen lernen. Bichsel lässt seine Figuren ins Leere schreiben und seine Leser in den Hohlspiegel versäumter Lebensmöglichkeiten blicken. Indessen sind die Geschichten nicht so absonderlich, als dass sie einem nicht aus eigener Anschauung vertraut wären. Er sei, so hat Bichsel denn einmal gesagt, ein sprachlicher »Occasionshändler«. Darin – unter anderem – gleicht Bichsel Robert Walser, den er verehrt. Tatsächlich war Peter Bichsel in einem denkwürdigen Sinn stilbildend in der deutschsprachigen Literatur: Er verhalf – ohne selbst dessen Epigone zu sein – dem Walser-Stil bis zur Klischeehaftigkeit zum Durchbruch. Der Lakonismus der parataktisch gefügten und dem Volksmund abgehörten Hauptsätze, wie sie für Bichsel typisch sind, wurde nun, im Rückgriff auf Bichsel und unter ausdrücklicher Berufung auf Walser, zum herausragenden Stilmerkmal der Kurzprosa. Doch mögen Bichsels Hauptsätze auch weniger schlicht sein, als sie scheinen, nie brüsten sie sich mit falscher Prätention. In dieser Spannkraft, die nichts vorspielt und gleichwohl im Wortwörtlichen sich nicht vollends erschöpft, liegt die Kunst dieser gegen das Pathos und die Sentimentalität nie ganz gefeiten Prosa. Bichsels formale Nüchternheit gehört zu seinem gestischen Pathos wie die Verschwiegenheit zu seiner Fabulierlust; die Literatur sei, so heißt es in den Poetik-Vorlesungen *Der Leser. Das Erzählen* (1982), darauf angewiesen, »Unbedeutendes tun zu dürfen«.

In der Erzählung *Eine Erklärung an den Lehrling von Prey* aus dem Band *Der Busant* (1985) kommt diese Vereinigung der Widersprüche exemplarisch zum Ausdruck. Was immer der Autor von seiner Figur, dem etwas schrulligen Professor Ingol Habertruber, sagt – fortwährend erweist sich, dass doch eigentlich das Gegenteil auch wahr sei. Nur erzählt habe der Habertruber, doch so einer hinterlasse keine Spuren, heißt es, noch gebe es von ihm etwas zu berichten. Und dennoch geschieht nichts anderes als das: Bichsel erzählt, was angeblich nicht zu erzählen sei, und was dem Autor vorschwebt, gelingt dem Lehrling von Prey scheinbar absichtslos: »mit einzelnen bescheidenen Wörtern [...] so etwas zu verbreiten wie Geschichten, zu schweigen und zu erzählen zugleich«. Es gehört zur erzählerischen Strategie von Bichsels Prosa, dass er uns fortwährend ins Leere blicken lässt und uns darin sowohl den Horror Vacui als auch zugleich eine lebensvolle und wie auch immer melancholisch eingefärbte Fülle entdecken lässt. »Sie wusste aber nichts zu sagen«, heißt es von der schweigenden Tochter in einer der *Milchmann*-Geschichten (*Die Tochter*). Und der Großvater in *Jodok lässt grüßen* aus den *Kindergeschichten* (1969) »wurde ganz still und traurig«, als er einmal von Onkel Jodok anfangen wollte und von der Großmutter schroff zurechtgewiesen worden war.

Im Roman *Die Jahreszeiten* (1967) schreibt Bichsel gegen den Schluss hin: »Das ist die Geschichte, die mich quält. Davon hätte ich zu erzählen.« Was er – natürlich – unterlässt. Von diesem Verlangen nach Sprache, mit der die Schrecken der Leere gebannt werden sollen, sind auch die vielen unter Bichsels Figuren ergriffen, die sich vom Ich-Erzähler wünschen, er möge ihren Lebensbericht aufzeichnen oder die mitunter selbst zur Feder greifen bzw. dergleichen mehr androhen als nur ankünden. Noldi heißt einer dieser verhinderten und eben doch nicht verhinderten Schriftsteller. In den *Geschichten zur falschen Zeit* (1979) wird von ihm berichtet, wie ihm eines Tages der Titel zu seinem Opus magnum einfiel. Er könnte, als Generalüberschrift, über Bichsels Büchern stehen: »Dr verlornig Bode«. Ohne Boden unter den Füßen stehen manche von Bichsels Figuren da. Ihre Bodenlosigkeit ergibt sich aus ihrer eklatanten Geschichtslosigkeit. Bichsels Männer – Frauen finden sich in seinen Büchern sel-

ten – leiden daran, dass ihre Erinnerungen immer dünner und ihre Geschichten immer knapper werden, obgleich sie wortreich ihren Erlebnisreichtum beschwören. Im Roman *Die Jahreszeiten* schmilzt ein ganzes Leben auf 20 Minuten zusammen. »Dass er viel zu erzählen habe und dass man das alles einmal aufschreiben müsse«, behauptet einer in den Geschichten *Zur Stadt Paris* (1993). »Ich habe es versucht«, lautet die lakonische Antwort des Erzählers, die nur eines zu verstehen gibt: wie erschreckend wenig von einem Leben bleiben kann.
Bichsel greift dieses Motiv in *Cherubin Hammer und Cherubin Hammer* (1999) mit einem ergreifenden Tableau erneut auf, woran man auch erkennen mag, wie arm – inhaltlich – Bichsels Bücher sind: es sind zwei, drei Motive, die durch immer neue Verwandlungen zur Sprache kommen. In über 40 Wachstuchheften habe Hammer seine Tagebücher hinterlassen, »vierzig mehrheitlich leere Wachstuchhefte«. Abermals blickt man ins Leere. Und wiederum ist auch das Gegenteil wahr. Denn Hammer hält gegen seine Geschichtslosigkeit die evokative Kraft des Wortes. Unter den wenigen Einträgen in seinen Wachstuchheften steht zwar einmal: »Das Leben dauert zu lange.« Es heißt dann aber auch und seitenweise: »Domodossola.« Was es zu erzählen gäbe, verschwindet hier hinter dem gewiss pathetischen Gestus der Evokation. Nicht anders kann die folgende Szene in diesem seltsamsten unter Bichsels Büchern verstanden werden: Hammer rezitiert, wie so oft, für seine Frau aus der Odyssee, »und sein Blick wurde zum Blick eines Mannes, der von einer kleinen Insel ins Meer schaute, in die Ägäis«. Das, so heißt es dann, habe er seiner Frau beigebracht, »dass die Ägäis viel mehr ist als nur ein Meer, nämlich ein Wort«. Das ist, zugegeben, ein Leben im Surrogat, wenn das physisch Erlebbare hinter das sprachlich Evozierbare zurückfällt. Aber dem damit noch keineswegs preisgegebenen Realen erschließen sich hier erst die Sphären des Imaginären. Die Frage nach dem »Was wäre, wenn« stehe am Anfang seiner Geschichten, schreibt Bichsel in seinen Frankfurter Poetik-Vorlesungen. Und schon in einer Kolumne von 1975 hieß es, dieses konjunktivische Fragen halte auf Utopia zu. Wer dagegen, so setzt Bichsel den Gedankengang fort, nur an Mögliches glaube, »dem bleibt wirklich nichts anderes als der Tod«. So pocht denn Bichsel sowohl auf die »humane Tradition« des Erzählens als auch auf dessen humanisierende Kraft. Die »Traurigkeit über die Endlichkeit« des Lebens, schreibt Bichsel, mache die Menschen zu Geschichtenerzählern. Und gleichzeitig sei es die »Aufgabe der Literatur, immer mehr und mehr Ereignisse in die Literatur einzubringen, immer mehr Ereignisse als Geschichten erkennbar zu machen«.
Einer ähnlichen Widerborstigkeit, mit der Hammer als ein später Sisyphos Tag für Tag einen Stein »zum Berg« trägt, verdanken sich Peter Bichsels Kolumnen, mit denen er seit 20 Jahren regelmäßig in Erscheinung tritt. Indes möchte er zwischen seinen journalistischen und literarischen Arbeiten keinen Unterschied machen. Diese Kategorien seien ihm gleichgültig, meint er: »Ich versuche an und für sich, alles mit Geschichten zu erklären, und ich versuche, in Geschichten zu denken und nicht in abstrakten Fakten.« Der aufklärerische Gestus bleibt denn also nicht dem Kolumnisten vorbehalten, und was Bichsel in seinen literarischen Werken fortwährend betreibt, das zeichnet auch seine Kolumnen aus: die Verwandlung von angeschauter Wirklichkeit in erzählte Geschichten. Im Erzählen kommt die Realität zur Kenntlichkeit, hier wird sie sicht- und fassbar: So schafft der Erzähler die Voraussetzung für die kritische Reflexion. Zugleich hält sich Bichsel immer in jenem paradoxen Spannungsfeld auf, das sich zwischen der Einsicht in die »Unmöglichkeit, eine Geschichte zu schreiben«, und der Weigerung, Geschichte nur im Singular zu denken, öffnet. Der Erzähler spielt in seinen Geschichten Möglichkeiten durch; seine Frage ist nicht, wie es gewesen ist, vielmehr: wie es auch noch hätte gewesen sein können. In dieser Haltung verbündet sich mit dem aufklärerischen Impetus das subversive Potenzial dieses Erzählens.

Roman Bucheli

Werke: *Eigentlich möchte Frau Blum den Milchmann kennen lernen. 21 Geschichten,* Olten, Freiburg/Br. 1964; *Die Jahreszeiten*, Neuwied, Bln. 1967; *Tschechoslowakei 1968*, Mitv., Zür. 1968; *Des Schweizers Schweiz*, Aufs., Zür. 1969, erw. Neufassg. 1984; *Kindergeschichten*, Neuwied, Bln. 1969; *Unser Lehrer*, Film, zus. m. A. J. Seiler, 1971; *Inhaltsangabe der Langeweile*, Hsp., WDR/DRS 1972; *Stockwerke*, Pr. u. Aufs. in Auswahl, Stg. 1974; *Geschichten zur falschen Zeit*, Darmst., Neuwied 1979; *Der Leser. Das Erzählen. Frankfurter Poetik-Vorlesungen*, Darmst., Neuwied 1982; *Schulmeistereien*, Darmst., Neuwied 1985; *Der Busant. Von Trinkern, Polizisten und der schönen Magelone*, Darmst., Neuwied 1985; *Irgendwo anderswo, Kolumnen 1980–1985*, Darmst., Neuwied 1986; *Im Gegenteil. Kolumnen 1986–1990*, Ffm. 1990; *Möchten Sie Mozart gewesen sein? Meditationen zu Mozarts Credo-Messe KV 257. Eine Rede für Fernsehprediger*, Zür. 1990; *Zur Stadt Paris. Geschichten*, Ffm. 1993; *CUNY-Geschichten. Vorlesungen u.a.*, New York 1994; *Gegen unseren Briefträger konnte man nichts machen.*

Kolumnen 1990–1994, Ffm. 1995; *Ein Tisch ist ein Tisch*, Ffm. 1995; *Wir hätten in Spiez umsteigen sollen*, Film, 1996; *Die Totaldemokraten, Aufsätze über die Schweiz*, Ffm. 1998; *Cherubin Hammer und Cherubin Hammer*, Ffm. 1999; *Alles von mir gelernt. Kolumnen 1995–1999*, Ffm. 2000; *Matrosen übrigens halten Tauben für Zugvögel*, Hsp., DRS 2000; *Sprachlos*, Hsp., DRS 2001; *Eisenbahnfahren*, Ffm. 2002; *Doktor Schleyers isabellenfarbige Winterschule. Kolumnen 2000–2002*, Ffm. 2003.

Bieler, Manfred, wurde am 3. 7. 1934 in Zerbst (Anhalt) als Sohn eines Baumeisters geboren. Nach dem Besuch der Oberschule in Dessau studierte er bis 1956 Germanistik an der Humboldt-Universität in Ost-Berlin. Nach dem Abschluss seines Studiums war er ein Jahr als wissenschaftlicher Mitarbeiter beim Schriftstellerverband der DDR tätig. Bieler wurde allerdings aufgrund seiner politischen Einstellung wieder entlassen und lebte ab 1957 als freier Schriftsteller. Reisen führten ihn nach Österreich, in die Schweiz, nach Italien, in die ČSSR, nach Ungarn und Bulgarien. Mit Johannes Bobrowski und Günter Bruno Fuchs war er befreundet. Bis 1966 wohnte er in Ost-Berlin. Dann übersiedelte er aufgrund seiner Auseinandersetzungen mit der SED in die damalige Tschechoslowakei und ließ sich in Prag nieder. Von dort floh er nach der Niederschlagung des »Prager Frühlings« und siedelte 1968 in die Bundesrepublik über. Er lebte dann bis zu seiner Erkrankung, die einen dauerhaften Klinikaufenhalt ab 1995 erzwang, in München. Am 23. 4. 2002 ist er in Gstaad am Chiemsee gestorben. Er war Mitglied des bundesdeutschen P.E.N.-Zentrums und der Bayerischen Akademie der Schönen Künste. 1955 erhielt er die Silberne Medaille beim literarischen Wettbewerb zu den V. Weltfestspielen der Jugend, 1965 den Internationalen Hörspielpreis in Warschau, 1969 den Andreas-Gryphius-Preis, 1971 den Bayerischen Förderpreis und 1977 den Jakob-Kaiser-Preis.

Bieler debütierte 1958 mit literarischen Parodien (*Der Schuss auf die Kanzel oder Eigentum ist Diebstahl*) auf zeitgenössische Autoren aus Ost und West in der Tradition des Satirikers Robert Neumann und wurde damit auf einen Schlag bekannt. Nach zahlreichen Fernseh- und Hörspielen veröffentlichte er 1963 seinen ersten Roman gleichzeitig in der Bundesrepublik und in der DDR. *Bonifaz oder Der Matrose in der Flasche* erzählt mit schelmischem Augenzwinkern von den Wirrnissen am Ende des Krieges und lässt bereits früh erkennen, dass diesem Autor das Pointierte und Derb-Komische zeitweilig näher lag als ein diskreter Humor. Es folgten, noch in der DDR publiziert, die Erzählungen *märchen und zeitungen* (1966) und – inhaltlich zum Teil identisch – der im Westen veröffentlichte Band *Der junge Roth* (1968). Vor allem der Titelerzählung *Der junge Roth*, in der ein Matrose seine Geliebte ersticht, wurde große Anerkennung zuteil: »... ein bemerkenswertes Stück junger deutscher Prosa ... Bieler hat ein scharfes Auge für die Details im Verhalten einer Person, für ihre kaum merkbaren Bewegungen, die vom Äußeren aufs Innere verweisen. So wird Bielers Begabung zu seiner erzählerischen Methode, wenn er von außen an seine Welt, auch an seine Hauptfigur, herangeht, ihre sichtbaren Äußerungen sprachlich nachzeichnet« (Dieter Bachmann).

Mit seinen manchmal derberen politischen Satiren verdarb Bieler es sich mit dem modisch linken Zeitgeist, wodurch er zu Unrecht als reaktionär abgestempelt wurde. Er war – vor allem künstlerisch – lediglich aus Überzeugung konservativ wie sein großes Vorbild Theodor Fontane. Geteilt war auch die Reaktion auf *Maria Morzeck oder Das Kaninchen bin ich* (1969). In der DDR durfte der Roman nicht erscheinen. Der Monolog der jungen, hübschen Kellnerin Maria Morzeck, die aus dem Berliner »Milljöh« stammt und eine Affäre mit einem verheirateten Mann hat, der sich als der parteitreue Richter entpuppt, der Marias Bruder »wegen Staatsverleumdung und planmäßiger Hetze« zu einer unverhältnismäßig hohen Freiheitsstrafe verurteilt hatte, beweist wiederum Bielers satirisches Sprachtalent. Die virtuose Benutzung des Berliner Jargons und die genaue Kenntnis der realsozialistischen Mechanismen machten das Buch zu einer Satire, die so scharf den Nagel auf den Kopf traf, dass Bieler aufgrund dieses Romans und der daraus resultierenden Auseinandersetzung mit der SED, die seine Staatstreue in Zweifel zog, die DDR verließ.

Der Passagier (1971) knüpft thematisch an die Geschichte *Der junge Roth* an und bezieht seine erzählerische Spannung aus der Ambivalenz von Traum und Wirklichkeit; es handelt sich um die brillante Beschreibung der Arbeit einer Filetierbrigade auf einem Fischdampfer. Als Quelle der Inspiration dienten Bieler seine Erlebnisse während einer Fahrt 1960 auf dem Fischdampfer »Bertolt Brecht« nach Kanada (Neufundland). Der Roman *Der Mädchenkrieg* (1975), Bielers erfolgreichste Veröffentlichung, beschreibt die Geschichte einer Prager Bankiersfamilie aus der Sicht dreier Schwestern. Die drei Mädchen erleben den Zerfall der Familie von der späten Weimarer Republik über die nationalsozialistische Herrschaft bis hin zum Ende des Zweiten Weltkriegs. Der Roman wurde mehrfach übersetzt und 1977 verfilmt. Nach dem im Münchner High-Society-Milieu spielenden Ehe- und »Gesellschaftsroman« *Der Kanal* (1978), der in einer Erstauflage von 100 000 Exemplaren erschien, folgte der in der DDR spielende Roman *Ewig und drei Tage* (1980). Erzählt wird von einer alleinstehenden Frau, einer Studienrätin am Gymnasium einer Kleinstadt, die seit 20 Jahren auf ihren im Krieg verschollenen Verlobten wartet, der unterdessen als prominenter Schriftsteller mit sowjetischem Pass und unter einem anderen Namen in der »Hauptstadt der Republik« lebt. Die Handlung des Romans *Der Bär* (1983) verlegte Bieler in seine Heimatstadt Zerbst, wo Hermann Donath, der Sohn von Otto Donath – wegen seiner Stärke und Statur »der Bär« genannt –, sich voller Idealismus als Zimmermann, Architekt und später als Bürgermeister und Landrat für die Belange der Stadt einsetzt und dabei die widersprüchlichsten Erfahrungen macht. Er glaubt an so etwas wie einen »menschlichen Sozialismus« und gerät dennoch in die verheerenden Mühlen des unmenschlichen Sozialismus.

Bis zu seinem körperlichen Zusammenbruch, der bald in den Zustand des permanenten Komas führte, arbeitete Bieler an seinem, nun unvollendet gebliebenen Roman *Das alte Karussell*, der thematisch an den *Mädchenkrieg* anschließt.

Herbert Rosendorfer

Werke: *Der Schuss auf die Kanzel oder Eigentum ist Diebstahl. Parodien*, Ost-Bln. 1958; *Hochzeitsreise*, Hsp., Rundfunk d. DDR 1958, Fssp., 1960; *Ich bin nicht mein Bruder*, Rundfunk d. DDR 1959, Fssp., 1960; *Die achte Trübsal*, Hsp., Rundfunk d. DDR 1960; *Die kleine Freiheit*, Hsp., Rundfunk d. DDR 1961; *Karriere eines Klaviers*, Hsp., Rundfunk d. DDR 1962; *Die linke Wand*, Rundfunk d. DDR 1962; *Drei Rosen aus Papier*, Hsp., Rundfunk d. DDR 1962; *Das Hemd und der Rock*, Hsp., Rundfunk d. DDR 1963; *Bonifaz oder Der Mann in der Flasche*, Ost-Bln. 1963, Neuwied 1963; *Nachtwache*, Hsp., Rundfunk d. DDR 1963, Theaterst., UA Ost-Bln. 1964; *Ich frage …*, Hsp., Rundfunk d. DDR 1964; *Das Kaninchen bin ich*, Fssp., 1964; *märchen und zeitungen*, En., Ost-Bln., Weimar 1966; *Dieser Herr da*, Hsp., 1966; *Die Elefanteninsel*, Hsp., NDR/SR 1967; *Der junge Roth*, En., Mü. 1968, Fssp. 1974; *Ojun und Batal*, Hsp., 1968; *Vater und Lehrer*, Hsp., NDR/BR/SFB/SR 1968; *Maria Morzeck oder Das Kaninchen bin ich*, R., Mü. 1969, Fssp., 1976; *ZAZA*, Theaterst., UA Tüb. 1969; *Tod im Kanapu*, Fssp., 1969; *Missa*, Hsp., HR/RB/WDR 1969; *Der letzte Penny*, Hsp., 1969; *Feuerzeug*, Hsp., 1969; *Jana*, Fssp., 1970; *Drei Rosen aus Papier*, Mü. 1970; *Die Person*, Stg. 1979, Fssp., 1970; *Jeronim*, Hsp., DRS 1971; *Das Fischweib*, Hsp., 1971; *Der Passagier*, Mü. 1971; *Willy und Lilly*, Fssp., 1971; *Hausaufsatz*, Hsp., SFB/SR 1972; *Auf Befehl erschossen*, Fssp., 1972; *Zeit bringt Rosen*, SDR 1972; *Einladung zur Enthauptung*, Fssp. n. Nabokov, 1973; *Der Kommandant*, Hsp., 1973; *Geschichte des Kanonikus*, Hsp., 1973; *Mein kleines Evangelium*, Freiburg/Br., Basel, Wien 1974; *Der Mädchenkrieg*, R., Hbg. 1975, Film 1977; *Väter und Söhne*, Fssp. n. Turgenjew, 1976; *Die Unvergleichlichen*, Fssp. n. Somerset-Maugham, 1976; *Seele eines Hundes*, Fssp. nach B. Traven, 1976; *Geschichte eines Heiratsschwindlers*, Fssp. n. K. Capek, 1976; *Halbzeit*, Fssp., 1976; *Oblomows Liebe*, Fssp. n. Gontscharow, 1977; *Neuhausener Sommernachtstraum*, Hsp., BR/WDR 1977; *Ortswechsel*, 1978; *Der Kanal*, R., Hbg. 1978; *Ewig und drei Tage*, R., Hbg. 1980; *Am Südhang*, Fssp. n. E. v. Keyserling, 1980; *Ein Held unserer Zeit*, Fssp. n. Lermontow, 1980; *Preußische Nacht. Ein Film*, Hbg. 1981; *Hell in Frauensee*, Fssp. n. Vicky Baum, 1983; *Der Bär*, R., Hbg. 1983; *Das Duell: Willy und Lilly*, Hsp., BR 1985; *Aus familiären Gründen*, Fssp., 1986; *Nebel im Fjord*, Fssp., 1987; *Walhalla. Literarische Parodien*, Hbg. 1988; *Still wie die Nacht. Memoiren eines Kindes*, Hbg. 1989; *Naida. Gesammelte Erzählungen*, Hbg. 1991.

Bienek, Horst, wurde am 7. 5. 1930 in Gleiwitz/Oberschlesien geboren. Er lebte nach dem Krieg in Potsdam und Berlin und war 1951 kurze Zeit Schüler von Bertolt Brecht am »Berliner Ensemble«. Bereits mit 19 Jahren veröffentlichte er Gedichte und fand u.a. in Peter Huchels »Sinn und Form« ein erstes Forum. Im November 1951 wurde Bienek wegen angeblicher Spionage und Antisowjethetze verhaftet und zu 25 Jahren Zwangsarbeit verurteilt. Er verbrachte vier Jahre in Gefängnissen und im Arbeitslager in Workuta/Sibirien. Nach seiner Entlassung wurde er 1957 Literatur-Redakteur beim Hessischen Rundfunk, veröffentlichte Gedichte (u.a. in Hans Benders Anthologie *Junge Lyrik*, 1956), war kurzzeitig Herausgeber der Zeitschrift »blätter und bilder« und arbeitete ab 1962 als Verlagslektor, später als freier Schriftsteller in München. 1987 wurde er als erster Schriftsteller auf das Lektorat »Poetik der Gegenwartsliteratur« an die Universität München geladen. Für sein literarisches Schaffen wurde Horst Bienek mehrfach ausgezeichnet: Er erhielt u.a. 1966 den Dokumentarfilmpreis in Oberhausen (für *Cantos und Politik*, ein Film über Ezra Pound), 1969 den Bremer Literaturpreis, 1975 den Hermann-Kesten-Preis, 1978 den Wilhelm-Raabe-Preis, 1981 den Nelly-Sachs-Preis, 1983 den Andreas-Gryphius-Preis, 1988 den Stadtschreiber-Literaturpreis des ZDF und der Stadt Mainz, 1989 den Jean-Paul-Preis. Horst Bienek starb am 7. Dezember 1990 in München.

Lange Zeit bestimmte das Thema der Gefangenschaft Bieneks Schreiben, die literarische Aufarbeitung seiner als unsinnig empfundenen Verhaftung zu Beginn der Fünfzigerjahre. Dabei waren es zunächst keine realen Erlebnisse, die Bienek in Prosa und Lyrik schilderte, vielmehr begriff er die Gefangenschaft als existenzielle Chiffre des modernen Menschen überhaupt (*Traumbuch eines Gefangenen*, 1957). Der Kritik war diese Auffassung verdächtig, zumal sie ein seltsames Missverhältnis zwischen der beschriebenen Schreckenswelt und der raffiniert ästhetisierten Ausdrucksweise des Autors konstatierte. Ganz an der erlebten Wirklichkeit – ohne Flucht in die Metapher – orientiert sich dagegen Bieneks erster Roman *Die Zelle* (1968), in dem der Autor die fiktiven Gedanken und Handlungen eines Namenlosen in der Einzelzelle beschreibt. In präziser, schnörkelloser Sprache entwirft er das Bild eines von Verhören verängstigten Menschen, der, von der Außenwelt abgeschnitten, gegen seine Erinnerungen ankämpft, sich nur am Augenblick zu orientieren versucht, um zu überleben.

1966 hatte Bienek mit *was war was ist* einen Gedichtband veröffentlicht, der den Autor im Schnittpunkt verschiedener literarischer Einflüsse (Ezra Pound, französische Symbolisten) zeigt. Mit *Bakunin, eine Invention* (1970) überwand Bienek endgültig das von ihm obsessiv behandelte Thema der Gefangenschaft und lieferte eine sprachlich hochambitionierte Collage aus Originaldokumenten und fiktiven Einschüben, die nicht nur um die historische Figur des Anarchistenführers kreist, sondern auch den Schreibenden einschließt.

Bereits 1965 war das Langgedicht *Gleiwitzer Kindheit* enstanden (»überfallartig« wie Horst Bienek selbst bekannt hat) und leitete eine neue Phase im Schreiben des Autors ein: In vier ausgreifenden Romanen schildert Bienek die untergegangene Welt seiner schlesischen Kindheit. Nicht bloße Bestandsaufnahme im Sinne dokumentarischer Literatur wird hier geleistet, sondern die subjektive Darstellung einer verlorenen Provinz. Dabei fließen autobiografische Erfahrungen mit historischen und fiktiven Einschüben zusammen und verbinden sich zu einem psychologischen Porträt eines ganzen Landstrichs und seiner Bewohner. Über den ersten Band der Tetralogie schrieb Heinrich Böll folgerichtig, der eigentliche Held dieses Romans sei Oberschlesien.

Die erste Polka (1975) spielt am Vortag des Zweiten Weltkrieges. Im Mittelpunkt steht das Leben der Gleiwitzer Familie des Fotografen Leo Maria Piontek, die ein Hochzeitsfest für die Tochter ausrichtet. Aber die ausgelassene Feier wird zum Kulminations- und Wendepunkt zwischen den Zeiten: der Abschied vom Frieden trifft mit dem Abschied von lieb gewonnenen Lebenslügen zusammen. So schreibt Bienek keinen Familienroman im klassischen Sinne – sein Epos setzt vielmehr mit dem Verfall der Familie ein. Auch im zweiten Band *Septemberlicht* (1977) gruppiert der Autor die Ereignisse auf engstem Raum um das Begräbnis des Familienvaters. Von hier aus beschreibt Bienek als auktorialer Erzähler die enge Verflechtung von Zeitgeschichte und privatem Erleben, die Opposition von strengem Katholizismus und Nationalsozialismus, berichtet vom geschürten Nationalismus im schlesischen Grenzland. Mit der Figur des jüdischen Dichters Arthur Silbergleit führt Bienek darüber hinaus eine historische Figur in seinen Roman ein, an der sich der aufkommende Antisemitismus festmacht. In den Ängsten des Dichters spiegelt sich einmal mehr die von Bienek bereits in früheren Büchern geschilderte existenzielle Vereinzelung. Der dritte Band, *Zeit ohne Glocken* (1979), schildert das Leben im Schatten des totalen Krieges: Stalingrad ist gefallen, man schreibt das Frühjahr 1943. Der letzte Transport Gleiwitzer Juden geht nach Auschwitz. Es ist die Zeit der Glockenabnahmen. Analog zu den gesellschaftlichen Auflösungserscheinungen zersetzen soziale Entfremdung und Unverständnis die Familienbande der Pionteks. Erst im letzten Band, *Erde und Feuer* (1982), dem Finale der Tetralogie, verlässt Bienek den engen, schlaglichtartigen Erzählrahmen eines Tages und den festen Standort Gleiwitz. Mit dem Strom der flüchtenden Zivilbevölkerung führt der Autor die Handlung nach Dresden, in die Stadt, die in der Nacht vom 13. Februar 1945 im Inferno des Bombenhagels der Alliierten unterging. Als Zeugen des Untergangs ruft Bienek die historische Figur des greisen Dichters Gerhart Hauptmann auf. In einer Mischung aus tatsächlich überlieferten Äußerungen und fiktionalen Passagen skizziert Bienek Hauptmanns Verhältnis zur schlesischen Heimat, zu Deutschland, zum Nationalsozialismus.

Es ist weder die Lust am sprachlichen Experiment noch die ästhetisierte, an der Lyrik geschulte Ausdrucksweise wie in früheren Büchern Bieneks, die in den vier Romanen der schlesischen Tetralogie dominiert, sondern ein vergleichsweise traditionelles Erzählen, das sich am poetischen Realismus eines Thomas Wolfe, einer Carson McCullers orientiert. Mit dem obsessiven Erzählen der Stimmungen, die von der Hitze des Augusts ins fiebrige Septemberlicht hinübergleiten und das trügerische Aufblühen der Natur im Vorfrühling ebenso bergen wie den Schnee des eisigen Winters, in dem sich die Katastrophe vollendet –, mit diesen Beschreibungen hat der Autor eine Vergangenheit neu erzählt und neu erfunden. Mit der schlesischen Tetralogie gehört Horst Bienek zu den Autoren, die neben Günter Grass und Uwe Johnson zur Literarisierung der ehemaligen deutschen Ostgebiete beigetragen haben.

Tilman Urbach

Werke: *Traumbuch eines Gefangenen*, Mü. 1957; *Nachtstücke*, En., Mü. 1959; *Sechs Gramm Caratillo*, Hsp., HR 1960; *Werkstattgespräche mit Schriftstellern*, Mü. 1962; *Borges, Bulatovic, Canetti. Drei Gespräche mit H. B.*, Mü. 1965; *Einzelzelle*, Hsp., DLF 1966; *Cantos und Politik*, Fssp., Mü. 1966; *was war was ist*, G., Mü. 1966; *Die Zelle*, R., Mü. 1968, Drehb. 1971/72; *Vorgefundene Gedichte. Poèmes trouvés*, Mü. 1969; *Beschreibung eines Dorfes*, nach e. Erz. von Marie Luise Kaschnitz, Fssp., Ffm. 1968; *Bakunin, eine Invention*, Mü. 1970; *Solschenizyn und andere*, Ess., Mü. 1972; *Der Verurteilte*, m. Grafiken v. G.-W. Wegert, Mü. 1972; *Im Untergrund*, Theaterst. n. Dostojewski, 1972, Ballett, UA 1981; *Heureka. Maschinenplastik v. Jean Tinguely*, Drehb., Mü. 1973; *Finnische Lyrik aus hundert Jahren*, Hg., Hbg. 1973; *Die Zeit danach*, G., m. Grafiken v. B. Schultze, Düsseld. 1974; *Procession dansante*, Drehb., Mü. 1974; *Die erste Polka*, R., Mü. 1975; *Gleiwitzer Kindheit. Gedichte aus zwanzig Jahren*, Mü. 1976, Film, ARD 1987; *An-Ski (d.i. S. Rappoport); Der Dibbuk. Dramatische jüdische Legende*, Übs., zus. m. Salcia Landmann, Mü. 1976; *Septemberlicht*, R., Mü. 1977; *Gesichter in New York*, Fssp., ZDF 1978; *A. Silbergleit: Der ewige Tag*, G., Hg., Bln. 1978; *Zeit ohne Glocken*, R., Mü. 1979; *Hommage an Hermann Kesten*, Hg., Bln. 1980; *Der Freitag der kleinen Freuden*, En., Düsseld. 1981; *Erde und Feuer*, R., Mü. 1982; *Das Gesicht, das mein Gesicht gefangen hält*, Hsp., WDR 1982; *Beschreibung einer Provinz*, Mü. 1983; *Königswald oder Die letzte Geschichte*, En., Mü. 1984; *Mein Lesebuch*, Hg., Mü. 1984; *Der Blinde in der Bibliothek. Literarische Portraits*, Mü. 1986; *Signatur. Zeit Schrift Bild. Objekt Nr. 4*, hg. v. T. Rommerskirchen, Rolandseck 1986; *Schlesischer Bilderbogen. Photosammlung Ebell-Schwager*, Hg., Bln. 1986; *Das allmähliche Ersticken von Schreien. Sprache und Exil heute. Münchener Poetik-Vorlesungen*, Mü. 1987; *Auf der Suche nach Proust*, Ess., m. Lithografien v. H. B., Denklingen 1988; *Reise in die Kindheit. Wiedersehen mit Schlesien*, Mü. 1988; *Der nichtverlorene Sohn*, E., Denklingen 1988; *Die verinnende Zeit / Ein elektronisches Tagebuch*, Film, ZDF, 1989; *Birken und Hochöfen*, Ess., Bln. 1990; *Die langsame Heimkehr des Doktor Schiwago*, Ess., Hauzenberg 1990; *Die Zeit, der Fluss, der Wind*, G., Hauzenberg 1990; *Über die Zelle*, Aufs. / *The Artist's Hand*, Aufs., in: *Horst Bienek. Aufsätze, Materialien, Bibliographie*, hg. v. Tilman Urbach, Mü. 1990; *Wer antwortet wem*, G., hg. v. Tilman Urbach, Mü. 1991.

Biermann, Pieke, wurde am 22. 3. 1950 in Stolzenau/Weser geboren und wuchs in Hannover auf. Von 1968 bis 1975 studierte sie Germanistik, Anglistik und Politische Wissenschaften an der TU Hannover, ein Jahr verbrachte sie an der Universität Padua. Abschluss mit einer Magisterarbeit über unbezahlte Hausarbeit (*Das Herz der Familie*). 1976 zog sie nach Berlin, wo Pieke Biermann bis heute lebt. Vom kurzen Zwischenspiel als Verlagslektorin bei Rowohlt abgesehen (1981/82) arbeitete sie freiberuflich als Journalistin, Autorin und Übersetzerin, verdiente in jungen Jahren jedoch ihren Lebensunterhalt mit »Anschaffen in Nachtclubs der höheren Mittelklasse«. Pieke Biermann erhielt 1990 das 3sat–Stipendium beim Ingeborg-Bachmann-Wettbewerb (für *Violetta*), sowie 1991 und 1994 den Deutschen Krimipreis (für *Violetta* und *Herzrasen*). 1998 wurde ihr Roman *Vier, Fünf, Sechs* zum zweitbesten deutschen Kriminalroman gekürt.

Pieke Biermann hat den deutschen Krimi vom Zwang zur Suspense-Story befreit und in einen avancierten literarischen Raum überführt. Alle vier vorliegenden Bände der auf sieben Folgen angelegten Romanserie um die Berliner Kriminalkommissarin Karin Lietze (*Potsdamer Ableben*, 1987; *Violetta*, 1990; *Herzrasen*, 1993; *Vier, Fünf, Sechs*, 1997) setzen »Berlin als Inbegriff der Überkomplexität« in Szene (Thomas Medicus). Ausgehend von der Soziologie des Ortes wählt die Autorin einen prägenden lokalen Ausgangspunkt, der sich bei näherer Betrachtung nicht nur als typisch für das ermittelte Verbrechen und dessen Begleitmilieu erweist, sondern auch historische Tiefenlotungen ermöglicht, die mehr über die Stadt, ihre Bewohner und ihre Geschichte verraten. In den ersten drei Romanen sind dies bekannte und literarisch prominente Plätze (Potsdamer Platz, Nollendorfplatz und Winterfeldmarkt, Rosa-Luxemburg-Platz), im vierten Buch der Flughafen Tempelhof mit seinen vielfältigen historischen Bezügen zur Zeit des Nationalsozialismus und zum Kalten Krieg. Neben der räumlichen Präzisierung fällt die genaue zeitliche Einordnung der Romane auf. *Potsdamer Ableben* spiegelt etwa die Ausläufer der Pop-Szene West-Berlins in den Achtzigerjahren und ihren »anything-goes«-Zynismus auf der einen, ihren Radikalfeminismus auf der anderen Seite wider.

Der Ost-West-Konfliktstoff einer 1992 noch voneinander befremdeten Doppelstadt findet in *Herzrasen* seinen Niederschlag, und die alle Strukturen bedrohlich überwuchernde Vereinigungskriminalität in *Vier, Fünf Sechs*. Die Romane stecken voller Wirklichkeitsschnipsel, sind von einem permanenten Soundtrack aus Geräuschen, Musikfetzen, Werbeslogans, Dialekten und Soziolekten durchzogen und scheinen die lautmalerische Potenz der Stammväter polyphoner Stadtbeschreibung – Döblin und Dos Passos – durch ihre überbordende Erfindungsgabe sogar noch zu übertreffen. Die lautsprachliche Notation mancher Passagen (gleichsam ein typografischer Hörfilm) fordert vom Leser höchste Konzentration, belohnt seine Aufmerksamkeit jedoch mit einem für Kriminalliteratur ungewöhnlichen Grad an Verismus, wobei die ermittlungstechnischen, atmosphärischen und formalen Details – bis hin zum Wetter – von der auch als Polizeireporterin arbeitenden Autorin äußerst akkurat recherchiert werden. Einen gewissen Verlust an Glamour kalkuliert sie dabei bewusst ein. In ihren Romanen erscheint der Polizeialltag so trübe, wie er sich in Wirklichkeit auf den von Geldknappheit gezeichneten Berliner Revieren abspielen dürfte.

Beim Personal werden bekannte Krimischemata weitgehend vermieden, obwohl sie »sauber klischiert« sind (Pieke Biermann), insofern sich die Autorin bemüht, der spezifischen sozialen Mischung Berlins Rechnung zu tragen: Schwule, Lesben, Feministinnen und eine Single-Kommissarin um die 50 brechen mit dem Muster kleinbürgerlicher Fernsehkommissare. Biermanns Polizisten identifizieren sich mit ihrer Stadt und dem Kiez, dem sie entstammen. Durchgängig trägt die Selbsthilfe-Hurentruppe »Migräne« zur Lösung der Fälle bei, weil Prostituierte zu jeder gesellschaftlichen Schicht Zugang haben. Ein unkonventionelles dramaturgisches Mittel, das sich nicht zuletzt aus den Erfahrungen der Autorin in diesem Milieu speist.

Mit ihren vier Kriminalromanen erreichte Pieke Biermann den seltenen Schulterschluss zwischen Literaturkritik und normalem Lesepublikum. Ihre untypischen Krimis erwiesen sich trotz sprachlicher Ambitioniertheit als Longseller. Die Kritik räumt der »Meisterabsolventin der Chandler-Schule« (Georg Hensel) eine Ausnahmestellung im Genre ein, bemängelt allerdings zuweilen die flächige, nichtlineare Erzählweise mit einem gewissen Hang zur Überpointierung und überbordender Detailgenauigkeit. In *Berlin, Kabbala* (1997) und der Glossensammlung *Herta & Doris* (2002) zeigt Pieke Biermann jedoch, dass sie die Ökonomie kurzer Texte durchaus beherrscht und nicht zwangsläufig auf die weite Strecke ausweichen muss. Die Shortstories in *Berlin, Kabbala* basieren auf Zahlenverhältnissen (etwa von Uhrzeiten oder Schusswaffenkalibern) und variieren böse-ironisch das Erfolgspotenzial krimineller Energie. *Herta & Doris* dagegen beschreibt den Alltag der deutschen Hauptstadt ein Jahrzehnt nach der Wiedervereinigung aus der Perspektive derjenigen, die immer noch ihren Kiez für den Nabel der Welt halten und den Wandel lose verbundener Stadtteile zur Metropole nicht wahrhaben wollen. Ob die Zugereisten langfristig über die proletarisch-rüde Berliner Schnodderschnauze triumphieren, wird sich erweisen und in Pieke Biermanns weiteren Texten Niederschlag finden.

Florian Felix Weyh

Werke: *Das Herz der Familie*, Mag., Bln. 1977; *Maria Rita Parsi: Abfall*, Übs., Reinbek 1979; *Lidia Ravera: Die Zeit totschlagen*, Übs., Reinbek 1979; *Wir sind Frauen wie andere auch*, Sachb., Reinbek 1980; *Alles hat hier seinen Preis*, Drehb., RB 1980; *Michael Denneny: Lovers*, Übs., zus. mit W. S. Baur, Reinbek 1980; *Ferruccio Kiner: Romanzo Comico*, Übs., Reinbek 1981; *Multiple Joyce*, Feat., SDR 1982; *Dass ich sachte etwas überschreite*, Feat., SFB 1982; *Schreiben als Aufstand*, Feat., SFB 1982; *Für viele Millionen Glück!*, Feat., SDR 1984; *Gott sei Dank ist wieder Leben da!*, Drehb., WDR 1984; *Muß es denn gleich beides sein?*, Drehb., NDR 1985; *Dacia Maraini: Zug nach Helsinki*, Übs., zus. m. Gudrun Jäger, Hbg. 1985; *Dorothy Parker: Eine starke Blondine*, Übs., Zür. 1985; *Stefano Benni: Terra!*, Übs., Mü. 1985; *Die AlgonQueen*, Feat., SFB/SDR 1986; *Gena Corea: Mutter Maschine*, Übs., Bln. 1986; *Francesco Alberoni: Erotik*, Übs., Mü. 1987; *Potsdamer Ableben*, R., Bln. 1987; *Lady Writes The Blues*, Feat., SDR/SFB/NDR 1987; *Erbschaften*, Feat., SDR 1987; *Mein Königreich für dies Weib!*, Feat., SDR 1987; *Dacia Maraini: Isolina*, Übs., Hbg. 1988; *Stefano Benni: Komische erschrockene Krieger*, Übs., Mü. 1988; *Eine Frau steigt ein und Ein Mann steigt aus*, Hsp. in 2 Teilen nach dem R. *Potsdamer Ableben*, SFB 1989; *Violetta*, R., Bln. 1990; *Stefano Benni: Die Bar auf dem Meeresgrund. Unterwassergeschichten*, Übs., Mü. 1991; *Carlo Fruttero/Franco Lucentini: Ein Hoch auf die Dummheit. Porträts, Pamphlete, Parodien*, Übs., Mü. 1992; *Mit Zorn, Charme und Methode*, Hg., Ffm. 1992; *Herzrasen*, R., Bln. 1993; *Wilde Weiber GmbH*, Hg., Ffm. 1994; *Carla Corsi, Sandra Landi: Portrait in grellen Farben*, Übs., Ffm. 1993; *Robin Cook: Profil eines Serienmörders*, Übs., Hbg. 1996; *Vier, Fünf, Sechs*, R., Mü. 1997, Hsp., SFB/ORB 1998; *Please mention the war, I'm German!*, Feat., BBC 1997; *Berlin, Kabbala. Short stories*, Bln. 1997; *Agatha Christie: Der Tod auf dem Nil*, Übs., Zür. 1999; *Walter Mosley: Socrates in Watts*, Übs., Zür. 2000; *Walter Mosley: Socra-*

tes' Welt, Übs., Zür. 2001; *Herta & Doris*, En., Mü. 2002: *Liza Cody: Gimme more*, Übs., Zür. 2003; *Ferien machen wir hier nicht!*, Feat., SFB 2003.

Biermann, Wolf, wurde am 15. 11. 1936 in Hamburg geboren. Sein Vater, Maschinenbauer auf der Deutschen Werft, wurde im selben Jahr wegen kommunistischer Betätigung (Sabotage an Waffentransporten für Franco-Spanien) eingekerkert und 1942 in Auschwitz umgebracht. Biermann wuchs bei seiner Mutter Emma auf, ebenfalls einer aktiven Kommunistin, ging dann 1953 auf Beschluss der Partei in die DDR, studierte in Ost-Berlin politische Ökonomie, war dann, nach Bert Brechts Tod, zwei Jahre als Regieassistent am »Berliner Ensemble« tätig und absolvierte 1959 bis 1963 noch ein Studium der Philosophie und Mathematik.

1960 begann er, von Hanns Eisler gefördert, eigene Lieder zu schreiben und vorzutragen; 1961/62 gründete er das (nie eröffnete) »Berliner Arbeiter- und Studententheater« am Prenzlauer Berg, für das er sein erstes Stück *Berliner Brautgang* einstudierte. Diese Aktivitäten wurden ihm zunächst schrittweise, 1965 dann, nach dem Erscheinen des ersten Gedicht- und Liederbandes *Die Drahtharfe* in Berlin-West, endgültig verboten. Das 11. Plenum des Zentralkomitees der SED warf ihm sowie Stefan Heym und Heiner Müller »Skeptizismus« und »spießbürgerliches, anarchistisches Verhalten« vor. Bis 1976 lebte Biermann – in engem Kontakt zu seinem Freund Robert Havemann – als sozialistischer Oppositioneller und »staatlich anerkannter Staatsfeind«, wie er einmal von sich selbst sagte, in Ost-Berlin, während seine Bücher und Platten in der Bundesrepublik veröffentlicht wurden. In der DDR zirkulierten sie als Samisdat-Gut; das Singen oder Weitergeben seiner Lieder zog Sanktionen nach sich, die vom Ausschluss von der Universität bis zu mehrjährigen Gefängnisstrafen reichten. Er selbst wurde rund um die Uhr von der Stasi observiert und abgehört – die Akte Biermann umfasst ca. 80000 Seiten. Da er aber auch von den westlichen Medien viel Aufmerksamkeit bekam, schien es dem Regime nicht opportun, ihn zu verhaften, und man dachte sich eine wirksamere Methode aus, ihn von der klandestinen Ostbühne abtreten zu lassen.

Als Biermann im November 1976 die Ausreiseerlaubnis zu einer von der IG Metall organisierten Konzerttournee in der Bundesrepublik erhielt, wurde er nach seinem Auftritt in Köln am 13. November aus der DDR ausgebürgert. Diese Maßnahme löste nicht nur im Westen, sondern auch in der DDR eine breite Solidaritätswelle aus. Verhaftungen, Parteistrafen, weitere Ausbürgerungen und genehmigte Ausreisen folgten: Biermanns Hinauswurf aus der DDR wurde zum Signal für eine Evakuierung des Geistes, die an Deutschlands düsterste Zeit erinnerte (u.a. Thomas Brasch, Jürgen Fuchs, Bernd Jentzsch, Sarah Kirsch, Günter Kunert, Jochen Schädlich, Klaus Schlesinger, Bettina Wegner).

Nach dem Mauerfall durfte Biermann am 1. und 2. Dezember 1989 erstmals wieder in Leipzig und Berlin auftreten, wobei er in seinen Liedern den Abschied von den politischen »Betonköpfen« forderte, sich aber zugleich gegen deren direkte Verfolgung wandte (»Wir wollen euch nicht verderben / Ihr seid verdorben genug«). Das Konzert wurde vom Fernsehen der DDR und von der ARD noch am selben Abend ausgestrahlt. Nach seiner Ausbürgerung ließ sich Wolf Biermann in seiner Heimatstadt Hamburg nieder, wo er heute noch wohnt. Dem westlichen Publikum hat er gleich in dem ersten großen Gedicht nach seiner Übersiedlung, dem *Deutschen Miserere*, klar gemacht, wie ihm hier zumute war: »Hier fallen sie auf den Rükken / Dort kriechen sie auf dem Bauche / Ich bin gekommen / ach! kommen bin ich / vom Regen in die Jauche.« Was er aber in seinem Essayband *Über Deutschland Unter Deutschen* (2002) über Brecht schrieb (»Brechts bester Einfall war es, Kommunist zu werden. Sein schlechtester Einfall: Kommunist zu bleiben.«), lässt sich von ihm nicht sagen. Seine Hoffnungen (»So oder so, die Erde wird rot«) zerschlugen sich an der Starre des real existierenden Sozialismus, dem er nach seiner Zerschlagung auch keine Chance mehr gab. Wer ihm Verrat vorwarf, dem antwortete er mit seinem Lied *Nur wer sich ändert, bleibt sich treu.* Wolf Biermann erhielt 1969 den Berliner Fontane-Preis, 1973 den Jacques-Offenbach-Preis, 1975 und 1977 den Deutschen Schallplattenpreis, 1980 den Deutschen Kleinkunstpreis für Chanson, 1989 den Hölderlinpreis der Stadt Bad Homburg, 1991 den Georg-Büchner-Preis, 1993 den Heinrich-Heine-Preis, 1998 den Nationalpreis der Deutschen Nationalstiftung.

Das Hauptgewicht seiner bisherigen Arbeit liegt zweifellos auf den Liedern. Zu ihren Kennzeichen gehören Direktheit der Sprache, Unmissverständlichkeit der Formulierungen bis zur Polemik (»Es munden dem Volke die fetten Ochsen / Seit je in der Pfanne! / Nicht aber im Amte!«), dialektische

Zuspitzungen (»Wer sich nicht in Gefahr begibt / – der kommt drin um«), treffsichere Definitionen (»… den Sumpf mal Meer, mal Festland nennen / das eben nennt ihr / Vernunft«) und volkstümliche Einfachheit. Der Schlussvers seines Soldatenliedes zum Beispiel, »Soldaten sehn sich alle gleich / Lebendig und als Leich«, war in der DDR bei vielen Menschen bekannt, ohne dass sie den Verfasser kannten. Ebenso aber sind es die einprägsamen Bilder, welche die Lieder oft zu poetischen Ohrwürmern machen (»Was soll aus uns noch werden / Uns droht so große Not / Vom Himmel auf die Erden / Falln sich die Engel tot«). Die Musik, die Biermann selbst schreibt, geht von einfachen Begleitharmonien der Gitarre aus, die sich aber in seinen späteren Liedern immer öfter brechen und teilweise in langen, virtuosen Zwischen-, Vor- oder Nachspielen verselbstständigen. Hinzu kommt, dass er ein äußerst versierter Vortragskünstler ist, der mit seinem Publikum auch spielen kann, wenn er etwa singt »Mit Weibern hab ich nichts …« (lange Pause, Publikum lacht ungläubig) »als Glück …« (lange Pause, Publikum lacht: also doch!) »gehabt« (Ende der Pointenfahrt, Publikum lacht über die gelungene Überraschung). So machen Sprache, Musik und Vortrag seine Abende zu unverwechselbaren Gesamtkunstwerken. Vielleicht trug das jahrelange Auftrittsverbot für den Sänger zur Entwicklung des Lyrikers bei, der auf der Suche nach Tönen ist, die unterhalb der Lautstärke eines Liedes liegen (»Und der Wind / mühelos erntet er / Spatzen vom kahlen Gesträuch«). Jedenfalls wurde das Gedicht zu einer Form, die aus seinem Werk nicht wegzudenken ist. Er zieht es bei, wenn es um die Liebe geht (»Der Sturm fegt unbehauste Möwen übers Meer / wir hausen in der / Liebe. Und die Nacht / bleibt hell«), um einen plötzlichen Gedanken (»Ich kann nur lieben / was ich die Freiheit habe / auch zu verlassen: / dieses Land / diese Stadt / diese Frau / dieses Leben«) oder um Erinnerungen, etwa an die traumatische Bombennacht in Hamburg, aus der er mit seiner Mutter entkam (»So kam es, dass die helle Nacht auch noch den Tag verschlang / Am Mittag konnte ich im Qualm gar keine Sonne sehn / Ich hatte Glück und ward ein braves Kind mein Leben lang / Genau auf sechseinhalb blieb meine Lebensuhr da stehn«).
In seiner zweiten Lebenshälfte hat sich Biermann immer stärker mit seiner jüdischen Herkunft beschäftigt (»Ich bleibe, was ich immer war / Halb Judenbalg und halb ein Goij«). Sein Vater war Jude, und nicht nur er, sondern über 30 Mitglieder seiner Familie wurden im Zweiten Weltkrieg umgebracht. Ihren stärksten Ausdruck fand diese Beschäftigung in der Nachdichtung des Epos des jiddischen Dichters Jizchak Katzenelson *Dos lied vunem ojsgehargetn jidischn volk*. Biermann hat »die herzzerreißenden jiddischen Verse«, die Katzenelson über die Vernichtung der Warschauer Juden im KZ Vittel vor seiner Deportation niederschrieb und herausschmuggeln lassen konnte, in zweijähriger Arbeit in seine »kopfzerbrechliche deutsche Sprache gebracht« und 1994 herausgegeben. Es ist ein erschütterndes Dokument, und es scheint auf einen Übersetzer wie Biermann gewartet zu haben, der solche Schicksale aus der eigenen Sippe kennt und wortmächtig genug ist, vor dem Unsagbaren nicht zu verzagen (»Wie soll ich singen mit erhobnem Haupt. Mein Weib / Verschleppt mit Ben, mit Jomele – der Jüngste war noch Kind / Aus meinen Lichtgestalten wurden Schatten ohne Leib / Ich selbst bin schon ein Schatten, kalt und blind«). Biermann mobilisiert die ganze Expressivität seiner Sprache, um der Tragödie gerecht zu werden, welche Katzenelson der Nachwelt weitergeben wollte, so wenn er die Güterwagen beschreibt, die auf dem Umschlagplatz auf die nächsten Menschentransporte warten: »Ich will nicht. Furcht und Schrecken. Das Entsetzen macht mich wild. / Schon wieder die Waggons. Grad gestern Abend weg, heut wieder hier. / So stehn sie auf dem Umschlagplatz, siehst du ihr offnes Maul? Ein Bild / Wie lauter aufgerissne Rachen. Dieser Zug ist wie ein Tier.«
Zu Biermanns einzigem gespielten Theaterstück *Der Dra-Dra* (1971) ist kein weiteres dazugekommen, hingegen begann er nach seiner Übersiedlung in den Westen zunehmend die Form des Essays zu pflegen. Er veröffentlichte Reflexionen und Polemiken zu Fragen der Gegenwart, zunächst in der »Zeit«, später im »Spiegel«, dann auch in der »Welt«, nachzulesen in Sammelbänden wie *Klartexte im Getümmel* (1989) oder *Der Sturz des Dädalus* (1992). Brillante Rhetorik, aber auch klare Parteinahmen zeichnen diese Essays aus; sie zeigen einen Autor, der gerne urteilt, der auch gerne verurteilt, aber der immer auf Wahrheitssuche ist, so, wie er sich im Gedicht *Die Elbe bei Hamburg* beschreibt: »Durch allen Wandel bin und bleib ich auch mit weißem Bart / Gebranntes Kind, das neugierselig nach dem Feuer sucht.«

Franz Hohler

Werke: *Die Drahtharfe*, G., Bln. 1965; *Wolf Biermann (Ost) zu Gast bei Wolfgang Neuss (West)*, Schpl., 1965; *Mit Marx- und Engelszungen*, G., Balladen, Lieder, Bln. 1968;

Vier neue Lieder, Schpl., 1968; *Chausseestraße 131*, Schpl., 1969 u. 1975; *Der Biermann kommt*, Schpl., Raubpressung, ca. 1970; *Der Dra-Dra*, Theaterst., UA Mü. 1971, gedr. Bln. 1970, Hsp., SWF/HR/WDR/DW *1971; Für meine Genossen. Hetzlieder*, G., Balladen, Bln. 1972; *Berichte aus dem sozialistischen Lager*, Hbg. 1972; *Das Märchen vom kleinen Herrn Moritz, der eine Glatze kriegte*, m. Bildern v. K. Mühlenhaupt, Mü. 1972; *Warte nicht auf beßre Zeiten*, Schpl., 1973; *Chile – Ballade vom Kameramann*, Schpl., 1973; *Deutschland. Ein Wintermärchen*, Bln. 1973; *aah – ja!*, Schpl., 1974; *Liebeslieder*, Schpl., 1975; *Es gibt ein Leben vor dem Tod*, Schpl., 1976; *Das geht sein' sozialistischen Gang*, Dok., Schpl., Köln, 13. November 1976, Schpl., 1977; *Der Friedensclown. Lieder für Menschenkinder*, Schpl., 1977; *Nachlass 1*, enth. bis auf »Das Märchen vom kleinen Herrn Moritz« die sechs bisher ersch. Bücher, Köln 1977; *Preußischer Ikarus*. Lieder, Balladen, Köln 1978; *Liebeslieder*, Schpl., 1975; *Es gibt ein Leben vor dem Tod*, Schpl., 1976; *Das geht sein' sozialistischen Gang*, Dok., Schpl., Köln 1977; *Der Friedensclown. Lieder für Menschenkinder*, Schpl., 1977; *Trotz alledem!*, Schpl., 1978; *Eva-Maria Hagen: Nicht Liebe ohne Liebe*, m. Lied-Übertr. v. W. B., Schpl., 1979; *Hälfte des Lebens*, Texte v. W. B. u.a., Schpl., 1979; *Vom Himmel auf die Erden falln sich die Engel tot*, Erika Pluhar singt W. B., Schpl., 1979; *Das Märchen von dem Mädchen mit dem Holzbein*, m. Bildern v. Natascha Ungeheuer, Köln 1979; *Eins in die Fresse*, Schpl., 1980; *Im Hamburger Federbett*, Schpl., 1982; *Verdrehte Welt – das seh' ich gerne*, G., Lieder, Köln 1982; *Wir müssen vor Hoffnung verrückt sein*, Schpl., 1983; *Die Welt ist schön*, Schpl., 1985; *Seelengeld*, Schpl., 1986; *Affenfels und Barrikade*, Köln 1986; *VEB-volkseigener Biermann*, Schpl., 1988; *Klartexte im Getümmel*, Ess., Köln 1989; *Gut Kirschenessen*, Schpl., 1990; *Nur wer sich ändert, bleibt sich treu*, Schpl., 1991; *Alle Lieder*, Köln, 1991; *Der Sturz des Dädalus*, Ess., Köln 1992; *Großer Gesang des Jizchak Katzenelson vom ausgerotteten jüdischen Volk*, Übs., Köln, 1994; *Alle Gedichte*, Köln, 1995; *Süßes Leben – saures Leben*, Schpl., 1996; *Wie man Verse macht und Lieder – eine Poetik in acht Gängen*, Köln, 1997; *Paradies uff Erden. Ein Berliner Bilderbogen*, Lieder, Köln 1999, Schpl., 1999; *Brecht, deine Nachgeborenen*, Schpl., 1999; *Ermutigung*, Schpl., 2001; *Über Deutschland Unter Deutschen*, Ess., Köln, 2002.

Biller, Maxim, wurde am 25. 8. 1960 als Sohn des Übersetzers Semjon Biller und der Geografin, Volkswirtschaftlerin und Schriftstellerin Raissa Biller in Prag geboren. Seine Schwester ist die englische Schriftstellerin Elena Lappin. 1970 kam er mit seinen Eltern nach Deutschland. Anfang der Achtzigerjahre studierte er deutsche Literatur in München und schrieb 1983 seine Magisterarbeit über das Bild der Juden im Frühwerk Thomas Manns. Danach absolvierte er die Deutsche Journalistenschule in München. Ab 1985 arbeitete er als freier Autor für den »Spiegel« und die »Zeit«, ab 1986 als Autor und Kolumnist für die Zeitschrift »Tempo«. 1993 bis 1996 war er Kolumnist des »Zeit-Magazins«, seit 2001 ist er Kolumnist der »Frankfurter Allgemeinen Sonntagszeitung«. Biller lebt in Berlin. 1994 erhielt er den Tukan-Preis der Stadt München, 1996 den Preis des Europäischen Feuilletons und den Otto-Stoessl-Preis, 1999 den Theodor-Wolff-Preis.
Maxim Biller ist ein Schriftsteller, der Missverständnisse produziert, weil er Klarheit sucht. Oder Wahrheit. Oder Liebe. Er ist ein knallharter Sehnsuchtsschreiber, ein wehmütiger Realist, ein verletzender Moralist. Seine ersten veröffentlichten Texte waren journalistische Arbeiten, das hat immer wieder den Blick auf seine Erzählungen und Romane verstellt; das Wesen seines Schreibens hat seinen Grund in einer bei uns fast abgerissenen großstädtischen Tradition, das gibt seinen journalistischen Texten ihren literarischen Klang und seinen Prosawerken ihre lebenspralle Schärfe; die Kraft seines Schreibens entsteht aus Kompromisslosigkeit, das gibt seiner Sprache eine unverstellte Direktheit und seinen Geschichten ihren irritierenden Sog. Die Welt, die Biller beschreibt, ist voller Lügen, Fehler, Falschheit, seine Figuren tragen ihre Geschichte immer im Gepäck, ihr Weg ist nie gerade, und der Boden unter ihren Füßen immer hohl – jederzeit können sie einbrechen, jederzeit kann sie der Wirbel der Historie in einen Abgrund stürzen lassen. »Und einmal habe ich sogar über meinem Tablett mit dem Apfelsaft und den Tortellini in Tomatensoße zu weinen angefangen, aber nicht aus Trauer, sondern weil ich vor so viel Unsinn verzweifelte, einem Unsinn, der aus der Geschichte heraus direkt in mein heutiges, gegenwärtiges Leben hineinragte.«
In seiner frühen Erzählung *Harlem Holocaust* aus dem Prosadebüt *Wenn ich einmal reich und tot bin* (1990) beschreibt Biller auf eindrucksvolle und, wie Gustav Seibt anmerkte, in Deutschland einmalige Art und Weise jene Schattenwesen, die im Halbdunkel der Vergangenheit ihre Gegenwart zu verlieren drohen – es ist der Feuerschein des Holocaust, der diese Schatten wirft. Auch Biller kämpft gegen seine Schatten an, schafft es ganz gut, sie mit manchmal wild kreisenden Armen zu verscheuchen. Ein Satz aus der Erzählung *Harlem Holocaust*, in der Biller uns einen jüdischen Ekelbrocken schenkt und einen nichtjüdischen Waschlappen, ist da fast wie ein Selbstkommentar: »Soll ich aufhören zu leben, weil die anderen sterben?«
Biller hatte sich damals, Ende der Achtzigerjahre, schon einen Namen mit seinen Reportagen und Kolumnen (*100 Zeilen Hass*) gemacht, die 1991 gesammelt als *Die Tempojahre* erschienen. Eine

manchmal fröhliche, manchmal melancholische, manchmal zornige Prügelprosa war das, die die billigen Wahrheiten und die deutsche Heuchelmoral, die selbstgerechten 68er und jede Form von Ideologie attackierte und den Achtzigerjahren ihr Gesicht gab – und dabei schaffte es Biller mit seinem subjektiven, literarischen Stil, nicht nur das deutsche Denken in seinen Nachkriegskonventionen zu untergraben, sondern gleich das deutsche Schreiben dazu. Konventionen, Konsens, Kleingeisterei, das sind die Dinge, gegen die Biller angeht, wobei er sich mit so viel Selbstironie wie Arroganz gegen alles richtet, was den Menschen in eine falsche Form von Gemeinschaft pressen will: »Ich verlange nicht die Auflösung unserer Post-Holocaust-GmbH. Ich verlange nur einen Sinn, ein Gefühl für die nichtjüdische Realität, in der wir leben. Denn aus ihr – genauso wie aus unserer Geschichte – lernen wir. Sie macht uns klüger, weltgewandter und härter. Soll die universale Suche nach Wahrheit und Spaß etwa ohne uns weitergehen?« (*Die Tempojahre*).

Die jüdische Identität, das jüdische Leben in diesem Deutschland und überhaupt, diese Themen bildeten für Biller in jenen Jahren die Plattform für viele seiner journalistischen und literarischen Texte – im Kern ging es in seinen Geschichten aber immer um etwas anderes, nämlich um die alte Frage, wie wir unser Leben leben wollen: ehrlich oder unehrlich, mutig oder feige, allein oder zu zweit? »Schließlich, das hatte Lew irgendwann kapiert, lebte man einzig und allein, um im Nachhinein überprüfen zu können, ob alles einen Sinn gehabt hat, und die Zukunft war immer nur Teil der Vergangenheit.«

Auch in Billers zweitem Erzählungsband *Land der Väter und Verräter* (1994) werden die Menschen immer wieder vom Biografie-Sog aus Schuld, Lüge und Verdrängung unter Wasser gezogen – ein vertikaler und Schwindel erregender Effekt, der die Figuren wild durch Länder und Zeiten wirbeln lässt, wie jenen Lew, der aus dem postkommunistischen Moskau ins mediterrane Tel Aviv stürzt und dem dabei nicht nur sein Gesicht zu Schaden kommt. Biller dehnt in diesen Geschichten seinen Blick, geografisch wie historisch, er wühlt sich tief in den epischen Grund unserer Gegenwart, weitet seine eigene Welt ins Fiktive, sodass seine Geschichten auf diesem Umweg wieder die Figuren einholen, denen sie entsprungen sind. Eine solche Geschichte ist *Der Perfekte Roman*, ein böser Querschläger, der von jüdischen Lügenbiografien handelt und von deutschen Feuilletonfeigheiten. »Immer dann, wenn die Bilder wiederkamen«, so lautet ein Schlüsselsatz aus diesen Erzählungen: Billers Realismus ist einer des psychischen Wahn- und Wahrheitszustands, bei dem sich die Bilder bekriegen, überlagern, ständig verschieben. Ohne sicheren Grund torkeln die Menschen durchs Leben, so wie Motti Wind, der vielleicht genau weiß, was im Krieg im Libanon passiert ist, aber auf keinen Fall mehr genau, was mit seiner Nurit geschehen ist.

Billers erster Roman *Die Tochter* (2000) ist eine furiose und fast psychedelisch dichte Irrfahrt gemeinsam mit einem Menschen, der im Schrecken des israelischen Krieges und des deutschen Alltags sein Leben aus den Augen verloren hat. »Als Motti Wind nach zehn langen, bedrückenden Jahren seine Tochter Nurit wieder sah, hatte sie fast gar nichts an.« Billers Roman beginnt mit einem Erdbeben und steigert sich dann langsam. Erzählt wird die unglückliche Liebesgeschichte zwischen dem Israeli Motti und der Deutschen Sofie; erzählt wird von kalten Frauen, von einem München, in dem es manchmal nach Meer riecht, von einem Vater, der seine Tochter nicht verlieren will und sie doch erst besitzen wird, wenn sie nicht mehr ist; erzählt wird von der unfassbaren Wahrheit, wie Liebe und Tod sich die Hand reichen. Überraschend ist nicht nur der moralische Balanceakt seines Romandebüts, überraschend ist vor allem der Ton, mit dem Biller die Abgründe überschreitet, die sich im Lauf der Erzählung immer wieder auftun: beiläufig und konzentriert, poetisch und ganz direkt, fast spielerisch und dabei ernst.

Ein Ton, den auch Billers erstes Theaterstück auszeichnet, *Kühltransport* (2001), das am Mainzer Staatstheater uraufgeführt wurde. Es ist die Geschichte der Irrfahrt jener 58 Chinesen, die 2001 tot in einem Container in Dover entdeckt wurden, grausam erstickt in einem holländischen Lkw beim Versuch, das verheißene Wohlstandsland zu erreichen. Biller, der Wahrheitsherauszerrer, schafft es in seinem unhandlichen, unkonventionellen Text, auch dem Theater eine verdrängte Realität und einen moralischen Ernst zurückzugeben – und verblüfft damit ebenso wie mit den aberwitzigen Wendungen, die seine Zeitungskolumne *Moralische Geschichten* Woche für Woche nimmt. In diesen Texten zeigt sich Biller als in Deutschland singulärer Humorist, der den Journalismus grell lachend in Literatur kippen lässt. »Komische, undurchschaubare Deutsche«, schreibt Biller einmal in seinem *Deutschbuch* (2001), einer Sammlung seiner journalistischen Arbeiten aus den

Neunzigerjahren. »Zuerst bringen sie unter Aufwendung ihres ganzen Talents fast alle Juden um – und dann tut es ihnen auch noch Leid.« Diese Reportagen und Kolumnen zeichnen sich durch die genauen Beobachtungen ebenso aus wie durch scharfe Polemik; Billers Bild von Deutschland ist dabei fast trotzig zugewandt, es funktioniert nach der paradoxen Formel: »Wer sucht, der findet nicht, und wer nichts erwartet, begehrt als Einziger wirklich das Glück.« Biller wirkt dabei abgebrühter als er ist: In seiner manchmal verletzenden Wut offenbart sich der enttäuschte Romantiker – eine Stimmung, die auch seinen zweiten Roman *Esra* (2003) durchdringt, der von der unglücklichen Liebe zwischen dem jüdischen Schriftsteller Adam und der Türkin Esra handelt, eine Geschichte, die explizit mit autobiografischen Details spielt; gegen das Erscheinen des Buches wurden rechtliche Schritte unternommen von zwei Personen, die glauben, sich darin wiederzuerkennen. Biller fächert in *Esra* in leichter und direkter Sprache die Psychologie des Scheiterns auf, die die zwei Liebenden aneinander vorbeileben lässt. Esras Lebensscheu, die den Erzähler Adam an eine Antilope auf der Flucht denken lässt, der gleichzeitige Druck von Esras Tochter und von ihrer Mutter, Adams heillose Liebe: Auch diese Welt ist voller Wahn, auch dieser Alltag ist voller Falltüren, auch diese Geschichte hat einen ganz eigenen Sog. Billers Ton ist neu, seine Wunde frisch, seine Verletztheit authentisch: Wieder einmal ist er gegen die Welt angerannt, und wieder einmal haben beide Schrammen davongetragen.

Georg Diez

Werke: *Wenn ich einmal reich und tot bin*, En., Köln 1990; *Die Tempojahre*, München 1991; *Land der Väter und Verräter*, En., Köln 1994; *Harlem Holocaust*, Köln 1998; *Die Tochter*, R., Köln 2000; *Kühltransport. Ein Drama*, Mü. 2001, UA Mainz 2002; *Deutschbuch*, Mü. 2001; *Esra*, R., Köln 2003; *Der perfekte Roman. Ein Maxim-Biller-Lesebuch*, Mü. 2003.

Biondi, Franco, wurde am 8. 8. 1947 in Forlì in Italien geboren. Als Kind zog er mit seinen Eltern, die als Schausteller arbeiteten, durch Nord- und Mittelitalien. Dann absolvierte er eine Lehre als Schlosser und Elektroschweißer und übersiedelte 1965 in die Bundesrepublik. Er war in seinen erlernten Berufen und als Chemie- und Fließbandarbeiter beschäftigt, holte an Abendschulen die Mittlere Reife und das Abitur nach und studierte von 1976 bis 1982 Psychologie in Frankfurt am Main. Seit Mitte der Siebzigerjahre schreibt Biondi, der seine Texte zunächst in seiner Muttersprache verfasste, auf Deutsch. Neben seiner schriftstellerischen Tätigkeit arbeitet er als Psychologe in einer städtischen sozialpsychologischen Einrichtung in Hanau. Biondi, der Mitglied im »Werkkreis Literatur der Arbeitswelt« war, gründete 1980 zusammen mit primär Deutsch schreibenden Schriftstellern verschiedener Nationalitäten (u. a. Gino Chiellino, Carmine Abate, Rafik Schami, Jusuf Naoum) die Gruppe »Südwind gastarbeiterdeutsch« (später »Südwind Literatur«) und trat hier vor allem durch eine rege Herausgebertätigkeit hervor. Die theoretischen und belletristischen Publikationen dieses bis 1987 bestehenden Zusammenschlusses von Autoren, die vorwiegend in Anthologien und Zeitschriften erschienen, befassen sich mit Problemen der Gastarbeiter sowohl in der Bundesrepublik als auch in ihren jeweiligen Heimatländern. Die Anthologien der Reihe »Südwind gastarbeiterdeutsch« wurden zu einem »Podium für das Wort der Betroffenen« (*Annäherungen*, 1982). Biondi engagierte sich auch als Mitbegründer des polynationalen Literatur- und Kunstvereins »PoLiKunst«, der sich – ebenso wie die Gruppe »Südwind gastarbeiterdeutsch« – zum Ziel setzte, das Bewusstsein und das Interesse einer breiteren Öffentlichkeit für die Belange ausländischer Bürger in der Bundesrepublik zu fördern. 1984 erhielt Biondi die Ehrengabe der Bayerischen Akademie der Schönen Künste, 1987 zusammen mit Gino Chiellino den Adelbert-von-Chamisso-Preis, Letzteren mit der Begründung, dass er in seinen Gedichten und Erzählungen »charakteristischen Migrantenschicksalen literarische Form gegeben und durch das authentische Zeugnis dieser Texte dazu beigetragen [habe], das Bewusstsein derer, die in zwei Ländern Fremde sind, von innen her erfahrbar zu machen«.

In seinem Lyrikband *nicht nur gastarbeiterdeutsch* (1979), in seinen Erzählungen und in der Novelle *Abschied der zerschellten Jahre* (1984) stellt Biondi den Alltag ausländischer (Industrie-)Arbeiter dar. Er schildert ihre wirtschaftliche Misere; die Beziehungsnöte innerhalb der Familien, die entweder getrennt leben oder sich durch das Leben in der meist großstädtischen Gesellschaft untereinander entfremden; die Identitätsprobleme der Gastarbeiterkinder, die in der Bundesrepublik geboren oder aufgewachsen sind; die Folgen der Ausländerfeindlichkeit und die Schwierigkeiten der Menschen beim Erlernen der Sprache. Immer wieder greift Biondi auch das Motiv der Heimkehr auf, die es allerdings für den einmal zum Emigranten gewordenen Menschen nicht mehr zu geben scheint. Die Titelerzählung des Bandes *Passavantis Rückkehr* (1982) beschreibt den vergeblichen Versuch des Arbeitsemigranten Vito Passavanti, nach 15-jährigem Aufenthalt in der Bundesrepublik im Dorf seiner Herkunft wieder Fuß zu fassen. So wie er einerseits von früheren Freunden zurückgewiesen wird, ist ihm das Verständnis für deren Lebensweise abhanden gekommen. Die Gegensätze scheinen unüberbrückbar geworden. Passavanti kehrt seiner Heimat resigniert zum zweiten Mal den Rücken. In der Erzählung *Die Trennung* wird auf wenigen Seiten die Geschichte einer gescheiterten Ehe aufgerollt: Der Mann arbeitete in Deutschland und sparte jahrelang für ein eigenes Haus in Italien, in dem er nun mit Frau und Kind leben möchte. Die Frau will nicht nach Italien zurückkehren, weil ihr dort weniger Freiheiten als in der deutschen Umgebung zugestanden werden. Sie verlässt ihren verzweifelten Mann, dem über dem Erwerb der materiellen Güter der Blick für die ihm nahe stehenden Menschen verloren gegangen ist.

Die Novelle *Abschied der zerschellten Jahre* (1984) greift das Problem der Abschiebung von Ausländern auf. Der Jugendliche Mamo, dessen Eltern nach 20-jährigem Aufenthalt in der Bundesrepublik aufgrund der verschlechterten Wirtschaftssituation wieder nach Italien ausgewiesen werden, soll seiner Familie in die ihm unbekannte »Heimat« folgen. Mamo will sich nicht wehrlos abschieben lassen und verschanzt sich mit einer Waffe in einer Dachwohnung. In dieser Situation erinnert sich der junge Mann an seine Kindheit in Deutschland, an seine Freunde und die Erfahrungen, die er als »nichtdeutscher Deutscher« machte. Am Ende stürmt ein Polizeikommando das Haus, in dem sich Mamo versteckt hält; das weitere Schicksal des Jugendlichen bleibt offen.

Biondi machte in seinen nüchtern und realistisch erzählten Geschichten der Achtzigerjahre, die häufig in Form von Rollenprosa vorgetragen werden, vor allem auf die menschlichen Dimensionen des »Gastarbeiterproblems« aufmerksam. Auch wenn Biondi immer wieder zu den wichtigsten Autoren einer so genannten »Gastarbeiterliteratur« gezählt wird, so greift diese Form der Kategorisierung angesichts der zunehmenden Europäisierung der gesellschaftlichen Lebensformen in Deutschland heute nur noch bedingt. In seinem 1997 erschienenen Roman *In deutschen Küchen* offenbart sich denn auch an der Zeit der Handlung, die zweite Hälfte der Sechzigerjahre, die schon historisch zu nennende Dimension des Stoffes. In diesem Text werden noch einmal die Probleme fremdsprachiger Industriearbeiter in Deutschland kenntnisreich und detailliert beschrieben. Biondis erster Roman *Die Unversöhnlichen oder Im Labyrinth der Herkunft* (1991) hingegen spannte einen weiteren Bogen. Nicht nur die Identitätskrisen eines in Frankfurt lebenden italienischen Sozialarbeiters werden thematisiert, sondern auch und vor allem die familiären Bewältigungsstrategien der Daheimgebliebenen. Der 2001 publizierte Roman *Der Stau* kündigt möglicherweise eine neue schriftstellerische Phase Biondis an. Ein Psychologe, der Ich-Erzähler, bezieht sich auf seine »aufgestauten« Eindrücke aus der täglichen Praxis, in der das Leid der Hilfesuchenden ebenso bedrückend wirkt wie die Administration der Not.

Petra Ernst

Werke: *R.F.T. una favola*, Theaterst., hg. v. Antonio Pesciaioli, o. O. 1975; *Corsa verso il mito*, G., hg. v. Antonio Pesciaioli, o. O. 1976; *Der Prolet lacht. Humor, Satire, Witz und Ironie*, Mithg., Ffm. 1978; *Isolde e Fernandez. Dramma in 13 quadri*, Poggibonsi 1978; *nicht nur gastarbeiterdeutsch*, G., Klein Winternheim 1979; *Im neuen Land*, Mithg., Bremen 1980; *Zwischen Fabrik und Bahnhof. Prosa, Lyrik u. Grafiken aus dem Gastarbeiteralltag*, Mithg., Bremen 1981; *Sehnsucht im Koffer*, Mithg., Ffm. 1981; *Passavantis Rückkehr*, En., Fischerhude 1982; *Die Tarantel*, En., Fischerhude 1982; *Annäherungen. Prosa, Lyrik u. Fotografiken aus dem Gastarbeiteralltag*, Mithg., Bremen 1982; *Zwischen zwei Giganten*, Mithg., Bremen 1983; *Das Unsichtbare sagen! Prosa und Lyrik aus dem Alltag des Gastarbeiters*, Mithg., Kiel 1983; *Von den Tränen zu den Bürgerrechten. Italienische Emigrantenliteratur in der Bundesrepublik Deutschland*, Ffm. 1984; *Abschied der zerschellten Jahre*, N., Kiel 1984; *Die Unversöhnlichen oder Im Labyrinth der Herkunft*, R., Tüb. 1991; *Ode an die Fremde. Gedichte 1973–1993*, Sankt Augustin 1995; *In deutschen Küchen*, R., Ffm. 1997; *Die Tinte und das Papier. Dichtung und Prosa italienischer AutorInnen in Deutschland*, Anth., Hg., Aachen 1999; *Der Stau*, R., Ffm. 2001.

Blaeulich, Max (der Name ist ein Pseudonym), geboren 1952 in Maxglan bei Salzburg. Er absolvierte eine Kaufmannslehre und war auch eine Zeit lang als Kaufmann tätig. Es folgte ein Studium der Germanistik und Kunstgeschichte. Heute lebt er als Antiquar in Salzburg, ist aber auch als bildender Künstler tätig sowie als Kleinverleger und Herausgeber.

Max Blaeulich bezeichnet sich selbst als »Schriftsteller und Mystifikateur«. Über sein Leben »vor« der Kunst ist wenig zu erfahren, die Ausweisdokumente der bürgerlichen Existenz werden gewissermaßen zerrissen, an ihre Stelle tritt das Postulat des »poetischen Aktes« (H. C. Artmann). Ganz in diesem Sinne sind Blaeulichs selbst kreierte Buchreihen wie die »Zerrissmuss«-Publikationen oder auch der Kleinverlag »Kanzlei für Visionen« zu verstehen. In der Buchreihe mit dem programmatischen Titel »Traumreiter« gibt Blaeulich seit Jahren ihm geistesverwandte Autoren heraus, vorzugsweise aus der bei uns wenig bekannten mittelosteuropäischen Avantgarde (u.a. Jakub Deml, Ivan Blatný, Lajos Kassák, Gellu Naum), denen er ebenso nahe steht wie den französischen Surrealisten (Boris Vian, René Daumal). Mitunter nehmen sich die Entdeckungsreisen zu diesen verschollenen Autoren selbst wie Abenteuergeschichten aus, so zum Beispiel bei dem 1951 nach Kanada ausgewanderten und dann verstummten Wiener Autor Carl Armandola, den Max Blaeulich wiederentdekkt hat. Das Nachwort in dem Band Täuschung (1999) ist ein Musterbeispiel für diese Art Blaeulichscher »Herausgeberdichtung«, die selbst literarischen Anspruch erheben darf.

Ähnlich wie seinen »Traumreiter«-Autoren ist es auch Max Blaeulich vor allem darum zu tun, den so genannten Boden der Tatsachen als besorgniserregend schwankend darzustellen. Jederzeit kann er sich auftun und die Pforten öffnen, etwa zu einem unterirdischen »Reich der Sessel«, wie es unterhalb Steinaweg, einer idyllischen Wachau-Ortschaft, existiert. In der Erzählung *Der umgekippte Sessel* (1993), nach *Viktor* (1992) die zweite größere Prosaarbeit des Autors, erweist sich Steinaweg jedenfalls als »Obstruktions-Box«, wo ganz gewöhnliche Sessel zu »herumstehenden Mördern« werden und das Blut der Opfer einem gigantischen gläsernen Stuhl einverleibt wird, dem »Blutonium«. Man kann es dort zirkulieren sehen. Die *Bukarester Geschichten* (1994) dagegen verstehen sich als »Rundgang durch die Hauptstadt Absurdiens«. Unverkennbar ist, dass diese Stimmungsbilder »zwischen Moder und Moderne« noch aus der Zeit vor dem Fall des Eisernen Vorhangs stammen. Die Geschichte der »Hunde von Bukarest« ist dabei eine suggestive Parabel auf die Verhältnisse: ein räudiger Straßenköter wird von einem »schmierigen Militär« auf brutale Weise exekutiert, das Zuschauen bei seinem langsamen Sterben war »für die Herrschaften ein Feuer, um sich zu wärmen«.

In den letzten Jahren hat sich Max Blaeulich einer in Österreich besonders beliebten literarischen Kleinform angenommen, des Dramoletts (vgl. Thomas Bernhard und Antonio Fian). Auch hier sind es reichlich seltsame Typen, Käuze und Sonderlinge, die das Blaeulich'sche Figurenpanoptikum bevölkern. Zum Beispiel die Betreiber einer Lachschule (*Lachschule Gebrüder Laschensky*, 2000) oder der »Schwarze Unternehmer«, der *Trauerkabinen* (1998) vermietet, auf dass die »Trauerei« einen reibungslosen Verlauf nehme. Vor dem Reliquienschrein des ehemaligen Klosters Bentlage in Rheine bei Münster spielt das »Herrenstück« *Zahn der Zeit* (2001). Hier sind es ein »Fleischhauer«, ein »Zoodirektor«, ein »Geistlicher«, ein »Geiferer« und andere, die – »angesichts der ›hinigen Toden‹« – ein anspielungsreiches und zitatengesättigtes Gespräch über die letzten Dinge führen: »In Sachen des Todes soll alles frei und ungezwungen zugehen.«

Tod, Verfall, Siechtum, Auflösung: die Schöpfung als Konkursverfahren, so könnte man die Konstanten in Max Blaeulichs bisherigen Arbeiten benennen. All dies gebündelt hat er in seinem bislang gewichtigsten Werk, dem Roman *Die Knopffabrik* (2002). Hier ist es tatsächlich ein Konkursverfahren, das bei einer unrentabel gewordenen Knopffabrik im Salzburger Vorort Maxglan durchgeführt werden muss. Davon betroffen ist Heinrich Zweymüller, der in der Entwurfsabteilung der Firma ständig neue Knöpfe erfindet. Seine Vorgeschichte bildet die zweite Ebene des Romans: Als Kind wächst er bei einer Tante auf, die Mitglied einer religiösen Sekte ist und Heinrich einbläut: »Diese Welt gibt es nicht, nur die andere, kapier das endlich.« Glaubens-Fanatismus versus Konsumismus am Beispiel des Modeartikels Knopf: Es sind die vielleicht zwei prägendsten »Religionen« derzeit, die in diesem Roman thematisiert werden und die beide in Konkurs gehen. Dagegen steht unverrückbar fest, dass die Wüste immer näher rückt: Aus Afrika kommende Sandstürme bedecken langsam Maxglan und die stillgelegte Knopffabrik. Max Blaeulich erweist sich nicht zuletzt mit diesem Roman als heiterer Apokalyptiker, der für die »Naturdurchkriecherei« des Menschen zwischen Geburt und Tod irritierende Bilder findet, die allein erträglich werden durch den surrealen Witz und den typisch österreichischen Sprach-Prunk dieser Jeremiade.

Bernhard Setzwein

Werke: *Karl Ziegler: Zerrissmuss*, Hg., Maxglan 1988; *Lajos Kassák: Das Pferd stirbt und die Vögel fliegen aus*, Hg., Klagenfurt 1989; *Reiter Róbert: Abends ankern die*

Augen, Hg., Klagenfurt 1989; *Gellu Naum: Zenobia*, Hg., Klagenfurt 1990; *Emil Szittya: Ahasver Traumreiter*, Hg., Klagenfurt 1991; *Viktor*, E., Klagenfurt 1992; *Der umgekippte Sessel*, E., Klagenfurt 1993; *René Altmann: Wir werden uns kaum mehr kennen*, Hg., Klagenfurt 1993; *Jakub Deml: Unheilige Visionen aus Tachov*; Hg., Klagenfurt 1993; *Kleine Dialoge zum Abendessen und ein Kleiderständer zum Aufhängen*, Pr., Salzbg. 1994; *Bukarester Geschichten*, Pr., Klagenfurt 1994; *H. C. Artmann: Der Wiener Keller*, Hg., Klagenfurt 1994; *Hertha Kräftner: Kühle Sterne. Gedichte, Prosa, Briefe*, Hg., Klagenfurt 1997; *Trauerkabinen. Ein Dramolett*, m. 4 Holzschnitten v. Christian Thanhäuser, Ottensheim 1998; *Carl Armandola: Täuschung*, Hg., Klagenfurt 1999; *Lachschule Gebrüder Laschensky. Ein Dramolett*, Salzbg., Paris 2000; *Dolly. Ein Dramolett mit Echtblut*, Salzbg., Paris 2000; *Ottensheimer Überfuhr*, Pr., Ottensheim 2000; *Der Zahn der Zeit. Dramolett*, Salzbg., Paris 2001; *Die Knopffabrik*, R., Klagenfurt 2002; *Friedrich Polakovics: Versuch über den Krieg*, Hg., Klagenfurt 2002; *Ivan Blatný: Hilfsschule Bixley. Poetische Texte*, Hg., Klagenfurt 2003.

Blatter, Silvio, geboren am 25. 1. 1946 in Bremgarten/Schweiz und dort aufgewachsen, besuchte von 1962 bis 1966 das Lehrerseminar in Wettingen und war anschließend als Lehrer in Aarau tätig. 1969/70 und 1974 verdiente er sich seinen Lebensunterhalt als Maschinenarbeiter in der Industrie, dazwischen studierte er (sechs Semester ohne Abschluss) in Zürich Germanistik, Philosophie, Geografie und Psychologie und arbeitete ab 1975 als Funkregisseur bei Radio DRS. Zwischendurch wohnte er in Amsterdam (1976) und in Witzwort bei Husum/Nordfriesland (1979/80). Danach lebte er als freier Schriftsteller in Zürich und München, 1994/95 in San Diego/Kalifornien, heute in Oberglatt im Kanton Zürich und in München. 1984 wurde er Präsident des deutsch-schweizerischen P.E.N.-Zentrums. Er erhielt neben zahlreichen regionalen Stipendien 1972 den Förderpreis der Stadt Zürich, 1974 den Conrad-Ferdinand-Meyer-Preis, 1979 den Preis der Neuen Literarischen Gesellschaft Hamburg, 1985 das Stipendium als Writer-in-Residence der Washington University St. Louis, 1993 den Zolliker Kunstpreis und 2001 die Ehrengabe des Kantons Zürich.

»Mich interessiert unsere Gesellschaft, und ich untersuche in meinen Büchern die Zwänge, die diese Gesellschaft auf den Menschen ausübt; ich suche nach Freiräumen, die sich der Mensch in dieser Gesellschaft schaffen kann« (Silvio Blatter). Leistungsdruck und Entfremdung im industriellen Arbeitsprozess, der seelenlose Gleichlauf der Maschinen und der Tage, bilden die Themen der ersten längeren Prosarbeiten *Schaltfehler* (1972) und *Genormte Tage, verschüttete Zeit* (1976). Aus eigener Anschauung schöpfend, skizziert Blatter in den *Schaltfehlern* nüchtern und präzise in 14 Porträts das Personal einer Maschinenfabrik, die Biografien der Arbeiter, ihre Träume und ihren Arbeitsalltag, der der Verwirklichung dieser Träume fast immer im Wege steht. Durch die überaus detaillierte Beschreibung des Arbeitsplatzes und der Arbeitsvorgänge wird die Vereinnahmung der arbeitenden Menschen durch die monotone Fließbandarbeit für den Leser fast körperlich spürbar; Blatter verstärkt diese Wahrnehmung durch eine visuelle Textgestaltung, die an Ausdrucksformen der Konkreten Poesie erinnert. Der Band *Genormte Tage, verschüttete Zeit* greift das letzte Kapitel der *Schaltfehler* auf, in dem der Ausbruchsversuch eines unzufriedenen Arbeiters aus dem Fabrikalltag geschildert wird. »Es sind Bilder«, die ihn, den 28-jährigen Maschinenarbeiter Stöhr, nach sechs Jahren »von der Maschine wegführen, Wünsche, denen er nachgeben will«. Indem der Autor immer wieder für Selbst- und Mitbestimmung der Arbeiter, für gewerkschaftlich organisierte Solidarität plädiert, erfährt dieser als Sozialstudie und Psychogramm angelegte Text seine Erweiterung um eine engagierte politische Dimension.

Der nach einer Schweizer Zigarettenmarke benannte Text *Mary Long* (1973) stellt mit seinen Reflexionen über das Schreiben ein erstes literarisches Credo des Autors dar: »An manchen Stellen wird der Roman Vorwand, um im Hintergrund gesellschaftliche Begebenheiten und Zustände zu beschreiben. Kurz: um literarisch-soziologisch zu sein. Denn Literatur ist realistisch, wenn sie soziologisch relevant ist«, und »Geschichten, die das Leben schrieb, sind unbrauchbar. Was geschieht, ist nicht die Geschichte. Die Geschichte ist unsere Betrachtungsweise dessen, was geschehen ist.« In diesem experimentell mit einer Kriminalhandlung verwobenen Text stellt Blatter die für sein weiteres literarisches Werk bedeutsame Frage nach der Vielschichtigkeit einer gesellschaftlichen Realität, ihrer sinnlichen und intellektuellen Erfahrbarkeit und literarischen Gestaltung, die Frage nach Perspektive, Metapher und Identität.

Mit dem »vorläufigen Protokoll eines ländlichen Todes«, das *Flucht und Tod des Daniel Zoff* (1974) festhält, reagierte Blatter auf eine aktuelle Zeitungsmeldung, die zwar die Fakten des Vorfalls berücksichtigte, aber die näheren Umstände, die hinter den Schlagzeilen verborgen gebliebenen Besonderheiten dieses Lebens nicht erfassen konnte. Blatter wollte die »Leerstellen vor und zwischen den Fakten auffüllen« aus einem Gefühl der Mitschuld und des Mitleidens an dem Schicksal des Heimzöglings, der von der Polizei auf der Flucht erschossen wurde. Wiederum ausgehend von einem Vorfall, der, auf dem Höhepunkt terroristischer Aktivitäten, so oder ähnlich real geschehen sein könnte – deutsche Terroristen überfallen eine Züricher Bank, und es gibt zwei Tote –, befragt der Erzähler im Roman *Die Schneefalle* (1981) eine als reibungslose Fahndungsmaschinerie ablaufende Wirklichkeit, sucht nach Motiven der Beteiligten, der Fahnder und der Terroristen (»Waren Terroristen ... vielleicht Menschen, die ihrer ausgeprägten Melancholie nur mit Gewalttaten Herr werden?«) und einer an der Menschenjagd genüsslich teilnehmenden Öffentlichkeit. Er erstellt Persönlichkeitsprofile, findet Ängste und Verletzungen, entlarvt die Eigendynamik und Menschenverachtung einer scheinbar zielgerichteten Rasterfahndung: »Spuren ergaben ein Bild. Netz und Falle.«

Auch die Erzählung *Love Me Tender* (1980) bildet einen Versuch, Realität transparent zu machen, sie gestaltend zu begreifen. Der Erzähler, ein Journalist, wird in einer Schweizer Kleinstadt von einem vermögenden Bauunternehmer italienischer Abstammung angeheuert, ihn bei der Ausrichtung eines Sportwettkampfes organisatorisch zu unterstützen. Der Journalist ist von der Persönlichkeit seines neuen Chefs, eines Machers, abgestoßen und hingerissen zugleich, er will sich ein »Restchen Ich«, »einen Kern aus Wärme« bewahren. Der Erzähler konstruiert im Text die innere Verwandtschaft zwischen Sport und Geschäft: Selbstaufgabe, bewusster Verzicht und unbedingter Wille als Voraussetzung auf dem geraden Weg zum Erfolg, ohne Rücksicht auf Verluste. Er kratzt an der Fassade der Macht und des Erfolges in einer Gesellschaft, »die nur Sieger akzeptiert«, ständig dabei schwankend zwischen dem innigen Wunsch, dazuzugehören, und dem Ekel vor der Selbstgerechtigkeit.

Zentral im Werk Blatters steht die so genannte »Freiamt-Trilogie«, die sich aus den Romanen *Zunehmendes Heimweh* (1976), *Kein schöner Land* (1983) und *Das sanfte Gesetz* (1988) zusammensetzt. Das Freiamt, ein im Südosten der Schweiz liegender katholischer Landstrich des Kantons Aargau und Herkunftsland des Autors, dient als Schauplatz der drei Romane und als Metapher für Heimat ohne nationale Konnotation schlechthin. Konstatiert wird ein zunehmendes Auseinanderklaffen zwischen Menschen und regionaler Tradition durch die rücksichtslose Ausbeutung und Zerstörung der Landschaft, erfahren an der Zersiedelung und Industrialisierung des Freiamts. Bemüht werden historische Ereignisse wie der Freiämtersturm von 1841, um die destruktive Wirkung des Katholizismus bis in die »zementierte Scheißgegenwart« hinein zu verdeutlichen, erzählt wird vom Ausverkauf der Landschaft, von der Perspektivlosigkeit der jungen Generation, die sich, wie die Motorradrocker Pep und Lur, mit Straftaten die Zeit vertreibt, von der Hilflosigkeit der Älteren, wie des Lehrers Hans Villiger, der die Schweiz als »Nationalpark für Stillstand« bezeichnet.

Strukturiert in Bildern, überschaubaren Zeiträumen, historischen Konstanten und einem großen, in bestimmten Abständen auftretenden Personal präsentiert Blatter seine breit aufgefächerten Gesellschaftspanoramen, im Roman *Zunehmendes Heimweh* wie folgt beschrieben: »Dazwischen spannte die Zeit einen Bilderbogen, Filmausschnitte, Zeitlupe, beschleunigtes Tempo, eine Abfolge von Ereignissen, deren Niedergang im Gedächtnis schlierte. Sie hatte sich Vergangenes bisher immer als losgelöst vorgestellt, als abgeschlossen, nun stellten sich Zusammenhänge her. Auf ein Bild folgte zwangsläufig ein neues und wurde durch das vorangegangene mitgeprägt. In diesem Gefüge von Erinnerungen machte sie Plattformen aus, auf denen einzelne Ereignisse veweilten, dann manchmal ruhte das Gedächtnis aus und nahm sich Bild um Bild gemächlich vor, damit umfassendere Gemälde entstehen konnten, gleichsam als Plakate zwischen den kleineren Formaten.« Mit den Worten »Zuversicht«, »Rückhalt« und »Widerstand« enden jeweils die Romane.

Der dreiteilige, mit autobiografischen Elementen durchsetzte Roman *Wassermann* (1986) ist das Dokument einer Selbstanalyse von einem zu Depressionen neigenden Schriftsteller und Familienvater, der seinem Leben an den drei verschiedenen Flüssen Limmat, Reuß und Nil, seinen vermeintlichen Lebensadern, nachspürt, dem »Strom der Gedanken« folgt, im Fließen des Wassers Trost und Hoffnung schöpft, in der meditativen Vergegenwärtigung von Erinnerungen vor der Gegenwart flieht oder durch sie motiviert wird. Ob als in Zürich lebender Schriftsteller, der sich in politischen Zwistigkeiten aufreibt, den Kummer im Alkohol ertränkt und sich dabei »im Chaos der Welt eine schöne Stunde erlaubt«, ob als mit der Natur im Einvernehmen stehendes Kind im Freiamt oder als philosophierender

Fußballtrainer, der auf dem Nil, dem »Fluss des Lebens«, segelt und über die »Schönheit der Augenblickserfahrung« räsoniert – immer siegt der Traum über die Wirklichkeit, schaffen Fantasie, Erinnerungen, Gedanken und Gefühle einen geistigen Freiraum, »eine Geborgenheit in sich selbst«, die Blatter, der begeisterte Geschichtenerzähler, als wirkliche Heimat bezeichnen würde, eine Heimat, die durch eigenes Selbstbewusstsein gestärkt, autonom und unzerstörbar allen Bedrängnissen widersteht, eine Heimat, wie sie Blatter in der Rekonstruktion des Lebensweges eines Großvaters in *Das blaue Haus* (1990) zu vergegenwärtigen sucht und in der »das Vergangene nie tot ist; es ist nicht einmal vergangen« (Alfred Andersch).

Der märchenhafte Roman *Avenue America* (1993) liest sich als Hommage an die Kraft der Freundschaft und an die Macht des Erzählens. Es ist die Geschichte dreier Flüchtlinge – ein Ausreißer, ein alter Exzentriker und ein Löwe –, die vom Zwillingspaar Ping & Pong auf ihrem Weg ans Meer verfolgt werden. Am Ende entsteht ein Wettlauf mit der Zeit und dem Tod, der nicht zu gewinnen ist, aber mit weiser Gelassenheit ertragen wird.

Für Silvio Blatter sind Malen und Schreiben stets gleichberechtigte Ausdrucksmittel, seit 1992 stellt er öffentlich aus. Nachdem er sich an die zehn Jahre fast ausschließlich der Malerei gewidmet hatte, erschien 2001 die Liebesgeschichte *Die Glückszahl*, in der auch das Schicksal den Bauplan der Geschichte diktiert. »Wir Menschen sind stets mehr unsere Zufälle als unsere Wahl«, so Blatter, und erzählt vom tragischen Ausgang eines lange zurückliegenden Sommers und seiner Verliebtheiten. Eine glückliche Fügung endet unerwartet in einer Katastrophe, die die Hauptfigur, der Kunstrestaurator Philip, lange verdrängt hat und die sich plötzlich wieder in sein Leben drängt: »Restaurieren bedeutet Erkennen.«

Thomas Kraft

Werke: *Brände kommen unerwartet*, Pr., Zür. 1968; *Eine Wohnung im Erdgeschoss*, Pr., Aarau 1970; *Schaltfehler*, En., Zür. 1972; *Nur der König trägt Bart*, En., Zür. 1973; *Mary Long*, R., Zür. 1973; *Flucht und Tod des Daniel Zoff – vorläufiges Protokoll eines ländlichen Todes*, Aarau 1974; *Alle Fragen dieser Welt*, Hsp., DRS 1975; *Genormte Tage, verschüttete Zeit*, E., Ffm. 1976; *Zunehmendes Heimweh*, R., Ffm. 1976; *Love Me Tender*, E., Ffm. 1980; *Die Schneefalle*, R., Zür. 1981; *Bologna kann warten*, Hsp., DRS 1981; *Kein schöner Land*, R., Ffm. 1983; *Wassermann*, R., Ffm. 1986; *Das sanfte Gesetz*, R., Ffm. 1988; *Das blaue Haus*, R., Ffm. 1990; *Avenue America*, R., Ffm., Lpz. 1992; *Die Glückszahl*, R., Ffm. 2001.

Bobrowski, Johannes, wurde am 9. 4. 1917 als Sohn eines Reichsbahnbeamten im ostpreußischen Tilsit geboren. 1925 übersiedelte die Familie nach Rastenburg, 1928 nach Königsberg, wo er – bis 1937 – das Gymnasium Altstadt/Kneiphof besuchte. Die Sommerferien verbrachte er mit einiger Regelmäßigkeit bei Verwandten in den memelländischen Dörfern Motzischken und Willkischken. Nach dem Abitur wurde er zum Reichsarbeitsdienst, anschließend zum Militärdienst einberufen. Als Soldat im Zweiten Weltkrieg gelangte er in Polen, Frankreich und in der Sowjetunion zum Einsatz. 1945 geriet er in sowjetische Kriegsgefangenschaft; nach Lageraufenthalten im Donezbecken nahm er an einem neunmonatigen Lehrgang an der Antifa-Zentralschule Taliza bei Gorki (Nishni Nowgorod) teil; entlassen wurde er im Dezember 1949. Fortan lebte er in (Ost-)Berlin-Friedrichshagen, arbeitend als Lektor zunächst im Altberliner Verlag Lucie Groszer, ab 1959 im Union-Verlag. Er starb am 2. 9. 1965. 1962 erhielt er den Alma-Johanna-König-Preis sowie den Preis der »Gruppe 47«, 1965 den Heinrich-Mann-Preis sowie den Charles-Veillon-Preis, 1967 (postum) den F.-C.-Weiskopf-Preis.

Bobrowskis Publikationsdebüt erfolgte 1944 in der Zeitschrift »Das Innere Reich«. Die meisten der hier zum Druck gelangten Gedichte sind alkäische Oden; die strenge Struktur wurde beansprucht, dem erschütternden Erleben der nordrussischen Kriegslandschaft angemessenen Ausdruck zu verschaffen (weitere Gedichte aus der Kriegs- sowie auch aus der Gefangenschaftszeit, von Bobrowski in Sammelmappen aufbewahrt, wurden aus dem Nachlass publiziert). Die für Bobrowski fortan charakteristische Gedichtsprache bildete sich ab 1952 aus: die einer freirhythmischen Versfügung, die gleichwohl an odische Maße noch immer gemahnt. Dabei nehmen sich die Gedichte einer Erinnerung an, die sich auf die ostpreußische und vor allem memelländische Kindheitswelt ebenso bezieht wie auf die Erfahrungswelt des Krieges; darüber hinaus erstreckt sich das erinnernde Agens auf die geschichtliche Biografie des zwischen Weichsel und Wolga gelegenen, »sarmatischen« Raumes insgesamt. In solch erinnernder Gedichtrede identifiziert sich ein Ich, das im Zeichen von Trauer einer verlorenen Heimat gedenkt und das sich aber zugleich dessen bewusst ist, dass zum Verlust eine jahrhundertelang sich fortzeugende und die eigene Soldatenexistenz einbegreifende Schuldgeschichte geführt hat. Namentlich dies Letztere akzentuierte Bobrowski, wenn er über sein Schreiben Auskunft gab, mit großer Entschiedenheit, so erstmals brieflich im Jahr 1956, als er mitteilte: »Das will ich: eine große tragische Konstellation in der Geschichte auf meine Schultern nehmen, bescheiden und für mich, und das daran gestalten, was ich schaffe. Und das soll ein (unsichtbarer, vielleicht ganz nutzloser) Beitrag sein zur Tilgung einer unübersehbaren historischen Schuld meines Volkes, begangen eben an den Völkern des Ostens [...].« Häufiger zitiert findet sich freilich Bobrowskis Themenformulierung aus dem Jahr 1961. Hier sprach er, sich wiederum auf jene »lange Geschichte aus Unglück und Verschuldung« beziehend, ausdrücklich davon, dass sie wohl »nicht zu tilgen und zu sühnen« sei: »aber eine Hoffnung wert und einen redlichen Versuch in deutschen Gedichten«. Wenn er damit eine moralisch akzentuierte Wirkungsabsicht immer wieder hervorhob, so korrespondierte dies jedoch nicht mit einer Gedichtsprache, die sich durch aufklärerischen Gestus bestimmt hätte. Gefügt in Abwehr konventioneller Verformelung, strebt sie einer wortmagischen Sinnlichkeit zu, die sich begrifflich Rationalem durchaus verweigert. Dabei erwiesen sich für Bobrowski von den poetischen Traditionen – neben denen deutsch-odischer Dichtung – namentlich der französische Symbolismus und nachsymbolistische Sprechweisen als anregend. Im Übrigen beschäftigte er sich intensiv mit der Sprachphilosophie Johann Georg Hamanns. Sich auf ihn beziehend, suchte er eine Erinnerungsarbeit auch insofern zu leisten, als er im Wissen, selbst der entfremdeten Sprache teilhaftig zu sein, das verschüttete auratische Wort ins Gedächtnis des Gedichts rief und ihm somit auftrug, der allumfassenden »Vergesslichkeit« gegenüber seine sinnlich-poetische Wirkungskraft magisch geltend zu machen. Demgemäß finden sich die geschichtlichen Landschaften in Bobrowskis Gedichten stets auch mythisierend wahrgenommen; sie erscheinen als Erinnerungsräume im Wechselspiel von Licht und Finsternis; bildsprachliche Elemente der Naturdichtung gewinnen mythisch zeichenhafte Bedeutung. Eine größere Anzahl von Gedichten ist der Erinnerung an Personen, vor allem Dichtern gewidmet. Auch diese Texte sind die eines »dunkel« kommunizierenden Gedenkens, dessen gegenwärtig-existenzieller Bezug sich wortmagisch herstellt und beglaubigt.

Nach dem Publikationsdebüt im »Inneren Reich« kam eine nächste Veröffentlichung erst 1955 zustande; in der Zeitschrift »Sinn und Form« erschienen die Gedichte *Kindheit, Nymphe, Die Spur im Sand, Pruzzische Elegie, Ode auf Thomas Chatterton*. Weitere Einzelpublikationen in »Sinn und Form« sowie dann auch in anderen Zeitschriften folgten. Die Herausgabe eines ersten Gedichtbandes verzögerte sich indes. Für ihn hatte Bobrowski ursprünglich den Titel »Sarmatischer Divan« erwogen; nun entschied er sich für: *Sarmatische Zeit*. Der Band erschien fast gleichzeitig (1961) in einer west- und in einer ostdeutschen Ausgabe. Und solche, seinerzeit ungewöhnliche Simultaneität konnte dann zur Regel auch für weitere Bandpublikationen werden. Deren nächste, *Schattenland Ströme*, folgte 1962 bzw. 1963, wobei Bobrowski mit dieser zweiten Gedichtsammlung die Aussage verband, die »Bestandsaufnahme« seiner »östlichen Vergangenheit« sei nun »wohl abgeschlossen«. Inzwischen hatte er sich nicht nur nebenher auch als Erzähler erprobt; und was die fortan noch hervorgebrachten Gedichte angeht, so trat in ihnen der direkte Bezug auf die »sarmatische« Thematik tatsächlich mehr und mehr zurück. Die sich dieser Thematik bislang verbindende Sprechweise wurde zunehmend von ihr gelöst; sie modifizierte sich zu einer Zeichensprache, die nun Fragen unmittelbar existenzieller Selbstverständigung, auch weltdeutend Visionärem, eine Artikulationsmöglichkeit gewährte. Noch kurz vor seinem Tod traf Bobrowski im Hinblick auf einen dritten Lyrikband die Textauswahl; auch den Titel *Wetterzeichen* legte er fest; zur Lösung des Anordnungsproblems ist er jedoch nicht mehr gekommen. Der Band erschien 1966 bzw. 1967.

Mit jenem Thema indes, das Bobrowski 1961 für sich als »abgeschlossen« bezeichnete, hatte es sich insofern nicht erledigt, als er es in seiner Prosa aufnahm. So griff er bei seinem Roman *Levins Mühle. 34 Sätze über meinen Großvater* (1964) auf einen Stoff zurück, den er in einer kulmerländischen Dorfchronik überliefert fand und der ihm geeignet schien für das Erzählen einer Geschichte, die an die von Deutschen im europäischen Osten geübte Verhaltenspraxis wiederum erinnern konnte. Das berichtete Geschehen, datiert aufs Jahr 1874, spielt in einem westpreußischen Dorf nahe der Grenze zu Kongresspolen und handelt davon, wie ein begüterter deutscher Bauer und Mühlenbesitzer – der Erzähler identifiziert ihn als seinen Großvater – die hölzerne, bachabwärts gelegene Konkurrenzmühle des Juden Levin zerstört und im Folgenden keine Mühe hat, sich staatlicher Rückendeckung zu versichern. Auch wenn es ihm damit gelingt, vor Gericht freigesprochen zu werden, so kann er sich freilich seines Siegs insofern nicht erfreuen, als sich gegen ihn eine aus Zigeunern, polnischen Mühlknechten, Wanderzirkus-Leuten bestehende Aktionsgemeinschaft gebildet hat, die es schließlich vermag, ihn aus dem Dorf zu vertreiben. Eingeblendet in den Geschehensgang sind »Geistererscheinungen«; in ihnen tauchen Ahnen des Großvaters auf, die, in ihrem Betragen und Tun ihm vergleichbar und auf üble Weise zu Tode gekommen, ihn hätten warnen können; der Erzähler überantwortet diese »Geistererscheinungen« mitsamt der Großvater-Geschichte einem Rezipienten, den er, Strukturen mündlicher Rede nutzend, als zu beunruhigenden Zuhörer anspricht und mit dem er sich über das Erzählte zu verständigen sucht.

Bobrowskis zweiter Roman, betitelt *Litauische Claviere* und erschienen postum (1966 bzw. 1967), spielt am 23. und 24. Juni 1936 im Memelland und vergegenwärtigt in einem verzweigten Geschehen die dörfliche Welt als Schauplatz nationalistischer Spannungen. Auf dem Berg Rombinus zelebriert der litauische Vytautasbund ein pompöses Historienspiel, das an großlitauische Zeiten im 15. Jahrhundert erinnert; zugleich findet im Dorf Bittehnen die Jahresfeier des deutschen Luisenbundes statt. Geleitet von der Idee deutsch-litauischer Verständigung, wollen ein Tilsiter Gymnasialprofessor und ein Tilsiter Musiker eine Oper schreiben, in deren Zentrum der litauische Dichterpfarrer Kristijonas Donelaitis (1714–1780) stehen soll. Sich Anregungen zu holen, sind auch sie in die Memeldörfer gekommen; ziemlich ratlos, doch noch immer hoffnungstrotzig reisen sie wieder ab. Potschka wiederum, der von beiden konsultierte Willkischker Dorfschullehrer, träumt sich schließlich, fliehend aus ihm unerträglicher Gegenwart, in den erinnerten Donelaitis und dessen Lebenswelt hinein – bis ihn sein Mädchen aus seiner gefährlichen Einsamkeit in die Wirklichkeit zurückruft: »Herrufen, hierher. Wo wir sind.« Die letzten Kapitel des Romans, diese Potschkasche Flucht beschreibend, kennzeichnen sich durch einen Zug zu lyrischer Verdichtung; namentlich in ihnen reflektiert sich Bobrowskis ureigene Problematik einer in die Fremdheit gestoßenen Existenz, deren Wahrnehmung zu träumerischer Flucht ebenso verführte, wie sie dieser entgegenzuwirken gebot.

Eine Nähe zum lyrischen Sprechen ist gleichermaßen für etliche Stücke Bobrowskischer Kurzprosa charakteristisch. Das trifft besonders zu auf zeichensprachlich dicht gefügte Künstlererzählungen wie *D.B.H.* (d. i. Dietrich Buxtehude), *Junger Herr am Fenster* (d. i. Schopenhauer), auf *Boehlendorff* – doch auch auf einen Text wie *Mäusefest*, dem die traumatische Erinnerung an den Einmarsch in Polen zugrunde liegt. Gleichwohl zeigt sich das Gesamtwerk Bobrowskischer Kurzprosa einem vielfältigen Experimentieren verpflichtet; zu erkennen gibt sich ein breites Spektrum sowohl im Stofflich-Thematischen als auch im Erzählstilistisch-Strukturellen.

Eine größere Gruppe von Texten ist die der ostpreußisch-memelländischen Dorfgeschichten (*Begebenheit, Brief aus Amerika, Lipmanns Leib, Roter Stein, Lobellerwäldchen* u.a.). Vor allem für sie kann gelten, was Bobrowski über den »Punkt«, an dem seine Prosa liege, 1962 in einem Brief an Christoph Meckel mitteilte: Er zeichnete ein Dreieck, dessen Spitzen er mit den Namen Babel, Sudermann, Robert Walser versah und in dessen Mitte er »JB« schrieb. Dabei scheint oft in diesen Dorfgeschichten, doch auch in Texten wie *Rainfarn* oder *Der Mahner* zunächst ein Idyllisches bzw. humoristisch Erheiterndes auf, zu dem sich dann das weiter Berichtete schroff kontrastierend verhält. Die Kurzprosabände *Mäusefest und andere Erzählungen* und *Boehlendorff und andere* bzw. *Boehlendorff und Mäusefest* erschienen 1965; ein weiterer Band, *Der Mahner*, zusammengestellt aus dem Nachlass, kam 1967 bzw. 1968 heraus.

Bernd Leistner

Werke: *Gustav Schwab: Die schönsten Sagen des klassischen Altertums*, Hg., Ost-Bln. 1954; *Gustav Schwab: Die Sagen von Troja und von der Irrfahrt und Heimkehr des Odysseus*, Hg., Ost-Bln. 1955; *Hans Clauert, der märkische Eulenspiegel*, Jgb., Ost-Bln. 1956; *Sarmatische Zeit*, G., Stg. 1961, Ost-Bln. 1961; *Schattenland Ströme*, G., Stg. 1962, Ost-Bln. 1963; *Jean Paul: Leben Fibels, des Verfassers der Bienrodischen Fibel*, Hg., Ost-Bln. 1963; *Wer mich und Ilse sieht im Grase ... Deutsche Poeten des achtzehnten Jahrhunderts über die Liebe und das Frauenzimmer*, Hg., Ost-Bln. 1964; *Levins Mühle. 34 Sätze über meinen Großvater*, R., Ost-Bln. 1964, Ffm. 1964; *Mäusefest und andere Erzählungen*, Pr., Bln. 1965; *Boehlendorff und andere*, Pr., Stg. 1965; *Boehlendorff und Mäusefest*, Pr., Ost-Bln. 1965; *Johannes Bobrowski liest Lyrik und Prosa*, 2 Schpl., Ost-Bln. 1966; *Litauische Claviere*, R., Ost-Bln. 1966, Bln. 1967; *Wetterzeichen*, G., Ost-Bln. 1967, Bln. 1967; *Der Mahner. Prosa aus dem Nachlass*, Ost-Bln. 1967, Bln. 1968; *Samuil Marschak: Das Tierhäuschen*, Übs., Ost-Bln. 1967; *Johannes Bobrowski. Selbstzeugnisse und Beiträge über sein Werk*, Sammelbd. m. Vortrags- u. Interviewtexten, Ost-Bln. 1967; *Nachbarschaft*, Sammelbd. m. G., Pr., Interviews, Schpl., Bln. 1967; *Im Windgesträuch. Gedichte aus dem Nachlass*, hg. v. E. Haufe, Ost-Bln. 1970, Stg. 1970; *Literarisches Klima. Ganz neue Xenien*, Epigr. aus d. Nachl., Ost-Bln. 1977, Stg. 1978; *Meine liebsten Gedichte. Eine Auswahl deutscher Lyrik* *von Martin Luther bis Christoph Meckel. Mit zehn Wiedergaben aus der handschriftlichen Sammlung*, hg. v. E. Haufe, Ost-Bln. 1985, Stg. 1985; *Johannes Bobrowski /Peter Huchel: Briefwechsel*, hg. v. E. Haufe, Marbach 1993. – *Gesammelte Werke*, 6 Bde., Bde. 1–4 hg. v. E. Haufe, Ost-Bln. 1987, Stg. 1987, Bd. 5: E. Haufe: *Erläuterungen der Gedichte und der Gedichte aus dem Nachlass*, Stg. 1998, Bd. 6: Holger Gehle: *Erläuterungen der Romane und Erzählungen, der vermischten Prosa und der Selbstzeugnisse*, Stg. 1999.

Boesch, Hans, wurde am 13. 3. 1926 als Sohn eines Zimmermanns und Forstwarts im Dorfteil »Brunnen« in Frümsen-Sennwald im St. Galler Rheintal geboren. Er studierte Ingenieurswissenschaften und Tiefbautechnik am Technikum Winterthur. Nach dem Studium arbeitete er zuerst als Bauingenieur in der Privatindustrie, später in der öffentlichen Verwaltung im Kanton Aargau als Bauleiter und Chef der Abteilung für verkehrstechnische Fragen. 1970 wechselte er als Dozent und Leiter von Forschungsarbeiten ans Institut für Orts-, Regional- und Landesplanung (ORL) an der Eidgenössischen Technischen Hochschule (ETH) in Zürich, wo er bis zu seiner Pensionierung 1989 blieb. 1993 übergab er sein Archiv dem Schweizerischen Literaturarchiv, wo es zur wissenschaftlichen Erforschung zur Verfügung steht. Hans Boesch wurde u.a. 1954 mit dem Conrad-Ferdinand-Meyer-Preis, 1969 und 1988 mit dem Preis der Schweizer Schillerstiftung, 1984 mit dem Literaturpreis des Kantons Aargau, 1989 mit dem Internationalen Bodensee-Literaturpreis, 1996 mit dem Jaeckle-Treadwell-Preis und 1998 mit dem Josef-Breitbach-Preis ausgezeichnet. Nach langer Krankheit ist er am 21. 6. 2003 in Stäfa, Kanton Zürich, gestorben.

Hans Boesch trat zuerst als Lyriker an die Öffentlichkeit, allerdings als Lyriker mit sozusagen prosaischem Denken, galt doch sein literarisches Bestreben nicht dem Einzelnen, dem Gelegenheitsgedicht, sondern immer Gedichtzyklen, die aber nur teilweise publiziert sind. 1951 erschien der Lyrikband *Oleander – der Jüngling* in der von Traugott Vogel herausgegebenen Reihe »Der Bogen«. Boesch wurde in der Folge zum ständigen Mitarbeiter an Hans-Rudolf Hiltys Zeitschrift »Hortulus«. Erfahrungen des Autors aus der beruflichen Tätigkeit in seiner Arbeitswelt veranlassten ihn zu einer zunehmend skeptischeren Haltung gegenüber dem Machbarkeitswahn der Moderne, so wurde die Technikskepsis zum dominierenden Motiv seiner Lyrik wie auch der Romane. Es geht ihm dabei um die anthropologische Fragestellung: »Was ist der Mensch und was vermag er mithilfe der von ihm entwickelten Technik?« Der in drei Teile gegliederte Gedichtzyklus *Ein David* (1970) wird durch einen prosaischen Rahmen zusammengehalten, der die Künstlichkeit und Naturentfremdung der Moderne in der gekünstelten Behausung des Handlungsortes symbolisiert.

Boeschs erster Roman *Der junge Os* (1957) erzählt die Kindheitsgeschichte eines in ländlicher Umgebung aufwachsenden Knaben, eine frühe Vorstufe des autobiografischen Romans *Der Sog,* aber in Sprache und Erzählhaltung wesentlich vom späteren Text verschieden. Die Sprache im *Jungen Os* verrät ihre Herkunft von der Lyrik noch deutlich. Die Problematik von Technik und (menschlicher) Natur wird zum bestimmenden Thema der beiden folgenden Romane *Das Gerüst* (1960) und *Die Fliegenfalle* (1968), die zusammen mit dem Roman *Der Kiosk* (1978) die vom Autor so genannte »Technik-Trilogie« bilden. *Der Kiosk* ist ein grandioser Zeitspiegel der Siebzigerjahre in Form eines groß angelegten utopischen Romans, dem wir in der Liebes-geschichte zwischen Boos und Eva eine der schönsten und erotischsten Liebesszenen der modernen deutschen Literatur verdanken. In einer wohl durchdachten Konstruktion in vier den Jahreszeiten zugeordneten Teilen parallelisiert der *Kiosk* die Gegenwartshandlung der Hauptfigur Boos kunstvoll mit der Rückblende in dessen Vergangenheit und der Liebesgeschichte mit Eva. Im Zentrum des Romans, der dem Genre der Science-Fiction zugerechnet werden könnte, steht die groteske Idee einer vom Menschen befreiten Welt und dessen Verbannung in eine Unterwasserstadt, welche der Wissenschaftler Adrien als »Aktion Naturschutz« bezeichnet, bestehend aus den drei Teilprojekten *Die Reinigung der Welt* (»ein Ausmisten sozusagen, mit dem all das entfernt wird, was der Welt zusetzt«), *Unterwasserstadt*, in welcher die für würdig befundenen Reste der Menschheit in kleinen Kojen ohne Kontakt untereinander weiterleben, und der *Totalschau*, der Programmierung einer virtuellen Scheinwirklichkeit zur Unterhaltung der Bewohner der Unterwasserstadt. Ein Sammelband literarischer Grotesken mit dem Titel *Das Unternehmen Normkopf* (1985) vereinigt eine Reihe von zum Teil bereits früher publizierten satirischen Erzählungen. Boesch erweist sich darin als scharfer und spitzzüngiger Kritiker helvetischen Denkens.

Neben den lyrischen Werken und der Prosa hat Boesch während seiner gesamten Schaffensperiode

Essays geschrieben, die im Grenzbereich zwischen Architektur, Städteplanung und literarischem Essay angesiedelt sind. Insgesamt gehen sie der Frage nach, wie eine menschengemäße Stadt, wie eine menschenwürdige Verkehrsordnung beschaffen sein muss. Eine Auswahl seiner Essays hat Elsbeth Pulver im Band *Die sinnliche Stadt* (2001) herausgegeben. Sie drehen sich insgesamt um die Problemfelder der Stadt und des Verkehrs, lassen sich aber als anthropologische Untersuchungen und philosophische Versuche zum Wesen des modernen, mobilen und sozial interagierenden Menschen und dessen Bedürfnissen lesen. In den Essays wendet sich Boesch ausdrücklich gegen das rein ästhetische oder rein funktionale Denken von Stadtarchitekten und Verkehrsingenieuren; er restituiert den Menschen und seine konkreten Bedürfnisse in anthropologisch fundierter Manier als wichtigstes Kriterium und Maß aller Dinge einer zeitgemäßen Städte- und Verkehrsplanung.

Als Boeschs Hauptwerk gilt die autobiografisch gefärbte »Simon-Mittler-Romanfolge«, in der seine poetische Stärke wohl am deutlichsten zum Ausdruck kommt. Simon Mittler ist die Hauptfigur der vier Romane *Der Sog* (1988), *Der Bann* (1996), *Der Kreis* (1998) und des epilogartigen Abschlussbandes *Schweben* (2003). Technikkritik, die das ganze Werk Boeschs durchzieht, paart sich hier mit einer eigenartigen Technikfaszination, die sonst eher die frühen Gedichte kennzeichnet. Bis in die Personenkonstellation, Metaphorik und Struktur hinein sind die ersten drei Bände auf je eine geometrische Figur (Viereck, Dreieck und Kreis) bezogen. Jeder Band präsentiert den Protagonisten in einem anderen Lebensabschnitt: *Der Sog* erzählt Simons Kindheit in den Dreißigerjahren im St. Galler Rheintal, der zweite Band, *Der Bann*, spielt in Zürich während der 68er-Jugendunruhen, der dritte Band, *Der Kreis*, schildert eine vorverlegte Feier zum Jahrtausendwechsel während eines Abends in einer Engadiner Gaststube. Mit den verschiedenen Rückblenden umfasst die erzählte Zeit im dritten Teil der Tetralogie mehr als 100 Jahre, da auch die Geschichte der Vorfahren Ende des 19. Jahrhunderts erzählerisch eingeholt wird. Die Romanfolge erweist sich als ein gültiger »Schweizerspiegel« des 20. Jahrhunderts.

Rudolf Probst

Werke: *Oleander, der Jüngling*, St. Gallen 1951; *Seligkeit. Aus dem Zyklus »Die drei Schwestern«, 1948*, St. Gallen 1953; *Pan. Vier unveröffentlichte G. aus dem Zyklus »Pan«*, hg. v. Max Bolliger, Sins 1955; *Der junge Os*, R., Zür., Mü. 1957; *Das Gerüst*, R., Olten, Freiburg/Br. 1960; *Die Fliegenfalle. Schichten – Wohnungen – In der Baracke*, Zür. 1968; *Ein David*, G., Zür., Stg. 1970; *Im Kran*, St. Gallen 1971; *Der Mensch im Stadtverkehr*, Ess., Zür. 1975; *Der Kiosk*, R., Zür., Mü. 1978; *Das Unternehmen Normkopf. Satiren*, Zür., Mü. 1985; *Der Fußgänger als Kunde. Beobachtungen zum Komplex Bevölkerungsbewegung, Fußgängerdistanzen, Kundendichte, Parkplätze und öffentlicher Verkehr*, Zür. 1987; *Der Sog*, R., Zür. 1988; *Der Fußgänger als Passagier. Zugänge zu Haltestellen und Bahnhöfen*, Zür. 1989; *Der Fußgänger in der Siedlung: Fußweg-Planung unter besonderer Berücksichtigung der Haltestellen-Zugänge*, Zür. 1989; *Die Langsamverkehrs-Stadt. Bedeutung, Attraktion und Akzeptanz der Fußgängeranlagen*, Zür. 1992; *Stadt als Heimat. Schriftstellerinnen und Schriftsteller äußern sich zu Stadtgestalt, Geborgenheit und Entfremdung*, Zür. 1993; *Der Bann*, R., Zür. 1996; *Der Kreis*, R., Zür. 1998; *Die sinnliche Stadt. Essays zur modernen Urbanistik*, hg. v. Elsbeth Pulver, Zür. 2001; *Schweben*, R., Zür. 2003.

Bohlen, Hermann, wurde am 4. 4. 1963 in Celle geboren. Er verbrachte 1977 ein Jahr als Austauschschüler in Amerika. Nach Abitur und Zivildienst absolvierte er eine Ausbildung zum Schiffsmakler in Hamburg und studierte von 1986 bis 1992 Sinologie in Berlin, Hamburg und Schanghai. Anschließend arbeitete er journalistisch für Funk und Print. 1995 war er Stipendiat der Hörspielautorenwerksatt des Literarischen Colloquium Berlin (LCB), aus der das Stück *Prozedur 7.7.0* hervorging, für das er 1997 den Hörspielpreis der Berlin-Brandenburger Akademie der Künste erhielt. 2000 konzipierte er den ersten *Plopp!*-Wettbewerb für unabhängige Hörspielmacher und war gleichzeitig dessen erster Juror. Hermann Bohlen lebt als freier Hörspielautor in Berlin.

In seinem ersten Hörspiel *Gekaut! Bis es von alleine herunterläuft*, das Hermann Bohlen 1990 ursprünglich für den Berliner linksalternativen Privatsender Radio 100 produzierte (Neufssg. SWF 1998), geht es um die Lehre des amerikanischen Lebensreformers Horace B. Fletcher. Mit seinem verbalisierten Namen »fletchern« bzw. »fletcherisieren« als Bezeichnung einer speziellen Kautechnik, bei der es gilt, jeden Bissen so lange zu kauen, bis er von einem automatischen Schluckreflex in den Magen befördert wird, ist er in die Wörterbücher eingegangen. Bohlen bedient sich bei seinem Fletcher-Porträt einer aus Hochdeutsch, Platt und Englisch amalgamierten Kunstsprache: »Over all der years, der varius business, der boyisch monkeying around vot is der Werden over all sein Acumulieren vun vot Pinkepinke, Konnections, land, Häus, selten Porzlan, lackware, kunstlerischen objects, schöne dinners, ganz schöne Popularität vot is der Präsenz in vot magazins Klatsch over all sein Acumulieren, der Fletcher was nicht content, nefer!«

Ähnlich sprachzentriert geht Bohlen zusammen mit dem Musiker Frieder Butzmann in dem Hörspiel *Die Wauwautheorie* (1995) der Frage nach, warum der Hund im Deutschen wauwau, im Chinesischen aber wangwang macht. Dabei konnte er sich auf seine Magisterarbeit über Onomatopöien im Chinesischen stützen. In parodistischen Interviews mit fiktiven Gestalten aus dem Wissenschaftsbetrieb irren die beiden Autoren von einer Sprachtheorie zur anderen, von Herder bis Jakobson, bis sie mit der Theorie der Lauttaubheit (im Chinesischen gibt es weder das stimmhafte, deutsche »w« noch den Laut »wau«) eine plausible Lösung für ihr Problem gefunden haben. Bohlen arbeitete hier erstmals mit fiktiven O-Tönen, d.h. die Akteure, die in der Regel keine Schauspieler sind (hier die Autoren Thomas Kapielski und Wiglaf Droste), improvisieren Rolle und Jargon nach den Erfordernissen des Stücks.

In *Prozedur 7.7.0* (1996) hat Bohlen diese Technik so perfektioniert, dass er auf eine Rahmenhandlung oder Erzählerinstanz ganz verzichten kann. Gegenstand des Stückes ist das vermehrte Auftauchen von bestenfalls leise murmelnden Menschen, die auf Ansprache nicht reagieren und sich scheinbar autistisch durch ihre Welt bewegen. Formal nach journalistischen Mustern gebaut (Straßenumfrage, Expertengespräch, Telefoninterview) erschließt sich das Phänomen der so genannten »Unsortierbaren« für den Hörer erst im Verlauf des Stücks. Als Beobachter von Beobachtern kristallisieren sich für den Hörer in den Sprechhaltungen allmählich die Rollen der Sprecher heraus: Passanten, Polizisten, Soziologen, Psychologen. Dem im Wortsinne a-sozialen Verhalten der Unsortierbaren begegnen sie mit zunehmender Verunsicherung, Hass und autoritären Reflexen. Diese gipfeln darin, den Unsortierbaren einen Identifikationschip und damit das »Recht auf Hilfe« zu implantieren. Seinen Spannungsbogen entwickelt das Stück aus der von der präzisen Montage herrührenden kalkulierten Irritation des Hörers und aus der Genauigkeit des Jargons. Das fingierte O-Ton-Material lieferten u.a. echte Polizisten und Soziologen. Machart und Vorgehensweise der *Prozedur 7.7.0* erläutert Bohlen in dem konventionell erzählenden Hörspiel *Rin in die Kartoffeln, raus aus die Kartoffeln* (1996).

Auch *Hirsche rufen Jäger, Jäger Hirsche* (2001), eine Liebesgeschichte zwischen Wilderer und Förstersfrau unter Einbeziehung echter und imitierter Tierlaute, bedient sich in der Rahmenhandlung traditioneller Muster der Narration. Die paradoxerweise gleichzeitig scheiternde und gelingende Kommunikation zwischen Jäger und Wilderer führt an den medialen Ursprung von Bohlens Arbeit mit gefälschten O-Tönen. Den Endpunkt einer medialen Lockjagd bildet der leer laufende Kommunikationsversuch eines Telefonbankingsystems in dem Stück *Systemsparkasse/Im Expertenmodus* (2001). Ohne den Input des Kunden versucht das System, den Dialog so lange wie möglich aufrechtzuerhalten, schließt ihn aber nach mehreren erfolglosen Versuchen ganz aus der Kommunikation aus. Schon *In' Sack haun* (1996) funktioniert als ironische Simulation (oder als Fake) von Interaktivität. Die Binnenhandlung besteht in der Erzählung von Konrads beruflichem Lebenslauf, der immer, bevor der Erfolg unabwendbar wird, in den Sack haut. Abrufbar ist die Geschichte über das Literafon einer »Gesellschaft für interaktive Literatur« – mit allen Brüchen der durch das Medium bedingten nichtlinearen Erzählweise. Die Figuren aus der Erzählung sowie Literaturtelefon-Nutzer kommentieren und kritisieren Konrads Erzählung.

Hermann Bohlen hat mit seinen fiktionalisierten O-Ton-Hörspielen das Formenrepertoire dieser Gattung, deren Hochzeit mit dem so genannte Neuen Hörspiel Anfang der Siebzigerjahre zusammenfällt, erheblich erweitert. In *Sag doch auch mal was! oder Das Luxurieren der Bastarde* (1998) hält er sich streng an authentisches Material, das kurz vor dieser hörspielgeschichtlichen Epochenschwelle entstanden ist. In einer sehr kleinteilig montierten O-Ton-Collage aus auf Flohmärkten aufgestöberten Privat-Tonbändern entsteht ein Panorama der Sechzigerjahre. Die Versuche verschiedener Elternpaare, die Stimmen ihrer Kinder aufzuzeichnen, entlarven sich als brutale Dressurakte vor dem heimischen Tonbandmikrofon. Akustische Dokumente einer postfaschistischen Rassentheorie (die den Untertitel lieferte) oder der Mitschnitt einer als Sexualaufklärungssendung für Jugendliche getarnten inquisitorischen Befragung (»Noch zu jung, ein Abend für Minderjährige«), belegen H. M. Enzensbergers These, dass die bundesdeutsche Gesellschaft von den 68ern bewohnbar gemacht worden sei.

Jochen Meißner

Werke: *Die Wauwautheorie*, Hsp., zus. m. Frieder Butzmann, DLR 1995; *Gekaut! Bis alles von alleine herunterläuft*, Hsp., Radio 100 1990, SWF 1998; *In' Sack haun*,

Hsp., WDR 1996; *Prozedur 7.7.0*, Hsp., SFB 1996; *Rin in die Kartoffeln, raus aus die Kartoffeln*, Hsp., DLR 1996; *Hörspiele & andere Geräusche in der Popmusik. Eine Recherche*, Hsp., BR 1997; *Trainieren Sie selbst?*, Hsp., SWF 1997; *Sag doch auch mal was! oder Das Luxurieren der Bastarde. Livemitschnitte aus den Wohnzimmern der 60er-Jahre*, Hsp., DLR 1998; *Alles unter Kontrolle*, Hsp., SR 1999; *Plopp! 2000 – Akustische Impression*, Feat., SWR 2001; *Hirsche rufen Jäger, Jäger Hirsche*, Hsp., SWR 2001; *Neben der Spur. Erkundungen in der Independent-Hörspielszene*, Feat., zus. m. Judith Lorentz, DLR 2001; *Systemsparkasse/Im Expertenmodus*, Hsp., SWR 2001.

Böhme, Thomas, wurde am 24. 11. 1955 in Leipzig geboren, wo er auch heute lebt. Nach Abitur und abgebrochenem Lehramtsstudium arbeitete er als Bibliothekar und Werberedakteur, absolvierte das Fernstudium des Leipziger Literaturinstituts und ist seit 1985 freiberuflicher Autor. Thomas Böhme ist Mitglied des deutschen P.E.N.-Zentrums, des Deutschen Schriftstellerverbandes und der Freien Akademie der Künste zu Leipzig. 1988 erhielt er den Georg-Maurer-Preis, 1994 die Ehrengabe der Deutschen Schillerstiftung und 1996 das erste Leipziger Literaturstipendium.

Thomas Böhmes Werk kennt keine klaren Trennungslinien zwischen Kunstformen und Gattungen, vielmehr folgt es einem grenzüberschreitenden poetischen Impuls, der auch die bildende Kunst einbezieht. Viele Veröffentlichungen Böhmes sind als Gesamtkunstwerk in Zusammenarbeit mit Illustratoren angelegt oder enthalten eigene Fotografien. Von Beginn an prägt die Suche nach literarischen Gefährten, prägen Bezüge und Verweise auf andere Autoren das Werk des Leipziger Autors. Er übertrug Songtexte von Bob Dylan ins Deutsche; aus vielen seiner Gedichte ist der Sound der amerikanischen Beatniks und die Bewunderung für Rolf Dieter Brinkmanns Poetik des Poesie gewordenen Moments heraus zu hören, später verstärkt sich die Prägung durch die klassisch-strengeren Vorbilder Stefan George und Gottfried Benn. Inhaltlich wird durch Zitate, Motivübernahmen und Anspielungen immer wieder auf Lektüreerfahrungen mit Texten Thomas Manns, Stefan Georges, August von Platens oder Hanns Henny Jahnns verwiesen, und auch durch Gedichttitel wie *totenmesse auf saint genet* oder *trauer um hubert fichte* zeichnet sich geradezu eine literarhistorische Traditionsbildung ab. Denn neben dem meist in Landschaften der Fantasie führenden Thema »Reisen« ist ein zentrales Motiv, das Texte und Porträtfotografie Böhmes durchzieht, der gleichgeschlechtliche Eros, der seinen Blick bevorzugt auf Jungen richtet. Diesem Lebensthema gesellt sich als Leitfaden durch das Werk die der literarischen Frühromantik entlehnte Sehnsucht nach einer Poetisierung der Welt bei. Exemplarisch verbinden sich Homoerotik und Romantikbezug im Gedicht *romantick* aus dem Band *stoff der piloten*, der 1988 erschien: »(...) seit schwul so ein wort ist – / schwul bloß nicht stockschwul- / denke ich könntes nichts schaden // wenn einfach mal einer auch nur / Blaue blume schriebe, schließlich / mein heinrich, mein friedrich / und ach du, lieber augustin ...«

Böhmes Texte bleiben jedoch nicht bei dem Versuch stehen, die Welt und ihre Alltagserscheinungen zu poetisieren. Zunehmend tritt die Idee in den Vordergrund, artifizielle Eigenwelten surrealer Prägung zu erschaffen: »Somnambules Schreiben, Automatismus sollte man nicht verachten. Man kann viel von den Surrealisten lernen« (Thomas Böhme). In den lyrisch eingefärbten Prosabänden *Die Einübung der Innenspur. Roman Imitation* (1990) und *Vom Fleisch verwilderte Flecken. Ein latenter Roman* (1995) verbindet sich das Streben nach dem Gesamtkunstwerk, das zum Fragment, zur Farce führt, mit moderner Montagetechnik und Erzählstrategien der Postmoderne. Die *Roman Imitation*, auch als Hommage an Jean Paul zu lesen, umkreist in Erzählerberichten, (inneren) Dialogen, Monologen und in Kommentaren des Autors zyklisch die Hauptfigur Felix Wurz/Felician Laracine; der *latente Roman* ist gleichzeitig als Fragment und Kreisbewegung um den Erzähler und seinen Freund Fel gestaltet. In den Bänden *Die Zöglinge des Herrn Glasenapp* (1996) und *Schwarze Archen* (2003) werden in märchenhaft-surrealem Ton die Themen Traum, Erinnerung und Reisen variiert.

Von (Gedanken-)Reisen handeln auch der knappe, 1996 erschienene Roman *Geruch des Gastes* und die Erzählung *Dämmerung mit Dingen* (2001). Während die Traum-Reise des Protagonisten Dr. Ferenc Lehmbruck in *Geruch des Gastes* gen Süden führt, bereisen in *Dämmerung mit Dingen* Alker und Bell, »zwei wie Vater und Sohn. Wie Sohn und Vater« eine nördliche Insel. Beide Texte verbindet ihre bildreiche und symbolübersättigte Sprache, die intensivste Wahrnehmung der Gegenwart mit ausschweifenden Erinnerungen vereint und die Bewusstseinsebenen der Figuren verschwimmen lässt.

Thorsten Dönges

Werke: *Mit der Sanduhr am Gürtel*, G., Bln. 1983; *Die schamlose Vergeudung des Dunkels*, G., Bln. 1985; *stoff der piloten*, G., Bln. 1988; *Einübung der Innenspur. Roman Imitation*, Bln. 1990; *ich trinke dein plasma november*, G., Bln. 1991; *häutungen, häufiger herbst*, G., Lpz. 1991; *ballett der vergesslichkeit*, G., Lpz. 1992; *Vom Fleisch verwilderte Flecken. Ein latenter Roman*, Bln. 1995; *manessischer ikarus. Ausgewählte Gedichte*, m. Zeichn. v. Hannes Steinert, Hbg. 1995; *Geruch des Gastes*, R., Lpz. 1996; *heimkehr der schwimmer*, G., m. Zeichn. v. Horst Münch, Bln. 1996; *Die Zöglinge des Herrn Glasenapp*, En., m. Grafiken v. Christoph Meckel, Düsseld. 1996; *Im Ort. Mansfelder Texte*, Oschersleben 1996; *Die Körper und das Licht. Kurzroman*, Dresden 1998; *Alle Spur wird Fell. Geschichten, Prosagedichte, Verse*, m. Fotografien v. Philippe Frese, Bln. 1998; *Jungen vor Zweitausend.* Porträtfotografien, Halle 1998; *Die Cola-Trinker. Gedichte 1980–1999*, Hbg. 2000; *Und an Bahnhöfe denken*, G., Aschersleben 2000; *Dämmerung mit Dingen*, E., m. Fotografien, Bln. 2001; *Schwarze Archen*, Texte und Fotografien, Lpz. 2003.

Böhmer, Paulus (Paul Christoph), wurde am 20. 9. 1936 in Berlin geboren und wuchs ab 1943 im oberhessischen Land auf. Nach dem Abitur studierte er zunächst Jura in Frankfurt am Main, brach das Studium aber ab und arbeitete auf dem Bau. Schließlich studierte er Architektur an der TU Berlin sowie, bei Walter Höllerer, Literatur. Nun, 1963, erschienen erste Gedichte und Prosa. Nach weiterer Ausbildung in Mannheim zum Industriekaufmann, ging Böhmer als freier Schriftsteller nach München, von wo aus er eine Reihe von Reisen unternahm. 1967 kehrte er nach Oberhessen zurück und ließ sich in dem Örtchen Nieder-Offleiden nieder, wo er als Stauden- und Ziergraszüchter arbeitete. 1974 schließlich zog er nach Frankfurt am Main und ging, immer neben der lyrischen und vor allem auch seiner malerischen Arbeit, deren Würdigung den Rahmen eines literarischen Lexikons sprengt, aber doch Erwähnung finden muss, den verschiedensten Tätigkeiten nach, wurde Lektor, wurde Reizwarenlieferant, wurde Werbetexter. Als 1985 das Hessische Literaturbüro gegründet wurde, übernahm er dessen Leitung; erst im Jahr 2001 legte er die Geschäftsführung nieder und lebt seither, weiterhin in Frankfurt am Main, ausschließlich als freier Schriftsteller und Maler.

»Der Mensch muss neu zusammengesetzt werden«, heißt es in Gottfried Benns *Doppelleben* von 1949, seine Darstellung werde in Schwung gehalten durch formale Tricks, Wiederholungen von Worten und Motiven, Gedankengänge würden gruppiert, Geografie herangeholt, Träumereien eingesponnen und wieder fallengelassen, nichts werde stofflich-psychologisch mehr verflochten, alles angeschlagen, nichts durchgeführt. Alles bleibe offen. Und wörtlich weiter: »Antisynthetik. Verharren vor dem Unvereinbaren. Bedarf größten Geistes und größten Griffs, sonst Spielerei und kindisch. Bedarf größten tragischen Sinns, sonst nicht überzeugend. Aber wenn der Mann danach ist, dann kann der erste Vers aus dem Kursbuch sein und der zweite eine Gesangbuchstrophe und der dritte ein Mikoschwitz, und das Ganze ist doch ein Gedicht.« In Verbindung mit Nietzsches Forderung nach der »unerhörten Fügung«, die bei Benn bis in den Neologismus durchschlägt, steht hier schon die Lyrik Paulus Böhmers in nuce: Hinzu tritt die poetisch-elegische Erfahrung der Poeten der Beat-Generation, etwa Allen Ginsbergs, der wie Böhmer einen Kaddisch schrieb, nur dass Böhmers Beat eher der Rock'n'Roll ist, in dem über Rhythm and Blues auch das dionysische Element Europas wieder einen Platz fand, nachdem sich die hiesige Kunstmusik intellektualisiert hatte. In der US-amerikanischen, schwarz fundierten, mitunter aufrüttelnden Rhythmik ließ sich das Bedürfnis nach Rausch guten Gewissens erfüllen, das in Deutschland katastrophisch und deshalb moralisch zweifelhaft geworden war. »Der Rausch sprengt die dem modernen Ich auferlegte Dualität von Ich und du« (Benn). Das übersahen die »Kahlschlägler« der »Gruppe 47«; davon wollte und will bis heute der sozialkritische Geist des Realismus nichts mehr wissen, dass diese Dualität ein Teil, wenn nicht sogar das Fundament der industriellen Zurichtung des Menschen ist. Möglicherweise ist sie sogar eines der Konzepte, die schließlich in Nazideutschland explodierten und von Auschwitz pervertiert wurden – für einen deutschen Dichter selbstverständlich ein widerlicher Fixpunkt, so auch bei Böhmer nicht nur über das jüdische Totengebet ständig gegenwärtig. Aber eben ein Grauen unter anderen, von denen diese Lyrik ununterbrochen erzählt, die es zugleich mit Lust mischt, mit der Wärme von Augenblicken, und dies alles ist sexuell, selten erotisch, aufgeladen. Tatsächlich trägt der Rausch, musikalisch oder sonstwie künstlerisch, tatsächlich eine Zeit lang den auch politischen Protest, bis der Rauschgenerator selbst ergriffen und auf Vermarktbarkeit zugerichtet, das heißt: bis er Pop wird. Insofern bleibt trotz der taktgebenden Verschichtung in die U-Musik Gottfried Benn Vater des lyrischen Ansatzes Paulus Böhmers, ja als hätte Böhmer dessen Wort von den

»Drehpunktskonstituierungen« nicht metaphorisch, sondern fundamental verstanden, gruppiert er – auch dies ein poetologisches Schlüsselwort – von Anfang an die Abfolge seiner Verse um eine Mittelachse und hebt dadurch das in den Leser gespiegelte (und von ihm gesuchte) lyrische Ich kurzerhand und nachdrücklich auf.

Es geht nicht mehr um Ich, wo das Ich banalisiert ist, wo aus Leda und Stier, Eleusis und der Tafelrunde das pragmatische Steuererklärungs- und Aldi-Ich wurde. Darin ist Böhmer im deutschen Sprachraum nahezu einzigartig unter den Lyrikern. Wenn alle sich bescheiden, holt er nun ganz besonders aus: »Einst war ich leicht wie eine Feder, / einst war ich leicht wie ein Fels. / Einst brach ich mich in Gewässern, die den / Glanz der Gestirne ebenfalls schwächten« (*Mein erster Tod,* 1989).

Individuell gelesen wäre so etwas Größenwahn, tatsächlich aber wird hier das Ich zur Allegorie eines Allgemeinen: Entindividuation durch Erhöhung. Das setzt der industriellen Zerteilung von Arbeitskraft, der Mikroskopierung von Bewusstsein, die sich u.a. nicht nur im Verlust der Möglichkeit »universaler« Bildung zeigt, sondern eben auch in der jeden Fachfremden – politisch gesehen – idiotisierenden Spezialisierung, Anfüllung entgegen. Es wird kombiniert und montiert und neu geschaffen auf Teufel komm raus. Kaum etwas, das sich rauschartiger denken lässt. Durchschaubarkeit ist nicht gewollt, wird im Gegenteil als gleisnerisch verpfiffen; schließlich ist die demokratisch moderne Forderung nach Transparenz, die dem hilflosen Verlust der individuellen Kompetenz bezeichnenderweise parallel geht, immer auch eine nach Überwachung. Hiergegen wird überschäumend anmontiert: Es ist klar, dass so etwas nicht ironisch funktioniert und des Pathos' bedarf. Keine Zeile Böhmers ist uneigentlich, kein Vers im politischen Sinn »kritisch«; Zeitkritik – falls überhaupt beabsichtigt, also funktional – findet in der lyrischen Bewegung statt und hebt sich in ihr auch gleich wieder auf.

Dazu gehört gleichermaßen, dass man nicht trennen kann, weder die Chronologie noch die Inhalte: Alles ist mit allem verbunden und ein einziger strömender Gesang. Shivas kosmischer Tanz, wortgeworden. Eine germanistisch-analytische Sezierung verbietet sich: Sie würde vielleicht herleiten – biografisch, sonstwie –, aber poetologisch nichts zeigen, ja die Darstellung der böhmerschen Lyrik wäre grundsätzlich verfehlt, ihre Bewegung ist eine von Klage zugleich und Gelächter, sozusagen homerisch. Je weiter Böhmer in seiner Arbeit voranschreitet, desto länger werden die Sentenzen, im Grunde sind es Wort-Symphonien, die um die immerselben Motive brausen: Geburt, Leben/ Liebe, Tod; gewaltsame Vernichtung, mechanisch und so kalt, dass das Geschöpf nicht einmal »gemeint« ist. Es sind die großen Themen von Menschheit und Kunst, die Böhmer leidenschaftlich attackiert, von denen er selbst attackiert wird, kleinere Sozialitäten interessieren ihn nur insoweit, als sie sich allegorisch verwandeln können, auch sie, selbst Privatestes, ins Allgemeine eingestrudelt. So heißt es in einer Vorversion des *Kaddish* (2002): »So legt euch halt, ihr Brüder, kalt / weht der Abendhauch: Kaddish / für Hänschen Stegmann, Kaddish für Walter Kraft, / Kaddish für die Ozeane in uns, die nur / für kurze Zeit existieren, für Landmassen, / Massen (Eiswolken verdampfen) und das vom toten Ratgeber abgetrennte Haupt« (*Säugerleid,* 1996).

Wobei schon »Vorversion« ein falscher Begriff ist, weil er eine Sukzession unterstellt, die sich in diesen Texten ebenfalls aufhebt. Immer wieder kehrt Böhmers Lyrik zu früheren Versionen seiner Themen, ja Zeilen zurück, mitunter wörtlich, und schon wird neu kombiniert; es folgt nicht notwendig etwas, sondern Freiheit, auch poetische Freiheit, ist eine der Möglichkeiten. Es ist kein Zufall, dass Böhmer immer mal wieder mit Free-Jazz-Musikern zusammenkam und -kommt, etwa mit Buschi Niebergall. Das Gegenteil von Beliebigkeit ist eben nicht ein jederzeit bewusstes, goethesches Kalkül, nix Harmonia mundi, sondern: neu mischen, neu werfen, vernichten, – halt Shiva, poetisch.

Auf eine verquere, doch ähnlich »unzeitgemäße« Weise erinnert dies an die Sinfonik des 1980 gestorbenen Schweden Allan Pettersson; auch der randständig und vom Betrieb, ganz wie Böhmer, weitgehend gemieden. Versöhnung gibt es nur in Momenten, die durchaus nicht den Kitsch scheuen. So heißt denn auch eine der großen Lyrikpublikationen *Darwingrad* (1987). Und bereits im Frühwerk (*Aktionen auf der äußeren Rinde,* 1972) findet sich die Zeile »du bist schön wie eine Million Waggons«, auf die zweieinhalb Jahrzehnte später zurückgegriffen, ja die schließlich sogar titelgebend für ein Buch wird, das erst 28 Jahre nach der Formulierung des Satzes erscheint, *du bist schön wie eine Million Waggons*, (2000). Alles hier ist Strömen, Rauschen, darinnen immer mal – auch gestalterisch abgesetzt – Inselchen, die wie plötzliches Einhalten, ja Besinnen und von durchaus frozzelndem Witz sind: »Ganz nah ein Kamm, / ein Tuch,

ein Schwamm. / Im Eisschrank Lamm / von Tengelmann« (*Palais d'Amorph*, 1999).
Oder Böhmer kombiniert im Peter Kurzeck gewidmeten *Wer ich bin?*, einen sozusagen vom Kücheninventar ausgehenden Totentanz – »Ein Regal / mit Kapern, Gurken, Zwiebeln, Honig und / was man damit neu mischen kann, etwas / Kuchen aus Sesam und Nugat?« (*Palais d'Amorph*) – mit dem leitmotivisch und mottoartig hineinmontierten »Manual« für die Hinrichtung auf dem elektrischen Stuhl (»Berühren Sie unter keinen Umständen die Stromaktivierungsknöpfe«). Faszinierend, ja mitreißend ist die Schönheit, die sich dabei herstellt – trotz allem Wortmüll, allen pornografischen Aufwölbungen, trotz allem aus den Sujets spritzenden Entsetzen.
Es ist eine kathartische Arbeit, die diese Dichtung leistet, das – in sehr altem Sinn – Erschauern als kultische Reinigung ist ein geradezu sakraler Effekt, der, vielleicht des »Beats« wegen, wahrnehmungspsychologisch näher an Musik als an Semantik gebunden ist. Der konservativen, Reduktion fordernden und insofern »konzentriert« genannten Auffassung von Gedichten widerspricht das immens. Böhmers Lyrik ist episch. Damit übersteigt er Benn, den Vater, übersteigert ihn, indem er ihn wörtlich nimmt, und schlägt sich auf die Seite Pounds, dessen Abschiedsgesänge mit Whitman vitalisiert werden und dessen Ästhetizimus ein Alltag zurückerstattet wird, der einer von allen und eben nicht bildungsbürgerlich-elitär ist und dennoch kosmisch und mikrokosmisch verknotet. Da hinein schlägt das Pathos. Feuer statt Skepsis. Und Reichtum statt Beschränkung.

Alban Nikolai Herbst

Werke: *Liederbuch der Quantität*, Stierstadt/Ts. 1963; *Pelzblumen unter den Deckeln der Marmeladegläser*, Bad Homburg 1965; *Softgirls*, Ffm. 1970; *Aktionen auf der äußeren Rinde*, Ffm. 1972; *Goldjärgli*, Hsp., zus. m. Peter O. Chotjewitz, NDR 1973; *Stiefmütterchen*, Hsp., zus. m. Uve Schmidt, HR 1974; *Still ruhte der Vater*, Hsp., zus. m. Uve Schmidt, NDR 1976; *Des Edelmannes Ernst muss Luxus sein*, Friedberg 1983; *Darwingrad*, Gießen 1987; *Mein erster Tod*, Ffm. 1989; *Da sagte Einstein*, Gießen 1990; *Kaddish*, Bln. 1992, Theaterst., UA Ffm. 1997; *dein schwarzgekachteltes Blut. Dein Blut*, Gießen 1993; *Säugerleid*, Ffm. 1996; *Die Ohm*, Ostheim/Rhön 1997; *Eben noch, jetzt, vor langer Zeit*, zus. m. Klaus Reichert, Ffm. 1989; *Palais d'Amorph*, Ffm. 1999; *Jehuda Amichai: Zeit*, Übs., zus. m. Lydia Böhmer, Ffm. 1999; *Jehuda Amichai: Jerusalem Gedichte*, Übs., zus. m. Lydia Böhmer, Zür. 2000; *Asher Reich: Tel-Aviver Ungeduld*, Übs., zus. m. Lydia Böhmer, Ffm. 2000; *du bist schön wie eine Million Waggons*, Ffm. 2000; *Wäre ich unsterblich*, Werkausw., Mü. 2001; *Kaddish I–IX*, Ffm. 2002.

Boie, Kirsten, wurde am 19. 3. 1950 in Hamburg geboren. Sie studierte von 1969 bis 1974 Germanistik und Anglistik. Nach dem ersten Staatsexamen für das Lehramt an Gymnasien verbrachte sie ein Jahr als Austauschstipendiatin an der Universität Southampton in England und studierte dort Philosophie. 1977 promovierte sie über *Die frühe Prosa Bertolt Brechts*, absolvierte das Referendariat für das Lehramt an Gymnasien und unterrichtete von 1978 bis 1982 an einem Hamburger Gymnasium, später an einer Ganztagesgesamtschule. Seit 1985 ist sie freie Autorin und lebt in Barsbüttel in Schleswig-Holstein.
Im Bereich der zeitgenössischen Kinder- und Jugendliteratur gehört Kirsten Boie zu den renommiertesten deutschen Autorinnen. Sie hat mit ihren Büchern einen wesentlichen Beitrag zur Entwicklung der Themen-, Formen- und Funktionsvielfalt moderner Kinder- und Jugendliteratur geleistet. Bereits ihr erstes, 1985 erschienenes Buch *Paule ist ein Glücksgriff*, die Geschichte eines adoptierten farbigen Jungen, wurde ein großer Erfolg. Inzwischen sind weit mehr als 60 Bücher erschienen und in zahlreiche Sprachen übersetzt worden (u.a. ins Schwedische von der Tochter Astrid Lindgrens). Neben Kinder- und Jugendbüchern schreibt Boie Drehbücher für die ZDF-Kinderserie *Siebenstein*.
Kirsten Boies Gesamtwerk wendet sich an alle Altersgruppen und besticht durch literarische Qualität und beispiellose thematische und stilistische Vielseitigkeit – von der Bilderbuchserie um das Kindergartenkind *Juli* über zahlreiche Texte für Leseanfänger und Kinder im ersten Lesealter (wie etwa die *Lena*-Bände), über Kinderromane bis hin zu modernen Jugendromanen. Die Themen ihrer Bücher spiegeln die veränderte soziale Wirklichkeit der Kinder und Jugendlichen. Die Erzählerin erweist sich als eine äußerst genaue und differenzierte soziale Beobachterin, die den rapiden Wandel der kulturellen Lebenswelten fast seismografisch wahrgenommen und literarisch umgesetzt hat. Dazu gehört beispielsweise die Darstellung von veränderten Familienformen und Rollenbildern: In *Mit Jakob wurde alles anders* (1986) geht der Vater nach Ankunft des dritten Kindes in Erziehungsurlaub und übernimmt die Rolle eines Hausmannes; in *Nella-Propella* (1994) schildert Kirsten Boie den turbulenten Familienalltag einer allein erziehenden Studentenmutter. In *Man darf mit dem Glück nicht drängelig sein* (1997) müssen die Kinder die Trennung der Eltern verkraften und sich mit neuen Lebenspartnern und Stiefgeschwistern arrangieren.

Sie problematisiert den Einfluss der Medien auf das Alltags- und Familienleben *(Ich ganz cool*, 1992), erzählt vom verplanten Kinderalltag (*Mittwochs darf ich spielen*, 1993) und setzt sich mit dem Phänomen des Rechtsradikalismus und der Fremdenfeindlichkeit auseinander *(Erwachsene reden – Marco hat was getan*, 1994) und mit der zunehmenden Gewalt unter Kindern und Jugendlichen (*Nicht Chicago, nicht hier*).

Neben diesen sozialkritischen Komponenten werden ihre Texte durch eine sensible Schilderung emotionaler und psychischer Folgeerscheinungen, die bei Kindern und Jugendlichen auftreten, akzentuiert. Mit dem Roman *Mit Kindern redet ja keiner* (1990) legte Kirsten Boie einen Prototyp des psychologischen Kinderromans vor. Darin schildert sie aus dem Blickwinkel, dem Gefühls- und Erfahrungshorizont der neunjährigen Charlotte die Auswirkungen, die die Depressionen ihrer Mutter auf die ganze Familie haben. Diese Erzählweise, der ganz in die Person des erzählenden Kindes verlagerte Erzählerstandort, ermöglicht es ihr, diese belastenden Erfahrungen so dosiert zu vermitteln, dass die kindlichen Leser damit nicht überfordert werden.

Boies Darstellungsformen sind in hohem Maße innovativ, zum Teil geradezu experimentell. Ihre Milieuschilderungen und die vielschichtigen Personenzeichnungen wirken authentisch, manche Titel haben den Charakter soziologischer Fallstudien. Boie hält sich als Wertungsinstanz zurück und überlässt es den jungen Lesern selbst, Zusammenhänge zu erkennen und zu eigenen Werturteilen zu kommen.

Den größten Anteil an ihrem Gesamtwerk hatten in den letzten Jahren komische, teilweise auch tragikomische Texte. Mit Sprachwitz, Situationskomik und feiner Ironie lässt sie die unverwechselbaren Figuren agieren und dabei Weltanschauungen, Rollenvorstellungen und Erziehungskonzepte der Erwachsenen parodieren. Dazu gehören die dogmatischen Erziehungskonzepte liberaler Eltern der 68er-Generation in den postmodernen »Verhandlungsfamilien« (*Jeder Tag ein Happening*, 1993) ebenso wie die Erziehungspraktiken konservativ-leistungsorientierter Eltern, die ihre Kinder als Prestigeobjekte betrachten (*Das Ausgleichskind*, 1990; *Mittwochs darf ich spielen*, 1993).

Auch hier steht die Autorin immer aufseiten der Kinder, die durch ihr selbstbewusstes, lebenskluges und kritisches Denken und Handeln den Erwachsenen oftmals einen Spiegel vorhalten und die Unbrauchbarkeit so mancher Theorie auf das Amüsanteste entlarven. Gerade in ihrem souveränen Umgang mit den vielfältigen Stilmitteln der Komik zeigt die Autorin in jedem Buch aufs Neue, dass literarische Qualität und Unterhaltungswert nicht im Widerspruch zueinander stehen müssen. Viele ihrer Bücher haben bereits Eingang in die Schulen gefunden, denn gerade die Didaktiker schätzen neben dem Themen- und Formenreichtum vor allem auch die vielfältigen Funktionen, die mit der Lektüre ihrer Bücher erfüllt werden können. Auch im Deutschunterricht an Schulen im Ausland spielen Kirsten Boies Bücher mit ihrem Realitäts- und Zeitbezug eine wichtige Rolle. Sie werden dort vor allem als Medium zur Vermittlung der deutschen Alltagskultur wahrgenommen.

Hannelore Daubert

Werke: *Paule ist ein Glücksgriff*, Hbg. 1985; *Heinzler mögen saure Gurken*, Hbg. 1986; *Mit Jakob wurde alles anders*, Hbg. 1986; *Mellin, die dem Drachen befiehlt*, m. Illustr. v. Silke Brix-Henker, Hbg. 1987; *Jenny ist meistens schön friedlich*, m. Illustr. v. Silke Brix-Henker, Hbg. 1988; *Opa steht auf rosa Shorts*, Hbg. 1988; *Entschuldigung, flüsterte der Riese*, Bilderb., m. Illustr. v. Silke Brix-Henker, Hbg. 1989; *King-Kong, das Geheimschwein*, m. Illustr. v. Silke Brix-Henker, Hbg., 1989; *King-Kong, das Reiseschwein*, m. Illustr. v. Silke Brix-Henker, Hbg. 1989; *Lisas Geschichte, Jasims Geschichte*, Hbg. 1989; *Manchmal ist Jonas ein Löwe*, m. Illustr. v. Silke Brix-Henker, Hbg. 1989; *Alles total geheim*, Bilderb., m. Illustr. v. Silke Brix-Henker, Hbg. 1990; *Das Ausgleichskind*, Hbg. 1990; *Mit Kindern redet ja keiner*, Hbg. 1990; *Geburtstagsrad mit Batman-Klingel*, m. Illustr. v. Silke Brix-Henker, Hbg. 1991; *Kein Tag für Juli*, Bilderb., m. Illustr. v. Jutta Bauer, Weinheim 1991; *Moppel wär gern Romeo*, Hbg. 1991; *Ein Tiger für Amerika*, Bilderb., m. Illustr. v. Silke Brix-Henker, Hbg. 1991; *Alles ganz wunderbar weihnachtlich*, m. Illustr. v. Jutta Bauer, Hbg. 1992; *Ich ganz cool*, Hbg., 1992; *King-Kong, das Zirkusschwein*, m. Illustr. v. Silke Brix-Henker, Hbg. 1992; *Kirsten Boie erzählt vom Angsthaben*, m. Illustr. v. Erhard Diet, Hbg. 1992; *Der kleine Pirat*, Bilderb., m. Illustr. v. Silke Brix-Henker, Hbg. 1992; *Jeder Tag ein Happening*, Hbg. 1993; *Juli der Finder*, Bilderb., m. Illustr. v. Jutta Bauer, Weinheim 1993; *King-Kong, das Liebesschwein*, m. Illustr. v. Silke Brix-Henker, Hbg. 1993; *Lena hat nur Fußball im Kopf*, m. Illustr. v. Silke Brix-Henker, Hbg. 1993; *Mittwochs darf ich spielen*, m. Illustr. v. Silke Brix-Henker, Hbg. 1993; *Abschiedskuss für Saurus*, m. Illustr. v. Jutta Bauer, Hbg. 1994; *Erwachsene reden – Marco hat etwas getan*, Hbg. 1994; *Juli tut Gutes*, Bilderb., m. Illustr. v. Jutta Bauer, Weinheim 1994; *Klar, dass Mama Ole lieber hat. Klar, dass Mama Anna lieber hat*, Bilderb., m. Illustr. v. Silke Brix-Henker, Hbg. 1994; *Mutter Vater Kind*, Bilderb., m. Illustr. v. Peter Knorr, Hbg. 1994; *Nella-Propella*, m. Illustr. v. Silke Brix-Henker, Hbg. 1994; *Vielleicht ist Lena in Lennart verliebt*, m.

Illustr. v. Silke Brix-Henker, Hbg. 1994; *King-Kong, das Schulschwein*, m. Illustr. v. Silke Brix-Henker, Hbg. 1995; *Prinzessin Rosenblüte*, m. Illustr. v. Silke Brix-Henker, Hbg. 1995; *Sehr gefräßig, aber nett*, m. Illustr. v. Silke Brix-Henker, Hbg. 1995; *Sophies schlimme Briefe*, m. Illustr. v. Silke Brix-Henker, Hbg. 1995; *King-Kong, das Schulschwein*, m. Illustr. v. Silke Brix-Henker, Hbg. 1995; *Juli wird erster*, Bilderb., m. Illustr. v. Jutta Bauer, Weinheim 1996; *King-Kong, das Liebesschwein*, m. Illustr. v. Silke Brix-Henker, Hbg. 1996; *Lena zeltet Samstag Nacht*, m. Illustr. v. Silke Brix-Henker, Hbg. 1996; *Eine wunderbare Liebe*, Hbg. 1996; *Juli und das Monster*, Bilderb., m. Illustr. v. Jutta Bauer, Weinheim 1997; *Lena findet Fan-Sein gut*, m. Illustr. v. Silke Brix-Henker, Hbg. 1997; *Lena hat nur Fußball im Kopf*, m. Illustr. v. Silke Brix-Henker, Hbg. 1997; *King-Kong, das Zirkusschwein*, m. Illustr. v. Silke Brix-Henker, Hbg. 1997; *Man darf mit dem Glück nicht drängelig* sein, Hbg. 1997; *Der Prinz und der Bottelknabe*, Hbg. 1997; *Krippenspiel mit Hund*, m. Illustr. v. Silke Brix-Henker, Hbg. 1997; *King-Kong, das Krimischwein*, m. Illustr. v. Silke Brix-Henker, Hbg. 1998; *Krisensommer mit Ur-Otto*, Hbg. 1998; *Lena möchte immer reiten*, m. Illustr. v. Silke Brix-Henker, Hbg. 1998; *Ein Stier im Wohnzimmer*, m. Illustr. v. Jutta Timm, Hbg. 1998; *Juli und die Liebe*, Bilderb., m. Illustr. v. Jutta Bauer, Weinheim 1998; *Bärenmärchen*, Bilderb., m. Illustr. v. Katrin Engelking, Hbg. 1999; *Du wirst schon sehen, es wird ganz toll*, Bilderb., m. Illustr. v. Peter Knorr, Hbg. 1999; *Nicht Chicago. Nicht hier*, Hbg. 1999 ; *Linnea geht nur ein bisschen verloren*, Bilderb., m. Illustr. v. Silke Brix-Henker, Hbg. 1999; *Linnea will Pflaster*, m. Illustr. v. Silke Brix-Henker, Hbg 1999; *Linnea klaut Magnus die Zauberdose*, m. Illustr. v. Silke Brix-Henker, Hbg. 1999; *Linnea findet einen Waisenhund*, m. Illustr. v. Silke Brix-Henker, Hbg. 2000; *Linnea rettet schwarzer Wuschel*, m. Illustr. v. Silke Brix-Henker, Hbg. 2000; *Zum Glück hat Lena die Zahnspange vergessen*, m. Illustr. v. Silke Brix-Henker, Hbg. 2000; *Nee! Sagt die Fee*, m. Illustr. v. Silke Brix-Henker, Hbg. 2000; *Wir Kinder aus dem Mövenweg*, m. Illustr. v. Katrin Engelking. Hbg. 2000; *Linnea rettet schwarzer Wuschel*, m. Illustr. v. Silke Brix-Henker, Hbg. 2000; *Linnea macht Sperrmüll*, m. Illustr. v. Silke Brix-Henker, Hbg. 2001; *Kerle mieten oder das Leben ändert sich stündlich*, Hbg. 2001; *Der durch den Spiegel kommt*, Hbg. 2001; *Sommer im Mövenweg*, m. Illustr. v. Katrin Engelking. Hbg. 2002; *Josef Schaf will auch einen Menschen*, Bilderb., m. Illustr. v. Philip Waechter, Hbg. 2002; *Kann doch jeder sein, wie er will*, m. Illustr. v. Stefanie Scharnberg, Hbg. 2002.

Böldl, Klaus, wurde am 21. 2. 1964 in Passau geboren. Seit 1967 lebt er in München, studierte Nordische Philologie, Germanistik und Komparatistik in München und Lund, 1999 promovierte er über die Rezeption der »Edda« in Romantik und Aufklärung. Er unternahm mehrere Reisen nach Schweden, Island und Grönland und arbeitet als Übersetzer und als Dozent am Skandinavistik-Institut der Universität München. Ausgezeichnet wurde er 1995 mit einem Stipendium der Stadt München, 1997 mit dem Tukan-Preis der Landeshauptstadt München und 2001 mit einem Förderpreis des Freistaates Bayern.

In der Eiswüste Grönlands mit ihren Gletschern und Schneefeldern spielt Klaus Böldls *Studie in Kristallbildung* (1997). Wie so oft dient auch hier der fast menschenleere Raum als literarische Projektionsfläche und als Folie einer Selbstvergewisserung. Johannes Grahn, der Ich-Erzähler, ist Hotelangestellter, ein Zuflucht Suchender, der an diesem Ende der Welt seine Vergangenheit hinter sich lassen will. Der Grund dafür bleibt verborgen. Der Romantitel verweist auf Adalbert Stifter, den Dichter der *Studien*. Stifters Detailrealismus und seine Schule der Wahrnehmung haben hier Pate gestanden. Der Erzähler geht über die Oberflächenreize der arktischen Landschaft hinweg und nimmt sich Zeit, die Dinge selbst zu Wort kommen zu lassen. Der Leser wird in den Prozess des Gehens und Schauens integriert, die Struktur des Textes bleibt so offen, viel steht zwischen den Zeilen. Aber der Erzähler legt auch falsche Fährten, reißt Motive nur an und lässt scheinbare Gewissheiten im Text ungewiss erscheinen. Zwei Menschen sterben im Laufe der Handlung, eine ehemalige Schulfreundin des Erzählers mit Namen Agnes und die kleine Lisa, Tochter eines Freundes. Gerüchte gehen um, die Auflösung der mysteriösen Todesfälle lässt auf sich warten. Vielmehr schafft der Erzähler ein Netz aus Verbindungen, »Linien«, das eine eigenartig gespannte Atmosphäre entstehen lässt. Der unaufdringliche, bedächtige Gestus, mit dem der an der Peripherie des Geschehens stehende Erzähler seine Beobachtungen schildert, korrespondiert mit den Stimmungen einer Wirklichkeit, die er zu vermitteln sucht. Minimale Verschiebungen von Wahrnehmungsperspektiven, Bewegungen durch Raum und Zeit, führen auch zu neuen Blickwinkeln des Erzählens. Um Schuld kreist letztlich der Text, Stück für Stück legt der Erzähler Schichten seines Bewusstseins frei, die eigene Fassung will er wiedergewinnen. Mit zunehmender Zeit erreicht er jene notwendige Klarheit und Trennschärfe, die es ihm ermöglicht, sich mit sich selbst zu versöhnen. Das Naturerlebnis, das vom Erzähler auf das Nuancierteste geschildert wird, eröffnet die Möglichkeit zu dieser von Andacht getragenen Bewusstwerdung. Dass diese Welt extrem bedroht ist, wird dabei nicht vertuscht. Der Tod der beiden Menschen zieht eine neue Linie; Grahn hebt die selbst auferlegte Verbannung auf und kehrt auf das Festland zurück. Mit diesem beeindruckenden Debüt hat Klaus Böldl eine zeitgemäße Aneignung von Wirklichkeit beschrieben. Diese Prosa nimmt den individuellen Entwurf von Leben ernst und nimmt uns gleichzeitig mit ausgefeilten Bildern und einem eigenen Ton für eine frostige Region ein.

Nach Schweden und nach Lappland entführt *Südlich von Abisko* (2000), das von Harald Behringer erzählt, dessen Leben durch eine Reise nach Abisko ins Wanken gerät. Böldl erzählt mit jener »gelassenen Genauigkeit«, mit der in Abisko die Straßen scheinbar ziellos in die Ferne führen. Dort ist es so still, dass man Angst bekommt, den Duschhahn abzudrehen. Für den leicht übergewichtigen Helden ist Abisko der Ort, der ihn leicht macht und sehen lässt. Doch Böldl ist kein Idylliker; am Stockholmer Bahnhof verkaufen sich Kinder an Männer und selbst in Abisko reißen Jugendliche von zu Hause aus. Mit scheinbarer Beiläufigkeit und unterschwelliger Ironie steckt Böldl seinen Lageplan moderner Befindlichkeit ab.

Auch im folgenden Band bleibt der Skandinavist dem hohen Norden treu; *Die fernen Inseln* (2003) sind Island und die Färöer-Inseln. Wenn sich der Erzähler gleich zu Beginn vorstellen kann, dort »ein stilles und kühles Zimmer zu bewohnen im Niemandsland zwischen einer immer währenden Flüchtigkeit und einer sich allem Anschein nach nicht mehr verändernden Stadtgrenze«, dann reflektiert dies den Duktus des Erzählens präzise. Hier passiert nicht viel, man folgt dem Erzähler gemächlich auf seinen Wanderungen durch die grün schimmernden Vulkan- und Seenlandschaften, sieht mit seinen Augen, lauscht den Legenden und historischen Exkursen. Böldl betreibt hier poetische, romantische Landschaftsmalerei (Cézanne wird mehrfach erwähnt). Dieses Reisebuch besticht durch die Art und Weise, wie es einen eigenen Kosmos aus Kreatur und Natur, aus sozialer Realität und metaphysischem Raum entstehen lässt, sodass »man aus der Erinnerung nicht mehr recht sagen kann, was den stärkeren Eindruck gemacht hat: die vor Wirklichkeit strotzenden Dinge oder das wie selten sonst wahrnehmbare Nichts zwischen diesen Dingen, in das man ja irgendwann eingehen wird«.

Thomas Kraft

Werke: *Studie in Kristallbildung*, R., Ffm. 1997; *Die Sage von den Leuten auf Eyr. Eyrbyggia Saga*, Übs., Mü. 1999; *Südlich von Abisko*, R., Ffm. 2000; *Der Mythos der Edda. Nordische Mythologie zwischen europäischer Aufklärung und nationaler Romantik*, Diss., Tüb. 2000; *Die fernen Inseln*, Ffm. 2003.

Böll, Heinrich, wurde am 21. 12. 1917 als sechstes Kind des Schreinermeisters und Bildhauers Viktor Böll und seiner Frau Maria in Köln geboren. Er besuchte das Staatliche humanistische Kaiser-Wilhelm-Gymnasium in Köln. Nach der Weltwirtschaftskrise verarmte die Familie, die elterliche Wohnung wurde zwischen 1933 und 1936 ein illegaler Treffpunkt katholischer Jugendverbände. 1936 begann Böll mit dem Schreiben, anfänglich vor allem an Dostojewski geschulte Geschichten über das verarmte Kleinbürgertum. 1937 machte Böll das Abitur und nahm eine Buchhändlerlehre in Bonn auf, die er allerdings bald abbrach. Im Jahr darauf kam er zum Arbeitsdienst, immatrikulierte sich 1939 zum Studium der Germanistik und der Alten Philologie an der Kölner Universität und wurde im Herbst zur Wehrmacht eingezogen. Im Zweiten Weltkrieg wurde er in Frankreich, Polen, der UdSSR, Rumänien und Deutschland eingesetzt, dreimal verwundet, erkrankte an Typhus und kam zwischendurch zu Wehrersatztruppen in Deutschland. Im April 1945 war er in einem französischen Gefangenenlager, Oktober/November in einem britischen. Ende 1945 bekamen er und seine Frau Annemarie, die er 1942 geheiratet hatte, ihr erstes Kind, das im selben Jahr starb. Böll immatrikulierte sich, um an Lebensmittelkarten zu kommen, an der Universität Köln, wurde Hilfsarbeiter in der Schreinerwerkstatt des Bruders. Die ersten Romane (*Kreuz ohne Liebe*; *Der Engel schwieg*) und Kurzgeschichten entstanden, die sich vor allem mit der literarischen Verarbeitung von Nazi-Zeit, Krieg und Kriegsfolgen beschäftigen. 1947 erschienen erste Beiträge Bölls in Zeitungen und Zeitschriften. 1949 wurde bei Middelhauve Bölls erstes Buch, die Erzählung *Der Zug war pünktlich*, veröffentlicht. 1950/51 arbeitete Böll als Hilfsangestellter beim Statistischen Amt der Stadt Köln. Von der »Gruppe 47« wurde er 1951 erstmals zu einer Tagung (nach Bad Dürkheim) eingeladen und bekam für die Erzählung *Die schwarzen Schafe* gleich den Preis der Gruppe. Mit *Wo warst du, Adam?* erschien Bölls erster Roman, und von Sommer 1951 an war er freier Schriftsteller. 1953 entwickelte sich der Roman *Und sagte kein einziges Wort* zum ersten wirklichen Erfolg Bölls. Er wurde Mitglied der Darmstädter Akademie für Sprache und Dichtung und wandte sich thematisch zunehmend nicht nur in Essays der politischen Entwicklung der Bundesrepublik Deutschland zu. Anfang der Sechzigerjahre arbeitete sich Böll vor allem am Verhältnis der katholischen Kirche zur Bundesrepublik ab, was im

Roman *Ansichten eines Clowns* gipfelt. Zwischen 1960 und 1962 gab er außerdem die Zeitschrift »Labyrinth« mit heraus, die sich vornahm, ein christlich begründetes Gegenmodell zum gesellschaftlichen System der Bundesrepublik zu entwerfen. 1962 entstand Bölls erstes Theaterstück, *Ein Schluck Erde*.

Von Mitte der Sechzigerjahre an nahmen Bölls politisches Engagement und sein Versuch, moralisch Einfluss auf die Entwicklung der Bundesrepublik zu nehmen, in seiner Schreibarbeit einen immer stärkeren Raum ein. 1967 wurde er mit dem Büchner-Preis ausgezeichnet. 1970 wurde Böll zum Präsidenten des westdeutschen P.E.N.-Zentrums, im Jahr darauf zum Präsidenten des internationalen P.E.N. gewählt. Im Bundestagswahlkampf 1972 setzte er sich für die SPD ein. Nach kritischen Äußerungen zum Umgang der staatlichen Organe mit dem aufkommenden Terrorismus wurde er als geistiger Ziehvater der Terroristen bezeichnet. Bölls Haus in der Eifel wurde im Rahmen der Fahndung nach Mitgliedern der RAF durchsucht. Im Oktober erhielt er den Literaturnobelpreis. 1974 nahm er den russischen Regimekritiker Alexander Solschenizyn in sein Haus auf. Für Aufsehen sorgte sein Anti-Springer-Roman *Die verlorene Ehre der Katharina Blum*, in dem eine Frau in die Tretmühlen der Boulevardpresse gerät. 1976 trat Böll aus der katholischen Kirche aus, drei Jahre später lehnte er wie Günter Grass und Siegfried Lenz das Bundesverdienstkreuz ab. Anfang der Achtzigerjahre engagierte sich Böll für die Friedensbewegung, setzte sich für den »Krefelder Appell für Frieden und Abrüstung« ein und unterzeichnete den Schriftstellerappell gegen Neutronenbombe und Nachrüstung. Im Oktober 1981 sprach Böll auf der ersten großen Friedensdemonstration in Bonn vor 300 000 Menschen. 1982 wurde er Ehrenbürger der Stadt Köln und setzte sich ein Jahr später für den Wahlkampf der Grünen ein, nahm an der Blockade von Mutlangen und den Protesten gegen die Nachrüstung teil. 1984 wurde er zum Commandeur im französischen »Ordre des Arts et des Lettres« ernannt. Am 16. Juli 1985 starb Heinrich Böll in Langenbroich.

»Für mich ist Engagement die Voraussetzung, es ist sozusagen die Grundierung, und was ich auf dieser Grundierung anstelle, ist das, was ich unter Kunst verstehe.« (Heinrich Böll). Wohl bei keinem deutschen, zumindest bundesdeutschen Schriftsteller überragt die Figur, die er in der Öffentlichkeit repräsentierte, zu Lebzeiten schon, nach dem Tode fast noch mehr, derart das Werk wie bei Heinrich Böll. Er hatte nach dem Zweiten Weltkrieg – mehr und anders als sein zehn Jahre nach ihm geborener Kollege Günter Grass – nicht nur eine literarische, sondern vor allem eine geistige Leerstelle eingenommen: Böll wurde zum Chronisten, Kritiker und in zunehmendem Maße zum Gewissen der Bonner Republik. Und er war für diese Position schon von seiner biografischen Physiognomie her prädestiniert. Bölls Schicksal war das eines durchschnittlichen und »guten« Deutschen. Er hatte den Krieg nicht als Flakhelfer, sondern als Erwachsener durchlitten, war in die Trümmer Deutschlands und der bürgerlichen Ordnung (deren Zerbrechlichkeit er schon in den Zwanzigerjahren am eigenen Leib hatte erleben müssen) zurückgekehrt. Er war des Mitläufertums mit der alten Zeit unverdächtig, mehr als immunisiert gegen die Manipulationen der politisch Mächtigen, denen er ein aus tief empfundener Religiosität geborenes, rigoroses moralisches System entgegenhalten konnte, und seine Perspektive auf das neue Deutschland war keine großdeutsche, sondern eine kleinbürgerliche. Er sammelte – diese Grundkonstante kennzeichnet schon Bölls Frühwerk – seine Figuren, wenigstens die zentralen, die Helden seiner Erzählungen und Romane, am Rand der sich neu konstituierenden bundesdeutschen Gesellschaft auf, vermeintlich kleine Menschen mit Tendenz zu mehr oder weniger versteckter Heiligkeit. Dieses Suchen des Kerns eines weitgehend als menschenfeindlich begriffenen Staates in dem, was er an Menschen fallen gelassen hatte, war als Grundvoraussetzung nicht nur aus seinem Wesen geboren, sondern auch literarisch, gesellschaftsanalytisch für ihn zwingend: »Die Humanität eines Landes lässt sich daran erkennen, was in seinem Abfall landet, was an Alltäglichem, noch Brauchbarem, was an Poesie weggeworfen, der Vernichtung für wert erachtet wird«, sagte er 1967 in seiner Wuppertaler Rede. Und mit der Humanität in der Bundesrepublik war es nach Einschätzung des katholischen Rebellen, als der er bezeichnet wurde, zunehmend nicht weit her. Das Individuum, dessen Einzigartigkeit, dessen Autonomie gegenüber Machtstrukturen jeder Art Böll immer verteidigt wissen wollte, geriet in der sich zunehmend ausprägenden und für Bölls Verständnis zunehmend restaurativ werdenden bundesrepublikanischen Nachkriegsordnung immer mehr ins Hintertreffen. Von den frühen Kriegs- und Kriegsheimkehrererzählungen Bölls bis zu *Frauen vor Flusslandschaft*, seinem vier Jahre vor ihrem Ende verfassten Nachwort auf die Bonner Republik, lässt sich eine sehr subjektive, aber auch sehr aufschlussreiche Chronik der Bundesrepublik Deutschland nachzeichnen. Denn als Produkt eines Prozesses der Fortschreibung hat Böll sein Werk begriffen. Dieses Fortschreiben orientierte sich an der Fortentwicklung dieser Republik, deren Entwicklung sich in keinem literarischen Werk ähnlich spiegelt wie in dem Bölls. Parallel zum sich aus den Trümmern langsam neu formierenden westdeutschen Staat formte sich Bölls Literatur und versuchte, statt das Wirtschaftswunder zu bejubeln, die maroden Stellen zu benennen, jene nämlich, in denen die Vergangenheit zum moralischen Schaden des Landes in die Gegenwart gewuchert war. Überspitzt formuliert sind Bölls Erzählungen und Romane der Vierziger- und Fünfzigerjahre deswegen überzeugender, weil die Frontverläufe nicht so eindeutig waren und es so mehr um Menschendarstellung und weniger um Systemanalyse ging. Diese Romane waren mit sich identischer und letztlich zeitloser als die späteren. Ein präziserer Einblick in die Atmosphäre der späten Kriegs- und frühen Nachkriegszeit, in die Welt der Kriegsheimkehrer und Hinterbliebenen und auf den mühevollen Versuch einer Neukonstituierung einer bürgerlichen Ordnung in den Trümmern des alten Deutschland und des Weiterlebens faschistischer Machtstrukturen, als in Bölls Frühwerk lässt sich kaum gewinnen – von den posthum erschienenen Romanen der unmittelbaren Nachkriegszeit bis zum schon im Titel jenes Frühwerk abschließenden Roman *Brot der frühen Jahre* (1955).

Die durchaus zeitgebundene und sich später auch zum literarischen Nachteil verschärfende Neigung Bölls zum Denken in politischen Kategorien zeigt sich in der Tendenz, sein Personal in zwei Gruppen gegeneinander zu führen, wie es in dem, schon in der Erzählung *Und sagte kein einziges Wort* (1953) eingeführten Bild von den Lämmern und Büffeln vorgeführt wird, ein Bild, das er im Roman *Billard um halbzehn* (1959) wieder aufgreift. In der Geschichte dreier Generationen der Architektenfamilie Fähmel handelt Böll vordergründig ein halbes Jahrhundert deutscher Geschichte ab. Er spitzt dies allerdings zu, indem er das Personal in jene Büffel einteilt, »die sich dem Krieg, der Gewalt, der Diktatur verschworen hatten«, und in die Lämmer, »die im stillen Widerstand wehrlos wurden«. Bei dieser Rubrizierung bleibt es dann allerdings, der Roman erstarrt, und das Ziel, das Verfahren nachzuzeichnen, wie sich Mentalität und Machtverteilung nach dem Krieg perpetuierten, wird erzählerisch verfehlt.

Die analytische Grundschwäche des bundesrepublikanischen Chronisten Heinrich Böll offenbart sich auch in *Ansichten eines Clowns* (1963), der die Grundkritik von *Billard um halbzehn* variiert und um antiklerikale Aspekte erweitert. Die Ansichten des Clowns Hans Schnier, dieser Rundumschlag gegen alle Institutionen, alle politischen Lager, gegen alles und jeden, der sich der Selbstbestimmung des Individuums in den Weg stellt, ergeben am Ende ein zwar durchaus aggressives, satirisch auch überzeugendes, aber nirgends wirklich die Tiefen ihrer Mechanik zeigendes Panorama der Adenauerschen Bundesrepublik: »Dort, wo der Staat gewesen sein könnte oder sollte, erblicke ich nur wenige verfaulende Reste von Macht, und diese offenbar kostbaren Rudimente von Fäulnis werden mit rattenhafter Wut verteidigt.«

Ein Musterbeispiel für eine gelungene, weil nicht über Gebühr klischierte literarische Umsetzung von Bölls Staats- und Weltsicht, seiner Vorstellung von eben jener Verkommenheit und Unkontrollierbarkeit der staatlichen Mächte und der Zwangsläufigkeit, mit der ein Individuum von ihnen zermahlen werden kann, ist das Schicksal der Haushaltsgehilfin Katharina Blum (1974). Die ist, was man eine ehrliche Haut nennt, anständig und rein, stammt aus katholischem Milieu und wird schon mal mehr oder weniger scherzhaft »Nonne« genannt, weil sie sich den Nachstellungen der Männer, gerade jener, bei denen sie arbeitet, entzieht. Als sie sich in den Deserteur und Terroristen Ludwig Götten verliebt und ihm zur Flucht verhilft, gerät sie in die Fänge der Terrorfahnder und Boulevardjournalisten. Hart setzt Böll die Erzählblöcke gegeneinander, verschneidet die Perspektiven des Falles filmisch, führt Katharina Blums Selbstbehauptungskampf, der erzählerisch mit Rückblenden einen Zeitraum von nur vier Tagen überspannt, konsequent seinem blutigen Ende zu. Wie sehr und wie schnell die Überführung eines gegenwartskritischen Befundes bei Böll allerdings in die Kolportage münden kann, zeigt der Roman *Fürsorgliche Belagerung* (1979), in dem Böll die fließenden »Übergänge von überwacht und bewacht« darstellen wollte. Von drei Tagen im Leben des alten Verlegers Fritz Tolm, der vom Staatsschutz vor Terroristen geschützt werden soll, die zum Teil aber seiner eigenen Verwandtschaft angehören, erzählt *Fürsorgliche Belagerung* vor allem und davon, wie Tolm, seine Verwandtschaft, der ganze Staat vom überwachenden Staatsschutz zerstört werden. Problematisch an *Fürsorgliche Belagerung* ist – neben der sentimentalischen politischen Grundhaltung, die hier zum Vorschein kommt – wieder jene schon in *Ansichten eines Clowns* manifest gewordene Grundschwäche des zeitkritischen Schriftstellers Heinrich Böll: Analytisch ist der Roman außergewöhnlich blass, die Funktionsweise der Maschinerie Staat, die kritisiert wird, wird nirgends wirklich durchsichtig gemacht, gewissermaßen nur in der Draufsicht gezeigt, und erscheint damit letztlich harmloser, als sie ist.

In der Grundanalyse der Bonner Republik präziser und treffender, literarisch allerdings noch problematischer ist Bölls letzter Roman, die im Todesjahr 1985 erschienene Dialog- und Monologmontage *Frauen vor Flusslandschaft*. Eine der Grundkrankheiten der späten Bundesrepublik, nämlich die der Erstarrung und Handlungsunfähigkeit, hat Böll durchaus treffend diagnostiziert. Nur hat jene Krankheit eben leider auch den Roman, der die Republik resignativ als eine erinnerungsunfähige, verantwortungslose verreißen wollte, ergriffen.

»Wir Autoren«, sagte Böll, »sind die geborenen Einmischer.« Es sei, davon war er am Ende überzeugt, ein anderes Land geworden, dieses Westdeutschland, durch die Einmischung seiner Nachkriegsschriftsteller in die gesellschaftliche Entwicklung. Von Funktion wollte er dabei nicht reden, von Wirkung schon. Der Gefahr, später als rein zeitbezogener Autor abgestempelt und mit dem Rubrum altmodisch versehen zu werden, war sich Böll sehr bewusst. Daran, dass er ihr mit vielen seiner Werke erlegen war, konnte er – auch eben weil sein politisches Auftreten und seine nichtliterarischen Invektiven ihn am Ende als öffentliche Figur größer machten denn als Literat – nichts mehr ändern.

Fünf Jahre nach dem Tod Heinrich Bölls existierten das Land und die Welt, von denen er erzählt und die er als kritischer Chronist begleitet hatte, nicht mehr. Die Bundesrepublik war in einem neuen Deutschland aufgegangen. Die Auseinandersetzung mit ihr nahm Züge von Abrechnung an, was sich auch auf die Einschätzung der Leistung Bölls erstreckte. Mit der Entdeckung der Kriegsbriefe und der frühen Romane begann dann eine neue Historisierung des Böllschen Werkes. Es nicht nur unter ästhetischen Gesichtspunkten wahrzunehmen, sondern auch als Geschichtsschreibung mit anderen Mitteln, steht allerdings noch aus. Auch scheint nicht ausgeschlossen, dass in einer Zeit, in der von einigen Autoren der Enkelgeneration der Versuch einer Repolitisierung der Literatur unternommen wird, Böll als Orientierungspunkt wieder entdeckt wird.

Elmar Krekeler

Werke: *Der blasse Hund. Erzählungen aus dem Nachlass aus den Jahren 1936–51*, En., Köln 1995; *Das Vermächtnis*, R., 1948/49, Köln 2002; *Der Zug war pünktlich*, E., Opladen 1949; *Der Engel schwieg*, R., 1949/50, Köln 2002; *Wanderer, kommst du nach Spa…*, E., Opladen 1950; *Wo warst du, Adam?*, R., Opladen 1951; *Die schwarzen Schafe*, E., Opladen 1951; *Nicht nur zur Weihnachtszeit*, E., Ffm. 1952; *Eine von Einhundertzwanzig*, Hsp., SDR 1952; *Die Brücke von Berczaba*, Hsp., HR 1952; *Und sagte kein einziges Wort*, R., Köln 1953; *Ich begegne meiner Frau (Ein Tag wie sonst)*, Hsp., HR/WDR 1953; *19. November 1828*, Hsp., RIAS 1953; *Der Mönch und die Räuber*, Hsp., NDR/SDR 1953. *Haus ohne Hüter*, R., Köln 1954; *Das Brot der frühen Jahre*, En., Köln 1955; *Zum Tee bei Dr. Borsig*, Hsp., HR 1955; *Anita und das Existenzminimum*, Hsp., NWDR 1955; *So ward Abend und Morgen*, En., Zür. 1956; *Wanderer, kommst du nach Spa…*, E., Mü. 1956; *Im Tal der donnernden Hufe*, E., Ffm., Lpz. 1957; *Die Spurlosen*, Hsp., 1957; *Irisches Tagebuch*, Köln 1957; *Die Spurlosen*, Hsp., NDR/BR/SWF 1957; *Eine Stunde Aufenthalt*, Hsp., NDR/SWF 1957; *Doktor Murkes gesammeltes Schweigen und andere Satiren*, En. Köln 1958. *Bilanz oder Wolken wie weiße Lämmer*, Hsp., WDR/HR 1958; *Billard um halbzehn*, R., Köln 1959; *Der Bahnhof von Zimpren*, E., Mü. 1959; *Klopfzeichen*, Hsp., NDR/WDR 1960; *Erzählungen, Hörspiele, Aufsätze*, Köln 1961; *Ein Schluck Erde*, Theaterst., Köln 1961; *Als der Krieg ausbrach. Als der Krieg zu Ende war*, En., Ffm., Lpz. 1962; *Die Sprechanlage*, Hsp., NDR/SWF 1962; *Konzert für vier Stimmen*, Hsp. NDR/SWF 1962; *Ansichten eines Clowns*, R., Köln 1963; *Hierzulande. Aufsätze zur Zeit*, Ess., Mü. 1963; *Entfernung von der Truppe*, En., Köln 1964; *Zum Tee bei Dr. Borsig*, Hspe., Mü. 1964; *Doktor Murkes gesammeltes Schweigen*, Hsp., SR 1965; *Ende einer Dienstfahrt*, E., Köln 1966; *Frankfurter Vorlesungen*, Köln 1966; *Die Freiheit der Kunst. Wuppertaler Rede*, Bln. 1967; *Georg Büchners Gegenwärtigkeit*, Rede, Bln. 1967; *Aufsätze, Kritiken, Reden*, Köln 1967; *Aussatz*, Theaterst., Köln 1969; *Leben im Zustand des Frevels*, Rede, Bln. 1969; *Gruppenbild mit Dame*, R., Köln 1971; *Erzählungen 1950–1970*, En., Köln 1972; *Gedichte*, G., Bln. 1972; *Versuch über die Vernunft der Poesie. Nobelvorlesung*, Stockholm 1973; *Eine deutsche Erinnerung*, Ess., Köln 1973; *Neue politische und literarische Schriften*, Köln 1973; *Die verlorene Ehre der Katharina Blum oder: Wie Gewalt entstehen und wohin sie führen kann*, E., Köln 1974; *Berichte zur Gesinnungslage der Nation*, E., Köln 1975; *Einmischung erwünscht. Schriften zur Zeit*, Köln 1977; *du fährst zu oft nach Heidelberg*, En., Köln 1979; *Fürsorgliche Belagerung*, R., Köln 1979; *Was soll aus dem Jungen bloß werden? Oder: Irgendwas mit Büchern*, Autobiogr., Bornheim-Merten 1981; *Vermintes Gelände. Essayistische Schriften 1977–1981*, Köln 1982; *Ein- und Zusprüche. Schriften, Reden und Prosa 1981–1983*, Köln 1984; *Bild,*

Bonn, Boenisch, Ess., Bornheim-Merten 1984; *Frauen vor Flusslandschaft*, R., Köln 1985; *Zur Verteidigung der Waschküchen. Schriften und Reden 1952–1959*, Mü. 1985; *Briefe aus dem Rheinland. Schriften und Reden 1960–1963*, Mü. 1985; *Heimat und keine. Schriften und Reden 1964–1968*, Mü. 1985; *Ende der Bescheidenheit. Schriften und Reden 1969–1972*, Mü. 1985; *Man muss immer weiter gehen. Schriften und Reden 1973–1975*, Mü. 1985; *Es kann einem bange werden. Schriften und Reden 1976–1977*, Mü. 1985; *Die Einfachheit der kleinen Leute. Schriften und Reden 1978–1981*, Mü. 1985; *Die Fähigkeit zu trauern. Schriften und Reden 1983–1985*, Bornheim-Merten 1986; *Feindbild und Frieden. Schriften und Reden 1982–1983*, Ess., Mü. 1987; *Die Hoffnung ist wie ein wildes Tier. Der Briefwechsel zwischen Heinrich Böll und Ernst-Adolf Kunz 1945/1953*, Köln 1994; *Briefe aus dem Krieg 1939–1945*, Köln 2001.

Bölling, Karl-Heinz, wurde 1947 in Dortmund-Aplerbeck geboren. Er arbeitete als Klempner und Taxifahrer. Anfang der Achtzigerjahre begann er zu publizieren, ab 1985 arbeitete er auch als Hörspielautor. Seitdem wurden mehr als 70 seiner Hörspiele von unterschiedlichen Sendern produziert. Damit ist Bölling einer der am meisten gespielten Hörspielautoren der Bundesrepublik. Bölling lebt in Dortmund.

In fast allen seinen Hörspielen schreitet Bölling Formen menschlichen Zusammenlebens auf engstem Raum aus. Obwohl seine Stücke reich sind an Skurrilitäten und die Handlungsabläufe nicht selten possenhaft übersteigert, fällt seine Bilanz ernüchternd aus: Das Verhältnis der Figuren zueinander ist geprägt durch autoritäres Auftreten, Abneigung, Hass und Aggressivität. Seine stark typisierten Figuren entwickeln sich mitunter kaum zu eigenständigen Charakteren, selten verfügen sie über Namen, meist definieren sie sich über Rollenmuster. Diese Grundkonstellation offenbart sich bereits in Böllings erstem von einem Sender produzierten Hörspiel *Briefer* (1985) und erfährt in den zeitgleich entstandenen Stücken ihre Begründung. In *Der Erich latscht durch die Welt* (1985) und *Die Gans* (1988) wird eine historische Dimension sichtbar, die gegenwärtige Fehler und Defizite als Folge einer Erziehung diagnostiziert, die wiederum ihre Wurzeln in der NS-Zeit besitzt. Dominante Vaterfiguren verantworten, so Bölling, eine Lebensuntüchtigkeit bei ihren Kindern, die bereits im Kleinstkindalter einsetzt, wie es *Heinzchens erster Tag* (1990) ironisch aus der Sicht Neugeborener vorführt. Daneben wirkt eine unerbittliche und entfremdende Arbeitswelt, die Böllings Figuren, die fast durchweg dem Arbeitermilieu entstammen, besonders hart trifft. Exemplarisch geschieht dies in *Die Entlassung* (1988) und in dem lehrstückhaft angelegten Hörspiel *Ernstes Gesicht* (1986), das Erwerbslosigkeit im Wechsel von Einzelsprechern und Chor als tragisches Fatum vorführt. Böllings Sympathien gehören dabei zwar denjenigen Figuren, die gegen starre Rollenmuster opponieren wie in *Der Träumer* (1988), aber sie können sich selbst nicht gänzlich von den Konventionen lösen.

In starkem Kontrast dazu steht die formale Freiheit der Hörspiele: Die Linearität der Handlung wird zugunsten einer unkommentierten Montage von Szenen unterschiedlicher Zeitebenen und durch Brüche aufgehoben. Einen ersten Höhepunkt findet dieser Stil in dem Stück *Ausflug nach Winterberg* (1986), in dem nicht nur die Figuren selbst ihre Handlung entwerfen, sondern auf ganz radiospezifische Weise den Kunstcharakter des Hörspiels offenbaren, indem sich die Sprecherstimmen von den Figuren lösen. Was im Rahmen der Handlung und innerhalb des Horizonts der Figuren unmöglich ist, gelingt in der Struktur des Stücks: Eine souveräne Kunst behauptet sich jenseits aller Konventionen und bildet somit die einzige Alternative zu einer als hoffnungslos und bedrückend dargestellten Lebenswirklichkeit. Gleichwohl kann auch die Kunst nicht unabhängig von marktwirtschaftlichen Gegebenheiten existieren, weshalb nicht selten der Hörspielautor selbst in die Handlung eingefügt wird, wo er sich mit dem Zwang zur Vermarktung seiner Kunst konfrontiert sieht, etwa in *Die Zeitung* (1995). Das Verstummen als Konsequenz einer tief greifenden Skepsis gegenüber den Möglichkeiten künstlerischer Darstellung wird in dem Kurzhörspiel *Das Schweigen* (1989) für kommerzielle Zwecke verwendet und somit ironisiert.

Ästhetisch lehnen sich Böllings Hörspiele an die Sozialdramen Rainer Werner Fassbinders (der Fassbinder-Darstellerin Irm Hermann widmete Bölling mehrere Hörspiele) oder an das absurde Theater an. Tatsächlich bezieht sich das Hörspiel *Hedwigs letztes Band* (1994) direkt auf Samuel Beckett. Entworfen wird darin eine Figurenkonstellation, die an Becketts *Endspiel* erinnert. Der alternde und letztlich sterbende Protagonist schart auf engstem Raum eine ihm ergebene Gemeinschaft um sich, die unterschiedliche Konstellationen des Zusammenlebens durchspielt, wobei sich an den Verhältnissen grundsätzlich nichts ändert. Geschichte oder Erinnerungen spielen dabei keine Rolle, entsprechend reflektieren die auf Tonbändern festgehaltenen Dokumente nur die banale Gegenwart der Figuren.

Anders in *Kalamitäten, Katzen und Kassetten* (1996): Hier fungieren die mit Alltäglichkeiten bespielten Bänder eher als Symbole für eine tief greifende Unfähigkeit zur Kommunikation.
Ein wichtiges Element dieser Stücke ist die Wiederholung, in der sich die überzeitliche Entropie zwischenmenschlicher Beziehungen spiegelt. In *Der Kochtopf* (1991), *Der Rentner* (1991) oder *Der Panzer, die Oma und das Riesenschaf* (1994) treten die gleichen Figuren immer wieder auf, teilweise werden Handlungssequenzen und Dialoge identisch wiederholt. Charakteristisch ist auch ihre Verwurzelung in bestimmten Regionen und die Verwendung von Dialekten.
Die Stücke der Achtzigerjahre spielen fast durchweg im Ruhrgebiet, insbesondere in Dortmund, und können als Mundartstücke rezipiert werden. Es existieren aber auch Varianten in Hochdeutsch sowie in anderen Dialekten, wie zum Beispiel auf Sächsisch, wobei sich Böllings sozialkritische Konstanten Anfang der Neunzigerjahre auch vor dem Hintergrund der Wiedervereinigung entfalten. So bekommt der Gedächtnisverlust des Protagonisten des in Leipzig angesiedelten Stücks *Wo bin ich?* (1998) im Hinblick auf die Kritik an der latenten Verdrängung von Geschichte eine direkte politische Dimension. In *In der Sackgasse* (1993) wiederum entfaltet sich das Szenario existenzieller Notlagen als Folge politischer Umwälzungen in Ostdeutschland.
Die jüngsten Hörspiele bestechen durch eine stoffliche Vielfalt, die zunehmend in lineare Handlungsverläufe eingebettet ist und von agileren Figuren getragen wird. Auf diese Weise gewinnen die Stücke an Kohärenz, wobei sich mitunter die frühere Offenheit und der Bedeutungsspielraum verlieren. *Hände hoch! Oder Vermögensbildung in Arbeitnehmerhand* (2001) etwa entfaltet sich als Kriminalhörspiel und etabliert ebenso wie das Gefängnis-Stück *Rutscher* (2000) Figuren und Handlungsmuster, die dem jeweiligen Stoff oder Genre geschuldet sind und etwa in *Der Friseur* (2002) zu grotesken Überzeichnungen führen. Dies als eindeutige Entwicklung zu interpretieren, wäre jedoch verfehlt, zieht man zeitgleich entstandene Hörspiele wie das Beziehungsstück *Das Zimmer* (2003) in Betracht, in denen Bölling seit Mitte der Achtzigerjahre nach erprobtem Muster seine Themen verarbeitet.

Matthias Schümann

Werke: *Briefer*, Hsp., WDR 1985; *Der Erich latscht durch die Welt*, Hsp., RB 1985; *Ausflug nach Winterberg*, Hsp., SWF 1986; *Buddy Holly*, Hsp., RB 1986; *Ernstes Gesicht*, Hsp., SWF 1986, Rundf. d. DDR 1988; *Porsche fahren muss klasse sein*, Hsp., RB 1986; *Briefer 2*, Hsp., SWF 1987; *Rottweiler*, Hsp., SWF 1987; *Die Vögel bauen sich Nester*, Hsp., SDR 1987; *Haus, Hof und Menschen*, Hsp., RB 1988; *Der Träumer*, Hsp., SR 1988; *Die Entlassung*, Hsp., WDR 1988; *Die Gans*, Hsp., BR 1988; *Als Opas Hühner keine Eier mehr legten*, Hsp., SWF 1990; *Der Klempner*, Hsp., SDR 1989; *Mein Opa der Lokführer*, Hsp., SWF 1989; *Das Schweigen*, Hsp. SDR 1989; *Wenn man verlobt ist, muss man heiraten*, Hsp., RB 1989; *Heinzchens erster Tag*, Hsp., SR 1990; *Die Hose*, Hsp., SDR 1990; *Monologe am Ende des Jahres*, Hsp., SWF 1990; *Die Teppichstange*, Hsp., RB 1990; *Der Kochtopf*, Hsp., SR 1991; *Das Mittagessen*, Hsp. 1991; *Monolog über eine verschwundene Frau*, Hsp., RB 1991; *Ein Monolog*, Hsp., SDR 1991; *Der Rentner*, Hsp., NDR 1991; *Diebe von Reutlingen*, Hsp., SDR 1991; *Wo Frau Bäcker wohnt*, Hsp., WDR 1991; *Ein Freitag auf dem Lande*, Hsp., ORB 1992; *Kur mit Schatten*, Hsp., ORB 1992; *Die Ochsenschwanzsuppe*, Hsp., ORB 1992; *Der Tisch*, Hsp., SR 1992; *Das Äckerchen*, Hsp., RB 1993; *Der Hubschrauber*, Hsp., RB 1993; *In der Sackgasse*, Hsp., DSK 1993; *Mitternachtsgeflüster*, Hsp. 1993; *Wenn Herr B aus Dortmund Urlaub im Schwarzwald machte*, Hsp., WDR 1993; *Plötzlicher Winter*, Hsp., ORB 1993; *Weihnachten ist das schönste Fest im Jahr*, Hsp., RB 1993; *Der Kasten Bier*, Hsp., RB 1994; *Der Panzer, die Oma und das Riesenschaf*, Hsp., RB 1994; *Und was sagt der Hund?*, Hsp., BR 1994; *Die Zeit macht keine Pause*, Hsp., SWF 1994; *Hedwigs letztes Band*, Hsp., SR 1994; *Das Messer*, Hsp., DLR 1995; *Der Metzger*, Hsp., DLR 1995; *Die Zeitung*, Hsp., RB 1995; *Kalamitäten, Katzen und Kassetten*, Hsp., RB 1996; *Mein total verschwundener Vater, meine total verschwundene Mutter*, Hsp., MDR 1996; *Simone und André*, Hsp., RB 1996; *Der Hammer/Die Nägel. Zwei Hörspiele*, Hsp., SWF 1997; *Können Vogelspinnen schwimmen?*, Hsp., RB/ORB 1997; *Der Krüppel*, Hsp., RB/ORB 1997; *Menschen, Tiere, Badewannen*, Hsp. 1997; *Der Vogeleisammler*, Hsp., RB 1997; *Blumen*, Hsp., SDR 1998; *Einmal Park*, Hsp., DLR 1998; *Wo bin ich?*, Hsp., NDR 1998; *Weihnachten daheim*, Hsp., SR 1998; *Das Appartement*, Hsp., RB 1999; *Das ewige schöne Leben*, Hsp., SFB/ORB 1999; *Hält ein Porsche im Hörspiel*, Hsp. 1999; *Mann, Frau, Hund*, Hsp., SR 1999; *Tschaikowsky oder Eine allein stehende Frau in ihrer schönen Wohnung*, Hsp., DLR 1999; *Rutscher*, Hsp., DLR 2000; *Hände hoch! Oder Vermögensbildung in Arbeitnehmerhand*, Hsp., DLR 2001; *Der Friseur*, Hsp., SR 2002; *Das Zimmer*, Hsp., DLR 2002.

Böni, Franz, geboren am 17. 6. 1952 in Winterthur/Schweiz als Sohn eines Korrektors, lebte seit 1970 in Zürich und ernährte sich dort durch Gelegenheitsarbeiten. Nach einer kaufmännischen Ausbildung arbeitete er als Gehilfe eines Erfinders in Italien und seit 1973 als freier Händler mit einem Schallplattenladen in Zug. 1979 ging er als freier Schriftsteller wieder nach Zürich. Längere Auslandsaufenthalte verbrachte er in Spanien, Italien, West-Berlin und Israel. Seit 1989 wohnt er wieder in Zürich. 1979 erhielt er den Gastpreis der Literaturkommission des Kantons Bern und die Ehrengabe aus dem Literaturkredit des Kantons Zürich, 1980 den Conrad-Ferdinand-Meyer-Preis, 1982 den Förderpreis zum Bremer Literaturpreis, 1984 den Werkpreis des Kantons Zürich und 1988 den Werkpreis des Kantons Luzern.

Verschlossene Einzelgänger, heimatlose, unbehauste Menschen kämpfen sich bei Schneefall und Regen durch kalte, unwirtliche Alpenlandschaften; auf schmalen Pfaden durch Dickicht und Dornenhecken, vorbei an gefährlichen Schluchten und einsamen Einödhöfen, ziehen sie wie rastlose Nomaden »auf der Suche nach der Wahrheit des Lebens« durch ein »verwesendes Land«, in dem das Leben »wie in einem Schacht« ist, wo »die Menschen Sklaven« zu sein scheinen, »und rund um die Landesgrenze flutet die Kultur, nach der wir ein Leben lang hungern«. In Bönis Prosatexten ersteht eine surreale Kunstwelt, die sich albtraumartig vom Urlaubs- und Finanzparadies Schweiz abhebt und sich aufteilt in eine geschlossene, enge Bauernwelt voller Brutalität und dämonischer Mythen und in eine an Folterkammern und Straflager erinnernde Industriewelt mit Fabriken wie »mächtigen Betonschlösser«, in denen Menschen wie »Zerquetschte« unter menschenunwürdigen Bedingungen schuften.

Wanderer im Alpenregen (1979), Hausierer, Arbeitsscheue, Landstreicher, *Wanderarbeiter* (1981) wie Adrian Nowak und Franz Zuber bilden das Personal, an dem Böni die Vereinsamung und Sinnlosigkeit menschlicher Existenz in der modernen Industriegesellschaft symbolisch veranschaulichen will. Eine eigentümliche Atmosphäre von hoher poetischer Intensität mit fließenden Übergängen von realer Schilderung zu Halluzination durchzieht seine literarischen Landschaften. Hexen- und Aberglauben, Totenvögel, Debile und Schwermütige, eine Vielzahl grauenhafter Unfälle, Selbstmorde und Missgeburten, eine finstere und dumpfe Welt ohne Liebe, in der Kinder misshandelt und Tiere brutal abgeschlachtet werden, in der Ängste, Quälereien, Leiden und Ohnmacht die stummen Ausdrucksformen eines selbstzerstörerischen Zusammenlebens ohne Hoffnung und Perspektive darstellen. Ausbruchsversuche wie der von Franz Zuber in *Schlatt* (1979), der als 14-Jähriger in die Bezirkshauptstadt geht, um dort als Umlader am Bahnhof zu arbeiten, dem Symbol für die Hoffnung auf Veränderung und zugleich für die verpassten Chancen, scheitern an dem dort geführten unerträglichen Überlebenskampf und enden als verzweifelte Flucht in jene Region, »in der (die Menschen) verwurzelt sind und sich einmal geborgen fühlten«. Die Heimkehr wird zum Fiasko, der »in seiner Ausweglosigkeit und nervlichen Überreiztheit« unter akuter Atemnot und Verfolgungswahn leidende Zuber wird nicht reintegriert – »Die Bücher sind das Einzige, das mir in meinem Leben noch geblieben ist«. Seine strapaziösen Wanderungen auf der Flucht vor den Menschen an die Orte der Kindheit werden begleitet von einer feindlichen Umgebung, enden in im Grenzbereich des Todes spielenden Traumsequenzen.

Auch der Hausierer Mitterholzer muss vor der Natur, hier in Form unerwarteten Schneefalls, kapitulieren und kurz vor seinem Ziel auf einer Passhöhe in einem *Hospiz* (1980) seine hindernisreiche Reise unterbrechen: »Wie nah und erreichbar sind die Sterne im Gegensatz zum Glück!«

Wie in seinen Erzählbänden *Der Knochensammler* (1980) und *Alvier* (1982) kreisen Bönis Prosatexte bis 1983, nur in Nuancen variierend, um das Problem der die menschliche Freiheit und Würde unterdrückenden sowie das Zusammenspiel von Menschen und Landschaft zerstörenden Strukturen und Arbeitsmechanismen. Böni inszeniert gleichnishaft, schafft durch Konjunktiv und indirekte Rede Distanz, unterlegt allem eine emotionslose Sprache und bedient sich melancholischer und zugleich aggressiver Bilder. Zu den von ihm oft verwendeten Symbolen gehören die Reisenden (»freie Menschen mit einem sinnvollen Beruf«) und die Eisenbahnzüge. Der menschenscheue Autor setzt seine Erfahrungen um, durchbricht sein »jahrelanges Schweigen« und erzählt in aneinander gereihten Episoden und Bruchstücken von den seelischen Verletzungen derer, die allein sind und keine Stimme haben. So vertraut der »Wanderarbeiter« Karl nur einem »Freund, der mich begleitet, und der heißt Tod. Ich kann mich auf ihn verlassen, und wenn große Gefahr ist, stärkt mich das Bewusstsein seiner Nähe.«

»Für mich bedeutet es eine Weiterentwicklung, nicht mehr gleichnishaft zu schreiben wie in den ersten Büchern, sondern die Geschehnisse geografisch und zeitlich genau festzulegen.« Mit seinem Roman *Die Alpen* (1983) und dessen Weiterführung *Alle Züge fahren nach Salem* (1984) entspricht Böni diesem Konzept, indem er weitgehend auf Verfremdungen verzichtet und sein literarisches *Alter Ego*, den Maler Adrian Nowak, auf den autobiografisch vorgegebenen Weg durch das Zürich der

Siebzigerjahre schickt: In ihm verwirklicht sich »ein armer Künstler, Sozialfall«. Der überwiegend als Ich-Erzähler auftretende Nowak kommt 1970 nach Zürich, ist arbeitslos, verweigert sich der »helvetischen Gründlichkeit«, hält sich mit Gelegenheitsarbeiten und Diebstählen über Wasser, erlebt die Jugendunruhen 1973 für ein autonomes Jugendzentrum und gegen sozialen Druck und Spekulantentum als brutalen Polizeiterror gegen eine unliebsame Opposition mit, findet vorübergehend seelischen Halt in einer Freundschaft mit einer Frau, mit der er für kurze Zeit in eine Kleinstadt zieht, um dort ein Buchantiquariat zu betreiben, wird aber nach dem Bruch der Beziehung wieder als »Fremder im eigenen Land« enttarnt und flieht, um »die Seele des Wanderns zu finden«. 1980 nach Zürich zurückgekehrt, konstatiert er desillusioniert: »Woran liegt mir überhaupt etwas, die ganze Welt könnte in die Luft gesprengt werden, es bliebe keine Sehnsucht nach ihr.« Nowak recherchiert in dem Roman *Alle Züge fahren nach Salem* die Gründe, warum er keine Chance in dieser Gesellschaft erhält, forscht in alten Geschichten, Notizen und Überlieferungen, analysiert die tägliche Brutalität, zieht schließlich in ein fiktives, an Italien erinnerndes Land mit der Hoffnung auf das »farbige Leben«.

Hospiz und *Der Johanniterlauf* (1984) sind gleichsam Vorarbeiten zum Roman *Die Residenz* (1988), der summarisch alle Motive und Themenkomplexe Bönischer Erzählkunst aufgreift. Franz Kramer, durch den Doppelselbstmord seiner Eltern verwaist, wächst in einer fremden Bauernwelt auf, die bevölkert ist von Zigeunern, Tagelöhnern, Händlern und Sonderlingen. Seine jugendliche Liebe zu einer Freundin bleibt letztlich unerfüllt, seine Sehnsucht richtet sich auf eine Anstellung im entfernten Schloss. Nach jahrelangem erfolglosen Bewerben und Warten macht er sich auf den Weg dorthin; Einöden, verlassene Steppen, Sträflingslager, Steinindustrie, Kurorte sind die Stationen seiner Wanderung zum Ziel seiner Wünsche, wo er nach einiger Zeit auch als Rampenarbeiter beschäftigt wird. Zum Kanzleischreiber mit Beförderungsaussichten aufgestiegen, empfindet er Ekel in einer Welt von »Heuchlern«, »seine Sehnsucht nach dem Land und der Unschuld der Jugend wurde immer stärker«. Bei seiner Rückkehr hat sich alles verändert. Eine seelenlose Landschaft breitet sich vor ihm aus; am Ende sein Leben bilanzierend, ist er »maßlos enttäuscht«.

In seinen 1985 unter dem Titel *Die Fronfastenkinder* veröffentlichten Aufsätzen aus den Jahren von 1966 bis 1985 sieht sich Böni als legitimer Nachfolger Robert Walsers (»Kein Zweifel, ich hatte Robert Walsers Platz eingenommen und musste sein Werk weiterführen«), aber auch in dem gemeinsamen Beharren auf »einem konsequenten Dichterleben« in der geistigen Verwandtschaft mit den Schriftstellern Ludwig Hohl, Dino Buzzati, Josef Winkler, Peter Rosei, Marcel Konrad, Renato P. Arlati und Clemens Mettler. Die Nähe zur Selbststilisierung und das Bewusstsein von einer ambivalenten Existenzform offenbart Böni in seinen »Aufzeichnungen aus Amerika« unter dem Titel *Das Zentrum der Welt* (1987); einerseits begreift er sich in seiner Künstlerexistenz »als ein von der Gesellschaft Ausgespuckter«, gleichzeitig beansprucht er für sich die »Wunder beharrlichen Andersseins, die die Dutzendmenschen bremsen, damit sie nicht die Welt in Kürze zerstören«. In den Erinnerungen an die eigene Kindheit in den Alpen, an die Aufenthalte in Amerika, Berlin und Rom und in den Reflexionen über Film- und Leseerlebnisse werden die Wunden sichtbar, an denen der Autor Böni leidet, aber auch seine Sympathie für jene Verstoßenen, die ewig auf Wanderschaft sind, nie zur Ruhe kommen.

Betont schmucklos wird im Roman *Amerika* (1992) von den Reisen des Schriftstellers Daniel Dreier nach Israel und USA erzählt. Im fast stenogrammartigen Stil konfrontiert der Text mit einer Überfülle von Begegnungen und Impressionen, die Welthaltigkeit vermitteln sollen. Ein Bruch im Schreiben Bönis deutet sich in diesem Werk an an, doch die monotone Aneinanderreihung erstickt weitgehend den Keim eines lebendigen, atmosphärischen Schreibens.

Thomas Kraft

Werke: *Ein Wanderer im Alpenregen*, En., Ffm. 1979; *Schlatt*, R., Ffm. 1979; *Hospiz*, E., Ffm. 1980; *Der Knochensammler*, En., Zür. 1980; *Die Wanderarbeiter*, R., Ffm. 1981; *Alvier*, En., Ffm. 1982; *Sagen aus dem Schächental. Stücke, Gedichte, Aufsätze, Erzählungen*, Zür. 1982; *Die Alpen*, R., Ffm. 1983; *Der Johanniterlauf*, Fragment, Ffm. 1984; *Alle Züge fahren nach Salem*, Pr., Ffm. 1984; *Die Fronfastenkinder. Aufsätze 1965–1985*, Ffm. 1985; *Das Zentrum der Welt. Aufzeichnungen aus Amerika*, Zür. 1987; *Die Residenz*, R., Zür. 1988; *Wie die Zeit vergeht*, E., Zür. 1988, *Am Ende aller Tage. Erzählungen aus fünfzehn* Jahren, Ffm. 1989; *Die Wüste Gobi und andere Geschichten*, Bern 1990; *Der Hausierer*, N., Bern, Mü. 1991; *Amerika*, R., Bern, Mü. 1992; *In der Ferienkolonie*, Vaihingen/Enz 2000; *Der Puls des Lebens. Fünfzig Geschichten*, Ffm. 2001; *Rimini. Ein Auskunftsbuch*, Vaihingen/Enz 2002.

Borchers, Elisabeth, wurde am 27. 2. 1926 in Homberg am Niederrhein als Tochter des Lehrerehepaars Rudolf Sarbin und Clara Sarbin, geb. Beck (Französin), geboren. 1940 übersiedelte die Familie ins Elsass und floh von dort nach Weißenau bei Ravensburg. Aus der 1946 geschlossenen und 1957 geschiedenen Ehe mit Dr. jur. Carlheinz Borchers gingen zwei Söhne hervor. Elisabeth Borchers war bis 1954 als Dolmetscherin (Französisch) tätig und ging 1959 nach einem längeren Aufenthalt in den USA als Mitarbeiterin von Inge Aicher-Scholl an die Ulmer Volkshochschule. In den Jahren 1960 bis 1971 arbeitete sie als Lektorin für Belletristik im Luchterhand-Verlag. Dort erschien 1961 auch ihr erster Gedichtband. 1971 wechselte sie als Lektorin und als Autorin zum Suhrkamp- und Insel-Verlag in Frankfurt am Main, wo sie heute, verheiratet mit Claus Carlé, lebt. Sie ist Mitglied der Akademie der Wissenschaften und der Literatur in Mainz, der Deutschen Akademie für Sprache und Dichtung in Darmstadt und der Académie Européenne, Luxemburg. Sie erhielt 1965 den Erzählerpreis des Süddeutschen Rundfunks, 1967 den Kulturpreis des Bundesverbands der Deutschen Industrie, 1976 die Roswitha-von-Gandersheim-Gedenkmedaille der Stadt Bad Gandersheim, 1986 den Friedrich-Hölderlin-Preis der Stadt Bad Homburg v. d. Höhe. 1996 wurde sie mit dem Verdienstorden Erster Klasse der Bundesrepublik Deutschland ausgezeichnet. Im Sommer 2003 übernahm sie die Poetik-Dozentur der Johann-Wolfgang-von-Goethe-Universität Frankfurt am Main.

Das Werk von Elisabeth Borchers umfasst Gedichte und Prosa, Kinderbücher, Szenen und Hörspiele, die Herausgabe zahlreicher thematischer Anthologien, Übersetzungen aus dem Französischen und Russischen sowie Arbeiten für Funk, Fernsehen und Theater. Mit ihrer sehr umfangreichen Tätigkeit als Kinderbuchautorin verfolgte sie nach eigener Auskunft (Interview mit Magdalena Heuser in: »Deutsche Bücher« 31, 2001, H. 1) das Ziel, »die Kinder an Ästhetik zu gewöhnen. So war *Und oben schwimmt die Sonne davon* (1965) in der Zeit das erste Kinderbuch, das moderne Gedichte enthielt. *Das rote Haus in einer kleinen Stadt* (1969) war hingegen ein erstes politisches Kinderbuch.« Auch die Arbeit als Herausgeberin von Sammelbänden hat sie immer wieder zu Innovationen und Wiederentdeckungen genutzt.

Im Zentrum des Werkes von Elisabeth Borchers stehen jedoch unzweifelhaft ihre Gedichte. Mit dem Schlaflied *eia wasser regnet schlaf*, das am 20. 7. 1960 in der »Frankfurter Allgemeinen Zeitung« abgedruckt wurde und ein Jahr später ihren ersten Gedichtband eröffnete, löste die Autorin zunächst einen Sturm der Entrüstung bei den Lesern aus; es wurde als »entartet« und schizophren bezeichnet. Inzwischen gehört dieses Gedicht, neben Günter Eichs *Inventur* und Paul Celans *Todesfuge*, zum Grundbestand der deutschen Lyrik nach dem Zweiten Weltkrieg. In ihm verbinden sich Partikel des Märchens, des Shantys und der magischen Zauberformel mit Elementen der Realität (Wasser, Gras, Abend) zu einem sinnverwirrenden Gebilde, zu einem Protokoll des Zustands zwischen Tag und Nacht, zwischen Wachen und Traum, in dem die Grenzen zwischen der Wirklichkeit des Bewussten und der des Unbewussten verschwimmen. Gedichten ist es erlaubt, so schrieb Elisabeth Borchers damals zum Abschluss der öffentlichen Debatte über dieses Gedicht, »der Realität […] zu entfliehen, ihre eigene unnütze Realität zu finden, und sei es die des Traums, in dem sich alles auf den Kopf stellt, und in dem doch alles geborgen ist in einer süßen Surrealität« (»FAZ«, 10. 8. 1960). Surrealistische Einflüsse sind in der Tat in diesem Band unverkennbar, wie auch das viel zitierte *chagall*-Gedicht (»es liegen / die sich lieben / als feuer vor der stadt«) zeigt. Doch spätestens mit den neuen Gedichten im Band *Gedichte* aus dem Jahre 1976 ist der surrealistische Ton einem deutlicheren Realitätsbezug und einer sachlicheren Sprache gewichen, die auch in der Prosa vorherrscht, beispielsweise in den Prosastücken des Bandes *Eine glückliche Familie* (1970), in denen vom Alltagsleben in den USA und in der BRD die Rede ist.

Im lyrischen Werk der Elisabeth Borchers lassen sich deutlich drei Phasen erkennen: Anfangs (im ersten Gedichtband) herrscht eine spielerische Fantasie vor, die Worte und Gegenstände im Sinne des Surrealismus effektvoll und übermütig durcheinander wirbelt. Die zweite Phase, die 1976 beginnt, ist durch eine Reduzierung des Surrealen und eine stärkere Berücksichtigung alltäglicher Realitätserfahrungen gekennzeichnet. Die Gedichte zeichnen sich durch Reflexivität und Gedanklichkeit sowie durch eine betonte formale Strenge des Aufbaus aus. Themen aus den Bereichen der Kunst- und Lektüreerfahrungen nehmen zu. Kennzeichen der dritten Phase schließlich, die spätestens mit dem Band *Von der Grammatik des heutigen Tages* (1992) einsetzt, sind äußerste Abstraktionen im Gedanklichen und Formalen, unbedingte Radikalität und Illusionslosigkeit angesichts der Verlusterfahrungen, die vermehrt als Themen begegnen.

Elisabeth Borchers ist durch viele Schulen gegangen und gehört doch keiner von ihnen ganz an. Man hört in ihren Versen noch die vertraut-vertrackten Töne von Heinrich Heine, Anklänge aus *Des Knaben Wunderhorn* und aus vielen schönen Kinderliedern, man nimmt an der romantischen Wortspiel-Freude teil und an den kühnen Bild-Kombinationen eines Hans Arp, man wird an der Auseinandersetzung mit Brechts lakonischer Dialektik ebenso beteiligt wie an den fiktiven Dialogen mit Schriftstellern, bildenden Künstlern und Philosophen. Elisabeth Borchers ist zweifellos eine Poeta docta. »Es gibt keine schlimmere Ausschweifung als das Denken«, hat Wisława Szymborska in ihrem Gedicht *Ein Wort zur Pornographie* geschrieben. Elisabeth Borchers zitiert dieses Aperçu, aber sie widerspricht ihm auch mit der Gegenthese: »Es gibt Schlimmeres als das Denken / Das Nichtdenken«. Ihre vorzüglichsten Gedichte sind immer zugleich auch gedachte Gedichte, wohlkalkulierte Gebilde aus Klängen und Melodien, aus Bildern und Vorstellungen, aus Anspielungen und Entsprechungen. Aber: »Ein Gedicht ist nicht diktierbar«, hat sie in der Selbstauskunft über ihr Gedicht *Reden wir nicht mehr von der Landschaft* bekannt. »Es setzt nicht Kenntnisse voraus, sondern Erfahrung«, wobei Erfahrungen das bloß Intuitive und Emotionale bändigen; sie sind Ausdruck der gedanklichen Besonnenheit und der Arbeit an der Form. Solche Erfahrungen bestimmen ihr lyrisches Werk durchgehend.

So vielseitig wie die Töne sind auch die Formen und Themen ihrer Gedichte. Man findet Gedichte über Natur und Landschaft, über die Lektüre und über Personen, Widmungsgedichte und auffallend viele Reflexionen anlässlich von Werken der bildenden Kunst. Auf pure Botschaften lassen sich ihre Gedichte jedoch nie festlegen. Weder für eine ökologische noch für eine feministische, weder für eine experimentell-artistische noch für eine agitatorisch-politische Position können ihre Gedichte in Anspruch genommen werden, obwohl alle diese Dimensionen der Erfahrungswirklichkeit in ihnen begegnen. Sie lassen sich eher als Gegenreden gegen voreilige Übereinkünfte und Festlegungen verstehen. Solche Gegenreden auf die einfachste und direkteste, zugleich aber auch bildkräftige und pointierte Formel zu bringen – das ist die poetische Leistung der Elisabeth Borchers. Das lapidare Gedicht *Vom Eindringen des Imperfekts in die Grammatik des heutigen Tages*, dem der Gedichtband von 1992 seinen Titel verdankt, lautet: »Die Erde bricht wie Brot. / Ich geh zu Grund, klagt das Meer. / Das Feuer, dies sanfte Delirium. / Der Abendhauch stürzt einen Felsen um.« Den elementaren Lebensgrundlagen aus Erde, Wasser, Feuer und Luft, die hier lakonisch als in einem katastrophalen Zustand befindlich bilanziert werden, wird eine jeweils spezifische Bildvorstellung aus der Religion (Abendmahl), der Philosophie (»Ich geh zu Grund«), der Psychologie (»Delirium«) und der Poesie (Matthias Claudius: »kalt ist der Abendhauch«) zugeordnet; und diese Bildvorstellungen treten bedeutungsvoll in einer jeweils anderen sprachlich-grammatischen Form auf: als Vergleich (»wie Brot«), als direkte Rede (»Ich geh zu Grund«, klagt das Meer), als Apposition (»Das Feuer, dies sanfte Delirium«) und schließlich als schlichter, aber radikaler Aussagesatz (»Der Abendhauch stürzt einen Felsen um«). Mit diesen Bildvorstellungen und ihren sprachlichen Erscheinungsformen dringt gedeutete Geschichte, gestaltete Vergangenheit – dem Titel des Gedichtbandes entsprechend – in die gegenwärtige Rede von der universellen Katastrophe ein, und das verändert die gängige »Sprachregelung« von der Zerstörung unserer Umwelt substanziell: Noch im Stadium ihres Untergangs zeigt die Welt die Vielfalt, die Schönheit und die Wirkungskraft der Deutungen, die sie im Verlaufe ihrer Geschichte hervorgebracht hat; und diese »Qualitäten« sind es zugleich, die die Poesie der viel beredeten Perversion der Elemente entgegenhalten kann. Der jüngste Gedichtband, *Eine Geschichte auf Erden* (2002), thematisiert mit illusionsloser Radikalität Erfahrungen des Verlusts, des Abschiednehmens, des Schmerzes und der Vergeblichkeit: »Ich sitze hier wie krank, / wie allein, wie verlassen, / vergessen, unheilbar. / Aber ich kann doch nicht immer nur sterben.« Aus der universellen Apokalypse, die diese Gedichte entwerfen, werden nur zwei Wörter ausgenommen: die Sehnsucht (nach dem Verlorenen) und »Liebe / weil meine Katastrophen / Rettung sind«.

Wulf Segebrecht

Werke: *gedichte*, Neuwied, Bln. 1961; *Die Kornblumen und die Städte. Tschechische Poesie unseres Jahrhunderts*, Hg., zus. m. Peter Hamm, m. Grafiken v. Antonin Heythum, Stierstadt/Ts. 1961; *Janine Aeply: Rendez-vous*, Übs., Neuwied, Bln. 1961; *Bi Be Bo Ba Bu die Igelkinder*, m. Bildern v. Dietlind Blech, Mü. 1962; *Pierre Jean Jouve: Paulina 1880*, Übs., Neuwied, Bln. 1964; *Nacht aus Eis. Szenen und Spiele*, Neuwied, Bln. 1965; *Und oben schwimmt die Sonne davon*, m. Bildern v. Dietlind Blech, Mü. 1965; *Das alte Auto*, m. Bildern v. Werner Maurer, Gütersloh 1965; *Feierabend*, Funk-Monolog., SDR 1965; *Rue de Pompiers*, Funk-E., SDR 1965; *Dreimal Glück*, Funk-E., DLF 1966; *Anton S. oder Die Möglichkeiten*,

Hsp., SDR 1967; *Der Tisch, an dem wir sitzen*, G., m. Monotypien v. Günter Bruno Fuchs, Neuwied, Bln. 1967; *Das rote Haus in einer kleinen Stadt*, m. Bildern v. Günther Stiller, Mü. 1969; *Ich weiß etwas, was du nicht weißt*, m. Bildern v. Maria Agostinelli, Mü. 1969; *Eine glückliche Familie und andere Prosa*, Neuwied, Bln. 1970; *Der Einbruch eines Holzfällers in eine friedliche Familie. Beispiele junger deutscher Autoren*, Hg., Gütersloh 1971; *»Papperlapapp«, sagt Herr Franz der Rennfahrer*, m. Bildern v. Renate Seelig, Mü. 1971; *Das große Lalula und andere Gedichte und Geschichten von morgens bis abends für Kinder*, Hg., Mü. 1971; *Herr Elf und seine elf Töchter*, m. Bildern v. Ursel Maiorana, Mü. 1971; *Wladimir W. Majakovskij: Vater kauf mir ein Pferd*, Übs., Mü. 1971; *Albert Cullum: Die Geranie auf der Fensterbank ist gestorben, aber Sie reden einfach weiter, Fräulein Schmitt*, Übs., Ffm. 1972; *Marguerite Duras: »Ach, Ernesto!«*, Übs., Ffm. 1972; *Als Zaddelpaddel kam*, m. Bildern v. Erna de Vries, Ffm. 1972; *Schöner Schnee*, m. Bildern v. Anna Robeck, Mü. 1972; *Ein Fisch mit Namen Fasch und andere Gedichte und Geschichten von Menschen und anderen Menschen*, Hg., Mü. 1972; *Märchen deutscher Dichter*, Hg., Ffm. 1972; *Das Fest des Großen Rüpüskül oder Hilfe, haltet den Dieb! Zu 40 Fotos von Jacques H. Lartigue*, Ffm. 1973; *Und dann und wann ein weißer Elefant. Sieben Geschichten*, m. Bildern v. Kindern, Hg., Ffm. 1973; *Das Weihnachtsbuch. Mit alten und neuen Geschichten, Gedichten und Liedern*, Ffm. 1973; *Alexander Puschkin: Das Märchen vom Zaren Saltan, von seinem Sohn, dem berühmten und mächtigen Fürsten Gwidon und von der wunderschönen Schwanenprinzessin*, m. Illustr. v. Ivan Bilibin, Hg., Ffm. 1973; *Mutter Gans oder die alten Ammenreime*, m. Bildern v. Kate Greenaway, Ffm. 1973; *Das Märchen vom herrlichen Falken und andere russische Märchen*, m. Illustr. von Ivan Bilibin, Ffm. 1974; *Wassilissa die Wunderschöne und andere russische Märchen*, m. Illustr. v. Ivan Bilibin, Ffm. 1974; *Das Buch der Liebe. Gedichte und Lieder*, Hg., Ffm. 1974; *Das Bilderbuch mit Versen*, m. Bildern von Nicola Bayley, Ffm. 1975; *Eine russische Legende*, m. Bildern v. Ivan Bilibin, Ffm. 1975; *Hans Carl Artmann: Gedichte über die Liebe und über die Lasterhaftigkeit*, Hg., Ffm. 1975; *Das sehr nützliche Merk-Buch für Geburtstage*, m. Bildern v. Anita Albus u. Texten v. Lewis Carroll, Hg., Ffm. 1975; *Das Insel-Buch der Träume*, Hg., Ffm. 1975; *Das Weihnachtsbuch für Kinder*, Hg., Ffm. 1975; *Heute wünsch ich mir ein Nilpferd*, m. Bildern v. Wilhelm Schlote, Ffm. 1975; *Alexander Puschkin: Das Märchen vom goldenen Hahn*, m. Bildern v. Ivan Bilibin, Ffm. 1976; *Gedichte*, ausgew. V. Jürgen Becker, Ffm. 1976; *Richard Adams: Die Reise der beiden Tiger*, Übs., Ffm. 1976; *Marcel Proust: Der Gleichgültige*, Übs., Ffm. 1976; *Liebe Mutter*, Hg., Ffm. 1976; *Die Zeichenstunde*, m. Bildern v. Wilhelm Schlote, Ffm. 1977; *Briefe an Sarah*, m. Bildern v. Wilhelm Schlote, Ffm. 1977; *Siebenundsiebzig Tiere und ein Ochse*, m. Bildern v. Nicola Bayley, Ffm. 1977; *Günter Eich: Der 29. Februar. Ein Märchen*, m. Bildern v. Edda Köchl, Ffm. 1978; *Lectori salutem*, Rede, Wiesbaden 1978; *Deutsche Märchen*, Hg., Ffm. 1979; *Das Poesiealbum. Verse zum Auf- und Abschreiben*, m. Illustr., Hg., Ffm. 1979; *Das Insel-Buch für Kinder*, Hg., Ffm. 1979; *Paul und Sarah oder Wenn zwei sich was wünschen*, m. Bildern v. Wilhelm Schlote, Ffm. 1979; *Das Adventbuch mit Geschichten und Versen*, Hg., Ffm. 1979; *Lektüre zwischen den Jahren*, Hg., Ffm. 1980; *Jacques Prévert: Weihnachtsgäste. Ein Spiel zum Nachspielen*, Übs., Ffm. 1981; *Andrienne Soutter-Perrot: Das Wasser*, Übs., 1981; *Andrienne Soutter-Perrot: Die Erde*, Übs., 1981; *Alexander Puschkin: Das Märchen vom Zaren Saltan. Das Märchen vom goldenen Hahn*, m. Bildern v. Ivan Bilibin, Ffm. 1982; *Das Geburtstagsbuch für Kinder. Verse*, m. Bildern v. László Varvasovszky, Hg., Ffm. 1982; *Der König der Tiere und seine Freunde*, m. Bildern v. Louise Brierley, Ffm. 1982; *Ein Weihnachtstraum*, m. Bildern v. Friedrich Hechelmann, Ffm. 1984; *Liebesgeschichten*, Hg., Ffm. 1984; *Im Jahrhundert der Frau. Ein Suhrkamp-Lesebuch*, Hg., zus. m. Hans-Ulrich Müller-Schwefe, Ffm. 1984; *Wer lebt*, G., Ffm. 1986; *Marie Luise Kaschnitz: Liebesgeschichten*, Hg., Ffm 1986; *An den Mond*, G. u. Pr., Hg., Ffm. 1986; *Lesebuch für Kinder*, Hg., Ffm. 1987; *Lektüre zwischen den Jahren. Jahraus Jahrein*, Hg., Ffm. 1989; *Chris Conover: Mutter Gans und der schlaue Fuchs*, Übs., Ffm. 1989. *Russische Märchen*, Hg., Ffm. 1991; *Von der Grammatik des heutigen Tages*, G., Ffm. 1992; *Ich lebe östlich des Ozeans. Chinesische Lyrik des 20. Jahrhunderts*, Übs. v. Gu Zhengxiang unter Mitarb. v. E. B., Chemnitz, St. Petersburg 1996; *Gedichte berühmter Frauen. Von Hildegard von Bingen bis Ingeborg Bachmann*, Hg., Ffm. 1996; *Was ist die Antwort*, G., Ffm. 1998; *Alles redet, schweigt und ruft. Gesammelte Gedichte*, hg. v. Arnold Stadler, Ffm. 2001; *Eine Geschichte auf Erden*, G., Ffm. 2002; *Marie Luise Kaschnitz: Gedichte*, Hg., Ffm. 2002; *Marie Luise Kaschnitz: Ziemlich viel Mut in der Welt. Gedichte und Geschichten*, Hg., Ffm. 2002.

Born, Nicolas, geboren am 31. 12. 1937 in Duisburg als Klaus Jürgen Born, Sohn eines Polizeibeamten. Born wuchs in der kleinen Gemeinde Praest bei Emmerich am Niederrhein auf. Weil die Eltern das Schulgeld für das Gymnasium nicht aufbringen konnten, besuchte Born in den Jahren 1944 bis 1950 lediglich die Volksschule in Essen, seine schulische Ausbildung war damit beendet. Anfang der Fünfzigerjahre begann er eine Lehre als Chemigraf in der Klischee-Anstalt Vignold in Essen. In diese Zeit fallen erste Schreibversuche. Von 1955 bis 1963 arbeitete er als Chemigraf bzw. Klischee-Ätzer. 1959 begann die lebenslange Freundschaft mit Ernst Meister, der 1961 Borns erstes Gedicht *Haltend die Standarte* in seiner Reihe »Texte junger Lyriker« publizierte. 1962/63 besuchte er mehrfach, zum Teil in Begleitung von Hannelies Taschau, Johannes Bobrowski. 1963/64 wurde Born auf Vermittlung Meisters und Hans Benders mit einem Stipendium ins Literarische Colloquium Berlin eingeladen, wo er Hans Christoph Buch und Hermann

Peter Piwitt kennen lernte. Er trennte sich von seiner Familie und wagte die Existenz als freier Schriftsteller in Berlin. 1964 wurde er zur Tagung der »Gruppe 47« nach Schweden eingeladen, 1965 erschienen die ersten selbstständigen Publikationen (u.a. Gemeinschaftsroman *Das Gästehaus*, 1965), Stipendien und Förderpreise folgten. Born engagierte sich mit Hans Werner Richter, Günter Grass und anderen Autoren im »Wahlkontor deutscher Schriftsteller Berlin« im Wahlkampf für Willy Brandt, trat aber Ende 1966 aus der SPD aus. Er war 1967 Mitinitiator des Aufrufs zum Boykott der Springer-Presse, lernte in Berlin Peter Handke kennen und engagierte sich publizistisch gegen den Vietnam-Krieg. Nach einer zweiten Heirat zog er 1968 für ein Jahr nach Nürtingen, ging anschließend für ein Jahr (bis August 1970) mit einem Stipendium in die USA, 1971 Umzug nach Berlin, 1972 Reise nach Jugoslawien mit Rolf Haufs, 1972/1973 Aufenthalt in Rom (mit Rolf Dieter Brinkmann) mit einem Stipendium der Villa Massimo, 1972 Kauf eines Bauernhauses im Wendland als Rückzugsort zum Schreiben. 1975 wurde er Mitherausgeber des »Literaturmagazins«, Mitglied der Jury zur Verleihung des Petrarca-Preises und der Mainzer Akademie der Wissenschaften und Literatur. 1975/76 hielt er Gastvorlesungen an der GH Essen. Seit 1978 Mitglied des P.E.N.-Zentrums der BRD und der Akademie für Sprache und Dichtung in Darmstadt. Ab März 1979 zeigten sich Krankheitssymptome, und nach mehreren Operationen ist Nicolas Born am 7. 12. 1979 in Breese in der Marsch bei Dannenberg gestorben. 1981 verfilmte Volker Schlöndorff *Die Fälschung* (1979) in Beirut, 1988 stiftete der Verleger Hubert Burda den Nicolas-Born-Preis für Lyrik. 1977 erhielt Born (zus. mit Heinar Kipphardt) den Bremer Literaturpreis, 1978 wurde er zum fünften Stadtschreiber von Bergen-Enkheim ernannt; 1979 erhielt er postum den Rilke-Preis.

Mit seinem Roman *Der zweite Tag* (1965) schien Nicolaus Born sich dem »nouveau roman« und speziell der Kölner Schule eines »Neuen Realismus« (Dieter Wellershoff) zuzuordnen. Aber schon dieser Bericht von einer Reise, der den Erzähler nicht aus dem Alltag hinaus-, sondern überraschend in ihn hineinführt, machte auch die Intentionen deutlich, die Borns Prosa und seine Gedichte seither immer deutlicher bestimmten: Konkretisierung der eigenen Subjektivität und verdeutlichende Benennung der unmittelbaren Alltagserfahrung. »DIE BAUTEN um uns / über uns die Bauten. / Wir sind still geworden / unter Dach und Fach« lautete das Motto seines ersten Gedichtbandes *Marktlage* (1967), in dem Titel wie *Fensterputzen* und *Fernsehen* schon hinweisen auf die Unmittelbarkeit der Konfrontation mit jenen Realitäten, über die Wahrnehmung so leicht hinwegspringt. Born bestand auf ihnen auch in dem Gedichtband *Wo mir der Kopf steht* (1970), zu dem er ein Nachwort schrieb, in dem es heißt: »Ich zeige Rituale und Übereinkünfte, die ich erkenne, bin aber ebenso darauf aus, mein eigenes Ritual und meine eigene Übereinkunft zu erkennen und loszuwerden.« In dem Gedichtband *Das Auge des Entdeckers* (1972) gewinnt die Subjektivität kräftigeren Umriss. Es ist eine Subjektivität, die sich sozusagen erprobt hat, indem sie sich an den Alltag, das unscheinbare Konkrete und scheinbar Banale, an die Rituale auslieferte, die deshalb Boden unter den Füßen hat und mit Boden unter den Füßen ausgreift bis hin zur Utopie. »... eine neue Hose ein gewaschenes Hemd / und du bist hereingekommen und ich / habe gesagt: ›Sieh dir das an, / wieder ein Gedicht‹ ...« In den alltäglichen Dingen selbst und aus ihnen brechen die Träume, Wünsche, Fantasien, Hoffnungen auf. Born war fähig, ihre Realität in Worte zu bringen, ohne den alltäglichen Dingen und den danach mit ihnen verknüpften Ängsten ihr Gewicht zu nehmen. Auch die seither entstandenen Gedichte, nachzulesen in der Gesamtausgabe *Gedichte 1967–1978* (1978), belegen es.

Mit seinem zweiten Roman *Die erdabgewandte Seite der Geschichte* (1976) hat Born die subjektive Monografie der in den Gedichten sich artikulierenden Ichwerdung nachgeschrieben. In knapper Prosa, die den Gefühlen Widerstand leistet, während sie sie artikuliert, ist die Spannung Ich–Umwelt beispielhaft auf den gegenwärtigen Nenner gebracht. Zu einer Zeit, in der neue Subjektivität und neue Innerlichkeit sich in betont autobiografischem Schreiben oft nur modisch vordrängen, zeigt Born auch in diesem Roman die Subjektivität konkret, in ihrer realen Dimension. Der Roman stellt zugleich eine letzte Suche nach einer umfassenden Gewissheit des Gefühls dar, damit einer unmittelbaren personalen Identität, und er vergegenwärtigt ihr Scheitern. Er erzählt eine Liebesgeschichte, und Born weiß glaubhaft zu machen, dass sich in ihr das »ganze Weltmaterial« der erzählten Zeit vergegenwärtigt. Es ist die Zeit Ende der Sechzigerjahre, und erzählt ist aus jener Generation, die damals das Gefühl des Anfangs, der Jugend verlor. Der Zwang,

Klarheit zu suchen über sich selbst, erbringt in Borns eindringlichem Erzählen einige Klarheit über diese Generation. Die Mitteilung ist strikt begrenzt auf individuelle Erfahrung, verweigert jede Verallgemeinerung, und gerade darin, in der minuziösen Befragung eigener Ausweglosigkeit wie eigener Bedürfnisse und Wünsche, sammeln sich Auskünfte, die dem Leser Verallgemeinerung ermöglichen. *Die erdabgewandte Seite der Geschichte* zählt zu den exemplarischen Romanen der Siebzigerjahre.

Der im Herbst 1979 erschienene dritte Roman *Die Fälschung* und seine Hauptfigur, der Reporter Georg Laschen, repräsentieren die erzählerische Konkretisierung eines Gefühls allseitigen Zerfalls und damit auch eine erschütternde Vorwegnahme von Borns Krankheit und frühem Tod. Der Autor lässt in diesem für die deutsche Literatur überraschend welthaltigen Buch den Stellvertreterkrieg im Libanon zur übergreifenden Metapher werden für den Zustand, in den das Leben allgemein geraten sei: für ein durch ungezählte Fälschungen entstelltes Leben, das schon nach Tod schmeckt, für ein sich entfremdendes Leben, das schneller und schneller hinausrotiert in die Absurditität: »Früher war alles wichtig, heute war alles vorbei.«

Heinrich Vormweg

Werke: *Das Gästehaus*, R., Bln. 1965; *Der zweite Tag*, R., Köln 1965; *Schnee*, Hsp., 1966; *Marktlage*, G., Köln 1967; *Wo mir der Kopf steht*, G., Köln 1970; *Innenleben*, Hsp., 1970; *Fremdsprache*, Hsp., 1971; *Das Auge des Entdeckers*, G., m. Zeichn. v. Dieter Masuhr, Reinbek 1972; *Rezepte für Friedenszeiten*, G., zus. m. F. C. Delius u. Volker v. Törne, Bln. 1973; *Oton und Iton*, Kinderb., Reinbek 1973; *Die erdabgewandte Seite der Geschichte*, R., Reinbek 1976; *Kenneth Koch: Vielen Dank. Gedichte und Spiele*, Übs., Reinbek 1976; *Gedichte 1967–1978*, Reinbek 1978; »Literaturmagazin«, Bd. 3, 6–10, Hg., zus. m. Jürgen Manthey, Delf Schmidt u. Heinz Schlaffer, Reinbek 1975–1979; *Die Fälschung*, R., Reinbek. 1979; *Die Welt der Maschinen. Aufsätze und Reden*, hg. v. Rolf Haufs, Reinbek 1980; *Rilke-Preis 1979 an N. B.*, Ffm. 1980; *Gedichte (Poesiealbum 1967)*, hg. v. Heidrun Löper, m. Grafiken v. Ingo Arnold, Bln. 1981; *Gedichte (Poesiealbum 1968)*, m. Grafiken v. Volker Stelzmann, Bln. 1981; *Täterskizzen*, E., hg. v. Ralf Junkereit, Reinbek 1983; *N. B. und Günter Kunert: Briefwechsel*, in: »Literaturmagazin«, Bd. 15, Reinbek 1985; *Ein Lied, das jeder kennt*, G., hg. v. Chris Hirte, Bln. 1989; *Gedichte*, hg. v. Peter Handke, Ffm. 1990.

Bosch, Manfred, geboren am 16. 10. 1947 in Bad Dürrheim, hier und in Radolfzell aufgewachsen, leistete er von 1968 bis 1970 Zivildienst in einem Münchener Altersheim und studierte von 1970 bis 1973 Soziologie und Germanistik. Als freier Schriftsteller, Lektor, Redakteur und Herausgeber lebte Bosch von 1974 bis 1980 in Grunertshofen bei München, danach in Rheinfelden/Baden und seit 1997 in Lörrach. Ausgezeichnet wurde er 1974 mit dem Zweiten Preis beim Mundartwettbewerb des Süddeutschen Rundfunks, 1976 mit dem Ersten Preis im Mundartwettbewerb des Alemannischen Gesprächskreises Freiburg, 1978 und 1997 mit dem Bodensee-Literaturpreis, 1985 mit dem Alemannischen Literaturpreis und 1990 mit dem Johann-Peter-Hebel-Preis.

Manfred Boschs erste Publikation, *das ei* (1969), enthält kurze, sozialpolitisch engagierte Epigramme und Gedichte. »To be a soldier / or to be« erscheint für ihn ebenso charakteristisch wie jener ironische Umgang mit dem »manlerntjaausdergeschichte«, damit »nicht wieder einer käme mit schnauzbart und rechtem scheitel«. Seine Vorliebe für Sprach- und Schriftspielereien kennzeichnet auch seinen zweiten Lyrikband *konkrete poesie* (1970). Kompakte, antithetisch strukturierte Gedankengänge vermitteln immer wieder überraschende Sinndeutungen eines Gegenstandes oder Sachverhaltes. »Großes Latinum / Nur neun Jahre / und schon / mit Deinem Latein / am Ende« (*mordio & cetera,* 1971). Mit *lauter helden* (1971) und *lautere helden* (1975) schuf Bosch das Genre des »Westerngedichts«, mit dem die Scheinwelt von Kino und »Kommerzkunst« satirisch aufs Korn genommen wird.

Bosch gilt als Protagonist einer gesellschaftskritischen alemannischen Mundartliteratur. Schon die Titel seiner ersten Lyrikbände *Uf den Dag warti* (1976) und *Mir hond no gnueg am Aalte* (1978) deuten auf eine subtil ironische Sprachbehandlung seiner Themen (»Freind«, »Fernsäe« oder »D Schtudierte«) hin, die er aus alltäglichen Sprechsituationen entwickelt. »Wa hosch? / Nind / Hosch nind? / Naa / Wirklich it? / Naaaaa / No sags doch glii« (*Ihr sind mir e schäne Gsellschaft,* 1980). Heimat wird dabei nicht idyllisiert, eher schon verklärt als eine »Hoffnung« für die »Erniedrigten und Beleidigten, für die Unterdrückten und Verfolgten« (Dankrede für den Bodensee-Literaturpreis, 1978) verstanden.

Der Zugang (1978), Boschs einziger Roman, kommt auf Erlebnisse in seiner Zivildienstzeit zu sprechen. Zwei klar strukturierte Erzählstränge – der Bericht des Altenheimbewohners Becker und der des jungen Ersatzdienstleistenden Rolf – münden in dem Maße ineinander, wie sich die beiden

Personen annähern. Der im doppelten Sinn »bewusstlos« eingelieferte Becker gewinnt, wie Rolf, allmählich ein realistischeres Bewusstsein von seiner Lage und der Bedeutung von Solidarität. Pfleger und Gepflegte werden gleichermaßen durch Gewohnheit, starre Vorschriften und einen bürokratischen Verwaltungsapparat gelähmt. Den drohenden Verlust an menschlicher Zuneigung verkraftet Becker nicht.

Engagiert versucht Bosch auch durch Gegen-Lesebücher gesellschaftliche Missstände anzuprangern und Alternativen aufzuzeigen. Beispielsweise wenn er in einem Sammelband (*Für wen schreibt der eigentlich?*, 1973) lesende Arbeiter über Literatur und Literaten zu Wort kommen lässt, oder wenn er das inhumane Menschenbild von »Managerliteratur« (*Die Leute behandeln, als ob sie Menschen seien*, 1974) offen legt.

Boschs literarisches Werk ist nicht von seiner journalistischen, regionalhistorischen und literaturwissenschaftlichen Arbeit zu trennen. Er sucht dabei den aufklärerischen Diskurs und versucht Konkretes am regional Überschaubaren, bevorzugt aus dem Blickwinkel der Betroffenen, erfahrbar zu machen. Dies gilt für die kritische Aufarbeitung des Widerstandes im Dritten Reich (*Als die Freiheit unterging*, 1985), die Probleme der ersten Nachkriegsjahre (*Der Neubeginn*, 1988) oder die Suche nach den Spuren einer verlorenen jüdischen Kultur (*Alemannisches Judentum*, 2001). In jüngerer Zeit ist Bosch verstärkt als Biograf (*Ein Porträt des Dichters Peter Salomon als Fünfzigjähriger*, 1997; *Moritz Lederer*, 1999; *»Und du willst Malerin werden ...«*, 2002) und als vielseitiger Herausgeber von Werken regionaler Literaten (*Jacob Picard*, 1991; *Otto Ehinger*, 1994; *Erich Schairer*, 2002) und vernachlässigter Literatur (*Warum brüllt Frau Bichler Frau Kirkowski so an?*, 2000) hervorgetreten.

Daniel Drascek

Werke: *das ei*, G., Mü. 1969; *konkrete poesie*, G., Bonn 1970; *Ein Fuß in der Tür*, G., Mü. 1970; *lauter helden. westerngedichte*, Henstedt 1971; *kinema*, Hg., 4. Jg., 1971; *mordio & cetera*, G. und Pr., Mü. 1971; *Beispielsätze. Eine literarische Entziehungskur*, Hg., Starnberg 1972; *Für wen schreibt der eigentlich? Gespräche mit lesenden Arbeitern. Autoren nehmen Stellung*, Hg., zus. m. Klaus Konjetzky, Mü. 1973; *Politisches Lesebuch für Arbeiter, Schüler, Lehrlinge, Sozialarbeiter, Gewerkschafter und progressive Lehrer*, Hg., zus. m. H.-D. Bamberg, Starnberg 1973; *Gegendarstellungen. Autoren korrigieren Autoren. Lyrische Parodien*, Hg., zus. m. M. Ach, Andernach 1974; *Die Leute behandeln, als ob sie Menschen seien. Managerliteratur – eine Dokumentaranalyse*, Mü. 1974; *Epigramme. Volksausgabe*, Hg., Lollar über Gießen 1975; *Handbuch Gruppenarbeit für Lehrlinge, Schüler, Arbeiter, Gewerkschafter, Lehrer*, Hg., zus. m. Hans-Dieter Bamberg, Mü. 1975; *lautere helden. neue westerngedichte*, Erlangen, Bln. 1975; *Uf den Dag warti*, alemannische G., Grunertshofen 1976; *Kulturarbeit. Versuche und Modelle demokratischer Kulturvermittlung*, Hg., Ffm. 1977; *Ortsgeschichte Grunertshofen*, Mithg., Grunertshofen 1977; *Handbuch zur deutschen Arbeiterliteratur*, Bibl., hg. v. H. L. Arnold, Bearb., Mü. 1977; *Der neue Büchmann. Aus dem Wortschwatz einer Klassikergesellschaft*, u. d. Ps. Dominikus Grosshirn, zus. m. M. Ach, Hbg. 1977; *Mir hond no gnueg am Aalte. Neue alemannische Gedichte*, Grunertshofen 1978; *Der Zugang*, R., in: M. Bosch/J. Hossfeld (Hg): *Geschichten aus der Provinz*, Mü. 1978, S. 5–147; *Mundartlit. Texte aus sechs Jahrhunderten*, Hg., Ffm. 1979; *Der Kandidat. F. J. Strauß. 14 Briefe an einen Jungwähler über die Verteidigung unserer demokratischen Möglichkeiten*, Köln 1980; *Ihr sind mir e schäne Gsellschaft. Neueste alemannische Gedichte*, Rheinfelden 1980; *Zeit-Gedichte*, Mü. 1980; *Allmende. Eine alemannische Zeitschrift*, Hg., zus. m. L. Haffner u.a., Sigmaringen 1981 ff.; *Nie wieder! Texte gegen den Krieg*, Hg., Köln 1981; *... du Land der Bayern. Ein politisch-historisches Lesebuch*, Hg., Köln 1983; *Wa sollet au d Leit denke. Letzte alemannische Gedichte*, Rheinfelden 1983; *Frieda und Emil Faller: Wir trugen die Last, bis sie zerbrach. Ein deutscher Briefwechsel 1933–1938*, Hg., Freiburg/Br. 1983; *Sepp Mahler: Ich der Lump. Philosoph der Straße. Das literarische Werk*, Hg., Sigmaringen 1984; *Als die Freiheit unterging. Eine Dokumentation über Verweigerung, Widerstand und Verfolgung im Dritten Reich in Südbaden*, Konstanz 1985; *Das Ende der Geduld. 53 Adressen an die Herrschaft*, Hg., Bühl-Moos 1986; *Max Barth: Flucht in die Welt. Exilerinnerungen 1933–1950*, Hg., Waldkirch 1986; *Zu Gast bei unseren Feinden. Bericht von einer Reise in die Sowjetunion*, Köln 1986; *Josef W. Janker: Werkausgabe*, Hg., 4 Bde., Friedrichshafen 1988; *Max Picard: Wie der letzte Teller eines Akrobaten ... Eine Auswahl aus dem Werk*, Hg., Sigmaringen 1988; *Der Neubeginn. Aus deutscher Nachkriegszeit. Südbaden 1945–1950*, Konstanz 1988; *Der Johann-Peter-Hebel-Preis 1936–1988. Eine Dokumentation*, Waldkirch 1988; *Bodensee*, zus. m. K.-H. Raach, Hbg. 1989; *Franz Schneller 1889–1968. Katalog*, Bearb., Eggingen 1989; *Mit der Setzmaschine in Opposition. Auswahl aus Erich Schairers Sonntagszeitung 1920–1933*, Hg., Moos 1989; *Oskar Wöhrle 1890–1946. Ecrivain de St. Louis*, Mithg., St. Louis 1990; *Bodensee-Literaturpreis 1991 der Stadt Überlingen an Bruno Epple*, Laudatio, Friedrichshafen [1991]; *Jacob Picard. Werke*, Hg., 2 Bde., Konstanz 1991; *Kindheitsspuren. Literarische Zeugnisse aus dem Südwesten*, Hg., Karlsruhe 1991; *Was willst du mehr? Epigramme*, Karlsruhe 1991; *Jacob Picard 1883–1967. Dichter des deutschen Landjudentums. Kat.*, zus. m. J. Grosspietsch, Freiburg/Br. 1992; *Profile der Zeit. Begegnungen in sechs Jahrzehnten. Will Schaber*, Hg., Eggingen 1992; *Jacob Picard: Und war ihm leicht wie nie zuvor im Leben. Die schönsten Erzählungen aus dem süddeutschen Landjudentum*, Hg., Bottighofen 1993; *Otto Ehinger.*

Jurist, Schriftsteller, Bürgermeister – vor allem aber unabhängig. Eine Auswahl seiner Erzählungen, Hg., zus. m. P. Salomon, Eggingen 1994; *»Fang auf, Europa, Silberspäne fliegen!« Eduard Reinacher (1882–1968). Ein Leben im Spiegel von Werk und Freundschaften*, Hg., zus. m. N. Heukäufer, Eggingen 1995; *Friedrich Kuhn: Leben nach ordre. Die deutsche Südwestecke unter französischer Besatzung 1945–1948 in den Lage- und Stimmungsberichten von F. K.*, Mithg., Rheinfelden 1995; *Literatur von nebenan 1900–1945. 60 Porträts von Autoren aus dem Gebiet des heutigen Nordrhein-Westfalen*, Mitarb., hg. v. B. Kortländer, Bielefeld 1995; *Harriet Straub – Hedwig Mauthner und das »Glaserhäusle« in Meersburg. »Ins Freie will ich«*, Marbach am Neckar 1996; *Marmor- und andere Klippen. Die literarische Szene in Überlingen in den 40er-Jahren*, Uhldingen 1996; *Max Barth 1896–1970. Kat.*, [Eggingen] 1996; *Bohème am Bodensee. Literarisches Leben am See von 1900 bis 1950*, Lengwil am Bodensee 1997; *Hiergeblieben oder Heimat und andere Einbildungen. Essays, Porträts, Aufsätze und Reden aus zwanzig Jahren*, Eggingen 1997; *Rheinfelden/Baden. Ansichten*, Hg., zus. m. W. Bocks und R. Kagerer, Rheinfelden 1997; *»Welches Verfallsdatum haben wir heute?« Ein Porträt des Dichters Peter Salomon als Fünfzigjähriger*, Hg., Eggingen 1997; *Dichter und Revolutionäre. Literatur rund um die Badische Revolution*, Mitarb., Freiburg/Br. 1998; *Käthe Vordtriede. Mir ist es noch wie ein Traum, dass mir diese abenteuerliche Flucht gelang … Briefe nach 1933 aus Freiburg im Breisgau, Frauenfeld und New York an ihren Sohn Werner*, Hg., Bottighofen 1998; *Paul-Heinrich Dingler. Persönliche Verschlusssache. Zeitkommentare 1939–1947, gezeichnet und erzählt*, Hg., zus. m. S. Dingler, Eggingen 1999; *Vom Bürgerschreck zum Theatervisionär: Moritz Lederer. Europäischer Grenzgänger aus Mannheim. Eine biographische Skizze*, m. Beitrag v. H.-J. Hirsch, Mannheim 1999; *Kulturland. Die Entwicklung von Kunst und Kultur im 20. Jh. in Baden-Württemberg und seinen Vorgänger-Staaten. Eine kommentierte Dok.*, 2 Bde., Eggingen 2000; *»Unser aller Weg führt übern Bodensee«. Eine Landschaft und ihre Menschen in der Literatur des 20. Jahrhunderts*, Hg., Eggingen 2000; *Warum brüllt Frau Bichler Frau Kirkowski so an? Literarische Texte aus dem Raum Lörrach*, Hg., Lörrach 2000; *Alemannisches Judentum. Spuren einer verlorenen Kultur*, Hg., Eggingen 2001; *Über Bruno Epple und seine Malerei. Zur Eröffnung der Ausstellung Bruno Epple am 6. Oktober 2001 in der Villa Bosch Radolfzell am Bodensee*, Friedrichshafen [2001]; *Dichterleben am Bodensee. Eine Ausstellung der Thurgauischen Bodman-Stiftung im Bodman-Haus Gottlieben/Schweiz*, Frauenfeld, Stg., Wien 2002; *Erich Schairer. Bin Journalist, nichts weiter. Ein Leben in Briefen*, Hg., zus. m. A. Kunze, Tüb. 2002; *»Und du willst Malerin werden …« Barbara Michel-Jaegerhuber. Leben und Werk*, Hg., zus. m. B. Zoch Michel, Friedrichshafen 2002.

Bossert, Rolf, geboren am 16. 12. 1952 in Reschitza/Rumänien. Nach einem Studium der Germanistik und Anglistik, währenddessen erste literarische Arbeiten entstanden, arbeitete er von 1975 bis 1979 im Luftkurort Buşteni in den Karpaten als Deutschlehrer, anschließend bis 1981 als Programmleiter im Bukarester Kulturhaus »Friedrich Schiller«. Bossert war dann Lektor im Meridiane-Verlag und später im Kriterion-Verlag in Bukarest. 1984 beantragte er die Ausreise in die Bundesrepublik Deutschland und wurde daraufhin mit einem Berufsverbot belegt. Ende 1985 konnte er doch mit seiner Familie ausreisen und wohnte in einem Asylheim in Frankfurt am Main. Dort kam Bossert unter nie ganz geklärten Umständen am 17. 2. 1986 ums Leben. 1979 wurde Bossert mit dem Lyrikpreis des Verbandes der Kommunistischen Jugend, 1980 mit dem Kinderbuchpreis »Ileana Cosinzeana«, 1982 mit dem Übersetzerpreis des rumänischen Schriftstellerverbandes und 1983 mit dem Adam-Müller-Guttenbrunn-Literaturpreis ausgezeichnet.

Rolf Bossert hat nur ein schmales Werk hinterlassen. In Deutschland war lange Zeit nur die Auswahlsammlung *Auf der Milchstraße wieder kein Licht* (1986) erhältlich. Trotzdem war und ist die Wertschätzung des kleinen, rothaarigen Dichters gerade unter Kollegen enorm, für die diese eigene Mischung aus tiefster Bitterkeit und Spott Bestand hat. Herta Müller hörte sein »verzweifeltes Lachen« und Kerstin Hensel »seine Töne … aus zerschnittenem Kehlkopf«, F. C. Delius sprach von »bitter ironischen, beunruhigend scharfen Versen«, in denen »ein originärer Ton hörbar« wurde. Früh hatte er von Expressionisten und Surrealisten gelernt, schätzte Trakl, Benn, Eich und Celan. Ironie durchsetzte einen kindlich scheinenden Tonfall, die Zensur forderte die »Slavensprache«. Mit Galgenhumor, Chiffren und scheinbar kryptischen Anspielungen versah er seine Stimmungsbilder aus Rumänien, dem »Krankenland«, tarnte seinen Sarkasmus anfangs noch mit Geschichten und klassischen Gedichtformen; nach dem Publikationsverbot ging er zu freieren Formen über, reduzierte, arbeitete mit überraschenden Brüchen und versteckte seine Resignation hinter einem spielerisch-leichten Duktus. Offenes Lamento war ihm fremd, »ich schreib mir das Leben her, schreib mir das Leben weg«, sagte er listig über sich. »In Bosserts Gedichten stehen die Bilder erst richtig, wenn sie umgestoßen sind. Der Autor weigert sich, Worte auf Dinge draufzulegen. Er fährt durch die Ordnung der Sprache, bis die Scherben funkeln. In diesem Glanz der Scherben treffen Ahnungen die wirklichen Dinge wieder. In diesem Funkeln sitzen Lust und Angst zusammen«, so charakterisierte Herta Müller seine Kunst. Wie sein *Neuntöter* (1984), der grausame Vogel, der seine Beute aufspießt für den Bedarfsfall, befand sich Bossert in Lauerstellung in der Hoffnung auf bessere, freiere Zeiten. Er war und blieb, so Ursula Krechel, »ein Unbestechlicher«, der mit Humor und Intellektualität die Zustände in seinem Heimatland zu unterwandern suchte.

Thomas Kraft

Werke: *siebensachen*, Bukarest 1979; *Mi und Mo und Balthasar*, m. Illustr. v. Helga Unipan, Bukarest 1980; *Viktor Eftimiu: Märchen*, Übs., m. Illustr. v. Marcela Cordescu, Bukarest 1980; *Gellu Naum: Der Pinguin Apollodor*, Übs., Bukarest 1982; *Der Zirkus*, m. Illustr. v. L. M. Petrutiu, Kinderb., Bukarest 1982; *Mircea Zaciu: Ion Agârbiceanu*, Übs., Bukarest 1983; *Neuntöter*, Klausenburg 1984; *Auf der Milchstraße wieder kein Licht*, G., Bln. 1986; *Geo Dumitrescu: Nur schlechte Nachrichten. Gedichte*, Übs., Bukarest 1991; *Carmen Francesca Banciu: Fenster in Flammen. Erzählungen*, Übs., zus. m. Ernest Wichner, Bln. 1992; *Gedichte*, m. Farblithografien v. Renée Strecker, Bln. 1994.

Brambach, Rainer, wurde am 22. 1. 1917 in Basel als Sohn einer Bernerin und eines deutschen Emigranten aus Köln geboren, besuchte in Basel die Primar- und Sekundarschule und begann dann eine Lehre als Maler. Er unternahm ausgedehnte Wanderungen durch Frankreich, Deutschland und Österreich. Um der hohen Arbeitslosigkeit zu entgehen, übersiedelte Brambach 1939 nach Stuttgart, wo er bei Mercedes-Benz als Fabrikmaler eingestellt wurde. Noch im selben Jahr wurde er zur Wehrmacht eingezogen. Er konnte in die Schweiz desertieren, wo man ihn vorübergehend internierte. Abgesehen von den wenigen Monaten vor Kriegsbeginn und der Zeit seiner Reisen verbrachte er sein Leben in Basel, wo er in der literarisch traditionsreichen St.-Alban-Vorstadt ansässig war. Nachdem er als Laufbursche, Landarbeiter, Möbelpacker, Torfstecher, Steinmetz und Werbetexter gearbeitet hatte, ergriff er schließlich den Beruf des Gärtners und Gartenbauarbeiters.

Um 1947 setzte Brambachs literarische Tätigkeit ein. Die ersten sieben Gedichte erschienen zu seinem 30. Geburtstag als Privatdruck in 50 Exemplaren. 1954 wurden Gedichte von ihm in den »Akzenten« veröffentlicht. Bereits 1955, noch vor seiner ersten Buchpublikation, wurde er mit dem Hugo-Jakobi-Preis ausgezeichnet. Zusammen mit Günter Grass erhielt er 1958 den Literaturpreis des Kulturkreises im Bundesverband der Deutschen Industrie. 1982 wurden ihm der große Kunstpreis der Stadt Basel und ein Preis der Levaillant-Stiftung zuerkannt. Am 14. 8. 1983 starb Rainer Brambach in Basel.

Sein Gesamtwerk umfasst wenig mehr als 150 Gedichte, die in zwölf Sprachen übersetzt wurden, und rund zwei Dutzend Kurzgeschichten. Darüber hinaus verfasste der Schriftsteller gemeinsam mit Frank Geerk und Jürg Federspiel Gelegenheitsgedichte. Er schrieb zahlreiche Beiträge für Zeitschriften, Zeitungen und Anthologien. Seine Rundfunkbeiträge aus dem Jahr 1958, die posthum veröffentlicht wurden, gelten als seine einzigen poetologischen Äußerungen. Catull, Hölderlin, Büchner, Andersch, Traven, McCullers, Carlo Levi, Hamsun und Joseph Roth zählten zu Brambachs Vorbildern; er schätzte Theodor Kramer, Jesse Thoor und Robert Walser sowie besonders Günter Eich, seinen späteren Freund. Seit Anfang der Sechzigerjahre konzentrierte sich Brambach auf seine schriftstellerische Tätigkeit und arbeitete nur noch zeitweise im Landschafts- und Gartenbau.

Die Arbeit in der Natur und die Beschäftigung mit der Sprache besaßen für ihn aber stets den gleichen Stellenwert. Sein Anliegen bestand darin, »Bleibendes« zu schaffen und der Vergänglichkeit Gültiges entgegenzusetzen: »Ich mit meiner Prosa, / ich mit meinen Versen / und auch sonst einfach ich? / Aber jene Treppe aus Granit, / ihre zwölf Stufen, / die Unterzüge aus Kalkstein / und die Trockenmauer / doppelhäutig, hüfthoch – / vor gut zwanzig Jahren / habe ich sie erstellt. / Ich war ein Gartenbauarbeiter, / ich habe Bleibendes geschaffen«, heißt es in dem posthum erschienenen Band *Auch im April* (1983).

Schriftstellerische und handwerkliche Tätigkeit gehorchen nach Brambachs Auffassung ähnlichen Gesetzmäßigkeiten. So erklärt sich auch die Überschaubarkeit seines Œuvres: »Ein Gedicht schreibe ich fünf- bis siebenmal um.«

Brambachs Gedichte verstehen sich als »Momentaufnahmen«, die versuchen, dem Nicht-Fassbaren und Unsagbaren ästhetische Gestalt zu verleihen. So überrascht es auch nicht, dass trotz der knappen, sachlich-metaphernarmen Sprache meist ein Hauch von Schwermut und Transzendenz über Brambachs Zeilen liegt. Der Tod und die Zeit als sein Erfüllungsgehilfe treten immer wieder unvermittelt aus den Gedichten hervor. »Der Wald verfärbt sich schon / Die Stare sind davon / Ich bin noch einmal hier gewesen / Der Pfarrer soll die Messe lesen / Ein letztes Glas will ich noch trinken / Dorfkinder werden Abschied winken« *(Abschied von der Eifel)*. Selbst seine schrullig-humorigen, derben und weinseligen *Kneipenlieder* (1974, 1982 erw. Aufl.), die er zusammen mit Frank Geerk in Baseler Weinstuben und Wirtshäusern kreierte, erscheinen nicht frei von Melancholie. Die beiden Poeten, die den Wirtshaustisch zeitweise als Arbeitsstätte wählten, stellen sich solchermaßen in die Tradition der Vagantendichter Carl Michael Bellmann oder François Villon. Das Glas Wein, die sonnige Erscheinung der Bedienung Rosmarie und die Gemeinschaft der Trunkenbolde in der geliebten Beizen geben die Gewissheit, noch am Leben zu sein. »Die Ewigkeit ist uns zu lang / Sie hat uns nie gehetzt! / Das Glas hat einen zarten Klang, / Wir leben lieber jetzt.« Gleichwohl wissen die Poeten: »bald ist das Leben vorbei« *(Stiller Abend).*

Der Band *Wirf eine Münze auf* (1977, 1982) vereint das lyrische Werk aus den Sammlungen *Tagwerk* (1959) und *Ich fand keinen Namen dafür* (1969) mit 15 bis dahin unveröffentlichten Gedichten des Autors. Die insgesamt 99 Gedichte mit ihrer tiefen Naturverbundenheit betrachtete der 60-jährige Brambach, der sich immer abseits aller literarischen Moden gehalten hatte, als sein Lebenswerk. Wenn der Mensch mit Pflanzen, Tieren und den Naturerscheinungen den Dialog aufnimmt, kommt er zu sich selbst und rückt zugleich den ihn umgebenden Wesen näher: »Findling, ich hocke so / spielzeugklein vor dir, / uralter Mooskopf mit / kantiger Stirn. / Dich liebt der Steinmetz nicht, / du stumpfst den Meißel, / bist ohne Zierrat, / finstre Geduld. / Deine Belagerung, / Stein, deine Wucht da – / Wie trägt die Erde dich, / Einsamer, sprich!« *(Der Findling).* Natur stellt für Brambach keine Idylle dar. Auch propagiert er nicht Weltflucht, sondern plädiert für die Hinwendung zum Naheliegenden und dafür, das »Gesehene« transparent zu machen. Mit akribischer Sprachökonomie beschrieb er das Sichtbare, »das Unsichtbare« tritt dann daraus hervor und »verzaubert« (Tadeus Pfeifer). Brambach verarbeitete in allen Gedichten seine Beobachtungen, seine Erlebnisse und *Wahrnehmungen* – so lautet der Titel eines Prosabändchens von 1961. Seine Sprache verzichtet auf alles Manieristische, sie gibt sich bewusst reduziert und verhalten, will mitteilen. Auch die schlichte Prosa Brambachs, die immer wieder mit der Robert Walsers verglichen wurde, lebt vom genügsamen Ausdruck. *Für sechs Tassen Kaffee* (1972, erw. Ausg.1978) heißt die Geschichtensammlung, in der er scheinbar belanglose Begebenheiten aufgreift. Er schreibt unsentimental und ohne Pathos über Menschen, die vom Leben benachteiligt sind und in den Randzonen der Gesellschaft ihre Existenz fristen: Versehrte, Strafgefangene, Clochards und »Alltagshelden«. Brambach spürt das Außergewöhnliche des Unscheinbaren auf, ohne jedoch das »einfache Leben« zu verklären. Ganz undramatisch stellt er die Verlassenheit, die Traurigkeit und Verzweiflung, aber auch die kleinen Freuden der Menschen dar.

Hatte der Dichter als 60-Jähriger nur »hundert weniger ein Gedicht« in seinem Sammelband gelten lassen, so begann er Ende 1980/Anfang 1981 an seinem letzten Lyrikband zu arbeiten, der 1983 unter dem Titel *Auch im April* veröffentlicht wurde. Je zehn Gedichte widmete der Autor dem »Frühling«, dem »Sommer«, dem »Herbst« und dem »Winter«. Nicht alle Texte sind jedoch streng auf den Jahreslauf bezogen. Die rhythmisierten, manchmal auch gereimten Gedichte beschwören Kindheitserinnerungen, Landschaftsbilder und Reiseimpressionen. Auffallend ist, dass Brambach das Thema Vergänglichkeit deutlicher anspricht als in der frühen Lyrik. »Nie aufgeschrieben doch nimmer vergessen / das sanfte Licht der Gaslaternen abends / die gewonnenen verlorenen Schneeballschlachten / die Schussfahrten abwärts auf dem Davoser Schlitten / die geröstet heißen Kastanien / in der Tüte aus Zeitungspapier / und das Juhee gedankenlos hingesungene / Schön ist die Jugendzeit, sie kommt nicht mehr.« Freunde des Dichters und Kenner seines Werkes meinen, dass aus manchen Versen dieses Lyrikbandes die Ahnung des nahen Todes spricht. So gilt dieses Werk als sein literarisches Vermächtnis.

Petra Ernst

Werke: *Sieben Gedichte*, Privatdr., 1947; *Tagwerk*, G., Zür. 1959; *Wahrnehmungen*, Pr., Zür. 1961; *Marco Polos Koffer*, G., zus. m. Jürg Federspiel, Zür. 1968; *Guillevic, Carnac und die Chansons des Antonin Blond*, Übs., zus. m. Claire Brambach, Mü. 1968; *Ich fand keinen Namen dafür*, G., Zür. 1969; *Für sechs Tassen Kaffee und andere Geschichten*, Pr., Zür. 1972; *Kneipenlieder*, G., zus. m. Frank Geerk, m. Zeichnungen v. Tomi Ungerer, Zür. 1974, erw. Ausg. 1982; *Wirf eine Münze auf. Gesammelte Gedichte*, Zür. 1977; *Moderne deutsche Liebesgedichte. Von Stefan George bis zur Gegenwart*, Hg., Zür. 1980; *Auch im April*, G., Zür. 1983; *Zeit wär's. Gedichte und Prosa aus dem Nachlaß*, hg. v. Frank Geerk, Karlsruhe 1985; *Heiterkeit im Garten. Das gesamte Werk*, hg. v. Frank Geerk, Zür. 1989; *Kleine Heiterkeiten – heitere Kleinigkeiten (Am Abend nach einer Wanderung; Das andere Zimmer; Es war einmal ein Sommer, und wir waren jung; Für sechs Tassen Kaffee; Gespräch im Graben; Und draußen die Fische)*, Hspe., DRS 1991; *Hans Bender – Rainer Brambach. Briefe 1955–1983*, hg. v. Hans Georg Schwark, Mainz 1997.

Brandstetter, Alois, wurde am 5. 12. 1938 als Sohn eines Müllers in Aichmühl bei Pichl in Oberösterreich geboren. Nach der Volksschule besuchte er das bischöfliche Knabenseminar Kollegium Petrinum in Linz. In Wien studierte er Germanistik und Geschichte und promovierte über *Laut- und bedeutungskundliche Untersuchungen an der Mundart von Pichl bei Wels.* Ab 1962 lehrte er an der Universität Saarbrücken, 1970 habilitierte er sich über *Prosaauflösung. Studien zur Rezeption der höfischen Epik im frühneuhochdt. Prosaroman.* 1971 wurde er Professor für Deutsche Philologie, seit 1974 lehrt er an der Universität Klagenfurt, wo er auch lebt. Er ist Mitglied des P.E.N.-Zentrums und war 1979 für ein Jahr Juror beim Ingeborg-Bachmann-Preis in Klagenfurt. Seine literarischen Arbeiten wurden u. a. 1973 mit dem Förderungspreis für Literatur des Landes Oberösterreich, 1984 mit dem Wilhelm-Raabe-Preis, 1991 mit dem Kulturpreis des Landes Kärnten für Literatur und 2001 mit dem Ehrenkreuz 1. Klasse für Wissenschaft und Kunst der Republik Österreich ausgezeichnet.

Mit dem Begriff »Heimatliteratur« ist nur ansatzweise zu beschreiben, was Brandstetters Literatur bewegt, auch wenn er sich mundartlicher und realistischer Stilmittel gleichermaßen virtuos bedient. Vieles von dem, was er publiziert hat, ist autobiografisch unterfüttert, aber nicht allein darauf einzugrenzen: Stets versucht er, regionales Geschehen als soziologisches Versuchsfeld zu vermitteln. Wichtig ist ihm allerdings die Faktizität des Erzählten, die er bissig und humorvoll ausweitet und unterhöhlt und damit literarisch genießbar macht. Dabei ist das Erzählmuster oft ähnlich: Ein monologisierender, konservativer und gebildeter (Ich-)Erzähler gibt seine häufig resignativen Ansichten über die Welt zum Besten, meist in ironisierender und selbstironisierender Form. Handlung gibt es bei Brandstetter nicht viel. In seinem ersten Erzählband *Überwindung der Blitzangst* (1971) lässt er einen Irrenhäusler über Österreich schwadronieren oder nimmt den Standpunkt eines Lehrers von Adolf Hitler ein, der dessen Fähigkeiten in der Vorschule beschreibt, etwa die »Endlösung« im Subtrahieren oder die Säuberung der Schule von »unerwünschten Mitbewohnern«, nämlich Insekten. In seinem ersten Roman, *zulasten der Briefträger* (1974), kritisiert er seine Umwelt wiederum indirekt durch Benutzung von Predigtformen und manischen Monologen, mit denen sich ein anonymer Briefschreiber beim Postmeister des niederbayerischen Ortes Prach beschwert, indem er die drei Briefträger lächerlich macht und die Missstände des kleinen Ortes und die Eitelkeiten der Dorfprominenz (inkl. örtlichem Dichter) beschreibt und verspottet. Mit seiner manchmal ins Groteske gesteigerten Form setzt Brandstetter eine stilistische Distanz, die an den jungen Thomas Bernhard erinnert und Brandstetters rhetorisch glänzende Prosa kennzeichnet. Satirisch kümmert er sich in seiner Prosasammlung *Der Leumund des Löwen* (1976) vor allem um die »großen Tiere und Menschen«, anerkannte Vertreter angesehener Berufe wie »Der Ehrenbürger« oder »Der Ökonomierat«. Hier wie in anderen Büchern analysiert er die Sprache, befragt sie satirisch nach ihrem Sinngehalt und ihrer sozialkritischen und deformierten Substanz.

In seinem zweiten Roman, *Die Abtei* (1977), steht der sozialkritische Impetus mehr im Vordergrund als die (Real-)Satire. Stilistisch ist das Werk geschlossener. Es besteht aus dem Bericht des Gendarmerieinspektors Dr. Einberger an den Abt. Er schreibt über den Diebstahl des »Arnulf-Kelches« aus dem Stift Freimünster. In vielen, manchmal abstrusen Digressionen, die er noch dazu ständig durch Exkurse über die Traditionen der Benediktiner unterbricht, das gesamte Klosterleben beschreibt und mit Predigten nicht spart, versucht er, den Fall aufzurollen, was ihm aber nicht in besonderer Klarheit gelingt. In eine moralisch-rhetorische Erzähltradition eingebettet, bricht Brandstetter diese durch seine Ironie und die polemische Realistik auf. In mehreren Prosastücken, in zwei Bänden 1979 und 1982 gesammelt, bedient sich Brandstetter einer Erinnerungsrhetorik, frei von Sentimentalität und Verklärung einer idyllischen Provinz, eher geprägt von einem unterschwelligen Aufklärungsbemühen.

Wie fast alle seiner Arbeiten ist auch *Die Mühle* (1981) monologisch verfasst, sie ist, in einem langen Brief an den Neffen des Erzählers, die sozialkritisch gefärbte Lebensgeschichte eines pensionierten Müllers, eines fast pathologischen Querulanten. Der Streit zwischen ihm und der Wasserbehörde ist Anlass für Exkurse über Wasser und Mühlen und für Angriffe auf jeden und alle, gemildert durch eine ironische Grundhaltung, mit der der innerliche und äußere Rückzug des Müllers und seine Sammelleidenschaft über berühmte Müllersöhne beschrieben wird, dies alles stilistisch gebrochen durch Wasser- und Mühlenmetaphern.

Auch in *Altenehrung* (1983) wird eine kleine Welt in sich kritisch betrachtet, der Kärntner Kultur- und Wissenschaftsbetrieb; auch hier steht ein Ich-Erzähler, wissenschaftlicher Beamter des Denkmalamts, einer fremden Umwelt gegenüber, auch er, als moralisch integrer und konservativer Mensch, kämpft gegen eine behördliche Übermacht und stattet darüber einen Bericht ab. Ihm gegenüber, auch als Dialogpartner, steht ein »Salzburger Stadtindianer«, der sich später zum Grünen gewandelt hat. Auch hier bleibt das Ende offen, da die Aufgabe, die er als Nächstes übernehmen soll, noch nicht einmal genau definiert ist.

In Brandstetters nächstem Roman, *Die Burg* (1986), tritt die Familie stärker in den Vordergrund, da der Ich-Erzähler Arthur seine Karriere zugunsten des Familienlebens aufgibt. Hier wird die Sicht des Erzählers durch Kommentare seiner Frau Ginover ständig ironisiert, auch seine emphatische Parallelisierung von Familien- und Berufswelt und Geschichte (Arthur wollte sich über die Ritter habilitieren) in einem Vergleich zwischen mittelalterlichen Turnieren und einem Motocrossrennen.

Auch in *So wahr ich Feuerbach heiße* (1988), *Hier kocht der Wirt* (1995) und *Groß in Fahrt* (1999) gibt Brandstetter einem Monologomanen, dem Bibliothekar Feuerbach, dem Koch einer Wirtschaft im österreichischen Gerlamoss bzw. einem Griechischlehrer Raum für abschweifende Ausführungen über Gott, die Welt, das Feuer (Feuerbach plant eine Gartenparty), andere Missstände (der Koch erzählt von Autounfällen und Waldsterben) und die Sprache (der Griechischlehrer klärt einen Taxifahrer über die Feinheiten der Sprache auf). Daneben hat Brandstetter auch immer wieder Geschichten aus Ungarn und Österreich gesammelt und herausgegeben, u.a. 1994 *Heiteres aus Österreich*.

Georg Patzer

Werke: *Tristrant und Isalde. Prosaroman*, Hg., Tüb. 1966; *Gewissenserforschung*, m. Radierungen v. Friedrich Schmitt, Zweibrücken 1969; *Über Untermieter*, E., Pforzheim 1970; *Prosaauflösung. Studien z. Rezeption d. höf. Epik im frühneuhochdt. Prosaroman*, Ffm. 1971; *Stille Größe*, E., Pforzheim 1971; *Überwindung der Blitzangst*, En., Salzb. 1971; *Ausfälle. Natur- und Kunstgeschichtliches*, En., Salzb. 1972; *Daheim ist daheim. Neue Heimatgeschichten*, Hg., Salzb. 1973; *zulasten der Briefträger*, R., Salzb. 1974, Hsp., ORF 1984; *Der Leumund des Löwen*, En., Salzb. 1976; *Gerhard Fritsch: Katzenmusik*, Hg., Salzb. 1974; *Die Abtei*, R., Salzb. 1977; *Vom Schnee der vergangenen Jahre*, Wien 1979; *Von den Halbschuhen der Flachländer und der Majestät der Alpen*, En., Salzb. 1980; *Die Mühle*, R., Salzb. 1981; *Episoden aus sechs Jahrzehnten*, Altheim 1981; *Über den grünen Klee der Kindheit*, Pr., Salzb. 1982; *Gegenwartsliteratur als Bildungswert*, Hg., Wien 1982; *Altenehrung*, R., Salzb. 1983; *Das Buch der alten Mühlen*, Ess., m. Fotos v. G. Trumler, Wien 1984; *Österreichische Erzählungen des 20. Jahrhunderts*, Hg., Salzb. 1984; *Der Ort, an dem wir uns befinden. Ungarische Erzähler der Gegenwart*, Hg., zus. m. György Sebestyén, Wien 1985; *Österreichische Erzählungen des 19. Jahrhunderts*, Hg.. Salzb. 1986; *Die Burg*, R., Salzb. 1986; *Landessäure*, En., Stg. 1986; *Kleine Menschenkunde*, Salzb. 1987; *So wahr ich Feuerbach heiße*, R., Salzb. 1988; *Romulus und Wörthersee*, G., Salzb. 1989; *Vom Manne aus Eicha*, R., Salzb. 1991; *Vom HörenSagen*, Salzb. 1992; *Almträume*, E., Salzb. 1993; *Heiteres aus Österreich*, Hg., Salzb. 1994; *Schrift und Sprache*, Festschrift, Salzb. 1994; *Herbert Wochinz*, m. Fotos v. Franz Hubmann u.a., Wien 1994; *Ferrum loquitur*, zus. m. Maria Moser, Klagenfurt 1994; *Kärnten im Besonderen*, zus. m. Michael Leischner, Klagenfurt 1995; *Hier kocht der Wirt*, R., Salzb. 1995; *Schönschreiben*, Salzb. 1997; *Groß in Fahrt*, R., Salzbg. 1999; *Meine besten Geschichten*, En., Salzb. 1999; *Die Zärtlichkeit des Eisenkeils*, Salzb. 2000; *Vom Land in der Mitte. Über Oberösterreich*, zus. m. Friedrich Achleitner u. Rudolf Chmelir, Linz 2000; *Burgen und Schlösser in Kärnten*, zus. m. Michael Leischner, Klagenfurt 2000.

Brasch, Thomas, wurde am 19. 2. 1945 in Westow/Yorkshire in England als Sohn jüdischer Emigranten geboren. Die Familie übersiedelte 1947 in das Gebiet der damaligen sowjetischen Besatzungszone und späteren DDR; der Vater hatte als Funktionär hohe politische Funktionen inne, war u.a. stellvertretender Kulturminister. 1956 wurde Brasch auf die Kadettenschule der Nationalen Volksarmee delegiert. Nach Auflösung der Kadettenschule und Umzug der Eltern nach Ost-Berlin, damals DDR-Hauptstadt, wechselte er 1960 an ein dortiges Gymnasium, wo er 1963 das Abitur ablegte und anschließend ein Praktikum als Setzer, Schlosser, Meliorationstechniker absolvierte. 1964 nahm er ein Journalistikstudium an der Karl-Marx-Universität Leipzig auf; 1965 wurde er wegen »existenzialistischer Anschauungen« und »Verunglimpfung führender Persönlichkeiten der DDR« exmatrikuliert. Von 1965 bis 1967 arbeitete er als Packer, Kellner und im Straßenbau. 1966 inszenierte er am Jugendtheater der Volksbühne Berlin das Vietnam-Programm *Seht auf dieses Land!*, das nach der Generalprobe wegen »linksradikaler Tendenzen« nicht aufgeführt werden konnte. Im selben Jahr nahm er ein Dramaturgiestudium an der Staatlichen Filmhochschule Potsdam-Babelsberg auf. 1968 wurde er exmatrikuliert, weil er Flugblätter gegen den Einmarsch der Truppen des Warschauer Vertrags verteilt hatte. Brasch wurde wegen »staatsfeindlicher Hetze« zu zwei Jahren und drei Monaten Gefängnis verurteilt, 1969 auf Bewährung entlassen. Ihm wurde ein Arbeitsplatz als Fräser im Transformatorenwerk »Karl Liebknecht« in Berlin zugewiesen. Helene Weigel vermittelte ihm 1971 eine Anstellung im Bertolt-Brecht-Archiv und beauftragte ihn mit einer Arbeit zum Thema »Brecht und Kino«. Seit 1972 lebte und arbeitete Brasch als freischaffender Schriftsteller; er verließ im Dezember 1976 Ost-Berlin, nachdem ihm die »einmalige Ausreise zwecks Übersiedlung aus der DDR« gestattet wurde, und lebte bis zu seinem Tod hauptsächlich in West-Berlin. 1999 kehrte er in den Ostteil des zur Hauptstadt wiedervereinten Berlin zurück. 1977 erhielt er den Förderpreis zum Gerhart-Hauptmann-Preis der Freien Volksbühne und das Stipendium des Lessing-Preises der Stadt Hamburg, 1978 den Ernst-Reuter-Preis, 1979 das Villa-Massimo-Stipendium, 1980 den FAZ-Literaturpreis und die Fördergabe zum Schiller-Gedächtnispreis des Landes Baden-Württemberg, 1982 den Bayerischen Filmpreis, 1987 den Kleist-Preis, 1992 den Kritikerpreis der Berliner Zeitung. Am 3. 11. 2001 ist er in Berlin gestorben.

Thomas Brasch hat ein stark autobiografisch geprägtes Werk geschaffen. Seine die Genres Lyrik, Dramatik und Prosa verarbeitenden, deren Grenzen erweiternden Texte reflektieren das Erleben einer Welt, die dem Einzelnen Widerstand gegen die Zwänge einer ideologisch oder marktwirtschaftlich determinierten Gesellschaft abverlangt. Der damit verknüpften marxistischen Idee – die Gesellschaft zugunsten einer »freien Entwicklung aller« zu verändern – ist Brasch als Autor treu geblieben. Die frühe und bittere Erkenntnis der bedingten Änderbarkeit hat er zum Credo gefasst: »Deshalb, unter anderem, schreibe ich ja, und zwar nicht, um das Gegenteil schreibend zu erkämpfen, sondern um Gegenbilder zu entwerfen.« Die Erfahrung einer auf gesetzmäßig verankerten Zukunftsvisionen beharrenden Gesellschaft im Clinch mit Mangelzuständen und stagnierender innenpolitischer Entwicklung im abgedichteten Teilstaat DDR war Enttäuschung und Material seines Schreibens. Spuren davon trägt das gesamte Œuvre, vom Frühwerk *Eulenspiegel* (1974/77) bis in das späte, durch extreme Straffung von mehreren tausend Manuskript- auf 95 Druckseiten rudimentierte Prosa-Experiment *Mädchenmörder Brunke* (entst. 1992–99, gedr. 1999).

Gattungsübergreifende Versatzstücke, Fragmentarisches, das roh Belassene, unfertig Scheinende sind Attribute seines Stils. Brasch war kein formal streng, er war ein streng formal schreibender Autor, der die Revolutionierung von Formen für »wesentlich politischer« hielt »als die Mitteilung, dass es den Armen doch besser gehen sollte«. Vor allem die frühen, zwischen Lyrik und Dramatik operierenden Texte lesen sich als Produkte eines aus sich Herausreißens statt Niederschreibens von grundlegend Durchdachtem. Sein Selbstverständnis einer nicht trennbaren Einheit von Arbeit und Leben eines Autors hat er im »Schallplattenspiel« *Leon Segel* (1968), einer Paraphrase auf Büchners *Leonce und Lena*, benannt: »Wo unsre Arbeit ist, dort wollen wir jetzt wohnen / wie Huren, Dichter, Könige ...« Brasch sieht die Liebe als ein Produktionsverhältnis, sie ist im öffentlichen Prozess der Erneuerung der (sozialistischen) Gesellschaft zu gebrauchen. Leitmotivisch erscheinen Beschreibungen des Liebesentzugs sowie des unentwegten Bemühens, Liebe in jeder Form – Kampf, Kritik, Anerkennung, Hingabe, wechselseitige Zerstörung – wieder zu erlangen; obsessiv gestaltetes Grundthema in *Brunke*. Der Perspektivwechsel der Erzählung erscheint als umkreisende, gelegentlich sprunghafte Näherung an den »Gegenstand«, um keine Option auszulassen; eine Liebes- und Identitätsbestimmung, deren schmerzende Mitte der (unbenannte) Autor ist. Der titelgebenden tragischen Figur hatte dieser zuvor in *Lieber Georg* (1979) und dem Film *Domino* (1981/82) eine Schattenexistenz verliehen. Wenn Brasch nach Ankunft in der BRD von seiner Generation als der »geschichtslosen« sprach, war mit der Suche nach Geschichte auch die Suche nach Liebe gemeint; wo er mit *Rotter* (1976/77) eine Traditionslinie fortschrieb in Bezugnahme auf Brechts *Fatzer*-Fragment, Büchners *Woyzeck* und Heiner Müllers »Theater der Totenbeschwörung«. Hier hat er aus heutiger Sicht eine Brücke von dieser weithin unterbrochenen Traditionslinie in die psychopathologisch orientierte Gegenwartsdramatik geschlagen.

Poesiealbum (1975), die erste offizielle Publikation Braschs in der DDR – einzige auch bis zum Nachdruck der Stücke 1988 – bildet wie ein Formenkatalog für kommende Arbeiten das (stark von Brecht beeinflusste) lyrische Spektrum ab. Er konnte sich Ende der Siebziger-, Anfang der Achtzigerjahre als Lyriker seiner Generation zwischen zwei deutschen Staaten behaupten. Die Bände *Cargo. 32. Versuch auf einem untergehenden Schiff aus der eigenen Haut zu kommen* (1977) – als groß angelegte, mit Fotografien und Dokumenten versetzte Collage – und *Der schöne 27. September* (1980) setzen Maßstäbe in dieser Zeit. Die von Fritz J. Raddatz und Katharina Thalbach herausgegebene Nachlass-

Auswahl *Wer durch mein Leben will, muss durch mein Zimmer* (2002) kann, mit wenigen Ausnahmen, dieses Niveau nicht erreichen. Die in der Prosa-Sammlung *Vor den Vätern sterben die Söhne* (1977) schon im Titel thematisierten sozialen und politischen Konflikte wollte Brasch als »Geschichten von Arbeitsprozessen« verstanden wissen; der Generationenkonflikt wird hier in das Spannungsverhältnis Mensch-Gesellschaft-Geschichte gekeilt, in dem ihr Autor im Land seiner Herkunft keinen Platz mehr finden konnte. Die fühlbare Unruhe in Texten jeder Gattung resultiert aus dem ausgeprägten Widerstand, sich mit gesellschaftlichen Situationen abzufinden: »wo ich lebe, da will ich nicht sterben, aber / wo ich sterbe, da will ich nicht hin: / Bleiben will ich, wo ich nie gewesen bin.«

Zum Ende der Achtzigerjahre ebbte die zuvor immense Produktion, die Filmarbeit und offensives öffentliches Auftreten einschloss, allmählich ab. Die Ahnung eines möglichen Endes der Systemkonfrontation wurde konkret mit der Wiederöffnung des DDR-Kulturbetriebs für den vertriebenen Autor. Seine Texte wurden gedruckt, konnten gespielt werden. Hatte er noch im Februar 1987 von der Hoffnung auf Arbeit in bzw. mit der DDR gesprochen – »Es wäre produktiv, das heißt: ich könnte etwas lernen; und wer nicht mehr lernen kann, kann sterben« –, glaubte er sich bald darauf solcher Identifikation beraubt. Die Alternative, das »Wie des Sozialismus«, schien über die Lebenszeit hinaus entrückt. »Hier ist ein Dichter und sein Spiel am Ende«, beschließt er sein Kotzebue-Stück *Stiefel muss sterben*, an dem er 1989 schrieb. Die Verarbeitung des »theatertyrannenattentats« zur dramatischen Attacke war als Befreiungsschlag des von Schreibblockaden bedrohten Autors Brasch nicht mehr zu brauchen. Die prismatische Spiegelung seiner selbst im deutsch-nationalen Burschenschaftler Sand als auch im erfolgsmüden, sich »nach dem ICH der prosa sehnenden« Unterhaltungsdichter, der »gegen die vereinigung der deutschen kleinstaaten zu einem grossland hetzt«, zerschlug sich mit dem Mauerfall über Nacht. Er ließ die Arbeit am Stück für die nächsten zehn Jahre zugunsten seiner Shakespeare-Übersetzungen und der Arbeit am *Brunke*-Komplex ruhen. Die Shakespeare-Adaption *LIEBE MACHT TOD* (1990) ist als journalistisch-kabarettistischer Klimmzug, ins Tagesgeschehen zu greifen, missglückt.

Von Brasch bleibt das Bild eines Autors zwischen dem versuchten Anschluss an ein Gesellschaftsmodell und anarchistischer Selbstbehauptung (auch -verweigerung), ungeduldig arbeitend an Nähe und Distanz. Der immer wieder gebrauchte Metaphernspiegel – vor allen anderen die Worte »Haut« und »Riss« im Zusammenhang – steht seit der Erzählung *Marsyas* (1977) dafür. Seinen komprimiertesten Ausdruck hat dieses Lebensbewusstsein im Vierzeiler *Hamlet gegen Shakespeare* (1980) gefunden: »Das Unvereinbare in ein Gedicht: / Die Ordnung. Und der Riss, der sie zerbricht.«

Thomas Martin

Werke: *Leon Segel*, Schpl.-Text, 1968, in: *Arbeitsbuch Thomas Brasch*, hg. v. Margarate Hässel u. Richard Weber, Ffm. 1987; *Er baut ein kleines Haus außerhalb der Stadt*, Theaterst., 1969, in: *Arbeitsbuch Thomas Brasch*, hg. v. Margarte Hässel u. Richard Weber, Ffm. 1987; *Sie geht, sie geht nicht*, Theaterst., UA Ost-Bln. 1971; *Das beispielhafte Leben und der Tod des Peter Göring*, Theaterst., zus. m. Lothar Trolle, UA Ost-Bln. 1971, gedr. Ost-Bln. 1976; *Galileo Galilei – Papst Urban VIII.*, Theaterst., zus. m. Lothar Trolle, UA Potsdam 1972; *Bericht vom Sterben des Musikers Jack Tiergarten*, Theaterst., n. Boris Vian, *Herr Geiler*, Theaterst., n. J. W. Goethe, beide 1973 entst., UA Bln. 1999, beide gedr. in: *Cargo*, Ffm. 1977; *H. C. Andersen: Der Schweinehirt/Die wilden Schwäne*, Schpl.-Bearb., Ost-Bln. 1974; *Vom dicken Herrn Bell, der das Telefon erfunden hat*, Schpl.-Text, Bln. 1974; *Hahnenkopf*, G., UA als Jazzoratorium, Ost-Bln. 1975, gedr. in: *Poesiealbum 89*, Ost-Bln. 1975; *Der Papiertiger*, Theaterst., UA Austin/Texas 1976, gedr. in: *Poesiealbum 89*, Ost-Bln. 1975; *Eulenspiegel*, Theaterst., gedr. in *Cargo*, Ffm. 1977; *Lovely Rita*, Theaterst., UA Bln. 1978, gedr. in *Cargo*, Ffm. 1977; *Poesiealbum 89*, G., hg. v. Bernd Jentzsch, Ost-Bln. 1975; *Norberto Avila: Hakims Geschichten*, Übs., Ost-Bln. 1975, UA Schwerin 1976; *Osvaldo Dragún: Geschichten zum Erzählen*, Theaterst.-Bearb., UA Ost-Bln. 1976, gedr. Ost-Bln. 1976; *Osvaldo Dragún: Die argentinische Nacht*, UA Tüb. 1977, gedr. Bln. 1976; *Rotter*, Theaterst., UA Stg. 1977, in: *Rotter und weiter*, Ffm. 1978; *Vor den Vätern sterben die Söhne*, En., Bln. 1977; *Cargo. 32. Versuch auf einem untergehenden Schiff aus der eigenen Haut zu kommen*, Pr., G., Theaterst., Ffm. 1977; *Roberto, ich Fastnacht und die anderen*, Hsp. n. *Vor den Vätern sterben die Söhne*, RIAS/BDR/SDR 1977; *Anton Tschechow: Platonow*, Übs. u. Bearb., zus. m. Andrea Breth, UA Bln. 1978; *György Dalos: Meine Lage in der Lage*, Bearb., zus. m. H. M. Enzensberger, Bln. 1979; *Lieber Georg. Ein Eis-Kunst-Läufer-Drama aus dem Vorkrieg*, Theaterst., UA Bochum 1980, gedr. in *Stükke*, Ost-Bln. 1988; *Der schöne 27. September*, G., Ffm. 1981; *Der König vor dem Fotoapparat. Nach historischen Posen*, m. Bildern v. Hermann Schelbert, Olten 1981; *Engel aus Eisen*, Buch u. Film, UA Bln. 1981, gedr. in: *Engel aus Eisen. Beschreibung eines Films*, Ffm. 1981; *Domino*, Buch u. Film, UA Bln. 1982, gedr. in: *Domino. Ein Film*, Ffm. 1982; *Wladimir Majakowski: Her mit dem schönen Leben*, Hg., Ffm. 1982; *Mercedes*, Theaterst., UA Zür. 1983, gedr. in: *Stücke*, Ost-Bln. 1988; *William Shakes-*

peare: Was ihr wollt, Übs., 1983, UA Bln. 1984; *Frauen. Krieg. Lustspiel*, Theaterst., UA Wien 1988; *Anton Tschechows Stücke*, Übs. u. Bearb., Ffm. 1985; *Howard Brenton/David Hare: Prawda*, Übs., Reinbek 1986; *Der Passagier – Welcome to Germany*, Drehb., UA Bln. 1988; *Stücke. Lovely Rita, Lieber Georg, Mercedes*, Theaterst., hg. v. Jochen Ziller, Ost-Bln. 1988, Hsp., MDR 1992; *Drei Wünsche sagte der Golem*, G., St., Pr., hg. v. Gerhard Wolf, Lpz. 1990; *LIEBE MACHT TOD oder das Spiel von Romeo und Julia*, n. William Shakespeare, Theaterst., UA Bln. 1990, gedr. in: *LIEBE MACHT TOD*, Ffm. 2002; *Heinrich Heine: Gedichte aus* Liebe, Hg., Ffm. 1992; *Mädchenmörder Brunke*, Pr., Ffm. 1999; *Der Sprung. Beschreibung einer Oper*, Libr., 1997; *Falada oder Preiswert und Absonderlich*, Theaterst., 1997; *Stiefel muss sterben*, Theaterst., UA Basel 1999; *Die Trachinierinnen des Sophokles oder MACHT LIEBE TOD*, n. Ezra Pound, Theaterst., UA Bln. 1999, gedr. in: *LIEBE MACHT TOD*, Ffm. 2002; *Frauenkrieg. Drei Übermalungen*, Theaterst., UA Potsdam 2000; *Shakespeare-Übersetzungen*, Übs., Ffm. 2002; *Wer durch mein Leben will, muss durch mein Zimmer*, G., hg. v. Katharina Thalbach u. Fritz J. Raddatz, Ffm. 2002.

Braun, Marcus, wurde am 28. 11. 1971 in Bullay/Mosel geboren. Nach dem Abitur studierte er Germanistik, Philosophie und Rechtswissenschaft in Mainz und Berlin. Er lebt heute in Bullay und Berlin. Ausgezeichnet wurde er 1993 mit dem Literatur-Förderpreis der Stadt Mainz, 1997 mit dem Joseph-Breitbach-Förderpreis des Landes Rheinland-Pfalz und dem Martha-Saalfeld-Preis, 1999 mit einem Stipendium im Künstlerdorf Schöppingen, einem Aufenthaltsstipendium im Ledig-Rowohlt-House in New York und dem Kulturpreis des Landkreises Cuxhaven.

Marcus Braun ist als Schriftsteller ein Ordnungsfanatiker, als Metier beherrscht er die kontrollierte Ausschweifung. Auch wenn seine frühen Texte wie *Zett* (1993) und *Ohlem* (1995) noch wie Fingerübungen erscheinen, deuten sich hier bereits Grundzüge seines Schreibens an. Während *Zett*, wahrlich eine Tour de Force von Cäsar zu Goebbels, mit dem Gespräch zwischen einem Meister und einem lernbegierigen Schüler über dessen Mord an einem Mädchen die Weltordnung zu reflektieren sucht, vollziehen sich in den Dramoletten und Skizzen von *Ohlem* schon spielerische Anverwandlungen von Literatur, werden kryptische, oft expressiv hervorgebrachte Chiffren zu einem noch fragmentarischen Ganzen montiert.

Der Roman *Delhi* (1999) wirkt nur vordergründig wie ein leichter Kriminal- oder Abenteuerroman vor exotischer Kulisse. Das mörderische Spiel ist wohlkalkuliert, Kopfgeburt und doch »reiner Traum, reines Fieber« (Robin Detje). Wie in allen Texten Brauns ist die Handlung von sekundärem Interesse: ein leicht tapsiger Architekt reist nach Indien, verliebt sich in eine schöne Mörderin und verstrickt sich in ein tödliches Komplott. Braun erweist sich als raffinierter Stilist, der seinen Text als literarische Rätselaufgabe mit vielen Zitaten erstellt, als labyrinthisches Gefüge, dem ein solider Bauplan – analog zu einem Schachspiel – zugrunde liegt: »Die eiskalten Berechnungen begreift man immer erst zu spät.« Halluzinationen und Gedankenflüge, Spiegelfechtereien und Symbole – Brauns reichhaltiges Arsenal an arabesken Figuren beeindruckt wie die literarischen Metamorphosen, mit denen er leichthändig Elemente der Kolportage mit weltliterarischen Mustern verbindet.

Auch sein zweiter Roman *Nadiana* (2000) gleicht einem rätselhaften Tableau von Andeutungen und Zitaten, das schwindlig macht. Die Logik einer Handlungsführung verflüchtigt sich auch hier, allerdings bedingt durch die wahnhaften Obsessionen, die die Titelfigur bei ihrem Geliebten Rosenbaum auszulösen imstande ist. Die beiden befinden sich auf einer Zugfahrt von Paris nach Berlin; in ihrem Abteil sitzt auch Stroheim, der von Rosenbaum aufgrund einer Banalität als möglicher Konkurrent erachtet und zum Ziel seiner paranoiden Eifersucht gemacht wird. In diesem Kammerspiel der verwirrten Gefühle bleibt vieles im Dunkeln und Ungefähren. Unklar ist selbst, ob nicht das ganze Konstrukt des Buches nur auf kunstvolle Weise der Fantasie des Erzählers entsprungen ist. Die Fülle von Wahrnehmungsverschiebungen, die hier zum Tragen kommt, und die damit verbundene Auflösung von Zeit und Raum legen diese Vermutung nahe.

Thomas Kraft

Werke: *Zett. Neues vom Untergang des Abendlandes*, Theaterst., UA Mainz 1993, gedr. Mainz 1994; *Ohlem. Fragment*, Mainz 1995; *Marcin Sendecki: Parzellen*, Übs., Mainz 1997; *Delhi*, R., Bln. 1999; *Nadiana*, R., Bln. 2000; *Väter Söhne Geister*, Theaterst., Ffm. 2000, UA Bielefeld 2001; *Lernbericht*, Theaterst., UA Ffm. 2001, gedr. Ffm. 2001; *Bilder von Männern und Frauen*, Theaterst., UA Ffm. 2003, gedr. Ffm. 2003; *Hochzeitsvorbereitungen*, R., Bln. 2003.

Braun, Volker, wurde am 7. 5. 1939 in Dresden-Rochwitz geboren. Nach dem Abitur arbeitete er als Druckereiarbeiter in Dresden, als Tiefbauarbeiter im Kombinat »Schwarze Pumpe« und als Maschinist im Tagebau Burghammer, ehe er von 1960 bis 1964 in Leipzig Philosophie studierte. 1965 siedelte er nach Berlin über, wo er 1965/66 und von 1977 bis 1990 als Dramaturg am »Berliner Ensemble«, von 1972 bis 1977 am »Deutschen Theater« beschäftigt war. Sein umfangreiches Werk wurde u.a. 1971 mit dem Heinrich-Heine-Preis, 1980 mit dem Heinrich-Mann-Preis, 1981 mit dem Lessing-Preis, 1986 mit dem Bremer Literaturpreis, 1988 mit dem Nationalpreis der DDR I. Klasse, 1989 mit dem Berliner Literaturpreis, 1992 mit dem Schiller-Gedächtnispreis des Landes Baden-Würtemberg, 1996 mit dem Kritikerpreis und 2000 mit dem Georg-Büchner-Preis geehrt.

»Ich habe die so genannte Vergeblichkeit erlebt. – Aber was sind so allgemeine Begriffe gegen die akute Erfahrung. Was ist das lähmende Bewusstsein, dass alles ins Nichts läuft, gegen die Kraft der Sinne, die Lust, das Entsetzen. Ich bin, in meinen Fasern, nicht der Macht verhaftet. Apparate, Parteien und ihr abgelebter Geist, das mag zum Teufel gehn. Das macht mich lachen. Das hilft mir nicht. Meine Natur nährt eine rohere Kost. Ich wuchs in Trümmern auf, und unter Brüdern, ich trank die Milch einer Witwe. Ich schmeckte Gerechtigkeit, ich atmete Despotie. Mein Widerstand wohnt im Gewebe, mein Gram, mein Verlangen.« Dieses Bekenntnis in seiner Darmstädter Rede zur Entgegennahme des Georg-Büchner-Preises im Oktober 2000 komprimiert die lebenslange Antriebskraft der Braunschen Poesie. Sie nimmt ihren Ausgang in elementaren Erfahrungen: Die Mutter hatte fünf Söhne ohne den Vater – der in den letzten Kriegstagen 1945 fiel – durch die Kriegs- und Nachkriegsjahre zu bringen, was wohl ohne wortwörtlich zu nehmende Brüderlichkeit kaum möglich gewesen wäre. Der Fünfjährige erlebte in der Vernichtung Dresdens den »entsetzliche(n) Widerspruch von Grauen und Schönheit, die Wirkung von Tod und Kunst«, die ihm unabweislich »die Geschichte in ein scharfes Licht (rückte), als etwas Gewaltsames und Offenes, das Anteilnahme und Widerspruch erfordert«. Aufgewachsen in der »Ziegelsteppe« der Ruinen, »ausgehungert nach Schönheit« (*Dresdens Andenken*, 1995), sind fürderhin Lebensimpulse und Schreibstoff unlöslich miteinander verbunden: »Die Suche nach dem Stoff (zum Schreiben, zum Leben), um gegebenenfalls den Tod zu finden. Die Mechanismen des Zeitalters auseinander schrauben, die Beziehungen zerfasern nach dem geheimen Blut der Geschichte.« Diese ans unmittelbar Vitale anschießende Suche beglaubigt die das gesamte Werk bestimmende Orientierung auf die Bedingungen wirklich reichhaltiger Entfaltungsmöglichkeit von Individualität, die aber den und die anderen mitdenken muss: »Die anderen die Gleichen: die langsame Formel, die mit Leben zu füllen ist womit womit womit? Oder vom Tod.« (*Definition*, 1982).

Ein weiteres Schlüsselwort für das Braunsche Œuvre ist deshalb das der Grenzüberschreitung, das semantisch sowohl in artifizieller als auch in politisch-philosophischer, sozialer wie in erotischer Hinsicht entfaltet wird. »Bis doch zu eingeborenem Brauch / Wird, was uns gut tut, und / Brust an Brust weitet sich so, dass sie aufsprengt diese eiserne / Scheu voreinander«, endet das Gedicht *An Friedrich Hölderlin* (1974). In der rauschhaften Liebesbegegnung, im Ausbruch der Erniedrigten aus beleidigenden Lebensumständen, im Zusammengehen Gleichgesinnter für eine an die Wurzeln der sozialen Ungleichheit gehende Demokratisierung von Gesellschaften, in Momenten menschlichen Einklangs mit der Natur (einschließlich der eigenen) macht der Dichter solch glückhafte Vorgänge des Überschreitens, des Abwerfens von Fesseln sinnlich evident. Das darin aufscheinende (alte) Begehren nach dem *ganzen Menschen* (die Urfassung des Stücks *Die Kipper* hieß *Der totale Mensch*), in dem die getrennten Vermögen – Arbeiten, Leben, Lieben, Denken – zusammengeführt werden, lässt den Autor Volker Braun dabei in Verhältnisse blicken, die diese Grundbedürfnisse behindern. »Aufbauen, bau auf bau auf, können wir Verhältnisse: mit unseren weichen, wütenden Leibern. Um nicht mehr die Knochen in die Mühle zu reichen. Der Staat, die Wüste der Liebe. Die Wanderdüne durch die Zeiten. Der Sand der Gewalt« (*Rimbaud. Ein Psalm der Aktualität*, 1983).

Der enge Aufeinanderbezug von Leben und Schreiben, von geschichtlicher Vergewisserung, politischem Insistieren, erotischem Begehren, sinnlichem Lebensdetail und ästhetischer Reflexion bestimmt von Beginn an die charakteristische Diktion der Texte von Volker Braun: So die Neigung, Signifikationen aus der Körpersphäre mit Bezeichnungen gesellschaftlich-geschichtlicher Prozesse, Naturzeichen mit politischen Schlagworten metaphorisch zusammenzuschließen, um Widerspruchsreihen aufzubauen. Schroffe Abbreviaturen, jähe Perspektivwechsel der Sprecher und/oder der Textebenen, Zitatmontagen, Wechsel der Tonlage von Pathos zu Sarkasmus, von »hoher« zu »niederer« Stilebene stellen den Charakter der Texte als Suchbewegungen (mit Neueinsätzen, Schleifen, Unterbrechungen) aus. Schließlich: Braun begreift Poesie stets als »Vorgang unter Leuten«. Er befindet sich nicht nur in ständigem Dialog mit Dichtern und Philosophen anderer Weltgegenden und Jahrhunderte, sondern offeriert ihn auch seinem Leser und Zuschauer, weshalb häufig ein Gestus tatsächlichen bzw. rhetorischen Ansprechens, Hineinziehens in den Text probiert wird.

Bis etwa Mitte der Siebzigerjahre ließ Braun keinen Zweifel, dass sein *Anspruch* – so der Titel eines seiner bekanntesten frühen Gedichte – an sich selbst und an die Gesellschaft durch ein ebenso selbstbewusstes wie entschiedenes Teilhaben-Wollen am »Hinüberarbeiten in die freie Gesellschaft« vor allem dadurch getragen wird, dass die »offenen Enden der Revolution« (Braun) thematisiert werden. In Essays wie *Wie Poesie* (1970) und *Politik und Poesie* (1972) begründete Braun die damit verbundenen neuartigen Konflikte in der Gesellschaftsumgestaltung, denen die Widersprüche zwischen »den politisch Führenden (...) und den Geführten« zugrunde lägen. Die jugendliche Ungeduld in den Gedichten seines ersten Gedichtbandes *Provokation für mich* (1965) und in seinem ersten in der Studentenzeitschrift »Forum« veröffentlichten Stück *Die Kipper* (entst. 1962–1965) stieß zwar auf die günstigen Aufnahmebedingungen der »Lyrikwelle«, aber auch auf den Unmut amtlicher Funktionäre. Die anarchische Kraftgebärde in den frühen Gedichten, der Baalsche Impetus seiner Hauptfigur im ersten Stück wurden am Ende des Jahrzehnts, z. B. in *Hinze und Kunze* (Theaterst., entst. 1967/68) oder im zweiten Gedichtband *Wir und nicht sie* (1970) durch eine ausgewogenere Haltung relativiert, die das Bedenken verschiedener gesellschaftlich repräsentativer Positionen ermöglichen sollte. Diese Haltung, in der die intime Ich-Aussprache zurückgedrängt erschien, erwies sich als Übergangsstadium zu einer freimütiger ausgestellten »arbeitenden Subjektivität« (Dieter Schlenstedt). Sie mittelt nicht mehr »dialektisch« aus, sondern zieht im Gedichtband *Gegen die symmetrische* Welt (1974) Bedrängendes auf die eigene Brust und pocht, Rückhalt suchend für die *Allgemeine Erwartung* bei Hölderlin, Goethe, Marx oder Büchner, in *Undiplomatischer Äußerung* auf das *Eigentliche* (so sprechende Gedichttitel aus dem Band). Die beiden in den Siebzigerjahren entstandenen Stücke *Tinka* (entst. 1972/73) und *Schmitten* (entst. 1969–1978) nehmen diesen Faden auf und thematisieren die Kollisionen der weiblichen Zentralfiguren mit den in sie gesetzten, sie funktionalisierenden Erwartungen (*Schmitten*) bzw. mit opportunistischer Feigheit und Unterwürfigkeit der zumeist männlichen Gegenspieler (*Tinka*).

Besonders die *Unvollendete Geschichte* (entst. 1975) rührte an neuralgische Punkte der Gesellschaftsverfassung. In der Geschichte der Funktionärstochter Karin, die gezwungen wird, sich von ihrem von der Staatssicherheit fälschlicherweise verdächtigten Freund zu trennen, der daraufhin einen Selbstmordversuch unternimmt, gestaltet Braun in der erlebten Rede der Hauptfigur einen Ernüchterungs- und Erkenntnisgang, der durch die Konfrontation mit Versatzstücken aus der Herrschaftssprache einerseits, reflektierten literarisch vorgeformten Einreden und kafkaesken Traumbildern andererseits an Schärfe noch gewinnt. Der Schwerpunkt des Insistierens verlagert sich von der erhofften Offenheit beweglicher Verhältnisse zur genauen Analyse der (nicht-heideggersch gedachten) »Gestelle«, der beengenden, Lebensentfaltung verhindernden Strukturen.

In Stücken wie *Lenins Tod* (entst. 1970), *T.* (über Trotzki, entst. 1968), *Guevara oder der Sonnenstaat* (entst. 1975) versuchte Braun den Gründen für das Erstarren von Revolutionen auf die Spur zu kommen. In diesen Stücken wurde gleichsam vorbereitet, was seit Mitte der Siebzigerjahre geschichtlich-philosophisch und ästhetisch tiefenschärfer ausgeleuchtet wurde: Menschheitsgeschichtlich erscheint die vordem als neu apostrophierte Gesellschaftsordnung als *Langsamer knirschender Morgen*, in den noch tief die Reproduktion unterdrückerischer Herrschaftsstrukturen gegen Mensch und Natur hineinragt, und nur das ausdauernde *Training des aufrechten Gangs* (1979) berechtige zur schmalen Hoffnung auf emanzipatorische Ausgänge aus diesen Panzerungen. Zum sozialismuskritischen Gehalt tritt der zivilisationskritische, der an den Gemeinsamkeiten der nur scheinbar gegensätzlichen Gesellschaftssysteme nicht vorbeisehen kann und den drohenden »Konkurs der Natur« (Braun) mit einzurechnen hat. Um diese Zusammenhänge künstlerisch fassen zu können, reichten bisher probate Bauformen der Texte nicht mehr aus. In der Lyrik fallen vor allem zwei für Braun neue Gedichttypen auf: das parabolische, auf Großmetaphern basierende Langgedicht, das bis zu den Wurzeln der als verkehrt erachteten Verkehrs- und Verhaltensformen der Gegenwart zu gehen vermag: Inspiriert von Rudolf Bahros Begriff der »vertikalen Arbeitsteilung«, bringt der Sprecher etwa in *Die Stufen* das Menetekel des Staatssozialismus östlicher Provenienz auf den Punkt: »... diese Arbeit / Die sich zerreißt, bis wir sie ausreißen / Ein Jahrtausend für den Job, die Grenzen / Die sich nachziehn seit Olims Zeiten / In den Staat, gekränkt der ganz von Stufung / Die Seuche, an der unsre Macht krankt und / Sie zum Gespenst macht, das auf Mauern geht. / Das ist viel, doch alles.« Die mit römischen Ziffern gekennzeichneten »Material«-Texte changieren die Gattungsgrenzen mit ihrem raumgreifenden Erörterungsgestus, ihrem abrupten Wechsel von Schauplätzen und Zeitebenen, der Vielzahl intertextueller Bezüge einschließlich ironischer Spiele mit Zitat und Selbstzitat. In den Diskurs nicht integrierbares Material wird konfrontativ in den Text gestellt.

Im *Hinze-Kunze-Roman* (entst. 1981) spielt Braun satirisch die Machtkonstellationen zwischen dem Funktionär Kunze und seinem Fahrer Hinze durch, die sich selbst und gegenseitig ausbremsen. In der durchschimmernden Herr-Knecht-Problematik nach Hegel und Brecht, in der Diderotschen Erzählfolie nach »Jaques der Fatalist und sein Herr« wird diese Stagnationssituation geschichtlich gewichtet und in erzähltechnische Raffinesse eingebettet. Sein »konspirativer Realismus« (Braun) bewährt sich insbesondere in der Zeichnung weiblich konnotierter Gegenentwürfe von Kreativität, Subversion männlich-instrumentellen Verhaltens, von Sinnlichkeit.

Die Geschichte und Mythos verarbeitenden Stücke dieser Periode wie *Großer Frieden* (entst. 1976), *Simplex Deutsch* (entst. 1978/79), *Dmitri* (entst. 1980), *Übergangsgesellschaft* (entst. 1982), *Siegfried Frauenprotokolle Deutscher Furor* (entst. 1983/84) und *Transit Europa. Der Ausflug der Toten* (entst. 1985/86) bestechen durch eine Dramaturgie der Komplexität und Prozesshaftigkeit, um in »stehender Zeit« wieder Bewegung zu denken – »Die Revolution kann nicht als Diktatur zum Ziel kommen«, heißt es am Schluss der *Übergangsgesellschaft* – über die Grenzen des fatal Gewohnten hinaus. »Arbeit gegen die Deckgebirge der Verheißungen«, sekundiert der Essay *Rimbaud. Ein Psalm der Aktualität* programmatisch: »Die Widersprüche am / im Werk. Die Struktur, die den Kampf austrägt. Nicht der Reiz der Erscheinungen: das Wortwesen, im Augenblick der Sprengung durch das *Neue*.«

Im Oktober 1989 schien greifbar nahe zu sein, was als herstellbar das gesamte Schaffen Brauns in politischer Hinsicht prägte: »Volkseigentum plus Demokratie, das ist noch nicht probiert, noch nirgends in der Welt. Das wird man meinen, wenn man sagt: made in GDR. Die Verfügungsgewalt der Produzenten«, und noch im Dezember insistierte er auf einer »Rätemacht«, um eine Zukunft offen zu halten, in der der Mensch »nicht in der Aktie oder der Partei«, in den Räderwerken von Markt-Konkurrenz oder Staat verschwindet. Sein Gedicht *Das Eigentum*, geschrieben im Sommer 1990, fasst in seinen geschickt gewichteten Rückbezügen auf Hölderlin, Büchner und Braun selbst die paradoxale Situation des Abschieds und Übergangs zu neuen Kämpfen in einer Weise, die den Text zum Zeitdokument und zu einem seltenen poetischen Ereignis macht. Für dieses Gedicht allein zog sich der Autor den kaum verhohlenen Hass des ehedem linksliberalen Feuilleton zu, wovon *Material XV: Schreiben im Schredder* beredte Auskunft gibt. Doch auch die eher wohlmeinende Projektion des »furor melancholicus« (Wolfgang Emmerich), der aus missglückter Verarbeitung des Objektverlustes resultiere, griff bei Braun zu kurz, weil seine Gesellschaftskritik nicht auf nostalgisch-romantischer Rückprojektion beruhte, sondern auf der Analyse von Repressionssystemen in Beziehung zu den Begehren des leiblichen Menschen. Hier hat der ätzende Spott in der Erzählung *Der Wendehals* seinen Rückhalt, die in die Absurditäten der Wendeverwerfungen führt. Braun arbeitet mit dem Skalpell: in der sarkastischen Allegorese auf die »Wende« im Stück *Iphigenie in Freiheit* (1992) ebenso wie in der schonungslos-genauen Beobachtung sozialpsychologischer Veränderungen in der Erzählung *Die vier Werkzeugmacher* (1996), die in der Verwandlung ehedem stolzer Facharbeiter zu Bittstellern – »Wichten« – auf dem Arbeitsamt den Wahn und Witz der Wegwerfgesellschaft, sich »unwerter« Erfahrung zu entledigen, bloßlegt. In dem Moment, in dem Menschen aller Gewissheiten einschließlich ihrer Hoffnungen auf erfülltes Leben verlustig gehen, prallen überkommene Bewusstseinsformen aus der »arbeiterlichen Gesellschaft« (Wolfgang Engler) auf den Furor entfesselter Ökonomie und die Kaltschnäuzigkeit bloßer Verwaltung des Elends. Die an die klassische italienische Novelle angelehnte Prosastudie ortet die Erfahrung der Katastrophe nicht lediglich als fatalen Streich der Geschichte, sondern insistiert auf die Verhängnisse jenes Paktes im Staatssozialismus, in dem sich politisch Herrschende und Arbeiterschicht gegenseitig den Schein geschichtlicher Bedeutsamkeit borgten. Kursiv abgehoben, gleichnishaft sticht am Ende der Erzählung der Satz heraus: *»Diese Erfahrung müssen sie machen.«*

Die Großgedichte des Gedichtbandes *Tumulus* erweisen sich als Grabungen in Geschichte, Archäologien *Nach dem Massaker der Illusionen*: »Wenn die Ideen begraben sind / Kommen die Knochen heraus.« In seinen Stücken *Der Staub von Brandenburg* (entst. 1997), *Limes. Mark Aurel* (entst. 1994–1997) und *Was wollt ihr denn* (entst. 2001/02) spielt Braun erneut Handlungsmöglichkeiten in einer »unaushaltbaren Welt« durch, Szenen, »deren Laufstege durch die Zeiten ragen«. Und immer noch führt Braun das Recht der Lebendigkeit gegen die Depravierung in der bloßen Marktmonade herauf, mit dem Wissen, dass »eine Umwälzung, die nicht den Grund berührt, der die Arbeit ist, versumpft und (...) sich wieder (findet) in alter Geschichte«.

Peter Geist

Werke: *Provokation für mich*, G., Halle 1965; *Vorläufiges*, G., erw. Ausg. von *Provokation für mich*, Ffm. 1966; *KriegsErklärung. Fotogramme*, Halle 1967; *Schmitten*, Theaterst. 1969/78, in: »Theater Heute« 1982, H. 4, »Theater der Zeit«, H. 4, 1982, UA Lpz. 1982; *Lenins Tod*, Theaterst., 1970, gedr. in: *Stücke 2*, Ost-Bln. 1989, UA Ost-Bln. 1988; *Wir und nicht sie*, G., Halle 1970; *Gericht über Kronstadt*, Vorsp., 1970, gedr. in: *Stücke 2*, Ost-Bln. 1989; *Freunde*, Theaterst., gedr. in: *Neue Stücke. Autoren der DDR*, Ost-Bln. 1971, UA Lpz. 1972; *Gedichte*, Ausw., Lpz. 1972, erw. 1976 und 1979; *Das ungezwungne Leben Kasts. Drei Berichte*, Pr., Ost-Bln., Weimar 1972, erw. 1979; *Die Kipper*, Theaterst., in: »Sinn und Form« 1972, H. 1 u. »Spectaculum« 16, Ffm. 1972; *Hinze und Kunze*, Theaterst.-Neuf. v. *Hans Faust*, in: »Spectaculum« 19, Ffm. 1973; *Was bleibt zu tun?*, Flugschr., 1974, gedr. in: *Verheerende Folgen mangelnden Anscheins innerbetrieblicher Demokratie*, Ess., Ffm. u. Lpz. 1988; *Gegen die symmetrische Welt*, G., Halle u. Ffm. 1974; *Es genügt nicht die einfache Wahrheit. Notate*, Lpz. 1975; *Tinka*, Theaterst., UA Karl-Marx-Stadt 1976; *Stücke 1* (enth. *Die Kipper, Hinze und Kunze, Tinka*), Ost-Bln. 1975, Ffm. 1976; *Poesiealbum 115*, G., Ost-Bln. 1977, u. d. T. *Zeit-Gedichte*, Mü. 1977; *Unvollendete Geschichte*, E., in: »Sinn und Form«, H. 5, 1975 u. Ffm. 1977; *Der Stoff zum Leben*, G. u. Pr., m. Grafiken v. S. Juritz, Pfaffenweiler 1977; *Guevara oder Der Sonnenstaat*, Theaterst., gedr. in »Theater heute« 1978/1, UA Mannheim 1977; *Im Querschnitt: V. B.*, G., Pr., Stücke, Aufs., hg. v. Holger J. Schubert, Halle, Lpz. 1978; *Training des aufrechten Gangs*, G., Halle 1979; *Großer Frieden*, Theaterst., UA Ost-Bln. 1979, in: »Theater der Zeit«, H. 7, 1979; *Gedichte*, Ffm. 1979; *Simplex Deutsch. Spielbaukasten für Theater und Schule*, UA Bln. 1980, gedr. in: »Theater der Zeit«, H. 7, 1980; *Stücke 2* (enth. *Schmitten, Guevara oder Der Sonnenstaat, Großer Frieden, Simplex Deutsch*), Ffm. 1981.; *Totleben*, Theaterst., UA Schwerin 1982; *Dmitri*, Theaterst., UA Karlsruhe 1982; *Berichte von Hinze und Kunze*, Pr., Halle, Lpz. 1983, Ffm. 1983; *Stücke* (enth.: *Die Kipper, Hinze und Kunze, Schmitten, Tinka, Guevara oder der Sonnenstaat, Großer Frieden, Simplex Deutsch)*, Ost-Bln. 1983; *Guevara oder der Sonnenstaat*, m. Holzschnitten u. Malbriefen v. HAP Grieshaber, Lpz. 1983, Ffm. 1984; *Hinze-Kunze-Roman*, Pr., Halle 1985, Ffm. 1985, Hsp., MDR/ORB 1993; *Rimbaud. Ein Psalm der Aktualität*, Ess., in: »Sinn und Form«, H. 5, 1985; *Siegfried Frauenprotokolle Deutscher Furor*, Theaterst., UA Weimar 1986; *Friedrich Schiller: Demetrius. Volker Braun: Dmitri*, Hg., Lpz. 1986; *Langsamer knirschender Morgen*, G., Ffm. 1987 u. Halle, Lpz. 1987; *Stücke 3*, Ffm. 1987; *Die Übergangsgesellschaft*, Theaterst., UA Bremen 1987 u. Ost-Bln. 1988; *Verheerende Folgen mangelnden Anscheins innerbetrieblicher Demokratie*, Ess., Ffm. u. Lpz. 1988; *Transit Europa*, Theaterst., n. A. Seghers *Transit*, UA Ost-Bln. 1988, Bonn 1988; *Unvollendete Geschichte. Arbeit für morgen*, Halle, Lpz. 1988; *Anatomie. 13 Sonette aus dem Jahr 1964*, Bremen 1989; *Gesammelte Stücke*, 2 Bde., Ffm. 1988; *Stücke 2* (enth. *Eisenwagen, Lenins Tod, T., Totleben, Die Übergangsgesellschaft, Siegfried Frauenprotokolle Deutscher Furor, Transit Europa*), Ost-Bln. 1989; *Texte in zeitlicher Folge*, 10 Bde, Halle, Lpz. 1989–1993; *Der Stoff zum Leben 1–3*, Ffm. 1990; *Bodenloser Satz*, Ffm. 1990; *Bis hierher und nicht weiter?: Iphigenie in Freiheit*, Hsp., FU 1991; *Die Zickzackbrücke. Ein Abrißkalender*, Halle, Lpz. 1992; *Iphigenie in Freiheit*, Theaterst., Ffm. 1992, UA Ffm. 1992, Hsp., DSK/SFB 1992; *Böhmen am Meer. Ein Stück*, Theaterst., Ffm. 1992, UA Bln. 1992; *Die Verstellung*, Theaterst., UA Wolfenbüttel 1994; *Hinzekunze*, Hsp., MDR/ORB 1993; Der *Wendehals. Eine Unterhaltung*, Pr., Ffm. 1995; *Das Nichtgelebte. Eine Erzählung*, Lpz. 1995; *Die vier Werkzeugmacher*, E., Ffm. 1996; Die *unvollendete Geschichte und ihr Ende. Mit zwei Nachträgen*, E. u. Ess., Ffm. 1998; *Wir befinden uns soweit wohl. Wir sind erst einmal am Ende. Äußerungen*, Ess., Ffm. 1998; *Der Staub von Brandenburg*, Theaterst., gedr. In: *Volker Braun. Arbeitsbuch*, Bln. 1999, UA Cottbus 1999, Hsp., DLF/SFB 1998; *Die Geschichte von den vier Werkzeugmachern*, Hsp., SFB/ORB/ DLF 1999; *Das Wirklichgewollte*, En., Ffm. 2000; *Lustgarten Preußen. Ausgewählte Gedichte*, Ffm. 2000; *Das Wirklichgewollte*, Hsp., SFB/ORB 2002; *Tumulus*, G., Ffm. 2000; *Die Verhältnisse zerbrechen. Rede zur Verleihung des Georg-Büchner-Preises 2000. Mit der Laudatio von Gustav Seibt*, Ffm. 2001; *Wie es gekommen ist. Ausgewählte Prosa*, Pr., Ffm. 2002; *Limes. Mark Aurel*, Theaterst., gedr. in: »Theater der Zeit«, 3/2002, UA Kassel 2002; *Die 14. Provinz*, Hsp., SFB/ORB 2003.

Brechbühl, Beat, wurde am 28. 7. 1939 in Opplingen im Schweizer Kanton Bern geboren und wuchs auf dem Land auf. Nach einer Schriftsetzerlehre war er als Setzer und Redakteur tätig, daneben absolvierte er Kurse in Geschichte, Soziologie und Fotografie. Von 1966 bis 1971 arbeitete er als Herstellungsleiter im Diogenes-Verlag in Zürich, von 1978 bis 1985 leitete er den Zytglogge-Verlag. Seit 1971 ist Brechbühl freier Schriftsteller und »Bildermacher«, zunächst in Wald bei Zürich, wo er 1980 den »Verlag im Waldgut« gründete. 1988 musste der Verlag nach Frauenfeld in ein ausgedientes Eisenwerk umziehen; dort entstehen, im Bleisatz und mit alter Drucktechnik, grafisch aufwändig gestaltete Bücher und Einzeldrucke. Neben Lyrik veröffentlicht Brechbühl vor allem Ethnologisches aus wenig bekannten Weltgegenden wie Lappland und der Mongolei – viele der Länder hat er auf Reisen selbst kennen gelernt. Brechbühl ist im literarischen Leben der Schweiz aktiv; er hat Veranstaltungsreihen wie die »Frauenfelder Lyriktage« ins Leben gerufen und war von 1993 bis 1999 Präsident des Deutschschweizerischen P.E.N.-Zentrums. Für sein Werk erhielt er unter anderem 1975 den Conrad-Ferdinand-Meyer-Preis, 1985 den Literaturpreis der Stadt Bern und 1987 den Österreichischen Kinderbuchpreis.

Brechbühl ist in erster Linie Lyriker. Er hat 16 Gedichtbände veröffentlicht, von *Spiele um Pan* (1962) bis zu *Vom Absägen der Berge* (2001). Sein oft schlichter Sprachduktus orientiert sich am gesprochenen Wort, am konkreten Bild. Viele seiner Gedichte sind Zustandsbeschreibungen, Beobachtungen über das Leben in der Schweiz und anderswo, die formal zwar einfach bleiben, aber nie Banales formulieren. Erinnerungen an eine träumerische Kindheit in den Vierziger-, eine Jugend in den Fünfzigerjahren und Berichte von Reisen in fremde Länder kehren immer wieder. Die Meditationen zu Bildern verschiedener Maler in der *Gesunden Predigt eines Dorfbewohners* (1966) baute Brechbühl 1968 zu einem Gedichtband aus: *Die Bilder und ich*. Hier zeigt sich der »neugierige Sehfanatiker«, der die Bilder nicht beschreibt oder kommentiert, sondern als Ausgangspunkte für Gedankenassoziationen nutzt. Aus dem Zwiegespräch mit dem Bild entsteht das Gedicht. Bewusst ignoriert Brechbühl den Kunstcharakter der Bilder, »sie gehören in den Alltag wie andere geistige und materielle Produkte«. 1972 gibt die Gedichtsammlung *Ein geschlagener Hund pisst an die Säulen des Tempels* einen ersten Überblick über Brechbühls bisheriges lyrisches Schaffen, 1977 erscheint die zweite Überblickssammlung *Traumhämmer – Gedichte aus zehn Jahren*. Im *Werkbuch Beat Brechbühl* (1975) findet man neben Gedichten auch Prosatexte und grafische Arbeiten, vor allem Collagen und Serigrafien, die der Künstler »Play Poems« und »Fotogedichte« nennt. Eine neuere Entwicklungslinie führt zum kurzen Text. Schon in seinem *Branchen-Buch* (1974) experimentierte Bechbühl mit Aphorismen, in den Bänden *Ein verhängtes Aug* (1982) und *Die Nacht voll Martinshörner* (1984) entdeckte er mit dem japanischen Haiku eine adäquate Ausdrucksform.

Einem breiteren Publikum auch außerhalb der Schweiz wurde Brechbühl durch seinen ersten Roman *Kneuss* (1970) bekannt. Der Träumer Kneuss, gerade 30 geworden, zieht sich mit Hund und Koffer aufs Land zurück, um über sein Leben nachzudenken. Schon bei der Ankunft spürt er eine dunkle Ahnung von Gefahr, die wachsende Bedrohung gipfelt in einem Mordanschlag, bei dem sein Hund stirbt. Als Kneuss' Gegner erweist sich der bösartige und rücksichtslose Druckereiunternehmer Eugen Schnaffelmann, der schließlich tot aufgefunden wird. Kneuss, der Mörder, stellt sich und hat nun das Problem, wie sein künftiges Leben aussehen soll, gelöst. Der Roman wurde von der Kritik zwiespältig, vom Publikum dagegen sehr positiv aufgenommen. Es sind die kleinen Alltagsbeobachtungen, die skurrilen Szenen, die das Buch zum Lesevergnügen machen – Sequenzen, in denen man den Lyriker im Autor spürt. Die Kriminalhandlung gerät Brechbühl allerdings zeitweise aus dem Blickfeld. Der Roman trägt einen zeitspezifischen schweizerischen Ton, der einen der Rezensenten sogar dazu verführte, mit Brechbühl die Hoffnung auf einen »immens verjüngten Max Frisch« zu verbinden. 1977 wurde *Kneuss* von Gaudenz Meili verfilmt, der Autor arbeitete am Drehbuch mit.

In Brechbühls zweitem Roman *Nora und der Kümmerer* (1974) sind die liebevollen Beobachtungen, die den ersten Roman prägten, größtenteils einer deutlicheren Sozialkritik zum Opfer gefallen. Zwei Handlungsstränge laufen aufeinander zu: der gutbürgerliche Quirin Quassel gerät durch das Auftauchen einer ehemaligen Freundin in eine Krise; der unreife, vorbestrafte Frank und die viel ältere Nora fliehen quer durch Europa wegen eines Mordes, den sie nicht begangen haben. Als Nora bei einem Unfall stirbt, nimmt Quirin, der »Kümmerer«, Frank zu sich, ein hoffnungsvoller Schluss, wie er für Brechbühls Romane kennzeichnend ist.

Brechbühls Romanhelden sind Außenseiter, die oft mit der Welt nur notdürftig zurechtkommen, aber tiefer blicken als andere. Der Protagonist in *Mörmann und die Ängste der Genies* (1976), der Fotograf Mörman, wird von einer Fliege am Selbstmord gehindert und findet in der Organisation einer skurrilen Denkfabrik eine neue Aufgabe. Doch Geld- und Machtgier Einzelner lässt das Projekt untergehen, Mörmann kehrt in seinen Beruf zurück. Auch Bruno Schaffer, der Ich-Erzähler in *Liebes Unge-*

heuer Sara (1991) wird durch unerwartete Ereignisse geläutert, als sich eine eigenwillige und lebenskluge 14-Jährige samt Trompete in seinem Haus einnistet und sein organisiertes, aber nicht recht erfüllendes Leben auf den Kopf stellt. In seinem Erzählungsband *Die Glasfrau und andere merkwürdige Geschichten* (1985) versammelte Brechbühl Kurzgeschichten, die seit den frühen Siebzigerjahren entstanden sind. In den zarten, manchmal traurigen Texten werden – meist aus der Innenperspektive eines Protagonisten – merkwürdige Begebenheiten geschildert, die den Leser nachdenklich und zugleich amüsiert zurücklassen. In der Erzählung *Fußreise mit Adolf Dietrich* (1999) macht Beat Brechbühl mit dem bedeutendsten »naiven« Schweizer Maler, dem er sich seelenverwandt fühlt, eine fiktive Wanderung durch die liebliche Bodensee-Landschaft. Es ist 1949, vier Jahre nach dem Ende des Zweiten Weltkriegs, dessen Schrecken der Maler allerdings nicht wahrnehmen mag.

Nicht nur Kinder lieben Brechbühls erfolgreiche *Geschichten vom Schnüff* (1976). In den drei episodisch aufgebauten Bänden wird von einem schlauen Neunjährigen erzählt, der in ländlicher Umgebung in der Schweiz aufwächst. Seine humorvoll und mit einem ironischen Augenzwinkern für die Erwachsenen erzählten Abenteuer bezaubern auch durch den Charme einer etwas altertümlichen Dorfidylle.

Uta Rupprecht

Werke: *Spiele um Pan*, G., Egnach 1962; *Die Stiere*, E., in: Texte, hg. v. Hugo Leber, Einsiedeln, Zür., Köln 1964; *Lakonische Reden*, G., Stierstadt/Ts. 1965; *Gesunde Predigt eines Dorfbewohners*, G., Zür. 1966; *Die Bilder und ich*, G., Zür. 1968; *Die Litanei von den Bremsklötzen*, G., Bern 1969; *Kneuss*, R., Zür. 1970, Drehb. 1971; *Auf der Suche nach den Enden des Regenbogens*, G., Zür. 1970; *Der geschlagene Hund pisst an die Säulen des Tempels*, G., Zür. 1972; *Wohnrecht*, Hsp., 1972; *Meine Füße lauf ich ab bis ans Knie*, G., Pforzheim 1973; *Die Elchjagd*, Hsp., zus. m. Heinz Stadler, 1973; *Branchen-Buch. Auszüge aus dem Alphabet*, G., Zür. 1974; *Nora und der Kümmerer*, R., Düsseld. 1974; *Die Schrittmacher*, G., Pforzheim 1974; *Ein Werkbuch*, Zür. 1975; *Draußen ein ähnlicher Mond wie in China*, G., Pfaffenweiler 1975; *Mörmann und die Ängste der Genies*, R., Düsseld. 1976; *Geschichten vom Schnüff*, Kinderb., Zür. 1976; *Schnüff, Herr Knopf und andere Freunde*, Kinderb., Zür. 1977; *Traumhämmer*, G., Zür. 1977; *Die Glasfrau*, Hsp., DRS 1977; *Der Elefant im Butterfass*, Kinderb., Hg., Zür. 1977; *Geschichte vom Schnüff*, Schpl., 1977; *Lady raucht Gras und betrachtet ihre Beine*, G., m. Illustr. v. Axel Hertenstein, Pforzheim 1978; *Das Plumpsfieber. Ein Märchen und zwei Geschichten*, Zür. 1978; *Gras ist Gras* (Brechbühl & Grau), Schpl., 1980; *Ein verhängtes Aug. Haiku*, G., Pforzheim 1982; *Schnüff, Maria, 10 Bratwürste*, Kinderb., Zür. 1982; *Temperatursturz*, G., Bern 1984; *Die Nacht voll Martinshörner. Haiku u. Senryu*, G., m. Linolschnitten v. Axel Hertenstein, Pforzheim 1984; *Die Glasfrau und andere merkwürdige Geschichten*, En., Zür. 1985; *Dschingis, Bommel und Tobias*, Kinderb., Zür. 1986.; *Katzenspur, hohe Pfote*, G., Pforzheim 1988; *Einführung in den Mittelstreckenlauf*, Hsp., DRS 1988; *Liebes Ungeheuer Sara*, R., Zür. 1991, *Die Bärenhüter im Waldgut*, m. Illustr. v. Ruedi Baumann, Zür. 1991; *Das Wesen des Sommers mit Zuckerfrau*, Pforzheim 1991; *Josef und Elisa*, E., Bern 1991; *Auf dem Rücken des Sees*, zus. m. S. Kappeler, Weinfelden 1997; *Fußreise mit Adolf Dietrich*, E., Zür. 1999; *Vom Absägen der Berge*, G., Zür. 2001.

Breitbach, Joseph, wurde als Sohn einer zweisprachigen Familie am 20. 9. 1903 in Koblenz geboren. Väterlicherseits stammen die Vorfahren aus Lothringen, mütterlicherseits aus Tirol. Der Junge besuchte das Gymnasium in Koblenz bis zur Unterprima und absolvierte 1921 bis 1923 eine Lehre bei der »Rheinischen Rundschau«. 1923 leitete er den Sportteil dieser Koblenzer Tageszeitung, arbeitete ab 1924 im Buchhandel, zunächst in Koblenz, dann in Augsburg. Mit 19 wurde er für zehn Jahre Mitglied der Kommunistischen Partei und lernte durch seinen Onkel und Freund Jean Schlumberger (1877–1968) viele französische Schriftsteller kennen. Von 1931 an unterhielt er eine Wohnung in Paris und zählte zum Umfeld der Literaturzeitschrift »Nouvelles Revue Française«, zu dem auch André Gide oder Roger Martin du Gard gehörten. Breitbach schrieb und veröffentlichte in Deutsch und Französisch, ab 1935 u. a. als Journalist für den »Figaro«. Er bemühte sich lange erfolglos um die französische Staatsbürgerschaft, meldete sich 1939 zur Fremdenlegion, wurde vorübergehend interniert und arbeitete 1940 für den französischen Nachrichtendienst. 1940 wurde seine Wohnung von der Gestapo durchsucht, Tagebücher und Manuskripte wurden beschlagnahmt und gingen verloren. Nach dem Kriegsende berichtete Breitbach für deutsche Zeitungen, von 1948 bis 1951 als Korrespondent der Wochenzeitung »Die Zeit« unter dem Pseudonym Jean-Charlot Saleck; er engagierte sich für die deutsch-französische Verständigung und als Mäzen von Kunst und Literatur. 1962 fand er mit dem Roman *Bericht über Bruno* und 1970 auch mit dem Theaterstück *Genosse Veygond* große Resonanz. Breitbach, der sein Leben lang zwischen Deutschland und Frankreich pendelte, starb am 9. 5. 1980 in seiner Münchner Wohnung.

Zu den Ehrungen, die ihm gewährt wurden, zählten 1965 der Pris Combat, die Mitgliedschaft in der Französischen Ehrenlegion, 1966 die Mitgliedschaft in der Bayerischen Akademie der Schönen Künste, 1969 das Große Bundesverdienstkreuz, 1975 die Goethe-Medaille und der Kunstpreis des Landes Rheinland-Pfalz. Nach seinem Tod wurde seinem Wunsch entsprechend eine Stiftung begründet, die seit 1998 jährlich den Joseph-Breitbach-Preis als derzeit höchstdotierten deutschen Literaturpreis verleiht.

Breitbachs Romane, Erzählungen und Theaterstükke handeln von sozialen Fragen, von Auseinandersetzungen mit religiösen Autoritäten, von den moralischen Aspekten des Umgangs mit der Macht. Die Erzählungen des Bandes *Rot gegen Rot* (1929) schildern Klassengegensätze, ohne sich einer marxistischen Literaturauffassung unterzuordnen; das Buch wurde sogar ein Jahr vor der deutschen Ausgabe schon in der Sowjetunion veröffentlicht, dann aber unterdrückt. Der erste Roman erschien 1932: *Die Wandlung der Susanne Dasseldorf* führt in die Jahre der Besetzung des Rheinlandes zwischen 1918 und 1923. Am Beispiel einer wohlsituierten Familie und ihrer Dienstleute sowie einquartierter amerikanischer Soldaten entfaltet Breitbach ein detailgenaues, fatalistisch-ironisches Sittengemälde der bürgerlichen Kreise. Dafür wurde er von Klaus Mann als »geborener Epiker« gelobt (»Berliner Tageblatt«, 1932), ehe die Nationalsozialisten den Roman 1933 verboten.

In Thomas Manns Zeitschrift »Maß und Wert« erschien 1937 ein Kapitel aus Breitbachs Romanprojekt *Clemens*, an dem der Autor seit 1932 arbeitete und das er 1937 weitgehend abschloss. Nur wenige Freunde konnten das 1200 Seiten starke Manuskript lesen, ehe es 1940 von der Gestapo in Breitbachs Pariser Wohnung beschlagnahmt wurde und als verschollen gelten muss. Vor dem Hintergrund der Philosophie Kierkegaards beschreibt der Roman die jugendliche Rebellion gegen religiöse und väterliche Autorität. Als Fragment wurde *Clemens* 1963 noch einmal aufgelegt; eine frühe, maschinengeschriebene Version, die 1983 von der Sowjetunion dem Staatsarchiv Potsdam übergeben wurde, ist bislang unveröffentlicht geblieben.

Mit dem *Bericht über Bruno* (deutsch 1962, Neufassung vom Verfasser in Französisch 1964) erreichte Breitbach ein breite Leserschaft, Übersetzungen in sieben Sprachen und das Wohlwollen der Kritik. Aus dem Blickwinkel eines alternden Politikers werden Aufwachsen und politischer Aufstieg von dessen Neffen Bruno geschildert – bis zu dem Punkt, an dem Bruno seinen Onkel stürzt und dessen Innenministeramt übernimmt. Themen des Romans sind Generationenkonflikte, der Zusammenprall von moderatem Reformismus mit der heftigen Rebellion des Jüngeren und die Gier nach und der Umgang mit der Macht. Man hat den Roman wegen seiner tief reichenden Sozialkritik neben die Werke Heinrich Manns gerückt, die Kritik hat auch die Darstellung des »Moralisten« als prototypisch gewürdigt, doch wird man einschränkend nicht übersehen können, dass die idealtypische Ausarbeitung des Konflikts in einem nicht näher spezifizierten politischen Raum seither einiges an Erklärungskraft eingebüßt hat.

Die Komödie *Genosse Veygond* (UA 1970, 1969 noch unter dem Titel *Genosse Weigon oder Ein teurer Kasten Bier)* geht wesentlich dreister mit dem Thema Machtmissbrauch und Korruption in einer Partei um. Gemeint ist offenbar die Kommunistische Partei. Drei Bühnenarbeiter kidnappen hinter der Bühne einen berühmten Dramatiker und konfrontieren ihn mit dem Gegensatz zwischen seinen engagierten Werken und der Realität seines privilegierten Lebens. So entlarvt sich die Heuchelei einer politischen Gruppierung, die ihren Prominenten zu viel nachsehen muss, wenn sie deren Popularität nicht einbüßen will. Das wurde in Frankreich als Kritik an Louis Aragon aufgefasst, es kam zu erregten Debatten in der Öffentlichkeit, trotzdem blieb dem Stück ein Erfolg auf der Bühne beschieden.

Michael Schmitt

Werke: *Rot gegen Rot*, En., Stg, Bln., Lpz. 1929; *Mademoiselle Schmidt*, Theaterst., Bln. 1929; *Die Wandlung der Susanne Dasseldorf*, R., Bln. 1932; *Jean Schlumberger. Persönlichkeit und Werk. Ein Überblick*, Vortr., Zü. 1952; *Jean Schlumberger: Im Biwak*, Übs., Zür. 1957; *Clemens*, R.-Frag., Paris 1958, Ffm. 1963; *Das Jubiläum. Komödie in drei Akten*, Zür. 1960, überarb. Fssg. u. d. T. *Die Jubilarin. Volksstück in vier Akten*, Ffm. 1965 und 1968; *Bericht über Bruno*, R., Ffm. 1962; *Genosse Veygond,* Theaterst., UA Ffm. 1970, u. d. T. *Hinter den Kulissen oder Genosse Veygondt*, Ffm. 1976; *Requiem für eine Kirche*, Theaterst., Ffm. 1971; *Die Jubilarin, Genosse Veygond, Requiem für eine Kirche*, Sammelausg., Ffm. 1972; *Die Rabenschlacht und andere Erzählungen*, En., Ffm. 1973, *Feuilletons. Zu Literatur und Politik*, hg. v. Wolfgang Mettmann, Pfullingen 1978; *Das blaue Bidet oder Das eigentliche Leben*, R., Ffm. 1978; *Radieschen*, Drehb., n. En. *Das Radieschen* u. *Rot gegen Rot* von R. Busch, 1979; *Zweierlei Helden*, Masch.-Ms., Paris 1980.

Bremer, Jan Peter, wurde am 20. 2. 1965 als Sohn des Malers Uwe Bremer in Berlin geboren. 1970 zog die Familie nach Gümse im Kreis Lüchow-Dannenberg. Nach dem Abitur 1985 kehrte er nach Berlin zurück, schrieb sich zuerst an der Universität ein, nahm dann aber mehrere Gelegenheitsjobs an und setzte seine literarische Arbeit fort. Heute lebt er mit seiner Familie als freier Autor in Berlin. Ausgezeichnet wurde er 1991 mit einem Stipendium des Berliner Senats, 1993 mit einem Bertelsmann-Stipendium beim Ingeborg-Bachmann-Preis und dem Stipendium Schloss Wiepersdorf, 1994 mit einem Stipendium des Atelierhauses Worpswede, 1996 mit dem Ingeborg-Bachmann-Preis in Klagenfurt und einem Literaturstipendium der Stiftung Preußische Seehandlung, 1998 mit einem Stipendium des Berliner Senats für das beste Hörspiel und 2000 mit einem Stipendium der Stiftung »Kultur der Länder« in Krakau und dem Nicolas-Born-Förderpreis.

Jan Peter Bremers Romane gehen von einem erzählerischen Grundeinfall aus, einer alltäglichen Begebenheit. Ein Mann wird der Unordnung in seiner Wohnung nicht mehr Herr und stellt einen Diener ein (*Einer der einzog das Leben zu ordnen*, 1991), ein Reisender sitzt mit einem Koffer in einem Park und wird von neugierigen Passanten vehement bedrängt (*Der Palast im Koffer*, 1992), ein Monarch muss die Stelle des verstorbenen Verwalters neu besetzen (*Der Fürst spricht*, 1996), ein Schriftsteller versucht seine Schreibblockade in einem Kaffeehaus zu überwinden (*Feuersalamander*, 2000). Aus diesen Konstellationen heraus entwickelt Bremer mit viel Sinn für clowneske, tragikomische Momente karge Handlungen; als literaische Koordinaten hat die Kritik zurecht auf Reinhard Lettau und Peter Bichsel hingewiesen. Beim *Palast im Koffer* ist »die Grundidee, eine Sekunde des Sterbens darzustellen. Da war die Idee, diesen Zeitraffer, von dem man immer hört, diese Schrecksekunde, wenn das Leben noch einmal an einem vorbeirauscht, darzustellen. Das ist undramatisch und relativ in die Länge gezogen« (Jan Peter Bremer).

Bremers Kunst besteht in der allmählichen, kaum merklichen Verschiebung der Perspektive. Die Texte erhalten so ihre groteske Qualität. Sie gleichen poetischen Miniaturen oder Kammerspielen: kaum Personal, ein leicht überschaubarer Handlungsrahmen, fast immer die Einheit von Zeit und Ort. Bremer interessiert sich für wechselseitige und wechselhafte Abhängigkeiten, sei es im Verhältnis von Herr und Diener, von Autor und Objekt oder zwischen den Menschen überhaupt. Man mag in diesen Romanen eine Neigung zur Verniedlichung der Wirklichkeit feststellen, eine Art literarisches Puppenhaus oder eine Marionettenbühne, auf der der Autor die Strippen zieht. Bremer macht dabei keinen Hehl aus der Beschaffenheit seiner Artefakte, ihn interessiert offenbar nur das (selbst-)ironische, variantenreiche Spiel mit den egomanen Sehnsüchten der Menschen, die nur notdürftig deren Einsamkeit kaschieren.

Thomas Kraft

Werke: *In die Weite. 17 Kurztexte*, En., Bln. 1988; *Einer der einzog das Leben zu ordnen*, R., Bln. 1991; *Der Palast im Koffer*, R., Bln. 1992, Hsp., SWF 2000; *Der Fürst spricht*, R., Ffm. 1996, Hsp., SWR 1998, Theaterst., UA Darmstadt 2000; *Feuersalamander*, R., Bln. 2000, Hsp., SWF 2003.

Breznik, Melitta, wurde am 1961 in Kapfenberg in der Steiermark geboren. Sie studierte Medizin und ist heute als Oberärztin an der Psychiatrischen Klinik Beverin in Cazis im Schweizer Kanton Graubünden tätig. Sie erhielt 2001 den Literaturpreis des Landes Steiermark.

Nachtdienst (1995) ist eine kurze Erzählung zu einem langen Abschied. »Es ist zu spät«, so endet die Geschichte. Der Vater ist tot. Wäre der Text ein Gemälde, sähe man die Porträtskizze eines alten Mannes in Rückenansicht, wäre er ein Film, hätte er viele Standbilder und langsame Schwenks. Denn der Vater lebte stets abgewandt, die Tochter tastet ihm nun hinterher. Bilder der Kindheit haben sich in ihrer Erinnerung »unauslöschlich« eingebrannt, die die Ich-Erzählerin, eine junge Chirurgin, in atmosphärisch dichte Bewusstseinsfragmente überführt. Diese Reise in die Vergangenheit hebt sich vom hektischen Alltag der Ärztin deutlich ab, in dem sie kaum Zeit findet, die »Angst und die Schmerzen« der Patienten wahrzunehmen. Aus dieser Irritation heraus entsteht das Bedürfnis, sich das Leben des Vaters, eines trunksüchtigen Tyrannen, auch in seinem Scheitern noch einmal zu vergegenwärtigen. So wird dann eine Autopsie zum Ausgangspunkt vorsichtiger Annäherung und nachgetragener Liebe.

Nachtdienst ist einer der eindrucksvollsten Versuche, den Tod und die Empfindungen, die er auslöst, in Sprache zu bannen. Eine letzte gemeinsame Zigarette, die Erinnerung an alte Zeiten, »der grünliche Flaum vom Schimmel, der die Konturen zu verwischen« beginnt, der verschleierte Blick auf das eigene Sterben, letzte Briefe mit Todesanzeigen

und am Ende die immer als unangemessen empfundene Geste des Abschieds.
Von einsamen Menschen, die gefährdet sind, ihre Grenze zu überschreiten, berichten auch die acht Erzählungen des Bandes *Figuren* (1999). Man lauscht eines Nachts einem grüblerischen Bauingenieur, der sich mit Essen voll stopft, um sich eine Weile von seiner Existenzangst zu befreien. Man sitzt am Bett eines alten Mannes, der im Sterben liegt, vom Krieg erzählt und dabei kleine Holzfiguren hervorholt, die ihn ein Leben lang begleitet haben. Durch eine Namensgleichheit ausgelöst, folgen wir dem Strom von Erinnerungen an eine alte WG-Gefährtin und werden von ihrem Tod überrascht. Der letzte Brief eines Aids-kranken Freundes trifft ein, wir werden am offenen Herzen operiert, sehen im Fiebertraum schon unsere eigene Beerdigung und entschuldigen uns bei all denen, die wir vergessen haben und deren Weggang uns plötzlich trifft. Man ist ganz dicht dran an diesen Schicksalen, wie sie uns Melitta Breznik, fast ohne Ausnahme aus der Ich-Perspektive, nahe bringt mit ihrer erzählerischen Gabe, diskret und konkret gleichzeitig zu sein. Es sind bewegende Geschichten über Freundschaft und Sexualität, über Krankheit und Tod – hervorzuheben *Das Herz* –, die behutsam und doch eindringlich zeigen, wie eng Liebe und Tod aufeinander bezogen sind. Breznik erzählt mit Wehmut vom Sterben, aber ihre *Figuren* wecken die Hoffnung auf ein Leben, das an unseren inneren Abgründen nicht verzweifelt.
In *Das Umstellformat* (2002) wird die Geschichte einer Spurensuche rekonstruiert, die der Großmutter der Erzählerin gilt. Von ihr existiert nur noch ein verschwommenes Porträt aus dem Jahr 1935, ansonsten scheint sie aus dem Gedächtnis ihrer Familie getilgt worden zu sein. Anlass für diesen merkwürdigen Vorgang ist ihre Erkrankung und Einweisung in eine Heilanstalt in dem Jahr, aus dem das Foto stammt. Die damals 39-Jährige fantasierte, so ist den Krankenakten zu entnehmen, von einem anonymen »Umstellformat«, das sie bedrängt und ängstigt. Der Hinweis der Mutter, dass die Erzählerin eine große Ähnlichkeit mit der Großmutter aufweise, motiviert diese zu eigenen Recherchen. Mit ihrer Mutter besucht sie die »Vernichtungskliniken«, in denen die Großmutter bis zu ihrem Tod 1943 verwahrt wurde. Der Weltkrieg, die Schizophrenie der Großmutter und die Euthanasie durch die Nationalsozialisten werden in Brezniks Erzählung zwar angerissen, aber der Gestus des Erzählens bleibt eigentümlich zart und zurückhaltend. Der Autorin ging es offenbar nicht um die Darstellung des Grauens, obwohl nichts beschönigt und verschwiegen wird. Vorsichtig nähert sich die Erzählerin der Vergangenheit, die Gegenwart scheint auf den ersten Blick aufgeklärt und fortschrittlich. Denn selbst »in der Psychiatrie hatte sich einiges getan«, ein Generationswechsel war vollzogen worden, die Verbrechen erforscht. Die Tötung der Kranken, des »minderen Lebens«, war 1941, das weiß man heute, nur offiziell beendet.
Wer erzählt, überlebt, heißt es. Und über wen erzählt wird, wird der Vergessenheit entrissen. In diesem Sinne wird hier die Geschichte einer Frau erzählt, deren Schicksal selbst von der eigenen Familie verdrängt worden war. Das tut die Autorin mit großer Akribie, das verschwommene Foto erhält Konturen, ein Mensch wird sichtbar. Doch es ist eben auch der Versuch, sich selbst zu positionieren, in der Familie und – die Erzählerin ist selbst Psychiaterin – in einem beruflichen Kontext. »Zu Hause«, schreibt die Erzählerin, »gab es einige stumme Boten dieser Zeit«, NS-Devotionalien; ihr Anliegen ist es, das Schweigen zu brechen, nicht berserkerhaft und um jeden Preis, aber mit stetem Nachdruck. Dazu zählen auch die Gespräche mit einem norwegischen Freund, einem alten Mann, in dessen Familie sie während der Schulzeit als Gasttochter weilte. Er selbst war Teil der nationalen Bewegung und Parteimitglied gewesen, musste als Kollaborateur nach dem Krieg ins Straflager und die Verachtung seiner Nachbarn zeitlebens ertragen. Seine Frau leidet an Alzheimer, sie wäre – hätte der Nationalsozialismus gesiegt – sicher auch der Euthanasie zum Opfer gefallen. Auch hier schildert Melitta Breznik mit erstaunlicher Ruhe das Eindringen des Todes in unsere Welt und erzählt von den Fragen, die das auslöst. Wer so präzise und gekonnt mit Sprache umgeht wie diese Autorin, muss zu den großen erzählerischen Begabungen unserer Literatur gezählt werden.

Thomas Kraft

Werke: *Nachtdienst*, E., Mü. 1995; *Figuren*, En., Mü. 1996; *Das Umstellformat*, E., Mü. 2002.

Brinkmann, Rolf Dieter, wurde am 16. 4. 1940 in der oldenburgischen Kleinstadt Vechta geboren. Nach dem Besuch der Volksschule verließ er das Gymnasium ohne Abschluss und begann 1959, nach unglücklichen Intermezzi als Verwaltungsangestellter und Feldarbeiter, eine Buchhandelslehre in Essen. 1962 ließ er sich in Köln nieder, wo er im gleichen Jahr seine erste größere Prosaarbeit (*In der*

Grube) und seinen ersten Gedichtband (*Ihr nennt es Sprache*) in einem Kleinverlag publizierte. Sein Studium der Pädagogik brach Brinkmann 1966 ab, um fortan als freier Schriftsteller zu leben. Zusammen mit Ralf-Rainer Rygulla engagierte er sich ab 1967 leidenschaftlich für die Adaption der amerikanischen Pop- und Undergroundliteratur in Deutschland. 1969 gründete er gemeinsam mit Rygulla und Rolf-Eckart John die Zeitschrift »Der Gummibaum. Hauszeitschrift für neue Dichtung«. Im Jahr 1970, nach der Publikation wegweisender Anthologien zur postmodernen amerikanischen Literaturszene (*ACID*, 1969; *Silverscreen*, 1969), kappte er abrupt alle Verbindungen zu den Autoren und Bewegungen der *ACID*-Phase und zog sich aus dem literarischen Leben zurück. Während der Jahre des Rückzugs entstanden großformatige, erst posthum publizierte Material- und Tagebuchbände, die der Autor als Quelle für einen geplanten Roman und andere Texte verstand. In diesen fragmentarischen »Erkundungen« der eigenen Schreibvoraussetzungen werden autobiografische Protokolle, Fotografien, Science-Fiction-Zitate, Traumstücke, Terrorvisionen und Notate zu einer pessimistischen Anthropologie nach Art der »Cut-up«-Methode von William Seward Burroughs zu einer Bestandsaufnahme der Zeit zusammengeführt (*Erkundungen für die Präzisierung des* Gefühls *für einen Aufstand*, 1987; *Schnitte*, 1988). Ende 1971 erprobte Brinkmann einige Wochen lang ein Eremitendasein in einer Mühle im Hunsrück, wobei er in manischer Schreibwut die existenzielle Selbstbefragung bis zur nihilistischen Dekonstruktion des eigenen Ich fortführte. Als Stipendiat der Villa Massimo in Rom (1972/73) verfasste er ein literarisches Tagebuch, das in seiner bizarren Synthesis von anrührenden Liebesbriefen an seine Frau Maleen, diaristischen Notizen, schroffsten Episteln gegen seine Dichterkollegen, langen anthropologischen Reflexionen, nietzscheanischen Verdikten und narzisstischen Selbststilisierungen zum Außenseiter zu den radikalsten und bewegendsten Prosaarbeiten der Siebzigerjahre zu rechnen ist. Kurz nach seinem literarischen Neubeginn mit dem Gedichtband *Westwärts 1 & 2* (1975) kam Brinkmann am 23. 4. 1975 bei einem Verkehrsunfall in London ums Leben, als er gemeinsam mit dem Lyriker Jürgen Theobaldy die Straße überqueren wollte und dabei von einem heranrasenden Auto erfasst wurde.

Als 1962 in einer Auflage von 500 handsignierten Exemplaren der erste Gedichtband Brinkmanns erschien, deutete sich schon im Titel die oppositionelle Haltung gegenüber den kulturellen Traditionen im »Todesterritorium Westdeutschland« an: *Ihr nennt es Sprache*. Diese frühen Gedichte sind noch durchzogen von den »blattvergoldeten Worten« (Günter Herburger) traditioneller Poesie, für die Brinkmann später nur noch Verachtung empfand. In den oft pathetischen Versen blitzen schon rudimentär die Vokabeln der bewusst rohen, unartifiziellen Umgangssprache auf, die sein späteres Schreiben charakterisieren. Im Band *Le chant du monde* (1963/64) werden dann die Einflüsse amerikanischer Vorbilder wirksam. Die imagistische Augenblicksdichtung eines William Carlos Williams transformiert Brinkmann in eine Poesie der Oberfläche, die sich auf das Protokoll visueller Wahrnehmungen beschränkt. Ein flüchtiger Augenblick wird notiert und es entsteht ein Bild, in dem nichts ist als sein Anblick: »Mitten / auf der Straße / die Frau / in dem / blauen / Mantel.« Der fotografische Blick des Gedichts fixiert in einfacher Sprache Ausschnitte aus der sinnlich erfahrbaren Realität. In einer berühmten Notiz zu seinem Gedichtband *Die Piloten* (1968) hat Brinkmann diese Poetik der lyrischen Blitzlichtaufnahme definiert: »Ich denke, dass das Gedicht die geeignetste Form ist, spontan erfasste Vorgänge und Bewegungen, eine nur in einem Augenblick sich deutlich zeigende Empfindlichkeit konkret als Snapshot festzuhalten.« Der Poetik des »Snapshots« entspricht eine Vorstellung von Literatur als einem »Film in Worten«. Um die von ihm erstrebte »Abweichung vom vorgegebenen Muster ›Dichtung‹« motivisch zu markieren, rekurriert Brinkmann auf die Trivialmythen und Ikonen der Pop-Kultur. Gedichttitel wie *Der Chewing-Gum-Mann*, *Eine übergroße Fotografie von Liz Taylor* oder *Tarzan* bezeugen die demonstrative Hinwendung zu den populären Topoi der amerikanischen Unterhaltungskultur. Das Konzept, die Reizmuster des Films, der Fotografie und der Rockmusik für die Literatur zu nutzen, soll die Erweiterung der sinnlichen Erfahrung ermöglichen. 1969 lieferte ihm eins dieser Präparate, mit denen er die »sinnliche Erfahrung« zu animieren versuchte, den Titel für eine Anthologie amerikanischer Underground-Literatur: *ACID*. Im Nachwort entwirft Brinkmann hier die Apologie einer auf nervös flackernde Bilder und spontane Reizimpulse vertrauenden Literatur: »Losgelöst von vorgegebenen Sinnmustern wendet sich die Imagination dem Nächstliegenden, Greifbaren zu und entschlüpft durch ein Loch in der Zeit: Break on through to the other side, The Doors, 2 Minuten, 25 Sekunden, 27. 1. 1969 ...«

In seinem erfolgreichen Roman *Keiner weiß mehr* (1968) breitete Brinkmann in kaum verhülltem Privatismus die Szenen seiner eigenen Ehe mit Ehefrau Maleen vor den Augen des Lesepublikums aus. Die Motive von Sexualität und Entfremdung werden in ähnlich selbstquälerischer und obsessiver Manier entfaltet wie die Geschichte des Lustmörders in der Erzählung *Raupenbahn*, in der es von der Hauptfigur heißt, ihr »ganzer Körper» sei »vom Geschlecht überwuchert«.

Um 1970 sieht sich Brinkmann seiner Hoffnungen auf den Aufbruch einer progressiven Subkultur beraubt und wendet sich von den hedonistischen Konzeptionen eines Frank O'Hara, William Seward Burroughs oder Ted Berrigan wieder ab. In den Gedichten des Bandes *Westwärts 1 & 2* (1975) entwickelt er eine negative Poetik, »die in sich die Verneinung der Sprache enthält«. Die Sehnsucht nach einer Poesie ohne Wörter, nach Gedichten, die »irdischer Rock'n'Roll« sind, zielt nicht etwa auf hermetische Reduktion oder eine Wort-Aussparung im Gedicht, sondern auf den fundamentalen Zweifel am konventionalisierten System Sprache. Die Suche nach rauschhafter Natur- und Körpererfahrung mittels einer Poesie ohne Wörter manifestiert sich programmatisch im langen Gedicht *Fragment zu einigen populären Songs* (in: »Literaturmagazin« 3, 1974). Der Text setzt ein mit Zitat-Bruchstücken und flüchtigen Impressionen, nimmt diese aber nur zum Anlass, um in langen reflexiven Passagen die sinnliche Unmittelbarkeit einzufordern gegen die »Gespensterbegriffe« und die »gesellschaftlichen Formeln«, die »das dreckigste Bild« des Lebens produzieren. Der ungeheure »Verrottungszusammenhang«, als der die westliche Zivilisation in Brinkmanns Poesie erscheint, korrespondiert formal mit der zerrissenen Struktur der *Westwärts*-Gedichte. Momentaufnahmen aus Städten und Landschaften, Erinnerungen, Reflexionen über das Schreiben, alogisch-assoziative Fügungen und literarische Zitate werden zu einer neuen offenen Form verknüpft. Die konventionellen Verszeilen werden aufgelöst und typografisch zu Langzeilen aufgefächert, die mehrspaltig nebeneinander liegen. Der chaotischen Gleichzeitigkeit der sinnlichen Bewusstseinsreize, die auf das lyrische Subjekt einströmen, entspricht die Zerschlagung der geschlossenen Gedichtform. Auch der Sinnzusammenhang wird in diesen »Collagen des alltäglichen langsamen Irrsinns« aufgesprengt: Einige Gedichte (*Westwärts*; *Rolltreppen im August*) wuchern aus zu gigantischen Textfragmenten, in denen nur noch die unregelmäßige Wiederkehr einer Leitvokabel einen inhaltlichen Zusammenhang herstellt.

Das lustvoll-ironische Spiel mit den Zeichen der Pop-Kultur ließ Brinkmann in den harten »Schnitten« der Tagebuch- und Materialbände hinter sich. Schon in *Rom, Blicke* (1979), der wilden, selbstquälerischen Collage des »alltäglichen Angst- und Todesuniversums« seiner Gegenwart, versuchte sich das schreibende Ich ganz in Schrift zu verwandeln und jeden Augenblick in einer »grässlich überanstrengten Wachheit« und »wie mit viel zu weit aufgerissenen Augen« festzuhalten, sodass Wahrnehmung und Reflexion, Leben und Schreiben zusammenfallen. Auch die »Erkundungen« zielten in radikalem Subjektivismus auf die Selbstentblößung von Leib und Seele, ein grafomanischer Versuch, dem eigenen Selbst so nahe wie nur möglich zu kommen – bis zur Unerträglichkeit: »: wo war ich? /: was ich in der Gegenwart sah, konnte ich nur total verneinen, mag sein, dass ich ein unpoetischer Typ bin, ein gespenstischer Schatten, der mit Gespenstern redete, aber das war nicht alles, ich war noch da, ich fand mich hier in der Gegenwart wieder / wer betrieb denn andauernd dieses Geschäft, das jeden zur Selbstvernichtung führte? /: ich katapultierte mich aus den Sätzen und Wörtern raus, ich faselte wild und wirr durch die Gegend …«

Michael Braun

Werke: *Ihr nennt es Sprache*, G., Leverkusen 1962; *Le chant du monde*, G., Olef 1964; *Die Umarmung*, En., Köln 1965; *Ohne Neger*, G., Hommerich 1966; *Raupenbahn*, En., Köln 1966; *& Gedichte*, G., Bln. 1966; *Was fraglich ist wofür*, G., Köln 1967; *Keiner weiß mehr*, R., Köln 1968; *Die Piloten*, G., Köln 1968; *Godzilla*, G., Köln 1968; *Atomic Man*, Kurzfilm, Köln 1968; *Tot*, Kurzfilm, Köln 1968; *Portrait*, Kurzfilm, Köln 1968; *Standfotos*, G., Duisburg 1969; *ACID. Neue amerikanische Szene*; Hg., zus. m. Ralf-Rainer Rygulla, Darmst. 1969; *Frank O'Hara. Lunch Poems und andere Gedichte*, Hg., Köln 1969; *Silverscreen. Neue amerikanische Lyrik*, Hg., Köln 1969; *Ted Berrigan. Guillaume Apollinaire ist tot. Gedichte-Prosa-Kollaborationen*, Hg., Darmst. 1970; *Gras*, G., Köln 1970; *Auf der Schwelle*, Hsp., Köln 1972; *Der Tierplanet*, Hsp., WDR 1972; *Besuch in einer sterbenden Stadt*, Hsp., WDR 1973; *World's End. Aus dem Notizbuch Rom 1972/73*, Rom 1973; *Westwärts 1 & 2*, G., Reinbek 1975; *Rom, Blicke*, Pr., Reinbek 1979; *Standfotos. Gedichte 1962–1970*, Reinbek 1980; *Der Film in Worten. Prosa, Erzählungen, Essays, Hörspiele, Fotos, Collagen 1965–1974*, Reinbek 1982; *Erzählungen*, Reinbek 1985; *Eiswasser an der Guadelupe Str.*, G., Reinbek 1985; *Rolltreppen im August*, G., hg. v Chris Hirte, Bln. 1986; *Erkundungen für die Präzisierung des* Gefühls *für einen Aufstand: Träume Aufstände/Gewalt/Morde. REISE ZEIT MAGAZIN. Die Story ist schnell erzählt*

(Tagebuch), Pr., Reinbek 1987; *Schnitte*, Pr., Reinbek 1988; *Rolf Dieter Brinkmann, Prosa, Notizen, Briefe, Gedichte*, hg. v. Maleen Brinkmann, Reinbek 1995; *To a world, filled with compromise we make no contribution*, Hsp., DLF 1997; *Briefe an Hartmut 1974–1975*, Reinbek 1999.

Bronnen, Barbara, geboren am 19. 8. 1938 in Berlin als Tochter des Schriftstellers Arnolt Bronnen (1895–1959), wuchs in Österreich auf und studierte später in München, wo sie 1965 im Fach Germanistik promoviert wurde. Seit 1965 arbeitete sie als Redakteurin für Kindlers Literatur-Lexikon, seit 1968 als Lektorin und Journalistin, schließlich seit 1975 als freie Schriftstellerin in München. 1978 erhielt sie die »Silberne Feder« des Deutschen Ärztinnenbundes, 1980 den Tukan-Preis der Stadt München, 1986 den Preis für Literatur des Österreichischen Bundesministeriums für Kunst, 1987 den Max-von-der-Grün-Preis der Stadt Linz sowie eine Poetik-Professur der Universität Bamberg, 1988/89 das Amt des »Stadtschreibers« der Stadt Linz und 1990 den Ernst-Hoferichter-Preis.

Die Wiederbegegnung und Auseinandersetzung mit dem Vater ist vielleicht das Lebensthema der Schriftstellerin Barbara Bronnen. Auffallend dabei ist, neben Filmen und Hörfeatures, die Wahl der fiktiven Form des Romans, die neben einer dokumentarischen Ebene auch spekulative Momente zulässt. Das erscheint insofern angemessen, als die Beziehung zum Vater sich im Laufe der Jahrzehnte verändert hat, von Abrechnung bis hin zum Verstehenwollen. Hinzu kommen immer noch dunkle Flecken in der Biografie Arnolt Bronnens, um deren Aufklärung sich Barbara Bronnen bemüht.

Die Suche nach dem Vater beginnt mit den Recherchen zum Dokumentarfilm *auf der suche nach A. B.* (1979) und mündet vorerst in den Roman *Die Tochter* (1980): »Es brauchte lange Zeit, an die fünfundvierzig Jahre, bis ich mich nicht nur aufgrund des Instinkts, sondern auch aufgrund von Wissen, erworben durch die Arbeit an den Vorlesungen, für den jüdischen Großvater entschied und meine Väter ›adoptierte‹, bewusst ansah, wahrnahm als einen Teil meines Ichs, endlich. Es ist wie ein Mal, ein Zeichen, das ich an mir trage. Ohne meinen Vater und seine Geschichte wäre ich nicht, wer ich heute bin, ohne ihn schriebe ich nicht.«

Der Film zeigt einen schillernden, chamäleonartigen Menschen, der einerseits »schrieb und sich schreibend entzog«, andererseits die Familie mit seinem ständigen Wechsel von Exzentrik und Hilfsbedürftigkeit tyrannisierte und über seinen Tod hinaus mit der Erblast seines wechselvollen Lebens verfolgte. Arnolt Bronnen, Expressionist und Brecht-Intimus, dann früh NSDAP-Parteimitglied und Goebbels-Freund, wandte sich während des Zweiten Weltkrieges enttäuscht von den Nationalsozialisten ab, wurde sogar verfolgt, konvertierte zum Kommunismus und übersiedelte schließlich 1955 in die DDR, wo er 1959 in Ost-Berlin einsam und vergessen starb. Jahrelang führte die Familie einen »erbitterten Kampf mit dem Schatten« des Vaters, bis die Ich-Erzählerin, Tochter aus zweiter Ehe, 40-jährige Journalistin mit unehelichem Kind, nach gescheiterten Emanzipationsversuchen und durch die permanenten Vereinnahmungen des hinterbliebenen, bis auf den Enkel Jonas ausschließlich weiblichen Familienclans (die rüstige 90-jährige Offizierswitwe mit Standesdünkel, die 70-jährige »Wegwerffrau« mit übertriebenem Nestinstinkt, die Schauspielerin mit dem »befristeten Dasein für sich selbst«) eine »Wiederaufnahme des Verfahrens« einleitet und sich auf die Spur des so einflussreichen wie wenig greifbaren Vaters heftet. Sie reist an seine ehemaligen Wohnorte, spricht mit Freunden und politischen Weggefährten, sichtet seinen politischen und literarischen Nachlass. Am Ende ihrer zweimonatigen Recherchen deutet sich eine Revision ihrer Vorurteile und ein teilweiser Abbau ihrer Vaterkomplexe an; sie sieht »das Leben eines Menschen, der sich immer wieder an der Wurzel gefasst hatte und der mehr Kraft aufgebracht hatte, sich in Frage zu stellen«, als ihre Mutter. Sie findet auf diesem Weg auch einen neuen Zugang zu ihrer Mutter, versteht deren häufig als beengend empfundene Fürsorge vor dem Hintergrund eines entsagungsreichen Lebens.

Mit einem Hörfeature über die Freundschaft zwischen Brecht und Bronnen (1998) und dem Roman *Das Monokel* (2000) findet die Erforschung dieser Biografie ihren (vielleicht nur) vorläufigen Abschluss. In dem Roman spielt auch Ferdinand Bronnen, Arnolt Bronnens in Auschwitz aufgewachsener jüdischer Vater, eine wichtige Rolle, gegen den Bronnen ein Leben lang angekämpft hat (*Vatermord*, 1920) und den er verleugnet hat. Letztlich ist die Abstammung ungeklärt. Es ist eine Spurensuche von Tochter und Halbbruder mit leicht inzestuösem Flattern, die dem opportunistischen Wanken des Vaters zwischen den politischen Lagern, seiner Medienwirksamkeit und den Irritationen, die sein radikales, auch manchmal schwaches Leben hinterließ. »In dem unter deutschen Intellektuellen fast

ausgestorbenen Mut zum streitbaren Weltanschauungsbuch ist Barbara Bronnen eine wirkliche Tochter ihres Vaters« (Sabine Kebir).
Darüber hinaus veröffentlichte Bronnen zahlreiche Sachbücher, drehte Filme und schrieb viele Features zu Themen wie Familie, Partnerschaft, Medizin und über andere Schriftsteller. Ihre Romane und Erzählungen handeln meist von Liebe und Leidenschaft – aus weiblicher Perspektive: *Die Diebin* (1982) ist die erotische Geschichte einer vitalen Frau, deren Versuch, ihre Sexualität ungehindert auszuleben, scheitert; *Die Briefstellerin* (1986) beschreibt den sozialromantischen Wechsel einer privilegierten Frau vom »uneigentlichen Leben« ins »leichte und einfache« Pennermilieu; *Liebe um Liebe* (1989) ist der Krisenbericht der modernen Kleinfamilie im Industriezeitalter, und *Leas siebter Brief* (1998) kleidet eine Dreiecksgeschichte in die deutsch-deutschen Beziehungen. Die Kritik hat darauf meist zurückhaltend reagiert. So schreibt Sibylle Cramer über *Die Überzählige* (1984), eine groteske Kranken- und Sterbegeschichte, sie spiegele »das Dilemma der Frauenliteratur zwischen dokumentarischem und fiktionalem Schreiben, ihre Schwierigkeiten beim Entwurf eines weiblich Imaginären«.

Thomas Kraft

Werke: *Fritz von Herzmanovsky-Orlando. Orginal und Bearbeitung*, Diss., Mü. 1965; *Wie stehen Sie dazu? Jugend fragt Prominente*, Anth., Hg., zus. m. Manfred Grunert, Mü. 1967; *Pubertät. 22 Autoren zu einem Thema*, Anth., Hg., Mü. 1968; *Die Ehe. Der moderne Mensch in Literatur und Wissenschaft*, Anth., Hg., Mü. 1968; *Deutschland deine Führer*, Anth., Hg., Mü. 1969; *Ich bin Bürger der DDR und lebe in der Bundesrepublik*, Anth., Hg., Mü. 1970; *Liebe ist deine Liebe nicht. Psychogramm einer Ehe*, zus. m. Manfred Grunert, Wien 1970; *Die Filmemacher. Zur neuen deutschen Produktion nach Oberhausen 1962*, Hg., zus. m. Corinna Brocher, Mü. 1973; *Ein Tier ist auch ein Mensch*, Hsp., BR 1975; *Liebe, Ehe, Sexualität in der DDR*, zus. m. Franz Henny, Mü. 1975; *Frauen und ihre Ärzte*, Film, SDR 1977; *Wie mein Kind mich bekommen hat*, Jugendb., Reinbek 1977; *Das Versteck auf dem Dachboden*, Jugendb., Mü. 1978; *Mütter ohne Männer. Gespräche und Informationen über eine neue Lebensform*, Sachb., Düsseld. 1978; *Dichter und Richter – Die »Gruppe 47«*, Film, 1978; *auf der suche nach A. B.*, Dokumentar-Film, BR 1979; *Die Tochter*, R., Mü. 1980; *Die Diebin*, R., Mü. 1982; *Mein erotisches Lesebuch*, Anth., Hg., Mü. 1983; *Die Überzählige*, R., Mü. 1984; *Marmorengel*, Hsp., BR 1986; *Die Briefstellerin*, R., Mü. 1986; *Schwester*, Anth., Hg., Mü. 1986; *Bevor ich ins Gras beiße*, Theaterst., Mü. 1986, UA Mecklenburg-Parchim 1992; *Eifersucht. Die schwarze Schwester der Liebe*, Anth., Hg., Mü. 1988; *Die Ehe*, Hg., Anth., Mü. 1989; *Mamma mia. Geschichten über Mütter*, Anth., Hg., Mü. 1989; *Montag ich – Dienstag ich. Aus Tagebüchern von Schriftstellerinnen*, Anth., Hg., Mü. 1989; *Liebe um Liebe*, R., Mü. 1989; *Frauen in Italien. Erzählungen*, Anth., Hg., Mü. 1990; *Affenfrau. Tropisch-erotische Erzählungen*, Schpl., zus. m. Charlie Mariano u. Holger Jelter, hg. v. Dietrich Wild, 1990; *Dschungelträume*, R., Hbg. 1990; *Kind, ach Kind. Geschichten über Kinder*, Anth., Hg., Mü 1991; *Donna Giovanna*, R., Hbg. 1992; *Alt am morgen und am Abend jung. Geschichten vom Alter*, Hg., Mü. 1992; *Männer. Ein Lesebuch*, Hg., Mü. 1993; *Deutsche Paare I und II. Liebesgeschichten nach dem Fall der Mauer*, Feat., DLF 1993; *Geburt*, Anth., Hg., Mü. 1994; *Meine Toskana*, Mü. 1995; *Die Stadt der Tagebücher. Vom Festhalten des Lebens durch Schreiben*, Ffm. 1996; *Kleine Philosophie der Passionen: Friedhöfe*, Mü. 1997; *Wie tot sind uns manche, die leben. Frauen und Friedhöfe*, Feat., DLF 1997; *Die Todesarten der Inge Müller. Ein Leben zwischen Gedichten, deutscher Geschichte und Heiner Müller*, Feat., BR 1997; *Warum ich für mein Leben gern auf Friedhöfe gehe. Passagen*, Feat., SFB 1997; *Karl Valentin und Liesl Karlstadt. Blödsinnskönig – Blödsinnskönigin*, Bln. 1998; *Die beiden Fasolte. Die unvollendete Freundschaft zwischen Arnolt Bronnen und Bertolt Brecht*, Feat., BR/DLF 1998; *Leas siebter Brief*, R., Mü. 1998; *Geschichten vom Überleben. Frauentagebücher aus der NS-Zeit*, Hg., Mü. 1998; *Das Monokel*, R., Mü. 2000; *Stille Zeit, heilige Zeit? Laute und leise Geschichten rund um Weihnachten*, zus. m. Walter Benjamin u. Döris Dörrie, Mü. 2001.

Brus, Günter, wurde am 27. 9. 1938 in Ardning in der Steiermark geboren. Als einer der Protagonisten des »Wiener Aktionismus« in den Jahren 1964–1970 schreibt Brus Kunstgeschichte. 1968 erklärte man den Künstler aufgrund seiner »Körperanalyse« im Rahmen der Veranstaltung »Kunst und Revolution« an der Wiener Universität in einer Pressekampagne zum »meistgehassten Österreicher«. Der damals 30-jährige Aktionist wurde zu sechs Monaten »strengem Arrest« verurteilt. Brus erhob gegen das harte Urteil Berufung, doch diese wurde abgelehnt – und so flüchtete der Künstler mit seiner Frau Anna und der zweijährigen Tochter Diana nach Berlin. Dort gründete er gemeinsam mit Oswald Wiener und Gerhard Rühm als künstlerischen Protest gegen die Repressionen in Wien die »Österreichische Exilregierung«, deren publizistisches Organ »Die Schastrommel« sich bald zum zentralen Forum der Exilavantgarde etablierte. Erst 1976 bewirkte Anna Brus beim Bundespräsidenten die Umwandlung der Haft- in eine Geldstrafe, sodass Brus 1980 mit seiner Familie wieder nach Österreich zurückkehren konnte. Seine Aktionskunst beendete der Künstler bereits 1970 mit der Aktion Zerreißprobe, um sich dem Schreiben und Zeichnen zuzuwenden. Als Dichter-Zeichner führt Brus mit 800 Bild-Dichtungen, Tausenden Einzelzeichnungen und zahlreichen literarischen Schriften die Tradition der Grenzüberschreitung zwischen Literatur und bildender Kunst in der Nachfolge Alfred Kubins und Fritz von Herzmanovsky-Orlandos fort. 1996 wurde das ehemalige Enfant terrible mit dem Großen Österreichischen Staatspreis ausgezeichnet. Während Brus als Aktionist und Zeichner zu den weltweit renommiertesten Künstlern zählt, wird sein literarisches Œuvre erst in den letzten Jahren von einem breiteren Publikum entdeckt. Und dies, obwohl Brus seit Abbruch des Aktionismus mit zahlreichen Texten an die Öffentlichkeit getreten ist. Dem längeren epischen Text *Die Geheimnisträger* (1984) folgten drei Jahre später die Kürzesterzählungen *Amor und Amok* (1987). 1993 erschien ein Auszug aus den gesammelten Schriften *Morgen des Gehirns, Mittag des Mundes, Abend der Sprache*, und 2002 machte Günter Brus mit einer Mischung aus fiktiver und autobiografisch angehauchter Jugenderinnerung unter dem Titel *Die gute alte Zeit* auf sich aufmerksam. Humoristisch blickt der Ich-Erzähler auf den Beginn seiner Ausstellungstätigkeit zurück und reflektiert über seine Arbeit: »Mir ekelte meistens vor meiner Kunst. Oft, wenn ich ein unbescholtenes Blatt bringen wollte, wurde mir speiübel, und vor manch einer Zeichnung erbrach ich mich. Vor jeder Bild-Dichtung erzittere ich am ganzen Leib, und vor jeder Aktion verschluckte ich eine Dose gekelterter Rebläuse. Immer wieder strebte ich zu einer Art Nicht-Kunst hin und scheiterte immer wieder wie ein Schimpanse, der eine Banane von sich werfen will, ohne sie geschält zu haben« (*Die gute alte Zeit*, 2002).

Bereits 1971 legte der Ex-Aktionist mit seinem literarischen Erstling *Irrwisch* ein höchst ungewöhnliches Werk vor, das nach seinem Erscheinen zum Avantgarde-Kultbuch im Umfeld der Berliner »Exilregierung« avancierte. Die irritierenderweise oft mit der Gattungsbezeichnung Roman versehene Text-Bild-Collage, von Brus selbst als »ziemlich hartes«, von der »Welt der Pervertierten abgeschautes Buch« bezeichnet, markiert mit dem Brechen jeglicher Tabus, den sadomasochistischen Text-Bild-Blättern und dem Aufschrei gegen gesellschaftliche Zwänge thematisch den Abschluss des Aktionismus, weist aber formal auf das spätere literarische Œuvre, insbesondere die Gattung Bild-Dichtung hin, eine Verschmelzung aus Text und Bild, die sich zum eigentlichen Ausdrucksmedium von Brus entwickeln sollte.

Der Schriftsteller Brus lehnt wie zuvor der Aktionist jede Form der Einschränkung und Festlegung ab. Ob er an einem »neuen Roman« arbeite? »Nein, ich schreibe den alten weg« (*Morgen des Gehirns, Mittag des Mundes, Abend der Sprache*, 1993). Brus bezeichnet sein literarisches Prinzip als »Fortschreibung«. Es ist ein Nach- und Ineinanderfließen unterschiedlicher Textsorten ohne gliedernde Kapitelüberschriften oder hierarchische Ordnung, ohne Anfang und Ende. Die Schriften 1984–1988 *Morgen des Gehirns, Mittag des Mundes, Abend der Sprache*, die an Georg Christoph Lichtenbergs Sudel-Bücher erinnern, vereinigen auf mehr als 1000 Seiten Aphorismen, atmosphärische Bilder, Briefe, Dialoge, Erzählungen, Gedichte, Mitschriften und Romane.

Bei all der Heterogenität verbindet die Brusschen Texte ein zentrales Moment: die ausgeprägte Affinität zu sprachlichen Spielereien. Entautomatisierung des Sprachgebrauchs, ständiges Erfinden von Neologismen, Vorliebe für sprachliche Scherze und Kalauer, für das Spiel mit Homonymen und Paradoxa kennzeichnen die »märchenhaften« Texte, die Aphorismen und die sich der lyrischen Prosa annähernden Passagen und Arbeiten. Mit seinen Sprachspielen artikuliert er die nach dem Aktionismus wiedergewonnene Lust an der Sprache und zugleich die ständige Skepsis an festgeschriebenen Bedeutungen: »Alles nicht wahr, also richtig« heißt es im *Weissen Wind* (1995, entst. 1980), oder anders formuliert: »Dichtung ist, wenn dem Wort die angedichtete Wahrheit genommen wird« (*Morgen des Gehirns, Mittag des Mundes, Abend der Sprache*, 1993). Fragen werden aufgeworfen, Antworten finden sich keine: »Wer bist du, Stimme?! Keine Antwort auf dem Plateau der ausgestorbenen Fragen« (*Weisser Wind*, 1995, entst. 1980).

Brus plant und überarbeitet seine Texte nur selten. Es gehört zum Aktionshaften seiner Literatur, dass sich Biografisches unmittelbar mit Fiktivem mischt. Ein Werbeplakat oder ein Begriff, den Brus im Vorübergehen zufällig liest, können den Schreibprozess auslösen. Manchmal fließen auch während des Schreibens aufgeschnappte Gesprächsfragmente oder Werbeslogans in den Textkorpus ein. Diese Schreibpraxis verdeutlicht den doppelten Blick, der Brus' Werk durchzieht und den wirklichen Raum stets mit dem Raum der Ideen und Emotionen in einer vielfachen, gleichzeitigen und unmittelbaren Wahrnehmung verbindet. Die Durchdringung von Innen- und Außenraum, von aktiver Gestaltung und passiven Zufallsmomenten spricht Brus an, wenn er meint: »Die Dichtung gestaltet sich auf zweierlei Arten. Einmal bricht das Wort in den Dichter ein, ein andermal bricht er mit diesem aus sich und aus den Wörtern aus!« (*Morgen des Gehirns, Mittag des Mundes, Abend der Sprache*, 1993). Das Literarische beschränkt sich nicht auf das schriftlich Festgehaltene. Im Gegenteil, die geschriebenen Texte präsentieren sich als Spur des tatsächlichen poetischen Schauplatzes. Dichtung verwirklicht sich im Augenblick, im realen Alltagsgeschehen, im nicht fest gehaltenen aktionistischen Sprachspiel und Wortwitz. Bei Brus ist das Momentane mit dem Bildhaften gekoppelt. »Wenn ich schreibe, dann setze ich nicht Sätze, sondern Bilder-Befindungen«, so Brus, oder an anderer Stelle: »Nun schreibe ich, was ich augenblicklich sehe« (*Morgen des Gehirns, Mittag des Mundes, Abend der Sprache*, 1993).

Die Brussche Schreibweise kombiniert extreme Ansatzpunkte und schwankt ebenso zwischen avantgardistischer »Zerstörung« und dem Wiederbeleben längst vergangener Sprachbilder, Textformen und Erzählweisen wie zwischen einer zutiefst lyrischen, subjektiven Schreibhaltung und einer distanziert kritischen. Implizit bestätigt Brus selbst dieses seine Schriften kennzeichnende widersprüchliche Spektrum, wenn er von dem »Avantgarde-Zusammenbruch« schreibt, nach dem er »die Fäden zur Romantik zurück[zog] – und zum Unrealismus aller Vergangenheiten« (*Morgen des Gehirns, Mittag des Mundes, Abend der Sprache*, 1993).

Brus' Literatur auf das Spontane und Zufallshafte zu reduzieren, würde zu kurz greifen. Das Charakteristische seiner Schriften macht gerade das Aufeinandertreffen von skizzenhafter, rauschartiger Alltagsbeobachtung und zutiefst analytischen Passagen aus. So zeugen seine Texte auch von einer philosophisch-kritischen Reflexionsfähigkeit sowie einem enormen theoretisch-kulturellen Wissensfundus in Form von Zitaten aus der Kulturgeschichte. Sein jüngst erschienenes Buch *Nach uns die Malflut!* mit dem Untertitel *Theoretische Poesien* (2003) legt unter verschiedenen alphabetisch geordneten Stichworten wie »Die Krise der Literatur«, »Kreisky« oder »Musik« die ungemeine Bandbreite an Themen dar, mit denen Brus sich als stets kritischer Denker und wachsamer Beobachter des Zeitgeschehens befasst hat. So heißt es dort unter der Rubrik »Politik«: »In Wahrheit ist die Mehrheit ein Fallbeil, das den Kopf des Staates wegbefördern will. Und der Kopf eines Staates ist die Intelligenz – die Kunst.«

Besonders originär werden die Brusschen Texte, wenn sie in den Bild-Dichtungen im Kontext der Zeichnungen auftreten. Aber die Bilder illustrieren den Text nicht, wie der Text auch die Bilder nicht kommentiert. Vielmehr treten die Bildzeichen mit den Sprachzeichen in einen Dialog. In der »Verschwisterung von Sicht- und Denkweisen« – wie Brus die Bild-Dichtungen einmal charakterisierte – schlägt sich sein Zweifel an der alleinigen Aussagekraft von Text und Bild nieder. Ohne Sprache sei das Bild ein Allerweltswild, vogelfrei und auf der Abschussliste. Nur das Wort könne Räume und Ausschnitte von der Stunde null zur Stunde eins bewegen, wie aber auch der Rohstoff Wort für sich allein keine Energie erzeuge. In den Bild-Dichtungen formen Text und Bild eine neue Einheit. Dabei wird der Betrachter-Leser in diesen Prozess miteinbezogen. Erst er stellt im Moment des doppelten Wahrnehmungsprozesses – Sehen und Lesen – aus Sprach- und Bildsinn einen Wort-Bild-(Un-)Sinn her.

Johanna Schwanberg

Werke: *Malerei, Selbstbemalung, Selbstverstümmelung*, Wien 1965; *Patent Urinoir*, Wien 1968; *Patent Merde*, Wien 1969; *Unter dem Ladentisch*, Bln. 1969; *Irrwisch*, Ffm. 1971; *Handzeichnungen 1969–1971*, Köln, New York 1971; *Die Schastrommel, Nr. 8a–8c, Brus-Aktionen 1964–1970*, Bln. 1972; *Das Namenlos*, Bild-Dichtung, Bln. 1975; *Nachtfreudenwalzer*, Bild-Dichtung, Bln. 1975; *Hohes Gebrechen*, G., Altona u. Hohengebraching 1976; *Auszüge aus dem laufenden Werk*, Kat., Genf 1976; *Zeichnungen und Schriften*, Bern 1976; *Das Aulicht*, Bild-Dichtung, Stg. 1977; *Farbige Zeichnungen aus den Jahren 1970–1977*, Hohengebraching 1977; *Jeden, jeden Mittwoch*, zus. m. Dominik Steiger, Bln. 1977; *Die Falter des Vorschlafs*, Altona u. Hohengebraching 1978; *Die Pracht der hellsten Freude*, Bild-Dichtung, Amsterdam 1978; *Gestirn-Abzeichen*, Bild-Dichtungen, Hohengebraching 1978; *Das Rufwort*, Bild-Dichtung, Altona u. Hohengebraching 1979; *Des Knaben Wunderhorn*, Bild-Dichtung, Bln. 1979; *Die Gärten in der Exosphäre*, Bild-Dichtung, Altona u. Hohengebraching 1979; *Bild-Dichtungen*, Kat. London 1980; *Die Wandelsterne*, Zeichnungen, Hohengebraching 1980; *Weisser Wind*, Bild-Dichtung, Zür. 1980; *Die Herbsttrompete*, Sonderdruck der protokolle, Bild-Dichtung, Wien, Mü. 1981; *Traumentziehungskur*, Bild-Dichtung, Düsseldorf, Wien 1981; *Stillstand der Sonnenuhr*, in: protokolle Bd. 2, Wien, Mü. 1983; *Blindes Brot*, Bild-Dichtung, Bln. 1983; *Rasende Geduld*, Bild-Dichtung, Mü. 1983; *Augensternstunden*, Kat., Eindhoven 1984; *Die Geheimnisträger*, R., Salzb. 1984; *Sonata Domestica*, Kat., Graz 1984; *Die Wundharmonika*, Bild-Dichtung, Eindhoven 1984; *Eisblut, blauer Frost*, Bild-Dichtung, Bln., Köln, 1984; *Die Ruine*, Bild-Dichtung, Paris 1985; *Der Überblick*, Kat., Salzb. 1986; *Günter Brus, Arnulf Rainer. Vertiefung mit Bewölkung*, Kat., Klagenfurt 1986; *Stichprobe*, Bild-Dichtung, Mü. 1986;

Stumme Gewitter, Bild-Dichtung, Zür. 1986; *Amor und Amok*, E., Salzb. 1987; *Ballungsträume*, Kat.; Salzb. 1987; *Berichte von der Hoffnungsdauer*, Bild-Dichtung, Luxembourg 1987; *Leibvertreib*, Kat., Düsseldorf, Wien 1989; *Nachtgewitter*, Bild-Dichtung, Düsseldorf, Wien 1989; *Satzgebilde*, Bild-Dichtung, Mü. 1989; *Bildfluchtwege*, Kat., Luxembourg 1990; Auszüge aus dem schriftstellerischen Werk, in: protokolle Bd. 1, Wien, Mü., 1990, S. 64–110; *Am Rande der Gegenteilsforschung*, Bild-Dichtung, Wien 1990; *Blick-Dichtungen*, Kat., Graz 1991; *Faustkeile im Glashaus*, Kat., Bln. 1992; *Holde Muse, gib mir Kunde*, Düsseldorf, Wien 1992; *Zyankal-Zyklamen*, Bild-Dichtung, Mü. 1992; *Morgen des Gehirns, Mittag des Mundes, Abend der Sprache. Schriften 1984–1988*, Hohengebraching 1993; *Tremor*, Bild-Dichtung, Düsseldorf, Wien 1993; *Limite du visible*, Kat., Paris 1993; *Geomanisches Stammbuch*, Bild-Dichtung, Hohengebraching 1994; *Weisser Wind*, Bild-Dichtung, Klagenfurt 1995; *Bittersüße Analyse. Arbeiten aus den Jahren 1985–1995*, Kat., Weiz, 1995; *Noirs und andere Dunkelsichten*, Zeichnungen, Hohengebraching, 1995; *Blitzartige Einfälle in vorgegebene Ideen. Bild-Imprimaturen und Trivialeums-Überzeichnungen von Günter Brus, auf den Weg gebracht und begleitet von Arnulf Meifert*, Ostfildern 1996; *Der Sehkörper*; Mailand 1996; *Die Weltbildturbine*, Kat., Düsseldorf, Wien 1996; *Invitationen*, Kat., Wien, Düsseldorf 1997; *Nabelstromdelta*, Bild-Dichtung, Düsseldorf, Wien 1997; *Günter Brus. Werke aus der Sammlung Essl*, Kat., Klosterneuburg 1998; *Der Glühapfel*, Bild-Dichtung, Weiz 1998; *Leuchtstoffpoesie und Zeichenchirurgie*, Bild-Dichtung, Köln 1999; *Günter Brus and Hermann Nitsch at White Box*, Kat., Düsseldorf, Wien 1999; *Der Einspinner*, Bild-Dichtung, Graz 2000; *Das Meer, uferlos ...*, Kat., Wien 2001; *Körperanalysen*, Film, 2001; *Günter Brus*, Kat., Palm Beach 2002; *Die gute alte Zeit*, Salzb., Wien 2002; *Nach uns die Malflut! Theoretische Poesien*, Klagenfurt 2003.

Brussig, Thomas, geboren am 19. 12. 1965 in Ost-Berlin. Nach der Schule absolvierte er von 1981 bis 1984 eine Ausbildung zum Baufacharbeiter, nahm dann bis 1990 verschiedene Gelegenheitsarbeiten wahr. Ab 1990 studierte er drei Jahre lang an der FU Berlin Soziologie, wechselte dann aber ohne Abschluss 1993 an die Filmhochschule in Babelsberg, um dort ein Dramaturgiestudium zu beginnen. Seit 1995 lebt er als Autor in Berlin. 1996 wurde er von der Zeitschrift »Theater heute« zum Nachwuchsautor des Jahres gekürt, 1998 erhielt er den Drehbuchpreis der Bundesregierung und 1999 zusammen mit dem Regisseur Leander Haußmann den Hans-Fallada-Preis.

Thomas Brussig schreibt über (ost-)deutsche Geschichte und vermeidet dabei jenen viel diskutierten Pappkameraden von Wenderoman, den im Grunde keiner braucht. Seine Groteske *Helden wie wir* (1995) erzählt anekdotisch über die Bauchlandung der DDR und über ihre Passagiere, die sich über Notrutschen schnell ins gelobte Land retten wollten und dabei nochmals auf die Nase fielen. Sie erzählt nicht nur, wie der Alltag zwischen Trabbis, »Aktueller Kamera« und Westkontakten für den Normalbürger in Ost-Berlin verlief, sie wirft auch Schlaglichter auf die Entstehung deutsch-deutscher Visionen und Tragödien. So schrammt diese obszöne Simpliciade haarscharf an der Charmegrenze der Provokation entlang und nimmt zielsicher den G-Punkt all jener Legenden und Schönredereien über Wesen und Ende der DDR ins Visier. Sein Erzähler ist nicht auf die westliche Zugewinngemeinschaft, sondern auf die silbernen Löffel der »guten, alten DDR-Zeit« fixiert. Ziemlich »schwanzlastig« ist die Geschichte von Klaus Uhltzscht, der uns berichten will, wie nicht das Volk, sondern er mit seinem eregierten Glied die Mauer umgeschmissen hat. Doch bevor es dazu kommt, dass die Grenzer angesichts seines gewaltigen Phallus wie hypnotisiert die Tore öffnen, wird allen sozialistischen Idealen und Trivialitäten nochmal kräftig heimgeleuchtet. Der Teufel steckt im Detail, und so fabuliert Brussig despektierlich und komisch von Systemzwang und Spießerfreuden, von Heldenträumen und Triebkontrolle. Wolf Biermann empfahl das Buch als »herzerfrischendes Gelächter«. So erscheint zum Beispiel die Stasi als verblödete Agentenschar, die den Poststrukturalismus als eine vermeintlich konterrevolutionäre Strategie bekämpft, weil er den Zustell- und Telefondienst der DDR zerstören will. Brussigs verkorkster, paranoider Slapstickheld bedient zwar westliche Klischees vom Ossi-Tölpel, lässt ihn aber auch als Opfer seiner Verhältnisse erscheinen; seine Nähe zu John Irvings »Garp«, dem Blechtrommler Oskar Matzerath und Holden Caulfield erweitert diese Rollenprosa um ein globales Dilemma. Die zentrale Frage lautet: Wie kann es sein, dass sich eine Gesellschaft gegen den Willen ihrer Mitglieder organisiert? Brussig lässt auch Christa Wolf (und andere arrivierte DDR-Schriftsteller) nicht gut wegkommen, die nie Klartext geredet, sondern immer nur die schönsten Aufsätze geschrieben haben. Am Ende seiner Geschichte wird Brussigs Antiheld Klaus Uhltzscht unversehens moralisch. Reden über die Angst will er und Fragen stellen: »Ich weiß, dass wir Ostdeutschen uns und der Welt noch eine Debatte schuldig sind.«

Von einer Jugend in Ost-Berlin erzählt auch *Am kürzeren Ende der Sonnenallee* (1999), alltagsnah, komisch, episodisch, mit genauem Blick für zeitgeschichtliche Details und Interieurs, die sich – Stones und Sarte – nicht sehr vom Westen unterscheiden. Micha und seine Clique verehren Miriam aus dem Nachbarhaus, die Konkurrenz ist aus dem Westen und hat schon ein Auto, doch es gibt Tanzstunden und FDJ-Treffen, wo man imponieren kann. Man übt sich als Bürger- und Vopo-Schreck, hat kleine Sorgen und kleine Freuden. Brussig verzichtet auf Opferrollen und Anklageschriften. Seine – im Vergleich zu *Helden wie wir* – viel stillere Geschichte um die von der Mauer in einen Ost- und in einen Westteil halbierte Sonnenallee ist von sentimentaler Melancholie und warmherziger Ironie geprägt: »Es war von vorn bis hinten zum Kotzen, aber wir haben uns amüsiert.« Die nicht zu übersehene Idyllisierung spielt mit einem retrospektiven Gestus, der die Wirklichkeit beschönigt und verklärt. Der 1991 noch unter einem Pseudonym erschienene, weitgehend unbeachtet gebliebene Roman *Wasserfarben* lieferte in Teilen die stoffliche Folie für die *Sonnenallee*: Anton Glienecke gleicht Micha Kuppisch, es ist die Zeit vor und kurz nach dem Abitur an der Schwelle zur Erwachsenenwelt. Doch der Roman ist ganz aus der Binnenperspektive der DDR geschrieben, spielt Ende der Achtzigerjahre und beschreibt mit leiser Eindringlichkeit die Sorgen und Sehnsüchte eines Jungen, der in einem autoritären Staat lebt. Mit dem Monolog eines Fußballtrainers unter dem Titel *Leben bis Männer* (2001) verbindet Brussig die Philosophie des Bolzplatzes mit den Volten der Zeitgeschichte, so den gescheiterten Ungarnaufstand 1956 mit dem verlorenen WM-Finale von 1954 oder die Geschichte vom Mauersoldaten und Fußballer Heiko, der einen Flüchtling erschoss, nach der Wende seinen Prozess bekam und seither nie wieder im Fußball eine gelbe Karte bekam.

Thomas Kraft

Werke: *Wasserfarben*, R., Bln. 1991 (u. d. Pseudonym Cordt Berneburger, ab 1997 unter T. B.); *Helden wie wir*, R., Bln. 1995, Theaterst., UA Bln. 1996, Film 1999; *Am kürzeren Ende der Sonnenallee*, Bln. 1999, Film, u. d. T. *Sonnenallee*, 1999; *Heimsuchung. Schauspiel für fünf Personen*, Bln. 2000, UA Mainz 2000; *Monolog eines Fußballtrainers*, UA Hann. 2000; *Leben bis Männer*, Ffm. 2001.

Bruyn, Günter de, wurde am 2. 11. 1926 als Sohn eines Übersetzers und einer Heimarbeiterin in Berlin geboren. 1943, zwei Jahre vor dem Abitur, wurde er Luftwaffenhelfer, danach Soldat. Nach kurzer Kriegsgefangenschaft 1945 war er als Landarbeiter in Hessen tätig. 1946 kehrte er nach Berlin zurück, nahm an einem Neulehrerkursus in Potsdam teil und arbeitete anschließend bis 1949 in einem Dorf bei Rathenow in der Mark Brandenburg als Lehrer. Nach dem Besuch der Bibliothekarsschule ging er 1953 als wissenschaftlicher Mitarbeiter an das Zentralinstitut für Bibliothekswesen in Ost-Berlin. Seit 1961 lebt er als freier Schriftsteller in einem Dorf bei Beeskow in der Mark und in seiner Geburtsstadt Berlin. 1964 erhielt er den Heinrich-Mann-Preis der Ost-Berliner Akademie der Künste, der er seit 1978 auch als Mitglied angehört, 1981 den Lion-Feuchtwanger-Preis, 1987 die Ehrengabe des Bundesverbandes der Deutschen Industrie, 1989 den Thomas-Mann-Preis. Im selben Jahr lehnte er den Nationalpreis der DDR ab, ebenso 1990 den Heinrich-Böll-Preis. 1996 erhielt er den Brandenburgischen Literaturpreis.

Bevor de Bruyn mit seinem eigentlichen Erstlingswerk, dem 1963 in Halle erschienenen Roman *Der Hohlweg*, an die Öffentlichkeit trat, hatte er 1960 zwei Erzählungen *(Hochzeit in Weltzow*; *Wiedersehen an der Spree)* und, zwei Jahre später, einen kurzen autobiografischen Essay mit dem Titel *Grischa 44* herausgebracht. Diese Werke sah der Autor allerdings in späteren Jahren als mangelhaft oder verfehlt an: der Beitrag *Grischa 44*, der zunächst im *Almanach Arnold Zweig* erschienen war, wurde wiederholt überarbeitet, die Erzählung *Wiedersehen an der Spree* später verworfen, und von seinem Roman *Der Hohlweg* distanzierte sich de Bruyn selbstkritisch und ironisch in seiner 1974 veröffentlichten autobiografischen Skizze *Der Holzweg*. Ähnlich wie die Romane *Die Abenteuer des Werner Holt* (1960/1963) von Dieter Noll und *Wir sind nicht Staub im Wind* (1962) vom späteren Direktor des Leipziger Instituts für Literatur »Johannes R. Becher«, Max Walter Schulz, beschreibt de Bruyns Roman *Der Hohlweg* die weltanschauliche Orientierungssuche und die Identitätskonflikte der jüngsten Kriegsteilnehmergeneration nach dem Zusammenbruch des Dritten Reiches. Obwohl »autopsychotherapeutische« (de Bruyn) Motive bei der jahrelangen Arbeit am Manuskript im Vordergrund standen, blieb das Buch ebenso wie die Romane von Noll und Schulz den ideologischen Klischees des Kalten Krieges verhaftet. Der Versuch des Autors, einen autobiografisch fundierten sozialistischen Entwicklungsroman zu schreiben, scheiterte am Mangel an Authentizität und an der Selbstzensur, nämlich der »Angst, Falsches, Unerwünschtes oder Missverständliches zu sagen« (de Bruyn). Den »Ruf, einer der besten DDR-Prosaisten seiner Generation zu sein« (Marcel Reich-Ranicki) verdankt de Bruyn vor allem seinem zweiten Roman *Buridans Esel*. Das 1968 in Halle publizierte Buch fand in kurzer Zeit durch mehrere Ausgaben und Auflagen weite Verbreitung, wurde 1975 von Ulrich Plenzdorf dramatisiert und 1978/79 von der DEFA unter dem verharmlosend-ironischen Titel *Glück im Hinterhaus* verfilmt. In seinem Roman verwandte de Bruyn die dem Scholastiker Jean Buridan zugeschriebene Geschichte vom entschlusslosen Esel, der zwischen zwei Heuhaufen verhungert, als Gleichnis für die Unfähigkeit des zwischen zwei Frauen stehenden Bibliothekars und Parteigenossen Karl Erp, Entscheidendes in seinem Leben zu verändern.

Deutlicher als in dieser ironischen Schilderung philiströsen Spießerglücks formuliert der Autor seine Bedenken gegen die Konventionen und Zwänge des Alltags in seinem 1972 in Halle veröffentlichten Roman *Preisverleihung*. De Bruyns »gesellschaftskritisch angelegter Roman« (Christa Wolf) stellt nicht nur das Problem der Selbstverleugnung und des Opportunismus des einzelnen Intellektuellen zur Diskussion, sondern berührt auch die grundsätzlichere Frage nach der »Bevormundung der Literatur in der DDR« (Marcel Reich-Ranicki). Der Konflikt zwischen intellektueller Redlichkeit und herrschender kulturpolitischer Doktrin bildet auch das Thema des kleinen Bändchens mit dem Titel *Märkische Forschungen*, das 1979 publiziert wurde. In dieser *Erzählung für Freunde der Literaturgeschichte* – so der harmlos wirkende Untertitel des ironisch-bissigen Werks – objektiviert der Autor die Frage nach dem Wie und Warum im Umgang mit der eigenen Geschichte und dem kulturellen Erbe. De Bruyn lässt an seinem Ideal einer »Autonomie des Denkens« keinen Zweifel und gibt die Apologeten und Nutznießer ideologisch verbrämter Geschichtsklitterungen in seiner Erzählung der Lächerlichkeit preis.

Um das kulturelle Erbe und die Rolle des Schriftstellers geht es auch in der Biografie *Das Leben des Jean Paul Friedrich Richter* (1975). In diesem Buch entwirft de Bruyn nicht nur ein überaus facettenreiches Bild des fränkischen Schriftstellers und seiner Zeit, sondern lässt auch durchblicken, dass in mancher Hinsicht die »Gegenwart als Geschichte« (Christa Wolf) gedeutet werden kann: »Mauern schützen zwar, versperren aber die Sicht. Der einzige Ausweg aus diesem Dilemma ist immer der, zu den vorhandenen Privilegien ein neues zu schaffen, das der Information.« Ganz in der Manier der doppelbödig-historisierenden Camouflage benennt de Bruyn in seiner Biografie schließlich auch die »Gefahr für den Wahrheitsgehalt von Literatur«; nämlich den »unter Zensurdruck und geistiger Manipulation einsetzenden Vorgang, der aus einem sozialen Hemmnis ein psychisches macht, äußere Grenzen vorverlegt ins Innere des Schreibenden und damit zwar den Zensurbeamten entlastet, die Literatur aber von Wirklichkeit entleert«.

Seine detaillierten Kenntnisse der Literatur des 18. und 19. Jahrhunderts stellt der Autor auch in verschiedenen Essays zum literarischen Leben in Berlin und Preußen (*Taten und Tugenden. Meyern und sein deutsches Revolutionsmodell*, 1979; *Fouqué oder Warnendes Beispiel*, 1979; *Der Sandpoet. Schmidt von Werneuchen*, 1981; *Nicolai oder Ein Opfer der Vernunft*, 1982; *Preußen, deine Dichter*, 1983; *Die Geschwister Tieck*, 1983; *Rahels erste Liebe*, 1985; *E. T. A. Hoffmann in Berlin*, 1986) unter Beweis. Diese Texte, die in der Regel als Nachworte für die gemeinsam mit Gerhard Wolf betreute Reihe »Märkischer Dichtergarten« geschrieben wurden, zeigen de Bruyns Hang zum »genau beobachteten, durch Studium genau gekannten Detail« (Christa Wolf) und seine Verbundenheit mit der heimischen Geschichte und Region. Ähnliche Intentionen verfolgt das nach 1989 publizierte essayistische Werk, das sich in der Tradition Theodor Fontanes mit den kulturellen Traditionen und historischen Mythen Brandenburgs und Preußens auseinander setzt (*Mein Brandenburg*, 1997; *Die Finckensteins. Eine Familie im Dienste Preußens*, 1999; *Preußens Luise. Vom Entstehen und Vergehen einer Legende*, 2001). Die Frage, auf welche historischen Deutungsmodelle »eine *deutsche* Kulturidentität im geeinten Europa« (de Bruyn) rekurrieren kann, thematisieren die breiter angelegten zeitkritischen Essaybände *Jubelschreie, Trauergesänge. Deutsche Befindlichkeiten* (1991) und *Deutsche Zustände. Über Erinnerungen und Tatsachen, Heimat und Literatur* (1999). Zeitgeschichtliche und subjektive Erinnerungsarbeit offenbaren auch die dezidiert selbstkritischen Autobiografien (*Zwischenbilanz. Eine Jugend in Berlin*, 1992; *Vierzig Jahre. Ein Lebenbericht*, 1996), die den Anspruch haben, die eigene Vita »unverschönt, unüberhöht, unmaskiert« zum Thema zu machen: »Der berufsmäßige Lügner übt, die Wahrheit zu sagen«(de Bruyn). Wie reflektiert und souverän der Autor dabei zu Werke geht dokumentiert der Essay *Das erzählte Ich. Über Wahrheit und Dichtung in der Autobiografie* (1995), in dem de Bruyn das erkenntnistheoretische Problem, als erzählendes Ich zugleich Subjekt und

Objekt des Schreibens zu sein, im Kontext der Gattungstradition beschreibt. Der zunächst nur in der Bundesrepublik veröffentlichte Roman *Neue Herrlichkeit* (1984) machte indessen ebenso wie die Erzählung *Märkische Forschungen* deutlich, dass de Bruyns Vorliebe für die märkische Landschaft nicht als lokalpatriotische Selbstgenügsamkeit gedeutet werden kann. Das Buch, das ungeachtet einer von Klaus Höpcke verfügten Druckgenehmigung erst nach einjähriger Verspätung in der DDR erschien, deckt mit satirischer Schärfe die Fragwürdigkeit der vordergründigen Idylle im märkischen Ferienheim »Neue Herrlichkeit« auf.
Neben Heiner Müller, Christoph Hein, Ulrich Plenzdorf oder dem Lyriker Wulf Kirsten zählt de Bruyn zu den wenigen Autoren der DDR, die das in der Honecker-Ära tagtäglich beschworene Bild gesellschaftlicher Harmonie mit ihren Werken hartnäckig in Zweifel zogen.

York-Gothart Mix

Werke: *Über die Arbeit in Freihandbibliotheken*, Sachb., Bln. 1957; *Hochzeit in Weltzow*, E., Halle 1960; *Wiedersehen an der Spree*, E., Halle 1960; *Einführung in die Systematik für allgemeinbildende Bibliotheken*, Sachb., Bln. 1961; *Grischa 44*, autobiogr. Ess., in: *Almanach Arnold Zweig*, Ost-Bln. 1962; *Der Hohlweg*, R., Halle 1963; *Ein schwarzer, abgrundtiefer See*, E., Halle 1963, erw. u. bearb. Aufl. 1966; *Aussage unter Eid*, Hsp., 1964; *Maskeraden, Parodien*, Halle 1966; *Buridans Esel*, R., Halle 1968, 1978/79 verfilmt als *Glück im Hinterhaus*; *Das Lästerkabinett. Deutsche Literatur von Auerbach bis Zweig in der Parodie*, Hg., Lpz. 1970; *Preisverleihung*, R., Halle 1972; *Thomas Mann: Tonio Kröger*, Hg., Ost-Bln. 1975; *Das Leben des Jean Paul Richter*, Biogr., Halle 1975; *Tristan und Isolde. Nach Gottfried von Straßburg neu erzählt*, Jugendb., Ost-Bln. 1975, Ffm. 1976; *Jean Paul: Quintus Fixlein*, Hg., Ost-Bln. 1976; *Babylon*, En., Lpz. 1977, Ffm. 1986; *Wilhelm Friedrich Meyern: Dya Na Sore*, Hg., Ffm. 1979; *Märkische Forschungen*, E., Halle, Lpz. 1979; *Theodor Gottlieb von Hippel: Über die Ehe*, Hg., 1979; *Im Querschnitt*, Ess./Biogr., Halle, Lpz. 1979; *Friedrich de la Motte Fouqué: Ritter und Geister*, Hg., 1980; *Friedrich Wilhelm August Schmidt: Einfalt und Natur*, G., Hg., 1980; *Friedrich Nicolai: Vertraute Briefe von Adelheid B. an ihre Freundin Julie S.*, Hg., 1982; *Ludwig Tieck: Die männliche Mutter*, Hg., 1983; *Neue Herrlichkeit*, R., Mü. 1984; *Rahels erste Liebe, Rahel Levin und Karl Graf von Finckenstein in ihren Briefen*, Hg., 1985; *E. T. A Hoffmann: Gespenster in der Friedrichstadt*, Hg., 1986; *Lesefreuden. Über Bücher und Menschen*, Ess., Ffm. 1986; *Frauendienst*, E. u. Ess., Halle 1986; *Schreibend widerstehen*, Freiburg/Br., 1988; *Brandenburg*, m. Fotografien v. Hauke Dressler, Mü. 1991; *Jubelschreie, Trauergesänge. Deutsche Befindlichkeiten*, Ffm 1991; *Im Spreeland. Zwischen Lübbenau und Berlin*, Fotobd., m. Fotos v. Erhard Pansegrau, Freiburg/Br. 1991; *Materialien zu Leben und Werk*, hg. v. Uwe Wittstock, Ffm. 1991; *Zwischenbilanz. Eine Jugend in Berlin*, Autobiogr., Ffm. 1992; *Friedrichshagen und seine Dichter. Arkadien in Preußen*, Hg., Bln. 1992; *Mein Brandenburg*, m. Fotos v. Barbara Klemm, Ffm. 1993; *Das erzählte Ich. Über Wahrheit und Dichtung in der Autobiografie*, Ffm. 1995; *Was ich noch schreiben will. Gespräch mit Ingo Hermann in der Reihe »Zeugen des Jahrhunderts«*, hg. v Ingo Hermann, Gött. 1995; *Vierzig Jahre. Ein Lebensbericht*, Autobiogr. Ffm. 1996; *Die Finckensteins: Eine Familie im Dienste Preußens*, Bln. 1999, *Deutsche Zustände. Über Erinnerungen und Tatsachen, Heimat und Literatur*, m. Fotos v. Barbara Klemm, Ffm. 1999; *Preußens Luise. Vom Entstehen und Vergehen einer Legende*, Bln. 2001; *Unzeitgemäßes: Betrachtungen über Vergangenheit und Gegenwart*, Ffm. 2001.

Buch, Hans Christoph, wurde am 13. 4. 1944 als Sohn eines Diplomaten geboren und wuchs in Wiesbaden, Marseille, Kopenhagen und Bonn auf, wo er 1963 das Abitur machte. In diesem Jahr las er vor der »Gruppe 47« und nahm an Walter Höllerers Seminar »Prosaschreiben« am Berliner Literarischen Colloquium teil. 1966 veröffentlichte er seinen ersten Erzählband. Er studierte in Berlin Germanistik und Slawistik und promovierte dort bei Höllerer 1972 über »Beschreibungsliteratur«. Buch lebt seit 1963 in Berlin. Als »writer-in-residence« und Gastdozent hielt er sich in Bremen, Essen, La Rochelle, Iowa City, New York, Austin, St. Louis, Taos/New Mexico, Hongkong, Buenos Aires, La Habana und Santiago de Chile auf. Im Sommer 1990 hielt er Poetikvorlesungen an der Universität Frankfurt am Main unter dem Titel *Die Nähe und die Ferne – Bausteine zu einer Poetik des kolonialen Blicks*; 1996/1997 unterrichtete er am Deutschen Literaturinstitut Leipzig. Buch erhielt zahlreiche Stipendien; 1984 wurde er vom französischen Außenminister Jack Lang zum »Officier de L'Ordre des Arts et des Lettres« ernannt. Buch arbeitet als Rezensent für zahlreiche Tageszeitungen; er reiste als Kriegsreporter vor allem für »Die Zeit« in die meisten Krisengebiete der Welt, nach Algerien, Bosnien, Burundi, Kambodscha, Osttimor, Ruanda, Sudan, Tschetschenien.
Wie der Lebenslauf bereits andeutet, verkörpert Buch in mehrfacher Hinsicht einen Grenzgänger und -überschreiter. Er ist ein »poeta doctus«, der konsequent Bezug auf die literarische Tradition mehrerer Kulturen nimmt, und ein der politischen Realität zugewandter Kriegsreporter, er ist Erzähler und Theoretiker zugleich, und durch diese ungewöhnliche Verbindung positioniert er sich literarisch wie essayistisch gern zwischen allen Stühlen. Sein Debüt, *Unerhörte Begebenheiten* (1966), zi-

tiert bereits im Titel einen für Buch zentralen Autor, Goethe, und eröffnet einen langen Reigen von so genannten »Nacherzählungen«, in denen er mit schwarzem Humor und den Mitteln der Groteske, der Parodie und des Satirischen, aber auch des Surrealen bekannte Stücke der Weltliteratur weiterschreibt. Diese Linie durchzieht seine Arbeiten bis hin zu seiner »Europa-Trilogie«, die in den Neunzigerjahren erschien: *Der Burgwart der Wartburg. Eine deutsche Geschichte (*1994), *Traum am frühen Morgen* (1996) und *In Kafkas Schloss. Eine Münchhausiade* (1998). Darin sieht Buch das Gemeinsame einer möglichen europäischen Identität in der Zerrissenheit, der Prägung durch totalitäre Ideologien und analysiert im »Sonderfall Deutschland« eine so genannte »machtgeschützte«, zum Selbstzerstörerischen neigende Innerlichkeit. Buch zieht Randfiguren der Geschichte in den Mittelpunkt, wie etwa Goethes Sohn August, der früh ums Leben kam, Ewald von Kleist, den Dichteronkel Heinrich von Kleists, der den Heldentod suchte; er lässt Kafka Casanova kreuzen, und zeigt einen ungewohnten Blick auf bekannte historische Ereignisse. Mit dieser radikalen Auffassung von Literatur als einem Wissensspeicher, in dem Geschichtliches wie Ästhetisches als Tradition weitergesponnen und zugleich hinterfragt wird, setzt Buch sich als aufmerksamer Zeitgenosse mit Kultur und Politik auseinander. 1972 etwa polemisiert er in seiner Sammlung von Kritiken und Essays *Kritische Wälder*, die auf Johann Gottfried von Herders gleichnamige Betrachtungen von 1769 verweist, gegen die »Kunstfeindlichkeit« der Linken, obwohl er sich selbst als undogmatischen Linken betrachtet, der eine Verbindung zwischen Politik und einer bis dahin weitgehend tabuisierten Privatheit sucht.

Die Protestbewegung von 1968 und seine eigene Familiengeschichte weckten sein Interesse an der »Dritten Welt« und an den ehemaligen Kolonien und führten ihn zu seinem zentralen Romanwerk, der »Haiti-Trilogie«. Buchs Großvater war als Apotheker nach Haiti ausgewandert und hatte dort eine Kreolin geheiratet. Immer wieder reist Buch nach Haiti; er verarbeitet die bewegte Geschichte seiner Vorfahren mit der blutigen Historie der Antilleninsel; bereits vorhandene Literarisierungen, die er dabei findet, greift er spielerisch auf. So etwa Heinrich von Kleists Novelle *Die Verlobung in St. Domingo* und Anna Seghers *Die Hochzeit von Haiti*, die er beide im Titel des ersten Romans *Die Hochzeit von Port-au-Prince* (1984) zitiert und in dessen Prolog als Figuren auftreten lässt. *Haiti Chérie* (1990) und *Rede des toten Kolumbus am Tag des Jüngsten Gerichts* (1992), frei nach Jean Pauls *Rede des toten Christus vom Weltgebäude herab, dass kein Gott sei*, folgen. In diesen Romanen verbindet Buch die dokumentarische Recherche mit einer wilden, imaginären Geisterfahrt, die mythologische Figuren zu realen zu machen scheint und umgekehrt in Politikern wie Papa Doc eine mythische Qualität entdeckt. Es gibt keinen durchgeführten Handlungsstrang, sondern verschiedene Zeitebenen werden in verschiedenen Kunstformen nebeneinander gestellt. Namensvettern Hans Christoph Buchs führen als Wiedergänger, Zombies, Untote durch die Unter- und Oberwelten der grausamen und prallen Geschichte der Kolonisierung. Dabei werden die europäischen Wurzeln dieses Phänomens ebenso aufgedeckt und ins Spiel gebracht wie die magischen Rituale von Voodoopriestern, die Buch ohne den üblichen eurozentristischen Exotismus kritisch darstellt. Der deutsche Revolutionär Georg Weerth, der zum erfolgreichen Kaufmann in der Karibik avancierte, wird mit der gleichen Kälte und Wärme bedacht wie spanische Konquistadoren und einheimische Köchinnen. Buch misst den Kämpfen auf dem Schlachtfeld des Bettes der Liebesgöttin Erzulie dieselbe Bedeutung bei wie denen des von Napoleon nach Haiti entsandten Offiziers, der die dort ausgebrochene Sklavenrevolte beenden soll. Diese Gleichzeitigkeit und Gleichwertigkeit, die Auflösung der alten, einst unversöhnlichen Gegensätze von Nähe und Ferne, Oben und Unten erweist sich als geschichtsphilosophisches Konzept Buchs; er betreibt die Dekonstruktion gewohnter Betrachtungsweisen und Begrifflichkeiten. Buchs ästhetisches Konzept ist postmodern, er stellt die triviale Kolportage neben das feinsinnig ironisch gebrochene Zitat; er schreibt über Sex und Mord wie in einem Krimi und stellt zugleich Gevatter Tod in ständig sich wandelnder Gestalt als Lotsen durch diesen poetisch und politisch aufgeladenen Dschungel zur Verfügung.

Diese anspruchsvollen literarischen Strategien erhellt Buch immer wieder in seinen Hommagen an Schriftsteller und Literaturtheoretiker, so auch in seinem wichtigen Band mit Gesprächen und Begegnungen *Übungen mit Meistern* (1996). Viktor Schklowskij gehört zu ihnen, dessen Begriffe der »Verfremdung« und »Verlangsamung« Buch als Leitfaden für die mimetische Beziehung der Literatur zur Wirklichkeit aufgriff. Oder Alejo Carpentier, der ihm als Formen sprengender, polyglotter Autor zum Vorbild wurde.

Das vielfältige Werk Buchs, der sich schreibend in einem kosmopolitischen Kontext sieht, findet im Ausland große Beachtung. Es wurde in viele Sprachen übersetzt und besonders in den Ländern diskutiert, in denen die Notwendigkeit einer Geschichtsneuschreibung (»rewriting history«) durch die große Zahl von Einwanderern gesehen wird und die sensibler für die heutige globale Migration sind. Buch sieht die Ursachen für die Folgeprobleme der Kolonisation in ihren europäischen Wurzeln; in die aktuelle Postkolonialismusdiskussion bringt er als utopisches Konzept das »Kreolische« ein: das gleichberechtigte, anregende Nebeneinander von Kulturen und Sprachen, wie man es in der Karibik kennt. In diesem größeren Zusammenhang sieht er auch seine Kriegsreportagen, weshalb er in seinem Roman *Kain und Abel in Afrika* (2001) die Erlebnisse eines Reporters, der in Ruanda mit dem Völkermord konfrontiert wird, mit denen des deutschen Afrikaforschers Richard Kandt kreuzt, der am Ende des 19. Jahrhunderts nach der Quelle des Nils sucht. Die extrem unterschiedlichen Wahrnehmungsweisen der beiden Protagonisten spiegeln die Veränderungen unseres Bewusstseins; sie weisen auf die Probleme einer alles medialisierenden Gesellschaft hin, in der der Schriftsteller als Augenzeuge seinen Status verloren hat – und so erforderlich zu sein scheint wie nie. Dieses Thema reflektiert Buch noch einmal in seinem Essay *Blut im Schuh* (2001), in dem er die Stellung des vermeintlich nur Beobachtenden im Krieg infrage stellt. Auch hier vergisst er nicht, an die Traditionslinie jener Autoren zu erinnern, die vom Krieg berichteten, wie etwa Tolstoi aus Tschetschenien.

Hans Christoph Buch ist ein unbequemer Schriftsteller und Zeitgenosse, ein Querdenker, der die Anstrengung nicht scheut, gewonnene Positionen infrage zu stellen und seinen Lesern ein hohes Maß an Mitdenken abzuverlangen. Ein ruheloser Autor, der die altmodisch gewordene Liebe zu einer lebendigen Bildung an die Forderung knüpft, literarische Formen stets zu erneuern, und der die unbedingte Autonomie der Kunst mit einer entschiedenen Stellungnahme zur aktuellen Politik verbindet.

Tanja Langer

Werke: *Unerhörte Begebenheiten. Sechs Geschichten*, Ffm. 1966; *Kritische Wälder. Essays*, Reinbek 1972; *UT PICTURA POESIS – Die Beschreibungsliteratur und ihre Kritiker von Lessing bis Lukacs*, Mü. 1972; *Aus der Neuen Welt. Nachrichten und Geschichten*, Bln. 1975; *Die Scheidung von San Domingo: Wie die Negersklaven von Haiti Robespierre beim Wort nahmen*, Dok., Bln. 1976; *Das Hervortreten des Ichs aus den Wörtern*, Ess., Mü. 1978; *Bericht aus dem Inneren der Unruhe. Gorlebener Tagebuch*, Ffm. 2001; *Tatanka Yotanka oder Was geschah wirklich in Wounded Knee?*, Dok., Bln. 1979; *Zumwalds Beschwerden. Eine schmutzige Geschichte*, En., Mü. 1980; *Jammerschoner. Sieben Nacherzählungen*, Ffm. 1982; *Die Hochzeit von Port-au-Prince*, R., Ffm. 1984; *Karibische Kaltluft. Berichte und Reportagen aus der Karibik und Mittelamerika*, Ffm. 1985; *Der Herbst des Großen Kommunikators. Amerikanisches Journal*, Ffm. 1986; *Waldspaziergang – Unpolitische Betrachtungen zu Literatur und Politik*, Ffm. 1987; *Neue Aufzeichnungen eines Wahnsinnigen. Geschichten*, m. Illustr. v. Josi Vennekamp, Pfaffenweiler 1988; *Haiti Chérie*, R., Ffm. 1990; *Die Nähe und die Ferne – Bausteine zu einer Poetik des kolonialen Blicks. Frankfurter Poetikvorlesungen*, Ffm. 1991; *Rede des toten Kolumbus am Tag des Jüngsten Gerichts*, R., Ffm. 1992; *Tropische Früchte – Afroamerikanische Impressionen. Berichte und Reportagen aus Westafrika, Mittel- u. Südamerika*, Ffm. 1993; *Der Burgwart der Wartburg. Eine deutsche Geschichte*, Ffm. 1994; *An alle! Reden, Essays und Briefe zur Lage der Nation*, Ffm. 1994; *Die neue Weltunordnung – Bosnien, Burundi, Haiti, Kuba, Liberia, Ruanda, Tschetschenien. Berichte und Reportagen*, Ffm. 1996; *Übung mit Meistern – Begegnungen und Gespräche mit Alejo Carpentier, Mario Vargas Llosa, René Depestre, Herbert Marcuse, Leo Löwenthal, Peter Fürst, Viktor Schklowskij und Joseph Brodsky*, Bln. 1996; *Traum am frühen Morgen*, En., Bln. 1996; *In Kafkas Schloss. Eine Münchhausiade*, Ffm. 1998; *Kain und Abel in Afrika*, R., Ffm. 2001; *Blut im Schuh. Schlächter und Voyeure an den Fronten des Weltbürgerkriegs. Reportagen und Essays*, Ffm. 2001; *Monrovia Mon Amour. Eine Reise ins Herz der Finsternis. Romanfragment*, m. Illustr. v. Wolfgang Petrick, Bln. 2002; *Wie Karl May Adolf Hitler traf und andere wahre Geschichten*, En., Bln. 2003.

Bukowski, Oliver, wurde am 6. 10. 1961 in Cottbus geboren. Von 1985 bis 1990 studierte er Philosophie und schloss mit einer sozialpsychologischen Arbeit sein Magisterstudium ab. Das anschließende Promotionsstudium der Sozialwissenschaften an der Berliner Humboldt-Universität brach er nach einem Jahr wieder ab. Seit 1992 lebt Bukowski als freischaffender Autor in Berlin. Gemeinsam mit Harald Siebler gründete er 1998 das Uraufführungstheater (UAT) am Staatsschauspiel Dresden. 1994 erhielt er den Gerhart-Hauptmann-Preis, 1996 den Deutschen Jugendtheaterpreis, 1999 den Mülheimer Dramatikerpreis und 2001 den Lessing-Förderpreis des Freistaates Sachsen.

Oliver Bukowski ist in erster Linie Dramatiker. Seine Stücke erzählen mit teils drastischen Mitteln von menschlichen Verwerfungen, nicht selten als Folge der nicht bewältigten Nachwirkungen der deutschen Wende. Ein bevorzugter Schauplatz ist die Niederlausitz, aus der der Autor auch selbst stammt. In *Londn-L.Ä.-Lübbenau* (1993), das Stück, das den Autor einem größeren Publikum bekannt machte, sind es die ökonomischen Umwälzungen, durch die ein älteres Ehepaar aus der Bahn geworfen wird. Nach der Entlassung des Mannes gerät der Neuanfang mit einem Getränkeshop zu einem tragikomischen Versuch, der Leere der eigenen Existenz neuen Sinn einzuhauchen. Die Glückserwartungen münden in der von Gewalt gezeichneten Paarbeziehung allerdings im Doppelselbstmord.

So genannte kleine Leute sind das typische Personal Bukowskis. Ähnlich wie in den Stücken des österreichischen Dramatikers Werner Schwab werden sie oft ins Groteske verzerrt und sprechen eine Kunstsprache. Bei Bukowski wird diese von der Lausitzer Mundart genährt. In *Bis Denver* (1996) erpressen der Bademeister Hotte und der Kohlenschipper Lothi einen Professor, dessen (allerdings bereits toten) Sohn sie in ihrer Gewalt haben. Die tollpatschige Art, wie die beiden dabei vorgehen, unterstreicht das boulevardeske Element dieser Komödie.

In *Nature & Friends* (2001) wird eine Boulevardsituation dreier sich gegenseitig betrügender Ehepaare noch um einige Drehungen weiter auf die Spitze getrieben. Die Groteske kippt in den Stücken Bukowskis gerne in die Tragik und umgekehrt. Das haben sie mit den Dramen des erklärten Vorbilds Friedrich Dürrenmatt gemein. Im Monolog *Nichts Schöneres* (1996) erfährt der Leser bzw. Betrachter erst nach und nach, dass es sich bei der Erzählerin Mechthild Huschke, die von einer Liebesnacht berichtet, um eine Mörderin handelt. In der Tradition des Sozialstücks verankert, zoomt Bukowski sehr nahe an seine Figuren heran: Trotz ihrer latenten Gewaltbereitschaft, trotz der manchmal näheren Verwandtschaft zu Wölfen als zu Menschen, vermittelt sich für den Betrachter eine große Nähe zu den Figuren. Selten erklären sich Bukowskis Figuren allerdings aus dem spezifischen, meist sozial am unteren Ende der Skala angesiedelten Milieu.

In der mit dem Mülheimer Dramatikerpreis ausgezeichneten Tragödie *Gäste* (1999), die wiederum in der Lausitz angesiedelt ist, führt der Einbruch des kapitalistischen Wertesystems in einer Randregion zum Unglück. Das junge Paar Kathrin und Erich baut einen Schweinestall zum Hotel um. Dieses wird zur ökonomischen Hoffnung für ein ganzes Dorf. Als endlich ein Gast auftaucht, nimmt eine Tragödie der Buhlschaften ihren Lauf. In diesem Zeitstück trifft Bukowski die Umwälzungen des Systems und der Werte im Osten Deutschland sehr genau. Seine Figuren scheinen bei aller Tatkraft den Geschehnissen ausgeliefert; Auswege bieten sich ihnen wie in den meisten Bukowski-Stücken keine. Neben den vielen, dezidiert als *well made play* titulierten Stücken für das Erwachsenentheater, neben einigen Hörspielen und den Filmprojekten *Bis zum Horizont* (1998), *Chiquita Forever* (1999) und *It works* (2000), schreibt Bukowski auch Stücke für das Kinder- und Jugendtheater. Thematisch bleibt sich dabei der Autor treu. Im preisgekrönten *Ob so oder so* (1994) trifft ein jugendliches Pärchen in einer verlassenen Wohnung unvorbereitet auf die Wohnungsbesitzerin. Es stellt sich heraus, dass sich die beiden gegenseitig schon des Längeren beobachtet haben – und dass sich beider Leben ähnlich hohl gestaltet.

Stephan Hilpold

Werke: *Die Halbwertzeit der Kanarienvögel*, Theaterst., UA Schwedt 1991; *Inszenierung eines Kusses*, Theaterst., UA Potsdam 1992; *Das Lachen und das Streicheln des Kopfes*, UA Bln. 1992; *Burnout*, Theaterst., UA Bln. 1992; *Schnittpunkt Oder Das Gähnen Frösteln Schweigen*, Hsp., WDR 1993; *Londn – L.Ä. – Lübbenau*, Theaterst., UA Cottbus 1993; *Die Elche, die Antilopen*, Theaterst., UA Hann. 1995; *Intercity*, Theaterst., UA Magdeburg 1993; *Ob so oder so*, Theaterst., UA Potsdam 1994; *Monis Männer*, Hsp., DeutschlandRadio 1995; *Bis Denver*, Theaterst., UA Gera/Altenburg 1996; *Bahlkes letzte Liebe*, Hsp. DeutschlandRadio/NDR 1997; *Nichts Schöneres*, Theaterst., UA Schwerin/Graz 1998; *Lakoma*, Theaterst., UA Cottbus 1996; *Goodbye Lucy Hello Lucy*, Theaterst., UA Magdeburg 1996; *Nature & Friends*, Theaterst., UA Hbg. 2001; *Gäste*, Theaterst., UA Braunschw. 1999; *Hinter den Linien*, Theaterst., UA Frankfurt/Oder 1998; *It works*, Drehb. 2001; *Allerseelen Rot*, Theaterst., UA Dresden 2001; *Stand By*, Theaterst., Bln. 2003.

Burger, Hermann, wurde am 10. 7. 1942 in Burg in der Schweiz als Sohn eines Versicherungsinspektors geboren. Burger war Schriftsteller, Literaturwissenschaftler, Redakteur und Rezensent und gehörte in den Achtzigerjahren zu den angesehensten deutschsprachigen Autoren seiner Generation. Er studierte zunächst vier Semester Architektur, dann Germanistik, Kunstgeschichte und Pädagogik an der Universität Zürich; dort promovierte er mit der Studie *Paul Celan. Auf der Suche nach der verlorenen Sprache* (1974). Nach seiner Habilitation mit *Studien zur zeitgenössischen Schweizer Literatur* (Auszüge in *Ein Mann aus Wörtern*, 1983) war er als Privatdozent für Neuere deutsche Literatur an der Eidgenössischen Technischen Hochschule Zürich und an der Höheren pädagogischen Lehranstalt des Kantons Aargau tätig, außerdem als Feuilletonredakteur beim »Aargauer Tagblatt«. 1985/86 hielt er als Gastdozent an der Universität Frankfurt Poetikvorlesungen, die Entstehungsbedingungen seiner eigenen Werke erläuterten (*Die allmähliche Verfertigung der Idee beim Schreiben*, 1986). 1978 erhielt er den Preis der Schweizerischen Schillerstiftung, 1980 den C.-F.-Meyer-Preis, 1983 den Hölderlin-Preis, 1984 den Aargauer Literaturpreis und 1985 den Ingeborg-Bachmann-Preis. Burger litt zunehmend unter starken Depressionen und war oft längerfristig in medizinischer Behandlung, die er wiederholt öffentlich diskutierte. Am 28. 2. 1989 nahm er sich mit einer Medikamentenüberdosis das Leben.

Burger debütierte, noch als Student, mit dem Gedichtband *Rauchsignale* (1967) und veröffentlichte 1970 zehn Prosastücke unter dem Titel *Bork*, in denen sich bereits einige Themenkonstanten des späteren Werks abzeichnen: Persönlichkeitsspaltungen unter dem Eindruck von Originalitätssucht, Sexualfantasien, Einsamkeit und Todesangst, Kritik und Spott für die starre Lebensfeindlichkeit von Kirche, Schule oder Militär, das verführerische und bisweilen bedrohliche Eigenleben von Literatur und Einbildungskraft. So stellt er etwa in der Erzählung *Der Büchernarr* die Ambivalenz der Beschäftigung mit Literatur zwischen Leselust und Persönlichkeitsgefährdung dar, oder er ironisiert in *Die Leser auf der Stör* die Selbstreferenzialität der Literatur und des Literaturbetriebs. Mit der Veröffentlichung seines umfangreichen ersten Romans *Schilten. Schulbericht zuhanden der Inspektorenkonferenz* (1976) erreichte Burger erstmals ein breiteres Publikum und galt seither als wortschöpferischer Sprachvirtuose von enzyklopädischem Detailreichtum. Er etablierte in *Schilten* einen Ich-Sprecher, der hier wie in fast allen folgenden erzählenden Texten seinen Redefluss in Briefform an eine höhere Instanz richtet. Dabei kommt dem Erzählen selbst die Funktion zu, Identität und Welt eigenmächtig zu entwerfen bzw. zu kontrollieren. Der Erzählanlass ergibt sich aus Störungen, Gefährdungen, Krankheiten, aus der Todesbedrohung des Individuums, denen mit dem sprachlichen Produktionsakt ein Identitätsentwurf und der Anspruch auf künstlerisches Überdauern entgegengehalten werden. Der Defekt der Figuren nimmt stets in mangelnder Kommunikation und verweigerter Anerkennung seinen Anfang, die sprachliche Gegenwehr verstärkt ihn: Im Briefmonolog reißt der Sprecher einseitig das Wort an sich und legt so die kommunikativen Rollen seinem Produktionsdrang gemäß fest. Burger spricht etwa in der Frankfurter Poetikvorlesung autobiografisch von seinem Schreiben als »Existenzform« und als »lebensrettende Langzeitmaßnahme« in »Reaktion auf eine höchste Notsituation«; innerhalb der Texte markiert eine ebenso beschaffene fiktive Ausgangslage die dargestellte Welt- und Poetikkonzeption.

In *Schilten* stellt Burger den 30-jährigen Dorfschullehrer Peter Stirner ins Zentrum, der seit zehn Jahren unter dem Pseudonym Armin Schildknecht die Volksschüler in einem abgelegenen aargauischen Gebirgsdorf unterrichtet. Einsamkeit und eine fatale Nachbarschaft von Schule und Friedhof führen dort zu einer völligen Umstrukturierung des Schulalltags und zu obsessiven Vorstellungen Schildknechts. Er richtet seinen Unterricht ganz auf die Bewältigung der Todespräsenz (etwa Totenfeiern in der Turnhalle) und gegen die Beanspruchung der Schuleinrichtungen durch den Friedhofsbetrieb ein. Er ersetzt Heimatkunde durch »Todeskunde«, lehrt die Abstufungen von Tod, Scheintod und Verschollenheit, teilt seine »Einheitsförderklasse« in Kampf- und Observationstrupps gegen das Friedhofsgeschehen ein. Um sein eigenwilliges Vorgehen gegen die Verwarnung der Schulbehörde zu rechtfertigen, arbeitet er seit Jahren an einem Schulbericht, den er in zahllosen Fassungen zunächst den Schülern, seinen »Sudelsekretären«, diktiert und dann überarbeitet. Stirner weitet diesen Bericht über seine Existenz als Schildknecht zu einem groß angelegten Identitäts- und Lebensbewältigungsentwurf aus, dem er zunehmend wahnhafte Züge verleiht. Eine Bewusstseinsspaltung des mittlerweile entlassenen, aber weiterschreibenden Stirner ist unvermeidlich. Mit dem Abschluss seines Manuskripts trennt er sich auch von seinem Pseudonym und der daran gebundenen Identität. Es gelingt ihm zwar noch, für den verschollen erklärten Schildknecht eine Versicherungsprämie zu kassieren, sein Weg in den Wahnsinn scheint damit aber besiegelt. Burger greift die Situierung eines Lebensraums in Friedhofsnähe und Teile des Figureninventars aus Schilten später noch mehrmals auf, zunächst in den *Kirchberger Idyllen* (1980), einem Gedichtzyklus in Distichen, und noch direkter in seiner Erzählung *Der Schuß auf die Kanzel* (1988). Diese entwickelt als kämpferisches »antiklerikales Gefechtsjournal« des von der »Pfaffia« in den Selbstmord getriebenen Autors Stirner eine nachträgliche fiktive Entstehungsgeschichte und Poetik zu *Schilten*. Die poetologischen Auseinandersetzungen und die für Burgers Werk symptomatische Koppelung von Verzweiflung und absurder Komik sind hier besonders deutlich.

Burgers Texte führen immer wieder vor, wie sich bedrohte, isolierte, vernachlässigte Individuen durch das Eigenleben ihrer künstlerischen Produktion erst recht in Gefahr bringen. Gerade ihre instabilen Persönlichkeiten werden absorbiert von ihrer Anstrengung, ein anderes Ich zu entwerfen. So bleibt in der Titelgeschichte des Erzählungsbandes *Diabelli* (1979) einem erfolgreichen Zauberkünstler nur noch die Absage an seinen Beruf, nachdem er ein Leben lang hinter einer Maske Illusion und Scheinwirklichkeit erzeugt, dabei aber sein Selbst verleugnet und zerstört hat.

In Burgers bekanntestem Roman *Die Künstliche Mutter* (1982) ist das Leben des Protagonisten auf ein Leidens- und Patientendasein hin zugespitzt, dessen Ursachen auf seine christlich-repressive Sexualerziehung und seinen zeitlebens wirksamen Mutterkomplex zurückgehen. Erzählend befreit sich der »Omnipatient« davon und attackiert dabei nicht nur eine verlogene Mütterlichkeit in der Gesellschaft, sondern führt gleichzeitig die Pseudo-Mannhaftigkeit der Schweizer Nationalmythen und die Geschlechterrollen schlechthin ad absurdum. Der Weg des Patienten führt in eine allmähliche Selbstauflösung im Sprachkunstwerk, aber dieses künstlerische Überleben bezahlt er mit dem biologischen Tod.

Burgers letztes Werk, der Roman *Brenner*, Bd. 1, *Brunsleben* (1989), und dessen posthum aus dem Nachlass herausgegebene fragmentarische Fortsetzung *Brenner*, Bd. 2, *Menzenmang* (1992) beschreibt in der Erinnerung des Abkömmlings einer aargauischen Zigarrendynastie eine von einer positiven Vaterfigur geprägte Welt, Gegenentwurf zu der des Romans *Die Künstliche Mutter*. Burger, der zu seinen »Prosalehrern« Thomas Bernhard zählte, hat in seinem Werk Verzweiflung, Krankheit und Tod in eine hochartifizielle, oft komödiantische Szenerie übersetzt. Der Tod wird zur stilisierten Werkschaffung. In seinem finster-komischen *Tractatus logico-suicidalis. Über die Selbsttötung* (1988) findet sich der Satz: »Der Selbstmord als Abschluss einer Krankheitskarriere wäre ein ›opus magnum‹.« Burgers umfangreicher Nachlass, der im Schweizerischen Literaturarchiv verwahrt wird, enthält u.a. das unveröffentlichte Drama *Die Scheintoten* (1987).

Stefan Iglhaut

Werke: *Rauchsignale*, G., Zür. 1967; *Bork*, En., Zür. 1970; *Paul Celan. Auf der Suche nach der verlorenen Sprache*, Habil., Zür. 1974; *Schilten. Schulbericht zuhanden der Inspektorenkonferenz*, R., Zür. 1976; *Diabelli*, En., Ffm. 1979; *Kirchberger Idyllen*, Zür. 1980; *Die Künstliche Mutter*, R., Ffm. 1982; *Ein Mann aus Wörtern*, Ffm. 1983; *Die allmähliche Verfertigung der Idee beim Schreiben*, Ffm. 1986; *Blankenburg*, En., Ffm. 1986; *Als Autor auf der Stör*, En., Ess., Aufs., Ffm. 1987; *Der Schuß auf die Kanzel*, Ffm. 1988; *Tractatus logico-suicidalis. Über die Selbsttötung*, Ffm. 1988; *Brenner*, R., Bd. 1: *Brunsleben*, Ffm. 1989; *Brenner*, Bd. 2: *Menzenmang*, Ffm. 1992.

Burkart, Erika, wurde am 8. 2. 1922 in Aarau geboren. Nach dem Schulabschluss besuchte sie ab 1938 das Lehrerinnenseminar in Aarau. Bis 1952 war sie an verschiedenen Schulen als Primarlehrerin tätig. Seither lebt sie als freie Schriftstellerin in ihrem Elternhaus, dem Haus zu »Kapf« – dem ehemaligen Sommersitz der Äbte des Klosters Althäusern bei Muri – im Kanton Aargau. Längere Reisen unternahm sie nach Irland, Italien, Spanien und Frankreich. Sie wurde vielfach ausgezeichnet, unter anderem 1958 mit dem Meersburger Droste-Preis und dem Preis der Schweizerischen Schillerstiftung, 1961 mit dem Preis der Conrad-Ferdinand-Meyer-Stiftung, 1970 mit der Ehrengabe der Stadt Zürich, 1971 mit dem Ida-Dehmel-Preis, 1978 mit dem Johann-Peter-Hebel-Preis, 1980 mit dem Aargauer Literaturpreis, 1990 mit dem Wolfgang-Amadeus-Mozart-Preis, 1992 mit dem Gottfried-Keller-Preis und 2002 mit dem Joseph-Breitbach-Preis.

Außerhalb der Schweiz ist Erika Burkarts Werk, das Heinz F. Schafroth schon 1988 als »gewichtigsten Beitrag zur schweizerischen Lyrik der Gegenwart« bezeichnet hat, viel zu wenig bekannt. Literarische Vorbilder der Autorin, deren Anfänge in den Fünfzigerjahren stark von der Tradition der deutschen Naturlyrik geprägt waren, sind in Ansätzen Stefan George und Georg Trakl, in stärkerem Maße Oskar Loerke und Wilhelm Lehmann. »Ich komme aus einer älteren Landschaft«, bekennt die Lyrikerin in dem Gedicht *Kein Weg, eine Welle* aus dem Band *Die Transparenz der Scherben* (1973). Immer wieder verweist sie auf präexistente Zustände des Seins und auf mythische Zeiten, in denen die Einheit von Natur und »Ich«

noch gewährleistet gewesen sei. Poetisch versucht sie, sich diesem verlorenen »Gnadenstand der Frühzeit« wieder anzunähern. Die sie umgebende Landschaft wird für die Autorin zum »Innen- und Seelenraum« (Frieda Vogt-Baumann); die Innenwelt spiegelt sich gleichsam in Naturerscheinungen wider: »Ein struppiges Nest / ist mein vom Baum gefallenes Herz ...« (*Bitte um Schnee*, in: *Ich lebe*, 1964). Die zuweilen unwirklich-ätherischen Regionen in ihren Gedichten werden von Elfen, Nymphen und Dryaden bevölkert. Einzig in der Welt des Kindes kommt diesen zauberischen Wesen, die auch als Schutzgeister fungieren, noch die ihnen angemessene Bedeutung zu.

So erschafft Erika Burkart sowohl in ihren Gedichten als auch in den Prosatexten immer wieder das »Inbild des Kindseins« (Ernst Halter). Wichtig scheint ihr, die in diesem Stadium des Menschseins noch spürbaren Relikte der ungeteilten Schöpfung sichtbar zu machen: »Als ich ein Kind war und Kronen verteilte / das Wasser mich trug, der Spiegel mich einließ, / vogelgestaltig der Dämon mich anflog / ... / überfloß die Zeit – / schäumte in Faltersträußen und Frühschnee, / gerann – immer war eine Glocke dabei – / zu breiten Röten und Eisvogelblau. / Der Himmel trug auf der Schulter / den zweiten Himmel, der stürzte, als ich // nicht mehr ein Kind war / ... / der Baum sich vom Wald, / die Liebe sich trennte / in ich du er sie, / die Sonne im Kind, / das Kind in der Sonne verschwand« (*Als ich ein Kind war*, in: *Ich lebe*).

Zu dem zunächst nur philosophischen Wissen um die Geschiedenheit der Wesen tritt die Trennungserfahrung in das Leben der Dichterin durch den Tod der Mutter. Die Mutter bedeutete für Erika Burkart »die Verkörperung des tragenden Grundes« (E. Halter); ihr widmete sie unter anderem die Texte *Bildnis* (*Geist der Fluren*, 1958) und *An meine Mutter* (*Das Licht im Kahlschlag*, 1977). Das aus zwölf einzelnen Gedichten bestehende Requiem *Ort der Kiefer*, das im Zentrum des ganz von der Trauer getragenen Bandes *Das Licht im Kahlschlag* steht, verkündet Hoffnungslosigkeit, die so groß ist, »daß sie / an gegenstandslose / Hoffnung grenzt«. Isolation, Einsamkeit, Angst und Vergänglichkeit werden nun zunehmend mehr und deutlicher hervorgehoben. Auch die Klage über die Zerstörung der Natur artikuliert sich immer wieder, ohne dass jedoch die Distanziertheit zu konkreten politischen und gesellschaftlichen Problemen aufgehoben würde. »Freundschaft und Liebe und was es bei deren Ausbleiben zu verarbeiten galt, haben mein Leben und Werk bestimmt«, bekannte die Lyrikerin einmal. Die Erfahrung des Verlassenwerdens beschreibt sie in dem Band *Mit den Augen der Kore* (1962). Die Liebe, deren Existenz nach ihrer Auffassung dem Menschen die Ahnung einer paradiesischen, noch nicht durch den »Schöpfungsriss« gespaltenen Welt vermitteln könne, zeigt sich hier von ihrer verletzenden, dunklen Seite: »Felderstille hinter den Hecken, / Hecken zwischen Leben und Tod. / Geschmähte Liebe sucht nach Verstecken. / Die Sonne rinnt aus, / schleimig und rot ...« (*Anima*).

Mit den Augen der Kore markiert eine Wende im Schaffen Erika Burkarts; durch die Krisenerfahrung nimmt »die Bedeutung der Innenräume zu« (F. Vogt-Baumann), die Sprache wird präziser. Die formal vorwiegend traditionellen Gedichte der Fünfzigerjahre (Metrum, Reim, später auch freie Rhythmen) – aufgrund einiger früher Arbeiten wurde die Lyrikerin auch mit A. v. Droste-Hülshoff verglichen – sind gekennzeichnet durch eine zuweilen ausufernde Verwendung von Metaphern und heute zum Teil altmodisch wirkenden Worten und Phrasen (z.B. *Die Moorschenke*).

Nach und nach machte sich Erika Burkart von den literarischen Vorbildern frei. Die Suche nach einer ihr adäquaten poetischen Ausdrucksweise beschäftigte sie nicht nur theoretisch, sie machte sie auch immer wieder zum Gegenstand ihrer literarischen Texte: »Ich suche das Wort / das mich fände ...« (*Dazwischen*, in: *Ich lebe*). Sie reflektiert die Möglichkeiten des Schriftstellers und der Sprache, zum Beispiel in den Gedichten *Einer, der schreibt (Ich lebe)*, *Das Wort (Bann und Flug)*, in Texten des Bandes *Sternbild des Kindes* (1984) oder in einem Kapitel des 1979 erschienenen Romans *Der Weg zu den Schafen* (*Ein imaginäres Gespräch*). In den Bänden *Ich lebe* und *Die weichenden Ufer* (1967) wird der Reim deutlich zurückgenommen und die Metaphernfülle reduziert. Nach wie vor bleibt jedoch ein schwermütiger, kontemplativer Ton vorherrschend, um Dämmerzustände, atmosphärische Andeutungen innerer Gestimmtheiten oder vegetabile Märchenwelten ins Bild zu setzen.

In dem Band *Die Zärtlichkeit der Schatten* (1991) scheint die Lyrikerin einen fast neu anmutenden Ton anzustimmen. Das Ungewohnte betrifft weniger die Themen als vielmehr die hoch konzentrierte, fast kristallin wirkende Metaphorik: »Die Flügel kann man jetzt brauchen / zur Bergung jener, die fliegen / durch die Welt um die eigene Mitte, / zu erreichen einzig im Sturz« (*Die Flügel*). Die Knappheit der Formulierung bestimmt auch Burkarts Aufzeichnungen *Grundwasserstrom* (2000), eine Sammlung eigener und aufgelesener Gedanken und Aphorismen.

In ihren autobiografischen Romanen *Der Weg zu den Schafen* (1979) und *Die Spiele der Erkenntnis* (1985) finden sich bereits aus der Lyrik bekannte Themen und Motive wieder. Der Roman *Die Spiele der Erkenntnis* erzählt die Geschichte einer Beziehung zwischen einem sechsjährigen Jungen und einer Frau, denen sich durch die gemeinsamen Erlebnisse verborgene Welten auftun. Der Roman *Der Weg zu den Schafen* setzt ein mit Gedanken an den Tod der Mutter, mit dem die Ich-Erzählerin zugleich den Verlust ihrer Erinnerung konstatiert. Erst langsam werden die Bilder aus der Vergangenheit wieder wach; die Erzählerin entsinnt sich ihrer Kindheit und Jugend, des Krieges und der Nachkriegszeit, der Beziehungen zu anderen Menschen, ihrer Vereinsamung, Träume und Ängste. Die erzählenden Passagen werden dabei immer wieder von reflektierenden oder assoziativen Einschüben unterbrochen.

Trotz des oft melancholischen Gestus in Erika Burkarts Werk konstatierte Hermann Burger anlässlich des Erscheinens von *Sternbild des Kindes*, dass ihre Texte »voll utopischer Hoffnung« seien. Diese Feststellung bestätigte die Schriftstellerin auch in allen seither erschienenen Texten.

Petra Ernst

Werke: *Der dunkle Vogel*, G., St. Gallen 1953; *Sterngefährten*, G., St. Gallen 1955; *Bann und Flug*, G., St. Gallen 1956; *Geist der Fluren*, G., St. Gallen 1958; *Die gerettete Erde*, G., St. Gallen 1960; *Mit den Augen der Kore*, G., St. Gallen 1962; *Ich lebe*, G., Zür., Stg. 1962; *Die weichenden Ufer*, G., Zür., Stg. 1967; *Moräne. Der Roman von Lilith und Laurin*, Olten, Freiburg/Br. 1970; *Fernkristall*, G., Tobel 1972; *Die Transparenz der Scherben*, Zür., Köln 1973; *Rufweite*, Pr., Zür., Mü. 1975; *Das Licht im Kahlschlag*, G., Zür., Mü. 1977; *Augenzeuge*, G., Zür., Mü. 1978; *Der Weg zu den Schafen*, R., Zür., Mü. 1979; *Die Freiheit der Nacht*, Zür., Mü. 1981; *Sternbild des Kindes*, G., Zür., Mü. 1984; *Die Spiele der Erkenntnis*, R., Zür., Mü. 1985; *Schweigeminute*, G., Zür., Mü. 1988; *Ich suche den blauen Mohn. Pflanzengedichte*, m. Blumenbildern v. Max Löw, Basel 1989; *Die Zärtlichkeit der Schatten*, G., Zür. 1991; *Das Schimmern der Flügel. Jugendmythen*, Zür. 1994; *Stille fernster Rückruf*, G., Zür. 1997; *Grundwasserstrom. Aufzeichnungen*, Zür. 2000; *Langsamer Satz*, G., Zür. 2002.

Burmeister, Brigitte, wurde am 25. 9. 1940 in Posen geboren. Nach dem Abitur in Halle/Saale arbeitete sie in einer Maschinenfabrik, bevor sie 1960 ein Studium der Romanistik in Leipzig begann und 1965 abschloss. Von 1967 bis 1982 war sie als wissenschaftliche Mitarbeiterin an der Akademie der Wissenschaften der DDR in Ost-Berlin tätig, zunächst mit Forschungen und Publikationen zur französischen Aufklärung (Promotion 1973), dann zur zeitgenössischen französischen Literatur und Literaturtheorie. Seit 1983 ist sie freie Autorin und Übersetzerin. Sie lebt in Berlin. 1991 wurde sie in das Deutsche P.E.N.-Zentrum (Ost) gewählt. Sie war dort Vorsitzende des Writers-in-Prison-Komitees und ab 1994 Mitglied des Präsidiums, dies auch im vereinigten P.E.N.-Zentrum Deutschland von 1998 bis 2000. 1993 wurde sie mit dem Stipendium Schloss Wiepersdorf, 1994 mit dem New-York-Stipendium des Kranichsteiner Literaturpreises, 1995 mit dem Stipendium Villa Waldberta und im gleichen Jahr mit dem Kritikerpreis der deutschen Vereinigung für Kritiker ausgezeichnet. 1996 war sie »writer-in-residence« der University of Warwick und auf Einladung des Goethe-Institutes in Pakistan, 1993 und 2000 mit einer Gruppe deutscher Schriftsteller in Mexiko, 2002 auf Einladung der Universität Johannesburg in Südafrika. Seit 2001 ist sie Vorstandsmitglied des Deutschen Literaturfonds e.V. in Darmstadt und seit 2002 Vorsitzende der Gesellschaft für Sinn und Form (Trägerverein des Literaturforums im Brecht-Haus) in Berlin.

Ihrem Debüt *Anders oder Vom Aufenthalt in der Fremde* (1987) hatte Brigitte Burmeister poetologisch mit einer Arbeit über den »noveau roman« vorgearbeitet. Es ist ein für die Literatur aus der DDR ungewöhnliches Buch über die Erfahrungen der Autorin mit dieser Gesellschaft; sie wolle es »in Worten malen«, so Burmeister, und sich dem »Abenteuer des Berichtens« (Jean Ricardou) aussetzen. Mit dem Roman *Unter dem Namen Norma* (1994) ging sie daran, die »Aufgabe des Erinnerns«, wie sie es für DDR-Autoren in einem Aufsatz 1994 in der Zeitschrift »Sinn und Form« proklamiert hatte, ernst zu nehmen: »Nach wie vor bedeutet Schreiben für mich Entdecken, Gestaltgeben, Zustrom von Lebendigkeit, geduldiges Ausprobieren, eine Wette auf die Mitteilbarkeit des unmittelbar Eigenen und zugleich Teilhabe an einer ›Sprache, die schon so viel gesprochen hat‹ (U. Eco).« Ein altes Mietshaus, Berlin-Mitte, in unmittelbarer Nähe des ehemaligen Todesstreifens, dient als Mikrokosmos, um der auf Exemplarisches abzielenden Geschichte eine Fassung zu geben. Die erinnerungssüchtige Erzählerin Marianne arbeitet zu Hause an einer Übersetzung, ihr beigeordnet sind der zynische Opportunist mit Westambitionen Johannes, der januskköpfige Bürgerrechtler und Szenetyp Max, die quirlig-pragmatische Freundin Norma, Mariannes (imaginäre) Tochter Emilia und diverse Nachbarn wie die »rote Socke« Bärwald und der Ex-Stasi-Mann Kühne als pedantischer Hausverwalter – insgesamt ein schöner Bevölkerungsdurchschnitt, mit dessen Hilfe DDR-Geschichte und die Veränderungen seit der Wende zu erzählen sind. Daraus werden Geschichten des Scheiterns, der Flucht und des Träumens. Die Erzählerin rekapituliert eigene und fremde Vergangenheit, kramt in (fremden) Briefen, Nachlässen und Abfallcontainern. Erinnerung avanciert zum Schlüsselbegriff des Romans. In der Vergegenwärtigung von vergleichbaren historischen Situationen (1789, 1945) sucht die Erzählerin nach Hilfestellungen, bewegt sich eher tastend im »Fein-desland«. »Allesamt wissen sie immer schon Bescheid, diese aufgeblasenen Originale, für die der Osten bevölkert ist von Stereotypen«, sagt die Erzählerin, als sie mit einer erfundenen, herzerweichenden IM-Geschichte die West-Bekannten »mit ihrer Glasur über den Gesichtern« brüskiert hat. Hatte doch schon Saint-Just gewusst – so die Erzählerin –, dass Herrschaft ohne Schuld nicht sein kann. Marianne entscheidet sich für ein Leben in alter Umgebung und versucht, sich in der neuen Wirklichkeit einzurichten, ohne ihre Wurzeln zu verlieren. Die alte DDR (und ihre Sprache) werden allmählich abtrainiert, ein satirischer Blick, wie von Brigitte Burmeister, kann dabei nicht schaden: »Wir müssen uns unsere Biografien erzählen, um dadurch beiderseitige Heilung zu erwirken«.

Auch die Erzählungen unter dem Titel *Herbstfeste* (1995) sind Zeugnisse eines Nachsinnens, das noch ziemlich fest im Alltag der DDR verankert ist. Burmeisters thematischer Inventarisierung entspricht aber auch eine sprachlich sensible, oft ins Parabolische zielende Einfühlung in den sich verändernden Kosmos der Figuren. Je nach Standpunkt und Geschichte mag der Leser folgen, die Distanz zur realen DDR erscheint in diesen Texten gering. Im Roman *Pollok und die Attentäterin* (1999), der die Geschichte eines Anschlags auf einen Politiker zum Thema hat, wird durch eine komplexe Struktur – drei Erzählperspektiven – geschickt eine Mehrdeutigkeit erzielt. Es geht um den »sauberen« Lebenslauf, Ghost-Writing, Vater-Suche, Denunziation und Täuschung. In diesem Sinne ist der Roman auch als Probelauf eines Erzählens zu verstehen, das um die Flüchtigkeit des Authentischen weiß und sich deshalb bewusst vieldeutig verhält.

Thomas Kraft

Werke: *Streit um den Nouveau Roman. Eine andere Literatur und ihre Leser*, Bln. 1983; *Anders oder Vom Aufenthalt in der Fremde. Ein kleiner Roman*, Bln. 1987; *Bernard Vinot: Saint-Just*, Übs. (u.d. Ps. Franziska Saalburg), Stg. 1989; *Das Angebot*, Krimi (u.d. Pseud. Liv Morten), Bln. 1990; *Pierre Bergounioux: Das rosa Haus*, Übs., Bln. 1991; *Wir haben ein Berührungstabu*, zus. mit Margarete Mitscherlich, Hbg. 1991; *Alain Corbin: Das Dorf der Kannibalen*, Übs., Stg. 1992; *Unter dem Namen Norma*, R., Stg. 1994; *Herbstfeste*, En., Stg. 1995; *Pollok und die Attentäterin*, R., Stg. 1999; *Alain Nadaud: Der andere Tod*, Übs., Stg. 2000; *Alain Nadaud: Eisschmelze*, Übs., Stg. 2003.

Buselmeier, Michael, wurde am 25. 10. 1938 in Berlin geboren. Er wuchs in Heidelberg auf und besuchte dort das Humanistische Gymnasium. Nach dem Abitur 1959 ließ er sich zum Schauspieler ausbilden und nahm eine Tätigkeit als Regieassistent auf. Nebenher studierte er von 1959 bis 1967 Germanistik und Kunstgeschichte in Heidelberg, 1967 Magisterexamen. Von 1972 bis 1976 lehrte er an verschiedenen Hochschulen. Er lebt heute als freier Schriftsteller und Publizist in Heidelberg, wo er u.a. die alternative Stadtzeitung »Communale« mitbegründete. Seit 1995 fungiert er als Herausgeber der »Edition Künstlerhaus« im Verlag Das Wunderhorn. 1993 erhielt er das Edenkoben-Stipendium des Landes Rheinland-Pfalz, 1995 den Thaddäus-Troll-Preis und den Martha-Saalfeld-Preis, 2000 den Pfalzpreis für Literatur.

Michael Buselmeier avancierte Ende der Siebzigerjahre mit seinen kommunalpolitischen Aktivitäten in seiner Heimatstadt zum »öffentlichen Ärgernis«, weil er nach Ansicht seiner Gegner »als Autor jenseits der Grenze unseres Verfassungsstaates anzusiedeln wäre«. Diese Wertschätzung erwarb sich Buselmeier und pflegte sie als »Archäologe des Heimatgefühls«, als unermüdlicher und unbequemer Fragensteller und später als Kritiker der lokalpolitischen Entwicklung Heidelbergs. Unter dem ironischen Titel seines ersten Gedichtbandes *Nichts soll sich ändern* (1978) präsentierte er politische Alltagsgedichte, gleichsam Konzentrate seiner Erfahrungen im gesellschaftskritischen Kontext. Buselmeiers zentrales Thema stand früh fest: *Der Untergang von Heidelberg* (1981), die allmähliche Veränderung der Umgebung, in der er groß geworden war, die Zerstörung gewachsener Stadtstrukturen und intakter Naturlandschaften. »Ich will ein deutliches Bild der Heimat zeichnen, die real verloren ist.« Der Ich-Erzähler charakterisiert seine aus Beobachtungen, Erinnerungen und Reflexionen bestehende Studie als »Bewegung eines Bewusstseins durch eine Stadt«. Er zeigt deren Schandflecken, enthüllt verborgene Geschichte, betreibt Spurensuche. Zornig und selbstanklagend quält er sich an einem Sommertag durch die Stadt: »Wir haben damals den weltweiten Imperialismus angeklagt und die vor unseren Augen stattfindende Zerstörung von Kultur und Leben kaum wahrgenommen.« Das entstellte Bild der Stadt entspricht seiner seelischen Verfassung.

Wollte Buselmeier hier »so privat und schamlos wie möglich« schreiben oder, wie er 1978 erklärt hatte, »alltägliche Widersprüche im Detail sichtbar machen«, um »die gerade für Linke typische Diskrepanz zwischen den gespenstischen Alltagserfahrungen, den sozialkritischen Reflexionen und den Wünschen auszuhalten«, wandte er sich in den Gedichtbänden *Die Rückkehr der Schwäne* (1980), *Radfahrt gegen Ende des Winters* (1982), *Auf, auf, Lenau!* (1986), *Erdunter* (1992) und in den *Monologen über das Glück* (1984) verstärkt einer Seh- und Schreibweise zu, die Themen und Motive der Romantik wieder belebte. Diese anspielungsreichen Reminiszenzen erscheinen als »Spielwiese« für den von der Zerstörung seiner Heimat betroffenen Schriftsteller. Die Poesie wird zum Sehnsuchtsraum: »Das wäre ein Leben, in einer Arche voller Bücher oder in Hieronymus' Klause, mit einem kleinen Löwen zu Füßen, und die Sanduhr nur der Ästhetik wegen, am Weltuntergang vorbeischaukelnd.« Die Verschmelzung mit der Schöpfung wird zum Wunschmotiv, aber sein literarisches Alter Ego *Schoppe* (1989), eine aus Jean Pauls Roman *Titan* (1800/03) entliehene Figur, der auf seinen Streifzügen durch die Pfalz in die Geheimnisse der Natur einzudringen versucht und dabei Heimatkunde im konkreten Sinn betreibt, und, angeregt durch die Lektüre von Adalbert Stifters *Nachsommer* (1857), dabei eine heile Gegenwelt zu finden trachtet, wird enttäuscht. Die allgegenwärtige Verschandelung von Natur und Landschaft lässt den Rückzug aus der Gesellschaft zur Illusion werden. »Schoppe wollte nicht untätig werden«, heißt es dann, und stört die Selbstinszenierung von Politikern anlässlich der Feierlichkeiten zum Jahrestag des Hambacher Festes.

Buselmeiers *Literarische Führungen durch Heidelberg* (1991/1996) und Umgebung, die er seit 1988 anbietet, sind mittlerweile eine Institution. Kein Mythos wird beschworen und keinen Baudenkmälern gehuldigt, sondern im Gehen und Sehen lässt Buselmeier eine besondere Aura der Stadt, die wie kaum eine Zweite von Literatur geprägt ist, entstehen. Der Regionalist Buselmeier folgt bei seinen Wanderungen durch die Altstadt und durch die Rheinebene zwischen Odenwald und Pfalz den Spuren des Vergangenen und benennt Glanz und Niedergang. *Ich rühm dich Heidelberg* (1996) heißt einer seiner poetischen Liebesbeweise, in dem Hölderlin mitklingt und Hitler vorkommt.

Thomas Kraft

Werke: *Der unterdrückte Mensch kann nicht singen*, Hsp., SWF 1972; *Das glückliche Bewußtsein. Anleitungen zur materialistischen Medienkritik*, Hg., Darmst. 1974; *Nichts soll sich ändern*, G., Hdbg. 1978; *Die Rückkehr der Schwäne. Neue Gedichte*, Hdbg. 1980; *Der Untergang von Heidelberg*, R., Ffm. 1981; *Radfahrt gegen Ende des Winters*, G., Ffm. 1982; *Monologe über das Glück. Kleine Prosa*, Essen 1984; *Heidelberger Reportagen*, Hg., zus. m. Emmanuel Bohn, Hdbg. 1984; *Auf, auf, Lenau!*, G., Essen 1986; *Heidelberg-Lesebuch. Stadtbilder von 1800 bis heute*, Hg., Ffm. 1986; *Schoppe. Ein Landroman*, Hdbg. 1989; *Literarische Führungen durch Heidelberg. Eine Kulturgeschichte im Gehen*, Hdbg. 1991, Neufssg. Hdbg. 1996; *Erdunter*, G., Hdbg. 1992; *Spruchkammer*, En., Hdbg. 1994; *Jahrbuch der Lyrik 1996/97*, Hg., zus. m. Michael Braun u. Christoph Buchwald, Mü. 1996; *United Colors of Buxtehude. Ein Kettengedicht*, zus. m. Uli Becker, Kerstin Hensel u. Helga M. Novak, Lpz. 1996; *Ich rühm dich Heidelberg. Poem*, Hdbg. 1996; *Nietzsches Spuren. Ein Reisebericht*, Weimar 1998; *Oktoberlied. Michael Buselmeier zum 60. Geburtstag*, hg. v. Michael Braun u. Hans Thill, Hdbg. 1998; *Ode an die Sportler*, G., Hdbg. 1998; *Hans Georg Gadamer: Autobiografie und Geschichte. Zwei neue Vorträge und ein Gespräch mit Michael Buselmeier*, Schpl., 1998; *Die Hunde von Plovdiv. Bulgarisches Tagebuch 1997*, Hdbg. 1999; *Erlebte Geschichte erzählt 1994–1997*, Hdbg. 2000; *Erlebte Geschichte erzählt 1998–2000*, Hdbg. 2003

Busta, Christine, wurde am 23. 4. 1915 in Wien geboren, wo sie am 3. 12. 1987 starb. Sie durchlebte eine schwere Kindheit und Jugend. Sie begann ein Studium der Germanistik und Anglistik in Wien, das sie aus materiellen und gesundheitlichen Gründen abbrechen musste. 1940 heiratete sie Maximilian Dimt, der 1944 in Russland als vermisst gemeldet wurde. Busta schlug sich als Hilfs- und Hauslehrerin durch, arbeitete 1945/46 als Dolmetscherin und Hauslehrerin, bevor sie 1950 eine Stelle als Bibliothekarin der Wiener Städtischen Büchereien antrat. Christine Busta wurde 1954 mit dem Georg-Trakl-Preis, 1956 mit dem Bertelsmannpreis für Lyrik, 1963 mit dem Droste-Preis, 1969 mit dem Großen Österreichischen Staatspreis, 1976 mit dem Anton-Wildgans-Preis und 1981 mit dem Österreichischen Ehrenzeichen für Wissenschaft und Kunst ausgezeichnet.

In den Fünfzigerjahren trat Christine Busta mit Gedichten an die Öffentlichkeit, die der Tradition verpflichtet und dennoch nicht den restaurativen Tendenzen der österreichischen Nachkriegsliteratur dienstbar waren. Als die sprachexperimentelle Lyrik für Aufregung sorgte, galt Busta mit ihren auf Bildlichkeit eingeschworenen Gedichten vielen als unzeitgemäß. Busta kam als Autorin eine Sonderstellung zu. Sie hatte nichts gemein mit jenen, die sich in der Zeit des Nationalsozialismus geduckt und angepasst hatten und nach dem Krieg in der vordersten Reihe scheinbar unpolitischer Dichter standen und heute als Symbol für das dumpfe, antimoderne Klima gelten. Sie war auch nicht von jenen Sprachzweifeln gelähmt, die eine jüngere Generation den Widerstand gegen geläufige Sprachmodelle proben ließ. Busta war die Vertreterin einer gemäßigten Moderne, die sich auf Trakl und Rilke berufend gleichnishaft prägnant die Welt zu benennen suchte. Der christliche Glaube bildet das Fundament, auf dem diese Lyrik steht; Busta verbündet sich mit den Ausgeschlossenen und huldigt ihnen im Gedicht. Durchaus im Rahmen der Konvention befinden sich ihre Gedichte, die Erscheinungen der Natur zum Anlass nehmen, vom Innenleben, der aufgewühlten Seelenlandschaft Zeugnis abzulegen. Stets ist die Busta den Dingen in Liebe zugewandt, sie huldigt dem Vogel im Baum, dem triefenden Gaul im Regen, der Mondsichel, der schwarzen Mütze. Die Welt der Busta ist wohl geordnet, jeder Mensch und jedes Ding ist an seinem Platz. Sie fordert Bescheidenheit; lieber als der Rose widmet sie sich dem Grashalm. Sie ist die Dichterin der kleinen, unscheinbaren Dinge, in denen sich ein Ganzes spiegelt.

Das »Verhängnis« Bustas war, dass sie als christliche Autorin gehandelt wurde. Das lähmte die Auseinandersetzung mit einem Werk, das nicht aufgeht in frommer Gläubigkeit, sondern dem immer auch etwas Widerspenstiges anhaftet. »Mein Grundthema ist die Verwandlung der Furcht, des Schreckens und der Schuld in Freude, Liebe und Erlösung«, schrieb sie einmal, doch damit ist die ganze Busta, die darauf bestand, ebenso Christin wie Heidin zu sein, nicht zu fassen. Ihren Gedichten mangelte es zunehmend an dieser naiven Zuversicht, von der in den frühen Jahren noch die Rede war. Allmählich befreite sich die Autorin auch von der Gebundenheit der gereimten Sprache, ihre Gedichte werden knapp, kompakt und finden im Geliebten ein Gegenüber als Ansprechpartner, was ihre Lyrik sehr diesseitig machte. Mit der Befreiung von der traditionellen Form gelang auch eine Befreiung von der Bevormundung durch den scheinbaren Zwang, in jedem Gedicht Großes, Bedeutsames mitteilen zu müssen. Busta wurde plötzlich in ihren Gedichten privat und intim, brachte es im Spätwerk zu Liebesgedichten, denen es genügt, »Briefe ... für einen einzigen Adressaten« zu sein, »der alles vertritt, was ich liebe und in dem ich mich wie in einem Brennpunkt sammle«.

Anton Thuswaldner

Werke: *Jahr um Jahr*, G., Wien 1950; *Der Regenbaum*, G., Salzb. 1951; *Lampe und Delphin*, G., Salzb. 1955; *Die Scheune der Vögel*, G., Salzb. 1958; *Die Sternenmühle. Gedichte für Kinder und ihre Freunde*, m. Illustr. v. Johannes Grüger, Salzb. 1959; *Unterwegs zu älteren Feuern*, G., Salzb. 1965; *Salzgärten*, G., Salzb. 1975; *Die Zauberin Frau Zappelzeh. Gereimtes und Ungereimtes für Kinder und ihre Freunde*, m. Bildern v. Hilde Leitner, Salzb. 1979; *Wenn du das Wappen der Liebe malst*, G., Salzb. 1981; *Inmitten aller Vergänglichkeit*, G., Salzb. 1985; *Der Regenengel. Legenden*, m. Bildern v. Doris Pacher, Salzb. 1988; *Der Himmel im Kastanienbaum*, G., Salzb. 1989; *Der Atem des Wortes*, G., Salzb. 1995.

Butzmann, Frieder, wurde am 6. 4. 1954 in Konstanz geboren. Er studierte von 1975 bis 1982 an der Technischen Universität Berlin die kommunikationswissenschaftlichen Grundlagen von Sprache und Musik, Musikwissenschaft und Psychologie. Er war Mitglied verschiedener Bands (u.a. »Die Nachdenklichen Wehrpflichtigen«, zus. m. Diedrich Diederichsen u. FM Einheit), baute das Schallplattenlabel »Der Zensor« mit auf und beschäftigte sich mit der Restaurierung und akustischen Dokumentation analoger Synthesizer und Effektgeräte am Studio for Electro-Instrumental Music (STEIM), Amsterdam. Er hat ständige Lehraufträge an der Fachhochschule Düsseldorf und der Universität der Künste, Berlin, zur Gestaltung des Tons in Film und neuen Medien. Seit 1979 arbeitet er als freier Komponist und Hörspielautor, Schauspieler, Künstler und Vortragsreisender.

»Das Radio soll seine Bildlosigkeit nicht als Mangel empfinden, weil das Sehen den größeren Mangel habe«, sagt Thomas Kapielski in Frieder Butzmanns Hörspiel *Radio Postnormal* (1987). Denn wir sähen nur die Häute der Dinge und auch die nur, weil das, was zwischen ihnen und dem Auge liege, unsichtbar sei. In zahlreichen Features hat sich Frieder Butzmann mit der Materialität dieses Unsichtbaren beschäftigt. Die natürlichen physikalischen Eigenschaften des Schalls wurden ebenso thematisiert (z. B. in dem Infraschall-Feature *Musik + Zerstörung*, 2000) wie die technischen Bedingungen ihrer Übertragung. Von nicht zu unterschätzender Bedeutung für die Hörgeschichte des 20. Jahrhunderts (und für Butzmanns Werk) ist dabei das transatlantische Übertragungskabel, das seit den Zwanzigerjahren aus Gründen der Kapazitätssteigerung Techniken der Datenreduktion anwendet. Butzmann thematisiert dies in einigen Features mit mehr oder weniger hohem narrativen Anteil. Die im atlantischen Nachrichtenverkehr benutzten Mittel der Frequenzreduktion, -filterung und -modulation sind integraler Bestandteil des Hörspiels *Transatlantique* (1993, zus. mit der franko-kanadischen Pianistin Marie Goyette), einer hinreißenden Liebesgeschichte einschließlich aller Peinlichkeiten und Komik, die sich auf der Folie der verzerrenden Effekte der Kommunikationskanäle entwickelt.

Das Feature *Von der Nachtigall zum Tinnitus. Über das Pfeifen im Leben* (1988) setzt sich mit den physiologischen Bedingungen des Hörens auseinander, während den psychoakustischen Wirkungen funktionaler Musik (von Saties *Musique d'Ameublement* bis hin zu den Produkten der Firma Muzak, die Supermärkte und Fahrstühle beschallt) in *Mach mal Pause (*2002) und *Haus der Paradiese* (2003) nachgegangen wird. In *Pfeifen im Walde* (1998, zus. m. Thomas Kapielski), dem Bericht vom gleichnamigen Luzerner Festival, kommt der Mensch nicht nur als Rezipient oder Opfer von Schall, sondern als unmittelbarer Produzent akustischer Ereignisse zu Wort und Pfiff. Eine komprimierte Version von Frieder Butzmanns Beschäftigung mit dem Hörbaren erhält man in seinem als Hörspiel und Internetprojekt konzipierten *Spunkkrachlexikon vom, zum und über das Hören* (2001). Ähnlich wie Andreas Ammers Lautlexikon *Orbis Auditus* (1990) vollzieht es in der Projektion des nichtlinearen Mediums Lexikon auf das lineare Medium Radio einen transmedialen Ansatz. Organisiert ist es rückläufig von Z wie Zirbeldrüse, die im Gehirn die Innenwelt der Wahrnehmung von zeitlichen Rhythmen steuert, bis A wie Architektur, die die Akustik der Außenwelt determiniert.

Neben ihren medialen Bedingungen beschäftigt sich Frieder Butzmann mit der konkreten Bedeutung von Tönen (als Gegensatz zur selbstreferenziellen absoluten Musik), und zwar in einem Stück, dessen Titel auch über seinem Gesamtwerk stehen könnte: *Manifest der Komischen Musik* (1999).

Jochen Meißner

Werke: *Fick-Fack heißt der Automat*, Hsp., 1971; *Es geht durch die Welt ein Geflüster*, Hsp., SFB 1983; *Wolfsburg*, Hsp., 1984; *Radio Postnormal*, Hsp., zus. m. Thomas Kapielski, RIAS 1987, Livefssg. SWR 2000; *Die Musikermaschine – Vom Abschied der Avant Garde,* Feat., HR 1987; *Die Kleine Trompete oder Das linke Ohr ist dem Geschehen am nächsten*, Hsp., zus. m. Thomas Kapielski, SFB 1988; *Die Kopfzusammenschnürungsmaschine*, Hsp., zus. m. Wolfgang Röhrer, DS 1991; *Böcklinblau*, Hsp., zus. m. Wolfgang Röhrer, SWF 1992; *Transatlantique*, Hsp., zus. m. Marie Goyette, SFB 1993; *Fick-Fack und der Götterhaufen*, Hsp., zus. m. Zissy Grunenberg, SFB 1995; *Sugar's NOT a vegetable*, Hsp., zus. m. Marie Goyette, SFB 1995; *Die Wauwautheorie*, Hsp., zus. m. Hermann Bohlen, DLR 1995; *Die zyklische Krise anno 1977*, Hsp., SFB 1995; *Kunst und Irrsinn*, Hsp., zus. m. Zissy Grunenberg, SFB 1996; *Das Leben des Josef Stalin im Spiegel westlicher Popmusik*, Hsp., zus. m. Bridge Markland, SFB 1996; *Erkenntnis aus Lärm*, Hsp., SFB 1997; *Göttliche Vergeltung. Hörspiel mit Epilog nach Texten von Carl von Linné*, Hsp., DLR 1997; *Pfeifen im Walde*, Hsp., zus. m. Thomas Kapielski, DLR 1998; *7 Weltrekordversuche*, Hsp., SWF 1998; *Auto und Musik*, Feat., SWR 1999; *Manifest der Komischen Musik oder Können Töne lachen?*, Hsp., SWR 1999; *Von der Nachtigall zum Tinnitus – Über das Pfeifen im Leben*, Feat., SWF 1998; *Zwischen Hörrohr und Hörsturz – Zwischen laut und leise in Musik und Umwelt*, Feat., SWR 2001; *Musik + Zerstörung. Tiefe Töne in Umwelt, Konzertsaal und Disco*, Hsp., SWR 2000; *Tierische Laute*, Feat., SWR 2001; *Das Spunkkrachlexikon vom, zum und über das Hören*, Hsp. u. Internetprojekt, DLR 2001; *Unfinished Music – Alvaro, die singende Nase*, SWR 2001; *Industrial Memories*, Feat., SWR 2002; *Mach mal Pause. Was spannt an Entspannungsmusiken?*, Hsp., SWR 2002; *Haus der Paradiese – Populäre Klanglandschaften*, Hsp., DLR 2003.

Canetti, Elias, wurde am 25. 7. 1905 in Rustschuk (Bulgarien) als Sohn sephardischer Eltern geboren; seine Muttersprache war Ladino, ein archaischer spanischer Dialekt. Mit den Eltern und den beiden jüngeren Brüdern übersiedelte er 1911 nach England, wo der Vater wenig später starb. 1913 zog die Mutter mit den Söhnen nach Wien, 1916 weiter nach Zürich, wo Canetti das Realgymnasium besuchte. 1921 ging er allein nach Frankfurt am Main und legte dort 1924 das Abitur ab. Im selben Jahr nahm er in Wien ein Chemie-Studium auf, das er 1929 mit der Promotion abschloss. Wegweisend für Canetti war in dieser Zeit die Begegnung mit Karl Kraus; während zweier Berlin-Aufenthalte im Jahre 1928 machte er auch die Bekanntschaft von Bertolt Brecht und George Grosz. Nach Abschluss des Studiums betätigte sich Canetti als Übersetzer und schrieb seinen ersten Roman *Die Blendung*, der 1935 erschien, sowie die Dramen *Hochzeit* und *Komödie der Eitelkeit*. In den Jahren vor seiner Emigration unterhielt er enge Kontakte zu Robert Musil, Hermann Broch, Alban Berg, Anna Mahler und Fritz Votruba. 1934 heiratete er Veza Tauber-Calderon, die er in einer Kraus-Vorlesung 1924 kennen gelernt hatte. 1938 verließ das Ehepaar Canetti Wien und ließ sich nach einem Zwischenaufenthalt in Paris in London nieder. In den folgenden Jahrzehnten beschäftigte sich Canetti fast ausschließlich mit seiner anthropologischen Studie *Masse und Macht*, die 1960 erschien. Erst Mitte der Sechzigerjahre wurde Canettis Werk einer breiteren deutschsprachigen Leserschaft bekannt. In den folgenden Jahrzehnten erschienen die Bände mit Aufzeichnungen sowie die dreibändige Lebensgeschichte, die Canettis Ruhm festigten. 1972 wurde Canetti der Georg-Büchner-Preis zuerkannt. 1975 erhielt er Ehrendoktorate der Universitäten München und Manchester, 1977 den Gottfried-Keller-Preis, 1980 den Johann-Peter-Hebel-Preis, 1981 den Franz-Kafka-Preis und den Nobelpreis für Literatur. Seit den Siebzigerjahren lebte Canetti abwechselnd in London und Zürich. Am 14. 8. 1994 starb er in Zürich.

Canettis Werk hat sich auffällig diskontinuierlich entwickelt. Auf den ersten, mit 26 Jahren abgeschlossenen Roman *Die Blendung* folgte kein weiterer mehr. Die frühen Theaterstücke wurden erst mit 30-jähriger Verspätung uraufgeführt, wobei Canettis Drama *Hochzeit* 1965 in Braunschweig für einen Skandal wegen Erregung öffentlichen Ärgernisses sorgte. Zwischen 1935 und 1960 veröffentlichte Canetti, abgesehen von einigen kleineren Arbeiten, überhaupt nichts. Dann erschien mit *Masse und Macht* ein Werk, das kaum der schönen Literatur, sondern eher der Sozialanthropologie zuzurechnen ist. Mit der Neuauflage der *Blendung* 1963 setzte die breite Rezeption des Schriftstellers Canetti ein. Dennoch ist Canetti bis zur überraschenden Verleihung des Nobelpreises ein Geheimtipp der deutschsprachigen Literatur geblieben. Erst die dreibändige, zwischen 1977 und 1985 erschienene Lebensgeschichte hat ihm das breite Lesepublikum eingebracht, das ihm Emigration und Exil, aber auch sein zurückgezogener Lebens- und Arbeitsstil verwehrt hatten.

So wenig kohärent Canettis Werk nach seinen Gattungen und Publikations-Schicksalen anmutet, so unübersehbar ist andererseits seine innere Einheit. Es wird durchzogen von einigen ungemein dauerhaften und vielfältig instrumentierten Motiven. »Masse und Macht« ist das wohl hervorstechenste dieser Motive. Canettis Interesse an einer Psychologie der Masse und der von ihr gelenkten oder sie lenkenden Macht geht zurück auf ein mehrfach von ihm geschildertes Urerlebnis, den Brand des Wiener Justizpalasts am 15. Juli 1927 und die mit ihm verbundene Niederschlagung des Arbeiteraufstands mit 90 Toten. Aus diesem Erlebnis wuchs der Plan für den Roman *Die Blendung* und die lebenslange theoretische Beschäftigung mit diesem Thema. Der Tod oder eigentlich die Todes-Verachtung ist für Canetti ein zweites, ebenso hartnäckiges Lebens-Motiv. Ein agonales Verhältnis zum Tod, den es nicht zu erwarten, sondern vielmehr zurückzuweisen gilt, zieht sich durch sein Werk bis zu den letzten Aufzeichnungen des fast 90-Jährigen. Ein drittes zentrales Motiv, eng verbunden mit den beiden erstgenannten, ist die Pathologie des Alltags. Als achtbändige »Comédie humaine an Irren« war der Roman *Die Blendung* zunächst geplant, inspiriert von Canettis täglichem Blick auf die in seiner Nachbarschaft gelegene Wiener Nervenheilanstalt Steinhof. Der Plan zerschlug sich, aber der pathologische Blick blieb erhalten. Irre und manisch Getriebene bevölkern die *Blendung* und die beiden frühen Dramen. Ein Zug zur Farce und zur Groteske ist vorherrschend, den Canetti durch »akustische Masken« unterstützte, die das Charakteristische jeder einzelnen Figur ans Licht bringen sollen. In seinem Interesse an der wirklich gesprochenen Sprache zeigt sich Canetti als Schüler von Karl Kraus und als Erbe der österreichischen Tradition der Sprachsatire und Sprachkritik. Er ist, auch wenn er nur wenige Jahre seines Lebens in Wien verbrachte, ein Wiener Autor. So wie der Wiener Dialekt die Dialoge seiner Figuren prägte, so bestimmte das Wiener Denken, wie es Canetti in der Mitte der Zwanzigerjahre vor allem durch Kraus nahe gebracht wurde, sein Schreiben. Ähnlich wie die parallelen Schreibuniversen Musils und Brochs ist es geprägt von der Nähe zur exakten Wissenschaft und von einer empiristischen Einstellung auf die Wirklichkeit, aus der heraus Fragen moralischer und metaphysischer Art erst zulässig werden.

Den Roman *Die Blendung* bezeichnete Canetti selbst als einen Versuch, die Welt »in ihrer Zerfallenheit zu zeigen«. Kein »chaotisches Buch« schwebte ihm jedoch vor, sondern das Gegenteil: »man musste mit strengster Konsequenz extreme Individuen erfinden (...) und diese auf die Spitze getriebenen Individuen in ihrer Geschiedenheit nebeneinander stellen« (*Das Gewissen der Worte*, 1976). Protagonist der *Blendung* (die zunächst *Kant fängt Feuer* heißen sollte und in der englischen Übersetzung den Titel *Auto da Fé* trägt) ist der bibliomane Sinologe Peter Kien, der inmitten seiner Bücher ein hochmütiges und wirklichkeitsfernes Leben führt. Seine Haushälterin erschleicht sich seine Zuneigung und wird seine Frau – und arbeitet fortan an der Vertreibung des Gelehrten aus seinem Bücher-Paradies. Unterstützt wird sie dabei von anderen sinistren Gestalten wie dem Schach spielenden Zwerg Fischerle und dem sadistischen Hausbesorger Pfaff. Erst als Kiens Bruder, ein Pariser Psychiater, eingreift, findet Kien scheinbar in die gewohnten Lebensbahnen zurück, um sich dann aber inmitten seiner bis an die Decke gestapelten Bücher zu verbrennen. »Als ihn die Flammen endlich erreichen, lacht er so laut, wie er in seinem ganzen Leben nie gelacht hat.« Der Schlusssatz der *Blendung* illustriert noch einmal das Farcenhafte des gesamten Romans. Das irre Gelächter seiner Figuren ist Canettis Antwort auf die Zerfallenheit der Welt.

Derselbe Gestus bestimmt auch die beiden Dramen, die Canetti im Anschluss an die *Blendung* schrieb, jedoch zunächst nicht aufgeführt sehen wollte. *Hochzeit* zeigt im Vorspiel, wie die fünf Parteien eines Hauses jeweils für sich an Intrigen zur Inbesitznahme des ganzen Hauses basteln. Der Hauptteil des Stückes stellt die Hochzeit im selben Hause dar, in der die Hochzeitsgesellschaft nach und nach alle Konventionen fallen lässt und sich vollständig ihren Trieben und Affekten hingibt, bis ein Erdbeben das Fest beendet und alle in den Abgrund reißt. Die *Komödie der Eitelkeit* nimmt das Motiv »Masse und Macht« wieder auf und imaginiert eine Gesellschaft, in der Spiegel und mit ihnen jede Form von Eitelkeit verboten sind. In einer grotesken Zukunftsvision malt Canetti die Folgen des Spiegelverbots aus: Autismus, Entindividualisierung und Massenpsychose. Trotz ihres grotesken und satirischen Charakters sind Canettis Dramen auf dem Gegenwartstheater nicht heimisch geworden; als Hörstücke, von Canetti selbst gelesen, sind sie jedoch von großem Reiz.

Canettis zweite Werkphase beginnt 1960 mit der Publikation von *Masse und Macht*, seinem groß angelegten Versuch, ein Phänomen zu enträtseln, das dem Autor »geheimnisvoller und unverständlicher« erschien als jedes andere. Den Fluchtpunkt seiner Arbeit bildet das Massenerlebnis des Jahres 1927: »Was ich in weit auseinander liegenden Quellenwerken suchte, hervorholte, prüfte, herausschrieb, las und wie unter Zeitlupe später wieder las, konnte ich gegen die Erinnerung an dieses zentrale Ereignis halten« (*Die Fackel im Ohr*, 1980). *Masse und Macht* ist das beeindruckende und der Fachwissenschaft ebenbürtige oder gar überlegene Ergebnis einer in Wissenschaft und Gelehrsamkeit verwandelten fixen Idee. Fernab der vorherrschenden politisch-soziologischen Schulen liefert Canetti sowohl eine höchst originelle Typologie des Phänomens wie auch eine Aussicht auf ein Terrain, das üblicherweise der Wissenschaft verschlossen ist und nur der Literatur offen steht. So untersucht er etwa die »Fähigkeit des Menschen zur Verwandlung« (auch ein zentraler Begriff bei Canetti), die »unsichtbaren Massen« und andere Grenzphänomene zwischen empirischer Wissenschaft und dichterischer Einbildungskraft. Als dichterisches Buch, das zugleich ein Klassiker der sozialen Anthropologie geworden ist, steht *Masse und Macht* in der neueren deutschen Literatur einzig da.

Aufzeichnungen und Essays sind seit den Vierzigerjahren ein wesentlicher Teil seines Œuvres. In den Essays widmet sich Canetti nicht nur seinen literarischen Vorbildern wie Broch, Kraus und Kafka, sondern auch Themen wie *Hitler – nach Speer* oder dem Tagebuch des Arztes von Hiroshima. Anders als im Frühwerk kommt in den Arbeiten der späten

Jahrzehnte ein Humanismus zu Wort, der sich nicht nur ex negativo artikuliert. Die von 1942 bis 1993 geführten Aufzeichnungen zeigen Canetti auch als einen Anwalt des Lebendigen – gegen den Tod. »Du bist weniger glaubwürdig als Kafka, weil du schon so lange lebst. Es könnte aber sein, dass die ›Jungen‹ bei dir Hilfe gegen die Todseuche in der Literatur suchen. Als einer, der den Tod mit jedem Jahr mehr verachtet, bist du von Nutzen« (*Das Geheimherz der Uhr*, 1987).

Mit seiner 1000-seitigen Lebensgeschichte (*Die gerettete Zunge. Geschichte einer Jugend*, 1977; *Die Fackel im Ohr. Lebensgeschichte 1921–1931*, 1980; *Das Augenspiel 1931–1937*, 1985) setzte Canetti seiner versunkenen multinationalen Herkunftswelt und seinem intellektuellen Werdegang bis zur Emigration 1938 ein beeindruckendes Denkmal. *Die gerettete Zunge* ist, darin Sartres *Les Mots* vergleichbar, die Geschichte eines Kindes, das durch eine geradezu libidinöse Beziehung zu den Wörtern zum Schriftsteller wird. Mit stupender Gedächtniskraft und der Selbst-Liebe, die sein Werk insgesamt kennzeichnen, rief Canetti die Lebensphase wach, in der das Kind dank mütterlicher Liebe und Strenge zur Sprache und (auf Umwegen) schließlich zur deutschen Sprache fand. Die beiden Folgebände betonen stärker die Eindrücke, die der junge und bildungshungrige Canetti von der Außenwelt empfing, an vorderster Stelle die Begegnung mit Karl Kraus und dem gebieterischen Wort seiner Zeitschrift »Die Fackel«. *Das Augenspiel* zeigt den jungen Autor im Wiener kulturellen Milieu der frühen und mittleren Dreißigerjahre und enthält eine Fülle von pointierten Porträts prominenter Wiener Intellektueller der Zeit. Aus ihnen ragt die Figur des jüdischen Intellektuellen Dr. Abraham Sonne heraus, der neben Kraus für Canetti zur wichtigsten geistigen Leitfigur seines Lebens wurde und »zur heftigsten Sucht, die ein geistiger Mensch je für mich war« (*Das Augenspiel*). In diesen Porträts kommt Canettis physiognomische und akustische Gabe bei der Erfassung individueller Eigenarten zur Geltung, seine Augen- und – mehr noch – Ohrenzeugenschaft des 20. Jahrhunderts, die sich beispielhaft auch in kleineren Prosaarbeiten wie dem Band *Der Ohrenzeuge. 50 Charaktere* (1974) manifestiert.

Christoph Bartmann

Werke: *Upton Sinclair: Leidweg der Liebe*, Übs., Bln. 1930; *Upton Sinclair: Das Geld schreibt. Eine Studie über die amerikanische Literatur*, Übs., Bln. 1930; *Upton Sinclair: Alkohol*, Übs., Bln. 1932; *Hochzeit*, Theaterst., UA Braunschweig 1965, gedr. Bln. 1932; *Die Blendung*, R., Wien 1935, Hsp., NDR/DLR/BR/ORF 2002; *Komödie der Eitelkeit*, Theaterst., UA Braunschweig 1965; *Fritz Wotruba*, Ess., Wien 1955; *Masse und Macht. Studie*, Hbg. 1960; *Die Befristeten*, Theaterst., UA Oxford 1956; *Dramen*, Mü. 1964; *Aufzeichnungen 1942–1948*, Mü. 1965; *Die Befristeten*, Hsp., WDR 1966; *Die Stimmen von Marrakesch. Aufzeichnungen nach einer Reise*, Mü. 1968; *Der andere Prozess. Kafkas Briefe an Felice*, Ess., Mü. 1969; *Alle vergeudete Verehrung. Aufzeichnungen 1949–1960*, Mü. 1970; *Die gespaltene Zukunft. Aufsätze und Gespräche*, Mü. 1972; *Die Provinz des Menschen. Aufzeichnungen 1942–1972*, Mü. 1973; *Der Ohrenzeuge. 50 Charaktere*, Pr., Mü. 1974, Hsp., DRS 1997; *Der Beruf des Dichters*, Ess., Mü. 1976; *Das Gewissen der Worte*, Ess., Mü. 1976; *Die gerettete Zunge. Geschichte einer Jugend*, Mü. 1977; *Die Fackel im Ohr. Lebensgeschichte 1921–1931*, Mü. 1980; *Das Augenspiel. Lebensgeschichte 1931–1937*, Mü. 1985; *Das Geheimherz der Uhr. Aufzeichnungen 1973–1985*, Mü. 1987; *Die Fliegenpein. Aufzeichnungen*, Mü. 1992; *Nachträge aus Hampstead. Aufzeichnungen 1954–1971*, Mü. 1994; *Aufzeichnungen 1992–1993*, Mü. 1996; *Werke* (8 Bände), Mü. 1997; *Aufzeichnungen 1973–1984*, Mü. 1999, *Über Tiere*, Pr., Mü. 2002; *Party im Blitz. Die Englischen Jahre*, Pr., Mü. 2003.

Canetti, Veza, wurde am 21. 11. 1897 als Venetiana Taubner-Calderon in Wien geboren. Sie kam mit einem fehlenden linken Unterarm zur Welt. Nach der Matura gab sie privaten Sprachunterricht, begann mit dem Schreiben und publizierte, als Jüdin und Sozialistin stets von Zensur bedroht, in Zeitungen, überwiegend in der linken »Arbeiter-Zeitung«. 1934 heiratete sie Elias Canetti, mit dem sie 1938 nach London flüchtete. Dort arbeitete sie als freie Lektorin, Gutachterin und Übersetzerin, widmete sich jedoch bereits ab Ende der Vierzigerjahre zunehmend dem Werk ihres Mannes, dessen Schreiben sie aktiv begleitete. Sie starb am 1. 5. 1963, ein Selbstmord ist nicht auszuschließen.

Die Sprache klar und knapp, das thematische Spektrum scharf umrissen – schon in ihrer ersten Publikation *Der Sieger* (1932) findet Veza Canetti den Ton, der sich durch ihre Erzählungen und Novellen der Dreißigerjahre ziehen wird. Die junge, unattraktive Fabrikarbeiterin Anna kämpft sich mit Fleiß und Bildung nach oben, bis sie einer Entlassungswelle und der Bürokratie zum Opfer fällt. Der Alltag von Frauen, Kindern und sozial Schwachen bleibt in den nächsten Jahren Canettis Thema. Sie identifiziert die Täter und hat Mitleid mit den Opfern, ohne sich dem Verdacht der Sentimentalität auszusetzen, denn zu grotesk sind ihre Figurenporträts, zu sarkastisch ihre Erzählkommentare, zu lakonisch stets das Ende, das nicht selten der Tod derer ist, die sich, wie Anna, nicht zu wehren wissen. Manchmal treten Kinder, seltener Erwachsene den Ungerechtigkeiten der dargestellten Welt entgegen. Doch die wenigsten ihrer Figuren sind der Maschinerie der kapitalistisch-patriarchalen Arbeitswelt gewachsen, auch nicht die Antihelden ihrer einzigen zu Lebzeiten erfolgten Publikation in Buchform, der Erzählung *Geduld bringt Rosen* (1932 in der Anthologie *Dreißig Erzähler des neuen Deutschland* erschienen): Familie Mäusle ist arm, hässlich und bis zur Dummheit ehrlich, die im gleichen Haus lebende Familie Prokop dagegen attraktiv, reich und skrupellos. Mit gnadenloser Logik läuft die antithetisch aufgebaute Handlung ab: Schwäche und Skrupel der Mäusles werden am Ende mit dem Tod bestraft, die Frechheit der Täter sichert deren Stellung, weil »das Schicksal es nicht leiden kann, wenn man sich begnügt«. Der appellative Charakter, der zum Widerspruch reizt, ist ein wichtiges Element aller Wiener Erzählungen.

Aus einigen der bis 1934 veröffentlichten Erzählungen stellte Canetti den Roman *Die Gelbe Straße* zusammen, den sie als Jüdin bereits nicht mehr veröffentlichen durfte (erstmals publ. 1992). Formal nur lose, motivisch jedoch durch die Farbe Gelb verknüpft – sie taucht im Zusammenhang mit Gold und mit Hundekot, oder auch nur assoziativ in Verbindung mit Neid und Judenhass auf –, entsteht das Porträt einer Straße, vom Milieu her vergleichbar mit der Straße der Wiener Leopoldstadt, in der Canetti bis zum Tod ihrer Mutter lebte. Die Gattin eines verarmten Fabrikanten verdient das Geld für die Familie durch Klavierspiel in einem Konzertcafé, die verkrüppelte Ladenbesitzerin Runkel quält ihre hübsche Angestellte und wünscht sich nichts mehr als den Tod, eine Schar von Hausmädchen wird auf einem modernen Sklavenmarkt zum Dienst angeboten, ein Wohltätigkeitsverein tut mehr für das eigene als für das Wohl der ihm anvertrauten Waisenkinder. Die Sprache der Figuren legt ihr reduziertes Dasein bloß, eine Beobachtung, die auch auf die zur selben Zeit entstandenen Figuren Elias Canettis in seinem Roman *Die Blendung* und in seinen Dramen zutrifft und damit ein Beleg für die symbiotische Arbeitsweise des Paares während der Dreißigerjahre ist. Zugleich wurde die verdichtete Erzählweise, häufig aufgelöst in Dialoge, zu Recht mit der Ödön von Horváths verglichen.

Eines der Romankapitel arbeitete Veza Canetti zum gleichnamigen Theaterstück *Der Oger* um, dem sie einen versöhnlichen Schluss gab (UA Zürich 1992): Ein brutaler Familienvater wird von Freunden der Ehefrau entgegen der herrschenden Rechtslage – über die sich auch Karl Kraus in seinen wöchentlichen Vorlesungen empörte, die Veza Canetti regelmäßig besuchte – zur Scheidung gezwungen. Ein anderes Romankapitel war Ausgangsstoff für das in Künstlerkreisen spielende Lustspiel *Der Tiger* (in *Der Fund*).

Im Vergleich mit den Wiener wirken die späteren Werke, als habe man der Autorin den sicheren Boden entzogen. Ihr Roman *Die Schildkröten* (2001), an dem sie gleich nach der Flucht ins Exil zu schreiben begonnen hatte, kehrt inhaltlich nochmals nach Wien zurück. Themen sind Willkür und Grausamkeit der deutschen Machthaber, denen die Protagonisten und die Autorin mit Literatur und poetischen Bildern zu begegnen versuchen. Doch drängen autobiografische Momente ihrer Ehe mit Elias Canetti in den Vordergrund: Das Paar Eva und Andreas Kain – er ist ein jüdischer Gelehrter und Dichter – wird aus seiner Wohnung in Döbling vertrieben und sucht auf der Flucht vor den Nazis zunächst Unterschlupf bei Andreas' Bruder Werner, einem Geologen. Kurz vor der Flucht wird Werner irrtümlich anstelle von Andreas verhaftet und ins KZ Buchenwald gebracht. Das Paar kann fliehen, im Gepäck die Asche des Bruders.

Eine Sonderstellung nehmen einige englische Geschichten ein, die durch die Unmittelbarkeit der geschilderten Flucht- und Kriegserfahrungen erschüttern. *Air raid* und *Der letzte Wille* sind Erzählungen über die Schrecken der deutschen Bombenangriffe auf London, *Toogoods oder das Licht* (alle in *Der Fund*) über das Flüchtlingsleben in einem bigotten englischen Haushalt. Der Versuch, mit dem Stück *Der Palankin* (in *Der Fund*), vermutlich ihrem letzten Werk (1952), an die englischen Gesellschaftskomödien der Zeit anzuschließen, misslang.

Veza Canettis Werk geriet im Exil in Vergessenheit und erst Ende der Achtzigerjahre wurden ihre Pseudonyme – Veza Magd, Veronika Knecht, Martha, Martina und Martin Murner – nach und nach entdeckt und ihre Texte wieder-, größtenteils aber erstveröffentlicht. Bis heute ist der Vorwurf nicht ausgeräumt, Elias Canetti habe sich zeitlebens zu wenig für das Werk seiner Frau eingesetzt.

Angelika Schedel

Werke: *Der Sieger*, E., Wien 1932; *Geduld bringt Rosen*, E., Wien 1932; *Die Grosse*, E., Saarbrücken 1933; *Ein Kind rollt Gold*, E., Wien 1933; *Der Fund*, E., Wien 1933; *Der Zwinger*, E., Wien 1933; *Der Dichter*, E., Wien 1933;

Der Verbrecher, E., Wien 1933; *Der Kanal*, E., Wien 1933; *Der Neue*, E., Wien 1933; *Drei Helden und eine Frau*, E., Prag, Wien, Zür., Paris, Amsterdam 1934; *Hellseher*, E., Wien 1937; *Das Schweigegeld. Eine Geschichte aus einem Luxussanatorium*, E., Wien 1937; *Graham Greene: Die Kraft und die Herrlichkeit,* Übs., u. d. Pseud. Veza Magd, zus. m. Bernhard Zebrowski, Bln. 1948; Einleitung zu: *Welt im Kopf*, hg. v. Erich Fried, Wien, Graz 1962; *Die Gelbe Straße*, R., entst. ca. 1934, Mü., Wien 1990; *Der Oger*, Theaterst., entst. ca. 1934, Mü., Wien 1991; *Geduld bringt Rosen*, E., entst. ca. 1932–1934, Mü., Wien 1992; *Die Schildkröten*, R., entst. ca. 1939, Mü., Wien 1999; *Der Fund*, En. u. Theaterst., entst. ca. 1920–1952, Mü., Wien 2001.

Capus, Alex, wurde am 23. 7. 1961 in Montagne-au-Perche (Frankreich) als Sohn einer Schweizerin und eines Franzosen geboren. Die ersten fünf Lebensjahre verbrachte er in Paris. Danach zog er mit seiner Mutter nach Olten. Nach der Schule studierte er Geschichte, Philosophie und Ethnologie in Basel und begann für Lokalzeitungen zu schreiben. Später arbeitete er als Korrespondent der Schweizer Depeschenagentur. Capus lebt heute in Olten. Ausgezeichnet wurde er 1995 mit dem Literaturpreis der Regiobank Solothurn, 1996 mit dem Werkjahr des Kantons Solothurn, 1998 mit dem Werkjahr der Stiftung Pro Helvetia und mit dem Förderpreis des Kulturkreises der deutschen Wirtschaft im Bundesverband der Deutschen Industrie.

Am Romandebüt von Alex Capus, *Munzinger Pascha* (1997), lassen sich bereits die Charakteristika seines Schreibens klar ablesen: Seine Figuren sind von einer unstillbaren Sehnsucht erfüllt, die als Fernweh und Heimweh zugleich erlebt wird. Capus siedelt seine Geschichten in der schweizerischen Kleinstadt Olten an oder nimmt diese zumindest zum Ausgangspunkt der Handlung. Er begleitet seine Figuren mit verhaltener Lakonie, bleibt auf Distanz zu ihnen und verarbeitet bei der Beschreibung ihrer Biografien, soweit möglich, dokumentarisches Material. So steht die historisch verbürgte Figur des Werner Munzinger, ein 1832 in Olten geborener Orientalist und Kaufmann, paradigmatisch für einen juvenilen Aufbruch und einen gelebten Gegenentwurf zu einer bürgerlichen Welt. Munzinger reist über Kairo in die abessinische Hafenstadt Massawa, arbeitet als Handelsvertreter und wird dabei so reich und mächtig, dass er zum Pascha und Generalgouverneur ernannt wird. Er kümmert sich um Infrastruktur und Versorgung, baut Schulen und Krankenhäuser, ein pragmatischer Humanist, den trotz seiner sichtbaren Erfolge die Melancholie nie ganz verlassen zu haben scheint. Capus war per Zufall auf ihn gestoßen, hat dann in Schweizer Archiven recherchiert und in Ägypten Dokumente und Briefe Munzingers gefunden. Mit der Figur des Oltener Lokaljournalisten Max Mohn führt er ein literarisches Alter Ego ein und vollzieht in einer Parallelaktion den Entwurf dieses historischen, spannend und leicht geschriebenen Romans. In den Erzählbänden *Eigermönchundjungfrau* (1998) und *Mein Studium ferner Welten* (2001) beschreibt Capus mit selbstironischem Gestus das Leben in der Kleinstadt, die ersten Lieben und die wahren Abenteuer, erzählt von wollenen Unterhosen und tätowierten Unterarmen, von Stiftzähnen und anderen ewigen Schäden.

Mit dem Dokumentarroman *Fast ein bisschen Frühling* (2002) rollt er den authentischen Fall zweier Bankräuber auf, die in den frühen Nazi-Jahren Deutschland und vor allem die Nordschweiz in Atem hielten. Es ist die Geschichte der arbeitslosen Ingenieure Kurt Sandweg und Waldemar Velte aus Wuppertal, die dem Dritten Reich entfliehen wollen, bei einem Banküberfall versehentlich den Filialleiter erschießen und nicht mehr aus der Spirale aus Gewalt und Verfolgung herausfinden. In Basel verlieben sie sich in zwei junge Verkäuferinnen aus der Schallplattenabteilung eines Warenhauses, eine von ihnen ist Capus' Großmutter. Sie kaufen jeden Tag Tangoplatten, unternehmen nächtliche Spaziergänge an der Rheinpromenade mit den Frauen. Als ihnen das Geld ausgeht, verüben sie neue Überfälle und töten wieder. Schließlich verrät eine der Frauen die beiden, von der Polizei umzingelt erschießen sie sich gegenseitig. Der Verzicht auf eine psychologische Einfühlung und auf einen allzu zeichenhaften zeitgeschichtlichen Konnex zeichnet diese ungewöhnliche Romanze aus. Capus lässt stattdessen die Dokumente und Quellen sprechen, füllt die Lücke minimalistisch, erzählt zurückhaltend und anschaulich eine Geschichte, wie sie die Literatur spannender nicht hätte erfinden können. Die ungewöhnliche Resonanz auf dieses Buch hat Capus in dem Materialband *Was seither geschah* (2003) dokumentiert.

Thomas Kraft

Werke: *Diese verfluchte Schwerkraft. Geschichten*, Olten 1994, überarb. u. erw. Ausg. u. d. T. *Eigermönchundjungfrau*, Zür. 1998; *Projekt Haut. Künstlerkollektiv*, zus. m. Regula Stibi u. a., Baden 1996; *Munzinger Pascha*, R., Zür. 1997; *Mein Studium ferner Welten. Roman in 14 Geschichten*, Salzb. 2001; *Fast ein bisschen Frühling*, Salzb. 2002, Hsp., WDR 2003; *Was seither geschah. Tagebuch eines Romans*, Salzb. 2003.

Cavelty, Gion Mathias, wurde am 4. 4. 1974 in Chur (Schweiz) als Sohn des Anwalts und prominenten Politikers der Christlichdemokratischen Volkspartei Luregn Mathias Cavelty geboren. Er studierte in Freiburg und Zürich italienische und rätoromanische Sprache und Literatur und siedelte dann nach Zürich über, wo er als Schriftsteller tätig ist und daneben literarische Texte für die Medien verfasst.

Im Erstling *Quifezit oder Eine Reise im Geigenkoffer* (1997) entwarf Cavelty mit antirealistischem Impetus eine skurrile Kunstwelt. Dennoch finden sich in dem auf eine Weiterung zur Trilogie hin angelegten Kleinroman Anzeichen dafür, dass der artifizielle Kosmos aus der poetischen Transformation eigener Jugenderfahrungen, etwa als bischöflicher Ministrant, entstanden ist. Der Ich-Erzähler lebt in einem Turm, über dessen Besitzer er nur werweißen kann, reibt sich an einem dogmatischen Quarkauflauf-Verbot und zieht schließlich mit einem sprechenden Pudel aus in ein bizarres Universum. Dessen Wesen tragen P-Namen wie »der Physiklehrer«, »die Pianistin«, »Professor Passavanti«; des Autors Beharren auf einer autonomen, rein sprachlich motivierten Schöpfung bildet sich darin ab. Schreiben heißt für Cavelty, »für ein paar Stunden Gott sein« (»Blick«, 2001); nur konsequent, dass schon in der ersten von Caveltys literarischen Parallelwelten die physikalischen und psychologischen Gesetze außer Kraft gesetzt werden. Klar auf der Hand liegen Bezüge zu Lewis Carrolls *Alice im Wunderland*, Jonathan Swifts *Gullivers Reisen* und *Sindbad der Seefahrer*. In *ad absurdum oder Eine Reise ins Buchlabyrinth* (1997) ist die poetologische Doktrin radikalisiert, dass Texte »so diffus, mehrdeutig und unsinnig wie möglich« sein sollen (»Basler Zeitung«, 1997). Die Handlungslogik selbst wird mit großen Dosen von Gegen- und Un-Sinn infiziert, Cavelty kleidet jedes der 33 Kurzkapitel als Nische der Absurdität aus und verwendet dazu auch Versatzstücke der literarischen Tradition, etwa Borges' Vorstellung von der Unendlichen Bibliothek. Mit Greenawayscher Grausamkeit ist ein Poetenmassaker geschildert. Dieses Motiv wird im Theaterstück *Das verlorene Wort* (1998) wieder aufgenommen, in welchem 26 Schriftsteller einer mörderischen Geheimgesellschaft zum Opfer fallen. Im letzten Teil der Roman-Trilogie, *Tabula rasa oder Eine Reise ins Reich des Irrsinns* (1998), kulminiert die narrative Selbstauflösung, indem gar das Trägermedium des Erzählens, die Sprache, angetastet wird. Schon im ersten Kapitel taucht ein Buch der verstümmelten Wörter auf, es folgen alchimistische Experimente mit dem Alphabet und dadaistisches Silbengestammel, bis endlich die Literatur zur urweltlichen Buchstabensuppe reduziert ist. Als heitere Etüde mutet der Roman *Endlich Nichtleser* (2000) an, eine Allen Carrs Sachbuch-Bestseller *Endlich Nichtraucher!* parodierende Anleitung, wie man sich das Lesen abgewöhnt. Zum Trash-Duktus gehört ein Rezept zur Ausweidung eines Literaturkritikers. Unter der Internet-Adresse www.nichtleser.com wird das provokative Spiel im virtuellen Raum fortgeführt.

Thomas Widmer

Werke: *Quifezit oder Eine Reise im Geigenkoffer*, R., Ffm. 1997; *ad absurdum oder Eine Reise ins Buchlabyrinth*, R., Ffm. 1997; *Tabula rasa oder Eine Reise ins Reich des Irrsinns*, R., Ffm. 1998; *Das verlorene Wort*, Theaterst., Ffm. 1998; *Endlich Nichtleser. Die beste Methode, mit dem Lesen für immer aufzuhören*, R., Ffm. 2000; *Der letzte Fall*, Theaterst., Solothurn 2000.

Celan, Paul, wurde am 23. 11. 1920 als einziges Kind von Friederike und Leo Antschel in Czernowitz in Rumänien geboren und auf den Namen Paul Antschel (rum. Ancel) getauft. Ab 1947 benutzte er das Pseudonym Celan, ein Anagramm der rumänischen Schreibung seines Familiennamens. Er wuchs im mehrsprachigen Umfeld der Bukowina auf und studierte zunächst Medizin, später Romanistik und zuletzt in Paris Germanistik und Sprachwissenschaften. 1942 wurden seine Eltern in das Lager Michailowka in der Ukraine deportiert, wo beide vermutlich bald darauf ermordet wurden. Celan selbst musste Zwangsarbeit in verschiedenen Lagern in Rumänien verrichten. Nach dem Krieg arbeitete er zunächst in Bukarest als Lektor und Übersetzer. 1947 emigrierte er über Wien nach Paris. 1952 heiratete er Gisèle de Lestrange (1927–1991), die später einen Teil seiner Gedichte illustrierte. 1959 wird er als Lecteur d'Allemand an der École Normale Supérieure angestellt. Neben seiner eigenen lyrischen Produktion wandte sich Celan als Übersetzer immer wieder anderen Autoren zu. Seit 1968 war er Mitherausgeber der Literaturzeitschrift »L'Éphémère«. Ab Mitte der Sechzigerjahre durchlebte er mehrere psychische Krisen, die zeitweise Klinikaufenthalte nötig machten. Vermutlich am 20. 4. 1970 beging Paul Celan in Paris Selbstmord. Celan erhielt 1956 den Literaturpreis des Kulturkreises im Bundesverband der Deutschen Industrie, 1958 den Literaturpreis der Freien Hansestadt Bremen, 1960 den Georg-Büchner-Preis in

Darmstadt und 1964 den Großen Kunstpreis des Landes Nordrhein-Westfalen.
Das Werk Paul Celans ist durch die Parallelität von Dichten und Übersetzen gekennzeichnet: Gedichte und Übersetzungen stehen gleichberechtigt nebeneinander. Celans erste lyrische Arbeiten datieren aus den Kriegsjahren. Seine frühesten erhaltenen Publikationen sind jedoch Übersetzungen aus dem Russischen, die er in dieser Zeit mit wechselnden Pseudonymen – Paul Aurel, Paul Ancel, A. Pavel – signierte. 1947 erschien dann unter dem Namen Paul Celan in rumänischer Übersetzung das Gedicht, das sein berühmtester Text werden sollte: *Die Todesfuge*. Das Pseudonym Paul Celan behielt er von da an bei. In der ersten Station seiner Emigration in Wien erschien *Sand aus den Urnen* (1948), seine erste Gedichtsammlung, die er wegen der vielen sinnentstellenden, jedoch nicht immer sofort sichtbaren Druckfehler zurückzog. Viele der Gedichte in *Sand aus den Urnen* setzen sich wie *Die Todesfuge* mit der Erfahrung der Vernichtung der europäischen Juden auseinander. In diesen Gedichten scheinen bereits einige seiner zentralen Themen wie Verlust, Exil und Judentum, Zeitlichkeit, Vergänglichkeit und Gedächtnis auf. Celans lyrischer Diskurs ist ein Sprechen nach Auschwitz. So heißt es in einem Gedicht dieser Sammlung: »Wir waren tot und konnten atmen.« Mit dieser Zeile sind Erfahrungsort und Zeitpunkt von Celans Schreiben benannt. Verlust und Gedächtnis bedingen sich gegenseitig: Celans Schreiben ist so immer auch ein Schreiben gegen das Schweigen und das Vergessen. 1952 erschien *Mohn und Gedächtnis*, ein Band, in den Celan einige Gedichte aus *Sand aus den Urnen* aufnahm und zu dessen Kernstück er die *Die Todesfuge* machte. Celans Vortrag dieses und anderer Gedichte auf dem Treffen der »Gruppe 47« in Niendorf stieß auf ambivalente Reaktionen, zu unterschiedlich waren die Erfahrungen Celans und der deutschen Teilnehmer. Die Gedichte des Bandes, insbesondere *Die Todesfuge*, aber auch *Zähle die Mandeln*, wurden in den Fünfzigerjahren vor allem als lyrische »Bewältigung« und ästhetische Bearbeitung der Judenvernichtung, als Gedichte über die Konzentrationslager rezipiert. Für Celan jedoch war die Verfolgung und Ermordung der Juden kein »Thema«, sondern eine traumatische Erfahrung, die seine Sprache und Dichtung geformt und jedes nur schöne Wort und jede bloße ästhetische Harmonie für ihn als Ausdrucksmittel unmöglich gemacht hatte. Von dieser Zeit an wird in seinen Texten das Schweigen immer wieder als mögliche Reaktion auf den Holocaust aufgerufen und verworfen. Es war nicht zuletzt die Konfrontation mit der Verdrängung des Mordes an den Juden durch die Zeitgenossen, die Celan zum Weiterschreiben und Zeugnisablegen motivierte.
Drei Jahre nach *Mohn und Gedächtnis* veröffentlichte Celan 1955 die Sammlung *Von Schwelle zu Schwelle*. Hier finden sich vor allem auch poetologische Gedichte wie *Argumentum i silentio* und *Sprich auch du*, in denen Celan sein Verhältnis zur Sprache reflektiert. In *Sprich auch du* wird deutlich, wie komplex die Konstruktion lyrischer Subjektivität in Celans Gedichten ist. Man kann den Text gleichsam als Anweisung des Dichters an sich selbst lesen, Zeugnis abzulegen, aber auch als Dialog mit dem Anderen. Diese Überzeugung kulminiert in der Feststellung: »Wahr spricht, wer Schatten spricht.« Schatten ist neben Stein, Nacht und Tod eines der Schlüsselwörter der Celanschen Dichtung, da es in seiner symbolischen Mehrdeutigkeit die Toten ebenso assoziiert wie ein Schweben zwischen Licht und Dunkelheit, oder auch ein Ungeschiedenes zwischen Ja und Nein, wie es in *Sprich auch du* heißt. Neben diesen sprachreflexiven Gedichten enthält der Band jedoch auch Liebesgedichte wie *Bretonischer Strand*. Liebeslyrik findet sich seit *Mohn und Gedächtnis* in jeder von Celan zusammengestellten Sammlung, sie bildet ein Gegengewicht zum Totengedenken und ist zugleich über das geteilte Motiv der affirmativen Hinwendung zum Anderen mit diesen verbunden.
Bereits im Titel der folgenden Sammlung aus dem Jahr 1959, *Sprachgitter*, ist Celans bevorzugte Metapher, die Kompositumsmetapher, präsent. Sie prägte von da an als Signum alle folgenden Gedichtbände von der *Niemandsrose* (1963) bis zur letzten autorisierten Sammlung *Schneepart* (1971). Die Metapher, und insbesondere die Kompositumsmetapher, erscheint als privilegiertes poetisches Zeichen, weil sie nicht nur die Prinzipien von Kontraktion und Reduktion verkörpert, sondern auch auf die Konstruiertheit sprachlicher Realität hinweist. Das titelgebende Gedicht *Sprachgitter* ist eine erneute Auseinandersetzung Celans mit dem Motiv des Schweigens, mit der Versuchung, dem »Metaphern- und Partikelgestöber« der Sprache die Stille entgegenzusetzen. Celan hat seine Lyrik als Bewegung zwischen »Sinnsuche« und »Zeichensetzung« verstanden. Ausdruck dieses Gleitens sind die vielen Zitate, Namen und Daten, die er in seine Texte integriert. Die Kombinationen von zeitlichen, topografischen und rein subjektiven Referenten, die sich

häufig nur aus der Lebensgeschichte und Lektüre des Autors erschließen, sind auch ein Ausdruck von Celans Interesse an Konstellationen. So verweist etwa das Gedicht *Zürich, Zum Storchen* auf die Begegnung mit Nelly Sachs und auf die Freundschaft, die sich nicht nur über die gemeinsamen Erfahrungsorte von Exil, Judentum und Verfolgung herstellte. *Tübingen, Jänner* erinnert an den Besuch in Tübingen im Januar 1961 und an das Lektüreerlebnis Hölderlin, aber auch an den 20. Januar 1942, den Tag der Wannsee-Konferenz. Am Ende von *Sprachgitter* steht mit *Engführung* einer der wichtigsten Texte Celans. Das Gedicht fungiert als Zusammenführung oder Engführung zweier Formen der Massenvernichtung durch die Atombombe und die nationalsozialistischen Konzentrationslager, die für ihn ebenfalls eine für das 20. Jahrhundert zentrale Konstellation bilden. In seiner zyklischen Struktur – die letzten Zeilen wiederholen die ersten – ebenso wie im Bild der von Gras überwachsenen Spuren der Vergangenheit manifestiert sich einmal mehr Celans Auseinandersetzung mit Vergänglichkeit, Tod und Gedächtnis, die das Bewusstsein für die Bedeutung solcher Konstellationen bedrohen.

Diese zeitliche Dimension von Literatur, die sich in der Figur der Wiederholung eines Wortes oder einer Wendung niederschlägt und diese damit als Gleiches und doch Verschiedenes präsentiert, entspricht Celans Sprachauffassung, wie er sie in seiner Dankesrede für den Literaturpreis der Stadt Bremen explizierte. Hier formulierte er sein Credo, dass Sprache »durch die Ereignisse hindurch« gehe und »angereichert« wieder zutage trete. Mehr noch als diese Ansprache legt *Der Meridian*, die Rede anlässlich der Verleihung des Georg-Büchner-Preises 1960, die Poetik Celans offen. Hier formulierte er seine Überzeugung, dass ein Gedicht »Gespräch« sei, das den Anderen, das Du brauche, um seinen Sinn zu entfalten. Sprache war für Celan zugleich etwas »Immaterielles« und etwas »Irdisches«. Gedicht wie Sprache stehen im »Geheimnis der Begegnung«. Begegnung kann hier das Zusammentreffen von Gedicht und unbekanntem Leser als Resonanzraum meinen. Celan hat jedoch in seinen Texten auch andere, direktere Formen des Dialogs inszeniert: Viele Gedichte richten sich an ein nicht näher benanntes Gegenüber, andere wie *Schibboleth* wenden sich hingegen an bestimmte Personen, hier ist es Celans Jugendfreund Erich Einhorn. Das dialogische Prinzip seiner Dichtung schlägt sich zudem in den vielen intertextuellen Zitaten, den Verweisen auf Heine, Mandelstam, Hölderlin und Villon in den Gedichten nieder. Durch die Zitate entsteht eine Gemeinschaft der Dichter, in der sich Celan der Sprache und damit seiner Existenz versichert.

Ende der Fünfzigerjahre kam es zu einer erneuten Auseinandersetzung Celans mit dem Judentum und dem Hebräischen. Das »Jüdische« wird in dem 1959 entstandenen Prosatext *Gespräch im Gebirg* thematisch. Ein imaginiertes Gespräch zwischen dem Juden Klein und dem Juden Groß reflektiert die Bedingungen des Judeseins. Hier wird die Rede, die Sprache zum wichtigen Kennzeichen jüdischer Identität. Auch in Celans Gedichten scheinen immer wieder Chiffren für jüdische Religion oder jüdisches Leben auf, anders als in der Prosa werden sie jedoch nicht thematisch. Celan selbst beschrieb sein Judentum einmal als »pneumatisches« und meinte damit einen das Individuelle und Persönliche überschreitenden Zusammenhang, der in jüdischer Tradition und Mystik gründete und als geistiges Prinzip seine Texte fundierte. Auf ganz andere, negative Weise fühlte sich Celan 1960 durch die so genannte Goll-Affäre auf sein Judentum verwiesen: Die Witwe des Dichters Yvan Goll, Claire Goll, beschuldigte Celan bereits seit 1953 des Plagiats an ihrem Mann, dessen Gedichte Celan übersetzt hatte. Nun, 1960, wiederholte sich der Vorwurf, der durch die deutschen Feuilletons verbreitet wurde. Trotz der Haltlosigkeit der Vorwürfe und obwohl sich namhafte Fürsprecher wie Peter Szondi, Ingeborg Bachmann und Hans Magnus Enzensberger fanden, fühlte Celan sich sowohl durch den Plagiatsverdacht als auch durch den Ton der Berichte, den er als antisemitisch empfand, im Innersten getroffen. Zunehmend wurde für Celan so auch die Nachgeschichte des Nazismus existenziell signifikant. Die Plagiatsaffäre wurde zum Auslöser einer tiefen Krise, in der die traumatischen Erfahrungen von Verfolgung und Bedrohung wieder hervorbrachen und die bis Ende der Sechzigerjahre mehrere Klinikaufenthalte nötig machte.

Nach anfänglichen Auftragsarbeiten, wie etwa den beiden Übersetzungen von Maigret-Romanen Simenons, konzentrierte sich Celan später darauf, ihm wesensverwandte Texte, vor allem Lyrik, zu übertragen. Besonders wichtig waren Celan die Übersetzungen vom Rimbaud, Valéry, Blok, Mandelstam und Esenin, die er nach 1960 auch in seine biobibliografischen Angaben aufnahm und bei Lesungen neben den eigenen Gedichten vortrug. Auch ein Sammelband mit seinen Übertragungen, wie er später Teil der *Gesammelten Werke* wurde, war vom

Autor geplant. Übersetzen war für Celan ein »poetisches Konzept«, ebenso wie das Gedicht ein Gespräch über die Grenzen von Zeit und Raum hinweg. Besonders wichtig waren ihm die Übersetzungen der Gedichte Ossip Mandelstams, zu dem er eine innere Verwandtschaft durch das Judentum und die gemeinsame Erfahrung der Verfolgung fühlte und dessen Poetik des Dialogs er teilte. Mandelstams Gedenken widmete er den Band *Die Niemandsrose* (1963). Es ist vor allem Mandelstams Vorstellung des Gedichts als Flaschenpost, die sich an ein unbekanntes Gegenüber richtet, die in Celans Denken Eingang fand. Als Übersetzer sah sich Celan als Leser dieser lyrischen Flaschenpost. Lektüre und Übersetzungen erschienen als Strategien, durch die sich »fremde Nähe« verwirklichte.

1967 erschien die Sammlung *Atemwende.* »Atemwende« ist bereits im *Meridian* eine wichtige Metapher. Sie meint eine bestimmte Form von Umkehr oder von Umschlag, aber auch ein Weiteratmen, ein Weitergehen, denn Atmen ist für Celan »Richtung und Schicksal«. Celans Einsatz von Metaphern ist auch der stärkeren Verknappung und Verdichtung geschuldet, die seine späten Gedichte auszeichnet. Darüber hinaus ist seine Sprache zunehmend von Auflösungserscheinungen tangiert, die sich in einer Vielzahl von Enjambements und Wortspaltungen niederschlägt. Immer wichtiger werden jetzt die Partikeln des Widerspruchs, der Gegenrede und der Negation. Diese Bewegung deutete sich bereits im Titel des 1963 erschienenen Bandes *Die Niemandsrose* an. Es ist nun die Rede von »Undeutbarem«, »Un-Aussprechlichem«, »Un-Bestattetem«. Ein Gedicht wie *Fadensonnen* misst erneut den Abstand zwischen Sprechen und Verstummen aus und entwirft einen Raum, in dem es »Lieder jenseits des Menschen zu singen gibt«. Die Sprache, die dies ausdrücken kann, beschreibt Celan als »Knochen-Hebräisch«, als »verkieselten Spruch« und »Pfeilschrift«, also als eine indirekte, bereits prozessierte Ausdrucksform.

1969 reiste Celan auf Einladung des Hebräischen Schriftstellerverbandes nach Israel. Die Eindrücke, insbesondere von Jerusalem, intensivierten seine Auseinandersetzung mit dem Judentum nochmals. Nach seiner Rückkehr schrieb er mehrere Gedichte, die den Kern des Bandes *Zeitgehöft* bilden sollten, der 1976 posthum erschien. Im April 1970 – der genaue Todestag ist unbekannt – beging Celan Selbstmord in der Seine. Die Sammlung *Lichtzwang*, die in seinem Todesjahr erschien, war noch von Celan selbst für den Druck vorbereitet worden. In die Zeit der Arbeit an *Lichtzwang*, die Monate zwischen Juni und Dezember 1967, fiel Celans Begegnung mit Martin Heidegger im Juli 1967, die er in dem Gedicht *Todtnauberg* in einer Art lyrischem Stenogramm festhält. Auch hier steht mit *du sei wie du, immer* eines der wichtigsten Gedichte am Schluss des Bandes. Dieser Text verbindet zitierend Meister Eckhart und Hölderlin, um am Ende in der hebräischen Formel »kumi ori« seine Ausrichtung auf Jerusalem zu finden. Auch dem Band *Schneepart*, der 1971 erschien, lag eine eigenhändige Reinschrift des Autors zugrunde. Die erste eigentliche »Nachlasspublikation« ist damit die Sammlung *Zeitgehöft* (1976), welche seine spätesten Texte enthält. Da Celan im Zuge der Goll-Affäre begonnen hatte, alle seine Gedichte zu datieren und Vorstufen zu erfassen, ist seine Schreibweise recht gut dokumentiert. *Zeitgehöft* enthält mehrere Gedichte, in denen Celan auf die Topografie Jerusalems als Zufluchtsort für die Juden der Welt, so wie er es bei seinem Besuch erlebte, Bezug nimmt. Darüber hinaus aktualisiert er die Bedeutung Jerusalems als Ort biblischer Schrift und messianischer Erwartung. So vergleicht er Jerusalem im Gedicht *Es stand* mit jenen dänischen Schiffen, auf denen die Juden Dänemarks vor der Deportation durch die deutschen Besatzungstruppen gerettet wurden. Sie sind auch Ausdruck seines veränderten Bezugs zur Welt, Jerusalem wird dabei zur Chiffre einer Evidenzerfahrung, einer letzten »Schwellenerfahrung« Celans.

Nachdem die Veröffentlichung der Gedichte aus dem Nachlass weitgehend abgeschlossen war, sind in den vergangenen Jahren vermehrt Auszüge aus Celans umfangreicher Korrespondenz veröffentlicht worden. So zum Beispiel der Briefwechsel mit Schriftstellern wie Hermann Lenz und seiner Frau Hanne, mit Nelly Sachs und mit Franz Wurm. Die Briefe, die er mit seiner Frau Gisèle Celan-Lestrange und dem Jugendfreund Erich Einhorn wechselte, liegen ebenfalls vor. Seine Briefe und die noch unveröffentlichten Tagebücher bilden in vieler Hinsicht das Fundament mancher Konstellationen, die in den lyrischen Texten aufscheinen, in manchen Fällen erscheinen sie auch als deren Rückseite.

Anja Tippner

Werke: *Mihail Lermontov: Ein Held unserer Zeit*, Übs., u. d. Namen Paul Ancel, Bukarest 1946; *Konstantin Simonov: Die Russische Frage*, Übs., u. d. Namen A. Pavel, Bukarest 1947; *Sand aus den Urnen*, G., Wien 1948; *Anton Cechov: Die Bauern. Skizzen*, Übs., u. d. Namen Paul Aurel, Bukarest 1949. *Jean Cocteau: Der goldene*

Vorhang, Übs., Bad Salzig, Düsseld. 1949; *Mohn und Gedächtnis*, G., Stg. 1952; *E. M. Cioran: Lehre vom Zerfall. Essays und Reden*, Übs., Hbg. 1953; *Pablo Picasso: Wie man Wünsche beim Schwanz packt*, Zür. 1954; *Von Schwelle zu Schwelle*, G., Stg. 1955; *Georges Simenon: Maigret und die schrecklichen Kinder*, Köln, Bln. 1955; *Georges Simenon: Hier irrt Maigret*, Köln, Bln. 1955; *Alexander Block: Die Zwölf*, Übs., Ffm. 1958; *Arthur Rimbaud: Das trunkene Schiff*, Übs., Wiesbaden 1958; *Sprachgitter*, G., Ffm. 1959; *Osip Mandelstam: Gedichte*, Übs., Ffm. 1959; *Jean Bazaine: Notizen zur Malerei der Gegenwart*, Übs., Ffm. 1959; *Paul Valéry: Die junge Parze*, Übs., Ffm. 1960; *Sergej Jessenin: Gedichte*, Übs., Ffm. 1961; *Jean Cayrol: Im Bereich einer Nacht*, Übs., Olten, Freiburg 1961; *Gedichte*, hg. v. Klaus Wagenbach unter Mitarbeit des Autors, Ffm. 1962; *Die Niemandsrose*, Ffm. 1963; *Drei russische Dichter – Alexander Block, Ossip Mandelstam, Sergej Jessenin*, Hg., Übs., Ffm. 1963; *Henri Michaux: Dichtungen, Schriften I*, Hg., Mit-Übs., Ffm. 1966; *Atemwende*, G. Ffm. 1967; *William Shakespeare: Einundzwanzig Sonette*, Übs., Ffm. 1967; *Fadensonnen*, G., Ffm. 1968; *Jules Supervielle: Gedichte*, Übs., Ffm. 1968; *Giuseppe Ungaretti: Das verheißene Land. Das Merkbuch des Alten*, Übs., Ffm. 1968; *André Bouchet: Vakante Glut*, Übs., Ffm. 1968; *Lichtzwang*, G., Ffm. 1970; *Schneepart*, Ffm. 1971; *Zeitgehöft. Späte Gedichte*, Ffm. 1976; *Jean Daive: Die weiße Dezimale*, Übs., Ffm. 1977; *Gesammelte Werke in fünf Bänden*, hg. v. Beda Allemann u. Stefan Reichert, Ffm. 1983. Bd. 1–2 Gedichte, Bd. 3 Gedichte, Prosa, Reden, Bd. 4–5 Übertragungen; *Gedichte 1938–1944*, Ffm. 1986; *Das Frühwerk*, G., hg. v. Barbara Wiedemann, Ffm. 1989; *Atemwende*, G., Bonner Ausgabe, Bd. 7, hg. v. Rolf Bücher, Ffm. 1990; *Eingedunkelt und Gedichte aus dem Umkreis von Eingedunkelt*, G., hg. v. Bertrand Badiou u. Jean-Claude Rambach, Ffm. 1991; *Fadensonnen*, G., Bonner Ausgabe, Bd. 8, hg. v. Rolf Bücher, Ffm. 1991; *Paul Celan/Nelly Sachs: Briefwechsel*, Ffm. 1993; *Schneepart*, G., Bonner Ausgabe, Bd. 10, hg. v. Rolf Bücher, Ffm. 1994; *Paul Celan/Franz Wurm: Briefwechsel mit Franz Wurm*, Ffm. 1995; *Sprachgitter*, G., Tübinger Ausgabe, hg. v. Jürgen Wertheimer, Ffm. 1996; *Die Niemandsrose*, G., Tübinger Ausgabe, hg. v. Jürgen Wertheimer, Ffm. 1996; *Die Gedichte aus dem Nachlass*, hg. v. Bertrand Badiou, Jean-Claude Rambach, Barbara Wiedemann, Ffm. 1997; *Lichtzwang*, G., Bonner Ausgabe, Bd. 9, hg. v. Rolf Bücher, Ffm. 1997; *Der Meridian*, Rede, Tübinger Ausgabe, hg. v. Jürgen Wertheimer, Ffm. 1999; *Fadensonnen*, G., Tübinger Ausgabe, hg. v. Jürgen Wertheimer, Ffm. 2000; *Atemwende*, G., Tübinger Ausgabe, hg. v. Jürgen Wertheimer, Ffm. 2000; *Lichtzwang*, G., Tübinger Ausgabe, hg. v. Jürgen Wertheimer, Ffm. 2001; *Die Niemandsrose*, G., Bonner Ausgabe, Bd. 6, hg. v. Axel Gellhaus, Ffm. 2001; *Paul Celan/Gisèle Celan-Lestrange. Briefwechsel. Mit einer Auswahl von Briefen Paul Celans an seinen Sohn Eric*, Ffm. 2001; *Paul Celan/Erich Einhorn: Du weißt um die Sterne. Briefwechsel*, Bln. 2001; *Von Schwelle zu Schwelle*, G., Tübinger Ausgabe, hg. v. Jürgen Wertheimer, Ffm. 2002; *Schneepart*, G., Tübinger Ausgabe, hg. v. Jürgen Wertheimer, Ffm. 2002; *Sprachgitter*, G., Bonner Ausgabe, Bd. 5, hg. v. Rolf Bücher, Ffm. 2002; *Der Sand aus den Urnen*, G., Bonner Ausgabe, Bd. 2–3, hg. v. Rolf Bücher, Ffm. 2002; *Paul Celan/Hanne und Hermann Lenz: Briefwechsel*, Ffm. 2002; *Du musst versuchen, auch den Schweigenden zu hören. Briefe an Diet Kloos-Barendregt*, Ffm. 2002; *Mohn und Gedächtnis*, G., Tübinger Ausgabe, hg. v. Jürgen Wertheimer, Ffm. 2003. Weitere geplante Bände und Erscheinungstermine der Bonner Ausgabe: Bd. 1, *Das Frühwerk*, G., Ffm. 2003; Bd. 4, *Von Schwelle zu Schwelle*, G., Ffm. 2004; Bd. 11–12, *Nachgelassene Gedichte*, Ffm. 2003/2005; Bd. 13–14, *Prosa I–II*, Ffm. 2006.

Chiellino, Gino (Carmine Luigi), wurde am 11. 7. 1946 als Sohn einer Weberin und eines Landwirts in Carlopolis im Sila-Gebirge geboren, einer armen Region Kalabriens, wo Auswandern bis in die Siebzigerjahre »wie ein zweiter Beruf« schien. Die Missionsschule bei Neapel brachte die frühe Trennung vom Elternhaus. Von 1966 bis 1970 studierte er in Rom Italianistik und Soziologie, ab 1970 Germanistik in Deutschland. Er war Lektor in Gießen und Augsburg, 1980 Mitbegründer, von 1981 bis 1983 Vorsitzender des »PoLiKunstvereins«, einer Interessensvetretung ausländischer Künstler in Deutschland, von 1983 bis 1986 Mitherausgeber der Reihe »Südwind-Literatur« ausländischer Autoren in der BRD und wurde 2001 Professor für Vergleichende Literaturwissenschaft an der Universität Augsburg. Seit 1976 schreibt Chiellino auf Deutsch. 1987 erhielt er, zusammmen mit Franco Biondi, den Adelbert-von-Chamisso-Preis, 2000 die Chamisso-Poetik-Dozentur in Dresden, 2002 war er Gast der Villa Vigoni.

Als Wissenschaftler nennt er sich Carmine Chiellino, als Poet verwendet er den persönlicheren Rufnamen Gino. Beide Tätigkeitsbereiche fokussieren ein Thema: Leben und Wirken italienischer Migranten in Deutschland, eine Arbeit auf der Basis eigener Erfahrungen als Arbeiter bei Mannesmann, als Wissenschaftler im akademischen Betrieb und als Künstler. *Am Ufer der Fremde. Literatur und Arbeitsmigration 1870–1991* (1995) nannte er seine Habilitationsschrift, eine Spurensuche im italienischen Roman, Analysen zum Bild des Gastarbeiters als Ikone, als unverfälschter Prolet bei Böll und Fassbinder und Untersuchungen zu Migranten-Autoren wie Aras Ören, Franco Biondi und Yüksel Pazarkaya. Unter dem programmatischen Titel *Die Reise hält an* (1989) befragte Chiellino 20 nichtdeutsche Künstler in Deutschland, die sich auch in seinen Gedichten als Gesprächspartner wieder finden.

Gino Chiellino ist ein Nestor der Migranten-Literatur, ein sprachlicher wie literarischer Immigrant, immer produktiv und immer zwischen zwei Stühlen: Italien und Deutschland, Heimat und Fremde, Vergangenheit und Gegenwart, Integration und Getto, Bitternis und Ironie. Er gehört zu jenen Autoren, die sich bewusst entschieden haben, im fremden Deutsch ihren künstlerischen Ausdruck zu suchen, trotz aller damit verbundenen Hürden, Diffamierungen und der Gefahr von Identitätsverlust durch Assimilation. »Wer keine Heimat mehr hat, dem wird wohl das Schreiben zum Wohnen«, Chiellino identifiziert sich mit diesem Adorno-Zitat. Seine Gedichte sind autobiografisch grundiert, aber von universaler Metaphorik, poetisch und »authentisch« zugleich. Drei Gedichtbände spiegeln schon im Titel drei Phasen von Existenz und Schreiben: *Mein fremder Alltag* (1984), 75 Gedichte aus den Jahren 1977 bis 1983, spricht noch vom passiven Ausgeliefertsein und zeigt Chiellino als einen Dichter, der selbst Vokabeln wie »Ausländergesetz« eine poetische Dimension abringen kann und Gastarbeitern eine Stimme gibt. Heimat, Sehnsucht, Isolation sind Chiffren »in der Anonymität der Bahnhöfe / wo / Warten für uns / ein Zuhause / ist«. *Sehnsucht nach Sprache. Gedichte 1983–85* (1987) kündet vom Übergang. Der Ton ist poetischer geworden, die Fremde ist überall, auch in Kalabrien. Innere Dialoge mit literarischen Ahnen von Gryphius bis Hölderlin und Brecht fördern Vertrauen in die deutsche Sprache. *Sich die Fremde nehmen. Gedichte von 1986–90* (1992) ist verknappt, verdichtet und thematisiert die aktive Aneignung der Fremde durch Sprache, Wortneuheiten wie »Augsbürgung«, das Beharren auf Fremde als Eigenständigkeit, sagt aber auch: »der tag ist da / voll mit leben / nicht mehr nicht minder / werde ich das Warten verlernen«. Von Assimilation dennoch keine Spur: »ich schreibe kein Deutsch / meine Sprache gehorcht euch nicht / sie denkt mich nach vorne / ohne Kindheit fällt es ihr leicht / mich näher zu bringen / und dort sich die Fremde nehmen.«

»Interkulturell« ist ein zentraler Begriff für seine Lyrik und meint, die Ichs verschiedener Lebensphasen buchstäblich zu Wort kommen zu lassen, die kalabrische Kindheit, die italienische Jugend, den Migranten in Deutschland, dessen Deutsch »ohne Kindheit« ist. Bei seiner Dresdner Chamisso-Dozentur nannte Chiellino ein Beispiel: »wenn das schweigen / gegen uns sich weiß färbt / me spagnu / ja ich deutsche mich sehr.« In die Sprachlosigkeit angesichts der Gewalt gegen Asylbewerber in der Bundesrepublik der Neunzigerjahre mischt sich »me spagnu«, Angst als frühe Kindheitserfahrung und deshalb als italienisches Wort, ein Verb weitergeführt in »ich deutsche«. Italienische Wendungen in deutschsprachigen Gedichten sind also mehr als ein Sprachspiel. Sie sind der Versuch, »das Gedächtnis aus zwei sprachlich getrennten Lebensabschnitten dialogisch zu integrieren«, Sprachen miteinander ins Gespräch zu bringen im Sinne des Dichters: »Dialogisch wird eine Sprache nicht, weil man durch sie den Dialog sucht. Sie wird es, weil sie in sich dialogisch aufgebaut ist.«

Gino Chiellino schreibt am multikulturellen Gedächtnis Deutschlands mit. Er schärft die Wahrnehmung, beschreibt Fremdsein und Befremden, hilft, die Fremde bewohnbar zu machen, und bilanziert: »Ein autobiografisches Werk in einer fremden Sprache ist für mich ein Dienst an der fremden Sprache, die durch ein interkulturelles Gedächtnis ausgestattet wird, um aus der fremden eine vertraute Sprache abzuleiten.«

Cornelia Zetzsche

Werke: *Mein fremder Alltag*, G., Kiel 1984; *Sehnsucht nach Sprache. Gedichte 1983–1985*, Kiel 1987; *Literatur und Identität in der Fremde. Zur Literatur italienischer Autoren in der Bundesrepublik*, Augsburg 1985; *Die Reise hält an. Ausländische Künstler in der Bundesrepublik*, Mü. 1988; *Sich die Fremde nehmen. Gedichte 1986–1990*, Kiel 1992; *Am Ufer der Fremde. Literatur und Arbeitsemigration 1870–1991*, Stg. 1995; *Die großen Mythen um das Wort*, G., m. Grafik v. Gjelosh Gjokaj, Augsburg 1997; *Interkulturelle Literatur in Deutschland*, Stg. 2001; *Ich in Dresden – eine Poetik*, Dresden 2003.

Chotjewitz, Peter O(tto), wurde am 14. 6. 1934 in Berlin-Schöneberg geboren. Nach Übersiedelung der Familie nach Nordhessen wurde er im Betrieb seines Vaters, eines Malermeisters, Lehrling und legte 1951 die Gesellenprüfung ab. 1955 holte er nach dem Besuch eines Abendgymnasiums das Abitur nach und studierte in Frankfurt am Main und München Jura, nach dem ersten Staatsexamen studierte er Publizistik, Philosophie, Geschichte und Musik in Berlin, wurde Rechtsreferendar und freier Schriftsteller. Er lebte, zunächst als Stipendiat (1967/68) der Villa Massimo, bis 1973 in Italien, lernte dort die italienische Sprache, aus der er übersetzt; seinen Übertragungen ist es u.a. zu verdanken, dass die Stücke Dario Fos in Deutschland bekannt wurden. 1975 bis 1977 war er Vorsitzender des Hessischen Schriftstellerverbandes, 1976 wurde er zum stellvertretenden Vorsitzenden des Verbandes

Deutscher Schriftsteller in der IG Druck und Papier gewählt. 1975 eröffnete er eine Anwaltskanzlei in Kruspis (Hessen). Sein juristisches Engagement gilt Häftlingen, die aus politischen Motiven heraus zu Straftätern wurden. So war er Wahlverteidiger des führenden RAF-Mitgliedes Andreas Baader und des Schriftstellers Peter Paul Zahl. 1979 unternahm er zusammen mit Renate Chotjewitz-Häfner eine Reise nach Israel, wo er über das Schicksal von vertriebenen Juden, die in den Dreißigerjahren Deutschland verlassen mussten, recherchierte. Er hält sich seither an verschiedenen Orten in Deutschland und Italien auf. 1969 erhielt er den Georg-Mackensen-Preis.

Das bisherige Gesamtwerk von Peter O. Chotjewitz ist durch zwei unterschiedliche literarische Positionen gekennzeichnet. Da ist eine der Pop-Literatur nahe stehende Collage- und Montagetechnik, welche mit brillanten intellektuellen Späßen eine neue literarische Ästhetik entwickelt, auf der anderen Seite eine politisch engagierte Literatur, welche mit den Mitteln der dokumentarischen Texterarbeitung einen politischen Appell beabsichtigt, deren ästhetische Wirkung eher sekundär bleibt. Eine Welt, die auch poetisch nicht mehr im Ganzen zusammenzusetzen ist, wird aus ihren Teilen, Bruch- und Versatzstücken, Zufallsfunden und Recherchen rekonstruiert, im frühen Werk von Peter O. Chotjewitz auf artistische Weise, im späteren in nüchterner Form zum Zwecke der Aufdeckung gesellschaftlicher Missstände. Die sprachlichen Experimente der ersten Phase frönen einer anarchistischen Fröhlichkeit, die Dokumentationen der zweiten Phase stellen sich der Kälte des »deutschen Herbstes« im Jahre 1977. Daraus entsteht eine nahezu durchgängige Chronik der Republik, wenn auch aus sehr spezifischem Blickwinkel.

Der erste Roman *Hommage à Frantek* (1965) ist eine Parodie der Parodie, in der auf der Recherche nach Frantek zotige Geschichten aus Kneipen und Hinterhöfen weitergegeben werden, die ein buntes Mosaik spielerischer biografischer Fragmente zeichnen. Der Roman *Die Insel. Erzählungen auf dem Bärenauge* (1968) führt diesen poetischen Ansatz als Montage aus Zeitungsartikeln, Reklamesongs, Politikerbulletins, Comicstrips und allen weiteren denkbaren Alltagspartikeln fort. Die Aufzeichnungen einer Reise des Sebastian Rottenkopf aus dem Jahre 1962 bestehen anstelle der »Beschreibung von Landschaften, Städten, Häusern, Menschen, Tieren« usw. aus Bierfilzen, Kieselsteinen, Servietten, Urinproben, Zeitungsausschnitten und Schnapsflaschenetiketten. In diesem Verfahren manifestiert sich nicht nur die Reproduktionstechnik der Pop-Kultur, es führt darüber hinaus zu einem kreativen Spiel mit dem Leser: all die oben genannten Gegenstände werden dem Leser textuell übergeben, mit der Bitte, »sich eine eigene Literatur anzufertigen«.

Auch eine der gängigsten konventionellen Methoden der Germanistik, einen Text in der Relation zwischen Erzählzeit und erzählter Zeit strukturell zu analysieren, wird nicht nur parodiert, sondern im textuellen Gegenzug ad absurdum geführt. In einem Vorspann wird der Leser angewiesen, um siebzehn Uhr mit der Lektüre zu beginnen, in welcher Weise er das Lesetempo einhalten sollte und mit dem Buch zu Ende kommen. Der Autor bedauert am Ende des Buches, das als ein Kaleidoskop der unterschiedlichsten Erzählebenen nicht zu einem wirklichen Schluss kommen kann, dass ihm »der Verleger das Buch so stark gekürzt« habe, »dass es vor dem Aufstehen schon zu Ende ist«. Pop-Kultur zielt auf die Oberfläche ab, verneint das Authentische gerade auch im Unmittelbaren und verwandelt es zu dem, was es geworden ist: Konsumfetisch, Abziehbild einer vorprogrammierten Wahrnehmung. Insofern muss die oft proklamierte »Richtung auf eine neue Poesie des Authentischen« in Chotjewitz' Texten kritisch reflektiert werden.

1968 veröffentlichte Chotjewitz einen *Roman* genannten Text, der nichts weniger als ein Roman ist. Relativ kurze Textabschnitte, die sich zum Teil wiederholen, beschwören höchst parzellierte Erinnerungen an die Eltern, haben aber viel geringeren Anteil an dem Buch als die Fotos, die im Wesentlichen entweder alte getragene Schuhe zeigen oder den nackten Verfasser. »Die Schuhe sind die Toten, die Akte das Leben«, heißt es an einer Stelle. Selbstentblößung und Darstellung der Objektfixierung auf einen Fetisch, nämlich den Schuh, gehen eine dialektische Beziehung ein – bei der es dann, bei allem Witz der Darstellung, bleibt.

In den drei unter dem Titel *Abschied von Michalik* (1969) versammelten Erzählungen wird das Prinzip der Parodie weiterverfolgt. *Lots Weib* transportiert die Geschichte aus der Bibel in die Jetzt-Zeit, sodass Sodom und Gomorrha nunmehr als Gesellschaften erscheinen, die mit allen entsprechenden Konsequenzen des Überflusses gesegnet sind wie »sexueller Emanzipation, sozialen Errungenschaften, aufgeklärter Denkungsart ... und das sind Dinge, die Gott immer schon am allermeisten unzufrieden gemacht haben«. Abraham beginnt mit Gott den bekannten Handel, vermeidet jedoch, ihn dafür zu gewinnen, »daß es deshalb durchaus hinlange, die herrschende Klasse zu beseitigen, denn für derlei Ansichten war Gott sowieso nicht zu haben«. Im flapsigen Sprachduktus der APO-Zeit wird biblisches Geschehen in gesellschaftskritischer Richtung umgedeutet – freilich nicht in revolutionärer Befreiungstheologie, sondern im unverbindlichen poetischen Spiel. Gattungs- und Genregrenzen werden unbekümmert aufgelöst, der Erzähler mischt sich in die Fabel, der Leser wird in das erzählte Geschehen mit einbezogen und aufgefordert, eigene Szenarien zu entwerfen, zuletzt stellt sich der Autor selbst infrage.

Der Roman *Vom Leben und Lernen* (1969) überwindet endgültig alle Kategorien konventioneller Poetik, aber stellt zugleich durch die Auflösung in Bruchstücke verschiedenster Textsorten die poetischen Materialen zur Verfügung, die Chotjewitz in seinen darauf folgenden Arbeiten verwenden wird. Dabei änderte sich die grundsätzliche politische Tendenz nicht, sie blieb immer gegen das bürgerliche Establishment gerichtet. Nachdem der libertäre Aufbruch der 68er-Bewegung sich verlaufen zu haben schien, griff Chotjewitz in der sich erneut etablierenden Restauration der bundesdeutschen Politik zu den dokumentarischen Genres, primär wird nun die politische Appellstruktur.

In dem Erzählband *Durch Schaden wird man dumm* (1976), einer Sammlung von Erzählungen aus zehn Jahren, und in der Biografie *Der dreißigjährige Friede* (1977) werden diese Bruchlinien im Schreiben des Autors sichtbar. Ausgangspunkt ist der 12. September 1949, an dem der Arbeiter Jürgen Schütrumpf als Sohn eines Handwerkers geboren wird. Er träumt von einem Leben als Künstler, das sich nicht realisieren lässt. Eine Brandstiftung, die vernichten soll, »was ihn kaputt macht«, bleibt sein einziges Kunstwerk.

Aus der unmittelbaren Erfahrung seiner anwaltlichen Tätigkeit in der Verteidigung des Terroristen Andreas Baader heraus schrieb Chotjewitz das Romanfragment *Die Herren des Morgengrauens* (1978). Gegen den Schriftsteller Fritz Buchonia wird ein Ermittlungserfahren eingeleitet, weil er an 40 Schriftstellerkollegen ein Schreiben geschickt hat, um auf unmenschliche Haftbedingungen hinzuweisen. Eine beigefügte Erklärung der Häftlinge wird von der Staatsanwaltschaft als Aufforderung zur Begehung von Straftaten gewertet und entsprechend mit einem Strafantrag sanktioniert. Diesen Vorgang hat Chotjewitz unmittelbar aus seiner eigenen Anwaltstätigkeit in diesen Text übernommen. Der Verlag Bertelsmann hat dies zum Anlass genommen, die AutorenEdition, in der das Buch erscheinen sollte, aus seinem Hause herauszutrennen. Aus der »Kontaktschuld«, der sich Buchonia aufgrund seiner Tätigkeit schuldig macht, erwächst sein Stigma »Sympathisant«, mit dem seine sozialen Beziehungen und seine Person zerstört werden. Zu diesen »Sympathisanten« zählten zu dieser Zeit Verleger wie Klaus Wagenbach und Herbert Röttgen vom Trikont-Verlag oder Schriftsteller wie Böll, Grass und Rinser. Groenewold, der das Nachwort schrieb, erkennt in den Geschehnissen des Romans die »Ängste und Befürchtungen«, diese »Mischung aus Fakten und Alptraum«, in der Parallelen zum *Prozess* von Franz Kafka gesehen werden können: »Sie sind die andere, dunkle Seite der Justiz und der politischen Kultur in Deutschland.«

Die »Romanstudien« mit dem Titel *Tod durch Leere* (1986) enthalten 14 Texte, die im Grunde einen Roman abgeben, aber, wie eben nahezu immer bei Chotjewitz, nur einen unfertigen, fragmentarischen. An einer Stelle heißt es von einem solchen Teilstück: »Mißglückte Geschichte, deren Ende schon in der Mitte feststeht, so daß der Anfang zu lang ist, zwischendurch einige Seiten ausgelassen werden müssen und der Schluß unbefriedigend bleibt, da er keine Überraschung mehr bildet.«

In dem Roman *Das Wespennest* (1999), der in der Zeit zwischen der Maifeier 1933 und der »Loslösung Bayerns vom Bund« im Frühjahr 1939 in der nordhessischen Kleinstadt Hofacker spielt, endet jeder Versuch, sich eine Geschichte zurechtzulegen, mit einem Desaster. Unaufhaltsam gestaltet sich der Abstieg der Familie des Gutsbesitzers von Horwitz. Es gibt keinen Halt in dieser Welt, die auseinander bricht wie ein altes Wespennest.

In Chotjewitz' Werk vollzieht sich der gesellschaftliche Wandel einer Opposition nach, die, ausgehend von der Suche nach repressionsfreien Räumen, sich entweder resigniert zurückzieht, verbürgerlicht oder eben radikalisiert. Der spielerische Umgang mit einer nicht akzeptierten Realität, wie er sich in dem Roman *Die Insel* darstellt, weicht einer kämpferischen Auseinandersetzung im Romanfragment *Die Herren des Morgengrauens* – und mündet in der Fragilität der Metapher vom Wespennest als Abbild dieser Welt. Die literarischen Formen des Peter O. Chotjewitz entsprechen dieser Zerbrechlichkeit: den Romanparodien folgen *Romanfragment* und *Romanstudien*.

Gerd Holzheimer

Werke: *Ulmer Brettspiele*, G., Stierstadt/Ts. 1965; *Hommage à Frantek*, Pr., Reinbek 1965; *Zwei Sterne im Pulver*, Hsp., SDR 1967; *Die Falle oder Die Studenten sind nicht an allem schuld*, Hsp., SDR 1968; *Roman. Ein Anpassungsmuster*, m. Fotos v. G. Rambow, Darmstadt 1968; *Die Insel. Erzählungen auf dem Bärenauge*, Reinbek 1968; *Vom Leben und Lernen. Stereotexte* (enth. die Hsp. *Zwei Sterne im Pulver, Die Falle oder Die Studenten sind nicht an allem schuld*, Pr.-Fassg. von *Supermenschen in Paranoia*), Darmstadt 1969, Hsp., SDR/SR/WDR 1968; *Supermenschen in Paranoia*, Hsp., SDR/BR 1969; *Der Ghoul von der Via del'Oca*, Hsp., WDR 1969; *Abschied von Michalik*, En., Stierstadt/Ts. 1969; *Die vier Johannen*, Hsp., SDR/BR 1970; *Der Tod der Minjotta*, Hsp., WDR 1970; *Jörgs Porträt*, Hsp., zus. m. Paulus Böhmer, SDR 1970; *Weltmeisterschaft im Klassenkampf*, Theaterst., nach W. Majakovski, UA Bremen 1971; *Normales Verfahren*, Hsp., SWF 1971; *Die Trauer im Auge des Ochsen*, En., Stierstadt/Ts. 1972; *Das Rätselhafte an Herrn Siegwart*, Hsp., WDR 1972; *Nani Balestrini: Wir wollen alles. Roman der Fiatkämpfe*, Übs., 1972; *Malavita. Mafia zwischen gestern und morgen*, Reinbek 1973; *Der Aufstieg oder Ein Hörspiel wird inszeniert*, Hsp., SDR 1973; *Abschaffung der Folter auf Castor und Pollux*, Hsp., WDR 1973; *Itschi hat einen Floh im Ohr, Datschi eine Meise*, Kinderb., Hann. 1973; *Kinder, Kinder. Ein Märchen aus 7 Märchen*, Kinderb., Hann. 1973; *Vor Gustchen sein Haus*, Hsp., SDR 1974; *Reden ist tödlich, schweigen auch*, Pr., Düsseld. 1974; *Die Wut über den verlorenen Groschen*, Hsp., SDR/HR 1975; *Jelka*, Hsp., SWF 1975; *Die Gegenstände der Gedankenstille. Requiem für ein Haus mit Bewohnern*, Düsseld. 1976; *Durch Schaden wird man dumm*, En., Düsseld. 1976; *Phantombild oder Unerwarteter Auftritt des Dichters H. C. Artmann aus einer Kiste mit Büchern von H. C. Artmann*, Hsp., SDR 1976; *Die Briganten. Aus dem Leben süditalienischer Rebellen, erzählt aufgrund eines Dokumentarbands v. Aldo De Jaco*, Bln. 1976; *Der dreißigjährige Friede. Biografischer Bericht*, Düsseld. 1977; *Dario Fo: Bezahlt wird nicht*, Übs., Bln. 1977; *Dario Fo: Einer für alle, alle für einen. Verzeihung, wer ist hier eigentlich der Boß, Zufälliger Tod eines Anarchisten*, Übs., Bln. 1978; *Die Herren des Morgengrauens*, R.-Fragm., Bln. 1978; *Dario Fo: Der Dieb, der nicht zu Schaden kam*, Übs., Bln. 1978; *Dario Fo: Der Nackte und der Mann im Frack*, Übs., Bln. 1978; *Dario Fo: Mamma hat den besten Shit*, Übs., Bln. 1979; *Dario Fo: Isabella, drei Karavellen und ein Scharlatan*, Übs., Bln. 1979; *Saumlos*, R., Königstein/Ts. 1979; *Die mit Tränen säen. Israelisches Reisejournal*, zus. m. Renate Chotjewitz-Häfner, Mü. 1980; *Mein Mann ist verhindert. Ein Anfall*, E., Düsseld. 1985; *Tod durch Leere. Romanstudien*, Ffm. 1986; *Bevor der Doktor kommt*, Hsp., SDR 1986; *Die Wiedergutmachung*, Hsp., SDR 1988; *Ein Urlaub auf dem Lande*, Hsp., WDR 1990; *Die Rückkehr des Hausherrn. Monolog eines Fünfzigjährigen*, Düsseld. 1991, Hsp., HR 1991; *Straßenkinder*, m. Bildern v. Lukas Ruegenberg, Bilderb., Köln 1991; *Mein Schatz unterm Dachboden. Monolog einer Alten*, E., Bln. 1995; *Kannibalen*, Satiren, Bln. 1997; *Rom. Spaziergang auf der Antike*, Ess., Bln. 1999; *Das Wespennest*, R., Hbg. 1999; *Als würdet ihr leben*, R., Bln. 2000; *Der Fall Hypatia. Eine Verfolgung*, Hbg. 2002; *Macchiavellis letzter Brief*, R., Hbg. 2003.

Cibulka, Hanns, geboren am 20. 9. 1920 in Jägerndorf in der damaligen CSR (heute Krnov, Republik Tschechien), wuchs in der Landschaft Nordmährens auf, die in hohem Maße seine Wahrnehmung als Autor prägte. Sein Vater, dessen Vorfahren aus der Ukraine stammten, war Appreturmeister in einer Tuchfabrik und Sozialdemokrat, der Hitlers Politik schon früh ablehnte. Cibulka machte in der Schule mit dem gleichaltrigen Franz Fühmann Bekanntschaft, mit dem ihn eine lebenslange literarische Konkurrenz verband. Später erlernte er den Beruf eines Handelskaufmanns. Im Zweiten Weltkrieg war Cibulka Soldat, 1944 kam er als Kriegsgefangener nach Sizilien. Über die sizilianische Landschaft schrieb er auch lange nach dem Krieg immer wieder; im Gegensatz zu anderen Dichtern seiner Generation blieb für ihn nicht die Kriegsgefangenschaft in der Sowjetunion, sondern das Landschaftserlebnis im südlichen Licht Siziliens prägend. Als Heimkehrer und Ostvertriebener kam Cibulka nach dem Krieg nach Thüringen in die SBZ und studierte an einer Bibliothekarsschule. Im Umkreis des ersten DDR-Kulturministers Johannes R. Becher, der die Entwicklung einer neuartigen Nationalliteratur beförderte, entwickelte er sich neben Huchel, Maurer, Bobrowski, Fühmann und Kipphardt schrittweise zu einem der umtriebigsten Lyriker der Generation der jungen Kriegsheimkehrer, die »trotz Auschwitz« Gedichte schrieb und in den Trümmern der alten Kultur nach einem der desaströsen Vergangenheit und der Aufbruchstimmung gleichermaßen angemessenen lyrischen Ton suchte. In den Fünfzigerjahren gehörte Hanns Cibulka zum Arbeitskreis junger Autoren in Thüringen. Cibulka arbeitete neben seiner schriftstellerischen Tätigkeit zwischen 1953 und 1985 als Leiter der Gothaer Stadt- und Kreisbibliothek. Er lebt heute in Friedrichroda im Thüringer Wald. Ausgezeichnet wurde er u.a. 1973 mit dem Louis-Fürnberg-Preis, 1978 mit dem Francesco-de-Sanctis-Preis, 1988 mit einer Ehrenprofessur der Universität Florida, 1989 mit dem Johannes-R.-Becher-Preis, 1995 mit der Ehrengabe zum Andreas-Gryphius-Preis und 2000 mit dem Erwin-Strittmatter-Literaturpreis für Umwelt des Landes Brandenburg.

Sein Debüt *Märzlicht* (1953) bezeichnete der Literaturwissenschaftler Gerhard Wolf später als »Übungen in balladesken Reimstrophen, in bemühter gesellschaftskritischer Chronik«. 1957 kam Cibulka auf einer Studienreise durch China mit der asiatischen Lyriktradition in Berührung, die ihn fortan formal beeinflusste. Seine Lyrik entfaltete sich in den folgenden Jahrzehnten über verschiedene, von anderen Autoren gelegentlich als »epigonal« bezeichnete Stadien hin zu ihrem eigenen, schwebenden Stil: knappe reimlose Verse, von böhmisch-mährischen, später auch thüringischen und Ostseelandschaften inspirierte Naturlyrik. Tod, Vergänglichkeit und Heimatverlust bleiben Hauptthemen aus den Kriegserfahrungen; die Unberechenbarkeit des Poetischen sowie die Kritik des reinen Nützlichkeitsdenkens werden es in der Auseinandersetzung mit dem real existierenden Sozialismus. Im über die Jahrzehnte immer wiederkehrenden Engelmotiv bleiben die Rilkeschen Wurzeln seiner Dichtung erkennbar, die Cibulka inhaltlich weiterentwickelte und zu einer eigenen Symbolik führte.

Als Lyriker gewann Cibulka vor allem in den Sechzigerjahren an Bedeutung: 1964, schon nach dem Mauerbau, schickte man ihn gemeinsam mit Johannes Bobrowski zu offiziellen Lesungen nach West-Berlin. In den späten Siebzigerjahren wandte sich Cibulka verstärkt seinen tagebuchartigen Prosawerken zu. Neben der Lyrik wird dies zu seiner speziellen Ausdrucksform, deren Anfänge auf eine Empfehlung Johannes R. Bechers zurückgehen, der dem jungen Lyriker Anfang der Fünfzigerjahre riet, doch in Tagebuchform zu schreiben. Neben verschiedenen Reisebüchern entstanden zahlreiche Lyrik-Übersetzungen. Der 1984 erschienene Band *Losgesprochen* enthält eine repräsentative Lyrikauswahl aus drei Jahrzehnten. Im titelgebenden Gedicht kommentiert Cibulka seine Epoche noch mit folgenden Worten: »Losgesprochen / hat dich die Natur / du bist mündig geworden …«

Für Aufsehen sorgte Cibulkas Hinwendung zur Umweltproblematik in den frühen Achtzigerjahren, deren Anklänge bereits in der frühen Naturlyrik oder in dem 1970 erschienenen Hiddenseebuch *Sanddornzeit* zu finden sind. Mit *Swantow*, das 1982 mit zensurbedingter Verzögerung erschien, beförderte Cibulka mit literarischen Mitteln die schwelende Diskussion um Versäumnisse in der sozialistischen Natur- und Umweltschutzpolitik und trug dazu bei, dass solche Themen in den folgenden Jahren aus dem Tabubereich heraus in den Mittelpunkt einer, soweit man in der DDR davon sprechen konnte, öffentlichen Debatte rücken konnten. In einem fiktiven Reisetagebuch von der Insel Rügen werden, durchzogen von lyrischen Texten, Landschaftszerstörung und industrieller Lebensalltag bis hin zur Atomenergie einer kritischen Betrachtung unterzogen und ein allgemeines Umdenken angemahnt. Ein Thema, das in Cibulkas zweitem Hiddenseebuch *Seedorn* (1985) weiter vertieft wurde. Nach der deutschen Wiedervereinigung änderte sich die Arbeitsweise Cibulkas kaum, er veröffentlicht regelmäßig Lyrik und tagebuchartige Prosa für seine überwiegend ostdeutsche Leserschaft.

Martin Jankowski

Werke: *Märzlicht*, G., Halle 1953; *Sizilianisches Tagebuch*, m. Zeichnungen v. Gabriele Mucchi, Halle 1960; *Arioso*, G., Halle 1962; *Umbrische Tage*, Halle 1963; *Windrose*, G., Halle 1968; *Sanddornzeit. Tagebuchblätter von Hiddensee*, Halle 1971; *Dornburger Blätter. Briefe und Aufzeichnungen*, Halle 1973; *Lichtschwalben*, G., Halle 1973; *Liebeserklärung in K. Tagebuchaufzeichnungen*, Halle 1974; *Tagebücher*, Halle 1976; *Lebensbaum*, G., Halle 1977; *Das Buch Ruth. Aufzeichnungen des Archäologen Michael*, En., Halle 1979; *Der Rebstock*, G., Halle 1980; *Bauernlieder. Gedichte und Fotografien*, Linz 1981; *Swantow. Die Aufzeichnungen des Andreas Fleming*, Halle 1982; *Landalphabete. Fotografische Arbeiten*, 1983; *Seedorn. Tagebucherzählung*, Halle 1985; *Wegscheide. Tagebucherzählung*, Halle 1988; *Nachtwache – Tagebuch aus dem Kriege Sizilien 1943*, Halle 1989; *Ostseetagebücher*, Lpz. 1990; *Wegscheide. Tagebucherzählung*, Halle, Lpz. 1990; *Thüringer Tagebücher*, Lpz. 1993; *Am Brückenwehr. Zwischen Kindheit und Wende*, Lpz. 1994; *Die Heimkehr der verratenen Söhne. Tagebucherzählung*, Lpz. 1996; *Tagebuch einer späten Liebe*, Pr., Lpz. 1998; *Sonnenflecken über Pisa*, R., Lpz. 2000

Cumart, Nevfel, wurde am 31. 05. 1964 als Sohn türkischer Eltern im rheinland-pfälzischen Lingenfeld geboren. Seine Kindheit und Jugend verbrachte er in Stade. 1984 absolvierte er das Abitur. Nach einer Zimmermannslehre studierte er von 1986 bis 1993 Turkologie, Arabistik und Islamwissenschaft an der Universität Bamberg. Seit 1993 arbeitet er als freiberuflicher Autor und Übersetzer, er lebt in Stegaurach bei Bamberg. Hunderte von Dichterlesungen, Schreibwerkstätten und Vorträgen (über Islam, Türkei und Migration) im In- und Ausland machen ihn zu einem der profiliertesten und gefragtesten Vortragenden im deutschen Sprachraum. 1988 erhielt er die Autorenförderung der Stadt Stade, 1992 den Literaturförderpreis des Landes Rheinland-Pfalz, 1993 das Autorenstipendium der Stadt Bamberg, 1995 den Staatlichen Förderpreis für Literatur des Freistaates Bayern, 1995 und 1996 ein Stipendium des Literarischen Colloquiums Berlin,

1998 ein Übersetzerstipendium der Yamantürk-Stiftung Istanbul.
Bereits während seiner Schulzeit veröffentlichte Nevfel Cumart seinen ersten, noch schmalen Gedichtband (*Im Spiegel*, 1983), seither folgten zwölf weitere, die teilweise frühere Gedichte mit aufnahmen oder als nur thematisch verbundene Zyklen fortschrieben (z.B. *berlin I* in *Schlaftrunken die Sterne* und *berlin V* in *Auf den Märchendächern*). In den Zyklen gibt es Lücken, da die Gedichte sich nicht weiter aufeinander beziehen und Cumart nur Texte veröffentlicht, die er für gelungen hält, aber die am Entstehungsdatum orientierte Zählung beibehält. Weitere formale Eigenarten sind der vollständige Verzicht auf Großbuchstaben und die musikalische Prosodie. Eine Gedichtauswahl ist von Ali Gültekin ins Türkische und von Eoin Burke ins Englische übersetzt worden. Die oft bilderreichen Gedichte mischen Elemente orientalischer und europäischer Kulturtraditionen oder setzen sie gegeneinander, um Widersprüche und Gegensätze zu verdeutlichen oder sie in einer neu gewonnenen Perspektive des lyrischen Ichs aufzuheben. Thematisch lassen sich Gedichte über (türkische) Familienmitglieder, über Cumarts griechische Frau Sofia, über Freunde, über (türkische) Migranten, über Städte und Naturgedichte unterscheiden. Ausgangspunkt der Gedichte ist eine subjektive, aber objektivierbare Erfahrung, deren Ausgestaltung von der Situationsschilderung bis zur Polemik reicht. Cumart hat kritische Gedichte über politisch motivierte Verfolgung in der Türkei geschrieben, die ihm Repressalien durch den türkischen Staat eingebracht haben. Mit der Behandlung von Migranten in der Bundesrepublik hat er sich in ähnlicher Weise auseinander gesetzt. Dabei sind viele persönliche Erfahrungen in seine Texte eingeflossen, zum Beispiel der nervenzermürbende, langjährige Kampf um die deutsche Staatsbürgerschaft des in Deutschland Geborenen, den er auch in der autobiografischen Erzählung *Auf der Suche nach Heimat* in seinem bisher einzigen Prosaband (*Hochzeit mit Hindernissen*, 1998) schildert. Das Spektrum des Bandes reicht von der kritisch-ironischen Bestandsaufnahme bürokratischer Hürden und Anfeindungen, denen sich jeder ausgesetzt sieht, der zum Beispiel wegen eines fremd klingenden Namens pauschal als »Ausländer« eingeordnet wird, bis hin zu psychologischen Studien von großer Intensität. In Prosa, als Teil von Anthologien, sind außerdem zahlreiche Aufsätze und Essays erschienen, viele davon zu islamkundlichen Themen. Cumart, der vielen als »Wanderer zwischen den Welten« des Orients und des Okzidents gilt, hat sich auch als Vermittler türkischer Literatur einen Namen gemacht. Er hat Werke einiger renommierter Autoren der Heimat seiner Eltern übersetzt: des Erzählers Yaşar Kemal, des Lyrikers Fazil Hüsnü Dağlarca und des viel gelesenen Islam-Experten Yaşar Nuri Öztürk.

Stefan Neuhaus

Werke: *Im Spiegel*. G., Järnecke 1983; *Herz in der Schlinge*, G., Stade 1985; *Ein Schmelztiegel im Flammenmeer*, G., Ffm. 1988; *Das ewige Wasser*, G., Düsseld. 1990; *Das Lachen bewahren*, G., Düsseld. 1993; *Verwandlungen*, G., Düsseld. 1995; *Zwei Welten*, G., Düsseld. 1996; *Schlaftrunken die Sterne*, Liebesgedichte, Düsseld. 1997; *Yaşar Kemal: Der Baum des Narren. Mein Leben*, Mit-Übs., Zür. 1997; *Hochzeit mit Hindernissen*, En., Düsseld. 1998; *Auf den Märchendächern*, G., Düsseld. 1999; *Fazil Hüsnü Dağlarca: Steintaube, Taş güvercin*, Hg. u. Übs., Zür. 1999; *Generation 3000. Geschichten aus der Zukunft*, Hg., Mü. 1999 (darin: »Aufbruch in neue Schreibwelten«, S. 11–17); *Ich pflanze Saatgut in Träume*, frühe G., Düsseld. 2000; *Yaşar Nuri Öztürk: 400 Fragen zum Islam, 400 Antworten*, Übs. aus d. Türk., Düsseld. 2000; *Seelenbilder*, Porträtgedichte, Düsseld. 2001; *Yaşar Kemal: Gut geflunkert, Zilo!*, Übs., Zür. 2002; Yaşar *Nuri Öztürk: Rumi und die islamische Mystik. Über das Menschenbild im Islam*, Übs., Düsseld. 2002.

Czechowski, Heinz, wurde am 7. 2. 1935 in Dresden als Sohn eines Finanzbeamten geboren. Nach Ende des Zweiten Weltkrieges absolvierte er eine Ausbildung als grafischer Zeichner und Reklamemaler und war bis 1958 als Vermessungsgehilfe und Bauzeichner tätig. 1958 bis 1961 studierte er am Literaturinstitut »Johannes R. Becher« in Leipzig, vor allem bei Georg Maurer. Gemeinsam mit Sarah und Rainer Kirsch, Karl Mickel, Adolf Endler und Bernd Jentzsch gehört er zur legendären »Sächsischen Dichterschule«. 1961 bis 1965 arbeitete er als Lektor beim Mitteldeutschen Verlag in Halle/Saale. Seit 1968 ist er freier Schriftsteller. 1971 bis 1973 war er literarischer Mitarbeiter der Städtischen Bühnen Magdeburg. Mehrere Jahre lebte er in Wuischke, einem kleinen Dorf in der Nähe von Bautzen. Im Januar 1977 reiste er nach Paris, 1978 in die Bundesrepublik. Bis 1994 lebte er in Leipzig. 1994 siedelte er nach Limburg an der Lahn über, von dort nach Schöppingen in Westfalen. Heute lebt er in Frankfurt am Main. 1977 erhielt er den Heinrich-Heine-Preis der DDR, 1984 den Heinrich-Mann-Preis der Akademie der Künste der DDR, 1990–91 amtierte er als Stadtschreiber von Bergen-Enkheim. 1996 wurde ihm der Hans-Erich-Nossack-Preis zuerkannt, 1998 war er Stadtschreiber von Dresden. 1999 bekam er die Ehrengabe der Schillerstiftung Weimar, 2001 den Brüder-Grimm-Preis der Stadt Hanau.

Heinz Czechowski profilierte sich Anfang der Sechzigerjahre mit der so genannten »Lyrikwelle« in der DDR, die nach neuen sprachlichen Formen für die Auseinandersetzung mit Widersprüchen der Gegenwart suchte. Er nahm die Position des kritischen, leise, aber hartnäckig fragenden Grüblers ein. In seinen Versen artikulierte sich ein neu entdecktes lyrisches Ich, das seine Lebenssituationen behutsam zweifelnd einkreist. *Bekanntschaft mit uns selbst* hieß programmatisch die Anthologie, in der Czechowski 1961 debütierte. Seine Gedichte spürten den Konflikten zwischen Individuum und Gesellschaft nach, ohne die gesellschaftliche Utopie des Kommunismus infrage zu stellen. Wie seine Schriftstellerkollegen wähnte sich Czechowski im besseren Teil Deutschlands lebend. Hier sah er Möglichkeiten, als Autor eingreifend zu kommunizieren. Eine Zeile seines 1961 geschriebenen Gedichts *Brief* gab der repräsentativen, von Adolf Endler und Karl Mickel herausgegebenen Lyriksammlung ihren Titel: *In diesem besseren Land* (1966).

Im ersten eigenständigen Lyrikband *Nachmittag eines Liebespaares* (1962) bestimmt eine allzu große Harmonie die Darstellung des Verhältnisses von Mensch und Landschaft. Der Autor bevorzugt die Form der Ode und greift die Inversionstechnik Hölderlins auf. Folgende Themen bleiben für Czechowski bestimmend: das Verhältnis von Mensch und Natur, Dichter- und Künstlerfiguren (vor allem Hölderlin), Reisen, die Sprache und der Vorgang des Schreibens selbst. Die meisten Verse des Czechowskischen Debütbandes sind pure Gedankenlyrik, die ein Gleichgewicht von realistisch registriertem Verfall und imaginierter Schönheit herstellen wollen. Die für Czechowski charakteristische Melancholie wird mit Pathos gebändigt. Gedichte wie *Dresdner Vorstadt 1945* und *Aus der Kindheit* formulieren bereits gültig das Kindheitstrauma, aus der das gesamte Schaffen Czechowskis erinnernd schöpft: das unmittelbare Erleben der Zerstörung Dresdens in der Bombennacht des 13./14. Februar 1945. Aus der traumatischen Erfahrung der Todesnähe des Zehnjährigen speist sich das Motiv der im Feuer versunkenen Stadt, das Czechowski erstmals in seinem zweiten Lyrikband *Wasserfahrt* (1967) konkret benennt und das er in allen Schaffensperioden immer wieder neu und anders aufgreift. Sein Sprachduktus wird das verhalten trauernde Erinnern an das unmittelbar Erlebte: die Zerstörung der kindlichen Gewissheiten und die Vernichtung einer Kulturlandschaft. Die sinnliche Wahrnehmung der Landschaft in ihrer Prägung durch die Geschichte gehört fortan zu Czechowskis Besonderheiten. Mitte der Sechzigerjahre sieht er sich in der Rolle des Visionärs: »Ich sehe eine Zeit mit Liebe, Wein, / Die Zeit Gerechtigkeit und Brot, in der kein Vers / Vergeblich klingt.« Das Ich sieht sich jedoch nicht in der Mitte der Bewegung, sondern am Rande. Neben dem – zu jener Zeit auch bei anderen Autoren der DDR üblichen – Aufbruchsbewusstsein mit hoffnungsfrohen Erwartungen an die Zukunft und an den Segen des Fortschritts, gibt es in den frühen Versen Czechowskis erste Zeichen jener Skepsis, die seine späten Gedichte strukturieren. Neben dem Erlebnisgedicht mit konkreten Reise- und Liebessituationen herrscht das »Weltanschauungsgedicht« mit dem Gestus der Kontemplation vor. Philosophische Betrachtungen nehmen einen größeren Raum ein. Charakteristisch für Czechowskis Lyrik werden der Fragegestus und die Suche nach Definitionen. Reflexionen voller Zweifel gehen mit Ermahnungen zur Nüchternheit einher. Das frühe Pathos beginnt Czechowski zu ironisieren. Widersprüche zu benennen und Widerspruch anzumelden wird zunehmend sein Metier, so im dritten Lyrikband *Schafe und Sterne* (1975). Der Titel signalisiert, dass sich Czechowski nach wie vor als Natur- und Landschaftsdichter versteht, aber mit Idyllen und dem harmonisierenden Ausbalancieren von Konflikten ist es vorbei. »Keine bündigen Gleichnisse mehr« (*Franzigmark*) heißt jetzt sein poetisches Credo. Der Lyrikband *Schafe und Sterne* markiert einen Bruch mit der bisherigen lyrischen Konzeption. Es meldet sich ein Ich zu Wort, das mit den von der Ideologie vorgegebenen Werten nicht einverstanden ist. Je präziser das Ich seine Verletzlichkeit und seine Verletzungen benennt, umso mehr werden Reim und Metrum zugunsten freirhythmischer und freistrophiger Sätze verdrängt. Czechowski ist ein Skeptiker geworden, der auf das Infragestellen der realsozialistischen Wirklichkeit pocht. Stimmungen, Eindrücke, nüchterne Überlegungen bleiben bewusst unabgeschlossen. Czechowski kultiviert das Fragmentarische als Stilelement. Mit dem Lyrikband *Schafe und Sterne* hat er den Anschluss an die Moderne mit ihrer Wahrnehmung von Zersplitterung und ihrem großen Thema des Unbehaustseins in der Welt gefunden. Das »Wohnen im zerfallenden Haus« wird zum Czechowskischen Thema. Das Wahrnehmen der gesellschaftlichen Realität der DDR nach 1968 hat die Verse Czechowskis bitter gemacht. Von »Hinrichtung«, »Zensur, »Brandsätzen« und »Gefangenschaft« ist die Rede, wobei Czechowski Historie zitiert und Dichter wie Kleist, Hölderlin, Majakowski und Huchel. Im Gedichtband *Was mich betrifft* (1981) ist die einstige Utopie als unerreichbar erkannt und daher aufgegeben. Es agiert ein auf sich selbst zurückgeworfenes souveränes Ich, das die gesellschaftliche Realität gelassen und scharfzüngig kritisiert. Dabei signalisiert Czechowski den Freunden, »nicht ohne Hoffnung« zu sein. Das lyrische Ich hat eine neue Qualität: Es ist offen für vielfältige Empfindungen und Wahrnehmungen. Die Verse verbinden im assoziativ frei fließenden Bewusstseinsstrom nicht nur Dresden, Leipzig und Halle, Sachsen, das Anhaltische und die Lausitz, sondern eine Vielzahl von Orten und Ländern, Geschichte und Literatur. Sie thematisieren und rhythmisieren die Simultaneität »allen Leids, aller Freude«. In Reisegedichten findet sich »etwas vom Weltbewusstsein, von einer unauflöslichen geschichtlichen und psychischen Einheit eines europäischen Kunstdenkens«. Mit dem lyrischen Querschnitt *An Freund und Feind* (1983) wird Czechowski erstmals in der Bundesrepublik bekannt, doch erst die vier Jahre später von Sarah Kirsch und Karin Kiwus gemeinsam mit dem Autor zusammengestellte Auswahl mit dem Titel *Ich und die Folgen* sichert dem Lyriker größere Aufmerksamkeit. Hier sind auch Gedichte des fünften eigenständigen Lyrikbandes *Kein näheres Zeichen* (1987) enthalten. Dieses Buch markiert eine weitere Zäsur im Schaffen Czechowskis. Die »bleierne Zeit« findet ihren Niederschlag sowohl in der Form der Gedichte als auch in den Befindlichkeiten des Ichs. Die farbengesättigten Naturbilder sind einem tiefen Schwarz gewichen. Der Erkenntnis von der Marginalität und Wirkungslosigkeit der Dichtung folgen Resignation, Bitterkeit und Verzweiflung. Die Ohnmacht des Einzelnen angesichts der Geschichte avanciert zum Thema. Begriffe wie Heimat und Wahrheit, Zukunft und Glück verlieren ihre Bedeutung als konstituierende Grundwerte des Gedichts. »Heimat – / Was für ein Wort / Im Mund / Der Geschichtslosigkeit« (*Eliasfriedhof*). Czechowski beschreibt eine pervertierte Landschaft und ein pervertiertes Verhältnis von Mensch und Natur. Die Gedichte sind im Reich des Existenziellen angekommen. Die Sprache wirkt unangestrengt; die Verse werden fließender und dabei lakonischer und genauer. Czechowski thematisiert die Sprachlosigkeit angesichts erfahrener Wirkungslosigkeit. Mit den eigenen Missverständnissen und Irrtümern in vorangegangenen Büchern führt der Autor einen Dialog und zieht in Versen ohne Glauben eine vorläufige Bilanz. In einer rigorosen Abrechnung mit sich selbst (»als Chronist / Hab ich versagt«) entwickelt er zugleich neue Ansprüche an das eigene Schreiben. Die Tragödien hinter den Fakten, die Schicksale der Einzelnen sollen zum Gegenstand der Gedichte werden. So gehen die Verse einerseits in Richtung lakonischer Sentenzen, andererseits in die Richtung erzählter Lebensläufe. Epische Tendenzen verstärken sich.

Obwohl genuin Lyriker, veröffentlicht Czechowski seit Ende der Sechzigerjahre auch verschiedenartige Prosa. In zumeist als Nachworte verfassten stilsicheren Essays analysiert er akribisch und mit großer Sachkenntnis Wesen und Entwicklung der Werke F. G. Klopstocks, Novalis', Hölderlins, Erich Arendts, Günter Kunerts, Wulf Kirstens, Uwe Grünings und Gerald Zschorschs. Neben anschaulichen und sachlichen Betrachtungen, die zugleich die eigenen poetologischen Grundlagen ausloten, stehen leicht hingetuschte, prägnante Miniaturen wie *Gedenkblatt für Uwe Gressmann* und eindrucksvolle Feuilletons wie *Eine Nacht mit der Droste* und *Erinnerung an Peter Huchel*. Von den Prosasammlungen *Herr Neithardt geht durch die Stadt* (1983) über *Spruch und Widerspruch. Aufsätze und Besprechungen* (1974) und *Nachtspur* (1993) bis zu *Einmischungen* (2000) und *Der Garten meines Vaters* (2003) reicht die Folge von geschichtlich grundierten Landschaftsbildern, autobiografischen Erinnerungen, Porträts von Malern, Musikern und Literaten und von poetologischen Selbstbefragungen im Diskurs mit dem jeweiligen Zeitgeist. Situativ Erlebtes steht im Vordergrund; ein weit ausholender Epiker ist Czechowski nicht. Kurze Prosa und Lyrik ergänzen einander, so in *Nachtspur* (1993). Seismografisch hat der Autor die Stimmungsverschiebungen, Begebenheiten und gedanklichen Reflexionen der Jahre vor und nach dem politischen Umbruch 1989 festgehalten. Bilanzierend unterzieht er alle seine Themen einer großen Inventur und mischt sich ein in das »deutsch-deutsche Lamento«. Während Czechowski den kulturpolitischen Kontext zu DDR-Zeiten verhalten-polemisch, doch als ein souveräner Denker bedachte, haben jüngste Texte zur Literatur den Charakter einer offenen Streitschrift. Sowohl der Band *Einmischungen. Schriften 1* als auch *Der Garten meines*

Vaters. Landschaften und Orte. Schriften 2 (2003) enthalten wesentliche Prosatexte Czechowskis aus allen Schaffensperioden.

Im Gedichtband *Wüste Mark Kolmen* (1997) sind die einander zuwiderlaufenden Prozesse des Festhaltens, Erinnerns und Vergessens in der Computergesellschaft adäquat in Sprache umgesetzt. Das »Leben im niedergebrannten Haus« wird zu einer Metapher, die sehr genau sowohl eine Nachwendebefindlichkeit erfasst als auch das Leben des Künstlers inmitten fortschreitenden Kulturzerfalls. Über allem steht ein dämmeriges Licht, das die Finsternis bald verschlucken würde, wäre da nicht der ausgeprägte Witz des Dichters, der die Melancholie immer wieder konterkariert. Dunkel und Finsternis herrschen dagegen im nur ein Jahr später publizierten Gedichtband *Mein Westfälischer Frieden* (1998). Czechowski sieht sich als ein Schriftsteller »im schalltoten Raum«, als ein Dichter mit »echoloser Existenz«. Das poetische Tagebuch dokumentiert die quälende Selbstbefragung eines Menschen und die existenzielle Heimatlosigkeit eines deutschen Autors mitten in Deutschland. Der Gedichtband *Seumes Brille* (2002) hat vier thematische Zentren: die Befragung der eigenen Biografie nach Sinn, den Tod, die Wirkungslosigkeit des Schreibens und die unerbittliche Alltagsrealität. Der Härte des Alltags entsprechen Form und Sprechweise. Elegischer Grundton und ausgefeilte Lakonie verbinden sich zu einem trocken-nüchternen Sprachduktus, der ironisch oder sarkastisch gefärbt sein kann. Die prosaisch unangestrengt wirkenden Verse sind das Ergebnis ausgefeilter Spracharbeit.

Dorothea von Törne

Werke: *Nachmittag eines Liebespaares*, G., Halle 1962; *Sieben Rosen hat der Strauch. Deutsche Liebesgedichte und Volkslieder vom Minnesang bis zur Gegenwart*, Hg., Halle 1964; *Zwischen Wäldern und Flüssen*, Hg., Halle 1965; *Unser der Tag, unser das Wort. Lyrik und Prosa für Gedenk- und Feiertage*, Hg., Halle 1966; *An alle. Gedichte und Grafiken zum Großen Oktober*, Hg., Bln. 1967; *Wasserfahrt*, G., Halle 1967; *Eduardas Miezelaitis: Der Mensch*, Übs., Bln. 1967; *Michael Lermontow: Maskerade*, Übs., Bln. 1968; *Brücken des Lebens. Das Leben des Menschen in Zeit und Gesellschaft, widergespiegelt in deutschen Gedichten von Walther von der Vogelweide bis zur Gegenwart*, Hg., Halle 1969; *König Drosselbart. Märchenspiel nach den Gebrüdern Grimm*, Bln. 1969, UA Bln. 1969; *Friedrich Hölderlin: Morgendämmerzeichen. Eine Auswahl*, Hg., Bln. 1970; *Boris Slucky: Gedichte. Poesiealbum 38*, Übs., Bln. 1970; *Rumpelstilzchen. Märchen frei nach den Gebrüdern Grimm*. Theaterst., Bln. 1972, UA Bln. 1972; *Spruch und Widerspruch. Aufsätze und Besprechungen*, Halle 1974; *Marina Zwetajewa: Gedichte, Poesiealbum 81*, Übs., Bln. 1974; *Friedrich Gottlieb Klopstock: An Freund und Feind. Ausgewählte Oden*, Hg., Lpz. 1975; *Schafe und Sterne*, G., Halle 1975; *Adam Mickiewicz: Lyrik/Prosa*, Übs., Lpz. 1978; *Stanislaw Wyspianski: Die Novembernacht. In der Bühnenfassung von Andrzej Wajda*, Übs., Bln. 1978, UA Weimar 1981; *Jannis Ritsos: Milos geschleift*, Übs., Lpz., Mü. 1979; *Justinas Marcinkevicius: Auf der Erde geht ein Vogel*, Übs., Bln. 1980; *Anna Achmatowa: Poem ohne Held. Poeme und Gedichte*, Übs., Lpz. 1979; *Was mich betrifft*, G., Halle, Lpz. 1981; *Von Paris nach Montmartre. Erlebnis einer Stadt*, Pr., Halle, Lpz. 1981; *Wilhelm Lehmann: Gesang der Welt. Ausgewählte Gedichte*, Hg., Bln., Weimar 1981; *Ich, beispielsweise*, G., hg. v. C. und W. Hartinger, Lpz. 1982; *Victor Jara: Gedichte*, Übs., Bln. 1982; *Georg Maurer: Was vermag Lyrik? Essays, Reden, Briefe*, Hg., Lpz. 1982; *Iwan Goll: Gefangen im Kreise. Dichtungen, Essays und Briefe*, Übs., Lpz. 1982; *Victor Jara: Gedichte. Poesiealbum 183*, Übs., Bln. 1982; *An Freund und Feind*, G., Mü. 1983; *Herr Neithardt geht durch die Stadt. Landschaften und Porträts*, Pr., Halle, Lpz. 1983; *Der Meister und Margarita. Stück nach dem gleichnamigen Roman von Michael Bulgakow und der deutschen Übersetzung von Thomas Reschke. Vervielfältigtes Manuskript*, Bln. 1986, *Kein näheres Zeichen*, G., Halle, Lpz. 1987; *Ich und die Folgen. Gedichte*, hg. v. Sarah Kirsch u. Karin Kiwus, Reinbek 1987; *Mein Venedig*, G. u. Pr., Bln. 1989; *Auf eine im Feuer versunkene Stadt*, G., Halle, Lpz. 1990; *Nachtspur. Gedichte und Prosa 1987–1992*, Zür. 1993; *Wüste Mark Kolmen*, G., Zür. 1997; *Mein Westfälischer Frieden. Ein Zyklus*, G., Köln 1998; *Das offene Geheimnis. Liebesgedichte*, Düsseld. 1999; *Die Zeit steht still. Ausgewählte Gedichte*, Düsseld. 2000; *Einmischungen. Schriften 1*, Ess., Aufs., Gespr., Düsseld. 2000; *Exklusiver Künstlerkalender für das Jahr 2001*, G., Düsseld. 2000; *Seumes Brille*, G., Düsseld. 2001; *Der Garten meines Vaters. Landschaften und Orte. Schriften 2*, Pr., Düsseld. 2003.

Czernin, Franz Josef, wurde am 7. 1. 1952 in Wien geboren. Bis zum 15. Lebensjahr besuchte er ein humanistisches Gymnasium und legte die Reifeprüfung 1971 am musisch-pädagogischen Realgymnasium Hegelgasse in Wien ab. Von 1971 bis 1973 studierte er an der Indiana-University in Bloomington in den USA (Freshman- und Sophomore-Jahr, i.e. die Einführungsjahre an amerikanischen Universitäten ohne Studienspezialisierung). Nach der Rückkehr nach Wien und nach vergeblichen Anläufen zu einem Musikstudium unternahm er erste Schreibversuche. Seit 1978 publiziert er Lyrik, Prosa, Theaterstücke, Essays und Aphorismen. Czernin lebt seit 1980 zumeist in Rettenegg, Steiermark, und in Wien. 1988 hatte er einen Lehrauftrag für österreichische Literatur am Institute for Advanced Studies an der Indiana-University in Bloomington, USA. Czernin ist Mitglied der Grazer

Autorenversammlung und des Bielefelder Colloquiums für neue Poesie (seit 1980) und wurde für sein Werk u.a. 1997 mit dem Preis der Stadt Wien, 1998 mit dem Heimito-von-Doderer-Preis für literarische Essayistk, 1999 mit dem Anton-Wildgans-Preis der österreichischen Industrie und 2003 mit dem Heimrad-Bäcker-Preis ausgezeichnet.

Die literarischen Arbeiten Franz Josef Czernins zeichnen sich dadurch aus, dass sie verschiedenartige Traditionen des Schreibens in sich aufnehmen oder aus sich selbst entwickeln: die modernistischen oder avantgardistischen Traditionen, aber auch die Traditionen des Barock, der Frühromantik und des Symbolismus. Seine Arbeiten unterscheiden sich von jenen der historischen Avantgarde dadurch, dass der Materialcharakter der Sprache keineswegs der einzige Bezugspunkt ist, sondern dass der Bereich der sprachlichen Bedeutung ebenso wichtig ist.

Im ersten Teil der *kunst des sonetts* (1985), einem zu 196 Sonetten potenzierten Sonettenkranz, wird das Begriffsfeld des Pflanzlichen und seiner Bearbeitungs- und Verwertungsmöglichkeiten verwendet, ausgehend vom ausgesparten Stammsonett. Die in der Form des Sonettenkranzes angedeutete Figur des *Pars pro Toto* durchzieht die veschiedensten Ebenen, die das Buch und damit, sieht man das Buch als Enzyklopädie des Dichtens, die Dichtung generell konstituieren. Im zweiten Teil der *kunst des sonetts* kommen zu dem Begriffsfeld »Pflanze« noch einige andere hinzu (etwa »Körper«, »Speise«, »Kleidung«, aber auch abstrakte wie »Denken«, »Fühlen«). Der dritte Teil setzt sich in systematischer Weise mit Zeit und Zeitlichkeit auseinander, wobei ausschließlich Wörter gebraucht werden, die lexikalisch auf Zeitliches Bezug nehmen.

Was Czernin in der *kunst des sonetts* an einem Sonettenkranz darstellt, wird in dem *Band gedichte. (aus: die kunst des dichtens)* (1992) anhand verschiedener Gedicht- und Strophenformen (an Terzinen, Sestinen, Sonetten, aber auch an freien Rhythmen) so entfaltet, dass die Ästhetik verschiedener Traditionen, und besonders auch die materiale Ästhetik der experimentellen Literatur, aus den Gedichten selbst abgeleitet werden kann. Mit der Ästhetik des Barock haben Czernins Gedichte etwa die Vorstellung von der Entität des Begriffs als schöpferische Realität gemeinsam, aber auch den systematischen Bezug auf die rhetorischen Figuren wie etwa Metapher, Metonymie, Pars pro Toto. Zugleich schöpft Czernin aus der Tradition des Symbolismus, wie er bei Mallarmé, Trakl und George ausgeprägt ist: Auch Czernin geht es um eine »poésie pure«, die eine poetische Sprache fordert, die die Dinge – nach Maßgabe des üblichen Sprachgebrauchs – nicht direkt ausspricht, sondern nur andeutet, und in der strengen Organisation ihre Zufälligkeit abstreift. Neben den Gedichten und Essays dieser Phase des Czerninschen Schreibens (z. B. *Sechs tote Dichter*, 1992) nimmt das Buch *die aphorismen. eine einführung in die mechanik* (1992) einen bedeutenden Platz im Werk Czernins ein. Die in acht Bänden versammelten Aphorismen werden darin mit einem Klassifikationssystem versehen, das aus in Zahlencodes ausgedrückten Haupt- und Nebenbegriffen besteht und die Haltung oder Perspektive, die dem jeweiligen Aphorismus zugrunde liegen kann, bezeichnen soll. In dem Band *natur-gedichte* (1996) sieht sich der Dichter ebenso einer von ihm geschaffenen und nur durch ihn existenten Landschaft diskret gegenüber, wie die von seinem Dichten unabhängig gedachte Natur Züge trägt, die sich auf sein Vorgehen und auf ihn übertragen lassen. Damit dringen die Gedichte in den Kern der sprachlichen Welterfassung, in die Fähigkeit zu Konstruktion und Repräsentation vor und aktualisieren umfassend die unterschiedlichen Bedeutungen von »Natur«: als objektive Realität im Gegensatz zu Geist, Geschichte, Kultur; dann als Gesamtheit aller anorganischen und organischen Bewegungs- und Strukturformen der Materie; pantheistisch als Spinozas »deus sive natura«; schließlich idiomatisch als Charakter, Veranlagung des Einzelnen. In *Anna und Franz (Sechzehn Arabesken)* (1998) stellt Czernin in jeder einzelnen Arabeske ein aus geläufigen Tierfabeln, Märchen oder aus sprichwörtlichen Redensarten vertrautes Paar (Ritter und Drache, Löwe und Maus, Spinne und Fliege, Kind und Puppe etc.) in den Mittelpunkt und greift archetypische Handlungsfäden der erwähnten Genres, aber auch solche der Bibel und der philosophischen wie literarischen Tradition auf.

In seinen Essays und Studien zum Werk anderer Dichter (in einem Buch zu Reinhard Priessnitz' Sonett *heldin* und in einer kommentierten Auswahl von Gedichten Clemens Brentanos, deren Bedeutung für die Dichtung der Moderne er hervorhebt, oder zu Paul Wührs Dichtung in *Dichtung als Erkenntnis*, (1998) analysiert Czernin deren Poesie und Poetik und gibt zugleich einen Einblick in seine Vorstellung vom Zusammenhang von Poesie und Erkenntnis. Czernin geht dabei grundsätzlichen Fragen nach: was Dichtung ist; wie sie wirken kann;

welche Beziehungen zu einem philosophisch-theoretischen oder naturwissenschaftlichen Weltbild und Diskurs sie eingehen kann; ob die Dichtung einem solchen theoretischen Denken etwas voraus hat oder ihm vorausgeht bzw. ob sie ihm in mancher Hinsicht unterlegen ist. Diese Fragen nach dem Wesen der Poesie, deren Beantwortung zur Klärung des Mythos »Dichtung« beitragen soll, finden ihre variierte Fortsetzung in der Form einer dialogischen Selbstbefragung in den Bänden *Apfelessen mit Swedenborg* (2000) und *Voraussetzungen* (2002).

Die Übersetzungen von Shakespeare-Sonetten (*Sonnets, Übersetzungen*, 1999) versuchen die Übertragung der inneren poetischen Form zwischen Sprachen und Epochen und stellen sich der Herausforderung einer überzeitlich bestandhaften Übertragung, die ihr Recht als eigenständige Dichtung beanspruchen kann. Auch Czernins *elemente, sonette* (2002) können, wie Martin Mosebach das formuliert, als ein Versuch verstanden werden, die Aufspaltung der poetischen Mittel und Möglichkeiten (hier: modernistische, experimentelle, dort traditionelle, historische aus allen Zeitaltern der Poesie), die die deutschsprachige Nachkriegslyrik kennzeichnet, zu überwinden. Damit setzen die *elemente, sonette* auch dem Frühwerk der *kunst des sonetts* eine stärker auf das einzelne Gedicht gerichtete Gewichtung entgegen. Das Besondere an den nach den vier Grundelementen Erde, Feuer, Wasser, Luft in vier Teile gegliederten Gedichten ist das ebenso unauflösbare Wechselspiel zwischen den poetischen Mitteln (der Versform, der Strophenform, dem Metrum, der Vokalführung, der Prosodie) und dem das Gedicht geleitenden Gedanken, der auch an literarische und mythologische Anspielungen gebunden ist (Dante, Goethe, griechische Mythen wie Narziss). Dem entspricht, dass Mythos und Klischee, religiöses Fantasma und alltagsbezogene Plattitüde häufig ineinander übergehen und ineinander aufgehen, angestiftet dazu von den wiederum stärker der Verfahrensseite zugeneigten poetischen Mitteln, wie Redewendungen und Phrasen, die aus ihrer demotivierten, bildvergessenen Bedeutung zurück in das Bild versetzt werden, das sie ursprünglich bedeutet haben. Aus diesem prozesshaften Moment ergibt sich ein weiterer charakteristischer Zug der *elemente, sonette*: ihr Selbstbezug, der durchaus modernistisch zu nennen ist. Jedoch ist dieser Selbstbezug untrennbar verbunden mit einem stofflichen Gegenstand, den dieses Gedicht benennt. Diese Aufeinanderbezogenheit von Gedanke und Stoff macht diese Gedichte zu »ersten« Gedichten, in dem Sinn, dass sie sowohl sich selbst als auch das mit ihnen Benannte erst hervorbringen. Freilich wird dieses Hervorbringen auch immer wieder in Zweifel gezogen, so dass sich vielleicht sowohl der stoffliche als auch der ideelle Gegenstand des Gedichts und mithin das Gedicht selbst als – in einem tragischen und poesiegemäßen Sinn – leer herausstellen.

Thomas Eder

Werke: *ossa und pelion*, G., Linz, Wien 1979, *anna und franz. mundgymnastik und jägerlatein. fünf sonette*, G., Linz, Wien 1982; *Glück?. ein fragment der maschine*, Pr., Linz, Wien 1984; *Scherblätter und Scherblettern*, Br., zus. m. Dieter Schwarz, Zür. 1984; *die kunst des sonetts*, G., Linz, Wien 1985; *Die Reisen. In achtzig Gedichten um die ganze Welt*, zus. m. Ferdinand Schmatz, G., Salzb. 1987; *Die Reise. In achtzig flachen Hunden in die ganze tiefe Grube*, zus. m. Ferdinand Schmatz, G., Ess., Linz, Wien 1987; *Gelegenheitsgedichte*, G., Bln. 1987; *DIE (UN)ORDNUNGEN. (ein fragment der tafel)*, Pr., Amsterdam 1988; *gangan buch 6. jahrbuch 1989 für zeitgenössische literatur*, Hg., zus. m. Ferdinand Schmatz, Graz, Wien 1988; *das stück. ein theater*, Theaterst., Linz, Wien 1991; *TELLER UND SCHWEISS*, G., zus. m. Ferdinand Schmatz, Wien 1991; *Sechs tote Dichter. (Hausmann, Kafka, Kraus, Musil, Trakl, Priessnitz)*, Ess., Wien 1992; *EIN GEWAND. Gedichte*, zus. m. James Brown, Salzb. 1992; *die aphorismen. eine einführung in die mechanik*, 8 Bde. plus einem Registerbd., Aphor., Wien 1992; *gedichte. (aus: die kunst des dichtens)*, G., Graz, Wien 1992; *die kunst des sonetts, 2. teil. die kunst des sonetts, 3. teil*, G., Graz, Wien 1993; *TERZINEN*, G., Künstlerb., Graz, Ffm. 1994; *Marcel Reich-Ranicki. Eine Kritik*, Ess., Gött. 1995; *natur-gedichte*, Mü., Wien 1996; *Wiederholungen*, Ess., Lpz. 1997; *Die Schreibhand. Zu Reinhard Priessnitz' Gedicht »heldin«*, Ess., Wien 1997; *Clemens Brentano: O Stern und Blume, Geist und Kleid. Ein Lesebuch von Franz Josef Czernin*, Hg., Mü., Wien 1998; *Anna und Franz. (Sechzehn Arabesken)*, En., Innsbr. 1998; *Dichtung als Erkenntnis. Zur Poesie und Poetik Paul Wührs*, Ess., Graz, Wien 1999; *William Shakespeare/ Franz Josef Czernin: Sonnets, Übersetzungen*, G., Ess., Mü., Wien 1999; *Apfelessen mit Swedenborg. Essays zur Literatur*, Ess., Dialoge, Düsseld. 2000; *Voraussetzungen. Vier Dialoge*, Ess., Dialoge, Graz, Wien 2002; *elemente, sonette*, G., Mü., Wien 2002; *Briefe zu Gedichten*, zus. m. Hans-Jost Frey, Br., Basel, Weil a. Rhein, Wien 2003.

Czurda, Elfriede, wurde am 25. 4. 1946 in Wels (Oberösterreich) geboren. Sie studierte Kunstgeschichte, Archäologie und Philosophie in Salzburg und Paris und promovierte 1974 mit einer Untersuchung über Eugène Formentin. Seit 1975 ist sie Mitglied der Grazer Autorenversammlung, deren Vizepräsidentin sie von 1978 bis 1983 war. Bis 1982 war sie als Lektorin der »edition neue texte« in Linz tätig. 1996 weilte sie als »writer-in-residence« in Japan, 1997 und im Jahr darauf in den USA. Mehrere Stipendien wurden Elfriede Czurda zuerkannt, u.a. ein Stipendium des Deutschen Literaturfonds Darmstadt und das Canetti-Stipendium. Czurda lebt heute als freie Schriftstellerin in Berlin und Wien. 1979 erhielt sie den Hörspielpreis des Österreichischen Rundfunks, 1980 den Förderpreis des Marburger Literaturpreises, 1982 den Sandoz–Literaturpreis, 1997 den Alexander-von-Sacher-Masoch-Preis, 2000 den Oberösterreichischen Landeskulturpreis.

Für Elfriede Czurda sind »poetische Stellen« notwendigerweise »Störfaktoren [...] einer Ordnung« (*Diotima oder Die Differenz des Glücks*, 1982), Bruchstellen einer symbolischen Ordnung, die auf Kausalität, Linearität, Substanz usw. basiert. Bereits in ihren frühen Texten macht Czurda daher das (exkludierte) Fragmentarische, das Willkürliche, Non-Lineare und das Sinnlich-Körperliche des Sprachmaterials stark und buchstäblich sichtbar. In der sprachexperimentellen Tradition der Wiener Gruppe stehend, sind nicht nur ihre lyrischen Texte explizit *Gemachte Gedichte* (1999), die beständig auf ihren Konstruktionsgehalt verweisen.

In den ersten Prosa-Stücken (*Diotima*, 1982, und *Signora Julia*, 1985) widmet sich Czurda mit dem Versuch, eine Sprache für Liebe und Glück zu finden, der Frage nach der (Un-)Möglichkeit von Liebesbeziehungen, deren (narzisstische) Konstruktion als Ursache prinzipiellen Scheiterns aufscheint. Das Verharren im Eigenen, das die Begegnung mit dem Du strukturiert, bildet neben dem hierarchischen Geschlechterverhältnis die Grundlage für die Gewalttätigkeit von Beziehungen, deren strukturelle, psychische und physische Formen die Autorin in ihrem Hörspiel und den späteren Prosa-Texten gestaltet. Die in Depression und Selbstmord getriebene Ehefrau Gerli im *Fußballfan* (1982), die von Herrn *Kerner* (1987) unterdrückte »gute dürre Anna« und seine von ihm vergewaltigte elfjährige Tochter Edith markieren bereits deutlich den Weg, der auch in Folge beschritten wird und der schließlich in den beiden bisher erschienenen Romanen der Trilogie *Drei Doppelleben* in blutige Gegenwehr mündet: Else vergiftet Ehemann Hans (*Die Giftmörderinnen*, 1991), Magdalena ertränkt und zerstückelt den Liebhaber Paul (*Die Schläferin*, 1997). Alle, Männer wie Frauen, erweisen sich als Getriebene einer prinzipiell gewalttätigen symbolischen Ordnung, in der das Geschlechterverhältnis nur eine der binären Oppositionen darstellt, deren destruktives Potenzial Czurda auslotet. Es ist nicht zuletzt ihre Schreibpraxis, mit der sie dagegen rebelliert. Sei es das rhythmische Fluten der anstürmenden Erinnerung in *Kerner* oder das dissonante Auf- und Zerbrechen der Sprache in den *Giftmörderinnen*: Czurdas Sprachgewalten sind (sprach-)politische Akte, dem Verdrängten auf der Spur.

Bettina Fraisl

Werke: *ein griff – eingriff inbegriffen*, Pr., G. u. Hsp., Bln. 1978; *Beispiele zeitgenössischer Frauendarstellung in der Literatur*, Hg., m. Elfriede Gerstl, Wespennest, Sonderheft Nr. 44, Wien 1981; *Fast 1 Leben. Ein Fragment*, Pr., Wien 1981; *Diotima oder die Differenz des Glücks*, Pr., Reinbek 1982; *Der Fußballfan oder Da lacht Virginia Woolf*, Hsp., Wien 1982; *Bambote Makombo: Tagebuch eines Bauern aus Zentralafrika*, Übs., Bln. 1983; *Signora Julia*, Pr., Reinbek 1985; *Kerner. Ein Abenteuerroman*, Reinbek 1987; *Fälschungen. Anagramme und Gedichte*, Bln. 1987; *Die Giftmörderinnen*, R., Reinbek 1991; *Das Confuse Compendium*, m. Grafiken v. Thomas Hornemann, G., Bln. 1992; *Voik. Gehirn Stockung Notat Stürme*, G., Graz 1993; *Unglüxreflexe. Strategien Starrsinn Stimmungen Strophen*, G., Graz 1995; *Buchstäblich: Unmenschen*, Ess., Graz 1995; *Mädchenmuster. Mustermädchen*, Hg., Tüb. 1996; *Die Schläferin*. R., Reinbek 1997; *Gemachte Gedichte*, m. Siebdrucken v. Stefanie Roth, G., Bln. 1999; *Wo bin ich wo ist es. sindsgedichte*, Graz 2002.

Dahn, Daniela, wurde am 9. 10. 1949 in Berlin geboren. In Kleinmachnow bei Berlin besuchte sie die Schule. Nach dem Abitur und einem einjährigen Volontariat beim DDR-Fernsehen studierte sie in Leipzig Journalistik. Von 1973 an war sie als Redakteurin und Reporterin in verschiedenen Redaktionen des Fernsehens beschäftigt. Seit 1983 arbeitet sie als freiberufliche Autorin in (Ost-)Berlin. 1988 erhielt sie den Fontane-Preis. 1999 wurde sie mit dem Kurt-Tucholsky-Preis für literarische Publizistik, 2002 mit der Louise-Schröder-Medaille für »Verdienste von Frauen um Demokratie« (»die tageszeitung«) ausgezeichnet; diese beiden Ehrungen provozierten heftige Polemiken gegen die Autorin, die vorwiegend als Publizistin tätig ist. In die Schlagzeilen geriet sie 1998 durch ihre Kandidatur für das Brandenburger Verfassungsgericht auf Vorschlag der PDS. Nicht zuletzt aufgrund von Äußerungen in ihren Büchern, z.B. in *Westwärts und nicht vergessen* (1996) und *Wir bleiben hier oder Wem gehört der Osten* (1994), unterstellte man Dahn ein problematisches Verhältnis zum Rechtsstaat und zur parlamentarischen Demokratie.

In dem Band *Spitzenzeit* (1981), ihrer ersten Buchpublikation, äußerte sich Daniela Dahn in Feuilletons, Essays, Satiren, Miniaturen und Prosa-Gedichten zu Themen, »die auf der Straße liegen oder auf der Hand und trotzdem irgendwo in der Magengegend drücken« (»Sonntag«, 1982). »Erlebtes, Gehörtes, Gelesenes« sind die Quellen ihrer Reflexionen z.B. über die Stellung der Frau in der Gesellschaft, über die Jugend zur Zeit des »Faschismus« und in der Gegenwart oder über zwischenmenschliche Beziehungen. Unbefangenheit gilt ihr dabei als Voraussetzung, »um Dinge beim Namen zu nennen«.

1987 wurde in der DDR (als *Prenzlauer Berg-Tour*) und in der Bundesrepublik (als *Kunst und Kohle*) Daniela Dahns viel beachtete Reportage über den Berliner Stadtteil Prenzlauer Berg veröffentlicht. Der vom bundesdeutschen Verlag gewählte Untertitel *Die Szene am Prenzlauer Berg Berlin, DDR* zielte auf vorinformierte Leser ab, die wussten, dass sich am »Prenzelberg« die Alternativ- und Spontiszene – sozusagen als östliche Variante zu Kreuzberg – etabliert hatte. Daniela Dahn hat sich jedoch keineswegs darauf beschränkt, das »einstmals dichtestbesiedelte Arbeiterviertel der Welt« *(Kunst und Kohle)*, in dem auch zu DDR-Zeiten Arbeiter, Studenten, Künstler und Intellektuelle lebten, nur als Reservat eines künstlerischen oder gesellschaftlichen Undergrounds zu porträtieren. Die Autorin begibt sich vielmehr auf eine abenteuerliche Entdeckungsreise, die »von dem sich ahnungslos Anschließenden die Bereitschaft« verlangt, »subjektiver Sicht zu folgen. Sie improvisiert, darauf vertrauend, dass der Zufall nur eine besondere Form der Notwendigkeit ist und letztlich auch der Irrweg vom einzelnen Schnappschuss zum allgemeinen Wesen führt« *(Kunst und Kohle)*.

Um Vorurteile und Klischeevorstellungen abzuwehren, setzte Daniela Dahn bei ihren Erkundungen aus unterschiedlichen Perspektiven an. Sie studierte (historische) Dokumente, Briefe, Tagebücher (u.a. die großteils unveröffentlichten Tagebücher von Käthe Kollwitz) und Schulaufsätze, war geduldige Zuhörerin der privaten und nicht-privaten Erzählungen der Bewohner des Stadtviertels und streifte beobachtend durch den baulich heruntergekommenen Bezirk. Die Verbindung von Historie und Gegenwart, die literarische Nachzeichnung der »Lebensgeschichten aus dem Prenzlauer Berg« *(Kunst und Kohle)* und dessen Eigentümlichkeiten ergeben in ihrem Zusammenwirken ein Panorama lebendiger und in dieser Form wohl einzigartiger Stadtkultur. Auch nach der Wende wurde das Buch wieder aufgelegt, zuletzt 2001 unter seinem ursprünglichen Titel.

Petra Ernst

Werke: *Spitzenzeit*, Pr., Halle, Lpz. 1981; *Auf dass wir klug werden*, Hsp., SFB 1983; *Warum ausgerechnet ich?*, Hsp., Rundf. d. DDR 1985; *Prenzlauer Berg-Tour*, m. Fotografien, Halle, Lpz. 1987, u. d. T. *Kunst und Kohle. Die Szene am Prenzlauer Berg*, Darmst., Neuwied 1987, überarb. Neuausg. u. d. T. *Prenzlauer Berg-Tour*, Bln. 2001; *Die Ehen der Hedwig B.*, Hsp., SWF 1989; *Wir bleiben hier oder Wem gehört der Osten? Vom Kampf um Häuser und Wohnungen in den neuen Bundesländern*, Hbg. 1994; *Westwärts und nicht vergessen – Vom Unbehagen in der Einheit*, Reinbek 1996; *Eigentum verpflichtet. Die Erfurter Erklärung*, Hg., zus. m. Dieter Lattmann u.a., Heilbronn 1997; *Vertreibung ins Paradies. Unzeitgemäße Texte zur Zeit*, Hbg. 1998; *In guter Verfassung. Wieviel Kritik braucht die Demokratie?*, Hbg. 1999; *Spitzenzeit. Lebenszeichen aus einem gewesenen Land*, Reinbek 2000; *Wenn und aber. Anstiftungen zum Widerspruch*, Reinbek 2002; *In einem reichen Land. Zeugnisse alltäglichen Leidens an der Gesellschaft*, zus. m. Günter Grass u. Johano Strasser, Gött. 2002.

Dean, Martin R.(alph), wurde am 17. 7. 1955 in Menziken (Aargau) als Sohn einer Schweizerin und eines Trinidaders geboren. Dean besitzt die Schweizer Staatsbürgerschaft, studierte Germanistik, Philosophie und Ethnologie in Basel, war als Gymnasiallehrer tätig und viel auf Reisen. Er lebt als freier Schriftsteller und Publizist in Basel. 1983 erhielt er den Rauriser Literaturpreis; 1990 den Preis der Frankfurter Autorenstiftung; 1994 den Preis der Schweizerischen Schillerstiftung; 1996 das Werkjahr der Pro Helvetia; 1999 den Förderpreis Literatur zum Kunstpreis Berlin.

Mit dem Romandebüt *Die verborgenen Gärten* (1982) erregte Dean dank einer raffinierten Erzählstruktur großes Aufsehen. Der wohlhabende Leo Brosamer ist Mitte 40 und Besitzer einer alten, abgeschiedenen und von einem großen Garten umgebenen Villa in Südfrankreich. Der junge Manuel Kornell akzeptiert das Angebot Brosamers, ein Jahr lang alleine die Villa zu bewohnen. Die einzige Bedingung Brosamers besteht darin, dass Kornell einen ausführlichen und rein gegenwartsbezogenen Bericht über das Jahr schreiben muss. Das kommt Kornell entgegen, zumal er das Ende einer Liebesbeziehung noch nicht verkraftet hat. Während der überraschenden Kurzbesuche Brosamers wird dessen Absicht allmählich deutlich: Seit einem Unfall leidet Brosamer unter Gedächtnisverlust und hofft, die Amnesie durch Kornells Bericht aufzuheben. Die Zeit scheint in der Villa stillzustehen. Kornell durchlebt seine letzten Begegnungen mit der Geliebten in Form einer in den Roman integrierten Erzählung noch einmal. Die konträren Charaktere der beiden Hauptfiguren manifestieren sich im unterschiedlichen Umgang mit dem Garten. Kornell rettet sich vor dem drohenden Selbstverlust im Schreiben und vergewissert sich seiner Lebensgeschichte. Dabei variiert Dean mythologische Grundmuster (Achill, Ariadne, Minotaurus, Theseus) und schafft eine Romanstruktur, die dem wiederkehrenden Motiv des Labyrinths gleicht. Mit seiner spielerischen Logik gewinnt der Autor Freiräume. Kornells Gegenentwurf zu den Plänen Brosamers ist der Roman selbst. Schreibend gelingt Kornell die Emanzipation von Brosamer und möglicherweise eine erneute Annäherung an seine Geliebte.

Das Thema Natur und Mensch beschäftigte Dean auch in *Die gefiederte Frau. Fünf Variationen über die Liebe* (1984). Hier ist nicht der Garten, sondern ein Zoo Schauplatz der Handlung. Alle hier geschilderten Versuche der Verführung und der Liebe scheitern letztlich, weil sie im Widerspruch zu von den modernen Medien vermittelten Verhaltensmustern stehen. Vor dem Hintergrund eines unterdrückten animalischen Freiheitsdranges wird, so suggierieren es die Erzählungen, menschliche Sehnsucht nicht gestillt und werden erotische Hoffnungen enttäuscht. In *Der Mann ohne Licht* (1988) besucht der junge Journalist Dill den arrivierten Autor Loder. Trotz des langen Interviews gelingt es Dill nicht, den publicityscheuen Loder zu fassen. Allerdings wird ihm Loders Sehnsucht nach dem Ende der Menschheit deutlich. Die moderne Technologie, so Loder, habe humanes Denken erfolgreich verdrängt. Kurz nach dem Gespräch verbrennt Loder in seinem Haus, wobei offen bleibt, ob es Unfall oder Selbstmord war. Loder hatte Dill aus den »heimlichen Aufzeichnungen des Privatsekretärs von T. A. Edison, S. Insull« vorgelesen. Dill und Insull zeichnen sich beide dadurch aus, dass sie schreibend der Resignation ihrer scheiternden Idole widerstehen, wobei Licht als Metapher und sinnliches Erlebnis auf vielfältige und faszinierende Weise ständig präsent ist.

Dean ersetzt das Leitmotiv Licht später mit noch größerer metaphorischer Spielfreude durch Knüpf- und Entfesselungskunst. *Der Guayanaknoten* (1994) erzeugt mit nur einem Bild große erzählerische Komplexität. Im Mittelpunkt steht der Versuch einer Selbstbefreiung mithilfe der Kunst, der Preis ist ein missglücktes Leben. Brüche in der Prosa Deans stellen das Journal *Außer mir* (1990), *Die Ballade von Billie und Joe* (1997) und *Monsieur Fume oder Das Glück der Vergesslichkeit* (1998) dar. Dean variiert Themen wie Xenophobie in der Schweiz, die Wirkungsmacht der Medien und insbesondere der Filmindustrie auf ein Liebespaar und die Sehnsucht nach Leere, nach der Befreiung von der Konsum- und Warenwelt zur Erhaltung menschlicher Emotionen und dem, was Dean »Lebenssubstanz« nennt. In *Meine Väter* (2003) greift Dean die Thematik von Fremdheit und Heimat auf und zeigt deutlicher als zuvor, dass er auch mit viel Komik existenzielle Themen zur Sprache bringen kann. Dieser stärker als die vorhergehenden autobiografisch gefärbte Roman schildert die Suche des 40-jährigen Protagonisten Robert nach seiner Herkunft und Identität, indem er von der Reise Roberts mit seinem Trinidader Vater in die Schweizer Berge und zu den karibischen Inseln erzählt.

Nicola Bardola

Werke: *Die verborgenen Gärten,* R., Mü. 1982; *Die gefiederte Frau. Fünf Variationen über die Liebe,* En., Mü. 1984; *Der Mann ohne Licht,* R., Mü. 1988; *Außer mir. Ein*

Journal, Mü. 1990; *Gilberts letztes Gericht,* Theaterst., UA Basel 1992; *Der Guayanaknoten,* R., Mü. 1994; *Die Ballade von Billie und Joe,* R., Mü. 1997; *Monsieur Fume oder Das Glück der Vergesslichkeit,* Pr., Mü. 1998; *Meine Väter,* R., Mü. 2003.

Degenhardt, Franz Josef, wurde am 3. 12. 1931 in Schwelm, Westfalen, als Sohn eines Finanzbeamten geboren und wuchs dort in einer »militant katholischen und antifaschistischen Familie« auf. Nach dem Abitur studierte er Jura in Freiburg und Köln, legte 1956 das Erste und 1960 das Zweite Juristische Staatsexamen ab. Ab 1961 war er wissenschaftlicher Assistent am Institut für Europäisches Recht der Universität Saarbrücken, wo er 1966 zum Dr. jur. promovierte. Ab 1968 engagiert für Mitglieder der APO (Außerparlamentarische Opposition), verzichtete er auf eine mögliche Habilitation, übersiedelte 1969 nach Hamburg, wo er sich mit K. Groenewold und W. D. Reinhardt als Anwalt betätigte und in zahlreichen Verfahren Sozialdemokraten und Kommunisten verteidigte. Als er öffentlich für eine Zusammenarbeit von Sozialdemokraten und Kommunisten eintrat, wurde er im Juli 1971 aus der SPD, der Degenhardt seit 1961 angehörte, ausgeschlossen. Hinzu kam, dass Degenhardt 1970 die DKP im Landtagswahlkampf in Schleswig-Holstein unterstützt hatte. In den folgenden Jahren betrachtete sich Degenhardt als »parteilosen Anhänger eines Volksfrontbündnisses«, bis er 1978 der DKP als Mitglied beitritt.

Der biografisch, beruflich und politisch geprägte Werdegang des Juristen, für den es schon frühe Bezüge zur radikaldemokratischen und sozialistischen Tradition der deutschen Arbeiterbewegung gab, spiegelt sich auch in Themen und Sichtweisen des Künstlers, der die Realitäten seiner Zeit mit der Geschichte verknüpfte und zunächst im Lied für konkretes Engagement umsetzte: Ostermarsch, Bewegung gegen die Notstandsgesetze, gegen den Vietnamkrieg, Neokolonialismus, Imperialismus und Neofaschismus, gegen Berufsverbote und Arbeitslosigkeit. All das, was nach einer Restauration des historisch Schon-Gehabten aussieht, ruft den Widerspruch und Widerstand Degenhardts mit seinem Talent hervor, das mehr und mehr zur Kunst des Barden und Erzählers neigt. Ist es doch so, wie es in seinem Romanporträt des August Heinrich Hoffmann, genannt von Fallersleben, heißt: »ein Lied wirkt mehr als hundert Zeitungsartikel«. Im »Kalten Krieg«, speziell im gespaltenen Deutschland, wo vielfältige Strömungen aus der Zeit vor 1914 und zwischen den beiden Weltkriegen nachwirken, gab es dafür reichlich Anknüpfungen. Degenhardt ergriff dabei sehr früh Partei für die kleinen Leute, den Widerstand gegen Obrigkeiten, die Entrechteten unter den »vaterlandslosen Gesellen«, wie man die Menschen der Arbeiterbewegung zu nennen pflegte. Der »singende Anwalt« und der »schreibende Barde« (»Zeit«, 1986) – als solcher lebt Degenhardt seit vielen Jahren mit seiner Familie in Quickborn – ist vor allem durch seine Lieder und die Auftritte als Sänger bekannt geworden. Er gehört zu den Großen, die das deutsche Lied des Widerstands und der Freiheitsliebe ab den frühen Sechzigerjahren erneuerten und Tausende junger Menschen in ihren Bann zogen.

Alle Barden deutscher Provenienz (Franz-Josef Degenhardt, Wolf Biermann, Reinhard Mey, Dieter Süverkrüp, Hannes Wader) besitzen ihr unverwechselbares Profil. Gemeinsam sind ihnen das Schicksal als »Kinder des Krieges«, die drängenden Fragen nach dem Warum des Krieges und die Schwüre des Jahres 1945: »Nie wieder!« Degenhardt entwickel sich dabei aus den ihm vertrauten Stoffen seiner Gegend und Sprache, seines Milieus aus Familie und der Erfahrung in der ihn umgebenden Gesellschaft. Die Titel seiner LPs und CDs enthalten Märchenhaftes und Zeitgeschichtliches in einer Chronik aus vielen Farben, Fährnissen und Protesthaltungen. Diese Liedersammlungen gehören zur poetischen Zeitgeschichte unseres Landes. Die zeitgemäßen Balladen und Bänkellieder, Moritaten und Schwänke gestaltet Degenhardt aus einer urwüchsig deutschen Sprache; sein Lexikon schöpft aus einem reichen Fundus an Wörtern und Redewendungen, dem Plattdeutschen miteingeschlossen, vor allem aus seinem vertrauten »westfälischen Universum«, das aber weit in die Welt hineingreift und sich nach eigenem Geschmack bedient – bei Wedekind und Ringelnatz, François Villon, Georges Brassens und Woody Guthrie, den Versen aller möglichen Zungen, die er gerne in seine Prosa als Zitate einzuflechten liebt. Wenn er singt, geschieht das in einem Parlando, dem sich die Gitarre anschmiegt. Seit dem *Wildledermantelmann* (1977) lässt er sich auch von verschiedenen Instrumenten begleiten. Seit 1987 begleitet ihn Kai Degenhardt, sein Sohn, als Gitarrist, der seitdem auch seine Lieder arrangiert.

Dem Aufbruch und Protest in den Sechziger- und Siebzigerjahren folgten Ermunterung und Spott in den Achtziger- und Neunzigerjahren. Degenhardt wurde vom Feuilleton attestiert, er sei das »poetische Megafon der westdeutschen Linken« geblie-

ben. 1986 erhält er den SWF-Liederpreis für *Die Lehrerin* – eine Desillusionierung der 68er-Bewegung; 1988 wird ihm dieser Preis für die Ballade *Lied für die ich es sing* zugesprochen; das Album *Quantensprung* (2001) reagiert auf die Folgen des 11. September 2001 und den »Kreuzzug gegen das Böse« mit Ironie und Spott, wobei sich auch *Väterchen Franz* dazugesellt und sich mit einer Ex-Geliebten über alte Geschichten unterhält; im Lied *Diesmal werd' ich nicht* erteilt er dem Kriegsdienst eine noch deutlichere Abfuhr als früher.
Als Prosaautor schreibt Degenhardt seine Lieder gleichsam fort; die »prosaische Lyrik« in der Ballade lässt sich in der »lyrischen Prosa« nachempfinden. Er ist ein ausgemachter Liebhaber des Details, der genauen Beobachtung des Wirklichen, die aber auch die Fantasie weiterspinnen lässt. »Nichts Menschliches ist mir fremd, doch der wahre Mensch wehrt sich gegen Unterdrückung und Verlogenheit in jeder Form« – dieses Motiv durchzieht auch seine Prosa – im ersten Roman *Zündschnüre* (1973) mit einer »proletarischen Wunschbiografie« im Ruhrgebiet des letzten Kriegsjahres; in den *Brandstellen* (1975) über die Kämpfe in den Siebzigerjahren gegen einen NATO-Truppenübungsplatz; in *Die Misshandlung oder Der freihändige Gang über das Gelände der S-Bahn-Brücke* (1979) über die Justiz in Hamburg und die Art, wie ein Vormundschaftsrichter den Fall einer Kindsmisshandlung löst und den Dienst quittiert, und im vierten Roman *Der Liedermacher* (1982) über das Leben des Sängers Piet Atten, der sich zwischen Pop und Politik, Talkshow und Hitliste zu behaupten sucht, während das Land dabei ist, sich in ein waffenstarrendes Militärgelände zu verwandeln.
Wie stark bei Degenhardt das Gespür für historisch Verbundenes ausgeprägt ist, zeigt sich in der Romanbiografie über den Dichter, der das *Lied der Deutschen* verfasste. Mit dem Porträt des *August Heinrich Hoffmann genannt von Fallersleben* (1991) legt uns ein Erzähler – aus den Überlieferungen seines Urgroßvaters – ein farbenprächtiges Gemälde der lebens- und schaffensfrohen Deutschen vor, die sich im Widerstand gegen die aristokratisch beherrschte, egoistische Kleinstaaterei mit ihren Polizeibütteln nach einem Deutschland der Freien und Unabhängigen sehnen, durch alle Lande ziehen, auf (fast) alles verzichten, was zu einem bequemen Leben eines braven Untertanen gehört, damit ihr Traum – die Einheit der Deutschen – Wirklichkeit wird. Auf vergnügliche Weise erfährt man, wie es in der Welt der Ur-Ur-Großeltern von der Maas bis an die Memel, von der Etsch bis an den Belt einmal aussah. Man wird belohnt mit der Schilderung bizarrer und schüchterner Liebschaften, mit Versen über Versen aus dem Reichtum deutscher Lieder und des »demokratisch subversiven Gedankenguts«, mit Sprachbildern von Landschaften und Städten, mit anmutigen Frauen und undeutsch deutschen Mannsbildern. Man erfährt auch, welche Rolle das am meisten gesungene und zersungene Lied (Deutschland, Deutschland über alles) spielte, wie es von denen gleichsam usurpiert wurde, die das Lied und seinen Verfasser ursprünglich verfolgten – dem Erzähler läuft deshalb jedes Mal »ein Schauer über den Rücken«, wenn er das »Lied der Deutschen« hört. Degenhardts Romanbiografie ist gleichwohl eine Liebeserklärung an die Einheit der Deutschen in Freiheit.
Degenhardts Roman zur Wende und zur deutschen Einheit 1989 wird im Roman eines Jahrhundert-Klans – der rheinisch-westfälischen Großfamilie zur Linden – fortgeschrieben. Der Roman *für ewig und drei tage* (1999) hat als Erzählzeit den August 1991, als in Moskau geputscht wird – »in den Tagen, die die Welt erschütterten«. Diese Anspielung auf John Reeds Bericht *Über die zehn Tage, die die Welt erschütterten* ist ironisch und suggeriert eher das Gegenteil dessen, was der Erzähler über Gorbatschow, Jelzin und das Staatliche Notstandskomitee als Einrahmung der westfälischen Familiensaga benutzt. Degenhardts Fantasien und Assoziationen binden in dieses Geschehen alles ein, was im bekannten und unergründlichen Leben vorkommt. Es hat den Anschein, als habe nun erneut der alte, ewige Wahnsinn über die Menschen die Oberhand gewonnen. Degenhardts Erzähler verlässt sich bei der Rahmenhandlung auf die Eindrücke dessen, was die Medien vermitteln – es tut dem Roman keinen Abbruch, wenn dessen Verfasser noch nichts darüber wissen konnte, was erst Mitte der Neunzigerjahre aus Moskauer Archiven auftauchte: dass die Tage, als im Oktober 1917 die Bolschewiki in Petrograd die Macht an sich rissen, mit über 60 Millionen Goldmark vom Deutschen Generalstab finanziert wurden und dass der Putsch 1991 vom KGB bis ins letzte Detail ausgeheckt und angeleitet wurde. Degenhardts Figuren jedenfalls und ihre Geschichten spielen vor allem deutsche Rollen, in deutschen Kulissen. Mit ihren Schicksalen, bei denen man nie so genau sagen kann, wer sie schreibt – die Betroffenen selber, oder die Mächte, die blind und sinnlos walten.

Friedrich Hitzer

Werke: *Rumpelstilzchen*, Schpl., 1963; *Zwischen Null-Uhr-Null und Mitternacht*, Notenh., 1964; *Spiel nicht mit den Schmuddelkindern*, Schpl., 1965, gedr. *Balladen, Chansons, Lieder*, m. Linolschnitten v. E. Prüssen, Hbg. 1967, neubearb. Ausg. m. Illustr. v. H. Janssen, Reinb. 1969; *Väterchen Franz*, Schpl., 1966, Notenh., 1967; *Wenn der Senator erzählt*, Schpl., 1967; *Degenhardt live*, Schpl., 1968; *Da habt Ihr es! Stücke und Lieder für ein deutsches Quartett*, zus. m. W. Neuss, H. D. Hüsch u. D. Süverkrüp, m. Linolschnitten v. E. Prüssen, Hbg. 1968; *Die Auslegung und Berichtigung von Urteilen des Gerichtshofs der Europäischen Gemeinschaften*, Diss., Stg., Brüssel 1969; *Im Jahr der Schweine*, Schpl., 1969; gedr. *27 neue Lieder mit Noten*, Hbg. 1970; *Porträt F. J. D.*, Schpl., 1970; *Die Wallfahrt zum Big Zeppelin*, Schpl., 1971; *vatis argumente/P. T. aus Arizona*, Schpl., o. J.; *Mutter Mathilde*, Schpl., 1972; *Zündschnüre*, R., Hbg. 1973; *Kommt an den Tisch unter Pflaumenbäumen*, Schpl., 1973; *Lasst nicht die roten Hähne flattern, ehe der Habicht schreit. Lieder mit Noten*, Mü. 1974; *Mit aufrechtem Gang*, Schpl., 1975; *Brandstellen*, R., Mü 1975; *Petroleum und Robbenöl oder wie Mayak der Eskimo kam und mein verrückter Vater wieder gesund wurde*, Jugendb., Mü. 1976; *Wildledermantelmann*, Schpl., 1977; *Sacco und Vanzetti. Befragung eines Kriegsdienstverweigerers*, Schpl., o. J.; *Der frühe Degenhardt*, Kass. m. 4 Schpl., 1977; *Liederbuch*, Schpl., 1978; *Kommt an den Tisch unter Pflaumenbäumen. Alle Lieder*, m. Zeichnungen v. Gertrude Degenhardt, Mü. 1979; *Die Misshandlung*, R., Mü. 1979; *Der Wind hat sich gedreht im Land*, Schpl., 1980; *Der ganze Degenhardt*, Schpl., 1981; *Durch die Jahre*, Schpl., 1981; *du bist anders als die anderen*, Schpl., 1982; *Der Liedermacher*, R., Mü., 1982; *Lullaby zwischen den Kriegen*, Schpl., 1983; *Die Abholzung*, R., 1985; *Vorsicht Gorilla*, Schpl., 1985; *Junge Paare auf Bänken. Degenhardt singt Georges Brassens*, Schpl., 1986; *Reiter wieder an der schwarzen Mauer*, 52 Lieder m. Noten, Gütersl. 1987; *Da müssen wir durch*, Schpl., 1987; *Jahreszeiten*, Schpl., 1988; *Stationen*, Schpl., 1988; *Aus diesem Land sind meine Lieder*, Schpl., 1989; *Wer jetzt nicht tanzt*, Schpl., 1990: *August Heinrich Hoffmann, genannt von Fallersleben*, R., Mü. 1991; *Und am Ende wieder leben*, Schpl., 1992; *Nocturn*, Schpl., 1993: *Aus dem Tiefland*, Schpl., 1994; *... weiter im Text*, Schpl., 1996; *Sie kommen alle wieder, oder?*, Schpl., 1998; *für ewig und drei tage*, R., Bln. 1999; *Café nach dem Fall*, Schpl., 2000; *Quantensprung*, Schpl., 2001/02.

Deichsel, Wolfgang, geboren am 20. 3. 1939 in Wiesbaden als Sohn eines Kriminalbeamten, besuchte von 1950 bis 1954 das Realgymnasium in Wiesbaden und schuf erste szenische Bearbeitungen und eigene Stücke im Schulspiel. 1959 legte er die Reifeprüfung ab. Anschließend studierte er Germanistik, Kunstgeschichte, Psychologie und Theaterwissenschaft an den Universitäten Marburg, Mainz und Wien. 1960 gründete er das literarische Cabaret »Circel Cäcilia«, 1963 das Puppentheater »Otto Kugels Himmelreich«. Er arbeitete als Grafiker an der Frankfurter Studentenzeitung »Diskus«. 1965 brach er sein Studium ab und lebte seither als Schriftsteller in Berlin, Zürich, Frankfurt, Köln und München. 1969 gehörte er zu den Mitbegründern des »Verlages der Autoren«. 1970 bis 1974 arbeitete er als Ko-Direktor am Frankfurter »Theater am Turm« mit und war als Regisseur und Schauspieler in Frankfurt, Zürich, München, Köln und Berlin tätig. Seit 1985 gehört er dem Ensemble des Schauspiels Frankfurt an. Er lebte lange in Johannisberg im Rheingau, jetzt in Oberwesel. 1995 wurde er mit dem Großen Preis der Frankfurter Autorenstiftung und 1997 mit dem Binding-Kulturpreis ausgezeichnet.

»Manchmal beschweren sich die Zuschauer, sie würden von der Bühne herunter zu viel belehrt und dadurch gelangweilt. Das kann doch nur heißen, sie wurden zu wenig belehrt, denn wie kann es langweilig sein, Neues zu erfahren?«, so Wolfgang Deichsel 1971. Seine Theaterstücke vereinen gesellschaftskritische Momente mit hohem Unterhaltungswert; seine hessischen Dialektstücke, meist Bearbeitungen von Komödien Molières, vermitteln eine plastische Bühnenpräsenz und ermöglichen dem Zuschauer, sich über das Alltagsidiom mit der Bühnenhandlung leicht in Beziehung zu setzen. Auch komplexe gesellschaftliche Zusammenhänge werden so unmittelbar nachvollziehbar. Die Beschreibung einer kleinbürgerlichen Welt in ihrer oft verlogenen, rein materialistischen Ausrichtung wie in den »Possen« *Der Simulant* und *Der falsche Sohn* (1968), die tragikomischen Verdrängungsmethoden einer moralisch verlotterten, sogar vor Mord nicht zurückschreckenden Großbourgeoisie in *Loch im Kopf* (1976) – »ein bodenloses Loch! ... Deckel druff!« – oder die heiteren Alltagsszenen in *Bleiwe losse* (1971) erweisen sich als Echoraum für das Abgründige in einer scheinbaren Normalität.

Eine unheimliche, rätselhafte Welt, in der Täter und Auftraggeber nicht mehr eindeutig zu trennen sind und in der die Manipulation von Menschen zum Alltag gehört, liefern den Hintergrund für die mittlerweile auf über 100 Kurzszenen angewachsenen Variationen der *Frankenstein*-Texte (1969, 1974, 1981). Deichsel präsentiert ein Horrorkabinett voller Monstrositäten: Klone und Androiden als Allegorien für den künstlichen, ferngesteuerten Menschen, eine rücksichtslose Industrie und eine perfide Gen-Technologie, schlicht der »ganz normale Wahnsinn«, mit dem der reale Horror den makabren Bühnenscherz längst überholt hat.

Dem Allzumenschlichen hat sich der Volks-Dramatiker Deichsel verschrieben: die kleinen Intrigen und Tyranneien wie in *Der eingebildete Kranke* (2001), die Ängste vor dem Scheitern wie im Schauspieler-Stück *Zappzarapp* (1982), der Fluch des Geldes und die Raffgier wie in der szenischen Collage *Midas* (1987) oder die »multiple Persönlichkeit« als Synonym für Anpassung und Opportunismus im Dreipersonenstück *Rott. Das Monster im Verhör* (1999). Deichsels Stücke sind Schauspielerstücke, die Einakter und sketchartigen Nummernfolgen bieten als Spielvorlage mit ihren witzigen Dialogen und Monologen beste Möglichkeiten für die Akteure. Ob Deichsel deshalb zu den »Ahnen von Badesalz« (Peter Michalzik), eines hessischen Komikduos, zu zählen ist oder seine Komödien mit ihrem dialektalen »Gebabbel« und ihrer absurden Komik irgendwo, wie Georg Hensel meinte, zwischen Bekkett, Karl Valentin und der TV-Familie Hesselbach anzusiedeln sind, sei dahingestellt. Auf jeden Fall ist er von dem großen Komiker Curt Bois inspiriert worden, den er Mitte der Sechzigerjahre in Berlin kennen lernte und als dessen Sekretär er zeitweise fungierte. Der sechste Band seiner stattlichen Werkausgabe mit dem Titel *Komiker* (1997) ist Bois gewidmet, »weil wir über die gleichen schrecklichen Geschichten lachen«.

Thomas Kraft

Werke: *Otto*, Theaterst., Bearb. n. M. Klinger, UA Marburg 1963; *Göran zu Göran. Horrorstück für Puppentheater*, UA Marburg 1964; *Der Bürger als Edelmann*, Theaterst., Bearb. n. Molière, UA Bln. 1965; *Agent Bernd Etzel. Der Simulant und Der falsche Sohn*, Theaterst., UA Gött. 1968, gedr. in: *Deutsches Theater der Gegenwart*, hg. v. K.-H. Braun, Ffm. 1967, Bd. 2, S. 131–199; *Curt Bois: So schlecht war mir noch nie*, Mitarb., Velber 1967, Schpl., 1967, erw. Neuausg. Königstein/Ts. 1984; *Bleiwe losse*, Theaterst., UA Darmst. 1971, gedr. in: »Theater heute«, 1971, H. 12, S. 45–51, erw. Neuausg. Ffm. 1980, Hsp., HR 1965; *Frankenstein. Aus dem Leben der Angestellten*, Theaterst., UA Zür. 1969, gedr. Bln. 1972, Hsp., BR 1974, erw. Neuausg. Bln. 1979; *Der Tartüff*, Theaterst., Bearb. n. Molière, UA Ffm. 1972; *Der Menschenfeind*, Theaterst., Bearb. n. Molière, UA Darmst. 1972; *Die Zelle des Schreckens*, Theaterst., UA Ffm. 1974; *Loch im Kopf*, Theaterst., UA Wilhelmsbad 1976, gedr. in: »Theater heute«, 1977, H. 2, S. 31–38, Buchausg. Ffm. 1981; *Schule der Frauen*, Theaterst., UA Ffm. 1970, Hsp., HR 1971, gedr. Ffm. 1981; *Marschkörper und Angestellte. Neun Telefonate. Neue Frankenstein-Texte*, gedr. in: »Freibeuter«, 1981, H. 8, S. 119–121; *Zappzarapp. Die Panik der Clowns hinter dem Vorgang*, Theaterst., UA Mü. 1982, gedr. Bln. 1984; *Midas. Nachtstücke*, UA Ffm. 1987; *Etzel*, Werkausg. Bd. 1 (enth. *Agent Bernd Etzel; Bleiwe losse; Die kluge Else; Der 30. Februar*), Ffm. 1988; *Der hessische Molière*, Werkausg. Bd. 2 (enth. *Tartüff; Der Bürger als Edelmann; Die Schule der Frauen; Der Menschenfeind*), Ffm. 1989; *Frankenstein I. Aus dem Leben der Angestellten*, Werkausg. Bd. 3, Ffm. 1992; *Otto Nikolai: Die lustigen Weiber von Windsor*, Neufssg. d. Libr., UA Darmst. 1993; *Frankenstein II. Die Zelle des Schreckens*, Werkausg. Bd. 4, Ffm. 1994; *Günter Steinke: Die Welt auf dem Mond*, Libr., UA Stg. 1995; *Henry Purcell: König Arthur*, Neufssg. d. Librettos, UA Stg. 1996; *Kitzegroo-Blitzebloo oder Der singende Stadtrat*, Theaterst., zus. m. Michael Quast, UA Hdbg. 1996; *Die Welt auf dem Mond*, Hsp., SDR 1997; *Komiker*, Werkausg. Bd. 6, Ffm. 1997; *Loch im Kopf*, Werkausg. Bd. 5, Ffm. 1998; *Rott. Das Monster im Verhör*, Theaterst., UA Weimar 1999; *Der eingebildete Kranke*, Theaterst. n. Molière, UA Bad Vilbel 2001.

Delius, Friedrich Christian, wurde am 13. 2. 1943 in Rom geboren. Er wuchs in Wehrda, Bad Hersfeld und Korbach (Hessen) auf und lebte seit 1963 in Berlin, wo er das Studium der Literaturwissenschaft mit der Promotion abschloss (*Der Held und sein Wetter. Ein Kunstmittel und sein ideologischer Gebrauch im Roman des bürgerlichen Realismus*, 1971). Von 1973 bis 1978 wirkte er als Verlagslektor in Berlin, ging dann nach Holland, kehrte aber später wieder nach Berlin zurück. Er erhielt 1967 den Berliner Kunstpreis, 1971/72 das Villa-Massimo-Stipendium, 1974 den Jahrespreis der »Literarischen Hefte«, 1984 den Preis für Poesie und Politik der Zeitschrift »Lesezeichen«, 1989 den Gerrit-Engelke-Preis, 1994 den University of Florida Award für Opening Minds und 1997 den Stadtschreiber-Preis des ZDF und der Stadt Mainz.

Delius hat mit seiner Prosa die Grenzen der dokumentarischen Literatur zugunsten analytischer und satirischer Durchdringung des vorgefundenen Materials erheblich erweitert; als Lyriker begleitete und kommentierte er Erwartungen, Gesellschaftskritik, Hoffnungen und Enttäuschungen der Studentenbewegung. Aus sprachkritischen Beobachtungen entwickelte er seine bissige Satire auf durchschnittliches Politisieren in der Schrift *Wir Unternehmer* (1966). Eine Auswahl von Zitaten aus den Protokollen einer Wirtschaftstagung der CDU/CSU, deren falsch tönende Emphase und Schwulst durch Anordnung in falschen Reimen verstärkt werden, soll Klima, Gemütslage und Sprachstand, Standarddenken und Verbalverhalten von Wirtschaftsführern und Politikern zugleich belegen und entlarven. Das Verfahren dieser »Dokumentarpolemik« mit ihrer aus dem Sprachmaterial gefilterten Evidenz wurde der Absicht unterstellt, »die schwierigen Regeln des Handwerks des Zersetzens« vorzuführen. Delius entwickelte es in seiner umfangreichen, mit weitaus mehr Einzelheiten versehenen Prosa *Unsere Siemens-Welt* (1972, »Prozess-Ausgabe« 1975, erw. Neuausg. sowie »Gratifikations-Ausgabe« zur Deckung der Prozesskosten 1976) weiter. Ironisch als »Festschrift« deklariert, parodierte der Text alle möglichen rhetorischen Floskeln einer euphemistischen Selbstdarstellung erfolgreichen Unternehmertums in Geschichte und Gegenwart. Die aus offiziellen Quellen und historischen Darstellungen kompilierte Faktografie gerät durch den erfundenen und nachempfundenen imperialen und patriarchalisch-betriebsfamiliären Sprachgestus zur »Dokumentarsatire«, zur exemplarischen Beobachtung eines expandierenden Weltkonzerns. Die fingierte Firmenwürdigung, auch als Bild einer Herrschaftstechnik angelegt, wurde von der betroffenen Siemens AG mit einer Klage auf Unterlassung einer Reihe von Behauptungen bedroht. Ein komplizierter Rechtsstreit endete nach dreijähriger Dauer mit einem Vergleich (nur wenige Zeilen mussten eingeschwärzt werden), der eine höchstrichterliche Entscheidung über Freiheiten und Grenzen dieses Darstellungsmusters offen ließ.

In einer Roman-Trilogie hat sich Delius wie kein anderer deutscher Schriftsteller mit dem Deutschen Herbst 1977 befasst. Sein erster Roman *Ein Held der inneren Sicherheit* bezieht sich auf die Zeit, als der Arbeitgeberpräsident Hanns Martin Schleyer mit seinen Begleitern von Terroristen ermordet wurde. Doch bilden die Ereignisse nur die Folie für die Geschichte eines Karrieristen in der Unternehmer-Zentrale der »Menschenführer«. Roland Diehl, der »Zuträger Diener Gedankenmasseur« für die Chefetagen, will nach dem Verschwinden seines Chefs die Chance nutzen, dessen Popularität in der Öffentlichkeit durch eine Mitleidskampagne zu erhöhen und das Ansehen des Verbandes zu steigern. Der Hausideologe und Redenschreiber gerät jedoch in eine innere Krise: er fantasiert sich ins andere Lager, wird von Tötungswünschen überrumpelt. Einem solchen »schweißtreibenden Gedankenfieber« ausgesetzt, gibt Diehl seinen Chef auf, löscht die Erinnerung an ihn aus und lässt sich zum Leiter der Abteilung »Medien Öffentlichkeit Versachlichung« emporhieven. Als Werbestratege und Fabrikant für Unternehmerdeutsch verfehlt und verrät er sein Selbst: er schreibt es buchstäblich weg.

1987, zehn Jahre nach der Entführung der Lufthansamaschine »Landshut« durch palästinensische Terroristen lieferte Delius seine Version des Geschehens, das in einem Irrflug durch fünf Tage und Nächte führte und in Mogadischu sein Ende fand. Der Roman *Mogadischu Fensterplatz* beruht auf einer Innensicht – aus der Maschine. Ein Einzelfall als Sonde: eine 30-jährige Biologin in Reihe 10, eingesperrt für 106 Stunden, ist das Kameraauge des Geschehens, versehen mit dem Vorsatz: »Alles beobachten und im Gedächtnis speichern.« Fünf Wochen danach soll sie den absurden Fragebogen eines Versorgungsamtes für die »Opfer von Gewalttaten« ausfüllen. Anna Boländer, die teilnehmende Beobachterin, weigert sich, das Papier auszufüllen, und gibt stattdessen ihr eigenes Katastrophenprotokoll, das den Roman ausmacht. Der Roman *Himmelfahrt eines Staatsfeindes* (1992) ist ein groteskes Mosaik, das diverse Konstellationen vorführt und ausspielt. Den toten RAF-Leuten wird in Wiesbaden ein Staatsbegräbnis zuteil. Sie haben sich Verdienste um das Gemeinwesen erworben, sie sind dessen wahre Stützen: An ihnen kann man staatliche Moralsätze exerzieren und machtfähig machen. Deshalb sind der Terrorist Sigurd Nagel alias Andreas Baader und der BKA-Chef Bernhard Schäfer alias Horst Herold durch unverbrüchliche Zuneigung miteinander verbunden. In den Roman sind dokumentarische Sätze, Partikel von Werbeslogans und Musiktexten, ideologische Sprüche und programmatische Aussagen eingearbeitet. Die multiperspektivische Anordnung, die Montagetechnik und die dokumentarischen Rückverweise ergeben zusammen mit der krausen Handlung einen absurden Trionfo der öffentlichen Machtpräsentation.

In seinem zweiten Roman *Adenauerplatz* (1984) überschritt Delius die Reflexion auf die Sprache der Interessenvertreter und öffentlichen Rollenträger, um von der Odyssee eines Emigranten zu erzählen. Der deutschstämmige Südamerikaner Felipe Gerlach, nach Allendes Sturz aus seiner Heimat vertrieben und als Agrarexperte auch hierzulande entlassen, lebt als Nachtwächter in einer durchschnittlichen deutschen Großstadt. Er wird beschrieben auf seinem nächtlichen Rundgang um den Adenauerplatz, bei seinen inneren Monologen über seine persönliche Geschichte, über Verfolgung und Angst. Figuren und Ereignisse in seinem näheren bundesdeutschen Umfeld überkreuzen diese Erinnerungen, die Warenwunder der Schaufenster mit ihren hedonistischen Glücksversprechen von »schön wohnen, lecker essen, viel reisen« kontrastieren seine Erfahrungen. Doch führt das Personal des Erzählers Delius zu wenig Eigenleben; so kann der Roman für sich kaum mehr beanspruchen als ein Alibi zu bieten für die Kritik bundesdeutscher Verhältnisse einschließlich der Linken.

Noch einmal probierte Delius die Möglichkeiten der Sprachsatire in der »Denkschrift« über *Einige Argumente zur Verteidigung der Gemüseesser* (1985) aus. Der Text ist fingiert als brisante Fundsache, als vertrauliches Memorandum eines pensionierten EG-Beamten, das der Autor aufgefunden und veröffentlicht habe. Der Experte formuliert, durchaus in der Marktverwaltungssprache von europäischen Agrarordnungen, Pläne zu einer »Endlösung« des Hungerproblems in der Dritten Welt. Vom Standpunkt des Konsumenten aus wird eine radikale Lösung vorgeschlagen, die auf die fortschreitende Aushungerung der Armen hinausläuft und der grotesken Devise folgt: »Hunger schaffen heißt langfristig den Hunger abschaffen.« In den Papieren dieses ehemaligen »Leiters der Agrarlogistik Außenhandel bei der Kommission in Brüssel« wird »das Problem« als eine »ökologische« Aufgabe angesehen; durch das (nazistische) Ausleseprinzip sollen allein »etliche als Arbeitskräfte und Sportler, als Erzieher und Spezialisten, als Landschaftspfleger und Liebespartner« überleben. Dieses satirische Zirkular wirkt künstlerisch und politisch wenig überzeugend, da es einerseits die Grenzen des Dokumentarischen überspringt, andererseits aber doch auf die Evidenz des faktischen Sprachmaterials baut. Der Versuch, die Dokumentarsatire zu überwinden, ist Delius auf bezeichnende Weise misslungen.

Delius hat mehrfach Augenblicke deutscher Geschichte als episodischen Rahmen für psychologische Studien genutzt. In der Geschichte *Der Sonntag, an dem ich Weltmeister wurde* (1994) entfaltet er eine Miniatur über die Adenauer-Zeit und über die Gefühlswelt eines Jungen in einem protestantischen Pfarrhaus. Am 4. Juli 1954, als sich »das Wunder von Bern« ereignete und die deutsche Fußball-Nationalmannschaft zum ersten Mal Weltmeister wurde, erlebt ein elfjähriger Junge eine erste Befreiung aus den Verklemmungen und Sprachstörungen, die ihm eingegeben sind. In der Geschichte *Amerikahaus und Der Tanz um die Frauen* (1997) wird die Chronik eines einzigen Tages nacherzählt. Der schüchterne Germanistikstudent Martin aus der Provinz erlebt in Berlin die erste Vietnamdemonstration und die Hetzparolen einheimischer Presse. Der 5. Februar 1966, an dem sich das ereignet, wird aber auch zu einem persönlichen Erlebnis: Der Junge, der sich nach einem langbeinigen Wunder sehnt, das »schön, nicht dumm, einen Rock tragen und einen Stummen verstehen« soll, wird von einer israelischen Soldatin verführt.

Einen bizarren Fall von deutschem Tourismus in der letalen Phase der DDR griff Delius in seiner Erzählung *Der Spaziergang von Rostock nach Syrakus* (1995) auf. Der Aushilfskellner und Intellektuelle Paul Gombitz beschließt im Sommer 1981, einen »Grenzdurchbruch« nach Italien zu wagen. Der Aberwitz dieser Leistung, es mit einem eigenen »Fünfjahresplan« im Kopf gegen alle Widrigkeiten zu schaffen, ergibt eine komische Schelmengeschichte auf den Spuren des Italienreisenden Seume nach Sizilien. Er flieht mit einer Segeljolle nach Dänemark, macht sich in sein Sehnsuchtsland auf und kehrt anschließend wieder zu seiner Helga und in die DDR zurück – ein Jahr vor dem Mauerfall.

In der Erzählung *Die Flatterzunge* (1999) hat Delius den dokumentarischen Fall eines Orchestermusikers aufgegriffen, der in Israel eine Rechnung mit »Adolf Hitler« unterschrieb und deshalb fristlos gekündigt wurde. Die Geschichte besteht aus einem Verteidigungsmonolog des Delinquenten für seinen Anwalt vor dem Amtsgericht und beleuchtet manche Schiefheiten deutscher Erinnerungskultur.

Der Roman *Der Königsmacher* (2001) vollzieht die Geschicke eines erfolglosen Schriftstellers nach, der, »zerstört von der tückischen Idylle des Buchmarktes und verletzt von den wechselnden Winden der Moden«, es mit einer PR-Kampagne kurzfristig zur Berühmtheit bringt. Er erfindet den Preußen-Pop und das Preußenjahr, landet jedoch in der Psychiatrie und dient schließlich als Schaustück im Preußenmuseum.

Als Lyriker begann Delius mit lakonischen Gedichten, die in lapidaren Wendungen ein Inventar von unabgegoltenen Wünschen, geheimen Ängsten, parabelkurzen Aussagen, Ortsbeobachtungen bildeten. Auf diese Sammlung *Kerbholz* (1965) folgten die politisch fordernden Gedichte des Bandes *Wenn wir, bei Rot* (1969), die die essayistisch ausholende Argumentation eines Linken mit selbstkritischen Anmerkungen verbanden. Schließlich betonen die wohl sichersten Gedichte der Sammlung *Ein Bankier auf der Flucht* (1975) in erzählender Vergegenwärtigung von alltäglichen Situationen Lebenswünsche und Lebensverhinderung ihres Autors nach dem Scheitern größerer politischer Erwartungen, freilich ohne Resignation: »Unsre unfertigen Liebesgeschichten / mit der Politik schreiben nicht wir zu Ende.« In dem Band *Die unsichtbaren Blitze* (1981) setzte Delius der Jugendparole »No future« seinen skeptischen Widerstand entgegen, beharrte auf gelebten Irrtümern als der Chance zur Einsicht, warnte vor der Atomkatastrophe und vor Umweltzerstörung – »Wo wir uns finden / Mit Äxten und Sägen beim Kampf um die Linden«. Seine Gedichte widerstreben dem in der jungen Generation sich ausbreitenden radikalen Pessimismus. So geht der Lyriker Delius in der Nüchternheit und Sachlichkeit, die seine Gedichte auszeichnen, hin zum generationstypischen Selbstporträt des bürgerlichen Intellektuellen, der nicht von der Erinnerung an Hoffnungen zehren will.

Wilfried F. Schoeller

Werke: *Kerbholz*, G., Bln. 1965; *Wir Unternehmer. Über Arbeitgeber, Pinscher und das Volksganze. Eine Dokumentar-Polemik anhand der Protokolle des Wirtschaftstages der CDU/CSU 1965 in Düsseldorf*, zus. m. Karl-Heinz Stanzick, Bln. 1966; *Wenn wir, bei Rot. 38 Gedichte*, Bln. 1969; *Der Held und sein Wetter. Ein Kunstmittel und sein ideologischer Gebrauch im Roman des bürgerlichen Realismus*, Diss., Mü. 1971; *Unsere Siemens-Welt. Eine Festschrift zum 125-jährigen Bestehen des Hauses S.*, Pr., Bln. 1972; *Ein Bankier auf der Flucht*, G., Bln. 1975; *Ein Held der inneren Sicherheit*, R., Reinbek 1981; *Die unsichtbaren Blitze*, G., Bln. 1981; *Adenauerplatz*, R., Reinbek 1984; *Die zehnte Nacht am Adenauerplatz*, Hsp., WDR/SWF 1984; *Einige Argumente zur Verteidigung der Gemüseesser von dem Vorwurf, sie täten nichts zur Humanisierung des Hungers, sogar einige Verbesserungsvorschläge im Sinne der Drei Brüsseler Formeln. Eine Denkschrift*, Bln. 1985; *Tag der Einheit*, Theaterst. 1985/86; *Waschtag*, Hsp., WDR 1986, Theaterst., 1986; *Mogadischu Fensterplatz*, R., Reinbek 1987; *Das Ultimatum*, Hsp., WDR/HR 1988; *Die Verlängerung*, Hsp., WDR 1988; *Konservativ in 30 Tagen. Ein Hand- und Wörterbuch Frankfurter Allgemeinplätze*, Reinbek 1988; *Japanische Rolltreppen. Tanka-Gedichte*, Reinbek. 1989, *So reizend wie sein Name*, Hsp., WDR/HR 1990; *Ein Dorf und sein Birnbaum*, Hsp., SFB 1990; *Die Birnen von Ribbeck*, E., Reinbek 1991, Hsp., NDR/MDR 1992; *Die Hand am Kinderwagen*, Hsp., WDR 1992; *Himmelfahrt eines Staatsfeindes*, R., Reinbek 1992; *Selbstporträt mit Luftbrücke. Ausgewählte Gedichte 1962–1992*, Reinbek 1993; *Der Sonntag, an dem ich Weltmeister wurde*, Reinbek 1994; *Der Spaziergang von Rostock nach Syrakus*, E., Reinbek 1995; *Die Verlockungen der Wörter oder Warum ich immer noch kein Zyniker bin*, Bln. 1996; *Die Flatterzunge*, E., Reinbek 1999; *Transit Westberlin. Erlebnisse im Zwischenraum*, zus. m. Peter J. Lapp., Bln. 1999; *Das Jericho-Syndrom*, Hsp., WDR 1999; *Der Königsmacher*, R., Bln. 2001; *Warum ich schon immer Recht hatte – und andere Irrtümer. Ein Leitfaden für deutsches Denken*, Bln. 2003.

Demski, Eva, geboren am 12. 4. 1944 in Regensburg, verbrachte ihre Kindheit in Regensburg, Wiesbaden und in Frankfurt am Main, wo sie ein altsprachliches Gymnasium besuchte. Von 1964 bis 1968 studierte sie Germanistik, Philosophie und Kunstgeschichte in Mainz und Freiburg. 1967 heiratete sie den Rechtsanwalt Reiner Demski, der 1974 an Asthma starb. Von 1968 an arbeitete sie als Dramaturgieassistentin an den Städtischen Bühnen Frankfurt. Danach war sie als freie Lektorin und Übersetzerin, dann als Journalistin und freie Schriftstellerin tätig. Seit 1969 Mitarbeiterin des Hessischen Rundfunks, gehörte sie von Ende 1969 bis 1977 der Redaktion des Kulturmagazins »Titel, Thesen, Temperamente« an. 1989 nahm sie eine Gastdozentur an der Universität Paderborn wahr. 1981 erhielt sie den Preis der Klagenfurter Jury, 1987 den Kulturpreis der Stadt Regensburg, 1988 den Stadtschreiberpreis von Bergen-Enkheim und 1990 die Goethe-Plakette der Stadt Frankfurt.

»Mit dem Tod ihres Mannes waren Anfänge von Geschichten in ihr Leben gekommen, und sie musste die Enden dafür suchen.« Diese aus dem autobiografischen Roman *Scheintod* entnommene Passage bezeichnet die Beweggründe, die den relativ spät einsetzenden Beginn der literarischen Tätigkeit Eva Demskis begründen. Ihre ersten drei Romane – *Goldkind* (1979), *Karneval* (1981) und *Scheintod* (1984) – sind zwar nicht als Trilogie konzipiert, aber stofflich wesensverwandt und zusammengehörig. In ihnen entwirft Demski anhand der Rekonstruktion dreier ebenso eigenwilliger wie typischer Lebensläufe ein kritisches Porträt der deutschen Wohlstandsgesellschaft von der unmittelbaren Nachkriegszeit bis in die späten Siebzigerjahre hinein. Es geht um drei ausgeprägte Individualisten, die in ihrem Bemühen um eine unverwechselbare Identität mit den Erziehungsidealen und den Zwängen einer nur scheinbar pluralistischen Leistungsgesellschaft kollidieren. In dem Roman *Goldkind*, schildert Eva Demski vor dem Hintergrund des Zusammenbruchs der konservativen Großbourgeoisie nach dem Zweiten Weltkrieg den Lebensweg eines verwöhnten und eigenbrödlerischen Jungen. Von seinen Großeltern nur »Gold« gerufen, ist er hilflos »einer Zärtlichkeit (ausgesetzt), die nach Verdienst und Antwort nicht fragte, die morgens begann und abends nicht endete«. Inmitten der patriarchalischen Familienordnung wird der Junge zur Übernahme traditioneller Rollenmuster gezwungen, die ihm eine Integration in seine soziale Umwelt verwehren und ihn über den Weg des geringsten Widerstandes in Lethargie und Opportunismus verfallen lassen. Der Krieg wird dabei als Spuk verdrängt, der Faschismus wirkt unter neuem Etikett weiter. Dieser nahtlose Übergang und eine mangelhafte Aufarbeitung der vergangenen Jahre produzieren eine

»innere Ordnung der Tage, die immer gleichen Abläufe«. Golds zaghafte Entfaltungsversuche werden gewaltsam unterdrückt, sodass der »Maschendraht, [der] vor das Fenster seines Zimmers« gespannt wurde, auch eng sein Herz und seinen Mut zusammenpresst. Gold stilisiert sein Außenseiterdasein notgedrungen zum elitären Bewusstsein: »Das war seine größte, heimliche Angst, sich eines Tages von andern nicht mehr zu unterscheiden.« Seine Furcht vor der Veränderung der gesicherten Lebensumstände lähmt ihn, der nach der Auflösung des schützenden Familienverbandes in Internat und Universität hilflos auf sich allein gestellt ist, in der Bewältigung alltäglicher Normalität. Bindungs- und heimatlos kompensiert er seine Ängste in Tagträumen und wird am Ende als zufälliger Beobachter einer Studentendemonstration, in dem Moment, als er sich von der aufgewühlten Menge entfernt will, Opfer eines Verkehrsunfalles.

Dieses dialektische Verhältnis von Anpassung und Ausbruch beleuchtet Eva Demski auch in *Karneval*, der raffiniert erzählten Retrospektive einer älteren Erzieherin, die am Aschermittwoch, in ihrer Schreibkladde die Ereignisse der vergangenen »närrischen Tage« aufzeichnend, sich so Aufschluss über die Motive und Hintergründe des Attentatsversuches ihres jugendlichen Schützlings Losie auf ein Mitglied der lokalen Prominentenszene erhofft. Losie stellt wie Gold ein sensibles, hochgezüchtetes Produkt eines sinnentleerten, materiell übersättigten Gesellschaftssystems dar. In einem gleichsam selbsttherapeutischen Aufklärungsakt beschreibt die Erzieherin ihre besondere Bindung und ihr Bemühen, »Losie unbescheiden zu haben«, Losies »Versuche, sich Ausbuchtungen in der Regelmäßigkeit zu schaffen«, und Losies Scheitern an einer kompromisslosen Realität, die »erobert, Krieg führt« und stets die Spielregeln festlegt. Demski verwendet den Karneval in all seinen Facetten, der »kollektiven Geilheit« und verordneten Lustigkeit, dem aggressiven Protz und der hektischen Sensationsgier, als Spiegelbild einer Gesellschaft, »in der das Normalsein fürchterlich und das Anderssein unerträglich ist« (A. v. Schirnding). Die Diskussion um die Frage, unter welchen Vorzeichen Kinder auf eine repressive Gesellschaft vorzubereiten seien, beendet Demski abschließend mit der resignierenden Einsicht der Erzieherin: »Eigentlich ist nichts passiert. Aber alles ist anders geworden.« Der Status quo bleibt, mit wenig veränderten Vorzeichen, erhalten, die systemimmanenten Defizite werden kompensiert werden, und die Einzelgängerin Losie wird weiter »Angst haben vor dem, was alle tun«.

In ihrem Buch *Scheintod* (1984) erzählt Eva Demski detailliert und kenntnisreich die Geschichte der linken Bewegung, die auch ihre Geschichte ist, Ende der Sechziger-, Anfang der Siebzigerjahre, als »man zwar schon eitel, aber mürrisch war. Die Welt hatte sich ein für alle Mal entschlossen, ihre Kritiker nicht mehr aus der Ernsthaftigkeit zu entlassen. Wenn man jemanden liebte, durfte es nicht ohne den Schimmer revolutionären Fortschritts, politischer Brauchbarkeit geschehen.« In der Auseinandersetzung mit Leben und Arbeit ihres verstorbenen Mannes, der als Anwalt (»Anarchojurist«) die Interessen linker, außerparlamentarischer Gruppierungen vertrat, zerstört seine seit Jahren von ihm getrennt lebende Frau den »romantischen Glanz«, der die gewalttätigen Aktionen der RAF umstrahlte, prangert die wechselseitige Abhängigkeit von Staatsmacht und Terrorgruppe an und attackiert die dogmatische Unmenschlichkeit marxistischer Parteistrategen. »Ihr Denken hatte keine Formen liebender Trauer entwickelt, in ihren politischen Gebäuden war kein Platz für einen Toten, auf ihren Wegen hätte die Unordnung nur gestört.« In diesem starren Koordinatensystem blieb ihr Mann eine unbekannte Größe, eine schillernde, scheinbar widersprüchliche Figur mit unkonventionellen Lebensvorstellungen. Er hinterließ Spuren, Gedanken, Träume (»Wenn jeder einen anderen glücklich machte, wären alle Menschen auf der Welt glücklich«), die seine Witwe aufnehmen und fortführen will. Am Ende vernichtet sie mögliche belastende Papiere in der Kanzlei ihres Mannes.

Im handlungsarmen Briefroman *Hotel Hölle, Guten Tag* (1987) begegnet man der Gesellschaft der Bundesrepublik Deutschland »en miniature«, Neo- und Altnazis, »Machtmännlein aus den Konzernen und der Kultur«, dem Antisemitismus, den Umweltskandalen, trifft auf Dichterfossile, einsame Rächer und skurrile Kochkünstler. Über diese »Art Heimatmuseum ohne Konzept und Stil« wacht eine liebeskranke Patronin mit literarischen Ambitionen – »Hotel Hölle, denn schlimmer kann es nicht kommen«.

»Satansbrätlein, Vierkiloschande« und »Rußfleckerl« – *Afra* (1992) ist die Geschichte eines Mischlingsmädchens aus Niederbayern, das in seinem Dorf wie eine Aussätzige behandelt wird und erst später in der Großstadt im Zuge des späten Sechzigerjahre-Chics wie eine bayerische Angela Davis bewundert wird, sich in den Kreisen um Fassbinders »antitheater« bewegt, da sogar eine schwarze Maria Stuart gibt. Doch das Stigma der Hautfarbe wird sie nicht los (»in der Farbe bedenklich«), eine Außenseiterin auch sie, die ihrer Tochter dann den allerweißesten Namen, »Nivea«, gibt, um ihr ein besseres Leben zu ermöglichen. Demski schildert mit gewohnter Sensibilität und Genauigkeit das stille Martyrium einer Frau, die nicht zufällig den Namen der Schutzpatronin der Prostituierten trägt. Ein Panoptikum der Torheiten bietet, in Anlehnung an das *Narrenschiff* von Sebastian Brant, *Das Narrenhaus* (1997), ein 14-stöckiges Hochhaus am Großstadtrand, in dem Blockwärterinnen und Altnazis, Transvestiten, alte Damen mit Mordabsichten und ein »halbkrimineller Helmut-Dietl-Verschnitt« wohnen. Ein Mord passiert, ein Kunstraub wird entdeckt, und Lupo, Erzähler und Requisiteur beim Fernsehen, zitiert alle Verdächtigen gleichsam auf den Bildschirm, er klickt ihre Geschichten an und beschreibt, auf der Suche nach dem Mörder, dieses verrückte Welthaus und damit auch eine zweite, medienvermittelte Realität, die davor und dahinter steht.

Eva Demski versteht es, vor allem in der »Trilogie«, mit wechselnden Erzählperspektiven, flexiblem Tempo und geschickt eingeflochtenen Episoden eine Atmosphäre zu erzeugen, die den Leser in den Bann zwingt und zur Auseinandersetzung mit den Erzählsujets anhält. Ihr Verständnis für Menschen, besonders für die Kinder, die gegen alle gesellschaftlichen Widerstände ihre wahre Identität zu finden und zu wahren suchen, und ihr Protest gegen eine kulturlose Gesellschaft der Uniformität und Intoleranz finden ihren beherzten Ausdruck in den literarischen »Tellerminen«, die sie mit ihren kritischen Zeitromanen im Boden bundesdeutscher Selbstgefälligkeit versteckt hat. Wer ihre Texte liest, wird vielleicht Position beziehen, vielleicht seinen eigenen Standpunkt neu bestimmen müssen, denn, so Demski in Anlehnung an Francis Picabia, »unser Kopf ist rund, damit unser Denken die Richtung ändern kann«.

Thomas Kraft

Werke: *Daniel Guerin: Anarchismus. Begriff und Praxis*, Übs., zus. m. H. H. Hildebrandt, Ffm. 1967; *Bertrand Russell: Wege zur Freiheit. Sozialismus, Anarchismus, Syndikalismus*, Übs., zus. m. Reiner Demski, Ffm. 1971; *Kunst als Beruf. Das Ballett*, TV-Film, HR 1972; *Hans Neuenfels*, TV-Film, HR 1975; *Joseph Roth. Auf der Suche nach einem Dichter*, TV-Film, HR 1975; *Tibor Dery*, TV-Film, SDR 1978; *Arno Schmidt. Ansichten und Meinungen*, TV-Film, HR 1979; *Die Duse*, TV-Film, HR 1979; *Goldkind*, R., Darmst. 1979; *Adolf Wölfli*, TV-Film, SDR 1981; *Karneval*, R., Mü. 1981; *Die Angst hat Flügel und der Zorn ist kalt. Der Dichter Volker von Törne*, TV-Film, HR 1983; *Pina Bausch und ihr Tanztheater*, TV-Film, HR 1984; *Scheintod*, R., Mü. 1984; *Dr. Gottfried Benn. Bozener Straße 20*, TV-Film, HR 1986; *Margots Tagebücher*, Hg., Ffm. 1986; *Wolf Jobst Siedler. Porträt eines Verlegers*, TV-Film, SDR 1987; *Hotel Hölle, Guten Tag*, R., Mü. 1987; *Meine Katze*, zus. m. Günter Kunert u. Alexander Schmitz, Hbg. 1987; *Anja Lundholm: Das Höllentor. Bericht einer Überlebenden*, Hg., Reinbek 1987; *Größenwahn und Engagement. Rede zur Einführung in das Amt der Stadtschreiberin von Bergen am 2.9.1988*, Ffm. 1988; *Die Gruppe 47*, TV-Film, SFB 1988, *Unterwegs. Erzählungen, Reportagen, Aufsätze*, Ffm. 1988; *Käferchen und Apfel. Kleine Anleitung zum Lesen und Verschlingen*, Ffm. 1989; *Es war 1939. Der Tod des »Heiligen Trinkers«: Joseph Roth*, TV-Film, HR 1989; *Syliva Plath: Das Bett-Buch*, Übs., Ffm. 1989; *Ein ganz anderer Weg auf die Wartburg. Rede zum 3. Oktober 1990, gehalten im Reichssaal der Stadt Regensburg*, Ffm. 1990; *Das Historische Museum in Frankfurt*, TV-Film, HR 1990; *Sylvia Plath: Johnny Panic und die Bibel der Träume*, Hg., Ffm. 1991; *Afra. Roman in fünf Bildern*, Ffm. 1992; *Eva Demskis Katzenbuch*, m. Zeichnungen v. Tomi Ungerer, Ffm. 1992; *Steinsiegel. Gedichte und Geschichten aus der Oberpfalz*, zus. m. Harald Grill u. Angelika Seitz, 1993; *Land & Leute*, Ffm. 1994; *Im Schatten der Helden? – Die Töchter des 20. Juli*, TV-Film, ORB 1994; *Das Meer hört zu mit tausend Ohren. Sappho und die Insel Lesbos*, Ffm. 1995; *Der letzte Magier. Wolfgang Koeppen. Ein Porträt*, TV-Film, HR 1996; *Venedig – Salon der Welt*, Ffm. 1996; *Das Narrenhaus*, R., Ffm. 1997; *Zettelchens Traum oder »Warum sollte nicht der Mensch ein Geheimnis haben? Oder ein Tagebuch?« Frankfurter Vorlesungen*, Ffm. 1999; *Mama Donau*, Ffm. 2001.

Derschau, Christoph, geboren am 13. 2. 1938 in Potsdam, lebte von 1964 bis 1967 als Galerieleiter in Göttingen. Nach einem abgebrochenen Publizistik- und Volkswirtschaftsstudium (1967/69) war er als Hörspiel- und Fernsehdramaturg beim Saarländischen Rundfunk tätig. 1970 bis 1972 arbeitete er in der Fernsehspielabteilung des Norddeutschen Rundfunks mit. Danach verdiente er sich seinen Lebensunterhalt als freier Schriftsteller, Journalist und Übersetzer. Seit 1976 war er als Dokumentar beim »Stern« beschäftigt. 1988 übernahm er eine Lehrtätigkeit an den Universitäten in Ohio und Michigan/USA. Er war Mitglied im VS und im bundesdeutschen P.E.N.-Zentrum; er lebte in Hamburg, wo er am 7. 11. 1995 starb.

Christoph Derschau bewegte sich »eng an der Innenhaut der Innenhaut der Sprache: Im Neuen Subjektivismus ist (er) der Subjektivste« (Helmut Heißenbüttel). Seit dem Erscheinen seines ersten

Gedichtbandes *Den Kopf voll von Suff und Kino* (1976) vom Prädikat des anarchischen Einzelgängers verfolgt, der sich, breitbeinig im Straßenkot stehend, lächelnd *Die guten Wolken* (1980) herbeiträumt oder dem Sinnbild der *Grünen Rose* (1981) ein Leben (oder einen Gedichtband) widmet, widerstand Derschau eigensinnig literarischen Moden und intellektuellem Tiefgang. Fest verankert in den Bildern alter Filmklassiker und bluesiger Klänge der Sechzigerjahre schwebt ein Ich in seinen Gedichten entweder über dem Boden »auf der Suche nach Liebe« oder vergräbt sich einsam im »Geschirr der Schnecke aus Wörtern«. Als »Gelegenheitsprodukte, tagtägliche Gebrauchsgegenstände« wirken seine reimlosen Gedichte, aus dem Augenblick heraus erlebt und spontan niedergeschrieben (z.T. datiert), emotional – »Ich sehe dich – also mich – meine eigene Verwirrung« –, assoziativ und scheinbar naiv, mit betörend schönen Bildern (gemeint sind weniger die Polaroid-Fotos, mit denen er seine Lyrikbände illustrierte) und der unerschütterlichen Ruhe eines melancholischen Nostalgikers, der quälende Sinnfragen selbstironisch und mit gelassener Geste zu beantworten sucht: »Einer der im Moment nicht schlafen kann« (*Die Ufer der salzlosen Karibik,* 1977). Die Intimität und zuweilen auch Banalität von Erlebnissen präsentierte Derschau ohne Scheu, zum Teil in der bewussten Anlehnung an amerikanische »Underground«-Schreiber wie Charles Bukowski, aber auch mit offener Vorliebe für deutsche Autoren wie Ernst Meister und Günter Bruno Fuchs. Tagebuchartige Notizen, Reiseimpressionen, kurze Stimmungsbilder, Liebes- und Widmungsgedichte, Haiku und andere Kurzzeiler – sie alle atmen die innere Freiheit eines Lyrikers, »der davon träumt / wie er die Wirklichkeit in den Griff bekommt / um sie zu verwerfen«.

Thomas Kraft

Werke: *BRATATATA-WHAAM! oder Weiß raus, Mao rein!*, Theaterst., UA Innsbr. 1969; *So ein Theater! Improvisation*, Theaterst., UA Ffm. 1971; *Theaterhörspiel*, Hsp. 1972; *Ein ganz gewöhnlicher Tag*, Olympia-Hsp., 1973; *Den Kopf voll Suff und Kino. Gedichte von Liebe, Tod und dem täglichen Kleinkram*, Mü. 1976; *Die Ufer der salzlosen Karibik. Breitwandgedichte über Städte, Stars und starke Frauen*, Kaufbeuren 1977; *Was wäre Goethe gewesen ohne meinen Onkel?*, Hsp., 1977; *So ein Theater. Theater, Hörspiele, Features*, Wiesb. 1977; *Die guten Wolken. Modern u. Polaroid Haikus*, Mü. 1980; *C.D.–Live in Wuppertal*, Schpl., Wuppertal 1980; *Ceddo + D.–Grüne Rose Live*, Schpl., Dortmund 1981; *Grüne Rose. Ein Gedicht*, Hdbg. 1981; *Monolog in der Küche*, G., Zür. 1982; *Internationaler Poesie-Kalender 1983*, Hg., Basel 1983; *»Schreibheft«, 25: Hubert Fichte zum 50. Geb.*, Hg., zus. m. Norbert Wehr, Essen 1985; *Poesie-Marathon/Marathon-Poesie*, Laufaktion in Zusammenarbeit mit dem Kunstmuseum Bern, 1985; *... so hin und wieder die eigene Haut ritzen*, ausgewählte Gedichte, Ffm. 1986; *Thirty Running Haikus*, zweispr., Ohio 1989; *Bei den Schakalen oder Von der Schönheit des Chaos*, Pr., Ffm. 1989; *Der Sprung aus dem Kopf*, R.-Auszug, Ffm. 1989.

Dick, Uwe, geboren am 21. 12. 1942 in Schongau am Lech, war bis 1968 als Redakteur tätig. Er gab seinen »monatsgehaltvollen« Beruf auf und zog sich aus dem konventionellen Literatur- und Kulturbetrieb zurück, um als freier Schriftsteller und Betreiber eines Ein-Mann-Theaters (zur Vorführung eigener Texte) tätig zu sein. Jahrelang lebte Dick in Brannenburg am Inn, heute wohnt er in Niederperlesreut. Rad- und Fußwanderungen führten ihn nach Sizilien, Jütland, Wales, den Hebriden und Jugoslawien. 1972 erhielt Dick den Bayerischen Staatspreis für Literatur und den Förderpreis der Stadt Rosenheim, 1978 den Literaturpreis der Stiftung zur Förderung des Schrifttums, 1986 den Marie-Luise-Fleißer-Preis der Stadt Ingolstadt, 1987 und 1992 den Tukan-Preis der Stadt München, 1988 das Stipendium des Deutschen Literaturfonds und 1997 das Jahresstipendium des Landes Baden-Württemberg für Schriftsteller.
Literarisch unter anderem beeinflusst durch Velimir Chlebnikov, Vladimir Majakowskij, Ossip Mandelstam, T. S. Eliot, Karl Kraus und Ezra Pound nennt Dick als seine »Lebenslehrer« immer wieder Ludwig Marcuse und Elias Canetti. Ein »Canto für Ezra Pound« steht auch im Zentrum des 1991 veröffentlichten Bandes *Das niemals vertagte Leben*, der 13 Widmungstexte an Freunde und Kollegen versammelt. Einem größeren Publikum wurde Dick zunächst durch das von ihm selbst in Szene gesetzte (Wirtshaus-)Solo *Der Öd. Bio-Drama eines Amok denkenden Monsters oder: Wechselfiebrige Anfälle von Weisheit, Torheit und Faschismus. Eine volkskundliche Studie* (geschrieben 1975) bekannt. Unter Ausnutzung der Lautlichkeit des bairischen Dialekts und dessen breiten Bedeutungs- und Assoziationsspektrums sucht und (er-)findet Dick ungewöhnliche sprachliche Ausdrucksmöglichkeiten. In wortgewaltigen Tiraden – die, wie in *Pochwasser* (1992) nachzulesen, durchaus auch einmal recht ungeschliffen daherkommen können – entlädt er seine Wut über eine medial verseuchte, korrupte und genormte Gesellschaft und über den gegenwärtigen »Zustand zum Tode«. Die oft verschleierten, aber allgegenwärtigen kleinen Faschismen im Den-

ken und in der Sprache aufzeigend, verschont Dick mit seiner Kultur- und Zivilisationskritik auch das Publikum nicht, das sich im Einverständnis mit ihm wähnt. Er trägt seine Angriffe nicht im modischen Impetus des kühl analysierenden, überinformierten Intellektuellen vor. Vielmehr droht seine Betroffenheit mitunter in unkontrollierbar werdende Wut zu eskalieren, was manchen Zuschauer oder Leser irritiert zurücklässt. »Drum seids gor so gern oghängt / and Arbat / and Famülüäh, / ann Vaein ... u s weh! / und drum bleibts / beim geistign Niewoh!«

Im *Monolog eines Radfahrers. Überlebensprosa* (1985), den man wie den *Öd* und den *Cantus Firmus für Solisten mit Pferdefuß* als »Aggressionstexte« (Eva Hesse) bezeichnen kann, sieht sich der Leser mit den Vernichtungsträumen eines von rasenden Autofahrern bedrohten Radfahrers konfrontiert: »Und Gas und ab, daß mir die Augen tränen im wirbelnden Grus. Jetzt eine Boden-Luft-Rakete. So abgefeuert, daß es ihn in der nächsten Kurve erwischte. Die eigene Fliehkraft räumte ihn noch von der Straße« *(Monolog eines Radfahrers)*. Der Radfahrer, der auf die ihm durch die Gesellschaft zugefügte Gewalt reagiert, ergreift gleichzeitig Partei für die wehrlosen Kreaturen, die als Opfer der »Automobilmachung« auf der Strecke bleiben. Natur und ursprünglich gebliebene – jedoch ebenfalls von der Zerstörung bedrohte – Landschaften bieten letzte Rückzugsmöglichkeiten.

In der *Sauwaldprosa* (1976, erweiterte Auflagen 1978, 1981, 1987, 2001) porträtiert der Autor einen Landstrich im bayerisch-österreichischen Grenzgebiet. Der »Sauwald« entpuppt sich als ein Ort, an dem das Fantastische und das Sagenhafte, die Vergangenheit und die Gegenwart eine eigentümliche Symbiose eingehen. Die reale Existenz der Region gewährt dabei die Möglichkeit des Nachvollzugs. Der »Sauwald«, der zunächst nur auf eine – wenn auch schwer lokalisierbare – topografische Wirklichkeit zu verweisen scheint, offenbart sich als eine poetische Region mit komplexem Symbol- und Zeichencharakter, den Dick durch seinen subjektiven Erlebnisbezug dem Leser nahe zu bringen versucht. Keine fortlaufende Handlung, sondern kleine Ereignisse, Geschichten, Bilder und Bilderfolgen. Die Dichter Franz Stelzhamer, Richard Billinger und Persönlichkeiten wie der Gustl von Töging oder Rudolf Englberger werden vorgestellt; der Maler und Dichter Alfred Kubin, der von 1906 bis zu seinem Tode in Zwickledt (im Sauwald) lebte, wird mit einem Satz, der in deutlichem Bezug zu Uwe Dicks Schaffen steht, herbeizitiert: »Erkennen und sehen wollen ist immer die Vorstufe zum wirklichen Erkennen und Sehen.« Die Trias Bild – Erfahrung – Leben wird als transzendentales Bollwerk gegen den allgegenwärtigen Tod errichtet. Das immanente Ziel bleibt, über das »Erkennen der seelischen Dimension der Dinge und Wörter« eine authentische Sprache und Erlebnisweise wiederzugewinnen, denn »Im Menschen / vermag sich auszudehnen das All« (*Tag und Tod*, 1971).

Die Gedichtzyklen *Theriak. 13 Fügungen, Janusaugen. Sechs Tagebuchgedichte* (1974), *Tag und Tod (Der blinde Seher)* (1971) sind ebenfalls von diesem zentralen Themenkreis Dicks beherrscht: »... Augenlose Reiter / Reiter ohne Gesichter / [...] Und ihrer Schilder Heraldik / – der Baum, die Woge, das Auge – / lenkt mich vom Ende ab, / hält mich in Atem. / Ich trinke Bilder: / Theriak gegen den Tod. / Wie lange noch?« – Träume, Visionen, Mythen und märchenhafte Elemente, eigene Wort- und Weltschöpfungen – »Ich / Dichter des Himmels und der Erde« – charakterisieren diese »Reise nach innen«, in der Dick »eine weitgehende Entgrenzung des Ich« erfährt, »bis er mit der erneuten Anwesenheit und Selbstbehauptung in der Gegenwart am Ende wieder festen Boden unter den Füßen gewinnt« (Eva Hesse). Die intertextuellen Wiederholungen von Motiven, Wortketten, Zitaten, das Zusammenspiel von Lyrik, Prosa und Szene lassen in Dicks Schaffen eine Kontinuität sowohl in inhaltlicher als auch in formal-stilistischer Hinsicht erkennen. In einem zunehmend an modischen Maßstäben orientierten Kulturbetrieb beeindruckt er immer wieder durch seine Kompromisslosigkeit.

In der Brief-Poetologie *Im Namen des Baumes und seines eingeborenen Sohnes des Buntspechts* gibt Uwe Dick bereitwillig Auskunft auf die Fragen von Pariser Schulkindern: »Welches ist dein Lieblingswort? Hast du gewählt, Dichter zu werden? Hast du einen Fernsehapparat zu Hause? Was ist Schönheit in deinem Leben?« Eva Hesse meint, dass Uwe Dick sein Anliegen »nicht so sehr in Form von abstrakten Resolutionen und Argumenten, wie von der existenziellen Basis her: als Politik in der ersten Person« zur Sprache bringe. Sie sieht in Dicks Werk insgesamt den Versuch einer Entlarvung von Lebenslügen mittels der Rückführung auf das Authentische, Ursprüngliche und Sinnfällige.

Petra Ernst

Werke: *Viechereien. Rezi-Tiergedichte*, Mü. 1967; *Das singende Pferd. Erzählgedichte*, Mü. 1968; *König Tauwim. Prosaminiaturen*, Privatdr., Rosenheim 1970; *Mangaseja. Märchen mit Gesängen. Nach einem Bild des Malers Rudi*

Englberger, Privatdr., Rosenheim 1971; *Tag und Tod*, Rosenheim 1972; *Janusaugen*, Rosenheim 1974; *Das Weib / Das Meer / Der Dichter. Szenisches Großgedicht*, Rosenheim 1976; *Sauwaldprosa*, Mü. 1976, erw. Ausg. 1978, 1981, 1987, Salzb. 2001; *Ansichtskarten aus Wales. Erfahrungstexte*, G., Passau 1978; *Das Echo des Fundamentschritts. Dichtungen 1968–1980*, Mü. 1981; *Der Öd*, Schpl. m. Textheft, Mü. 1980; *Der Öd*, Passau 1983, Schpl., Bad Nauheim 1999; *König Tauwim/Mangaseja. Zwei Märchen*, Passau 1984; *Im Namen des Baumes und seines eingeborenen Sohnes des Buntspechts*, Passau 1984; *Monolog eines Radfahrers*, Passau 1985; *Theriak. 13 Fügungen*, Mü. 1986; *Der Öd; Monolog eines Radfahrers; Cantus Firmus für Solisten mit Pferdefuß*, Mü. 1988; *Kontrabass und Sauwaldprosa*, zus. m. Aladar Pege, Schpl., Tittmoning 1990; *Das niemals vertagte Leben. 13 Widmungen*, Mü. 1991; *Pochwasser. Eine Biographie ohne Ich*, Mü. 1992; *Der Jäger vom Knall. Hundsoktaven zu einer Sexualpathologie zwergdeutscher Flintenmänner*, Schpl., Bad Nauheim 1994; *Wer einen Dachschaden hat ... der ist freilich offen fürs Höhere. 77 Gottesafforismen zur Toleranzprobe nach einer kirchenamtlichen Religionsstörung*, zus. mit Werner Hofmeister, Schpl., Bad Nauheim 1996; *Land-, See- und Luftschaften*, für Saxofon und Solosprecher, mit Klaus Obermayer, Schpl., Tittmoning 1996; *Die Salzigkeit der Wogen und der Sterne. Wortkristalle, schockweise Diatriben, zum Dritten: Klingender Granit*, zus. m. Alexandr Alexandrov, Schpl., Bad Nauheim 1997; *Der Tod der Königin. Die venezianischen Gedichte*, Musik v. Michael Steinkühler, Schpl., Bad Nauheim 1997; *... nistet im Zufall und brütet im Schweigen. Poesie statt Geschwätz. Die Predigt vom 20. Juli 1997 in der Schwabinger Kreuzkirche*, Bad Nauheim 1997; *Odyssee mit Cello und Trompete. Ein Canto für Ezra Pound*, Schpl., Tittmoning 1998; *Der Jäger vom Knall*, m. Schpl., Bad Nauheim 2000; *Des Blickes Tagnacht. Gesammelte Gedichte*, m. Schpl., Salzb. 2002.

Dieckmann, Dorothea, wurde am 18. 12. 1957 in Freiburg/Br. geboren. Auf das Studium der Germanistik und Philosophie in Hamburg und Köln folgte 1984 ein Referendariat am Studienseminar Hamburg. Von 1987 bis 1992 war sie als Lehrerin der Gymnasialstufe angestellt. Seit 1991 veröffentlicht sie Essays und Prosa in literarischen Zeitschriften und beteiligte sich an renommierten Anthologien. Ein Aufenthalt in Rom 1992/93 eröffnete ihre literarische Laufbahn als freiberufliche Schriftstellerin und Literaturkritikerin. 1990 wurde ihr der Hamburger Förderpreis für Literatur zugesprochen, 1997 ein Aufenthaltsstipendium des Berliner Senats. 1998 erhielt sie den Marburger Literaturpreis. Dorothea Dieckmann lebt in Hamburg.

Mit ihren rhetorisch pointierten und analytisch fundierten Essays zählt Dorothea Dieckmann zu den wichtigsten Stimmen der deutschsprachigen Literaturkritik. Die Kunstform des Essays adaptierte sie für *Unter Müttern. Eine Schmähschrift* (1991) zu einer grundlegenden kulturkritischen Polemik gegen die »Mittelstandsmuttis«, deren ökologisch-alternativ hypertrophierte Mutter-Kind-Symbiose zu einer Desexualisierung der Mütter und zu emotionaler Vereinnahmung der Kinder führe. Sie entdeckt in der geschlossenen Mütterwelt und ihrer »Totaleinverleibung alles Fremden« einen »diktatorischen Zug«, den Willen zur Macht, und empfiehlt als Gegenmittel das distanzierende Lachen.

Auch mit ihrem zweiten Buch begibt sich Dieckmann in den Fokus öffentlicher Debatten. *Kinder greifen zur Gewalt* (1994) ist eine philosophisch-begrifflich anspruchsvolle Studie über Gewaltinitiationen Jugendlicher in normativ verfestigten gesellschaftlichen Hierarchien, die den Heranwachsenden eine affirmative, medial gestützte »Echowelt« bieten, statt Bewältigungsstrategien für natürliche »Leiden, Angst und Aggression«. Der Einfluss medialer Artefakte auf das kritische Rezeptionsvermögen gegenüber Sprache und Text ist der Gegenstand ihres dritten Essays *Sprachversagen* (2002). Für Dieckmann ist Literatur, die der Wahrheit verpflichtet ist, »der in die Sprache ausgewanderte Körper«. Gegen die Forderung nach einer authentischen Literatur, die das Unsagbare umschreibt, stellt sie polemisch zugespitzt die »ästhetische Schamlosigkeit« neuerer Literatur unter den Bedingungen einer renditeorientierten Bücherindustrie.

In der märchenhaften Romanparodie *Belice im Männerland* (1997) bewegt sich Dorothea Dieckmann im Grenzbereich von erzählerischem und analytisch-explikativem Schreiben. Die Phantasmagorie der Erkundung männlicher Erotik im Wunderland des unschuldigen weiblichen Sexus trägt noch Züge satirischer Kolportage. In den Prosaskizzen *Wie Engel erscheinen* (1994), ihrem ersten Erzählband, und in der Novelle *Die schwere und die leichte Liebe* (1996) sind Lust an sinnlicher Erotik und Selbstbehauptung der Ich-Erzählerin in atmosphärisch dichten Bildern sprachlich nahtlos verwoben. Dieckmanns Erzählkunst schafft minuziöse Psychogramme ihrer Figuren, in denen höchste körperlich-gestische Präsenz mit sprachlicher Prägnanz verbunden sind. Der Roman *Damen und Herren* (2002) bedient sich einer kunstvollen fotorealistischen Technik. In der Simultaneität erzählter Zeit und Erzählzeit breitet sich zwischen den Teilnehmern eines Klassentreffens allmählich eine dramatische Atmosphäre verdrängter Schuld und latenter psychischer Gewalt aus.

Beatrix Langner

Werke: *Unter Müttern. Eine Schmähschrift*, Ess., Bln. 1993; *Wie Engel erscheinen*, Pr., Hbg. 1994; *Kinder greifen zur Gewalt*, Ess., Hbg. 1994; *Die schwere und die leichte Liebe*, Nn., Bln. 1996; *Belice im Männerland. Eine wahre Geschichte*, R., Bln. 1997; *Sprachversagen*, Ess., Graz 2002; *Damen und Herren*, R., Stg. 2002.

Dieckmann, Friedrich, wurde am 25. Mai 1937 in Landsberg an der Warthe geboren und wuchs in Dresden, von 1951 an in Birkenwerder bei Berlin auf. Nach einem Studium der Germanistik, Philosophie und Physik in Leipzig arbeitete er von 1963 an als freier Autor zunächst für den Rundfunk und das »Sächsische Tageblatt«, seit 1965 vor allem für die Zeitschriften »Theater der Zeit« und »Sinn und Form«, gelegentlich auch für die »Neue Rundschau« und »Opernwelt«. 1965 zog er nach Berlin, wo er seitdem lebt. 1972 engagierte Ruth Berghaus ihn als Dramaturgen ans Berliner Ensemble. Im Herbst 1976 löste er sich von diesem Theater und arbeitete wieder freischaffend als Buchautor, Kritiker und Essayist, nun auch für Zeitschriften wie »Theater heute«, »Neue Deutsche Literatur«, »Merkur« und die »Neuen Deutschen Hefte«, später gelegentlich auch für den »Freibeuter«, das »Kursbuch« und »Transatlantik«. Ende 1989 versuchte er mit Gerd Irrlitz und Volker Braun in Berlin die Wochenzeitung »Die Woche« zu gründen. Von 1990 bis 1994 war er Mitarbeiter der »Neuen Zeit«. 1995 begann eine publizistische Mitarbeit bei der »Frankfurter Allgemeinen Zeitung« und der Wochenzeitung »Freitag«, seit 1999 schreibt er für »Lettre International«. Dieckmann ist Gründungsmitglied und Vizepräsident der Sächsischen Akademie der Künste, er ist Mitglied der Akademie der Künste Berlin-Brandenburg, der Deutschen Akademie für Sprache und Dichtung und des P.E.N.-Zentrums Deutschland.

Was sein Interesse an der Kunst, vornehmlich an der Musik und der Literatur, motiviert, erläuterte er in seinem Buch über Franz Schubert: »Hier ist in Form aufgehoben, was eine Zeit bewegte und was gegen sie sich bewegte, in ein an sich Dauerndes, das immer wieder, wenn auch auf wechselnde Weise, zu den Nachlebenden spricht.« Seine Analysen gelten nie der Kunst als einer isolierten Erscheinung, sondern immer dem gesellschaftlichen Zusammenhang, der sie hervorbringt und auf die sie zurückwirkt. Hier macht sich zweifellos am deutlichsten bemerkbar, dass Dieckmann Philosophie bei Ernst Bloch studiert und sich über viele Jahre intensiv mit dem Werk Bertolt Brechts beschäftigt hat. Fast folgerichtig erscheint es, dass er auch unabhängig von seiner Auseinandersetzung mit künstlerischen Problemen zu politischen Themen Stellung nimmt. So ist eine 1972 verfasste Abhandlung über Immanuel Kants Programmschrift *Was ist Aufklärung?* eine mehr oder weniger offene Auseinandersetzung mit der Zensur in der DDR. Mitarbeiter der Staatssicherheit rechneten ihn zum »negativ-feindlichen Kern der Kulturschaffenden« und warnten 1983 davor, ihm die Chefredaktion der Zeitschrift »Sinn und Form« anzubieten. In der Begründung hieß es, Dieckmann sei »ein bürgerlich-ideologischer Wirrkopf mit Tendenzen zu negativen Ansichten«.

Nach dem Ende der DDR kritisierte er »Prätentionen ›linken‹, sozialistischen Denkens von einer Romantik, die nah am Demagogischen« sei, und plädierte dafür, »linke Politik« solle »ihren ökonomischen Herrschaftsanspruch« zugunsten einer »verantwortlichen Mobilisierung öffentlichen Bewusstseins und gesetzgeberischen Handelns« aufgeben. Er scheute sich aber auch nicht, die Frage aufzuwerfen, »woher bei fortgesetzter Fixierung auf eine negative Vorstellung von der eigenen nationalen Existenz die Energien kommen« könnten, die er für eine aktive Gestaltung gesellschaftlichen Wandels als notwendig erachte. In Überlegungen wie dieser setzt sich der undogmatische Grundzug seiner Arbeiten aus den Siebzigerjahren fort, zuletzt in einer Analyse von Brechts zwischen 1920 und 1952 geschriebenen Deutschland-Gedichten.

»Nicht nur in Literatur findet Literatur statt«, so ein Credo Dieckmanns, sondern immer dann, »wenn ein Autor seinem Stoff eine Dringlichkeit zu geben weiß«. Dazu bevorzugt er einen an Hypotaxen reichen Stil. Der Verfasser eines Leserbriefs bemängelte deshalb einmal, man müsse »manchen Satz mehrfach lesen«. Dieckmann wies diesen Einwand mit der bündigen Bemerkung zurück: »Das ist wohl aber gut so.«

Gunther Nickel

Werke: *Karl von Appens Bühnenbilder am Berliner Ensemble*, Bln. 1971; *Streifzüge*, Ess., Bln. 1977, *Bühnenbildner der Deutschen Demokratischen Republik. Arbeiten aus den Jahren 1971–1977*, Hg., Bln. 1978; *Theaterbilder. Studien und Berichte*, Bln. 1979; *Orpheus, eingeweiht. Erzählung*, Bln. 1983; *Richard Wagner in Venedig. Eine Collage*, Lpz. 1983; *Die Zauberflöte. Max Slevogts Randzeichnungen zu Mozarts Handschrift*, Hg., Bln. 1984; *Wagner. Verdi*, Bln. 1989; *Hilfsmittel wider die alternde Zeit*, Ess., Lpz., Weimar 1990; *Glockenläuten und offene Fragen. Berichte und Diagnosen aus dem anderen Deutschland*, Ess., Ffm. 1991; *Die Geschichte Don Giovannis*, Ffm. 1991; *Sören Kierkegaard: Die unmittel-*

baren erotischen Stadien oder Das Musikalisch-Erotische. Über Mozarts »Don Giovanni«, Hg., Bln. 1991; *Vom Einbringen. Vaterländische Beiträge*, Ess., Ffm. 1992; *Die Plakate des Berliner Ensembles. 1949–1989*, Hg., zus. m. Karl-Heinz Drescher, Hbg. 1992; *Ernst Bloch: Viele Kammern im Welthaus. Eine Auswahl aus dem Werk*, Hg., zus. m. Jürgen Teller, Ffm. 1994; *Wege durch Mitte. Stadterfahrungen*, Bln. 1995; *Temperatursprung. Deutsche Verhältnisse*, Ess., Ffm. 1995; *Dresdner Ansichten. Spaziergänge und Erkundungen*, Ffm. 1995; *Franz Schubert. Eine Annäherung*, Ffm. 1996; *Der Irrtum des Verschwindens. Zeit und Ortsbestimmungen*, Lpz. 1996; *Die Geltung der Literatur. Ansichten und Erörterungen*, Hg., im Auftrag der Deutschen Literaturkonferenz, Bln. 1999; *Gespaltene Welt und ein liebendes Paar. Oper als Gleichnis*, Ffm. 1999; *A. J. Liebeskind: Lulu oder Die Zauberflöte*, Hg., Ffm., Lpz. 1999; *Die Freiheit ein Augenblick. Texte aus vier Jahrzehnten*, Ess., Bln. 2002; *Was ist deutsch? Eine Nationalerkundung*, Ess., Ffm. 2003; *Wer war Brecht?*, Bln. 2003.

Diggelmann, Walter Matthias, geboren am 5. 7. 1927 in Zürich als uneheliches Kind einer Vollwaisen und eines Stuckateurs, wuchs bis zu seinem sechsten Lebensjahr bei Pflegeeltern in Walenstadt auf, lebte dann mit der mittlerweile verheirateten Mutter im Bergdorf Rhäzüns in Graubünden. Vorzeitig aus der Oberrealschule Chur entlassen, absolvierte er eine Uhrmacherlehre in Zürich und floh 1944 nach Italien. Von dort wurde er als Fremdarbeiter nach Dresden deportiert und nach einem gescheiterten Fluchtversuch bis Kriegsende in Ansbach und Crailsheim inhaftiert. 1945 kehrte er in die Schweiz zurück, wo er nach einem sechsmonatigen Aufenthalt in der Heilanstalt Rheinau mit ersten literarischen Versuchen begann. 1949 übernahm er eine Regieassistenz am Schauspielhaus Zürich, ging 1956 als Dramaturg zu Radio Zürich, war von 1956 bis 1962 als Werbetexter tätig, wohnte in Paris, dann einige Jahre im Tessin, bei Lausanne und schließlich als freier Schriftsteller in Zürich, wo er am 29. 11. 1979 verstarb. Diggelmann erhielt 1955, 1958 und 1976 die Anerkennungsgabe der Stadt Zürich, 1961 die Ehrengabe des Kantons Zürich, 1965 den Conrad-Ferdinand-Meyer-Preis und 1979 den Preis der Schweizerischen Schillerstiftung.

»Es ist nicht ausgeschlossen, dass ich auf der Suche nach einem Vater zum Geschichtenerzähler geworden bin. Die Suche nach dem Vater ist schließlich die Suche nach der eigenen Geschichte.« Diggelmanns literarische Texte sind von seiner abenteuerlich verlaufenen Biografie geprägt; die ihnen innewohnende Gleichzeitigkeit von zornigem Aufbegehren gegen die Väter als »Symbole des Bestehenden« und tiefer Sehnsucht nach familiärer Geborgenheit und väterlicher Autorität dokumentiert den existenziellen Mangel, an dem der Autor Diggelmann litt und den er schreibend, als »Geschichtenerzähler«, zu überwinden trachtete. Eine machtbesessene, skrupellose Schicht von Wirtschaftsmagnaten und Politikern repräsentiert in seinen Texten eine liebesunfähige Erwachsenenwelt, gegen die einsame, sich unverstanden fühlende »Jugendliche« jeden Alters, zu denen sich auch der Autor zählt, rebellieren oder, zur offenen Auflehnung unfähig, in Geschichten, den Synonymen für unausgelebte Träume, ängstlich Zuflucht suchen. Der Filmproduzent Pioda (*Freispruch für Isidor Ruge*, 1967), der undurchsichtige Geschäftsmann Ignaz Dasch (*Der Reiche stirbt*, 1977), der zwischen journalistischem Ethos und Wirtschaftsinteressen schwankende Chefredakteur Epstein (*Die Vergnügungsfahrt*, 1969) oder der in einen militärischen Spionagefall verwickelte Werbefachmann Harry Wind (*Das Verhör des Harry Wind*, 1962) werden als solche Strategen der Macht gezeigt. Sie sind bewunderte und gehasste Marionettenspieler zugleich, die geschickt die Schwächen anderer ausnützen und manipulieren und so die Käuflichkeit des Menschen verkörpern. Innerlich selbst von Bitterkeit und Misstrauen zerfressen, leiden sie aber genauso an ihrer Vergangenheit, traumatischen Kindheitserlebnissen, wie ihre Kinder, Schützlinge, Bewunderer. Die Konfrontation mit den verdrängten Komplexen geschieht häufig in den Schranken quasi richterlicher Instanzen: durch Verhöre, Aussprachen und Verhandlungen oder durch besondere Lebensumstände motiviert, wie Lebenskrisen, Krankheit, Tod, Mord, Suizid oder Pogrom. Lebensbilanz ziehen, Erinnerungen rekonstruieren, Wirklichkeit überprüfen, Positionen und Meinungen überdenken – dazu animiert Diggelmann seine Figuren in seinen modellhaft und parabolisch konzipierten Texten.

»Respektlosigkeit gegenüber schweizerischen Tabus und Kritik an politischer Selbstgerechtigkeit« bescheinigte 1957 Walter Hinck Diggelmann, dem »nationalen Ärgernis«. Aufsehen und öffentliche Proteste (»Nestbeschmutzer«) erregte Diggelmann vor allem 1965 mit seinem Roman *Die Hinterlassenschaft*, der in einer Mischung aus Fiktion und dokumentarischem Material die zweifelhafte, aus dem allgemeinen Bewusstsein weitgehend verdrängte Rolle von Schweizer Behörden und Schweizer Bevölkerungsteilen im Falle Asyl suchender, meist jüdischer Flüchtlinge aus Deutschland während des Zweiten Weltkrieges exemplarisch zu beleuchten sucht. Durch die Verknüpfung mit antikommunistischen Umtrieben vaterländischer Verbände nach dem Ungarn-Aufstand 1956 (Bezug auf authentische Vorfälle 1956 in dem Städtchen Thalwil) wird auf die Virulenz dieser faschistoiden Haltung hingewiesen. Erzählt wird die Geschichte des David Boller, der nach dem Tod seines »Vaters« dessen »Hinterlassenschaft« findet, ein Konvolut von Dokumenten und persönlichen Aufzeichnungen, und mit dessen Hilfe Aufschluss über seine wahre Identität erhält. Der Verstorbene war in Wirklichkeit sein Großvater, der ihn adoptiert hat, als sein leiblicher Vater, ein deutscher Jude, von den Schweizer Behörden nach Deutschland zurückgeschickt und anschließend mit seiner Frau in Auschwitz umgebracht wurde. Diggelmann zieht die Parallele und schließt gleichzeitig den Erzählkreis, indem Daniel, ein Anhänger des marxistischen Philosophen Hauser, während des Ungarn-Aufstandes mit seinem Lehrer von nationalistischen Gruppierungen verfolgt und bei einer Diskussion von diesen erschlagen wird.

Diggelmann benennt konkret soziale Widersprüche und steht damit am Anfang einer neuen, kritischen Ausformung der Schweizer Literatur. Schonungslos und selbstzerstörerisch verarbeitet er eigene Erfahrungen (vgl. *Aber den Kirschbaum, den gibt es*, 1975, »aus einer Krise heraus entstanden: Selbstmord meines Bruders, den ich sehr geliebt habe, der sozusagen mein ›Kind‹ war, und das Scheitern meiner zweiten Ehe«). Schreiben wird zur Therapie, zum Medium der Verarbeitung einer offensichtlich nie ganz bewältigten Kindheit. Kämpferisch, polemisch und zuweilen auch undifferenziert attackiert er eine kapitalistische Gesellschaftsform, in deren Mechanismen er Barrikaden auf dem Weg der Verständigung zwischen den Generationen ausmacht, um die er kompromisslos wirbt. Seine offene Parteinahme für Schwächere, direkt, zornig und offen formuliert, wurde nicht immer kritiklos akzeptiert. So wenn er zum Beispiel beschönigend oder vereinfachend die gesellschaftlichen Verhältnisse in der DDR (*DDR. Tagebuch einer Erkundungsfahrt*, 1977) zeichnet. Diggelmanns moralische Integrität, sein ehrliches Bemühen, über das Erzählen von Geschichten, »Ordnung in seine Welt« zu bringen und der Wahrheit über sich, über die von einer sozialen Wurzel abgetrennte Identität näher zu kommen, hat man hingegen nie infrage gestellt: »Schreiben war für mich eine Form des Lebens, eine Form des Kampfes, des Angreifens und des Verteidigens.« Diggelmann orientierte sich an literarischen Vorbildern wie Hamsun, Hemingway, Faulkner, Fitzgerald, Gotthelf und Keller, Vertretern eines realistischen Erzählens. Dies hinderte ihn nicht, mit literarischen Klischees, Überzeichnungen, Metaphern, Dokumentationsmaterialien und Versatzstücken aus der Trivialliteratur zu arbeiten: »Weil ich in der Tat will, dass meine Geschichte stärker wirke als in Wirklichkeit. Die Wirklichkeit, der ich meine erfundene Wirklichkeit entgegenhalte, bietet, so meine ich, allzu viele Fluchtmöglichkeiten. Und darum meine ich, hat unsereins auch die Unschuld des Märchenerzählers verloren.«

Als Diggelmann 1979 nach zwei Operationen und einem mehrwöchigen Krankenhausaufenthalt den körperlichen Verfall seines von Metastasen zerfressenen Körpers, seine eigene Kranken- und Sterbegeschichte per Diktiergerät aufzeichnet (*Schatten. Tagebuch einer Krankheit*, 1979), bleibt er auch in diesem Stadium der besessene Erzähler, verkleidet den Tumor als »böse Todesblume in meinem Kopf«, verliert weder den aufmerksamen und kritischen Blick für die triste und entwürdigende ärztliche Behandlung noch seinen Lebensmut, seinen Trotz und seinen Glauben an die Macht der Worte: »Wenn mein langsames Sterben, das nicht mehr anzuzweifeln ist, vorbestimmt ist, dann habe ich nur noch einen letzten Wunsch: dass ich selbst aus diesem Sterben eine wunderbare, große, spannende Geschichte machen kann.«

Thomas Kraft

Werke: ... *mit F 51 überfällig*, R., Zür. 1955; *Zwillich-Zwielicht* Jugendb., 1957; *Die Jungen von Grande Dixence*, Jugendb., 1957; *Drei Väter – zwei Söhne*, Theaterst., 1958; *Geschichten um Abel*, R., Zür. 1960; *Jeder findet seinen Brutus*, Theaterst., 1960; *Das Verhör des Harry Wind*, R., Zür. 1962; *Die Rechnung*, R., Zür. 1963; *Sandra*, Hsp., 1964; *Der Pilot*, Theaterst. 1964; *Machenschaften*, Fssp., 1965; *Die Hinterlassenschaft*, R., Mü. 1965; *Freispruch für Isidor Ruge*, R., Mü. 1967; *Die Vergnügungsfahrt*, R., Ffm. 1969; *Hexenprozess. Der Teufelsaustreiber von Ringwil*, Bern 1969; *Das Unrecht der Gerechtigkeit*, Hsp., 1970; *Das Wenige war zu viel*, Zür. 1970; *Ich und das Dorf. Ein Tagebuch in Geschichten*, Ffm. 1972; *Ich heiße Thomy*, R. Ffm. 1973; *Reise durch Transdanubien*, E., Zür. 1974; *Menschen glücklich machen*, Theaterst., UA Bern 1974; *Aber den Kirschbaum, den gibt es*, R., Zür. 1975; *Zwischenfall auf der Baustelle*, Jugendb., Mü. 1975; *Kriegsspiele. Szenen*, UA Esslingen 1975; *Balladen von süchtigen Kindern*, Pfaffenweiler 1976; *Die letzte Adresse*, Theaterst., UA Zür. 1976; *Das Mädchen im Distelwind*, Jugendb., Zür. 1976; *DDR. Tagebuch einer Erkundungsfahrt*, zus. m. Klara Obermüller. Zür. 1977; *Der Reiche stirbt*, R., Zür. 1977; *Filippinis Garten*, R., Zür. 1978; *Feststellungen. Ein Lesebuch*, Zür. 1978; *Schatten. Tagebuch einer Krankheit*, Zür. 1979; *Spaziergänge auf der Margareteninsel*, En., Zür. 1980; *Der Star oder Auch Betrüger machen Karriere*, Theaterst., UA Memmingen 1980; *Tage von süßlicher Wärme*, En., hg. v. R. Nagel, Zür. 1982; *Der Tag erzählt seine eigene Geschichte. Ein Lesebuch*, hg. v. Klara Obermüller, Zür. 1992; *Werkausgabe Bd. 1: Geschichten um Abel und andere ausgewählte frühe Erzählungen*, hg. v. Klara Obermüller, Zür. 2000; *Werkausgabe Bd. 2: Der falsche Zug. Erzählungen, Kolumnen, Gedichte*, hg. v. Klara Obermüller, Zür. 2001.

Dikmen, Sinasi, geboren am 5. 1. 1945 in Ladik/Provinz Samsun in der Türkei, besuchte die Berufsfachschule für Gesundheitswesen und war danach vier Jahre als Beamter im staatlichen Gesundheitsdienst der Türkei tätig. Seit 1972 lebte er in Ulm, wo er als Fachkrankenpfleger auf der chirurgischen Intensivstation der Universitätsklinik arbeitete. 1985 gründete er das »Knobi-Bonbon-Kabarett«. Heute lebt er in Frankfurt am Main.

Satire als literarische Gesellschaftskritik: In der nur scheinbar unverfänglichen Plauderei mit einem fiktiven Gesprächspartner nimmt Sinasi Dikmen in seinen satirischen, ausschließlich in deutscher Sprache gehaltenen Prosaskizzen und Kabarettszenen die Ausländerfeindlichkeit in der Bundesrepublik, die Diskriminierung seiner Landsleute und ihrer kulturellen Eigenart, pointiert aufs Korn. Er verzichtet auf bösartige Attacken und einseitige Schuldzuweisungen, vielmehr bricht er die den täglichen Umgang der beiden Bevölkerungsgruppen miteinander prägenden Vorurteile und Klischees auf, indem er Erwartungshaltungen vertauscht, Rollenwechsel vornimmt, ein geradezu provokantes Verständnis für feindselige und chauvinistische Verhaltensweisen zu haben scheint. Natürlich ist häufig genau das Gegenteil dessen gemeint, was gesagt wird, doch offenbart diese listige Vorgehensweise die angesprochenen Missstände und Probleme umso eindringlicher, als Dikmen auch nicht mit Seitenhieben auf seine türkischen Landsleute spart. Es geht ihm darum, seinen selbstkritischen Versuch des Ausgleichs und des versöhnlichen Miteinanders in einer multikulturellen Gesellschaft von vornherein auf eine breitere Basis zu stellen. »Die Deutschen haben es wirklich schwer mit uns. Bis wir alle integriert sind und alle Beethoven hören, Goethe lesen, ›Mein Kampf‹ studieren, dauert es hundert Jahre.« Versuche einer allzu heuchlerischen und willfährigen Assimilation, scheinbar unverrückbare Konventionen und Werte innerhalb der jeweiligen nationalen Gemeinschaften (z.B. das Auto, »die Moschee der Deutschen«, das patriarchalische Geschlechterverhalten der Türken), ferner eine schier übermächtige Bürokratie und die perfekte Organisation des deutschen Lebensalltags, ein alles in den Schatten stellender Materialismus innerhalb dieser Gesellschaft, dem sich die Gastarbeiter oft allzu bereitwilig verschreiben (sodass sich der Autor oft nur noch als »getürkter Türke« vorkommt), und der allgemeine Anpassungsdruck bilden die Themen, die Dikmen in seinen Texten ironisiert und der Lächerlichkeit preisgibt, aber auch als prinzipiell lösbar erscheinen lässt.

Thomas Kraft

Werke: *Wir werden das Knoblauchkind schon schaukeln. Satiren*, B. 1983; *Vorsicht, frisch integriert!*, Theaterst., UA Ulm 1985; *Mein Geburtstag*, Theaterst., zus. m. »teatro fragile«, UA Laupheim 1985; *Der andere Türke. Satiren*, Bln. 1986; *Schöne Gegend. Erfahrungen mit Deutschland*, zus. m. Katharina Adler u. Maria Beig, Friedrichshafen 1989.

Dirks, Liane, wurde am 15. 11. 1955 in Hamburg geboren. Sie wuchs in Hamburg, auf der Karibikinsel Barbados, in München, Fürstenfeldbruck, Rothenburg ob der Tauber, Bielefeld und Nordhessen auf. Nach ihrem Studium an der Verwaltungshochschule der Bundesanstalt für Arbeit von 1975 bis 1978 in Mannheim arbeitete sie zunächst als Berufsberaterin. Sie kündigte und arbeitete in verschiedenen Berufen, u.a. als Telefonistin, später als Lektorin der Zeitschrift »Steel research«. 1980 halbjähriger Aufenthalt in Paris, 1982 halbjähriger Aufenthalt in Mexiko. Seit 1985 ist sie freie Schriftstellerin, parallel erneutes Studium der Theaterwissenschaft und Germanistik an der Universität Köln, nicht abgeschlossen. Zudem ist sie freie Mitarbeiterin in der Literaturredaktion des Deutschlandfunks. Mit ihren beiden Töchtern lebt sie heute in Köln. Von 1994 bis 1998 leitete sie die Köln-Düsseldorfer Poetikvorlesungen. Ausgezeichnet wurde sie u.a. 1982 mit dem 1. Preis beim Nordrhein-Westfälischen Autorentreffen, 1984 und 1996 mit einem Arbeitsstipendium des Landes Nordrhein-Westfalen, 1987 mit dem Förderpeis des Landes Nordrhein-Westfalen, 1989 mit dem Rolf-Dieter-Brinkmann-Stipendium der Stadt Köln, 1996 mit einem Aufenthaltsstipendium im Künstlerdorf Schöppingen, 1998 mit dem Märkischen Literaturpreis, 2001 mit dem Stipendium der Kulturstiftung Rheinland-Pfalz und 2003 dem Preis der LiteraTour Nord. Sie ist Mitglied im deutschen P.E.N.-Zentrum.

Die Geschichte sexuellen Missbrauchs und damit auch die Geschichte ihrer Familie hat Liane Dirks in zwei Romanen verarbeitet: *Die liebe Angst* (1986) und *Vier Arten meinen Vater zu beerdigen* (2002). Während der Debütroman aus der Sicht des kleinen Mädchens erzählt wird und mit kindlicher Neugier und Naivität eine beklemmende Atmosphäre schafft, führt die Nachricht vom Tod des Vaters im späteren Roman zur Reise der Erzählerin an die Stätte ihrer Kindheit, nach Barbados, und motiviert gleichzeitig eine biografische Recherche in ein von Genusssucht geprägtes Leben, das in seinen dunklen, hemmungslosen Ausprägungen monströse Energien freisetzte. *Die liebe Angst* weist bereits im Titel auf die ambivalenten Gefühle des Mädchens gegenüber dem Vater hin, der die Töchter verwöhnt und verletzt zugleich, dessen jahrelange Übergriffe von seiner Frau wie auch von der Umgebung verschwiegen und gedeckt werden, der schließlich doch ins Gefängnis muss. Kommentarlos beschreibt die Erzählerin ihre Kindheit und verschiebt ihre Ängste in Traumwelten, während der Kinderschänder unbehelligt sein Unwesen treiben kann.

Im dritten Roman von Liane Dirks wird sie – einem karibischen Begräbnisritual folgend – die Geschichte eines Toten erzählen. Für die Erzählerin eröffnet sich so die Möglichkeit, sich einer Person anzunähern und am Ende sich ihrer auch zu entledigen, die erst in der Romanmitte als »mein Vater« identifiziert wird. Der Roman setzt ein im Hamburg der Zwanzigerjahre mit der Geburt des Vaters Günther Dirks. Seine Mutter hängt der Freikörperkultur an, führt einen Schönheitssalon und wittert das große Geschäft mit Kopfmassagen und »deutschen Düften«. Während sich sein Vater saufend in Bordellen umhertreibt und den Knaben Günther mit kleinen Perversitäten quält, wird dieser in Mädchenkleider gesteckt und von einem karibischen Kindermädchen großgezogen. Die wilden Zwanzigerjahre mit Jazz, Cocktails und Boxkämpfen und der allmähliche Übergang zum Faschismus werden in diesem prallen, atmosphärisch dichten Buch als deutsche Mentalitätsgeschichte und als literarische Folie für ein Leben voller Obsessionen geschildert. Kunstvoll verknüpft die Autorin mit wenigen pointierten Andeutungen Zeitgeist und Einzelschicksal – Kolonialzeit, Inflation, Kriegsausbruch, Ostfront, Heimkehrerschicksal, Nachkriegszeit. Getrieben von einer explosiven »Mischung aus Angst und Seligkeit« übersteht Günther, vom Hotelpagen zum Starkoch aufgestiegen, manche Lebenskrise und laviert sich zügellos durch sexuelle Abenteuer. Doch als er am Ende in seinem Sehnsuchtsort landet, im Luxushotel »Marine«, das sein Jugendfreund Ludger auf Barbados eröffnet hat, wird das Glück »unerträglich«; seine Unersättlichkeit animiert ihn zu weiteren Schandtaten und führt ihn, den Hochbegabten und doch an den eigenen Triebverfehlungen Gescheiterten, ins Verderben. Direkt und doch mit der nötigen kühlen Distanz setzt sich Liane Dirks mit diesem Tabu-Thema literarisch auseinander, bewundernswert ihre Offenheit, sich der eigenen (Familien)-Geschichte anzunähern.

Ihr zweiter Roman *Und die Liebe? frag ich sie* (1998) entstand aus der Freundschaft zu Krystyna Zywulska (1918–1991), deren zerrissenes Leben Dirks in diesem biografischen Roman wiedergibt. Die polnische Jüdin Zywulska entkam dem Warschauer Getto, wurde als Teil einer Widerstandsgruppe inhaftiert und nach Auschwitz deportiert, das sie mit Mühe überlebte. Nach dem Krieg lebte sie als Schriftstellerin in Warschau und gehörte bald zu den bekanntesten Satirikerinnen des Landes. Mit ihrem Mann, einem Geheimdienstbeamten, genoss sie besondere Privilegien. Ende der Fünfzigerjahre begegnete sie einem jungen, exzentrischen Deutschen, Thomas Harlan, angehender Dramatiker und Sohn des NS-Propagandisten Veit Harlan (*Jud Süß*). Aus einer Arbeitsbeziehung entwickelte sich rasch eine Amour fou zwischen den beiden ungleichen Menschen, die im Zentrum des Romans steht.

Es folgte eine dramatische Zeit der Treffen, Reisen und Abschiede, eine Dreiecksbeziehung, die Begegnung mit seinem Vater, die problematische Aufführung des gemeinsamen Stücks in der Berliner Kongresshalle, die Ausweisung von Zywulska 1968 auf dem Höhepunkt des »roten Antisemitismus« nach Deutschland und das nahende Ende ihrer Beziehung zu Harlan. »Gegen ihren Willen lebte sie ständig zwischen zwei Welten ... Hinzu kam die jüdische Vergangenheit aus den Zeiten des Krieges und die wahnwitzige Liebe zu einem Deutschen, der nichts Besseres zu tun hatte, als das Leben dieser Frau zu vernichten, die an seiner Seite all das aufs Neue zu durchleben gezwungen war, was sie vergessen wollte. ... Besonders diesen Aspekt hat Liane Dirks gut herausgearbeitet. ... Sie hat gut daran getan, ein bescheiden angelegtes Buch zu schreiben, das voller Demut ist angesichts des Schicksals von Krystyna Zywulska: ein Buch über das Dilemma einer Liebe« (Andrzej Szczypiorski).

Thomas Kraft

Werke: *Die liebe Angst*, R., Hbg. 1986; *Die Frau vom Gipser*, Hsp., WDR 1988; *Tignasse – Kind der Revolution*, Hsp., WDR 1989; *9 Kurzspielflme für die Sendung »Hilferufe«*, WDR 1989–1992; *Requiem für eine automatische Datenfrau*, Hsp., 1989; *Dass einfach sich diktierte Zeilen legen. Köln-Düsseldorfer Poetikvorlesungen. Bd. 1*, Hg., Dülmen 1995; *Und die Liebe? frag ich sie*, R., Zür. 1998; *Vier Arten meinen Vater zu beerdigen*, R., Köln 2002.

Dische, Irene, wurde am 13. 2. 1952 in New York geboren. Ihre Eltern, ein Biochemiker und eine Pathologin, waren aus dem Deutschland Hitlers in die USA geflohen. Sie wuchs in New York auf, wurde streng katholisch erzogen und sollte 1969 auf Wunsch der Eltern in Salzburg studieren. Irene Dische brach aus und verbrachte längere Zeit auf Reisen. Schließlich arbeitete sie als Assistentin des Paläontologen und Ethnologen Louis Leakey, studierte dann zunächst Anthropologie und wechselte nach dem Tod Leakeys zur Literatur. Seit 1980 lebt sie in Berlin und New York, arbeitete zunächst als freie Journalistin, bis ihr der literarische Durchbruch gelang. Ihre Werke wurden zunächst nur von der deutschen Öffentlichkeit wahrgenommen, und bis heute erscheinen sie zunächst als Übersetzungen aus dem Amerikanischen und dann auf dem angloamerikanischen Markt. 1989 erhielt sie den Kritiker-Preis, 1991 den Jeanette-Schocken-Preis und 1998 den Deutschen Jugendliteraturpreis in der Sparte Kinderbuch.

Mit dem in der von Hans Magnus Enzensberger herausgegebenen »Anderen Bibliothek« erschienenen Band *Fromme Lügen*, der sieben Erzählungen enthält, gelang Irene Dische 1989 der Durchbruch. Vor allem die autobiografisch gehaltene Titelerzählung berichtet von dem Leben einer Emigrantenfamilie. Dabei steht der Seziertisch der Pathologin Dr. Bauer im Mittelpunkt des Geschehens. Dieser Vorgang des Sezierens steht programmatisch für das Vorgehen Irene Disches, die in ihrem Werk die Zeitläufte fast wissenschaftlich distanziert untersucht. Dabei liefern die Beobachtungen ein detailliertes Bild von der Situation und Befindlichkeit der einzelnen Personen. Dennoch sind die betont sachlich erzählten Geschichten nicht frei von Ironie als doppelter Distanzierung des Autors von seinen Texten und des Erzählers von seinem Bericht. Die in diesem Band aufgezeigten frommen Lügen zeigen das Leben in der Spannung zwischen dem »Aushalten der Wahrheit, der heiklen ebenso wie der tragischen Erfahrungen, und den heilsam frommen Lügen fürs tägliche Leben«. Stehen in den *Frommen Lügen* Mutter und Tochter im Mittelpunkt, so ist es in der 1990 erschienen Erzählung *Der Doktor braucht ein Heim* die Vaterfigur. Es wird die geistige Welt des Nobelpreisträgers und – mittlerweile – Alzheimerpatienten sachlich und mit großer Sympathie erzählt. Schließlich kommt der alte Herr in ein Heim, das für ihn das frühere Zuhause an der Donau darstellt, auch wenn es der Leser als Pflegeheim ausmachen mag.

1993 folgt der erste Roman *Ein fremdes Gefühl oder Veränderungen über einen Deutschen.* Dieses vielschichtige Werk parallel zu Beethovens 33 Variationen über einen Walzer von Diabelli in 33 Kapitel gegliedert, beschreibt das Leben des vereinsamten Physikers Benedikt Waller von Wallerstein. Die Parabel auf die deutsche Wiedervereinigung ist zugleich ein genaues Sittengemälde des biederen Deutschlands (eine Gräfin stirbt an Schnitzel mit Rotkohl) und seines Umgangs mit Fremden (das Ausländerkind Marja soll für lediglich sechs Mark Klavierunterricht geben). Der ironisch distanzierte Stil dominiert auch hier und hilft dem Plot über manche Schwäche hinweg.

Gemeinsam mit Hans Magnus Enzensberger macht sie 1993 ihren ersten Ausflug ins Kinderbuch und veröffentlicht die Geschichte des Hasen *Esterhazy*. Erzählt werden die Abenteuer eines kleinen Hasen, der von seinem Vater, dem Fürsten Esterhazy, nach Berlin geschickt wird, um sich eine Frau zu suchen und dort schließlich auch fündig wird. Illustriert ist der unterhaltsame Band, der Kindern die Geschichte der Wiedervereinigung nahe bringt, von Michael Sowa.

1994 folgt mit den *Intimen Geständnissen des Oliver Weinstock* ein weiterer Erzählband, der neuere Erzählungen ebenso enthält wie ältere Reportagen, die für den »New Yorker« oder »The Nation« entstanden waren. Unter den Reportagen findet sich u.a. ein Bericht über *Die reichen Juden Deutschlands* oder der damals für viel Aufsehen sorgende Bericht über den Prozess gegen Erich Honecker, der von Irene Disches Mann verteidigt wurde. Unter den neueren Erzählungen ist vor allem die Titelerzählung herauszuheben. Die Maxime des Helden lautet: »Um das Wesen eines Menschen zu begreifen, muss man erfahren, wie dessen erste Liebesbeziehung endet.« Durch die Schilderung von Weinstocks erster Liebe zu dem Soßenkoch Rudi Tonne und seiner späten Rache an diesem wird dessen Wesen offen gelegt. Zugleich wird der Schickeria-Klatsch über den Restaurantbesitzer Weinstock in seiner ganzen Vordergründigkeit entlarvt. Die sprachlich brillante Erzählung bildet den Höhepunkt des Bandes.

Das zweite Leben des Domenico Scarlatti. Eine Nachstellung, ein monologisches Theaterstück, schließt sich 1995 an. Das »Melodram für einen Schauspieler und einen Statisten« behandelt parallel den Rücktritt des Theaterkritikers Thomas Roseingrave (wie der Verleger Scarlattis), eines Parvenüs, und den Aufstieg des Schriftstellertalents Dominik Scarlinsky, Sohn des berühmten Alexander Scarlinsky, der nach dem Tod seines Vaters aus dessen Schatten hervortritt und seine Karriere macht. Diese Parabel ist auf die Unvereinbarkeit von Ehrgeiz und Talent, von Kritiker und Künstler angelegt, wobei das Vexierspiel der menschlichen Leidenschaften diese einfache Opposition durchbricht. Verstärkt wird dies durch die doppelte Spiegelung der Vergangenheit in der Gegenwart.

Zwischen zwei Scheiben des Glücks (1997) bildet den zweiten Ausflug ins Kinderbuch und die erste längere Arbeit für jüngere Leser. Im Mittelpunkt steht der mutterlos aufwachsende Peter, der in der strengen Ordnung im Hause seines Großvaters lebt. Mit seinem Vater verbringt er schließlich einige Zeit in Berlin, wird aber nach der »Reichskristallnacht« wieder zu seinem Großvater geschickt. Dort erhält er jede Woche einen Brief von seinem Vater. Als sich der Einmarsch der Nazis nach Ungarn ankündigt, bemerkt Peter, dass sein Großvater Autor der Briefe war, da sein Vater wegen seiner Hilfe für Juden den Nazis zum Opfer fiel. Die kindlich naive und zugleich distanzierte Sicht auf den Nationalsozialismus prägt die Erzählung, die als Perspektive anbietet, dass letztlich »großes Unglück immer zwischen zwei Scheiben Glück« liege.

2000 entstand nach dem Drehbuch zum Film *The Assassins Last Killing*, das sie zusammen mit Nizamettin Aric verfasste, der Roman *Der Job*. Eine *Wahre Geschichte*, wie es im Untertitel heißt. Es geht um den Killer Alan Korkunc, der in New York einen Auftrag erledigen soll. Zunächst beginnt er seine Arbeit mit der üblichen Disziplin, freundet sich dann aber mit seiner alten Nachbarin an, die ihn zunehmend von seinem Job ablenkt. Der eigentliche Auftrag endet im Desaster, Alan flüchtet mit seiner Nachbarin, sein Weg endet in Nevada, wo er glücklich verheiratet eine Tankstelle betreiben wird. Das Genre des Kriminalromans wird im Laufe der Handlung durch mehrfachen Wechsel der Perspektive und Erzählhaltung gebrochen und schließlich zur Groteske gewendet.

Klaus Beckschulte

Werke: *Zacharias. Die Suche nach den Eltern*, Dok.-Film, Drehb. u. Regie, 1986; *Fromme Lügen. Sieben Geschichten*, Übs. v. Otto Beyer u. Monika Elwenspoek, Ffm. 1989, als Musical, Bearb. Peter Lund, Musik v. Alan Marks, UA Bln. 1999; *Der Doktor braucht ein Heim*, E., Übs. v. Reinhard Kaiser, Ffm. 1990; *Ein fremdes Gefühl oder Veränderungen über einen Deutschen*, R., Übs. v. Reinhard Kaiser, Bln. 1993; *Esterhazy. Eine Hasengeschichte*, Kinderb., zus. m. Hans Magnus Enzensberger, m. Illustr. v. Michael Sowa, Aarau, Ffm., Salzb. 1993; *Die intimen Geständnisse des Oliver Weinstock. Wahre und erfundene Geschichten*, Übs. v. Robin Cackett, Reinhard Kaiser u. Bernd Samland, Bln. 1994; *Das zweite Leben des Domenico Scarlatti. Eine Nachstellung*, Übs. v. Michael Walter, Bln. 1995; *The Palace*, zus. m. H. M. Enzensberger, Musik v. Aulis Sallinen, UA Savonlinna 1995; *Zaide. Eine deutsche Operette*, zus. m. H. M. Enzensberger, Musik v. Wolfgang A. Mozart, UA Bln. 1996; *Zwischen zwei Scheiben Glück*, Übs. v. Reinhard Kaiser, Mü., Wien 1997; *Ein Job*, Krimi, Übs. v. Mickey Gondswaard, Hbg. 2000.

Dischereit, Esther, wurde am 23. 4. 1952 in Heppenheim a. d. B. geboren. Nach einem Lehrerstudium arbeitete sie als Metallarbeiterin und absolvierte eine Ausbildung als Schriftsetzerin. Es folgten eine mehrjährige Berufsausübung und Gewerkschaftsarbeit. Seit 1985 publiziert Dischereit für Rundfunk und Verlage. Mit ihrem Debüt, dem Prosaband *Joëmis Tisch. Eine jüdische Geschichte*, begann 1988 ihre literarische Tätigkeit. 1995 war sie Fellow am Moses-Mendelssohn-Zentrum für europäisch-jüdische Studien in Potsdam. Seit 1996 hält sie Poetry Readings, u.a. an der University of Massachusetts, in Berkeley, Boston, St. Louis und Kolumbien. Dischereit lebt heute als freie Autorin in Berlin. Ihr Werk umfasst die Gattungen Prosa, Lyrik, Hörspiel, Theater und Essay.

»Ich darf nicht / sagen / jüdisch / wenn ich / es sage / gibt es Krieg / sagt mein Kind« (*Als mir mein Golem öffnete*, 1996) – dieses Gedicht bündelt die zentralen poetischen und politischen Aussagen Dischereits, die sich wie Ariadne-Fäden durch ihr Gesamtwerk ziehen. Erstens: das Wagnis, als Jüdin in Deutschland zu leben; in einer Gesellschaft der »Mehrheitsdeutschen«, in der es nach wie vor »nicht normal ist, überhaupt jüdisch zu sein und zu leben« (*Übungen jüdisch zu sein*, 1998). Zweitens: der Versuch, mittels ästhetischer Darstellung die Ausschlussmechanismen sichtbar zu machen, denen das Sprechen über Jüdischsein in Deutschland nach wie vor unterliegt. »Bundesdeutsche Realität«, so Dischereit, »ist eine Erörterung des Jüdischen, so als sei dem Deutschen ein kollektiver Patient zugewachsen, dessen Krankheit noch gesucht – zögernd ertastet werde, begleitet mit viel Gespräch, viel Verständnis« (ebd.). In den Sprach- und Spannungsraum dieser pathologischen Beziehungsstruktur von deutschen Juden und Nichtjuden, für die der Historiker Dan Diner den Begriff »negative Symbiose« geprägt hat, stellt Dischereit ihre eigene Sprache, die explizit wie implizit von einer starken Dialogizität gekennzeichnet ist. Bereits ihr Erstling, *Joëmis Tisch. Eine jüdische Geschichte* (1988), ist ein solcher Dialog zwischen den Generationen – zwischen Tochter und Mutter. »Hannahs Tochter« bleibt selbst namenlos und wird damit über die familiäre Prägung definiert: als weiblich, kindlich, jüdisch. Der Untertitel *Eine jüdische Geschichte* gibt dabei nicht nur das Thema vor, sondern auch den Ton. Es ist ein trauriges Buch über die Geschichte einer Identitätssuche mit offenem Ausgang, protokolliert und zugespitzt in Gesprächssituationen. Denn ein splitterhaftes Leben ist es, das sich Hannahs Tochter auf der Suche nach anderen »Auch-Menschen« da Stück für Stück selbst zusammensetzt. Ein Leben, in dem alles möglich ist: Liebe, Selbstmord, Verleugnung, Verdrängung, Konfessionswechsel – nur einen Ausgang aus dem Judentum gibt es nicht. Mithilfe einer subversiven Erzählstrategie wird das Trauma von Diffamierung und Verfolgung, das die Mutter unter dem NS-Regime erlitten hat, im Leben der Tochter gespiegelt; die Gegenwärtigkeit der Vergangenheit wird dabei zum Prüfstein einer deutsch-jüdischen Existenz, die, jeder Selbstverständlichkeit beraubt, von Hannahs Tochter hinterfragt und dennoch angenommen wird: eine jüdische Geschichte.

Fortgesetzt und zugespitzt wird der Dialog zwischen jüdischer Protagonistin und Welt in dem Roman *Merryn* (1992). Für das 16-jährige Mädchen Merryn, das von zu Hause wegläuft, wird die Welt in erster Linie als feindliche Männergesellschaft erfahrbar, in der die eigene Fremdheit als Jüdin und Frau doppelt empfunden und jede Annäherung in Verletzung verwandelt wird: »So lag sie in der Berührung wie sprödes Holz und splitterte dabei« (*Merryn*). Dischereits poetisch dichte und zugleich sparsame Sprache, die sich auch der hyperrealen Perspektive der Dingwelt bedient, beschreibt hier eine Grammatik der Gewalt, welche aus der Vermischung von Weiblichkeit, Jüdischkeit, Sexualität und deren Kollision mit gesellschaftlich-männlichen Machtstrukturen entsteht. Eine Gewalt, die auch vor der Integrität des Ichs nicht Halt macht: »Du bist der einzig lebende Plural«, sagt etwa der Spieler zu Merryn.

In ihren Gedichten knüpft Dischereit an die schmerzhafte Erkenntnis eines Exponiertseins als Jüdin und Fremde an. *Als mir mein Golem öffnete* (1996) sucht den streitbaren Dialog, der, im Sinne von Paul Celans Flaschenpost-Poetik, auf ein Leser-Gegenüber »zuhält«; immer im Ungewissen, ob die Botschaft auch ankommt. Mit sprachlicher Radikalität und der ihr eigenen poetischen Dichte finden Dischereits Gedichte hier zu einer körperlichen Konkretheit. Die über Else Lasker-Schüler und Paul Celan tradierte »Schwärzemotivik« eines jüdischen Fremdbildes wird bei Dischereit mit prostitutiven Zügen verbunden, die das spezifisch weiblich-jüdische Sprechen im Konflikt mit einer überwiegend männlich-deutschen Welt herausstellen. So heißt es in *Deutsches Lied:* »Ihr habt mich getaucht / in diese immer währende Schwärze [...] an meinen schwarzen Haaren / euer Glied gerieben« (*Als mir mein Golem öffnete*). Dischereits Poetik steht hier einerseits ganz im Zeichen einer – durch Adornos Lyrik-Verdikt nach »Auschwitz« – vorangetriebenen »negativen Ästhetik« der Moderne: »Ich ziehe mir die Farben / aus der Haut / lege meine Blöße aus.« Die Dekonstruktion von Bildern als alleiniges ästhetisches Darstellungsprinzip sowie die Strategie des Unkenntlichmachens als Ausweg aus der aufgezwungenen Exponiertheit eines Jüdischseins werden von Dischereit jedoch als Sackgasse erkannt und durch die Konstruktion einer eigenen Körper-Poetik unterlaufen, die ihren unverwechselbar weiblich-jüdischen Namen trägt: »Das Wort war ein Mann / ihm gab ich meinen Namen / der Körper brach sich daran / Ich verzieh nicht / dass er das Wort nicht war / so gab ich schließlich / dem Wort meinen Körper.«

Der Suche nach neuen, unverbrauchten Klangkörpern bleibt Dischereit auch in ihrem Jazz- und Neue-Musik-Ensemble *TONGedichte* und in dem daraus hervorgegangenen Projekt WordMusic verpflichtet; besonders aber in ihren zahlreichen Hörspielen, in denen sie die Vielfalt der Stimmen, aus denen sich eine deutsch-jüdische Existenz speist, in Wort und Ton setzt. »Ich lebe zweimal, dreimal, sechs Millionen Mal. Hört ihr? Sechs Millionen Mal. Ihr wisst nicht, wie es ist, sechs Millionen Mal zu leben« (*Rote Schuhe,* 1993).

Wie bei vielen deutsch-jüdischen Autor/innen, die nach dem Holocaust geboren wurden, ist für Dischereit nicht nur das Jüdischsein keine selbstverständliche Identität; auch das Schreiben in deutscher Sprache, welche Mutter- und Mördersprache zugleich ist, bleibt einem kritischen Prozess der Sensibilisierung und permanenten Überprüfung unterworfen, den Dischereit in ihrer Aufsatzsammlung *Übungen jüdisch zu sein* (1998) reflektiert. Dass die Auseinandersetzung mit einem Jüdischsein in Deutschland auch komische, skurrile Züge trägt, zeigt nicht zuletzt das Hörspiel *Ein Huhn für Mr. Boe* (2001), wo es unter deutschen Juden zu einem Disput über Mazzes, Seder und ein Huhn kommt. In jüdischen und anderen Angelegenheiten sind auch die Figuren in Dischereits jüngstem Erzählband *Mit Eichmann an der Börse. In jüdischen und anderen Angelegenheiten* (2001) unterwegs, um ihre skurrilen, traurigen, absurden und poetischen Geschichten zu erzählen: deutsch-jüdische Geschichten eben.

Andrea Heuser

Werke: *Anna macht Frühstück*, Kinderb., Mü. 1985; *Joëmis Tisch. Eine jüdische Geschichte*, E., Ffm. 1988; *Südkorea – kein Land für friedliche Spiele*, zus. mit M. Denis u. a., En., Reinbek 1988; *Merryn*, R., Ffm. 1992; *Ich ziehe mir die Farben aus der Haut*, Hsp., SR 1993; *Rote Schuhe*, Hsp., SR 1993; *Als mir mein Golem öffnete*, G., Passau 1996; *Christoph Dohm*, Fragm. f. Orgel u. Sopran, Passau 1996; *Der Scherenschleifer*, Hsp., SR 1997; *Gertrud Conners*, Hsp., SR 1997; *Übungen jüdisch zu sein*, Aufs., Ffm. 1998; *Kaffee im Haus von Zara Naor*, Hsp., SR 1998; *Anschriften*, Hsp., DLR 1998; *Kakteen*, Hsp., SR 1998; *Ich decke mich zu mit der Zeit*, Hsp., SR 1999; *Raureifiger Mund oder andere Nachrichten*, G., Bln. 2001; *Mit Eichmann an der Börse. In jüdischen und anderen Angelegenheiten*, En., Bln. 2001; *In Almas Zimmer*, Hsp., WDR/DLR 2001; *Ein Huhn für Mr. Boe*, Hsp., SR 2001; *Sommerwind und andere Kreise*, Hsp., DLR 2002; *Mona K.*, Hsp., WDR 2003; *Mellie*, Hsp., BR 2003.

Dittberner, Hugo, wurde am 16. 11. 1944 in Gieboldehausen bei Duderstadt in Niedersachsen geboren. Von 1956 bis 1965 besuchte er ein Internat in Bad Nenndorf, studierte dann Germanistik, Geschichte und Philosophie in Göttingen und wurde 1972 mit einer Arbeit über Heinrich Mann promoviert. Vorübergehend war er als Universitätsdozent in Karlsruhe tätig. Seit 1976 arbeitet er als freier Schriftsteller. 1979 wurde er mit dem Förderpreis des Kulturkreises im Bundesverband der Deutschen Industrie ausgezeichnet, 1981/82 erhielt er das Villa-Massimo-Stipendium, 1982 das Niedersächsische Künstlerstipendium, 1984 den Niedersachsenpreis und 1994 den Berliner Literaturpreis. Im selben Jahr gewann er den Wettbewerb »Das neue Buch in Niedersachsen«. Dittberner, der Mitglied des VS Niedersachsen und des bundesdeutschen P.E.N.-Zentrums ist, lebt als freier Autor in Echte in Niedersachsen.

Sein Werk umfasst Roman- und Lyrik-Veröffentlichungen, Erzählungen – gesammelt in *Draußen im Dorf* (1978) und *Die gebratenen Tauben* (1981) – sowie Aufsätze zur modernen Literatur. Dittberners Gedichte zeigen ihn als Kind seiner Generation: Elemente der Beat- und Polit-Lyrik, wie sie in den Fünfziger- und Sechzigerjahren aufkam, mischen sich mit sprachlich pointierten, präzisen Detail-Beschreibungen und betont saloppen Subjektivismen zu formal oft bewusst lockeren, im gedanklichen Aufbau jedoch überzeugenden Momentaufnahmen einer aktuellen Befindlichkeit, deren gültige Formulierung über sich selbst und den Autor hinausweist auf allgemeinere Bewusstseinszustände der Zeit. Das Nebeneinander von reflektierendem bzw. unerbittlich reflektiertem Gefühl und von kontrapunktischen Sprachrastern vorgefundener Wirklichkeit ist ein Charakteristikum dieser eher intelligenten als originellen Lyrik.

Größere Bekanntheit erreichte Dittberner erstmals mit seinem autobiografischen Roman *Das Internat. Papiere vom Kaffeetisch* (1974). Die Erinnerung an seine Erfahrungen im Schülerwohnheim erscheint hier als beharrlicher Versuch der Selbsterforschung, die die Vergangenheit begreift als erläuternden, bestimmenden Teil der Gegenwart. Seine Entwicklung – zumal in der Pubertätszeit – wird in einer Sprache beschrieben, die ihre affektgeladene Authentizität aus der Verbindung von Sachlichkeit und Sinnlichkeit bezieht.

Auch die Reiseerzählung *Kurzurlaub* (1976) versteht sich als »Entwicklungsroman«. Der Ich-Erzähler will seine Suche nach dem verlorenen Selbst erleichtern durch eine Kurzreise nach Borkum. Die Insel verwandelt sich dabei zu einer idyllischen Gegen-Realität; – die auftretenden Personen bezeichnen Wunsch-Identitäten. Der Scheincharakter dieses Ausbruchs aus dem Alltag wird durch Ironismen und Doppelbödigkeiten der Darstellung angedeutet. Eine Insel, diesmal Langeoog, ist es bezeichnenderweise auch, die dem »Helden« des Romans *Jacobs Sieg* (1979) zum Fluchtpunkt seiner vergeblichen, absurden Identitätssuche wird. Der Plan des verkrachten Philosophen Jacob, durch eine wahnwitzige Gewalttat die Gesellschaft aus ihrer Lethargie zu reißen, schlägt kläglich fehl. Der Roman spiegelt die allgemeine Katerstimmung unter den Intellektuellen am Ende der einstmals so optimistischen Siebzigerjahre.

Dass auf die Phase der Desillusionierung unfehlbar die neue Suche nach dem »kleinen Glück« folgt, belegen die Erzählungen in *Die gebratenen Tauben* (1981), die Situationen des Aufbruchs, des heilsamen Innehaltens und des »Stockens im Alltag« beschreiben.

In dem Band *Drei Tage Unordnung* (1983) sind – bis dahin teilweise unveröffentlichte – Erzählungen aus den schriftstellerischen Anfängen Dittberners versammelt, die, in Zusammenschau mit den späteren Prosatexten, einen Überblick über seine kontinuierliche Schaffensweise vermitteln. Zwischenmenschliche Beziehungen, die oft aus unerwarteten Begegnungen oder Erlebnissen entstehen, rücken immer wieder in Dittberners Blickpunkt, so auch in dem Erzählband *Wie man Provinzen erobert* (1986). Alltägliches, private Gefühle, Beobachtungen und Sehnsüchte werden sowohl erzählerisch als auch lyrisch ins Bild gesetzt (*Der Tisch unter den Wolken*, 1986), wobei der Autor stets bemüht bleibt, dem Unsensationellen durch die sprachliche Gestaltung Bedeutung zu verleihen. Verknappung der Form kennzeichnet den Gedichtband *Die Wörter, der Wind* (1988), dessen ästhetischer Anspruch sich nicht zuletzt in der bibliophilen Buch-Gestaltung manifestiert.

Mit dem Roman *Geschichte einiger Leser* (1990) wendet der Erzähler Dittberner sich der realistischen Schilderung provinziellen Alltagslebens zu. In den Geschichten um zwei intellektuelle Ehepaare, deren literarische Vorlieben zwischen Erich Kästner und Western-Romanen zu einem komplexen Spiel auf mehreren fiktiven Ebenen versponnen werden, entwirft der Autor das zeit- und gesellschaftskritische Muster einer Sehnsucht nach Ausbruch aus Stillstand und Konvention, aber auch des Wunsches nach dem Einssein von innerer wie äußerer Existenz. Die konkrete Wirklichkeit der niedersächsischen Provinz, die Dittberner als seinen eigenen Lebensraum immer wieder zur Folie seiner Werke erhebt, liefert auch hier den paradigmatischen Hintergrund für den Roman *Wolken und Vögel und Menschentränen* (1995), der sich aus der Perspektive der Alt-68er und ihrer utopischen Weltentwürfe mit dem aktuellen Themenkomplex von Rechtsradikalismus und Gewalt auseinander setzt.

Den Anspruch auf skeptische Betrachtung und Kommentierung der Welt durch Literatur erfüllt bei aller formalen Stilisierung auch die Lyrik Dittberners, die auch in ihrer bewusst fragmentarischen, absichtsvoll verkürzten Wahrnehmung von Wirklichkeit den aufklärerischen Impetus sprachlicher Verarbeitung und Aufbereitung nicht aufgibt und zugleich auf der autonomen Wirkkraft von Dichtung beharrt. Auch in der scheinbaren Zufälligkeit und artifiziellen Beiläufigkeit, wie sie etwa in dem schmalen Gedichtband *Das fliegende Weiß* (1992, erweit. 1994) und in dem Bändchen *Wasser Elegien* (1997) waltet, bleibt das Bedürfnis nach poetischer Durchdringung der Realität erkennbar. Noch stärker auf sprachliche Chiffren reduziert erscheinen die Gedichte in dem Lyrikband *Morgenübungen* (2000), in denen sich der Einfluss der Haiku-Tradition geltend macht. Die Sammlung *Ruhe hinter Gardinen* (2000), die Dittberners Gedichte der Siebzigerjahre zusammenstellt und dabei den Aspekt der Beobachtung aus subjektiver Warte betont, unterstreicht des Lyrikers Streben nach Welterfassung und -deutung durch Literatur. Theoretische Überlegungen und literarhistorische Essays, in denen sich der Autor immer wieder auch als Wissenschaftler zeigt und die implizit das eigene Schaffen reflektiert, sind in dem Band *Versuch zu rühmen* (1999) versammelt.

Rüdiger Krohn

Werke: *Rutschbahn*, G. u. Pr., zus. m. Jens Wilke, Gött., Kassel 1973; *Donnervogel*, Pr., Fotos, zus. m. Jens Wilke, Gött., Kassel 1973; *Passierscheine – Pasjes*, G., dt.-holländ., Bergen 1973; *Das Internat. Papiere vom Kaffeetisch*, R., Darmst. 1974; *Heinrich Mann. Eine kritische Einführung in die Forschung*, Ffm. 1974; *Kurzurlaub*, E., Darmst. 1976; *Der Biss ins Gras*, G., Köln 1976; *Ein unruhiges Jahr*, Fssp., 1978; *Draußen im Dorf*, En., Reinbek 1978; *St. Pauli Landungsbrücken*, Drehb., 1979/80; *Jakobs Sieg*, R., Reinbek 1979; *Ruhe hinter Gardinen. Gedichte 1971–1980*, Reinbek 1980; *Die gebratenen Tauben*, En., Reinbek 1981; *Drei Tage Unordnung*, Pr., Bielefeld 1983; *Wie man Provinzen erobert*, En., Reinbek 1986; *Roman einer Dämmerung*, R., Bielefeld 1985; *Der Tisch unter den Wolken*, G., Gött. 1986; *Die Wörter, der Wind*, G., Bergen 1988; *Geschichte einiger Leser*, R., Zür. 1990; *Das letzte fliegende Weiß*, G., Köln 1992, erweit. 1994; *Mit der Zeit erzählen? fragt er. Prosa. Das zweite Buch*, Hg., Gött. 1994; *Wolken und Vögel und Menschentränen*, R., Gött. 1995; *Was ich sagen könnte. Über Aufzeichnungen*, Stg. 1996; *Der Satz des Philosphen. Das zweite Buch*, Hg., zus. mit Linda Engelhardt, Gött. 1996; *Wasser Elegien*, G., hg. v. Heinz Kattner, Lüneburg 1997; *Arche Nova. Aufzeichnungen als literarische Leitform*, Gött. 1997; *Versuch zu rühmen. Über Bücher und Autoren*, Ess., Darmst. 1999; *Autoren sehen einen Autor. Hans Bender. Ausgewählte Aufzeichnungen, Erzählungen und Gedichte*, Bearb., Mainz 1999; *Morgenübungen*, G., Mü. 2000; *Ruhe hinter Gardinen. Gedichte 1971–1980*, Mü. 2000; *Kurze Weile. Gedichte in wenigen Zeilen*, Hg., Mainz 2003; *Kunst ist Übertreibung. Wolfenbüttler Lehrstücke zum zweiten Buch (I)*, Hg., zus. mit Linda Engelhardt u. Andrea Ehlert, Gött. 2003.

Dobler, Franz, wurde am 18. 11. 1959 in Stuttgart geboren und wuchs im oberbayerischen Schongau auf. Seit 1991 lebt und arbeitet der Schriftsteller, Journalist und Discjockey in Augsburg. Seine journalistischen Einstieg gab Dobler als Polizeireporter für ein Lokalblatt. Seit 1987 veröffentlicht er in diversen Literaturzeitschriften, unter anderem in »Trash« und »Die Aktion«. 1993 erhält er für seinen Roman *Tollwut* und den Lyrikband *Jesse James und andere Westerngedichte* den Bayerischen Literaturförderpreis und den Augsburger Kunstförderpreis. Nebenbei schreibt Dobler für die »Süddeutsche Zeitung« und die »junge welt«, verfasst und inszeniert Radio-Features und Hörspiele, unter anderem die im Bayerischen Rundfunk gesendete Hörspiel-Serie *Menschen in Musik*. Für den Münchner Trikont-Verlag hat er mehrere Pop-Kompilationen zusammengestellt, unter anderem »Wo ist zu Hause, Mama – Perlen deutschsprachiger Popmusik« und »A Boy Named Sue – Johnny Cash Revisited«. Als Klub-Discjockey spielt er in Augsburg und München das Programm »Get Country & Rhythm«. 2001 veröffentlichte er die Hörbuch-CD *Wie man ein Star wird,* 2002 vertonte er mit dem Musiker Hubl G unter dem Titel *Der Tag, an dem ich allen Glück wünschte* seine Westerngedichte.

Bereits in seinem ersten Prosaband *Falschspieler* (1988) und in der Lyriksammlung *Jesse James und andere Westerngedichte* (1991) klingt Doblers Lieblingsmotiv an: Außenseiter-Mythen aus Western, Wildererlegenden oder Countrymusik an der eigenen Schriftsteller-Existenz in der bayerischen Provinz zu reiben und daraus literarische Funken zu schlagen. Immer geht es Dobler dabei um »eine Haltung und ihre anachronistische Kraft« (»Süddeutsche Zeitung«). So auch in seinem ersten Roman *Tollwut* (1991): Die Geschichte eines Jugendlichen, der den neuen Besitzer des zwangsversteigerten elterlichen Kleinbauernhofs im Münchner Umland mit Waffengewalt vertreibt und schließlich in die verhasste Großstadt fliehen muss, bedient sich aus Western- und Action-Filmen. »Die Helden des Romans«, so Dobler, »scheinen, genau wie ich, einen speziellen Draht zur Verbindung Bayern und Western zu haben.« Inhaltlich spielt der Autor auf lokale Räubertraditionen sowie die verdrängte nationalsozialistische Vergangenheit an, lässt bayerische Dickschädeligkeit auf die großstädtische Verzweiflung der Beat-Generation treffen. Die »schäbige Queste eines romantischen Außenseiters nach so abgeschmackt erscheinenden Zuständen wie Reinheit und Gnade ...« (»Süddeutsche Zeitung«) lässt sich auch metaphorisch deuten: das Verbrechen, die gewaltsame Aushebelung gesellschaftlicher Spielregeln als letzte Zuflucht radikaler Menschlichkeit.

Mit *Bierherz* (1994) veröffentlicht der »Literaturanarchist« (»FAZ«) eine Sammlung von Kurzgeschichten rund um den Gerstensaft, die in ihrer Lakonie die Stimmung der Wildwestgedichte wieder aufnehmen: »Genau genommen ist Bier grober und unbarmherziger und gerechtester Kommunismus.« Doblers rauer, schneller Erzählstil bezieht seine Komik aus absurden Details wie auch den läppischen Einwürfen eines knapp am Heldentum vorbeischrammenden Ich-Erzählers. Seine Geschichten brauchen keine spektakuläre äußere Handlung. Oft sind es Nichtereignisse, hinterhergeworfene Gesten, alltägliche Redensarten und ins Bewusstsein gehobene Routine, die ein wortkarges Spannungsfeld aufbauen. Wenn Dobler pathetisch wird, dann um die Fallhöhe zum Komischen zu sichern.

Sein Kurzgeschichtenband *Sprung aus den Wolken* (1996) firmiert im Untertitel als *Dancehall Storys*: Thema sind unter anderem »die Liebe, die Arbeit, die Politik, der merkwürdige Traum gestern Nacht«, oft von einem fiktiven Soundtrack zwischen Country, Rock'n'Roll und Punk unterlegt. Ähnlich wie in *Nachmittag eines Reporters* (1998) treffen autobiografische Versatzstücke auf popkulturell überhöhte Krimi-Skizzen: »Seine Geschichten strahlen eine betörende Melancholie aus, sie klingen wie der wehmütige Blues aus einem Amerika, das es schon lange nicht mehr gibt« (»Der Spiegel«). Doblers Helden sind niemals Gewinner. Vielmehr zelebrieren sie die Kunst des Verlierens, bewahren selbst im Untergang Stil, Würde und einen Rest von Rebellion – das verlangen schon die literarisch-filmischen Wahlverwandten, von Jörg Fauser bis Sam Peckinpah, Sam Shepard bis Oskar Maria Graf. Immer mehr nähert sich der Autor der nichtfiktiven Popgeschichte: *Auf des toten Mannes Kiste* (1999) versammelt seine teils für Tageszeitungen verfassten Streifzüge hinter die Kulissen der Countrymusik: Klassiker, Außenseiter und Klischee-Zerstörer werden da ebenso wie deutsche Fans und Epigonen vom bekennenden Country-Fan gefeiert, seziert und aller Scheinheiligkeiten beraubt. Doblers letztendliche Hommage an seine musikalischen Helden liefert die Biografie *The Beast In Me – Johnny Cash und die seltsame und schöne Welt der Countrymusik* (2002). Kapitelüberschriften wie »Autobahnen zur Hölle« oder »Maul halten und Dylan singen lassen« verraten bereits den weniger an herkömmlicher Chronologie und Vollständigkeit denn an Cashs biografischen Brüchen und deren Bedeutsamkeit für das eigene Leben Interessierten. Wie immer misstraut Dobler der ideologischen Sprache seines Lieblings-Sujets, demontiert falsche Andächtigkeiten mit rotziger Pose und bringt doch implizit die metaphysischen Fragen nach Gott, Teufel, Schuld und Erlösung ins Spiel: Nicht umsonst gehört eine Songzeile von Johnny Cash zu seinen Lieblingszitaten: »Ich erschoss einen Mann, nur um ihn sterben zu sehen …«

Jonathan Fischer

Werke: *Körperkanonen/Neue Deutsche Prosa*, Hg., Mü. 1983; *Falschspieler*, En., Hbg. 1988; *Mit dem Kopf durch die Wand*, Theaterst., 1989; *Jesse James und andere Westerngedichte*, G., Augsb. 1991/95; *Tollwut*, R., Hbg. 1991/99; *Der Motorsägen-Mann*, Theaterst., 1991; *Der gute Johnny der Dreckskerl*, Theaterst., 1992; *Bierherz*, R., Hbg. 1994; *Down in Louisiana*, Mithg., Augsb. 1995; *Sprung aus den Wolken*, En., Hbg. 1996; *Nachmittag eines Reporters*, Mü. 1998; *Auf des toten Mannes Kiste/Get Country & Rhythm*, Hbg. 1999; *Jesus, Maria und Josef*, Drehb., 2001; *The Beast In Me: Johnny Cash*, Biogr., Mü. 2002.

Domašcyna, Róža, wurde 1951 als Rosa Domaschke in Zerna/Sernjany in der Oberlausitz geboren. Nach einer Ausbildung zur Wirtschaftskauffrau arbeitete sie als Ingenieurökonomin elf Jahre lang im Braunkohlenwerk Knappenrode. Anschließend studierte sie von 1985 bis 1989 am Literaturinstitut in Leipzig. 1994 erhielt sie den Förderpreis zum Mörikepreis der Stadt Fellbach, 1998 den Anna-Seghers-Preis, 2001 den Literaturpreis des Exil-P.E.N.-Klubs. Der poetische Aufbruch in das poetische Terrain zwischen den Sprachen und Kulturen vollzog sich Mitte der Achtzigerjahre, als sich Rosa Domaschke am Leipziger Literaturinstitut – in subtiler Mimesis an ihre sprachliche Herkunft – in die Dichterin Róža Domašcyna verwandelte. Seither spricht und schreibt die Autorin »im zwieland mit doppelzüngiger duellität«, ständig zwischen ihrer sorbischen Muttersprache und den Vatersprachen des alten und neuen Deutschland hin- und herpendelnd. Als literarische »Landstreicherin« (G. Wolf) vagabundiert sie nicht nur über Traditions- und Sprachgrenzen hinweg, sondern reaktiviert auch die Traditionen magischer Spruchdichtung und die sorbischen Sagen- und Märchenmotive.
Die bedrohte dörfliche Kultur der Sorben in der Lausitz bildet den existenziellen Erfahrungsgrund, in den Róža Domašcyna als Lyrikerin, Märchenerzählerin und Sprachspielerin eintaucht. Über ihren ersten Gedichtband *Zaungucker* (1991) bemerkte ihr Verleger Gerhard Wolf, hier wirkten manche Zeilen wie aus dem Sorbischen ins Deutsche übersetzt. Dieser sprachhungrige Wechsel zwischen den Sphären ist das Erkennungszeichen eines Dichters der Zweisprachigkeit, der die Legitimität der Sprachgrenzen ständig infrage stellt. Poetische Bilingualität bedeutet die lebenslange Erfahrung des Fremdseins, des grundsätzlichen Sprachexils, das in keinem besänftigenden Heimatgefühl Zuflucht finden kann.
»Wir sind ein Volksrätsel«, hat Domašcynas sorbischer Dichterkollege Kito Lorenc lapidar notiert – und diese Rätselhaftigkeit des Sorbischen hat sich als Leitmotiv in die Texte der Grenzgängerin zwischen den Sprachen eingeschrieben. Im Gedicht *Triangel regional*, das in *selbstredend selbzweit selbdritt* (1998) zu finden ist, spricht das lyrische Ich von der unaufhebbaren Fremdheit nicht nur des eigenen Namens, sondern auch der Physiognomie und des körperlichen Habitus. Der Text setzt ein mit dem Eingeständnis der prinzipiellen Unzugehörigkeit: »Ich gehöre nicht wirklich dazu.« Danach wird lautliche Exotik des Namens »Domašcyna«, der sich mit »Häusler« übersetzen lässt, zum Leitmotiv: »diese kschtschrschkombination in meinem namen / hat man hier nicht / und habe ich nicht auch schrägstehende augen / eine etwas verlängerte nase / ein fliehendes / kinn / ich könnte mich freilich / Häusler Hausmann Hauser nennen / dann wären die augen wie sie sein sollen / oder ich könnte mich ausschließlich / Keschroschasch nennen / dann wäre die schrägstellung wie sie sein muss.«
Immer wieder sind es vokabuläre Reize, fremde Laute, bizarre Wörter-Funde, an denen sich die poetische Fantasie der Dichterin entzündet und ihr Nomadisieren zwischen den Sprachwelten in Gang setzt. So stehen diese Gedichte in denkbar weitester Entfernung zur sorbischen Heimatfolklore und zu allen naiven Versuchen, in den Dörfern der Lausitz ein idyllisches Paradiesgärtlein zu verorten. In vielen Gedichten werden etymologisch verwandte Wörter aus der deutschen und der sorbischen Erfahrungswelt in spielerischer Manier durchbuchstabiert – dabei entstehen im Niemandsland des poetischen Zwischenraums auch neue Wörter einer lyrischen Kunstsprache. Eine onomatopoetisch beflügelte Rede zieht in dieser Dichtung ihre mäandrierende Bahn. Nomadisierend in ihrem sorbischen »Wortall«, bewegt sich Róža Domašcyna »quer durch die ganze grammatik«.

Michael Braun

Werke: *Zaungucker. gedichte texte*, Bln. 1991; *zwischen gangbein und spielbein*, G., Bln. 1995; *Der Hase im Ärmel. Sorbische Märchen aus Spreewald und Niederlausitz*, Bln. 1997; *selbstredend selbzweit selbdritt*, G., Bln. 1998; *spreewald*, zus. m. Peter Kühn, Pr., Bln. 2000.

Domin, Hilde, wurde am 27. 7. 1909 in Köln geboren. Sie studierte als Tochter eines jüdischen Rechtsanwalts zunächst Jura, dann nationalökonomische Theorie, Soziologie und Philosophie (u.a. bei Karl Jaspers und Karl Mannheim) in Heidelberg, Berlin, Florenz und Rom. 1932 wanderte sie mit ihrem Lebensgefährten Erwin Walter Palm nach Italien aus und promovierte 1935 in Florenz mit einer Arbeit über *Pontanus als Vorläufer von Machiavelli*. 1939/40 lebte sie in England, von 1940 bis 1954 im Exil in der Dominikanischen Republik. Sie war als Sprachlehrerin, Lektorin und Übersetzerin aus dem Italienischen, Spanischen, Englischen und Französischen tätig. 1954 kehrte sie nach Deutschland zurück und lebt seither in Heidelberg. Sie ist Mitglied des P.E.N.-Zentrums und der Deutschen Akademie für Sprache und Dichtung. 1968 erhielt sie den Ida-Dehmel-Preis, 1971 den Meersburger Droste-Preis, 1972 die Heine-Plakette der Heinrich-Heine-Gesellschaft, 1974 die Roswitha-Medaille der Stadt Bad Gandersheim, 1976 den Rainer-Maria-Rilke-Preis für Lyrik, 1982 die Richard-Benz-Medaille der Stadt Heidelberg, 1983 den Nelly-Sachs-Preis der Stadt Dortmund, 1992 den Friedrich-Hölderlin-Literaturpreis der Stadt Homburg, die Carl-Zuckmayer-Medaille des Landes Rheinland-Pfalz und den Heidelberger Preis für Exilliteratur, 1993 den Sinsheimer-Preis der Stadt Freinsheim, 1995 den Literaturpreis der Konrad-Adenauer-Stiftung sowie 1999 den Jakob-Wassermann-Literaturpreis der Stadt Fürth und den Staatspreis des Landes Nordrhein-Westfalen. Sie hielt Poetik-Vorlesungen 1987/88 an der Universität Frankfurt am Main und 1989/90 an der Universität Mainz.

Hilde Domin schreibt seit 1951 Gedichte, eine »zweite Geburt«, wie sie diesen durch den Tod ihrer Mutter ausgelösten Schritt bezeichnet. Damals lebte sie noch in ihrem zeitweiligen Exil Santo Domingo. Nach dieser Stadt wählte sie ihr Pseudonym, eine Entscheidung, die sie später in dem Gedicht *Landen dürfen* erläutert: »Ich nannte mich / ich selber rief mich / mit dem Namen einer Insel / gerade als ich an Land ging.« Ihre Gedichte entspringen einem existenziellen Zusammenhang zwischen der Erfahrung der Heimatlosigkeit und dem Wiederfinden der Sprache, der sich in dem Paradoxon Hoffnung trotz Hoffnungslosigkeit äußert. Dieses Generalthema der Dichtung Hilde Domins findet in einer »Poesie des Übergangs« Ausdruck. Die Rose aus dem ersten Lyrikband *Nur eine Rose als Stütze* (1959) ist fragiles Symbol einer »Heimkehr ins Wort«, die eine Rettung vor der Entwurzelung durch das Exil darstellt: »Eine Rose ist eine Rose. / Aber ein Heim / ist kein Heim.«

Ihre Muttersprache ist für die verfolgte Jüdin ein ureigenes Ausdrucksmittel, »das letzte, unabnehmbare Zuhause«. Andererseits weiß sie in der »Sprache der Verfolger« aber auch eine zerstörerische Kraft. Nichtsdestotrotz vertraut sie auf die lebensspendende Macht der Dichtung und hält fest an einer unerschütterlichen Sehnsucht nach Frieden und Gerechtigkeit. In einer Mischung aus Lebensmut und Lakonie schildert sie allgemeine menschliche Probleme wie Verlorensein, Umhergetriebensein, Angst vor Identitätsverlust: »Von Herberge zu Herberge / Vergessenheit. / Der eigene Name / wird etwas Fremdes.«

Hilde Domin bedient sich einer einfachen Syntax und Metaphorik, einer reduzierten, unmittelbar verständlichen Diktion und wählt einen freien, offenen Rhythmus. Vor allem in ihrem zweiten Gedichtband *Rückkehr der Schiffe* (1962) sind dialogische Strukturen erkennbar, die eine innere Zwiesprache andeuten: »Sag dem Schoßhund Gegenstand ab / der dich anwedelt / aus den Schaufenstern. / Er irrt. Du / riechst nicht nach Bleiben.« Diese Dialoge mit sich selbst beinhalten stets eine Distanz zum eigenen Ich. Hilde Domin spricht von ihrer Rückkehr nach Deutschland als einem »Erlebnis von äußerster Zerbrechlichkeit« und beschreibt das Exil als inneren, zeitlich nicht definierten Zustand. In dem Gedichtband *Hier* (1964) versucht sie sich dann an einer Orts- und Identitätsbestimmung und nimmt zugleich Bezug auf Ereignisse der Zeitgeschichte, u.a. auf das Thema der Judenvernichtung.

Das öffentliche Gedicht (*Graue Zeiten*, *Nach dem Fernsehbericht*, *Napalm Lazarett*) gewinnt in ihrem Werk zunehmend an Bedeutung, obwohl sich keine scharfe Trennlinie ziehen lässt zwischen politischer und privater Lyrik. Deutlich wird das in allen folgenden Gedichtbänden *Höhlenbilder* (1968), *Ich will dich* (1970), *Abel steh auf* (1982), *Gesammelte Gedichte* (1987, mit etwa 100 bis dahin unveröffentlichten bzw. schwer zugänglichen Arbeiten) sowie der Nachlese *Der Baum blüht trotzdem* (1999, wiederum mit einigen unveröffentlichten

Gedichten). Surrealistische Elemente fließen ebenso ein wie ein appellativer Ton, der zu Zivilcourage aufruft. Nach dem russischen Einmarsch in Prag dichtet sie: »Freiheit / ich will dich / aufrauen mit Schmirgelpapier / du geleckte« (*Ich will dich*, 1970). Solch politischen Mahnrufen, die Hilde Domin mit ethischer Radikalität vorträgt, gesellen sich sogleich Überlegungen bei, welche die Sprache als Möglichkeit des Widerstands und als Voraussetzung menschlichen Zusammenlebens schlechthin definieren: »Freiheit Wort / das ich aufrauen will / ich will dich mit Glassplittern spicken / dass man dich schwer auf die Zunge nimmt / und du niemandes Ball bist.« Dafür bedarf es einer Sorgfalt und Genauigkeit, einer Behutsamkeit und Konzentration, die sich beispielhaft niederschlägt in kurzen haikuartigen Gedichten wie »Lyrik / das Nichtwort / ausgespannt / zwischen / Wort und Wort« oder den geradezu übermütigen Zeilen: »Wer es könnte / die Welt / hochwerfen / dass der Wind / hindurchfährt« (*Hier*, 1964). Für Hilde Domin ist das Gedicht ein »gefrorener Augenblick, den jeder Leser sich wieder ins Fließen, in sein Hier und Jetzt bringt«, aber auch eine fortgesetzte Selbstinnewerdung in der Sprache bis hin zur Verallgemeinerung der individuellen Erfahrung im unpersönlichen Wir bzw. Man: »Kleine Buchstaben / genaue / damit die Worte leise kommen / damit die Worte sich einschleichen / damit man hingehen muss / zu den Worten / sie suchen in dem weißen / Papier / leise / man merkt nicht wie sie eintreten / durch die Poren« (*Ich will dich*, 1970).

Die Schlichtheit dieser Lyrik, in der sich auch existenzielle Grenzerfahrungen wie die Unausweichlichkeit des Todes artikulieren, könnte leicht mit Unverbindlichkeit verwechselt werden. Doch offenbart sich bei näherer Betrachtung zumeist eine intellektuelle und ästhetische Komplexität, die auf eine Fülle geschichtlicher Erfahrung, politischer Reflexion und literarisch-philosophischer Bildung zurückgeht. 1963 veröffentlichte Hilde Domin die Sammlung *Spanien erzählt*, Ausdruck ihrer Prägung durch die Literatur des romanischen Sprachraums (zu ihren Vorbildern zählen u.a. Garcia Lorca und Giuseppe Ungaretti). 1966 brachte sie die Sammlung *Doppelinterpretationen. Das zeitgenössische Gedicht zwischen Autor und Leser* heraus, in der sie zu einem Gedicht des Autors jeweils den Autor selbst und einen Interpreten zu Wort kommen lässt.

1968 folgte der ebenfalls viel beachtete Essayband *Wozu Lyrik heute?* zu einer Zeit, als der gesellschaftliche Zweck der Literatur radikal infrage gestellt wurde. Domins poetologische Antwort besteht in einer euphorischen Bejahung der Wirkmächtigkeit von Dichtung, die einen »Atemraum« für menschliche Gedanken und Gefühle schaffe und der »anonymen Gleichgültigkeit der funktionierenden Menschen in einer funktionierenden Gesellschaft« entgegenwirke. In einer scharfsinnigen Theorie des Kulturbetriebs wendet sie sich gegen programmatische »Festlegungen« und nimmt die Rezeptionsästhetik vorweg, wonach das Lesen eine lebendige, schöpferische, dem Schreiben verwandte Aktivität sei. Während sie Lyrik als Gebrauchsgegenstand ansieht, offen für vielfältige Assoziationen und grundsätzliche Einsichten, vergleicht sie den Literaturbetrieb mit einer »schwebenden Universität, einer Universität in der Luft«. Zu den wichtigsten Merkmalen der Lyrik zählten Authentizität, Einmaligkeit, Musterhaftigkeit sowie »unspezifische Genauigkeit« (im Gegensatz zur spezifischen Genauigkeit der Wissenschaft). Sie dürfe keinen kurzlebigen Moden verfallen, wie sie von der »Meinungsmaschine« des Literaturbetriebs propagiert würden. Im Gegenteil habe die Lyrik eine Form des Widerstands gegen jeglichen Konformismus zu sein. Das Paradoxon, eine Grundfigur in den Gedichten Hilde Domins, sei eine »unerwartete Gegenansicht (...), welche die allgemeine Ansicht entkräftet, sie ad absurdum führt, ohne eine absolute Gültigkeit beanspruchende Alternative zu bieten«.

Hilde Domin gehört »zu den großen Leitfiguren der nachgeholten Moderne in der deutschen Lyrik« (Michael Braun). Sie wurde häufig mit anderen exilierten Dichterinnen wie Rose Ausländer und Nelly Sachs verglichen. Ihre Erfahrungen des Fremdseins und Weggehenmüssens schlagen sich auch in autobiografisch gefärbten Prosatexten nieder (*Das zweite Paradies*, 1968; *Von der Natur nicht vorgesehen*, 1974). Der Band *Aber die Hoffnung. Autobiografisches aus und über Deutschland* (1982) enthält Aufsätze, Reden und Briefe, die von der Hoffnung auf eine friedliche und gerechte Welt durchzogen sind. Hilde Domin hat ein »Vokabular der Erinnerung« geprägt, mit dem sie stellvertretend für alle Verfolgten spricht. In einem offenen Brief an Nelly Sachs von 1966 hebt sie diese Gemeinschaft hervor und umschreibt das Gedicht als »Essenz des Gelebten: exemplarisch und vollziehbar gemacht«. Lyrik sei eine Herausforderung an die Freiheit, »sich wieder und wieder zu behaupten«.

Thomas Kastura

Werke: *Nur eine Rose als Stütze*, G., Ffm. 1959; *Rückkehr der Schiffe*, G., Ffm. 1962; *Spanien erzählt*, Hg., Ffm., Hbg. 1963; *Hier*, G., Ffm. 1964; *Giuseppe Ungaretti: Aus dem Tagebuch eines alten Mannes*, Übs., in: »Neue deutsche Hefte« 11, 1964, S. 22–26; *Doppelinterpretationen*, Hg., Ffm., Bonn 1966; *Höhlenbilder. Gedichte 1951/52*, G., m. Grafiken v. Heinz Mack, Duisburg 1968; *Wozu Lyrik heute?*, Ess., Mü. 1968, erw. Neuf. m. d. Untertitel *Dichtung und Leser in der gesteuerten Gesellschaft*, 1968; *Das zweite Paradies. Roman in Segmenten*, Mü. 1968; *Nachkrieg und Unfrieden. Gedichte als Index 1945–1970*, Anth., Hg., Neuwied, Bln. 1970; *Ich will dich*, G., Mü. 1970; *Die andalusische Katze*, E., m. Linolschnitten v. Axel Hertenstein, Stierstadt/Ts. 1971; *Von der Natur nicht vorgesehen. Autobiographisches*, Mü. 1974; *Nelly Sachs: Gedichte*, Ausw., Hg., Ffm. 1977; *Rainer Maria Rilke: Liebesgedichte*, Ausw., Hg., Ffm. 1978; *Abel steh auf. Gedichte, Prosa, Theorie*, Stg. 1979; *Traum I*, m. Grafiken v. Sascha Juritz, Dreieich 1981; *Aber die Hoffnung. Autobiographisches aus und über Deutschland*, Mü. 1982; *Gesammelte Werke*, Ffm. 1988; *Das Gedicht als Augenblick von Freiheit. Frankfurter Poetikvorlesungen*, Mü. 1988; *Gesammelte autobiographische Schriften*, Mü. 1992; *Gesammelte Essays*, Mü. 1992; *Der Baum blüht trotzdem*, G., Ffm. 1999; *Vielleicht eine Lilie*, G., m. Aquarellen v. Andreas Felger, Gnadenthal/Ts. 1999; *Wer es könnte*, G., m. Aquarellen v. Andreas Felger, Gnadenthal/Ts. 2000.

Donhauser, Michael, wurde am 27. 10. 1956 in Vaduz/Lichtenstein geboren. Er übersiedelte 1976 nach Wien und studierte dort Germanistik und Romanistik. 1990 erhielt er den Preis der Zeitschrift »manuskripte«, 1994 den Christine-Lavant-Lyrik-Preis, 2001 den Mondseer Lyrikpreis und 2002 den Christian-Wagner-Preis.

Literarischer Ahnherr von Michael Donhausers lyrischer Phänomenologie der Dinge ist der französische Dichter Francis Ponge (1899–1988) mit seiner Poetik der akribischen Naturdeskription. Schon Donhausers Prosagedichte der Bände *Der Holunder* (1986) und *Die Wörtlichkeit der Quitte* (1990) fügten sich im Rekurs auf Ponge zu einer poetischen Kosmogonie der sinnlichen Erscheinungen. In den etymologischen und kulturhistorischen Abschweifungen des Gedichtbandes *Von den Dingen* (1993) versuchte Donhauser dann die direkte Verwirklichung von Ponges Utopie. Die Tonlage seiner Prosagedichte charakterisiert Donhauser selbst als ein »transzendierendes Grübeln«; ein Grübeln freilich, das die Dinge nicht mystisch oder magisch entrücken, sondern in ihrer zarten Materialität sichtbar machen will. Die maliziösen Reaktionen, die auf die Veröffentlichung des Bandes *Von den Dingen* folgten, signalisierten das völlige Unverständnis der Kritik für diese emphatischen poetischen Apologien auf »die Sumpfdotterblume«, den »Misthaufen« oder »die Tomate«.

In den Gedichten des Bandes *dich noch und* (1991) ist noch ein anti-grammatischer Impuls wirksam, ein zögerliches, stockendes, mitunter auch bewusst stotterndes Sprechen, das die romantische Verschmelzungssehnsucht zwischen lyrischem Subjekt und Natur-Objekt unterläuft. Das Gedicht *Die Amsel* ist z. B. ein bewusst ent-harmonisierendes, aus allen syntaktischen und semantischen Verankerungen gelöstes Gebilde, das ein romantisches Strömen und Singen nicht zulässt, das dem darin aufgerufenen »Herz der Nacht« seine hervorgehobene Stellung aufkündigt und selbst der Amsel ihr zweckfreies »Zwitschern« nicht gestattet, sondern es zwischen »Zitaten« ansiedelt. Schon die ersten beiden Zeilen des Gedichts erzeugen einen Zustand der grammatischen Verunsicherung, der die Sprache auf ihr Material und auf die Differenz von Wort und Ding zurückverweist: »Sie, die, ihr, Lied und verdreht, singt es in keiner Erwartung / Wenn nicht oder vielleicht in der des Morgens, als weinte das Lied / In ihrem Lied, das Herz der Nacht und sich aus. …«

Im Roman *Livia oder die Reise* (1996) agiert ein naturempfindsamer Erzähler, der in impressionistischen Notaten die Liebesreise eines Paares durch Südfrankreich aufzeichnet. Das Roman-Ich, das mit seiner Geliebten Livia unterwegs ist, erzählt in großer Detailverliebtheit eine Geschichte, die fast ausschließlich aus sinnlichen Wahrnehmungen, tastenden Berührungen und Sehnsuchtsbildern besteht. In den späteren Gedichtbüchern Donhausers bewegt sich meist ein ziellos Gehender an der Peripherie der Städte, ein Fußreisender, der bei seinen Wanderungen vorbei an Baustellen und »Nachtlandstraßen«, an Dorfeinfahrten und Parkplatzrändern hofft, dass die Wege, die er einschlägt, irgendwann zu Heimwegen werden. Ein wenig traumverloren streift dieser Dichter durch die Landschaft, er registriert aber sehr genau die Naturgegenstände in seiner unmittelbaren Umgebung und versucht sich im inständigen Schauen der Präsenz der Dinge zu vergewissern. Das Sehen, so darf man eine Gedichtüberschrift aus dem Band *Sarganserland* (1999) übersetzen, wird zum Sehnen, zu einem Blick, der die Dinge illuminiert, bis sie von sich aus zu strahlen beginnen.

In diesem Band arbeitet Donhauser an der lyrischen Topografie einer Landschaft, des Alpen-Rheintals, in dessen Baum- und Hügel-Figurationen er eine imaginäre »Heimat« zu verorten versucht. Es ist die

Gegend um die Stadt Sargans, die der liechtensteinischen Kindheitslandschaft Donhausers benachbart ist. Im Gegensatz zu den ausschweifenden Zyklen der vorangegangenen Bücher legt Donhauser hier konzentriertere Formen von Naturdichtung vor: Mittels kleiner semantischer Verschiebungen und syntaktischer Inversionen versucht der Autor einen allzu geschmeidigen Versfluss zu verhindern und die einzelne Gedichtzeile mit rhythmisch gegenläufigen Elementen in der Schwebe zu halten.

Michael Braun

Werke: *Der Holunder. Prosagedichte*, Graz 1986; *Edgar*, E., Salzb. 1987; *Die Wörtlichkeit der Quitte*, G., Graz 1990; *dich noch und. Liebes- und Lobgedichte*, Salzb. 1991; *Von den Dingen. Prosagedichte*, Mü. 1993; *Das neue Leben. 78 Dreizeiler*; Salzb. 1994; *Livia oder die Reise*, R., Salzb. 1996; *Arthur Rimbaud: Die späten Verse*, Übs., Basel 1998; *Sarganserland*, G., Basel 1999; *Land. Ein Gedicht*, m. Bildern v. Franz Wanner, Alpnach 1999; *Die Gärten. Paris*, Pr., Basel 2000; *Die Elster*, Wien 2002 ; *Dix-sept diptyques en prose*, Übs. v. Laurent Cassagnau, Saint-Nazaire 2002; *Die Hecke*, G., Warmbronn 2002.

Dor, Milo (eigentlich Milutin Doroslovac), auch Alex Lutin und Alexander Dormann, geboren am 7. 3. 1923 in Budapest als Sohn serbischer Eltern, aufgewachsen in der Wojwodina, lebte seit 1933 in Belgrad, wurde 1942, nach der Besetzung Belgrads durch deutsche Soldaten, als Widerstandskämpfer verhaftet, 1943 als Zwangsarbeiter nach Wien gebracht und dort 1944 erneut inhaftiert. Nach Kriegsende studierte er in Wien (bis 1949) Theaterwissenschaft und Romanistik. Dor war seit 1951 Mitglied der »Gruppe 47«, von 1972 bis 1988 Vizepräsident des Österreichischen P.E.N.-Klubs (seit 1988 Ehrenmitglied), ist seit 1975 Präsident der Literarischen Verwertungsgesellschaft und seit 1979 Präsident der Interessengemeinschaft österreichischer Autoren. Am Zustandekommen des Sozialfonds der österreichischen Autoren war er maßgeblich beteiligt. Er erhielt 1962 den Österreichischen Staatspreis für Romane, 1972 den Anton-Wildgans-Preis, 1978 den Würdigungspreis der Stadt Wien für Literatur, 1980 den Würdigungspreis für Literatur des Bundesministeriums für Unterricht und Kunst, 1983 das Österreichische Bundesverdienstkreuz Erster Klasse, 1989 den Österreichischen Staatspreis für Verdienste um die österreichische Kultur im Ausland, 1998 den Andreas-Gryphius-Preis und 2002 den Bruno-Kreisky-Preis.
In seinem ersten Roman, *Tote auf Urlaub* (1952), beschreibt Dor den leidvollen Weg des jungen serbischen Kommunisten Mladen Raikow durch faschistische Gefängnisse. Es ist die Fantasie, aus der Raikow seine Energie speist und mit der er seine Machtlosigkeit gegenüber dem organisierten Terror überwindet. Das Schicksal Raikows, das in wesentlichen Zügen dem des Autors gleicht, steht auch im Mittelpunkt des Romanes *Nichts als Erinnerung* (1959). Dabei handelt es sich um die Schilderung von Raikows Jugendzeit, um den Verfall einer gutbürgerlichen serbischen Familie im Banat und um deren Hoffnungen und Träume im Klima der Vorkriegszeit. Letztlich findet nur Mladen Raikow, der sich zum Dichter geboren fühlt, einen Weg aus der Vergangenheit, der Welt des alten Österreichs. Den Abschluss der Romantrilogie (1979 als *Raikow-Saga* zusammengefasst) bildet *Die weiße Stadt* (1969). Exrevolutionär Raikow aus Belgrad, der »weißen Stadt Utopia«, frönt in seinem Wiener Exil alten Erinnerungen und versucht zugleich im Österreich der Nachkriegsjahre Fuß zu fassen. Das Interesse der Leser, mit unmittelbaren Lebenserfahrungen konfrontiert zu werden, war in den ersten Nachkriegsjahrzehnten gering, dennoch gelang Dor der literarische Durchbruch. *Tote auf Urlaub* wird zu den bedeutendsten literarischen Auseinandersetzungen mit dem Faschismus gerechnet.
In Dors historischen Romanen, für die er umfangreiche Nachforschungen betrieb, mischen sich historische und fiktionale Gestalten. So schildert er in *Alle meine Brüder* (1978) den abenteuerlichen Lebensweg der Brüder Zanovich, die an den europäischen Fürstenhöfen mit der Freimaurerei und Gestalten wie dem Alten Fritz, Robespierre und Napoleon in Berührung kommen. Ein konkretes historisches Ereignis steht im Mittelpunkt von *Der letzte Sonntag* (1982), in dem es um das Attentat auf den österreichischen Thronfolger in Sarajewo geht. Vergeblich bemüht sich der jüdische Untersuchungsrichter Leo Pfeffer inmitten chauvinistischer Exzesse um die Wahrheit, die niemand interessiert.
Einem breiteren Publikum ist Dor vor allem durch seine Fernsehfilme bekannt geworden. Neben der Verfilmung eigener Werke verfasste er Drehbücher nach Vorlagen fremder Autoren (z.B. Georges Simenon) und produzierte eine Reihe kulturhistorischer Reisefilme. Aus ihnen ist der Band *Auf der Suche nach der größeren Heimat* (1988) mit Reisefeuilletons hervorgegangen, deren Schauplatz Mitteleuropa ist. Für diesen Raum – vor allem für das ehemalige Jugoslawien – hat Dor als Herausgeber

und Übersetzer seit Jahrzehnten eine bedeutende Funktion als literarischer Kulturvermittler. Er hat Autoren wie Ivo Andrić, Miroslav Krleža und Vasko Popa übersetzt und wichtige Sammelbände (*Die Verbannten*, 1962; *Irren ist menschlich. Und patriotisch*, 1994) publiziert.

Dors gesellschaftliches Engagement spiegelt sich in vielen Arbeiten. So lässt er in *Wien, Juli 1999* (1997) noch einmal den Held der Raikow-Saga – nun als alten Mann – auftreten, um vor der rechtsradikalen Fortschrittsbewegung eines Herrn Haselgruber zu warnen. Seiner Autobiografie (ohne konsequente Chronologie) hat Dor den Titel *Auf dem falschen Dampfer* (1988) gegeben, um zum Ausdruck zu bringen, dass er sich (und sein Werk) als eine mitunter unzeitgemäße Existenz versteht. Dabei hat er stets engagiert das Zeitgeschehen kommentiert (z. B. gegen Kurt Waldheim in *Die Leiche im Keller*, 1988) und in den letzten Jahren besonders den Zerfall des alten Jugoslawien kritisch (*Leb wohl, Jugoslawien*, 1993) begleitet. Dor kämpft gegen blinden Nationalismus, beschwört gerne die Gemeinsamkeiten europäischer Kulturen und versteht sich als »kämpferischer Humanist« (*Grenzüberschreitungen*, 2003).

Daniel Drascek

Werke: *Unterwegs*, En., Wien 1947; *Der vergessene Bahnhof. Ein Trauerspiel*, UA Wien 1948; *Tote auf Urlaub*, R., Stg. 1952, Drehb., ORF/NDR 1981; *Der unterirdische Strom. Träume in der Mitte des Jahrhunderts. Ein Versuch*, zus. m. R. Federmann, Ess., Ffm. 1953; *Internationale Zone*, zus. m. R. Federmann, Krimi, Ffm., Wien 1953, Film, ORF 1995; *Und einer folgt dem anderen*, zus. m. R. Federmann, Krimi, Nürnberg 1953; *Romeo und Julia in Wien*, R., zus. m. R. Federmann, Mü. 1954, Hsp., Rot-Weiß-Rot Wien 1954, Film u. d. Titel *Nina*, 1956; *Führer durch Jugoslawien*, u. d. Psend. Alex Lutin, zus. m. R. Federmann, Amsterdam 1954; *Der Selbstmörder*, Drehb., nach Awertschenko, Fssp., NWDR 1952; *Es ist nicht leicht ein Mann zu sein. Ein Brevier voll nützlicher und unnützer Ratschläge für den Herrn von heute*, Hg., Mü. 1955; *Stephen Crane: Die Flagge des Mutes*, Übs., zus. m. E. Moltkau, Ffm., Wien 1955; *Othello von Salerno*, R., zus. m. R. Federmann, Mü. 1956, Hsp., Rot-Weiß-Rot Wien 1959; *Ivo Andrić: Der verdammte Hof*, Übs., zus. m. R. Federmann, Bln., Ffm. 1957; *Oskar Davico: Die Libelle*, Übs., Bln. 1958; *Das Haus auf dem Hügel*, Hsp., zus. m. R. Federmann, WDR 1959; *Die Verwechslung*, Hsp., zus. m. R. Federmann, Rot-Weiß-Rot Wien 1959; *Nichts als Erinnerung*, R., Stg. 1959, Drehb., ORF/NDR 1973; *Mond überm Zigeunerwagen. Zigeunerlieder*, Hg. u. Übs., zus. m. R. Federmann, Mü. 1959; *Ivo Andrić: Die Geliebte des Veli Pascha*, Übs., zus. m. R. Federmann u. A. Schmaus, Stg. 1959, Neuausg. u. d. T. *Buffet Titanic*, Klagenfurt 1995; *Die Frau auf dem Medaillon*, R., u. d. Psend. Alexander Dormann, zus. m. R. Federmann, Wien 1959; *Georges Simenon: Maigret und der Schatten am Fenster*, Übs., zus. m. R. Federmann, Köln, Bln. 1959; *Das Gesicht unseres Jahrhunderts. 60 Jahre Zeitgeschehen in mehr als 600 Bildern*, zus. m. R. Federmann, Wien, Düsseld. 1960; *Salto Mortale*, En., Zür. 1960, Hsp., BR/NDR 1961, Fssp. u. d. T. *An einem ganz gewöhnlichen Tag*, WDR 1966; *Isaak E. Babel: Zwei Welten*, Übs., zus. m. R. Federmann, Mü., Wien, Basel 1960, Neuausg. u. d. T. *Exemplarische Erzählungen*, Wien 1985; *Die Verbannten. Eine Anth.*, Hg., Graz 1962; *Die Abenteuer des Herrn Rafaeljan*, R., zus. m. R. Federmann, Gütersloh 1963, Neuausg. u. d. T. *Und wenn sie nicht gestorben sind ...*, Politthriller, Wien 1996; *Gemordete Literatur. Dichter der russischen Revolution*, Hg., zus. m. R. Federmann, Salzb. 1963; *Genosse Sokrates. Serbische Satiren*, Hg., Wien, Mü. 1963; *Mirko Božić: Der Gerechte*, Übs., Bln. 1963, Hsp. u. Drehb., ZDF 1969; *Miroslav Krleža: Die Glembays. Schauspiel in drei Akten*, Übs., Graz, Wien 1963; *Vantscha Kljaković: Begegnungen. 3 Einakter*, Übs., Bln. 1963; *Der Flug des Ikaros. Jugoslawische Autoren von heute*, Hspe., Hg., Übs., Herrenalb 1964; *Der politische Witz*, Hg., zus. m. R. Federmann, Mü., Wien, Basel 1964; *Miroslav Krleža: In Agonie. Ein Stück in zwei Akten*, Übs., Graz, Wien 1964; *Miroslav Krleža: Leda. Komödie einer Karnevalsnacht in vier Akten*, Übs., Graz, Wien 1964; *Tausend Jahre Liebe. Klassiker der erotischen Literatur*, Hg., zus. m. R. Federmann, Wien, Stg., Basel 1964; *Der Sohn des Wesirs. Märchen aus Jugoslawien. Neu erzählt*, Wien, Mü. 1965; *Ein Orden für Argil. Jugoslawien in En. seiner besten zeitgenössischen Autoren*, Hg., Herrenalb 1965; *Marijan Matković: Herakles*, Übs., Wien 1965; *Ballade vom menschlichen Körper*, hg. v. Gerhard Fritsch, Graz, Wien, Köln 1966 (Werkauswahl mit Bibl.); *Der galante Witz*, Hg., zus. m. R. Federmann, Mü., Wien, Basel 1966; *Der groteske Witz*, Hg., zus. m. R. Federmann, Mü., Wien, Basel 1968; *Borislav Mihajlović: Der Kommandant*, Übs., Wien, Mü. 1968; *Ein Hotelschlüssel*, Drehb., ZDF 1968; *Der Mann mit meinem Namen*, Drehb., ZDF 1969; *Die weiße Stadt*, R., Hbg. 1969, Drehb., ORF/NDR 1974; *Vasko Popa: Nebenhimmel*, Übs., zus. mit C. Dedecius, Mü. 1969; *Das Pferd auf dem Balkon*, Wien, Mü. 1971; *Menuett. Farce in 3 Akten*, Wien, Mü. 1971; *Miroslav Krleža: Galizien*, Übs., Wien, Mü. 1971; *Der Tote vom Pont Neuf*, Drehb., nach L. Gozlan, ZDF 1973; *Meine Reisen nach Wien*, autobiogr. En., Eisenstadt 1974, erw. als *Meine Reisen nach Wien und andere Verirrungen*, Mü., Wien 1981; *Wien 1913, Bahnhof der Geschichte*, Dok.-Film, ORF/WDR 1974; *Miroslav Krleža: Die Wolfsschlucht*, Übs., Wien, Mü. 1976; *In memoriam Reinhard Federmann*, Hg., Wien 1977 (= Die Pestsäule. Monatsschrift für Lit. 16); *Isaak Babel: Petersburg 1918. Reportagen*, Hg. u. Übs., zus. m. R. Federmann, Pfullingen 1977; *Istrien. Land im Abseits*, Drehb., ORF 1977; *Alle meine Brüder*, R., Mü. 1978; *Vasko Popa: Wolfserde*, Übs., Mü., Wien 1979; *Die Raikow-Saga. Nichts als Erinnerung. Tote auf Urlaub. Die weiße Stadt*, R.-Trilogie, Mü., Wien 1979; *Ivo Brešan: Hamlet in Unterschlammdorf. Der Leibhaftige an der philosophischen Fakultät*, Übs., Wien, Mü. 1979; *Der Wiener Kongress*, Dok.-Film, ORF/WDR 1980; *Venedig. Italiens Karneval*,

Drehb., ORF 1980; *Die Deutsche*, Drehb., nach L. Lazarević, ZDF/ORF/RTL Beograd 1981; *Dubrovnik. Zwischen Abend und Morgen*, Drehb., ORF 1981; *Istrien*, Ess., Wien 1981; *Der letzte Sonntag. Bericht über das Attentat von Sarajewo*, R., Wien, Mü. 1982, Neuausg. u. d. T. *Die Schüsse von Sarajewo*, Mü. 1989, Drehb., zus. m. R. Muller, Film u. d. T. *Weltuntergang*, NDR/ORF/Tele-Culture Inc. 1984; *Branislav Nušić/Mile Stankowić: Die Macht*, Übs., Wien, Mü. 1982; *Danilo Kiš: Ein Grabmal für Boris Dawidowitsch*, Übs., Wien, Mü. 1982; *Die Toskana. Ein Brunnen stiller Heiterkeit*, Drehb., ORF 1983; *Schreib wie du schweigst. Serbische Aphorismen*, Hg., Wien, Mü., Zür. 1984; *Die abenteuerliche Donau. Am Eisernen Tor*, Dok.-Film, Drehb., ORF 1984; *Milovan Vitezović: Mensch ärgere dich*, Hg. u. Übs., Wien, Mü., Zür. 1985; *In Viscontis Land. Die südliche Lombardei*, Dok.-Film, ORF 1985; *Der Schnee vom vergangenen Jahr*, TV-Serie »Tatort«, Drehb., zus. m. Milan Dor, ORF 1986; *Triest. Stadt zwischen drei Welten*, Dok.-Film, ORF 1987; *Auf dem falschen Dampfer. Fragmente einer Autobiographie*, Wien, Darmst. 1988; *Auf der Suche nach der größeren Heimat. Reisefeuilletons*, St. Pölten, Wien 1988, erw. Neuausg. u. d. T. *Mitteleuropa – Mythos oder Wirklichkeit*, Salzb. 1996; *Beiträge und Materialien*, hg. v. H. A. Niederle, Wien 1988; *Die Leiche im Keller. Dokumentation des Widerstandes gegen Dr. Kurt Waldheim*, Hg., Wien 1988; *Die österreichische Schizophrenie oder Die Pflicht zum Widerstand*, Festrede, Linz 1988; *Prve i poslednje pesme – Die ersten und die letzten Gedichte 1938–1943*, Novi Sad 1988; *Mit dem Kopf durch die Wand. Neue serbische Aphorismen*, Hg. u. Übs., Graz, Köln 1988; *Treffpunkt Belgrad*, TV-Serie »Tatort«, Drehb., zus. m. M. Vitezovi´c, ORF 1988; *Augustos Tod*, TV-Serie »Tatort«, Drehb., n. G. Simenon, zus. m. Milan Dor, BR/ORF/SRG 1989; *Die grünen Fensterläden*, TV-Serie »Tatort«, Drehb., n. G. Simenon, zus. m. Milan Dor, BR/ORF/SRG 1989; *Spektrum. Alle meine Städte*, Drehb., ORF 1989; *Das schwarze Licht. Serbische Erzähler der Gegenwart*, En., Hg. u. Übs., zus. m. a., Wien 1990; *Der Mann, der fliegen konnte. Eine Erzählung für Erwachsene und Kinder*, Wien 1990; *Die Josefstadt, ein Dorf der Weltbürger*, Drehb., ZDF 1990; *Fragen eines altmodischen Humanisten. Rede anlässlich der Verleihung des Ehrenpreises des österreichischen Buchhandels für Toleranz in Denken und Handeln 1990*, Wien 1990; *Dušan Kovačević: Der Balkanspion*, Übs., Bln. [1991]; *Meine Reisen nach Prag*, Drehb., ORF 1991; *Schriftsteller und Potentaten. Schriften aus fünf Jahrzehnten*, Aufs., Wien 1991; *Die Wojwodina. Das verlorene Paradies*, Film, ORF 1992; *Dušan Kovačević: Der Profi*, Übs., Bln. 1992; *Leb wohl, Jugoslawien. Protokolle eines Zerfalls*, Salzb., Wien 1993, 3., erw. Neuaufl. *Mit einer Antwort an Peter Handke*, Salzb., Wien 1996; *Vasko Popa: Die kleine Schachtel*, Übs., Klagenfurt 1993; *Dušan Kovačević: Radowan III*, Theaterst., Übs., Bln. 1994; *Irren ist menschlich. Und patriotisch. Serbische Aphorismen aus dem Krieg*, Hg. u. Übs., Salzb., Wien 1994; *Vidosav Stevanović: Johanna von der U-Bahn. Ein Monolog*, Übs., Bln. 1994; *Bogdan Bogdanović: Der verdammte Baumeister. Erinnerungen*, Übs., Wien 1997; *Thessaloniki, eine Stadt der Toleranz und Lebensfreude*, Drehb., ORF 1997; *Wien, Juli 1999. Eine Geschichte*, E., Wien 1997; *Ildi Ivanji: Wetten am Tor*, Übs., Wien 2000; *Slowenien. Versuch einer Annäherung*, Drehb., ORF 2001; *Dragi Bugarčić (Hg.): Roman über Milo Dor. Ein Buch mit Texten von und über Milo Dor*, Salzb. 2003; *Grenzüberschreitungen. Positionen eines kämpferischen Humanisten*, Wien 2003; *Jovan Sekelj: Memoiren eines Antihelden*, Übs., Wien 2003; *Stanislav Vinaver: Wien, ein Wintergarten an der Donau*, Ess., Übs., Wien 2003.

Döring, Bianca, wurde am 15. 12. 1957 im hessischen Schlitz geboren. Sie studierte Germanistik, Musik, Polytechnik und Erziehungswissenschaften in Trossingen, Marburg und Kassel und war als Altenpflegerin, in Kindergärten, Krankenhäusern und Musikschulen tätig. Neben der Literatur arbeitet sie, zum Teil auch medienübergreifend, in den Bereichen Theater, Performance, Malerei und Musik. Bianca Döring lebt als freie Autorin in Berlin. Für ihre Arbeiten erhielt sie mehrere Stipendien und Förderpreise, unter anderem 1992 ein Stipendium der Akademie Schloss Solitude und 1999 den Martha-Saalfeld-Förderpreis des Landes Rheinland-Pfalz.

Versucht man Bianca Dörings Poetik von den Titeln ihrer bisherigen Veröffentlichungen abzuleiten, stößt man fast unausweichlich auf *Schierling und Stern* (1999). Hier treibt Döring auf die Spitze, was sie seit ihrem frühen Lyrikband *Gezeitetes* (1979), der in Teilen erste, noch unausgereifte Gehversuche auf dem Weg zu einer eigenen Sprache der mächtigen Bilder darstellt, literarisch beschäftigt: das Spannungsfeld zwischen Werden und Vergehen, Liebeswunsch und Todestrieb, die Faszination des Vitalistischen und Vergänglichen ebenso wie die Sehnsucht, sich z. B. träumend über dieses Leben, diese Erdverhaftung zu erheben. Es ist also das Existenzielle in seinen extremsten wie intensivsten Ausprägungen, was Dörings Schreiben bestimmt. »[...] Herz / es jagt noch / nach Goldluft novemberfrüh / dunkler Tierlauf Weinen und Schrei / nach wem wenn ich sterbe nach wem / Blumenduft purpurnes / Leuchten von Schierling und Stern ...« (*Kein*).

Als »halsbrecherisch« wurde Bianca Dörings Schreiben bezeichnet, als »sprachwütiges Brodeln«, als »assoziative, weit gespannte Satzkaskaden« der »kaleidoskopischen Bilderfluchten« – aber auch als »überschwängliche Pop-Lyrik« mit hoher Kitsch-Affinität. Und wie so oft liegt die Wahrheit in der Mitte. So ergeht es ihr auch mit ihren beiden ersten Prosabänden, *Ein Flamingo, eine Wüste* (1990) und

Schnee und Niemand (1992): Wurde der erste fast einhellig gewürdigt, will die Wiederholung des Kunststücks bei *Schnee und Niemand* nicht mit der gleichen Überzeugungskraft gelingen. Zu groß sind die Parallelen der metaphernreichen, szenischen Montage einer durch Leben und (Gewalt-)Fantasien getriebenen jungen Frau. Dennoch gilt, dass Döring mit dieser bizarren Mischung aus Poesie und Prosa etwas geschaffen hat, das – wie Rolf Michaelis in der »Zeit« hervorhob – »auch noch interessant bleibt, wo jede ›Handlung‹ im Sprachrausch erstickt, wo sich jeder Sinn in wilden Bildern verflüchtigt, wo die Sprache selber […] sich aufzulösen scheint«. Hier kommt zum Tragen, dass Döring bei aller metaphernschweren Sprachartistik, bei allem gezielten, an Surrealismus wie Expressionismus geschulten Umgang mit dem Wort, nicht zuletzt auch ausgebildete Musikerin ist, und dieser geht es oft vor allem um den richtigen Klang.

Döring macht es weder sich noch den Lesern leicht, sich auf das Abenteuer »Realitätsfindung« einzulassen. Umso weniger verwundert es, dass auch der fundamentalen Heimatlosigkeit in ihrem Werk besondere Bedeutung zukommt. Heimatlosigkeit und Verlorenheit in jeder Beziehung – in sich selbst wie in der Gesellschaft: »Ich stand in der Fremde und kannte diesen einen Namen nicht: meinen« (*Ein Flamingo, eine Wüste*). Oder: »Und eine Geschichte haben. Bitte sei mir eine allerkleinste Geschichte nur, damit ich nicht nach Hause muss und immer noch frage: Wann bin ich endlich angekommen?« (*Schnee und Niemand*). Aufbruch, der Wunsch anzukommen – vor allem auch durch ein und in einem »Du« –, eine Heimat zu finden, das sind auch bestimmende Momente in Dörings Roman *Little Alien* (2000). Ellie, die junge Frau vom Lande, sucht in der nahezu apokalyptisch gezeichneten Großstadt Berlin ihr Glück und die Liebe. Eine wilde Jagd durch fremde, schnelle Großstadtszenarien wie innere Welten beginnt, begleitet von Schutz- und Todesengeln, an deren Ende Ellie doch die – entrückte – Fremde bleibt. Selbst wenn der Vorwurf positiv belegten Eskapismus erhoben werden könnte, bleibt *Little Alien* ein kunstvoller Reigen menschlicher Wahrnehmungswelten.

Almuth Andreae

Werke: *Gezeitetes*, G., Darmst. 1979; *Ein Flamingo, eine Wüste*, Pr., Ffm. 1990; *Schnee und Niemand*, Pr., Ffm. 1992; *Siebzehn*, En., Stg. 1993; *Tag Nacht Helles Verlies*, G., m. Collagen v. Wolf Spies, Gotha 1995; *Hallo Mr. Zebra*, R., Mü. 1999; *Schierling und Stern*, G., Lüneburg 1999; *Little Alien*, R., Mü. 2000.

Dorn, Thea, wurde am 23. 7. 1970 in Offenbach geboren. Sie machte eine Gesangsausbildung und studierte Theaterwissenschaft und Philosophie in Frankfurt am Main, Wien und Berlin. Nach ihrem Magister in Philosophie an der FU Berlin war sie dort von 1995 bis 2000 als Dozentin tätig. In der Spielzeit 2000/2001 arbeitete sie als Dramaturgin und Hausautorin am Schauspiel Hannover. Thea Dorn lebt als freie Autorin in Berlin. 1995 erhielt sie den Philip-Marlowe-Preis der Raymond-Chandler-Gesellschaft und 2000 den Deutschen Krimipreis.

Das von der Schriftstellerin gewählte Pseudonym Thea Dorn bezieht sich auf den Philosophen Theodor W. Adorno – eher als satirische Verballhornung denn als ernst gemeinte Hommage, wie gleich im ersten Roman der Autorin deutlich wurde. *Berliner Aufklärung* (1994) ist eine Satire auf den Universitätsbetrieb am Beispiel des philosophischen Instituts der Freien Universität Berlin. Dort wird erst ein unbeliebter Professor ermordet und in 54 Gefrierbeuteln auf die Postfächer des Instituts verteilt, anschließend die Direktorin umgebracht. Der Roman ist überwiegend aus der Perspektive von Anja Abakowitz geschrieben, die sich nach Abbruch ihres Studiums mit einer »Philosophischen Praxis für Lebensfragen« durchschlägt und auf eigene Faust zu ermitteln beginnt. Die Spur führt sie einerseits ins Uni-Milieu, wo das groteske Typenpersonal vom Instituts-Irren über die promiske Frauenrechtlerin bis zum homosexuellen Nietzscheaner reicht, andererseits ins nicht weniger überspitzt gezeichnete Schwulen- und Lesbenmilieu. Der formal dem klassischen Whodunit-Schema folgende Roman endet ohne nennenswerte Beteiligung der Polizei mit Selbstjustiz: Der Mörder wird von der Heldin kurzerhand entmannt.

Seine Spannung bezieht der Krimi jedoch nicht nur aus der klassischen Auflösung eines Falls, sondern auch aus dem Nebeneinander unterschiedlichster Lebenswelten und den entsprechenden Brüchen der Stilebenen – die Spannbreite reicht von ordinärer Umgangssprache mit Dialektfärbung bis zum hochintellektuellen philosophischen Diskurs. Die kraftvolle, manchmal allzu überdreht wirkende Sprache ist ebenso ein Markenzeichen Dorns wie die unter Krimi-Autorinnen seltene Neigung, Grauen erregende Szenerien in der ihnen gemäßen Drastik zu beschreiben. Darüber hinaus werden die traditionellen Konventionen des Genres unterlaufen: Eher männlich konnotierte Eigenschaften wie Durchsetzungs- und Schlagkraft, Unverfrorenheit und Gewaltbereitschaft werden jungen Frauen zugeschrieben, die sich außerdem gerne ihrer Vorliebe für Alkohol, Sex und schnelle Autos hingeben. Opfer sind diese kühlen, rationalen und philosophisch gestählten Frauen mitnichten – eher Täterinnen, wie auch im Psychothriller *Die Hirnkönigin* (1999). Darin geht es um eine wahnsinnige Serien- und Lustmörderin, die einen Mann nach dem anderen meuchelt, um sich an deren Gehirnen zu berauschen – verknüpft mit Motiven aus der griechischen Mythologie und verfolgt von der enthüllungswilligen Journalistin Kyra. Die Auflösung der bis ins blutrünstigste Detail beschriebenen Frauenfantasie und die psychologische Erklärung (fatal falsche Erziehung durch einen verrückten Vater) sind in ihrer Absurdität jedoch allzu konstruiert.

Einem anderen Thema wandte sich Dorn mit ihrem Roman *Ringkampf* (1996) zu. Darin entwickelt sie anhand der fiktiven Geschichte einer Inszenierung von Wagners *Ring* eine eigene kriminalistische Hypothese zu den Hintergründen des realen Brandes in der Frankfurter Oper 1987. Der Krimi, in dem seelisch, sexuell und finanziell gemartert wird, ist nicht nur eine Persiflage des heutigen Opernbetriebs, sondern auch eine Satire auf kommunale Kulturpolitik. Der Versuch, den Kolportage-Roman durch eine Anlehnung an die Wagnersche Ring-Struktur zu überhöhen, wirkt allerdings etwas angestrengt; die Kritik bemängelte die allzu manierierte und metaphernselige Sprache. Viel beachtet wurde das Theaterstück und Hörspiel *Marleni: Preußische Diven blond wie Stahl* (2000), eine Collage mit dokumentarischem Material über zwei Ikonen des deutschen Films, Marlene Dietrich und Leni Riefenstahl. Die Greisin Riefenstahl, so die fiktive Ausgangssituation, klettert dabei über den Balkon in Dietrichs Pariser Wohnung, um die gebrechliche Diva zum gemeinsamen Filmprojekt »Penthesilea« zu überreden. Im Gespräch lassen die beiden ihr Leben und das 20. Jahrhundert Revue passieren – mit der Erkenntnis, dass es bei allen Unterschieden erstaunlich viele Gemeinsamkeiten zwischen ihnen gibt.

Im Erzählband *Ultima Ratio* (2001) wird in der gleichnamigen Titelgeschichte wieder das Thema Mord am philosophischen Institut aus Frauenperspektive variiert, und im Text *Othella kann nicht platzen* kommt Dorn zu dem Schluss: »Frauen morden, weil sie die Schnauze endgültig voll haben. Männer morden, weil ihnen das Herz gebrochen wurde.« Im Theaterstück *Nike – Schöner töten!* (UA 2001) geht es wieder um eine Serienmörderin; *Bombsong* (UA 2001) ist der innere Monolog einer lebensmüden Frau, die sich und möglichst viele andere mit einer Bombe in die Luft sprengen will. Ungewöhnliche Frauenfiguren und insbesondere grausame Täterinnen darzustellen und ihre Beweggründe zu analysieren, bleibt das zentrale Thema im Werk von Thea Dorn.

Antje Weber

Werke: *Berliner Aufklärung*, R., Hbg. 1994; *Ringkampf*, R., Hbg. 1996, Hsp., DLR 1999, Schpl., Bln. 2001; *Berlin Noir*, zus. m. Bärbel Balke, Frank Goyke, Jörg Lau u. Carl Wille, Hbg. 1997; *Eine böse Überraschung*, Ketten-R., zus. m. Gisbert Haefs, Frank Göhre, Janwillem van de Wetering, D. B. Blettenberg, Uta-Maria Heim, Jürger Alberts, Helmut Ziegler, Peter Zeindler, Gunter Gerlach, Peter Schmidt, Robert Lynn, Tatjana Kruse, R. Brack, Daniel Douglas Wissmann, Karr & Wehner, Frank Goyke, Regula Venske, Georg M. Oswald, Ann Camones, Hartmut Mechtel, Virginia Doyle u. Norbert Klugmann, Hbg. 1998; *Die Hirnkönigin*, R., Hbg. 1999; *Marleni: Preußische Diven blond wie Stahl*, Theaterst., Ffm. 2000, UA Hbg. 2000, Hsp. SFB/ORB 1999, Schpl., Ffm. 2002; *Tödliche Widder, Erbarmungslose Stiere, Gefährliche Zwillinge, Tückische Krebse, Mörderische Löwen, Eiskalte Jungfrauen, Rätselhafte Waagen, Mysteriöse Skorpione, Geheimnisvolle Schützen, Kaltblütige Steinböcke, Dunkle Wassermänner, Skrupellose Fische*, Astrokrimis, Hg., zus. m. Uta Glaubitz u. Lisa Kuppler, Ffm. 2000; *Ultima Ratio. Gesammelte Erzählungen und Kolumnen*, Hbg. 2001; *Bombsong*, zus. m. Ulrike Haage, Theaterst., UA d. konzertanten Fssg. Ffm. 2001, UA d. szenischen Fssg. Bln. 2002, Schpl., Bonn 2002; *Nike – Schöner töten!*, Theaterst., UA Hann. 2001; *Tatort: Der Aschenper*, Drehb., RB/WDR 2003.

Dörrie, Doris, wurde am 26. 5. 1955 als Tochter eines Arztes in Hannover geboren. Nach dem Abitur ging sie 1973 in die Vereinigten Staaten, um Schauspielerin zu werden. In Stockton/Südkalifornien studierte sie Theaterwissenschaft und Film am Drama Department der University of the Pacific und in New York an der New School of Social Research. 1975 kehrte sie nach Deutschland zurück und setzte ihr Studium an der Hochschule für Fernsehen und Film in München fort. Mit dem Film *Der erste Walzer* schloss sie 1978 ihre Ausbildung ab. Nach dem Studium arbeitete sie als Filmkritikerin und als Redaktionsassistentin beim Bayerischen Rundfunk. Sie drehte Dokumentationen für verschiedene Fernsehanstalten, 1981 den ersten großen Fernsehfilm *Dazwischen*. 1983 kam *Mitten ins Herz* als erster von vielen weiteren Filmen in die Kinos. Seit 1987 hat sie zudem zahlreiche Bücher – überwiegend Erzählungen – veröffentlicht. 2001 führte sie an der Deutschen Staatsoper unter den Linden in Berlin Regie bei einer Opernproduktion: Mozarts »Così fan tutte«. Dörrie ist verwitwet und

Mutter einer Tochter. Sie lebt in München. 1995 wurde sie für ihre Bücher mit dem Ernst-Hoferichter-Preis und mit dem Montblanc-Literaturpreis und 1996 mit dem Bettina-von-Arnim-Preis ausgezeichnet. Daneben erhielt sie zahlreiche Preise für ihr filmisches Werk, unter anderem 1995 den Bundesverdienstorden und 2000 den Bayerischen Filmpreis.

Das literarische Debüt der erfolgreichen Regisseurin Doris Dörrie wurde 1987 mit Interesse, aber auch ein wenig Zurückhaltung aufgenommen. Mit *Liebe, Schmerz und das ganze verdammte Zeug* legte sie erstmals einen Band mit vier Geschichten vor. Dass drei der Erzählungen (*Mitten ins Herz*, *Männer*, *Paradies*) von ihr selbst bereits zu Filmen verarbeitet worden waren, schien auf ein bloßes Filmbuch in Form einer erweiterten Materialsammlung hinzudeuten (*Geld* erst 1989 verfilmt). Doch auch wenn die Verflechtung von Literatur und Filmstoff für ihr Werk charakteristisch ist, wurde bereits in diesem Prosa-Erstling ihre eigenständige Begabung als Erzählerin deutlich. Mithilfe eines lakonischen Sprachstils und schneller Szenen- und Perspektivwechsel führt sie ihre Protagonisten als Menschen vor, die an der Kluft zwischen Alltagsnormalität und einer unstillbaren Sehnsucht nach einem anderen Leben leiden. Auch bei ihren darauf folgenden Prosatexten wie dem Erzählband *Was wollen Sie von mir* (1989) oder dem als »Reigen« bezeichneten Text *Für immer und ewig* (1991) bescheinigte ihr die Kritik überwiegend Witz, Leichtigkeit und genaue Beobachtungsgabe. Viel beachtet wurde auch ihre Erzählung *Der Mann meiner Träume* (1991): Aus der Perspektive eines Fotomodells wird in Vor- und Rückblenden dessen Liebesgeschichte mit einem Obdachlosen erzählt, die aufgrund der allzu unterschiedlichen Welten und Bedürfnisse unweigerlich scheitern muss. Mit milder Ironie schildert Dörrie die konsumorientierte, verwöhnte Protagonistin mit ihren klischeehaften Fantasien von der großen Liebe, ohne die Figur dabei zu denunzieren.

Besonders überzeugend zeigen sich ihre literarische Qualitäten in dem erfolgreichem Erzählband *Bin ich schön?* (1994). An Figuren wie der überforderten Mutter Charlotte oder der unentschlossenen Braut Franziska demonstriert die Autorin, wie sich antrainierte Toleranz und Gastfreundschaft als schnell bröckelnde Fassaden erweisen können, wie brüchig moderne Identitäten sind und wie stark die Kräfte von uneingestandenen Lebenswünschen.

»Beschreiben, was ist«, auf diese Formel bringt Dörrie selbst ihr Schreiben. Das gelang ihr auch im Erzählband *Samsara* (1996), was so viel bedeutet wie: Leben ist Leiden. Wieder geht es um Frauen und Männer in der Mitte des Lebens, die verzweifelt nach einem Sinn suchen. Es sind Geschichten vom allmählichen Verschwinden des Glücks, die mit Figuren wie der magersüchtigen Tochter oder dem ungeschickten Sushi-Koch auffällig oft um das Thema Essen kreisen.

Dörries bisher überzeugendstes Buch ist ihr erster Roman *Was machen wir jetzt?* (2000), dessen Verfilmung zeitgleich unter dem Titel *Erleuchtung garantiert* in die Kinos kam. Der Roman wird chronologisch aus der Ich-Perspektive erzählt, wobei der Erzähler immer wieder in Gedanken wichtige Stationen seines bisherigen Lebens Revue passieren lässt. Hauptfigur und Ich-Erzähler Fred Kaufmann ist ein gescheiterter Filmregisseur Mitte 40, der seine teuren englischen Schuhe mit deutschen Filialen amerikanischer Imbissketten verdient. Seine Ehe ist öde Routine, die 17-jährige Tochter auf dem Selbstfindungstrip mit einem tibetischen Lama. »Mein ganzes Leben habe ich herumgelegen und mich weggeträumt«, erkennt der Protagonist, doch wo er eigentlich hin will, weiß er nicht. Ein Aufenthalt in einem Zen-Camp in Frankreich, zu dem er seine Tochter widerwillig begleitet, bringt ihn seiner Familie wieder näher – und vor allem sich selbst. Der Roman ist ein hellsichtiges und zugleich komisches Porträt der Generation jener Nach-68er, deren Rebellion sich nur im Kopf abspielt.

Neben Kinderbüchern hat Dörrie danach das Drama *Happy* (2001) veröffentlicht, das ebenso wie der dazugehörige Film *Nackt* trotz der Qualität der Dialoge etwas harmlos und durchschaubar geraten ist. Anders ihr zweiter, schmaler Roman *Das blaue Kleid* (2002): Die in filmähnlicher Schnitt- und Montagetechnik erzählte Geschichte zweier Menschen, die um ihre verstorbenen Lebenspartner trauern und sich dabei einander annähern, führt die literarischen Themen von Dörrie beispielhaft weiter. Einmal mehr seziert sie nüchtern und präzise die gestörten menschlichen Beziehungen unserer Zeit und beschreibt die schwierige Suche nach dem Glück, die die Protagonisten in einer Lebenskrise oft in ferne Länder und Kulturkreise führt, um aus der Distanz unerwartet klarer zu sehen. Selbst Themen wie Lebensangst und Tod vermag sie durch lakonischen Witz und einen einfachen, unprätentiösen Sprachduktus unterhaltend zu gestalten.

Antje Weber

Werke: *Ob's stürmt oder schneit*, Dok.-Film, 1976; *Ene, mene, mu*, Kurzfilm, 1977; *Kino 78. Bundesdeutsche Filme auf der Leinwand*, hg. mit Robert Fischer, Mü. 1978; *Der erste Walzer*, Hochschul-Abschluss-Film, 1978 (im BR gesendet unter dem Titel *Max und Sandie*); *Alt werden in der Fremde*, Dok.-Film, 1978; *Hättst was Gscheits glernt*, Dok.-Film, 1978; *Liebe, Schmerz und das ganze verdammte Zeug. Vier Geschichten*, Zür. 1987 (Filme zu gleichnamigen En des Bandes: *Mitten ins Herz*, 1983, *Männer*, 1985, *Paradies*, 1986, *Geld* 1989); *Paula aus Portugal*, Kinderspielfilm, ZDF 1979; *Katharina Eiselt*, Dok.-Film, BR 1980; *Von Romantik keine Spur*, Dok.-Film, BR 1981; *Dazwischen*, Dok.-Film, WDR 1981; *Mitten ins Herz*, Film, WDR 1983; *Im Innern des Wals*, Film, 1984; *Ich und Er*, Film, 1988; *»Was wollen Sie von mir?« und 15 andere Geschichten*, Zür. 1989; *Love in Germany*, Dok.-Film, 1989; *Für immer und ewig. Eine Art Reigen*, Zür. 1991 (nach der E. *Orfeo* entstand 1994 der Film *Keiner liebt mich*); *Der Mann meiner Träume*, E., Zür. 1991; *Happy Birthday, Türke!*, Film, 1991; *Love in Germany. Deutsche Paare im Gespräch mit Doris Dörrie*, Zür. 1992; *Was darf's denn sein?*, Dok.-Film, 1993; *Bin ich schön?*, En., Zür. 1994 (verfilmt unter dem Titel *Bin ich schön?*, 1998); *Samsara*, En., Zür. 1996; *Lotte will Prinzessin sein*, m. Julia Kaergel, Kinderb., Ravensb. 1998; *Lotte in New York*, m. Julia Kaergel, Kinderb., Ravensb. 1999; *Was machen wir jetzt?*, R., Zür. 2000 (verfilmt unter dem Titel *Erleuchtung garantiert*, 2000); *Lotte und die Monster*, m. Julia Kaergel, Kinderb., Ravensb. 2000; *Happy. Ein Drama*, Zür. 2001 (verfilmt unter dem Titel *Nackt*, 2002); *Wo ist Lotte?* m. Julia Kaergel, Kinderb., Ravensb. 2001; *Das blaue Kleid*, R., Zür. 2002; *Mimi*, m. Julia Kaergel, Kinderb., Zür. 2002.

Dorst, Tankred, wurde am 19. 12. 1925 in Oberlind bei Sonneberg in Thüringen als Sohn einer Fabrikantenfamilie geboren. Ab 1944 war er Soldat und dann bis 1947 in Kriegsgefangenschaft in England, USA und Belgien, anschließend Wechsel zwischen westlicher und russischer Zone. Er besuchte danach das Gymnasium und machte 1950 Abitur in Lüdinghausen/Westfalen, studierte Germanistik und Kunstgeschichte in Bamberg, ab 1951 in München mit Theaterwissenschaft als drittem Fach – ohne Abschluss. Dorst schrieb als Hausautor für das studentische Marionettenstudio »Kleines Spiel« acht zwischen 1953 und 1964 erstaufgeführte und zum Teil bis heute erfolgreich gespielte Stücke (eines zusammen mit Wilhelm Killmayer, der für die anderen die Musik schrieb: *Aucassin und Nicolette*, in zwei Fassungen 1956 und 1964); nur Teile einzelner Texte sind veröffentlicht. Der Marionette gelten die zwei frühesten Bücher: *Geheimnis der Marionette* (1957) und *auf kleiner bühne* (1959).
Der Sprung auf die große Bühne gelang Dorst mit dem 1960 aufgeführten Stück *Gesellschaft im Herbst*, für das er 1959 den Preis des Nationaltheaters Mannheim erhalten hatte. Vor dessen Uraufführung wurde in Lübeck *Die Kurve* (1960) gespielt und im selben Jahr auch noch *Freiheit für Clemens* in Bielefeld. Seither verzeichnet die Uraufführungsliste nahezu jährlich ein bis zwei neue Stücke, darunter sechs Übersetzungen und Bearbeitungen von Diderot, O'Casey und Molière und ebenso viele Fernseh- bzw. Kinofilme. Dorst blickt auf eine überaus reiche und kontinuierliche Produktion zurück, die in der von 1985 bis 2002 auf sieben Bände gediehenen Werkausgabe vorliegt. Er wurde weltweit übersetzt und fand reiche Anerkennung, ist Mitglied der Bayerischen Akademie der Künste München, der Deutschen Akademie der darstellenden Künste Frankfurt/M., der Deutschen Akademie für Sprache und Dichtung Darmstadt, der Akademie der Wissenschaften und Literatur Mainz, des P.E.N.-Zentrums der BRD; dazu kommen zahlreiche Einladungen zu Vortragsreisen und Gastdozenturen, darunter ab 1991 als Künstlerischer Leiter der Bonner Biennale und ab 1993 als Professor für Szenisches Schreiben an der Berliner Hochschule der Künste. Auf den Preis des Mannheimer Nationaltheaters 1959 folgten viele auch internationale Preise: 1964 der Gerhart-Hauptmann-Preis, 1969 der Münchner Tukan-Preis, 1970 der Lissabonner Theaterpreis, 1983 der Literaturpreis der Bayerischen Akademie der Künste, 1984 der »L'Age d'Or«-Preis des Königlichen Filminstituts von Belgien, 1987 die Carl-Zuckmayer-Medaille des Landes Rheinland-Pfalz, 1987 der Carl Schaeffer Playwright's Award New York, 1989 der Mühlheimer Dramatikerpreis für *Korbes*, 1990 der Georg-Büchner-Preis, 1991 der Ludwig-Mühlheims-Preis für religiöse Dramatik, 1994 die Ehrengabe der Heinrich-Heine-Gesellschaft, 1998 der Max-Frisch-Preis der Stadt Zürich, 1998 der Friedrich-Baur-Preis für Literatur.
In der Liste deutschsprachiger wie internationaler Theater, Regisseure und Schauspieler, die Dorst aufführten, nimmt unter allen wichtigen Namen der jüngeren Theatergeschichte Peter Zadek einen besonders bedeutenden Platz ein. Zur Attraktivität seiner Texte für große Theater ebenso wie für experimentelle Gruppen gehören neben der Situationsvielfalt vor allem auch ihre Komik und ihr Humor. Gegen die Etiketten eines »Erfolgsdramatikers« oder »Repertoire-Autors« (G. Erken) spricht die Veränderbarkeit seiner Texte: Wie Aufführungsprotokolle des Autors zeigen, handelt es sich um Works

in Progress, die für neue Inszenierungen gründliche Umgestaltungen und Ergänzungen durchlaufen. Dorst lebt als freier Autor in München und Ambach/Starnberger See.
Jede Arbeit erscheint wie ein Durchspielen zweier aufeinander verweisender Formeln: »Die Bühne ist der absolute Ort« (»FAZ«, 1962), behauptete ein frühes Manifest, und die Definition der »Existenz als Rolle« fasst einen Realismus vielfältig thematisierter und variierter Spannungen zwischen fiktivem Selbstentwurf und Realität zusammen.
Aus prägnanten Situationen eher als in stringenten Handlungsabläufen entwickelt Dorst seine Plots, beispielhaft in *Die Große Schmährede an der Stadtmauer* (1962): Obwohl er damit sein Leben riskiert, bricht ein Soldat aus der behaupteten, den Offizieren vorgespielten vierjährigen Ehe mit einer fremden Frau aus, die ihren Ehemann vom Militär zurückforderte. Der Schluss zeigt die Frau, die gegen die verlassene Mauer ihr siebenmalig abschließendes »Ich« anschreit, das vorher im Spiel zwischen Fiktion und vitaler Selbstbehauptung changierte und nie die Eindeutigkeit des Requisits Mauer erreicht. Die romantische Ironie in Ludwig Tiecks Märchendrama *Der gestiefelte Kater*, von Dorst im Titel erweitert: *oder Wie man das Spiel spielt* (1964), bot sich regelrecht an zum fragenden Umspielen der Realität des fiktiven Bühnenpublikums.
Seit 1961 datiert die Entstehungsgeschichte von *Toller*, die eine neue, politische Dimension im Schaffen Dorsts anzukündigen schien. Zunächst als Stück um eine Schauspielerfigur aufgebaut, den erst in den Neunzigerjahren in *Die Geschichte der Pfeile. Ein Triptychon* (1996) wieder aufgegriffenen Philemon, bilden biografische Stationen des revoltierenden Theaterautors Ernst Toller die Basis der Handlung. Im Stil des Dokumentartheaters diskutiert Dorst anhand eines ihrer Protagonisten die einschneidendsten Abschitte der deutschen Geschichte beim Übergang von der Monarchie zur Republik als »eine in die Realität sich verlängernde Bühne« (W. Hinck). Ein Thema, das die filmische *Toller*-Variation *Rotmord* (1969) ebenso wie der Fernsehfilm *Sand* (1971) und das mit Horst Laube verfasste *Goncourt*-Stück (1977) variieren. Dorst funktionalisiert in seinen als »Politische Stücke« (Werkausgabe 4, 1987) nur bedingt zutreffend gruppierten Texten historische Zitate. Große Geschichte hat ebenso wenig Eigenwert wie schon die Familiengeschichte der im ersten Band der Werkausgabe zusammengestellten »Deutschen Stücke«, die entstehungsgeschichtlich eigentlich erst nach der Gruppe der so genannten »politischen« Stücke liegen, aber dank ihres teilweise autobiografischen Stoffs als erster Band eine geeignete Einführung ins Werk bieten. In ihrer formalen und medialen Vielfalt – Romanfragment, Bühnenstück, Erzählung, Filmfeature und Hörspiel – spiegeln sie überzeugend Dorsts kreative Möglichkeiten in der Verknüpfung privater Reminiszenzen zu den vielfältigen Geschicken einer großbürgerlichen Familie von den Zwanziger- bis in die Fünfzigerjahre. Das faktische historische Panorama wird dabei zunehmend erweitert durch surreale Elemente, Vorstellungen, Erinnerungen, die Fragen aufwerfen nach adäquater Geschichtsdarstellung. Günther Erken sieht diese Texte durch eine »Poetik der Rührung« verbunden – »Rührung nicht als sentimentalte Anteilnahme, sondern als humane Stellungnahme«. Die Relativierung des historischen Materials, die sich derart andeutet, bestimmt die weiteren Texte, die großartig und im Riesenformat *Merlin oder das wüste Land* (1981) einläuten: »Ein Mensch ohne Geschichte sein« ist das Ziel von Artus, der Hauptfigur. Merlin will »mit der verdammten Weltgeschichte nichts mehr zu tun haben« und wendet sich – eine neue Variante des Künstlerthemas – von den die Bühne spektakulär überbordenden vergangenen und zukünftigen Grausamkeiten ab: »Ich bin ein Künstler, was geht es mich an!« Zeitenvermischung stellt jede Chronologie infrage: Mark Twain erscheint in der Tafelrunde, Golgatha ist ein Schuttberg in einer voll geparkten Großstadt, Pop-Sänger und Catcher kämpfen mit den Rittern. Was zunächst wie unverbindliches Spiel mit Mythen wirken konnte, erscheint durch die Produktion der folgenden Jahrzehnte, die realistisch den Mythos vom Bösen steigernden Texte – vor allem im Film *Eisenhans* (1983) und in seinem »Meisterstück« (G. Hensel) *Korbes* (1988) – als konsequente Transzendierung der Ratlosigkeit des Menschen, eines Themas, das *Karlos., Ein Drama* (1989) weiterführt, um bei den jüngsten Stücken die Frage nach der Darstellbarkeit der existenziellen Fragen aufzuwerfen: »Der Weg von *Merlin* zu *Wie im Leben wie im Traum* führt vom Mythos zum Satyrspiel mit Mythen. Es ist ein Jahrzehnt der Weltbeschreibung, nicht der Welterklärung« (G. Hensel). Besonders eindrucksvoll dabei erscheint das von mehreren Interpreten kommentierte Durchspielen aller möglichen dramengeschichtlichen Gattungen, vom kruden Volkstheater übers Stationendrama bis hin zur »Beckettschen Reduktion« (Wend Kässens) in *Große Szene am*

Fluss (1999) – als wollte der Autor der Theatergeschichte einen Spiegel vorhalten. Aber Dorst ist nicht nur retrospektiv zu verstehen.

Wer Schriftsteller als Seismografen zukünftiger Zeitläufte sehen möchte, dem liefert die Werkfolge Dorsts eine frappante Bestätigung. Mit dem aus der Münchner Rätezeit stammenden Stoff des *Toller* läutete er 1968, an ihrem Höhepunkt, den Umschwung der Revolte ein, die Abdankung der Ideologie. Mit seinem *Merlin*-Mythos eröffnete er auf hohem Niveau das, was später Fantasy-Welle hieß. Und lange vor der Postmoderne verabschiedete Dorst sich von der individuellen Autorschaft. Ab *Sand* (1971) vermerken die Titelblätter »Mitarbeit Ursula Ehler«. Hatte er schon früh seine Stoffe genreübergreifend in medial geprägten Formen vorgelegt und mit Regisseuren und Schauspielern kooperiert, so schreibt er ab den Siebzigerjahren auch genderübergreifend. Die Lebensgemeinschaft mündet in eine dialogische Produktionseinheit. Verfolgt man die zusammen mit Ursula Ehler bestrittenen *Werkstattberichte* (1999), so liegt eine tatsächliche Co-Autorschaft vor. Von einem »in der großen Literatur einmaligen Prozess« und einem »Doppel-Ego« spricht die Spezialistin für schreibende Paare, Gerda Marko, und im Nachwort des gegenwärtig letzten Bandes der Werkausgabe figuriert auch folgerichtig ein plurales Autorsubjekt: Dorst/Ehler.

Ulrich Dittmann

Geheimnis der Marionette, Ess., Mü. 1957; *Auf kleiner Bühne,* Ess., Mü. 1959; *Gesellschaft im Herbst,* Theaterst., in: J. Schondorff (Hg.): Junges deutsches Theater von heute, Mü. o. J., UA Mannheim 1960; *Die Kurve. Eine Farce,* in: P. Pörtner (Hg.): Modernes deutsches Theater 1, Mü. 1961, UA Lübeck 1960, Fsf. WDR 1961; *Freiheit für Clemens. Eine Farce,* UA Bielefeld 1960; *La Buffonata. Ballett chanté,* Libr., Mainz 1960, mit der Musik v. W. Killmayer, UA Heidelb. 1961; *Große Schmährede an der Stadtmauer. Spiel in einem Akt,* Köln 1962, UA Lübeck 1961, Hsp. 1963, Fsf. 1963; *Rameaus Neffe. Ein Dialog von Denis Diderot,* Übs. u. für die Bühne bearb. von D., UA Nürnberg-Fürth 1963; *Yolimba oder Die Grenzen der Magie. Musikalische Posse,* Musik W. Killmayer 1965, UA 1964; *Die mehreren Zauberer. Sieben Geschichten für Kinder,* Köln 1966; *Die Mohrin,* Schauspiel, Köln 1964, UA Wiesbaden 1964, als Oper: *Die Geschichte von Aucassin und Nicolette,* Musik G. Bialas, UA Mü. 1969; *Collection Theater. Werkbücher 1–7,* Hg. M. Kesting u. D., Köln 1964–67; *Der gestiefelte Kater oder Wie man das Spiel spielt (nach Ludwig Tieck),* Köln 1963, UA Hbg. 1964, als Oper mit Musik von G. Bialas, UA Schwetzingen 1975; *Der Richter von London (nach Th. Dekker, The Shoemaker's Holiday),* UA Essen 1966, Erstdr. in Stücke 1, Ffm. 1978; *Die Münchner Räterepublik. Zeugnisse und Kommentar,* hg. v. D., Komm. v. H. Neubauer, Ffm. 1966; *Der Geizige. Komödie von Voltaire,* Deutsch v. D., UA Stg. 1967; *Wittek geht um, Komödie,* Düsseldf. 1967 (von D. zurückgezogen); *Der Pott (Übersetzg. von Sean O'Casey, The Silver Tassie),* UA Wuppertal 1967; *Toller, Szenen aus einer deutschen Revolution,* Ffm. 1968, UA Stg. 1968, Hsp. 1969; *Der eingebildete Kranke. Komödie von Molière,* neu übers. v. D., UA Kassel 1968; *Rotmord oder I was a German. Ein Fernsehspiel,* nach dem Theaterstück »Toller« zus. mit P. Zadek u. H. Gehrke, Mü. 1969, WDR 1969; *Dem Gegner den Daumen aufs Auge und das Knie auf die Brust. Eine politische Revue,* UA Castrop-Rauxel 1969 (von D. zurückgezogen); *Piggies,* Fernseh- und Kinofilm, WDR 1970; *Sand. Ein Szenarium,* Mitarb. U. Ehler, Köln 1971, Fsf. UA WDR 1971; *Kleiner Mann, was nun?* (Revue nach dem Roman von H. Fallada, zus. mit P. Zadek), UA Bochum 1972; *Der scharlachrote Buchstabe.* Drehb. zus. m. W. Wenders, 1973; *Eiszeit, Ein Stück,* Mitarb. U. Ehler, Ffm. 1973, UA Bochum 1973, Kino- und Fsf. WDR 1975; *Der Anteil der Arbeit an der Menschwerdung des Affen. Szenenfolge,* 1973; *Auf dem Chimborazo. Eine Komödie,* Mitarb. U. Ehler, Ffm. 1974, UA Bln. 1975, Hsp. 1974, Fsf. ARD 1977; *Dorothea März. Ein fragmentarischer Roman,* Mitarb. U. Ehler, Ffm. 1976, Fsf. in zwei Teilen, WDR 1976; *Goncourt oder die Abschaffung des Todes* (zus. mit H. Laube), Ffm. o. J. UA Ffm. 1977; *George Dandin,* Komödie von Moliere, übers. v. D., UA Hersfeld 1977; *Klaras Mutter, E.,* Mitarb. U. Ehler, Ffm. 1978, Fsf. ARD 1978; *Die Villa,* Dr,. Mitarb. U. Ehler, Ffm. 1980, UA Düsseldf u. Stg. 1980, Hsp. 1995; *Mosch. Ein Film,* Buch von D. und U. Ehler, Fsf. ARD 1980; *Fragmente einer Reise nach Stettin,* Hsp., 1981; *Merlin oder das wüste Land,* Dr., Mitarb. U. Ehler, Ffm. 1981, UA Düsseld. 1981; *Ameley, der Biber und der König auf dem Dach. Ein Stück für Kinder,* UA Wien 1982, Hsp. 1982, Erstdr. 1995; *Der verbotene Garten. Fragmente über d'Annunzio,* Dr., Mitarb. U. Ehler, Mü.-Wien 1983, Hsp. 1984, UA St. Gallen 1987; *Eisenhans. Ein Szenarium,* von D./U. Ehler, Köln 1983, Kinofilm 1983; *Heinrich oder Die Schmerzen der Phantasie. Ein Stück,* Mitarb. U. Ehler, Ffm. 1985, UA Düsseld. 1985, Prosaversion: *Die Reise nach Stettin,* Ffm. 1984; *Werkausgabe,* Mitarbeit U. Ehler, Bd. 1–7, Ffm. 1985–2002; *Grindkopf. Libr. für Schauspieler,* Mitarbeit U. Ehler, mit farb. Zeichngen v. R. Topor, Ffm. 1985, UA Ffm. 1988, Hsp. 1989; *Der nackte Mann,* E., Mitarb. U. Ehler, mit farb. Zeichngen v. J. Grützke, Ffm. 1986; *Der Bürger als Edelmann,* Ballettkomödie v. Molière, Übs. v. D., Mitarb. U. Ehler, Reinbek 1986, UA Hbg. 1986; *Ich, Feuerbach,* Dr., Mitarbeit U. Ehler, Ffm. 1986, UA Mü. 1986; *Parzival. Auf der anderen Seite des Sees,* Dr., UA Hbg. 1987; *Korbes. Ein Drama,* Mitarb. U. Ehler, Ffm. 1988, Hsp. 1987, UA Hbg. 1988; *Parzival. Ein Szenarium,* Mitarb. U. Ehler, Ffm. 1990, UA Ffm. 1990; *Die wahre Geschichte des Infanten Karlos,* Hsp. 1990; *Karlos. Ein Drama,* Mitarb. U. Ehler, Ffm. 1990, UA Mü. 1990; *Fernando Krapp hat mir diesen Brief geschrieben. Ein Versuch über die Wahrheit,* nach M. de Unamuno, Ffm. 1992, UA Wien 1992; *Der blaue Engel,* Revue v. P. Zadek u. J. Savary, Buch v. D. n. d. Roman von H. Mann: *Professor Unrat,* UA Bln. 1992; *Herr Paul. Ein Stück,* Mitarb. U. Ehler, Ffm. 1993, UA Wien 1994; *Wie Dilldapp nach dem Riesen ging. Ein Stück für Kinder*, UA Wien 1994; *Nach Jerusalem*, Dr., Mitarb. U. Ehler, m. Zeichn. v. J. Grützke, UA Hbg. 1994; *Die Schattenlinie*, Dr., Mitarbeit U. Ehler, Ffm. 1994, UA Wien 1995; *Was sollen wir tun. Variationen über ein Thema von Tolstoi*, Mitarb. U. Ehler, Ffm. 1996, UA Bad Godesberg u. Dresden 1997; *Die Geschichte der Pfeile. Ein Triptychon*, Musik M. Trojahn, Dr., UA Köln 1997; *Die Legende vom armen Heinrich*, Mitarb. U. Ehler, Ffm. 1996, UA Mü. 1997; *E.T.A. Hoffmann. Ein Film*, Mitarb. U. Ehler, Bamberg 1996; *Harrys Kopf*, Mitarb. U. Ehler, Ffm. 1997, UA Düsseld. 1997; *Wegen Reichtum geschlossen. Eine metaphysische Komödie*, Mitarb. U. Ehler, UA Mü. 1998; *Don't Eat Little Charlie (Friß mir nur mein Karlchen nicht. Kinderst.*, Übs. v. E. Wildridge), UA London 1999; *Große Szene am Fluss*, Dr., Mitarb. U. Ehler, Ffm. 1999, UA Mü. 1999; *König Sofus und das Wunderhuhn*, Kinderst., Mitarb. U. Ehler, Mü., Wien 2002, UA Halle 1999; *Werkstattberichte*, Ess. u. Interviews, zus. m. U. Ehler, hg. v. G. Erken, Ffm. 1999; *Kupsch. Ein Monolog*, 2002, UA Gött. 2001; *Merlins Zauber*, Ffm. 2001; *Die Freude am Leben*, Drama, UA Bonn 2002; *Othoon. Ein Fragment*, Stück u. Materialien, Mitarb. U. Ehler, Ffm. 2002.

Drach, Albert, wurde am 17. 12. 1902 als Sohn eines jüdischen Gymnasialprofessors in Wien geboren. Mit 17 Jahren veröffentlichte er seinen ersten Gedichtband. Während seines Jura-Studiums schrieb er weitere Gedichte, die ersten »Protokolle« und Dramen. Da biografische Fakten und retrospektive Stilisierung ineinander fließen, sind Wahrheit und Legende in seiner Biografie oft schwer zu unterscheiden. Eigenen Aussagen zufolge scheiterte er im richterlichen Vorbereitungsdienst an einem Vorgesetzten, der ein Protokoll nach Diktat von ihm verlangte, das nach Drachs Ansicht nicht der Wahrheit entsprach. So wurde er Rechtsanwalt und praktizierte zehn Jahre lang in Mödling bei Wien. 1938 floh er vor den Judenverfolgungen des Hitlerregimes über Jugoslawien nach Frankreich, zunächst nach Paris, später nach Nizza. Er war in verschiedenen französischen Lagern interniert, u.a. in Les Milles zusammen mit Lion Feuchtwanger und Walter Hasenclever. 1942 wurde er von der französischen Fremdenpolizei nach Rivesaltes gebracht, um an die Nazis ausgeliefert zu werden, doch gelang es ihm dank der Dokumente seiner Halbschwester, wieder freizukommen. Ein Jahr später erwirkte er beim Kommissariat für jüdische Angelegenheiten ein Dokument, das ihm bescheinigte, kein Jude zu sein, indem er die drei Buchstaben auf seinem Heimatschein »I.K.G.«, die für »Israelitische Kultusgemeinde« standen, mit »im katholischen Glauben« übersetzte. Die Zeit bis zum Kriegsende verbrachte er in Val de Blore in den französischen Alpen. 1947/48 glückte ihm im zweiten Anlauf die Rückkehr nach Mödling, wo sein Elternhaus zunächst von den Nazis enteignet und später von den Sowjets als deutsches Eigentum beschlagnahmt worden war. Er nahm seine Anwaltspraxis wieder auf und kämpfte jahrelang um die Rückerstattung des Drach-Hofs. 1983 erblindete er fast vollständig und starb am 27. 3. 1995 in Mödling/Niederösterreich. Drach war Ehrenmitglied des österreichischen P.E.N.-Zentrums und des ÖSV. Er erhielt zahlreiche Ehrungen der Stadt Wien und des Landes Niederösterreich, lehnte aber 1982 das Kulturkreuz Erster Klasse in Gold des Staates Österreich ab. 1988 wurde er mit dem Georg-Büchner-Preis und dem Manès-Sperber-Preis, 1993 mit dem Franz-Grillparzer-Preis ausgezeichnet.

Bis zur Veröffentlichung seines ersten Romans *Das große Protokoll gegen Zwetschkenbaum*, der 1964 als erster Band einer auf acht Bände angelegten Werkausgabe erschien, war er als Schriftsteller so gut wie unbekannt. Doch blieb das Schicksal dieses unbequemen Autors und seines widerständigen Werkes auch danach wechselhaft. Die Werkausgabe wurde vom Verlag Langen-Müller abgebrochen, weil man den Roman *Z.Z. das ist die Zwischenzeit* »unfertig und entsetzlich antisemitisch« fand; sie wurde später bei Claassen fortgesetzt. 1988 begann der Hanser-Verlag mit der Neuausgabe seines erzählerischen Werkes.

Während sein Rang als Prosaautor inzwischen unbestritten ist, führt Drach auf dem Theater noch immer ein Schattendasein. 1965 kam in Augsburg erstmals eines seiner Theaterstücke zur Aufführung, *Das Skurrilspiel Sowas*. Auch *Das Abstraktspiel Andere Sorgen* und *Das Kasperlspiel vom Meister Siebentod* wurden in den Sechzigerjahren uraufgeführt. Danach dauerte es 20 Jahre, bis wieder ein Stück von Drach auf die Bühne kam. Nur fünf seiner insgesamt 22 Stücke wurden überhaupt auf dem Theater gespielt. Eine 2002 im Zsolnay-Verlag begonnene Werkausgabe wird erstmals auch die Gedichte und Essays vorstellen.

Der Roman *Das große Protokoll gegen Zwetschkenbaum* (1964) entstand während Drachs Flucht 1939 in Nizza und gilt als Kernstück seiner Prosa. Er erzählt die Lebens- und Leidensgeschichte des ostgalizischen Juden und Talmudschülers Schmul Leib Zwetschkenbaum, der wegen eines Zwetschkendiebstahls, den er nicht begangen hat, in die Mühlen der Justiz gerät und sich aus dem Teufelskreis von Gefängnissen, Hospitälern und Irrenhäusern nicht mehr befreien kann. Das Protokoll wird von einem fiktiven Gerichtsreferendar erstellt und erzeugt eine Pseudo-Objektivität, die nicht der Wahrheitsfindung dient, sondern sich gegen den Unschuldigen kehrt. Das Protokoll als literarische Kunstform, mit der sich Drach in die deutsche Literaturgeschichte eingeschrieben hat, entlarvt im Herrschaftsanspruch der Sprache die Unmenschlichkeit ihrer Benutzer. *Das große Protokoll gegen Zwetschkenbaum* weist so bereits auf die Judenverfolgungen des Nationalsozialismus voraus. Es zeigt Zwetschkenbaum in der Rolle des Opfers, das keine Chance gegen seine Ankläger hat. Damit will es den Widerspruch des Lesers provozieren, der die Partei des manipulierten und misshandelten Menschen ergreift.

Dass das Drachsche Protokoll den Angeklagten zunächst immer ins Unrecht setzt, um ihn indirekt zu rehabilitieren, zeigt auch der Roman *Untersuchung an Mädeln. Kriminalprotokoll* (1971), in dem zwei Autostopperinnen, Stella Blumentrost und Esmeralda Nepalek, angeklagt sind, den Stechviehhändler Josef Thugut mit einem Wagenheber erschlagen zu haben. Die Tat ist nicht zu beweisen, denn von der Leiche fehlt jede Spur, und es besteht Grund zu der Annahme, der Vergewaltiger habe sich nach Südamerika abgesetzt. Dennoch sind Gericht und öffentliche Meinung aufseiten des Mannes, und in Ermangelung aussagekräftiger Indizien zieht man das Vorleben der beiden Mädchen heran. Während scheinbar über zwei leichtfertig-unmoralische Mädchen zu Gericht gesessen wird, erweist sich in Wahrheit die verurteilende Instanz selbst als ein männlich-selbstgerechtes Komplott aus Dummheit und Eigennutz. In der Neuausgabe von 1991 wird Stella Blumentrost vom Autor ein Schlusswort unwidersprochener Selbstbehauptung konzediert: »Sie erhob sich, sagte ›Ich‹ – und setzte sich wieder.«

In *Z.Z. das ist die Zwischenzeit* (1968) schreibt Drach eine Art Protokoll gegen sich selbst. Die Zwischenzeit, das ist die Zeit zwischen 1935 und 1938, zwischen dem Tod des Vaters und Drachs Flucht vor den Nazis. Hier findet sich die oft zitierte Szene, wie er, vom Nazi-Pöbel gezwungen, »Nur ein Schwein kauft bei einem Juden ein« auf ein Geschäftsschild schreibt und naiv-provokant den ersten Buchstaben so groß malt, dass nur das erste Wort Platz findet. Und um diese Kühnheit noch zu überbieten, fügt »der Sohn«, wie er im ganzen Buch heißt, in Anspielung auf den früheren Kunstmaler Hitler noch hinzu, dass er kein Anstreicher sei. In diesem Buch ist der Protokollstil nicht nur ein Vehikel für die Rücksichtslosigkeit und Willkür der Judenverfolgung, sondern er nimmt den »Sohn« auf höchst ambivalente Weise auch selbst ins Visier: seine juristischen und amourösen Abenteuer, seine Gefühllosigkeit am Sterbebett des Vaters, die Tatsache, dass er die Mutter in Österreich zurückließ, um die eigene Haut zu retten.

In *Unsentimentale Reise. Ein Bericht* (1966), dem zweiten großen autobiografischen Buch, erzählt Drach – in Gestalt des »Dichters und Doktors Peter Kucku« – über seine Erfahrungen zwischen 1942 und 1945 im Exil in Südfrankreich. Schon der Titel, als Antithese zu Lawrence Sternes *Sentimental Journey through France and Italy* gesetzt, unterstreicht, dass es sich um ein Werk der Literatur und nicht um ein autobiografisches Dokument handelt. Geschildert wird die vollständige Entmachtung des Individuums (»Ich bin nicht mehr ich«), das am Ende den Krieg zwar überlebt hat, aber so stark beschädigt ist, dass ihm jede Erfüllung versagt bleibt. Das Erlebte wird durch den Stil in die Distanz gesetzt, um das Grauen und Entsetzen, die »grausame Zufallskomödie der Welt« zur Darstellung zu bringen. Die Erfahrung der Negativität kann durch keine erklärende Subjektivität mehr entschärft werden. Für Wolfgang Preisendanz ist Drachs Schreibweise deshalb »Komplement eines aporetischen Bewusstseins, dem sich keine Erfahrung in einen Sinnzusammenhang fügt«. Drach seinerseits hat immer wieder betont, er wolle den Widerspruch und die Gegenposition des Lesers mobilisieren, und verstand seinen Zynismus als »Anwendungsfall der Ironie«. »Drach stellt zum Teil brutalste Geschichtserfahrungen komisch oder zynisch dar und treibt so beim Leser Bewusstheit und Distanz gegenüber dem Fingierten hervor – eine Leistung, die innerhalb der literarischen Reihen ›Vergangenheitsbewältigung‹ oder ›Aufarbeitung des Vergangenen‹ singulär ist« (André Fischer).

Tatjana Michaelis

Werke: *Kinder der Träume. Verse 1916–1918*, Zür. 1919; *Marquis de Sade*, Theaterst., Bln. 1929, UA Mödling 1991; *Das große Protokoll gegen Zwetschkenbaum*, R., Mü. 1964; *Gesammelte Werke*, Mü., Hbg., Düsseld. 1964–1972; *Das Spiel vom Meister Siebentot und weitere Verkleidungen*, Stücke, Mü. 1965; *Die kleinen Protokolle und das Goggelbuch*, E., Mü. 1965; *Das Aneinandervorbeispiel und die inneren Verkleidungen*, Stücke, Mü. 1966; *Unsentimentale Reise. Ein Bericht*, Mü. 1966; *Z.Z. das ist die Zwischenzeit*, Düsseld. 1968; *Untersuchung an Mädeln. Kriminalprotokoll*, Düsseld. 1971; *Gottes Tod ein Unfall. Dramen und Gedichte*, Düsseld. 1972; *In Sachen de Sade. Nach dessen urschriftlichen Texten und* *denen seiner Kontaktpersonen*, Düsseld. 1974; *Werkausgabe*, Mü. 1988 ff.; *JA UND NEIN. Drei Fälle*, Mü. 1992; *Das Goggelbuch*, Wien 1993; *Das Beileid. Nach Teilen eines Tagebuchs*, Graz 1993; *Ironie vom Glück. Kleine Protokolle und Erzählungen*, Mü. 1994; *O Catilina. Ein Lust- und Schaudertraum*, Mü. 1995; *Werkausgabe in zehn Bänden*, hg. v. Ingrid Cella, Bernhard Fetz, Wendelin Schmidt-Dengler und Eva Schobel, Wien, Mü. 2002 ff.

Draesner, Ulrike, wurde am 20. 1. 1962 in München geboren, lebt und arbeitet inzwischen in Berlin. Sie studierte Jura, Germanistik, Anglistik und Philosophie in München, Salamanca und Oxford. Ihre Dissertation, die Wolframs *Parzival* zum Gegenstand hatte, ging methodisch von Theorien der Intertextualität aus. Vier Jahre lehrte Draesner am Institut für Deutsche Philologie in München. Daneben veröffentlichte sie in Zeitschriften, Zeitungen und beim Rundfunk. 1993 gab sie die Dozentur auf und entschied sich für eine Existenz als Schriftstellerin. 1994 erhielt sie das Literaturstipendium der Stadt München, 1995 den Leonce-und-Lena-Förderpreis, 1996 war sie Stipendiatin der Akademie Schloss Solitude, 1997 wurde ihr der Staatliche Förderpreis für Literatur des Bayerischen Kultusministeriums zuerkannt und 2002 war sie die erste Trägerin des Preises der deutschen Literaturhäuser.

1995 erschien Ulrike Draesners erster Gedichtband *gedächtnisschleifen*. In 80 Gedichten zu neun Abteilungen präsentiert sich hier ein welterfahrendes Ich, das Existenz und sprachlichen Ausdruck in eins setzt. Die Gedichte haben überwiegend hermetischen Charakter, der aber durchgehend als Ergebnis eines auf sprachliche Intensität dringenden Formwillens erkennbar bleibt. Schon in diesen Gedichten fällt auf, was sich als Merkmal auch späterer Texte Draesners festhalten lässt: Sie sind beherrscht von sprachlicher Präzision, die bewusst desorientiert, und von Elementen der Erinnerung und der Wahrnehmung, die überscharf fixiert, aber nicht erklärend oder deutend integriert werden.

1998 erfolgte Draesners Romandebüt mit *Lichtpause*. Darin erprobt die Autorin ihre im Bannkreis lyrischer Sprach- und Bildgenauigkeit erworbenen Mittel auf der Ebene der Prosa. Gegenstand sind Kindheitserleben und Erziehungsprozess eines zehnjährigen Mädchens in den Sechziger- und Siebzigerjahren. Das erinnerte Geschehen zerfällt in Sequenzen intensiver Beschreibung, Klein- und Kleinsteinheiten, welche auch Vorgaben für Gedichte abgeben könnten.

1999 erschien *to change the subject*, Übertragungen von Shakespeare-Sonetten in freier, Assoziationen vertrauenden Manier, welche die Autorin als »Radikalübersetzungen« bezeichnet, in denen sich besonders der »Akt, der Interpretation herausstell(t),« finde. Auslösend war die Idee gewesen, die in Shakespeares Sonetten verhandelte Liebes- und Eifersuchtsthematik unter Vorgabe der veränderten Perspektive auf die menschliche Reproduktion, wie sie sich seit der Existenz des Klon-Schafs »Dolly« ergeben hat, nachdichtend produktiv zu machen.

2001 erschien ein zweiter Gedichtband Draesners mit dem Titel *für die nacht geheuerte zellen*. Die 76 Gedichte werden hier in sechs Abteilungen präsentiert, die u. a. mit den »traditionellen Elementen der Akupunktur« referenzialisiert sind. Dies ein Hinweis auf die auch im zweiten Gedichtband herausgehobene Bedeutung der (weiblichen) Körpererfahrung. Zentral sind Gedichte, welche die Erfahrung einer Fehlgeburt verarbeiten (z.B. *lied im bauch*).

2002 legte Draesner *Mitgift* vor; auch dieser Roman behandelt ein familiäres Trauma: Aloe, der Hauptfigur, enthüllt sich der Einfluss, den ihre Schwester Anita auf ihr eigenes Leben hatte. Anitas, einer Transsexuellen Kindheit war von elterlicher Hysterie, Ausgrenzung und medizinischen Interventionen bestimmt. Ihr Schicksal greift auch in die schwierige Suche nach Identität ein, die Aloe zu bestehen hat.

Draesner hat die Methoden ihres Schreibens mit Techniken der »Montage«, der »Sichtung«, der »Stimmkreuzung- und überlagerung« und der Collagierung erklärt. Alle diese Praktiken sind auch Mittel der »klassischen« Moderne. Draesner favorisiert dabei nicht eine bestimmte Technik, sondern verfügt über sämtliche im Sinne des »Sortiments«. Man hat diese Verfügbarkeit der ästhetischen Mittel in den Achtzigerjahren als Folge des (literatur-)historischen Prozesses und unter dem Schlagwort der »Postmoderne« beschrieben. Die Sprachwissenschaft hat sich den von personaler Autorschaft abgelösten generativen Effekten der Diskurse mit poststrukturalistischen Theorien genähert. Draesners Zugang zum literarischen Sprechen ist denn auch aufgrund ihrer wissenschaftlichen Ausbildung, die in die poststrukturalistische »Epoche« fiel, vom Bewusstsein der »Dekonstruierbarkeit« des Sprachlichen beeinflusst. In der Entscheidung, sich von der Literaturwissenschaft abzukehren, beglaubigte sich jener andere Anspruch an Sprache, der auf Artikulation der individuellen Erfahrung gerichtet bleibt. Die bei allem »Ende der Kunst« als

»Unfertiges« bedrängende Existenz ist Motiv ihres Umgangs mit der literarischen Tradition, deren »Wiederholung« und Überschreitung. Während in Arbeiten vergleichbarer Autoren, so etwa Marcel Beyers *Das Menschenfleisch* (1997), das »parasitäre Schreiben« (Beyer) sich in Arrangement und Wiederholung erschöpft, sind bei Draesner die Montagen und »Schichtungen« von Satz- und Wortmaterial als elementare Spracherfahrungen gedacht, welche weiblicher Autorschaft nicht selbstverständlich vorgegeben sind. Die von Draesner aufgegriffenen Anathemen des pränatalen Kindstods und des Intersexualismus entsprechen dem im Sujet.

Heribert Kuhn

Werke: *Wege durch erzählte Welten. Intertextuelle Verweise als Mittel der Sinnkonstitution in Wolframs »Parzival«*, Diss., Ffm., Bln., Bern 1993; *Verführung. Novellen von Goethe bis Musil*, Hg., Mü. 1994; *gedächtnisschleifen*, G., Ffm. 1995; *mis-o-trop. Sonettkranz*, Hbg. 1997; *Dieser Bottich, ach, das Ich*, Hsp., BR 1998; *Beziehungsmaschine*, Hsp., BR 1998; *Lichtpause*, R., Bln. 1998; *to change the subject. Radikalübersetzungen der Shakespeare-Sonette*, Übs., Gött. 1999; *Reisen unter den Augenlidern*, E., Klagenfurt 1999; *Gertrude Stein. The First Reader*, Übs., Klagenfurt 1999; *für die nacht geheuerte zellen*, G., Mü. 2001; *Mitgift*, R., Mü. 2002.

Drawert, Kurt, wurde am 15. 3. 1956 in Hennigsdorf (Brandenburg) geboren. 1967 zog er mit seiner Familie nach Dresden, wo er zum Facharbeiter für Elektronik ausgebildet wurde. Das Abitur legte er auf der Abendschule ab. Von 1982 bis 1985 studierte er am Institut für Literatur in Leipzig. Seit 1986 lebt er als freier Autor, heute in Darmstadt. 1989 erhielt er den Leonce-und-Lena-Preis, 1993 den Lyrikpreis Meran und den Ingeborg-Bachmann-Preis, 1994 den Uwe-Johnson-Preis, 1995/96 das Rom-Stipendium der Villa Massimo und 1997 den Nikolaus-Lenau-Preis.

»Es geht immer um alles.« Mit diesem an Radikalität kaum zu überbietenden literarischen Anspruch tritt Kurt Drawert an die Öffentlichkeit. Er bleibt ihm sein ganzes Werk hindurch, in Dichtung und Drama, in Erzählung und Essay, treu. *Privateigentum* (1989) versammelt eine lyrische Bestandsaufnahme aus den Jahren 1983 bis 1989. Der Titel ist programmatisch zu verstehen: als Rettung privater Räume in einer Gesellschaft der Entindividualisierung und der verordneten Kollektivität; so konstituiert sich das Ich als Ort des Widerstands. Er wird in diesem sorgfältig konzipierten Band nüchtern, illusionslos vermessen.

Eine erste direkte Auseinandersetzung mit den Erfahrungen in der untergegangenen DDR versucht er in *Spiegelland* (1992). Der teils erzählende, teils reflektierende Monolog der Selbstvergewisserung kreist in kunstvollen Sprachbewegungen um eine biografische Urszene: die Konfrontation mit der Sprachgewalt des Vaters, der die eigene Ordnung der Dinge gegen das sich konstituierende Bewusstsein des Kindes durchsetzen will. Vor dem Hintergrund des drohenden Verstummens kommt der Sprache existenzielle Bedeutung zu, sie wird zum einzig betretbaren Terrain in einer fremd bleibenden Umgebung. »So gibt es keine Heimat, sondern immer nur Herkunft«, lautet das Fazit. Durch die Verschränkung früher Erlebnisse mit dem repressiven Diskurs der Macht gewinnt die Leidensgeschichte eine gesellschaftliche Dimension. Diese wird explizit zum Thema in *Haus ohne Menschen* (1993). Mit aller Schärfe distanziert sich Drawert darin von nostalgischen Bilanzen der sozialistischen Utopie aus den eigenen Reihen wie auch von einer westdeutschen Linken, die den Sozialismus mit einer Art »Idealisierungsbeihilfe« unterstützte. Luzide und polemisch in den Beiträgen für Zeitungen und Zeitschriften, poetisch verdichtet in Prosa und Lyrik macht er sich an Erinnerungsarbeit, Spurenlese und Deutungsversuche des Verschütteten, ruft vor dem veränderten politischen Hintergrund zur Überprüfung literarischer Kriterien auf, zeigt, wie die Zensur in den Textkörper selbst eingriff, nämlich als Reproduktion des öffentlichen Sprechens, und geht einmal mehr der Grunderfahrung von Sprache und Freiheit nach.

Drawerts erste Theaterarbeit *Alles ist einfach* (1995), geprägt vom radikalen Sinnverlust und Bedeutungswandel nach dem politischen Umbruch, ist ein Stück aus dem Geist Becketts und zugleich ein Totentanz durch die jüngste Vergangenheit. Harry und Pit, zwei ältere Männer, die ihre Tage in einer aufgelassenen Krankenstation verbringen, verkörpern in grotesker Weise Herr und Knecht. In parabelhaften Szenen dringt die Endzeit der DDR in diese Suche nach Identität, dieses Spiel voller »schrecklicher Einbildungen«.

Seinen souveränen Umgang mit literarischen Vorbildern, seine formale Vielseitigkeit sowie wachsende Virtuosität beweist Drawert eindrucksvoll im Gedichtband *Wo es war* (1996). Mit bitterer Ironie, Sarkasmus, sublimem Witz und einer nicht nachlassenden reflexiven Kraft nähert er sich den unterschiedlichen Figurationen der Fremdheit, macht sich darin unter anderem Heinrich Heine und

Kaspar Hauser zu Gefährten. Dem lakonischen Ton jedoch sind die in ihrer Schlichtheit vernichtendsten Befunde vorbehalten. Schriller gibt sich *Steinzeit* (1999), ein mit Slapstick-Elementen durchsetztes, bissiges Theaterstück. Die Familie Huhn – der Hausherr, Architekt, ist ohne Auftrag, die Frau unzufrieden, die Tochter schizophren, der Sohn cool – hat sich den schönsten Swimmingpool der Gegend bauen lassen, der jedoch verliert Wasser. Die Einweihung gerät zu einer monströsen Feier. Schon in seinen Regieanweisungen unterläuft Drawert eine neonaturalistische Rezeption: Die Signale gehen in Richtung soziale Austauschbarkeit, ästhetische Zerrissenheit und Irritation.

Die in *Nacht. Fabriken* (2001) erstmals abgedruckten Hauser-Materialien unternehmen den Versuch, die eigene sowie die deutsch-deutsche Geschichte, das Ineinanderfallen zweier Wirklichkeiten, aus einer »orientierungs-, sprach- und kulturlosen« Perspektive zu erzählen. Sie sind eigenständige Prosaarbeiten, zugleich aber Keimzellen eines projektierten Romans. Kaspar Hauser, die Chiffre für die Nachtseite der Aufklärung im 19. Jahrhundert, wird in die Gegenwart transponiert. Er beginnt seine »Reise durch die Hölle« unter der Erde, im Arbeitermilieu. Sie soll sich, wie bei Dante, in zahlreiche Schuldbezirke gliedern. Misstrauen allem Vorgefertigten gegenüber und produktiv gemachter Zweifel leiten die Erkundungen in *Rückseiten der Herrlichkeit* (2001). Die Themen sind vielfältig: die spezifischen Möglichkeiten der Kunst, Reisen »bis ans Ende der Welt«, der Abschied von alten Weggefährten, die neuen Mythen, nicht nur des Alltags, und die schmerzhafte Konfrontation mit der eigenen und kollektiven Vergangenheit. Subtil passt sich der Sprachduktus dem Gegenstand an, gelöste Texte finden sich neben äußerst verdichteten bis hin zu einem an der Grenze der Lesbarkeit: Dieser versucht die Auslöschung, für die Auschwitz steht, durch einen sprachlichen Auslöschungsvorgang abzubilden.

»Die höchste Form von literarischer Bewältigung, vielleicht sogar von Wahrheit, ist für mich das Gedicht.« Zeugnis von diesem bewusst eingegangenen Risiko legt *Frühjahrskollektion* (2002) ab. Leitbegriffe und aufeinander verweisende Bilder werden durch einen sich zunehmend verdichtenden Kosmos geflochten: Sie sprechen von Desertion und Sehnsucht, von Aufbruch und Isolation, verlieren dabei aber gesellschaftliche Zusammenhänge nicht aus den Augen. Drawert greift Motive aus dem eigenen Werk auf, wendet sie und erweist sich einmal mehr als ein in der Tradition äußerst versierter Autor, der es versteht, die großen Themen ins Konkrete zu biegen und sie von dort aus wieder zu öffnen.

Angelika Klammer

Werke: *Zweite Inventur*, G., Bln., Weimar 1987; *Still vergeht die Zeit*, Hsp., Rundf. d. DDR 1988; *Die Wärme die Kälte des Körpers des Anderen. Liebesgedichte junger Autoren*, Anth., Hg., Bln., Weimar 1988; *Privateigentum*, G., Ffm. 1989; *Wenn die Schwermut Fortschritte macht. Eine Karl-Krolow-Werkauswahl*, Hg., Lpz. 1990; *Nirgendwo tot sein, Emma, Fragment*, Hsp., SA 1991; *Spiegelland. Ein deutscher Monolog*, R., Ffm. 1992; *Haus ohne Menschen. Zeitmitschriften*, Ess., Ffm. 1993; *Fraktur. Lyrik Prosa Essay*, Lpz. 1994; *Gedichte. Gedichte*, Feature 1994; *Alles ist einfach. Stück in sieben Szenen*, Theaterst., Ffm. 1995, UA Darmstadt 1996; *Revolten des Körpers. Text. Bild. Essays*, Stg. 1995; *Wo es war*, G., Ffm. 1996; *Alles ist einfach*, Hsp., DLR/RB 1996; *Steinzeit*, Theaterst. u. Pr., Ffm. 1999, UA Darmstadt 1999; *Das Jahr 2000 findet statt. Schriftsteller im Zeitenwechsel*, Anth., Hg., Ffm. 1999; *Nach Osten ans Ende der Welt*, Funkess., 2000; *Rückseiten der Herrlichkeit. Texte und Kontexte*, Ess., Ffm. 2001; *La Poésie Allemande Contemporaine*, Anth., Hg., Paris 2001; *Lagebesprechung. Junge deutsche Lyrik*, Anth., Hg., Ffm. 2001; *Michael Krüger: Archive des Zweifels. Gedichte aus drei Jahrzehnten*, Hg., Ffm. 2001; *Nacht. Fabriken. Hauser-Material und andere Prosa*, Pr., Wien 2001; *Reisen im Rückwärtsgang. Zwei Dichter unterwegs mit der Transsibirischen Eisenbahn*, Pr., zus. m. Blaise Cendrars, Zür., Hbg. 2001; *Frühjahrskollektion*, G., Ffm. 2002; *Karl Krolow: Im Inneren des Augenblicks*, G., gelesen vom Autor, Schpl., Hg., Mü. 2002.

Drewitz, Ingeborg, geborene Neubert, kam am 10. 1. 1923 in Berlin zur Welt. Ihr Studium der Philosophie, Geschichte und Germanistik schloss sie 1945 mit einer Dissertation über *Ethische Probleme des Werkes von E. G. Kolbenheyer* ab. 1946 heiratete sie Bernhard Drewitz und zog mit ihm nach Berlin-Zehlendorf, wo sie bis zu ihrem Tod lebte. Drewitz war mehrere Semester als Lehrbeauftragte an der Freien Universität Berlin tätig. Sie beteiligte sich an der Gründung des Verbandes deutscher Schriftsteller, dessen stellvertretende Bundesvorsitzende sie mit einjähriger Unterbrechung von 1969 bis 1980 war. Seit 1964 gehörte sie dem P.E.N.-Zentrum der Bundesrepublik an und war viele Jahre dessen Vizepräsidentin. 1973 gründete sie in Berlin die »Neue Gesellschaft für Literatur« und war bis 1980 Präsidiumsmitglied. 1977 leitete sie den Ersten Kongress Europäischer Schriftsteller. Drewitz war Mitbegründerin der VG Wort und setzte sich zeitlebens auf nationaler wie internationaler Ebene für die sozialen und politischen Belange von Schriftstellern ein. 1977/78 übernahm sie die kommissarische Leitung der Evangelischen Akademie in Berlin. 1973 wurde ihr das Bundesverdienstkreuz Erster Klasse verliehen, und 1981 ernannte sie der Berliner Senat zur Ehrenprofessorin. Für ihr literarisches Werk und ihr soziales Engagement erhielt Ingeborg Drewitz zahlreiche Preise und Auszeichnungen, so u. a. 1952 den Preis der Carl-Zuckmayer-Reisestiftung, 1955 die Jochen-Klepper-Gedächtnisplakette, 1963 den Ernst-Reuter-Preis, 1970 den Georg-Mackensen-Preis, 1980 den Ida-Dehmel-Preis sowie die Carl-von-Ossietzky-Medaille, des Weiteren 1982 den Gerrit-Engelke-Literaturpreis und 1986 den Premio minerva des »Club delle donne« (Rom). Ingeborg Drewitz verstarb am 26. 11. 1986 in Berlin.

Persönliche Lebenserfahrung und literarisches Schaffen hingen für Ingeborg Drewitz stets untrennbar zusammen; in diesem Sinne war sie auch das, was man eine »engagierte« Schriftstellerin nennt: »Ich engagiere mich nicht um des Engagements willen. Ich hasse Betriebsamkeit und Emsigkeit, zu der das Engagement den Engagierten oft genug verführt [...] Ich plane mein Engagement kühl, auch wenn mich die emotionale Betroffenheit antreibt.« Und über den Zusammenhang von Engagement, Leben und Schreiben: »Und nutzen Sie den Lebensstoff, den das Engagement Ihnen aufdrängt? / Nicht unmittelbar – aber jede Erfahrung schlägt Wunden, die nur schreibend vernarben.«

Jene Wunden, die der literarischen Bearbeitung bedurften, finden sich schon früh in ihrer Biografie: der Verlust der Kindheit und Jugend im nationalsozialistischen Deutschland, begleitet von der Erkenntnis, dass »die Grenze zwischen Schuld und Mitschuld, zwischen Betroffensein und Opfersein nicht genau auszumachen ist«. Hieraus erwuchs für Drewitz die zeitlebens empfundene Notwendigkeit, mit sozialem und politischem Eifer gegen Vergessen, Verdrängen und gesellschaftliche Missstände vorzugehen und anzuschreiben. So behandelte sie bereits 1951 in dem Hörspiel *Alle Tore waren bewacht* als Erste den tabuisierten Themenkomplex »Konzentrationslager« – und auch ihr erster Erzählband *Und hatte keinen Menschen* (1955) sowie ihr erster Roman *Der Anstoß* (1958) reflektieren die Jugendjahre unter der nationalsozialistischen Diktatur. Hier etabliert Drewitz Berlin als Handlungsort, das Umfeld, in dem sie Probleme und Spannungsfelder zugespitzt und unmittelbar erlebte. In *Der Anstoß* wird der kleine Buchhalter und Durchschnittsbürger Michael M. durch den Kontakt mit einem unbekannten Selbstmörder aus seiner Lebensbahn geworfen; und schnell wird deutlich, dass der Großstadtdschungel kein sicheres Netz zwischenmenschlicher Beziehungen bietet, das eine solche Grenzerfahrung abfedern oder auffangen könnte.

Auch in ihrem zweiten Roman *Das Karussell* (1962) kehren bekannte Topoi und Motivbereiche ihres Erzählens wieder: Berlin ist bestimmender Ort der Handlung, die Schicksale der Figuren werden in den zeitgeschichtlichen Zusammenhang der Jahre 1938 bis 1953 eingebettet und durch eine distanzierte Erzählerin wiedergegeben. In den späteren Werken wird diese Grundkonstellation entscheidend erweitert: Dadurch dass sie zunehmend Elemente ihrer eigenen Biografie einfließen lässt, bekommt die Stellung der Frau in der Gesellschaft auch in Drewitz' literarischem Schaffen besonderes Gewicht. Schreiben war also nicht zuletzt ein Weg, ihr Selbstverständnis als Frau zum Ausdruck zu bringen. Ein Ergebnis dieser Ambitionen war die 1969 veröffentlichte erste umfassende Biografie der Bettine von Arnim, mit der sie politisches und soziales Engagement verband. Auch wenn Ingeborg Drewitz – zeitlich gesehen – durch ihre Auseinandersetzung mit und ihr beständiges Engagement für die Emanzipation der Frau als Vorkämpferin der neuen Frauenbewegung gelten könnte, blieb ihr Standpunkt doch stets differenziert und in bewusster Distanz zu gängigen Schlagworten. Sie sagte von sich selbst, »Ich wollte dieses Leben doppelt leben!«, und sah in der typisch weiblichen Doppelexistenz – mit den eigenen Wünschen und Bedürfnissen auf der einen und den Ansprüchen von Familie und Gesellschaft auf der anderen Seite – auch eine Chance für ein erfülltes, spezifisch weibliches Leben. Obwohl sich ihre Frauenfiguren durch innere Stärke und Zielstrebigkeit auszeichnen, opfern sie sich nicht selten über ihre Kräfte hinaus für die Menschen in ihrer Umgebung auf. Und doch sind es die männlichen Figuren in ihren Romanen, die tendenziell eher Gefahr laufen, zu scheitern.

In dem Roman *Oktoberlicht* (1969) werden die Wesenszüge der weiblichen Protagonistin durch die Reaktionen ihrer Bezugspersonen illustriert und illuminiert. Sie versucht, in ihrem bislang ganz deutlich vorbestimmten Lebensweg einen Neuanfang zu machen, lässt trotz aller Enttäuschungen die Hoffnung nie völlig fahren – und unterscheidet sich so auch von dem Mann, der angesichts der unterschiedlichen Zwänge, die auf ihn wirken, schließlich seinen Halt verliert und aufgibt. Im Roman *Wer verteidigt Katrin Lambert?* (1974) geht Drewitz umgekehrt vor: Am Anfang ist die Figur Katrin Lambert durch die ungeklärten Umstände ihres Todes wie auch durch die Vorbehalte einer verständnislosen Umwelt in komplettes Dunkel gehüllt. Erst die Recherchen der Erzählerin, einer Journalistin, erhellen das Leben der Gescheiterten ein Stück weit, sodass am Ende das Scheitern der unkonventionellen Frau als das Versagen der anderen entlarvt wird. Hier wird ein Themenfeld offenbar, das Drewitz in ihrem Schreiben stets beschäftige: das kollektive Versagen in der historischen Situation wie das individuelle Versagen im privaten Umfeld.

Der Roman *Gestern war heute* (1978), der neben *Eis auf der Elbe* (1982) als Drewitz' Hauptwerk gilt, thematisiert in besonderer Weise die problematische Stellung der Frau in der Gesellschaft. Anhand von vier Generationen geht Drewitz der Entwicklung und den Veränderungen der weiblichen Rolle nach und positioniert so ihre Hauptfigur Gabriele M. an der Schnittstelle von Tradition und Emanzipation. Gabriele setzt sich zum Ziel, eine eigene Identität zu finden und diese in einer patriarchalisch bestimmten Gesellschaft auch zu behaupten. Sie verlässt ihren Mann und versucht mit ihren beiden Töchtern selbstbestimmt durchs Leben zu gehen und einschränkende Konventionen hinter sich zu lassen, stößt aber immer wieder an – zumindest für Frauen dieser Generation – typische Grenzen: »Keine Frau kann sagen: Ich denke, daher bin ich, weil jede Frau auch immer die mit den ausgebreiteten Armen ist und sorgend erfährt, dass sie ist.« So kann Gabriele zwar auf beruflicher und intellektueller Ebene eine gewisse Bestätigung finden, kehrt aber schließlich in die Ehe zurück. Dies ist jedoch nicht im Sinne eines Scheiterns zu lesen, da nach Drewitz' Überzeugung Frauen trotz ihrer gesellschaftlichen Benachteiligung eher als Männer in der Lage sind, gesellschaftliche »Leer-Strukturen wieder mit Menschlichkeit, mit Emotion, mit Fantasie [zu] füllen«.

Der Tagebuchroman *Eis auf der Elbe* (1982) schließt in mancher Hinsicht an *Gestern war heute* an: Auch hier ist Berlin Handlungsort, wieder dient der Generationskonflikt zwischen den Frauen einer Familie dazu, die Wechselbeziehung zwischen individueller Erfahrung und Zeitgeschichte zu illustrieren. Die Form des Tagebuchromans entspricht in besonderem Maße ihrer Art der Wirklichkeitsdarstellung. Drewitz war stets bemüht, die Kluft zwischen ihrem literarischen Anspruch und dem Leben »normaler« Menschen zu verringern. Das erklärt ihren nüchternen, höchst realistischen Stil ebenso wie die Ansiedlung ihres literarischen Personals in der Mittelschicht. Auch andere Aspekte ihres sozialen Engagements fanden Eingang in ihr literarisches Schaffen, so führte zum Beispiel die Betreuung Strafgefangener zu der Herausgabe von Sammlungen wie *Schatten im Kalk. Lyrik und Prosa aus dem Knast* (1979) oder *Mit Sätzen Mauern eindrücken. Briefwechsel mit einem Strafgefangenen* (1979).

Auch wenn die Literaturkritik sie eher als »Sozialreporterin« denn als Literatin würdigte, schmälert dies nicht ihren Rang. Entsprechend die Worte Erich Frieds in seiner Gedenkrede auf Ingeborg Drewitz: »Sie und Böll haben auch miteinander gemein, dass ihre literarische Bedeutung oft unmittelbar aus ihrer menschlichen Anteilnahme und Größe erwächst.«

Almuth Andreae

Werke: *Judas Ischariot*, Hsp., RB 1954; *Und hatte keinen Menschen*, En., Bln. 1955; *Alle Tore waren bewacht*, Theaterst., UA Bln. 1955; *Die Stadt ohne Brücke*, Theaterst., UA Krefeld 1955; *Der Anstoß*, R., Bremen 1958; *Flamingos*, Hsp., RIAS 1958, Theaterst., UA Köln 1959; *Auf dem Tisch noch die Gläser*, Hsp., RB 1958; *Zimmer 534*, Hsp., RB/SFB 1958; *Donnerstag, der 14. November*, Hsp., BR 1959; *Das Kind*, Hsp., RB 1961; *Die Kette*, Hsp., RIAS/RB 1961; *Revision*, Hsp., WDR 1962; *Das Labyrinth*, Hsp., HR 1962; *Das Karussell*, R., Gött. 1962; *Die Angst vor der Nacht*, Hsp., RB 1963; *Im Zeichen der Wölfe*, En., Gött. 1963; *Der Tanz*, Hsp., RIAS 1964; *Berliner Salons. Gesellschaft und Literatur zwischen Aufklärung und Industriezeitalter*, Bln. 1965; *Eine fremde Braut*, En., Mü. 1968; *Leben und Werk von Adam Kuckhoff*, Ess., Bln. 1968; *Bettine von Arnim. Romantik – Revolution – Utopie*, Biogr., Düsseld. 1969; *Oktoberlicht*, R., Mü. 1969; *Städte 1945. Berichte u. Bekenntnisse*, Hg., Düsseld. 1970; *Die Literatur und ihre Medien. Positonsbestimmungen*, Hg., Düsseld. 1972; *Wuppertal – Porträt einer Stadt*, Wuppertal 1973; *Erfahrungen*, Libr., UA Bln. 1973, Hsp., RIAS 1971; *Wer verteidigt Katrin Lambert?*, R., Stg. 1974; *Kaiserwalzer*, Hsp., WDR 1974; *vernünftiger schreiben. reform der rechtschreibung*, Hg., zus. m. E. Reuter, Ffm. 1974; *Das Hochhaus*, R., Stg. 1975; *Ayhan und Ayse sind Kreuzberger Gören*, Drehb., ZDF 1975; *Papa spielt mit meiner Eisenbahn*, Drehb., ARD 1976; *Der eine – der andere*, En., Stg. 1976; *Der Mann im Eis*, Hsp., WDR, SR 1976; *Die Botschaft. Libretto für ein Oratorium*, UA Bln. 1976; *Hörspiele*, Fischerhude 1977; *Horst – eine legale Vernichtung*, Hsp., zus. m. Klaus Hesper, RIAS 1977; *Kleiner Totentanz*, Hsp., ORF 1977; *Die Samtvorhänge. Erzählungen, Berichte, Szenen*, Gütersloh 1978; *Gestern war Heute. Hundert Jahre Gegenwart*, R., Düsseld. 1978, Theaterst., UA Ffm. 1985; *Schatten im Kalk. Lyrik und Prosa aus dem Knast*, Hg., Stg. 1979; *Mit Sätzen Mauern eindrücken. Briefwechsel mit einem Strafgefangenen*, Hg., zus. m. Winand Buchacker, Düsseld. 1979; *Märkische Sagen. Berlin und die Mark Brandenburg*, Hg., Köln 1979; *Hoffnungsgeschichten*, Hg., Gütersloh 1979; *Mut zur Meinung. Gegen die zensierte Freiheit*, Hg., zus. m. W. Eilers, Ffm. 1980; *Strauß ohne Kreide*, Hg., Reinbek 1980; *So wächst die Mauer zwischen Mensch und Mensch. Stimmen aus dem Knast und zum Strafvollzug*, Hg., zus. m. P. Tammen, Wilhelmshaven 1980; *Zeitverdichtung. Essays - Kritiken - Porträts. Gesammelt aus zwei Jahrzehnten*, Wien 1980; *Kurz vor 1984. Literatur und Politik. Essays*, Stg. 1981; *Zurück auf den Bau*, Drehb., ZDF 1981; *Arbeitslos – zwei Kinder*, Drehb., ZDF 1981; *Dichtung im ausgehenden 20. Jahrhundert*, Hg., Stg., 1981; *Die zerstörte Kontinuität. Exilliteratur und Literatur des Widerstands*, Wien 1981; *Eis auf der Elbe*, R., Düsseld. 1982; *Berlin: lokale Lokale. Kneipenbilder u. -texte*, zus. m. R. Lorenzen, hg. v. Arnold Harttung, Bln. 1982; *Schrittweise Erkundung der Welt. Reiseessays aus 30 Jahren*, Wien 1982; *Mein indisches Tagebuch*, Stg. 1983; *Wortmeldungen. Ein deutsches Lesebuch*, Hg., Bln. 1983; *Die deutsche Frauenbewegung*, Hg., Bonn 1983; *Unter meiner Zeitlupe. Porträts u. Panoramen*, Wien 1984; *Auch so ein Leben. Die fünfziger Jahre in Erzählungen*, Gött. 1985; *Lebenslehrzeit*, Stg. 1985; *Hinterm Fenster die Stadt. Aus einem Familienalbum*, Düsseld. 1985; *Junge Menschen messen ihre Erwartungen aus, und die Messlatten stimmen nicht mehr – die Herausforderung: Tod*, Hg., Stg. 1986; *Eingeschlossen*, R., Düsseld. 1986; *Die ganze Welt umwenden. Ein engagiertes Leben*, hg. v. Uwe Schweikert, Düsseld. 1987.

Dreyer, Ernst-Jürgen, wurde am 20. 8. 1934 in Oschatz bei Leipzig geboren und wuchs zunächst in Strehla/Elbe und Sierpce (Polen) auf. 1945 floh er nach Ilmenau in Thüringen. Nach dem Abitur studierte er Musikwissenschaft, Kunstgeschichte und Philosophie in Weimar, Jena und Leipzig. Er promovierte 1958 über *Ludwig Senfls melodische Arbeit und ihre Tradition* und übersiedelte im Jahr darauf in die Bundesrepublik Deutschland. Von 1961 bis 1972 unterrichtete er am Goethe-Institut, 1973 bis 1978 am Bildungszentrum Murnau »Deutsch als Fremdsprache«. Ab 1964 war er auch journalistisch tätig und schrieb unter anderem für die »Frankfurter Allgemeine Zeitung«, für den Bayerischen und den Hessischen Rundfunk. 1978/79 hielt er Gastvorträge an den Musikwissenschaftlichen Instituten in Frankfurt und Bonn. Ernst-Jürgen Dreyer lebte mehrere Jahre in Weilheim (Oberbayern), heute lebt er in Kaarst. 1980 erhielt er den Hermann-Hesse-Preis, 1982 den Preis der Frankfurter Autorenstiftung.

In seinen belletristischen Texten behandelt Dreyer vorwiegend die Problematik von Menschen, deren Leben durch die Teilung Europas unmittelbar beeinflusst wurde. Seine literarischen Darstellungen erweisen sich über die konkrete politische Dimension hinaus als Paradigma für den Zustand einer Welt, die für das Individuum immer undurchschaubarer wird. 1979 erschien Dreyers erster Roman *Die Spaltung*, an dem er 20 Jahre lang gearbeitet hatte, als fotomechanische Reproduktion des Typoskripts in einem Kleinverlag. Dem kompliziert aufgebauten Roman liegt eine einfache Geschichte zugrunde: Der Leipziger Musikwissenschaftsstudent Landmann möchte seine in Westdeutschland lebende Braut wieder sehen. Die Behörden behindern das Zustandekommen eines »offiziellen« Treffens, deshalb verabredet sich das Paar in Berlin. Wegen des Verdachts auf mögliche Republikflucht wird Landmann eine seiner Qualifikation adäquate Anstellung verweigert. Während seiner Bemühungen um die behördlich notwendigen Papiere wird die Außenwelt für den Studenten zunehmend undurchdringlicher. Er selbst reagiert darauf mit der »Spaltung« seiner Identität: Lutz, Zwiefalten und Zuifaldensis lauten einige weitere Namen des Protagonisten, denen je unterschiedliche »Realitäten« zugeordnet sind. Entsprechend vielschichtig präsentiert sich das Werk dem Leser, der die Erzählebenen und Zusammenhänge des in vier »Bücher« gegliederten Romans kaum auseinander zu halten vermag. Der kontrastreiche, auf weite Strecken experimentelle Text verbindet Traum, Imagination, Assoziation, Reflexion und Realität miteinander. Der Autor spielt mit den klanglichen und optischen Möglichkeiten von Sprache: er kreiert Buchstabenspiele und entwirft grafische Textfragmente, versucht, musikalische Formprinzipien auf Sprache zu übertragen, stellt einzelne Textabschnitte nebeneinander und verweist damit unter anderem auf den Synchronismus der unterschiedlichen Ebenen sowie auf die »Spaltung« des Protagonisten. Die mitunter schwer zu lesenden Dialekteinschübe wurden beim Klagenfurter Bachmann-Wettbewerb 1979 als »poetisch-humorvolle Arno-Schmidt-Variation auf Sächsisch« bezeichnet. In der »Neuen Zürcher Zeitung« hieß es, dass der Roman »ein bleibender Markstein in der deutschsprachigen literarischen Landschaft sein« dürfte, und anlässlich der Neuausgabe bezeichnete Detlef Grumbach *Die Spaltung* als »ein grandioses, verrücktes, faszinierendes Werk über die innere und äußere Teilung Deutschlands« (»Frankfurter Rundschau«).

In seiner zweiten Prosaveröffentlichung, dem satirischen »Kriminalromänchen« *Ein Fall von Liebeserschleichung* (1980), bedient sich Dreyer einer konventionellen Schreibweise, die sich bewusst auf die

Darstellung von äußeren Handlungsverläufen beschränkt. Der Protagonist Radowitz, der den Typ des angepassten und erfolgreichen Firmenangestellten verkörpert, kann als Gegenfigur zu Landmann interpretiert werden. Der in Frankfurt lebende Radowitz, der die »Wende« verschlafen hat, wird per Telegramm in seine Münchner Firmenzentrale beordert. Radowitz macht sich auf den Weg, erfährt im Zug jedoch, dass man nun eine Genehmigung benötige, um nach Bayern zu gelangen. Nach und nach registriert er die Veränderungen seiner gewohnten Umwelt, die seinen Mitmenschen bereits zur Selbstverständlichkeit geworden sind. Telefonate nach München bedürfen stundenlanger Wartezeiten, der Bäcker verkauft Brötchen nur noch auf Vorbestellung, jede grenzüberschreitende Reise muss in langwierigen Verfahren genehmigt werden. Dem Leser offenbart sich – schneller als Radowitz –, dass weite Teile des bundesdeutschen Gebiets von der DDR besetzt wurden. Durch sein Informationsdefizit gerät der bisher so angepasste Radowitz in dem neuen System in die Position des aufmüpfigen Außenseiters; die Komik resultiert daraus, dass einer, der unreflektiert auf seine Rechte pocht und an seinen gewohnten Verhaltensmustern festhält, plötzlich ungewollt zum Rebellen wird, indem er ständig Regeln und Gesetze übertritt. Am Ende wird Radowitz aufgrund einer »Liebeserschleichung« zu einer Haftstrafe verurteilt, vom unbesetzt gebliebenen Teil des Freistaates Bayern jedoch losgekauft. Durch die fiktive Konfrontation stereotyper Verhaltensweisen, die der Autor aus der BRD- und der DDR-Realität gefiltert hat, werden die absurden Züge beider Gesellschaftssysteme sichtbar.

Auch in seinen dramatischen Texten richtete Dreyer sein Hauptaugenmerk auf die Ost-West-Problematik. In dem Stück *Die goldene Brücke* (1985) geht der Dichter Adrian in den Westen, um dort zu heiraten. Seine Mutter folgt ihm, seine Schwester entscheidet sich zu spät: mittlerweile wurde »die Mauer« errichtet. In dem Schauspiel *Das Double* (1986) bildet wiederum eine Liebesbeziehung das Handlungsmovens. Das Stück basiert auf einer wahren Begebenheit: Ein Mann schleuste 1964 seine in Ost-Berlin lebende Frau in die Bundesrepublik und ließ dafür seine nichts ahnende Freundin, die er zu einem Ausflug nach Ost-Berlin eingeladen hatte, in der DDR zurück. Das Stück spielt eine Nacht vor dem »Frauentausch«. *Die Nacht vor der Fahrt nach Bukarest* (1988) schildert die Stunden einer rumäniendeutschen Familie vor ihrer Aussiedlung in den Westen.

Parallel zu seinen belletristischen Arbeiten – kleinere Beiträge erschienen in Zeitschriften, Almanachen und Anthologien – veröffentlicht Dreyer regelmäßig musikwissenschaftliche Arbeiten. Seine vorwiegend in den Neunzigerjahren publizierte Lyrik fand allerdings wenig Beachtung.

Petra Ernst

Werke: *Ludwig Senfls melodische Arbeit und ihre Tradition*, Diss., Lpz. 1958; *Kleinste Prosa der deutschen Sprache. Texte aus acht Jahrhunderten*, Anth., Hg., Mü. 1970; *Versuch, eine Morphologie der Musik zu begründen. Mit einer Einleitung über Goethes Tonlehre*, Bonn 1976; *Entwurf einer zusammenhängenden Harmonielehre*, Bonn 1977; *Die Spaltung*, R., Siegburg 1979, Neuausg. m. Materialienband u. CD, Ffm., Basel 2001; *Ein Fall von Liebeserschleichung*, E., Ffm., Bln. 1980; *Goethes Ton-Wissenschaft. Vom Ursprung der Musik. Die Tonmonade. Vom Tod der Musik*, Ffm., Bln. 1985; *Die goldene Brücke. Schauspiel in 5 Bildern*, UA Mü. 1985, gedr. Ffm. 1985; *Das Double*, Theaterst., Ffm. 1986, UA Kassel 1987; *Der Eiserne Steg*, Theaterst., Ffm. 1986; *Die Nacht vor der Fahrt nach Bukarest*, Theaterst., Ffm. 1987, UA Münster 1988; *Robert Gund (Gound), 1865–1927. Ein vergessener Meister des Liedes*, Bonn 1988; *Hirnsfürze*, Hbg. 1988; *Francesco Petrarca: Canzoniere, nach einer Interlinearübersetzung v. Geraldine Gabor in dt. Verse gebracht v. E.-J. Dreyer*, Ffm. 1989; *Guido Cavalcanti: Le Rime/Die Gedichte: ital.-dt., nach einer Interlinearübersetzung v. Geraldine Gabor in dt. Reime gebracht v. E.-J. Dreyer*, Mainz 1991; *Gift & Gülle. Fünfzehn Müll-Sonette*, Hbg. 1995; *Schielfleisch. Palindromisches Hörspiel*, DLR 1994; *SCHielfleiSCH. Palindrom-Exerzitien*, Hbg. 1995; *Klage und Trost. Gesänge mit Pianofortebegleitung von Leopold Schefer*, Hg., Bargfeld 1995; *Ladislaus Szücs: Zählappell. Als Arzt im Konzentrationslager*, Hg., Ffm. 1995; *Kotblech. Fünfzehn weitere Müll-Sonette*, Hbg. 1996; *Leopold Schefer: Das Vater unser. Doppelkanon zu vier Stimmen, per Coro SATB a capella*, Hbg., Stg. 1998; *Mihai Eminescu: Der Abendstern. Gedichte, rumänisch-dt., nach einer Interlinearübersetzung v. Geraldine Gabor in dt. Verse gebracht v. E.-J. Dreyer*, Mainz 1999; *Zwei Briefe Richard Wagners an den Komponisten Robert von Hornstein im E.-W.-Bonsels-Verlag. Mit einer Monografie über Robert von Hornstein und einem Anhang über Robert Gund*, Wiesbaden 2000; *Bodenhaltung. Vierzehn postdiluviale Sonette*, Hbg. 2000.

Droste, Wiglaf, wurde am 27. 6. 1961 im ostwestfälischen Herford geboren. Nach dem Abitur und dem Zivildienst ging er 1983 nach Berlin, wo er sich an der Freien Universität einschrieb, aber das Studium der Publizistik und Kommunikationswissenschaften bereits im ersten Semester abbrach. Anschließend hielt er sich mit Gelegenheitsarbeiten über Wasser. Mitte der Achtzigerjahre begann er für die Berliner »tageszeitung« zu schreiben. 1987 arbeitete er zehn Wochen lang in einer Düsseldorfer Werbeagentur. Zurück in Berlin wurde er Medien-Redakteur der »taz«. 1988 verließ Droste die Zeitung nach redaktionsinternen Konflikten um politisch korrekten Journalismus und wurde 1990 Redakteur des Satiremagazins »titanic« in Frankfurt am Main. Ein Jahr später kehrte er nach Berlin zurück, um endgültig als freier Autor zu arbeiten. 1991 gründete er zusammen mit dem Autor Michael Stein das »Benno-Ohnesorg-Theater«, das anfänglich in einer Galerie am Kreuzberger Chamissoplatz, später unter dem Dach der »Volksbühne« im Ostteil der Stadt einmal monatlich Lesungen aktueller Texte präsentiert. Seit Ende der Neunzigerjahre konzentrierte sich Droste mehr und mehr auf die Musik und schrieb zusammen mit verschiedenen Musikern Lieder. Seit 1999 tritt er mit der Essener Jazz-Combo »Spardosen-Terzett« auf, mit der er als Sänger auch CDs aufnahm. Gemeinsam mit dem Stuttgarter Sternekoch Vincent Klink gibt er seit 1999 die kulinarische Kampfschrift »Häuptling eigener Herd« heraus. Mittlerweile veröffentlicht Droste in einer Vielzahl von Zeitungen und Zeitschriften wie auch in Radiosendern. Am bekanntesten sind seine freitägliche Kolumne für die Wahrheit-Seite der »taz« und seine Hörfunk-Kommentare für das »Kritische Tagebuch« des WDR. Im Herbst 2003 erhielt Droste den Ben-Witter-Preis.

Wiglaf Droste ist es gelungen, die Kritiker seines Werkes und seiner Person zu den wahrscheinlich komischsten Urteilen der deutschen Literaturgeschichte zu provozieren. Er sei »die Nilpferdpeitsche unter den Kolumnisten« oder »der große alte Mann des Jungseins« oder »der satirische Boxhandschuh«, urteilen die Feuilletonisten. Allerdings sind die gewohnten Kategorien auch nicht ohne weiteres auf Droste anzuwenden: Ist er nun Journalist, Publizist, Essayist, Schriftsteller, Dichter, Sänger, Satiriker oder gar Kabarettist, wie das »Munzinger Archiv« vermutet? Von allem ein wenig, könnte man es sich leicht machen und läge damit nicht ganz falsch. Die Verlegenheit, Einordnungen zu finden, begründet sich durch die breite Palette an Formen und Mitteln, derer sich Droste bedient: Reportagen, Essays, Kommentare, Glossen, Polemiken, Satiren, Parodien, Grotesken, Gedichte, Erzählungen und vieles mehr umfasst sein Werk. Es sind sowohl journalistische als auch literarische Formen, mit denen er ein weites Themenspektrum abdeckt: Er schreibt über Deutschtümelei, das grün-alternative Milieu, den Feminismus, die Regierungspolitik, über Musik und Literatur wie über Koch-, Ess- und alle weiteren Arten der Lust. Drostes Texte sind meist aktuell geerdet und haben dennoch einen zeitlosen Charakter, da sie immer wieder über die tagesaktuelle Ebene hinaus gesellschaftlich Symptomatisches herausfiltern. So karikiert Droste zum Beispiel in *Grönemeyer kann nicht tanzen* (*Kommunikaze*, 1989) den Rockmusiker Herbert Grönemeyer. Im Stakkatotonfall, der besonders bei der Bühnenlesung zum Tragen kommt, wird das mangelnde Rhythmusgefühl des populären Sängers parodiert und die deutsche Starrheit in Text und Musik verdeutlicht.

Drostes zentrales Ausdrucksmittel ist die satirisch zugespitzte Polemik nach dem Motto: »Warum sachlich, wenn es persönlich geht«. Er besitzt ein außergewöhnlich feines Gehör für Fehltöne im alltäglichen Gerede des Kulturbetriebs, der Medien und der Politik. In seinen Polemiken greift er Stimmungen und Tonfälle auf, um sie zu überhöhen und gegen die Sprecher zu wenden. Dabei arbeitet er mit einem assoziativen Wortwitz, mit komischen Metaphern und lustigen Wortspielen. Durch die überraschenden Wendungen und die pointierte Ironie wird die zitierte Rede mit ihrer eigenen Lächerlichkeit konfrontiert und als Geschwätz entlarvt. Dieser sprachkritische Stil ist an literarischen Vorbildern wie Karl Kraus, Kurt Tucholsky und Eckhard Henscheid geschult. Droste scheut dabei keinen Konflikt, was sich in den öffentlichen Auseinandersetzungen um seine Texte und besonders in Gerichtsprozessen gegen ihn zeigt: Seit 1987 musste er sich einige Male vor Gerichten verantworten und wurde zu mehreren Geldstrafen verurteilt. Heftige Auseinandersetzungen gab es 1995 nach der Veröffentlichung der satirischen Reportage *Der Schokoladenonkel bei der Arbeit* (*Sieger sehen anders aus*, 1994). Droste greift darin die gesellschaftliche Hysterie zum Thema »Sexueller Missbrauch von Kindern« auf und provozierte kalkuliert hysterische Reaktionen. Prompt störten autonome und feministische Gruppen seine Lesungen. Ein starke öffentliche Erregung verursachte 1996 auch die gemeinsam mit dem Schriftsteller und Satiriker Gerhard Henschel verfasste Romangroteske *Der Barbier von Bebra*, in dem ostdeutsche Bürgerrechtler vor ihrer fiktiven Exekution der typisch langen Bärte beraubt werden. Die damals noch grünen Bundestagsabgeordneten Vera Lengsfeld und Konrad Weiß glaubten in dem Roman eine »literarische Aufforderung zum Mord an Andersdenkenden« zu lesen und verlangten von der »taz«, den Vorabdruck des Romans zu stoppen. Im Jahr 1999 schließlich bezeichnete Droste in einem »taz«-Kommentar unter dem Titel *Waschbrettkopf der Neuen Mitte* (*Der infrarote Korsar*, 2003) die Feldjäger der Bundeswehr als »Waschbrettköpfe«, weil sie bei einem öffentlichen Gelöbnis Gegner der Vereidigung zusammenschlugen. Von einem Soldaten auf Beleidigung verklagt, wurde er zu einer Geldstrafe auf Bewährung verurteilt.

Drostes aggressiver Grundton verdeckt oft seine feinsensorische Beobachtungsgabe und seine stilsichere Einschätzungsfähigkeit, die wohl am treffendsten der Liedermacher Franz-Josef Degenhardt zusammengefasst hat: Wiglaf Droste schreibe »aufrührerisch, amüsant, anstößig, komisch, entzaubernd, provozierend, apodiktisch, beleidigend, grantig oder bösartig das Widerwärtige widerwärtig nennend, und das in bestem Deutsch«.

Michael Ringel

Werke: *Kommunikaze*, Bln. 1989; *Grönemeyer kann nicht tanzen*, Schpl., zus. m. Bela B., 1989; *Mein Kampf, dein Kampf*, Hbg. 1992; *In 80 Phrasen um die Welt*, zus. m. Rattelschneck, Hbg. 1992; *Am Arsch die Räuber*, Hbg. 1993; *Supi! Supi! Supi!*, Schpl., 1993; *Sieger sehen anders aus*, Hbg. 1994; *Brot und Gürtelrosen*, Bln. 1995; *Wörterbuch des Gutmenschen*, Band II, zus. m. Klaus Bittermann, Bln. 1995; *Die schweren Jahre ab 33*, Schpl., 1995; *Wieso heißen plötzlich alle Oliver?*, Schpl., 1996; *Der Barbier von Bebra*, zus. m. Gerhard Henschel, Hbg. 1996; *Begrabt mein Hirn an der Biegung des Flusses*, Hbg. 1997; *In welchem Pott schläft Gott?*, zus. m. Rattelschneck, Hbg. 1998; *Zen-Buddhismus & Zellulitis*, Mü. 1999; *Bombardiert Belgien*, Bln. 1999; *Mariscos y Maricones*, Schpl., 1999; *Für immer*, Schpl., zus. m. dem Spardosen-Terzett, 2000; *Der Mullah von Bullerbü*, zus. m. Gerhard Henschel, Hbg. 2000; *Die Rolle der Frau*, Bln. 2001; *Das Paradies ist keine evangelische Autobahnkirche*, Schpl., 2001; *Wolken ziehn*, Schpl., zus. m. dem Spardosen-Terzett, 2002; *Voltaire: Candide*, Schpl., (als Erzähler), 2002; *Dashiell Hammett: Das Große Umlegen*, Schpl., (als Erzähler, zus. m. Katharina Thalbach), 2002; *Der infrarote Korsar*, Bln. 2003; *Ich schulde einem Lokführer eine Geburt*, Schpl., 2003.

Dückers, Tanja, wurde am 25. 8. 1968 in Berlin geboren. Ab 1988 entstanden erste eigene literarische Arbeiten in deutscher und englischer Sprache. Sie studierte Germanistik und Nordamerikastudien von 1988 bis 1996 in Berlin. Längere Zeit hielt sie sich in den Niederlanden, den USA und in Spanien auf und absolvierte mehrere Verlagspraktika. Von 1995 bis 1998 arbeitete sie als Redaktionsassistentin bei der Deutschen Welle TV. Seit 1997 erscheinen regelmäßig journalistische Beiträge in Zeitungen und Zeitschriften. 1995 leitete sie zusammen mit Nina Petrick die Lesungsreihe »Neue Autoren in Berlin« im STÜKKE-Theater, 1998 den »Salon Kunstrasen«, eine Veranstaltungsreihe, in Berlin. Tanja Dückers lebt in Berlin. Ausgezeichnet wurde sie u.a. 1997 mit einem Stipendium der Stiftung Kulturfonds, 1998 mit einem Stipendium der Käthe-Dorsch-Stiftung, 1999 mit einem Reisestipendium des Berliner Senats, 2000 mit dem Stipendium der Villa Aurora in Los Angeles, 2001 mit einem Stipendium des Berliner Senats und 2002 mit einem Aufenthaltsstipendium des Baltischen Zentrums in Gotland/Schweden und einem Prag-Stipendium der Stiftung Brandenburger Tor. 2001 war sie »writer-in-residence« des Allegheny College in Erie/Pennsylvania.

Nach zwei zu Unrecht unbeachtet gebliebenen Gedichtbänden schien Tanja Dückers erster Roman, *Spielzone* (1999), der Mode szeniger Berlin-Romane zu entsprechen. Doch er enttäuschte die Erwartungen auf das Angenehmste, indem er mit sozialer Präzision und distanziertem Blick dem Leben und den Veränderungen im wenig trendigen Milieu der Berliner Bezirke Neukölln und Prenzlauer Berg folgte. In dieser Welt tummeln sich bizarre Figuren: Voyeure, Außenseiter und Einsame, »Erlebnisvielfraße« der Spaßgeneration neben Studenten, Witwen und Proleten. Zwischen Friedhof, Aldi und Rudi's Resterampe existiert ein Soziotop jenseits des Berlin-Booms der Neunzigerjahre, eine Nischengesellschaft mit reichlich Platz für Verlierer und Suchende. Dückers schildert auch die Klubs, Partys und Events, die »Spielzone« für die hilflosen Kinder der 68er-Generation; diese Müßiggänger und Selbstdarsteller leben als Fleisch gewordene Mangelerscheinung und suchen sich ihr bisschen Authentizität im intensiven Spiel mit dem (eigenen) Körper. Nur vor dem Tod, der ernst macht, hat man Respekt, ansonsten dominieren Narzissmus und Isolation gleichermaßen. Dieser »Kästchenroman« (Maike Albath) protokolliert eine sich in Auflösung befindende Welt, die in Teilen völlig unberührt von modischen Attitüden erscheint, aber genau dort, wo sich der Zeitgeist austobt, von der nächsten Welle schnell abgelöst werden wird.

Auch in den Erzählungen des Bandes *Café Brazil* (2001) erscheint nichts schlimmer als der Gleichlauf aller Tage, die »Pärchenharmonie«, die »szenekompatiblen« Abzeichen und Rituale und die schöne Langeweile. Allen Geschichten, die in den Lebenskreisen junger Frauen und Männer spielen, ist eine wechselseitige Entfremdung eigen. Sex geschieht wortlos am Klo oder sportiv als »Komplizenschaft«, intensiv sind nur die Träume. Da hilft es auch nicht, ganze Plantagen wegzurauchen und die Rotweinsonne leer zu trinken. Dückers beschreibt diese Gefühlsruinen mit leisem, nachsichtigem Spott und sanfter Verzweiflung. Sie denunziert ihre Figuren nicht, auch wenn manche typengerecht gestutzt und gefaltet werden. Die Figuren wirken zuweilen stärker als der Plot; dabei schreibt Dückers aber süffig und hart am O-Ton, um die Ereignisse dingfest zu machen. Dass hier keine Sprüche geklopft, sondern Wahrnehmungen sprachlich präzise umgesetzt werden, bestätigt sich von Seite zu Seite. Zwei Erzählungen beeindrucken besonders: *Die Wollmütze* gleicht einer Momentaufnahme, herausgerissen aus der Betriebsamkeit einer Straße. Aus der Banalität, einen Pfennig in einer Pfütze verloren zu haben, macht Dückers eine große dramatische Szene, vom Schweißtropfen bis zur Ohnmacht, ein assoziativer Balanceakt zwischen Erstarrung und Erinnerungsrausch. *Lux aeterna*, die andere Erzählung, ist der bewegende, elegante Monolog eines alten Mannes, der über die Lieben seines Lebens spricht.

Als äußerst ambitioniert erweist sich der Roman *Himmelskörper* (2003), der in 24 Kapiteln fünf Aufgaben übernimmt: Im Stil eines historischen Romans erzählt er von einer Katastrophe am Ende des Zweiten Weltkrieges, dem Untergang des Flüchtlingsschiffes »Wilhelm Gustloff« in der Ostsee mit über 7000 Menschen an Bord; auch Günter Grass hat in seiner Novelle *Im Krebsgang* (2002) darüber geschrieben. Dann ist es auch eine Tragikomödie, weil sie mit verhaltenem Spott von »Kriegsknirschhüften« und dem Spiel mit Großvaters Prothese erzählt. Es ist ein Märchen, denn es weiß von »Silberlügenaalen« und einem »Futterneidhai« im Bleichen See, von Waldelfen, »Grübelmonstern« und Nebelgeistern, aber auch ein leidenschaftliches Plädoyer für einen neuen, umfassenderen Wolkenatlas mit internationaler Beteiligung. Und schließlich handelt es sich um eine komplizierte Familiengeschichte, der die junge Meteorologin Freia ein lange verschwiegenes Geheimnis zu entlocken sucht.

Thomas Kraft

Werke: *Morsezeichen. Lyrik u. Kurzprosa*, Bln. 1996; *Fireman. Englische Lyrik u. Kurzprosa*, Bln. 1996; *Spielzone*, R., Bln. 1999; *Maremagnum*, Hsp., DLR 2000; *Café Brazil*, En., Bln. 2001; *Luftpost*, G., Köln 2001; *Himmelskörper*, R., Bln. 2003; *Falsche Sprache Richtige Sehnsucht*, G., Schpl., zus. m. Bertram Denzel, Freiburg/Br. 2003.

Duden, Anne, geboren am 1. 1. 1942 in Oldenburg in O., verbrachte ihre Kindheit in Berlin und Ilsenburg/DDR, ging 1962 nach Berlin, studierte nach einer Buchhändlerlehre einige Semester Literatur und Soziologie, war nach Tätigkeiten in Buchhandlungen und Büros Mitarbeiterin im Wagenbach- und später im Rotbuch-Verlag, den sie mitbegründet hat. Seit 1978 lebt sie in London und Berlin. 1984 erhielt sie den Förderpreis für Literatur des Bundesverbandes der Deutschen Industrie, 1986 den Kranichsteiner Literaturpreis, 1995 den Floriana-Literaturpreis, 1996 den Preis der LiteraTour Nord, den Dedalus-Literaturpreis und den Marburger Literaturpreis, 1998 den Hans-Reimer-Preis der Aby-Warburg-Stiftung und Berliner Literaturpreis, 1999 den Literaturpreis des Landes Niedersachsen und 2000 den Großen Literaturpreis der Bayerischen Akademie der Schönen Künste. 1987 ist sie Gastprofessorin für Literaturwissenschaft an der Universität Hamburg, weitere Gastdozenturen an den Universitäten Paderborn 1995/96 und Zürich 1996/97. Sie ist Mitglied der Akademie für Sprache und Dichtung in Darmstadt, des deutschen P.E.N.-Zentrums und korrespondierendes Mitglied der Akademie der Wissenschaft und der Literatur Mainz.

Anne Dudens fulminantes Prosadebüt *Übergang* (1982) beginnt mit den bestürzenden Sätzen: »Ich bin ständig auf der Flucht vor anderen Menschen. Sie haben nur eins im Sinn: mich auszubeuten oder umzubringen.« In acht Texten, die sich wie ein einziger lesen, erfüllt sich die angstvolle Ahnung einer zwischen distanzierter dritter Person und Monolog wechselnden Erzählerin vom »Übergang« anonymer, nicht greifbarer Bedrohung zu gewalttätigen Übergriffen. Nach einem Discobesuch wird ihr der Kiefer eingeschlagen; sie kann ironisch »von Glück sagen, dass nun endlich auch meine Anatomie einen Knacks bekommen hatte, dass der Kiefer aufzuholen beginnen konnte, was bis dahin allein meinem Gehirnkopf vorbehalten war«. Operation, Krankenhausaufenthalt, Narben, Bewältigungsversuche, Zorn – der Wendepunkt im Leben einer jungen Frau, die sich fortan als Opfer begreift, sich einreiht in die Gemeinschaft der Benachteiligten, der Leidenden, eine autobiografische Erfahrung. Der Schmerz durchdringt in stets neuen Abstufungen jede Lebenserfahrung, entwickelt eine Eigendynamik und vollendet sich da in traumatischen Bildern, wo die Wirklichkeit ihm nicht standhalten kann, das Leben erstarrt und fremd wird. Ausgegrenzt von der Gesellschaft durchlebt sie Phasen völliger psychischer Verstörung, erfährt aber das eigene Leid als Chance neuer Selbstbestimmung, als Möglichkeit zum offenen Bekenntnis zur eigenen Angst, wobei die eigene Verletzung mit den Verletzungen der Welt, der »Höllenmaschine«, korrespondiert. Das bislang stumm ertragene Leid drängt zur Mitteilung: »Ich schluckte ganze Schlachten weg, Leichenberge von Besiegten. Für einen Moment Frieden, der nie eintraf.«

Aber der Schmerz kann nicht ungehindert ausgelebt und gelindert werden, die Bedrohung ist allgegenwärtig, die Angst der Erzählerin steigert sich in den vier Texten des Prosabandes *Das Judasschaf* (1985) ins Wahnhaft-Visionäre; die Erzählerin nimmt nur mehr Fragmente der Wirklichkeit wahr, Menschen und Orte verblassen zu Schemen im Hintergrund, ohne Hilfe ist sie isoliert, entfremdet sich ihrer selbst und der Umgebung in zunehmendem Maße: »Meine Füße berühren den Boden kaum noch, ich erblinde bereits, freiwillig, und ich spreche nicht mehr gern. So lasse ich den Gesamtaufprall der Einzelheiten über mich ergehen. Ich ziehe auch vor, dabei allein zu sein.« Höchstens begibt sie sich noch in die Gesellschaft von Gemälden, die sie in Museen in meditativer Versenkung betrachtet, in deren Passionsthematik (Carpaccio, Tintoretto) sie sich versenkt, Antworten und Trost gleichermaßen erhoffend. Auf der Suche nach Ursachen für ihre existenzielle Angst gerät sie an die deutsche Vergangenheit: »Im Grunde ging es um etwas ganz anderes, darum nämlich, dass Deutschland sich über einem ausatmete«, dass »19 Tage nach ihrer Geburt im selben Wohnort während einer Konferenz der Beschluß gefaßt worden war, 11 Millionen Menschen zu beseitigen«. Im Text finden sich Passagen aus einer Himmler-Rede und historische Dokumente aus Konzentrationslagern neben Foltervisionen, paranoiden Assoziationen (»Hier sitze ich, in der Todesfalle aller Tage, und finde nicht mehr zurück«) und Schlachthausszenen, in denen das »Judasschaf« als Symbol für Verrat die Situation umreißt, in der sich die Erzählerin als »zurechtgefolterte Restperson, Trümmerüberbleibsel der Lebenden«, als Teilhabende an einer deutschen Geschichte begreift, die sie körperlich wie seelisch zerstört. Ihren Depressionen und allgemeinen Verfallserscheinungen wie die einer Gesellschaft von »Nervenbündeln oder unberechenbaren, meist sprachlosen Rohlingen« entsprechen das scheinbar ungeordnete, handlungsarme Nebeneinander von Reflexionen, Halluzinationen und Beobachtungen, einer surrealen Bilderwelt, die albtraumartige Abgründe erschließt, und einer ausdrucksstarken, pathetischen, dabei aber doch sehr konkreten Sprache, die in ihrer Konzentriertheit und Dramatik den Leser in den Bann schlägt.

Worte rutschen wie loses Geröll ineinander, grobkörnige Sprachbrocken türmen sich wie schier unüberwindbare Hindernisse auf dem Weg durch ihren dritten Prosaband mit dem bezeichnenden Titel *Steinschlag* (1993). In sechs längeren Prosagedichten taucht eine verwitterte Verfasstheit auf, wie sie in kalten und kahlen Impressionen aus England, Südfrankreich und Deutschland ihre bildliche Entsprechung findet. Sie sind schwere Kost, diese mit schwarzer Tinte geschriebenen Zeilen, zugleich aber ein hoher Ton, gewagte Metaphern an der Grenze der Erschließbarkeit. Man atmet Steine, alles lastet schwer, kein tröstendes Wort: »Noch hinter jedem Geliebten / der nicht einsehbare Abgrund der Ausgestoßenen. / Oder ich.« Die Welt ist hässlich, eine stinkende Kloake, die Existenz inmitten einer Welt von »Jungverbrauchern« und »sich beweglich Haltenden« nur schwer erträglich. Militante Trupps, Arbeitslager, Stapel von Toten, Killer und Krieg, alles »vermessen und vermint«. Es geht ums nackte Leben, Bilder des Todes dominieren in den fragmentarisch anmutenden Szenen, eine dunkle, sehr technische Sprache, ausdrucksstark, zornig und aggressiv. Eine raue Prosa ist das mit dem Willen zur sprachlichen Konzentration, in manchem den Gedichten eines Paul Celan verwandt.

1995 erschienen mit *Wimpertier* und *Der wunde Punkt im Alphabet* gleich zwei Textsammlungen. *Wimpertier* beinhaltet frühe Texte aus den Jahren 1983 bis 1986, in denen die Sehschule der Anne Duden mit präzisen Nahaufnahmen von Körpern und Gemälden als Orte kulturellen Gedächtnisses fungiert. Essayistisch, durchaus auch kühl und distanziert, zeigt sie sich in ihren Bildbefragungen (v. a. von Renaissance-Gemälden) fasziniert von sinnlichen Kräften, verdichtet und beschreibt sie mit extremer Intensität die Ikonen des Schmerzes und des Kampfes. Die Körper beginnen gleichsam zu sprechen, oft schockierend und traumatisch, die Gewalt geht von Männern aus, wie auch am Beispiel zweier Gemälde von Paolo Uccello und Friedrich Hein, die die Legende vom Drachentöter aufnehmen.

In diesen kunstgeschichtlichen Kontexten stehen die 17 Texte aus *Der wunde Punkt im Alphabet*, die als Kolumnen in der »Basler« Zeitung seit 1989 erschienen sind. Doch wie in fast allen Texten Dudens werden Gattungsgrenzen überschritten, der

Schmerz funktioniert als Impuls für die Vorstellungskraft, die sprunghaft, auch abstrakt und kryptisch, Bilder durchquert, ihre Ästhetik analysiert, Kreatur und Natur rätselhaft miteinander kreuzt (»Kelchlaute«, *Hingegend*, 1999), biblische und allegorische Strukturen aufnimmt und weiterführt. »Denn für Anne Duden sind Bilder ja nur die momentan erstarrten Räume, die Räume des Verschwiegenen, deren sich nun Auge und Zunge annehmen, um ihre flächige Gegenwart aufzulösen in ein klangliches Sprachen, ein Zugleich und Nacheinander« (Hanns-Josef Ortheil). So sind auch die poetologischen Schriften in *Zungengewahrsam* (1999) keine präzisen theoretischen Standortbestimmungen, sondern mäandernde, die Wahrnehmungsbereiche durchmischende Einfühlungen in Bilder, die für sie, wie Erich Fried einmal formulierte, »geronnene Geschichte« sind. Anne Duden ist dabei stets im Bilde, legt im Perspektivenwechsel Schichten frei, erfasst Stimmungen und bringt sie in Schwingungen. So schreibt sie über »Die Versuchung des hl. Antonius«, was auch für sie gilt: »In Wahrheit liest er ja weiter, hält Nachlese, blickt Worten, Sätzen, Kapiteln nach; liest also mit seinem inneren Auge das Gelesene, schreibt es mit der unsichtbaren Tinte seiner Gedanken fort.«

Thomas Kraft

Werke: *Übergang*, Pr., Bln. 1982; *Das Judasschaf*, Pr., Bln. 1985; *Steinschlag*, G., Köln 1993; *Wimpertier*, Pr. u. G., Köln 1995; *Der wunde Punkt im Alphabet*, Pr., Hbg. 1995; *Zungengewahrsam. Kleine Schriften zur Poetik und zur Kunst*, Köln 1999; *Hingegend*, G., Lüneburg 1999; *Lobreden auf den poetischen Satz*, zus. m. Robert Gernhardt u. Peter Waterhouse, Gött. 1999; *Ausgehend von Liegenden*, in: *Vorträge aus dem Warburg-Haus*, Bln. 2000; *Heimaten*, zus. m. Lutz Seiler u. Farhad Showgi, Gött. 2001.

Düffel, John von, wurde am 20. 10. 1966 in Göttingen geboren. Weil sein Vater Lehraufträge an mehreren Universitäten hatte, lebte von Düffel in seiner Kindheit mehrere Jahre in Londonderry, Irland, und zwei Jahre in South Dakota, USA. Nach dem Abitur in Oldenburg studierte er zunächst zwei Semester an der University of Scotland in Stirling und von 1986 bis 1989 in Freiburg i. Br. im Hauptfach Philosophie, 1989 Studienabschluss mit einer Dissertation über Erkenntnistheorie. Danach arbeitete er als Journalist, Theaterkritiker und Hörspielautor, bevor er 1991 als Dramaturg für Schauspiel und Tanztheater ans Theater der Altmark nach Stendal ging. 1993 wechselte er an das Oldenburgische Staatstheater, erste Arbeiten als Theaterautor und Übersetzer entstanden. Von 1996 bis 1998 war von Düffel Leitender Schauspieldramaturg in Basel, 1998 übersiedelte er nach Karlsruhe und war zwei Spielzeiten lang Dramaturg am Schauspielhaus Bonn. Seit 2000 arbeitet er als Dramaturg am Hamburger Thalia-Theater. Seine Hörspiele *Go West!* (1993) und *Jenny* (1999) wurden von der Deutschen Akademie der Darstellenden Künste als »Hörspiel des Monats« ausgezeichnet. 1998 erhielt von Düffel den Ernst-Willner-Preis beim Ingeborg-Bachmann-Wettbewerb in Klagenfurt und den »aspekte«-Literaturpreis des ZDF, 1999 den Hamburger Mara-Cassens-Preis.

John von Düffel gehört zu den produktivsten Gegenwartsautoren und ist einer der meistgespielten, zeitgenössischen Dramatiker im deutschen Sprachraum. Als Theaterautor plädiert er für Dramen, die auf »Neues, Unbewältigtes« zielen und aus einer »Auseinandersetzung mit Widerständen« (von Düffel) entstehen. Im dialogischen *Shakespeare, Mörder, Pulp & Fiktion* (1997) spinnt von Düffel die Mörderszene aus Shakespeares *Richard III.* weiter und verknüpft sie durch die zwei cool-tollpatschigen, in schwarzen Anzügen auftretenden Killer Pulp und Fiktion mit der Kinoästhetik eines Quentin Tarantino (*Pulp Fiction*, 1993). Dagegen besticht *Die Unbekannte mit dem Fön* (1997) mit einer radikalen, stummen Dramatik aus Regieanweisungen und lediglich einem einzigen gesprochenen Satz: »Komm jetzt endlich!« Mit politischen Bezügen spielt *Solingen* (1996), das mit der Nachrichtenmeldung über den Brandanschlag in Solingen endet – und ebenso der Monolog *Born in the R.A.F.* (1999), die »Lebensbeichte eines Terroristenkindes«. Geht es im häufig gespielten *Rinderwahnsinn* (1999) um die Klischees und ideologischen Auseinandersetzungen der 68er- und der 90er-Generation, so stehen im Theaterstück *Elite I.1* (2002) die Konflikte von drei ungleichen Zeitgeist-Paaren im Mittelpunkt. Nicht mehr um Randgruppen und ihre Ausgrenzung – wie etwa in *Solingen* – geht es ihm mit seinen jüngsten Texten, er zielt vielmehr auf das gesellschaftliche Phänomen der »neuen Mitte« bzw. der »Atomisierung der Mitte« (von Düffel).

Als Prosaautor verzichtet von Düffel weitgehend auf Dialoge und direkte Gesellschaftskritik. Seine Texte zeichnen sich durch einen ruhigen, zwingenden Erzählfluss und eine der Gattung adäquate Komplexität aus: »Im Theater geht es immer von einem Augenblick zum nächsten«, so von Düffel.

»Im Roman kann man die Zeit anhalten und einen Augenblick mehrfach spiegeln.«
Im Prosadebüt *Vom Wasser* (1998) wird die Geschichte einer Papierfabrikantendynastie erzählt, deren Aufstieg und Verfall gleichermaßen mit zwei Flüssen verbunden ist. Das Wasser und seine in Worte gefassten Zustände, Eigenschaften und Fähigkeiten formen das Zentrum des Romans. Die rhythmische, alliterations- und metaphernreiche Sprache erzeugt dabei eine ungeheure Sogwirkung und sensorische Kraft. Selten etwa ist die Passion des Fischens derart bestechend genau und hingebungsvoll geschildert worden wie im Kapitel »Fliegenfischen«. Im Roman entsteht eine komplexe Wasserwelt aus Gerüchen, Geschmacksnuancen und Geräuschen, die auf den liquiden Ursprung des Menschen verweist. Die Idee einer Naturpoesie und die von ihr ausgehende alles affizierende Kraft wird durch diese Prosa rehabilitiert. Wie einst bei Novalis wird das Aufgehen des Schwimmers im Wassers, in einer Flüssigkeit, zum utopischen Moment: »Alles ist eins: Wasser, Bewegung und Atem«, schreibt der Langstreckenschwimmer von Düffel später in der Prosasammlung *Wasser und andere Welten* (2002). Andererseits, und darin liegt die Ambivalenz dieses viel gelobten Romandebüts, geht vom Wasser mehrfach auch der Tod aus. Und gerade in den Todesszenen hat diese Prosa ihre konzentriertesten und berauschendsten Momente.
Melancholie ist die vorherrschende Stimmung im zweiten Roman *Zeit des Verschwindens* (2000), in dem es um die gestörte Beziehung eines Vaters zu seinem Sohn geht; parallel dazu werden die Lebensläufe zweier stark aufeinander bezogenener Schwestern entwickelt. Was die beiden Erzählstränge verbindet, ist ihre monologische Einsamkeit und das Erinnern von Liebessehnsucht und Irrtümern, von Abhängigkeiten und Anhänglichkeiten, von Macht und Ohnmacht.
EGO (2002) erzählt von einem dem Fitnesswahn verfallenen Unternehmensberater, der seinen Körper nahezu ununterbrochen durch Muskeltraining modelliert. Der Wellness-Jargon, der zitiert und sich zugleich selbst kreiert, nimmt im Roman realsatirische Züge an. Die Workout-Schilderungen dieses Narziss sind so penetrant wie notwendig; faszinierend ist der sprachliche Erfindungsreichtum, mit dem dieses »Universum der Athleten« charakterisiert wird: »Die Poesie der Anatomie kennt keine Grenzen« (Samuel Moser).

Michael Fischer

Werke: *Der große Gructus*, Hsp., RB 1990; *Tango*, Hsp., RB 1991; *Eike & Eike*, Hsp., SR 1991; *Kitsch*, Hsp., RB 1991; *Wanzen – Radiofarce über den Geheimdienst in der Krise der Kritik*, Hsp., RB 1991; *Rendezvous*, Hsp., RB 1991; *Glashäuser*, Hsp., RB 1992; *DNBM MFZK SPHNXG HZT JMDNM*, Hsp., RB 1992; *Hüben wie drüben*, Hsp., RB 1992; *Von Rausländer bis Ökopussi*, Hsp., ORB 1992; *Test*, Hsp., RB 1993; *Neue Männer*, Hsp., RB 1993; *Held der Einheit*, Hsp., RB 1993; *Go West!*, Hsp. ORB/RIAS 1993; *Zweidrei Liebesgeschichten*, Hsp., SR 1993, Theaterst., UA Münster 1999; *Richard B. Sheridan: Die Lästerschule (School for Scandal)*, Übs., 1993; *Schnee oder Die Geschichte, wie es still um mich wurde*, Hsp., RB 1994; *Armer Felix*, Hsp., RB 1994; *Da capo al fine*, Hsp., RB 1994; *Oi*, Theaterst., Gifkendorf 1995, UA Stendal und Oldenburg 1995; *Jahrtausendwende*, Hsp., WDR 1995; *Solingen*, Theaterst., Gifkendorf 1996, UA Oldenburg 1995; *Das schlechteste Hörspiel der Welt*, Hsp., RB 1995; *Jahrtausendwende*, Hsp, WDR 1995; *Das schlechteste Theaterstück der Welt*, Theaterst., UA Augsburg 1996; *Kleine Fantasie mit Folgen*, Hsp., RB 1996; *Shakespeare, Mörder, Pulp & Fiktion*, Theaterst., UA Basel 1997; *Saurier-Sterben*, Theaterst., UA Basel 1997, Hsp., ORB 1997; *Missing Müller*, Theaterst., Gifkendorf 1997, szen. Lesung Hann. 1997, Hsp., ORB 1997; *Herman Melville: Bartleby*, Übs., zus. m. Peter von Düffel, Gifkendorf 1997; *Vom Wasser*, R., Köln 1998, Hsp., NDR 2000; *Die Unbekannte mit dem Fön*, Theaterst., Gifkendorf 1997, UA Magdeburg und Berlin 1999, Hsp., MDR 2001; *Rinderwahnsinn*, Theaterst., Gifkendorf 1999, UA Schwerin 1999; *Jenny*, Hsp., RB 1999; *Born in the R.A.F.*, Theaterst., Gifkendorf 1999, UA Osnabrück 2001; *Shooting Sense oder Das hundertste Semester*, Theaterst., UA Gött. 1999; *Ich habe noch nie meine Frau betrogen. Aus dem Tagebuch eines Politikers*, Hsp., SFB 1999; *Zeit des Verschwindens*, R., Köln 2000; *Schwimmen. Kleine Philosophie der Passionen*, Aufs., Mü. 2000; *Balkonszenen*, Theaterst., UA Bonn 2000; *EGO*, R., Köln 2001; *Othello. Therapie*, Theaterst., UA Bonn 2001; *Elite I.1*, Hsp., RB 2002, Theaterst., UA Hbg. 2002; *Wasser und andere Welten*, Pr., Köln 2002; *Charles Sprawson: Ich nehme dich auf meinen Rücken, vermähle dich dem Ozean. Eine Kulturgeschichte des Schwimmens*, Übs., zus. m. Peter von Düffel, Hbg. 2002; *Theaterszene-Jahrbuch*, Mithg., Köln 2002.

Dürrenmatt, Friedrich, wurde am 5. 1. 1921 in Konolfingen im schweizerischen Kanton Bern geboren. Der familiäre Hintergrund war christlich-konservativ: Großvater Ulrich Dürrenmatt war konservativer Nationalrat und Publizist, Vater Reinhold evangelischer Pfarrer. Nach dem Abitur in Bern studierte Friedrich Dürrenmatt von 1941 bis 1942 Deutsche Literatur und Kunstgeschichte in Bern, von 1942 bis 1943 Deutsche Literatur und Philosophie in Zürich, von 1943 bis 1945 Philosophie in Bern, ohne Studienabschluss. Schon während des Studiums entstanden erste Theater-und Prosaarbeiten, daneben arbeitete er als Illustrator und Journalist. 1946 heiratete er die Schauspielerin Lotti Geissler, nach deren Tod 1983 ging er 1984 eine Ehe mit Charlotte Kerr ein. Seit der Uraufführung des ersten Theaterstücks, *Es steht geschrieben* im Schauspielhaus Zürich am 19. April 1946, arbeitete er als freier Autor. Der internationale Durchbruch gelang 1952 mit der Pariser Aufführung seines Erstlings unter dem französischen Titel *Les Fous de Dieu*. Spätestens seit den Komödien *Der Besuch der alten Dame* (1956) und *Die Physiker* (1962) gilt Dürrenmatt als Autor von Weltformat. 1952 zog er nach Neuchâtel, wo er bis zu seinem Tod am 14. 12. 1990 lebte. Er erhielt u.a. 1957 den Hörspielpreis der Kriegsblinden, 1959 den Schiller-Preis der Stadt Mannheim, 1977 die Buber-Rosenzweig-Medaille des deutschen Koordinationsrates für christlich-jüdische Zusammenarbeit, 1983 den Österreichischen Staatspreis für Europäische Literatur, 1984 die Carl-Zuckmayer-Medaille, 1986 den Georg-Büchner-Preis, 1989 den Ernst-Robert-Curtius-Preis. 1977 wurde ihm der Ehrendoktortitel der Hebräischen Universität Jerusalem, 1981 der Universität Neuchâtel und 1983 der Universität Zürich verliehen.

Es ist ratsam, die drei großen Bereiche seines Schaffens nicht getrennt zu betrachten: Sein dramatisches Werk, seine erzählende Prosa und seine vielfältigen Essays bilden einen Gesamtzusammenhang. Dieser Gesamtzusammenhang wiederum ist nicht auf einzelne Thesen zu reduzieren; er ist auch nur locker strukturiert. Einzelne Gedanken Dürrenmatts – wie der von der »Modellhaftigkeit« von Welt, vom Theater und ergo von der menschlichen Existenz – tauchen in allen künstlerischen Gattungen in verschiedenen Modifikationen mit chronologisch unterschiedlichen Bezügen und unterschiedlicher Intention auf. Sie werden ganz im Sinne des romantischen Theorems von der »Poesie und gleichzeitig Theorie der Poesie« (Fr. Schlegel) als gleichsam intellektuelles »Modell« immer wieder durchgespielt. Allerdings nicht kontextfrei, sondern immer auf pragmatische Situationen bezogen und autobiografisch verwoben. Ein Beispiel: Die Grundkonstellation des Menschen, der in einer labyrinthischen Welt zwangsläufig scheitern muss, auch wenn er sich vergeblich an Ideologie – egal welcher religiösen oder teleologischen Provenienz – klammert, hat Dürrenmatt in seinem ersten, nie gespielten Stück *Komödie* (1946) schon ausgefaltet. Künstlerisch darstellbar ist diese Disposition in allen Texten Dürrenmatts nur mithilfe der Graduationen des Komischen – ob als Humor, Komik, Zynismus, Groteske, Satire, Polemik, Witz oder Ironie und deren diverse Mischformen.

Eine Reprise der Thematik dieses ersten Stückes unternahm Dürrenmatt 1973 mit *Der Mitmacher*. Hauptfigur ist der verkommene Biologe Doc, der für ein Gangster-Syndikat, als »Nekrodialytiker«, als Leichenentsorger arbeitet. Im Laufe der Handlung entsorgt Doc die anderen Figuren des Stücks, darunter auch den Polizeipräsidenten Cop, der der »Nicht-mehr-Mitmacher« sein will. Weil der Staat aber die Hauptverbrecherorganisation ist, ist Cops Opfertod sinnlos. Die Zürcher Uraufführung am 8. März 1973 unter der Regie von Andrzej Wajda geriet zum Debakel. Die Kritik schäumte. Für die deutsche Erstaufführung am 31. Oktober 1973 am Nationaltheater Mannheim richtete Dürrenmatt eine zweite Fassung selbst ein. Zwar fiel das Stück auch hier durch, aber Dürrenmatt verfasste daraufhin ein 200-seitiges Nachwort zu dem Stück, das eine Art Prosafassung des Stoffes und grundsätzliche dramaturgische, d.h. auf die jeweilige Aufführungspraxis bezogene Überlegungen enthält. Dieser Text erschien 1976 unter dem Titel *Der Mitmacher – Ein Komplex*. Das essayistisch-narrative Nachwort ist in der Tat komplex mit Dürrenmatts früheren und späteren Werken verwoben. Einmal schließt es mit der Beschreibung des Cop als »ironischem Held« direkt an Dürrenmatts ersten ganz großen Erfolg *Die Ehe des Herrn Mississippi* (1952) an. Wie Cop scheitert dort der allzu noble Utopist Graf Bodo Übelohe-Zabernsee an der rabiaten Selbstgerechtigkeit von Überzeugungstätern, die Dürrenmatt in den Personen Mississippi (Staatsanwalt und rigoroser Sittlichkeitsfanatiker), Saint-Claude (radikaler Terrorist aus höheren Gründen); Anastasia (brutale Hedonistin) und Minister Diego (zynischer Machtpolitiker) nachgerade allegorisiert. Das Stück bedient sich »der Kolportage als Kunstmittel, die »den Ganovencharakter und die Unmenschlichkeit der Utopisten mit dem ruhigen Gewissen« (G. Hensel) sichtbar macht. Kolportage aber ist auch ein Kunstmittel, das Dürrenmatt für seinen Roman *Justiz* (vollendet nach jahrzehntelangen Vorarbeiten und Fassungen 1985) einsetzt. Was als Kriminalroman beginnt – ein junger Anwalt soll einen mordenden Zürcher Kantonalsrat exkulpieren –, gerät zu einem Sittengemälde der Schweiz, das die untrennbaren Verflechtungen des Schweizer Establishments aus Politik, Wirtschaft und Justiz scharf attackiert. Ein Thema, das Dürrenmatt dann ein letztes Mal in seiner vorletzten Rede überhaupt,

Die Schweiz – ein Gefängnis (1990; Druckfssg. posthum 1991 in *Kants Hoffnung*) variiert.
Ein weiterer, sich in alle Fasern und Texturen von Dürrenmatts Werk verästelnder »Komplex« ist das »Modell« der Welt als verbrecherische Veranstaltung. Sein berühmtestes Stück, *Der Besuch der alten Dame* (1956), schildert die späte Rache der Multimilliardärin Claire Zachanassian, die aus den USA in ihr Heimatstädtchen Güllen zurückkommt, wo man sie ehemals gedemütigt und grausam behandelt hat. Nachdem sie die unwichtigereren ihrer Peiniger hat blenden und kastrieren lassen, fordert sie von der armen Gemeinde den Tod ihres Hauptfeindes Ill, der um einer reichen Heirat willen seine Vaterschaft von Claires Kind geleugnet hatte. Güllen lässt sich korrumpieren, Ill wird erwürgt, Claire reist im Triumph ab. Obwohl die eisige Handlungsführung eher »realistisch« anmutet, ist der »fabelhafte«, der »modellartige« Charakter des Stückes ebenso dominant wie in der Komödie *Die Physiker* (1962), Dürrenmatts zweitem Welterfolg.
Hier bedient er sich einer polit-thrillerartigen Grundkonstellation: Zwei Agenten (aus jedem Machtblock einer) wollen dem Physiker Möbius im Irrenhaus seine Weltformel abjagen. Alle drei sind sich einig, dass diese Formel so ungeheuerlich ist, dass die ganze Welt daran verrückt werden wird. Um ihr Geheimnis zu bewahren, ermorden sie ihre Wärterin, ohne zu ahnen, dass die wirklich irre Irrenärztin die Geheimnisse schon längst an sich gebracht hat. Berühmt geworden ist Dürrenmatts Bonmot über dieses Stück: »Ich wollte keine Tragödie, sondern das Satyrspiel *vor* der Tragödie schreiben.«
Das Modell von der Welt als verbrecherischer Anstalt findet in Dürrenmatts Werk zwangsläufig seinen Niederschlag in der Verwendung kriminalliterarischer Formen. Fünf Texte werden üblicherweise dieser Werkgruppe zugeschlagen: *Der Richter und sein Henker* (1950; ursprünglich als Fortsetzungsroman für »Der Schweizerische Beobachter«), *Der Verdacht* (1951; ebenfalls zuerst für den »Schweizerischen Beobachter«), *Das Versprechen* (1958; basierend auf der Filmerzählung und dem Drehbuch von *Es geschah am hellichten Tag*, 1957), *Die Panne* (1955), *Justiz* und *Der Auftrag oder Vom Beobachten des Beobachters der Beobachter* (1986). Ein weiteres kriminalliterarisches Projekt, *Der Pensionierte*, wurde 1969 begonnen, erschien aber erst 1995 als Fragment.
Vor allem mit den ersten drei Romanen hat sich Dürrenmatt als »Klassiker« und »Innovator« des deutschsprachigen Kriminalromans etabliert und mit seinem oft zitierten Diktum über Kriminalromane, man müsse »Kunst da tun, wo niemand sie vermutet« (*Theaterprobleme*, 1954) im deutschen Sprachraum einerseits viel für die Emanzipation eines gering geschätzten Genres getan, andererseits dessen Marginalisierung erst recht festgeschrieben. Denn Dürrenmatts Kriminalromane galten (und gelten noch) als unausgesprochene »Norm«, obwohl sie ironischerweise viel mehr seinem eher allegorisch verfahrenden dramatischen Schaffen verpflichtet sind als einem narrativen Genre sui generis. So ist auch der Plot von *Der Richter und sein Henker* ein Gedankenspiel. Der Kommissär Bärlach kann dem Verbrecher Gastmann, mit dem er seit Jahrzehnten im moralischen Disput über Gut und Böse lebt, keine Straftat nachweisen. Als ein Mitarbeiter Bärlachs ermordet wird, manipuliert der Kommissär dessen Mörder, den Polizisten Tschanz, den in diesem Falle unschuldigen Gastmann zu töten. Die Manipulation gelingt perfekt. Tschanz setzt danach seinem Leben ein Ende. Der Roman basiert also nicht auf einem kriminalliterarisch üblichen pragmatischen, sondern auf einem theoretischen Sujet: Wie kann Gerechtigkeit außerhalb der Legalität funktionieren? Der todkranke Bärlach, dessen Zeichnung sich an den Wachtmeister Studer von Friedrich Glauser anlehnt, dessen Züge wiederum den Commissaire Maigret von Georges Simenon zitieren, ist eher ein Typus denn eine voll ausgefaltete Figur. Nur als Typus opponiert er gegen andere Typen, die sich wie die Figur Bärlach in einem lebensweltlichen Vakuum bewegen: Seinen Vorgesetzten Dr. Lucius Lutz, den Sozialtechnokraten im Polizeidienst, Tschanz, den glatten Karrieristen, und Gastmann, den Superverbrecher. Vier moralische Positionen werden im Sinne von »Modellen« durchgespielt und in der Schlussszene diskursiv aufgelöst – inszeniert als Tableau, bei dem der magenkranke Bärlach Tschanz vitalistisch-grobianistisch niederfrisst.
Ähnlich auch die Versuchsanordnung in *Der Verdacht*. Bärlach, der nur noch kurz zu leben hat, entdeckt bei der Lektüre von »Life«, dass der KZ-Arzt Nehle unter anderem Namen in der Schweiz praktiziert. Zum finalen moralischen Duell will er Nehle stellen, muss aber von seinem Freund Gulliver, einem jüdischen Überlebenden von Nehles Praktiken, gerettet werden. Das Kernstück des Romans ist ein langer Dialog zwischen Nehle und Bärlach über Gut und Böse, über die menschliche Willensfreiheit und den Determinismus, kurz: über Welt-Modelle. Gulliver, der Retter, ist eine pur literarische Figur: Ahas-

ver, der ewige Jude, der zum Rächer der Seinen wird. Genuin kriminalliterarische Verweise erzielt Dürrenmatt durch die Figur eines abgerichteten Zwerges, der für Nehle Morde in abgeschlossenen Räumen begeht, was auf E. A. Poes *Murders in the Rue Morgue* anspielt und dessen Konzept der Aufklärung eines Verbrechens durch einen einzelnen denkenden Geist konterkarieren soll. Das allerdings ist ein etwas unorganischer Nebendiskurs, der im weltliterarischen Vergleich lediglich eine spezifisch Schweizer Verspätung anzeigt. Der internationale Kriminalroman musste sich 1951 nicht mehr an Poe abarbeiten.

Auch *Das Versprechen* (in der Buch-, nicht in der Filmfassung) wird von der Ventilation einer Problemstellung dominiert: Es geht um die Rolle des Zufalls in einem sorgfältig arrangierten Modellversuch. Der höchst kompetente Oberleutnant Dr. Matthäi verspricht der Mutter eines ermordeten Mädchens, den Täter zu fassen. Er baut obsessiv eine Falle für ihn auf, selbst als er schon wegen dieser Obsession aus dem Polizeidienst ausgeschieden ist. Jahre später zeigt sich, dass Matthäi mit seinen Vermutungen Recht gehabt hat, nur ist der Mörder inzwischen einem banalen Autounfall zum Opfer gefallen. Matthäi wird seiner Obsession nicht Herr und verfällt allmählich dem Wahnsinn. Der berühmte Untertitel *Requiem auf den Kriminalroman* legt nahe, dass Dürrenmatt die Ideologie einer literarischen Form kritisieren wollte, die eine fugenlos funktionierende Welt braucht, um ein Verbrechen als Störung derselben ebenso fugenlos aufklären zu können. Allerdings gilt auch hier, dass Dürrenmatts Sujets schon längst und radikal von Autoren wie Dashiell Hammett oder Georges Simenon behandelt worden waren. Das allerdings spricht keinesfalls gegen die Qualität seiner Texte, allenfalls für eine merkwürdig schief gelaufene Rezeption.

Die Romane selbst jedoch fügen sich organisch in Dürrenmatts Gesamtkonzept. Die Welt als Irrenhaus, als Verbrecherhöhle, wo blinder Zufall wütet oder der moralische Relativismus gestützt auf den naturwissenschaftlichen »Fortschritt« (Dürrenmatt war einer der wenigen Intellektuellen, die sich tatsächlich mit den Naturwissenschaften auskennen, bevor sie sie kritisieren) sich kaltherzig behaupten. Dieses Modell hat er immer wieder durchexerziert. Er hat es bisweilen als schlechten Scherz inszeniert und mit allen Verfahren der Karnevalisierung gearbeitet: Ob als revuehaftes Stück wie *Frank der Fünfte* (1959), das ein Bankhaus als verbrecherische Organisation zeigt, welches, um noch mehr Gewinn abzuwerfen, wieder »seriös« werden muss – ein ironischer Aperçu gegen Brechts *Dreigroschenoper* –; ob als possenhafte Komödie *Meteor* (1966), derzufolge das Leben ungleich schlimmer ist als der Tod, weswegen der Held des Stückes als ewiger Revenant nie einfach tot sein darf. Oder, wie sein letztes Stück *Achterloo* (1983) als »gruppentherapeutisches Rollenspiel« (G. Hensel) mit welthistorischem Personal wie Napoleon, Jan Hus und Karl Marx, die die verschiedenen Weltentwürfe noch einmal im Irrenhaus durchspielen. Reflektierend begleitend und immer alles als »work in progress« konzipierend hat Dürrenmatt seit 1964 an seiner biografisch-essayistisch-narrativen *Summa* gearbeitet, an *Stoffe* (deren letzte Lieferung IV–IX 1990 erschienen). Es mag ironisch anmuten, dass bei so viel fast barokker, fröhlicher Lust an Tod, Verbrechen, Wahnsinn und komischem Umgang damit Dürrenmatts populärster Text die boulevardeske Prosakomödie *Grieche sucht Griechin* (1954) ist.

Wenig allegorisch oder ludistisch geriet Dürrenmatts grandiose Rede *Zusammenhänge*, die er während einer Israel-Reise 1974 an der Ben-Gurion-Universität in Beerschwawa gehalten hat und in der er wider den Zeitgeist den als Anti-Zionismus getarnten Antisemitismus der »Linken« in die Schranken wies. Diese Position, die das Existenzrecht Israels bekräftigte, unterstrich er noch einmal nachdrücklich in einem Vortrag anlässlich einer P.E.N.-Tagung 1975 in Wien, wo eine antiisraelische Resolution verabschiedet werden sollte. Die Aktualität Friedrich Dürrenmatts ist noch lange nicht ausgelotet.

Thomas Wörtche

Werke: *Es steht geschrieben*, Theaterst., UA Zür. 1946, gedr. Basel 1947, Neubearb. u. d. T. *Die Wiedertäufer*, 1967; *Pilatus*, E., Olten 1949; *Romulus der Große*, Theaterst., UA Basel 1949, gedr. Basel 1956, mehrere Fssgn. bis 1980; *Der Nihilist*, E., Horgen-Zür. 1950; *Der Prozess um des Esels Schatten*, Hsp., BR 1952, gedr. Zür. 1958; *Die Ehe des Herrn Mississippi*, Theaterst., UA Mü. 1952, gedr. Zür. 1952, Drehb., 1961, mehrere Fssgn. bis 1980; *Die Stadt. Prosa I–IV*, Zür. 1952; *Nächtliches Gespräch mit einem verachteteten Menschen*, Hsp., BR 1952, gedr. Zür. 1957; *Der Richter und sein Henker*, R., Einsiedeln, Zür., Köln 1952, Hsp., 1957, Fssp., 1957, Film, 1976; *Der Verdacht*, R., Einsiedeln 1953; *Stranitzky und der Nationalheld*, Hsp., NWDR 1952, *Herkules und der Stall des Augias.*, Zür. 1954, Hsp., NWDR 1954, gedr. 1959, Neufssg. 1963, UA 1963 Zür.; *Ein Engel kommt nach Babylon*, Zür. 1954, 3 Fssgn. bis 1980, Oper v. R. Kelterborn, 1977; *Das Unternehmen der Wega*, Hsp., BR/SDR/NDR 1954; *Grieche sucht Griechin*, Theaterst., UA 1954, Pr., Zür. 1955, Film, 1967; *Theaterprobleme*,

Vortr., Zür. 1955; *Im Coiffeurladen*. 2. Kapitel aus einem unveröffentl. Roman, Zür. 1957; *Es geschah am helllichten Tag*, Fssp., 1957; *Die Panne*, E., Zür. 1956, Hsp., BR 1956, Fssp., NDR. 1957, Theaterst., UA Wilhemsbad/Hanau 1979; *Der Besuch der alten Dame*, Theaterst., UA Zür. 1956, gedr. Zür. 1956, Hsp., BR 1957, Film u. d. T. *The Visit*, 1964; *Komödien I*, Zür. 1957; *Herr Korbes empfängt*, Hsp., DRS 1958; *Das Versprechen*, R., Zür. 1958; *Abendstunde im Spätherbst*, Hsp., NDR/ORF 1957, gedr. Zür. 1959; *Der Doppelgänger*, Hsp., NDR/BR 1960, gedr. Zür. 1960; *Der Blinde*, Theaterst., entst. 1947, gedr. Zür. 1960; *Friedrich Schiller*, Rede, Zür. 1960; *Frank der Fünfte*, Theaterst., UA Zür. 1959, gedr. Zür. 1960, Film, NDR 1967; *Der Rest ist Dank. Werner Weber: F. D.*, Zwei Reden, Zür. 1961; *Gesammelte Hörspiele*, Zür. 1961; *Die Physiker*, Theaterst., UA Zür. 1962, gedr. Zür. 1962, Fssp., 1963; *Die Heimat im Plakat. Ein Buch für Schweizer Kinder*, Zür. 1963; *Komödien II und frühe Stücke*, 1959, erw. Zür. 1964; *Gesammelte Hörspiele*, Zür. 1961; *Der Tunnel*, E., Zür. 1964; *Der Meteor*, Theaterst., UA Zür. 1966, gedr. Zür. 1966, Hsp., DRS 1966; *Theater-Schriften und Reden*, hg. v. E. Brock-Sulzer, Zür. 1966, Bd. 2, Zür. 1972; *Das Bild des Sisyphos*, E., Zür. 1968; *König Johann*, Theaterst., UA Basel 1968; *Monstervortrag über Gerechtigkeit und Recht nebst einem helvetischen Zwischenspiel. (Eine kleine Dramaturgie der Politik)*, Zür. 1969; *Play Strindberg*, Theaterst., UA Basel. 1969; *Titus Andronicus*, Theaterst., UA 1970 Düsseld.; *Sätze aus Amerika*, Zür. 1970; *Der Sturz*, E., Zür. 1971; *Porträt eines Planeten*, Theaterst., UA Düsseld. 1970; *Komödien III*, Zür. 1972; *Dramaturgisches und Kritisches. Theater-Schriften und Reden II*, Zür. 1972; *Der Mitmacher*, Theaterst., UA Zür. 1973, Hsp., ORF/BR/DRS 1973, gedr. Zür. 1976; *Zusammenhänge. Essay über Israel*, Zür. 1976; *Die Frist*, Theaterst., UA Zür. 1977; *Bilder und Zeichnungen*, Zür. 1978; *Albert Einstein*, erw. Vortrag, Zür. 1979; *Werkausgabe in 29 Bänden*, hg. in Zusammenarbeit mit dem Autor, Zür. 1980; *Das Sterben der Pythia*, Hsp., ORF/DRS 1981; *Stoffe I–III*, Zür. 1981, Neuausg. u. d. T. *Labyrinth. Stoffe I–III*, Zür. 1990 u. 1994; *Achterloo*, Theaterst., UA Zür. 1983, gedr. Zür. 1983, Hsp., ORF/DRS/WDR 1983; *Justiz*, R., Zür. 1985; *Minotaurus. Eine Ballade*, Zür. 1985; *Kunst und Wissenschaft oder Platon oder die Schwierigkeit einer Anrede. Eine Vorlesung*, Zür. 1985; *Die Welt als Labyrinth. Ein Gespräch mit F. Kreuzer*, Zür. 1986; *Der Auftrag oder Vom Beobachten des Beobachters der Beobachter*, N., Zür. 1986; *Rollenspiele. Protokoll einer fiktiven Inszenierung. Assoziationen mit einem dicken Filzstift. Zwischenspiel. Achter loo III*, zus. m. Charlotte Kerr, Zür. 1986; *Versuche*, Zür. 1988; *Achterloo IV*, Theaterst., UA Schwetzingen 1988; *Gesammelte Werke in sieben Bänden*, hg. v. Franz Josef Görtz, Zür. 1988; *Über das vaterländische Gefühl. Dankrede anlässlich der Verleihung des Ernst-Robert-Curtius-Preises*, Bonn 1989; *Durcheinandertal*, R., Zür. 1989; *Denkanstöße. Essays*, Zür. 1989; *Turmbau. Stoffe IV–IX*, Zür. 1990 u. 1994; *Midas oder Die Schwarze Leinwand*, Zür. 1991; *Gedankenfuge*, Zür. 1992 und 1994; *Der Pensionierte. Fragment eines Kriminalromans. Text der Fassung letzter Hand*, Zür. 1995 (mit einem möglichen Schluss von Urs Widmer 1997), Hsp., SWF 1997; *Basri Dschamal. Entwurf einer Erzählung*, Bern 1996; *Werkausgabe in 37 Bänden*, hg. v. Ulrich Weber u. Anna von Planta, Zür. 1998.

Duvanel (-Feigenwinter), Adelheid, wurde am 23. 4. 1936 in Basel geboren. Sie wuchs in Pratteln und Liestal auf, besuchte die Kunstgewerbeschule Basel, lernte Textilzeichnerin, arbeitete in Büros und als Journalistin, malte und schrieb; die ersten literarischen Texte erschienen unter Pseudonym. 1962 heiratete sie den Maler Joseph Duvanel und bekam eine Tochter; die Familie lebte in Basel und 1968/69 auf Formentera. Nach der Trennung von ihrem Mann kämpfte sie zunehmend mit psychischen und wirtschaftlichen Problemen und brachte sich in der Nacht vom 7./8. Juli 1996 in Basel um. Sie erhielt 1981 den Kleinen Basler Kunstpreis, 1984 den Kranichsteiner Literaturpreis, 1987 den Basler Literaturpreis, 1988 den Preis der Schweizer Schillerstiftung und 1995 den Gast-Preis des Kantons Bern.

Es ist nicht hilfreich, viel zu wissen über Adelheid Duvanels Leben, über den Lebenskampf, den sie schließlich verlor, denn es verleitet dazu, ihre Werke, die von nichts anderem als den Lebenskämpfen so genannter gewöhnlicher Menschen erzählen, zu ihrem Leben in Beziehung zu setzen – umso mehr als sie ihren ersten Erzählband zu einer Zeit publizierte, in der sich in der Schweiz viele Autorinnen zu Wort meldeten mit Texten, die als »Verständigungstexte« galten (und nur in diesem Zusammenhang erscheint Duvanel denn auch in K. Pezolds *Geschichte der Schweizer Literatur im 20. Jahrhundert*, Berlin 1991). Eine biografische Lesart jedoch wird ihren Texten nicht gerecht. – Adelheid Duvanel war in der literarischen Szene beinahe unsichtbar; sie hat wenig publiziert, und ihr Werk erscheint als sehr homogen: Jürgen Egyptien attestiert ihm gar »Entwicklungslosigkeit sowohl in stilistischer als auch in thematischer Hinsicht«. Die Baslerin veröffentlichte ausschließlich Kurzprosa, Geschichten von zwei bis vier Druckseiten etwa, die jeweils eine Lebensgeschichte skizzieren. Protagonisten sind meist Frauen und Kinder, die eingespannt sind in Machtverhältnisse, die eher Ohnmachtsverhältnisse sind; sie heißen Johanna, Catalina, Jan oder »junge Mutter« und haben fast nie einen Familiennamen, was eine fast private Nähe zum Leser etabliert. Die Texte beginnen oft mit der Nennung dieses Namens: »Norma ist schön wie eine Vase, die von einer weißen Hand getragen wird und die sich wünscht, fallen gelassen zu werden« (Titelgeschichte in *Gnadenfrist,* 1991); die einsträngigen Handlungsverläufe sind stets fallend und erschöpfen sich so schnell wie die Menschen, von denen sie (fast immer in der dritten Person) erzählen. Sie machen dabei deren »himmelschreiende Verlassenheit« (Beatrice v. Matt) so endgültig, als gäbe es weder ein Recht auf Hilfe noch die Möglichkeit, sich zur Wehr zu setzen; selbst die wenigen Sätze, die gesprochen werden, finden keine Resonanz. Zwar gibt es Träume, Spiele und Wunschwelten, in die sich die Figuren willig flüchten, aber ihren irdischen Behausungen und der Natur, die stark und trostlos gezeichnet sind (»Aufrecht feiern die Agaven ihr Sterben«, *Erzählungen,* 1976), entkommen sie dadurch nicht. Die starken Bilder lassen das lakonische Erzählen jedoch immer wieder »aufplatzen« (T. Pfeifer), ein Effekt, der sich auch in den scheinbar unbeholfenen Filzstiftzeichnungen findet, die Duvanel malte. Diese scheinbare Unbeholfenheit lässt ihre Prosastücke noch beklemmender erscheinen, sie wirken gelegentlich geradezu zeitkritisch anklagend, auch gegen Autoritäten wie Kirche und Psychiatrie, doch muss diese »soziale« Lesart ergänzt werden durch eine poetische: Wird hier doch immer präziser und kunstvoller eine Welt aus Sprache geschaffen, ein »unsichtbares Labyrinth aus Zeit« (Borges), das die Autorin sehr bewusst *neben* die »Gewissheit der Wirklichkeit« setzt, wie M. W. Fues (in: *Schnittpunkte – Parallelen,* Basel 1995) gezeigt hat.

Verena Stössinger

Werke: Erste Erzählungen 1960–68 im »Sonntagsblatt« der »Basler Nachrichten« (u. d. Pseud. Judith Januar); *Aus dem Leben einer Buckligen,* E., in: *Geschichten von der Menschenwürde,* Zür. 1968; *Seit Martins Tod,* E., in: *Junge Schweizer erzählen. Kurzgeschichten junger Schweizer Autoren,* Zür. 1971; *Erzählungen* (zus. m. Hanni Salfinger: *Gedichte),* Basel 1976; *Merkwürdige Geschichten aus Basel,* En., zus. m. Felix Feigenwinter u. Gunild Regine Winter, Basel 1978; *Wände, dünn wie Haut,* En., m. 9 Bleistiftzeichnungen v. Joseph Duvanel, Basel 1979; *Windgeschichten,* En., Darmst., Neuwied 1980; *Das Brillenmuseum,* En., Darmst., Neuwied 1982; *Anna und ich,* En., Darmst., Neuwied 1985; *Das verschwundene Haus,* En., Darmst. 1988; *Gnadenfrist,* En., Ffm. 1991; *Die Brieffreundin,* En., Mü. 1995; *Der letzte Frühlingstag,* E., hg. v. Klaus Siblewski, Mü. 1997. Illustrationen: Zeichnungen in *Eine Henne, die da krähet. … Sprüche der Weisheit aus dem abendländischen Geistesleben,* gesichtet von Barbara Herrmann u.a., Basel 1998.

Duve, Karen, wurde am 16. 11. 1961 in Hamburg geboren. Nach dem Abitur schlug sie sich mit Gelegenheitsjobs durch, arbeitete als Taxifahrerin und Korrektorin, seit 1996 ist sie freie Schriftstellerin. Ein Jahr lebte sie in Bellahn bei Dannenberg, heute in Brunsbüttel. Ausgezeichnet wurde sie 1991 mit dem Arnsberger Preis für junge Prosa, 1994 mit dem Open Mike der LiteraturWerkstatt Berlin, 1997 mit einem Autorenstipendium der Akademie Schloss Solitude.

Karen Duve schreibt böse Märchen, in denen die Natur dem Menschen feindlich gesinnt ist, Perversionen, Verbrechen und Essstörungen das »inhaltslose Leben« bestimmen und das männliche Geschlecht im Besonderen sich als tumb, schwach und brutal erweist. Das Verblüffende an Duves Albträumen ist, dass sie nicht als solche beschrieben werden. Kein Wehklagen, kein Protest, eher die autoaggressive Akzeptanz noch des traurigsten Schicksals. Duve schildert die tristen Tage ihrer Figuren auf eine wunderbar unaufgeregte und lakonische Weise, die alles Schreckliche mit einer derartigen Gelassenheit und Kühle beschreibt, dass dadurch noch mehr Beunruhigung und Spannung ausgelöst wird. In ihren Katastrophen-Geschichten kreuzt sie gekonnt Pathos mit Ironie, setzt komische Effekte am laufenden Band und entblößt mit schwärzestem Humor die Defekte ihrer Figuren (auch der Ich-Erzähler). Sie interessiert sich für die dunklen Seiten der Wirklichkeit, für das Psychopathologische im Geschlechterkrieg. Keine Peinlichkeit wird ausgespart, gerade ihr gefeierter *Regenroman* (1999) scheut keine Schlammschlacht und blickt eher noch genauer hin, wenn es zu Folter und Vergewaltigung kommt. Erzählt wird die Geschichte des Schriftstellers Leon Ulbricht, der erfolglos »Kurzgeschichten über enttäuschte Männer« schreibt und nun den lukrativen Auftrag erhält, die Biografie eines alternden Zuhälters zu verfassen. Beflügelt vom Vorschuss kauft er ein Haus am Rande eines ostdeutschen Moors, um sich dort ganz dem Projekt und seiner frisch angetrauten Frau Martina widmen zu können. Vorbeischwimmende Wasserleichen, eine Invasion von Schnecken, Schimmel, Schmutz und Morast im Haus belasten die heimelige Atmosphäre; die kauzigen Bewohner des Dorfes Schlicknitz erweisen sich als wenig liebenswerte Nachbarn, Martina pflegt ihre Bulimie statt den schreibblockierten Gatten, und der Auftraggeber aus dem Rotlichtmilieu wird ungeduldig und zudringlich. Er fordert eine Heldenbiografie, Leon hingegen schreibt mit künstlerischem Anspruch und Ecken und Kanten. Während Dauerregen und Schneckenplage weiter die Stimmung in der maroden Kate vergiften, entlädt sich die Anspannung in mehreren Gewalttaten, an deren Ende einige Leichen im Moor verschwinden. Man wird niemanden vermissen, denn auch Duve empfindet wenig Mitleid und Sympathie für ihre Figuren in ihrer stilsicheren, »nassesten Geschichte seit der Sintflut« (K. Duve).

Auch in den neun Erzählungen unter dem Titel *Keine Ahnung* (1999) überwiegen Eindrücke von Fremdheit, Einsamkeit und uneingelösten Sehnsüchten. Die Zukunft erscheint als Feind und die Gegenwart ist unerträglich. Wenn die Ich-Erzählerin sich an einen Mann erinnert, »lag das vermutlich auch bloß daran, dass ich von ihm einmal schwanger gewesen war«. Der Apothekertochter ist »das Sein schon zu viel, ich wollte nicht auch noch was werden«. Stattdessen schluckt und fixt sie, kann sich nicht leiden, verkauft ihren Körper, randaliert, plant Überfälle, tanzt die Nächte durch. Aber sie spürt nichts, es ist ein Leben aus zweiter Hand. Als Taxifahrerin ist sie meist übermüdet, als Schriftstellerin von milder Selbstironie, als Steuerinspektorin bearbeitet sie seit 47 Tagen den gleichen Antrag, als Ausreißerin ist sie der Ansicht, »dass das mir zugedachte Schicksal in Entkommen, Abenteuer und Fremde lag«, und als Waise ohne ein Zuhause zeigt sie sich froh, »wenn Glas zwischen mir und den Dingen ist«.

Ihre Porträtreihe Mitleid erregender Menschen setzt Duve mit dem Roman *Dies ist kein Liebeslied* (2002) fort und beschreibt das Liebesunglück eines dicken Mädchens, das an einer Essstörung leidet und nun auf dem Weg zum Angebeteten ihr aus Demütigungen, Selbstkasteiungen und anderen Vergeblichkeiten bestehendes Leben schildert: ein »Fettherz voller Sehnsucht«.

Thomas Kraft

Werke: *Im tiefen Schnee ein stilles Heim*, Pr., Hbg. 1995; *Lexikon berühmter Tiere. 1200 Tiere aus Geschichte, Film, Märchen, Literatur und Mythologie*, zus. m. Thies Völker, Ffm. 1997; *Bruno Orso fliegt ins Weltall. Eine Bildgeschichte*, m. Illustr. v. Judith Zaugg, Augsburg 1997; *Lexikon berühmter Pflanzen. Vom Adamsapfel zu den Peanuts*, zus. m. Thies Völker, Mü., Wien 1999; *Regenroman*, Ffm. 1999; *Keine Ahnung*, En., Ffm. 1999; *Dies ist kein Liebeslied*, R., Ffm. 2002.

Eckert, Hella, geboren am 17. 1. 1948 in Bremen, studierte Germanistik und Anglistik in Heidelberg, lebte eine Zeit lang in Nairobi und drei Jahre lang in Les Mazes/Südfrankreich. Bis 1988 arbeitete sie als Gymnasiallehrerin und Autorin in Heidelberg und lebt heute als freie Autorin dort und in Berlin. Sie erhielt 1990 den Tuttlinger Literaturpreis sowie 1998 den Rheingau-Literatur-Preis und war 1996 Stipendiatin des Autoren-Förderprogramms der Stiftung Niedersachsen.

In der Fremde, in Ostafrika, hat Hella Eckert Anfang der Achtzigerjahre zu schreiben begonnen. Ihr Romandebüt *Big John* (1993) aber erschien erst, als die Autorin bereits Mitte 40 und damit deutlich zu alt für das so genannte »Fräuleinwunder« der deutschen Literatur war. Sie blieb ein wenig im Windschatten der Kritik. Das scheint ihrer ebenso form- und traditionsbewussten wie zurückhaltenden Schreibart auch eher zu entsprechen, wie sich spätestens mit Erscheinen ihres zweiten Romans *Hanomag* (1998) zeigte: Da kam Eckerts Prosa nicht wenigen namhaften Rezensenten wie ein verborgener Schatz vor, den es endlich zu heben galt. Die beiden Bücher, Entwicklungsromane aus Mädchenperspektive, wurden mit Adoleszenzgeschichten amerikanischer Provenienz verglichen, genannt wurden Joseph Conrad, Carson McCullers und Richard Ford. Die Vergleiche sind, was die lakonische Qualität der Sprache, die Stilsicherheit der atmosphärischen Schilderung und der halb kindlichen, halb erwachsenen Erzählhaltung angeht, kaum zu hoch gegriffen. Eckerts Untersuchungen an Mädchen aber, in deren Gestaltung die Anglistin den großen amerikanischen Erzählern ihre Reverenz erweist, handeln nicht nur vom Übergang aus den kindlichen Traumreichen ins wache Erwachsenenleben, sondern auch vom Heranwachsen der Bundesrepublik.

In *Big John* sind es die Fünfzigerjahre, die ihre von Trümmern und moralischer Unordnung möblierten Schauplätze zur Verfügung stellen und der ebenso zarten wie gefährlichen Liebesgeschichte einer namenlosen elf-, zwölfjährigen Ich-Erzählerin mit dem titelgebenden älteren Liebhaber der Nachbarin ihr Kolorit verleihen. Der Krieg, »von dem ich nichts wusste«, steckt den Menschen noch in den Knochen, die Häuser haben Risse, und die Beziehungen sind unsicher. Zwischen Brombeerranken, am Fluss, in Big Johns Eisenbett und auf Spritztouren in einem seiner drei selten benutzten Taxis wird eine geheime Welt umkreist, während die anderen, die Eltern und die Nachbarin Rosalie, am Imbissstand und im Stahlwerk versuchen, ihren Platz im richtigen Leben wieder zu finden. Das Kind ist die einzige Nachkriegsexistenz in diesem allseits beschädigten Dasein und wirkt, halb bewusst, als Katalysator der Handlung, als Folie der trauer- und hoffnungsvollen Projektionen von Männern und Frauen.

Die ahnungsvolle Ahnungslosigkeit der Ich-Erzählerin begegnet auch dem Leser von Eckerts zweitem Roman *Hanomag* wieder, jedoch in vom Lauf der Dinge abgewandelter Form. Es sind die Sechzigerjahre, statt Elvis Presley dreht sich ein alter Blues wieder und wieder auf dem Plattenteller, und Rita Heinkel erzählt von »jenem verrückten Sommer, in dem ich sechzehn wurde«. Das Zitat aus Carson McCullers' Roman *Das Mädchen Frankie* leitet eine Familiengeschichte ein, deren Leitmotiv der 2,5-Tonner des Romantitels ist: Ritas Vater packt eines Tages Frau und Tochter auf seinen Hanomag, mit dem er bisher im ländlichen Süddeutschland kleinere Transporte besorgt hat, und fährt in eine große Hafenstadt am Meer im Norden – in der Hoffnung, am angekündigten Containergeschäft teilhaben zu können. Wie der Vater von Anfang an die Erfahrung macht, nicht wirklich Fuß fassen zu können, und sich zeitweise auf unsaubere Geschäfte einlässt, wie die Mutter als Schreibkraft in einem großen Transportunternehmen anfängt und eine Liebschaft mit ihrem Chef beginnt, wie alle Hoffnungen sich auf Containerschiffe richten, die ewig nicht kommen – das ist nicht nur eine harte Bewährungsprobe für das Paar und seine Tochter, sondern auch ein Blick hinter die Kulissen jener Jahre, die als diejenigen des deutschen Wirtschaftswunders in die Geschichte eingegangen sind. Rita, die alles beobachtende, das Schlimmste fürchtende und doch das Beste hoffende Tochter, die lernen muss, junge Frau zu sein, begreift nicht recht, was vor sich geht, macht sich aber ihre teils altklugen, teils versponnenen Gedanken.

Versponnen sind sie beide, die zwei Romanheldinnen der Hella Eckert, eingesponnen in einen Kokon aus Kindheit und allmählichem Zur-Sprache-Kommen, der wie eine reizvolle Unschärfe auf der in ihren Einzelheiten überscharf gezeichneten erzählten Welt liegt. Motor des Aufbruchs ist in beiden

Romanen die Faszination der Straße, des Autofahrens, der Roadmovie-artigen Lust an der Bewegung.

Julia Schröder

Werke: *Big John*, R., Hbg. 1993; *Hanomag*, R., Mü. 1998, *Da hängt mein Kleid*, R., Mü. 2003.

Egger, Oswald, wurde am 7. 3. 1963 in Lana/Südtirol geboren, schloss sein Studium der Germanistik in Wien mit einer Arbeit über die Poetik des Hermetischen ab (*Wort für Wort*), arbeitete von 1989 bis 1998 als Herausgeber der Zeitschrift »Der Prokurist« und der »edition per procura«. Nach Aufenthalten in Berlin, Paris, Kalifornien und im Jemen lebt der Autor in Wien. 1999 erhielt Egger den Mondsee-Lyrikpreis, 2000 den Clemens-Brentano-Lyrikpreis, 2001 den Christine-Lavant-Förderpreis für Lyrik, 2002 den Lyrikpreis Meran.
Von der Kritik als »Sprachschamane der seltenen Art« (Ilma Rakusa) rezipiert, verbindet Oswald Egger seine Utopie des Poetischen mit der geometrischen Figur des Kreises. Der Kreis, der Ring, die Sphäre, der Orbit, der Erdkreis, der Meridian und der Focus – das sind die Elemente und Figuren, die Eggers Gedichte immer wieder aufrufen und in suggestive Wort- und Bild-Fügungen einbinden. Der selbstbezügliche »Dreh der Rede« zieht die einzelnen Wort-Partikel auf eine Kreis-Bahn, in den »Orbit des Worts«. »Es heißt«, lautet ein Topos der Eggerschen Poetik, »der ganze Kreis der Erde müsse gleichsam in der Rede wiederkehren, Gedichte, die einfachen.« Diese Verbindung von »Erde« und »Rede«, von »Erdkreis« und »Gesichtskreis« verweist auf die Universalität dieses poetischen Projekts, auf die stetige enzyklopädische Bewegung hin zu einer universalpoetischen Schöpfungsgeschichte. »Wieviel Erde braucht die Rede?«, fragte Eggers erster Gedichtband *Die Erde der Rede* (1993), der in wesentlichen Teilen in lateinischer Sprache abgefasst ist und damit seine eigenen Traditionslinien zieht – zu Horaz' »carmina« und den historisch versunkenen Formen römischer Dichtkunst. In den beiden Großpoemen *Herde der Rede (Poem)* (1999) und *Poemanderm Schlaf (Der Rede Dreh)* (1999) tastet sich der poetische Naturmystiker durch einen »Erdkreis« von zaubrisch flirrenden Naturvokabeln, *Poemanderm Schlaf* liefert dazu das sprachphilosophische Komplement. »Poemander« meint ursprünglich das Werk des Hermes Trismegistos, auf dessen Namen alle Traditionen der »hermetischen« Dichtung zurückgehen und auch alle okkultistischen Geheimlehren. Bei Egger fungiert »Poemander als Hirt der Rede« und als Mystagoge aller anagrammatischen Fügungen und vokabulären Neuerfindungen im Wort-Reich. Eggers lyrische »Moiré«-Stoffe leben in ihrer Wirkung von Flimmer- und Oszillations-Effekten. Durch das unablässige Flechten an den Sprach-Stoffen entstehen vielschichtige, flimmernde, sprachlich interferierende Texte.

Michael Braun

Werke: *Die Erde der Rede. Gedichte/Theater*, hg. v. Felix Philipp Ingold, Münster 1993; *Blaubarts Treue*, G., Zür. 1996; *Und: der Venus trabant. Oper als Topos ohne Ort*, Pr., Zür. 1997; *Juli, September, August. Poem*, Stg. 1997; *Sommern*, G., Zür. 1998; *Herde der Rede (Poem)*, Ffm. 1999; *Poemanderm Schlaf (Der Rede Dreh)*, Zür. 1999. *To Observe The Obverse*, G., Zür. 2000; *Nichts, das ist*, G., Ffm. 2001.

Eich, Clemens, wurde am 22. 5. 1954 als Sohn von Ilse Aichinger und Günter Eich in Rosenheim geboren und wuchs in Großgmain bei Salzburg auf. Er besuchte von 1971 bis 1974 die Schauspielschule in Zürich. Bis 1979 arbeitete er als Schauspieler in Landshut, Wien, Hamburg und Frankfurt am Main, lebte dann in Hamburg und Wien als freier Schriftsteller. Am 22. 2. 1998 starb er an den Folgen eines Unfalls in Wien. Ausgezeichnet wurde er 1980 mit dem Förderpreis der Stadt Mannheim und 1996 mit dem Mara-Cassens-Preis des Hamburger Literaturhauses.
»Clemens Eich, der im Begriff stand, in die erste Reihe der deutschen Autoren zu treten, ist von heute auf morgen verschwunden. Seine Bücher bleiben. Das Verschwinden war eine Grundfigur seines Lebens und Schreibens. *Leben lernen* heißt ein Gedicht, und es endet mit dem Vorsatz: ›Nichts / zugrund / gehen lassen / außer / sich selbst. Ginge es so? Oder so: Ich kann es nicht aufwiegen / oder nur, indem ich still in einer Ecke / sitzen bleibe / und mein Verschwinden lerne. Oder aufstehn und gehn.‹ Nach Georgien etwa ...« (Ulrich Greiner: Aus dem Nachwort zu *Aufzeichnungen aus Georgien*, 1999). Die Gedichte und Erzählungen Eichs sind Abschiedstexte, sie sprechen häufig von Tod, Ängsten und Grenzen (*Aufstehn und gehen*, 1980). Lapidar und eher beiläufig wird ein Scheitern zur Kenntnis genommen, ein Leben bilanziert, ein (frühes) Ende vorbereitet. Eich lotet die schattenhaften Räume aus, das verdämmernde Licht, das zu Ende gehende Leben, das Nachhallen der Albträume. *Verträumte Abrechnung* heißt ein Gedicht und könnte sein gesamtes Werk umschreiben. Eich erzählt von den Verstörungen im Zustand des Halbwachen, von

Angstfantasien und lebenslangen Traumata, die erstarren und stumm werden lassen. Bereits im Gedichtband artikuliert sich eine Ahnung von der Last des Lebens, die sich aus der Vergangenheit speist, wird still und sanft-verzweifelt von Schmerzen und Leiden gesprochen. »Ich bin ein auseinander genommener Mensch«, heißt es im Erzählband *Zwanzig nach drei* (1987).

Das steinerne Meer (1995) dient als Chiffre für eine innere Verhärtung, die Eich – in bester Thomas-Bernhard-Tradition – wohl in seiner Kindheit im Berchtesgadener Land besonders gravierend erlebt hatte und nun in seinem ersten Roman als Wesenszug der Bewohner des Grenzlandes zum Ausdruck bringt. Die Grenze im Kopf, diese Angst hat er schon als Schüler beim täglichen Grenzübertritt verspürt; so erinnert der fiktive Ort Muna, der »Anschluss- und Grenzort«, an Großgmain. Das Leben an Rändern führe zum Stillstand, versinnbildlicht in der Titelmetapher des nahe gelegenen Gebirges. »Das war das Schlimmste, dass er sich dauernd am Rande des Schlimmstmöglichen seiner Vorstellungskraft befand, dass jedoch das Schlimmste nicht eintraf, nicht eintreffen wollte, und infolgedessen, wenn er die Dinge genau betrachtete, gar nichts passierte. Überhaupt nichts.«

Der todkranke Michael Hader und sein fiebernder Enkel Valentin sind an diesen Ort der »immer währenden Langeweile« scheinbar gekettet, doch ihre Ängste und Chancen sind ungleich. Während der Großvater sein Leben als permanente Niederlage bilanziert und noch einen Mord im Affekt begeht, ehe er stirbt, wird der halbwüchsige Valentin, dessen Eltern spurlos verschwunden sind, diese neue Freiheit nutzen, das steinerne Meer auf eigene Faust zu erkunden. In diesem Albtraumbuch, in dem selbst der Sieg (eines Skifahrers) noch als »geglücktes Stürzen« beschrieben wird, spiegelt sich das stille Entsetzen und die Verzweiflung eines leblosen Lebens, wie es der Großvater mit seinen privaten und beruflichen Rückschlägen hinter sich gebracht hat. Und es ist, wie manche Texte österreichischer Autoren, das Dokument einer Selbstauslöschung; etliche Selbstmorde und das fortwährende Infragestellen der eigenen Identität bringen den Erzähler an den Rand seiner Existenz.

Clemens Eich war zwischen 1995 und 1997 dreimal nach Georgien gereist und hatte ein Buch konzipiert, das nach seinem Tod als Fragment veröffentlicht wurde. Eich wollte das »Gesamtbild eines kaukasischen Teppichs« erstellen, doch die düstere und kalte Kaukasusrepublik zwang ihn verstärkt, wie sich in den hinterlassenen Aufzeichnungen zeigt, zur Auseinandersetzung mit den eigenen Problemen. »Sie haben mit allem in Georgien gerechnet, nur nicht mit sich selbst«, sagte ihm eine Frau, als er sich bei seiner zweiten Reise am Auge verletzte. Er, der »sein Dasein als ununterbrochene Verlegenheit« begriff, notierte in der Fremde – neben Reiseeindrücken – viele Fragen auf einem Weg zu sich selbst, der unerwartet früh zu Ende ging.

Thomas Kraft

Werke: *Aufstehn und gehen*, G., Ffm. 1980; *Zwanzig nach drei*, En., Ffm. 1987; *Verhör. Nach dem Roman v. Friedrich Glauser*, Hsp., NDR 1994; *Totenklage. Nach der Erzählung v. Friedrich Glauser*, Hsp., NDR 1995; *Das steinerne Meer*, R., Ffm. 1995; *Aufzeichnungen aus Georgien*, Ffm. 1999.

Eich, Günter, wurde am 1. 2. 1907 in Lebus an der Oder als Sohn eines Landwirts, zeitweiligen Guts- und Ziegeleipächters geboren. In Eichs ersten Lebensjahren wechselte die Familie innerhalb Brandenburgs mehrfach den Wohnsitz. 1918 ließ sich der Vater als Bücherrevisor in Berlin nieder; noch im selben Jahr starb die Mutter. Nach dem Abitur in Leipzig, wohin der Vater nach Wiederheirat gezogen war, begann Eich, »skurriler eigener Neigung« folgend, 1925 das Studium eines als abseitig geltenden Faches, der Sinologie, womit er »etwas tun« wollte, »was niemandem besonders nützen könnte«. So begründete er später seine Studienwahl; mit einer Art »Verweigerungsgeste«, die er in den Schlussversen seines 1951 erstgesendeten, bekanntesten Hörspiels *Träume* in dem Ausruf »Tut das Unnütze« artikulierte und mit der Aufforderung »Seid unbequem« ergänzte. Immerhin setzten ihn die Erfahrungen seines – vorübergehend mit Jura und Volkswirtschaft ergänzten – Studiums in Berlin, Leipzig, Paris (1929/30) und wieder Berlin noch 1951 instand, eine Sammlung von Übertragungen klassischer chinesischer Lyrik abzuschließen. Denn Eich war seit seinen frühen Jahren, nach eigenem Geständnis, »zunächst Lyriker«; er veröffentliche schon 1927 unter dem Pseudonym Erich Günter in der von Willi Fehse und Klaus Mann herausgegebenen *Anthologie jüngster Lyrik* erste Gedichte, denen 1930 ein eigener Band *Gedichte* im Dresdener Wolfgang-Jess-Verlag folgte. Dort erschien 1930–1932, als »Zeitschrift für Dichtung« herausgegeben von Martin Raschke, die Zeitschrift »Die Kolonne«, um die sich Autoren wie Hermann Kasack, Gertrud Kolmar, Horst Lange, Oda Schaefer und

Elisabeth Langgässer versammelten und deren ersten Lyrik-Preis Peter Huchel erhielt. Zu den Anregern der »Jungen« zählten Gottfried Benn und der junge Brecht; für Eich neben Trakl auch Oskar Loerke und Wilhelm Lehmann als Exponenten »naturmagischer« Lyrik.
In der »Kolonne« erschienen, neben Gedichten, ein Dramenfragment, Essays, Rezensionen (z.T. unter dem Pseudonym Georg Winter), der Hörspieltext *Ein Traum am Edsin-gol* (1932). Doch schon 1929 hatte Eich zusammen mit Martin Raschke als erstes Hörspiel *Das Leben und Sterben des Sängers Caruso* verfasst, das 1931 gesendet wurde. Von den akustischen Möglichkeiten, die das junge Medium des Rundfunks dieser noch experimentell zu erprobenden literarischen Gattung bot, war Eich fasziniert; er brach im gleichen Jahr sein Studium ab, um künftig »als Schriftsteller« sein »trockenes Brot« zu verdienen. Ende 1932 hatte er seine erste Rundfunksendung für die Berliner »Jugendstunde« vorbereitet; hier bot sich ihm in den folgenden Jahren die Möglichkeit, seine schriftstellerischen Fähigkeiten in Jugendsendungen oder mit Bearbeitungen literarischer Vorlagen zu erproben. Bereits in der »Kolonne«-Zeit meinte Eich zu einer »Verantwortung« des Schriftstellers »vor der Zeit«: »Nicht im Geringsten. Nur vor mir selber.« So hielt er sich auch in den ersten Jahren der NS-Herrschaft mit seiner Hörspielarbeit von einer solchen fern; weilte häufig auch fern von der »Reichshauptstadt«, seit er 1933 ein kleines Sommerhaus im hinterpommerschen Poberow hatte erwerben können. Provinziell – im Gegensatz zu einigen Hörspielen wie der Brecht-nahen *Weizenkantate* (DS 1936) und dem warnenden *Radium* (RSB 1937, NWDR 1951) – blieb auch die gemeinsam mit Raschke produzierte kalendarische Sendereihe *Deutscher Kalender. Ein Monatsbild vom Königswusterhäuser Landboten* (Auswahl in: *Das festliche Jahr. Ein Lesebüchlein des Königswusterhäuser Landboten*, 1936), mit der er sich bis 1939 eine bescheidene Existenz sichern konnte. Als einzige Buchpublikation vor 1949 erscheint 1936 die zarte Erzählung *Katharina*. Kein äußerer Widerstand also, aber ein Überleben in »Nischen« wie bei Peter Huchel oder Axel Eggebrecht. Die innere Gesinnung bezeugen Hermann Kasacks Tagebücher und Eichs Briefwechsel mit ihm.
1939 wurde Eich zur Wehrmacht eingezogen, war Funker und Kraftfahrer, bis ihn Jürgen Eggebrecht 1941 für seine Zensurstelle für Wehrmachtbüchereien reklamierte. Seit 1943 wieder als Fernsprecher zur Luftverteidigung erst in Bayern, dann im Rheinland eingesetzt, geriet er im April 1945 in amerikanische Kriegsgefangenschaft (Lager Remagen/Sinzig) und wurde im Juli entlassen. Da ohne sonstige Bleibe, zog er ins niederbayerische Geisenhausen bei Landshut. Trotz ökonomischer und persönlicher Unsicherheit (seine 1940 mit Else Burk geschlossene Ehe wurde 1949 geschieden) förderte die wiedergewonnene Freiheit eine neue Kreativität. Bereits im Gefangenenlager entstanden Gedichte eines neuen Typus, beispielhaft für die deutsche Nachkriegslyrik: nüchtern, sachlich, konzentriert, wie vor allem die Verse von *Inventur* oder die provozierende Reimverbindung von Hölderlin und »Urin« im Gedicht *Latrine*, dessen Anspielung auf die Hymne *Andenken* die damals geprägten Zeitformeln vom »Kahlschlag« oder einem »Nullpunkt« bereits relativierte. Dieser widersprach auch Eichs erster Nachkriegs-Gedichtband *Abgelegene Gehöfte* (1948), worin sich die *Camp*-Verse von früheren und späteren Gedichten eines herben, teilweise noch »naturmagischen« Klangs umrahmt fanden; die meisten in metrischer und strophischer Formbindung. Die Ästhetik der Nachkriegsliteratur aber, soweit deren Vertreter sich seit 1947 zur »Gruppe 47« um Alfred Andersch und Hans Werner Richter zusammenfanden – Günter Eich zählte zu den Gründungsmitgliedern –, war antiromantisch, sah die Welt unter der Drohung der Atombombe von »schrecklichen Folgen« der »Zivilisation« ergriffen. Ahnungen dieser »Erkenntnis« brachen in den folgenden, zwischen Lyrik und Hörspiel sich vollendenden Werken Eichs in immer neuen Variationen auf. Schon im Gedichtband *Untergrundbahn* (1949) warnten Verse metaphorisch vor der Wiederkehr der »ausgerotteten Pest«; und die Schreckensszenen in dem aufrüttelnden Hörspiel *Träume* (NWDR 1951) mahnten: »Bleibt wach!« Damals begann für mindestens ein Jahrzehnt Eichs eigentliche »Hörspielzeit«; sie bleibt ein unübertroffener Höhepunkt in der Geschichte der Gattung. Die meisten dieser akustisch vermittelten, aber auch lesewirksamen Dichtungen – Beispiele des »poetischen Hörspiels« (Heinz Schwitzke) – kreisen um das spannungsvolle Wechselverhältnis von Traum und Realität, ja um die Doppelbödigkeit von Realität schlechthin. Das begann schon vor den *Träumen* mit dem Hörspiel *Geh nicht nach El Kuwehd!* (BR 1950); es folgten als Hauptwerke *Sabeth* (SDR 1951), *Die Andere und ich* (SDR 1952, ausgezeichnet mit dem Hörspielpreis der Kriegsblinden), *Der Tiger Jussuf* (NWDR 1952), *Die Mädchen aus Viterbo* (SWF 1953), *Das Jahr*

Lazertis (NDR 1954), *Allah hat hundert Namen* (SWF 1954), *Die Brandung vor Setúbal* (NDR 1957), *Festianus, Märtyrer* (NDR 1958), *Die Stunde des Huflattichs* (BR/NDR 1958).

Die erfolgreichen Fünfzigerjahren veränderten Eichs Lebensumstände beträchtlich. Auf den Treffen der »Gruppe 47« begann 1952 Eichs Freundschaft mit dem aus dem Exil hinzugekommenen Wolfgang Hildesheimer, führten seine Begegnungen (1951/52) mit der österreicherischen Dichterin Ilse Aichinger 1953 zur Heirat in München. In Breitbrunn am Chiemsee wurde 1954, nach der Übersiedlung aus Geisenhausen, der Sohn Clemens geboren (gest. 1998); 1957 folgte die Geburt der Tochter Miriam, diesmal im oberbayerischen Lenggries, wo man, nach vorübergehenden Aufenthalten in Portugal und Österreich, 1956 ein Haus gemietet hatte. Inzwischen war 1955 unter dem Titel *Botschaften des Regens* die Sammlung der in den Jahren 1949 bis 1954 entstandenen Gedichte Eichs erschienen; für sie hatte Eich schon 1950 als Erster den Preis der »Gruppe 47« erhalten. Die Verse, in der Mehrzahl nun freirhythmisch und ungereimt, wirkten trotz ihrer scheinbaren Verständlichkeit befremdlich, doppelsinnig, wie schon der Titel; vermuteter Naturlyrik begegnen im Hintersinn »Botschaften« der »Verzweiflung«, der »Armut«, des »Vorwurfs«. Diese Gedichte verstand Eich als »trigonometrische Punkte«: »Abmessung im Nichts, / während die Vogelzüge sich entfalten« (*Der große Lübbe-See*). Reflektiert kehrte dieser poetologisch eingesetzte Terminus wieder in Eichs Betrachtungen über *Der Schriftsteller und die Realität*, die er 1956 auf einem deutsch-französischen Dichtertreffen in Vézelay vortrug. Im Unbehagen vor der sich präsentierenden Wirklichkeit erlangten für Eich erst durch das Schreiben die Dinge »Wirklichkeit«; in der »Entscheidung« des Dichters, »die Welt als Sprache zu sehen«. Aus dieser Sprache, in der »das Wort und das Ding zusammenfallen«, gelte es für ihn »zu übersetzen« – »ohne den Urtext zu haben«, also nur in Annäherungen.

Diese poetische Aufgabe des »Über-setzens« verband Eich angesichts einer zunehmend von »Sprachlenkung« bestimmten (Medien-)Welt mit einer deutlichen Absage an jedes »Einverständnis« mit allem, was herrscht: im Zeitgeist, in der Mode, in der politischen Macht. Seine *Rede zur Verleihung des Georg-Büchner-Preises* gab ihm 1959 deutlicher als zuvor Gelegenheit, für das Verständnis seiner Arbeit als »Kritik«, als »Gegnerschaft und Widerstand« zu plädieren; im Bekenntnis zu den »Einzelgängern und Außenseitern«, den »Störenfrieden«, »die das Elend der Welt nicht vergessen können, wenn sie glücklich sind«. Als ein solcher erscheint Eich auch in seinen folgenden, spärlicher zutage tretenden Werken, so in der Gedichtsammlung *Zu den Akten* (1964), die bereits im ambivalenten Doppelsinn ihres Titels eine Mischung von Bitterkeit und Resignation erkennen lässt. Die Verse werden nüchterner, knapper, verschlüsselter. Das gilt auch für den folgenden Band *Anlässe und Steingärten* (1966), dessen Titel die Antinomie des spruchhaften Gedichts *Fußnote zu Rom* aufnimmt. Für die Poetik dieser späten Gedichte Eichs gilt die Formel »Das Zeichen suchen / statt der Metapher« (*Fortsetzung des Gesprächs*).

Seit der Büchnerpreis-Rede, in der sich Eich zum »Ressentiment eines anarchischen Instinkts« bekannte, verschärfte sich auch sein ästhetisches Urteil, mit dem er einige seiner erfolgreichen Hörspiele einer Überarbeitung unterzog. 1964, als erstmals von einer »Krise« dieser Gattung die Rede war, kam mit *Man bittet zu läuten* ein neues, experimentell radikalisiertes Hörspiel zur Sendung (NDR): der Monolog des Pförtners in einem Taubstummenheim, in dreifach veränderter Perspektive; absurd in der personalen Konstellation und voll grotesker Situationen. Schon in der Darmstädter Rede hatte Eich angekündigt, es sei »die Zeit für Hohn und Satire«; und dem versuchten zur gleichen Zeit die beiden »Marionettenspiele« *Unter Wasser* (1959) und *Böhmische Schneider* (1961) gerecht zu werden. 1967 erschienen einige Texte als »Gedichte in Prosa«, die Eich aber, provokativ-grotesk, als *Maulwürfe* bezeichnete und aus denen er 1968 bei der letzten, von der Studentenrevolte tangierten Tagung der »Gruppe 47« vorlas. Die Kritik war gespalten: »Nonsense« oder »Blödsinn«? Diesem gestand Eich »eine Funktion des Nichteinverständnisses mit der Welt« zu, was von der Poesie, der Kunst, dem Theater des »Absurden« insgesamt gelten kann; im Kontext der Werkgeschichte Eichs erscheinen die *Maulwürfe* als die »Rettung der Poesie im Unsinn« (Peter Horst Neumann).

Seit 1963 lebten Günter Eich und Ilse Aichinger, in ihrer Arbeit wie in ihren Stimmungen sich ergänzend, mit ihren Kindern in Großgmain bei Salzburg. Ehrungen, darunter 1968 der Schiller-Gedächtnispreis des Landes Baden-Württemberg, und neue Lesereisen folgten; die längste hatte ihn 1962 nach Japan und in die USA geführt. 1968 zeigten sich erste Symptome einer Herzkrankheit. Eichs Gegnerschaft zum »Establishment« steigerte sich,

»nicht nur in der Gesellschaft, sondern auch in der ganzen Schöpfung«. Seine späten Dichtungen des Absurden entlarvten nun satirisch ein Zeitalter, das sich schon einmal bei Karl Kraus »zu Tode gelacht« hatte; in den anwachsenden *Maulwürfen* wie in Eichs letztem Hörspiel *Zeit und Kartoffen* (SWF 1972). Es kreiste ahistorisch um Johann Gottlieb Seume, den einstigen »Spaziergänger nach Syrakus« (1802), der dann auch dem Titel der zwölf letzten Gedichte Eichs – »vertrackten« poetischen Abbreviaturen – seinen Namen lieh: *Nach Seumes Papieren* (1972). Am 20. 12. 1972 ist Günter Eich in Salzburg gestorben.

Joachim W. Storck

Werke: *Gedichte*, Dresden 1930; *Das Leben und Sterben des Sängers Caruso*, Hsp., zus. m. Martin Raschke, 1931; *Die Glücksritter*, Lustspiel nach Eichendorff in fünf Bildern, UA Bln. 1933; *Katharina*, E., Lpz. 1936; *Weizenkantate*, Hsp., DS 1936; *Das festliche Jahr. Ein Lesebüchlein vom Königswusterhäuser Landboten*, zus. m. M. Raschke, Oldenburg 1936; *Radium*, Hsp., RSB 1937; *Abgelegene Gehöfte*, G., m. Holzschnitten v. K. Rössing, Ffm. 1948; *Untergrundbahn*, G., Hbg. 1949; *Ein Traum am Edsin-gol*, Hsp., SDR 1950; *Geh nicht nach El Kuwehd!*, Hsp., BR 1950; *Sabeth*, Hsp., SDR 1951; *Träume*, Hsp., NWDR 1951; *Die Andere und ich*, Hsp., SDR 1952; *Der Tiger Jussuf*, Hsp., NWDR 1952; *Blick auf Venedig*, Hsp., SWF 1952; *Die Mädchen aus Viterbo*, Hsp., SWF 1953, gedr. Ffm. 1960; *Träume. Vier Spiele* (enth. *Geh nicht nach El Kuwehd!; Der Tiger Jussuf; Sabeth; Träume*), Bln., Ffm. 1953; *Das Jahr Lazertis*, Hsp., NDR 1954; *Allah hat hundert Namen*, Hsp., SWF 1954; *Botschaften des Regens*, G., Ffm. 1955; *Zinngeschrei*, Hsp., NDR 1956, gedr. Hbg. 1956 (Hörwerke d. Zeit 1); *Die Brandung vor Setúbal*, Hsp., NDR 1957, gedr. Hbg. 1957 (Hörwerke d. Zeit 8); *Festianus, Märtyrer*, Hsp., NDR 1958; *Die Stunde des Huflattichs*, Hsp., BR/NDR 1958; *Allah hat hundert Namen*, Hsp., Wiesb. 1958; *Stimmen. Sieben Hörspiele* (*Die Andere und ich; Allah hat hundert Namen; Das Jahr Lazertis; Die Mädchen aus Viterbo; Zinngeschrei; Festianus. Märtyrer; Die Brandung vor Setúbal*), Stg. 1958, Ffm. 1958; *Stelzengänger*, E., Zü. 1960; *Ausgewählte Gedichte*, hg. v. Walter Höllerer, Ffm. 1960; *Meine sieben jungen Freunde*, Hsp., NDR 1960; *Oskar Loerke: Gedichte*, Ausw., Hg., Ffm. 1963; *Die Brandung vor Setúbal. Das Jahr Lazertis. Zwei Hörspiele*, Ffm. 1963; *Unter Wasser. Böhmische Schneider. Marionettenspiele*, Ffm. 1964; *In anderen Sprachen. Vier Hörspiele (Meine sieben junge Freunde; Die Stunde des Huflattichs; Blick auf Venedig; Man bittet zu läuten*), Ffm. 1964; *Man bittet zu läuten*, Hsp., NDR 1964, gedr. Ffm. 1964; *Zu den Akten*, G., Ffm. 1964; *Anlässe und Steingärten*, G., Ffm. 1966; *Festianus. Märtyrer*, Hsp., Stg. 1966; *Fünfzehn Hörspiele*. (*Geh nicht nach El Kuwehd!; Träume; Sabeth; Die Andere und ich; Blick auf Venedig; Der Tiger Jussuf; Meine sieben jungen Freunde; Die Mädchen aus Viterbo; Das Jahr Lazertis; Zinngeschrei; Die Stunde des Huflattichs; Die Brandung vor Setúbal; Allah hat hundert Namen; Festianus, Märtyrer; Man bittet zu läuten)*, Ffm. 1966; *Maulwürfe*, Pr., Ffm. 1968; *Kulka, Hilpert, Elefanten*, Pr., Bln. 1968; *Gedichte, Prosa, Hörspiele*, hg. v. Rainer Brambach, Zür. 1969; *Ein Tibeter in meinem Büro. 49 Maulwürfe*, Pr., Ffm. 1970; *Ein Lesebuch*, Ffm. 1972; *Nach Seumes Papieren*, G., Darmst. 1972; *Zeit und Kartoffeln*, Hsp., SWF 1972; *Semmelformen*, m. Zeichnungen v. Sven Knebel, Zü. 1972; *Gesammelte Maulwürfe*, Pr., Ffm. 1972; *Gedichte*, hg. v. Ilse Aichinger, Ffm. 1972; *Gesammelte Werke*, 4 Bde., hg. i. Verb. m. Ilse Aichinger u. unter Mitw. v. Susanne Müller-Hanpft, Horst Ohde, Heinz W. Schafroth u. H. Schwitzke, Ffm. 1973; *G.E. liest. Gedichte, Maulwürfe, Reden. G.E. zu Ehren/lesen aus seinem Werk: Clemens Eich, Peter Bichsel u.a.*, Schpl., Ffm. 1974; *Tage mit Hähern*, ausgew. G., Bln., Weimar 1975; *Aus dem Chinesischen*, Ffm. 1978; *Der 29. Februar. Ein Märchen*, m. Bildern v. E. Köchl, Ffm. 1978; *Gesammelte Werke. Revidierte Ausg. in vier Bdn.*, Ffm. 1991 (Bd. 1: *Die Gedichte. Die Maulwürfe*, hg. v. A. Vieregg; Bd. 2: *Die Hörspiele* 1, Bd. 3: *Die Hörspiele* 2, hg. v. K. Karst, Bd. 4: *Vermischte Schriften*, hg. v. A. Vieregg); *Rebellion in der Goldstadt*, Schpl., Text u. Materialien, hg. v. K. Karst, Ffm. 1996; *Die schönsten Märchen aus 1001 Nacht*, hg. v. K. Karst, Ffm. 1996; *Inventur. Ein Lesebuch*, Neuausg. Ffm. 2002.

Eichhorn, Hans, wurde am 13. 2. 1956 in Vöcklabruck in Oberösterreich geboren, wo er an der Handelsakademie die Matura ablegte. Sein Studium der Religionspädagogik in Salzburg brach er ab. Mit seiner Familie lebt und arbeitet er als Schriftsteller und im ererbten Beruf als Fischer in Kirchdorf a. d. Krems und am Attersee. 1984 erhielt er das Rauriser Arbeitsstipendium für Literatur, 1987 die Talentförderung des Landes Oberösterreich und 1994 das Stipendium der Stiftung Niedersachsen. 2000 wurde er mit dem Preis der Literaturzeitschrift »manuskripte« ausgezeichnet.

Das späte Erstlingswerk *Das Zimmer als voller Bauch* (1993) ließ mit Gedichten zwischen Idyllen und Katastrophe des Alltäglichen die Kritik aufmerken. Es folgten mehrere Prosabände des – rückblickend auf experimentelle Traditionen – unbekümmert produktiven Autors. Die Kurzprosatexte in *Höllengebirge* (1995) sind ebenso wenig »Erzählungen« wie die so etikettierten Texte in *Köpfemachen* (1997), die einen von den skurril-alltäglichen Figuren, die anderen von einem agilen Ich in Bewegung gehalten. Eichhorns Kurz- und Kürzestgeschichten bieten keine ordentliche Handlungsentwicklung, sondern kommen durch Aneinanderreihungen, Ausschnitthaftigkeit und eckige, oft sprunghafte Kombinatorik voran – garniert mit Metaisierungen in Form von Fragen, Anreden, Zwischenrufen und Reflexionen. Ihre Gegenstände sind Muster, Fixie-

rungen in einer maroden Welt, die sofort unterlaufen werden, in Digressionen abzweigen, in Negationen kippen. Der dabei störungsreich abschnurrende Spielwitz arbeitet mit Provokationen und Banalitäten und verzichtet nicht auf Manierismen.
Die Prosa-Miniaturen in *Der Umweg* (1994) und die Szenen und Mikrogramme in *Plankton* (1999) tendieren zum Prosagedicht, wie andererseits der Band *Petruskomplxe* (1998) lange Gedichte enthält: Das titelgebende Rom-Gedicht treibt sich über 36 Seiten. Wenn die »Begriffshülsen« und die Netze der Sprache die Wirklichkeit nicht einfangen können, müssen die Gegenstände, die Wörter, das Ich in Fluss gebracht werden: »Das bin ich, hier bleibe ich, das ist mein Platz, sagt das Wasser. Ich gehe immerzu fort«, heißt es im großen Prosapoem *Der Ruf. Die Reise. Das Wasser* (1995).
Das Wasser als poetisches Element und sein Arbeitsumfeld als Berufsfischer hat Eichhorn auch in zwei Bilderbüchern verarbeitet und dabei ein alle Sinne ansprechendes Vorhaben verfolgt: bei *die umgehung* (2002) in Form einer fotografisch begleiteten und poetisch kommentiertenTageswanderung rund um den Attersee, bei *Das Eintauchen. Die Verwandlung. Die Tonfolge* (2000) in der Verflechtung und der organischen Erweiterung von Bildern und Texten. Stets geht es dem Autor (und Maler) Eichhorn um das Auffangen von Zeichen, von Zugefallenem, und um deren Rekombination und Fortzeugung. Denn das Ziel ist Verwandlung, Neuschöpfung in durchlässiger und beweglicher Verknüpfung von Außen- und Innenwelt.
»Zu meiner eigenen Sprache zu kommen und mir meine Welt zusammenzubuchstabieren war mir ein existenzielles Anliegen«, so Eichhorn. In *Circus Wols* (2000) macht er sich sich »assoziativ und empathisch bis in die kleinsten Verästelungen« auf die Suche nach der Biografie des Malers, Grafikers und Fotografen Wols, will dessen existenzielles Kunstprojekt »im eigenen Kopf bewegen«. Die Zeichen- und Formensprache von Wols' psychischen Improvisationen und Bildorganismen ist Eichhorn Vorbild, denn sie ist »zugleich offen und ein Ganzes«, und so werden in der Form eines Tagebuchs die Genese des Schreibens und die Veränderungen im Schreiben selbst zum Sujet.

Thomas Betz

Werke: *Das Zimmer als voller Bauch*, G., Salzb., Wien 1993; *Der Umweg. Prosa-Miniaturen*, Weitra 1994; *Höllengebirge*, Pr., Weitra 1995; *Der Ruf. Die Reise. Das Wasser*, Pr., Salzb., Wien 1995; *Köpfemachen*, En., Weitra 1997; *abfischen. Ein Oratorium*, m. Fotoessay v. Kurt Kaindl, Salzb. 1997; *Petruskomplex*, G., Salzb., Wien 1998; *Plankton. Szenen, Mikrogramme*, Pr., Weitra 1999; *Circus Wols. Aufnahme und Projektion*, Pr., Salzb., Wien 2000; *Das Eintauchen. Die Verwandlung. Die Tonfolge. Eine WasserSpielArbeit*, G., m. Fotos u. Bildern v. Klaus Krobath, Weitra 2000; *die umgehung. AtterseeTour*, m. Fotos v. Klaus Costadedoi, Weitra 2002.

Eigner, Gerd-Peter, geboren am 21. 4. 1942 in Malapane in Oberschlesien als Sohn eines Ingenieurs, der 1945 bei einer Vergeltungsaktion sowjetischer Truppen den Tod fand. Der Sohn kam nach Dresden, überlebte die Bombennächte vom 13. und 14. Februar 1945, übersiedelte 1949 nach Wilhelmshaven, besuchte dort die Volksschule und anschließend das Humanistische Gymnasium. Nach vorzeitiger Beendigung des Schulbesuchs übernahm er ein Redaktionsvolontariat bei der »Wilhelmshavener Zeitung«, das er ebenfalls abbrach. Danach lebte er ein Jahr lang in Paris und betätigte sich dort als Gelegenheitsarbeiter, Hauswart und Übersetzer. In diese Phase fallen seine ersten erzählerischen und lyrischen Arbeiten. 1961 kehrte er nach Deutschland zurück, besuchte das Wirtschaftsgymnasium in Oldenburg und bestand 1964 die Reifeprüfung. Danach studierte er Volkswirtschaft und Soziologie an der Universität Hamburg, wechselte 1965 zur Pädagogischen Hochschule Oldenburg und wirkte seit 1969 als Lehrer für verhaltensgestörte Kinder, zunächst an einer Sonderschule, dann in einem Jugendfürsorgeheim in Bremen. 1971 schied er aus dem Schuldienst aus und lebte dann als freier Schriftsteller auf Kreta, in Toulouse/Frankreich und auf Formentera/Balearen. 1976 kehrte er erneut in die Bundesrepublik zurück. Nach Aufenthalten in Bremen, Berlin und Rom und langen Jahren in Paris lebt er heute in Berlin. Eigner erhielt 1977 das Villa-Massimo-Stipendium, 1978 den Hörspielpreis des Österreichischen Rundfunks und den Kulturpreis der Stadt Bocholt, 1983 den Förderpreis des Kulturpreises Schlesien des Landes Niedersachsen, 1985 ein Stipendium des Deutschen Literaturfonds und 1987 ein Arbeitsstipendium der Niedersächsischen Landesregierung im Künstlerhof Schreyahn. 1982 war er Stadtschreiber auf Burg Kniphausen bei Wilhelmshaven.
Eigners Romanfiguren kennen kein Mittelmaß, sie leben extrem, teilweise sogar exzessiv; tief verstrickt in ihre persönliche Katastrophe, leiden sie an einer defizienten Welt, fliehen vor einer chaotischen und sinnlosen Wirklichkeit in wahnhafte Geistes- und Seelenzustände, um sich über die eigenen inneren Abgründe hinwegzuretten. In der Rolle des Außen-

seiters, in die sie sich nicht immer freiwillig begeben, finden sie Zeit, den eigenen Verstörungen nachzuforschen, sich die Gespaltenheit der eigenen Persönlichkeit zu vergegenwärtigen. Diese Protokolle der Selbstvergewisserung dokumentieren die Verstrickungen dieser Anti-Helden in verdrängte Komplexe, in schuldhafte Handlungen, in haltlose Leidenschaften. Alle hegen den Wunsch, »genauere Auskunft über den Zustand der übrigen Welt« zu erlangen, aber erst durch das Aufsprengen einer Leib und Seele gleichermaßen lähmend einschließenden Kapsel, durch eine »Persönlichkeitserosion« (Ulrich Horstmann) und durch das dadurch möglich werdende Ausleben bislang unterdrückter Fantasien, durch eine nun entstehende Chance zu Sühne und Selbstfindung können die Widersprüche und Missstände dieser Zeit überhaupt ausgehalten werden, macht sich so etwas wie Hoffnung breit. »Der Zwiespalt war aufgehoben, weil ich den Widerspruch annahm. Ich wurde überhaupt erst der eigentliche Widerspruch, der ich schon immer war«, sagt der Erzähler in dem Roman *Brandig* (1985). Gefährdet sind alle, die Frakturen allgegenwärtig, eine Heilung nur durch »Lebensdurchdringung« statt durch »Lebensumgehung« zu erreichen.
Eigners Romandebüt *Golli* (1978), nach zwei unveröffentlicht gebliebenen Romanen, zeigt noch nihilistische Tendenzen. Die zehnjährige Beziehung zweier hochsensibler Männer – eines Mathematiklehrers und seines jungen, verfetteten Schützlings Golli – bricht auseinander, als sich die Rollen allmählich verändern, sich ihre Identitäten einander nähern, der Lehrer als vermeintlicher »Ausbund an Neurosenfreiheit« sprachlos wird und dem Wahnsinn verfällt. Als zentrales, symbolträchtiges Bild in diesem Roman wirkt die Beschreibung zweier Schwäne, die scheinbar liebkosend miteinander schnäbeln, bis plötzlich der eine des anderen Kopf und Hals verschlingt, beide unentwirrbar ineinander verstrickt sind, schließlich ersticken und untergehen.
In *Brandig* (1985) trifft man den Erzähler auf der Suche nach seinem verschwundenen Freund und ehemaligen Kompagnon Paul Brandig, dem gegenüber er sich nach einer Affaire mit dessen Frau noch schuldig fühlt. Auf der Reise nach Griechenland und Italien findet der Erzähler, ein ordnungsliebender Numismatiker, in der Konfrontation mit einem archaischen Ritual griechischer Inselbewohner und der Beziehung zu einer Lesbierin erstmals wirklich sich selbst, per Zufall auch Brandig in Rom, folgt ihm wie in Trance nach Paris, wo dieser ihm während eines 24-stündigen Kneipenstreifzugs in einer von Alkoholexzessen immer wieder unterbrochenen Lebensbeichte von den Motiven seiner Flucht (ein vermeintlich begangener Mord an der Geliebten) und seiner leidenschaftlichen Liebe zu einer faszinierenden Frau berichtet. Empfand der Erzähler Brandig ursprünglich als Abspaltung der eigenen Persönlichkeit, als idealisierten Teil seiner Selbst, wendet er sich am Ende dieser Begegnung, eher befremdet von dieser Radikalität, von ihm ab und kehrt in seinen bürgerlichen Lebensalltag zurück.
Mitten entzwei (1988) »ist ein Buch über den Körper, der letztlich wieder identisch wird mit dem Geist: einem gespaltenen Geist, der größenwahnsinnig ist. Dieser Geist hat die Welt für Generationen vernichtet. Wir haben uns alle schuldig gemacht, weil es für die folgenden Generationen keine gesunde Welt mehr geben wird« (Eigner, 1989). Der Titel des Buches ist wörtlich zu nehmen: Es geht ein Riss durch die Figuren des Buches, physisch wie psychisch. Der Kaufmann Henk Kromminga verunglückt beim Sprung ins Meer und ist daraufhin querschnittsgelähmt, zudem hat er ein inzestuöses Verhältnis mit seiner Nichte, »eine Heimsuchung, eine Besessenheit, eine Verstrickung, eine Manie«. Sein Bruder steht als Baurat und Naturschützer zwischen allen Fronten und erleichtert sein Gewissen, indem er die von ihm gebauten Deiche, die das Biotop des Wattenmeeres gefährden, heimlich untergräbt. Die fortschreitende Zerstörung der Umwelt und der damit verbundene Verlust von Heimat lösen bei sensiblen Personen wie den in Eigners Texten vorkommenden Romanfiguren blankes Entsetzen aus und lassen den Wahn als einzigen Sinn zu.
In *Lichterfahrt mit Gesualdo* (1996) wird von einer Kindesentführung erzählt. Zwei Männer, Redderich und Beck, befinden sich mit ihrer Geisel im Auto auf dem Weg von Paris nach Münster. Welche Verbrechen sich vor der Fahrt ereignet haben, bleibt offen; der Hinweis auf Gesualdo, den großen italienischen Madrigal-Komponisten und Mörder aus Eifersucht, lässt aber entsprechende Vermutungen zu. Verschränkt mit dem novellistischen Kern der nächtlichen Fahrt werden Handlungsebenen, die vom ausschweifenden Leben in Paris, von der (vergeblichen) Kunst des Geigenvirtuosen Beck und von den Berührungspunkten zwischen dem Willen zur Kunst und der Nähe zum Verbrechen künden. Die Kritik würdigte »den Zuwachs an ironischer Infragestellung, schlankere Redeflüsse und eine ausgewogene Komposition« (Leopold Federmair).

Thomas Kraft

Werke: *Traktate*, Theaterst., UA Bremen 1972; *Sweat Water Beach*, Hsp., NDR 1976; *Kastration, mehr oder weniger sanft*, Hsp., NDR 1977; *Abel & Luise*, Hsp., BR 1978; *Golli*, R., Stg. 1978; *Das Herz der Musik oder Der Onkel kommt, der Onkel geht*, Hsp., SFB 1980; *Sechs unbiografische Angaben über Mozart und über den Schnee*, Sprechtext, UA Ffm. 1981, gedr. Karlsruhe 1983; *Barfuß in Stiefeln – Die einzige Begegnung zwischen Dostojewski und Flaubert*, Hsp., WDR 1982; *Aragons Traum*, Hsp., SFB 1982; *Die langen zwölf Stunden der Kindheit*, Hsp., WDR 1983, gedr. Flensburg 1982; *Brandig*, R., Mü. 1985; *Mitten entzwei*, R., Mü. 1988; *Im Notfall kann man immer noch alles mit Gewinn verkaufen*, Hsp., WDR 1989; *Muttergrab in 15 Dialogen*, Hsp., SFB/RB 1995; *Lichterfahrt mit Gesualdo*, R., Mü. 1996; *Über dem Amtsrichter wölbt sich der weite blaue Himmel*, Hsp., WDR 1996; *Nachstellungen I. Essays über Mozart, Dostojewski, Flaubert und Nabokov*, Ffm. 1998; *Nachstellungen II. Essays über Juan Goytisolo u.a.*, Ffm. 1999.

Eilert, Bernd, wurde am 20. 6. 1949 in Oldenburg geboren. Nach dem Abitur studierte er ein Jahr in Marburg a. d. Lahn, 1970 brach er das Studium ab und zog nach Frankfurt am Main, wo er seitdem lebt. In den Siebzigerjahren entstanden in Zusammenarbeit mit Robert Gernhardt und Peter Knorr zahlreiche Comedy-Serien, meist für den Hessischen Rundfunk, zusammen mit F. K. Waechter ein Kinderbuch. In Zusammenarbeit mit Arend Agthe, Robert Gernhardt und F. K. Waechter arbeitete Eilert an verschiedenen Kurzfilmen mit, die es »überraschend« ins offizielle Programm der Kurzfilmtage Oberhausen schafften. Zeitgleich begann die inzwischen dreißigjährige Zusammenarbeit mit dem Komiker Otto Waalkes, die nach alljährlichen Fernsehshows und Tourneeprogrammen in den Achtzigerjahren in zwei Büchern und den ersten Otto-Filmen ihren Niederschlag fand. Seit 1979 verfasste Eilert regelmäßig Beiträge für das »endgültige Satiremagazin TITANIC« und andere Zeitungen. In den Neunzigerjahren kamen Drehbücher (*Beim nächsten Mann wird alles anders*) und Regiearbeiten, Kritiken und Kolumnen, Erzählungen und Theaterstücke, Übersetzungen und Funkserien (*Das Radio ABC*) hinzu. So übersetzte Eilert u.a. Monty Pythons *Sinn des Lebens* und David Lodges *Wunde Punkte*, vier Theaterstücke von Oscar Wilde (1999) sowie Erzählungen von A. A. Milne.

Nach Bernd Eilert »schmarotzt Komik am Sinn und ist am Ende herzlos genug, ihn aufzulösen«. Komik ist für Eilert keine Lebenshilfe, dafür sei der Humor zuständig. Er liebt Hohn und Spott, weniger das Schrille und Anarchische, er ist geistreich und witzig, für jeden Kalauer zu haben. »Der nahezu einzige Multi-Stilist deutscher Zunge« (Eckhard Henscheid) schätzt besonders den antiautoritären Gestus, wie er u.a. in seinen Kinderbüchern zum Ausdruck kommt. So wird *Ecila aus dem Wunderland* (1983) mit Alice verwechselt und bekommt dadurch große Probleme; schließlich stellt sich heraus, dass es das Wunderland »natürlich nicht gibt«. Eilert lässt den Leser an der Entstehung der Geschichte teilhaben. In den *Windigen Passagen* (1991) erscheint er als Reiseleiter ganz eigener Art und zeigt in Madeira, Jamaica und in Korea die für seine Geschichten so typischen »Dilettanten des Lebens« (Thomas Groß), die ihren unglücklichen Lieben erliegen. Das Leben erscheint dabei als großer Betrug, jeder ist zum falschen Zeitpunkt am falschen Ort, das Rätsel Weib bleibt ebenso ungelöst wie Kafkas Geheimnisse in Korea. Mit *Kurt oder Das Fest der Liebe* (1996) und *Erna, der Baum nadelt* (1998) hat Eilert die satirische Weihnachtsgeschichte wiederbelebt. Wenn er zum Beispiel in einer deutschen Kleinstadt einen kurdischen Rosenverkäufer mit dem Spitznamen Kurt als Gast bei einem sich liberal gebenden Architekten und dessen lebenslustiger Gattin erscheinen lässt, bürgt das für Überraschungen. So verwundert es auch nicht, dass sich Eilert als Epitaph auf dem eigenen Grabstein den Spruch wünscht: »Mein Gott – auf dem Niveau sind wir jetzt!«

Thomas Kraft

Werke: *Die Kronenklauer*, Kinderb., m. Illustr. v. F. K. Waechter, Hbg. 1972; *Eingebildete Notwehr*, Kriminalroman, Zür. 1979; *Das Buch Otto*, zus. m. Robert Gernhard, Peter Knorr, Otto Waalkes, Hbg. 1980; *Bettgeschichten*, zus. m. Rita Mühlbauer u. Hanno Rink, Aarau 1981; *Ecila aus dem Wunderland*, Kinderb., Aarau 1983; *Das aboriginale Horoskop. Ein Senigiroba-Weg des Wissens. Nach den Lehren des Altmeisters Urug aufgezeichnet*, m. Zeichnungen v. Hilke Raddatz, Zür. 1983; *Das zweite Buch Otto*, zus. m. Robert Gernhardt, Peter Knorr, Otto Waalkes, Hbg. 1984; *Das Hausbuch der literarischen Hochkomik*, m. Illustr. v. F. K. Waechter, Anth., Hg., Zür. 1987; *Die Neue Frankfurter Schule. 25 Jahre Scherz, Satire und schiefere Bedeutung aus Frankfurt am Main*, Gött. 1987; *Die 700 peinlichsten Persönlichkeiten. Gesammelte Kolumnen*, Zür. 1990; *Otto – Der Heimatfilm*, Zür. 1990; *Windige Passagen. Reiseerzählungen*, Zür. 1991; *Schiefebenen. Hochkomik III*, m. Illustr. v. F. K. Waechter, Zür. 1991; *Das Tennisbuch Otto*, zus. m. Peter Knorr u. Otto Waalkes, Hbg. 1992; *Eckermann und sein Goethe. Ein Schau-/Hörspiel getreu nach der Quelle*, zus. m. Eckhard Henscheid, m. Illustr. v. F. W. Bernstein, Zür. 1994; *Kurt oder Das Fest der Liebe. Eine Weihnachtserzählung*, Zür. 1996; *Erna, der Baum nadelt. Ein botanisches Drama am Heiligen Abend*, zus. m. Robert Gernhardt u. Peter Knorr, 1998; *Es ist ein Has entsprungen*, zus. m. Robert Gernhardt und Peter Knorr, 1999; *Otto – Der Katastrophenfilm*, zus. m. Otto

Waalkes u. Michael Bergmann, Zür. 2000; *David Lodge: Bittere Wahrheiten*, Übs., Zür. 2000; *Oscar Wilde: Komödien. Bd. 5 der Werkausgabe*, Übs., Zür. 2000; *OTTO – Das Buch des Friesen*, zus. m. Robert Gernhardt, Peter Knorr, Otto Waalkes, Bln. 2002; *Die schärfsten Kritiker der Elche waren früher selber welche*, Schpl., zus. m. Robert Gernhardt u. Peter Knorr, Ffm. 2002.

Einzinger, Erwin, geboren am 13. 5. 1955 in Kirchdorf in Oberösterreich, besuchte dort die Volks- und Hauptschule, dann das musisch-pädagogische Bundesrealgymnasium in Linz, wo er 1971 die Reifeprüfung ablegte. Er studierte dann Anglistik und Germanistik in Salzburg und wirkte seit 1975 als Lehrer am Bundesrealgymnasium in Kirchdorf. Von 1974 bis 1979 arbeitete er an der Salzburger Literaturzeitschrift »Projektil« mit und gehörte von 1975 bis 1979 auch der Redaktion der Literaturzeitschrift »SALZ« an. Er lebt heute in Micheldorf in Oberösterreich. Erwin Einzinger erhielt 1977 den Förderpreis des Georg-Trakl-Preises, 1977 die Talentförderungsprämie des Landes Oberösterreich, 1984 den Rauriser Literaturpreis und das Staatsstipendium für Literatur, 1995 den Manuskripte-Preis des Landes Steiermark, 1996 den Literaturpreis der Salzburger Wirtschaft. 2000 war er »writer-in-residence« der Bowling Green State University/Ohio.

Nach seinem Gedichtband *Lammzungen, in Zellophan verpackt* (1977), einer »Mischung aus Österreich und Pop-Kultur, aus Großstadtdreck und Landeinsamkeit« (Ulrich Greiner), in dem Einzinger seine poetischen Schnappschüsse aus einer tristen Alltagswelt mit Fotos kombiniert, artikulierte er sein *Erschrecken über die Stille, in der die Wirklichkeit weitermachte* (1983) in 71 Prosaminiaturen, einem nur scheinbar willkürlichen Nebeneinander von Porträts von Menschen, die »in ihrem gemeinsamen Sicheinfügen in das Raster vom Schmerz bis zur Sehnsucht«, in der Vereinzelung, die allen gemeinsam ist, gleichsam ein einziges Leben bilden. In der ländlichen Provinz, wo quälender Stillstand, die Monotonie des Alltags und die Unfähigkeit der Menschen, ihre Wut und ihren Willen kundzutun, besonders spürbar scheinen, hat Einzinger seine Beobachtungen zusammengetragen und in ein poetisches Inventarverzeichnis eingetragen. Montiert aus biografischen Fragmenten, Redefetzen, Beschreibungen des sozialen Umfeldes und der Landschaft, Reflexionen und Erzählerkommentaren sind diese Skizzen versponnen und kombinierbar, und vielleicht wäre es nur darauf angekommen, die Ergebnisse in Kunststücke und Ausbuchtungen zu sortieren – »wäre damit nicht erst recht eine mühsam errungene allgemeine Leere kaschiert worden oder so«.

Das Spielerische der Darstellung, das scheinbar Unverbindliche in Einzingers Texten hat Methode. In dem Roman *Kopfschmuck für Mansfield* (1985), in dem der Erzähler Sandbach während eines Urlaubsaufenthaltes in Cornwall auf den Spuren der Schriftstellerin Katherine Mansfield (1888–1923) wandelt, mit ihren Augen sieht, mit ihren Worten spielt und dabei eigene Erinnerungen und Erfahrungen schreibend mitverarbeitet, heißt es: »Vielleicht gab es sogar einen Rhythmus des Herumschauens, der alles in ein Ordnungssystem brachte, aber ich selbst blieb dabei stets draußen und trat erst in der Phantasie klar und entschlossen aus mir heraus. Alles rundum und ganz, die Einzelheiten waren kein Thema, sondern ein Symptom.«

Auch in dem Gedichtband *Tiere, Wolken, Rache* (1986), der Balladen »von einem, der auszog, das Fürchten zu verlernen« enthält, seziert Einzinger auf eigenwillige, oft dem unscheinbaren Detail große Aufmerksamkeit widmende Weise eine facettenreiche Realität, die schwer erträglich scheint und deren Tristesse und Sinnlosigkeit der Autor mit einer Prise ironischem Optimismus umso aussichtsloser gestaltet. »Aber die neue Wirrnis kommt in neuen Verkleidungen, setzt sich zusammen aus unzähligen Harmlosigkeiten, baut sich auf, behauptet frech und ohne Zaudern ihren Platz und hat ihn schon, kein Zweifel« (*Das Ideal und das Leben*, 1988). Ganz »unschillerisch«, ganz unversöhnlich fällt das Leben hier unter die Ideallinie, »lauwarmer Kaffee« und Tristesse allerorten und in Einzingers 284 lakonisch notierten Prosabröseln. Auch in *Blaue Bilder über die Liebe* (1992) werden mögliche Erwartungen schnell durchkreuzt: keine Wunderblumen und Sehnsüchte, vielmehr verlassene Liebhaber, gequälte Ehesklaven und hoffnungslos Verliebte in kurzen, alphabetisch geordneten Geschichten, die eigentlich keine sind, weil sie ohne Anfang und Ende auskommen. Einzinger balanciert am ausgefransten Trauerrand der Seele und öffnet »das große Klo Liebe, das jeder ganz einfach benutzen zu können vermeint«. Es sind Bilder des Abschiednehmens, der Vergeblichkeiten, des Zögerns, der Gewalt und der vielleicht nie aufhörenden Suche, ein inniges Geflecht aus Erinnerungsfetzen, lässig dahingeworfenen Aperçus und flüchtig skizzierten Momentaufnahmen. Während hier mit geradezu archivalischer Pedanterie die Splitter und Opfer der Liebe katalogisiert werden und das Erzählen verweigert wird, legt der Betrachter und Beobachter Einzinger mit *Kleiner Wink in die Richtung, in die jetzt auch das Messer zeigt* (1994) geradezu ein Fröhlichkeitsbrevier vor, ein Karnevalsbuch des Alltags, in dem »ratlose Ingenieure« aufgefordert werden, Faxen zu machen, Engel pokern, Punks Tretboot fahren und Karottenzwerge und Seidengorillas herumtollen. Allzu Strenges purzelt aus dem Rahmen, schlägt einen Salto und wartet auf Applaus. Mit süffisant-ironischem Unterton spielt Einzinger mit der Doppelbödigkeit der Wahrnehmung, der Ambivalenz der Begriffe und der Suggestivität der Bilder in einer Wirklichkeit, die so gespenstisch scheint, dass man ihr nur mit kindlicher Naivität und Neugier noch etwas abgewinnen kann. »Hoffentlich haben nicht die Träume wieder alle Frühschicht!«, heißt es schon im ersten Prosa-Gedicht. Schnappschüsse und (Un-)Sinnsprüche wirbeln in serieller (Un-)Ordnung durch die Dauerthemen Natur und Konsumwelt und verzahnen sich auf hohem Niveau in der Feinmechanik dieses Sekundenbuchs.

»Vielleicht besteht sogar die Ewigkeit aus nichts als Einzelheiten«, heißt es gleich am Anfang der Rom-Komposition *Das wilde Brot* (1995). Mit der Kamera im Kopf ist der Erzähler durch die Stadt gewandert und dabei auf den Hund gekommen. Er entdeckt in einer Basilika eine Votivtafel mit dem Bild des heiligen Rochus, der von der Pest genas, weil ihm ein Hund die Wunden leckte und Brot auf die Brust legte. Fortan widmet sich der Erzähler der, wie er meint, elementaren Verbindung von Heiligem und Hündischem, räsoniert über hundsköpfige Gottheiten, das »Hündisch-Arische«, das spätestens seit Hitlers Schäferhund Blondi existiere, über die Bedeutung des Hundes in der Tiermetaphorik und über den Hund in uns allen. »Ich werde mich dem verwilderten Erzählen in den Rachen werfen wie einem gereizten Tier«, heißt es großspurig, und so ist dieser wildwüchsige Text eine »trashige« Version des »dolce vita«, wie sie der anglophile Autor in der Ewigen Stadt entdeckt hat. Kutten und Kothaufen, Jazz und Brüste »wie Brotwecken« in einem einzigen grellen Bild zusammengefasst; die NS-Vergangenheit der Stadt treibt die erzählerische Fantasie ebenso voran wie die Dinge am Wegesrand. »Was kann ich tun«, fragt der Erzähler in Anlehnung an Swift achselzuckend, »außer alles zu schreiben, was mir in den Kopf kommt?« Leider hat sich Erwin Einzinger in den letzten Jahren nur noch auf die Übersetzung fremder Gedanken konzentriert.

Thomas Kraft

Werke: *Lammzungen in Cellophan verpackt,* G. u. Fotos v. Klemens Renoldner u. Sepp Dreissinger, Salzb. 1977; *Das Erschrecken über die Stille, in der die Wirklichkeit weitermachte. Einundsiebzigundein Leben,* Pr., Salzb. 1983; *Kopfschmuck für Mansfield,* R., Salzb. 1985; *Tiere, Wolken, Rache,* G., Salzb. 1986; *Das Ideal und das Leben,* Pr., Salzb. 1988; *Robert Creely: Mabel. Eine Geschichte,* Übs., Salzb. 1989; *John Ashburg/James Schuyler: Ein Haufen Idioten,* Übs., Salzb. 1990; *William Carpenter: Regen,* Übs., Salzb. 1990; *James Schuyler: Hymne an das Leben,* Übs., Salzb. 1991; *Blaue Bilder über die Liebe,* Salzb. 1992; *William Carpenter: Ein Hüter der Herden,* Übs., Salzb. 1993; *Robert Creely: Autobiografie,* Übs., Salzb. 1993; *Kleiner Wink in die Richtung, in die jetzt auch das Messer zeigt,* G., Salzb. 1994; *Das wilde Brot,* Salzb. 1995; *John Ashburg: Hotel Lautréamont,* Übs., Salzb. 1995; *William Carpenter: Mit Feuerzungen,* Übs., Salzb. 1995; *John Ashbury: Und es blitzen die Sterne,* Übs., Salzb. 1997; *Ed Sanders: Der Sommer der Liebe,* Übs., Wien 1997; *John Ashburg: Mädchen auf der Flucht. Ausgewählte Gedichte,* Übs., Mü. 2002.

Eisendle, Helmut, wurde am 12. 1. 1939 in Graz (Österreich) als Sohn eines Beamten geboren. Nach der Grund- und Hauptschule absolvierte er eine Lehre als Telefonmechaniker bei der österreichischen Post und arbeitete danach als Entstörer und Revisor in verschiedenen Firmen. In dieser Zeit besuchte er eine Abendschule und machte die Maturaprüfung. Ab 1965 studierte er in Graz Philosophie und Psychologie, mit dem Nebenfach Biologie; 1970 promovierte er mit einer Arbeit über *Das Fehlverhalten beim Lösen von Intelligenzproblemen als weitere Information über die Struktur der Persönlichkeit.* Er arbeitete zweieinhalb Jahre als Pharmareferent bei der Firma Hoffmann LaRoche und in einer von ihm mitbegründeten »Psychologischen Arbeitsgruppe für Erziehungsberatung und Verhaltenmodifikation« in Graz. Seit 1972 ist er freier Schriftsteller. Er lebte ab 1972 in Barcelona, ab 1973 in Berlin, ab 1978 in München, wo er Redakteur der Zeitschrift »Rogners Magazin« war, ab 1980 in Friaul, Triest, Amsterdam, in der Südsteiermark, Berlin und Wien und seit 1993 wieder in Wien. Er ist Mitglied des »Forum Stadtpark« in Graz und wurde 1973 mit dem Förderungspreis des Österreichischen Bundesministeriums für Unterricht und Kunst, 1976 mit dem Buchpreis des Österreichischen Bundesministeriums für Unterricht und Kunst, 1981 mit dem Literaturpreis des Landes Steiermark ausgezeichnet und erhielt 1983 das Elias-Canetti-Stipendium.

Eisendle wurde erst nach dem Abschluss seiner Promotion literarisch tätig, unter dem Einfluss einer kritischen Psychologie, Wittgensteins Sprachskepsis und Adornos »Kritischer Theorie«. Die Verbindung zur Wissenschaft und der Versuch einer Erweiterung des traditionellen Literaturbegriffs bleibt in seinen literarischen Arbeiten stets präsent, aber der Einfluss der Sprachkritik hat nicht verhindert, dass seine Bücher auch ein literarisches Vergnügen sein können. Dabei ist gerade das Uneindeutige, das sich aus der Sprache ergibt, die Nicht-Stringenz, die sich auch im Erzählen widerspiegelt, Eisendles bevorzugtes ästhetisches Verfahren. Viele seiner Figuren reden in Zitaten, bleiben selbst vage und schemenhaft und zeigen damit das Typenhafte ihrer Existenz.

Schon sein Roman *Walder* (1971) trägt den szientifizierenden Untertitel *Programmiertes Lehrbuch*; es ist eine Lehrgeschichte in einer Lebensbeschreibung, die im Selbstmord von Josef Walder endet. Wie hier im Kapitel über die *Möglichkeiten des Suicides*, das wie eine Anleitung gelesen werden kann, spielt auch sein *Handbuch zum ordentlichen Leben* (1973) mit dem Wissenschaftsgenre. Dieses *Testinstrument zur Prüfung der Anpassung an das Durchschnittsidealverhalten*, so der Untertitel, ist noch humorvoller, da es im »Prüfungsteil« für die eigene Anpassungsfähigkeit den Ernst satirisch bricht. In seinem Roman *Jenseits der Vernunft oder Gespräche über den menschlichen Verstand* (1976) lässt Eisendle in sieben Gesprächen die beiden Freunde Schubert und Estes über Wissenschaftstheorie, Sprachphilosophie und Medizin, Alkohol und Leben, Mathematik und Musik diskutieren. Wie in Flauberts *Bouvard und Pécuchet* kommen auch diese beiden Freunde an kein Ende; der Roman endet mit den Worten, mit denen er begann, die Kreisbewegung schließt sich; es bleibt nur die Sprache, mit der man sich zu verständigen sucht. Radikaler wird diese Suche in *Exil oder der braune Salon* (1977) durchgeführt, in dem Kaßner und Staudenmaier, Otto Weininger und Karl Kraus reden.

Sinnlicher versucht Eisendle in dem Prosaband *Das nachtländische Reich des Doktor Lipsky* (1979) die Wirklichkeit zu erfassen, das in drei Erzählungen eine rausch- und wahnhafte Welt thematisiert. Jäh unterbricht Eisendle seine Bilder und Gedanken assoziativ und verdeutlich damit die Nutzlosigkeit der Sprache in der Welterfassung, die er in seinen Essays *Gedanken zu Literatur, Kunst und Wissenschaft* (1978), *Das Verbot ist der Motor der Lust* (1980) und später in *Beiläufige Gedanken über etwas* (1989) auch theoretisch beschreibt und in seinen nächsten Büchern weiter ausbaut, vor allem in *Der Narr auf dem Hügel* (1981). Hier trifft ein unangepasster Poet, der an der Logik der Dinge zweifelt, auf einen Einzelnen, einen »Umgeher«, der sich in Gaststätten, im Bahnhof, im Hörsaal (so auch die Kapitelüberschriften) umhertreiben muss und am Schluss beim Rasieren zufällig getötet wird. Auf transparenten Blättern hat Eisendle eine Art Subtext eingebunden, in denen noch weitere Eigenschaften des »Umgehers« benannt werden, die dieser nicht kannte. In *Die Frau an der Grenze* (1984) wird in einem langen Dialog zwischen Marietta Wolf und Herrn Pollack, die in einem alten Landsitz in der Südsteiermark wohnen, Alltägliches und Persönliches gestreift, sie essen zusammen, streifen durch das Haus und reden über die nahe Grenze, bis sich Marietta ins Schlafzimmer flüchtet und Herr Pollack auf den Dachboden geht. Am frühen Morgen sieht er von dort, wie Marietta mit einem Koffer Richtung Grenze geht. Thema dieses Buches ist der Versuch der Annäherung der Geschlechter, die sich nur zwischen Abhängigkeit oder Einsamkeit entscheiden können. Es ist ein ständiger Kampf mit Worten, den die Frau gewinnt, indem sie den Mann demütigt und am Schluss flieht.

In Ausführungen zu Giorgio Manganellis Prosaminiaturen hat Eisendle in *Anrufe – Der Doppelgänger – Die Verfolgung* (1985) wiederum Sprachspiele unternommen, die Manganellis groteske Parabeln zu neuen Episoden umformt. Mit *Oh Hannah!* (1988) kommt Eisendle wieder auf seine psychologischen Ursprünge zurück. Wie in einer Studie beschreibt er den Heilungsprozess von Hannah Ortheil, die lernt, sich wieder an die Normalität anzupassen, indem sie regelmäßig in ihrem Tagebuch schreibt. Eisendle verquickt hier psychoanalytische und medizinische Fallgeschichten, Hannah entzieht sich aber der vorgeschriebenen Therapie, in die sie nach dem Tod ihres Vaters, eines gutbürgerlichen Hofrats, gerät. Sie geht als Bardame nach Frankfurt, später nach Hamburg, wo sie am Schluss des Romans wieder in einem vornehmen Haus wohnt. Als computergestütztes Sprachspiel dient Eisendle Leonardos Bild von der Mona Lisa, die er in Variationen und seriellen Montagen aus Texten von sich selbst, Dali, Mario Praz und Freud in *Die Ermordung der Mona Lisa!* (1989) umkreist, damit nähert er sich auch im poetischen Verfahren der Wissenschaft wieder an, wie sie manche experimentelle Gruppen seit langem durchführen.

Einen inneren Monolog dagegen führt er in seinem Roman *Block oder die Melancholie* (1991) vor. Block steht eines Nachts auf seinem Balkon in Ber-

lin und lässt seinen Gedanken freien Lauf, ein melancholischer innerer Bewusstseinsmonolog, der Block als Gefangenen seiner Psyche, als handlungsunfähigen Solipsisten zeigt, der auch eine Nacht später wieder auf den Balkon geht und nachsinnt. Auf einen fiktionalen Rahmen verzichtet Eisendle bei seiner experimentellen Arbeit *Die vorletzte Fassung der Wunderwelt* (1993). Das Buch bleibt dadurch seltsam blass und unliterarisch.
Wichtig sind für Eisendle stets auch die Hörspiele gewesen, die dem formalen Experiment einen großen Raum einräumen. Montage und Collage ebenso wie die von Eisendle oft bevorzugte Dialog-Form stehen im Vordergrund. Auch in diesem Genre spielt er seine psychologische und philosophische Skepsis an Figuren durch.

Georg Patzer

Werke: *Psychologie ästhetischer Urteile*, zus. m. P. Raab, hg. v. H. Kaufmann, Graz 1971; *Walder oder Die stilisierte Entwicklung einer Neurose*, R., Mü. 1971; *A violation study oder El condor pasa*, Theaterst., UA Graz 1972; *Handbuch zum ordentlichen Leben oder ein Anpassungsinstrument zur Prüfung der Anpassung an das Durchschnittsidealverhalten*, R., Mü. 1973; *Die Freiheit, die ich meine oder Ego-washing*, Hsp., WDR 1973; *Salongespräch oder Chronik der geistigen Wunder schimmert fahl und zweideutig*, Theaterst., 1974, UA 1976, als Hsp., SDR 1975; *Der Irrgarten von Versailles oder Führung durch Äsops Labyrinth der Psyche*, G., eingeschlossen in eine barocke Beschreibung des Irrgartens von Versailles v. J. U. Krauß, Erlangen, Bln. 1975; *Obduktion*, Hsp., ORF 1975; *Fröhliches Wirbeltiergehirn oder Beiträge zu einer physiologischen Literatur*, o.O. 1975; *Black-Box oder Macht und Ohnmacht der Psychologie*, Hsp., WDR 1976; *Jenseits der Vernunft oder Gespräche über den menschlichen Verstand*, R., Salzb. 1976; *Exil oder Der braune Salon*, R., Salzb. 1977; *Fünf vor zwölf oder Die Grenzen des Möglichen*, Fssp., zus. m. Peter Ariel, 1977; *Woody ist eine Ausnahme*, Hsp., SR 1977; *Daimon & Veranda oder Gespräche eines Mädchens vor dem Tode, Jungfrauenleiden, Der Strahl der Augen trifft die Welt*, G., m. Abb., Erlangen 1978; *Billard oder Das Opfer am grünen Tisch*, Theaterst., UA Erlangen 1979, Hsp., WDR 1978; *Das nachtländische Reich des Doktor Lipsky*, En., Salzb. 1979; *Die verleugnete Wirklichkeit*, Hsp., WDR/RIAS 1979; *Oskar Panizza: Abschied von München. Ein Handschlag*, Hg., Mü. 1979; *Das Verbot ist der Motor der Lust*, Ess., Salzb. 1980; *Das Hippokratische Gesicht der Medizin*, Hsp., SR 1980; *Mayerling*, Bln. 1980; *Der Narr auf dem Hügel*, R., Salzb. 1981; *Beziehungsfalle oder Analyse einer Ehe*, Hsp., ORF 1981; *Das schweigende Monster*, E. Graz 1981; *Das Haus der Träume*, Hsp., RIAS / BR 1981; *Ich über mich & keinen andern*, E., Graz 1981; *Gregory Batesons Gespräch mit seiner Tochter Cathy*, Hsp., SFB 1983; *Skinfaxi in den Wäldern*, m. Illustr. v. R. Berner, Bln. 1983; *Vom Charlottenburger Ufer zur Monumenten-Straße. Berliner Notizen*, Bln. 1983; *Die Geschichte des Telefons und andere Geschichten*, Hsp., ORF 1983; *Wie man verschiedene Geräusche erzeugen kann*, Hsp., SFB 1984; *Die Frau an der Grenze*, R., Salzb. 1984; *Die südsteirische Weinstraße. Gedanken über einen Landstrich*, Graz 1984; *Billard*, R., Graz 1984; *Anrufe – Der Doppelgänger – Die Verfolgung*, En., Wien 1985; *Obduktion*, Hsp., ORF 1985; *Die Gaunersprache der Intellektuellen*, Hsp.-Slg., Ffm. 1986, ORF 1986; *Die schönste Landschaft ist das Hirn*, m. Illustr. v. Uli Kasten, Bln. 1987; *Gödel, Einstein, Monk*, Hsp., SFB/ORF 1987; *Das Lächeln der Mona Lisa*, Hsp., SDR/RB 1988; *Oh Hannah!*, R., Wien, Darmst. 1988; *Beiläufige Gedanken über Etwas*, Ess., Wien 1989; *Mitsubishi und Hugo Wolf*, Hsp., SFB 1989; *Die Ermordung der Mona Lisa! clamor exitosus. zermalmendes wehgeschrei*, m. Illustr. v. Arno Waldschmidt, Gifkendorf 1989; *Magische Quadrate von 1–100*, Bln. 1990; *Block oder Die Melancholie*, E., Zür. 1991; *Amokläufer: eine Farce für vier Personen*, Ffm. 1992, Hsp., DSK 1992; *Göttliche Komödie oder eine miese kleine Tragödie*, Hsp., SFB 1992; *Die vorletzte Fassung der Wunderwelt*, R., Zür. 1993; *Triest – die Stadt zwischen drei Welten*, Hg., Mü. 1994; *Entzauberungen*, Ess., Wien 1994; *Österreich lesen*, Hg., Wien 1995; *Der Egoist*, R., Innsbr. 1996; *Fremd*, Hg., Wien 1997; *Abendsport. Zweimal. Minutentexte*, Wien 1998; *Dschungel der Liebe*, Wien 1998; *Lauf Alter, die Welt ist hinter dir her*, E., Wien 2000; *MAMU – pro Metapher: Bild, Installation, Performance*, m. Illustr. v. Markus Knappe, Illereichen 2001; *Gut und Böse sind Vorurteile der Götter*, E., Salzb. 2002; *Ist mein Gehirn künstlich – Die Globalisierungsfalle der unzähligen Möglichkeiten des Ausdrucks*, Ess., Hg., zus. m. M. Goldmann, Wien 2002; *Kurze Tage – lange Nächte. Eine Hommage an Franz Innerhofer*, Hsp., ORF 2002.

Eisenreich, Herbert, wurde am 7. 2. 1925 in Linz geboren und verbrachte seine Jugend teils in Oberösterreich – in Enns und Pregarten –, teils in Wien, wo er das Gymnasium besuchte. 1943 wurde er zum Kriegsdienst, erst Reichsarbeitsdienst, dann Waffen-SS, eingezogen und erlitt 1945 eine schwere Granatverletzung an der Schulter. Er beendete 1946 seine Schulausbildung mit dem Abitur, studierte einige Semester Germanistik und klassische Philologie in Wien, schlug sich mit Gelegenheitsarbeiten durch, wurde Mitglied der Freimaurer und begann zu publizieren. In der Zeit seiner Mitarbeit ab etwa 1950 an der Zeitschrift »Neue Wege« trat er in teils nähere Verbindung zu österreichischen Künstlern wie Hans Weigel, Albert Paris Gütersloh, Heimito von Doderer, Friedrich Torberg, Fritz Wotruba u. a., bei denen er Parallelen zu seinem traditionalistischen Kunstverständnis und seinem weltanschaulichen Konservatismus sah. 1952 ging er nach Hamburg und arbeitete dort zwei Jahre als Journalist (u. a. bei der »Zeit«) und als freier Schriftsteller, danach lebte er bis 1956 in Stuttgart, wo er sich mit Martin Walser befreundete, und bis 1958 erneut in Wien, zwischendurch in Sandl in Oberösterreich und in Istrien, ab 1967 bis zu seinem Tod aufgrund eines Gehirntumors am 6. 6. 1986 wieder in Wien bzw. Tamsweg.

Eisenreich erlangte mit seinem »Wirtschaftswunder«-Hörspiel *Wovon wir leben und woran wir sterben* (1954) schlagartig Bekanntheit und erhielt u.a. mehrere Förderungspreise der Theodor-Körner-Stiftung, 1958 den Österreichischen Staatspreis und 1970 den Anton-Wildgans-Preis der Österreichischen Industrie, 1985 den Franz-Kafka-Literaturpreis der Stadt Klosterneuburg und den Franz-Theodor-Csokor-Preis des österreichischen P.E.N.-Zentrums.

Sein Werk thematisiert von Beginn an den Schicksalsgedanken und die Frage menschlicher Selbstbestimmung. Die Einsicht in die Unfreiheit des Menschen und die daraus folgenden Möglichkeiten, sich allein über seine individuellen Fähigkeiten zu definieren, wird in Eisenreichs Texten auf vielfältige Weise reflektiert. Einzelschicksale – zumeist an fundamentalen Missverständnissen scheiternde Lebensentwürfe – sind für den Autor, in Anlehnung an die Philosophie der Upanishaden, Beispiele für das Wirken außermenschlicher Kräftezusammenhänge im Kleinen. Seine Figuren verkörpern durchweg negative Antworten auf existenzielle Fragen; das Diktum Eisenreichs im Hinblick auf die Lebensverläufe der Personen, das er in *Die abgelegte Zeit* (1985) formuliert, gilt im Grunde für sein gesamtes Werk: »Wie also kann man heute leben? Gezeigt werden soll doch nur, wie nicht!« Dieser Roman, gleichsam sein »opus magnum«, wurde 1951 unter dem programmatischen Titel *Sieger und Besiegte* begonnen. Die darin entwickelte Problematik, die den anthropologischen Kern seines Denkens ausmacht, kennzeichnet seine Weltsicht und seine Texte seit *Böse schöne Welt* (1957). Dementsprechend fächert sich seine Figurenwelt auf in jene, die sich über die Gegebenheiten und Daseinsbedingungen zu erheben suchen und dabei scheitern, und in die anderen, die ihr Schicksal akzeptieren und auf diese Weise unerwartete Siege erringen.

Diese existenzielle Problematik wird in der Erzählung *Einladung deutlich zu leben* (1952) symbolisch aufgeladen: der Zugführer Alphons Omega befindet sich auf seiner letzten Fahrt von Port Separation nach Good Hope, unschwer als Metapher einer Lebensreise zu erkennen. Seine Ankunft ist keine wirkliche Heimkehr, sondern »ein Schlund tat sich auf, bereit ihn zu verschlingen«. Um das »Sichtbarmachen des Lebensrätsels« geht es auch im Roman *Auch in ihrer Sünde* (1953). Eisenreich zeichnet darin eine »verlorene Generation« nach dem Ersten Weltkrieg. Politische und private Wirren, Verrat und Selbstmord dienen als Symptome für eine Sinnentleerung der Moderne, der der u.a. an Adalbert Stifter orientierte Romancier eine organisch-epische Totalität als »Mittel zur Heilung« entgegenzusetzen sucht. Ebenso wie in *Die abgelegte Zeit* erscheinen Ereignisse, Personen und Reflexionen über ihre Zeigefunktion hinaus häufig disparat und fügen sich nicht in einen größeren erzählerischen Zusammenhang.

Mit den Erzählungen aus *Böse schöne Welt* tritt der symbolisierende Gestus zugunsten einer Schilderung der »anschaulichen Wirklichkeit« weiter zurück. Dabei wird auf z.T. explizite intertextuelle Bezüge u.a. zu Ernest Hemingway und Katherine Mansfield verwiesen. Stofflich begreift sich Eisenreich als Schüler Maupassants. Seine Personen sind Durchschnittsmenschen aus allen sozialen Schichten, an denen die These durchdekliniert wird, dass »der Mensch nicht in die Welt passt und eo ipso in Gegensatz zu ihr steht«.

Ausgehend von einer meist tragikomischen Situation, in der zwei Menschen einander in jeglicher Hinsicht verfehlen, z.B. aneinander vorbei leben oder ihre Beziehung an einem Missverständnis scheitert (wie in *Am Ziel*; *Kürzestgeschichte*; *Das Horoskop*; *Ein Augenblick der Liebe*), entwickeln diese Geschichten fatalistische Züge und suggerieren, dass zwischen den Geschlechtern eine Verständigung unmöglich sei und Liebe und Sexualität einander zerstörten: Es ist recht eindeutig, dass Eisenreich in der Sexualität die zerstörerischen Kräfte sieht, die die Liebe letztlich nicht gelingen lassen: »Was wir Liebe nennen, ist ein Versuch mit untauglichen Mitteln« (*Die nackte Wahrheit*).

Die Kurzgeschichten fokussieren lebensgeschichtliche Peripetien, die Wende zum Scheitern. Demgemäß gibt es kaum größere Handlungsbögen, der auktoriale Gestus des Exemplarischen überwiegt, das Personal bleibt anonym. Präzisen Miniaturen gleich überzeugen sie durch ihre detaillierte Beobachtung menschlichen (Sprach-)Verhaltens. Mit einer knappen Exposition gewinnen sie atmosphärische Dichte durch eindringliche Wiederholung von bedeutungsstarken Worten und Phrasen, die das Beklemmende und Monotone des geschilderten sozialen Szenariums und der zwischenmenschlichen Beziehungsgeflechte mimetisch steigern, oft verstärkt durch die Nachbildung des spezifischen Milieuidioms (*Die ganze Geschichte; Die Freunde meiner Frau*).

Eisenreich verstand sich als Bewahrer und Fortsetzer österreichischer Literaturtradition: »Österreichisch ist das Bewahren, die Evidenthaltung des Überkommenen, [...] die Reserve gegenüber jedweder Modernität« (*Reaktionen*). Seine Lyrik verwendet strenge Formen und lässt Einflüsse von Georg Trakl und Rainer Maria Rilke erkennen. Der Roman, das »zeitgemäße Mittel zur Universalität«, habe Eisenreich zufolge die Aufgabe, dem Zerfall der Wirklichkeit – wie ihn die Avantgarde betreibe – entgegenzuwirken und die Totalität des Seins wiederzugewinnen; Thomas Manns *Der Zauberberg*, Heimito v. Doderers *Die Dämonen* und besonders Stifters *Nachsommer* werden als Vorbilder angeführt. Dieses poetische Prinzip, nämlich den »Bruch in der Wirklichkeit zu heilen«, ist für den Autor zugleich ein moralisches Prinzip. Mit dieser antimodernen Kunstauffassung, die er in einigen pointierten Attacken auf die avancierte Literatur der Zeit vertrat, geriet Eisenreich in eine literarische Außenseiterrolle und zog sich den Ruf eines unbeirrbaren Reaktionärs zu.

Günther A. Höfler

Werke: *Einladung deutlich zu leben*, E., m. Illustr. v. Alfons Ortner, Wien 1952; *Auch in ihrer Sünde*, R., Hbg. 1953; *Sebastian oder Die kleine Chance und das große Risiko*, Hsp., NWDR 1953; *Ketzer oder Mehrere Arten, der Wahrheit behilflich zu sein*, Hsp., SDR 1956; *Böse schöne Welt*, En., Stg. 1957; *Die Freunde meiner Frau und neunzehn andere Kurzgeschichten*, m. Zeichnungen v. Kurt Moldovan, Gütersloh 1957; *Wovon wir leben und woran wir sterben*, Hsp., RB 1954, gedr. Ffm. 1958; *Carnuntum. Geist und Fleisch*, Ess., m. Zeichnungen v. Kurt Absolon, Wien 1960; *Heimito v. Doderer: Wege und Umwege*, Hg., Graz 1960; *Das große Erbe*, Aufs., zus. m. Otto Basil u. Ivar Ivask, Wien 1962; *Große Welt auf kleinen Schienen. Das Entstehen einer Modellanlage*, Sachb., Salzb. 1963; *Reaktionen. Essays zur Literatur*, Gütersloh 1964; *Der Urgroßvater*, E., Gütersloh 1964; *Friedrich Torberg: Mit der Zeit – gegen die Zeit*, Hg. Wien 1965; *Sozusagen Liebesgeschichten*, En., Gütersloh 1965; *Sebastian/Die Ketzer. Zwei Dialoge*, Gütersloh 1966; *Ich im Auto. Ein heiterer Knigge für Kraftfahrer*, Pr., m. Zeichnungen v. Paul Flora, Salzb. 1966; *Das kleine Stifterbuch*, Salzb. 1967; *Ein schöner Sieg und 21 andere Mißverständnisse*, Graz 1973; *Die blaue Distel der Romantik*, En., Graz 1976; *Verlorene Funde. Gedichte 1946–1952*, Graz 1976; *Das Leben als Freizeit*, Ess., Düsseld. 1976; *Die schönsten Liebesgeschichten aus Österreich*, Hg., zus. m. Maria Eisenreich, Zür. 1978; *Friedrich Torberg: Apropos. Nachgelassenes – Kritisches – Bleibendes*, Hg., zus. m. Marietta Torberg, Mü. 1981; *Groschenweisheiten. Aus dem Zettelkram eines Sophisten*, Aph., Mühlacker 1985; *Der alte Adam. Aus dem Zettelkram eines Sophisten*, Aph., hg. v. Christine Fritsch, Mühlacker 1985; *Die abgelegte Zeit. Ein Fragment*, R., Wien 1985; *Memoiren des Kopfes. Aus dem Zettelkram eines Sophisten*, Aph., hg. v. Christine Fritsch, Mühlacker 1986.

Elsner, Gisela, wurde am 2. 5. 1937 in Nürnberg geboren. Sie besuchte das Realgymnasium bei den »Englischen Fräulein« und studierte nach dem Abitur 1959 einige Semester Philosophie, Germanistik und Theaterwissenschaft in Wien. Gisela Elsner, die seit 1962 in der Dortmunder »Gruppe 61« mitarbeitete, erhielt 1964 den internationalen Verlegerpreis Prix Formentor, 1987 den Gerrit-Engelke-Preis, 1989 wurde sie Ehrendoktor der Interamerican University for Humanistic Studies und erhielt das Ehrendiplom des Istituto Europeo di Cultura Popolare e Ambientale. Sie war Mitglied der Fondation Européen des Sciences, des Arts et de la Culture, des bundesdeutschen P.E.N.-Zentrums und des Schriftstellerverbandes. Nach Aufenthalten in Rom, London und Paris lebte sie in München. Am 13. 5. 1992 nahm sich Gisela Elsner das Leben. In dem Film *Die Unberührbare* (2000) setzte Drehbuchautor und Regisseur Oskar Röhler, der Sohn der Schriftstellerin, ihr ein beeindruckendes Denkmal.

In allen ihren Texten attackierte Gisela Elsner die bundesdeutsche Gesellschaft, indem sie exemplarisch Verhaltensweisen, Normen und Wertvorstellungen von »Spießbürgern« aus allen sozialen Schichten in absurden Bildern karikierte. Meist wählte sie die Familie als Objekt ihrer »Studien«. In ihrem preisgekrönten Debütroman *Riesenzwerge* (1964) wird das brave Familienleben der Leinleins aus der Sicht des Sohnes Lothar als Aneinanderreihung horrifizierender Ereignisse geschildert. »Die Mahlzeit«, ein regelmäßig wiederkehrendes Zeremoniell, bei dem der gefräßige Vater mit hemmungsloser Gier in sich hineinschaufelt, stellt eine jener Situationen dar, die sich in der Wahrnehmung des Kindes monströs verzerren: »Mein Vater schaut schielend auf die Gabelladung. Er reißt den Mund weit auf. Ich sehe die Goldzähne rechts und links und oben und unten neben seinen Mundwinkeln. Ich fange an, sie zu zählen. Aber schon bei eins stößt mein Vater mit einem kleinen, zinkenlangen Ruck nach vorn den Mund in die Gabel hinein. Seine Zähne schnappen zusammen über dem Gabelstiel, und langsam zieht er die Zinken zwischen den Zähnen hervor, als müsse er sie abnagen wie von Knochen das Fleisch.« Durch seitenlange, minuziöse

Schilderungen banaler Vorgänge, die sich immer wieder in fantastisch-grotesken Bildern verlieren, will Gisela Elsner die Dimensionslosigkeit der »Riesenzwerge« demonstrieren: »Ihre Gebärden sind riesenhaft, ihre Äußerungen winzig.« Als Bruchstücke des Romans 1962 in der Anthologie *Vorzeichen I* abgedruckt wurden, nannte Hans Magnus Enzensberger die Autorin eine »Humoristin des Monströsen, das im Gewöhnlichen zum Vorschein kommt«.

In ihrem zweiten Roman, *Nachwuchs* (1968), knüpfte Gisela Elsner, die in ihren frühen Publikationen den Einfluss Kafkas kaum verleugnen konnte, stilistisch und inhaltlich an ihr Erstlingswerk an. Der Ich-Erzähler, ein junger und ungewöhnlich dikker Mann, der mit seinen »Ernährern« im noch nicht abbezahlten Eigenheim wohnt, sitzt phlegmatisch herum, beobachtet seine Umwelt und wird selbst zum Gegenstand von Beobachtungen. Am Ende fügt sich der Ich-Erzähler dem Drängen der Eltern, auch seinen Teil zum Nutzen der Familie beizutragen. Er nimmt eine Arbeit an. Die Autorin will keine »Geschichte« erzählen, sondern bürgerliche Verhaltensweisen in ihrer Unreflektiertheit und Borniertheit entlarven. Voraussetzung dafür bildet ein distanzierter und mitunter sehr konstruierter Schreibstil, der eine innere Anteilnahme des Lesers am Geschehen verhindert. Die Autorin verzichtet auf Kommentare, erzeugt durch zum Teil umständlich formulierte, hypotaktische Satzgefüge eine ins Groteske gesteigerte Darstellung der Phänomene, die so bis zur Unkenntlichkeit verfremdet werden.

Seit ihrem dritten Roman bemühte sich Gisela Elsner um eine stärkere Einbeziehung sozialer und politischer Zusammenhänge. Sie strebte ein realistischeres Schreiben an, um nach Zolàschem Vorbild »Geschichte sinnlich erfahrbar zu machen«. Damit einher ging eine Änderung ihres Stils. Sie verzichtete nun weitgehend auf fantastische Übersteigerungen und lenkte den Blick auf die ritualisierten Handlungen und mechanisierten Sprachmuster ihrer Figuren, »die ebenso unbestreitbar wie nichtssagend sind«. So enttarnt der Roman *Das Berührungsverbot* (1970) den Vulgär-Hedonismus des gehobenen Mittelstands Ende der Sechzigerjahre als kümmerliche Reaktion auf die allseits propagierte sexuelle Freizügigkeit. In den Werken *Der Punktsieg* (1977) und *Die Zähmung* (1984) nahm Gisela Elsner Spielarten des »Zeitgeistes« satirisch aufs Korn. In *Punktsieg* verkörpert der flotte Kleinunternehmer Norbert Mechtel, der sozialdemokratisches Engagement und kulturelle Bildung wie modische Accessoires zur Schau trägt, den Prototyp des »neuen Deutschen«: flexibel, aufgeschlossen, tolerant, dynamisch und verständnisvoll. Hinter dieser Fassade aber verbirgt sich der Opportunist, der, sich selbst dieses Charakterzuges nicht bewusst, letztlich doch nur seinen persönlichen Profit im Auge hat. Mechtel entlässt ohne Gewissensbisse 30 Näherinnen aus seiner Firma und unterstützt gleichzeitig aktiv die SPD bei ihrem Wahlkampf.

Die Zähmung erzählt die Geschichte des Rollentauschs in einer Ehe. Er: bescheidener Schriftsteller mit Anfangserfolgen. Sie: ambitionierte Filmemacherin mit Drang nach Höherem. Nach der Geburt des ersten Kindes, das zuerst noch von der Mutter versorgt wird, erzieht die verhinderte »Künstlerin« den Ehemann nach und nach zur treu sorgenden »Hausfrau«, um sich selbst verwirklichen zu können. Die Autorin bedient sich dabei sämtlicher Klischees, die zur Charakterisierung gängiger Rollenstilisierung üblich sind – nur eben unter umgekehrtem Vorzeichen. Den Höhepunkt dieser Satire liefert das Schlussbild: Bettina erwartet von ihrem Liebhaber ein zweites Kind, der Ehemann erklärt sich bereit, fortan die ganze Familie – den Hausfreund eingeschlossen – zu umhegen. In diesem Prosatext greift Elsner auch die Kulturschaffenden und ihre vermeintliche Korrumpierbarkeit an.

Gisela Elsner bevorzugte die Satire, weil sie »eine der kunstvollsten Darstellungsformen« sei. »Satire ist wie eine Kamera-Einstellung.« Jedes Thema fordere einen anderen Verzerrungsgrad, und in der idealen Einstellung entstehe im Schnittpunkt von Witz und Irrwitz eine Tragikomödie. Das Problem des Schreibens reflektierte sie in ihren Texten nicht, sie wollte keine »Literatur für die Literatur produzieren«.

Der Roman *Abseits* (1982) stellte wie die Erzählung *Die Zerreißprobe* (1980) eine Ausnahme in ihrem belletristischen Schaffen dar. In *Abseits* unternahm Gisela Elsner den Versuch, »eine wahre Geschichte, eine Fallstudie, so darzustellen, wie sie geschehen ist«. Eine junge bürgerliche Frau, die die Trostlosigkeit und Ereignislosigkeit ihres Lebens zuerst mit Tabletten bekämpft hat, wählt nach dem Scheitern ihrer Ehe den Freitod. In diesem Prosawerk, das auf Gustave Flauberts *Madame Bovary* anspielt, verzichtete die Verfasserin auf jegliche satirische oder karikaturistische Überzeichnung und bot ganz gegen ihre Gewohnheit eine Identifikationsfigur an. *Die Zerreißprobe*, Titelerzählung des gleichnamigen Erzählbandes, kann als der einzige Text Gisela

Elsners gelten, der auf ihre unmittelbare persönliche Erfahrung zurückgeht. Die Ich-Erzählerin vermutet, dass sie Überwachungsobjekt des Verfassungsschutzes sei. Hysterie und Verfolgungswahn ergreifen allmählich Besitz von der Frau, beeinflussen ihre Verhaltensweisen und Wahrnehmungen, verwischen die Grenze zwischen Realität und Einbildung. Dass bis zum Schluss offen bleibt, ob die Ich-Erzählerin tatsächlich bespitzelt wird, ist ein Indiz dafür, dass es der Autorin nicht nur darum ging, tatsächliche Übergriffe des Ordnungsstaates auf Privatpersonen öffentlich anzuklagen. Sie wollte vielmehr festhalten, »wieviel persönliche Freiheit unter Umständen ein Bürger der BRD hat oder nicht hat« (Gisela Elsner).

In ihrem 1989 erschienenen Roman *Fliegeralarm* setzte sich Gisela Elsner auf ungewöhnliche Weise mit der Zeit des Zweiten Weltkrieges auseinander. Wie deutsche Großstadtkinder Hitlerpropaganda und Krieg erlebten, wird aus der Sicht eines fünfjährigen Mädchens berichtet. Durch Nazi-Parolen indoktriniert, sind aus den »unschuldigen« Kindern bösartige, kleine Monster geworden, die mit unglaublicher Skrupellosigkeit die Welt der Erwachsenen – die mittlerweile nur noch das Ende des Regimes herbeiwünschen – nachahmen. Sechsjährige »militante SS-Männer und ihre Frauen«, die sich manchmal überlegen, ihre abtrünnigen Eltern bei der »Gestapo« zu denunzieren, nehmen einen gleichaltrigen Jungen gefangen, den sie aufgrund bruchstückhaft kolportierter »Informationen« für einen Juden und Kommunisten halten. In einer Ruine errichten sie das »Wätz-KZ« und quälen dort den »Untermenschen« aus der Nachbarschaft zu Tode. Bei einem Bombenangriff wird die Leiche des kleinen Rudi Tründel verschüttet, niemand wird je den Mord nachweisen können.

Auch in ihrem engagierten Aufsatzband *Gefahrensphären* (1988), der essayistische Beiträge zu Literatur, Politik und Gesellschaft enthält, griff Gisela Elsner das Thema Nationalsozialismus auf: *Sterben und Sterbenlassen* analysiert Wirkungsstrategien faschistischer Kriegslieder – dieser Beitrag wurde ebenso wie *Die Volkszertreter. Über die Regierungserklärungen der Bundeskanzler der Bundesrepublik Deutschland* von öffentlichen Rundfunkanstalten »zensiert«. In *Ehre wem Ehre gebührt* klagt die Autorin bundesdeutsche Gerichte an, die die Verbrechen des Nationalsozialismus wie Kavaliersdelikte behandelten. Sie demonstriert dies am Beispiel des Mörders von Ernst Thälmann, der in den Sechzigerjahren zu einer vierjährigen Haftstrafe verurteilt wurde. So kühl und distanziert Gisela Elsner sich in ihren Prosatexten gibt, so betroffen und polemisch zeigt sie sich in ihren faktenreichen, theoretischen Ausführungen. Aus allen ihren Werken spricht jedoch die Überzeugung, dass »eine Veränderung der Gesellschaft rascher eine Veränderung der Individuen herbeiführen wird« als umgekehrt.

Petra Ernst

Werke: *Triboll. Lebenslauf eines erstaunlichen Mannes,* zus. m. Klaus Roehler, Olten, Freiburg/Br. 1956; *Die Riesenzwerge,* R., Reinbek 1964; *Der Knopf,* Hsp., SWF 1966; *Der Nachwuchs,* R., Reinbek 1968; *Die Nölls,* Hsp., SWF 1969; *Das Berührungsverbot,* R., Reinbek 1970; *Herr Leiselheimer und weitere Versuche, die Wirklichkeit zu bewältigen,* En., Mü. 1973; *Bouvard und Pécuchet,* nach Gustave Flaubert, Hsp., NDR 1976; *Der Punktsieg,* R., Reinbek 1977; *Die Zerreißprobe,* En., Reinbek 1980; *Abseits,* R., Reinbek 1982; *Die Zähmung. Chronik einer Ehe,* R., Reinbek 1984; *Der Sterbenskünstler,* Fssp., SWF 1986; *Das Windei,* R., Reinbek 1987; *Gefahrensphären. Aufsätze,* Wien, Darmst. 1988; *Friedenssaison,* Oper, Hannover o. J. [1988]; *Fliegeralarm,* R., Wien, Darmst. 1989.

Ende, Michael, wurde am 12. 11. 1929 als Sohn des surrealistischen Malers Edgar Ende in Garmisch-Partenkirchen geboren. Er wuchs in der Schwabinger Kunst-Szene auf, besuchte das humanistische Maximilians-Gymnasium, ab 1947 die Freie Waldorfschule in Stuttgart. Nach einer zweijährigen Ausbildung an der Schauspielschule Otto Falckenberg und einem Engagement an der Landesbühne Schleswig-Holstein von 1948 bis 1951 kehrte er nach München zurück, schrieb dort Sketche und Chansons für Kabaretts und ab 1953 Filmkritiken für den Bayerischen Rundfunk. Seit 1970/71 lebte er mit seiner Frau, der Schauspielerin Ingeborg Hoffmann, als freier Schriftsteller in Genzano di Roma in den Albaner Bergen, nach dem Tod seiner Frau 1985 wieder in München; 1989 vermählte er sich dort mit der Japanerin Mariko Sato, der Übersetzerin seiner Bücher ins Japanische. Er starb am 28. August 1995 in Stuttgart. Ende wurde vielfach geehrt, unter anderem 1961 mit dem Deutschen Kinderbuchpreis, 1974 mit dem Deutschen Jugendliteraturpreis, 1981 mit dem Europäischen Jugendbuchpreis und 1983 mit dem »Silbernen Griffel«.

In seiner Rede vor der Volkacher Akademie für Kinder- und Jugendliteratur (1980) nahm Ende kritsch Stellung zu den abwertenden Vokabeln, die auf sein

Werk gemünzt waren: »Der heutige so genannte Erwachsene, dem man mit einem geradezu lächerlich armseligen Realitätsbegriff das Hirn vernagelt hat, betrachtet derartige Gestalten und Vorgänge (Riesen, Zauberfeen, Windkönige und andere Fabelwesen) als ›unrealistisch‹, als ›fantastisch‹, sogar als ›eskapistisch‹ [...]. Aber all dem, was er für sich selbst als unbrauchbar betrachtet, räumt er in der Kinderliteratur mit gönnerhaftem Lächeln eine gewisse Daseinsberechtigung ein« (*... den Menschen in der Welt wieder heimisch machen*, 1981). Dass die Poesie der Kindergeschichte *Jim Knopf und Lukas der Lokomotivführer* (1960) nicht nur Kinder fesselte, zeigt ihr weltweiter Erfolg mit Übersetzungen in viele Sprachen.

Kindern die Angst vor der Welt der Erwachsenen zu nehmen und das Kind im Erwachsenen zu wecken, ist die Absicht des Autors. Es wird das funktionierende Leben auf der Insel Lummerland vorgestellt, man begegnet ihrem Regenten mit dem sprechenden Namen »Alfons der Viertel-vor-Zwölfte«, ihrem wichtigster Bewohner »Lukas dem Lokomotivführer«, der fürsorglichen Frau Waas, einem Jungen von geheimnisvoller Herkunft namens Jim Knopf und der Lokomotive Emma, ohne die Lukas nicht Lokomotivführer wäre. Die Sorge um eine Übervölkerung der Insel veranlasst den König zur Ausweisung der Lokomotive, und weil Lukas nicht ohne Emma und Jim nicht ohne Lukas sein kann, beginnt die Reise ins Märchenland, in dem es natürlich (Halb-)Riesen und (Halb-)Drachen gibt – sie sind auch nur »halb« so schlimm – , und wo es Abenteuer zu bestehen und eine entführte Prinzessin zu befreien gilt. »Lummerland funktioniert, solange Lukas' Autorität sich auf Sachverstand und Vertrauenswürdigkeit gründet, seine Lokomotive fährt, der König regiert, Herr Ärmel sich regieren lässt und Frau Waas für Erdbeereis sorgt. Die karikaturhafte Überzeichnung der sozialen Funktionszusammenhänge hat Züge einer Satire auf die bloße Zweckgerichtetheit einer formierten Gesellschaft« (Birgit Otte).

In der Fortsetzungsgeschichte *Jim Knopf und die Wilde 13* (1962) darf sich der Erwachsene in Begleitung von Kindern zu neuen Abenteuern verführen lassen: Jims Herkunft wird aufgedeckt, eine Seeräuberbande wird bezwungen und zum guten Schluss darf Jim »mit seiner gläsernen Lokomotive, in der man das Feuer und das Wasser und den Dampf sah, durch die Abenddämmerung« fahren.

In der Kritik an der »bloßen Zweckgerichtetheit« sind die Märchenromane *Momo* (1973) und *Die unendliche Geschichte* (1979) mit diesen Abenteuergeschichten verwandt, nur wird die Kritik jetzt deutlicher herausgearbeitet: Der Held der beiden Romane ist jeweils ein Kind, das dazu bestimmt ist, die Welt vor einer Gefahr zu retten, in *Momo* vor der Gewalt der Zeitdiebe, für die Zeit nur noch Geld bedeutet, in der *Unendlichen Geschichte* vor der Gefahr des Verkümmerns der Fantasie, die den Helden der Geschichte, Bastian Bux, bedroht. Lesend erfährt er von der Gefahr, und lesend bewältigt er sie, so intensiv lesend, dass die Grenze zwischen Alltag und Fantasie aufgehoben wird. Wechselten zwischen dem 1. und dem 13. Kapitel diese beiden Bereiche des realen Lesers und des märchenhaften Lesestoffs, also des Buchs, das Bastian liest – durch rote und grüne Typografie voneinander abgesetzt – , so wird an der Zäsurstelle des Buches »die Schale des großen Eises (...) von einer ungeheuren Gewalt in Stücke gesprengt (...). Dann brauste ein Sturmwind heran und fuhr aus den Seiten des Buches heraus, das Bastian auf den Knien hielt, sodass es wild zu flattern begann.« Der Autor winkt dem Leser am Schluss der Geschichte, die genau so viel Kapitel hat wie das Alphabet Buchstaben, mit dem Zaunpfahl. Der Buchhändler, bei dem der Junge das Buch entwendet hat, schickt diesem die Worte nach: »Wenn ich mich nicht irre, dann wirst du noch manch einem den Weg nach Phantásien zeigen, damit er uns das Wasser des Lebens bringt.«

In 30 Bildern, die wie surreale Träume das Alltägliche fremd werden lassen, sind in den Erzählungen *Der Spiegel im Spiegel: Ein Labyrinth* (1984) Ängste und Hoffnungen fixiert, auch sprachlich in einer Vielschichtigkeit, die das Buch halb als philosophische Essay-Sammlung, halb als Orakel erscheinen lässt. Der Stil des Schreibens selbst wirkt glasklar, sodass es wohl am Leser liegen muss, wie er sich in den Geschichten spiegelt.

Die Helden der Geschichte *Der satanarchäolügenialkohöllische Wunschpunsch* (1989) sind nicht Menschen, sondern Tiere, der Kater Moritz und der Rabe Jakob. In heiter-humorvollem Ton werden die Gefahren des Verhextwerdens in unserem Zeitalter vergegenwärtigt: Für den bösen Zauber gibt es einen heiligen Gegenzauber.

Michael Ende hat zahlreiche Erzählungen für die Bühne bearbeitet, *Momo* zum Libretto für eine Oper in zwei Teilen umgestaltet (UA 1978), für das Gärtnerplatztheater in München in Zusammenarbeit mit Wilfried Hiller die Oper *Der Goggolori* geschaffen (UA 1985). Die »Fabel« greift zum Teil auf das Werk von Otto Reuther, *Der Goggolore*.

Eine heidnische Legende aus Altbayern (1935) zurück. Die Botschaft der Handlung, die den Bilderbogen Reuthers zu einer dramatischen Einheit umgestaltet, hat mit »Heidentum« nichts zu tun: Der Bauer Irwing schließt in seiner Jugend mit dem Goggolori einen Vertrag, durch den er reich wird, für den er ihm aber sein erstes Kind versprechen muss, ähnlich dem alttestamentarischen Jephte-Motiv. Die Eltern suchen den Vertragspartner zu täuschen, doch Zeitpoth, die Tochter, »schenkt [ihm] ihren Tod. Indem sie sich für den Anderen hingibt, sühnt sie die durch Eigennutz begründete Schuld des Vaters – ein nebenbei gut christliches Motiv der ›satisfactio vicaria‹, das den Erfolg der Oper weithin mitbestimmt haben dürfte« (D.-R. Moser). So gilt auch dieses Werk dem Bemühen, durch Poesie »den Menschen in der Welt wieder heimisch [zu] machen«. Der Autor schreibt, wissend um die Gefahren neuer Mythenbildungen, im leichten Ton des Märchen-Erzählers, christlich-human in der Grundhaltung.

Zuletzt schuf Ende in erprobter Zusammenarbeit mit dem Komponisten Wilfried Hiller *Die Jagd nach dem Schlarg*, eine »musikalische Clownerie«, frei nach dem Nonsensgedicht *The Hunting of the Snark* von Lewis Carroll (UA 1988). Die Clowns, um die es geht, »sind von einer fieberhaften, ja gespenstischen Emsigkeit erfüllt. Dieser ununterdrückbare Tätigkeitsdrang muss aber, um sich austoben zu können, ein Ziel haben. Da das Ziel jedoch beliebig ist, nennen sie es ›Schlarg‹ – und deshalb ist das einzig Konkrete, das man über das Schlarg erfährt, dass es in Wirklichkeit etwas anderes ist, das man allerdings auch nicht kennt. (...) Die Clowns versenken im Eifer ihrer angeblichen ›Jagd nach dem Schlarg‹ ihr eigenes Schiff und gehen buchstäblich ›zu Grunde‹.«

Hans Unterreitmeier

Werke: *Jim Knopf und Lukas der Lokomotivführer*, m. Illustr. v. F. J. Tripp, Stg. 1960, Neuausg. m. Illustr. v. Reinhard Michl, Stg. 1983, Theaterst., UA Hbg. 1970; *Jim Knopf und die Wilde 13*, m. Illustr. v. F. J. Tripp, Stg. 1962, Neuausg. m. Illustr. v. Reinhard Michl, Theaterst., UA Bln. 1971; *Die Spielverderber. Eine komische Tragödie in 5 Akten*, Ffm. 1967, UA Ffm. 1967, überarb. Fssg. u. d. T. *Die Spielverderber oder Das Erbe der Narren. Commedia Infernale*, Stg. 1989; *Das Schnurpsenbuch. Nonsens-Gedichte und Zaubersprüche*, m. Illustr. v. Siegfried Wagner, Stg. 1969, Neuausg. m. Illustr. v. Rolf Rettich, Stg. 1979; *Tranquilla Trampeltreu, die beharrliche Schildkröte*, m. Illustr. v. Marie-Luise Lemke-Pricken, Stg. 1972, Neuausg. m. Illustr. v. Manfred Schlüter u. Noten v. Wilfried Hiller, Stg. 1981; *Momo oder Die seltsame Geschichte von den Zeit-Dieben und von dem Kind, das den Menschen die gestohlene Zeit zurückbrachte*, m. Illustr. v. M. E., Stg. 1972, Theaterst., UA Münster 1981, Oper u. d. T. *Momo und die Zeitdiebe*, Musik v. Mark Lothar, UA Coburg 1978, Film, 1986; *Das kleine Lumpenkasperle*, m. Illustr. v. Roswitha Quadflieg, Stg. 1975; *Lirum Larum Willi Warum*, m. Illustr. v. Roswitha Quadflieg, Stg. 1978, Neuausg. m. Illustr. v. Bernhard Oberdieck, Stg. 1995; *Das Traumfresserchen*, m. Illustr. v. Annegret Fuchshuber, Stg. 1978, Libretto, Musik v. Wilfried Hiller, UA Bremen 1991; *Die unendliche Geschichte*, m. Illustr. v. Roswitha Quadflieg, Stg. 1979, Theaterst., UA Bln. 1984, Film 1984; *Der Lindwurm und der Schmetterling oder Der seltsame Tausch*, m. Illustr. v. Manfred Schlüter, m. Noten v. Wilfried Hiller, Stg. 1981, Theaterst., UA Regensburg 1981; *Das Gauklermärchen. Ein Spiel in sieben Bildern sowie einem Vor- und einem Nachspiel*, Stg. 1982, Theaterst., UA Hdbg. 1983, Oper, Musik v. Gerhard Konzelmann, UA Köln 1988; *Die Schattennähmaschine*, m. Illustr. v. Binette Schroeder, Stg. 1982; *Fantasie – Kultur – Politik. Protokoll eines Gesprächs mit Erhard Eppler und Hanne Tächl*, Stg. 1982; *Mein Lesebuch*, Anth., Ffm. 1983; *Der Spiegel im Spiegel. Ein Labyrinth*, m. Zeichnungen v. Edgar Ende, Stg. 1984; *Die Ballade von Norbert Nackendick oder Das nackte Nashorn*, m. Illustr. v. Manfred Schlüter, Stg. 1984, Neuausg. m. Illustr. v. Reinhard Michl, Stg. 1987, Theaterst., UA Zangerle 1982; *Filemon Faltenreich*, m. Illustr. v. Christoph Hessel, Stg. 1984; *Der Goggolori. Eine bairische Mär. Stück in acht Bildern und einem Epilog*, Stg. 1984, Musik v. Wilfried Hiller, UA Mü. 1985; *Die Archäologie der Dunkelheit. Gespräche über Kunst und das Werk des Malers Edgar Ende*, zus. m. Jörg Krichbaum, Stg. 1985; *Trödelmarkt der Träume. Mitternachtlieder und leise Gedichte*, Stg. 1986, UA Mü. 1984; *Ophelias Schattentheater*, m. Illustr. v. Friedrich Hechelmann, Stg. 1988; *Die Jagd nach dem Schlarg. Variationen zu Lewis Carrolls gleichnamigen Nonsensgedicht*, Stg. 1988, UA Mü. 1988, Musik v. Wilfried Hiller; *Kunst und Politik. Ein Gespräch*, zus. m. Joseph Beuys, Wangen 1989; *Das Michael Ende Lesebuch*, hg. v. Jörg Weitbrecht, Mü. 1989; *Der satanarchäolügenialkohöllische Wunschpunsch*, R., m. Illustr. v. Regina Kehn, Stg. 1989, Theaterst., UA Hbg.1990; *Die Geschichte von der Schüssel und vom Löffel*, m. Illustr. v. Tino, Stg. 1990, Neuausg. m. Illustr. v. Christoph Rodler, Stg. 1996; *Lenchens Geheimnis*, m. Illustr. v. Jindra Capek, Stg. 1991; *Worte wie Träume*, Anth., hg. v. Erich Jooß, Freiburg/Br. 1991; *Der lange Weg nach Santa Cruz*, m. Illustr. v. Regina Kehn, Stg. 1992; *Das Gefängnis der Freiheit*, En., Stg. 1992; *Der Rattenfänger. Ein Hamelner Totentanz*, Stg. 1993, UA Dortmund 1993; *Teddy und die Tiere*, m. Illustr. v. Bernhard Oberdieck, Stg. 1993; *Die Vollmondlegende. Bilderbuch für Erwachsene*, m. Illustr. v. Binette Schroeder, Stg. 1993; *Michael Endes Zettelkasten. Skizzen und Notizen*, Stg. 1994; *Die Zauberschule und andere Geschichten*, m. Illustr. v. Bernhard Oberdieck, Stg. 1994; *Mammonella oder Der Geist in der Flasche*, unvollendet, UA Mü. 1995; *Der Niemandsgarten. Aus dem Nachlaß*, Mü. 1998; *Theaterstücke*, Mü. 1999; *Vom Wunsch aller Wünsche und andere Geschichten*, m. Illustr. v. Bernhard Oberdieck,

Mü. 1999; *Die Zauberschule im Wünschelreich*, m. Illustr. v. Kathrin Treuber, Stg. 1999; *Die Rüpelschule*, m. Illustr. v. Volker Fredrich, Stg. 2002.

Endler, Adolf, wurde am 20. 9. 1930 in Düsseldorf geboren. Nach dem Schulabschluss arbeitete er in verschiedenen Berufen, u.a. als Kranführer und Transportarbeiter, als freier Mitarbeiter von Zeitungen und Zeitschriften. Nachdem gegen ihn Anklage wegen »Staatsgefährdung« erhoben worden war, übersiedelte er 1955 in die DDR. Von 1955 bis 1957 studierte er am Institut für Literatur »Johannes R. Becher« in Leipzig. Seither ist er freiberuflich als Lyriker, Kritiker, Essayist und Prosaist tätig. 1959 nahm Endler an einer Kampagne zur Landgewinnung aus Sumpfland in der Wische teil. Bis 1983 lebte er in Berlin, von 1983 bis 1990 in Leipzig, ab 1990 wieder in Berlin. Mit seiner damaligen Ehefrau Elke Erb und Rainer Kirsch unternahm er 1969 eine hunderttägige Georgien-Reise. 1979 wurde er wegen seines Protestes gegen strafrechtliche Maßnahmen, die Stefan Heym und Robert Havemann betrafen, aus dem Schriftstellerverband der DDR ausgeschlossen. Von 1991 bis 1998 leitete er gemeinsam mit Brigitte Schreier-Endler die legendären Lesungen »Orplid & Co.« im Café Clara, Berlin-Mitte. 1990 und 1995 unternahm er Reisen in die USA. Für sein schriftstellerisches Werk wurde er 1978 mit dem Förderpreis Literatur zum Kunstpreis der Akademie der Künste Berlin (West), 1990 mit dem Heinrich-Mann-Preis der Akademie der Künste (Ost), 1994 mit dem Brandenburgischen Literaturpreis, 1995 mit dem Kritikerpreis der SWF-Bestenliste und dem Brüder-Grimm-Preis der Stadt Hanau, 1996 mit der Rahel-Varnhagen-von-Ense-Medaille (gemeinsam mit Brigitte Schreier-Endler), 1998 mit der Ehrengabe der Deutschen Schillerstiftung, 2000 mit dem Bremer Literaturpreis und dem Peter-Huchel-Preis geehrt. 2001 wurde ihm das Bundesverdienstkreuz 1. Klasse verliehen.

Traumsplitter ist ein bereits 1953 geschriebenes, freilich erst in der Materialsammlung *Krawarnewall* 1997 veröffentlichtes Gedicht überschrieben, das mit den Zeilen endet: »Und kommen aus Kellern kalkgrauem Licht / auf gefalteter Zeitung geritten / Zerhackte Zerbeulte nein Augen wohl kaum / Ich versteck mich in einem Blütenbaum / Von blutgen Propellern zerschnitten / er kreischt er bricht – // – Hörts nie auf das / Kreischen und Brechen?« In diesem frühen Gedicht sind bereits viele Ingredienzien zu entdecken, die das »Endlereske« ausmachen: die Vorliebe für schrille Lautballungen, die scharfen Endreimschläge, die in Gleißlicht getauchte Szenerie, die Wortketten der Beschädigung und Verletzung, die Starkverben schneller Bewegtheit, die Restbilder blühender Sehnsucht, mithin ein – mit Bachtin – grotesker Realismus. Dieses Gedicht erstaunt zunächst, weil die ersten dann in der DDR publizierten Gedichtbände *Erwacht ohne Furcht* (1960) und *Die Kinder der Nibelungen* (1964) eher auf plebejisch-revolutionäre Dichtungstraditionen rekurrierten und in ihrem aufklärerischen, zuweilen agitatorischen Gestus noch sehr dem weiland üblichen Lyrikkanon Tribut zollten, auch wenn im zweiten Band Anklänge etwa an Theodor Kramer, Paul Celan oder Günter Eich aufmerken ließen.

Endler kam Mitte der Fünfzigerjahre als in der Bundesrepublik verfolgter Linker mit großen Hoffnungen in den anderen deutschen Staat, die das Engagement für ein grundsätzlich Anderes – in seiner Reportage *Weg in die Wische* in sehr direkter Weise – in den späten Fünfzigerjahren beglaubigten. Doch schon in *Jessenin 1923* legt er seinem Rollensprecher in den Mund, was in den nächsten Jahren programmatisches Gewicht erhalten sollte: »Ich habe meinen Adressaten wohl verpasst / Und meine klare Botschaft klingt verrückt und wirr.«

Einen Bruch mit politischen und ästhetischen Halbherzigkeiten markierte dann ein Gedicht aus dem Jahr 1963, das *Einem ungebrochenen Rezensenten* gewidmet war. Endler avancierte in dieser Zeit zum Fürsprecher und kritischen Begleiter jener Dichterplejade, für die er den inzwischen durchgesetzten Begriff »Sächsische Dichterschule« prägte. Vehement verteidigte er als Literaturkritiker und Essayist die neuen Töne einer Sarah Kirsch und Elke Erb, eines Mickel, Braun, Jentzsch, Leising, Gressmann, Czechowski, Rainer Kirsch, die das Recht auf originäre Subjektivität und auf entschiedene Abkehr von einem akklamativen Dichtungsverständnis beanspruchten. Das Gedicht endet mit den Versen: »Wie ist ein ungebrochenes Gefühl? Mit glatten Rändern? / Meins jubelt heute, morgen schon in Not! / Meins ist gebrochen. Kann ich es denn ändern? / Willst aber du es ändern, schlag mich tot!« Von nun an war ein Dauerkonflikt mit einer weithin staatsfrommen DDR-Literaturwissenschaft und -kritik programmiert.

Schon die von Endler und Karl Mickel besorgte Lyrikanthologie *In diesem besseren Land* (1966) hatte dank ihrer Orientierung an ästhetischen Maßstäben und der Nichtaufnahme schranzenhafter Erbötigkeitslyrik für heftige Gegenreaktionen gesorgt. Im vergifteten kulturpolitischen Klima nach dem 11. Plenum 1965 mussten Endler und etliche Weggefährten ohnehin für die Schublade schreiben. Der angesammelte Zorn ist einem Aufsatz unter dem Titel *Im Zeichen der Inkonsequenz* eingeschrieben, der in der kurzen Liberalisierungsphase nach dem VIII. Parteitag der SED 1971 in »Sinn und Form« veröffentlicht werden konnte. In ihm verglich Endler einen Großteil der DDR-Literaturwissenschaft zu Recht mit einer »Gouvernante, die den blühenden Garten der Poesie beschimpft«, und konstatierte »den vollkommenen Abbruch der Beziehungen zwischen Germanisten und Poeten«. Endler selbst hat sich in Essays von bemerkenswerter Genauigkeit und polemischer Verve u.a. zu Inge Müller, Erich Arendt, Peter Huchel, Uwe Gressmann, Sarah Kirsch, Walter Werner, zur Lyrikszene der Achtzigerjahre als einer der couragiertesten Verteidiger der Poesie erwiesen. Die mit einem »Bannfluch über sämtliche relevanten Lyriker der DDR« (Endler) abgebrochene »Forum-Lyrik-Debatte« 1966 inspirierte den Dichter zu einer *Düsteren Legende von Karl Mickel*, die kaum weniger auf Endler selber gemünzt war: »... / Ob mit Eheringen, güldnen, ob mit Beilen / Zielten sie auf was man lustvoll schiebt. / (Drei Doktoren gründlich tilgen Mickels Zeilen, / Bis es keine auf der ganzen Welt mehr gibt.) // Eisig nunmehr, Heros düsterer Ballade, / Er skandierte: Each man kills the thing he loves. / Und sie taten es und schnürten ihn zum Rade. / Konnte keiner Englisch in dem Rund des Kaffs?« Dieses Gedicht konnte ebenso wie die programmatische *Brennessel*, das ultimative *Lied vom Fleiß* oder das titelgebende *Sandkorn* erst 1974 erscheinen.

»Ich opponiere indessen gegen diese ständig zur Erstarrung und Abtötung des Lebens strebende Welt.« Diese Selbstauskunft deutet an, warum Endler seit Mitte der Sechzigerjahre entleerte Idelogiesprachen destruierte. Seine Fingerzeige auf springende bzw. wunde Punkte wurden in ihrer schneidenden Prägnanz sprichwörtlich: »Dass man ihn endlich aus dem Land rausschlage / Auf jede Antwort weiß das Schwein die Frage« (*Der Unbequeme*, 1971). Andere Kunst-Stücke sind jenen Maschinen Tinguelys vergleichbar, die sinnlos und reizvoll die Mechanik der Arbeit simulieren, wie in der monströsen Farce von hundert Zeilen verstechnisch perfekter Zeilenschinderei *Das Lied vom Fleiß*. Gegen eingeforderte *Himmelstapezierer*-Panegyrik setzt er eine Erlebniswelt des Berliner Hinterhof- und Kneipenmilieus mit seinen Außenseiterexistenzen, die erfüllt ist von kichernden, fiependen, bellenden, grunzenden Geräuschen. Als Leit-Lautung tönt, schrillt, kichert ein Lachen Rabelaisscher und Chlebnikowscher Abkunft, das sich zum Hohnlachen steigert. Es treibt Grotesken hervor, die oft auf Realsatiren zitierter Beispiele ideologischer Übercodierung z.B. von Körperzeichen basieren, wie in einer *Prognostische(n) Selbstverpflichtung*: »Nicht seit zwei Planjahrfünften – gelt, Bello? – den Herzschlag der Menschen verhört!« Gleichsam als Kehrseite zentrieren viele Gedichte in der Rückbindung an den Sprecher selbst die Verletzbarkeit des Körpers – die lyrische Rede geht über die »abgeschnittene Zunge«, das »blutige Lachen«, das »Gesicht, von Gluten aufgerissen und zersägt«, »Die Augenhöhle wie die Lippe roh zerschlissen«. All dies ist zusammengestichelt durch Reimketten, vernäht mit Polemikspitzen und intertextuellen Fäden zu Nahverwandten wie Paul Gurk, Kurt Schwitters oder Günter Bruno Fuchs.

Die späten Siebzigerjahre markierten mit der Biermann-Ausweisung 1976 und dem Ausschluss Endlers aus dem Schriftstellerverband der DDR eine weitere entschiedene Radikalisierung des Endlerschen Schreibansatzes, den er fortan als »phantasmagorisch« apostrophierte. Seine erst 1994 unter dem Titel *Tarzan im Prenzlauer Berg* veröffentlichten *Sudelblätter* der Jahre 1981–1983 zeichnen den Erfahrungsgrund der Phantasmagorien nach: den mehr und mehr als surrealistisch wahrgenommenen Alltag im zerfallenden Staatsgebilde DDR, dem künstlerisch nur noch in Steigerungsformen des »schwarzen Humors« beizukommen war. Der in der DDR-Öffentlichkeit Verfemte verfeinerte nun Textformen, die sich optimal in Wohnungslesungen darbieten bzw. in der entstehenden nichtoffiziellen Zeitschriftenszene in Umlauf setzen ließen: Es entstand über die Jahre ein einzigartiges »work in progress«, das als kapriziös-karnevaleskes *Nebbich*-Projekt, nicht von ungefähr an François Rabelais, Arno Schmidt und James Joyce erinnernd, selbst mythenträchtig wurde und von dem die später veröffentlichten Bände *Schichtenflotz. Papiere aus dem Seesack eines Hundertjährigen* (1987), *Vorbildlich schleimlösend. Nachrichten aus einer Hauptstadt 1972–2008* (1990) oder *Die Exzesse Bubi Blazezaks im Fokus des Kalten Krieges. Satirische Collagen und Capriccios* (1995) einen nur unvollständigen Eindruck vermitteln. Konsequent folgt Endler dem Prinzip des »Hakenschlagens durch die literarische Landschaft« und lässt ein rhizomartig sich ausbreitendes Flechtwerk entstehen aus Shortstorys, Anekdoten, Zeitungsausrissen, Hinterhofdialogen, Ideologie-»Kaderwelsch«, Romanexposés und Dramoletten mit verschiedenen Spaltungsfiguren wie Bobbi Bumke Bergermann, Robert F. Kellerman, Bubi Blazezak und einer Fülle von Anagrammen seines eigenen Namens. Damit nicht genug, treibt der Verfasser ein raffiniertes Spiel mit Maskierung und Demaskierung, Autorposition und Erzählzeit, wenn etwa Mr. Andler im Jahre 2011 aus Devils Lake/North Dakota in jenes merkwürdige Gemeinwesen namens DDR zurückkehrt, in dem das nur wenig modifizierte alte Treiben der Machtchargen aus der zeit-räumlichen Abstandsprojektion umso absurder erscheint.

Auch in der Lyrik beanspruchten seit Ende der Siebzigerjahre Zitatcollagen und surrealistische Techniken größeres Gewicht. Es entstanden mehr und mehr »fratzenhafte Gedichte«, in denen »mit der Gefahr des Absturzes ins Irre-Sein wohl nicht nur kokettiert wird«, wie etwa die *Hefte des irren Fürsten* (Zyklus, 1978–1997) zeigen. Wenn in Gedichten der Achtzigerjahre Schuberts *Winterreise* und »ein übereitriger frühzeitig geafterter Seesack im wirbelnden Schnee« zusammen gesehen werden, beginnen waghalsige Balanceakte ins Ungesicherte, die in der Fallhöhe zum Plafond ehemaliger Hoffnungen ebenso wie zum Fond der Dichtungstradition das hervortreiben, was Bataille das »obszöne Werk« genannt hat: »Endlich kippt das alles kreischend ins Wüste und Kaputte um und sticht zerbeult sternenwärts«, bringt Endler die qualitative Veränderung seines poetologischen Ansatzes auf den Punkt.

Längst war Endler als engagierter Mentor und Mitstreiter von den Autoren der »Prenzlauer-Berg-Connection« (eine Endlersche Findung) wahrgenommen worden, nicht zuletzt durch die Essay-Sammlung *Den Tiger reiten* (1990). Gegen die Versuche eines Großteils des Feuilletons in den frühen Neunzigerjahren, mit der Enttarnung zweier Stasi-Zuträger aus dieser Szene alle entwickelten Ansätze eines anderen, machtfernen Lebens und Schreibens zu diskreditieren, warf Endler seine durch die Biografie gestützte Integrität in die Waagschale, welche ästhetische Maßstäbe, politische Haltung und moralisches Verhalten zusammen sehen konnte. Das ging immer nur aus einer Schrägsicht von außen-unten, die ihn auch die Verwerfung alles Gewohnten in der »Wende« gelassener beurteilen ließ: »Die DDR war für mich schon lange ... sowas wie die Absurdität der Welt in der Nussschale. Vielleicht habe ich da die Bedeutung der DDR überschätzt. Die Absurdität der Welt ist natürlich geblieben, auch wenn die Nussschale geplatzt ist.«

Es verwundert kaum, dass in seinem Reisebericht über eine zweite USA-Reise 1995 *Warnung vor Utah* zuvörderst die skurrilen Koinzidenzen im Mormonenstaat mit DDR-Albträumen, die Spurensuche nach der amerikanischen Beat-Literatur und der subversive Blues der Underdogs das Interesse des Diaristen finden. Und während der Dichter Endler nach der Jahrtausendwende an einer Quasi-Biografie *Wohnungen* schreibt – Adolf Endler ist in seinem Leben Hunderte Male umgezogen und hat sich die Zuschreibungen des Nicht-Sesshaften, Flaneurs, Outcasts entnervend genug verdient –, weist eine Liebeserklärung Wolfgang Hilbigs auf den singulären Platz, den Endler in der deutschen Literaturgeschichte einnimmt: »Jedes Mal, wenn man etwas von dir liest, glaubt man, man müsse sich augenblicklich totlachen. Doch dann merkt man plötzlich, dass man schon tot war und dass man sich wieder lebendig gelacht hat.«

Peter Geist

Werke: *Erwacht ohne Furcht,* G., Halle 1960; *Weg in die Wische. Reportagen und Gedichte,* Halle 1960; *Die Kinder der Nibelungen,* G., Halle 1964; *In diesem besseren Land. Gedichte der Deutschen Demokratischen Republik seit 1945,* Hg., zus. m. Karl Mickel, Halle 1966; *Georgische Poesie aus acht Jahrhunderten,* Nachdicht., Hg., zus. m. Rainer Kirsch, Ost-Bln. 1971; *Krali Marko,* Puppenstück nach I. Teofilov, UA Ost-Bln. 1973; *Das bucklige Pferdchen. Märchenspiel in Versen,* in: »Theater der Zeit« 3/1973, UA Ost-Bln. 1973; Das *Sandkorn,* G., Halle 1974; *Nackt mit Brille,* G., Bln. 1975; *Ramayana. Theaterstück für* Kinder, zus. m. Elke Erb, UA Ost-Bln. 1975; Zwei *Versuche, über Georgien zu erzählen,* Pr., Halle 1976; *Verwirrte klare Botschaften,* G., Reinbek 1979; *Nadelkissen. Aus den Notizzetteln Bobbi Bergermanns,* Pr., Bln. 1979; *Randlage. Nr. 13.,* Pr. u. G., Bln. 1980; *Neue Nachricht von »Nebbich«,* Pr., Bln. 1980; *Akte Endler. Gedichte aus 25 Jahren,* G., Lpz. 1981; *Ohne Nennung von Gründen. Vermischtes aus dem poetischen Werk des Bobbi »Bumke« Bergermann,* Pr. u. G., Bln. 1985; *Schichtenflotz. Papiere aus dem Seesack eines Hundertjährigen,* Pr., Bln. 1987; *Akte Endler. Gedichte aus 30 Jahren,* G., Lpz. 1988; *Nächtlicher Besucher in seine Schranken gewiesen/eine Fortsetzungs-Züchtigung,* Pr., Bln. 1989; *Vorbildlich schleimlösend. Nachrichten aus einer Hauptstadt 1972–2008,* Pr., Bln. 1990; *Citatteria & Zackendullst. Notizen, Fragmente, Zitate,* Pr., Bln. 1990; *Den Tiger reiten. Aufsätze, Polemiken und Notizen zur Lyrik der DDR,* hg. v. Manfred Behn, Ess., Ffm. 1990; *Die Antwort des Poeten,* R., Lpz. 1992; *Tarzan am Prenzlauer Berg. Sudelblätter 1981–1983,* Pr., Lpz. 1994; *Die Exzesse Bubi Blazezaks im Fokus des Kalten Krieges. Satirische Collagen und Capriccios 1976–1994,* Pr., Lpz. 1995; *Warnung vor Utah. Momente einer USA-Reise,* Pr., Lpz. 1996; *Trotzes* *halber*, G., Rudolstadt 1999; *Der Pudding der Apokalypse – Gedichte von 1968–1998*, Ffm. 2000; *Das Greisenalter, voilà*, G., Dresden 2001.

Endres, Ria, wurde am 12. 4. 1946 in Buchloe geboren. Sie besuchte von 1958 bis 1966 das Gymnasium der Dominikanerinnen in Wettenhausen. Dann studierte sie Germanistik, Philosophie und Geschichte in Würzburg, von 1969 bis 1972 in Frankfurt am Main, wo sie 1972 das Staatsexamen in Germanistik und Geschichte ablegte. Von 1973 bis 1980 war sie als Lehrbeauftragte an mehreren Hochschulen tätig, 1978 promovierte sie über Thomas Bernhard. Seitdem lebt sie als freie Autorin in Frankfurt. 1982 erhielt Endres das Stipendium der Villa Massimo in Olevano Romano, 1989 in Darmstadt den Dramatikerpreis des »Bundes der Theatergemeinden« für ihr Stück *Acht Weltmeister*, 1996 das Baldreit-Stipendium der Stadt Baden-Baden.

Ihr erstes erzählerisches Werk war *Milena antwortet* (1982), ein langer Brief von Milena Jesenská (1896–1944) an ihren Geliebten Franz Kafka. Endres gibt der Prager Journalistin, Übersetzerin und Widerstandskämpferin, die im KZ Ravensbrück ermordet wurde, eine eigene Stimme zurück, gegen den übermächtigen Chor der Briefe Kafkas und der Kafka-Exegeten. Jesenskás Briefe an Kafka gelten als verschollen. Milena fährt im Zug zugleich von Prag nach Wien und von Wien nach Prag, geht durch das moderne und durch das alte Prag der Zwanzigerjahre und erinnert sich. Die Erzählperspektive wechselt: »Keine Asche mehr in meinen Augen, aber Wind in den Haaren, eine Abreise aus dem Schwitzkasten meiner Vergangenheit heraus. Endgültiger Abschied von mir selbst. Welche Milena bin ich?« Zentrales Thema ist die unmögliche Liebe zu Kafka, der Begegnungen mit ihr immer wieder verzögerte und verhinderte. Figuren aus Kafkas Texten kommen ins Spiel: ein philosophierender Schimpanse, der/die winzige und geheimnisvolle, äußerst bewegliche und freiheitsliebende Odradek, ein wortgewandter, aber schweigsamer grauer Papagei. Das Buch endet mit Reise- und Kindheitserinnerungen, Visionen und Träumen.

In ihren Essays analysiert Endres das Patriarchat und seine zerstörerischen Bild- und Denkwelten. Ihre Aufsehen erregende Dissertation *Am Ende angekommen* (1980) ist »von Wut inspirierte Abrechnung« (Reinhard Baumgart) und kühle und genaue Analyse von Thomas Bernhards Texten zugleich. Die Autorin spricht eine poetische Sprache. Grundlage ihrer Interpretationen bilden Strukturalismus, Psychoanalyse, Kritische Theorie und feministische Wissenschaft. Endres beschreibt Bernhard als einen, der Patriarch sein will, sich in die Reihe seiner selbstgewählten geistigen Väter stellt. Seine Sprache produziere »[d]en männlichen Sprachpilz. Dieser ist das Produkt künstlicher Fruchtbarkeit. Sie soll die Impotenz überdecken. Aber die Produkte des Phallozentrismus sind Totgeburten. Sie lagern als Sprachserien vor der unsichtbaren Wand. Die [Sprach-]Maschine kann sie nicht überschreiten.« Das mechanische Sprechen der Bernhardschen Männerfiguren wird als vergeblicher Versuch der Selbstzeugung interpretiert, die aber »in die leere Bewegung der Worte hinein, aus[läuft]«. Das Ziel der ungeheuren Anstrengung des »Vaterwerdens, des Zeichenbildens und der Verdopplung des Männer-Ichs durch das Sprechen« in Bernhards Texten ist für Endres der Tod. »Das große Universum der männlichen Geniewelt ist eine Landschaft des Todes.« Endres setzt dagegen eine weibliche Utopie als Schlusswort: »Der schöne Traum, die Welt aus den Angeln zu heben, kann immer schwerer geträumt werden. Der patriarchale Klebstoff sitzt in allen Ritzen. Er ist längst brüchig. Wir werden ihn noch brüchiger machen. Dann befreien wir diesen Traum.«

Weitere essayistische Studien zu einem »Großen der modernen Literatur« sammelt das Buch *Am Anfang war die Stimme. Zu Samuel Becketts Werk* (1986). Becketts ästhetische Radikalität steht für Endres noch vor der literarischen Avantgarde. Die Gespräche zwischen Becketts Figuren finden »nach der großen Katastrophe (des Patriarchats) statt, Bernhards Figuren dagegen [agieren] während der Katastrophe«. In den vier Essays zu Becketts Texten geht Endres dem Verhältnis von Sprache und Körper nach, dem Akt des Sprechens als »Schöpfung« und Destruktion, der libidinösen Energie und der Beobachtung, wie Becketts Sprache sich selbst beobachtet, formt und die Form widerruft.

Viele der für Hörfunk und Zeitschriften geschriebenen Essays untersuchen die Situation der Künstlerin in der patriarchalen Gesellschaft oder behandeln die Werke von Autorinnen, so von Ingeborg Bachmann, Elfriede Jelinek, Liesl Karlstadt, Maryse Holder, Friederike Mayröcker, Anaïs Nin, Albertine Sarrazin, Marina Zwetajewa. Gesammelte Essays erschienen 1992 *(Werde, was du bist)* und 1996 *(Abschied vom Gedicht)*. Sie gehen in ihrem Anspruch weit über die feuilletonistische Wiedergabe eines Leseeindrucks hinaus. Endres analysiert

mit wissenschaftlichen Mitteln, ohne ihren persönlichen Standpunkt zu verbergen. Das »psychologische Seziermesser« gehört dazu, ohne aber biografische Fakten auf die Texte zu übertragen.
Neben zahlreichen Hörspielen schreibt Endres auch für das Theater. *Der Kongress* (1985) wirft den Blick hinter die Kulissen eines Frauenkongresses: eine berühmte Autorin ist die tragische Heldin, die der Ruhm zu einem Monstrum gemacht hat. *Acht Weltmeister* (1987) zeigt acht Männer, die, beobachtet von einer Videokamera, auf dem Dach eines Hochhauses einen absurden Weltrekordversuch im Zu-acht-auf-einer-Parkbank-Sitzen unternehmen und dabei komisch und erschreckend zugleich männliche Verhaltensmuster enthüllen. *Aus deutschem Dunkel* (1988) ist ein teils autobiografischer Bilderbogen: Eine Frau geht durch die geschlossenen Welten ihrer Erziehung bei den Großeltern auf dem Land und in einer Klosterschule, streitet um einen imaginären Mann und findet schließlich ein banales Ende. *Zorn* (1991) verwandelt die Krankheitsgeschichte des Autors Fritz Zorn in einen Zweiakter und spaltet Zorn in zwei Hauptfiguren, den angepassten Sohn und den Rebellen. *Der Leibwächter* (1995) ist eine Hommage an und ein Portrait von George Tabori aus der Sicht seines Leibwächters: »In Deutschland wird der Fremde geschützt.«

Patricia Hallstein

Werke: *Am Ende angekommen. Dargestellt am wahnhaften Dunkel der Männerporträts des Thomas Bernhard*, Diss., Ffm. 1980; *»Ist das die wahre Liebe«. Literatur und Sexualität in Becketts Werk*, Ess., Ffm. 1980; *Das fröhliche Endspiel*, Hsp., WDR 1981; *Der Osterhasenzug*, Hsp., WDR/BR 1981; *»Die Wahrheit ist dem Menschen zumutbar«, zur Dichtung der Ingeborg Bachmann*, Funkess. SDR/SWR 1981; *Milena antwortet. Ein Brief*, Pr., Reinbek 1982, Ffm. 1996; *Wo die Liebe hinfällt*, Hsp., BR 1982; *»Lest gründlich, liebkost die Einzelheiten«. Zu Vladimir Nabokovs: »Die Kunst des Lesens/Meisterwerke der europäischen Literatur«*, Funkess., 1983; *Theodor Lessing – ein Unbekannter der »verfluchten Kultur«*, Funkess., SDR 1983; *Über Vladimir Nabokov: »Sprich, Erinnerung, sprich«*, Funkess., 1983; *Auferstehung des Fleisches*, Hsp., WDR 1983; *Freistil für Damen*, Hsp., WDR 1984; *Tango zu dritt*, Hsp., WDR 1984; *Sprünge ins Nichts. Albertine Sarrazin*, Funkess., 1985; *Una vita – Ein Fiasco. Der unbekannteste Roman Italo Svevos*, Funkess., 1985; *Ein Weltreisender in Sachen Liebe*, Hsp., RB 1987; *Der Kongreß*, Theaterst., Reinbek 1987, UA Osnabrück 1993, Hsp., WDR 1989; *Am Anfang war die Stimme. Zu Samuel Becketts Werk*, Ess., Reinbek 1986, Ffm. 1991; *Zwillinge*, Hsp., WDR 1987; *Acht Weltmeister*, Theaterst., Reinbek 1987, UA Darmst. 1990; *Aus deutschem Dunkel*, Theaterst., Reinbek 1988, UA Bremen 1992; *Denken ohne Geländer. Hannah Arendt: Wege in die Philosophie und ins tätige Leben*, Ess., Ffm. 1988; *»Ich habe das Recht, nicht mein eigener Zeitgenosse zu sein«. Die russische Dichterin Marina Zwetajewa*, Funkess., DLF 1988; *Poetische Vollstreckungskunst. Friederike Mayröcker: »mein Herz mein Zimmer mein Name«*, Funkess., 1988; *»Die Gesänge des Maldoror« von Lautréamont*, Funkess., DLF 1988; *Valse éternelle – Ein Brief*, Hsp., SDR 1989; *Kurz und schmerzlos*, Hsp., RB 1990; *Das Leben, ein Alptraum*, Hsp., SWF 1991; *Eine Geliebte für immer*, Hsp., RB 1991; *Weltmeister*, Hsp., BR 1991; *Der Zwischenmensch*, R., Ffm. 1991; *Zorn*, Theaterst., UA Zür. 1991, Hsp., 1995; *Werde, was du bist: Literarische Frauenportraits*, Ffm. 1992; *Dr. Alzheimer bittet zu Tisch*, Hsp., SWF/BR 1993; *Gründung einer Akademie*, Hsp., WDR 1993; *In der Not frißt der Teufel Fliegen*, SWF 1993; *Der Leibwächter. Ein Stück für einen Theatermann*, Theaterst., Dortmund 1995, Hsp., SWF 1995; *Der Sehlehrer*, E., m. Brandzeichnungen v. Jürgen Brodwolf, Kat., Ffm. 1995; *Abschied vom Gedicht? Zur Lyrik Ingeborg Bachmanns*, Ess., zus. m. Maria Behre, Aachen 1996; *Letzte Reise*, Hsp., SWF 1996; *Froher Wahnsinn*, G., Baden-Baden 1997; *Der Weltuntergang findet nicht statt*, Hsp., SWF 1998; *Grüttner. Das Körpertheater des Malers Frank Grüttner, Essay von Ria Endres*, Kat., Ffm. 1999; *Unser Vater ist doch noch ein Shooting Star geworden*, Hsp., SWR 1999; *Die Dame mit dem Einhorn*, Funkess., DLR 2001; *Alles hat seine Zeit*, Hsp., SWR 2001; *Messer Jacopo Tintoretto, Maler zwischen Licht und Schatten*, Funkess., DLF 2002; *Leben ist besser als tot sein*, Hsp., SWR 2002.

Enzensberger, Christian, geboren am 24. 12. 1931 in Nürnberg, studierte Anglistik, Romanistik und Philosophie in Tübingen, Freiburg und München und lehrte dann als Universitätsdozent, seit 1979 als Professor für Englische Literatur in München. 1969 wurde ihm der Bremer Literaturpreis der Rudolf-Alexander-Schröder-Stiftung für das Buch *Größerer Versuch über den Schmutz* zugesprochen, dessen Annahme er jedoch ablehnte.
Enzensbergers *Größerer Versuch über den Schmutz* (1968) ist eine literarische Collage aus Reflexionen, Beobachtungen, Fantasien, erzählenden Elementen, ironischen Zwischenrufen und Zitaten aus der Bibel, der Wissenschaft sowie der deutsch- und englischsprachigen Literatur. Der theoretische Teil des Textes, der dem Gattungsbegriff des »Versuchs« am nächsten kommt, wird durch einen »Er« repräsentiert, der sich in indirekter Rede zum Thema Schmutz äußert. Persönliche Schmutzerfahrungen steuert eine »Sie« bei; und eine dramatisch-traumatische Geschichte stellt die dritte Komponente des Textes dar. »Sauber ist schön und gut. Sauber ist hell brav lieb. Sauber ist oben und hier. Schmutzig ist hässlich und anderswo.« Und: »25 Ausscheidungen kennt der Mensch.

Die 26. Aussonderung des Menschen ist er selbst.« Die Analyse des Schmutzes beginnt folglich bei den Menschen und stellt im ersten Teil des insgesamt vierteiligen Traktats individuelle Schmutzerfahrungen in den Mittelpunkt: Körperlichkeit, Essen, Tiere, aber auch Reaktionen im kulturellen Bereich. Es entsteht so eine Psychologie des Ekels, die Berührungs-, Ausscheidungs-, Vermischungs- und Massenschmutz unterscheidet, ironisch die Absurdität zwanghafter Sauberkeitsvorstellungen beleuchtet und schließlich resümiert: »Schmutz sei kategorial. Alle Reinlichkeit sei vergebens. Je starrer ein Ordnungssystem, desto mehr Sorten. In manchen Systemen werde der Mensch selber zum Schmutz. Er halte das Gegenwärtige für ein solches.« Der zweite Teil des Versuchs dokumentiert ein Interesse an der gesellschaftlichen Relevanz des Phänomens. Je größer der Machtanspruch sei, desto größer sei auch das Streben nach Sauberkeit und Ordnung.

Im dritten Teil des Buches, der als »Geschichte des Schmutzes« überschrieben werden könnte, wird dessen wechselnde Bedeutung bis hin zur hochindustrialisierten, kapitalistischen Zivilisation untersucht. Im Kapitalismus werde der Mensch nicht nur sich selbst entfremdet, er sei zudem der Ware untergeordnet und werde so selbst zum Schmutz. Der vierte Teil beschreibt ein in groteskem Ausmaß verschmutztes Universum; die anfangs aufgestellte These wird widerlegt: »Sauber ist nicht schön noch gut, sauber ist klug, kalt, weiß. Schmutzig ist niedrig und nah, sauber ist oben und überall. Schmutzig ist wenigstens noch, aber sauber ist nichts, sauber ist schmutzig und zornig und krank, sauber ist mächtig, sauber geht nie mehr weg: so seid ihr belehrt.«

Der Band *Literatur und Interesse* (1977) behandelt das Verhältnis von Literatur und Gesellschaft und behauptet in diesem Zusammenhang, dass die klassengesellschaftliche Erfahrungswirklichkeit von einem Sinndefizit beherrscht werde. Die Literatur stelle nun eine Möglichkeit dar, das menschliche Bedürfnis nach Sinnhaftigkeit zu befriedigen, indem sie mithilfe der Ästhetik gesellschaftliche Mängel kompensiere oder auch sinnstiftend plausibel mache. Da die Kunst die gesellschaftliche Realität strukturell harmonisiere, komme ihr eine Abbildfunktion ebenso wenig zu wie eine bewusstseinsverändernde Wirkung: »Durch ihre Form wie ihre Funktion ist Kunst immer reaktionär.«

Von diesen Einsichten geleitet ist der Roman *Was ist Was* (1987), der in zwei Erzählsträngen die Biografie des Ich-Erzählers und entscheidende Stationen der Menschheitsgeschichte miteinander verflicht. Die im Titel aufgeworfene Frage »Was ist Was« steht stellvertretend für den Versuch, mithilfe psychoanalytischer, evolutionstheoretischer, soziologischer, ökonomischer und historischer Erkenntnismethoden, durch sensibles »Nachdenken und durch Rückschluss« auf frühe Stufen der eigenen kindlichen Entwicklung die Stationen der Herausbildung von Sprache und Bewusstsein zu begreifen. Der durch den Individuationsprozess bedingte Verlust der Ganzheit auf persönlicher wie gesellschaftlicher Ebene, der sich als Sinndefizit mitteilt, wird so zum Auslöser der persönlichen Standortbestimmung des Individuums Istian im Roman.

Ausgangspunkt ist der Zustand des ungeteilten, embryonalen Selbst vor der Geburt. Die folgenden Stationen der Entwicklung Istians sind als Reaktionen auf den schmerzhaften Verlust der Ganzheit mit dem mütterlich Nährenden zu verstehen, das als Mutter Natur auch Sehnsuchtsobjekt des Kollektivs ist. Die Menschheitsgeschichte reagiert mit einer Vielzahl von männlichen Eroberungen und Erfindungen als Akten der Kompensation. Zwischen Istian und seinem Vater kommt es zu einem ödipalen Rivalitätskonflikt um die Gunst der Mutter. Die unvereinbare Vater- und Mutterwelt brechen endgültig auseinander, als der Vater, nachdem er Sohn und Ehefrau des Inzests beschuldigt hat, vor dem Ausbruch des Zweiten Weltkrieges die Familie verlässt. Der zweite Teil des Romans führt die Identitätsfindung des Protagonisten bis zu seiner Tätigkeit als Anglistikprofessor fort. Die Gefährdung des eigenen Ichs bleibt spürbar, der Wunsch nach einer »babbà-losen Welt«, einer Welt ohne Unterdrückung, Utopie. Im Zeitraffer erreicht die Historie die Gegenwart, die nach dem Scheitern der Studentenrevolte 1968 desillusioniert mit allgemeiner »Vergreisung und Hirnstarre« charakterisiert wird. Der Protagonist bekennt sich zu seiner Außenseiterrolle, sowohl in seiner Gedankenwelt als auch in seiner Homosexualität. Der dritte Teil des Romans dokumentiert eine Konsolidierung: »Nicht mit mir! Soviel ist sicher. Ich lasse mich nicht hier miteinbalsamieren, in eure Therapien, eure Kosmetik. Was nachzuleben war, habe ich nachgelebt, das Ende von der vorgelebten Spur ist erreicht, ich kann mich fragen, so oder anders?« Es bleibt der Ausblick auf eine neue Zeit, die im Bewusstsein der Jugend schon angebrochen scheint.

Jutta Ressel

Werke: *Von Hopkins bis Dylan Thomas. Englische Gedichte und deutsche Prosaübersetzungen,* Hg., zus. m. Ursula Clemen, Ffm. 1961; *Giorgios Seferis: Poesie,* Übs., Ffm. 1962; *Sonett und Poetik. Die Aussagen der elisabethanischen Sonettzyklen über das Dichten im Vergleich mit der zeitgenössischen Dichtungslehre,* Diss., Mü. 1962; *George D. Painter: Marcel Proust. Eine Biografie,* Übs., Ffm. 1962; *Lewis Carroll: Alice im Wunderland. Alice hinter den Spiegeln,* Übs., Ffm. 1963; *Edith Sitwell: Gedichte,* Mithg. u. Übs., Ffm. 1964; *Größerer Versuch über den Schmutz,* Ess., Mü. 1968; *Ogden Nash: Ich bin leider hier auch fremd,* Mithg. u. Übs., Reinbek 1969; *Edward Bond: Trauer zu früh,* Übs., Ffm. 1969; *Edward Bond: Schmaler Weg in den tiefen Norden,* Übs., Ffm. 1969; *Viktorianische Lyrik. Tennyson und Swinburne in der Geschichte der Entfremdung,* Habil., Mü. 1969; *Edward Bond: Lear,* Übs., Ffm. 1972; *D. H. Lawrence: Freitagabend für einen Bergmann,* Übs., Ffm. 1974; *Edward Bond: Bingo. Szenen von Geld und Tod,* Übs., Ffm. 1975; *Edward Bond: Der Irre. Szenen von Brot und Liebe,* Übs., in: »Spectaculum« 25, Ffm. 1976; *Literatur und Interesse. Eine politische Ästhetik mit zwei Beispielen aus der englischen Literatur,* Bd. 1: Theorie, Bd. 2: Beispiele; *William Shakespeare: Der Kaufmann von Venedig. Charles Dickens: Oliver Twist,* Mü. 1977, erw. Fssg., Ffm. 1981; *Edward Bond: Das Bündel,* Übs., Ffm. 1978; *Ian McEwan: Der Zementgarten,* Übs., Zür. 1980; *Edward Bond: Sommer,* Übs., Ffm. 1983; *Was ist Was,* R., Nördlingen 1987; *Samuel Beckett: Mehr Prügel als Flügel. Frühe Erzählungen,* Übs., Ffm. 1989; *Eugene O'Neill: Eines langen Tages Reise in die Nacht,* Übs., Ffm. 1989.

Enzensberger, Hans Magnus, wurde am 11. 11. 1929 in Kaufbeuren geboren. Seine Kindheit verbrachte er in Nürnberg; nach der Evakuierung der Stadt besuchte er Schulen in Gunzenhausen und Oettingen/Mittelfranken. Unmittelbar nach Kriegsende betätigte sich Enzensberger als Barmann und Dolmetscher der Royal Air Force. Nach dem Abitur 1949 studierte er Sprachen, Literaturwissenschaft und Philosophie in Erlangen, Freiburg i. Br. und Paris und schloss das Studium 1955 mit einer Promotion über Brentanos Poetik ab. Reisen führten ihn während des Studiums quer durch Europa. Von 1955 bis 1957 war Enzensberger Rundfunkredakteur im »Radio-Essay« des Süddeutschen Rundfunks, 1957 hielt er sich länger in den USA und Mexiko auf und veröffentlichte seinen ersten Gedichtband *verteidigung der wölfe*. Anschließend lebte Enzensberger zwei Jahre in Norwegen und ein weiteres Jahr in Italien. 1960/61 war er Lektor des Suhrkamp-Verlags, ehe er sich erneut nach Norwegen zurückzog. 1963 erhielt er den Georg-Büchner-Preis. 1965 übersiedelte Enzensberger nach Berlin und gründete dort die Zeitschrift »Kursbuch«. 1967 brach er einen Gastaufenthalt an der Wesleyan University (USA) ab; ein längerer Besuch auf Kuba schloss sich daran an. 1975 legte Enzensberger die Herausgeberschaft des »Kursbuchs« nieder und widmete sich wieder verstärkt seiner literarischen Produktion. 1979 zog er nach München um, wo er noch heute lebt. 1980 gründete er gemeinsam mit Gaston Salvatore die Zeitschrift »TransAtlantik«, die er 1982 wieder verließ. 1985 begann Enzensberger mit der Herausgabe der »Anderen Bibliothek« im Greno- und später im Eichborn Verlag, die er bis heute weiterführt. 1985 wurde ihm der Heinrich-Böll-Preis zugesprochen, 1987 der Große Literaturpreis der Bayerischen Akademie der Schönen Künste. 1997 erhielt Enzensberger den Ernst-Robert-Curtius-Preis, 1998 den Heinrich-Heine-Preis und 2002 den Ludwig-Börne-Preis sowie den Prinz-von-Asturien-Preis. Seit 2000 ist er Mitglied des Ordens »Pour le Mérite«.

Enzensberger ist als Lyriker und Essayist, Übersetzer und Herausgeber, Romancier und Kinderbuchautor, Publizist und öffentlicher Intellektueller seit fast fünfzig Jahren eine zentrale Figur im geistigen Leben der Bundesrepublik. Er debütierte 1957 mit Gedichten, die Anklänge sowohl an Benns und Brechts neue Sachlichkeit als auch an die reflexive Ironie Brentanos (über den Enzensberger promoviert hatte) aufweisen. In Versen wie »Lies keine Oden, mein Sohn, lies die Fahrpläne: / sie sind genauer« (*verteidigung der wölfe*, 1957) artikuliert sich das generationstypische Unbehagen an der metaphysisch-hermetischen Poesie und an der elitären Attitüde des Dichters, wie sie über Eliot und Pound Eingang in die Moderne gefunden hatte. Früh findet Enzensberger zu einem trockenen, ironisch-beweglichen lyrischen Ton, mit dem er Gegenstände wie »Bild-Zeitung« oder »Konjunktur« kritisch, aber undidaktisch in den Blick nahm. Hand in Hand mit der lyrischen Produktion und der Wiederentdeckung der internationalen Nachkriegsmoderne für das deutsche Publikum ging die Tätigkeit als Essayist. Berühmt wurde sein Aufsatz »Die Sprache des *Spiegel*« von 1957, die erste sprach- und ideologiekritische Auseinandersetzung mit Stil und Inhalten des Nachrichtenmagazins. Unter dem Titel »Bewusstseins-Industrie« erneuerte Enzensberger 1962 seine Kritik an den Massenmedien und erkannte im Intellektuellen den Bewusstseins-»Produzenten« im Dienste der »etablierten Herrschaft« (*Einzelheiten I. Bewusstseins-Industrie,* 1962). Enzensbergers Argumentation wies deutlich neomarxistische Züge auf, wandte sich aber sowohl gegen das marxsche Schema von »Basis« und »Überbau«

als auch gegen den Ideologie-Begriff der Kritischen Theorie. Beide schienen ihm nicht geeignet, Aufklärung im Sinne einer unvoreingenommenen Analyse des gesellschaftlichen Status quo zu leisten.
Dieser undogmatische und leichthändige Umgang mit Themen und Thesen brachte Enzensberger zwar gelegentlich den Vorwurf des Opportunismus ein, erwies sich aber als überaus effektvoll und erfolgreich in einem kulturellen Milieu, das nach einem »zornigen jungen Mann« (Alfred Andersch) wie ihm verlangte. Enzensbergers nomadischer Lebensstil, seine hochwirksame Mischung aus medialer Präsenz und Absenz und seine stupende Kenntnis fremder Sprachen und Literaturen verhalfen ihm früh zu einem nahezu legendären Status. Den Vorwurf, der Autor lasse sich zu stark vom Zeitgeist bestimmen, führte Enzensberger regelmäßig ad absurdum; er selbst war es, der den Zeitgeist inspirierte. Bezeichnend für seine Gabe, die Agenda zu bestimmen, war die Gründung der Zeitschrift »Kursbuch« im Jahre 1965. »Kursbücher schreiben keine Richtungen vor. Sie geben Verbindungen an, und sie gelten so lange wie diese Verbindungen«, heißt es programmatisch in der Ankündigung durch den Herausgeber. Insbesondere in den Jahren bis 1970 war das »Kursbuch« das alles dominierende und zeitweilig in Auflagen bis zu 100000 Exemplaren vertriebene Publikationsorgan der studentischen Linken. Seinem undogmatischen und alle Festlegungen zurückweisenden Habitus blieb Enzensbergers aber auch in dieser Rolle treu. Heft 1 handelt von »Grenzübertritten in Berlin, vom Verlust einer Kneipe, von einer Stadt in Finnland, von der Lage der Intelligenz, von den Rechten und den Möglichkeiten der Schriftsteller« und brachte damit die ganze Spannweite seiner Interessen zum Ausdruck. Als Beiträger trat er in den Jahren seiner Herausgeberschaft nur selten, aber markant in Erscheinung, so im »Kursbuch 15« vom November 1968 mit *Gemeinplätze(n), die Neueste Literatur betreffend*. Mit ihnen erklärte Enzensberger keineswegs, wie oft behauptet, pauschal den »Tod der Literatur«, sondern sprach sich für dokumentarische, kollektive und damit unmittelbar »nützliche« Schreibweisen aus, wie sie seine eigene Produktion der kommenden Jahre ebenfalls bestimmen sollte. Ebenso bedeutsam war Enzensbergers *Baukasten zu einer Theorie der Medien* in »Kursbuch« 20 (1970), einer der frühesten medientheoretischen Versuche in Deutschland und zugleich eine Verlängerung seiner früheren Analysen zur »Bewusstseins-Industrie«. Auch hier argumentierte Enzensberger abweichend von der Neuen Linken, indem er nämlich ihren »Manipulations«-Verdacht gegen die Medien positiv wandte und die »sozialistischen Möglichkeiten« eines »emanzipatorischen Mediengebrauchs« in Erwägung zog.
In der Zeit nach seinem Kuba-Aufenthalt 1968/69 wandte sich Enzensberger vermehrt dem dokumentarischen Genre zu. In nicht-belletristischen Arbeiten wie dem Dokumentardrama *Das Verhör von Habana* (1970), in dem Tatsachenroman *Der kurze Sommer der Anarchie* (1972) und in den von ihm herausgebenenen Büchern *Freisprüche. Revolutionäre vor Gericht* (1970) und *Klassenbuch. Ein Lesebuch zu den Klassenkämpfen in Deutschland* (1972) manifestierte sich Enzensbergers Bemühen, seinen Beitrag zu einer engagierten Literatur zu leisten. Die bereits durch den Kuba-Aufenthalt ausgelösten Zweifel am Projekt einer marxistischen Weltrevolution gewannen jedoch bald an Gewicht. 1975 meldete sich Enzensberger mit *Mausoleum. Siebenunddreißig Balladen aus der Geschichte des Fortschritts*, einem seiner eindrucksvollsten Bücher, als Lyriker zurück und verkündete – wiederum als einer der Ersten – die Desillusionierung der revolutionären Hoffnungen. Der Fortschritt, verkörpert in 37 Persönlichkeiten von Gutenberg bis Ché Guevara, war im Mausoleum angekommen. Indem die Geschichte des Fortschritts in einen historisch viel tieferen, wissenschaftlich breiteren und überdies teleologisch zweideutigen Zusammenhang rückte, büßte sie den historischen *drive* vollständig ein, den die Studentenbewegung, ermuntert von Enzensbergers »Kursbuch«, ihr zugesprochen hatte. »Der Text bricht ab, und ruhig rotten die Antworten fort.« Dieser melancholische Schlussvers des Guevara-Gedichts kündigte an, dass sich Enzensberger fortan für anderes interessieren würde als für die Revolution: für Naturwissenschaften und Mathematik, für Diderot und Brentano und weiterhin zwar für Politik und Gesellschaft, nun aber in einer ironisch-abgeklärten Betrachtungsweise. Mit seinem epischen Gedicht *Der Untergang der Titanic* (1978 erschienen, aber bereits 1969 auf Kuba begonnen) bereitete Enzensberger der bald allgegenwärtigen Rede vom »Ende der Utopien« den Weg und leitete nebenbei die Konjunktur des »Titanic«-Motivs ein. Als »Inbegriff des Fortschritts« waren die »Titanic« und ihr Schicksal wie geschaffen, Unter- und Niedergangsfantasien zu illustrieren. Gesänge wie *Fachschaft Philosophie* karikieren den studentischen Drang zum Weltgeist: »Wie ein enormes Taschentuch entfalten wir / die Theorie, wäh-

rend vor dem verbunkerten Seminar / bescheiden die Herren im Trenchcoat warten.«
Mit der Gründung der Zeitschrift »TransAtlantik, einer deutschen Antwort auf den »New Yorker«, verabschiedete sich Enzensberger 1980 endgültig aus dem Kreis der Kulturlinken. Demonstrativ setzte sich die Zeitschrift mit ihren Themen und Stilen und vor allem mit ihrem »Journal des Luxus und der Moden« vom akademisch-seminaristischen Habitus des »Kursbuchs« und seiner Leser ab. Wie so vieles andere, erkannte Enzensberger auch die Achtzigerjahre und ihren Geist früher als die meisten seiner Zeitgenossen und nahm in seinen Publikationen und Statements früh vorweg, was bald unter dem Stichwort »Postmoderne« verhandelt werden sollte: die Absagen an die »großen Erzählungen« der politischen Theorie, das neu erwachte Interesse an einer Ästhetik der Oberfläche und des Scheins, die Bevorzugung des Entlegenen und Abseitigen vor dem Zentralen und Relevanten und schließlich die Neigung zum »Pastiche«, der Um- und Überarbeitung von bereits Vorhandenem. Zugleich widmete sich Enzensberger mehr und mehr der Tätigkeit als Entdecker, Förderer und Vermittler älterer und neuer Literatur. So machte er als Herausgeber der »Anderen Bibliothek« Autoren wie Christoph Ransmayr, Raoul Schrott und W. G. Sebald bekannt und reüssierte selbst unter dem Pseudonym Andreas Thalmayr mit dem lyrischen Handbuch *Das Wasserzeichen der Poesie* (1985). Seiner weltbürgerlichen Neigung ging Enzensberger mit dem hellsichtigen Reportagenband *Ach Europa! Wahrnehmungen aus sieben Ländern* (1986) nach, ehe er sich nach längerer Pause mit *Mittelmaß und Wahn* (1988) wieder der politischen Essayistik zuwandte. Die Themen dieses Bandes – das Fernsehen, die »Bild-Zeitung«, das politische Personal der Bundesrepublik oder die Weltbank – zeigen, wie treu sich Enzensberger in den Gegenständen seines Interesses geblieben ist. Der Ton ist indes ein anderer geworden: Der zornige junge Mann hat sich hier in einen gelegentlich altersmilden Ironiker verwandelt.
Von Ironie und Milde war allerdings nichts zu spüren, als Enzensberger 1991 im »Spiegel« Saddam Hussein als »Hitlers Wiedergänger« geißelte und damit eine heftige, auch internationale Kontroverse auslöste. Auch die beiden sich anschließenden Lang-Essays *Die große Wanderung* (1992) und *Aussichten auf den Bürgerkrieg* (1993) fanden ein starkes Echo, wenn auch keineswegs ungeteilte Zustimmung. Zwar wurde Enzensbergers nicht nachlassende Fähigkeit gelobt, die neuralgischen Themen der Zeit auf unkonventionelle Weise anzugehen, aber andererseits wurden hier und auch anlässlich des Essaybandes *Zickzack* (1997) Zweifel laut, ob nicht der generalistische Zugriff dieser Arbeiten nur um den Preis einer sich als flott gerierenden Oberflächlichkeit zu haben sei. Mit seinen späten Essays erreichte Enzensberger nicht mehr regelmäßig die Meinungsführerschaft, die ihm mit seinen frühen Polemiken und Interventionen fast kampflos zugefallen war. Es ist aber unwahrscheinlich, dass er diesen Umstand beklagt. Unterdessen hatte Enzensberger nämlich seine Ader als Kinder- und Jugendbuchautor wieder entdeckt und mit dem *Zahlenteufel* (1997) das wohl erfolgreichste Buch seiner gesamten Laufbahn vorgelegt. Die noch immer in rascher Folge erscheinenden Gedicht- und Essaybände, Übersetzungen, Editionen und Artikel legen den Schluss nahe, dass dieses so reiche wie unangestrengt wirkende Werk noch lange nicht abgeschlossen ist.

Christoph Bartmann

Werke: *Über das dichterische Verfahren in Clemens Brentanos lyrischem Werk,* Diss., Erlangen 1955, überarb. u. d. T. *Brentanos Poetik*, Mü. 1961; *Dunkle Erbschaft, dunkler Bayou,* Hsp., 1957; *verteidigung der wölfe,* G., Ffm. 1957; *Acht Minuten Welt in Scherben – Die Anatomie einer Wochenschau,* Hsp., HR 1957; *Zupp.* Kinderb., Olten, Freib. i. Br. 1959; *Die sieben Gesichter des Erich Kästner,* Hsp., NDR 1959; *landessprache*, G., Ffm. 1960; *Museum der modernen Poesie*, Übs. u. Hg., Ffm. 1960; *Einzelheiten*, Ess., Ffm. 1962; *Gedichte. Die Entstehung eines Gedichts*, Ffm. 1962; *blindenschrift*, G., Ffm. 1964, *Politik und Verbrechen. Neun Beiträge*, Ess., Ffm. 1964; *Falter*, G., Köln 1965; *Alte Kinderbücher: Robinson Crusoe,* Hsp., NDR 1966; *Deutschland, Deutschland unter anderm. Äußerungen zur Politik*, Ess., Ffm. 1967; *Staatsgefährdende Umtriebe. Offener Brief an Bundesjustizminister Heinemann*, Bln. 1968; *Das Verhör von Habana*, Theaterst., Ffm. 1970, UA Recklinghausen 1970, Hsp., HR/WDR 1969; *Gedichte 1955–1970*, Ffm. 1971; *Taube Ohren,* Hsp., WDR 1971; *Der kurze Sommer der Anarchie. Buenaventura Durrutis Leben und Tod*, R., Ffm. 1972; *Palaver. Politische Überlegungen. 1967–1973*, Ess., Ffm. 1974; *Allerleirauh. Viele schöne Kinderreime*, Hg., Ffm. 1974; *Verweht*, Hsp., WDR 1974; *Mausoleum. Siebenunddreißig Balladen aus der Geschichte des Fortschritts*, G., Ffm. 1975; *Die Bakunin-Kassette,* Hsp., WDR/SR 1977; *Der tote Mann und der Philosoph*, Hsp., WDR/SFB/HR/SWF 1978; *Der Untergang der Titanic. Eine Komödie*, Ffm. 1978, UA München 1980, Hsp., HR/BR/SDR 1979; *Beschreibung eines Dickichts*, G., Ost-Bln. 1979. *Die Furie des Verschwindens. Gedichte,* Ffm. 1980. *Dreiunddreißig Gedichte*, Stg. 1981; *Clemens Brentano: Die Zauberwaffen der Poesie. Gedichte, Erzählungen, Briefe*, Hg., Ffm. 1981; *Bartolomé de Las Casas:*

Kurzgefaßter Bericht von der Verwüstung der Westindischen Länder, Hg., Ffm. 1981; *Politische Brosamen*, Ess., Ffm. 1982; *Wohnkampf – eine Talkshow*, Hsp., WDR/RB 1982; *Schwedischer Herbst*, Hsp., SDR 1983; *Alexander Herzen: Über die Verfinsterung der Geschichte. Zwei Dialoge aus dem 19. Jahrhundert*, Bln. 1984, UA Zürich 1989; *Der Menschenfreund. Komödie*, Ffm. 1984, UA Berlin 1984, Hsp., 1984; *Das Wasserzeichen der Poesie oder Die Kunst und das Vergnügen, Gedichte zu lesen, in hundertundvierundsechzig Spielarten vorgeführt*, u. d. Pseud. Andreas Thalmayr, Nördlingen 1985; *Gedichte 1950–1985*. Ffm. 1986; *Die winzigen Wunder von Budapest*, Hsp., SDR 1986; *Ach Europa! Wahrnehmungen aus sieben Ländern. Mit einem Epilog aus dem Jahre 2006*, Ess., Ffm. 1987; *Polnische Zufälle. Eine Reportage*, SDR/NDR 1987; *Erinnerung an die Zukunft. Poesie und Politik*. Sammelb., Lpz. 1988; *Portugiesische Anwandlungen*, Hsp., SDR 1988; *Mittelmaß und Wahn. Gesammelte Zerstreuungen*, Ess., Ffm. 1988; *Böhmen am Meer – ein Hörspiel aus dem Jahr 2006*, Hsp., WDR/NDR/SWF 1988; *Requiem für eine romantische Frau. Die Geschichte von Auguste Bußmann und Clemens Brentano*. Hg., Bln. 1988, erweit. Fssgn. Ffm. 1995 u. 1999; *Der Fliegende Robert. Gedichte, Szenen, Essays*, Ffm. 1989; *Ein Liebeskampf*, Hsp., SDR 1989; *Requiem für eine romantische Frau. Ein Liebeskampf in sieben Sätzen*, Theaterst., Ffm. 1990, UA Kassel 1990, Hsp., WDR/SFB 1983; *Diderot und das dunkle Ei. Eine Mystifikation*, Paris, Bln. 1990; *Europa in Trümmern. Ein Prospekt*, Hsp., SDR/NDR 1990; *Zukunftsmusik*, G., Ffm. 1991; *Calderón: Die Tochter der Luft. Ein Schauspiel*, Übs., Ffm. 1992, UA Essen 1992; *Die Große Wanderung. Dreiunddreißig Markierungen. Mit einer Fußnote »Über einige Besonderheiten bei der Menschenjagd«*; Ess., Ffm. 1992; *Esterhazy. Eine Hasengeschichte*, zus. m. Irene Dische, Ffm. 1993; *Aussichten auf den Bürgerkrieg*, Ess., Ffm. 1993; *The Palace. An opera in a prologue and three acts*, Libretto, zus. m. Irene Dische, London 1994, UA Savonlinna/Finnland 1995; *Diderots Schatten. Unterhaltungen, Szenen, Essays*, Übs., Bearb. u. Hg., Ffm. 1994; *Diderot oder Das dunkle Ei. Eine Mystifikation*, Theaterst., UA Freiburg 1993, Hsp., SFB/ORF 1994; *Kiosk. Neue Gedichte*, Ffm. 1995; *Nieder mit Goethe. Eine Liebeserklärung*, Theaterst., Ffm. 1995, UA Weimar 1996; *Gedichte 1950–1995*, Ffm. 1996; *Der Affekt gegen alles, was Luxus heißt*, Hsp., SDR/DLR 1996; *Voltaires Neffe. Eine Fälschung in Diderots Manier*, Paris, Ffm. 1996, UA Berlin 1997; *Zickzack. Aufsätze*, Ffm. 1997; *Der Zahlenteufel. Ein Kopfkissenbuch für alle, die Angst vor der Mathematik haben*, Kinderb., Mü. 1997; *Wo warst du, Robert?*, Kinderb., Mü. 1998; *Leichter als Luft. Moralische Gedichte*, Ffm. 1999; *Ohne uns. Ein Totengespräch*, Hsp., WDR/ORF 1999; *Geisterstimmen. Übersetzungen und Imitationen*, Ffm. 1999; *Gedichte*, Ffm. 1999; *Ohne uns. Ein Totengespräch*, Hbg.1999; *Einladung zu einem Poesie-Automaten*, Ess., Ffm. 2000; *Vom Hörensagen oder Merkwürdige Schicksale eines jungen Engländers*, Hsp., WDR 2000; *Von Riesen und Göttern*, P., zus. m T. Enzensberger, Rudolstadt 2001; *Die Elixiere der Wissenschaft. Seitenblicke in Poesie und Prosa*, Ffm. 2002; *Die Geschichte der Wolken. 99 Meditationen*, Ffm. 2003; *Nomaden im Regal*, Ess., Ffm. 2003. Hinzu kommen etwa 80 Übersetzungen aus dem Englischen, Französischen, Spanischen, Schwedischen und anderen Sprachen, namentlich von moderner Lyrik (César Vallejo, Lars Gustafsson, Pablo Neruda, W. A. Auden, William C. Williams, Jacques Audiberti u.a.) sowie eine große Zahl von Editionen und Nachworten.

Erb, Elke, wurde am 18. 2. 1938 in Scherbach in der Eifel geboren. 1950 übersiedelte sie mit der Familie nach Halle in die DDR. Sie arbeitete ein Jahr lang auf einem Volksgut und begann 1959 ein Pädagogikstudium für Russisch und Deutsch. 1963 wurde sie für drei Jahre Lektorin am Mitteldeutschen Verlag Halle. 1966 machte sie sich als Rezensentin und Gutachterin selbstständig und zog nach Berlin, Kontakte zu Sarah Kirsch, Erich Arendt, Karl Mickel und Fritz Mierau entstanden zu dieser Zeit. Von 1967 bis 1978 war sie mit dem Schriftsteller Adolf Endler verheiratet. 1968 publizierte Erb ihre ersten Gedichte. Ein Jahr später begann mit einer Reise nach Georgien auch die vielfache Übersetzungsarbeit Erbs. Texte für Kinder- und Puppentheater (auf einem Seitenweg) und editorische Aktivitäten folgten. Erb lebt heute in Berlin und Wuischke in Sachsen. 1988 erhielt sie den Peter-Huchel-Preis, 1990 den Heinrich-Mann-Preis (zusammen mit Adolf Endler), 1995 den Erich-Fried-Preis, 1998 den Norbert-C.-Kaser-Preis, 1999 den F.-C.-Weiskopf-Preis.

Die ersten Bücher Erbs erschienen in Ost und West: dem Band *Gutachten* (1975) folgte ein Jahr später *Einer schreit: Nicht!*; den Bänden *Der Faden der Geduld* (1978) und *Vexierbild* (1983) die von Sarah Kirsch ausgewählte und mit einem Nachwort versehene Textsammlung *Trost* (1982). Alle Bände enthalten Gedichte und Prosa, surreal-reale kleine Geschichten, die sich zunehmend von der Verpflichtung lösen, etwas zu erzählen. Kürze und Präzision kennzeichnen die Texte; von Anfang an fallen bei Erb die Fragen nach dem Weg, der als Metapher, als Konkretum und als Denkfigur begriffen wird, sowie nach dem Selbst auf. Besonders in *Der Faden der Geduld* versucht Erb, Dinge und Prozesse für sich selbst sprechen zu lassen, sich den endlichen Dingen zu nähern. Den Weg in die Wortarbeit markieren die zunehmend auftretenden Selbstkommentare. Das sprechende Ich wandelt sich von der bloßen Beobachterin zu einem Ich, das Sprache macht. Gedichte werden verstanden als analytische Parabeln auf das Myzel unseres Alltags im Denken und Fühlen. Einen aufschlussreichen

Zeitspiegel liefert das beigefügte Gespräch mit Christa Wolf. Es zeigt, wie Erbs Nicht-Erzählen Vorwürfe bis Verwunderung auslöste. Bereits hier deutet sich an, was Erb später in *Winkelzüge* explizit ausführen wird: nicht Menschen, sondern Themen und Gedanken werden, samt ihres Vorlebens, zu den Figuren ihres Schreibens. Erbs Werk wurde immer wieder vorgeworfen, hermetisch bis unverständlich zu sein. Tatsächlich gehen ihre Texte auf einen mitdenkenden und mitfühlenden Leser aus. Für den, der sich auf sie einlässt, stecken sie voller ungewöhnlicher Gedanken und konkreter Anspielungen auf die Zeit, aus der sie kommen.

Erbs Prosa und Gedichte enthaltender Band *Vexierbild* markiert einen weiteren Aufbruch zu eigenen Frage- und Sprachhaltungen im Werk der Autorin. Lineare Textstrukturen werden aufgelöst; zudem setzte Erb sich in den Achtzigerjahren zunehmend für sprachliche Experimente ihrer jüngsten Schriftstellerkollegen ein. Gemeinsam mit Sascha Anderson gab sie 1985 die Aufsehen erregende Anthologie neuerer Literatur aus der DDR *Berührung ist nur eine Randerscheinung* heraus.

1986 schrieb Erb, sie habe bei A. v. Droste-Hülshoff gelernt, dass Werk und Autor nicht zu trennen seien. Die Konsequenzen dieser Haltung prägen ihren 1988 erschienenen Gedichtband *Kastanienallee*. Erb legt das Prozessuale ihrer Texte offen; jedes Gedicht ist von einem Kommentar begleitet, der selbst Gedicht, Gedichtähnliches und Prosareflexion ist. Erb lässt teilhaben an dem Prozess, mit Sprache zu denken, auf dass auch wir »Satz-weise« werden. Wege sind als Texte und diese als Ermöglichungen verstanden; souveränes Handwerk und Reichtum kennzeichnen den Band. »Dass eine kindliche Wahrnehmungsweise und Wunschmomente hegerisch-hegelisch aufhebende Grundeinstellung zur Welt und eine avancierteste poetische Reflexions- und Aktionsformen erprobende künstlerische Intellektualität untergründig zusammenwirken, dass der poetischen Aktion aus noch nicht verschütteten Quellen kindlicher Rezeptivität ebenso Kraft zufließt, wie ihr andererseits strengste, disziplinierteste Reflexivität zuarbeitet – das ist ein durchgehender Zug im lyrischen Werk Elke Erbs«, so Urs Allemann in seiner Laudatio anlässlich der Verleihung des Peter-Huchel-Preises 1988.

Erbs reflektorisch radikalster Text, geschrieben 1983 bis Oktober 1989, erschien 1991 unter dem Titel *Winkelzüge oder Nicht vermutete, aufschlussreiche Verhältnisse*. Kommentar und Text lassen sich nun nicht mehr voneinander unterscheiden. Die Frage »Aber werde ich denn noch lieben?« ist die Heldin des Buches. Sprachliche Handlungen, verstrickt ins Winkelzieherische der Absichten und Verhältnisse, werden unters Mikroskop gelegt und dort gedreht, als wären sie Kristalle. Ihre Bedeutungsvalenzen öffnen sich, es entstehen Sternennetze wie Wege am Himmel. Leben und Schreiben gehen ineinander. Das Buch lässt erkennen, wie sich eine Autorin im letzten Jahrzehnt der DDR im entscheidenden Raum des Wie-spreche-ich eine Haltung erarbeitet hat, die ihr aufs Erstaunlichste nach der so genannten Wende ermöglichen wird, sich auf eine neue Lebens- und Sprachwirklichkeit einzulassen, ohne das Alte aus dem Blick zu verlieren, ohne dem einen oder anderen anheim fallen zu müssen. Elke Erb leistet hier Außergewöhnliches.

Die intertextuelle Anlage und ständige Fortentwicklung des Erbschen Werkes auch in der Auseinandersetzung mit anderen wird nirgends so konzentriert sichtbar wie in dem 1994 vorgelegten Gedichtband *Unschuld, du Licht meiner Augen*, der Erbs Beschäftigung mit dem Werk Friederike Mayröckers aufzeigt. Ein reger Wechsel imaginierter Dialoge, die Aufnahme Mayröckerscher Sprachfetzen und deren Weiterdenken, aber auch ganz eigenständige Texte zur Orientierung in der veränderten östlich-westlichen Welt kennzeichnen den Band. Erbs Gedichte gewinnen u.a. dank der Beschäftigung mit der Wiener Dichterin, einer von »drüben«, an Geschmeidigkeit und Sinnlichkeit. Eine ganz eigene Mischung aus unvermutet schönen Bildern und klarem Denken anhand von Sprache entsteht. »Elke Erb ist das, was man einen poetischen Geist nennen möchte«, so Friederike Mayröcker in ihrer Laudatio zum Erich-Fried-Preis 1995. »Das hermetische Licht bei ihr, nicht, wie von Rezipienten und der Literaturkritik meist beklagt, das hermetische Dunkel. Das hermetische Licht ist vorherrschend, die aufgeklärte Erleuchtung pflanzt sich fort …«

Nur ein Jahr später, 1995, erschien mit *Der wilde Forst, der tiefe Wald* ein Kommentarbuch anderer Art: In Interviews, politischen, autobiografischen und poetologischen Auskünften reflektiert Erb hellwach und scharf die Jahre 1989 bis 1995. Poesie, die für Erb »bündigste und gründlichste Form der Erkenntnis«, wird gegen prosaische Erklärungswut verteidigt; Reflexionen auf die eigene Herkunft und die Fremdheit bundesrepublikanischer Verhältnisse erschließen neue Räume.

Mit *Mensch sein, nicht* (1998) und *Sachverstand* (2000) hat Erb seither Bücher vorgelegt, die Gedichte, deren Entstehungsprozesse, Tagebuchaufzeichnungen und Reflexionen enthalten. Ihr reichhaltiges, an Sprach- und Denkkraft wachsendes Werk allerdings vermag heute kaum jemand zu überblicken, da es in verschiedenste Publikationsorte zerstreut ist. Erb bewegt sich ins Netz der Sprache, faltet es aus und durchdringt es, ohne es zu zerreißen. Gerade in ihrem Fall würde man sich eine Gesamtausgabe wünschen, denn hier wurde von Anfang an einem Textkosmos gearbeitet. Jedes Buch baut auf den Lotbewegungen seines Vorgängers auf. Und nur der Blick auf den Textweg von 1975 bis heute macht es möglich, diese Autorin, deren Leben in beiden Teilen Deutschlands den »Nachkrieg« durchlief, in ihrer denkerischen, sprachlichen und zeitkritischen Vitalität wahrzunehmen.

Ulrike Draesner

Werke: *Leonid Maljugin: Mein spöttisches Glück,* Übs., Bln. 1968, Hsp., Rundf. d. DDR 1970, Theaterst., UA Rostock 1971; *Simon Tschikowani: Im Ornament der Platanen,* Mit-Übs., Bln. 1970; *Howhannes Tumanjan: Das Taubenkloster,* Mit-Übs., Bln. 1972; *Viktor Rosow: Bruder Aljoscha,* Übs., Bln. 1972; *Das bucklige Pferdchen. Märchenspiel in Versen. Nach dem Poem von P. Jerschow,* zus. m. Adolf Endler, Theaterst., UA , Bln. 1973; *Krali Marko: Bulgarisches Versepos v. I. Teofilow,* zus. m. Adolf Endler, Theaterst., UA Bln. 1973; *Poesiealbum 73. Annette von Droste-Hülshoff,* Hg., Bln. 1973; *Das Märchen vom kleinen f und vom großen D. Ein Puppenspiel in Versen nach einem bulgarischen Volksmärchen,* UA Bln. 1974; *Nikolai Gogol: Die Heirat,* Übs., Bln. 1974; *Marina Zwetajewa. Poesiealbum 81,* Mit-Übs., Bln. 1974; *Gutachten. Poesie und Prosa,* Bln., Weimar 1975; *Einer schreit: Nicht!,* Pr. u. G., Bln. 1976; *Ramayana. Episches Spiel in Versen. Nach dem indischen Epos und der Nacherzählung von W. Ruben,* zus. m. Adolf Endler, Theaterst., UA Bln. 1976; *Sarah Kirsch: Musik auf dem Wasser,* Hg., Lpz. 1977; *Giuseppe Ungaretti: Freude der Schiffbrüche,* Mit-Übs., Bln. 1977; *Cantaré. Songs aus Lateinamerika,* Mit-Übs., Bln. 1978; *Alexander Block: Ausgewählte Werke. Bd. 1–3,* Mit-Übs., Bln. 1978; *Marina Zwetajewa: Puschkin und Pugatschow,* Übs., in: *M. Z. Mein Puschkin. Puschkin und Pugatschow,* Bln. 1978; *Dmitrij Schostakowitsch: Sechs Gedichte von Marina Zwetajewa. Suite für Alt und Klavier,* Übs., Lpz. 1978; *Valeri Brjussow: Ich ahne voraus die stolzen Schatten,* Mit-Übs., Bln. 1978; *Der Faden der Geduld,* Bln., Weimar 1978; *Französische Lyrik der Gegenwart,* Mit-Übs., Bln. 1979; *Marina Zwetajewa: Maßlos in einer Welt nach Maß,* Mit-Übs., Bln. 1980; *Alexander Gerow. Poesiealbum 157,* Mit-Übs., Bln. 1980; *Peter Altenberg: Die Lebensmaschinerie. Feuilletons,* Hg., Lpz. 1980; *Trost,* G. u. Pr., hg. v. Sarah Kirsch, Stg. 1982; *Vexierbild,* Pr. u. G., Bln., Weimar 1983; *Winkelzüge oder Nicht vermutete, aufschlussreiche Verhältnisse,* m. Grafiken v. Angela Hampel, Bln. 1984; *Velimir Chlebnikow: Ziehn wir mit Netzen die blinde Menschheit,* Mit-Übs., Bln. 1984; *Michail Lermontow: Einsam tret ich auf den Weg, den leeren,* G., Mit-Übs., Lpz. 1985; *Alexander Puschkin: Boris Godunow,* Übs., in: A. P., *Gesammelte Werke in sechs Bänden,* Bln. 1985; *Der Fuß thront ...* , m. Grafiken v. Angela Hampel, Bln. 1985; *Berührung ist nur eine Randerscheinung. Neue Literatur aus der DDR,* Hg., zus. m. S. Anderson, Köln 1985; *7 Texte,* m. Grafiken v. Wolfgang Smy, o. O., um 1986; *Luchterhand Jahrbuch der Lyrik 1986,* Hg., zus. m. Christoph Buchwald, Darmst., Neuwied 1986; *Ein Spiel von Spiegeln. Katalanische Lyrik des 20. Jahrhunderts,* Mit-Übs., m. Farbzeichnungen u. drei Collagen v. A. Tàpies, Lpz. 1987; *Michail Lermontow: Gedichte und* Poeme, Übs., Bln. 1987; *Die Sonnenuhr. Tschechische Lyrik aus 11 Jahrhunderten,* Mit-Übs. 2 Bde., Lpz. 1987; *Marina Zwetajewa: Gedichte. Prosa,* Mit-Übs., Lpz. 1987; *Kastanienallee. Texte u. Kommentare,* Bln., Weimar 1987; *Gesichtszüge,* m. Grafiken v. Christine Schlegel van Otten, Bln. 1987; *Mit den Schlitten zu den schwarzen Raben. Gedichte aus dem alten Russland,* Hg., m. Illustr. v. H. Teutsch, Bln. 1987; *Erwachsenheit,* m. Grafiken v. M. Voges, o.O. 1988; *Jewgenij Samjatin: Der Floh,* Übs., zus. m. S. Gladkich, in: *Russische Stücke 1913–33,* Bln. 1988; *Marina Zwetajewa: Das Haus am Alten Pimen,* Übs., Lpz. 1989; *Sarah Kirsch: Musik auf dem Wasser,* Hg., Lpz. 1989; *Annette von Droste-Hülshoff: Gedichte,* Hg., Lpz. 1989; *Marina Zwetajewa. Das Haus am Alten Pimen,* Hg., Übs., mit einer Monografie: *Ich blicke mich um – in die Zukunft. Marina Zwetajewas Gedicht-Werkstatt,* Lpz. 1989; *Winkelzüge oder Nicht vermutete, aufschlussreiche Verhältnisse,* Bln. 1991; *Nachts, halb zwei, zu Hause. Texte aus drei Jahrzehnten,* hg. v. Barbara Struzyk, Lpz. 1991; *Poet's corner 3,* G., Bln., 1991; *Galaktion Tabidse,* Mit-Übs., Bln. 1991; *Malachit,* m. Grafiken v. K. Woisnitza, Bln. 1991; *Gamajun, kündender Vogel. Gedichte des russischen Symbolismus,* Mit-Übs., Lpz. 1992; *Diana!,* m. Zeichnungen v. K. Woisnitza u. einem Gespräch von E. E. und Kerstin Hensel, Bln. 1993; *Friederike Mayröcker. Veritas. Lyrik und Prosa 1950–1992,* Hg., Lpz. 1993; *Unschuld, du Licht meiner Augen,* G., Göttingen, 1994; *Wo das Nichts explodiert,* G., m. Holzschnitten v. A. Werkmeister, Bln. 1994; *Der wilde Forst, der tiefe Wald. Auskünfte in Prosa,* Gött. 1995; *Ales Rasanau: Zeichen vertikaler Zeit,* Übs., Bln. 1995; *Oleg Jurjew: Der Frankfurter Stier,* Übs., zus. m. S. Gladkich, Bln., Mü. 1996; *Mensch sein, nicht. Gedichte und andere Tagebuchaufzeichnungen,* Basel, Weil am Rhein 1998; *Leibhaft lesen,* G., *Detlef Opitz: Andersdenken.* Laudatio, Warmbronn 1999; *Oleg Jurjew: Halbinsel Judatin,* R., Übs., zus. m. S. Gladkich, Bln. 1999; *Sachverstand,* G. u. Pr., Basel, Weil am Rhein, Wien 2000; *Olga Martynowa: Brief an die Zypressen,* Übs., Aachen 2001; *Parabel,* G., Aschersleben 2002; *Die Krux,* Pr., Basel, Weil am Rhein, Wien 2003.

Erdheim, Claudia, wurde am 6. 10. 1945 als Tochter der Psychoanalytikerin Tea Genner-Erdheim in Wien geboren. Sie studierte Philosophie und Logik in Wien, München und Kiel und promovierte 1985 mit einer Arbeit über Montegues intentionale Typenlogik. Als Lehrbeauftragte war sie an den Universitäten Kiel, Hamburg und Wien tätig. Sie lebt als freie Schriftstellerin in Wien und ist Mitglied der österreichischen IG Autoren, der »Grazer Autorenvereinigung« und des »PODIUM«. Erdheim erhielt mehrere österreichische Auszeichnungen, u.a. 1984 den Preis für Erstveröffentlichungen des Bundesministeriums für Unterricht, Kunst und Sport, 1987 den Förderpreis der Stadt Wien, 1994/95 das Staatsstipendium für Literatur, 1994 die Buchprämie des Bundesministeriums für Unterricht und Kunst, 1998 und 2000 die Buchprämie der Kunstsektion im Bundeskriminalamt sowie den Förderpreis des Theodor-Körner-Preises 1998.

Ihre beiden ersten Romane haben trotz unterschiedlichen Inhalts einen gemeinsamen Bezugspunkt: die Mutter. In ihrem Erstlingsroman *Bist du wahnsinnig geworden?* (1984) erinnert sich Claudia Erdheim an ihre Kindheit und Jugend im Wien der Fünfzigerjahre. Die Mutter, eine renommierte Psychoanalytikerin, zieht ihre beiden Töchter alleine auf; sie verhält sich einerseits fortschrittlich und emanzipiert, um ihre Kinder zu größtmöglicher Selbstständigkeit anzuhalten, andererseits drangsaliert sie die Mädchen mit ihren geradezu zwanghaften Gewohnheiten und Vorstellungen. Berichtet wird aus der Perspektive des Kindes; Gefühlsäußerungen und Kommentare bleiben weitgehend ausgespart, die Verwendung des Präsens und der lockere Erzählton lassen die täglichen Ereignisse in ihrer Unmittelbarkeit lebendig werden. Die Wiedergabe der mütterlichen Phrasen entlarvt die Ambivalenz der Mutter-Tochter-Beziehung: »Vorlesen kann sie den Kindern wirklich nicht; diese Bilderbücher; wer ist sie denn, dass sie den Kindern Blumen, Tiere, Häuser oder sonst was erklärt.« Die Kinder sollen nach den Vorstellungen der Mutter ihr emotionales Defizit intellektuell aufarbeiten. Doch erst im Akt des Schreibens scheint die Autorin diese Aufgabe zu bewältigen.

In ihrer zweiten Publikation *Herzbrüche* (1985) schildert Claudia Erdheim »Szenen aus der psychotherapeutischen Praxis«. Die Romanheldin, die »Patientin Erdheim«, attackiert in ihren tagebuchartigen Notizen die Verantwortungslosigkeit eines Psychoanalytikers, dessen Klienten durch die langwierige Behandlung in ein Abhängigkeitsverhältnis zu ihm geraten sind. Der zum Teil mit Ironie und Komik beschriebene Therapieprozess mündet für die Ich-Erzählerin in eine Katastrophe. Ihre psychologische Vorbildung und die Fähigkeit zur Selbstanalyse verwischen die Positionen; der Therapeut wird zum Therapierten, die Patientin zur Analytikerin. Die sich daraus ergebenden Komplikationen führen bei der Erzählerin zu einer schweren seelischen Krise, die sich zuletzt in Selbstmordgedanken äußert. Claudia Erdheim versucht jedoch nicht, »den Zusammenbruch zu beschwichtigen, sondern durchquert und radikalisiert« diesen Zustand, so »zerstört sie das alte Bild, das sie verkörperte« (Sigrid Weigel) und erkämpft sich die Chance für einen Neubeginn.

In ihrem dritten Roman *Ohnedies höchstens die Hälfte* (1987) fällt die Fiktionalisierung im Vergleich zu den ersten Veröffentlichungen auf. Aus einer sich zunächst harmlos präsentierenden Studie über akademische Verschrobenheit entwickelt sich eine Kriminalgeschichte im Wiener Intellektuellenmilieu. Die laienhafte detektivische Sucharbeit einer der drei Hauptfiguren, angeregt durch bekannte Muster aus Zeitung und Fernsehen, führt in Wiener Kaffeehäuser und Heurigen-Lokale, wissenschaftliche Institute und Antiquariate. Kurze, einfache Sätze werden ohne Überleitungen aneinander gereiht: »Hans steht um fünf Uhr nachmittags auf, trinkt Kaffee, setzt sich zum Schreibtisch und schweigt. Glück ruft an und fragt, ob Peter aufgetaucht ist. Die Assistentin ruft an und fragt, ob Peter da ist. Der Bruder von Peter ruft an, der Arzt ruft an, die Unperson im Auftrag der Ärztin und Peters Mutter, die noch nie angerufen hat.« Was sich auf den ersten Blick als naiver Erzählstil ausgibt, entpuppt sich in seiner konsequenten Durchführung als ironisch und kritisch. Die Schlussworte überlässt die Autorin der größten österreichischen Boulevardzeitung und demonstriert damit nachdrücklich, wie tragische, manchmal tragikomische Wirklichkeit zur täglichen Unterhaltung auf ein handliches Format zurechtgestutzt wird. So lässt sich die formale und sprachliche Gestaltung des Romans, von der Schlusswendung aus betrachtet, nicht zuletzt als immanente Kritik an zeitgenössischer Medienrealität deuten. Die Sprecherposition lässt sich in diesem Roman wie auch in späteren Texten, etwa in dem Erzählungsband *Karlis Ferien* (1994) oder *So eine schöne Liebe* (1995), selten eindeutig festmachen. Wichtiger scheint hingegen die Vorführung omnipräsenter Sprachklischees, die auf individuelle wie auf gesellschaftliche Defizite hinweisen.

Erstmals sehr konkret auf soziale Wirklichkeit bezieht sich Erdheim in ihrem Roman *Die Realitätenbesitzerin* (1993), der den zermürbenden Kampf einer Mietshauseigentümerin gegen die Machenschaften von Baumeistern, Handwerkern, Architekten und Juristen im Zuge einer Haussanierung in Wien schildert.

Petra Ernst

Werke: *Bist du wahnsinnig geworden?*, R., Wien 1984; *Herzbrüche. Szenen aus der psychotherapeutischen Praxis*, R., Wien 1985; *Karlis Ferien*, Hsp., ORF 1986; *Ohnedies höchstens die Hälfte*, R., Wien 1987; *Männer bitte klingeln*, Theaterst., szenische Lesung Wien 1991; *Die Realitätenbesitzerin*, R., Wien 1993; *Karlis Ferien*, En., Wien 1994; *Stell dir vor, was jetzt schon wieder passiert ist*, Hsp., ORF 1994; *So eine schöne Liebe*, R., Wien 1995; *Virve*, En., Wien 1998; *Eindrücke. Russischer Alltag in Bildern*, m. Fotos, Wien 1999; *Früher war alles besser. Geschichten aus Russland*, R., Wien 2000.

Erlenberger, Maria, ist ein Pseudonym. Der richtige Name und biografische Daten sind nicht bekannt; einzelne Textpassagen lassen die Vermutung aufkommen, dass sich hinter dem Pseudonym eine österreichische Autorin verbirgt.
1977 erschien Maria Erlenbergers erste Veröffentlichung, ein »Bericht« mit dem Titel *Der Hunger nach Wahnsinn,* für den sie 1978 mit dem Bremer Förderpreis für Literatur ausgezeichnet wurde. Die Kritik zeigte sich in seltener Einstimmigkeit beeindruckt von dem Erfahrungsprotokoll der etwa dreißigjährigen Frau, das sie als Insassin einer psychiatrischen Anstalt verfasst hat. Sie hatte so lange gehungert, bis sie nach einem Kreislaufzusammenbruch, den sie als eine Art Schwebezustand zwischen Leben und Tod darstellt, mit einem Körpergewicht von 32 Kilo in die Klinik eingeliefert worden war; die Diagnose lautete auf Schizophrenie. Die Schriftstellerin macht ihre Krankheit zum Hauptgegenstand ihres Berichtes. Minuziös und mit radikaler Offenheit schildert sie die einzelnen Phasen ihres »Selbstmordversuchs durch Verhungern«, der als äußerste Form der Ablehnung gesellschaftlicher Werte und ihrer Rolle als Frau gemeint ist. In diesem Zusammenhang bleiben Fragen über die herkömmliche Bedeutung der Begriffe von Krankheit und Gesundheit nicht aus. In ihrem *Hunger nach Wahnsinn* befindet sich die Frau in einem ständigen Spannungsfeld zwischen Begehren und Erfüllung, Glücksgefühl und Niedergeschlagenheit, Wachheit und Gleichgültigkeit. Der Prozess der Entpersönlichung wird paradoxerweise erst in der psychiatrischen Klinik gestoppt, in der die Kranken bei unbotmäßigem Verhalten zwar »niedergespritzt« oder angebunden werden und in der es keine Möglichkeiten des Rückzugs gibt, in der aber andererseits den Patienten »Narrenfreiheit« zugestanden wird. Als eine Art Beschäftigungstherapie beginnt Maria Erlenberger zu schreiben; akribisch zeichnet sie ihre Beobachtungen und ihr Leben in der Anstalt auf. Allmählich rückt die Tätigkeit des Schreibens als neue Form der Selbstbestimmung immer mehr in den Blickpunkt der Verfasserin: »Ich habe mir die Erwartung wiedergegeben, die ich als Kind neu erfundenen Spielen gegenüber aufgebracht hatte. Ich habe es für mich gefunden zu schreiben, und ich bemerke mit Erstaunen, wie vielfältig dieses Spiel ist und wie es immer wieder neue Variationsmöglichkeiten ergibt.«
Das Schreiben entwickelte sich zumindest für einige Jahre zur Profession. Die Autorin publizierte in rascher Folge vier weitere Bücher. *Das Erlernen der Totgeburt* (1979) schildert den Kampf einer Mutter, die ihr Kind nicht der »Beschneidungsanstalt« Schule überlassen möchte, gegen die Behörden. Die intensiv erlebte Schwangerschaft und Geburt des Sohnes werden ebenso beschrieben wie das Sterben der Großmutter. Reflexionen, Assoziationen, sachliche und weltanschauliche Passagen reiht die Autorin zügellos aneinander, wobei ihre extreme Ichbezogenheit allerdings stets im Vordergrund bleibt.
Erst der 1981 erschienene utopische Roman *Singende Erde* hebt sich durch Fiktionalisierung des Geschehens von den anderen Prosatexten ab. Die Ich-Erzählerin, die ihre Erinnerung verloren hat, begibt sich auf Wanderschaft in eine zukünftige Welt, in der die Bewohner ohne Technik und mit einer starken Bindung zur Natur ihr Dasein fristen. Ein konkretes Ereignis machte Maria Erlenberger zum Gegenstand ihrer Erzählung *Hoffnung auf Erinnern* (1982). Sie schildert ein Dichtertreffen, das »Primo festival internazionale dei poeti« in Ostia bei Rom, zu dem unter anderem Peter Handke, Erich Fried, Allen Ginsberg, William Burroughs oder Peter Orlovsky erwartet werden. Die Autorin ist als Zuschauerin angereist und beschreibt die teilweise chaotisch verlaufende Veranstaltung und ihre Begegnung mit einigen anwesenden Schriftstellern. Ob sich die Ereignisse tatsächlich so abgespielt haben, wie sie hier dargestellt werden, bleibt offen. Kritiker standen dieser Erzählung – ebenso wie schon dem Roman *Singende Erde* und dem Band mit lyrischer Prosa *Ich will schuld sein* (1980) – skeptisch gegenüber. *Ich will schuld sein* ist als lose »Gedankensammlung« konzipiert. In lyrischen Passagen, Gedankensplittern und Aphorismen verbreitet sich die Ich-Figur über ihre Träume und Trau-

mata, über Sehnsüchte, Ängste und Wunschvorstellungen.
Mit einer rein literarturkritischen Bewertung der Texte kann man dieser Autorin, bei der die Grenze zwischen realer Person und schreibendem »Ich« kaum auszumachen ist, nicht gerecht werden. Vor allem ihre ersten zwei Veröffentlichungen scheinen über den Dokumentationswert hinaus – ebenso wie andere Krankheitsberichte von Frauen – dazu geeignet, »die mythischen Bilder kränklicher, fragiler oder hysterischer Frauen in der Literatur zu entzaubern und stattdessen den Zusammenhang zwischen der Krankheit und den Zwängen der Frauenrolle zu erhellen« (Sigrid Weigel). In den letzten zwanzig Jahren wurde von der Autorin nichts mehr publiziert.

Petra Ernst

Werke: *Der Hunger nach Wahnsinn. Ein Bericht*, Reinbek 1977; *Das Erlernen der Totgeburt*, R., Reinbek 1979; *Ich will schuld sein. Eine Gedankensammlung*, Reinbek 1980; *Pilzgeruch*, E., in: »manuskripte« 1968, H. 68; *Singende Erde. Ein utopischer Roman*, Reinbek 1981; *Hoffnung auf Erinnern*, Reinbek 1982.

Ernst, Gustav, wurde am 23. 8. 1944 in Wien geboren und wuchs im Arbeiterbezirk Favoriten auf. Er studierte Philosophie, Geschichte und Germanistik, vor einem Universitätsabschluss wandte er sich jedoch dem Schreiben zu und wurde Redakteur, später Mitherausgeber der Literaturzeitschrift »Wespennest«. 1996 trennte sich Ernst von der Zeitschrift und gründete 1997 gemeinsam mit Karin Fleischanderl die Literaturzeitschrift »kolik«. Der in Wien lebende freie Schriftsteller ist zudem Mitbegründer und Leiter des »Drehbuchforum Wien«, Filmdramaturg sowie Herausgeber der Buchreihe »Edition Film« im Verlag Sonderzahl, Wien. 1980 erhielt er den Förderungspreis der Frankfurter Autorenstiftung und den Förderungspreis des Österreichischen Bundesministeriums für Unterricht und Kunst, 1982 den Förderungspreis der Stadt Wien, 1999 den Gebrüder-Grimm-Preis für sein Jugendstück *Mit mir nicht.*
Gustav Ernst fühlt sich, wie er in dem Aufsatz *Literatur und Leben* (1989) schreibt, als Mitbegründer eines »neueren literarischen Realismus in Österreich«. Ende der Sechzigerjahre gründete er, von der Studentenbewegung maßgeblich beeinflusst, mit Gleichgesinnten das literarische »Produktionskollektiv« »Gruppe Hundsblume«, 1969 trat er der Redaktion der von Helmut Zenker und Peter Henisch gegründeten Zeitschrift »Wespennest« bei. Gesellschaftsanalyse, die Anprangerung sozialer Abhängigkeitsverhältnisse sowie der Protest gegen die verkrusteten Machtstrukturen des Literaturbetriebs standen im Vordergrund. Die erste Veröffentlichung Ernsts, die Textsammlung *Plünderung* (1970), in subjektivem Ton gehalten, erscheint noch wenig »kämpferisch«. Aber dem »neuen Realismus«, wie Ernst ihn verstand, ging es zwar um eine Politisierung der Literatur, aber nicht nur, »indem man politische Vorgänge schildert«, sondern politische Vorgänge etwa auch »im Seelenleben des Menschen, im intimsten Zusammenleben« sieht. Die Prosasammlung *Am Kehlkopf* (1974) setzt diesen »Kulturkampf« nun erstmals um – mit der Literarisierung exemplarischer Einzelschicksale von Unterprivilegierten und Unangepassten.
Das Jahr 1979 war für Ernsts Schaffen ein einschneidendes. Mit dem Roman *Einsame Klasse* erschien sein bis dato umfangreichstes Werk, eine »Analyse einer gesellschaftlichen Bewegung zu zweit« (G. Ernst). Er thematisiert darin in einer Aneinanderreihung von Momentaufnahmen und Szenen die schwierigen Lebens- und Arbeitsbedingungen junger Künstler und liefert dabei auch eine Diskussion österreichischer Kulturpolitik. Seit der Uraufführung seines ersten Theaterstücks, *Ein irrer Hass* (1979), wurde das Drama zu einer zunehmend wichtigen Ausdrucksform für Ernst (bis 2002 gelangten elf Theaterstücke zur Aufführung). Mit seinem Theater des »unterdrückten Körpers«, das sich der Elemente des Volksstücks bedient und sich mit obszöner bzw. Fäkal-Sprache gegen Verdrängtes und Tabus richtet, stößt er immer wieder auf Ablehnung und Irritationen. Spätestens 1979 wurde auch die Vielseitigkeit Ernsts evident, er trat erstmals als Förderer und Herausgeber der ihm wichtigen Literatur auf. In *Rot ich Weiß Rot. Literatur in Österreich* wandte er sich gemeinsam mit Klaus Wagenbach gegen das vom deutschen Feuilleton gepflegte Bild einer apolitischen Literatur Österreichs.
Ende der Siebzigerjahre hatte sich Ernst schon weit von der »kulturpolitischen Kampfästhetik« der Anfänge des »neuen Realismus« wegentwickelt, er suchte nun neue Wege, wollte aber »in dieser Tradition als ein Veränderter eben verändert auch weiterschreiben«. Zum Teil fand er neue formale Wege im Drehbuchschreiben, daneben blieb die publizistische Polemik zu aktuellen Fragen weiterhin ein wichtiges Standbein. In der Prosa dauerte es bis 1987, bis er wieder veröffentlichte. Ein langer Romaufenthalt 1983/84 floss in den Roman *Frühling in der Via Condotti* (1987) ein. Ein Paar sucht

die Orte der Hochzeitsreise, die Orte des ehemaligen Glücks von vor zwanzig Jahren auf, stürzt sich aber wegen anhaltender Streitereien in Affären.

Ernsts Prosa wird zunehmend »dramatischer« und dialogischer. Der kurze Roman *Trennungen* (2000) ist ein Monolog, eine Rede an ein fiktives Gegenüber. Ein gekränktes Ich hebt zu einer Schimpftirade über Scheidung oder nicht Scheidung an. Auch die »Rede« *Die Frau des Kanzlers* (2002) stellt eine Trennung in den Mittelpunkt. In einer monologischen Invektive rollt die Ehefrau des österreichischen Bundeskanzlers ihre Ehejahre auf und fordert die Scheidung.

In seinen Theaterstücken reizt Ernst seit den Achtzigerjahren mit zunehmender Radikalität verschiedene Themen und Formen aus, Politisches dominiert aber nach wie vor: *Mallorca* (1986) behandelt die ideologische Krise der österreichischen Sozialdemokratie, *Herzgruft* (1988) das durch die Waldheim-Affäre ins Zentrum gerückte Vergessen, *Ein Volksfreund* (1994) den postmodernen Rechtsradikalismus. In *Blutbad* (1990) variiert Ernst den Klytaimnestra-Mythos als Vers-Travestie, die Groteske *Tausend Rosen* (1990) – es geht um die »Verwobenheit von Ökonomie und Sexualität«, um »eingefleischten Besitz« (G. Ernst) – treibt mit einem Nebeneinander vieler phrasenhafter Sprachmasken die dramatische Form zu einer radikalen Offenheit. Die Schablonenhaftigkeit der Figuren nimmt von Stück zu Stück zu – bis hin zum Stück *Strip* (2001), in dem ein Autor, um den durch »bloßes Schreiben« nicht eintretenden Erfolg zu kompensieren, seinen Körper veräußert. Gustav Ernst versteht, nicht zuletzt an Brecht orientiert, die dramatische Arbeit nach wie vor als eine »ästhetische Praxis des Widerstands«.

Wolfgang Straub

Werke: *Plünderung*, Pr., G, Wien 1970; *Am Kehlkopf. Vier Geschichten und ein Stück*, Pr., Bln. 1974; *Nur über meine Leiche*, Hsp., WDR/SR 1976; *Maul und Löffel*, Hsp., ORF 1977; *Einsame Klasse*, R., Mü. 1979; *Ein irrer Hass*, Theaterst., UA Ffm. 1979; *In Liebe erzogen*, Hsp., BR 1979; *Rot ich Weiß Rot. Tintenfisch 16. Literatur in Österreich*, Hg., zus. m. Klaus Wagenbach, Bln. 1979; *Exit ... Nur keine Panik*, Drehb., 1980; *Ein irrer Hass*, Theaterst., Ffm. 1981; *Einer fällt auf mich drauf*, Hsp., SFB 1982; *Wiener Dialoge I*, Hsp., SFB 1982; *Wiener Dialoge II*, Hsp., SFB 1985; *Herzklopfen*, Drehb., 1986; *Mallorca*, Theaterst., UA Wien 1986; *Frühling in der Via Condotti*, R., Wien 1987; *Herzgruft*, Theaterst., UA Wien 1988; *Herzgruft*, Hsp., ORF 1988; *Wespennest. 20 Jahre brauchbare Texte*, Hg., zus. m. Walter Famler, Wien 1989; *Drehbuch schreiben*, Hg., zus. m. Th. Pluch, Wien 1990; *Blutbad*, Theaterst., UA Wien 1990; *Tausend Rosen*, Theaterst., UA Amsterdam 1990; *Mit mir nicht*, Theaterst., UA Wien 1991; *Nahaufnahmen. Zur Situation des österr. Kinofilms*, Hg., zus. m. G. Schedl, Wien 1992; *Drehort Schreibtisch. Film schreiben in Europa und USA*, Hg., Wien 1992; *Film Kritik Schreiben*, Hg., zus. m. G. Haberl u. G. Schlemmer, Wien 1993; *1000 Rosen*, Drehb., 1994; *Franz und Maria*, Theaterst., UA Bln. 1994; *Der Volksfreund*, Theaterst., UA Wien 1994; *Sprache im Film*, Hg., Wien 1994; *Faust*, Theaterst., UA Brüssel 1995; *Exit II ... Verklärte Nacht*, Drehb., 1995; *Autoren-Film/Film-Autoren*, Hg., Wien 1996; *Casino*, Theaterst., UA Wien 1998; *Trennungen*, R., Wien 2000; *Ideale Verhältnisse*, Theaterst., UA Wien 2001; *Strip*, Theaterst., UA Wien 2001; *Casino*, Hsp., ORF 2002; *Die Frau des Kanzlers. Eine Rede*, Pr., Wien 2002; *Zum Glück gibt's Österreich! Junge österreichische Literatur*, Hg., zus. m. Karin Fleischanderl, Bln. 2003.

Erpenbeck, Jenny, wurde am 12. 3. 1967 als Tochter der Übersetzerin Doris Kilias und des Philosophen und Schriftstellers John Erpenbeck in Ost-Berlin geboren. Nach einer Buchbinderlehre studierte sie Musiktheaterregie an der Berliner Musikhochschule »Hanns Eisler«. Sie lebt als freie Autorin und Regisseurin in Berlin und bei Graz. Ausgezeichnet wurde sie neben mehreren Stipendien 2001 mit dem Preis der Jury beim Ingeborg-Bachmann-Wettbewerb in Klagenfurt.

Mit ihrer *Geschichte vom alten Kind* (1999) gab Jenny Erpenbeck ein inmitten von Pop- und Medienliteratur irritierendes Debüt. Ihrer Geschichte über ein namenloses Findelkind von angeblich 14 Jahren liegt ihren Angaben zufolge eine wahre Begebenheit zugrunde. Ihre Großmutter bekam kindliche Briefe eines Mädchens, sie traf sich mit ihr und als diese krank wurde, stellte man in der Berliner Charité fest, das es sich um eine bereits 30-jährige Frau handelte. Erpenbecks Text vereint märchenhafte Züge mit dem unglaublichen, aber möglicherweise realistischen Ereignis der Novelle; man kann ihn aber auch als Parabel auf die untergegangene DDR lesen, in der Schweigsamkeit, Opferbereitschaft und das Leben in einer Nischenkultur zu den Strategien des Überlebens zählten. Das dicke Kind wächst in einem Kinderheim auf und zeigt sich überaus bemüht, nicht aufzufallen. Seine höchste Ambition scheint darin zu bestehen, sich unsichtbar zu machen, sich demütig sozial deklassieren zu lassen. Seine Weltflucht und Lebensverweigerung in einer offenbaren Fremde korrespondieren mit einem Verständnis von »Gnade, aufgegeben worden zu sein«. Als letztes Glied in der Hierarchie glaubt es sich am Ziel seiner Träume, als es krank wird. Doch die daraus resultierende Aufmerksamkeit für das »Stück Teig mit Kopf« weckt eigene, störende Gefühle. Am Ende ist »ihr Schelmenstreich gestrandet, ihr Versuch, die Zeit anzuhalten, fehlgeschlagen«.

Mit ihrer lyrischen und leisen Sprachfindung, die fast altmodisch wirkt und doch so genau diesen Versuch einer Selbstauslöschung erzählt, arbeitet Erpenbeck auch in ihren Theaterstücken und Erzählungen. *Katzen haben sieben Leben* (2000) schildert den Machtkampf zwischen Frauen, und *Leibesübungen für eine Sünderin* (2003) ruft die Gespenster einer nachbebenden DDR. Mit der Erzählung *Sibirien*, einer Geschichte über die Rückkehr der Großmutter aus dem Krieg und ihre rabiate Entsorgung der Nebenbuhlerin, reüssierte Erpenbeck in Klagenfurt. *Sibirien* gehört zu den überzeugendsten Geschichten aus dem Erzählband *Tand* (2001), die das szenische und imaginative Denken der Autorin bekräftigen. Mit Lakonie und Ernsthaftigkeit, manchmal mit auch allzu deutlichen Symbolen und zu bedeutungsvoll raunenden Untertönen, wird auf meist indirekte Weise vom Misstrauen und von der Fremdheit zwischen den Menschen erzählt.

Thomas Kraft

Werke: *Geschichte vom alten Kind*, Ffm. 1999; *Katzen haben sieben Leben*, Theaterst., UA Graz 2000; *Tand*, En., Ffm. 2001; *Leibesübungen für eine Sünderin*, Theaterst., UA Bln. 2003.

Exner, Richard, wurde am 13. 5. 1929 in Niedersachswerfen im Harz geboren und ist in Darmstadt aufgewachsen. 1950 wanderte er in die USA aus, wo er Germanistik und vergleichende Literaturwissenschaft studierte und bei Ludwig Marcuse promovierte. Es schlossen sich Lehraufträge an der Princeton University und am Oberlin College an. Von 1965 bis 1991 war Exner Professor für Komparatistik an der University of California, Santa Barbara. Im Frühjahr 1992 kam er nach über vierzigjährigem Aufenthalt in den Vereinigten Staaten »übers Wasser zur südlichen Mauer des Alten Friedhofs in Darmstadt« nach Deutschland zurück. Er lebte zunächst in München, seit 1998 lebt er in Berlin. Exner ist Verfasser wissenschaftlicher Arbeiten zur deutschen und europäischen Literatur, u.a. einer Studie über Hugo von Hofmannsthals *Lebenslied* (1964) sowie einer Arbeit über Rainer Maria Rilkes *Marien-Leben* (1999), die den Zyklus in den Kontext der zeitgenössischen Malerei und Literatur stellt. Außerdem hat er die Aphorismen und Reflexionen von Rudolf Alexander Schröder herausgegeben und Gedichte von Heinz Piontek und Günter Bruno Fuchs ins Englische übersetzt. Als Gastprofessor war er u.a. an der Universität von Nizza, der University of Western Australia und der Münchner Ludwig-Maximilians-Universität tätig. Dazu kommen mehrere Auslandsstipendien. Exner ist korrespondierendes Mitglied der Bayerischen Akademie der Schönen Künste sowie im Internationalen P.E.N. 1982 erhielt er den Alma-Johanna-Koenig-Lyrikpreis, 1985 war er Ehrengast der Villa Massimo in Rom, ferner Guggenheim Fellowship und Awarded MacDowell Colony Fellowship 1988, 1991 und 1995.

Der erste Gedichtband von Richard Exner – lapidar *Gedichte* (1956) betitelt – zeigt noch die Nähe zu großen Vorbildern wie Rainer Maria Rilke oder Paul Celan, deren Ton in vielen Versen anwesend ist. Bis zum Jahr 1980 erfolgt dann keine selbstständige Buchveröffentlichung mehr. In der Ausgabe der *Gedichte 1953–1991* erwähnt Richard Exner den »gleichsam lebenslänglichen Aufenthalt in den Vereinigten Staaten« und fügt hinzu, dass fast alle Texte dieses Bandes außerhalb des deutschen Sprachraums verfasst worden seien. Darin äußert sich eine Gefährdung und eine Chance zugleich: Der Autor wird, wenn er als Einzelgänger auftritt, vom Literaturbetrieb nur zögernd rezipiert; umgekehrt kann er aber so seinen eigenen Stil eher gegen die marktkonformen Stilkonventionen entwickeln und behaupten.

Das wird schon deutlich im zweiten Gedichtband *Fast ein Gespräch* (1980), mit dem sich Richard Exner in die deutsche Literatur zurückmeldet. Während die Lyrik dieser Zeit wesentlich geprägt ist von einem alltagsnahen Parlando, wagt Exner den großen, fast mythischen Ton: »Wer glücklich ist, / empfindet das Fallen / als Flug.« Der Autor, der sich bewusst als Grenzgänger versteht, gebraucht vorzugsweise paradoxe Bilder, in der die Sprachlosigkeit anwesend ist und gleichzeitig aufgehoben wird. Die nun in rascher Folge erscheinenden Gedichtbände *Mit rauchloser Flamme* (1982), *Aus Lettern ein Floß* (1985) und *Ein halber Himmel* (1988) weisen Exner auch deshalb eine besondere Stellung zu, weil er darin bewusst religiöse Themen aufgreift und den Menschen als ein gefährdetes, gerade darum erlösungsbedürftiges und von der Erlösung träumendes Geschöpf beschreibt. Das Schlüsselwort im Schaffen Exners ist die »Berührung« des Menschen durch einen anderen Menschen oder durch ein Geheimnis, eine Offenbarung. Seine Gedichte handeln von der Zeichenhaftigkeit jedes Menschenlebens. Immer wieder thematisiert der

Autor die Verwandlung und Auferstehung. Nicht nur in den sieben Cantos *Die Nacht* (1990) spielt das Erleben des Lichtes und der mit ihm verschwisterten Nacht eine Schlüsselrolle. Auch die Frage, wie »nach Auschwitz« und »nach Hiroshima« noch gedichtet werden kann, wird ganz zentral angesprochen. Viele der Texte von Richard Exner sind gegen das Vergessen und die Erinnerungslosigkeit geschrieben. Dem Gedicht-Zyklus *Stätten* (1988) ist aber auch der Satz aus dem Hebräer-Brief (13, 14) vorangestellt: »Denn wir haben hier keine bleibende Stadt, sondern die zukünftige suchen wir.«
In den späteren Gedichtbänden, vor allem in den Sammlungen *Einführung im Schweigen* (1992) und *Die Zunge als Lohn* (1996) mit Gedichten der Jahre 1991 bis 1995, tritt stärker das Thema des Alterns in den Vordergrund, biografisch bedingt auch durch die Erfahrung eigener Krankheit und der wachsenden Stille, so auch in dem Gedicht auf das kalifornische Benediktiner-Kloster St. Andrew's in Valyermo, wo sich Exner regelmäßig aufhält: »später springt dich draußen / Gottes lebendiges schweigen / an des todes betäubendes / vorspiel.« Daneben erschienen verstreut oder als selbstständige Veröffentlichung wie in der Broschur *Kastanie* (1992) erste Prosatexte, teilweise noch Prosagedichte, skizzenhaft ausgeführt, die der literarischen Vergewisserung der eigenen Kindheit dienen, so die Erzählung *Wenn die Amsel schlägt* in dem bereits erwähnten Band *Ein Sprung im Schweigen* (1992).

Erich Jooß

Werke: *Gedichte*, Wiesb. 1956; *Fast ein Gespräch*, G., Mü. 1980; *Mit rauchloser Flamme*, G., Mü. 1982; *Aus Lettern ein Floß*, G., Mü. 1985; *Ein halber Himmel*, G., Mü. 1988; *Stätten*, Gedicht-Zyklus, Hauzenberg 1988; *Kindermesse*, Gedicht-Zyklus, Hauzenberg 1989; *Die Nacht, Sieben Cantos*, G., Plön 1990; *Siebenunddreißig Umschreibungen der Nähe und der Entfernung*, G., Hauzenberg 1991; *Ein Sprung im Schweigen*, G., Stg. 1992; *Kastanie*, Pr., Celle 1992; *Gedichte 1953–1991*, Stg. 1994; *Das Kind, Sechs Adventsgedichte*, Hauzenberg 1995; *Die Zunge als Lohn*, Gedichte 1991–1995, Stg. 1996; *Gedichte, Zeichnungen*, zus. m. Jan Wawrzyniak, Stg. 1998.

Faes, Urs, wurde am 13. 2. 1947 in Aarau geboren. Er studierte Geschichte und Germanistik an der Universität Zürich und promovierte 1978 mit einer Dissertation über die geistesgeschichtlichen und ethnologischen Implikationen der europäisch-afrikanischen Kulturkontakte im Zuge des Kolonialismus. Faes lebt als freier Autor in Zürich und in San Feliciano/Umbrien. Er erhielt 1986 eine Werkauszeichnung der Stadt Zürich, 1999 den Literaturpreis des Kantons Solothurn und 2001 den Preis der Schweizerischen Schillerstiftung.

»Es geht nicht mit den Menschen«, konstatiert Faes in seinem Romandebüt *Webfehler* (1983); ein Grundsatz, eine These, die für das Gesamtwerk des Schweizer Autors gilt, zumindest als Ausgangspunkt immer spürbar ist. In *Webfehler* stehen zwei Frauen im Mittelpunkt: Bettina, die jüngere, zartere, lässt sich treiben, schluckt Medikamente gegen alle möglichen Symptome; Anne, die robustere, treibt sich herum, in wechselnden Betten, auf rastlosen Reisen. Beiden Frauen fehlt es an Halt, beide halten sich an ein unentwegtes Unterwegssein, beide leiden an der Welt. Bettina landet in einer psychiatrischen Klinik, Anne bleibt nur die nüchterne Erkenntnis, dass das Leben weitergehen wird – »auf andern Wegen, mit andern Gesichtern, aber weitergehen«.

In den folgenden Romanen weitet Faes die Suche nach »Webfehlern« kontinuierlich aus, im Sucher einerseits individuelle, andererseits kollektive Fehler oder Brüche. Bereits im zweiten Roman, *Bis ans Ende der Erinnerung* (1986), erscheint der Antrieb der Geschichten im Titel: die Erinnerung. Es sind die Bedingungen des Erinnerns, die den Autor umtreiben: Wie konstituiert sich Geschichte, wie entstehen Geschichten, und, hierin offenbart sich auch die Erzähltechnik des Autors, wie viele Perspektiven sind denkbar, wie viele sind zwingend für ein Bild, eine Geschichte, einen Roman? Die eine Sicht der Dinge reicht nie aus, eine zweite kommt hinzu, eine dritte. Die Pluralität der Sichtweisen deutet sich schon in *Diese Nächte*, einem frühen Gedicht des Autors, an. Das lyrische Ich erinnert sich an glückliche Momente der Kindheit und fährt fort: »Träumereien, ich weiß / der Lärm draußen auf der Brücke / die Schlagzeilen in den Journalen« (aus *Regenspur*, 1982). Die Erinnerung wird konfrontiert mit der Gegenwart, derjenigen »draußen«, in unmittelbarer Nähe, und derjenigen der Welt. Faes' Romanfiguren stehen immer für die Summe ihres (bis zum Erzählzeitpunkt) gelebten Lebens, und nicht selten befinden sie sich im Aufbruch in ein Unterwegssein. Das Montageverfahren, dessen sich Faes erstmals in *Bis ans Ende der Erinnerung* bedient, schiebt diese Perspektiven ineinander.

Den höchsten Grad an Komplexität erreichte der Autor mit *Augenblicke im Paradies* (1994), dem bisher umfangreichsten Roman. Zugleich steht dieser Roman in der Mitte einer Trilogie, die mit dem Roman *Sommerwende* (1989) ihren Anfang nimmt und mit *Und Ruth* (2001) ihr Ende erfährt. Die Trilogie ist keine direkt vermittelte, sie ergibt sich aus den Zeiten, in denen die Romane spielen, und den Figuren. Wie nebenbei schaffen diese drei Bücher ein Bild der Schweiz von 1941 bis zur Mitte der Sechzigerjahre. Faes zeigt auf, wie die »Fröntler« im Sommer 1941 Auftrieb erhalten, wie sich Rassismus und Antisemitismus in der Schweiz breit machen, wie in den Fünfzigerjahren Amerika Einzug hält, wie noch in den Sechzigerjahren Internatsschüler traktiert werden. In die großen Geschichten sind immer Einzelschicksale verwoben, Figuren mit ihrer eigenen Geschichte. Faes' Romane sind ein Produkt genauer Recherche und tiefer Menschenkenntnis. In *Und Ruth* wird der Ich-Erzähler zur Erinnerung gezwungen; die Jahre im Internat, verdrängte Gesichter und Geschichten, tauchen wieder auf, werden zu einem Teil der Gegenwart, der Selbstmord des Zimmergenossen Erich erscheint in neuem Licht. *Und Ruth* ist, nicht nur was die Psychologie der Figuren betrifft, Faes' bisher dichtester Roman und Beleg einer sprachstilistischen Verknappung, die sich in *Ombra* (1997) erstmals ankündigt. Der Roman *Ombra* steht auf den ersten Blick quer in Faes' Schaffen. Der Autor spannt ein Netz von Andeutungen und Assoziationen von der Renaissance bis heute, ein philosophisches Schattenspiel, das weniger ein Einzelschicksal oder die kollektive Erinnerung zum Thema hat, sondern kunsthistorische Betrachtungen darüber, wie sich Leben und Tod darstellen lassen. Diese Betrachtungen lassen sich zugleich als Poetologie lesen: »Das Verfahren, nach dem Künstler die Objekte analysieren, schrieb der Maler, ist zugleich ein Verfahren des Erkennens der Teile, die sich zum Ganzen vereinigen. Es ist wie eine Sprache, die gefunden und gelesen sein will, ein unablässiger Versuch.« Und an andrer Stelle heißt es: »Wir

Künstler malen immer nur Teile und nie einen fertigen Himmel, wir stellen eine Leiter auf, deren Sprossen jener besteigt, der Mut verspürt, das Ganze zu ahnen.«

Faes' These aus dem ersten Roman *Webfehler* hat durch sein Gesamtwerk hindurch einige Modifikationen erfahren, in *Ombra* ist es die »heillose Wunde« zwischen Lebenden und Toten, in *Und Ruth* ist es eine Stimme, die nicht verstummt, nicht vergessen lässt.

Markus Bundi

Werke: *Eine Kerbe im Mittag*, G., Aarau 1974; *Regenspur*, G., Muttenz 1982; *Zugluft – Türen schließen automatisch*, zus. m. Klaus Merz, Theaterst., UA Baden 1982; *Webfehler*, R., Basel 1983; *Kreuz im Feld*, Theaterst., UA Baden 1984; *Der Traum vom Leben*, En., Basel 1984; *Partenza*, Hsp., Radio Bern 1985; *Bis ans Ende der Erinnerung*, R., Basel 1986; *Wartezimmer*, Theaterst., UA Bern 1986; *Sommerwende*, R., Ffm. 1989; *Alphabet des Abschieds*, R., Ffm. 1991; *Eine andere Geschichte*, Hsp., DRS 1993; *Augenblicke im Paradies*, R., Ffm. 1994; *Ombra*, R., Ffm. 1997; *Und Ruth*, R., Ffm. 2001.

Faktor, Jan, wurde am 3. 11. 1951 in Prag geboren. Ein EDV-Studium wurde nach drei Semestern abgebrochen. Er arbeitete als Gärtner, Fahrer und Hochgebirgsträger. Im Fernstudium erlangte er den Hochschulabschluss für Datenverarbeitung und war in Prag als Programmierer tätig. 1978 übersiedelte er zu seiner Frau nach Ost-Berlin und arbeitete dort als Kindergärtner, Schlosser und Übersetzer. Er engagierte sich in der inoffiziellen Ost-Berliner Literaturszene und veröffentlichte in den Zeitschriften »Mikado«, »und«, »schaden«, »ariadnefabrik«, »Kontext« sowie in Anthologien. Mit seiner Frau Annette Simon dichtete er Texte von Jaroslav Seifert und Víteslav Nezval nach. 1989 bis 1990 arbeitete er als Computerfachmann, ab 1991 dann als freier Schriftsteller. Seit 1989 ist Faktor Mitglied des Bielefelder Colloquiums Neue Poesie, seit 1998 im deutschen P.E.N.-Zentrum. 1993 erhielt er den Kranichsteiner Literaturpreis des Deutschen Literaturfonds.

Faktors literarisches Wirken entwickelte sich während der Achtzigerjahre in zugleich erzwungener wie ostentativer Abwendung von gängigen literarischen Positionen. Wie die Autoren der »Prenzlauer-Berg-Connection« (Adolf Endler), mit denen er in wechselnder Verbindung stand, praktizierte er, was man Avantgardismus der Verweigerung nennen kann. Mit experimentellen Methoden erarbeitete er Texte, mit denen die vorherrschenden literarischen und politischen Regeln subversiv unterlaufen werden konnten, »frei von der penetranten Didaktik der älteren Schreiber« (J. Faktor). Sogar die kritische Auseinandersetzung mit dem Realsozialismus sollte durch solch eine »emphatisch auf Gegensprache gegründete Literatur« (Wolfgang Emmerich) ausgeschlossen werden, weil die Staatsmacht alle Kontroversen ohnehin für sich entschied.

Eine Buchveröffentlichung wurde für Faktor erst möglich und akzeptabel, als Gerhard Wolf im Aufbau-Verlag unter dem Namen »Außer der Reihe« ein Reservat für die non-konforme Literatur durchsetzen konnte. *Georgs Versuche an einem Gedicht und andere positive Texte aus dem Dichtergarten des Grauens* (1989) enthält Texte aus den Jahren 1980 bis 1983. Obwohl die Ordnung der Zeilen wie auch manche Titel die Gedichtform evozieren, verweist der Autor darauf, dass er eben keine Gedichte schreibe. In dem Text *Gedichte eines alten Mannes aus Prag* heißt es: »ich revoltiere gegen nichts / ich warte auf nichts / ich wünsche mir nichts«.

Der junge Autor spricht durch einen alten Dichter: Solche Distanzierungsstrategien treten in mannigfaltigen Varianten auf. Aus dem Titeltext *Georgs Versuche an einem Gedicht* spricht die ironisch-absurde Verweigerung von Produktivität. An anderer Stelle distanziert sich das Text-Ich von seinen Worten oder die Aussageverweigerung manifestiert sich durch leer laufende Wiederholungen. Gegen »engagierte Kunst« werden vier Manifeste der Trivialpoesie aufgeboten. *Georgs Sorgen um die Zukunft* entwirft in endlos anmutender Reihung einen Aufzählungskosmos aus Substantiven, deren Steigerung (»... das Passive immer passiver / das Egoistische immer egoistischer / das Neurotische immer neurotischer ...«) sich zur großen Litanei über eine heillose Entropie auswächst.

Henry's Jupitergestik in der Blutlache Nr. 3 und andere positive Texte aus Georgs Besudelungs- und Selbstbesudelungskabinett. Texte, Manifeste, Stücke und ein Bericht (1991) versammelt Texte, die von 1982 bis 1990 noch in der DDR unter den Bedingungen der dissimulierten Dissidenz entstanden sind. Die textimmanente Anti-Poetik tritt hier zurück hinter das meist schematisch strenge Experimentieren mit dem Sprach- und Sprechmaterial. Vor allem jedoch werden in Form von Essay und Bericht Selbstreflexionen über die sozio-psychologische Verfasstheit der »Literaturrevoluzzer« und die »junge Literatur der Achtzigerjahre« angestellt. Das vollzieht sich im ersten Fall als kritisch-iro-

nisch-polemische Demontage, als »Selbstbesudelung«, im zweiten als analytisch ernüchternde Bilanzierung – in stets sich selbst bedenkenden, sich ins Wort fallenden Sätzen.
Analyse und Kommentierung sind ein unübersehbarer Zug von Faktors Schreiben. Das zeigt sich auch in *Die Leute trinken zu viel, kommen gleich mit Flaschen an oder melden sich gar nicht oder Georgs Abschiede und Atempausen nach dem verhinderten Werdegang zum Arrogator eines Literaturstoßtrupps. Körpertexte, Sprechtexte, Essays* (1995). In »Körpertexten« über die menschliche Hinfälligkeit und in verschiedenen »Sprechtexten« wird das sprachanalytische Schreibverfahren nun mit entschieden komödiantischem, mimetisch-parodistischem Schwung durchgeführt. Eine Reihe von Essays befasst sich mit Klar- und Richtigstellungen zu den »Angelegenheiten des Prenzlauer Bergs«, nachdem die »inoffizielle Literatur« (J. Faktor) der DDR definitiv historisch geworden ist. Ein langer Essay sucht aus der Kritik an den »emotionalen« Defiziten der Literatur und des Kulturbetriebs andere Möglichkeiten für einen wünschbaren Umgang mit Schreiben und Kunst zu erschließen. Das geschieht wieder in eigensinnigen Sprachbewegungen, unabhängig von – oder besser: in Opposition zu – geläufigen Diskursen und Begrifflichkeiten.

Eberhard Falcke

Werke: *Georgs Versuche an einem Gedicht und andere positive Texte aus dem Dichtergarten des Grauens*, Bln., Weimar 1989, Ffm. 1990; *Henry's Jupitergestik in der Blutlache Nr. 3 und andere positive Texte aus Georgs Besudelungs- und Selbstbesudelungskabinett. Texte, Manifeste, Stücke und ein Bericht*, Bln. 1991; *Körpertexte*, Bln. 1993; *Selbstbesudelungsmanifest fünf tapferer Literaturrevoluzzer*, Hsp., SFB 1994; *Die Leute trinken zu viel, kommen gleich mit Flaschen an oder melden sich gar nicht oder Georgs Abschiede und Atempausen nach dem verhinderten Werdegang zum Arrogator eines Literaturstoßtrupps. Körpertexte, Sprechtexte, Essays*, Bln. 1995; *Fremd im eigenen Land?*, Aufs., zus. m. Annette Simon, Gießen 2000.

Falkner, Gerhard, wurde am 15. 3. 1951 in Schwabach geboren. Er wuchs in Franken auf und erlernte den Beruf des Buchhändlers. Erste Gedichte veröffentlichte er Mitte der Siebzigerjahre in Zeitschriften sowie in Künstlerbüchern und -mappen. Stipendien führten ihn in den Achtzigerjahren nach New York, Berlin, Amsterdam und Rom. Nachdem Falkner 1989 seinen Gedichtband *wemut* zu seinem letzten erklärt hatte, profilierte er sich in der Folge als Herausgeber von Anthologien junger amerikanischer und ungarischer Literatur sowie als Lyrik-Übersetzer, u.a. von Anne Carson, Lavinia Greenlaw und Gerard Manley Hopkins. Gerhard Falkner lebt in Weigendorf bei Nürnberg. 1987 erhielt er den Bayerischen Staatsförderpreis.
Bereits mit seinem ersten, 1981 erschienenen Gedichtband *so beginnen am körper die tage* trat Gerhard Falkner in bewusste Opposition zur Betroffenheitslyrik und neokonkreten Alltagspoesie der Siebzigerjahre. Ihnen setzt er eine existenzielle Auffassung des Schreibens entgegen (»es spricht zu dir die sprache, die mich rettet«), aus der sich höchste Ansprüche an Stil und Form ableiten. Ansprüche, die seine schwierigen, oft hermetisch anmutenden Gedichte auf eine Anfang der Achtzigerjahre unzeitgemäß wirkende Weise einlösten: Die kurzen, auf den ersten Blick formlosen Texte fielen durch ihre außergewöhnliche sprachliche Intensität auf. Sie verdankt sich nicht nur dem Bilder- und Metaphernreichtum dieser Verse, sondern auch einem raffinierten Spiel mit Rhythmen und Metren, Alliterationen und teilweise versteckten Reimen. Vor allem aber gelingt es Falkner durch sprachliche Verrückungen, durch Destruktion und Neuschöpfung von Worten verloren geglaubtes lyrisches Terrain zurückzuerobern; solcherart verfremdet, aber auch durch Pathos und Ironie gebrochen, gewinnen sogar lange tabuisierte traditionelle Begriffe der Poesie wie Herz und Schmerz wieder Tiefe zurück. Falkner selbst spricht vom »sprachkraftwerk« Dichtung: »meine zunge spielt verrückt mit meiner muttersprache«, heißt es im Zyklus *ich verlasse, julia, dein land*. Konkreter wird er in seinem vermeintlich letzten Lyrikband *wemut*: »dichten ist wortbruch.« Was »gebrochenes deutsch« bedeutet, zeigt schon der Titel des Bandes, dem seine Sentimentalität mit der Tilgung des »h« genommen wurde und der an anderer Stelle in »wehmund« transkribiert wird. In den im Jahr 2000 erschienenen *Endogenen Gedichten* potenzieren sich solche »destabilisierungen«: Zerrissene Worte, Zeilen und Strophen führen zu einer visuellen Poesie, die gleichberechtigt neben ganz traditionellen bildhaften Formen lyrischen Sprechens steht. Dabei hat Falkner schon früh eingeräumt, »dass ich einen gedanken oft nur aufgreife, um ihn an einer form aufzuschlagen; ich gebe ja zu, dass mir nichts daran liegt, eine idee bis ans bittere ende ihrer allgemeinen nachvollziehbarkeit zu führen, … dass es mir eh nicht um richtigkeiten, sondern nur um möglichkeiten geht«.

Gleichwohl durchzieht die Lyrik Gerhard Falkners ein Netz von intertextuellen Bezügen, das sich im Lauf der Jahre von Band zu Band immer weiter verfeinert hat. Es besteht aus Mottos, versteckten Zitaten und Kontrafrakturen (»wogegen ich nicht schweigen kann, dagegen lasst mich singen«), aber auch aus Versen, in denen einem Echo gleich der Ton eines Autors nur anklingt, sei es nun Hölderlin, Rilke oder George. Das breite Spektrum von Falkners Gewährsleuten reicht dabei von Aristoteles und Horaz über die Weimarer Klassik und die internationale Lyrik-Moderne bis hin zu den Vertretern der Beat-Generation, was freilich in dieser Fülle gelegentlich den Eindruck von postmoderner Beliebigkeit erzeugt. Das Spiel mit Traditionen und geistigen Vätern gelingt dagegen in den beiden Theaterstücken, die Falkner 1998 vorgelegt hat, die ihre Bühnentauglichkeit aber noch nicht unter Beweis stellen konnten. *Der Quälmeister*, vom Autor im Untertitel als *nachbürgerliches Trauerspiel* apostrophiert, ist eine moderne Version von Schnitzlers *Reigen*, in die Elemente des antiken Dramas, wie etwa ein Chor, integriert sind. Die tragikomische Groteske *Alte Helden* lässt sich dagegen vor allem als Verbeugung vor Thomas Bernhard und Samuel Beckett lesen; verweist schon der Titel auf Bernhards Roman *Alte Meister*, so sind die beiden Protagonisten, zwei Bewohner eines Altenheims, die bezeichnenderweise Thom und Sam heißen, Verwandte von Wladimir und Estragon aus *Endspiel* bzw. von Pozzo und Lucky aus *Warten auf Godot*.
Parallel zu seinen Gedichten hat Falkner wiederholt Aufzeichnungen zu Poesie, Sprache und Zeitgeist vorgelegt, die er selbst als »vagabundierende« charakterisierte: keine in sich geschlossene Poetologie, sondern unmittelbare, bisweilen aphoristische, mitunter widersprüchliche Notizen. Hervorzuheben sind die 1993 veröffentlichten Reflexionen *Über den Unwert des Gedichts*, die eine Erklärung für seinen 1989 angekündigten Rückzug aus dem Literaturbetrieb liefern: Es ist die zornige Reaktion auf den Bedeutungsverlust, den das Gedicht in der modernen Gesellschaft erfahren hat, und der Versuch, den Text vor der Personalisierung durch den Betrieb zu schützen. Ein Versuch, den Gerhard Falkner im Nachwort zu den *Endogenen Gedichten* für gescheitert erklärt. Nichtsdestotrotz beharrt er auf der Authentizität des dichterischen Sprechens und der Möglichkeit, Unaussprechliches im Gedicht zur Sprache zu bringen. Denn: »Dichtung ist Wahrheit«.

Ruth Spietschka

Werke: *So beginnen am Körper die Tage*, G., Darmst., Neuwied 1981 (2. Aufl. 1984 ist ergänzt um *Aufzeichnungen aus einem kalten Vierteljahr*); *Der Atem unter der Erde*, G., Darmst., Neuwied 1984; *Berlin – Eisenherzbriefe*, Darmst., Neuwied 1986; *Wemut*, G., Ffm. 1989; *PROE*, zus. m. Bert Papenfuß-Gorek u.a., m. Zeichnungen v. A. R. Penck, Bln. 1992; *Am Lit. Neue Literatur aus den USA*, Hg., zus. m. Silvère Lotringer, Bln. 1992; *Über den Unwert des Gedichts. Fragmente und Reflexionen*, Bln. 1993; *Seventeen Selected Poems*, G., ausgewählt u. ins Amerik. übertragen v. Mark Anderson, m. Porträts v. Bernhard Prinz, Bln. 1994; *Gerard Manley Hopkins: Pied Beauty/Gescheckte Schönheit*, Übs., zus. m. Stefan Döring, Henryk Halender und Andreas Koziol, Bln. 1995; *X-te Person Einzahl*, G., Ffm. 1996; *Alte Helden. Schauspiel und deklamatorische Farce*, Köln 1998, UA Bozen 2001; *Der Quälmeister. Nachbürgerliches Trauerspiel*, Theaterst., Köln 1998; *Lavinia Greenlaw: Nachtaufnahmen*, Übs., Köln 1998; *Die Jammergestalt des Poeten*, in: Joachim Sartorius (Hg.): *Minima Poetica. Für eine Poetik des zeitgenössischen Gedichts*, Köln 1999, S. 113–120; *Budapester Szenen. Junge ungarische Lyrik*, Hg., zus. m. Orsolya Kalász, Köln 1999; *Endogene Gedichte. Grundbuch*, G., Köln 2000; *Anne Carson: Glas, Ironie und Gott. Fünf epische Gedichte und ein Essay über das Geschlecht des Klanges*, Übs., zus. m. Alissa Walser, Mü., Zür. 2002.

Faschinger, Lilian, wurde am 29. 4. 1950 in Tschöran in Kärnten geboren. Sie studierte Anglistik und Geschichte in Graz und promovierte über spätmittelalterliche Mystik. Anschließend war sie bis 1991 als Dozentin am Anglistischen Institut der Universität Graz tätig. Seit 1992 arbeitet sie als Schriftstellerin und literarische Übersetzerin. Sie lebt heute in Wien und Paris. 1983 wurde sie mit dem Literarischen Förderpreis des Landes Steiermark, 1984 mit dem Förderpreis der Stadt Graz, 1985 mit dem Ernst-Willner-Stipendium, 1990 mit dem Förderpreis des Landes Kärnten für Literatur und dem Österreichischen Staatspreis für literarische Übersetzer (gemeinsam mit Thomas Priebsch) und 1993 mit dem Baldreit-Stipendium der Stadt Baden-Baden ausgezeichnet.
Lilian Faschingers Romane *Die neue Scheherazade* (1986) und *Lustspiel* (1989) überraschten Anfang der Achtzigerjahre. Sie erzählen von erotischen Spielen, sexuellen Fantasien, Begierden und Eifersüchten im Leben einer Frau, die in leidenschaftlichen, aber wohl eher imaginierten Liebesaffären mit allerlei Prominenz aus dem Showgeschäft und dem Kulturbetrieb ihre Erfüllung findet. Wobei Liebe meist auf Lust reduziert wird, eben »wenn man keinen anderen Gedanken hat, als von jemandem berührt zu werden, mit jemandem zu vögeln, auch wenn man schnell mit den Fingern nachzählt

und denkt, heute ist es gefährlich«. Mit unglaublicher Rasanz, ständigem Perspektivenwechsel und einer schier überbordenden Fülle an Personen, Schauplätzen und Situationen, hochgradig intim, heiter, kokett, zuweilen auch ausufernd und abstrus – kontrastiert oder ergänzt durch Textpassagen aus Schlagertexten, Kinderversen und anderen Quellen –, knüpft die Erzählerin wie jene orientalische Märchenerzählerin, die mit immer neuen, immer verrückteren Geschichten ihr Leben retten will, einen bunt schillernden, fliegenden Teppich aus amüsanten Amouren und weiblichen Mythen. Der unbekümmerte Umgang mit Elementen des Boulevards wie der Weltliteratur erfreut durch seine Frische und seinen Unterhaltungswert. Trotz aller Sinnenfreude triumphiert das Schreiben »als das glücklichste Spiel, das ich kenne, glücklicher als alle Liebesspiele, besser als ein Orgasmus, aber ihm nicht unähnlich, eine Versunkenheit, wie bei Kindern, von der Liebe unabhängig, der wir alle nachjagen mit hängenden Zungen«.

Fotografien spielen eine zentrale Rolle in den zehn Erzählungen des Bandes *Frau mit drei Flugzeugen* (1993). »Es sind vergrößerte Kontaktaufnahmen, oben und unten mit schwarz gelochten Streifen, wie zufällig gebannt«, Momentaufnahmen, Standfotos, kleinere filmische Sequenzen. Man will sich ein Bild machen, doch die Distanz zwischen Linse und Objekt bleibt unüberbrückbar, viel wird aneinander vorbei geredet, wird Fremdheit und Misstrauen spürbar. Die Grenze wird übersprungen, als eine japanische Frau ihren eigenen Selbstmord per Video festhält oder wenn Familienfotos zerrissen werden. Die Differenz zwischen Vorstellung und Wirklichkeit wird ventilartig kompensiert, schweigend ertragen oder durch Abschied und Flucht aufgehoben. Faschinger erweist sich als konzentrierte Stilistin der kleinen Form, die über Erzähldisziplin und ein sicheres Gespür für Dramatik, auch jenseits des Eros, verfügt.

Keine Scheu vor Provokation und Skandal bewies Faschinger mit ihrem Roman *Magdalena Sünderin* (1995), einer deftigen Österreich-Beschimpfung in bester Bernhardscher Tradition, einer Satire auf den Klerus und wieder ein Spiel mit alten Rollenmodellen. Die Kärntnerin Magdalena Leitner hat sieben Männermorde auf dem Gewissen, bevor sie den Geistlichen einer kleinen Gemeinde entführt und ihn in einem Waldstück, gefesselt und geknebelt, zwingt, ihr die Beichte abzunehmen und die Absolution zu erteilen. Im Verlauf der Beichte ändert der brave Mann sein Frauenbild, gerät zusehends in den Bann der Sünderin und landet am Ende in ihrem Schlafsack. Faschingers Magdalena ist wieder eine jener starken Frauenfiguren, die mit ihrer Sprachkraft und ihrer Erzählkunst, trotz aller Klischees und Koketterien, das Hohe Lied der Liebe singen und dabei den immer währenden Geschlechterkampf schelmisch im Auge behalten. »Österreichs fabulierfreudigste Schriftstellerin« (Ulrich Weinzierl) erzählt im Roman *Wiener Passion* (1999) die Geschichte der Gattenmörderin Rosa Havelka aus dem 19. Jahrhundert und zeigt, bei allem k.u.k. Zeitkolorit mit Sigmund Freud und Kaiserin Sissi, Hofburg und Kapuzinergruft, die sozialen Milieus der Stadt, denen diesmal eine Frau zum Opfer fällt. Detailbesessen, mit rhythmischen Wechseln in der Syntax, unterhaltend, nur in der Sprache manchmal zu monoton, erzählt Faschinger, wie es der Titel andeutet, wieder einmal von Leidenschaft und Leidensweg zugleich.

Thomas Kraft

Werke: *Selbstauslöser. Lyrik und Kurzprosa*, Graz 1983; *Auf der Suche*, Hsp., ORF 1984; *Die neue Scheherazade*, R., Mü. 1986; *Janet Frame: Auf dem Maniototo*, Übs., Ffm. 1986; *Charles Belitz: Die wunderbare Welt der Sprachen*, Übs., zus. m. S. Schaffer, 1987; *Lustspiel*, R., Mü. 1989; *Gertrude Stein: The Making of Americans*, Übs., zus. m. Thomas Priebsch, Klagenfurt 1989; *Mohammed Mrabet/Paul Bowles: El Limón*, Übs. zus. m. Thomas Priebsch, Graz 1990; *Paul Bowles: Tagebuch Tanger 1987–1989*, Übs. zus. m. Thomas Priebsch, Graz 1990; *Richard Stern: Charleys Vermächtnis*, Übs., Salzb. 1992; *Elizabeth Smart: An der Grand Central Station setzte ich mich hin und weinte*, Übs., Salzb. 1993; *Janet Frame: Ein Engel an meiner Tafel*, Übs., Mü. 1993; *Frau mit drei Flugzeugen*, En., Köln 1993; *Ortsfremd*, G., Baden-Baden 1994; *Sprünge. Kurzgeschichten*, hg. v. Heinz Hartwig, Graz 1994; *Magdalena Sünderin*, R., Köln 1995; *John Banville: Athena*, Übs., Köln 1996; *Jahrhundertfebruar*, Hsp., ORF 1996; *Wiener Passion*, R., Köln 1999; *Paarweise. Acht Pariser Episoden*, Köln 2002.

Fassbinder, Rainer Werner, wurde am 31. 5. 1945 als Sohn eines Arztes und einer Übersetzerin in Bad Wörishofen geboren. Er besuchte die Rudolf-Steiner-Schule in München, später ein Internat in Augsburg, das er vor dem Abitur verließ. Zwei Jahre lang arbeitete er bei einer Hausverwaltung in Köln. 1964 bis 1966 ließ er sich in München zum Schauspieler ausbilden und wirkte am Münchner »Büchner-Theater« und am »Action Theater« mit, das sich 1968 durch seine Initiative als »antiteater« neu bildete. Seit 1971 war Fassbinder als freier Schriftsteller, Regisseur und Filmemacher tätig. 1974/75 hatte er die Direktion des »Theaters am Turm« in Frankfurt/Main inne. Er war Mitglied des P.E.N.-Zentrums und der Deutschen Akademie der Darstellenden Künste (Frankfurt/Main). Er erhielt 1969 den Förderpreis des Gerhart-Hauptmann-Preises, den Deutschen Filmpreis/Bundesfilmpreis 1970, 1971, 1972, 1978, 1979 und 1982, den Luchino-Visconti-Preis 1979, den Silbernen Bären 1979 und den Goldenen Bären der Internationalen Filmfestspiele von Berlin 1982. Er starb am 10. 6. 1982 in München.

Nicht zufällig ist Fassbinder eher als Filmregisseur denn als Literat bekannt geworden. Literatur beansprucht für den späteren Filmemacher von Anfang an keinen autonomen Raum. Fassbinders literarische Produktion mündet nicht in ein Werk, das allein den Ausdrucksmöglichkeiten der Worte abgetrotzt wurde. In mehrfacher Hinsicht ist – weitgehend ohne die damit ansonsten verbundene formale Radikalität – Fassbinders schriftlich niedergelegtes Werk als ein Dokument des Druckes zu verstehen, unter dem sich literale Darstellungsweisen im letzten Drittel des 20. Jahrhunderts befinden. Von Anfang an sollen Fassbinders Theaterstücke nicht in ihrer Schriftlichkeit bestehen. Sie werden anfangs noch in kollektiven Produktionsmethoden zumeist für konkrete Institutionen (zuerst für das Münchener »antiteater«, später für das Frankfurter »Theater am Turm«) verfasst und stets bereits in Hinsicht auf die Realisierung in anderen Medien (Hörspiel, Film) entworfen. Der Bindung des Wortes an seine Aktualisierung entspricht, dass Fassbinder seine Funktion selten auf das Literarische beschränkt hat: Meist fallen Autorschaft, Regie und Hauptrolle, oft sogar noch die Ausstattung der Stücke, in seiner Person zusammen. In solchen Produktionsweisen stellt die schriftliche Überlieferung eher ein beiläufiges Abfallprodukt dar, das nur wenig über deren intendierte Gestalt aussagen will.

Fassbinders Produktivität ist legendär. Allein die nur dreijährige Phase des aus der Protestbewegung hervorgegangenen »antiteaters« (1968/71) umfasst neben acht Theaterstücken, ebenso vielen Stückbearbeitungen (z.B. wird Goethes *Iphigenie* als affirmatives Stück Kultur gesehen und als Verhandlung über Drogen, Subkultur und Homosexualität collagierend umgedeutet) und vier Hörspielen bereits 15 Filme. Die bekanntesten Werke dieser noch am ehesten literarischen Epoche Fassbinders sind: das als Hörspiel weiterverwertete Stück *Preparadise sorry now* (1969), das in experimentell erscheinenden Figurenkonstellationen »das faschistoide Grundverhalten im Alltag« durchspielt, sowie Fassbinders in den Siebzigerjahren meistgespieltes Melodram *Bremer Freiheit*. Das Stück beruht auf dem historischen Fall einer Giftmischerin, die das Töten als einzig möglichen Befreiungsakt und als humanitäre Maßnahme begreift. – Immer wieder stellt Fassbinder Kompatibilität zwischen den verschiedenen Medien her. Schon die erste bekannt gewordene Produktion des »antiteaters«, der Marieluise → Fleißer gewidmete *Katzelmacher* (1968), erhielt bezeichnenderweise gleichzeitig Literatur- und Filmpreise (u.a. den Gerhart-Hauptmann-Förderpreis und den Bundesfilmpreis). Die titelgebende Figur, der von Fassbinder in seiner eigenen Inszenierung selbst gespielte griechische Gastarbeiter Jorgos, stößt in seiner proletarischen Umgebung (im Theater die bayerische Provinz; im Film ein Hinterhof einer Münchener Vorstadt) auf nationalistischen Hass, der ihm sowohl eine kommunistische Haltung als auch (neidvoll) sexuelle Überpotenz andichtet: »Eine Ordnung muss wieder her.« Eben diese Ordnung freilich zerstört für Fassbinder die Menschen. Die Darstellung des gleichsam unsicheren wie brutalen Widerstands gegen Jorgos verklärt nicht dessen Schicksal. Die knappe Schlussszene, in der Jorgos selbst nationalistische Vorurteile artikuliert, bewahrt das Stück im Zusammenklang mit einer trotz aller schablonenhaften Sprache einfühlsamen Figurenschilderung vor allzu stereotypen Rastern. Nach einem Anschlag auf Jorgos und der vor allem durch die eskapistischen Träume der Frauen bewirkten teilweisen Aufnahme Jorgos' in das soziale Gefüge der Provinz antwortet dieser auf die Ankündigung »Ein Türke kommt hier. Arbeit wie du«: »Turkisch nix. Jorgos und Turkisch nix zusammenarbeit. Jorgos gehen andere Stadt.« Leeren und sich selbst zerstörenden Sehnsüchten sind alle Figuren, ist das ganze Stück, ja Fassbinders gesamtes Werk verpflichtet.

Die Medien des Jahrhunderts saugen in Fassbinders Fall die Literatur auf. Seine Sprache stellt sich dieser Herausforderung, indem sie sich einerseits radikalisiert, andererseits bewusst überzogener, trivialer Muster bedient. Ihre frühen Vorbilder finden sich erklärtermaßen in einer radikalen Volkstheatertradition (Marieluise Fleißer) und in zugleich ebenso formal konventionellen wie weltanschaulich extremen Filmwerken; Fassbinder zeigte sich begeistert vom dunklen Hollywood-Werk Douglas Sirks: »Nach Douglas Sirks Filmen scheint mir die

Liebe noch mehr das beste, hinterhältigste und wirksamste Instrument gesellschaftlicher Unterdrückung zu sein.« Fassbinder verbannt aus seinem Werk quasi alles verschleiernde Hüllwerk sozialer Redeweisen, um dahinter eine alltägliche und allgegenwärtige Brutalität des sozialen Zusammenlebens zu notieren. Selbst Utopien werden als Befangenheit dargestellt. Dem entspricht das Verschwinden aller nicht monomanischen, aller nicht wütenden, aller nicht agnostisch verzweifelten Artikulationsweisen. Noch die zärtlichsten Wünsche von Fassbinders Figuren münden meist in Aggressivität. Dieses bis an den Rand der sozialen Erträglichkeit und andererseits doch in einer nie diffamierenden, fast zärtlichen Weise dargestellt zu haben, macht den Hauptreiz von Fassbinders Schaffen aus. Seine sensible Haltung verblüfft insofern, als sie in den Stücken (wie auch in den Filmen) mit einer radikalen Stilhaltung, einer brutalisierenden Sprache und einer aggressiven Figurenbehandlung einhergeht. Wo Fassbinders Menschen als Versatzstücke einer omnipräsenten Wut agieren, ist für ihre psychologische Entwicklung ebenso wenig Platz wie gesellschaftlich für ihre bloße Existenz. Wenn bei Fassbinder immer wieder soziale Randfiguren die Last der Darstellung der ganzen Gesellschaft tragen, so tun sie dies nie in romantischer Verklärung, die im Nachkriegsdenken das bürgerlich totale Toleranzdogma als Herrschaftskategorie errichtet hat. Fassbinders Helden bleiben in ihrer fatalen Gewaltbereitschaft und in ihrer ohnmächtigen Unbeweglichkeit durch all ihr oft stammelnd abgehacktes Reden hindurch tendenziell eher stumm. Wie die Figuren aus Fassbinders Stücken (Filmen) aber fast Comic-haft ihr wütendes Sprechen und verzweifeltes Handeln als Rudiment ihrer vom Autor stets bezweifelten Individualität benutzen, ist der Film, der diese schablonenhafte Realitätsfiktion unterstützt und auch die Zuspitzung der dargestellten Welt begünstigt, nicht zufällig zum Fluchtpunkt des Künstlers geworden.

Das scheinbar ungeschlachte Nebeneinander von expressiver Melodramik, vulgären Lyrismen und einer Wut, die sich in vorgestanzten Banalitäten verfängt – dem Einzigen, was Fassbinders Protagonisten unter dem Druck der Welt noch von sich geben können –, zieht sich hin bis zu der umstrittenen Szenenfolge *Der Müll, die Stadt und der Tod* (1976). Das Stück lässt sich nicht abgelöst von der teilweise hysterischen Diskussion betrachten, die es über ein Jahrzehnt lang nach sich gezogen hat. Freilich haben weder die hass- und fäkalbeladene Sprache noch das Auftreten von Huren, Homosexuellen und Faschisten als Protagonisten einer Stadt, auch nicht das Thema des Stückes, die Vernichtung Frankfurts durch Spekulanten, zum öffentlichen Skandal geführt, sondern allein das Auftreten eines »reichen Juden« (»Ich kaufe alte Häuser in dieser Stadt, reiße sie ab, baue neue, die verkaufe ich gut. Die Stadt schützt mich, das muss sie. Zudem bin ich Jude«). Die weit über Fassbinders Tod hinaus andauernde Auseinandersetzung um den fraglichen »linken Antisemitismus« und die »billige, von ordinären Klischees inspirierte Hetze« (Joachim Fest) dieses Stückes erscheint stellenweise fast wie eine reale Entsprechung des Geschriebenen. Fassbinder selbst hat die diffamierenden Angriffe gegen ihn nachträglich in einem »offenen Brief« als Fortsetzung seines Stückes mit anderen Mitteln angesehen: »Zu betrachten wären die Beweggründe derjenigen, die sich dagegen wehren, dass über diesen Sachverhalt gesprochen wird. Sie sind die wahren Antisemiten. Zu prüfen wäre, warum man, statt die realen Sachverhalte zu untersuchen, gegen den Autor eines Stückes mit Sätzen argumentiert, die er – um bestimmte Zustände kritisierbar zu machen – für seine Figuren erfunden hat.« Nachdem Fassbinder eine Uraufführung außerhalb von Frankfurt untersagt hatte, nach unausgesetzt scheiternden Versuchen, das Stück zu inszenieren, nach immer neuen Protesten, nach Bühnenbesetzungen und bundesweiten Diskussionen wurde erst 1985 eine geschlossene Presseaufführung als Uraufführung im juristischen Sinne deklariert. Man hat eingewendet, dass eine solche Auseinandersetzung dem Werk nicht gerecht werden könne, dieses andererseits »nach ästhetischen Maßstäben gewiss kein gelungenes Werk« sei (M. Töteberg). Hingegen scheint es freilich, als ob Fassbinder gerade mit diesem Stück, dessen medialer Umsetzung seine vermeintliche Radikalität und die Verwendung tabuisierter Motive im Wege stand, seinen ästhetischen und gesellschaftlichen Zielen absurderweise am nächsten gekommen ist.

Mit dem Abbruch der ersten Probenarbeiten zur Uraufführung am Frankfurter »Theater am Turm« endet 1975 Fassbinders Engagement als Theatermacher und damit auch seine Arbeit als Literat. Er hat nach diesem Stück kein literarisches Werk mehr geschrieben, wenn man darunter nicht die Drehbücher zu den mehr als einem Dutzend Filmen, die er bis zu seinem Tod 1982 noch gedreht hat, zählen will. Fassbinder ist – nicht immer so explizit wie im Beitrag zu dem Terrorismus-Film *Deutschland im*

Herbst, der in langen Einstellungen ihn redend und sich zerfleischend zeigt – mit seiner Person für sein einerseits monströses und andererseits in den Medien verschwindendes Werk eingestanden.

Andreas Ammer

Werke: *Antiteater* (enth. *Katzelmacher; Preparadise sorry now; Die Bettleroper*), Ffm. 1970; *Antiteater 2* (enth. *Das Kaffehaus; Bremer Freiheit; Blut am Hals der Katze*), Ffm. 1972; *Stücke 3* (enth. *Die bitteren Tränen der Petra von Kant; Das brennende Dorf; Der Müll, die Stadt und der Tod*), Ffm. 1976, (vom Verlag zurückgezogen); *Schatten der Engel*, Film v. Daniel Schmid n. d. Theaterst. *Der Müll, die Stadt und der Tod* v. R. W. F., Ffm. 1976; *Das bisschen Realität, das ich brauche. Wie Filme entstehen*, zus. m. Hans Günther Pflaum, Mü. 1976; *Angst essen Seele auf*, Kopenhagen 1978; *Der Film Berlin Alexanderplatz. Arbeitsjournal*, zus. m. Harry Baer, Ffm. 1980; *Der Müll, die Stadt und der Tod*, Ffm. 1981; *Hanna Schygulla: Bilder aus Filmen von R. W. F.*, m. e. Beitr. v. R. W. F., Mü. 1981; *Querelle. Filmbuch*, hg. v. Dieter Schidor u. Michael McLernon, Mü. 1982; *Ingrid Caven, Peer Raben: Im kleinen Leben liegt der große Schmerz. Ein Liederbuch mit Texten von R. W. F. u.a.*, Bln. 1983; *Filme befreien den Kopf. Essays und Arbeitsnotizen*, hg. v. Michael Töteberg, Ffm. 1984; *Anarchie in Bayern und andere Stücke*, Ffm. 1985; *Katzelmacher und andere Stücke*, Ost-Bln. 1985; *Die Anarchie der Phantasie. Gespräche und Interviews*, hg. v. Michael Töteberg, Ffm. 1986; *Antiteater. Fünf Stükke nach Stücken*, Ffm. 1986; *Sämtliche Stücke*, Mü. 1991; *Fassbinders Filme IV/V*, 2 Bde., hg. v. Michael Töteberg, Ffm. 1991.

Fatah, Sherko, wurde am 28. 11. 1964 als Sohn eines irakischen Kurden und einer Deutschen in Ost-Berlin geboren, wuchs in der DDR und im Irak auf und kam 1975 nach West-Berlin. Er studierte Kunstgeschichte und Philosophie, promovierte über den Technik-Begriff bei Heidegger und lebt in Berlin. 2001 erhielt er den »aspekte«-Literaturpreis, 2002 den Sonderpreis der Kritiker.

Schon im ersten Buch überzeugte Sherko Fatah mit großer Bildkraft und einer ungewöhnlichen erzählerischen Handschrift. *Im Grenzland* (2001) führt in den kurdischen Teil des Irak, ins Niemandsland zwischen Irak, Iran und der Türkei. Genannt werden diese Namen nicht, Stammeszugehörigkeiten sind wichtiger als nationales Bewusstsein in diesem Grenzland zwischen Staaten und Zivilisationen, Bergen und Ebene, Stadt und Land, Krieg und Frieden, Leben und Tod. Der Roman bündelt viele Perspektiven zu einer Geschichte von Gewalt und Folter, Willkür und einer Diktatur mit surrealen Zügen, Überleben und lebenslanger existenzieller Bedrohung. Die archaische Szenerie zeigt eine geschundene, Tod bringende Erde und Figuren karg wie die Landschaft, holzschnittartig, eigenschaftslos, namenlos bis auf Beno, den Spitzel. Im Zentrum steht »der Schmuggler«, ein irakischer Kurde, ein Einzelgänger im aschgrauen Militärmantel, der aus Krieg und Warennot sein Geschäft gemacht hat und die Händler mit Zigaretten, Elektronik und Alkohol beliefert. Er ist die Verbindung zur Welt da draußen, ein Fährtensucher. Er liest das minen- und metaphernreiche Gelände, deutet Gräser, Furchen, Reifenspuren, kennt Pfade durch die Todeszone, vorbei an Militärs, Räubern, Freischärlern und Suchtrupps der UN. Ausgerechnet sein Sohn wird ihm zum Verhängnis, ein Koranschüler, der zum Terroristen gemacht wurde, zum Gegner der Staatsmacht im Roten Haus. Aber nicht politischer Aktionismus sorgt für die Spannung des Romans, vielmehr ein leiser Erzählton, der die existenzielle Frage von Leben und Überleben in der Schwebe hält. Poetisch ist dieses Erzählen und karg zugleich, präzise und doch wie von fern, von visueller Eindringlichkeit und zugleich gewunden wie der Pfad des Schmugglers; eine Suchbewegung, die Zeiten und Ereignisse überblendet, Rückblenden nicht ankündigt.

In der Erzählung *Donnie* (2002) führt Sherko Fatah diese Technik fort, erkundet Erinnerungs- und Seelenlandschaften eines Fremdenlegionärs, menschliche Abgründe, zarte Gefühle, Gewaltbereitschaft und stellt diese Geschichte vom Töten auf ein philosophisches und bilderreiches Fundament. Erzähler ist diesmal ein Schriftsteller-Ich, Schauplatz ein Dorf in Tirol, aber es bleiben die Grenzgänge in düster geheimnisvoller Atmosphäre und »dieses Herumschleichen in anderer Leute Leben«.

Zwei Bücher nur und die Erzählung *Gespräch in der alten Stadt* in einer Anthologie (*Morgen Land*, 2000) – dieses noch schmale, doch viel versprechende Werk rechnet Sherko Fatah jenen Autoren zu, die dem Leser Sprach- und Kulturräume eröffnen. Sherko Fatah erfüllt, was er mit *Im Grenzland* anstrebte: »Es wird wohl selbst dem geneigten Leser nicht ganz leicht fallen, in diese fremde und fremdbelassene Welt hineinzufinden. Fände er ebenso schwer heraus, hätte ich mein Ziel erreicht.«

Cornelia Zetzsche

Werke: *Im Grenzland*, R., Salzb., Wien 2001; *Donnie*, E., Salzb., Wien 2002.

Fauser, Jörg, geboren am 16. 7. 1944 in Bad Schwalbach/Hessen als Sohn eines Malers und einer Schauspielerin. Schon im Kindesalter wirkte Fauser bei Hörfunk- und Fernsehproduktionen des Hessischen Rundfunks mit. 1959/60 erschienen erste journalistische Beiträge in der »Frankfurter Neuen Presse«, 1964 sein erstes Gedicht *An London* in den »Frankfurter Heften«. Nach dem Abitur verweigerte Fauser den Kriegsdienst, machte erste Erfahrungen mit Heroin und arbeitete in einem Altenheim in London. Sein Anglistik- und Ethnologiestudium an der Universität Frankfurt/M. brach er ab. Es folgten ausgedehnte Reisen nach Spanien, Griechenland, Irland und in die Türkei. 1966 trat er seinen Ersatzdienst als Krankenpfleger im Bethanien-Krankenhaus in Heidelberg an und wurde drogenabhängig. Er setzte sich nach Istanbul ab, wo er im Drogenviertel Tophane lebte. Nach seiner Rückkehr nach Deutschland verarbeitete er seine Erlebnisse in einem Buch, das 1970 erschien. 1972 kam er nach einer Entziehungskur von harten Drogen los. In Berlin, Göttingen und Frankfurt schlug er sich als Bankangestellter, Flughafenarbeiter und Nachtwächter durch. Ab 1974 schrieb Fauser für die »Basler Zeitung« Reportagen und Essays, im gleichen Jahr zog er nach München um. 1976 und 1977 besuchte er Charles Bukowski in Los Angeles. Ab 1979 schrieb Fauser Texte für den Rocksänger Achim Reichel sowie Kolumnen für das Berliner Szenemagazin »Tip« und die Zeitschrift »lui«. 1981 siedelte er vorübergehend nach Berlin über. 1984 kam die Verfilmung des *Schneemanns* mit Marius Müller-Westernhagen (Regie: Peter F. Bringmann) in die Kinos, 1985 arbeitete Fauser mit Dagobert Lindlau an einem Drehbuch über organisiertes Verbrechen, das später nicht realisiert wurde. Im gleichen Jahr heiratete er in Hannover Gabriele Oßwald und zog nach München um. Er schrieb weiterhin Drehbücher und Reportagen und trat in die Redaktion der Zeitschrift »TransAtlantik« ein. Am 17. 7. 1987 wurde er bei einem Verkehrsunfall in der Nähe von München tödlich verletzt. Postum verlieh ihm die Autorengruppe »Das Syndikat« einen »Ehren-Glauser« für sein Gesamtwerk.

»Das Leben hat alles, was gebraucht wird.« Dieses dem Erzählband *Mann und Maus* (1982) vorangestellte Motto hat für Jörg Fausers literarisches Schaffen programmatischen Charakter. Von der ätherischen Ratlosigkeit bürgerlicher Großschriftsteller gelangweilt, bedient sich Fauser aus der Fundgrube des prallen Lebens, verwendet seine Erfahrungen aus dem Milieu der Grenzgänger und Desperados als literarischen *Rohstoff* (1984). Getreu der Devise, »dass nichts phantastischer ist als die Wirklichkeit und nichts fiktiver als das Leben«, tritt er wie ein hartgesottener Literaturagent auf, der »angestellt ist beim Verfassungsschutz für Sprache und Zweifel«, dem Leben erbarmungslos auf der Spur. Er steigt hinab in dessen finsterste Abgründe, schnüffelt in stinkenden Löchern und versteckten Ritzen, watet im Kot einer tristen, sich im Todeskampf windenden Überflussgesellschaft und seziert unsentimental deren menschliche »Exkremente«, die als bierselige Stammgäste die Tresen gesellschaftlicher Randzonen bevölkern und vom »häuslichen Glück mitten im Minenfeld der sozialen Kämpfe« träumen. Fausers Bewunderung gilt den passionierten Verlierern, den glücklosen Veteranen des täglichen Überlebenskampfes, den Großmeistern des ewigen Selbstbetrugs, die endlich den großen Coup landen, einmal »die echte heiße Sonne sehen« wollen. Diese von angstvoller Hitze und cool-lässiger Brutalität vibrierende Atmosphäre fängt Fauser mit geschärftem Blick ein, ohne sich voyeuristisch daran zu delektieren oder skurrile Kunstfiguren in ein sozial unverbindliches Irgendwo zu transportieren. Für ihn ist »der Poet ein Lumpensammler / er kommt mit den Abfällen aus / wie die Ratte und der Schakal« (*Trotzki, Goethe und das Glück*, 1979). Fündig wird er in den Großstädten; in den Zentren der Macht und des Scheins »begegnen wir der Psyche unserer Epoche«. Hier erhält er das konzentrierte Extrakt moderner Verhaltensformen, durchtränkt von Korruption, Angst, Lebensgier, Gewalt und Machtbesessenheit; Chiffren für im Grunde archaische Träume und Sehnsüchte, die bei Nichterfüllung mit Alkohol und Rauschgift kompensiert werden. Die Droge dient Fauser nur als Metapher für das Verlangen, sich an etwas zu berauschen, unstillbares Verlangen zu entwickeln.

Fausers erste Publikationen *Aqualunge* (1971) und *Tophane* (1972), grelle Cut-up-Experimente im Stil der amerikanischen »beat-generation«, dokumentieren Fausers Junkie-Erlebnisse in den Slums von Istanbul. In einer von albtraumartigen Bildern durchsetzten Kiffersprache wird dem Leser viel von der paranoiden und isolierten Situation Suchtkranker bewusst. In den folgenden Gedichtbänden *Die Harry Gelb Story* (1973) und *Trotzki, Goethe und das Glück* (1979) setzt sich Fauser in bitteren Sequenzen mit seiner Drogenzeit, diesem Balanceakt zwischen Leben (= Schreiben) und Tod, auseinander: »Sinnloses Heulen und sinnloses Gehämmer der Schreibmaschine unterm denaturierten Zementhimmel, draußen der Tod auf Raten, drinnen letzter Versuch, Finger an die Tasten gekrallt.« Infiziert

vom amerikanischen Mythos von Freiheit und Abenteuer, gefällt sich Fauser in der Rolle des verstoßenen »outlaws«, der zwischen Sex, Rock'n'Roll und einem Sixpack Budweiser mit kernigen Sprüchen – »die Hitze pappte an den Wänden wie das Blut in einer Monatsbinde« – seinen Vorbildern der amerikanischen »hard-boiled fiction« (Chester Himes, Raymond Chandler) nachzueifern versucht. Als Mitglied einer Generation, die in ihren Köpfen ständig die Bilder des »film noir« und unvergessener Hollywood-Streifen präsent hat, bemüht sich Fauser um fesselnde Unterhaltung, schickt seine literarischen Doppelgänger Johnny Tristano, Harry Gelb, Kant, Harder, Blum und Harry Lipschitz in »den trüben Bauch der Städte«, wo sie im Dunstkreis von Kokain-Mafia, Zuhälterkreisen und mondäner Schickeria den moralischen Abfall einer kaputten Gesellschaft möglichst unauffällig beseitigen sollen. Die Bilder, die Fauser dabei erzählend inszeniert, erscheinen häufig als Reminiszenzen an verehrte Autoren wie Eric Ambler und Dashiell Hammett: »Erinnerungen von gestern sind die Texte von heute, die Asche von morgen« (1976).
Die Authentizität, die sensibel erworbene Milieukenntnis seiner Texte, speisen sich aus Fausers nicht immer freiwillig erworbenem Erfahrungsschatz. Seine unstillbare Neugier, sein vorurteilsloses Interesse für alle Schattierungen des Lebens und seine Besessenheit in der detaillierten Umsetzung eigener Beobachtungen verhindern – mit Ausnahme des Romans *Das Schlangenmaul* (1985), wo er modisch akzentuiert »Action«-Klischees überstrapaziert – eine konventionelle Belletristik. Als Autor, der »von der Nadel zur Feder« griff, ist Fauser, selbst großer Verehrer der zeitlebens wenig geliebten Joseph Roth und Hans Fallada, durch das Sieb der meisten Feuilletons gefallen. Wer seine Texte als Szene-Literatur abtut, negiert die städtische Wirklichkeit: »Das Leben (...) tritt von Anfang an als Verfälschung der Vorlage auf.« Die geschönte Welt im Hochglanzformat in ihrer Tristesse transparent zu machen, sie ebenso zu entmythologisieren wie eine sich radikal und rebellisch gebärdende Subkultur, die mit ihrem Anpassungszwang zum Teil verlogener als ihr gesellschaftlicher Antipode erscheint, ist Fausers Anliegen. Ihn interessieren die menschlichen Grauzonen, die durch den Schatten des Zweifels zwischen Entwurf und Realität entstehen, das Zwielicht und die Dunkelheit, in deren Schutz die Menschen und die Dinge wirklich und unverfälscht erscheinen. Kunst bezeichnet Fauser als »elementare Rebellion«, seine Schreibmaschine als »Waffe«, mit deren Hilfe er »es sich und anderen immer wieder schwer machen, ja uns verletzen will, damit wir uns nicht mit dem Leben abfinden, wie es uns vorgeschrieben ist von allen Institutionen und von der unerschütterlichsten Institution, der Natur«.
Vernarbt, seelisch und körperlich, von den Drogen und vom Entzug gepeinigt, »dem Horrortrip, mit dem die Furien des Schlafmohns ihre unfähigen Liebhaber bestrafen«, erspart uns Fauser Larmoyanz und ziellose Aggressivität. Mit lakonischen Aphorismen, immer pointiert und trocken, erzählt er Geschichten, meist seine eigenen. Ein gewisses Macho-Gehabe und die Lässigkeit seiner Helden entleiht Fauser den Kultfiguren amerikanischer Detektivgeschichten wie Philip Marlowe oder Lemmy Caution. Diese selbstironische Stilisierung wirkt unaufdringlich, zuweilen komisch, immer ehrlich und deswegen sympathisch. Jörg Fauser, eine schillernde Figur der Kulturszene, lange nur ein Insider-Tipp, der erst durch den Erfolg seines Romans *Der Schneemann* (1981) einer breiteren Öffentlichkeit bekannt wurde, hinterlässt nach seinem Tod eine nur schwer zu schließende Lücke in der ohnehin nur kleinen Gruppe interessanter deutschsprachiger Kriminal-Autoren. Welcher Literat ließe sich heute schon zu solchen Bekenntnissen hinreißen: »Allerdings ist das Leben ein Dreck, aber es ist auch eine Lust, im trüben Bauch der Stadt zu liegen und ihre Fäulnis zu kosten und ihren Eiter zu saufen und ihr Fieber zu beschreiben und hinter ihren Mülltonnen zu kauern vor Tagesanbruch und dann hinauszutreten auf den Platz und zu sagen: Grüß Gott, war eure Verlorenheit auch so sanft wie meine?«

Thomas Kraft

Werke: *Aqualunge*, G., Gött. 1971; *Tophane*, G., Gersthofen 1972; *Die Harry Gelb Story*, G., Augsb. 1973, erw. Ausg. Augsb. 1985; *Café Nirwana*, Hsp., WDR 1974; *Die von der Reservebank oder Wenn wir drankommen, ist das Spiel hoffentlich verloren*, Hsp. zus. m. B. Boyksen, 1976; *C'est la vie Rose. Hommage à Marcel Duchamp*, Mitarb. am Drehb., ZDF 1976; *Tod der Nilpferde*, Hsp., SR/SDR/SWF 1977; *John Howlett: James Dean. Eine Biografie*, Übs., Mü. 1977; *The Rolling-Stones-Songbook*, Mitübs., Ffm. 1977; *Joan Baez: Tagesanbruch*, Übs., Ffm. 1978; *Strand der Städte*, Ess., Bln. 1978; *Marlon Brando – Der versilberte Rebell*, Mü. 1978; *Trotzki, Goethe und das Glück*, G., Mü. 1979; *Requiem für einen Goldfisch*, En., Basel 1979; *Alles wird gut*, E., Mü. 1979; Romanze, Hsp. 1979; Aus – *tipp – Lese – Buch Nr. 1. Andere Porträts, Außenseiter, Einzelgänger*, Hg., zus. m. W. Mathes/ M. Matussek, Bln. 1981; *Der Schneemann*, R., Mü. 1981; *für eine Mark und* acht, Hsp., 1981, verfilmt v. Romuald Karmakar u. d. T. *Das Frankfurter Kreuz*, Arte 1998; *Mann* *und Maus*, E., Mü. 1982; *Blues für Blondinen. Essays zur populären Kultur*, Ffm. 1984; *Rohstoff*, R., Ffm. 1984; *Das Schlangenmaul*, Ffm. 1985; *Kant. Ein Szenethriller*, Mü. 1986; *Jörg Fauser Edition. Bd. 1–4: Romane und Erzählungen, Bd. 5–8: Essays, Reportagen, Gedichte, Beiheft*, Hbg. 1990; *Ich habe eine Mordswut. Briefe an die Eltern 1956–1987*, hg. v. Wolfgang Rüger u. Maria Fauser, Ffm. 1993; *Das leise lächelnde Nein und andere Texte*, Ergänzungsband, hg. v. Carl Weissner, Hbg. 1994; *O-Ton*, 2 CDs, hg. v. Christian Lyra, Mü. 1997.

Federspiel, Jürg, wurde am 28. 6. 1931 in Kempthal im Kanton Zürich geboren und wuchs in Domat/Ems (Graubünden) und Davos auf. Er besuchte die Realschule in Basel, betätigte sich ab 1951 als Filmkritiker und Reporter und schrieb für mehrere große Schweizer Tageszeitungen literarische Essays. Später hielt er sich in Berlin, Frankreich, Großbritannien, Irland und den USA auf; 1976 las er an britischen und irischen Universitäten. Er lebt heute als freier Schriftsteller in New York und Zürich. – 1959 erhielt er ein Stipendium des Staatlichen Literaturkredits Basel, 1961 den Preis der Schweizerischen Schillerstiftung, 1962 den Preis des Bundesverbandes der Deutschen Industrie, 1965 den Georg-Mackensen-Preis für die beste Kurzgeschichte, 1969 den Conrad-Ferdinand-Meyer-Preis und die Ehrengabe des Kantons Zürich, 1979 das Werkjahr der Stadt Zürich, 1986 den Literaturpreis der Stadt Zürich und 1988 den Basler Literaturpreis.

Lebenshunger und Todessehnsucht kennzeichnen die antagonistischen Charaktere seiner Erzählungen, Romane, Reportagen und Theaterstücke. Die Faszination des Grauens, des elementar Bedrohlichen, Absonderlichen, Skurrilen und Exzentrischen bildet das Thema seiner oftmals ans Dokumentarische grenzenden literarischen Arbeit. Von amerikanischen Autoren, die sich über die herkömmlichen Gattungsnormen hinweggesetzt und die so genannte »non-fiction novel« bzw. die »faction«-Literatur initiiert und kultiviert haben, wurde Federspiel ebenso beeinflusst wie von seinem Landsmann, dem Schriftsteller und Abenteurer Blaise Cendrars, dem er ein Künstlerporträt gewidmet hat. Die Erzählung gehört zu seinen bevorzugten Textsorten: Sie schildere »minutiös und rapportierend«, sie vergrößere, um »die Ungeheuerlichkeit des Kleinen, des Mikrokosmos und die Beiläufigkeit Mensch zu sein, ins Bewusstsein zu tragen« (*Museum des Hasses*, 1969).

Misstrauen, Verlogenheit und Zynismus kennzeichnen die dargestellte schweizerische Gesellschaft in seinem Debütroman *Massaker im Mond* (1963). Die erdabgewandte Seite des Mondes dient hier als Metapher für das Schreckliche, das sich dem Gesichtskreis der Figuren entzieht, für das nicht Gewusste und das Unbewusste. Anhand der sexuell freizügigen Katu und ihres Verlobten, des selbstgerechten, arroganten und korrupten Pareim, anhand des zynischen und halbkriminellen Theologiestudenten Albert Drexel und seiner miefigen, kleinbürgerlichen Familie wird eine von falschen Gefühlen dominierte, stumpfe, lieb- und rücksichtslose Gesellschaft dargestellt, an der die Hauptfigur, die Apothekersfrau Balmont, zerbricht.

Einen herausragenden Erfolg konnte Federspiels zweiter Roman, die *Ballade von der Typhoid Mary* (1982) verbuchen, vor allem die amerikanische Ausgabe, die 1984 in der Übersetzung von Joel Agee in New York erschien. Erzählt wird von Mary Mallon, einer jungen Frau, die auf dem Emigrantenschiff »Leibniz« nach New York gelangt und von einem Quarantänearzt an Land geschmuggelt wird. Dieser Arzt sieht – wie viele Männer nach ihm – in Mary ein Objekt seiner sexuellen Begierde. Er infiziert sich bei dem Todesengel, der – selbst immun – Träger des Typhuserregers ist. Nach dem Tod des Arztes verdingt sich Mary als Köchin, und bald treten überall dort, wo sie arbeitet, gehäuft Fälle von Typhus auf. Doch keiner der Infizierten wagt es, Mary der Gesundheitsbehörde anzuzeigen, da Typhus stigmatisiert und als Folge ausschweifender sexueller Gelüste gilt.

Eine komplexe Figurenpsychologie zeichnet auch Federspiels dritten Roman aus, die *Geographie der Lust* (1989). Die absonderliche Handlung erzählt in ihrem ersten Teil von Laura Granati, die sich die Weltkugel auf ihr pralles Sitzfleisch tätowieren lässt. Auftraggeber ist Antonio Robusti, ein reicher Kunstliebhaber aus Rom, ausführender Künstler Omai O'Hara aus New Mexico. Beide erfüllen sich mit diesem Werk einen Lebenstraum und sterben kurz nach dessen Vollendung. Im zweiten Teil des Romans geht Laura mit ihrer Tätowierung auf Amerika-Tournee. Ihr einzigartig schönes Gesäß wird zum begehrten Sammelobjekt rücksichtsloser Hautfetischisten, und nur mithilfe ihrer Schutzengel gelingt es Laura nach Italien zu entkommen, wo sie mit dem blinden David Delaware eine glückliche Ehe führt.

Federspiel, von dem die Aussage stammt, dass die Welt an sich harmlos sei und es nur darauf ankommt, was man aus ihr macht, hat seinen Zerrspiegel des Absurden auch der Fabel mit ihren moralischen Lehrsätzen und auf Allgemeingültigkeit zielenden Sentenzen vorgehalten. Am Ende seiner »fabelhaften« Sammlung *Die Liebe ist eine Himmelsmacht* (1985) steht jeweils ein Lehrsatz, der die Gattungsnorm auf den ersten Blick zu erfüllen scheint, der jedoch keine herkömmliche Moral mehr anzubieten hat. In seinem Reportagen-Buch *Museum des Hasses* (1969) hat Federspiel eine Kunstfigur, Paratuga, geschaffen, die in seinem Werk wiederkehrt und als zerstörerisches Virus und als Arrangeur von Katastrophen zur Hauptfigur der Erzählsammlung *Paratuga kehrt zurück* (1973) avanciert.

In Federspiels Porträts und Berichten, seinen Länder- und Städtereportagen (Begegnungen mit J. Beuys und J. Chamberlain, mit New York und zahlreichen amerikanischen Autoren, mit Vietnam, dem Elsass und der Schweiz) überwiegt eine Ästhetik des Schreckens, seine »Aufmerksamkeit gilt dem menschlichen Leben in seinen oft grotesken, ja absurden Daseinsformen« (K. H. Bohrer). In *Melancholia Americana* (1994) hat Federspiel, der seine Autorentheorie auch in Essays und Literaturkritiken ausformuliert hat, seine zwischen 1957 und 1979 veröffentlichten Porträts von US-amerikanischen Autoren versammelt. Die Darstellung des Außergewöhnlichen, häufig Monströsen, erscheint bei ihm und seinen literarischen Vorlieben nicht als Selbstzweck, sondern vermittelt eine Vorstellung von allerlei äußeren, sei es natürlichen, sei es künstlichen, sozialen oder ideologischen Faktoren, die ein absonderliches Nischenleben am Rande der Gesellschaft geradezu erzwingen, wenn die individuellen Freiheiten sonst zu sehr beschränkt würden. Ein anschauliches Beispiel dafür liefert sein Theaterstück *Brüderlichkeit* (1979), in dem am Beispiel des siamesischen Zwillings- und Schaustellerpaares Eng und Chang Bunker die Kehrseite des Prinzips Brüderlichkeit vorgeführt wird. In der Erzählung *Kilroy. Stimmen in der Subway* (1988) wird eine amerikanische Fiktion geschildert, eine gespenstische Gestalt, die – kein Mensch kennt sie – überall auftaucht und ihre Spuren (»Kilroy was here«) hinterlässt. Das kann eigentlich nur der Tod sein, der den Menschen in der New Yorker U-Bahn ihre Lebensgeschichten und ihre Todesdaten entlockt, der Tod als das ubiquitäre Prinzip schlechthin – in Federspiels Texten und in der Wirklichkeit.

Lutz Hagestedt

Werke: *Orangen und Tode*, En., Mü. 1961; *Blaise Cendrars*, Hsp., DRS 1961; *Der Tod eines Fohlens*, Hsp., BR 1961; *Massaker im Mond*, R., Mü. 1963; *Das Wort wird niemals Asche*, Radio-Ess., 1963; *Orangen vor ihrem Fenster*, Hsp., DRS 1964; *Herr Hugo oder die Flüsterer*, Hsp., DRS 1963; *Der Mann, der Glück brachte*, En., Mü. 1966; *Marco Polos Koffer*, G., zus. m. Rainer Brambach, Zür. 1968; *Die Märchentante*, Hsp., DRS 1968; *Museum des Hasses. Tage in Manhattan*, Report., Mü. 1969; *Die Märchentante*, En., Mü. 1971; *Träume aus Plastik. Aufsätze zu Literatur, Kunst und Film*, Zür. 1972; *Paratuga kehrt zurück*, En., Darmst. 1973; *Paratuga*, Hsp., DRS 1974; *Brüderlichkeit*, Theaterst., Zür. 1977; *Die beste Stadt für Blinde und andere Berichte*, Zür. 1980, Fssp., 1981; *Kilroy was here*, Hsp., DRS 1980; *Die Ballade von der Typhoid Mary*, Ffm. 1982; *Wahn und Müll*, Ber. u. G., Zür. 1983; *Die Liebe ist eine Himmelsmacht. 12 Fabeln*, Ffm. 1985; *Kilroy. Stimmen in der Subway*, E., Ffm. 1988; *Geographie der Lust*, R., Ffm. 1989; *Eine Halbtagsstelle in Pompeji*, En., Ffm. 1995.

Fels, Ludwig, geboren am 27. 11. 1946 in Treuchtlingen, wo er bis 1968 lebte, die Volks- und die Berufsschule besuchte und eine Malerlehre absolvierte. 1968 zog er nach Fürth und verdiente dort seinen Lebensunterhalt als Hilfs- und Gelegenheitsarbeiter. Danach war er als freier Schriftsteller in Nürnberg ansässig. Im Herbst 1983 übersiedelte er nach Wien. Er erhielt 1974 den Förderpreis der Stadt Nürnberg, 1979 (mit Rolf Haufs und Rainer Malkowski) den Leonce-und-Lena-Preis der Stadt Darmstadt und den Preis der Bestenliste des Südwestfunks, 1981 den Kulturpreis der Stadt Nürnberg, 1983 den Hans-Fallada-Preis, 1988 (mit Rainald Goetz) die Fördergabe des Schillerpreises; 1986 war er Stadtschreiber in Bergen-Enkheim.

Seine Gedichte und Prosa, die ihm die Etikette »exotisch« und »Außenseiter« eintrugen, weil sich ihr kraftvoller Ton aggressiver Wut und Trauer immer wieder ganz plötzlich entlädt, spielen im Milieu der sozialen Unterschicht, der Erniedrigten und Beleidigten: in Fabriken, Wohnküchen und Kneipen, in Stadtparks und Hauptbahnhöfen. Arbeiter, Gastarbeiter und Rentner, aber auch Stadtstreicher, Quartalssäufer, Schausteller, Prostituierte – Fels schreibt als ihr Bruder, ohne intellektuellen Proletkult und ohne Revolutionsromantik, und er erzählt von ihren (und seinen) durchzechten Nächten und betrogenen Hoffnungen, von Kränkungen, plötzlich aufbrechenden Tagträumen und der Wut für das Morgen (»Ich brauche einen Genossen«). Seine Prosa und reimlosen Gedichte sind getragen von einem aggressiven Tonfall gegenüber den »wohlstandsgemästeten Bürgerhengsten« (»Ich kotze besoffen, um keine Antwort schuldig zu bleiben«), in deren Gesellschaft Herkunft »zu einem Startloch mit Fußangeln« wurde. Ebenso misstrauisch blieb Fels gegenüber linker Dogmatik, gegenüber »ungefickten, ausgeflippten Paradiesverbesserern«. Sein lyrisches Ich lebt von der Selbsterfahrung, die sich der Erfahrung der Realität aussetzt: als Arbeiter und im neuen Beruf als Schriftsteller.

Er schwankt zwischen Resignation und jäher Hoffnung, zwischen ratloser Trauer und anarchischem Freiheits- und Gerechtigkeitsverlangen. Die Gedichte muten dabei ebenso prosaisch an wie seine Prosa lyrisch erscheint: sie bestehen aus Bild- und Metaphernfolgen, die ein drängender, fast abgehackter, kurzer, expressiver Sprachduktus verbindet. Diese Sprache ist die Konsequenz von unmittelbarer Betroffenheit, Wut und Enttäuschung. Slangwörter, Kraftausdrücke, Fuck- und Shit-Sprache sind hier als Ausdruck starker, nur mühsam distanzierter Emotionalität anzusehen. Ludwig Fels trägt dabei Widersprüche, auch seine eigenen, aus, ohne sie kurzatmig zu harmonisieren.

Auf seinen ersten, Aufsehen erregenden Gedichtband *Anläufe* (1973) folgten 1974 die kurzen Prosaskizzen *Platzangst*, in denen Fels vom Elend eines hilflosen Rentners erzählt, dessen Frau gestorben ist, von einem übermüdeten Arbeiter, der nach der Akkordschicht einen Unfall verursacht, oder von einem Kriegsversehrten, dessen Lebensgeschichte in Nürnberg, der Stadt der NSDAP-Parteitage, begann und sich auf Hitlers Schlachtfeldern entschied. In seinem ersten Roman *Die Sünden der Armut* (1975) bricht die Hauptfigur Ernst Krauter, unehelicher Sohn einer Putz- und Waschfrau, die mit einem »kleinen Gauner«, dem mehrfach vorbestraften ehemaligen Uhrmacher Detlev Richter, zusammenlebt, seine Maurerlehre ab. Er hat Angst, wie die Erwachsenen zu werden: »Ihre Demut, mit der sie alle Widrigkeiten ertrugen, stimmte ihn traurig ... Sie hatten nichts zu einer Veränderung der Verhältnisse beizutragen.« Krauter dagegen will »eines Tages (...) die Sicherungskästen zerschlagen. Er war ein Rädchen im Getriebe, das ein Sandkorn transportierte.«

Ludwig Fels behält den für ihn charakteristischen, von Kerouac, Ginsberg und Neruda beeinflussten Sprechton auch in den folgenden Gedichtbänden bei: *Ernüchterung* (1975), *Alles geht weiter* (1977) und *Ich war nicht in Amerika* (1978), dem Bericht über eine USA-Reise, die Fels 1977 zusammen mit anderen Autoren unternommen hatte. Seine Themen und Motive sind breiter geworden, und schon die Titel der Bände *Ernüchterung* und *Alles geht weiter* reagieren auf das überhitzte politische Klima in der Bundesrepublik Deutschland der Siebzigerjahre. Von ihm und denen, die darin leben als Repräsentanten des Staates, und denen, die isoliert sind, »in Einzelhaft«, handelt – sehr resignativ, aber auch wütend – der an *Platzangst* anknüpfende Geschichtenband *Mein Land* (1978).

Im zweiten Roman von Ludwig Fels, *Ein Unding der Liebe* (1981), lebt Georg Bleistein, ein um zehn Jahre gealterter Ernst Krauter, mit seiner Tante und seiner Großmutter in einem Reihenhaus, ein unansehnlicher, monströser, zwei Zentner schwerer Fresssack, Faktotum in einer Großküche, ausgelacht von seinen Arbeitskollegen, übersehen vom anderen Geschlecht. Leben erfährt Bleistein als ununterbrochene Folge von Kränkungen und Demütigungen. In miefigen Kneipen der süddeutschen Kleinstadt Grönhart betäubt er sein Versagen mit Bier. Manchmal wird er plötzlich gewalttätig und rüttelt so an den Gitterstäben seines Lebensgefängnisses. Weder hilft Bleistein eine kalte abweisende Gesellschaft, noch vermag er sich selbst zu helfen. Fels kann diesen bedrückenden Dauerton seelischer Depression den ganzen Roman über durchhalten, ihn verstärkend im Wechselspiel einer unfreundlichen Welt und einer freudlosen Person, die sich nichts so sehr wünscht wie ein wenig Freundlichkeit. Seine Sätze gleichen Eruptionen, wirken wie anarchische Assoziationsketten und emphatische Metaphern. Es bildet sich ein kurzer, drängender, expressiver, manchmal fast expressionistischer Sprachduktus heraus, eine raue, mühsam kontrollierte Sprache des Slangs und der Kraftausdrücke. Lyrische Stimmungsbilder werden, in der Form des antiken Dialogs oder wie bei Brecht, eingeblendet in die in Er-Form erzählten Passagen (mit frischen, stimmigen Dialogen). In einer spannenden Handlung, in eindringlichen Bildern und drängenden Satzkaskaden erzählt Fels in seinem Roman *Ein Unding der Liebe*, seinem bisher überzeugendsten Buch, von der zugelassenen »Verwahrlosung« des Menschen.

Wut, Zorn und Trauer angesichts solcher »Realität« und ein drastischer, fast expressionistischer, metaphorischer Ausdruck finden sich auch in dem Prosaband *Betonmärchen* (1983): »Die Realität ist ein Dreck und einen Dreck wert. Die Realität ist ein Schwitzen und Furzen, Geficke, Getue drumrum, Worte, Sätze, die einem das Hirn kaputtmachen.«

Ein neuer epischer, weniger gehetzter, ruhigerer Ton klingt in dem Gedichtband *Der Anfang der Vergangenheit* (1984) an, der von der Zeit von und vor 1946, seinem Geburtsjahr, handelt. Von heute aus rekonstruiert Fels das Leben von damals: Armut, das Frieren im Winter, die Not der Mutter, die ohne Mann ist und den Lebensunterhalt durch Putzen verdient.

Heimat bedeutet für Fels in den 19 Prosastücken des Bandes *Die Eroberung der Liebe, Heimatbilder* (1985) Heimatlosigkeit in einer apokalyptischen Welt, denn Heimat ist heute »nur eine andere Bezeichnung für Konsumkasernen, Betonkorsetts das falsche Wort für Autobahnausbau, Chemieschlachten ... das Auschwitz für Flora und Fauna«. Wo die Realität ein »Dreck« ist, Wälder, Tierarten und Gefühle sterben, da kehrt das Unversehrte im Traum wieder, wird Inhalt der Sehnsucht und Gegenstand der Fantasie. Sie bewahren das Verlorene und Erhoffte als Utopie, ein Utopieverlangen, das gerade auch für die Menschen selbst gilt: »Zuerst müsste der Mensch sich in sich selbst beheimatet fühlen.«

Flucht aus einem bedrückenden Leben in die Welt der Fantasie, der Wunsch nach einem anderen Leben – das gehört auch zu den Grundmotiven der Theaterstücke, die Fels in den Achtzigerjahren zu schreiben begann. In *Lämmermann* (1983) will der Bauhilfsarbeiter Lämmermann aus seinem Lebensgefängnis ausbrechen, sich den »Entmenschlichungsunternehmen« Fabrik und Behörde entziehen. Er träumt von einer großen Reise. In *Der Affenmord* (1985) sucht der Bauarbeiter Hans Walczak aus seiner Ehe, aus seinem Leben auszubrechen und »ein Anderer (zu) werden«. Er betäubt sich mit Bier und liebt Lucy, die Gehilfin eines Dompteurs, die sich als Äffin verkleidet. *Lieblieb* (1986) handelt von Opfern der Verhältnisse, dem Säufer und Schläger Brada, der Rosina, ein Opfer der Psychiatrie, bei sich aufnimmt und sie wie eine Gefangene hält und sadistisch quält: Liebe, Glück, Heimat, Menschlichkeit, Brüderlichkeit, Selbstliebe – Begriffe, die auch hier wie sonst bei Fels in ihrer gegenteiligen Form entfaltet werden und die doch seine Utopie bleiben.

Im Roman *Bleeding Heart* (1993) kommt der Werbetexter Helmert mit dem Fährschiff in die marrokanische Küstenstadt Tanger, um dort zu sterben, weil ihn seine Geliebte, die Schauspielerin Leona, verlassen hat. Im Koffer hat er einen Bolzenschussapparat und Barbiturate. In seinem Hotelzimmer mit Meeresblick trinkt er große Mengen Alkohol und imaginiert Sexualorgien, in denen Leona ihn mit ihren Liebhabern, den Malern Schimmelkopf und Rubetz, betrügt. In einer ansteigenden Verzweiflungslinie verschmelzen Fantasie und Realität bis zur Ununterscheidbarkeit. In dem für ihn typischen Stil färbt Fels dabei seine kurzen, expressiven Sätze lyrisch ein. In den drängenden, teilweise wie abgehackt wirkenden Satzduktus flicht er Slang und »four-letter words« ein, eine raue »Arschloch«-Sprache, die, so der Ich-Erzähler, vor »zu viel Gefühl« schützen soll. *Bleeding Heart* ist nicht geschlossen erzählt. Auf lyrisierte Sätze und zum Teil glänzende lakonische Dialoge folgt inhaltlich Krauses, und die bei Fels immer riskante, auf großer Höhe stattfindende Bildproduktion stürzt ab ins Willkürliche und bloß Rhetorische. Fels umspielt sein Thema: Liebessehnsucht als Sehnsucht nach Glück, Heimat, Sinn, nach einem Ganzen, das alles trägt. Nicht nur das Ambiente, in der afrikanischen Küstenstadt Tanger, sondern auch das Verhältnis der Figuren zueinander wird bestimmt von sich steigernder Gewalt. Masochistische, obsessive Lust und Tod berühren sich wie bei Pasolini. Fels streift in seinen Vergewaltigungsszenen Grenzen. Abgestürzt als Erzähler ist Fels, der zeitweise in der Türkei eine Bar besaß, mit dem Roman *Mister Joe* (1997). *Mister Joe*, der Arzt Helle Kerr, lebt als Sextourist in Manila seine Obsessionen aus, wenig später stirbt die halbwüchsige Rosario daran. Kerr wird gestellt und der Polizei übergeben. Doch Kerr wird freigesprochen, er hat Polizei und Zeugen gekauft. *Mister Joe* ist voll von schwer erträglichen Gewaltschilderungen. Hinter diesen Szenen verbirgt sich der Wunsch nach deren Abwesenheit, doch die Beschreibungen und Begründungen erstarren zum Schema.

Stephan Reinhardt

Werke: *Anläufe,* G., Darmst. 1973; *Kaputt oder Ein Hörstück aus Scherben,* Hsp., 1973; *Die bodenlose Freiheit des Tobias Vierklee oder Stadtrundgang,* Hsp., 1974; *Platzangst,* En., Darmst., Neuwied 1974; *Die Sünden der Armut,* R., Darmst., Neuwied 1975; *Ernüchterung,* G., Erlangen 1975; *Lehm,* Hsp., 1975; *Der Typ,* Hsp., 1977; *Alles geht weiter,* G., Darmst., Neuwied 1977; *Ich war nicht in Amerika,* G., Erlangen 1978; *Mein Land,* Pr., Darmst., Neuwied 1978; *Zeitgedichte,* Mü. 1979; *Wunderschock,* Hsp., 1979; *Vor Schloss und Riegel,* Hsp., BR 1980; *Mary,* Hsp., 1980; *Ich bau aus der Schreibmaschine eine Axt,* G. u. Pr., Ost-Bln. 1980; *Vom Gesang der Bäuche. Ausgewählte Gedichte 1973–1980,* Darmst., Neuwied 1980; *Ein Unding der Liebe,* R., Darmst., Neuwied 1981; *Kanakenfauna,* Pr., Darmst., Neuwied 1982; *Betonmärchen,* Pr., Darmst., Neuwied 1983; *Lämmermann,* Theaterst., Ffm. 1983, UA Hbg. 1983; *Heldenleben,* Hsp., SDR/HR 1984; *Frau Zarik,* Hsp., WDR 1984; *Der Anfang der Vergangenheit,* G., Mü. 1984; *Der Affenmörder,* Theaterst., Ffm. 1985, UA Mü. 1985; *Die Eroberung der Liebe. Heimatbilder,* Pr., Mü. 1985; *Ich küsse Ihren Hund, Madame,* Hsp., SFB 1985; *Lieblieb,* Theaterst., in: »Theater heute«, 1986, H. 6, UA Darmst. 1986; *Rosen für Afrika,* R., Mü. 1987; *Blaue Allee, versprengte Tataren,* G., Mü. 1988; *Schwarzer Pilot,* Hsp., WDR 1989; *Soliman – Winter in Wien,* Hsp., WDR 1989; *Sturmwarnung,* Ffm. 1993; *Bleeding Heart,* R., Mü. 1993; *Mister Joe,* R., Mü. 1997; *Nach diesen kalten Sommern der Liebe,* Hsp., WDR 1997; *Der tausend und zweite Tag,* Hsp., HR 1997; *Nachts an den Feuern – Calamity Jane,* Hsp., HR/WDR 2000; *Öl auf dem Mond,* Hsp., SWR 2000; *Robot,* Hsp., WDR 2000; *Krums Versuchung,* R., Hbg., Wien 2003, *Lappen hoch! – Theaterschwadronade,* Hsp., WDR 2003.

Feyl, Renate, wurde am 30. 7. 1944 in Prag geboren. Sie wuchs in Jena auf, wo sie auch das Abitur machte. Von 1963 bis 1965 war sie Mitglied im »Arbeitertheater« und arbeitete als freie Journalistin für die »Wochenpost«, für das »Magazin« und für das Jugendmagazin »Neues Leben«. Nach einer Buchhändlerlehre in Berlin studierte sie von 1966 bis 1971 Philosophie an der Humboldt-Universität in Berlin. Seit 1970 lebt und arbeitet sie als freie Schriftstellerin und Essayistin in Berlin. 1973 erhielt sie den Ernst-Zinna-Preis.

Einem breiteren Publikum im Westen wurde Renate Feyl mit der Essaysammlung *Der lautlose Aufbruch. Frauen in der Wissenschaft* (1981) bekannt. In elf literarischen Porträts von zumeist unbekannten und vergessenen deutschen Wissenschaftlerinnen, angefangen mit Maria Sibylla Merian, der Begründerin der deutschen Insektenkunde, bis zur Mathematikerin Emmy Noether, wird vom 17. bis zum 20. Jahrhundert der Weg der Frauen zur und in die Männerdomäne Wissenschaft nachgezeichnet – nicht allein als Kampf gegen äußere Widerstände, sondern basierend auf dem intellektuellen Anspruch auf eigenständiges Denken und existenzielle Selbstständigkeit. Feyl präsentierte damit das zentrale Thema, um das alle Fragestellungen ihrer weiteren literarischen Arbeiten kreisen sollten.

Begonnen hatte Feyl ihre Laufbahn als Schriftstellerin mit gegenwartsbezogenen Romanen. Ihr erster Roman, *Rauhbein* (1968), handelt von der Reintegration eines straffällig gewordenen Jugendlichen, *Das dritte Auge war aus Glas* (1971) ist eine Ost-West-Berliner Studentengeschichte vor dem Hintergrund der 68er-Studentenrevolte in West-Berlin, und *Bau mir eine Brücke* (1972) beschreibt den Ehealltag einer jungen Abgeordneten in Ost-Berlin. Ihr eigentlicher literarischer Anfang wurde jedoch das Buch *Bilder ohne Rahmen* (1977) mit essayistischen Porträts von berühmten Wissenschaftlern des 19. und 20. Jahrhunderts (u.a. Wilhelm von Humboldt und Theodor Mommsen), entstanden aus Gesprächen mit deren Nachfahren. Im Zentrum der Darstellung steht bereits die Frage nach den Bedingungen von Kreativität und Eigenständigkeit. Unter diesen Geistesgrößen war nur eine Frau, Lise Meitner, vertreten, und so entschloss sich Feyl, der Frage nach den Frauen in der Wissenschaft nachzugehen und den *Lautlosen Aufbruch* zu schreiben.

Renate Feyls weitere historisch-literarische Suche und Auseinandersetzung mit weiblicher Intellektualität führte sie zu drei Romanbiografien über die ersten Schriftstellerinnen im Deutschland des 18. Jahrhunderts. In *Idylle mit Professor* (1986) holte sie die Gottschedin (Luise Adelgunde Victoria Kulmus, verheiratete Gottsched, 1713–1762) aus dem Schatten ihres Ehemannes Johann Christoph Gottsched, des Leipziger Literaturpapstes und Professors für Logik und Metaphysik. Nachdem er sie zu seiner wissenschaftlichen Assistentin ausgebildet hatte, emanzipierte sie sich zu einer eigenständigen Schriftstellerin und Gelehrten. Sie wurde zur Begründerin des deutschen Prosalustspiels und die erste literarische Übersetzerin. Als »gelehrteste Frau Deutschlands« war sie eine bestaunte Berühmtheit in der kultivierten Gesellschaft des 18. Jahrhunderts. Mit zunehmendem Erfolg zerbrach aber ihr Verhältnis zu Gottsched. Hauptfigur des Romans *Die profanen Stunden des Glücks* (1996) ist Sophie von La Roche (1731–1807), die mit ihrer empfindsamen *Geschichte des Fräuleins von Sternheim* (1771) die erste erfolgreiche Romanautorin Deutschlands war und damit den Boden bereitete, auf dem Goethe mit seinem *Werther* reüssieren konnte. Nach dem beruflichen Fiasko ihres Ehemannes, des Regierungskanzlers am Trierer Hof, wurde sie zur Berufsschriftstellerin, die nicht unerheblich mit ihrem Schreiben zur Versorgung der Familie beitrug. Sie gründete eine der ersten deutschen Frauenzeitschriften, »Pomona für Teutschlands Töchter«, und pflegte den Kontakt unter anderem mit Wieland, Goethe, Schiller, Herder, Klopstock, Lenz und Knigge. Im Zentrum des letzten Bandes dieser Trilogie, *Das sanfte Joch der Vortrefflichkeit* (1999), steht Caroline von Wolzogen (1753–1847), Schriftstellerin und Schwägerin von Friedrich Schiller. Bekannt wurde sie mit dem 1798 erschienen Roman *Agnes von Lilien*, der zuerst von Schiller in den »Horen« veröffentlicht wurde. Mit ihrer Biografie über Schiller (*Schillers Leben,* 1830) hat sie schließlich das Fundament für seinen Nachruhm gelegt. Sie erfuhr aber auch, »was es hieß, mit einem Genie in der Familie leben zu müssen« und dabei nicht nur seine Muse zu sein, sondern einen eigenen Weg als Schriftstellerin zu gehen. Nachdem Schiller ihre Schwester Charlotte geheiratet hatte, schwebte ihm eine »ménage à trois« vor: Charlotte für die Familie und das Praktische, Caroline für das Geistig-Höhere. Feyl lässt sie in der Ich-Form agieren und aus der Altersperspektive ihr Leben rekapitulieren.

In ihrer Erzähltechnik bleibt Feyl in den Denkkategorien des 18. Jahrhunderts und behält den zeitbedingten Horizont der Protagonistinnen bei. Gewissenhaft folgt sie der historischen Spur, die sie mithilfe von Sekundärliteratur und Quellenmaterial rekonstruierte. Die Verknüpfung von Fiktion und Fakten ergibt vielfältige Bildebenen. Es entstehen neue und farbige Bilder von literarischen und persönlichen Verknüpfungen, von Kultur- und Alltagsgeschichte. Sie porträtiert sowohl die Adels- und Hofgesellschaft als auch die intellektuelle Elite an der Wende von der höfischen zur bürgerlichen Markt-Abhängigkeit. Feyls historischer Blick bleibt nicht beim Vergangenen stehen, sondern erhellt das Bleibende. Mit ironischer Distanz, kritischer Kompetenz und Humor zeichnet sie ein Sittengemälde des 18. Jahrhunderts, in dem sie den Literaturbetrieb genauso aufs Korn nimmt wie den Geniekult. Denn so ganz nebenbei werden auch die Großen ihrer Epoche vom Olymp auf den Boden des Menschseins geholt, mit Tatkraft und heiterem Spott.

Mit *Ausharren im Paradies* (1992) schrieb Feyl ein Kapitel deutscher Familien- und Nachkriegsgeschichte. Der sudetendeutsche Franz Kogler, Doktor der Slawistik, ehemaliges NSDAP-Mitglied, kommt mit seiner Familie 1946 nach Ostdeutschland. Hier findet er eine neue ideologische Heimat, macht Universitätskarriere, ehe ihn die Nichtunterzeichnung einer Resolution gegen den Prager Aufstand Parteimitgliedschaft und Karriere kosten. Diese Familiengeschichte ist gleichzeitig eine Geschichte der DDR. Sie erzählt die Banalität einer Diktatur in Friedenszeiten und veranschaulicht die Deformierung von Menschen, die ihrer Leitbilder beraubt werden.

Einige kleinere Arbeiten runden Feyls Werk ab: 1984 erschien die Zitatensammlung *Sein ist das Weib, Denken der Mann,* die einen amüsanten Überblick über die grotesken »Ansichten und Äußerungen für und wider die gelehrten Frauen« der bedeutendsten Männer der deutschen Geistesgeschichte gibt, von Luther über Herder, von Kant bis Max Planck. Der Aufsatz *Vor-Ort* (1989) ist eine subtile Naturschilderung des (eigenen) Gartens, und *Mein Vater? Ich hoffe, es geht ihm gut* (1988) ist eine autobiografische Skizze, die als Vorstudie für den Roman *Ausharren im Paradies* (1992) gelten darf.

Brigitte Lichtenberger-Fenz

Werke: *Rauhbein,* R., Rudolstadt 1968; *Das dritte Auge war aus Glas. Eine Studentengeschichte,* R., Rudolstadt 1971; *Bau mir eine Brücke,* R., Ost-Bln. 1972; *Bilder ohne Rahmen,* Ess., Rudolstadt 1977; *Der lautlose Aufbruch. Frauen in der Wissenschaft,* Ess., Ost-Bln. 1981; *Sein ist das Weib, Denken der Mann. Ansichten und Äußerungen für und wider die gelehrten Frauen,* Zitatensammlung, Ost-Bln. 1984; *Idylle mit Professor,* R., Ost-Bln. 1986; *Ausharren im Paradies,* R., Köln 1992; *Die profanen Stunden des Glücks,* R., Köln 1996; *Das sanfte Joch der Vortrefflichkeit,* R., Köln 1999.

Fian, Antonio, wurde am 28. 3. 1956 in Klagenfurt geboren. Seine Kindheit und Jugend verbrachte Fian in Spittal an der Drau, bevor er 1976 nach Wien übersiedelte, das Studium der Volkswirtschaft begann und nebenbei die Zeitschrift »Fettfleck« herausgab. Seit 1980 ist er als freiberuflicher Schriftsteller tätig und schreibt neben Erzählungen, Essays und Gedichten satirische Dramolette, die überwiegend in der Wiener Stadtzeitung »Falter« und der Tageszeitung »Der Standard« erscheinen. 1980 erhielt er das Nachwuchsstipendium des Bundesministeriums für Unterricht und Kunst. Zahlreiche weitere Preise und Auszeichnungen folgten, darunter 1985 das Österreichische Staatsstipendium, 1988 der Förderungspreis für Literatur der Stadt Wien, 1990 der Österreichische Staatspreis, 1992 der Förderungspreis des Landes Kärnten, 1994 der Hans-Erich-Nossack-Förderungspreis für Prosa und 2001 der staatliche Förderungspreis für Literatur.

»Ist es eine Komödie? Ist es eine Tragödie?« Dieser häufig zitierte Titel einer Erzählung von Thomas Bernhard gäbe auch eine programmatische Überschrift zum Werk Antonio Fians ab. Ist es nun alles Spaß und lustig, was der mittlerweile zum Wiener Schriftsteller konvertierte Kärntner schreibt, oder nicht vielmehr erschreckend ernst und traurig? Es ist in jedem Fall zutiefst österreichisch. Antonio Fian hat zwar auch einen düsteren, kafkaesken Roman (*Schratt*, 1992), Gedichte (*Üble Inhalte in niedrigen Formen*, 2000), Erzählungen (u.a. *Helden, Ich-Erzähler*, 1990) und zahlreiche kluge wie unterhaltsame Essays (*Es gibt ein Sehen nach dem Blick*, 1989, und *Hölle, verlorenes Paradies*, 1996) geschrieben, doch sein bedeutendster Beitrag zur österreichischen Literatur sind zweifellos seine Dramolette. Die Ideen für diese kurzen, nur wenige Buchseiten umfassenden Stücke findet Fian meist während der Zeitungslektüre. Ausgehend von einer Politikerphrase oder einem Künstlerstatement entstehen satirische »Mikrodramen« in der Nachfolge eines Karl Kraus und beeinflusst von Thomas Bernhards Dramoletten der Achtzigerjahre. Den Regieanweisungen kommt bei Fian wichtige literarische Bedeutung zu. Nicht selten finden sich hier feine Ironie und subtiler Kommentar zum vorangegangenen bzw. folgenden Politikerjargon oder Literatenzitat. In einem seiner bekanntesten Stücke, *Die Büchermacher* (1992), werfen Reich-Ranicki und Unseld, an Thomas Bernhards Grab stehend, einander Buchtitel zu und streiten sich darüber, was von Bernhard bleiben wird. Am Ende fragt Unseld: »Und wir? Bleiben wir?« Darauf Reich-Ranicki: »Wir bleiben. (Sie bleiben. Pause. Nacht.)« Ob die Protagonisten Reich-Ranicki und Unseld heißen, Peter Turrini oder Claus Peymann, Jörg Haider oder Bundeskanzler Schüssel: bei Antonio Fian werden sie nolens volens zu Parodisten ihrer selbst. Obgleich der Autor äußerst unterhaltsam und mit subtilen Mitteln die Eitelkeiten und Verlogenheit in Kulturbetrieb und Politik zum Vorschein bringt und sie manchmal sogar mit Kindersprache oder Jugendjargon verbindet, verzichtet er dabei auf jegliche Kommentare, Beleidigungen oder Besserwisserei. Zwar dürfte die Halbwertzeit von einigen Texten mit konkreten Anlässen begrenzt sein, doch die jüngere österreichische Wirklichkeit ist selten so knapp und erhellend, witzig und hintergründig, so komisch und tragisch zugleich ausgestellt worden wie bei Antonio Fian.

Michael Fischer

Werke: *Die Firma tut, was in ihrer Macht steht*, Hsp., ORF 1983; *Der Alpenförster. Aufwühlende Bildererzählungen über Liebesgewalt, Herzenstreue und Schicksalsmacht*, En., zus. m. Hansi Linthaler, Ffm. 1987; *Einöde. Außen, Tag*, En., Graz, Wien 1987; *Schreibtische österreichischer Autoren*, En., Fotos, zus. m. Nikolaus Korab, Graz, Wien 1987; *Blöde Kaffern, dunkler Erdteil*, Hsp., zus. m. Werner Kofler, 1987; *Es gibt ein Sehen nach dem Blick*, Aufs., Graz, Wien 1989; *Der Erlöser*, Hsp., HR/ORF 1989; *Helden, Ich-Erzähler. 7 Beispiele*, En., Graz, Wien 1990; *Schratt*, R., Graz, Wien 1992; *Innovation*, Hsp., RB 1991; *Die Büchermacher*, Theaterst., UA Wien 1992; *Peymann oder Der Triumph des Widerstands*, Hsp., ORF 1992, Theaterst., Wien 1992; *Was bisher geschah. Dramolette*, Graz u. Wien 1994; *Lombroso in Leibnitz*, Hsp., HR/ORF 1994; *Bussi, Kant oder der Rückfalltäter*, Theaterst., UA Wien 1994; *Hölle, verlorenes Paradies*, Ess., Graz, Wien 1996; *3 Stück Österreich*, En., zus. m. Elisabeth Reichart u. Bodo Hell, Salzb. 1996; *Blöde Kaffern, dunkler Erdteil*, Hsp., zus. m. Werner Kofler, ORF 1987; *Ermittlungen, Ergebnisse*, Theaterst., UA Salzb. 1996; *Schlumpfes Brother*, Hsp., ORF/SFB/ORB 1998; *Was seither geschah. Dramolette 2*, Graz, Wien 1998; *Blöde Kaffern, dunkler Erdteil. Drei Hörspiele*, m. Schpl., zus. m. Werner Kofler, Wien 1999; *Üble Inhalte in niedrigen Formen*, G., Graz, Wien 2000; *Alarm. Dramolette 3*, Graz, Wien 2002; *Bilder des Friedens*, Hsp., ORF 2002.

Fichte, Hubert, wurde am 21. 3. 1935 in Perleberg in der Westpriegnitz geboren. Sein jüdischer Vater versuchte nach Schweden zu emigrieren. Fichte hat ihn nie gesehen, er gilt als verschollen. Mit der Mutter siedelte er wenige Wochen nach seiner Geburt nach Hamburg-Lokstedt in das Mietshaus der Großeltern über. Mit sechs Jahren gelangte der protestantisch getaufte Fichte nach Steingriff in Oberbayern, weil die Mutter den halbjüdischen Jungen dort verstecken wollte. Er verbrachte ein Jahr im katholischen Waisenhaus der Stadt Schrobenhausen. Im Juli kehrte er 1943 kurzzeitig nach Hamburg zurück, bevor er nach Liegnitz in Schlesien evakuiert wurde. Bereits 1944 schrieb er erste Romanentwürfe, Ritterdramen und Gedichte. Nach dem Krieg schlug er sich als Kinderdarsteller auf Hamburger Theaterbühnen durch und hatte seine erste Hauptrolle in den Hamburger Kammerspielen, die seinerzeit unter der Intendanz von Ida Ehre standen. Er drehte einen Film mit Lil Dagover und arbeitete im Rundfunk mit Erwin Piscator. 1949 lernte er Hans Henny Jahnn kennen, der soeben aus seinem dänischen Exil nach Hamburg zurückgekehrt war. Ein Jahr später hatte Fichte seine erste und einzige homosexuelle Liebesbeziehung zu dem Schauspieler und Regisseur Alexander Hunzinger. 1950 lernte er die Fotografin Leonore Mau kennen, seine spätere Lebensgefährtin. 1952 besuchte er Sprachkurse am Institut Français in Hamburg und erhielt sogleich ein Stipendium an der Universität von Poitiers. Im folgenden Jahr reiste er durch Frankreich und machte Bekanntschaft mit Jean Giono und Albert Camus, besuchte die Maler Serge Fiorio und Lucien Jacques. Im Juni 1954 wurde er Lagerleiter im Camp de la Pomponette beim Arbeiterpriester Abbé Pierre-Grouès, bis er schwer an einer Hepatitis erkrankt nach Hamburg zurückkehrte.

Diese Flucht von zu Hause war der eigentliche Beginn seiner Schriftstellerlaufbahn und der Impuls für ein beinahe rastloses Reisen. Von 1955 bis 1957 absolvierte er eine Landwirtschaftslehre in Holstein. Ein Jahr später ging er nach Schweden, um den landwirtschaftlichen Bereich in einem Heim für schwer erziehbare Kinder zu leiten. Die Reise nach Frankreich ist als Flucht vor der Mutter und die Reise nach Schweden als Suche nach dem Vater zu verstehen. 1960 veröffentlichten Hans Bender und Peter Härtling erste Prosaversuche Fichtes in Zeitungen und Zeitschriften. Fichte beschloss 1962 als freier Schriftsteller zu leben. Er zog mit Leonore Mau zusammen, mit der er bis zu seinem Tod eine Lebens- und Arbeitsgemeinschaft aufrechterhielt. Unter dem Titel *Der Aufbruch nach Turku* publizierte Fichte 1963 einen Band mit Erzählungen, die vor allem in Schweden entstanden sind. Er erhielt dafür das Julius-Campe-Stipendium.

Zwei Jahre später erschien der erste Roman *Das Waisenhaus* (1965), in dem er die autobiografischen Erfahrungen und traumatischen Spannungen mit den katholischen Waisenpflegern verwertete. Für dieses Buch erhielt der Autor den Hermann-Hesse-Preis. 1963 las er zum ersten Mal auf der Tagung der »Gruppe 47« in Saulgau, später besuchte er die Tagungen der Gruppe in Sigtuna und Berlin von 1964 und 1965. Er war Teilnehmer der Treffen des Literarischen Colloquiums, zu denen er von Hans Bender und Walter Höllerer eingeladen wurde. Wolfgang Weyrauch und Fritz J. Raddatz unterstützten seine schriftstellerische Arbeit seit diesen Tagen. Fichte unternahm weitere Reisen nach Portugal, Griechenland und Finnland, später Marokko und Ägypten. Lange Zeit vor den literarischen Reisen seiner Schriftstellerkollegen entdeckte Fichte das Reisen als Thema der Literatur.

1967 wurde er Stipendiat der Villa Massimo in Rom. Dort lernte er Ingeborg Bachmann, Hans Werner Henze und Gustav René Hocke kennen. Er traf Hans Mayer wieder, der sich in der bundesdeutschen Rezeption kontinuierlich für Fichte einsetzte. Der knapp 20 Jahre später vom Autor noch selbst zusammengestellte Glossenband *Alte Welt* (1992) ist durchaus als Gegenentwurf zu Rolf Dieter Brinkmanns Rom-Buch zu verstehen.

1968 erschien sein zweiter Roman *Die Palette*, der sogleich ein Bestseller wurde. Es schien so, als ob Fichte von den subjektiven Texten der ersten Jahre zu einer Art dokumentarischer Literatur gewechselt war; was ihm Erfolg einbrachte, so mit den Büchern *Detlevs Imitationen »Grünspan«* (1971) und *Interviews aus dem Palais d'Amour* (1972). In *Detlevs Imitationen »Grünspan«* schildert Fichte die Bombennächte in Hamburg 1943 als ein Erlebnis vom Ende der Zeit, ähnlich wie Hans Erich Nossack in seinem Buch *Der Untergang* (1948). Mit seinem Roman *Versuch über die Pubertät* (1974), für den er den Theodor-Fontane-Preis erhielt, schloss Fichte eine im Nachhinein so genannte autobiografische Tetralogie ab. Bei Fichte wurde Beschreibung und Autobiografie eins, das Gelesene und das Erlebte wurde so von ihm dargestellt, wie es in ihm zusammenwirkte, ähnlich der *Essais* des Michel de Montaigne. Darum ist für die Interpretation seines Gesamtwerkes die Tatsache von Bedeutung, dass sich seine Biografie zu großen Teilen aus dem Werk selbst erschließt, denn Fichte sah das Leben selbst als poetisch an. 1969 unternahm er die erste große Brasilienreise, der noch zwei weitere mehrmonatige Forschungsreisen 1971 bis 1972 und 1981 bis 1982 folgten. Die Ergebnisse dieser ethnologischen Forschungen gingen in die Bände *Explosion* (1993) und *Das Haus der Mina in São Luiz de Maranhão* (1989) ein, die posthum erschienen. 1971 führte er ein Interview mit Salvador Allende in Chile und besuchte Jorge Luis Borges in Argentinien. Fichte hielt 1973 Universitätslesungen in Yale und Columbia in den USA und reiste 1975 und 1976 nach New York, worüber die ebenfalls posthum erschienenen Bücher *Die Schwarze Stadt* (1990) und *Paralipomena. Lil's Book* (1988) berichten. Er entdeckte den afrikanischen Kontinent für sich und reiste mehrfach an die Westküste. In Senegal arbeitete er in einer psychiatrischen Klinik. Das posthume Buch *Psyche* (1990) berichtet von diesen Erfahrungen. Fichte zeigte seit den frühen schwedischen Jahren ein starkes Interesse an psychologischen Vorgängen, sein damals entstandenes Drama *Ödipus auf Håknäss* (1992) zeugt davon. Die Frage nach körperlicher und psychischer Gewalt stellte er in dem Buch *Hans Eppendorfer. Der Ledermann spricht mit Hubert Fichte* (1977) und in seinen zahlreichen Hörspielen und Aufsätzen über Lohenstein, Pasolini, de Sade, Platen und Sappho, die später in den Bänden *Schulfunk* (1988) und *Homosexualität und Literatur* (1987) ediert wurden. 1975 interviewte er Jean Genet und ein Jahr später Lil Picard.

1976 erschienen die Bände *Xango*, die die gesamte bundesdeutsche Literaturkritik irritierten. Das Problem stellte sich für die Kritiker in der Etikettierung der Texte. Ein Streit über Ethnologie und Literatur, über Forschung und Poesie entbrannte, dem sich einzig Helmut Heißenbüttel entzog, indem er den Vorschlag einer »poetischen Anthropologie« machte. Dieser Vorschlag trägt bis heute zwei Vorzüge in sich: Zum einen erinnert dieser Begriff an das Fichtesche Unternehmen einer poetisch-wissenschaftlichen Erforschung, zum anderen benennt dieser Begriff als Gegenstand der Forschung den Menschen selbst. Mit seiner »poetischen Anthropologie« bewegte sich Fichte in den Bereichen Anthropologie, Ethnologie und Soziologie, mehr noch interessierte er sich für die Grenzgebiete, in denen sich die Disziplinen berühren oder bekämpfen. Sein Zugang zur traditionellen Wissenschaft ist poetisch. Fichte kommt vom Wort her und zur Poesie hin. Der vier Jahre später folgende Text- und Fotoband *Petersilie* (1980) konturierte Fichtes mehrbändiges literarisches Projekt über die afroamerikanischen Religionen. Der abschließende Textband *Psyche* (1980) ging in stark veränderter Form in die *Geschichte der Empfindlichkeit* ein, der fertig konzipierte Fotoband ist bis heute nicht publiziert.

Neben den beiden Projekten der frühen vierbändigen autobiografischen Tetralogie und der sechsbändigen poetischen Dokumentation über die afroamerikanischen Religionen arbeitete Fichte seit 1974 an einer 19-bändigen *Geschichte der Empfindlichkeit* (1987–1993). Dieses literarische Großprojekt hatte seine Vorbilder in Marcel Prousts *À la recherche du temps perdu* (1913–1927) und in Hans Henny Jahnns *Fluss ohne Ufer* (1949–1961). Der Autor erhebt hier sein Ego in allen psychischen Dimensionen und Vorstellungen zum Mittelpunkt einer Suche nach den eigenen Empfindlichkeiten, im Sinne einer literarischen Abtragung der eigenen Biografie Schicht um Schicht. Die Beschreibung des Verlustes der Zeit durch den Verlust der Erinnerung und ihre Wiedergewinnung in der Erinnerung, die Bestimmung der sexuellen Identität durch den Gewinn von Erfahrung und ihren Verlust durch vorschnelle Zuschreibung bestimmen grundlegend das Werk von Hubert Fichte. Er konnte das Projekt in den 14 Jahren bis zu seinem Tod nicht fertig stellen, sodass es posthum in veränderter und in sich widersprechender Form veröffentlicht wurde. Die Romane *Forschungsbericht* und *Der Platz der Gehenkten*, die 1980 und 1985 geschrieben und posthum im Rahmen der *Geschichte der Empfindlichkeit* veröffentlicht wurden, sind die wohl insgesamt kompaktesten poetischen Texte Fichtes; sie machen Sprache und Forschung, Literatur und Wissenschaft zu ihrem Thema. Anknüpfend an die programmatischen Texte *Elf Übertreibungen* (1976) und *Ketzerische Bemerkungen für eine neue Wissenschaft vom Menschen* (1977), verwandelt Fichte in diesen beiden Büchern gekonnt Polemik in Kunst. *Forschungsbericht* stellt die Frage nach dem eigenen Scheitern im Schaffensprozess mit dem Ergebnis, dass für Fichte Forschen Häufen und Schreiben Weglassen bedeutet. *Der Platz der Gehenkten* beschreibt auf der Textgrundlage des Koran den sagenhaften Ort der Djemma el Fna in Marrakesch, den bereits Elias Canetti und Juan Goytisolo zum Thema ihrer Bücher machten. Der Ort der Djemma el Fna bedeutete für Fichte den Eintritt in eine neue Kultur, in die arabische Sprache und in den Koran. In umständlichen und aufwändigen Formulierungen macht er die ersten Schritte zwischen Traum und Albtraum. Er evoziert eine Sure und assoziiert den Aufbau des Korans. Er tastet sich Sure für Sure an den Ort des Geschehens heran: von »A« zu »Aliph« zu »Djemma el Fna«. Der profanen Schrift des Romans stellt Fichte die heilige Schrift des Korans gegenüber. Auf diese Weise wurde der Roman ein Roman über das Schreiben selbst. Kunstvoll und mit auf das Wesentliche reduzierten Sprachmitteln entwarf er die Struktur des Platzes, indem er notierte und aneinander fügte, was er sah und was er hörte. Fichte entwickelte sein Erzählen nach dem Muster der Suren und holte damit ein Versäumnis von Elias Canetti und Juan Goytisolo nach, nämlich den Koran als das bestimmende Medium der arabischen Kultur in den Mittelpunkt zu rücken.

Die Romane *Der Kleine Hauptbahnhof oder Lob des Strichs* (1988) und *Hamburg Hauptbahnhof. Register* (1993) geben der *Geschichte der Empfindlichkeit* eine zeitliche und topografische Klammer: Sie ist in der Zeit von den frühen Sechzigerjahren zu den frühen Achtzigerjahren in Fichtes selbst gewähltem Heimatort Hamburg anberaumt. Der Auftaktband *Hotel Garni* (1987) erzählt das Leben des Autors und seiner Lebensgefährtin, der vierte Band *Eine Glückliche Liebe* (1988) beschreibt die für den Autor nicht möglich gewordene homosexuelle Liebesbeziehung. Der schon Ende der Fünfzigerjahre sich zu seiner Homosexualität bekennende Autor machte eigene homosexuelle Erfahrungen zum bestimmenden Thema seiner Literatur. In dem Roman *Die Geschichte der Nanã* (1990) rechnet Fichte mit seiner Mutter ab und unternimmt damit den Versuch einer (posthumen) öffentlichen Distanznahme.

Als Hubert Fichte am 8. März 1986 in Hamburg starb, war er 50 Jahre alt. Er zählt heute nach Hans Mayers Einschätzung zu Recht zu den wichtigsten Autoren der Nachkriegszeit. Posthum erhielt Fichte den Alexander-Zinn-Preis der Stadt Hamburg, der heute in Hubert-Fichte-Preis umbenannt ist.

1981 forderte Albert von Schirnding den Georg-Büchner-Preis für Fichte, der ihm aber nie verliehen wurde – ein nicht mehr zu korrigierendes Versäumnis. In seinen über 40 veröffentlichten Büchern, in mehrfachen Neuausgaben und unterschiedlichen Neuauflagen, in über 120 Radiosendungen, 200 Essays und Artikeln entwickelte Fichte nicht nur eines der umfangreichsten Werke der deutschen Nachkriegsliteratur, sondern entwarf auf seinen zahllosen Reisen durch Europa, Afrika und Amerika in einer eigenen ethnografischen Poetik eine Topografie des homosexuellen Raumes. Zwischen Selbsterkenntnis und Wiedererkennung, zwischen Versteck und Entblößung offenbart sich Hubert Fichtes Werk noch heute als äußerst aktuell vor seinem Diktum einer »Verwörterung der Welt«. Sein Sprachkonzept besteht darin, die Welt in Wörtern zu erschreiben, erstellen und erfinden. Er vertraut auf Schreibtechniken, auf Redefiguren, Periphrasen, Spielformen, Concetti, Rhythmus, Timbre, Schärfe. Sein literarisches Prinzip des Hervorbringens von Eindrücken, Lauten, Wörtern, Satzteilen, Splittern und Fragmenten und sein literarisches Vertrauen auf Montage, Collage und Assemblage lassen ein zerklüftetes, zerstückeltes und geschichtetes Bild der Wirklichkeit entstehen. Hinter einem vermeintlichen Anspruch auf Totalität des Darstellbaren steht die Momentaufnahme, die das Ganze in den Blick bekommen will. Hubert Fichte wollte die gesamte Welt als ein Buch darstellen, als eine Welt aus Wörtern, darum »Verwörterung der Welt«.

Michael Fisch

Werke: *Der Aufbruch nach Turku*, En., Hbg. 1963; *Stockholmer Katalog zur Tagung der Gruppe 47 im Herbst 1964*, zusammengestellt und gestaltet von Hubert Fichte in Zusammenarbeit mit Fritz J. Raddatz, Stockholm 1964; *Das Waisenhaus*, R., Reinbek 1965; *Im Tiefstall*, E., mit Grafiken von Gralf-Edzard Habben, Bln. 1965; *Beat und Prosa*, Hubert Fichte im Star-Club, Hbg. 1966 (= LP); *Die Palette*, R., Reinbek 1968; *Detlevs Imitationen »Grünspan«*, R., Reinbek 1971; *Interviews aus dem Palais d'Amour etc.*, Interviews, Reinbek 1972; *Versuch über die Pubertät*, R., Hbg. 1974; *Xango. Die afroamerikanischen Religionen I. Bahia, Haiti, Trinidad*, Fotoband, mit Fotografien von Leonore Mau, Ffm. 1976; *Xango. Die afroamerikanischen Religionen II. Bahia, Haiti, Trinidad*, Textband, Ffm. 1976; *Mein Lesebuch*, Anth., Ffm. 1976; *Hans Eppendorfer. Der Ledermann spricht mit Hubert Fichte*, Interviews, Ffm. 1977; *Wolli Indienfahrer*, R., Ffm. 1978; *Lohensteins Agrippina, bearbeitet von Hubert Fichte*, Köln 1978; *Petersilie. Die afroamerikanischen Religionen III, Santo Domingo, Venezuela, Grenada*, Fotoband, mit Fotografien von Leonore Mau, Ffm. 1980; *Petersilie. Die afroamerikanischen Religionen IV, Santo Domingo, Venezuela, Grenada*, Textband, Ffm. 1980; *Psyche. Anmerkungen zur Psychiatrie in Senegal*, Es., Ffm. und Paris 1980; *Ich bitte dringend um Häusermauern, dass Pap Samb sie bemalen kann*, Fotokassette mit Textheft, mit Fotografien von Leonore Mau, Ffm. und Paris 1980; *Jean Genet*, Interview, Ffm. und Paris 1981; *Dichter mit Umgebung*, Fotokassette mit Textheft, mit Fotografien von Leonore Mau, Ffm. und Paris 1981; *Zwei Autos für den Heiligen Pedro Claver*, Es., Ffm. und Paris 1982; *»Deiner Umarmungen süße Sehnsucht«. Die Geschichte der Empfindungen am Beispiel der französischen Schriften des Grafen August von Platen-Hallermünde*. Es., Tübingen 1985; *Lazarus und die Waschmaschine. Kleine Einführung in die Afroamerikanische Kultur*, Pr., Ffm. 1985; *Hotel Garni*, R., Ffm. 1987 (= Die Geschichte der Empfindlichkeit, Bd. I); *Homosexualität und Literatur 1*, Polemiken, Ffm. 1987 (= Die Geschichte der Empfindlichkeit. Paralipomena 1); *Der Kleine Hauptbahnhof oder Lob des Strichs*, R., Ffm. 1988 (= Die Geschichte der Empfindlichkeit, Bd. II); *Homosexualität und Literatur 2*, Polemiken, Ffm. 1988 (= Die Geschichte der Empfindlichkeit. Paralipomena 1); *Eine Glückliche Liebe*, R., Ffm. 1988 (= Die Geschichte der Empfindlichkeit, Bd. IV); *Schulfunk*, Hspe., Ffm. 1988 (= Die Geschichte der Empfindlichkeit, Paralipomena 4); *Die Buchstaben der Psyche. Annäherungen an die Geisteskranken in Afrika*, Es., Zürich 1988; *Der Platz der Gehenkten*, R., Ffm. 1989 (= Die Geschichte der Empfindlichkeit, Bd. VI.); *Forschungsbericht*, R., Ffm. 1989 (= Die Geschichte der Empfindlichkeit, Bd. XV); *Das Haus der Mina in São Luiz de Maranhão. Materialien zum Studium des religiösen Verhaltens*, Pr., Ffm. 1989 (= Die Geschichte der Empfindlichkeit, Paraleipomena 2); *Psyche*, Glossen, Ffm. 1990 (= Die Geschichte der Empfindlichkeit, Bd. XVI); *Die Geschichte der Nanã*, R., Ffm. 1990 (= Die Geschichte der Empfindlichkeit, Bd. XVII); *Die Schwarze Stadt*, Glossen, Ffm. 1990 (= Die Geschichte der Empfindlichkeit, Bd. XVIII), *Paraleipomena. Lil's Book*. Ffm. 1988 (= Die Geschichte der Empfindlichkeit, Paralipomena 3); *Ödipus auf Håknäss*. Theaterst., Ffm. 1992; *Alte Welt*, Glossen, Ffm. 1992 (= Die Geschichte der Empfindlichkeit, Bd. V); *Explosion. Roman der Ethnologie*, R., Ffm. 1993 (= Die Geschichte der Empfindlichkeit, Bd. VII); *Hamburg Hauptbahnhof. Register*, R., Ffm. 1993 (= Die Geschichte der Empfindlichkeit, Bd. XIX); *Götter aus Afrika, Teil I*, Fotokatalog, mit Fotografien von Leonore Mau, Hann. 1993, *Tagebuch 17.–24. Dezember 1975. Paris. Jean Genet*, Bonn 1994, *Hubert Fichte. Hälfte des Lebens*. Fotoband, mit Fotografien von Leonore Mau, Hbg. 1996; *Gott ist ein Mathematiker. Annäherungen an die traditionelle Psychiatrie in Togo*, Hsp., Köln 2000 (= CD); *St. Pauli Interviews*, Interviews, Köln 2000 (= CD); *Ketzerische Bemerkungen für eine neue Wissenschaft vom Menschen*, Rede, Hbg. 2001; *Das Zerbrechen des Bewusstseins*, mit Fotografien von Leonore Mau, Basel 2002; *Als Gast von Hinrichs Sachs: Leonore Mau*, Fotografin, Aufs. mit Fotografien von Leonore Mau, Basel 2002; *Die zweite Schuld*, Glossen, Ffm. 2004 (= Die Geschichte der Empfindlichkeit, Bd. II).

Filip, Ota, wurde am 9. 3. 1930 in Mährisch-Ostrau (Ostrava) geboren; seine Jugend verbrachte er in Prag. Nach dem Abitur 1948 war er bis 1960 als Journalist für den Rundfunk und für verschiedene Zeitungen/Zeitschriften (u.a. »Mladá Fronta«) tätig. In dieser Zeit absolvierte er ein Fernstudium in Journalistik. 1959 trat er in die Kommunistische Partei ein, die ihn 1960 wegen angeblicher Unterwühlung der sozialistischen Gesellschaft wieder ausschloss, woraufhin er sich jahrelang als Hilfsarbeiter durchschlagen musste. Ab 1960 widmete sich Filip zunehmend dem Schreiben. Er arbeitete am surrealistischen Almanach mährischer Künstler mit und schrieb 1960 bis 1963 drei Romane, die er 1964 wieder vernichtete. Zwischen 1960 und 1968 wurde Filip mehrfach verhaftet und verurteilt, zunächst zu Zwangsarbeit, dann zu einem 14-monatigen Gefängnisaufenthalt. Der Prager Frühling erlaubte Filip offiziell die Rückkehr zur literarischen Betätigung. Im gleichen Jahr begann er als Verlagslektor für zeitgenössische tschechische Prosa beim Profil-Verlag in Ostrava. Nach der Niederschlagung des Prager Frühlings wurde Filip am 28. 8. 1969 verhaftet und wegen subversiver Tätigkeit gegen die Republik angeklagt. Am 17. 2. 1970 verurteilte man ihn wegen krimineller Vergehen gegen das tschechoslowakische sozialistische Staatssystem zu 18 Monaten Gefängnis. Nach anhaltenden internationalen Protesten kam Filip 1970 nach der Verbüßung einer 15-monatigen Haft frei. Danach war er als Möbelmonteur, Lastwagenfahrer und Bauarbeiter tätig. Im Juni 1974 erfolgte seine Ausbürgerung und die Abschiebung in die Bundesrepublik. Seither lebt er als freier Schriftsteller und Lektor für osteuropäische Literatur beim S.-Fischer-Verlag mit deutscher Staatsangehörigkeit in München. Filip ist Mitglied der Bayerischen Akademie der Schönen Künste und gehörte dem bundesdeutschen Schriftstellerverband (VS) an, den er 1982 wieder verließ. Aus dem ostdeutschen P.E.N.- und aus dem bundesdeutschen P.E.N.-Zentrum trat er 1996 aus. 1967 bekam Filip den Literaturpreis der Stadt Ostrau, 1986 den Adelbert-von-Chamisso-Preis der Bayerischen Akademie der Künste, 1991 den Andreas-Gryphius-Preis der Künstlergilde Esslingen und »Die Löwenpfote«, den ersten Münchner Großstadtpreis für Literatur.

In seinem Werk thematisiert Filip immer wieder die politisch bedingten mitteleuropäischen Verwicklungen, was sich schon in seinem autobiografisch durchwirkten Roman *Cesta ke hřbitovu (Das Café an der Straße zum Friedhof*, 1968) andeutet. Die zwischen Tragik und Komik schwankende Geschichte aus seiner Heimatstadt Ostrau während der Jahre 1938 und 1945 wurde 1966 vollendet, konnte aber erst 1968 erscheinen. In den Jahren des offiziellen Schreibverbots verfasste Filip unter verschiedenen Pseudonymen auch Hörspiele, Gedichte, Erzählungen und Essays. So wird in dem Roman *Zweikämpfe* (1975) eine schillernde Schwejkiade aus dem Ostrau der Jahre 1945 bis 1968 präsentiert, eine Welt zwischen Sozialismus, Fußball und einer Reihe von mehr oder weniger dunklen Geschäften.

Filips wichtigstes Werk, *Café Slavia* (1985), erzählt die wechselvolle Geschichte des Grafen Nikolaus Belcredo. Der Ort der Handlung ist das legendäre Kaffeehaus Slavia in Prag, aus dem heraus ein Blick auf die Entwicklung der Stadt zwischen 1910 bis zum Schicksalsjahr 1968 geworfen wird. Eine wechselvolle Geschichte von der Habsburger Monarchie über die Gründung der Tschechoslowakischen Republik, die Protektoratszeit bis in die Zeit des Sozialismus läuft vor dem Leser ab. Es tauchen Repräsentanten aller Zeiten und Stände auf, Sigmund Freud schickt einen Mitarbeiter, Lenin kommt für eine Nacht. Der Verwandlungskünstler Belcredo, ein Frauenheld, sorgt mit seiner ständig wachsenden Kinderschar für immer neue Vertreter der jeweiligen Zeit, ganz gleich ob als Verräter, Spitzel oder Mörder.

Die *Sehnsucht nach Procida* (1988) ist der Roman eines Mannes, eines Volkes in Mitteleuropa, ein Roman, der das Scheitern östlicher Menschen in der westlichen Emigration schildert. Der Held, Manfred Prochyta (griechisch Procida), lebt nach Kriegsende 1945 in einem Haus mitten in Böhmen, der Zufluchts- und Durchgangsstation einer weit verzweigten Familie. Die Menschen, die sich in dem Haus zusammenfinden, kommen von überall her: von der Insel Procida bei Neapel, aus Vancouver, aus der mongolischen Steppe. Prochyta selbst möchte auf der Suche nach der eigenen Identität Haus und Familie verlassen, um zu seinem Ithaka, der Insel Procida, Sehnsuchtsort aller Slawen in diesem Roman, zu gelangen. Doch mit dem kommunistischen Putsch 1948 wird das Haus enteignet, Prochyta landet im Gefängnis, die Verwandten werden wieder über die ganze Welt verstreut. Auch hier hat Filip mit satirischen Mitteln in der Tradition des Schwejk einen Roman geschaffen, in dem wie in anderen Werken der Verlust von Heimat und die Sehnsucht nach ihr im Zentrum stehen. Seit dem

Roman *Der Großvater und die Kanone* (1981) publizierte Filip auf Deutsch. 1987 wurde in Aalen das Schauspiel *Judäa – Jahr Eins bis Null* uraufgeführt.
Das bayerische Fernsehen sendete im Januar 1998 den Dokumentarfilm *Der lachende Barbar* des TV-Journalisten Jürgen Martin Möller, in dem Filip der Spitzeltätigkeit für den Geheimdienst des kommunistischen Regimes in den Fünfziger- und Sechzigerjahren beschuldigt wird. In einem »Spiegel«-Interview (3/1998) versicherte Filip, »nicht wissentlich und nicht willentlich« mit dem tschechoslowakischen Staatssicherheitsdienst StB zusammengearbeitet zu haben, und verwies auf stalinistische Terrorpraktiken, mit denen er damals unter Druck gesetzt wurde. Sein Sohn (1954–1998), der als Mathematiker in Bochum arbeitete, beging in der Folge dieser Anschuldigungen Mitte Januar 1998 Selbstmord.

Steffen Höhne

Werke: *Das Café an der Straße zum Friedhof,* R., Übs. v. Josefine Spitzer, Ffm. 1968, überarb. Ausg. Ffm. 1982; *Ein Narr für jede Stadt,* R., Übs. v. Josefine Spitzer, Ffm. 1969; *Die Himmelfahrt des Lojzek Lapáček aus Mährisch-Ostrau,* R., Übs. v. Josefine Spitzer, Ffm. 1973; *Zweikämpfe,* R., Übs. v. Josefine Spitzer, Ffm. 1975; *Maiandacht,* R., Übs. v. Marianne Pasetti-Swoboda, Ffm. 1977; *Schwejk heute. Politischer Witz in Prag,* zus. m. Ivan Steiger, Bln. 1977; *Wallenstein und Lukretia,* R., Übs. v. Marianne Pasetti-Swoboda, Ffm. 1979; *Der Großvater und die Kanone,* R., Ffm. 1981; *Tomatendiebe in Aserbaidschan und andere Satiren,* Ffm. 1981; *Von Scheidungen und andern tröstlichen Dingen. Humoresken von Jaroslav Hašek,* Hg., m. Illustr. v. Natascha Ungeheuer, Ffm. 1983; *Café Slavia,* R., Ffm. 1985; *Judäa – Jahr Eins bis Null,* Theaterst., UA Aalen 1987; *Die Sehnsucht nach Procida,* R., Ffm. 1988; *... doch die Märchen sprechen deutsch. Geschichten aus Böhmen,* Mü. 1996; *Mein Prag,* Mü. 1992; Die *stillen Toten unterm Klee. Wiedersehen mit Böhmen,* Ess., Mü. 1997; *Der siebente Lebenslauf. Autobiografischer Roman,* Mü. 2001.

Filz, Walter, wurde am 18. 8. 1959 in Köln geboren. Er studierte Germanistik, Philosophie und Kunstgeschichte in Köln und promovierte 1989 mit einer Arbeit über Elemente des Märchens in der deutschen Literatur der Siebzigerjahre. Seit 1983 arbeitet Filz als freier Autor und Kulturjournalist für Hörfunk und Printmedien, seit 1994 auch für das Fernsehen, seit 1997 als freier Produzent mit eigenem Tonstudio. 1991 erhielt er den Ake-Blomström-Memorial-Award des Prix Europa, 1999 den Hörspielpreis der Berliner Akademie der Künste und 2001 den Hörspielpreis der Kriegsblinden. 2001 war er Juror des *Plopp!*-Wettbewerbs für unabhängige Hörspielmacher.
»Sie betreten das Radio, hier gibt es nichts zu sehen!«, war die Konsequenz von Walter Filz' Rede zur Verleihung des 50. Hörspielpreises der Kriegsblinden im Jahr 2001, in der er den Zeichencharakter akustischer Signale analysierte und damit der weit verbreiteten Vorstellung widersprach, Hörspiel sei »Kino im Kopf«. Ein Telefonklingeln im Hörspiel solle nicht die Vorstellung eines bestimmten Modells einer bestimmten Farbe in einer bestimmten Szenerie hervorrufen, sondern sei ein in seiner Funktion dem Piktogramm verwandtes »Sound-Icon«. Filz' offensiver Umgang mit den radiofonen Mitteln folgt also keiner illustrativen Illusionsdramaturgie, sondern weist den akustischen Elementen (Atmosphären, Geräuschen, Musik) in Schnitt und Montage seinen ebenso hohen Anteil am Erkenntnisprozess zu wie der Sprache der Interviews, O-Töne und Moderationen.
Die Filzschen Stücke entziehen sich der klassischen Einteilung in Feature oder Hörspiel, was schon in der ungleichartigen Kombination von *Wolfsmilch und Königswasser* als Obertitel einer Reihe von Features zum Ausdruck kommt. Deren erstes *Zur Ästhetisierung des Katzenfutters im ausgehenden 20. Jahrhundert* (1991) sollte stilprägend wirken. Aus einem relativ kleinen Weltausschnitt, nämlich der Analyse eines Fernsehspots für Katzenfutter nebst wohlmontierter Interviews mit Katzenfunktionärinnen, einer Katzenlexikografin und dem Katzenkrimi-Autor Akif Pirinçci (*Felidae*) entwikkelt Filz ein Panorama der Lebenswelt zu Ende des vergangenen Jahrhunderts. Das als *Versuchsanordnung über Law und Lutschen* untertitelte und von Radiocomics unterbrochene Feature *Magnum* (1995) basiert ebenfalls auf einer Werbestrategie und beschreibt, wie es einer Speiseeisfirma gelang, den phallischen Code der bis zu 30 Zentimeter langen und zwei Kilo schweren Waffe eines »Dirty Harry« (Clint Eastwood) von Selbstjustiz auf Selbstbefriedigung umzustellen.
In dem *Dokumentationsmelodram zur theatralischen Dimension des Quiz* (*Der Kampf, der Mensch, seine Fragen und ihre Antworten,* 1992) weist Filz detailliert nach, dass das Fernsehquiz Nachfolger des bürgerlichen Theaters im Sinne Lessings ist. Die *Beharrlichkeit der Zukunft von gestern* findet er im Kölner U-Bahn-System wieder, das strukturanalog zum »Beamen« funktioniert und damit auf groteske Weise die technischen Utopien der Sechzigerjahre realisiert (*Kein Requiem für*

Captain Kirk. 1992). Den Ort gesellschaftlicher Utopien nach Ende des Sozialismus findet Filz in den Plastikerzeugnissen der Firma Tupperware (*Ach wär die Welt doch ganz vertuppert. Von der utopischen Kraft der Frischhaltung*, 1993), während den Bewahrern klassischer Utopien in einer Studie über den deutsch-deutschen Rock'n'Roll-Fundamentalismus *Echtzeit oder wie E-Gitarren uns wiedervereinen* (1994) eher wenig Chancen eingeräumt werden. Wie in den Untertiteln angedeutet, vollziehen die Stücke aus dem Umfeld von *Wolfsmilch und Königswasser* permanent den Wechsel von einer phänomenologischen Analyse hin zu einer zielgerichteten, modellhaften Interpretation. Im Gegensatz dazu versucht die Feature-Reihe *Wortfeldjäger* (zus. mit Axel Marquardt u. Wolfgang Lohmann) disparate und nur über die Sprache vermittelte Sachverhalte zusammenzufassen. Das Wortfeld zum Thema »Stimme« beispielsweise erstreckt sich vom Stimmbruch bis zur Stimmungskanone.

Mit der *Lauschangreifer*-Trilogie (1997/98) produzierte Filz erstmals rein fiktionale Stücke, jedoch nicht ohne auf authentisches Material zurückzugreifen. Kassettenmitschnitte aus seiner Jugendclique dienten als Basis für eine perfide Rahmenhandlung voller zynischer Wendungen, die an die Krimis eines Henry Slesar erinnern. Auch in dem Hörspiel *Pitcher* (2000), für das Filz den Hörspielpreis der Kriegsblinden bekam, wurden die O-Töne des Musikmanagers Helmut Fest und des Psychoakustikers Friedrich Blutner aus ihren realen Zusammenhängen gerissen. Ein abgehalfterter Synchronsprecher (»Wenn sie dir Hörspieljobs geben, weißt du, bald kommt gar nichts mehr«) soll als »stillen Job« den berüchtigten Pitcher ermorden (»pitchen« bezeichnet das Anheben bestimmter Frequenzen). Stattdessen findet er sich auf dessen Operationstisch wieder. Der Pitcher optimiert das Sounddesign des Menschen, indem er ihnen zur Klangverbesserung die Nasennebenhöhlen aufbohrt.

Die Stimme, als materielle Grundlage akustischer Manipulationen – und des Radios überhaupt – hat Walter Filz in verschiedenen Features thematisiert. *Masters Voices* (1999) beschäftigt sich mit Anweisungen erteilenden, keinen Widerspruch duldenden und nicht abschaltbaren *Stimmen aus dem Off*, wie z.B. Gott, den automatisierten Ansagen aus den Lautsprechern von Bahnhöfen, Flughäfen, Navigationssystemen und denen der Schizophrenie. *Resonanz Rosa* (1999) filtert aus allen Stimmen aller Talkshowgäste die eine, ursprüngliche des »goldenen Gastes« heraus, und im Liveradio-Feature *Vox Zombie* (1999) kommen die Stimmen der Toten zu Wort, seien es verrauschte, paranormale Tonbandstimmen oder die Stimmen digitaltechnisch reanimierter Rockheroen. Dieser Technik bedient sich auch Walter Filz, um die Welt in ihren Facetten nicht etwa sichtbar, sondern hörbar zu machen.

Jochen Meißner

Werke: *Es war einmal. Elemente des Märchens in der deutschen Literatur der siebziger Jahre*, Ffm. 1989; *Wolfsmilch und Königswasser I. Zur Ästhetisierung des Katzenfutters im ausgehenden 20. Jahrhundert*, Feat., WDR 1991; *Der Kampf, der Mensch, seine Fragen und ihre Antworten. Ein Dokumentationsmelodram zur theatralischen Dimension des Quiz*, WDR 1992; *Kein Requiem für Captain Kirk. Über die Beharrlichkeit der Zukunft von gestern*, Feat., WDR 1992, *Remix 95*, WDR 1995; *Prothesenläufer. Next Generation. (= Wolfsmilch und Königswasser III)*, Feat., WDR 1992; *Ruhig Blut. Aktuelle Rezeptideen. (= Wolfsmilch und Königswasser II)*, Feat., WDR 1992; *Ach wär die Welt doch ganz vertuppert. Von der utopischen Kraft der Frischhaltung*, Feat., DS-Kultur 1993; *Akne 2000. Die Zukunft ist ein Hautproblem. (= Wolfsmilch und Königswasser IV)*, Feat., WDR 1993; *Red schneller, Liebling. Oder: Die Zentrifugalkraft der Bedeutung. Anmerkungen zur Sprachbeschleunigung auf Bühne, Bildschirm, Straße und T-Shirts*, Feat., WDR 1993; *Echtzeit. Oder: Wie E-Gitarren uns wiedervereinen. Ein Feature zum neudeutschen Rock'n'Roll-Fundamentalismus*, DLR 1994; *Die Farben des Fleisches. Ein Parteienlandschaftsbild*, Feat., WDR 1994; *Central Park. Oder: Die leere Mitte*, Feat., DLR 1995; *Lost in the Supermarket. Oder: Die letzten Tage Europas*, Feat., WDR 1995; *Magnum. Versuchsanordnung über Law und Lutschen*, Feat., WDR 1995; *Wortfeldjäger*, zus. m. Axel Marquardt u. Wolfgang Lohmann: *Zwischen Rausch und Rauschen; Zwischen Watt und Wo – Die Welle; Zahlen bitte – Eine Nummernrevue; Völlig vernetzt – Durch die Maschen gegangen; Auf akustischem Spielzeug; Absolut durchtrieben – Alles was treibt; Arbeit am Eigentlichen – Das Wort an sich; Ring frei – Alles was rund ist; Casus knacktus – Eine Fallstudie; Total vokal – Stimmen über Stimmen; Lauter Stille – Ein Programm, das sich ausschweigt*, Features, SWF 1995/96; *Apokalypse H0. Der etwas kleinere Weltuntergang*, Feat., WDR 1996; *Desert Boom. Die Wüste brummt*, Feat., WDR 1996; *Die Sachensammlung oder Was meine Eltern Yves Klein empfohlen hätten*, Feat., DLR 1996; *Die Lauschangreifer*, Hsp., WDR 1997; *Die Lauschangreifer – Die nächste Generation*, Hsp., WDR 1997; *Die Lauschangreifer helfen dir!*, Hsp., WDR 1998; *Gak. Glibber global*, Feat., WDR 1998; *Master's Voices. Stimmen aus dem Off*, Feat., DLR 1999; *Resonanz Rosa. Eine Frau hört mehr*, Hsp., WDR 1999; *Vox Zombie. Wir hören die Stimmen der Toten*, Liveradio-Feature, WDR 1999; *Babylon revisited. Auf den Baustellen der Kunstsprachen*, Feat., WDR 2000; *Pitcher*, Hsp., WDR 2000; *Unter Einfluss. Ein Paranoia-Panorama*, Feat., WDR 2000; *Herzarchiv*, Feat., WDR 2001; *Oh Gott, es lebt. Das Jahrhundert der Roboter*, Fs.-Feature, WDR 2001; *Triple Trauma – Drei*

Monster (Trilogie aus: 1. Kong konkret – Der Affe in echt, 2. Godzilla generell – Die Echse im Allgemeinen, 3. Hai holistisch – Der Fisch im Ganzen), Hsp., WDR 2001; *Affen. Unartig. Wilde Jahre einer haarigen Spezies*, Feat., DLF 2002; *Bitte folgen! Ein interpassives Schattenspiel*, Hsp., WDR 2002. *Tokyo Tremor. Eine Nervenuntersuchung*, Feat., WDR 2002; *Doppelporträt Helmut & Helmut (Helmut Kohl & Helmut Thoma 1982–1998)*, Fs.-Feature, 2002; *Hausmannskost EXTREM*, Feat., DLF 2003; *Rebecca und Youssef. Eine Schalom-Salam-Peace-Power-Rock-Oper*, Hsp., WDR 2003.

Forte, Dieter, wurde am 14. 6. 1935 in Düsseldorf geboren. Nach Schulzeit und kaufmännischer Lehre war er in verschiedenen Berufen tätig, u.a. 1962/63 als Regieassistent und Lektor beim Norddeutschen Rundfunk in Hamburg. Nach dem großen Erfolg seines Dramas *Martin Luther & Thomas Müntzer oder Die Einführung der Buchhaltung* (1970) war er von 1971 bis 1975 Hausautor am Basler Theater. Seitdem lebt er als freier Autor in Basel. Er ist Mitglied des P.E.N.-Zentrums der Bundesrepubik und der Schweiz. Ausgezeichnet wurde er neben mehrerer Stipendien u.a. 1968 mit dem Gerhard-Grünholz-Preis für Literatur, 1992 mit dem Basler Literaturpreis, 1999 mit dem Bremer Literaturpreis und 2003 mit der Ehrengabe der Heinrich-Heine-Gesellschaft Düsseldorf.

Sein 1970 in Basel uraufgeführtes Theaterstück *Martin Luther & Thomas Müntzer oder Die Einführung der Buchhaltung* war ein Welterfolg. Das Stück, mit dem Forte debütierte, thematisiert den Konflikt der alten Glaubenswelt des Mittelalters mit dem neuen, wissenschaftlichen Denken der Renaissance. Es ist ein polyphones, mit über 80 Kurzszenen ausschweifendes Stück mit vielen Originalzitaten, das auf provokante Weise, gleichsam antithetisch, die Polarität zwischen Machtpolitik und Frühkommunismus zur Darstellung bringt. Der Dramaturg Hermann Beil hatte Forte von Düsseldorf nach Basel gebracht, und Regisseur Kosta Spaic konnte, wie alle Kollegen des häufig aufgeführten Stückes in der Folge, einzelne Szenen nach eigenem Gutdünken montieren und versetzen. Vor dem Hintergrund revolutionärer Bewegungen und Ereignisse des Bauernkrieges werden die Mechanismen und Treibriemen der Geschichte diskutiert. Luther erscheint in diesem ökonomischen Planspiel als Opportunist, sein Mitstreiter Thomas Müntzer als Sozialreformer, während der reiche Augsburger Kaufmann Jakob Fugger als geschickter Lobbyist und Königsmacher die Fäden zieht. Am Ende dieses damals skandalträchtigen Stückes beten Luther, Fugger und der Adel den Mammon an, während Münzer hingerichtet wird und die Bauernkriege blutig beendet werden. Das Stück steht am Anfang einer Trilogie, die fortgeführt wird mit *Jean Henry Dunant oder Die Einführung der Zivilisation* (UA 1978) und dem Stück *Das Labyrinth der Träume oder Wie man den Kopf vom Körper trennt* (UA 1983). Während Forte am Beispiel des Bankiers Dunant, der das »Rote Kreuz« gegründet hat, die Niederlage eines Idealisten und Humanisten durch militärisches und machtpolitisches Kalkül darstellt, bringt er mit Hitler und dem Serienkiller Peter Kürten zwei Symbolfiguren des genuin Bösen auf die Bühne, deren Schicksalsweg bekanntlich völlig unterschiedlich verlaufen ist. Weitere Theaterstücke wie *Weiße Teufel* (UA 1972), *Cenodoxus* (UA 1972), *Kaspars Hausers Tod* (UA 1979), *Der Artist im Moment seines Absturzes* (UA 1991) oder *Das endlose Leben* (UA 1991) reflektieren die Rolle und die Möglichkeiten des handelnden Subjekts im Wettlauf mit der Geschichte. Fortes Figuren sind auf der Suche nach ihrer Identität und auf dem Sprung, Individuum und Gesellschaft aus der Umklammerung von Ökonomie und autoritären Machtstrukturen zu befreien.

Neben einer Vielzahl von Fernsehspielen und Hörspielen, die vor allem die Einsamkeit des Menschen inmitten unserer modernen Lebenswelt aufzeigen, ist Dieter Forte in den letzten Jahren mit drei Romanen hervorgetreten, die als Einheit zu lesen sind: *Das Muster* (1992), *Der Junge mit den blutigen Schuhen* (1995) und *In der Erinnerung* (1998). *Das Muster* erzählt die Geschichte der hugenottischen, aus Lucca stammenden Vorfahren Fortes, die sich als Seidenweber in Düsseldorf niederließen, und schlägt den Bogen gekonnt über 800 Jahre hinweg, wobei auch eine polnische Bergarbeiterfamilie integriert wird (»eine sehr gelassene, doch gefühlsstark gezeichnete Parabel von der geringen Bedeutung des einzelnen Menschenlebens«, Heinrich Vormweg). In *Der Junge mit den blutigen Schuhen* wird vom Elend des Krieges berichtet, das ein Kind im Bombenhagel der Alliierten, bei Evakuierungen und im Schutzraum der Familie erleben muss. Immer wieder wurde die Sprachkraft des Autors gerühmt, der aus der Perspektive von Mutter und Kind die »Rattenexistenz« (Hanno Helbling) greifbar macht. *In der Erinnerung* leben die Bilder der plündernden Banden, der totalen Zerstörung und des absoluten Nichts wieder auf, Totengräber, Frontkämpfer und Schieber bevölkern das Szenario der ersten Nachkriegsjahre: »Eine Existenz von

Stunde zu Stunde, ein zufälliges Überleben, das seinen Sinn ausschließlich darin fand, ein Stück Brot zu ergattern, eine Wassersuppe, ein Paar Schuhe, einen Mantel, nicht von herabfallenden Trümmern erschlagen zu werden oder in eine noch nicht entschärfte Bombe zu treten.«

Die Bombennächte des Zweiten Weltkrieges verfolgen Dieter Forte nach eigenen Angaben bis heute bis in den Schlaf hinein. In seiner Romantrilogie *Das Haus auf meinen Schultern* (1992–1998) versucht er, sich selbst bis zur Erschöpfung quälend, an die tiefsten Schichten seiner Erinnerung zu gelangen, Bilder, Gesten und Sprachfetzen zu evozieren und sie verdichtend weiterzugeben. Es sei ein Irrtum zu glauben, so Forte in der von Volker Hage herausgegebenen kleinen Poetik seines Schreibens (*Schweigen oder sprechen*, 2002), dass man alles einfach nur aufschreiben und so festhalten könne. Manchmal trage selbst die Sprache die Last der Vergangenheit nicht mehr, der Angst des Kindes vor der Barbarei des Bombenkrieges sei nachträglich nicht immer mit literarischen Strategien wie dem »dualen Erzählen« beizukommen. »Duales Erzählen« meint dabei, die Ereignisse in einer Gleichzeitigkeit von Innen- und Außenwahrnehmung zu schildern, mit den Augen des Kindes und aus der Position des distanzierten Erzählers zugleich. In allen Äußerungen Fortes wird spürbar, wie das Entsetzen in ihm nachbebt, wie ihn die Traumata jener Jahre bedrängen. Seine Existenz, so der Autor, sei notwendig die eines Außenseiters geworden, er komme nicht zur Ruhe. Diese psychischen Verstörungen haben ihn schlaf-, aber nicht sprachlos gemacht. Im Gespräch mit dem Herausgeber, in Rezensionen und kleinen Prosatexten entwirft Forte noch einmal das Schreckensszenario seiner brennenden Heimatstadt Düsseldorf, die er als knapp Zehnjähriger vom Luftschutzbunker aus erlebte. Auch die Nachkriegszeit mit ihrem »Zivilisationsterror« sei wie der Luftkrieg in Deutschland einer kollektiven Amnesie anheim gefallen, so Forte. Nachgestellte Schreibmethoden, wie sie zum Beispiel W. G. Sebald versucht habe, könnten nur scheitern, weil man trotz ehrlichen Bemühens das Archaische des Krieges in all seinen wahnsinnigen Dimensionen nicht erfassen könne. So sei auch die Wirklichkeit, in der Forte aufgewachsen sei, ganz im Sinne von Camus und Faulkner, bestimmend für seine weitere Weltsicht geworden: »Schwach ist der Mensch, einsam und verletzlich, leicht ist er zu töten.«

Thomas Kraft

Werke: *Die Wand,* Hsp., WDR 1965; *Porträt eines Nachmittags,* Hsp., Radio Bremen 1967, beide Hsp. gedr. Stg. 1973; *Bergerstraße 8,* Hsp., RIAS Bln. 1967; *Nachbarn,* Fssp., ZDF 1970; *Martin Luther & Thomas Müntzer oder Die Einführung der Buchhaltung,* Theaterst., UA Basel 1970, gedr. Bln. 1971, Hsp. SWF 1983; *Weiße Teufel,* Theaterst. n. John Webster, UA Basel 1972; *Cenodox,* Theaterst. n. Jakob Bidermann, UA Salzburg 1972; *Sonntag,* Fssp., ARD 1975; *Achsensprung,* Fssp., ARD 1977; *Jean Henry Dunant oder Die Einführung der Zivilisation,* Theaterst., UA Darmst. 1978, gedr. Ffm. 1978; *Gesundheit,* Fssp., ARD 1979; *Kaspar Hausers Tod,* Theaterst., UA Wiesbaden 1979, gedr. Ffm. 1979; *Der Aufstieg. Ein Mann geht verloren,* Fssp., ARD 1980, gedr. m. d. and. Fssp. in: *Fluchtversuche. 4 Fernsehspiele,* Ffm. 1980; *Sprachspiel,* Hsp., WDR 1980, gedr. Ffm. 1981; *Das Labyrinth der Träume oder Wie man den Kopf vom Körper trennt. Ein Bühnenstück,* UA Basel 1983, gedr. Ffm. 1983; *Wach auf, wach auf, du deutsches Land,* Hsp., SFB 1983; *Schalltoter Raum,* Hsp., WDR 1984; *Die eingebildet Gesunden oder Vor den Wäldern sterben die Menschen,* Hsp., WDR 1985; *Reise-Gesellschaft oder Die Fahrt nach Jerusalem,* Hsp., WDR 1987; *Der Artist im Moment seines Absturzes,* Theaterst., UA Kassel 1991; *Das endlose Leben,* Theaterst., UA Düsseld. 1991; *Das Muster,* R., Ffm. 1992; *Die Erinnerung. Das Vergessen,* Hsp., WDR 1994; *Der Junge mit den blutigen Schuhen,* R., Ffm. 1995; *In der Erinnerung,* R., Ffm. 1998; *Das Haus auf meinen Schultern. Romantrilogie* (enth. *Das Muster, Der Junge mit den blutigen Schuhen, In der Erinnerung),* Ffm. 1999; *Schweigen oder sprechen,* hg. v. Volker Hage, Ffm. 2002.

Franck, Julia, wurde am 20. 2. 1970 in Ost-Berlin geboren. 1978 reiste sie mit ihrer Mutter, einer Schauspielerin, und ihren drei Schwestern in den Westen aus. Bis 1979 Aufenthalt im Flüchtlingslager Marienfelde, dann lebte sie vier Jahre in Schleswig-Holstein, besuchte die Waldorfschule, und zog 1983 allein nach Berlin um. Nach dem Abitur begann sie ein Jurastudium, unterbrach für einen halbjährigen USA-Aufenthalt und studierte dann Altamerikanistik, Literaturwissenschaft und Philosophie. Später längere Studienaufenthalte in Mittelamerika, Tätigkeiten als Fonotypistin, Hilfsschwester im Krankenhaus, Regieassistentin, wissenschaftliche Hilfskraft an der FU Berlin und Journalistin. Sie lebt heute als freie Autorin in Berlin. Ausgezeichnet wurde sie neben mehreren Stipendien 1995 mit dem Open Mike Literaturpreis Berlin sowie 2000 mit dem 3sat-Preis beim Ingeborg-Bachmann-Wettbewerb in Klagenfurt.

Die Körpersprache in den Büchern von Julia Franck ist an der Oberfläche heiß-kalt, nistet in den Poren und unter den Achseln, saugt Gerüche und Geschmack auf und beschreibt sehr präzise, was Mann und Frau tun. Doch jenseits des Austauschs von Körperflüssigkeiten existiert eine zweite Ebene, ein fortlaufender Subtext, der von Einsamkeit und dem Verlangen nach Wärme und Geborgenheit erzählt. Francks weibliche Erzählerinnen machen keinen Hehl aus ihren erotischen Fantasien; nüchtern und lakonisch, selten manieriert, beschreiben sie die Objekte ihrer Begierden. Männer wären zwar verfügbar, aber entweder sind sie hässlich, obszön oder blass. Geheimnisse machen sie begehrenswert, wie den kubanischen Koch im Debüt *Der neue Koch* (1997) oder Albert, den *Liebediener* (1999), aber diese entziehen sich dem Beutezug der Frauen. Zuweilen dienen sie, wie in der preisgekrönten Erzählung *Mir nichts, dir nichts* aus dem Band *Bauchlandung* (2000), auch nur als Mittel zum Zweck; der dort inszenierte Liebesverrat reflektiert lediglich die Hassliebe zwischen den beiden Frauen, der Mann bleibt Lustobjekt und im Grunde Nebensache.

Während in *Der neue Koch* eine Hotelerbin die Launen der Stammgäste und des Personals scheinbar gutmütig erträgt, liegt die Vermutung nahe, dass sie neben ihren gezielten Versuchen, den Kubaner zu verführen, auch für Mord, Betrug und Brandstiftung verantwortlich ist. Über diese Raffinesse verfügt Beyla, die Erzählerin aus *Liebediener*, nicht; als sie die Wohnung und den Liebhaber ihrer tödlich verunglückten Nachbarin Charlotte übernimmt, wird sie zur eifersüchtigen Detektivin, die zusehends den Blick für die eigene Realität verliert und in dem für Franck so typischen Spannungsfeld von Erwartung und Enttäuschung ihren Callboy bedrängt. Nicht immer stießen Francks Kostproben aus dem Reich der Sinne auf einhellige Zustimmung; man attestierte eine »dauerhafte Vorliebe für den dichterisch gehobenen Ausdruck« (Heinrich Detering) oder »psychosoziale Klischees« (Maike Albath). Bemerkenswert bleibt der ungerührte, mitleidlose und deshalb auch so provokante Blick ihrer weiblichen Erzählerinnen, die den Rollenwechsel längst vollzogen haben.

Auch in den *Geschichten zum Anfassen* unter dem Titel *Bauchlandung* zählt die Intimität des Augenblicks, der grausam, zärtlich oder einfach nur inszeniert sein mag. »Das Große zwischen ihnen war mir von Anfang an unerträglich«, sagt zum Beispiel das »böse« Mädchen über ihre Rivalin und deren Freund, mit dem sie gerade geschlafen hat. Das coole, hedonistische Spiel, das Aufblitzen der körperlichen Begierde folgt den unterschiedlichsten Motiven wie Abwechslung, Rache, Lust und Macht, selten der Liebe. So sind diese handgreiflichen Geschichten auch keine Tragödien, sondern etwas dunkle, intensive Sehnsuchtsbilder für den Geruch des Lebens: »Natürlich habe ich Paul nicht gemocht, und im Grunde hasse ich ihn noch immer, das macht den Sex so gut.«

Thomas Kraft

Werke: *Der neue Koch*, R., Zür. 1997; *Liebediener*, R., Köln 1999; *Bauchlandung. Geschichten zum Anfassen*, Köln 2000; *Lagerfeuer*, R., Köln 2003.

Franzetti, Dante Andrea, wurde am 21. 12. 1959 in Zürich geboren, wo er Germanistik, italienische Literatur und Soziologie studierte. Er arbeitete als Lehrbeauftragter an einem Zürcher Gymnasium, später als Radiomitarbeiter in Zürich und Lugano und als Journalist in Rom. Heute lebt Franzetti in der Nähe von Zürich. 1985 erhielt er den Förderpreis zum Friedrich-Hölderlin-Preis der Stadt Homburg, 1987 das Ernst-Willner-Stipendium und den Förderpreis zum Marburger Literaturpreis, 1991 den Conrad-Ferdinand-Meyer-Preis und 1993 den Adelbert-von-Chamisso-Preis.

Franzetti ist als Sohn einer Schweizerin und eines Italieners zweisprachig in der Schweiz aufgewachsen. Er ist erst 26 Jahre alt, als seine Erzählung *Der Großvater* (1985) – eine kluge Konstruktion seiner italienischen Herkunftswelt – sofort Aufsehen erregt. In einfachen, linearen Sätzen ohne Spiel- und Kunstcharakter schreibt Franzetti zugleich eine Sozial- und Zeitstudie. Ausgehend von einer privaten Chronik integriert er Fiktives überzeugend in dieses Porträt eines Großvaters. Ohne Anklänge an überlieferte oder bestehende Sprachregelungen sucht Franzetti nach einem neuen Heimatbegriff, der sich im Symbol des Dachbodens und des entsprechenden, wiedergefundenen italienischen Wortes »solaio« verdichtet. Am Ende seiner ersten Erzählung verwebt Franzetti in Visionen und Träumen die Fäden zwischen Vergangenheit und Gegenwart und öffnet damit einen Kunstraum als Gegensatz zur zerstörerischen Zeit. In seiner zweiten Veröffentlichung *Cosimo und Hamlet* (1987) entwirft er in einem fast pointillistisch wirkenden Puzzle aus Erinnerungen und Traumfetzen das Generationenporträt der Kinder italienischer Einwanderer, die in den Sechziger- und Siebzigerjahren in der Fremde aufwachsen. Wieder sucht Franzetti etwas wie Heimat, findet aber seine geistigen Wurzeln nicht mehr auf dem großväterlichen Dachboden, sondern vor allem in der Literatur. Der literarische Hintergrund – v.a. Calvino und Shakespeare

– wird Bestandteil des Romans, indem Franzetti besonders die Parallele zwischen seinem Ich-Erzähler und Cosimo Rondò (Protagonist in Calvinos *Baron auf den Bäumen*) ausführt. Die literarischen Chiffren dienen Franzetti auch dazu, verschiedene Stilmöglichkeiten einzusetzen. Erinnerte Kindheit und ins Bewusstsein geholte historische Vergangenheit führen in der dritten Prosaarbeit *Die Versammlung der Engel im Hotel Excelsior* (1990) dank einer Fülle von Detaileinfällen zu einem vielfach gebrochenen Buch. Wie in impressionistisch sich auflösenden Gemälden versucht Franzetti mithilfe der Vergangenheit der Gegenwart auf die Spur zu kommen: Ein Wissenschaftsjournalist, der Ich-Erzähler Sergius, kehrt an die Stätte seiner Kindheit, ein ehemaliges Luxushotel – ein zauberischer Bergpalast in den Schweizer Alpen – zurück. Der Sohn des Barmixers und der Vorsteherin der Lingerie durchwandert die Hotelräume und erhebt einfache Gegenstände zu Artefakten, vor allem wenn sie die Erinnerung an die Menschen bewahren, die dort lebten und arbeiteten. In *Liebeslügen* (1996) erklärt Franzetti das Erfinden von Figuren und Geschichten nicht nur zum darstellerischen Prinzip, sondern auch zum Thema seines Erzählens. Er wendet sich dabei der eigenen biografischen Gegenwart zu, schildert zwei Paare, situierte Mittdreißiger, die sich erst parallel, dann über Kreuz bilden, und nähert sich Goethes *Wahlverwandtschaften* – wie zuvor Thomas Manns *Zauberberg* – in einem unausgesprochenen Capriccio. Franzetti nutzt die Gemeinsamkeiten mit den Klassikern, um sich umso deutlicher wieder davon zu distanzieren, z.B. von der »chemischen Gleichnisrede« Goethes.

Franzettis journalistische Arbeit beeinflusst seine literarische Tätigkeit und mündet mit *Funkhaus* (1993) in einen gesellschaftskritischen Medienkrimi, der – dank Franzettis intimer Kenntnis des Milieus – den Zynismus der Medien überzeugend kritisiert. Franzetti betreibt aber auch weiterhin Spurensicherung in Mutmaßungen und Träumen. *Curriculum eines Grabräubers* (2000) stellt elf Biografien zwischen Wirklichkeit und Fantasie vor, elf Erzählungen, die aus Anekdoten Lebensgeschichten machen. In konzentrierter Form werden Figuren porträtiert (z.B. der 1000-jährige, metallene Glökkner auf dem Turm des Doms von Orvieto oder jene Witwe, die eine Chronik der Selbstmorde vom Felsen von Torbiano anlegt). Franzetti gleitet hier wieder zwischen die Realitätsebenen und demonstriert auf engstem Raum seine Erzählkunst.

Nicola Bardola

Werke: *Der Großvater*, E., Zür. 1985; *Cosimo und Hamlet*, R., Zür. 1987; *Die Versammlung der Engel im Hotel Excelsior*, R., Zür. 1990; *Das Funkhaus*, R., Mü. 1993; *Die Sardinennacht*, Ess., Zür. 1996, *Liebeslügen*, R. Zür. 1996, *Curriculum eines Grabräubers*, En., Zür. 2000.

Franzobel (Pseud. für Franz Stefan Griebl), wurde am 1. 3. 1967 in Vöcklabruck in Oberösterreich geboren. Er wuchs in Pichlwang auf und besuchte die Höhere Technische Bundeslehranstalt, Fachrichtung Maschinenbau, in Vöcklabruck (Ingenieursausbildung). Nach vergeblichen Anläufen zu einem Studium der Malerei an der Akademie der Bildenden Künste in Wien begann Franzobel 1986 das Studium der Germanistik und Geschichte an der Universität Wien, das er mit einer Diplomarbeit über visuelle Poesie 1994 abschloss. Daneben arbeitete er als autodidaktischer Maler und Konzeptkünstler (bis 1991). Von 1987 bis 1992 war er Komparse am Wiener Burgtheater, und seit 1989 ist er schriftstellerisch und editorisch tätig (u.a. Herausgeber der »edition ch« bis 1995). Heute lebt er als Schriftsteller in Wien, mit sporadischen Beteiligungen in diversen Feldern des Kulturbetriebs (coming up, Junge Kunst aus Österreich im Museum des 20. Jhdts., 1996; De Valigia 1998; Auftritte mit der Rockgruppe »The Naked Lunch«). Für sein literarisches Werk wurde Franzobel bisher u.a. 1995 mit dem Ingeborg-Bachmann-Preis, 1997 mit dem Wolfgang-Weyrauch-Preis, 1998 mit dem Kasseler Literaturpreis für grotesken Humor und dem Literaturpreis Floriana, 2000 mit der Brecht-Medaille und 2002 mit dem Arthur-Schnitzler-Preis ausgezeichnet.

Bereits die früheste literarische Produktion Franzobels weist seine Nähe zu den Fragestellungen der so genannten sprachthematisierenden Literatur nach, wobei aber schon in dem lexikografisch aufgebauten Roman *Der Wimmerldrucker* (1990) deutlich wird, dass Franzobel die materialbezogenen Verfahren nur als Ausgangspunkt und Regulativ einer überbordenden Fabulierlust nützt. Um das Verhältnis von originärer Autorerfindung und in diese eingebauten Fremdtext geht es explizit in dem 1994 erschienenen Buch mit dem poetologisch sprechenden Titel *Die Musenpresse*, in dem Franzobel einen unveröffentlichten Roman von Margarete Lanner, einer Diva des Stummfilms, mit übermalenden eigenen Textinterventionen weitergeschrieben hat.

In der mit dem Ingeborg-Bachmann-Preis ausgezeichneten Erzählung *Die Krautflut* (1995) schreibt

Franzobel die Tradition der modernistischen Dichtung fort, wie sie in der österreichischen Avantgarde nach 1945 ihre Gestalt gefunden hat. Wie in vielen seiner Texte dieser frühen Phase greift Franzobel in *Die Krautflut* das genuin avantgardistische Textgenerationsprinzip der Montage auf, setzt aber die Fundstücke der gleichen Bearbeitung aus wie alle anderen Qualitäten, die ein poetischer Text her- und darstellen kann. Ihm ist die Inhaltsebene nicht von vornherein wichtiger als die Ausdrucksebene, wie ihm umgekehrt auch die radikale Bevorzugung der Ausdrucksebene vor der Inhaltsebene fremd ist. Aus diesem Blickpunkt kann man auch eine Geschichte aus der *Krautflut* herauslesen: Es gibt zwei Paare, die einander lieben, der Mann des einen Paares trifft zufällig auf die Frau des anderen, sie lieben sich und betrügen damit beide. Die zwei Frauen treffen sich bewusst, lieben sich, die zwei Männer treffen sich, einer tötet den andern. Dieser Plot ist allerdings nur der Ausgangspunkt für die Entfaltung einer Vielzahl von ineinander verzahnten poetischen und zumeist materialen Sprachverfahren, samt ihrer Kombination mit Fotografien nach Art von »objets trouvés«. Über das Verhältnis von bildender Kunst und Literatur, von Bild und Wort im Werk Franzobels gibt der Katalog *Schinkensünden* (1996) Auskunft. Daneben greift *Die Krautflut* auf die Tradition des Wiener Volksstücks ebenso zu wie auf Zitate aus anderen Lebensbereichen (z.B. als »O-Ton«-Rede). *Die Krautflut* ist ein Text, der auf die literarhistorische Vorstellung der Moderne und der Avantgarde genauso reagiert wie auf die traditionelle Erzählung.

Auch anhand der als reflektierte Wahrnehmungsprosa klassifizierbaren Publikation *Hundshirn* (1995) lässt sich ein Handlungsgerüst paraphrasieren, das jedoch nur die Folie zur Überprüfung der menschlichen Kognitionsleistungen aus dem *experimentum crucis* heraus abgibt, die Ich-Perspektive eines Hundes sprechend zu machen und die menschliche Kognition in ihrer Einzigartigkeit herauszufordern. Das Körperschema – nach der Phänomenologie von Merleau-Ponty die letzte Bastion »sinnlicher Gewissheit« – wird auf die Perspektive des Hunds zurechtgestutzt. Seine Kardinaltugenden, orale und anale Bedürftigkeit, werden dem Fluss der Geschichte als hedonistische und defätistische Synästhesien aufgeprägt. Die zusammen mit Christian Steinbacher verfasste poetisch-poetologische Schrift *Unter Binsen* (1996) erschließt die dichtungstheoretischen Voraussetzungen des Franzobelschen Frühwerks.

Mit *Böselkraut und Ferdinand* (1998) ist die Phase seines späteren Schaffens eingeleitet und damit sein Aufschließen zur Tradition des großen österreichischen Romans, was nicht heißt, dass er daneben nicht immer auch kleinere, disparate und mehr der Konzeptkunst verpflichtete Formen veröffentlicht, z.B. *Linz. Eine Obsession* (1996), *Der Trottelkongress. Commedia dell'Pape. Ein minimalistischer Heimatroman* (1998) oder *Austrian Psycho. Ein Rabiat Hödlmoser* (2002). *Böselkraut & Ferdinand* besteht aus zwei großen Hauptsträngen. Der eine Strang folgt der Geschichte der beiden Protagonisten Böselkraut und Ferdinand, die zufällig aufeinander treffen, als Böselkraut unterwegs ist, danach zu suchen, wer und was er ist. Parallel dazu entwickelt sich der andere Strang als ein abstruser Kriminalfall mit unzähligen »dramatis personae« – ein Vergleich mit Herzmanovsky-Orlando könnte lohnen – mit äußerst sprechenden Namen. Böselkraut ist (wahrscheinlich) ein Erwachsener, dem die Namen für die Welt und damit ein grundlegendes Instrument für kognitive Leistungen, wie Wahrnehmen und Schließen, Konstruieren, Klassifizieren und Antizipieren, entweder fehlen oder in Richtung eines hypertrophen bildlichen Sprachgebrauchs mit stark animistischen Zügen oder aber in Richtung penetranter Wortwörtlichkeit verschoben sind.

Dieses Verfahren findet seine Fortsetzung im bisherigen Opus magnum Franzobels, *Scala Santa oder Josefine Wurznbachers Höhepunkt* (2000). Weil in diesem Buch der romanhafte Demiurg nichts dem Zufall überlässt, folgt auch Heimito von Doderers Kurzauftritt (samt *Strudlhofstiege*) dem generellen Kalkül des Romans, dessen Titel und Engführung mit der »Scala Santa« ebenso eine Treppe in den Blick rückt: Die »Scala Santa« ist jene berühmte Reliquienstiege aus dem Hause Pilatus, die Jesus am Tag seiner Verurteilung mehrmals auf- und abgeschritten ist und die heute Pilger aus jeder sozialen Schicht auf Knien auf- und abrutschen. In Franzobels Roman wird sie zum Schau- und Knieplatz eines »finale furioso«, zu dem sich sämtliche beteiligte Romanfiguren beim endlichen Show-down in Rom auf Knien einfinden – mit dem Hinterteil des Vordermannes in Kussweite vor dem eigenen Gesicht. Ein jeder der Beteiligten – Mörder, Künstler, Diplomaten, Lehrer, Polizisten, Fotografen, Juristen, Wirte, Dildoerzeuger, Pornogeschäftbesitzer etc. – trägt die Geschichte, die ihn umgibt, vor sich her und lässt sie auch hinter sich. Dennoch ist Franzobels *Wurznbacher* keineswegs eine bloße Fortsetzung der Mutzenbacher, sozusagen der Wie-

ner Dirnen-Memoiren 2. Teil. Die Lebensgeschichte der kleinen Pepi Wurznbacher wird mit einer komplizierten Mordszenerie verknüpft, die sowohl einen Passanten vor dem Wiener Fotogeschäft der Anna Hasntütl das Leben kostet als auch die Mutter Pepis, die von Hugo Wurznbacher, ihrem Gemahl, im Klo ertränkt, als Leiche noch einmal missbraucht und schließlich faschiert wird. Schöpfender Erzähler dieser Begebenheiten und zugleich der Geschichte unterworfen ist Pius, eine von mehreren Steinfiguren rund um die »Scala Santa«, die sich immer wieder ungebeten in das Erzählgeflecht einmengen. Der Aspekt des Sexuellen spielt eine besondere Rolle, genauso wie das Wienerische. So verbindet Franzobels Buch nicht nur sprachbezogene Formen mit den inhaltlich-gestalterischen Kategorien des Romans – besonders augenfällig die Ding-Bedeutung-Handlung-Metamorphosen von einer Sequenz zur anderen, die Himmelsschilderungs-Präambeln der einzelnen Abschnitte oder die subtilen Vorhalte späterer Ereignisse; es verbindet auch eine Sprachbildgewalt, die am Kipppunkt zum Banalen besondere poetische Qualität erlangt, mit den eminent ins Sozial-Soziologische weisenden Sprachmasken, die er von seinen Figuren verkörpern lässt.
Anders als das Prosawerk findet das dramatische – *Das Beuschelgeflecht* (UA 1996), die Mozart-Adaptation *Bibapoh* (UA 1998), *Merzedes stirbt* (UA 2000), *Mayerling* (UA 2001), *Narrenturm* (UA 2002) – und das dichterische – etwa *Met ana oanders schwoarzn Tintn. Dulli-Dialektgedichte* (1999) oder *Leibesübungen* (1999) – Werk Franzobels, obwohl es zahlreich aufgeführt und verlegt wird, weniger Anerkennung und Zustimmung durch die Kritik. Auch sein 2002 erschienener Roman *Lusthaus oder Die Schule der Gemeinheit* kann als der konzeptionell motivierte Versuch gesehen werden, der Erstarrung, die aus der Repetition der eigenen Mittel, Sujets und Verfahren herrührt, gerade durch deren bewusst und penetrant gesetzte Wiederholung, gleichsam als »Inflation seiner selbst«, zu widerstehen.

Thomas Eder

Werke: *Der Wimmerldrucker*, R., Wien 1990; *Überin. Die Gosche*, Pr., Klagenfurt 1993; *Masche und Scham. Die Germanistenfalle – Eine Durchführung/Das öffentliche Ärgernis. Proklitikon; Die Germanistenfalle*, Pr., Ess., Klagenfurt 1993, UA Theaterst., *Das öffentliche Ärgernis*, UA Freiburg/Schweiz 1996; *Begonien Geblüht*, zus. m. Franz Linschinger, G., Pr., Fotogr., Wels 1993; *Kritzi Kratzi. Anthologie gegenwärtiger visueller Poesie*, Hg., Wien 1993; *Elle und Speiche. Modelle der Liebe*, Pr., G., Wien 1994; *Enten. Eine Fluxus-Schachtel mit Jürgen O. Olbrich*, Künstlerb., Kassel 1994; *Ranken. Ein Buch für dick und dünn*, zus. m. Carla Degenhardt, G., Pr., Fotogr., Klagenfurt 1994; *Die Musenpresse*, R., Klagenfurt 1994; *Thesaurus. Ein Gleiches. 24 konzeptuelle Gedichte*, G., Siegen 1995; *Das öffentliche Ärgernis. Drei Texte*, Pr., Klagenfurt 1995; *Die Krautflut*, E., Ffm. 1995, Theaterst., UA Wien 1997; *Hundshirn*, Pr., Linz, Wien 1995; *Unter Binsen*, zus. m. Christian Steinbacher, Ess., E., Poetologie, Graz 1996; *Konzept und Poesie*, Hg., zus. m. Christian Steinbacher, Aufs., Linz, Wien 1996, *Schinkensünden. Ein Katalog*, Ess., Klagenfurt 1996; *Linz. Eine Obsession*, E., Mü., Berlin 1996; *Das Beuschelgeflecht. Bibapoh. Zwei Stücke*, Theaterst., Ffm. 1996, UA Wien 1996 bzw. Wien 1998; *Mister Hruby*, Hsp., Klagenfurt 1996; *Kafka. Eine Komödie*, Theaterst., Klagenfurt 1997, UA Mürzzuschlag 1998; *Paradies. Nathans Dackel. Zwei Stücke*, Theaterst., Klagenfurt 1998, UA beide Linz 1998; *Der Trottelkongress. Commedia dell'Pape. Ein minimalistischer Heimatroman*, R., Klagenfurt 1998; *Böselkraut und Ferdinand. Ein Bestseller von Karol Alois*, R., Wien 1998; *Leibesübungen*, G., Bochum 1998; *Der Ficus spricht*, Theaterst., UA Krems 1998; *Phettberg. Eine Hermestragödie*, Theaterst., Klagenfurt 1999, UA Wien 1999; *Met ana oanders schwoarzn Tintn. Dulli-Dialektgedichte*, G., Weitra 1999; *Scala Santa oder Josefine Wurznbachers Höhepunkt*, R., Wien 2000; *Sony Monster lebt oder Wie werde ich eine Videokünstlerin*, Künstlerb., zus. m. Carla Degenhardt, Klagenfurt, Wien 2000; *Volksoper. Olympia. Zwei Theaterstücke*, Theaterst., Weitra 2000, UA Linz 2000 bzw. Klagenfurt 1999; *Merzedes stirbt*, Theaterst., UA Stg. 2000; *Shooting Star*, E., Klagenfurt 2001; *Austrian Psycho oder Der Rabiat Hödlmoser. Ein Trashroman in memoriam Franz Fuchs*, En., m. Illustr. v. Norbert Trummer, Weitra 2001; *Shooting Star. Stefan Griebl bildet sich ein, der Dichter Franzobel und von lästigen Verehrerinnen verfolgt zu sein oder Die allerneuesten Leiden einer jungen Wertherin*, Klagenfurt, Wien 2001; *Mayerling. Die österreichische Tragödie*, Wien 2002, Theaterst., UA Wien 2001; *Lusthaus oder Die Schule der Gemeinheit*, R., Wien 2002; *Mundial. Gebete an den Fußballgott*, Ess., Graz, Wien 2002; *Die Nase*, Kinderb., m. Illustr. v. Sybille Vogel, Wien 2002; *Narrenturm*, Theaterst., UA Düsseld. 2002.

Freundlich, Elisabeth (Pseud. E. Lanzer), geboren am 21. 7. 1906 in Wien, wo sie eine behütete Kindheit verlebte, das Gymnasium besuchte und nach der Matura Germanistik, Romanistik, Kunst- und Theatergeschichte an der dortigen Universität studierte. Promoviert wurde sie mit einer Arbeit über *Clemens Brentano und die Bühne*. Ihr Vater, der bis 1934 Präsident der »Arbeiterbank« gewesen war, wurde 1934 von Dollfuß ins Gefängnis gesteckt. Zwischen 1934 und 1938 weilte sie mehrmals als österreichische Vertreterin einer internationalen Friedensinitiative in Paris. Am 11. 3. 1938, dem Tag des Einmarsches deutscher Truppen in Österreich, floh sie mit ihren Eltern aus Wien nach Paris: »Wir waren Juden und Sozialdemokraten, Grund genug, uns schleunigst auf und davon zu machen.« 1938 gründete sie zusammen mit Emil Alfons Reinhardt, Walter Tritsch, Franz Werfel, Joseph Roth, Alfred Polgar u.a. die »Ligue de l'Autriche Vivante«, 1940 reiste sie über Spanien und Portugal weiter in die USA und nahm an der Columbia University in New York das Studium der Bibliothekswissenschaften auf. Sie arbeitete als Sachbearbeiterin im Metropolitan Museum of Art, als Lektorin in Princeton und am Wheaton Collage in der Nähe von Harvard, ehrenamtlich auch als Feuilletonredakteurin bei der in New York erscheinenden Monatszeitschrift »Austro-American Tribune«. Sie heiratete Günter Anders und kehrte 1950 nach Wien zurück, wo sie in mehrfacher Hinsicht tätig war: als Journalistin, die von 1953 bis 1978 für den »Mannheimer Morgen« Kulturberichte schrieb, als Gerichtsreporterin (über NS-Prozesse in Österreich), als freie Schriftstellerin (seit 1978 ausschließlich) und als Übersetzerin (v.a. der Theaterstücke von Sean O'Casey). 1982 erhielt sie die Ehrenprofessorenwürde des Landes Österreich. Am 25. 1. 2001 verstarb sie in einem Wiener Pflegeheim, im Grab der Eltern wurde sie, ihrem Wunsch entsprechend, in Zürich beigesetzt.

Erst zu ihrem 80. Geburtstag 1986 erfuhr die Schriftstellerin Elisabeth Freundlich eine ihr angemessene Würdigung durch die literarische Öffentlichkeit. Sowohl ihr Roman *Der Seelenvogel* (1986), der bereits 1948 im amerikanischen Exil entstanden war, als auch der Erzählband *Finstere Zeiten* (1986) mit vier Erzählungen aus den Jahren 1944 bis 1966 und der Dokumentationsband *Die Ermordung einer Stadt namens Stanislau* (1986) stießen nach jahrelangem vergeblichen Bemühen endlich auf verlegerisches Interesse und wurden veröffentlicht. Die spezifische Art österreichischer Vergangenheitsbewältigung hinsichtlich der NS-Jahre und eine damit verbundene Tabuisierung der Phänomene Exil und Emigration verhinderten eine intensive, eben auch literarische Auseinandersetzung, zumindest in der Öffentlichkeit, mit diesen dunklen Punkten österreichischer Geschichte.

Vor der Wiener Kulisse des ausgehenden 19. Jahrhunderts erzählt Elisabeth Freundlich im *Seelenvogel* die Geschichte vom sozialen Aufstieg der kleinbürgerlichen Familie Lanzer, ihrer jüdischen Großeltern, denen sie in liebevoll angelegten und atmosphärisch dichten Einzelporträts versucht, »noch einmal Leben zu geben, damit ihr nicht nur eine Hand voll der sechs Millionen seid, die, da fünfzig Millionen zu beklagen sind, bald vergessen sein werden«. Sie schildert den Weg des mittellosen Schlossers und Kriegsheimkehrers Heinrich Lanzer, der auf Veranlassung reicher Verwandter unfreiwillig verheiratet und mit einer beruflichen Existenz als Metzger versehen wird, dann zum Angestellten und schließlich gut verdienenden Prokuristen in der Firma eines mit ihm entfernt verwandten Viehhändlers avanciert und somit aus einem »Hundeleben« in den Stand wachsender Wohlbehäbigkeit gerät, ein stetiger Prozess der »Sesshaftwerdung und (des) Einwachsens in das gehobene Kleinbürgertum der Stadt«. Politisch naiv und ungebildet, voller Ehrfurcht für den Kaiser, hegt man »das Glücksgefühl, ihm untertan sein zu dürfen«. Anarchistische und sozialdemokratische Anschauungen im Kreis um seine Schwester Lotte genauso wie die Pogrome an Juden oder die außenpolitischen Konstellationen dieser unruhigen Zeit mit Unbehagen ignorierend, verkörpert Heinrich Lanzer den unpolitischen Typus des willfährigen Untertans ohne innere Überzeugung und Selbstbewusstsein. Sein Ehrgeiz erschöpft sich weitgehend im materiellen Wohlstand der Familie und der Sicherung der eigenen sozialen Verhältnisse für die Zukunft der Kinder. Der Schulbesuch der Söhne an höheren Lehranstalten als Entschädigung für die eigenen Entbehrungen (für »das Leben in der Fremde, in der wirklichen und in der der Familie«), die Berufswünsche und Heiratspläne der Kinder, eine Affäre mit einer Sängerin in Preßburg, der Stammtisch im Café Withalm, der erste Sommerurlaub in Niederösterreich, der Wohnungswechsel in eine standesgemäße Umgebung – sie bilden die Fixpunkte im sonst an Orientierungspunkten so armen Leben des Heinrich Lanzer. Auch die jüdische Tradition bietet außer oberflächlichen Konventionen – »Red' nicht mit den Händen, das ist jüdisch«, wie sich die Autorin immer wieder augenzwinkernd erinnert – keinen Halt für eine innere Sinnsuche.

Neben dem historischen Roman *Der eherne Reiter* (1960), der die Intrigenspiele der Mächtigen und weniger Mächtigen am russischen Kaiserhof aufdeckt, in dessen Auftrag der französische Bildhauer Falconet und seine Schülerin Marie Collot ein Reiterstandbild des ermordeten Zaren Peter III. anfertigen sollen, und dem Dokumentationsband *Die Ermordung einer Stadt namens Stanislau* (1986) über die Tötung von Juden in Galizien, den die Autorin als Prozessbeobachterin recherchiert und anhand vieler Einzelschicksale zu einem erschütternden Materialband zusammengestellt hat, beeindrucken die vier Erzählungen des Bandes *Finstere Zeiten* (1986) über die biografische und autobiografische Spurensicherung von Emigrantenschicksalen während des Zweiten Weltkrieges und in der Nachkriegszeit. *Der Stein der Weisen*, 1947 in New York verfasst, spielt im Frühling 1945 in Paris und gewährt Einblick in die Arbeit und den Kampf des illegalen Widerstandes der Emigranten in Frankreich gegen die Nazis. Hier erfährt der junge Felix Scheffler, dessen Vater im Dienste der Deutschen Freiheitsbibliothek illegale Druckschriften zur Agitation gegen die Nazis in Form von Briefmarken und Teebeuteln nach Deutschland verschikkte, um »ein kleines Gegengewicht gegen die offiziellen Zeitungsmeldungen« zu schaffen, und daraufhin deportiert wurde, dass diese Opfer nicht umsonst gewesen waren. Die Botschaften seines Vaters hatten nachweislich zumindest einen Nazi zur Einsicht und Umkehr bewegt. Felix lässt seinen Plan, mit der Vergangenheit endgültig abzuschließen, fallen. – Elisabeth Freundlich überliefert historisches, meist wenig bekanntes Material aus eigener Anschauung; sie leistet Erinnerungsarbeit, ohne zu mystifizieren. Im Gegenteil, sie berichtet von Verrat, Misstrauen (*Statt einer Ehrensalve*, 1956), Ängsten, unsinnigen Richtlinien und Hackordnungen innerhalb des kommunistischen Widerstandes in Frankreich genauso wie von Selbstzweifeln, Tabus und Rechtfertigungsversuchen innerhalb der Nachkriegsgesellschaft, wie in der Erzählung *Die Gesundung*: »Das Wort Emigration vermeide ich dabei, es ist immer noch kein sehr beliebtes Gesprächsthema.«

Der Faschismus und die allmähliche Ausbildung des Widerstandes waren und sind prägend für den Lebensverlauf und für die literarisch-politische Arbeit von Elisabeth Freundlich. Ihr Appell an die Jugend, entnommen der Erzählung *Im Steingebirg* (1944 in New York), zeugt von ungebrochener Zuversicht: »Nie versteinern, hörst, nie. Du musst die Tränen behalten können, die uns versteinert sind.«

Thomas Kraft

Werke: *Invasion Day,* (Pseud. E. Lanzer), E., Überlingen 1948; *Die Zimmerflucht,* R., unveröff.; *Sub auspiciis,* E., unveröff.; *Der eherne Reiter,* hist. R., Wien 1960, revid. Fassung Ffm. 1982; *Schutt,* R., unveröff.; *Sie wussten, was sie wollten. Lebensbilder bedeutender Frauen aus drei Jahrhunderten,* Freib./Br. 1981; *Finstere Zeiten,* En., Mannheim 1986; *Der Seelenvogel,* R., Wien 1986; *Die Ermordung einer Stadt namens Stanislau. NS-Vernichtungspolitik in Polen 1939–1945,* Dok., Wien 1986.

Frick, Hans, wurde am 3. 8. 1930 in Frankfurt am Main als unehelicher Sohn einer Fabrikarbeiterin und eines jüdischen Kunsthändlers ungarischer Herkunft geboren. Er besuchte zwischen 1936 und 1944 mehrere Volksschulen, absolvierte anschließend eine Kaufmannslehre und arbeitete danach als Hilfsarbeiter, Möbelträger, Büroangestellter und Vertreter. Seit Mitte der Sechzigerjahre lebte er als freier Schriftsteller abwechselnd in Frankfurt am Main und Portugal; Anfang der Achtzigerjahre gab er das Schreiben auf, ging nach Spanien und begann dort, sein Geld mit der Renovierung alter Häuser zu verdienen. Er starb nach schwerer Krankheit am 3. 2. 2003 in einem Krankenhaus in Huelva in Spanien; »es waren die persönlichen Dämonen, die ihn besiegten« (Franz Dobler).

Eine paradoxe Situation: Seit Jahren ist keiner der Romane Hans Fricks im Buchhandel erhältlich, und doch zählte Frick von der Mitte der Sechziger- bis in die frühen Achtzigerjahre zu den bekanntesten deutschsprachigen Gegenwartsautoren. Große, überwiegend freundliche Rezensionen, Taschenbuchausgaben und Verfilmungen seiner Romane dürfen nicht darüber hinwegtäuschen, dass Fricks literarischer Karriereweg nicht problemlos verlief. Die Radikalität, mit der er Themen anfasste und seine gesellschaftlichen Zustandsberichte formulierte, ließ ihn zum ungeliebten Chronisten einer Verdrängungsgesellschaft werden. Aus der eigenen Biografie und damit aus dem Fundus eines immer wieder von Schicksalsschlägen und Krisen gezeichneten Lebens bezog er seine Schreibimpulse, die Grundmuster seiner literarischen Arbeit. Bei seinem Debütroman *Breinitzer oder die andere Schuld* (1965), durch dessen »Ehrlichkeit und visionäre Intensität« sich Erich Maria Remarque »an Büchners *Woyzeck*, an Dylan Thomas, Brendan Behan und auch an den jungen Fritz von Unruh« erinnert fühlte, handelt es sich um die aus inneren Monologen und apokalyptischen Bildern bestehende Selbstbezichtigung eines ehemaligen KZ-Arztes, der an Selektionen und Menschenversuchen beteiligt gewesen war und nun, krank, alt und verwahrlost dahinvegetierend, seine quälenden Erinnerungen loszuwerden versucht, indem er für seine Schuld büßen und von einem Gericht bestraft werden will: »Ich bitte nicht um Vergebung meiner Sünden und meiner großen Schuld, sondern nur darum, dass sie mir nicht vergeben werden … Ich will leiden, wie sie gelitten haben, und sterben, wie sie gestorben sind.« Er lehnt alle gesellschaftlichen Integrationsangebote ab; seine Unbedingtheit wirft ein erhellendes Licht auf einen Staat, dessen Repräsentanten und Würdenträger nahezu dieselben seien, die schon während des Nazi-Reiches an den Schalthebeln der Macht saßen. Breinitzer, der »Angeklagte ohne Kläger, der Büßer ohne Richter«, der »Nestbeschmutzer und Denunziant«, richtet sich am Schluss selbst. Mit der Parabel *Mulligans Rückkehr* (1972), 1978 mit Helmut Qualtinger in der Hauptrolle von Helmut Käutner verfilmt, greift Frick das Thema von Macht und Machtverlust wieder auf und entführt den Leser in eine surreale Erzählwelt, in der sich ein Prototyp kapitalistischer Macht, der Generaldirektor Mulligan, sämtlicher Befugnisse und seiner bisherigen Autorität entledigt sieht, was ihn langsam um den Verstand bringt und ihn am Ende zugrunde richtet. Mulligan findet sich nach einer Bewusstseinslücke plötzlich in einer verlassenen Gegend wieder, in der er nach langem Suchen ein Hotel und einen Taxistand entdeckt. Seine wiedergewonnene Zuversicht zerrinnt jäh, als sowohl die Taxifahrer als auch das Personal und die Gäste des Hotels so agieren, dass er an seiner Zurechnungsfähigkeit zweifeln muss. Sie ignorieren ihn, Mulligan verliert völlig seine Selbstsicherheit; von sadistischen Halluzinationen geplagt, unfähig, etwas zu durchschauen oder gar seine Rolle zu ändern, verfällt er in Apathie und psychische Verwirrung: »Das ist, als Psychogramm eines Herrschenden, so faszinierend wie komisch und Teil einer Hoffnung; die beängstigende Reise, die Mulligan wider Willen macht, ist eine Reise in den Tod« (Otto F. Walter).

1968 wurde Fricks Sohn Henri auf einem Zebrastreifen totgefahren. Die Erzählung *Henri* (1972) erweist sich als Klage und Anklage, Protokoll der Trauer und Manifest des Hasses zugleich; neben den ergreifenden Erinnerungen an den Sohn klagt Frick ein Gesellschaftssystem an, das mit der Brutalisierung eines täglich stattfindenden Überlebenskampfes unberührt über schuldlose Opfer, über unbeschreibliches Leid hinweggeht. Frick sieht »hinter dem Unfall, der Henri tötete, eine Katastrophe, die uns alle längst zu Sterbenden gemacht hat: die Scheinwelt einer zum Prinzip erhobenen Unwahrhaftigkeit und der fortschreitenden Anpassung an das, was ist«. Dieser Schicksalsschlag stürzte Frick in eine existenzielle Lebenskrise, er wurde zum Alkoholiker, war unmittelbar vom Tod bedroht. Mit dem *Tagebuch einer Entziehung* (1973) dokumentiert er über einen Zeitraum von sechs Monaten seinen Versuch, seine Angst zu bekämpfen und zu überleben. Seine Umwelt nimmt er nur mehr bruchstückhaft wahr, Erinnerungen an KZs und damit an den Tod sind ständig präsent, die seelischen und körperlichen Qualen der Abstinenz beherrschen den Lebensrhythmus. Frick beschreibt offen seinen körperlichen Verfall: »Womit ein Trinker in jedem Fall zu rechnen hat: Absterben der Nerven- und Hirnzellen, Herz-, Leber- und Nierenschäden, gestörte Funktion der Gelenke, Zerfall des Nervensystems, chronische Entzündung der Magenschleimhaut, Zurückbildung der Muskeln, Impotenz, Zuckerkrankheit.« Mit der Angst vor jedem neuen Tag kämpft er schreibend um sein Leben.

Im *Tagebuch* versucht er skizzenhaft das Bild seiner Mutter zu umreißen; im Roman *Die blaue Stunde* (1977) rekonstruiert er ihre Biografie, die geprägt war von Arbeitslosigkeit, Armut, jüdischer Abstammung, Krieg und Krankheit, und gestaltet damit exemplarisch ein proletarisches Frauenschicksal der Kriegsgeneration. Als Tochter eines Tagelöhners und einer Wäscherin geboren, arbeitete sie als junges Mädchen im Haushalt bei »hohen Herrschaften«, dann in der Fabrik, bekam 23-jährig ein uneheliches Kind, war über zehn Jahre arbeitslos, dann 20 Jahre in den Mühlen industrieller Akkordarbeit. Während des Nazi-Regimes als Mutter eines halbjüdischen Kindes den Drohungen der SS und den Denunziationen der Nachbarn hilflos ausgesetzt, versorgte sie zudem ihre krebskranke Mutter, war depressiv, sozial ausgegrenzt. Schließlich wurde sie mit einer kleinen Rente abgespeist: »Ich bin eigentlich immer nur gestorben.« Frick erlebt diese Zeit in einem ständigen Wechsel von Aggression und Ohnmacht, er flieht in Fantasiewelten, »in Zentren, in denen es nur mich gab und in denen ich mich länger aufhalten konnte«. Neue Fragen tauchen auf, Frick findet keine befriedigenden Antworten, forscht nach Ursachen; die unmenschlichen Lebensverhältnisse provozieren erneut seine Flucht: ein selbstquälerischer Kreislauf, das Wissen um die Sinnlosigkeit der Flucht, um das der eigenen Biografie (und ihren Traumata) stets verhaftet bleibende Schicksal: »Ich wollte vor allem denen noch einmal zu einer Stimme verhelfen, die ohne solche Bücher für immer anonym tot sind.«

Thomas Kraft

Werke: *Breinitzer oder die andere Schuld,* R., Mü. 1965; *Der Plan des Stefan Kaminsky,* R., Mü. 1967; *Das Verhör. Dialogstücke,* Ffm. 1969, Hsp., HR 1969; *Taxi für Herrn*

Skarwanneck, Hsp., 1969; *Landstraße,* Hsp., 1970; *Henri,* E., Reinbek 1970, Hsp., 1973; *Mulligans Rückkehr,* R., Darmst. 1972, Film 1978; *Tagebuch einer Entziehung,* Darmst. 1973; *Dannys Traum,* R., Mü. 1975; *Daniel,* Hsp., 1975; *Die blaue Stunde,* R., Mü. 1977, Film als *Hans – ein Junge in Deutschland,* 1985; *Breinitzer,* R., Mü. 1979; *Die Flucht nach Casablanca,* R., Mü. 1980; *Nach mer die Sintflud,* Hsp., HR 1984.

Fried, Erich, wurde am 6. 5. 1921 in Wien geboren. Er emigrierte im August 1938 nach London, wo er bis zu seinem Tode lebte. Fried erwarb seinen Lebensunterhalt in London zunächst als Hilfsarbeiter, Milchchemiker, Bibliothekar und Glasarbeiter. Sein Vater starb 1938 in Folge der Misshandlungen, denen er während eines Gestapo-Verhörs ausgesetzt gewesen war. Im Exil trat Fried in den »Kommunistischen Jugendverband« ein, den er jedoch 1944 wieder verließ. 1940 erschienen seine ersten Veröffentlichungen, und seit 1946 beschäftigte er sich ausschließlich mit seinen literarischen Arbeiten. Von 1950 an gehörte er zur Redaktion der Zeitschrift »Blick in die Welt«, von 1952 bis 1968 als ständiger Mitarbeiter zur deutschen Abteilung des BBC, aus der er wegen politischer Differenzen wieder ausschied. Während der Zeit der Studentenproteste war Fried aktiv an den Geschehnissen beteiligt. Auch gegenüber der »Menschenjagd« im Zuge der Fahndungen nach der RAF und dem zunehmenden Rechtsruck in der BRD bezog er kritisch Stellung. Er starb während einer Lesereise in Baden-Baden am 22. 11. 1988. 1965 erhielt er die Fördergabe des Schiller-Gedächtnispreises, 1972 den österreichischen Würdigungspreis für Literatur, 1977 den neugestifteten »Internationalen Verlegerpreis« (für den Band *100 Gedichte ohne Vaterland*, der zugleich in sieben Sprachen publiziert wurde), 1980 den Literaturpreis der Stadt Wien, 1983 den Bremer Literaturpreis, 1986 den Österreichischen Staatspreis sowie die Carl-von-Ossietzky-Medaille, 1987 den Georg-Büchner-Preis und den jugoslawischen Lyrikpreis »Goldener Schlüssel von Smederevo«.

Erich Fried ist in gleichem Maße als Dichter wie als Übersetzer englischer Dramatik bekannt geworden; er publizierte Gedichte und Gedichtzyklen, Prosa, Hörspiele und Essays und übertrug die episch-lyrischen Dramen von Dylan Thomas ebenso wie Dramatisches von T. S. Eliot, Graham Greene, Laurie Lee, John Synge und Stücke von Shakespeare ins Deutsche. Im Nachwort zu seinem Band *Gedichte* (1958) verteidigte er sich gegen den Vorwurf, »englische Gedichte in deutscher Sprache« zu schreiben und von Dylan Thomas beeinflusst worden zu sein. In der Tat haben Gemeinsamkeiten der Auffassung und der Bewunderung – für Hopkins, Joyce, Owen, Cummings – Fried zur Dichtung des Walisers hingezogen.

Durch Fried erhielt die deutsche politische Lyrik seit Mitte der Sechzigerjahre einen neuen Rang: Fried stellte seine Faszination durch alte Kinderlieder, Spruchformeln und Auszählreime wie seine Lust an Sprachspielen und Wortanalysen in zunehmendem Maße in den Dienst einer radikalkritischen Reflexion der Gegenwart. Ihm ging es darum, mithilfe der Sprache Wirklichkeit zu durchschauen, Missstände und Fehlentwicklungen zu diagnostizieren und deutlich zu machen. Er glaubte, »dass es die Hauptaufgabe der Literatur wie aller Kunst« sei, »gegen die Entfremdung zu kämpfen«. Seine Gedichte kommen aus der – nicht zuletzt an Karl Kraus orientierten – Überzeugung, dass die Sprache selbst das letzte Wort zu unserer Zeit zu sprechen hat und dass wir das Urteil über unser Handeln in ihr vorgegeben finden können. Die Position dieser Lyrik ist die des Zweifels. Indem er vorgeprägte Sprachmuster zerlegt und ihrer Suggestion beraubt oder Redewendungen hin- und herdreht, entlarvt er sie als Floskeln oder Klischees und durch diese wiederum die Fakten einer Realität, die sie verhüllen sollen, anstatt sie beim Namen zu nennen: »Der Glaube der Dichter an die Sprache war lange schon / eine besondere Form des Zweifels an der Sprache: / Das Genaunehmen zeigte die Ungenauigkeit, um sie / zu verändern hin zur Genauigkeit oder / um zu erkennen, wo ungenaue Sprache / der Ungenauigkeit der Erkenntnis genau entspricht« (*Zweifel an der Sprache* in *Gegengift*, 1974).

Sein ethischer Rigorismus, der ihn auch die scheinbare Progressivität etlicher »linker« Parolen in Zweifel ziehen ließ, hat Fried – vor allem seit dem Schlüsselerlebnis Vietnam (*und Vietnam und*, 1966) – von der Artikulation seiner Zweifel immer häufiger zur direkten Agitation gegen staatliche Autorität und jede Form von Gewalt wie für eine veränderte Gesellschaft geführt. Dabei weist er eine bestimmte politische Gruppenzugehörigkeit, trotz früherer Mitgliedschaft in kommunistischen Verbänden, strikt von sich und hebt auch selbst hervor: »Ich glaube nicht, dass mehr als die Hälfte meiner Gedichte politisch sind. Und viele von den politischen Gedichten versuchen nicht so sehr, auf tagespolitische Fragen einzugehen, als menschliche Verhaltensmuster zu zeigen.« Fried unterstreicht, dass seine Mahnungen und Anklagen an die Adresse der Bundesrepublik Deutschland wie Israels keinesfalls Ausdruck von Deutschenhass oder Antisemitismus darstellen, wie ihm vor allem wegen seines Gedichts *Höre Israel* (in: *Höre Israel!*, 1974) vorgeworfen wurde, sondern der wachen Sorge um Gemeinwesen entstammen, denen er sich schicksalhaft verbunden weiß.

In seinen späteren Gedichten zeigt sich sein Eintreten für Humanität, Frieden und Freiheit der Menschen in allgemeinerer Form: Fried verzichtet darauf, bestimmte Politiker, Staaten oder Parteien direkt anzugreifen. Derselbe Ansatz findet sich schon in seiner Prosa, die durch Parabeln und Geschichten mit biblischen Motiven oder Tierfabeln auf generelle Missstände in der menschlichen Gesellschaft hinweist (*Fast alles Mögliche*, 1975, und *Das Unmaß aller Dinge*, 1982).

Wieland Schmied

Werke: *They fight in the dark. The story of Austria's youth*, London 1944; *Deutschland*, G., London 1944; *Österreich*, G., Zür. 1946; *Dylan Thomas: Unter dem Milchwald. Ein Spiel für Stimmen*, Übs., Hdbg. 1954; *Dylan Thomas: Am frühen Morgen. Autobiografisches, Radio-Essays, Gedichte und Prosa*, Übs., Hdbg. 1957; *Gedichte*, Hbg. 1958; *Dylan Thomas: Der Doktor und die Teufel*, Übs., Ffm. 1959; *T. S. Eliot: Ein verdienter Staatsmann*, Übs., Ffm. 1959; *Graham Greene: Der verbindliche Liebhaber*, Übs., Hbg., Wien 1960; *Izanagi und Izanami*, Hsp. 1960; *Ein Soldat und ein Mädchen*, R., Hbg. 1960; *Elias Canetti: Welt im Kopf*, Hg., Graz, Wien 1962; *Die Expedition*, Hsp. 1962; *Reich der Steine*, G., Hbg. 1963; *Edith Sitwell: Gedichte*, Ffm. 1964; *Warngedichte*, Mü. 1964; *Überlegungen*, G., Mü. 1964; *Dylan Thomas: Eines Kindes Weihnacht in Wales*, Übs., Zür. 1964; *Jakov Lind: Die Heiden*, Übs., Neuwied, Bln. 1965; *Kinder und Narren*, Prosa, Mü. 1965; *D. Rokeah: Von Sommer zu Sommer*, Übs., Ffm. 1965; *und Vietnam und. 41 Gedichte mit einer Chronik*, G., Bln. 1966; *Der Stern der tat sie lenken. Alte englische Lieder und Hymnen*, Übs., Mü. 1966; *Indizienbeweise*, Hsp., 1966; *Anfechtungen*, G., Bln. 1967; *Arden muss sterben. Eine Oper vom Tod des reichen Arden von Faversham in zwei Akten – sieben Szenen*, Operntext, Musik: A. Goehr, London 1967; *Dylan Thomas: Ausgewählte Gedichte*, Übs., Mü. 1967; *J. Arden: Der Tanz des Sergeanten Musgrave. Eine unhistorische Parabel*, Übs., Reinbek 1967; *Befreiung von der Flucht. Gedichte u. Gegengedichte*, Hbg. 1968; *Zeitfragen*, G., Mü. 1968; *Intellektuelle und Sozialismus*, zus. m. P. A. Baran, Gaston Salvatore, Bln. 1968; *Wiliam Shakespeare: Romeo und Julia. Julius Cäsar. Hamlet*, Übs., Mü. 1968; *Die Beine der größeren Lügen. Einundfünfzig Geschichten*, Bln. 1969; *Gedichte*, hg. v. Bernd Jentzsch, Bln. 1969; *William Shakespeare: Das Trauerspiel von König Richard dem Zweiten. Das Leben von König Heinrich dem Fünften*, Übs., Bln. 1969; *Unter Nebenfeinden*, G., Bln. 1970; *William Shakespeare: Antonius und Kleopatra. Perikles, Fürst von Tyrus*, Übs., Bln. 1970; *William Shakespeare: Viel Getu um nichts. Die lustigen Weiber von Windsor*, Übs., Bln. 1970; *William Shakespeare: König Cymbelin. Zwei Herren aus Verona*, Übs., Bln. 1970; *William Shakespeare: Ein Sommernachtstraum. Zwölfte Nacht oder Was ihr wollt*, Übs., Bln. 1970; *Euripides: Die Bacchantinnen*, Übs., UA 1970; *Die Freiheit den Mund aufzumachen*, G., Bln. 1972; *Aufforderung zur Unruhe*, G.-Ausw., Mü. 1972; *William Shakespeare: Hamlet. Othello*, Übs., Bln. 1972; *Höre Israel! Gedichte und Fußnoten*, Hbg. 1974, erw. Neuausg. Ffm. 1983; *Sylvia Plath: Ariel*, Übs., Ffm. 1974; *Gegengift*, G., Bln. 1974; *William Shakespeare: Maß für Maß. Romeo und Julia*, Übs., Bln. 1974; *Fast alles Mögliche. Wahre Geschichten und gültige Lügen*, Bln. 1975; *Am Beispiel Peter-Paul Zahl. Eine Dokumentation*, hg. zus. m. Helga M. Novak, Initiativgruppe P.-P. Zahl, Ffm. 1976; *Kampf ohne Engel*, G., Ost-B. 1976; *So kam ich unter die Deutschen*, G., Hbg. 1977; *Die bunten Getüme*, G., Bln. 1977; *100 Gedichte ohne Vaterland*, Bln. 1978; *Liebesgedichte*, Bln. 1979; *Aristophanes: Lysistrate*, Bearb., UA Recklingsh. 1979; *Welch' Licht scheint dort*, Hsp., 1980; *Lebensschatten*, G., Bln. 1979; *R. M. Farber: Die Höhle. Ein Autodrama für den Funk*, Hsp.-Übs., 1980; *William Shakespeare: Troilus und Cressida. Timon von Athen*, Übs., Bln. 1981; *Zur Zeit und zur Unzeit*, G., Köln 1981; *Das Unmaß aller Dinge. 35 Erzählungen*, Bln. 1982; *Das Nahe suchen*, G., Bln. 1982; *Das Mißverständnis*,. m. Illustr. v. Rainer Hoffmann, Ffm. 1982; *Angst und Trost. Erzählungen über Juden und Nazis*, m. Grafiken v. David Fried, Ffm. 1983; *Ich grenz noch an ein Wort und an ein andres Land. Über Ingeborg Bachmann*, Bln. 1983; *Es ist was es ist. Liebesgedichte, Angstgedichte, Zorngedichte*, G., Bln. 1983; *Beunruhigungen*, G., Bln. 1984; *Und alle seine Mörder*, Theaterst., Wien 1984; *Verstandsaufnahme. 61 Gedichte*, Bln. 1984; *Kalender für den Frieden 1985*, m. Grafiken v. David Fried, Köln 1984; *William Shakespeare: Der Kaufmann von Venedig. Der Sturm*, Übs., Bln. 1984; *Und nicht taub und stumpf werden. Unrecht, Widerstand, Protest. Reden, Polemiken, Gedichte*, Dorsten 1984; *Zeitfragen und Überlegungen. Achtzig Gedichte sowie ein Zyklus*, Bln. 1984; *Beunruhigungen*, G., Bln. 1984; *In die Sinne einradiert. Texte zu Radierungen v. Catherine Fried-Boswell*, Köln 1985; *William Shakespeare: Titus Andronicus. Julius Cäsar*, Übs., Bln. 1985; *Um Klarheit. Gedichte gegen das Vergessen*, Bln. 1985; *Von Bis nach Seit. Gedichte aus den Jahren 1945–1958*, Wien 1985; *Fall ins Wort. Ausgewählte Gedichte 1944–1983*, hg. v. Bernd Jentzsch, Ffm. 1985; *Verstandsaufnahme. 61 Gedichte gelesen vom Autor*, Schpl., Bln. 1985; *Frühe Gedichte*, Düsseld. 1986; *William Shakespeare: Heinrich IV.*, Übs., Bln. 1986; *Wächst das Rettende auch? Gedichte für den Frieden*, Köln 1986; *Die da reden gegen Vernichtung. Psychologie, bildende Kunst und Dichtung gegen den Krieg*, zus. m. Alfred Hrdlicka, E. Ringel, Wien 1986; *Mitunter sogar Lachen. Zwischenfälle und Erinnerungen*, Bln. 1986; *Die Umrisse meiner Liebe. Lyrik, Erzählung, Essay*, Ost-Bln. 1986; *Wenn ich an deinen Mund denke*, G., m. Collagen v. I. Wedell, Bln. 1986; *Vorübungen für ein Wunder. Gedichte vom Zorn und von der Liebe*, Bln. 1987; *Was bist du* *mir? Gedichte von der Liebe,* Gütersloh 1976; *Am Rande unserer Lebenszeit,* G., Bln. 1987; *Wo liegt Nicaragua? Gedichte und ein Gespräch,* zus. m. Heinrich Albertz, Wuppertal 1987; *Gegen das Vergessen,* G., Köln 1987; *Nicht verdrängen – nicht gewöhnen. Texte zum Thema Österreich,* Wien 1987; *Gedanken in und an Deutschland. Essays und Reden,* hg. v. M. Lewin, Wien 1988; *Von der Nachfolge dieses jungen Menschen, der nie mehr alt wird,* Rede z. Büchner-Preis, Darmst. 1988; *Unverwundenes. Liebe, Trauer, Widersprüche,* Bln. 1988; *Joern Schlund: habe Angst vor dem, der keine Zweifel kennt. Gespräche mit E. F.,* Basel 1988; *Gründe. Gesammelte Gedichte,* hg. v. Klaus Wagenbach, Bln. 1989; *Mißtrauen lernen. Prosa, Lyrik, Aufsätze, Reden,* hg. v. Ingeborg Quaas, Ost-Bln. 1989; *E. F./Heiner Müller: Ein Gespräch,* Bln. 1989; *Als ich mich nach dir verzehrte. 72 Gedichte von der Liebe,* Bln. 1990; *Zwischen Tür und Amsel,* G., m. Zeichnungen v. Nikolaus Heidelbach, Ravensb. 1990; *Gespräche über erste und letzte Dinge,* Schpl., Mü. 1990; *Einbruch der Wirklichkeit. Verstreute Gedichte 1927–1988,* hg. v. Volker Kaukoreit, Bln. 1991; *Mitunter sogar Lachen. Erinnerungen,* veränd. Neuausg., Bln. 1992; *Gesammelte Werke. Gedichte und Prosa,* 4 Bde., hg. v. Volker Kaukoreit u. Klaus Wagenbach, Bln. 1993; *Gedichte,* Stg. 1993; *Anfragen und Nachreden. Politische Texte,* hg. v. Volker Kaukoreit, Bln. 1994; *Weltbausteine des Weiterlebens. Bilder, Texte, Gespräche,* zus. m. J. Schlund, Münster 1994; *Die Muse hat Kanten. Aufsätze und Reden zur Literatur,* hg. v. Volker Kaukoreit, Bln. 1995; *Erich Fried erzählt. Die schönsten Geschichten,* Bln. 1997; *Eine Chronik. Leben und Werk: das biografische Lesebuch,* hg. v. Christiane Jessen, Volker Kaukoreit u. Klaus Wagenbach, Bln. 1998; *Die Schnabelsau. Leilieder und Knüllverse,* hg. v. Volker Kaukoreit, Bln. 1998.

Fries, Fritz Rudolf, am 19. 5. 1935 in Bilbao in Spanien geboren. Er stammt mütterlicherseits von spanisch-baskischen, väterlicherseits von südwestdeutschen Vorfahren ab. 1942 übersiedelte er nach Deutschland. Bis zum Abitur 1953 besuchte er eine Schule in Leipzig und studierte dort bis 1958 Romanistik. Danach war er zwei Jahre lang freischaffend als Übersetzer tätig. 1961 bis 1966 wirkte er als wissenschaftlicher Assistent an der Deutschen Akademie der Wissenschaften in Ost-Berlin. Heute lebt er als freier Schriftsteller in Petershagen bei Berlin. Er erhielt 1979 den Heinrich-Mann-Preis, 1988 den Marie-Luise-Kaschnitz-Preis der Evangelischen Akademie Tutzing, 1991 den Literaturpreis der Freien Hansestadt Bremen und 1995 den Hörspielpreis der Kriegsblinden für *Frauentags Ende oder Die Rückkehr nach Ubliaduh.* Die Verleihung des Hörspielpreises war umstritten, da zum Zeitpunkt der Verleihung die Tätigkeit von Fries als Informeller Mitarbeiter (IM) des Staatssicherheitsdienstes der DDR bekannt geworden war.

Fries debütierte mit einem – nur in der Bundesrepublik – verlegten Roman: *Der Weg nach Oobliadooh* (1966), dem kunstvoll aus Träumen und Assoziationsketten, realistischen Einschüben und zitathaften Wendungen gebauten Schelmenbuch einer amüsierten, eskapadenfrohen DDR-Jugend (1957/58). Die Liebe zum Westen, angespielt im Titelnamen, einem Silbengebilde aus dem Vokaljazz, richtet sich auf ein Land, für das Jazz und Reklame, Sex und Alkohol wie die Leuchtzeichen eines changierenden Individualismus stehen. Die beiden munter spöttischen Helden, der Dolmetscher Arlec und der Zahnarzt Paasch, üben sich in diese Illusionen wie in Riten einer lässig behaupteten Extravaganz ein. Im Oktober 1989 durfte das dienstälteste Nichtbuch der DDR (mit 23-jähriger Verspätung) erscheinen. Der Erstling *Septembersong,* ein Roman des 22-Jährigen über Studenten im Leipzig der Fünfzigerjahre, wurde 1998 nachgereicht.

Landschafts- und Städtebilder aus einem touristischen Zentrum der DDR stellte Fries in seinem Band *See-Stücke* (1973) vor: Reiseskizzen u.a. aus Wismar und Stralsund, Rostock, Güstrow, Hiddensee und Rügen, Etüden über Urlaubsstätten, ihre Sprachmuster und Vergangenheitsformen, Miniaturen von Orten und Menschen, die ihre zierliche Kontur und ironisch-heitere Leichtigkeit nicht nur aus der Beschreibung gewinnen, sondern auch aus dem Vorgedachten, aus einer Nähe von Landschaft und Literatur, animiert durch die Frage, ob denn nicht bereits »alles ausgemessen, katalogisiert, abgewogen, ausgedacht worden« sei.

Der in komplexer Konstruktion aller Spielarten erzählerischen Humors sich entfaltende Roman *Das Luft-Schiff. Biografische Nachlässe zu den Fantasien meines Großvaters* (1974) versammelt biografische Episoden aus dem Leben des Erfinders Franz Xaver Stannebien von der Jahrhundertwende bis zum Beginn des Bürgerkriegs in Spanien 1936. Die Episoden, von verschiedenen Personen aus drei Generationen erzählt und kommentiert und somit dem Urteil wechselnder Instanzen ausgesetzt, stellen mit dem Erfinder eines luftigen Plans zugleich einen komischen Helden des poetischen Traumes vor. Das Muster des »Nachlasses« nahm Fries noch einmal in dem utopischen Roman *Verlegung eines mittleren Reiches* (1984) auf. Das unter dem Eindruck des Vietnamkrieges begonnene, erst viel später beendete Manuskript bezeichnete er als Fragmente »aus der Zeit nach dem letzten Krieg«, die »aufgefunden und herausgegeben« wurden »von einem Nachfahrn in späterer Zeit«. Der Herausgeber »Alpha 19-05-35« (Fries' Geburtsdatum) habe das Manuskript bei der Aktion »Entrümpelt Eure Böden und Köpfe!« gefunden und mit »oberster Druckgenehmigung« in »Sonnenstadt im Jahre des Heils 07« veröffentlichen dürfen. In dem Bericht notiert ein hochironischer Intellektueller seine Wahrnehmungen über eine Kleinstadt, die nach einem Atomkrieg von den »Kwanyins« aus dem »Reich der Mitte« besucht worden ist. Eine Chinoiserie in der DDR nach dem »day after«: die Verhaltensweisen der Menschen unter der fremden Diktatur, im tropischen »Fernzeitalter«, erweisen die Schwierigkeiten der Aufklärung und des Versuchs, über die Befriedigung der materiellen Bedürfnisse hinauszugelangen. Ein fast schopenhauerischer Pessimismus durchmustert eine Welt, die unsere Gegenwart aus dem Blickwinkel des Danach, eine Zukunft wie die traurige Fortsetzung des Jetzt nach dem Endspiel, Geschichte also wie vor Spiegelwänden, enthält.

Alexanders neue Welten (1983) firmiert als ein »akademischer Kolportageroman aus Berlin«. Er bildet das »herzgewächs« der Lust, eine Ferne zu konsultieren, die Deutschland – der »leviathan in zwei teilen« beschränkt im Tonfall seiner jeweiligen Provinzialität und Aktualität – aus dem literarischen Verkehr der Kenntnisse verdrängt. So ist dieses Buch als ein fortlaufender Akt der Grenzüberschreitung zu lesen. In ihm steckt unter anderem der Roman im Roman, ein erotomanischer Roman, die Nachschrift eines Cervantes-Romans, der Bildungsroman eines besessenen Lese-Narren, eine Corrida gegen den Aufklärungsfetisch Fortschritt, eine Geschichte der räuberischen Entführung durch Fantastik: Dr. Alexander Retard, Fachmann fürs 18. Jahrhundert, Mitarbeiter der Sektion Aufklärung an der Akademie der Wissenschaften in Ost-B., nimmt das mysteriöse Verschwinden seines Freundes, des Übersetzers Ole Knut Berlinguer, zum Anlass, dessen Vergangenheit, Liebes-, Ehe- und Freundschaftsgeschichten zu erzählen, was er als Bericht der Akademie vorlegt. Das Material zu seinem Roman erhält er in Form von Tonbandkassetten auf unbekannte Weise vom verschwundenen Berlinguer zugespielt. Offeriert wird eine Geschichte aus lauter Finten, rutschenden Ebenen, kasuistischem Wirrwarr, selbstverliebtem Kannitverstan, ironischem Argwohn gegen einen »uns alle emanzipierenden, heller machenden Fortschritt«. Die beiden Freunde sind Königsfiguren in einer artistischen Suade: der eine, Berlinguer, »Sprachenhändler«, Vielliebhaber, Dolmetscher einer Fremde, die, nicht heimgeholt und angeeignet, fremd und fern bleibt; der andere, Experte für Vergangenheiten und Bibliotheken, steht spöttisch erhaben über den Tagesgeschäften, »welche die Erziehung des Menschen zu einem allseitig aufgeklärten, sich selbst mündig sprechenden Wesen meinen«.

Fries hat sich in seinen Büchern bisher als ein in spanischer Literatur beheimateter, an Laurence Sterne, Jean Paul und Robert Walser geschulter Erzähler erwiesen, dessen artistische Prosa aus dem Abstand zu propagandistischen wie pädagogischen Intentionen des sozialistischen Realismus ironische Selbstbehauptung des Individuellen und Fabulierfreude gewinnt. 1989 überraschte Fries mit einem Lyrikband, der über 70 Gedichte aus 30 Jahren versammelt; etwa die Hälfte der Texte ist 20 bis 30 Jahre alt. Neben teilweise witzig-ironischen, zeitbezogenen Gedichten finden sich hier Texte, die bildenden Künstlern und Schriftstellern gewidmet sind.

Der erste Roman, der nach der Wende mit dem Titel *Die Nonnen von Bratislawa* (1994) erschien, erwies, dass Fries auch unter den neuen Verhältnissen seinen Hermetismus nicht preisgab. Sein am Referenzmodell des spanischen Schelmenromans geschultes, an der Bezugsfigur des spanischen Moralphilosophen Balthasar Gracian orientiertes Erzählkonzept erfuhr keine Modifikation. In dem Staats- und Kriminalroman wird ein toller Wirbel an Episoden und Dialogen entfacht: das Bonner Wasserwerk ist von einer Bombe bedroht, im Berliner Palast der Republik wird eine deutsche Republik ausgerufen, ein nicht vorhandenes Romanmanuskript erhält einen Preis, in geografischen Bocksprüngen kommt der Held Mateo Alemán durch die Welt.

Mitte der Neunzigerjahre wurde bekannt, dass Fritz Rudolf Fries unter dem Decknamen Pedro Hagen für den Staatssicherheitsdienst der DDR tätig gewesen war. Nach zehnjähriger Weigerung will er sich 1976 als Informeller Mitarbeiter schriftlich verpflichtet haben. Diese nach eigenem Bekunden »kalkulierte Schizophrenie« sei er um des Reiseprivilegs willen eingegangen. Enthüllt und kommentiert hat Fries diese Tätigkeit in seinen Tagebuch-Notizen *Im Jahr des Hahns* (1995) und in seinen Erinnerungen *Diogenes auf der Parkbank* (2002).

Sein Roman *Der Roncalli-Effekt* (1999) überträgt und verklausuliert seine Rolle als IM in die Geschichte des Clowns August Augustin, der engagiert ist beim »Staatscircus« der DDR, der in seinem Staat zu Ehren kommt, mit seinen Witzen Karriere

macht, aber nach dem Fall der Mauer zur traurigen Figur wird. Er sitzt in italienischer Untersuchungshaft und schreibt seine Erinnerungen.
Die Reputation des Schriftstellers Fritz Rudolf Fries wurde durch die Enthüllung seiner IM-Tätigkeit stark beschädigt, zumal er zuvor als Inbild der literarischen Moderne und als ein Oberhaupt der ästhetischen Opposition in der DDR gegolten hatte. Sein Werk bleibt jedoch in seinen literarisch gültigen Partien erhalten.

Wilfried F. Schoeller

Werke: *Die Familie Stanislaw*, Hsp., zus. m. Fritz Selbmann, Rundfunk der DDR, 1960; *Der Weg nach Oobliadooh*, R., Ffm. 1966, Ost-Bln. 1989; *Der Fernsehkrieg*, En., Halle/S. 1969, veränd. Ausg. Ffm. 1970, erw. Neuausg. Rostock 1975; *See-Stücke*, Rostock 1973, Ffm. 1973; *Das Luft-Schiff*, Rostock 1974, Ffm. 1974; *Lope de Vega*, Bln., Lpz. 1977, Ffm. 1979; *Der Traum des Thomas Feder*, Hsp., Rundfunk der DDR 1977; *Der Seeweg nach Indien*, En., Lpz. 1978, bundesdt. Ausg. als *Das nackte Mädchen auf der Straße*, Ffm. 1980; *Julio Cortázar: Der Verfolger*, Übs., zus. m. Rudolf Wittkopf u. Wolfgang Promies, Ffm. 1978; *Erlebte Landschaft. Bilder aus Mecklenburg*, m. Fotos v. L. Reher, Husum 1979; *Mein spanisches Brevier. Reisenotizen*, Rostock 1979; *Die Verbannung und der Sieg des Ritters Cid*, Kinderb., Ost-Bln. 1979; *Der Mann aus Granada*, Hsp., Rundfunk der DDR 1978, SDR/WDR 1980; *J. Cortázar: Rayuela: Himmel-und-Hölle*, Übs., Ffm. 1980; *Alle meine Hotel-Leben. Reisen 1951–1979*, Ost-Bln., Weimar 1981; *Der fliegende Mann*, Hsp., Rundfunk der DDR 1980, SDR/HR 1980; *Amadis von Gallien*, Hsp., Rundfunk der DDR 1981; *Schumann, China und der Zwickauer See*, En., Ffm. 1981; *Der Condor oder Das Weib erträgt den Himmel nicht*, Hsp., Rundfunk der DDR 1982, SDR 1983; *Alexanders neue Welten*, R., Ffm. 1983; *Verlegung eines mittleren Reiches*, R., Ffm. 1984; *Hörspiele 1976–1982*, Rostock 1984; *Wie rund ist die Welt, fragt die Köchin Amalia*, Hsp., Rundfunk der DDR 1984, SDR/NDR 1985; *Die Nacht im Prado*, Hsp., SDR 1986; *Die spanische Nacht*, Hsp., Rundfunk der DDR 1986, SDR 1986; *Wie Lazarillo seine drei Herren wiederfand und auf die Anklagebank kam*, Hsp., Rundfunk der DDR 1986; *Bemerkungen anhand eines Fundes oder Das Mädchen aus der Flasche. Texte zur Literatur*, Mü. 1988; *Es war ein Ritter Amadis*, Ost-Bln. 1988; *Die Väter im Kino*, Ost-Bln., Weimar 1989, Mü. 1989; *Herbsttage im Niederbarnim*, Mü. 1989; *Eine Insel will ich haben*, Hsp., Rundfunk der DDR 1989, SDR 1992; *Wer hat auf Jules Verne geschossen?*, Hsp., Rundfunk der DDR 1989; *Porträt einer Zeit 1945–1950 in Leipzig*, Halle 1990; *Luis Buñuel: Die Flecken der Giraffe. Ein- und Überfälle*, Übs., zus. m. Gerda Schattenberg, Bln. 1991; *Der Gesang der weißen Wale*, Hsp., WDR/MDR 1992; *König Bamba*, Hsp., DSK 1992; *Ramón Gomez de la Serna: Madrid. Spaziergänge*, Hg., Bln. 1992; *Wer ist hier Columbus?*, Hsp., DSK 1992; *Nellys zweite Stimme oder Gespräche über die Zukunft im Hause Mann*, Hsp., DSK 1992; *Graf Maluco*, Hsp., WDR 1994; *Luis Buñuel: Wenn es einen Gott gibt, soll mich auf der Stelle der Blitz treffen*, Übs., zus. m. Gerda Schattenberg, Bln. 1994; *Die Nonnen von Bratislawa*, Mü. 1994; *Wieviel Uhr ist es, Herr Borges?*, Hsp., SWF 1994; *An der Ostsee*, Ffm. 1995; *Frauentags Ende oder Die Rückkehr nach Ubliaduh*, Hsp., MDR 1995; *Im Jahr des Hahns. Tagebücher*, Lpz. 1995/6; *Die Hunde von Mexiko-Stadt*, Warmbronn 1997; *Miguel Delibes: Fünf Stunden mit Mario*, Übs., Bln. 1997; *Septembersong*, R., Zür. 1998; *Der Roncalli-Effekt*, R., Lpz. 1999; *Miguel Delibes: Der Verrückte*, Übs., Bln. 1999; *Javier Tomeo: Der Gesang der Schildkröten*, Übs., Bln. 1999; *Javier Tomeo: Napoleon VII.* Übs., Bln. 2000; *Pablo Neruda: Balladen von den blauen Fenstern*, Übs., Mü. 2000; *Pablo Neruda: Hungrig bin ich, will Deinen Mund. Liebessonette*, Übs., Mü. 2001; *Diogenes auf der Parkbank. Erinnerungen*, Bln. 2002. Übs. v. Calderón, Lope de Vega, Cervantes und Herausgeber von Jorge Luis Borges.

Friesel, Uwe, wurde am 10. 2. 1939 in Braunschweig geboren. Er besuchte ab 1952 das Gymnasium in Hannover und verbrachte 1956/57 einen 13-monatigen Studienaufenthalt in den USA. 1960 legte er die Reifeprüfung ab. Er studierte Germanistik, Anglistik und Philosophie in Hamburg, wurde 1965 Lektor beim Hamburger Claassen-Verlag und 1966/67 Hörspiellektor und -dramaturg beim Norddeutschen Rundfunk. 1970 ging er als Chefdramaturg an die Freie Volksbühne Berlin. 1971 wurde er, ebenfalls in Berlin, Mitarbeiter des »Grips«-Theaters für Kinder. Von 1972 bis 1977 fungierte er als Mitherausgeber der Autoren-Edition des Bertelsmann-Verlages. Von 1989 bis 1994 war er VS-Bundesvorsitzender und organisierte 1991 den ersten gesamtdeutschen Schriftstellerkongress in Travemünde. Er ist Herausgeber der Reihe »bod« (books on demand) des Revonnah-Verlages. Friesel lebt heute als freier Autor und Übersetzer abwechselnd in Stockholm und in Lemgow im Wendland. Er ist Mitglied im Verband deutscher Schriftsteller, im deutschen P.E.N.-Zentrum und im »Syndikat«, dem Club deutscher Kriminal-Autoren. 1968/69 erhielt er ein Villa-Massimo-Stipendium, 1972 ein Literaturstipendium des Berliner Senats; 1979/80 wurde er Stadtschreiber von Eppendorf/Hamburg, 1982 gewährte ihm der Deutsche Literaturfonds Darmstadt ein Arbeitsstipendium. Außerdem erhielt er 1983 ein Arbeitsstipendium des Kultursenators der Stadt Hamburg, 1986 das Große Künstlerstipendium des Landes Niedersachsen für Literatur und 1995/96 das Schreyahn-Stipendium des Landes Niedersachsen.
»Am Anfang ist die Idee. Oder die Absicht zu einer Idee. Oder das Bedürfnis, eine Idee zu haben, woran

man seine sichtbare Erscheinung hängen kann. Eine Zeitlang im Winde flattern soll sie, auslüften, anerkannt und eingestuft werden, bevor man beruhigt wieder darin herumläuft.« Auch wenn diese in seinem Debütroman *Sonnenflecke* (1965) enthaltene Äußerung nun schon ziemlich lange zurückliegt, die Ideen, die Themen, derer sich Friesel bislang angenommen hat, hatten nie etwas Beruhigendes an sich. Weder für den Autor Friesel, der sich hartnäckig und leidenschaftlich an ihnen festbiss, noch für Teile der bundesdeutschen Öffentlichkeit, die über die Bücher des Störenfrieds nur zu gern den Mantel des Schweigens decken wollten. Friesel verarbeitete in seinen Prosatexten häufig authentisches, skandalträchtiges Material wie zum Beispiel die diskriminierende Verfolgung Homosexueller in Hamburg durch Observierungen und »Rosa Listen« (*Spiegelverkehrt*, 1980), den Hamburger Giftmüllskandal von 1979 (*Das gelbe Gift*, 1988), die Entlassung des Rundfunkmoderators Henning Venske wegen satirischer Bemerkungen über polizeiliche Maßnahmen bei Brokdorf-Demonstrationen (*Il Tedesco*, 1978) und die von offizieller Seite gebilligte Entführung des NS-Kriegsverbrechers Kappler 1977 aus einem Mailänder Gefängnis (*Im Schatten des Löwen*, 1987).

Das Weiterwirken des »Gestern im Heute« versucht er in mühevoller Dokumentationsarbeit zu fassen und zu entschlüsseln. »Ich will den Mechanismus begreifen, das Prinzip,« sagt, gleichsam stellvertretend, der Hamburger Studienrat und Altkommunarde Rüdiger Diepmann, Hauptfigur des Romans *Im Schatten des Löwen*. Die Phänomene erscheinen – bei all der Gefahr, die von ihnen ausgeht – fast nebensächlich und austauschbar; bilden sie doch nur Belege für die Lernunfähigkeit und den blinden Gehorsam, mit denen Menschen »immer wieder« (ein Schlüsselwort Frieselscher Weltanschauung) sich ins »Bündnis des bezahlten Schweigens« einreihen. Wie seine Figur Guido Blankenburg, ein Hamburger Kriminalkommissar, der Korruption, »Nazi-Methoden« und »Polizeistaat-Mentalität« in den eigenen Reihen ausmacht, als »jämmerlicher Kohlhaas« beschimpft wird und daraufhin den Dienst quittiert, hält Friesel »den Zustand der Gesellschaft für labil und den Einzelnen für prinzipiell gefährdet, gleichwohl, ob es sich um denkbare Täter oder Opfer handelt«. Friesel nähert sich den gesellschaftlichen Problemen aus der Perspektive seiner Generation, eine Generation, die aus den Schatten ihrer Väter, dieser Symbiose aus Kriegsheldentum und Wirtschaftswundermentalität, herauszutreten sucht, ihnen entkommen will, auf Ostermärschen, auf dem Gang durch die Institutionen oder mit dem Rückzug ins religiöse Sektierertum.

Flucht ist das zentrale Motiv in Friesels Texten, aber nicht ziellos, sondern um »auf gesichertem Terrain« Selbstfindung zu betreiben, Erkenntnisse zu sammeln, Vergangenheit zu verarbeiten, Positionen neu zu bestimmen. Die Schauplätze seiner Romane wie Hamburg-Eppendorf oder die italienischen Städte und Dörfer an der levantinischen Küste sind auch keine Refugien, sondern hartes Terrain: »Die Arbeit des Erinnerns wurde ihm durch das Erinnerte nicht gerade erleichtert.« Die »Schutzmechanismen der Seele« versagen, seine Figuren verlieren sich, üben Selbstzensur, weichen immer wieder ängstlich aus. »Ich hatte das Gefühl, in einer Seifenblase über dem Abgrund zu schweben,« schreibt Rüdiger Diepmann in sein Tagebuch *(Im Schatten des Löwen)*, als er während einer Arbeit über den ehemaligen Großadmiral und Hitler-Vertrauten Karl Dönitz die Unzulänglichkeiten historischer Fakten zur »Entzauberung dieser preußischen Vaterfigur« anerkennen muss. Bei Dönitz handelt es sich um eine legendenumrankte Symbolfigur, während Diepmanns anvisiertes Ziel letztlich etwas anderes betrifft als die Auseinandersetzung mit Symbolen: die Abrechnung nämlich mit dem eigenen Vater, »Akku-Rudi«, U-Boot-Fahrer, Dönitz-Gefolgsmann, Lampenindustrieller und Familientyrann. Das Problem kristallisiert sich, wie in allen Texten Friesels, nicht als ein primär historisches, sondern als ein moralisches mit politischen Dimensionen heraus. Es gelte, die Widersprüche der Gegenwart, die fest in der Vergangenheit ankern, zu begreifen, um die Forderungen an die unmittelbare Zukunft zu formulieren. Und nicht zuletzt um das Selbstverständnis daraus ableiten zu können, das »Verstricktsein in die eigene Geschichte, diese lebenslange Gefangenschaft« anzuerkennen.

Friesel ist Epiker. Sein Lyrikband *Aufrecht flussabwärts* (1984) versammelt reimlose Gedichte aus 20 Jahren, freie Formen und Rhythmen, ironisch und assoziativ, die aber nur als verkürztes Konzentrat seiner Prosatexte erscheinen und deren Niveau nicht erreichen. Friesel schreibt flüssig, spannend und unprätentiös. Er neigt gelegentlich zu Wortspielen, wiederholt, konjugiert, setzt Wortfamilien und Assoziationsketten reihend aneinander, um damit neue semantische Ebenen zu erschließen. Manchmal erscheint dies wie der Versuch, sich der Sprache zu versichern, wenigstens ihrer habhaft zu werden. In den Neunzigerjahren engagierte sich Friesel als VS-Vorsitzender nachdrücklich und entscheidend für die Annäherung der beiden deutschen Schriftstellerverbände, organisierte europäische Schriftstellertreffen an der Ostsee und am Mittelmeer und half bei der Gründung mehrerer Literaturzentren. So kam der renommierte Nabokov- und Updike-Übersetzer nur wenig zum Schreiben; die Gründung einer »book on demand«-Edition und neu im Entstehen begriffene Texte lassen die endgültige Rückkehr zum Schreibtisch vermuten.

Thomas Kraft

Werke: *Linien in die Zeit,* G., m. Zeichnungen v. Heinz Kiessling, Hann. 1963; *Sonnenflecke,* R., Hbg. 1965; *Stephen Schneck: Der Nachtportier oder dessen völlig wahre Beichte,* R., Übs., Reinbek 1965; *A. L. Barker: Schwarzfahrt und Danach,* R., Übs., Hbg. 1966; *Skat,* Hsp., WDR 1966; *Unsere liebe Lucie,* Hsp., WDR 1967; *Ping Pong,* Hsp., WDR 1968; *Vladimir Nabokov: Fahles Feuer,* R., Übs., Reinbek 1968; *Marginalien und ein Essay zu »Fahles Feuer« von V. Nabokov,* Reinbek 1968; *Fidelio. Neufassung des Textes zu Beethovens Oper,* UA Köln 1969; *Mit/Bestimm/Stimmung,* Hsp., zus. m. Richard Hey, BR 1970; *Noch ist Deutschland nicht verloren. Eine historisch-politische Analyse unterdrückter Lyrik von der Französischen Revolution bis zur Reichsgründung,* hg. zus. m. Walter Grab, Mü. 1970, Fssp., SFB 1972; *Maicki Astromaus. Nach Frederic Brown,* Kinderb., Köln 1970, Hsp., SR 1971; *Der kleine Herr Timm und die Zauberflöte Tirlili,* Kinderb., m. Illustr. v. Jozef Wilkon, Köln 1970; *Ben Jonson: Volpone,* Stück. Übs., UA Bln. 1970; *Tom Wolfe: Radical chic und Mau Mau bei der Wohlfahrtsbehörde,* Übs., zus. m. Mark W. Rien, Reinbek 1972; *Die Geschichte von Trummi kaputt. Nach einem Bühnenstück von Volker Ludwig,* Kinderb., Reinbek 1973; *Die Neun-Runen-Fuge des Otto Nebel,* Hsp., NDR 1973; *Freizeit. Lesebuch IV,* hg. zus. m. Uwe Timm, Mü. 1973; *Wernicke – die Familie eines Reifenheizers,* zus. m. M. Jehn u. H. Wiedfeld, Hsp.-Serie., NDR/WDR/SWF 1973–76; *Vladimir Nabokov: Ada oder das Verlangen,* R., Übs., zus. m. Marianne Therstappen, Reinbek 1974; *Die Christusbringer,* Theaterst., Ffm. 1974; *Entlassungen. Drei Szenen aus der Arbeitswelt,* Fssp., SFB 1975; *Vladimir Nabokov: Letters from terra,* Hg., Reinbek 1977; *Am falschen Ort,* E., Mü. 1978; *Vladimir Nabokov: Sieh doch die Harlekins!,* R., Übs., Reinbek 1979; *Kindheitsgeschichten,* Anth., Hg., zus. m. Hannelies Taschau, Königstein/Ts. 1979; *Die Liebe liegt tiefer, irgendwo. Gespräche mit Künstlern in Eppendorf,* Hbg. 1980; *Blankenhorn I und II,* Hsp. in zwei Teilen, NDR 1980; *Richard Adams: Das Mädchen auf der Schaukel,* R., Übs., Mü. 1981; *Auf der Balustrade – schwebend. Erste Lyrik-Werkstatt des Literaturzentrums Hamburg,* Koordination zus. m. Hermann Peter Piwitt, Hbg. 1982; *Jeden Tag Spaghetti. Zelten mit Vater,* Kinderb., Reinbek 1983; *Sein erster freier Fall,* R., Mü. 1983; *Lauenburg Connection. Kriminalgeschichten,* Mü. 1983, Hsp., NDR 1984; *Spiegel verkehrt. Kriminalroman,* Mü. 1984; *Aufrecht flussabwärts. Gedichte aus 20 Jahren,* Mü. 1984; *Als Preuße meine Pflicht getan – Karl Dönitz,* zus. m. K. H. Walloch, Film, 1984; *Das Ewige an Rom oder Vergebliche Versuche in Berlin zu landen,* E., Hann. 1985; *John Updike: Die Hexen von Eastwick,* Übs., zus. m. Maria Carlsson u. Monica Michieli, Reinbek 1985; *Im Schatten des Löwen,* R., Mü. 1987; *John Updike: Der verwaiste Swimmingpool,* En., Übs., zus. m. Hans Wollschläger u.a., Reinbek 1987; *John Updike: Spring doch!,* E., Übs., zus. m. Hannelore Gauster, Reinbek 1988; *Das gelbe Gift,* R., Mü. 1988; *Ja, dieses Land meine ich. Franz Josef Degenhardt, Liedermacher,* zus. m. K. H. Walloch, Film, 1988; *John Updike: Wie man Amerika gleichzeitig liebt und verläßt,* Übs., Bln. 1989; *Das Syndikat. Die besten deutschen Kriminalstories,* Hg., Mü. 1991; *Komm! Ins Offene, Freund,* Gött. 1992; *Gregor von Rezzori: Ein Fremder in Lolitaland,* Übs., Hildesheim 1993; *Schreiben aus dem Labyrinth. 12. Kongreß des VS 1994 in Aachen,* Hg., Gött. 1995, *einst & jetzt,* Hg. der bod-Reihe, Hann. 2001 ff.; *Die Uhren ticken anders. Notate in Schreyahn. Aus unveröffentlichten Tagebüchern von Arnold Stadler, Tina Stroheker, Uwe Friesel und Katharina Höcker,* hg. v. Axel Kahrs, Hann. 2001.

Fringeli, Dieter, wurde am 17. 7. 1942 als Sohn des Heimatdichters und Lehrers Albin F. Fringeli in Basel geboren. Er studierte in Basel, Fribourg und Hamburg Germanistik. 1967 promovierte er mit einer Arbeit über den Zürcher Lyriker Alexander Xaver Gwerder und war ab 1968 Lehrer an einem Basler Gymnasium. Nach Lehraufträgen an den Universitäten Zürich und Lausanne sowie Gastvorlesungen in Amerika war er seit 1976 Feuilleton-Chef der »Basler Nachrichten« bzw. der »Basler Zeitung« und wurde als Literaturkritiker hoch geschätzt. 1969 erhielt er den Förderungspreis des Kantons Solothurn, 1970 das Stipendium der Stiftung Pro Helvetia, 1971 den Kunstpreis des Internationalen Lions-Clubs, 1974 die Ehrengabe der Schweizerischen Schillerstiftung und 1975 den Werkpreis des Kantons Solothurn. Bis 1981 war Fringeli Präsident des Schweizer P.E.N.-Zentrums. Er starb am 9. 4. 1999 in Basel.

Fringeli debütierte als Lyriker mit dem Bändchen *Zwischen den Orten* (1965), in dem die Tendenz zu prägnanter Verknappung noch mit traditionellen Lyrismen und Metaphern abwechselt. Sein sprachkritisches Programm, dem er auch in allen folgenden Gedichtbänden treu blieb, legte er in dem 1968 erschienenen Band *Was auf der Hand lag* (darin auch Gedichte in Mundart) fest: »Ich schaue den Sprichwörtern / Aufs Lügenmaul / Und spreche meinem Herzen / Aus dem Herz.« Fringeli nahm die Sprache beim Wort und arbeitete mit Sprachwitz und spielerischer Wortlust einer Sprachabnutzung und Klischeehaftigkeit entgegen – freilich auch mit einer Neigung zur erratischen Sentenz –, ohne dabei gänzlich auf imaginative Elemente zu verzichten: »Der Morgen weist / Mit rosa Fingern auf mich / Die Sonne fällt aus allen Wolken / Wenn es Abend wird / Der Mond besiegelt die Nacht« (*Täglich*). Das lyrische Ich, gestärkt durch Skepsis und Vielfalt der Erkenntnismöglichkeiten, stellt sich ungebrochen dar, feiert sich: »Ich komme / In eigener Sache / Zur Sache // Ich mache mir / Gedanken / Über meine Gedanken // Ich schaue den Tatsachen / In die geblendeten Augen // Ich mache mir / Meinen Vers / Auf meinen Vers« (*Das Wort reden*, 1971).

Fringelis Gedichte wurden in den folgenden Jahren immer lapidarer, zeigten Nähe zu Epigramm und Aphorismus, in geistiger Verwandtschaft zu Lichtenberg, etwa in dem Gedicht *Sprachkritik*: »den geflügelten worten / die federn stutzen« (*Ohnmachtswechsel*, 1981). Er arbeitete an und mit den Worten wie ein Steinmetz, legte Neues und Wesentliches frei, ohne je den Grundton existenzieller Gefährdung – angereichert mit einer Prise Selbstironie – zu verlieren.

Daneben galt Fringelis ganz besonderes Engagement den in Opposition zur Enge der schweizerischen Gesellschaft stehenden Dichtern, den Außenseitern und Vergessenen. 1974 widmete er ihnen die Essaysammlung *Dichter im Abseits*, die zwölf Dichterporträts vereint und Fringeli als einen dem Lyriker ebenbürtigen Essayisten bzw. Literaturkritiker zeigt. Seine enorme Belesenheit und Vielfalt der Themen kann darüber hinaus in dem Sammelband *Mein Feuilleton. Gespräche, Aufsätze, Glossen zur Literatur* (1982) bestaunt werden.

Ganz andere Wege beschritt Fringeli mit seinem Roman *Fingernägel: 23 Anfälle* (1992). Ein monomanisches Individuum, auf triebhafte Grundbedürfnisse fixiert (nur als »er« bezeichnet), versucht in 23 Monologen zu sich selbst zu kommen, scheitert aber an Ich-Besessenheit und Selbsthass – ein radikaler und kompromissloser Text. Der 1994 erschienene Gedichtband *Minderheiten wie Liebe* bringt wieder die alten Stärken Fringelis zutage. Fringeli reizt es, dem Wort Liebe seine Bedeutung zurückzugeben, Sinnebenen freizulegen. Eine kaum noch für möglich gehaltene weitere Verkürzung rückt seine Gedichte als lyrische Essenz in die Nähe der japanischen Haikus: »in meinem kopf ein gedicht / ein gedicht in diesem / in diesem das kürzeste / du darin.« In der von seiner Frau aus dem Nachlass herausgegebenen Gedichtsammlung *Ich bin mein gutes Recht* (2003), die er bereits zwei Jahre vor seinem Tod zur Veröffentlichung bestimmt hatte, bleibt er, im Angesicht des nahenden Todes, seinen Stilmitteln der epigrammatischen Verknappung und seinem Sprachwitz – wenn auch mit einer Spur Bitterkeit – treu: »was ich bin und / was davon geblieben ist / alles gewusst dasselbe / will ich vergessen.« Und: »das leben gefällt mir / auch ohne mich.«

Oliver G. Riedel

Werke: *Zwischen den Orten*, G., Breitenbach 1965; *Was auf der Hand lag*, G., Olten 1968; *Das Nahe suchen*, m. Linolschnitt v. Peter Travaglini, G., Grenchen 1969; *Die Optik der Trauer: Alexander Xaver Gwerder – Wesen und Wirken*, Bern 1970; Das *Wort reden*, G., Olten 1971; *Gut zum Druck. 99 Schriftsteller der deutschen Schweiz. Literatur der deutschen Schweiz seit 1964*, Hg., Zür., Mü. 1972; *Mach keini Schprüch. Schweizer Mundartlyrik des 20. Jhdts.*, Hg., Zür., Mü. 1972; *Dichter im Abseits. Schweizer Autoren von Glauser bis Hohl*, Ess., Zür. 1974; *Durchaus: neue Gedichte*, m. Grafiken v. C. Piatti, G., Düsseld. 1975; *Von Spitteler zu Muschg: Literatur der deutschen Schweiz seit 1900*, Ess., Basel 1975; *Ich bin nicht mehr zählbar*, G., Zür. 1978; *Reden und andere Reden: Politik und Sprache*, Ess., Basel 1979; *Albin Fringeli. Lesebuch*, Hg., Breitenbach 1979; *Reden und andere Reden. Politik und Sprache*, Ess., Basel 1979; *Ohnmachtswechsel und andere Gedichte aus 20 Jahren*, G., Zür. 1981; *Mein Feuilleton. Gespräche, Aufsätze, Glossen zur Literatur*, Breitenbach 1982; *wortwund*, G., Zür. 1988; *Unter mir gesagt*, G., Zür. 1991; *Grenzlust. Ein Lesegedicht*, m. Holzschnitten v. Bruno Gasser, G., Düsseld. 1991; *Dichter im Einsatz*, Ess., Zür. 1991; *Fingernägel: 23 Anfälle*, R., Zür. 1992; *Minderheiten wie Liebe*, G., Zür. 1994; *Das Heimatlos: Herkommen und Hingeben*, Ess., Basel 1995; *Ich bin mein gutes Recht. Gedichte aus dem Nachlass*, hg. v. Ulla Fringeli, m. Schpl. u. Liedvertonungen n. G. v. D. u. Fotos. v. Daniel Weissberg, Basel 2003

Frisch, Max, wurde am 15. 5. 1911 als Sohn eines ursprünglich aus Österreich stammenden Architekten in Zürich geboren. Nach dem Abitur studierte er ohne Abschluss Germanistik in Zürich, bereiste als Reporter die Tschechoslowakei und die Balkanländer, widmete sich dann dem Architekturstudium an der Eidgenössischen Technischen Hochschule Zürich, übte eine Zeit lang den Doppelberuf als Schriftsteller und Architekt aus und wechselte 1954 nach der Trennung von seiner ersten Frau und den drei Kindern ganz zur Literatur. Frisch lebte daraufhin als freier Schriftsteller in Zürich, zwischen 1960 und 1965 mit Ingeborg Bachmann vorwiegend in Rom, danach in Berzona/Tessin und wiederum bei Zürich. Reisen führten ihn unter anderem nach Mexiko, Kuba, Israel, in die UdSSR, nach Japan, China und mehrfach in die USA. Er erhielt 1958 den Georg-Büchner-Preis, 1974 den Großen Schillerpreis der Schweizerischen Schillerstiftung, 1976 den Friedenspreis des deutschen Buchhandels, 1989 den Heinrich-Heine-Preis der Stadt Düsseldorf. Ehrendoktorwürden verliehen ihm unter anderem 1982 die City University of New York und 1987 die Technische Universität Berlin. 1978 wurde in Zürich ein Max-Frisch-Archiv gegründet, 1980 eine Max-Frisch-Stiftung. Frisch war unter anderem Mitglied der Akademie der Künste in Berlin, der Deutschen Akademie für Sprache und Dichtung in Darmstadt und der American Academy of Arts and Sciences. Er starb am 4. 4. 1991 in seiner Wohnung in Zürich an Darmkrebs.

»Im Trostspiel der zwei Pechvögel Schweiz und Deutschland herrschte schwerer Schneefall, so dass kein vernünftiges Spiel gezeigt werden konnte.« Der Autor dieser im Februar 1933 anlässlich der Eishockey-Weltmeisterschaft in Prag geschriebenen Zeilen heißt Max Frisch. Frisch hatte als Feuilletonist und Sportreporter für Schweizer Zeitungen begonnen, doch wirkten seine Artikel nicht immer derart weit vom später bekannt gewordenen literarischen Werk entfernt. Schon ein Zeitungsbeitrag aus dem Jahr 1934 stellte plakativ eine der Fragen, die Frisch durch sein Schriftstellerleben begleiten sollten: »Was bin ich?« Der Text ist eine der ersten Autobiografie-Fiktionen Frischs: Der Held hat sein Studium abgebrochen und wird, wie Frisch, aus Geldmangel Journalist. Zwischen »lächerlichen Minderwertigkeiten« und »lächerlichen Überheblichkeiten« hin- und hergerissen, versucht er seinen »Lebensinhalt« zu finden, denn ein Leben nur nach Beruf und Geld auszurichten, mache es zum »Witz«. *Jürg Reinhart* (1934), der Titelheld des ersten Romans, ist in dieser Hinsicht ein Stück weiter. Er hat sich entschieden, ein »romantisches« Dichter-Leben zu führen. Frisch arbeitete mit den bislang unverwerteten Eindrücken einer journalistischen Balkanreise. Auf Schloss Solitudo bei Ragusa (Dubrovnik) ergeben sich sommerliche Liebesgeplänkel. Die Vollendung der Bildung des Helden erfolgt in diesem Entwicklungsroman über die »männliche Tat«: Eine Frau ist tödlich erkrankt, und Reinhart wagt als Einziger, ihr die Morphium-Spritze zu geben, die sie verlangt.

Was das von Bergson und Nietzsche geerbte Gegensatzpaar (bürgerliches) Leben vs. Kunst angeht, war der nächste künstlerische Schritt Frischs einer in die Wohlanständigkeit zurück. In *Antwort aus der Stille* (1937) entscheidet sich Held Leuthold während einer einsamen Bergtour endgültig für eine Hochzeit und das Leben als Bürger. *Antwort aus der Stille* wie auch die nachfolgenden Aufzeichnungen *Blätter aus dem Brotsack* (1940), ein aus einer militärischen Auftragsarbeit entstandenes Tagebuch, enthalten eine lange ungern wahrgenommene Tendenz in Frischs Werk, die jedoch für das Verständnis der Entwicklung desselben unverzichtbar ist: Alle literarischen und journalistischen Äußerungen dieser Zeit fußen auf einem rechtskonservativen Weltbild. Frisch, dessen Verständnis von Künstlertum in dieser Zeit ein gesellschaftsfernes ist, laboriert (etwa in *Kleine Deutschlandreise*, einer Reportage für die »Neue Zürcher Zeitung« aus dem Jahre 1935) seit Hitlers Machteinsetzung an der Frage, wie er sich, bislang von einer idealistischen Vorstellung des »geistigen Deutschlands« getragen, zum Nationalsozialismus verhalten soll. Markantester Ausdruck dessen ist ein privater, im Duktus einer offiziellen Mahnung an Gregor Rabinovitch gerichteter Brief. »Menschlich«, so Frisch, verstehe er den »Hass« auf Hitler des in die Schweiz emigrierten jüdischen Karikaturisten der satirischen Zeitschrift »Nebelspalter« sehr gut, doch könne diese Haltung nicht sein, was »unser schweizerisches Wollen ist«. Der Einwandererenkel und Kleinbürgersohn Frisch, von 1933 bis 1937 mit der aus Berlin stammenden jüdischen Studentin Käte Rubensohn befreundet, flüchtet sich in ein »Wir«, das er mit dem Gebrauch der offiziösen Worthülse der Zeit erläutert: »Es geht mir um die Sache, die wir geistige Landesverteidigung nennen.« Nicht gegen »das heutige Deutschland, das auch unsere Gefahr ist«, sei die Devise, sondern »für das Schweizerische«, was im Bereich der Kunst das »Darüberstehen«, den »Humor« angesichts von Hitler meint. Passagen aus *Blätter aus dem Brotsack* schwärmen dagegen im Ton Ernst Jüngers vom Krieg als »Segen einer großen bewußten Gefährdung«, »kein Zweifel, manche Dämme wird sie durchbrechen, viel Gärten verwüsten und zugleich mit Schlamm befruchten«. Erst das kurze Prosastück *An der Grenze*, datiert vom 27. April 1945, markiert die Wende ein für alle Mal. Das »Ich« denkt nach der Zeitungslektüre: »Buchenwald bei Weimar. Ich sehe nicht, wie unsereiner (...) mit diesen Nachrichten fertig werden soll. Immer endet es in der einzigen, aber hilflosen Gewißheit, daß uns kein Denken, das um diese Dinge herumgeht, wirklich weiterführen kann.« Erst mit diesem Abschied von der Haltung eines feuilletonistisch schreibenden und staatstreu denkenden Schweizers konnte Frisch zu jenem international wichtigen Autor werden, dessen gesellschaftskritisches Engagement eines seiner wichtigsten Kennzeichen wurde.

Kurz zuvor schon war *Nun singen sie wieder* entstanden, das am 28. März 1945 im Zürcher Schauspielhaus Uraufführung hatte. Zusammen mit *Als der Krieg zu Ende war* (1949) bildet es das Paar der Nachkriegsstücke Frischs. *Nun singen sie wieder* bringt das Thema der Vergangenheitsbewältigung in die deutschsprachige Literatur. Ein Vater, ein Oberlehrer, argumentiert: »Wir haben nur auf Befehl gehandelt«, man musste, »Frau und Kindern zuliebe«, Kompromisse eingehen. Der Sohn, der in Griechenland Kriegsgefangene erschießen musste und desertiert ist, entgegnet, wo es an Mut mangle, fänden sich Argumente, man könne »die Last der persönlichen Freiheit« nicht abtreten.

Zentral für das kommende Werk Frischs wurde das *Tagebuch 1946–1949* (1950), das auch das erste Buch des neu gegründeten Suhrkamp-Verlags ist. Es enthält keine privaten Themen, stattdessen, von Ludwig Hohls *Notizen* beeinflusst, umso mehr Beobachtungen, Stoffe, Meinungen, Gedanken, Konzepte. Beispielsweise für *Graf Öderland* (1951), eine Moritat, die den Ausbruchsversuch einer der interessantesten Frisch-Figuren, des ebenso träumerisch-gefühlsbetonten wie intellektuellen Staatsanwalts Martin, dramatisch inszeniert. Mit seinem Roman *Stiller* (1954) schaffte Frisch endgültig den literarischen Durchbruch und wurde von da an regelmäßig neben deutschsprachige Autoren von Weltruf wie Robert Musil und Thomas Mann gestellt. *Stiller*, ebenfalls im *Tagebuch 1946–1949* im Kern enthalten, verknüpft die Themen von Identitätsfindung und Gesellschaftskritik auf souveräne Weise. Nach einem längeren Amerikaaufenthalt kehrt Jack White in die Schweiz zurück und verneint im berühmten ersten Satz des Romans (»Ich bin nicht Stiller«) seine Identität mit dem Bildhauer Anatol Ludwig Stiller. Da alles darauf hinweist, dass White mit Stiller identisch ist, wird er in Haft genommen und von einem Staatsanwalt verhört. Szenen aus Manhatten und Mexiko geben dem Roman eine internationale Perspektive, bevor dies üblich wurde, doch am Ende siegt die bürgerliche Gesellschaft über White. Anatol Ludwig Stiller, der seinen »Irrtum« eingesehen hat, sitzt mit der einst verlassenen Gattin Julika resigniert in einer Villa über dem Genfer See. Nach *Stiller* intensivierte Frisch den (neben den Romanen, den Stücken und den Tagebüchern) vierten Strang seiner schriftstellerischen Arbeit: die polemische Beschäftigung mit aktueller schweizerischer Politik. *achtung: Die Schweiz* (1955), eine gemeinsam mit Studenten unternommene antikonservative Attacke zur Architektur-Diskussion der Zeit, war das meistverkaufte Buch der Fünfzigerjahre in der Schweiz. Es sprach sich gegen Heimattümelei und für die damals zukunftsweisend wirkenden Neubauten vor den Toren der Städte aus, bei Beibehaltung ihres historischen Kerns.

Mit *Stiller* war Frischs Ruf als Autor gefestigt. Der Welterfolg kam mit zwei weiteren Werken: Mit *Biedermann und die Brandstifter* (1958), der Bühnenfassung eines 1953 geschriebenen Hörspiels, das das Anpassungs- und Harmoniebedürfnis einer bürgerlichen Mittelschicht als Nährboden für Diktaturen diskutierte, und dem Roman *Homo faber* (1957), der Geschichte der privaten Krise eines 50-jährigen rationalistischen Technikers, der zum Sinnbild für die Probleme des modernen Mannes und der Gesellschaft überhaupt wird. Der schicksalsungläubige Zürcher Walter Faber sitzt bei einem Flug nach Südamerika neben dem Bruder eines Jugendfreunds und wird in einen verdrängten Teil seiner Lebensgeschichte zurückgeworfen. Verschiedene penetrant schicksalshaft wirkende Zufälle führen schließlich zu einer Liebesnacht mit Sabeth, der Tochter der Jüdin Hanna, die Faber vor 20 Jahren beinahe geheiratet hätte, um sie zu schützen. Die als »Bericht« getarnte Prosatragödie nimmt geradezu klassische Ausmaße an: Hanna hatte damals nicht abgetrieben, Sabeth ist Fabers Tochter. Frischs nächstes größeres Stück *Andorra* (1961) wird noch berühmter: In einer konsequenten Mischung aus Abstraktheit und Konkretion erzählt es die Geschichte des Tischlerlehrlings Andri, der von der »öffentlichen Meinung« der Andorraner zum Außenseiter gemacht wird, zum »Juden«, ohne dass das Wort fiele und ohne dass Andri es wäre. Gekonnt makaber wirkt vor allem, dass Andri am Ende die Meinung der Mehrheit im Hinblick auf seine eigene Identität akzeptiert. »Du sollst dir kein Bildnis machen«, nicht einmal von dir selbst, ist Frischs bekanntester, säkularisierter Glaubenssatz. Um ihn kreist auch Frischs nächster Roman *Mein Name sei Gantenbein* (1964), der wieder mit dem Thema Liebe verknüpft ist: Ein kaum mehr erkennbares blindes Ich imaginiert sich drei Rollen (Ehemann, heimlicher Liebhaber, verlassener Mann) um Lila, eine faszinierende Frau, die Männer demütigt. Hat man bei *Gantenbein* (ähnlich wie in dem Theaterstück *Biografie, ein Spiel*, 1967) nicht selten den Eindruck virtuoser Kunstfertigkeit zu einem bekannten Thema, geht Frisch in seiner thematisch anschließenden Erzählung *Montauk* (1975) einen neuen Weg. Das an Namen und Orten verifizierbare eigene Leben und Werk Frischs wird zum zitierbaren Material, das, eingerahmt von der Liebesgeschichte eines älteren Mannes mit einer jüngeren Frau am Meer vor New York, zu einer erneut der Wahrheit des Ichs gewidmeten Suche dient. Parallel dazu hatte schon das *Dienstbüchlein* (1974), Frischs späte, spöttisch-militärkritische Revision der *Blätter aus dem Brotsack*, die eigene Biografie als bekannt und in vielerlei Hinsicht abgeschlossen, aber auch interpretationsbedürftig vorausgesetzt. Die thematische Vorbereitung dazu, *Wilhelm Tell für die Schule* (1971), hatte sich hingegen ganz von der eigenen Person abgewandt, und, nach einer Jahrzehnte zurückliegenden Anregung von Bert Brecht, zum Ärger vieler Schweizer, einen Gedanken Friedrich Engels spielerisch weiterentwickelt: Die Eidgenossen als rückständiges »Barbaren«-Volk, dessen Zivilisierung durch den melancholischen Intellektuellen Gessler scheitert, der in den Diensten des fortschrittlichen, übernationalen Habsburg steht. Drei Jahre nach *Montauk* erschien als nächstes Prosabuch die Erzählung *Der Mensch erscheint im Holozän* (1979). Sie gilt manchen inzwischen als der gelungenste Text Frischs überhaupt. Mehr als 40 Jahre nach *Antwort aus der Stille* antwortet Frisch mit einer Revision seiner Auffassung von heldischem Verhalten, die den 74-jährigen Privatier Geiser zur Hauptfigur hat. Während sintflutartiger Regenfälle ist er in einem Tessiner Bergtal eingeschlossen, macht sich anhand geologischer Lexika Gedanken zum Ende der Welt, versucht, vor dem Unwetter ins Nachbartal zu fliehen, um schließlich allem, auch dem möglichen Tod, fatalistisch ergeben zurückzukehren und auszuharren. Während Frisch in seinen letzten Jahren literarisch Rückzug und Tod thematisierte, radikalisierte er sich politisch und erhielt, nicht nur in der Schweiz, die er mit Einmischungen (von *Die Schweiz als Heimat?*, 1974, bis zu *Schweiz ohne Armee? Ein Palaver*, 1991) bevorzugt bediente, in der Öffentlichkeit eine große moralisch-politische Bedeutung. Dem zugrunde lag ein ebenso genau durchdachter wie selbstkritischer Moralismus, den Philippe Pillods 27 Stunden dauerndes Fernseh-Porträt *Gespräche im Alter* (1986) überaus beeindruckend vermittelt.

Hans-Peter Kunisch

Werke: *Jürg Reinhart*, R., Stg. 1934; *Antwort aus der Stille*, E., Stg. 1937; *Blätter aus dem Brotsack*, Pr., Zür. 1940; *J'adore ce qui me brûle oder Die Schwierigen*, R., Zür. 1943, überarb. Ausg. 1957; *Bin oder Die Reise nach Peking*, E., Zür. 1945; *Nun singen sie wieder. Versuch eines Requiems*, Theaterst., UA Zür. 1947, gedr. Klosterberg, Basel 1945; *Marion und die Marionetten*, Fragm., Basel 1946; *Santa Cruz. Eine Romanze*, Theaterst., UA Zür. 1946, gedr. Klosterberg, Basel 1947, Fssp. 1962; *Die Chinesische Mauer*, Theaterst., UA Zür 1946, gedr. Klosterberg, Basel 1947, überarb. Fssg. Ffm. 1955, 3. Fssg. nicht publiziert, 4. Fssg. Ffm. 1972; *Tagebuch mit Marion*, Pr., Zür. 1947; *Santa Cruz. Eine Romanze*, Klosterberg, Basel 1947; *Als der Krieg zu Ende war*, Theaterst., UA Zür. 1949, gedr. Klosterberg, Basel, 1949, 2. Fssg. in: *Stücke I*, Ffm. 1962; *Tagebuch 1946–1949*, Ffm. 1950; *Graf Öderland*, Theaterst., UA Zür. 1951, gedr. Ffm. 1951, 2. Fssg. nicht publ., 3. Fssg. in: »Spectaculum« 4, Ffm. 1961; *Rip van Winkle*, Hsp., BR/RB/SWF 1953, gedr. in: G. Prager: *Kreidestriche ins Ungewisse. 12 deutsche Hörspiele nach 1945*, Darmst. 1960; *Biedermann und die Brandstifter*, Hsp., BR/DRS 1955, Theaterst., UA Zür 1958, gedr. Ffm. 1958; *achtung: Die Schweiz. Ein Gespräch über unsere Lage und ein Vorschlag zur Tat*, zus. m. Lucius Burckhard u. Markus Kutter, Basel 1956; *Die neue Stadt. Beiträge zur Diskussion*, zus. m. L. Burckhardt u. M. Kutter, Basel 1956; *Don Juan oder die Liebe zur Geometrie*, Theaterst., UA Zür. 1953, gedr. Ffm.1953, 2. Fssg. in: *Stücke II*, Ffm. 1962; *Stiller*, R., Ffm. 1954; *Der Laie und die Architektur*, Funkgespräch, 1954; *Eine Lanze für die Freiheit*, Hsp., BR 1955; *Homo faber*, R., Ffm. 1957; *Die große Wut des Philip Hotz*, Sketch als urspr. Nachspiel zu *Biedermann*, UA Zür. 1958; *Schinz*, Pr., St. Gallen 1959; *Glossen zu Don Juan*, Viernheim 1959; *Ringsum ist der Himmel blau.* Hsp., ORF 1959. *Andorra*, Theaterst., UA Zür 1961, gedr. Ffm. 1961; *Ausgew. Prosa*, Ffm. 1961; *Der andorranische Jude*, Schpl., 1961; *Erzählungen des Anatol Ludwig Stiller*, Ffm. 1961; *Stücke*, 2 Bde., Ffm. 1962; *Mein Name sei Gantenbein*, R., Ffm. 1964; *Max Frisch liest aus seinem Roman: Mein Name sei Gantenbein*, Schpl., 1965; *Stücke*, Ost-Bln. 1965; *Zürich-Transit. Skizze eines Films*, Ffm. 1966; *Biografie*, Theaterst., UA Zür. 1968, gedr. Ffm. 1967, 2. überarb. Aufl. Ffm. 1968, neue Fssg. Ffm. 1984; *Öffentlichkeit als Partner*, Reden, Ffm. 1967; *Erinnerungen an Brecht*, Bln. 1968; *Dramaturgisches. Ein Briefwechsel (m. Walter Höllerer)*, Bln. 1969; *Wilhelm Tell für die Schule*, E., Ffm. 1971; *Tagebuch 1966–1971*, Ffm. 1972; *Glück*, E., Zür. 1972; *Stücke?*, erw. Ausg., Ffm. 1972/73; *Stücke*, Lpz. 1973; *Dienstbüchlein*, Aufz., Ffm. 1974; *Aus dem Tagebuch und Reden*, Ost-Bln. 1974; *Stich-Worte. Ausgesucht von Uwe Johnson*, Ffm. 1975; *Montauk*, E., Ffm. 1975; *H. v. Hentig, M. Frisch: Zwei Reden zum Friedenspreis des deutschen Buchhandels*, Ffm. 1976; *Gesammelte Werke in zeitlicher Folge*, hg. v. Hans Mayer u. Walter Schmitz, 6 Bde., Ffm. 1976; *Zitat*, m. Holzdrucken v. Gottfried Honegger, Zür. 1976; *Triptychon*, Theaterst., UA Lausanne 1979, dt. EA Wien 1981, gedr. Ffm. 1978, 2. Fssg. in: »Spectaculum« 33, Ffm. 1980, Hsp., 1981; *Der Traum des Apothekers von Locarno. Erzählungen aus dem Tagebuch 1966–1971*, Ffm. 1978;

Der Mensch erscheint im Holozän, Ffm. 1979; *Erzählende Prosa 1939–1979*, Ost-Bln. 1980; *Büchner-Preisrede 1958*, in: *Büchner-Preisreden 1951–1971*, Stg. 1971; *Stücke*, 2 Bde., Ost-Bln. 1981; *Blaubart*, R., Ffm. 1982, Hsp., 1982; *Forderungen des Tages. Porträts, Skizzen, Reden 1943–1982*, hg. v. W. Schmitz, Ffm. 1983; *Die Tagebücher in einem Band*, Ffm. 1983; *Blaubart*, ein Buch zum Film v. Krzysztof Zanussi, hg. v. Michael Schmidt-Ospach u. Hartwig Schmidt, Ffm. 1985; *Jonas und sein Veteran*, Theaterst., UA Zür. 1989; *Schweiz ohne Armee? Ein Palaver*, Zür. 1989; *Jetzt ist Sehenszeit. Briefe, Notate, Dokumente. 1943–1963*, hg. v. Julian Schütt, Ffm. 1998; *Jedem seine Narben. Briefwechsel mit Friedrich Dürrenmatt*, hg. v. Peter Ruedi, Zür. 1998; *Im übrigen bin ich immer völlig allein. Briefwechsel mit der Mutter 1933. Eishockeyweltmeisterschaft. Reisefeuilletons*, Ffm. 2000; *Max Frisch/Uwe Johnson: Der Briefwechsel*, hg. v. Eberhard Fahlke, Ffm. 2001; *Journalistische Arbeiten. 1931–1939*, hg. v. Carsten Niemann, in: *prinzenstraße* (Hannoversche Hefte zur Theatergeschichte, Doppelheft 11), Hann. 2001.

Frischmuth, Barbara, wurde am 5. 7. 1941 in Altaussee in der Steiermark geboren. Nach dem Besuch des Gymnasiums studierte sie Türkisch und Ungarisch am Dolmetsch-Institut Graz, mit Stipendien für Erzurum und Debrecen; von 1964 bis 1966 studierte sie in Wien Turkologie, Iranistik und Islamkunde. Ab 1966 lebte sie als freie Schriftstellerin und Übersetzerin in Oberweiden in Niederösterreich, 1977 übersiedelte sie nach Wien, 1998 nach Altaussee. Sie war Gründungsmitglied (in Abwesenheit) des »Forum Stadtpark« und Mitglied der »Grazer Autorenversammlung« von ihrer Gründung bis 1989. 1976 war sie als »writer-in-residence« am Oberlin College in Ohio, 1987 als »poet in residence« an der Washington University in St. Louis; 1990 hielt sie an der Universität München die Poetik-Vorlesung *Traum der Literatur – Literatur des Traums*. Sie erhielt u.a. 1987 den Österreichischen Würdigungspreis für Literatur, 1989 den »manuskripte«-Preis, 1995 und 1998 den Österreichischen Kinder- und Jugendbuchpreis, 1999 den Literaturpreis der Stadt Graz und 2003 den Großen Josef-Krainer-Preis.

Bereits in ihrem Debüt, der autobiografisch gefärbten Erzählung *Klosterschule* (1968), fand Barbara Frischmuth zu dem Thema, das sie in den anschließenden Werken, im Erzählband *Haschen nach Wind* (1974) und in den Bänden der *Sternwieser-Trilogie*, nämlich *Die Mystifikationen der Sophie Silber* (1976), *Amy oder Die Metamorphose* (1978) und *Kai und die Liebe zu den Modellen* (1979), weiterbeschäftigen sollte: die Ausbildung weiblicher Identität. In der Trilogie werden im Hinblick auf die Erlebnisse der Fee Amaryllis Sternwieser bereits Motivkonstanten ihres Erzählens erkennbar: die Vermischung von Traum und Wirklichkeit und die Verquickung mythischer und märchenhafter Stoffe mit der Zeitgeschichte. So werden zum Beispiel griechische Mythen und ihre Vorformen in der so genannten *Demeter-Trilogie – Herrin der Tiere* (1986), *Über die Verhältnisse* (1987) und *Einander Kind* (1990) – reflektiert und nach Österreich verlegt. Verschüttete weibliche Symbolik wird mit Fragen der Gnosis und christlicher Mystik verknüpft; der Auseinandersetzung mit dem Werk Theresa von Avilas und Hildegard von Bingens sowie exegetischen Ansätzen über die Gottesmutter Maria kommen dabei besondere Bedeutung zu (*Rabenmutter*, 1989; *Entschlüsselung*, 2001). Ihre Figuren schaffen zudem, entsprechend neuer Lebensumstände, auch neue Mythen; so sagt die Colombina in der *Frau im Mond* (1982) zu Pierrot: wir »spielen ihnen vor, was ist. Daraus entsteht der neue Mythos, und die Helden sind wir«.

Die Beziehung des Vor- und Außerrationalen zum Rationalen ist oft Gegenstand ihres Erzählens. Dies ist der Ort des Aufbewahrens für das Andere der Schriftkultur: Die vorrationale Welt wird in ihm gespiegelt als Kinderreim und Sprachspiel, als Märchenfee oder Hexe, als Zwerg oder Wassermann, so etwa in den Sprachspielen der *Amoralischen Kinderklapper* (1969) oder in den neuzeitlichen Hexen der Erzählungen in *Hexenherz* (1994). Die Beschreibung des Außersymbolischen wird aber auch am Beispiel der Wahrnehmung und Eigenart von Kindern, Tieren und Pflanzen geleistet. Immer ist es das Dazwischen, das die Autorin thematisiert, als Übergang und Ort, als Haut, Traum oder Erinnerung (*Traumgrenze*, 1983), als Beziehungsmodus (*Entzug – ein Menetekel der zärtlichsten Art*, 1979), als (Un-)Möglichkeit der Wahrnehmung. Schon mit dem Roman *Das Verschwinden des Schattens in der Sonne* (1973) werden diese grundlegenden Themen angesprochen, die als Begegnung mit dem (geografisch) Fremden dargestellt werden – nicht als Bedrohung, sondern als Herausforderung und Bereicherung verstanden. Die *Schrift des Freundes* (1998) stellt dies wieder an einer Liebes-Beziehung dar: eine junge Computerspezialistin lernt einen Aleviten kennen und gewinnt so Einblick in die alevitische Gedankenwelt und obwohl sie am Ende allein ist, wird sie ihr Leben grundlegend ändern. Frischmuth lässt diese Beziehung an äußeren Umständen scheitern, sie führt in ihrem Werk aber auch »un-

mögliche« Beziehungen vor – ungleiche Paare, deren Attraktion zerstörend oder absurd wirkt, wie sie sie in den *Mörderischen Märchen* und im Kinderbuch *Biberzahn und der Khan der Winde* (1990) beschreibt, allerdings ebenso gleichberechtigte Beziehungen zwischen Tier und Mensch, die durch gegenseitigen Respekt bestehen können.
Wie grundlegend ihre respektvolle Wahrnehmung des Anderen ist, hat Frischmuth in ihrer Rede zur Eröffnung der Salzburger Festspiele 1999 ausgedrückt: »Wenn man immer nur die eigenen Normen in den Rang der Weltgeltung erhebt, nimmt man in Kauf, dass die Welt in vielerlei Welten zerfällt, die wiederum nur ihren eigenen Normen höchste Geltung zu verschaffen suchen.« Ihr Werk kreist um das Thema der Alterität, der Wahrnehmung und Konzeption des Anderen einer Kultur, und sie gestaltet es als Erfahrung von Weiblichkeit, von (geografischer) Fremdheit, von Kindheit und als Kommunikation mit Tieren und Pflanzen. Dabei ist ihr Erzählgestus inhaltlich und formal postmodern: weit ausgreifend Mytheme aus Antike und Orient miteinander kombinierend und Fragen der Aufklärung weiterführend, montiert sie die Sprache der Mystikerinnen, die barocke Bildwelt Herzmanovsky-Orlandos, die Figurenwelt Jean Pauls und E. T. A. Hoffmanns mit zeitgenössischen Themen.

Ingrid Spoerk

Werke: *Ana Novac: Die schönen Tage meiner Jugend*, Übs., Reinbek 1967; *Die Klosterschule*, Ffm. 1968; *Der Pluderich*, Kinderb., m. Illustr. v. Walter Schmögner, Ffm. 1969; *Amoralische Kinderklapper*, Ffm. 1969; *Geschichten für Stanek*, E., Bln. 1969; *Sándor Weöres: Der von Ungern*, Übs., zus. m. Robert Stauffer, Ffm. 1969; *Andor Endre Gelléri: B. und andere Prosa*, Übs., Ffm. 1969; *Edward Lear: Die Jumblies*, Übs., Ffm. 1970; *Miklós Mészöly: Saul*, Übs., Mü. 1970; *Philomena Mückenschnabel*, Kinderb., m. Illustr. v. Robert Doxat, Ffm. 1970; *Polsterer*, Kinderb., m. Illustr. v. Robert Zeppel-Sperl, Ffm. 1970; *Die Mauskoth und die Kuttlerin*, Hsp., SWF 1970; *Tage und Jahre. Sätze zur Situation*, Salzb. 1971; *Löffelweise Mond*, Hsp., WDR 1971; *Neue ungarische Lyrik*, hg. v. Gerhard Fritsch, Übs., Salzb. 1971; *István Örkény: Katzenspiel*; Übs., Ffm. 1972; *Ida – und Ob*, Jugendb., Mü., Wien 1972; Film, BR 1973, u. d. T. *Ida, Bine und die Pferde*, zus. m. Jutta Treiber, Jugendb., Mü. 1991; *Die Prinzessin in der Zwirnspule und andere Puppenspiele für Kinder*, m. Zeichn. v. Ulrike Enders, Mü. 1972, Zeichentrickfilm, SWF 1973; *Rückkehr zum vorläufigen Ausgangspunkt*, En., Salzb. 1973; *Die unbekannte Hand*, Hsp., ORF/SWF 1973; *Das Verschwinden des Schattens in der Sonne*, R., Ffm. 1973; *Haschen nach Wind*, En., Salzb. 1974; *Alan Aldridge u. William Plomer: Der Butterfly Ball und das Grashüpferfest*, Übs., Ffm. 1974; *István Örkény: Katzenspiel. Familie Tót*, Übs., Bln. 1975; *Miklós Mészöly: Gestaltungen*, Bln. 1975; *Grizzly Dickbauch und Frau Nuffl*, G., m. Linolschnitten v. Axel Hertenstein, Pfaffenweiler 1975; *Die Mystifikationen der Sophie Silber*, R., Salzb. 1976; *Ich möchte, ich möchte die Welt*, Hsp., ORF/SWF 1977; *Amy oder Die Metamorphose*, R., Salzb., Wien 1978; *Kai und die Liebe zu den Modellen*, R., Salzb., Wien 1979; *Entzug – ein Menetekel der zärtlichsten Art*, En., m. Illustr. v. Heinz Treiber, Pfaffenweiler 1979; *Die Mondfrau*, Kinderhsp., ORF/SDR 1979; *Bindungen*, E., Salzb., Wien 1980; *Die Ferienfamilie*, R., Salzb., Wien 1981; *Landschaft für Engel*, m. Abb. n. Fotogr. v. Christine de Grancy, Wien, Mü., Zür. 1981; *Der liebe Augustin*, m. Bildern aus Wien v. Inge Morath, m. Texten v. Arthur Miller, Pavel Kohut, André Heller, Reich 1981; *Vom Leben des Pierrot*, En., m. Holzschnitten v. Alfred Pohl, Pfaffenweiler 1982; *Daphne und Io am Rande der wirklichen Welt*, Theaterst., UA Wien 1982; *Die Frau im Mond*, R., Salzb., Wien 1982; *Traumgrenze*, En., Salzb., Wien 1983; *Kopftänzer*, R., Salzb., Wien 1984; *Herrin der Tiere*, E., Salzb., Wien 1986; *Biberzahn und der Khan der Winde*, Hsp., SDR/NDR 1986, Jugendb., m. Bildern v. Angelika Kaufmann, Mü., Wien 1990; *Binnengespräche*, Hsp., ORF/SDR 1986; *Über die Verhältnisse*, R., Salzb., Wien 1987; *András Sütö: Das Traumkommando*, Übs., 1987; *Peter Nadas: Begegnungen*, Übs., 1988; *Tingeltangel oder Bin ich noch am Leben?* Hsp., SDR/ORF 1988; *György Spiró: Die Hühnerköpfe*, Übs., 1989; *Mister Rosa oder Die Schwierigkeit kein Zwerg zu sein*, Theaterst., UA Aachen 1989, gedr. Wien 1990/91; *Mörderische Märchen und andere Erzählungen*, Salzb., Wien 1989; *Einander Kind*, R., Salzb., Wien 1990; *Die Mozart hörende Hanako und ihre fünf Kätzchen;* Hsp., zus. m. Saegusa Kazuko, ORF 1991; *Traum der Literatur – Literatur des Traums. Münchner Poetik-Vorlesungen*, Salzb., Wien 1991; *Wassermänner. Lesestücke aus Seen, Wüsten und Wohnzimmern*, En., Szenen, G., hg. v. Hans Haider, Salzb., Wien 1991; *Sommersee*, Jugendb., Wien 1991, Fernseh-Serie in sechs T., ORF/SRG 1993; *Ausseerland*, Filmessay, ORF 1991; *Anstandslos*, Theaterst., 1991, Hsp., ORF/WDR 1992; *MACHTNIX oder Der Lauf, den die Welt nahm. Eine Bildergeschichte*, Salzb., Wien 1993; *Hexenherz*, En., Salzb., Wien 1994; *Gutenachtgeschichte für Maria Carolina*, Bilderb., m. Illustr. v. Dusan Kállay, Mü., Wien 1994; *Eine kurze Geschichte der Menschheit*, Theaterst., UA Feldkirch 1994; *Eine Liebe in Erzurum*, Hsp., ORF/WDR 1994, Neufassg. Klagenfurt 2002; *Vom Mädchen, das übers Wasser ging*, Bilderb., m. Illustr. v. Dusan Kállay, Wien 1996; *Miss Potter hat es sich anders überlegt*, Hsp., ORF/WDR 1996; *Donna & Dario*, Jugendb., Aarau, Ffm., Salzb. 1997; *Genesis*, Kurzhsp., RB 1997; *Auf einem Diwan oder Die Verwandlungen des Abu Seid von Serugh*, Hsp., u. d. T.: *Vier Verse für einen Mantel*, Hsp., WDR 1997; *Die Schrift des Freundes*, R., Salzb., Wien 1998; *Salman Rushdie: Harun und das Meer der Geschichten*, Übs., Mü. 1998; *Als mein Kopf noch klein war*, Hsp., ORF/WDR 1997; *Fingerkraut und Feenhandschuh. Ein literarisches Gartentagebuch*, m. Fotos v. Helmut Pirker, Bln. 1999; *Das Heimliche und das Unheimliche. Drei Reden*, Bln. 1999; *Iris elegantissima*, Hsp., 1999; *Die Geschichte vom Stainzer Kürbiskern*, m. Illustr. v. Laszlo

Varvasovsky, Stainz 2000; *Alice im Wunderland*, Übs., m. Illustr. v. Jassen Ghiuselev, Bln. 2000; *Schamanenbaum*, G., Graz 2001; *Die Entschlüsselung*, R., Bln. 2001; *Lillys Zustandekommen*, Theaterst., UA Graz 2002; *Löwenmaul und Irisschwert. Gartengeschichten*, m. Fotos v. Helmut Pirker, Bln. 2003.

Fritsch, Gerhard, wurde am 28. 3. 1924 in Wien geboren. Nach dem Abitur 1942 zog man ihn zur Luftwaffe als Funker ein. Durch den Kriegseinsatz gelangte er nach Norwegen, Finnland und an die Ostfront. Aus der Kriegsgefangenschaft zurückgekehrt, studierte er Deutsch und Geschichte in Wien. Als Lehrer arbeitete Fritsch nur kurze Zeit. Neben seiner schriftstellerischen Arbeit war er als Verlagslektor, als Redakteur von literarischen Zeitschriften, ab 1951 als Bibliothekar der Wiener Städtischen Bibliotheken, später als Leiter der Bibliothekarsausbildung tätig. Von 1959 an war er als freier Schriftsteller und Redakteur der Zeitschrift »Wort in der Zeit« (bis 1965) und ab 1966 als Mitherausgeber der Zeitschrift »Literatur und Kritik« sowie der Jahresschrift »Protokolle« tätig. Er unternahm Reisen nach Jugoslawien, Frankreich und in die Türkei. Die letzten Jahre seines Lebens widmete er ganz seiner Dichtung – unterbrochen durch Perioden von Selbstzweifel und Depressionen. Am 22. 3. 1969 setzte er seinem Leben ein Ende. Fritsch war Mitglied des österreichischen P.E.N.-Clubs und erhielt 1954 den Förderungspreis der Stadt Wien, 1956 den Förderungspreis des Österreichischen Staatspreises für Lyrik, 1956 und 1959 den Theodor-Körner-Preis, 1957 den Förderungspreis des Österreichischen Staatspreises für Roman sowie 1963 die Förderungsbeiträge des Wiener Kunstfonds. Der Salzburger Otto-Müller-Verlag stiftete im November 1987 den »Gerhard-Fritsch-Literaturpreis«, zur Erinnerung an den Schriftsteller »und literarischen Mentor, der in den fünfziger und sechziger Jahren für die österreichische Literatur eine so wichtige Rolle spielte«.

Der Zweite Weltkrieg hat Fritschs Werk geprägt: *Zwischen Kirkenes und Bari* (1952) berichtet in Form von Prosaskizzen und Gedichten von Selbsterlebtem. *Dieses Dunkel heißt Nacht* (1955) ist sein umfangreichstes Gedicht und beschreibt seine Gedanken und Gefühle während einer Vortragsreise: Erinnerung an Fahrten im Krieg, an die Konfrontation mit dem Tod, an die Konzentrationslager, die Massengräber und die Gefangenschaft. Doch sein Vortrag will positiv verstanden sein: »In Smolensk die Kathedrale / in Warschau das Schloss / In Reims die gotischen Engel / werde ich sagen / Die Trümmer von Paestum / und jene von Danzig / Säulen Ikonen und Schlösser / Revolutionäre und Dulder / es krähen noch immer die Hähne / wir gehen noch immer / werde ich sagen / in eine Zukunft ...«

Der Erste Weltkrieg und seine Folgen, der Zusammenbruch der Donaumonarchie, dargestellt am Schicksal einer Familie und ihres verfallenden Barockschlosses an der March, ist das Thema des historisch-psychologischen Romans *Moos auf den Steinen* (1956). Er erzählt vom russischen Einmarsch und von den ersten Jahren der Nachkriegszeit in Österreich nach 1945. Ein moderner Erfolgsmensch will das baufällige Schloss »revitalisieren« und zu einem Kulturzentrum umbauen. Die Gestalt dieses geschäftstüchtigen Besuchers steht im Gegensatz zu seinem Freund, einem erfolglosen, jungen Dichter, der autobiografische Züge trägt. Nach anfänglicher Unsicherheit gewinnt der Roman an Tiefgang und Format, und es gelingt eine detaillierte und authentische Studie von Verfall, Sterben und Untergang, dem Ende eines Lebensstils, einer Epoche – elegisch, melancholisch, ohne Hoffnung.

1962 erschien die Sammlung *Geographie der Nacht* (herausgegeben von Viktor Suchy), die Kurzprosa und Lyrik vereinigt. Schon in seiner Dissertation hatte Fritsch *Die Industrielandschaft in ihrer Darstellung durch die deutsche Lyrik* (1949) behandelt. Weitere Arbeiten galten diesem Thema, so z.B. *Das Buch vom Burgenland* (1968), ein historisch-politischer Bildbericht über das östlichste Grenzland Mitteleuropas mit dem Fokus auf den sozialen Problemen des Menschen in seiner angestammten Landschaft: »Hier kann man die wirtschaftlichen Ursachen für die Landflucht studieren«, heißt es, neben einfühlsamen Natur- und Kunstbeschreibungen: der »Roman« einer schwermütigen Landschaft als Sachbuch.

Fritsch, als Kenner der Türkei, schildert in *Pascha und Pest* (1962) anhand der schriftlichen und zeichnerischen Beobachtungen des Reichsfreiherrn Philipp Gudenus dessen Teilnahme an der politischen Mission von 1740 und das Wechselspiel europäischer Beziehungen zur Türkei. Aber er gedenkt auch der Mauren und Juden, den Flüchtlingen vor christlicher Unduldsamkeit.

1966 erschien der Roman *Feldherr wider Willen* über die österreichische Katastrophe von Königgrätz (1866) im Krieg gegen Preußen. Ludwig von Benedek erscheint als Opfer der mangelnden Organisation, von Fehlentscheidungen höchster Stellen und politischem Ränkespiel. Der historische, genau

nach den Quellen gearbeitete Roman liefert ein eindrucksvolles Zeitbild, eine Diagnose österreichischen Charakters. Zu Fritschs innerer Anteilnahme am Geschick eines Verlierers gesellt sich sein ausgeprägtes Gefühl für die Landschaft, den geografischen Hintergrund, vor dem sich militärische und menschliche Tragödien abspielen.
1967 erschien der Roman *Fasching*, eine bittere Abrechnung mit der Kriegs- und Nachkriegszeit: Kurz vor Kriegsende desertiert der junge Soldat Felix Golub. Als Hausgehilfin verkleidet, findet er Unterschlupf bei einer zweifelhaften Dame der Gesellschaft in einem kleinen Städtchen am Rande des Partisanengebietes. Beim Einmarsch der Roten Armee rettet er die Stadt vor der Zerstörung – sie hätte »bis zum Letzten« verteidigt werden sollen. Der peinliche Retter, der »Deserteur im Weiberrock«, wird denunziert und in ein sowjetisches Straflager deportiert. Nach seiner Entlassung versucht er erneut, in der Stadt Fuß zu fassen. Das Faschingstreiben entwickelt sich zur Treibjagd auf den Verfemten, der sich im selben Kellerloch verstecken muss wie als Fahnenflüchtiger. Die ganze Kleinstadt beteiligt sich an dem Spuk und täuscht harmlosen Scherz und fröhliches Maskentreiben vor. Der zeitkritische Roman erweist sich als bitterböses Meisterwerk, das von der Verzweiflung über den scheinbar unausrottbaren Opportunismus in Österreich bestimmt ist. Weder Krieg noch Nachkriegszeit haben offenbar ein Umdenken bewirkt. Ein Anti-Heimkehr-, ein Anti-Heimatroman, eine Satire auf die Scheinidylle, die alle Sprachklischees der Kriegszeit bloßstellt und ihr Überleben anprangert. Die bittere Abrechnung mit dem latenten österreichischen Antisemitismus, von der sich Fritsch den literarischen Durchbruch erhofft hatte, geriet lediglich zum Achtungserfolg.
Seine Tätigkeit als Herausgeber von Literaturzeitschriften ermöglichte es Fritsch, ganze Nummern der regionalen Literatur zu widmen, so kamen z.B. Schriftsteller aus dem ehemaligen Jugoslawien, aus Polen, Ungarn und der Tschechoslowakei zu Wort – Kulturgebiete, die in enger Beziehung zur österreichischen Donaumonarchie standen. Mit seinen zahlreichen Rezensionen, Essays und Übersetzungen wurde Fritsch zum wichtigen Vermittler zwischen den Kulturen; die österreichische Literatur hingegen verstand er als »eine Literatur der Einzelgänger«.

Sylvia M. Patsch

Werke: *Die Industrielandschaft in ihrer Darstellung durch die deutsche Lyrik*, Diss., Wien 1949; *Zwischen Kirkenes und Bari*, Wien 1952; *Lehm und Gestalt*, Wien, Mü. 1954; *Dieses Dunkel heißt Nacht. Ein Gedicht.* Wien 1955; *Moos auf den Steinen*, R., Salzb. 1956; *Der Geisterkrug*, G., Salzb. 1958; *Peter und Susanne*, Libr., Oper, Musik v. Paul Kont, 1959; *Die Reise nach Österreich*, Hsp., 1960; *W. H. Auden: Hier und Jetzt. Ein Weihnachtsoratorium*, Übs., Salzb. 1961; *Geographie der Nacht*, hg. v. Viktor Suchy, Graz 1962; *Pascha und Pest. Gesandtschaft am Bosporus*, Graz 1962; *Der Kastellan*, Hsp., 1963; *Frage und Formel. Gedichte einer jungen österreichischen Generation*, Hg., Salzb. 1963; *Finale und Auftakt. Wien 1898–1914*, Hg., Salzb. 1964; *Miroslav Krleza: Europäisches Alphabet*, Übs., Graz 1964; *Kopf oder Adler*, Hsp., 1965; *Feldherr wider Willen. Das Leben des FM. Ludwig von Benedek*, Wien 1966; *Nachtfahrt*, Hsp., 1966 (veröff. 1983); *Fasching*, R., Reinbek 1967; *Aufforderung zum Mißtrauen. Literatur, bildende Kunst, Musik in Österreich seit 1945*, Hg., Salzb. 1967; *Das Buch vom Burgenland*, Wien 1968; *Erinnerungen an Herkulesbad*, Hsp. 1970; *Katzenmusik. Prosa*, hg. v. Alois Brandstetter, Salzb. 1974; *Mondphasen. Fragment eines Romans*, hg. v. Reinhard Urbach, in: »Protokolle« 1977, H. 2, S. 299–346; *Gesammelte Gedichte*, hg. v. R. Urbach, Salzb. 1978.

Fritsch, Werner, wurde am 4. 5. 1960 in Waldsassen in der Oberpfalz geboren. Heute lebt er in Berlin und Tirschenreuth. Nach dem Abitur 1980 beschäftigte er sich mit Aktionstheater, Kurzfilmen, Videoexperimenten (Performances »Passion« und »Spaltung«) und leistete 1981 seinen Wehrdienst ab. Erfahrungen aus seiner Bundeswehrzeit verarbeitete Fritsch in dem bereits 1981 begonnenen Theaterstück *Fleischwolf* (UA 1992) und in dem Prosatext *Steinbruch* (1989; als Monodrama UA 2000), den er versteht »als Grundstock eines Erzählens, das Theater und Film als ergänzende Ausdrucksformen miteinbezieht«. 1982 übernahm Fritsch eine Regieassistenz bei Herbert Achternbusch *(Der Depp)*. Er studierte Philosophie, Germanistik und Völkerkunde in München, wo er bis 1991 lebte. 1987 erhielt Fritsch den Robert-Walser-Preis der Stadt Biel und den Preis des Landes Kärnten im Rahmen des Ingeborg-Bachmann-Wettbewerbs, 1988 den Rauriser Literaturpreis und ein Stipendium des Literarischen Colloquiums Berlin, 1991 ein Arbeitsstipendium für Berliner Schriftsteller, 1992 ein Stipendium der Akademie Schloss Solitude, 1992/93 den Hörspielpreis der Kriegsblinden (für *Sense*, den von Hans Brenner gesprochenen fiktiven Monolog eines Bauern und ehemaligen Feldwebels), 1996 den Bayerischen Förderungspreis für Literatur, 1997 den Else-Lasker-Schüler-Dramatikerpreis und das Stipendium Schloss Wiepersdorf, 1998 den Kulturförderungspreis Ostbayern, 1999 das Theaterstipendium des Landes

Baden-Württemberg und den Heimito-von-Doderer-Förderpreis. Als seine Vorbilder nannte Fritsch einmal Jimi Hendrix, Luis Buñuel, Joseph Beuys, Samuel Beckett und Antonin Artaud.

In seiner mehrfach ausgezeichneten ersten Buchpublikation *Cherubim* (1987) hat Fritsch die Erinnerungen des 1905 geborenen Wenzel Heindl, der bis 1980 als Knecht auf dem Hof der Eltern des Autors arbeitete, festgehalten. Über einen Zeitraum von mehr als zehn Jahren dokumentierte Fritsch Gedanken und Geschichten des alten Mannes – teilweise mit Tonband –, bevor er *Cherubim* niederschrieb. Die stark verfremdete Sprache, die sich in Syntax und Lautlichkeit an den böhmisch eingefärbten oberpfälzischen Dialekt des Waldsassener Grenzlandes anlehnt, opponiert bewusst gegen eingefahrene Rezeptionsmuster. Fritsch selbst bezeichnet das Buch als »Fiktion eines Tonbandprotokolls«. Er bediente sich nicht – wie von manchen Kritikern behauptet – der Biografie eines anderen Menschen, um voyeuristisch vom einfachen Leben auf dem Lande zu berichten. Wenzel wird vielmehr zur eigenständigen, poetischen Figur erhoben, ohne dass er als Person verraten würde. Der Autor und die Erzählerfigur bilden gleichsam »ein wunderbares Duett, bei dem man gar nicht immer sagen kann, wessen Stimme da gerade führt« (Jörg Drews). In fünf Kapiteln monologisiert Wenzel episodenhaft, in jäh einsetzenden und abbrechenden Erinnerungsfragmenten über seine Kindheit und Jugend in der Umgebung von Waldsassen, über die Natur und das mühsame Arbeiten auf den Bauernhöfen und in der Porzellanfabrik; er spricht über den Aufstieg eines Mannes, der für ihn immer der »Hiltler« hieß, über den Krieg und den Neubeginn nach 1945 und über seine Erfahrungen mit den Errungenschaften der modernen Technik. Die nüchterne, in der Vergangenheit oftmals bedrohlich erfahrene Realität gewinnt im Akt des Erzählens mitunter fantastische Dimensionen. Komplexe politische und historische Zusammenhänge reduzieren sich für Wenzel auf einfache Grundmuster menschlichen Verhaltens. So beschreibt er etwa die politische Atmosphäre in seiner Stadt zur Zeit der Weimarer Republik: »Die Kommunisten, die sind im Hahn gewesen. Im Roten Hahn, in der Egererstraß. Und das ander Zeug war alles im Lamm. Mitten in der Stadt. Die Hiltler. Ich bin allweil gerner in den Hahn gegangen. Da hab ich es von daheim aus auch nicht so weit gehabt. Zum Gehen. Durch das bin ich mit der Zeit ein ganzer Radikaler geworden. Von den Kommunisten einer. Oder wie sie allesamt geheißen haben.« Die immens verkürzte Darstellung geschichtlicher Abläufe verdeutlicht die distanzierte Position, die Wenzel zu den Geschehnissen nach Hitlers Machtübernahme einnimmt. Erst als er, der teilbehinderte Bauernknecht, die Bedrohung erkennt, die von dem nationalsozialistischen Regime für das Leben der Menschen ausgeht, versucht er, zu entfliehen: »Arg geschwind hab ich da geschaut, dass ich weitergekommen bin. An ihm vorbei. Und hinein ins Ausland. Wo er [Hitler] nicht war, war Ausland.« Wenzels Flucht wird zu einer abenteuerlichen Reise in eine »gesunde Heidengegend«, wo sich »Orangenaffen«, »Leparden«, »Löwentiger« und »geselchtschwarze« Frauen tummeln. Seine faszinierenden, mitunter abstrusen Welt-Erklärungen, seine Schöpfungs- und Untergangsmythen bekunden einen unerschütterlichen Glauben an eine höhere Instanz, die jedoch nicht immer mit der von der Kirche gepredigten Gottesvorstellung übereinstimmt. Gleichwohl kommt Wenzels Verwurzelung im katholischen Glauben und eine darin begründete positive Weltsicht in seiner Bildersprache zum Ausdruck. Den Tod braucht der alte Mann deshalb nicht zu fürchten, weil er weiß: »... ein Muttergotteskuß ist es. / Wo wegnimmt den Atem von einem. / Wie Wind in Linden. / Und grabens einen auch ein. / Und ist doch wie Leben. / In Engerlingen und solchen Dingen. / Und eines Tages bin auch ich. / Irgendmal unter Cherubim.« Eine Monologfassung des Romans wurde 1988 unter der Regie von Joseph Berlinger im Regensburger »Theater am Haidplatz« uraufgeführt. Mit dem Film *Das sind die Gewitter in der Natur* (1988) setzte Werner Fritsch seine Arbeit mit Wenzel Heindl fort.

Bestimmend für Fritschs weitere schriftstellerische Arbeit blieb der in *Cherubim* gefundene Zugriff auf die Sprache. Fritsch vertraut der performativen Kraft des Dialekts, der in der schriftlichen Fixierung quasi hochsprachlich moduliert und ästhetisiert wird; trotzdem geht das Idiom der Mündlichkeit dabei nicht verloren. In den durch diese Form der Transposition entstandenen Zwischenräumen kann sich eine ungewohnte Metaphorik entfalten, die sowohl beim Lesen, mehr noch aber beim Hören oder beim Sehen einer szenischen Realisation der Texte evident wird. Selbst dort, wo der Dialekt für Ungeübte nicht mehr kenntlich ist, verbirgt er sich wie bei einem Palimpsest unter der oberflächlichen Textschicht. Es erscheint deshalb nur konsequent, dass Fritsch seine Prosatexte, die meist monologisch angelegt sind, sowohl als Hörspiele wie auch als Theaterstücke bearbeitet und damit seiner Kunst-

Sprache wieder ihre ursprüngliche Dimension – wenngleich ästhetisch verfremdet – zurückgibt. In diesem Sinne entwickelte sich Fritsch in den Neunzigerjahren zu einem der produktivsten Theaterautoren, dessen Stücke von der Kritik teilweise allerdings recht zwiespältig aufgenommen wurden. Charakteristisch scheint auch der Umgang des Autors mit seinen Figuren: Sie tauchen immer wieder in verschiedenen Stücken und Genres auf. Als markantestes Beispiel gilt in diesem Zusammenhang wohl der Knecht Wenzel Heindl, der als unerkannter Weltweiser dem Buch *Cherubim*, dem Film, dem Hörspiel und dem Bühneneinakter – hier aufgelöst in mehrere Stimmen – seine Stimme bzw. seine Worte lieh. Auch das bäuerliche Paar Isidor und Irmgard, deren kindliche Kriegstraumata in dem Prosatext *Stechapfel* (1995), dem Hörspiel *Isidor, Isidor* (1993) und in der Bühnenversion als *Wondreber Totentanz* (1998) vorgeführt werden, kann als Beleg für Fritschs »polymediale« Arbeitsweise dienen. Diese kommt dem Autor auch zugute in der Zusammenarbeit mit Künstlern anderer Sparten, wie z.B. dem Komponisten Detlev Glanert (*Joseph Süß*, UA 1999) oder dem Choreografen Johann Kresnik, für den er mit *Aller Seelen* (UA 2000) »quasi ein Libretto zur szenischen ›Vertonung‹« (»Rheinischer Merkur«) verfasste.

Die meisten Texte Fritschs sind thematisch getragen von der Auseinandersetzung mit dem gesellschaftlichen Gewaltpotenzial des Einzelnen wie des Kollektivs. Die literarischen Rückblenden in die Vergangenheit münden dabei oft in die Zeit des Nationalsozialismus, in deren Schatten sich aber – folgt man der immanenten Logik der Texte – die brutalen Szenarien der Gegenwart entwickeln. Insofern fügt sich auch *Chroma. Farbenlehre für Chamäleons* (UA 2000), »ein Traumspiel um den Tod des Bühnendämons Gustaf Gründgens« (»Der Spiegel«), in dem Fritsch topografisch vertrautes Terrain verlässt, bruchlos in seinen Werkkatalog. Ob sich mit dem ein Jahr später aufgeführten Stück *Nico. Sphinx aus Eis* über Christa Päffgen, eine legendäre Kunstfigur des Pop und Sängerin der Gruppe Velvet Underground, eine neue Phase im Schreiben Werner Fritschs abzeichnet, werden seine nächsten Arbeiten erweisen.

Petra Ernst

Werke: *Das sind die Gewitter in der Natur*, Drehb. 1985, Film 1988, Filmb., Stg. 1992; *Cherubim*, Ffm. 1987, Hsp., SWF 1998, Theaterst., UA Mannheim [als Teil der Produktion *Lost Angels*] 1998, Schpl., Mü. 2002; *Jetzt – Hinabgestiegen in das Reich der Toten*, Hsp., SDR 1989, Theaterst., UA Esslingen 1992; *Steinbruch*, Ffm. 1989, Hsp., SDR 1990; *In meiner Heimat – where the dead walked and the living were made of card board*, Drehb., 1989; *Wondreber Totentanz*, Drehb. 1989; *Fleischwolf. Gefecht*, Theaterst., Ffm. 1992, UA Bonn 1992, gedr. Ffm. 1998; *Sense*, Ffm. 1992, Hsp., SWF 1992, Theaterst., UA Bonn 1993; *Isidor, Isidor*, Hsp., SWF 1993; *Stechapfel. Legende*, Ffm. 1995; *Gründgens*, Libr., UA Hbg., Bln. 1995; *Iss*, Libr., UA Stg. 1996; *Auge in Aug – Voll Toten Lichts: Disteln für die Droste*, Film, 1997; *Der Distel mystische Rose. Ein Lesebuch*, Hg., Ffm. 1998; *Seraphim*, Hsp., SWF 1998; *Böhmen. Ein literarisches Porträt*, Hg., zus. m. Uta Ackermann, Ffm. 1998; *Wondreber Totentanz*, Theaterst., UA Darmst. 1998; *Es gibt keine Sünde im Süden des Herzens – Höllensturz*, Theaterst., UA Darmst. 1998; *Es gibt keine Sünde im Süden des Herzens. Stücke*, Ffm. 1998; *Dunkelheit ist wie das Licht*, Theaterst., UA Braunschweig 1999; *Labyrinth*, Film 1999; *Jenseits*, Bühnentext, szenische Lesung Bln. 1999; *Joseph Süß*, Libr., zus. m. Uta Ackermann, UA Bremen 1999; *Jenseits*, E., Ffm. 2000, Hsp., SWF 2000; *Chroma Faust Passion*, Film 2000; *Elsa Explosion*, Theaterst., UA Mü. 2000; *Die lustigen Weiber von Wiesau*, Theaterst., UA Bln. 2000, gedr. Ffm. 2000; *Aller Seelen*, Theaterst., UA Hbg. 2000; *Steinbruch*, Theaterst., UA Mannheim 2000; *Aller Seelen. Golgatha, Stükke und Materialien*, Ffm. 2000; *Chroma. Farbenlehre für Chamäleons*, Theaterst., UA Darmst. [Hannover EXPO] 2001; *Supermarkt*, Theaterst., zus. m. Uta Ackermann, szenische Lesung Bln. 2001; *Joseph Süß*, Oper in 13 Szenen, Musik v. Detlev Glanert, Libr., Bln. 2001; *Eulen: Spiegel*, Theaterst., UA Braunschweig 2002; *Chroma. Eulen: Spiegel*, Stücke und Materialien, Ffm. 2002; *Hieroglyphen des Jetzt. Materialien und Werkstattberichte*, Ffm. 2002; *Nico. Sphinx aus Eis*, Theaterst., UA Darmst. 2002; *Annette von Droste-Hülshoff: Liebesgedichte*, Hg., Ffm. 2003.

Fritz, Marianne, geboren am 14. 12. 1948 in Weiz/Steiermark, fand nach einer Bürolehre erst auf dem »zweiten Bildungsweg« und in autodidaktischen Studien zur Literatur. Seit Mitte der Siebzigerjahre lebt sie in Wien und arbeitet täglich zehn Stunden an ihrem Werk. Den Gepflogenheiten des Literaturbetriebs verweigert sie sich: Sie gibt keine Interviews, betreibt keine »Brotarbeiten« und tritt nicht in der Öffentlichkeit auf. Sie erhielt u.a. 1978 den Robert-Walser-Preis, 1983–1985 das Elias-Canetti-Stipendium der Stadt Wien, 1990–1993 das Robert-Musil-Stipendium, 1994 den Würdigungspreis der Stadt Wien für Literatur und 2001 den Franz-Kafka-Preis.

Alles, was Marianne Fritz bisher veröffentlicht hat, ist Teil eines literarischen Großprojekts namens *Die Festung*, das sich aus dem Blickwinkel der »kleinen Leute« mit der österreichischen Geschichte vor allem im 20. Jahrhundert beschäftigt. Dabei sind in zweifacher Hinsicht gegenläufige Entwicklungen zu beobachten. Zum einen geht Marianne Fritz mit dem Voranschreiten des Werks historisch immer weiter zurück: ihr Erstling *Die Schwerkraft der Verhältnisse* (1978) erschließt von der Erzählgegenwart des Jahres 1963 aus die Zeit ab 1945; in *Das Kind der Gewalt und die Sterne der Romani* (1980) ist die Rahmenhandlung in die Jahre 1922/23 verlegt, wobei Rückblenden in die Anfangsjahre des Jahrhunderts führen; in *Dessen Sprache du nicht verstehst* (1985) und *Naturgemäß* (1996/98) schneiden sich die Haupterzählstränge im Jahr 1914, führen jedoch bis ins Mittelalter zurück und deuten zudem voraus bis in die Balkankriege der Neunzigerjahre. Zum anderen beschäftigt sich Marianne Fritz zwar literarisch mit jenen Menschen, die in der Geschichte keine Stimme haben, die namenlos sind und stumm bleiben, doch gleichzeitig ufern die Texte, die diese Phänomene einzufangen versuchen, in Umfang und Sprachbehandlung immer mehr aus: War *Die Schwerkraft der Verhältnisse* noch eine karg erzählte 100-Seiten-Erzählung, so umfasst *Dessen Sprache du nicht verstehst* weit über 3000 Seiten, und die beiden bisher vorliegenden Teile von *Naturgemäß* bringen es auf knapp 5000 Seiten.

Die psychisch labile Protagonistin von *Die Schwerkraft der Verhältnisse*, die ihre Kinder getötet hat, um die »mißlungene Schöpfung« vor der Außenwelt zu retten, heißt Berta Schrei, reduziert ihre verbalen Äußerungen jedoch auf ein schwaches »Ja. Ja«. Nur in Andeutungen erfahren die Leser, wie sich Bertas sprechender Name in ihrem Innern realisiert: »Was Berta nicht mitteilte, pflegte mit ungeheuerer Intensität in ihrem Kopf weiterzuwuchern.« Dieses Wuchern wird in den nachfolgenden Werken gleichsam nach außen gestülpt. *Das Kind der Gewalt und die Sterne der Romani* schildert die Versehrungen, die ein einzelner Gewaltakt (der Großbauer Zweifel vergewaltigt die »Romani-Mutter«) im Alltag aller Dorfbewohner hinterlässt. Weite Teile des Romans geben die Träume der Protagonisten wieder, die darangehen, »die Geschichten der Toten vom Schindanger auszugraben«. Dieses Ausgraben verborgener, verdrängter und unterdrückter Schichten spiegelt sich in der Sprache: die grammatisch »falsche«, formal uneinheitliche Sprechweise der direkten Rede ergreift zunehmend auch die Erzählrede, die sich in Perspektive und Wissenshorizont den Figuren unterwirft. *Dessen Sprache du nicht verstehst* setzt konsequent und weit ausholend die sprachlichen Techniken um, die sich die Autorin mit dem vorherigen Roman erschrieben hat. Sprache ist hier angelegt als Gegenentwurf zum »korrekten« Diskurs öffentlicher Welterfassung: die Autorin befasst sich »mit dem, was gewisse Formulare, Dokumente, karteimäßig erfasste Lebensläufe ausgrenzen, ausblenden, weglassen« (Einführungsband »*Was soll man da machen*«, 1985). Der Roman erzählt »Untergrund, Geschichte, die niemand interessierte«, und das erfordert einen unkonventionellen, regellosen, zur gezielten Inkonsequenz neigenden Duktus: Pronomina und Hilfsverben fallen aus, die Wortstellung wird verändert, Kommata und Semikola sprengen den allzu glatten Fluss der Sätze. So gelingt es der Autorin, Sprachen zu finden für diejenigen, die keine Sprache haben; gleichzeitig schafft sie geschmeidige Übergänge zu eigentlich nichtverbalen Sprechweisen. Körpersprachen, metaphorischen Sprachen. Die Sprachen des Windes, der Liebe und der Gewalt werden sprechbar, weil Sprechen hier kein diskursiver Akt mehr ist, sondern sich gleichnishaft vollzieht, über Analogien und Klänge und den Gestus der Narration. Im Rahmen dieses Konzepts greift Marianne Fritz zudem zu sprechenden Namen. Der Protagonist der Rahmenhandlung ist Johannes Null aus dem Nullweg der Marktgemeinde Nirgendwo; er ist desertiert und verbirgt sich bei Pfarrer Pepi Fröschl, der ihn liebt, am Ende jedoch verrät. Eingebettet in diesen Rahmen sind die Vorgeschichten aller Beteiligten; sie fächern sich auf zu einer Art Gegenmythos der Donaumonarchie. Marianne Fritz verbindet eine Zeitenrekonstruktion im Sinne Marcel Prousts mit dem »Möglichkeitssinn« Robert Musils.

Verbirgt sich in den vorherigen Texten hinter dem Textfokus der »Festung« die Irrenanstalt von »Donaublau« (einem fiktionalisierten Wien), so erfolgt mit *Naturgemäß* der Schritt ins Zentrum der Gewalt. Als Bauplan dieses Riesenwerks dient die Topografie der ehemals österreichischen Festung Przemysl, wobei alle archäologischen Schichten der über die Jahrhunderte vielfach umgebauten, zerstörten, neuerrichteten Festung simultan erzählt werden. Marianne Fritz bedient sich diversester Textsorten: Heeresberichte und Dienstanweisungen werden zitiert, Märchen und Mythen erfunden, die Familiengeschichten aus den Dörfern, die aus militärischen Gründen vom Erdboden getilgt wurden, miterzählt. Die Festung ist »versteinerte Seelenlandschaft«, und in dieser Landschaft montiert die Autorin ihre diversen Erzählstränge nach komplizierten, für die Leser schwer nachvollziehbaren

Baugesetzen durcheinander. Ziel ist eine erzählerische Simultaneität, die eine Neuvernetzung der Bausteine ermöglicht: die Buchseiten werden in mehrere Stränge geteilt, Einzelwörter und längere Satzeinheiten durch Bruchstriche zerlegt, unterschiedliche Schrifttypen benutzt; grafische Elemente, eingefügte Strukturschemata, in den Text gezeichnete Wirbel und Treppen zertrümmern den Textfluss und organisieren gleichzeitig neue Zusammenhänge. Von *Naturgemäß* sind bisher nur die ersten beiden Teile zugänglich; ein abschließender dritter Teil ist seit langem abgeschlossen, jedoch noch nicht publiziert. Umfang und Komplexität des Fritzschen Werks, aber auch der zunehmende Abstraktionsgrad von *Naturgemäß* verschrecken offenbar selbst avancierte Leser, zumal auch die Literaturkritik auf dieses Werk weitgehend mit Verstummen reagiert.

Friedhelm Rathjen

Werke: *Die Schwerkraft der Verhältnisse*, R., Ffm. 1978; *Das Kind der Gewalt und die Sterne der Romani*, R., Ffm. 1980; *Dessen Sprache du nicht verstehst*, R. in drei Bänden, Ffm. 1985; *»Was soll man da machen.« Eine Einführung zu dem Roman »Dessen Sprache du nicht verstehst«*, Ffm. 1985; *Naturgemäß I. Entweder Angstschweiß/Ohnend/Oder Pluralhaft*, R. in 5 Bänden, Ffm. 1996; *Naturgemäß II. Es ist ein Ros entsprungen/Wedernoch/heißt sie*, R. in 5 Bänden, Ffm. 1998.

Fritz, Michael G., wurde am 4. 2. 1953 als Sohn einer Krankenschwester und eines Metallarbeiters in Berlin geboren. 1971 nahm er das Studium der Tiefbohrtechnik an der Bergakademie Freiberg/Erzg. auf. Bereits während seiner Studienzeit wurde er wesentlich von der moralischen Haltung Heinrich Bölls beeinflusst. 1975, in der Diplomphase, erfolgte seine politische Exmatrikulation nach seinem Protest gegen die Ausbürgerung Alexander Solschenizyns. Mit dem im dritten Studienjahr erlangten Abschluss als Hochschulingenieur arbeitete Fritz ein Jahr als Lagerarbeiter und Beifahrer für Möbeltransporte in Freiberg. 1976 ging er als Mitarbeiter an die Städtische Bibliothek Dresden. Seit 1979 arbeitet er halbtags in der Bibliothek. 1993 erfolgte seine Rehabilitierung und Zuerkennung des Diploms. Seit 1980 veröffentlicht Fritz Prosatexte in Anthologien und Literaturzeitschriften. Ausgezeichnet wurde er 1993 mit dem Literaturstipendium des Freistaates Sachsen, 2000 mit dem Amsterdam-Stipendium und 2003 mit dem Ahrenshoop-Stipendium.

Bereits bei seinem ersten, in der DDR erschienenen Erzählband *Vor dem Winter* (1987) bescheinigten Kritiker dem Autor »Erzählkunst in leisen Tönen«. Fritz' frühe Erzählungen gehen Lebensspuren in einem gesellschaftlichen Dämmerzustand nach. Der genau beobachtete, monotone Alltag wird wiederholt von schicksalhaften Ereignissen durchbrochen. Es sind Geschichten über Liebesbeziehungen, gescheiterte Ehen, Einsamkeit, Perspektivlosigkeit und kaum bemerktes Wegsterben. Eingebettet in eine Atmosphäre der Ausweglosigkeit, in der verschiedene Erzählstimmen nach individuellen Fluchtmöglichkeiten oder Fixpunkten suchen, entwerfen die Erzählungen ein Endzeitpanorama der späten DDR. Auch sein Romandebüt *Das Haus* (1994) wird zum subtilen Abbild perspektivloser DDR-Endzeit. Der Roman folgt den Lebensspuren dreier Generationen und eines Hauses in einem Dorf bei Berlin. Vom Großvater in den Dreißigerjahren erbaut, künden drei Fassadeninschriften von seinem und dem Schicksal der Bewohner: »Stahl- und Haushaltwaren. Siedlerbedarf«, »LSR« (Luftschutzraum) und »Konsum« nach der Enteignung. Der unerwartet zu diesem Erbe gekommene Erzähler bleibt unentschieden zwischen Rekonstruktion, die das Aus für seine Ehe bedeuten würde, oder Verkauf und Bruch mit den aufkommenden Erinnerungen. Vielfältige kleine Risse machen die Besonderheit dieses Romans aus, in dem Leben eingerichtet und Zweifel in die Kneipen getragen werden. Unentschlossenheit wird zum literarischen Thema, wobei letztlich die Frage offen bleibt, ob das Erbe Chance oder Bürde ist.

Die Risse setzen sich fort im Erzählband *Der Geruch des Westens* (1999). Deutsche Teilung und Neuvereinigung, Hoffnungen und Ernüchterungen werden zum Gegenstand pointierter Kurzprosa zwischen Miniaturen und Minutenromanen. Hier erzählt ein souveräner Stilist über eine »DDR, in der alles nach sich selber roch«, über die Anziehungskraft von RIAS und Sarotti, über das seltene Familienereignis des Öffnens eines Westpakets und dem ausströmenden Geruch, »den ich nur Geruch des Westens zu nennen vermochte«. Aus Erzählperspektiven eines Kindes, Kleingärtners, Zuhörers und zufälligen Beobachters erzählt Fritz wie beiläufig Zeittypisches: über den Abzug der Russen, über Westdeutsche in der Kneipe, die im Osten »Druck machen« wollen, über einen, der sich am Fensterkreuz erhängt, oder Jugendliche, die »Häuser bis zur Unbewohnbarkeit randalieren«. Es sind genau gearbeitete, beunruhigende, leise Geschichten über tektonische Verwerfungen in der Gesellschaft. Diese

Verwerfungen finden ihren vorläufigen Höhepunkt im Roman *Rosa oder Die Liebe zu den Fischen* (2002). Der Ich-Erzähler und arbeitslose Ingenieur gerät in eine eigenwillige Scheherazade mit Rosa, einer Zufallsbekanntschaft. Feinnervig und verhalten erzählt, erscheint die Situation umso befremdlicher, je mehr er sich auf die labyrinthartige Villa ihres Vaters, eines ehemals hochrangigen Stasi-Mannes und Immobilienmaklers, und auf Rosa, eine Börsenspekulantin, einlässt. Ich-Erzähler und Leser geraten zunehmend in ein absurd anmutendes, abgeschirmtes DDR-Rudiment. Das wächst sich aus zu einer konspirativen Machtzentrale, die bedrohlich in die Gegenwart wirkt. Michael G. Fritz' Gespür für das Außerordentliche im Alltäglichen, erzählt in einer eindringlichen, bildhaft schlichten Sprache, macht ihn zu einem literarischen Chronisten des ostdeutschen Gesellschaftswandels.

Udo Scheer

Werke: *Vor dem Winter*, En., Ost-Bln. 1987; *Das Haus*, R., Bln. 1994; *Der Geruch des Westens*, Pr., Zür., Mü. 1999; *Rosa oder Die Liebe zu den Fischen*, R., Lpz. 2002.

Fritz, Walter Helmut, wurde am 26. 8. 1929 in Karlsruhe als Sohn eines Architekten geboren. Er verbrachte die Kindheit im Nordschwarzwald und in Rastatt und besuchte in Karlsruhe das Gymnasium. Von 1949 bis 1954 studierte er Literatur, Philosophie und neuere Sprachen in Heidelberg. Anschließend war er bis 1964 als Gymnasiallehrer in Karlsruhe tätig, danach als Universitätsdozent. Von 1968 bis 1970 arbeitete er im Lektorat des S.-Fischer-Verlags. Er lebt seitdem als freier Schriftsteller in Karlsruhe. Fritz ist seit 1965 Mitglied, seit 1990 Vizepräsident der Mainzer Akademie der Wissenschaften und der Literatur sowie Mitglied der Bayerischen Akademie der Schönen Künste, der Deutschen Akademie für Sprache und Dichtung in Darmstadt und des deutschen P.E.N.-Zentrums. Er erhielt unter anderem 1960 den Literaturpreis der Stadt Karlsruhe, 1963 das Villa-Massimo-Stipendium, 1966 den Heine-Taler des Verlags Hoffmann und Campe und 1986 den Stuttgarter Literaturpreis, 1992 den Georg-Trakl-Preis und 1995 den Großen Literaturpreis der Bayerischen Akademie der Schönen Künste.

Bereits die *Gesammelten Gedichte* (1979) aus den Jahren 1957 bis 1978 dokumentieren die von Kollegen und Kritikern gerühmte Beständigkeit und Konsequenz des Lyrikers Fritz, eine Konsequenz, die sich bis heute fortsetzt. Zudem ist Fritz als Übersetzer französischer Dichtung sowie als Kritiker und Essayist, vor allem zur Lyrik, hervorgetreten und hat sich als Prosaautor einen Namen gemacht. In der Kontinuität seines Schreibens schuf Fritz eine »Poesie ohne Aufwand«, wie er selbst es nannte. Darin erweist sich Fritz, so Rainer Malkowski, als »Autor des Zweifels, der Frage und der Distanz«, der zugleich versucht, Leben und Schreiben als Prozess einander anzunähern.

Nach einem von Karl Krolow mit einem Vorwort begleiteten Erstling entwickelte Fritz seit *Bild + Zeichen* (1958), anfangs noch angelehnt an den Stil Günter Eichs, einen eigenen lakonischen, leisen Ton. Die Eindringlichkeit seiner Gedichte erwächst gerade aus ihrer Zurückhaltung. Wie schon die Buchtitel zeigen, *Achtsam sein* (1956) oder *Aus der Nähe* (1972), geht es Fritz darum, die Wahrnehmungsfähigkeit zu steigern und damit Aufmerksamkeit zu wecken für Veränderungen, Ambivalenzen und den Umgang mit Ungelöstem: *Veränderte Jahre* (1963), *Die Zuverlässigkeit der Unruhe* (1966), *Schwierige Überfahrt* (1976), *Wunschtraum Alptraum* (1981), *Immer einfacher immer schwieriger* (1987), *Die Schlüssel sind vertauscht* (1992). Das Titelgedicht in *Werkzeuge der Freiheit* (1983) apostrophiert so Lettern und Druckpresse, die Bücher und die Bibliotheken; zum Freiheitsinstrument wird das Gedicht selbst aber dadurch, dass es am Ende die Frage nach der Unfreiheit stellt.

Die Beharrlichkeit seines Schreibens zeigen auch die Gegenstände, denen Fritz sich immer wieder zuwendet: Meer und Gestein, Lichtphänomene, Beobachtungen auf Reisen, Kunstwerke und Künstler, Porträts, Lektüren und besonders das Liebesgedicht und das in allem wirksame Sujet der Zeit. In der Verhaltenheit seines Tons hat Fritz den Lakonismus nicht verengt, sondern freien Atem behalten. So finden sich in der Œuvreentwicklung auch längere Gedichte und Zyklen, zuletzt der 36-teilige *Maskenzug* des gleichnamigen Bandes (2003), der in fernen Ländern Geschichten hinter den Masken nachspürt. Auch wenn hin und wieder Manierismen, aphoristische, anekdotische und philosophierende Wendungen eingemischt sind, bleiben die Lektionen dieser Poesie diskret. Als Mittel der Selbstverständigung und Verständigung mit dem Leser, dass etwas offen bleibt, ist für Fritz das Gedicht einer »der brauchbarsten Namen für unsere Unruhe, unsere Suche nach dem Leben«.

Das gilt auch für das Prosagedicht, denn das lakonische poetische Sprechen des Autors hat die Gattungsgrenzen überschritten, seitdem er ab 1964 auch Prosa publiziert. *Zwischenbemerkungen* ist aus kurzen Abschnitten und einzelnen Sätzen gefügt zu einer Zwischenform aus Notaten und Reflexionen, perspektiviert auf ein plurales »Sie«: »Sie entdeckten keine andere Antwort als die, die sie lebten.« Ein Satz, der auch für die Figuren der Prosastücke in *Umwege* (1964) gelten kann, in denen Lebensumstände und Bewusstseinsvorgänge die Sujets bilden. Dieser thematische Aspekt – das Alltägliche, seine Routine und Irritationen – und wiederum die Gliederung in kurze Abschnitte bestimmen den ersten Roman *Abweichung* (1969), einen Montagetext, der Fritz' Auseinandersetzung mit dem »nouveau roman« erkennen lässt. In der Registrierung scheinbar belangloser Eindrücke, in Reflexionen und Gesprächen wird die nach dem Einzug eines Ehepaars in ein Hochhaus spürbar werdende Entfremdung zwischen beiden dargestellt; es geht um Selbstvergewisserung im Angesicht der Zeit, die vergeht. Zwischenräume, Pausen, Freiräume zwischen den Szenen und Sätzen konstituieren die Prosatexte mit, so wie die Musik seiner Gedichte das Schweigen ist.

Große Zustimmung bei der Kritik fand der Roman *Die Verwechslung* (1970). Hier ist fraglich, ob das – aus der Perspektive der Frau umkreiste – unerklärliche Verschwinden des Ehemannes wirklich stattfand oder nur in ihrer Vorstellung existiert, ob ihre Erinnerungen, Vermutungen, Zweifel nicht Selbsttäuschungen sind. Wiederum mit den alltäglichen Verflechtungen von Möglichkeiten und Widersprüchen befasst sich der Roman *Die Beschaffenheit solcher Tage* (1971). Beginnend mit dem Abbruch einer Reise nach Korsika, durchziehen Krankheiten und Todesfälle, Sehnsucht, Schweigen und Versäumnisse wie Haarrisse die gesicherte Existenz eines Ehepaares. Berichtet wird von einem Jahr mit seinen scheinbar belanglosen Kleinigkeiten und seinen besonderen Augenblicken, die in einer aussparenden Sprache diagnostiziert werden: »Wenn man hinsieht, verändert sich alles.«

Prosaische Lakonie im Gedicht und lakonisch-poetische Prosa amalgamieren sich in der Form des Prosagedichts, mit dessen Möglichkeiten sich Fritz auch als Übersetzer und Essayist beschäftigt hat. Bildtitel Klees lieferten Anregung und Überschriften der ersten Sammlung *Bemerkungen zu einer Gegend* (1969). Seither hat er Prosagedichte in selbstständigen Sammlungen oder vereint mit Gedichten oder Prosatexten publiziert. Vielen Büchern hat Fritz poetologische Motti vorangestellt; die konzentrierteste Formulierung fand er bei Robert Walser: »Keine Beredsamkeit«. Der vierte Roman handelt – autornah – von Orientierungsversuchen eines Studenten in Heidelberg in den Jahren nach dem Krieg. Sein Titel, *Bevor uns Hören und Sehen vergeht* (1975), impliziert ein Memento mori. Die Schlusspassage insistiert darauf, dass alles, was Menschen tun, »Versuche [seien], den Tod zu verscheuchen«, und verbindet darin mitmenschliches Engagement mit poetischem Lebensentwurf: »Wer die Unruhe in sich wach hielt. / Wer dem Anderen half. / Wer neue Ufer suchte. / Wer hörte und sah und wusste, wie wichtig es ist, zu sehen und zu hören, bevor uns Hören und Sehen vergeht.« Dieses poetische Programm geht einher mit einer ethischen Haltung, angefangen damit, dass es beim Betrachten der »Dinge« ein »Aug in Auge« (Franz Hessel) gibt. *Zeit des Sehens* (1989) bedeutet also auch, dass dieses unablässig beschworene Sehen ein Moment der Freiheit ebenso wie einen Verlust anzeigen kann, dass es nicht nur als Fest der Schönheit, sondern auch als Schrecken und Schmerz vergegenwärtigt wird.

Viele folgen dem Sarg, in dem die Literatur zu Grabe getragen wird, in Paris, im Traum, im Titelstück der Prosagedichtsammlung *Cornelias Traum* (1985). Der im Traum gefesselte Beobachter aber weiß, der Sarg ist in Wirklichkeit leer: Poesie bleibt für Fritz ein lebensleitender Entwurf, zur Welt zu kommen. Auch in *Das offene Fenster* (1997) – Gegenmodell zu Baudelaires Imaginationen im Zeichen des geschlossenen Fensters – vertraut er am Ende des »mörderischen Jahrhunderts« auf sie als Lebenshilfe und Erkenntnisweg: »Stromaufwärts, stromabwärts atmende Nähe und Fernsicht, die daran erinnert, Träume und Fluchtpunkte ernst zu nehmen.«

Thomas Betz

Werke: *Achtsam sein*, G., Biel 1956; *Bild + Zeichen*, G., Hbg. 1958; *Gedichte*, Karlsruhe 1959; *Jean Follain: Gedichte*, Übs., Ebenhausen 1962; *Veränderte Jahre*, G., Stg. 1963; *Umwege*, Pr., Stg. 1964; *Gedichte*, Darmst. 1964; *Treibholz*, G., m. Radierungen v. Eugen Batz, Ffm. 1964; *Grenzland*, G., Darmst. 1964; *Zwischenbemerkungen*, Pr., Stg. 1964; *René Ménard: Entre deux pierres*, Übs., Darmst. 1964; *Alain Bousquet: J'écrirai ce poème*, Übs., Darmst. 1965; *Philippe Jacottet: Fin d'hiver*, Übs., Darmst. 1965; *Abweichung*, R., Stg. 1965; *Die Zuverlässigkeit der Unruhe. Neue Gedichte*, Hbg. 1966; *Jean Cayrols lazarenische Prosa*, Ess., Mainz 1966; *Abweichung*, Hsp., SR 1966; *Claude Vigée: Netz des Windes*, Übs., Ffm. 1968; *Bemerkungen zu einer Gegend*, Pr., Ffm. 1969; *Er ist da, er ist nicht da*, Hsp., WDR/SR 1969; *Möglichkeiten* *des Prosagedichts anhand einiger französischer Beispiele*, Ess., Mainz 1970; *Die Verwechslung*, R., Ffm. 1970; *Teilstrecken*, hg. v. Friedrich Bentmann, Karlsruhe 1971; *Die Besucher*, Theaterst., Ffm. 1971; *Romanfiguren*, Hg., Mainz 1971; *Aus der Nähe. Gedichte 1967–1971*, Hbg. 1972; *Die Beschaffenheit solcher Tage*, R., Hbg. 1972; *Über Karl Krolow*, Hg., Ffm. 1972; *Bevor uns Hören und Sehen vergeht*, R., Hbg. 1975; *Kein Alibi*, G., m. Radierungen v. Johannes Schreiter, Duisb. 1975; *Karl Krolow: Ein Lesebuch*, Hg., Ffm. 1975; *Schwierige Überfahrt*, G., Hbg. 1976; *Gedichte auf Marie Luise Kaschnitz*, Mainz 1977; *Sehnsucht. Gedichte u. Prosagedichte*, Hbg. 1978; *Walter Helmut Fritz liest aus eigenen Werken*, Schpl., Karlsruhe 1978; *Gesammelte Gedichte*, Hbg. 1979; *Auch jetzt und morgen*, G., m. Offsetlithografien v. Klaus Hruby, Pfaffenweiler 1979; *Einen Felsen durchbohren. Neun Gedichte*, Leonberg-Warmbronn 1980; *Wer hat sich nicht getäuscht?*, G., Zür. 1980; *Liebesgedichte aus Goethes west-östlichem Divan*, Ess., Mainz 1980; *Wunschtraum Alptraum. Gedichte u. Prosagedichte 1979–1981*, Hbg. 1981; *Werkzeuge der Freiheit*, G., Hbg. 1983; *Gespräch über Gedichte*, Ess., Mainz 1984; *Cornelias Traum u. andere Aufzeichnungen*, Pr., Hbg. 1985; *Wie nie zuvor*, G., m. Holzschnitten v. Alfred Pohl, Pfaffenweiler 1986; *Immer einfacher immer schwieriger. Gedichte und Prosagedichte 1983–1986*, Hbg. 1987; *Linien*, G., m. Zeichnungen v. Franz Bernhard, Bonn 1988; *Unaufhaltbar*, G., Warmbronn 1988; *Mit einer Feder des Ikarus. Ausgewählte Gedichte und Prosagedichte*, Ffm. 1989; *Zeit des Sehens*, Pr., Hbg. 1989; *Kein Aufschub. Aufzeichnungen und Gedichte*, Bergen/Holland 1990; *Die Schlüssel sind vertauscht. Gedichte und Prosagedichte 1987–1991*, Hbg. 1992; *Teil der Dunkelheit*, G., m. Zeichnungen v. Heidelore Goldammer, Warmbronn 1993; *Gesammelte Gedichte 1979–1994*, Hbg. 1994; *Pulsschlag*, G., Eggingen 1996; *Das offene Fenster. Prosagedichte*, Hbg. 1997; *... als beginne eine Erzählung*, G., m. Handzeichnungen v. Franz Bernhard, Karlsruhe 1999; *Was einmal im Geist gelebt hat. Aufzeichnungen*, Hdbg. 1999; *Zugelassen im Leben*, G., Hbg. 1999; *Ausgewählte Gedichte und Prosa*, hg v. Rainer Malkowski, Darmst. 1999; *Augenblicke der Wahrnehmung. Walter Helmut Fritz liest aus eigenen Werken. Ein Querschnitt (1956–1999)*, Schpl., Karlsruhe 1999; *Die Liebesgedichte*, hg. v. Matthias Kussmann, Darmst. 2002; *Maskenzug*, G., Hbg. 2003.

Fröhlich, Hans Jürgen, wurde am 4. 8. 1932 in Hannover geboren. Er besuchte ein humanistisches Gymnasium und studierte zunächst Komposition bei Wolfgang Fortner. In der Folge entstanden musikalische Arbeiten – Klavierwerke und Streichquartette – in serieller Technik. Nach 1957 war er in Hamburg als Buchhändler, Antiquar und Verlagslektor tätig. Seit 1963 lebte er als freier Schriftsteller in München. 1968 wurde ihm ein Stipendium des Lessing-Preises der Hansestadt Hamburg zugesprochen; 1969/70 lebte er als Stipendiat in der Villa Massimo in Rom. 1970 erhielt er die Ehrengabe des Kulturkreises im Bundesverband der Deutschen Industrie, 1977 den Sonderpreis der Jury des Ingeborg-Bachmann-Preises und 1983 das Niedersächsische Künstlerstipendium. Er starb am 22. 11. 1986.
Sein erster Roman mit dem barock anmutenden Titel *Aber egal. Abenteuer und Meinungen des Ephraim Lechberger aus Wilna, mitgeteilt einem schweigenden Zuhörer im Gasthaus »Zum Leviathan«* (1963) steht in der Tradition der bunt fabulierenden Schelmengeschichten. Als Ich-Erzähler tritt ein litauischer Baron auf, ein literarischer Nachfahr Münchhausens wohl. Ebenfalls 1963 erschienen die Erzählung *Die Woreks* und eine von Fröhlich besorgte Ausgabe der *Köpfe* von Maximilian von Harden. Mit *Tandelkeller*, dem stilistisch anspruchsvollen, parabolisch befrachteten Roman einer Kindheit im Zweiten Weltkrieg, der sprachlich dem Werk Franz Kafkas und inhaltlich der literarischen Vergangenheitsbeschwörung in den Sechzigerjahren (besonders bei Günter Grass) verpflichtet ist, wurde Fröhlich 1967 bekannt. Der Schrecken der in das Gedächtnis zurückgerufenen Vorgänge, die hier vorgeblich naiv geschildert werden, erhält erst im Rückblick authentische Gestalt. Fröhlichs Neigung zu manierierter Sprachfülle fand ihren Höhepunkt in dem experimentellen Roman *Engels Kopf* (1971), dessen offene Komposition durch quasimusikalische Bauelemente strukturiert erscheint.
In dem literarischen Doppelporträt *Anhand meines Bruders* (1974) wird abermals Wirklichkeit dargestellt durch Erinnertes: »Ich bin, was ich geworden bin.« Das Buch beschreibt – mit merklich gestraffter Sprache und realistischerem Handlungskonzept – die ungleiche Entwicklung zweier Brüder. Stilistisch markiert es den Beginn eines neuen Abschnitts in Fröhlichs Schaffen. Deutlicher noch wird diese Hinwendung zu entschlackter Klarheit in dem Eheroman *Im Garten der Gefühle* (1975), den der Autor in die Nähe von Goethes *Wahlverwandtschaften* rückt. Die Beziehung zwischen dem Ich-Erzähler und seiner Frau Dorothee wird durch das Auftreten immer neuer Paare stets wechselnden Prüfungen unterzogen und dabei entsprechend verändert. Neben Romanen, einem guten Dutzend Hörspiele und einer großen Schubert-Biografie (1978) hat Fröhlich immer wieder kürzere Erzählungen geschrieben. Fünf von ihnen hat er 1979 in dem Band *Einschüchterungsversuche* vorgelegt. Die Helden dieser Geschichten sind Opfer oder doch beinahe Opfer geträumter und existenzieller Ängste, die sie zu Grenzüberschreitungen, tatsächlichen

oder ausschweifend erdachten Verletzungen von Tabus und gesellschaftlichen Normen treiben.
Zuletzt trat Fröhlich mit dem Roman *Mit Feuer und Flamme* (1982) hervor, der die sehr privat empfundene, psychologisch geschilderte Glückssuche eines Paares beschreibt, sowie mit zwei Abhandlungen: *Kein Strich, der nicht erlebt, kein Strich so, wie er erlebt* (1983), einem Versuch über Goethe und das Verhältnis zwischen Authentizität und Autobiografie (im Rahmen seiner Poetik-Dozentur an der Universität Mainz 1982), und *Die Quintessenz der Eigentümlichkeit* (1982), Gedanken über Erfahrung und Darstellung in der Literatur (für die Mainzer Akademie der Wissenschaften und der Literatur). Ein Band, der neben der Neuausgabe seines Romans *Tandelkeller* auch das Prosafragment *Das Haus der Väter* (mit autobiografischen Zügen) enthält, erschien posthum.

Rüdiger Krohn

Werke: *Maximilian von Harden. Köpfe*, Hg., Hbg. 1963; *Die Woreks*, in: *19 deutsche Erzählungen*, Hbg. 1963; *Aber egal! Abenteuer und Meinungen des Ephraim Lechberger aus Wilna, mitgeteilt einem schweigenden Zuhörer im Gasthaus »Zum Leviathan«*, Hbg. 1963; *Engführung*, Hsp., RB 1963; *Der englische Mantel*, Hsp., SDR 1964; *In Cramers Rolle*, Hsp., RB 1964; *Weltniveau oder Herr Hammer entfaltet sich*, Hsp., WDR 1965; *Allmähliche Verfertigung einer Rede wie im Halbschlaf*, Hsp., SDR 1967; *Tandelkeller*, R., Ffm. 1967; *Siebenerlei Fleisch*, zus. m. Uwe Herms, Hsp., WDR/BR/SDR 1968; *Die vierfache Wurzel vom Grunde*, Hsp., SDR 1971; *Peng-Päng! oder Langsam verstehe ich. Pantomime in Worten*, Theaterst., zus. m. Walter E. Richartz, UA Wiesbaden 1971, gedr. in: *Neues deutsches Theater*, hg. v. K. Braun u. P. Iden, Zür. 1971; *Engels Kopf*, Ffm. 1971; *Die kluge Else*, Hsp., NDR 1973; *Die Träume des Cartesius*, Hsp., NDR 1972; *Meine schöne verlassene Hinterbliebene*, Hsp., NDR 1973; *Serenissima*, zus. m. Hans Wollschläger, Hsp., HR 1973; *Anhand meines Bruders. Ein Doppelpoträt*, Mü. 1974; *Im Garten der Gefühle*, Mü. 1975; *Gaga ist danke – Lala heißt Ball*, Hsp., BR/WDR/NDR 1975; *De mortuis oder Es hat ihm nichts gefehlt*, Hsp., WDR/NDR 1975; *Schubert*, Biografie, Mü. 1978; *Einschüchterungsversuche*, En., Mü. 1979; *Die Versuchungen des Heiligen Antonius*, Hsp., NDR 1980; *Mit Feuer und Flamme*, R., Mü. 1982; *Die Quintessenz der Eigentümlichkeit. Erfahrung und Darstellung*, Stg. 1982; *Kein Strich, der nicht erlebt, kein Strich so, wie er erlebt*, Stg. 1983; *Harlekin muss sterben*, Hsp., HR/NDR/RIAS/SR 1983; *Kein Dunkel hat seinesgleichen*, Hsp., zus. m. I. Kölbl, SFB/NDR 1985; *Meine Landschaft. Eine Anthologie*, Hg., Mainz 1985; *Carlo Goldoni: Der Diener zweier Herren*, Übs., Köln 1985; *Carlo Goldoni: Der Lügner*, Übs., Köln 1986; *Das Haus der Väter. Tandelkeller und ein Fragment*, Mü. 1987; *Aufsätze zur Literatur und Musik. Band 1 und 2*, hg. v. Eckart Kleßmann, Mainz 1996.

Fuchs, Gerd, geboren am 14. 9. 1932 in Nonnweiler (Saar), wuchs in Hermeskeil auf, besuchte das Gymnasium in Trier, wo er 1952 die Reifeprüfug ablegte, und studierte anschließend Germanistik und Anglistik in Köln, München und London. 1959 legte er in Köln das Erste, 1963 in Wuppertal das Zweite Staatsexamen für das Lehramt an Gymnasien ab. Danach war er als freiberuflicher Publizist tätig. Seit 1964 gehörte er der Feuilletonredaktion der »Welt« an. 1967 wurde er mit einer Dissertation über *Rilke in England* zum Doktor der Philosophie promoviert. 1967/68 arbeitete er vorübergehend als Redakteur beim Wochenmagazin »Der Spiegel«. Seitdem lebt er als freiberuflicher Schriftsteller in Hamburg. Bei der Gründung der »Autoren-Edition« des Bertelsmann-Verlages 1973 wurde er zum Vertreter der Autoren gewählt; seit 1975 wirkt er auch als Mitherausgeber des Verlages »Autoren-Edition«. Er ist Mitglied des deutschen P.E.N.-Zentrums. 1974 wurde ihm das Stipendium des Lessing-Preises zugesprochen, 1985 der Förderpreis für Literatur der Stadt Hamburg und 1992 der Kunstpreis der Stadt Saarbrücken. 1989 war er »writer-in-residence« am Dartmouth College in Hanover/New Hampshire und 1991/92 am Deutschen Haus der New York University.
Gerd Fuchs gehört zu der Generation von Autoren, die aufgrund ihres Alters vom Fronteinsatz in der Endphase des Zweiten Weltkrieges verschont blieb, aber den Zusammenbruch des Hitler-Regimes und die Nachkriegszeit bereits bewusst miterlebte. Obwohl sein Vater aktives Parteimitglied gewesen und dafür nach Kriegsende mit Zuchthaus und Enteignung bestraft worden war, erfuhr Fuchs trotz dieser Schlüsselerlebnisse »nicht den Hauch einer wirklichen Erklärung des Faschismus. Für uns setzte ein großer Autoritätsverlust nach 1945 ein. Die elterlichen Autoritäten und damit auch die gesellschaftlichen waren in Frage gestellt.« Die augenscheinliche Kontinuität des Faschismus, sein Verdrängen und Verschweigen in der politischen Öffentlichkeit veranlassten Fuchs frühzeitig zur kritischen Auseinandersetzung mit diesem Phänomen. Die spärlich angebotenen Interpretationsansätze zwischen Kollektivschuld-Theorie und Fatalismusprinzip befriedigten ihn nicht. Er las die marxistischen Theoretiker, informierte sich über den antifaschistischen Widerstand und versuchte die differenzierten gesellschaftlichen Prozesse anhand der schriftlichen Rekapitulation individueller Lebensläufe dingfest zu machen. Sich lesend und schreibend vorwärts tastend, begriff er den Fa-

schismus auch unter ökonomischen Aspekten: als »Reaktion auf die ständig sich vergrößernde Organisiertheit der Arbeiterbewegung und ihre Macht«. Dabei ging es Fuchs immer um den einzelnen Menschen, seine Motive und Verhaltensweisen, die er weniger zu beurteilen als zu verstehen suchte. Fuchs verzichtete auf dogmatische Parteimaßstäbe, proklamierte dagegen ein »Recht auf Moral«, die es als politische Kategorie in das Spektrum politischer Aufklärungsarbeit einzugliedern gelte.

Seinen literarischen Anspruch, »Denkmodelle nicht mit Wirklichkeitsfetzen zu behängen, sondern die Wirklichkeit so zu sehen, dass sie scheinbar von selbst Modellcharakter gewinnt und gleichzeitig wie Natur erscheint«, versuchte er mit fundierten historischen Recherchen und mit der Erinnerung an eigene Erlebnisse, mit dem Zugeständnis größtmöglicher Eigenständigkeit gegenüber seinen literarischen Figuren und einem feinen Gespür für eine sich ständig verändernde Realität einzulösen. Seine Figuren sollten im Erzählen Konturen gewinnen und aus dem Stoff heraus exemplarisch politische Situationen und Zeiträume illuminieren.

In den thematisch eng verwandten Romanen *Beringer und die lange Wut* (1973), *Stunde Null* (1981) und dem Jugendbuch *Die Amis kommen* (1984) beschreibt Fuchs die Vorbedingungen, Erscheinungsformen und vor allem Nachwirkungen der Jahre zwischen Kriegsende und Währungsreform und bis in die Gegenwart hinein, eine Art Mentalitätsgeschichte. Ähnlich wie Edgar Reitz, der in seiner elfteiligen Filmchronik *Heimat* den Lebenswegen der Dorfbewohner von Schabbach im Hunsrück nachspürte, benutzt Fuchs ein ebenfalls im Hunsrück gelegenes, aber weiter nicht näher bezeichnetes Dorf als Handlungsschauplatz, als regional begrenzte und sozial überschaubare Bühne, auf der die Fragen nach Opportunismus, innerer Emigration, Widerstand, Gewalt, Denunziation, Antisemitismus, Armut und Furcht, Schuld und Sühne verhandelt werden, auf der Parteifunktionäre, Schieber, Mitläufer, Flüchtlinge, Besatzer, Anpasser, Widerständler, Soldaten und Kinder auftreten, Figuren aus einem »blutigen Panoptikum«, Bilder und Sequenzen aus Deutschland, das einem »gigantischen Friedhof« gleicht.

In *Beringer und die lange Wut* verwebt Fuchs die in Erinnerungsfetzen und Anekdoten präsente Kindheit eines bürgerlichen Intellektuellen mit dessen aktueller Lebenskrise, indem er ihn nach langjähriger Abwesenheit in sein Heimatdorf zum Besuch bei den Eltern schickt. Beringer findet die gleiche beklemmende Atmosphäre seines kleinbürgerlichen Elternhauses vor wie ehedem, die Unverrückbarkeit ihrer Gewohnheiten und Meinungen, die kalte Ordnung, hinter deren Fassade sich nur Ängste verstekken. Beringer befindet sich auf der Suche nach seiner Identität, in menschlicher wie politischer Hinsicht. Auch die problembelastete Beziehung zu seinem Vater, einem Mitläufer und Spießbürger, bietet keine Hilfen. Die eigene Biografie wird als historisch-soziale Kategorie, die eigene Lebensunfähigkeit als Resultat einer opportunistischen Erziehung verstanden. Die Sehnsucht Beringers nach revolutionärer Veränderung der Gesellschaft schwankt anfangs zwischen einem selbstzufriedenen Bewusstsein und dem Wunsch nach aktiver Teilhabe am Veränderungsprozess. Erst in der kommunistischen Parteiarbeit findet Beringer Halt; mit dem Ausblick »Jetzt fängt es doch erst an« formulierte Fuchs ein idyllisches Ende.

Mit dem Roman *Schinderhannes* (1986) setzt Fuchs seine Darlegungen über die verpassten Chancen der Deutschen fort. Die Handlung spielt um 1792, als Mainz im Zuge der Französischen Revolution für wenige Monate erste deutsche Republik und Hoffnungsträger der bürgerlichen Revolutionskräfte in Deutschland war. Fuchs entmythologisiert die Figur des edlen und fröhlichen Räubers »Schinderhannes«, bürgerlich Johann Bückler (1783–1803), der als gesellschaftlicher Außenseiter die politische Instabilität der Zeit nutzte, um sich materiell zu bereichern. Unter der französischen Fremdherrschaft avancierte Bückler zum legendenumrankten Symbol des Überlebenskampfes seiner armen Schicksalsgenossen. Er wird schließlich von drei idealistischen Vorkämpfern der Revolution zur Strecke gebracht, die damit unfreiwillig die geordneten Zustände herbeiführen, in denen Ausbeutung und Unterdrückung dieses Landstriches vorangetrieben werden können.

»Sie haben ja nicht mit uns gestritten, sie haben nur abgestritten. Alles.« Die NS-Zeit und den vermeintlichen Neubeginn 1945 verlor Fuchs nie aus den Augen. Wie stramme Nazis über Nacht zu Demokraten wurden und in der Adenauerzeit der neue Konsum die alten Parolen vergessen ließ, schildert er im Roman *Schußfahrt* (1995). *Katharinas Nacht* (1992) rekonstruiert die Vorgeschichte, wie Hitlers Politik die Massen begeistern konnte und die Nation in einen mörderischen Rassen- und Größenwahn stürzte – nicht ohne mit Katharina und ihrem Freund Fenner Figuren entworfen zu haben, die sich diesem Verbrechen zu widersetzen suchten.

Ein Schuhladen im Hunsrück wird in *Schußfahrt* zum Nukleus der Handlung. Zwei Brüder schieben sich wechselseitig die Verantwortung für den geschäftlichen Erfolg zu, einem dritten Bruder aus dem Osten muss zudem der westliche Wohlstand plausibel gemacht werden. Auch hier bleibt der Vater, ein ehemaliger Ortsgruppenleiter, nach einem Schlaganfall stumm.

Hamburger Lokal- und Zeitgeschichte verknüpft der historische Roman *Die Auswanderer* (2003), der in die Zeit der Jahrhundertwende mit ihrer wirtschaftlichen Rezession, den sozialen Problemen und der dadurch entstandenen Auswanderungswelle zurückführt. Not und Hoffnung, so heißt es in einer Vorbemerkung, sind die Motive dieser gewaltigen Landflucht, die Europa erfasste, sich in Häfen wie Hamburg konzentrierte und die Neue Welt fest im Visier hatte. Mit gewohnter Präzision hat Fuchs das dokumentarische Material ausgewertet und mit ebenso gewohnter Kunstfertigkeit in viele Lebensläufe anschaulich übersetzt.

In all diesen Texten bevorzugt Fuchs eine elliptische, ständig die Erzählebene wechselnde Schreibweise mit vielen Rückblenden und Nebenhandlungen, die er collagenartig zu einem Bild montiert. Dabei verzichtet er auf grelle Effekte; unspektakulär, nüchtern und sachlich, zuweilen mit leiser Ironie und verhaltenem Humor unterlegt, erzählt er Geschichten über die Versäumnisse und Erfahrungen der Vergangenheit, damit die gestaltlose Angst überwunden und politisches Bewusstsein reifen kann.

Thomas Kraft

Werke: *Landru und andere*, En., Mü. 1966; *Beringer und die lange Wut*, R., Mü. 1973; *kontext 1. Literatur und Wirklichkeit*, Hg., zus. m. Uwe Timm, Mü. 1976; *Ein Mann fürs Leben*, E., Mü., Königstein/Ts. 1978, Fssp., ARD 1980, Theaterst., UA Recklinghausen 1985; *Stunde Null*, R., Mü., Königstein/Ts. 1981; *Die Amis kommen. Ein Hitlerjunge erlebt das Kriegsende*, Reinbek 1984; *Noch ein Jahr und sechs Tage*, Fssp., ARD 1985; *Schinderhannes*, R., Hbg. 1986; *Katharinas Nacht*, R., Hbg. 1992; *Schußfahrt*, R., Hbg. 1995; *Easy und Scheer*, Jugendroman, Zür. 1995; *Charly, die Meistermaus*, Kinderb., m. Illustr. v. Manfred Bofinger, Zür. 1996; *Fuffy und Max*, Jugendb., Zür. 1997; *Die Auswanderer*, R., Hbg. 2003.

Fuchs, Günter Bruno, wurde am 3. 7. 1928 in Berlin als uneheliches Kind einer Stenotypistin und eines Kellners geboren. Er lernte als »kinderlandverschickter« Schüler an slowakischen Lagerfeuern die verfolgten Zigeuner kennen, war Luftwaffenhelfer, nach dem Krieg Maurerumschüler, Hilfsarbeiter, Clown bei einem Wanderzirkus, Student der bildenden Künste und Schulhelfer in Ost-Berlin, das er 1950 verließ. Kurze Zeit lebte er als Zechenarbeiter in Herne, dann 1952 bis 1957 als freier Schriftsteller und Grafiker in Reutlingen. Er war Mitherausgeber der »telegramme« und der Zeitschrift »Visum«. Seit 1958 hatte er seinen Wohnsitz in West-Berlin. 1959 gründete er die Galerie im Hinterhof »zinke« (zusammen mit seinem Freund Robert Wolfgang Schnell), betätigte sich als Illustrator und Co-Autor u.a. für *Henssels Immerwährenden Deutschen Kalauer Kalender* und für *Joachim Ringelnatz, Du mußt die Leute in die Fresse knacken* (1971), beteiligte sich als Mitverfasser und Mitherausgeber an zahlreichen Publikationen, auch solchen, die den bildenden Künsten zugehörten (wie *Autoren machen Bilder,* 1974; *Berliner Malerpoeten. Bilder und Texte,* 1977). Fuchs starb am 19. 4. 1977 in Berlin. 1957 wurde er mit dem Kunstpreis der Jugend von der Kunsthalle Baden-Baden und 1974 mit dem Berliner Fontane-Preis ausgezeichnet.

Als Holzschneider (u.a. *Fisimatenten,* 1960) ebenso bedeutend wie als Lyriker, steht Günter Bruno Fuchs mit seinen poetisch-verspielten Texten und Gedichten, hinter deren fantastischer Staffage sich Zeitkritisches verbirgt, außerhalb literarischer Gruppen und Strömungen. Den Variationen über die »Holzfäller-Oase, Exil meiner Kindheit« in der *Zigeunertrommel* (1956), geschrieben zur Erinnerung an die »Handschellennacht«, die tanzende Jullka, Lummjas Gesänge und den heimatlosen Vogelflug, folgten in *Nach der Haussuchung* (1957) einige der lyrischsten, unbefangensten Gedichte, Regenbogenzeit, Seiltänzerinnen und die Pantomimen taubstummer Kinder am Kartoffelfeuer besingend, aber auch Stiefelschritt anklagend und bekennend: »Meine Behausung / am Platz für öffentliche Unordnung / ist der brennende Zirkus.« In späteren Arbeiten, Gedichten und lyrischer Prosa tritt der Berliner Satiriker in der Welt der Penner und Trinker auf und bevorzugt Rummelplätze und Hinterhöfe als Themen, was schon in den Titeln anklingt: *Pennergesang* (1965) mit Gedichten und Chansons, *Herrn Eules Kreuzberger Kneipentraum* (1966), eine Prosa-Suite, und *Blätter eines Hof-Poeten* (1967) mit kurzen Kalenderversen.

Nachdem *Das Lesebuch des Günter Bruno Fuchs* (1970), das auch zwei der zahlreichen, zu Hörspielen umgearbeiteten Texte enthielt, dem Lyriker und Erzähler in seiner Vielseitigkeit und Fantasiefülle erstmals ein breiteres Lesepublikum eröffnet hatte, brachte unter den zahlreichen kleineren Veröffentlichungen der letzten Lebensjahre nur der Band *Reiseplan für Westberliner anlässlich einer Reise nach Moskau und zurück, Handbuch für Einwohner No. 2* (1972) thematisch und formal Neues. Wird sonst meist die Meditation eines immer trauriger werdenden, immer mehr resignierenden Clowns in unendlichen Variationen fortgesponnen, so regt sich hier noch einmal der Parodist mit der »grimmigen Laune, die zur Solidarität ermuntert« (K. Wagenbach). Fuchsischer, auch politisch zündender Witz und fantastisch Poetisches beherrschen die Titelgeschichte oder die Erzählung *Iwan Alexandrowitsch Gontscharow in Württemberg*. Fuchs, bei seinem frühen Tod von einer großen Gemeinde betrauert, lebt als eine tragische und durch seine Originalität faszinierende Gestalt in der Erinnerung ebenso stark weiter wie in seinen Texten.

Martin Gregor-Dellin

Werke: *Chap, der Enkel des Waldläufers. Erzählung für Kinder*, Stg. 1952; *Das Abenteuer der Taube. Erzählung für Kinder*, Stg. 1953; *Der verratene Messias. Pamphlet auf Wolfgang Borchert*, Düsseld. 1953; *Der Morgen. Ein Zyklus*, Stg. 1954; *Die Wiederkehr des Heiligen Franz. Tierlegenden*, Stg. 1954; *Die Jungen vom Teufelsmoor*, Jugendb., Stg. 1956; *Zigeunertrommel. Gedichte und Holzschnitte*, Halle/S. 1956; *Ratten werden verschenkt*, E., Stierstadt/Ts. 1958; *Polizeistunde*, E., Mü. 1959; *Fisimatenten. 20 Holzschnitte*, Stierstadt/Ts. 1959; *Brevier eines Degenschluckers. Gedichte, Prosa, Holzschnitte*, Mü. 1960; *Ich war einmal ein König*, Hsp., 1960; *Trinkermeditationen. Gedichte und Zeilen*, Neuwied 1962; *guten morgen vauo. Ein Buch für den weißen Raben V. O. Stomps*, hg. zus. m. H. Pross, Ffm. 1962; *Krümelnehmer oder 34 Kapitel aus dem Leben des Tierstimmen-Imitators Ewald K.*, R., Mü. 1963; *Der Sperling und andere Vögel. Ein Gedicht mit 27 Bilderbogen von Johannes Vennekamp*, Stierstadt/Ts. 1964; *Die Meisengeige. Zeitgenössische Nonsensverse*, Hg., Mü. 1964; *Kraschewski verlässt das Altersheim*, Hsp., SDR 1964; *Herrn Eules Kreuzberger Kneipentraum*, Hsp., 1965, gedr. Mü. 1966; *Spiel- und Polterbuch. Holzschnitte nebst Goldener Worte für den Tag*, Stierstadt/Ts. 1965; *Pennergesang. Gedichte und Chansons*, Mü. 1965; *Polizisten-Steckbriefe. Kalendertexte*, Stierstadt/Ts. 1966; *Singen Sie mal die National-Hymne. Kalendertexte*, Stierstadt/Ts. 1967; *Ein dicker Mann wandert*, Kinderb., Köln 1967; *Bilder eines Hof-Poeten & andere Gedichte*, Mü. 1967; *Zwischen Kopf und Kragen. 32 wahre Geschichten und 13 Bilder*, Bln. 1967; *Polizeistunde*, Pr., G., Grafik, Ausw., Baden-Baden 1967; *Der streitbare Pegasus. Ein Brevier zum 70. Geburtstag von V. O. Stomps*, Hg., Bln., Mü., Wien 1967; *Joachim Günter Oldag: Chefgeschichten*, Hg., Bln., Mü., Wien 1967; *Landwehrkanal oder die Geschichte vom Lausitzer*, Hsp., SDR/NDR/SFB 1968; *Bericht eines Bremer Stadtmusikanten*, R., Mü. 1968; *Vier abenteuerliche Geschichten ohne Abenteuer*, Bln. 1968; *Einundzwanzig Märchen zu je drei Zeilen*, Bln. 1968; *Das Berlin-Buch der neuen Rabenpresse*, Hg., Bln. 1968; *Fibelgeschichten*, Bln. 1969; *Der arme Poet oder Carl Spitzweg porträtiert den deutschen Dichter Paul Scheerbart*, Bln. 1969; *Unsere gute Sache. Aus den Geheimfächern einer Lachkartei*, Hsp., SDR 1969; *Straße des Eulenspiegel*, Hsp., SDR 1969; *Handbuch für Einwohner*, Pr.-G., Mü. 1969; *Gelöbnisse des neuen Bürgermeisters. Nachrichten aus Berlin*, Schpl., 1969; *G. B. F. liest Gedichte & anderes*, Schpl., 1970; *Das Lesebuch des G. B. F.*, Mü. 1970; *Gedichte eines Hofpoeten*, Bln., Weimar 1971; *Bei Ribbeck im Havellande*, Hsp., SDR/RIAS/WDR/DW 1971; *Adam Riese und der große Krieg*, Hsp., SR/RIAS/SDR 1971; *Der Bahnwärter Sandomir. Lesebuchroman*, Mü. 1971, Hsp., SDR/RIAS/WDR 1972; *Neue Fibelgeschichten*, Bln. 1971; *Aus dem Leben eines Taugenichts. Jahresroman*, Mü. 1972; *Denkmalforschung*, Autorenf., zus. m. W. Ramsbott u. Viktoria Prestel, 1972; *Reiseplan für Westberliner, anläßlich einer Reise nach Moskau und zurück. Handbuch für Einwohner No. 2*, Hsp., WDR/SDR 1972, gedr. Mü. 1972; *Ratten werden verschenkt*, Hsp., WDR/RIAS/SDR 1973, gedr. u. d. T. *Eine Werkauswahl*, Ffm., Bln., Wien 1974; *Der Aufbaustein*, Hsp., SDR/SFB 1974; *Der Polizist wohnt nebenan*, Hsp., SDR 1974; *Gehen, laufen, hüpfen*, Hsp., SDR/WDR 1975; *Wanderbühne. Geschichten und Bilder*, Weinheim, Basel 1976; *Hausierergeschichte*, Hsp., WDR/SDR 1976; *Nach der Haussuchung*, G., Düsseld. 1978; *Die Ankunft des großen Unordentlichen in einer ordentlichen Zeit. Gedichte, Bilder u. Geschichten*, Bln. 1978; *Gesammelte Fibelgeschichten und letzte Gedichte: Erinnerung an Naumburg*, hg. v. Michael Krüger, Mü. 1978; *Ein Ohr wäscht das andere. Gedichte und Prosa 1928–1977*, Schpl., 1979; *Fritz Ketz: Gemälde, Aquarelle, Zeichnungen*, Hg., zus. m. Rainer Hartmann, Reutlingen 1983; *Gemütlich summt das Vaterland*, hg. v. Michael Krüger, Mü. 1984; *Werke in drei Bänden. Bd. 1: Romane und Erzählungen*, Mü. 1990, *Bd. 2: Gedichte und kleine Prosa*, Mü. 1992, *Bd. 3: Hörspiele und Schriften. Briefe und Materialien*, Mü. 1995, hg. v. Wilfried Ihrig.

Fuchs, Jürgen, wurde am 19. 12. 1950 als Kind einer Arbeiterfamilie in Reichenbach im Vogtland geboren. Kontakte zu dem in Greiz lebenden Reiner Kunze führten zu ersten Observationen durch die Staatssicherheit. Nach dem Abitur und einem Facharbeiterabschluss bei der Reichsbahn wurde Fuchs 1969 zum Wehrdienst in ein Grenzregiment eingezogen. Damit stand er wie andere politisch Auffällige unter verschärfter Überwachung und im Konflikt mit dem Schießbefehl. 1971 erreichte er gegen staatlichen Widerstand die Zulassung zum Studium der Sozialpsychologie an der Universität Jena. Edwin Kratschmer, Initiator der DDR-Jugend-Poetenbewegung, veranlasste 1971 seine Einladung zum Zentralen Poetenseminar nach Schwerin. Erste

Gedichte erschienen in dessen Lyrikanthologie *Offene Fenster 3* (1971). Während seines Studiums begann eine politisch und literarisch bedeutsame Freundschaft mit dem Liedermacher Wolf Biermann und dem Naturwissenschaftler und Regimekritiker Robert Havemann. Bestärkt durch Havemann trat Fuchs 1973 mit der Absicht in die SED ein, Veränderungen von innen zu erreichen. Mit dem Anspruch, Lyrik und Kurzprosa im »Klartext« statt in einer »Sklavensprache« zu schreiben, beeinflusste Fuchs den Arbeitskreis Literatur um Lutz Rathenow und wurde mit dem Kreis im OV »Pegasus« bearbeitet. Eine öffentliche Lesung im Februar 1975 lieferte wegen »feindlicher Positionen« die Handhabe für Veröffentlichungsverbot, Parteiausschluss und für die Exmatrikulation im Juni 1975, nachdem seine Diplomarbeit bereits mit »sehr gut« bewertet worden war. Er arbeitete kurzzeitig als Transportarbeiter und zog im Sommer zusammen mit seiner Frau Lilo und deren Tochter zu Havemann nach Grünheide bei Berlin. Fuchs fand Arbeit im kirchlichen Kinderheim der Stephanusstiftung Berlin und wurde vom MfS im OV »Spinne« bearbeitet. Sein in einem dpa-Interview erhobener Protest gegen die Biermann-Ausbürgerung, »Ausbürgerung ist eine Waffe der Nazis«, führte ab November 1976 zu neunmonatiger U-Haft in Berlin-Hohenschönhausen wegen »staatsfeindlicher Hetze«. Fuchs, der Hauptbelastungszeuge gegen Havemann sein sollte, verweigerte zweieinhalb Monate jegliche Aussage. Gegen ihn wurden Psychofolter, Zellenspitzel und Psychopharmaka eingesetzt.

Das vom West-Berliner VS-Vorsitzenden Hannes Schwenger u.a. gegründete »Schutzkomitee Freiheit und Sozialismus«, das die Öffentlichkeit informiert hatte, und internationale Proteste erreichten am 28. 8. 1977 die Abschiebung von Fuchs und weiteren politisch Inhaftierten nach West-Berlin. Dort lebte Fuchs eine neue Qualität oppositioneller Einmischung; er stellte Kontakte zu DDR-Oppositionellen, Vertretern der polnischen »Solidarność«-Bewegung und der tschechischen Menschenrechtsgruppe »Charta 77« her, organisierte Geldsammlungen, gab Informationen über Verhaftungen an die Medien und unterstützte die unabhängige DDR-Friedensbewegung. Durch Besuche von Rudi Dutschke und enge Kontakte u.a. mit Petra Kelly und Lukas Beckmann wurde ihm die Politik der Grünen wichtig. Stark beeinflusst von der Kommunismus- und Totalitarismuskritik in Manés Sperbers Büchern besuchte er den Essayisten in Paris. Beide führten einen intensiven brieflichen Gedankenaustausch. Seit 1980 arbeitete Fuchs halbtags im »Treffpunkt Waldstraße«, einer Beratungsstelle für gefährdete Kinder und Jugendliche in Berlin-Moabit. Im Mai 1982 unterzeichnete Erich Mielke einen internationalen Haftbefehl, gültig bis 12/1999. Wegen »planmäßiger Angriffe auf die Grundlagen der DDR« galt Fuchs als einer der gefährlichsten Staatsfeinde und wurde seit Mai 1983 im Zentralen Operativen Vorgang »Opponent« bearbeitet. Aus den drei (von 25) erhalten gebliebenen ZOV-Bänden gehen zahllose Verunsicherungs- und Zersetzungsaktionen gegen ihn und seine Familie in West-Berlin hervor. Sie reichten bis zum Plan, eine radioaktive Substanz in seiner Nähe zu installieren.

Von 1984 bis 1989 stellte Fuchs in der Reihe »dialog« Artikel und Texte in Auflagen von bis zu 300 Exemplaren für die DDR-Opposition zusammen und gewann Diplomaten und akkreditierte Journalisten für illegale Transporte. Über zahlreiche Kontakte, wie etwa zum Schriftsteller Lutz Rathenow, ließ er sie DDR-weit verbreiten. 1986 wurde er in den Vorstand des West-Berliner Schriftstellerverbands gewählt, trat jedoch 1988 aus Protest gegen die Sympathie des Bundesvorstandes für die SED-Politik aus dem VS aus. 1990 engagierte er sich in mehreren Bürgerkomitees zur Sicherung und Öffnung der MfS-Archive. 1991 dokumentierte er in der fünfteiligen »Spiegel«-Serie »Landschaften der Lüge« die Verstrickung von DDR-Künstlern in die Machenschaften der Staatssicherheit. 1993 trat Fuchs dem bundesdeutschen P.E.N.-Zentrum bei, wechselte 1995 aus Protest gegen den Zusammenschluss mit dem DDR-P.E.N. und dessen Verletzungen der P.E.N.-Charta in den Exil-P.E.N. deutschsprachiger Autoren. 1996 gehörte er zu den Gründungsmitgliedern des »Bürgerbüros e.V.«, das von DDR-Willkür Betroffenen Hilfe bietet. Am 9. 5.1999 starb Jürgen Fuchs im Alter von 48 Jahren an einem seltenen Blutkrebs. Verdachtsmomente, dass der Romanautor, Lyriker und Publizist von weit über 100 Aufsätzen und Beiträgen, der sich kompromisslos für die Aufklärung der DDR-Diktatur eingesetzt hatte, im Auftrag der Staatssicherheit verstrahlt worden war, sind bisher nicht ausgeräumt. Im Dezember 2000 veranstaltete die Universität Jena ein dreitägiges internationales Symposium zum Leben und Werk von Jürgen Fuchs. 2001 ehrte ihn seine Geburtsstadt Reichenbach/Vogtl. durch die Namensgebung der Bibliothek. 2002 wurde die Straße vor dem Erfurter Landtag nach ihm benannt. An weiteren Auszeichnungen erhielt

er 1977 dem Internationalen Pressepreis, 1987 den Thomas-Dehler-Preis, 1988 den Kritikerpreis für Literatur, 1998 ein Stipendium der Deutschen Nationalstiftung und posthum 1999 den Hans-Sahl-Preis.
Bereits in dem 1971 entstandenen Gedichtzyklus *Schriftprobe* deutet sich seine spätere literarische Einmischung programmatisch an, aber auch die Vorahnung ihres Preises: »DIESE ANGST / Auf halber Zeile: // Dass mein Stift / zerbricht / Bevor alles gesagt // Und / wer hört mich / wenn ich schweige« *(Schriftprobe,* 2000*)*. Die Prägnanz seiner Gedichte wurde zur Provokation für die Macht: »Aber gewiss doch: // Nach Schablone / Und in Schönschrift / Tanzt kein Buchstabe / Aus der Reihe // ... (*Schriftprobe*). Im Stil beeinflusst durch Brecht und Kunze, werden hier Gleichmacherei und Zensur ironisiert. Gedichte und Kurzprosa von Fuchs durchbrachen in ihrer Stringenz den DDR-Literatur-Kanon. Den Methoden politischer Disziplinierung durch Wehrdienst, Exmatrikulation und Haft setzte der Autor »Schreiben als letzte Gegenwehr« (*Das Ende einer Feigheit,* 1988) entgegen. In *Gedächtnisprotokolle* (1977), die während seiner U-Haft in Westdeutschland erschienen, entlarvt er das scheindemokratische Tribunal um seine Exmatrikulation in einer neuartigen literarischen Protokollliteratur. In *Vernehmungsprotokolle* (1978) dokumentiert Fuchs mit psychologischem Sachverstand erstmals die Vernehmungspraxis der Staatssicherheit in inneren Monologen und authentischen Dialogen, die zugleich die Sprache des Apparats entlarven. Der Gedichtband *Pappkameraden* (1981) kündigte sein literarisches Hauptthema der Achtzigerjahre an: den Kasernenhof. Ermutigt durch Heinrich Böll und Günter Wallraff, schrieb Fuchs über die militarisierte DDR. Im Roman *Fassonschnitt* (1984) thematisiert er den Erziehungsdrill in der DDR-Armee mit ihren preußischen und verdeckten Wehrmachtstraditionen, die Unterdrückung von Zivilcourage und Verherrlichung von falschem Heldentum. Innere Monologe eines hochsensiblen Ich-Erzählers und besonders das kritische Hinterfragen der eigenen Manipulierbarkeit vermitteln die Grundstimmung sozialistischer Wehrpflichtiger: unwillig, aber gehorsam. Der Sorge, Geschichte könne sich wiederholen, setzt Fuchs im Roman *Das Ende einer Feigheit* (1988) einen Chronisten entgegen, der die nun doppelte Erfahrung – Wehrdienst und Militärausbildung für Studenten – fiktional und distanziert dokumentarisch reflektiert und so seine Individualität bewahrt. In beiden Romanen demontierte Fuchs das Sozialismusbild Westlinker und galt ihnen damit als Ruhestörer und Entspannungsfeind. Von der Literaturwissenschaft wurde er weitgehend ignoriert.
Mit dem Zugang zu den Stasi-Akten 1990 deckte Fuchs die Repressionsmethoden der Staatssicherheit auf, essayistisch u.a. in *und wann kommt der Hammer. Psychologie, Opposition und Staatssicherheit* (1990) und in *Zersetzung der Seele – Psychologie und Psychiatrie im Dienste der Stasi* (1995). Zersetzung, Verdrängung und Lüge wurden zum Gegenstand seines politisch und literarisch provozierenden Collageromans *Magdalena. MfS Memfisblues Stasi Die Firma VEB Horch und Gauck – ein Roman* (1998). Die Recherche des Ich-Erzählers im Handtuchzimmer der ehemaligen Stasi-Zentrale weitet sich in vielfältigen Reflexionen zu Innenansichten der Diktatur und ihres Hineinwirkens in Biografien bis in die Gegenwart aus. Fuchs zitiert Stasi-Sprache, ihre Fortsetzung in der Behördensprache und setzt eine literarische Sprache zwischen nüchternem Faktenreport und schmerzhafter Nähe zum Geschehen dagegen. Mit dem Kunstgriff einer »Knaststimme« als zweites, härteres, auch ironisches Ich, die das Verhalten des Ich-Erzählers hinterfragt und zum Ratgeber bei Rückblenden in die eigene Haftzeit und bei Vernehmungen des in Stasi-Haft zu Tode gebrachten Matthias Domaschk wird, setzt Fuchs eindrucksvolle dramatische Akzente. Auf einer zweiten Ebene handelt der Roman vom Ausbremsen der Revolution nach 1989, vom Wachsen der Behördenwelt am Exempel der Gauck-Behörde, die sich erneut mit der Aura des Geheimen umgibt und, für den Ich-Erzähler unerträglich, in ihrem Herzstück, dem Archiv, Stasi-Leute beschäftigt. Eine dritte Ebene benennt die Schuld der Vätergeneration, ordnet das DDR-Regime ein in Versagensmomente von der Weimarer Republik bis zur bundesdeutschen Gegenwart und ist zugleich schonungslose Selbstbefragung. Trotz seiner Komplexität bleibt der kontrovers diskutierte Roman ein Fragment. Er war konzipiert als Teil eins einer Trilogie.

Udo Scheer

Werke: *Gedächtnisprotokolle*, En., Reinbek 1977; *Vernehmungsprotokolle,* Reinbek 1978; *Tagesnotizen*, G., Reinbek 1979; *Der Besuch*, Hsp., WDR 1979; *Pappkameraden*, G., Reinbek 1981; *Fassonschnitt*, R., Reinbek 1984; *Einmischung in eigene Angelegenheiten. Gegen Krieg und verlorenen Frieden*, Ess., Reinbek 1984; *Der Alarm*, Hsp., WDR 1985; Das *Ende einer Feigheit*, R., Bln. 1988; *Gäste kommen und gehen oder Der Verkauf der*

Landeskinder. Ein Stück, Bln. 1989, UA Jena 2000; *Der Heinz*, Hsp., WDR 1989; *... und wann kommt der Hammer? Psychologie, Opposition und Staatssicherheit*, Ess., Bln. 1990; *40 Jahre DDR – und die Bürger melden sich zu Wort*, Hg., zus. m. Bärbel Bohley u.a. Ffm. 1990; *Dummgeschult – Ein Schüler und sein Lehrer*, zus. m. Gerhard Hieke, Bln. 1992; *Poesie und Zersetzung*, Poetikvorlesung, Jena 1993; *Zersetzung der Seele – Psychologie und Psychiatrie im Dienste der Stasi*, Hg., zus. m. Klaus Behnke, Hbg. 1995; *Magdalena. MfS Memfisblues Stasi Die Firma VEB Horch und Gauck – ein Roman*, R., Bln. 1998; *Dissidenten, Präsidenten und Gemüsehändler. Tschechische und ostdeutsche Dissidenten 1968–1998*, Ess., Hg., zus. m. Doris Liebermann u. Vlasta Wallat, Essen 1998; *Magdalena*, Hsp., NDR 1999; *Schriftprobe*, G., hg. v. Edwin Kratschmer, Weimar 2000; *Tagesnotizen*, CD, Musik v. Mikolás Chadima/mch-Band, Prag 2002.

Fühmann, Franz, geboren am 15. 1. 1922 in Rokytnice nad jizerov (Rochlitz an der Iser, Tschechien), gestorben am 8. 7. 1984 in Berlin. Auf Veranlassung des Vaters, eines Apothekenbesitzers, lernte Fühmann bereits im Alter von vier oder fünf Jahren lesen und schreiben. Mit zehn Jahren kam er an das Jesuiten-Konvikt Kalksburg bei Wien, der »Diplomaten-Kaderschule des süddeutschen Katholizismus«. Es folgten »Deutscher Turnverein« (HJ), später Reiter-SA, 1941 Notabitur und Immatrikulation an der Universität Prag, Fachrichtung Mathematik. Aufgewachsen in einer »rüden nationalistisch-faschistischen Lebenssphäre«, meldete er sich freiwillig zunächst zum Reichsarbeitsdienst, dann zur Wehrmacht. Im Mai 1945 kam er als Kriegsgefangener in den Kaukasus und besuchte eine »Antifa-Schule« bei Moskau, wo sein Selbstverständnis »in Schüben moralischer Katharsis« für lange Zeit geprägt wurde: »Die neue Gesellschaftsordnung war zu Auschwitz das Andere; über die Gaskammer bin ich zu ihr gekommen und hatte es als Vollzug meiner Wandlung angesehen, mich ihr mit ausgelöschtem Willen als Werkzeug zur Verfügung zu stellen.« Im Dezember 1949 in die DDR entlassen, arbeitete er zunächst als Funktionär der National-Demokratischen Partei Deutschlands (Mitglied 1949–1972, höchste Funktion: Leiter der Hauptabteilung Kulturpolitik). Nach politischen »Verfehlungen« aus dem Amt entlassen, lebte Fühmann seit 1958 als freier Schriftsteller in Berlin und Märkisch-Buchholz. Den Einmarsch des Warschauer Paktes in das Prag des Jahres 1968 erfuhr er als existenzielle Krise, was ihn wiederum aus einer anderen Gefährdung riss: Er unterzog sich einer Entziehungskur. Von da an änderte sich Fühmanns Lebens- und Schreibweise radikal. Er erklärte den Austritt aus dem Vorstand des Schriftstellerverbandes, Ende der Siebzigerjahre schien ihm selbst die Arbeit in der Akademie der Künste »nicht mehr für sinnvoll«. Seine zunehmende Distanz zur DDR-(Kultur-)Politik gab bald Anlass zu umfangreichen Überwachungs- und »Maßnahmeplänen« (dokumentiert u.a. in den ca. 4000 Seiten des seit 1976 geführten »Operativen Vorgangs Filou«, erste Berichte betreffen allerdings auch schon Kriegsgefangenschaft und NDPD-Zeit). Hervorzuheben ist sein Bemühen um in der DDR verfemte Autoren des geistesgeschichtlichen Erbes (z.B. Sigmund Freud), vor allem aber sein Einsatz für DDR-AutorInnen, denen eine Veröffentlichungsmöglichkeit verwehrt blieb (Ende der Siebzigerjahre sollten diese in einer Anthologie versammelt werden) oder die Repressalien ausgesetzt waren (Wolfgang Hilbig, Uwe Kolbe u.a.m.). Die Inschrift auf seinem Grabstein in Märkisch-Buchholz ist jenen »jungen Kollegen« gewidmet. In seinem Testament verbat sich Fühmann ausdrücklich die Präsenz offizieller Kulturpolitiker an seinem Grab, hier zog er auch sein Resümee: »Ich habe grausame Schmerzen. Der bitterste ist der, gescheitert zu sein: in der Literatur und in der Hoffnung auf eine Gesellschaft, wie wir sie alle einmal erträumten.« Fühmanns Nachlass wird im Archiv der Akademie der Künste (Berlin) verwahrt, Briefe und Tagebücher sind bis 2004 für die Veröffentlichung testamentarisch gesperrt, dennoch sind – auch legitimiert durch die veränderten politischen Rahmenbedingungen – bisher drei Briefbände erschienen. Franz Fühmann erhielt unter anderem 1956 den Heinrich-Mann-Preis, 1957 und 1974 den Nationalpreis der DDR, 1963 den Johannes-R.-Becher- Preis, 1972 den Lion-Feuchtwanger-Preis, 1978 den Kritikerpreis für Literatur der Akademie der Künste (West-Berlin) und 1982 den Preis des Literaturmagazins des Südwestfunks (Baden-Baden) und den Münchner Geschwister-Scholl-Preis. Mehrfach wurde er in Ungarn für seine Nachdichtungen ausgezeichnet. Er war Mitglied der Deutschen Akademie der Künste in Ost-Berlin.

Seine erste Veröffentlichung erschien 1942 in den bei Ellermann (Hamburg) verlegten »Blättern für die Dichtung« unter dem Titel *Jugendliches Trio* (mit Alois Timmesfeld und Edith Tohde), weitere Gedichte erschienen zweimal in der Wochenzeitung »Das Reich«. Die lyrischen Vorbilder Weinheber, Rilke, George und Hölderlin klingen noch kräftig nach, hymnische Töne wechseln mit elegisch-apokalyptischen. Ab 1950 schrieb Fühmann regelmäßig Gedichte und Journalistisches, allein über 100 Artikel und Essays für die »National-Zeitung« und die Zeitschrift »Die Nation«. Diese Texte zeugen vor allem von dem aus einem persönlichen Schuldgefühl heraus motivierten Willen zur Selbstinstrumentalisierung für die neue Gesellschaft. Alle veröffentlichten Gedichte Fühmanns datieren bis zum Jahr 1960, in die Werkausgabe wurde nur ein Bruchteil aufgenommen. Der Lyrik blieb Fühmann dennoch zeitlebens verbunden, als Nachdichter, Essayist und Förderer.

In dem Poem *Die Fahrt nach Stalingrad* (1953) beschäftigte sich Fühmann zum ersten Mal mit jenem Motiv, das in seine Prosa und Essayistik immer wieder Eingang fand: der »Wandlung« eines Faschisten zum zwar nicht Anti-, doch immerhin Nichtfaschisten. In der Prosa versuchte Fühmann diesem Thema bis in die Sechzigerjahre mit einem möglichst pointierten Ansatz beizukommen. Er schrieb didaktische Erzählungen aus dem Blickwinkel eines jungen Wehrmachtssoldaten (Prosadebüt *Kameraden*, 1955). Die »schon fast manischen Versuche, zu dem Punkt hinabzugehen, wo die gesellschaftliche Determinierung des Menschen beginnt«, zeigen sein Verständnis von »Wandlung« als einen äußerst komplizierten Prozess mit Brüchen und Abbrüchen, aber auch mit weiterwirkenden Verhaltensmustern, etwa in der Haltung zum »Oben« oder mit der Neigung zu dualen Ideologemen. Themen und Stoffe der nun folgenden Erzählungen und Essays haben hier ihren Ursprung: Versuche zur Kindheit (insbesondere die Eingangskapitel im 1962 erschienenen *Judenauto* und in *Der Jongleur im Kino*), zu Märchen, Mythos und Traum.

Im Umfeld des »Bitterfelder Weges« entstanden mehrere reportagehafte Texte und Erzählungen. Am gelungensten erscheint die Reportage über die Rostocker Warnow-Werft *Kabelkran und blauer Peter* (1961), da hier der Berichtende seine Außenseiterrolle nicht zu kaschieren sucht, sondern gezielt ausstellt. In einem *Brief an den Minister für Kultur* (1964) erklärte Fühmann den »Bitterfelder Weg« als nicht gangbar. In den Siebzigerjahren wurde die DDR-Realität in kürzeren Prosatexten, die die Machtstrukturen aufs Korn nahmen (*Bagatelle, rundum positiv*, 1978), thematisiert. Auch die parallel geschriebenen, an Orwell erinnernden *Saiäns-Fiktschen* (1981), »monströse Geschichten« über das »Stocken der Widersprüche«, wurzeln hier. Seit Mitte der Siebzigerjahre besuchte Fühmann regelmäßig verschiedene Bergwerke und begann, diesen Topos literarisch zu verarbeiten mit dem Fragment gebliebenen *Bergwerkprojekt*, einem auf etwa 1000 Seiten angelegten Experiment zwischen Mythos, Romantik und Gegenwart, selbstreflexiver Standortbestimmung und poetologischem Experiment. Das Projekt legte Fühmann kurz vor seinem Tod als gescheitert beiseite; verschiedene Texte erschienen als eigenständige Veröffentlichungen.

Mit *Vom Moritz, der kein Schmutzfink mehr sein wollte* (1959) eröffnete Fühmann jenen Reigen der »Märchen auf Bestellung«, die neben den Nachdichtungen und Sprachspielen (*Die dampfenden Hälse …*, 1978) einen wichtigen Teil seines Schaffens für Kinder ausmachten. *Reineke Fuchs* (1964) und die *Shakespeare-Märchen* (1968) erschlossen schließlich ein Terrain, auf dem er Bleibendes leistete. Nach- bzw. Neuerzählungen tradierter Stoffe, *Das hölzerne Pferd* (1968, nach Homers *Ilias* und *Odyssee*) und *Das Nibelungenlied* (1971) folgten. Im *Prometheus* (1974) entwickelte Fühmann schließlich *sein* mythologisches Personal, die gefundenen Psychogramme behalten auch in den späteren Texten ihre Gültigkeit, werden allenfalls verfeinert. Bald sprengte der Stoff das in einem Kinderbuch Machbare und es entstanden Erzählungen zu antiken (und biblischen) Mythen, die zu den Glanzleistungen Fühmannscher Prosa zu zählen sind: *Der Geliebte der Morgenröte* (1978) und *Das Ohr des Dionysios* (1985). Aber auch in den Genres Rockoper, Ballettlibretto und Hörspiel verarbeitete er antike Stoffe. Die Parallelität in der Behandlung von Märchen, Mythos und Traum (*Dreizehn Träume*, 1985; *Unter den Paranyas*, 1988) ist bemerkenswert: Instrumentalisierung und Didaktisierung in Poesie und Prosa bis in die Sechzigerjahre, theoretische und experimentelle Annäherung in Essay und Tagebuch und souveräne Emanzipierung als eigenständiges literarisches Feld ab den Siebzigerjahren.

Das Tagebuch *Zweiundzwanzig Tage oder die Hälfte des Lebens* (1973) bezeichnete Fühmann als seinen »eigentlichen Eintritt in die Literatur«. Es zieht poetologische und autobiografische Bilanz und schmiedet literarische Pläne, ist zugleich Hörsaal eines (literatur-)theoretischen Exkurses und experimentierfreudiges Schreiblabor, es markiert den Wechsel von einer retrospektiv-didaktischen »Märchenkonzeption« zu einer Schreibhaltung (auto-)kathartischer Radikalität. In den Siebzigerjahren war der Essay das bevorzugte »Medium der Selbstfindung«; hervorzuheben sind *Das mythische Element in der Literatur* (1974) und die Arbeiten zu

E.T.A. Hoffmann (1976–1979). Als »bislang wichtigstes Buch« bezeichnete Fühmann seine Annäherung an die Dichtung Georg Trakls, die zunächst als eine um die autobiografischen Bezüge gekürzte Ausgabe bei Reclam (1981) und ein Jahr später um diese erweitert in Ost und West unter verschiedenen Titeln erschien. Das Buch berichtet von der »Erfahrung mit Georg Trakls Gedicht«, es ist eine autobiografische Lese- und Lebensbilanz, geprägt vom »Konflikt zwischen Dichtung und Doktrin«, und zugleich bietet es einen Zugang zu Leben und Werk Trakls sowie kulturgeschichtliche und ästhetische Exkurse.

Erst in jüngster Zeit scheint die Bedeutung des Schriftstellers Franz Fühmann deutlicher zu werden. Im literarischen Bewusstsein ist er jedoch nach wie vor wenig präsent, obwohl sich alle ernst zunehmenden Literaturgeschichten immer wieder auf seine Texte beziehen, wenn es gilt, signifikante Entwicklungsetappen festzumachen: zu Krieg und Faschismus, zum »Bitterfelder Weg«, zur Rezeption von Romantik, Expressionismus und Mythos, zu kulturpolitischen Auseinandersetzungen bis hin zum jüngsten »Literaturstreit« um Stasi, Staat und Dichter. Dieses Paradoxon hat verschiedene Ursachen: Zum einen ist Fühmann in dem Genre, mit dem sich die Autoren in die literarische Öffentlichkeit einschreiben, nicht vertreten – er hat nie einen Roman geschrieben. Zum anderen bot er keinen Anlass für medialen Rummel, und schließlich wird noch immer und immer wieder in den Lehrplänen der Schulen, aber auch in Lexika, Aufsatzsammlungen und anderen Nachschlagwerken ein Fühmann-Bild der (weniger einladenden) Fünfziger- und Sechzigerjahre auf Kosten des Spätwerkes vermittelt.

Jürgen Krätzer

Werke: *Die Wiedergeburt unserer nationalen Kultur*, Ess., Bln. 1952; *Flucht in die Enttäuschung. Aus den Lebenserinnerungen des Deutschamerikaners Carl Schurz*, bearb., mit e. Vor- u. Nachw. v. F. F., Bln. 1952; *Die Nelke Nikos*, G., Bln. 1953; *Die Fahrt nach Stalingrad*, Bln. 1953; *Die Literatur der Kesselrings*, Pamphlet, Bln. 1954; *Kameraden*, N., Bln. 1955, verfilmt als *Betrogen bis zum jüngsten Tag*, Regie: Kurt Jung-Alsen, 1957; *Seht her, wir sind's*, Epigramme, mit Illustr. v. Karl Schrader, Bln. 1957; *Aber die Schöpfung soll dauern*, G., Bln. 1957; *Kapitulation*, E., Bln. 1958; *Stürzende Schatten*, En., mit Illustr. v. Hans u. Lea Grundig, Bln. 1959; *Vom Moritz, der kein Schmutzkind mehr sein wollte*, Kinderb., mit Illustr. v. Inge Friebel, Bln. 1959; *Lidice-Kantate* (Musik: Ruth Zechlin), Bln. 1959; *Fronten*, En., Bln. 1960; *Die Suche nach dem wunderbunten Vögelchen*, Kinderb., mit Illustr. v. Inge Friebel; Film u. d. gl. Titel, Regie: Rolf Losansky, 1964, gedr. Bln. 1960; *Attila József: Gedichte*, hg. v. Stephan Hermlin, Nachdicht., Bln. 1960; *Die heute vierzig sind: eine Filmerzählung*, Bln. 1961; *Der Schwur des Soldaten Pooley*, Fssp. 1961, Regie: Kurt Jung-Alsen; *Spuk. Aus den Erzählungen des Polizeileutnants K.*, En., Bln. 1961; *Galina Ulanowa*, Porträt, Bln. 1961; *Kabelkran und blauer Peter*, Rep., Rostock 1961; *Lustiges Tier-ABC*, Kinderb., mit Illustr. v. Erich Schmitt, Bln. 1962; *Die Richtung der Märchen*, G., Bln. 1962; *Das Judenauto*, En., Bln. 1962; *Böhmen am Meer*, E., mit Originalradierungen v. Armin Münch, Rostock 1962 und 1963; *Attila József: Ode. Ein Liebesgedicht*, Nachdicht., Lpz. 1962; *Ernst Barlach: Das schlimme Jahr. Grafik, Plastik, Zeichnungen, Dokumente*, mit einem Text v. F. F., Rostock 1963 (die Novelle *Das schlimme Jahr* später u. d. T. *Barlach in Güstrow*, Film u. d. T. *Der verlorene Engel. Ein Tag im Leben Ernst Barlachs*, Buch u. Regie: Ralf Kirsten, 1966); *Reineke Fuchs*, Kinderb., Nachdicht., mit Illustr. v. Werner Klemke, Bln. 1964, Mü. 1975; *Christo Botew: Der Balkan singt sein wildes Lied*, G. u. Publizistik, Nachdicht., Bln. 1964; *Die Glasträne: Tschech. Gedichte d. 20. Jahrhunderts*, hg. v. Ludvík Kundera u. F. F. (mit Nachdichtungen F.s), Bln. 1964; *Endre Ady: Gedichte*, Nachdicht. v. F. F. u. Heinz Kahlau, mit Illustr. v. László Gyémánt u.a., Bln. 1965; *Androklus und der Löwe*, Kinderb., mit Illustr. v. Karl-Georg Hirsch, Bln. 1966; *König Ödipus*, En., Bln., Weimar 1966, Ffm. 1972 (Film u. d. Titel *Das Geheimnis des Ödipus*, Regie: Kurt Jung-Alsen, 1974, und *Der Fall Ö.*, Regie: Rainer Simon, Buch: Ulrich Plenzdorf, 1991); *Miklós Radnóti: Ansichtskarten*, G., Nachdicht. u. Nachw. v. F. F., Bln. 1967; *Das hölzerne Pferd*, E. nach Homer, Kinderb., mit Illustr. v. Eberhard u. Elfriede Binder, Bln. 1968, Recklingh. 1968; *Shakespeare-Märchen*, Kinderb., mit Illustr. v. Bernhard Nast, Bln. 1968; *Das Tierschiff. Die schönsten Tiermärchen aus aller Welt*, Hg., Kinderb., mit Illustr. v. Eva Johanna Rubin, Bln. 1969; *Justinas Marcinkevicius: Auf der Erde geht ein Vogel*, G., Nachdicht., hg. u. mit e. Nachw. v. Leonhard Kossuth, mit Illustr. v. Dieter Goltzsche, Bln. 1969; *Die Elite*, En., Zür. 1970; *Der Jongleur im Kino oder Die Insel der Träume*, mit Illustr. v. Harald Metzkes, Rostock 1970, Darmst., Neuwied 1984; *Semjon Gudsenko: Porträt einer Generation*, G., Tagebücher. Nachdicht. v. F. F., Heinz Czechowski u. Ilse Krätzig. Bln. 1970; *Frantisek Halas: Der Hahn verscheucht die Finsternis*, G., Nachdicht., Bln. 1970; *Ernst Barlach: Das Wirkliche und Wahrhaftige*, Briefe, Grafik, Plastik, Dokumente, Hg., Rostock 1970, Wiesb. 1970; *Das Nibelungenlied: neu erzählt*, Kinderb., mit Illustr. v. Eberhard u. Elfriede Binder, Bln. 1971; *Ein Sommernachtstraum, nach William Shakespeare für junge Leser erzählt*, Kinderb., mit Illustr. v. Gertrud Zucker, Bln. 1972; *Ernst Barlach: Briefe*, Hg., Rostock 1972; *22 Tage oder die Hälfte des Lebens*, Pr., Rostock 1973, Ffm. 1973; *Prometheus. Die Titanenschlacht*, R., Kinderb., mit Illustr. v. Nuria Quevedo, Bln. 1974, Stg. 1978; *Milán Füst: Herbstdüsternisse*, G. u. »Aufzeichnungen«, Nachdicht., Übs. v. Paul Kárpáti, Ausw. v. F. F. u. Paul Kárpáti, Nachw. v. Márton Kalász, Lpz. 1974; *Wieland Förster: Begegnungen.* Tagebuch, Gouachen u. Zeichn. e. Reise in Tunesien, Nachw. v. F. F.,

Bln. 1974; *Erfahrungen und Widersprüche*, Ess., Rostock 1975, Ffm. 1976; *Attila József: Poesiealbum 90*, G., Nachdicht., hg. v. Stephan Hermlin, Bln. 1975; *Georg Trakl: Gedichte*, Hg., m. e. Nachw. v. Stephan Hermlin, Leipzig 1975; *Attila József: Attila József*, Nachdicht., Mü. 1975; *Christo Botew: Schwarz eine Wolke*, G., Publizistik, Briefe, Nachdicht. v. F. F. u. Wolfgang Köppe, Lpz. 1976; *Schneewittchen: Ein paar Gedanken zu zwei jungen Dichtern* (zu Uwe Kolbe u. Frank-Wolf Matthies), in: »Sinn und Form« 6/1976, S. 1259 ff.; *Die Verteidigung der Reichenberger Turnhalle*, En., Stg. 1977; Erzählungen 1955–1975, Rostock 1977 (d.i. Bd. 1 der WA); *Konstantin Biebl: Poesiealbum 117*, Nachdicht. v. F. F. u. Johannes Bobrowski, Bln. 1977; *Gedichte und Nachdichtungen*, Rostock 1978 (d.i. Bd. 2 der WA); *Der Geliebte der Morgenröte*, En., mit Illustr. v. Alfred T. Mörstedt, Rostock 1978, Hbg. 1979; *Bagatelle, rundum positiv*, En., Ffm. 1978; *Die dampfenden Hälse der Pferde im Turm von Babel. Ein Spielbuch in Sachen Sprache. Ein Sachbuch der Sprachspiele. Ein Sprachbuch voll Spielsachen,* Kinderb., mit Illustr. v. Egbert Herfurth, Bln. 1978, Ffm., Wien, Zü. 1982, Darmst., Neuwied 1984; *Gábor Hajnal: Walpurgisnacht.* Gedichte, Nachdicht. u. Nachw., hg. v. Paul Kárpáti, Lpz. 1978; *Vitezslav Nezval: Auf Trapezen*, G., Nachdicht., hg. u. mit e. Vorw. v. Ludvik Kundera, Lpz. 1978; *Kurt Batt: Widerspruch und Übereinkunft. Aufsätze zur Literatur*, hg. v. Franz Fühmann u. Konrad Reich, Lpz. 1978; *Fräulein Veronika Paulmann aus der Pirnaer Vorstadt oder Etwas über das Schauerliche bei E. T. A. Hoffmann*, Rostock 1979, Hbg. 1980; *Das Judenauto. Kabelkran und blauer Peter. Zweiundzwanzig Tage oder Die Hälfte des Lebens*, Rostock 1979 (d.i. Bd. 3 der WA); *Irrfahrt und Heimkehr des Odysseus. Prometheus. Der Geliebte der Morgenröte* und andere Erzählungen, Rostock 1980 (d.i. Bd. 4 der WA); *Uwe Kolbe: Hineingeboren, Gedichte 1975–79,* nachbem. v. F. F., Bln. und Weimar 1980, Ffm. 1982; *Kurt Batt: Schriftsteller, Poetisches und wirkliches Blau. Aufsätze zur Literatur,* hg. v. F. F. u. Konrad Reich, Hbg. 1980; *Reineke Fuchs. Märchen nach Shakespeare. Das Nibelungenlied. Märchen auf Bestellung*, Rostock 1981 (d.i. Bd. 5 der WA); *Margarete Hannsmann: Spuren. Ausgew. Gedichte 1960–1980*, hg. v. F. F., mit Illustr. v. HAP Grieshaber, Lpz. 1981; *Der Wahrheit nachsinnen – Viel Schmerz. Bd. 1: Georg Trakl, Gedichte, Dramenfragmente, Briefe*, Bd. 2: *Gedanken zu Georg Trakls Gedicht mit Abb. nach Aquarellen und Zeichnungen von E. Schiele*, Hg., Lpz. 1981, Wiesbaden 1982 (gek. Fssgn.); *Saiäns-Fiktschen*, En., Rostock 1981, Darmst., Neuwied 1986; *Die Verbesserung des Menschen,* Märchen, hg. v. H. Heidtmann, 1982; *Pavlos Papierbuch u.a. En.*, Bln., Weimar 1982; *Engel der Behinderten*, Hg. u. Vorw., Düsseld. 1982; *Sigmund Freud: Trauer und Melancholie. Essays*, hg. v. F. F. u. Dietrich Simon, mit Aufz. eines Gesprächs zw. d. Hrsgn, Bln. 1982; *Mihály Vörösmarty: Wenn einst die Nacht sich erschöpft*, Nachdicht., mit e. Gespräch v. F. F., Paul Kárpáti u. Márton Kalász üb. Mihály Vörösmarty, G. u. dramat. Lyrik (mit Reprod. n. Stichen v. Béla Kondor), Bln. 1982; *Vor Feuerschlünden. Erfahrung mit Georg Trakls Gedicht*, Rostock 1982, a. u. d. T. *Der Sturz des Engels. Erfahrungen mit Dichtung*, Hbg. 1982 (um ein Nachw. v. Uwe Kolbe erw. Ausg. Rostock 2000); *Essays, Gespräche, Aufsätze 1964–1981*, Rostock 1983 (d.i. Bd. 6 der WA); *Den Katzenartigen wollten wir verbrennen. Ein Lesebuch*, hg. v. Hans-Jürgen Schmitt, Hbg. 1983; *Ilja Ehrenburg: Laß mich nicht sehen, was ich sah*, G., hg. u. mit e. Nachw. v. Edel Mirowa-Florin, Nachdicht., Bln. 1983; *Margarete Hannsmann: Du bist in allem. Elegie auf Lesbos*, Vorw., m. Malbriefen v. HAP Grieshaber, Freiburg, Hdbg. 1983; *Kirke und Odysseus. Ein Ballett*, Rostock 1984; *Márton Kalász: Bemessener Trost*, G., Nachdicht., Lpz. 1984; *Vor Feuerschlünden. Erfahrung mit Georg Trakls Gedicht. Anhang: Dichtungen und Briefe Georg Trakls*, Rostock 1984 (d.i. Bd. 7 der WA); *Das Ohr des Dionysos*, nachgel. En., hg. v. Ingrid Prignitz, Rostock 1985; *Wandlung, Wahrheit, Würde. Aufsätze und Gespräche 1964–1981*, Darmst., Neuwied 1985; *Schlipperdibix und klapperdibax! 2 Kasperlstücke*, Kinderb., mit Illustr. v. Alfred T. Mörstedt, Rostock 1985; *Dreizehn Träume*, m. 6 Lithogr. v. Nuria Quevedo, Lpz. 1985; *Was für eine Insel in was für einem Meer. Ein Fotozyklus,* v. Dieter Reimann u. Texte v. F. F., Rostock 1985; *Csongor und Tünde: ein romant. Märchenspiel von Mihály Vörösmarty*, Nachdicht., Nachw. v. Paul Kárpáti, Theaterst., mit Illustr. v. Brigitte Ullmann, Bln. 1985; *Vladimír Holan: Poesiealbum 215*, G., Nachdicht., Bln. 1985; *Die Schatten.*, Hsp., mit Illustr. v. Clemens Gröszer, hg. u. m. e. Nachw. v. Ingrid Prignitz, Rostock 1986; *Die Schatten. Mit den Gedenkreden Chr. Wolfs u. U. Kolbes*, En., Hsp., Hbg. 1986; *Das Blaue Licht. Märchen für Erwachsene (nach den Brüdern Grimm)*, in: »neue deutsche literatur«, 9/1986, S. 50 ff.; *Ágnes Nemes Nagy: Dennoch schauen*, G., Nachdicht. u. fragm. Vorw., Lpz. 1986; *Simplicius Simplicissimus. Der Nibelunge Not und Arbeiten für den Film*, hg. u. m. e. Nachw. v. Ingrid Prignitz, Rostock 1987 (d.i. Bd. 8 der WA); *Urworte Deutsch aus Steputats Reimlexikon gezogen.* Mit Collagen v. Alfred T. Mörstedt, hg. v. Ingrid Prignitz, Rostock 1989; *Alkestis. Stück mit Musik in einem ersten Akt, einem zweiten Akt, zwei dritten Akten und einem Vorspiel*, hg. u. m. e. Nachw. v. Ingrid Prignitz, mit Illustr. v. Heiner Ulrich, Theaterst., Rostock 1989; *Rumpelstilzchen. Märchen für Erwachsene (nach den Brüdern Grimm)*, Hsp., UA 4. 7. 1987 in Stimme der DDR, abgedr. in: *Höchste Zeit.* Hörspiele, Bln. 1989, S. 109 ff.; *Märchen auf Bestellung*, Kinderb., mit Illustr. v. Alfred T. Mörstedt, hg. u. m. e. Nachw. v. Ingrid Prignitz, Rostock 1990; *Im Berg. Texte und Dokumente aus dem Nachlass*, hg. u. m. e. Nachw. v. Ingrid Prignitz, Rostock 1991; *Miklós Radnóti: Offenen Haars fliegt der Frühling*. Tagebücher, G., Fotos, Dok., hg. v. Siegfried Heinrichs, Nachdicht. v. Hans Skirecki u. F. F., Enger/Ostwestfalen, Bln. 1993; *Briefe 1950–1984. Eine Auswahl*, hg. v. Hans Jürgen Schmitt, Rostock 1994; *Christa Wolf, Franz Fühmann: Monsieur – wir finden uns wieder. Briefe 1968–1984*, hg. v. Angela Drescher, Bln. 1995; *Prometheus. Die Zeugung*, Kinderb., hg. v. Sigurd Schmidt, Rostock 1996; *Franz Fühmann. Eine Biographie in Bildern, Dokumenten und Briefen*, hg. v. Barbara Heinze, Rostock 1998; *Der glückliche Ritter von Trinitat oder Wie wird man Oberdiskutierer. Ein Puppenspiel in 4 Akten für Joachims sechs Puppen*, Kinderb., mit Illustr. v. Egberth Herfurth,

Rostock 1999; *Margarete Hannsmann: Protokolle aus der Dämmerung: 1977 – 1984. Begegnungen und Briefwechsel zwischen Franz Fühmann, Margarete Hannsmann und HAP Grieshaber*, mit Anm. v. Brigitte Selbig, Rostock 2000; *Anna, genannt Humpelhexe*, Nachw. v. Peter Härtling, Kinderb., mit Illustr. v. Jacky Gleich u. 4 Porträtzeichn. v. Nora Gleich, Rostock 2002.

Fussenegger, Gertrud Anna, wurde am 8. 5. 1912 in Pilsen, heute Plzeň (CR), geboren und verbrachte ihre Kindheit in Neu-Sandec in Galizien und Dornbirn in Vorarlberg. 1921 übersiedelte sie nach Telfs in Tirol. Nach dem Tod der Mutter 1926 lebte sie bei den Großeltern, besuchte das Gymnasium in Pilsen und bestand 1930 das Abitur. Anschließend studierte sie Geschichte, Kunstgeschichte und Philosophie in München und Innsbruck und schloss das Studium 1934 mit einer Promotion über den *Rosenroman* von Jean de Meung ab. 1937 heiratete sie den Münchener Bildhauer Elmar Dietz, 1944 zog sie nach Hall in Tirol, 1950 heiratete sie den Bildhauer Alois Dorn. Seit 1961 lebt sie in Leonding bei Linz. Fussenegger erhielt 1951 und 1963 den Adalbert-Stifter-Preis des Landes Oberösterreich, 1956 den Förderpreis des Oldenburgischen Staatstheaters, 1961 den Hauptpreis der Künstlergilde Esslingen für ostdeutsches Schrifttum, 1969 den Johann-Peter-Hebel-Preis, 1972 den Österreichischen Staatspreis für Jugendbuch und den Großen Kulturpreis der Sudetendeutschen Landsmannschaft, 1979 den Wolfgang-Amadeus-Mozart-Preis der Goethe-Stiftung Basel sowie die Humboldt-Plakette, 1981 das Österreichische Ehrenzeichen für Wissenschaft und Kunst, 1984 das Bundesverdienstkreuz Erster Klasse, 1993 den Heinrich-Gleißner-Preis, den Weilheimer Literaturpreis und den Bayerischen Literaturpreis (Jean-Paul-Preis). 1983 lehnte sie den Literaturpreis der Konrad-Adenauer-Stiftung ab.

Liebespaar, *Auf den Tod eines Kindes* und viele andere Texte in Gertrud Fusseneggers Lyrikband *Gegenruf* (1986) behandeln aus christlich-katholischer Sicht die Abhängigkeit des Subjekts von elementaren Strukturen der Schöpfung, von den Naturgesetzen, letztlich vom Schicksal, sowie seine Bedürfnisse und Nöte, wobei der Mensch die Frage nach der Existenz einer gütigen und gerechten Gottheit angesichts zahlreicher selbst verschuldeter Katastrophen (Kriege, Wirtschaftskrisen, Zerstörung der Natur) offen lassen muss. Krieg und Vertreibung, Heimatlosigkeit und materielle Verluste aller Art werden als Prüfungen des Schicksals interpretiert, wobei die mit dem stark ausgeprägten Katholizismus der Autorin unvereinbare Größe »Schicksal« als Einbruch weltlicher und für die Figuren häufig undurchschaubarer und nicht beeinflussbarer politisch-ökonomischer Krisensituationen uminterpretiert wird. Materielle Verluste werden immer auch mit ideellen korreliert, die vielfältigen Verstrickungen sozialen Handelns bringen einen Schuldzuwachs mit sich. Das wird vor allem in den beiden historischen Romanen *Die Brüder von Lasawa* (1948) und *Geschlecht im Advent* (1937) sichtbar, deren Histoire Gertrud Fussenegger in die Zeit des Dreißigjährigen Krieges bzw. in die Zeit der letzten Karolinger und der Auflösung des Fränkischen Reiches gelegt hat. Die Romane wurden zeichenhaft gelesen für die Erlebnisse der Weltkriegsgeneration bzw. für die Entwurzelung der Völker angesichts tief greifender Veränderungen der Moderne.

Obwohl Fussenegger bereits seit 1933 Parteigängerin der NSDAP war, im »Völkischen Beobachter«, in »Das Innere Reich« und anderen NS-Blättern publizierte und Hitlers Einzug in Wien 1938 mit einem Gedicht feierte, erregte sie mit einer ihrer ersten Erzählungen, der *Mohrenlegende* (1937), den Unwillen der neuen Machthaber. Der Vorwurf lautete auf »Mitleidwerbung für Andersrassige«. Nach Kriegsende bereute die »Stimme der Ostmark« ihre opportunistische Haltung: »Ich war wie viele andere in dieser Zeit von einem falschen Idealismus beseelt.« Gleichwohl schönte sie in ihrer Autobiografie *Spiegelbild mit Feuersäule* (1979) ihre Vergangenheit.

Die Diskussion um die raschen Veränderungen der politisch-sozialen, ästhetischen und weltanschaulichen Ideologeme der Nachkriegszeit hat die Autorin mit Romanen, Erzählungen, Theaterstücken, Essays und Lyrik aufgegriffen. Ihr Spätwerk (v.a. *Jirschi oder Die Flucht ins Pianino*, 1995; *Ein Spiel ums andere*, 1996) wird als Versuch gelesen, paradigmatische Biografien zu schildern, die aus den Wechselfällen des Lebens Lehren gezogen haben. In ihrem Essay *Uns hebt die Welle. Liebe, Sex und Literatur* (1984) kommentiert Fussenegger – aus konservativ-christlicher und etwas verspäteter Sicht – die Auswirkungen der so genannten Sexwelle auf die Moral der westlichen Welt. Epigonal-verspätet kamen auch ihre Anschlussversuche an die Literatur der Avantgarde mit ihren erzähltechnischen Errungenschaften. Sie kollidierten, besonders in dem formal ambitionierten Roman *Die Pulvermühle* (1968), mit dem nicht selten archaisch-pretiösen Sprachgestus und der holzschnittartig-groben Figurengestaltung und Handlungsführung ihrer Werke. Diese Romane wurden von der Kritik freundlich-nachsichtig oder ablehnend besprochen, konnten sich jedoch beim Publikum durchsetzen. *Das verschüttete Antlitz* (1957) erzählt vom verpfuschten Leben des Dorfarztes Viktorin Zemann, der unter Mordverdacht gerät, von der Dorfgemeinschaft gemieden wird und sich immer tiefer in sein düsteres Selbst verstrickt, der seine Frau ertränkt und nach einer siebenjährigen Haftstrafe in eine von Terror und Krieg verwüstete Welt zurückkehrt.

Nahezu alle Werke kreisen um christliche Themen, die das Kinder- und Jugendbuchwerk der Autorin dominieren. In ihrem Roman *Zeit des Raben, Zeit der Taube* (1960) treffen die naturwissenschaftlich-technische Forscherwelt der Marie Curie und die eschatologisch-ekstatische Ideenwelt von Leon Bloy aufeinander. Kapitelweise alternierend wird die eine oder die andere Teilwelt dargestellt, faktisch ein Versuch zur Überwindung der Kluft zwischen den »zwei Kulturen« (C. P. Snow) Wissenschaft und Literatur. Der 1983 erschienene Briefroman *Sie waren Zeitgenossen* versucht, die Gestalt des Jesus von Nazareth aus der Peripherie, aus der Sicht seiner Zeitgenossen darzustellen. In ihrem Essay *Die Dichter und ihr Gott. Ein Werkstattbericht* (1986) hat Gertrud Fussenegger die schöpferische Kreativität des Schriftstellers in Analogie zu Gott gesetzt. Im Christentum sieht sie für ihre gebrochenen Charaktere die Möglichkeit innerer Umkehr und Erlösung angelegt; den ironischen Erzählgestus eines Thomas Mann hingegen lehnt sie ab. 1993 kam es bei der Verleihung des Bayerischen Literaturpreises an Fussenegger zu Protesten des Zentralrates der Juden in Deutschland, dem sich deutsche und österreichische Intellektuelle anschlossen: Die Auszeichnung der Autorin komme »einem Rückfall in den alten Kulturkampf von rechts« gleich.

Lutz Hagestedt

Werke: *Geschlecht im Advent*, R., Potsdam 1937; *Mohrenlegende. Eine Weihnachtsgeschichte*, E., Potsdam 1937; *Der Brautraub*, En., Potsdam 1939; *Eines Menschen Sohn*, E., Lpz. 1939; *Die Leute auf Falbeson*, E., Jena 1940; *Eggebrecht*, En., Jena 1943, erw. Ausg. Steyr 1992; *Böhmische Verzauberungen*, Reisetagebuch, Jena 1944; *Die Brüder von Lasawa*, R., Salzb. 1948; *... wie gleichst du dem Wasser*, En., Mü. 1949; *Das Haus der dunklen Krüge*, R., Salzb. 1951; *Die Legende von den drei heiligen Frauen*, E., Stg. 1958; *In deine Hand gegeben*, R., Düsseld. 1954; *Iris und Muschelmund*, G., Wien 1955; *Der General*, E., Hbg. 1956; *Das verschüttete Antlitz*, R., Stg. 1957; *Südtirol*, Bildb., Mü, 1959; *Zeit des Raben, Zeit der Taube*, R., Stg. 1960; *Der Tabakgarten*, En., Stg. 1961; *Die Reise nach Amalfi*, Hsp., Stg. 1963; *Die Nachtwache am Weiher*, En., Mü. 1963; *Die Pulvermühle*, R., Stg. 1968; *Bummel durch Salzburg*, Bildb., Mü. 1970; *Alle waren frommer und glükklicher als ich ...*, Ess., Dornbirn 1971; *Bibelgeschichten*, Kinderb., Wien 1972; *Sprache*, G., Bad Goisern 1974; *Der Aufstand*, Libretto, UA Linz 1976, gedr. Linz 1976; *Der große Obelisk. Gedanken und Erfahrungen beim Lesen und beim Reisen*, Ess., Salzb. 1977, erw. Ausg. Salzb. 1992; *Ein Spiegelbild mit Feuersäule*, R., Stg. 1979; *Fenster*, Ess., St. Pölten 1979; *Maria Theresia*, Biogr., Wien 1980; *Linz*, Bildb., Wien 1981; *Kaiser König Kellerhals*, En., Wien 1981; *Das verwandelte Christkind*, Pr. u. G., Freib./Br. 1981; *Pilatus*, Theaterst., UA Ossiach, gedr. Freib./Br. 1981; *Österreich*, Bildb., Innsbr. 1982; *Die Arche Noah*, Kinderb., Wien 1982; *Sie waren Zeitgenossen*, R., Stg. 1983; *Dein Kreuz verkünden wir*, Ess., Linz 1985; *Freue dich, Christkind kommt bald*, Kinderb., Wien 1985; *Jona*, Kinderb., Wien 1986; *Gegenruf*, G., Salzb. 1986; *Die Dichter und ihr Gott*, Ess., Karlsruhe 1986; *Nur ein Regenbogen*, En., Stg. 1987; *Der Goldschatz aus Böhmen*, En., Salzb.1989; *Der vierte König*, Kinderb., m. Illustr. v. Herbert Friedl, Innsbr. 1990; *Michael*, Kinderb., m. Illustr. v. Christina Oppermann-Domow, Innsbr. 1990; *Elisabeth*, Kinderb., m. Illustr. v. Elisabeth Singen, Innsbr. 1991; *Herrscherinnen. Frauen, die Geschichte machten*, Stg. 1991; *Bibelgeschichten*, Kinderb., m. Illustr. v. Christine Krais, Wien 1991; *Martin*, Kinderb., m. Illustr. v. Elisabeth Singer, Innsbr. 1992; *Hullahdapullah. Der böse Zwerg. Ein Märchen aus Indien*, Kinderb., m. Illustr. v. Hilde Heyduck-Huth, Mödling 1993; *Tobias*, Kinderb., m. Illustr. v. Susanne Redl, Innsbr. 1993; *Daniel*, Kinderb., m. Illustr. v. Susanne Redl, Innsbr. 1994; *Besuch im Altersheim*, Hsp., ORF 1994; *Jirschi oder Die Flucht ins Pianino*, R., Graz 1995; *Ein Spiel ums andere*, En., Stg. 1996; *Goethe. Sein Leben für Kinder erzählt*, Mü. 1999; *Bourdanins Kinder*, R., Mü. 2001; *Ich bin Ophelia*, Schpl., Mü. 2002.

Gahse, Zsuzsanna, wurde am 27. 6. 1946 in Budapest geboren. Sie floh 1956 aus Ungarn und verbrachte ihre Gymnasialzeit in Wien und in Kassel. Seit 1969 veröffentlichte sie Beiträge in Zeitschriften und Anthologien und machte als Übersetzerin moderne ungarische Autoren wie Peter Nádas und Peter Esterházy in Deutschland bekannt. Längere Zeit lebte sie in Stuttgart, dann kurz in Wien und ein Jahr in Überlingen am Bodensee, heute in Müllheim in der Schweiz und in Dossenheim bei Heidelberg. 1983 erhielt sie den Preis der Kunststiftung Baden-Württemberg, 1984 den »Aspekte«-Literaturpreis, 1986 den Preis der Stadt Wiesbaden in Klagenfurt sowie ein Stipendium des Landes Rheinland-Pfalz, 1987 das Stipendium Edenkoben, 1988 das Venedig-Stipendium des Centro Tedesco, 1990 den Stuttgarter Literaturpreis, 1993 den Preis der Stadt Zug und 1999 den Tibor-Déry-Preis für Übersetzungen. Von 1989 bis 1993 nahm sie einen Lehrauftrag an der Universität Tübingen, 1996 die Poetikdozentur der Universität Bamberg wahr.

»Es ist schön, das Schreiben. Da kommt jemand, der es auswertet, der, mit halbgeschlossenen Augen über den Schreibtisch gebeugt, einer Linie nachgehen will und diese Linie dann plötzlich findet, indem er die Wörter aus dem Text hebt und sie in die Stube stellt. Wie die Wörter in seinem Raum dann einen Platz gewinnen, alle ganz mit ihrer Eigenart, atmen sie aufgeregt, manche sind plötzlich benommen und schwanken, oder sie wollen sich nur an einen Satz lehnen, und daraufhin sieht man nichts als diesen einen Satz: Dieser ist die gesuchte Linie selbst, weil er auf die anderen rankenden Bestandteile hinweist.«

Diese einleitenden Sätze des Prosabandes *Zero* (1983) verweisen schon auf wesentliche Merkmale der Texte Zsuzsanna Gahses: ein spielerisches Einkreisen einer oft nur fragmentarisch erlebten Wirklichkeit mittels einer Sprache, die sich ihrer Unzulänglichkeit wie Möglichkeiten stets bewusst bleibt und der die Autorin trotzdem oder gerade deswegen vertraut, sie schützt und pflegt, reduziert und stilisiert, um zurückhaltend, aber präzise sich über ihre Beobachtungen Wirklichkeit neu zu erschreiben. Weitgehend auf Handlungen verzichtend, die aufgrund ihrer Eigendynamik von den möglichen Entdeckungen ablenken könnten, nähert sie sich wahrnehmend, reflektierend oder Zustände schildernd der Realität und provoziert, indem sie gelegentlich herrschende Konventionen durchbricht, ihre und des Lesers Fantasie. Die Welt, die sie mit ihrer »Traumprosa« erschließt, erscheint häufig surreal, voller Abgründe und Winkel; ihr sich zu nähern, bedeutet für die Erzählerin Risiko und Erfüllung zugleich. Um den »Assoziationsraum« zu schaffen, der zwischen beobachteter Welt und sprachlicher Umsetzung entsteht, nimmt sie jede noch so banale Anregung auf; sie benützt sie, ohne sie zu befragen oder zu analysieren, um sich in der Sprache einzunisten. Sie vermeidet es, tief in die Realität einzutauchen, vieles bleibt daher schemen- und skizzenhaft. Es ist wohl die Angst vor Konfrontationen, vor Entscheidungen, vor Lebensproblemen, die zur Zuflucht in der »gesicherten Sprache« führt. »Alle Geschichten enden, wenn man sie weit genug verfolgt, mit dem Tod«, heißt es in *Berganza* (1984), einer Erzählung, die das schon von Cervantes und E. T. A. Hoffmann bekannte Motiv des sprechenden Hundes wieder aufnimmt. Der Hund ist mittlerweile alt und müde geworden und gibt sich häufig melancholisch und enttäuscht aufgrund seiner Erfahrungen von der Liebesunfähigkeit und Sprachlosigkeit der Menschen. Am Anfang der Erzählerin, einer schwäbischen Gymnasiallehrerin, an einer Tankstelle in Kehl zugelaufen, entwickelt er sich im Verlauf des Textes immer mehr zum literarischen »Alter Ego« der Erzählerin, zum Dialogpartner ihrer Seele, zum Spiegelbild ihrer Erkenntnisse: »Manchmal legte er seine Schnauze auf meine Schulter, dann klang seine Stimme, als entspringe sie meinem eigenen Kopf.«

Kontaktarmut, Isolation und Selbstbezogenheit stellen auch das Thema der bezeichnenderweise aus 46 Monologen bestehenden *Abendgesellschaft* (1986) dar. Zu einer abendlichen Dichterlesung geladen, verliert sich eine Tischgesellschaft aus Selbstdarstellern in »Einsamkeitsreden«. Alle reden, aber meist reden sie aneinander vorbei. Viel wird gesagt, doch niemand versteht es. Bei »guter Steinsuppe, aus dem Mark von besten weißen Steinen gekocht«, kommuniziert man in Smalltalks, Kontakt kommt nicht zustande, jeder bleibt letztlich allein und unglücklich. Der zufriedenste Partygast ist »jemand mit einem Buch«, dem die Zuwendung zur Meta-Wirklichkeit, zur Kunst, mehr bedeutet als das Leben selbst: »Es ist eigenartig, ich lese von diesem Fest und befinde mich selbst bei diesem Fest, und die Veranstaltung, von der ich lese,

macht größeren Eindruck auf mich als die, bei der ich mich befinde.« Vieles erscheint der Erzählerin fremd, Furcht einflößend, unzusammenhängend. Bei allem Vertrauen in die Sprache, der sie viel »Freiraum« lässt, entsteht doch Skepsis über die Vermittelbarkeit von Erfahrungen. Dabei ist es gerade die Suche nach Zusammenhängen, nach Gemeinsamkeit, die hinter dieser verwinkelten, assoziativen, nicht immer einfach zu begreifenden Prosa steht: »Und einer von uns sagte am Abend, / er wünschte, alles Erzählte könnte sich nahtlos zusammenfügen, / so, als ginge es um eine einzige große Geschichte. / Das natürlich ist ein frommer Wunsch. / Andererseits sollte man die entferntesten und die nächsten Geschichten miteinander verknüpfen« (*Stadt. Land. Fluß*, 1988).
Gahse hat viele Texte aus dem Ungarischen ins Deutsche übertragen. Spielerisch und offen zugleich geht sie im Band *Übersetzt. Eine Entzweiung* (1992) den Irritationen nach, mit denen sie ständig konfrontiert wird. Sie ereifert sich über die »Unehrlichkeit der Übersetzungen«, die niemand hinterfrage, obwohl sie eine unvermeidliche Vereinnahmung fremder Denk- und Sprachmuster darstellten. Das Problem der Authentizität ist für die zwischen zwei Kulturen hin und her springende Übersetzerin gravierend; aber auch als Schriftstellerin packen sie Skepsis und Zweifel beim Umgang mit der Sprache. Sie hält es da mit Gertrude Stein, zergliedert die Worte wie ein Sprachanatom, begutachtet jedes für sich, misstraut Linearität und Chronologie, probiert alle Möglichkeiten aus, um das Verborgene hinter den Dingen via Sprache erfassen zu können. »Was kann Sprache und wie ist ihr Verhältnis zum Sprechenden?«, fragte sie in ihren Bamberger Poetikvorlesungen *Wie geht es dem Text?* (1997). Hier zeigt sich ein hochreflektiertes Schreiben, aber auch eine Freude am Spiel mit dem Material, das sie gerne dekonstruiert und doch in Bewegung halten will, um in neue Vorstellungsräume zu gelangen. So referiert sie über die Notwendigkeiten des Ich-Sagens, erste Sätze und den Gebrauch von Präpositionen, über das Verhältnis von Raum und Zeit und über die Möglichkeiten, noch nicht verformte und abgenützte Sprech- und Darstellungsweisen zu finden. So zieht auch konsequenterweise der stille Ferdinand im *Kellnerroman* (1996) alles in Zweifel. Sein Sprechen bleibt flüchtig und episodisch; wenn, dann ist sein Schweigen beredter als seine Äußerungen. In dieser aus 30 Fußnoten und dazugehörigen Kapiteln bestehenden Betrachtung bleibt – wie in fast allen Texten Gahses – der Sprachwechsel konstituierend für die Fremdheit im Umgang mit den Worten. Nur distanziert und vorsichtig, meist in fragmentarischen Ansätzen ohne die frei laufende Handlung wird sich eine Sprach-Heimat mühsam erworben. Man ist in jeder Hinsicht im Exil. Spiegel als Signum dieser Differenz, in denen das Subjekt sich zwar sehen, aber nie wirklich werden kann, tauchen auch hier auf.
Auch in *Nichts ist wie oder Rosa kehrt nicht zurück* (1999) ist es ein Herantasten an eine Figur, die sich entfernt hat und eine andere Sprache zu sprechen beginnt. Anfangs eine Fluchtgeschichte zweier Frauen aus dem Ungarn des Jahres 1956, entwickelt sich der Roman zum Porträt der Mutter, die von ihrer Tochter, der Erzählerin, von allen Seiten reflektiert wird. Aus Verwandtschaft wurde nach dem Grenzübertritt Freundschaft, eine Fremdheit in der Fremde, aber auch ein wechselseitiges Abhängigkeitsverhältnis, das in seiner Zwanghaftigkeit kennzeichnend sein könnte für die Verlorenheit in einer unbekannten Sprache und in einem unbekannten Land. Am Ende steht der Abschied, die Loslösung von der Mutter, die auch eine »Repräsentantin des vergangenen Jahrhunderts« war. Aus einer Familiengeschichte wurde eine Spurensuche auf fremdem Terrain, ein neuer Versuch, sich zu erproben.

Thomas Kraft

Werke: *Zero*, Pr., Mü. 1983; *Berganza*, E., Mü. 1984; *Abendgesellschaft*, Pr., Mü. 1986; *Liedrige Stücke*, Warmbronn 1987; *Péter Esterházy: Kleine ungarische Pornographie*, Übs., Salzb. 1987; *Péter Esterházy: Fuhrleute*, Übs., Salzb. 1988; *Stadt. Land. Fluss. Geschichten*, Mü. 1988; *Einfach Eben Edenkoben. Passagen*, Klagenfurt 1990; *Einsame Liebschaften*, Hbg. 1990; *Inzwischen fallen die Reiche. Poesie aus Ungarn*, Anth., Hg., zus. m. Gregor Laschen, Bremerhaven 1990; *Hundertundein Stilleben*, Pr., Klagenfurt 1991; *István Eörsi: Ich fing eine Fliege beim Minister. Bagatellen*, Übs., Klagenfurt 1991; *Péter Esterházy: Das Buch Hrabals*, Übs., Salzb. 1991; *Nachtarbeit*, Pr., Warmbronn 1992; *Essig und Öl*, Pr., Hbg. 1992; *Péter Horváth: Ciao Bambino*, Übs., Hsp., WDR 1992; *Leidlos. Szenischer Text*, UA Stg. 1993, Hsp., SDR 1993; *Sandor Petöfi: Nationallied, vorgetragen am 15. März 1848*, Übs., Hbg. 1993; *Übersetzt. Eine Entzweiung*, Bln. 1993; *Laune. Handgeschriebene Blätter*, Stg. 1993; *Christoph Rütimann*, Katalogtext zur Biennale 1993, Baden 1993; *Literaturstadt Budapest*, Film, ORF 1993; *Passepartout*, Pr., Klagenfurt 1994; *Levée oder Morgenstunde: Drama*, UA Zug 1994; *Kellnerroman*, Hbg. 1996; *Péter Esterházy: Eine Frau*, Übs., Salzb. 1996; *Wie geht es dem Text? Bamberger Vorlesungen*, Hbg. 1997; *Ansicht Vorsicht Durchsicht Halt*, Theaterst., UA Münster 1997; *Péter Esterházy: Abschiedssymphonie. Komödie in drei Akten*, Übs., Wien 1998, UA Graz 2000; *Wörter, Wörter, Wörter!*, Ess., zus. m. Valentin Braitenberg u. Stefana Sabin, Gött. 1999; *Peter Nádas: Etwas Licht*, Übs., Gött. 1999; *Nichts ist wie oder Rosa kehrt nicht zurück*, Hbg. 1999; *Péter Esterházy: Thomas Mann mampft Kebab am Fuße des Holstentors. Geschichten und Aufsätze*, Übs., Salzb. 1999; *Péter Esterházy: Fuhrleute*, Übs., 1999; *Miklos Meszöly: Das verzauberte Feuerwehrorchester. Märchen und Geschichten*, Übs., Wien, Mü. 1999; *Christoph Rütimann: Polaroids*, zus. m. Hilar Stadler u. Urs Stahel, Kriens 2000; *Kaktuswortfahrt*, Performance, zus. m. Christoph Rütimann, UA Engadin 2000; *Kaktus haben*, zus. m. Christoph Rütimann, Altdorf 2000; *Laszló F. Földényi: Das Schweißtuch der Veronika*, Übs., Ffm. 2001; *Calgary, April 1997*, Warmbronn 2001; *Fellbacher Magie. Literarische Gänge*, Fellbach 2002; *Entwürfe. Farbe*, zus. m. Ilma Rakusa u. Peter Stobbe, 2002; *Extraproduktion für Ludwig Hartinger*, zus. m. Herbert Maurer u. Dragan Uelikic, Salzb. 2002; *Zsuzsa Rakovszky: Familienroman. Gedichte*, Übs., Wien 2002; *Péter Esterházy: Fancsikó und Pinta*, Übs., Bln. 2002

Gauß, Karl-Markus, wurde als Sohn von Vertriebenen aus der Woiwodina am 14. 5. 1954 in Salzburg geboren, wo er heute auch lebt. Er studierte Germanistik und Geschichte und ist seit 1991 Herausgeber der Zeitschrift »literatur+kritik«. Er wurde 1994 mit dem Österreichischen Staatspreis für Kulturpublizistik, 1997 mit dem Essaypreis Charles Veillon, 1998 mit dem Bruno-Kreisky-Preis sowie 2001 mit dem Ehrenpreis des österreichischen Buchhandels ausgezeichnet.

Ob als Zeitschriftenherausgeber, Essayist, Kritiker oder Reiseschriftsteller – mit allem, was Karl-Markus Gauß veröffentlicht, ruft er in Erinnerung, welche kulturelle Vielfalt in Europa verloren zu gehen droht oder bereits verloren gegangen ist. Den von ihm schon vor Jahren so genannten »kulturellen Rändern« gilt dabei sein besonderes Interesse. In den beiden Aufsatzsammlungen *Tinte ist bitter* (1988) und *Die Vernichtung Mitteleuropas* (1991) zum Beispiel macht er in emphatisch werbenden Porträts mit mittelosteuropäischen Autoren wie Danilo Kiš, Ismail Kandare, Bruno Schulz, Attila József, Miroslav Krleža u.a. bekannt. Dabei zeigt schon der Titel der zweiten Sammlung, dass es nicht um Verklärung geht (etwa des habsburgischen Mythos vom Vielvölkerreich), sondern darum, das Janusgesicht Mitteleuropas zu erkennen: Es gebe die Kulturenvielfalt und gleichzeitig Tendenzen, sie auszuradieren. Europa, sei die Wiege der Demokratie, aber sie habe auch die Barbarei hervorgebracht, die sie auszulöschen drohte (und in Osteuropa ein halbes Jahrhundert lang ausgelöscht hat).

All diese kritischen Überlegungen zu Europa, Regionalismus, Volk, Heimat, Identität und anderem hat Gauß in Lexikonmanier in seinem *Europäischen Alphabet* (1997) versammelt, einem Buch, das exemplarisch zeigt, warum Gauß oft ein Nonkonformist und »geschliffener Polemiker« genannt wird. Denn seine Sichtweise ist immer überraschend, oft allein dadurch, dass er Begriffe in einen ungewohnten Zusammenhang bringt. Zum Beispiel die allseits geforderte »Mobilität«. Gauß erinnert: »Über die längste Zeit unserer Geschichte war Mobilität nichts, das mit Freiwilligkeit zu tun hatte.« Zwangsweise Umsiedlungen, ob verursacht durch rasserein denkende Nationalisten oder durch armutsbedingte Auswanderungswellen, spielen auch eine Rolle in seinem Buch *Die sterbenden Europäer* (2001), macht sich Gauß hier doch auf zu einer literarischen Reise zu kulturellen Exklaven, die kaum jemand mehr kennt: zum Beispiel die albanischstämmigen Arbëreshe in Süditalien oder die Gottscheer Deutschen in Slowenien oder die Sepharden von Sarajewo. Um »sterbende Europäer« handelt es sich wohl deshalb, weil sich absehen lässt, dass diese Kleinstkulturen dem allgemeinen Globalisierungsdruck nicht mehr lange standhalten werden.

Neben dem analytischen Scharfsinn des Essayisten zeigte Gauß immer auch das erzählerische Vermögen des Literaten. Sofern nötig, lieferte den letzten Beweis hierfür sein Band mit *Albumblättern*: *Der Mann, der ins Gefrierfach wollte* (1999). Meldungen, die normalerweise in der Zeitung unter »Vermischtes« auftauchen, formt Gauß zu sarkastischen Blitzlichtaufnahmen heutiger Zustände um: Da wird ein Toter noch einmal Vater, ein Verstorbener lässt sich einfrieren, um später eine Wiederauferstehung aus dem Eis zu feiern, ein im Koma liegendes Mädchen wird zum Ausstellungsobjekt. Ohne wohlfeile Empörung, aber mit dem klaren Blick für das Exemplarische beobachtet Gauß groteske Erscheinungsformen der heutigen Kultur, wie etwa jene Aktionskünstlerin, die ihr wenig aufregendes Alltagsleben lückenlos im Internet einem Millionenpublikum präsentiert. Das Tagebuch *Mit mir, ohne mich* (2002), das Gauß von August 2000 bis Juli 2001 führte, zeigt den Autor noch einmal als einen an Karl Kraus geschulten Kulturkritiker, der sich der großen Politik ebenso annimmt wie des täglichen Medienschwachsinns und immer mehr um sich greifenden Zynismus. Das Buch wird geprägt von wechselnden Tonlagen, von Kampfesmut, aber auch Melancholie. Neben den polemischen Invektiven findet man als Gegenpol Porträts »der versammelten Kleinhäusler der europäischen Peripherien«.

Bernhard Setzwein

Werke: *Hugo Sonnenschein: Die Fesseln meiner Brüder. Gesammelte Gedichte*, Hg., Mü. 1984; *Ernst Fischer: Werkausgabe in Einzelbänden*, Hg., Ffm. 1984 ff.; *Wann endet die Nacht. Über Albert Ehrenstein*, Ess., Zür. 1986; *Tinte ist bitter. Literarische Porträts aus Barbaropa*, Ess., Klagenfurt 1988; *Der wohlwollende Despot. Über die Staats-Schattengewächse*. Ess., Klagenfurt 1989; *Ernst Waldinger: Noch vor dem ersten Tag. Ausgewählte Gedichte und Essays*, Hg., Salzbg. 1990; *Die Vernichtung Mitteleuropas*, Ess., Klagenfurt 1991; *Das reiche Land der armen Leute. Literarische Wanderungen durch Galizien*, Hg., m. Martin Pollack, Wien 1992; *Das Buch der Ränder*, Hg., Klagenfurt 1992; *Theo Waldinger: Zwischen Ottakring und Chicago*, Hg., Salzbg. 1993; *Ritter, Tod und Teufel*, Ess., Klagenfurt 1994; *Das europäische Alphabet*, Ess., Wien 1997; *Herbert Breiter: Momente der Dauer*, Hg., Salzbg. 1997; *Ins unentdeckte Österreich. Nachrufe und Attacken*, Wien 1998; *Der Mann, der ins Gefrierfach wollte. Albumblätter*, En., Wien 1999; *Vom Abkratzen*, Pr., Ottensheim 1999; *Rudolf Geist: Der unruhige Geist. Eine Collage*, Hg., Salzb. 2000; *Die sterbenden Europäer. Unterwegs zu den Seraphen von Sarajewo, Gottscheer Deutschen, Arbëreshe, Sorben und Aromunen*, Ess., Wien 2001; *Mit mir, ohne mich. Ein Journal*, Wien 2002.

Geerken, Hartmut, wurde am 15. 1. 1939 als Sohn eines Postbeamten in Stuttgart geboren. Sein Großvater väterlicherseits war Kunstmaler, sein Großvater mütterlicherseits Uhrmachermeister; aber der Lebensweg seines Urgroßvaters mütterlicherseits, der als katholischer Mönch in hohem Alter aus dem Kloster austrat, Bierbrauer wurde und eine Familie gründete, kann in seiner zunehmenden Verweltlichung und Versinnlichung als beispielhaft für Geerkens eigene literarische Entwicklung angesehen werden. Diese Umkehr von Abstinenz zu Kulinarik kennzeichnet Geerkens Kontinuität als Autor der konkreten Poesie. Ausgezeichnet wurde er mit dem Preis Münchener Literaturjahr 1984, mit dem Schubart-Literatur-Preis 1986 und mit dem Karl-Sczuka-Preis des Südwestfunks 1989. Er ist Mitglied des »Bielefelder Colloquiums Neue Poesie«.

Geerken, der in Tübingen und Istanbul u.a. Germanistik und Orientalistik studierte, sich als Musiker und Experimentalfilmer betätigte und seit 1966 als Dozent des Goethe-Instituts in Kairo, Kabul, Athen und München gewirkt hat, nimmt sich der Sprache mehr und mehr als unorthodoxer Sprecher und Spieler an. Er zog die Konsequenz aus einer längeren Phase experimenteller Literatur, indem er die planmäßigen Versuche der Isolierung und Neukombinierung von Sprachmaterial, die oftmals hermetische Züge trugen, zur Anwendung in offenen Kommunikationsstücken brachte. In seinem Buch *Verschiebungen* (1972) gibt Geerken Textbeispiele, die als Exemplifikationen dafür gelten können, dass es keine Identität von Dingen und Wörtern gibt. Benennungen und Benanntes haben Geerken zu witzigen, in ihrer hanebüchenen Scheinlogik zu grotesken Paraphrasen über Kants »Ding an sich« inspiriert. Es wird kein Inhalt transportiert, das heißt, kein Sinngefüge aus Sätzen, das gedeutet werden soll; es geht nicht darum, aus Metaphern Bedeutungen zu entschlüsseln, auch nicht um eine Story oder um eine wesentliche Information. Vielmehr geht es darum, die Mechanismen auseinander zu legen, die ein Gespräch als Gespräch, ein Verhör als Verhör bedingen. Das mechanistische, oder – wie Helmut Heißenbüttel im Nachwort sagt – »kalkulatorische Moment« der Sprachstücke erscheint offensichtlich; ihren Vorteil gegenüber Musikstücken bildet sicherlich der offenere Kommunikationswert des Verbalen, ihren Nachteil das Vorzeigen der imaginativen Mittel. Wenn den »Verschiebungen«, dem am weitesten vorgetriebenen Text des Buches, der Satz »Man soll machen oder irgendetwas machen, aber etwas Gutes muss« zugrunde liegt, dann nimmt die daraus zu entwickelnde Permutation durchaus Züge des kategorischen Imperativs an, wird aber nicht zum hermetischen Gebilde als Werk der Musik.

Im *Obduktions-Protokoll* (1975) wird ein Gehirn – und damit Geerkens eigenes Gehirn und seine Sprache, die dieses produziert – freigelegt. Geerkens Sprache zeigt sich in diesem Buch von einer brutalen Offenheit; der Leser, der sich mit seinen vertrauten Wörtern wohnlich eingerichtet hat, wird total verstört. Geerken geht mit der Sprache robust um; die Wörter erscheinen wie Möbelstücke, die um- und ausgeräumt werden. So ändert er auch die Menschen und die Dinge um uns herum; obgleich man begreift, dass es keinen festen Platz gibt, weder für die Wörter noch für die Menschen und Dinge, weigert man sich, diesem Radikalen nachzugeben. Das Buch ist absatzlos und in Kleinschrift gedruckt, obendrein ohne Punkt und Komma; das übt zuerst auf den Leser einen uneinsehbaren Zwang, wenn nicht Schrecken aus, weil es scheinbar kommunikationshemmend wirkt. Aber dann zwingt diese Schreibweise doch zur intensiveren Lesekonzentration, zumal Geerken seine privatistischen Orgien und Orgasmen, diese »Kotzbrocken« im Rhythm & Blues, in angedeutete Geschichten überführt, die den Leser nicht sinnlos provozieren. Dass Geerken der Gefahr des Reaktionären nicht erliegen kann, der die Puristen der experimentellen Schreibweisen nicht entgehen, wenn sie durch ihren absoluten Anspruch das lebendige Sprachgefühl zum toten Museumsstück verkommen lassen, zeigte seine Mitwirkung an der Fernsehproduktion des Saarländischen Rundfunks *Maulkonzert* (1977). Geerken probte während der Aufnahme das Sprechstück *modimido* mit zufällig anwesenden Zuschauern, das diese dann durch spontane Realisierung zu einem im Augenblick entstandenen »Konzertstück« werden ließen.

sprünge nach rosa hin (1981) lautet der Titel eines Tagebuches über ein Tagebuch, ein Buch »zwischen Ordnung und Chaos, zwischen Pedanterie und fröhlicher Willkür« (Jörg Drews). Geerken nimmt seine Schreibmethoden zum Anlass, den oft grotesken Sprachzustand der Notizbücher des jüdischen Schriftstellers Mynona (Salomo Friedlaender) zu kommentieren, zu variieren, zu assoziieren. Einfälle Geerkens und Eintragungen Mynonas, in fließenden Übergängen ineinander montiert, demonstrieren, wie eine Wortfolge zeigt, in asyntaktischer Manier: »so aufbauen zerstört radikaler als zerstören.«

In die Thematik der Terrorismusdebatte führt Geerkens Buch *holunder* (1984), in dem ein literarisches, romantisches, revolutionäres Paar – zwischen tibetanischer Mystik und angelsächsischer Logistik pendelnd – als Personen des Gegendenkens auftritt: Geerken lässt seinen Helden Holunder sowohl aus der Gesellschaft und ihren Ordnungen als auch aus dem Regelwerk der Sprache aussteigen und führt ein soziologisches Phänomen auf diese radikale Weise sprachlich vor. Die zunehmende Auflösung orthografischer und grammatischer Regelordnungen innerhalb des Wort- und Satzbaus seiner Prosa läuft parallel zur Auseinandersetzung mit Mynona. Je mehr Geerken dessen Theorie einer offenen Philosophie in seine eigene Literatur einbezieht, umso ungezwungener, ja hemmungsloser entfaltet sich seine pralle Sprachsinnlichkeit. Mynonas Titel *Schöpferische Indifferenz* und *Das magische Ich* wirken programmatisch auf Geerkens Ausdruckskunst. Dort wo sich das universell Gleichgeltende mit dem individuell Andersgeltenden trifft, heben sich die Gegensätze auf. Mynona behauptet: »Das Ich ist auch nach Kant die Form aller Formen, ohne die das empirische Weltall rhapsodisch, fragmentarisch auseinander fiele.« Und entsprechend antwortet Geerken: »Ich lasse die Sprache einfach frei und lasse sie machen.«

Das radikale Bewusstsein des Ichs erzwingt ein Zerbrechen innersprachlicher Hierarchien und verwirklicht sich in seinen Romanen der Endachtziger- und Neunzigerjahre. Im Titel des Buches *mappa* (1988) klingt das Lustvolle freier Reiz- und Bedeutungsspiele an: Die im Wort »mappa« schlummernden Bedeutungen von Altartuch, Landkarte, Knollenblätterpilz entfalten ihren Sinn und Hintersinn in einem Scheinroman, der keine Geschichte mehr erzählt. Wahrgenommenes und Erdachtes gerinnen zusammen, ein erfindendes Ich bewegt sich in einem schier endlosen Bewusstseinsstrom. *motte motte motte* (1990): Der Refrain eines afrikanischen Lockrufs wird zum Thema mit Variationen eines poetischen Freejazz-Chorus, der im Gestus ungehemmter Improvisationen eine verwirrende Vieldeutigkeit des Benannten erzeugt. *Poststempel Jerusalem* (1993), eine poetische Fährtensuche auf der Lebensspur der Dichterin Else Lasker-Schüler, weist voraus auf das Buch *kant* (1998). Hier wie dort bezieht Geerken eine historische Person mit authentischen Zitaten in seinen Erzähltext ein. In *kant* nimmt er einen Gedanken Mynonas auf und führt eine turbulente Spiegelfechterei nach zwei Seiten aus. Mynona im Rücken (»Bevor dem Ich ... ein sinlicher Garaus ... gemacht wird«), ficht er frontal mit Kant und verhilft zu der Einsicht, dass es der Schein ist, der nicht trügt: »kant sagte es sei zuviel meer auf dem teller & es fehle an festem lande.«

Geerkens Jazz- und Pilzbesessenheit, seine Rezitations- und Schreibmanie sind die Antriebe seines Schaffens, keine festgelegten Grenzen zu akzeptieren. So spült sein unaufhörlicher Sprachstrom auch Wortwitze, Epigramme und Kalauer über die Ufer, Sprachspiele als triftige Beispiele für Freiheit: »Freiheit vom Sinn, von Eindeutigkeit, Sicheinlassen auf Unsicherheit, offene Vielfalt von Welt, Innenwelt und Geschichte« (Klaus Podak). Welches assoziative Vermögen sogar im Nonsens steckt, erhellt Geerkens Plakattext *ominöse vögel* zum 25. Bielefelder Colloquium Neue Poesie: »eichel hin / eichelhäher«.

Ludwig Harig

Werke: *Murmel Gedichte,* Istanbul 1965 (Privatdr.); *Göreme Kilavuzu – Führer durch Göreme,* türkisch-dt., zus. m. Sigrid Geerken, Istanbul 1968; *Die goldene Bombe. Expressionistische Märchendichtungen und Grotesken,* Hg., Darmst. 1970, als *Märchen des Expressionismus,* Darmst. 1977; *Cairo Free Jazz Ensemble: Heliopolis,* Schpl., Kairo 1970; *diagonalen. Sprechstück für 5 männliche Stimmen,* Stg. 1971; *Verschiebungen. 13 Texte,* Neuwied, Darmst. 1972; *schreibweisen. konkrete poesie und konstruktive prosa,* Hg., Ffm., Bln., Mü. 1973; *sprechweisen. sprechspiel partitur,* Kabul 1974 (Privtdr.); *Axiomata ad libitum für 4 Instrumentengruppen,* Partitur,

Saarbrücken 1975; *Obduktionsprotokoll,* Lichtenberg 1975; *Ovale Landschaft,* Kabul 1976 (Privatdr.); *Melchior Vischer: Prosa,* Hg., Mü. 1976; *Frühe Texte der Moderne,* Reihen-Hg., zus. m. Jörg Drews u. Klaus Ramm, Mü. 1976 ff.; *Moderne Erzähler der Welt. Afghanistan,* Hg., Tüb., Basel 1977; *Das Zwinkern mit dem Auge und das Treten mit dem Fuß oder das Rümpfen der Nase bei der Begrüßung mit Handschlag,* Film, Kabul 1977; *modimido. Sprechstück für zwei männliche und zwei weibliche Stimmen* (innerhalb des Fssp. *Maulkonzert*), Fs.-Prod., 1977; *Mynona (Friedlaender): Prosa,* Hg., 2 Bde. in der Reihe *Frühe Texte der Moderne,* Mü. 1980; *Continent,* Schpl., zus. m. J. Tchicai, Athen 1980; *Mynonas Weg in die Emigration/The Heliopolar Egg,* Schpl., zus. m. M. Ranta, Düsseld., Mü.1980; *sprünge nach rosa hin,* Spenge 1981; *Salomo Friedlaender/Mynona. Briefe aus dem Exil 1933–1946,* Hg., Mainz 1982; *Chronological discography of the accoustic works of sun ra 1956–1981 & index of musicians & index of instruments & index of tunes of the same period,* Athen 1982; *die tücke des lachs & wie das tragische zum weltgesetz & die gelächter von billie holiday john cage & sun ra zur ästhetischen gestalt des metaphysischen wurden (lachstück für profis und laien),* UA Bln. 1982; *orgie mit mir selber,* Sprechst., Schpl., Wartaweil 1983; *space ship report position 84,* Athen 1984; *holunder,* Spenge 1984; *burned beyond recognition,* Schpl., Wartaweil 1984; *Filmmusik zu Herbert Achternbusch: Der Wanderkrebs,* 1984; *Victor Hadwiger: Il Pantegan/Abraham Abt/Prosa,* Hg., Mü. 1984; *dich süße Sau nenn ich die Pest von Schmargendorf. Eine Anthologie erotischer Gedichte des Expressionismus, geordnet nach Positionen, Situationen, Körperteilen, Organen und Perversionen,* Hg., Mü. 1985; *the osaka fear ear,* Schpl., 1985; *Salomo Friedlaender – Alfred Kubin, Briefwechsel,* Hg., Linz 1986; *mappa,* Pr., Spenge 1989; *motte motte motte,* Spenge 1990; *kein roter faa, denn die worte sind niemals gefallen. Sprechspiel,* Obermichelbach 1990; *Das interaktive Hörspiel als nicht-erzählende Radiokunst,* Essen 1992; *Poststempel Jerusalem,* Spenge 1993; *Omiverse Sun Ra,* zus. m. Bernhard Hefele, Herrsching 1994; *kant,* Spenge 1998; *Das magische Ich. Elemente des kritischen Polarismus,* Bielefeld 2001.

Geiger, Arno, wurde am 22. 7. 1968 in Bregenz geboren und wuchs in Wolfurt/Vorarlberg auf. Er arbeitete von 1986 bis 2002 in den Sommermonaten als Videotechniker bei den Bregenzer Festspielen und studierte ab 1987 in Innsbruck Germanistik, Komparatistik und alte Geschichte, ab 1990 in Wien, Abschluss 1993. 1993/1994 Teilnahme an einer ORF-internen Drehbuchwerkstatt. Seit 1994 freier Autor, lebt Geiger heute in Wolfurt und Wien. 1994 erhielt er ein Stipendium des österreichischen Bundesministeriums für Wissenschaft und Kunst, 1998 erhielt er den Abraham Woursell Award und ein Stipendium des Literarischen Colloquiums Berlin, 1999 ein Stipendium des Bundeslandes Vorarlberg, 1999 und 2001 das Österreichische Staatsstipendium, 2001 den Carl-Mayer-Drehbuchförderpreis der Grazer Diagonale.

Mit Laurence Sterne und Jean Paul als Gewährsleuten lassen sich gut Geschichten über verlorene Lieben erzählen. In Arno Geigers Romanen herrscht hohes Tempo, sprunghaft und verzerrt ziehen kleine Handlungen vorbei und verlieren sich in charmanten Abschweifungen. Seine Anti-Helden ergehen sich im nur so sprudelnden Selbstgespräch, oft witzig und sprachverliebt. Geiger jongliert gerne mit Worten, neigt zu sprachlichem Plüsch und surrealen Kulissen, und seine Figuren wie Philipp Worovsky und Jonas Kreuzer sind Tagträumer, Frauenverehrer und Pantomimen des Augenblicks. Ihr Leben ist eher eintönig, aber ihre Fantasie umso sprühender. Der eine flunkert in Geigers bezauberndem Debüt *Kleine Schule des Karussellfahrens* (1997) ein aufregendes Leben herbei und versucht, »Mädchen wie in Romanen oder Filmen mit schlechtem Ausgang« zu finden und zu beeindrucken. Jonas aus *Irrlichterloh* (1999) glaubt, »dass ein guter Stolperer nie fällt«. Er pflegt seinen kleinen Anarchismus, will sich unterwegs verlieren, fälscht dafür Ordnungshüter und Richtungsgeber. Abends geht er mit einem Geigenkoffer voller Spraydosen auf Tour und besprüht Verkehrsschilder mit bedeutungsvollen Sätzen. Philipp wird von der Französischen Revolution inspiriert, und Jonas' große Leidenschaft ist die Flucht. Beide schlagen Kapriolen auf der Suche nach der Traum-Frau, reflektieren über Miniröcke und die fehlende Liebe. Ihre schöne Welt ist die reine Selbsttäuschung, und Philipp gesteht sogar, »dass ich mehr unter dem Fehlen von Turbulenzen leide als unter den Turbulenzen selbst und deshalb gezwungen bin, mich in höhere Dummheiten zu flüchten«. Das sind auch Geschichten über die schnellen Neunzigerjahre, über flimmernde Signale und eine Welt, die kaum mehr wahrgenommen werden kann.

Der Roman *Schöne Freunde* (2002) unterscheidet sich von den Vorgängern durch seine ernstere, melancholischere Grundstimmung, ist aber auch ein Buch über die Liebe und über die Aneignung von Sprache an dem Punkt, an dem die Handlungen ausgehen. Das Kind Carlo sitzt mit einem Akkordeonspieler vor einem Bergwerk und verdingt sich als Balljunge im Tennisklub. Er will den Erwachsenen und ihrer Welt möglichst schnell auf die Schliche kommen, deshalb beobachtet er sie genau und ahmt sie und ihre Floskeln nach: »Tennisspielen, Umgang, geistige Struktur und Satzbau«. Eine Kindheit gibt es für ihn nicht, er denkt und spricht sich seine Heimat herbei, will Dinge benennen und so ein Gefühl für sie entwickeln können. Geiger kleidet diese Sehnsucht in eine märchenhafte Handlung, in der im Bergwerk ein Unfall passiert und die ganze Dorfgemeinde auf ein Schiff evakuiert wird. Viele kleine, ernüchternde Geschichten aus der Welt der Erwachsenen kontrastieren seine Fantasien.

Thomas Kraft

Werke: *Kleine Schule des Karussellfahrens*, R., Mü. 1997; *Irrlichterloh*, R., Mü. 1999; *Alles auf Band oder Die Elfenkinder. Ein groteskes Drama über die Tücken eines Hörspiels*, zus. m. Heiner Link, Wien 2001; *Schöne Freunde*, R., Mü. 2002.

Geipel, Ines, wurde am 7. 7. 1960 in Dresden geboren und wuchs in Thüringen auf. Nach der Internatsschule Wickersdorf und sieben Jahren Hochleistungssport – sie war Mitglied der Nationalmannschaft der DDR –, brach sie ihre Sportlerinnenkarriere als Leichtathletin Mitte der Achtzigerjahre ab und studierte Germanistik in Jena. Im Sommer 1989 flüchtete sie über die ungarische Grenze in die BRD, wo sie ein Studium der Philosophie und Soziologie in Darmstadt aufnahm. Bis 2001 unterrichtete sie an der Hochschule für Film und Fernsehen »Konrad Wolf« in Babelsberg, seitdem hat sie eine Professur für Verssprache und Versdichtung an der Hochschule für Schauspielkunst »Ernst Busch« in Berlin inne. Sie ist Mitbegründerin des Archivs »Unterdrückte Literatur in der DDR«. Ines Geipel lebt in Berlin. 2000 erhielt sie das Stipendium Schloss Wiepersdorf und 2001 das Alfred-Döblin-Stipendium.

Mit Veröffentlichungen, die von Prosa, Lyrik und Biografien bis hin zum politischen Buch reichen, etablierte sich Geipel genreübergreifend als sprach- und gesellschaftskritische Autorin. Schreibend überschreitet sie die Grenze zwischen Dokumentation und Literatur, was keinem postmodernen Formenspiel geschuldet ist. Aus einem tiefen Misstrauen gegenüber dem bloß Faktischen entwickelt Geipel einen halb poetisierenden, halb dokumentarischen Erzählstil, der jeden Faktenbericht als subjektive Berichterstattung markiert, ihr gleichzeitig jedoch engagierte Stellungnahmen zu politisch brisanten Themen wie dem DDR-Dopingskandal ermöglicht. Als ehemalige Spitzensportlerin zeichnet Geipel in *Verlorene Spiele. Journal eines Doping-Prozesses* (2001) die Folgen des Anabolika-Missbrauchs im DDR-Sport am Beispiel von sechs ehemaligen Sportlerinnen nach. An die Berichterstattung über den Strafprozess gegen ranghöchste DDR-Sportfunktionäre knüpft sie unbequeme Fragen zur Ost-West-Vernetzung der Pharmaindustrie, deren Konsequenzen bis in die Gegenwart reichen. Neben prägnant politischen Auseinandersetzungen stehen Geipels Texte im Licht ein und desselben poetologischen Verfahrens. Der Lyrikband *Diktate* (2000) stellt eine Hommage an Dichterinnen des 20. Jahrhunderts dar, darunter »Vielgelesene« wie Ingeborg Bachmann oder Anna Achmatowa, »Vergessene« wie Unica Zürn und Danielle Sarréra, »Beiseitegeredete oder Beschworene« wie Sylvia Plath und Gertrude Stein. Weniger geht es Geipel um die Selbstvergewisserung innerhalb einer literarischen Tradition, die im Sinne einer linearen Literaturgeschichte von Autorinnen ohnehin nicht gesichert scheint. Geipel schreibt vielmehr eine Literatur fort, die am Wegrand der Wahrnehmung gefunden werden muss. Als Seismograf des Randständigen versucht diese Literatur der normativen, auch die Kunstwahrnehmung dominierenden Ordnung zu entgehen: »Der Kanon steht nur deshalb so monolithisch da, weil das andere Gesicht noch nicht wahrgenommen werden kann.« Dieses Gesicht zeigt sich in Lebensläufen und Texten von Außenseiterinnen, von Gegenläufern und Angefochtenen der Gesellschaft, wie Geipel im Band *Die Welt ist eine Schachtel. Vier Autorinnen in der frühen DDR* (1999) verdeutlicht. Sie spürt den Schicksalen von vier Frauen nach, die, aus verschiedensten Sozialisationen kommend, in der DDR schrieben, kämpften, schließlich scheiterten und vergessen wurden.

Das Eigenständige und Ruppige in der Poesie fasziniert Geipel auch an Inge Müller, einer Autorin, die gegen alle Gebote der Zeit versuchte, ihre eigene Sprache zu sichern, und Vereinnahmungen ablehnte. Mit *Irgendwo; noch einmal möcht ich sehn* (1996) liegt eine umfangreiche Materialsammlung mit Lyrik, Prosa und Tagebuchaufzeichnungen der Dichterin und Dramatikerin vor, deren Texte die Traumata des Krieges literarisch reflektieren und die 1966 unter dem SED-Regime Selbstmord beging. »Ich wollte wissen, was das für eine Frau ist, die aus einer Zeit herausgegangen ist, in die ich hineinwuchs« – ein Anliegen, das sich in Geipels literarischer Biografie zu Inge Müller, *Dann fiel auf einmal der Himmel um* (2002), fortsetzt, einer poetisierten Dokumentation, die einer »wahrheitsgetreu« nacherzählten Biografie subjektive Überschreibungen der Autorin hinzuzufügt.

Während Geipel in den Dokumentationen und Herausgaben historische Landkarten des Vergessenen, Missbrauchten, Übersehenen entwirft, schöpft sie ihre literarischen Landschaften aus dem Inneren. Metaphernströme, intensive Poetisierungen von Bewusstseinsräumen schaffen eine Gegenwelt zum Realismus, dessen kontrollierte Verabredungen verzeichnet werden als Angriffe auf Eigenständigkeit und als Angriffspunkte für jede Art Ideologie. So richtet sich ihr Erzählen zwangsläufig gegen das Konkrete, gegen das, »was du ohne Umschweife sagen sollst«. Literatur beansprucht damit für sich, eine Kunst ohne Ziel zu sein, ohne narrativen Fluchtpunkt. Utopie- und illusionslos konzentriert sie sich auf ihr Wesen: auf die Suche nach einer Sprache für die durch gesellschaftliche Normen bedrängte Psyche. Der Roman *Das Heft* (1999) verschriftlicht geistige Fremde in einer kantigen, poetisch dichten, dringlichen Sprache. Beginnend mit Stimmen ohne figürliche Präsenz richtet Geipel das Erzählen auf die Person eines Mädchens aus, das aufgrund einer besonderen Sprachfähigkeit »die Russische« genannt wird. An die Stelle fester Lebensentwürfe treten Mutmaßungen. In Monologen, Momentaufnahmen, Selbstbefragungen ersetzt die Beobachtung die Erklärung. Den Aufzeichnungen des Mädchens, in denen sie Orientierung und die Konturen einer eigenen Identität zu gewinnen sucht, steht ihre unumstößliche, an Uwe Johnsons Helden Jacob Abs gemahnende Fremdheit in der Ordnung einer sozialistischen Schule in der DDR gegenüber. Das Buch greift formale Elemente der literarischen Miniatur und des Tagebuchromans auf, um multiperspektivisch Zeugnis abzulegen vom unmerklichen Verschwinden einer, die neben der entindividualisierten Sprache eines ungreifbaren, aber übermächtigen Staates sprechen lernt. In Anknüpfung an die Moderne gibt Geipel gesicherte Erzählpositionen auf, um Bruchstellen offen zu legen, um nach dem zu fragen, »was es nicht gibt«. Den »Außer-Sinn« suchend, eröffnet sie Räume hinter der Schrift, wirft die Frage nach anderen Bewusstseinsformen auf, in denen das Ich wieder zu einem Ort der Sehnsucht werden kann, um sprechend Nicht-Sagbares zu verhandeln. Und darin zeigt sich am Ende doch ein Utopieanspruch in Geipels Büchern.

Antje Strubel

Werke: *Inge Müller: Irgendwo; noch einmal möcht ich sehn. Lyrik. Prosa, Tagebücher,* Hg., Bln. 1996; *Das Heft,* R., Bln. 1999; *Die Welt ist eine Schachtel. Vier Autorinnen in der frühen DDR,* Bln. 1999; *Diktate,* G., Potsdam 2000; *Verlorene Spiele. Journal eines Prozesses,* Bln. 2001; *Dann fiel auf einmal der Himmel um. Inge Müller. Die Biografie,* Bln. 2002.

Geiser, Christoph, geboren am 3. 8. 1949 in Basel, bestand die Matura am Humanistischen Gymnasium in Basel und begann anschließend ein Soziologiestudium in Freiburg im Breisgau und in Basel, das er 1968 abbrach. In diese Zeit fallen seine ersten literarischen Versuche. Geiser, Mitbegründer der Schweizer Literaturzeitschrift »drehpunkt«, kam 1970 wegen Militärdienstverweigerung mehrere Monate in Haft. Danach war er journalistisch tätig, unter anderem als Redakteur beim »Vorwärts«. Er lebt heute als freiberuflicher Schriftsteller in Bern. Christoph Geiser ist Mitglied der AdS sowie korrespondierendes Mitglied der Deutschen Akademie für Sprache und Dichtung in Darmstadt. 1980 arbeitete er als »Max-Kade-writer-in-residence« am Oberlin College in Ohio, USA, 1983/84 als DAAD-Stipendiat beim Berliner Künstlerprogramm. 1990 einjähriger London-Aufenthalt mit einem Stipendium der Zuger Kulturstiftung Landis & Gyr, 1991/92 »résident« an der Cité Internationale des Arts in Paris. Er erhielt 1973 den Förderpreis des Kantons Bern, 1974 und 1978 Preise der Schweizerischen Schillerstiftung, 1975, 1976 und 1985 Buchpreise der Stadt Bern, 1979, 1982 und 1987 Buchpreise des Kantons Bern, 1983 den Kunstpreis des Lions Clubs Basel, 1984 den Basler Literaturpreis, 1992 den Großen Literaturpreis der Stadt Bern, 1999 das New-York-Stipendium der Stadt Bern und 2000 das Stadtschreiberamt von Dresden.

Nicht oft präsentiert sich ein literarisches Werk so stringent durchdacht und in seiner Gesamtentwicklung so konsequent fortgeführt wie das bislang vorliegende Œuvre des Schweizer Schriftstellers Christoph Geiser. Seine ersten literarischen Versuche wertet er rückblickend als »Protest im Nachhinein, als Versuch, sich gegen Erlebtes literarisch zur Wehr zur setzen, als innerliche Überwindungsversuche«. Von Franz Kafka und Bertolt Brecht in seiner literarischen Entwicklung nachhaltig beeinflusst, entstanden die ersten epigrammatischen Kurzformen und Prosaentwürfe, stark autobiografisch geprägte Vorarbeiten, Konzentrate seiner späteren Romanthemen, »kryptische Kurzformen«, die gegen die großbürgerliche Familientradition gerichtet sind, eine »eindimensionale Umwelt, die gedankenlos prosperierende Schweiz der frühen Sechzigerjahre und die Mediziner-Ideologie meines Elternhauses, die nur die Alternative gesund oder krank kannte«.

In den kleinen Bänden *Bessere Zeiten* (1968), *Mitteilung an Mitgefangene* (1971), *Hier steht alles unter Denkmalschutz* (1972) und *Warnung für Tiefflieger* (1974) tastet er sich unter der Anleitung des Basler Schriftstellers Werner Schmidli vorsichtig an eine eigene Ausdrucksweise heran, versucht – stets »im Schutze sorgfältig gebauter Sätze« – eine bedrängende Wirklichkeit transparent zu machen. Geiser betrachtet dabei die Situation der eigenen Familie als symptomatisch für die Krise der bürgerlichen Familie schlechthin.

Der rätselhafte Selbstmord seines 21-jährigen Cousins 1967 auf Sizilien lieferte Geiser die Vorlage für die Erzählung *Zimmer mit Frühstück* (1975). Diesen radikalen Bruch mit einer Gesellschaft aus »Mauern aus Diskretion und Tabus« gestaltet er als Bericht eines Ich-Erzählers, der sich auf eine Reise über Genf und Nizza nach Ajaccio begibt, um dort einen Badeurlaub zu verbringen. Die Einsamkeit des Erzählers steht im krassen Gegensatz zu der minuziösen Einhaltung seines Tagesablaufs wie der hingebungsvollen Beobachtung von Menschen, die nicht einsam sind. Homoerotische Momente klingen an, aber die heimlichen Wünsche können die Beziehungslosigkeit des Erzählers nicht überdecken. Nach der Einnahme einer Überdosis Tabletten schwimmt er aufs offene Meer hinaus, »die nächste Welle kann mich forttragen oder zurückwerfen, kann mich unter sich begraben«. Der offene Schluss kann Tod oder, symbolisch Altes, Vertrautes hinter sich lassend, Neuanfang bedeuten. »Hatte ich im *Zimmer* (...) einen Aussteiger wider Willen (aus Widerwillen) gezeigt, der sich und seine heimlichen Bedürfnisse bloß auf einer symbolischen Ebene, mittels der versteckten Bedeutungen dessen, was er beobachtet, mitteilen kann, so ging es mir in *Grünsee* darum, zu zeigen, woraus er ausgestiegen ist, warum er nicht reden kann, was er verschweigt. Daraus ist ein anderes Ich geworden – ein Überlebender im Trümmerfeld zerbrochener Großbürgerlichkeit, der dem Selbstmörder nicht folgt, sondern am Ende neue Beziehungen zu den übrigen Überlebenden sucht.« – Im Roman *Grünsee* (1978) fährt der Erzähler auf Einladung seines Bruders nach Zermatt, dem Luftkurort im Kanton Wallis und traditionellen Ferienort seiner Familie, um sein geplantes Buch über die dortige Typhus-Epidemie von 1963 zu vollenden. Auf einsamen Spaziergängen in verschneiter Winterlandschaft (was als bildliche Umsetzung seiner seelischen Verfasstheit gedeutet werden kann) holen ihn jedoch die Erinnerungen an die Erlebnisse im Kreis der Familie ein, dem eine vitale »grandmaman russe« vorstand und der im Lauf der Jahre aufgrund der Zerwürfnisse seiner Eltern und des Selbstmordes seines Cousins Pingger zerbrach. Am Ende, nachdem er sich auf dem Weg nach Grünsee, auf dem Weg zu seinem Bruder verirrt hat, widersteht er der »Verlockung« eines Selbstmordes: »Aber ich will – mit zwei Stunden Verspätung, wenn mich niemand mehr erwartet, aus Neugier, Langeweile, Wut, Trauer oder Angst, ohne Überzeugung – alles versucht haben: Um meinen Bruder, indem ich wenigstens ihn nicht enttäusche, zu überraschen.«

Brachland (1980) bedeutet die konsequente Fortsetzung und Ergänzung der in *Zimmer mit Frühstück* und *Grünsee* begonnenen Auseinandersetzung mit der eigenen Familiengeschichte. Der Autor forscht nach »den Ursachen und den Folgen des Zerfalls, in den intimeren Bezirken der geschrumpften bürgerlichen Kleinfamilie, bis in die Ehe-Tragödien hinein«. Der Erzähler, wie in allen Texten durch zahlreiche Hinweise als literarischer Doppelgänger des Autors legitimiert, rekonstruiert die Geschichten seiner Eltern, eines ehemals erfolgreichen und konservativen Kinderarztes, eine Mischung aus »Pessimismus und Menschenverachtung«, der seinen väterlichen Verpflichtungen stets ausgewichen ist und nun im Alter als Aussteiger aus liberaler Bürgerpartei, Golfklub und Familie im Elsass auf einem Landsitz Tomaten pflanzt, und seiner Mutter, einer ehemaligen Schauspielerin, die sich im Kreis feministischer Theologinnen nun sozialen Zwecken widmet. Die späten Ausbrüche aus den »leisen Tragödien der Überlebenden« bieten dem Erzähler die Voraussetzung und damit zugleich die Erklärung der eigenen Geschichte. Seinem Wunsch nach Annäherung, nach Aussöhnung wird nicht entsprochen, die Gräben sind zu tief geworden: »Wir gaben uns rasch, unter einem Parkverbotsschild, die Hand.«

»Die Zeit der Geschichten ist vorbei«, erklärte Geiser 1983. Nachdem der Ballast der Vergangenheit abgeworfen scheint, stehen nun die Situation und die Persönlichkeit des Autors im Vordergrund der literarischen Recherche. »Mein Stoff (...) handelt von lauter unmöglichen und/oder flüchtigen Beziehungen, die geprägt sind von Verlockung und Frustration – von einem ständig einander Suchen und wieder Verfehlen, von den Beziehungsgettos und dem Ausbruch daraus, von allen möglichen Formen der Leere, der Ödnis, der Einsamkeit, vom Versuch, der Wüste zu entkommen.« – Der Roman *Wüstenfahrt* (1984) erzählt die letztlich unglücklich verlaufende Liebesgeschichte zweier Männer, die auf Fahrten in New Mexico und Arizona, in der Umgebung von Los Angeles und (in Erinnerungen) in der heimischen Schweiz alle Phasen der Gemeinsamkeit und erotischen Sinnlichkeit durchleben, schließlich aber doch an den Konventionen und der Unfähigkeit, ihre Gefühle auszuleben, scheitern. Die schmerzhaft empfundene Abhängigkeit des »dankbaren Schützlings« zu seinem »Patriarchen«, einem gesellschaftlich abgesicherten Anwalt, der ihn in einem Musterungsprozess verteidigt hatte, entlädt sich in Anflügen von Eifersucht, Angst, Hilflosigkeit, Einsamkeit und Langeweile. Seine Hoffnung auf Verständnis bleibt unerfüllt; die Verdrängung seiner Sehnsüchte, seine Einsamkeit manifestiert sich im Monolog des Erzählers, der sich zwar an ein Du wendet, doch »allein mit seinen Gedanken in der falschen Sprache« ohne Antwort bleibt. Der Abschied, die Trennung vollzieht sich leise; der offene Romanschluss, wieder in Wassernähe spielend, lässt nur Vermutungen zu.

»Sprechen aber heißt in jedem Fall Grenzen verletzen, Mauern einrennen, Angst überwinden. Immer stärker spüre ich, dass mein eigentliches Thema der Vorgang der Grenzverletzungen, (...) der Vorgang des permanenten Tabu-Bruchs ist«, so Geiser 1983. Die Dominanz homoerotischer Obsession in seinem Roman *Das geheime Fieber* (1987) resultiert letztlich aus der offen eingestandenen Furcht vor den eigenen Ängsten, aber auch aus den eher verborgenen Lüsten und Sehnsüchten, in letzter Konsequenz wohl aus dem Wunsch nach ganzheitlicher Geborgenheit. Die Konfrontation des Erzählers mit den Bildern des italienischen Malers, Homosexuellen und Mörders Michelangelo Merisi da Caravaggio (geb. 1573), die ihn faszinieren und deren Wirklichkeit er sich selbstvergessen ausliefert, beflügelt seine Fantasie, und er reist nach Italien zu Ausstellungsorten und Galerien. Die Zeitebenen verschieben sich, die Identität des Erzählers und Caravaggios überlagern sich; – die totale Identifikation mit den Bildern und der Person des Malers gefährdet die Persönlichkeit des Erzählers existenziell. Die Grenzen zwischen Kunst und Leben verschwimmen, die Kunst provoziert, was das Leben nicht einlösen kann. In der Kunst bleibt alles nur spiegelbar; es im Leben zu realisieren, wäre eine andere Sache. Der Erzähler verlangt nach »Erlösung«, will sich »wegräumen« lassen: Zu einem neapolitanischen Strichjungen sagt er: »Da hast du meinen Leib. Es kann keine andere Erlösung geben.« Es scheint keine Heilung in Sicht, vielleicht aber liegt sie schon im offenen Bekenntnis zur individuellen Veranlagung, zur Akzeptanz der (Un-)Realisierbarkeit der eigenen Träume.

Die Lust, von der Lust zu reden, grundiert auch *Das Gefängnis der Wünsche* (1992); die subtile Korrelation von Schmerz und Lust entlädt sich in wilden Kaskaden homoerotischer Fantasien und assoziativer Chiffren. Wenn in Geisers rasanter Suada die Gedankenwelten des »göttlichen Marquis« de Sade und seines Zeitgenossen Goethe aufeinander prallen, dann offenbart sich die Radikalität, mit der de Sade seine Vorstellungen von Freiheit in der Verknüpfung von Lust, Gewalt und Ästhetik einzulösen suchte. Die Qualen des inneren Kampfes brechen sich eruptiv Bahn in einem Kult der Körperlichkeit, in der phallischen Provokation des sich seines vergänglichen Leibes bewussten de Sade. Sein Bemühen um Ekstase erscheint monströs und verrückt, Tod und Passion liegen eng beeinander. Die privilegierte künstlerische Forderung nach einer entfesselten Sexualität erscheint als kurze, aber erregende Zwischenstation auf dem Weg in den Tod. In Geisers ambitioniertem Text formt sich das Psychogramm eines pathologischen Sexisten und einsamen Menschen. Der »versittlichte« Goethe hingegen habe als pragmatischer Machtpolitiker seine Befriedigung im sexuellen Verzicht und in einer damit verbundenen moralischen Erhöhung gefunden. Die Reaktion der Gesellschaft auf Utopisten, wie de Sade einer war, veranlasst den Erzähler zu problematischen Bezügen auf die Isolationshaft in Stammheim oder an die Kriminalisierung Homosexueller im Dritten Reich. Ein nahezu ungegliederter, offener Textkorpus verzichtet, narrativ gerafft, auf stringente Gedankenführungen und Ereignisfolgen.

Eine ebenfalls ungebändigte Flut von Erinnerungen, Fragen und Assoziationen löst in der »Fantasie« *Kahn, Knaben, schnelle Fahrt* (1995) ein Jugendbildnis aus, das ein Mann mittleren Alters von sich findet. Der Mann reflektiert über genutzte und ungenutzte Chancen, retuschiert und träumt fort, was sich real nicht einlösen ließ, und spinnt sich (als Knabe) in einen Kokon der Intimität ein, zu dem auch der Faden des Todes gehört. Ein erregtes Pathos entsteht, existenziell und kitschig und sich dieser Dialektik wortgewaltig bewusst. Motive aus früheren Texten wie der Selbstmord des geliebten Cousins, die Einengung durch die eigene bürgerliche Familie, die »spröde Sinnlichkeit« des verehrten Malers Caravaggio tauchen wieder auf. Geiser, der mit traditionell gebauten Texten begonnen hatte, reizt die Grenzen des Erzählens immer weiter aus, »Sprache als Werkzeug der Erziehung, Rhetorik als Gleitmittel« (Detlef Grumbach).

In *Die Baumeister. Eine Fiktion* (1998) über die »carceri d'invenzione – die Kerker der Erfindung« des italienischen Architekten Giovanni Battista Piranesi reduziert Geiser die Wörter weiter auf ihre lautliche Qualität, verzichtet auf jeden Plot, löst die Syntax auf und delektiert sich am Widerspruch und an den Ambivalenzen der Semantik. Entstanden ist ein fiebriges, exzessives Artefakt, »ein verbaler Amoklauf« (Hansjörg Graf), die schmerzliche Auslotung intimer Bereiche bis an die Grenze des Wahnhaften. Im Hintergrund stand und steht immer das Werben um Verständnis und Liebe; formal vereinigen seine Texte »Authentizität und Präzision einer Reportage mit Schönheit von Lyrik« (Hans Bender).

Thomas Kraft

Werke: *Bessere Zeiten,* G. u. Pr., Zür. 1968; *Mitteilung an Mitgefangene. Für die Insassen der Strafanstalt Oberschöngrün Solothurn,* G., m. Illustr. v. Ernst Mattiello, Basel 1971; *Hier steht alles unter Denkmalschutz,* Pr., m. Illustr. v. Erich Münch, Basel 1972; *Warnung für Tiefflieger. Gedichte und Mittelland-Geschichten,* m. Illustr. v. Marianne Abt u. Hannes Wachberger, Basel 1974; *Zimmer mit Frühstück,* E., m. Illustr. v. Erich Münch, Basel 1975; *Grünsee,* R., Zür. 1978; *Brachland,* R., Zür. 1980; *Disziplinen. Vorgeschichten,* m. Illustr. v. Erich Münch, Basel 1982; *Wüstenfahrt,* R., Zür. 1984; *Das geheime Fieber,* R., Zür. 1987; *Das Gefängnis der Wünsche,* R., Zür. 1992; *Wunschangst,* En., m. Zeichn. v. Hannes Steinert, Hbg. 1993; *Kahn, Knaben, schnelle Fahrt. Eine Fantasie,* Zür. 1995; *Die Baumeister. Eine Fiktion,* R., Zür. 1998; *Über Wasser – Passagen zwischen Ost und West,* Zür. 2003.

Geissler, Christian, wurde am 25. 12. 1928 in Hamburg geboren, erlebte das Ende des Zweiten Weltkriegs als Flakhelfer, studierte ab 1949 evangelische Theologie, ab 1952 auch Philosophie und Psychologie, begann zwischenzeitlich eine Lehre als Industriekaufmann und betätigte sich in verschiedenen Berufen, bevor er Mitte der Fünfzigerjahre zu schreiben begann. Von 1960 bis 1964 gehörte er der Redaktion der »Werkhefte katholischer Laien«, 1965 bis 1968 als Mitherausgeber der Zeitschrift »kürbiskern« an. Seit 1969 drehte er Dokumentarfilme und Berichte für das Fernsehen; von 1972 bis 1974 lehrte er als Dozent an der Deutschen Film- und Fernsehakademie in West-Berlin. Mit seinem Austritt aus der Katholischen Kirche 1962 begann Geisslers Politisierung, die ihn von 1962 bis 1968 in die Ostermarschbewegung führte. 1967 trat er der illegalen KPD bei, um sie 1968 wieder zu verlassen. Geissler begleitete die Entwicklung der Roten-Armee-Fraktion seit dem Beginn der Siebzigerjahre als kritischer Sympathisant. 1973 gründete er das »Komitee gegen Folter an politischen Gefangenen in der BRD« mit. Von 1971 bis 1976 war er Mitglied des P.E.N.-Zentrums der Bundesrepublik; er gehörte dem VS an. Nachdem er oft seinen Wohnsitz änderte, lebt er seit 1985 in Rheiderland an der Ems/Ostfriesland. 1964 erhielt er den Adolf-Grimme-Preis, 1985 den Förderpreis für Literatur der Freien und Hansestadt Hamburg, 1988 den Literaturpreis der Irmgard-Heilmann-Stiftung und den Hamburger Autorenpreis, 1993 den Hörspielpreis der Kriegsblinden.

Geisslers künstlerische Produktion ist weit gespannt; sie reicht über Romane und Erzählungen, Gedichte, Essays, Drehbücher und Hörspiele bis zu journalistischen Arbeiten für das Fernsehen. Seit Ende der Fünfzigerjahre produzierte er kontinuierlich literarische Texte. Alle seine Werke kennzeichnet ein kritischer Moralismus, der sich zunächst als soziales und historisches Gewissen, seit Ende der Sechzigerjahre als politische Parteilichkeit artikulierte. Als dominante Themen in Geisslers Werken können die Verfolgung verschiedener Bevölkerungsgruppen durch die Nationalsozialisten, die politischen Verhältnisse in der Bundesrepublik sowie die vielfältigen oppositionellen und revolutionären Bewegungen des 20. Jahrhunderts identifiziert werden.

Die Entwicklung seines literarischen Werkes kann in fünf Phasen eingeteilt werden. Die mit dem Roman *Anfrage* (1960) beginnende Frühphase beendet Geissler 1967 selbst mit dem programmatischen Titel einer Sammelpublikation kleinerer Arbeiten: *Ende der Anfrage* (1967). In *Anfrage* thematisierte Geissler als einer der Ersten das zeitgenössische Schweigen über die Ermordung der Juden während des Nationalsozialismus. Die Anfragen des Frühwerks dürfen als Anklagen gelesen werden: der nationalsozialistischen Vätergeneration und ihres Schweigens über den Holocaust während der Adenauer-Ära (*Anfrage*), der Notstandsgesetzgebung (*Schlachtvieh*, 1963) sowie der unbarmherzigen ökonomischen Gesetzmäßigkeit der zeitgenössischen Gesellschaft und der aus ihr resultierenden zwischenmenschliche Kälte (*Kalte Zeiten*).

Mit der Erzählung *Kalte Zeiten* (1965) näherte sich Geissler dem Realismus an. Thematisch stand er mit ihr innerhalb des zeitgenössischen Trends einer Literatur der Arbeitswelt. In einer zweiten Phase wandelte sich Geissler vom bekennenden Christen zum parteilosen Kommunisten. Die politische Radikalisierung führte ihn bis in das Umfeld der Roten-Armee-Fraktion. Das schlug sich auch in seinen Arbeiten nieder. So setzte sich sein zweiter Roman, *Das Brot mit der Feile* (1973), mit den Wegen der Revolte auseinander. In dem darauf folgenden Roman, *Wird Zeit, dass wir leben* (1976), transponierte er das Thema des Widerstands in die Zeit des Nationalsozialismus. Geissler entwickelte nun einen eigenen Stil, der kaleidoskopartig das vielgestaltige Spektrum oppositioneller Bewegungen zur Geltung brachte und in einer verknappenden, lyrisch angereicherten Diktion das tradierte Konzept des sozialistischen Realismus hinter sich ließ. Er entwickelte eine polyphone und polyperspektivische Form, in der unterschiedliche Standpunkte innerhalb der Linken ebenso zur Geltung kamen wie ihre verschiedenen Sprechweisen.

Unter dem Eindruck des so genannten Deutschen Herbstes 1977, insbesondere der Tode im Stammheimer Gefängnis, wechselte Geissler in einer dritten Phase für ein Jahrzehnt die Gattung. Zwei Lyrikbände, *Im Vorfeld einer Schussverletzung* (1980) und *spiel auf ungeheuer* (1983), entstanden, bevor er 1988 mit dem Roman *kamalatta* in einer vierten Phase zum Roman zurückkehrte. Geisslers Lyrik war um diese Zeit auf den Ton eines isolierten, zurückgezogenen Ichs gestimmt, das sein Sprechen immer wieder dem Verstummen abgewinnen musste. Der Autor integrierte diese lyrische Position in *kamalatta*. Mit der Rückkehr zur Polyperspektivik konterkarierte er sie jedoch mit anderen Stimmen. Deshalb stellt dieser Roman eine Art Summe der vorangegangenen beiden Phasen dar. In *kamalatta* bildete sich Geisslers Schreibweise einmal mehr am Schnittpunkt des ästhetischen und des politischen Diskurses. Die Handlung kreist um die Vorbereitung eines terroristischen Anschlags sowie der Frage, welche Rolle die Figur Proff, der Geissler autobiografische Züger verlieh, bei dem Anschlag spielen soll. Geisslers Schreibweise transportiert einerseits das Umsturzbegehren, indem die porträtierten Oppositionellen nach der außerliterarischen Herbeiführung des Umsturzes verlangen. Der Text unterminiert damit sein eigenes Medium, die Literatur. Er verwirft das kunstgläubige und genießerische Verweilen in der Welt des schönen Scheins. Andererseits findet dieses Überschreiten im Medium der Kunst statt. Nur im Durchgang durch sie gelangt ihr Gehalt ins Gesichtsfeld der Leser. Dieser Double-Bind ist für zahlreiche Texte Geisslers charakteristisch. Der utopische Impuls und die emphatische Arbeit an der künstlerischen Form gehen bei ihm Hand in Hand.

Die nach *kamalatta* erschienenen Texte betonten den zentralen Stellenwert dieses Romans, indem Geissler sie dem Werk als Flugschriften zuordnete. *dissonanzen der klärung* (1990) ist ein offener Brief an die RAF, *winterdeutsch* (1992) ein politisch-literarischer Aufruf an die Linke. 1993 erschien außerdem die Textsammlung *Prozess im Bruch*. Weniger die literarische Entwicklung als vielmehr die Selbstauflösung der RAF im Jahre 1992 sowie die zunehmend erkennbare neue Weltordnung nach dem Ende des Kalten Krieges rechtfertigt die Abgrenzung einer weiteren Phase. Die Hörspiele *Unser Boot nach Bir Ould Brini* (1993), *Walkman weiß Arschloch Eins A* (1994) und *taxi trancoso* (1998), der Gedichtband *klopfzeichen* (1998) und vor allem die Prosa *Wildwechsel mit Gleisanschluss* (1996) sowie *ein kind essen* (2001) setzen die begonnene Verdichtung der Form konsequent fort. Während aber in *kamalatta* sowohl das radikale Scheitern, bis in die suizidäre Selbstzerstörung hinein, als eine Möglichkeit gedacht wird, neben die als zweite das Fortsetzen des lebensbejahenden, antikapitalistischen Kampfes tritt, bricht diese zweite Perspektive in den späten Werken sukzessive weg. Die Literatur zieht sich auf sich selbst zurück. Indem er die versiegenden oppositionellen Kräfte registriert, bleibt Geissler das, was er schon seit vier Jahrzehnten war: ein Chronist und kritischer Begleiter der außerparlamentarischen Opposition.

Sven Kramer

Werke: *Urlaub auf Mallorca*, Hsp., BR 1958; *Anfrage*, R., Hbg. 1960, Neuausg. Hbg. 1996, Fssp., ARD 1962; *Das Dritte Reich mit seiner Vorgeschichte. 1918–1945*, in: *Lesewerk zur Geschichte*, Bd. 9, Ebenhausen 1961; *Schlachtvieh*, Fssp., ARD 1963, gedr. Hbg. 1963; *Der Mensch kann Besseres als Hiroshima*, in: *Gegen den Tod. Stimmen deutscher Schriftsteller gegen die Atombombe*, hg. v. Bernward Vesper u. Gudrun Ensslin, Stg.-Cannstatt 1964; *Kalte Zeiten*, E., Hbg. 1965, zuerst als Fssp. *Wilhelmsburger Freitag*, ARD 1964; *Ende der Anfrage*, Feature, SWF 1965; *Ende der Anfrage. Erzählungen, Reden, Stücke*, Mü. 1967; *20 Jahre nach den Nünberger Prozessen*, in: *Vietnam in dieser Stunde, künstlerische Dokumentation*, Halle/S. 1968; *Jahrestag eines Mordes*, Hsp., SWF 1968; *Anstelle eines Berichts aus Prag*, in: »kürbiskern«, H. 1, 1969; *Verständigungsschwierigkeiten*, Hsp., SWF 1969; *Altersgenossen*, Fssp. 1970, in: »kürbiskern«, H. 2, 1970; *Wer das aus dir gemacht hat, Max, der zahlt. Szenen fürs Theater*, in: »kürbiskern«, H. 3, 1971; *Das Brot mit der Feile*, R., Mü., Gütersl., Wien 1973, Neuausg. Bln. 1986; *Wird Zeit, dass wir leben*, R., Bln. 1976, erw.

Neuausg. Bln. 1989; *Die Plage gegen den Stein*, Slg., Reinbek 1978; *Im Vorfeld einer Schussverletzung*, G., Bln. 1980; *spiel auf ungeheuer*, G., Bln. 1983; *kamalatta*, R., Bln. 1988; *dissonanzen der klärung*, G., Kiel 1990; *winterdeutsch*, G. u. Ess., in: »Die Aktion«, Heft 89/92, 1992, S. 1451–1513; *Prozess im Bruch*, G. u. Ess., Hbg. 1992; *Der Pannwitzblick. Filmtext*, in: U. Sierck/D. Danquart, *Der Pannwitzblick*, Hamburg 1993, S. 99–128; *Unser Boot nach Bir Ould Brini*, Hsp., SWF 1993; *taxi trancoso*, Hsp., SWF 1993; *Walkman weiß Arschloch eins A*, Hsp., SWF 1994; *Wildwechsel mit Gleisanschluss. Kinderlied*, R., Hbg. 1996; *klopfzeichen. gedichte von 83 bis 97*, G., Hbg. 1998; *die schönheit zum tode. notizen zu georg klein, libidissi, berlin 1998*, in: »die horen«, 43. Jg. (1998), H. 192, S. 65–69; *ein kind essen. liebeslied*, R., Hbg. 2001; außerdem div. Fernseh-Dokumentarbeiträge, vgl. die Auflistung in: »die horen«, 43. Jg. (1998), H. 192, S. 150–152.

Genazino, Wilhelm, wurde am 22. 1. 1943 geboren. Nach dem Abitur arbeitete er, der zunächst eigentlich Künstler werden wollte, für die »Rhein-Neckar-Zeitung«. Mit 16 Jahren hatte er nach der Lektüre von Wolfgang Borchert begonnen, Kurzgeschichten zu schreiben. Als 22-jähriger verwirklichte er seinen Wunsch, einen Roman schreiben, *Laslinstraße* (1965). Es folgten Radiosendungen und Hörspiele. Ende der Sechzigerjahre begann Wilhelm Genazino als Redakteur und Berufssatiriker bei »Pardon« zu arbeiten. Seit 1971 lebt er als freier Schriftsteller. Was aber heißt »frei«, wenn man vom Schreiben leben möchte? »Es ist die Freiheit eines Menschen, sich selbst und das, was er (oder sie) ausdrücken möchte, für die wichtigste Sache der Welt zu halten (…). Für diese Freiheit trägt der Künstler (er allein) das volle Risiko.« Von Anfang an interessierte sich Wilhelm Genazino für die Rahmen- und Produktionsbedingungen freier und weniger freier Kunst. Er hielt und hält es für äußerst schwierig, allein von anspruchsvollen Büchern und Bildern zu leben. Daran änderte weder der Bremer Literaturpreis von 1990 etwas, noch der Berliner Literaturpreis 1996 oder, zwei Jahre später, der Große Literaturpreis der Bayerischen Akademie der Schönen Künste. Der Autor ist seit 1990 Mitglied der Deutschen Akademie für Sprache und Dichtung in Darmstadt. 1998 zog er von Frankfurt nach Heidelberg.

Distanzierte sich Wilhelm Genazino anfangs vehement von seinem Romandebüt *Laslinstraße* (1965), so wollte er in einem Brief 1996 seine Geschichte des jungen Axel Degen nur mehr unkommentiert als Ausgangspunkt seines weiteren Schaffens gelesen wissen: »Lassen wir das Buch so, wie es ist.« Aufmüpfig ist es, stilistisch bisweilen noch unbeholfen und ungezügelt, doch geprägt von einer tiefen Abscheu gegen alles Kleinbürgerliche. Aus Wut auf die eng begrenzte Welt seiner Eltern, verweigert sich der 19-jährige Alex ihren Erwartungen. Er verliebt sich in eine Elke, verlässt die Schule, beginnt eine Banklehre und zieht aus der elterlichen Wohnung aus. Doch das Milieu ist stärker, das »schleimige Gespenst«, das »Gespenst der Gewöhnung und Langeweile« lässt sich nicht abschütteln. Ein Leitmotiv im Werk Genazinos: Nur Leinwand, ein Musikinstrument oder die Schreibmaschine befreien den Menschen aus dieser Maschine. Im Fall Genazinos war es seine Romantrilogie *Abschaffel* (1977), *Die Vernichtung der Sorgen* (1978) und *Falsche Jahre* (1979). Sie knüpfte an die Angestelltenprosa der Weimarer Republik an, schrieb Siegfried Kracauer fort, Josef Breitbachs Erzählungen aus *Rot gegen Rot* (1928), Rudolf Braunes *Das Mädchen an der Orga Privat* (1930) und Martin Kessels *Herrn Brechers Fiasko* von 1932. Ein Jahr nach W. E. Richartz' *Büroroman* (1976) leuchtete Wilhelm Genazino aus der Perspektive des kauzigen Verlierers Abschaffel die Welt der Angestellten aus. Abschaffel neigt zur Betrachtung, nicht zur Aktion. Er handelt kaum, er wird behandelt, von seinem Arbeitgeber im Logistikunternehmen, von seinen Frauenbekanntschaften und im Sanatorium. Abschaffels Alltag lähmt nicht nur, er macht krank. Genazino schildert den Leidensweg seines Antihelden minuziös und anschaulicher als manche Dokumentation jener Jahre zwischen Wirtschaftswunder und Desillusionierung. Die Trilogie baut auf der mit *Laslinstraße* eingeschlagenen Flucht vor dem Gespenst der Langeweile und des Kleinbürgertums auf. Nicht das Normale an sich, seine toxischen Nebenwirkungen treiben Genazinos Protagonisten in Reflexionen. Stärker auf Handlung angelegte Romane wie *Die Ausschweifung* (1981) und *Fremde Kämpfe* (1984) scheiterten an Wilhelm Genazinos Hang zum Beobachten, an seiner Neigung zur abschweifenden Assoziation, am Flaneur Genazino. Wilhelm Genazino arbeitet unentwegt an seinem Stil und den Techniken seines Erzählens. Mit seinem vielleicht allzu programmatisch betitelten Roman *Der Fleck, die Jacke, die Zimmer, der Schmerz* (1989) schrieb der Mittvierziger ein bizarr schönes Buch voller stilistisch meisterhafter Prosaimpressionen eines philanthropen Sonderlings. Über das äußere Sein des Ich-Erzählers erfährt der Leser von Genazinos fünftem Roman nur wenig, keine Don-Quijoterien gegen die kleinbürgerliche Herkunft, kein Psychogramm aus dem Großraumbüro, nicht einmal ein Hinweis darauf, womit »W.« Miete, Zugfahrt und Hotel bezahlt. Genazinos *Der Fleck, die Jacke, die Zimmer, der Schmerz* ist Kunstessay, Künstlerroman, Liebesgeschichte, Briefband und Reisetagebuch zugleich. Das Buch handelt von Musik, Malerei, Literatur und Film, von W.'s Schreibversuchen und seiner Entscheidung, nicht Kunst zu schaffen, sondern als Beobachtender kunstvoll zu leben. Es erzählt von einer egoistischen Liebe, enthält Briefe an einen Freund und schildert eine lange Reise. Die Außenwelt dient nur als Vorlage für das Panoptikum der Innenwelt – eine Haltung, die Wilhelm Genazino in *Die Liebe zur Einfalt* (1990) weiter ausgebaut hat: Im Gegensatz zu »W.«, der sein Leben als Kunst verstanden wissen will, geht der Ich-Erzähler weiter und wählt das Schreiben, um nicht am Schweigen seiner Familie, an der Sprach- und Gedankenlosigkeit seiner Umwelt zu scheitern. Künstler, Schriftsteller sein, heißt für ihn, sich ganz »produktiver Selbsttäuschung« hingeben zu können. Erzählt wird der Roman aus der Perspektive eines irrenden, doch keineswegs verwirrten Selbstsuchers, der sich in weiten Erinnerungsbögen von seinen toten Eltern zu lösen sucht. In seinem sechsten Roman fand Genazino die sprachlichen und erzählerischen Mittel, das auszudrücken, woran er 1965 formal gescheitert war. In Kindheitserinnerungen, der Suche nach sich, vielleicht auch nach den toten Eltern und der Katastrophe ihres Zusammenlebens schildern Wilhelm Genazino und sein gleichnamiger Ich-Erzähler auch ein Stück Alltagskultur der Fünfziger- und Sechzigerjahre: Häberle und Pfleiderer machen im Radio ihre schwäbischen Späßle, die alternde Marika Rökk tanzt noch immer, der Rock'n'roll wird zur »Beat-Musik«, Hansjoachim Kuhlenkampf und Peter Frankenfeld unterhalten ein ständig wachsendes Fernsehpublikum. In der Einsicht, nicht das Fernsehen mache die Leute stumpf, sondern stumpfe Menschen verfielen allabendlicher Unterhaltung, die über den Mangel an Unterhaltungen und Gesprächen hinweghelfe, beginnt Genazinos Ich-Erzähler zu schreiben, um so für sich eine andere Existenz zu entwerfen. Jahre später treibt ihn Angst vor, wie er es nennt, »Schriftstellerverrücktheit« durch Frankfurts Straßen – reflektierend, Geschichten spinnend und seine eigene Geschichte immer vollständiger und doch immer unvollständig erzählend. Angst vor dem Wahn ist es, die ihn zu immer neuen Darstellungsversuchen treibt, denn »es ist nicht schlimm, ein Leben lang etwas Hoffnungsloses oder Wahnsinniges zu tun; schlimm ist nur, die Verrücktheit von anderen über Jahre hin beobachten zu müssen und eines Tages nicht mehr ausschließen zu können, durch die Beobachtung selbst den Weg der Verrücktheit zu gehen«.

Mit ähnlichen Motiven der Weltbeschau und Selbstreflexion experimentierte Wilhelm Genazino in *Leise singende Frauen* (1992) und *Die Obdachlosigkeit der Fische* (1994). Die Dissoziation der Persönlichkeit und den Wahn als Fluchtweg aus der Normalität thematisiert er in *Das Licht brennt ein Loch in den Tag* (1996) und *Die Kassiererinnen* (1998), einem einstweiligen Höhepunkt seines Erzählens. Der Ich-Erzähler aus Genazinos einstweilen letzten Roman *Ein Regenschirm für diesen Tag* (2001) ist einer jener Sonderlinge, die seit knapp zweihundert Jahren die Weltliteratur bevölkern. Grüblerisch lebt er in den Tag hinein und sucht vergeblich nach dem Sinn des Lebens. Nur seine Furcht, an der Welt endgültig den Verstand zu verlieren, treibt den Einzelgänger Tag für Tag unter Menschen. Zwei Bücher sind zum Verständnis des Werks von Genazino unerlässlich: sein Text-Bild-Band *Aus der Ferne* (1993) und sein 1998 erschienener Essayband *Achtung Baustelle*. Beide Bände zeigen die enge Verbindung von genauer Beobachtung, fantasievoller Reflexion und sprachlicher Genauigkeit. Einige von Genazinos Romanen sollte man, wie alle guten Bücher, in jeder Phase seines Lebens noch einmal lesen.

Michael Bauer

Werke: *Laslinstraße*, Köln 1965; *Hat Miss Mayburne eine Sexualneurose oder nicht mehr alle Tassen im Schrank?* Hsp., zus. m. P. Knorr, 1971; *Vaters Beerdigung*, Hsp., 1971; *Rede an die Senkrechtstarter*, Hsp., 1971; *Vom frühen Altern des Thomas S.*, Hsp., 1972; *Longplay*, Hsp., 1972; *Friede den Herzen*, Hsp., 1973; *Die Situationen des Mieters Eduard*, Hsp., 1973; *Frische Erdbeeren*, Hsp., 1974; *Die Ewigkeit dauert lang*, Hsp., 1975; *Die Wörtlichkeit der Sehnsucht*, Hsp., 1975; *Sometimes Lindenblüten*, Hsp., 1975; *Schlorem und Zores*, Hsp., 1976; *Die Moden der Angst*, Hsp., 1976; *Abschaffel*, Reinbek 1977; *Die Vernichtung der Sorgen*, Reinbek 1978; *Die Wäsche im Garten*, Hsp., 1978; *Programmvorschau*, Hsp., 1978; *Die Geheimnisse des Wohnens*, Hsp., 1979; *Falsche Jahre*, Reinbek 1979; *Tagesthemen*, Hsp., 1980; *Die Schönheit der Lügen*, Hsp., 1981; *Die Kurzüberraschung. Die Wilden von Nussdorf. Zwei Kurzhörspiele*, 1981; *Wovon man nicht sprechen kann*, Hsp., 1981; *Herbeiführung der Ruhe*, Hsp., 1981; *Die Ausschweifung*, Reinbek 1981; *Fremde Fenster*, Hsp., 1983; *Beruf: Künstler*, Hg., Ffm. 1983; *Etwas vom Grasbüschel*, Hsp., 1984; *Fremde Kämpfe*, Reinbek 1984; *Abschaffel. Eine Trilogie* (enth. *Abschaffel. Die Vernichtung der Sorgen. Falsche Jahre*), Reinbek 1985; *Die Katze am Meer*, Hsp., 1986; *Der Anblick der Täuschungen*, Hsp., 1986; *Eile des Todes*,

Hsp., 1988; *Der Regen, das Bündel,* Hsp., 1989; *Ich weiß, sagte Proust, Sie wollen mir nicht glauben, dass ich im Sterben liege,* Hsp., 1989; *Der Fleck, die Jacke, die Zimmer, der Schmerz,* Reinbek 1989; *Vom Ufer aus,* m. Zeichnungen v. Barbara Kisse, Gött. 1990; *Die Liebe zur Einfalt,* Reinbek 1990; *Leise singende Frauen,* Reinbek 1992; *Aus der Ferne.Texte und Postkarten,* Reinbek 1993; *Spuren,* Hsp., 1994; *Die Obdachlosigkeit der Fische,* Reinbek 1994; *Das Bild des Autors ist der Roman des Lesers,* Münster 1994; *Meeres Stille, glückliche Fahrt,* Hsp., 1994; *Mitteilungen an die Freunde,* Ffm. 1996; *Das Licht brennt ein Loch in den Tag,* Reinbek 1996, Hsp., 1996; *Über die Dummheit,* zus. m. Josef O. Armando, Münster 1996; *Schlicht und krumm wie ein Kleiderbügel,* Hsp., 1996; *Die Segel morgens, die Segel abends,* Hsp., 1996; *Wohngebiet, Wahngebiet,* Hsp., 1997; *Achtung Baustelle,* Ffm. 1998; *Die Kassiererinnen,* Reinbek 1998; *Über das Komische. Der außengeleitete Humor,* Paderborn 1998; *Langsam abfließendes Wasser,* Hsp., 1998; *Die Frau und der Löffel,* Hsp., 1998; *Fühlen Sie sich alarmiert. Saarbrücker Rede an die Abiturienten des Jahrgangs 1999,* Saarbr. 1999; *Auf der Kippe. Ein Album,* Reinbek 2000; *Ein Regenschirm für diesen Tag,* Mü. 2001; *Karnickel und Fliederbüsche. Violett,* Kiel 2001; *Weiße Mäuse,* Hsp., 2001; *Eine Frau, eine Wohnung, ein Roman,* Mü. 2003.

Genzmer, Herbert, wurde am 21. 6. 1952 in Krefeld geboren. Er studierte Linguistik, Anglistik und Kunstgeschichte an der FU Berlin, in Düsseldorf, Köln und an der University of California in Berkeley, wo er mit einer sprachwissenschaftlichen Dissertation zum Thema *Lügenstrategien in Deutsch, Englisch und Spanisch* promovierte. Er lebte zeitweilig in Berlin, Singapur, Karlsruhe, München und als Dozent in Berkeley. Heute wohnt er als freier Schriftsteller, Übersetzer aus dem Amerikanischen, Spanischen und Niederländischen in Krefeld und Tarragona/Spanien. 1991 erhielt er den Förderpreis der Arbeit in Klagenfurt, 1994 das Stipendium des Schriftstellerhauses Stuttgart und den Niederrheinischen Literaturpreis der Stadt Krefeld.

Herbert Genzmers bisheriges Werk gleicht einem literarischen Forschungsprojekt über das Verhalten von Menschen, die aus ihrem vertrauten Koordinatensystem stürzen und sich zumeist fremdbestimmt in einem neuen Spiel bewähren müssen, dessen Einsatz nichts Geringeres als ihre Existenz ist. Dieses psychologische Interesse an der Ausnahmesituation verbindet sich mit einer aufmerksamen Rezeption meist postmoderner Theorie, die insbesondere auch deshalb als gelungen zu bezeichnen ist, weil sie den Text nicht als Fremdkörper überfrachtet, sondern ganz in den Handlungsverlauf übersetzt aufzufinden ist. Genzmers erstes Buch *Cockroach Hotel* (1986) ist dabei als Collage aus literarischen Fundstücken, fiktiven Fragebogen-Auskünften und kurzen Erzählungen auch formal deutlich als Recherche markiert. Polyperspektivisch werden dort die verschiedenen Ursachen und Ausdrucksweisen von Angst beschrieben, wobei jene Ängste im Zentrum des Interesses stehen, die, gegen alle rationalen Erwägungen und Versuche der Selbstberuhigung sich durchsetzend und zuweilen bis zur Paranoia sich auswachsend, den Menschen vollständig überwältigen, lähmen oder aber in irrationale Handlungen treiben, die seine Lage gefährlich verschärfen. Auch in *Manhattan Bridge* (1987) kommt es zu einer solchen Situation. Diesmal ist das auslösende Gefühl jedoch eine tiefe Frustration, die den New Yorker Maler John dazu verleitet, ohne weiteren Anlass eine Gruppe von Schlachtern im Überraschungsangriff niederzuschlagen. Er und sein in Kalifornien ansässiger deutscher Freund Jochen müssen fliehen, werden jedoch schließlich von Kollegen der Opfer aufgespürt und verfolgt. Das abrupte, ironische Ende dieser Rahmengeschichte zeigt indes, dass ihr »suspense« vor allem Transportvehikel für ein neues Thema ist: die Fremdbestimmung durch kulturelle Sozialisation, und die Barrieren kultureller Differenz. Die ganze Nacht über unterhalten sich John und Jochen hauptsächlich über dessen USA-Erfahrungen. Jochens Berichte sind eingebunden in einen Strom anekdotischer, ergänzender oder widersprechender Erinnerungen von Freunden, die sie in den Kneipen von Chinatown und Soho treffen. Aus dieser Art von »Oral history« erwächst ein insgesamt eher negatives Bild amerikanischen Lifestyles. Analog dazu wird New York von seiner Nachtseite gezeigt: Gangs, das Obdachlosenheer der Bowery sowie Polizei- und Mediengewalt beherrschen die Szenerie.

Auch Genzmers nächster Roman *Die Einsamkeit des Zauberers* (1991) spielt in New York und hat mit Brekker einen Deutschen zur Hauptfigur. Vorangestellt ist ein kurzer Bericht der amerikanischen Ehefrau, demzufolge ihr Mann nach seiner Rückkehr von einer psychiatrischen Behandlung in Deutschland »implodiert« sei. 160 Seiten Tagebuchnotizen Brekkers folgen, an denen der zunehmende Verfall eines Demenzkranken ablesbar wird: Störung des Langzeit- wie Kurzzeitgedächtnisses, Nicht-Erkennen vertrauter Personen, Schwierigkeiten der Wortfindung und semantischen Zuordnung, schnelle Wechsel von Apathie und Rastlosigkeit sowie Gewaltausbrüche treten in dramatischer Steigerung auf. Der zunehmende Identitätsverlust verwandelt Brekker nach und nach in ein Medium, durch das Information und Diskurs ungefiltert hindurchgehen. Sein Hass auf die Geschichtslosigkeit der amerikanischen Gesellschaft, vor allem aber auch seine eigene unbearbeitete, zeittypisch radikale Distanzierung von seiner Nationalität verweisen auf die gesellschaftlichen Korrelate der psychischen Erkrankung. Den Verfall von Sprach-, Wahrnehmungs- und Urteilskompetenz in der Ich-Perspektive konkret, plausibel und spannend-unmanieriert dargestellt zu haben, zählt zu den großen Leistungen Genzmers.

Tritt im *Zauberer* der Wirklichkeitsverlust in der Psyche des Einzelnen auf, geht in den folgenden zwei Romanen die Welt selbst ihres Realitätsgehaltes verlustig, und die Personnage bewegt sich zunehmend in den Simulationen einer sich virtualisierenden Welt. In *Das Amulett* (1993) macht sich der Computerspezialist Jens Gassner auf, den rätselhaften Tod Josefs, seines Freundes und Partners in einem Cyberspace-Projekt für die NASA, aufzuklären. Dabei werden ihm – zuweilen an Orten mit irrealer Architektur – Informationen zugespielt, die neue Rätsel beinhalten, deren Aufklärung den Verlauf seiner weltumspannenden Reise bestimmt. Dies entspricht so exakt den Regeln eines »adventure games«, dass Gassner schließlich an der Faktizität seiner Erfahrungen zu zweifeln beginnt und sekundenweise seine Umwelt als zweidimensionale Pixelmatrix wahrnimmt. Schließlich begreift er sich selbst als Fiktion, wobei es ihm gleichgültig ist, ob diese innerhalb eines Computerspiels oder seiner subjektiven Weltkonstruktion (im Sinne einer konstruktivistischen Wahrnehmungstheorie) angesiedelt ist. Tatsächlich ist er einer Inszenierung Josefs aufgesessen, die sich zwar im Zusammenspiel mit einer der Chaostheorie entsprechenden Zufallsdynamik verselbstständigt, ihre Kraft aber vor allem aus den Sinngebungsprozessen Gassners entwickelt hat. Während für Gassner bis kurz vor Ende des Romans die Unterscheidung von Wirklichkeit und Fiktion paradigmatischen Charakter hat, erzählt der Roman *Letzte Blicke – Flüchtige Details* (1995) von einem Vertreter der nachfolgenden Generation, für den diese Differenz erst gar nicht existiert. Der 18-jährige Alex Oliver Thon, Sohn eines erfolgreichen Werbefachmannes, führt sein Leben als Aneinanderreihung von Zitaten ohne die Möglichkeit originärer Erfahrung und Handlung. Wo sich aber die Welt im Strom selbstreferenzieller Signifikantenketten vollständig entwirklicht hat, haben auch die hergebrachten moralischen Kategorien keine Bedeutung mehr. So ermordet Thon seine Eltern im gleichgültig kalten Remake des Ritualmordes der Charles-Manson-Gruppe an Sharon Tate und begibt sich auf eine Reise ohne Ziel. In Frankreich trifft er auf den »Schatten«, einen Mann, der ihn zu einem Spiel verführt, das Thon am »Ende der Welt« das Leben kosten wird. Wie hier das Motiv des Teufelspaktes im Rückgriff auf romantische Vorbilder mit einer u. a. an Virilio angelehnten, impliziten Kritik an den simulativen Prozessen der Postmoderne verknüpft wird, ist ebenso originell wie spannend. Dieser Spannung zuträglich ist die stilistische Entwicklung von der ohnehin schon pointierten Sprache früherer Werke hin zu einer weiteren Verkürzung der Syntax und Reduktion der Beschreibung zur Skizze. Dies fortführend, berichtet Genzmers bisher letzte veröffentlichte Short-Cut-Erzählung *Samstagnachmittag* (1998) in einem atemberaubenden Tempo, wie samstags um 16 Uhr an Orten der ganzen Welt die für ein paar Stunden aus dem Rad der zivilisatorischen Arbeitsgesellschaft entlassenen Menschen von ihren Gefühlen – Hass, Angst, Langeweile, Verzweiflung – in existenzielle Dramen getrieben werden. Hier scheint sich der Kreis zu den Angst-Geschichten in *Cockroach-Hotel* zu schließen. Avisiert ist aber bereits die Publikation einer Massenmörder-Trilogie, die Genzmers literarisches Forschungsprojekt wohl fortschreiben wird.

Thomas Hoeps

Werke: *Die Jade. Tod eines Ang Moh Kui*, Hsp., WDR 1983; *Cockroach Hotel. Angst-und-Bange-Geschichten*, En., Ffm. 1986; *Manhattan Bridge. Geschichte einer Nacht*, R., Ffm. 1987; *Freitagabend*, E., Ffm. 1988; *verlogen, mendacious, mentiroso. Contrastive Discourse Structures in German, English, and Spanish*, Diss., Stg. 1989; *Die Einsamkeit des Zauberers*, R., Ffm. 1991; *Essen mit dem Chef*, Hsp., ORF 1992; *J. G. Ballard: Betoninsel*, Übs., Ffm. 1992; *Jonathan Carroll: Ein Kind am Himmel*, Übs., Ffm. 1992; *Alice Thomas Ellis: Das Gasthaus am Ende der Welt*, Übs., Ffm. 1993; *Das Amulett*, R., Ffm. 1993; *Morris Philipson: Tapete mit Fuchs*, Übs., Ffm. 1994; *Gustave Rathe: Der Untergang der Bark Stefano vor dem Nordwestkap von Australien im Jahre 1875*, Übs., Ffm. 1994; *Morris Philipson: Tapete mit Fuchs*, Übs., Ffm. 1994; *Jonathan Carroll: Wenn die Ruhe endet*, Übs., Ffm. 1995; *Letzte Blicke – Flüchtige Details*, R., Ffm. 1995; *Deutsche Grammatik*, Sachbuch, Ffm. 1995; *Samstagnachmittag*. E., Krefeld 1998; *Dalí und Gala. Eine Doppelbiografie*, Bln. 1998; *Alice Thomas Ellis: Kaktusblüte*, Übs., Ffm. 1998; *Jonathan Raban: Bad Land. Ein amerikanisches Abenteuer*, Übs., Ffm. 1999; *Ellen Ullman: Close to the machine*, Übs., Ffm. 1999; *Europa Erlesen. Barcelona*, Anth., Hg., Klagenfurt 1999; *Kulinarische Wanderungen auf Mallorca*, Augsb. 1999, *Kalifornien. Ein literarisches Portrait*, Anth., Hg., Ffm. 2001; *Denis Johnson: Jesus' Sohn*, Übs., Ffm. 2001; *Literarische Spaziergänge durch New York*, Ess., Ffm. 2003.

Gerhardt, Rainer Maria, wurde am 9. 2. 1927 in Karlsruhe als Sohn des Malers Julius Gerhardt geboren. Er begann eine Lehre zum Versicherungskaufmann in Karlsruhe, die er in Wien abschloss, wo er bei seinem Onkel, dem Komponisten und Schönberg-Schüler Hans Erich Apostel, wohnte. Nach dem Krieg ging er nach Freiburg, wo er unter ärmlichsten Verhältnissen lebte, als Gasthörer ohne Abitur Philosophie hörte und die Zeitschrift »fragmente« gründete, die in zwei Folgen erschien, und den gleichnamigen Verlag, später zog er nach Karlsruhe. Er knüpfte sehr rasch gute Kontakte zu Vertretern der Avantgarde wie André Breton, Max Ernst, Hans Arp, Henry Miller oder William Carlos Williams. Durch Ezra Pound kam er in Kontakt mit der nächsten Generation, Charles Olson, Basil Bunting, Delmore Schwartz und Robert Creeley. In Karlsruhe lebte Gerhardt als Übersetzer, freier Autor, Illustrator und Verleger, bis er sich am 27. Juli 1954 das Leben nahm.
Gerhardts genuine Leistung bestand weniger in seinen eigenen Gedichten, obwohl er auch dort neue Ausdrucksformen in der Verbindung von Collage und freien Rhythmen suchte und in manchen Texten eine sensible Musikalität zeigte. Auch visuelle Elemente und stark konturierte Wiederholungen, die später von der »Konkreten Poesie« aufgegriffen wurde, und die Betonung der emotionalen Kraft der Sprache und der offenen Struktur – die amerikanische Avantgarde nannte sie später »emotional units« – sind hier schon ansatzweise zu sehen. Manchmal allerdings ist Gerhardt noch allzu sehr epigonal dem wiederentdeckten Expressionismus und Surrealismus verhaftet. Wichtiger, auch in der Rezeption, ist vielmehr seine unermüdliche Vermittlertätigkeit für die Literatur der französischen und vor allem amerikanischen Avantgarde. Zu dem Freundeskreis um seine Zeitschrift gehörten u. a. Eberhard Meckel, Claus Bremer und Renate Zacharias, Ilse Schneider-Lengyel und Walter Hilsbecher, aber auch bildende Künstler und die Komponisten Berthold Hummel und Herbert Genzmer. In der Beilage »rundschau der fragmente«, die der ersten Nummer der zweiten Folge der Zeitschrift beilag, stellte Gerhardt sein poetologisches Verständnis anhand von Pound, Benn, Ernst Robert Curtius und Paul Klee dar. Gegen Benn, der vor allem von konservativen Rezipienten zum Vertreter der Moderne in Deutschland hochstilisiert wurde, setzte Gerhardt auf die amerikanische Avantgarde, gegen Benns »absolute Kunst« die Versuchsanordnungen, gegen Metrum und Reim den Atem und die musikalische Struktur: »Wissen um sprache, das bedeutet: zu wissen, wie viel raum eine sprache benötigt, um leben, um atmen zu können, das bedeutet aber auch, zu wissen, was wegzulassen ist. Eine langzeile entsteht nicht durch die anhäufungen von unwichtigkeiten, in eine lange zeile gefügt, sondern durch eine musikalische konstruktion einer lang hinziehenden phrase, bestehend aus mehreren atemeinheiten, in einem bestimmten und regelmäßigen rytmus geordnet.« Gerhardt war der Erste, der nach dem Krieg Pound und die anderen amerikanischen Avantgardepoeten ins Deutsche übersetzte. Mit Olson, dem wichtigsten Theoretiker der neuen Lyrik, entspann sich ein poetologischer Briefwechsel, der Olson zu seiner grundlegenden Auffassung von »Raum« und »Atem« als Grundlagen der modernen Lyrik anregte.
Nicht nur, dass Gerhardt mit genauem Blick alle heute wichtigen Vertreter der Avantgarde entdeckte und vorstellte, als sie noch junge Talente waren, vor allem Gerhardts Übersetzungen sind bemerkenswert. Ezra Pound wird, verglichen mit der später erschienenen Übertragung von Eva Hesse, sehr viel direkter, präziser, spröder und kraftvoller übersetzt, auch seine Übertragungen von Miller, Williams, Schwartz, Olson und Creeley, allesamt zum ersten Mal überhaupt in Deutschland, sind von einer noch heute bestechenden Frische. Neben eigenen Werken gab Gerhardt Bücher von Ezra Pound, Wolfgang Weyrauch, Claire Goll und Claus Bremer heraus.

Georg Patzer

Werke: *fragmente. blätter für freunde,* Hg., o. O., o. J. (Freib./Br. ca. 1947–1950); *der tod des Hamlet,*. G., Freib./Br. 1950; *fragmente. eine internationale revue für moderne dichtung,* Hg., Freib./Br. 1951 f.; *umkreisung,* G., Karlsruhe 1952; *Claire Goll: versteinerte tränen,* m Illustr. v. Antoni Clavé, Hg., Karlsruhe 1952; *Wolfgang Weyrauch: feuersbrunst,* Hg., Karlsruhe 1952; *Ezra Pound: wie lesen,* Übs., Hg, Karlsruhe 1953; *Ezra Pound: Confuzius, die große Unterweisung,* Übs., Hg., Karlsruhe 1953; *Claus Bremer: gedichte,* m. Illustr. v. Claus Bremer, Hg., Karlsruhe 1954.

Gerlach, Harald, wurde am 7. 3. 1940 in Bunzlau/Boleslawiek in Schlesien geboren. Er fand 1945, nach einer abenteuerlichen Flucht vor den Schrecken des Krieges, mit seiner Familie eine neue Heimat im südöstlichen Thüringen, ab 1950 im Grenzstädtchen Römhild. Nach dem Abitur 1958 arbeitete er in verschiedenen Berufen, durchwanderte 1960 Italien und Südfrankreich, versuchte sich nach seiner Rückkehr in die DDR u. a. als Kiesgrubentechniker und Totengräber, und fand schließlich 1968 nach seiner Qualifikation zum Theatermeister an den Städtischen Bühnen in Erfurt eine Anstellung als Dramaturg und Hausautor. Nach der Wende verließ Gerlach sein thüringisches Domizil und bezog mit seiner Frau und seiner Familie ein altes Winzerhaus in Leimen bei Heidelberg. Dort starb er am 19. 6. 2001 an den Folgen eines Hirntumors. 1985 erhielt Gerlach den Louis-Fürnberg-Preis, 1990 den Hörspielpreis von Terre des Hommes, 1992 den Kulturpreis Schlesien des Landes Niedersachsen. 1993 wurde er mit der Ehrengabe der Schillerstiftung Weimar ausgezeichnet, 1994 mit dem Förderpreis des Lyrikpreises Meran und 1997 mit dem Fantastik-Preis der Stadt Wetzlar.

Der Gestus des nomadischen Aufbrechens und Weggehens hat Werk und Vita Harald Gerlachs schon früh geprägt. »Gehen. Zu keinem Zweck / als: / unterwegs sein«, heißt es in seinem Gedicht *Le Flaneur*: »Ruhe ist nur / in der Bewegung. Die Schlaglöcher / zwischen Königsberg und Bordeaux. / Verbote vergessen ...« Das unruhige Vagabundieren Gerlachs begann mit dem Fluchttrauma von 1945, als der Fünfjährige gemeinsam mit seiner Familie Hals über Kopf aus dem niederschlesischen Bunzlau fliehen musste. Die »verlorenen Pfade« Schlesiens und das südthüringische Grabfeld bilden dann auch die topografischen Konstellationen, in die sich seine Gedichte, Geschichten und Romane verwurzeln. »In Schlesien hat man gelernt, mit dem Schmerz zu leben«, konstatiert etwa der DDR-Bürger Benjamin, Held des Romans *Windstimmen* (1997): »Schlesien ist Grenzland, seine Geschichte ist von Grausamkeit gezeichnet und mit Blut ausgemalt.« In seinen Romanen verlegt sich Gerlach meist darauf, »Geschichten von Leuten (zu erzählen), die dem Boden, in den sie sich eingraben, ähnlich werden«. So collagierte er auch die Geschichte seiner schlesischen Sippe in den humorvollen Miniaturen zum *Windstimmen*-Roman. Dem politischen Konformitätsdruck in der DDR trat er schon früh mit erstaunlichem Eigensinn entgegen. Als er nach einem halben Jahr des Vagabundierens durch Italien und Frankreich 1960 in die DDR zurückkehrte, wurde er verhaftet und als Spion denunziert. Belehrt durch solche Erfahrungen mit dem Sozialismus, behielt Gerlach auch als Autor seine Neigung zur Renitenz. Als im Herbst 1977 sein Förderer Reiner Kunze aus der DDR vertrieben wurde, reagierte Gerlach mit einem Theaterstück über den schlesischen Frühaufklärer Johann Christian Günther. Die szenische Montage *Die Straße* erzählt die Geschichte eines jungen dichterischen Außenseiters, der von der Obrigkeit gezwungen wird, das Land zu verlassen. Prompt wurde die Uraufführung wie viele andere Theaterarbeiten Gerlachs verboten und erst nach absurden kulturpolitischen Verrenkungen dann doch aufgeführt. Gerlach indes erhob immer wieder Ketzer, Marginalisierte, Landstreicher und Abweichungskünstler jeder Art zu seinen lyrischen und dramatischen Helden.

Den konzentriertesten Widerspruch zu den literarischen Imperativen des SED-Staats formulieren jedoch Gerlachs Gedichte, in die sich eine pessimistische Anthropologie eingeschrieben hat. Bei den Erkundungen von Landschaft und Geschichte meidet Gerlach jedes Pathos und sucht, bei zunehmender Tendenz zur Verrätselung, »eine Sprache /, die sich nicht feilbieten muss«. Unter dem Einfluss des späten Günter Eich treibt er seine Gedichtsprache in einen grimmigen Lakonismus hinein, der »Bildverzicht« übt und mit kryptischen Anspielungen arbeitet. In den sarkastischen Versen des Bandes *Wüstungen* (1989) wird jede Utopie verabschiedet: »Ohne Tritt in der Dämmerung, gardegrau, / die gealterten Revolutionen, übermüdet, irren / nach ihren Inhalten. Ein Molotow-Cocktail / auf fremder Bettkante, im Nacken die / abgeschriebene Frage WERWEN, in heißer Scham / vergraben, Vorhaut der Klasse, tremoliert / Urintervalle über depressivem Ostinato.«

Gerlachs letzte große literarische Reise führte ihn zu den beschwerlichen Traumpfaden, auf denen sich einst der junge Goethe aus einer fundamentalen Lebenskrise gerettet hatte. Im Frühjahr 1999 durchquerte der Dichter von Straßburg aus die »völlig paradiesische Gegend« vom nördlichen Elsass bis nach Lothringen, Saarbrücken und Neunkirchen, um auf der langen Wanderung herauszufinden, was dem jungen Frühlingsreisenden Goethe im Frühjahr 1770 Levitation verschafft hatte. In seinem letzten Roman *Blues Terrano* (2001) öffnet sich noch einmal der Raum der Erinnerung an die eigene Herkunftslandschaft. Zwei Liebende sind unterwegs auf einer Lebensreise in ein südliches Sehnsuchtsland, bis sie nach einer Autopanne bei Triest von der Erinnerung an die Anfänge ihrer Biografien eingeholt werden. In einem der letzten Gedichte Gerlachs, dem erschütternden *Tumortext,* setzt der Schmerz noch einmal die Erinnerung in Bewegung, und das Ich imaginiert seine Rückkehr ins heimatliche Römhild. Zugleich rückt die Gewissheit heran, dass mit der Erinnerung auch der Schmerz bald zu Ende geht.

Michael Braun

Werke: *Poesiealbum 56*, G., Bln. 1972; *Sprung ins Hafermeer*, G., Bln., Weimar 1972; *Das Graupenhaus*, E., Bln., Weimar 1976; *Vermutungen um einen Landstreicher. Geschichten*, Bln., Weimar 1978; *Gorin Grigorij: Till. Narrenkomödie in 2 Teilen*, Übs., Wien, Mü. 1978; *Mauerstücke*, G., Bln., Weimar 1979; *Die Straße*, Theaterst., UA Erfurt 1979; *Held Ulysses*, Theaterst., UA Erfurt 1982; *Spiele*, Theaterst., Bln., Weimar 1983; *Nachricht aus Grimmelshausen*, G., Bln., Weimar 1984; *Die Schicht*, Theaterst., UA Erfurt 1984; *Gehversuche*, R., Bln., Weimar 1985; *Der Pfahl*, Theaterst., UA Marseille 1984; *Der Weg ins verheißene Land*, Hsp., Rundfunk d. DDR 1986; *Jungfernhaut*, N., Bln., Weimar 1988; *Abschied von Arkadien*, N., Bln., Weimar 1988; *Wüstungen*, G., Bln., Weimar 1989; *Folgen der Lust. Neue Spiele*, Theaterst., Bln., Weimar 1990; *Ikaros*, Hsp., DLR 1990; *Einschlüsse. Aufbrüche. Blätter zu sechs Monaten deutscher Geschichte*, Rudolstadt 1991; *Vergewaltigung*, Theaterst., UA Esslingen 1993; *Markttag*, DLF 1993; *Ecce homo*, G., Rudolstadt 1994; *Windstimmen*, G., Bln. 1997; *Fortgesetzte Landnahme. Fußnoten zum Zeitgeist*, Rudolstadt 1997; *La Ronde*, Theaterst., UA Marseille 1998; *Nirgends und zu keiner Stunde*, G., Bln. 1998; *Rottmanns Bilder*, R., Bln. 1999; *Blues Terrano. Neue Windstimmen*, R., Bln. 2001; *Die völlig paradiesische Gegend. Auf Goethes Spuren zwischen Rhein, Saar und Mosel*, Blieskastel 2001.

Gernhardt, Robert, wurde am 13. 12. 1937 in Reval (Estland, heute Tallinn) geboren. Nach dem Abitur in Göttingen studierte er Malerei und Germanistik in Stuttgart und Berlin. Seit 1964 lebt er in Frankfurt am Main, im selben Jahr wurde er Redakteur der neu gegründeten satirischen Zeitschrift »Pardon«, seit 1965 arbeitete er freiberuflich als Maler, Zeichner und Schriftsteller, bis 1972 unter Pseudonymen wie Lützel Jeman und Alfred Karch. Gernhardt ist Mitbegründer des Satiremagazins »Titanic«, bei dem er zehn Jahre lang – als Hauptautor und Koordinator – die Kolumne »Humorkritik« bediente (gesammelt in: *Was gibt's denn da zu lachen?*, 1988). Er wird der so genannten »Neuen Frankfurter Schule« zugerechnet, einer Gruppe, die Kulturkritik mit komischen Mitteln zu leisten sucht; der selbstironisch gewählte Name, kurz »NFS«, der sich in Feuilleton und Literaturwissenschaft inzwischen eingebürgert hat, soll dabei den – nicht wirklich ernst gemeinten – Bezug zur Kritischen Theorie der »Frankfurter Schule« um Theodor W. Adorno und Max Horkheimer herstellen. Zu den prägenden Vorbildern seiner »education comique« zählen etwa Wilhelm Busch, Christian Morgenstern, Joachim Ringelnatz, Kurt Tucholsky oder auch Loriot. Gernhardt ist Mitglied des Deutschen Künstlerbundes und Ehrendoktor der Universität Fribourg, Schweiz. Er erhielt 1983 zus. mit Almut Gernhardt den Deutschen Jugendliteraturpreis für *Der Weg durch die Wand* (1982), 1987 den Kritikerpreis der Berliner Akademie der Künste, 1988 den Kulinarischen Literaturpreis der Stadt Schwäbisch Gmünd, 1991 den Kasseler Literaturpreis für grotesken Humor sowie das Ehrenamt des Stadtschreibers von Bergen-Enkheim, 1996 den Richard-Schönfeld-Preis für literarische Satire, 1997 den Preis der Litera-Tour Nord, 1998 den Bertolt-Brecht-Preis der Stadt Augsburg, 1999 den Göttinger Elch, den Satirepreis der Stadt Göttingen sowie den Erich-Kästner-Preis, 2000 den Prix Pantheon, 2001 den Schubart-Preis der Stadt Aalen, 2002 den Rheingau-Literaturpreis, den e.-o.-plauen-Preis der Stadt Plauen und den Friedrich-Stoltze-Preis der Stadt Frankfurt, 2003 den Deutschen Kleinkunstpreis und den Binding Kulturpreis.

In seinem literarischen Werk ging es Gernhardt zunächst nicht um die Entwicklung eines Personalstils, sondern um Zeitgeist-Kritik und die Parodie vertrauter Formen. Seine »Stimmenimitationen von Gott bis Jandl« (*In Zungen reden*, 2000) zeigen den ironisch-universell-vermessenen Anspruch an, der sich damit verband, wobei Gernhardt die Literatur zunächst nicht als seine eigentliche Domäne betrachtet hat, sondern die Malerei. Das Forum, auf dem er den deutschen (Un-)Geist der Nachkriegszeit aufs Korn nehmen konnte, war seit 1962 zunächst das Satiremagazin »Pardon«; von 1964 bis 1975 gestaltete er dort, zus. mit F. W. Bernstein (d. i. Fritz Weigle) und F. K. Waechter, eine eigene Doppelseite – *Welt im Spiegel. Die unabhängige Zeitung für eine saubere Welt* (Nachdr. 1979) – mit satirisch überzeichneten Kolumnen, Gedichten, Bildgedichten, Karikaturen, einem Comic-Strip und anderen Kleinformen. »WimS« etablierte eine neue Spielart des Nonsens, die Gernhardt und seine Mitstreiter auch in andere Medien, in Rundfunk, Film und Fernsehen, hineintrugen. Als Persiflage der Künstlerbiografie präsentiert sich *Die Wahrheit über Arnold Hau* (1966), eine Gemeinschaftsproduktion von Gernhardt, F. W. Bernstein und F. K. Waechter, mittlerweile ein Kultbuch der literarischen Hochkomik. 1979 wurde er Mitbegründer der Zeitschrift »Titanic« und institutionalisierte mit der »Hans-Mentz-Kolumne«, für die er zehn Jahre lang federführend tätig war, eine nicht-akademische Komikkritik. Parallel dazu entstanden satirische Arbeiten, darunter die Serie »Deutsche Dokumente«, sowie ein umfangreiches malerisches und gestalterisches Werk. Diese Arbeiten liegen auch gesammelt vor: in *Letzte Ölung* (1984), *Was gibt's denn da zu lachen?*

(1988), *Innen und außen. Bilder – Zeichnungen – Über Malerei* (1988), *Über alles* (1994) und *Vom Schönen, Guten, Baren* (1997). Seine Theorie der Zeichenkunst und Malerei hat er in der Textsammlung *Der letzte Zeichner* (1999) niedergelegt.

Am meisten Anerkennung hat sich Gernhardt als Lyriker erworben. Nirgendwo sonst in der deutschsprachigen Gegenwartslyrik lässt sich so genau nachlesen, wie wir heute leben und denken, welche Probleme, Ängste und Nöte die alte und die neue Bundesrepublik gequält haben oder noch quälen, mit welchen inneren Widersprüchen vor allem die (west-)deutschen Intellektuellen leben, mit welchen Paradoxien sie sich in ihrem Alltag einrichten und wie sie – in der Regel gut – damit leben. In seinen Texten manifestiert sich die Perspektive eines aufgeklärten, eher links stehenden Intellektuellen, dessen Kritik alles Ideologische treffen soll, die restaurativen Strömungen der Bonner Republik ebenso wie den progressiv auftretenden Fundamentalismus alternativer und friedensbewegter Kräfte sowie den New-Age-Irrationalismus der Berliner Republik (*Vollmerswerther-Straße-Blues oder Ein Abgesang auf die Neunzigerjahre*). Seine lyrische Städtekritik nimmt die Bausünden der Nachkriegszeit und der Postmoderne aufs Korn (*Nachdem er durch Metzingen gegangen war*; *Vom Zug aus*), seine poetische Medienschelte orientiert sich an Goethes später Zyklopoiesis (*Unworte. Optisch*), seine Landschafts- und Naturgedichte sind wie mit Worten gemalt (*Abend in Fort Lauderdale*) und erneuern das Lehrgedicht (*Wetterlehrgedicht*) oder führen es ad absurdum (*Lehrmeisterin Natur*). Die tradierten Formen erweisen sich dabei als äußerst strapazierfähig. Seit den Neunzigerjahren tritt Gernhardt als Lyrikwart auf und entwickelt für zeitgenössisches lyrisches Sprechen eine eigene Produktionsästhetik. Während sich noch ein Teil seiner Dichterkollegen im Lamentoton und Innerlichkeitsjargon erschöpft, holt Gernhardt die Welt formvollendet ins Gedicht.

Doch nicht nur in seinem lyrischen Werk bedient sich Gernhardt der Dichtungstradition des Sonetts, des Couplets oder der Ballade, des Blank- und Knittelverses, um deren Formenvielfalt auf ihren komischen Gehalt hin zu befragen (vgl. *Besternte Ernte*, 1976; *Wörtersee*, 1981; *Körper in Cafés*, 1987; *Weiche Ziele*, 1994; *Lichte Gedichte*, 1997; *Klappaltar*, 1998; *Im Glück und anderswo*, 2002); auch in seiner Prosa nimmt er Bezug auf vorgefundene Textgattungen wie die Humoreske, die Satire, den Witz, die Biografie, den Künstlerroman, um sie als komikträchtige Genres zu erweisen und mit ihnen zeitgenössische Inhalte zu transportieren. In der Humoreskensammlung *Es gibt kein richtiges Leben im valschen* (1987) stellt Gernhardt die Alltags- und Beziehungsprobleme im Selbstverwirklichungsmilieu dar. Im Zentrum stehen die lebensweltlichen Widersprüche derer, die nicht müde werden, die gesellschaftspolitischen Debatten in den privaten Raum hineinzutragen, obgleich sie sich längst im Wohlstand eingerichtet haben. Sein Roman *Ich Ich Ich* (1982) ist zugleich Parodie und Vollendung des Künstlerromans und kann als Prozess in eigener Sache gelesen werden: Als Protagonist dient ihm ein autornaher Toscana-Deutscher, ein Stadt-Flüchtling, der in der ländlichen Abgeschiedenheit Italiens seiner Malerei nachgehen möchte. Die inneren Stimmen freilich lassen ihn nicht zur Ruhe kommen: In vollkommener Einsamkeit spielt er, gereizt und rechthaberisch, zahllose Rollen, wobei alle Stimmen, alle Dialoge, alle Kränkungen und Beschimpfungen von ihm erinnert oder erfunden sind. Auch das Mosaik der verschiedenen Textsorten, aus denen sich dieser Roman zusammensetzt, besteht nur in seinem Kopf.

Eine eigene Entwicklung nahm Gernhardts Mal- und Zeichenkunst. Der erste, noch unbeholfene Comic-Strip aus der »Pardon«-Zeit, »Schnuffi«, war der karge, nicht ganz ernst gemeinte Versuch, Text und Bild in komische Relation zu setzen (*Schnuffis sämtliche Abenteuer*, 1986). Seither hat Gernhardt in seinen *Bildergeschichten* (1983) und *Bildgedichten* (1985), Zeichnungen (*Die Magadaskar-Reise*, 1980) und Cartoons eine bemerkenswerte Virtuosität entwickelt. Seine Lichtenberg-Illustrationen (*Unsere Erde ist vielleicht ein Weibchen*, 1999) sind zugleich kühne Interpretationen ausgewählter »Sudelsprüche«. Allen Arbeiten ist ein ausgeprägtes Qualitätsbewusstsein eigen, obgleich Gernhardt offensiv mit Niveaubarrieren arbeitet, um sie einerseits zu unterlaufen, andererseits zu überschreiten. »Niveau« im herkömmlichen Sinne ist für seine Arbeit bedeutungslos geworden; ebenso wie man auf niedrigstem Level zur Höchstform auflaufen kann, ebenso kann man mit höchstem Einsatz unter die Gürtellinie zielen: »Es gibt kein niveauvolles Lachen, so wenig wie es einen niveauvollen Orgasmus gibt.«

Einige seiner Bücher (*Besternte Ernte*, 1976; *Die Blusen des Böhmen*, 1977; *Wörtersee*, 1981) wurden zunächst nicht über den regulären Buchhandel, sondern über den Zweitausendeins-Versand vertrieben und haben sich hier – rezeptionsgeschichtlich relevant – durchsetzen können, obgleich sie von der institutionalisierten Literaturkritik nicht zur Kenntnis genommen worden sind.

Lutz Hagestedt

Werke: *Die Wahrheit über die Kunst*, Ess., Hg., u. d. Pseud. Lützel Jeman, Ffm. 1965; : *Die Wahrheit über Arnold Hau*, zus. mit F. W. Bernstein u. F. K. Waechter, Ffm. 1966; *Im Wunderland der Triebe*, Schpl., 1967; *Jetzt spreche ich. Schnuffis intime Bekenntnisse*, Comic, Ffm. 1968; *Welt im Spiegel 1964–69*, Ffm. 1969; *Das Grüne im Ohr des Russen*, Hsp., 1971; *Bilder*, Kat., Ffm. 1972; *Weiß, weiß, weiß*, Hsp., BR 1972; *Schnuffis größte Abenteuer*, Comic, Hbg. 1974; *Ich höre was, was du nicht siehst*, Kinderb., zus. m. Almut Gernhardt, Ffm. 1975; *Die Hau Schau*, Fssp., 1975; *Mit dir sind wir vier*, Kinderb., zus. m. Almut Gernhardt, Ffm. 1976; *Besternte Ernte. Gedichte aus 15 Jahren*, zus. mit F. W. Bernstein, Ffm. 1976; *Ölbilder und Zeichnungen*, Kat., Ffm. 1977; *Dr. Muffels Telebrause*, Fssp.; *Die Blusen des Böhmen*, En., Ffm. 1977; *Da geht's lang*, Schpl., 1978; *Was für ein Tag*, Kinderb., zus. m. Almut Gernhardt, Ffm. 1978; *Welt im Spiegel 1964–76*, Ffm. 1979; *Ein gutes Schwein bleibt nicht allein*, Kinderb., zus. m. Almut Gernhardt, Ffm. 1980; *Halbritters Buch der Entdeckungen*, G., Mü. 1980; *Das Buch Otto*, Hg., Hbg. 1980; *Die Magadaskar-Reise. Ein Bericht*, Ffm. 1980; *Wörtersee*, G., Ffm. 1981; *Die Drei* (enth. *Die Wahrheit über Arnold Hau*; *Besternte Ernte*; *Die Blusen des Böhmen*), Ffm. 1981; *Das Casanova-Projekt*, Film, 1981; *Der Weg durch die Wand*, Kinderb., zus. m. Almut Gernhardt, Ffm. 1982; *Ich Ich Ich*, R., Zür. 1982; *Humoristische Zeichnungen 1968–1982*, Kat., Regensb. 1982; *Glück Glanz Ruhm*, En., Zür. 1983; *Ein Dichtertreffen – oder Besuch der alten Schachtel*, zus. m. Bernd Eilert u. Peter Knorr, Fssp., 1983; *Gernhardts Erzählungen*, Zür. 1983; *Katzenpost*, Kinderb., zus. m. Almut Gernhardt, Zür. 1983; *Bilder*, Kat., Viersen 1984; *Letzte Ölung. Ausgesuchte Satiren*, Zür. 1984; *Hier spricht der Dichter. 120 Bildgedichte*, Zür. 1985; *Feder Franz sucht Feder Frieda*, Kinderb., zus. m. Almut Gernhardt, Zür. 1985, Hsp., 1986; *Otto – Der Film*, 1985; *Was bleibt. Gedanken zur deutschsprachigen Literatur unserer Zeit*, Ess., Zür. 1985; *Die Toscana-Therapie*, Theaterst., Zür. 1986, Hsp., RIAS 1986; *Schnuffis sämtliche Abenteuer. 136 Bildgeschichten*, Zür. 1986; *Kippfigur*, En., Zür. 1986; *Es gibt kein richtiges Leben im valschen. Humoresken*, Zür. 1987; *Körper in Cafés*, G., Zür. 1987; *Otto – Der neue Film*, 1987; *Innen und außen. Bilder – Zeichnungen – Über Malerei*, Zür. 1988; *Was gibt's denn da zu lachen?*, Ess., Zür. 1988; *Das Buch Ewald*, Hsp., SWF 1988; *Otto – Der Heimatfilm*, 1989; *Gedanken zum Gedicht. Eine Annäherung in drei Schritten*, Zür. 1990; *Reim und Zeit*, G., Stg. 1990; *Achterbahn. Ein Lesebuch*, Ffm. 1990; *Lug und Trug. Drei exemplarische Erzählungen*, Zür. 1991; *Der kleine Hau*, zus. m. F. W. Bernstein u. F. K. Waechter, Ffm. 1991; *Otto – Der Liebesfilm*, 1991; *Das Gedicht als solches*, Hsp., RIAS 1991; *Weiche Ziele*, G., Zür. 1994; *Über alles. Ein Lese- und Bilderbuch*, hg. v. Ingrid Heinrich-Joost, Zür. 1994; *Prosamen*, Pr., Stg. 1995; *Ostergeschichte*, Zür. 1995; *Otto – Die Serie*, Fssp., 1995; *Was deine Katze wirklich denkt. 13 Lektionen in Catical Correctness*, Zür. 1996; *Gedichte 1954–94*, Zür. 1996; *Lichte Gedichte*, Zür. 1997; *Vom Schönen, Guten, Baren. Gesammelte Bildergeschichten und Bildgedichte*, Zür. 1997; *Septemberbuch. 20 Zeichnungen zu zehn Gedichten*, Zür. 1997; *Das Buch der Bücher* (enth. *Ich Ich Ich*; *Kippfigur*; *Lug und Trug*), Zür. 1997; *Klappaltar. Drei Hommagen*, G., Zür. 1998; *Erna, der Baum nadelt. Ein botanisches Märchen*, zus. m. Bernd Eilert u. Peter Knorr, Zür. 1998; *Das Berggericht tagt*, Hsp., WDR 1998; *Bücher schlafen nie*, Hsp., WDR 1998; *Eiskalt in der Galaxis*, Hsp., WDR 1998; *Die gefährliche Wahrheit des Bruders Erwin von Gimmeldingen*, Hsp., WDR 1998; *Die Leiden des jungen Hamsters*, Hsp., WDR 1998; *Die letzten Worte im Sturm*, Hsp., WDR 1998; *Die Nacht der wilden Erdbeeren*, Hsp., WDR 1998; *Der Professor am Scheideweg*, Hsp., WDR 1998; *Raumschiff Gamma 7*, Hsp., WDR 1998; *Tierarzt-Familie Lindheim*, Hsp., WDR 1998; *Der Fluch von Passau. Ein Horror-Hörspiel*, WDR 1998; *Gedichte 1954–97*, Zür. 1999; *Der letzte Zeichner. Aufsätze zu Kunst u. Literatur*, Zür. 1999; *Unsere Erde ist vielleicht ein Weibchen. 99 Sudelblätter zu 99 Sudelsprüchen von G. Chr. Lichtenberg*, Cartoons, Zür. 1999; *Reim und Zeit & Co. Gedichte, Prosa, Cartoons*, Stg. 2000; *In Zungen reden. Stimmenimitationen von Gott bis Jandl*, Ffm. 2000; *Berliner Zehner. Hauptstadtgedichte*, Zür. 2001; *Im Glück und anderswo*, G., Ffm. 2002; *Meer von R. G.*, Hbg. 2002.

Gerstl, Elfriede, wurde am 16. 6. 1932 in Wien als einzige Tochter jüdischer Eltern geboren. Sie überlebte die Kriegsjahre gemeinsam mit ihrer Mutter versteckt in wechselnden Wohnungen. Sie studierte einige Semester Medizin, anschließend Psychologie, erste Gedichte entstanden. Nach der Heirat mit dem Schriftsteller Gerald Bisinger (die Ehe wird 1968 geschieden) und der Geburt der Tochter Judith lebte sie als freie Schriftstellerin abwechselnd in Wien und Berlin, seit 1970 in Wien. Sie engagiert sich in der »gruppe literaturproduzenten« sowie als Gründungsmitglied der »Grazer Autorenversammlung« für literatur- und gesellschaftspolitische Anliegen. Mit dem Förderungspreis der Stadt Wien erfährt sie 1978 erstmals offizielle Anerkennung, wird 1985 mit dem Würdigungspreis des Bundesministeriums für Unterricht und Kunst, 1990 mit dem Preis der Stadt Wien ausgezeichnet und nimmt im Jahr 1999 zwei hochrenommierte Ehrungen – den Georg-Trakl-Preis und den Erich-Fried-Preis – entgegen.
Durch ihr in modische Stilisierungen gehülltes Lebens-Kunst-Werk über Jahrzehnte in Wien bekannt, hat Elfriede Gerstl als eine der originellsten Schriftstellerinnen Österreichs späte offizielle Anerkennung erfahren. Die Autorin, die sich seit den späten Fünfzigerjahren als Gast zunächst im Kreis um Hermann Hakel, im Umfeld der Galerie nächst

St. Stephan, später der Autoren H. C. Artmann, Gerhard Rühm, Oswald Wiener und Konrad Bayer bewegte, wurde erst in ihrem siebenten Lebensjahrzehnt durch Preise, publizistische und germanistische Aufmerksamkeiten als genuine literarische Stimme gewürdigt (*Dossier Elfriede Gerstl*, 2001). Ihr poetisches Werk ankert im Wittgensteinschen Zweifel an der Sagbarkeit der Welt, reagiert auf die poetischen Verfahrensweisen der »Wiener Gruppe« allerdings mit produktiver Skepsis. Nicht zuletzt aus der realen Erfahrung, dass auch die maskulin dominierte »Bohème« für eine weibliche Künstlerin lediglich die Rolle der schweigenden Beisitzerin vorsieht (*Unter einem Hut*, 1993), hat die Dichterin in Leben und Werk ihre Schlüsse gezogen. Das zum Teil im Berlin Ende der Sechzigerjahre entstandene Prosawerk *spielräume* integriert die Sprachspiele der Avantgarde, konkretisiert diese jedoch zur Reflexion der sozialen Konstruktion von Weiblichkeit. Im Sprach- und Planspiel um den Hohlkörper der weiblichen Zentralfigur Grit werden die der Frau gesellschaftlich zugewiesenen Diskurse, Masken und Rollen »in Schwebe gehalten« (Herbert J. Wimmer). Nachdem die bei Rowohlt geplante Publikation der *spielräume* einer Personalrochade zum Opfer fiel, erschien sie – in immerhin zwei Auflagen – in österreichischen Kleinverlagen und fand entsprechend begrenzte Beachtung. In der Folge reflektierte Gerstl die Erfahrung der multiplen ökonomischen und sozialen Marginalisierung – als weibliche Künstlerin abseits der Trademarks von Gruppierungen und anerkannten Verlagen – in den gültigen Essays der Bände *Narren und Funktionäre* (1980) sowie *Unter einem Hut* (1993).

Parallel zur diskursiven Reflexion setzte Gerstl ihre Befunde dichterisch um: Die in den Achtziger- und Neunzigerjahren publizierten Gedichte realisieren das Moment der »Randständigkeit« formal in zunehmender Verknappung (darin der »Vernichtigung« Robert Walsers ähnelnd), entfernen sich inhaltlich mehr und mehr vom Arsenal der »theoriebissen« progressiver bzw. subkultureller Konventionen: Zunehmend treten Lebenswelt und Riten der Wiener (Künstler-)Zirkel in den Blick, stets jedoch aus der Perspektive eingeweihter Distanz das scheinbar Bekannte ins Kenntliche verfremdend (*wiener mischung*, 1982; *neue wiener mischung*, 2001). Fern der Verklärung des Wienerischen, konturiert Gerstl die (sozialen) Topografien der Stadt unter der Voraussetzung der eigenen Nicht-Beheimatung (*alle tage Gedichte*, 1999). Erst in den späten Achtzigerjahren hat Gerstl die in ihrem poetischen Werk gleichwie in ihrem Lebens-Kunst-Werk kurrenten Leitmotive autobiografisch erläutert. Sei es die notorische Unbehaustheit (ephemere Niederlassungen im Kaffeehaus), das Sammeln von Moden und Objekten (*Kleiderflug*, 1995) oder die Verweigerung des nicht nur kulinarisch Vorgesetzten: Sind diese Motive als »Kompensationen« der während des Krieges aufgezwungenen Nichtexistenz, Not und Depravierung erklärbar, konstituieren sie andererseits einen poetischen Kosmos, welcher – oft gebrochen durch Trivialmythen – in »präziser Fragmenthaftigkeit« (Elfriede Jelinek) den bekannten Pathosformeln enträt. Im Gegenteil können Elfriede Gerstls Selbstironie, ihre melancholische Heiterkeit der reflektierten Hypochondrie als wienerisch weibliche Gegenfigur zum »Stadtneurotiker« des drei Jahre jüngeren Woody Allen gelten.

Christiane Zintzen

Werke: *Gesellschaftsspiele mit mir*, G., Linz 1962; *Das Gästehaus*, R., zus. m. P. Bichsel, W. Höllerer, K. Stiller, P. Heyer, H. Fichte, W. Simeret u.a., Bln. 1965; *Mittellange Minis*, hg. v. W. Slezak, G., Bln. 1967; *Berechtigte Fragen*, Hsp., SDR 1970, gedr. Wien u. Mü. 1973; *Gudrun. Die Geschichte und ihr Unterricht*, Hsp., SDR 1970; *Sätze mit Haus und Haut*, Hsp., SWF 1973; *Spielräume*, Pr., Linz 1977, überarb. Neufssg. 1993; *Narren und Funktionäre. Aufsätze zum Kulturbetrieb*, Wien 1980; *Beispiele zeitgenössischer Frauendarstellung in der Literatur*, Anth., Hg., zus. m. Elfriede Czurda, Wien 1981 (= »Wespennest«, Sonderheft 44); *wiener mischung. texte aus vielen jahren*, G. u. Pr., Linz 1982; *Mein Wien*, Film, WDR 1983; *Literatur und Selbstmord*, Anth., Hg., zus. m. Gustav Ernst, Wien 1985; *eine frau ist eine frau ist eine frau ... Autorinnen über Autorinnen*, Anth., Hg., Wien 1985; *vor der ankunft. auf reisen entstandene gedichte*, Wien 1986 (= »Freibord«, Sonderdruck 11), erw. Neuaufl. Wien 1988 (= »Freibord«, Sonderreihe 24); *Unter einem Hut*, Aufs. u. G., Wien 1993; *Ablagerungen*, Anth., Hg., zus. m. H. J. Wimmer, Linz 1989; *Textflächen*, Theaterst., UA Wien 1989; *Kleiderflug. Texte – Textilien – Wohnen*, Aufs. u. G., m. Fotos v. H. J. Wimmer, Wien 1995; *die fliegende frieda. sechsundzwanzig geschichten*, Kinderb., m. Illustr. v. A. Kaufmann, Wien 1998, Hsp., SWR 2000, Schpl., 2003; *alle tage gedichte. schaustücke, hörstücke*, Wien, Mü. 1999; *neue wiener mischung*, G. u. Pr., Graz 2001; *Dossier Elfriede Gerstl*, Anth., hg. v. Konstanze Fliedl u. Christa Gürtler, Graz 2001; *Karten-Lese, ein Schachtelbuch*, zus. m. H. J. Wimmer, Graz 2004.

Glantschnig, Helga, wurde am 14. 3. 1958 in Klagenfurt geboren und wuchs in Radenthein in Kärnten auf. Nach der Matura absolvierte sie eine Ausbildung zur Volksschullehrerin in Graz, anschließend studierte sie Pädagogik und Philosophie

an der Universität Graz. Nach dem Abschluss ihrer Dissertation (*Liebe als Dressur*, 1987) war sie zehn Jahre lang als Deutschlehrerin für fremdsprachige Kinder in Wien tätig, woraus das erfolgreiche Buch *Blume ist Kind von Wiese* (1993) entstand, und nahm Lehraufträge an der Universität Graz wahr. Parallel zu essayistischen Arbeiten mit kulturhistorischen und philosophisch-feministischen Themen begann sie mit dem literarischen Schreiben, 1991 wurden in der Zeitschrift »manuskripte« erste Prosatexte und Lyrik veröffentlicht. Seit 1994 lebt sie als freie Schriftstellerin in Wien. Sie bekam diverse Stipendien und Preise zuerkannt, zuletzt den »manuskripte«-Preis des Landes Steiermark 1998.
In ihrem ersten Roman, *Wider Willen* (1992), beschreibt die Autorin in Anlehnung an den »nouveau roman« in assoziativem Stil das Ende einer Liebesgeschichte. Sie erinnert sich bruchstückhaft, sinnliche und emotionale Eindrücke und Empfindungen werden zitiert und formen die »Zutaten der Kindheit« wie die »Asche der Liebe«, die von einer langen Beziehung zurückbleibt. *Rose, die wütet* (1994) lautet ihr nächster Band, der Film-Titel zum Gegenstand ihrer Anagramme macht, so bezieht sich etwa der Buchtitel auf *Die rote Wüste* von Michelangelo Antonioni. Über 70 anagrammatische Gedichte stellen spielerisch die »Chemie und Alchemie des Wortes auf den Prüfstand« (W. Schmidt-Dengler). In ihrem nächsten Werk, dem Roman *Mirnock* (1997), beschreibt sie eine Kindheit und Jugend im Kärnten der Sechziger- und Siebzigerjahre. Die Chronologie des Aufwachsens eines Mädchens in einem Industrieort wird im »Roman als Fotoalbum« erzählt, es tauchen im Laufe des Erwachsenwerdens neben den typischen und schönen Bildern aber auch »Schatten, Schrecken vielleicht« auf, die mit dem Blick durch die weibliche Linse wahrgenommen werden.
Ebenso poetisch, aber von kulturgeschichtlichem Zugang, ist das *Schlittschuhbuch*: *Meine Dreier* (1998). Ausgehend von ihrer persönlichen Leidenschaft entwickelt Glantschnig eine Kulturgeschichte des Eislaufens, das von Klopstock und Goethe geschätzt und verbürgerlicht wurde. Daneben entwickelt sie aber auch eine persönliche Ästhetik der Bewegung, so bemerkt sie: »Was man an Kräften spart, tritt als Stil zutage.«
Tiere und ihre Liebeleien sind sprachspielerisches Thema des Gedichtbandes *Kamel und Dame* (2000). Die Liebe von Herr und Frau Mondkalb, Gazelle und Gazil, Kamel und Kameliendame nimmt in verspielten und lustvollen Wendungen »zu und ab und ab und zu«. Wörter und Verse verbinden sich zu humorvollen, luftigen Textarrangements, Assoziationen und Affinitäten werden augenzwinkernd aufgezeigt: so nähern sich »Kamel und Dame in der rasanten Karawane«.

Ingrid Spörk

Werke: *Liebe als Dressur. Kindererziehung in der Aufklärung*, Ffm. 1987; *Lektion der Dinge. 33 Autorinnen*, Hg., zus. m. Gerda Ambros, Wien 1991; *Wider Willen*, R., Graz, Wien 1992; *Blume ist Kind von Wiese oder Deutsch ist meine neue Zunge*, Hbg. 1993; *Rose, die wütet. Anagramme nach Filmen*, G., Graz, Wien 1994; *Entrée: die Frau*, Ess., Graz, Wien 1995; *Flügel am Fuß*, Hsp., ORF 1995, *Mirnock*, R., Graz, Wien 1997; *Meine Dreier. Schlittschuhbuch*, Graz, Wien 1998; *Sonnenbad*, Hsp., ORF 2000; *Kamel und Dame. Tierlieben*, G., Graz, Wien 2000.

Glaser, Peter, wurde am 10. 6. 1957 in Graz geboren. Das Gymnasium verließ er ein Jahr vor der Matura, zog 1980 nach Düsseldorf und wurde dort Setzer und Redakteur beim Stadtmagazin »Überblick«. Seit 1983 lebte er dort als freier Autor und Journalist, 1984 übersiedelte er nach Hamburg, wo er als Herausgeber und Redakteur von Computermagazinen, als Journalist und Schriftsteller tätig war. Glaser gilt als Pionier in der digitalen Welt, ist Mitbegründer des Chaos-Computer-Klubs, war Chefredakteur des Fachorgans »Datenschleuder«, Kolumnist für die Computerseite der »Woche« und des Stern-Magazins »konr@d«. Heute lebt er in Berlin. 2002 wurde er mit dem Ingeborg-Bachmann-Preis in Klagenfurt ausgezeichnet.
Im Zuge der »Neuen deutschen Welle« an den Kulturstränden der frühen Achtzigerjahre schwappte es auch den »Grazer Bleistift« Peter Glaser als sanften Brecher in einen Literaturbetrieb, dessen Routine er mit Autorenlesungen als Multimediaspektakel per Computer, Video und Musik zu unterlaufen suchte. In *Der große Hirnriss* (1983), im »Journal einer erotischen Arbeit« mit dem Titel *Vorliebe* (1986) und in den Geschichten und Kolumnen aus *Schönheit in Waffen* (1987) und *Neues im Westen* (1988) persifliert er mit leichter Hand alles, was ihm vor den Stift kam auf seinen Streifzügen durch Düsseldorfer Nachtbars. Großstadtallegorien und Männerträume – alles ist erlaubt, solange es nur kurzweilig ist, eine »Art sorgfältig kultivierter Blödheit«, die entsteht, wenn der Autor »ein bisserl wahrnehmen geht«. Glaser tritt, von Werbespots und Kino inspiriert, als »Bilder-Schreiber« auf, schreibt literarische Comic-Strips und erzählt vom

Mythos der Jugend und vom Machismo, von Einzelgängern und Männerfreundschaften, von Musik ohne Grenzen beim Punk-Festival in Polen, von einem Älpler, der »Ozeane sammelte«, von Körperkult und Zeitgeist. Seine Kurzgeschichten bedienen sich ungeniert bei amerikanischen Vorbildern, lieben Klischees und wirken so witzig und unangestrengt wie Glasers Figuren: »einsame Monumente friedvollen Eigensinns«.

Lange war es um Peter Glaser still gewesen, der sich lieber in Kreisen der Elektronik-Liebhaber tummelte. Umso wirkungsvoller sein Auftritt 2002 beim Ingeborg-Bachmann-Wettbewerb, den er mit einer *Geschichte von Nichts* souverän gewann. Der Juror Denis Scheck sprach von einer »Geschichte über die Leerzeichen der Liebe, über Online-Killer und den Süden und Norden der Struktur der Gegenwart«.

Thomas Kraft

Werke: *Lastwagenkrieg*, Drehb.-Mitarb., 1982; *Der große Hirnriss. Neue Mitteilungen zur Wirklichkeit*, R., zus. m. Niklas Stiller, Reinbek 1983; *Rawums. Texte zum Thema*, Hg., Köln 1984; *Haus Vaterland. Eine historische Revue*, dreiteiliges Fssp., zus. m. H. Königstein u. W. Thielsch, Reinbek 1984; *Terminal Darling*, Fssp., 1985; *Vorliebe. Journal einer erotischen Arbeit*, Reinbek 1986; *Schönheit in Waffen. Storys*, Köln 1987; *Neues im Westen. Glasers heile Welt. Kolumnen*, Köln 1988; *Die Osiris-Legende*, Theaterst., UA Graz 1988; *24 Stunden im 21. Jahrhundert. Onlinesein. Zu Besuch in der Neuesten Welt*, Ffm. 1995; *Online-Universum*, Düsseld. 1996; *Die Sphinx. Rätsel in Stein*, Film-Dok., ZDF/Arte 2002; *Geschichte von Nichts*, En., Köln 2003.

Glavinic, Thomas, wurde am 2. 4. 1972 in Graz geboren. Er arbeitete u.a. als Werbetexter, Taxifahrer und Vertreter. Glavinic erhielt 1995 das Wiener Autorenstipendium, 2001 das Projektstipendium des Österreichischen Bundeskanzleramts und 2002 das Elias-Canetti-Stipendium der Stadt Wien und das Österreichische Staatsstipendium für Literatur 2002. Für *Der Kameramörder* (2001) wurde er mit dem Friedrich-Glauser-Preis 2002 ausgezeichnet. Glavinic lebt in Wien.

Es ist nicht die Tatsache, dass Glavinic mit Ende Zwanzig bereits drei Bücher veröffentlicht hatte, die ihn als Autor hervorhebt. Verblüffen muss die Beweglichkeit, mit der er in seinen bisherigen Veröffentlichungen gänzlich unterschiedliche Möglichkeiten des Prosaschreibens auslotet. Mit großer Entschiedenheit wählt er für seine klaren, spannungsvollen Sujets die jeweils eigene Form. In seinem Debütroman *Carl Haffners Liebe zum Unentschieden* (1998) findet Glavinic eine Konstellation, deren Duellcharakter er auf klassische Weise psychologisch entwickelt. Der Roman schildert das Leben des Schachgenies Carl Haffner und seinen im Jahre 1910 ausgetragenen Kampf gegen den amtierenden Weltmeister, den selbstbewussten Emanuel Lasker. Glavinic, in seiner Jugend selbst ausgezeichneter Schachspieler, erzählt in gefühlvoll historisierender Manier, wie Haffner in der letzten Partie ein Remis genügen würde, um den Titel zu erringen. Wie sein historisches Vorbild Karl Schlechter setzt der stille, einsame, aber besessene Held stattdessen auf Sieg und verliert.

Einen anderen Ton schlägt Glavinic in *Herr Susi* (2000) an, einem Gesellschaftsroman aus der nicht wirklich feinen Gesellschaft Österreichs: Mit allerlei Intrigen bringt es der selbstverliebte Georg Susacek zum Präsidenten seines Fußballklubs. Eine derbe Komödie, die mit Vergnügen an der Überzeichnung Lebensweisen und -ziele der Neureichen vorführt: Das Buch selbst erweist sich schließlich als Susaceks Mittel zum Ruhm.

Der Kameramörder (2001) ist ein vorderhand harmloser Bericht: Zwei Paare verbringen das Osterwochenende in der Steiermark. Die Tage werden überschattet von Medienberichten über ein unvorstellbares Verbrechen – ein Mann hat Kinder ausschließlich durch Drohungen gezwungen, sich umzubringen, und die Tat mit einer Videokamera gefilmt. In einer Atmosphäre sich überschlagender Meldungen strahlt schließlich ein deutscher Privatsender die Aufnahmen aus – mit der sprechenden Laufzeile »Dies ist kein Sensationsvideo«. Das Buch wurde mehrheitlich als Medienkritik gelesen, auch wenn der Text selbst sich diesbezüglich zurückhält. Letztlich stellt die Tat auch ein Experiment zur Macht fiktionaler Behauptung dar. Glavinic erzählt diese ungeheuerliche Geschichte in sprödem, teilnahmslosem Protokollton – der seinen Grund darin findet, dass der Erzähler selbst auf den letzten Seiten als Täter enttarnt wird. Die bestürzende Distanz, die er gegenüber den Vorfällen wählt, erweist sich als Ausdrucksmittel für die psychische Disposition eines Mörders.

Jo Lendle

Werke: *Carl Haffners Liebe zum Unentschieden*, R., Bln. 1998; *Herr Susi*, R., Bln. 2000; *Der Kameramörder*, Pr., Bln. 2001.

Glück, Anselm, wurde am 28. 1. 1950 in Linz geboren. Er absolvierte eine Apothekerlehre und holte die Matura nach. Er studierte einige Semester

Völkerkunde und Sinologie, anschließend vier Semester Gebrauchsgrafik in Wien. Seit 1978 lebt er als freiberuflicher Schriftsteller, Maler und Grafiker in Wien, unterbrochen von einem einjährigen Aufenthalt 1991/92 als Stadtschreiber in Graz. 1976 erhielt er das Nachwuchsstipendium für Literatur des Bundesministeriums für Unterricht und Kunst, 1985 das Staatsstipendium des Bundesministeriums für Unterricht und Kunst, 1986 den Förderungspreis der Stadt Wien für Literatur, 1988 den Preis des Landes Kärnten beim Ingeborg-Bachmann-Wettbewerb.

Sein Debüt als Schriftsteller gab Anselm Glück 1977 mit dem Prosatext *stumm*. Der schmale Band enthält das Selbstgespräch eines betrunkenen Ich-Erzähler namens »anselm«, das Glück dazu benutzt, die Erkenntnisfähigkeit von Sprache zu untersuchen. Auf einer Erzählebene führt der Text ein Ich vor, das sich zunehmend von der Realität zurückzieht, sich fremd wird und schließlich verstummt. Auf einer zweiten Textebene werden die Leerstellen, die das verstummende Ich zunehmend hinterlässt, vom Redeschwall des anderen Ichs wieder aufgefüllt. Stück für Stück setzt sich das Ich des Erzählers so neu zusammen, bis sich ihm die Welt am Ende wieder zu einer »halbwegs wahrscheinlichen ordnung« fügt. Die literarische Dekonstruktion von Wirklichkeit und ihr Wiederaufbau beschäftigen Glück auch in *falschwissers totenreden(t)* (1978), wobei er nun die Grenze zwischen Leben und Werk auch durch die Einbeziehung von außerliterarischen Quellen immer wieder durchbricht: So werden im *anhang 3* die dienstpragmatischen Begleitschreiben des österreichischen Bundesministeriums für Unterricht und Kunst, mit denen Glücks Beiträge zum Wettbewerb um ein Staatsstipendium abschlägig retourniert worden sind, dokumentiert. Glück geht der Frage nach, welche Rolle Sprache bei der Sinnstiftung spielt. Dazu verwendet er die unterschiedlichsten literarischen Mittel: umgeformte Sätze, zusammengezogene Wörter, das Einfügen von unbearbeiteten und unkommentierten Gerichtsprotokollen in den Erzählfluss oder der Verzicht auf ordnende Satzzeichen und Adjektive. In *meine arme sind herz genug* (1985) ist es vor allem das Spiel mit unterschiedlichen Perspektiven, das neue Sinnzusammenhänge eröffnet: »und kein wort stillt das buch«.

Mehr und mehr tritt nun auch die Doppelbegabung Glücks in den Vordergrund: Die Lücken, die er skeptisch in ein seiner Meinung nach unzureichendes Sprachuniversum reißt und die mit Sprache und ihren Mitteln nicht zu schließen sind, füllt er zunehmend mit eigenen Illustrationen auf: Dem 1988 erschienenen Text *ich muss immer daran denken (geschichte)*, mit dem er auch den Ingeborg-Bachmann-Preis des Landes Kärnten gewann, sind erstmals 21 eigene Zeichnungen und Ölbilder beigegeben. Glücks Sprachskepsis führt konsequent fast zur Umkehrung seiner Gestaltungsmittel: In *ich meine was ich tu* (1993) tritt an die Stelle der Schrift und ihrer Typologie eine konsequente Bildlichkeit – Glück hat das Buch in handschriftlicher Form gestaltet, seine Sätze förmlich gezeichnet.

Auch seine Theaterstücke sind von diesem Motiv geprägt: Die Verweigerung von Handlung und die Verwendung identischer Sätze, die Glück zwei Menschen gleichzeitig sprechen lässt, sollen in *wir sind ein lebendes beispiel* (1991) die Uniformität menschlichen Denkens aufzeigen. Alltagsrede, Gesprächsfetzen, Witze, Vorwürfe, Hoffnungen und Träume eines »manns« und einer »frau« runden sich in *eiserne mimosen* (1996) zu kleinen Geschichten, während in *inland* (2001) expressionistisch anmutende Monologe das Leiden des Einzelnen am zu gestaltenden und doch unaufhaltsamen Lauf der Dinge thematisieren.

Günther Fischer

Werke: *stumm*, Pr., Linz 1977; *falschwissers totenreden(t)*, Pr., Ffm. 1981; *meine arme sind herz genug*, Pr., Graz, Wien 1985; *ohne titel*, Pr., Linz 1985; *die eingeborenen sind ausgestorben*, Pr., Graz, Wien 1987; *ich muss immer daran denken (geschichte)*, Pr., Graz, Wien 1988; *wir sind ein lebendes beispiel*, Theaterst., UA Graz 1991, gedr. Graz, Wien 1992; *ich meine was ich tu*, Pr u. Bilder, Graz, Wien 1993; *melken bis blut kommt*, Pr., Augsb. 1993; *mit der erde fliegen*, Pr. u. Bilder, Graz, Wien 1994; *die letzte jahreszeit (heft 1)*, Pr. u. Zeichnungen, Graz, Wien 1995; *die letzte jahreszeit (heft 2)*, Pr. u. Zeichnungen, Graz, Wien 1996; *eiserne mimosen*, Theaterst., UA Graz 1996, gedr. Graz, Wien 1996; *toter winkel, blinder fleck. Short storys*, Graz, Wien 1996; *ich kann mich nur an jetzt erinnern. denkschrift zum bevorstehenden jahrtausendwechsel (sehen sie selbst)*, Pr., Graz, Wien 1998; *inland (augen lügen, spiegel nicht)*, Theaterst., UA Wien 2001, gedr. Graz, Wien 2001; *innerhalb des gefrierpunktes*, Theaterst., UA Graz 2003, gedr. Graz 2003.

Goebbels, Heiner, wurde am 17. 8. 1952 in Neustadt a. d. Weinstraße geboren. Er studierte in Freiburg und Frankfurt am Main, wo er seit 1972 lebt, Soziologie und Musik. 1976 war er Mitgründer des »Sogenannten Linksradikalen Blasorchesters«, 1982 der Art-Rock-Gruppe »Cassiber«. Es folgten zahlreiche Musiktheaterstücke und Kompositionen für Orchester, Theater, Ballett, Radio und Film. 1987 und 1997 nahm Goebbels an der Documenta X teil. Seit 1998 lehrt er als Professor am Institut für Angewandte Theaterwissenschaften der Justus-Liebig-Universität Gießen. Er erhielt mehrere nationale und internationale Auszeichnungen, darunter den Europäischen Theaterpreis, den Hörspielpreis der Kriegsblinden (für *Die Befreiung des Prometheus*), mehrfach den Prix Italia und den Karl-Sczuka-Preis. Heiner Goebbels ist Mitglied der Berlin-Brandenburger Akademie der Künste und der Akademie der Darstellenden Künste, Frankfurt. 2002 wurde seine erste Oper *Landschaft mit entfernten Verwandten* uraufgeführt.

Als 1985 *Die Befreiung des Prometheus* urgesendet wurde, ging davon ein Impuls für das Hörspiel aus, wie vorher nur vom Gründungsstück des »Neuen Hörspiels«, Ernst Jandls und Friederike Mayröckers *Fünf Mann Menschen* (1968). Schon im Jahr zuvor hatte Heiner Goebbels mit *Verkommenes Ufer* (1984) auf sich aufmerksam gemacht und dafür den Karl-Sczuka-Preis für Hörspiel als Radiokunst bekommen. Passanten in der Berliner U-Bahn wurden gebeten, den kaum eine Druckseite umfassenden Text zu lesen, der den Auftakt zu Heiner Müllers Drama *Verkommenes Ufer Medeamaterial Landschaft mit Argonauten* bildet. Die Fehler der ungeübten Leserinnen und Leser wurden integraler Bestandteil des Textes. Wenn ein kleines Kind aus dem »Traum von einem ungeheuren Beischlaf in Chicago« den »Traum von einem Ungeheuer« macht, und eine offensichtlich angetrunkene Frau aus den »zerrissenen Monatsbinden« eine »zerrissene Monarchie« macht, so hat das nur zum Teil etwas mit semantischen Unterströmungen zu tun, sondern ist u.a. den Zeilenbrüchen im Text geschuldet. Die Typografie, ebenso wie die Interpunktion, ja selbst Buchstabenhäufungen sind wichtige Bestandteile des Textes, auf die Heiner Goebbels seinen Blick richtet, wenn es darum geht, einem Text eine musikalische Form zu geben bzw. ihn mit ihr interagieren zu lassen.

Heiner Goebbels wendet sich explizit gegen einen Wagnerschen Hang zum Gesamtkunstwerk. Auf dem Theater führe der dazu, dass man in Schauspielerhaltung, Bühnenbild, Kostüm, Licht und Musik eine Vervielfachung des Immergleichen vorgesetzt bekäme. Stattdessen plädiert Goebbels dafür, aus der Kollision der differenten Künste produktive Funken zu schlagen. Beim Hörspiel, das in einigen Produktionen einem illusionistischen Überwältigungsgestus fröne, könne man wenigstens wegsehen: »Den optischen Möglichkeiten sind beim Radio keine Grenzen gesetzt«, ist Goebbels spöttisches Fazit, was das genaue Gegenteil der weit verbreiteten Vorstellung meint, Hörspiel sei »Kino-im-Kopf«. Insofern ist eine formale, d.h. nicht-semantische Lesart die Voraussetzung für Goebbels analytische Kompositionen.

Die Befreiung des Prometheus basiert auf einer so gewonnenen syntaktischen Analyse des Textes, der von Heiner Müller als erratischer Block in das Theaterstück *Zement* gesetzt wurde. Für das Goebbels'sche Verfahren braucht es den »Luxus der kurzen Texte« (nicht der Lyrik, die oft schon musikalisch auskomponiert ist), die eine strukturell so genaue Lektüre aushalten. Goebbels nennt dies »Expeditionen in die Textlandschaft« und einen »nicht-touristischen Umgang« mit ihr. Es gelte, deren tektonische Schichtungen freizulegen und transparent zu machen. Im Fall von *Die Befreiung des Prometheus* wird der erste Satz nach und nach in seinen Bestandteilen vorgeführt, während gleichzeitig seine Finalität akustisch im Gleichklang von »aß« und »Aas« vorweggenommen wird: »Prometheus, der den Menschen den Blitz ausgeliefert, aber sie nicht gelehrt hatte, ihn gegen die Götter zu gebrauchen, weil er an den Mahlzeiten der Götter teilnahm, die mit den Menschen geteilt weniger reichlich ausgefallen wären, wurde wegen seiner Tat beziehungsweise wegen seiner Unterlassung im Auftrag der Götter von Hephaistos dem Schmied an den Kaukasus gefesselt, wo ein hundsköpfiger Adler täglich von seiner immerwachsenden Leber aß.« Am Ende des Textes wird sich Prometheus, so korrupt wie zu Beginn, auf die Schultern des zuvor noch verfluchten Befreiers hocharbeiten, um sich unter Hollywoodfanfaren von den Menschen feiern zu lassen.

Andere Autoren, deren Texte Goebbels' Analyse standgehalten und in Musiktheaterstücken und Hörspielen verwendet wurden, sind u.a. Titus Livius, Sören Kierkegaard, Edgar Allan Poe, T. S. Eliot, Joseph Conrad, William Faulkner, Pierre Corneille, Alain Robbe-Grillet, Francis Ponge und Rainald Goetz. Die Dekonstruktion der Texte dürfe nicht so weit gehen, dass das Ausgangsmaterial in letztlich beliebige Bruchstücke atomisiert werde, sagt Goebbels. Erst die Arbeit an *Ein Bild, das wir Zeit nennen* (2002) relativierte diesen Grundsatz. Die fünfsprachige Klanginstallation für neun Lautsprecher nach Texten aus Platons *Timaios* wurde mithilfe der so genannten Granularsynthese erstellt, einer sehr rechenzeitaufwändigen Methode, die mit kleinsten Partikeln der Sprachlaute arbeitet und aus der alle Geräusche des Stücks gemacht sind. Zu seiner eigenen Überraschung musste Heiner Goebbels feststellen, dass selbst auf der molekularen Ebene der Laute sich bestimmte Töne verschiedener Sprachen nicht beliebig miteinander kombinieren lassen, sondern noch genug Restinformationen enthalten, die sie inkompatibel machen.

Einen der Mikroanalyse/-synthese entgegengesetzten Weg ist Heiner Goebbels mit Heiner Müllers *Wolokolamsker Chaussee I–V* (1989) gegangen. Mit musikalischen Kollektiven, nämlich einer Speed-Metal-Band, einem Männerchor und einer Hip-Hop-Gruppe wird die monologische Erzählform des Textes als ein großes Unisono zelebriert. Heiner Müllers letzter »Versuch einer proletarischen Tragödie im Zeitalter der Konterrevolution« und einer von den »Texten, die auf Geschichte warten«, wurde am 4. November 1989 im Rahmen der »Woche des Hörspiels« in der Berliner Akademie der Künste aufgeführt und erhielt am 11. November den Publikumspreis – zwischendurch war die Mauer gefallen.

Jochen Meißner

Werke: *Die Abrazzo-Oper*, Musiktheaterst., zus. m. Alfred Harth, Rolf Riehm, UA Recklinghausen 1981; *Bertolt Brecht: Zeit wird knapp*, Schpl., Köln 1981; *Unruhiges Requiem*, Schpl., zus. m. Walter Mossmann, Mü. 1983; *Verkommenes Ufer*, Hsp., zus. m. Heiner Müller, HR 1984; *Die Befreiung des Prometheus*, Hsp., zus. m. Heiner Müller, HR 1985, Szenisches Konzert, UA Marseille 1991, Livefassung SWR 2002; *An der Donau*, Oper, zus. m. Herbert Achternbusch, UA Wien 1987; *MAELSTROMSÜDPOL*, Installation, zus. m. Erich Wonder, Kassel, Berlin, Linz 1987/88; *Der Mann im Fahrstuhl*, szenisches Konzert, zus. m. Heiner Müller, UA Ffm. 1987; *Looking upon the wide waste of Liquid Ebony*, szenisches Konzert, UA Linz 1988; *Wolokolamsker Chaussee I–V*, Hsp., zus. m. Heiner Müller, SWF 1989; *Newtons Casino*, Musiktheaterst., zus. m. Michael Simon, UA Ffm. 1990; *Römische Hunde*, Musiktheaterst., zus. m. Michael Simon, UA Ffm. 1991; *Shadow/Landscape with Argonauts*, SWF 1991; *Schliemanns Radio*, HR 1992; *La Jalousie, Red Run, Herakles 2, Befreiung*, Hörstücke, Schpl., Mü. 1993; *Ou bien le débarquement désastreux*, Musiktheaterst., UA Paris 1993; *Der Horatier – Chien Romain – Roman Dogs*. Hörstücke, SWF 1995; *Die Wiederholung*, Musiktheaterst., UA Ffm. 1995, Hsp., SWR 1995; *Schwarz auf Weiß – Hommage à Heiner Müller*, Musiktheaterst., UA Ffm. 1996, Hsp., SWF 1996; *Landscape with man being killed by a snake*, UA Kassel 1997; *Schliemann's Scaffolding*, Musiktheaterst., UA Volos 1997; *Eislermaterial*, szenisches Konzert, UA Mü. 1998, Hsp., SWR 1998; *Max Black*, Musiktheaterst., UA Lausanne 1998; *Arbeitsgeräusche. Hörspielwerkstatt von und mit H. Goebbels*, SWR 2000; *Hashirigaki*, Musiktheaterst., UA Lausanne 2000; *... même soir (... am selben Abend)*, szenisches Konzert, UA Mü. 2000; *Oder die glücklose Landung*, Hsp., SWR 2000; *No Arrival No Parking – Navigation Part Three*, szenisches Konzertprojekt, UA London 2001; *Ein Bild, das wir Zeit nennen. Sechs Klangräume nach Texten aus Timaios von Platon*, Installation u. Hsp., SWR 2002; *Landschaft mit entfernten Verwandten*, Oper, UA Genf 2002; *Komposition als Inszenierung*, hg. v. Wolfgang Sandner, Bln. 2002. Sämtliche Werke sh. http://www.heinergoebbels.com

Goes, Albrecht, wurde am 22. 3. 1908 im Pfarrhaus von Langenbeutingen geboren. Er wuchs in Berlin-Steglitz auf, besuchte dort und in Göppingen das Gymnasium, als Stipendiat das Schöntaler und Uracher Seminar, in dem auch Mörike seine letzten vier Gymnasialjahre verbracht hatte. Theologie studierte der Sohn einer alten württembergischen Pfarrersfamilie im Tübinger Stift; 1927/28 besuchte er in Berlin Vorlesungen von Romano Guardini. 1933 wurde er Pfarrer in Unterbalzheim bei Illertissen, 1938 in Gebersheim bei Stuttgart. Von 1940 bis 1945 war er Soldat, von 1942 bis 1945 Lazarettpfarrer an der Ostfront. 1953 wurde er auf eigenen Wunsch aus dem Pfarramt entlassen, doch übte er weiter den Predigtdienst aus, u.a. in der Stuttgarter Paul-Gerhardt-Kirche und in der Christuskirche. Seit 1954 bis zu seinem Tod am 23. 2. 2000 lebte Goes in Stuttgart-Rohr. In dem Portrait, das Goes von »seinem« Mörike zeichnet, spiegeln sich die Züge seiner eigenen Person: »kein sonderlich williger Prediger vom Sonntagmorgen ... wohl aber ein herzlicher Freund der Armen und Kranken, ein vortrefflicher Erzähler der biblischen Geschichte, ein Liebhaber des Gartens und der Tiere, der Bücher und der Musik, ein Sinnierer und Träumer, ein Bastler und Zeichner, ein redlicher Hausvater, ein treuer Freund seinen Freunden und gern auch der Spielgeselle bei Kindern« (*Mörikes Siegel*, 1956).

In dem Wort vom »redlichen Hausvater«, das so idyllisch klingt, schwingt ein biblisch-theologischer Sinn mit. Der Lyriker, Erzähler, Prediger, der Essayist, Interpret und Verfasser von Laienspielen behielt durch die Erschütterungen des Vertrauens hindurch, die der nationalsozialistische Terror und seine menschenverachtende Sprache bewirkten, »ein ganz unzerstörtes Grundvertrauen in das Wort«. Er »mogelt sich über die Schwierigkeiten bewussten Schreibens in unserem Jahrhundert nicht einfach hinweg« (H.-R. Schwab) und blieb doch der kulturellen und religiösen Tradition – von Paul Gerhardt über Goethe und Uhland zu Hofmannsthal und Albert Schweitzer – verpflichtet. Poetisch-ethisch-religiös hieß diese Verpflichtung: »Nicht im Kleinsten darf man sich gehen lassen oder verleugnen, noch die Partikel muss an das Ganze erinnern: im Lächeln, im Charme, und in dem ›Ernst‹, den keine Mühe bleichet« (*Mit Mörike und Mozart*, 1988). Dieses Bemühen um Leichtigkeit im Schweren, das schon in der ersten Gedicht-Veröffentlichung (*Verse*, 1932; *Der Hirte*, 1934) zu erkennen ist, fand er in den Vorbildern, allen voran in Mozart und Mörike, denen er viele »Betrachtungen« widmete, vor und nach dem Krieg. Von einem »Wunder« schrieb Goes, der schon als Siebenjähriger am Konservatorium in Berlin-Steglitz um das Verständnis der Musik rang, in dem Gedicht *Mozart, Figaros Hochzeit:* »Wir möchten es so gerne Wunder nennen, / Das Unbegreifliche, was er uns tut: / Er legt die Hände in die große Glut, / Ganz ungeschützt, doch ohne zu verbrennen – [...] Wir ziehn zur Liebe wie zum Kriege aus – / Ihm ist genug, den Himmel heiter zeigen. / Wir sinnen, sagen, klagen. / Und er singt« (*Lichtschatten du,* 1978). *Gute Gefährten* (1957), so der Titel einer Sammlung von Prosastücken aus den Jahren 1939–1955, sind ihm die »Bildner« der Musik und der Sprache, und als solche sucht er sie seinen Lesern nahe zu bringen. Diskretion, d.h. Schweigen- und Reden-Können zur rechten Zeit und am rechten Ort, ist für Goes eine menschliche und zugleich poetische Tugend: »Wir wagen den leisesten Laut, / Und die Botschaft des Trostes ist da«, heißt es in dem Gedicht von 1947 *Aber im Winde das Wort.* Dass der Dichter in Augenblicken des persönlichen, politischen und religiösen Erschreckens Natur, Liebe und Freundschaft beschwört, hat nichts mit erstarrtem Traditionalismus zu tun und nur indirekt etwas mit seiner dem »Kulturerbe« zugewandten protestantischen Herkunft; es zeugt von jener Gesprächsbereitschaft, die er an »dem Lehrer, dem Vater, dem Freund« Martin Buber bewundert, dem er 1953 die Laudatio zum Friedenspreis des Deutschen Buchhandels hielt. Ihm hat er die letzte der drei Erzählungen, die seine Erfahrung in der nationalsozialistischen Vergangenheit in Erinnerung rufen, *Das Löffelchen* (1965) gewidmet. Sie soll, wie die Erzählung *Das Brandopfer* (1954) und die Erzählung *Unruhige Nacht* (1950), »Geschehenes beschwören«.

Den Blick für die Natur und das Vertrauen in das Wort bewahren auch diese Erzählungen. Das hat Goes den Vorwurf des »Dichter-Pfarrers« eingebracht. Dass diese Erzählungen grausame persönliche und politische Erfahrung sprachlich bewältigen, ist gewiss auch eine Leistung des Pfarrers im Dichter, aber doch mehr noch des Dichters, der sein Handwerk versteht wie die von ihm hochverehrten Meister des Erzählens wie Goethe, Thomas Mann, Thornton Wilder. Diese Meisterschaft zeigt sich in der Erzählung *Das Brandopfer* im behutsamen Zusammenfügen eines Erinnerungsbildes aus dem Blickwinkel verschiedener Personen. Da wird nicht allwissend die Geschichte der Judenverfolgung rekonstruiert, sondern aus dem Vertrauen von Menschen zu Menschen im Innersten Verborgenes aus der Tiefe gehoben: das Schicksal einer Metzgersgattin, die zur »Judenmetzig« wurde, ihr ohnmächtiges Mitleiden mit den jüdischen Kunden, ihre wunderbare Rettung durch einen jüdischen Verleger, dessen Tochter selbst auf wunderbare Weise mit dieser Geschichte verbunden ist, das Schicksal Rebekkas, der Freundin dieses Mädchens. Das Neben- und Ineinander von Wunder und Schrecken trägt auch die Erzählung *Unruhige Nacht* (1950), die dem Autor internationales Ansehen gebracht hat. Der Lazarettpfarrer in der Ukraine – die Figur enthält autobiografische Züge – studiert in der Nacht die Akten eines wegen Fahnenflucht zum Tode verurteilten Soldaten, während nebenan ein Paar, ein Hauptmann, der nach Stalingrad, d.h. in den sicheren Tod abkommandiert ist, und eine Krankenschwester, sich in Liebe umarmen: »Die beiden hatten das Ihre zu tun, ich das Meine. Und es erwies sich, dass dieses Meine, das Studium der Akte Baranowski nämlich, nicht weniger einen Menschen umfassen konnte, als nur je Liebesarme dergleichen vermögen.«

Goes hat in schweren Zeiten durch seine literarischen Arbeiten, zu denen die Sammlung von drei mal dreißig Predigten und so genannte Gemeindespiele zählen, Gattungen, die zum Gebrauch bestimmt sind und von ihm her ihre literarische Bedeutung erhalten, einen seelsorgerlichen Dienst im besten Sinn des Wortes geleistet; als Pfarrer und als Schriftsteller bemühte er sich um das Erschließen von »Quellen, die nicht versiegen« (*Geschichten und Gedanken*, 1980).

Hans Unterreitmeier

Werke: *Verse*, Stg. 1932; *Der Hirte*, G., Lpz. 1934; *Die Hirtin. Ein vorweihnachtliches Spiel*, Mü. 1934; *Heimat ist gut. Zehn Gedichte*, Hbg. 1935; *Die Roggenfuhre. Ein Evangelienspiel*, Mü. 1936; *Lob des Lebens. Betrachtungen und Gedichte*, Stg. 1936; *Vergebung. Ein Frauenspiel*, Mü. 1937; *Über das Gespräch*. Ess., Hbg. 1938; *Der Zaungast. Ein Evangelienspiel*, Mü. 1938; *Begegnungen*, En., Hbg. 1938; *Mörike*. Stg. 1938, erweit. 1954; *Verwir-*

rung des Herzens, Hsp. n. *Lucie Gelmeroth* v. E. Mörike. Leipziger Rundfunk 1939; *Leuchter und Laterne. Eine Erzählung auf Christtag*, Hbg. 1939; *Christian Wagner: Gedichte*, Hg., Mü. 1940 *Der Nachbar*, G., Bln. 1940; *Wir Pfarrer von heute*, Slg., Hg., Stg. 1941; *Die guten Gefährten*, Pr., Stg. 1942, neu ausgew. 1957 u. 1961; *Die Begegnung*, G., (Privatdruck) 1944; *Der Weg zum Stall*. Ein *Krippenspiel für Kinder*, Mü. 1946; *Schwäbische Herzensreise*, Stg. 1946; *Ein erster Schritt*, Stg. 1946; *Auf der Flucht. Ein Gespräch zu Weihnachen 1945*, Stg. 1946; *Rede auf Hermann Hesse*, Bln. 1946; *Goethe-Gedichte – jetzt*, Stg. 1946; *Drei Betrachtungen*, Stg. 1946; *Goethegedichte*, Stg. 1946; *Die Herberge*, G., Bln. 1947; *Da rang ein Mann mit ihm*, Mü. 1947; *Ein Evangelienspiel*, Zür. 1948; *Der Mensch von unterwegs. Ein Gespräch für die Christnacht in unseren Tagen*, Hbg. 1949, Neufssg. 1960; *Die fröhliche Christtagslitanei. Weihnachtsspiel*, Mü. 1949; *Von Mensch zu Mensch. Bemühungen*, Ess., Ffm. 1949; *Gedichte 1930–1950*, Ffm. 1950; *Unruhige Nacht*, E., Hbg. 1950, Fssp. 1955, Film 1958; *Unsere letzte Stunde. Eine Besinnung*, Hbg. 1951; *Christtag. Sieben Betrachtungen*, Hbg. 1951; *Freude am Gedicht. Zwölf Deutungen*, Ffm. 1952; *Im Dornburger Licht. Rede*. Olten 1952; *Vertrauen in das Wort. Drei Reden*. Ffm. 1953; *Mozart, Figaros Hochzeit*, G., Ffm. 1953; *Krankenvisite. Sechs Anreden*, Hbg. 1953; *Aus den Lebensbüchern von Hans Carossa*, Hg., Stg. 1953; *Das Brandopfer*. E., Ffm. 1954, Fssp. 1962 u. d. T. *Der Schlaf der Gerechten*; *Heilige Unruhe. Eine Betrachtung zur Weihnacht*, Stg. 1954; *Worte zum Sonntag. Zwanzig Betrachtungen*, Hbg. 1955; *Erfüllter Augenblick*, Ausw., Ffm. 1955; *Ruf und Echo. Aufzeichnungen 1951–1955*, Ffm. 1956; *Das dreifache Ja. Rede zum Volkstrauertag*, Ffm. 1956; *Genesis. Bilder aus der Wiener Genesis*, Hbg. 1956; *Die guten Gefährten*, Pr., Stg. 1957; *Der Neckar*, Hg., Königstein/Ts. 1957; *du bist nicht allein. Ein Gespräch zu dritt*, Hbg. 1957; *Hagar am Brunnen. Dreißig Predigten aus den Jahren 1954–1957*, Ffm.1958; *Ein überfließend Maß. Bachfest-Predigt*, Hbg. 1958; *Der Gastfreund. Prosa und Verse*, Ost-Bln. 1958; *Maria im Rosenhag. Madonnenbilder altdeutscher und altniederländischer Maler*, Hg., Königstein/Ts. 1959; *Wagnis der Versöhnung. Drei Reden: Hesse – Buber – Bach*, Lpz. 1959; *Das Sankt Galler Spiel von der Kindheit Jesu*, Ffm. 1959; *Stunden mit Bach*, Hbg. 1959; *Goethes Mutter. Rede zum 150. Todestag von Catharina Elisabeth Goethe [...] gehalten [...] am 13. September 1958*, Ffm. 1959; *In memoriam Eberhard Goes*, Ffm. 1959; *Worte zum Fest*, Hbg. 1959; *Auf der Suche nach einem Bestimmungsort*, Ffm. 1960; *Paul-Gerhardt-Kantate*, Stg. 1960; *Zehn Gedichte*, Ffm. 1961; *Die Gabe und der Auftrag. Prosa und Verse*, Ost-Bln. 1962; *Gehe, leide, warte. Drei Geschenke aus Israel*, Hbg. 1962; *Die notwendige Übersetzung. Rede zum Volkstrauertag*, Darmst. 1963; *Die Weihnacht der Bedrängten*, Hbg. 1962; *Aber im Winde das Wort. Prosa und Verse aus zwanzig Jahren*, Ffm. 1963; *Das Löffelchen*, E., Ffm. 1965; *Im Weitergehen. Fünfzehn Versuche*, Mü., Hbg. 1965; *Erkennst du deinen Bruder nicht*, Mü. 1965; *Dichter und Gedicht. Zwanzig Deutungen*, Ffm. 1966; *Nachtgespräche*, Hbg. 1967; *Preise, Jerusalem. Neufassung einer Bach-Kantate*, Stg. 1967; *Der Knecht macht keinen Lärm. Dreißig Predigten*, Hbg. 1968; *Contessa perdono. Variationen über ein unerschöpfliches Thema*, Stg. 1968; *Der ungeteilte Mensch*, (Privatdruck) 1969; *Kanzelholz. Dreißig Predigten*, Hbg. 1971; *Tagwerk. Prosa und Verse*, Ffm. 1976; *Ein Winter mit Paul Gerhardt*, Neukirchen-Vluyn 1976; *Letzte Tage*, Stg. 1976; *Novellen*, Ost-Bln. 1977; *Dunkler Tag, heller Tag. Erwägungen*, Gütersloh 1977; *Lichtschatten du. Gedichte aus fünfzig Jahren*, Ffm. 1978; *Besonderer Tage eingedenk. Ansprache*, Ffm. 1979; *Quellen, die nicht versiegen. Geschichten und Gedanken*, Basel 1980; *Hebel, der Ratgeber. Rede*, Lörrach 1981; *Noch und schon. Zwölf Überlegungen*, Stg. 1983; *Christtagswege*, Stg. 1984; *Das mit Katz*, E., Ffm. 1984; *Das Bleibende. Prophetie. Zwei Reden zu Christian Wagner*, Böblingen 1984; *Um Mitternacht. Begleitwort zum Faksimiledruck eines Briefblattes von Mörike an den Vikarius J. Mährlen*, Nürtingen 1984; *Erzählungen, Gedichte, Betrachtungen*, Ffm. 1986; *Keine Stunde schwindet*, Ausw., Ost-Bln. 1988; *Mit Mörike und Mozart. Studien aus fünfzig Jahren*, Ffm. 1988; *Unter offenem Himmel*, G., 1990; *Sonne, stehe still*, G., 1990; *Vierfalt. Wagnis und Erfahrung*, Ffm. 1993; *Wir verkündigen euch große Freude*, Instrumentalausg., zus. m. Klaus Heizmann, Asslar 1996; *Helmut Hornbogen: Erinnerung an Anfänge. Tübingen. Vom Gedenken. Gespräche mit Albrecht Goes und Hermann Lenz*, Tüb. 1996; *Dunkle Tür, angelehnt. Gedanken an der Grenze des Lebens*, hg. v. Oliver Kohler, m. Illustr. v. Karl Schmidt-Rottluff, Eschbach 1997; *Das Erstaunen. Begegnung mit dem Wunderbaren*, hg. v. Oliver Kohler, Eschbach 1998; *Leicht und schwer. Siebzig Jahre im Gedicht*, Ffm. 1998.

Goettle, Gabriele, wurde am 31. 5. 1946 in Aschaffenburg geboren und wuchs in Karlsruhe auf. Seit den Sechzigerjahren lebt sie in Berlin, wo sie Bildhauerei, Kunstgeschichte, Literatur- und Religionswissenschaft studierte und ab 1976 die »anarcha-feministische« Zeitschrift »Die Schwarze Botin« mit herausgab. Goettle ist Mitglied des P.E.N.-Zentrums Deutschland. 1995 erhielt sie den Ben-Witter-Preis, 1999 den Schubart-Literaturpreis der Stadt Aalen. 2002 überließ Hans Magnus Enzensberger das Preisgeld für den ihm verliehenen Ludwig-Börne-Preis Gabriele Goettle und attestierte ihr in seiner Dankesrede die »kostbare Gabe des Eigensinns«.

Seit den Achtzigerjahren unternimmt die Journalistin Goettle zusammen mit der Fotografin Elisabeth Kmölniger in einem alten VW-Bus Erkundungsfahrten durch Deutschland und sammelt Material für ihre Reportagen. Die meisten ihrer Texte publiziert sie zunächst in der Berliner »taz« – regelmäßig am letzten Montag des Monats in der eigens für sie eingerichteten Rubrik »Freibank«. 1991 erschien bei Eichborn in der von Hans Magnus Enzensberger herausgegebenen Reihe »Die Andere Bibliothek« die erste Reportagen-Sammlung *Deutsche Sitten. Erkundungen in Ost und West,* die Gabriele Goettle schlagartig über das Lesepublikum der »taz« hinaus bekannt machte. Begeistert rezensierte das deutsche Feuilleton die unkonventionellen Berichte zur Lage der Nation.

Ebenfalls 1991 brachte die »Edition TIAMAT« unter dem Titel *Freibank. Kultur minderer Güte amtlich geprüft* eine Sammlung von Goettle-Texten heraus, vorwiegend kulturkritisch-essayistische Betrachtungen in der Tradition von Roland Barthes' *Mythen des Alltags.* Unschwer lässt sich die politische Provenienz der Autorin erkennen. Sie entstammt einer linksalternativen Szene, die sich ihrer früheren ideologischen Verhärtungen inzwischen weitgehend entledigt hat.

Zwei Motive durchziehen den Sammelband *Freibank* und die anderen Reportagen-Sammlungen: die Spuren, welche die NS-Zeit in Deutschland hinterlassen hat, und die Auswirkungen der Wiedervereinigung auf die Ostdeutschen. – Den *Deutschen Sitten* folgten 1994 der Band *Deutsche Bräuche. Ermittlungen in Ost und West* und 1997 der Band *Deutsche Spuren. Erkenntnisse aus Ost und West.* Die Trilogie zählt zu den eindringlichsten literarischen Zeugnissen, die in den Neunzigerjahren über Deutschland und dessen Bewohner erschienen sind. Goettles Reportagen kennzeichnen ein Interesse für das scheinbar unbedeutende, marginale Geschehen, das von der Berichterstattung der Massenmedien nicht oder kaum wahrgenommen wird. So überlässt sie es zum Beispiel in einer Reportage über die Trauerfeierlichkeiten für Heiner Müller (*Deutsche Spuren*) einem Floristen-Paar, das für die Bestattung den Blumendekor liefert, aus dessen Sicht und Interessenlage das Ereignis ausführlich zu kommentieren. Wie eine ganze Reihe von Autorinnen und Autoren seit den Achtzigerjahren (denen zum Beispiel die von Walter Keller herausgegebene Zeitschrift »Der Alltag. Die Sensationen des Alltäglichen« ein Forum bietet) vermittelt auch Goettle erstaunliche bis befremdliche Einblicke in deutsche Wohnzimmer, verweist sie auf die skurrilen bis monströsen Ausformungen deutscher Sitten und Bräuche. Angetrieben wird Goettle von einer ethnologischen Neugierde ohne denunziatorische Absichten. Im Panoptikum der Gabriele Goettle treffen wir auf Masochisten, Catcher-Fans, Transvestiten und Igel-Schützer, auf einen Alt-Autonomen der Hamburger Hafenstraße und eine ältere, gehbehinderte Nacktbaderin. Immer wieder sind es die Armen und Ausgegrenzten in Ost und West, deren Schicksale Goettle sich erzählen lässt und beschreibt. So liefert Goettles Trilogie einen vielfältigen Kultur- und Sozialreport über die Deutschen, der den Zustand der Nation nicht an den Erzeugnissen der Hochkultur misst oder den Visionen der Eliten, sondern an den Verhältnissen der – sei es finanziell oder kulturell – eher Minderbemittelten. Goettle führt auch Statistiken an, aber ihr Interesse gilt den Schicksalen einzelner Menschen, die sich hinter den offiziellen Zahlenkolonnen verbergen. Gezeigt werden Menschen, die in unwürdigen Verhältnissen leben und sterben müssen und sich dennoch einen Restbestand an Würde bewahren – wie die 81-jährige Henriette Berger, die in einer als »Sterbezimmer« genutzten Abstellkammer eines Altersheims die letzten Stunden ihres Lebens verbringt (*Deutsche Sitten*).

2000 erschien die Reportagen-Sammlung *Die Ärmsten! Wahre Geschichten aus dem arbeitslosen Leben.* Für eine Langzeitstudie hatte sich Goettle unter die Armen Berlins begeben und einige von ihnen drei Jahre lang durch die Suppenküchen und Wärmestuben begleitet. Anders als Günter Wallraff gibt Goettle von Anfang an ihre Identität als Journalistin preis. Die Reportagen fügen sich zu einer Art Großstadt-Roman zusammen, der den Leser mit den Biografien, Lebensphilosophien und Eigenheiten von Goettles Protagonisten vertraut macht. Exemplarisch zeigt Goettle die verheerenden Konsequenzen der Armut. Aber selbst die »Ärmsten« versuchen – wie die anderen Randständigen, die Goettle porträtiert – ihrem Leben Form zu geben und Sinn abzugewinnen. Hin und wieder wirken die Gespräche der zuweilen verblüffend eloquenten »Ärmsten« ein wenig von Lebensklugheiten überfrachtet, was vielleicht der Methode einer literarischen Verdichtung der protokollierten (beziehungsweise auf Tonträger aufgezeichneten) Interviews geschuldet ist.

Goettle arbeitet mit einem ganzen Arsenal von Darstellungsmitteln. Es umfasst die Statistik, die detailgenaue Beschreibung von Gegenständen und Funktionsabläufen des Alltags, das szenische Fragment, die aufgefundene Notiz oder Inventarliste – und wird ergänzt von in Archiven entdeckten Dokumenten und von Fotos und Zeichnungen Elisabeth Kmölnigers. Hier und dort meldet sich Goettle als Teilnehmerin oder Kommentatorin des Geschehens zu Wort, wobei sie auch die Entstehungsweise ihrer Reportagen transparent macht. Manchmal erzählt sie eine »wahre« Begebenheit in Form einer Kurzge-

schichte, vor allem aber lässt sie die Menschen, die sie aufsucht, in direkter oder nacherzählter Rede zu Wort kommen. Die Bestandsstücke ihrer literarischen Collagen werden teils kontrastierend, teils sich gegenseitig spiegelnd angeordnet – so auch das Kompositionsprinzip der Sammelbände. In der Schwebe bleibt, wieweit die dezenten und dennoch unverkennbaren poetischen Konnotationen, durch die Goettles Prosa ihre ästhetische Faszinationskraft gewinnt, auf die Sinngebungsversuche der porträtierten Personen zurückzuführen sind oder auf ein elementares Anliegen der Autorin selbst.
Seit einiger Zeit beschäftigt sich Gabriele Goettle mit den »Experten« unserer Gesellschaft und lässt uns an deren Wissen teilhaben. Dass diese Experten – zum Beispiel ein emeritierter Informatikprofessor und Computerpionier oder ein ehemaliger Werkzeugmacher, der in einem kleinen Museum die Geschichte eines Schießplatzes dokumentiert – beiläufig auch ihre Lebensgeschichte erzählen, versteht sich. Nicht nur, aber insbesondere durch Gabriele Goettle gewann die Reportage die Anerkennung als literarisches Genre zurück, die ihr in der Weimarer Republik bereits zugekommen war. Goettles Reportagen lassen die seit dem 19. Jahrhundert – seit Börne und Heine – fragliche Hierarchisierung von großer, auf Langzeitwirkung bedachter Literatur und journalistischer Prosa einmal mehr als hinfällig erscheinen.

Joachim Lehmann

Werke: *Deutsche Sitten. Erkundungen in Ost und West*, Reportagen, Ffm. 1991; *Freibank. Kultur minderer Güte amtlich geprüft*, Ess. u. Reportagen, Bln. 1991; *Deutsche Bräuche. Ermittlungen in Ost und West*, Reportagen, Ffm. 1994; *Deutsche Spuren. Erkenntnisse aus Ost und West*, Reportagen, Ffm. 1997; *Die Ärmsten! Wahre Geschichten aus dem arbeitslosen Leben*, Reportagen, Ffm. 2000.

Goetz, Rainald, wurde am 24. 5. 1954 in München geboren. Nach dem Ende der Volksschulzeit 1965 besuchte er ein humanistisches Gymnasium in München, das er 1974 mit dem Abitur abschloss. 1971/72 besuchte er eine amerikanische High School in Flint, Michigan. Von 1974 bis 1982 studierte er Humanmedizin und Geschichte an der Münchener Universität und beendete beide Studiengänge mit der Promotion. Ein halbjähriges New-York-Stipendium führte Goetz vom Oktober 1983 bis zum März 1984 erneut in die USA. Von 1976 bis 1980 schrieb er belletristische sowie Kinder- und Jugendbuch-Rezensionen für die »Süddeutsche Zeitung«, später auch für den »Spiegel«. In der Kölner Musikzeitschrift »Spex« veröffentlicht er seit 1984 Reportagen, die zum Teil in seinem Prosaband *Hirn* (1986) gesammelt vorliegen. Goetz erhielt 1983 den Kranichsteiner Literaturpreis, ein Autorenstipendium des Suhrkamp-Verlages und ein Arbeitsstipendium für Berliner Schriftsteller, 1984 den Förderpreis der Stadt München für Literatur, 1988, 1993 und 2001 den Mülheimer Dramatikerpreis, 1989 die Fördergabe des Schillerpreises, 1990 ein Arbeitsstipendium des Deutschen Literaturfonds, 1991 den Heinrich-Böll-Preis, 1995 den Preis der Peter-Suhrkamp-Stiftung, 1999 den Else-Lasker-Schüler-Dramatikerpreis und 2000 den Wilhelm-Raabe-Preis. Im Sommersemester 1998 hatte Goetz die Poetikvorlesung der Frankfurter Goethe-Universität inne.
Goetz kann man als *den* »Neuen Wilden« der bundesdeutschen Literaturszene schlechthin bezeichnen. Einem größeren Publikum wurde er dadurch bekannt, dass er sich während einer Lesung beim Wettbewerb um den Ingeborg-Bachmann-Preis 1983 in Klagenfurt mit einer Rasierklinge die Stirn aufschnitt und das Blut auf das Manuskriptpapier tropfen ließ. Der literarische Text *Subito*, später in *Hirn* publiziert, geht bereits auf zentrale Themen seines bis heute vorliegenden Œuvres ein: Raspe, die Hauptfigur der Erzählung, arbeitet als Arzt in der Psychiatrie. Sein Name evoziert bereits die deutsche Terroristenszene, mit der einige Figuren und Texte des Autors sympathisieren. Zudem wird ein Auftritt Raspes als Autor in Klagenfurt inszeniert und mit einer Kulturschelte verknüpft, die vor allem die Repräsentanten des Literaturbetriebes treffen soll.
1983 erschien Goetz' erster Roman: *Irre* erzählt vom desillusionierenden Weg des Assistenzarztes Raspe, der sein Arbeitsverhältnis in der Psychiatrie aufkündigt und in die Szenekultur der Großstadt abtaucht. Anhand von Fallbeispielen aus der Psychiatrie schildert der Autor das Grauen des Klinikalltags und die innere Zerrissenheit Raspes, die sich in seinem Tagesablauf und in den verschiedenen Milieus, in denen er verkehrt, widerspiegelt: Tagsüber versieht Raspe seinen Dienst in der Klinik, nachts verliert er sich in Exzessen. Wie viele Texte von Rainald Goetz ist auch *Irre* in drei Teile gegliedert, die sich durch die jeweils andere Anordnung und Verknüpfung der Ereignisse im narrativen Verlauf deutlich voneinander unterscheiden. Im ersten Teil (»Sich entfernen«) dominiert das Nebeneinander heterogener Einzeltexte nach dem Montage-

prinzip ohne durchgängige Zentrierung auf eine Figur. Die Ich-Erzählsituation wird laufend von quasi-dokumentarischen Fallgeschichten aus der Psychiatrie und anderem »Material« durchbrochen: Neben Raspes Perspektive existieren zahlreiche Diskurse anderer Sprecher, darunter Vorlesungen, Fallgeschichten, Monologe. Einer der Dialoge, der zwischen dem Ich-Erzähler und einem »wohlgesonnenen Beobachter« stattfindet, führt in der Fiktion einen versteckten Diskurs weiter, den Goetz in der Realität mit Michael Rutschky geführt und bis Mitte der Achtzigerjahre fortgesetzt hat. Rutschkys Beiträge zu diesem Dialog über das Schreiben finden sich überwiegend in dessen Buch *Wartezeit. Ein Sittenbild* (1983) wieder. Im zweiten, vergleichsweise homogenen und erzähltechnisch konventionellen Teil von *Irre* (»Drinnen«) konzentriert sich die Darstellung auf die Hauptfigur Raspe. Dieser zweite Teil mit einem Er-Erzähler nimmt die Motive des ersten Teils auf und erzählt von Raspes Arbeit in der Psychiatrie. Von Beginn an zeigt sich Raspe hin- und hergerissen zwischen Karriereplänen und dem Gedanken, angesichts der Trostlosigkeit des Alltags in der Psychiatrie den Dienst zu quittieren. Der dritte Teil (»Die Ordnung«) kehrt zur Ich-Erzählsituation zurück und präsentiert sich wiederum als Nebeneinander heterogener Einzeltexte: Raspe hat seine Arbeit in der Psychiatrie hingeschmissen, ist ganz im Kulturleben aufgegangen und bricht mit Hasstiraden über dessen Exponenten herein. Mit den »Peinsäcken« Be. und Ge. etwa sind Heinrich Böll und Günter Grass gemeint. Durch die deutlichen Unterschiede in der Erzähltechnik wird die Literarität des Romans selbst thematisch. Die formale Symmetrie des ersten und letzten Teils und die davon abweichende Gewichtung des Mittelteils lassen den Roman als Triptychon erscheinen. Dieser dreigliedrige Aufbau ist auch für den Roman *Kontrolliert* und für die beiden Dramentrilogien *Krieg* (1986) und *Festung* (1993) konstitutiv.

1988 erschien der zweite Roman *Kontrolliert*, ein Hassgesang auf den »[Helmut-]Schmidtstaat« der ausgehenden Siebzigerjahre; die Geschichte des »Jahres neunzehnhundertsiebenundsiebzig«, der »Deutsche Herbst« und seine Ereignisse (die Entführung und Ermordung Hanns Martin Schleyers, Mogadischu, die Toten von Stammheim) dienen als Hintergrundfolie. Handlungsträger ist wiederum Raspe, das »Alter Ego« des Ich-Erzählers, der sich – gegenüber dem Roman *Irre* um einige Jahre in die Studienzeit zurückversetzt – in Paris in die selbst gewählte Isolation einer Dachkammer (»Schwarze Zelle«) zurückgezogen hat, um an seiner Promotion zu arbeiten. Von Paris aus verfolgt der Erzähler – via Radio – die Ereignisse des »Deutschen Herbstes« mit. In seiner beengten »Aktenzelle« kann er das Leiden Schleyers (genannt »Schiller«) an seiner Geiselhaft und das Leiden der inhaftierten RAF-Mitglieder an der Kontaktsperre nachempfinden; er vollzieht eine Teilidentifikation sowohl mit den Opfern des Terrorismus als auch mit dem Terrorismus und seinen »revolutionären« Zielen selbst, doch wird das Wollen und Handeln der RAF-Gruppe dann als gescheitert interpretiert, als ihren Terroranschlägen auch »Männer des Volkes« zum Opfer fallen. *Kontrolliert* wird – laut Fiktion – in der Nacht und am Morgen des 17. 10. 1977 erzählt. In den logbuchhaft-akribisch aufgefächerten Tagesablauf von null Uhr zwei bis acht Uhr eins sind Retrospektiven eingebettet, die Erinnerungsbilder des Erzählers und Darstellungen der Geschichte des Jahres 1977 einschließen. Mit dem »Morgengrauen« mischt sich Ernüchterung in die anfängliche Revolutionseuphorie des Erzählers, Selbstmord- und Rachegedanken beherrschen seine trostlose Realität. »Kontrolle« steht hier für ein ubiquitäres Prinzip, »kontrolliert« wird vom Staat und von jedem Einzelnen.

Zusammen mit den Prosatexten in *Hirn* hat Goetz 1986 seine dramatische Trilogie *Krieg* (unterteilt in *Heiliger Krieg*, *Schlachten* und *Kolik*) vorgelegt, die in der Tradition von Vitalismus und Expressionismus zu stehen scheint. In formal differenzierten szenischen Versatzstücken wird die Reduktion des Menschlichen in einer von Alltagsbrutalität gekennzeichneten Realität dargestellt, die die Nutzlosigkeit und Undurchschaubarkeit der Existenz fühlbar machen soll und potenzielle Träume von einer Revolution, einer Wende zum Besseren, im finalen Delirium erstickt. Neben historisch-semantisch aufgeladenen Namensträgern (Stammheimer, Stockhausen, Heidegger) treten Figuren auf, die vor allem durch ihre familialen Relationen oder ihre gesellschaftliche Funktion charakterisiert sind: Neben Vater, Mutter, Schwester usw. sind dies Kollektivfiguren wie die »Mündigen Bürger«, die »Unbekannten Soldaten« oder die »Hübschen Mädchen«. Als Einzelfiguren werden sie vom Nebentext nur knapp, wenn überhaupt, voneinander unterschieden (»Eleganter« oder »Wohlriechender Mündiger Bürger«), es tritt aber auch der »Mann schlechthin« auf, um in rasanter Schimpftirade ein ins Sterben mündendes Delirium darzustellen.

Der Werkkomplex *Festung* (1993) ist als Beitrag zum »Ende der Nachkriegszeit« lesbar und inhaltlich auf das Wendejahr 1989 datierbar: »*Festung* ist ein Buch aus drei Bänden«, es umfasst »die Theaterstücke *Festung*; die Materialien *1989;* und die Berichte *Kronos*« (R. Goetz). Diese Formulierung irritiert, da bereits der mittlere Block von *Festung*, die *Material*-Sammlung *1989*, aus drei Bänden besteht. Somit fungiert der Sammeltitel *Festung* als Obertitel für verschiedene Texteinheiten und Textzusammenhänge: als Titel für einen fünfbändigen Werkkomplex und zugleich als Titel der Stücketrilogie *Festung* (*Kritik in Festung*, *Festung* und *Katarakt*). Die Inklusion und Exklusion des Titels ist bedeutungstragend, da »Festung« auch als Metapher fungieren kann, etwa beim Binnentitel *Festung Deutschland*, dem eine Kurzcharakterisierung der Stücketrilogie folgt: »*Festung* spielt im Theater und ist Kommunikation. Das abstrakte Familienstück *Kritik in Festung* untersucht in der Maske an der Rolle der Sprache die Funktion von Latenz. Das Wannseekonferenzstück *Festung* handelt vom heutigen Reden über den deutschen Beschluss zur Vernichtung der Juden. In *Katarakt* redet ein Alter über sein Leben.« Diese Formulierung lässt auf einen kritisch-emphatischen Kommunikationsbegriff schließen, zugleich evoziert Goetz eine nicht gelingende, uneigentliche Kommunikation, mit der *Festung* kontrastiert und konkurriert. So bezeichnet etwa der Autorkommentar zu *1989* das dortige »Material« der »großen öffentlichen Rede in den Medien« als den »von außen bestimmten Raum, in dem *Festung* steht«. Das hieße z.B., dass der Autor angesichts einer »ultimativ betexteten Welt« nur »Arbeit am Echo vom Echo der Welt« leistet.

Ein Thema ist damit noch nicht festgelegt, doch gibt es auf der Rückseite des von Goetz eigens betexteten Schutzumschlags ein Angebot in Form eines Selbstzitats: »Kommunikation über Vernichtung«. Dieses Motto ist zugleich dem zentralen Stück *Festung* vorangestellt, soll also für den Teil wie für das Ganze und seine Teile gelten. Da Vernichtung in unserer Kultur und im Stück *Festung* u.a. für den Holocaust steht, führt *Festung* Räume und Ereignisse zusammen, die von der Judenvernichtung bis zum Ende der deutschen Teilung reichen. Eine Form für ein historisches Nachspiel entsteht, ohne dass eine traditionelle Figurencharakteristik, klar konturierte Sprecherrollen oder konsequente ideologische Positionen sichtbar würden.

Festung spielt am 9. November 1989, dem Tag, als die DDR ihre Grenzen öffnete. Ort der Handlung ist die Wannseevilla des Literarischen Colloquiums Berlin, wobei die Ortsangabe zugleich die Wannseekonferenz von 1942 über die »Endlösung der Judenfrage« evoziert. Auch die sprachliche Manifestation der Judenvernichtung ist hier in verdichteter wie aufgesprengter Form vielfältig repräsentiert: »Sagen Sie / mal im Ernst / diese so genannten Ko / hm m muniä ä kationslager / gabs denn die wirklich?« Goetz schöpft schmerzhaft und genüsslich aus den Sprachkonserven der Mediengesellschaft und damit aus einem Redefundus, der die Kommunikation dieser Gesellschaft repräsentiert. *1989. Material* enthält auf über 1500 Seiten in scheinbar ungefilterter Aufzeichnung eine »Zeitmitschrift der großen öffentlichen Rede in den Medien«.

Das Was und Wie der öffentlichen Rede wird auch in Goetz' zweitem großen Werkkomplex, in *Heute Morgen* (1998 ff.) in den Kontext einer allgemeinen Sprach- und Medienkritik gerückt. Ins Blickfeld geraten dabei zunehmend die Kommunikationsmedien selbst, ihre Kanäle und ihre Produktionsbedingungen. Fernsehen und Internet rangieren dabei vor Zeitungen und Zeitschriften und anderen Medien. Am augenfälligsten wird dies in *Abfall für alle*, dem Internet-Tagebuch bzw. »Roman eines Jahres« (1999), in dem der autornahe Ich-Erzähler das Basismaterial seiner Wortschöpfung aus dem Alltag bezieht: aus dem Smalltalk beim Einkauf etwa, den traditionellen Informationsmedien Radio und Zeitung, dem textuellen und visuellen Werbespot im Straßenbild, dem Graffito an Häuserwänden, den Headlines der Boulevardpresse am Zeitungskiosk, der Durchsage in der U-Bahn oder den Äußerungen von Passanten, dem World Wide Web und vor allem dem Fernsehen. Ziel des Projekts *Heute Morgen* ist die Rekonstruktion der Gegenwart. Das Motto entstammt der Harald-Schmidt-Show und lautet vollständig: »Heute Morgen, um 4 Uhr 11, als ich von den Wiesen zurückkam, wo ich den Tau aufgelesen habe. Buch 5«. Dieser poetische Obertitel fungiert zugleich als Bild für die »poetisch morgendliche Stimmung«, den Augenblick der Produktivität, den der Autor nutzt, um alle Aufmerksamkeit »energiegeführt, kanalisiert und konzentriert auf das aktuelle Hauptprojekt« richten zu können. Die Zählung »Buch 5« ergibt sich dabei aus den Werkgruppen des Œuvres, die – beginnend bei *Irre* (1983) – bis zu *Dekonspiratione* (2000), dem letzten Band des *Heute Morgen*-Komplexes, fortgeschrieben werden, aber selbstständige Einheiten bilden.

Im Zentrum von *Heute Morgen* steht das Internet-Tagebuch *Abfall für alle*, das Goetz zunächst 1998/99 in »Tagesportionen« unter www.rainald-goetz.de veröffentlicht und im Herbst 1999, transformiert zum »Roman eines Jahres«, auch in Buchform publiziert hat. Es dürfte das Medium Tagebuch revolutioniert und auch der Internet-Literatur neue Impulse gegeben haben. Es operiert mit der Fiktion, dass es in unmittelbarer zeitlicher Nähe zur dargestellten Realität und deren Äußerungen und Ereignissen produziert sei und mehr oder weniger wahllos Daten der das Autor-Ich umgebenden Semiosphäre reproduziere, verarbeite und ad hoc neu kontextuiere, um es tagesaktuell und weltweit abrufbar zu publizieren. *Abfall für alle* erscheint daher über weite Strecken als aktuelle Variante von Zeitung und Chronik. Zugleich begleitet es, einer Chronik nicht unähnlich, die Entstehungsgeschichte der übrigen Teile des *Heute Morgen*-Komplexes, einschließlich der Poetik-Vorlesungen *Praxis*, die in *Abfall für alle* aufgehen, und des Theaterstücks *Jeff Koons* (1998).

Die Arbeit an der Erzählung *Dekonspiratione* (2000) hingegen scheitert im Berichtszeitraum. Mit dieser Erzählung, die Goetz verspätet publiziert und thematisch an die 1998 erschienene Erzählung *Rave* anbindet, ist der fünfte große Werkkomplex des Autors abgeschlossen. Während *Rave* in das Nachtleben führt, in die Party- und Drogenszene, ist *Dekonspiratione* in der Welt der Medien situiert und diskutiert u. a. eine Neukonzeption der Harald-Schmidt-Show. Nachzutragen bleiben noch der Band *Celebration* mit »Texten und Bildern zur Nacht« (1999) sowie zwei Seitenstücke zu *Heute Morgen – Mix, Cuts & Scratches* (1997), ein zusammen mit DJ Westbam publizierter Textband, und die Sammlung *Jahrzehnt der schönen Frauen* (2001), die vor allem Gedichte und Interviews enthält.

Alle Theaterstücke von Rainald Goetz sind vielfach aufgeführt, nachgespielt und z. T. auch prämiert worden, inzwischen werden auch seine Erzähltexte dramatisiert und auf die Bühne gebracht. Am Beginn dieser Erfolgsgeschichte steht die *Kriegs*-Trilogie, die 1987 und 1988 in drei Inszenierungen des Bonner Schauspielhauses uraufgeführt und 1988 mit dem Mülheimer Dramatikerpreis prämiert wurde. Der postdramatische Theaterautor Goetz hat seither zahlreiche Inszenierungen und Aufführungen erlebt und seine Stellung als umworbener Autor des Literaturbetriebes ausgebaut.

Lutz Hagestedt

Werke: *Irre*, R., Ffm. 1983; *Hirn*, Pr., Ffm. 1986; *Krieg*, Theaterst., Ffm. 1986; *Kontrolliert*, R., Ffm. 1988. *Festung. Stücke, 1989. Materialien, Kronos. Berichte*, Ffm. 1993; *Word*, 2 bzw. 3 Schpl., Offenbach 1994; *Mix, Cuts & Scratches*, Pr., zus. mit Westbam, Bln. 1997; *Rave*, E., Ffm. 1998; *Abfall für alle. Roman eines Jahres*, Ffm. 1999; *Word 2 liegen geht*, Schpl., Hbg. 1999; *Jeff Koons. Stück*, Ffm. 1998, Hsp., SWR 1999; *Celebration. Texte und Bilder zur Nacht*, Ffm. 1999; *Dekonspiratione*, E., Ffm. 2000; *Jahrzehnt der schönen Frauen*, G., Interviews, Bln. 2001; *heute Morgen*, Schpl., Mü. 2001.

Gogolin, Peter H., geboren am 3. 1. 1950 in Holstendorf/Schleswig-Holstein, besuchte von 1956 an die Volksschule und die Handelsschule in Dortmund, absolvierte anschließend eine Lehrzeit als Industriekaufmann und arbeitete bis 1971 als kaufmännischer Angestellter. Er leistete seinen Militärdienst ab, legte auf dem »zweiten Bildungsweg« in Bremen das Abitur ab und studierte Humanmedizin in Hamburg, wo er ab 1978 als freier Schriftsteller lebte. Heute betreibt er ein Literaturbüro in Korntal-Münchingen. Gogolin, der auch Mitglied im VS ist, erhielt 1982 ein Arbeitsstipendium der Freien Hansestadt Hamburg, 1983/84 und 1995/96 Arbeitsstipendien des Deutschen Literaturfonds Darmstadt, 1989 das Villa-Massimo-Stipendium, 1990 das Stipendium des Künstlerdorfes Schöppingen, 1990/91 das Schreyahn-Stipendium. 1992/93 war er Stadtschreiber von Esslingen am Neckar.

Selbstkritisch und resignierend zugleich beurteilt der Schriftsteller Johannes Klett in Peter Gogolins erstem Roman *Seelenlähmung* (1981) seinen bisherigen Lebensweg. Mit der Absicht, sich schreibend Aufschluss über die Ursachen der eigenen Depressionen zu verschaffen, trennt sich Klett von Familie und Freundin und nistet sich in einem einsamen Bauernhof in der Nähe der deutsch-dänischen Grenze ein. Als seine gewohnten Briefe eines Tages ausbleiben, bittet Kletts Frau seinen Freund Beinert, nach ihm zu forschen. Der findet ein verlassenes Haus und ein von Klett verfasstes Romanfragment vor, in das er sich tagelang vertieft und Klett »dabei betrachtet wie einen Toten, dessen Tod unvermutet ein bislang unbekanntes Leben freigelegt hat«. Kletts Aufzeichnungen bestehen im Wesentlichen aus Erinnerungen an die Kindheit, an die Mutter, die »kaputtgemacht wurde durch die vielen Geburten«, und an den Vater, einen »Obrigkeitsmenschen« voller »rücksichtsloser Gleichgültigkeit«, der Klett »dieses lebenstötende Pflichtgefühl eingepflanzt hatte«, an dem dieser bis zum Lebensüberdruss verzweifelte. Kletts Selbstanalyse stellt den Versuch dar, in der Vergangenheit Erklärungen zu finden, Antworten auf quälende Fragen, die seine innere Erstarrung und seine Neigung zur Selbstaufgabe auflösen könnten. Todesvisionen von Auschwitz, dem Massaker von Lidice und von der russischen Front bedrängen ihn genauso wie der alltägliche Umgang mit anderen und mit sich selbst. Klett bemüht sich um eine »durchschnittliche Existenz«, aber die Vergangenheit umklammert ihn, ein Netz von Abhängigkeiten lähmt all seine Bemühungen. Die Schreibversuche helfen nicht, die erhoffte »kathartische Wirkung der Erinnerung« bleibt aus, der begonnene Text unvollendet. Klett kapituliert vor der »Macht des Faktischen«, die ihn immer wieder einholt. Kletts Schicksal bleibt ungewiss, Beinert meint, er sei »nicht tot, nur fort«. Gogolin betrachtet die Figur Klett aus mehreren Perspektiven, und dies auf mehreren Zeitebenen im nahtlosen Übergang von Selbstbetrachtung, Dialog, Reflexion und Bericht. Gogolin montiert diese einzelnen Vexierbilder mit einer virtuosen und reichhaltigen Sprachkraft derart kunstvoll zusammen, dass die Figur Klett durch die vielen Details plastisches Profil gewinnt.

Gogolins zweiter Roman, *Kinder der Bosheit* (1986), knüpft inhaltlich und formal an seinen Vorgänger an. Zwei Erzählstränge ziehen sich durch den Text: Der eine behandelt die Nachkriegsjahre in einem holsteinischen Dorf, in das es den aus dem brennenden Hamburg evakuierten Jungen Paul Meinhold sowie den sich auf der Flucht vor den Alliierten befindenden KZ-Aufseher Karl Göppinger verschlagen hat. Beide treffen, ohne einander wiederzuerkennen, vierzig Jahre später in der Intensivstation eines Krankenhauses aufeinander, wo Meinhold als Pfleger arbeitet und der krebskranke Göppinger auf den Tod wartet. Beide sind »Kriegsversehrte«: Göppinger wird von Albträumen, die ihn an seine Zeit als Folterknecht und Frontkämpfer erinnern, geplagt. Meinhold sieht sich als »willenlose Aufzeichnungsfläche, auf der sie stündlich ihre ekligen Spuren hinterlassen«; von der Familie im Stich gelassen, voller Selbstvorwürfe wegen einer vermeintlichen Mitschuld am Tod eines Freundes, wird er zum Opfer seiner hysterischen Freundin und zum Spielball der eigenen Zweifel und Ängste. Durch die Verschränkung der beiden Erzählebenen und durch die mosaikartige Verknüpfung der Biografien lässt Gogolin erneut ein eindrucksvolles Psychogramm entstehen, in dem deutlich wird, wie bei vielen Menschen, »die Seele eingekerkert ist, bis sie ihre Schuld bezahlt hat«.

Thomas Kraft

Werke: *Und draußen blühen Blumen. Die Maler L. Haas und F. Fritta im KZ Theresienstadt*, Filmtext, Hbg. 1979; *Seelenlähmung*, R., Köln 1981; *Auf der Balustrade schwebend*, Lyrikdok., Mithg., Hbg. 1982; *Hundert Hamburger Gedichte*, Mithg., Hbg. 1983; *UnWelt*, Drehb., Bln. 1984; *Die weiße Straße*, Drehb., Bln. 1984; *Pol*, Drehb., Bln. 1985; *Kinder der Bosheit*, R., Köln 1986; *Ich, nichts, vorbei*, G., Hbg. 1999; *Schnee auf neuen Gipfeln*, G., Hbg. 2003.

Goldt, Max, wurde 1958 in Göttingen geboren. 1977 zog er nach Berlin, wo er, mit einer mehrjährigen Unterbrechung in Hamburg, seitdem lebt. Eine Fotografenlehre brach er nach kurzer Zeit ab. Seine künstlerische Laufbahn begann Max Goldt Anfang der Achtzigerjahre als Musiker sowie als Autor von Fanzines. Seitdem ist er auf vielen künstlerischen Gebieten tätig: als Schriftsteller, als Musiker und als Comic-Texter. Er fungierte auch als Herausgeber des Literaturmagazins »Der Rabe«. Max Goldt ist spätestens seit den Neunzigerjahren einer der erfolgreichsten deutschen Schriftsteller. Großen Einfluss hatte er auf die Vertreter der Popliteratur. Auf eine Kunstform festzulegen ist er jedoch nicht. Einem größeren Publikum bekannt wurde er erstmals als Mitglied des Musikduos »Foyer des Arts« (zusammen mit Gerd Pasemann). 1981 gelang ihnen mit »Wissenswertes über Erlangen« ein Insiderhit. Daneben nimmt Goldt experimentelle Soloplatten auf. Gleichzeitig entstehen literarische Texte, mit denen Max Goldt seit Mitte der Achtzigerjahre Lesungen bestreitet, die er zu einer eigenen Kunstform entwickelt hat und die großen Zulauf haben. Obwohl er in einem Interview von 2001 ausgeführt hat, dass er sich »immer ohne Wenn und Aber der Hochkultur zugehörig gefühlt« habe, sucht er keineswegs Anschluss an den deutschsprachigen Literaturbetrieb. Um diese Spannung zu fassen, wurde für Goldt die paradoxe Formulierung eines »hochkulturellen Subkulturphänomens« geprägt. Anfänglich wurde er allerdings vor allem als humoristisch begabtes Mitglied der Berliner Szene verstanden. Sein Talent für das lakonische Nacherzählen absurder Storys aus dem Alltag der intellektuellen Boheme wurde früh gerühmt. 1983 kam mit dem Band *Mein äußerst schwer erziehbarer schwuler Schwager aus der Schweiz* die erste Textsammlung des Autors in einem Berliner Kleinverlag heraus. 1988 folgt die zweite Sammlung *ungeduscht, geduzt und ausgebuht*. Schon in diesen frühen Erzählungen, Dramoletten und Skizzen zeigt sich sein Talent einer geradezu pedantisch genauen Sprachbehandlung und seine Technik, mithilfe einer

Collage von realen Beobachtungen und vorgefundenen Sprachsplittern eingefahrene Wahrnehmungs- und Sprechkontexte aufzusprengen.
Über einen Insiderkreis hinaus wurde Max Goldt seit den später Achtzigerjahren als Kolumnist bekannt. In den Jahren von 1989 bis 1998 schrieb er regelmäßig Kolumnen in der monatlich erscheinenden Satirezeitschrift »Titanic«. Die Texte brachten Goldt den Ruf eines Kultautors ein. In zum Teil erheblich überarbeiteten Fassungen wurden die Kolumnen auch in Buchform publiziert, und zwar in den Sammlungen *Quitten für die Menschen zwischen Emden und Zittau. Kolumnen Nr. 1–47* (1993), *Die Kugeln in unseren Köpfen. Kolumnen Nr. 48–71* (1995), *Ä. Kolumnen Nr. 72–95* (1997), *Mind-boggling. Evening Post. Kolumnen Nr. 96–108* (1998). Im Nachwort zu *Mind-boggling* verweist er darauf, dass bei der Bezeichnung »Kolumnen« Ironie im Spiel gewesen sei; vor allem viele frühere Kolumnen lesen sich geradezu wie Parodien auf dieses Genre. In einer Kolumne heißt es, er dürfe »allmonatlich auf dem Gebiete der Themaverfehlung bzw. Themavermeidung experimentieren«. Diese Formulierung trifft sein sprunghaftes, gleichsam mit den Themen jonglierendes Schreibverfahren. Die Behauptung, er schreibe über Alltagsthemen, weist er als »bizarr« zurück. Alltag sei heute etwas, das einem aus den Medien entgegenströme und nicht die Welt individueller Aufmerk- und Empfindsamkeit, in der sich seine Texte bewegen. Auch wenn man die Ironie dieser Äußerungen abzieht, wird erkennbar, dass Goldts Texte in keine Schublade passen. In Buchhandlungen kann man sich nicht sicher sein, ob Goldts Bücher als Belletristik oder Sachbuch geführt werden oder bei den Geschenkbüchern liegen. Auch die Bezeichnung Humorist führt in die Irre, denn Goldt hat durchaus die Absicht, »schöne und elegante Texte anzufertigen, in denen sich die gesamte Bandbreite menschlichen Lebens darstellt«. Goldts Texte bewegen sich im Universum der vorgefundenen Sprache. Sie sind durchsetzt mit alltäglichen Redewendungen, die der Autor dekontextualisiert und auf ihren Wortsinn abklopft. Es geht ihm nicht darum, über das alltägliche Sprechen hinauszugelangen, sondern darum, sich in ihm prüfend zurechtzufinden. Aufgrund der hohen Sprachsensibilität des Autors ist so gleichsam nebenbei ein Archiv der deutschen Alltagssprache entstanden, wobei sich seine Texte permanent selbst reflektieren. In dem Band *Ä* (1997) heißt es etwa: »Überall läuft der gleiche Schnulli ab. (Diese häßliche Formulierung musste auch mal dokumentiert werden).« Wenig später notiert Goldt Namensveränderungen bei Aldi-Produkten.
Diese Spur der genauen Beobachtungskunst – Kritiker sprechen von seiner Kunst als »Stimmenimitator und Wirklichkeitsarchäologe« – lässt sich auch in den nicht als Kolumnen entstandenen Texten des Autors verfolgen, die in den Sammelbänden *Schließ einfach die Augen und stell dir vor, ich wäre Heinz Kluncker* (1994) und *Die Aschenbechergymnastik* (2000) enthalten sind. Neben der Arbeit am vorgefundenen Sprachmaterial ist für Goldts Texte ein sich permanent zu den geschilderten Themen, Meinungen und Figuren ins Verhältnis setzender, kommentierender Ich-Erzähler konstitutiv. Die Kommentare sind dabei häufig ablehnend und scheuen auch nicht vor Sarkasmus zurück, den Goldt als das »Resultat trotziger Formulierungskunst« definiert, die über den »Zorn auf ein Meinungsallerlei hinweghilft«. Ohne elitär sein zu wollen, beharrt er auf einer individuellen Sichtweise, wie sie auch in dem tagebuchartigen Band *Wenn man einen weißen Anzug anhat* (2002) zum Ausdruck kommt, in dem Max Goldt unter anderem seine Reaktion auf den Anschlag auf das World Trade Center am 11. September 2001 festhält.
Darüber hinaus widmet sich Goldt in Zusammenarbeit mit künstlerischen Partnern weiterhin verschiedenen Medien. So ist er mit Stephan Katz unter der Autorenbezeichnung »Katz und Goldt« als Verfasser von Comics aktiv und mit Stephan Winkler gründete er das Musikduo »Nuuk«.

Dirk Knipphals

Werke: *Mein äußerst schwer erziehbarer schwuler Schwager aus der Schweiz*, Bln. 1983; *ungeduscht, geduzt und ausgebuht*, Hsp., 1988, gedr. Bln. 1988; *Die Radiotrinkerin*, Hsp., 1989, gedr. Zür. 1991; *Die majestätische Ruhe des Anorganischen*, Schpl., Lübeck 1990; *Restaurants Restaurants Restaurants. Zweiundzwanzig hysterische Miniaturen – weitgehend eine Sprechplatte*, Schpl., Lübeck 1990; *Die legendäre letzte Zigarette*, Hsp., 1990; *Wenn man einen weißen Anzug anhat*, zus. m. Gerhard Henschel, 1992; *Quitten für die Menschen zwischen Emden und Zittau. Aus Onkel Max' Kulturtagebuch. Kolumnen 1–47*, Zür. 1992; *Der Krieg der Mädchenschweigekreise*, Hsp., SDR 1992; *Die sonderbare Zwitter-CD*, Schpl., Lübeck 1993; *Nirgendwo Fichtenkreuzschnäbel überall Fichtenkreuzschnäbel*, Schpl., Lübeck 1993; *Schließ die Augen und stell dir vor, ich wäre Heinz Kluncker. Ausgewählte Texte 1991–1994*, Zür. 1994; *Mini-Talk am Nachmittag*, Hsp., SDR 1994; *Die CD mit dem Kaffeeringecover*, 1994; *Ein Leben auf der Flucht vor der Koralle*, Hsp., BR 1994, Schpl., Mü. 1997; *Die Radiotrinkerin. Zwei Hörspiele und drei Liveaufnahmen*, Schpl., Lübeck 1994; *Die Kugeln in unseren Köpfen. Kolumnen Nr. 48–71*, m.

Zeichnungen v. Tex Rubinowitz, Zür. 1995; *Weihnachten im Bordell*, Schpl., Lübeck 1995; *Der Sommerverächter*, 1996; *Objekt mit Souvenircharakter*, Schpl., Lübeck 1996; *Ä. Kolumnen 72–95*, Zür. 1997; *Wenn Adoptierte den Tod ins Haus bringen*, Comic, zus. m. Stephan Katz, Bln. 1997; *Erntedankfäscht*, zus. m. Gerhard Henschel, Zür. 1998; *Nachts in schwarzer Seilbahn nach Walpotsdom*, Schpl., zus. m. Stephan Winkler, Lübeck 1998; *Mind-boggling. Evening Post. Kolumnen 96–108, some other stuff*, m. Zeichnungen v. Katz & Goldt, Zür. 1998; *Ein gelbes Plastikthermometer in Form eines roten Plastikfisches. Typografisch angeordnet*, zus. m. Martin Z. Schröder, Hann. 1998; *Koksen, um die Mäuse zu vergessen*, Comic, zus. m. Stephan Katz, Bln. 1998; *Ich Ratten*, Comic, zus. m. Stephan Katz, Hbg. 1999; *Okay Mutter, ich nehme die Mittagsmaschine*, Zür. 1999; *Die Aschenbechergymnastik. Best of Nicht-Kolumne 1982–1998*, Zür. 2000; *Der Krapfen auf dem Sims. Betrachtungen, Essays und andere.*, Bln. 2001; *Oh, Schlagsahne! Hier müssen Menschen sein*, Comic, zus. m. Stephan Katz, Hbg. 2001; *Salz in der Vegas-Eule*, Comic, zus. m. Stephan Katz, Hbg. 2002; *Wenn man einen weißen Anzug anhat. Ein Tagebuch-Buch*, Reinbek 2002.

Gomringer, Eugen, wurde am 20. 1. 1925 in Cachuela Esperanza (Bolivien) geboren. In den Jahren 1944 bis 1952 verbrachte er seine Studienzeit in Bern und hielt sich längere Zeit in Rom, Paris und London auf. Wesentliche Impulse für seine dichterische Arbeit verdankte er Fritz Strichs Vorlesung über »Klassik und Romantik«. Von 1954 bis 1957 arbeitete er als Sekretär von Max Bill an der Hochschule für Gestaltung in Ulm. Mit anderen gründete er die Zeitschrift »Spirale« und gab sie ebenso mit heraus wie die Schriftenreihe »konkrete poesie – poesia concreta« (1960–1965). Von 1967 bis 1985 war er als Kulturbeauftragter der Firma Rosenthal in Selb (Oberfranken) beschäftigt; von 1977 bis 1990 lehrte er als Professor für Theorie der Ästhetik an der Staatlichen Kunstakademie Düsseldorf. Im Auftrag des Goethe-Instituts und der Schweizer Kulturstiftung Pro Helvetia unternahm Gomringer viele Vortragsreisen u.a. durch die USA, Mittel- und Südamerika. Gomringer ist Beirat des internationalen Forums für Gestaltung IFG in Ulm, Mitglied des deutschen P.E.N.-Zentrums und der Akademie der Künste, Berlin. Gomringer lebte bis 1999 in Rehau-Wurlitz (Oberfranken). 2000 gründete er in Rehau das IKKP – Institut für Konstruktive Kunst und Konkrete Poesie mit einem Skulpturenpark. Von 1982 bis 1992 wurde das erste Museum für Konkrete Kunst in Ingolstadt mithilfe der Sammlung Gomringer errichtet.

Konkrete Poesie, diese neue Form der Lyrik, entstand in den Fünfzigerjahren. Gomringer gilt als Vater der konkreten Poesie, da er ihr erster Repräsentant war und die Bezeichnung erfand. Den ersten Anstoß zur Kreation konkreter Gedichte gaben ihm die Arbeiten von Max Bill mit ihrer klaren Bildidee und der schwerelosen Atmosphäre. Impulse erhielt Gomringer auch vom Design von Gebrauchsgegenständen und von der internationalen abstrakten, von ihm »konstruktiv« genannten Malerei sowie von der bildenden Kunst jener Zeit. Literarische Ansätze fand Gomringer v.a. bei E. E. Cummings, W. C. Williams, Apollinaire, Mallarmé, Hans Arp, Max Bense, Arno Holz und bei südamerikanischen Autoren, die chinesische Schriftzeichen in Gomringers Sinn als konkret erkannten. Gomringers Debüt *konstellationen constellations constelaciones* (1953) verdeutlichte in seiner Mehrsprachigkeit von Anfang an den Anspruch konkreter Poesie auf Internationalität. Gomringer selbst schreibt in Deutsch, Schweizerdeutsch, Spanisch, Französisch und Englisch; sein bis heute schmales Werk wurde in viele weitere Sprachen übersetzt. Zur Verwendung des Begriffs »konstellation« wurde er von Mallarmé angeregt, für dessen Symbolismus die den gedruckten Text umgebende weiße Fläche des Papiers bedeutsam ist. »das schwarze geheimnis ist hier«, heißt die vierzeilige und bekannteste der ersten Konstellationen: Der Text umrahmt die weiße Fläche, wodurch eine semantische Spannung zwischen dem weißen Mittelpunkt des Gedichts und dem Text entsteht, die die Frage aufwirft, wo das Geheimnis wirklich ist (im leeren Zentrum oder in der Druckerschwärze?). Gomringer produzierte langsam und strebte eine noch zwingendere strukturelle Einfachheit an: *33 konstellationen* (1960), die zweite Einzelveröffentlichung, enthält einen fünfzeiligen Text, der nur aus einem Wort besteht – »schweigen« – und bald zum kanonbildenden und bekanntesten Gedicht der konkreten Poesie wurde. Wieder rahmen Worte eine Lücke ein, die in der Mitte das darstellt, worauf die Worte deuten.

Gomringer definiert die *konstellationen* und die konkrete Dichtung als eine Art Literatur, die mit führenden Entwicklungen auf den Gebieten des Bauens, der Malerei und Plastik, der Produktgestaltung, der industriellen Organisation mehr zu tun habe als mit anderen, vom Literaturbetrieb anerkannten literarischen Strömungen. Dem neuen Gedicht liege ein kritisches, aber positiv entschiedenes Denken zugrunde. Es sei durch formale Vereinfachung, durch Zeichencharakter bestimmt. Das neue Gedicht sei kurz, knapp, memorierbar und als Bild einprägsam. Gomringer versteht konkrete Gedichte als Seh- und Gebrauchsgegenstände, ja als Denkspiele, die der Lyrik wieder eine Funktion in der Gesellschaft geben sollen. Der Dichter selbst sei ein Sprachformer und Sprachdirigent, dessen neue Technik die herkömmliche dichterische Inspiration ersetze. Die Anwendung des Formalismus in der Dichtung ergebe Konstellationen, die zugleich Ordnungseinheiten seien, in denen die Zahl, die Zeit und der Ort bestimmende Faktoren seien.

Gomringer weiß, wie sehr seine konkrete Poesie des Kommentars bedarf. Er veröffentlicht kontinuierlich seit 1954 theoretische Aufsätze, um seine Schreibweise zu begründen. Die Nähe der konkreten Poesie zur abstrakten Malerei, ihre ungewöhnliche Stellung zunächst außerhalb der literarischen Tradition und der neuartige Umgang mit Sprache selbst wird von Gomringer durch eine gesondert formulierte Poetik erklärt, um den konkreten Gedichten Anerkennung als selbstständige ästhetische Gebilde zu verschaffen. Auf vielfältige Weise wies Gomringer darauf hin, dass es das oft erreichte Ziel der konkreten Gedichte sei, die Sprachstruktur, ihre Magie, aber auch die Transparenz in Gehalt und Bild dank des Verzichts auf hintergründigen Sinn aufzuzeigen. In den späteren Einzelveröffentlichungen trieb Gomringer die Untersuchung des Materialwerts von Sprache konsequent voran. »das erzeugen ästhetischer gebilde erfolgt nicht mehr aus gefühlszwängen (...), sondern auf der basis bewusster theorien. wir sprechen von einer materialen poesie oder kunst. an stelle des dichter-sehers, des inhalts- und stimmungsjongleurs, ist wieder der handwerker getreten, der die materialien handhabt. wir sprechen wieder von einer poietike techne. wir sprechen noch einmal von einer progressiven ästhetik beziehungsweise poetik, deren bewusste anwendung ein fortschreiten der literatur demonstriert, wie es schon immer den fortschritt der wissenschaft gab«, schrieb Gomringer 1964 und realisierte in den zahlreichen, schmalen Einzelveröffentlichungen bis heute diesen forschenden und experimentellen Impetus. Der vierte und vorläufig letzte Band einer Ausgabe seines Gesamtwerks (2003) veranschaulicht Gomringers seit den Siebzigerjahren verstärktes Ausloten visueller Möglichkeiten einerseits und EDV-gestützter Textproduktion andererseits. Gomringers theoretische und poetische Texte sind Versuche, die Grenzen zwischen den Künsten zu öffnen, indem er an die noch denkbaren Extreme vordringt. So kann die Anordnung von Wörtern und Buchstaben die gesamte Fläche des Papiers nutzen, wodurch der Text – ebenso wie eine Grafik – nicht zitierbar wird. Gomringer verzichtet auf die Ebene lexikalischer Bausteine zugunsten visueller Effekte einerseits und treibt andererseits die Kunst der Kombinatorik mithilfe elektronischer Rechner zur letzten Konsequenz, indem vom Computer erzeugte Permutationen den gültigen, gedruckten und veröffentlichten Text erzeugen. Noch in den späten Neunzigerjahren bekräftigte Gomringer, dass das Formenspektrum konkreter Poesie erweiterungsfähig sei. Es ist unverständlich, dass Gomringer trotz seiner anhaltenden sprachlich innovativen Kraft keine literarischen Auszeichnungen erhalten hat.

Nicola Bardola

Werke: *konstellationen constellations constelaciones,* G., Bern 1953; *max bill,* Festschrift zum 50. Geb., Hg., Teufen 1958; *33 konstellationen,* G., St. Gallen 1960; *5 mal 1 konstellation,* G., Frauenfeld 1960; *Schleifen – Lisciare – Poncer – Finishing,* Filmtext, 1964; *die konstellationen. Gesamtausgabe,* G., Frauenf. o. J.; *15 konstellationen,* zus. m. Robert S. Gessner, G., Zür. 1965; *das stundenbuch,* G., Mü. 1965, fünfsprachige Neuausg. 1980; *manifeste und darstellungen der konkreten poesie 1954–1966,* St. Gallen 1966; *worte sind schatten. die konstellationen 1951–1968,* hg. v. Helmut Heißenbüttel, Reinbek 1969; *Poesie als Mittel der Umweltgestaltung. Referat und Beispiele,* Itzehoe 1969; *einsam gemeinsam. ode,* m. Prägedrucken. v. G. Uecker, Duisb. 1971; »kunst und umwelt«, Hg., Starnberg 1971 ff.; *konkrete poesie. deutschsprachige autoren,* Anth., Hg., Stg. 1972; *Der Pfeil. Spiel, Gleichnis, Kommunikation,* zus. m. Anton u. Joachim Stankowski, Starnberg 1972; *visuelle poesie. Ausstellungskatalog,* Hg., Hbg. 1972; *eugen gomringer 1970–1972,* Planegg/Mü. 1973; *Richard Paul Lohse: Modulare und serielle Ordnungen,* Ess., Hg., Köln 1973; *Konkretes von A. Stankowski. Malerei und visuelle Information,* Ess., Hg., Stg. 1974; *wie weiss ist wissen die weisen. hommage à Uecker,* Zirndorf 1975; *Hans Wichmann: kultur ist unteilbar,* Hg. o. J.; *V. Vasarely: Farbstadt,* 1977; *Feldstrukturen,* G., m. Radierungen v. G. Uecker, Dinkelscherben 1977; *konstellationen. ideogramme. stundenbuch,* G., Stg. 1977; *kein fehler im system,* G., m. Lithografien v. G. Uecker, Zür. 1978; *Distanzsignale,* G., zus. m. L. Gebhard, Landsberg/Lech 1980; *Zur Sache der Konkreten. Gesammelte Reden, Texte und Manifeste,* St. Gallen 1980; *Gucken. Ein Kinderbuch,* zus. m. A. Stankowski, Leonberg 1980; *Identitäten,* G., zus. m. H.-G. Prager, Köln 1981; *Himmel, Erde, Frankenland,* G., zus. m. E. Neukamp, Hof 1981; *Lithographien,* v. Ch. Freimann, Text, Mü. 1983; *Gewebte Bilder. Tapisserien der fränkischen Gobelin-Manufaktur,* Ess., Landsberg/Lech 1984; *3 Collagen,* v. F. Pierzou, Text, Friedberg 1984; *wir verschweben – wir verschwinden,* G., zus. m. A. A. Senger, Hof 1985; *Zur Sache des Konreten,* Ess., St. Gallen 1988; *inversion und öffnung. Zwei Sprachspiele,* G., Ottenhause 1988; *Konkrete Poesie 1952–1992,* G., St. Gallen 1992; *das kleine gelbe quadrat,* G., Köln 1992; *schriftbild in collage. ekstase, kosmos chaos,* G., Wien 1994; *vom rand nach innen,* G., Wien

1995; *visuelle poesie,* Anth., Ditzingen 1996; *Theorie der konkreten Poesie,* Ess., Wien 1997; *Aus Zufall Einfall,* G., Lichtenfels 1999; *Dabei sein mittun,* G. Zür. 2000; *Gomringer – Wurlitz,* m. Fotos v. G. Pöhlein, Weitra 2002.

Gräf, Dieter M., wurde am 24. 11. 1960 als Sohn eines Maschineneinstellers und einer Krankenkassenangestellten in Ludwigshafen/Rhein geboren. Seit 1991 lebt er als Schriftsteller in Köln. Er erhielt u.a. 1993 den Förderpreis zum Leonce-und-Lena-Preis, 1995 das Rolf-Dieter-Brinkmann-Stipendium der Stadt Köln und den Joseph-Breitbach-Preis des Landes Rheinland-Pfalz, 1997 den Leonce-und-Lena-Preis, war 1999 Stipendiat der Villa Aurora, Pacific Palisades/Los Angeles, und 2001 »writer-in-residence« der deutschen Festspiele in Indien. Seit 1996 ist er Mitglied des deutschen P.E.N.-Zentrums, 1999 und 2001 war er Juror beim Literarischen März, Darmstadt.

»Sprachwölfe« sind Gräfs Texte, in denen – so scheint es zuerst – Sprache zerrissen wird, die die Haltung eines Verweigerers merken lassen; »nüchterne Textmaschinen« hat er sie auch genannt. *mein vaterland* betitelte er 1985 sein Erstlingswerk, in dessen Gedichten er in einfacher Syntax Redensarten, mediale Bilder und elementare Situationen aufbricht, indem er sie – klanglich raffiniert – gegeneinander verschiebt. Sein Gedichtband *Rauschstudie: Vater + Sohn* (1994) bringt in erweiterten Konstellationen wieder Sohn und Vater ins Spiel. Die Programmatik des Titels ist keine plakative, sondern zeugt von nachdrücklicher Kontextualisierung. Das zweiteilige Titelgedicht steht dem Band voran und ist – per Wiederholung – in ihn eingebettet. Es spricht – eine Rechnung mit einem Kreuz – von der »Todesbereitschaft« zweier Generationen. Der Rausch, das Rauschen: energetisch aufgeladene Zustände, verrückte Wahrnehmung, Drogen, Erregung; verworrene Klänge, Begleiterscheinung und Störungen im medialen Bilderstrom – die hier in einer zugleich nüchternen Studie untersucht und reproduziert werden.

Dabei gehen die Reagenzien in Gräfs Experimenten überraschende Verbindungen ein. Wenn er Fachdiskurse, Slang, Dialekt (»IMMER RIN O RIN IN DE ROI NOI«), Wortspiele und Tonlagen in seiner Rede aneinander, ineinander schneidet, erzeugt er einen eigenartigen Sound. Rein fließt im Gedicht *Ludwixhafen* etwa das Abwasser der chemischen Industrie: ein Rhein-Cocktail zum Kippen und, als Heroin, zum Spritzen. Mittels solcher poetischen Destruktion und Alchemie wird auch das »ICH ins Album« gezeugt. Im Appendix seiner Bücher identifiziert der Autor Material und Quellen seiner Montagen und Bearbeitungen (Theweleit und Sloterdijk etwa), liefert so Einstiege in die Komplexität, die er dem Leser skrupulös, auch derb, bitter und mit Witz zumutet.

Reich an Klängen, reich an Brüchen sind auch die folgenden Bände, die zeigen, dass Gräf, nach Erfahrungen mit intermedialen Projekten wie Künstlerbüchern und Sprechtexten, das Gedicht in seiner kulturellen Randzone als der Zeit adäquate Diskursform zu etablieren sucht. Gräf nimmt auf seine Weise teil am epochalen Thema des Körpers als Aggregat, als Schnittstelle von Wahrnehmung und Technologien. Ist »Kunst aus dem bildlosen Bereich« zu holen, lassen sich die tödlichen Fixierungen auflösen, fragt er anhand des Orpheus-Mythos in *Treibender Kopf* (1997). Vielleicht in einer ungesteuerten Wahrnehmung, die hier konzipiert wird, im Staunen, ohne auf Reflexion zu verzichten. Sinnliche Torsi sind diese Gedichte, nun auch zartere Gesänge, die Natur und Heimat tastend neu entdecken.

Das Titelgedicht des bisher umfangreichsten Bandes, *Westrand* (2002), ist in der Türkei situiert; die geografische Spannbreite reicht von Indien über den Sinai bis zur kalifornischen Wüste. Genauigkeit der Befremdung und des spirituellen und erotischen Faszinosums transportieren die schlanker, offener wirkenden Gedichte. Freilich ist ihnen eine konzeptionelle Konsequenz eingeschrieben, denn die Fülle von Details und Stimmen vergegenwärtigt historische Signale; das umfangreichste Kapitel, *Das Waldblut*, spannt (deutsche) Schreckens- und Gewaltmythen zusammen von Hermann und Thusnelda über Auschwitz bis hin zur RAF.

Thomas Betz

Werke: *mein vaterland*, G., Gestaltung v. Dieter Wagner, Bln. 1985; *Beine hoch Amerika*, Hörtext, Gestaltung v. Dieter Wagner, Bln. 1988; *AUS-/Schnitt*, G., Gestaltung v. Doris Preußner, Offenbach/M. 1989; *ZUCKUNGSBRINGER. neue literatur rhein-neckar*, Hg., Stg. 1990; *ZUCKUNGSBRINGER. sprachinstallation*, Toncass., Hg., zus. m. Thomas Gruber, Ludwigshafen 1990; *Vorwerk,* Poem, Gestaltung v. Dieter Sdun, Dreieich 1991; *Rauschstudie: Vater+Sohn*, G., Ffm. 1994; *»Rötzer«*, experim. Lit., zus. m. Thomas Gruber, Gestaltung v. Doris u. Dieter Sdun, Dreieich 1994; *»geplünderte räume«. neue kölner texte*, Hg., Gestaltung v. Dieter Sdun, Dreieich 1994; *Treibender Kopf*, G., Ffm. 1997; *Tussirecherche*, zus. m. Margret Eicher, Gestaltung v. harold vits, Hdbg. 2000; *Westrand*, G., Ffm. 2002.

Graser, Jörg, geboren am 30. 12. 1951 in Heidelberg, aufgewachsen und zur Schule gegangen in München, wo er 1971 das Abitur ablegte, studierte von 1971 bis 1977 Politologie, Kommunikationswissenschaft und Soziologie an der Ludwig-Maximilians-Universität sowie von 1974 bis 1977 an der Hochschule für Fernsehen und Film in München. Dort war er anschließend bis 1979 als wissenschaftlicher Assistent tätig. Seither lebt und arbeitet Graser als Dramatiker, Drehbuchautor, Film- und Fernsehregisseur in München. Er erhielt für den Film *Der Mond ist nur a nackerte Kugel* 1981 den Bundesfilmpreis, 1983 den Tukan-Preis der Stadt München, 1989 den Adolf-Grimme-Preis für *Der Rausschmeißer,* 1990 den großen Publikumspreis der Filmfestspiele Cannes für *Abrahams Gold.*

Einer von Marieluise Fleißer und Ödön von Horvath begründeten Tradition des kritischen Volksstücks sind die im austro-bayerischen Sprachraum angesiedelten Theaterstücke von Jörg Graser verpflichtet. Sie spielen im gemütlichen, etwas dumpfen Milieu Wiener Kleinbürger, hinter kalten Betonfassaden der Geldtempel in der Großstadt München sowie in der offenbar noch immer finsteren bayerischen Provinz. Es sind Fallstudien menschlicher Tragik: »Siehst, wennsd erst mal drin bist, in so einem Griff, dann kommst nicht mehr aus. Da kann man alles machen«, droht der ehemalige Pfleger Xaver Möhrl in dem Stück *Witwenverbrennung* (1980) seiner leidenswilligen Frau Maria mit einer Mischung aus aggressivem Sadismus und selbstgerechtem Pflichtgefühl und behandelt sie mit einem »Standardprogramm« von Psychopharmaka, bis die ehemals gesunde, nur um Aufmerksamkeit zu erheischen einen psychischen »Defekt« vortäuschende Maria wirklich verrückt wird. Komplettiert wird dieses makabre Paar von einem trunksüchtigen Pfarrer, der bei der Hochzeit der Möhrls versehentlich eine Totenrede hält, einem lüsternen Schwiegervater mit SS-Vergangenheit und dem Ehepaar Ullmann, das sich gegenseitig zur Hölle wünscht – eine Besetzung, wie sie die Wirklichkeit nicht besser hätte zusammenstellen können: »Bei uns sehen Sie keine Wachsfiguren, keine Tricks und keinen doppelten Boden! Wir servieren Ihnen internationale Perversitäten, fernöstliche Abnormitäten, leibhaftige Abartigkeiten, echte Menschen!«

Grasers scharfer und nüchterner Blick für das Typische erfasst die kalte Brutalität der ewigen Verlierer. Seine Figuren sind vorwiegend körperlich, psychisch oder sozial Benachteiligte. Sein in wohlkalkuliert gesetzten Phrasen – »Der Mensch ist ein Ungeheuer, besonders in der Liebe« – aufblitzender Sinn für eine eher tragische Realität wirkt weder moralisch noch mitleidsvoll.

Ob in dem Stück *Die bucklige Angelika* (1983) sich der Hausmeister Rudi Cyceck aus der Wiener Möhrengasse für die Angelika Schremser aufgrund ihrer kurzfristigen »Berühmtheit« interessiert, sie »schönsauft«, heiratet und gemäß seinem Leitsatz: »Wir Österreicher sind ein Kulturvolk« in die Geheimnisse des Schmarotzens bei fremden Leichenfeiern einweiht, oder ob im »Pamphlet in sechs Szenen« – so der Untertitel des Stückes *Die Wende* (1987) – die körperbehinderte Büroangestellte Susi Berwanger vom Arbeitgeber ausgetrickst, vom Sozialamt rausgeworfen und vom potenziellen Liebhaber verschmäht, nun ihren sozialen Abstieg erleiden muss, oder ob im Stück *Zahngold* (1989) der ehemalige KZ-Wächter Alois Hunzinger seinen jüdischen Freund Karl Lechner alias David Sternenmeer auf der Suche nach einer Kiste Zahngold aus dem Warschauer Getto denunziert und seine ihm dabei behilfliche Enkeltochter in den Selbstmord treibt, ob im Film *Der Rausschmeißer* (1989) der Rausschmeißer Frieder vom »Krokodil« die Hure Fanny aus dem Bordell heimholt, ihre Zuhälter umbringt und sie zur Trauung in die verlassene Kirche des verrückten Pfarrers führt oder ob im Theaterstück *Die Blinden von Kilcrobally* (1998) gepanschter Schnaps acht irische Männer erblinden lässt, der Pfarrer das Beichtgeheimnis abschafft und am Ende Mord und Totschlag herrschen – immer erscheinen Grasers Protagonisten bei all ihrer Monströsität doch als hilflose Träumer, unschuldig und schuldig zugleich. Verbissen, rücksichtslos und selbstgerecht hoffen sie auf etwas Besseres, gemäß der Einsicht der »buckligen Angelika«: »Das ganze Leben ist nur pro forma.«

Thomas Kraft

Werke: *Witwenverbrennung*, Theaterst., UA Bonn/Düsseld. 1980, Film u. d. T. *Der Irrenwärter*, Drehb., 1980; *Trokadero*, Drehb., BR 1980; *Der Mond ist nur a nackerte Kugel*, Film, 1981; *Die bucklige Angelika*, Theaterst., UA Düsseld. 1983; *Via Mala. Nach John Knittel*, Drehb., ZDF/ORF 1983; *Die Wende*, Theaterst., UA Hbg. 1987; *Gewitter im Mai. Nach L. Ganghofer*, Drehb., ZDF/ORF 1988; *Der Bierkönig*, Drehb., ZDF 1989; *Zahngold*, Theaterst., UA Braunschweig 1989, Film u. d. T. *Abrahams Gold*, 1990; *Der Rausschmeißer*, Drehb., ZDF 1989; *Ich schenk dir die Sterne*, Fssp., ZDF/ORF 1991; *Rabenthal*, Theaterst., UA Mü. 1992; *Drei Sekunden Ewigkeit*, Fssp., ORF 1994; *Die Blinden von Kilcrobally*, Theaterst., u. d. Pseud. George O'Darkney, UA Wien 1998; *Die Blinden von Kilcrobally und andere Stücke*, Ffm. 1999.

Grass, Günter, wurde am 16. 10. 1927 als Sohn polnisch-deutscher Eltern – sein Vater war Kolonialwarenhändler – in Langfuhr, einem Vorort von Danzig, geboren. Er besuchte die Volksschule und das Gymnasium in Danzig, bis er als Luftwaffenhelfer abkommandiert und danach als Panzerschütze zum Kriegsdienst einberufen wurde. Nach seiner Verwundung 1945 geriet er in amerikanische Kriegsgefangenschaft, aus der er 1946 zurückkehrte. 1946/47 arbeitete er im Kali-Bergbau bei Hildesheim und absolvierte ein Steinmetz-Praktikum. 1948 bis 1951 folgte ein Studium der Bildhauerei und Grafik in Düsseldorf, das er 1953 bis 1956 in Berlin fortsetzte. In den Jahren 1951/52 unternahm er Reisen nach Italien und Frankreich. 1955 stieß er, nach ersten schriftstellerischen Versuchen, zur »Gruppe 47«. Gleichzeitig erschienen frühe literarische Arbeiten: Gedichte, Prosa und Theaterstücke (*Die Vorzüge der Windhühner,* 1956; *Hochwasser,* UA 1957 in Frankfurt am Main; UA des Balletts *Stoffreste* 1957 in Essen; *Onkel, Onkel,* UA Köln 1958). 1954 heiratete er die Schweizer Ballettstudentin Anna Schwarz und lebte von 1956 bis 1959 mit ihr in Paris, wo sie ihre Ausbildung abschloss und er an seinem Roman-Erstling *Die Blechtrommel* arbeitete. 1958 erhielt er den Förderpreis des Kulturkreises im Bundesverband der Deutschen Industrie. Im selben Jahr sprach ihm die »Gruppe 47« für das noch unfertige Manuskript der *Blechtrommel* ihren Preis zu. Der Roman erschien 1959 und machte den Autor mit einem Schlage berühmt. Grass, Mitglied der Akademie der Künste (Berlin) und des P.E.N.-Zentrums, wurde international vielfach ausgezeichnet, unter anderem 1965 mit dem Büchner-Preis, 1967 mit der Carl-von-Ossietzky-Medaille, 1969 mit dem Theodor-Heuss-Preis, 1976 mit der Ehrendoktorwürde der Harvard University, 1977 mit dem Premio Internationale Mondello, Italien, 1979 mit der Alexander-Majakowski-Medaille, Danzig, und der Goldenen Palme der Filmfestspiele in Cannes, mit der Ehrendoktorwürde der Universitäten von Poznán 1990 und Gdansk 1993 sowie der Ehrenbürgerschaft von Gdansk 1993, 1994 mit dem Großen Literaturpreis der Bayerischen Akademie der Schönen Künste, 1995 mit der Hermann-Kesten-Medaille, 1996 mit dem Hans-Fallada-Preis der Stadt Neumünster und dem Thomas-Mann-Preis der Hansestadt Lübeck und 1999 mit dem Nobelpreis für Literatur.

1969 gründete Grass die »Sozialdemokratische Wählerinitiative«, von 1970 bis zuletzt 2000 engagierte er sich in den Wahlkämpfen der SPD auf Landes- und Bundesebene. 1982 trat er in die Partei ein, verließ sie aber wieder 1993 aus Protest gegen ihre Asylpolitik. Sein politisches Engagement für die Sozialdemokraten belebte sich im Widerstand gegen die Regierung von Helmut Kohl 1997 mit der »Erfurter Erklärung«. 1976 gründete er zusammen mit Heinrich Böll und Carola Stern die Zeitschrift »L 76«, 1980 den Verlag »L 80« (unter diesem Titel erschien seitdem auch die Zeitschrift »L 76«). 1978 stiftete Grass den »Alfred-Döblin-Preis«; 1992 gründete er die Stiftung des »Daniel-Chodowiecki-Preises« zur Belebung deutsch-polnischer Kulturbeziehungen, 1997 die »Stiftung zugunsten des Romavolkes« in Lübeck und 2000 zusammen mit Peter Rühmkorf die Wolfgang-Koeppen-Stiftung. Der Autor setzt sich nachdrücklich für die Friedensbewegung sowie für Fragen des Umweltschutzes ein, stellte sich seit 1989 der populären Euphorie nach der deutsch-deutschen Vereinigung mit skeptischen Einwänden entgegen und engagiert sich nachhaltig für die Aussöhnung mit den Staaten Osteuropas. 1983 wurde er zum Präsidenten der Berliner Akademie der Künste gewählt (bis 1986; Austritt 1989, Wiedereintritt 1998). 1985 schenkte er das »Alfred-Döblin-Haus« in Wewelsfleth dem Land Berlin. Es wird von Schriftstellern zu Arbeitsaufenthalten genutzt. Seit 1987 wohnt er – außer in Berlin – in Behlendorf bei Mölln. Seit 1995 unterhält er ein ständiges Sekretariat mit privaten Ausstellungsräumen im nahen Lübeck.

Die deutsche Nachkriegsliteratur gewann durch die Veröffentlichung der *Blechtrommel* (1959) eine bis dahin nicht erlebte internationale Beachtung. In der Bundesrepublik Deutschland selbst löste das Werk neben begeisterter Zustimmung auch Skandale aus – etwa als der Bremer Senat 1959 seine Zustimmung zur Verleihung eines Literaturpreises der Stadt verweigerte. Das allgemeine Aufsehen, das das Buch hervorrief, verdankte sich nicht allein seiner ungewöhnlich kraftvollen Sprache und suggestiven Bildmacht, sondern auch seiner Themenwahl und epischen Darstellungstechnik. Der zwergwüchsige Oskar Matzerath erzählt, eingeliefert in eine »Heil- und Pflegeanstalt«, in den frühen Fünfzigerjahren rückblickend und in drei großen Abschnitten sein Leben. Dabei greift er weit über seine eigene Biografie hinaus. Der Hauptschauplatz der *Blechtrommel*, die der Autor zusammen mit der Novelle *Katz und Maus* (1961) und dem Roman *Hundejahre* (1963) als Erzählzyklus »Danziger Trilogie« konzipierte, ist Danzig, und über diese lokale Verbindung hinaus gibt es zwischen den Werken eine Reihe weiterer Gemeinsamkeiten in Personal und Motiven, die dann erst viele Jahre später in der Novelle *Im Krebsgang* (2002) noch einmal aufgegriffen und fortgeführt werden. *Die Blechtrommel* beschreibt, die spezifische »Perspektive von unten« mit einem entlarvenden Infantilismus verbindend, am Beispiel der kleinbürgerlichen Familie Matzerath die deutsche Geschichte der Vorkriegs-, Kriegs- und Nachkriegszeit: Das erste Kapitel handelt von den Danziger Ereignissen der »Kristallnacht« (November 1938); der zweite Abschnitt beschreibt die Zeit des Zweiten Weltkrieges und endet mit Oskars Abtransport aus Danzig im Juni 1945; der dritte Teil schließlich spielt in den Jahren seit Kriegsende bis zum September 1954 in Westdeutschland. Unter Rückgriff auf Elemente des Schelmen-, des Entwicklungs- und des Künstlerromans, mit sinnlicher Sprachfülle und barockem Fantasie-Reichtum leistet Grass hier exemplarische Vergangenheitsbewältigung – zu einer Zeit, als die Deutschen der restaurativen Nachkriegsjahre eher zur Verdrängung der jüngeren Geschichte als zu deren kritischer Aufarbeitung neigten. Dadurch macht Grass die Literatur nicht nur zu einem Forum der Zeitgeschichte, sondern auch zu einem Medium der Zeitkritik. *Die Blechtrommel*, bald nach ihrem Erscheinen in alle Kultursprachen übersetzt und über Jahre hinweg der Inbegriff moderner deutschsprachiger Prosa, zählt zu den wichtigsten Romanen der Adenauer-Ära. Das Buch wurde 1979 von Volker Schlöndorff erfolgreich verfilmt.

Die formal und thematisch knapper angelegte Novelle *Katz und Maus* (verfilmt 1966) spielt unter pubertierenden Pennälern während des Krieges. Die Hauptfigur Joachim Mahlke leidet unter einem enormen Adamsapfel und entwickelt sich aus Kompensationsbedürfnis zu einem »Helden«, der ein Ritterkreuz zunächst stiehlt, dann aber an der Front selbst eines erwirbt und zugleich die Fragwürdigkeit solcher Auszeichnungen erkennt. Grass selbst nannte das Werk eine »Tragödie des Menschen«.

Während der Roman *Hundejahre* vordergründig – aus wechselnder Erzählerperspektive – von dem Schäferhund berichtet, der 1935 »im Namen der Partei und der deutschen Bevölkerung der Stadt Danzig dem Führer Adolf Hitler« geschenkt wird und an dessen Schicksal sich ein Stück deutscher Vergangenheit verfolgen lässt, schreibt der Autor implizit und in Abschweifungen, Anekdoten, Vor- sowie Rückblenden eine Bewusstseinsgeschichte des Kleinbürgertums in den Jahren vor, im und nach dem Kriege.

Etwa gleichzeitig mit diesen großen Erzählwerken entstanden Gedichte, die der Autor selbst illustrierte und als Mittel der sprachlichen »Entschlackung« verstand (*Gleisdreieck*, 1960), sowie der absurden Dramatik verpflichtete Theaterstücke (*Noch zehn Minuten bis Buffalo*, UA Bochum 1959; *Die bösen Köche*, UA Bln. 1961). Die Abkehr vom »poetischen Theater« der frühen Jahre markiert das »deutsche Trauerspiel« *Die Plebejer proben den Aufstand* (UA Bln. 1966), das »weg von der dramatischen Handlung in die dialektische Auseinandersetzung« hineinführt und nach den politischen Wirkungsmöglichkeiten des Künstlers fragt: ein Lehrstück in Versen, in dem das Verhalten Bertolt Brechts während des Berliner Aufstandes vom 17. Juni 1953 problematisiert wird. Bedrängt, auf die aktuellen Ereignisse unmittelbar einzuwirken, beschränkt sich »der Chef« darauf, das Geschehen nur aus der Distanz des unbeteiligten Künstlers zu verfolgen und durch Nicht-Einmischung die Sonderstellung des Intellektuellen zu demonstrieren. Die hier beschriebene Bescheidung des Literaten auf die nur künstlerische Wahrnehmung der Wirklichkeit steht in deutlichem Widerspruch zu Grass' zunehmendem Engagement in der bundesdeutschen Tagespolitik. Vor allem die Diffamierungskampagne gegen den damaligen Oppositionskandidaten im Bundestagswahlkampf 1961, Willy Brandt, führte zu einer entschiedenen Politisierung im Schaffen des Autors. In Aufsätzen und Reden (*Über das Selbstverständliche*, 1968; *Der Bürger und seine Stimme*, 1974; *Denkzettel*, 1978) nahm er eindeutig Partei für die SPD und wurde zu einem der wichtigsten Sprecher der sozialdemokratischen Reform- und Entspannungspolitik. Auf seine literarischen Arbeiten hatte diese politische Tätigkeit nachhaltigen Einfluss. Der Gedichtband *Ausgefragt* (1967), in dem das politische Engagement des Autors lyrischen Ausdruck findet, ist ohne den zeitgeschichtlichen Hintergrund der Sechzigerjahre nicht denkbar. Im Roman *örtlich betäubt* (1969), der bei der Kritik nur dürren Applaus erntete, erschließt Grass sich neues Terrain: Die unmittelbare Gegenwart, ihre gesellschaftlichen und politischen Probleme sind Gegenstand dieses Werkes. Der Studienrat Starusch, Zentralfigur der Handlung, fühlt sich, im Behandlungsstuhl seines Dentisten sitzend, gewissermaßen selbst auf den Zahn, reflektiert sich und sein Verhalten, das in seiner vernünftigen, pragmatisch auf das Machbare ausgerichteten Normalität deutlich abgesetzt ist von dem emotionalen Aufbegehren seines linksdralligen Schülers Scherbaum. In diesem Gegensatz zwischen dem idealistischen Protest des Jungen und dem resignativen Abwiegeln des Älteren, zwischen Veränderungswillen und Starrheit, manifestiert sich mehr als ein bloßer Generationenkonflikt. Das Buch versucht eine Analyse des intellektuellen Klimas in den späten Sechzigerjahren, das geprägt war von heftigen Unruhen und einem einsetzenden Umschwung der öffentlichen Gesinnung, der schließlich (ebenfalls noch 1969) den Bonner Regierungswechsel zugunsten der sozialliberalen Koalition ermöglichte. Die veränderte Erzählperspektive und die gewandelte Zielsetzung des Romans forderten auch eine neue Art der sprachlichen Vermittlung. Grass fügt vorgefundenes, geläufiges Sprachmaterial, alltägliche Umgangsformeln, Slogans und gängige Redensarten, in denen sich stets ein immanentes Bewusstsein ausdrückt, zu realistischen Collagen zusammen. Auch in dieser Hinsicht bezeichnet *örtlich betäubt* ein wichtiges Stadium in der Entwicklung des Autors, der sich hier als anstelliger Schüler seines »Lehrers« Döblin erweist.

Dem Prinzip erklärter Zeitgenossenschaft verpflichtet ist auch *Aus dem Tagebuch einer Schnecke* (1972). Hier berichtet Grass seinen Kindern über seine Erfahrungen als »Espede«-Redner im Wahlkampf 1969. Aber diese schonungslose Selbstdarstellung und -prüfung ist zugleich der Versuch zur Definition der eigenen Position als Schriftsteller und als Bürger.

Nach 1972 zog sich der Autor aus der Öffentlichkeit weitgehend zurück und siedelte nach Wewelsfleth (Schleswig-Holstein) über, wo seine nächsten Werke entstanden. Autobiografisches und Persönliches verarbeitet wiederum *Der Butt* (1977), der in Fabulierlust und erzählerischer Wucht am ehesten mit der *Blechtrommel* vergleichbar ist. Auf mehreren Handlungsebenen wird nicht nur das Märchen vom »Fischer un syner Fru« in chauvinistischer Lesart neu geboten, sondern auch am Beispiel von neun Köchinnen der Anteil der Frauen an der Geschichte seit der Jungsteinzeit sowie das Verhältnis der Geschlechter zueinander in Historie und Moderne gedeutet. Der sprachlich und tektonisch ungemein reizvolle Roman bemüht mit suggestiver Bilderfülle die Wirkkraft von Magie und Mythos. In »raunender Beschwörung des Imperfekts« (nach Thomas Mann) beglaubigt Grass die Gegenwart durch Gewesenes – und ist dabei doch zugleich der Erfinder dieser Vergangenheit, die als Produkt seiner »Tatsachenfantasie« eine eigene Wirklichkeit erhält. Menschheitsgeschichte als Küchenlatein, Geschichtsflucht als Gegenwartsmüdigkeit, Kritik am Heute durch Entdeckung des Gestern – das alles gibt dem *Butt* seine ungewöhnliche Dimension und sein literarisches Gewicht. Seine Geschichte, besser: seine Geschichten gehen nicht auf – und also nicht gut aus. Im *Butt* ist deshalb stets die emphatische Überzeugung spürbar, dass die Dinge, so wie sie waren, nicht als Rechtfertigung für bestehende Zustände herhalten dürfen. Der Roman zeigt – bei aller Opulenz und gargantuesken Ausschweifung – den Moralisten Grass, der bislang vor allem in seinen politischen Reden und Schriften in Erscheinung getreten war. Zugleich weicht hier der einstmals eher optimistische Grundton einer zunehmend skeptischen Haltung.

Mit der Erzählung *Das Treffen in Telgte* (1979), einer kleineren historischen Fiktion, die dem *Butt* folgt wie damals *Katz und Maus* der *Blechtrommel*, kehrt Grass zu seinen eigenen Anfängen zurück: zur Tagung der »Gruppe 47« in Großholzleute, auf der der Autor 1958 erstmals aus der *Blechtrommel* gelesen hat. Hans Werner Richter zu ehren, fingiert er mit großer Kenntnis und humorvoller Einfühlung ein idyllisches Treffen barocker Dichter am Ende des Dreißigjährigen Krieges, eine »Gruppe 1647« im Gasthaus der Erzbetrügerin Courage, wo unter der Leitung von Simon Dach historische Autoren über ihre Werke, ihre Fehden und Eifersüchteleien reden. Das Märchen von Telgte imaginiert aber auch die Gegenwart anhand dessen, was gestern hätte sein können. Die literarische Travestie verdeutlicht noch einmal die stilistische Wahlverwandtschaft des Autors mit dem Barock, die auch in früheren Werken wiederholt zutage getreten war.

Nach dem Scheitern seiner ersten Ehe heiratete Grass 1979 die Organistin Ute Grunert, mit der er im selben Jahr eine ausgedehnte Reise durch Südost- und Ostasien unternahm. In dem Prosaband *Kopfgeburten oder Die Deutschen sterben aus* (1980) konfrontiert er die fiktiven Erlebnisse eines Lehrer-Ehepaars aus Itzehoe von einer Ferienreise nach Asien mit eigenen Erfahrungen von einem China-Besuch. Dabei erhält – angesichts der Probleme in der Dritten Welt, für die Grass sich immer stärker einsetzt – die Frage nach der Zukunft der westlichen Gesellschaften eine eher kritisch akzentuierte Antwort, die durch den Hinweis auf bundesdeutsche Verhältnisse (Kernkraft-Diskussion, »Rentnerberg«, Konservatismus etc.) zusätzliche Aktualität gewinnt.

Vollends mit Zukunftsfragen beschäftigt sich der Roman *Die Rättin* (1986), in dem das zeitliche

Kontinuum erzählerisch aufgehoben ist zugunsten eines Konzepts von »Vergegenkunft«, dessen moralischer Anspruch nur stellenweise überlagert wird von der Opulenz der sprachlich-literarischen Mittel. Der Band, eine Mischung aus engagiertem Thesen-Reader und entgrenztem Geschichten-Buch, nimmt noch einmal alte Motive aus früheren Werken auf (etwa die kaschubische Heimat der »Danziger Trilogie« oder die Figur der Ilsebill aus dem *Butt*), lässt das bunte Panorama wortmächtiger Fabulierkunst jedoch gleichsam als erinnerte Wirklichkeit – nach dem apokalyptischen Untergang der Menschheit im Neutronenblitz – erscheinen. In einer Raumkapsel den zerstörten Erdball umkreisend, schreibt der Autor einen melancholischen Nachruf auf die Welt, begleitet nur von einer Rättin, die sich als höheres Lebewesen erweist und deswegen dem Untergang im atomaren Holocaust entkommen ist. Das Buch fand bei der Kritik wenig Beifall.

Grass zog sich im selben Jahr für einige Monate nach Indien zurück. In seinem Prosaband *Zunge zeigen* (1988), in den als resümierender Kommentar ein zwölfteiliger Gedichtzyklus eingelassen ist, gestaltet der Autor tagebuchartig – und mit Zeichnungen versehen – die Erfahrungen dieses Aufenthalts, die sich überdies auch in Zeichnungen für eine Bremer Ausstellung (*Calcutta*, 1989) und in einer programmatischen Rede vor dem Club of Rome (*Zum Beispiel Calcutta*, 1989) niederschlagen. In solchen künstlerischen Protokollen verarbeitet er paradigmatisch seine Eindrücke von der Ausbeutung der (Dritten) Welt durch den Menschen, die er wenig später variiert durch den »Nachruf«-Band *Totes Holz* (1990), dessen Zeichnungen und lakonische Texte die Umweltzerstörung auch hierzulande anprangern.

Mit dem Prozess der deutsch-deutschen Vereinigung fand Grass sein neues Thema. Mit engagierter Kritik an der nationalen Euphorie und am überzogenen Tempo wie am Verfahren schaltete er sich schon früh und immer wieder in die öffentliche Diskussion ein. Seine mahnenden Zustandsberichte aus der untergehenden DDR setzen mit dem *Brief aus Altdöbern* (1991) ein, einer Rede zur konstituierenden Sitzung des »Kuratoriums für ein demokratisch verfasstes Deutschland« (1990). Hier ergriff er nicht nur Partei für die Ost-Kollegin Christa Wolf, die nach dem Erscheinen ihrer autobiografischen Erzählung *Was bleibt* (1990) wegen ihrer allzu langen Verflechtung mit dem DDR-System vor allem im Westen in die Kritik geraten war, sondern er griff auch die Folgen des verheerenden Braunkohletagebaus an der Lausitz als Paradigma ökonomisch-ökologischer Zerrüttung auf. In dem verfassungsrechtlichen Streit um den richtigen Weg der Wiedervereinigung plädierte er so leidenschaftlich wie vergeblich für das Modell einer Konföderation statt einer staatlichen Einheit und warb gemeinsam mit anderen Intellektuellen erfolglos für die Anwendung des Grundgesetz-Artikels 146, der eine Zusammenführung der beiden Staaten auf eine freie Entscheidung des deutschen Volkes gründen sollte und sich nicht, wie es dann geschah, auf eine fraglos verfügte Erweiterung des Geltungsbereiches für das Grundgesetz (nach Artikel 23) stützte. Gerade in der Vorstellung von einem starken Einheitsstaat sah Grass – so in seiner Frankfurter Vorlesung *Schreiben nach Auschwitz* (1990) – die Gefahr der Rückkehr von unseligen nationalistischen Tendenzen. Mehrere Bücher mit Aufsätzen und Reden zu den aktuellen Fragen einer »Einheit ohne Einigung« dokumentieren des Autors massives Engagement, mit dem er sich nicht nur zum politischen, sondern auch moralischen Sachwalter namentlich ostdeutscher Befindlichkeiten und Interessen machte: etwa *Deutscher Lastenausgleich. Wider das dumpfe Einheitsgebot*, *Ein Schnäppchen namens DDR* (beide 1990), ein Streitgespräch mit Rudolf Augstein *Deutschland, einig Vaterland?* (1990) oder die *Rede vom Verlust. Über den Niedergang der politischen Kultur im geeinten Deutschland* (1992).

Die aktuelle politische Diskussion bleibt bestimmend auch für die folgenden literarischen Arbeiten des Autors, der mit der autobiografischen Skizze *Vier Jahrzehnte. Ein Werkstattbericht* (1991) eine Zwischenbilanz seines (künstlerischen) Werdegangs vorlegt und dessen Erzählung *Unkenrufe* (1992) das Thema der deutsch-polnischen Aussöhnung problematisiert. Das Buch beschreibt die bizarre Geschichte von der Gründung einer deutsch-polnischen Friedhofsgesellschaft, die zu einer restaurativen Rückkaufbewegung polnischen Bodens durch deutsches Geld und mithin zum »Menetekel« einer verfehlten Verständigung verkommt. Auf dem Wege der Vordatierung in eine utopische »Vergegenkunft« entwirft Grass die düstere Vision einer Entwicklung im Ost-West-Verhältnis und geißelt dabei nicht nur die polnische Politik, sondern auch die im vereinigten Deutschland verstärkt auftretenden Erscheinungen von Revanchismus, Rechtsradikalismus und Fremdenfeindlichkeit.

In diesen Zusammenhang gehört auch der Sonettzyklus *Novemberland* (1993), der allgemein auf die zunehmende Welle von Gewalt gegen Ausländer und insbesondere auf den mörderischen Brandanschlag auf ein Asylantenheim in Mölln im November 1992 reagiert. Dabei steht die strenge Form des Sonetts in wirkungsvollem Kontrast zu dem Wunsch, »dem deutschen Hang zur Rückfälligkeit« durch ein »heilsames Kraut« entgegenzuwirken. Aus Protest gegen die Änderung des Asylrechts im deutschen Grundgesetz trat Grass 1993 demonstrativ aus der SPD aus.

Nach vollzogenem Verlagswechsel sorgte der Autor 1995 mit seinem Roman *Ein weites Feld* für großes Aufsehen auch außerhalb der literarischen Diskussion, weil der spektakuläre, publikumswirksame Verriss des Buches durch Marcel Reich-Ranicki zu einem heftigen, öffentlich ausgetragenen Streit zwischen Grass und dem umstrittenen Kritiker führte. *Ein weites Feld* wurde als der lang erwartete »Roman der Wende« rezipiert und behandelt in vielschichtiger Darstellung die deutsch-deutsche Umbruchszeit 1989/91. Dabei werden die politischen und gesellschaftlichen Ereignisse dieser bewegten Jahre immer wieder kommentiert und kontrastiert mit historischen Wendemarken vor allem des 19. Jahrhunderts. Die beiden Hauptgestalten des Romans, dessen Titel ein berühmtes Fontane-Zitat aufnimmt, sind Wiedergänger: In dem einstigen Vortragsreisenden des DDR-Kulturbundes Theo Wuttke, genannt »Fonty«, bleibt das historische Gedächtnis des von Grass hoch geschätzten, gründlich ausgewerteten Theodor Fontane präsent, und hinter dem ewigen Spitzel Ludwig Hoftaller steckt als Fontys »Tagundnachtschatten« der Titelheld »Tallhover« aus Hans Joachim Schädlichs gleichnamigem Roman (1986). Im beziehungsreichen Neben- und Durcheinander von Einst und Jetzt, wie es durch die ebenso dialogische wie dialektische Struktur des Werkes befördert wird, erörtert Grass nicht nur die problematischen Entwicklungen der Wendezeit »aus dem Blickwinkel der Geschlagenen und Beladenen«, sondern er suggeriert im zeitlichen Rahmen vom Vormärz bis zur Nachwendezeit das Kontinuum von Geschichte durch die signifikante Parallelität zeitlich geschiedener Phänomene – wie etwa Reichsgründung 1870/71 und Wiedervereinigung 1989/91, Krimkrieg und Golfkrieg, die mächtigen Kanzlerfiguren und »kolossalen Mogelanten« Bismarck und Kohl. Dabei geht der Ansatz des penibel recherchierten, vorwiegend skeptischen Zustandsberichts aus der Perspektive der untergehenden DDR vor der erhellenden Folie der deutschen Geschichte auf Überlegungen noch vor dem Fall der Mauer zurück: 1988 erklärte Grass (in *Zunge zeigen*) unter dem Eindruck seiner eingehenden Fontane-Lektüre »100 Jahre deutscher Geschichte zum Dauerfall, zur abgeschlossenen, nicht abzuschließenden Akte« – eine Einschätzung, die er in seinem »Deutschlandroman« *Ein weites Feld* mit hoher Meinungsfreudigkeit bekräftigte. »Angeschlagen« durch die heftige Ablehnung, die das Buch bei großen Teilen der Kritik erntete, zog sich Grass zunächst vom Schreiben zurück und wandte sich wieder der Malerei zu. Ein Band mit Lyrik und Aquarellen, die sich in der Mischform der »Aquadichte« verbanden, erschien 1997 unter dem Titel *Fundsachen für Nichtleser*.

Historische Akzente setzt Grass wiederum in der Bestandsaufnahme *Mein Jahrhundert* (1999), bei deren Recherchen er erstmals sogar einen Historiker, Olaf Mischer, engagierte. In hundert Kurzgeschichten besichtigt der Autor das zu Ende gehende Saeculum. Dabei spaltet er sich auf, schlüpft in verschiedene Rollen, nimmt mal historische, mal fiktive, mal auch aus Dichtung und Wahrheit gemixte Identitäten an, redet und richtet die Zeitläufte aus jeweils wechselnden Perspektiven, und im Spektrum ständig variierter Personen und Positionen ergibt sich ein Kaleidoskop des Jahrhunderts. »Ich, ausgetauscht gegen mich, bin Jahr für Jahr dabei gewesen« – so lautet der Beginn des ersten Kapitels, und es folgen in bunter Mischung aus persönlichen Reminiszenzen, Geschichte und Geschichten, spürbar grundiert durch einen moralischen Imperativ, unterschiedliche Anekdoten, Berichte, Szenen und (fiktive) Gespräche, in denen das Triviale neben dem Bedeutsamen, das Alltägliche neben dem Erlesenen, das Erlebte neben dem Fantastischen, das Heitere neben dem Ernsten steht. Die Besichtigung eines Zeitalters zerfällt in Momentaufnahmen von teils autobiografischem Charakter, teils auch chronikalischem Anspruch und bisweilen fingiertem Realismus.

Alle Kritik an Grass und seiner ebenso leidenschaftlichen wie umstrittenen Rolle als unermüdlich mahnender Praeceptor Germaniae verstummte, als er im Herbst 1999 mit dem Nobelpreis für Literatur geehrt wurde. Die Begründung des Komitees hob hervor, der Autor habe »in munter-schwarzen Farben das vergessene Gesicht der Geschichte gezeichnet«, und die Laudatio stellte mit Blick auf des Autors Gesamtwerk fest, dass »die Literatur eine Macht bleibt, solange sie daran erinnert, was Menschen sich beeilen zu vergessen«. In seiner Stockholmer Dankrede *Fortsetzung folgt* (2000) bekräftigte Grass denn auch sein Selbstverständnis als Schriftsteller, der »gegen die verstreichende Zeit schreibt« und sich »haltbare Wahrheiten zusammenlügt«. Er nutzte sein durch die Auszeichnung vermehrtes Ansehen zu politisch-publizistischen Aktivitäten in Fragen, die ihn auch vorher schon beschäftigt hatten und denen er sich nun neben seiner literarischen Produktion in Reden und Essays als beharrlicher Anwalt ethischer Prinzipien verstärkt zuwandte.

Große, fast einhellige Zustimmung bei Kritik und Lesepublikum fand Grass mit seiner Novelle *Im Krebsgang* (2002), die einen dokumentarischen Bericht über die Versenkung des Flüchtlingsschiffs »Wilhelm Gustloff« am 30. Januar 1945, bei dessen Untergang 8000 Menschen den Tod fanden, einbettet in eine aktuelle Rahmenhandlung, in der Rechtsradikalismus und rassistische Verblendung unter heutigen Jugendlichen schließlich zu einem Mord führen – der »unerhörten Begebenheit« nach den Gattungsgesetzen der Novelle. Das Besondere des Buches liegt nicht so sehr in der Aufarbeitung des Vertriebenen-Themas, das in der Nachkriegsliteratur auch vorher schon behandelt worden ist, sondern eher im veränderten Hallraum, auf den die Problematik im veränderten öffentlichen Bewusstsein des vereinigten Deutschland stieß. Der Autor entwickelt »nach Art der Krebse, die den Rückwärtsgang seitlich ausscherend vortäuschen, doch ziemlich schnell vorankommen«, aus der Schilderung der »Gustloff«-Katastrophe ein kritisches Gegenwartsbild und verficht die These, dass der erstarkende Rechtsextremismus in Deutschland die Folge von Verfehlungen einer Gesellschaft sei, die es versäumt habe, der Jugend Leitbilder, Inhalt und Werte zu vermitteln. Er selbst nimmt sich von dieser Schuldzuweisung – vor allem im Blick auf die unterbliebene Aufarbeitung der Flüchtlingstragödien zu Kriegsende – nicht aus: »Sein Versäumnis, bedauerlich, mehr noch: sein Versagen« – kommentiert »der Alte« im *Krebsgang*, hinter dem das Alter Ego des Autors greifbar wird. Das Werk ist keine dokumentarische Erzählung, als die es gerne missdeutet wird, sondern Geschichte und Ende der »Gustloff« sind auf hohem literarischem Niveau eingebettet in einen ebenso komplexen wie spannenden aktuellen Handlungsrahmen, in dem Gestern und Heute, Fakten und Fiktion, der Gang der Geschichte und die wunderlichen Wege des Privaten in verhängnisvolle Verschränkung geraten. Der Autor erweist sich mit dieser Novelle als Meister der Kunst, politische, moralische, gesellschaftliche und literarische Ansprüche überzeugend zu verbinden – ein engagierter Bürger und kritischer Intellektueller, ein »Schriftsteller als Zeitgenosse«, der »immer verquer zum Zeitgeist liegen« muss, wie er es 1986 programmatisch und gültig für sein gesamtes Werk formulierte.

Rüdiger Krohn

Werke: *Die Vorzüge der Windhühner*, G., Pr., Zeichn., Neuwied 1956; *Hochwasser*, Theaterst., UA Ffm. 1957, gedr. Ffm. 1965, Hsp., DLF 1977; *Onkel, Onkel*, Theaterst., UA Köln 1958; *Stoffreste*, Ballett, UA Essen 1957; *Zweiunddreißig Zähne. Eine Farce in 5 Akten*, Bln. 1958, Hsp., SDR 1959; *Beritten hin und zurück. Ein Vorspiel auf dem Theater*, UA Hbg. 1959; *Fünf Köche*, Ballett, UA Aix-Les-Bains/Bonn 1959; *Noch zehn Minuten bis Buffalo*, UA Bochum 1959, Hsp., BBC London 1962; *Die Blechtrommel*, R., Neuwied 1959; *Gleisdreieck*, G. m. Zeichn., Neuwied 1960; *Katz und Maus*, N., Neuwied 1961; *Die bösen Köche*, Theaterst., UA Bln. 1961; *Die Ballerina*, Ess. u. Grafiken, Bln. 1963; *Hundejahre*, R., Neuwied 1963; *Goldmäulchen. Eine öffentliche Diskussion*, Hsp., HR 1963; Theaterst., UA Mü. 1964; *dich singe ich, Demokratie*, Reden, Neuwied, Bln. 1965: *Es steht zur Wahl – Karl Schiller*; *Politik in dieser Gesellschaft*; *Ich klage an*; *Des Kaisers neue Kleider*; *Loblied auf Willy*; *Was ist des Deutschen Vaterland. Der Fall Axel C. Springer am Beispiel Arnold Zweig*, Neuwied, Bln. 1967; *Die Plebejer proben den Aufstand. Ein deutsches Trauerspiel*, Neuwied 1966, UA Bln. 1966, Hsp., SDR 1966; *Ausgefragt*, G. u. Zeichn., Neuwied 1967; *Über das Selbstverständliche*, Reden, Aufs., Briefe, Neuwied 1968; *G. Grass u. P. Kohout, Briefe über die Grenze. Versuch eines Ost-West-Dialogs*, Hbg. 1968; u. d. Pseud. Artur Knoff: *Geschichten*, Bln. 1968; *Über meinen Lehrer Döblin und andere Vorträge*, Bln. 1968; *örtlich betäubt*, R. Neuwied 1969; *Davor*, Theaterst., Bln. 1969; *Die Vogelscheuchen*, Ballett, UA Bln. 1970; *Theaterspiele*, Neuwied 1970; *Gesammelte Gedichte*, Neuwied 1971; *Aus dem Tagebuch einer Schnecke*, Neuwied 1972; *Mariazuehren. Hommageàmarie. Inmarypraise*, G. u. Grafiken auf Fotos v. Maria Rama, Mü. 1973; *Der Bürger und seine Stimme*, Reden, Aufs., Kommentare, Neuwied 1974; *Liebe geprüft*, G. u. Radierungen, Bremen 1974; *Danziger Trilogie*, 3 Bde. (*Die Blechtrommel, Katz und Maus, Hundejahre*), Neuwied 1974; »L 76«, polit.-literar. Vierteljahrsschr., hg. zus. m. Heinrich Böll u. Carola Stern, 1976 ff., 1980 ff. als »L 80«; *Der Butt*, R., Neuwied 1977; *Denkzettel. Politische Reden u. Aufsätze 1965–1976*, Neuwied 1978; *Die bösen Köche. Ein Drama in 5 Akten*, m. 5 Repr. nach Radierungen des Autors, Stg. 1978; *Das Treffen in Telgte*, E., Neuwied 1979; *Die Blechtrommel als Film*, zus. m. Volker Schlöndorff, Ffm. 1979; *Danziger Trilogie*, Sonderausg., Neuwied 1980; *Kopfgeburten oder Die Deutschen sterben aus*, Neuwied 1980; *Aufsätze zur Literatur 1957–1979*, Neuwied 1980; *Zeichnen und Schreiben I. Zeichnungen und Texte 1954–77*, hg. v. A. Dreher, Neuwied 1982; *Nachruf auf einen Handschuh*, Radierungen u. G., Bln. 1982; *Vater-*

tag, Lithografien, Hbg. 1982; *Die Vernichtung der Menschheit hat begonnen*, Hauzenberg 1983; *Ach Butt, dein Märchen geht böse aus*, G. u. Radierungen, Darmst., Neuwied 1983; *Widerstand lernen. Politische Gegenreden 1980–1983*, Neuwied 1984; *Zeichnen und Schreiben II. Radierungen und Texte 1972–1982*, hg. v. A. Dreher, Darmst., Neuwied 1984; *Geschenkte Freiheit. Rede zum 8. Mai 1945*, Bln. 1985; *Die Rättin*, R., Darmst., Neuwied 1986; *In Kupfer, auf Stein. Radierungen u. Lithografien 1972–1986*, Gött. 1986; *Mit Sophie in die Pilze gegangen*, G. u. Lithogr., Gött. 1987; *Werkausgabe in 10 Bdn.*, hg. v. Volker Neuhaus, Darmst., Neuwied 1987; *Die Gedichte 1955–1986*, Darmst. 1988; *Zunge zeigen. Ein Tagebuch in Zeichnungen, Prosa und einem Gedicht*, Darmst., Neuwied 1988; *Calcutta*, Radierungen, Almancil/Portugal 1988; *Calcutta*, Zeichnungen, Ausstellungskat. d. Kunsthalle Bremen, Bremen 1988; *Skizzenbuch*, Gött. 1989; *Wenn wir von Europa sprechen – Françoise Giroud u. G. G., ein Dialog*, Ffm. 1989; *Zum Beispiel Calcutta. Rede vor dem Club of Rome*, Gött. 1989; *Meine grüne Wiese*, Kurzpr., Zür. 1989; *Schreiben nach Auschwitz. Frankfurter Poetik-Vorlesung*, Ffm. 1990; *Tierschutz*, G., Ravensburg 1990; *Totes Holz. Ein Nachruf*, Zeichnungen, Gött. 1990; *Deutscher Lastenausgleich. Wider das dumpfe Einheitsgebot. Reden und Gespräche*, Ffm. und Bln., Weimar 1990; *Ein Schnäppchen namens DDR. Letzte Reden vorm Glockengeläut*, Ffm. 1990; *Kahlschlag in unseren Köpfen*, Lithografien, Gött. 1990; *Brief aus Altdöbern*, Remagen-Rolandseck 1991; *Vier Jahrzehnte. Ein Werkstattbericht*, G., Zeichn., Skizzen, hg. v. F. Margull, Gött. 1991; *Gegen die verstreichende Zeit. Reden, Aufsätze und Gespräche 1989–1991*, Hbg., Zür. 1991; *Rede vom Verlust. Über den Niedergang der politischen Kultur im geeinten Deutschland*, Gött. 1992; *Unkenrufe*, E., Gött. 1992; *Novemberland. 13 Sonette*, Gött. 1993; *Gedichte und Kurzprosa*, Gött. 1994; *Angestiftet, Partei zu ergreifen. Politische Stellungnahmen*, hg. v. D. Hermes, Mü. 1994; *Die Deutschen und ihre Dichter*, Ess., G., Interviews, hg. v. D. Hermes, Mü. 1995; *Ein weites Feld*, R., Gött. 1995; *Gestern, vor 50 Jahren. Ein deutsch-japanischer Briefwechsel*, zus. mit Kenzaburô Ôe, Gött. 1995; *Der Schriftsteller als Zeitgenosse*, Ess., G., Interviews, hg. v. D. Hermes, Mü. 1996; *Werkausgabe in 18 Bänden*, hg. v. V. Neuhaus u. D. Hermes, Gött. 1997; *Der Autor als fragwürdiger Zeuge*, Ess., G., Interviews, hg. v. D. Hermes, Mü. 1997; *Berlin jenseits der Mauer. Aus einem fotografischen und politischen Tagebuch*, hg. v. D. Hermes u. D. Jacobs, Palermo 1997; *Rede über den Standort*, Gött. 1997; *Fundsachen für Nichtleser*, G. u. Aquarelle, Gött. 1997; *Lübecker Werkstattbericht*, 3 Videos, Gött. 1998; *Auf einem anderen Blatt. Zeichnungen*, Gött. 1999; *Mein Jahrhundert. 100 Geschichten*, Gött. 1999; *Fortsetzung folgt. Literatur und Geschichte*, Gött. 1999; *Ohne Stimme. Reden zugunsten des Volkes der Roma und Sinti*, Gött. 2000; *Fünf Jahrzehnte. Ein Werkstattbericht*, Gött. 2001; *Mit Wasserfarben*, Gött. 2001; *Im Krebsgang*, N., Gött. 2002; *Wörter auf Abruf*, G., Bln. 2002; *Gebrannte Erde. Skulpturen*, Gött. 2002; *Fundsachen für Grass-Leser*, hg. v. W. Trautwein und Karin Kiwus, Gött. 2002.

Gregor-Dellin, Martin, wurde als Martin Gustav Schmidt am 3. 6. 1926 in Naumburg/Saale geboren und wuchs in Weißenfels auf. Nach dem Abitur 1944 folgten Kriegsdienst und Gefangenschaft. 1947 kehrte er in seine Heimat zurück und war seit 1951 im Mitteldeutschen Verlag in Halle/Saale als Lektor tätig. U.a. betreute er über Jahre hinweg Bruno Apitz' autobiografischen Roman *Nackt unter Wölfen*, der 1958 erschien und ein Welterfolg wurde. Gregor-Dellin war wenige Wochen zuvor in die Bundesrepublik übergesiedelt, blieb seiner sächsischen Heimat aber zeitlebens verbunden. Bis 1961 lebte er in Bayreuth, danach arbeitete er als Rundfunkredakteur in Frankfurt am Main und als Lektor in München. Seit 1967 lebte er in Gröbenzell bei München, wo er am 23. 6. 1988 starb. Er war Mitglied der Künstlergilde seit 1963 und des Schriftstellerverbandes (VS) seit dessen Gründung. Von 1973 bis 1975 war er Vorsitzender des bayerischen Landesverbandes des VS. Seit 1969 war er Mitglied des P.E.N.-Zentrums der Bundesrepublik Deutschland, 1976 bis 1982 Generalsekretär und von 1982 bis zu seinem Tod dessen Präsident. Er erhielt u.a. 1963 den Förderpreis zum Andreas-Gryphius-Preis, 1967 den Stereo-Hörspielpreis, 1971 den Tukan-Literaturpreis der Stadt München, 1972 den Kritikerpreis »Die goldene Feder«, 1982 den Grand Prix de la critique musicale française, 1984 den Fernseh-Kulturpreis der Eduard-Rhein-Stiftung und 1985 den Friedrich-Märker-Preis für Essayistik. Als Nachlassverwalter, Herausgeber, Kritiker und langjähriger Juror beim Ingeborg-Bachmann-Wettbewerb hat er sich in hohem Maße um die Literaturvermittlung verdient gemacht. Er war »ein sanfter Poet, ein hochgebildeter Künstler, ein Anwalt der Literatur, der Beharrlichkeit mit Noblesse vereinte« (Walter Jens).

1949/51 hat Gregor-Dellin *Jakob Haferglanz*, seinen ersten Roman geschrieben, der, unter dem Titel *Jüdisches Largo*, aber erst 1956 im Mitteldeutschen Verlag erscheinen konnte. Es ist eine der frühesten literarischen Verarbeitungen der Holocaust-Thematik, die Geschichte eines Schülers, Sohn eines bereits verstorbenen jüdischen Gewerbetreibenden, der miterleben muss, wie sich auch die wenigen, die dem NS-Regime distanziert gegenüberstehen, nach und nach von ihm abwenden. Schließlich gewinnt ein strammer Nazi unter den Lehrern die Oberhand und Jakob wird »als Schädling aus der Schule entfernt«, woraufhin er sich das Leben nimmt. Die Einflüsse von Franz Kafka und Thomas Mann sind hier ebenso unverkennbar wie in dem zweiten Roman

Der Kandelaber (1962), der die Ohnmacht des Einzelnen im Angesicht einer totalitären Bürokratie thematisierte. Es ist dies einer der bedeutendsten frühen literarischen Versuche, sich mit dem DDR-Alltag auseinander zu setzen. Gregor-Dellin siedelte beide Romane in seiner Heimatstadt Weißenfels an, die auch den biografischen Teil seines Œuvres geprägt hat. Sein 1958 veröffentlichter Essay *Wagner und kein Ende. Richard Wagner im Spiegel von Thomas Manns Prosawerk* bewegt sich noch auf dem vertrauten Gelände der Literatur, markiert aber zugleich den Beginn seiner lebenslangen Auseinandersetzung mit Wagner.

Der Roman *Föhn* (1974) ist in Gregor-Dellins zweiter Heimat München angesiedelt und hat einen dramatischen Bankraub mit Geiselnahme, der seinerzeit viel Aufsehen erregte, zum Ausgangspunkt seiner Handlung, in die erfundene wie der Wirklichkeit entlehnte Lebensläufe verwoben sind. Der Roman ist souverän komponiert. Auch *Das Riesenrad* (1976) weist Gregor-Dellin als Erzähler aus, der sich seiner Mittel sicher ist, der Sprache, der psychologischen Charakterisierung. Diese erzählerischen Mittel bilden auch die Grundlagen seiner Biografik, deren überragende Leistung, der 1980 erschienene *Richard Wagner. Sein Leben, sein Werk, sein Jahrhundert*, bleibenden Rang beanspruchen kann. Frühe, immer weiter geführte musikalische Studien ermöglichten es dem Autor, Werkanalyse, Lebensbeschreibung und ein Bild der Zeit zu einer großen Gesamtdarstellung zu vereinen, die in gleicher Weise allen wissenschaftlichen Ansprüchen genügt und einem großen Publikum eine fesselnde Lektüre zu bieten vermag. Anschaulich wie Richard Friedenthal setzte er Maßstäbe für die Biografie als »künstlerisches Werk« (Carl Dahlhaus). Nicht minder bedeutend ist die von Martin Gregor-Dellin verantwortete Edition der Tagebücher Cosima Wagners. Sein zweites biografisches Hauptwerk galt dem weithin vergessenen *Heinrich Schütz. Sein Leben, sein Werk, seine Zeit* (1984), dem »Vater der deutschen Musik« und bedeutendsten Komponisten des 17. Jahrhunderts. Kultur- und geistesgeschichtliche Entwicklungen wurden hier mit dem historischen Geschehen zu einem Gesamtbild des Jahrhunderts zusammengeführt.

1982 erschien mit *Schlabrendorf oder Die Republik* ein zugleich biografisches und literarisches Werk. Gregor-Dellin zeichnet aufgrund der spärlichen Quellen das Leben des »Eremiten von Paris« nach, der 1794 der Guillotine nur knapp entkommen war und in den letzten zehn Jahren seines Lebens aus Protest gegen die Restauration sein Zimmer nicht mehr verließ. Zugleich holt der Autor eine der geheimnisvollsten Liebesgeschichten der Romantik ans Licht, die Beziehung zwischen Schlabrendorf und Caroline von Humboldt, der Frau von Wilhelm von Humboldt. Zwischen biografisch-historischer Form und politischem Traktat hat Gregor-Dellin in diesem Bekenntnisbuch, das fiktionalen Nachvollzug mit Faktischem verbindet und das faszinierende Bild eines großen Demokraten entwirft, seine Form gefunden.

Mit seinem 1986 erschienen *Italienischen Traumbuch* kehrte Gregor-Dellin zuletzt zu seinen literarischen Anfängen zurück. Zugleich wird in dieser filigranen, Traum und Wirklichkeit seismografisch nachzeichnenden Prosa die Vorahnung des frühen eigenen Endes erkennbar. Als Herausgeber edierte Gregor-Dellin u.a. Klaus Manns Werke und Briefe, die Werke von Bruno Frank, Richard Wagners *Mein Leben* (1963/1967) und die Tagebücher Cosima Wagners. Mit den *Autobiografischen Schriften* war er auch an der Ausgabe *Sämtliche Schriften Richard Wagners* als Herausgeber beteiligt.

Ernst Piper

Werke: *Cathérine*, E., Halle 1953; *Jakob Haferglanz*, R., zuerst als *Jüdisches Largo*, Halle 1956, später Rothenburg/T. 1963, Hsp., 1961; *Der Mann mit der Stoppuhr*, Pr., Halle 1957; *Fünf kleine Stücke*, Pr., 1957; *Wagner und kein Ende. R. Wagner im Spiegel von Th. Manns Prosawerk*, Ess., Bayreuth 1958; *Der Nullpunkt*, R., Mü. 1959; *Blumen oder keine*, Hsp., 1962; *Der Kandelaber*, R., Olten 1962; *Richard Wagner: Mein Leben*, Hg., 1963/67; *24 Erzähler der Welt. Prosa der Gegenwart*, Hg., 1964; *Möglichkeiten einer Fahrt*, Pr., Mü. 1964; *Suche nach einem Zeugen*, Hsp., 1965; *Einer*, R., Olten, Freiburg./Br. 1965; *Geordnete Verhältnisse*, Hsp., 1967; *Markwerben – Konstruktion einer Landschaft*, Hsp., 1967; *Aufbruch ins Ungewisse*, En., Baden-Baden 1969; *Unsichere Zeiten*, En. u. Ess., Karlsruhe 1969; *Aktennotiz über einen Diktator*, 1969; *Ferdinand wird totgeredet*, Hsp., 1971; *P.E.N. Prosa, Lyrik, Essay*, Hg., 1971; *Wagner-Chronik*, Mü. 1972; *Das Gästehaus*, Hsp., 1972; *Richard Wagner – die Revolution als Oper*, Ess., Mü. 1973; *Föhn*, R., Mü. 1974; *Das andere Bayern, Lesebuch zu einem Freistaat*, Mithg., 1976; *Das Riesenrad*, Nn., 1976; *Klaus Mann. Zeitgenosse zwischen den Fronten*, Fssp., 1978; *Deutsch in Ost und West*, Fssp., 1978; *Im Zeitalter Kafkas*, Ess., Mü. 1979; *Deutsche Schulzeit*, Hg., 1979; *Ch. Bry: Verkappte Religionen*, Hg., 1979; *Richard Wagner. Sein Leben, sein Werk, sein Jahrhundert*, Biogr., Mü. 1980; *Schlabrendorf oder Die Republik*, Mü. 1982; *Richard Wagner. Eine Biografie in Bildern*, Mü. 1982; *Leonhard Frank, Die Summe*, Hg., 1982; *Luther. Eine Annäherung*, Ess., Mü. 1983; *Pompes funèbres. Die Feier von Goethes Grablegung*, Bayreuth 1983; *Richard Wagner: Mein Denken*, Hg., 1983; *Ich bin wie Othello – mein Tagwerk ist vorbei*, Fs.-

Dokum. 1983; *Heinrich Schütz. Sein Leben, sein Werk, seine Zeit*, Biogr., Mü. 1984; *Was ist Größe? Sieben Deutsche und ein deutsches Problem*, Ess., Mü. 1985; *Erinnerungen an Wörter*, Ess., Reutlingen 1986; *Ludwig II., Tragik des Märchenkönigs* (mit anderen), Regensb. 1986; *Das Italienische Traumbuch*, Pr., Mü. 1986; *Pathos und Ironie. Ein Lesebuch von und über M. G.-D.*, hg. v. E. Endres, Mü. 1986. *Die Botschaft hör' ich wohl. Schriftsteller zur Religion*, Hg., Stg. 1986; *Carl Christian Bry: Der Hitler-Putsch*, Hg., Nördlingen 1986; *Richard Wagner: Ein deutscher Musiker in Prag*, Hg., Kassel 1987.

Greiner, Peter, wurde am 20. 4. 1939 in Rudolstadt in Thüringen geboren und wuchs auf dem Bauernhof der Großmutter während der russischen Besatzungszeit auf. Nach dem Abitur 1957 in Mecklenburg übersiedelte er noch im selben Jahr in die Bundesrepublik Deutschland. Von 1959 an studierte er Chemie in Freiburg, von 1963 an Chemie und Mathematik für das Lehramt an Gymnasien in Hamburg, 1966 schloss er mit dem Staatsexamen ab. Nach kurzer Tätigkeit als Lehrer schied Greiner aus gesundheitlichen Gründen aus dem Schuldienst aus. Seit 1970 lebt er als freier Schriftsteller sehr zurückgezogen in Lüneburg, wo er sich lange Jahre mit Gelegenheitsarbeiten (Postsortierer, Hafen- und Forstarbeiter) seinen Lebensunterhalt verdiente. 1977 erhielt er das Suhrkamp-Dramatikerstipendium und 1981 für sein Stück *Kiez* den Mülheimer Dramatikerpreis. Seit Mitte der Achtzigerjahre veröffentlicht Greiner aufgrund einer schweren psychischen Störung nicht mehr.

In seiner Studentenzeit wollte Greiner noch Lyriker werden, bewunderte Georg Trakl und Frederico Garcia Lorca. »Durch meine Berufsausbildung, die nicht so verlief, wie ich mir das vorstellte, bin ich ziemlich an den Rand der Gesellschaft gekommen, war ziemlich kaputt. So am Rande zu stehen, führt dann zu einer Solidarität zwischen Leuten, die kaputt sind. Und durch diese Solidarität bin ich an Stoffe gekommen.« 1970 begann Greiner seine eigenen Erfahrungen, die er im Ganoven- und Zuhältermilieu von Hamburg-St. Pauli gemacht hatte, in Dialogen und kleinen Prosastücken literarisch umzusetzen. Es entstanden in rascher Folge Hörspiele und Theaterstücke, wobei Letztere, obwohl sie bereits längere Zeit gedruckt vorlagen, bis 1978 nicht auf Theaterbühnen gespielt wurden. Greiner galt jahrelang als Geheimtipp; erst mit dem Gewinn des Mülheimer Dramatikerpreises gelang ihm der große Durchbruch.

Er entwickelte eine »Dramaturgie der Wirklichkeit«, in der die Authentizität der Schauplätze, der Figuren und ihrer Sprache nicht durch platten Realismus, sondern durch Typisierung und Modellhaftigkeit zu gewährleisten versucht wird. Dabei verzichtet Greiner, der in den Autoren des naturalistischen Theaters (Hauptmann, Wedekind, Gorki, Williams) seine literarischen Vorbilder sieht, auf Idealkonstruktionen von Personen; seine Protagonisten verkörpern jeweils nur (häufig gebrochene und in sich widersprüchliche) Ausschnitte eines Charakters. Greiner bringt soziale Randgruppen auf die Bühne, gesellschaftliche Außenseiter, »Gehetzte«, den »Menschenmüll«. Der Versuch der literarischen Darstellung einer kleinbürgerlichen Welt mit ihrer Unfähigkeit zur Kommunikation, ihrer Brutalität und ihren mangelnden Perspektiven zielt darauf ab, unterprivilegierte, »kaputte« Menschen sozial zu rehabilitieren und sie bar jedes Missionseifers einfach »von einer Gruppe in die andere zu vermitteln«. Greiner vermeidet es, über die Bühne Ideen einzuschleusen, hofft auf die Wirkung der Tragödie von innen, aus dem Stoff heraus. Er provoziert, bricht mit gesellschaftlichen Tabus und formalen Konventionen. Seine Texte entziehen sich einem schnellen dramaturgischen Zugriff; die rasche Abfolge von Bilderbögen (aus bis zu 45 Kurzszenen) will jede erbauliche Einfühlung des Publikums verhindern.

Greiners erfolgreichstes Stück, *Kiez* (1976), im Untertitel »ein unbürgerliches Trauerspiel um Ganovenehre und Ganovenkälte«, erzählt die Geschichte des ehemaligen Seemanns und jetzigen Zuhälters Knut, der skrupellos mehrere Frauen auf den Strich schickt, mit einer, Ditte, einen »Ausbruchsversuch« ins bürgerliche Leben wagt und dabei kläglich scheitert, um dann, von seinen ehemaligen Kumpanen, die er verpfiffen hat, gejagt, als Penner illusionslos die Sicherheit einer warmen Gefängniszelle anzustreben. »Es ist ein Totentanz in einer Sackgasse, in ungezählter Wiederholung, zu oft geübt, um noch den Widerstand zu hoffen« (Hans Eppendorfer). Ob Knut und Ditte oder der Anarcho-Rocker Ben Danna (*Orfeus*, 1978), für den eigentlich »Gefühle zu nischt führ'n«, der sich aber trotzdem für Frau und Kind zu entscheiden scheint, oder der Kälteingenieur (*Fast ein Prolet*, 1980) mit seinem verhaltenen Werben um die Barmieze Lilo, oder Mayakowski (*Lady Liljas Hauer*, 1978), den »die nachrevolutionäre Filzokratie verplant bis zum Ohrläppchen – und erledigt«, oder Beethoven (*Roll over Beethoven*, 1978), der die höfische Etikette Wiens ablehnt und deswegen trotz seiner künstlerischen Erfolge ein einsamer Mensch bleibt – alle

Figuren Greiners sind irgendwie lädiert, haben kapituliert und sich in ihr Schicksal ergeben; im Grunde aber träum(t)en sie alle den Traum vom bürgerlichen Glück, von der erlösenden Liebe – nur eben vergeblich. In ihrer Chancenlosigkeit entwickeln sie ein trotziges Selbstbewusstsein.

»Ich möchte ein freies, souveränes, ein selbstbewusstes Proletariat zeigen, das seine eigenen Lebensformen entwickelt, das sich seiner Sprache bewusst ist« (Greiner). So verwendet er Dialekt und Jargon als poetisierte, verdichtete Sprache. »Wenn jemand mit dem Revolver in die Kneipe kommt und einem über den Kopf schießt, dann sind die Dialoge einfach dicht.« Grelle Bilder und Kalauer benützt er als Kitt für die wichtigen Teile des Stückes, wobei die Dekodierung von Aussprüchen ein Publikum überfordern kann. Den Vorwurf des Voyeurismus kann Greiner nicht entkräften. Für sich setzt er Zynismus dagegen; beim Publikum registriert er durchaus ein lüsternes Berauschen an einer scheinbar romantisierten und heroisierten Unterwelt.

Greiner gibt sich als realistisch denkender Idealist; seine Welt aus billigen Absteigen und verrauchten Arbeiterkneipen und die bürgerliche Welt der Leser und Theaterbesucher werden sich nicht versöhnen lassen, werden bei aller gegenseitigen Neugier einander fremd und verschlossen bleiben. Das kann aber nichts an Greiners Absicht ändern, gerade die Leute auf dem Theater zu Wort kommen zu lassen, die im Leben nur selten zu Wort kommen können.

Thomas Kraft

Werke: *Alle Wege noch einmal,* Hsp., 1971; *Narkosegestammel,* Hsp., 1973; *Kiez. Ein unbürgerliches Trauerspiel um Ganovenehre und Ganovenkälte,* in: »Spectaculum« 25, Ffm. 1975, UA Köln 1980; *Gefege. Musical nach Wedekinds »Frühlings Erwachen«,* UA Zür. 1976; *Türkischer Halbmond. Ein Gastarbeiterstück in Bildern,* Ffm. 1977, Hsp., 1977, UA Bremen 1980; *The show must go on,* Hsp., NDR 1977; *Orfeus. Biografie eines Halbstarken,* in: »Spectaculum 29«, Ffm. 1978, UA Freiburg/Br. 1978; *Lady Liljas Hauer. Ein Zwei-Personen-Spiel,* Ffm. 1978, UA Hdbg. 1978; *Schwarzer Schnee,* Hsp., SFB/RB 1978; *Roll over Beethoven. Eine wahre Ohrentragödie in Bildern,* in: »Theater heute« 7/1979, UA Basel 1978; *Fast ein Prolet* (enth. *Kiez; Fast ein Prolet,* UA Freiburg/Br. 1980; *Vier-Jahreszeiten-Blues,* UA Saarbrücken 1980, Hsp., 1980;) Ffm. 1980; *Des Reiches Streusandbüchse,* Ffm. 1980; *Altenlenz. Einakter,* Ffm. 1980; *Kleine Freiheit,* Hsp., NDR 1981; *Stillgelegt,* Ffm. 1982; *Die Torffahrer,* in: »Spectaculum 39«, Ffm. 1983, UA Bremen 1988; *Blaumann und Blaumeise,* Hsp., WDR 1983; *Jona unter dem Eukalyptusbaum, hörend die Stimme Gottes,* Pr., Ffm. 1986, Hsp., SFB 1986; *Wie Bombenleger-Charly leben ... Sozialverhalten. Geschichten und Szenen,* Ffm. 1986.

Gressmann, Uwe, wurde am 1. 5. 1933 als unehelicher Sohn eines Autosattlers in Berlin geboren. Die Kindheit verbrachte er in Waisenhäusern und bei Pflegeeltern. Eine Lehre als Elektroinstallateur musste er wegen einer schweren Tbc abbrechen, die ihn von 1949 bis 1954 ans Krankenbett fesselte. Sein schlechter Gesundheitszustand durchkreuzte alle regulären Fortbildungspläne. Er war als Monteirer, Bote und Postabfertiger in Berlin/DDR tätig. Den Zugang zur Literatur erschlossen ihm autodidaktische Studien. Seit 1961 erschienen Gedichte in Zeitschriften und Anthologien. Der 1966 veröffentlichte Lyrikband *Der Vogel Frühling* machte ihn auch über die Grenzen der DDR hinaus bekannt. Bis zu seinem Tod am 30. 10. 1969 arbeitete er an weiteren groß angelegten Werkprojekten, die in fragmentarischer Form in den postumen Büchern *Das Sonnenauto* (1972), *Sagenhafte Geschöpfe* (1978), *Lebenskünstler* (1982) und *Schilda Komplex* (1998) enthalten sind.

Gegenstand seiner Dichtkunst ist etwas, das er selbst »das moderne Idyll« genannt hat. Darunter verstand er keine separierende Beschaulichkeit, sondern einen vom Ländlichen ins Stadtlandschaftliche verschobenen Blick, der die durch Krieg und Diktatur entfremdeten Verhältnisse in aufklärender Versöhnungsabsicht durchdringt. Obwohl die in dem Dokumentarband *Lebenskünstler* aufgenommenen Erinnerungen von Kollegen dem Dichter den Habitus eines sektiererischen Außenseiters bescheinigen, stimmen sie doch in dem Respekt vor der hohen Originalität überein, die seine Verse innerhalb der DDR-Lyrik der Sechzigerjahre kennzeichnet. Das Außergewöhnliche oder seinerzeit zumindest Ungewohnte zeigt sich in einer enorm anspielungsreichen Überschneidung von bildungssprachlichen und idiomatischen Ebenen. Die plebejische Umgangssprache wirkt als Moment der Kritik und Auflehnung gegen eine ideologisierte Realität, die gleichzeitig durch bildhafte Rückverweise auf die Ideale von Humanismus und Aufklärung aus ihrer Erstarrung gelöst wird. So geraten im Gedicht *Kosmos* etwa die Fragen nach den letzten Dingen zu einem Umherirren durch staatsbürokratische Instanzen; andererseits gibt schon ein Blick durch die Luke des Stubenofens Anlass zu einer kosmogonischen Feier. Der Ton des Feierlichen und Andächtigen verschmilzt mit dem des Unerhörten und Widerspenstigen zu einer lyrischen Formensprache, der neben ihrer Herkunft aus dem Kanon der Weltpoesie eine kindliche Freude am Eigenschöpferischen eingeschrieben ist. Der *Volksmund* ist hier sowohl Demiurg als auch Kreatur eines Universums, das sich einmal naiv malerisch wie auf einem mittelalterlichen Atlas entfalten und dann wieder in einer menschlichen Figur konzentrieren kann, die ihrerseits polymorph genug aufgefasst wird, um die Gegenwart einer Pflanze, eines Vogels oder auch eines profanen Haushaltsgegenstands zu Wort kommen zu lassen. Die häufig evokative und immer wortwörtliche Behandlung der Sujets verwickelt die Beschwörung der Dinge in anspruchsvolle und mitunter schlicht galgenhumorige Eulenspiegeleien. In *Das Handtuch* heißt es: »Und trockne ich mich ab / lässt du es dir gefallen. // Warum auch nicht? Du hast ja sowieso nichts zu sagen: / Dir fehlt doch der Mund dazu. /...« (*Das Sonnenauto*). Für einen an staatlicher Bevormundung geschulten Zensurverstand musste die letzte Zeile unweigerlich wie: »Dir fehlt doch der Mut dazu« klingen. Gressmann hat den Widerspruch zwischen Poesie und offizieller Sprache stets mit schalkhafter Sorgfalt zu Bildern aufgelöst, die auch dem einfachsten Begriffsvermögen leicht zugänglich sind. Es reizte ihn permanent, mit der funktionalisierten Bedeutung zeitgenössischer Begriffe und Schlagwörter die Probe aufs universelle Exempel zu machen. Den Begriff »Klassengesellschaft« z.B. legte er wie folgt aus: »Grün ist die Gesellschaft / Und unter Bäumen von Kerlen / Und dicht gedrängt. // Und auf dem Waldweg stiefeln viele / Zu Unterdrücken / Mit den Sohlen; / Denn klein und für sich wächst man da auf: / Jeder ein Grashalm. // Aber die Fußspur deutet noch an: / So muss der Mensch dort gewesen sein / Auf der Erde« (*Der Vogel Frühling*).

In vielen längeren Gedichten steckt mit ihrem Duktus alter Märchenerzähler und Rhapsoden ein unbeirrtes Vertrauen in die verzaubernde Wirkung des gesprochenen Worts. Möglicherweise machte ihn bereits dieses Vertrauen zu einem Sonderling innerhalb der weitgehend von historisch-materialistischen Überzeugungungen belagerten DDR-Lyrik jener Aufbaujahrzehnte nach dem Weltkrieg. Aspekte einer Schule der Aufklärung im traditionellen Sinn hingegen sind bei ihm reichlich vorhanden. Der Zyklus *Schilda*, eine scharfe Satire und Groteske auf die Kulturpolitik des Staates, verknüpft das Genre der Fabeldichtung mit dem des Volksbuchs sowie der epischen Lyrik des Mittelalters.

Sein wildes Selbststudium hat den Dichter zu einer breiten Vielfalt literaturgeschichtlicher Bezüge geführt. Ilias und Odyssee fanden ebenso Einlass und Verarbeitung wie die Überlieferungen der Buchreligionen; Hölderlins Oden und das Liedgut der Romantik haben ebenso Spuren hinterlassen wie Sprichwortsammlungen und der enzyklopädische Geist des 19. Jahrhunderts. Historische und mythologische Identitäten befinden sich in einem beständigen Wechsel, Dr. Faustus erscheint als Hausmeister von Raum und Zeit, »Volksmund« mit Leierkasten oder Tonbandgerät ist ursprünglich Orpheus, »Herr Charon« betreibt einen Maskenverleih, und Walter von der Vogelweide kämpft vorübergehend mit einem deutschen Staatsratsvorsitzenden gleichen Vornamens um seinen Platz in der Geschichte. Die DDR wird als Gleichnis einer verkehrten Welt inszeniert, deren Kopf stehenden Verhältnissen folgerichtig das Lachen im Hals stecken bleiben muss.

Die Krankheit, jene »freundliche Schwester innerer Anlagen« (U. G.), übte zeitlebens einen mächtigen Schaffensdruck aus, unter dem Gressmanns auf ein weltbildlich Ganzes zielender Werkentwurf zu Fragmenten zerfiel, die von Schöpfungsgesängen und verfremdeter Naturlyrik über das philosophische Lehrgedicht bis zum satirischen Heldenepos reichen. Der vorzeitige Tod des naiven Dichters befestigte ihren provisorischen Zusammenhang, der in den veröffentlichten Bänden noch einiges Erstaunliche von der Absicht verrät, den klassischen Kanon der Weltpoesie durch ein eigenes lyrisches Paralleluniversum zu ergänzen und zu erneuern.

Andreas Koziol

Werke: *Der Vogel Frühling*, G., m. Zeichnungen v. Horst Hussel, Halle 1966; *Das Sonnenauto*, G. u. Ess., m. Zeichnungen v. Horst Hussel, hg. v. Holger J. Schubert, Halle 1972; *Sagenhafte Geschöpfe*, G., m. Zeichnungen v. Horst Hussel, hg. von Holger J. Schubert, Halle 1978; *Uwe Gressmann Poesiealbum 126*, m. Grafik v. Lothar Scharsich u. Zeichnungen v. U. G., hg. v. Richard Pietraß, Bln. 1978; *Lebenskünstler*, G., Lebenszeugnisse, Erinnerungen an Gressmann, hg. v. Richard Pietraß, Lpz. 1982; *Schilda Komplex*, G., m. Zeichnungen v. Christine Schlegel, hg. v. Andreas Koziol, Bln. 1998.

Greve, Ludwig, geboren am 23. 9. 1924 in Berlin als Sohn des Textilkaufmanns Walter Greve und seiner Frau Johanna, wuchs in einer assimilierten deutsch-jüdischen Familie auf. 1939 scheiterten zwei Emigrationsversuche. Nach der Internierung des Vaters in Paris begann 1942 eine abenteuerliche Flucht der Familie durch Frankreich und Italien, die im Januar 1944 mit der Verhaftung und Deportation von Greves Vater und Ludwigs fünfzehnjährigen Schwester Evelyn tragisch endete. Im März

1945 nach Palästina ausgewandert, kehrte Greve im Januar 1950 nach Deutschland zurück und arbeitete von 1957 bis 1998 im Deutschen Literaturarchiv Marbach. Am 12. Juli 1991 ertrank er bei einem Badeunfall vor Amrum in der Nordsee. 1992 wurde Greve posthum mit dem Peter-Huchel-Preis ausgezeichnet.

Vierzig Jahre lang arbeitete Ludwig Greve an einem schmalen, aber hochartifiziellen Werk von gerade mal 39 Gedichten. Erst 1991, im Jahr seines tragischen Unfalltodes, ereilte den Autor ein bescheidener Ruhm, als der S.-Fischer-Verlag sein knappes Lebenswerk in dem Gedichtband *Sie lacht* versammelte. Auf der Suche nach einer verlässlichen Form, um Gültiges und Bleibendes zu sagen im Gedicht, fand Greve in den Fünfzigerjahren zur antiken Form der Ode, an der er, entgegen allen lyrischen Zeitströmungen, sein Leben lang festhielt. Erst die strenge Form der Ode, so Greve 1979 in einer Rede vor Freiburger Studenten, habe es ihm ermöglicht, die traumatischen Erinnerungen an die mörderischen Ereignisse seiner Kindheit zur Sprache zu bringen: »Es zeigte sich, dass mir so eine Sprache, sagen wir, der Sterblichkeit gelang, die vielleicht vor beiden bestehen kann, den Opfern wie den Lebenden.« Die prägenden Jahre seiner Kindheit und Jugend hat Greve in dem Fragment gebliebenen Lebensbericht *Wo gehörte ich hin?* (1994) aufgezeichnet.

Das Prosastück *Ein Freund in Lucca* hat Greve 1975 ausdrücklich als »Anfang seiner Geschichte der Jugend« deklariert. Er erzählt darin von seinem erfolgreichen Versuch, nach der Deportation seines Vaters und seiner Schwester wenigstens die schwer verwundete Mutter in Sicherheit zu bringen. Das längere Fragment *Wo gehörte ich hin?* vergegenwärtigt Greves großbürgerliche Kindheit im Berlin der Dreißigerjahre. Vorsichtig tastend, in geduldigen Perioden, bewegt sich dieser Text zurück in den behüteten Mikrokosmos der Familie Greve, der ihr Judentum erst im Augenblick der Gefahr richtig ins Bewusstsein tritt. Zunächst wird eine ganz gewöhnliche Berliner Kindheit verhandelt, das staunende Hineinwachsen in eine Welt, die ihre bürgerliche Maske nicht so recht abstreifen will.

Das konsequente Hinwegducken unter den zunehmend bedrohlichen Verhältnissen im nationalsozialistischen Deutschland bietet der jüdischen Unternehmerfamilie für einige Jahre noch Schutz. Die abgeschirmte Welt der Berliner Kindheit bricht erst am 10. November 1938 auseinander, als in der mörderischen Pogromnacht Greves Vater von der Gestapo verhaftet wird und die lebensbedrohliche Erschütterung der eigenen Existenz nicht länger geleugnet werden kann. Greve erzählt mit scheinbar leichter Hand und lakonischer Genauigkeit, wie seine Familie sehenden Auges auf das nahe Verderben zusteuert und sich fast widerstandslos den künftigen Henkern ausliefert.

Ludwig Greve hat es als unaufhebbare Schuld empfunden, den Vater und die Schwester überlebt zu haben. Dieses Schuldgefühl hat sich auch seinem wohl berühmtesten Gedicht eingeprägt, der alkäischen Ode *Mein Vater.* Mit einer Geste nachgetragener Liebe, die zugleich Vorausahnung des eigenen Todes ist, endet die 1966 verfasste lyrische Liebeserklärung: »Ich komme, Vater.«

Michael Braun

Werke: *Gedichte,* Mü. 1961; *Gedichte,* Mü. 1964; *Bei Tag. Neue Gedichte,* Stg. 1974; *Sie lacht und andere Gedichte,* Ffm. 1991; *Wo gehörte ich hin? Geschichte einer Jugend,* hg. v. Reinhard Tgahrt, Ffm. 1994.

Grond, Walter, wurde am 25. 5. 1957 in Mautern in der Steiermark (Österreich) geboren. In den Siebzigerjahren studierte er einige Semester Geschichte an der Universität Graz und engagierte sich als Vermittler von Literatur, bevor er selbst als Romancier und Essayist reüssierte. Er war Herausgeber der Literatur- und Kulturzeitschriften »Nebelhorn« (1976–1980), »ABSOLUT« (1992–1994) und »Liqueur« (1995–1996) sowie der 34-bändigen Literaturreihe »ESSAY« (1991–1997). Seit 1984 schreibt Grond Romane und Essays. Von 1995 bis 1997 war er Präsident des »Forum Stadtpark Graz« und anschließend Koordinator im »Netzwerk der Zufluchtstätte«/Internationales Schriftstellerparlament (1997–1999). Seit Ende der Neunzigerjahre beschäftigt er sich intensiv mit der Frage, welche Rolle Literatur im digitalen Zeitalter spielen kann. Er ist Initiator und Chronist des *Salons* »Schreiben am Netz« und Mitherausgeber der gleichnamigen Dokumentation. Grond hat zahlreiche Auszeichnungen erhalten, darunter 1992 den Literaturpreis des Landes Steiermark, 1998 den Essaypreis des Österreichischen Rundfunks und mehrfach das Österreichische Staatsstipendium.

Ob der Ausgangspunkt die Antike ist oder der Cyberspace, die Moderne oder die Postmoderne: Walter Gronds literarisches Interesse kreist immer wieder um die Rolle des Autors, die Möglichkeiten und Bedingungen des Erzählens. Seinen Platz in der österreichischen Literatur dürfte er sich vor allem durch sein Engagement als Literaturvermittler und mit dem ambitionierten Schriftsteller-Projekt *ABSOLUT HOMER* (1995) gesichert haben. Ausgehend von der These der Wiener Ethnologin Christine Pellech, die Irrfahrt des Odysseus gehe auf eine antike Weltumseglung zurück und Homer habe darin Erzählungen der seefahrenden Phönizier verarbeitet, hatte Grond Anfang der Neunzigerjahre 21 Autoren damit beauftragt, auf den Spuren des Ithakers durch die Welt zu reisen und ihre Version eines Kapitels der Odyssee zu schreiben. Die so entstandenen Reise-Impressionen und Fantasien sind zwar formal heterogen und bilden ein vielstimmiges Erzählen ab. Doch verbunden sind sie durch ihre intertextuellen Bezüge, durch das Spielen mit homerschen Motiven und Topoi. Trotz nahmhafter Autoren stellt das »wahrscheinlich gewaltigste Stück Concept-Art auf literarischem Gebiet« (Grond) mit seinem universalen Anspruch und der disparaten Form wohl selbst für den geneigten Leser eine nicht geringe Herausforderung dar.

Auf die kleine Welt Graz dagegen konzentrierte Grond sich drei Jahre später in seinem Roman *Der Soldat und das Schöne* (1998). Hier schildert ein auktorialer Erzähler die Kunstszene als Schlachtfeld, auf dem es nicht um die Auseinandersetzung mit ästhetischen Modellen bzw. Inhalten und Formen von Literatur oder bildender Kunst geht, sondern ausschließlich um die Seilschaften zwischen Kunst und Politik. Der vor allem in Österreich und der Schweiz als Schlüsselroman für den Grazer Kulturbetrieb rezipierte Text kann zwar einerseits als persönliche Abrechnung Gronds mit all jenen gelesen werden, die an seinem Fall als Präsident des »Forum Stadtpark« beteiligt waren. Doch andererseits hat der steirische Autor literarisch souverän – und in der Bernhardschen Tradition der »Nestbeschmutzung« – eine Parabel auf Kunstbetriebe verfasst, in denen die Beteiligten ohne Rücksicht auf Verluste ihren persönlichen Vorteil suchen.

Der Frage nach dem Einfluss des World Wide Web auf unseren Umgang mit Informationen, auf unser Verhältnis zur Schrift und zu unserer Lektüre geht Walter Grond in den Publikationen seit 1999 nach: in der Aufsatzsammlung *Der Erzähler und der Cyberspace* (1999), seinem Roman *Old Danube House* (2000), dem Essay *Vom neuen Erzählen: Gipfelstürmer und Flachlandgeher* (2001) sowie in dem von ihm initiierten literarischen *Salon* im Internet, dem ein Symposium und zwei Dokumentationsbände folgten (*Schreiben am Netz. Literatur im digitalen Zeitalter*, 2003). Grond ist davon überzeugt, dass Literatur als Schnittmenge unterschiedlichster Milieus und Wissenschaften Differenzen und Zusammenhänge sichtbar machen und die Sinndefizite einer nicht mehr ideologisch, sondern von Technik geprägten Welt diskutieren könne. Schreiben unter den Bedingungen des digitalen Zeitalters bedeute nicht nur mehr Unübersichtlichkeit und einen möglichen Verlust an Qualität und Tiefe, sondern auch einen Gewinn durch mehr Freiheit, Komplexität und Interaktivität, neue Leser, Vielsprachigkeit und einen stärkeren interkulturellen Austausch.

Michael Fischer

Werke: *Nebelhorn*, Zeitschrift, Hg., Graz 1976–1980; *Musil, der im Jahr 1981 aus der Emigration zurückkehrt*, Dok.-Film, 1981; *Die Geschichte einer wahren Begegnung. Notizen zu Bildern von Salessandro*, Civita de Bagnoreggio 1983; *Landnahme*, R., Hbg. 1984; *Labrys*, R., Wien 1989; *Kein Schweigen und kein Reden*, Hsp., ORF 1989; *Platon ade*, Hsp., ORF 1989, Hg., zus. m. Lucas Cejpek, Graz u. Wien 1990; *Musik. Dimitri Papageorgiu*, Theaterst., UA Graz 1990; *Mein Schrank riecht nach Tier*, Hsp., ORF 1990, Kammeroper, UA Graz 1990; *Die lange Nacht der Literatur*, Drehb., ORF 1990; *Ascona*, E., zus. m. Jörg Schlick, Graz 1991; *Wachet auf, ruft uns die Stimme*, Hsp., ORF 1991; *ESSAY, eine Literaturreihe*, Hg., 34 Bde., Graz u. Wien 1991–1997; *Das Feld*, R., Graz u. Wien 1991; *Stimmen*, Ess., Graz u. Wien 1992; *ABSOLUT*, Zeitschrift, Hg., Graz 1992–1994; *Zur Stadt Wien*, Theaterst., UA Wien 1993; *ABSOLUT GROND*, R., Graz u. Wien 1994; *DOSSIER Wolfgang Bauer*, Hg., Graz u. Wien 1994; *Der Schopenhauer*, Theaterst., UA Rotterdam 1994; *ABSOLUT HOMER*, R., mit Beiträgen von Lucas Cejpek, Elfriede Czurda, Patrick Deville, Ludwig Fels, Günther Freitag, Helga Glantschnig, Walter Grond, Ingram Hartinger, Hans Jürgen Heinrichs, Angela Krauß, Jean Pierre Lefebvre, Kurt Neumann, Ilma Rakusa, Jürgen Ritte, Ferdinand Schmatz, Sabine Scholl, Julian Schutting, Dezsö Tandori, Yoko Tawada, Josef Winkler, Paul Wühr, Graz u. Wien 1995; *Liqueur*, Zeitschrift i. d. Zeitung »Der Standard«, Graz u. Wien 1995–1996; *Der Soldat und das Schöne*, R., Innsbr. u. Wien 1998; *Der Erzähler und der Cyberspace*, Ess., Innsbr. u. Wien 1999; *Old Danube House*, R., Innsbr. u. Wien 2000; *Vom neuen Erzählen: Gipfelstürmer und Flachlandgeher*, Ess., Gespräche, E-Mail-Dialoge, Innsbr. u. Wien 2001; *Almasy*, R., Innsbr. u. Wien 2002; *Schreiben am Netz. Literatur im digitalen Zeitalter*, Hg., zus. m. Johannes Fehr, Bd. 1: *Labor – Salon – Symposium*, Bd. 2: *Die Zürcher Chronik*, Innsbr. u. Wien 2003.

Gröschner, Annett, wurde am 7. 2. 1964 in Magdeburg geboren. Nach dem Abitur arbeitete sie 1982/83 zunächst als Ankleiderin an den Bühnen der Stadt Magdeburg. Von 1983 bis 1991 studierte sie Germanistik in Ost-Berlin und Paris. Von 1992 bis 1996 arbeitete sie als Historikerin für das Prenzlauer-Berg-Museum. Seit 1997 lebt sie als freie Autorin und Journalistin in Berlin. Sie war Mitbe-

gründerin und Mitarbeiterin der Frauenzeitschrift »Ypsilon« und Redakteurin der Zeitschriften »Sklaven« und »Sklavenaufstand«. Seit 1994 Beteiligung an Ausstellungs- und Buchprojekten. 1989 Anna-Seghers-Stipendium der Akademie der Künste Berlin, 1999 war sie Stadtschreiberin der Stadt Rheinsberg, 2002 erhielt sie den Erwin-Strittmatter-Preis des Landes Brandenburg.
Als gebürtige Magdeburgerin, die schon im zarten Kindesalter die Namen aller einheimischen Fußballspieler kannte, verfasste Annett Gröschner eine faktengesättigte Hommage an den 1. FC Magdeburg, der als einzige DDR-Vereinsmannschaft jemals Fußballgeschichte geschrieben hat, als er im Mai 1974 den Cup der Pokalsieger gewann. Als Rheinsberger Stadtschreiberin schrieb sie 1999 ein Buch über das erste Kernkraftwerk der DDR.
Mit *Durchgangszimmer Prenzlauer Berg* (1999), *Hier beginnt die Zukunft, hier steigen wir aus. Unterwegs in der Berliner Verkehrsgesellschaft* (2002) und anderen topografischen Dokumentationen arbeitet sie an einer großen Sozialstudie über den Wandel einer Stadt. Bemerkenswert ist das Bemühen um eine Multiperspektivität und eine gut recherchierte Darstellung, die das Leben der Menschen mit ihren Brüchen und Grenzen in den Vordergrund stellt. Abgesehen von einigen experimentellen Gedichtbänden und Künstlerbüchern ist Gröschner vor allem mit ihrem ersten Roman *Moskauer Eis* (2000) hervorgetreten. »Die DDR als Tiefkühltruhe«, so war manche Rezension betitelt, und in der Tat geht es in der Familiengeschichte, die auch eine Erzählchronik der DDR ist, ziemlich frostig zu. In diesem grotesken Kältekrimi weckt die Erzählerin die DDR-Geschichte aus der Erstarrung. Bis in die NS-Zeit und die Gründerjahre reicht der erzählerische Atem. Erzählt wird von »Kälteingenieuren«, Mauerbau, »Blitzkost« für die Sojus-Kapseln und der bis ins technische Detail geschilderten Herstellung von »Moskauer Eis«, von Jugendweihe und Stasi und den bekannten Interieurs der sozialistischen Gesellschaft. Es ist wohl nicht zufällig die Geschichte eines Scheiterns über Generationen hinweg – der »Kalte Krieg« scheint bis in die Nachwendezeit zu reichen. Die Kritik lobte die Montage von Zeitdokumenten in den Roman und dessen »irrwitzigen Realismus, der über die absonderlichsten Details verfügt« (Wolfgang Schneider).

Thomas Kraft

Werke: *zeichen*, Künstlerb., zus. m. Bernd Kerkin, Bln. 1988; *Herzdame Knochensammler*, G., m. Fotografien von Tina Bara, Bln. 1993; *Kriegspfad Berlin 1945. Ein Rundgang durch die Trümmer der Erinnerung*, Kat., zus. m. Grischa Meyer, Bln. 1994; *Augenblicke für später. Kriegspfad Berlin 1945*, Kat., zus. m. Grischa Meyer, Bln. 1995; *Ich schlug meiner Mutter die brennenden Funken ab. Berliner Schulaufsätze aus dem Jahr 1946*, Hg., Bln. 1996; *Eiszeit. Die Geschichte der Eiskremproduktion in der DDR*, Feat., MDR 1996; *Schachtelsatz*, G., zus. m. Gerlinde Creutzburg, Ahrenshoop, Bln. 2002; *Begegnung*, G., zus. m. Gerlinde Creutzburg, Ahrenshoop, Bln. 1996; *Geliebte weiße Maus. Das Leben des Rolf Herricht*, Feat., MDR 1997; *Jeder hat sein Stück Berlin gekriegt. Geschichten vom Prenzlauer Berg*, Reinbek 1998; *Grenzgänger, Wunderheiler, Pflastersteine. Die Geschichte der Gleimstraße in Berlin*, Hg. zus. m. Olaf Lippke, Bln. 1998; *ÿbbotaprag. heute. geschenke. schupo. schimpfen. hetze. sprüche. demonstrativ. sex. DDRbürg. gthierkatt. Ausgewählte Essays, Fließ- und Endnotentexte 1989–98*, Bln. 1999; *Sieben Tränen muss ein Clubfan weinen. 1. FC Magdeburg – eine Fußballlegende*, Lpz. 1999; *Das Fallbeil. Gladows Gang. Eine Berliner Blockadezeitung*, zus. m. Grischa Meyer, Sonderheft v. »Theater der Zeit«, Bln. 1999; *Durchgangszimmer Prenzlauer Berg. Eine Berliner Künstlersozialgeschichte in Selbstauskünften*, zus. m. Barbara Felsmann, Bln. 1999; *Kontakt 903. Erinnerung an eine strahlende Zukunft*, Rheinsberg 1999; *Moskauer Eis*, R., Lpz. 2000; *Mir nach, Ihr Worte*, G., zus. m. Gerlinde Creutzburg, Ahrenshoop, Bln. 2000; *Doktorchens Lektüre. Die Gladowbande in der Literatur*, zus. m. Grischa Meyer, Feat., DLR 2000; *Ein großes Wolkenschlösschen. Der Prenzlauer Berg von Berlin*, zus. m. Barbara Felsmann, Feat., DLR 2001, *Mauer-Weg. Erkundungen entlang einer unsichtbaren Grenze*, zus. m. Florian Felix Weyh, Feat., DLR 2001; *Mit allen Fingern*, G., zus. m. Gerlinde Creutzburg, Ahrenshoop, Bln. 2002; *Hier beginnt die Zukunft, hier steigen wir aus. Unterwegs in der Berliner Verkehrsgesellschaft*, m. Fotos v. Arwed Messmer, Bln. 2002.

Gruber, Reinhard P. (Peter), wurde am 20. 1. 1947 in Fohnsdorf in der Steiermark in Österreich geboren. Von 1966 bis 1973 studierte er an der Universität Wien Theologie und arbeitete von 1974 bis 1977 als Kulturjournalist in Graz. Seit 1978 lebt er als freier Schriftsteller bei Stainz in der Weststeiermark. 1972 erhielt er das Staatsstipendium des Bundesministeriums für Unterricht und Kunst für Literatur, 1975 den Literaturförderpreis der Stadt Graz, 1977 das Literaturstipendium des Landes Steiermark, 1978 und 1982 das Dramatikerstipendium des Bundesministeriums für Unterricht und Kunst und den Literaturpreis des Landes Steiermark, 1996 den »manuskripte«-Preis.
Bereits mit seinem ersten und bis heute erfolgreichsten Werk, dem 1973 erschienenen Roman *Aus dem Leben Hödlmosers*, etablierte sich Gruber als spöttischer Heimatdichter. In dem lustvoll verspielten Roman verknüpft er das Erzählen mit dem Kom-

mentar zur Erzählung und montiert gleichzeitig verschiedenste Stilebenen – von vulgär bis wissenschaftlich – ineinander. Diese Erzählmethode erlaubt dem Autor, die romantisch-verkitschte und oft provinziell gebundene Vorstellungen von Heimat ironisch zu brechen. Wurzeln einer in dieser Gesellschaft versteckten autoritären Hierarchie werden so sichtbar, klischeebehaftete Identitätsstilisierungen demaskiert. Einzig die fast durchgehend verwendete Kleinschreibung wirkt heute, dreißig Jahre nach dem Erscheinen, etwas bemüht. Der satirischen Grundhaltung, die seinen ersten Roman auszeichnet, blieb Gruber in all seinen späteren Werken treu, auch dem spielerischen Umgang mit der Formelhaftigkeit gesprochener Alltagsrede und dem Willen, verkrustete Strukturen aufzuzeigen. Sprache schafft ihre eigene Realität, ist ein System, das Bedeutungen vorgibt – und diese will Gruber gezielt unterlaufen.
Im Roman *Im Namen des Vaters* (1998) steht zwar ein Vater-Sohn-Konflikt im Mittelpunkt, aber durch die verwendeten feststehenden Redewendungen führt Gruber karikierend vor, wie althergebrachte Rituale, reaktionäre Anschauungen und überholte Lebensregeln Sinn und Haltbarkeit von Familienbindungen konstituieren. Im Roman *Die grüne Madonna* (1999) vermischt Gruber erneut literarische Gattungen wie Briefwechsel, Minidrama und Gedicht. Die Besonderheit steirischer Lebenswirklichkeit will er zum Beispiel dadurch charakterisieren, dass er in belehrendem Ton einen Schulbuchtext über die Gefahren des Alkohols verfasst und dann einen Fragebogen anschließt, der auf perfide Weise das Privatleben der Familien ausspionieren soll. Mit seiner Aberwitzigkeit und der konsequenten Verweigerung logischer Zusammenhänge ist das Buch zudem eine gelungene Parodie auf die Gattungsform Roman.
Neben Theaterstücken wie *Die Geierwally* (1995), dessen Handlung Gruber in die Gegenwart und ins weststeirische Bergland verlegt, entstanden dann fast nur noch Erzählungen, Novellen scheinbar absurden Inhalts, kürzere Prosaarbeiten und Aphorismen, wie sie in *Vom Dach der Welt. Schicksalsnovellen* (1987) und im Band *Vollständige Beschreibung der Welt und Umgebung* (2002) versammelt sind. Bei allen Texten verfolgt Gruber immer wieder das gleiche Ziel: Bestehende Herrschaftsverhältnisse, das Absurde des steirischen Alltags, die dumpfe Vergangenheitsseligkeit seiner Heimat aufzuzeigen und sie mit Witz, Verve und sprachlicher Präzision zu ironisieren.

Günther Fischer

Werke: *Alles über Windmühlen*, Ess., Saarbrücken 1971; *Aus dem Leben Hödlmosers. Ein steirischer Roman mit Regie*, R., Salzb. 1973, Theaterst., UA Graz 1991; *Oscar*, Theaterst., UA Graz 1975; *Die Industrie entlässt ihre Kinder*, Drehb., ORF 1975; *Nepal*, Theaterst., zus. m. Urs Widmer u. Sissi Tax, UA Graz 1977; *Im Namen des Vaters. Roman in Fortsetzungen*, R., Salzb., Wien 1979; *Heimwärts einwärts. Die Abstände in den Beständen der Zustände*, Pr., Königstein/Ts. 1980; *Der Schilcher ist aus*, Theaterst., zus. m. Ernst Wünsch, UA Graz 1980; *Die grüne Madonna*, R., Graz, Wien 1982; *Endlich Ruhe*, Theaterst., UA Graz 1982; *Endlich Ruhe*, Hsp., ORF 1982; *Der ewige Tag*, Hsp., ORF 1983; *Space Travel oder Nietzsche in Goa*, Theaterst., UA Graz 1984, Hsp., ORF 1985; *Heimatlos. Eine steirische Wirtshausoper in einem Rausch*, Theaterst., UA Graz 1985, gedr. Graz, Wien 1985; *Vom Dach der Welt. Schicksalsnovellen*, En., Graz, Wien 1987; *Das Schilcher ABC*, Pr. u. Theaterst., Graz, Wien 1988; *Nie wieder Arbeit. Schivkovs Botschaften vom anderen Leben*, R., Salzb., Wien 1989; *Der Schilcher. Eine steirische Legende*, Dok.-Fssp., Drehb., ORF 1989; *Bei den schönsten Frauen der Welt*, Pr., Wien 1991; *Die Negerhaftigkeit der Literatur*, Ess., zus. m. Ludwig Harig, hg. v. Walter Grond, Graz, Wien 1992; *Styrian Flesh and Blood*, Pr., Wien 1992; *Einmal Amerika und zurück*, R., Graz, Wien 1993; *Die Geierwally. Ein steirisches Musical*, UA Graz 1995; gedr. Graz, Wien 1996; *Fritz, das Schaf*, Kinderb., Salzb., Wien 1996; *Glück*, Theaterst., UA Graz 1997, gedr. Graz/Wien 1997; *Alles über Windmühlen*, Ess., Werke Bd. 1, Graz, Wien 1997; *Im Namen des Vaters. Roman in Fortsetzungen*, R., Werke Bd. 2, Graz, Wien 1998; *Die grüne Madonna*, R., Werke Bd. 3, Graz, Wien 1999; *Aus dem Leben Hödlmosers. Ein steirischer Roman mit Regie*, R., Werke Bd. 4, Graz, Wien 1999; *Heimat ist, wo das Herz wehtut. Erzählungen und Prosa 1969–1978*, En., Werke Bd. 5, Graz, Wien 2000; *Asterix ba di Olümpischn Schpüle*, Übs. ins Steirische, Bln. 2000; *Vollständige Beschreibung der Welt und Umgebung*, En., Graz, Wien 2002.

Gruenter, Undine, wurde am 27. 8. 1952 in Köln geboren und wuchs in Wuppertal auf. Sie studierte Jura, Literaturwissenschaft und Philosophie in Heidelberg, Bonn und Wuppertal. Sie veröffentlichte Prosa, Erzählungen und Romane – und schrieb Gedichtzyklen und Theaterstücke, die bislang nicht erschienen sind. Seit 1987 lebte sie in Paris, wo sie am 5. Oktober 2002 nach einer langen, schweren Krankheit gestorben ist.
Weil Schreiben und Gehen für sie »parallele Formen der Suche nach dem Abwesenden sind«, gruppieren sich ihre Bücher insgesamt zu einem *Bild der Unruhe* (1986). So war ihr erster Roman überschrieben – ein Buch über den Versuch, »die Einsamkeit aufzubrechen«; existenzielle Grenzgänge der Erregung und eine somnambule Reise durch heruntergekommene Städte und verbotene Fantasien. Es folgten

zwei Bände mit Erzählungen, die die bewegten Bilder noch konsequenter dem Augenblick verschrieben: der Prosaband *Nachtblind* (1989), sehnsüchtig-suggestive Geschichten im Halbdunkel der Enttäuschung, und *Das gläserne Café* (1991), Erzählungen über die Liebe und mehr noch die Einsicht in ihre Unmöglichkeit. Das »hingerissene und zugleich melancholische Sehen« hat die Autorin den Großstadtflaneuren des 19. Jahrhunderts abgeschaut, die Klangfarbe und Leichtigkeit der Sätze aber verdankt sich nicht nur den literarischen Vorbildern von Baudelaire bis Bataille, sondern auch den Inversionen eines Stils, der deutlich an der Melodie der französischen Sprache orientiert ist. Der magische Moment, in dem das Vergangene im Gegenwärtigen aufscheint, ist das zentrale Motiv dieser Autorin, die die poetische Wiedergewinnung von brachliegenden Zeiträumen als Einspruch »gegen die Geschäftigkeit des mit der Zeit rechnenden Alltags« versteht. Ihr Prosaband *Epiphanien, abgeblendet* (1993), ein fantastisch illuminiertes Stundenbuch mit Nachrichten aus einer von Geistern bewohnten Welt, umfasst 56 kurze Prosastücke, 56 magische Augenblicke zwischen Mann und Frau, dem Tod und der Liebe: poetische Miniaturen, die so fein gegliedert und durchscheinend sind wie die Flügel zarter Insekten. Epiphanien eben, in denen die Liebe lautlos ins Zimmer tritt und über den Hügel geht in einem zerschnittenen Kleid, auf- und abgeblendete Szenen, in denen der Tod vor Ladenschluss kommt und eine Frau und ein Mann einander wechselseitig verfehlen. Doch verfolgt Undine Gruenter auch hier, was sie in ihrem Tagebuch »das Projekt der Liebe« nennt: die Wirklichkeit des versteckten Herzens – »jamais réel, mais toujours vrai«. Dass die Liebe ein Labyrinth sei, ist eine der immer wiederkehrenden Metaphern bei Undine Gruenter, und man sieht sie herumirren, ihre sinnverwirrt Liebenden – rastlos, ortlos, ziellos durch das Labyrinth der Wünsche und der Straßen von Paris.

In ihrem zweiten Roman hat Undine Gruenter der Suche auf fast vierhundert Seiten eine spiralförmige, also potenziell unendliche Wendung gegeben. *Die Vertreibung aus dem Labyrinth* (1992) kreist, wie die biblische Hypothek im Titel verheißt, um die Variationen eines möglichen Anfangs. »Nicht die Zukunft, sondern die Vergangenheit ist unendlich«, erklärt eine der Figuren des Romans. Und so kehrt sie »immer wieder zum Anfang zurück, an den Ort, an dem ich uns finden könnte«. Der Konjunktiv ist natürlich kein Zufall: Es wäre dies der abwesende Ort schlechthin, der Ort vor der »Vertreibung«, das Paradies mithin. Undine Gruenter hat diese vage Ortsbestimmung ihren Figuren schon früher in den Mund gelegt und damit ein poetologisches Bekenntnis formuliert. »Es geht um den Ort der Leere«, erklärt eine Frau in dem Erzählband *Nachtblind* (1989). Und sie fixiert damit nicht nur den Topos der Moderne, sondern auch das Wagnis eines Schreibens, das vornehmlich im Imaginären angesiedelt ist. Denn das ist die Grundkonstellation im Labyrinth: dass seine Bewohner, gleich weit entfernt von Anfang und Ausgang, umhertreibend »im Verlorenen, das weiter zurückreicht als jede Ursache«, aufgesogen werden von den Erinnerungen Dritter. So entsteht ein »Labyrinth aus Ich, Ich, Ich und Ich«, in dem »einer des andern Erinnerungsgefäß« sein muss.

Undine Gruenter unterhielt auch sonst zu ihrem Ich ein fragiles Verhältnis. »Es gibt zwei verschiedene Sorten von Schriftstellern«, schrieb sie in ihr Tagebuch, »für die einen hat ihre Literatur die Funktion der Selbstausstellung, für die anderen die der Selbstmaskierung. Zu den Letzteren gehöre ich.« In ihrem Pariser Journal *Der Autor als Souffleur* (1995) gibt sie Auskunft über ein ebenso hochreflektiertes wie ausgesetztes Schreiben, eine Schriftsteller-Existenz im emphatischen Sinne des Wortes. In ihrem Prosaband *Das Labyrinth des Minotaurus* (2001) hat Undine Gruenter die Metapher des Irrgartens ins Mythologische fortgeschrieben und am Faden der Ariadne ins Innerste ihres System geführt: zum *Hortus Conclusus* (2004). Im *Minotaurus* sind noch einmal alle Motive dieser Autorin versammelt: die Lust am Fantastischen und der Hang zur schwarzen Romantik, die fragmentarische, stets jedoch streng komponierte Form, in der sie ihren Stoff der fortgeschrittenen Reflexion aussetzt, die eigenwillige Dramaturgie, mit der sie den Mythos für die Gegenwart umerzählt und die Versatzstücke der Tradition mit den Stilmitteln verschiedener Genres aufmischt. Zuletzt erschienen sind die Erzählungen *Sommergäste in Trouville* (2003), anmutige Pastiches in den gebrochenen Farben einer nachsaisonalen Vergeblichkeit. Aus der wechselnden Perspektive unterschiedlicher Sommergäste und in einer irisierenden Mischung von Sehnsucht und Melancholie evoziert diese Prosa den Zauber und müden Charme eines verlassenen Badeorts und einer abgelebten Epoche.

Undine Gruenter hatte eine traumwandlerische Sicherheit beim Entwerfen von Interieurs und Stimmungen, sie liebte die kostbaren Arrangements in

der Manier alter Meister, den »Stich ins Watteau-Seidige« und das Kolorit der französischen Bohème: Tanzmusik, schwere blaue Samtvolieren und den Schein einer Straßenlaterne auf leise knarrendem Parkett, hohe Stühle, blinde Spiegel, Rotweinflecken und ausgekernte Schalentiere auf einer weiß gedeckten Tafel. Sie habe angefangen zu schreiben, um ein bestimmtes Ziegelrot an einer Mauer festzuhalten, hat Undine Gruenter einmal erklärt. Ob eine Straße zu einer bestimmten Tageszeit, eine Landschaft im Mittagslicht oder ein Augenblick der Liebe – immer gehe es darum, einen Eindruck wachzuhalten oder zu beschwören, der in der Erinnerung mit der Vorstellung von Glück verbunden sei. Insofern sei die Arbeit des Schreibens nichts anderes als der Wunsch »die zerbrechlichen Reste zu sammeln, bei denen das Verlangen nach Glück gegen besseres Wissen durchschlägt«.
Es ist dieses zerbrechliche Glück, das Undine Gruenters Bücher zu den verlockendsten und raffiniertesten Labyrinthen der deutschen Gegenwartsliteratur kürt.

Andrea Köhler

Werke: *Ein Bild der Unruhe*, R., Mü. 1986; *Nachtblind*, En., Mü. 1989; *Das gläserne Café*, En., Düsseld. 1991; *Vertreibung aus dem Labyrinth*, R., Mü. 1992; *Epiphanien, abgeblendet. 56 Prosastücke*, Ffm. 1993; *Der Autor als Souffleur. Journal 1986–1992*, Ffm. 1995; *Das Labyrinth des Minotaurus*, R., Mü. 2001; *Sommergäste in Trouville*, En., Mü. 2003; *Hortus Conclusus*, R., Mü. 2004.

Grün, Max von der, wurde am 25. 5. 1926 in Bayreuth geboren und wuchs in Mitterteich (Oberpfalz) und Schönwald (Oberfranken) auf. Seine Mutter arbeitete in einer Porzellanfabrik, sein Vater, Nachfahre einer verarmten bayerischen Adelsfamilie, war Schuhmacher und bekannte sich zu den Zeugen Jehovas. Regelmäßige Bibelstunden gehörten daher ebenso zur Kindheit von der Grüns wie die Übernahme von Gelegenheitsarbeiten, durch die er zum spärlichen Familieneinkommen beitrug. 1938 musste er erleben, wie sein Vater wegen Wehrdienstverweigerung verhaftet und schließlich im KZ Flossenbürg in »Schutzhaft« genommen wurde. Seither lebte er bei seinen Großeltern, die seine vom Vater übernommene Ablehnung des Nationalsozialismus vertieften. Da ihm der Zutritt zum Gymnasium verwehrt war, absolvierte er eine Lehre in den Rosenthal-Porzellanfabriken in Selb und Marktredwitz und legte 1943 die Kaufmannsgehilfenprüfung ab. Danach meldete er sich freiwillig zu einer Spezialeinheit der Wehrmacht in der Hoffnung, durch eine längere militärische Ausbildung einen Kampfeinsatz hinauszögern zu können. Seit Juni 1944 in der Bretagne stationiert, geriet er wenige Monate später in amerikanische Kriegsgefangenschaft, die ihn in die Südstaaten der USA führte. Von der Grün arbeitete als Baumwollpflücker, Erntehelfer und Holzfäller, im Steinbruch und im Bergbau und nutzte seine Freizeit zur intensiven Lektüre der im NS-Regime verbotenen sowie der anglo-amerikanischen Literatur. Die Lagerzeitschrift »Der Ruf« verstärkte seine demokratische Haltung und bot ein erstes Publikationsorgan. Nach seiner Rückkehr in die Heimat 1948 arbeitete er als kaufmännischer Angestellter und, um Schwerstarbeitermarken zu erhalten, als Hilfsarbeiter im Baugewerbe, ab 1951 auf der Zeche Königsborn in Heeren Werve zwischen Unna und Dortmund, zunächst als Schlepper und Hauer, nach einem schweren Arbeitsunfall 1955 als Grubenlokfahrer. Angeregt durch seine Leseerlebnisse und herausgefordert durch die Nöte der Arbeit unter Tage, wandte er sich in den frühen Fünfzigerjahren dem Schreiben zu. Er veröffentlichte Gedichte, Essays, Geschichten und literaturkritische Arbeiten und wurde darin durch Willy Kramp, einen Dozenten der evangelischen Sozialakademie Villigst, bestärkt. Er hielt Literaturkurse an der Volkshochschule des Kreises Unna, wo er in Fritz Hüser, dem Direktor der Dortmunder Büchereien und Begründer des »Archivs für Arbeiterdichtung und soziale Literatur« einen weiteren Mentor fand, der ihn mit der traditionellen deutschen Arbeiterliteratur bekannt machte und die für seinen Werdegang als Schriftsteller maßgebliche Verbindung zu seinem ersten Lektor, Friedhelm Baukloh, herstellte. 1961 riefen von der Grün, Hüser und ein Dutzend weiterer Autoren, Journalisten und Kritiker die Dortmunder »Gruppe 61« ins Leben, die sich die »künstlerische Auseinandersetzung mit der industriellen Arbeitswelt« zum Ziel setzte und nach und nach einen in der Literatur der Bundesrepublik ausgeblendeten Bereich erschloss. Konflikte waren dadurch programmiert. Als 1963 von der Grüns Roman *Irrlicht und Feuer* erschien, führte dies zu einer republikweit Aufsehen erregenden Kampagne gegen den Autor, die seine fristlose Entlassung und seinen Ausschluss aus der IG Bergbau und Energie nach sich zog. Seither lebt Grün als freier Schriftsteller, der sich in den Sechziger- und Siebzigerjahren durch seine gesellschaftskritischen Romane, Erzählungen, Fernseh- und Hörfunkarbeiten hohes Ansehen erwarb und auch in der DDR und Osteuropa eine breite Leserschaft gewann. Als sich 1970 im Gefolge der Studentenbewegung der »Werkkreis Literatur der Arbeitswelt« von der »Gruppe 61« abspaltete, da sich Autoren wie Erika Runge, Günter Wallraff und F. C. Delius in politischer Absicht dokumentarisch-operativen Genres zuwandten, blieb von der Grün der fiktionalen Darstellung treu. Schreiben bedeutete ihm stets auch ein »existenzielles Erlebnis«. Er wurde dadurch zum bekanntesten Vertreter einer ideologisch und parteipolitisch ungebundenen Literatur der Arbeitswelt, der sich im Verlauf seiner literarischen Entwicklung vom Arbeiterschriftsteller im engeren Sinne zu einem zeitkritischen Gesellschaftsromancier entwickelte. Sein umfangreiches und vielseitiges Werk, das alle literarischen Gattungen umfasst, erzielte bis heute eine Auflage von mehreren Millionen und wurde in mehr als 30 Sprachen übersetzt.

Von der Grün, der seit 1966 in Dortmund-Lanstrop wohnt, verstand sich zeitlebens als politischer Autor und setzte sich mit großem Engagement für die Organisation und Vertretung der Interessen seines Berufsstands ein. Er ist seit 1963 Mitglied des deutschen P.E.N.-Zentrums und der Autorenvereinigung »Die Kogge«, seit 1973/74 der IG Druck und Papier, die heute zur Vereinigten Dienstleistungsgewerkschaft ver.di gehört. Bereits 1951 trat er in die SPD ein. Mit Günter Grass beteiligte er sich 1965 am Wahlkampf für Willy Brandt, verließ jedoch die Partei, als diese 1966 die Große Koalition mit der CDU/CSU bildete. 1968, auf dem Höhepunkt der Studentenbewegung, arbeitete er im Kuratorium »Notstand der Demokratie« mit und wurde Vorsitzender des Republikanischen Clubs Dortmund. Von 1984 bis 1986 übernahm er den stellvertretenden Vorsitz im Verband deutscher Schriftsteller (VS), dem er seit 1963 angehörte. Nach der Wende, 1992, zählte er zu jenen westdeutschen Linksintellektuellen, die den Appell des »Komitees für Gerechtigkeit« unterstützten und die »Kolonisierung« der DDR durch den Westen kritisierten. Als sich 1994 der VS in eine erbitterte Auseinandersetzung um das Verhältnis zu den DDR-Autoren verstrickte und er wegen seiner versöhnlichen Haltung gemaßregelt wurde, kündigte er seine Mitgliedschaft auf und wurde demonstrativ Mitglied des damals noch existierenden Ost-P.E.N.

Von der Grün, dem 1976 ein Lehrauftrag an der Gesamthochschule Essen, 1977 am Oberlin College in Oberlin (Ohio/USA) übertragen wurde, ist Träger zahlreicher Auszeichnungen: 1966 erhielt er »Das goldene Lorbeerblatt« des DDR-Fernsehens, 1973 den Großen Kulturpreis der Stadt Nürnberg, 1978 den Preis der Prager Fernsehzuschauer, 1979 den Wilhelmine-Lübke-Preis und den Janusz-Korczak-Preis der Stadt Warschau, 1981 den Annette-von-Droste-Hülshoff-Preis, 1982 die Reinoldusplakette des Pressevereins Ruhr, 1985 den Gerrit-Engelke-Preis der Stadt Hannover, 1986 den Kulturpreis der Stadt Linz, 1987 den Ehrenring der Stadt Dortmund, 1988 den Ruhrpreis des Kommunalverbandes Ruhrgebiet, 1991 den Verdienstorden des Landes Nordrhein-Westfalen, 1998 den Kogge-Literaturpreis der Stadt Minden. 1996 wurde im österreichischen Linz der Max-von-der-Grün-Förderungspreis für Literatur zur Arbeitswelt gestiftet.

Männer in zweifacher Nacht (1962), von der Grüns erster Roman, für den er lange vergeblich einen Verleger gesucht hatte, gab erstmals in der deutschen Literatur der Nachkriegszeit dem Arbeiter Gesicht und Stimme, mitunter allerdings in einer überaus pathetischen Sprache. Das Buch beschreibt die gefährliche Arbeit unter Tage und verarbeitet dabei eigene Erfahrungen seines Autors. Es heroisiert die Bergleute und kritisiert ihre Ohnmacht gegenüber den Zechenbesitzern, die ausschließlich nach dem Prinzip der Profitmaximierung handeln. Bei einem Strebbruch werden drei Kumpel verschüttet. Der eine stirbt, die beiden anderen, der Hauer Stanislaus Hubalek und der Werkstudent und Theologe in spe Johannes Brinkmann, kämpfen fünf Tage und Nächte mit- und gegeneinander um ihr Überleben. Inhaltlich breiter angelegt, sprachlich nüchterner und in seiner Kritik überzeugender nimmt sich der Roman *Irrlicht und Feuer* (1963) aus, der bereits nach einem Vorabdruck große Aufmerksamkeit erregte und schon bald ein internationaler Bestseller wurde. Im Mittelpunkt der Ich-Erzählung steht der Hauer Jürgen Fohrmann, der für die sich häufenden Unfälle in seinem Betrieb die Zechenleitung und die mit ihnen paktierenden Gewerkschaften verantwortlich macht. Als Fohrmann im Zuge des Strukturwandels seinen angestammten Arbeitsplatz verliert und schließlich am Fließband einer Elektrofabrik eine neue Beschäftigung findet, erfährt er die Entfremdung des modernen Industriearbeiters. Ausgesetzt den Konsumwünschen seiner Ehefrau, vermag er ebenso wenig eine Sinn stiftende Lebensperspektive und ein stabiles Selbstbewusstsein zu entwickeln wie der Freund Karl Borowski und der Polier Viktor Pohlenz, die im Verlauf der Milieustudie von ihrer nationalsozialistischen Vergangenheit eingeholt werden.

Ähnlich ergeht es dem von seinem Leben gelangweilten Angestellten in *Zwei Briefe an Pospischiel* (1968), der eines Tages aus der perfekt automatisierten und gleichzeitig bedrohlich sterilen Atmosphäre seines Arbeitsplatzes in einem Elektrizitätswerk ausbricht, um seine »unbewältigte Vergangenheit« in Ordnung zu bringen. Der Versuch jedoch scheitert – wie auch der Roman im Ganzen, da es dem Autor nicht gelingt, den von ihm postulierten Zusammenhang zwischen den Machtverhältnissen der Bundesrepublik und denen des NS-Regimes überzeugend darzustellen.

Erst mit dem Roman *Stellenweise Glatteis* (1973), in dem von der Grün ein weiteres Mal die Gewerkschaften des Verrats an ihren alten Idealen bezichtigt, kann er erneut einen literarischen Erfolg verbuchen. Karl Maiwald, der Betriebsrat einer Dortmunder Firma, entdeckt durch Zufall, dass die Belegschaft seit längerem durch eine Gegensprechanlage bespitzelt wird. Er setzt sich zur Wehr und kann sich dabei zunächst der gewerkschaftlichen Unterstützung durchaus sicher sein. Als er aber den Abhörfall an die Öffentlichkeit bringen will und mit kommunistischer Hilfe weiterverfolgt, lässt ihn die Gewerkschaft fallen, da sie mittlerweile die Übernahme des Betriebs durch die Bank für Gemeinwirtschaft plant. Maiwald bleibt isoliert zurück. Indem der Autor die spannende Haupterzählung mit einer Fülle von Nebenhandlungen anreichert, entsteht ein vielschichtiges und aktuelles Bild der Arbeitswelt des Ruhrgebiets, mit dem sich von der Grün von der Arbeiterliteratur im engeren Sinn verabschiedet.

Gleiches gilt für den Roman *Flächenbrand* (1979), der in einer spannenden Konstruktion Themen wie Arbeitslosigkeit, Parteienfilz, Korruption und Neonazismus auf den Erlebnisbereich einer proletarisch-kleinbürgerlichen Familie zusammenzwingt und dabei ein spannendes Zeitpanorama entwirft. Dies gilt auch für die späten, mitunter reißerisch und holzschnittartig erzählten Romane des Autors: *Die Lawine* (1986) befasst sich mit dem in der Ära Kohl angewachsenen Missverhältnis zwischen Kapital und Arbeit und entwirft das utopische Gegenmodell eines Betriebs mit paritätischen Eigentumsverhältnissen, das der philanthrope, möglicherweise auch deshalb ermordete Unternehmer Böhner in seinem Testament für sein Unternehmen verfügte. Hieraus entsteht ein facettenreicher Wirtschafts- und Kriminalroman, bei dem sich von der Grün einer filmischen Szenenschnitttechnik und der Form des Thrillers bedient, die allerdings die politische und soziale Motivation des Plots in den Hintergrund rücken lässt. Ganz ähnlich wirkt der Kriminalroman *Springflut* (1990), der mit erhobenem Zeigefinger den Zusammenhang zwischen Massenarbeitslosigkeit und Ausländerfeindlichkeit nachweist und die Asylpolitik der Bonner Regierung an den Pranger stellt. Anhand der Figur des von Zynismus und Alkohol bedrohten Journalisten Koch wird gleichzeitig über die Probleme beim Schreiben der Wahrheit räsoniert und auf die Gefahren der Manipulation durch die Presse aufmerksam gemacht.

Die Fähigkeit zu leiseren, sensibleren und somit insgesamt überzeugenderen Tönen als in seinen letzten Romanen hat von der Grün in früheren Büchern bewiesen: *Leben im gelobten Land* (1975) enthält Porträts, die von der Hoffnung und Enttäuschung von Gastarbeitern sprechen. Das schon bald zum Klassiker avancierte Jugendbuch *Vorstadtkrokodile* (1976) ist den Problemen eines behinderten Jungen gewidmet, der durch Disziplin und Mut die Vorurteile seiner Altergenossen überwindet und mit ihnen eine Diebesbande überführt. Ebenfalls an Jugendliche richtet sich die weit verbreitete Textcollage *Wie war das eigentlich?* (1979), die durch eine Mischung von autobiografischen Skizzen, historischen Erläuterungen und Dokumenten die nachwachsenden Generationen über das Thema »Kindheit und Jugend im Dritten Reich« aufklären möchte. Die Erzählung *Späte Liebe* (1982) beschreibt die Beziehung zweier Rentner, die noch im hohen Alter heiraten wollen und dadurch ihre Umwelt in Irritationen stürzen. *Friedrich und Friederike* (1983) zeigt die Verhältnisse in einer Dortmunder Arbeitersiedlung und erzählt vom Alltag zweier junger Menschen, der durch Lehrstellenmangel und die pure Lust am Leben gekennzeichnet ist. *Die Saujagd und andere Vorstadtgeschichten* (1995) schließlich stellt den vorerst letzten Versuch von der Grüns dar, die Welt der so genannten kleinen Leute zu beleuchten.

Möglicherweise den besten Zugang zu seinem Denken und Werk bietet das Buch *Klassengespräche* (1981), das Aufsätze, Kommentare und Reden des Autors versammelt, die ihn als unbestechlichen Anwalt der Unterprivilegierten ausweisen, als allzeit streitbaren Humanisten vergleichbar seinem langjährigen väterlichen Freund Heinrich Böll.

Hermann Ruch

Werke: *Männer in zweifacher Nacht*, R., Recklinghausen 1962; *Irrlicht und Feuer*, R., Recklinghausen 1963, Ost-B., Weimar 1964, Film, Deutscher Fernsehfunk DDR

1966, übern. v. SWF, 1968; *Fahrtunterbrechung und andere Erzählungen*, Ffm. 1965; *Smog*, Hsp., WDR 1966; *Aus der Welt der Arbeit. Almanach der Gruppe 6 und ihrer Gäste*, Hg., zus. m. F. Hüser in Zus. m. W. Promies, Neuwied, Bln. 1966; *Skizzen aus dem deutschen Alltag – der Mann am Schaltpult*, Film, WDR 1967; *Ostende*, Film, ARD 1968; *Feierabend*, Hsp., 1968, Film, HR 1968; *Feierabend. Dreh- und Tagebuch eines Fernsehfilms*, zus. m. H. D. Schwarze, Recklinghausen 1968; *Schichtwechsel*, Hsp., F., WDR 1968; *Notstand oder Das Straßentheater kommt. Revue*, UA Recklinghausen 1969; *Zwei Briefe an Pospischiel*, R., Neuwied, Bln. 1968, Ost-Bln., Weimar 1970, Hsp. 1971, Film, Deutscher Fernsehfunk DDR 1970, ZDF 1971, Drehb. m. Szenenfotos, Paderborn 1974; *Aufstiegschancen*, Hsp., 1971, Film, ARD 1980; *Flug über Zechen und Wälder. Nordrhein-Westfalen, Land der Gegensätze*, Braunschweig 1970; *Urlaub am Plattensee*, Pr., Stierstadt/Ts. 1970; *Der Radweltmeister*, Theaterst., zus. m. Autorenkollektiv, UA Velbert 1971; *Am Tresen gehen die Lichter aus*, En., Stierstadt/Ts. 1972; *Stenogramm*, En., Düsseld. 1972; *Menschen in Deutschland (BRD). Sieben Porträts*, Darmst., Neuwied 1973; *Wenn der Abend kommt*, Hsp., HR 1973; *Stellenweise Glatteis*, R., Darmst., Neuwied 1973, Ost-Bln., Weimar 1974, Hsp., 1975, Film (2-tlg.), WDR 1975; *Ein Tag wie jeder andere*, Bericht, Düsseld. 1973; *Nach Südiler und zurück. Wenn türkische Arbeiter Ferien machen*, Feat., 1974; *Erpressung oder Über den Umgang mit Feuer in explosionsgefährdeter Umgebung*, Feat., Rundf. d. DDR 1975; *Leben im gelobten Land. Gastarbeiterporträts*, Darmst., Neuwied 1975; *Wenn der tote Rabe vom Baum fällt*, Reisebericht, Mü., Gütersloh, Wien 1975; *Reisen in die Gegenwart*, Reisebericht, Düsseld. 1976; *Die Absturzstelle*, Hsp., SWF 1976; *Vorstadtkrokodile. Eine Geschichte vom Aufpassen*, Kinderb., Mü., Ost-Bln., beide 1976, Hsp., WDR 1977, Film, WDR 1977, Theaterst., UA Siegburg a. d. Lahn 1981; *Reisen in die Gegenwart*, En., Düsseld. 1976; *Späte Liebe*, Hsp., 1977, Film, WDR 1978, E., Darmst., Neuwied 1982; *Unterwegs in Deutschland*, Reisebericht, m. Grafiken v. H. Balthes, Düsseld. 1979; *Unsere Fabrik*, m. Texten v. Günter Wallraff u. Fotografien v. O. Schmuckler, Luzern, Ffm. 1979; *Wie war das eigentlich? Kindheit und Jugend im Dritten Reich*, Jugendb., Darmst., Neuwied 1979; *Flächenbrand*, R., Darmst., Neuwied 1979, Hsp., 1981, Film, WDR 1981; *Die Entscheidung*, En., Stg. 1979; *Etwas außerhalb der Legalität und andere Erzählungen*, Darmst., Neuwied 1980; *Mein Lesebuch*, Hg., Ffm. 1980; *Über Tage, unter Tage. Gesichter des Ruhrgebiets*, Film, zus. m. U. Wöhning, ZDF 1980; *Klassengespräche. Aufsätze, Reden, Kommentare*, Darmst., Neuwied 1981; *Maloche. Leben im Revier*, m. Fotos v. Antrazit, Ffm. 1982; *Unser schönes Nordrhein-Westfalen: von Mensch und Natur, von Kohle und Kultur*, Bildb. m. Text, Ffm. 1983; *Friedrich und Friederike*, Pr., Darmst., Neuwied 1983, Fssp., Serie in neun Folgen, NDR 1988; *Geschichten aus der Arbeitswelt 2*, Hg., Wien, Mü., Zür. 1984; *Teutonia Lanstrop*, Film, zus. m. K.-H. Erfurt, ZDF 1984; *Die Lawine*, R., Darmst., Neuwied 1986; *Waldläufer und Brückensteher*, En., Stg. 1987; *Das Revier. Eine Liebeserklärung*, Dortmund 1988; *Was ist geblieben vom alten Pütt*, Essen 1988; *Geschichten aus der Arbeitswelt 3*, Hg., Wien, Mü., Zür. 1989; *Brot und Spiele. Ruhroper*, Libr., Musik v. G. Wiesemann, UA Dortmund 1989; *Springflut*, R., Ffm. 1990; *Eine Jugend in Franken*, hg. v. H. L. Arnold, Gött. 1990; *Geschichten aus der Arbeitswelt 4. Förderpreise für die Literatur der Arbeitswelt*, Hg., Wien, Mü., Zür. 1993; *Fahrt in den Morgen*, En., Mü. 1994; *Die Saujagd und andere Vorstadtgeschichten*, Mü. 1995.

Grünbein, Durs, wurde am 9. 10. 1962 als Sohn einer Chemielaborantin und eines Flugzeugingenieurs in Dresden geboren. Nach dem Abitur und 18 Monaten Dienst in der Nationalen Volksarmee begann er 1985 ein Studium der Theatergeschichte in Ost-Berlin, das er 1987 zugunsten der Existenz als freier Autor aufgab. 1985 entstanden seine ersten Gedichte, Essays und Übersetzungen, prägend wurde 1986 die Begegnung mit Heiner Müller. Ab 1987/88 suchte Grünbein die Zusammenarbeit mit bildenden Künstlern, Fotografen und Performance-Künstlern und beteiligte sich an den Zeitschriften und Verlagsprojekten der »Prenzlauer-Berg-Connection« (Adolf Endler). Nach 1989 unternahm der Autor ausgedehnte Reisen durch Europa, Asien, die Vereinigten Staaten und Südamerika. 1989 erhielt Grünbein den Förderpreis des Leonce-und-Lena-Preises, 1992 den Literaturförderpreis der Freien Hansestadt Bremen und 1993 den Nicolas-Born-Preis. Die nahezu synchrone Auszeichnung mit dem Peter-Huchel-Preis für Lyrik und dem Georg-Büchner-Preis provozierte 1995 eine aufgeregte Debatte, da man in diesen Würdigungen weniger eine ästhetisch-literarische Gratifikation als vielmehr eine kulturpolitisch motivierte, taktische Wahl erkennen wollte. Im Jahr 2000 wurde Grünbein der Literaturpreis der Salzburger Osterfestspiele zugesprochen, 2001 gemeinsam mit Thomas Hettche der Literaturpreis Leuk.

»Ecce poeta«: Mit diesem emphatischen Ausruf seines Verlegers Siegfried Unseld wurde im Herbst 1988, nach dem Erscheinen seines Debütbands *Grauzone morgens*, der damals noch völlig unbekannte Durs Grünbein der literarischen Öffentlichkeit der Bundesrepublik als ein poetischer Solitär aus der DDR anempfohlen. In den Gedichten dieses Debütbuchs präsentierte sich der Dichter noch als später Erbe einer realistisch protokollierenden Wahrnehmungsdichtung in der Manier der »Neuen Subjektivität« Rolf Dieter Brinkmanns. Das Ich der Gedichte registrierte die triste urbane Kulisse der DDR-Metropolen nach Art von William Carlos Williams' »glimpses«, also brüchigen Momentaufnahmen und flüchtigen »Einblicken wie aus Augenwinkeln«. Fast stenogrammartig wird eine Menge diffuser, im Frühlicht der Städte aufscheinender Details inventarisiert: »In dieser / Grauzonenlandschaft am Morgen / ist vorerst alles ein / toter Wirrwarr abgestandener Bilder, z.B. etwas / Rasierschaum im / Rinnstein, ein Halsband / oder im Weitergehn ein Verbotsschild.«

In den Gedichten des viel beachteten Bandes *Schädelbasislektion* (1991) erfolgte dann schon die selbstbewusste Einschreibung des Dichters in die Tradition. Auf Gottfried Benns illusionslosen Einblicken in die Gehirne und Körper des spätzeitlichen Individuums beruhte die anthropologische Diagnostik dieser Gedichte. Zwar hat der »arme Hirnhund«, der bei Benn noch »schwer mit Gott behangen« ist, bei Grünbein seine transzendentale Fracht abgeworfen. Aber nun sind es andere immaterielle Kräfte, die das Ich bedrohen. Es sind die elektronischen Medien, die das Reale simulieren und es von seinem medialen Abbild ununterscheidbar machen. Halt- und ziellos treibt das diffus gewordene Ich dieser Gedichte zwischen den toten Kulissen gespenstischer Metropolen dahin, überwältigt von einer Flut kaum mehr zu verarbeitender Eindrücke. Wenn bei Benn das verlorene Ich »zersprengt von Stratosphären« war, so hat es sich bei Grünbein vollständig aufgelöst im »elektronischen Schneesturm«. Grünbeins folgenreichste und umstrittenste Publikation, das preisgekrönte Gedichtbuch *Falten und Fallen* (1994), markierte dann das Bewusstseinsniveau und die »wache Weltaneignungsgeschicklichkeit« (Peter Hamm) einer von Medizin, Neurologie, Biologie und Quantenphysik gleichermaßen faszinierten Poesie. Inspiriert von jenen Wissensbereichen, die »ungeheure Einblicke in das Ureigene des menschlichen Körpers« ermöglichen, zeigte Grünbein den Menschen als fragiles und »fraktales« Subjekt, durchlöchert von den Messverfahren der exakten Wissenschaft, geschrumpft zur mathematischen Variable, reduziert auf Formeln und Grafiken. Lyrik als »Nervenkunst« verlangt hier ein aufmerksam registrierendes Subjekt, das mit »triebhafter Wachsamkeit« die auf ihn einstürzenden Bewusstseinsreize protokolliert. In dieser poetischen »Nervenkunst« werden alle Tonlagen, vom hymnischen Pontifikal-Ton, ironisch gebrochener Feierlichkeit bis hin zum kühlen Sarkasmus durchgespielt.

Das Credo des Lyrikers Grünbein formuliert der Essay *Transit Berlin* (in: *Galilei vermisst Dantes Hölle*, 1995): »Der neue Künstler hat kein Programm mehr, sondern nur noch Nerven und einen feinen Spürsinn für Koordinaten ... Stil ist allenfalls noch ironisch spielerische Tarnung oder Mimikry ... Alles, was einst die Exklusivität verbürgte – Stil, Thema, große Geste, Ausdruck –, ist in den Augen dieser Streunenden verpönt, ein nekrophiles, ältliches Vergnügen.«

Nach *Falten und Fallen* setzte der Autor seine neurologischen Probebohrungen am »Mensch ohne Großhirn«, seine »biologischen Walzer« und seine sarkastischen Sektionen des menschlichen Körpers fort. Das Programm einer naturwissenschaftlich inspirierten Dichtkunst bekräftigte er in seiner Büchnerpreis-Dankrede (*Den Körper zerbrechen*, 1995), die auf eine »vollständige Transformation« verweist: »Physiologie aufgegangen in Dichtung«.

Der Band *Nach den Satiren* (1999) versucht die kulturanthropologische und physio-historische Perspektive noch auszuweiten. In vier großen Kapiteln durchschreitet Grünbein hier 2000 Jahre Menschheitsgeschichte – von der römischen Kaiserzeit über das Paris Charles Baudelaires bis hin zum Umbruch der neuen Hauptstadt-Metropole Berlin. Schon der Titel seines Bandes, *Nach den Satiren*, ist als kulturkritische Demonstration zu verstehen. Das lyrische Subjekt wähnt sich in einem nach-geschichtlichen, spätzeitlichen Stadium der Kultur und fühlt sich einem konservativen Latinismus und Klassizismus verpflichtet. »Nach den Satiren«, heißt es in den Fußnoten zum Gedichtband, »das war, wenn alles gesagt und durchgekaut war, der Heimweg, der Katzenjammer, die Zeit der Gedankenspiele und der Verdauung ... Nach den Satiren kamen die Schatten zurück, die Sarkasmen, Grund für die Schlaflosigkeit. Überall Knochen und Rülpser, und die schöne Zeit war vorbei.« Dieses forcierte Spätzeit-Gemurmel und lyrische Alexandrinertum scheint das Gedicht in eine Lage zu führen, in der nur noch die Reprisen blühen und keine neuen aufregenden Gedichte mehr gedeihen. In sein lyrisches Porträt des römischen Kaisers Tiberius hat Grünbein dabei jenen Daseinsekel eingezeichnet, der als Lebensgefühl fast leitmotivisch in den Reise- und Städtebildern, Genreszenen und Personenporträts seines Bandes wiederkehrt. Tiberius erscheint als »Misanthrop auf Capri«, der all der Barbarei in Rom müde geworden ist und sich auf eine Insel zurückzieht: »Ich aber zieh mich zurück, trauernd. Das Schlachten widert mich an.« »Ganz zuletzt bist du müd dieser alten Welt«, wird im titelgebenden Zyklus der französische Dichter Guillaume Apollinaire zitiert – und von diesem Gefühl der Daseins-

müdigkeit sind fast alle Gedichte des *Satiren*-Bandes infiziert. In freier Anverwandlung antiker Gedichtformen – wie der Ode, der Satire, der Epistel oder des Sonetts – vagabundiert das lyrische Subjekt durch urbane Räume und großstädtische Welten und aktualisiert die römisch-stoizistischen Zeitdiagnosen. Wo in *Falten und Fallen* noch ein lyrisches Subjekt zu erkennen war, das von einem immensen Wissenshunger durch die Metropolen getrieben wurde, so registrieren wir in Grünbeins *Satiren*-Buch und den Gedichten des Bandes *Erklärte Nacht* (2002) eine große Reflexionserschöpfung. Hier artikuliert sich die Melancholie eines Abgeklärten, der auf alle Fragen nach Leben und Tod die alten Antworten und vertrauten Motive aus der Literaturgeschichte herbeizitiert.
An vielen Gedichten des Bandes *Erklärte Nacht* fällt das angestrengte Streben nach Klassizität auf, als gehe es darum, jede Beobachtung im urbanen Alltagsgewirr unserer Spätmoderne durch permanentes Antikisieren zum überzeitlichen Sinnbild aufzuladen. Auf Schritt und Tritt begegnet der Bildungsreisende dieser Gedichte der Kunst, der Philosophie und dem antiken Mythos. An allen Ecken und Enden vernimmt er das geheime Wirken der Schicksalsgöttinnen, lauscht dem »Textilwerk der Parzen«, sieht »die jüngsten Atriden« über die Piazza promenieren, und selbst der Saft, »den man im roten Strohhalm trinkt im Café, / Erinnert an Äpfel der Hesperiden«. Grünbein ist so durch und durch fasziniert von den geschichtlichen Signaturen der römischen Antike, dass er sich mit der präzisen Wahrnehmung der verstörenden Risse und Brüche in unserer Moderne gar nicht lange aufhalten muss – steht ihm doch mit der römischen Kaiserzeit ein universell adaptierbares historisches Modell zur Verfügung. Mithilfe des Latinismus, so monierte ein Kritiker, will Grünbein unter der Maske des antikisierenden Bildes aktuelle Zivilisationskritik transportieren, repetiert dabei aber oft nur Bildungswissen und altphilologische Gelehrsamkeit.
Die literarische Ausnahmestellung Grünbeins, die ihm den Nimbus eines »Götterlieblings« (Gustav Seibt) eintrug, wird dennoch durch einige Gedichte aus *Schädelbasislektion* und *Falten und Fallen* beglaubigt, die zu den intelligentesten Erhellungen der modernen »conditio humana« zu rechnen sind. Auch seine souverän die unterschiedlichsten Wissensbereiche verknüpfenden Essays gehören mit ihrem geschmeidigen, eloquenten Stil zu den besten Exemplaren ihrer Gattung.

Michael Braun

Werke: *Grauzone morgens*, G., Ffm. 1988; *Schädelbasislektion*, G., Ffm. 1991; *Stefan Themerson: Bayamus und das Theater der semantischen Poesie*, Übs., Lpz. 1993; *Eugen Gottlob Winkler: Die Erkundung der Linie*, Hg., Lpz. 1993; *Falten und Fallen*, G., Ffm. 1994; *Den Teuren Toten. 33 Epitaphe*, Ffm. 1994; *Von der üblen Seite. Gedichte 1988–1991*, Ffm. 1994; *Die Schweizer Korrektur*, zus. m. Brigitte Oleschinski u. Peter Waterhouse, Basel 1995; *Galilei vermisst Dantes Hölle und bleibt an den Maßen hängen. Aufsätze 1989–1995*, Ffm. 1996; *Nach den Satiren*, G., Ffm. 1999; *Das erste Jahr. Berliner Aufzeichnungen*, Ffm. 2001; *Aischylos: Die Perser*, Übs., Ffm. 2001; *Lucius Annaeus Seneca: Thyestes*, Übs., UA Mannheim 2001; *Erklärte Nacht*, G., Ffm. 2002; *Una Storia Vera. Ein Kinderalbum in Versen*, Ffm. 2002.

Gruša, Jířì, wurde am 10. 11. 1938 in Pardubice in Ost-Böhmen geboren. Nach Abschluss des Gymnasiums 1957 in Pardubice studierte er Philosophie und Geschichte an der Karlsuniversität zu Prag. 1962 promovierte er dort in Philosophie. 1964 war er Mitbegründer der Literaturzeitschrift »Tvář«. Außerdem arbeitete er als Redakteur der Wochenzeitung »Nové Knihy«. Eine veröffentlichte kritische Abrechnung mit der stalinistischen Poesie der Vierzigerjahre bedeutete das Ende seiner Zeitschrift und seine erste Strafverfolgung. Er war dann Mitbegründer und Mitarbeiter der literarischen Zeitschrift »Sešity«. Später arbeitete er als Redakteur der Wochenzeitschrift »Zítrek«. Wegen der Veröffentlichung einiger Passagen seines Romans *Mimner aneb Hra o smrad'ocha* (*Mimner oder Das Tier der Trauer*, 1986) wurde er 1969 wieder strafrechtlich verfolgt und erhielt im gleichen Jahr Berufsverbot. In den Folgejahren arbeitete Gruša als Angestellter in verschiedenen Bauunternehmen, konnte aber als Übersetzer von Theatervorlagen (*Die Zauberflöte*) und als freier Mitarbeiter des Theaters hinter dem Tor (»Divadlo za branou«) noch in geringem Umfang künstlerisch tätig sein. Zudem arbeitete er in der von ihm ebenfalls mitbegründeten, illegalen Samisdat-Reihe (»Selbst-Verlag«) *Edice petlice* (»Edition hinter Schloss und Riegel«), in der auch einige seiner Werke veröffentlicht wurden.
Gruša gehört zu den tschechischen Schriftstellern um Václav Havel, die ihrer Publikationen wegen verfolgt wurden. Er war Mitunterzeichner der »Charta 77«, einem Manifest, das die Regierung zur Einhaltung der Menschenrechte aufforderte. Sein 1978 in Toronto veröffentlichter Roman *Dotazník* (*Der 16. Fragebogen*), der den Einmarsch der Russen 1968 in die Tschechoslowakei thematisierte, führte zu Strafverfolgung und Verhaftung. Erst nach einer Intervention Heinrich Bölls bei der

tschechoslowakischen Regierung wurde Gruša nach zwei Monaten auf freien Fuß gesetzt. 1980 durfte er in die USA reisen. Auf der Rückreise 1981 wurde er während seines Aufenthalts in der Bundesrepublik Deutschland gegen seinen Willen ausgebürgert und an der Rückkehr in die Tschechoslowakei gehindert. Gruša ließ sich in Bonn nieder und erhielt 1983 die deutsche Staatsbürgerschaft. Nach der friedlichen Wende in der Tschechoslowakei 1989 wurde Gruša von Václav Havel, dem Präsidenten der neuen Föderation, im November 1990 zum Botschafter der ČSFR in Bonn ernannt. Nachdem sich Tschechien und die Slowakei Anfang 1993 getrennt hatten, wurde Gruša als Botschafter der Tschechischen Republik im Amt bestätigt. Im Juni 1997 berief Premierminister Klaus (ODS) ihn als Minister für Schule, Jugend und Sport in die Regierung. Er blieb jedoch nur bis zum Rücktritt der Regierung Klaus am 2. Januar 1998 im Amt und übernahm am 10. Juni 1998 die Position des Botschafters der Tschechischen Republik in Österreich.

Gruša erhielt 1976 den Jiří-Kolár-Preis, 1978 den Egon-Hostovsky-Preis. Für die Gedichtbände *Der Babylonwald* (1991) und *Wandersteine* (1994) wurde er 1996 vom früheren Bundespräsidenten Richard von Weizsäcker mit dem Andreas-Gryphius-Preis der Künstlergilde Esslingen ausgezeichnet. 1997 bekam er den Adelbert-von-Chamisso-Preis, 1998 den Inter-Nationes-Kulturpreis und aufgrund seines Engagements für Demokratie und Menschenrechte den internationalen Brücke-Preis der Stadt Görlitz. 1999 wurde ihm die Goethe-Medaille verliehen, 2002 der Jaroslav-Seifert-Preis. Gruša ist Mitglied im Internationalen P.E.N. Deutschland und Österreich, er ist Stellv. Vorsitzender des Dokumentationszentrums der unabhängigen Literatur Schwarzenberg/Scheinfeld, Mitglied der Deutschen Akademie für Sprache und Dichtung und der Freien Akademie der Künste in Hamburg sowie Außerordentliches Mitglied des Institutes für den Donauraum und Mitteleuropa.

Nach dem ersten deutsch geschriebenen Lyrikband *Der Babylonwald* (1991) ist auch der zweite Band *Wandersteine* (1994) in deutscher Sprache verfasst worden. Gruša entschied sich bewusst für Deutsch als Dichtersprache, weil er nicht wie Alexander Solschenizyn als Exilliterat in selbst gewählter Isolation leben wollte: »Ich wusste genau – wenn ich mich darauf beschränkte, was ich war, könnte das für mich zu einem bösen Zauber werden, dann lebte ich in einer echolosen Welt« (1994).

Bemerkenswert an dem zunächst auf Tschechisch, dann auf Deutsch schreibenden Gruša ist nicht das Nebeneinander einer poetischen Simultaneität unterschiedlicher Dichtungssprachen, sondern ihre diachrone Abfolge – ein radikaler Neubeginn gewissermaßen, nachdem der Autor nach 1968 gewaltsam aus dem heimischen Sprachraum ausgeschlossen wurde. Sarah Kirsch hatte bereits in ihrem Nachwort zum *Babylonwald* erklärt: »Die Errettung des Dichters am Ufer der anderen Sprache ist in den Gedichten nun eingeschlossen wie ein besonderes, sonst kaum zu bewahrendes Schimmern ... Die Grammatik der ersten Sprache lebt in der zweiten noch eine Weile fort.« Mit dem fremden Blick auf das Deutsche gelangen Gruša auch in *Wandersteine* Bilder, die ihre Besonderheit aus der Welt des tschechischen Muttersprachlers schöpfen. Grušas Werk, deutsch wie tschechisch, verrät eine Verbundenheit mit dem Geist und der Geschichte der Heimat, allerdings ist Grušas Böhmen ein idealtypischer Bezirk, dem er in lyrischen Sprachspielen, aber auch in essayistischer Reflexion immer wieder nachspürt. Auf diese Weise wird poetisch ein mitteleuropäisches Panorama entwickelt, welches insbesondere in seinen ethnischen Spannungen jene poetischen Potenzen freisetzt, die bei so vielen böhmischen Künstlern erscheinen.

Steffen Höhne

Werke: *Der Tornister*, G., Prag 1962; *Die helle Frist*, G., Prag 1964; *Lernen-Leiden*, G., Prag 1969; *Kudlaseks Abenteuer*, Kinderb., Prag 1969; *Gebet an Janinka*, G., Prag 1972; *Mimner oder Das Tier der Trauer*, R., Prag 1972, Köln 1986; *Damengambit*, N., Prag 1974; *Der 16. Fragebogen oder Gebet für eine Stadt und einen Freund*, R., Übs., v. Marianne Pasetti-Swoboda, Hbg., Prag 1975, Hbg. 1979; *Stunde namens Hoffnung. Almanach tschechischer Literatur 1968–1978*, Hg., zus. m. Milan Uhde u. Ludvik Vaculik, Ffm. 1978; *Lexikon der tschechischen Schriftsteller*, Mithg., Prag 1980; *Franz Kafka aus Prag*, Ffm. 1983; *Verfemte Dichter. Anthologie verbotener tschechischer Autoren*, Hg., Köln 1983; *Dr. Kokes, mistr Panny*, R., Toronto 1983, Prag 1991; *Janinka*, R., zus. m. Lieselotte Julius, Köln 1984; *Vaclav Havel, Olga Havlova: Briefe an Olga. Identität und Existenz. Betrachtungen aus dem Gefängnis*, Bearb., Reinbek 1984; *Prager Frühling – Prager Herbst. Blicke zurück und nach vorn*, zus. m. Tomas Kosta, Köln 1988; *Auf der Brücke zum Morgen. Prag – die goldene Stadt der hundert Türme*, zus. m. Jan Hnizdo, Freiburg/Br. 1984; *Tschechische Fibel*, hg. v. Pavel Kohut, 1988; *Der Babylonwald. Gedichte 1988*, Stg. 1991; *Prag. Einst Stadt der Tschechen, Deutschen und Juden*, Mü. 1992; *Wandersteine*, G., Stg. 1994; *Große Ausländer in Deutschland*, Hg., Stg. 1994; *Große Deutsche im Ausland*, zus. m. Kurt Scharf, Hg., Stg. 1994; *Bücher der anderen*, zus. m. Rainer Kunze, Lpz. 1995;

Tschechen, Europa braucht euch!, zus. m. Ferdinand Seibt u. Peter Spielmann, 1999; *Gebrauchsanweisung für Tschechien*, Mü. 1999; *Tschechische Bibliothek*, Hg., zus. m. Peter Demetz, Peter Kosta, Eckhard Thiele, Hans Dieter Zimmermann, Stg. 1999 ff.; *Das Gesicht – der Schriftsteller – der Fall. Vorlesungen über die Prätention der Dichter, die Kompetenz und das Präsens als die Zeitform der Lyrik*, 2000; *Glücklich heimatlos. Einblicke und Rückblicke eines tschechischen Nachbarn*, Reden und Vorträge, Stg. 2002; *Grušas Wacht am Rhein*, Paseka 2002.

Grzimek, Martin, wurde am 8. 4. 1950 in Trutzhain bei Schwalmstadt in Hessen geboren. Er studierte zunächst ab 1968 Theaterwissenschaften in Berlin, dann ab 1972 Philosophie und Germanistik in Heidelberg. Dort wurde er 1977 Lehrer für Deutsch als Fremdsprache und arbeitete von 1984 bis 1986 als Dozent für Deutsche Literatur an der dortigen »Schiller-International-University«. Von 1986 bis 1992 lebte er als freier Schriftsteller und Mitarbeiter des Goethe-Instituts in Caracas, Venezuela; von 1997 bis 2000 in Chile, heute in Nussloch bei Heidelberg. 2000 besuchte er die Colgate University, Hamilton/New York. Grzimek, Mitglied des deutschen P.E.N.-Zentrums und der Mannheimer Freien Akademie der Künste, erhielt neben mehreren Stipendien 1980 den Hermann-Hesse-Förderpreis, 1981 den Rauriser Literaturpreis, 1983 den Literaturpreis des Kulturpreises des Bundesverbandes der Deutschen Industrie, 1993 den Friedrich-Glauser-Preis und den 2. Deutschen Krimipreis des Bochumer Krimi-Archivs und 2001 ein Arbeitsstipendium im Künstlerhaus Edenkoben.
Die Sprengkraft des Unerwarteten, die sich unter einer blanken, oft schöngefärbten Oberfläche kaum wahrnehmbar andeutet und dann umso rascher ein Schicksal verändert, beherrscht Grzimeks Texte. In *Berger* (1980) wird Johannes P., Angestellter einer Versicherungsgesellschaft und kleiner Anarchist der Karteikarten, just an dem Tag, an dem er mit einem schwer wiegenden Rechenfehler »die Maschinen lahm legte«, bei einem Autounfall schwer verletzt und deswegen zwangspensioniert: »das geht innen vor, langsam, zäh, ohne den Pomp eines Begräbnisses, ohne gedruckte Anzeigen, und es beginnt viel früher, als Sie meinen«. Der Einzelgänger Johannes P. vereinsamt noch mehr, verfällt »tagelangen Rachegedanken«. Aus finanziellen Gründen vermietet er ein Zimmer seiner kleinen Wohnung an den Soziologiestudenten Berger. Nach anfänglichem Misstrauen entstehen allmählich »Anhänglichkeiten«, Anfänge einer Freundschaft, die »Sucht nach Gemeinsamkeit«. Als Berger sich einem Mädchen zuwendet und verreist, »durchschnitt es ihn (P.) und er fühlte sich allein«. Die Freundschaft zerbricht, Berger zieht aus, »die bilderlose Vorstellung seiner Zukunft« erfüllt P. Als Berger im Nachhinein entdeckt, »wie sehr ihn die Widerspenstigkeit des alten Mannes fasziniert« hat, sucht er P. auf, nur der ist verschwunden. Man händigt Berger von P. angefertige Aufzeichnungen aus, mit deren Hilfe das Romanmanuskript entsteht.
Auch die drei Erzählungen des Bandes *Stillstand des Herzens* (1982) dokumentieren Grzimeks Interesse an der zerstörerischen Macht des Unverhofften, am plötzlichen Zusammenbruch maroder Fassaden. In der spannenden Titelgeschichte wird das Leben eines Managers, das dieser führte, »wie es dem Klischee entsprach«, durch einen Infarkt abrupt beendet, als er in der ungewohnten Situation eines freien Tages sich in einem »Netz durchschaubarer Reize« verfängt und plötzlich mit einem Transvestiten, dem ehemaligen Liebhaber seiner Frau, konfrontiert wird.
Im *Stillstand der Zeit* wird einer Frau »das Gefühl einer mitleidlosen, unüberbrückbaren Distanz zu ihrem Mann« zur tragischen Gewissheit, als dieser bei einem Autounfall zusammen mit der Tochter zum selben Zeitpunkt auf rätselhafte Weise ums Leben kommt, an dem die Frau die ersten Schritte zur endgültigen Trennung einleitet. In *Finnlandia* versucht ein Paar dem Alltag mit einer Reise in eine nordische Idylle zu entfliehen; doch Angst, Nervosität, Halluzinationen und die Gedanken der Frau an eine wahrscheinliche Schwangerschaft verdunkeln die Atmosphäre; bei einem Gewitter ertrinken beide im See.
Trutzhain (1984), Geburtsort des Autors, präsentiert sich als ein »Produkt des Krieges«, ein »Ort des Unglücks«, das »deutsche Dorf« schlechthin. In einer Mischung aus Dokumentation und vor Ort aufgefrischter Erinnerungen aus der Kindheit nähert sich der Erzähler einem Stück verdrängter deutscher Geschichte. Er rekonstruiert die historische Entwicklung dieses Dorfes, das, 1939 als deutsches Kriegsgefangenenlager mit Barracken errichtet, 1945 zum Internierungslager für Kriegsverbrecher umfunktioniert und 1948 als Auffanglager für Ostflüchtlinge verwendet, nach einem kurzfristigen wirtschaftlichen Aufschwung nun irgendwo in Hessen seinem baldigen Aussterben entgegenlebt. Unsentimental entledigt sich der Ort seiner Geschichte; kaum jemand äußert sich zu den Fragen des Autors. Heimat-Erkundung führt zu einem »Ort innerer Geschichte«.

In dem kunstvollen Roman *Die Beschattung* (1989) wird man an die finsteren Zukunftsvisionen von Orwell und Huxley erinnert: Man begegnet einem totalen Überwachungsstaat der »Verhaltens-Observation«, für dessen Mitglieder alles »Zufällige verlorenging, mit dem sie in ihrem Leben ohnehin kaum konfrontiert werden«. Die Kontrolle wird gewährleistet durch ein »Centralinstitut für Biografik«, das seine Interviewer losschickt, »um das Individuelle dort zu sammeln, wo es noch vorhanden ist. Meist sind unsere Klienten schon alt, leben auf dem Land oder sehr zurückgezogen und haben ihre Vergangenheit in sich konserviert. Wir rufen diese Erinnerung ab. Das CIB archiviert sie, bringt die Interviews in eine lesbare Form und lässt sie in etwa dreißig angeschlossenen Verlagen veröffentlichen.« Die Kunst wird den Menschen als etwas Unvorhersehbares suggeriert, in Wirklichkeit aber durch strikte Informations- und Medienkontrolle nur inszeniert. Der Authentizitätsanspruch, eine »von niemandem manipulierte Wahrheit« auf dem Boden »staatlich verbürgter Glaubwürdigkeit«, wird im Roman vom Schriftsteller Felix Seyner infrage gestellt; er prangert den »Erinnerungsmissbrauch«, den Verlust geistiger Fantasie und Kreativität an: Der Mensch werde vor sich selbst geschützt, ruhig gestellt, der Mensch verkümmere als »Kollektiv und Schablone«. Seyner muss vor dem Zugriff der Sicherheitsorgane untertauchen. Das vorliegende Manuskript – ein fiktives Zwiegespräch mit einer geliebten Felicitas in Briefform – belegt die »subversive« Arbeit Seyners; mit der Veröffentlichung des Manuskripts und des beigegebenen Protokolls jenes Untersuchungsausschusses, der mit der Angelegenheit betraut war, dokumentiert das CIB nach eigenen Angaben sein Bemühen, »die Wahrheit zu Wort kommen zu lassen«.

Im Kriminalroman *Feuerfalter* (1992) ist es die südamerikanische Drogenmafia, die Kontrolle und Macht ausübt. Der deutsche Journalist Becker wird überraschend beauftragt, den Drogenbaron Carlos in Medillín zu interviewen, und gerät in ein Verwirrspiel um Opportunismus und die Macht des Geldes. Mit dem sprichwörtlichen Gesichtsverlust spielt dieser fein verästelte, spannende Thriller und zeigt, wie ein Albtraum seinen überraschenden Anfang nehmen kann.

Überraschende Wendungen sind auch das Merkmal der acht Erzählungen, die unter dem irreführenden Titel *Von einem, der verzweifelt versucht, sich zu verlieben* (1995) firmieren. In ihnen erzählt Grzimek anekdotisch von Zufällen, Träumen, Hochstapeleien und Täuschungen; am überzeugendsten wirkt *Am Ende einer langen Reise*, die klar erzählte Geschichte vom Tod eines pensionierten Bahnbeamten, der in dem Augenblick stirbt, als sein Leben zum ersten Mal geordnet erscheint.

Thomas Kraft

Werke: *Berger*, R., Mü. 1980; *Stillstand des Herzens*, En., Mü. 1982; *Trutzhain. Ein Dorf*, E., Mü. 1984; *Der Spielball*, Hsp., WDR 1986; *Die Beschattung*, R., Mü. 1989; *Die Kugel*, Hsp., WDR 1991; *El Factor Tropical – Venezolanische Skizzen*, Caracas 1992; *Feuerfalter*, Krimi, Mü. 1992; *Ein Bärenleben*, Kinderb., Mü. 1995; *Von einem, der verzweifelt versucht, sich zu verlieben*, En., Mü. 1995; *Mostar – Skizzen und Splitter. Ein literarisches Tagebuch vom 12. bis 16. November 1994*, Hdbg. 1995; *Rudi Bärenstark*, Kinderb., Mü. 1997.

Gstrein, Norbert, wurde am 3. 6. 1961 in Mils/Tirol geboren, studierte in Innsbruck Mathematik und verbrachte Studienaufenthalte in Stanford (USA) und Erlangen. Gstrein, der seit 1989 mit wechselndem Wohnsitz als freier Schriftsteller lebt, wurde mehrfach ausgezeichnet: Er erhielt 1988 ein Aufenthaltsstipendium des Berliner Senats, 1989 den Förderpreis des Bremer Literaturpreises, den Rauriser Literaturpreis und den Preis des Landes Kärnten beim Ingeborg-Bachmann-Wettbewerb in Klagenfurt, 1990 den Preis der Stadt Innsbruck für künstlerisches Schaffen, 1992 und 1997/98 ein Stipendium des Deutschen Literaturfonds, 1993–1996 das Robert-Musil-Stipendium, 1994 den Förderpreis des Friedrich-Hölderlin-Preises und den Berliner Literaturpreis, 1998/99 das Österreichische Projektstipendium für Literatur, 1999 den Alfred-Döblin-Preis, 2000 den Kunstpreis des Landes Tirol sowie ein Werkjahr der Stadt Zürich, 2001 das New-York-Stipendium des Deutschen Literaturfonds und den Literaturpreis der Konrad-Adenauer-Stiftung. 1989 war Gstrein »Stadtschreiber« in Graz.

Sein viel beachtetes Debüt *Einer* (1988) erzählt von Jakob, dem Sohn einer tirolerischen Gastwirtsfamilie, der, an seiner Umwelt »verrückt« geworden, eines Tages abgeholt wird. Zwischen »fünf nach elf« und »acht nach eins« in der elterlichen Küche auf Jakobs Weggang wartend, erinnern sich die Mutter und seine Brüder, Novak und die Gritschin an Stationen seines Lebens. Die Erzählperspektive des kollektiven »Wir« wechselt ab mit jener eines distanzierten Erzählers: Von Kindheit an hat Jakob ein intensives, aber problematisches Verhältnis zur Sprache gehabt. Weil er viel liest, wird er in die Stadt

aufs Gymnasium geschickt. Doch findet er dort kaum Anschluss, isoliert sich zunehmend. Von seinen Schulkameraden als Außenseiter gequält, kehrt er nach kurzer Zeit wieder in das heimatliche Dorf zurück, um es fortan nie wieder zu verlassen. Jakob hört auf zu lesen, wochenlang spricht er nicht mehr. Dann beginnt er, sich dem vom Tourismus entstellten Leben des Dorfes zu fügen. Mit Ekel beobachtet er das Verhalten der Einheimischen den Gästen gegenüber, ohne selbst jedoch seine Dienste zu verweigern: »Damals war er betroffen von der Lüge, die sie für Fremde tun ließ, was sie nie füreinander getan hätten oder für sich selbst, die den Vater unglaubwürdig machte in seiner Verachtung, und eines Tages habe er mit ihm darüber zu sprechen versucht, aber nichts geerntet als scharfe Worte und einen plötzlichen Wutausbruch und fast noch Schläge, weil er nicht nachgab.« Jakob, enttäuscht von der Liebe und der Sprache, die in seinem Leben nicht einlösten, was sie in Kinderträumen versprochen hatten, betäubt sich immer häufiger mit Alkohol und verelendet zusehends. Ob er in seiner Verstörung schließlich ein Verbrechen begangen hat, das der tatsächliche Grund für seine Abholung sein könnte, bleibt trotz zahlreicher Andeutungen offen.
Gstrein greift in seiner Erzählung das traditionelle Heimatromanschema auf: Ein Mensch zieht in die Fremde und kehrt reumütig in die ländliche »Heimat« zurück. Doch die Erzählung konterkariert vertraute Muster regionaler Literatur. In der modernen Gesellschaft hat die Provinz ihre Fähigkeit verloren, »Welt oder Gegenwelt zu repräsentieren« (Norbert Mecklenburg), und dieser Tatsache trägt Gstreins Prosatext ästhetisch und inhaltlich Rechnung. Jakobs »Heimat« verweigert sich ihm, er kann vor der Stadt nicht mehr fliehen, da sie in Form des Fremdenverkehrs in sein Dorf vorgedrungen ist. Der Autor schildert Auswirkungen dieses allgemeinen Phänomens, die sich nicht zuletzt in einem Identitätsverlust der Einheimischen manifestieren, exemplarisch an der Figur Jakobs. So legt Gstrein eine schmerzlich-lakonische Bestandsaufnahme vor, die poetisch einklagt, was politisch und gesellschaftlich zu tun versäumt bzw. geduldet wurde.
Innerhalb von fünf Jahren erschienen drei weitere Prosabände, die von der Kritik allerdings recht unterschiedlich aufgenommen wurden. In Gstreins Erzählung *Anderntags* (1989) wird der Ich-Erzähler, der Schriftsteller Georg, angesichts des Todes der Freundin von Erinnerungen an gemeinsame Erlebnisse und Begebenheiten aus der Vergangenheit heimgesucht. In der Zusammenführung verschiedener Erzählstränge und zeitlicher Perspektiven entwickelt der Autor eine Geschichte über die Scheinhaftigkeit und Schwierigkeit zwischenmenschlicher Beziehungen, über politische Korrumpierbarkeit und über die Suche nach (literarischen) Artikulationsmöglichkeiten.
Seinen ersten Roman legte Gstrein 1992 vor: *Das Register*, eine Familiengeschichte aus Tirol mit deutlich erkennbarem autobiografischen Hintergrund. Ein Vater, der seine beiden Söhne unerbittlich zum Erfolg getrieben hat, präsentiert ihnen irgendwann einmal die Rechnung: das Register, in dem detailliert alle Ausgaben seit Geburt der Söhne verzeichnet sind. Das ungleiche Brüderpaar, der eine Skirennläufer, der andere Mathematiker, begegnet sich nach Jahren anlässlich der Hochzeit einer früheren gemeinsamen Freundin. Im Vorfeld der Hochzeit erinnern sich die Brüder ihrer Kindheit in der Provinz, reflektieren ihre Karrieren, die – nach dem Tod des Vaters – in ein frühes Scheitern mündeten. Der Mathematiker setzt sich, enttäuscht von akademischen Konventionen, vom universitären Betrieb ab, der Slalomweltmeister erlebt nach kurzem Ruhm seinen Abstieg zum Lokalmatador. Die Erinnerungen tauchen auf, um ebenso rasch wieder abzureißen, die unzähligen Andeutungen werden zusätzlich durch eingeschobene »Regieanweisungen« und häufige Perspektivenwechsel verdunkelt. Die Verrätselung scheint der gemeinsamen Liebesgeschichte mit Magda zu gelten, andererseits markiert sie erzähltechnisch das Misstrauen des Autors gegenüber der literarischen Darstellung linearer und erklärbarer Handlungsverläufe sowie allzu geläufiger Sprachroutine.
Diese poetologische Skepsis äußert sich auch in der 1993 erschienenen Novelle O2. Den äußeren Anlass bildet der historische Ballon-Forschungsflug des Schweizers Auguste Piccard im Mai 1931. Doch das ungewöhnliche Ereignis fungiert in erster Linie als Auslöser für sprachliche Höhenflüge und Konstruktionen, die »systematisch die Anschaulichkeit des Ganzen« (Hubert Winkels) zu verhindern scheinen. Konkreter wird Gstrein wieder in seinem »Bericht« *Der Kommerzialrat* (1995), in dessen Zentrum der honorige Alois Marsoner steht, seines Zeichens erfolgreicher Multifunktionär in einem Tiroler Bergdorf. Nach dem mysteriösen Tod Marsoners werden aus der Perspektive des Dorfarztes und aus Marsoners Aufzeichnungen Episoden aus Marsoners Leben rekonstruiert. Der Text bezieht sich ansatzweise und ironisch auf Klischees zeitgeistiger Kriminalromane und verbindet dies mit be-

kannten Motiven kritischer Provinzliteratur, dennoch bleibt der *Bericht* eher unverbindlich.

Inhaltlich und sprachlich von ungeheurer Dichte präsentiert sich hingegen Gstreins zweiter Roman, *Die englischen Jahre* (1999), für den der Autor mit dem von Günter Grass gestifteten Alfred-Döblin-Preis ausgezeichnet wurde. Die Ich-Erzählerin, Gefährtin eines Schriftstellers, begibt sich auf Spurensuche nach einem jüdischen Emigranten aus Wien, der vor den Nationalsozialisten nach England geflohen war und im Exil in den Fünfzigerjahren einen Erzählungsband veröffentlicht hat. Diesem Gabriel Hirschfelder gilt die Verehrung des Schriftstellers Max, der dann auch das Interesse der Ich-Erzählerin weckt. In acht Kapiteln wird aus der Perspektive von vier sich erinnernden Frauen – Ehefrauen und Geliebte – sowie durch eine Stimme, die sich der Du-Form bedient, die Biografie des Gabriel Hirschfelder aufgedeckt. Aus der mitunter gegenläufigen, manchmal diffus wirkenden Mehrstimmigkeit zeichnet sich schließlich das Schicksal des »wahren« Gabriel Hirschfelder ab, der bei einem Kartenspiel in einem englischen Internierungslager seine Identität an den ebenfalls aus Österreich kommenden Harrasser verlor. Harrasser, nicht Jude und nicht Emigrant, hatte im elterlichen Gasthof im Salzkammergut einem kranken jüdischen Mädchen die Hilfe verweigert und war nach dessen Tod nach England gegangen, wo er vom Krieg überrascht wurde. Im Internierungslager trifft er auf Hirschfelder, der den von Harrasser kalkulierten Identitätstausch mit dem Leben bezahlt. Er muss statt Harrasser auf ein Schiff, das Internierte nach Neufundland bringen soll. Bei der Torpedierung des Schiffes durch die Deutschen stirbt Hirschfelder. Harrasser lebt unter Hirschfelders Namen bis in die Neunzigerjahre in England. Norbert Gstrein hält auch in diesem Roman an seinen aus früheren Texten bekannten Erzählstrategien fest; doch das aufwändige Konstruktionsprinzip korrespondiert hier in besonderem Maße mit den angesprochenen Themen des Buches. Die Fragwürdigkeit oder Unsicherheit von Identitäten, die permanente Krisensituation des Exils, die Gefährdung des Ichs, die schwer erkennbaren Verlaufslinien zwischen Schuld und Unschuld, die Konstruktion von Mythen und der Umgang mit Geschichte im Umfeld des Holocaust bilden nur ein kleines Spektrum dessen, was Gstrein in dem Roman anspricht.

In dem schmalen Prosaband *Selbstporträt mit einer Toten* (2000) nimmt der Autor nochmals Bezug auf *Die englischen Jahre*, er bildet gewissermaßen ein nachgelegtes Präliminare. In fünf Kapiteln, fünf Tage markierend, lässt sich ein Schriftsteller über die Oberflächlichkeit, die Untiefen und Ungerechtigkeiten des Literaturbetriebs aus. Wieder wird aus der Perspektive der Frau, der Lebensgefährtin des Schriftstellers, berichtet. Es gelingt ihr jedoch nicht, die Suada zu unterbrechen und von einem sie betreffenden Todesfall zu berichten. Der Schriftsteller kann nicht zuhören.

Petra Ernst

Werke: *Einer*, E., Ffm. 1988; *Anderntags*, E., Ffm. 1989; *Das Register*, R., Ffm. 1992; *O2*, N., Ffm. 1993; *Der Kommerzialrat. Bericht*, Ffm. 1995; *Die englischen Jahre*, R., Ffm. 1999; *Selbstporträt mit einer Toten*, Ffm. 2000; *Norbert Gstein, Jorge Semprun: Was war und was ist. Reden zur Verleihung des Literaturpreises der Konrad-Adenauer-Stiftung 2001*, Ffm. 2001; *Das Handwerk des Tötens*, R., Ffm. 2003.

Guggenmos, Josef, wurde am 2. 7. 1922 in Irsee (Allgäu) geboren. Er besuchte das Humanistische Gymnasium in St. Ottilien am Ammersee, später das Städtische Gymnasium in Dillingen, wo er 1939 das Abitur machte. Seine Militärzeit im Zweiten Weltkrieg erlebte er u. a. als Funker am Schwarzen Meer. Er geriet in dänische Kriegsgefangenschaft. Nach dem Krieg studierte er Germanistik, Kunstgeschichte, Archäologie und Indologie in Marburg, Erlangen und Bonn. 1950/51 verbrachte er ein Jahr in Finnland. Nach seiner Rückkehr war er als Lektor für verschiedene Verlage tätig. Seine Tätigkeit als Übersetzer von Lyrik (u. a. Robert Louis Stevensons *A Child's Garden of Verse*) führte zu einer intensiven Beschäftigung mit Lyrik für Kinder. Seit 1956 schreibt er eigene Gedichte. Guggenmos lebt seit Ende der Fünfzigerjahre wieder in seinem Elternhaus in Irsee. Für sein lyrisches Werk erhielt er zahlreiche Preise, u. a. für sein Gesamtwerk 1975 die Ehrengabe der Bayerischen Akademie der Künste, 1992 den Großen Preis der Deutschen Akademie für Kinder- und Jugendliteratur, 1993 den Sonderpreis Deutscher Jugendliteraturpreis und 1997 den Österreichischen Staatspreis für Kinderliteratur.

Guggenmos' Gedichtband *Gugummer geht über den See* (1957) machte Lyrik-Kenner auf ihn aufmerksam. Unüberhörbar nahmen seine *Gugummer*-Verse den Klang von Morgensterns *Palmström*-Gedichten auf, die, wie er selbst sagte, ihn während des Krieges begleitet hatten und ihn in gewisser Weise »befreiten«. »Was tut Gugummer, um nicht zu erfrieren?«, heißt es in seinem Gedicht *Ein Feuer im Feld*: »Er dichtet behutsam / ein kleines Gedicht, / das er sich selber hundertmal spricht. [...] Es ist sein Feuer / im kalten Feld, / an das er die blauen / Hände hält.« Peter Härtling rühmte in seinem Essay zu den *Gugummer*-Gedichten: »Mit Guggenmos und seinem Gugummer hat die Einfältigkeit, die zu verwandeln vermag, wieder Eingang in die deutsche Poesie gefunden, eine seltene und kostbare Leistung.«

War die Aufmerksamkeit für *Gugummer* noch auf einen relativ kleinen Kreis von Lyrik-Kennern beschränkt, so brachte das Erscheinen seiner Gedichtanthologie für Kinder (1966) einen Durchbruch in der öffentlichen Wahrnehmung: »Als seine Sammlung *Was denkt die Maus am Donnerstag?* erschien, war dies – daran ist kein Zweifel – die Geburtsstunde einer neuen Kinderpoesie, welche die beliebte Reimkunst der Krüss, Hacks u.a. ergänzte oder gar ablöste« (H. J. Gelberg). Seine Liebe zum Kleinen, zur Naturbeobachtung, ist vielfach gerühmt worden. Dabei wird das Kleine weder geschwätzig verniedlicht noch herablassend belächelt, um es dem vermeintlichen Kinderverständnis anzupassen. Guggenmos' Lyrik erwächst, ebenso wie seine kurzen Prosatexte, aus einer selten gewordenen Achtung vor dem Kleinen, Unscheinbaren, einer beobachtungsgenauen Aufmerksamkeit. »Seine Wirkung vollzieht sich im Stillen, so etwas macht keinen Lärm. Schon gar nicht für die Literaturkritik« (H. J. Gelberg). »Blanke, zum Herzklopfen nahe Wirklichkeit« ist für Guggenmos »etwas tief Verschüttetes. Schwer ans Licht zu fördern.«

Verfolgt man die bis in die Romantik zurückreichende Tradition der deutschsprachigen Kinderlyrik über Rückert, Dehmel, Morgenstern, Ringelnatz, Kästner, Brecht bis hin zu Guggenmos, dann wird die Eigenständigkeit seines lyrischen Tons deutlich: »Ein Borkenkäfermuster / gilt nirgends was. / Genauso wenig ein Fensterglas, / mit einem Mund behaucht, / mit dem Finger bemalt. / Das sind so Dinge, / für die keiner was zahlt.« Diese fast spröde Genauigkeit im Ton, Ausdruck einer in sich ruhenden Wahrhaftigkeit, unterscheidet ihn von seinen oft reimverliebten Vorläufern und führte dazu, dass seine Gedichte zu den am häufigsten abgedruckten in Anthologien und Lesebüchern gehören.

Zahlreiche Gedichte von Guggenmos wurden vertont (u.a. von Frank Stieper und Günter Riehl); neben Prosatexten hat er auch Kindertheater-Stücke verfasst, Sagen gesammelt und herausgegeben sowie »zwielichtige« oder »unglaubliche« Geschichten erzählt. Es ist aber vor allem sein lyrisches Schaffen, das ihn zu einem wichtigen und unüberhörbaren Teil der Kinder- und Jugendliteratur in der zweiten Hälfte des 20. Jahrhunderts machte.

Renate Raecke

Werke: *Lustige Verse für kleine Leute,* G., m. Illustr. v. Hadmut Hilf, Hbg. 1956; *Gugummer geht über den See,* G., m. Illustr. v. Günter Bruno Fuchs, Halle/Saale o. J. [1957]; *Immerwährender Kinderkalender,* m. Illustr. v. Romulus Candea, Wien 1958; *Gugummer geht über den See,* G., m. Illustr. v. Günther Stiller, Recklinghausen 1966; *Was denkt die Maus am Donnerstag?,* G., m. Illustr. von Günther Stiller, Recklinghausen 1966; *Der junge Naturforscher,* Kinderb., Wien 1967, spätere Neuaufl. u. d. T. *Ich bin geboren mit langen Ohren,* Wien 1973; *Ein Elefant marschiert durchs Land,* Pr. u. G., m. Illustr. v. Eva Johanna Rubin, Recklinghausen 1968; *Warum die Käuze große Augen machen.,* G., m. Illustr, v. Eva Johanna Rubin, Recklinghausen 1968; *Wer nie ein Nilpferd gähnen sah,* m. Illustr. v. Günther Stiller, Recklinghausen 1969; *Gorilla ärgere dich nicht! Ein Lachkabinett in Versen,* m. Illustr. v. Anne Bous, Weinheim 1971; *Mann Knorre und der Einbrecher,* Theaterst., Weinheim 1971; *Gastwirt August Knorre,* Theaterst., Weinheim 1972; *Hausbuch deutscher Sagen und Schwänke,* Hg., m. Illustr. v. Hans Arnold; *Theater, Theater! Einakter f. Kinder u. Jugendliche,* m. Illustr. v. Hermann Moser, Recklinghausen 1974; *Ich muss dir etwas zwitschern,* G., m. Illustr. v. Horst Hussel, Berlin 1976; *Der Kohlkopf und der Kaiser,* Hsp., SDR 1979; *Wenn Riesen niesen,* G. u. Pr., m. Illustr. v. Hans Arnold, Wien 1980; *Das große Guggenmos-Liederbuch,* m. Illustr. v. Irene von Treskow, Musik v. Günther Riehl u.a., Recklinghausen 1982; *Es gingen drei Kinder durch den Wald,* m. Illustr. v. Günter Karl, Weinheim 1982; *Sonne, Mond und Luftballon,* G., m. Illustr. v. Mario Grasso, Weinheim 1984, veränd. Ausg. m. Illustr. v. Kerstin Meyer, 1987; *Denk dir ein lila Haus. Liebesgedichte für Kinder,* m. Illustr. v. Wolfgang Rudelius, Weinheim 1986; *Ein Haus ohne Türen. Rätselgedichte mit Rätselbildern,* m. Illustr. v. Helga Gebert u.a., Weinheim 1986; *Oh, Verzeihung, sagte die Ameise,* G. u. Pr., m. Illustr. v. Nikolaus Heidelbach, Weinheim 1990; *Zwei mit vier Beinen,* Rätsel u. G., m. Illustr. v. Rotraut Susanne Berner, Weinheim 1990; *Ich will dir was verraten,* Pr. u. G., m. Illustr. v. Axel Scheffler, Weinheim 1992; *Gugummer geht über den See,* m. Illustr. v. Hermann Moser, erw. Neuausg., Kempten 1993; *Katzen kann man alles sagen,* Weinheim 1997.

Gulden, Alfred, wurde am 25. 1. 1944 in Saarlouis im Saarland geboren. Er studierte Rhetorik, Theaterwissenschaften und Germanistik in Saarbrücken und München. 1972 beendete er sein Studium mit der Sprecherzieherprüfung und unterrichtete rhetorische Kommunikation. Daneben arbeitete er in einer Münchner Druckerei und zunehmend für Rundfunk und Fernsehen. Seit 1980 lebt er als freier Schriftsteller und Filmemacher in München und Saarlouis. Er arbeitete immer wieder mit

Musikern und bildenden Künstlern zusammen und realisierte Aktionen wie 1998 das *6-Tage-Spiel* von Hermann Nitsch in Prinzendorf. Ausgezeichnet wurde er u.a. 1986 mit dem Stefan-Andres-Preis, 1989 mit dem Kranichstein-Preis (New-York-Stipendium) des Deutschen Literaturfonds, 1994 mit dem Kunstpreis des Saarlandes und 1999 mit dem Chevalier des Arts et des Lettres.

Alfred Gulden begann seine literarische Laufbahn mit Themen aus der saarländisch-lothringischen Grenzregion, mit Mundartgedichten, die er seit 1971 schreibt. Mit Fernsehfilmen und Hörspielen sowie dem Roman *Die Leidinger Hochzeit* (1984) und dem Erzählband *Auf dem großen Markt* (1977) hat er einen wichtigen Beitrag zur Renaissance der Regionalkultur geleistet – fern jeder Heimattümelei. Sein erster Roman, *Greyhound* (1982), schildert eine Hochzeitsreise durch Amerika, die wieder zurück in die Heimat des Protagonisten, das Saarland, führt. Dort ist der zweite Roman, *Die Leidinger Hochzeit*, angesiedelt. Auch hier geht es um eine Heirat. Sie findet in dem kleinen Dorf Leidingen statt, das mitten auf der Grenze zwischen dem deutschen Saarlouis und dem französischen Bouzonville liegt. Ein Deutscher verbindet sich mit einer Französin. Die Harmonie des Festes, das für einen Tag lang Vergangenheit, Gegenwart und Zukunft zusammenführt, wird jedoch bald durch trennende Dissonanzen gestört.

Grenzerfahrungen sind ein immer wiederkehrendes Motiv im Werk Guldens, der in dem Band *Nur auf der Grenze bin ich zu Haus* (1982) fragt: »Wer kann das: drin sein und doch draußen, inmitten und doch außerhalb?« und als Antwort eine Positionsbeschreibung liefert: »Im Einerseits-andererseits, Sowohl-als-auch, Zwar-aber zu Haus sein, den Zweifel als Wohnung zu haben, das ist nicht immer nur eine Chance, das ist oft auch hart, das tut oft auch weh.«

Die geografische Bandbreite seines literarischen Wirkens lässt sich durch die beiden Eckpfeiler Saarland (genauer gesagt: saarländisch-lothringische Grenzregion) und Amerika darstellen. Der Roman *Greyhound* bedeutet eine schonungslose, differenzierte und hautnahe Auseinandersetzung mit dem »amerikanischen Traum«. Epische Elemente wechseln sich ab mit dramatischen, und zwischendurch wird der Blick des Filmemachers auf eine Szene geworfen, ein Blick, der eine Einstellung blitzschnell erfasst und ausleuchtet.

Elf Jahre später veröffentlichte Gulden ein weiteres Amerika-Buch: *Silvertowers. Geschichten aus New York* (1993). Darin wird die Performance einer Megastadt mit einer Sprache gezeigt, der es gelingt, Bilder und Töne zu evozieren, filmische Eindrücke bleiben, die Sprache wirkt wie ein Soundtrack. Da ist die Szene aus der Geschichte *Fernsehverwirrtraum*, in der John Cage mitten auf der Kreuzung Broadway und 14. Straße den Verkehr dirigiert und dem »Glissando der Limousinen«, dem »Staccato der Motorräder« und den »Soli der Polizeisirenen« lächelnd und im Takt sein »Silence! Silence! Silence!« entgegenraunt.

Guldens Texte verführen zum Lautlesen. Dieses Lautlesen kann auch ein inneres sein, das einen Sprechrhythmus entstehen lässt. In seinem 1991 erschienenen Roman *Ohnehaus* ist es das Programm des Autors, Sprechakte in Schreibakte zu transformieren. Der Leser hat die Aufgabe, die optischen Zeichen im Buch wiederum in gesprochene Sprache zurückzuverwandeln. Gulden hat ein eindrucksvolles Bild entwickelt, um diesen Vorgang zu beschreiben: »Es ist so wie Wasser, das durch Gefrieren zu einer Eisplastik wird, die dann schmilzt, wieder zu Wasser wird und sich abermals neu formiert.« In *Ohnehaus* wird das Anliegen des Autors deutlich, mit den Möglichkeiten der Sprache die Welt neu zu konstruieren. Sein Ziel ist Verstörung. Der allgemeine Konsens wird infrage gestellt. Wörtlichkeiten werden tatsächlich wörtlich genommen und entwickeln ein Eigenleben, das zwar schon lange in ihnen geschlummert hat, jedoch trotzdem überrascht, weil es bisher übersehen oder überhört wurde. Bequeme Gewohnheiten und lähmende Automatismen werden mit Mitteln wie Wiederholung, Übertreibung, Parodie zunächst unterbrochen, dann ganz abgestellt. Gulden fordert: »Das Besondere an Welt, was in Sprache steckt, zu entdecken und immer wieder neu zu formulieren, das ist das, was Literatur heute leisten sollte.«

Gunna Wendt

Werke: *Lou mol lo lo Laida. Gedichte im saarländischen Dialekt,* Rothenburg o. d. T. 1975; *Root Hòòa un Summaschprossen,* Kinderb., Saarbrücken 1976; *Krejch misst gen.* Hsp., SR 1976; *Saan wiit es,* Hsp., SR 1977; *Naischt wii Firz em Kòpp. Mundartgedichte,* Rothenburg o. d. T. 1977; *Auf dem Großen Markt. Erzählungen von einem Ort an der Grenze,* Saarbrücken 1977; *Lidda fo all Fäll,* Schpl., Mü., Saarlouis 1977; *Maulschperr,* 4 Kurzhörspiele, SR 1978; *Da eewich Widdaschprung,* G., Saarbrücken 1978; *Aich han de Flämm,* Schpl., Mü., Saarlouis 1979; *Naatschicht. Ein Stück in drei Teilen,* Theaterst., Saarbrücken 1979; *Kennaschbilla,* Kinderb., Saarbrücken 1980; *Grenzfälle,* Feature in 7 Folgen, SR 1979; *Saarlouis 300. Historische Revue,* Theaterst., Saarbrücken 1980;

Alwis und Elis oder ... und dreiunddreißig Jahr Fleisch gehorsam war ..., Hsp., SR 1980; *Saarlouis-Blues*, Fssp., 1980; *Aus sich raus*, Fssp., 1980/81; *Et es neme wiit freja wòòa. Mundartgedichte und Lieder*, Saarbrücken 1981; *Of dää anna Sait*, Schpl., Mü., Saarlouis 1981; *Mundarttage in Straßburg*, Fssp., 1982; *Nur auf der Grenze bin ich zu Haus*, Aufs., Saarbrücken 1982; *Greyhound. Amerika am eigenen Leib erfahren*, R., Mü. 1982; *Rummelplatzgeschichten*, Fssp., 1983; *Grenzfall Leidingen*, Fssp., 1983; *Grenzlandschaft*, Fssp., 1983; *Jeder hat sein Nest im Kopf*, Fssp., 1983; *Die Leidinger Hochzeit*, R., Mü. 1984; *Splitter im Aug'. Stück in 14 Bildern*, Hbg. 1984; *Reise in die nächste Fremde. Der Saargau*, Fotobd., Mü. 1984; *Vis à vis ma*, G., Krefeld 1987; *Die wieder entdeckte Nähe. Dialekt in der Dichtung*, Fssp., 1987; *Mann im Beton. Stück in 13 Bildern*, Hbg. 1987; *Poway. Lieder in saarländischem Dialekt*, Schpl., Mü., Saarlouis 1987; *Osterreise*, Fssp., 1990; *Ohnehaus*, R., Mü. 1991; *A Coney Island of my heart. Eine Geschichte in New York*, Fssp., 1991; *Silvertowers. Geschichten aus New York*, En., Mü. 1993; *Jo Goldenberg. Ein Schicksal in Paris*, Fssp., 1995; *Schneeweißchen und Rosenrot. Ein Eroticon*, E., Homburg-Schwarzenacker, 1998; *Onna de langk Bäam. Unter den langen Bäumen. Lieder und Liedgeschichten*, Blieskastel 1999; *Fall tot um/Foutu à mort. Gedichte/Poèmes – Zeichungen/Dessins*, m. Zeichnungen v. Samuel Rachl, Bonn 2000, Hsp., SR 2000; *Das Ding Erinnerung. Gedichte und Bilder im Dialog*, m. Bildern v. Reinhard Fritz, Mü. 2001; *Siebenschmerzen. Gedichte und Bilder*, m. Bildern v. Helmut Pfeuffer, Mü. 2003.

H

Haas, Wolf, wurde am 14. 12. 1960 in Maria Alm am Steinernen Meer in Österreich geboren. Er studierte Linguistik, danach war er zwei Jahre Lektor an der Universität von Swansea. Anschließend arbeitete er als Werbetexter in Wien und lebt dort heute als freier Autor. Ausgezeichnet wurde er 1999 mit dem Deutschen Krimipreis.

1996 debütierte Wolf Haas mit dem Kriminalroman *Auferstehung der Toten* und führte dort seinen Serien-Helden Simon Brenner ein. Brenner ist Privatdetektiv, manchmal auch, wie in *Komm, süßer Tod* (1998), wider Willen, war Polizist und ist als Figur deutlich an die österreichische TV-Kultfigur »Kottan« angelehnt. Brenners Fälle sind in Wien, Salzburg oder in der Steiermark angesiedelt, die jeweiligen Romane sind von dem entsprechenden Lokalkolorit durchdrungen, wie zum Beispiel *Silentium* (1999) von der Atmosphäre der Salzburger Festspiele. In *Das ewige Leben* (2003) lässt Haas seinen Protagonisten Brenner sterben und beendet damit – zumindest vorläufig – die Serie.

Haas' literarisches Verfahren ist eine originelle Mischung aus konventionellen Krimiplots der Whodunit-Kategorie mit verblüffenden Auflösungen und dem für den Kriminalroman wenig üblichen Gebrauch des »skaz« (im Sinne des russischen Formalismus) als Erzähltechnik: eine oft komisch anmutende, ganz und gar nicht naive Stilisierung von mündlichem, »volkstümlichem«, quasi-naivem Erzählen mit Leseranrede und einer virtuosen Technik des Anakoluths. Dadurch erzielt Haas makabere, hin und wieder polemische Effekte in der Tradition eines Helmut Qualtinger oder Thomas Bernhard und eine gerade für den deutschen Kriminalroman seltene Sprachmächtigkeit. Haas' detailrealistischer Rekonstruktion von Sprachduktus und Denkfiguren der handelnden Personen steht ein gleichgültiger Anti-Realismus der Kriminalhandlungen gegenüber.

Thomas Wörtche

Werke: *Sprachtheoretische Grundlagen der konkreten Poesie*, Stg. 1990; *Auferstehung der Toten*, Reinbek 1996, Hsp., ORF/WDR 1999; *Der Knochenmann*, Reinbek 1997; *Ausgebremst: Best of Foul Play/Der Roman zur Formel I*, Reinbek 1998; *Komm, süßer Tod*, Reinbek 1998, Film, 2001, Hsp., ORF/WDR 2002; *Silentium*, Reinbek 1999; *Blumento-Pferde*, E., Reinbek 2000; *Wie die Tiere*, Reinbek 2001; *Das ewige Leben*, Hbg. 2003.

Hacker, Katharina, wurde am 11. 1. 1967 in Frankfurt am Main geboren. Sie studierte von 1986 bis 1990 an der Freiburger Albert-Ludwigs-Universität Philosophie, Geschichte und Judaistik. 1990 wechselte sie an die Hebrew University nach Jerusalem. Sie gab Deutschunterricht und wirkte an einem Projekt der School for Cultural Studies in Tel Aviv mit. 1996 kehrte sie nach Deutschland zurück und lebt heute als freie Autorin in Berlin. 2001 erhielt sie ein zweimonatiges Aufenthaltsstipendium in Schloss Wiepersdorf.

In Anlehnung an das bekannte Zitat von Max Frisch postuliert Katharina Hacker in ihrem Debüt *Tel Aviv* (1997): »Will man von einer Stadt sprechen, muss man ihr Sätze anprobieren.« Oder eben Geschichten anziehen bzw. die Stadt selbst zum Sprechen bringen. Die Erzählerin lässt sich treiben im Rhythmus des Verkehrs und der Menschen, der Hitze und des nahen Meeres, notiert ihre Irritationen, sucht die Oasen inmitten des Lärms, sieht ihre Nachbarn und Freunde und denkt auf ihren Spaziergängen über den Fortgang der Zeit nach. Diese dabei entstehenden Augenblickstexte, sprunghaft und quer gestellt, reflektieren ihr Fremdsein in einer Welt, die sie nur begleiten und betrachten darf, die ihr aber niemals gehören wird. Vieles bleibt schwer zu fassen und ist doch lebendig wie die Träume und der Schlaf; sie poetisiert, manches raunend und zu schlicht, alles Leben, bleibt im Bildhaften, auch wenn das Stakkato des Verkehrs, der Attentate und des grellen Lichts ihr Kurzatmigkeit aufzwingt. So wie hier vieles flüchtig scheint und unbehaust, so irren auch Figuren der griechischen Mythologie in ihren Erzählungen *Morpheus oder Der Schnabelschuh* (1998) durch unsere moderne Welt. Säufer Elpenor hängt am Bahnhof herum, Sisyphos macht mit seinem Kieselstein Krach im Hotel, Minotaurus wandert ziellos durch den Bauch der Stadt, nur Morpheus, der Botengänger, freut sich über seine neuen Schnabelschuhe. Nach dem Ende des Olymp führen sie ein trauriges Leben in der Fremde, zur steten Wiederholung gezwungen. Hackers Kniff, sie als Normalsterbliche ernst zu nehmen, belässt ihnen ihre schöne Melancholie und entrückt sie gleichzeitig dem Orkus des Vergessens.

Der Bademeister (2000), Titelfigur des ersten Romans, hat sein ganzes Leben in einem Hallenbad am Prenzlauer Berg im Berliner Osten verbracht. Mit dessen Schließung im Zuge der Wende wird er um den Bezugspunkt seines Lebens und um den Verstand gebracht. 40 Jahre war er dafür verantwortlich, dass keiner ertrinkt, und am Ende geht er selbst unter. In einem großen Monolog stemmt sich der Bademeister Hugo gegen den Verfall des Bades und der Zeiten, rekapituliert und deutet in Vergessenheit geratene Ereignisse an und redet sich den Kummer von der Seele – eine Figur Bernhardschen Zuschnitts. Die Rede ist von versteckten Mikrofonen, der Nazivergangenheit des Vaters, der ihm das Studium verwehrte, von zwölf Menschen, die im leeren Bassin erschossen wurden, vom mysteriösen Verschwinden des letzten Bademeisters. Und doch war das Schwimmbad ein Ort der Stille und Sicherheit. Doch nun hält Hugo die eigene Totenwache, jetzt wird geflutet. Man sollte den *Bademeister* nicht gleich zum Paradigma deutscher Befindlichkeit erheben, auch wenn Hugos Schicksal zweifellos Brüche und Enttäuschungen spiegelt, die Menschen in Deutschland nach 1989 erlebt haben. Ihn aber auf das Psychogramm eines Außenseiters zu reduzieren, greift ebenso zu kurz. Das beharrliche Einkreisen dieser Figur und ihrer engen Lebensumstände, das Aufbegehren eines Mannes, der es lange vorgezogen hatte zu schweigen, in eine schlüssige Form zu bringen, darin besteht die Leistung des Romans. Das sublime, sich mehr in Andeutungen als Behauptungen äußernde Vermögen der Autorin, sich in die Tragik seines Schicksals einzufühlen, lässt diesem Widerspenstigen seine Würde und macht seine Rede zum Ereignis.

Thomas Kraft

Werke: *Tel Aviv. Eine Stadterzählung*, Ffm. 1997; *Lea Aini: Eine muss da sein*, Übs., Ffm. 1997; *Morpheus oder Der Schnabelschuh*, En., Ffm. 1998; *Baudelaire und die Gedächtniskunst*, Feat., DLR 1998; *Von denen Schnecken. Skizze meiner Großmutter*, zus. m. Paulus Böhmer, Ffm. 1999; *Der Bademeister*, R., Ffm. 2000; *Jossi Avni: Der Garten der toten Bäume*, Übs., Ffm. 2000; *Eine Art Liebe*, R., Ffm. 2003.

Hackl, Erich, geboren am 26. 5. 1954 in Steyr/Oberösterreich, studierte Germanistik und Romanistik in Salzburg, Salamanca und Malaga und arbeitete von 1977 bis 1979 als Lektor für deutsche Sprache und österreichische Literatur an der Universidad Complutense in Madrid. Seit 1979 zahlreiche Reisen nach Lateinamerika. Von 1979 bis 1983 arbeitete Hackl als Lehrer für Deutsch und Spanisch in Wien, von 1981 bis 1990 war er Dozent am Institut für Romanistik der Universität Wien. Seit 1983 lebt er als freiberuflicher Autor und Übersetzer in Wien. Ausgezeichnet wurde er u.a. 1987 mit dem »aspekte«-Literaturpreis und dem 1. Grand-Prix Genève-Europe der Union der Europäischen Rundfunkstationen, 1990 zusammen mit Karin Brandauer mit dem Fernsehpreis der Österreichischen Volksbildung, 1991 mit dem Literaturpreis des Verbandes evangelischer Büchereien, 1994 dem Kulturpreis des Landes Oberösterreich für Literatur, 1995 mit dem Gerrit-Engelke-Literaturpreis der Stadt Hannover, 1996 mit dem Bruno-Kreisky-Preis und 2002 mit dem Solothurner Literaturpreis.

Wahre historische Ereignisse und Schicksale liegen den Romanen und Erzählungen Erich Hackls zugrunde. Einer Literatur der Erinnerung und der Aufklärung verpflichtet, rollt Hackl authentische Fälle wieder auf, in denen Menschen extreme Gewalt zugefügt wurde. Es ist eine Art Dokumentationsliteratur, Geschichtsschreibung im wörtlichen Sinne, die sich auf der Basis wohl recherchierten Materials ihre narrativen Freiheiten nimmt, ohne die »wahre Begebenheit« zu ignorieren. Hackl orientiert sich an den Zeugnissen seiner Geschichte, aber er entwickelt sie, bei aller treuen Bindung, weiter, enthält sich allerdings zu großer Freiheiten oder gar Wertungen, bleibt als Erzähler diskret im Hintergrund.

»Sie sind an der Macht, aber wir sind am Wort« (*Sara und Simón*, 1995). Dieser Satz klingt wie eine Losung, Versprechen und Trost zugleich, und könnte als Schlüsselwort der literarischen Arbeit Erich Hackls gelten. Dieser sieht sich in einer Tradition von Erzählern, die von Kleist zu Meienberg führt; er schätzt die faktengesättigten Texte eines »New Journalism«. Zeugenbefragung, Akteneinsicht, Quellensuche, Faktentreue, das ist sein Verfahren – und Geschichten zu erzählen, aus Wirklichkeit mithilfe der Literatur Wahrheit entstehen zu lassen, mit der selbst auferlegten Zurückhaltung des Chronisten.

In *Auroras Anlass* (1987) erzählt er die authentische, sorgfältig recherchierte und nur um wenige fiktionale Passagen bereicherte Lebensgeschichte der spanischen Feministin Aurora Rodríguez (1890–1955), die, aus einem freidenkenden Elternhaus in Galicien stammend, früh die »Dekadenz und Agonie« der spanischen Nation beklagt und eine soziale Umgestaltung der patriarchalischen Gesellschaft gemäß den Ideen des französischen Sozialisten Charles Fourier (1772–1837) gefordert hat. Ihr »Wunsch nach einem anderen Leben«, den sie trotz ihrer für damalige Verhältnisse äußerst unkonventionellen, radikal-feministischen Lebensweise nur begrenzt erfüllt sah, verlagert sich auf ihre

Tochter Hildegart, die mit einem perfekten Erziehungsplan zur Einlösung all der unerreichten Lebensziele der Mutter geformt werden soll: eine idealisierte Kunstfigur, ein Wunderkind, das nur mit der Absicht in die Welt gesetzt wurde, »die Menschheit oder einen Teil derselben« zu befreien. Der Modellversuch scheitert; Hildegart sieht sich nach einiger Zeit nicht mehr dazu in der Lage, den hohen Ansprüchen der Mutter zu genügen: ihre persönliche Entwicklung steht den Plänen Auroras konträr gegenüber. Aurora sieht sich eines Tages, auf den Wunsch Hildegarts hin, »veranlasst, ihre Tochter zu töten«. Eine erschütternde Geschichte, die an antike Tragödien erinnert. Die Erzählung vermittelt Einblicke in eine gesellschaftliche Wirklichkeit Spaniens, die wenig bekannt ist: Vor dem Hintergrund sozialer Umwälzungen, des Sturzes der Monarchie, der Ausrufung der Republik, des Bürgerkrieges und der beginnenden Diktatur General Francos beleuchtet Hackl, als Erzähler zurückhaltend, die Biografie einer Frau, die gegen ihren Status als »Mensch zweiter Klasse« mit Aufklärung und Reformvorschlägen politisch ankämpfte und dies radikal vorzuleben versuchte.

»Im Gedenken an das Zigeunermädchen Sidonie Adlersburg, aufgewachsen in Letten, gestorben in Auschwitz, Opfer der faschistischen Machthaber und ihrer willfährigen Untertanen«, lautet die Inschrift auf einer Gedenktafel, die in ihrem Heimatort angebracht wurde, nachdem Hackl mit seinen Recherchen über Sidonies Schicksal das lang gehegte »Netz des Schweigens« durchbrochen hatte. Die Erzählung *Abschied von Sidonie* (1989) ist das Ergebnis dieser Nachforschungen; sie rekonstruiert den kurzen Lebensweg des Zigeunermädchens Sidonie (1933–1943), das 1933 in Steyr geboren, ausgesetzt und dann als Pflegekind von der sozialdemokratisch gesinnten Familie Breirather großgezogen und anfangs sicher durch die Wirren der Nazizeit und des Zweiten Weltkrieges gebracht wurde, ehe es als Opfer von Unmenschlichkeit und feigem Opportunismus im Konzentrationslager Auschwitz an »Kränkung« verstarb. Sachlich und distanziert erfüllt Hackl die schreckliche Chronistenpflicht, bis er an die Stelle kommt, an der er sich »nicht länger hinter Fakten und Mutmaßungen verbergen kann, an der er seine ohnmächtige Wut hinausschreien möchte«. Dieser emotionale Ausbruch, wie auch der Schlussteil mit dem dezidiert-moralischen Impetus, trifft sicher auf Verständnis, erscheint aber überflüssig; die Tragik der geschilderten Ereignisse und ihre so eindringliche wie kunstvolle Darstellung verfehlen ihre nachhaltige Wirkung auf den Leser ohnehin nicht. Die von Karin Brandauer 1990 verfilmte Erzählung vertraut auf die Fakten des Grauens, kleine Szenen, die in der nüchternen Darstellung ihre ganze Brutalität entwickeln. Keine Sentimentalität, kein Pathos, keine schulmeisterliche Manier verunzieren diese meisterhafte Erzählung, die Hackls großen Erfolg begründete.

Der auch als Übersetzer und Vermittler lateinamerikanischer Literatur aktive Erich Hackl führt mit *Sara und Simón* (1995) in eine Welt der Verfolgung und Vernichtung, die noch gar nicht so lange zurückliegt: zu den Militärdiktaturen Südamerikas, deren Juntas, oft vom Westen gestützt, Bürgerrechtler und Oppositionelle folterten und ermordeten, um den Demokratisierungswillen der Bevölkerung zu unterdrücken. Die Erzählung setzt Anfang der Siebzigerjahre in Uruguay ein. Die Lehrerin Sara Méndez schließt sich einer anarchistischen Gruppierung an. Nach der vorübergehenden Flucht ins argentinische Exil muss sie, als die Obristen an die Macht kommen, erneut im Untergrund abtauchen. Razzien, Entführungen und Fememorde sind an der Tagesordnung. Sara führt das illegale Leben der Stadtguerilla. Trotzdem bringt sie 1976 einen Jungen zur Welt, Simón. Bei einer Razzia wird Sara verhaftet, muss Simón zurücklassen, wird gefoltert und fünf Jahre lang inhaftiert. Sie beginnt ihren Sohn zu suchen und stößt auf eine Mauer des Schweigens. Die Adoptiveltern des Jungen verweigern eine exakte Identifizierung. Mit dem Sturz des Regimes 1989 kommt es zwar zu einer juristischen Verhandlung, aber die Sache wird verzögert und letztlich abgewiesen. Die Geschichte verläuft im Sande, eine endlose Geschichte. Auch hier erweist sich Hackl als souveräner Erzähler, der sparsam mit seinen Mitteln umgeht und sich weit zurückzieht.

Wenn Hackl über den uruguayischen Autor Eduardo Galeanbo schreibt, dass dieser »den Fakten mehr als den Fiktionen vertraue; er erfindet nicht, er findet« (*In fester Umarmung*, 1996), charakterisiert dies auch sein Selbstverständnis als Autor. Wenn er Themen wie die ausländischen Freiwilligen im Spanischen Bürgerkrieg, die österreichische Arbeiterbewegung, lateinamerikanische Diktaturen, Antisemitismus oder den Faschismus in all seinen Spielarten aufgreift, wird, bei all der Ungeheuerlichkeit der geschilderten Vorgänge, immer ein utopisches Moment spürbar: die Hoffnung, dass Geschichte durch das Weitererzählen dieser Geschichten wirkt, dass sie das, was in Vergessenheit zu geraten droht, bewahrt und weitergibt. Schreiben heißt dann nicht Trauer-, sondern Erinnerungsarbeit, ein Widerpart zu dem, was offizielle Stellen aus »Scham oder Niedertracht« (Hackl) versäumen.

In diesem Sinne erscheint auch *Die Hochzeit von Auschwitz* (2002) nicht als Tabubruch, Mythisierung oder Parabel, sondern als unsentimentale, zwischen den Zeilen beredte, ja fast wie ein Mitschnitt mündlicher Aussagen aller Beteiligten wirkende »Begebenheit«, die vom Leben des österreichischen Marxisten und Spanienkämpfers Rudi Friemel erzählt, von seiner Trauung mit der Spanierin Marga 1944 im Lager Auschwitz und von seinem Tod durch den Henker ein paar Wochen später. Ein polyfones Geflecht vieler Zeitzeugen, engmaschig montiert mit vielen Blenden in die Szenarien des Krieges, soll dieses »unerhörte« Ereignis beglaubigen, denn selbst von den Angehörigen wird es bald vergessen, in einer Schuhschachtel auf dem Dachboden deponiert. Keine Märchenhochzeit also und kein Märchen, sondern »ein Buch über den Untergang des utopischen Hoffens und Denkens, über die Niederlage des Idealismus der Linken im vergangenen Jahrhundert« (Ruth Klüger).

Thomas Kraft

Werke: *Lateinamerika – Literatur im Widerstand*, Hg., Wien 1982; *Tode*, Hsp., WDR 1982; *Durch die Wüste*, Hsp., ORF 1983; *Der Streik*, nach Alvaro Cepeda Samudio, WDR 1983; *Lesebuch Dritte Welt*, Bd. 2., hg. zus. m. P. Schultze-Kraft u.a., Wupp. 1984; *Erinnerungen an einen Aufstand. Steyr – Februar 1934.* Feature, zus. m. Walter Wippersberg, ORF 1984; *Blauer Winkel. Republikanische Spanier in Österreich,* Feature, ORF 1985; *Das Herz des Himmels. Vom Leiden der Indios in Guatemala*, Hg., Wien 1985; *Über Leichen*, Hsp., 1985; *Hier ist niemand gestorben. Nachgelassene Gedichte aus Lateinamerika*, Hg., Übs., Schwifting 1985; *Geschichten aus der Geschichte des Spanischen Bürgerkriegs. Erzählungen und Berichte deutschsprachiger Autoren*, hg. zus. m. C. Timón Solinís, Darmst. 1986; *Tod einer Wunschmaschine*, Hsp., ORF 1986; *Zugvögel seit jeher. Freude und Not spanischer Zigeuner*, Hg., Wien 1987; *Auroras Anlass*, E., Zür. 1987, Theaterst. UA Oberhausen 1989; *Kinderexil*, nach M. Monteforte Toledo, Hsp., ORF 1987; *Wien – Wien allein. Literarische Nahaufnahmen*, Hg., Darmst. 1987; *Luis Fayad: Auskunft über Esters Verwandte*, R., Übs. zus. m. Peter Schulze-Kraft, Bornheim-Merten 1987; *Spanien. Im Schatten der Sonne*, hg. zus. m. M. Lara, Ffm. 1989; *Abschied von Sidonie*, E., Zür. 1989, Film, ORF 1990; *Eduardo Galeano: Das Buch der Umarmungen*, Übs., Wuppertal 1991; *König Wamba. Ein Märchen*, m. Zeichnungen v. Paul Flora, Zür. 1991; Hsp., SWF 1993; *Juan José Saer: Die Gelegenheit*, Übs., Mü. 1992; *Unser Amerika. 5 Hörbilder*, zus. mit Franz Fluch, ORF 1992; *Kurzgefaßter Bericht von der Entdeckung, Besichtigung und freiwilligen Preisgabe der Stadt Schleid-di*, Film, ORF 1993; *Idea Vilariño: An Liebe*, Übs. zus. m. Peter Schultze-Kraft, Salzb. 1994; *Ana Maria Rodas: Gedichte der erotischen Linken*, Übs. zus. m. Peter Schultze-Kraft, Salzb. 1995; *Sara und Simón. Eine endlose Geschichte*, Zür. 1995; *In fester Umarmung. Geschichten und Berichte*, Zür. 1996; *Mauricio Rosencof: Die Briefe, die nie angekommen sind*, Übs., Salzb. 1997; *Humberto Ak'abal: Trommel aus Stein*, Übs., Zür. 1998; *Entwurf einer Liebe auf den ersten Blick*, Zür. 1999; *Album Gurs. Faksimile*, Hg., Wien 2000; *Rodrigo Rey Rosa: Die verlorene Rache*, Übs., Zür. 2000; *Carilda Oliver Lobra: Um sieben in meiner Brust*, Übs., zus. m. Dorothee Engels, Heilbronn 2001; *Rodrigo Rey Rosa: Die Henker des Friedens*, Übs., Zür. 2001; *Der Träumer Krivanek. Eine Geschichte nach Bildern von Trude Engelsberger*, Salzb. 2001; *Die Hochzeit von Auschwitz. Eine Begebenheit*, Zür. 2002.

Hacks, Peter, wurde am 21. 3. 1928 als Sohn eines Rechtsanwalts in Breslau geboren. Ab 1946 studierte er in München Soziologie, Philosophie, Germanistik und Theaterwissenschaft und promovierte dort 1951 mit einer Dissertation über *Das Theaterstück des Biedermeier (1815–1840). Versuch einer Gesamtdarstellung* (unveröffentlicht). Danach schrieb er für Funk, Kabarett und Theater. 1954 gewann er den Ersten Preis im »Wettbewerb für junge Autoren der Stadt München« für sein Kolumbus-Schauspiel *Eröffnung des indischen Zeitalters* (UA Mü. 1955; Neufassung 1970 als *Columbus oder Die Weltidee zu Schiffe*). Auf Einladung von Bertolt Brecht siedelte Hacks 1955 nach Ost-Berlin über, wo er 1960 Dramaturg und Hausautor am Deutschen Theater wurde. Seit 1963 arbeitet Hacks als freier Schriftsteller. 1956 erhielt er den Lessing-Preis, 1965 den F.-C.-Weiskopf-Preis, 1971 den bundesdeutschen »Kritikerpreis für Literatur«, 1977 den Nationalpreis der DDR 1. Klasse und 1981 den Heinrich-Mann-Preis der Ost-Berliner Akademie der Künste. 1998 wurde er mit dem Sonderpreis des Deutschen Jugendliteraturpreises für sein kinderliterarisches Gesamtwerk ausgezeichnet. Peter Hacks war von 1964 bis 1991 Mitglied des P.E.N.-Zentrums der DDR und von 1972 bis 1991 Mitglied der Akademie der Darstellenden Künste in der DDR. Peter Hacks ist am 28. 8. 2003 in der Nähe von Berlin gestorben.

Hacks' erste Werke waren wie sein Kolumbus-Schauspiel Historienstücke: *Das Volksbuch vom Herzog Ernst oder Der Held und sein Gefolge* (entst. 1953, UA Mannheim 1967), *Die Schlacht bei Lobositz* (entst. 1955, UA Ost-Bln. 1956) und *Der Müller von Sanssouci. Ein bürgerliches Lust-*

spiel (entst. 1957, UA Ost-Bln. 1958). All diese Stücke setzen sich mit bürgerlichen Gesellschaftsverhältnissen auseinander. Sie demontieren den bürgerlichen Heldenbegriff und die ihn tragende Geschichtsteleologie und parodieren das Genre des bürgerlichen Lustspiels. Dabei wird der ideologiekritische Gestus immer deutlicher abgelöst vom überlegenen Lachen aus einer Siegerposition heraus. Im Bewusstsein historischer Überlegenheit propagierte Hacks in seinem Essay *Einige Gemeinplätze über das Stückeschreiben* (1956) die Wiederbelebung der Komödie. Ihr Plädoyer für die Geltungsmacht des Subjekts habe unter sozialistischen Verhältnissen nicht länger den Charakter eines utopischen Als-ob, sondern verweise auf die reale Subjektgemäßheit der Gesellschaft.

Mit dieser Gewissheit wandte sich Hacks nach seiner Übersiedlung in die DDR Gegenwartsthemen zu. Mit dem Produktionsstück *Die Sorgen und die Macht* griff er die kulturpolitische Direktive des »Bitterfelder Wegs« auf, gestaltete aber den häufig behandelten Gegensatz zwischen qualitativer und quantitativer Planerfüllung auf ungewöhnliche Weise. Sein Protagonist, der Brikettarbeiter Max Fidorra, entsprach nicht dem offiziellen Bild vom Helden der Arbeit, folgt er doch bei der Lösung des Konflikts keinem sozialistischen, sondern einem persönlichen Impuls: seinem verletzten Mannesstolz. Hacks suchte nach einem glaubwürdigen Motiv, sich für den Aufbau des Sozialismus stark zu machen. Er wandte sich dabei gegen die Stilisierung des Arbeiters zum selbstlosen Helden ebenso wie gegen alle Formen von Opportunismus und Heuchelei. Mit der Figur des Fidorra gelangen vielmehr Eigeninteresse und gesellschaftliche Verantwortung zur Deckung. So plädiert sie für eine Haltung produktiver Unzufriedenheit, die gerade dadurch zum Garanten des gesellschaftlichen Fortschritts wird, dass sie den Status quo immer wieder infrage stellt. Auch mit seinem zweiten Zeitstück *Moritz Tassow* (UA Ost-Berlin 1965) fragte Hacks nach der dem Aufbau des Sozialismus angemessenen Haltung. Gegeneinander stehen Erich Mattukat, altgedienter Kommunist und Bezirksbevollmächtigter für das fantastische Dorf Gargentin, und Moritz Tassow, Schweinehirt und Anführer der Revolution in Gargentin. Als Pragmatiker setzt sich Mattukat für einen schrittweisen Aufbau des Sozialismus ein, Tassow hingegen erklärt die Revolution für vollendet und möchte den Sozialismus ab sofort genießen. Beide Haltungen relativiert die Komödie. Die unbestrittene Lebenslust Tassows führt als politische Maxime zur Konterrevolution, die Selbstbeschränkung auf das historisch Machbare läuft Gefahr, das revolutionäre Ziel aus den Augen zu verlieren. Mit beiden Zeitstücken geriet Hacks in die Kritik. *Die Sorgen und die Macht* musste er mehrfach umarbeiten. Die erste Fassung entstand 1959, eine überarbeitete Version wurde am Theater der Bergarbeiter in Senftenberg 1960, die letzte Fassung am Deutschen Theater in Ost-Berlin 1962 uraufgeführt. Auf Intervention der Partei wurde das Stück kurz darauf wieder abgesetzt und Hacks 1963 als Dramaturg des Theaters entlassen. Ähnlich erging es ihm mit *Moritz Tassow*. Entstanden 1961, wurde das Stück erst 1965 uraufgeführt. Wieder griff die Partei ein und ließ es Anfang 1966 vom Spielplan absetzen.

Nach *Moritz Tassow* schrieb Hacks lange Zeit keine weiteren Zeitstücke. Er machte dafür ästhetische Gründe geltend. Schon 1961 hatte er in seinem Essay *Die Ästhetik Brechts* das brechtsche Theater für historisch überholt erklärt. Der sozialistische Realismus galt ihm längst als ein Übergangsphänomen. Die Zeit der Unterordnung des Ästhetischen unter die Aufgaben der Kritik sei vorbei. In seinen Essays aus der ersten Hälfte der Sechzigerjahre forderte Hacks vom Drama Pomp, große Themen und Charaktere und eine große Form, den Vers. Die Zeit sei reif für sozialistische Klassik. Sie sei die große Darstellung der realen Harmonisierbarkeit gesellschaftlicher Gegensätze. Sie rücke das große Individuum in den Mittelpunkt und symbolisiere darin die wirkliche Geschichtsmächtigkeit des Subjekts. Auch die kritische Funktion der Kunst bestimmte Hacks neu. Ihre Aufgabe sei es, das Bewusstsein von der humanen Utopie in Gestalt eines ästhetischen Gegenentwurfs zur Welt wach zu halten. Hacks' Komödien, seine Bearbeitungen und Mythenadaptionen thematisieren immer wieder das Verhältnis zwischen der gesellschaftlichen Wirklichkeit und der humanen Utopie: Wie kann das Reich der Kunst in einer prosaischen Welt existieren – *Margarete in Aix* (UA Basel 1969) –, wie verändert sich das Leben, wenn es mit einem Gott in Berührung kam – *Amphitryon* (UA Gött. 1968) –, und was bedeutet der Verlust des Paradieses – *Adam und Eva* (UA Dresden 1973)? In immer neuen Varianten zeigt Hacks, dass der Gegensatz von Utopie und Wirklichkeit nicht etwa zu beklagen, sondern als Antrieb zu verstehen ist, die Wirklichkeit stetig zu vervollkommnen. Das Paradies, so lautet der Schluss von *Adam und Eva*, war gewonnen, als die Menschen es verloren. Bis in die zweite Hälfte der Siebzigerjahre hinein zählte Hacks im Westen zu den meistgespielten Dramatikern, und zwar nicht zuletzt mit seinen Stücken der sozialistischen Klassik. Das erscheint nur auf den ersten Blick paradox, lässt sich den Werken doch der systemübergreifende Trostgedanke von der notwendigen Unvollkommenheit des menschlichen Daseins entnehmen. Diesen allerdings präsentierte Hacks heiter und unbeschwert, in Versen mit Wortwitz und intellektuellen Anspielungen.

Etwa ab Mitte der Siebzigerjahre verändert sich das Hackssche Theater. Obwohl er sich in seinen politischen Stellungnahmen nach wie vor zur DDR bekannte – heftigstes Beispiel ist seine Rechtfertigung der Ausbürgerung von Wolf Biermann 1976 –, bezweifeln seine Stücke nun immer deutlicher die Unterstellung, in klassischen Zeiten zu leben. Das Monodrama *Ein Gespräch im Hause Stein über den abwesenden Herrn von Goethe* (UA Dresden 1976), mit dem Hacks seinen größten internationalen Bühnenerfolg erzielte, porträtiert das Schriftstellergenie aus der Perspektive der zwischen Liebe und gesellschaftlichen Konventionen schwankenden Charlotte von Stein und hält erstmals eine unüberbrückbare Trennung zwischen der Kunst und dem gesellschaftlich Gültigen fest. In dem Schauspiel *Die Fische* (UA Gött. 1978) scheitert das Experiment eines Wissenschaftlers, aus fischähnlichen Geschöpfen vernünftige Menschen zu machen. Am Ende bleibt nur die Hoffnung auf eine rettende Macht. Dass auch diese Hoffnung sich nicht auf die Wirklichkeit stützen konnte, führt das Historienstück *Fredegunde* (entst. 1984, UA Braunschweig 1989) vor. Es handelt vom Kampf dreier Brüder, der merowingischen Frankenkönige Hilprecht, Sigbert und Guntram, um die Vorherrschaft in dem unter ihnen aufgeteilten Land. Diesen Machtkampf führen stellvertretend ihre Mutter und ihre Ehefrauen. Die staatstragenden Frauen erinnern zwar an das souveräne Subjekt, das zuvor Hacks' sozialistische Klassik bevölkerte, sie agieren mächtig und souverän, intrigant und skrupellos, aber es geht ihnen ausschließlich um Machtpolitik. Alle früheren Vorstellungen vom Fortschritt der Geschichte führen sie ad absurdum. Damit stellte Hacks zugleich das geschichtsphilosophische Fundament seiner Dramatik infrage.

In den letzten Jahren der DDR trat Hacks als Theaterautor kaum noch in Erscheinung. Er veröffentlichte Kinderbücher, Essays und Gedichte. Erst nach 1989 wandte er sich wieder stärker dem Theater zu. Eine skeptisch-ironische Stimmung beherrscht nun seine Stücke. Nichts ist mehr übrig von der einstigen Vorstellung, der Mensch sei Subjekt seiner Verhältnisse. Im Gegenteil, die Menschen scheinen dem Lauf der Geschichte ausgesetzt und untergeordnet. In dem Lustspiel *Fafner, die Bisam-Maus* (UA Krefeld 1992) spielt Hacks am Beispiel eines typischen west-östlichen Nachwendekonflikts um ein Hauseigentum gängige Deutungs- und Lösungsmuster dieses Konflikts durch und lässt sie scheitern. Er kennt keine Sieger der Geschichte. Am Ende sind der Westeigentümer und der Osteigentümer aufgrund materieller Umstände gezwungen, das umstrittene Haus gemeinsam zu bewohnen. Die west-östliche Vereinigung findet bei Hacks als eine Art Notgemeinschaft statt. Mit dem Schauspiel *Genovefa* (UA Chemnitz 1995) griff Hacks einmal mehr auf einen bereits bearbeiteten Legendenstoff zurück. Von den Vorgängern unterscheidet sich Hacks' Version vor allem dadurch, dass die unschuldig verurteilte Genovefa am Ende nicht rehabilitiert wird, obwohl ihr Mann, Pfalzgraf Siegfried, nach ihrem Tod gesteht, längst von der Unschuld seiner Frau gewusst zu haben. Doch, so seine Lebensbilanz, sei es unmöglich, den Gang der Geschichte zu beeinflussen: »Man muß, wenn man auf Änderungen Wert legt, überhaupt nichts machen. Was kommen soll, kommt von alleine. Seit einer gewissen Zeit werden ein Drittel aller neugeborenen Mädchen auf Genovefa getauft. Ich sage dir was, eine Änderung, deren Herbeiführung einer Entscheidung bedarf, war nicht zum Guten. Es ist die Zeit, die die Dinge ändert, nicht der Mensch.«

Hacks selbst hält sich freilich an dieses fatalistische Fazit nicht. Immer wieder meldet er sich mit seinen scharfsinnigen wie scharfzüngigen Essays zu Wort – jüngstes Beispiel seine Polemik *Zur Romantik* (2001) – und führt mit Berufung auf Goethe, Hegel und Heine einen Feldzug gegen die Moderne und deren Unvernunft. Erst recht vertraut der Kinderbuchautor Peter Hacks auf die Fähigkeit zur Vernunft. In seinen zahllosen Erzählungen, Märchen, Sagen, Dramen, Hörspielen und Gedichten spricht er die Kinder in einem ganz eigenen, zeitlosen Ton an, der schon seine ersten, äußerst beliebten Geschichten um Henriette und Onkel Titus im *Windloch* (1956) und im *Turmverlies* (1962) auszeichnete. Jede Menge Ironie traut er seinen jungen Lesern und Zuhörern zu, und er führt sie in immer neue Welten, in denen sich die Kunst wunderbar in das Leben einschaltet, Autoritäten und Normen relativiert und Fiktion und Realität auf merkwürdig selbstverständliche Weise miteinander vermischt.

Andrea Jäger

Werke: *Das Theaterstück des Biedermeier (1815–1840). Versuch einer Gesamtdarstellung*, Diss., Mü. 1951; *Der gestohlene Ton*, Hsp., SDR 1953; *Das Fell der Zeit*, Hsp., SDR 1954; *Die Eröffnung des indischen Zeitalters*, UA Mü. 1955; *John Millington Synge: Der Held der westlichen Welt*, Übs. u. Bearb., zus. m. Anna Elisabeth Wiede, UA Bln. 1956, gedr. Lpz. 1961; *Die Schlacht bei Lobositz*, UA Ost-Bln. 1956; *Das Windloch. Geschichten von Henriette und Onkel Titus*, Kinderb., Ost-Bln. 1956, Bonn 1970, Köln 1996; *Theaterstücke* (enth. *Das Volksbuch vom Herzog Ernst oder Der Held und sein Gefolge; Eröffnung des indischen Zeitalters; Die Schlacht bei Lobositz*), Ost-Bln. 1957; *Der Müller von Sanssouci*, UA Ost-Bln. 1958, Hsp., SWF 1967; *Geschichte eines alten Wittibers im Jahre 1637. Moralität. Laienspiel*, Hsp., Rundf. d. DDR 1958; *Die Sorgen und die Macht*, Theaterst., entst. 1959, 3 Fssgn. 2. Fssg. gedr. Ost-Bln. 1959, UA der 2. Fssg. Theater der Bergarbeiter Senftenberg 1960, UA der 3. Fssg. Ost-Bln. 1962; *Die Kindermörderin. Ein Lust- und Trauerspiel nach Heinrich Leopold Wagner*, UA Wuppertal 1959, UA der 2. Fssg. Pforzheim1968; *Attila József: Gedichte*, hg. v. Stephan Hermlin u.a., Übs., Ost-Bln. 1960, Budapest 1964; *Das Turmverlies. Geschichten von Henriette und Onkel Titus*, Kinderb., Ost-Bln. 1962, Gütersloh 1964; *Der Frieden. Nach Aristophanes*, UA Ost-Bln. 1962, gedr. m. Zeichnungen v. Günter Horlbeck, Lpz. 1965; *Zwei Bearbeitungen* (enth. *Der Frieden; Die Kindermörderin*), Theaterst., Ffm. 1963, Ost-Bln. 1976; *Jacques Offenbach: Die schöne Helena. Operette*, Libretto, UA Ost-Bln. 1964, gedr. Ost-Bln. 1964; *Der Flohmarkt. Gedichte für Kinder*, Ost-Bln. 1965, m. Zeichnungen v. Werner Maurer, Zür., Köln 1973; *Moritz Tassow*, Theaterst., UA Ost-Bln. 1965; *Polly oder Die Bataille am Bluewater Creek, nach John Gay*, Theaterst., UA Halle 1965; *Stücke nach Stücken* (enth. *Polly; Die schöne Helena. Operette für Schauspieler nach dem Libretto von Meilhac und Halévy*), Ffm. 1965, Ost-Bln. 1966; *Stücke nach Stücken* (enth. *Der Frieden; Die schöne Helena; Die Kindermörderin; Polly*) Ost-Bln., Weimar 1965, Neuausg. u. d. T. *Stücke nach Stücken 1*, Ost-Bln., Weimar 1980; *Fünf Stücke* (enth. *Das Volksbuch vom Herzog Ernst; Eröffnung des indischen Zeitalters; Die Schlacht bei Lobositz; Der Müller von Sanssouci; Die Sorgen und die Macht*), Ffm. 1965; *Carl Michael Bellman: Gedichte*, in: ders.: *Fredmans Episteln an diese und jene, aber hauptsächlich an Ulla Winblad*, Übs., Lpz. 1965, Hanau 1965; *Der Schuhu und die fliegende Prinzessin*, Theaterst., UA Ost-Bln. 1966, gedr. Ost-Bln. 1966, Hanau 1971; *Das Volksbuch des Herzog Ernst*, Theaterst., UA Mannheim 1967; *Lieder zu Stücken*, m. Schpl., Ost-Bln. 1967, erw. Aufl. 1978, u. d. T. *Ich trug eine Rose im Haar. Lieder zu Stücken*, mit Illustrationen von Klaus Ensikat, Mü., Wien 1981; *John Millington Synge: Der Held der westlichen Welt und andere Stücke*, Übs., Ffm. 1967; *Amphitryon. Komödie in drei Akten*, UA Gött. 1968, gedr. m. Illustr. v. Ursula Mattheuer-Neustädt, Ost-Bln. 1969; *Margarete in Aix*, Theaterst., UA Basel 1969, gedr. m. Farblithografien v. Albert Ebert, Ost-Bln. 1974; *Omphale*, Theaterst., UA Ffm. 1970; *König Heinrich der Vierte*, Übs. u. Bearb., UA Bln. 1970; *Egon Mathiesen: Der Affe Oswald*, Zeichnungen u. Verse, Übs., Mü. 1971; *Das Poetische. Ansätze zu einer postrevolutionären Dramaturgie*, Ess., Ffm. 1972; *Ausgewählte Dramen* (enth. *Columbus oder Die Weltidee zu Schiffe; Die Schlacht bei Lobositz; Moritz Tassow; Amphitryon; Omphale*), Ost-Bln. 1972; *Noch einen Löffel Gift, Liebling?*, Theaterst., UA Bln. 1972, Musik v. Siegfried Matthus; *Die Katze wäscht den Omnibus*, Kinderb., Ost-Bln. 1972, Hanau 1973; *Der Bär auf dem Försterball*, Kinderb., Köln 1972, m. Illustr. v. Walter Schmögner, Köln 1990; *Adam und Eva. Komödie in einem Vorspiel und drei Akten*, UA Dresden 1973, gedr. m. Lithografien v. Albert Ebert, Lpz. 1976; *Kathrinchen ging spazieren*, m. Illustr. v. Heinz Edelmann, Kinderb., Köln 1973; *Die Sonne*, m. Illustr. v. Klaus Ensikat, Kinderb., Ost-Bln. 1973; *Lieder. Briefe. Gedichte*, Ost-Bln. 1974, Wuppertal 1974; *Die Dinge in Buta*, m. Linolschnitten v. Wolfgang Jörg u. Erich Schönig, 300 sign. und nummerierte Exemplare, Bln. 1974; *Stücke* (enth. *Das Volksbuch vom Herzog Ernst; Columbus; Die Schlacht bei Lobositz; Der Müller von Sanssouci*), Lpz. 1974; *Das Jahrmarktsfest zu Plundersweilern*, UA Ost-Bln. 1975; *Columbus oder Die Weltidee zu Schiffe*, Theaterst., UA Zaragoza 1975; *Rosie träumt*, Theaterst., UA Ost-Bln.1975; *Oper* (enth. *Geschichte meiner Oper; Noch einen Löffel Gift, Liebling?; Omphale; Die Vögel; Versuch über das Libretto*), Ess. u. Opern, Ost-Bln., Weimar 1975, Düsseld. 1976; *Walter Hasenclever: Der Froschkönig*, Bearb., hg. v. Peter Stephan, m. Linolschnitten v. Wolfgang Jörg u. Erich Schönig, 350 signierte und nummerierte Exemplare, Bln. 1975, Hsp., WDR 1986; *Das Jahrmarktsfest zu Plundersweilern. Rosie träumt. Zwei Bearbeitungen nach J. W. von Goethe und Hrosvit von Gandersheim*, Ost-Bln., Weimar 1976, Düsseld. 1977; *Prexaspes*, Theaterst., UA Dresden 1976; *Ein Gespräch im Hause Stein über den abwesenden Herrn von Goethe*, Theaterst., UA Dresden 1976, Hsp., BR 1982; *Ausgewählte Dramen 2* (enth. *Das Volksbuch vom Herzog Ernst; Die Sorgen und die Macht; Margarete in Aix; Prexaspes; Ein Gespräch im Hause Stein über den abwesenden Herrn von Goethe*), Ost-Bln., Weimar 1976; *Die Maßgaben der Kunst. Gesammelte Aufsätze 1961–1977*, Düsseld. 1977, Ost-Bln. 1978, erw. Neuausg. *Gesammelte Aufsätze 1959–1994*, Hbg. 1996; *Armer Ritter*, Theaterst., UA Gött. 1978, gedr. m. Illustr. v. Hilmar u. Irmhild Proft, Kinderb., Ost-Bln. 1979, Stg. 1981, m. Anleitungen zur Inszenierung von Theaterstücken in der Schule, bearb. v. Marcus Schlüter, Stg. 1991; *Die Fische*, Theaterst., UA Gött. 1978; *Sechs Dramen* (enth. *Prexaspes; Adam und Eva; Ein Gespräch im Hause Stein über den abwesenden Herrn von Goethe; Die Fische; Senecas Tod*), Ost-Bln., Weimar 1978, Düsseld. 1978; *Das musikalische Nashorn*, m. Zeichnungen v. Hans Ticha, Kinderb., Ost-Bln. 1978, Kinderoper, Libretto, UA Ost-Bln. 1982; *Leberecht am schiefen Fenster*, m. Bildern v. G. Ruth Mossner, Kinderb., Ost-Bln. 1979, Köln 1994; *Senecas Tod*, Theaterst., UA Ost-Bln. 1980; *Das Untier von Samarkand*, Märchendramen, zus. m. Anna Elisabeth Wiede u. Eugen Eschner, Ost-Bln. 1980; *Der Mann mit dem schwärzlichen Hintern*, m. Illustr. v. Manfred Salow, Kinderb., Ost-Bln. 1980, Köln 1994; *Die Vögel*, Theaterst., UA Dresden 1981; *Pandora. Drama nach J. W. Goethe*, Ost-Bln., Weimar 1981, UA

Gött. 1982; *Ausgewählte Dramen 3* (enth. *Der Müller von Sanssouci*; *Adam und Eva*; *Die Fische*; *Senecas Tod*; *Musen*), Ost-Bln., Weimar 1981; *Jules Ratte oder Selberlernen macht schlau*, m. bunten Bildern v. Klaus Ensikat, Stg. 1982, Köln 1995; *Musen*, Theaterst., UA Magdeburg 1983; *Barby*, Theaterst., UA Halle 1983; *Essays*, Lpz. 1984; *Die Kinder*, Theaterst., UA Greifswald 1984; *Die Binsen*, Theaterst., UA Ost-Bln. 1985; *Die Binsen. Fredegunde. Zwei Dramen*, Ost-Bln., Weimar 1985; *Historien und Romanzen. Urpoesie, oder Das scheintote Kind*, Ost-Bln., Weimar 1985; *Stücke nach Stücken 2* (enth. *Die Vögel*; *Das Jahrmarktsfest zu Plundersweilern*; *Rosie träumt*; *Pandora*; *Barby*), Ost-Bln., Weimar 1985; *Zwei Märchen* (enth. *Der Schuhu und die fliegende Prinzessin*; *Magister Knauerhase)*, m. Radierungen v. Heinz Zander, Lpz. 1985; *Ausgewählte Dramen. Bd. 1*, Bln. 1985; *Kinderkurzweil*, m. Illustr. v. Klaus Ensikat, Kinderb., Ost-Bln. 1986; *Meta Morfoß und Ein Märchen für Claudias Puppe*, m. Illustr. v. Gisela Neumann. Kinderb., Ost-Bln. 1986; *Onkel Mo*, m. Illustr. v. Michael Baumann, Kinderb., Ost-Bln. 1986; *Maries Baby*, Theaterst., UA Nordhausen 1987, Hsp., SR 1991; *Liebkind im Vogelnest*, Kinderb., m. Illustr. v. Klaus Ensikat, Ost-Bln. 1987, Würzburg 1987, Hsp., 4 Teile, RB 1988; *Der blaue Hund*, Kinderb., m. Bildern v. Anne Heseler, Ffm. 1987; *Die Gedichte*, Ost-Bln., Weimar 1988; *Schöne Wirtschaft. Ästhetisch-ökonomische Fragmente*, Ost-Bln., Weimar 1988, Hbg. 1997; *Fredegunde*, Theaterst., UA Braunschweig 1989; *Jona. Trauerspiel in fünf Akten*, Ost-Bln., Weimar 1989; *Friederike Kempner: Dichterleben, Himmelsgabe. Sämtliche Gedichte*, Hg., zus. m. Nick Barkow, Bln. 1989; *Die Last mit der Lust. Von der rechten Art, mit Pornografie umzugehen. Ein Vorschlag zur Güte*, hg. u. m. Illustr. v. Wolfgang Kaiser, Text v. PH, Koethel/Stormarn 1990; *Der Müller von Sanssouci*, Hsp., SDR 1990; *Ascher gegen Jahn. Ein Freiheitskrieg*, Ess., Bln., Weimar 1991; *Dann hätten wir noch eine Chance. Briefwechsel Ronald M. Schernikau – Peter Hacks*, Hbg. 1992; *Fafner, die Bisam-Maus*, Theaterst., UA Krefeld 1992; *Der Geldgott*, Theaterst., UA Greifswald 1993; *Die Höflichkeit der Genies*, Theaterst., UA Hbg. 1994; *Genovefa*, Theaterst., UA Chemnitz 1995; *Die Erzählungen*, Hbg. 1995; *Prinz Telemach und sein Lehrer Mentor*, Kinderb., Mü. 1995; *Da Capo. Komische Oper in zwei Teilen*, Musik v. W. A. Mozart, UA Hdbg. 1995; *Das Jahrmarktsfest zu Plundersweilern*, Kammeroper, Musik v. Julian Klein, Tatjana Komarova, Markus Schmitt, Stefan Stoll, Sabine Wüsthoff, UA Rheinsberg 1996; *König, Kaspar, Krokodil. Drei Märchendramen für Kinder*, m. Illustr. v. Egbert Herfurth, Bln. 1998; *Der Hof zieht um*, Kinderb., m. Illustr. v. Uwe Häntsch, Bln. 1998; *Die Baby-Herrschaft. Ein satirisches Bilderbuch*, zus. m. Hans Ticha, Bln. 1999; *Die späten Stücke I* (enth. *Fafner, die Bisam-Maus*; *Der Geldgott*; *Der Maler des Königs*; *Die Höflichkeit der Genies*; *Genovefa*), Hbg. 1999; *Die späten Stücke II* (enth. *Orpheus in der Unterwelt. Operette für Schauspieler*; *Orpheus in der Unterwelt. Burleske Oper*; *Bojarenschlacht, Tatarenschlacht*; *Der falsche Zar*), Hbg. 1999; *Zur Romantik*, Hbg. 2001; *Der Flohmarkt. Gedichte für Kinder*, m. Bildern v. Klaus Ensikat, Bln. 2001; *André Müller sen. und Peter Hacks: Nur daß wir ein bißchen klarer sind. Der Briefwechsel 1989 und 1990*, Bln. 2002; *Tamerlan in Berlin. Gedichte aus der DDR*, Bln. 2002; *Hacks Werke*, 15 Bände, Bln. 2003; *Pieter Welschkraut*, zus. m Michael Sowa, Mü. 2003.

Häfner, Eberhard, wurde am 24. 10. 1941 in Steinbach-Hallenberg (Thüringen) geboren. Während er von 1958 bis 1961 den Beruf des Werkzeugmachers erlernte, holte er das Abitur in Abendkursen nach. Danach wurde er als Wehrpflichtiger zum Militär eingezogen. 1963 bis 1964 absolvierte er eine Ausbildung als Corpusschmied und arbeitete von 1975 bis 1987 für die Leitung der Metallabteilung in den Kirchlichen Werkstätten Erfurt. An der Hochschule Burg Giebichenstein in Halle erwarb er 1981 den externen Abschluss für elementares Gestalten. Bis 1987 arbeitete er als Metallgestalter, Silberschmied und Restaurator in Erfurt. 1972 bis 1976 studierte er im Fernstudium Theologie und erlangte den Nachweis zur freien Wortverkündigung. Ab 1983 veröffentlichte er erste Texte in der Literaturzeitschrift »Ost & West« und in inoffiziellen Künstlerdrucken. 1985 zog er nach Berlin und pendelte zwei Jahre lang – wegen seiner Arbeit als Metallgestalter und Restaurator – zwischen Berlin und Erfurt. 1987 gab er diese Tätigkeit wegen berufsbedingter Erkrankung auf. Seit 1988 lebt er als freier Schriftsteller in Berlin. 1989 erhielt er das 3sat-Stipendium beim Ingeborg-Bachmann-Wettbewerb in Klagenfurt, 1991 das Alfred-Döblin-Stipendium. In den folgenden Jahren wurden ihm mehrere Arbeitsstipendien zuerkannt: 1992 durch die Stiftung Kulturfond, 1994 durch die Senatsverwaltung für Kulturelle Angelegenheiten, 1995 und 2003 durch die Stiftung Kulturfond.

Exotisch im Habitus und offen für alle Möglichkeiten spielerischer Fantasie, war es Eberhard Häfner lange Zeit in der DDR verwehrt zu veröffentlichen. Sein erster Gedichtband *Syndrom D* (1989) stellt eine gesellschaftliche Diagnose, die zugleich eine politische ist. Das Gedicht *Heimatlied*, das den Band eröffnet, wirft programmatisch die Frage auf: »Wobinich?« Die Ortsbestimmung wird zum Thema. Obwohl er die Orte – den »Hinterhof« DDR oder die »Müllkippe« – konkret nennt, führen die Gedichte aus der lokalen Enge heraus und nehmen die Sicht des Europäers und des Weltbürgers ein. Andere Verse dehnen die Sicht auf das Universum aus: »verlassen sie das territorium des planeten« (*Organexpress*). Weltkenntnis erscheint in den Versen weitgehend als Wunschvorstellung: »heute fuhren alle Züge im Kopf« (*unter der Tarnkappe*). Der Ort des lyrischen Sprechens ist »agonien« und das »goldene ätsch« (*Wieso sind wir als Vögel freier*). Die Landschaften der Gedichte sind Grenzlandschaften, in denen nur eine »reise an den unterarm« möglich ist. Ironie und Sarkasmus sind Wesenszüge Häfnerscher Gedichte.

Die Verse des Bandes *Syndrom D* beschreiben das »Mangelsyndrom« der Achtzigerjahre. Gegen die Sinnleere der gebräuchlichen Amts-, Bürokraten- und Mediensprache setzt Häfner seine originellen Wortschöpfungen, die auf wörtliche Rede zurückgreifen, insbesondere auf den Dialekt, die saloppe Umgangssprache und den Jargon, in dem Gesten und Emotionen verstärkt zur Geltung kommen. Gegen das »getto der gebügelten sprache« setzt Häfner – wie seine etwa 15 Jahre jüngeren Kollegen von der Subkultur des Prenzlauer Bergs – eine eigene Grammatik und Semantik. Sprachliche Vorgänge der Amtssprache, wie die Substantivierung von Verben, kehrt Häfner um und kommt dabei zu originären Wortschöpfungen. Seine lyrischen Figuren sind unkonventionelle, unangepasste Außenseiter: Schurken, Gauner, Attentäter, Amokläufer und tragikomische Figuren von der Art des Don Quichote. Fantasie und schwarzer Humor prägen seine Figuren. Häfner entwirft eine von den Sinnen bestimmte, erotische lyrische Sprache, die aus assoziativen Bildmontagen besteht. Die ironischen, lockeren und heiteren Verse sind souverän; ihre geistige Haltung ist geprägt von Zivilcourage, Antimilitarismus und Pazifismus. Sie sind lustvoll, ungeniert und spielen mit Assoziationsketten. Der Gedichtband *Excaliburten* (1992) jongliert sprachlich mit Vor- und Nachwendebefindlichkeiten: »deutsch, deutscher, am deutschesten / kargt mein sprachwohn im argen« (*Leben in Saus & Preußen*). Obwohl das lyrische Ich im Gedicht *Refugium der Macht* bekennt: »aus den knochen der epochen / wird der leim gekocht / auf dem ich krieche«, macht Häfner nicht die gesellschaftlichen Prozesse zum Gegenstand seiner Verse, sondern die Verbindung des dabei aufeinander prallenden Sprachmaterials.

Die lyrische Verschränkung von Toposketten setzt Häfner auch in seinen Prosabänden mit den extravaganten Titeln *Die Verelfung der Zwölf* (1990), *Vergoldung der Innenhaut* (1993), *Igelit* (1995), *Haem Okkult* (1997) und *Kippfiguren/Nippfiguren* (2000) fort. Erzählgesten und Erzählrhythmen werden in der Prosa immer wieder von raschen poetischen Perspektivwechseln durchbrochen. *Vergoldung der Innenhaut* beginnt mit Gewalt- und Schockassoziationen und steigert sich zu einer satirischen Abrechnung mit dem Literaturbetrieb der DDR. In dem modernen Abenteuerroman *Igelit* geht Häfner auf Weltreise und verbindet alle Kontinente mittels einer Zeitachse von der Steinzeit bis zur Gegenwart. Gerüchte werden verknüpft, Zeugen befragt, um Tatsachen auf den Grund zu gehen. Am unteren Seitenrand läuft jeweils eine Parallelgeschichte wie das Endlosband einer Nachrichtenagentur mit. Die Textbewegungen hält Häfner gelegentlich an, um den Vorgang des Schreibens selbst zu reflektieren. *Igelit* erscheint als der alles zusammenhaltende und bewegende Kunststoff, der auch die Wörter verändert. Dem Leser wird deshalb im Anhang ein Wörterverzeichnis als Lesehilfe mitgeliefert. *Haem Okkult* wurde als »Facettenroman« gehandelt. Figuren wie »Pingel«, »Rammler«, »Biggel«, »Bändel« und »Mumpitz«, die durch Häfners Bücher vagabundieren, sind vor allem in *Kippfiguren/Nippfiguren* kaum Träger von Handlung, sondern Protagonisten einer mäandernden Diskursmaschine, die von Chaostheorie, Logik und Kosmologie, Geometrie und Erotik vorangetrieben wird. Häfners archetypische Figuren sind Shakespeares »Bottem«, Joyces »Finnigan« und Schmidts »Zettel« verwandt. Die Normen durchbrechende Grammatik ist sorgfältig strukturiert. Sie löst Sprachsegmente aus dem Kontext der üblichen Syntax und bindet sie neu und anders in den poetischen Text ein. Sie bietet dem unvoreingenommenen Leser Rätsel und überraschende Verwandlungsspiele, die Augenblicke der »Diskontinuität zwischen Innenleben und Außenwelt oder die Trennlinie zwischen ›realer‹ Welt und geistiger Bilderwelt« erkunden.

Dorothea von Törne

Werke: *Syndrom D*, G., Bln. 1989; *Die Verelfung der Zwölf*, Pr., Bln. 1990; *Excaliburten*, G., Bln. 1992; *Vergoldung der Innenhaut*, Pr., Bln. 1993; *Syndrome Deutschland. Ulyssee Fin de Siècle*, G., Plombières-les-Dijon 1994; *Igelit*, Pr., Klagenfurt, Wien 1995; *Haem Okkult*, Pr. u. G., Klagenfurt, Wien 1997; *Wessen Zuhause ist dessen*, Künstlerbuch, G., Bln. 1997; *Suhe*, Graz, Wien 1998; *Zeit ist ein einsames Monster*, G., Bln. 1998; *Odense-Märchen. Anthologie mit Schülerarbeiten*, Hg., Bln. 1999; *Kippfiguren/Nippfiguren*, Pr., Klagenfurt, Wien 2000; *No Limerick*, Künstlerbuch, G., Bln. 2000; *A. E. Krutchonych: Die Einsiedler*, Nachd., Bln. 2000.

Hahn, Ulla, wurde am 30. 4. 1946 in Brachthausen im Sauerland geboren. Sie wuchs in Monheim auf, absolvierte eine Bürolehre, holte auf dem zweiten Bildungsweg das Abitur nach, studierte in Köln und Hamburg Literaturwissenschaft, Geschichte und Soziologie und promovierte mit einer Arbeit zur Entwicklung operativer Literaturformen in der Bundesrepublik. Als Lehrbeauftragte war sie dann an den Universitäten Hamburg, Bremen und Oldenburg tätig. Von 1979 bis 1991 arbeitete sie als Redakteurin in der Kulturabteilung bei Radio Bremen. Ulla Hahn erhielt 1981 den Leonce-und-Lena-Preis, 1985 den Hölderlin-Preis der Stadt Bad Homburg und das Literaturstipendium der Märkischen Kulturkonferenz, 1986 die Roswitha-Gedenkmedaille der Stadt Bad Gandersheim, 2002 den Deutschen Bücherpreis. 1981/82 war sie Stipendiatin der Villa Massimo in Rom, 1987 Stadtschreiberin von Bergen-Enkheim. 1994 hatte sie die Poetik-Dozentur an der Universität Heidelberg inne. Sie ist Mitglied im bundesdeutschen P.E.N.-Zentrum und der Freien Akademie der Künste Hamburg. Sie lebt heute in Hamburg.

Schon mit ihren ersten literarischen Publikationen avancierte Ulla Hahn zu einer der erfolgreichsten und gleichermaßen umstrittensten Lyrikerinnen der Achtzigerjahre. Bereits ihr erster Gedichtband *Herz über Kopf* (1981) sorgte für Aufregung im Literaturbetrieb: Nach einer enthusiastischen Rezension Marcel Reich-Ranickis kam es zu einer lebhaften Kontroverse über die künstlerische Qualität ihrer Verse, für die sie »graziös und konsequent die Schatzkammer der deutschen Lyrik« geplündert habe (Reich-Ranicki). Die allgemein feststellbare Tendenzwende in der Lyrik zu Beginn der Achtzigerjahre, die mit einer »Rehabilitierung der Form« (Harald Hartung) einherging, die leichte Rezipierbarkeit von Ulla Hahns Gedichten und die Publicity-Bemühungen des Kulturbetriebs zeigten Wirkung: Innerhalb von drei Jahren wurden etwa 30000 Exemplare ihres Debütbandes verkauft. Insofern konnte Hans-Jürgen Heise mit Recht konstatieren, dass Ulla Hahn »zu einem Phänomen geworden« sei, »das nicht nur im Blick auf die eigenen lyrischen Fähigkeiten und Praktiken begutachtet werden« müsse, »sondern das auch als Indikator unseres allgemeinen kulturellen Bewußtseinsstandes Aufmerksamkeit« verdiene. Wenn auch der Publikumserfolg der Autorin ebenso wie die nachfolgenden Literaturpreise die positive Einschätzung Marcel Reich-Ranickis zu bestätigen schienen, so hat Ulla Hahn doch im Laufe der Jahre »den Zorn sehr ernsthafter Kritiker immer wieder zu spüren bekommen« (Volker Hage).

Besonders unmutig,reagierten Rezensenten anlässlich ihres Gedichtbandes *Unerhörte Nähe* (1988), der sich sowohl thematisch als auch stilistisch kaum von den vorangegangenen Veröffentlichungen *Spielende* (1983) und *Freudenfeuer* (1986) unterscheidet. Ulla Hahn führt in ihren monologischen Versen bevorzugt Spielarten der Liebe vor. Das Warten auf den Geliebten, Begegnung, Trennung, Sehnsucht und Ablehnung werden aus der Perspektive der Frau nach einem nur wenig variierten Grundmuster geschildert. Die Frau erscheint hier immer wieder als Opfer ihrer Gefühlsbereitschaft; Emanzipationsversuche münden nicht selten in neuerliche Abhängigkeiten: »Immer wieder dieselben Blumen / am Anfang diesmal für mich / und im Schlußakt frische Tränen / wie immer: diesmal um dich.« In *Herz über Kopf* fügen sich die einzelnen, an sich voneinander unabhängigen Gedichte zu einer Liebesgeschichte zusammen: Eine Frau liebt einen wesentlich älteren Mann, der weit entfernt von ihr »bei seinem Frauchen« lebt. Die Paraphrasierung von Märchen- und Bibelzitaten und von poetischen Wendungen deutscher Klassiker kennzeichnet ebenso den Stil der Autorin wie der Rückgriff auf traditionelle Formen: »Danke ich brauche keine neuen / Formen ich stehe auf / festen Versesfüßen und alten / Normen Reimen zu Hauf« (*Ars Poetica*). Ironische Anspielungen und Verkehrungen und die Verbindung des Althergebrachten mit gelegentlich ganz unpoetischen Tönen machen das aktuelle Moment ihrer Gedichte aus.

Dem Band *Unerhörte Nähe*, der auch einige Gedichte über das Altern und die Vergänglichkeit enthält, hat Ulla Hahn ein poetologisches Nachwort (*Für den, der fragt*) beigefügt. Dass Liebesgedichten über ihren privaten Charakter hinaus auch eine gesellschaftliche Funktion zukommt, bemühte sich Ulla Hahn immer wieder zu betonen: »Ein Liebesgedicht, wie ich es mir wünsche, meint mit dem Allerprivatesten, der Liebe zwischen Mann und Frau, immer auch das Alleröffentlichste, die Liebe zum Menschen, zum Leben schlechthin. In diesem Sinne ist das Liebesgedicht nicht nur ein aufklärerisches, es ist ein politisches Gedicht.«

Einen Aufbruch zu freieren Formen, die ästhetisch auch kollektiven Krisenerfahrungen der Moderne Rechnung tragen, wagt Hahn vereinzelt in ihrem Band *Galileo und zwei Frauen* (1997). Am prägnantesten zeigt sich dieser neue Ton in dem Gedicht auf einen getöteten Soldaten. Die Autorin treibt die Fragmentarisierung der Sprache zwar nicht so weit wie etwa August Stramm in seinen beklemmenden Gedichten aus dem Ersten Weltkrieg oder Ernst Jandl in seinem berühmten *schtzngrmm*, doch die Zerstückelung der Syntax in Verbindung mit semantisch »unversehrten« Worten korrespondiert auf bedrückende Weise mit dem Dargestellten: »... die Beine ein wenig / gespreizt entspannt die Sprache / eines Körpers der schläft die Täuschung / einer Sprache des Körpers der da liegt Wo / [...] In seiner Mulde / zwischen Schlüsselbein und Schulter ein Körperchen ...«

Unterdrückung und Gewalt sind Phänomene, die Ulla Hahn seit Erscheinen ihres ersten Romans durchaus auch sehr konkret benennt. Verhandelte der Text *Ein Mann im Haus* (1991) psychische und physische Unterdrückung in einem die üblichen Rollen verkehrenden Geschlechterkampf, so gibt der autobiografische Roman *Das verborgene Wort* (2001) Zeugnis über den »Kampfplatz« Familie. Gleichzeitig kann dieses umfangreiche Werk, an dem die Autorin jahrelang arbeitete, als Bildungsroman im fast klassischen Sinne gelten. Erzählt wird die Geschichte einer Kindheit und Jugend im Nachkriegsdeutschland der Fünfziger- und Sechzigerjahre. Der lähmenden Atmosphäre eines rheinischen katholischen Dorfes und des verständnislosen Elternhauses kann sich das Mädchen Hildegard/Hilla einzig durch »das verborgene Wort« entziehen. Der Großvater unterweist es in langen Spaziergängen am Rhein, in den Linien der Flusskiesel, der »Buchsteine«, Geschichten zu lesen. Diese Lektionen der Wahrnehmung bilden die Grundlage für den Lese- und Bildungshunger des Mädchens, der ihm schließlich den Weg aus der häuslichen Enge weisen wird. Ulla Hahn lässt ihre Figuren in der wörtlichen Rede vielfach Dialekt sprechen, ohne sie allerdings von den auktorialen, hochsprachlichen Passagen, die häufig mit den Kommentaren der Protagonistin übereinstimmen, durch Zeichensetzung zu markieren. So entsteht ein vom Schriftbild her schwieriger Text, der dem im Dialekt Ungeübten mühevolle Verstehensarbeit abfordert. Gleichzeitig verfügen die dialektalen Einschübe allein durch ihre kruden Aussagen und ihre Schablonenhaftigkeit über einen hohen Wiedererkennungswert, nicht zuletzt was den Gestus der Sprechenden betrifft. Bei Publikum und Kritik fand der Roman gleichermaßen positive Aufnahme; der einstige Mentor Ulla Hahns, Marcel Reich-Ranicki, allerdings nutzte seine Fernsehsendung nun zu einem veritablen Verriss.

Petra Ernst

Werke: *Literatur in der Aktion. Zur Entwicklung operativer Literaturformen in der Bundesrepublik*, Wiesbaden 1978; *Günter Wallraff*, zus. m. Michael Töteberg, Mü. 1979; *Stephan Hermlin: Aufsätze, Reportagen, Reden, Interviews*, Hg., Mü. 1980; *Herz über Kopf*, G., Stg. 1981; *Spielende*, G., Stg. 1983; *Freudenfeuer*, G., Stg. 1986; *Unerhörte Nähe*, G., Stg. 1988; *Ein Mann im Haus*, R., Stg. 1991; *Stechäpfel, Gedichte von Frauen aus 3 Jahrtausenden*, Hg., Stg. 1992; *Klima für Engel*, ausgew. G., Mü. 1993; *Liebesgedichte*, Stg. 1993; *Poesie und Vergnügen – Poesie und Verantwortung*, Hdbg. 1994; *Epikurs Garten*, G., Stg. 1995; *Schloss umschlungen*, G., Hauzenberg 1996; *Galileo und zwei Frauen*, G., Stg. 1997; *Gedichte fürs Gedächtnis zum Inwendig-Lernen und Auswendig-Sagen*, Hg., Stg. 1999; *Bildlich gesprochen*, Schpl., Mü. 1999; *Das verborgene Wort*, R., Stg. 2001, Schpl., Bln. 2001; *In meinem Turm in den Wolken. Else-Lasker-Schüler-Almanach*, Hg., zus. m. Hajo Jahn, Wuppertal 2002; *Süßapfel rot*, G., Ditzingen 2003.

Haller, Christian, wurde am 28. 2. 1943 in Brugg geboren. Er studierte Zoologie an der Universität Basel, sichtete und verfilmte den Nachlass des Philosophen und Schriftstellers Adrien Turel und war acht Jahre Bereichsleiter der »Sozialen Studien« am Gottlieb-Duttweiler-Institut. Er lebt als freier Schriftsteller in Laufenburg/Schweiz. 2001 wurde er mit dem Preis der Stadt Zürich ausgezeichnet.

»Es sieht meinem Freund ähnlich, sich zum Schöpfer der eigenen Wirklichkeit zu machen, und das Leben als eine riesige Turbulenz zu sehen, in der Zukunft und Vergangenheit auf einen Punkt einstürzen, an dem es passiert« (*Der Brief ans Meer*, 1995). Max Weidenbaum spricht über den vermissten Freund Danioth zu Brian, einer Zufallsbekanntschaft in der Bretagne. Ein Satz, wie er sich so oder ähnlich immer wieder in Christian Hallers Werk findet, ein Satz, der um die eine Frage kreist: Wie konstituiert sich Wirklichkeit? In Betracht kommt das Gerücht, die Geschichte (in Form von Mythen und Sagen), der Zufall oder die eigene Fantasie. Haller spielt alle Möglichkeiten durch, sei es im Gedicht, im Märchen oder im Roman. Bereits bei seinem Debüt, dem Erzählband *Die Hälfte der Träume* (1980), drehen sich die Gedanken seiner Figuren um die Umsetzung ihrer Vorstellungen in Tatsachen: »Wie wollte ich beweisen, was ich kann! In der Fantasie, ja – aber wo es Wirklichkeit werden soll, versage ich«, spricht Georg in *Der Vorhang* zu sich.

Und dann gibt es noch die Variante, dass sich die Wirklichkeit aufgrund einer beeinträchtigten Wahrnehmung verschiebt. *Strandgut* (1991), Hallers erster Roman, erzählt vom Toscana-Urlaub eines ungleichen Paares. Sid, Mitte 40, eben von einer Gehirnoperation genesen, macht sich mit Tanja, einer jungen Krankenschwester, die er in der Klinik kennen gelernt hat, auf in den Süden. Sid gerät nachts am Strand in Panik und überfährt einen Mann. Die beiden flüchten nach Siena, wo Tanja sich bewusst wird, dass Sid ein Mörder und sie die einzige Zeugin ist. Sids Beschwichtigungen, es habe sich um Notwehr gehandelt, greifen nicht mehr: »Und doch hatte sie irgendwie daran geglaubt: wie an all seine Geschichten. Im Augenblick des Erzählens waren sie wahr. Wahrer als alle Tatsachen.« Tanjas Zweifel und die Angst um das eigene Leben nehmen allmählich überhand, zugleich macht sich Sids Gehirntumor wieder bemerkbar. Er will Tanja verschwinden lassen und scheitert kläglich. Darüber hinaus verliert er seinen Halt in der Welt, die Sprache verweigert sich ihm, er wankt und fällt schließlich für seine letzten Tage in die Arme einer Pflegerin – in die Obhut Tanjas.

Wirklichkeit geht in Christian Hallers Werk immer Hand in Hand mit den Verheerungen menschlichen Daseins. Der Autor zeigt dabei Fluchtmöglichkeiten auf, beispielsweise jene in die Welt der Märchen, eine Parallelwelt, die sich über das Wünschen oder Träumen öffnet. Der Ich-Erzähler in *Kopfüberland* (1996), einem modernen Märchen, verfolgt konsequent den Plan, ein Igel zu werden, da ein Igel über allerlei nützliche Eigenschaften für das Leben verfügt. Und er beginnt zu zeichnen: »Ich dachte, wenn ich nur immer zeichne, was ich werden will, werde ich es auch eines Tages sein.« Hier wie auch im Gedichtband *Der Fernseher ist kein schlechter Priester* (1998) formuliert Haller auch seine Kritik an der Technisierung der Welt:»In Japan / gibt es in den Schreins / Computer / die anstelle der Priester / die rituellen Gebete sprechen« (*Der gute Priester*). Ironisch-heiter endet dieses Gedicht: »Auch der Fernseher / denke ich / ist kein schlechter Priester / wenn man zufällig / und im richtigen Moment / durchs Zimmer geht.«

Hallers Figuren suchen und verlieren sich in ihren eigenen Spiegeln, die die ungeschminkte Realität reflektieren oder verschüttete Erinnerungen zu neuem Leben erwecken. Sie streben nach Erklärung, Verortung und Orientierung. Welches Gewicht dabei Geschichte und Geschichten, Herkunft und Familie haben, zeigt sich im Roman *Die verschluckte Musik* (2001). Der Ich-Erzähler macht sich in Rumänien auf die Suche nach seinen Wurzeln, erkundet die Herkunft der Mutter, bricht dabei die Vergangenheit und manches dunkle Kapitel der Geschichtsschreibung auf. Meist in Bukarest unterwegs, öffnet sich ihm eine Welt, die nur scheinbar untergegangen ist, deren Geschichte zwar verschwiegen, aber dennoch wirksam geblieben ist, etwa am Beispiel eines Opfers der Ceaucescu-Ära: »Und während ich eine hinter Vorhängen und Tüchern verborgene Zeit aus Andeutungen und Bruchstücken zu rekonstruieren trachtete, saß ich unversehens inmitten von Bukarest einem Mann gegenüber, dem nur noch die eine Tätigkeit geblieben war, nämlich die Erinnerung zu ersticken.«

Die Bücher Christian Hallers sind Zeugnisse des zweiten Blicks. Dieser öffnet sich in der genauen Betrachtung, bei der sich Wesentliches gern im Unscheinbaren und Nebensächlichen manifestiert. Eine der wenigen Leseanleitungen findet sich in Hallers Gedicht *Erneuerung*: »Im verzuckenden Schein / erkenne die Häutung, / die Häutung der Schlange …«

Markus Bundi

Werke: *Die Hälfte der Träume*, En., Mü. 1980; *Prinz Ramins Baum*, En., Lenzburg 1984; *Götterspiele*, Theaterst., UA Bremgarten/Aargau 1987; *Strandgut*, R., Mü. 1991; *Der Brief ans Meer*, R., Mü. 1995; *Kopfüberland oder Die Reise zu den Bäumen*, E., Eggingen 1996; *Der Fernseher ist kein schlechter Priester*, G., Eggingen 1998; *Die verschluckte Musik*, R., Mü. 2001.

Hamburger, Michael, wurde am 22. 3. 1924 als Sohn eines Kinderarztes in Berlin geboren. Die Familie emigrierte 1933 nach Edinburgh und zog ein Jahr später nach London. Hamburger begann sein Studium der Germanistik und Romanistik 1941 in Oxford, wo er es, unterbrochen durch einen vierjährigen Militärdienst, 1948 beendete. Ab 1952 arbeitete er als Germanistikdozent in London und von 1955 bis 1964 in Reading. Danach lebte er als freier Schriftsteller, Übersetzer und Kritiker in London und zog 1976 nach Saxmundham, Suffolk. Hamburger ist Mitglied der Berliner Akademie der Künste, der Akademie der Schönen Künste in München, der Deutschen Akademie für Sprache und Dichtung in Darmstadt und der Hölderlin-Gesellschaft. Er erhielt u.a. 1978 und 1981 den Schlegel-Tieck-Preis für literarische Übersetzung, 1986 die Goethe-Medaille, 1990 den Europäischen Übersetzerpreis, 1991 den Friedrich Hölderlin-Preis, 1992 den Petrarca-Preis und 2001 den Horst-Bienek-Preis. Hamburger ist seit 1992 »Officer of the Order of the British Empire«.

»Ich geb zu, ein sonderbarer Beruf: / Ein Ding zu Worten machen, sodass Worte das Ding ergeben; / Bewegung in Worte setzen, sodass Worte Bewegung ergeben.« Michael Hamburger thematisiert in seinem Gedicht *Worte* das Dilemma, in dem jeder Dichter steckt: Die Kluft zwischen den Wörtern und

dem, was sie bezeichnen, kann nie vollständig überbrückt werden. Darin liegt für den Sprachkünstler aber auch eine Chance, denn nur er kann jenen Bereich aufzeigen, der zwischen den Dingen und ihrer Übersetzung in Sprache liegt. Hamburger ist sich der Fragilität des Gesprochenen und Geschriebenen, der Unzulänglichkeit des Versuchs bewusst, Welt in Worte zu fassen. Aber er ist ebenso sehr Sprachskeptiker wie Sprachmystiker. Um die »Wesenheit« der Dinge zu fassen, vertraut er auf die mimetische Kraft der Wörter.
Hamburger gilt als wichtigster Vermittler deutscher Literatur in Großbritannien. Seine erste Veröffentlichung sind Hölderlin-Übertragungen (1943), die heute, nach vielen Überarbeitungen und Erweiterungen, als englische Standard-Übersetzung gelten. Kaum jemand wird in den 60 Jahren nach Erscheinen der *Poems of Hölderlin* so viel wie Hamburger durch Übersetzungen, Herausgeberschaften und Kritik für die Verbreitung deutscher Literatur, insbesondere deutscher Lyrik auf der Insel getan haben. Sein eigenes Werk fand dabei lange Zeit nicht die Beachtung, die es verdient. Ein Gedicht, das sich mit dem Wahnsinn Hölderlins auseinander setzt und das heute Hamburgers *Gesammelte Gedichte* eröffnet, entstand 1941. Es ist, wie der Großteil seiner frühen Gedichte, in einer Art geschrieben, die Hamburger später als »romantisch-symbolistisch« kritisiert hat. Auch die überwiegend »literarische« Erfahrung, aus denen sich seine Gedichte der Vierzigerjahre speisen – so thematisiert er etwa Rimbauds Dichtung oder Shakespeares *Sturm* –, schien ihm bald äußerst einseitig. Er suchte, spätestens seit Ende seiner Militärzeit, seinen Fokus auf das Leben außerhalb der Kunst zu richten und aus dem selbstreferenziellen System literarischer Auseinandersetzung mit Literatur herauszutreten. *The Dual Site* (1958) dokumentiert den Konflikt, in dem Hamburger sich in den Fünfzigerjahren befand: Seine Hinwendung auf die gegenständliche Welt ließ ihn Kunst und Leben als Gegensatz auffassen. Erst Anfang der Sechzigerjahre, mit Beginn der Arbeit an seiner kritischen Studie *Wahrheit und Poesie* (ersch. 1969), in der er sich mit der Vielfalt der modernen Poesie seit Baudelaire beschäftigt, und dem Ende seiner Lehrtätigkeit, gelingt es ihm, Kunst und Leben als Einheit zu beschreiben. Fortan bewegen sich seine Gedichte in Richtung Utopie, ins zeit- und ortlose Unbekannte, in jenen Bereich, den Hamburger auch als das »Niemandsland« bezeichnete und der zwischen den Worten und den Dingen liegt. Hier fallen Leben und Kunst in eins, hier kommt die Fähigkeit des Dichters zum Tragen, im Ungewissen und Unentschiedenen zu verharren. John Keats, den Hamburger häufig zitiert, nannte dies die »negative capability« des Dichters. Durch sie spricht das Gedicht, nicht der Dichter. »Im Zwiespalt, nun, in dem wir uns befinden, / hat jedes Kraut und jede verhätschelte Blume, / haben alle Wörter und Namen ihr Sein« (»In ambivalence, then, in which all we do, / Every weed and the flowers we pamper, / All words and names have their beeing«), heißt es im Gedicht *Leben und Kunst XI*. Die Natur – Bäume, Tiere, Steine – nimmt spätestens seit jener Zeit die zentrale Stelle in Hamburgers Dichtung ein. Nachdem er sich von traditionellen Formalismen wie Reim und festem Metrum gelöst hat, gelingt ihm die Versenkung in den Gegenstand: Es entstehen die großen Zyklen *Unterwegs* und *In Suffolk*, die Hamburger bis Anfang der Achtzigerjahre beschäftigen. In ihnen vollzieht sich »ein sehendes, gehendes, sprechendes und träumendes Schweifen, indem das Ich keine Welt entwirft oder zurichtet, sondern die Phänomene – Dinge und Ich gleichermaßen – zu sich selbst kommen« (Sebastian Kiefer). Zeitgleich entwickelt Hamburger einen individuellen Zugang zu einer Thematik, die er bis dahin in seinem Werk kaum berührt hatte: Der Judenvernichtung. Anlässlich des Eichmannprozesses in Israel 1961 schrieb Hamburger, dessen Großmutter im Konzentrationslager umkam, das Langgedicht *In einer kalten Jahreszeit*. Darin wendet er sich gegen die Hinrichtung des Organisators des Holocaust: »Und doch und doch ich würd nicht haben wollen dass er stirbt [...] Sondern Mitleid diesem zeigen um des Mitleids willen / und derer willen welche starben an Erbarmungslosigkeit.«
Auch wenn Hamburger selbst während der Hochzeit politischer Dichtung daran zweifelte, dass ein Gedicht politische Wirkung haben könne, so geht es für ihn in der Lyrik doch immer auch um den Menschen, und zwar als soziales Wesen: »Ein Gedicht kann ein Monolog sein; aber es ist ein Monolog, der laut gesprochen wird.« Gleichzeitig wendet Hamburger sich gegen die von ihm so genannte »anthropozentrische Arroganz«, die den Menschen in den Mittelpunkt stellt und die Welt ausschließlich aus seiner Perspektive betrachtet. Für Hamburger bedeutet erst das »Zur-Sprache-Kommen des Gegenstandes« auch ein »Zur-Welt-Kommen des Dichters« (Ian Galbraith): »Und sogar das Wort ›ich‹, / Ein mir vererbtes Lügengebäude, / schmilzt in diesem Spät- oder Frühlicht« (*Untrennbar*). Seine Bereitschaft zur »Selbstaufgabe« zeigt sich auch in

den *Traumgedichten*, die seit Anfang der Sechzigerjahre entstehen. Die Tatsache, dass im Traum der Wille aufgehoben ist, kommt Hamburger dabei insofern entgegen, als ihm dies Voraussetzung für sein Schreiben ist, wie er in *Selbstinterpretation* (1966) darlegt. »Schon vor den Worten war etwas da«, diese Erfahrung machte Hamburger im Alter von neun Jahren, als er durch das Exil mit der englischen Sprache konfrontiert wurde. Dass die gleichen Dinge hier mit anderen Worten bezeichnet wurden, machte ihm bewusst, dass ein »Niemandsland« zwischen den Dingen und ihrer Sprachwerdung liegt. Daher auch sein Glaube, »dass eine gewisse Verschwiegenheit zum Wesen der Lyrik gehört«.

Seit Ende der Achtzigerjahre sind Hamburgers Gedichte zunehmend durch die Auseinandersetzung mit Alter und Tod geprägt. In *Spät* (1997) staunt er: »Noch dreht sie sich. / Eppur si muove« und bereitet sich »in Stille auf die Stille« vor (»in silence prepare for silence«). In der Sammlung *Kreuzungen* (2000) baut er seinen Zyklus *Kunst und Leben* aus; in ihm zieht er die Summe seiner poetischen Erfahrungen, schreibt über das Sterben von Freunden und Dichtern seiner Generation und sieht sich selbst in ihren Kreis gezogen: »Einem Gespenst begegne ich, fast meinem eignen« (»With a ghost I meet, and almost with my own«) (*Kunst und Leben XIV*).

Tobias Lehmkuhl

Werke: *Poems of Hölderlin*, Übs., London 1943; *Later Hogarth*, G., London, Edinburgh, York 1945; *Charles Baudelaire: Twenty Prose Poems*, Übs., London 1946; *Flowering Cactus*, G., Aldington 1950; *Ludwig van Beethoven: Letters, Journals and Conversations*, Übs., New York 1951; *Poems 1950–51*, G., Aldington 1952; *Georg Trakl: Declince*, Übs., St. Ives 1952; *Albrecht Goes: The Burnt Offering*, Übs., London 1956; *Reason and Energy. Studies in German Literature*, Ess., New York 1957; *The Dual Site*, G., New York 1958; *Bertolt Brecht: Tales from the calendar*, Übs., London 1961; *Hugo von Hofmannsthal: Selected Writings*, Hg., New York 1961; *Modern German Poetry 1910–1960*, Hg., London 1962; *Weather & Season*, G., London 1963; *In Flashlight*, G., Leeds 1965; *From Prophecy to Exorcism. The premises of modern german literature*, Ess., London 1965; *Jesse Thor: Das Werk*, Hg., Ffm. 1965; *Zwischen den Sprachen. Essays und Gedichte*, Ffm. 1966; *Georg Büchner: Leonce and Lena, Lenz, Woyzeck*, Übs., London 1966; *In Massachusetts*, G., Wisconsin 1967; *Nelly Sachs: O the chimneys*, Übs., New York 1967; *Hans Magnus Enzensberger: Poems for people who don't read poems*, Übs., New York 1968; *Feeding the Chikadees*, G., London 1968; *Home. A Poem*, G., Frensham 1968; *Günter Eich: Journeys*, Übs., London 1968; *Günter Grass: Poems*, Harmondsworth 1969; *Peter Bichsel: 21 Storys*, Übs., London 1968; *The Truth of Poetry. Tensions in modern poetry from Baudelaire to the 1960s*, Ess., London 1969; *Travelling*, G., London 1969; *Hofmannsthal: Three Essays*, Princeton 1970; *In Memoriam Friedrich Hölderlin*, G., London 1970; *Nelly Sachs: Poems*, Übs., New York 1970; *Peter Bichsel: There is no such place as America*, Übs., New York 1970; *East German Poetry. An anthology*, Hg., Oxford 1972; *A Mug's Game. Intermittent Memoirs*, Autobiogr., 1973; *Conversations with Charwomen*, G., Rushden 1973; *Ownerless Earth. New and Selected Poems*, G., Manchester 1973; *Babes in the Wood*, G., Knotting 1974; *Thomas Good: Selected Poems*, Hg., London 1974; *Art as Second Nature. Occasional Pieces*, Ess., Manchester 1975; *German Poetry 1910–1975. An anthology*, Hg., Manchester 1976; *Moralities*, G., 1977; *Philippe Jaccottet, Seedtime*, Übs., New York 1977; *Palinode: A Poet's Progress*, G., 1977; *Real Estate*, G., London 1977; *Franco Fortini, Poems*, Übs., Todmorden 1978; *Helmut Heißenbüttel: Texts*, Übs., London 1977; *Variations*, G., Redding Ridge 1980; *Christoph Meckel: Poems or Souterrain*, Übs., Alverstoke 1980; *In Suffolk*, G., Madley 1981; *An Unofficial Rilke*, Übs., London 1981; *Marin Sorescu: This Hour*, Übs., Durango 1982; *A Proliferation of Prophets. Essays on German Writers from Nietzsche to the Second World War*, Manchester 1983; *Johann Wolfgang von Goethe: Poems and Epigrams*, Übs., London 1983; *Marin Sorescu: Selected poems*, Übs., Newcastle 1983; *Peter Huchel: The Garden of Theophrastus*, Übs., Cheadle 1983; *Collected Poems 1941–1983*, Manchester 1984; *Adolf Muschg: The Blue Man*, Übs., Braziller 1985; *After the Second Flood. Essays in Post-War German Literature*, Manchester 1986; *Friedrich Hölderlin: Poems and Fragments*, Übs., Cambridge 1986; *Paul Celan: Poems*, Übs., London 1988; *Trees*, G., Llangynog 1988; *Testimonies*, Ess., Manchester 1989; *Günter Eich: Pigeons and Moles*, Übs., London 1991; *Roots in the Air*, G., London 1991; *Das Überleben der Lyrik*, Ess., München 1993; *Collected Poems 1941–1994*, London 1995; *Günter Grass: Novemberland*, Übs., London 1996; *Late*, G., London 1997; *W. G. Sebald: After Nature*, Übs., London 2002; *Intersections. Shorter Poems 1994–2000*, London 2000; *From a Diary of Non-Events*, G., London 2003.

Hamm, Peter, wurde am 27. 2. 1937 in München geboren. Nach dem Tod der Mutter 1940 lebte er kurz bei den Großeltern, verbrachte seine Schulzeit in katholischen Internaten in Oberschwaben, bis er mit 14 Jahren die Schule verließ. Nach einer abgebrochenen Buchhändlerlehre war er von 1957 bis 1958 in einem Verlag tätig. Seit 1964 arbeitet er als Kulturredakteur (u.a. beim Bayerischen Rundfunk), als Literatur- und Musikkritiker und freier Schriftsteller. Er ist Mitglied des P.E.N.-Zentrums, seit 1991 Mitglied der Deutschen Akademie für Sprache und Dichtung Darmstadt (derzeit ist er Vizepräsident), seit 1996 der Bayerischen Akademie der Schönen Künste München. 1962 erhielt er den Förderpreis zum Lessingpreis der Stadt Hamburg, 1978 den Adolf-Grimme-Preis, 1989 den Kulturpreis von Ravensburg und Weingarten. Seit 1974 lebt er in Tutzing.

Peter Hamm, der im Zuge der Literatur-Debatten der Sechzigerjahre das Ende der Poesie ausgerufen hatte – »die wahrheit geht heute andere wege als das gedicht« (*Gedächtnis VI*, 1961) –, trat 1981 nach 20-jährigem Schweigen als Lyriker erstmals wieder an die Öffentlichkeit. Die 1979/1980 entstandenen Gedichte knüpfen nicht an den unruhigen Gestus der frühen Texte an. Die Zeit der hitzigen Diskussionen über Gebrauchs- oder Ausdruckskunst als Kapitel einer längst abgeschlossenen »Epoche« hinter sich lassend, konzentrierte sich Hamm in dem Band *Der Balken* auf die Poetisierung persönlicher Erinnerungen und Erfahrungen. In vier Gruppen unterteilt, handeln die Gedichte von der in Internaten zugebrachten Kindheit und Jugend (*Auf den Knien, Kindheit, Sternsingen*), von den Eltern (*Nachruf auf einen Unbekannten, Die Mutter*) und von den schmerzhaft erfahrenen Widersprüchen des Verhältnisses zwischen Kunst und Leben (*Wieder eingetaucht, Hotelnacht*). Alle Texte – auch jene, die vielschichtige literarische Anspielungen, Referenzen, ausgesprochene und unausgesprochene Widmungen an andere Künstler enthalten (z. B. *Pasolini in Venedig, Celan erinnernd, Speichelflut/An Attersee*) – scheinen rückgekoppelt an die Person des Autors und erwecken den Eindruck, als dienten sie letztlich der Erkundung individueller Möglichkeiten in einer Zeit der Verunsicherung und permanenten Bedrohung. Darin offenbart sich der weit über persönliche Fragestellungen hinausreichende Charakter der Gedichte Hamms, die sich in einem eigentümlichen Spannungsfeld von autobiografischer und objektivierend-abstrakter Ausdrucksweise bewegen. Im Einleitungsgedicht des dritten »Kapitels« formuliert Hamm *Eine Art Poetik*: »Die portugiesische Tasse / mit dem abgebrochenen Henkel / […] für W. C. Williams / genügend Stoff für ein Gedicht / über ewige Verdammnis / oder Seligkeit. // Ich aber, schwerer Körper / ohne Glück und Examen, / verloren ohne Pound und Pessoa / und alle die anderen Seelen / großer Männer, die zuweilen / durch uns gehen, Nachhall- / Techniker, Fäden aufnehmend, / die irgendwer irgendwo liegen ließ / für ewige Verdammnis / oder Seligkeit.« Sowohl in den lakonisch-knapp formulierten als auch in den längeren reflektierenden Texten greift Hamm immer wieder auf christliche bzw. katholische Symbole und Formulierungen zurück.

Einer metaphysischen Begrifflichkeit noch stärker verhaftet zeigen sich die Gedichte des 1985 erschienenen Bandes *Die verschwindende Welt*. In schwermütigen Reise- und Kindheitserinnerungen, in Texten, die über die Vergänglichkeit und den Tod sprechen, artikuliert ein »Ich« sein »Bedürfnis nach Metaphysik, das von der Religion nicht mehr befriedigt werden kann« (Jürgen P. Wallmann). Das Bild der »verschwindenden Welt« wird vielfach aus der Sicht des der Zeitlichkeit unterworfenen Individuums beschworen: »Warum, die Kinderfrage, / ist verstummt. Das Schweigen / schmerzt nicht mehr / als der Taumel. // Zum gemähten Gras, / zur gefällten Buche, / zum verscharrten Kadaver / gesellst du dich jetzt – …« (*Veteran*).

Die Publikation der Gedichtbände Hamms veranlasste Kritiker, an die Literaturdebatten der Sechzigerjahre zu erinnern und über Hamms damalige und heutige Positionen zu räsonieren. Hamm, der 1966 mit dem Band *Aussichten – Junge Lyriker des deutschen Sprachraums* »eine der besten Lyrikanthologien der letzten Jahrzehnte« (Erich Fried) herausgegeben hatte, proklamierte damals in seinem Nachwort *Die Wiederentdeckung der Wirklichkeit*. Er redete einer politisch orientierten, in der Nachfolge Brechts stehenden Lyrik das Wort, die sich durch einen ausgeprägten Realitätsbezug auszuweisen habe. »Heute«, meinte Hamm 1987, »kommt mir das grotesk vor. (…) Ich habe viele Jahre verpulvert in dem Glauben, man könne etwas für die Welt tun.« Erich Fried stellte anlässlich des Erscheinens des Bandes *Der Balken* fest, dass Hamms Gedichte stark genug seien, »nicht nur immer wieder an ihren Autor zu erinnern, sondern ihn über den Versen auch wieder vergessen zu machen, indem sie alle Aufmerksamkeit auf sich, auf ihre eigene Aussage und Form« lenkten.

Petra Ernst

Werke: *Licht hinterm Eis. Junge schwedische Lyrik*, Hg., Übs., zus. m. Stig Gustav Schönberg, Stierstadt/Ts. 1957; *Sieben Gedichte*, Stierstadt/Ts. 1959; *Die Kornblumen und die Städte. Tschechische Poesie unseres Jahrhunderts*, hg. u. übs. zus. m. Elisabeth Borchers, Stierstadt/Ts. 1962; *Artur Lundkvist: Gedichte*, Hg., Köln 1963; *Aussichten – Junge Lyriker des deutschen Sprachraums*, Mü. 1966; *Kritik – von wem, für wen, wie? Eine Selbstdarstellung deutscher Kritiker*, Hg., Mü. 1968; *Christopher Caudwell: Bürgerliche Illusion und Wirklichkeit. Beiträge zur materialistischen Ästhetik*, Hg., Mü. 1971; *Jesse Thoor: Gedichte*, Hg., Ffm. 1975; *Robert Walser. Leben und Werk in Daten und Bildern*, Hg., zus. m. Elio Fröhlich, Ffm. 1980; *Der ich unter Menschen nicht leben kann. Auf den Spuren Ingeborg Bachmanns. Filmporträt,* NDR/

SWF/WDR 1980; *Der Balken*, G., Mü. 1981; *Welches Tier gehört zu dir? Eine poetische Arche Noah, errichtet von P. H.*, Mü. 1984; *Die verschwindende Welt*, G., Mü. 1985; *Kennst du das Land, wo die Zitronen blühn. Italien im deutschen Gedicht*, Hg., Ffm. 1987; *Den Traum bewahren. Gedichte und Essays*, hg. v. Gisela Linder, Friedrichshafen 1989; *Der Wille zur Ohnmacht. Über Robert Walser, Fernando Pessoa, Julien Green, Nelly Sachs, Ingeborg Bachmann, Martin Walser u.a.*, Mü., Wien 1992; *Deutschland – Du mein Traum. Familienleben in einer menschenverachtenden Diktatur*, Ffm. 1994; *Aus der Gegengeschichte. Lobreden und Liebeserklärungen*, Mü., Wien. 1997; *Der schwermütige Spieler. Peter Handke. Filmporträt*, SWR 2002.

Handke, Peter, wurde am 6. 12. 1942 in Griffen-Altenmarkt, Kärnten, Österreich, geboren und katholisch getauft. Sein leiblicher Vater war ein verheirateter deutscher Soldat. Die Mutter, die vor ihrer Ehe als Stubenmädchen und Köchin arbeitete, heiratete jedoch den Straßenbahnangestellten Bruno Handke aus Berlin. Von 1944 bis zum Beginn der sowjetischen Blockade 1948 lebte Handke mit seiner Mutter im Ostteil Berlins, danach zog die Familie zurück nach Griffen. Bis 1952 besuchte Handke die Dorfschule, danach das katholisch-humanistische Gymnasium »Marianum« in Tanzenberg, dessen Internatszögling er war. Auch aufgrund früher literarischer Neigungen geriet Handke in Konflikt mit der geistigen Welt der auf Heranziehung von Priesternachwuchs spezialisierten Schule. 1959 wechselte er auf das Bundesgymnasium in Klagenfurt, wo er 1961 die Matura ablegte. Handkes Verhältnis zu seinem alkoholsüchtigen, teilweise gewalttätigen Stiefvater war gespannt, sehr eng dagegen war die Bindung zu seinem Großvater, einem Bauern und Zimmermann slowenischer Abstammung. 1961 begann Handke ein Studium der Rechtswissenschaft an der Universität Graz. Er schloss sich bald dem von Alfred Kolleritsch begründeten Literatenkreis »Grazer Gruppe« an; erste literarische Veröffentlichungen folgten. Als der Suhrkamp-Verlag 1965 sein Romanmanuskript *Die Hornissen* annahm, brach Handke sein Studium ab. Seither arbeitet er als freier Schriftsteller. 1966 präsentierte sich Handke spektakulär beim Treffen der »Gruppe 47« in Princeton, USA, wo er sein Stück *Publikumsbeschimpfung* vorstellte. Dieser Auftritt markierte seinen Durchbruch als Schriftsteller. 1971 beging die Mutter Selbstmord, ein Jahr darauf setzte er ihr in seiner Erzählung *Wunschloses Unglück* ein bemerkenswertes literarisches Denkmal. Nach der Scheidung von seiner ersten Frau lebte Handke in Graz, Düsseldorf, Berlin, Paris und Frankfurt/M., unternahm Reisen (1978/79 Aufenthalt in den USA) und zog 1979 nach Salzburg. Auch die Achtzigerjahre standen im Zeichen ausgedehnter Reisen (u. a. Alaska, Japan) sowie Wanderungen durch Europa (Jugoslawien, insbesondere Slowenien). Seit 1991 lebt Peter Handke in Chaville bei Paris. Ausgezeichnet wurde er u. a. 1967 mit dem Gerhart-Hauptmann-Preis, 1972 mit dem Peter-Rosegger-Literaturpreis und dem Schiller-Preis der Stadt Mannheim, 1973 mit dem Büchnerpreis, 1978 mit dem Prix Georges Sadoul, 1979 mit dem Kafka-Preis, 1983 mit dem Kärntner Literaturpreis, 1987 mit dem Bremer Literaturpreis, 1988 mit dem Großen Österreichischen Staatspreis, 1993 mit der Ehrendoktorwürde der Universität Eichstätt, 1995 mit dem Ehrenpreis des Schiller-Gedächtnispreises und 2002 mit der Ehrendoktorwürde der Universität Klagenfurt.

Mit dem »Sprechstück« *Publikumsbeschimpfung* wurde Peter Handke 1966 schlagartig dem großen literarischen Publikum bekannt. Der provozierende Titel, ein Schlagwort für die sprach- und bühnenkritischen Intentionen des frühen Handke, war dem Erfolg sogar förderlich. Ähnlich wie in seinen ersten Stücken *Weissagung* (1966), *Selbstbezichtigung* (1966) und *Hilferufe* (1967) verzichtete der Autor der *Publikumsbeschimpfung* auf eine erkennbare Handlung. Das Stück ist eine auf vier Sprecher verteilte Sprachpartitur, deren Satzfolgen an alltägliche Geräusche und vertraute Klanggestalten wie Litanei oder Popmusik erinnern. In den dauernden Anreden des Publikums spiegelt und bricht sich die Aufführungspraxis des Theaters. Gewohnheiten und Erwartungen des Publikums werden zum Thema des Stücks und zum Gegenstand der schauspielerischen Aktivität auf der Bühne. Die Kritik am Konsumismus der Zuschauer und ihrer Unfähigkeit, übers Theater anders denn in Sprachklischees zu reden, verstärkt sich durch die Passivität, zu der das Stück sein Publikum verdammt.

Das zwei Jahre später uraufgeführte Stück *Kaspar* (1968) hingegen macht in seiner Handlungsführung sogar Anleihen an einem historischen Stoff. Allerdings verweisen die Episoden um den legendenumwobenen Findling Kaspar Hauser nicht auf eine Geschichtserzählung, sondern auf Funktionen des Sprechens auf dem Theater. Und in ihrer theatralen Funktion, durch Sprache eine Welt – in diesem Fall einen Menschen – zu erschaffen, erhalten sie eine beispielhafte Bedeutung in Hinblick auf die soziale Wirklichkeit. Kaspar Hauser betritt in dem Stück sprachlos eine Welt, die ihm unbekannt ist. Seine Versuche, zu reden und sich durch Körperbewegung im Raum zu definieren, werden zugleich als eine außengesteuerte Initiation in ein Dasein vorgeführt, das durch Sprache entfremdet ist.

Handkes Erzählung *Die Angst des Tormanns beim Elfmeter* (1970) führt das Motiv einer beengenden Sozialwelt fort, die sich in sprachlichen Klischees manifestiert und deren Pathologie sich in sprachlichen Störungen der Figuren ablesen lässt. Stärker noch als in seinen ersten Prosaarbeiten *Die Hornissen* (1966) und *Der Hausierer* (1967) integrierte Handke in diese Thematik auch das Problem des Erzählens. *Die Angst des Tormanns beim Elfmeter* macht Anleihen beim Kriminal- und Detektivroman. Es ist die Geschichte des ehemaligen Torwarts und jetzigen Monteurs Josef Bloch, der eines Tages seinen Arbeitsplatz verlässt und durch die Stadt streift. Auf seinem Weg wird er von Wahrnehmungsstörungen heimgesucht. Grundlos ermordet er eine Kinokassiererin. Diese Tat bleibt psychologisch unerklärt, sie ist ein Akt der individuellen Rebellion gegen ein Dasein in einer vollständig reglementierten und daher für den Einzelnen bedeutungslos gewordenen Welt.

Auch der Held in der Erzählung *Der kurze Brief zum langen Abschied* (1972) bringt seine Entfremdung durch Störungen in Gestik und Wahrnehmung zum Ausdruck. Ein Ich-Erzähler, ein Schriftsteller, reist nach der Trennung von seiner Frau Judith durch die USA, sucht nach ihr und flieht sie zugleich, die ihn anscheinend ermorden will. Das Motiv des Reisens steht für den Wunsch der Figur nach Selbstdistanz, den Wunsch, das Ordnungssystem des Lebens hinter sich zu lassen und in ein anderes zu schlüpfen. Die in einem lakonischen Berichtsstil gehaltene Erzählung spielt auf den klassischen Reise- und Entwicklungsroman an (Gottfried Kellers *Grüner Heinrich*) und nähert sich dem filmischen Erzählen. Der Schluss ist märchenhaft: Im kalifornischen Bel Air lädt der Westernregisseur John Ford das zerstrittene Paar ein, ihrer beider Geschichte zu erzählen. So löst sich der Konflikt des Mannes und der Frau, die nun friedlich auseinander gehen.

In *Wunschloses Unglück* (1972) nahm Handke das Motiv einer entfremdeten Daseinsweise noch einmal auf. Der Freitod der eigenen Mutter 1971 ist Anlass zu einer konzentrierten, eindringlichen Lebensbeschreibung eines Menschen, der weder die Chance noch den Willen hatte, eine eigenständige Persönlichkeit zu entwickeln. Sprach- und Sozialzwänge werden jedoch von Handke zu einer erzählenden Reflexion über die erzählerische Darstellung dieser Biografie genutzt. In der Erzählung *Die Stunde der wahren Empfindung* (1975) knüpfte Handke thematisch, aber auch hinsichtlich seiner Kritik am Entwicklungsroman an den *Kurzen Brief zum langen Abschied* an. Der Pressereferent der österreichischen Botschaft in Paris, Georg Keuschnig, versucht dem Gefühl einer Lebensleere zu entgehen, indem er sich zwei Tage lang ziellos durch Paris treiben lässt. Der Roman enthält kaum Handlung im üblichen Sinn, er mikroskopiert Vorgänge. Der kurze Roman führt keine auktoriale Erzählerposition ein, sondern zeichnet die Auflösung eines Ichs nach, in sachlich-objektivem Stil, aber streng auf eine Subjektivität konzentriert.

Mit der Erzählung *Die linkshändige Frau* (1976) traf Handke präzise den Geist jener Zeit. Die Emanzipationsgeschichte der Marianne, die sich eines Morgens von ihrem Mann trennt, im Beruf neu orientiert und ein selbstbestimmtes Leben ausprobiert, trägt bereits Züge eines gewissen subjektivistischen Trotzes, für den Handke in seinen Büchern der Achtzigerjahre bekannt werden würde. In Marianne, aber auch in den Figuren seiner Anti-Entwicklungsromane, bereitet sich eine Art Stolz der Einsamkeit vor, der in den kommenden Jahren Handkes Poetik charakterisierte. Nur im Inneren des Individuums ereignen sich »andere« Erfahrungen von Sinn, von Erkenntnis oder emotionalem Halt. In der Gesellschaft und ihren Integrationsmechanismen, so Handke, sei kein autonomes Dasein mehr möglich.

Handke erklärte die 1979 mit der Erzählung *Langsame Heimkehr* beginnende Werkgruppe, zu der auch *Die Lehre der Sainte-Victoire* (1980), die *Kindergeschichte* (1981) sowie das »Dramatische Gedicht« *Über die Dörfer* (1981) gehören, im Nachhinein zu einer Tetralogie. Es geht in seinen Dichtungen und Aufzeichnungen nun nicht mehr um individuelle Wege der Selbstfindung, um die Kritik an einengenden, bedrückenden Daseinsweisen und Sprachformen. In seiner Dankesrede zur Verleihung des Kafka-Preises 1979 bekannte Handke programmatisch: »Ich bin, mich bemühend um die Formen für meine Wahrheit, auf Schönheit aus – auf die erschütternde Schönheit, auf Erschütterung *durch* Schönheit; ja auf Klassisches, Universales, das, nach der Praxis-Lehre der großen Maler, erst in der steten Natur-Betrachtung und Versenkung Form gewinnt.« *Langsame Heimkehr* markiert den Bruch mit den vorangegangenen Erzähltexten auch stilistisch: Ein »hoher« Ton reklamiert den Erfahrungsbereich des Erhabenen. Jedoch werden die Versuche, eine Einheit des Daseins punktuell zu erfahren, zum Programm eines ästhetisch vermittelten, sinn- und dauerhaften Zusammenhangs der Welt erweitert. So ist Valentin Sorger, der Held der *Langsamen Heimkehr*, auch eine mystisch überhöhte romantische Künstlergestalt. Der Geologe Sorger forscht in der Nähe des Polarkreises, ein Bedürfnis nach »Heil« leitet ihn an, seine Arbeit hat religiösen Charakter. Sorger empfindet in der Erfahrung des Raumes ein Einssein mit den Gesetzen der Natur. Dieser Gleichgewichtszustand wird jedoch gestört. Der Held zieht sich in eine Universitätsstadt im amerikanischen Westen zurück. Er erlebt einen »Raumverlust« und muss die verlorene Einheit auf dem Wege der Selbsterfahrung wiedergewinnen. Er beschließt, nach Europa zu seinem Kind zurückzukehren.

Wie eine ästhetisch-poetologische Kommentierung der *Langsamen Heimkehr* liest sich die essayistische Erzählung *Die Lehre der Sainte-Victoire.* Vordergründig schildert die narrative Partie des Textes die Geschichte ihres Zustandekommens: Ein Erzähler hatte zwei Reisen in die französische Provence gemacht und berichtet nun von intensiven Naturerlebnissen, die er mit Motiven aus der Malerei von Cezanne kontrastiert und sprachlich zu erfassen versucht. Darüber hinaus enthält der Text Naturbeschreibungen, Reflexionen, kleinere Abhandlungen, autobiografische Passagen. Nicht nur sein selbstreflexiver Charakter, auch das Spiel mit unterschiedlichen literarischen Genres macht deutlich, dass hier die »progressive Universalpoesie« im frühromantischen Sinn wiedererweckt werden soll. Das lässt sich auch am Werkjournal *Das Gewicht der Welt* (1977) ablesen. In Fragmenten und Notaten entwarf Handke eine Poetik der ästhetischen Affirmation, in deren Mittelpunkt das unangreifbare und souveräne Ich des Schriftstellers steht. Der wird zum Wiedergänger des transzendentalen poetischen Ichs der Romantik und soll zugleich eine zeitgeschichtliche Provokation des Literaturbetriebs sein. Die Kritik konnte zu Beginn der Achtzigerjahre auf Handkes Messianismus eines ursprünglichen Schöpfertums nur irritiert reagieren.

Die *Kindergeschichte* umreißt die Veränderungen im Leben eines Kindes in den ersten zehn Jahren (im Berichtston des Thukydides) – und was diese Prozesse in einem Erwachsenen auslösen. Gleichzeitig versuchte Handke hier, Einzelnes, Beiläufiges, Momenthaftes aus seiner Vereinzelung zu befreien und auf eine universale Bedeutung hin zu befragen. Die Geschichte schließt mit dem Anspruch, Literatur und Existenz in etwas Höheres, in eine Poesie wahrhafter Schönheit zu überführen: »Nie durften solche Augenblicke vergehen, oder vergessen werden; sie verlangten einen Zusatz, in dem sie weiterschwingen könnten; eine Weise; den GESANG.« Das Theaterstück *Über die Dörfer* ist dem Anspruch nach Einlösung dieser Transformation. Es verwandelt jedoch weniger einen Erzählstoff in eine dramatische Form, als vielmehr in sangliche Monologe, die ans antike Schauspiel erinnern. Der Schriftsteller Gregor kehrt nach langer Zeit im Ausland in sein Dorf zurück, um das Erbe seiner Eltern zu übernehmen. Sein Bruder bittet ihn jedoch, zugunsten seiner Schwester auf sein Erbteil zu verzichten. Das tut Gregor. Es kommt nicht zu einem Familienkonfikt, aber eine Spannung zwischen den Geschwistern bleibt bestehen. Handke bezeichnete das Stück als eine »Apotheose der Kunst«. Der antike Mythos vom Bruderkampf wiederholt sich, aber ohne Tragik. Die Wiederholung beschreibt den Prozess einer Ersetzung schlechter, profaner Wirklichkeit durch eine poetische. Die Ersetzung soll mittels Sprachkraft geschehen, einer Sprachkraft, die Zivilisationsgeschichte gleichsam auf einen unzerstörten Anfang hin zurückbiegt.

Ton und Erzähltechnik der Tetralogie werden in der 1983 erschienenen Erzählung *Der Chinese des Schmerzes* wieder aufgenommen. Auch diesen Text über den Salzburger Lehrer Andreas Loser kann man als ein durch die Innerlichkeit der Hauptfigur vermitteltes Ritual der ästhetischen Wiedergeburt lesen. Loser, Lehrer für Latein und Griechisch sowie Amateurarchäologe, ist vom Dienst freigestellt und gilt als wunderlich. Auf einem Spaziergang bringt er einen Hakenkreuzschmierer um, ohne dass diese Tat in ihm Spuren hinterließe. Erst im Schlussteil des Textes nimmt er nach einem peinigenden Traum die Tat als »Prüfung« an und verlässt sein Zuhause. Er pilgert zum Geburtsort des Vergil, reist weiter nach Sizilien und kehrt schließlich geläutert nach Salzburg zurück. Zentral für diese Erzählung ist das Motiv der Schwelle als Markierung der Grenze zwischen Außen- und Innenwelt, profan und heilig, sozialer Existenz und literarischer Erzählung. Vergils *Georgica* wird zum Leitbild von Losers Reise in eine sinnhaft geordnete (Innen-)Welt.

Der Begriff der »Wiederholung« oder auch der »Wiederkehr« im Sinne einer geistigen Zerstörung der schlechten Wirklichkeit samt Rückkehr in ihren Ursprung sowie ihrer künstlerischen Rettung am Ende bestimmt auch den 1986 erschienenen Roman *Die Wiederholung*. Es ist die Geschichte des 45-jäh-

rigen Ich-Erzählers Filip Kobal, der sich erinnert, wie er als 20-jähriger das heimatliche Dorf für eine Reise nach Slowenien verließ, um nach den Wurzeln der Familie zu suchen. Der zweite Teil des Buches schildert Filips Weg zum Dichterdasein, inspiriert von der slowenischen Landschaft und Kultur. Der Schlussteil handelt abermals von einer Reise, einer Reise, die nun einen Weisen ins Gebirge führt, nahe dem Isonzotal in den Karst nach Kobarit, auf die Hochfläche über dem Golf von Triest, wo ihm im goetheschen Sinne Ur- und Elementarformen des Daseins offenbart werden. Das »Märchen« *Die Abwesenheit* (1987) spielt mit den Möglichkeiten des klassisch-romantischen Kunstmärchens, die Logik des Daseins und die Verhältnisse von Raum und Zeit außer Kraft zu setzen. Auch diese Erzählung handelt letztlich von einer Reise in ein nicht geografisch spezifiziertes Hochland, wo die Gesetze der Realität außer Kraft gesetzt sind und die Zeichen in ihrer »wahren« Bedeutung gelesen werden können.
Im Gegensatz zum artifiziellen Ton der Achtzigerjahre wirkt Handkes Erzählen in der Trilogie der *Versuche* (*Versuch über die Müdigkeit*, 1989; *Versuch über die Jukebox*, 1990; *Versuch über den geglückten Tag*, 1991) weniger ambitioniert. Das Erzählen in den *Versuchen* ist bewusst nicht-linear gehalten, es ist fragmentarisch-reflexiv, nähert sich mal dem Essay, mal dem Traktat, oft der Autobiografie. Die *Versuche* sind Erkundungen und Selbstbefragungen des Autors Handke, sie gehen den Grundlagen seines Existenzgefühls und seiner dichterischen Disposition nach. Der *Versuch über die Müdigkeit* umkreist den physiologischen Zustand einer aufmerksamen Ermattung. Er beschreibt dessen Auswirkungen auf das Sehen, das Bewusstsein und die innere Wahrnehmung. Dieser »poetische« Zustand auf der Schwelle zwischen Wachen und Träumen, Fühlen und Denken, ist für Handke eine existenzielle Möglichkeit, die im sozialen Zusammenleben, in der Liebe, für die Erkenntnis der kleinen Dinge nutzbar gemacht werden solle – und natürlich auch für das Erzählen. Am ehesten entspricht noch der *Versuch über die Jukebox* einem Erzähltext. Der Dichter reist im Dezember 1989 ins kastilische Hochland nach Soria, wo er als einsamer Fremder nicht nur eine kleine Kulturgeschichte der Jukebox aufschreibt, sondern sich auf die Spurensuche nach dem spanischen Dichter Antonio Machado begibt. Auch dieser Text ist eine poetologische Selbstanalyse. Was am Ende gefunden wird, ist jedoch keine Geschichte, es ist ein in Fragmenten erprobter Erzählton. Demgegenüber wäre der *Versuch über den geglückten Tag* am ehesten als philosophische Meditation zu bezeichnen. Auch diese umkreist einen Schwellenzustand, ein geschärftes Zeitbewusstsein, das sich auf einen Tag erstreckt. Der geglückte Tag bezeichnet eine relativ beständige Disposition für eine bestimmte Erfahrung von Wirklichkeit.
1994 veröffentlichte Handke seinen mehr als 1000-seitigen Roman *Mein Jahr in der Niemandsbucht*, ein »summum opus«, in dem sämtliche Themen und Motive seines Werks – die problematische, aber heroische Schriftstellerexistenz ebenso wie das Projekt einer Sinnstiftung durchs Erzählen – resümiert werden. Der Roman spielt im Jahr 1997, nach dem Ende eines imaginären »Bürgerkriegs« in Deutschland. Sein Held, Gregor Keuschnig, der in einem ruhigen Ort am Rand von Paris lebt, einer »Niemandsbucht«, bereitet sich auf eine zweite »Verwandlung« vor. Die erste, lang vergangene machte ihn zu einem Schriftsteller. Der Roman integriert autobiografische Materialien des Autors, zitiert frühere Lieblingsgenres Handkes wie Abenteuergeschichte oder Bildungsroman und nähert sich in polemischen Passagen, die seinem Verleger Unseld oder dem Literaturkritiker Reich-Ranicki gewidmet sind, auch dem Zeitroman. Die zweite, bevorstehende Verwandlung Keuschnigs umfasst nichts weniger als das Programm einer poetischen Neuerfindung der Welt im Medium des Erzählens. Über weite Strecken verfolgt der Roman die Wanderungen und Reisen von sechs Freunden Keuschnigs. Währenddessen meditiert der Held über die Möglichkeit eines neuen, endgültigen Romans, der am Ende doch nicht geschrieben wird. Stattdessen vereint das Buch am Schluss alle Freunde zu einem utopischen Fest, eines Vorscheins von Glück. Der Roman stellt die Erzählbarkeit der Welt infrage und setzt ihr selbstbewusst eine wirklichkeitssetzende Kraft der Dichtung entgegen: die Verwandlung von Welt in Erzählbarkeit.
Nur zwei Jahre darauf beging Handke jedoch einen intellektuellen Sündenfall, der in dieser Art Poetologie angelegt ist. Trotzig behauptete er in seinem Reisebericht *Eine winterliche Reise zu den Flüssen Donau, Save, Morawa und Drina oder Gerechtigkeit für Serbien* (1996) eine Art Identität zwischen realer und erzählerisch konstruierter Wirklichkeit. Das von ihm als bukolisches Idyll geschilderte Serbien des Jahres 1996 abstrahiert jedoch in skandalöser Weise von den serbischen Gräueltaten in Bosnien zur selben Zeit. Indem Handke dem realen Serbien seine

poetischen Ideen von Wahrheit und Schönheit unterschiebt, kehrt er die historischen Schuldverhältnisse um: Die verfolgten Muslime erscheinen als medienorientierte Simulanten, während die westlichen Kriegsberichterstatter eine Art Scheinwelt konstruieren, in der die »wirklichen« Opfer des Krieges zu Unrecht gebranntmarkt werden: die Serben. Für diese Darstellung wurde Handke stark kritisiert. Drei Jahre später wiederholte er aus Anlass des Kosovo-Krieges seine quasi-politischen Ansichten einschränkungslos. 1997 folgte der Roman *In einer dunklen Nacht ging ich aus meinem stillen Haus*. Abermals ist es die Geschichte einer Wanderschaft, diesmal des Apothekers von Taxham, eines still und entfremdet dahinlebenden Menschen, der eines Tages seinen Salzburger Vorort verlässt und sich auf eine Reise begibt, die einer mittelalterlichen Ritterfahrt (*Iwein*) ähnelt. Entsprechend erlebt der Held Abenteuer, auch seine Läuterung während eines Ganges durch die Steppe außerhalb von Zaragoza. In diesem Moment der Erleuchtung setzt das Erzählen in seiner Urform als Selbstgespräch ein. Doch kann sich das Individuum nicht auf der Höhe der »erzählbaren« Welt halten. Die melancholische Rückkehr des Apothekers von Taxham deutet die Zerbrechlichkeit eines Lebens an, das die Möglichkeit des welterschaffenden Erzählens kennt – und mit Einsamkeit bezahlt.

2002 erschien wiederum ein monumentaler Roman, der eine Summe der poetischen, zeit- und medienkritischen Motive Handkes zieht, *Der Bildverlust oder Durch die Sierra de Gredos*. Handkes Roman hat den Charakter eines literarischen Manifests. Er richtet sich gegen ein realistisches, auf äußere Ereignisse referierendes Erzählen. Die Wanderschaft der Heldin durch die Sierra de Gredos, ein Gebirge westlich von Madrid, beschreibt daher eher die metaphorische Reise durch eine in Handkes Augen rettungslos verlorene Moderne. Handkes Metapher für den Verlust einer gemeinsamen, sinnstiftenden und sozialen Zusammenhang garantierenden Anschauung ist der »Bildverlust«. Die Heldin des Romans verfügt noch über die magische Kraft, Bilder wahrzunehmen, die eine »wahre« Wirklichkeit konstituieren, insofern kennt sie auch das Geheimnis des Erzählens. Doch kann auch sie, die utopisch gewendete Don-Quichote-Figur, unsere Welt nicht wiederverzaubern. Handkes Erzählweise spitzt sich in diesem Roman weiter zu auf ein schroffes Gegeneinander von polemischer Zeitkritik und einem souveränen Gestus welterlösender Dichtung.

Thomas E. Schmidt

Werke: *Die Hornissen*, R., Ffm. 1966; *Publikumsbeschimpfung*, UA Ffm. 1966, gedr. Ffm. 1966; *Selbstbezichtigung*, Hsp., 1966; *Der Hausierer*, R., Ffm. 1967; *Hilferufe*, Hsp., 1967; *Begrüßung des Aufsichtsrats*, UA Salzb. 1967; *Weissagung*, Hsp., SR/BR 1967; *Die Literatur ist romantisch*, Aufs., Bln. 1967; *Kaspar*, Theaterst., UA Ffm. 1968, gedr. Ffm. 1968, Hsp., ORF/SDR 1968; *Hörspiel*, in: WDR-Hörspielbuch 1968, Köln 1968; *Hörspiel Nr. 2*, in: WDR-Hörspielbuch 1969, Köln 1969; *Das Mündel will Vormund sein*, Stück (ohne Worte), UA 1969; *Prosa, Gedichte, Theaterstücke, Hörspiele, Aufsätze*, Ffm. 1969; *Die Innenwelt der Außenwelt der Innenwelt. Texte, Gedichte, Collagen*, Ffm. 1969; *Deutsche Gedichte*, Ffm. 1969; *Der gewöhnliche Schrecken. Horrorgeschichten*, Hg., Salzb. 1969; *3 amerikanische LPs*, Kurzfilm 1969; *Die Angst des Tormanns beim Elfmeter*, E., Ffm. 1970; *Wind und Meer*, Hspe. (Ursendung: *Hörspiel*, WDR/HR 1968; *Hörspiel Nr. 2*, WDR/SR/SFB 1969; *Geräusch eines Geräusches*, WDR 1970; *Wind und Meer*, WDR 1971), Ffm. 1970; *Der Ritt über den Bodensee*, Theaterst., Ffm. 1970; *Chronik der laufenden Ereignisse*, Film, WDR 1971; *Ich bin ein Bewohner des Elfenbeinturms*, Filmbuch, Ffm. 1972; *Stücke 1*, Ffm. 1972; *Der kurze Brief zum langen Abschied*, E., Ffm. 1972; *Wunschloses Unglück*, E., Salzb. 1972, Hsp., DRS 1992; *Die Angst des Tormanns beim Elfmeter*, Fssp., ARD 1972; *Stücke 2*, Ffm. 1973; *Die Unvernünftigen sterben aus*, Theaterst., Ffm. 1973, UA Zür. 1974; *Als das Wünschen noch geholfen hat. Gedichte, Essays, Kurztexte, Fotos*, Ffm. 1974; *Falsche Bewegung*, Filmerzählung, zus. m. Wim Wenders, Ffm. 1975; *Die Stunde der wahren Empfindung*, E., Ffm. 1975; *Der Rand der Wörter*, En., Stg. 1975; *Die linkshändige Frau*, E., Ffm. 1976; *Falsche Bewegung*, Film, 1975; *Das Ende des Flanierens*, G., Wien 1977; *Das Gewicht der Welt. Ein Journal (Nov. 1975–März 1977)*, Salzb. 1977; *Die linkshändige Frau* , Film, 1977; *Langsame Heimkehr*, E., Ffm. 1979; *Die Lehre des Sainte-Victoire*, Ffm. 1980; *Das Ende des Flanierens. Gelegenheitsarbeiten*, Ffm. 1980; *Walker Percy: Der Kinogeher*, Übs., Ffm. 1980; *Kindergeschichte*, Ffm. 1981; *Über die Dörfer. Dramatisches Gedicht*, Ffm. 1981; *Florjan Lipus: Der Zögling Tjaz*, Übs., Salzb. 1981; *Emmanuel Bove: Meine Freunde*, Übs., Ffm. 1981; *Die Geschichte des Bleistifts*, Salzb. 1982; *Emmanuel Bove: Armand*, Übs., Ffm. 1982; *Francis Ponge: Das Notizbuch vom Kiefernwald/La Mounine*, Übs., Ffm. 1982; *Georges-Arthur Goldschmidt: Der Spiegeltag*, Übs., Ffm. 1982; *Phantasien der Wiederholung*, Ffm. 1983; *Der Chinese des Schmerzes*, Ffm. 1983; *Gustav Janus: Gedichte*, Übs., Ffm. 1983; *Emmanuel Bove: Bécon-les-Bruyères*, Übs., Ffm. 1984; *René Char: Rückkehr stromauf*, Übs., Mü. 1984; *Marguerite Duras: Die Krankheit Tod*, Übs., Ffm. 1985; *Walker Percy: Der Idiot des Südens*, Übs., Ffm. 1985; *Patrick Modiano: Eine Jugend*, Übs., Ffm. 1985; *Gedicht an die Dauer*, Ffm. 1986; *Die Wiederholung*, Ffm. 1986; *Das Mal des Todes*, Fssp., ORF 1986; *Aischylos: Prometheus gefesselt*, Übs., Ffm. 1986; *Nachmittag eines Schriftstellers*, Salzb. 1987; *Die Abwesenheit. Ein Märchen*, Ffm. 1987; *Der Himmel über Berlin*, Film u. Filmbuch, zus. m. Wim Wenders, Ffm. 1987; *Aber ich lebe nur von den Zwischenräumen. Ein*

Gespräch, geführt v. Herbert Gamper, Zür. 1987; *Francis Ponge: Kleine Suite des Vivarais*, Übs., Salzb. 1988; *Julien Green: Der andere Schlaf*, Übs., Mü. 1988; *Gustav Janus: Wenn ich das Wort überschreite*, Übs., Salzb. 1988; *Das Spiel vom Fragen oder Die Reise zum Sonoren Land*, Theaterst., Ffm. 1989, UA Wien 1990; *Versuch über die Müdigkeit*, Ess., Ffm. 1989; *Noch einmal für Thukydides*, Salzb. 1990, erw. 1995; *Versuch über die Jukebox*, Ess., Ffm. 1990; *René Char: Die Nachbarschaften van Goghs*, Übs., Mü. 1990; *Abschied des Träumers vom Neunten Land. Eine Wirklichkeit, die vergangen ist: Erinnerung an Slowenien*, Ffm. 1991; *Versuch über den geglückten Tag. Ein Wintertagtraum*, Ess., Ffm. 1991; *Gustav Janus: Mitten im Satz*, Übs., Salzb. 1991; *William Shakespeare: Das Wintermärchen*, Übs., Ffm. 1991; *Langsam im Schatten. Gesammelte Verzettelungen 1980–1992*, Ffm. 1992; *Die Stunde, da wir nichts voneinander wussten*, Theaterst., Ffm. 1992, UA Wien 1992; *Die Theaterstücke*, Ffm. 1992; *Die Abwesenheit*, Film, 1992; *Georges-Arthur Goldschmidt: Der unterbrochene Wald*, Übs., Zür. 1992; *Mein Jahr in der Niemandsbucht. Ein Märchen aus neuen Zeiten*, R., Ffm. 1994; *Jean Genet: Splendid's. Sie*, Übs., Ffm. 1994; *Die Tage gingen wirklich ins Land*, Ausw., Stg. 1995; *Die Abwesenheit. Eine Skizze. Ein Film. Ein Gespräch*, Basel 1996; *Eine winterliche Reise zu den Flüssen Donau, Save, Morawa und Drina oder Gerechtigkeit für Serbien*, Ffm. 1996; *Sommerlicher Nachtrag zu einer winterlichen Reise*, Essay, Ffm. 1996; *In einer dunklen Nacht ging ich aus meinem stillen Haus*, R., Ffm. 1997; *Zurüstungen für die Unsterblichkeit*, Theaterst., UA Wien 1997, gedr. Ffm. 1997; *Bruno Bayen: Bleiben die Reisen*, Übs., Salzb. 1997; *Am Felsfenster morgens (und andere Ortszeiten 1982–1987)*, Salzb. 1998; *Ein Wortland. Kärnten, Slowenien, Friaul, Istrien und Dalmatien*, Klagenfurt 1998; *Gustav Janus: Der Kreis ist jetzt mein Fenster*, Übs., Salzb. 1998; *Die Fahrt im Einbaum oder Das Stück zum Film vom Krieg*, Theaterst., UA Wien 1999, gedr. Ffm. 1999; *Lucie im Wald mit den Dingsda*, E., Ffm. 1999; *Dimitri T. Analis: Land für sich*, Übs., Salzb. 1999; *Unter Tränen fragend, Nachträgliche Aufzeichnungen von zwei Jugoslawien-Durchquerungen im Krieg, März und April 1999*, Ess., Ffm. 2000; *Bruno Bayen: Die Verärgerten*, Übs., Salzb. 2000; *Adonis/Dimitri T. Analis: Unter dem Licht der Zeit*, Übs., Salzb. 2001; *Der Bildverlust oder Durch die Sierra de Gredos*, R., Ffm. 2002; *Mündliches und Schriftliches. Zu Büchern, Bildern und Filmen 1992–2002*, Ess., Ffm. 2002; *Rund um das große Tribunal*, Ess., Ffm. 2003; *Untertagblues. Ein Stationendrama*, Ffm. 2003.

Händler, Ernst-Wilhelm, wurde am 26. 3. 1953 in München geboren und wuchs auf im Vorort Grünwald. Er stammt aus einer Unternehmerfamilie. Der Vater war Ingenieur, die Mutter Chemikerin. Nach dem Abitur an einem neusprachlichen Gymnasium 1972 studierte er an der Münchener Ludwig-Maximilians-Universität Wirtschaftswissenschaften und Philosophie mit Schwerpunkt Wissenschaftstheorie. 1977 erwarb er den Titel eines Diplomkaufmanns. 1980 promovierte er mit einer Arbeit, in der er die Einsichten des analytischen Philosophen John Sneeds auf die ökonomische Modellbildung anwandte, zum Dr. rer. pol. Seither leitet er als geschäftsführender Gesellschafter den Metall verarbeitenden Industriebetrieb seiner Familie im oberpfälzischen Cham. Der passionierte Leser, Kunstsammler und Vater zweier Kinder lebt in Regensburg und München und hat zahlreiche Beiträge zu philosophischen Zeitschriften und Sammelbänden verfasst. 1999 wurde Händler mit dem erstmals verliehenen Erik-Reger-Preis ausgezeichnet.

Von Roman zu Roman fortschreitend verfolgt Ernst-Wilhelm Händler sein Projekt *Die Grammatik der vollkommenen Klarheit*, das sich bewusst gegen den Mainstream stellt und dabei mannigfache Beziehungen zu Textwelten anderer Autoren aufweist. Seine fiktiven Szenarien und Sprachspiele, die auch untereinander vernetzt werden, entwerfen eine höchst artifizielle Phänomenologie der Realität der postmodernen Industriegesellschaft und lassen Literatur und Philosophie zu einem einheitlichen Erkenntnismedium verschmelzen. Händler, der sich in der literarischen Tradition eines Hermann Broch, Robert Musil, Samuel Beckett und Thomas Bernhard sieht, debütierte mit dem ambitionierten und viel beachteten Band *Stadt mit Häusern* (1995), der elf verschiedene Erzählwelten entwirft und dabei virtuos eigene Erzählweisen erprobt. Gegenwärtiges steht neben Zukünftigem, Reales neben Virtuellem und Fantastischem, Gesellschaftliches neben Geistig-Philosophischem. Die Spannweite der Figuren reicht vom westdeutschen Grundstücksmakler in den neuen Bundesländern und einer Hand voll Kinder in einer postapokalyptischen Ruinenlandschaft bis hin zum Cyberwesen Max und einem Gehirn in einer Nährlösung.

Nachgerade homogen mutet dagegen der Roman *Kongress* (1996) an, der die Wissenschaft als akademisches Machtspiel zeigt und anhand typisierter Personen philosophische Grundeinstellungen zur Diskussion stellt. An einer süddeutschen Universität sollen aus Kostengründen zugunsten der Wirtschaftsfakultät die beiden philosophischen Institute zusammengelegt werden, die von zwei gänzlich unterschiedlichen Ordinarien geleitet werden. Der alte Professor verkörpert das Ideal der reinen Wissenschaftlichkeit, sein Gegenspieler einen stromlinienförmigen und medienversierten Karrieristen. Opfer der Intrigen ist ein junger Philosoph, der im Verlauf der Handlung immer stärker mit den Intrigen seiner

Umgebung konfrontiert wird und nach bitteren Erfahrungen auf einem Philosophenkongress die Berufsphilosophie aufgibt. Er beschließt einen zweiten Kongress ins Leben zu rufen, den »Kongress der Helfenden«, auf dem es nicht mehr um Erkenntnistheorie, sondern um angewandte Ethik gehen soll. Davon ist im zweiten Teil des Romans zu lesen, der im diametralen Gegensatz zum ersten steht und erst nach und nach mit diesem verbunden wird. Es wird eine befremdende Regression vor Augen geführt. Der betont sachliche Beschreibungsduktus weicht einem überaus sinnlichen Erzählen mit schnellen Schnitten. Die Welt des Geistes kippt in die Obszönität eines sadomasochistischen Albtraums, in dessen Mittelpunkt der debile Stotterer Emanuel steht, der aus Mitleid zum Mörder und Erlöser seiner Schwester wird.

Der in vielerlei Hinsicht anspielungs- und beziehungsreiche Roman *Fall* (1997) ist als intertextuelles Schreibexperiment angelegt, das sein ästhetisches Spielmaterial in Thomas Bernhards *Auslöschung*, Gert Hofmanns *Auf dem Turm* und Paul Wührs *Das falsche Buch* findet. Das genau kalkulierte Palimpsest erzählt von einem Machtkampf in einem mittelständischen Unternehmen, der weitgehend in Vertragstexten, Briefen, Aktennotizen und Gesprächsprotokollen wiedergegeben wird. Nach dem Tod des Firmengründers übernimmt zunächst sein Sohn die Geschäftsleitung. Der studierte Wirtschaftswissenschaftler und Mitdreißiger Georg Voigtländer sieht sich angesichts eines zunehmend härter werdenden Konkurrenzkampfes dazu gezwungen, die Firma nach den Gesetzen der betriebswirtschaftlichen Rationalität zu modernisieren, findet dabei aber in seinem Onkel einen egoistischen Gegenspieler. Zunehmend an die Wand gedrängt, beginnt Voigtländer ein Doppelleben zu führen. Er zieht sich in die ihm vertraute Welt der Literatur zurück, in der ihm die Kälte und Zynismen des Geschäftslebens bewusst werden. Am Ende ist er ein zweifacher Verlierer: Er scheitert in seiner Firma und als Autor, da sein Verlag Bankrott geht und der von ihm geschriebene Roman folglich ungedruckt bleibt.

Nach dem »Philosophenroman« *Kongress* und dem »Wirtschaftsroman« *Fall* erschien der »Architektenroman« *Sturm* (1999), der den Zusammenhang von Idee und Wirklichkeit, von Kunst und Gewalt thematisiert und dadurch einen Beitrag zur deutschen Mentalitätsgeschichte leisten möchte. Allegorische Bilder aus heidnischen, christlichen und utopischen Mythologien, archaisch anmutende Namen, realitätsferne Merkmale und Handlungen der Figuren sowie die den Text prägende Natur- und Farbsymbolik lassen an das Genre des Fantasy-Romans denken, lautmalende Interjektionen an das Vorbild entsprechender Comics. Der in die USA ausgewanderte Roboterspezialist Suttung wird von zwei geheimnisvollen Mitarbeiterinnen des charismatischen Stararchitekten Hant dazu überredet, in seine alte Heimat zurückzukehren, um dort für ihn zu arbeiten. Getrieben von messianischen Impulsen und unterstützt von dem Immobilienmakler Arbogast und der Soziologin Mechthild will Hant das Antlitz der Welt revolutionieren. Überall werden Städte dem Erdboden gleichgemacht und nach seinen Vorstellungen neu errichtet. Er ist ein faschistoider Romantiker, ein größenwahnsinniges Genie, das seine Kunst als Form der Gottsuche und als Dienst an der Menschheit versteht und deshalb bedingungslose Unterwerfung fordert. Indem er Gewalt sät, möchte er die Gewalt überwinden. Seit der Erfahrung der Todesnähe während einer Sturmnacht will er sich in völlige Unnahbarkeit zurückziehen und die Welt verlassen. Allein im Technokraten Suttung, der Verkörperung des Wissens und der Vernunft, erwächst ihm ein Konkurrent, der ihn am Ende bloßstellt und seiner Geliebten beraubt, Sean, einer Greisin so alt wie das Jahrhundert.

Händlers bislang größter Erfolg ist der allenthalben positiv aufgenommene Roman *Wenn wir sterben* (2002), der erneut in der Sphäre der Wirtschaft angesiedelt ist. In seinem Mittelpunkt stehen drei Managerinnen Mitte 40, die zunächst gemeinsam und in Freundschaft einen mittelständischen Betrieb leiten, dann aber zu Rivalinnen werden und mit List und Tücke gegeneinander kämpfen, bis schließlich Stine die alleinige Macht im Betrieb erobert. Doch auch sie kann sich nicht behaupten. Als sie auf Expansionskurs geht, findet sie ihre Meisterin in der gleichaltrigen Managerin Milla vom konkurrierenden Konzern D'Wolf. Händlers Roman ist ein hyperrealistischer Bericht aus dem kalten Herzen des Kapitals. Er zeigt die Spielregeln der New Economy im Zeitalter der Globalisierung und ihre deformierenden Auswirkungen auf die in ihm tätigen Funktionsträger, die sich zu Hyänen des Marktes verwandeln und dabei ihrer Eigenschaft als selbstbestimmte Subjekte verlustig gehen. Analog hierzu stülpt ihnen der Autor Sprechweisen der deutschen Gegenwartsliteratur über, die seinen Text zu einem meisterlich inszenierten Formenspiel entlarvender Pastiches und Parodien werden lassen. Es entsteht ein polyphones Stimmengewebe, in dem die Stile eines Rainald Goetz und Peter Handke, von Brigitte Kronauer oder Elfriede Jelinek miteinander konkurrieren wie die Romanfiguren auf dem freien Markt – eine Übernahme der deutschen Gegenwartsliteratur höchst eigener Art. »Was ist der mensch?«, lautet die provokante Fragestellung, »ein haufen fleisch, in geld eingewickelt?«

Hermann Ruch

Werke: *Logische Struktur und Referenz von mathematischen ökonomischen Theorien*, Diss., Mü. 1980; *Stadt mit Häusern*, En., Ffm. 1995; *Kongress*, R., Ffm. 1996; *Fall*, R., Ffm. 1997; *Sturm*, R., Ffm. 1999; *Wenn wir sterben*, R., Ffm. 2002.

Hänny, Reto, geboren am 13. 4. 1947 in Tschappina/Graubünden, verbrachte seine Kindheit auf einem Bergbauernhof, ließ sich zum Volksschullehrer ausbilden und war mehrere Jahre in diesem Beruf tätig. Ausgedehnte Reisen führten ihn durch Europa, nach Nordafrika und in die Sahara, in die Türkei, nach Persien und Afghanistan; längere Zeit hielt er sich in Venedig und Amsterdam auf und kehrte dann nach Chur zuück, wo er zuerst als Kulissenschieber, dann als Bühnenmeister am Stadttheater Arbeit fand. Er übersiedelte nach Zürich und begann ein Studium der Literatur, Ethnologie und Volkskunde an der Universität und an der ETH Zürich. Nach mehrjährigem Aufenthalt in Berlin und Zürich lebt er jetzt als freier Schriftsteller in Zollikon. Reto Hänny wurde ausgezeichnet mit Werkjahren des Kantons und der Stadt Zürich, mit einem DAAD-Stipendium im Rahmen des Berliner Künstlerprogramms, 1985 mit einem Werkjahr des Max-Frisch-Fonds der Stadt Zürich. 1986 erhielt er die Ehrengabe des Kantons Graubünden, 1991 den Preis der Schweizer Schillerstiftung sowie die Ehrengabe der Stadt Zürich und 1994 den Ingeborg-Bachmann-Preis.

Jürg Laederach bezeichnete Reto Hännys Erstling *Ruch* (1979) als »die strengste und konzentrierteste Satire, die je auf Schweizer Boden geschrieben wurde, eine transzendentale Spottschrift für Teufel«, und Hermann Burger sprach von der »originalen Bauchwut eines Kulissenzertrümmerers«. Trotz dieses Kollegenlobes blieb das Buch weitgehend unbeachtet; die in Kleinschrift auf den Leser einstürzenden, schier endlosen Satzkaskaden verhindern einen leichten Zugang. Reich belohnt wird, wer sich durch das syntaktische Dickicht dieses sprachgewaltigen Textes kämpft. Die Verästelungen einer komplexen Gedankenwelt voller Abschweifungen, Zitate und Metaphern, die kleinen Stolperstellen eines vertrackten Sprachrhythmus und ein von der traditionellen Grammatik abweichender Sprachgebrauch sorgen für den amüsiert-irritierten Blick, den ein als Erzähler fungierender Bühnenarbeiter und Beleuchter im Stadttheater von Ruch (= Chur, Hauptstadt von Graubünden) hinter die Kulissen einer (Welt-)Bühne wirft. Beharrlich lüftet er immer wieder den Vorhang, rückt die Szene ins Rampenlicht, um »durch die oberfläche der ereignisse« durchzustoßen, um seinen Zorn »auszuhusten ... präzise, am spucknapf vorbei, der harmlosigkeit entlang an die fassaden, an die fassaden zumindest«.

Das Theater sei das Leben, das Leben ein Theater, in dessen »fundus das chaos herrscht«, in dem ein saturiertes Publikum voller Claqueurs sich an der eigenen Oberflächlichkeit ergötze und nur den eigenen Zitaten applaudiere: »die gesammelten greuel der geschichte werden mit gesittetem schweigen hingenommen, als theatergeschichten akzeptiert, als unvermeidbar unabänderlich mechanisch ablaufende gesetzmäßigkeit, wenn nur die wörter stimmen.« Der Erzähler protestiert auf seinem Gang durch die Stadt zum Theater gegen den polierten Schein einer Welt, die, von der Tradition gelähmt, den »Apo-Kalypso« tanze und sich vor dem »Anderen« fürchte und schweigend abwende. Seine Wut gegen die »zubetonierten, zukonsumierten« Gehirne gipfelt in dem Wunsch, alles per Naturgewalt »niederzulegen«.

»Freiheit für Grönland, schmelzt das Packeis!«, lautete die fantasievolle Parole beim Kampf um ein autonomes Jugendzentrum 1980 in Zürich, der als »Zürcher Unruhen« ein trauriges Kapitel Schweizer Geschichte schrieb und dem eine Art Initialzündung für ähnliche Vorgänge in der Bundesrepublik Deutschland zukam. Hännys Dokumentation der Ereignisse, *Zürich, Anfang September* (1981), ist der von Reflexionen durchsetzte Bericht eines Augenzeugen, der bei einer Demonstration verhaftet und in Untersuchungshaft gesteckt wurde. Zugleich erweist sich der Text als Parabel über die Ohnmacht des Bürgers gegenüber staatlichem Gewaltmonopol und als Abgesang auf die Chancen von Demokratie und Kunst. »Ich habe Schreibzeug und meine Erinnerung. Mein Gedächtnis ist mir nicht aus dem Gehirn geschlagen worden«, notiert Hänny in seinem Protokoll. Halt aber findet er nur in Gedanken an die künstlerische Vergangenheit der Stadt Zürich, an ihre Bedeutung als Wohnort berühmter Dichter wie Joyce und Büchner, als Zentrum der DADAisten und später der Exilanten. Das Packeis habe die Herzen des vermeintlich liberalen Bürgertums umschlossen, die Kälte entstehe aus ihrer Bereitschaft zur Gewalt.

Flug (1985) gewährt einen grandiosen Blick aus der Vogelschau auf ein buntes Mosaik aus Splittern des Zeitgeschehens, Reminiszenzen an die Geschichte der Flugpioniere und Erinnerungen an die Kindheit des Erzählers im Schweizer Bergbauerndorf. Im schwindelnden Höhenflug über den Alpen, in Nebelbänken und durch Turbulenzen nimmt der Erzähler Abschied von seiner Utopie des Fliegens, vom Flug in die Freiheit, vom Überwinden der Grenzen: »Auf der Suche nach Wärme Großmutters Ansichtskartei durchblätternd, für einen Film recherchierend, auf der Suche nach den Spuren vergangener Moden, interessiert, Gegenwärtiges aus Vergangenem zu erfahren, Vergangenes in Gegenwärtigem erkennend, wiedererkennend, auf der Suche nach Ansätzen für das Hier und Jetzt, das, unwirklich und kalt, wie es sich zeigt und gibt, nur als unwirklich zurückgewiesen verdient.« Die Militarisierung des Fliegens wird dem Erzähler zum Symbol vom Ende aller Träume. In einer Sprache, die deutlich an *Ruch* erinnert, zieht Hänny mit Akribie und Detailbesessenheit im metaphorischen Rundflug seine Kreise über den Wolken, peilt alte Sehnsüchte und Mythen an, im Landeanflug liegt die Ernüchterung. Aber er will »unbeirrt fortfahren. trotz unlust und überdruss, aller widersprüchlichkeit, aller müdigkeit zum trotz, um nicht schwimmuntüchtig sprachlos im wörtersee zu ersaufen.«

Reto Hänny hat sich für *Helldunkel* (1994) von Fotografien Hans Danusers inspirieren lassen und seine Assoziationen mit Passagen aus Arbeiten von Samuel Beckett und Franz Kafka bis hin zu Dante Alighieri verwoben und zu einer literarischen Bilderkette gefügt. Ein Reisender kämpft sich im Dreischritt durch unwirtliche Gegenden, mühsam bewältigt er Räume, Flächen und Körper, durchdringt sie oder reibt sich an ihnen. In diesem Labyrinth aus Fluren, Passagen und Winkeln sucht er einen Ausweg. Über die Gänge eines mathematischen Instituts, einer »Simulationswelt«, schleichend, gelangt er auf ein gigantisches Industriegelände, wo Hephaistos den Hammer schwingt und Gräberfelder als stumme Zeugen der Zerstörung seinen Weg flankieren. Zone eins ist eine archaische, weitgehend stumme Welt apokalyptischen Zuschnitts, ein in Schwarzweißtöne getauchtes, verstörendes Szenario. Zone zwei des »schwarzen Triptychons« zeigt sich als blutige Installation, eine krude Mischung aus Schlachthof, Pathologie und Gefängnis. Der Reisende wird im Sog der Lemminge weitergerissen durch ein von obszönen Symbolen, Schriftfragmenten und strangulierten Kreaturen verziertes Totenreich. Im dritten Bild beschreibt Hänny aus der Vogelschau »verheerte Landschaft und schwarzgraue Erosionswüsten« als Folge von Krieg und Klimakatastrophe. Das eigentliche Erlebnis dieses Albtraums ist seine Sprache. Minuziös spürt sie jeder Bewegung nach, beschreibt Proportionen in ungeheurer Plastizität und Sinnlichkeit und schafft ein poetisches Erlebnis hohen Grades. »Letztlich aber erlauben Bilder kein Mitleid, keine Katharsis«, schreibt Hänny. Sie seien »nicht imstande dazu, weil sie sich nicht entwickeln«. Im Gegensatz zu den Menschen, wenn sie das wollen.

Thomas Kraft

Werke: *Ruch. Ein Bericht,* Ffm. 1979, revid. Fssg. Ffm. 1984; *Arrangement H oder Die Verwirrung des Indianers an der* Ampel, F., 1979; *Zürich, Anfang September,* Ffm. 1981; *Flug,* Ffm. 1985; *Giorgio, guardati! Essay zu C. F. Meyers »Jürg Jenatsch«,* Ffm. 1988; *Klänge und Echos. Eine Lektüre. Essay zu Robert Pingets »Passacaglia«,* Ffm. 1991; *Am Boden des Kopfes. Verwirrungen eines Mitteleuropäers in Mitteleuropa,* Pr., Ffm. 1991; *Hans Danuser: Wildwechsel,* Fotobd., Text von R.H., Baden 1993; *Helldunkel,* Ffm. 1994; *Frühling,* Zollikon 1997.

Happel, Lioba, wurde am 7. 2. 1957 in Aschaffenburg geboren, studierte Sozialpädagogik, Germanistik und Hispanistik in Berlin und lebt nach längeren Aufenthalten in England, Irland und Spanien heute in Lausanne. 1989 erhielt sie den Förderpreis zum Leonce-und-Lena-Preis, 1991 den Hölderlin-Förderpreis, 1996 den Förderpreis zum Hans-Erich-Nossack-Preis. 1993 war sie Wiepersdorf-, 1994 dann Villa-Massimo-Stipendiatin.

1989 erschien Lioba Happels erster Gedichtband *vers, reim und wecker*, 1993 dann der von der Kritik einmütig gerühmte Band *Grüne Nachmittage* mit anmutigen und formsicheren, oft spielerisch-übermütig inszenierten Liebes- und Naturgedichten, die überwiegend in irischen und englischen Szenerien angesiedelt sind. Die entschiedene Subjektivität der zeitgenössischen deutschen Lyrik wurde hier in Adaptionen und Kombinationen unterschiedlichster Formsprachen, Stilebenen und Sprechweisen aufgenommen und auf eine ironische, manchmal parodistische Distanz gebracht, die das erotische oder mystisch-religiöse Pathos allererst ermöglichte. Eigenwillig neuromantisch erscheint diese Poesie in der manchmal provokativen Adaption Eichendorffscher oder Hölderlinscher Sujets und Motive, aber auch in der Inszenierung einer weiblichen »poeta vates«-Position – als konsequente Anknüpfung an die Frühromantik, deren selbstironisch gebrochene, das Fragmentarische suchende Schreibverfahren sich hier ebenso fortsetzen wie das poetische Experimentieren mit einer neuen Mythologie. Für diese kommen bei Happel religiöse und mythische Überlieferungen ebenso in Betracht wie moderne Popularmythen. Mit ihnen spielt der – ebenfalls in Großbritannien angesiedelte – 1991 veröffentlichte kleine Roman *Ein Hut wie Saturn*, der die sentimentalen Lehrjahre einer 19-jährigen Deutschen in einer englischen Kleinstadt schildert. Das leichtfüßige, höchst amüsante Pastiche eines Mädchen- und Bildungsromans mit pikaresken Zügen markiert, wie es auf ihre Weise auch Happels Gedichte unternehmen, eine dialektische Gegenposition zum Frauenroman der Neuen Innerlichkeit: Auch hier werden zeittypische Problemkonstellationen aufgegriffen und ironisch reflektiert.

Als die produktive Nachtseite dieser zarten und komischen Texte waren schon in *Grüne Nachmittage* apokalyptisch getönte Schreckens- und Schmerzerfahrungen untergründig spürbar. In den Gedichten des Bandes *Der Schlaf überm Eis* (1995) treten sie dominierend hervor. Auch hier jedoch wird das – vehement gesteigerte – Pathos gebrochen und legitimiert durch Verfahren romantischer Ironie, den abermals souveränen Umgang mit unterschiedlichsten Vers- und Gedichtmaßen und die polyfone Komposition des Bandes. In oft nachdrüklich an expressionistische Ausdrucksformen anknüpfenden Gedichten werden biblische und mythologische Motive und Gestalten (Baal und Moloch, Orpheus und Eurydike, die biblische Judith und Andersens kleine Seejungfrau) als Verkörperungen existenzieller Ohnmachts-, Liebes- und Todeserfahrungen konfrontiert mit Szenen alltäglicher Gegenwart. Dabei werden auch politische Dimensionen dieser noch immer radikal individualistischen Poesie sichtbar. Die romantische Musikalität, die Lioba Happels Schreiben von Beginn an bestimmt hat, und das unbedingte Vertrauen in eine befreiende Macht der Poesie münden hier schließlich in Liedtexte (für den Sänger Tim Fischer).

Seither hat Lioba Happel weitere Gedichte, auch Nachdichtungen (u. a. aus dem Rumänischen), poetologische Essays und Prosa (darunter die Erzählung *Der Abgrund*, 1994) in Zeitschriften und Anthologien veröffentlicht.

Heinrich Detering

Werke: *vers, reim und wecker*, G., Bln. 1989; *Ein Hut wie Saturn*, R., Ffm. 1991; *Grüne Nachmittage*, G., Ffm. 1993; *Der Schlaf überm Eis*, G., Ffm. 1995.

Happel, Wilfried, geboren am 2. 7. 1965 in Nürnberg, studierte von 1987 bis 1994 in Köln und Frankfurt am Main Germanistik sowie Philosophie. 1994 wurde er u. a. mit dem Nachwuchspreis des Jungen Hessischen Literaturforums ausgezeichnet. Neben der eigenen literarischen Produktion, darunter auch lyrische Veröffentlichungen, arbeitete der in Berlin und Münnerstadt lebende Autor als freier Regisseur und Dramaturg an Schauspielhäusern in Frankfurt, Köln und Würzburg. Happels Stücke, gerade die ersten beiden *Das Schamhaar* (1994) und *Mordslust* (1996), erregten auf deutschen sowie niederländischen Bühnen bisweilen großes Aufsehen und fanden immer wieder Eingang in die Spielpläne.

»Fressen, Ficken, Morden und Sprechen« (B. Blitz) sind die zentralen Themen in Wilfried Happels Theater. In konsequenter Fortführung des absurden Theaters und einer gezielten Zerstörung logischer Bühnenhandlung kulminieren seine Farcen immer wieder in der Inszenierung alltäglicher Gewalt. *Das Schamhaar* spielt bereits im Titel auf die tabulose Darstellung inzestuöser Sexualität an. In dem vom Autor bevorzugten Milieu kleinbürgerlicher Enge entzündet sich der Konflikt an der Überlegung der beiden Brüder Justus und Gregor, »wie das Schamhaar auf die Tischdecke kommt« und von wem es eigentlich stammt. Gegenseitige Verdächtigungen sowie eine immer aggressivere Triebhaftigkeit können nicht darüber hinwegtäuschen, dass Happel anhand von Leitmotiven (z. B. das gesprächstötende Zirpen der Grillen, daneben die Sexualsymbole wie Kuchen oder Pflaumenernte), wiederholten Dialogen und beständigen Identitätszweifeln marionettenhafte Figuren ohne psychologische Tiefe entwirft. Das Scheitern der Kommunikation verläuft parallel zum Verzicht auf eine fortschreitende Geschichte, das Ende gefriert trotz der vorgefallenen Grausamkeiten in der anfänglichen Suche nach dem Schamhaar ein.

Kaum anders das Szenario in Happels zweitem Bühnenwerk *Mordslust*, wiederum »regiert am Kaffeetisch die grelle, würgende Pein« (»Die Zeit«), wiederum wird das charakteristische »Einfamilienwohnhaus in einer Kleinstadt« (Szenenanmerkung) zum Tatort. Abgründe tun sich auf, wenn Perversion und Gewalt als Heilmittel gegen die Langeweile längst zur Normalität geronnen sind. Sohn Jörg

eröffnet den brutalen Reigen durch die willkürliche Ermordung eines Mädchens, woraufhin er sich von der Erschießung der Eltern ein zusätzliches Gefühl der Selbstherrlichkeit verspricht. Die Großeltern trennen sich im Hass, der angeblich geläuterte Ex-Alkoholiker und sexsüchtige Jugendgruppenleiter George vergewaltigt die Ehefrau Norma, und insbesondere den biederen Ehemann Dieter packt die Mordslust, was Waltraud, Jörg und Norma mit ihrem Leben bezahlen.
Die beiden folgenden Arbeiten, die Komödie mit musikalischen Einlagen *FressOrgie oder Der Gott als Suppenfleisch* (2000) und der szenische Monolog *Der Nudelfresser* (2000) verstärken den Eindruck, dass es dem Autor weniger um sozialkritische Motive und mehr um die grelle Überzeichnung sowie Bloßstellung des Illusionstheaters geht. Die *FressOrgie*, ausgelagert in ein vermeintlich paradiesisches Inselambiente, entlarvt in lockerer Anlehnung an Werke von Gilles, Nestroy und Jelinek die Fiktion dadurch, dass die Figuren ihre eigene Entwicklung imaginieren und somit den Fortgang des Stücks selbst vorgeben. So kann man Zouzou, der Tochter des Häuptlings Abendwind, durchaus Glauben schenken, wenn sie den Inhalt resümiert. Es geht um Kannibalismus, Götter, Liebe und Krieg, am Ende landet ein vermeintlicher Gott im Kochtopf, und die beiden Liebenden erwarten ihr Kind. Die Dominanz des Grotesken sowie die Einlagen des »Chors der Kakadus« machen aus dem Stück trotz satirischer Anklänge hauptsächlich eine enthemmte Komödie: »Die parabelhaften Sinnbezüge sind zu eindimensional angelegt, als dass man ihnen vorbehaltlos trauen könnte« (B. Blitz).
Noch deutlicher dokumentiert *Der Nudelfresser* Happels Auseinandersetzung mit dem traditionellen Theater. Das Arrangement als endloser, wohl an Thomas Bernhard geschulter Monolog zielt weder darauf ab, irgendeine »Psychoscheiße« oder menschliche »Beziehungslosigkeit« vorzuführen noch ein »Sprachproblem« oder absurdes »Endzeitstück« à la Beckett zu inszenieren. Ein Nudeln verschlingender Typ will, so der Tenor der vulgären Tiraden, einfach nichts »bedeuten«, will über nichts anderes reden als über Nudeln und die »furzende« Ketchupflasche, über seine Verdauung und Sexualität, obgleich selbst das »Reden keinen Sinn mehr macht«. Die Tatsache, dass daraus aber die Emanzipation des Schauspielers von seinem Autor (»der verdammte Wichser, der mich schreibt«) und eine wundersame Vervielfältigung der fiktiven Figur »auf den Brettern, die wo die Welt bedeuten«, erwächst, zeigt Happels selbstironisches Misstrauen gegenüber engagierter Dramatik.
Auch in *Die Wortlose* (2002) bildet das einsame Selbstgespräch den szenischen Rahmen. Dennoch war die Sinnverweigerung des *Nudelfressers* nicht das letzte Wort, und in der Retrospektive der Protagonistin Renate Rommel wird wiederum Polemik gegen die Macht des bürgerlichen Patriarchats spürbar. Diese Chronik eines Scheiterns, als Spiel mit Identifikation und Distanzierung abwechselnd in erster und dritter Person berichtet, zeichnet den Lebensweg eines sexuell ausgebeuteten Mauerblümchens, das sämtliche Erniedrigungen und Samenergüsse »runtergeschluckt« hat, nach. Schließlich kommt aber doch der Tag der Rache, an dem Renate ihren Mann Rainald, ein als SCHLECKER-Filialleiter getarntes Sexmonster, ermordet, ihm das Herz aus dem Leib schneidet und den toten Körper in der Waschmaschine mit Persil rein wäscht. Die scheinbare Befreiung, symbolisiert durch die wiedergefundene Sprache, wird jedoch durch den Tod Renates sowie die im Jenseits ertönende Stimme ihres Mannes ins Gegenteil verkehrt. Jeder Widerstand ist zwecklos, die ganz banale Gewalt, und ganz besonders die der »Wörter, die wie Messerstiche wehtun können«, holt Happels Bühnenfiguren immer wieder ein.

Kurt Hahn

Werke: *Das Schamhaar,* Theaterst., UA Köln 1994, gedr. Ffm. 1996; *Mordslust*, Theaterst., UA Köln 1996, gedr. Ffm. 1996; *Kleiner Zwischenfall in den Französischen Alpen*, Hsp., WDR 1996; *FressOrgie oder Der Gott als Suppenfleisch. Komödie mit musikalischen Einlagen,* UA Hann. 2000, gedr. Ffm. 1999; *Der Nudelfresser. Stück für einen Schauspieler*, UA Bln. 2000, gedr. Ffm. 1999; *In-Contenance*, Theaterst., UA Bln. 2001; *Die Wortlose,* Theaterst., UA Nürnberg 2002; *Mein Onkel Bob*, Theaterst., UA Nürnberg 2002.

Harig, Ludwig, geboren am 18. 7. 1927 im saarländischen Sulzbach, besuchte dort die Volksschule und seit 1941 die Lehrerbildungsanstalt in Idstein/Taunus, nach dem Krieg die Mittelschule in Saarbrücken und von 1946 bis 1949 das Lehrerbildungsseminar Blieskastel. 1949/50 war er »assistant d'Allemand« am Collège Moderne in Lyon und seit 1950 Volksschullehrer im Saarland. Ab 1970 beurlaubt, verließ er 1974 den Schuldienst und lebt seitdem als freier Schriftsteller in Sulzbach. Er wurde 1977 mit dem Kunstpreis der Stadt Saarbrücken, 1985 mit der Carl-Zuckmayer-Medaille, 1987 mit dem Hörspielpreis der Kriegblinden und dem Heinrich-Böll-Preis, 1994 mit dem Friedrich-Hölderlin-Preis ausgezeichnet. 1993 verlieh ihm das Ministerium für Wissenschaft und Kultur im Saarland die Ehrenprofessur.

Mit der vorgefundenen Sprache wollte sich der Schriftsteller Harig nicht begnügen. Unter dem Patronat des Literaturtheoretikers Max Bense in Stuttgart und des französischen Sprachspiel-Meisters Raymond Queneau beteiligte er sich seit 1955 an den Versuchen der experimentellen und der konkreten Poesie sowie des Neuen Hörspiels, die Grenzen der Sprache zu erweitern. 1965 erschien der Erzählungsband *Reise nach Bordeaux*. Aber vor der Laboratmosphäre bewahrte den Dichter Harig seine poetische Fantasie, das, was er später »Aufhebung der Schwerkraft«, »Luftsprünge« oder »Luftschifferei« nannte. Außerdem scheute er sicht nicht vor Ausgriffen in eine ganz unliterarische Wirklichkeit (*Das Fußballspiel*, Hörspiel 1966, Buch 1967; *Netzer kam aus der Tiefe des Raums. Notwendige Beiträge zur Fußballweltmeisterschaft*, hg. mit Dieter Kühn, 1974). Der finsteren Seite deutscher Geschichte nähert sich Harig im Hörspiel *Ein Blumenstück* (1968), in dem sich mit der historischen Rückbesinnung auf Auschwitz ein erzieherischer Antrieb verknüpft: Harig montiert Ausschnitte aus dem Tagebuch des KZ-Kommandanten Höß mit Kinderliedern, die von Blumen auf der Rampe des Lagers handeln. Noch einmal an seinen Lehrerberuf erinnert Harig mit dem Sammelband *Und sie fliegen über die Berge, weit durch die Welt. Aufsätze von Volksschülern, herausgegeben von ihrem Lehrer* (1972). Französische Lesebücher zitiert, imitiert und parodiert er in *Sprechstunden für die deutsch-französische Verständigung und die Mitglieder des Gemeinsamen Marktes. Ein Familienroman* (1973). Verrenkungen der Sprache, Florettgefechte zwischen den Sätzen, Schabernack mit der Gutgläubigkeit des Lesers, Sprünge und Jagden durch die Geschichte und die Literatur machen so ein »komisches und hintersinniges Lesebuch« (H. Heißenbüttel) zu einem grotesk-burlesken Abgesang auf die Lehrerzeit. Den als fraglos betrachteten Grundvorstellungen und den Spiegelfechtereien des Denkens entzieht die *Allseitige Beschreibung der Welt zur Heimkehr des Menschen in eine schönere Zukunft* (1974) den Boden; Harig enthüllt das Eulenspiegelhafte der Denker, Eulenspiegel wird zur Schlüsselfigur des Buches: Er ist der Meister einer Verdoppelung, die zum Spiel mit der gegenseitigen Negation wird. Ins Zentrum der Collagenprosa des Romans *Rousseau* (1978) rückt der Autor des *Emile* mit seinen Lebenssituationen. Harig gelingt ein Übungsstück in Jean Paulscher Erzähllaune; so zeigt er Rousseaus Zögling Emile auf einem Spaziergang mit der Hauptfigur aus Jean Pauls *Levana oder Erziehlehre*.

Harig ist überzeugt von der Omnipotenz der Sprache. In der Novelle *Der kleine Brixius* (1980) wird der Sprachgebrauch mit der Fähigkeit zu fliegen belohnt. Zum Flug durch die historischen Zeiten setzt Harig in den *Trierer Spaziergängen* (1983) an. Da zeichnet sich, ausgehend von der »Porta Nigra«, genau der römische Grundriss der Stadt ab, da werden die Kirchen zu trigonometrischen Punkten des christlichen Mittelalters, da repräsentieren St. Maximin (das »preußische Allerlei«) und das Geburtshaus von Karl Marx das 19. Jahrhundert; über das Massenphänomen in der Fußballarena des 20. Jahrhunderts führen Seneca und sein Schüler Lucilius ein Gespräch. Ein ständiger Austausch der Epochen und Identitäten ereignet sich. Spielerisch-heitere Fantasie zaubert eine Simultanität der Zeiten herbei. Noch einmal dokumentiert Harig eine Begegnung mit der römischen Geschichte im römischen Tagebuch *Die Laren der Villa Massimo* (1987). Die Hommage an die Stadt Trier weist zurück auf Harigs Huldigungen an seine saarländische Heimat. Schon 1977 erschien ein *Lesebuch über die gute Art zu leben und zu denken* unter dem Haupttitel *Die saarländische Freude*, 1979 der Prosaband *Heimweh. Ein Saarländer auf Reisen* mit Zeichnungen von Hans Dahlem.

Von der Mitte der Achtzigerjahre an steht das autobiografische Erzählen im Mittelpunkt. Schon Harigs Band *Logbuch eines Luftkutschers* (1981) enthält autobiografische Skizzen. Seine folgenden großen autobiografischen Bücher tragen die Gattungsbezeichnung Roman. Obwohl der autobiografische Gestus und das biografisch konkrete Ich des Erzählers Harig eindeutig sind, lässt sich der Begriff Roman rechtfertigen, weil es Erzählfreude, poetische Fantasie und Sprachkunst sind, die sich des autobiografischen Stoffs bemächtigen. Der erste Band, *Ordnung ist das ganze Leben. Roman meines Vaters* (1986), verknüpft die Lebensgeschichten des Erzählers und seines Vaters aufs Engste. Harig bricht mit einem Lieblingsmuster der Zeit, mit einer die Vätergeneration ins Verhör nehmenden Literatur. Kein verlöschendes Vaterbild zeigt er; noch vom Verstorbenen heißt es: »Vater hält die Welt zusammen.« Aber der Sohn retuschiert nicht die begrenzte Weltsicht des Vaters, sein Geprägtsein durch die Erziehungsmuster der Kaiserzeit, seine Kleinbürgermentalität. Im zweiten autobiografischen Roman, *Weh dem, der aus der Reihe tanzt* (1990), setzt entschiedener die Selbstprüfung ein. Harig hat sich seine willige Unterordnung als Hitlerjunge und als »Jungmann« einer nationalsozialistischen Lehrerbildungsanstalt vorzuwerfen, aber er sieht sie zugleich auf dem Hintergrund nationalsozialistischer Verführung und Indoktrination der Jugend. Auch im dritten Band, *Wer mit den Wölfen heult, wird Wolf* (1996), hat die Autobiografie Züge des kritischen Bildungsromans. Unter der nahezu klerikalen saarländischen Regierung Hoffmann muss sich Harig einer streng christlichen Doktrin unterordnen; ins Freie gelangt er erst als »assistent« im Collège Moderne von Lyon. Als Schriftsteller gerät er ganz in den Bann der »Stuttgarter Schule« Max Benses. Die Kapitel über diesen Mentor sind die zentralen des Buches. Als eine Art Nachlese zur autobiografischen Romantrilogie erschien 2002 der Band *Und wenn sie nicht gestorben sind. Aus meinem Leben.* Er umfasst kleine Erzählungen oder Skizzen, in denen die autobiografischen Linien weitergezogen werden, Tagebuchnotizen über Lesungen, Berichte über Reisen und über Begegnungen mit bekannten Zeitgenossen, auch kleine literarisch-philosophische Essays. Die Erzähltechnik der autobiografischen Bücher hat sich entschieden vom Gestus der experimentellen Literatur entfernt; doch zerreißt Harig die Verbindungsfäden nicht grundsätzlich.

Mit der Novelle *Die Hortensien der Frau von Roselius* (1992) nähert er sich wieder den früheren Weggenossen, genauer den Wahlverwandten der französischen Schriftstellergruppe OULIPO. Der Titel antwortet unmittelbar auf Jacques Roubauds *Entführung der schönen Hortensie* (dt. 1991). Die Handlung spielt in einem großbürgerlichen Milieu; um die Geschehensverläufe herum winden sich poetische Selbstreflexionen des Erzählens. Auf die Spur Hölderlins setzt sich Harig in einer der Erzählungen des Bandes *Der Uhrwerker von Glarus* (1993); den großen Erzähler des 19. Jahrhunderts wählt er sich zum Begleiter in den Reisegeschichten *Spaziergänge mit Flaubert* (1997); Literaturarchäologie betreibt er mit einer Erkundungsreise ins Kinderland Jean Pauls in einer Erzählung des Bandes *Peles Knie* (1997). Bücher über Reisen nach Japan (2000) und Kreta (2001) folgen.

Das Engagement fürs Hörspiel ist hinter dem erzählerischen Interesse zurückgetreten. Eine Art Nachhut der früheren Arbeiten im »Laboratorium« der Sprache sind die formalen Etüden im Lyrikband *Hundert Gedichte. Alexandrinische Sonette, Terzinen, Couplets und andere Verse in strenger Form* (1988). Der Zusammenarbeit mit dem Malerfreund gewidmet ist der Band *Hans Dahlem und die Poesie* mit Texten von Apollinaire und Zeichnungen von Dahlem (1998). Unvergleichlich bleibt Ludwig Harigs poetische Prosa mit der Gleichzeitigkeit und Spannung von Bodenhaftung und Schwerelosigkeit. Von seinem harlekinesk-eulenspiegelhaften Witz und Humor zeugen noch einmal die Lieder und Balladen des Bandes *Im Geschwirr der Espenblätter* (2002).

Walter Hinck

Werke: *Haiku Hiroshima*, Reihe »rot«, Nr. 5, Stg. 1961, Hsp. 1969; *Das Fußballspiel*, in: *Ein Tag in der Stadt*, hg. v. D. Wellershoff, Köln 1962; *Zustand und Veränderungen, frühe Texte*, Wiesb. 1963; *Das Geräusch*, Hsp. 1963, gedr. Neuwied, Bln. 1965; *Reise nach Bordeaux*, Pr., Wiesb. 1965; *Starallüren*, Sonderdr., Saarbr. 1966, Hsp , Ursend. 1967; *Les Demoiselles d'Avignon*, Hsp., 1967; *Das Fußballspiel*, Stg. 1967; *Der Monolog des Terry Jo*, Hsp., m. M. Bense, 1968, in: *Neues Hörspiel*, hg. v. K. Schöning, Ffm. 1969; *Ein Blumenstück*, Texte zu Hsp., Wiesb. 1969; *im men see*, Permutationen, B. 1969; *zufällig änderbar*, Zweibrücken 1969; *Staatsbegräbnis*, Hsp. 1969, Schpl. 1974/75; *Muster möglicher Welten*, Anth. f. M. Bense, hg. zus. m. E. Walther, Wiesb. 1970; *Katzenmusik*, Hsp., 1970; *Fuganon in d*, Hsp., 1970; *wir spielen revolution. ein wort ton bild stück*, Wiesb. 1970; *miss mary*, Zweibrücken 1970; *Wir beginnen ein Spiel*, Stück, UA 1971, Ffm. 1971; *Sprechstunden für die deutsch-französische Verständigung und die Mitglieder des Gemeinsamen Marktes. Ein Familienroman*, Mü. 1971; *Ich nehme an, dass mein Vater sagt. Aufsätze von Volksschülern*, Hg., Mü. 1971; *Lichtbogen*, Zweibrücken 1971; *Türen und Tore*, Hsp., zus. m. Jürgen Becker, R. Döhl, J.M. Kamps, 1971; *Versammelt euch, dass ich euch verkündige, was euch begegnen wird in künftigen Zeiten*, Hsp., 1971; *Hercule Poirots zwölf Arbeiten des Herkules*, Hsp., 1971; *Darum sorget nicht für den anderen Morgen, denn der morgende Tag wird für das seine sorgen*, Hsp., 1972; *Zwei Dutzend Sonette an Orpheus von Rainer Maria Rilke*, Pforzh. 1972; *Und sie fliegen über die Berge, weit durch die Welt. Aufsätze von Volksschülern*, Hg., Mü. 1972; *Entstehung einer Wortfamilie*, Hsp., 1972; *Das Glück dieser Erde*, Hsp., 1973; *Wahrlich ich sage euch, dieses Geschlecht wird nicht vergehen, bis dass dieses alles geschehe*, Hsp., 1973; *Die Aufhebung der Schwerkraft*, zus. m. Jan Voss, Stg. 1973; *Allseitige Beschreibung der Welt zur Heimkehr des Menschen in eine schönere Zukunft*, Mü. 1974; *Netzer kam aus der Tiefe des Raums. Notwendige Beiträge zur Fußballweltmeisterschaft*, hg. zus. m. Dieter Kühn, Mü. 1974; *Drei mal drei Fünfsätze*, Stg. 1974; *Zeit und Raum verschwinden mit den Dingen*, Hsp. in 6 Folgen, Gemeinschaftsarbeit m. 6 weiteren Autoren, 1974–1975; *Wie kommt Leopold Bloom auf die Bleibtreustraße?*, Pr., Bln. 1975; *Deutsch für Deutsche.*

Eine Lehrstunde politischer Gemeinschaftskunde, Schpl., zus. m. M. Krüger, 1975; *Deutsche Augenblicke*, Hsp. in zwei Folgen, 1976; *Ein deutsches Narrenspiel*, Hsp., 1977; *Die Ballade vom schwarzen Kater Willy. Ein Bilderbuch für Groß und Klein*, Pforzh. 1977; *Die saarländische Freude. Ein Lesebuch über die gute Art zu leben und zu denken*, Pr. u. G., Mü. 1977; *Dichten und Trachten – Gespräche aus dem deutschen Volks- und Geistesleben. 5. Folge: Johannes und die Offenbarung*, Hsp., 1977; *Dudweiler Rede*, Dudweiler 1977; *Warum kann ich nicht vom Truge in die Wahrheit übergehen*, Hsp., 1978; *Rousseau – Der Roman vom Ursprung der Natur im Gehirn*, m. Schpl., Mü. 1978; *Michel und das neue Auto*, Hsp., 1978; *Man kann nicht mehr auf allen vieren gehen*, Fs.-F. z. 200. Geb. v. Rousseau, zus. m. Georg Bense, 1978; *Heimweh. Ein Saarländer auf Reisen*, ges. Reise-Pr., m. Zeichn. v. Hans Dahlem, Mü. 1979; *Nachbarn im Dreieck. Ausschnitte von Eindrücken zwischen Saar und Mosel*, Völklingen 1979; *Pfaffenweiler Blei. Achtzehn alexandrinische Sonette*, m. Vorw. v. M. Krüger, Pfaffenw. 1980; *Der kleine Brixius*, N., Mü. 1980; *Wer will haben, der muss graben*, Hsp., 1980; *Zitate sprangen mir auf dem Schreibtisch herum*, Hsp., 1980; *Logbuch eines Luftkutschers*, Ausw. m. aut. Einl., Stg. 1981; *Heilige Kühe der Deutschen*, Sat., Mü. 1981; *Ein Fest für den Rattenkönig*, Hsp., 1981; *Tafelmusik für König Ubu*, Pforzheim 1982; *Die Ballade vom großen Durst. Bilder und Verse zur Enzyklopädie der Bierflasche*, Mü. 1983; *Willkommen und Abschied*, Hsp., 1983; *Trierer Spaziergänge*, Pr., Mü. 1983; *Simplicius Simplicissimus*, T. 1–8, Hsp., 1984; *Till Eulenspiegel*, T. 1–7, Hsp., 1984; *Zum Schauen bestellt. Deidesheimer Tagebuch*, Landau 1984; *Das Rauschen des sechsten Sinnes. Reden zur Rettung des Lebens und der Literatur*, Mü. 1985; *Sieben Tiere. Kleines Bestiarium in alexandrinischen Sonetten*, Pforzh. 1985; *Kriegsende*, Hsp., 1985; *Ordnung ist das ganze Leben. Roman meines Vaters*, m. Tbd.-Kass., Mü. 1986; *Die Laren der Villa Massimo – Ein römisches Tagebuch, m. Zeichnungen v. Hans Dahlem*, Landau 1986; *Drei Männer im Feld*, Hsp., 1986; *Und über uns der grüne Zeppelin. Essener Tagebuch*, Essen u. Hbg. 1987; *Logbuch eines Luftkutschers*, Stg. 1987; *Hundert Gedichte. Alexandrinische Sonette, Terzinen, Couplets und andere Verse in strenger Form*, Nachw. v. K. Krolow, Mü. 1988; *Amol is gewejn a Jiddele*, Hsp., Musik: Gruppe espe, 1988; *Mainzer Feste. Ein elektronisches Tagebuch*, Fs.-F., m. Wolfg. Lörcher, 1988; *Gauguins Bretagne. Ein Tagebuch*, Hbg. 1988; *Mainz, bewegte Stadt*, m. Grafiken v. Karlheinz Oswald, Mainz 1989; *Boris Vian: Hundert Sonette*, Übs. zus. m. Eugen Helmlé, Ffm. 1989; *Mainzer Moskitos. Tagebuch des Stadtschreibers*, m. Zeichn. v. Hans Dahlem, Landau 1989; *Rousseau und Robespierre tanzen unter dem Freiheitsbaum*, Hsp., 1989; *Weh dem, der aus der Reihe tanzt*, R., Mü. 1990; *Guillaume Apollinaire: »Am grünen Ufer in Rolandseck«. Gedichte.* Übs., m. Radierungen v. Hans Dahlem, Kaiserslautern 1991; *Voraus ins Blaue. Unmögliches Interview mit Jean Jaques Rousseau*, Hsp., 1991; *Guanahani oder Was sind das für Menschen?*, Hsp., 1992; *Die Hortensien der Frau Roselius*, N., Mü. 1992; *Drei Sonette*, Hsp., 1992; *Der Uhrwerker von Glarus*, En., Mü. 1993; *Das weiße Blatt oder Wie anfangen? Mit dem ersten Kapitel eines neuen Buches von L.H.*, bearbeitet v. Friedr. Pfäfflin, Marbach am Neckar 1994; *Bilder des Sommers wechselnd. Johannes Kühn als Maler.* Rede zur Eröffn. e. Ausstellung, m. Bildern v. J. K. 1994, Warmbronn 1995; *Die Weihnachtsgeschischt. Ins Saarländische übertragen von Ludwig Harig*, Saarbr. 1995; *Das Saarland*, zus. m. Siegfried Layda, Hbg. 1996; *Wer mit den Wölfen heult, wird Wolf*, R., Mü. 1996; *Simplicius Simplizissimus. Ein Hörspiel*, hg. v. Christine Paar, Ffm. 1997 (Trouvaillen 15); *Spaziergänge mit Flaubert. Reisegeschichten*, Mü. 1997; *Der Wiedergeborene. Reportagen*, Hdbg. 1997; *Eier und Bücher. Das Buch des Bibliothekartages*, zum 88. Bibliothekartag, m. Holzschnitten von Anne Büssow, Wuppertal 1998; *Hans Dahlem und die Poesie*, hg. zus. m. Andrei Miron, m. Texten v. Guillaume Apollinaire, Illustr. v. Hans Dahlem, Saarbr. 1998; *Peles Knie. Sechs Verführungen*, En., Mü. 1999; *Reise mit Yoshimi. Japanische Reportagen*, Lüneburg 2000; *Kreter und Pleter. Tagebuch einer Reise nach Kreta*, m. Fotos v. Alfred Diwersy, Blieskastel 2001; *Zarte Liebe fesselt mich. Das Liederbuch der Fürstin Sophie Erdmuthe von Nassau-Saarbrücken*, Teiledition, m. Nachdicht. v. L. H., hg. v. Wendelin Müller-Blattau, Saarbr. 2001; *Und wenn sie nicht gestorben sind. Aus meinem Leben.*, En. u. Ess., Mü. 2002; *Im Geschwirr der Espenblätter. Lieder und Balladen*, Blieskastel 2002; *Da fielen auf einmal die Sterne vom Himmel*, Pr., Lüneburg 2002.

Hartlaub, Felix, wurde am 17. 6. 1913 in Bremen geboren, sein Vater war der Kunsthistoriker Gustav Friedrich Hartlaub, bis Mai 1933 Direktor der Mannheimer Kunsthalle. Hartlaubs Schwester ist die Schriftstellerin Geno(veva) Hartlaub, die seine Werke nach dem Krieg herausgab. Durch die Abstammung mütterlicherseits war Hartlaub von den Nürnberger Gesetzen betroffen. Er lebte ab 1914 in Mannheim, besuchte dort das Gymnasium, von 1928 bis zum Abitur 1932 die Odenwaldschule bei Heppenheim. Nach einer Studienfahrt nach Italien und dem Arbeitsdienst studierte er ab 1933 neuere Geschichte und romanische Philologie in Heidelberg, von 1935 bis 1939 Neuere Geschichte in Berlin und promovierte sich 1939 bei Walter Elze. Im September 1939 wurde er zur Wehrmacht eingezogen, 1940 war er Mitglied der Historischen Archivkommission des Auswärtigen Amtes in Paris, später an der Front in Rumänien, dann Mitarbeiter der kriegsgeschichtlichen Abteilung beim OKW in Berlin, als Sachbearbeiter in der Abteilung »Kriegstagebuch« des Führerhauptquartiers in der Ukraine, Rastenburg (Wolfsschanze) und Berchtesgaden. Er gilt seit Anfang Mai 1945 in Berlin als verschollen.

Hartlaubs Erzählungen und Skizzen sind verstreut seit den Fünfzigerjahren publiziert worden, von seiner Schwester Genoveva wurden sie, allerdings zum Teil stark bearbeitet, gesammelt unter dem Titel *Im Sperrkreis* 1955 publiziert. Sie sind unter hohem Druck entstanden, oft auch im Geheimen, und deswegen oft nicht fertig, manchmal mehr Skizzen als Erzählungen, mehr Anläufe als vollendetes Werk, wahrscheinlich sollte vieles davon als Materialsammlung für Romane dienen. Viele Skizzen sind Beobachtungen aus dem Kriegsalltag, nicht nur als einfacher Soldat, sondern auch in privilegierteren Stellungen, als Kriegstagebuchführer mit Sondergenehmigungen. Hartlaubs Sprache ist hart und realistisch, eine Mischung aus kantigen Tönen und poetischen Beschreibungen, aus expressionistischen Versatzstücken und realistischer Drastik, wie sie später vor allem und etwas rasanter Arno Schmidt pflegte. Ein Viertel in Paris empfand Hartlaub als »Abfallstücke von Straßen, heiße steinerne Därme, tot geborene Plätze«, in einem Brief beschreibt er den Anblick einer Freundin: »Die unfassbare pfirsichfarbene Monddame war dann eine ungekämmte Teufelin, und der unruhige verzweifelte Bahnhofmärtyrer ein beinahe eheherrlicher Plumeaubürger.« Vor allem für seine Kriegsaufzeichnungen wurde er in den Fünfzigerjahren bewundert. Die knappen Notate hatten großen Einfluss auf einige Mitglieder der »Gruppe 47«, vor allem die Aufzeichnungen aus dem inneren Kreis um Hitler, aus den engeren Bezirken der Macht, zu der der einfache Obergefreite als Sekretär gehörte, ohne überzeugter Nazi zu sein. In seinen literarischen Skizzen und Aufzeichnungen beschreibt er in einer eigenen Art von dissoziativem und hartem Impressionismus Städte und Landschaften, Industrielandschaft und Soldatenleben, Kriegsgegner und Prostituierte. Aus der inneren Distanz belauscht er die Welt, beschreibt Paris, Rumänien und das Führerhauptquartier. Desillusioniert bis ins Zynische, leidend und deswegen manchmal ruppig, karikiert er die Weltvernichtungsmaschinerie, ganz Augenmensch, der alles sieht und vieles durchschaut, ein Chronist seiner Zeit, der doch den politischen Zusammenhang nicht durchschaut und auch an seiner Beziehungsunfähigkeit leidet: »Niemand weiß und begreift weniger von der eigenen Zeit als die Zeitgenossen. Mir selbst geht es wenigstens so, man bleibt in einer so beschämenden Weise in den eigenen Umriss gebannt.« Auch das spielte für die Rezeption durch eine desillusionierte Nachkriegsgeneration wohl eine Rolle. Stets wurde die Mischung aus verblüffendem Stil und realistischem Inhalt betont, immer wieder auch der Verlust, den sein Tod darstellt, da seine Skizzen oft nur flink Hingeworfenes waren, heimlich geschrieben, nicht bearbeitet, nicht überarbeitet, sprachlich oft im Rohzustand geblieben.

Georg Patzer

nn

Werke: *Der Bundschuh.* Theaterst., Heppenheim o. J.; *Don Juan d'Austria und die Schlacht bei Lepanto*, Diss., Bln. 1940; *Von unten gesehen. Impressionen und Aufzeichnungen des Obergefreiten Felix Hartlaub*, hg. v. Geno Hartlaub, Stg. 1950; *Parthenope oder das Abenteuer in Neapel*, N., Stg. 1951; *Im Sperrkreis. Aufzeichnungen aus dem 2. Weltkrieg*, Hbg. 1955; *Das Gesamtwerk*, hg. v. Geno Hartlaub, Ffm. 1955; *Felix Hartlaub in seinen Briefen*, hg. v. Erna Krauss u. Gustav Friedrich Hartlaub, Tüb. 1958; *Die Zeichnungen*, Kat., hg. v. Hellmut Seemann, Ffm. 1993; *»In den eigenen Umriss gebannt«*, Aufz., lit. Fragm. u. Briefe 1939–1945, 2 Bde., hg. von Gabriele L. Ewenz, Ffm. 2002.

Härtling, Peter, wurde am 13. 11. 1933 in Chemnitz geboren und verbrachte seine Kindheit in Hartmannsdorf bei Chemnitz, wo der Vater eine Rechtsanwaltskanzlei führte. Da dieser sich dem Zugriff der Nazis entziehen wollte, zog die Familie 1941 nach Olmütz/Mähren. 1945 floh Härtling mit Mutter, Schwester, Großmutter und Tante ins niederösterreichische Zwettl, wo er den Einmarsch der russischen Armee erlebte. Über Wien und mehrere Zwischenstationen gelangte er schließlich Anfang 1946 nach Nürtingen/Württemberg. Vom Tod des Vaters in russischer Kriegsgefangenschaft im Juni 1945 erfuhr er erst im Sommer 1946. Im Oktober 1946 beging seine Mutter Selbstmord. Härtling verließ das Gymnasium in Nürtingen 1951 ohne Abschluss, arbeitete kurzzeitig in der Buchhaltung einer Korkfabrik und war von 1952 bis 1954 Volontär in der Lokalredaktion der »Nürtinger Zeitung«. Von 1954 bis 1955 war er Redakteur bei der »Heidenheimer Zeitung«, von 1956 bis 1962 Feuilletonredakteur bei der »Deutschen Zeitung« in Köln, ab 1962 Redakteur und von 1964 bis 1969 Mitherausgeber der Zeitschrift »Der Monat« in West-Berlin. 1967 wurde er Cheflektor des S.-Fischer-Verlags in Frankfurt am Main, dessen Geschäftsleitung er von 1968 bis 1973 innehatte. Seit 1974 lebt Härtling als freier Schriftsteller in Mörfelden-Walldorf in der Nähe von Frankfurt am Main. Er erhielt zahlreiche Preise, u.a. 1964 den Literaturpreis des Verbandes der Kritiker, 1970 den Schubart-Preis, 1971 den Gerhart-Hauptmann-Preis der Freien Volksbühne, 1976 den Deutschen Jugendbuchpreis, 1987 den Hölderlin-Preis, 1990 den Andreas-Gryphius-Preis, 1992 den Lion-Feuchtwanger-Preis, 2000 den Eichendorff-Preis, 2003 den Deutschen Bücherpreis für sein Lebenswerk. 1977 war er Stadtschreiber von Bergen-Enkheim. 13 deutsche Grundschulen sind nach ihm benannt. Härtling ist Mitglied der Akademie der Wissenschaften und der Literatur in Mainz, der Akademie der Künste von Berlin und Brandenburg und der Deutschen Akademie für Sprache und Dichtung in Darmstadt

Im Zentrum seines Werks steht das Erinnern, sei es an die eigene Lebensgeschichte oder an die Lebensgeschichte großer Dichter und Musiker vor allem der Romantik, denen er sich geistes- und seelenverwandt fühlt. Auch die Einsprüche und Aktionen des engagierten Zeitgenossen Härtling, z.B. 1979/80 gegen den Bau der Startbahn West am Frankfurter Flughafen, sind in sein Werk eingeflossen. Und nicht zu vergessen sind die vielen Kinderbücher, die Härtling im Lauf der Jahrzehnte geschrieben hat, beginnend mit *Das war der Hirbel* (1973) über *Krücke* (1987) bis *Reise gegen den Wind* (2000). Doch am Beginn des Werks stand die Lyrik. Der 20-Jährige veröffentlichte *poeme und songs* (1953), denen der Band *Yamins Stationen* (1955) folgte. Yamin ist eine zarte und träumerische Gestalt, die den Weg ins Leben sucht. »Yamin«, so Härtling Jahre später, »ist die Lust zur Metamorphose. Er ist kein gewöhnlicher Narr. Er kann nicht nur sein Lächeln lächeln, sein Lachen weinen, sein Weinen weinen. Mit ihm war dem Schreibenden möglich, in die Dinge zu schlüpfen und dem beharrlichen Ich, das nicht aus seinem Zirkel springen kann, den Boden zu entziehen.«

Auch als Prosaautor blieb Härtling über all die Jahre dem Gedicht treu, und bei allen Wandlungen sah Karl Krolow im lyrischen Werk eine Kontinuität: »Der Schubertton blieb unverloren. Schumanns *Kreisleriana*, von der in einem viel später geschriebenen Gedicht die Rede ist, ist nicht unverwandt. Und Lenaus Geigenspiel, sein wildes, besessenes und tieftrauriges und zugleich übermütiges Improvisieren zog sich wie eine Hintergrundmelodie durch Verschiedenes.«

Nikolaus Lenau, der schwärmerische, unstete und unglückliche Dichter, der 1850 umnachtet in der Irrenanstalt Oberdöbling bei Wien verstarb, ist der Protagonist des Romans *Niembsch oder der Stillstand. Eine Suite* (1964) von Peter Härtling. Es geht dem Autor nicht um eine biografisch genaue Darstellung des Lebens von Nikolaus Lenau (eigentlich. Nikolaus Franz Niembsch, Edler von Strehlenau). Zwar zeigt er – leicht verfremdet – einzelne Lebensstationen und Figuren aus dem Leben Lenaus – Uhland und Kerner treten auf und die geliebte Sophie von Löwenthal, die hier Karoline von Zarg heißt –, aber es geht Härtling vielmehr darum, ein Leben als radikales und existenzielles Abenteuer zu zeigen. Niembsch will letztlich aus der konkreten, verfließenden Zeit austreten, sich im Stillstand einrichten, wo endlich Dauer möglich ist und Neues und Widersprüchliches ihn nicht mehr quälen. Als Motto hat Härtling seinem Roman einen Satz von Kierkegaard vorangesetzt: »Wiederholung und Erinnerung sind dieselbe Bewegung, nur in entgegengesetzter Richtung.« Auf seinem Weg zum Stillstand sieht Niembsch die Sprache als Gefahr, denn sie transportiert Geschichte und Geschichten, sie provoziert und produziert ständig Bewegung. Und so will Niembsch eine eigene Sprache erfinden: »Ich wünsche mir, Zarg, eine Sprache zu finden, die noch niemand gesprochen hat. Eine Sprache, geschichtslos und rein. Wörter, die leer sind, von ungebrochener Resonanz. (...) Ich werde das Wort aussprechen und es vergessen. So wird das Wort auch mich vergessen.« Härtlings Roman umkreist wort- und kunstreich ein Paradoxon: Das Verstummen eines Einzelnen, das Verweigern von Sprache als Kommunikationsmittel muss mit den Mitteln der Sprache beschrieben werden. Härtling versucht diesen Prozess in musikalischer Form nachzubilden. Die einzelnen Kapitel folgen der Form einer Suite, wie die Überschriften signalisieren: Präludium, Rondo, Gigue, Menuett, Gavotte etc. Dieser vielstimmige Roman mit seinen Variationen, Umkehrungen und Wiederholungen machte Peter Härtling zu einer bekannten und geachteten Figur im literarischen Leben.

Seit der Publikation von *Niembsch oder der Stillstand* ist Härtling den großen Einsamen der deutschen Literatur und Musik im 19. Jahrhundert auf der Spur. Immer wieder ist er den Fragen nachgegangen: Was hat sie angetrieben, was ihre künstlerische Produktivität angefacht, wie konnten sie ihrem Unglück die dunkle und verheißungsvolle Schönheit ihrer Werke abringen? Antworten auf diese Fragen hat er immer nur indirekt gegeben, denn nicht die Entzauberung seiner Figuren, die Entschlüsselung ihres Lebensgeheimnisses war sein Ziel. Vielmehr wollte er die Rätsel dieser unglücklichen Künstler bewahren, indem er sie für sich und die Leser neu erfand. Unter dieser Prämisse sind im Lauf der Jahre mehrere Romane über Künstlerleben und -schicksale entstanden wie *Hölderlin. Ein Roman* (1976). Auch in diesem Werk geht es nicht um biografische Faktentreue, sondern um die innere Wirklichkeit und Wahrheit eines Lebens und Werks. Seinen subjektiven Zugang betont Härtling immer wieder: »Wie er geatmet hat, weiß ich nicht. Ich muss es mir vorstellen«, heißt es zu Beginn des Romans. Und: »Ich weiß nicht genau, wie ein Mann, der 1770 geboren wurde, empfand. Ich bemühe mich, auf Wirklichkeiten zu stoßen. Ich weiß, es sind eher meine als seine. Ich kann ihn nur finden, erfinden, indem ich mein Gedächtnis mit den überlieferten Erinnerungen verbinde.« Der 600 Seiten umfassende Roman war seinerzeit ein Erfolg bei den Lesern, wurde aber von der Kritik eher verhalten aufgenommen. Sie war stark beeinflusst von den Thesen des französischen Germanisten Pierre Berteaux, der Hölderlin als enttäuschten und in den Wahnsinn geflohenen Anhänger der Französischen Revolution porträtiert hatte. Härtlings Hölderlin hingegen war manchem Kritiker zu privat und brav, zu wenig tragisch Scheiternder.

Nach Lenau und Hölderlin wandte sich Härtling Eduard Mörike zu. In *Die dreifache Maria. Eine Geschichte* (1982) erzählt er von der Liebe Mörikes zu Maria Meyer, die für dessen Leben und Werk von entscheidender Bedeutung war. Sie ist die Peregrina seiner Gedichte und diente als Vorbild der Zigeunerin Elisabeth im Roman *Maler Nolten*. Die Begegnung mit der dunklen und sinnlichen Maria wird an drei Lebensstationen gezeigt, deshalb die dreifache Maria. Der Vitalität der Frau, die er begehrt und die er zugleich abwehrt, ist Mörike nicht gewachsen. Doch die Sublimierung des Verlusts produziert das literarische Werk.

Während Mörike der Liebe ausweicht, sucht der Dichter Wilhelm Waiblinger die Ekstasen der Liebe. Waiblingers Buch *Friedrich Hölderlins Leben, Dichtung und Wahnsinn* hatte Härtling als junger Mann für sich entdeckt. Im Roman *Waiblingers Augen* (1987) erinnert Härtling an den genialischen Dichter, der mit Hölderlin und Mörike befreundet war und mit 25 Jahren in Rom an Tuberkulose starb. Ein württembergischer Dreiklang: Hölderlin, Mörike, Waiblinger. Mit der Lebensbeschreibung dieser drei Dichter hat Härtling auch die Topografie einer realen und geistigen Landschaft ausgemessen.

Den Annäherungen an die Dichter folgten zwei Bücher über Musiker: *Schubert. Zwölf Moments musicaux und ein Roman* (1992) und *Schumanns Schatten. Variationen über mehrere Personen* (1996). Einem Musiker und Dichter ist der Roman *Hoffmann oder die vielfältige Liebe. Eine Romanze* (2001) gewidmet. Um E.T.A. Hoffmanns fünf Bamberger Jahre geht es in dem Roman, um seine Arbeit als »Dirigent ohne Orchester, Intendant ohne Theater«. Den biografischen Überlieferungen folgend, sie zitierend und variierend, schildert Härtling ein Leben, das beherrscht wird von bitterster Armut: Leben und Kunst stehen unter dem Diktat des ganz realen Hungers. Doch unabhängig von den Alltagsmalaisen wächst Hoffmanns unerfüllte Liebe zu dem 15-jährigen Mädchen Julia Mark, eine Liebe, die Hoffmann zum Künstler macht, denn »in diesen fünf Jahren stauen sich die Bilder und Themen, wachsen Sätze sich aus, werden die fremden Sätze zum Humus für die eigenen«.

Neben den Künstlerromanen, die das Zentrum seines Werks bilden, hat der ungemein produktive Autor Härtling autobiografische Romane, Zeitromane und Essays zu vielfältigen Themen veröffentlicht. In *Zwettl. Nachprüfung einer Erinnerung* (1973) versammelte Härtling Erinnerungsbilder aus der niederösterreichischen Stadt, wo die Flüchtlingsfamilie Härtling 1945/46 Zwischenhalt machte und die Auflösung aller sicheren Verhältnisse erlebte: »In *Zwettl* hat mich die Umgebung fast mehr interessiert als das, was ich war. Mich hat auch interessiert: Was bedeutet Augen- und Ohrenzeuge, was bedeutet historische Auskunft.« In *Nachgetragene Liebe* (1980) wandte sich Härtling dem 1945 in russischer Gefangenschaft verstorbenen Vater zu, dem er emotional nie nahe sein konnte; Personen und Ereignisse aus *Zwettl* kehren hier zum Teil wieder und werden neu erzählt und interpretiert. In *Hubert oder Die Rückkehr nach Casablanca* (1978) wird die Geschichte des Hubert Windisch, 1923 geboren, erzählt, der sich nie vom Bannspruch seines Vaters, eines SS-Mannes, lösen kann: »Aus dir wird nie ein richtiger Mann.« Er überlebt den Krieg, versucht im Wirtschaftswunder-Deutschland Karriere zu machen und flüchtet aus dem unbefriedigenden Alltag in die Traumwelt des Kinos und zu seinem Helden Humphrey Bogart. Im Roman *Felix Guttmann* (1985) geht es um die Geschichte eines 1906 in Breslau geborenen Juden, der Liebe und Erfolg im Berlin der Zwanzigerjahre erlebt, erst nach längerem Zögern emigriert und 1948 als amerikanischer Offizier nach Deutschland zurückkehrt. Zeitgeschichte und eigene Geschichte führte Härtling in der Novelle *Božena* (1994) zusammen: Er erzählt von einer Frau, die in Olmütz für seinen Vater als Rechtsanwaltsgehilfin arbeitete und nach dem Krieg als Nazi-Kollaborateurin geächtet wurde. Ausgehend von einer realen Person, die jedoch längst vergessen ist und deren tatsächliche Geschichte nie mehr genau rekonstruiert werden kann, erfand Härtling eine eigene Geschichte. Für diesen Roman wie für das gesamte Werk Härtlings gilt, dass Gefundenes und Erfundenes sich durchdringen und nach dem Willen des Autors eine über das Authentische hinausgehende Wirklichkeit und Wahrheit produzieren sollen.

Claus-Ulrich Bielefeld

Werke: *poeme und songs,* G., Esslingen 1953; *Yamins Stationen,* G., Esslingen 1955; *In Zeilen zuhaus. Vom Abenteuer des Gedichts, des Gedichteschreibens und Gedichtelesens,* G., Pfullingen 1957; *Unter den Brunnen,* G., Esslingen 1958; *Im Schein des Kometen. Die Geschichte einer Opposition,* R., Stg. 1959; *Palmström grüßt Anna Blume. Essay und Anthologie der Geister aus Poetia,* Ess., Stg. 1961; *Spielgeist Spiegelgeist,* G., Stg. 1962; *Niembsch oder Der Stillstand. Eine Suite,* R., Stg. 1964; *Janek. Porträt einer Erinnerung,* R., Stg. 1966; *Vergessene Bücher. Hinweise und Beispiele,* Aufs., Stg. 1966; *Das Familienfest oder Das Ende der Geschichte,* R., Stg. 1969; *Gilles. Ein Kostümstück aus der Revolution,* Theaterst., Stg. 1970, UA Hbg. 1974, Hsp., DRS 1972; *Ein Abend eine Nacht ein Morgen. Eine Geschichte,* E., Neuwied, Bln. 1971; *Neue Gedichte,* G., Darmst. 1972; *Zwettl. Nachprüfung einer Erinnerung,* autobiogr. R., Darmst., Neuwied 1973; *Das war der Hirbel,* Kinderb., Weinheim 1973; *Eine Frau,* R., Darmst., Neuwied 1974; *Zum laut und leise Lesen. Geschichten und Gedichte für Kinder,* Kinderb., Darmst., Neuwied 1975; *Oma,* Kinderb., Weinheim 1975, Hsp., RB 1977; *Hölderlin. Ein Roman,* R., Darmst., Neuwied 1976; *Anreden. Gedichte aus den Jahren 1972–1977,* G., Darmst., Neuwied 1977; *Theo haut ab,* Kinderb., Weinheim 1977; *Hubert oder die Rückkehr nach Casablanca,* R., Darmst., Neuwied 1978; *Ausgewählte Gedichte 1953–1979,* G., Darmst., Neuwied 1979; *Ben liebt Anna,* Kinderb., Weinheim 1979; *Nachgetragene Liebe,* autobiogr. R., Darmst., Neuwied 1980; *Der wiederholte Unfall. Erzählungen mit einem Nachwort des Autors,* (enth. *Jerschel singt; Für Ottla; Der wiederholte Unfall oder Die Fortsetzung eines Unglücks; Fast eine Anekdote; Drei Kalendergeschichten aus meinem Land; Das Ballerinaglas, Nürtingen, Marktstraße; Zwettl im Waldviertel*), En., Stg. 1980; *Sofie macht Geschichten,* Kinderb., Weinheim, Basel 1980; *Alter John,* Kinderb., Weinheim, Basel 1981, Hsp., RIAS 1982; *Die dreifache Maria,* E., Darmst., Neuwied 1982; *Das Windrad,* R., Darmst., Neuwied 1983; *Vorwarnung,* G., Darmst., Neuwied 1983; *Jakob hinter der blauen Tür,* Kinderb., Weinheim und Basel 1983; *Der spanische Soldat oder Finden und Erfinden. Frankfurter Poetik-Vorlesungen,* Ess., Darmst., Neuwied 1984; *Und hören voneinander. Reden aus Zorn und Zuversicht,* Rdn., Stg. 1984; *Felix Guttmann,* R., Darmst., Neuwied 1985; *Zueignung. Über Schriftsteller. Erinnerungen an Dichter und Bücher,* Aufs., Stg. 1985; *Brief an meine Kinder,* Stg. 1986; *Waiblingers Augen,* R., Darmst., Neuwied 1987; *Die kleine Welle. Vier Geschichten zur Schöpfungsgeschichte,* En., Stg. 1987; *Die Mörsinger Pappel,* G., Darmst., Neuwied 1987; *Krücke,* Kinderb., Weinheim, Basel 1987; *Der Wanderer,* Pr., Hbg./Zür. 1988; *Geschichten für Kinder,* Kinderb., Weinheim, Basel 1988; *Die Gedichte 1953–1987,* G., Ffm. 1989; *Fränze,* Kinderb., Weinheim, Basel 1989; *Wer vorausschreibt, hat zurückgedacht,* Ess., Ffm. 1989; *Zwanzig Transparentblätter/Fünfzehn Gedichte,* zus. m. Jürgen Brodwolf, Stg. 1989; *Herzwand. Mein Roman,* R., Hbg., Zür. 1990; *Noten zur Musik,* Ess., Stg. 1990; *Brief an meine Kinder, erweitert um einen zweiten Brief,* Hbg., Zür 1991; *Mit Klara sind wir sechs. Von den Scheurers, die sich alle Mühe geben, eine Familie zu sein,* Kinderb., Weinheim, Basel 1991; *Brüder und Schwestern. Tagebuch eines Synodalen,* Aufs., Stg. 1991; *Engel – gibt's die? 28 Gedichte und 30 Übermalungen,* zus. m. Arnulf Rainer, Stg. 1992; *Schubert. Zwölf Moments musicaux und ein Roman,* R., Hbg., Zür. 1992; *Erzählbuch. Geschichten, Gedichte, Texte, Proben,* Kinderb., Weinheim, Basel 1992; *Das Land, das ich erdachte. Gedichte 1990–1993,* G., Stg. 1993; *Lena auf dem Dach,* Kinderb., Weinheim, Basel 1993; *Božena. Eine Novelle,* E., Köln 1994; *Das wandernde Wasser. Musik und Poesie der Romantik. Salzburger Vorlesungen 1994,* Stg. 1994; *Jette. Erzählbuch, Geschichten, Gedichte, Texte, Proben,* Kinderb., Weinheim, Basel 1995; *Schumanns Schatten. Variationen über mehrere Personen,* R., Köln 1996; *Horizonttheater,* G., Köln 1997; *Tante Tilli macht Theater,* Kinderb., Weinheim, Basel 1997; *Große, kleine Schwester,* R., Köln 1998; *Notenschrift. Wörter und Sätze zur Musik,* Aufs., Stg. 1998; *Melchinger Winterreise. Stationen für die Erinnerung,* Theaterst., Stg. 1998, UA Melchingen 1998; *Notenschrift. Wörter und Sätze zur Musik,* Aufs., Stg. 1998; *Ich bin so guter Dinge. Goethe für Kinder,* Anth., Ffm. 1998; *Ein Balkon aus Papier,* G., Köln 2000; *Reise gegen den Wind,* Kinderb., Weinheim, Basel 2000; *Hoffmann oder Die vielfältige Liebe,* R., Köln 2001; *Leben lernen. Erinnerungen,* Köln 2003.

Hartmann, Lukas (eig. Hans Rudolf Lehmann), wurde am 29. 8. 1944 in Bern geboren. Nach dem Lehrerseminar und dem Sekundarlehrerstudium mit den Schwerpunktfächern Deutsch, Geschichte und Musik wirkte er zuerst als Lehrer. Nach einem Weiterstudium in Psychologie war er Jugendberater, dann 14 Jahre lang als Journalist und Redakteur bei verschiedenen Radiostationen tätig. 1983/84 verbrachte er als Stipendiat im Istituto Svizzero in Rom, seit 1993 ist er freier Autor und wohnt heute in Spiegel bei Bern. Von 1985 bis 1988 war Hartmann Präsident der Autorenvereinigung »Gruppe Olten«. Für seine Prosa hat er viele Auszeichnungen erhalten, darunter mehrfach den Buchpreis der Stadt Bern, das Werkjahr der Stiftung Pro Helvetia und den Preis der Schweizerischen Schillerstiftung. Auch seine Kinderbücher wurden prämiert: 1986 mit dem IBBY Honour List, 1995 mit dem Schweizerischen Jugendbuchpreis und dem »Luchs« von »Die Zeit« und Radio Bremen.

In einem Zeitungsinterview hat Lukas Hartmann 1985 sein Selbstverständnis als Autor »zwischen den beiden Polen einer im klassischen Sinn aufklärerischen Literatur einerseits und andererseits den Möglichkeiten des Spielens mit Fiktion beim Erzählen« definiert. Damit ist das Spannungsfeld bezeichnet, das Hartmann seit Mitte der Siebzigerjahre in unterschiedlichen Variationen bespielt: Engagement und Unterhaltung, Dokument und Fiktion.

Sein Erstling *Madeleine, Martha und Pia* (1975) verrät noch eine starke Prägung durch die berufliche Tätigkeit als Lehrer, Sozialarbeiter und Journalist. In diesen drei »Protokollen vom Rand« erzählt Hartmann mit offener Anteilnahme vom Kampf zweier junger Frauen sowie seiner betagten Großmutter um ein eigenes, selbstbestimmtes Leben. Der mitleidende Erzähler steckt im Dilemma zwischen Bestärkung und Besänftigung des »Widerstandes gegen Normen und Vorurteile«. Seine Protokolle bleiben letztlich aber machtlos, sie helfen dem Schreibenden vor allem über die eigene Not hinweg. Diesen Konflikt projiziert Hartmann in seinem literarisch weit ambitiöseren Buch, dem Roman *Pestalozzis Berg* (1978), auf die historische Gestalt des legendären Heinrich Pestalozzi. Dieser steckt in einer tiefen Lebenskrise. In Stans mit seinem Erziehungskonzept gescheitert, sucht er in einem Kurbad darüber hinwegzukommen und das Engagement für soziale Gerechtigkeit mit dem persönlichen Liebesverlangen in Einklang zu bringen. Um ein glaubhaftes, vielschichtiges Bild der Epoche Pestalozzis zu zeichnen, hat Hartmann umfangreiche Recherchen betrieben. Das, was sich dabei nicht ergründen ließ, versucht er im Roman mittels literarischer Einbildungskraft zu ergänzen. *Pestalozzis Berg* ist für Lukas Hartmann ein erster Durchbruch. Zehn Jahre nach seinem Erscheinen wird der Roman, unter Mitwirkung des Autors, verfilmt.

Bevor er diesen Weg der dokumentarischen Fiktion weiter beschreiten sollte, erhielt er im Frühjahr 1979 den Auftrag für einen Vortrag zum Thema »Sinn des Lebens«. Die immense Fülle an Informationen und Meinungen dazu zwingt ihn jedoch bald zu einer »Beschränkung auf das Nahe«, konkret auf die krisenhafte Geschichte des eigenen körperlichen Heranwachsens. Aus heterogenen Aufzeichnungen entsteht so schließlich das Buch *Gebrochenes Eis* (1980), eine radikale Selbstschau, die dadurch an Glaubhaftigkeit gewinnt, dass Hartmann seine Notate den Eltern vorgelegt und ihre befremdenden, schmerzlichen Reaktionen mit ins Buch eingearbeitet hatte. Der Autor befreite sich vom Drill zur sozialen Norm, auch sprachlich, indem er seinen Text bewusst zur »Literatur als Provisorium« erklärt, in der sich Stichwortartiges und Erzählendes mischen. Nach einem Abstecher in die Fremde, *Mahabalipuram oder Als Schweizer in Indien* (1982), der ihn zur Reflexion über die Heimat anregt, nimmt Hartmann im Roman *Aus dem Innern des Mediums* (1985) nochmals direkten Bezug auf seine journalistische Arbeit. In der Figur des abgedankten Radio-Redakteurs André Pflüger kriecht er »in diesen desodorierten Arsch«, um mit dem zuhörends seichteren Medium Radio abzurechnen. Auch wenn sich dessen Kritik gegen ihn selbst wendet, fehlt dem Roman die schonungslose Rückkoppelung von *Gebrochenes Eis*.

Vier Jahre später beginnt mit dem Roman *Einer stirbt in Rom* (1989) ein neuer Abschnitt im Werk von Lukas Hartmann, in welchem das Autobiografische gegenüber dem erzählerischen Kolorit zurücktritt. Mit der Dreiecksgeschichte zwischen zwei Männern und einer Frau, die sich im romantischen Traum eines Attentats auf den Papst verfangen, beschwört Hartmann große Gefühle herauf. Doch das Buch will zu viel und überhitzt. Ähnlich ergeht es auch dem Roman *Die Seuche* (1992) – einer anschaulichen historischen Erzählung über die Beulenpestepidemie im ausgehenden 14. Jahrhundert – zumindest was die kontrapunktische Gleichsetzung mit der Ausbreitung von Aids betrifft.

Auf einem zweiten Gebiet hat sich Lukas Hartmann in diesen Jahren einen hervorragenden Ruf erworben. 1984 erscheint das preisgekrönte, 1993 auch verfilmte Kinderbuch *Anna annA*. Die zehnjährige Anna versteckt sich im Lehrerzimmer hinter dem Kopiergerät und berührt dabei den Start-Knopf. Auf einmal steht eine zweite »annA« vor ihr. In den zehn Kinderbüchern Hartmanns, die seither erschienen sind, geraten Realität und Fantasie immer wieder turbulent durcheinander, sodass die kleinen Helden und Heldinnen oft nicht mehr wissen, was wirklich und was erfunden ist. Auslöser für die kindlichen Fantasiefluchten sind oft körperliche Makel und Gefühle des Ausgestoßenseins. Vera glaubt zum Beispiel fest, dass die neue Freundin des Vaters eine Hexe sein muss (*Gib mir einen Kuss, Larissa Laruss*, 1996), und der kleine Timi Donner (*Timi Donner im Reich der Kentauren*, 2000) entdeckt im Schließfach den Eingang zu einem verborgenen Reich. Hartmann lässt die Kinder oft selbst aus ihrer Perspektive erzählen, weshalb sich seine Kinderromane durch luftige Leichtigkeit und lebhafte Anschaulichkeit auszeichnen.

Ähnliche Tugenden kommen auch im Roman *Die Mohrin* (1995) zum Tragen. Aus Westindien hat ein Berner Offizier in französischen Diensten 1773 eine Mohrensklavin mit nach Hause gebracht, die in der Fremde eine Gefangene ihrer Haut wie ihres Wohltäters bleibt. Hartmann ist ein atmosphärisch stimmiger Roman gelungen, der anschaulich und exakt von Entfremdung, sozialen Normen und Vorurteilen erzählt. Hier klingen jene Themen an, die er auch in den folgenden Romanen variiert. *Der Konvoi* (1997) erzählt von einer Ausschaffung von unliebsamen Sowjetbürgern aus der Schweiz in den Tagen des Generalstreiks 1918; auf einer tatsächlichen Lebensgeschichte basierend zeichnet *Die Tochter des Jägers* (2002) die ungewöhnliche Vaterbeziehung der Großwildjägerin Vivienne de Watteville (1900–57) nach und ihren Versuch zu einem normalen Leben.

Drei Jahre vorher hat der ebenfalls auf Tatsachen beruhende Roman *Die Frau im Pelz* (1999) ein widersprüchliches Echo ausgelöst. Die im Berner Oberland geborene attraktive Carmen Maria Mory (1906–47) träumte von einem aufregenden Leben und wanderte 1928 ins Deutsche Reich aus. Von den aufstrebenden Nazis fasziniert, ließ sie sich als Agentin anwerben, wurde aber unter dem Verdacht der Doppelspionage 1941 ins KZ Ravensbrück eingeliefert und 1947 wegen ihrer Vergehen als »Blockälteste« von einem englischen Kriegsgericht zum Tod verurteilt. Ein fingierter Konsul, der von ihr fasziniert ist, begleitet sie während des Prozesses. Hartmann hat für seine zurückhaltende Schilderung dieser extravaganten Frau viel Lob erhalten, von einigen Kritikern ist ihm aber auch vorgeworfen worden, dass er mit seinem Verfahren der Einfühlung den Naziterror beschönige und die Person Morys verkläre. Tatsächlich öffnet sich eine Diskrepanz zwischen der dokumentarischen Recherche auf der einen, den erzählend ausmalenden Passagen auf der anderen Seite. Die emotionale Einbettung verleiht den lückenhaften historischen Fakten am Ende eine nicht unproblematische, trügerische Abrundung.

Beat Mazenauer

Werke: *Ausbruch*, R., Zür. 1970 (als Hans-Rudolf Lehmann); *Madeleine, Martha und Pia. Protokolle vom Rand*, Bern 1975; *Mozart im Hurenhaus*, Pr., Bern 1976; *Beruhigungsmittel*, Theaterst., UA Solothurn 1976; *Em Pfarrer sy Scheidig*, Hsp., DRS 1976; *Familiefescht*, Theaterst., UA Solothurn 1977; *Dr Bsuech im Altersheim*, Hsp., DRS 1977; *Pestalozzis Berg*, R., Bern 1978, überarb. Fssg., Zür./Frauenfeld 1988, Drehb., 1988; *Heifahre*, Hsp., DRS 1979; *Gebrochenes Eis. Aufzeichnungen*, Zürich 1980; *Oekotopia*, Hsp., DRS 1981; *Mahabalipuram oder Als Schweizer in Indien. Reisetagebuch*, Zür. 1982; *Motel*, Drehb. f. TV-Serie, 1984; *Anna annA*, Kinderb., Bern 1984; *Aus dem Innern des Mediums*, R., Zür. 1985; *Auf dem Scherbenberg*, Hsp., DRS 1986; *Joachim zeichnet sich weg*, R., Zür. 1987; *Einer stirbt in Rom*, R., Zür. 1989; *Die wilde Sophie*, Kinderb., Zür. 1990; *Madeleine, Bahar und Youssef. Porträts vom Rand*, Gümligen 1991; *Die Seuche*, R., Zür. 1992; *Die Wölfe sind satt*, Pr., Zür. 1993; *So eine lange Nase*, Kinderb., Zür. 1994; *Die Mohrin*, R., Zür. 1995; *Gib mir einen Kuss, Larissa Laruss*, Kinderb., Zür. 1996; *Der Konvoi*, R., Zür. 1997; *Fabian, der Wolkenfänger*, Kinderb., Zür. 1998; *Die fliegende Groma*, Kinderb., Zür. 1998; *Die Frau im Pelz*, R., Zür. 1999; *Leo Schmetterling*, Kinderb., Zür. 2000; *Timi Donner im Reich der Kentauren*, Kinderb., Zür. 2000; *Die Tochter des Jägers*, R., Zür. 2002; *Schreckmümpfeli: Eine Frage der Verpackung*, Hsp., DRS 2002; *GloriaFuria und die schlimme Marie*, Kinderb., Zür. 2003.

Hartung, Harald, wurde am 29. 10. 1932 in Herne (Westfalen) als Sohn eines Bergmanns geboren. Er verbrachte seine Kindheit in Herne, Mühlheim/Ruhr und Prag. Nach dem Abitur 1954 studierte er Germanistik und Geschichte in Münster und München. Von 1960 bis 1966 wirkte er an höheren Schulen im Ruhrgebiet, seit dem Wintersemester 1966/67 an der Pädagogischen Hochschule Berlin. Von 1971 bis 1998 war er Professor für Deutsche Sprache und Literatur, zunächst an der PH und ab 1980 bis zu seiner Pensionierung an der Technischen Universität Berlin. Von 1983 bis 1986 war er ehrenamtlicher Direktor des Literarischen Colloquiums Berlin. Hartung lebt in Berlin und ist Mitglied der Berliner Akademie der Künste, der Mainzer Akademie der Wissenschaften und Literatur, der Deutschen Akademie für Sprache und Dichtung und des P.E.N.-Zentrums der Bundesrepublik Deutschland. 1979 erhielt er den Förderpreis der Stadt Berlin, 1987 den Annette-von-Droste-Hülshoff-Preis, 1999 den Premio Antico Fattore (Florenz), 2002 den Preis der Frankfurter Anthologie.

Seit seinem ersten Lyrikband *Hase und Hegel* (1970) loben Kritiker und Schriftstellerkollegen Hartungs schmales Werk – bisher erschienen neben dem Debütband die Sammlungen *Reichsbahngelände* (1974), *Das gewöhnliche Licht* (1976), *Augenzeit* (1978), *Traum im Deutschen Museum* (1986), *Jahre mit Windrad* (1996) und *Langsamer träumen* (2002) – als Beispiel für eine »Poesie ohne Höhenflüge« (W. Hinderer), entnehmen ihm »gereinigte Luft« (J. Günther), schätzen die »mit Bedacht und Diskretion« (J. P. Wallmann), »sich an den

Grenzen des Sichtbaren« (W. H. Fritz) bewegende Unaufdringlichkeit seiner knappen und präzisen lyrischen Skizzen und Momentaufnahmen, oder finden wie Karl Krolow ein »Sinnen-Erlebnis (vor), sparsam artikuliert, scheu und vorsichtig in emotionaler Hinsicht, aussparend und nie dringlich oder gar aufdringlich im Gefühlsmoment«. In seinen Prosagedichten, oft zwischen mehreren Wirklichkeitsebenen heiter und leichtfüßig hin und her springenden, dabei sprachliche Konventionen (wie Redensarten) aufbrechenden oder parodierenden Zugriffen auf Wirklichkeit, versucht Hartung mit einer »schönen Portion Skepsis« und kaum verhohlener Melancholie seinen Selbstzweifeln und seinen Erfahrungen in der Kindheit in der »Zechenkolonie«, im Krieg mit seinen Mitläufern *(Mimikry)*, während der Studentenrevolte, wo jeder stümperhaft Etüden auf »Marcuses Piano« klimperte und das eigene Sofa zum »west/östlichen Diwan« stilisierte, auf Auslandsreisen und im Berlin dieser Tage nachzuschreiben. Nüchtern, eher mit dunklen als grellen Tönen, zieht er Zwischenbilanz, manchmal mit der Akribie eines bedächtigen Chronisten, immer mit der Schärfe eines visuell denkenden Menschen. Vertraut mit den Schattenseiten der Geschichte – »Wenn es dunkel wird / ist es nicht Nacht, es kann / die schmutzige Unterseite / eines Schuhs sein, der zutritt« –, der selbstgerechten Dynamik politischer Losungen und der Scheinhaftigkeit einer »langsamen Kunst«, bleibt ihm oft nur der radikale Rückzug: »Was ich sage, gilt nur für mich.«

Besondere Wertschätzung erfuhr der Band *Langsamer träumen* (2002), den u. a. Heinrich Detering zu den »wichtigsten in der gegenwärtigen deutschen Lyrik« zählte. Darin enthalten sind Kindheitserinnerungen von einem aus dem weißen Jahrgang an den »schwarzen Alberich« und das »breiige Nichts«, an Pimpfe und Luftangriffe, die Mutter und das Schwert aus Holz. Dazu gehören Bilder der Stille, vom leisen Hören und Sehen, das Alter kündigt sich an, böse Träume und verblassende Erinnerungen, kontemplativ versenkt in die Betrachtung des (eigenen) Lebens. Mit einem trockenen Humor, der augenzwinkernd verschweigt und doch spricht, kleidet er in Sonettformen und Prosaverse, »bis alle Zeilen gefüllt sind / und das Papier wieder weiß« (*Papier auf dem es schneit*).

Hartung ist aber vor allem auch als Sammler und Vermittler von Poesie tätig. Zahlreiche Anthologien, Essays und wissenschaftliche Abhandlungen dokumentieren die jahrzehntelange Arbeit eines versierten Theoretikers und leidenschaftlichen Liebhabers der Dichtkunst. So bietet er z. B. anhand ausgewählter Essays eine »tour d'horizon« durch die Weltpoesie (*Masken und Stimmen*, 1996) und stellt in der Sammlung *Luftfracht. Internationale Poesie 1940–1990* (1991) eine Auswahl an Gedichten von John Ashbery bis William Carlos Williams zur Diskussion, die keinen Anspruch auf Vollständigkeit oder Repräsentanz erhebt, »sondern die Darstellung eines subtilen Netzwerks ist, an dem sich die Wirkungsgeschichte eines Textes oder eines poetischen Motivs verfolgen lässt« (Michael Braun). Hermetische, experimentelle Texte tauchen dabei nicht auf, Rückschlüsse auf das Dichtungsverständnis von Harald Hartung sind in diesem Sinne erlaubt.

Thomas Kraft

Werke: *Hase und Hegel*, G., Andernach 1970; *Reichsbahngelände*, G., Darmst. 1974; *Experimentelle Literatur und Konkrete Poesie*, Gött. 1975; *Das gewöhnliche Licht*, G., Pfullingen 1976; *Fruchtblätter. Freundesgabe für Alfred Kelletat*, Hg., Bln. 1977; *Literatur – Realität – Erfahrung*, 2 Bde., Hg., Stg. 1977; *Augenzeit*, G., Pfullingen 1978; *claassen Jahrbuch der Lyrik 1*, Hg., zus. m. Ch. Buchwald, Düsseld. 1979; *Michael Hamburger: Literarische Erfahrungen*, Aufs., Hg., Darmst. 1981; *Vom Naturalismus bis zur Jahrhundertmitte*, G. u. Interpret., Bd. 5, Hg., Stg. 1983; *Am Sandwerder 5*, Hg., Bln. 1985; *Deutsche Lyrik seit 1965. Tendenzen, Beispiele, Porträts*, Mü. 1985; *Georg Heym: Gedichte*, Hg., Mü. 1985; *Traum im Deutschen Museum. Gedichte 1965–1985*, Mü. 1986; *Luftfracht. Internationale Poesie 1940–1990* Hg., Ffm. 1991; *Poesie im Prozeß*, Stg., Wiesbaden 1994; *Jahre mit Windrad*, G., Gött. 1996; *Masken und Stimmen. Figuren der modernen Lyrik*, Mü. 1996; *Vom Naturalismus bis zur Jahrhundertmitte. Gedichte und Interpretationen*, Hg., Stg. 1998; *Jahrhundertgedächtnis. Deutsche Lyrik im 20. Jahrhundert*, Hg., Stg. 1999; *Machen oder stehen lassen. Erfahrungen beim Schreiben von Lyrik*, Stg. 2001; *Langsamer träumen*, G., Mü. 2002.

Hasler, Eveline, geboren am 22. 3. 1933 in Glarus, studierte Psychologie, Geschichte und vergleichende Literaturwissenschaft in Fribourg und Paris. Seit 1962 schreibt sie (teilweise zusammen mit anderen Autorinnen) nicht nur Kinder- und Jugendbücher, sondern auch Fernsehserien für Jugendliche, bald auch historische Romane und romanhafte Biografien. 1968 und 1976 wurde sie mit dem Hans-Christian-Andersen-Jugendbuchpreis ausgezeichnet, 1976 erhielt sie das Certificate of Honor International Board of Young People, 1978 den Schweizer Jugendbuchpreis, 1979 den Preis der Schillerstiftung, 1984 den Radio- und Fernsehpreis, 1988 die Ehrengabe der Stadt Zürich und den Premio Critici in Erba, 1989 den Schubart-Literaturpreis der Stadt Aalen, 1991 den Buchpreis der Stadt Zürich, 1994 den Droste-Preis der Stadt Meersburg, 1994 den Kulturpreis der Stadt St. Gallen, 1999 den Justinus-Kerner-Preis.

»Ein Schriftsteller reiht nicht nur die Worte aneinander, er identifiziert das, was er schreibt, mit seiner Person, seinen Wertmaßstäben, seinen Träumen, seiner Hoffnung.« Diese Maxime Eveline Haslers begründet alle ihre Bücher. Die Unterdrükkung der Frau, die Zerstörung der Natur, die Intoleranz gegenüber nicht gesellschaftskonformem Verhalten haben sich in ihrer Grundstruktur in den letzten 200 Jahren, so Hasler, nur graduell verändert. So ist Eveline Haslers Schreiben nicht nur als eine Wiederentdeckung Schweizer Provinzgeschichte, sondern auch als ein Bewusstmachen der Gegenwart zu verstehen.

Die Erzählung *Novemberinsel* (1979) handelt von einer Hausfrau und Mutter, die in der Realität ihres gesicherten Alltags zu ersticken droht. Sie flieht mit ihrem jüngsten Kind in ein vom Verfall bedrohtes Haus auf einer italienischen Insel. Konfrontiert mit den Stürmen und Regengüssen, die ihr Domizil nahezu unbewohnbar machen, und dem »Machismo« der Insulaner, die jede allein stehende Frau als Freiwild ansehen, wird sie sich ihrer Kräfte und ihrer Vergangenheit bewusst.

Im folgenden Band, *Anna Göldin, letzte Hexe* (1982), wird nach zeitgeschichtlichen Quellen der Lebensweg und Prozess der Haushälterin Anna Göldin nachgezeichnet, der vorgeworfen wird, ein kleines Mädchen so verhext zu haben, dass es Nägel spuckte. Die selbstständige und eigenwillige Dienstbotin erweckt bei den Frauen Neid und bei den Männern – meist unerfüllte – Lust; beides führt zu ihrem ungebremsten Fall. Die wenigen Menschen, die zu ihr halten, werden ebenfalls mit Häresieverdacht belegt. »Der Hexenprozess gestaltet sich zum alten Sexualkampf, indem Männer (...) ihre eigene, ihnen wenig geheuere Triebhaftigkeit in die Frau projizieren und sie zur Hexe aufblähen« (Beatrice von Matt). Die Mischung aus Identifikation mit der Heldin und distanzierendem Kommentar sowie das virtuose Spiel mit Sprachenschichten – Hochdeutsch, spärlicher Dialekt, Vokabular des 18. Jahrhunderts – erlauben es dem Leser, fast als Zeitzeuge an den Ereignissen teilzunehmen.

Ibicaba. Das Paradies in den Köpfen (1986) beschreibt die Auswanderung Schweizer Bürger, die durch Missernten und Industrialisierung zu verelenden drohen und ihr Heil in Südamerika zu finden glauben. Doch statt eines kleinen Besitzes und sorgenfreien Lebens wartet ein unausweichlicher Schuldenberg auf die Betrogenen, der diese fast zu Sklaven macht.

Zurück in die Zeit der Göldin führt *Der Riese im Baum* (1988). Seine abnorme Größe macht den Helden Melchior Thut zum Studienobjekt für Mediziner und zur Jahrmarktsattraktion für ganz Europa. Weil der Riesenwüchsige viel isst, aber krankheitsbedingt wenig arbeiten kann, verkauft ihn sein Vater an einen Schausteller, und Thuts Odyssee beginnt. Wie es seinen Widersachern nahezu gelingt, den Visionär Henry Dunant aus den Annalen des CVJM und des Roten Kreuzes zu tilgen, zeigt die ergreifende Biografie *Der Zeitreisende* (1994).

In den historischen Romanen der Eveline Hasler wird die Geschichte aus der Sicht derjenigen erzählt, die die Geschichtsschreibung gerne vergisst und die bereits von ihren Zeitgenossen zu Außenseitern gemacht wurden.

Andersartigkeit ist auch ein Schwerpunkt Haslers umfangreicher literarischer Produktion für Kinder und Jugendliche. Schon früh verfolgt sie einen emanzipatorischen Ansatz und stellt manch betulichen Büchern für diese Altersgruppe problemorientierte Texte entgegen, die sich mit aktuellen Themen befassen. Aus heutiger Sicht stellt sich die Frage, ob dieser pädagogische Ansatz den Lesebedürfnissen der angesprochen Zielgruppe wirklich angemessen ist.

Ulrich Schall

Werke: *Stop Daniela! sowie Die Eidechse mit den Similisteinen und andere Erzählungen*, Luzern, Mü. 1962; *Ferdi und die Angelrute*, Luzern 1963; *Adieu Paris, adieu Catherine*, Zür., Köln 1966; *Komm wieder, Pepino*, Zür., Köln, 1968, Film, ZDF/ORF/SRG 1984; *Die seltsamen Freunde*, Zür., Köln, 1970; *Der Sonntagsvater*, Ravensburg 1973; *unterm neumond*, Recklinghausen 1974; *Der Zauberelefant*, Zür., Köln 1974; *Denk an mich, Mauro*, Zür., Köln, 1975; *Dann kroch Martin durch den Zaun*, Ravensburg 1974; *Der Buchstabenkönig und die Hexe Lakritze*, Zür., Köln 1977; *Die Insel des blauen Arturo*, Zür., Köln 1978; *Die Hexe Lakritze und das blaue Rhinozeros*, Zür., Köln 1979; *Novemberinsel*, R., Zür. 1979; *Denk an den Trick, Nelly*, Zür., Köln 1980; *Freiräume*, G., Zür. 1980; *Die Achterbahn*, Film, ORF/WDR/SRG 1980; *Der Buchstabenkönig*, zus. m. Max Stiegelmaier, Mü. 1981; *Jahre mit Flügeln*, G., Würzburg 1981; *Das kleine Auto Jukundus*, Zür. 1981; *Anna Göldin, letzte Hexe*, R., Zür., Köln 1982, Drehb. zus. m. Gertrud Pinkus u. Stephan Portmann, Film, 1991; *Elisabeth von Thüringen*, Düsseld., 1983; *Der wunderbare Ottokar*, Zür., Köln 1983; *Die Katze Muhatze und andere Geschichten*, Hann. 1983; *Der Buchstaben-Vogel*, Mü. 1984; *Der Löchersammler*, Zür., Köln 1984; *Im Winterland*, Ravensburg 1984; *Der Buchstabenclown*, Mü. 1985; *Ibicaba. Das Paradies in den Köpfen*, R., Zür. 1985;

Die Pipistrellis, Zür., Wien 1985; *Das Schweinchen Bobo*, m. Illustr. v. Maren Briswalter, Zür. 1986; *Dass jemand kommt ...*, G., Zür. 1986; *Die Blumenstadt*, Zür. 1987; *Der Buchstabenräuber*, Mü. 1987; *Kommissar Keller und die Chemie*, zus. m. Emil Zopfi, Marbeth Reif u. Peter Hinnen, Zür. 1987; *Der Riese im Baum*, R., Zür. 1988, Tanz-Theaterst., Choreografie v. Margrit Weber-Meili, Musik v. Paul K. Haug, UA Schaffhausen u. St. Gallen 1994; *Im Traum kann ich fliegen*, Ravensburg 1988; *Babas große Reise*, m. Illustr. v. Maren Briswalter, Zür. 1989; *Ottilie Zauberlilie*, Hbg. 1990; *Die Wachsflügelfrau. Geschichte der Emily Kempin-Spyri*, R., Zür. 1991; *So ein Sausen ist in der Luft. Nach einer Sage aus der Südschweiz*, m. Illustr. v. Käthi Bhend, Ravensburg 1992; *Auf Wörtern reisen*, G., m. Illustr. v. E. H., Zür. 1993; *Die Schule fliegt ins Pfefferland*, Würzburg 1993; *Die Buchstabenmaus*, m. Illustr. v. Lilo Fromm, Mü. 1994; *Der Zeitreisende. Die Visionen des Henry Dunant*, R., Zür. 1994; *Baba Rosa*, Musical n. *Babas große Reise* u. *Das Schweinchen Bobo*, UA St. Gallen 1994; *Die Riesin*, Mü. 1996; *Der Buchstabenkönig*, Mü. 1997; *Die Vogelmacherin. Die Geschichte von den Hexenkindern*, R., Zür. 1997; *Die Hexe Lakritze und Schloff, der Drache*, Würzburg 1997; *Der Jubiläumsapfel und andere Notizen vom Tage*, Mü. 1998; *Die namenlose Geliebte*, Pr., G., Zür. 1999; *Die Hexe Lakritze*, Würzburg 2000; *Sätzlinge*, G., Zür. 2000; *Aline und die Erfindung der Liebe*, R., Zür. 2000; *Spaziergänge durch mein Tessin. Landschaft, Kultur und Küche*, Zür. 2002; *Die Felshöhle des jungen Hermann Hesse. Literarische Spurensuche im Tessin*, Schpl., Hbg. 2002.

Haslinger, Josef, wurde am 5. 7. 1955 in Zwettl in Niederösterreich geboren. Nach dem Besuch des Gymnasiums Horn studierte er ab 1973 Philosophie, Theaterwissenschaft und Germanistik in Wien, 1980 Promotion über *Die Ästhetik des Novalis*. Ab 1976 (bis 1992) gab er die Literaturzeitschrift »Wespennest« mit heraus, fungierte von 1986 bis 1989 als Generalsekretär der »Grazer Autorenversammlung« und betätigte sich als Organisator literarischer Veranstaltungen, u.a. von 1986 bis 1995 gemeinsam mit Kurt Neumann der »Wiener Vorlesungen zur Literatur«. Haslinger war 1992 Mitinitiator der antirassistischen Organisation »SOS Mitmensch«. 1988 Lehrauftrag an der Universität Innsbruck, 1990 an der Universität Wien, 1994 an mehreren amerikanischen Universitäten. Seit 1996 hält er eine Professur am Deutschen Literaturinstitut Leipzig inne. 1989 war er »writer-in-residence« am Oberlin College in Ohio, 1991 hielt er Gastvorlesungen an der State University in Bowling Green/Ohio. 1998/99 Übersiedlung nach New York, Arbeit am Roman *Das Vaterspiel* und Kolumnist der Schweizer »Weltwoche«. Seit 2000 Wiederaufnahme der Professur in Leipzig, seit 2001 als geschäftsführender Direktor. 2002 Gastvorlesungen an der Universität Paderborn. Ausgezeichnet wurde er neben mehreren Stipendien u.a. 1980 mit dem Theodor-Körner-Literaturpreis, 1984 mit dem Förderungspreis der Stadt Wien, 2000 mit dem Ehrenpreis des österreichischen Buchhandels und dem Literaturpreis der Stadt Wien sowie 2001 mit dem Preis der Litera-Tour Nord.

In seiner Essaysammlung *Hausdurchsuchung im Elfenbeinturm* (1995) spricht Josef Haslinger vom »Elitismus der noblen Enthaltsamkeit« und meint damit, dass es bei aller legitimen Subjektivität und Autonomie literarischer Arbeit schon im eigenen Interesse »durchaus Sinn mache, hin und wieder auch einen Teil seiner künstlerischen Energien der politischen Mitgestaltung der Gegenwart zu widmen«. Der Romancier und Essayist moniert die Konfliktscheuheit und Abgehobenheit von Kollegen, die den durch die Leblosigkeit von Realismus- und Avantgardekonzepten entstandenen Freiraum nicht produktiv zu nutzen imstande seien. Haslinger macht sich zudem zum Verfechter einer marktorientierten, populären Literatur mit Unterhaltungswert nach amerikanischem Vorbild. So spricht Haslinger auch von der »Arroganz der kulturellen Eliten gegenüber den populären Künsten und der Massenkultur«, beschimpft Literaturkritiker als »Scharfmacher« und bezichtigt sie eines »kulturellen Reinheitswahns«, des Erlassens von »Verdikten« und der indirekten Verhöhnung des »Volkes« durch dessen steuerliche Belastung mit Kunstsubventionen.

Haslinger hat sich immer wieder mit Einwürfen, Reden und Kommentaren zu Wort gemeldet, vorwiegend zu austriakischen Phänomenen und Politikern wie in *Politik der Gefühle* (1987) und zur Waldheim-Affäre. In *Das Elend Amerikas* (1992) zeichnet er ein differenziertes Bild der Supermacht, in *Klasse Burschen* (2001) versammelt er Texte aus acht Jahren, in deren Zentrum Rechtspopulisten wie Jörg Haider und George W. Bush, der latente Antisemitismus und Rassismus sowie der wirtschafts- und sicherheitspolitische Zusammenschluss Europas stehen.

In diesem politischen und poetologischen Kontext lassen sich auch Haslingers literarische Texte verorten. Er begann mit sozialrealistischen Texten: *Der Konviktskaktus und andere Erzählungen* (1980) schildert im Stil kritischer Heimatgeschichte Schicksale innerhalb eines sozial und regional begrenzten Umfeldes. Überzeugend gelang hier vor allem die Titelerzählung über die repressiven Maß-

nahmen innerhalb einer Klosterschule. *Der Tod des Kleinhäuslers Ignaz Hajek* (1985) beschreibt aus der Sicht des Adoptivsohnes das armselige Leben eines eben verstorbenen Kleinbauern mit der überraschenden Wendung am Schluss, dass der adoptierte Sohn auch der leibliche des Toten ist.
Mit dem Roman *Opernball* (1995), einer raffiniert komponierten Melange aus Politthriller und Sozialreportage, gelang Haslinger ein fulminanter Erfolg. Der Roman erzählt, wie vor dem Opernhaus in der Ringstraße blutige Kämpfe zwischen Polizei und Demonstranten stattfinden, während drinnen beim Walzertakt eine rechtsradikale Terrorgruppe unter den Ballgästen ein Massaker anrichtet. Alles läuft live über den Sender, das Blutbad unter den Prominenten Österreichs wird frei Haus geliefert, der Sender übernimmt fast staatstragende Funktionen. Dass der Wiener Polizeiapparat in das Giftgasattentat der Sekte verwickelt ist und es mitinszeniert hat, wie sich herausstellt, verschärft den Seitenhieb auf die Verquickung von Macht und Medien. Die Konzeption des Romans beruht auf der Überzeugung, dass ein literarischer Realismus im Zeitalter der Beschleunigung nicht mehr funktioniert, wenn er der Wirklichkeit hinterherhechelt, sondern indem er ihr, überzeichnend und zugespitzt, vorauseilt. Die Attentate auf die U-Bahn in Japan und in Oklahoma haben die literarische Fiktion bereits überholt. Im Roman *Das Vaterspiel* (2000) verbindet Haslinger im Kopf des Ich-Erzählers, Rupert Kramer, genannt Ratz, die Schicksale von drei Familien und drei Generationen. Der bislang unpolitische Ratz, der seinen Minister-Vater hasst, wird mit einer haarsträubenden Geschichte in einen grotesken Fall verstrickt, in dem Bestechung, Massenmord und Rache treibende Motive sind. Mit beträchtlichem dokumentarischen Material arbeitend, erzählt der Roman auf konventionelle, ausschweifende Weise. Die Kritik sprach von »angestrengtem Realismus« (Franz Haas) und von einem »Thesenroman«, der »als solcher funktioniere – und wenn es sein muss, also um der Wahrheitsfindung willen, gegen das Literarische an der Literatur« (Thomas Steinfeld). Es passt dazu, dass Josef Haslinger im April 2000 unter dem Titel *Die Schriftsteller und die Moral* ein vehementes »Plädoyer für eine neue engagierte Literatur« gehalten hat: »Es ist heute«, so Haslinger, »viel mehr eine Frage der Haltung und der Persönlichkeit eines Autors, ob er seine Bücher mit den sozialen oder politischen Diskursen seiner Zeit in Verbindung bringen will. Für mich wäre es eine persönliche Selbstkasteiung, alle politischen und sozialen Konflikte zu vergessen, die mich formten und täglich umgeben, sobald ich an einem Roman schreibe.«

Thomas Kraft

Werke: *Der Konviktskaktus und andere Erzählungen*, Mü. 1980; *Die Ästhetik des Novalis*, Diss., Königstein/Ts. 1981; *Sonderheft Romantik, Wespennest 47*, Hg., Wien 1982; *Hugo Sonnenschein: Die Fesseln meiner Brüder. Gesammelte Gedichte*, Hg., zus. m. Karl-Markus Gauß, Mü. 1984; *Der Tod des Kleinhäuslers Ignaz Hajek*, N., Darmstadt 1985; *Politik der Gefühle. Ein Essay über Österreich*, Darmstadt 1987; *Rot-Weiß-Buch*, Hg., Graz 1988; *Ablagerungen*, zus. m. Bodo Hell u. Elfriede Jelinek, Graz 1988; *Karfreitag, 1. Mai*, Revue, UA Wien 1988; *Wozu brauchen wir Atlantis*, Ess., Wien 1990; *Das Elend Amerikas. Elf Versuche über ein gelobtes Land*, Ffm. 1992; *Amerika. Ein Reise-Epos für eine statarische Stimme und zwei zügellose Zugposaunisten*, Schpl., zus. m. Bertl Mütter u. Werner Puntigam, Wien 1993; *Leben in der Asche. Trümmerjahre in Wien 1945–1948*, zus. m. Gerhard Jagschitz, m. Fotos v. Otto R. Croy, Wien 1993; *Opernball*, R., Ffm. 1995; *Hausdurchsuchung im Elfenbeinturm*, Ess., Ffm. 1996; *Das Vaterspiel*, R., Ffm. 2000; *Klasse Burschen. Essays*, Ffm. 2001; *Alte Welt – neue Welt. Neue Musik und Literatur. Eine Dokumentation des Schreyahner Herbst 2002*, zus. m. Katja Behrens, Hann. 2001.

Haufs, Rolf, wurde am 31. 12. 1935 in Düsseldorf geboren und wuchs in Rheydt auf, wo er ein neusprachliches Gymnasium besuchte und eine kaufmännische Lehre abschloss. Er war zunächst als Exportkaufmann tätig, ließ sich dann aber 1960 als freier Schriftsteller in Berlin nieder. Seit 1972 ist er als Literaturredakteur beim Sender Freies Berlin tätig. Haufs ist Mitglied des bundesdeutschen P.E.N.-Zentrums und der Akademie der Künste Berlin. 1968 erhielt er den Kurt-Magnus-Preis der Arbeitsgemeinschaft der Rundfunkanstalten Deutschlands, 1970/71 das Stipendium der Villa Massimo in Rom, 1979 den Leonce-und-Lena-Preis für Lyrik, 1985 den Bremer Literaturpreis, 1990 den Friedrich-Hölderlin-Preis, 1993 den Hans-Erich-Nossack-Preis und 2003 den Peter-Huchel-Preis.
Der niederrheinischen Landschaft seiner Kindheit und Jugend gilt noch eines der schönsten Gedichte aus seinem ersten Lyrikband *Straße nach Kohlhasenbrück* (1962), *Niederrheinische Ebene*, das endet: »Und schön ist der Fluß und die Pappelschnur / Und der Meerwind die heitere Sonne / Der lohende Mohn beim Distelholz / und die langen Schatten und die Schatten / Die Schatten an den langen Nachmittagen«. Das Motiv »Schatten« lässt

das Lob der Schönheit nicht zu direkt hervortreten; die Bombernächte und die verbrannten Bäume werden genannt. Inhaltlich wie formal zielen Haufs' frühe Gedichte zuallererst auf eine Auseinandersetzung mit der durch Krieg und Nachkrieg verspätet wahrgenommenen europäischen Moderne. Da wird erlesene Lyriksprache mit Alltagsausdrücken gemischt, da werden rhetorische Formen anstandslos für Poesie zugelassen, und dass einige Anklänge erkennbar werden, schließt keineswegs den eigenen Ton aus.

Die nächsten Bände, *Sonntage in Moabit* (1964) und *Vorstadtbeichte* (1967), zeigen die Erweiterung der lyrischen Sprache. Es gibt lakonische Gedichte mit gestischer Sprache ebenso wie weit schwingende »Mitteilungen«, den Rückhalt in den Bildern ebenso wie das Aushalten bei den unpassenden Wörtern, und ebenso die Durchkreuzung aller dieser Ansätze. Die *Sonntage* bieten eher ziselierte, ruhige Texte, fast nach japanischem Muster. Hingegen scheinen dem Band von 1967 eine sinnlose Verfolgung durch den Verfassungsschutz und eine zeitweilige Verhaftung die Zunge gelöst zu haben. Viele Gedichte sind nach rhetorischen Mustern organisiert. Boheme-Momente weisen auf schwer einlösbare Sehnsüchte; eines der schönsten Gedichte heißt *Gefährdete Traurigkeit* und wendet die Gemeinschaftskultur der Straßen gegen die alles planierenden Ordnungshüter.

1970 erschien der Roman *Der Linkshänder oder Schicksal ist ein hartes Wort*. Haufs hat die Erzählung in kleine Textstücke segmentiert, die jeweils eine Überschrift tragen. Die »Vorstellung« beginnt so: »Mein Name tut nichts zur Sache. Die Nummer meines Personalausweises ist 0793805. Heute ist der 16. November. Es ist zwei Uhr mittags. Es regnet. Heute Morgen hatten wir Nebel. Die Farbe meiner Augen ist blau. Ich habe einen Vater. Ich habe eine Mutter. Beide sind zum ersten Mal, einzigenmal, also letzten Mal verheiratet.« Ein seltsamer Entwicklungsroman: am Beispiel des Ichs, das manchmal auch als »Er« figuriert, wird gezeigt, wie alle möglichen Einflüsse, Erfahrungen und Abgrenzungen es in der Form von Sprachgesten erreichen. Der Roman bleibt der experimentellen Prosa der Sechzigerjahre verpflichtet: die Ausstellung der Sprachgesten ergibt, so der Versuch, vielleicht eine Möglichkeit der Einrede; gegen Verständigung sind sie abgeschottet. Das erscheint auch in der Handlung, die von der Observierung, Verhaftung und schließlichen Freilassung des »Er« ausgeht – ein Kafkàsches Motiv, nun realistisch auf die zeitgenössischen Überreaktionen des bundesrepublikanischen Verfassungsschutzes bezogen. Die Rückwendung zu rhetorischen Formen, die sich mit zahlreichen Figuren und zahllosen Beispielen nachweisen ließe, dispensiert das Konzept der geschlossenen Form. Die Aufnahme von Redeformen setzt Denken und Sprechen in einen direkten Zusammenhang, ebenso Sprechen und Wirklichkeit. So stellt Haufs Erinnerungsbilder als Sprachgesten aus und komponiert sie neu; das betrifft die Familie, die Stadt und schließlich auch das Erzähl-Ich, das sich zum Linkshänder verstümmelte, um sich damit von der Familie zu trennen. Diese vorgebliche Linkshändigkeit führt auch im Schreiben zu Suchbewegungen, die oft identisch mit Abgrenzungsgesten sind.

Die Gedichte aus den Jahren 1967–1976 sammelte der Band *Die Geschwindigkeit eines einzigen Tages* (1976). Den Texten liegt sozusagen die These zugrunde »Unsere Erfahrungen unterscheiden sich von den Erfahrungen«; die Alltagslyrik dieser Jahre bietet Haufs nichts Neues, nur dass er es sich doch nie so bequem macht wie sie. Anrührend wirken vor allem die Porträts, treffend und surrealistischen Techniken nahe erscheint seine Kunst, die Bilder umschlagen zu lassen.

Der Band *Größer werdende Entfernung* (1979) bringt eine Auswahl aus den vorigen Bänden und fügt *Neue Gedichte (1976–1979)* hinzu. In ihnen bricht ein Lyrikton durch, der auch für den bislang erfolgreichsten Gedichtband von Haufs, *Juniabschied* (1984), kennzeichnend bleibt: eine Nonchalance, die – dem Zynismus nahe – die eigene Verletzlichkeit kaschieren soll: »Komm wir reden. Die Stille der Wälder. / Der endlose Himmel. Der alltägliche Gleichmut. / Komm wir reden. Aber / jetzt nicht. Vielleicht morgen. Vielleicht / Wenn wir tot sind.« Immerhin aber lautet die letzte Zeile des Gedichts wiederum »Komm wir reden«. Im *Juniabschied* ist der spielerische Ton sehr zurückgetreten. Die für die ästhetische Moderne grundlegende Erfahrung, dass Text- und Subjektkonstitution ineinander verschränkt sind, wird von Haufs konsequent ernst genommen. Die Beschädigungen, die er vielfältig anspricht, kehren in der Formgebung des Gedichts wieder, als Bruch etwa, als Abbruch oder Umbruch; doch zugleich geht der Ruf »Die Fäden sind gerissen« in ein Lied ein, das vielleicht Sinn geben könnte.

Der Gedichtband *Felderland* (1986) schließt thematisch an den *Juniabschied* an, beschwört wiederum Kindheitserfahrungen, den Krieg, frühe Traumatisierungen, eine fast mythische Jugendlandschaft am Niederrhein: »Hinter den Deichen steht Wasser / Gewächshäuser Felderland frühes Grün / (...) Wie morsch die Stufen hinunter zum Fluss / Da ganz für sich mit Steinen / Angeschwemmtem Holz. Schmerzenskind (...)« Diese Landschaft, dieses Abseits ließen sich nicht halten, waren vielmehr selbst schon Trug. »Rufe überhört«, heißt es in einem anderen Gedicht, und wie wenig das austrägt, zeigen die dann folgenden Zeilen: »Aus der Erde strömte Blut / Von weiter kamen Blitze.« In Formeln, die an die Grenze der Naturlyrik gehen, wird der frühe Erfahrungsstoff historisch durchsichtig gemacht. Seine Gedichte weisen eine besondere Konstruktion auf, die sie schwierig und reizvoll zugleich macht. Haufs arbeitet mit knappen lyrischen Formeln, die hochgradig evokativ, bedeutungshaltig sind. Oft bestehen sie nur aus Wörtern: Schatten, Rauch, Märzrauch, Feuer, Grün, Gras, Schneeball, Sterne. Diese und andere Formeln werden kunstvoll verhakt, wobei sich zumeist mehrere Lesearten ergeben, und der Leser muss mitarbeiten, damit die Gedichte wirklich zu ihm sprechen. Den Sätzen misstraut der Autor; so gewinnt er eine hochlyrische Sprache, die das »andeutende Reden« (Herder) kunstvoll weiterführt. Das oft imaginierte »Weggehen« glückt und gilt nicht; weder privat noch öffentlich gesteht Haufs die Ausflüchte oder Fluchtwege zu. *Glückshaut* deutet als Motiv die Sehnsucht an, ohne Hornhaut, ohne Panzer leben zu können – doch dazu bereit zu sein, so die skeptische »Auskunft« von Rolf Haufs, hieße auch einen Sturzflug auf sich zu nehmen, keinen Halt gegen die rasende Zeit zu haben.

Allen Schwierigkeiten zum Trotz hat Rolf Haufs sein lyrisches Werk konsequent weiergeführt. Fast alle zwei Jahre erschien ein neuer Band, jeder formal reich instrumentiert. Der Band *Allerweltsfieber* (1990) eröffnet mit einem Motto von Wallace Stevens: »Je intensiver man etwas, das man liebt, fühlt, um so mehr möchte man, daß es wäre, was es ist.« Diese Überlegung bestimmt die meisten Gedichte aus der Feder Haufs: Die Zuwendung bleibt vom Zweifel grundiert, ob das Gegenüber sein Versprechen hält. Die Gedichte antworten mit einer Art Schulterzucken. Die Wahrnehmungen täglichen Lebens fallen knapp und doch farbig »abgestimmt« aus, münden in die Sentenz: »Wir sind mitten im Traum.« Kennzeichnend wieder der Reichtum der Bilder, die knappe Fügung mit vielen Ellipsen, die souveräne Aufnahme alter Formen wie sapphischer Ode und Rondo neben freien Versen, Porträts, Nachrufen, Absagegesten. Dieser Duktus erlaubt »zwischen all den Wörtern die / Wortlosen Wörter« (*Bei lebendigem Leib*). Das Schwanken der Gefühle wird in den Texten oft durch eine Doppelfügung aufgehoben, und das Schlussgedicht trumpft (mit Galilei-Anspielung) auf: »Noch bewegen wir uns.« Es bleibt ein ambivalentes Noch. So bezeugt auch der folgende Band, *Vorabend* (1994), im Wesentlichen Verletzungen: »Die Wut nimmt zu. Es tanzt sich gut.« Viele Gedichte sind einer Liebesbeziehung bzw. ihrem Ende gewidmet. Tonreich die Strophen des Abgesangs: »Geh aus, mein Herz, und / Meide was dir begegnet ist.« Die Morgen sind die Zeit trostloser Selbstbegegnung: »Uns zwingt der Tag / Zu atmen.« Zugleich gibt es wieder eine Vielfalt von Formen, Spielen und Anspielungen, ein sarkastischer Blick regiert die Sicht auf Szenen, Landschaften, alte Meister – ein Fund jedenfalls, das Urlauber-Badeleben in Rimini als Beschreibung eines alten niederländischen Gemäldes darzustellen (*Beim Betrachten niederländischer Meister*). Ein zentrales Thema wird und bleibt das Älterwerden, sowohl als persönliches Los wie als geschichtsphilosophische Reminiszenz, das Schwanken der Bewertungen zwischen Verfall und Neubeginn. Immer wieder entspringen den rat- und rastlosen Zeilen Bilder von großer Schönheit. Die bekommen freilich sofort ein »Als-ob« hinzugefügt. Der freie Vers ist kunstvoll gehandhabt, mit gut aufgebauten Rhythmen und eindrucksstarken Gesten.

In *Augustfeuer* (1996) gibt es viel bittere Kulturkritik: »Das ist die Welt / Kapier oder tritt ab.« Schöne Aussichten werden in die Träume verwiesen, und auch der hehre Subjektgedanke der Klassik wird, wie schon bei Brecht und Benn und neuerdings Grünbein, ins Museum gestellt: »Wir sind Chemie / Das muß genügen.« Eine »luftige Melancholie« eher denn altersbittere Verzweiflung kennzeichnet diese Verse, und auch die Hinblicke auf die Umwelt (*Kladower Sonntag*) fallen vergleichsweise milde aus. Haufs' Gedichte kennen mehr Substantive als Verben, die Bewegungen sind schon ins Lot gekommen, das Ja und das Nein werden einander immer ähnlicher: Die großen Worte sind seltener, die kleinen Gesten tragen die Verheißungen: »Was wir brauchen / Sind kleine Schritte auf grünem Moos.« Immerhin fällt die Energie der großen Gedichte auf, die dem Band sein Gesicht geben: *Meine Straße*, *Poetischer Prospekt, Stuß* und die Zyklen am Ende. Wie immer schon mischt Haufs hochpoetische und Alltagsformeln, die substantivische Rede erlaubt das. Die kritische Dimension bleibt unverkürzt deftig berlinisch-rheinisch: »Die ganze Welt versaut.«

Die neuen Gedichte verstärken die gegensätzlichen Töne, die von Hölderlin bis zur Berliner Schnauze reichen: *Aufgehobene Briefe* (2001) und *Ebene der Fluß* (2002). Vergleichbar den Gedichten von Kunert und Czechowski regiert der Sarkasmus diese Lyrik, die Entblößung der Wirklichkeit, ihres Anscheins bis auf die Knochen. »Gern hätten wir mehr Menschen um uns«, beginnt der große Zyklus *Ebene der Fluß*, und man ist erstaunt, so etwas von Haufs zu hören. Doch der Satz fährt fort: »Der Zug ist überfüllt und droht / Von der Brücke zu stürzen.« Viele Gedichte bauen eine Täuschung auf, die im letzten Vers enthüllt wird. Man könnte von Dekonstruktion sprechen. Die Zeitkritik wird vom galligen Blick auf die Zeitgenossen und vom eher gelassenen Blick auf den eigenen Zerfall verstärkt. Man wird bei Haufs keine Stretta à la Benn finden (»Ich lasse mich zerfallen / Ich bin dem Ende nah«). Aber seine Klage ist doch nicht ohne Humor, immer wieder schrägt er seine Bilder an: »Das ererbte Seelchen ist zu matt / sich noch einmal zu erheben / Linderung woher? Die Pleite ist total / Der Engel raunzt komm ja nicht mit.« Im zweiten Teil von *Ebene der Fluß* mit dem Titel *Vor Eis vor Luft* macht sich Haufs böse über die Illusionen lustig, die »überall Hoffnung« berechtigt sehen. Er konstatiert »Dieselben Messer Tritte / Das ganze Leben« und ruft ironisch ins Nirwana der Postmoderne: »Tanz mit den Unübersichtlichkeiten / Tamtam wir kleiden uns bunt.« So heißt es auch am Schluss des Bandes mit Bezug auf den Volksmund: »Alles machen wir anders. Wie immer.« Ernsthaft, fast mit Pathos dann das vielstrophige Gedicht *Seraphisch*, darin es heißt: »Wir wissen ne Menge / Der Schorf fällt ab.« Der Schluss überhöht wiederum in gekonntem Barock die eigene Erfahrung zur Weltaussage: »Kehren wir die Erde zusammen / Das bisschen Asche. Das bißchen Staub.«

Alexander von Bormann

Werke: *Straße nach Kohlhasenbrück*, G., Neuwied, Bln. 1962; *Sonntage in Moabit*, G., Neuwied, Bln. 1964; *Man wird sehen*, Hsp., NDR/SDR 1964; *Ein hoffnungsloser Fall*, Hsp., RIAS 1965; *Die Schläfer*, Hsp., NDR/SDR 1965; *Vorstadtbeichte*, G., Neuwied, Bln. 1967; *Das Dorf S. und andere Geschichten*, Neuwied, Bln. 1968; *Harzreise*, Hsp., NDR/SDR 1968; *Der Linkshänder oder Schicksal ist ein hartes Wort*, R., Mü. 1970; *Herr Hut*, Kinderb., Köln 1971; *Die Geschwindigkeit eines einzigen Tages. Gedichte 1967–1976*, Reinbek 1976; *Pandas große Entdeckung*, Kinderb., Köln 1977; *Größer werdende Erfernung*, G., Reinbek 1979; *Ob ihr's glaubt oder nicht*, Kinderb., Stg. 1980; *Juniabschied*, G., Reinbek 1984; *Felderland*, G., Mü. 1986; *Selbst Bild*, Pr., Mü. 1988; *Allerweltsfieber*, G., Mü. 1990; *Vorabend*, G., Mü. 1994; *Augustfeuer*, G., Mü. 1996; *Aufgehobene Briefe*, G., Mü. 2001; *Ebene der Fluß*, G., Lüneburg 2002.

Haushofer, Marlen (eig. Marie-Helene Haushofer, geb. Frauendorfer), wurde am 11. 4. 1920 in Frauenstein in der Steiermark geboren. 1939 machte sie Matura, anschließend wurde sie zum Arbeitsdienst in Ostpreußen verpflichtet. 1940 begann sie ein Studium der Germanistik in Wien, 1941 heiratete sie und lebte in München und Prag, bevor sie 1942 nach Wien zurückkehrte. 1943 setzte sie ihr Studium in Graz fort, 1945 floh sie nach Frauenstein, ohne ihr Studium beenden zu können. Kurz darauf veröffentlichte sie erste Kurzgeschichten. 1947 übersiedelte sie nach Steyr. Am 21. 3. 1970 ist sie in Wien gestorben. Marlen Haushofer führte das unauffällige Leben einer bürgerlichen Hausfrau. Sie war Mutter zweier Söhne und arbeitete in Steyr als Sprechstundenhilfe in der Zahnarztpraxis ihres Mannes. Ihre literarische Arbeit schob sie an die Ränder des häuslichen Alltags. Lockeren Kontakt unterhielt sie zu literarischen Kreisen in Wien, namentlich zu dem Schriftsteller und Kritiker Hans Weigel, der ihre Arbeit förderte. 1953 wurde sie mit dem staatlichen Förderungspreis für Literatur ausgezeichnet, 1956 mit dem Preis des Theodor-Körner-Stiftungs-Fonds, 1963 mit dem Arthur-Schnitzler-Preis,1965 und 1967 mit dem Kinderbuchpreis der Stadt Wien und 1968 mit dem Österreichischen Staatspreis für Literatur.

Innerhalb der Geschichte weiblichen Schreibens gehört Marlen Haushofer, der jeglicher Feminismus fern lag, zur Generation vor dem jüngsten Aufbruch der Frauenbewegung in den Siebzigerjahren. Ihr literarisches Werk spiegelt ein zeitgenössisches weibliches Bewusstsein, das sich von gesellschaftlichen Handlungsmöglichkeiten abgeschnitten sah und resignierte. Ihren Frauen ist, innerlich wie äußerlich, jeglicher Bewegungsspielraum abhanden gekommen. Aus einem Leben, das Entfaltungsmöglichkeiten offenbar nicht zulässt, ziehen sie sich in eine Isolation zurück, die mit der Nähe zur empirischen Welt auch deren Bewältigung aufgibt. Sie leben in ihren bürgerlichen Häusern und Wohnungen wie in Festungen, die gegen die Zeit und Gesellschaft abgedichtet sind.

Marlen Haushofers Romane sind Bruchstücke einer Biografie entfremdeten weiblichen Lebens. Die Metapher der unsichtbaren Wand, hinter der ihre Frauengestalten in einer Art leibhafter

Abwesenheit leben, ist ein zeittypisches Rückzugssignal, das auch im Werk Ingeborg Bachmanns und der Engländerin Doris Lessing auftaucht. Die ästhetische Umsetzung ihrer durchaus ambivalenten Verzichthaltung führt zu einem in seiner Vielfalt einheitlichen Erzählwerk. Ihre ruhige, unauffällige, zuweilen humoristisch gefärbte Prosa greift zurück auf erzählerische Entdeckungen der frühen Nachkriegszeit. Mit dokumentarischem Material, mit Briefen und Tagebuchaufzeichnungen, wird die Erzählperspektive gebrochen und die Chronologie der Ereignisse gestört, ohne freilich die diachrone Achse der Erzählung ernsthaft aufs Spiel zu setzen. Die Reihe ihrer weiblichen Figuren, deren Lebensläufe Überlebensgeschichten sind, beginnt mit dem Mädchen Meta aus dem Kindheitsroman *Himmel, der nirgendwo endet* (1966). Auf die Kindheit, die dort aus der Erinnerung hervorgeholt wird, beziehen sich alle ihre weiblichen Figuren; – Kindheit als eine langsame, permanente Austreibung, am Schluss die schmerzlichste, die aus dem ländlichen Forsthaus, als das Kind ins Internat geschickt wird. Die vorweggenommene Fortsetzung dieses Kindheitsberichts liegt vor in dem Roman *Die Tapetentür* (1957). Er erzählt die Geschichte einer jungen Frau, die den kopfgesteuerten Versuch zu lieben hinter sich hat. Aber die Liebe als Sexualität und Fortpflanzung, gelebt in den bürgerlichen Formen einer Ehe, erweist sich als Amputation bei lebendigem Leib. Nach der Geburt ihres toten Kindes lenkt sie ihre Schritte dorthin, wo die Erzählerin des Romans *Die Mansarde* (1969) schon angekommen ist, in eine weibliche Einsiedelei inmitten der Familie. In der Mansarde, jenseits der ängstlichen Ereignislosigkeit des häuslichen Alltags, lebt die Exilantin als Hinterbliebene ihrer eigenen Gefühle. Der Zustand nach dem Verlust der Gefühle wird als Leben nach dem Leben beschrieben, eine Art erwünschtes Unglück. Die Novelle *Wir töten Stella* (1958), in der eine bürgerliche Familie sich in ein honettes kleines Mordkartell verwandelt, steigert das Entfremdungsthema ins Kriminelle.

Ihre Entdeckung im deutschsprachigen Ausland verdankt sie ihrer radikalsten Abwesenheitsgeschichte, dem Roman *Die Wand* (1963). Der Roman ist damals, Anfang der Achtzigerjahre, vor dem Hintergrund der Nachrüstungs- und Umweltdebatte als Endzeitvision und Warnutopie gelesen worden. Doch die Lesart wird von dem Buch auch in seiner Form als Schreiballegorie nicht gestützt. Die namenlose Frau, die eines Tages zwischen sich und der Welt eine durchsichtig-undurchdringliche Wand findet, ist sicherlich die radikalste aller Rückzugfiguren Haushofers. Aber sie vollzieht nur den letzten Schritt, den Auszug aus der Gesellschaft, ohne im Jenseits eine andere Welt zu erhoffen oder von der Möglichkeit Gebrauch zu machen, im Schreibakt das Unlebbar-Faktische zu überschreiten.

Sibylle Cramer

Werke: *Das fünfte Jahr*, E., Wien 1952; *Kreuzworträtsel*, Hsp., 1953; *Eine Handvoll Leben*, R., Wien 1955; *Die Überlebenden*, Hsp., RB 1955; *Die Vergißmeinnichtquelle*, En., Wien 1956; *Wir töten Stella*, N., Wien 1958; *Die Wand*, R., Gütersloh 1963; *Bartls Abenteuer*, Kinderb., Wien 1964; *Brav sein ist schwer*, Kinderb., Wien 1965; *Himmel, der nirgendwo endet*, R., Gütersloh 1966; *Lebenslänglich*, E., Graz 1966; *Müssen Tiere draußen bleiben?*, Kinderb., Wien 1967; *Wohin mit dem Dackel?*, Kinderb., Wien 1968; *Schreckliche Treue*, En., Düsseld. 1968; *Die Mansarde*, R., Düsseld. 1969; *Schlimm sein ist auch kein Vergnügen*, Kinderb., Wien 1970; *Ein Mitternachtsspiel*, Hsp., WDR 1984 (entst. wahrscheinlich in den Fünfzigerjahren); *Der Knabe im Dschungel*, Fssp. (Entstehungszeit ungewiss); *Der Wassermann*, Hsp. (Entstehungszeit ungewiss); *Begegnung mit dem Fremden. Gesammelte Erzählungen*, Bd. 1, Düsseld. 1985; *Schreckliche Treue*, ges. En., Bd. 2, Düsseld. 1986; *Die Überlebenden. Unveröffentlichte Texte aus dem Nachlaß. Aufsätze zum Werk*, hg. v. Christine Schmidjell, Linz 1991; *Die Frau hinter der Wand. Aus dem Nachlaß der Marlen Haushofer*, hg. v. Liliane Studer, Mü. 2000.

Hegewald, Wolfgang, wurde am 26. 3. 1952 in Dresden geboren. Von 1970 bis 1974 studierte er dort Informatik, dann arbeitete er drei Jahre lang in der Industrie und als Friedhofsgärtner. Von 1977 bis 1983 studierte er evangelische Theologie in Leipzig. Im September 1983 übersiedelte er nach Hamburg, heute lebt er in Barum. 1984 erhielt Hegewald den Preis der Kärntner Industrie beim Klagenfurter Ingeborg-Bachmann-Wettbewerb und den Hamburger Literaturpreis für Kurzprosa, 1985/86 das Stipendium des Deutschen Literaturfonds Darmstadt, 1987/88 das Stipendium der Villa Massimo in Rom, 1989 war er Fellow des Writers Program des German Marshall Fund in Washington, und 1990 erhielt er den Ernst-Reuter-Preis für Hörspiel. 1993 übernahm er die Leitung des dreijährigen Lehrgangs »Studio Literatur und Theater« an der Universität Tübingen, den er zusammen mit Christian Hörburger aufbaute. Bis zu seinem Austritt 1996 war Hegewald Mitglied im P.E.N.-Zentrum der Bundesrepublik. Seit 1996 ist er Professor für Rhetorik/Poetik im Fachbereich Gestaltung an der Hochschule für angewandte Wissenschaften Hamburg.

Sein erster Roman, *Das Gegenteil der Fotografie. Fragmente einer empfindsamen Reise* (1984), erzählt von einem Mann und einer Frau, die während eines Urlaubs in der Nähe einer südböhmischen Talsperre für 24 Stunden festgenommen werden, weil sie sich zu nahe der Grenze bewegt haben. Die Zeit zwischen den stereotypen, nach filmischen Mustern ablaufenden Verhören nützen die beiden unabhängig voneinander zu Reflexionen über ihr vergangenes und zukünftiges Leben. Dabei entfalten sich dem Leser bruchstückhaft zwei Biografien, deren Gemeinsamkeit darin liegt, dass sie sich nicht in eine nach strengen Regeln funktionierende Gesellschaft einfügen lassen. Friedrich, der in seinem Beruf als Pathologe Wirklichkeit »seziert«, und Anja, die als Fotografin »Sehenswertes abbilden« möchte, misstrauen den konventionellen Mitteilungsmustern, die an der Oberfläche entlanggleiten, ohne jemals echte Verständigung zu ermöglichen. So suchen sie beide nach einer Sprache, die der untergründigen Gewalt einer institutionalisierten Sprache der Machtausübenden entgegenwirkt und die ihnen in bescheidenem Rahmen unantastbare Freiräume eröffnet: »und, voller Hochmut, werden wir der Macht nicht mehr Fantasie zutrauen als uns selbst«. In den Text sind zahlreiche intertextuelle Anspielungen verwoben: u.a. werden Franz Fühmann und Ingeborg Bachmann angesprochen, der Titel verweist auf die Tradition der Empfindsamkeit, die den Ausgleich zwischen »der Aufklärung des Verstandes und der ›éducation sentimentale‹« (Christoph Siegrist) anstrebte, wobei schon damals Selbstbeobachtung und Selbstreflexion geeignete Mittel darstellten.

In seinen beiden nachfolgenden Romanen *Hoffmann, Ich und Teile der näheren Umgebung* (1985) und *Jakob Oberlin oder Die Kunst der Heimat* (1987) reagieren Hegewalds Protagonisten noch radikaler auf ihr Ungenügen an der Wirklichkeit als in seinem Erstlingswerk. Beide Texte beschreiben den Prozess einer selbst gewählten Ich-Auflösung, das Heraustreten aus einer verordneten Biografie, die sich auf »das physiologisch Geläufige und das gesellschaftlich Normale« beschränkt. Im Titel *Hoffmann. Ich und Teile der näheren Umgebung* deutet sich bereits die Grundstruktur dieses Textes an: Das fragile Ich ist aufgespalten in Hoffmann, das erzählende Ich und den Narren. Alle drei haben ihre eigene(n) Geschichte(n). Hoffmann und das Ich entziehen sich der Gesellschaft, indem sie sich mit gänzlich unproduktiven Beschäftigungen den Tag vertreiben. Damit verhöhnen sie den staatstragenden Grundsatz von der Nützlichkeit des Einzelnen für die Gemeinschaft.

Was in *Hoffmann, Ich und die Teile der näheren Umgebung* anklingt, wird in *Jakob Oberlin oder die Kunst der Heimat* konsequent weitergedacht: die Transformation des Subjekts bis hin zu seinem Verschwinden aus der gewohnten Lebenswelt. Jakob Oberlin, ein Nachfahre des Pastors Oberlin, der 1798 den Dichter J. M. Lenz beherbergte, arbeitet vor seinem Theologiestudium auf einem Dresdner Friedhof. Dort trifft er den Ingenieur Niklas Scheuner, der sich als Gärtner an diesen »Ort der fantastischen Vernunft, der vegetativen Anwesenheit« zurückgezogen hat. Die gemeinsamen Gespräche lassen die beiden ihren »Vorsprung im Unvorstellbaren«, den sie vor den »Wirklichkeitsagenten« zu verteidigen gewillt sind, begreifen. Die Umsetzung ihrer Ideen vollziehen Jakob und Niklas dann getrennt, aber nicht unabhängig voneinander. Jeder von ihnen begibt sich auf eine unwiderrufliche Reise: Jakob Oberlin verlässt die DDR, um nach Oberlin in Ohio/USA zu gelangen, Niklas Scheuner lässt sich bei einer Beerdigung in die Grube fallen. Jeder nun für sich in einer neuen Welt, berichten sie abwechselnd von den ungewohnten Wahrnehmungen und Eindrücken. Jakob, der nur bis Hamburg gekommen ist, bewegt sich mit traumwandlerischer Sicherheit in den für ihn irrealen Kulissen bundesdeutschen Kaufhaus-Glamours und irritiert durch absonderliche Reden »duftende Demokraten«; Niklas begutachtet, belauscht und interpretiert die Ereignisse unter und über der Erde und führt mit einem Toten seiner Vätergeneration die längst fällige Auseinandersetzung.

Hegewalds differenzierte, diagnostizierende Sichtweise begnügt sich nicht mit dem bloßen Abbilden »tatsächlicher, typischer politischer Gegenwart« (Jürgen Manthey). Vielmehr gelingt es ihm, durch satirische Seitenhiebe und ironische Räsonnements, die gelegentlich an Jean Paulsche Fabulierkunst denken lassen und durch die Einbindung von Unwirklich-Fantastischem, den Blick des Lesers von allzu Bekanntem auf verdeckte Zusammenhänge zu lenken.

Zwischen 1988 und 1990 geschrieben, erschien *Die Zeit der Tagediebe* erst 1993. In diesem Roman, in dem, wie in allen Texten des Schriftstellers, Vergangenes aus DDR-Tagen mit bundesdeutscher Gegenwart ineinander verschachtelt ist, steht der aus Hegewalds Debütroman bekannte Pathologe Friedrich wieder im Blickpunkt. Vom Inhaber eines Reisebüros als Badearzt in einen schleswig-holsteinischen Kurort angeworben, betreut Friedrich allerdings keine Kurgäste oder Patienten. Die vielen auftretenden und wieder entschwindenden Personen bewegen sich vielmehr funktionslos im (literarischen) Raum. Aus verschiedenen Erzählerpositionen werden die oft recht bizarren Ereignisse wiedergegeben und die Personen in ihren Versuchen geschildert, »die immer als unumstößlich angebotenen Realitäten zu durchkreuzen« (Werner Liersch). Der schmale Roman *Eine kleine Feuermusik* (1994) erzählt die auf wahren Begebenheiten beruhende Geschichte eines Brandstifters, der offenbar ohne Motiv, grund- und planlos ein Opernhaus angezündet hat. Ein Reporter, der zufällig in die Gerichtsverhandlung gegen den einst wegen mehrerer Fluchtversuche in der DDR inhaftierten, dann freigekauften vermeintlichen Täter gerät, entwickelt im Rahmen seiner nachfolgenden Recherchen und Überlegungen über diese sinnlose Tat eine tiefe Beziehung zu dem Brandstifter.

Unter dem Titel *Der Saalkandidat* erschienen 1995 zwei Stasi-Geschichten, wobei *Verabredung in Rom* bereits 1988 selbstständig veröffentlicht worden war. In beiden Texten treffen Spitzel und Bespitzelte in freier Umgebung aufeinander, was zu absonderlichen Konstellationen und Entwicklungen führt. Wie in der Novelle *Der Saalkandidat* stehen die auf die Betroffenen oft absurd wirkenden Phänomene deutsch-deutscher Wendezeit auch im Zentrum des Romans *Ein obskures Nest* (1997). Der Ich-Erzähler, ein aus der DDR stammender Schriftsteller namens Peter Müller alias Luciano Senkrecht, zieht sich im August 1989 in ein Kloster im Westen zurück, um dort eine »Mitschreibzentrale« zu betreiben. Der Fall der Mauer setzt Erinnerungen an die DDR frei, jene »Legierung von Häßlichkeit und Herzlichkeit«, die allerdings keinerlei Form von Ostalgie erfährt. Die geschichtliche Situation wird zum Anlass für eine wirbelnde Abfolge ironischer Betrachtungen, locker hingeworfener Skizzen über menschliche Verhaltensweisen, Beschreibungen tatsächlicher Begebenheiten, tiefsinniger und oberflächlicher Dialoge und Reflexionen.

Petra Ernst

Werke: *Das Gegenteil der Fotografie. Fragmente einer empfindsamen Reise*, R., Ffm. 1984; *Hoffmann. Ich und Teile der näheren Umgebung*, Pr., Ffm. 1985; *Der hohe gelbe Ton*, Hsp., SDR 1985; *Jakob Oberlin oder Die Kunst der Heimat*, R., Ffm. 1987; *Häuslichkeit*, Hsp., WDR 1988; *Verabredung in Rom*, E., Ffm. 1988; *Chester oder Der Auftritt eines gebrannten Kindes*, Hsp., WDR 1989; *Die Zeit der Tagediebe*, R., Hildesheim 1993; *Der Hang zur Einsilbigkeit – aus dem Tagebuch eines Erpressers*, Hsp., WDR 1993; *Eine kleine Feuermusik*, R., Hildesheim 1994; *Der Saalkandidat*, En., Lpz. 1995; *Ein obskures Nest*, R., Lpz. 1997.

Heidenreich, Elke, geborene Riegert, wurde am 15. 2. 1943 in Korbach/Waldeck geboren. Ihr Vater war Kfz-Mechaniker und betrieb eine Tankstelle. Sie wuchs in Essen auf, besuchte das Gymnasium und verließ ihr Elternhaus 1958 als Halbwüchsige. Ein neues Zuhause fand sie bei der Familie eines evangelischen Pfarrers in Bonn, wo sie 1963 auch ihr Abitur ablegte. Sie studierte Germanistik, Theatergeschichte, Religionswissenschaft und Publizistik in München, Hamburg und Berlin und plante, über das Barocktheater zu promovieren. In dieser Zeit war sie auch einige Jahre mit dem Schriftsteller und Sprecher Gert Heidenreich verheiratet. Zusammen mit Bernd Schroeder, ihrem späteren zweiten Ehemann, begann sie 1971, Hörspiele zu schreiben, dazu kamen Arbeiten für Zeitungen und Zeitschriften sowie Fernsehdrehbücher. Einem breiteren Publikum bekannt wurde Elke Heidenreich seit Mitte der Siebzigerjahre durch eine Figur, die sie für den Südwestfunk entwickelt hatte: die Metzgersgattin Else Stratmann aus Wanne-Eikkel, die respektlos und mit Ruhrpott-Mutterwitz die Weltläufte kommentiert, durch ihre Kolumne *Also* für die Zeitschrift »Brigitte« sowie durch ihre Fernsehmoderationen, besonders die Talkshow »Leute« des Senders Freies Berlin und »live« des Zweiten Deutschen Fernsehens. 1994 zog sie sich zwischenzeitlich aus der Fernsehöffentlichkeit zurück. Seit Frühjahr 2003 moderiert sie im Fernsehen die Literatursendung »Lesen!«. Neben ihren literarischen Arbeiten moderierte sie Hörfunksendungen und machte sich auch einen Namen als Literaturkritikerin. Elke Heidenreich lebt seit vielen Jahren in Köln.

In ihrem literarischen Schreiben behauptet Elke Heidenreich einen Rest des Authentischen gegen das alles sich einverleibende Streben der Medienunterhaltung, die Welt für den reibungslosen Konsum zurechtzumachen. »Aber das Buch, das bin ich ja«, sagte sie 1995, um den Gegensatz zur Fernseharbeit zu betonen, wo sie Geld dafür bekommen habe, eine bestimmte Vorstellung abzuliefern. Ihr erster Erzählband *Kolonien der Liebe* (1992) wurde zum Bestseller, wozu Heidenreichs Bekanntheitsgrad beigetragen haben dürfte, aber es überraschte auch die Kritik, die hier gut geschriebene Geschichten aus dem Alltagsleben vorfand, die man der Quasselstrippe aus Funk und Fernsehen nicht zugetraut hatte. Es ist das Element des Widerständigen, das die Helden dieser Erzählungen, die um Liebesmöglichkeit und -enttäuschung im weitesten Sinne kreisen, mit den Figuren ihrer Kinderbücher verbindet, die in den Neunzigerjahren erschienen: Der freche Kater *Nero Corleone* (1995), die Pinguine, die auf die drei Tenöre warten (*Am Südpol, denkt man, ist es heiß*, 1998) und die kleine Katharina, die sich der Totschlagsfrage *Sonst noch was* (1999) der Mutter entzieht – sie alle verweigern die Anpassung ans scheinbar unentrinnbar Geforderte.

Dieses Widerständige, Widersetzliche haben die angegrauten Mitt- oder Endvierziger, die routinierten Ehepaare, die frustrierten Medienarbeiter, die dem Ritual verfallenen Stammkneipengeher und Kampftrinkerinnen in Heidenreichs zweitem Band mit Erzählungen, *Der Welt den Rücken* (2001), im Kampf mit dem dauernden kleinen Selbstverrat des Erwachsen- und Älterwerdens auf den ersten Blick fast verloren. Im Verlauf der Erzählungen gewinnen sie es aber zurück, und damit zuweilen auch einen Menschen, und sei es die eigene Person. Die unbändigen Erwartungen der Generation von 1968 sind abgelöst von einem bescheideneren Möglichkeitssinn, sind nicht mehr aufs große Ganze gerichtet, sondern aufs Wesentliche: den Mann, mit dem die Vorliebe für die Lieder von Bob Dylan zu teilen wäre, die zeitlebens nachgetragene Liebe zur unzugänglichen Mutter, die »Sonne auf der Hoteltapete« und die Bewahrung der guten Erinnerungen.

Elke Heidenreich hat immer wieder betont, sie werde niemals einen Roman schreiben, ihre Distanz seien 30 Seiten, unserer schnelllebigen Kurzstreckenzeit entsprechend: »die großen Leidenschaften – für eine Woche«. Ihre Erzählungen profitieren vom Vorbild amerikanischer Short-Story-Autoren, vor allem Raymond Carver wäre zu nennen. Heidenreichs Prosa, untypisch für eine Autorin ihrer Generation, ist deutlich geprägt von der Begabung für den Dialog, woran die geübte Drehbuchautorin zu erkennen ist, und von der souveränen Handhabung erzählerischer Mittel wie Rückblende und Vorausdeutung. Sie vermeidet zumeist jeden Anschein von Bedeutungsschwere und setzt sich dem Missverständnis aus, was so leicht lesbar wirke, müsse auch leicht zu machen gewesen sein.

Elke Heidenreich erzählt Geschichten aus dem privaten Leben, vom Jahrzehnte überdauernden Missverständnis, vom verpatzten Anfang oder dem gelingenden Ende einer Liebe, von lauter Leuten, die nie um einen guten Spruch, aber allzu oft um das richtige Wort verlegen sind, die in aller Welt herumreisen, aber den entscheidenden Schritt nicht tun können. Das ist privat, aber nicht unpolitisch, auch wenn der Titel *Der Welt den Rücken* wie eine programmatische Absage aussieht. Die sehr konkrete Welt einer mit den Protagonisten gealterten Bundesrepublik, die »Jahre, die ihr kennt« (Peter Rühmkorf) sind immer anwesend. Was aus dem Widerständigen geworden ist, zeigt an, was mit dem Widerstand geschah.

Bei allem Realismus sind aber die erfunden-erfahrenen Geschichten der Elke Heidenreich zugleich Wunscherfüllungsfantasien. Eine Kleinigkeit verschiebt sich, Fotos und Tagebücher werden gefunden, im Fernsehen kommt einmal das richtige Programm, das Kind ist auf Klassenfahrt, ein Freund bekennt, er habe Aids – und die Frustrierten können sich befreien, die falschen Hoffnungen werden beerdigt, die Träne darf fließen, alte Freunde finden endlich als Mann und Frau zueinander. Literatur, das Heilmittel gegen den Mangel im Leben, wird so zum Trost in verkraftbarer Dosierung. Über den Mangel ist damit das letzte Wort freilich nicht gesagt.

Julia Schröder

Werke: *Die Geburtstage der Gaby Hambacher*, Hsp., zus. mit Bernd Schroeder, Mü. 1971; *Nestwärme*, Drehb., Mainz 1972; *Sonntagsgeschichten mit Anna*, Drehb., Ffm. 1974; *Die Herausforderung*, Drehb., Baden-Baden 1975; *Gefundenes Fressen*, zus. mit Michael Verhoeven u. Bernd Schroeder, Drehb., 1976; *Verführungen*, Drehb., Bln. 1979; *Freundinnen*, Serien-Drehb., Baden-Baden 1980; *Tour de Ruhr*, Serien-Drehb., Köln 1981; *Glückspilze*, Serien-Drehb., Baden-Baden 1984; *Kein schöner Land*, Serien-Drehb., Köln 1984; *Darf's ein bisschen mehr sein?*, Kolumnen, Reinbek 1984; *Geschnitten oder am Stück?*, Kolumnen, Reinbek 1985; *Kein schöner Land – ein Deutschlandlied in sechs Sätzen*, Pr., Bühl-Moos 1985; *Unternehmen Arche Noah*, Theaterst., 1985, UA Esslingen 1987; *Mit oder ohne Knochen?*, Kolumnen, Reinbek 1986; *Dreifacher Rittberger*, Serien-Drehb., Reinbek 1987; *Also … – Kolumnen aus »Brigitte«*, Kolumnen, Reinbek 1988; *Datt kann donnich gesund sein*, Kolumnen, Reinbek 1988; *Kolonien der Liebe*, En., Reinbek 1992; *Nero Corleone*, Kinderb., mit Illustr. v. Quint Buchholz, Mü. 1995; *Am Südpol, denkt man, ist es heiß*, Kinderb., mit Illustr. v. Quint Buchholz, Mü. 1998; *Sonst noch was*, Kinderb., mit Illustr. v. Bernd Pfarr, Mü. 1999; *Kreatürliches., Künstlerische Tierporträts von Henry Horenstein*, Ess., Mü. 2000; *Also …: die letzten Kolumnen aus »Brigitte«*, mit Illustr. v. Bernd Pfarr, Reinbek 2001; *Köln – Bilder und Geschichten*, mit Fotos v. Stefan Worring, Ess., Köln 2001; *Der Welt den Rücken*, En., Mü. 2001; *Macbeth – Schlafes Mörder*, mit Fotos v. Tom Krausz, Ess., Mü. 2002; *Rudernde Hunde*, zus. mit Bernd Schroeder, En., Mü. 2002; *Best of Also – die* *besten Kolumnen aus »Brigitte«*, Kolumnen, Reinbek 2002; *Stolpersteine*, zus. mit Kirsten Serup-Bilfeldt, Köln 2003.

Heidenreich, Gert, wurde am 30. 3. 1944 in Eberswalde bei Berlin geboren. Auf der Flucht im April 1945 kam er über Bad Segeberg nach Groß-Zimmern (Hessen) und wurde dort 1950 eingeschult. In Darmstadt besuchte er das Humanistische Gymnasium, bestand hier 1962 das Abitur und studierte anschließend Germanistik, Theaterwissenschaft und Soziologie in München. Daneben arbeitete er als Dramaturg der Studiobühne München und als Möbelvertreter. Seit 1967 schrieb er Theater- und Literaturkritiken für den Bayerischen Rundfunk und für Zeitungen. Er ist Mitbegründer vom »Theater in der Kreide« in München, für das er bis 1985 auch als Autor tätig war. Seit 1973 unternahm er mehrere ausgedehnte Afrika-Reisen, 1984 und 1988 reiste er in die Sowjetunion. Lange, mehrfache Reisen für das Goethe-Institut führten ihn nach Indien und Zentralasien. Er lebt in Seefeld-Hechendorf am Ammersee. Seit 1985 Mitglied des P.E.N.-Zentrums der Bundesrepublik Deutschland, gehört er seit 1987 auch dessen Präsidium an, von 1991 bis 1995 war er Präsident des westdeutschen P.E.N.-Zentrums. Heidenreich erhielt 1969 den Dramatikerpreis der Jungen Akademie München, 1985 den Dramatikerpreis der Deutschen Akademie der Darstellenden Künste, 1986 den Adolf-Grimme-Preis, 1989 den Literaturförderungspreis der Stadt München, 1995 den Phantastik-Preis der Stadt Wetzlar, 1998 den Marieluise-Fleißer-Preis und den Preis »Hörbuch 2000« (zus. m. H. M. Enzensberger).

»Schreiben ist – wie alle Kunst – das Vergebliche, das im Bewusstsein seiner Vergeblichkeit getan wird und eben dadurch (auch politische) Bedeutung gewinnt. (...) Gerade weil sie (die Literatur) das Vergebliche immer neu riskiert, symbolisiert sie Hoffnung in einer Realität, die unsere humanitären Hoffnungen entstellt.« Getreu dieser der Lebens- und Literaturtheorie von Albert Camus entliehenen Devise stellt sich Gert Heidenreich in seinen Theaterstücken, Romanen, Erzählungen und Gedichten immer wieder der gesellschaftlichen Realität, zwar skeptisch und zunehmend andere, metaphysische Wirklichkeiten mit hereinnehmend, aber doch mit der festen Absicht, den Absurditäten des Alltags augenzwinkernd kritisch zu begegnen. Dabei sieht er seine Texte nicht als »Literatur über Politik, sondern vom Versuch getragen, die Wirkungen politischer Entwicklungen im Leben des Einzelnen aufzuzeigen«. Misstrauisch gegenüber einer »Literatur der undurchlässigen Innerlichkeit« belebt er scheinbar Vergangenes, reflektiert es im Spiegel der aktuellen politischen Situation. Geschichte nicht als Bürde oder Gnade (*Die Gnade der späten Geburt*, 1986), sondern als immer währende Verpflichtung für jeden, der sich nicht dem Selbstbetrug und der »Besänftigung des Zweifels« hingeben will. Heidenreich ist kein Sprachskeptiker oder -artist, sondern ein auf die Überzeugungskraft guter Geschichten vertrauender Erzähler, der über ein erstaunliches Repertoire an Gestaltungsformen verfügt, genau und anschaulich darstellen kann und seine Figuren dabei in die skurrilsten Abenteuer schickt. Heidenreichs literarisches Konzept, gesellschaftliche Themen im Einzelschicksal zu spiegeln und auf diese Weise zur politischen Aufklärung beizutragen, erfährt seine Umsetzung vor allem in seinen Theaterstücken, wie in *Strafmündig* (1981), in dem ein 17-jähriger Gymnasiast aus »gutem Elternhaus« scheinbar ohne Motiv seinen Vater ersticht, bei der gerichtlichen Rekonstruktion des Falles aber die seelische Not des Jungen ans Tageslicht kommt, dazu sein bis zum Zeitpunkt der Affekthandlung verhaltener Protest gegen die Person des Vaters, den »Eigentümer«, einen ehemaligen Nazi und zugleich die Symbolfigur für eine Erwachsenenwelt aus Karrieresucht und Lügen.

Nicht anders verhält es sich mit dem Stück *Der Wetterpilot* (1983), das von dem (authentischen) Schicksal des Claude Robert Eatherly handelt, eines amerikanischen Aufklärerpiloten während des Zweiten Weltkrieges, der am Bombardement Hiroshimas 1945 beteiligt war, an seinen daraus entstandenen Schuldgefühlen zerbrach und in eine Militärheilanstalt abgeschoben wurde. Diagnose: »Schlachtenmüdigkeit«. Der amerikanische Heldenmythos wird untergraben von Lügen und Verdrängung. Im Stück kehrt Eatherlys Freund, der Veteran Ron Shepard, nach dem Besuch an dessen Totenbett in die Irrenanstalt zurück, wo die scheinbar einzig Normalen leben, die noch menschlich reagieren: »Verrückt sein ist der einzig ehrliche Zustand.« Gestützt auf dokumentarisches Material aus Biografien, wissenschaftlichen Arbeiten und dem Briefwechsel zwischen Eatherly und dem Philosphen Günther Anders entwickelte Heidenreich ein symbolträchtiges Personenstück, an dessen Ende die »schlimmstmögliche Lösung« steht: »Die Wahrheit ist, dass die Gesellschaft die Tatsache meiner Schuld nicht einfach akzeptieren kann, ohne gleichzeitig ihre eigene viel tiefere Schuld anzuerkennen« (Eatherly im Briefwechsel mit G. Anders). In dem mit autobiografischen Elementen durchsetzten Roman *Der Ausstieg* (1982) rekonstruiert der Erzähler den Freitod des Journalisten Bode an der französischen Atlantikküste. Bode, der mit Recherchen über die Verstrickungen bayerischer Behörden in neofaschistische Umtriebe beschäftigt war, setzt sich vor einem politschen Klima des Anpassungszwangs, eines vehementen politischen Rechtsrucks und damit verbundener Verfolgung und Beschattung ins Ausland ab, doch gelingt ihm das nur vorübergehend; die »Tödlichkeit der Zustände« holt ihn ein, die Erfahrung der eigenen Ohnmacht veranlasst ihn zum Selbstmord: »Es ist nicht Kälte ..., es ist nicht der Schnee des harten Winters, der Bode zittern macht. Es ist die allgemeine Ruhe. Jeden Tag neue Nachrichten über die Verbreitung des Unrechts. Ruhe. Jeden Morgen ein neuer Rückschritt hinter die Stunde Null.«

Auch im Roman *Die Steinesammlerin* (1984) wird ein Schriftsteller, der sich in einen Ort in der Normandie zu wissenschaftlicher Arbeit zurückgezogen hat, mit der Vergangenheit konfrontiert, mit der Frage nach ewiger Schuld und vergeblicher Sühne, die sich in der Titelgestalt verdichtet. »Vielleicht aber erzeugen wir die Wirklichkeit, indem wir sie denken. Du kennst meine Angst, dass wir den endgültigen Krieg solange beschreiben, ausmalen, beschwören, bis die Wirklichkeit gar keine andere Wahl mehr hat, als unseren Visionen zu folgen. Oder bis wir selbst unter den Zwang geraten, das, was wir ahnen, überprüfen zu wollen.« Die Steinesammlerin, eine alte Frau, die am Strand täglich Steine sammelt, sühnt für eine Tat, die sie nicht bzw. nur unabsichtlich ausgelöst hat, obwohl die Person, der der Anschlag galt, nicht eigentlich schuldig war. Diese schuldlos schuldig Gewordenen stehen stellvertretend für die komplexen Lasten der Vergangenheit, die von Rache, Verantwortung und Sühne erfüllt sind.

Auch die Erzählungen des Bandes *Die Gnade der späten Geburt* (1986), die Gedichtsammlung *Eisenväter* (1987) und das Theaterstück *Füchse jagen* (1988) mahnen eine Schuld an, die oft nur in der Erinnerung der Opfer gegenwärtig ist; sie fordern eine Abrechnung mit den Vätern zu jeder Zeit, stellen die besorgte Frage nach Krieg und Gewalt und unterstreichen die Einstellung Heidenreichs, »symbolisch mit denen vereint zu sein, die Macht erleiden«. In *Die Nacht der Händler* (1995) ist es die Macht der Bilder und des Geldes, die terrorisiert und die zur Jahrtausendwende Untergangsfantasien befördert. Beschrieben wird der Kampf einer militanten Sekte, der »Antimagisten«, die per Softwaremanipulation in den Kapitalmarkt eingreift und im religiösen Wahn sich all der Mittel virtueller Welten bedient, die sie zu bekämpfen vorgibt, und damit extreme Reaktionen bei den Menschen auszulösen imstande ist.

Die Kraft der Imagination ist auch die Triebfeder der unter dem Titel *Der Geliebte des dritten Tages* (1997) figurierenden erotischen Geschichten, in denen Erotik als Begierde und Neugier, als Wahn und Fantasie die Menschen zwischen Wirklichkeit und Traumbild tänzeln lässt. Sex mit einer Düne, Kartoffelbrei als Gleitmittel, mobile Bordelle und die »schamlose Würde« ägyptischer Teppichhändlerinnen künden von der Freiheit des Eros und der Faszination, mit der man der Verführung erliegen kann. Die Leichtigkeit des Seins und die Stärke der eigenen Vorstellungskraft bestimmen auch die Handlung des Romans *Abschied von Newton* (1998), obwohl mit BMW, bayerischer Staatsregierung und Kirche starke Gegenwelten bestehen. Der Sieg des Artisten Arun über die Schwerkraft, sein Gottvertrauen und seine unerschütterliche Liebe zu Blandine widerstehen den materiellen Lockungen der genannten Versucher, die alle auf ein Wunder hoffen, um aus der Krise zu kommen. Doch obwohl der Zirkus abgebrannt ist und sich das paradiesisch anmutende Reservat des Kuriositätensammlers Colombier, in dem sie vorübergehend Zuflucht finden, als gentechnisches Versuchslabor entpuppt, schweben Arun und seine Geliebte in dieser charmanten Romanze unbeeindruckt ihrem Glück entgegen.

Schwieriger haben es da die Figuren der in *Der Mann, der nicht ankommen konnte* (2000) versammelten Erzählungen: viel Wundersames und Täuschendes passiert ihnen, ihr Leben nimmt unerwartete Wendungen, alles scheint in Auflösung begriffen, der Tod lauert. Da sind verpasste Zielbahnhöfe, fliegende Hunde und ein plötzliches Leben ohne Luxus noch die harmlosesten Vorfälle in den skurrilen Geschichten dieses »aufgeklärten Romantikers« (Michael Bauer).

Thomas Kraft

Werke: *Aussage*, Hsp., BR 1969; *Beim Arsch des Krebses*, Theaterst., UA Mü. 1970; *Berthold Viertel: Schriften zum Theater*, Hg., zus. m. Manfred Nöbel, Mü. 1970; *Komödie vom Aufstand der Kardinäle*, Theaterst., UA Mü. 1971; *Rechtschreibung. Deutsches Sprach- und Liedergut*, G., Mü. 1971; *Clown und Bürger weint und lacht*, Theaterst., UA Mü. 1973; *Die gestiefelte Nachtigall oder*

Demokratie auf dem Dach, Revue, UA Mü. 1976; *Abriss – eine Operette in Grund und Boden*, Operette, UA Mü. 1977; *Siegfried – Karriere eines Deutschen*, Theaterst., UA Mü. 1980; *Strafmündig*, Ffm. 1980, Theaterst., UA Braunschweig 1981, Fssp., 1984; *Die ungeliebten Dichter. Die Ratten- und Schmeißfliegen-Affäre*, Dok., Ffm. 1981; *Und es bewegt sich doch ... Texte wider die Resignation. Ein deutsches Lesebuch*, Hg., Ffm. 1981; *Das Kinder-Lieder-Buch*, Hg., Ffm. 1981; *Der Riese Rostratum*, Kinderst., Mü. 1982; *Der Ausstieg*, R., Düsseld. 1982; *Der Wetterpilot*, Theaterst., UA Osnabrück 1983, gedr. Ffm. 1984; *Die Steinesammlerin*, R., Düsseld. 1984, Hsp., 1989; *Theater für Kinder und Jugendliche. Theatertexte, Spielentwürfe und Stücke mit offenem Ende*, zus. m. M. Mosell u. M. Hell, 1984; *Raymond Briggs: Strahlende Zeiten*, Übs., zus. m. Gisela Heidenreich, Ffm. 1984; *Arthur Kopit: Das Ende der Welt mit anschließender Diskussion*, Übs., zus. m. Gisela Heidenreich, Ffm. 1985; *Die Rampe*, Theaterst., UA Mü. 1985; *Die Gnade der späten Geburt. Sechs Erzählungen*, Mü. 1986; *Eisenväter*, G., Mü. 1987; *Arthur Wing Pineiro: Von Amts wegen*, Übs., zus. m. Gisela Heidenreich, Ffm. 1987; *Das Wunder des Kanuten*, Theaterst., in: *Mini-Dramen*, hg. v. K. Braun, Ffm. 1987; *Füchse jagen. Epilog auf das Jahr 1968*, Theaterst., UA Tüb. 1988, gedr. Mü. 1988; *Peter Flannery: Singer*, Übs. Köln, 1990; *Belial oder die Stille*, R., Mü. 1990; *Kehrseiten. Reden und Aufsätze zur Literatur und Politik*, Mü. 1992; *Der Wechsler. Farce nach Hendrik Ibsen*, UA Gött. 1992, gedr. Mü. 1993; *Magda – finis tertii imperii*, Theaterst., UA Chemnitz 1993, gedr. Mü. 1993; *Jahrestagung*, Theaterst., UA Saarbrücken 1994, gedr. Homburg 1994; *Die Nacht der Händler*, R., Mü. 1995; *Die Heimat der Phantasie*, Ess., Halle 1996; *Der Geliebte des Dritten Tages. Erotische Mysterien*, En., Stg. 1997; *Vaterliebe*, Theaterst., UA Hbg. 1997; *Abschied von Newton*, R., Stg. 1998; *Zwei Reden in Weimar: Heimat als Fremde. Faust und Lear – zwei Narren*, Ess., Weitra 1999; *Der Mann, der nicht ankommen konnte*, En., Mü. 2000; *Im Augenlicht*, G., Mü. 2002; *Patrick Marber: Howard Katz*, Übs., Köln 2002.

Heiduczek, Werner, wurde am 24. 11. 1926 im oberschlesischen Hindenburg (Zabrze, Polen) als Sohn eines Maschinenbauschlossers geboren. Noch während der Schulausbildung wurde er als Flakhelfer in den Zweiten Weltkrieg geschickt, kehrte im Herbst 1945 aus sowjetischer Kriegsgefangenschaft zurück, entging wie durch ein Wunder der Zwangseinziehung zu Reparationsdiensten in die Sowjetunion und nahm im Januar 1946 einen Neulehrerkurs in Herzberg/Sachsen-Anhalt auf. Nach dem raschen Aufstieg in verantwortliche Positionen des sozialistischen Schulsystems der DDR bis zum Kreisschulrat in Merseburg 1952 entzog sich Heiduczek 1953 den ihm abgeforderten Inkriminierungen anders denkender, christlicher oder bürgerlicher Schüler und Eltern vorübergehend durch ein Zusatzstudium der Pädagogik in Potsdam. 1958 arbeitete er einige Monate als Bauhilfsarbeiter in Buna und 1972 für ein Jahr im Chemiekombinat Bitterfeld. Bis 1961 war Heiduczek im Schuldienst tätig und betreute nebenberuflich den Nachlass des Schriftstellers Friedrich Wolf an der Akademie der Künste Berlin/DDR. Nach einer Dozentur als Deutschlehrer in Burgas/Bulgarien 1961 bis 1964 und am Herder-Sprachinstitut in Leipzig ließ sich Heiduczek 1965 in Halle als freiberuflicher Schriftsteller nieder. 1969 empfing er den Heinrich-Mann-Preis der Akademie der Künste/DDR, 1969 den Händel-Preis der Stadt Halle, 1995 den Eichendorff-Preis der Stadt Wangen. Werner Heiduczek lebt in Leipzig.

Mit pädagogisch intendierten Hörspielen, Jugendstücken und Kinderbüchern über den Heimatverlust böhmischer und schlesischer Kriegsvertriebener und deren Eingliederung in die von der jungen DDR deklarierte sozialistische Gemeinschaft suchte der junge Heiduczek Anschluss an die deutsche Nachkriegsliteratur. Doch das Grundthema seines erzählerischen Werks, die Gefährdung individueller Moralität durch politisch korrumpierte Gemeinschaftsbegriffe, zeichnete sich vergleichsweise spät in dem Roman *Abschied von den Engeln* (1968) ab. In dieser Familiengeschichte oberschlesischer Katholiken, verkörpert in den Brüdern Herbert, Max und Thomas Marula und ihres Neffen Franz, erprobt Heiduczek eine moderne, polyfone Romantechnik. Eine zeitgenössische Totalität zersplitterter Bewusstseinslagen zwischen Marxismus, Katholizismus, Realsozialismus, Existenzialismus und westlichem Liberalismus in einem »zweigeteilten Land« stellt den Einzelnen vor die Entscheidung, seine eigene Moralität gegen egalitäre und ideologische Vereinnahmungen zu verteidigen.

Mit der Erzählung *Mark Aurel oder ein Semester Zärtlichkeit* (1971) mischt sich Heiduczek in die Auseinandersetzungen um die jugendlichen Außenseiter der Gesellschaft, die sich der kollektiven Disziplinierung entziehen und mit Christa Wolfs *Nachdenken über Christa T.* 1968 in die DDR–Literatur eingezogen sind. Dass damit die Möglichkeit des Scheiterns, des tödlichen Konflikts zwischen Ich und Gesellschaft, Subjektivismus und Kollektivismus den sozialistischen Grundkonsens der DDR nachhaltig erschütterte und die Literatur dem herrschenden Machtsystem destabilierend entgegentrat, erwies sich am Roman *Tod am Meer*, der 1977/78 einen der veritablen Literaturskandale der DDR-Geschichte auslöste. Von höchster Stelle wurde, offiziell begründet mit einigen sowjetkritischen Passagen des Buches, im Juni 1978 durch den sowjetischen Botschafter Pjotr Abrassimov (unter Verwendung eines vernichtenden Gutachtens der DDR-Zensoren) Protest erhoben gegen die Verbreitung des vom Mitteldeutschen Verlag bereits im Dezember des Vorjahres ausgelieferten Buches. Seine Hauptfigur, der hochgeehrte DDR-Schriftsteller Jablonski, bilanziert kurz vor seinem Herztod in einer bulgarischen Klinik sein Leben als Geflecht aus Unaufrichtigkeit und Karrierismus und seine Bücher als Werke der Verlogenheit. Sein letzter Satz: »Die Kunst ist unmenschlich.«

In den Novellen *Verfehlung* (1986) und *Reise nach Beirut* (1986) skizzierte Heiduczek, kurz vor dem Kollaps der DDR, noch einmal Wege in die Freiheit aus familiärer und ideologischer Bevormundung. Heiduczek griff immer wieder, in dem Wunsch nach modellhafter Verdichtung, auf märchenhafte und mythische Stoffe und Erzählformen zurück, die er in einer schlichten, poetisch rhythmisierten Sprache adaptierte (*Die seltsamen Abenteuer des Parzival*, 1974). In dem autobiografischen Buch *Die Schatten meiner Toten* (2003) fasst er aus Erinnerungen und Erfahrungen noch einmal seine Konfession einer Literatur zusammen, die nur so menschlich ist, wie sie sich auf unbedingte moralische Aufrichtigkeit berufen darf.

Beatrix Langner

Werke: *... und es waren nur Kinder*, Hsp., Rundfunk d. DDR 1958; *Peißener Bericht*, Hsp., Rundfunk d. DDR 1959; *Jule findet Freunde*, Kinderb., Bln. 1959, Theaterst., gem. UA Bln., Halle u. Lpz. 1959; *Als der Schnee zerrann*, Hsp., Rundfunk d. DDR 1960; *Leben, aber wie?* Theaterst., UA Halle 1961; *Matthes und der Bürgermeister*, Kinderb., Halle 1961; *Matthes*, Kinderb., m. Illustr. v. Werner Schinko, Bln. 1962; *Die Brüder*, Kinderb., Bln. 1968; *Jana und der kleine Stern*, Kinderb., Bln. 1968; *Abschied von den Engeln*, R., Halle 1968; *Die Marulas*, Theaterst., UA Bln. 1969; *Laterne vor der Bambushütte*, Kinderb., Bln. 1969; *Poet erzählt*, Hsp., Rundfunk d. DDR 1969; *Mark Aurel oder ein Semester Zärtlichkeit*, E., Bln. 1971, Theaterst., UA Neustrelitz 1978; *Der hässliche kleine Vogel*, Kinderb., m. Illustr. v. Wolfgang Würfel, Bln. 1973; *Die seltsamen Abenteuer des Parzival, nach Wolfram von Eschenbach, neu erzählt von W. H.*, E., m. Illustr. v. Wolfgang Würfel, Bln. 1974; *Maxie oder Wie man Karriere macht*, Theaterst., UA Lpz. 1974; *Vom Hahn, der auszog, Hofmarschall zu werden. Eine Bilderbuchgeschichte*, Kinderb., Bln. 1975; *Das andere Gesicht*, Theaterst., UA Leipzig 1976; *Im Querschnitt: Prosa, Stücke, Notate*, Halle 1976; *Tod am Meer*, R., Halle 1977; *Die schönsten Sagen aus Firdausis Königsbuch. Neu erzählt von W. H.*, zus. m. Dorothea Heiduczek, m. Reproduktionen nach persischen Miniaturen, Bln. 1982; *Der Gast aus Saadulla*, Theaterst., UA Lpz. 1985; *Reise nach Beirut. Verfehlung. Zwei Novellen*, Halle 1986; *Orpheus und Eurydike*, Kinderb., m. Illustr. v. Renate Totzke-Israel, Bln. 1986; *Dulittls wundersame Reise*, Kinderb., m. Bildern v. Wolfgang Würfel, Bln. 1986; *Der Schatten des Sijawusch: eine Legende*, m. Illustr. v. Carl Hoffmann, Halle 1986; *Die sanfte Revolution: Prosa, Lyrik, Protokolle, Erlebnisberichte, Reden*, Hg., zus. m. Stefan Heym u. Ingrid Czechowski, Lpz., Weimar 1990; *Im gewöhnlichen Stalinismus: meine unerlaubten Texte. Tagebücher – Briefe – Essays*, Lpz., Weimar 1991; *Der kleine Gott der Diebe*, E., m. Illustr. v. Dagmar Kunze, Lpz. 1992; *Verfall einer Zeit: Beispiel Leipzig*, Ess., m. Fotografien v. Falk Brunner u. Gerhard Hopf, Würzb. 1992; *Deutschland – kein Wintermärchen oder draußen vor der Tür. Ein Vortrag*, Bln. 1993; *Der Einsame von Röcken*, Filmess., MDR/WDR 1994; *Der singende Fisch*, Kinderb., m. Bildern v. Jutta Mirtschin, Bln. 2000; *Das verschenkte Weinen. Gesammelte Märchen*, Lpz. 2002; *Die Schatten meiner Toten*, Autobiogr., Lpz. 2003.

Hein, Christoph, wurde am 8. 4. 1944 in Heinzendorf/Schlesien geboren und wuchs in Bad Düben bei Leipzig auf. Da er als Sohn eines Pfarrers in der DDR die Oberschule nicht besuchen durfte, ging er ab 1958 in West-Berlin auf das Gymnasium. Seit 1960 lebte er in Ost-Berlin. Nach dem Abitur arbeitete er als Montagearbeiter, Buchhändler, Kellner, Schauspieler usw. und auch als Regieassistent, u. a. an der Volksbühne Berlin bei Benno Besson, mit dem er 1979 dieses Theater wieder verließ. Von 1967 bis 1971 studierte er Philosophie und Logik in Leipzig und Berlin. Danach übernahm er eine Tätigkeit als Dramaturg an der Volksbühne und bekam dort 1974 einen Autorenvertrag. Seit 1979 befindet er sich, nach eigenem Bekunden, »auf dem freien Markt«. 1989 erhielt Hein eine Dozentur für den Poetik-Lehrstuhl an der Essener Folkwang-Schule. Seit 1992 ist er Mitherausgeber der Zeitung »Freitag«, 1998 wurde er zum Präsidenten des vereinigten deutschen P.E.N.-Zentrums gewählt. Christoph Hein wurde vielfach ausgezeichnet, u. a. 1982 mit dem Heinrich-Mann-Preis der Ost-Berliner Akademie der Künste, 1983 mit dem Berliner Kritikerpreis, 1989 mit dem Lessingpreis der DDR, 1994 mit dem Peter-Huchel-Preis und dem Bundesverdienstkreuz, im Jahre 2000 mit dem Peter-Weiss-Preis der Stadt Bochum, 2002 mit dem Österreichischen Staatspreis für Europäische Literatur.

1958, als Hein in West-Berlin das Gymnasium besuchte, war er in einem Schülerwohnheim untergebracht, in dem auch viele andere Akademikersöhne wohnten. Viele von ihnen organisierten sich später im »Sozialistischen Deutschen Studentenbund« und beteiligten sich an der Studentenbewegung. Christoph Hein erlag nicht den Verlockungen des Westens, doch profitierte er von dem Wechsel: »Im Westen habe ich einiges an der DDR besser begriffen. Ich lernte die Ruhe und Ausgeglichenheit der Leute hier und ihr ehrliches Interesse aneinander viel mehr schätzen – Eigenschaften, die in einem profitorientierten System schwieriger zu entfalten sind.«

Christoph Hein gilt als Vertreter der »mittleren Generation« in der Literatur der DDR, das heißt er gehört nicht mehr zu jener Generation, die Zweiten Weltkrieg und Nationalsozialismus bewusst erlebt und aus dieser geschichtlichen Erfahrung heraus den Aufbruch in eine neue gesellschaftliche und ästhetische Dimension gewagt hatte, und noch nicht zu einer Generation, die, in den realen Sozialismus hineingeboren, diesen nur als verfestigte Struktur ohne die Möglichkeit, eigenen Entwürfen nachzugehen, begreifen musste. Auch zählt Hein damit zu einer Gruppe von Schriftstellern, die sich erst nach der Ausbürgerung von Wolf Biermann und der damit verbundenen Ausweisungs- und Übersiedlerwelle literarisch durchsetzten, und damit gleichzeitig zu der Gruppe, die in der DDR blieb, um dort ihre Erfahrungen, Vorstellungen, Empfindungen literarisch umzusetzen.

Heins erste Stücke weisen ähnliche Themen und verwandte Motive auf. In *Schlöttel oder Was solls* (1986) stößt ein unbotmäßiger Intellektueller, der in die Produktion geschickt wurde, mit Kollegen in seiner Brigade zusammen, die gerade jenen Alltag akzeptieren, gegen den sich Schlöttel auflehnt. Er nimmt Marx beim Wort, will Ernst machen mit der geschichtsbildenden Rolle der Arbeit, ihrer Entwicklung zur freien Tätigkeit. Doch ist der Bruch nicht vermittelbar, ebenso wenig wie in dem Stück *Cromwell* (1978/1981), das die Entwicklungssprünge eines Revolutionärs, der sich gegen das monarchische Regime wendet, zu einem monarchenähnlichen Herrscher zeigt. Auch *Lassalle* (1981) scheitert: Was ihm politisch nicht gelingt, sucht er privat in Liebeshändeln, um seine Identität zu finden – vergebens. So, wie er lebt, lebt er falsch, politisch, persönlich, privat. Was ihm bleibt, ist die Selbstzerstörung.

In all diesen Stücken geht es nicht um das Nachspielen als mehr oder weniger historische Reminiszenz, nicht darum, die Schlachten von gestern noch einmal zu schlagen, sondern darum, dass sie »als Kämpfe von heute begriffen« werden, »betroffen machend, ein Eingreifen provozierend. Fortschritt als Fortschreiten, Geschichte als Jetztzeit« (Hein). Auch in *Die Ritter der Tafelrunde* (1989) treibt Hein sein Spiel mit Geschichte und Gegenwart; wieder geht es um eine Umbruchssituation in einer Spätzeit der Werte: Niemand will mehr etwas vom Gral hören, nicht einmal die Ritter der Artus-Runde selbst. »Wir haben ihnen ein Paradies auf Erden geschaffen«, ruft Keie, doch entgegnet ihm Artus' Sohn Mordet: »Und wolltet sie in dieses Paradies hineinprügeln.« »Nichts ist menschlicher, als zu überschreiten, was ist«, sagt Hein über sein eigenes Stück, mit dem er den Sinn allen Kämpfens reflektieren will: Wenn die Gegenwart ihr Gewordensein nicht mehr gutheißt, weil sie keine Zukunft mehr hat, ist ein Überdenken notwendig geworden.

»Christoph Hein steht im Verdacht, zu jener seltenen Klasse von literarischen Gestalten zu gehören, die kraft ihres poetischen Vermögens über den Gattungsschranken stehen. Dieser endgültig letzte Vertreter der schlesischen Dichterschule ist auf dem Weg, ein deutscher Dichter zu werden« (Peter Hacks). Das Überschreiten der Gattungsgrenzen bezieht sich auf Heins Theaterarbeit, die in seinen Prosatexten spürbar wird. Hein erzählt weniger, als dass er seine Figuren reden lässt, meist in langen Dialogen, gelegentlich auch in Monologen.

Die Thematik bleibt auch in Heins Prosatexten dieselbe, auch sein Personal: Intellektuelle in gesellschaftlicher Isolierung. In der *Einladung zu Lever Bourgeois* (1980) ist es der sterbenskranke Racine, der im Grunde nur noch einen verzweifelten Kampf gegen seine Verstopfung führt und dennoch einer Einladung an den Hof nachkommen muss.

Den größten Erfolg verbuchte Hein bisher mit der Novelle *Der fremde Freund* (1982), im Westen – aus Gründen des Titelschutzes – mit dem Titel *Drachenblut* (1983) als »Kultbuch der neueren DDR-Literatur« bezeichnet. Erzählt wird die Geschichte einer Ärztin namens Claudia, die in der gewollten Anonymität eines Hochhauses wohnt und in ähnlicher Weise auch ihr Leben einzurichten sucht: beziehungslos, selbst wenn es um eine Beziehung geht (mit dem Architekten Henry), gefühllos, auch wenn es um Gefühle geht (etwa bei Henrys Tod). Der Preis ist hoch, doch wird er bewusst in Kauf genommen. Einsamkeit und Isolation sind der Ärztin lieber als die Möglichkeit, verwundet zu werden: »Ich bin unverletzlich geworden. Ich habe in Drachenblut gebadet, und kein Lindenblatt ließ mich irgendwo schutzlos. Aus dieser Haut komme ich nicht mehr heraus. In meiner unverletzbaren Hülle werde ich krepieren.« Eine Schlüsselstelle findet sich in der Schilderung einer Kindheitsszene, in der Claudia ihre beste Freundin, ein tiefgläubiges Mädchen, verrät und ihr damit nicht nur die Zukunft verbaut, sondern auch die Freundschaft für immer zerstört. Der Verrat stellt sich für sie als Wunde dar, die eingekapselt wird, und aus dieser Einkapselung entwickelt sich ihr ganzes weiteres Verhalten. *Drachenblut* kann auch als Kritik an der Lage des Intellektuellen gesehen werden. Für Hein hat die Intelligenz es aufgegeben, das provokatorische Moment des Neuen weiterzuführen: »Sie arbeitet glänzend und gut und sauber, aber gemäß den Erwartungsstrukturen. Die Intelligenz hat angefangen zu verwalten und aufgehört zu arbeiten« (1984).

In den beiden Romanen *Horns Ende* (1985) und *Der Tangospieler* (1989) geht es jeweils um einen Historiker; beide werden durch Konflikte mit der Staatsgewalt aus ihrer bisherigen Bahn geworfen. Horn endet mit Selbstmord, Dallow, der »Tangospieler«, im Zynismus: Nachdem er sich lange Zeit ohne Tätigkeit herumgetrieben hat, nimmt er schließlich eine Stelle als Kellner in einem Ostseebad an. Die damit verbundenen Privilegien nutzt er für unzählige Liebschaften aus. Beziehungslos bleibt er dabei immer, die eigene Entfremdung der jeweiligen Frau weitergebend. Der einzigen sich ernsthafter gestaltenden Beziehung entzieht er sich. Zuletzt kehrt er in das historische Institut zurück, aus dem er einst entlassen wurde – eine Möglichkeit, die er immer für sich ausgeschlossen hatte. Wolfgang Emmerich, Verfasser einer »Literaturgeschichte der DDR«, sieht in Heins Romanen *Horns Ende*, *Der Tangospieler* und *Der fremde Freund* eine »Erzähltrilogie über 30 Jahre DDR-Landesgeschichte«.

Hein hat seine Stellung in der Geschichte der DDR bis zum November 1989 immer als Position innerhalb der DDR gesehen: kritisch, aber doch parteiisch. Kritisch und mutig war es, als er bereits 1987 zusammen mit Günter de Bruyn die Aufhebung der Zensur forderte; in der Zeit, die den Ereignissen von Oktober und November 1989 vorausging, verlangte Hein nicht nach Glaubwürdigkeit, sondern, politisch fundamentaler, nach Kontrolle der Macht. Parteiisch, wie er sich auf sein Land, die DDR, bezog, unter kritischer Absetzung etwa auch von der Neuen Linken in der BRD – so z.B. in dem Essay *Linker Kolonialismus oder Der Wille zum Feuilleton* (1983), in dem er vor allem gegen Peter Sloterdijks *Kritik der zynischen Vernunft* polemisiert; ein Buch, das er für keinen Einzelfall hält, sondern für einen Prototyp westdeutscher Beliebigkeit und Unverbindlichkeit. Alle Probleme und Schwierigkeiten seines Landes nahm Hein als seine eigenen an: »Auch die Fehler und Verbrechen, jede Bluttat in der Geschichte des Sozialismus werden unsere Fehler, unsere Verbrechen, unsere Bluttat sein und bleiben. Wir haben keine Wahl, denn es ist unsere Wirklichkeit, unsere eigene, unaufgebbare Wirklichkeit.« Heins Essay schließt mit einem Plädoyer für Engagement: »Aber für eins ... das man kritisch und auch selbstkritisch prüft, um es als seine eigene Wirklichkeit, als sein eigenes Leben zu begreifen.«

Nach der Wende publizierte Hein den Sammelband *Als Kind habe ich Stalin gesehen*, in dem er Reden und Essays versammelt, darunter die Rede gegen die Zensur auf der Tagung der DDR-Schriftsteller 1987, die erst auf dem Umweg über die »Zeit« ihren Weg zu größerer Öffentlichkeit fand. Es folgt eine Art existenzialistischer Mörderbeichte in Romanform *Das Napoleon-Spiel* (1993). Der Ich-Erzähler schreibt vom Gefängnis aus an einen Anwalt und bittet um Hilfe. Er hat den Kaufbediensteten Bernhard Bagnall ermordet, weil dieser das »mustergültige Nichts« verkörperte. Der Ich-Erzähler fordert den Anwalt auf, für ihn auf »Tötung aus Notwehr« zu plädieren. Für die Zukunft hat der Protagonist bereits ein neues Spiel geplant, in dem der Anwalt eine große »Rolle« spielen soll. Napoleon sieht der Ich-Erzähler als den genialsten Spieler aller Zeiten an, der es verstand, den Armeen seinen Willen aufzuzwingen, und der es zugleich vermochte, die Menschen mit Begeisterung in ihren eigenen Untergang laufen zu lassen. Wie immer in Heins Erzählungen werden die Menschen selbst in Liebesbeziehungen von einer Leidenschaftslosigkeit geprägt, die auch allen anderen Lebensbereichen einen noch tiefer gehenden Stempel der Entfremdung aufdrückt.

Vier Theaterstücke, *Bruch*, *In Acht und Bann*, *Zaungäste* und *Himmel auf Erden* erschienen 1999 gesammelt in einem Band. Das gemeinsame Thema ist wieder »Deutschland«. Hein realisiert mit seinen Komödien eine Art neues politisches Volkstheater; in *Zaungäste* sprechen die Protagonisten, zwei Kaffeetanten, ein Stasimann und andere Beobachter der Sprengung der Leipziger Universitätskirche in sächsischem Dialekt. Welchen sprachlichen Duktus solche Weltsicht hervorbringt, zeichnet Christoph Dieckmann in der »Zeit« nach: »Heins Sprache verweigerte die Gegenwelt. Seine Ästhetik bot keine Alternative zur Wirklichkeit. Man konnte, was er schrieb, nicht lieben: das war schlimm in einem Land, dessen Mensch die Literatur als Asyl begehrte.« Hein selbst sieht die Herkunft seines kühlen

Tons in der Lutherbibel begründet, er sieht sich als Chronisten, dem solche Sprache gut ansteht.
Auch in dem Roman *Willenbrock* (2000) wird dieses poetisch scheinbar zurückhaltende Muster fortgeführt. Mit »Willenbrock«, dem onomatopoetisch gewählten Namen des Helden, wurden allerlei Assoziationen verknüpft: einerseits ein Wille, der aber eventuell zum Bruch neigt, andererseits ein Wille, der leben will, leben muss; selbst die Buddenbrooks wurden, allerdings weniger nachvollziehbar, herangezogen – die Parallele soll im allmählichen Verfall der ursprünglichen Werte bestehen. Willenbrock ist, obgleich er studiert hat und Ingenieur in einem DDR-Betrieb war, Autohändler in Berlin. Es geht ihm, auch wenn es Probleme mit der Treuhandgesellschaft gab, »spitzensteuermäßig«. Allerdings wird im Verlauf der Geschichte die Unterspülung der vermeintlich sicheren, nunmehr westlichen Existenz immer deutlicher. Die DDR-Vergangenheit, aus der einmal mehr eine Spitzelgeschichte auftaucht, ist da inzwischen ein eher harmloser Vorgang – in Gestalt eines Doktor Feuerbach: »Da ist nichts mehr zu reparieren, ich habe nicht vor, dir zu verzeihen, so läuft nun einmal das Leben.«
Vielmehr geht es um eine bundesrepublikanische Gegenwart, in die der Osten im wahrsten Sinn des Wortes einbricht: als Autokunde, als Einbrecher, als Waffenlieferant. Jurek, der polnische Automechaniker und Willenbrocks einziger Angestellter, ist der positive Gegenpol, Jurek warnt vor dem Osten, Jurek hält zu seiner Frau, auch als sich diese von ihm scheiden lassen will, denn die Ehe ist »ein Sakrament«. Gewalteinbruch folgt Gewalteinbruch, erst ein Überfall im Landhaus der Willenbrocks, später in der Garage ihrer Stadtwohnung: »Irgendetwas wurde zerstört, dachte er, es wird nie mehr wie früher, irgendetwas ist vorbei« – so stellt sich für ihn die neue Situation dar. Willenbrock, der den Dienst in der Armee verweigert hatte und lieber Bausoldat geworden war, nimmt die Waffe, die ihm ein russischer Kunde überlässt, nur widerwillig. Er macht Gebrauch von dieser Waffe. »Es ist alles in Ordnung, Susanne«, ruft er seiner Frau zu, nachdem er einen Menschen, der erneut bei ihnen, diesmal in der Stadtwohnung, einbrechen wollte, mit dem Revolver niedergeschossen hatte. Es ist nichts in Ordnung. Willenbrock weiß das, doch sagt er zu seiner Frau: »Aber was passt schon auf dieser Welt zusammen, wir beide doch auch nur ab und zu.« Ob mit diesem Roman der große »Wenderoman« geschrieben wurde oder die Geschichte des Gebrauchtwagenhändlers Willenbrock zur Geschichte über Deutschland geworden ist, bleibt Spekulation bundesdeutscher Feuilletons. Viel stärker steht im Vordergrund, wie dünn die Grenze zwischen bürgerlicher Sicherheit und kriminellem Abgrund ist.
Es sei eine ganz seltene Chance, sagt Hein, dass man in einem Leben zwei führen könne; Bürger der ehemaligen DDR könnten das, bedingt durch die politische Wende, die eine radikale der Biografie mit sich bringt. Zur Verleihung des Solothurner Literaturpreises fokussierte der Laudator Hans Ulrich Probst das Lebenswerk des Schriftstellers: »Christoph Hein hat ... beharrlich und unbeugsam gegen Stalinismus und Pervertierung der sozialistischen Idee in der DDR sich gewandt, ohne deswegen den Schalmeienklängen des triumphierenden Kapitalismus zu verfallen.« Heins Einsatz gilt der Freiheit – der Freiheit der Menschen, der Ideen und der Kunst. Hein widerspricht den Einwänden vieler seiner Kritiker, die in seinen Figuren nur das Scheitern erkennen wollen; er möchte lieber von der Sehnsucht sprechen, die seinen Texten innewohnt.

Gerd Holzheimer

Werke: *Einladung zum Lever Bourgeois,* Pr., Ost-Bln. 1980, u. d. T. *Nachfahrt u. früher Morgen,* Hbg. 1982; *Cromwell u. andere Stücke,* Ost-Bln. 1981; *Jakob Borgs Geschichten,* Hsp., Rundf. d. DDR 1981; *Der fremde Freund,* N., Ost-Bln. 1982, u. d. T. *Drachenblut,* Darmst. 1983, Hsp., ORF 1993; *Die wahre Geschichte des Ah Q. Stücke u. Essays,* Darmst. 1984; *Das Wildpferd unterm Kachelofen. Ein schönes dickes Buch von Jakob Borg u. seinen Freunden,* Ost-Bln. 1984, Weinheim 1984; *Horns Ende,* R., Ost-Bln. 1985, Darmst. 1985, Hsp., SDR 1987; *Schlöttel oder Was solls. Stücke u. Essays,* Darmst. 1986; *Öffentlich arbeiten,* Ost-Bln. 1987; *Passage,* Theaterst., Darmst. 1988, Hsp., Rundf. d. DDR/SDR 1988; *Der Tangospieler,* R., Ost-Bln. 1989, Ffm. 1989; *Die Ritter der Tafelrunde,* Theaterst., Ost-Bln. 1989, Ffm. 1989; *Der König wollte nunmehr mit eigenen Augen sehen, was hier geschaffen worden sei,* Hsp., MDR 1989; *Als Kind habe ich Stalin gesehen. Essays und Reden,* Bln., Weimar 1990; *Ma... Ma... Marlene,* Hsp., FU 1990; *Auf den Brücken friert es,* Hsp., MDR 1993; *Das Napoleon-Spiel,* R., Bln. 1993; *Randow, eine Komödie,* Bln. 1994, Hsp. DLR/NDR 1995; *Exekution eines Kalbes und andere Erzählungen,* Bln. 1994; *Nachtfahrt und früher Morgen,* Pr., Bln. 1994; *Die Mauern von Jerichow. Essays und Reden,* Bln. 1996; *Von allem Anfang an,* R., Bln. 1997; *Bruch,* Hsp., MDR 1999; *Zaungäste,* Hsp., MDR 1999; *Bruch. In Acht und Bann, Zaungäste, Himmel auf Erden,* Theaterst., Bln. 1999; *Willenbrock,* R., Ffm. 2000, Hsp., NDR 2002; *Mutters Tag,* Hsp., MDR 2001.

Hein, Manfred Peter, wurde am 25. 3. 1931 im ostpreußischen Darkehmen geboren. Nachdem er 1951 in Bad Wildungen das Abitur abgelegt hatte, studierte er Germanistik, Geschichte, Kunstgeschichte und Finnougristik in Marburg, München, Helsinki und Göttingen. Schon 1955/56 hatte Hein an der Stadtbibliothek Helsinki gearbeitet; nach dem Staatsexamen 1958 siedelte er nach Finnland über und lebt seither, von kürzeren Unterbrechungen abgesehen, in Espoo bei Helsinki. In den Sechzigerjahren arbeitete er zeitweise in Deutschland als Deutschlehrer; 1970 war er als Hörspieldramaturg beim Süddeutschen Rundfunk in Stuttgart angestellt. 1963 und 1964 nahm er an den Treffen der »Gruppe 47« in Saulgau bzw. Sigtuna/Schweden teil; in die zweite Hälfte der Sechzigerjahre fallen längere Aufenthalte in der Tschechoslowakei. Hein ist außer als Lyriker v.a. als Vermittler der kleineren nordosteuropäischen Literaturen hervorgetreten. So gab er zwischen 1980 und 1986 das literarische Jahrbuch *Trajekt* sowie die Buchreihe *Sammlung Trajekt* in 22 Bänden heraus, die in Deutschland allerdings nur wenig Beachtung fanden. Hein nahm an zahlreichen Schriftsteller-, Übersetzer- und Germanistentagungen v.a. in Finnland und Deutschland teil. 1996 wurde er zu seinem 65. Geburtstag durch ein »Autorentreffen an der Ostsee« in Travemünde geehrt; im selben Jahr war er Stipendiat des Künstlerhauses Schloss Wiepersdorf. Hein erhielt u.a. 1974 den Finnischen Staatspreis, 1984 den Peter-Huchel-Preis, 1992 den Horst-Bienek-Sonderpreis für Lyrik, 1999 den Paul-Scheerbart-Preis für Lyrikübersetzungen und 2002 den Nossack-Akademiepreis für Dichter und ihre Übersetzer.

Heins Laufbahn als Lyriker begann zunächst recht viel versprechend: Schon 1956 erschien ein Gedicht von ihm in Walter Höllerers legendärer Anthologie *Transit*, und die ersten beiden Gedichtbände *Ohne Geleit* (1960) und *Taggefälle* (1962) fanden positive Resonanz u.a. bei Karl Krolow und F. C. Delius. Zu Unrecht wurden die immens verdichteten Landschaftsbilder dieser Gedichte später als »kunstgewerblich« (H. Hartung) abgetan. Zu den frühen Lyrikbänden kamen in den Sechzigerjahren sechs bei renommierten Verlagen erschienene Bände mit Übersetzungen finnischer Lyrik und Prosa. Nach 1966 aber wurde Hein vom deutschen Literaturbetrieb lange Zeit kaum mehr wahrgenommen; erst 1984 konstatierte die »Frankfurter Rundschau« anlässlich der Verleihung des Peter-Huchel-Preises an Hein die »Wiederkehr eines Dichters«. Doch auch wenn ihm seither eine Reihe von Ehrungen zuteil wurde und der Züricher Ammann-Verlag sich der Verbreitung seiner Werke angenommen hat, ist er doch als Lyriker ein Geheimtipp geblieben, und auch sein Engagement als Übersetzer findet ungeachtet des steigenden Interesses an der skandinavischen Literatur nicht die Anerkennung, die es verdient hätte. Diese Marginalisierung erklärt sich weniger aus seinem weitab von den literarischen Zentren gelegenen Wohnort als vielmehr durch die formale, thematische und stilistische Ausrichtung seiner lyrischen Produktion an der Poesie der Moderne. Oskar Loerke, die finnlandschwedische Avantgardistin Edith Södergran, Paul Celan sowie Nelly Sachs und Johannes Bobrowski, zu denen Hein zu Beginn der Sechzigerjahre auch in freundschaftliche Beziehung trat, bilden neben einer Reihe in Deutschland kaum bekannter ost- und nordosteuropäischer Avantgardelyriker den Kontext seiner Gedichte, deren Hermetismus bisweilen als nicht mehr zeitgemäß kritisiert wurde. Einige Gedichte wie *Niemandsname* aus dem Band *Zwischen Winter und Winter* (1987) verraten durch ihre enigmatisch-elliptische Form außer dem intensiven Einfluss Paul Celans auch die Rezeption asiatischer Dichtungstraditionen wie der des Haiku: »Grasland und Jahre / der Kälte Erinnerung / Zeit Raum Stein im Mund«.

Die zweite Ausgabe der Gedichtsammlung *Gegenzeichnung*, welche die 100 von Hein zwischen 1962 und 1982 veröffentlichten Gedichte beinhaltet, zeigt die außerordentliche motivische Bandbreite, die geradezu als ein Spezifikum der Lyrik Heins gelten kann: Das Spektrum von Wirklichkeitsbezügen, das hier Eingang findet, reicht von Landschaftseindrücken bis hin zur aktuellen Politik wie in *Polnischer Winter* (1981), in dem General Jaruzelskis Rede zur Verhängung des Kriegsrechts widerhallt: »Unsere Aktionen bedrohen niemand / wir das sind wir unsere Freiheit.« Das Sinnpotenzial dieser Lyrik auszuschöpfen, setzt außer eingehender Lektüre auch einen weiten Wissenshorizont voraus – doch verwahrt sich Hein, sie in eine Alltags- oder Wissenschaftssprache überführen zu wollen. Vielmehr sei entlang der »Fäden« zu fragen, »die das Gedicht mit der Wirklichkeit der Sprache und den dahinter liegenden Denkstrukturen verbinden. (...) Die Zugänge zum Gedicht sind zugleich die Zugänge zur Wirklichkeit des Fragenden«, wie Hein in seiner *Selbstauskunft* (1987) ausführt. Neben den hermetischen Texten finden sich indessen auch sehr viel zugänglichere Gedichte, u.a. im 1991 erschienenen Kinderbuch *Rhabarber Rhabarber.* 1999 erschien die bisher einzige umfangreichere Erzählprosa Heins, *Fluchtfährte*, ein polyfoner, bisweilen lyrisch verdichteter autobiografischer

Text, in dem seine von einem Hitler-gläubigen Vater dominierte Kindheit und Jugend in Ostpreußen und später in Hessen reflektiert wird.
Die bedeutsamste Leistung des Übersetzers und Herausgebers Hein liegt zweifellos in der 460 Seiten umfassenden Anthologie *Auf der Karte Europas ein Fleck* (1991), in der erstmals die Avantgardelyrik der kleineren nordost- und osteuropäischen Länder dem deutschen Publikum zugänglich gemacht wird; 77 Autoren, die nicht weniger als 14 Literaturen – von Finnland und Finnlandschweden über das Baltikum bis nach Ungarn und Bulgarien – repräsentieren, sind in dem Band in ihrer jeweiligen Originalsprache und in Übersetzung vertreten. Heins jahrzehntelange Auseinandersetzung mit den Dichtungstraditionen, aber auch der Geschichte der finno-ugrischen, baltischen und slawischen Völker hat sich auch in seinen Dichtungen so deutlich niedergeschlagen, dass man Hein wohl als einen osteuropäischen Autor deutscher Sprache bezeichnen kann.

Klaus Böldl

Werke: *Ohne Geleit,* G, Mü. 1960; *Taggefälle,* G, Mü. 1962; *Moderne finnische Lyrik,* Anth., Übs., Gött. 1962; *Paavo Haavikko: Poesie,* zweispr., Übs., Ffm. 1965; *Paavo Haavikko: Jahre,* R., Übs., Ffm. 1965; *Pentti Saarikoski: Ich rede. Gedichte,* Übs., Neuwied, Bln. 1965; *Veijo Meri: Der Töter,* En., Übs., Ffm. 1967; *Paavo Haavikko: Gedichte. Mit einem »Beitrag zum finnischen Gedicht«,* Übs., Ffm. 1973; *Moderne Erzähler der Welt: Finnland,* Anth., Übs., Tüb., Basel 1974; *Gegenzeichnung. Gedichte 1962–1972,* Darmst. 1974; *František Halas: Und der Dichter?,* G., Übs., Düsseld. 1979; *Trajekt. Beiträge zur finnischen, finnlandschwedischen, lappischen, estnischen, lettischen und litauischen Literatur,* Hg., 6 Bde., Helsinki, Stg. 1980–1986; *Sammlung Trajekt,* Hg., 23 Bde., Helsinki, Stg. 1979–1988; *Veijo Meri: Erzählungen,* Übs., Stg. 1981; *Paavo Haavikko: Zwei Erzählungen,* Übs., Stg. 1981; *Paavo Haavikko: König Harald,* Hspe., Übs., Stg. 1982; *Pentti Haanpää: Erzählungen,* Übs., Stg. 1982; *Antti Hyry: Erzählungen,* Übs., Stg. 1983; *Gegenzeichnung. Gedichte 1962–1982,* Bln. 1983; *Fragmentarisches zu P. C. Perkeleesi,* Ess., Köln 1984; *Die Kanonisierung eines Romans. Alexis Kivis »Sieben Brüder« 1870–1980,* Stg. 1984; *Paavo Haavikko: Die Nacht bleibt nicht stehn. Zwei Poeme,* Übs., Stg. 1986; *Zwischen Winter und Winter. Fünfundzwanzig Gedichte,* G., Reinbek 1987; *Auf Harsch Palimpsest. Zwölf Gedichte,* Warmbronn 1988; *Orte der Verbannung. Zwölf Gedichte,* Warmbronn 1990; *Weithin wie das Wolkenufer. Finnische Volkspoesie,* Anth., Übs., Vaasa 1990; *Finnische Literatur in Deutschland. Essays zur Kivi- und Sillanpää-Rezeption,* Vaasa 1991; *Rhabarber Rhabarber. Gedichte und Geschichten,* Kinderb., Zür. 1991; *Ausgewählte Gedichte 1956–1986,* Zür. 1993; *Amanda Aizpuriete: Die Untiefen des Verrats,* G., Übs., Reinbek 1993; *Auf der Karte Europas ein Fleck. Gedichte der osteuropäischen Avantgarde (1910–1930),* Hg., Zür. 1991; *Über die dunkle Fläche. Gedichte 1986–1993,* Zür. 1994; *Spiegelkehre. Zwölf Gedichte,* Warmbronn 1995; *Arto Melleri: Gedichte,* Übs., Vaasa 1995; *Amanda Aizpuriete: Lass mir das Meer. Liebesgedichte,* Übs., Reinbek 1996; *Fluchtfährte,* E., Zür. 1999; *Steinschlag auf Lauer,* G., Warmbronn 1999; *Amanda Aizpuriete: Babylonischer Kiez,* G., Übs., Reinbek 2000; *Hier ist gegangen wer. Gedichte 1993–2000,* Zür. 2001; *Glatteis. Kindergedichte für jedes Alter,* m. Zeichn. v. Gudrun Partyka, Warmbronn 2001.

Heißenbüttel, Helmut, geboren am 21. 6. 1921 in Rüstringen bei Wilhelmshaven, lebte bis 1940 in Papenburg. Bis zu einer schweren Verwundung 1941 nahm er als Soldat am Zweiten Weltkrieg teil, studierte dann Architektur, Germanistik sowie Kunstgeschichte in Dresden, Leipzig und Hamburg. Von 1955 bis 1957 arbeitete er als Lektor und Werbeleiter bei Claassen in Hamburg, von 1957 bis 1958 als freier Mitarbeiter und von 1959 bis 1981 als Leiter der Redaktion »Radio-Essay« beim Süddeutschen Rundfunk in Stuttgart. Ab 1981 lebte er als freier Schriftsteller in Borsfleth. Am 19. 9. 1996 starb er in Glückstadt. Heißenbüttel war Mitglied des bundesdeutschen P.E.N.-Zentrums, der Akademie der Künste Berlin, der Deutschen Akademie für Sprache und Dichtung in Darmstadt und der Akademie der Wissenschaften und der Literatur in Mainz. 1956 erhielt er ein Stipendium des Lessing-Preises der Stadt Hamburg, 1960 den Hugo-Jacobi-Preis, 1962 den Förderpreis des Landes Niedersachsen, 1969 den Georg-Büchner-Preis und den Förderpreis des Bundesverbandes der Deutschen Industrie, 1970 den Hörspielpreis der Kriegsblinden, 1978 den Weinpreis für Literatur, 1979 das Bundesverdienstkreuz Erster Klasse, 1990 den Kunstpreis des Landes Schleswig Holstein und den Österreichischen Staatspreis für Literatur sowie 1993 den Alexander-Zinn-Preis.
Helmut Heißenbüttel erlangte in den Fünfzigerjahren im Umkreis der konkreten Poesie (Eugen Gomringer, Franz Mon und Claus Bremer) erste Bekanntheit. Strittig ist jedoch bis heute, ob er als einer ihrer Hauptvertreter gelten kann oder ob er mit ihr nur einige Wesensmerkmale teilt. Heißenbüttel trat einerseits als Schriftsteller experimenteller Literatur eigener Prägung, andererseits als Essayist und kritischer Rezipient von Literatur hervor. In seiner Dichtung reproduzierte er bereits vorhandene Dichtung durch Verfremdung und Textcollage, sodass sich neue Sinneinheiten ergeben. Als Essayist reflektierte er die eigene Poetik selbst-

kritisch und analysierte die Literatur und ihre unterschiedlichen Gattungen. Auch dabei streiten sich die Literaturkritiker, ob er überhaupt eine eigene poetische Theorie entwickelt habe oder nicht. Als seine Vorbilder können der Sprachphilosoph Ludwig Wittgenstein, Hans Arp, Gertrude Stein und Stephane Mallarmé gelten. Heißenbüttel sah in der Sprache nicht bloßes Material, um Welt erfahrbar zu machen, sondern ein Mittel, um Welt zu erleben: »Nur indem wir den im Wort gespeicherten Sachbezug zitieren, vermögen wir uns dem zu nähern, was man außerhalb der Sprache Welt nennen könnte. (...) Sachen haben wir allein als Wörter.« Deshalb arbeitete er mit dem Prinzip der Sprachreduktion, negierte jede Form von Emotionalität und Subjektivität, denn Literatur habe »mit nichts als mit Sprache zu tun«. Die traditionellen Gattungen der Dichtung, Lyrik, Epik, Dramatik, lehnte er ab, ebenso die Grammatik, die Aussagen nur in der Form Subjekt – Prädikat – Objekt zulasse. In seinen Texten arbeitete er mit Sprachspielen, Wortfeldern, Kombinationen von syntaktischen Einheiten, um die »wahre« Bedeutung der verwendeten Sprache für den Leser durchschaubar und wiedererkennbar zu machen.

Seine ersten beiden Gedichtbände, *Kombinationen* (1954) und *Topographien* (1956), zeigen bereits, dass konventionelle Formen und Aussagen in seiner Poetik keinen Platz haben. An die Stelle von Gedichtstrophen treten nummerierte Zeilenblöcke; Inhalte fehlen zum Teil ganz, stattdessen finden sich enthüllende Sprachspiele. Mit seinen *Textbüchern 1–6*, die in den Jahren 1960 bis 1967 entstanden (alle gesammelt in dem Band *Textbücher 1–6*, 1980), legte Heißenbüttel Beispiele vor, wie er seine »offene« Literatur verstanden wissen wollte. Er kombiniert Satzteile jenseits der üblichen grammatischen Struktur miteinander, stellt in Textcollagen und Zitaten Aussagen traditioneller Literatur infrage, entblößt Sprachfloskeln und dokumentiert so die Inhaltsleere der Sprache unserer Zeit. Der Begriff »Text« erhält dabei eine neue Bedeutung: Als neutraler Ausdruck sollte er die Werke Heißenbüttels überschreiben, die er nicht mehr als »Lyrik« oder »Prosa« tituliert wissen will. Zudem fügen sich die Einzeltexte jener Bücher zu einem neuen, übergeordneten Ganzen zusammen, das wiederum als »Text« bezeichnet werden kann. Heißenbüttel verneinte das Subjekt in Sprache und Literatur, da es ihm im üblichen Gebrauch zunehmend zu einem neuen Objekt verkam. Im späteren *Textbuch 9* formulierte er, was schon von Anfang an für ihn gegolten habe: »Wenn ich schreibe, bin ich nicht ich, sondern ich«, d.h. das »Ich« seiner Texte verkörpert eine neutrale, über allem stehende »Instanz«. Die oftmals bemängelte Inhaltslosigkeit der »Konkreten Poesie« lässt sich in seinen Textbüchern nicht feststellen: In seinen Zitatmontagen und Sprachspielereien geht es immer mehr auch um die Dokumentation der Gegenwart, um Kritik an Politik, Vergangenheitsbewältigung und um Aufarbeitung von Geschichte.

Nach den ersten sechs Textbüchern publizierte Heißenbüttel eine Reihe von Essays und theoretischen Arbeiten, in denen es ihm um eine offene, kritische Reflexion der eigenen Werke und der Literatur allgemein geht. In den Jahren 1970 bis 1980 erschienen die »Projekte«, die eine neue, mögliche Form von Literatur darstellen. *Projekt Nr. 1. D'Alemberts Ende* (1970) spielt auf den Enzyklopädisten D'Alembert und auf die von Goethe in den *Wahlverwandtschaften* vorgelegte Großform Roman an. Bereits der Titel, *D'Alemberts Ende*, verweist aber auf das Ende der Gattung Enzyklopädie, kündet also von Heißenbüttels Distanz zu einem solchen »Großprojekt«, ebenso wie die Textmontagen und verfremdeten Zitate den großen Roman nach Goethes Muster negieren. Im *Projekt Nr. 2. Das Durchhauen des Kohlhaupts* (1974) versucht er, die abnehmende Verständigungsmöglichkeit der Menschen untereinander zu dokumentieren. »... wir reden im Kreis herum«, sagt Marlowe an einer Stelle zu Bierce, und genau das entlarvt Heißenbüttel als das Übel der heutigen Dialoge. Von den beiden vorangegangenen Projekten unterscheidet sich das Projekt Nr. 3 überraschend: Untergliedert in drei Einzelprojekte, *Projekt Nr. 3/1. Eichendorffs Untergang und andere Märchen* (1978), *Projekt Nr. 3/2. Wenn Adolf Hitler den Krieg nicht gewonnen hätte* (1979) und *Projekt Nr. 3/3. Das Ende der Alternative* (1980), greift Heißenbüttel in ihnen auf konventionelle Gattungen wie Kurzprosa, Erzählungen und Märchen zurück. *Projekt Nr. 3/1* persifliert herkömmliche Erzählmuster, indem die Texte plötzlich alle mit dem Satz »Mehr ist dazu eigentlich nicht zu sagen« abbrechen und so einerseits den Leser zum Weiterfantasieren anregen, andererseits aber auch belegen, wie vorhersehbar und formelhaft Literatur verläuft. In den Texten des *Projektes Nr. 3/2* liegt der Akzent dagegen auf den Inhalten: Historische Stoffe und Utopien werden hierin spielerisch umgestaltet. Das *Projekt Nr. 3/3* als Abschluss des Werkes knüpft wiederum an *Projekt Nr. 3/1* an: Die Erzählungen werden als »einfache Geschichten« tituliert und brechen, nachdem durch das Zitat gängiger Erzählmuster eine gewisse Lesererwartung aufgebaut wurde, abermals abrupt ab. Nun aber geschieht das mit der Formel »Darüber wäre wohl noch viel zu sagen«.

Den Projekten schließen sich einige Gedicht- und Erzählbände als Einzelpublikationen an. Mitte der Achtzigerjahre erschienen dann nochmals vier Textbücher, *Textbuch 8. 1981–1985* (1985), *Textbuch 9. 3x13x13 Sätze* (1986), *Textbuch 10. Von Liebeskunst* (1986) und *Textbuch 11 in gereinigter Sprache* (1987), die in ihren Textcollagen und Sprachspielereien an ihre Vorgänger anknüpfen. *Textbuch 9* und *Textbuch 10*, das in seiner ganzen Anlage an seinem Vorbild, Ovids *ars amatoria*, orientiert ist, offenbaren dazu Heißenbüttels Drang, die Einzeltexte nach einer bestimmten, geometrischen Form streng zu strukturieren.

Heidi Rehn

Werke: *Kombinationen. Gedichte 1951–1954*, Esslingen 1954; *Topographien. Gedichte 1954/55*, Esslingen 1956; *Ohne weiteres bekannt. Kurzporträts*, Stierstadt/Ts. 1958; *texte ohne komma*, Frauenfeld 1960; *Textbuch 1*, Olten 1960; *Textbuch 2*, Olten 1961; *Textbuch 3*, Olten 1962; *Porträt G. C. Kirchberger*, Stg. 1963; *Textbuch 4*, Olten 1964; *Käfige. Texte zur Skulptur von Harry Kramer*, zus. m. Max Bense, Stg. 1964; *Mary McCarthy. Versuch eines Porträts*, Mü. 1964; *»Walter-Drucke«*, hg. zus. m. Otto F. Walter, 9 Bde., Olten, Freib./Br. 1964 f.; *Textbuch 5. 3x13 mehr oder weniger Geschichten*, Olten 1965; *Zurückgehn Weitergehn, Fortgehn. 20 Siebdrucke von Ruprecht Geiger mit Texten von H. H.*, Köln 1966; *Über Literatur. Aufsätze und Frankfurter Vorlesungen*, Olten 1966; *Textbuch 6. Neue Abhandlungen über den menschlichen Verstand, Wolfgang Koeppen gewidmet*, Neuwied 1967; *»Luchterhand-Druck«*, hg. zus. m. Otto F. Walter, 10 Bde., Bln. 1967–1970; *Rudolf Borchardt: Auswahl aus dem Werk*, Hg., Stg. 1968; *Hofmann von Hofmannswaldau: Gedichte*, Hg., Ffm., Hbg. 1968; *Briefwechsel über Literatur*, zus. m. Heinrich Vormweg, Neuwied 1969; *Eugen Gomringer: worte sind schatten. Die Konstellationen 1951–1968*, Hg., Reinbek 1969; *Memorabiler Lochtext – décollages imprimés von Reinhold Koehler*, Hg., Grenchen 1969; *Was ist das Konkrete an einem Gedicht? 2 Ansätze*, Itzehoe 1969; *John Cage: Silence. Vortrag über nichts. Vortrag über etwas*, Neuwied, Bln. 1969; *Max unmittelbar vorm Einschlafen*, Hsp. 1970, Kass. Hbg. 1973; *Das Textbuch*, Neuwied 1970; *Projekt Nr. 1. D'Alemberts Ende*, Neuwied 1970; *Was wollen wir überhaupt senden?* Hsp., 1970; *Auseinandersetzen oder Was tut der Seemann mit Margareta. Sechs Texte*, Stg. 1970; *Die Freuden des Alterns. 13 mehr oder weniger Gedichte*, Duisb. 1971; *Allerneueste Abhandlung über den menschlichen Verstand. Erleuchtet von Arnim Sandig. 13 Texte von H. H. u. 7 Radierungen von A. Sandig*, Burgdorff 1971; *Marlowes Ende*, Hsp. 1971; *Zur Tradition der Moderne. Aufsätze und Anmerkungen*, Neuwied 1972; *Rupprecht Geiger*, Kunstbd., Stg. 1972; *Gelegenheitsgedichte und Klappentexte*, Darmstadt 1973; *Antianthologie. Gedichte in deutscher Sprache nach der Zahl ihrer Wörter geordnet von Franz Mon und H. H.*, Mü. 1973; *Projekt Nr. 2. Das Durchhauen des Kohlhaupts. Dreizehn Lehrgedichte*, Darmst. 1974; *Das Reich. Gelegenheitsgedicht Nr. 27*, Mü. 1974; *Der fliegende Frosch und das unverhoffte Krokodil. Wilhelm Busch als Dichter*, Mainz 1976; *Offene Literatur*, Jahrb. '77 der Reihe »Text + Kritik«, Hg., Mü. 1977; *Aen Sauerborn. Bilder 1974–1976*, zus. m. G. Ch. Rump, Lahnstein 1978; *Hermannstraße 14. Halbjahresschrift für Literatur*, hg. zus. m. Bernd Jentzsch, Stg. 1978–1981; *Mümmelmann oder Die Hasendämmerung*, Mainz 1978; *Projekt Nr. 3/1. Eichendorffs Untergang und andere Märchen*, Stg. 1978; *Texte und Gelegenheitsdichtung von H. H.*, Schpl., Stg. 1978; *Projekt Nr. 3/2. Wenn Adolf Hitler den Krieg nicht gewonnen hätte. Historische Novellen und wahre Begebenheiten*, Stg. 1979; *Stuttgarter Kunst im 20. Jahrhundert. Malerei, Plastik, Architektur*, Hg., Stg. 1979; *Die goldene Kuppel des Comes Arbogast oder Lichtenberg in Hamburg. Eine fast einfache Geschichte*, Stg. 1980; *Textbücher 1–6*, Stg. 1980; *Warzen und alles*, Hsp., 1980; *Projekt Nr. 3/3. Das Ende der Alternative. Einfache Geschichten*, Stg. 1980; *Die Erfindung der Libido. Das deutsche Epos in der zweiten Hälfte des 19. Jahrhunderts*, Vortr., Wiesb. 1981; *Ödipuskomplex made in Germany, Gelegenheitsgedichte, Totentage, Landschaften 1965–1980*, Stg. 1981; *Von der Lehrbarkeit des Poetischen oder jeder kann Gedichte schreiben*, Wiesb. 1981; *Zwei oder drei Porträts*, Hsp. 1981; *Von fliegenden Fröschen, libidinösen Epen, vaterländischen Romanen, Sprechblasen und Ohrwürmern. 13 Essays*, Stg. 1982; *Bodo Baumgarten – Helmut Heißenbüttel. Malerei und Dichtung*, Zirndorf 1983; *mehr ist dazu nicht zu sagen, neue Herbste, m. 64 Improvisationen von Heinz Edelmann*, Stg. 1983; *Poesie und Geschichte. Poetik-Seminar Mainz. Wintersemester 1981/82. Eine kommentierte Anthologie*, Hg., Mainz 1983; *Alles was ich weiß. Ein-Blatt-Ausgabe*, Linz 1983; *Versuch über die Lautsonate von Kurt Schwitters*, Mainz 1983; *Franz-Ottokar Mürbekapsels Glück und ein Ende*, En., Ost-Bln. 1983, Stg. 1985; *Als ich meine Gedanken- und Fantasiekräfte gebrauchte*, Wiesb. 1985; *Jean Améry: Der integrale Humanismus. Zwischen Philosophie und Literatur. Aufsätze und Kritiken eines Lesers 1966–1978*, Hg., Stg. 1985; *Von Liebeskunst. Ein Poem*, m. Grafiken v. A. Sandig, Stg. 1985; *Textbuch 8. 1981–1985*, Stg. 1985; *Den Blick öffnen auf das, was offen bleibt*, Leseb., Mü. 1986; *Sechs Gedichte und fünf Kommentare*, Hbg. 1986; *Textbuch 9. 3x13x13 Sätze, 1981–1984*, Stg. 1986; *Textbuch 10. Von Liebeskunst*, Stg. 1986; *Textbuch 11 in gereinigter Sprache*, Stg. 1987; *Das Sagbare sagen*, Auswahlbd., Stg. 1998.

Helfer, Joachim, wurde am 26. 8. 1964 in Bonn geboren und wuchs in Schwalbach bei Frankfurt/M. auf. Nach seinem 1984 absolvierten Abitur studierte er in Hamburg Anglistik. Er unternahm ausgedehnte Reisen durch Europa, Afrika und die

USA, wo er sich teilweise auch längere Zeit aufhielt. Helfer lebt derzeit in Berlin. 1992 und 1999 erhielt er den Literaturförderpreis der Stadt Hamburg, 1996 das Stipendium des Literarischen Colloquiums Berlin, 1998 den Literaturpreis des BDI, 1999 das Villa-Aurora-Stipendium (Pacific Palisades/Los Angeles), den Förderpreis zum Hans-Erich-Nossack-Preis sowie den Preis der Hamburgischen Autorenvereinigung, 2000 den Literaturpreis der Irmgard-Heilmann-Stiftung.

In seinem autobiografisch getönten Erstlingsroman *Du Idiot* (1994) führt Helfer den schmerzhaften Selbstfindungsprozess eines Jugendlichen vor, der sich allmählich seiner Homosexualität bewusst wird. Florian König, adoleszente »Scheidungshalbwaise«, hat gerade sein Abitur gemacht – das Buch spielt im Frühjahr 1984 – und lässt nun während zweier Tage in Rückblicken seine Kindheit und Jugend Revue passieren. Da der Protagonist sein eigenes Ich als »verstümmelt« empfindet, flüchtet er sich in die Position des Beobachters und erzählt seine Geschichte konsequent aus der Du- statt aus der Ich-Perspektive. Dieser Kunstgriff ermöglicht es Helfer, einerseits sehr intime Einzelheiten des Innenlebens seiner Romanfigur mitzuteilen, andererseits aber eine gewisse Distanz zu ihr zu halten und ihr Verhalten gewissermaßen von außen zu kommentieren. Inszeniert wird also nicht nur eine raffinierte Form narzisstischer »Selbstbespiegelung«, sondern auch der Dialog eines Autors mit seinem literarischen Geschöpf. Das autistische Verhalten Florian Königs ist indes nicht nur Resultat seiner psychosexuellen Verunsicherung, sondern zugleich auch Protest gegen eine auf Gleichmacherei abzielende und deshalb ästhetikfeindliche Umwelt. Und so weitet sich der Text von der Persönlichkeitsstudie eines »Träumers« zur scharfen zeitkritischen Abrechnung mit den wohlmeinenden, vorwiegend sozialdemokratisch geprägten Bildungs- und Erziehungsidealen der Siebzigerjahre. Als Antidotum zu den Zwängen und Beschränktheiten seines sozialen Herkunftsmilieus verordnet sich König am Ende des Buches – anders als das Musterbild des ebenso tragisch wie larmoyant scheiternden empfindsamen Helden, Werther – bewusst »Welterfahrung«, die für ihn tatsächlich befreiende Wirkung hat und zur »Geburt« eines »neuen«, kommunikationsfähigen, gebildeten, seiner selbst bewussten Ich führt.

Welt und Schönheit erschließen sich ihm, wie aus dem personell an das Erstlingswerk anschließenden Roman *Cohn & König* (1998) hervorgeht, mithilfe des polyglotten und kosmopolitischen jüdischen Kunsthändlers Pierre Cohn, den er auf einer unmittelbar nach den Abiturprüfungen unternommenen Reise nach Nizza kennen lernt und der bald sein um viele Jahre älterer, erfahrener Lebensgefährte wird. Der veränderte Realitätsbezug des allmählich erwachsen Werdenden – sechs Jahre sind seit der »Reifeprüfung« vergangen – zeigt sich am deutlichsten im Wechsel der Erzählhaltung zur Ich-Perspektive, die vor allem durch die konstante Präsenz des geliebten Du möglich wird. Helfer zeigt in seinem zweiten Buch, wie der jugendliche Held die von ihm traumatisch erlebte Vaterlosigkeit kompensiert und überwindet. Neben Cohns Erlebnissen als Emigrantenkind in den USA spielen dabei auch die wenigen erinnerten Begegnungen mit dem in den Sechzigerjahren gleichfalls in die Vereinigten Staaten übersiedelten, leiblichen Vater Königs eine wichtige Rolle. Der zunehmende Fokus auf historische und kulturelle Rahmenbedingungen der Existenz erfährt schließlich durch den Fall der Berliner Mauer und die bevorstehende Wiedervereinigung der beiden deutschen Staaten noch eine zusätzliche zeitgeschichtliche Akzentuierung und mündet in Reflexionen darüber, was eigentlich Heimat ist.

Helfers dritter Roman *Nicht Himmel, nicht Meer* (2002) knüpft thematisch direkt an das vorangegangene Werk an, auch wenn das Personal hier ein komplett anderes ist. Der Text entfaltet in gezielt miteinander verzahnter Parallelmontage einer im Präteritum gehaltenen Ich-Erzählung und einem präsentischen Bericht in der Er-Form die Lebensgeschichten des jungen Hamburger Staatsanwalts Erik und des aus einem kleinen »Provinznest« in Mecklenburg stammenden Schülers Silvio. Beide lernen in den sechs Monaten, über die sich die Handlung erstreckt, den ihnen jeweils unbekannten, anderen Teil Deutschlands kennen, was dem Autor ausgiebig Gelegenheit verschafft, die in Ost und West differierenden Wahrnehmungsmuster und kulturellen Kommunikationscodes ironisch in den Blick zu nehmen und das Funktionieren von Grenzziehungen zu erörtern. Die binnendeutsche Problematik wird freilich bald in einen umfassenderen Kontext gerückt durch die Tatsache, dass Erik in Südafrika aufgewachsen ist und eine Farbige zur Mutter hat, also selbst dunkelhäutig ist. Besuche in England und im Land seiner Kindheit dienen so auch dazu, die hierzulande vertrauten Debatten um Fremdenfeindlichkeit und Nation mit dem globalen Kolonialismusdiskurs zu verschränken. Allerdings wirkt die thematische Engführung der Teilung Deutschlands im Kalten Krieg mit der

Apartheid und der Wiedervereinigung mit dem friedlichen Machtwechsel in Südafrika recht konstruiert. Die programmatische Entscheidung Eriks für ein gemeinsames Kind mit seiner Frau lässt den Roman, darin die beiden früheren Texte konsequent fortführend, zukunftsbejahend mit einem Bekenntnis zu persönlicher Verantwortung enden.

Wolfgang Bunzel

Werke: *Du Idiot*, R., Mü.. 1994; *Cohn & König*, R., Ffm. 1998; *Nicht Himmel, nicht Meer*, R., Ffm. 2002.

Hell, Bodo, wurde am 15. 3. 1943 in Salzburg geboren. Er studierte Orgel am dortigen Mozarteum, später Film und Fernsehen an der Akademie für Darstellende Kunst in Wien und Philosophie an der Universität Wien. Heute lebt er als freier Schriftsteller und Senner in Wien und in der Steiermark. Hell erhielt 1972 den Rauriser Literaturpreis, 1988 den Förderpreis des Bundesinnenministeriums, 1991 den Erich-Fried-Preis, 1998 den Berliner Literaturpreis und 1999 den Preis der Stadt Wien.

Die Texte Bodo Hells lassen sich eher als Collagen bezeichnen denn dem zuordnen, was man gemeinhin Prosa und Poesie nennt. Weder gibt es in ihnen eine Handlung, ein linear ablaufendes Geschehen mit Spannungsbogen, noch zeichnet sich die Sprache, in der die Texte verfasst sind, durch eine starke bildliche oder klangliche Dimension aus. Sie sind nicht in einer Sprache verfasst, sondern machen von vielen Sprachen Gebrauch. Hell schneidet verschiedenste Fachsprachen und Jargons übereinander: Reiseführerprosa, Werbeformeln, Bürokratensprache, Politikerjargon und meldungsartige Wendungen sind nur einige Beispiele dessen, was ihm als Material für seine Collagen dient. Ein Effekt seiner Kompositionsmethode ist das, was Ernst Jandl in einer Laudatio auf Bodo Hell »Entmythisierung« genannt hat. Bereits in seiner ersten Publikation, der Erzählungssammlung *Dom Mischabel Hochjoch* (1977), konterkariert die sprachliche Methode die traditionelle Textgattung, in diesem Fall die Reise- und Landschaftserzählung. In *Mischabel* etwa wird der Ausflug einer Figur, ihre Bergbesteigung und Abfahrt ins Tal als Abfolge kleinster Bewegungssequenzen dargestellt. So entsteht der Eindruck eines fortgesetzten Geschehens, das weder in einem Ereignis kulminiert noch im Stillstand kollabiert. In *Hochjoch* sind es hingegen typografische Verschiebungen, die trotz fehlender Geschichte Bewegungen in der Landschaft simulieren. Durch Reihungen und Brechungen, die fast seriell zu nennen sind, wird jede Idealisierung und Idyllisierung von vornherein verwehrt. *Dom* schließlich führt im Kleinen vor, was in späteren Büchern Hells noch intensiviert wird: die Montage von Zitaten aus unterschiedlichsten Bereichen des täglichen Lebens, Äußerungen vor allem, die die audiovisuellen Medien über uns ausschütten, wie etwa »bricht die traditionelle Familie auseinander, führt Zölibat zur Impotenz«.

Die Erzählungen aus *666* (1987) sind zur Gänze unterschiedlichen Bergen und Gebirgen gewidmet. In ihnen führt Hell seine Methode, Reihungen entstehen zu lassen, bis in den Bereich der reinen Aufzählung: »die aus Parnassmilch hergestellten Käsesorten heißen Trachana, Mizythra, Psimotiri, Formaela«, lautet ein kürzeres Beispiel aus *Zum Parnass*. Dabei bewahren die Namen, durch die krasse Anti-Bildlichkeit des Textzusammenhangs, gegenüber gängiger Reiseführerprosa jedoch einen Rest Würde. In seiner Dankesrede zum Erich-Fried-Preis bekannte sich Hell zu dieser »anti-literarischen« Haltung: »also dann überhaupt keine Mimesis mehr, weder Vorstellung noch Nachahmung, das geschieht hie in Literatur des Fakts, also in einer Wendung zum wirklichen Gegenstand, und das geschieht da in der Anonymität von Collage und Zitationsverfahren, also in einer Wendung vom Bezeichneten weg zum Bezeichnenden hin.« Bei *Bergell/Anleitung Felsnasen* schließlich handelt es sich um die detailgenaue Darstellung einer Wanderroute, die durch ihre Vielzahl an Namen und Anweisungen, in ihrer Übergenauigkeit tatsächlich nur durch direkte Koppelung an die Bewegung des Wanderers Funktion hat. Sie schließt mit einem lapidaren »auf diesem Weg sollten Sie den beiden Felsnasen begegnet sein«. In *666* arbeitet Hell auch mit Fotografien, wie er es schon in früheren Bänden getan hat, z.B. in *Pflaster* (1980), einer Art fotografischem Europa-Porträt, dessen Schwarz-Weiß-Fotografien ausschließlich Straßenpflaster abbilden, oder in *Gang durchs Dorf: Fingerzeig* (1992), der fotografischen Illustration eines Gedichts von Friederike Mayröcker, in der jedem Vers ein bestimmter Raum in der österreichischen Provinz zugeordnet wird. Die Erzählungsbände *wie geht's* (1989) und *mittendrin* (1994), die von der Künstlerin Hil de Gard durch Piktogramme bzw. Strickbilder kommentierend mitgestaltet sind, sind größere Arbeiten im Bereich dessen, was Literatur als Medien- und Gesellschaftskritik zu leisten vermag. In ihnen steht »die alltägliche Plattitüde neben der philosophischen Aussage, der Werbeslogan neben der vorfabrizierten Handlungsanweisung aus dem Bereich des öffentlichen Verkehrs« (Manfred Mittermayer). In einer Erzählung aus *wie geht's* heißt es etwa: »der vom zuständigen Ministerium vorgelegte Entwurf einer durch den nach Schweizer Vorbild eingeführten AustroTakt notwendig gewordenen SchienenVerkehrsLärmVerordnung stößt bei den lokalen Umweltschutzreferenten auf heftige Kritik«. Durch geringfügige typografische Verfremdungen und sprachliche Rhythmisierungen vermeidet Hell all das, was für ihn, ganz in der Tradition österreichischer Sprachkritik stehend, als wahrhaft unkünstlerisch gilt: »Glätte, Konventionalität und das leichte Hinweggehen über die sprachlichen Möglichkeiten, etwas, was gemeinhin als flüssiger Stil geschätzt wird«.

Tobias Lehmkuhl

Werke: *Zwettl Gmünd Scheibbs*, Hsp., zus. m. Liesl Ujvary, ORF 1974; *Aber ich Aber ich*, Hsp., zus. m. Liesl Ujvary, RIAS 1976; *Dom Mischabel Hochjoch. Drei Bergerzählungen*, Linz 1977; *Kopf an Kopf*, Hsp., zus. m. Liesl Ujvary, NDR 1978; *Sonate 3/Mischabel*, Hsp., SDR 1979; *Autorenmusik*, Hsp., zus. m. Liesl Ujvary, SDR 1980; *Pflaster*, Text und Fotografie, zus. m. Johann Kräftner, St. Pölten 1980; *Linie 13 A*, Drehb., SR 1981; *Akustisches Porträt*, Hsp., zus. m. Liesl Ujvary, SDR 1981; *Stadtschrift. 200 Fotos und Text: »Linie 13A«*, Linz 1983; *Ziegenmelken*, Hsp., ORF 1989; *Larven Schemen Phantome. Der Donner des Stillhaltens*, Text u. Fotos, zus. m. Friederike Mayröcker, Graz, Wien 1986; *666*, E., Graz, Wien 1987; *Ablagerungen*, zus. m. Josef Haslinger u. Elfriede Jelinek, Graz, Wien 1988; *wie geht's*, E., m. Illustr. v. Hil de Gard, Graz, Wien 1989; *1 Häufchen Blume – 1 Häufchen Schuh*, TV-Feat., ORF 1990; *Die wirklichen Möglichkeiten. Zwei Reden zum Erich-Fried-Preis 1991*, zus. m. Ernst Jandl, Graz, Wien 1992. *Gang durchs Dorf: Fingerzeig. Fotografien zu »Blumenwerk«. Friederike Mayröcker – Ländliches Journal/Deinzendorf*, hg. v. Franz Krabberger, Weitra 1992; *Gaußplatz 11*, Text u. Fotos, zus. m. Lotte Ingrisch u. Linde Waber, Wien 1993; *Frauenmantel*, Text u. Fotos, zus. m. Karl Heinrich Waggerl, Kurt Kaindl u. Elisabeth Kornhofer, Salzb. 1993; *In allen Strophen geläufig. Textinterventionen zu 23 Chorälen des Orgelbüchleins von Johann Sebastian Bach*, m. Grafiken v. Martin Lachmair, Wien 1993; *mittendrin*, E., m. Illustr. v. Hil de Gard, Graz, Wien 1994; *Kubin-Projekt 1995: Weltanschauungen zwischen Vorstellung und Realität*, zus. m. Dietmar Kamper u. Hans R. Brittnacher, Linz 1995; *Herr im Schlaf*, Theaterst., UA Graz 1995; *2 x 2. Sprechhaltungen*, Hsp., ORF 1996; *Tassen im Schrank*, Theaterst., Salzb. 1996; *3 Stück Österreich*, zus. m. Elisabeth Reichart u. Antonio Fian, Salzb. 1996; *Herr im Schlaf. Ein Griff ins emblematische Alltagstheater*, Graz, Schwerin 1996; *An der Wien*, Text u. Fotos, zus. m. Linde Waber, Horn 1997; *Die Devise lautet*, E., Wien 1999; *Budapest, Dob utca*, zus. m. Norbert Trummer, Innsbr. 1999; *Augenklappe. Text. Fotografie*, zus. m. Otto Saxinger, Linz 2000; *Mohr im Hemd*, Theaterst., UA Rauris 2000; *Das Gericht – Ein Gedicht*, Text u. Fotos, zus. m. Hil de Gard u. Linde Waber, Wien 2000; *im PRINZIP gilt*, E., Wien 2001; *dableib/wegwill*, zus. m. Ernst Skricka, Horn 2001; *Live*, Schpl., zus. m. Broadlahn u. Otto Lechner, Wien 2001; *Nach der Thrillerpfeife*, zus. m. Petra Coronato u. Ilse Kilic, Wien 2002; *Ria Nackt. Eine Racheoper*, Libretto, Musik v. Renald Deppe, UA Krems 2002, Film 2002, gedr. u. d. T. *Ariadne im Garn. Ria Nackt. Eine Racheoper*, Hg., Wien 2002; *Innen ein Bild*, zus. m. K. Straznicky, Wien 2002.

Henisch, Peter, wurde am 27. 8. 1943 in Wien geboren. Dort studierte er Germanistik, Philosophie, Geschichte und Psychologie. Er war Mitbegründer der Gruppe »Wespennest«. Henisch, der in Wien als Liedermacher und Sänger (auch als Mitbegründer der Musikgruppe »Wiener Fleisch & Blut«) bekannt geworden ist, lebt seit 1970 als freier Schriftsteller und Journalist in seiner Heimatstadt. Er ist Mitglied des österreichischen P.E.N.-Clubs. 1970 erhielt er das Österreichische Staatsstipendium für Literatur, 1971 den Literaturpreis des Wiener Kunstfonds und den Förderungspreis des Österreichischen Staatspreises für Literatur, 1973 den Luitpold-Stern-Preis und den Theodor-Körner-Preis, 1975 den Förderungspreis für Literatur der Stadt Wien, 1976 den Sonderpreis des Landes Salzburg zum Rauriser Literaturpreis, 1977 den Anton-Wildgans-Preis und 1996–98 das Elias-Canetti-Stipendium.

Henisch interessieren »Menschen und ihre Geschichten«. Das bezeugen sowohl seine realistischen Prosatexte um gesellschaftliche Randfiguren als auch die Fiktion und Dokumentarisches verbindenden Werke wie z.B. *Morrisons Versteck* (1991) oder *Vom Wunsch, Indianer zu werden* (1994), eine Hommage an Karl May und Franz Kafka.

Die *Vagabundengeschichten* (1980) erzählen vom »Baronkarl«, einem Wiener »Bezirksdiogenes«, der als Verweigerer ein positives Gegenbild zu Qualtingers »Herrn Karl« darstellt, von Leo, dem Trinker, der in Wiener Szenelokalen für ein Glas Wein Gedichte erfindet, und von einem modernen Vagabundentrio, das nach Nestroyschem Vorbild sein Glück sucht. Diese Außenseiter sind keine Geächteten, sondern tragikomische Gestalten, die durch ihre unorthodoxe Art zu leben einer kompromissbereiten Gesellschaft den Spiegel vorhalten und – in dieser Funktion – akzeptiert werden. Auf Nestroysche Figuren bezieht sich Henisch auch in seiner 1976 uraufgeführten, im Wiener Dialekt gehaltenen »Antiposse mit Gesang« *Lumpazimoribundus* sowie in der Erzählung *Kommt eh der Komet* (1995). »Zeiten und Namen ändern sich, aber gewisse Konstellationen neigen dazu, sich zu wiederholen«, heißt es am Beginn dieser Erzählung, in der das »liederliche Kleeblatt« nicht Leim, Knieriem und Zwirn, sondern Scheck, Glasl und Kuli gerufen werden. Die drei begegnen sich zufällig am Autobahnanschluss Ulm-Ost, werden vom Erzähler mit einem üppigen Lottogewinn ausgestattet und sehen sich plötzlich in die Lage versetzt, so zu leben, wie sie es immer ersehnt hatten. Doch schon Nestroy wusste, dass Reichtum nicht zwangsläufig zu Lebensglück und Zufriedenheit verhilft.

In dem Roman *Der Mai ist vorbei* (1978) rekapitulieren der Ich-Erzähler und der Schriftsteller Paul Grünzweig – beide tragen autobiografische Züge des Autors – den Auf- und Ausbruchsversuch einer ganzen Generation: die Zeit der Studentenrevolte, die sich in der österreichischen bzw. Wiener Spielart auf das Experimentieren mit alternativen Lebensformen beschränkte. »Anderswo lagen die sozialen Gegensätze klarer auf der Hand, die sich daher eher zur Faust bildete [...]. Aber wir in Wien, das manche für ein großes Altersheim hielten, [...] wir in Österreich, eingelullt von einer Politik [...], die noch dazu, eigentlich segensreich, funktionierte, was hatten denn wir ...?«, formuliert Grünzweig, der den Auftrag bekommen hat, »zehn Jahre danach« einen authentischen Bericht über die 68er-Bewegung zu verfassen. Seine Recherchen und die Erinnerungsarbeit führen letztlich nur zu dem Ergebnis, dass viele seiner Generation politisch wie privat kläglich gescheitert sind. Henisch verzichtet in dieser subjektiven Bestandsaufnahme auf eine kritische Analyse der Vorgänge, manche Begebenheiten gerinnen im Schwung des Erzählens zum Klischee. Einzelne Passagen verweisen leicht verschlüsselt auf die Auseinandersetzungen in der Wiener Gruppe »Wespennest«, die im Roman den Namen »Bienenstich« trägt. Die aufregenden Jahre der 68er-Generation beschwört Henisch auch in *Morrisons Versteck* (1991), einer fiktiven Spurensuche über das Leben des einstigen Rockidols Jim Morrison, und in dem Entwicklungsroman *Schwarzer Peter* (2000), der die Lehr- und Wanderjahre eines Wiener Jazz-Musikers, Sohn einer Wienerin und eines US-Soldaten, nachzeichnet. Dass die kollektive Glückssuche der Beatgeneration letztlich wenig erfolgreich verlaufen ist, bestätigt auch Henisch in seinen Büchern illusionslos. Der Frage nach möglichen Alternativen geht der Autor in *Bali oder Swoboda steigt aus* (1981) nach. In diesem Roman beschreibt er das individuelle Bemühen eines Lehrers, die von der Gesellschaft und scheinbaren Sachzwängen vorgegebenen Pfade zu verlassen. Der Protagonist – sein Name Swoboda bedeutet »Freiheit« – verlässt die Familie, später die Freundin und gibt seinen Beruf auf, um einen Roman über Bali zu schreiben. »Es ging darin um einen Mann namens Franz, der sein Leben lang nach Bali reisen will, diesen Wunsch aber nach und nach verdrängt. Es ging um Wünsche und darum, wie sie zu Illusionen werden.« Swobodas Leben wird auf mehreren Erzählebenen reflektiert. Schließlich macht sich der Lehrer tatsächlich nach Bali auf, doch als er nach wenigen Wochen zurückkehrt, hat seine Freundin sein Manuskript unter ihrem Namen bei einem Verlag untergebracht.

Die Figuren Henischs erschließen sich häufig durch Erinnerungen und Schilderungen ihrer fiktiven Freunde. So auch in dem modernen »Schelmenroman« *Pepi Prohaska Prophet* (1986), in dem der eher konservative Engelbert über den Werdegang des Nonkonformisten und selbsternannten Propheten Pepi Prohaska chronologisch berichtet. Pepi, der demselben Jahrgang wie der Autor angehört, ist eine exponierte, aber keine exotische Gestalt. Der dubiose messianische Weltverbesserer, der bald zahlreiche Anhänger gefunden hat, möchte am gesellschaftlichen und politischen Geschehen mitwirken, um mit Gleichgesinnten »ein unmittelbareres. Ein ehrlicheres. Ein einfacheres. Ein vergnüglicheres« Leben zu führen. Die Beschreibung seiner abenteuerlichen Aktionen und seiner privaten Geschichte ist verknüpft mit der kritischen Darstellung sozialer Wirklichkeit von der Nachkriegszeit bis in die Achtzigerjahre.

Obwohl in die meisten Prosatexte Henischs persönliche Erfahrungen eingeflossen sind, bekennt er sich in keinem Werk so offen zu seiner Person wie in dem Roman *Die kleine Figur meines Vaters* (1975, überarbeitete Neuaufl. 1987). Es handelt sich um eines der ersten Vaterbücher, in dem sich der Autor durch die Auseinandersetzung mit der politischen Vergangenheit des Vaters an seine eigene Identität heranzutasten versucht. Bemerkenswert ist in Henischs Fall, dass er sich teilweise mit dem Vater identifiziert. Denn seine schriftstellerische Tätigkeit nährt sich aus einer ähnlich »brutalen Neugier« wie die fotografische Arbeit des Vaters. Walter Henisch, der lange Zeit seine jüdische Herkunft verleugnen konnte, war zur Zeit des »Dritten Reiches« ein bekannter Kriegsberichterstatter, der – an sich unpolitisch – nur vom Fotografieren besessen war. Nach dem Krieg arbeitete er als freier Pressefotograf, später bei der sozialdemokratischen »Arbeiterzeitung«. Der Text, der aus Tonbandaufzeichnungen mit dem kranken Vater, Gesprächen mit der Mutter und der Großmutter und aus der Beschäftigung mit dem bildnerischen Werk des Vaters entstanden ist, zeichnet die Annäherung nach, die sich während der gemeinsamen »Arbeit« zwischen Vater und Sohn entwickelte. Die Rekonstruktion der väterlichen Vergangenheit wird schließlich Teil der Konfrontation mit der eigenen Person. Das Thema Vergangenheitsbewältigung greift Henisch, der den klassischen Außenseiter im Bild des Juden verkörpert sieht, in ganz anderer Form nochmals in dem 1988 erschienenen Roman *Steins Paranoia* auf. Max Stein, 1945 in Kanada geboren, lebt seit der Rückkehr der jüdischen Familie seit 36 Jahren wieder in Wien. Auf eine – vermutlich – antisemitische Äußerung, die Stein in einer Trafik hört, erwidert er nichts. In diesem Versäumnis liegt der Auslöser seiner »Paranoia«: Er beginnt, sich schuldig zu fühlen. Die Vergangenheit, die Stein (auch) als Nachfahre der Opfer verdrängt hatte, holt ihn ein. Sensibel geworden, registriert er nun rassistische oder antisemitische Untertöne in Äußerungen seiner Landsleute, die er früher, bewusst oder unbewusst, überhörte. Am Ende gilt er tatsächlich als pathologischer Fall: »Sicherlich gäbe sowohl die allgemeine Entwicklung der Welt als auch die besondere Österreichs [...] zu einer gewissen Besorgnis Anlaß. Doch sei ja das eben gerade das Pathologische: daß einer wie Stein in der Interpretation der Wirklichkeit entschieden zu weit gehe.« Neben tagespolitischen Diskussionen, die in Henischs Roman Eingang gefunden haben, entwirft der Autor eine »Topografie des Grauens«, d.h. er erinnert an Schauplätze nationalsozialistischer Untaten in Wien.

In *Hoffmanns Erzählungen – Aufzeichnungen eines verwirrten Germanisten* (1983) hat sich Henisch »erstmals ganz von der Gegenwart und lebenden Personen«, die ihn beeinflusst haben, entfernt. In dem Roman über E. T. A. Hoffmann geht es ihm nicht um literaturgeschichtliche Authentizität, sondern darum, das verniedlichte Hoffmann-Bild, das durch die gleichnamige Offenbach-Oper in der Öffentlichkeit vorherrscht, zurechtzurücken.

Parallel zu seiner Prosa verfasst Henisch auch Lyrik, die motivische und thematische Ähnlichkeiten zu den Erzähltexten aufweist. Der Sammelband *Hamlet, Hiob, Heine* (1989) enthält elf Gedichtzyklen aus 20 Jahren, in denen sich der Autor, von seiner Umgebung ausgehend, übergeordneten Fragestellungen zuwendet. Wie der Titel andeutet, bezieht sich Henisch auch auf klassische Traditionen. Durch den poetischen Einsatz der Alltagssprache, die er immer wieder mit literarischen Anspielungen verknüpft, entsteht eine »realistische«, engagierte Lyrik, die Henisch auch als Lieder vorträgt. Die anklagenden, melancholischen, zynischen und auch versöhnlichen Texte vergegenwärtigen die Suche des lyrischen Ichs nach einer inneren Behausung und den »versuch, die eigene identität zu finden« *(Hamlet bleibt)*: »Dort wo ich wohnen möchte / wohne ich nicht.« Dem beklagenswerten Zustand der Welt zum Trotz, heißt es im »Epilog« allerdings: »Aber justament / Nichtsdestoweniger / Trotzdem: / Wir hoffen aufs Überlieben / genau wie wir glauben / an die Auferstehung / des Laubes.«

Petra Ernst

Werke: *Hamlet bleibt,* Ffm. 1971; *Vom Baron Karl. Peripheriegeschichten und andere Prosa,* Ffm. 1972; *Wiener Fleisch und Blut,* Wien, Mü. 1975; *Lumpazimoribundus, Antiposse mit Gesang,* Schpl., UA Wien 1976; *Die kleine Figur meines Vaters,* R., Ffm. 1975, überarb. Neuausg. Salzb. 1987; *Mir selbst auf der Spur,* G., Baden b. Wien 1977; *Der Mai ist vorbei,* R., Ffm. 1978; *Vagabundengeschichten,* Mü. 1980; *Bali oder Swoboda steigt aus,* R., Mü. 1981; *Zwischen allen Sesseln. Geschichten, Gedichte, Entwürfe, Notizen, Statements 1965–1982,* Wien 1982; *Das Wiener Kochbuch,* Mü. 1982; *Hoffmanns Erzählungen. Aufzeichnungen eines verwirrten Germanisten,* R., Mü. 1983; *Hoffmann oder die Renitenz,* Salzb. 1984; *Pepi Prohaska Prophet,* R., Salzb. 1986; *Steins Paranoia,* R., Salzb. 1988; *Hamlet, Hiob, Heine,* G., Salzb. 1989; *Morrisons Versteck,* R., Salzb. 1991; *Baronkarl. Alte und neue Peripheriegeschichten,* m. Fotos v. Sepp Dreissinger, Weitra 1992; *Vom Wunsch, Indianer zu werden. Wie Franz Kafka Karl May traf und trotzdem nicht in Amerika landete,* Salzb. 1994; *Kommt eh der Komet,* E., Salzb. 1995; *Schwarzer Peter,* R., Salzb. 2000; *Black Peter's Songbook,* Textb. m. CD, Salzb. 2000.

Henkel, Heinrich, wurde am 12. 4. 1937 in Koblenz geboren und wuchs in Bad Ems auf. Nach einer Malerlehre arbeitete er ab 1955 an verschiedenen Orten als Anstreicher, Maler und Tapezierer. 1964 übersiedelte er in die Schweiz. Zunächst noch in seinem Beruf tätig (unter anderem als Vertrauensmann der Schweizerischen Bau- und Holzarbeiter-Gewerkschaft), lebt er seit 1970 als freier Schriftsteller in Basel. Zwischen 1975 und 1980 arbeitete er zeitweise wieder als Maler. 1970 erhielt er den Förderpreis des Gerhart-Hauptmann-Preises, 1971 die Fördergabe des Schiller-Gedächtnispreises des Landes Baden-Württemberg und 1981 den Preis der Frankfurter Autorenstiftung.

Mit einem Stück über die Welt der *Eisenwichser* (1970) – Arbeiter, die für das Streichen von Metall- und Eisenkonstruktionen eingesetzt werden – wurde Henkel mit einem Schlag bekannt. Er, der selbst zwei Jahre lang als Schiffsmaler in Hamburg seinen Unterhalt verdient hatte, gab die unzumutbaren Arbeitsbedingungen dieses Berufes als Grund dafür an, dieses Stück, das bisher etwa 70 Inszenierungen erlebte, zu schreiben. War es zuerst seine Absicht gewesen, einen Roman zu verfassen, legte er dann auf Anraten Rolf Hochhuths seine Erfahrungen in Dialogform nieder. Ein altgedienter und ein junger Industriemaler, zwei »Eisenwichser«, unterhalten sich beim Anstreichen eines unterirdischen Röhrensystems über die Arbeitsverhältnisse, über ihr Privatleben, ihre Wünsche und Sehnsüchte. Der seit 27 Jahren mit giftigen Nitrofarben pinselnde Lötscher redet sich über die Misere seines Lebens hinweg und reagiert mit Unverständnis und Aggression auf die aufsässigen und kritischen Einwände des jungen Volker, der erkennt, dass sie eigentlich als Opfer und nicht als Nutznießer der expandierenden Wirtschaft anzusehen sind. Ein von den beiden nicht bemerkter Defekt der Ventilation, durch den giftige Farbdämpfe frei werden, bewirkt schließlich einen rauschhaften Zustand der Maler. Ob Lötscher am Ende ohnmächtig oder tot zusammenbricht, bleibt offen. Volker, der hysterisch vor sich hin lacht, ohne den Ernst der Lage zu erkennen, denkt nur noch ans Weiterstreichen; mit seinem Satz »Wenigstens noch einen Meter« wird der Zuschauer entlassen. Die ursprünglich in Betracht gezogene Idee, in einem dritten Akt »sozusagen die gesellschaftspolitische Einsicht« mitzuliefern, führte Henkel nicht aus.

Den großen Erfolg der *Eisenwichser* konnte der Autor nicht mehr wiederholen. In seinem nächsten größeren Stück *Spiele um Geld* (entstanden 1967, UA 1971) verarbeitete er Erfahrungen, die er als Kartenmischer in einem Spiel-Casino machte. In dieser Milieustudie aus der Halb- und Unterwelt beschreibt er traurige, brutale und verelendete Typen, die sich im schäbigen Spielsalon zum »Austausch von kleinen Gemeinheiten« und in der Hoffnung auf den großen Gewinn zum Glücksspiel treffen. Der soziale Hintergrund der Figuren wird aber im Gegensatz zu Henkels erstem Stück nicht deutlich. In dem Drama *Olaf und Albert* (UA 1973) entwickelte Henkel am Beispiel zweier alter Männer, die in einem vom Abbruch bedrohten Haus wohnen, eine exemplarische Geschichte über Einsamkeit und Existenzangst als Folge des Alterns. Olaf und Albert – in verschiedenen Phasen des Stückes sowohl Opfer als auch Täter – sind in ein demütigendes Ritual gegenseitiger Quälereien verstrickt.

Henkel versucht in allen seinen Stücken über die gesellschaftskritischen Aspekte hinaus die individuellen Belange seiner Figuren, bei denen es sich meist um »gescheiterte Existenzen« handelt, zu veranschaulichen. Verstärkt zeigte sich diese Tendenz, als Henkel nach fünfjährigem »Schreibverzicht« und »totaler Theater-Abstinenz« 1981 mit *Still Ronnie* wieder an die Öffentlichkeit trat. »Was mich heute noch mehr als früher interessiert, sind Lebensläufe. Keine Abstraktionen, keine Theorien«, bekannte Henkel, der in *Still Ronnie* eine autobiografisch gefärbte Geschichte von einem Drogenabhängigen erzählt, der trotz der Bemühungen eines Freundes rückfällig wird und an einer Überdosis Heroin stirbt. In gemilderter, komödiantischer Form dramatisierte Henkel die Sehnsucht nach Zuwendung und Verständnis in *Altrosa* (1983): Ein älteres Fräulein lässt ihr Wohnzimmer renovieren – in der Hoffnung, in dem bestellten Handwerker einen Ansprechpartner zu finden. Der junge Pascal geht auf die Wünsche der Dame ein, man spricht miteinander, um sich allerdings nach getaner Arbeit wieder zu verabschieden. Die Kritik reagierte auf Henkels Stücke, abgesehen von den *Eisenwichsern*, zwiespältig. Zeigte sie sich, dem Trend folgend, von der dramatischen Reportage über die Arbeitswelt begeistert, so störte sie sich in den folgenden Stücken an Henkels zuweilen thesenhaft anmutender Darstellung sozialer Probleme. In den Neunzigerjahren wurden nur noch zwei Stücke des Autors mit mäßiger Resonanz uraufgeführt, *Lohnhof* (UA 1996) und *Steinzeit* (UA 1997).

Petra Ernst

Werke: *Eisenwichser*, Theaterst., UA Basel, gedr. Zür. 1970, Fssp., 1972; *Frühstückspause*, Theaterst., UA Basel 1971, gedr. Mü. 1973; *Spiele um Geld*, Theaterst., UA Basel 1971, gedr. Basel 1971; *Olaf und Albert*, Theaterst., UA Basel 1973, Fssp., 1975; *Die Betriebsschließung*, Theaterst., UA Basel 1975, Hsp., WDR 1975; *Still Ronnie*, Theaterst., Ffm. 1981, UA Basel 1981, überarb. Fssg. 1982, Hsp., WDR/DRS 1982; *Der Job vom November*, Hsp., WDR 1981; *Altrosa. Eisenwichser. Frühstückspause. Drei Stücke*, Basel 1983; *Altrosa*, Theaterst., UA Basel 1983, Hsp., 1983, Fssp., 1986; *Zweifel*, Theaterst., UA Esslingen/Heilbr. 1985; *Lohnhof*, Theaterst., UA Luzern 1996; *Steinzeit*, Theaterst., UA Krefeld 1997.

Hens, Gregor, wurde am 25. 11. 1965 in Köln geboren. Von 1976 bis 1985 besuchte er ein musisch-humanistisches Gymnasium mit Internat bei Goch/Niederrhein. Er studierte Anglistik, Germanistik und Sprachwissenschaften in Bonn, ab 1989 dann an der University of Missouri und an der University of California, Berkeley. Dort u.a. Zusammenarbeit mit Charles Fillmore und mit dem Psychobiografen Peter Ostwald. Nach der Promotion 1995 zu einem linguistischen Thema (Kasussyntax/Konstruktionsgrammatik) übernahm er eine Stelle als Assistant Professor am Germanistischen Institut der Ohio State University, wo er heute als ordentlicher Professor lehrt. Gregor Hens lebt in Columbus, Ohio.

Eine »menage à quattre«, Goethes *Wahlverwandtschaften* in der amerikanischen Provinz, Campus-Roman und transatlantische Literaturbetriebskritik – im erstaunlich routiniert gebauten Roman *Himmelssturz* (2002) von Gregor Hens verzahnen sich Geschichten und Reflexionen, Milieustudien und dramatische Situationen zu einem Faszinosum, das vom allmählichen Zusammenbruch eines Lebensentwurfes erzählt. Die makellos scheinende Oberfläche der Lebensgemeinschaft eines jungen Universitätsprofessors mit einer schönen und reichen Frau erhält im Spiel mit dem Feuer dunkle Flecken, am Ende stehen Auflösung und Tod. Das Fiasko deutet sich schon zu Beginn an, als der Erzähler von der lähmenden Hitze des amerikanischen Sommers, von einer buchstäblich aus den Fugen geratenen Neuen Welt berichtet. Das Paar plant mithilfe eines Freundes den Bau einer Traumvilla am River Forest, in dem sich die Perfektion ihrer Beziehung spiegeln soll – eine literarische Reminiszenz an die in Thomas Bernhards Roman *Ja* (1978) geplante, festungsähnliche Behausung, die er mit seiner Geliebten beziehen wollte. Doch schon bald stellt sich Unbehagen ein, eine Ahnung, »dass etwas Entscheidendes fehlte. Etwas, dessen Existenz wir voraussetzten.« Bei allen Freiräumen, aller Kultiviertheit im Umgang und den scheinbar sicheren Konstanten ihrer Beziehung zum Trotz ist ein »Ungleichgewicht« entstanden, das durch das Auftreten einer jungen Frau aus Deutschland verstärkt wird, die viel und klug zu erzählen weiß. Es entstehen neue Vertrautheiten, erotische Attraktionen, die Erschütterung von bislang Unerschütterlichem, Dinge geraten aus dem Lot. Doch nicht als Chronologie der Ereignisse erfährt man vom Schicksal dieser Freundschaften, sondern in der spannungsvollen Verzahnung von Handlungssträngen, in Rückblenden und erzählerischen Exkursionen, im Wechselspiel der Perspektiven und Gesten. Selten konnte man die erzählerische Adaption eines geradezu klassischen Themas so genießen. Gregor Hens ist mit seinem Roman über die Vergänglichkeit der Liebe ein kleines Kunstwerk gelungen, das so schnell nicht vergehen wird. Auch mit *Transfer Lounge* (2003) gelangen Hens erzählerische Preziosen, die raffiniert mit dramatischen Effekten spielen und dabei leicht und rätselhaft zugleich erscheinen. Diese »deutsch-amerikanischen Geschichten« kreisen häufig um den Einbruch des Unerwarteten in eine harmonische Situation, winzige Nuancen verändern die Spur, der die Figuren, zumindest für einen Augenblick, aber auch länger, zu folgen bereit sind. Ein Unfall, der plötzlich eintretende Tod, eine (Wieder-)Begegnung oder ein Verbrechen verantworten den jähen Ruck, der durch die Geschichten geht. Dann überschlagen sich die Dinge, wie in *Crimes of Passion*, wenn Jamie zum Flughafen eilt und ein Ticket nach Rom löst: »Sie sei auf der Flucht. Es gehe um die Seele. Um den Erhalt einer Leidenschaft.«

Thomas Kraft

Werke: *Ditransitive Constructions in German*, Diss., Berkeley 1995; *Thomas Bernhards Trilogie der Künste*, Habil., New York 1999; *Himmelssturz*, R., Mü. 2002; *Transfer Lounge. Deutsch-amerikanische Geschichten*, Hbg. 2003.

Henscheid, Eckhard, wurde am 14. 9. 1941 in Amberg in der Oberpfalz geboren. Ursprünglich wollte er eine musikalische Laufbahn einschlagen, studierte dann aber von 1960 bis 1967 in München Germanistik und Publizistik und arbeitete danach als Redakteur zunächst in Regensburg, dann in Frankfurt am Main, wo er 1979 »das endgültige Satiremagazin TITANIC« mitbegründete. Henscheid lebt heute abwechselnd in Amberg, Arosa und Frankfurt am Main. 2000 wurde er mit der Poetik-Dozentur der Universität Heidelberg ausgezeichnet. Literaturpreise lehnt er ansonsten ab. Eckhard Henscheid ist einer der wenigen lebenden deutschsprachigen Autoren, deren Auftreten gemeindebildend gewirkt hat. Das hat auch Nachteile: Seit 1973 sein erster Roman *Die Vollidioten* veröffentlicht wurde, zeigt sich bei seinen Lesern die bedenkliche Neigung, Dichtung und Wirklichkeit miteinander zu verwechseln, so als handele es sich bei Henscheids Fiktionen um außerliterarische Phänomene, die ein Lesevergnügen bereiteten, das letztlich unerklärlich zu bleiben habe: ein Mirakel. Das galt für Rezensenten, von denen einer für viele stehen kann, wenn er sich zu dem verräterischen Geständnis hinreißen lässt, er

»habe Tränen gelacht und würde am liebsten sein Kritiker-Besteck fallen lassen«, ebenso wie für Jünger und Fans, deren fatale Tendenz darin bestand, das Objekt ihrer Verehrung den eigenen Bedürfnissen anpassen zu wollen. Dass sich Henscheid – anders als Jesus von Nazareth – letztlich nie auf das Niveau seiner Gemeinde herabließ, gehört zu seinen reiferen Leistungen.

Zu erklären ist die Hilflosigkeit, mit der Zeitgenossen schon Henscheids Roman-*Trilogie des laufenden Schwachsinns* (1973–1978) begegneten, allenfalls durch deren stupende Qualität, die sich erst aus gebührendem Abstand recht ermessen lässt. Eine gleichwertige Schilderung der deutschen Verhältnisse in den Siebzigerjahren gibt es nicht. Was Henscheid anderen Beobachtern der zeitgenössischen Szene voraushat, sind die Geduld beim Sammeln von Material und eine liebevolle Aufmerksamkeit, die noch der geringsten seiner Figuren höchste Gerechtigkeit widerfahren lässt. Wie jeder wahrhafte Berichterstatter setzt Henscheid sein Vertrauen in die Aussagekraft der Ereignisse selbst, die er höher einschätzt als seine Meinung dazu. Seine Erzähler kommentieren zwar ständig alles, widersprechen sich dabei aber auch so ausschweifend, dass die Bedingtheit ihrer Analysen unmissverständlich klar wird. Dazu kommt die Raffinesse der Mitteilung, die sich wiederum der Leichtigkeit verdankt, mit der sich Henscheid bekannter literarischer Tonfälle bedient. So wählt er etwa im ersten Teil der Trilogie die gravitätische Form der Chronik, um der Banalität der Ereignisse ihre angemessene Fallhöhe zu verschaffen, unterlegt dem zweiten Teil (*Geht in Ordnung – sowieso – genau –*, 1977) ganz beiläufig eine provinzielle Passionsgeschichte, aus der sich im dritten Teil (*Die Mätresse des Bischofs*, 1978) eine merkwürdige Heiligenlegende ergibt, die im Folgeroman (*Dolce Madonna Bionda*, 1983) zur faustischen Marienerscheinung entwickelt wird, um schließlich in der Eichendorffschen Idylle von *Maria Schnee* (1988) zum erlösenden Stillstand zu kommen. Hier von einem kompositorischen Prinzip zu sprechen, ist nicht nur im Großen und Ganzen richtig, gerade auch im Detail ist Henscheids Umgang mit der Sprache ein musikalisch fundierter, der ihn vor allem zurückschrecken lässt, was unelegant, unrhythmisch oder phrasenhaft klingen könnte.

Natürlich gibt es für viele dieser Tonfälle Vorbilder: Die dubiosen Chronisten Dostojewskis und Doderers, die zwielichtigen Helden Kafkas und Becketts, die mondsüchtigen Mono- und Dialoge Tschechows und Bernhards, die verwirrenden Gedankenspiele Sternes oder Svevos, die mäandernde Metaphernseligkeit Jean Pauls und die glanzvollen Oberflächen Nabokovs. Erstaunlich bleibt, wie aus all diesen Anleihen ein ganz eigenartiger Stil werden konnte, denn Henscheids Prosa, die in so gut wie jeder bekannten Form von der Bagatelle bis zum Epos vorliegt, wäre nicht bedeutend mehr als eine Folge vielversprechender Talentproben einer postmodernen Artistik, wenn darin nicht die allerkonkreteste Wirklichkeit der jeweiligen Zeit im hellhörig erfassten Jargon vorgeführt würde, dahinter nicht die allermenschlichste Zuneigung steckte, anders gesagt: ein klebriges Interesse, das durchaus dämonische Züge annehmen kann, und wenn es Henscheid nicht vor allem darum ginge, auf eine flüchtige Art unberechenbar zu bleiben, wie es sie vor ihm noch nicht gegeben hat.

Auf der Flucht ist Henscheid permanent vor seinen Nachahmern, von denen es allzu viele gibt, ohne dass nur einer sich von Henscheids puristischen Warnungen vor obszönem *Dummdeutsch* (1985), das auch in gedankenloser Wiederholung bestehen kann, nachhaltig abschrecken ließe. Henscheids Manier ist nämlich durchaus nachahmbar, und speziell bei Polemikern hat seine Lust, assoziativ zu argumentieren, Schule gemacht. Wobei oft vergessen wird, dass auch die abgehobensten Formulierungen solider Bildungsfundamente bedürfen und noch die abwegigsten Wortkombinationen das Ziel, erhellend zu wirken, nicht ganz verfehlen sollten.

Wer Henscheids allzu wild wuchernden Manierismus vorwirft, sollte bedenken, wie rasch unsere Sprache solche Stilblüten domestiziert und auf Gemeinplätzen zur Schau stellt. Henscheids Essays wenden sich gerade auch gegen diese Form geistiger Trägheit, die er obszön nennt, wenn sie sich populistisch bemüht, verlässliche Klischees als gesicherte Grundsätze anzubieten.

Henscheid hingegen hat es seinen Verehrern zunehmend schwer gemacht, indem sich viele seiner jüngeren Arbeiten Betrachtungs- und Ausdrucksweisen, an die man sich bei ihm gewöhnt hatte, und gängigen Gattungsbezeichnungen gewitzt entziehen. Dass Henscheids Art zu schreiben von verständigen Lesern weiter geschätzt wird, hat verschiedene Gründe. Unter anderem wird es wohl daran liegen, dass nach dem Zweiten Weltkrieg wenig deutsche Prosa geschrieben wurde, die auch nur annähernd so komisch ist.

Bernd Eilert

Werke: *Im Kreis. Historischer Roman,* u. d. Pseud. Hans Eckhard Sepp, Amberg 1968; *Das Lumpengesindel, oder: Wo nur der Vadda wieder bleibt,* Theaterst., UA 1971; *Die Vollidioten. Ein historischer Roman aus dem Jahre 1972,* Amberg o. J. (Selbstverlag des Autors 1973, m. e. später nicht mehr aufgenommenen Nachw.), Ffm. 1978; *Die Städte an der Donau oder Großmutter rückt ein,* Hsp., 1973; *Unser liebes Amberg. Ein kleiner Stadtführer,* Amberg 1975; *Geht in Ordnung – sowieso — genau —,* R., Ffm. 1977; *Die Mätresse des Bischofs,* R., Ffm. 1978; *Verdi ist der Mozart Wagners. Ein Opernführer für Versierte und Versehrte,* zus. m. Chlodwig Poth, Luzern, Ffm. 1979; *Die Knapp-Familie,* Fssp., 1979; *Eckermann und sein Goethe,* Hsp. 1979, Theaterst., UA 1980; *Ein scharmanter Bauer. Erzählungen und Bagatellen,* Ffm. 1980; *Beim Fressen beim Fernsehen fällt der Vater dem Kartoffel aus dem Maul,* Kurzroman, Mü. o. J. (1981); *Unser Goethe. Ein Lesebuch,* hg. mit F. W. Bernstein, Zür. 1982, Neuaufl. Ffm. 1987; *Der Neger (Negerl),* Mü. 1982; *Roßmann, Roßmann ..., Drei Kafka-Geschichten,* Zür. 1982; *Wie Max Horkheimer einmal sogar Adorno hereinlegte – Anekdoten über Fußball, Kritische Theorie, Hegel und Schach,* Zür. 1983; *Dolce Madonna Bionda,* R., Zür. 1983; *14 Schwedengeschichten,* m. Holzschnitten v. Michael Gölling, 200 nummerierte u. signierte Ex., Hersbruck o. J. (1984); *Dummdeutsch. Ein polemisches Wörterbuch,* zus. m. Carl Lierow u. Elsemarie Maletzke, Ffm. 1985; *Frau Killermann greift ein. Erzählungen und Bagatellen,* Zür. 1985; *Helmut Kohl – Biografie einer Jugend,* Zür. 1985; *Fußballkalender,* Herbruck 1985; *Erläuterungen und kleiner Kommentar zu E. H.s Roman-Trilogie »Die Vollidioten«,* zus. m. Herbert Lichti, Ffm. 1986; *Mein Lesebuch,* Ffm. 1986; *Erledigte Fälle. Bilder deutscher Menschen,* Ffm. 1986; *Sudelblätter,* Zür. 1987; *TV-Zombies. Bilder und Charaktere,* zus. m. F. W. Bernstein, Zür. 1987; *Wir standen an offenen Gräbern, 120 Nachrufe,* Zür. 1988; *Standardsituationen. Fußballdramen,* zus. m. F. W. Bernstein, Zür. 1988; *Maria Schnee. Eine Idylle,* Zür. 1988; *Blick in die Heimat,* Hersbruck 1988; *Kleine Trilogie der großen Zerwirrnis,* 3 Bde., Zür. 1989 (enth. *Beim Fressen fällt der Vater dem Kartoffel aus dem Maul; Wir standen an offenen Gräbern. 120 Nachrufe; Der Neger (Negerl); Die drei Müllerssöhne. Märchen und Erzählungen,* Zür. 1989. *Was ist eigentlich der Herr Engholm für einer? Ausgewählte Satiren und Glossen. Erste Folge 1969–1989,* Zür. 1989; *Hoch lebe Erzbischof Paul Casimir Marcinkus! Ausgewählte Satiren und Glossen. Zweite Folge 1970–1990,* Zür. 1990; *Wie man eine Dame verräumt. Ausgewählte Satiren und Glossen. Dritte Folge 1971–1990,* Zür. 1990; *Da lacht das runde Leder. Die gesammelten Fußballanekdoten,* m. Zeichn. v. F. W. Bernstein, Zür. 1990; *Musukplaudertasche. Kolumnen,* Hbg. 1990; *Pegnitz-Sagen,* Hersbruck 1992; *Die Wolken ziehen dahin. Feuilletons,* Zür. 1992; *Kleine Poesien. Neue Prosa,* Zür. 1992; *Die Lieblichkeit des Gardasees. Gesammelte Erzählungen,* Ffm. 1993; *Hersbrucker Trilogie. 14 Schwedengeschichten,* Cadolzburg 1993; *Über die Wibblinger. Geschichten und Bagatellen,* Zür. 1993; *Auf krummen Wegen,* Zür. 1994; *Eckermann und sein Goethe. Ein Schauspiel,* zus. m. Bernd Eilert, Zür. 1994; *Die Zwicks,* zus. m. Regina Henscheid, Zür. 1995; *Welche Tiere und warum das Himmelreich erlangen können,* Stg. 1995; *Über Manches. Lesebuch,* Zür. 1996; *10:9 für Stroh. Erzählungen,* Bln. 1998; *Goethe unter Frauen. Elf biografische Klarstellungen,* Bln. 1999; *Meine Jahre mit Sepp Herberger. Neue Feuilletons,* Bln. 1999; *Jahrhundert der Obszönität. Eine Bilanz,* zus. m. Gerhard Henschel, Bln. 2000; *Prinz Tamino. Märchen und Puppentheater nach Mozarts »Zauberflöte«,* zus. m. Michael Sowa, Bln. 2000; *Warum Frau Grimhild Alberich außerehelich Gunst gewährte. Neue musikalische Schriften,* Bln. 2001; *Alle 756 Kulturen. Eine Bilanz,* Ffm. 2001; *Kulturgeschichte der Missverständnisse. Studien zum Geistesleben,* zus. m. Brigitte Kronauer u. Gerhard Henschel, Lpz. 2001; *Erotik pur mit Flirt-Faktor. Worte der Woche und Verwandtes,* zus. m. Oliver Schmitt, Ffm. 2002.

Henschel, Gerhard, wurde am 28. 4. 1962 in Hannover geboren und wuchs zunächst dort sowie später in Koblenz, Vallendar am Rhein und Meppen auf. Ab 1983 studierte er Germanistik, Soziologie und Philosophie an den Universitäten Bielefeld, West-Berlin (Freie Universität), Köln und brach 1986 sein Studium ab. Bis 1989 arbeitete er als Hilfsarbeiter in einer Spedition in Oldenburg, anschließend als Kellner in einer Diskothek in Heidmühle bei Jever. Von 1990 bis 1993 lebte er als freier Schriftsteller zunächst in Berlin, dann in Göttingen und seit 1998 in Hamburg. Von 1993 bis 1995 war er Redakteur der Satirezeitschrift »Titanic« in Frankfurt am Main.

Henschel begann 1988 in Zeitschriften und Zeitungen wie »Der Alltag«, »Kowalski«, »konkursbuch«, »Frankfurter Allgemeine Zeitung« u.a. zu veröffentlichen. Dabei erschloss er sich ein breites Variationsspektrum lustiger und komischer, aber auch alberner und zynischer Kleinprosa, die absurde Alltagserfahrungen aufgriff und an groteske Leseerlebnisse anknüpfte. Als »Referate & Räuberpistolen« in *Moselfahrten der Seele* (1992), »Elegante Geschichten« in *Lesen ist Essen auf Rädern im Kopf* (1995) oder »Schonungslose Reportagen« in *Wo ist die Urne von Roy Black?* (2000) gesammelt, geben diese Polemiken, Parodien, Satiren, Erinnerungen, Berichte, Anekdoten, Augenzeugenberichte, Agenturmeldungen, Zeitungsenten usw. Henschels bevorzugtes Schreibverfahren zu erkennen: die Entfesselung eines von den gewöhnlichen Katastrophen gelebter Normalität und zerschwatzter Sprache gespeisten Assoziationsspiels mit herbeizitierten Schlagworten, Merksätzen, Sinnsprüchen und Leitsentenzen, das zu überraschenden Wendungen neigt und unerwartete Einsichten vermittelt. Von dieser Verfahrenspraxis profitierten besonders Henschels essayistische Streitschriften, mit denen er kulturkritisch Bilanz zog, indem er mediale Bildeindrücke und Lesefrüchte zusammentrug und ironisch-satirisch auswertete. *Menschlich viel Fieses* (1992) stellte den larmoyanten Betroffenheitskult mancher ostdeutscher Bürgerrechtler bloß, die Religion, Privatleben und Politik nicht zu unterscheiden wissen; *Das Blöken der Lämmer* (1994) deckte den sentimentalen Gesinnungs- und Verbrüderungskitsch der westdeutschen Linken auf, die den Leerlauf ihres Aktionismus mit politisch und moralisch korrektem Getue kompensiert; das mit Klaus Bittermann herausgegebene *Wörterbuch des Gutmenschen* (1994) listete die Stichwörter des leeren Geredes der gesamtdeutschen Alternativszene auf. Die damit geleistete Sprach- und Bewusstseinskritik wurde in Henschels Beiträgen zu den enzyklopädischen Quer- und Längsschnittbänden *Kulturgeschichte der Missverständnisse* (1997) und *Jahrhundert der Obszönität* (2000) auf gesamtgesellschaftliche Sprech-, Denk- und Verhaltensdefekte und ihre Konsequenzen ausgedehnt und in den gemeinsam mit Wiglaf Droste geschriebenen Kriminal- und Schauerroman-Grotesken *Der Barbier von Bebra* (1996) und *Der Mullah von Bullerbü* (2000) in haarsträubend-aberwitzige Handlungsfiktion umgesetzt, die skandalös wirken konnte, weil nicht alle herbeizitierten Prominenten aus Politik und Geistesleben den mit ihnen getriebenen groben Spaß verstehen wollten. Unbestritteneren Spaß bereiteten dagegen die sprachkritisch-bewusstseinsanalytische Erfassung und die belustigende Entzauberung der jugendlichen Fantasieproduktion, des esoterischen Erlösungsgeraunes, der Wortverfehlung und der Stilblüte, des Fußballjargons und der Fußballmythen in den Abenteuerbuch-Parodien *Die gnadenlose Jagd* (1994) und *Bruno in tausend Nöten* (1998), dem Selbstfindungstraktat *Das erwachende Selber* (1993), der mörderisch zerredeten Geschichten-Folge *Der alte Friedensrichter und seine Urteile* (1998) und den lexikalisch bzw. torgeschichtlich angelegten, mit Günther Willen verfassten Fußballbüchern *Supersache!* (1994) und *Drin oder Linie?* (1996). Wie auch die produktive Zusammenarbeit mit Eckhard Henscheid, Max Goldt, Wiglaf Droste, F. W. Bernstein u.a. belegt, klinkte sich Henschel mit den angeführten Veröffentlichungen in die ironisch-satirische Spaßkultur ein, mit der die um das Satiremagazin »Titanic« gescharte »Neue Frankfurter Schule« als lachende Erbin der alten Frankfurter Schule der Sozialphilosophen Max Horkheimer und Theodor W. Adorno auf die politisch-gesellschaftliche Stagnation der reformmüden und revolutionsverdrossenen Bundesrepublik der Achtzigerjahre reagierte. Darüber hinaus angeregt von den Kalendergeschichten Johann Peter Hebels, den Anekdoten Heinrich von Kleists, den Sprachglossen Karl Kraus', den Stürenburg-Geschichten Arno Schmidts, den Desinformations-Nachrichten Ror Wolfs, überdehnte und verdarb Henschel den Spaß jedoch in seinen gewagtesten Texten, indem er ihn über gewohnte Geschmacksgrenzen hinweg bis zum Ekel trieb und in bitteren Ernst umschlagen ließ. Diese Tendenz verschärfte er in seiner vorerst letzten Buchpublikation, dem Briefroman *Die Liebenden* (2002). Die von ihm vorgefundene und redaktionell aufbereitete Familien-Korrespondenz von 1940 bis 1993 vergegenwärtigt das allmähliche Dahinschwinden des Liebesglücks eines Elternpaares unter dem Leistungs- und Erfolgsdruck der aufstrebenden alten Bundesrepublik und dokumentiert in seiner mehr oder weniger übertragbaren Epochentypik jene Furcht und Mitleid erregende Lebenstragik, die über den Sonderfall hinausweist und nicht mehr mit sich spaßen lässt.

Horst Denkler

Werke: *Moselfahrten der Seele. Referate & Räuberpistolen*, Pr., Greiz 1992; *Menschlich viel Fieses. Stasis, Donalds, Dichter und Pastoren*, Ess., Bln. 1992; *Das erwachende Selber. Eine Flaschenpost aus dem Wassermannzeitalter*, m. Zeichn. v. Yvonne Kuschel, Pr., Greiz 1993; *Das Blöken der Lämmer. Die Linke und der Kitsch*, Ess., Bln. 1994; *Das Wörterbuch des Gutmenschen. Zur Kritik der moralisch korrekten Schaumsprache*, Hg., zus. m. Klaus Bittermann, Bln. 1994; *Die gnadenlose Jagd. Ein Kriminalroman*, m. Zeichn. v. F. W. Bernstein, Greiz 1994; *Supersache! Lexikon des Fußballs*, zus. m. Günther Willen, Greiz 1994; *Falsche Freunde fürs Leben. Von Käuzen und keuschen Deutschen*, Ess., Bln. 1995; *Lesen ist Essen auf Rädern im Kopf. Elegante Geschichten*, Pr., Greiz 1995; *Drin oder Linie? Alles übers dritte Tor*, zus. m. Günther Willen, Ess., Lpz. 1996; *Frau in Zink. Ein Dutzend typographische Postkarten*, Typografie Martin Schröder, Bln. 1996; *Der Barbier von Bebra*, R., zus. m. Wiglaf Droste, Hbg. 1996; *Kulturgeschichte der Missverständnisse. Studien zum Geistesleben*, zus. m. Eckhard Henscheid u. Brigitte Kronauer, Ess., Stg. 1997; *Erntedankfäscht*, zus. m. Max Goldt, G., Zür. 1998; *Bruno in tausend Nöten. Abenteuergeschichten*, m. Zeichn. v. Wolfgang Herrndorf, Pr., Hbg. 1998; *Der alte Friedensrichter und seine Urteile. Eine kriminelle Suite*, m. Zeichn. v. F. W. Bernstein, Zür. 1998; *Wo ist die Urne von Roy Black? Schonungslose Reportagen*, Reinbek 2000; *Jahrhundert der Obszönität. Eine Bilanz*, zus. m. Eckhard Henscheid, Ess., Bln. 2000; *Der Mullah von Bullerbü*, R., zus. m. Wiglaf Droste, m. Zeichn. v. Ernst Kahl, Hbg. 2000; *Was* *wäre dir lieber? Lauter gute Fragen,* graf. Gestaltung Alexandra Engelberts, Pr., Gött. 2001; *Die Liebenden,* R., Hbg. 2002.

Hensel, Kerstin, wurde am 29. 5. 1961 in einer Arbeiterfamilie in Karl-Marx-Stadt (Chemnitz) geboren. Nach der Ausbildung an einer medizinischen Fachschule arbeitete sie 1980 bis 1983 als chirurgische Schwester in ihrer Heimatstadt. An das dreijährige Studium am »Deutschen Literaturinstitut Leipzig« von 1985 bis 1987 schloss sich eine Aspirantur am Schauspielhaus Leipzig. Sie arbeitete freiberuflich als Autorin, erhielt 1987 den Lehrauftrag für »Deutsche Verssprache und Versgeschichte« an der Hochschule für Schauspielkunst »Ernst Busch« in Berlin/DDR, und von 1995 bis 1998 unterrichtete sie an der Hochschule für Film und Fernsehen in Potsdam. Vom Literaturinstitut Leipzig wurde sie 2000/01 als Professorin berufen und betreut seit 2001 den Lehrstuhl für deutsche Versgeschichte an der Hochschule für Schauspielkunst. Kerstin Hensel ist Mitglied des deutschen P.E.N.-Zentrums. 1987 wurde ihr der Anna-Seghers-Preis der Akademie der Künste Berlin/DDR verliehen, 1991 der Leonce-und-Lena-Preis der Stadt Darmstadt, 1993 der Lyrikpreis der Stadt Meran, 2001 der Gerrit-Engelke-Preis der Stadt Hannover und 1996 der Förderpreis zum Brandenburgischen Literaturpreis sowie 1997 der Förderpreis zum Lessingpreis des Freistaates Sachsen. Kerstin Hensel lebt in Berlin.

Rationale Distanz zu Stoffen und Themen, genaue Darstellung sozialer Milieus und hohe künstlerische Sensibilität zeichnen das Werk der Lyrikerin, Erzählerin, Bühnen- und Filmautorin aus. Mit Gedichten, die durch strenge Spracharbeit und Urteilskraft auffielen, trat die 22-Jährige vor die DDR-Öffentlichkeit. Klassische Versformen verbinden sich in ihrer frühen Lyrik auf das Ungezwungenste mit natürlichen Sprechrhythmen, in denen Zuständlichkeiten der späten DDR umrissen werden: »Wir leben aus und gehen langsam ein / Und sterben voll entfaltet, wie zum Schein.« Der poetische Blickpunkt entspricht, eigenem Bekunden nach, dem »ernsthaft-komischen Blick der sächsischen Dichter ... von Lessing bis Leising« (*Angestaut,* 1993). In *Schlaraffenzucht* (1989), ihrem ersten Gedichtband im vereinigten Deutschland, bricht ein sozial motiviertes kulturkritisches Pathos mit dem kulinarischen Lebensgefühl der westlichen Gesellschaft. *Gewitterfront* (1991) feiert die zarten und die derben Freuden des weiblichen Sexus. Kampflustige Melancholie ist das dominante lyrische Lebensgefühl. Die Botschaft des Wohlstands und das von einfachen Glücksmomenten ausgehende Subjekt bleiben auch später Antagonisten in Hensels lyrischem Welttheater (*Bahnhof verstehen,* 2001), sie spiegeln einander in teilweise drastischen, dem Essen, Trinken und der Natur entnommenen Metaphern – oft in poetischen Korrespondenzen mit anderen Dichtern, namentlich Gottfried Benn und Volker Braun. Der diesen Band abschließende Sonettenkranz *Vermessenes Land* ist eines der ausgereiftesten deutschen Gedichte seiner Zeit, artifiziell in der strukturellen Geschlossenheit und prägnant in seiner (poetischen) Selbstsituierung im historischen Umbruch.

Hensels Erzählwerk begann mit sprachlich dichten Alltagsstudien der Achtzigerjahre, die sich, durchsetzt mit skurrilen Elementen und einer Vorliebe für figurale Überzeichnungen, dem satirischen Roman und der epischen Groteske behutsam näherten (*Hallimasch,* 1989). Ihre Prosa bewegt sich in fiktionalen Erzählräumen, die gut abgedichtet sind gegen selbstreferenzielle Subjektivität wie gegen weltdeutende Ideologisierungen. Der ernsthaft-komische schärfte sich zum »sezierenden Blick«. Die unscharfen Ränder gesellschaftlicher Hierarchien, die ausgegrenzten und vergessenen Randfiguren sind es, die sie interessieren. »Dichterin des Abschaums und der Armut« nannte sie sich 1992 selbst (*Angestaut*). Figuren wie Semmelweis-Märrie, Orte wie Stinopel, Neuwelt, Kaßberg ziehen durch ihr Erzählwerk – Archetypen sächsischer Landschaft um Chemnitz. Typisierte Figuren, paradoxe Konstellationen, realistischer Argot und eine Vorliebe für zyklisch geschlossene Lebensläufe zeichnen auch ihre Theater- und Hörstücke aus. In den großen Erzählungen *Im Schlauch* (1993) und *Tanz am Kanal* (1994) situiert sie ihre Figuren zwischen den begrifflichen Polaritäten Armut/Askese und Überfluss/Gier auf der Suche nach einer autonomen Lebensform. Aus den kreatürlichen, biologischen oder familiären Determinanten des Alltags der »kleinen« Leute und seiner Banalität wird große Geschichte des 20. Jahrhunderts in poetischen Chiffren ablesbar. In Gestalt von Hühnern, Giftpilzen oder Katzen bricht die kreatürliche Natur in die zwangsberuhigten Familienzonen ein und hinterlässt ihre Verstörungsspur (*Neunerlei,* 1997). Hensels Poetologie der »erfahrenen Erfindung« kommt vor allem in ihren satirischen Heimatromanen mit intellektuellem Witz und derber Komik zum Einsatz. Der erste, *Auditorium panopticum* (1991), dessen Schauplatz die Leipziger Universität ist, handelt in einer eleganten Synthese aus kolportierten, erfundenen und authentischen Schauplätzen und Figuren von der fatalen Dialektik von Natur- und Sozialgeschichte. *Gipshut* (1999) ist eine Art posthumer DDR-Wenderoman und setzt die aus obskuren Handlungsfiktionen und sensiblen Charakterstudien collagierte Erzähltechnik fort. *Im Spinnhaus* (2003), ein episodischer Roman, der sozialgeschichtliches Alltagsleben von Wäscherinnen, Bergarbeitern und Bauern zur historischen Totale weitet, erzählt von den Bewohnern eines Armenhauses am Rand des Erzgebirges von 1900 bis in die Gegenwart. Erst als das Spinnhaus unbewohnt steht und die Erzgebirgler zum Geldverdienen nach Bayern gezogen sind, kommt ihre Geschichte in Gestalt des Heimatfotografen Roland Wolzack und seiner Bilder in New York an.

Beatrix Langner

Werke: *Poesiealbum,* G., Bln 1983; *Anspann,* Hsp., Rundfunk d. DDR 1985; *Stillleben mit Zukunft,* G., Halle 1986; *Lilit,* E., Samisdat/Eigenverlag 1987; *Stinopel,* E., m. Illustr. v. Reinhard Minkewitz, Samisdat/Eigenverlag 1987; *Die lange lange Straße*, Hsp., Rundfunk d. DDR 1987; *Max und Moritz*, Hsp., Rundfunk d. DDR 1988; *Hallimasch,* En., Halle, Ffm. 1989; *COR/ART/ORIUM – Blätter für Lyrik und Grafik*, Hg., zus. m. Karl-Georg Hirsch, Lpz., Bln. 1988–1994; *Schlaraffenzucht,* G., Ffm. 1989; *Leb wohl, Joseph*, Filmszenarium, 1989; *Rondo allemagne,* Libretto, Musik v. Friedrich Schenker, UA Hann. 1990; *Ulriche und Kühleborn,* E., hg. v. Albert Kapr u. Roland Opitz, Ffm. 1990; *Teufel und Soldat,* Hsp., DS Kultur 1991; *Marie und Marie,* Hsp., DS Kultur 1991; *Auditorium panopticum,* R., Halle 1991; *Ab tritt Fräulein Jungfer*, G., Bln. 1991; *Der Spielmannszug*, Hsp., SDR 1991; *Die Gespenster der Lavant*, Hsp., 1992; *Der Fensterputzer*, Hsp., DSK/RB 1992; *Bagatellen*, G., Lpz. 1992; *Kahlkuss*, G., m. Illustr. v. Karl-Georg Hirsch, Rudolstadt 1993; *Angestaut, Gedichte, Feuilletons, Essays,* Halle 1993; *Im Schlauch*, E., Ffm. 1993; *Diana! Gespräch mit Elke Erb*, m. Illustr. v. Karla Wosnitza, Bln. 1993; *Tanz am Kanal*, E., Ffm. 1994; *Kreuzzertretung. Werkauswahl Christine Lavant*, Hg., Lpz. 1994; *Augenpfad*, G., Pr., m. Illustr. v. Angela Hampel, Gotha 1995; *Freistoß*, G., Lpz. 1995; *Der Kontrolleur*, Filmszenarium, 1995; *alias mandelstam*, Libretto, Musik v. Friedrich Schenker, UA Bln. 1996; *Neunerlei*, En., Lpz. 1997; *Klistier,* Theaterst., UA Mannheim 1997; *Hitzequitte*, Libretto, Musik v. André Werner, UA Ludwigslust 1998; *Volksfest by Bürgerbräu. Berlingedichte,* m. Illustr. v. Detlef Olschewski, Bln. 1998; *Totentänze*, G., m. Illustr. v. Karl-Georg Hirsch, Bln. 1998; *Der sezierende Blick,* Ess., in: Gerd Herholz, Hg., *Experiment Wirklichkeit. Renaissance des Erzählens?*, Essen 1998; *Hyänen*, Theaterst., UA Ingolstadt 1999; *Gipshut*, R., Lpz. 1999; *Alles war so, alles war anders. Texte,* m. Fotografien v. Thomas Billhardt, Lpz. 1999; *Hohe Bauten*, Libretto, UA Bln. 1999; *Müllers Kuh Müllers Kinder*, Theaterst., UA Greifswald 2000; *Bahnhof verstehen*, G., Mü. 2001; *Atzenköfls Töchter,* Theaterst., UA Ingolstadt 2001; *Preußisch Blau,* Theaterst., UA Cottbus 2001; *Menschen getroffen*, Theaterst., UA Bln. 2000; *Das Fernglas*, Filmszenarium, 2002; *Überall Himmel, überall Hölle. Barock-Hörstück*, UA Bln. 2002; *Im Spinnhaus*, R., Mü. 2003.

Hensel, Klaus, wurde am 14. 5. 1954 in Kronstadt in Transsilvanien/Rumänien geboren. Er studierte Germanistik und Anglistik in Bukarest. Anschließend war er Verlagslektor bei »Kriterion« und »Meridiane«. 1981 reiste er in die Bundesrepubik aus. Er lebt als Schriftsteller, Journalist und Fernsehautor in Frankfurt am Main. Ausgezeichnet wurde er u.a. 1987 mit dem Förderpreis des Friedrich-Hölderlin-Preises, 1988 mit dem Kranichsteiner Literaturpreis und 1994 mit dem Villa-Massimo-Stipendium der Deutschen Akademie in Rom.
Im ersten Gedichtband von Klaus Hensel, *Letztes Frühstück mit Gertrude* (1980), wie so viele dieser Debüts rumäniendeutscher Autoren von Franz Hodjak im Klausenburger Dacia-Verlag betreut, konzentrieren sich die Texte auf die bedrängte Situation der Autorengruppe »Aktionsgruppe Banat«, zu der Hensel gehörte: »Sie kamen schon einmal zu mir / ins Haus ins Zimmer ich lüge / kaum wenn ich sage ins Bett // Auf dem Umweg über ihre / Fragen lernte ich Gedichte / machen über mich: ob ich / Wahrheit an den Schuhsohlen / in meine Gedichte trage oder nicht / ihr Blick klebt fest daran // Welch eine Falle die Literatur / für uns / für sie / für mich« (*Die Schatten der Wahrheit*). Uniformierte Stimmen, allgegenwärtige Schatten und eine bessere Kindheit prägen eine Wirklichkeit, der »nichts / als Wirklichkeit / im Weg« steht (*Endpunkt im Gespräch*). Daneben gibt es Erinnerungen an eine heitere Kindheit und Widmungsgedichte an Kollegen wie Werner Söllner, Richard Wagner, Heinz Czechowski und Wulf Kirsten, mit einfacher Sprache und kleinen, listigen Metaphern.
Kurz nach Veröffentlichung dieses Gedichtbandes verließ Hensel Rumänien, doch erst acht Jahre später erschien sein nächster Gedichtband, *Oktober Lichtspiel* (1988), der große Beachtung fand. Immer noch ist das spröde Land präsent, fallen die Schlüsselbegriffe Heimat, Landschaft und Riss. Von Verlusten ist viel die Rede in diesen knappen Texten, aus der Ferne grüßen die Erinnerungen an Menschen und Orte. Wie sein Vorbild Johannes Bobrowski, dem er bereits im ersten Band das Gedicht *Späte Antwort* gewidmet hatte, bemüht sich Hensel

um äußerste Reduktion und vertraut auf den assoziativen Symbolwert jeden Wortes. Diesem Verfahren der fortlaufenden Konzentration und Auflösung wird ein lakonischer Ton entgegengestellt, der versucht, in der Sprache über sich hinauszuweisen, ohne Exil und Traumata zu verleugnen. Während sich dieser Band mit seinen Erinnerungs- und Liebesgedichten ganz nahe am Konkreten bewegt, zeugt *Stradivaris Geigenstein* (1990) von einer von formal-poetologischen Überlegungen begleiteten Suche nach dem richtigen Ton. Hensel experimentiert mit Versatzstücken der konkreten Poesie, zeigt sich sprachschöpferisch und radikal. Ganzheit und Schönheit lehnt er ab, präferiert die »formale Imperfektion«, die Mängel und Schadstellen eines Gedichtes. Viele oder auch gar keine Deutungsansätze liefern diese zum Teil verrätselten, hermetischen Texte, die ganz auf eine eigene Sprachgebung setzen. Da ist ein zwischen Volkslied und Celan changierender Vers schon die Ausnahme: »Hebst du dann / Im Durst das Sandglas / Halt kurz ein / Gieß dich dazu.«

Mit neurophysiologischem Vokabular und »rasendem Blut« angefüllt ist der Band *Humboltstraße, römisches Rot* (2000); Erektionen, Lust und Saft, dazu Lichtmetaphern und viele Schmeicheleien treiben einen verliebten Faun durch *Erotica Romana*. Manchmal kindisch, dann zärtlich und stimmungsvoll geben sich diese Liebesverse, die die Gefühle wie ein »Flächenbrand« befeuern sollen.

Thomas Kraft

Werke: *Das letzte Frühstück mit Gertrude*, G., Cluj-Napoca 1980; *Oktober Lichtspiel*, G., Ffm. 1988; *Stradivaris Geigenstein*, G., Ffm. 1990; *Summen im Falsett*, G., Rom 1995; *Humboldtstraße, römisches Rot*, G., Ffm. 2001.

Herbeck, Ernst, wurde am 9. 10. 1920 in Stockerau (Niederösterreich) als Sohn eines Beamten geboren. Er besuchte ein Jahr lang die Handelsschule, wurde zum Dienst in der Rüstungsindustrie zwangsverpflichtet und 1940 erstmals in eine psychiatrische Klinik zur Schockbehandlung eingewiesen. Mehrere Entlassungen und Wiedereinweisungen folgten. Ab 1946 war Herbeck in der Niederösterreichischen Landesnervenklinik Maria Gugging bei Wien dauerhaft hospitalisiert, 1950 wurde er entmündigt. 1978 wurde er zum Mitglied der Grazer Autorenversammlung gewählt. Seit 1981 lebte Herbeck im »Haus der Künstler« am Rand des Gugginger Anstaltsgeländes, wo er am 11. 9. 1991 verstarb.

Die schriftstellerische Tätigkeit Ernst Herbecks begann im Jahr 1960, als sein Psychiater Leo Navratil ihn zu Therapiezwecken bat, ein Gedicht mit dem Titel *Der Morgen* zu verfassen, worauf Herbeck die Verse niederschrieb: »Im Herbst da reiht der Feenwind / da sich im Schnee die / Mähnen treffen. / Amseln pfeifen heer / im Wind und fressen.« Beeindruckt von der poetischen Schönheit der psychopathologisch derangierten Sprache bat Navratil ihn fortan wiederholt, Gedichte zu vorgegebenen Titeln zu schreiben. Herbeck, der nie aus eigenem Antrieb literarisch tätig wurde und über keine Kenntnis der Literaturgeschichte verfügte, kam den Aufforderungen seines Psychiaters jeweils nach, schenkte den Resultaten seines Schreibens aber keine weitere Beachtung. Weder überarbeitete er die Gedichte und kurzen Prosastücke, noch beabsichtigte er eine Publikation. Navratil veröffentlichte in seinem Buch *Schizophrenie und Sprache* (1966) erstmals 83 Gedichte Herbecks unter dem selbst gewählten Pseudonym »Alexander«. Resonanz lösten die Texte Herbecks insbesondere unter Künstlern wie André Heller und Schriftstellern wie Gerhard Roth, Ernst Jandl oder Elfriede Jelinek aus. Sie beeindruckte die erstaunliche Nähe der aus dem kulturellen Vakuum der Anstalt kommenden schizophrenen Sprachkunst mit den Schreibweisen der Avantgarde. Herausgegeben von Leo Navratil erschien die erste eigenständige Veröffentlichung Herbecks unter dem Titel *Alexanders poetische Texte* (1977), nach Aufhebung der Entmündigung publizierte er dann unter seinem richtigen Namen den Werkquerschnitt *Alexander. Ausgewählte Texte 1961–1981* (1982). Durch die unermüdlichen Bemühungen Navratils wurde Herbecks Lyrik schrittweise einer größeren Öffentlichkeit bekannt. Heinar Kipphardt adaptierte zahlreiche Gedichte in einer an Plagiat grenzenden Weise für die verschiedenen Versionen seines *März*-Projekts. W. G. Sebald setzte dem Anstaltspatienten Herbeck in seinem Roman *Schwindel. Gefühle* (1990) ein einfühlsames literarisches Denkmal, außerdem verfasste er zwei wegweisende Essays zum Werk des Lyrikers Herbeck. Darin stellt Sebald fest, dass vor allem zwei Tendenzen die Dichtkunst Herbecks kennzeichnen: der Gestus der Anarchie und der Gestus der Empathie. Subversiv ist etwa Herbekks Umgang mit Texten der arrivierten Literatur, die ihm von Navratil zum Zwecke der Nachdichtung vorgelegt wurden. Rilkes *Der Schwan* (in: *Neue Gedichte*, 1908) etwa transformiert bei Herbeck zu: »Er schrak zusammen, der Schwan / doch die Seerose regte ihn wieder / auf. / Unsere Mutter sagte einst, dass sie einst / sehr tierliebend gewesen war. / Der Schwan war groß und wog: 55 kg / Lebendgewicht.« Herbeck geht auf gleichsam bastlerische Weise vor (analog dem von Claude Lévi-Strauss bestimmten Prinzip der »bricolage« in der Mythografie des »Wilden Denkens«), indem er Fragmente des fremden Originaltextes mit persönlichen Erinnerungsbruchstücken zu etwas originell Neuem verbindet. Als durchaus subversiv zu verstehen ist auch die übereifrige Affirmation gesellschaftlich sanktionierter Axiome, etwa in *Das Vaterland*: »Wenn das Vaterland nicht wär, / wären wir arm. Das Vaterland ist / gut.« Herbecks Sinn für anarchischen Humor demonstriert ein Gedicht wie *Das Freudenhaus*: »Das Freudenhaus ist gut und groß. / Ist für die Musik gebaut und steht allen Menschen offen.« Herbecks Empathie galt insbesondere den Tieren als der vom Standpunkt der »Normalen« anderen vernunftunbegabten Spezies, welche in seinen zahlreichen Tiergedichten zu Stellvertretern und Projektionsfiguren des eigenen Leidens werden: »Das Nashorn ist im Wald ganz stumm. / Die Nase in der Höh und tut auch / gar so weh. / Die immer so wehtat und tut sonst / gar nicht weh. / Mehr als das Tier so groß ist sie auch / das Nashorn ist ein großes Tier. / Das Nashorn ist im Wald. / So zackig ist das Nashorn / und doch so schön.« Auf besonders eindringliche Weise ausgedrückt ist der vom Zivilisationsprozess verdrängte ursächliche Konnex zwischen Mensch und Tier im Gedicht *Depression*: »Die Depression ist ein Augenleid / kommt vom vielen Leid der / Tiere Schwein und Tiger. / Traurigkeit. Mehr essen.« Das durch rücksichtslose Ausbeutung der Natur erzeugte Leid der Tiere schlägt destabilisierend auf den Menschen zurück, der darauf jedoch nicht anders als durch weiteren Raubbau in Form des Schnitzelessens zu reagieren vermag. Solcherart sind die Lehren, die Ernst Herbecks Lyrik aus der Isolation der Schizophrenie heraus dem Leser zu vermitteln versucht.

Uwe Schütte

Werke: *Alexanders poetische Texte*, G., Mü. 1977; *Bebende Herzen im Leibe der Hunde*, zus. m. Zeichnungen v. Oswald Tschirtner, G., Mü. 1978; *Alexander. Ausgewählte Texte 1961–1981*, G., Salzb. 1982; *Im Herbst da reiht der Feenwind. Gesammelte Texte 1960–1991*, G., Salzb. 1992; *Die Vergangenheit ist klar vorbei*, G., Wien 2002; alle hg. v. Leo Navratil.

Herbst, Alban Nicolai (eigentlich Alexander v. Ribbentrop), geboren am 7. 2. 1955 in Refrath bei Köln, wuchs in Braunschweig und Bremen auf. Nach einer Tätigkeit als Rechtsanwalts- und Notargehilfe und nach dem Zivildienst holte er das Abitur auf dem Abendgymnasium nach, studierte ab 1981 in Frankfurt am Main vor allem Philosophie und veröffentlichte daneben seine ersten Prosawerke. Von 1987 bis 1993 führte er ein Doppelleben als Autor und als Aktien- und Devisenbroker, lizensiert mit US-amerikanischem Examen. Als freier Schriftsteller, Kritiker und Hörfunkautor lebte er zunächst weiter in Frankfurt und zog dann nach Berlin. Von 1985 bis 1989 gab er in einem Göttinger Verlag »Dschungelblätter. Zeitschrift für die deutschsprachige Kulturintelligenz« heraus. Ausgezeichnet wurde er 1981 mit dem Niedersächsischen Nachwuchsstipendium für Literatur, 1984 mit dem Jahreskunstpreis des Frankfurter Vereins für Künstlerhilfe, 1985 mit einem Stipendium der alten Hauptfeuerwache in Mannheim, 1987 mit einem Aufenthaltsstipendium in der Casa Baldi, Olevano Romano, 1995 mit dem Grimmelshausen-Preis, 1998 mit einem Villa-Massimo-Stipendium und einem Aufenthaltsstipendium im Ledig House Ghent/NY, USA, und 1999 mit dem Fantastik-Preis. 2000 war er »writer-in-residence« der Keio-Universität Tokyo.

Realität erscheint in Herbsts bedeutendsten Werken als ein Universum des literarisch entgrenzten Bewusstseins, in dem die Kluft zwischen Alltagswelt, Zeitgeschichte und Fantasie, zwischen Reflexion, Einbildung und literarischer Erinnerung aufgehoben ist. Das Ich und seine Erfahrungen, damit auch die Gesamtheit der außerliterarischen Faktizität, lösen sich in einen epischen Kosmos auf, der die Hierarchie der fiktionalen Instanzen, Wirklichkeitsebenen und figuralen Identitäten einebnet. Erkennbare zeitgeschichtliche Personen bevölkern zusammen mit den Spaltungsfiguren des Autors und einer Fülle erfundener, die Werke miteinander verknüpfender Gestalten einen schließlich als »Cyberwelt« futuristisch imaginierten Erzählraum, in dem das Recht des fiktionalen Tagtraums gegen alle Ansprüche alltagsweltlicher Bestimmbarkeit verteidigt wird. Wirklichkeit ist für Herbst, wenngleich in ihren Partikeln oft genug in genauer Mimesis reproduziert, ein Kopfprodukt, das auch die Freiheit des sich selbst spielerisch potenzierenden, genießenden und infrage stellenden Subjekts ermöglicht – ein letzthin romantischer Gedanke. Dieser spontan erscheinende, jedoch eher rational kalkulierte, jeweils sorgfältige Vorstudien verratende narrative Totalitätsanspruch ist auch gegründet in einer geradezu polyhistorischen, alte und aktuelle Literatur umfassenden Belesenheit. Sie verweist, um einige Lieblingsautoren zu nennen, ebenso auf Arno Schmidt wie auf den Typus des fantastischen, jedenfalls politikfernen Großromans, den Herbst in den Beispielen eines Jean Paul, eines Wolf von Niebelschütz und des besonders verehrten Thomas Pynchon schätzen lernte.

Gleichwohl artikulierte sein frühes Prosawerk, offenbar von der »Frankfurter Schule« beeinflusst, zunächst den gängigen sozial-, medien- und konsumkritischen Protest gegen das reflexionslose Elend und die Verdrängungsakrobatik der Nachkriegsgesellschaft. *Marlboro* (1981) versammelt Kurzerzählungen und monologische Figurenporträts, in denen vor allem die Überwältigung des Ichs durch die Schablonen der öffentlichen Rede sichtbar wird. Das hier bevorzugte Verfahren, Figuren ohne auktoriale Kommentare ganz aus ihrer eigenen Sprache und Psyche heraus zu konstruieren, baute Herbst in *Die blutige Trauer des Buchhalters Michael Dolfinger* (1986) zu einem atemlosen Romanmonolog aus, in dem sich die Glücksfantasien, aber auch die Aggressionen eines antibürgerlichen Aussteigers Luft verschaffen. Prosaetüden wie die Erzählungen *Joachim Zilts Verirrungen* (1986), eine kafkaeske Kette albtraumhafter Zwangsvorstellungen, und *Die Orgelpfeifen von Flandern* (1993), eine in Paris angesiedelte tragische Liebesgeschichte, lassen sich als Stationen auf dem Weg zum Großroman des *Wolpertinger* insofern verstehen, als Herbst sich hier auf die Übergänge von privaten Halluzinationen und der quasi-objektivierten Lebenswelt des Ich-Erzählers konzentriert. Schon in dem Roman *Die Verwirrung des Gemüts* (1983) hatte Herbst seine fiktionalen Spiele mit der Erzählerfigur begonnen und damit jenes strukturelle Motivgeflecht angedeutet, das fortan fast obsessiv sein episches Œuvre charakterisieren sollte: Aufbruch, auch Flucht des Ichs in der Spaltung und Multiplikation seines Selbst, d.h. in der Auffaltung des Ichs in eigenständige Figuren, die in die erzählte Welt eingehen, sich dort auf verwirrende Weise substituieren, ja sogar (wie im Sizilienbuch und im *Manhattan-Roman*) suchen, finden, verlieren oder gar bedrohen.

All diese Vorlieben und Verfahren flossen ein in sein Meisterwerk, den mehr als 1000-seitigen Großroman *Wolpertinger oder das Blau* (1993). Herbst entwickelt hier ein im markierten Rückgriff auf Jean Paul und Thomas Manns *Zauberberg* nach musikalischen Prinzipien gearbeitetes und fantastisch umspieltes Epochenpanorama, zugleich eine mentalitätshistorische Diagnose der späten Sechziger- bis frühen Achtzigerjahre. Der Ich-Erzähler verschmilzt mit der Zentralfigur Hans Erich Deters. Auf der Reise von Bremen nach Frankfurt landet er für sieben Tage des Jahres 1981 im »Wolpertinger«, einem in Hannoversch-Münden liegenden Hotel. Der Name des Hotels ist zugleich Bezeichnung eines bayerischen Fabelwesens und Code für den Roman wie für das gebrochene Autorbewusstsein insgesamt. Im »Wolpertinger« bilden Literaten, Privatgelehrte und Kulturfunktionäre eine bildungsträchtige Schickeria mit deutlichem Bezug auf das Herbst sehr wohl bekannte intellektuelle Binnenklima Frankfurts. Es entsteht ein Filigranwerk von Dialogstimmen, in dem Brutalität und Sehnsucht, Eskapismus und endzeitliche Wut, private Leiden und kulturphilosophische Diagnosen zusammen mit einem Chor kontrastiver Sprachporträts zu einem polyfonen Gebilde verschränkt werden. Das manchmal in grotesker Komik inszenierte Geschehen wird locker zusammengehalten auch durch die Aufführung von Shakespeares *Sommernachtstraum*, in dem sich das Romanpersonal und seine internen Beziehungen spiegeln.

Mythische Modelle und psychische Tiefenstrukturen, Herbst durch Arno Schmidt geläufig und im späteren Werk, auch im *Undine*-Stück (1995), immer deutlicher hervortretend, machten aus seinem sizilianischen Reisebuch (1995) mehr als einen literarisch versierten Baedeker. Später hat Herbst umgekehrt seinen Aufenthalt in New York schon vorab nicht als Reisebericht, sondern sogleich in einem kleinen *Manhattan-Roman* (2000), einem etwas ratlos wirkenden Nebenwerk, verarbeitet. Größeres Gewicht kommt einer *Der Arndt-Komplex* betitelten Novellen-Sammlung (1997) zu, die auf das Frankfurter Ambiente der frühen Achtzigerjahre, aber auch auf Grundprobleme von Herbsts (nicht nur literarischer) Selbstreflexion zurückweist. Mit latenten Bezügen zu Benns *Rönne*-Komplex, aber auch zu Valérys *Monsieur Teste* erprobt Arndt das aussichtslose Unterfangen, sich selbst in der totalen Kontrolle über alle Emotionen und affektiven Impulse seiner Physis im Sinne des cartesianischen Verstandes und einer fast platonisch wirkenden »Reinheit« und »Freiheitlichkeit« des Denkens zu programmieren. Das führt im Alltag zu komischen Effekten und zu einer Kette des Misslingens, zu trivialen Konfrontationen und Kompromissen. Das sich »zwischen Empfindung und Logos« zerquälende Subjekt kapituliert vor den Aporien der beanspruchten Ich-Autonomie. So ver-

raten diese Novellen vielleicht gerade in ihrer humoresken Leichtigkeit, warum sich für Herbst die fiktionale Pluralisierung des Ichs als Königsweg einer paradoxen Identitätssicherung anbot.
Während der Arbeit an diesen Werken wuchs sein ehrgeizigstes, inkommensurables, kaum referierbares Romanwerk heran: das bisher in zwei Bänden (*Thetis*, 1998; *Buenos Aires* 2001) vorliegende, als Trilogie geplante, sich an Thomas Pynchon messende *Anderswelt*-Projekt. Im Berliner Café Silberstein wird von dem wiederum fiktional verfremdeten und multiplizierten Autor ein durch abrupte Perspektivenwechsel verrätselter apokalyptischer Zustand ausfantasiert, in dem ein »Resteuropa« von dem ringsum nur durch eine hohe Mauer getrennten Thetismeer getrennt ist. In dieser imaginären Festung wuchern die aktuellen Konflikte zwischen Ost und West und die in Ängsten kultivierten Bedrohungsmomente. Geschehnisse, Figurenhandeln und Verhältnisse des fantastischen Landes rekapitulieren und zitieren neben Trivialmythen des Films kolportagehafte Motive und Bilder der Science-Fiction-, Horror- und Fantasy-Literatur. Dieser spätmodernen Orchestrierung entspricht eine unbekümmerte, oft parodistisch alle Register ausspielende Sprache zwischen Comicstrip und ernster Reflexion. Was sich im *Wolpertinger* andeutete, wird jetzt exzesshaft bis ins Wahnhafte durchbuchstabiert. Herbst dringt hier in einem unverkennbaren, manchmal verspannt wirkenden Kraftakt an der Grenzscheide zwischen narrativer Exuberanz, kultureller Reprise, zeitgeschichtlicher Betroffenheit und sperrigem literarischen Experimentiergestus bis zu den Grenzen der Darstellbarkeit und Lesbarkeit vor, versucht sich an der imponierenden Konstruktion einer kompletten, Ähnlichkeit und Fremde auskostenden fiktiven Parallelwelt, die fragen lässt, wie es darüber hinaus noch weitergehen soll.

Wilhelm Kühlmann

Werke: *Marlboro. Prosastücke,* Hann. 1981; *Die Verwirrung des Gemüts,* R., Mü. 1983; *Rühm. Ein Arrangement nach Gerhard Rühm*, Theaterst., UA Ffm. 1983; *Dracula ist ein postmoderner Sänger aus Deutschland. Eine Hörmontage für vier Literaten*, Steinheim/Hanau 1985; *Die blutige Trauer des Buchhalters Michael Dolfinger. Lamento*, R., Gött., St. Gallen 1986; *Joachim Zilts Verirrungen*, E., St. Gallen 1986; *Die Orgelpfeifen von Flandern,* N., Ffm. 1993; *Wolpertinger oder das Blau*, R., Ffm. 1993; *Eine Sizilische Reise. Fantastischer Bericht,* Ffm. 1995; *Undine. Komödie*, Ffm. 1995, Erstlesung Hdbg. 1996; *Das Leda-Projekt*, Hsp., SFB 1996; *Es wird uns nicht verziehen werden, umsonst gelebt zu haben. Eine d'Annunzio-Fantasie*, Hsp., DLF 1996; *Der Blaue Kammerherr. Eine Radio-Fantasie über Wolf v. Niebelschütz*, DLR 1996; *Die Sprache der Trottoirs. Eine Passage*, Hsp., SFB 1996; *Der Fürst der Romane. Eine Radio-Unterhaltung über Anthony Burgess*, DLR 1997; *Die Muschelerde der Träume. Eine Radio-Fantasie über Louis Aragon*, DLF 1997; *Nicht Sirius. Fantasiestück*, Ffm. 1997; *Goegg. Ein Bürgerliches Revolutionsspiel,* UA Renchen 1997, gedr. Ffm. 1997; *Der Arndt-Komplex,* Reinbek 1997; *Thetis. Anderswelt. Fantastischer Roman*, Reinbek 1998; *Notturno: Nach Palermo! O-Ton-Hörstück*, DLF 1999; *»plötzlich wird vieles klar«. Minioper für 7 Gesangsstimmen und 4 Streicher,* von Caspar Johannes Walter, nach *Goegg*; UA Stuttgart 1999; *Städtebilder für Stimme, Klavier und Zuspielband* auf Gedichte von A. N. H. v. Caspar Johannes Walter, UA Expo Hannover 2000; *So ist es. Ist es so? Eine Pirandello-Redoute*, DLF 2000; *Das Ohr an der Straße oder Im Glanz und Elend der Stadt Bombay. O-Ton-Hörstück*, DLF 2000; *Manhattan-Roman,* Ffm. 2000; *Buenos Aires. Anderswelt. Kybernetischer Roman*, Bln. 2001; *Der walisische Blocksberg oder Länder gibt es, vertrackte. Ein Hör- und Kunst-Stück über John Cowper Powys*, DLF 2001; *Slothrop's Verschwinden oder Das war Thomas Pynchon. Eine Collage*, Hsp., DLF 2002; *Weltwechsel, Hörstück I, Zeitstrahl, Hörstück II,* Libretti, Musik v. Caspar Johannes Walter, HR 2002; *Inzest oder Die Entstehung der Welt. Der Anfang eines Romans*, zus. m. Barbara Bongartz, Köln 2002 (»Schreibheft Nr. 58«); *Die Niedertracht der Musik,* En., Bln. 2003; *Meer,* Hbg. 2003; *Tokyos Lächeln. Entfernungen an eine ferne Stadt*, DLF 2003.

Herbst, Hans, wurde am 22. 9. »1941 in Hamburg-St. Pauli geboren. Vater war Seemann, die Mutter war auch in Ordnung. Volksschule, Autoschlosserlehre, danach weg von zu Hause, kreuz und quer durch Europa, ein Jahr Paris-Aufenthalt. Habe, aber nur wenn unbedingt nötig, gearbeitet als Kellner, Kranführer, Hafenarbeiter, Bauhilfsarbeiter, Anstreicher, Filmbeleuchter usw. Habe Hamburg endgültig verlassen, als unsere gute Stube, die berühmte ›Palette‹ ihre Pforten schloß und bin nach München übergesiedelt. Längere Reisen durch Mexiko, die Karibik, Nordamerika und Brasilien. Fühle mich in Lateinamerika mehr zu Hause als hier, Bahia im Nordosten von Brasilien ist meine zweite Heimat. Bin Musiker, spiele Percussion, d. h. Conga-Drum, Jazz und afrolateinische Musik. Ich habe mich nie darum bemüht, mein Geschriebenes zu veröffentlichen, und daß es doch dazu kam, war Zufall. Seit 1979 regelmäßige Veröffentlichungen von Erzählungen und Reportagen« (Hans Herbst, 1987). Heute lebt Herbst als freier Schriftsteller in Hamburg.
Seine Geschichten und Reportagen kultivieren einen Männermythos. Hart gegen sich selbst und

andere bevorzugt sein literarisches Alter Ego Krebs die »einsamste und geradlinigste Form der Auseinandersetzung, den Kampf Mann gegen Mann« (*Siesta*, 1984). Anlass dazu findet der sympathische Kleinkriminelle mit der Vorliebe für eiskalte Drinks und heiße Sambarhythmen häufig, sei es beim gefährlichen Kokainhandel in Mexiko, bei Schlägereien in Pariser Vorstadtstraßen oder in den lästigen Auseinandersetzungen mit der allgegenwärtigen Staatsgewalt. Der stets in krumme Geschäfte und heikle Affären verstrickte Krebs betreibt seine körperliche Regeneration dann in den Armen heißblütiger und meist williger Exotinnen; die Wunden seiner Seele pflegt er im ekstatischen Trommelwirbel afrolateinischer Musik zu vergessen. Herbsts Geschichten balancieren hart an der Schwelle kitschiger Filmklischees, nur seine sarkastischen, teilweise selbstironischen Pointierungen und seine eher beiläufig eingeflochtenen, kritischen Einsichten brechen die spießbürgerliche Illusion vom ungetrübten Kult praller Lebens- und Sinnenfreude: »Man vergisst in diesem wunderschönen Land mit seinen höflichen und freundlichen Menschen sehr oft die Leute, die hier das Sagen haben.« Herbst liefert sich und den ihn begleitenden Leser ganz bewusst dieser faszinierenden Atmosphäre des südamerikanischen Lebensalltags aus, allerdings nicht ohne die Ventilfunktion dieses überschäumenden Lebenshungers in den katastrophalen sozialen Verhältnissen zu begründen. Die Welt erscheint als großer, aber exklusiver Selbstbedienungsladen, der seine Existenz durch Sonderangebote (Drogen, Alkohol) und Gratisofferten (Musik, Sex) für die Masse der Armen und Chancenlosen sichert und die krassen sozialen Gegensätze in den südamerikanischen Ländern zugunsten weniger privilegierter Herrschaftscliquen stabilisiert. Billige Absteigen, menschenunwürdige Gefängnislöcher, verrauchte Bars und Cafés sind die Schauplätze, an denen Herbsts Antihelden, kleine Ganoven, Prostituierte, Musiker, Bananenpflücker, Fischer, Kokainisten und Trinker, dem Blues, dem »Trauerrand an der Seele«, huldigen. Alle träumen den Traum vom besseren Leben. Für wenige wird er Wirklichkeit. Unerwünschte Asylanten, heimatlose Knastbrüder, politisch Verfolgte, wie in Herbsts eindrucksvollem Roman *Mendoza* (1986), die die grauenhafte Vergangenheit in den Händen der faschistischen Folterknechte der »Colonia Dignidad« in Chile immer wieder albtraumartig einholt, Gehetzte und Verlierer – sie alle mahnen vor den ständigen Verletzungen der Menschenrechte, für die Herbst amerikanische und europäische, speziell auch deutsche Politiker und Wirtschaftsmagnaten (u.a. anhand dokumentarischen Materials) verantwortlich macht.

Seine Reportagen aus Deutschland beleuchten die Schattenseiten unserer »wohltemperierten Plastikwelt«, berichten von den schmutzigen Praktiken der Drogen- und Waffenhändler, Erpresser und Kidnapper genauso wie von dubiosen Aktionen einiger Detektive, der Polizei und amtlicher Behörden oder von der kalten Trostlosigkeit des Box-Business. Herbst wünscht sich »weit weg von der kalten Gruft Deutschland«. Am liebsten wäre er wohl mit Hemingway auf Reisen gegangen. »Schnell die Klamotten und ein paar Erinnerungen in die alte Segeltuchtasche geschmissen. Und dann ab: Nie mehr zurück.«

Auch im Erzählband *Gringo & andere Geschichten* (1992) erzählt Herbst vom Karneval von Bahia und afrolateinischen Mythen wie über Yemanja, die Königin des Meeres, über Hitze, Schmutz und Armut, die mit Chachaça und Batida betäubt werden. In diesen zwischen kühl recherchierten Reportagen und knisternden »Playboy«-Storys liegenden Geschichten erfährt man mehr über Brasilien als in jedem Reiseführer. Die andere Seite seines Erzählens führt in die schummrigen Bars und Rotlichtquartiere dieser Welt, bevölkert von den passionierten Meistern des Selbstbetrugs, den ewigen Verlierern und anderen gestrandeten Existenzen, wie man sie vom »film noir« und aus den Romanen von Algren, Chandler und Bukowski kennt. Herbst wandelt sich hier vom Erzähler zum Zitator, mit einer Prise Selbstironie würzt er seine Reminiszenzen an die »hard-boiled fiction«. Nach längerer Schreibpause erschien 2002 *Cuba Linda*, »sieben Stories« über das Leben auf der karibischen Insel, erzählt aus der Perspektive des Fremden, dem das Land und die Mentalität seiner Menschen immer näher rücken, ein Liebhaber der Musik, des Rums und der schönen Frauen, keine Exotenidylle, sondern eine geradlinige, die sozialen und politischen Repressionen reflektierende Hommage an ein Land, das auf den Tod des alten Mannes wartet.

Thomas Kraft

Werke: *Der Cadillac ist immer noch endlos lang und olivgrün. 12 Geschichten*, Mü. 1981; *Siesta*, En., Mü. 1984; *Mendoza*, R., 1986; *Männersachen. Reportagen 1979–84*, Mü. 1987; *Ein Sohn Ogums*, hg. v. Wolfgang Rüger, Ffm. 1988; *Gringo und andere Geschichten*, Augsburg 1992; *Zwischen den Zeilen*, Zür. 1997; *Cuba Linda. Sieben Stories*, Hbg. 2002.

Herburger, Günter, wurde am 6. 4. 1932 in Isny im Allgäu geboren. Bevor er zu veröffentlichen begann und schließlich das Schreiben seit 1983 mit der erfolgreichen Teilnahme an Extremlangstreckenläufen verband, lebte er eher nomadisch als sesshaft. 1954 brach er sein Studium des Sanskrit ab, ging als Straßenarbeiter nach Algerien und von dort aus in das existenzialistische Paris der Fünfzigerjahre. Es folgten Aufenthalte in Stuttgart und Celle. Die turbulenten Sechzigerjahre erlebte er in Berlin, wo er in unmittelbarer Nähe von Hans Werner Richter wohnte, dem Gründer der »Gruppe 47«, an deren Tagungen er teilnahm. Es folgten verschiedene Tätigkeiten in Spanien und Italien. Herburger, der Texte aller literarischen Gattungen verfasst, bekam eine Vielzahl von Preisen und Auszeichnungen, u.a. 1973 den Literaturpreis der Freien Hansestadt Bremen, 1991 den Peter-Huchel-Preis, 1992 den Hans-Erich-Nossack-Preis, 1993 den Preis der Deutschen Schiller-Gesellschaft Weimar und 1997 den Literaturpreis der Stadt München für sein Gesamtwerk.

Herburgers publizistisches Debüt fand 1962 in der von Dieter Wellershof herausgegebenen Anthologie *Ein Tag in der Stadt* mit der Erzählung *Nüssen* statt. Vorbild für das literarische »Nüssen« ist Herburgers Heimatstadt Isny im Allgäu. Auf Günter Herburger aufmerksam wurde Wellershoff durch den Kybernetiker Max Bense, der an der Technischen Hochschule in Stuttgart junge literarische Talente um sich versammelte, die sich für die Überkreuzungen von Literatur und Mathematik interessierten. Im Umfeld von Wellershoff erscheint Herburgers Nähe zur Kölner Schule des Neuen Realismus bis zum *Hauptlehrer Hofer* (1975) nachweisbar, vor allem im konsequenten Verzicht auf rhetorische Kunstfiguren, sprachliche Experimente und erzählerische Spannungsbögen. Auch unterbleibt jegliche psychologische Motivierung der Figuren und ihrer Handlungsvorgänge. Der »spätere Herburger« – etwa mit dem Roman *Die Augen der Kämpfer* (1980) zu datieren, in dem stilistische Mittel aus dem Bereich des Surrealen, Märchenhaften und der Groteske hinzukommen – verlässt diesen Realismus zwar nie, doch kontrastiert er ihn zunehmend mit skurrilen Abschweifungen, surrealistischen Bildern, grotesken Volten, Geschichten ohne Pointen.

»Wer entdecken will, muss erfinden lernen. Einsamkeit und Leere sind Voraussetzungen für dieses neblige Geschäft. Rechercheure erschlagen ihre Fantasie wie mit Pflastersteinen.« Es geht um die Eroberung des Alltags, aber eben im Sinne einer befreienden Erweiterung. Die Künstler, Schriftsteller, Intellektuellen hätten noch die Möglichkeit, »Leistung und Sehnsüchte persönlich bestimmen zu können«, also seien sie auch verpflichtet, das Entsetzen nicht »in immer raffinierteren Arrangements darzubieten«, sondern es geht darum »unsere Entwürfe in der Alltäglichkeit anzusiedeln. Dann würden Kühnheit und Schönheit atemberaubend nahe rücken, verrieten Sprache und Erfindung mehr Mut.« Von daher versteht sich die spezifische Mischung in Herburgers Schreiben, realistische Bilder nahezu nahtlos in fantastische Visionen übergehen zu lassen – die Wahrnehmung aus kindlicher Perspektive hilft ihm dabei, da in ihr Realität und Vorstellung magisch ineinander fließen können: »Zwischen Fälschung und Original, zwischen Bild und Wirklichkeit, Fantasie und Tatsachen« (*Capri*, 1984).

Seine Bücher für Kinder und Jugendliche sind von der Einsicht geprägt, dass diese Generation nicht mehr von »Laubfröschen, Kälbchen, Mägden, Oberförstern« umgeben ist, sondern von »Weltraumschiffen, Fernsehapparaten, Düsenflugzeugen, Westernhelden, Autos, Stereoanlagen«. In den *Birne*-Büchern wird das paradigmatisch vorgeführt: *Birne kann alles* (1971), *Birne kann noch mehr* (1971), *Birne brennt durch* (1975) und *Birne kehrt zurück* (1996). Birnes Verhaltensspektrum reicht von der Hilfe, die sie dem Ich-Erzähler und anderen Figuren gewährt, bis zur Anstiftung von Konfusion und Durcheinander. Sie kann alles: Räuber verjagen, Kühe melken, Gewehrkugeln stoppen. Der ihr innewohnende Utopie-Entwurf ist zwar technischer Herkunft, erschöpft sich aber keineswegs darin. Birne verkörpert eine technische Utopie, die Hoffnung und Freude erzeugt.

Herburgers bis dahin erschienene sechs Gedichtbände werden 1984 als Auswahl in einem einzigen mit dem Titel *Das Lager* – übrigens ein weiterer zentraler Topos in Herburgers Werk – konzentriert. *Das Lager* enthält *Ventile* (1966), *Training* (1969), *Operette* (1973), *Ziele* (1979), *Orchidee* (1979), *Makadam* (1982), Konkretes und Abstraktes miteinander verbindend, wie es nur ein virtuelles Lager oder Museum vermag.

17 Jahre lang – von 1974 bis 1991 – arbeitete Herburger an der »Thuja«-Trilogie. Sie steht in der Mitte seines Werkes und seiner Welt, der Thuja- oder Lebensbaum steht in der Mitte des Friedhofs seiner Heimat, der Thujabaum stellt die zentrale Metaphorik in Herburgers Schreiben dar. Die Trilogie beginnt, im Roman *Flug ins Herz* (1977), mit

einem humangenetischen Experiment, das im Wesentlichen die Milieutheorie mit der Vererbungslehre nicht nur theoretisch in einen Diskurs bringt, sondern praktisch erprobt. Daraus entsteht der Plan, den Milliardär Quatander mit der Arbeiterin Rosa Kästle zu paaren, wozu aber Quatander erst entführt werden muss. Das gegenläufige Modell soll am Einfetter Charly demonstriert werden, mit dem die reiche Hella Munz zeugen soll. Überprüft werden soll die These, dass das Kind des Reichen arm bleibt, wenn es unter Arbeitern erzogen wird, das Kind der Arbeiter sich aber unter den Reichen entfalten könne. Die später daraus entstehenden Kinder wachsen jeweils bei den Müttern auf, werden dann aber auch noch vertauscht. Johann Jakob Weberbeck, Kurier zwischen den Lagern, dient als Bote zwischen allen Handelnden und zugleich als verknüpfende Erzählfigur. Der *Flug ins Herz* erweist sich als zentraler Ort der Topografie. Lange unterwegs, mit weiten Abschweifungen und Verirrungen, aber auch Aufbrüchen über alle herkömmlichen Grenzen hinweg, bis zum kosmischen Aufstieg in höchste Höhen, geht die Rückkehr geradewegs ins eigene Herz. Im Roman *Die Augen der Kämpfer* (1980/1983) gerät Weberbeck über Umwege in das sagenhafte Land »Morgenthau«. Unter anderen utopischen Realisationen wird dort ein riesiges Kunstmuseum von Kindern verwaltet. Weiter geht es per Plüschzug in die DDR, das »Abkürzungsland«. Der abschließende Teil der Thuja-Trilogie, der Roman *Thuja* (1991), beginnt auf dem Friedhof mit dem ernsten Spiel der beiden Geschwister. Der zum Wir-Erzähler mutierte Ich-Erzähler schützt sie durch Eingriffe von allmächtigem Charakter: »Wir regten eine hohle Nuss an, von ihrem Zweig zu fallen, oder wir stießen eine Wolke um, damit sie einen Regenstreifen vorzeitig ausschickte.« »Im Gedränge der Blattadern und in den Haarwurzeln eines Thujabaums am Kopf des Familiengrabs« versammelt sich das kollektive Gedächtnis der Verstorbenen, und es bedarf nur der besonderen Wahrnehmungsfähigkeit der Lebenden, die Zeichen zu lesen. Die Rückkehr erfolgt in ein Allgäu, in dem inzwischen anstelle der Einheimischen Asylsuchende, Flüchtlinge und Einwanderer aus dem Osten leben. Zusammen mit den behinderten Kindern und den zahlreichen Toten bilden sie eine neue Gesellschaft, zu der auch die Tiere und Pflanzen gehören. Diesem Kern seiner Utopie bleibt Herburger treu: eine systematische Vernetzung von allem mit jedem als neue Welterklärung und Geschichtstheorie. Wollte man einen Satz der rund 2000 Seiten umfassenden Geschichten als einen zentralen begreifen, dann diesen, im ersten Satz der Trilogiemitte *Die Augen der Kämpfer. Zweite Reise* fast verborgenen kleinen Nebensatz: »Doch ich war vorhanden.« Im Sinne einer Utopie ist das vielleicht nicht viel, aber für eine menschliche Existenz ist es schon viel, im Meer der Toten eine Insel des Überlebens bilden zu dürfen.

Mit dem Laufen über lange Distanzen begann Herburger 1983, er steckte mitten in der Thuja-Trilogie, am Ende der *Augen der Kämpfer.* Der Satzbau verändert sich, die Sequenzen werden noch länger. Die Sinne werden geschärft, nehmen drei, vier Schichten auf einmal wahr – Trance und höchste Konzentration gehen eine an sich nicht denkbare Einheit ein. Von den Bildern ausgehend, entstehen die Texte. Herburgers Poetik entwickelt sich mit dem Laufen noch einmal prononcierter, er hebt die unselige Trennung der Zeichen von Sprache und Körper auf und macht sie zu einem Zeichen: im Laufen, mit dem Schreiben im Laufen, mit dem Schreiben vom Laufen, in einem laufenden Schreiben.

Die strukturelle Ähnlichkeit zwischen Laufen und Schreiben formulierte Herburger in *Lauf und Wahn* (1988): »Die Langstrecke der Bücher bleibt schwieriger, aber der Lauf besitzt eine ähnliche Dramaturgie.« Der Körper stellt selbst das Tor zur Welt dar, der Kopf vollzieht die Läufe als Orientierungsläufe im Weltinnenraum nach – und wie zumeist in seinen Texten kommt Herburger wieder da an, wo er seinen Ausgang genommen hat. »Es gäbe, wenn ich nicht weiterliefe«, so steht es in *Traum und Bahn* (1994), dem Folgeband von *Lauf und Wahn* geschrieben, »bald keine Heimat mehr«.

Mehr als jede andere Textsorte entführen seine Mikroromane (*Das Glück. Photonovelle*, 1994; *Die Liebe. Photonovelle*, 1996) ins Reich der Möglichkeiten. Sie enthalten alles Potenzial, das auch im Roman zur Verfügung steht, sodass die ganze Welt erzählt werden kann. In ihnen wird etwas eingelöst, was mit dem Anspruch begonnen hat, das Alltägliche darzustellen und doch zugleich nach Möglichkeiten abzusuchen, es zu überwinden. Die *Birne*-Bücher halten in diesem Bogen die Mitte: was in anderen Texten zur Anstrengung langer Auseinandersetzung gerät, gelingt in ihnen im Spiel. In den mikroromanhaften Bild-Text-Geschichten aber entsteht eine Wunschbiografie nach der anderen. Der Widerspruch zwischen der strengen Strategie, die der Abenteuerroman erfordert, und den anarchischen Ansprüchen der Fantasie löst sich eine schwebende Poesie auf, die Realitätsfelder, die lange kritisch beackert wurden, mit utopischen Bildern besetzt.

Literatur ist für Herburger »eine Art Alternativleben«, doch zielt seine Wunschvorstellung dahin, dieser »Traumheimat« Dauer zu verleihen. Immer wieder taucht dabei der Begriff der Zitadelle, der Burg oder des Palastes auf; »einen literarischen Palast voller Risse noch«, sieht er vor sich, »aber auch ausgestattet mit viel Schönheit«. Herburgers Vision einer Zitadelle zielt jedoch auf die Vision einer von Kindern erbauten und zum Schweben gebrachten. Wer Bewohner von fliegenden Zitadellen werden kann, wird unsichtbar, unangreifbar, unverwundbar.

Gerd Holzheimer

Werke: *Gespräch am Nachmittag*, Hsp., 1961; *Der Reklameverteiler*, Hsp., 1963; *Eine gleichmäßige Landschaft*, En., Köln, Bln. 1964; *Die Ordentlichen*, Hsp., SR 1965; *Der Topf*, Hsp., SR/RB 1965; *Wohnungen*, Hsp., 1965; *Ventile*, G., Köln, Bln. 1966; *Tag der offenen Tür*, Hsp., 1966; *Tätowierungen*, Drehb., 1967; *Blick aus dem Paradies*, Hsp., 1967; *Training*, G., Darmst., Neuwied 1969; *Das Geschäft*, Hsp., WDR/B/SR 1969; *Die Messe*, R., Darmst., Neuwied 1969; *Jesus in Osaka*, R., Darmst., Neuwied 1970; *Birne kann alles. Birne kann noch mehr*, Kinderb., Darmst., Neuwied 1971; *Exhibition oder ein Kampf um Rom*, Hsp., WDR 1971; *Helmut in der Stadt*, Kinderb., Reinbek 1972, Fssp., 1974; *Die Eroberung der Zitadelle*, En., Darmst., Neuwied 1972, Film, 1977; *Die amerikanische Tochter*, G., Aufs., Hsp., E., Darmst., Neuwied 1973; *Operette*, G., Darmst., Neuwied 1973; *Hauptlehrer Hofer*, En., Darmst., Neuwied 1975, Fssp., 1975; *Birne brennt durch*, Kinderb., Darmst., Neuwied 1975; *Ziele*, G., Reinbek 1977; *Flug ins Herz*, Darmst., Neuwied 1977; *Orchidee*, G., Darmst., Neuwied 1979; *Thuja*, Hsp., SWF 1980, gedr. Neuwied 1981, zus. m. *Blick aus dem Paradies*, Hsp.; *Die Augen der Kämpfer I*, R., Darmst., Neuwied 1980; *Makadam*, G., Darmst., Neuwied 1982; *Das Flackern des Feuers im Land. Beschreibungen*, Darmst., Neuwied 1982; *Die Augen der Kämpfer. Zweite Reise*, Darmst., Neuwied 1983; *Der Garten*, Hsp., SWF 1983; *Capri*, E., Darmst., Neuwied 1984; *Das Lager. Ausgewählte Gedichte 1966–83*, Darmst., Neuwied 1984; *Kinderreich Passmoré*, G., Darmst., Neuwied 1986; *Im Zeitsee*, Hsp., SWF/NDR/SFB 1986; *Lauf und Wahn*, En., Ffm. 1988; *Das brennende Haus*, G., Ffm. 1990; *Anna, Klara und Max*, Hsp., SWF/NDR 1990; *Thuja*, R., Hbg., Zür. 1991; *Sturm und Stille*, G., Hbg. 1993; *Traum und Bahn*, E., Mü. 1994; *Das Glück. Photonovelle*, Mü. 1994, Hsp., SWF 1995; *Birne kehrt zurück*, Kinderb., Mü. 1996; *Die Liebe. Photonovelle*, Mü. 1996; *Im Gebirge*, G., Mü. 1998; *Elsa*, R., Mü. 1999; *Humboldt. Reisenovellen*, Mü. 2001; *Eine fliegende Festung*, G., Mü. 2002.

Herhaus, Ernst, geboren am 6. 2. 1932 in Ründeroth bei Köln, wo er auch aufwuchs und zur Schule ging, die Mittlere Reife erlangte, eine Verwaltungslehre abschloss und danach als Verwaltungsangestellter in einem Krankenhaus arbeitete. Ab 1954 folgten längere Aufenthalte des alkoholkranken Herhaus in München, Paris, Wien und Zürich. Ernst Herhaus lebt seit 1967 als freier Schriftsteller, zuerst in Frankfurt am Main, dann in Landschlacht und seit 1998 in Kreuzlingen in der Torgau/Schweiz. Er ist Mitglied des deutschen P.E.N.-Zentrums.

»Eine Mischung aus Mandarin und Simplicissimus« (Martin Gregor-Dellin), »eine echte Trouvaille, eine fantastische Wohltat« (R. Skasa-Weiß) – die Kritik sparte nicht mit Lob für seinen ersten Roman *Die homburgische Hochzeit* (1967), bei dem es sich um die in der Zelle des Irrenhauses von Rödelheim verfassten Memoiren des Erzählers Erich Hals handelt. Dieser, »ein abtrünnig heimgekehrter Schelm«, stammt aus dem Dorf Bergfelden im Homburgischen und kehrt nach seiner Odyssee durch das »verteufelte Frankfurt/M.« mit seinem »in Westdeutschland absolut einmaligen Misstrauen gegen allzu schöne und allzu gebräuchliche Gedanken, Ideen und Ideale« in seinen Heimatort zurück. Er durchläuft auf seiner Irrfahrt mehrere embryonale Stadien, bewegt sich in den Salons der Gesellschaft und in Künstlerkreisen, und begegnet kauzigen und exotischen Gestalten wie der Edelprostituierten La Divine, mit der er »durch jenen Frankfurter Winter schlenderte und lebte wie in einem Kuchen«, dem »forciert meditativen Menschen« Moses Zuckerkron, dem Hochwürden Engelbrecher, dem Lifestyle studierenden Maler Heinz Herschel, dem Wahrheitsforscher Tadeus-von-der-erlernbaren-Hoffnung, debilen Adligen, Nachtschwärmern und verkrachten Existenzen. Wieder daheim, heiratet er die homburgische Jungfrau Rosemund; in der Hochzeitsnacht kann er jedoch seine Krankheit, ein ihm immer innewohnendes großes Gelächter, nicht mehr kontrollieren. Es kommt zum Eklat, Erich Hals begibt sich freiwillig aus einer »Außenwelt, die keine Aussicht hat«, ins »Freihaus«, ins Irrenhaus, verfasst seine Lebensbeichte und wird schließlich als »unheilbar gesund« wieder entlassen. Mit der ihm attestierten Melancholie wird er leben müssen, denn schließlich lässt sich »das Chaos seines Daseins nur als geisterhafte Miniatur des allgemeinen Chaos erklären«. Herhaus offeriert ein an Gedankenlabyrinthen und verschlungenen Handlungswegen reiches, barockes Tableau voller Sprünge und Blenden, ein farbiges, scheinbar konzeptlos aneinander gereihtes Sammelsurium aus fantastisch-grotesken Szenen, realistischen Beschreibun-

gen, Reflexionen, inneren Monologen und Einschüben; er verwendet Klischees, Gedankenspiele, karikiert, zitiert, meditiert und schwadroniert, alles mit gewaltiger Sprachlust und vieldeutigem Wortwitz.
Sein zweiter Roman, *Roman eines Bürgers* (1968), über den Karrieristen Clemens Blumenschein war nach eigenen Angaben aus Geltungsdrang nur »heruntergesudelt«. Der Anti-Held Clemens Blumenschein, die Personifikation des Begriffes »Bürger« – wobei »bürgerlich« hier mit »eitel, komisch, intelligent, kalt und entsetzlich müde« gleichgesetzt wird –, entwickelt sich entgegen allen äußerlichen Anzeichen nicht, gerät vielmehr in Gefahr, seine Identität restlos zu zerstören; sogar eine Gehirnamputation wird vollzogen. Der vorliegende Schreibversuch erscheint als therapeutischer Ausweg. Bei aller Virtuosität gerät Herhaus der Versuch einer grundlegenden Demontage bürgerlicher Verhaltensweisen zur bloßen Attrappe, zur Worthülse einer lauten Platzpatrone; die silhouettenhafte Zeichnung von Profilen und Handlungen lässt die Suada des Erzählers wortgewaltig ins Leere laufen.
Auch der letzte Teil dieser Trilogie, der Roman *Die Eiszeit* (1970) über die Lebensgeschichte des politischen Wortführers Chlodomir während der Studentenunruhen, bleibt inhaltlich verworren (»Aufzeichnungen eines Wortkopfes«, M. Gregor-Dellin) und deswegen auch erfolglos.
»Das Einzige, was einem Menschen übrig bleibt, ist, sich systematisch und für immer unmöglich zu machen.« Herhaus, nun schon deutlich von seiner Alkoholkrankheit gezeichnet, schien diese Devise wörtlich umsetzen zu wollen. Mit dem von Gerhard Zwerenz als »Abrechnungsliteratur«, als »literarisches Selbstmordkommando« bezeichneten Band *Siegfried* (1972), der nichts und niemanden, am wenigstens sich selbst, schonenden Lebensbeichte des Verlegers Jörg Schröder, die mittels Tonband aufgenommen und von Herhaus literarisch bearbeitet wurde, entfachten die beiden ins literarische Abseits geratenen, gesundheitlich schwer angeschlagenen Literaten einen Flächenbrand öffentlicher Skandale und einstweiliger Verfügungen. Der Lebensweg Schröders aus einer kaputten Kindheit heraus vom Buchhändlerlehrling zum Geschäftshasardeur, sein verlegerisches Engagement für pornografische Literatur, seine Insider-Informationen über brancheninterne Geheimnisse und Geschäftspraktiken, seine oft zynische Schilderung sexueller Erfahrungen und alkoholischer Exzesse entsprechen dem »Sinn für Klarschrift«, den die Autoren anstrebten. Zugleich sollte es mehr als nur eine indiskrete, denunziatorische Abrechnung mit der Branche und mit dem eigenen verpfuschten Lebensweg sein: »Denn die anderen in diesem Buch, wenn sie sich da wiederfinden und wenn sie dieses Buch kapieren, die müssen sich ja nun alles andere als in den Arsch getreten erkennen, die werden stattdessen ähnliche Dinge an sich selbst durchschauen können, wie ich sie hier an mir vollziehe.« Schröder und Herhaus erhofften sich von dieser Selbstentblößung, von der Offenheit des Textes, die Demaskierung der Geschäftsmechanismen des Literaturbetriebes. Ihre Erwartungen erfüllten sich nicht, sie wurden endgültig isoliert, der gesundheitliche Verfall schritt stetig voran.
Mit dem 1977 erschienenen Band *Kapitulation. Aufgang einer Krankheit* dokumentierte Herhaus eine lange Schaffenspause. Die literarische Aufarbeitung seiner Krankengeschichte, die in den Bänden *Der zerbrochene Schlaf* (1978) – tagebuchartigen Notizen aus den Jahren 1973–1978, die den »Verlauf der Genesungsphasen von geistiger Fremdhilfe zur Gruppenselbsthilfe und von Gruppenselbsthilfe zum Wiedereintritt in die Welt der Nichtsüchtigen« wiedergeben – und *Gebete in die Gottesferne* (1979) ihre Fortsetzung und ihren (zumindest literarischen) Abschluss findet, liefert ein erschütterndes Bild des »sich bis zur Peinlichkeit selbst entblößenden« Kranken, der Symptome und sozialen Folgen einer unheilbaren Krankheit, die den Betroffenen für immer in »den Mauern der Trunksucht« einschließt und ihn damit zwingt, über den Weg radikaler Ehrlichkeit zu sich und seiner Umgebung die Krankheit als solche zu akzeptieren und sein Leben dementsprechend zu gestalten. Herhaus, der sich anfangs als ein »wandernder Sack schwer atmender Scheiße« empfindet, versucht den Teufelskreis, das Abhängigkeitsverhältnis von Lebensenergie und alkoholischer Stimulanz, zu durchbrechen, jeden Tag das erste Glas stehen zu lassen, zur Selbsthilfe im Kreis der »Anonymen Alkoholiker« zu greifen. In der erinnernden Aufarbeitung der erfahrenen und erlittenen Ereignisse vom ersten Glas »Teufelsschnaps« in der Kindheit bis zu den Kneipenstreifzügen durch die Vergnügungsviertel von München und Paris erhebt sich das Erzählen zur Überlebensfrage. Die Bedingungen eines verfehlten Lebens korrelieren mit dem Krankheitsverlauf, den Herhaus als allgemein gültige Phasen der Trunksucht, als Muster versteht, das anderen Kranken Aufklärung und Mut vermitteln soll und, wie es die Reaktionen von Betroffenen kurz nach Erscheinen des Buches zeigten, diese Absicht auch erfüllte.

Herhaus plädiert für das Überwinden der Isolation Suchtkranker; basierend auf seinen Erfahrungen mit klinischen Therapien rät er zur Einbindung in Selbsthilfegruppen: »Denn nur aus Gemeinschaft kommt Hoffnung.«
Seit der Veröffentlichung des Roman *Der Wolfsmantel* (1983), dem eher missglückten Versuch, die Krise der bürgerlichen Gesellschaft im 20. Jahrhundert umfassend darzustellen, war Ernst Herhaus lange verstummt. 2002 erschien anlässlich seines 70. Geburtstages ein kleiner Band, *Meine Masken*, mit Notaten, Gedichten, Skizzen und Reflexionen: »In der Arche meiner tiefen Angst, durch Alkoholverzicht und AA so ein komischer Kauz geworden zu sein, so ein Betbruder und Jenseitserspäher.« Im Selbstverlag erschien dann in limitierter Auflage sein in den Jahren 1995 bis 2002 entstandenes »geistlich-politisches Testament«, *Das Innere der Nacht* (2002), das sich sprechend in die Kapitel »Arche Angst«, »Furcht im AA Kult. Bericht eines Mitverantwortlichen« und »Beim Ersten Erdvolk ohne Politiker« gliedert und mit gewohnt wortgewaltiger Direktheit die eigenen Ängste zu beschreiben versucht.

Thomas Kraft

Werke: *Die homburgische Hochzeit*, R., Mü. 1967; *Roman eines Bürgers*, R., Mü. 1968; *Die Eiszeit*, R., Mü. 1970; *Kinderbuch für kommende Revolutionäre*, Mü. 1970, Neuausg. u. d. T. *Poppie Höllenarsch*, Mü. 1979; *Notizen während der Abschaffung des Denkens*, Ess., Ffm. 1970; *Siegfried*, zus. m. Jörg Schröder, Ffm. 1972; *Bestattungsprobe*, Hsp., HR 1973; *Cultura*, Pr., Ffm. 1974; *Geburtsprobe. Mein Weg als Alkoholiker vom Absturz in die Nüchternheit*, Hsp., WDR 1974; *Kapitulation. Aufgang einer Krankheit*, Mü. 1977; *Der zerbrochene Schlaf*, Mü. 1978; *Gebete in die Gottesferne*, Mü. 1979; *Der Wolfsmantel*, R., Zü. 1983; *Phänomen Bruckner. Hörfragmente*, Wetzlar 1995; *Meine Masken. Zum 70. Geburtstag*, Dozwil 2002; *Das Innere der Nacht. Geistlich-politisches Testament*, Dozwil 2002.

Hermann, Judith, wurde am 15. 5. 1970 in Berlin geboren. Dort aufgewachsen, jobbte sie nach der Schule als Kellnerin und studierte dann Germanistik, Philosophie und Musikwissenschaften. Nach dem Besuch einer Journalistenschule in Berlin und einem Zeitungspraktikum in New York lebt sie heute als freie Autorin und Journalistin in Berlin. Ausgezeichnet wurde sie 1997 mit dem Alfred-Döblin-Stipendium der Berliner Akademie der Künste, 1998 mit dem Literaturförderpreis der Stadt Bremen, 1999 mit dem Hugo-Ball-Förderpreis und 2001 mit dem Kleist-Preis.

Das Debüt von Judith Hermann *Sommerhaus, später* (1998) war ein sensationeller Erfolg. Mit ihren vorwiegend in Berlin spielenden Erzählungen traf Hermann offenbar das Lebensgefühl einer Generation, erhielt aber auch vonseiten der Literaturkritik viel Lob für die »magischen Momente« (Helmut Böttiger) ihrer Prosa, die »einen unwiderstehlichen Sog« (Roman Bucheli) entwickle und durch »die kluge Distanz und das farbige Tonbild ihrer Sprache« (Sibylle Cramer) besteche.
Die neun Erzählungen stehen unter einem Motto von Tom Waits: »The doctor says, I'll be allright, but I'm feelin blue«. Dieser Zustand gleichzeitiger Normalität und Melancholie erfüllt die jungen, schönen Figuren; sie sind müde, rauchen, trinken, lieben sich und befinden sich in einer eigentümlichen Wartestellung, die sie diffus und verwirrt in eine ungewisse Zukunft schauen lässt. Sie wirken seltsam amputiert und stehen doch mitten im Leben, ein wenig schrill und doch auffallend teilnahmslos, wenn wirklich um sie herum Bewegungen entstehen. Ihre Beziehungsgeschichten strukturieren ihr Leben und hemmen es zugleich: »Es gab Augenblicke, in denen ich mich nach etwas sehnte, von dem ich nicht genau wusste, was es war, ein Ereignis vielleicht, irgendeine Art der Sensation, der Veränderung, aber diese Sehnsucht verschwand ebenso schnell, wie sie gekommen war.« Der Zauber dieser Erzählungen resultiert aus eleganten, fast altmodischen Sätzen und einer Atmosphäre, die in vielem an Tschechows Dramen erinnert, an jene leicht hysterische, träge und erschöpfte Stimmung, die Ahnungen auf Kommendes, aber auch unbestimmte Ängste in sich birgt. Fast schlafwandlerisch treiben die Figuren durch Tag und Nacht, erschrekken manchmal über die sie umgebende Leere, doch mehr als ein verlegenes Lächeln entsteht dabei nicht. Hermann kreiert eine jenseits der Metropolen-Literatur und ihrer Moden in sich stimmige, geradezu poetisch anmutende Enklave, in der »das Traurige, Schöne und Fremde die Grundzüge der Seele« bestimmen.
Der zweite Erzählband *Nichts als Gespenster* (2003) zeigt sich weltläufiger, die Figuren sind älter geworden, sie sind ständig unterwegs von Venedig bis Prag, doch »der Radius des Erzählten verlässt nie die Bannmeile weiblicher Selbstwahrnehmung« (Iris Radisch). Ihr nomadisches Verhalten fördert ihre Entscheidungsfreude nicht, sie kommen auch nirgendwo richtig an. Die weiblichen Figuren reisen den Männern hinterher, es soll etwas passieren, oft tut es das auch, doch

weiterhin bleibt man einsam und schweigt und raucht und wartet.

Thomas Kraft

Werke: *Sommerhaus, später*, En., Ffm. 1998; *Nichts als Gespenster*, En., Ffm. 2003.

Hermann, Wolfgang, wurde am 27. 9. 1961 in Bregenz geboren. Er studierte ab 1981 in Wien Philosophie und Germanistik und promovierte mit einer Arbeit über Hölderlin, während der für ihn die Grenzen des wissenschaftlichen Fachjargons bereits sichtbar wurden. Seit 1987 ist Wolfgang Hermann freier Schriftsteller. Ausgedehnte Reisen führten ihn nach Berlin, Paris, Aix en Provence, Sizilien, Tunesien und New York. Von 1996 bis 1998 war er als Universitätslektor in Tokio tätig. Für sein Werk wurde er mit zahlreichen Preisen und Stipendien ausgezeichnet, u.a. 1987 mit dem Preis der Jürgen-Ponto-Stiftung, 1992/93 mit dem Österreichischen Staatsstipendium für Literatur und 2000 mit dem Rauriser Förderungspreis (zusammen mit Daniela Egger).

Wolfgang Hermann bevorzugt kleine Formen: Kurzprosa, Erzählungen, Lyrik. Sein Schreiben ist beständig auf der Suche nach Anwesenheit, fragt nach dem Ort oder den Orten, an denen Dinge und Menschen sich aufhalten und lebendig sein können. In seiner Kurzprosa *Das schöne Leben* (1988) sind es vorwiegend Naturdinge und Gebrauchsgegenstände, die in einer äußerst verknappten Sprache zur Erscheinung kommen. Die Herkunft aus der Philosophie wird nicht verleugnet, klares Nachdenken mischt sich mit dem Wunsch, reine Daseinsfreude zum Ausdruck zu bringen. Im zweiten Prosaband *Die Namen, die Schatten, die Tage* (1991) kommt ein zweites, wichtiges Thema Hermanns dazu: die Frage nach Bewegung und Stillstand. Das Leben fließe schnell dahin und außerdem scheint es, so Hermann, als würde sich alles wiederholen. Verändere man aber den Blick, bemerke man, dass dieses Selbe auch immer wieder anders ist. Es seien nur Momente, in denen das Glück des Neuen erlebbar werde. Und so begibt sich der Autor auf die Suche, geht weit weg, reist durch die Welt, besucht Städte, in denen er ein anderer sein kann und Verwandlungen erfährt. *Paris, Berlin, New York* (1992): Nirgendwo in Hermanns Werk ist das Prinzip Verwandlung deutlicher sichtbar. Ein Ich reist in drei Metropolen und erfährt, dass es stets die gleiche Frage ist, die es umtreibt: »Wer bin ich an diesem, an diesem und an jenem Ort?« Orte gehen eine so innige Beziehung mit der Person ein, dass beide identisch werden. Immer unterwegs zu sein bedeutet aber auch, es schwer zu haben mit dem Bleiben und mit den Beziehungen zu anderen Menschen. Das beschreibt Hermann in seinem Roman *Die Farbe der Stadt* (1992). Es sei nicht leicht, auf der Welt zu sein, vieles gehe auf die Kindheit zurück. Hermann schildert eine belastete Jugendzeit in den Erzählungen *In kalten Zimmern* (1997). Angst herrscht, Nähe scheint unmöglich, die Mutter ist ein Schatten und der Vater erwartet Leistung. Für das Kind besteht die Hoffnung darin, seinen eigenen Stern zu finden, bei sich anzukommen. Einen ersten Höhepunkt seines Schreibens bildet der Roman *Fliehende Landschaft* (2000), in dem ein Mann zu der Erkenntnis gelangt, dass die Wirklichkeit sich nur dort einfindet, wo man bleiben kann. Was es mit sich bringt, nicht mehr zu fliehen, ist in dem Gedichtband *Ins Tagesinnere* (2002) in einer klaren, sich immer mehr verknappenden Sprache nachzulesen.

Ingeborg Gleichauf

Werke: *Das schöne Leben*, Pr., Mü. 1988; *Die Namen, die Schatten, die Tage*, Pr., Bln. 1991; *Die Farbe der Stadt*, R., Düsseld. 1992; *Paris, Berlin, New York*, Pr., Bln. 1992; *Schlaf in den Fugen der Stadt,* Prosagedicht, Salzb. 1993; *In kalten Zimmern*, E., Ffm. 1997; *Bruno*, Theaterst., UA Bregenz 2000; *Fliehende Landschaft*, R., Innsbr. 2000; *Ins Tagesinnere*, G., Salzb. 2002.

Hermlin, Stephan (eigentl. Rudolf Leder), wurde am 13. 4. 1915 in Chemnitz als Sohn eines Tuchfabrikanten geboren. In der wohlhabenden jüdischen Bürgerfamilie herrschte eine liberale, kunstsinnige Atmosphäre. Der Vater war Kunstsammler, die Mutter wurde von Lovis Corinth und Max Liebermann porträtiert. Gegen Ende der Zwanzigerjahre allerdings verschlechterte sich die finanzielle Situation der Familie im Rahmen der Weltwirtschaftskrise und Hermlin ging mit seinen Eltern nach Berlin, wo man unter eher kärglichen Bedingungen lebte. Dort trat er 1931 in den Kommunistischen Jugendverband ein. Nach seinen eigenen Angaben füllte er auf der Straße ein Eintrittsformular aus. Diese Darstellung und andere Details der von Hermlin mitgeteilten biografischen Daten wurden vor allem in den letzten Jahren immer wieder angezweifelt. Karl Corino hat in Artikeln und in einem Buch (*Außen Marmor, innen Gips: die Legenden des Stephan Hermlin*, Düsseldorf 1996) Selbststilisierungen und Selbstidealisierungen Hermlins nachgewiesen und zu korrigieren versucht. Wenn man

Hermlins Lebensweg nachzeichnet, ist biografische Faktensicherheit jedenfalls nur ansatzweise zu erreichen. Mag sich sein Leben auch nicht so heroisch abgespielt haben, wie er es später darstellte, so gab es doch viele Gefährdungen. 1932 wurde er wegen kommunistischer Agitation vom Gymnasium verwiesen. Er machte eine Druckerlehre und war nicht – wie er selbst angab – von 1933 bis 1936 an der Humboldt-Universität eingeschrieben. Nach jetzigem Kenntnisstand befand er sich auch nicht, wie er später behauptete, in KZ-Haft. Über seine Zeit bis 1936 im nationalsozialistischen Berlin schrieb er: »Bis 1936 leitete ich mit einem anderen Genossen zusammen eine illegale Gruppe des KJV in Friedenau und Steglitz. Wir führten in dieser Zeit eine große Anzahl von Flugblatt- und Klebeaktionen durch. 1936 emigrierte ich mit Erlaubnis der Organisation (ich bin jüdischer Herkunft). Ich war zunächst in mehreren Ländern des Nahen Ostens, vor allem in Palästina, wo ich nach kurzer Zeit durch einen Freund Verbindung zum illegalen Jugendverband erhielt. Kurz nach meiner Ankunft in Tel Aviv begann der Partisanenkampf der arabischen Freiheitsbewegung. In meiner Wohnung wurde ein Apparat untergebracht, auf dem ich Flugblätter in drei Sprachen herstellte.« Hermlins Behauptung, er habe aktiv am kommunistischen Widerstand in Berlin teilgenommen, wurde ebenfalls angezweifelt. 1938 befand sich Hermlin nach eigenen Angaben in Spanien. Der Spanienkämpfer Alfred Kantorowicz notierte jedoch in seinem *Deutschen Tagebuch* (1959–1961): »Zum Erstaunen vieler Kameraden fand sich bei der vorzugsweisen Erwähnung besonders prominenter Spanienkämpfer in der Presse auch der Name eines Schriftstellers, der während der fraglichen Zeit nicht einen Tag in Spanien gewesen war und der folglich auch nicht am Treffen der Spanienkämpfer teilgenommen hatte: Stephan Hermlin. (...) Sein Schwindel musste ja früher oder später zutage kommen.« 1940 war Hermlin Angehöriger einer Hilfstruppe der französischen Armee, wurde nach der Niederlage im Süden Frankreichs in mehreren Lagern (Agde, Guéret, Nexon) interniert und arbeitete in der Landwirtschaft. 1943 flüchtete er in die Schweiz und lebte bis zum Kriegsende in einem Internierungslager. 1945 bis 1947 war Hermlin, wie auch Hans Mayer, als Redakteur bei Radio Frankfurt unter der Leitung von Golo Mann tätig. 1947 ging er nach Ostberlin, wo er zunächst Mitarbeiter von Zeitschriftenredaktionen war und schließlich als freier Schriftsteller und Übersetzer lebte. Er war Mitglied der SED und seit 1950 Mitglied der Akademie der Künste der DDR, deren Sektion Dichtkunst er ab 1961 als Sekretär vorstand. 1963 musste er nach heftiger Kritik, die sich an seiner Förderung von jungen Dichtern wie Wolf Biermann, Volker Braun, Bernd Jentzsch, Rainer und Sarah Kirsch, Karl Mickel u.a. entzündet hatte, von diesem Posten wie von allen anderen offiziellen Ämtern zurücktreten. 1976 war er einer der entscheidenden Initiatoren des Protests gegen die Ausbürgerung Wolf Biermanns aus der DDR, 1978 äußerte er beim VIII. Schriftstellerkongress der DDR heftigen Widerspruch gegenüber der starren Haltung der DDR-Kulturbürokratie, 1979 wurde er mit anderen Kollegen wegen »groben Verstoß(es) gegen die Statuten des Verbandes« vorübergehend aus dem Schriftstellerverband der DDR ausgeschlossen. Seit 1976 war Hermlin Mitglied der Akademie der Künste in West-Berlin, und er amtierte lange Jahre als Vizepräsident des internationalen P.E.N.-Klubs. 1981 organisierte er die »Berliner Begegnung zur Friedensförderung« in Ost-Berlin, der 1983 die »Zweite Berliner Begegnung. Den Frieden erklären« folgte. Er starb am 6. 4. 1997 in Berlin. Hermlin erhielt zahlreiche Preise, u.a. 1948 den Heinrich-Heine-Preis, 1950, 1954, 1975, 1980 den Nationalpreis der DDR (in verschiedenen Stufen), 1956 den Übersetzerpreis des Ministeriums für Kultur der DDR, 1958 den F.-C.-Weiskopf-Preis, 1972 den Heinrich-Heine-Preis der DDR, 1980 den Vaterländischen Verdienstorden in Gold, 1985 den Orden »Großer Stern der Völkerfreundschaft«.

Eine grundlegende Entscheidung hat das Leben von Stephan Hermlin und sein Werk – in seinem Entstehen wie in seinem frühen Versiegen – nachhaltig beeinflusst: der Übertritt als 16-jähriger Jugendlicher zum Kommunismus. Diese Entscheidung schilderte Hermlin später geradezu als ein Erweckungs- und Bekehrungserlebnis: »Im Grunde genommen war bei der politischen Wahl, die ich getroffen habe, ein unklares Gefühl, das schon viel früher eingesetzt hatte: dass ich nicht nur meinem Milieu, meiner Familie, unseren Lebensumständen etwas entgegensetzen müsste, sondern meiner eigenen Natur. Ich war nicht zufrieden mit meiner Natur. Ich hatte etwas gefunden, das mein damaliges Sein bis zu einem gewissen Grade überwinden konnte.« An dieser Dialektik von (bürgerlicher) Herkunft und Ankunft (im Kommunismus) hat Hermlin immer festgehalten, daran ließ er nicht rühren. Nicht ohne Lust an der Provokation hatte er 1979 auf dem VIII. Schriftstellerkongress der DDR betont: »Ich bin ein spätbürgerlicher Schriftsteller – was könnte ich als Schriftsteller auch anderes sein. Ich hörte nicht auf, einer zu sein, während ich Jahrzehnte hindurch Kommunist war und blieb.«

Mit seiner Lyrik jedenfalls hielt er den größtmöglichen Abstand zum sozialistischen Agitprop. Seine Gedichte folgen in Geist und Form den deutschen Expressionisten wie Georg Heym, Georg Trakl und den französischen Surrealisten wie Guillaume Apollinaire, Louis Aragon und Paul Eluard. In seinem ersten Gedichtband *Zwölf Balladen von den großen Städten* (1945) beschwört Hermlin den Mythos der großen Stadt, singt von ihrem Chaos, ihren Opfern, zeigt Visionen des Untergangs, Bilder des Schmerzes und eines unbestimmten Aufbegehrens, beispielhaft in den zwei Schlussstrophen der *Ballade vom Brüten der Städte im Winter* (1942): »Tragisch umwitterte Städte! Aus diesem Winter errettet / Keine Zukunft mehr völlig sie! Wieviel Unschuld verging! / Doch sie fühlen sich mehr. In die Erinnerung bettet / Sich ein Gigant, der im Netze der Dämmerung sich fing. // Seine Schläfe ist ohne Erbarmen. Um seine Nüstern / Flackert vergeblich des Bienenflugs goldene Glut. / An seinem Lager wacht unser Traum und es flüstern / Lange gequälte Lippen von Rächen und Blut.« Es sind Gedichte mit einem apokalyptischen Gestus, in denen sich eine sozialistische Utopie nur ansatzweise finden lässt.

Diesem ersten Gedichtband folgten die Gedichtbände *Die Straßen der Furcht* (1946) und *Zweiundzwanzig Balladen* (1947). Marcel Reich-Ranicki lobte in seinem Aufsatz *Stephan Hermlin, der Poet*, der in seinem Buch *Deutsche Literatur in West und Ost* (1963) enthalten ist, Hermlins »außerordentliche sprachliche Gewandtheit«, seine »geradezu artistische Formulierbegabung«, fügte dann aber kritisch hinzu: »Er hat offenbar das dringende Bedürfnis, das Dasein zu stilisieren. (…) Was er schildert, wirkt malerisch und dekorativ. In Hülle und Fülle werden geboten: Kathedralen, Dome, Paläste und Türme, Brunnen, Fontänen und Schwäne, Haine, Hügel und Gestade, Fahnen, Marmor und Glocken. Alle Musikinstrumente werden für dieses poetische Universum bemüht: von der Geige bis zur Orgel und mit einer besonderen Vorliebe Blasinstrumente – es gibt Flöten, Oboen, Saxophone, Trompeten, Fanfaren und Posaunen. Und was dieser Lyriker auch sagen mag, es wirkt würdig und erhaben. Er singt, kündet, er raunt und beschwört. Das Preziöse ist sein Element.«

In Hermlins folgendem Gedichtband *Der Flug der Taube* (1952) geht es dann allerdings handfester zu: Hier finden sich Lobgesänge auf die russische Revolution und Hymnen auf Stalin und den DDR-Staatspräsidenten Wilhelm Pieck. Auf Kritik an seinen drei panegyrischen Stalin-Gedichten hat Hermlin erwidert: »Weshalb soll ich eigentlich meine Gedichte verwerfen, wenn ich weiß, dass zum Beispiel Millionen und Millionen sowjetischer Soldaten (…) mit dem Ruf ›Für die Heimat‹, ›Für Stalin‹ in den Tod gegangen sind?« Das Verstummen des Dichters Hermlin kündigt sich an; es wird Wirklichkeit im Jahre 1958, als er sein letztes Gedicht *Der Tod des Dichters* auf den verstorbenen Johannes R. Becher veröffentlicht. Ein programmatischer Titel, den Hermlin vielleicht auch auf sich selbst bezogen hat. Öffentlich kommentierte er seinen Abschied von der Lyrik kühl und scheinbar ungerührt: Die Verse hätten sich »verloren wie ein leiser Schmerz, an den man sich schon gewöhnt hatte und ohne den man eines Morgens ein wenig verwundert, auch nicht ohne ein Gefühl der Leere, erwacht. Niemand trug dafür eine Verantwortung, ich selbst ausgenommen.« Ein verstummter, von den Verhältnissen zum Schweigen gebrachter Dichter steht im Mittelpunkt des 1970 veröffentlichten Hörspiels *Scardanelli*: der im Turm am Neckar vor sich hin dämmernde Hölderlin. »Über allen anderen Dichtern, nicht nur über den deutschen, stand für mich seit meiner Kindheit Hölderlin« (Hermlin). Als Nachdichter der Werke von Apollinaire, Aragon, Eluard und Attila József blieb er seinen lyrischen Wurzeln treu.

Das lyrische Werk Hermlins umfasst knapp 100 Gedichte; der Prosaautor Hermlin hat 20 Erzählungen publiziert. Am Anfang steht die Erzählung *Der Leutnant Yorck von Wartenburg*, die 1944 entstand und in der Realität und (Wunsch-) Traum sich kreuzen. In Anspielung auf Ambrose Bierces Geschichte *Ein Ereignis an der Owl-Creek-Brücke*, in der die letzte Minute eines zum Tode Verurteilten geschildert wird, zeigt Hermlin, wie Yorck von Wartenburg, einer der Verschwörer des 20. Juli 1944, im Augenblick seines Todes von seiner eigenen und der Befreiung seines Landes träumt: Er entkommt zur Roten Armee und erlebt, wie Deutschland die Nazis besiegt. Es folgten die 1946 geschriebene Erzählung *Reise eines Malers in Paris*, eine albtraumartige Geschichte, in der ein deutscher Maler im Rausch drei imaginäre Reisen macht: ins Barcelona des spanischen Bürgerkriegs, in ein französisches Internierungslager und zur chinesischen Volksbefreiungsarmee. Auch die beiden Erzählungen *Die Zeit der Einsamkeit* aus dem Jahre 1948 und *Die Zeit der Gemeinsamkeit* von 1949 thematisieren die Zeit der Naziherrschaft und den Kampf gegen sie. In der ersten Erzählung geht es um das Schicksal des Emigranten Neubert, der im besetzten Frankreich gefangen genommen und gefoltert wird. Er kann fliehen und an einen Neubeginn denken: »Und was danach? Vielleicht das Ende des Duldens, den Beginn des Handelns.« Die zweite Erzählung spielt im Warschauer Getto und berichtet von der Entscheidung eines jungen Mannes, gegen die deutschen Besatzer zu kämpfen. Die Nazizeit und die Bewährung des Einzelnen bilden das Zentrum der Prosa.

Einen Sonderplatz nimmt seine Erzählung *Die Kommandeuse* ein, die Hermlin 1953 unter dem unmittelbaren Eindruck der Geschehnisse vom 17. Juni 1953 verfasst hat. Erzählt wird die Geschichte einer ehemaligen KZ-Kommandeuse, die in einem DDR-Gefängnis ihre Strafe verbüßt. Sie wird von den Aufständischen befreit und spricht als vermeintliche politische Gefangene auf einer Kundgebung. Obwohl Hermlin der offiziellen Sprachregelung der DDR-Regierung nahe kommt, die von einer faschistischen Gefahr und beabsichtigten faschistischen Machtübernahme ausging, wurde seine Erzählung in der DDR als zu unentschieden kritisiert. Im Westen empfand man die Erzählung hingegen als zu tendenziös. Hermlin veröffentlichte auch in den folgenden Jahrzehnten in längeren Abständen Erzählungen, in denen er an die Nazi-Vergangenheit erinnerte.

Einen besonderen Platz nimmt sein Erinnerungsbuch *Abendlicht* (1979) ein. In impressionistisch getönten Bildern erzählt Hermlin hier von seiner Jugendzeit, entwirft in sorgfältig gezeichneten Miniaturen das facettenreiche Bild einer gefährdeten bürgerlichen Welt. Ohne den Zwang zur Faktizität entfaltet sich eine elegisch tönende Musik: So war das Leben, so hätte es sein können. Der schmale, an Stimmen und Stimmungen reiche Band, der unter einem Motto von Robert Walser steht (»Man sah den Wegen am Abendlicht an, dass es Heimwege waren«), zeigt Hermlin bei sich selbst, aufgehoben in seiner Biografie, die immer auch eine Wunschbiografie war. *Abendlicht* ist die Rekonstruktion eines auf seine Art sehr deutschen Lebens und eines Künstlerschicksals, dessen Brüche und Widersprüche nur erahnt werden können.

Claus-Ulrich Bielefeld

Werke: *Zwölf Balladen von den großen Städten,* G., Zür. 1945; *Wir verstummen nicht: Gedichte in der Fremde,* zus. m. Jo Mihaly und Lajser Ajchenrand, Zür. 1945; *Der Leutnant Yorck von Wartenburg,* E., Singen 1946; *Die Straßen der Furcht,* G., Singen o. J. (1946); *Reise eines Malers in Paris,* E., Wiesbaden 1947; *Zweiundzwanzig Balladen,* G., Bln. 1947; *Ansichten,* zus. m. Hans Mayer, Aufs., Wiesbaden 1947; *Die letzten Tage der Menschheit von Karl Kraus, bearbeitet von S. H.,* Hsp., Radio Frankfurt 1947, Schpl., Mü. 2003; *Russische Eindrücke,* Aufs., Bln. 1948; *Die Zeit der Gemeinsamkeit,* En., Ost-Bln. 1949; *Mansfelder Oratorium,* Text für ein Oratorium v. Ernst Hermann Meyer, Lpz. 1950; *Die Zeit der Einsamkeit,* E., Lpz. 1951; *Die erste Reihe, Lebensbeschreibungen von 30 Widerstandskämpfern,* Aufs., Ost-Bln. 1951; *Der Flug der Taube,* G., Ost-Bln. 1952; *Der Kampf um eine deutsche Nationalliteratur,* Ess., Ost-Bln. 1952; *Die Sache des Friedens,* Aufs., Ost-Bln. 1953; *Ferne Nähe, Reisebericht,* Pr., Ost-Bln. 1954; *Ludwig van Beethoven,* Dok.-Film, Drehb., DEFA 1954; *Dichtungen,* G., Ost-Bln. 1956; *Nachdichtungen,* G., Ost-Bln. 1957; *Begegnungen. 1954–1959,* Ess., Ost-Bln. 1960; *Georg Friedrich Händel,* Dok.-Film, Drehb., DEFA 1960; *Gedichte und Prosa,* Bln. 1965; *Erzählungen,* Ost-Bln. 1966; *Die Zeit der Gemeinsamkeit/In einer dunklen Welt,* En., Bln. 1966; *Scardanelli,* Hsp., Rundf. d. DDR 1970, WDR 1970, gedr. Bln. 1970, Lpz. 1971; *Lektüre. 1960–1971,* Aufs., Ost-Bln. u. Ffm. 1973; *Die Argonauten,* E., Ost-Bln. 1974; *Deutsches Lesebuch. Von Luther bis Liebknecht,* Lpz. u. Mü. 1976; *Gesammelte Gedichte,* Mü. 1979, erw. Ausg. Ost-Bln. 1981; *Abendlicht,* Autobiogr., Lpz. u. Bln. 1979; *Lebensfrist. Gesammelte Erzählungen,* Bln. 1980; *Aufsätze, Reportagen, Reden, Interviews,* Mü. 1980; *Äußerungen. 1944–1982,* Aufs., Ost-Bln. 1983; *Bestimmungsorte,* En., Bln. 1985; *Stephan Hermlin – homme de lettre,* Bln. 1985; *Texte, Materialien, Bilder,* Lpz. 1985; *Mein Friede. Rückkehr,* Pr., Ost-Bln. 1985; *Traum der Gemeinsamkeit. Ein Lesebuch,* Bln. 1985; *In einer dunklen Welt,* En., Lpz. 1993; *Scardanelli, Hölderlin,* Hsp., Bln. 1993; *In den Kämpfen dieser Zeit,* Aufs., Bln. 1995; *Entscheidungen. Sämtliche Erzählungen,* Bln. 1995.

Herms, Uwe, wurde am 9. 9. 1937 in Salzwedel geboren. 1945 zog er, nach dem Kriegstod des Vaters, mit Mutter und Schwester nach Hamburg. Dort machte er Abitur, absolvierte ein Verlagsvolontariat und studierte ab 1959 Literaturwissenschaft, Linguistik, Philosophie, Geschichte und Kunstgeschichte in Hamburg, Heidelberg und den USA. 1963 schloss er mit einem Master of Arts an der Northwestern University Evanston, Illinois, USA, ab. Zurück in Deutschland arbeitete Herms als freier Schriftsteller, von 1972 bis 1977 war er Fernsehredakteur beim Bildungsprogramm des Norddeutschen Rundfunks. Seitdem ist Herms als freier Autor, Kritiker, Filmemacher und Literatur-Kommunikator tätig. Als »writer-in-residence«, Gastdozent und Stipendiat (1971–1972 University of Warwick; 1977–1978 University of Texas, Austin; 1978 University of Iowa; 1979–1980 Villa-

Massimo-Stipendium; 1980 Pekinger Universität; 1990–1991 zwei Reisen für das Goethe-Institut in Indien und Sri Lanka) sammelte er Welterfahrung. Nach einem längeren Kuraufenthalt in Davos 1982–1983 wohnte Herms hauptsächlich in Hamburg, wo er als Vorsitzender des »Literaturzentrums« etliche hundert literarische Veranstaltungen initiierte und mit auf den Weg brachte, sowie auf der Nordseehalbinsel Eiderstedt. 1995 verlegte er seinen Hauptwohnsitz nach Berlin. Herms erhielt 1968 den Förderpreis zum Niedersächsischen Kunstpreis, 1983 den Preis der Kärntner Industrie beim Ingeborg-Bachmann-Wettbwerb, außerdem längere Arbeitsstipendien 1995 und 1998 im Künstlerhaus Edenkoben, 1996 im Künstlerhof Schreyahn und 2001–2002 in der Villa Concordia, Bamberg.

Uwe Herms gehört zu den Autoren, denen die eigene skrupulöse Grundeinstellung zur Kunst und die Mechanismen des Literaturbetriebs verwehrt haben, ein überschaubares abgeschlossenes Werk vorzulegen, das als ein Korpus aufeinander folgender Bücher in ein Bibliotheksregal einsortiert werden könnte. Seine Arbeiten sind überwiegend auf Anthologien, Sammelbände oder bibliophile Sonderausgaben verstreut oder finden sich versteckt als Vorworte zu Ausstellungskatalogen wie auch als Beiträge in Literaturzeitschriften, besonders den »Horen«. Sie umkreisen ihren Hervorbringer wie die jungen Planeten eines Systems, das seine Gravitationskonstanten schon seit langem gefunden hat, sich aber noch immer in kosmischem Wachstum befindet und deshalb keine stabilen Einheiten herausbilden konnte. Die unterschiedlich engen Umlaufbahnen, mit denen sie den Autor umkreisen, zwingen ihn zu ständigen Reparaturarbeiten. Fast alle erzählenden Texte liegen in mehreren Fassungen vor, viele verstehen sich ursprünglich als Vorarbeiten oder Prologe zu größeren epischen Formen, die Herms jedoch bisher nicht zu Ende bringen konnte.

Nach ersten ästhetisch hochreflektierten Prosa- und Gedichtbeiträgen in den Anthologien *Drucksachen* (1965) und *Aussichten* (1966) veröffentlichte Herms mit der *Brokdorfer Kriegsfibel* (1976) seinen ersten Gedichtband. Er zeugt von doppeltem Engagement: gesellschaftspolitisch gegen die Atomkraftwerke, ästhetisch in der Suche nach widerständiger, Erfahrungsmuster aufbrechender, gemischter Form durch die Konfrontation von bürgerkriegsähnlichen Fotodokumenten mit an barocker Strenge geschulter Lyrik. 1977 folgte der Band *Familiengedichte*. Mit der grotesken Erzählung *Die Papageien von New York* gewann Herms 1983 den 3. Preis des Ingeborg-Bachmann-Wettbewerbs. Darin gibt eine Naturforscherin vor, durch Auswertung von Verhalten und Sprache der Papageien Rückschlüsse auf einen imaginären Urpapagei ziehen zu können. »Der Reiz des Textes liegt darin, dass die Papageien-Metapher sich verselbstständigt, die Eindeutigkeit von Verfremdendem und Verfremdetem aufbricht« (Martin Hielscher). 1977 organisierte Herms mit Ralf Thenior und Jan Hans in Hamburg das »Erste Bundesdeutsche Lyrikfestival«, das der Lyrik wieder einen weithin beachteten öffentlichen Platz schuf. Der daraus entstandene *Lyrikkatalog Bundesrepublik* mit seinen poetologischen Statements ist bis heute eine bedeutende Momentaufnahme literarischer Produktion der Zeit geblieben.

Für Herms' weitere Arbeit bestimmend wurde die von Joyce übernommene und im eigenen Statement weitergedachte Idee, der Schriftsteller habe die schwierige Aufgabe, Epiphanien (»jähe geistige Manifestionen«) »zu erlangen und sie auch so niederzuschreiben, dass sie dem Lesenden zu Epiphanien werden können«. Dies geschehe dadurch, dass der Schriftsteller »die Realität durch einen Akt äußerster geistiger Konzentration (so) zu erfassen sucht, dass sie essenziell greifbar wird«. Herms folgerte weiter, dass es nötig sei, »Erfahrungs- und Verarbeitungszeiten als Arbeit« anzuerkennen.

Viele erzählende, meist autobiografisch grundierte Texte der folgenden Jahre (etwa: *Mein Erscheinen in Hamburg*, letzte Fssg. 1997) werden getragen von der subtilen Notation disparater Erinnerungsschübe und -einbrüche, die von alltäglichen Verrichtungen begleitet werden und in magische Praktiken überspringen. Herms gelingt es darin, einen Raum persönlichster Erfahrung literarisch zu evozieren, in dem Vergangenheit und Gegenwart, Ich und Welt, Leib und Wahrnehmung beinahe wie in Trance ineinander übergehen. Der Akt der Produktion und das Produkt fallen zusammen: Für Herms ist Literatur »Ausweg aus der Leibhaftigkeit« und Leibspeise zugleich. Die Verwandlung, beinahe: Emanation der eigenen Leiblichkeit in einen eigentümlichen Raum aus Wunsch- und Kunstwelt ist Herms wohl am besten in der langen Erzählung *Das Haus in Eiderstedt* (1985) gelungen. Die Begierde, nach langen Jahren des Reiselebens ein verfallenes (Hebammen-)Haus auf der nordfriesischen Halbinsel zu besitzen und für sich und die Geliebte herzurichten, löst im Ich-Erzähler phantasmagorische

Erinnerungsexpeditionen aus, die zu Verschmelzung und Zerfall von Ich und Welt führen – ohne jedoch gänzlich den Bezug zu den Alltagsgesetzlichkeiten von Wirtschaft, Physik und Biologie zu verlieren.

Herms' Lyrik und Prosa entfalten sich zwischen den Polen kindhaft-sinnensüchtiger Welt- und Allaneignung (die Texte wimmeln nur so von Essen, Trinken, Tasten, Schmecken) und ästhetisch (manchmal über-)reflektierter Unmittelbarkeitsbeschwörung. Diesem Welterfassungsdrang verdanken auch Herms' Fernsehfilme ihren Impuls. Ob er in früheren Jahren Heinrich Mann oder die Erfinder Manfred von Ardenne und Konrad Zuse porträtierte oder später Siegfried Lenz, immer ging es ihm um die Erforschung der menschlichen Kreativität, deren energetisches Zentrum in ihm selbst, in seiner leiblichen Existenz, zu finden ist. So ordnet sich sogar eine scheinbar disparate Arbeit wie die mehrteilige Lehrserie *Yoga* in Herms' Untersuchungen zur Leibsprache ein.

Schönste Gestalt hat Herms phänomenale Wahrnehmungskunst in dem Band mit Reisefeuilletons aus Schleswig-Holstein, *Im Land zwischen den Meeren* (1996), gefunden. Bei seinen Schlendereien durch unspektakuläre Orte blickt, riecht und schmeckt er sich buchstäblich zwischen die Ritzen in Kopfsteinpflaster, Bürgerwehren und Tourismusklischees. Im geistig wie materiell fast völlig verarmten Nebengeschäft »Deutsche Reiseprosa« erinnert das *Land zwischen den Meeren* an die Zeiten eines Gregorovius, Heine oder Tucholsky.

Tobias Gohlis

Werke: *Drucksachen. 33 x Prosa und 1 Pantomime*, Hg., Hbg. 1965; *Siebenerlei Fleisch*, Hsp., zus. m. H. J. Fröhlich, WDR 1968; *Der Supermann, nach Alfred Jarry*, Hsp., WDR 1968; *Brokdorfer Kriegsfibel*, G., Hbg. 1976; *Familiengedichte*, G., Hbg. 1977; *Der Mann mit den verhodeten Hirnlappen erfindet Transportmittel und anderes*, Pr., dt. u. engl., Hbg. 1977; *Lyrikkatalog Bundesrepublik. Gedichte: Biografien: Statements*, Hg., zus. m. Jan Hans u. Ralf Thenior, Mü. 1978; *ICH – Sender und Empfänger*, Hsp., SFB 1984; *Die Papageien von New York*, Hsp., SFB 1984; *Das Haus in Eiderstedt*, E., Mü. 1985; *Konrad Zuse – Konstrukteur des ersten Computers*, Fssp., zus. m. Gerhard Vogel, NDR 1985; *Das Gesicht im Mehl*, Hsp., SFB/NDR 1985; *Manfred von Ardenne – Ein Leben für die Wissenschaft*, Fssp., zus. m. Rainer Aust, NDR 1987; *Schleswig-Holstein – Schlupfwinkel der Literatur*, Ess., Kiel 1989; *Walter Bruch – Ein Pionier des Fernsehzeitalters*, Fssp., NDR 1990; *Yoga-Schule*, Sachb. u. Fssp.-Serie, zus. m. Claudia Mahler, Hbg. 1993; *Im Land zwischen den Meeren*, Pr., Hbg. 1996; *Wundertüte eines halben Tages*, En., Hbg. 1997; *Siegfried Lenz*, Fssp., ARTE/NDR 1999; *Nauta navigat. Eine Seh-Reise: Der Künstler Hans-Ruprecht Leiß*, Pr.-Ess., Hbg. 2000; *Schrauben, aha*, G. u. Pr., Bamberg 2001.

Hettche, Thomas, wurde am 30. 11. 1964 in Treis bei Gießen geboren. Sein Studium der Germanistik und Philosophie von 1984 bis 1991 an der Universität Frankfurt am Main schloss er mit einer Arbeit über Musil ab und lebt nun, nach Aufenthalten in Stuttgart, Rom und Berlin, seit 1996 als freier Schriftsteller wieder in Frankfurt am Main. Promotion 1999. Neben den literarischen Publikationen immer wieder auch journalistische und essayistische Arbeiten für Zeitungen und Zeitschriften. Von 1995 bis 1999 war er Juror beim Ingeborg-Bachmann-Wettbewerb in Klagenfurt. Ausgezeichnet wurde er u.a. 1989 mit dem Preis der Kärntner Industrie beim Ingeborg-Bachmann-Wettbewerb, 1990 mit dem Rauriser Literaturpreis und dem Robert-Walser-Preis, 1994 mit dem Ernst-Robert-Curtius-Förderpreis für Essayistik, 1996 mit dem Aufenthaltsstipendium der Villa Massimo in Rom, 2001 mit dem Spycher Literaturpreis Leuk und 2002 mit dem Stipendium der Villa Aurora in Los Angeles.

Schon in seinem Debüt *Ludwig muss sterben* (1989) ging es Thomas Hettche um zwei Topoi, die seine Arbeiten bis heute bestimmen: Gewalt und Sprache. Ein aus psychiatrischer Obhut entlassener Mann verbringt ein Wochenende in der Wohnung seines herzkranken und nach Italien verreisten Bruders Ludwig und imaginiert die letzten Stunden im Leben des Bruders, ein letztes belangloses Telefonat, das Ende naht. Figuren aus dem Anatomieatlas tauchen plötzlich auf, die Bewusstseinsebenen des Ich-Erzählers verschieben sich, im messerscharfen Ton werden die Schnittstellen zwischen Wirklichkeit und Fiktion offen gelegt. Der Körper des Herzkranken, der des Erzählers und die der Nebenfiguren überlagern sich im Sprachgewand. Hettche montiert seine Bilder fast atemlos ineinander, es geht um Leben und Tod. Bei dieser Visualisierung einer Krankheit entsteht der Text, der bereits jene sinnlichen und erotischen Obsessionen, wie sie allen Texten Hettches eigen sind, als Subtext mit sich führt. Der Dialog mit dem eigenen Körper (des Erzähler-Ichs) wird auch zum Dialog mit dem Leser, er kann sich in die Wunden und Schmerzen quasi einlesen: »... sind nur Wörter, entgegnete ich meinem Herzschlag, es sind Wörter, immer wieder, als wiederholte ich einen Zauber, der mich vor ihrer Kälte schützen sollte, sind nur Wörter, Wörter wie ein einziger schneller Blick.« Metamorphosen sind auch das strukturierende Element des Prosastückes *Inkubation* (1992). Hier finden sich verschachtelte Korrespondenzen, Spiegelungen und eine mäandernde, fast labyrinthische Abfolge von Beobachtungen, die Liebende betreffen und gleichzeitig von Einsamkeit und Angst zu berichten wissen. Wirklich zueinander findet selbst in Momenten höchster Intimität niemand. Eine Spur führt möglicherweise zu Hans Arbogast: »Ich betrachte die pochende Halsschlagader, die fast unsichtbare Spur des Flaums hinter den Wangenknochen hinab, anderes, dachte ich, was ich nicht sehe, geschieht wirklich stattdessen, ich kann nicht dagegen an, bleibe in meinem. Ich stelle mir vor, wie über die Lippen, die ich vor mir sah, die Zunge leckte, fantasierte mir das Reiben der Augäpfel an den Lidern, dachte, ich weiß von Haut und Haaren nur Vergleich und Beschreibung, komme nicht hinter das Gesicht.«

Blutig geht es im bizarren Roman *Nox* (1995) zu: Einem jungen Dichter wird die Kehle durchgeschnitten. Munter erzählt er als Leiche, als körperloses Bewusstsein, aber weiter, wie er seiner Mörderin in der Nacht des 9. November 1989 durch Berlin folgte. Im Folgenden ist die Mauer der Schnitt, die Stadt die Narbe, »die aufbrach wie schlecht verheiltes Gewebe«. Das Subjekt ignoriert die Sterblichkeit, Berlin ist der Hades, randvoll mit Monströsitäten und Perversen, eine Nacht der Lust und der Schmerzen. Es entsteht ein schmerzhafter Prozess des Erinnerns, der gegen den drohenden Verlust der Identität kämpft. *Nox* ist eine Allegorie deutsch-deutscher Kopulationsversuche, die Berliner Charité muss als Treffpunkt sadomasochistischer Ausschweifungen herhalten, bis Deutschland unter Gliederreißen wieder vereint ist.

Animationen (1999) setzt die Bemühungen, sich ein Bild vom (toten) Körper zu machen, um vielleicht so mehr über das Leben zu erfahren, mit einem poetischen Venedig-Essay fort. Der Körper wird an diesem kunsthistorisch bedeutsamen Ort, an dem zum ersten Mal in der Moderne anatomische Untersuchungen vorgenommen wurden, von allen Seiten beleuchtet, berühmte Kollegen wie Goethe, Montaigne, Casanova und Flaubert sind anwesend und werden zitiert, der Erzähler sucht die Liebe und landet wieder bei der Obduktion in der Sprachanatomie. *Animationen* erscheint als Amalgam aus Dokument und fiktivem Text, aus Essay und Poesie, aus Körpertext und Wirklichkeitssuche.

Thomas Hettche will versuchen, »mit allen literarischen Möglichkeiten die Welt zu verstehen«, und setzt, wie er es vermutlich vor zehn Jahren noch nicht getan hätte, heute einen Begriff wie »Wahrhaftigkeit« in das Zentrum seines Schreibansatzes. Es geht ihm und seinen Altersgenossen nicht um eine Repolitisierung der deutschen Literatur, um Begriffe wie »Engagement« oder »Utopie«, wie sie noch Grass und die 68er im Munde führten. Es geht um die sprachliche Erfassung von gesellschaftlicher Wirklichkeit, von Lebenswelten und deren Möglichkeiten. Dem kann dann, wie in *Nox* geschehen, der Erzähler und seine Verfügungsgewalt über das Personal zum Opfer fallen. Auch das Bemühen, sich als Autor sichtbar zu machen, ist erkennbar. Dies manifestierte sich zum Beispiel in einem Internetprojekt wie *Null* (2000) unter der Ägide von Thomas Hettche, in dem junge Schriftsteller im Netz kommunizierten. Von dieser Internet-Plattform für Autoren-Einsteiger gab es auch eine Druckversion. Das Transportmittel der medialen Wirklichkeit wurde erprobt, zu einer eigenen ästhetischen Ausformung kam es aber nur bedingt.

Während in den vorherigen Büchern Thomas Hettches die Form herausgestellt wird, also erzählt wird unter ständigem Verweis darauf, wie erzählt wird, wodurch das Erzählte etwas in den Hintergrund tritt, hat er im Roman *Der Fall Arbogast* (2001) die für die Geschichte maßgeschneiderte Form gefunden. Es ist zugleich ein historischer Roman, ein Gerichtsroman, ein spannender Krimi und stets die Erprobung des Metaphysischen am Physischen, ein theoriegeladener Dürrenmatt, der sich bei aller Lesbarkeit nicht anbiedert. Hettche erzählt ganz realistisch eine Kriminalgeschichte, die in den Fünfzigerjahren der Bundesrepublik ihren Anfang nimmt: *Der Fall Arbogast* ist der historische »Fall Hetzel«, auf den ihn ein Pathologe der Berliner Charité aufmerksam machte. Hans Arbogast wird zu einer lebenslangen Zuchthausstrafe verurteilt, weil er im Schwarzwald die Anhalterin Marie Gurth vergewaltigt, gequält und anschließend mit einem Kälberstrick erdrosselt haben soll. Das Prozessgutachten von 1955 war falsch, aber es dauerte bis 1968, bis der Prozess wieder aufgerollt und Arbogast durch ein Gegengutachten entlastet wurde. Hettches Roman ist eine erzählerische Rekonstruktion, die dort spannend wird, wo die Fakten – die Obduktionsprotokolle, der Gutachterstreit, die minuziöse Schilderung des Zuchthausalltags, der damaligen Lebensumstände und ihrer Veränderungen in den Jahren von 1955 bis 1968 – schweigen. Hettche erzählt klar und präzise eine Geschichte, wie sie in der sichtbaren Welt ihren Niederschlag gefunden haben mag. Zum Glück verzichtet er auf Erklärungen und Psychologie, er sagt uns nicht, was für ein Mensch Arbogast wirklich gewesen ist. Man kann beim Lesen letztlich darüber keine Gewissheit erlangen. Wichtig ist nur, dass Arbogast im strafrechtlichen Sinne Opfer eines Justizirrtums wurde. Nahezu atemlos – schon beim fulminanten Einstieg, einer Liebesszene, die der Erzähler gleichsam mit der Filmkamera abtastet – folgt man dem Erzähler in die verschiedenen Tiefenschichten des Textes: die Kritik sprach vom »Skalpell-Blick« (Maike Albath) und von »gemeißelten Sätzen« (F. v. Lovenberg). Die Mehrdeutigkeit des Textes, seine Spannung und Detailfreude lassen diese kriminalistische Spurensuche zu einem Ereignis werden, das in der Möglichkeit eines Geschehens nistet.

Thomas Kraft

Werke: *Ludwigs Tod*, Ffm. 1988 (erste Kapitel von *Ludwig muss sterben*); *Ludwig muss sterben*, Ffm. 1989; *Inkubation*, Ffm. 1992; *Nox*, Ffm. 1995; *Das Sehen gehört zu den glänzenden und farbigen Dingen*, Graz 1997; *Pietro Aretino: I. Modi. Stellungen. Die Sonette des göttlichen Pietro Aretino zu den Stichen von Marcantonio Raimondi*, Ffm. 1997, überarb. Ausg. u. d. T. *Pietro Aretino: Stellungen. Vom Anfang und Ende der Pornografie*, Köln 2003; *Animationen*, Köln 1999; *Null*, Hg., zus. m. Jana Hensel, Köln 2000; *Der Fall Arbogast*, Kriminalroman, Köln 2001.

Hey, Richard, wurde am 15. 5. 1926 in Bonn geboren. Er studierte Musik, Theaterwisenschaft und Philosophie, brach das Studium ab und arbeitete als Regieassistent beim Film, später als Journalist und Musikkritiker. Seit 1952 ist er als Autor und Regisseur für zahlreiche Rundfunksender tätig. Hey nahm seit 1955 an den Tagungen der »Gruppe 47« teil; von 1973 bis 1976 war er Mitherausgeber der Autoren-Edition im Bertelsmann-Verlag. Er lebt als freier Schriftsteller in Berlin und Levanto (Italien). Er ist Mitglied des P.E.N.-Zentrums der BRD. 1955 erhielt er die Fördergabe des Schiller-Gedächtnispreises des Landes Baden-Württemberg, 1960 den Gerhart-Hauptmann-Preis der Freien Volksbühne Berlin, 1964 den Hörspielpreis der Kriegsblinden und 1997 den »Ehren-Glauser« für Kriminalliteratur.

Richard Hey begann in den Fünfzigerjahren als Dramatiker, schrieb Hörspiele und Drehbücher für Film und Fernsehen, die er zum Teil selbst inszenierte, und wurde in den Siebzigerjahren mit einer Serie von Kriminalromanen um eine Kriminalkommissarin bekannt. In seinem ersten bedeutenderen Theaterstück *Thymian und Drachentod* (1953) handelt er den Konflikt zwischen den beiden deutschen Staaten und die Restauration in der BRD allegorisch ab: Der Freiheitskämpfer Jussam flieht aus einem totalitär regierten Staat in den Nachbarstaat, der seine moralische Legitimation hauptsächlich aus der Gegnerschaft gegenüber dem Regime des feindlichen »Drachenlands« bezieht. Schnell gerät Jussam zwischen die Fronten der politischen Ranküne seines Asyllandes, wo ihm der Premierminister einen hohen Posten anbietet, wenn er ihm bei seinen Machenschaften behilflich ist. Dieser Premier drückt soeben neue Gesetze durch, mit denen er Christentum und Sexualmoral wieder strenge Geltung verschaffen, mögliche Staatsfeinde verfolgen und die militärische Stärke erhöhen will. Als er versucht, Jussam zu einem Attentat auf den menschenfreundlich-weltfremden König zu zwingen, flieht Jussam mit seiner Geliebten, wobei beide den Tod finden. Die Werte, die der Freiheitskämpfer Jussam dem zynischen Machtgebaren der Herrschenden entgegensetzt, bestehen in einer von der kirchlichen Institution abgekehrten Religiosität mit Christus als Leitfigur und einer befreiten Sexualität, der systemsprengende Wirkungen zugeschrieben werden.

Während *Der Fisch mit dem goldenen Dolch* (1958) ebenfalls durch eine Handlung in einem Fantasiestaat die politische Realität seiner Zeit allegorisch reflektiert, verlässt das Drama *Weh dem, der nicht lügt* (1962) den Rahmen der Allegorie. In der um Fälschung und Authentizität kreisenden Thematik und der Verwendung absurder Elemente erinnert es an die Texte Wolfgang Hildesheimers. Besonders deutlich wird die Fälschungsthematik in Heys 1974 gesendetem Fernsehfilm *Sten Sievernich – ein vergessener Stummfilmregisseur*, in dem er mit eigens zu diesem Zweck produzierten, angeblich bislang verschollenen Stummfilmen vollkommen glaubwürdig die Existenz eines Stummfilmregisseurs schilderte, der nie gelebt hat.

Während das frühe Hörspiel *Kein Lorbeer für Augusto* (1954) noch durch märchenhafte Elemente gekennzeichnet ist, stellt *Jeden Abend Kammermusik* (1958) eine realistische psychologische Studie dar. Die Nähe von Drama, Hörspiel und Film in Heys Werk zeigt sich in den Umarbeitungen von Stoffen für verschiedene Medien. So wurde das Hörspiel *Jeden Abend Kammermusik* zum Fernsehfilm *Abends Kammermusik* (1965) und das Drama *Weh dem, der nicht lügt* zum Hörspiel *Nachtprogramm* (1964), für das Hey 1964 den Hörspielpreis der Kriegsblinden erhielt. In diesem Werk nutzt Hey die Möglichkeiten des akustischen Mediums, um durch scheindokumentarisches Material ein Verwirrspiel mit Authentizität und Fiktionalität zu treiben.

Mit *Ein Mord am Lietzensee* (1973) beginnt Hey die Serie von Kriminalromanen um die Kommissarin Katharina Ledermacher, die auch in *Engelmacher & Co.* (1975) und *Ohne Geld singt der Blinde nicht* (1980) die Hauptfigur darstellt. Die kritische, politisch links eingestellte Kommissarin sieht sich mit Fällen konfrontiert, in denen die menschenfeindlichen Auswirkungen des politischen und wirtschaftlichen Systems der BRD ihren Ausdruck in kriminellen Handlungen finden. Die Marginalisierung der Jugendlichen und Alten, Abtreibung und Hausbesetzung sind die Themen dieser sozialkritischen Kriminalromane. Im letzten Teil der »Ledermacher-Trilogie« kann die Kommissarin sich nicht mehr mit der Rolle der Polizei abfinden und kündigt.

In seinem Roman *Im Jahr 95 nach Hiroshima* (1982) wendet sich Hey wieder der Science-Fiction zu, mit der er sich schon früher in Hörspielform beschäftigt hatte (*Reisen-Beschreibung. Radio-Fiktion*, in: *Das Ende des friedlichen Lebens der Else Reber*, 1976). In einer durch ökologische Katastrophen völlig verwandelten Welt sind die sozialen Strukturen der Gegenwart zusammengebrochen, und es entwickelt sich inmitten katastrophaler Existenznöte ein improvisiertes, doch menschenwürdiges Zusammenleben. Der Roman *Das bodenlose Mädchen* (1999) hat ein 13-jähriges Mädchen als Hauptfigur, das sich mit Fantasie und Witz durch eine feindselige Erwachsenenwelt schlägt. Die unter dem Titel *Die schlafende Schöne in Formalin und andere frühe Erinnerungen* (2003) erschienenen Lebenserinnerungen schildern anekdotisch die Stationen seines Lebens, von einer Jugend unter dem Nationalsozialismus bis heute.

Florian Wolfrum

Werke: *Thymian und Drachentod*, Theaterst., UA Bln. 1953, gedr. Mü. 1956; *19. November 1828*, Hsp., zus. m. Heinrich Böll, RIAS 1953; *Kein Lorbeer für Augusto*, Hsp., NWDR 1954; *Tod eines Nichtschwimmers*, Hsp., SWF 1955; *Olga 17*, Hsp., NDR/SWF 1956; *Der Fisch mit dem goldenen Dolch*, Theaterst., UA Stg. 1958, gedr. Mü. 1960; *Jeden Abend Kammermusik*, Hsp., BR/RB/SFB 1958; *Die Ordnung siegt*, Hsp., RB/NDR 1961; *Weh dem, der nicht lügt*, Theaterst., UA Hbg. 1962, gedr. Köln, Bln. 1962; *Hochzeitsreport*, Hsp., NDR/SFB/SWF 1965; *Plädoyer*, Hsp., SFB 1965; *Die Ballade vom eisernen John*, Hsp., DLF 1967; *Mitbestimm-bestimmt-bestimmuung*, Hsp., zus. m. Uwe Friesel, BR/HR/SDR 1970; *Schlusswort. Monolog mit Musik*, Hsp., WDR/SDR 1971; *Ende gut, alles schlecht*, Hsp., SDR/WDR/RB 1972; *Ein Mord am Lietzensee*, R. Mü. 1973; *Eine Liebesgeschichte*, Hsp., zus. m. Lisa Kirstwaldt, BR 1974; *Die Ballade von der Besetzung eines Hauses*, Hsp., SDR/WDR/RB 1975; *Engelmacher & Co*, Krimi, Mü. 1975; *Das Ende des friedlichen Lebens der Else Reber. Schau- und Hörstücke*, Mü. 1976; *Die Ameise, die mit der Fahne winkte oder Dr. John Federbaums Universum*, Hsp., WDR/RIAS 1978; *Martinssons Fall*, Hsp., SWF/NDR 1979; *Verschlossen und verriegelt*, n. Sjöwall/Wahlöö, Hsp., SWF/WDR 1979; *Eduardo de Filippo: Was wir haben, was wir lieben*, Übs., zus. m. Christina Callori-Gehlsen, Bln. 1979; *Eduardo de Filippo: Filumena Marturano*, Übs., Bln. 1979; *Eduardo de Filippo: Innere Stimmen*, Übs., zus. m. Christina Callori-Gehlsen, Bln. 1980; *Ohne Geld singt der Blinde nicht*, Krimi, Mü. 1980; *Schloss Schönau oder Liebe und Schweigepflicht. Fotoroman fürs Radio*, Hsp., zus. m. Lisa Kristwaldt, SDR/SWF 1981; *Feuer unter den Füßen*, Krimi, Mü. 1981; *Im Jahr 95 nach Hiroshima*, R., Hbg. 1982; *Eduardo de Filippo: Lügen haben lange Beine*, Übs., Bln. 1982; *Eduardo de Filippo: Die Kunst der Komödie*, Übs., Bln. 1982; *Eduardo de Filippo: Das Vergnügen, verrückt zu sein*, Übs., Bln. 1983; *Eduardo de Filippo: Der Zylinder*, Übs., Bln. 1984; *Dr. John Federbaums Reise durch die Bundesrepublik im August des Jahres 2002*, Hsp., SR 1985; *Der Name der Rose*, n. Umberto Eco, Hsp., BR/SWR/NDR 1986; *Tödliche Beziehungen*, Krimi, Ffm. 1986; *Kelsterbachs Lieblinge*, Hsp., WDR/SDR/SFB 1990; *Ein unvollkommener Liebhaber*, R., Hbg. 1990; *Der Flug des Managers durchs Treppenhaus*, Hsp., NDR/SWF 1992; *Die Löwenbändigerin und andere Geschichten*, Krimi, Mü. 1995; *Das bodenlose Mädchen*, R., Bln. 1999; *Die schlafende Schöne in Formalin und andere frühe Erinnerungen*, Autobiogr., Bln. 2003.

Heym, Stefan (1942 legalisiertes Pseudonym für Helmut Flieg), wurde am 10. 4. 1913 in Chemnitz als Sohn eines jüdischen Kaufmanns geboren und ist am 16. 12. 2001 in Israel gestorben. Er studierte Germanistik und Zeitungswissenschaft in Berlin und war daneben journalistisch tätig, u.a. für die »Weltbühne«. 1933 floh er in die Tschechoslowakei, schrieb dort Gedichte, Feuilletons und Reportagen, erhielt ein Stipendium der University of Chicago und erwarb dort mit einer Arbeit über Heinrich Heine den Magistergrad. Er arbeitete als Kellner, Tellerwäscher und Buchverkäufer und war von 1937 bis 1939 Chefredakteur der New Yorker deutschsprachigen Wochenzeitung »Deutsches Volksecho«. Ab 1943 gehörte er als Soldat der amerikanischen Armee an und kämpfte als Sergeant der »Psychological Warfare« in Frankreich und Deutschland. Nach Kriegsende wurde er unter Hans Habe Redakteur der Münchner »Neuen Zeitung«. Dort weigerte er sich, einen antisowjetischen Leitartikel zu schreiben, kehrte Ende 1945 in die USA zurück und verließ aus Protest gegen den Korea-Krieg die Armee. Mehrere Aufenthalte in Prag folgten, 1953 übersiedelte er in die DDR, wo er als freier Schriftsteller in Berlin lebte. Heym gehörte 1978 zu den ersten Unterzeichnern der Biermann-Petition und wurde daraufhin 1979 aus dem Schriftstellerverband der DDR ausgeschlossen. Er äußerte sich in zahlreichen Beiträgen und Interviews kritisch zur Politik seines Staates, beharrte aber darauf, dass die DDR und der Sozialismus, verglichen mit der Bundesrepublik, die bessere Alternative seien: »Der Sozialismus, nicht der Stalinsche, der richtige, den wir endlich erbauen wollen ...« war das Ziel, das er am 4. November 1989 den protestierenden Mitbürgern auf dem Berliner Alexanderplatz vor Augen stellte. Im Dezember 1989 war Heym Mit-Initiator des Aufrufs »Für unser Land«. 1994 wurde er als parteiloser Kandidat der PDS in den Bundestag gewählt, als Alterspräsident plädierte er dort für eine »Koalition der Vernunft«. Ein Jahr später legte er, aus Protest gegen eine Diätenerhöhung, sein Amt und sein Mandat nieder. – Heym erhielt u.a. 1953 den Heinrich-Mann-Preis, 1956 den Literaturpreis des FDGB 1. Klasse und die Franz-Mehring-Ehrennadel, 1959 den DDR-Nationalpreis II. Klasse sowie die Ehrenmedaille der Stadt Chemnitz. Nach der politischen Wende nahm man ihn im November 1989 wieder in den Schriftstellerverband der DDR auf und wählte ihn im Januar 1990 zum Vorstand des Ost-Berliner Bezirksverbandes. 1990 wurde er zum Ehrendoktor der Universität Bern und 1991 der Universität Cambridge ernannt. 1990 verlieh man ihm die Auszeichnung »Gutenberg écrits et libertés«, 1992 den Kunst- und Kulturpreis »Chemnitzer Ernst« und 1993 den Jerusalem-Preis für die Freiheit des Menschen in der Gesellschaft.

Heyms erstes Gedicht, 1931 geschrieben, griff den Reichswehrchef Seeckt an; Heym wurde daraufhin von der Schule relegiert. Sein erster Roman *Hostages* (1942) beschreibt am Beispiel einer Geiselnahme den Terror der Nazis und den Widerstandskampf in der Tschechoslowakei. Sein erfolgreichstes Buch, *The Crusaders* (1948), gibt eine Darstellung des amerikanischen Vormarschs von Frankreich nach Deutschland. Sergeant Bing, in vielen Details ein Ebenbild des Autors, erkennt, dass seine Kameraden den Sinn des Zweiten Weltkrieges nicht begreifen, sie kämpfen für sich und weil man es ihnen befohlen hat. 1959 schließt Heym ein Manuskript ab, das den Titel *Der Tag X* tragen sollte; es erscheint, nach gründlicher Umarbeitung, 1974 in der Bundesrepublik unter dem Titel *5 Tage im Juni*. Ein Gewerkschaftsfunktionär, eine Arbeiterin und eine Stripperin erleben die Ereignisse des Aufstandes vom 17. Juni 1953. Heym beschreibt den Aufstand als spontane, irrationale Aktion. Die Grenzen der Unterhaltungsliteratur werden dabei nicht überschritten. Das gilt auch für Heyms »historische« Romane, in denen Heym den Widerspruch zwischen Freiheit und Diktatur am Beispiel der badischen Revolution von 1849 abhandelt oder das unglückliche Leben des Revolutionärs und Arbeitervereinspräsidenten Lassalle erzählt. Eine neue literarische Qualität zeigten die Novelle *Die Schmähschrift oder Königin gegen Defoe* (1970) und der Roman *Der König-David-Bericht* (1972). Beide Bücher erschienen erst verspätet in der DDR. *Die Schmähschrift* beschreibt im Stil des frühen 18. Jahrhunderts Leben und Wirken des englischen Kollegen Defoe; sie zeigt, wie und wann Literatur solidarisierend auf die Leserschaft wirkt. *Der König-David-Bericht* erzählt die Geschichte des biblischen Königs David, aufgeschrieben durch den Historiker Ethan für König Salomo. Als Ethan versucht, die nicht erwünschte Wahrheit über David aufzuschreiben, wird er zur Strafe des »Totgeschwiegenwerdens« verurteilt.

Heym schrieb viele Arbeiten zuerst in Englisch. Sein Interesse galt vor allem dem Verhältnis zwischen Revolution und Freiheit, dem Personenkult, dem Rollenspiel der Intellektuellen. In den angelsächsischen Ländern wurde seine Art des Erzählens akzeptiert; deutsche Leser und Kritiker vermissten oft das »Literarische«, das »Originäre« in seinen Büchern.

Mit dem Roman *Collin*, der 1979 in der BRD erschien (DDR 1990) und dem Autor eine Verurteilung wegen illegaler Manuskript-Ausfuhr einbrachte, kehrte er jedoch wieder zur Kolportagetechnik seiner Anfänge zurück. Wie in *5 Tage im Juni* versuchte er – jetzt verschlüsselt und auf den Stalinismus bezogen –, verdrängte Geschichte hervorzuholen. Das Buch, schrieb Wolf Biermann an seinen Freund Robert Havemann, »handelt von den Leichen im Keller der DDR«.

Der Roman *Ahasver* (1981, DDR 1988) erzählt auf drei Ebenen die Geschichte des ewigen Juden und seines Gegenspielers Lucifer; Revolutionär und Reaktionär stehen sich bei der Welterschaffung, zu Zeiten Luthers, in der DDR und in Israel gegenüber. Heyms Roman *Schwarzenberg* (1984, Fs.-Film

1989, DDR 1990) berichtet die kurze Geschichte einer idealen deutschen demokratischen Republik – der »Staat«, durch Zufall im Nachkriegsdeutschland entstanden, endet, als das Uran unter dem erzgebirgischen Städtchen wichtig wird. 1988 (DDR 1990) erschien Heyms umfangreiche Autobiografie *Nachruf*. Darin schilderte er heiter und selbstgewiss längs der Entstehungsgeschichten seiner Bücher sein öffentliches Leben, seine Erlebnisse und Begegnungen (u.a. mit Hitler, Ulbricht, Honecker). 1995 schloss er den Roman *Radek* ab. Karl Radek, ein polnischer Kommunist, war 1917 mit Lenin nach Russland gegangen und kämpfte an der Seite Trotzkis und Stalins, bis er selbst Opfer der Diktatur wurde. Heym kennzeichnet in der für ihn typischen plakativen Weise Radek als vorausschauenden, klugen Kopf. In dem Band *Immer sind die Weiber weg und andere Weisheiten (1997)* erzählte Heym zum ersten Mal in jiddischem Tonfall auch Privates – die Geschichten sind gesammelte Geburtagsgeschenke für seine Frau. Der letzte große Roman Heyms – *Pargfrider* (1988) – galt einer historischen Figur. Joseph Pargfrider hatte eine jüdische Mutter und war illegitimer Kaisersohn. Er belieferte das österreichisch-ungarische Heer mit Stoffen und wollte seine gesellschaftliche Missachtung durch die Errichtung eines Heldenfriedhofs (in Wetzdorf/Niederösterreich) kompensieren. Im Jahr 2000 gab Heym ein 1964/65 geschriebenes Werk zum Druck: Der Roman *Die Architekten* schildert vor dem Hintergrund des Baus der Berliner Stalin-Allee und des Todes von Stalin das Ringen deutscher Städtebauer um den zeitgemäßen Baustil. Am Ende siegt der stark thesenhaft argumentierende Opportunist. Der politische Romancier Heym erörterte zeitlebens mithilfe seiner historischen oder fiktiven Gestalten allgemein-menschliche Probleme. In seinen publizistischen Arbeiten forderte er mit Nachdruck und Geschick die Veränderung des deutschen Staates, den er gewählt hatte. Als Patriot, als Zeuge eines Jahrhunderts, erkannte und benannte er schnell die Widersprüche der politischen Entwicklung und nutzte selbstbewusst und unerschrocken die Medien, auch die des »Klassenfeinds«. Heym kannte die Grenzen seines literarischen Könnens: »... ich habe von Schiller doch etwas mitbekommen – sagen wir den Hang zum Dramatischen, vielleicht manchmal zum Überdramatischen.«

Konrad Franke

Werke: *Die Hinrichtung,* Dr., 1935; *Gestern/Heute/Morgen,* Dr., in: »Das Wort«, Moskau 1937; *Nazis in USA. An Exposé of Hitler's Aims and Agents in the USA,* New York. 1938; *The Great Hanussen,* Sch., entst. 1942; *Hostages,* R., New York 1942, dt. als *Der Fall Glasenapp,* Lpz. 1958; *Of Smiling Peace,* R., Boston 1944; *The Crusaders,* Boston 1948, dt. als *Kreuzfahrer von heute,* Lpz. 1950, als *Der bittere Lorbeer* Mü. 1950; *The Eyes of Reason,* R., Boston 1951, dt. als *Die Augen der Vernunft,* Lpz. 1955; *Tom Sawyers großes Abenteuer. Kinderstück nach Mark Twain,* zus. m. H. Burger, Ost-Bln. 1952, UA Wien 1937; *Die Kannibalen und andere Erzählungen,* Lpz. 1953; *So liegen die Dinge. Offene Worte,* Ost-Bln. 1953; *Forschungsreise ins Herz der deutschen Arbeiterklasse. Nach Berichten sowjet. Arbeiter,* Ost-Bln. 1953; *Goldsborough,* New York 1954, dt. als *Goldsborough oder Die Liebe der Miss Kennedy,* Lpz. 1953; *Im Kopf sauber. Schriften zum Tage,* Lpz. 1954; *Reise ins Land der unbegrenzten Möglichkeiten. Ein Bericht,* Ost-Bln. 1954, als *Keine Angst vor Rußlands Bären* Düsseld. 1955; *Offen gesagt. Neue Schriften zum Tage,* Ost-Bln. 1957; *The Cosmic Age. A Visit to Soviet Science,* New York. 1959, dt. *Das Kosmische Zeitalter. Ein Bericht,* Ost-Bln. 1959; *Schatten und Licht. Erzählungen aus einem geteilten Land,* Lpz. 1960; *The Lenz Papers,* London 1964, dt. als *Die Papiere des Andreas Lenz,* Lpz. 1963, als *Lenz oder die Freiheit* Mü. 1965; *Uncertain Friend,* London 1969, dt. als *Lassalle,* Mü., Esslingen 1969, Ost-Bln. 1974; *Casimir und Cymbelinchen,* Märchen, Ost-Bln. 1966, erw. Ausg. als *Cymbelinchen oder Der Ernst des Lebens,* Gütersl. 1975; *Die Schmähschrift oder Königin gegen Defoe. Erzählt nach den Aufzeichnungen eines gewissen Josiah Creech,* Zür. 1970; *Der König-David-Bericht,* R., Mü. 1972, Ost-Bln. 1973; *5 Tage im Juni,* Mü., Gütersl., Wien 1974; *Auskunft. Neue Prosa aus der DDR,* Hg., Mü., Gütersl., Wien 1974; *Das Wachsmuth-Syndrom,* Bln. 1975; *Erzählungen,* Ost-Bln. 1976; *Die richtige Einstellung und andere Erzählungen,* Mü. 1977; *Erich Huckniesel und das fortgesetzte Rotkäppchen,* Bln. 1977; *Auskunft. 2. Neueste Prosa aus der DDR,* Königstein/Ts. 1978; *Collin,* R., Mü. 1979; *Der kleine König, der ein Kind kriegen musste und andere neue Märchen für Kinder,* Mü. 1979; *Wege und Umwege. Streitbare Schriften aus fünf Jahrzehnten,* hg. v. Peter Mallwitz, Mü. 1980; *Werke,* Mü. 1981 ff.; *Ahasver,* R., Mü. 1981; *Schwarzenberg,* R., Mü. 1984; *Gesammelte Erzählungen,* Mü. 1984; *Reden an den Feind,* hg. v. Peter Mallwitz, Mü. 1986; *Nachruf. Aufzeichnungen,* Mü. 1988; *Werkausgabe in 14 Bänden,* Mü. 1988 ff.; *Meine Cousine, die Hexe und weitere Märchen für kluge Kinder,* Mü. 1989; *Der bittere Lorbeer,* R., Mü. 1989; Rockoper *Der Chronist,* Musik v. Gabor Kemeny u. Tibor Kocsak, Libretto: Tibor Miklos, UA Budapest 1984, DDR-UA u. d. T. *Der König-David-Bericht,* dt. Text v. Kurt Demmler, Halberstadt 1989; *Auf Sand gebaut. Sieben Erzählungen aus der unmittelbaren Vergangenheit,* Mü. 1990; *Einmischung. Gespräche, Reden, Interviews,* hg. v. Inge Heym u. Heinfried Henninger, Mü. 1990; *Die sanfte Revolution. Prosa, Lyrik, Protokolle, Erlebnisberichte, Reden,* Hg., zus. m. Werner Heiduczek, Lpz. 1990; *Stalin verlässt den Raum. Politische Publizistik,* hg. v. H. Henniger, Lpz. 1991; *Filz. Gedanken über das neueste Deutschland,* Mü. 1992; *Radek,* R., Mü. 1995; *Der Winter unseres Missvergnügens. Aus den Aufzeichnungen des OV Diversant,* Mü.

1996; *Immer sind die Weiber weg und andere Weisheiten*, En., Düsseld. 1997; *Pargfrider oder Vom Nutzen des Tuchhandels*, R., Mü. 1998; *Im Gespräch mit Dirk Sager*, Bln., Mü. 1999; *Die Architekten*, R., Mü. 2000; *Das Wachsmuthsyndrom und Die heilige Katharina*, CD, Bln. 2001; *Offene Worte in eigener Sache. Gespräche, Reden, Essays 1989–2001*, Mü. 2003.

Hilbig, Wolfgang, wurde am 31. 8. 1941 in Meuselwitz/Sachsen geboren und wuchs in der Bergarbeiterfamilie des Großvaters auf. Nach einer Lehre als Werkzeugmacher und der Ableistung der Wehrpflicht bei der »Volksarmee« war er als Werkzeugmacher, Erdbauarbeiter, Außenmonteur, Hilfsschlosser auf einer LPG, Abräumer in einer Ausflugsgaststätte und seit 1970 fast ununterbrochen als Heizer tätig. Kurzfristig nahm er an »Zirkeln schreibender Arbeiter« teil, auch an Lyrikseminaren für die DDR-Arbeiterfestspiele. 1978 wurde er vorübergehend wegen seiner ersten Buchpublikation im Westen durch die Staatssicherheit verhaftet. Erst fünf Jahre danach war mit der Fürsprache Franz Fühmanns eine erste Buchveröffentlichung, ein Querschnitt durch Lyrik und Prosa, entschärft und zensiert, in der DDR möglich geworden. 1985 verließ Hilbig die DDR mit einem Fünfjahresvisum. Hilbig, der seit 1979 ausschließlich Schriftsteller ist, lebt in Berlin. 1983 erhielt er den Brüder-Grimm-Preis, 1987 den Kranichsteiner Literaturpreis und 1989 den Ingeborg-Bachmann-Preis in Klagenfurt. Mit dem Bremer Literaturpreis wurde er 1994 ausgezeichnet, im Jahr 2002 mit dem Büchner-Preis.

Alles, was Wolfgang Hilbig niedergelegt hat, ist mit schwerer Hand geschrieben. Vom ersten Gedichtband *abwesenheit* (1979) bis zu den *Bildern vom Erzählen* (2002) dichtet er in entschiedener Abgewandtheit den literarischen Moden gegenüber, horcht in einen Klangraum der Erinnerung, der literarischen Reminiszenzen. So wird der fahrende und strandende Odysseus zu einer Identifikationsfigur, auf den Schiffen der Poesie ist Raum für ein unendliches Anspielungsmaterial, für Anrufungen und die Klage, den Sirenen nicht gefolgt zu sein. Hilbigs Gedichte kommen aus einer vielfarbigen, fiebrigen Düsternis, die sich keine Erleuchtung mehr erhofft, »aus dem tauben erz«. Ihre Welt, die sie häufig in hymnischen Formen, überbordend von Bildern, besingen, erscheint wie ein verworfener Mutterleib, »tunnel schluchten röhrensysteme«, in denen immer neue Formen der Ausgrenzung gesucht werden. Hilbig findet sie in der antiklassischen Haltung aus Trauer und Zorn, in Anklängen an Hölderlin, Novalis, Rimbaud, Baudelaire, Poe. Kraftvolle Verse benennen seine poetische Heimat: »die große bohème der schatten«.

Seine Prosa trägt das Gewicht der Erfahrung zwischen dem östlichen und dem westlichen System und das Staunen über diese doppelte Erfahrung. Seine Texte sind in einer Landschaft äußerster Erschütterung angesiedelt, in einem »scheinbar ganz ungerechtfertigten und künstlichen Horror, der mir zur Verfügung steht«. Seine Analysen sind scharf, insbesondere wenn sie der Selbsterkundung dienen. Der Ich-Erzähler der meisten seiner Erzählungen will keines Menschen Opfer sein. Ein Motto von Strindberg steht über dem Roman *Das Provisorium* (2000): »Um meine Werke schreiben zu können, habe ich meine Biografie, meine Person geopfert.« Man könnte es für Hilbig so abwandeln: Um schreiben zu können, hat er seine Biografie als Chiffre angelegt, geopfert wurde dabei die Möglichkeit, von einer Gewissheit der Identität auszugehen.

Es gibt in Hilbigs Erzählungen kaum einen Inhalt nachzuerzählen. Sie bewegen sich in der Sprache, prüfen Wort für Wort, was in ihr zur Verfügung steht. Ein anhaltender Schneefall in Berlin, eine mit russischen Büchern voll gestopfte Wohnung, ein merkwürdiger Geruch, der von den Büchern ausgeht, aber auch an feucht gewordene Kohle erinnert, die der Heizer in die Öfen geschaufelt hat, – und schon ist das Material für die kleine Erzählung *Der Geruch der Bücher* zusammen. Es ordnet sich assoziativ mittels der Bildfolgen, durch Schichtungen und Verknüpfungen. In *Unterm Neomond* (1982) sind es die lumpenproletarischen Erfahrungen in der DDR, die sorgsam hin- und hergewendet werden. Ob die für sie gebrauchte und gesellschaftlich erwünschte Sprache taugt, erproben eher die Erzählungen des Bandes *Der Brief* (1985) und setzen ihr spätromantische Literaturmodelle der Verwandlung, der Doppelgängerschaft, des Tausches, des Schauders entgegen. Das Material des Lebens wird nicht fiktionalisiert; im Gegenteil, die Erfahrung wird immer poröser, nichtiger, dokumentiert sich nur noch in schriftlichen Zeugnissen, Briefen, einer Pflegeanweisung für eine Pflanze, einem kryptischen Manuskript, das die eigene Handschrift fälscht und dann abbricht. Seine Orte: die Kavernenlandschaft des Bergwerks, Braunkohlenschlamm, abgesoffene Tagebaulöcher, das Brüchige, Finstere, Ausgediente, Unterminierte, »der harte Kern des Volkes«, eine Wohnung mit einem Spion in der Tür. 1987 legte Hilbig den Prosaband *Die Weiber* vor, der Ich-Entfernung und Identitätsbestimmung problematisiert. 1989 schließlich veröffentlichte er seinen ersten Roman *Die Übertragung*, der – kunstvoll und raffiniert konstruiert und mit seiner bis in feinste Nunancen differenzierten Sprache – für Überraschungen bei denjenigen Lesern sorgte, die glaubten, Hilbig sei ein Verfasser von Gedichten und dunklen Prosastücken.

Die Verwandlung der Wirklichkeit in glühende Rätsel, vor denen auch der Erzähler halt-, aber nicht fassungslos ist, gehört zu seinen Eigenheiten, die ihn von allen in der DDR aufgewachsenen Autoren unterscheidet. Man könnte diese Prosa auch als Traumprosa lesen, als einen monströsen Traum aus Kellern, Kanälen, Kloaken und altmodischen Fabriken, eine kunstvoll hergestellte Irrealität des immer währenden Albtraums, wären da nicht die Chiffren, die im Allgemeinen das Konkrete evozieren. In der Erzählung *Die Kunde von den Bäumen* (1993) ist ein Müllplatz innerer und äußerer Handlungsort. Die Brachen und Trümmerlandschaften verweisen in die Kindheit, sind Wirklichkeit von Anfang an. Für die Warenwelt, das Geschniegelte und Gebügelte der westlichen Innenstädte hat der Erzähler nur Sarkasmen übrig; er blendet sie weg »wie eine wahrhaft bedrohliche Infrastruktur von Alkoholtankstellen«, legt sie wie in der großen Anfangsszene des Romans *Das Provisorium* (2000) als Spiegelkabinett in einem Einkaufszentrum an, in dem mit einer Schaufensterpuppe gerungen wird. Diese Szene ist symptomatisch: die gespürte Bedrohung geht von Marionetten aus. Der Gegner ist nicht fassbar; sich zur Wehr zu setzen ist ein nahezu selbstzerstörerisches Unterfangen: lächerlich und demütigend, doch notwendig.

Den Auswüchsen eines armseligen Spitzel-Alltags, dem Jammer in Abbruchbuden am Stadtrand begegnet Hilbig mit einem ästhetischen Material, das an Novalis, Poe, E.T.A. Hoffmann, an Kafka geschult ist. Die DDR, die er beschreibt, ist nicht »auferstanden aus Ruinen« (Johannes R. Becher), sondern ein ruinöses Artefakt, menschenverachtend und unachtsam mit Raum, mit Landschaft, mit dem Material des Materialismus umgehend. Die Gewalt, die man der Erde antut, in den Abraumhalden des Braunkohlengebietes in Sachsen, die systematische Unterhöhlung ist ein sinnfälliges Bild. Im Ausschreiten des realen Raumes wird der gottverlassene Winkel zu einem Abbild für Auslöschungsverfahren. Wörter wie Rampe, Gleisanlage, Massengräber, Abdeckerei legen eine geheime Spur zu den Gedächtnisprojekten von Heiner Müller. Doch wo Müller das Subjekt aus der Geschichte tilgt, konstituiert sich scheinbare Identität bei Hilbig im Zweifel, in der »Geheimnistuerei«, wie es im Roman *Eine Übertragung* heißt. Bilderflut und Sprachmüll, Vertauschung und Umkehrung, nicht mehr und noch nicht sind die Erkennungszeichen der totalen Simulation, in der Wirklichkeit sich als Erfindung und Konstruktion zu erkennen gibt. Das Gefühl der Irrealität des eigenen Daseins, der Verdacht, nicht wirklich zu sein und das eigene Leben womöglich als eine Fiktion bezeichnen zu müssen, verweist bei aller Skurrilität des Erzählens in einen postmodernen Zusammenhang. »Er jagte irgendeinem Popanz nach, irgendeinem Beweis, daß er ein *wirklicher* Schriftsteller sei ... der jagte einer irrealen Vorstellung nach, einem Phantom, einer Idealfigur aus der Vergangenheit. Niemand hätte ihm geglaubt, dass er ein wirklicher Schriftsteller sei, niemand glaubte es ihm, niemand hätte es beim besten Willen glauben können, und er glaubte selbst nicht daran«, heißt es von Hilbigs Alter Ego C. im Roman *Das Provisorium*.

Die letzte Stufe dabei ist ein in Anführungszeichen gesetztes Ich, eine geliehene Identität. Der Spitzel kann Realität und Simulation im Roman *»Ich«* (1993) nicht mehr unterscheiden, wird zum Opfer dieser Spaltung, mit der Ich-Auflösung geht der verstörende Verlust von Identität einher, eine Parallelisierung von Wirklichkeit als Konstrukt und Erfindung. Obwohl Hilbig dies nicht explizit ausspricht und seine verstörten Figuren von einem umtriebigen Räsonnement befallen sind, beschäftigen ihn doch postmoderne Fragestellungen. »Uns gegenüber«, fordert der Stasi-Offizier in *»Ich«*, »werden Sie allerdings manchmal so tun müssen, als wären die Dinge, die nicht existieren, wirklich vorhanden.« Hier entfaltet der Begriff der Abwesenheit sein Recht, in der Abwesenheit von Unruhe, in der trügerischen Friedhofsruhe des kleinen Landes, das sich abdichtet gegen die Erfahrungen seiner Bürger mit der Macht.

Hilbigs Figuren unterlaufen das ideologische Gebäude des Sozialismus, betrachten seine Würdeformen, seine Regulierungen und Disziplinierungen quasi aus der Kellerperspektive. Seine Bus fahrenden, Bier trinkenden herumstreichenden Underdogs sind in Wirklichkeit hochtourig arbeitende Agenten der Poesie, erbitterte Maulwürfe, die die Realität durchpflügen, sodass von ihren Gesetzmäßigkeiten kaum mehr etwas übrig bleibt. In der außerordentlichen Erzählung *Der Heizer* wird das Kesselhaus, der unterirdische Bau, zu einer starken Metapher der nicht integrierbaren Arbeit; »die Schwarzarbeit des Schreibens« unterhöhlt jeglichen Arbeitsbegriff. Man bemerkt den Heizer nur, wenn er nicht arbeitet, wenn der Kessel kalt bleibt. Das Feuer, das er nährt, erweist sich als sein persönlicher Widersacher. Der Heizer lebt als Gnom im Berg, ein rußverschmiertes Objekt, das nicht Subjekt werden darf, dem er wie einer fremden lächerlichen Figur zuschaut.

Hilbig hat seine literarische Arbeit ganz ohne Kompromisse begonnen, ohne die Zumutung, Realist sein zu müssen, eingelöst zu haben; dies hätte für ihn bedeutet, sich als Konformisten zu empfinden. Eine andere Eigenheit betrifft seinen radikalen Versuch, sich einer Subjektivität zu versichern, die ihm in dem geordneten Gemeinwesen des Staates, der Fabrik nicht zustand. Realitätsdenken gehöre »ganz und gar ins Reservoir der Macht«, ist in *Beschreibung II* im Erzählungsband *Der Brief* (1985) zu lesen. So ist denn auch der Übergang aus der verordneten Kollektivität der Arbeiterklasse in den unschuldigen, aber verlachten Status des Noch-nicht-Autors, des Schreibenden ohne Werk, ein traumatischer, ein Fall von ungelöstem Hochmut, ein Fall ins Nichts, den Hilbig bar jeden Selbstmitleids mit klinischer Aufmerksamkeit nicht müde wird zu beschreiben: »Weder zum Arbeiter noch zum Schriftsteller wird man nämlich freiwillig, und womöglich liegt darin der Grund, daß diese beiden Existenzformen etwas miteinander Unvereinbares haben. Diese Unvereinbarkeit stellt sich spätestens dann heraus, wenn man durch irgendeinen Zwang beides sein muß.« Wolfgang Hilbig, so hat es Friedrich Dieckmann auf den Punkt gebracht, war der schreibende Arbeiter schlechthin, auf den die Literaturstrategen der DDR warteten – »als er dann leibhaftig vor ihnen stand, mußten sie erkennen, daß er der Bote des Untergangs war«.

Ursula Krechel

Werke: *abwesenheit*, G., Ffm. 1979; *Unterm Neomond*, En., Ffm. 1982; *stimme stimme*, G. u. Pr., Lpz. 1983; *Der Brief*, En., Ffm. 1985; *die versprengung*, G., Ffm. 1986; *Die Territorien der Seele*, Pr., Bln. 1986; *Die Weiber*, E., Ffm. 1987; *Eine Übertragung*, R., Ffm. 1989; *Die Angst vor Beethoven*, E., Ffm. 1990; *Über den Tonfall*, En., Bln. 1990; *Alte Abdeckerei*, E., Ffm. 1991; *Das Meer in Sachsen*, G. u. Pr., Ffm. 1991; *Aufbrüche*, En., Ffm. 1992; *er, nicht ich*, E., Lpz. 1992; *Die Kunde von den Bäumen*, G. u. En., Bln. 1992 u. Ffm. 1994; *zwischen den paradiesen*, G. u. Pr., Lpz. 1992: *Grünes grünes Grab*. En., Ffm. 1993; *»Ich«*, R., Ffm. 1993; *Die Arbeit an den Öfen*, E., Bln. 1994; *Abriß der Kritik. Frankfurter Poetik-Vorlesungen*, Ffm. 1995; *Das Provisorium*, R., Ffm. 2000; *Bilder vom Erzählen*, G., Ffm. 2001; *Erzählungen*, En., Ffm. 2002; *Der Geruch der Bücher. Prosa und Gedichte*, CD, 2002; *Der Schlaf der Gerechten*, E., Ffm. 2003.

Hildesheimer, Wolfgang, wurde am 9. 12. 1912 in Hamburg geboren. Ab 1929 besuchte er die Odenwaldschule, von wo er 1933 in die Frensham Hights School nach England wechselte; noch im selben Jahr der »Machtergreifung« wanderte er mit seinen Eltern nach Palästina aus. Dort absolvierte er bis 1936 eine Tischlerlehre; im Jahr darauf studierte er an der Central School of Arts and Crafts in London Kostüm- und Bühnenbildnerei. 1939 kehrte er nach Palästina zurück, wo er zunächst Englisch unterrichtete, bis er 1943 von der britischen Regierung als Information Officer engagiert wurde. 1946 kam er wieder nach England, um zu malen, verpflichtete sich dann aber bei den Nürnberger Kriegsverbrecherprozessen als Simultandolmetscher und fungierte auch als Mitherausgeber der Prozessprotokolle. Bis 1949 lebte Hildesheimer in Nürnberg, zog dann an den Starnberger See und 1953 nach München, wo er bis 1957 wohnte. Danach lebte er bis zu seinem Tod am 21. 8. 1991 überwiegend in Poschiavo in Graubünden. Neben seine literarischen Werke tritt sein umfangreiches Œuvre als bildender Künstler, das v.a. Aquarelle, Grafiken und Collagen umfasst. Größere Ausstellungen seiner Werke wurden u.a. in Mannheim, Hannover und Urbino organisiert. Daneben trat der bekennende »Berufsdilettant« auch als Musikwissenschaftler hervor; außer der *Mozart*-Biografie (1977) sind hier Vorträge wie *Die Musik und das Musische* (1967) und *Der ferne Bach* (1985) zu nennen. Von den zahlreichen Preisen und Ehrungen, die ihm zuteil wurden, sind v.a. der Hörspielpreis der Kriegsblinden (1955), der Bremer Literaturpreis und der Georg-Büchner-Preis (beide 1966) hervorzuheben; ferner der Literaturpreis der Bayerischen Akademie der Schönen Künste (1982) und der Weilheimer Literaturpreis (1991).

Hildesheimer debütierte 1952 mit den *Lieblosen Legenden*, einer Sammlung von 22 (in späteren Ausgaben 19) satirischen Texten, die den konservativen Kulturbegriff der Nachkriegszeit aufs Korn nehmen. Die Groteske *Ende einer Welt*, die er 1953 mit Hans Werner Henze auch zu einer »Funkoper« ausgestaltete, führt den Leser auf die künstliche Insel der Marchesa Montetristo, geb. Waterman aus Ohio. Das Refugium bürgerlicher Kunstformen und -exerzitien, das sich die Marchesa eingerichtet hat, ist freilich dem Untergang geweiht: Während sich eine illustre Schar von distinguierten Kulturbürgern eingefunden hat, um der Uraufführung einer Flötensonate zu lauschen, versinkt die Insel in den Fluten der Lagune. Nur der Ich-Erzähler rettet sich in einer Gondel. Bei der Flötensonate handelt es sich um die geschickte Fälschung eines Musikhistorikers, womit bereits ein immer wiederkehrendes Motiv des Hildesheimerschen Werks anklingt. Andere Texte der *Lieblosen Legenden*, wie etwa *Ich schreibe kein Buch über Kafka*, karikieren den literaturwissenschaftlichen Betrieb der unmittelbaren Nachkriegszeit, der sich einem hohlen Innerlichkeitsjargon verschrieben hatte. Das Thema des genialen Fälschers nahm Hildesheimer in seinem einzigen Roman, *Paradies der falschen Vögel* (1953), wieder auf, dessen Held Robert Guiscard – angeblich ein Nachfahre des gleichnamigen Normannenherzogs – u.a. jene Kopie der »Mona Lisa« angefertigt hat, die heute im Louvre hängt. Der Erzähler, ein Neffe Roberts und selber Kunstmaler, steht dem genialen Fälscher bewundernd gegenüber, weil er den Kunstbürgern liefert, wonach ihnen »in Wahrheit« der Sinn steht. Auch im Hörspiel *Begegnung im Balkanexpress* (1953) erscheint der Fälscher Robert als wahrhaftige Figur in einem verlogenen und auf Selbstbetrug angelegten bürgerlichen Kunstbetrieb. Am Ende bekennt Robert: »Ich habe seitdem viel gefälscht. Ich werde nicht verraten, was es ist, denn ich möchte nicht das Wesen der Kunstbetrachtung untergraben.«

Nachdem bereits die *Lieblosen Legenden* ein beachtlicher Publikumserfolg waren und noch immer sind, gelang Hildesheimer mit dem Monolog *Tynset* (1965) der endgültige Durchbruch. Das Werk wurde mit zwei der höchsten literarischen Auszeichnungen der Bundesrepublik, dem Bremer Literaturpreis und dem Büchner-Preis, ausgezeichnet. Ähnlich wie in dem Drama *Nachtstück* (1963) und dem Hörspiel *Monolog* (1965) leidet der Ich-Erzähler in *Tynset*, der abgeschieden in einem Haus im Gebirge lebt, unter Schlaflosigkeit. Die Gedankenflüge, die der in seinem »Winterbett« Liegende unternimmt, sind freilich nicht willkürlich und unstrukturiert; vielmehr gleicht der Text in seinem Aufbau einer musikalischen Komposition, worauf der Autor selbst mehrfach hingewiesen hat. Das zentrale der Leitmotive, die im Text Kohärenz stiften und den Erzählfluss rhythmisieren, ist Tynset, eine Kleinstadt in Norwegen, auf die der Held beim Studium des hoch geschätzten, weil »ausschließlich gültigen Tatsachen Raum« gebenden Kursbuches gestoßen ist. Gerade weil Tynset ihm nicht mehr ist als ein fremder Laut und ein fremdes Wortbild (»Wo ein Ypsilon ist, da steckt nicht selten ein Geheimnis«), wird es zum Fluchtpunkt seiner Sehnsucht. Reale wie eingebildete Hindernisse stehen der Reise nach Tynset jedoch im Wege, und am Ende hat der Erzähler sich entschlossen, sein Bett gar nicht mehr zu verlassen. Die hohe Bedeutung, die der Held Kursbüchern, »Lawinenbulletins« und Straßenzustandsberichten beimisst, indiziert bereits sehr deutlich die Skepsis, die Hildesheimer später gegenüber der literarischen Fiktion und ihrem Welterkenntnispotenzial formulieren sollte. Die kunstvolle Verschränkung von existenzialistischen, erkenntnistheoretischen und gesellschaftskritischen Bezügen (es sind die weiterhin herrschenden oder doch unbehelligt gebliebenen Nazitäter, vor denen der Held von *Tynset* ins Gebirge zurückgewichen ist) kennzeichnet auch den nur auf dem Umschlag der Erstausgabe als Roman ausgewiesenen Monolog *Masante* (1973). Diese umfangreichste und auch im Hinblick auf die Dichte der Komposition wohl bedeutendste Prosaarbeit Hildesheimers radikalisiert die Absurdität, die schon die vorigen Monologe charakterisiert hatte und die daher von der Kritik immer wieder in die Nähe Becketts und Ionescos gerückt worden waren. Der Held hat sich von Masante in eine elende Siedlung am Rande der Wüste zurückgezogen, wo er in der Bar »La dernière chance«, die von der Trinkerin Maxine geführt wird, einen letzten Versuch unternimmt, zur »Vollkommenheit« zu gelangen. Der Sandsturm, in dem der Ich-Erzähler am Ende offenbar umkommt, wird zum Sinnbild für das Verwehen seiner Biografie, die beim Versuch, sie erzählend zu ordnen, sich immer mehr in Dissonanzen auflöst, statt den Erzählenden mit Identität zu versehen. Die absurde Welt von *Masante* ist freilich kein geschichtsfreier Raum; sie erscheint vielmehr als »poetische Enzyklopädie« (P. Wapnewski), gesättigt von historischem und kulturellem Wissen, und nicht zuletzt auch die Erinnerung an die Mörder und »Häscher» des Naziregimes ist im Text vielfach präsent.

Hier, wie auch schon in dem Drama *Mary Stuart* (1970), kündigt sich eine bedeutsame Verschiebung der Thematik von den Bewusstseinsinnenräumen mehr oder weniger solipsistischer Figuren hin zur Außenrealität an. Der Grund hierfür liegt vornehmlich in der in den Siebzigerjahren immer deutlicher werdenden Umweltzerstörung, die für Hildesheimer auch den Sinn des literarischen Schreibens infrage stellt. Das Hörspiel *Hauskauf*

(1974) geht noch von der Situation des isoliert und zurückgezogen lebenden Individuums aus, das aber, anders als in den Monologstücken, aktiv zur Rettung der Welt beitragen möchte. In *Biosphärenklänge* (1977) wird dem Hörer ein apokalyptisches Szenario vorgeführt; »das physische Ende des Lebens auf der Erde« kündigt sich durch einen die ganze Welt erfüllenden Misston an, der sich durch die Reflexion der Schallwellen an der von Schadstoffen ruinierten Atmosphäre erklärt. Die Möglichkeiten des Schriftstellers, vor den verheerenden ökologischen Entwicklungen wirksam zu warnen, bewertete Hildesheimer denkbar pessimistisch: »Die Versuche der Literatur, (...) unsere Situation anhand fiktiver Modelle in den Griff zu bekommen, sind gescheitert.« Aus diesem Befund zog er zunächst die Konsequenz, sich biografisch-kulturhistorischen Gegenständen zuzuwenden. 1977 erschien das *Mozart*-Buch als Frucht einer mehr als 20-jährigen Auseinandersetzung mit dem »größten und geheimnisvollsten Musiker aller Zeiten«. Diese biografische Studie ist nicht nur eines seiner meistverkauften Bücher, es darf vorwiegend aufgrund seiner nüchtern-skeptischen Perspektive auf den bewunderten Gegenstand auch durchaus als ein Meilenstein der Mozart-Forschung bezeichnet werden. Mit der Biografie des tatsächlich fiktiven englischen Kunsthistorikers Andrew Marbot (*Marbot*, 1981) knüpft Hildesheimer an das schon im Frühwerk präsente Motiv der fingierten Historizität an. Gleichzeitig ist *Marbot* als ein »Spiegelbuch« (H. Kesting) zu *Mozart* zu lesen: Ging es hier um die Entmythologisierung einer realen, aber letztlich ungreifbaren Gestalt, kreiert Hildesheimer mit der Gestalt des an seiner Unfähigkeit zur Werkschöpfung zugrunde gehenden Marbot eine mythische Figur, die er mit großem Geschick in die Intellektuellenszene des frühen 19. Jahrhunderts installiert: Marbot, den der Autor mit Goethe, Byron, Schopenhauer und anderen Geistesgrößen zusammentreffen lässt, wurde anfangs vielfach als eine reale Person rezipiert. Doch ging es Hildesheimer nicht nur darum, eine Parodie auf die in den Siebzigerjahren grassierenden historischen Biografien zu schreiben; im Medium der Lebensbeschreibung ist es ihm auch möglich, die Literatur- und Kunstdiskurse der Goethezeit, unter Verzicht auf romanhafte Konstruktionen, gleichsam von innen heraus zu reflektieren. Mit dem biografischen Schreiben fand Hildesheimer, der bereits 1975 in dem viel beachteten Aufsatz *Das Ende der Fiktionen* jeglicher Epik eine Absage erteilt hatte, da alle denkbaren Romankonstellationen angesichts einer szientifisch geprägten Realität ausgereizt seien, für sich noch einmal eine adäquate ästhetische Form. Danach folgten nur noch die *Mitteilungen an Max über den Stand der Dinge und anderes* (1983), die aus einem Beitrag für die Festschrift zu Max Frischs 70. Geburtstag (1981) hervorgegangen sind. Der schmale, »mit einem Glossarium und 6 Tuschzeichnungen des Autors« versehene Band enthält in der Tradition des Absurden stehende sprachkritische Reflexionen, die in oft kalauernder Weise die Widersinnigkeiten des Sprachgebrauchs im Allgemeinen und die auf Transzendenz abhebenden poetischen Sprechweisen etwa eines Rainer Maria Rilke im Besonderen aufs Korn nehmen. In ihrer radikalen Absage an die Sprache als Material einer künstlerischen Wirklichkeitsbewältigung bilden die *Mitteilungen* den konsequenten Schlusspunkt seiner literarischen Arbeit; in den verbleibenden acht Jahren bis zu seinem Tod hat sich Hildesheimer nur noch in kritischen Essays zu Wort gemeldet.

Klaus Böldl

Werke: *Lieblose Legenden,* m. Zeichn. v. Paul Flora, En., Stg. 1952, Neuausg. Ffm. 1962 u. 1983; *Das Ende kommt nie,* Hsp., 1952; *Frederick Spencer Chapman: Aktion »Dschungel«. Bericht aus Malaya,* Übs., Ffm. 1952; *Flora's Fauna. Eine abendländische Biologie in 77 neuzeitlichen Bildern, mit überflüssigen Kommentaren versehen von W. H.,* Zür. 1953; *Begegnung im Balkanexpress,* Hsp., 1953, gedr. Hbg. 1956; *Paradies der falschen Vögel,* R., Mü., Wien 1953; *das ende einer welt. funkoper,* Musik: Hans Werner Henze, Illustr. v. G. Andersch, Ffm. 1953; *Prinzessin Turandot,* Hsp., 1954; *An den Ufern der Plotinitza,* Hsp., 1954; *Der Drachenthron. Komödie in drei Akten,* Mü., Wien, Basel 1955; *Anne Piper: Jack und Jenny.* R, Übs., Hbg. 1955; *Das Atelierfest,* Hsp., 1955; *Ich heiße Robert Guiscard,* Hsp., 1955; *Ich trage eine Eule nach Athen und vier andere von Paul Flora illustrierte Geschichten,* Zür. 1956; *Die Bartschedel-Idee,* Hsp., 1957; *Spiele, in denen es dunkel wird,* Hspe., Pfullingen 1958; *Dunja Barnes: Nachtgewächs,* R., Übs., Pfullingen 1959; *Das Opfer Helena. Eine Komödie in zwei Teilen,* Mü, Wien, Basel o. J. (1959), Hsp. 1955; *Die Eroberung der Prinzessin Turandot,* Dr., Weinheim 1960; *Richard Brinsley Sheridan: Die Lästerschule. Lustspiel in neun Bildern, frei bearb. v. W. H.,* Mü., Wien, Basel 1960; *Carlo Goldoni: Die Schwiegerväter. Lustspiel in zwei Akten. Sehr frei bearb. von W. H.,* Mü., Wien, Basel 1961; *Nocturno im Grandhotel,* Hsp., 1961, Fs.-K. 1959; *Rivalen. Ein Lustspiel in zwei Akten nach Sheridan,* Übs., Ffm. o. J. (ca. 1961); *Herrn Walsers Raben,* Hsp., Hbg. 1961; *Die Verspätung. Ein Stück in zwei Teilen,* Ffm. 1961; *Edward Gorey: Ein sicherer Beweis,* Dr., Übs., Zür. 1962; *Ronald Searle: Quo vadis? Textredaktion von W. H.,* Dr., Mü., Wien, Basel 1962; *Vergebliche Aufzeichnungen. Nachtstück,* m. sieben Illustr. d. Verf., Dr., Ffm. 1963;

Betrachtungen über Mozart, Ess., Pfullingen 1963; *Edward Gorey: Eine Harfe ohne Seiten oder Wie man einen Roman schreibt,* Übs., Zür. 1963; *Edward Gorey: Die Draisine von Untermattenwaag,* Dr., Übs., Zür. 1963; *Herrn Walsers Raben. Unter der Erde,* Hspe., Ffm. 1964; *Edward Gorey: Das Geheimnis der Ottomane. Ein pornographisches Werk,* Dr., Übs., Zür. 1964; *Drei Legenden: Eine größere Anschaffung. Ich finde mich zurecht. Der Brei auf unserem Hof,* Illustr. v. J. Günther, Castrop-Rauxel 1964/65; *Tynset,* R., Ffm. 1965; *Das Opfer Helena. Monolog,* Hspe., Ffm. 1965; *George Bernard Shaw: Die heilige Johanna. Dramatische Chronik in sechs Szenen und einem Epilog.* Übs., Ffm. 1965. *Wer war Mozart? Becketts »Spiel«. Über das absurde Theater,* Ess., Ffm. 1966; *Die Musik und das Musische,* Rede, Düsseld. 1967; *Edward Gorey: Das unglückselige Kind,* Dr., Übs., Zür. 1967; *Begegnung im Balkanexpress. An den Ufern der Plotinitza,* Hspe., Stg. 1968; *Die Eroberung der Prinzessin Turandot. Eine Komödie in zwei Akten. Das Opfer Helena. Komödie in zwei Teilen,* Ffm. 1969; *Interpretationen. James Joyce, Georg Büchner. Zwei Frankfurter Vorlesungen,* Ffm. 1969; *George Bernard Shaw: Helden. Komödie in drei Akten.* Übs., Ffm. 1969; *Edward Gorey: La Chauve-Souris Dorée.* Dr., Übs., Zür. 1969; *Maxine,* Hsp. 1969; *Mary Stuart. Eine historische Szene,* Dr., Ffm. 1971; *Zeiten in Cornwall,* m. 6 Zeichnungen des Autors, Pr., Ffm. 1971; *Masante,* R., Ffm. 1973; *Hauskauf,* Hsp., Ffm. 1974; *L. Carluccio: Disegni e aquaforti di Horst Janssen,* Ausstellungskat., Mit. hg., Turin 1975; *Mozart-Briefe,* ausgew., eingel. u. kommentiert v. W. H., Ffm. 1975; *Theaterstücke. Über das absurde Theater,* Ffm. 1975; *Biosphärenklänge,* Hsp., Ffm. 1977; *Mozart,* Biogr., Ffm. 1977; *Exerzitien mit Papst Johannes. Vergebliche Aufzeichnungen,* Pr., Ffm. 1979; *Was Waschbären alles machen,* m. Illustr. v. R. Berlinger, Kinderb., Ffm. 1979; *Endfunk,* Hsp., 1980; *Marbot. Eine Biografie,* Ffm. 1981; *Orte. Eine Auswahl,* Pr., Weilheim 1981; *William Congreve: Der Lauf der Welt. Eine lieblose Komödie,* Übs., Ffm. 1982; *Mitteilungen an Max über den Stand der Dinge und anderes. Mit einem Glossarium und 6 Tuschzeichnungen des Autors,* Pr., Ffm. 1983; *Endlich allein. 32 Collagen im Originalformat. Mit einer Einf. u. Hinweisen des Künstlers,* Ffm. 1984; *Der Drachenthron: Komödie in zwei Akten,* Umschlagzeichnung und Frontispiz von T. Hauptmann, Zür. 1984; *Gedichte und Collagen.* Hg., Nachw. u. Anm. von V. Jehle, Bamberg 1984; *The Jewishness of Mr. Bloom/Das Jüdische an Mr. Bloom,* Rede, zweispr., Ffm. 1984; *Das Ende der Fiktionen. Reden aus fünfundzwanzig Jahren,* Ffm. 1984; *Der ferne Bach. Eine Rede,* Ffm. 1985; *Collagen,* Hg., Vorw. und Essay v. Annie Bardon, Reutlingen 1985; *In Erwartung der Nacht. Collagen,* Ffm. 1986; *Nachlese. Paralipomena, Varianten und Materialien zu seinem Werk von 1962 bis 1983,* Ffm. 1987; *Das Atelierfest und andere Lieblose Legenden,* m. Illustr. v. H. Schindele, En., Gütersloh 1987; *Die Hörspiele,* hg. v. V. Jehle, Ffm. 1988; *Klage und Anklage,* Ess., Ffm. 1989; *Vergebliche Aufzeichnungen,* m. 8 Rastercollagen (»Textscherben«) des Autors, Ffm. 1989; *Die Theaterstücke,* hg. v. V. Jehle, Ffm. 1989; *Monolog,* Tonkass., Stg. 1989; *Mit dem Bausch dem Bogen. Zehn Glossen mit einer Grafik,* hg. v. V. Jehle, Warmbronn 1990; *Der Ruf in der Wüste,* En., Stg. 1991; *Gesammelte Werke in sieben Bänden, Bd. 1: Erzählende Prosa, Bd. 2: Monologische Prosa, Bd. 3: Essayistische Prosa, Bd. 4: Biografische Prosa, Bd. 5: Hörspiele, Bd. 6: Theaterstücke, Bd. 7: Vermischte Schriften,* hg. v. Ch. L. Hart Nibbrig u. V. Jehle, Ffm. 1991; *Rede an die Jugend. Mit einem Postskriptum für die Eltern, zwei Collagen,* Ffm. 1991; *Der Ruf in der Wüste,* En., Stg. 1991; *Landschaft mit Phoenix. Collagen,* Ffm. 1991; *Ich werde nun schweigen. Gespräch mit Hans Helmut Hillrichs in der Reihe »Zeugen des Jahrhunderts«,* Gött. 1993. *Janssen und wir,* hg. v. Th. C. Garbe. Hbg. 1994; *Schule des Sehens. Kunstbetrachtungen,* hg. v. S. Ansari, Ffm. 1996; *Warum weinte Mozart? Reden aus fünfundzwanzig Jahren,* Ffm. 1996; *Schönheit als Therapie. Bilder gegen die Verzweiflung,* hg. v. S. Hildesheimer, Ffm. 1996; *Was ist eigentlich ein Escoutadou? Briefe mit Zeichnungen,* Warmbronn 1996; *Marbot-Briefe,* Warmbronn 1999; *Briefe,* hg. v. S. Hildesheimer u. D. Pleyer. Ffm. 1999.

Hilsenrath, Edgar, wurde am 2. 4. 1926 in Leipzig als Kind einer jüdischen Kaufmannsfamilie geboren. Er verbrachte seine Kindheit und Jugend in Leipzig und in Halle an der Saale und besuchte dort bis 1938 die Mittelschule. Im Sommer 1938 floh er mit der Mutter und dem jüngeren Bruder zur Großmutter nach Siret in Rumänien, während dem Vater die Flucht nach Frankreich gelang. Nach der faschistischen Machtübernahme in Rumänien wurde Edgar Hildensrath im Oktober 1941 ins jüdische Getto von Moghilev-Podolsk in der Ukraine deportiert. Nach der Befreiung durch die Russen schlug er sich im April 1944 nach Rumänien durch, wurde von den Russen verhaftet, konnte fliehen und reiste danach auf dem Landweg über Bulgarien, Türkei, Syrien und Libanon nach Palästina aus. 1947 traf er mit seiner Familie zusammen, die ebenfalls überlebt hatte. 1951 wanderte er in die USA aus und lebte bis 1975 in New York als freier Schriftsteller. Ende 1975 kehrte er nach Deutschland zurück; er lebt seither in Berlin und ist Mitglied des P.E.N.-Klubs und des VS. Er erhielt 1989 (zus. mit Einar Schleef) den Alfred-Döblin-Preis und den Heinz-Galinski-Preis, 1994 den Hans-Erich-Nossack-Preis, 1996 den Jakob-Wassermann-Preis und 1998 den Hans-Sahl-Preis.

Mehr als peinlich muten Umständlichkeit und Gewissensnöte bundesdeutscher Verleger im Nachhinein an, die dafür verantwortlich zu machen sind, dass die ersten beiden Romane von Edgar Hilsenrath, *Nacht* (1964) und *Der Nazi & und der Friseur* (1977), erst mit eminenter Verspätung nach ihrer Fertigstellung und über den Umweg amerikanischer

Erstausgaben dem deutschen Leser vorgestellt wurden. Als Ausdruck von Hilflosigkeit und einer ungewissen Furcht vor einer möglichen »falschen Reaktion des deutschen Publikums, das sehr gern etwas finden möchte, um seine antisemitische Haltung zu rechtfertigen« (Kindler-Verlag), wurde der Roman *Nacht* nur mit der lächerlichen Startauflage von etwa 1200 Exemplaren gedruckt und damit indirekt unterdrückt, obwohl die amerikanische Ausgabe auf dem Weg war, sich zum Bestseller zu entwickeln, und amerikanische, darunter zahlreiche jüdische Kritiker einhelliges Lob aussprachen. *Nacht* ist nach Meinung des Verfassers »das erste Buch, das in Deutschland mit der philosemitischen Tradition in der Literatur brach und das Leben in einem jüdischen Getto so schilderte, wie es wirklich war.« Kein verklärendes und auf eine klischeehafte Weise Mitleid erheischendes Bild des jüdischen Schicksals zeichnet der Autor, vielmehr gestaltet er distanziert und emotionslos aus eigener Anschauung »Szenen der Verwüstung« (Ingeborg Drewitz). Prokow, ein fiktiver Ort in der Ukraine, ist der Schauplatz des Grauens, ein jüdisches Getto, in dem rumänische Miliz in den Jahren 1942 bis 1944 die von der Außenwelt abgeschlossenen, meist obdachlosen Juden dem durch Hunger, Kälte und Krankheit beschleunigten Siechtum überlassen. Ein verzweifelter Existenzkampf wogt (»Heute muss jeder zuerst an sich selbst denken, sagte er kalt. Es ist das Gesetz unserer Zeit«), der die Menschen verroht, sie zur Verletzung aller humanen Tabus veranlasst; Schwarzmarkt, Razzien, Gewalt, Obszönität – die Menschen bewegen sich auf der niedrigsten Existenzstufe, stumpfen ab, haben jeglichen Glauben an sich oder etwas anderes verloren; es gilt, sich in der auch in diesem Inferno funktionierenden Hierarchie aus Privilegierten und Rechtlosen durchzusetzen. Hilsenrath reiht ohne Pathos oder dramatische Überhöhung eine Kette apokalyptischer Szenen aneinander mit einem offenen, vorsichtig Hoffnung vermittelnden Schluss: Ein Waisenkind wird gerettet, eine Frau, die sich seiner annimmt, verkörpert mit ihrer Liebe den Glauben an ein trotz all dieser Schreckensbilder mögliches, zukünftiges Leben.

Auch der Roman *Der Nazi & und der Friseur* (1977), laut Hilsenrath »die erste schwarze Satire über die Nazizeit und den Staat Israel«, die er seit 1971 fast allen deutschen Verlagen angeboten hatte, wurde lange mit der Begründung abgelehnt, »über ein solches Thema dürfe man nicht satirisch schreiben«. Hilsenrath wählte dagegen bewusst nicht die Erzählperspektive des Opfers, sondern die des Anti-Helden, des Massenmörders Max Schulz, um dieses heikle Thema satirisch aufarbeiten zu können. Schulz erzählt seinen eigenen blutigen Lebenslauf: Aufgewachsen als Sohn der arischen Nutte Minna in der deutschen Kleinstadt Wieshalle, früh geschändet vom jüdischen Liebhaber der Mutter und deswegen (wenn es als Ausrede nötig wurde) mit einem angeblichen »Dachschaden« belastet, stellt er die physiognomische und körperliche Karikatur eines Juden dar. Als Friseurlehrling im Salon des Vaters seines jüdischen Freundes Itzig Finkelstein tätig, wird er durch eine Rede Hitlers »erleuchtet«, meldet sich zur SA, dann zur SS, wird williger Scherge und brutaler Mörder im KZ Laubwalde, wo er neben 10000 anderen Juden auch die Familie Finkelstein umbringt. Mit einem Sack voller Goldzähne als »Kriegsbeute«, als Startkapital, betätigt er sich auf dem Schwarzmarkt, bis er sich entschließt, nach Palästina auszuwandern. Zu diesem Zweck eignet er sich die Personalien seines toten Freundes Finkelstein an, lässt sich eine KZ-Nummer eintätowieren, sich beschneiden, legt sich eine perfekte jüdische Identität zu, vollzieht geschickt den Rollentausch. In Palästina beteiligt er sich am Untergrundkampf gegen die Engländer, avanciert zum Volkshelden, zum wohlangesehenen Bürger und Besitzer eines gut gehenden Friseursalons. Aber als ihn am Ende seines Lebens das Gewissen peinigt und er sich selbst, kurz vor seinem Tod 1968 durch Herzversagen, als Mörder bezichtigt, glaubt ihm niemand, hält man diese Selbstbeschuldigung für eine Spätfolge seiner KZ-Zeit. Schulz bleibt scheinbar unschuldig, seine reale Schuld ungesühnt, sein Gewissen belastet. Es gibt keine angemessene Strafe für diese Verbrechen. Es ist eine obszöne, brutale, groteske Wirklichkeit, in der die Handlung spielt, die aber, wie man bei der von Neofaschisten gestörten Lesereise Hilsenraths 1978 sehen konnte, keineswegs surreal überzeichnet ist.

Nach diesen eindrucksvollen und erfolgreichen Romanen fand Hilsenrath mit dem Roman *Gib acht, Genosse Mandelbaum* (1979), einer als systemkritisch konzipierten Satire auf Kommunismus und Kapitalismus im Rahmen einer erotischen Geschichte weniger Zustimmung; desgleichen mit *Bronskys Geständnis* (1980), »einer obszönen Mischung aus Auschwitz, Pornografie und New Yorker Rinnsteinelend« (Sibylle Cramer), in der der Autor autobiografische Erfahrungen (»dieses erfolgsbesessene Land wurde für mich zum kafkaesken Albtraum«) mit der Kritik an der Einwanderungspolitik der USA während des Zweiten Weltkrieges verbindet, und den Dialogstücken des Bandes *Zibulsky oder Antenne im Bauch* (1983). Mit dem Roman *Das Märchen vom letzten Gedanken* (1989) hingegen knüpfte er an die hohe Qualität seiner ersten Romane an. Der Text steht dem sich derselben Thematik widmenden Roman von Franz Werfel, *Die vierzig Tage des Musa Dagh* (1933), in nichts nach. Hilsenrath erzählt die Leidensgeschichte des armenischen Volkes, eine Geschichte der Verfolgung, der kulturellen und religiösen Unterdrückung einer ethnischen Minderheit durch den türkischen Nachbarn, gipfelnd im Holocaust der Jahre 1915/16, der mit der Ermordung der männlichen Bevölkerung und der Deportation der Frauen und Kinder seinen traurigen Höhepunkt fand. Der im Schweizer Exil auf dem Sterbebett liegende Armenier Thovma Khatisian »hat sich 60 Jahre lang von Überlebenden des Massakers Geschichten erzählen lassen, ... und aus den vielen Geschichten habe ich mir dann meine eigene zurechtgebastelt«. Kurz vor seinem Tod möchte Thovma noch einmal nach Armenien zurückkehren, zumindest im letzten Gedanken (»Alles, was im Kopf eines Menschen passiert, ist wahr«), um das Schicksal seines Volkes, seiner Eltern und sein eigenes in der Erinnerung wiederaufleben zu lassen. Thovma, der zum Zeitpunkt der Pogrome noch ein Kleinkind war und seine Eltern kaum gekannt hat, erfindet sich zu diesem Zweck den Märchenerzähler Meddah, der im Dialog mit ihm (»in seinem Kopf«) Auskunft über das Schicksal seines Vaters Wartan Khatisian erteilt. Wartan, vom nationalistischen Regime der Jungtürken der Beteiligung an einer »armenischen Weltverschwörung« angeklagt, entgeht seiner Exekution zufällig, flieht über Eriwan und Sibirien nach Zürich, um dann doch in Warschau von den Nazis aufgegriffen zu werden. Man hält ihn, genauso wie einen Türken – welche Ironie des Schicksals – für einen Juden und schickt ihn in die Gaskammern von Auschwitz. Mit der Erinnerung an eine vergessene, von der türkischen Regierung bis heute verleugnete Tragödie der Geschichte bleibt Hilsenrath seinem Thema treu: In der Gleichsetzung des armenischen und des jüdischen Genozids (»die beiden Völker sind fast zum Verwechseln«) leistet »der jüdische Schriftsteller, der zufällig deutsch schreibt« (Hilsenrath), literarische Erinnerungsarbeit und zugleich Widerstand gegen jene, »die alle frisieren und zurechtstutzen wollen, die anderer Meinung sind«.

Mit dem Roman *Jossel Wassermanns Heimkehr* (1993) reanimiert Hilsenrath gleichsam die jüdische Lebenswelt und Tradition in den Schtetln der Bukowina. Es entsteht ein farbenprächtiges Panoptikum vom Leben »am Arsch der Welt«, man erfährt die unglaublichsten Geschichten über den einfältigen Wasserträger Jankl und seine bucklige Verlobte Rifka, den weisen Rebben mit seinen fünf Töchtern, über die orthodoxen Kaftanjuden, das türkische Dampfbad, den Wochenmarkt und über die Branntweinschenke von Jossels Großvater, in der der österreichische Kaiser Franz Joseph I. beinahe an einem Salzhering erstickt wäre, nur durch die Hilfe der Urgroßmutter Jente gerettet wurde und als Dank später den Juden die vollen Bürgerrechte gewährte. Doch diese stimmungsvolle, überaus szenische Handlung wird vom Menetekel der Vernichtung flankiert. Die Deportation droht, man ahnt, wohin diese Fahrt gehen wird. Die Geschichte der Schtetljuden wurde aber von den auf das Dach der Wagons geflüchteten »kleinen Quasselstimmen« und den schläfrigen »Stimmen der Geschichtsschreibung« festgehalten, damit sie nicht vergessen wird.

Die im Titel angedeutete Simpliciade des jungen Hilsenrath, *Die Abenteuer des Ruben Jablonski* (1997), beginnt bei den Kindheitserinnerungen an die Bukowina zwischen 1926 und 1941, es folgen das Jahr der Deportation, die dreijährige Gefangenschaft und, nach der Befreiung durch die Rote Armee, seine Flucht nach Palästina. Bei der Schilderung dieser Odyssee zeigt sich Hilsenraths einzigartige erzählerische Begabung. Mit wenigen Worten umreißt er ganze Menschenleben. Er ist ein Meister des Dialogs, der im Stilmittel der Wiederholung einen eigenen Sprachrhythmus findet und damit hohe Intensität erzielt. Es wird ständig mehr erzählt, als die Worte sagen. Das Unsagbare liegt zwischen den Zeilen, aber es ist nicht verborgen. Die Hoffnung auf ein Leben als Schriftsteller hat Hilsenrath schon früh, im Getto, gestärkt; im französischen Café gelangen ihm nach tiefer Verzweiflung die ersten Zeilen seines Romans *Nacht*, der ihm später die verdiente Anerkennung brachte.

Thomas Kraft

Werke: *Nacht,* R., Mü. 1964, Neuausg. Köln 1978; *Der Nazi & der Friseur,* R., Köln 1977; *Gib acht, Genosse Mandelbaum,* R., Mü. 1979; *Bronskys Geständnis,* R., Mü. 1980; *Zibulsky oder Antenne im Bauch,* R., Düsseld. 1983, Hsp., BR/SWF 1985; *Damals konnten wir noch glauben – Der Reiseleiter oder Adolf Hitler und die Berliner Mauer – Langzeitgedächtnis oder Reisen mit der Firma Meckermann – Die Antrittsrede. Vier Dialoge,* SFB 1985; *Tod des Beamten,* Hsp., SFB 1987; *Das Märchen vom letz-*

ten Gedanken, R., Mü. 1989, Hsp., SFB/HR 1991; *Jossel Wassermanns Heimkehr,* R., Mü. 1993, Hsp., DLR/ORF 1996; *Die Abenteuer des Ruben Jablonski. Ein autobiographischer Roman,* Mü. 1997, Hsp., DLR 1998.

Hochgatterer, Paulus, wurde am 16. 7. 1961 in Amstetten (Niederösterreich) geboren. Er studierte Medizin und Psychologie in Wien, wo er heute als Kinderpsychiater und Schriftsteller lebt. 1991 wurde er mit dem Max-von der-Grün-Preis ausgezeichnet, 1994 erhielt er den Otto-Stoessel-Preis, 1995 das Hans-Weigel-Stipendium, 1998 den Österreichischen Förderungspreis für Literatur und 2001 das Elias-Canetti-Stipendium.

Wenn Menschen aus der Reihe tanzen, schlägt die Stunde des Paulus Hochgatterer. Es sind die psychisch Kranken, die seine Aufmerksamkeit fesseln, und die Grenzgänger zwischen Wahn und Wirklichkeit, die unsere Vorstellungen von Realität mit ihren Gegenbildern auf die Probe stellen. Herr Graf aus der längeren Erzählung *Der Aufenthalt* (1990) steht am Anfang einer Reihe von Figuren, die mit ihrem Verhalten die Gesellschaft provozieren. Er lässt sich freiwillig in die Psychiatrie einweisen und führt genau Buch über die Vorgänge in der Klinik. Sein Protokoll ergibt eine ironisch eingefärbte Dokumentation der Macht, in der die Ärzte als Stützen der Gesellschaft und Statthalter der Ordnung keine gute Figur machen. Das Phänomen der Abweichung baut Hochgatterer in seinem ersten Roman *Über die Chirurgie* (1993) entschieden aus und verstärkt den Zug ins Groteske und Zynische. Gleich drei Hauptpersonen stehen im Mittelpunkt, ein Schriftsteller, ein Chirurg und eine Psychoanalytikerin, die den Ausbruch aus vorgegebenen Verhaltensmustern unternehmen. Mit dem Erzählband *Die Nystensche Regel* (1995) entwickelt Hochgatterer Szenen, in denen sich Menschen, die zu Außenseitern geworden sind, in extremes Verhalten flüchten, das jeder Vernunft Hohn spricht. Jugendliche und schwierige Kinder, denen die Gesellschaft übel mitspielt, gewinnen in den nächsten Büchern die Oberhand. In *Wildwasser* (1997) verlässt der 16-jährige Jakob Mutter und Schwester, um in der rauen Natur seinem bei einem Paddelunfall tödlich verunglückten Vater nahe zu kommen. Jakob erzählt die Geschichte aus seiner Perspektive, ebenso wie der 15-jährige Dominik aus dem Roman *Caretta caretta* (1999), der sich an Erwachsene verkauft, oder das Mädchen im Roman *Über Raben* (2002). Dieser Roman ist das anspruchsvollste Unterfangen, auf das sich Hochgatterer eingelassen hat. Er erzählt die Parallelgeschichte zweier Menschen, die beide in ihrem eigenen Wahn gefangen sind. Einmal zieht sich ein Lehrer im tiefen Winter während eines Schuljahres mit einem Gewehr ins Hochgebirge zurück, das andere Mal führt eine Schülerin Tagebuch über die Ereignisse in der Schule und in ihrer Freizeit, doch klug wird man aus beiden Menschen nicht. Der Autor unternimmt keine Anstrengung zu erklären, wie die beiden Geschichten zusammenhängen. Die Handlung ist nur der Köder, um von etwas anderem zu erzählen, nämlich von den fürchterlichen Abgründen und tiefen Schlünden der menschlichen Psyche zweier Menschen, die sich selbst so weit wie möglich aus der Gesellschaft herausnehmen.

Anton Thuswaldner

Werke: *Rückblickpunkte,* E., St. Pölten 1984; *Der Aufenthalt,* E., Salzb. 1990; *Über die Chirurgie,* R., Wien 1993; *Die Nystensche Regel,* En., Wien 1995; *Wildwasser,* E., Wien 1997; *Caretta caretta,* R., Wien 1999; *Über Raben,* R., Wien 2002.

Hochhuth, Rolf, geboren am 1. 4. 1931 in Eschwege/Hessen als Sohn eines Schuhfabrikanten, verließ nach der Mittleren Reife das Gymnasium, um eine Lehre im Sortimentsbuchhandel zu absolvieren. Er arbeitete zunächst in Marburg, Kassel und München in verschiedenen Buchhandlungen und ab 1955 als Verlagslektor bei Bertelsmann in Gütersloh. Während dieser Zeit begann er, sich intensiv mit Literatur auseinander zu setzen. Seit 1963 lebt Hochhuth als freier Schriftsteller in Riehen bei Basel. Er erhielt u.a. 1962 den Gerhart-Hauptmann-Förderpreis, 1964 den Berliner Kunstpreis, 1965 den Frederic-Melcher-Award (USA), 1976 den Basler Kunstpreis, 1980 den Geschwister-Scholl-Preis der Stadt München, 1981 den Lessing-Literaturpreis der Stadt Hamburg, 1990 den Jacob-Burckhardt-Preis der Goethe-Stiftung Basel, 1991 den Elisabeth-Langgässer-Preis, 2001 den Jacob-Grimm-Preis für deutsche Sprache sowie 2002 den Cicero-Preis. Hochhuth ist Mitglied der Bayerischen Akademie der Schönen Künste, der Akademie der Künste in Berlin sowie des bundesdeutschen P.E.N.-Zentrums. 1985/86 war er als Gastdozent an der Universität Essen und 1986/87 als »Fellow« am Berliner Wissenschaftskolleg tätig.

Rolf Hochhuth sieht sich selbst als Autor einer Literatur, »die politisch, das heißt zeitkritisch« ist; Theater stellt für ihn gemäß der antiken Tradition eine »öffentliche Angelegenheit« dar. Durch ausgiebige Beschäftigung mit Geschichte und Geschichtsschreibung, vor allem mit Historikern des 19. Jahrhunderts wie Leopold von Ranke und Jacob Burckhardt, fand er schon früh zu einer eigenen Form des dokumentarischen Theaters. Wie sein Vorbild Friedrich Schiller bemüht er sich um äußerst faktengetreue Aufarbeitung historischer und politisch aktueller Stoffe; ästhetische Gestaltungskriterien ordnet er diesem Anspruch unter. Seine Stücke lassen sich demzufolge eher als »dramatische Romane« (Gert Ueding) bezeichnen, in denen der Dialogtext durch umfangreiche Kommentare und ergänzendes Quellenmaterial zu Handlung und Figuren sowie äußerst exakte Regieanweisungen immer wieder unterbrochen wird. Ähnlich arbeitet Hochhuth auch in seinen Erzählungen und Romanen. Die Kritik reibt sich oft an der Überlast dieses Faktenmaterials, das die dichterische Form in den Hintergrund drängt. Die große Resonanz beim Publikum belegt dagegen Hochhuths ausgeprägtes Gespür für diskussionsanregende Stoffe, die die öffentliche Meinung spalten, weil sie das kollektive Verdrängen und Totschweigen von bestimmten Themen durchkreuzen. Dabei steht vor allem die moralische Verantwortung des Individuums im Zentrum. Hochhuths Grundthese ist, dass allein der Einzelne Geschichte gestalte: »Das Theater wäre am Ende, wenn es je zugäbe, dass der Mensch in der Masse kein Individuum mehr sei« (Rolf Hochhuth). Das Versagen des Einzelnen angesichts der von ihm zu treffenden Entscheidungen an bestimmten Wendepunkten der Geschichte wird zum Exempel für das Versagen der Menschheit schlechthin. Dabei hegt Hochhuth keine Hoffnung auf eine positive Veränderung der Welt; ein pessimistischer Tenor ist seinem gesamten Schaffen eigen.

Gleich mit seinem ersten Drama *Der Stellvertreter* (1963, veränd. u. erw. mit dem Untertitel *Ein christliches Trauerspiel* 1967, seither in viele Sprachen übersetzt und weltweit aufgeführt), dessen Uraufführung Erwin Piscator in Berlin realisierte, provozierte Hochhuth heftigste Auseinandersetzungen in der Öffentlichkeit, die über Jahrzehnte andauerten. Papst Pius XII. wird in dem Stück aufgrund seiner Unentschlossenheit zum offenen Protest der Mitschuld am Völkermord der Nationalsozialisten bezichtigt. Dem um Neutralität und Nicht-Einmischung bemühten, jede klare Stellungnahme vermeidenden Papst stellt Hochhuth den Jesuitenpater Fontana gegenüber, der sich, enttäuscht von der Tatenlosigkeit der Kirche, zum gemeinsamen Gang mit den Juden ins KZ entschließt. Geht es dem Autor bei der Figur des Papstes darum, den sich der Verantwortung entziehenden Kleriker zu zeigen, verkörpert Fontana, »dass Rechtschaffenheit und Anstand möglich sind – mögen sie auch ein Märtyrertum bedeuten – und dass sie für den Christen eine Pflicht darstellen« (Susan Sontag). Auch mit seinem zweiten Stück, *Soldaten. Nekrolog auf Genf* (1967) provozierte Hochhuth nicht allein die deutsche Öffentlichkeit durch kritische Darstellung historischer Persönlichkeiten aus der jüngsten Vergangenheit: Dieses Mal ist es Winston Churchill, der im Zentrum steht. Der britische Premier erscheint durch die von ihm befohlene Bombardierung von Städten und die dabei bewusste Inkaufnahme des Todes von Zivilpersonen zugunsten des Schutzes von Militärstützpunkten als mitschuldig am Völkermord des Zweiten Weltkriegs. Darüber hinaus wirft Hochhuth ihm vor, verantwortlich für den Tod Sikorskis, Premier der damaligen polnischen Exilregierung in London, zu sein. Einmal mehr rückt damit die individuelle Schuld und Verantwortung politischer Repräsentanten ins Rampenlicht.

Das Dokumentartheater, das Hochhuth mit seinen Werken in den Sechzigerjahren entscheidend mitgeprägt hat, erwies sich in den Siebziger- und Achtzigerjahren als überholt. Er reagierte auf diese Entwicklung, indem er seine Stoffe nicht mehr allein in der Auseinandersetzung mit der – vornehmlich jüngsten – Vergangenheit fand, sondern zunehmend auch in der Beschäftigung mit aktuellen bzw. zukünftig möglichen Ereignissen. So entwirft er in dem Drama *Guerillas* (1970) das Szenario eines bevorstehenden Militärputsches in den USA der Nixon-Ära. In seiner ersten Komödie *Die Hebamme* (1971) schildert Hochhuth die Taten einer schlitzohrig-raffinierten Hebamme zugunsten Obdachloser in einer hessischen Kleinstadt. Auch in seiner zweiten Komödie, *Lysistrate und die NATO* (1972), in dessen Mittelpunkt der Widerstand griechischer Frauen gegen Ehemänner, Regierung und Militär stehen, wählt Hochhuth fiktive Figuren als Protagonisten, allein der Plot selbst berührt aktuelle Zeitereignisse. Wie schon in seinen Tragödien wird allerdings auch hierin die Moralität individuellen Handelns untersucht, und das dokumentarische Interesse drängt die ästhetischen Darstellungsmöglichkeiten der Komödie in den Hintergrund. Mit dem Drama *Juristen* (1979) findet Hochhuth wieder zum dokumentarischen Theater sowie zur Auseinandersetzung mit der NS-Vergangenheit und ihrer Auswirkung auf die Gegenwart zurück: Einander gegenübergestellt sind ein junger Assistenzarzt und ein Richter. Das politische Engagement des Arztes als Student droht wenige Jahre später aufgrund des Radikalenerlasses das Ende seiner Karriere in einem öffentlichen Krankenhaus zu sein, wohingegen der Minister, der während des Dritten Reichs als Kriegsrichter Dutzende Todesurteile erlassen hat, unbeschadet dieser Vergangenheit leben zu können scheint. Die Recherchen zu diesem Stück und der ihm vorangehenden Erzählung *Eine Liebe in Deutschland* (1978) haben schließlich zum Rücktritt des baden-württembergischen Ministerpräsidenten Filbinger geführt, dessen Vorgeschichte als NS-Richter Hochhuth damit zur Diskussion gestellt hat. – In dem Trauerspiel *Judith* (1984) steht die 1984 aktuelle Entscheidung des US-Präsidenten, die Produktion von C-Waffen wieder aufzunehmen, im Rampenlicht; Judith und ihr Bruder, ein durch C-Waffeneinsätze in Vietnam verkrüppelter Ex-Soldat, schmieden daraufhin Mordpläne. Als das Attentat auf den Präsidenten bekannt wird, bleibt jedoch offen, ob sich Judith ihren Richtern stellen wird. Der Autor entzieht sich somit der Frage, ob sie und ihr Bruder aufgrund ihres moralischen Motivs – der Präsident soll als Erster an Giftgas sterben, wenn er C-Waffen produzieren will – zu Mördern werden dürfen.

Auch das Drama *Unbefleckte Empfängnis. Ein Kreidekreis* (1988) knüpft an Probleme der unmittelbaren Gegenwart an: Hochhuth greift darin die Diskussion über Leihmutterschaft auf und zeigt, entgegen dem literarischen Vorbild des *Kaukasischen Kreidekreises*, die genetische und die »austragende« Mutter des Kindes im gemeinsamen Kampf gegen den Staat, der beiden die Mutterschaft streitig macht. Vorlage für das Drama *Sommer 14. Ein Totentanz* (1989), einer Auftragsarbeit für das Wiener Burgtheater, ist ein historisches Thema, das Hochhuth schon in mehreren Essays beschäftigte: die Hochrüstung der europäischen Großmächte vor dem Ersten Weltkrieg, die, so der Autor, zwangsläufig in die Katastrophe habe führen müssen. Kritisch setzt er sich in *Wessis in Weimar. Szenen aus einem besetzten Land* (1993) mit den Folgen der Wiedervereinigung Deutschlands auseinander, wobei die Sympathien verteilt sind. In der Tragödie *Hitlers Dr. Faust* (2000) beschäftigt sich Hochhuth mit der Frage, wieweit sich die Wissenschaft in den Dienst der Politik stellen lassen darf, um ihre Ziele zu erreichen. Exemplarisch ausgeführt an der Figur des Wissenschaftlers Hermann Oberth, der unter Hitler forschte, untermauert Hochhuth durch einen Sprung in die Gegenwart die Zeitlosigkeit des Themas, das 1917 genauso relevant war wie 1940 oder 1945 und es natürlich auch – oder gerade – im 21. Jahrhundert noch sein wird.

Auch das Erzählwerk Hochhuths steht unter der Vorgabe zu dokumentieren, aufzudecken und anzuklagen. Die frühe Erzählung *Die Berliner Antigone* (1964), in der eine junge Frau zur NS-Zeit hingerichtet wird, weil sie den Leichnam ihres als Hochverräter gehenkten Bruders aus einem Massengrab entreißt, um ihn würdig zu bestatten, fällt allerdings durch die Beschränkung auf die reine Handlung auf. *Eine Liebe in Deutschland* (1978) weist dagegen das für die Hochhuthschen Werke so charakteristische dokumentarische Material auf, das auch hier – ähnlich wie bei den Theaterstücken – fast mehr Raum einnimmt als das eigentliche literarische Werk. Die Erzählung handelt von der Liebe einer Deutschen zu einem polnischen Kriegsgefangenen, die für den Mann mit dem Tod, für die Frau mit KZ-Haft endet, wobei die Rolle des sie verurteilenden Richters – analog zu dem Drama *Juristen* (1979) – auf die Rolle des Ministerpräsidenten Filbinger während des Dritten Reichs anspielt.

Neben Dramen, Novellen und Erzählungen veröffentlichte Hochhuth zahlreiche Essays zu Geschichte und Zeitgeschichte, in denen er seine These von der Verantwortung des Individuums oftmals mit historischen Beispielen untermauert und für Aufklärung der Menschen durch Offenlegung der Vergangenheit eintritt.

Heidi Rehn

Werke: *Wilhelm Busch: Sämtliche Werke und eine Auswahl der Skizzen und Gemälde,* 2 Bde., Hg., Gütersloh 1959; *Wilhelm Busch: Lustige Streiche in Versen und Farben,* Hg., Gütersloh 1960; *Wilhelm Busch: Sämtliche Bildergeschichten,* Hg., Hbg. 1961; *Liebe in unserer Zeit. 16 bzw. 35 Erzählungen,* 2 Bde., Hg., Gütersloh 1961; *Theodor Storm: Am grauen Meer. Gesammelte Werke,* Hg., Gütersloh 1962; *Der Stellvertreter,* Tr., Reinbek 1963, erw. u. veränd. Fssg. Reinbek 1967; *Marquis de Sade,* zus. m. Otto Flake, Mü. 1966; *Die großen Meister. Europäische Erzählungen des 20. Jahrhunderts,* 2 Bde., Hbg. 1966; *Soldaten. Nekrolog auf Genf,* Tr., Reinbek 1967; *Des Lebens Überfluss. Liebe in deutschen Erzählungen von Grimmelshausen bis Gerhart Hauptmann,* Hg., Gütersloh 1968; *Guerillas,* Tr., Reinbek 1970; *Otto Flake: Die Verurteilung des Sokrates. Biografische Essays aus sechs Jahrzehnten,* Hg., zus. m. F. Gröbli-Schaub, Hdbg. 1970; *Krieg und Klassenkrieg,* Studien, Reinbek 1971; *Die Hebamme. Komödie. Erzählungen, Gedichte, Essays,* Reinbek 1971, überarb. Fassg. Reinbek 1973; *Ruhm und Ehre. Die Nobelpreisträger für Literatur,* Hg., zus. m. H. Reinoß, Gütersloh 1971; *Dramen. Mit Aufsätzen von Clive Barnes,* Reinbek 1972; *Lysistrate und die NATO,* K., Reinbek

1973; *Kaisers Zeiten. Bilder einer Epoche,* Hg., zus. m. H.-H. Koch, Mü., Bln. 1973; *Otto Flake: Werke, 5* Bde., Hg., zus. m. Peter Härtling, Ffm. 1973–1976; *Zwischenspiel in Baden-Baden,* E., Reinbek 1974; *Die Berliner Antigone. Prosa und Verse,* Reinbek 1975, als E. zus. m. Leopold Ahlsen, Paderborn 1980; *Tod eines Jägers,* Dr., Reinbek 1976; *Tell 38. Dankrede für den Basler Kunstpreis 1976,* Reinbek 1977; *Eine Liebe in Deutschland,* E., Reinbek 1978, Film von Andrzej Wajda 1983; *In einem kühlen Grunde ... Bilder verschwundener Mühlen. Mit Gedichten von Bürger bis Rühmkorf,* Hg., Mü. 1978; *Juristen. 3 Akte für 7 Spieler,* Dr., Reinbek 1979; *Ärztinnen,* Dr., Reinbek 1980; *Die Gegenwart. Deutschsprachige Erzähler der Jahrgänge 1900–1960,* 2 Bde., Hg., Köln 1981; *Räuber-Rede. Drei deutsche Vorwürfe. Schiller/Lessing/Geschwister Scholl,* Reinbek 1982; *Spitze des Eisbergs. Ein Reader,* hg. v. Dietrich Simon, Reinbek 1982; *Die zweite Klassik. Deutschsprachige Erzähler der Jahrgänge 1850–1900,* Köln 1983; *Judith,* Tr., Reinbek 1984; *Atlantik-Novelle,* En., Reinbek 1985; *Schwarze Segel. Essays und Gedichte,* Reinbek 1986; *Machtlose und Machthaber,* Ess., Reinbek 1987; *War hier Europa? Reden, Essays, Gedichte,* Mü. 1987; *Täter und Denker. Profile und Probleme von Cäsar bis Jünger,* Stg. 1987; *Alan Turing,* E., Reinbek 1987; *Unbefleckte Empfängnis. Ein Kreidekreis,* Reinbek 1988; *Sommer 14. Ein Totentanz,* Reinbek 1989, UA Wien 1990; *Alle Dramen,* Reinbek, 1991; *Menzel, Maler des Lichts,* Ffm. 1991; *Panik im Mai. Sämtliche Gedichte und Erzählungen,* Reinbek 1991; *Von Syrakus aus. Gesehen-Gedacht-Erzählt,* Bln. 1991; *Julia oder Der Weg zur Macht,* Bln. 1992; *Tell gegen Hitler. Historische Studien,* Ffm. 1992; *Inselkomödie,* Reinbek 1993; *Wessis in Weimar. Szenen aus einem besetzten Land,* Tragik., Bln. 1993, UA Bln. 1993; *Günter Gaus,* Portr., Bln. 1993; *Julia oder Der Weg zur Macht,* En., Bln. 1995; *Effis Nacht,* Monolog, Reinbek 1996, UA Mü. 1998; *Und Brecht sah das Tragische nicht. Plädoyers, Polemiken, Profile,* hg. v. Walter Homolka u. Rosemarie von dem Knesebeck, Mü. 1996; *Wellen. Artgenossen, Zeitgenossen, Hausgenossen,* Reinbek 1996; *Juristen. Drei Akte für sieben Spieler,* Reinbek 1998; *Arbeitslose oder Das Recht auf Arbeit,* Theaterst., UA Salzburg 1999; *Das Recht auf Arbeit/Nachtmusik,* Dr., Reinbek 2000; *Hitlers Dr. Faust,* Dr., Reinbek 2000, UA Bln. 2001; *Alle Erzählungen, Gedichte und Romane,* Reinbek 2001; *Zwischen Sylt und Wilhelmstraße. Essays, Gedichte, Reden,* Bln. 2001; *Einsprüche. Zur Geschichte, Politik und Literatur,* Hg., zus. m. Gert Ueding, Mü. 2001; *Die Geburt der Tragödie aus dem Krieg. Frankfurter Poetik-Vorlesungen,* Ffm. 2001; *Die Kaiserzeit. Zivil und Militär,* zus. m. H.-H. Koch, Mü. 2001; *Die Berliner Antigone/ Gasherd und Klistiere oder Die Urgroßmutter als Diätköchin. Novelle/Requiem und Posse in je einem Akt,* Reinbek 2003.

Hochwälder, Fritz, wurde am 28. 11. 1911 in Wien als Sohn jüdischer Eltern geboren, die 1942 nach Polen deportiert und ermordet wurden. Er wuchs in kleinbürgerlichen Verhältnissen auf, ließ sich zum Tapezierermeister ausbilden und flüchtete 1938 vor den Nationalsozialisten in die Schweiz, wo er »bis Kriegsende lebte und seither als österreichischer Staatsbürger ansässig« war. Am 20. 10. 1986 starb er in Zürich. Er erhielt 1955 den Literaturpreis der Stadt Wien, 1956 den Grillparzer-Preis, 1963 den Anton-Wildgans-Preis, 1964 die Professorenwürde, 1966 den Großen Österreichischen Staatspreis für Literatur, 1971 das Österreichische Ehrenkreuz Erster Klasse für Wissenschaft und Kunst, 1972 den Ehrenring der Stadt Wien, 1979 den Franz-Theodor-Csokor-Preis, 1980 das Österreichische Ehrenzeichen für Kunst und Wissenschaft, 1982 den Prix Dramatique der Genfer Société des Auteurs Dramatiques und 1986 die Ehrenbürgerschaft der Stadt Wien.

Hochwälder begann 1930, Theaterstücke zu schreiben. Da er als österreichischer Flüchtling in der Schweiz zunächst nicht arbeiten durfte, schrieb er seine Stücke für die Schublade. Bei Kriegsende konnte er dann bereits mit einem reichhaltigen selbst verfassten Repertoire aufwarten, sodass es in den Vierziger- und Fünfzigerjahren in rascher Folge zu einer Reihe von Uraufführungen und Inszenierungen seiner Werke kam. Seine bekanntesten Stücke, darunter *Das heilige Experiment* (1943) und *Der öffentliche Ankläger* (1948), wurden auf nahezu allen deutschsprachigen Bühnen, auch in der DDR, mit großem Erfolg aufgeführt. Hochwälder zählte bis in die Sechzigerjahre hinein zu den meistgespielten österreichischen Dramatikern.

Formal orientieren sich seine Dramen an der klassischen Einteilung in drei oder fünf Akte, inhaltlich dominieren existenzialistische und politisch-soziale Themen in historischer Einkleidung, so zum Beispiel die Französische Revolution als Hintergrund für *Der öffentliche Ankläger*, der Jesuitenstaat von Paraguay als Vorlage für *Das heilige Experiment.* Sein Stück *Die Herberge* markierte 1954/55 eine Zäsur und leitete zu einer freieren Motivwahl und zum politisch-sozialen Zeittheater über. Die Darstellung von Gegenwartskonflikten im historischen bzw. historisierenden Gewand (z.B. *Meier Helmbrecht*, 1947, und *Donadieu*, 1953) hatte Hochwälder die Möglichkeit geboten, einerseits überzeitlich-generalisierende Aspekte herauszuarbeiten und andererseits den historischen Rahmen zu objektivieren: »In meinen Stücken werden Probleme aufgegriffen, die uns alle angehen. Im so genannten historischen Stück nun interessieren die Divergenzen zur Gegenwart zumindest ebenso wie die Parallelen.« In seinem späteren Werk orientierte sich Hochwälder zunehmend am alten Wiener Volkstheater mit seinen Hanswurstiaden und Zauberstücken – davon legen *Donnerstag* (1959) und *1003* (1964) Zeugnis ab. Dramen wie *Der Himbeerpflücker* (1965) und *Der Befehl* (1968) hingegen haben die Verbrechen der Nazi-Zeit zum Gegenstand. Ein Ideendrama in Gestalt der politischen Commedia dell'Arte hat er mit *Die Bürgschaft* (1985) vorgelegt.

Hervorzuheben ist vor allem die moralische Autorität seiner »Ideendramen« mit ihren philosophischen und weltanschaulichen Implikationen. Hochwälders Stücke zielen immer über den dargestellten Einzelfall hinaus, rufen häufig etablierte literarische Sujets und Motive (z.B. die Ödipus-Sage, den Esther-Stoff) ab, um durch ihre Neugestaltung Fragen der Ethik im sozialen Handeln neu aufzuwerfen und vor dem Hintergrund elementarer Prinzipien wie Verantwortung, Gewissen, Macht und Schuld zu diskutieren. Seine Figuren repräsentieren kulturelle Stereotypen in immer gleichen Konstellationen, sind Täter und Opfer mit spezifischen Schuldkomplexen, Gewissenskonflikten und psychischen Defekten.

Der nicht nur formal konservative Grundzug seines Werkes führte zum Meinungsstreit, als Hochwälder in den Sechziger- und Siebzigerjahren gegen die junge österreichische Nachkriegsavantgarde und ihr post-dramatisches Theater antrat. Jedoch konnte sich seine Ästhetik auf Dauer nicht gegen den überragenden Erfolg anderer deutschsprachiger Dramatiker wie zum Beispiel Friedrich Dürrenmatt, Peter Hacks, Franz Xaver Kroetz, Heiner Müller, Peter Weiss, in Österreich vor allem Wolfgang Bauer, Thomas Bernhard und Peter Handke behaupten. Sein Mysterienspiel *Donnerstag*, ein Faust- und ein Jedermann-Stoff sowie die »Don Juan«-Reprise *1003* moralisierten stark und erzielten auf den Bühnen nurmehr Achtungserfolge. *Die Prinzessin von Chimay* (1982/84), eine Fortsetzung des erfolgreichen Stücks *Der öffentliche Ankläger*, scheiterte als Versuch, an die Erfolge der frühen Schaffenszeit anzuknüpfen.

Seit den Siebziger- und Achtzigerjahren ist Hochwälder auf deutschen Bühnen kaum noch gespielt worden, was als Indiz dafür zu werten ist, dass sein konservatives Bühnenverständnis den Problemen und ästhetischen Erwartungen der Zeitgenossen nicht mehr gerecht zu werden vermochte, obwohl es solides dramatisches Handwerk erkennen ließ. 1995 erschien der nachgelassene Roman *Donnerstag*, eine Prosaversion des gleichnamigen Theaterstücks, ein »radikal modernistisches Großstadtepos« (Karl-Markus Gauss), das Hochwälder bereits 1933 verfasst hatte. 1998 wurde im Nachlass das Schauspiel *Holocaust* entdeckt und verlegt: Vier dem Genozid entkommene Männer nehmen die Verfolgung eines Juden auf, der in die Vernichtungsmaschinerie der Nazis involviert war, und inszenieren ein Verhör. Die Geschichte hatte Hochwälder erneut eingeholt.

Lutz Hagestedt

Werke: *Trommler*, Hsp., 1932; *Jehr*, Theaterst., UA Wien 1933; *Liebe in Florenz*, UA Wien 1936; *Paques à Weinsberg en 1525*, Hsp., 1939; *Der Astrolog vom Niederdorf*; Schwank, UA Zür. 1942; *Der Flüchtling*, Theaterst., UA Biel 1945, gedr. Mü. 1946; *Das heilige Experiment*, Theaterst., UA Biel 1943, gedr. Elgg/Zür. 1947, Fssp. 1986; *Virginia*, Theaterst., UA Hbg. 1948; *Vier Paragraphen*, Hsp., 1951; *Donadieu*, Theaterst., UA Wien 1953, gedr. Hbg. 1953; *Der öffentliche Ankläger*, Theaterst., UA Stg. 1948, Hsp., HR 1953, gedr. Hbg. 1954; *Hotel du Commerce*, K., UA Prag 1946, Elgg/Zür. 1954; *Die Herberge. Dramatische Legende*, UA Wien 1957, gedr. Elgg/Zür. 1956, Hsp., DRS 1957; *Meier Helmbrecht*, Theaterst., UA Wien 1946, gedr. Elgg/Zür. 1958; *Der Unschuldige*, K., UA Wien 1958, gedr. Elgg/Zür. 1958, Hsp., DRS 1959; *Donnerstag*, Theaterst., UA Salzb. 1959, Hsp., DRS; *Esther*, Theaterst., Elgg/Zür. 1960; *1003*, Theaterst., UA Wien 1964; *Der Himbeerpflücker*, K., UA Zür. 1965, gedr. Mü. 1965; *Der Befehl*, Theaterst., UA Wien 1968, gedr. Mü. 1968, Fssp. 1965; *Das falsche Gewicht*, Fssp., 1970; *Dramen I/II*, Graz 1975; *Lazaretti oder Der Säbeltiger*, Theaterst., UA Salzb. 1975, gedr. Graz 1975; *Da hat die Grille gezirpt. Ein Einsamer in Zürich*, Fssp., 1976; *Kann die Freiheit überleben?*, Graz 1976; *Dramen III*, Graz 1979; *Im Wechsel der Zeit*, autobiogr. Sk. u. Ess., Graz 1980; *Die Prinzessin von Chimay*, Theaterst., Graz 1982, Fssp. 1984; *Der verschwundene Mond*, Hsp., ORF 1985; *Dramen IV*, Graz 1985; *Donnerstag*, R., Graz 1995; *Holocaust*, Theaterst., 1998.

Hodjak, Franz, wurde am 27. 9. 1944 im siebenbürgischen Hermannstadt in Rumänien geboren, wo er das Brukenthal-Gymnasium besuchte. Nach dem Abitur leistete er den Militärdienst ab und war als Hilfsarbeiter tätig. Im Jahre 1965 begann er in Klausenburg mit dem Studium der Germanistik und Rumänistik, das er 1970 mit einer Diplomarbeit über die Lyrik Georg Trakls abschloss. Danach wirkte er 22 Jahre – bis zu seiner Ausreise in die Bundesrepublik Deutschland – als Lektor der deutschen Abteilung des dreisprachigen »Dacia«-Verlags in Klausenburg. Seit 1992 lebt Franz Hodjak als freier Schriftsteller in Usingen bei Frankfurt am Main. Er erhielt u.a. 1976 und 1984 den Preis des rumänischen Schriftstellerverbandes, 1990 den Georg-Mauer-Preis der Stadt Leipzig und den Preis des Landes Kärnten beim Ingeborg-Bachmann-Wettbewerb in Klagenfurt, 1991 den Förderpreis des Kulturkreises im Bundesverband der Deutschen Industrie, 1996 den Nikolaus-Lenau-Preis der Künstlergilde Esslingen, 1998 das Hermann-Hesse-Stipendium der Stadt Calw und 2002 das Stadtschreiber-Stipendium von Dresden.

Als Franz Hodjak in der zweiten Hälfte der Sechzigerjahre seine ersten Gedichte und Kurzprosatexte in Zeitungen und Zeitschriften veröffentlichte, zeichneten sich in Rumänien kulturpolitische Lockerungen und außenpolitische Öffnungstendenzen ab, die mit dazu führten, dass sich die neuere rumäniendeutsche Literatur aus dem Korsett des regionalen Traditionalismus und der Sackgasse des sozialistischen Realismus hinauszuschreiben begann – in eine zeitverschobene eigenständige Ausprägung der Moderne. Hodjaks Debütband *Brachland* (1970), der elegisch getönte, an der Metaphorik Trakls und Celans geschulte Gedichte enthält, signalisiert beispielhaft die Abkehr von den Harmonieschablonen der Heimatlyrik und der plakativen Rhetorik verordneter Aufbauliteratur. Ist in diesem Erstling jeder unmittelbare Bezug auf das eigene Lebensumfeld getilgt, so wendet sich Hodjak in *Spielräume* (1974) und *offene briefe* (1976) der ihn umzingelnden gesellschaftlichen Wirklichkeit zu, die er – nunmehr im Sinne Bertolt Brechts – als veränderbar und veränderungsbedürftig begreift und die vorgefundenen Zustände an der Utopie eines freiheitlich-demokratischen Sozialismus misst. In aphoristisch pointierten Texten und wortspielerisch geformten Epigrammen, in parabelhaften Konstruktionen und mythischen Konfigurationen, die sich einfallsreicher Techniken der poetischen Camouflage bedienen, plädiert Hodjak eindringlich für das Mitspracherecht des Einzelnen und für ein angstfreies, unverstümmeltes Leben. Noch halten Fortschrittsglauben und Skepsis einander die Waage, doch in den folgenden Gedichtbänden (von *mit Polly Knall spricht man über selbstverständliche dinge als wären sie selbstverständlich*, 1979, bis zu *luftveränderung*, 1988) werden, angesichts einer sich verhärtenden nationalkommunistischen Diktatur und des anwachsenden Exodus der deutschen Minderheit, Verlusterfahrungen und Sinnkrisen sowie Ausdrucksnöte im Überwachungsstaat thematisiert – in einer bemerkenswerten Spannweite formaler Gestaltung: Erzähl-, Landschafts- und Figurengedichte, Sonette, Chansons, Fabeln. In Expeditionen durch einen bizarren und zermürbenden Alltag betreibt Hodjak desillusionierte Selbstausforschung und schonungslose Realitätserkundung, würzt seine Erlebnispoesie mit bitterer Ironie und schwarzem Humor und dokumentiert in beklemmenden Situationsschilderungen die Entmündigung des Subjekts in einem eingekerkerten Land. Siebenbürgen und seine Ortschaften düstern in gespenstischen Idyllen der Auflösung und des Verfalls auf, in denen jedes Fünkchen Gegenwart längst eingeäscherte Geschichte ist. Auch Hodjaks Erzählungen sind Botschaften aus dem Universum des real existierenden Sozialismus balkanischer Prägung. Die Protagonisten sind teils an den Rand gedrängte Außenseiter, teils vor den Normzwängen der Gesellschaft an die Peripherie geflüchtete Leistungsverweigerer, teils listig agierende Überlebenskünstler. Was in der Erzählform der Rollenprosa als Groteske einherkommt, gründet auf genauer Beobachtung erlebter Wirklichkeit und verdichtet sich zu Parabeln brutaler Fremdbestimmtheit in der verwalteten Welt.

Obwohl Franz Hodjak in Rumänien sieben Lyrik-, drei Prosabände, drei Kinderbücher und zahlreiche Übersetzungen aus der Landessprache sowie zwei Gedichtbücher in der DDR publiziert hatte, erregte er in der Bundesrepublik Deutschland erst mit der Veröffentlichung eines Bandes ausgewählter Gedichte – *Siebenbürgische Sprechübung* (1990) – in der »edition Suhrkamp« gebührende Aufmerksamkeit. Die Titel seiner Bände *Landverlust* (1993) und *Ankunft Konjunktiv* (1997), die neben neuen auch ältere, in Rumänien entstandene Texte enthalten, signalisieren den vollzogenen Ortswechsel eines »wandernden chronisten« (*am Wörther see*, 1993), der sich der Ungebundenheit verschrieben und das Provisorium als Dauerzustand erfahren hat: »... Nichts // nimmst du mit aus einer Vorläufigkeit / in die andere, keine / Revolte, keinen Vorsatz, nicht // die Fähigkeit, zu hassen oder / zu vergeben, keine Bilder, nicht / mal ein Paar Socken. Tod // oder Wiedergeburt, Gepäck / wäre lästig. Das Staunen / bleibt dein Gedächtnis« (*Über Ankünfte,* 1997).

Hinübergerettet hat der Lyriker Hodjak die erworbene Illusionslosigkeit, die ihn vor dem Gewitter der Vergnügungs- und Sinnangebote in der Welt der Waren und des Geldes abschirmt. Eine Poetik des zweifelnden Staunens und des staunenden Zweifels untergräbt in Denkfiguren des Paradoxen alle Erkenntnis-Gewissheiten. Sarkasmus und Melancholie, Heiterkeit und Resignation sind in polyfonen Orchestrierungen zu untrennbaren Partnern geworden. Eingefangen werden in changierenden Momentaufnahmen Bahnhöfe und Museen, Fischmärkte und Campingplätze, Burgen und Cafés, Zigeuner und Schutzengel. Die Gedichtabläufe sind voller überraschender Wendungen, Risse und Sprünge, eine assoziative Kombinatorik von Bild- und Reflexionspoesie verfremdet die Szenerien ins Surreale, nichts ist für den unbestechlich scharfen Beobachter das, was es zu sein vorgibt.

Befreit von Zensurzwängen, die ihn in Rumänien vor größeren Erzählformen zurückschrecken ließen, entwickelt Hodjak nun in drei fabulierfreudigen und ereignisprallen Romanen eine Ästhetik der Grenzüberschreitungen, die keinerlei Tabus berücksichtigen muss. In lockerem Umgang mit literarischen und historischen Prätexten inszeniert er das Chaos einer verkehrten Welt, treibt seine Akteure in Geschehnisse von abgründiger Tristesse und haarsträubender Komik, demontiert lustvoll vermeintlich stabile Wertgerüste und Sinnkonstruktionen, durchsetzt überlieferte Gattungsmuster mit parodistischen Zügen. Durchforstet und verknüpft werden dabei die Problemfelder Heimat und Fremde, Abschied und Aufbruch, Freiheit und Diktatur, Identität und Existenz.

Der Roman *Grenzsteine* (1995) ist ein postkommunistisches Satyrspiel. Harald Frank, ein Angehöriger der deutschen Minderheit, macht sich nach dem Sturz des kommunistischen Regimes in Rumänien auf den Weg zur botschaftlichen Behörde – eine Kreuzung von Gralsburg und Kafkas Schloss –, um ein Einreisevisum nach Deutschland zu ergattern. Erfahren muss der »Parzival auf dem Balkan« (Friedmar Apel), dass Korruption, Vetternwirtschaft und Willkür noch immer fröhliche Urständ feiern. Er gerät in einen Initiationsraum voller Verwicklungen, in dem er weder Läuterung erfährt noch Klarheit über seine Existenz gewinnt. Schließlich schlüpft er in Frauenkleidern über die rumänisch-ungarische Grenze, beflügelt von der Überzeugung, dass sein Weg in keine Zukunft führt. In *Der Sängerstreit* (2000) gelangt Klingsor, ein Pferdehändler mit Klampfe, beladen mit der Bürde seiner ungeklärten Identität, aus dem verschollenen Siebenbürgen auf die Wartburg, um an einem Sängerstreit teilzunehmen, der längst stattgefunden hat. Hier regiert der Burgherr Hermann I. von Thüringen, eine schillernde und komplexe Tyrannenfigur, der die Unordnung gleichermaßen als Mittel gegen die Langeweile und als herrschaftssicherndes Prinzip kultiviert, Klingsor in philosophische Gespräche verstrickt und in seiner Exegese der Machtausübung eine Verkehrung aller Moralbegriffe vornimmt. Bevor Klingsor ins Ungewisse aufbricht, setzt er dem Despoten als existenzielles Medium der Selbstfindung die Erfahrungsdimension des Ekels entgegen: »die einzige Heimat, die ich kenne«. Für Bernd Burger, Hauptprotagonist des Romans *Ein Koffer voll Sand* (2003), ist »Heimat« ein Leerwort. Ausgestattet mit »Staatenlosen-Pässen«, sind die Spätaussiedler Bernd Burger, seine Frau Melitta und Tochter Astrid im eigenen Wagen auf dem Weg ins Auffanglager Hamm und mithin in die deutsche Staatsangehörigkeit. In Burgers Erinnerungen und Träumen reist – in Bruchstücken einer unbeschönigten Konfession – das Absurdistan seiner Diktatur-Erfahrungen im multikulturellen Siebenbürgen mit. Dass Melitta sich ständig verfährt und in karnevalistische West-Erlebnisse hineingerät, ist ganz im Sinne Bernd Burgers, für den die Odyssee zur Flucht vor der Ankunft in »Ithaka« wird, wo ihm die deutsche Identität aufgestülpt werden soll. Dabei weiß Burger, dass erst nach der Entlassung aus dem Auffanglager die eigentliche »Irrfahrt« beginnt.

Peter Motzan

Werke: *Brachland,* G., Klausenburg 1970; *Spielräume,* G., Bukarest 1974; *offene briefe,* G., Bukarest 1976; *das maß der köpfe,* Pr., Bukarest 1978; *Die humoristischen Katzen,* Kinderb., Bukarest 1979; *mit Polly Knall spricht man über selbstverständliche dinge als wären sie selbstverständlich,* G., Bukarest 1979; *Aurel Rău: Auf diese Weise schlaf ich eigentlich weniger. Gedichte,* Übs., Bukarest 1980; *flieder im ohr,* G., Bukarest 1983; *Eugen Jebeleanu: Dem Leben geborgt. Gedichte,* Übs., Bukarest 1983; *An einem Ecktisch,* Pr., Bukarest 1984; *Der Hund Joho,* Kinderb., Bukarest 1985; *Adrian Popescu: Die Amseln sind im allgemeinen ungefährlich. Gedichte,* Übs., Bukarest 1985; *Augenlicht,* G., Bukarest 1986; *Fridolin schlüpft aus dem Ei,* Kinderb., Bukarest 1986; *Friedliche Runde,* Pr., Bukarest 1987; *Poesiealbum 232,* G., hg. v. Horst Nalewski, Bukarest. 1987; *Al. Căprariu: Die allgegenwärtigen Augen. Gedichte,* Übs., Klausenburg 1987; *luftveränderung,* G., Bukarest 1988; *Sehnsucht nach Feigenschnaps,* G., hg. v. Wulf Kirsten, Bln., Weimar 1988; *Siebenbürgische Sprechübung,* G., Ffm. 1990; *Zahltag,* En., Ffm. 1991; *Franz, Geschichtensammler,* Theaterst., UA u. d. T. *Des Widerborstigen Visionen François de Montcorbier, genannt François Villon,* Minden 1989, gedr. Ffm. 1992; *Sonderangebot,* Pr., G., Monodr., Bukarest 1992; *Landverlust,* G., Ffm. 1993; *Ana Blandiana: EngelErnte. Gedichte,* Übs., Zür. 1994; *Grenzsteine,* R., Ffm. 1995; *Ankunft Konjunktiv,* G., Ffm. 1997; *Der Anfang einer Linie,* G., m. Stempeldrucken v. Franz Anatol Wyss, Dodenhof o. J. [1997]; *Der Junge in der Nagold,* Ess., Calw 1998; *Der Sängerstreit,* R., Ffm. 2000; *Ein Koffer voll Sand,* R., Ffm. 2003.

Hoffer, Klaus, wurde am 27. 12. 1942 in Graz geboren, wo er auch heute noch lebt. In den Sechzigerjahren studierte er an der Universität Graz zunächst Deutsch, Latein und Kunstgeschichte, nach einem längeren Studienaufenthalt 1964/65 in den USA dann Deutsch und Englisch und beendete sein Studium 1971 mit einer Dissertation über Franz Kafka. Zunächst arbeitete er als freier Journalist und von 1973 bis 2002 als Gymnasiallehrer. Von 1970 bis 1973 gehörte er dem »Arbeitskreis österreichischer Literaturproduzenten« an, von 1973 bis 1975 war er erster Generalsekretär der »Grazer Autorenversammlung«, daneben seit 1973 Koreferent und von 1981 bis 1984 alleiniger Literaturreferent des »forum stadtpark«. Bereits Mitte der Sechzigerjahre erschienen erste Texte in den »manuskripten«, seit 1980 dann kontinuierlich Übersetzungen aus dem Englischen, und zwar von Texten Kurt Vonneguts, Raymond Carvers, Jakov Linds, Nadine Gordimers und Joseph Conrads. 1985/86 hielt Klaus Hoffer unter dem Titel *Methoden der Verwirrung. Betrachtungen zum Fantastischen bei Franz Kafka* die erste der inzwischen alljährlich stattfindenden Grazer Poetik-Vorlesungen. Ausgezeichnet wurde er u. a. 1980 mit dem Rauriser Literaturpreis und mit dem Alfred-Döblin-Preis, 1983 mit dem Förderungspreis des Österreichischen Bundesministeriums für Unterricht und Kunst, 1986 mit dem Literaturpreis des Landes Steiermark und 1992 mit dem »manuskripte«-Preis des Landes Steiermark.

Seit seinen Schreibanfängen im Rahmen des Grazer »forum stadtpark« kreisen die Texte Klaus Hoffers um Fragen der Identität, wobei häufig jene Grenzregionen aufgesucht werden, in denen die Gegensätze zwischen dem Eigenen und dem Fremden verschwimmen und *Die Nähe des Fremden* (1996) – so ein programmatischer Aufsatztitel – als zugleich identitätsgefährdende und -erweiternde Sprach- und Sinnkrise spürbar wird. In dem frühen Romanfragment *Unter Schweinen* (1967/68) wird die Ich-Problematik in der Nachfolge von Oswald Wieners *die verbesserung von mitteleuropa, roman* im Sinne eines Anschreibens gegen normierende Sprach- und Systemzwänge formuliert, wobei unter Ausnützung der Doppeldeutigkeit des Wortes »Geschichte« das Scheitern bzw. Verweigern des identitätsstiftenden Geschichtenerzählens mit dem Versuch der Aufklärung des »Dunkels« der (jüngsten) Vergangenheit sprachlich komplex in Beziehung gesetzt wird: »Die Geschichte läuft dem Schrecklichen nach. (Sie wird es nicht einholen.)«

Die Dekonstruktion der Dichotomie von fremd und eigen ist bei Klaus Hoffer aufs Engste mit einem zweiten Schreibanliegen verbunden: der Darstellung einer spezifischen Opfer-Täter-Dialektik, die autobiografisch auf Hoffers Jugenderfahrung »einer Kopf stehenden Welt« zurückgeht, in der in »altbewährter faschistischer Manier der Antisemit den Juden bezichtigt, der Täter das Opfer der Schandtat zeiht« (*38/88*, 1988), in der die ehemaligen Nazitäter sich nach dem Krieg zu Verfemten und Verfolgten stilisierten und Sprache ein Instrument der Täuschung und Verschleierung war. Hoffers lebenslange Beschäftigung mit Franz Kafka muss in diesem Kontext gesehen werden; Kafkas Texte liest er »als eine *Beschreibung eines Kampfes*, dessen Schlachtfeld der Mensch ist, der nicht begreifen kann, dass sein Lebenskampf in Wahrheit der Prozess ist, den man ihm macht«, der sich selbst als Außenseiter fühlt und dabei übersieht, dass er unabdingbar an dieser Welt teilhat: »Und indem er auf die Gelegenheit wartet, die zu versäumen seiner Verfluchung gleichkäme, versäumt er sie in seinem Warten« (*Methoden der Verwirrung*, 1986).

Genau diese leidvoll erfahrene Paradoxie ist Gegenstand der kurzen Erzählung *Am Magnetberg. Ein Fragment* (1982), in der ein 42-jähriger, seh- und gehbehinderter Ich-Erzähler Rechenschaft ablegt über sein gescheitertes Leben, ein durch eine Elefantiasis »aus den Fugen geratener«, zeugungsunfähiger und nach zwei gescheiterten Selbstmordversuchen in die Isolation jenes Magnetbergs verschlagener Untoter, halb monströs-ödipaler Kindmann, halb intellektuelles Monster, der paradoxerweise aus »Angst vor dem Tod«, die – wie es im Text heißt – »in Wahrheit [...] die Angst vor dem Leben ist«, den eigenen Tod herbeisehnt und klagt: »Ich will Stein werden, Stein.« Und dass all dies auch etwas mit dem Lesen zu tun hat, formuliert der »Zolde«, wenn es heißt: »Gelebt habe ich, jetzt ist das Lesen mein Leben.« Dass dieses Sich-Heraushalten aus dem Leben Vorbedingung für die Erkenntnis der eigenen Schuld ist, die umgekehrt aber gerade in jenem Sich-Heraushalten bestünde, wird in *Am Magnetberg* ausgeführt und damit ein Bild für jene paradoxe Situation geschaffen, in der sich die erkennenden Subjekte und insbesondere die Schriftsteller immer schon befinden.

Klaus Hoffers Schreiben ist von Anfang an hochgradig intertextuell. Ein bestimmtes Repertoire von immer wieder zitierten Sätzen anderer Künstler, die vom Autor bzw. von seinen Figuren interpretiert, weiterentwickelt und anverwandelt werden, bildet den Ausgangspunkt der eigenen Texte, die sich, indem in ihnen andere Texte gelesen werden, gleichzeitig selbst zu schreiben scheinen, sodass das Lesen und seine Transformation in Text eigentlich zum Hauptthema des Schreibens werden. Dies gilt insbesondere für das große, zweibändige Erzählprojekt *Bei den Bieresch* (*Halbwegs,* 1979; *Der große Potlatsch,* 1983), den Roman der Initiation eines Ich-Erzählers mit dem Allerweltsnamen Hans in die komplizierten, üppig wuchernden, widersprüchlichen und doch gleichzeitig immer irgendwie zutreffenden Mythen und Welterklärungssysteme der Bieresch, einen Text, in dem neben Kafka u.a. Joyce, Beckett, Borges, Wiener, Rühm, Flann O'Brien, Vonnegut und Blaise Cendrars zitiert werden. Der Text ist lesbar als ethnografische Schrift über die entschwundene Welt der pannonisch-kakanischen Meierhofleute (vgl. den Essayband *Pusztavolk,* 1991), als Reise in das eigene Unbewusste, als Entwicklungs- und Schlüsselroman, aber auch als autobiografischer Roman der künstlerischen Selbstwerdung, der – zumindest »halbwegs« gelingenden – Selbstfindung durch Initiation in die wilden Riten einer bohemienhaften intellektuellen Subkultur, wie sie sich in den Sechzigerjahren etwa im Grazer »forum stadtpark« zusammengefunden hat.

Der hochgradig intertextuelle Charakter, der einzelne Versatzstücke fremder Rede immer wieder aufnimmt und weiterdenkt, gilt aber auch für die neuesten Texte: *Im Interesse der Sache*, *Wir verhalten uns und haben es miteinander zu tun*, 2000, und *Der Niedergang einer Zunft*, 2001. Um Erkenntnis, Wahrnehmung, (Selbst-)Täuschung und Lüge, die Entzifferung und Entzifferbarkeit der Welt, um die Auseinandersetzung mit unterschiedlichsten Sinnsystemen, also auch um das Lesen und seine Auswirkungen auf das Leben und Schreiben, kreisen diese Texte. Doch während für *Am Magnetberg* ebenso wie für die beiden *Bieresch*-Bände zutreffend ist, was Urs Widmer in einem Nachwort schreibt: »Klaus Hoffer gehört zu jenen Autoren, die ihren Schmerz in Bilder verwandeln können, in so kraftvolle Visionen, dass das Leiden Landschaft wird, und bildhaftes Handeln in dieser Landschaft«, so sind die neuen Texte wesentlich lapidarer geworden. Wie Experimente zum Thema Erkenntnis, wie naturwissenschaftliche Versuchsanordnungen lesen sie sich.

Dass angesichts so ernster Themen bei gleichzeitiger Reduktion der fiktionalen Handlungselemente auf ein Minimum aus den Abgründen der Texte dann und wann ein höllisches Gelächter hervorzubrechen scheint, könnte eine Folge jener Arbeitsweise sein, in der scheinbar stabile Sinngefüge so lange dekonstruiert werden, bis sie paradox in ihr Gegenteil kippen, Außen und Innen, Subjekt und Objekt, Schuld und Sühne ineinander übergehen. Und auch jenes nihilistische Lachen, das man angesichts der offensichtlichen Absurdität zu hören glaubt, wäre selbst nichts anderes als die Kehrseite des unsäglichen Leids, das das Subjekt empfindet, wenn es sich sprachlos in einem Irrgarten aus Zeichen wiederfindet, die es nicht deuten kann, weil es erst schmerzvoll lernen muss, dass es selbst jenes verrätselte Bild von der Welt mitproduziert.

Daniela Bartens

Werke: *fürsorglich, vorzüglich*, Hsp., WDR 1969; *Das Bild des Kindes im Werk Franz Kafkas*, Diss., Graz 1970; *Halbwegs. Bei den Bieresch 1*, R., Ffm. 1979; *Kurt Vonnegut: Galgenvogel*, Übs., Mü. 1980; *Manuskripte für Alfred Kolleritsch 1981*, Hg., zus. m. Helmut Eisendle, Graz 1981; *Am Magnetberg*, E., Graz 1982, Hsp., SWF 1983, Theaterst., UA Graz 1990; *Der große Potlatsch. Bei den Bieresch 2*, R., Ffm. 1983; *Bei den Bieresch*, Gesamtausg., Ffm. 1983; *Jakov Lind: Reisen zu den Enu. Die Geschichte eines Schiffbruchs*, Mitübs., Wien 1983; *Raymond Carver: Kathedrale*, Übs., Mü. 1985; *Humpty Dumpty. Die 77 schönsten engl. Kinderreime, Nonsensverse und Rätselsprüche aus der Sammlung der Mother Goose*, Hg. u. Übs., Zür. 1985; *Methoden der Verwirrung. Betrachtungen zum Phantastischen bei Franz Kafka*, Poetik-Vorlesung, Graz, Wien 1986; *Nadine Gordimer: Der Ehrengast*, Übs., Ffm. 1986; *Kurt Vonnegut: Mutter Nacht*, Übs., Mü. 1988; *Raymond Carver: Wovon wir reden, wenn wir von Liebe reden*, Übs., Mü. 1989; *Pusztavolk*, Ess., Graz, Wien 1991; *Joseph Conrad: Almayers Luftschloß. Die Geschichte eines östlichen Stroms*, Übs., Zür. 1992; *Joseph Conrad: Lord Jim. Eine Geschichte*, Übs., Zür. 1998, *Graz von außen*, Hg., zus. m. Alfred Kolleritsch, Graz, Wien 2003.

Hofmann, Gert, wurde am 29. 1. 1932 in Limbach (Sachsen) geboren. Er war der Sohn eines sächsischen Vaters und einer Wiener Mutter. In Leipzig, Paris und Frankreich studierte er Germanistik, Soziologie und Philosophie. Nach der Promotion 1957 über Henry James war er Assistent an der Universität Freiburg. Von 1961 bis 1981 lehrte er als Gastdozent an mehreren ausländischen Universitäten (Toulouse, Bristol, Edinburgh, Yale, Berkeley, Ljubljana). Seit 1981 lebte Hofmann als freier Schriftsteller in Erding bei München, wo er am 1. 7. 1993 starb. 1965 erhielt er den Harkness Award, 1968 den Internationalen Hörspielpreis der Kritik Prag, 1973 den Internationalen Hörspielpreis Ohrig, 1979 den Ingeborg-Bachmann-Preis in Klagenfurt, 1980 den Hörspielpreis Prix Italia/Prix della RAI, 1982 den Alfred-Döblin-Preis und den

Preis der Förderaktion für zeitgenössische Autoren, 1983 den Hörspielpreis der Kriegsblinden, 1986 das »Rote Tuch« der SPD-Jugendorganisation und 1993 den Literaturpreis der Stadt München.

Mit den Hörspielen *Die beiden aus Verona* (1960) und *Der Eingriff* (1961) trat Hofmann erstmals an die Öffentlichkeit. Wie Kafka, sagte Hofmann, habe er eine »hektische Weltsicht«. Sein »experimentierendes Leben« sei geprägt von einem »Horror vor Verfestigungen«. Hofmanns Sprache hat einen suggestiven Duktus und psychologisches Raffinement. Als Autor begibt er sich in die Rolle des Berichterstatters, des Briefeschreibers, des Gesprächspartners. Wichtiges dramatisches Stilmittel ist die Grammatik. Direkte und indirekte Rede, Präsens und Imperfekt wechseln einander ab. Bevorzugt benutzt Hofmann die »ich«- und »er«-Form. Hinter seinen Novellen, Erzählungen, Romanen, hinter den Theater- und Fernsehtexten und den Hörspielen steht die Einsicht, dass das Fremde und Befremdliche aus dem Alltäglichen wächst, dass eine »Welt hinter der Welt« existiert.

Historische Vorlagen dienen ihm zu psychologischen Untersuchungen. So stehen Bakunin, Casanova, Lenz und Balzac als Mittelsmänner hinter den vier Novellen *Gespräch über Balzacs Pferd* (1981). Das Gemälde Pieter Bruegels »Gleichnis von den Blinden« war Ausgangspunkt für die Erzählung *Der Blindensturz* (1985). Sechs ausgemergelte, dumpfe, blinde Gestalten machen sich auf den Weg zu einem Maler, der sie malen möchte. Der »sehende« Maler interessiert sich nicht für das Leid der Blinden, ihn interessiert nur das Bild, sein Werk. Hofmanns Parabel analysiert das Missverhältnis von Kunst und Leben, von Leid und Mitleid. Man trifft hier auf das große Thema seiner schriftstellerischen Auseinandersetzung: die Uneinlösbarkeit von Hoffnungen und die Folge der Kriege, die Verdrängung von Schuld und Mitschuld. In der Novelle *Die Denunziation* (1979) versuchen die Protagonisten, die nationalsozialistische Vergangenheit Deutschlands zu rekonstruieren und zu erklären. Zwei verstörte Brüder kämpfen um die Erinnerung. Der beruflich erfolgreichere, ein in der Stadt L. verbliebener Rechtsanwalt, übt sich im Vergessen. Der andere Bruder lebt in New York und müht sich von dort aus, die Denunziation seiner Eltern zu klären und wird über die drängenden Fragen zu einem übernervösen und schlaflosen Menschen. Die Macht der Vergangenheit und das Vergessen sind in Hofmanns Werk ein ebenso prägendes Thema wie das Verstummen und Erblinden.

Der Roman *Die Fistelstimme* (1980) ist ein Katastrophenreport, geschrieben als monströs aufgeblasener Brief. Ein »deutscher« Lektor in Ljubljana versucht nicht, die Vergangenheit zu rekonstruieren, er kämpft gegen sie an. Er protokolliert das Herumirren in Ljubljana innerhalb von zwei Tagen und zwei Nächten und versucht durch seine »Niederschriften«, die er immer bei sich trägt, seine Existenz zu sichern. Der Roman *Auf dem Turm* (1982) beschreibt eine Fahrt nach Sizilien, »auf der wir einander wieder bis aufs Blut gepeinigt haben«. Die Urlaubsreise soll den Schlusspunkt unter eine Ehe setzen. Äußere unvorhergesehene Ereignisse verdrängen die inneren Konflikte. »Vielleicht sollten wir uns nicht immer so viel mit uns selber beschäftigen«, sagt der Ehemann, als er die Kamera in den Wagen legt. Hofmann spiegelt die verdorrte sizilianische Landschaft mit dem verdorrten Seelenleben des Ich-Erzählers. Er findet, dass »jeder Baum, auch Busch, auch Brunnenrest, eine Skulptur, nämlich künstlich, kulissenhaft« ist. Der Sizilienurlauber begibt sich, wie viele Protagonisten in Hofmanns Werk, auf Wahrheitssuche. Im Roman *Unsere Eroberung* (1984) tritt ein kollektiver Erzähler auf, der in der ersten Person Plural spricht: »Übrigens ist der Tag, an dem unser armer Edgar mit uns – aber wer sind wir? – durch die Stadt und Wälder zieht, der 8. Mai 1945.« Hofmann schildert die Rettungs- und Vertuschungsversuche der Bürger einer Kleinstadt, beobachtet die politischen Täuschungsmanöver mit den Augen der Kinder, die im Dritten Reich aufgewachsen sind und aus Elternhäusern stammen, die indirekt als regimetreu dargestellt werden. »Unser Edgar« ist ein Kind aus armen Verhältnissen. Er wird von den Industriellenkindern gequält und gedemütigt, weil die Kinder die Rede- und Denkweisen der Erwachsenen übernommen haben. Das Zusammentreffen mit einem Provinzschauspieler verwandelt die kleine Welt ins große Welttheater. Hofmann zeigt den Zusammenhang zwischen Sprachkritik und politischem Engagement. In der Erzählung *Veilchenfeld* (1986) wird aus der Sicht von zwei Erstklässlern das Schikksal des jüdischen Philosophen Veilchenfeld beschrieben, der in der Stadt Limbach zurückgezogen lebt. »Ich bin etwas nervös«, sagt Herr Veilchenfeld, »sonst fehlt mir aber nichts.« Limbachs Bürger verspotten ihn, Jugendliche rasieren ihm eine Glatze, die Behörden schikanieren ihn. Weshalb? Hofmann lässt die Mutter sagen: »wegen seiner fremden Denkungsart«. Eindringlich und rücksichtslos untersucht Hofmann die Mechanismen der Stigmatisierung, der Opferung des einen für die anderen.

Unsere Vergesslichkeit (1987) ist ein Meta-Roman über den Literaturbetrieb. Ein Masseur zeigt einem ehemaligen Schulfreund, Lektor bei einem berühmten Verlag in F., sein erstes Roman-Manuskript. Darin wird die Lebensgeschichte Fuhlrotts erzählt, der von der Angst, Dinge – und damit sein ganzes Leben – zu vergessen, beherrscht wird und seinerseits versucht, sich durch das Schreiben seiner eigenen Existenz zu vergewissern. In *Vor der Regenzeit* (1988) reist der deutsche Ölkaufmann Franz zum Besuch eines Onkels, der sich nach dem Krieg aus Deutschland nach Südamerika abgesetzt hat. Der Onkel monologisiert über seine kaum eingestandene Schuld an einem Massaker in russischen Dörfern, unterbrochen von Vermutungen des Ich-Erzählers über die Untreue seiner Frau. Die Beziehungskrise des Ehepaares verbindet sich mit den Leiden der vom rassistischen Onkel auf unbarmherzige Weise ausgebeuteten Indios. Auch hier beherrscht wieder die Verknüpfung historisch-politischer und familiärer Schuld die Handlung.

Im Roman *Der Kinoerzähler* (1990) bekennt sich Hofmann zum ersten Mal zu seiner eigenen Biografie und berichtet die Geschichte seines Großvaters Karl Hofmann, der allabendlich die Stummfilme im Apollo-Kino in Limbach/Sachsen kommentierte. Der Text setzt sich aus Zitaten des Großvaters, der Großmutter und eigener Kindheitsaussprüche zusammen. Das Politische tritt in der Figur des jüdischen Kinobesitzers auf, der den Tonfilm in die Stadt bringt. Der Großvater wendet sich den Nazis zu, hofft, dass sie die »wahre Kunst«, den Stummfilm, wieder einführen werden, und bewundert ihre Ästhetisierung des Politischen. Karl Hofmann stirbt im Bombenhagel des »untergegangenen« Kinos. Dieses Buch weist wieder den Weg zu Hofmanns obsessiv verfolgtem schriftstellerischen Lebensthema. In *Tolstois Kopf* (1991) versammelt Hofmann zehn der bereits in den Achtzigerjahren erschienenen Erzählungen. *Das Glück* (1992) ist der zweite autobiografische Roman. Erzählt wird die Geschichte einer durch Kommunikationslosigkeit scheiternden Ehe, betrachtet aus der Perspektive der Kinder. Es ist, sagte Hofmann in einem Interview, »die Geschichte meiner Eltern«. Hofmanns posthum erschienener Roman *Die kleine Stechardin* (1994) handelt von der Liebe eines Blumenmädchens, der »Stechardin«, zum schnell alternden Wissenschaftler Lichtenberg. Zitate aus Lichtenbergs »Sudelbüchern« sind teils dokumentarisch, teils fingiert in den Band eingeflossen. Der postfreudianische Lichtenberg merkt, dass sich die Kraft seines Aufklärertums mit der Kraft seiner sexuellen Wünsche nicht messen kann. Im Epilog erklärt Hofmann, vieles sei »erstunken und erlogen«. Die großen Themen in Hofmanns Œuvre, Schuld und Verdrängung durch Erinnerungslosigkeit, verdorbene Kinder der Nazizeit, kommunikationslose Erwachsene, finden in der kleinen »Stechardin« einen fast versöhnlichen Ausgang.

Verena Auffermann

Werke: *Die beiden aus Verona,* Hsp., BR 1960; *Der Eingriff,* Hsp., NDR 1961; *Leute in Violett,* Hsp., 1961; *Advocat Patelin,* Theaterst., UA Freiburg/Br. 1961; *Der Stein,* Hsp., BR/DRS 1962; *Bartleby,* Hsp., 1963; *Der Bürgermeister,* Theaterst., Ffm. 1963, UA Düsseld. 1963, Hsp., ORF 1964; *Der Sohn. Stück in 2 Akten,* Ffm. 1964, UA Mü. 1965, Hsp., 1965; *Unser Mann in Madras,* Hsp., SWF 1967; *Hochzeitsnacht,* Fssp., 1967; *Bericht über die Pest in London, erstattet von Bürgern der Stadt, die im Jahre 1665, zwischen Mai und November, daran zugrundegingen,* Hsp., NDR 1968; *Ferien in Florida,* Hsp., DRS 1968; *Tod in Miami,* Hsp., NDR/BR/SWF 1968; *Die Brautnacht,* Hsp., 1969; *Kündigungen. Zwei Einakter.* Enthält: *Unser Mann in Madras; Tod in Miami* 1969; *Orfila,* Hsp., WDR/RIAS 1970; *Kleine Satzzeichenlehre,* Hsp., DRS 1972; *Kinderreime,* Hsp., 1970; Verluste, Hsp., WDR 1972; *Vorschläge zur Selbsterhaltung,* Hsp., WDR 1972; *John Jakob Asters letzte Fahrt,* Hsp., RIAS/SDR 1972; *Der Mann in den gelben Galoschen,* Hsp., DRS 1976; *Einladung zum Besuch unseres Münsters,* Hsp., 1974; *Wie Kaiser Wilhelm mit Kara ben Nemsi auszog, das Fürchten zu lernen,* Hsp., WDR 1974; *Das Mangobaumwunder,* Hsp., 1974; *Der Fall des fehlenden Billetts,* Hsp., 1977; *Richthofen,* Hsp., HR 1979; *Balzacs Pferd,* Hsp., BR/NDR/SDR 1978; *Die Rückkehr des verlorenen Jakob Michael Reinhold Lenz nach Riga,* Hsp., WDR/HR/BR 1978; *Die Denunziation,* N., Salzb., Wien 1979; *Selbstgespräch eines alternden Partisanen vor der Geschichte,* Hsp., 1979; *Die Fistelstimme,* R., Salzb., Wien 1980; *Bakunins Liebe,* Theaterst., UA Graz 1980; *Die Überflutung. 4 Hörspiele,* Ffm. 1981 (enth. *Autorengespräch,* 1970; *Schmährede des alten B. auf seinen Sohn,* 1978; *Der Lange Marsch,* 1974; *Die Überflutung),* Hsp., ORF 1979; *Gespräch über Balzacs Pferd,* Nn., Salzb., Wien 1981; *Casanova und die Figurantin,* Hsp., HR 1981, N., gedr. Düsseld. 1987; *Der Austritt des Dichters Robert Walser aus dem Literarischen Verein,* Hsp., HR/RB/SDR 1980, Theaterst., UA Düsseld. 1983; *Fuhlrotts Vergesslichkeit,* En., Graz 1981; *Auf dem Turm,* R., Darmst., Neuwied 1982, Hsp., RIAS 1983; *Die Brautschau des Dichters Robert Walser im Hof der Altstadtwäscherei von Bellelay, Kanton Bern,* Hsp., NDR/ORF 1982; *Zwiegespräch zum Opernolymp empor,* Hsp., SFB 1983; *Peter und Edgar und der Wolf,* Hsp., WDR 1984; *Unser Schlachthof,* Hsp., NDR/RIAS 1984; *Unsere Eroberung,* R., Mü. 1984; *Der Blindensturz,* E., Darmst., Neuwied, 1985, Hsp., BR/HR 1985; *Veilchenfeld,* R., Darmst., Neuwied 1986; *Die Weltmaschine,* E., Düsseld. 1987; *Der Dichter am Fenster,* Hsp., WDR 1987; *Unsere Vergesslichkeit,* R., Darmst., Neuwied 1987; *Tolstois Kopf,* Hsp., SDR 1987; *Der Blindensturz und andere Erzählungen,* Bln., Weimar 1987; *Vor der Regenzeit,* R., Mü. 1988; *Jean Paul Marat,* Hsp., 1989; *Der Kinoerzähler,* R., Mü. 1990; *Das allmähliche Verstummen des Kinoerzählers in der Tonfilmzeit,* Hsp., SDR 1990; *Der große Stunk,* Hsp., WDR 1990; *Tolstois Kopf,* En., Mü. 1991; *Letzte Liebe,* Hsp., NDR 1991; *Das Glück,* R., Mü. 1992; *Oberlehrer Förster,* Hsp., HR/SDR 1992; *Empfindungen auf dem Lande,* Hsp., SDR 1992; *Die kleine Stechardin,* R., Mü. 1994.

Hohl, Ludwig, wurde am 9. 4. 1904 in Netstal im Schweizer Kanton Glarus geboren. Seine Schulausbildung brach er vorzeitig ab. Nach mehrjährigen Auslandsaufenthalten, vor allem in Holland und Frankreich, ließ er sich 1937 in Genf nieder, wo er am 3. 11. 1980 starb. Er erhielt den Robert-Walser-Centenarpreis der Carl-Seelig-Stiftung Zürich 1978 und den Petrarca-Preis 1980.

Hohl schrieb 50 Jahre lang über die Beziehung zwischen dem Wirklichen und dem Realen; dieses stellte für ihn das »Gesehene« dar, also ein unaustauschbares Wahrnehmungsbild. Das Wirkliche hingegen entspricht dem »Geschehenen«: Es hat sich dem Zugriff des Individuums bereits entzogen, ist Geschichte geworden. Hohls literarisches Werk setzt sich zusammen aus umfangreichen Notizbüchern und wenigen Erzählungen – aus Texten, die sich gegenseitig bedingen wie Skizze und Ausführung. Der Entwurf und das Fragment bedeuteten Hohl mehr als das Sprachkunstwerk ohne Fehl und Tadel. Großräumigen Konzeptionen, seien sie literarischer oder auch philosophischer Natur, misstraute der Autor; die Teile sind wichtiger als das Ganze. Hohl war am Arbeitsprozess interessiert, nicht an den Resultaten; der »Weg« und die »Wanderung« bilden die Metaphern, die am ehesten eine Erschließung seines Werks ermöglichen. Das gilt auch für die *Bergfahrt* (1975), die Hohl 1926 begonnen, bis 1940 sechsmal neu gefasst und erst 1973 umgeschrieben hatte; noch die Endform dieser an den späten Adalbert Stifter der *Mappe* erinnernden Erzählung lässt diverse Lesarten zu. Einmal ist dieses Prosastück das Gleichnis einer Flucht: Der Mensch bricht aus dem Gefängnis der Welt aus, um seine Freiheit in der leblosen Natur zu suchen, findet sie aber auch dort nicht. Letzten Endes lässt sich diese Geschichte von Ull und Johann als eine Parabel der menschlichen Unzulänglichkeit und der versäumten Gelegenheiten betrachten. Wenn Hohl geistige Gegenpositionen sichtbar machen will, beschränkt er sich auf die Beschreibung archetypischer Landschaften. Das Bild der »trüben, feucht-dunklen Welt« der Ebenen wird immer wieder abgelöst von einer Gebirgsvision, die allerdings nicht mit Hohls Schweizer Identität in Zusammenhang gebracht werden darf; der Autor lehnte jeglichen Regionalismus ab. »Es gibt immer ein Höheroben.« Sich diesem zu nähern, erachtete Hohl als seine Lebensaufgabe; Erkenntnisdrang und Arbeit bedeuteten ihm ein und dasselbe. Schon in den Dreißigerjahren – einer besonders kreativen Phase in der literarischen Entwicklung dieses Einzelgängers – fordert Hohl, dass man das gewöhnliche Leben »auf die Höhe des Reisedaseins« bringen müsse. An der Peripherie – zwischen den Baracken und Hinterhöfen einer holländischen Stadt oder in einem unzugänglichen Bergdorf – entdeckt er das Neue, das für ihn ja auch das Reale ist.

Aus Hohls Weltbild ergeben sich inhaltliche und formale Konsequenzen. So lässt sich der Titel *Varia* für den 1977 selbstständig erschienenen Teil VII des Werks *Die Notizen oder Von der unvoreiligen Versöhnung* (*I–VI*, 1944; *VII–XII*, 1954; *I–XII*, 1981) programmatisch verstehen: er verweist auf die unplanmäßig und ohne System zusammengetragene Prosa eines Mannes, der jenseits der Schulen und Bekenntnisse steht. Hohl versteht sich zwar als ein Andersdenkender; er verzichtet auf »Welt, Gesellschaft, Gespräch, Erfolg, Wirkung, ›Erholung‹« ebenso wie auf die »konsekrierten Formen« der Literatur; trotzdem warnt er vor den Extremen. Weder mit Umstürzlern noch mit Konservativen will Hohl gemeinsame Sache machen, doch bleibt er von der Notwendigkeit einer dritten Kraft überzeugt. Indem er kompromisslos schreibt, verhält er sich auch politisch, obwohl er nachdrücklich betont, dass er sein Leben lang »nie werde politisch sein können ...«. In den *Notizen* unterzieht er 1954 die Zustände des »literarischen Lebens (oder Todes)« der Schweiz einer harten Kritik; die helvetische Gesellschaft hat ihm wenig zu sagen. Schon im *Jugendtagebuch* – 1998 aus dem Nachlass veröffentlicht – grenzt sich Hohl von einer Sozietät ab, die seine Ideale nicht teilen und die seinem geistigen Anspruch nicht standhalten kann. Früh ist er sich bewusst, einer Elite anzugehören, für die der Stoff eine »quantité négligeable«, aber auch das Portal darstellt, das den Zugang ins »Innere« ermöglicht. Im Rahmen seiner alpinistischen Extremtouren und im Dialog mit Dichtung und Philosophie will der 17-Jährige etwas leisten, »das mehr ist als etwas

Alltägliches«. Träumt er davon, »einen Turm in die Luft zu bauen«?

Hohl ist ein literarischer Außenseiter geblieben. Die Absage an das Experiment – seine Hausgötter heißen Spinoza, Goethe und Hölderlin – ist ebenso deutlich wie seine Intention, Kompliziertes auf den einfachsten Nenner zu bringen. Brillanz und Farbe fehlen in dieser Prosa, die sich als eine Literatur der kurzen Sätze präsentiert. War Hohl ein »Montaigne unserer Zeit«, wie es in einer euphorischen Kritik heißt? Die Verehrung eines Schülers für den Meister darf nicht die Hierarchie der Werte zerstören. Hohls *Nachnotizen* – 1986 unter dem Titel *Von den hereinbrechenden Rändern* aus dem Nachlass veröffentlicht – bestätigen das »Unzeitgemäße« eines Autors, der den Geist gegen das Leben ausspielt. Was Hohl selbst als sein »zweites Hauptwerk« eingeschätzt hat, erweist sich als ein Logbuch der inneren Vorgänge. Auf den Spuren von Valéry und Proust entwickelt er Grundzüge einer Poetik; in diesen Materialien triumphiert der Formgedanke über die Anschauung. Die »Nachnotizen« vermitteln Maßstäbe, die nicht zuletzt der Nachprüfung eines literarischen Werkes dienen, das vom Gipfelglück der Einsamen zehrt. In einer späten Äußerung aus dem Jahr 1972 zieht Hohl das Resümee, dass »alle Werke, möge es sich um Drama oder Epik, um Gedichte oder Philosophie (etc.) handeln, nichts als ›Briefe an einen Freund‹« sind. Hohl – Nomade, Exilant und Troglodyt in einer Person – führt damit das »Gerede vom Elfenbeinturm« ad absurdum. Er weiß, dass Sprache verbindet; wer sich ihrer bedient, sucht Verständigung auch jenseits politischer Positionen. Er bleibt nach allen Seiten hin offen, er macht sich publik, ohne dem Selbstgespräch zu entsagen.

Hansjörg Graf

Werke: *Gedichte*, Konstanz 1925; *Nuancen und Details*, Zür. 1939, Neuaufl. Ffm. 1975; *Die Notizen oder Von der unvoreiligen Versöhnung*, I. Bd., Genf 1943, Neuaufl. Ffm. 1978, Teil I u. XII auch Ffm. 1981; *Nächtlicher Weg*, En., Zür. 1943, Neuaufl. Ffm. 1971; *Die Notizen ...*, I. Bd., Teil I–VI, Zür. 1944, Neuaufl. Ffm. 1972; *Von den hereinbrechenden Rändern*, Zür. 1952; *Die Notizen ...*, II. Bd., Teil VII–XII, Zür. 1954, Neuaufl. Ffm. 1977; *Vernunft und Güte*, E., St. Gallen 1956; *Wirklichkeiten*, Pr., St. Gallen 1963; *Nuancen und Details*, Olten, Freib./Br. 1964; *Daß fast alles anders ist*, Olten, Freib./Br. 1967; *Drei alte Weiber in einem Bergdorf*, E., Bern 1970; *Bergfahrt*, Ffm., Zür. 1975; *Varia*, Ffm. 1977; *Vom Arbeiten – Bild*, Ffm. 1978; *Das Wort faßt nicht jeden. Über Literatur*, Ffm. 1980; *Die Notizen ...*, Ffm. 1984; *Von den hereinbrechenden Rändern. Nachnotizen*, 2 Bde., hg. v. Johannes Beringer u. Hugo Sarbach, Ffm. 1986; *Und eine neue Erde*, hg.v. Johannes Beringer, Ffm. 1990; *Mut und Wahl. Aufsätze zur Literatur*, hg. v. Johannes Beringer, Ffm. 1992; *Jugendtagebuch*, hg. v. Hugo Sarbach, Ffm. 1998; *Die verläßlichste meiner Freuden. Hanny Fries und Ludwig Hohl: Gespräche, Briefe, Zeichnungen, Dokumente*, hg. v. Werner Morlang, Zür. 2003 (Gesamtbibl. in: *Sabine Haupt: Schwer wie ein weißer Stein, Ludwig Hohls ambivalente Bewältigung der Melancholie*, Bern 1997).

Hohler, Franz, wurde am 1. 3. 1943 in Biel in der Schweiz geboren. Er besuchte die Schule in Olten, wo ihn der Lehrer lobte, der auch schon Peter Bichsels Aufsätze gelobt hatte. In der Kantonsschule Aarau (1960–1963) arbeitete Hohler beim Schultheater mit und gründete 1963 ein eigenes »cabaret trotzdem«, für das er die meisten Texte schrieb. Sein Philologie-Studium brach er nach fünf Semestern ab, als sein erstes Soloprogramm im Keller der Zürcher Universität Premiere hatte. Er lebt heute in Zürich. Franz Hohler erhielt u.a. 1968 den Förderungspreis des Kantons Solothurn und den Preis der Conrad-Ferdinand-Meyer-Stiftung, 1972 den Georg-Mackensen-Literaturpreis, 1973 den Deutschen Kleinkunstpreis, 1976 den Hans-Sachs-Preis für kurze Theaterstücke, 1978 den Oldenburger Kinderbuchpreis, 1983 den Kunstpreis des Kantons Solothurn, 1987 den Alemannischen Literaturpreis, 1988 das Hans-Christian-Andersen-Diplom, 1991 den Preis der Schweizerischen Schillerstiftung, 1995 den Premio mundial »José Marti« de literatura infantil, Costa Rica, 1997 den Liederpreis des Südwestfunks, 1998 die Ehrengabe der Stadt Zürich, 2002 den Aargauer Kulturpreis und den Kasseler Literaturpreis für grotesken Humor.

Für seine ersten Bücher konnte schon mit dem Hinweis auf die Kabarettprogramme geworben werden. Seine »Nummern« hatten ihn als »Dichter« bekannt gemacht – poetische Programme mit selbst gebautem Cello, mit Blas-, Schlag- und Streichinstrumenten auf höchstem Sprachniveau verschafften ihm eine unbestrittene Sonderrolle unter den zeitgenössischen Kabarettisten. Ein ausgeprägter Publikumsbezug bestimmt auch seine Kurzprosa in *Idyllen* (1970) und *Wo?* (1975) und markiert die Distanz zur Prosa Robert Walsers, einer oft zitierten, wenn auch zu esoterischen Tradition für Hohler, der Alfred Polgar näher steht. In den »nutzlosen Geschichten« aus dem ersten Band (*Das verlorene Gähnen*, 1967) und stärker in *Der Rand von Ostermundingen* (1973) entwickelt eine kafkaesk das Absurde streifende Fantasie aus beiläufigen Anlässen groteske Steigerungen: Es sind

»beunruhigende Lachgeschichten« (Werner Weber). Die deutschsprachige Kurzgeschichte erfährt durch Hohler – noch eher als durch Peter Bichsel – eine regelrechte, in dieser Qualität begrenzte Renaissance. Seinen Überblick über das Genre bewies 1981 die nach einem Jahr schon in dritter Auflage vorliegende Sammlung *111 einseitige Geschichten* – ein Höhepunkt unter den Prosa-Anthologien. Neben den Büchern und Programmen für Erwachsene umfasst Hohlers Werk viel gelesene, bei den *Tschipo*-Büchern bis zur vierten Folge gediehene Kinderbücher, die wie in *Der Riese und die Erdbeerkonfitüre* (1993) zunehmend das Vertrauen in die Erwachsenengeneration infrage stellen. Außerdem überträgt er erfolgreiche Kinderbücher ins Schweizerdeutsch.

Die 1982 vorgelegten umfangreicheren Erzählungen in *Die Rückeroberung* steigern die Verbindung von surrealen Elementen mit zeitkritischen Impulsen – es geht um ökologische Themen, Kernenergie und die so genannten Gastarbeiter, die in einer jüngeren Sammlung »die Ureinwohner unseres Bahnhofs« heißen *(Zur Mündung. 37 Geschichten von Leben und Tod*, 2000). Appelle an die Sensibilität der Leser verbinden sich mit ganz individuell pointierter Abwehr des eigenen Dilemmas angesichts nicht nur der Schweizer Verhältnisse: »Es gibt nichts, was ich so sehr ablehne wie den Terrorismus, und nichts, was ich so sehr verstehe.« Trotz derart eingestandener Spannung verschaffte ihm das Buch eine erhebliche literarische und moralische Bestätigung. »Wegen seiner öffentlichen Äußerungen zur Frage der Kernenergie« erkannte die Züricher Kantonsregierung ihm den von der zuständigen Jury zugesprochenen Literaturpreis wieder ab. Auch Hohlers DDR-Reisen wurden sorgfältig von der Staatspolizei registriert. Die Schärfe seiner Kritik in aktuellen Glossen führte zur Streichung einer TV-Sendereihe; daraufhin ließ er seine satirischen »Denkpausen« zum Jahresende 1983 auslaufen.

Ende der Achtzigerjahre weitete sich der Spagat zwischen den Kabarett-Soloprogrammen und seiner Schriftstellerei. In den Ersteren bezog er das Publikum immer stärker mit ein, sie wurden zum Improvisationstheater; als Schriftsteller schuf er dagegen zunehmend umfangreichere Texte mit gesteigerter apokalyptischer Kraft. Dabei riskierte der Meister der Kurzprosa mit dem Roman *Der neue Berg* (1989) kritische Vergleiche. Sein umfangreichstes, nach Tschernobyl besonders aktuelles Buch verbindet auf weit über 400 Seiten Innenweltverstörungen mit fiktiver Umweltzerstörung. Um einen Fernsehtechniker mit gehöriger Distanz zum Beruf gruppiert der Erzähler Figuren, die gegensätzlich auf die Grundfrage des Buches reagieren: Wie ernst nehmen wir zwischenmenschliche Störungen oder korrespondierende Signale der mit uns unzufriedenen »alten Erde«? Wie reagiert jemand, der primär an seinem Beruf leidet, auf chronischen Schluckauf? Wie gehen die Verantwortungsträger mit dem aus Erdspalten aufsteigenden Rauch um? Warum versanden diese Menetekel im »üblichen Tagesgemisch aus Milchpreis und Palästina«? Unter der schematisch erscheinenden Handlungskonstruktion und dinggenauen Schilderungen vibrieren als spannungssteigernde Gegengewichte Sorge und Zorn des Erzählers: Die von den Vertretern der bürokratischen Macht routiniert hingenommene Ohnmacht mündet konsequent in eine Katastrophe mit 20 000 bis 30 000 Toten beim Vulkanausbruch in der Umgebung von Zürich.

Individualisiert und weit weniger konstruiert erzählt Hohler in *Steinflut* (1998) vom authentischen Schicksal einer Dörflerin, die im Kindesalter dank mitmenschlicher Geduld und ihrer Sensibilität für die Natur als einziges Familienmitglied einem tödlichen Bergrutsch entgeht – fast eine Legende der Naturverbundenheit, wenn auch ohne metaphysischen Rahmen.

Gegenwärtiger Fun-Kultur und Spaß-Generation bleibt das intellektuelle Vergnügen an den absurden bis grimmigen Hohler-Texten verschlossen – für sie ist er »der APO-Opa aus der Öko-WG« (R. R. Seipel). Dem »apokalyptischen Grübler« (Michael Bauer) und seiner ganz großen »Kleinkunst« scheint die breite Basis entzogen, womit sich die Zeit selbst das schlechteste Zeugnis ausstellt.

Ulrich Dittmann

Werke: *Das verlorene Gähnen und andere nutzlose Geschichten*, Bern 1967; *pizzicato*, LP, 1967; *Es bärndütsches Gschichtli*, LP, 1968; *Bosco schweigt. Groteske*, UA Zür. 1968; *Grüß Gott, Herr Meier! Einakter*, UA Baden 1968; *Molière: Liebeskummer*, Übs. v. H., UA Zür. 1969; *Idyllen*, En., Ffm. 1970; *Celloballaden*, LP, 1970; *Traraa!* LP, 1971; *Das Besondere am Mai*, Hsp., DRS 1972; *Fragen an andere. Wolf Biermann, P. Handke, Ernst Jandl, Mani Matter, Hannes Wader*, Bern 1973; *Der Rand von Ostermundingen*, En., Darmst. 1973; *I glaub jetz hock i ab*, LP, 1973; *Das Parkverbot*, Fsp., 1973; *Franz und René*, 47 Fssl., zus. mit R. Quellet, Kindersendungen, 1973 ff.; *Vom Angsthaben, Streiten und Essen*, Fssp., zus. m. R. Quellet, 1974; *Ungemütlicher 2. Teil*, LP, 1974; *Lassen Sie meine Wörter in Ruhe*, Stück, UA Bern 1974, Hsp., NDR/SDR 1979; *Wegwerfgeschichten*, En., Gümlingen 1974; *Wo?*

En., Damst. 1975; *Emil auf der Post,* Mitverf. H. Fssp., ARD 1975; *60 Jahre Cabaret in der Schweiz,* Mitverf., Bern 1976; *Der Riese,* Einakter, in: *Fortschreiben,* hg. v. D. Bachmann, Zür., Mü. 1977, UA Nürnberg 1976; *David und Goliath,* Stück für Kinder, UA Basel 1977; *Drei Reisen,* En., Illustr. v. H. Treiber, Pfaffenweiler 1977; *Mani Matter. Ein Porträtband,* Zür., Köln 1977; *Der Wunsch, in einem Hühnerhof zu leben,* En., Zür., Feldmeilen 1977; *Darf ich Ihnen etwas vorlesen?,* Dialoge, Pfaffenweiler 1978; *Zoologische Findlinge. Ein Tierbuch,* zus. m. A. Loosli, Bern 1978; *Tschipo,* Kinderroman, Darmst. 1978; *Franz und René auf dem Ausflug. Fotogeschichte 1; Franz und René als Spediteure. Fotogeschichte 2,* beide Bern 1978; *Iss Dys Gmües,* LP, 1978; *Bsüech,* Hsp., DRS 1978; *Lassen Sie meine Wörter in Ruhe,* Hsp., NDR/SDR; *Vom Mann, der durch die Wüste ging,* LP, 1979; *Es si alli so nätt/ Chlagelied für d. Oelgigante,* LP, 1979; *Die dritte Kolonne. Stück für zwei Frauen und eine Gegensprechanlage,* UA Baden 1979, Weinfelden 1984; *Sprachspiele,* Illustr. U. Bär Zür. 1979; *Ein eigenartiger Tag. Lesebuch,* Darmst. 1979; *In einem Schloß in Schottland lebte einmal ein junges Gespenst,* Kinderbuch, Aarau, Ffm., Salzb. 1979; *Dr. Parkplatz. Eine Gesch. f. Kinder,* Illustr. W. Maurer, Olten, Freiburg 1980; *Die dritte Kolonne,* Hsp., 1980; *Denkpause,* 40 satirische Fs.-Sendungen, DRS 1980–1983; *Der türkische Traum,* Illustr. W. Jörg u. E. Schönig, Bln. 1981; *Der Granitblock im Kino. Kindergeschichten,* Illustr. A. Loosli, Darmst. 1981; *Einmaliges von Franz Hohler,* LP, 1981; *Das Projekt Eden,* LP, 1981; *Die Lasterhaften,* Dr., UA Zürich 1981; *111 einseitige Geschichten,* Hg., Darmst. 1981; *Der türkische Traum,* En., Illustr. W. Jörg u. E. Schönig, Bln. 1981; *Die Rückeroberung,* En., Darmst. 1982; *Der Nachthafen,* Kinderbuch, Illustr. W. Maurer, Zür., Köln 1884; *Tschipo und die Pinguine. Kinderroman,* Darmst. 1985; *Der letzte Mohikaner,* Hsp., 1985; *Hin- und Hergeschichten,* zus. mit J. Schubiger, Ffm. 1986; *Dünki-Schott,* Drehbuch und Hauptrolle F. H., 1986; *S isch nüt passiert,* LP, 1987; *Das Kabarettbuch,* Darmst. 1987; *Der Räuber Bum,* Kinderbuch, Illustr. W. Maurer, Aarau 1987; *Der Verkäufer und der Elch. Geschichten, Lieder, Szenen,* hg. v. A, Wegener, Ost-Bln. 1987; *viewpoint,* zus. mit Edy Brunner, Zür. 1987; *Vierzig vorbei,* G., Darmst. 1988; *Der neue Berg,* R., Ffm. 1989; *Der Mann auf der Insel. Ein Lesebuch,* Ffm. 1991; *Sieben Schöpfungsgeschichten,* Illustr. W. u. I. Jörg u. K. Ensikat, Bln. 1992; *Da wo ich wohne,* En., Neuwied 1993; *Der Riese und die Erdbeerkonfitüre,* Kinderbuch, Ravensburg 1993; *Der Urwaldschreibtisch,* Kinderbuch, Ffm., Salzb. 1994; *Die blaue Amsel,* En., Neuwied 1995; *Drachenjagen. Das neue Kabarettbuch,* mit »disko-video-bibliographischer« Information des Autors im Anhang, Mü. 1996; *Das verspeiste Buch. Eine Fortsetzungsgeschichte,* Mü. 1998; *Zur Mündung. 37 Geschichten von Leben und Tod,* Mü. 2000; *Wenn ich mir etwas wünschen könnte,* Kinderbuch, Mü. 2000.

Holbein, Ulrich, wurde am 24. 1. 1953 in Erfurt als Sohn eines Ingenieurs und einer Säuglingsschwester geboren. Als er vier Jahre alt war, zogen die Eltern in den Westen, zunächst nach Niederkirchen bei Kaiserslautern, kurz darauf nach Kassel. Dort ging Holbein auf ein Wirtschaftsgymnasium und wechselte 1972 zur Fachhochschule für Sozialpädagogik in Darmstadt. 1974/75 verbrachte er ein Anerkennungspraktikum im Jugendheim Bad Hersfeld. Danach hielt er sich längere Zeit in Tübingen auf und absolvierte ein Studium der Malerei an der Hochschule für Bildende Kunst in Kassel. Nach Gelegenheitsarbeiten als Hilfspfleger und Landschaftsmaler und ersten schriftstellerischen Versuchen für Zeitungen und Zeitschriften zog er 1977 als freier Autor auf einen Bauernhof im nordhessischen Bergland, wo er seither in Allmuthshausen lebt. Er wurde vielfach ausgezeichnet, u.a. 1986 mit dem Ernst-Robert-Curtius-Förderpreis für Essayistik, 1987 mit dem Preis der deutschen Tonbandfreunde, 1992 mit dem Arno-Schmidt-Stipendium und 1993 mit dem Hugo-Ball-Preis.

Was macht ein Mann, der vielerlei Begabungen in sich spürt? Erzählen will er. Schreiben kann er. Er studierte Malerei und illustrierte viele seiner Bücher selbst. Klug kann er über Musik sprechen – und beklagt doch in einem seiner scheinbar witzigen, dabei hintersinnigen Hörspiele (SFB 1994) den »gescheiterten Versuch, Komponist zu werden«. In einem anderen seiner Wort und Ton mischenden Features für den Hörfunk errichtet er einen *Tränenpalast in a-moll* (2001). So viel ist klar: Der Kunst- und Musik-Gelehrte, Zeichner, Maler, Töne-Meister, Schriftsteller ist in keine der üblichen Schubladen zu zwängen. Er erfrischt seine Leser mit Abschweifungen in Wissensgebiete aller Welten, aller Zeiten, und sprengt lustvoll jedes Koordinatensystem wissenschaftlicher Bestimmungs- oder auch nur traditioneller Erzähl-Gesetze. Fußnoten-Akrobat aus dem Geist des Zickzack-Zauberkünstlers und Umwege-Weltmeisters Jean Paul aus der Rollwenzelei, der allgewaltig über die Armee seiner Zitaten-Zettelkästen herrschte, gebietet Holbein über ein schon fast erschreckendes Arsenal von allezeit taufrischen Lesefrüchten zwischen altpersischen Poeten, biblischen Propheten, antiken Denkern, mittelalterlichen Mystikern, den Klassikern europäischer Literatur und Musik sowieso bis hin zu den Zeitgeist-Autoren unserer Tage.

Surft Holbein Tag und Nacht im Internet? Wie hätte er es dann geschafft, in wenigen Jahren schon 20 Bücher geschrieben zu haben, von den Artikeln, Kolumnen, Hörspielen ganz zu schweigen? Wie kommt einer, der bekennt, seine Bücher, von denen er so viel hortet wie eine Universitätsbibliothek, nach Farben zu sortieren, noch dazu, in seiner

Spektral-Schatzkammer auch zu lesen, stets bis zur letzten Anmerkung? Wer fernab hinter der »Mühlenhecke« (so die Hausadresse) liest und denkt und schreibt, gar nicht weltfremd abgeschieden, sondern bis ins modische Vokabular allem Neuen aufgeschlossen, ist – und will sein – Außenseiter, doch mittendrin, Zaunkönig, aber im Brennpunkt.

Das erste wahrnehmbare Werk des Vielfaltspinsels, der sich damit aus dem Zeichensaal in die Literatur(-geschichte) schreibt, *Der illustrierte Homunculus* (1989), ist eine kritische Bestandsaufnahme von Goethes *Faust II* und eine Ohrfeige für Literatur- und Kunstwissenschaft. Was beamtete Gelehrte seit 150 Jahren versäumt haben, muss ihnen ein mittelloser Student nachliefern. In *Samthase und Odradek* (1990) begegnen wir der typischen Mischung vieler Bücher Holbeins aus Alltag und wissenschaftlicher Überwelt. Der »Samthase«, Titelfigur aus Margery Williams Biancos Kinderbuch, kuschelt sich an die Kunstfigur Odradek aus Kafkas Erzählung *Die Sorge des Hausvaters* – mit unabsehbaren Folgen für Holbeins Text, der zwischen wissenschaftlicher Interpretation und Erörterungen über Schreibmaterial, zwischen Radiergummi und »sexuellem Verhalten des Papiers« schön wild changiert.

Ähnlich verfährt Holbein mit seinem zwischen Autobiografie und kulturkritischem Essay balancierenden Text *Die vollbesetzte Bildungslücke* (1993). Die eigene Lebensgeschichte erzählend, schreibt er die Chronik einer ganzen Generation, witzig, kurios, anregend, Literatur-, Kunst- und Musikwissenschaft verbindend zu einer lehrreichen Vergnügungswissenschaft für Leser.

Sein bisher größtes Werk, einen Roman von fast 400 Seiten, der nur aus Zitaten besteht, hat Holbein jahrelang geduldig vorbereitet. In der »Zeit« erschien im März 1992 *Ein Tageslauf*, montiert nur aus dem Abklatsch aus Büchern von Martin Walser, Rilke, Andersch und vielen anderen. Im Juli 1993 wurde sein Bericht über eine Urlaubsreise veröffentlicht, der wieder nur aus der Übernahme von Sätzen anderer Autoren (Enzensberger, Rühmkorf, Calvino und vielen anderen) besteht. Danach musste er ja kommen, der große Zitat-Roman, *Isis entschleiert* (2000), der viel gerühmt und viel geschmäht wurde. Ein Spaß, der Nachdenken fördert – wo unser aller Leben (fast) schon aus zweiter Hand ist, nimmt uns ein solches Buch nicht die Maske vom Gesicht?

Rolf Michaelis

Werke: *Erstickungsmatt. Einakter für Schachfiguren*, Mü. 1989; *Der illustrierte Homunculus. Goethes Kunstgeschöpf auf seinem Lebensweg durch hundertfünfzig Jahre Kunstgeschichte*, m. Abb., Mü. 1989; *Samthase und Odradek*, m. Abb., Ffm. 1990; *Der belauschte Lärm*, Ffm. 1991; *Ozeanische Sekunde*, Ffm. 1993; *Warum zeugst du mich nicht?*, R., Zür. 1993; *Die vollbesetzte Bildungslücke*, m. Abb., Hildesheim 1993; *Knallmasse. Ein kosmisches Märchen*, m. Illustr. v. U. H., Hildesheim 1993; *Im Club der toten Denker, Dichter und Kinder. Theodor W. Adorno, Arno Schmidt und Rudolf Steiner – Ein Elysiumsgespräch*, Hsp., SWF 1994; *WIR contra ICH*, Hsp., RB 1994; *Musikalische Selbsterziehung zwischen Tröte und Debussy*, Hsp., SWF 1994; *Aber über mir rauscht die schöne Waldeinsamkeit. Waldweben, Hörwunder und Naturmystik in der Musik*, Hsp., SWF 1996; *Sprachlupe*, Ffm. 1996; *Das Schwein als Erkenntnis. Mitschnitte einer Prominentendebatte über Vegetarismus*, Löhrbach 1997; *Werden auch Sie ein Genie! 66 Tips*, Ffm. 1997; *Im Reich der Rümpfe und Stümpfe. Plädoyer gegen Beschneidungswahn*, Löhrbach 1998; *Liebe geht durch das Ohr. Über die zarten Zusammenhänge zwischen Sexus, Musik und Eros*, Hsp., SWF 1998; *Nekrolog auf den Ladenhüter und andere*, Ffm. 1999; *Im Reich des Fleischwolfs*, Hsp., RB 1999; *Isis entschleiert*, R., Hdbg. 2000; *Gerätepark und Seelenqual*, Hsp., SWF 2002; *Ungleiche Zwillinge. Doppelporträts*, Stg. 2002; *Zwischen Urknall und Herzberg. Ich als Hippie in Zeit und Raum*, Solothurn 2002; *Januskopfweh*, Bln. 2003.

Höllerer, Walter, wurde am 19. 12. 1922 in Sulzbach-Rosenberg (Oberpfalz) geboren und lebte bis zu seinem Tod am 20. 5. 2003 in Berlin. Er besuchte das Humanistische Gymnasium in Amberg und wurde 1941 zur Wehrmacht eingezogen. Der Krieg führte ihn auf viele Kriegsschauplätze am Mittelmeer. Aus der Gefangenschaft entlassen, studierte er ab Herbst 1945 in Erlangen, Göttingen und Heidelberg erst Theologie, dann Philosophie, Germanistik, Romanistik und Geschichte. Nach dem Staatsexamen promovierte er 1949 in Heidelberg mit einer Arbeit über *Gottfried Kellers »Leute von Seldwyla« als Spiegel einer geistesgeschichtlichen Wende. Eine Studie zur Geschichte der Novelle im 19. Jahrhundert*. Mehrere Reisen und Lehraufträge führten in die USA und in westeuropäische Länder mit dem Ziel, literarische Kontakte zu knüpfen. Nach einer Tätigkeit als Assistent und Lektor in Frankfurt am Main habilitierte er sich 1958 und war von 1959 bis 1987 Ordinarius für Deutsche Philologie und Vergleichende Literaturwissenschaft an der Technischen Universität Berlin und Vorstand des 1965 gegründeten Instituts für Sprache im technischen Zeitalter. 1963 gründete er das »Literarische Colloquium Berlin«, das er bis 1982 als ge-

schäftsführender Direktor leitete. Seit 1965 war er mit der Fotografin Renate v. Mangoldt verheiratet. 1973 wurde er zum Professor an der University of Illinois, Urbana-Champaign, ernannt. 1974 verlieh ihm seine Heimatstadt ihren Kulturpreis (*Hier, wo die Welt anfing,* Dankrede 1974), der er 1977, hauptsächlich aus Beständen der »Akzente«-Korrespondenz, ein Literaturarchiv einrichtete. 1966 erhielt Höllerer den Fontane-Preis (Kunstpreis Berlin), 1975 den Johann-Heinrich-Merck-Preis der Darmstädter Akademie für Sprache und Dichtung, 1977 den Kulturpreis Ostbayern, 1993 die Rahel-Varnhagen-von-Ense-Medaille in Berlin. Er war Mitglied des P.E.N.-Zentrums Deutschland, der Deutschen Akademie für Sprache und Dichtung in Darmstadt sowie der Akademie der Künste Berlin.
Höllerers literaturwissenschaftliche Arbeiten befassten sich unter anderem mit deutscher Dichtung des 19. Jahrhunderts, moderner Lyrik, Marcel Proust und Problemen vergleichender Literaturwissenschaft. Zusammen mit Hans Bender wirkte er von 1954 bis 1967 als Herausgeber der »Akzente«, seit 1961 auch – seit 1973 zusammen mit Norbert Miller, von 1981 bis 1987 mit Wieland Schmied, seit 1987 mit Joachim Sartorius – als Herausgeber der Zeitschrift »Sprache im technischen Zeitalter«. Er veröffentlichte vor allem Lyrik, Essays und erzählende Prosa.

Bekannt wurde Höllerer als Lyriker durch seine zwischen 1942 und 1952 geschriebenen, 1952 (u. 1964) als *Der andere Gast* veröffentlichten Gedichte, die Einflüsse Jean Pauls, Gottfried Benns, Günter Eichs und der Naturlyrik Georg Brittings zeigen (antike Oden-Versmaße). In ihnen strebt er zunächst den möglichst unmittelbaren Ausdruck von Erfahrungen an, die freilich auch in komödiantischen Rollenspielen gewonnen werden können. Sinnliche Wahrnehmungen lösen eine Sprachbewegung aus, die »ohne programmatische Verkündigung, etwas zu sein sucht als dichte und erfüllte Gestalt«. Reduktion des Gedichtes auf reines Benennen der »Wahrheit« und eine gewisse lakonische Einsilbigkeit sind charakteristisch für Höllerer und für die Kriegsgeneration, die »Verbrämung, Beschwichtigung, Verniedlichung, Scheintrost, Scheinmonumentalität und Scheinpathetik« den Kampf ansagte.

Höllerers wachsende Abneigung gegen das »Weiterdrehen einer bestimmten Lyrik-Tonart, die einmal in einer früheren Epoche Leistungen hatte« (in: *Das Ungelegenheitsgedicht*, 1961), und die Begegnung mit moderner amerikanischer und europäischer Lyrik führten ihn in der Folge zum experimentellen Gedicht, dessen Wesen er in Selbstdeutungen (»Randbemerkungen« in seiner 1956 herausgegebenen Anthologie *Transit*, Beitrag in Benders *Mein Gedicht ist mein Messer*, Diskussionsbeitrag *Das Ungelegenheitsgedicht* in: »Akzente« 1961) und allgemeinen poetologischen Überlegungen zu bestimmen sucht. Waren im *Gaspard*-Gedicht (1964) noch Elemente der früheren Gedichte fast resümierend gereiht, zeigen spätere Texte eine Annäherung an das spielerische Gedicht Arps und seiner neo-dadaistischen Nachfolger. »Immer auf Fahrt gestellt« (in: *Der andere Gast*), entzieht sich Höllerer nicht immer der Faszination der Nicht-Festlegbarkeit und macht so eine Standortbestimmung seines Schaffens schwierig. Schon Mitte der Sechzigerjahre wandte sich Höllerer allerdings gegen die Hermetik des Gedichts sowie gegen eine Ästhetik des Verstummens und proklamierte mit den »Thesen zum langen Gedicht« den auch politischen Verständigungscharakter von Lyrik, die den Ausdruck des Profanen und Banalen nicht ausschließen müsse, um die Qualität ihres künstlerischen Anspruchs zu behaupten. In seiner abschließenden These zeigt der Dichtungstheoretiker seinen perspektivischen Blick: das lange Gedicht, das Lyrik aus ihren Schemata von Metaphorik, Rhythmik und Schriftbild befreit hat, erweist sich letztlich »als Vorbedingung für kurze Gedichte«. Er bekennt sich damit zugleich zu William Carlos Williams, Charles Olson und zu Robert Creeley, der, wie Höllerer sagte, seine kurzen Gedichte unter genauer Beachtung der langen Gedichte seiner Vorgänger geschrieben habe. »Fortgang« ist ein Schlüsselwort der Dichtung Walter Höllerers und seiner kaum zu überschätzenden Tätigkeit als Anreger und Vermittler moderner Kunst und Literatur.

»Welt aus Sprache« hieß die große semiologische Ausstellung, die Höllerer 1972 in Berlin eröffnete. Dies könnte auch der Untertitel seines 1973 nach langer Entstehungszeit veröffentlichten Romans *Die Elephantenuhr* (gekürzt 1975) sein. Hauptfigur ist ein Sprachwissenschaftler, der in »Murrbach« (Marbach) eine Ausstellung über Sprache und Zeichen vorbereitet und der, nachdem eine Behörde vielleicht aus Angst vor zu viel »Fortgang« das Unternehmen verhindert hat, das Schillerdenkmal sprengt (oder spricht er nur davon?) und im Untersuchungsgefängnis landet. Dort beginnt er schließlich mit der Arbeit über eine »neue«, sinnlichere Semiologie. Der Roman, eigentlich ein überlanges

Gedicht, bildet ein Labyrinth aus Sprache über Sprache – eben eine »Welt aus Sprache«, die bei Höllerer auf vertrackte Weise auch immer etwas mit der Hoffnung auf eine bessere Welt zu tun hat, eine Welt, deren Bewohner die alten ideologisch reglementierenden Zeichensysteme durch eine tiefere und umfassendere »Einsicht ins eigene Gehirn« ersetzen. Später brachte Höllerer noch die Komödie *Alle Vögel alle* (1978) sowie seine gesammelten Gedichte aus vier Jahrzehnten heraus (1982). Zuletzt erschienen seine *Oberpfälzischen Weltei-Erkundungen* (1987). Das »Welt-Ei« (so der Titel eines 1979 inszenierten Literaturfestes in Sulzbach-Rosenberg) versteht Höllerer als »ein Zeichen für eine Zusammenkunft gegenwärtiger Erfahrungen auf der zur Zeit bewohnten Erde, das meint: eine Zusammenkunft von Leuten, die Ideen haben. Aus dem Ei soll auch etwas Zukünftiges auskriechen ... Die Erde soll bunt bleiben, wird da signalisiert, und soll nicht grau werden. Und dafür ist das Welt-Ei ein Maß- und Mahnzeichen und so etwas wie der Urmeter in Paris.«

Herbert Wiesner

Werke: *Der andere Gast,* G., Mü. 1952; *Transit. Lyrikbuch der Jahrhundertmitte,* hg. m. Randnotizen von W. H., Ffm. 1956; *Schiller. Nationalausgabe,* Bd. V, hg. zus. m. H. O. Burger, Weimar 1957; *Literatur als Kunst. Eine Schriftenreihe,* hg. zus. mit Kurt May, Mü. 1958 ff.; *Zwischen Klassik und Moderne. Lachen und Weinen in der Dichtung einer Übergangszeit,* Stg. 1958 (Habilitationsschrift); Nachw. zu: *Jean Paul, Werke,* 6 Bde., hg. v. N. Miller, Mü. 1959–1963; *Abraham a Santa Clara: Adams Kinder,* Hg., Wiesb. 1959; *Allen Ginsberg: Das Geheul und andere Gedichte,* Nachw., Wiesb. 1959; *Movens. Dokumente und Analysen zur Dichtung, bild. Kunst, Musik, Architektur,* zus. m. Manfred de la Motte, hg. v. Franz Mon, Wiesb. 1960; *Robert Walser, Prosa,* Hg., Ffm. 1960; *Günter Eich: Ausgew. Gedichte,* Nachw., Ffm. 1960; *E. Mörike: Gedichte,* Hg., Ffm. 1961; *Junge amerikanische Lyrik,* hg. zus. m. Gregory Corso, Mü. 1961, auch Schpl.; *Spiele in einem Akt,* hg. zus. m. Marianne Heyland u. Norbert Miller, Ffm. 1961; *Gedichte. Wie entsteht ein Gedicht,* Ffm. 1964; *Theorie der modernen Lyrik. Dokumente zur Poetik I,* Reinb. 1965; *Modernes Theater auf kleinen Bühnen,* Bln. 1965; *Außerhalb der Saison,* G., m. Fotos v. R. v. Mangoldt, Bln. 1967; *Ein Gedicht und sein Autor. Lyrik u. Ess.,* Hg., Bln. 1967; *Systeme. Neue Gedichte,* Bln. 1969; *H. u. Max Frisch: Dramaturgisches,* Briefwechsel., Bln. 1969; *Elite und Utopie. Zum 100. Geb. Stefan Georges,* Oxford 1969; *Das literarische Profil von Rom,* zus. m. G. Bisinger, Bln. 1970; *Welt aus Sprache. Auseinandersetzung mit Zeichen und Zeichensystemen der Gegenwart,* Ausst.-Kat., hg. zus. m. Karin Kiwus, Bln. 1972; *Die Elephantenuhr,* R., Ffm. 1973; *Hier, wo die Welt anfing. Dankrede auf meine Heimatstadt Sulzbach-Rosenberg,* Sulzbach-Rosenberg 1974; *Geschichte, die nicht im Geschichtsbuch steht. Rede zur 950-Jahr-Feier der Stadt Sulzbach-Rosenberg,* zus. m. O. Heimbucher, Sulzbach-Rosenberg 1976; *Literaturarchiv Sulzbach-Rosenberg,* Sulzbach-Rosenberg 1977; *R. v. Mangoldt: Berlin – Übern Damm und durch die Dörfer,* Fotos m. Texten v. H., Bln. 1977; *Alle Vögel alle,* Komödie, Bln. 1978; *Literatur im technischen Zeitalter. Ein Jahrbuch,* hg. zus. mit Norbert Miller und Wieland Schmied, Bln. 1981–1984; *Gedichte. 1942–1982,* Ffm. 1982; *Autoren im Haus. Zwanzig Jahre Literarisches Colloquium Berlin,* hg. zus. m. G. Bisinger u.a., Bln. 1982; *Oberpfälzische Weltei-Erkundungen,* hg. v. W. Gotzmann, Amberg 1987; *Zurufe, Widerspiele. Aufsätze zu Dichtern und Gedichten,* hg. v. Michael Krüger, Norbert Miller u. Siegfried Unseld, Bln. 1993.

Holthusen, Hans Egon, wurde am 15. 4. 1913 in Rendsburg (Schleswig-Holstein) als Sohn eines Pfarrers geboren. Er verbrachte seine Jugend in Hildesheim. Mit dem Beginn des Geschichts-, Philosophie- und Germanistikstudiums wechselte er von Tübingen über Berlin nach München (1931–1937). Seine Promotion schrieb er über *Rilkes »Sonette an Orpheus«*. Von 1937 bis 1939 arbeitete er als Verlagslektor und Privatlehrer in München und publizierte literaturwissenschaftliche Aufsätze. Von 1939 bis 1945 war er Soldat; er gehörte der »Freiheitsaktion Bayern« (FAB) an. Nach dem Krieg lebte er bis 1961 als freier Schriftsteller in München. Während dieser Zeit unternahm er zahlreiche Vortragsreisen in das europäische Ausland und die USA. Dort hatte er 1961 bis 1964 die Stellung des Programmdirektors am Goethe-Haus in New York inne. Von 1964 an wieder in München, erhielt er 1968 eine Professur für Deutsche Literatur an der Northwestern University in Evanston in Illinois, an der er bis in die frühen Achtzigerjahre lehrte. 1984 war er am Wissenschaftskolleg in Berlin tätig. Bis zu seinem Tod am 27. 1. 1997 lebte er in München. Von 1956 an war Holthusen Mitglied der Akademie der Künste in Berlin, aus der er 1983 ausschied, weil sich für ihn die Akademie unter der Präsidentschaft von Günter Grass zum »Instrument der Friedensbewegung« und der politischen Linken entwickelt hatte. Seit 1960 gehörte er der Akademie der Bayerischen Künste an, deren Präsident er von 1968 bis 1974 war. Holthusen erhielt Kulturpreise verschiedener Bundesländer, so den bayerischen Jean-Paul-Preis 1983.

Nach dem Zweiten Weltkrieg publizierte Holthusen zuerst Sonette, die sich vor allem mit den eigenen Erfahrungen an der Ostfront auseinander setzen (*Klage an den Bruder*, 1947). In strengen Reimformen versuchte er auch in seinem zweiten Lyrikband *Hier in dieser Zeit* (1949) Kriegserlebnisse sprachlich zu erfassen, wobei die sinnlose Grausamkeit des Krieges, die Nöte und Verzweiflung der ersten Nachkriegsjahre aufgezählt und emotional verarbeitet wurden – so z.B. in einem seiner bekanntesten Gedichte, *Tabula Rasa.* Die Gedichte prägt bisweilen die »Endzeit«-Stimmung der letzten Kriegsjahre, die sich in »schaurig-schönen« Metaphern ausdrückt. Diese Atmosphäre tritt jedoch zurück hinter den *Karsamstag* – als Zeichen der Erlösung des Menschen durch Jesus Christus. Holthusen bezeugt seinen Glauben an die Herrschaft eines Gottes, der die Dinge zu lenken weiß, auch wenn der Mensch sie nicht versteht. Dieses Glaubensbekenntnis beabsichtigt keine mystische Verklärung oder irdische Illusion, sondern stellt der Realität die Idee vom Reich Gottes als ewige Hoffnung gegenüber. Holthusen vertritt ein christlich abendländisches Weltbild, das auch die literaturkritischen Essays maßgeblich beeinflusst hat (*Kritisches Verstehen*, 1961). Sein bisher letzter lyrischer Band, *Labyrinthische Jahre* (1952), widmet sich allgemeinen moralisch-sittlichen Lebensfragen. Holthusen weist indirekt auf die Wiederaufbaugesellschaft der Adenauerzeit hin, jedoch bilden Skepsis, Resignation und Todessehnsucht des lyrischen Ichs den Schwerpunkt. Er beleuchtet die Vergänglichkeit allen Seins und beklagt die Liebesunfähigkeit der Menschen. In diesem Rahmen kritisiert er die oberflächliche Lebensweise der neuen Gesellschaft und interpretiert deren Geschäftigkeit als Flucht vor der Auseinandersetzung mit der NS-Vergangenheit. Dabei spricht er von »schweren Zeiten«, dem »Schicksal«, der »Vergangenheit« und dem Opfer »Mensch«. Derartige ganz allgemein und abstrakt gehaltene Ausdrücke kleidet er zudem in verschlüsselte Bilder und Naturmetaphern, sodass ein ästhetischer Schleier über die historischen und gesellschaftlichen Fakten fällt.

Dieses poetische Verfahren der »Ästhetisierung der Wirklichkeit« übertrug Holthusen auch auf seine literaturkritischen Essays und Rezensionen. In ausführlichen Erläuterungen rechtfertigt er diese Haltung damit, dass über die soziale und politische Wirklichkeit hinaus Literatur, und besonders Lyrik, Erkenntnisse über *Das Schöne und das Wahre* (1958) des Menschen in seiner Individualität vermitteln sollen. Dies führe zur »Sinnfrage von Kunst und Literatur«, der sich Dichter und Kritiker stellen müssten (*Der unbehauste Mensch*, 1951; *Opus 19*, 1983). Holthusen wandte sich in seinen frühen essayistischen Werken besonders der französischen und englischen Lyrik der Moderne zu sowie der »unersättlichen Frage: Wie steht es mit dem Menschen? Was hat es auf sich mit ihm?« Antworten hierauf sucht Holthusen in der »metaphysischen Aussagekraft« eines Werkes, indem er es auf seine christlichen Traditionen oder seine nihilistische Wertestruktur hin analysiert. Diese Polarität charakterisiert seinen textimmanenten Interpretationsansatz, der einer subjektiven Wertung unterliegt: einerseits Bewunderung für das Christentum und die göttliche Schöpfung und andererseits Antipathie gegen Nihilismus, Existenzialismus im Sinne Sartres und Kommunismus. Diese philosophische Grundhaltung birgt konkrete politische Konsequenzen in sich, die Holthusen seinem Leser nicht vorenthielt. So begleiteten seine Auseinandersetzungen mit linksorientierten Schriftstellern wie Bertolt Brecht, H. M. Enzensberger, Günter Grass und Jean-Paul Sarte eine Verurteilung des doktrinären Sozialismus, der die »Vergesellschaftung des Menschen« und damit seine Unfreiheit herbeiführe (*Plädoyer für den Einzelnen*, 1967).

Diese Verschmelzung von politischen und religiösen Anschauungen in der literarischen Analyse legitimiert Holthusen damit, dass der Literaturkritiker, wie jeder Leser, das Recht habe, »zu sagen, was er für wahr hält«. Er unterliege »bewußten und unbewußten Vorentscheidungen und führe die Gesamtheit seines geistigen Schicksals ins Treffen«, wenn er über einen Text schreibt (*Ja und Nein*, 1954; *Kreiselkompass*, 1976). Zwischen ästhetischen Kategorien und inhaltlichem Anspruch eines Werkes unterschied Holthusen dabei streng (*Sonette an Orpheus*, 1937), sodass es zu konträren Aussagen über ein und denselben Schriftsteller kommen konnte: So lehnte Holthusen die systemkritischen Ansätze von H. M. Enzensberger, Th. W. Adorno und G. Grass ab, die er als nihilistisch destruktiv beschreibt, spricht den Autoren selbst aber gleichzeitig ein großes sprachliches Talent zu. H. M. Enzensberger galt für ihn als »linkes Wunderkind« (*Kreiselkompass*; *Plädoyer für den einzelnen*, 1967). Ähnlich auch verhält es sich in seinem großen Essay über Brecht: Holthusen setzt sich besonders mit dessen Gottesbild auseinander und versucht, ihn selbst durch sein dramatisches Werk als eine »anima christiana naturalis« zu sehen. Gleichzeitig will er nachweisen, dass Brecht dort, wo er sich als ideologischer Schriftsteller engagierte, an sprachlicher Aussagekraft verloren habe (*Kritisches Verstehen*, 1961).

Neben dieser »ideologiefeindlichen« Literaturbetrachtung charakterisieren die Analysen ein literaturhistorisches Bewertungsmuster. Holthusen geht hierbei besonders von ästhetischen Kategorien aus. Deshalb skizziert er zuerst mit hoher sprachlicher Sensibilität die ästhetisch schöpferische Leistung eines Schriftstellers, um sie dann mit ihren literarischen Vorbildern und Ursprüngen zu vergleichen. Diese Einordnung gehört für Holthusen zur Aufgabe des konservativen Literaturkritikers, der sich als »ordnende und richtende Kraft« im Literaturbetrieb zu verstehen habe (*Der unbehauste Mensch*, 1951). In seinen Aufsätzen über Paul Celan und Ingeborg Bachmann wird deutlich, wie sehr Holthusen nach neuen Impulsen des Zusammenstimmens von Sinn und Klang im dichtesten Ausdruck suchte, ohne jedoch den Blick auf die klassisch ästhetischen, moralischen und theologischen Überlieferungen zu verlieren. Somit werden sprachlicher Ausdruck und inhaltliche Aussage letztlich doch in bewusster Zusammenschau betrachtet (*Kreiselkompass*). Bei diesem Verfahren griff er immer wieder auf zwei literarische Maximen zurück: einmal auf die Glorifizierung des Expressionismus als die einzige innovative Literaturepoche des 20. Jahrhunderts, und zum Zweiten auf die sittlich-moralische Funktion der Literatur, die vor allem Goethe, T. S. Eliot und W. A. Auden geschaffen hätten. Im ästhetischen Bereich orientiert sich Holthusen maßgeblich an Gottfried Benn und Rainer Maria Rilke, deren Dichtung er als vollkommene Poesie bewunderte. Sein Gesamtwerk umfasst deswegen nicht nur zwei ausführliche Biografien, sondern auch zahlreiche Einzelaufsätze über beide Dichter (*Gottfried Benn*, 1986; *R. M. Rilke*, Monografie, 1958).

Holthusens Essays zeichnen sich durch sein »persönliches, philosophisches und religiöses Credo« aus. Sie beschäftigen sich in den Jahren bis 1967 mit »christlicher Dichtung«, gattungstheoretischen Fragen zur Lyrik und Neuerscheinungen von jüngeren deutschen Autoren. Sein literarischer Blickwinkel schließt die gesamte europäische Literatur, besonders die angelsächsische, mit ein. Die eigenen Überseeerfahrungen verarbeitete er zudem in seinem umstrittenen Roman *Das Schiff* (1956), dessen Protagonist »Hans« eine auffällige biografische Nähe zu ihm selbst aufweist. Durch seine berufliche Tätigkeit in New York am Goethe-Institut und seine Lehrtätigkeit in Evanston und Indianapolis begann Holthusen, das Verhältnis zwischen amerikanischen und deutschen Intellektuellen aufzuarbeiten (*Indiana Campus*, 1969). Die literarische Auseinandersetzung mit den USA erhält dabei ein vielseitiges Bild: Neben Porträts von amerikanischen Politikern und Schriftstellern finden sich Reflexionen zu den Rassenproblemen, der amerikanischen Demokratie und eine Kulturgeschichte Chicagos (*Dialog zwischen Deutschen und Amerikanern*, 1979; *Chicago, Metropolis am Michigansee*, 1981).

Nach 1967 kristallisieren sich zwei Schwerpunkte seiner Arbeit heraus: zum einen das Bewusstsein, die literarische Entwicklung nehme »Erscheinungsformen einer sogenannten Kulturrevolution« an, die schließlich eine tiefe »Orientierungskrise« nach sich gezogen habe (*Kreiselkompass*). Ihr habe der Literaturkritiker durch eine normative, moralischen Grundsätzen verpflichtete Literaturbetrachtung entgegenzutreten, die darauf abzielt, das alte Literaturgut zu bewahren und zu pflegen. Mit dieser restaurativen Einstellung begegnete Holthusen der neuen linken Literaturkritik. Im Rahmen der Diskussionen um den Vietnamkrieg, die NS-Vergangenheit und die Studentenunruhen in der Bundesrepublik verstand sich Holthusen als Vermittler zwischen den »Verfechtern des gesellschaftlichen Engagements innerhalb der Literatur und den ... selbstbewusst auftretenden Rigoristen des Kunstprinzips« (*Kreiselkompass*). Holthusen gehörte aber doch eher tendenziell zur zweitgenannten Gruppe, da für ihn Dichtung ihr Wertverlangen aus anderen Bedingungen als den politisch-sozialen Verhältnissen zieht. John F. Kennedy zitierend, forderte er, dass »der Künstler zum letzten Vorkämpfer individueller Geistigkeit und Sensibilität gegen eine aufdringliche Gesellschaft und einen zudringlichen Staat« werde (*Opus 19*). Der geistesgeschichtlich geprägte Kritiker lehnt daher politische Dichtung ab, besonders dann, wenn sie ihre einzige sittliche Aufgabe darin sieht, permanenten Widerstand gegen die politische Ordnung zu leisten.

Zudem wurde der »politische Horizont« in der Literatur zum zentralen Thema. Holthusen begann sich mit den »provozierenden Parolen der neuen Linken« auseinander zu setzen, die in der Bundesrepublik federführend geworden seien. Er besprach ausführlich das Verhältnis von »Poesie und Politik«, »Künstler und Macht« und erörterte die Beziehung von Literatur und Gewalt (*Kreiselkompass*, 1976). Gerade die Wirkung der revolutionären Pamphlete und Gedichte der 68er-Bewegung auf die Entwicklung des deutschen Terrorismus versuchte er anhand der Lyrik Enzensbergers und des Besuches Sartres in Stammheim aufzuarbeiten (*Sartre in*

Stammheim, 1983). In seinem Plädoyer für die westliche Demokratie und den Individualismus bezieht er rigoros Stellung gegen alle »parteigängerischen Standpunkte« in der Literatur. Er kritisiert von daher in erster Linie Vertreter der literarischen Opposition, die die soziale und politische Entwicklung der Bundesrepublik infrage stellen. Wegen dieses einseitigen Engagements griff besonders die linksorientierte Literaturkritik Holthusens Kompositionsprinzip der Ästhetisierung von Wirklichkeit an: Er werde der politischen und sozialen Gegenwart nicht gerecht, wenn er sie in einer von der Realität abgehobenen Sprache auf ihre moralischen Grundwerte hin analysiere, ohne die gesellschaftlichen Ursachen zu berücksichtigen. So beispielsweise, wenn er den Nationalsozialismus in erster Linie als persönliche Erfahrung des Einzelnen mit der Tyrannei betrachte oder wenn er den Aufstand in Ungarn 1956 als Moment der »Hoffnung« für die Bekämpfung des Kommunismus bewerte. Holthusen verwandele so das Elend realer Situationen in rhetorische Effekte.

Holthusen, ein populärer Literaturkritiker der Fünfzigerjahre, gilt heute als Repräsentant einer konservativ-christlichen und bürgerlichen Literaturbetrachtung, ähnlich Rudolf Krämer-Badoni oder Curt Hohoff. Umstritten in seinem kulturpolitischen Engagement, hat er den Ruf eines sprachgewandten Essayisten mit »Einfühlungsgabe und kritischer Intelligenz«.

Carmen Asshoff

Werke: *Rilkes »Sonette an Orpheus«. Versuch einer Interpretation*, Diss., Mü. 1937; *Klage um den Bruder*, G., Hbg. 1947; *Die Welt ohne Transzendenz. Eine Studie zu Th. Manns »Dr. Faustus« und seinen Nebenschriften*, Ess., Hbg. 1949; *Hier in der Zeit*, G., Mü. 1949; *Der späte Rilke*, Ess., Zü. 1949; *Der unbehauste Mensch*, Ess., Mü. 1951; *Labyrinthische Jahre*, G., Mü. 1952; *Der Dichter und der Kritiker*, Funkessay, 1952; *Ergriffenes Dasein. Deutsche Lyrik 1900–1950*, Hg., zus. m. Friedhelm Kemp, Ebenhausen 1953; *Ja und nein*, Ess., Mü. 1954; *Autor und Leser*, Rede, Mü. 1955; *Das Schiff. Aufzeichnungen eines Passagiers*, R., Mü. 1956; *Der spielende Mensch in der Arbeitswelt*, 1957; *Das Schöne und das Wahre*, Ess., Mü. 1958; *R. M. Rilke in Selbstzeugnissen und Bilddokumenten*, Reinbek 1958; *Das Schöne und das Wahre in der Poesie. Zur Theorie des Dichterischen bei Eliot und Benn*, Bln. 1960; *Kritisches Verstehen*, Ess., Mü. 1961; *Dramaturgie der Verfremdung. Eine Studie zur Dramentechnik Bertolt Brechts*, 1961; *Avantgardismus und die Zukunft der modernen Kunst*, Ess., Mü. 1964; *Plädoyer für den einzelnen*, Ess., Mü. 1967; *Mörike: Gedichte*, Hg., 1968; *Indiana Campus. Amerikanisches Tagebuch*, Mü. 1969; *E. Mörike in Selbstzeugnissen und Bilddokumenten*, Reinbek 1971; *Ein deutsches Problem. Naziherrschaft und Nazischuld als literarischer Gegenstand*, Aufs., 1974; *Kreiselkompass*, Ess., Mü. 1976; *Amerikaner und Deutsche. Dialog zweier Kulturen*, Ess., Mü. 1977; *R. A. Schröder: Ausgewählte Gedichte*, Hg., Ffm. 1978; *Chicago. Metropolis am Michigansee*, Ess., Mü., Zü. 1981; *Sartre in Stammheim. Zwei Themen aus den Jahren der großen Turbulenz*, Ess., Stg. 1982; *Opus 19. Reden und Widerreden aus fünfundzwanzig Jahren*, Ess., Mü. 1983; *Gottfried Benn. Leben – Werk – Widerspruch*, Biogr., Stg. 1986; *Vom Eigensinn der Literatur*, Ess., Stg. 1989.

Holzheimer, Gerd, am 2. 5. 1950 in München geboren, studierte Germanistik, Geschichte und politische Wissenschaften. Er arbeitete vorübergehend auf einem »anthroposophischen Bauernhof« in Niederbayern und lebt heute als Gymnasiallehrer und Literaturwissenschaftler in Gauting.

Man könnte Gerd Holzheimer als Vertreter einer viatorischen, d.h. im Gehen entstehenden und das Gehen thematisierenden Literatur ansehen. In seinem ersten Roman, *Winter wird hart* (1986), ist es das Allgäu, von dem aus der Held Wallner aufbricht zum »Roman einer Wanderung« durch das Alpenvorland, vorbei an München bis ins Niederbayerische. Die mit kritischem Blick wahrgenommenen Veränderungen des ländlichen Lebensraumes finden ihren Niederschlag in einem teilweise anklägerischen Ton: »Wie eine Lavaflut bricht es aus den Dörfern heraus, quillt, schlägt Blasen, in quadratische Formen geleitet, gegossen.« Deutlich ironischer ist Holzheimers zweiter und bisher wohl gewichtigster Roman, *Endstation Dreisessel* (1990). Johann Caspar Leidinger flieht mit seiner Lebenspartnerin und deren fünf Kindern aus der Großstadt auf einen niederbayerischen Bauernhof. Dort hofft er, endlich seinen schon lange in Arbeit befindlichen Roman fertig zu schreiben. War es in der Stadt der nahe Getränkeabholmarkt, ein Steinmetzbetrieb und ein alternativer Kindergarten, deren Lärm Leidinger schier verzweifeln und bei seiner meditativen Romanarbeit scheitern ließen, so sind es auf dem Land Tiefflieger und Betonmischmaschinen. Auch hier begibt sich der Romanheld auf eine Wanderschaft, diesmal in Richtung Dreisessel, dem Bayerwaldberg im bayerisch-böhmisch-österreichischen Dreiländereck. Der Ausbruchsversuch eines unzufriedenen Großstadtneurotikers endet allerdings in einem mittleren Debakel.

Ähnlich wie für seinen Romanhelden Leidinger stellen für Holzheimer Bayer- und Böhmerwald einen immer wieder aufgesuchten Sehnsuchtsort dar. Einige der Reportagen und Reisefeuilletons der

Sammlungen *Sie haben etwas vergessen* (1990) und *Querfurt. Von der Kunst des Danebenreisens* (1994) führen dorthin. Vor allem der Böhmerwalddichter Adalbert Stifter taucht immer wieder auf, als ein fernes, allerdings nicht mehr erreichbares Vorbild. Denn die von einem sanften Gesetz regierte Natur, wie sie Stifter noch sah, ist natürlich längst aus ihrem ökologischen Gleichgewicht gebracht: »Lebte Stifter noch, schriebe er [...] über Motorflugzeuge, die ihn in den letzten Winkel verfolgen, über Wildwasserfahrer, über den schlitzblättrigen Sonnenhut, den frisch-fröhliche Wanderer niedertreten, und der Anfang einer Geschichte verkündete alles kommende Unheil [...] über einen Bauernjungen auf einer Motocrossmaschine, der sich über den Waldweg sägt.«
Bauernbub und Motocrossmaschine, Laptop und Lederhosen, Almabtrieb und computergesteuerter Kuhstall – es sind die reichlich anzutreffenden Gegensätze des sich so gerne archaisch gerierenden Bayernlandes, die es Holzheimer leicht machen, Themen für seine satirische Brauchtumsforschung zu finden. Den Ritualen der Bayern widmet er ein ganzes Buch, *Krachen lassen* (1999). Es geht ums Maibaum-Aufstellen und das Wallfahren, um die Sendlinger Mordweihnacht und das Schnablerrennen zu Gaißach. Die stilistische Attitüde ist stets die des – den bairischen Kreis durchwandernden – Ethnografen, der seine Beobachtungen in kurzen, oft anekdotenhaften Beiträgen zu einer sich von Buch zu Buch fortschreibenden »Encyclopaedia bavarica« zusammenstellt. Die Form des nach (mehr oder minder beliebigen) Stichworten angeordneten Nachschlagewerks wendet Holzheimer sowohl bei seinem »Bayern-Lexikon« *Denk dir nix* (1999) als auch für die Gemüts- und Mentalitätserforschungen der Österreicher, *Wenn alle Strick' reißen, häng ich mich auf* (1997), an. Allerdings wird das traditionelle aufklärerische Modell der Enzyklopädie, nämlich das Weltverstehen seines Benützers zu mehren, ironisch konterkariert; die aus einer Fülle von Lektürefrüchten, Anekdoten, witzigen Aperçus und vermischten Nachrichten zusammengestellte Holzheimersche Enzyklopädie verfolgt nur noch eine Absicht: amüsant zu unterhalten. »Wer allerdings nach der Lektüre des Lexikons noch einen Sinn in der Geschichte erblicken mag, ist entweder selbst schuld – oder aber Marxist.«

Bernhard Setzwein

Werke: *Maierschwang, Satiren*, Mü. 1986; *Winter wird hart. Roman einer Wanderung*, Mü. 1986; *Endstation Dreisessel*, R., Mü. 1990; *Sie haben etwas vergessen. Literarische Reportagen*, Mü. 1990; *Figaros bröllop. Weg zu Mozart*, R., Mü. 1991; *Querfurt. Von der Kunst des Danebenreisens*, Ess., Mü. 1994; *Wenn alle Strick' reißen, häng ich mich auf. Ein Österreich-Lexikon*, Lpz. 1997; *Das Erotik-ABC*, Hbg. 1999; *Krachen lassen. Archaische Rituale in Bayern*, Ess., Mü. 1999; *Denk dir nix. Ein Bayern-Lexikon*, Lpz. 1999; *Wanderer Mensch. Studien zur Poetik des Gehens in der Literatur*, Ess., Mü. 1999; *Leiden schafft Passionen. Oberammergau und sein Spiel*, Hg., Mü. 2000; *Wider den genitalen Ernst. Sex von den 68ern bis zur Love-Parade*, Ess., Lpz. 2002.

Homann, Ludwig, wurde am 5. 2. 1942 in Gläsersdorf/Lüben als Sohn westfälischer Siedler geboren. Die Familie kehrte nach ihrer Vertreibung aus Schlesien 1946 nach Westfalen zurück. Homann machte eine landwirtschaftliche Lehre und danach eine Ausbildung zum Polizisten; von 1961 bis 1963 war er im Polizeidienst tätig. Von 1969 bis 1970 arbeitete er als landwirtschaftlicher Entwicklungshelfer in Tunesien. In den Jahren 1974 bis 1981 studierte er in Münster Pädagogik und war kurze Zeit im Schuldienst tätig. Seit 1982 lebt er als freier Schriftsteller in Glandorf, einem kleinen Ort zwischen Münster und Osnabrück. 1999 erhielt er den Annette-von-Droste-Hülshoff-Preis, 2002 den Kunstpreis des Landschaftsverbandes Osnabrücker Land e.V.
Geschichten aus der Provinz, so hieß der Prosaband, mit dem Ludwig Homann im Jahr 1968 debütierte, ein Titel, der über den seinerzeit politisch rehabilitierten Regionalismus (Franz Xaver Kroetz, Martin Sperr, Rainer Werner Fassbinder) hinaus Programm geblieben ist. Er »leitet« ein erzählerisches Werk, das mit unversöhnlicher Genauigkeit und einer fast benommenen Eingeweihtheit nicht einen peripheren Landstrich, sondern die noch abgelegenere Provinz des Menschen erkundet. Der »Spiegel« schrieb über eines seiner Bücher: »Homann analysiert in präzisen Bildern einen ländlichen Mikrokosmos, in dem die Gewalt so normal ist wie die tägliche Viehfütterung.« Aber es ist nicht allein der exotisch nahe Stoff, der Homanns Bücher auszeichnet. Vielmehr ist es die kantig unangepasste, die »inkorrekte« Sprache, der sie ihre Unverwechselbarkeit und Unnahbarkeit verdanken.
Ludwig Homann hat zwischen 1968 und 1973 zwei weitere Bücher veröffentlicht: die ebenfalls in einem dörflichen Mikrokosmos angesiedelte Erzählung *Der schwarze Hinnerich von Sünnig und sein Nachtgänger* (1970) und den utopischen Roman *Jenseits von Lalligalli* (1973), in dem Homann erst-

mals sein Milieu verlässt, aber festhält an einem Helden, der eigensinnig anders ist und anders sein muss. Der Eingangssatz kehrt den Schlusssatz von Kafkas Parabel *Auf der Galerie* um: »Tonius erwachte aus langem, schwerem Traum.«
Nach einer Pause von mehr als 20 Jahren begann Homann wieder zu publizieren. *Engelchen* (1994) ist eine düster proletarische Lolita-Version. Ein sozial und seelisch depravierter Mann Mitte 30, Titgemeier, entführt die neunjährige Julia, lebt eine Zeit lang mit ihr, seinem »Hausmütterchen«, zusammen, aber als er eines Tages verspätet in seinen heruntergekommenen Wohnwagen zurückkehrt, findet er das Objekt seiner obskuren Begierde erstickt vor. Homann erzählt konsequent aus der Perspektive Titgemeiers; allenfalls in erlebter Rede rückt der Erzähler in die Finsternis einer Figur vor. Zwar registriert Titgemeier Julia sexuell, aber in viel stärkerem Maße braucht er sie, um ihr, in grollend sprachlosen Monologen, sein waidwundes Leben anzuvertrauen. Obwohl das Menschenkind, das an seinem Tisch kauert, gar nicht wissen kann, wovon er redet, und weil er nicht wissen kann, was er ihm antut, ist es seine »Hure«, seine »kleine Madam«, sein »Schnuckengelchen«.
In kurzen Abständen folgen Romane, die belegen, dass Homann die zwei Jahrzehnte genutzt hat, um seine Moral ganz in der Methode aufgehen zu lassen. In *Ada Pizonka* (1995) entwickelt Homann das Psychogramm einer Frau und das Soziogramm einer ländlichen Liebesunordnung mit tödlichen Ausgängen. Wie schon in *Engelchen* gehört der Erzähler der Welt seiner Figuren so intim an, dass er die Realien dieser Welt eher voraussetzt als vermittelt. Der Sog bei der Lektüre geht von der vivisektorischen Gründlichkeit des Erzählers aus, von einem querschädeligen Prosadialekt, wie er sich – mutatis mutandis – bei Autoren wie Hermann Ungar oder Albert Drach findet, und von dem Blick für die Überlagerung von Außenwelt- und Innenweltlabyrinthen: »Jedem Schritt, jedem Handgriff musste ein waches Bewusstsein von dem, was sie vorhatte, vorausgehen. Aber dann fuhr sie, als sie sich über den Küchentisch beugte und mit sorgsam vorausgeschicktem Blick nach dem Bügeleisen langte, vor dem Schatten ihres Kopfes zurück, den die Deckenlampe vor sie auf die Tischplatte warf.«
Beide Romane sind von der Kritik als herausragende Beispiele eines abgründig psychologischen Erzählens gewürdigt worden, auch als die Wiederkehr eines vergessenen Erzählers. Im Jahr 1996 erschien dann *Klaus Ant. Ein Erziehungsroman*. Zu Beginn dieses Romans in zehn Erzählungen ist Klaus Ant ein Knabe, am Ende ein Mann Mitte 40. Klaus Ant ändert sich nicht, und dennoch erkennt der Leser ihn kaum wieder, wenn er ihm in einem neuen Kapitel begegnet. Denn jedes dieser Kapitel ist von einer Begegnung geprägt, die Ant zeichnet. Am intensivsten vielleicht in der Geschichte *Die Katze*, als ihn die Not knebelt, von einem todkranken Tier Abschied zu nehmen. Bei Büchner steht das »So lebte er hin« am Ende der *Lenz*-Erzählung, für Ant ist es das fahle Gesetz, nach dem er angetreten ist. Es hat etwas von der heiligen Energie eines Überläufers, mit der Ant einmal dem Drang folgt, sich ausgerechnet von der Vogelflugbrücke in den Tod stürzen zu wollen. Aber dann scheint die Demut gegenüber seinem eigenen Unterfangen ihn zu übermannen, er schwankt: »Aber die wilden, aggressiven Sätze gegen sich, mit denen er aufgebrochen war, kann er nicht wiederfinden, so sehr er sich bemüht. Er kann sich den Schwergang des Herzens nicht verhehlen. Gedanken an den Sprung und an das, was dann sein würde, setzen ihm zu. Er lehnt sich gegen sie auf, will nicht ungroß sein.« Ludwig Homann schreibt nicht nur keinen Erziehungsroman, seine *Ant*-Erzählungen üben auch Ideologiekritik an der Gattung. Die letzte Geschichte endet mit einer unschlüssigen Heimkehr. Nach einer erbitterten Schlacht, die er gegen sich selbst geführt hat, ist Klaus Ant wieder da, wo er »drei Tage, drei Jahrhunderte« zuvor auf- und ausgebrochen ist:
2001 erschien *Der Hunne am Tor*, eine Fortsetzung des Romans *Der weiße Jude* (1998), der erzählt hatte, wie unter den Bedingungen einer faschistischen Sozialisation Verrat entstehen und wohin er führen konnte. Homanns Erzähler greift nicht ein, wenn sich der Gymnasiast Fridtjof Beese an den Rasse-Idealen, den Vorstellungen von Zucht und Elite begeistert und einen halbjüdischen Mitschüler verrät, um nicht als Judenfreund zu gelten, als »weißer Jude«, wie das stigmatisierende Schimpfwort hieß. Mit einer fast entomologischen Intensität verfolgt Homann weniger den Verrat als die Wucht, mit der dieser sich umkehrt in ein panisches Schuldbewusstsein, ja ein ganz und gar Schuld-Sein, das sich jeder Sühne entzieht, Amok und Koma. Im zweiten Roman ist Fridtjof Beese ein alter Mann, der erfahren muss, dass die Vergangenheit nicht tot, geschweige denn vergangen ist. Sein Enkel gehört einer rechtsradikalen Wehrsportgruppe an, die es auf Asylbewerber abgesehen hat. Und es kommt zu einer Begegnung mit dem Vetter des einst denunzierten Mitschülers, einem israelischen Schriftstel-

ler, der Opfer und Täter für austauschbare Rollen hält: jeder Mensch ein potenzieller Hunne. Stärker als diese riskanten Versuchsanordnungen vermögen Miniaturen zu überzeugen, in denen Homanns Heraklitsche oder volksliedhafte Anthropologie zutage tritt. Wer die beiden letzten Romane Homanns im Kontext etwa von Martin Walsers *Der springende Brunnen* oder von Günter Grass' *Im Krebsgang* liest, erkennt die Einsamkeit ihrer Klasse.

Hermann Wallmann

Werke: *Geschichten aus der Provinz*, En., Ffm. 1968; *Der schwarze Hinnerich und sein Nachtgänger*, E., Ffm. 1970; *Jenseits von Lalligalli*, R., Ffm. 1973; *Engelchen*, E., Zür. 1994; *Ada Pizonka*, R., Zür. 1995; *Klaus Ant. Ein Erziehungsroman*, R., Zür. 1996; *Der weiße Jude*, R., Zür. 1998; *Der Hunne am Tor*, R., Zür. 2001.

Honigmann, Barbara, geboren am 12. 2. 1949 in Ost-Berlin als Tochter jüdischer Eltern, die 1947 aus dem englischen Exil zurückgekehrt waren. Von 1967 bis 1972 studierte sie Theaterwissenschaft an der Humboldt-Universität Berlin und arbeitete dann noch drei Jahre lang als Dramaturgin und Regisseurin an Brandenburger und Berliner Bühnen. Seit 1975 ist sie freie Autorin und Malerin. 1984 verließ sie die DDR und zog, mit einem kurzen Aufenthalt in Frankfurt am Main, nach Straßburg, wo sie seitdem lebt. 2002 hielt sie Poetikvorlesungen an der Universität Zürich. 1986 wurde sie mit dem Preis der Frankfurter Autorenstiftung und dem »aspekte«-Literaturpreis, 1987 mit dem Literaturstipendium des Landes Baden-Württemberg, 1992 mit dem Förderpreis des Stefan-Andres-Preises, 1994 mit dem Nicolas-Born-Preis, 1996 mit der Ehrengabe der Deutschen Schillerstiftung, 2000 mit dem Kleist-Preis, 2001 mit dem Jeannette-Schocken-Preis und dem deutsch-italienischen Toblacher Prosapreis ausgezeichnet.

Im östlichen Teil Berlins geboren und aufgewachsen, litt Barbara Honigmann unter den herrschenden Tabus und dem Schweigen, das für viele Eltern nach dem Zweiten Weltkrieg, wenn auch aus unterschiedlichen Motiven, kennzeichnend war. Im Unterschied zu ihrer Tochter verstanden sich die Eltern nicht als Juden, sondern als Kommunisten. In der englischen Emigration hatten sie die Marxsche Staatslehre für sich entdeckt und waren nach dem Krieg als überzeugte Antifaschisten zum Aufbau der sozialistischen Gesellschaft in den Osten Deutschlands zurückgekehrt. Der Vater arbeitete als Chefredakteur der »Berliner Zeitung«, als Autor für die DEFA und als Chef eines bekannten Kabaretts, bis er Ende der Sechzigerjahre aufgrund banaler Vorhaltungen von der Staatsmacht relegiert wurde. Barbara Honigmann studierte indessen Theaterwissenschaft und wohnte in einer Künstlerkolonie am Prenzlauer Berg; aufgrund ihrer sozialen Talente nannte man sie auch »Gertrude Stein vom Prenzlberg«. Sie wurde Dramaturgin in Brandenburg und arbeitete später in Ost-Berlin an der Volksbühne und am Deutschen Theater. Ausgelöst durch die Geburt ihres ersten Sohnes beschäftigte sie sich verstärkt mit Fragen ihrer religiösen und weltanschaulichen Herkunft und Identität. Sie besuchte die Synagoge, lernte Hebräisch und trat demonstrativ in die kleine jüdische Gemeinde Ost-Berlins ein. Immer wieder bekam sie deswegen Schwierigkeiten, nicht erst, als sie 1981 heiratete und eine der ersten Hochzeiten nach jüdischem Ritus in der DDR durchsetzte. Bald darauf beantragte sie die Ausreise, und im Frühjahr 1985 wurde sie mit ihrer Familie abgeschoben. Nach kurzem Aufenthalt in Frankfurt übersiedelte die Familie nach Straßburg, das wegen seiner ausgeprägten jüdischen Infrastruktur als »Jerusalem des Westens« bekannt war. Die wohl am häufigsten zitierte Passage aus den Texten Honigmanns stammt aus der Erzählung *Bonsoir, Madame Benhamou* und bezeichnet diesen Umzug etwas dramatisch als »dreifachen Todessprung ohne Netz: vom Osten in den Westen, von Deutschland nach Frankreich und aus der Assimilation mitten in das Thora-Judentum hinein«. Es ging ihr nach eigenem Bekunden um das bewusste Erleben eines authentischen und lebendigen jüdischen Kulturlebens. Sie ist tief im Alltagsleben verwurzelt, die wenige verbleibende Zeit nützt sie zum Schreiben und Malen.

Veröffentlicht hat sie unter anderem 1986 den hochgerühmten Erzählband *Roman von einem Kinde*, 1991 die Erzählung *Eine Liebe aus nichts* und 1996 den Roman *Soharas Reise*. Daneben entstanden mehrere Theaterstücke und eine Reihe von Gemälden, die in ihrer Intimität und der scheinbaren Einfachheit ihrer Mittel jenen, wie Peter Hamm sie nannte, »Paradiesen der Normalität« entsprechen, die auch ihrer Literatur eigen sind. Brechts Satz von der großen Kunst des Einfachen, die schwer zu machen ist, trifft hier zu. In ihren Geschichten gibt es viele Abschiede und Brüche, sind die Menschen voller Unrast auf der Suche nach ihren Wurzeln und sehen in eine ungewisse Zukunft. Barbara Honigmann hat ihre poetische Position in dem 1995 veröffentlichten, programmatischen Text *Von meinem Urgroßvater, meinem*

Großvater, meinem Vater und mir geklärt, in dem sie den eigenen Standpunkt aus den gescheiterten Bemühungen ihrer Vorfahren ableitet. Diese Ahnen waren Publizisten und Wissenschaftler und stark um eine Integration in die deutsche Kultur bemüht. Im Endeffekt scheiterten sie alle. Barbara Honigmann zog daraus die Konsequenz und ging auf Distanz, ohne die Verbindung aufzulösen. Ihre Geschichte ist eben auch die Geschichte der unerfüllten Hoffnungen ihrer Väter: »Die Vorkämpferrolle ist ausgespielt, und vielleicht könnte sich ja gerade aus der Ratlosigkeit ein neuer Weg öffnen. Keiner soll denken, dass ich mich bescheiden will, im Gegenteil, auch ich will von den großen Dingen sprechen, nur davon, von Exil und Erlösung, aber nicht in der Sprache der Vorkämpfer, die alles wissen und deren Worte ihre Ideen vor sich hertragen, sondern eben wie es dem Ratlosen entspricht, der Worte für die verstreuten Erinnerungen und vagen Bilder sucht, die in seinem Innern herumschwimmen. Diese Worte findet er im Alltag ... Ich weiß sehr wohl, dass es aus dieser Geschichte von den großen Anstrengungen und dem Haschen nach dem Wind kein Entrinnen gibt, nach nirgendwo, und doch sind das Judentum und das Schreiben in einem anderen Land ins Zentrum meines Lebens gerückt.« Die sechs Prosastücke des Debütbandes *Roman von einem Kinde* (1986) erzählen von Erfahrungen in der DDR, von Reisen nach Moskau oder in die Tschechoslowakei, von Besuchen des jüdischen Gelehrten Gershom Scholem. *Eine Liebe aus nichts* (1991) beschreibt die leise, vorsichtige Annäherung an den verstorbenen Vater und erweitert sich zur autobiografischen Selbstvergewisserung und zur Positionsbestimmung in deutschen Landen. *Soharas Reise* (1996) ist eine Familiengeschichte. Sohara lebt in Straßburg, stammt aber von algerischen Juden ab. Sie heiratet Simon, der sich als »Rabbiner von Singapur« ausgibt, einen Widerling und Betrüger, wie sich herausstellt. Er entführt ihre sechs Kinder, die Sohara mithilfe des Oberrabbiners und seiner »Thora-Connection« wieder zurückholt. Dazwischen liegt der schwierige Ablösungs- und Emanzipationsprozess einer sephardischen Jüdin in einem orthodoxen Umfeld, einer jüdischen Gemeinde. Diese Geschichte ist fest verankert im Alltag jüdischen Lebens und beruht auf einer wahren Begebenheit. Die Essays und Erzählungen in *Damals, dann und danach* (1999) beschreiben den Versuch, »mein Judentum als wichtige Dimension meines Lebens« endgültig festzuschreiben. Im Briefroman *Alles, alles Liebe!* (2000) rekapituliert Honigmann die Zeit an der Humboldt-Universität und als Dramaturgin an DDR-Bühnen und verknüpft eine Liebesgeschichte mit antisemitischen Erfahrungen in der DDR. »Ich bin nicht auf der Suche nach einer jüdischen Identität«, sagt Barbara Honigmann. »Das ist eine der wenigen Identitäten in meinem Leben, die immer da war und die außer Frage steht. Das Religiöse ist das Einzige, was für mich genuin jüdisch ist. Das andere ist Herkunft oder Biografie oder von außen aufgedrängte Andersartigkeit und das von außen herbeigeführte Schicksal.« Sie will sich lieber im Inneren des Judentums umsehen und findet, »dass das Problem von Auschwitz, Antisemitismus und Judenverfolgung deren Problem ist – warum nur in Deutschland oder in Österreich ... Unsere Geschichte ist nicht die deutsche Geschichte ... Ich will damit nur sagen, Auschwitz als Bestandteil der jüdischen Geschichte zu betrachten ... heißt schon einmal, von einer ganz anderen Perspektive auszugehen. Diese Perspektive ist die einzige, die mich interessiert ... Ich will auch nicht dauernd zur Verfügung stehen, um deren Fragen zu beantworten. Die Geschichte der deutschen Juden ist beendet.«

Thomas Kraft

Werke: *Das singende, springende Löweneckerchen*, Theaterst., UA Zwickau 1980; *Don Juan*, Theaterst., UA Ffm. 1984; *Der Schneider von Ulm*, Hsp., SDR 1982, Theaterst., UA Ffm. 1984; *Roman von einem Kinde*, Hsp., SDR 1984; *Die Schöpfung*, Theaterst., UA Münster 1985; *Roman von einem Kinde. Sechs Erzählungen*, Darmstadt 1986; *Als ob einem die Augenlider abgeschnitten wären. Ein szenische Montage zu Heinrich von Kleists Leben*, Hsp., ORF 1987; *Anna Achmatova: Vor den Fenstern Frost. Gedichte und Prosa*, Übs., zus. m. Fritz Mierau, Bln. 1989; *Eine Liebe aus nichts*, Bln. 1991; *Letztes Jahr in Jerusalem*, Hsp., SWR/WDR 1995; *Bilder und Texte*, Mü. 1992; *Soharas Reise*, Bln. 1996; *Dreizehn Bilder und ein Tag*, Kat., Mü. 1997; *Am Sonntag spielt der Rabbi Fußball. Kleine Prosa*, Hdbg. 1998; *Damals, dann und danach*, Mü. 1999; *Alles, alles Liebe!*, R., Mü. 2000; *Von Namen und Sammlungen*, Kat., Mü. 2002.

Hoppe, Felicitas, wurde am 22. 12. 1960 in Hameln/Niedersachsen geboren. Sie studierte neuere deutsche Literaturwissenschaft, allgemeine Rhetorik, vergleichende Religionswissenschaft und Italianistik in Tübingen, Berlin, Rom und den USA (Master of Arts), arbeitete als Dramaturgie- und Regieassistentin, als Fremdsprachenassistentin in Rom und Deutschlehrerin am Goethe-Institut Berlin. Seit 1990 lebt sie als Schriftstellerin und freie Journalistin in Berlin. Ausgezeichnet mit einer Vielzahl von Stipendien und Preisen, u.a. 1995 dem foglio-Preis für junge Literatur, 1996 mit dem »aspekte«-Literaturpreis und dem Ernst-Willner-Preis beim Ingeborg-Bachmann-Wettbewerb in Klagenfurt, 1997 mit dem Rauriser Literaturpreis sowie 1999 mit dem Literaturförderpreis des Landes Niedersachsen.

Mit den Erzählungen *Picknick der Friseure* (1996) führte Felicitas Hoppe einen auf Anhieb unverkennbaren und sehr eigenwilligen Ton in die junge deutschsprachige Literatur ein, der umso markanter hervortritt, als er sich deutlich vom »neuen deutschen Erzählen« unterscheidet – den unterhaltsamen und häufig geradlinig verlaufenden Texten einer neuen Generation deutscher Autoren der Neunzigerjahre, die sich von der Formstrenge der Moderne verabschiedet haben. In der Tradition eines humoristischen Surrealismus und einer rhetorisch geschliffenen Groteske, aber auch der Märchen und Abenteuergeschichten berichtet eine Ich-Erzählerin von den wundersamen Ereignissen in ihrer Heimatstadt und ihrer Familie – von einer Verführung im Stadtpark, vom großen Buchprojekt des Familienvaters über den Feldhasen oder von den Todessprüngen vom Balkon der Tante. Der Eindruck grotesker Handlungsführung oder absurder Dramaturgie entsteht durch die rhetorische Eigentümlichkeit der Hoppeschen Prosa, die in ihren späteren Texten beibehalten wird: der pointierte Feinschliff der einzelnen Sätze lässt sie um größte Schönheit wetteifern, viele davon entfalten ihre volle Wirkung auch allein stehend; sie scheinen sich deshalb zuweilen gegen ihren Kontext zu sperren. Tatsächlich aber erzwingt die präzise, kristallklare Stimmführung durchaus eine inhaltliche Notwendigkeit, die allerdings aus der klassisch aristotelischen Logik ausbricht. Dabei wird mit der hermeneutischen Sinnsuche des Lesers gespielt: »Das bleibt ein Geheimnis, das lieben die Leute.« In dieser Hinsicht von präzisem Ausdruck und fantastischem Inhalt, erinnert die Hoppesche Prosa an Franz Kafkas »Traumlogik«, die ebenfalls von der Spannung lebt »zwischen der ungeheuer klaren, wörtlich-realistischen, sozusagen kleistischen Sprache, in der erzählt wird, und dem seltsamen, fantastischen, irrealen Erzählten« (Klaus Wagenbach).

Deutlicher wird diese Spannung noch in Hoppes erstem Roman, *Pigafetta* (1999). Eine Ich-Erzählerin umrundet als zahlender Gast auf einem Frachtschiff die Welt. Sie beobachtet und berichtet von den Geschehnissen auf See, von den Mitreisenden und von Pigafetta, der ihr nachts erscheint, um vom Leben auf den Schiffen des Generalkapitäns Magellan zu erzählen, der als Erster die Erde umsegelte und dessen Schiffschronist Antonio Pigafetta war. Allerdings geht es in *Pigafetta*, genau wie im darauf folgenden Roman *Paradiese, Übersee* (2003), nicht nur um einen Reiseroman, sondern zugleich um die Erfahrung, dass nicht primär die Reise Erkenntnisse über die Welt motiviert, sondern dass diese sowohl im Mikrokosmos eines Schiffes, einer Situation, einer Begegnung oder der Familie stattfinden als auch in dem erzählten Abenteuer, in der wundersamen Geschichte, die der Roman selbst ist. Die derart geschilderten Reisen, Erlebnisse und Begegnungen sind absurd, skurril, komisch, immer aber magisch und rätselhaft.

Wie in Märchen und Legenden verkörpern die Romanfiguren häufig einen Menschen- oder Charaktertyp. Das gilt schon für die Reisegefährten in *Pigafetta*, die nach Beruf und Herkunft benannt werden (»der Pfirsichzüchter aus Georgia«, »der Geograph«). In *Paradiese, Übersee* vertritt »der Pauschalist« den manisch Zeitung lesenden, endlosen Texte produzierenden Medienmanager, der all seine Gedanken und Beobachtungen in ein Diktiergerät spricht und ständig von der Angst getrieben ist, zur falschen Zeit am falschen Ort zu sein und etwas Wichtiges zu verpassen. Damit steht er in krassem Gegensatz zu seinem Reisegefährten, dem sprach- und wortlosen Ritter, dessen Zeit-Entrücktheit und Gelassenheit der Pauschalist zugleich verachtet und beneidet. Gemeinsam reisen sie von Straßburg nach Kalkutta und, mit wechselndem dritten Partner und ergänzt durch einen Ich-Erzähler, dessen Schwester und einen Doktor Stoliczka zurück nach Wilwerwitz.

Die Sprache von Hoppes Büchern erreicht in ihrer Präzision bisweilen die Pointe eines Aperçus oder eines Aphorismus, »Wer schwimmen kann, kommt nur langsamer um« (*Pigafetta*), oder das Apodiktische von Lehrsätzen, die allerdings Erkenntnisse nur imitieren und aus dem Gesetz ins Fabelhafte ziehen: »... ein Portier, dem seine Stellung lieb ist, darf sich nicht in Momenten der Rührung erwischen lassen« (*Picknick der Friseure*). Auch die Parabel und das Gleichnis sind in der von Märchenmotiven, biblischer Mythologie oder Bedienungsanleitungen intertextuell gesättigten Erzählsprache Hoppes häufig vorkommende Elemente. Stil und Erzählart sind mit den Werken einer Reihe von literarischen Vorgängern verglichen worden, mit Daniil Charms und den Autoren Bohumil Hrabal, Christoph Meckel, Ror Wolf und Thomas Bernhard in ihren frühen Jahren. Nach *Paradiese, Übersee* ist jedoch, bei allen möglichen Analogien, die Originalität und Eigenständigkeit von Ton und Erzählgestus hervorzuheben, die am ehesten an einen fahrenden Künder und Sänger erinnern.

Dirk Vaihinger

Werke: *Picknick der Friseure*, En., Reinbek 1996; *Pigafetta*, R., Reinbek. 1999; *Paradise, Übersee*, R., Reinbek 2002.

Horst, Eberhard, wurde am 1. 2. 1924 in Düsseldorf geboren. Nach einer kaufmännischen Lehre studierte er Philosophie, Theologie, Germanistik und Theaterwissenschaft in Bonn und München und promovierte 1956 über das Werk von Elisabeth Langgässer (*Christliche Dichtung und moderne Welterfahrung*). Während des Studiums leitete er mehrere Jahre die Studiobühne der Münchner Universität; dabei verhalf er dem Innsbrucker Osterspiel zur Wiederentdeckung. Nach dem Studium entschied sich Horst für die Existenzform des freien Schriftstellers. Die Interessen der Autoren vertrat er als Mitglied im Gründungsvorstand des Schriftstellerverbandes (VS) sowie viele Jahre im Verwaltungsrat und im Sozialfonds der »Verwertungsgesellschaft Wort«. Horst wohnt in Gröbenzell bei München. Er ist Mitglied des deutschen P.E.N.-Zentrums und der Europäischen Akademie der Wissenschaft und Künste. 1982 erhielt er den Premio di Merito nel campo della Letteratura, 1987 den Tukan-Preis, 1992 das Bundesverdienstkreuz. 1997 war er Ehrengast der Villa Massimo in Rom.
Seine erste Buchbesprechung veröffentlichte Horst 1953 in der »Neuen Zeitung«. Daraus entwickelte sich eine rege Tätigkeit als Literaturkritiker mit über 500 Rezensionen. Essayistische Frucht dieser Tätigkeit ist der Band *Geh ein Wort weiter* (1983), der die Frage nach der inneren Rechtfertigung der modernen Lyrik stellt und die Wahrnehmungs- und Selbsterfahrungsmöglichkeiten in der Literatur der Gegenwart analysiert. In dem Aufsatz *Von der Kunst, Biografien zu schreiben* des gleichen Bandes reflektiert er das eigene literarische Schaffen. Schon der Beginn des schriftstellerischen Werkes von Horst ist gekennzeichnet durch das besondere Interesse für den mediterranen Lebens- und Kulturraum mit seinem Licht: »Es ist dieselbe Sonne, die das Licht gibt, im Süden wie im Norden. Aber es ist nicht dasselbe Licht.« Als »Augenmensch« bereiste Horst Italien, Sizilien und Spanien, wobei diese Reisen zur zentralen Metapher der eigenen Befindlichkeit wurden. Bücher über *Sizilien* (1964) und *Venedig* (1967) zeugen davon, aber auch das Panorama eines Landes *15 mal Spanien* (1973) und *Die Haut des Stieres* (1992), ebenfalls über Spanien. Solche Reisebücher versuchen »im Fremdesten das Eigene« zu erkennen. Der Autor versteht sich hier als »Brückengänger« (Godehard Schramm), der von den Orten, an denen er sich aufhält, stets die Verbindung zu anderen Orten sucht: von Sizilien beispielsweise nach Spanien oder in den Vorderen Orient.
1975 erschien die erste, bewusst literarisch geschriebene Biografie *Friedrich der Staufer*, mit der Horst bekannt wurde und der zahlreiche weitere Biografien folgten. Im Unterschied zu den vielen Sachbüchern, »die Vergangenheit nicht für die Gegenwart, sondern für den Markt fruchtbar« machen, versteht Horst seine Darstellungen ganz im Sinne von Novalis als »angewandte Anthropologie«. Die von ihm verfassten Biografien sind eine eigenständige Kunstform zwischen der Geschichtsschreibung und der Dichtung. *Caesar* (1980) zeigt vor allem die Bruchstellen im Lebenslauf des Helden auf und kommentiert dessen Ruhm eher zwiespältig. *Konstantin der Große* (1984) schildert die radikalen Veränderungen einer Epoche, in der erstmals die Idee der Toleranz, der religiösen Versöhnung Widerhall findet. Nichts, was geschieht, bleibt beziehungslos; jede Einzelheit in den »rätselhaft entlegenen Zeitaltern« (Hans-Rüdiger Schwab) kann für heutige Leser erhellend sein. Das Historische interessiert dabei im Hinblick auf den Menschen, »der ja im Historischen nicht aufgeht« (Albert von Schirnding). Das zeigen besonders eindrücklich die Frauenporträts in der *Spanischen Trilogie: Isabella – Johanna – Teresa* (1989). Ebenfalls einer Frau ist die Romanbiografie *Geliebte Theophanu* (1995) gewidmet. Am Schicksal der byzantinischen Prinzessin, die zum Handelsobjekt zwischen Ost- und West-Rom wurde, wird mehr als nur eine verloren gegangene, universale christliche Welt wieder lebendig. Dies ist auch die Schilderung einer Frau, die den Boden unter den Füßen verliert und trotzdem zu sich selbst findet. Aus der Reihe der Biografien fällt *Hildegard von Bingen* (2000) heraus, weil sich der Autor der Person der Heiligen nicht erzählend nähert, sondern diskursiv, in ständigen Suchbewegungen, die auf ihre Weise die komplizierte Quellenlage widerspiegeln. Damit vermeidet er jede, auch die esoterische, Vereinnahmung. Hildegard wird als unerschrockene Frau und nüchterne Mystikerin gezeichnet, als lebenskundig und

prophetisch, mit einem bis zur Selbstgefährdung gehenden Mut vor geistlichen und weltlichen Fürstenthronen. Die historisch-literarischen Biografien von Horst beruhen auf umfangreichen, akribischen Quellenstudien. Sie interessieren sich für das Unerklärliche, für die Widersprüche einer Person. Warum können wir an dem von vielen Zeitgenossen als Antichrist empfundenen, autokratischen Stauferkaiser Friedrich visionäre Züge und einen radikal reformerischen Habitus erkennen? Der letzte, große Universalist ist gleichzeitig der erste moderne Mensch. In seinen Beschreibungen erweist sich der Autor, wie es Hans-Rüdiger Schwab formuliert hat, als »Erotiker des Details«, als hochkultivierter Beobachter und gelassener, souveräner, aber nicht allwissender Chronist.

Das trifft auch auf seine Erzählungen und Prosaskizzen zu, die in drei, sich teilweise überschneidenden Bänden vorliegen: *Die kurze Dauer des Glücks,* (1987), *Der sizilische Brunnen* (1991) und *Der Maulwurffänger* (2000). Die Prosa von Horst hat etwas Soghaftes. Sie lässt ihre Leser in geheimnisvoll-verschlungene Welten blicken und handelt von plötzlichen Begegnungen, die erschütternd in das Leben der handelnden Personen eingreifen. Die häufig historischen Szenerien sind trügerisch und bedrohlich zugleich. Das Scheitern wird zur Chiffre des menschlichen Lebens, freilich ein Scheitern, das als Möglichkeit gedacht und nicht absolut gesetzt ist.

Erich Jooß

Werke: *Christliche Dichtung und Welterfahrung*, Ess., Mü. 1956; *Sizilien*, Reiseb., Olten 1964; *Venedig*, Reiseb., Olten 1967; *15 mal Spanien*, Reiseb., Mü. 1973; *Friedrich der Staufer*, Biogr., Düsseld. 1975; *Südliches Licht*, Ess., Düsseld. 1978; *Julius Caesar*, Biogr., Mü. 1980; *Geh ein Wort weiter*, Ess., Düsseld. 1983; *Konstantin der Große*, Biogr., Düsseld. 1984; *Die kurze Dauer des Glücks*, E., Düsseld. 1987; *Die spanische Trilogie, Isabella – Johanna – Teresa*, Biogr., Düsseld. 1989; *Der sizilische Brunnen*, Pr., Stg. 1991; *Die Haut des Stiers*, Ess., Mü. 1992; *Im Licht des Südens*, Ess., Hildesheim 1994; *Geliebte Theophanu*, Biogr., Mü. 1995; *Der Sultan von Lucera*, Ess., Freiburg/Br. 1997; *Der Maulwurffänger*, E., Mü. 2000; *Hildegard von Bingen*, Biogr., Mü. 2000.

Horstmann, Ulrich, wurde am 31. 5. 1949 in Bünde/Westfalen geboren. Er studierte in Münster Anglistik, Pädagogik, Geschichte und Philosophie und promovierte 1974 über Edgar Allen Poe. Anschließend war er Dozent an der University of South Africa, Pretoria. Nach seiner Habilitation (*Ästhetizismus und Dekadenz,* 1983) arbeitete er bis 1987 als Hochschullehrer in Münster/Westfalen, seit 1991 lehrt er als Professor für Englische und Amerikanische Literatur an der Universität Gießen und lebt in Marburg. Seit 1976 veröffentlicht er Gedichte, Aphorismen, Prosa und Theaterstücke. 1988 erhielt er den Kleist-Preis.

Ulrich Horstmanns »unverwandter Blick auf den Planeten, sein rettungsloser und illusionszerstörender Abstand, das Zerfallen der unbrauchbar gewordenen Wahrnehmungs- und Vertrautheitsmuster, kurz, jener lange, schmerzliche und doch ungemein erkenntnisreiche Abschied« vom »Untier« Menschen (*Das Untier – Konturen einer Philosophie der Menschenflucht*, 1983) hat ihm den Ruf des Pessimisten und Misanthropen, des unverbesserlichen Beschwörers der baldigen Apokalypse eingebracht. Der Mensch – eine »evolutive Fehlform«? Horstmann entwirft unheilvolle Visionen, begründet seine Menetekel mit dem blutigen Verlauf der Menschheitsgeschichte, der den Menschen als Hoffnungsträger unglaubwürdig macht. »Die Welt, die ist nicht gut für dich. / Ein Knopfdruck bringt die Wende, / dann liegt ein Mond im Mondeslicht, / dein Stern strahlt ohne Ende« (*Schwedentrunk*, 1989). Der blinde Zug der Lemminge, die atomare Katastrophe, das tägliche Elend – Horstmann benennt es, will die Selbsttäuschung entlarven, mit der die Menschheit sich aus der Verantwortung zu lösen sucht. Technokratie und blinder Gehorsam wie im Theaterstück *Silo* (1983) oder im Science-Fiction-Roman *Das Glück von Omb'assa* (1985) verstellten seiner Meinung nach den Blick auf die Wahrheit: den baldigen Tod. Mit den *Nachgedichten* (1981) und den *Aphorismen, Abtestaten und Berserkerasmen* – so der Untertitel des Bandes *Hirnschlag* (1984) – traktiert Horstmann mit verbaler Rauflust unsere »selbstverschuldete Unmündigkeit«. Er plädiert für den nuklearen Show-down, für die erlösende Vernichtung der Menschheit zu deren Gunsten, was zunächst verwirrt. Dahinter verbirgt sich die Hoffnung, man könnte angesichts dieser (nicht immer abwegigen) Gefahr dem bisherigen Treiben Einhalt gebieten, sich besinnen, aus den überholten Konventionen schlüpfen und eine drohende Endzeit vielleicht doch noch abwenden. Mit dieser provokanten Haltung erweist sich der in vielen Gattungen praktizierende Schopenhauer-Schüler Horstmann als »ein Ärgernis allen Wohlmeinenden und Wohlgesonnenen, allen unaufgeklärten Optimisten, also allen jenen, die ihren Glauben an den Fortbestand der Menschheit aus nichts anderem beziehen als aus der Tatsache ihrer eigenen kläglichen Existenz« (Günter Kunert). Mit dem *Untier* (1983) wurde ihm erstmals jene öffentliche Aufmerksamkeit zuteil, die schließlich 1988 in der Verleihung des Kleist-Preises gipfelte. Davor hatte er mit Kurztexten den Wissenschaftsbetrieb gegeißelt und querdenkerisch und zunehmend melancholisch seine Phantasmagorien der Apokalypse und Beschwörungen der »Menschenleere« gegen alle Utopien und Rezepturen gesetzt. Der bekennende Aphoristiker (*Infernodrom*, 1994; *Einfallstor*, 1998) rechnet gerne ab: mit den Moralisten, den Eitlen, den Friedensbewegten, den Populärphilosophen. Dabei sprengt er die Grenzen zwischen wissenschaftlichem Traktat und feuilletonistischem Essay, liebt Verdrehtes und Kurioses (*Patzer*, 1991), pendelt zwischen Weltschmerz und Weltverweigerung. Unartig und berserkerhaft schimpft er über die schlechteste aller Welten und ihre unfähigen Bewohner, deren Schicksal man nur einem göttlichen Versager, im »Halbweltroman« *J* (2002) heißt er Jaldabaoth, anlasten kann. Der wird zur Wiedergutmachung auf diesen Planeten geschickt, verschlimmert die Sache nur noch, am Ende kommt die Eiszeit. Der professionelle Schwarzseher Horstmann zitiert alle möglichen Katastrophen herbei, wahrscheinlich ist er doch ein verkappter Romantiker mit latentem Faible für die schwarze Sonne.

Thomas Kraft

Werke: *Ansätze zu einer technomorphen Theorie der Dichtung bei Edgar Allen Poe*, Monogr., Ffm. 1975; *Er starb aus freiem Entschluß*, u. d. Pseud. Klaus Steintal, Obertshausen 1976; *Wortkadavericon oder Kleine thermonukleare Versschule für jedermann*, Köln 1977; *Nachrede von der atomaren Vernunft und der Geschichte*, Hsp., BR 1978; *Die Bunkermannkassette*, Hsp., BR 1979; *Kopfstand. Über die Schwierigkeiten beim Anpassen der Prothese*, Hsp., SFB 1980; *Gedankenflug. Reise in einen Computer*, Hsp., WDR 1980; *Nachgedichte. Miniaturen aus der Menschenleere*, Essen 1980; *Steintals Vandalenpark*, Siegen 1981; *Würm. Ein Spektakel aus der Nachgeschichte*, Theaterst., UA Gießen 1982, gedr. Mü. 1981; *Terrarium. Einführung in die Menschenhaltung*, Theaterst., Mü. 1982; *Grünland oder Die Liebe zum Dynamit*, Hsp., SFB 1982; *Ästhetizismus und Dekadenz. Zum Paradigmakonflikt in der englischen Literaturtheorie des späten 19. Jahrhunderts*, Monogr., Mü. 1983; *Parakritik und Dekonstruktion. Eine Einführung in den amerikanischen Poststrukturalismus*, Würzburg 1983; *Silo. Ein Essay in Brutpflege*, Theaterst., UA Kaiserslautern 1987, gedr. Gött. 1983; *Das Untier: Konturen einer Philosophie der Menschenflucht*, Bln., Wien 1983; *Hirnschlag. Aphorismen, Abtestate, Berserkasmen*, Gött. 1984; *Das Glück von Omb'assa. Fantastischer Roman*, Ffm. 1985; *Der lange Schatten der Melancholie. Versuch über ein angeschwärztes Gefühl*, Monogr., Essen 1985; *Petition für einen Planeten*, Hsp., SFB 1985; *Der Spender. Eine Komödie für Empfängnisbereite*, Mü. 1985; *Greg Cullen: Heldengedanken. Ein Falkland-Requiem*, Übs., Mü. 1987; *Robert Burton: Anatomie der Melancholie*, Hg., Übs., Mü., Zür. 1988; *Schwedentrunk*, G., Ffm. 1989; *Jonathan Swift: Das Tonnenmärchen u. a. Satiren*, Übs., zus. m. H. Real, Stg. 1989; *Philipp Mainländer: Philosophie der Erlösung*, Hg., Ffm. 1989; *James Thomson: Nachtstadt. Lichtscheue Schriften*, Übs., Zür. 1989; *Kunstgriffe. Festschr. für Herbert Mainusch*, Hg., zus. m. W. Zach, Bern, Ffm. 1989, *Ufo oder Der dritte Strand. Eine leicht versandete Komödie*, UA Kaiserslautern 1990; *Jack London: Alaska-Erzählungen*, Hg., Mü., Zür. 1990; *Jack London: Der Seewolf*, R., Hg., Übs., Mü., Zür. 1990; *Patzer*, R., Zür. 1990; *Kunstgriffe. Auskünfte zur Reichweite von Literaturtheorie und Literaturkritik. Festschrift für Herbert Mainusch*, Hg., zus. m. Wolfgang Zach, Ffm. u.a. 1990; *Jack London: Südseegeschichten*, Hg., Mü., Zür. 1991; *Ansichten vom Großen Umsonst*, Ess., Gütersloh 1991; *Die stillen Brüter. Ein Melancholie-Lesebuch*, Hg., Hbg. 1992; *James Thomson: Nachtstadt und andere lichtscheue Schriften*, Hg., Übs., Zür. 1993; *English Aphorisms*, Hg., Stg. 1993; *Infernodrom. Programm-Mitschnitte aus dreizehn Jahren*, Paderborn 1994; *Altstadt mit Skins*, G., Paderborn 1995; *Konservatorium. Geschichten über kurz oder lang*, Hg. u. d. Pseud. Klaus Steintal, Paderborn 1995; *Ted Hughes: Gedichte*, Übs., Hdbg. 1995; *Beschwörung Schattenreich. Gesammelte Theaterstücke und Hörspiele 1978 bis 1990, mit einem Essay über die Kunst, zur Hölle zu fahren*, Paderborn 1996; *Einfallstor. Neue Aphorismen*, Oldenburg 1998; *Terrarium oder Einführung in die Menschenhaltung*, Theaterst., UA Warstein 1998; *Jeffers-Meditationen oder Die Poesie als Abwendungskunst*, Hdbg. 1998; *Abdrift. Neue Essays*, Oldenburg 2000; *Göttinnen, leicht verderblich*, G., Oldenburg 2000; *Mein Name ist Prinz Paradox. Oscar Wilde zum Vergnügen*, Hg., Stg. 2000; *J. Ein Halbweltroman*, Oldenburg 2002; *Philipp Mainländer: Philosophie der Erlösung und andere Schriften*, Recklinghausen 2002.

Huchel, Peter (eigentl. Helmut), wurde am 3. 4. 1903 als Sohn des Beamten Friedrich Huchel in Groß-Lichterfelde bei Berlin geboren. Wegen einer Lungenkrankheit seiner Mutter verbrachte er längere Zeit auf dem Hof seiner Großeltern in Alt-Langerwisch bei Potsdam. Er studierte von 1923 bis 1925 und von 1926 bis 1927 Literatur und Philosophie in Berlin, 1925 in Freiburg und 1925/26 in Wien, machte jedoch keinen Abschluss. Von 1927 bis 1929 lebte er von Gelegenheitsarbeiten in Frankreich, danach folgten Reisen nach Rumänien und in die Türkei. Von 1930 bis 1933 war er Mitarbeiter der Zeitschrift »Die literarische Welt« von Willy Haas. Von 1933 bis 1934 lebte er bei Verwandten seiner ersten Frau in Siebenbürgen, kehrte jedoch 1934 nach Deutschland zurück und wohnte in Michendorf bei Potsdam. Von 1941 bis Kriegsende war er Funker beim Flugmeldewesen der Luftwaffe, meistens in der Umgebung Berlins. Nach einer kurzen Kriegsgefangenschaft fing er im Herbst 1945 beim Berliner Rundfunk an. Dort stieg er schon bald zum Chefdramaturgen, Sendeleiter und schließlich Künstlerischen Direktor auf. Von 1949 bis 1962 war er Chefredakteur der Zeitschrift »Sinn und Form«, die er mit seiner zweiten Frau Monica sehr eigenwillig leitete. Das führte 1962 zu seinem erzwungenen Rücktritt und zur Ächtung in der DDR. Erst 1971 erlaubte ihm die DDR-Regierung nach jahrelangen internationalen Interventionen die Ausreise. Nach einem Jahr als Gast der Villa Massimo in Rom zog er 1972 nach Staufen im Breisgau um, wo er am 30. 4. 1981 starb. Huchel bekam sehr viele Preise, u.a. 1932 den Lyrikpreis der Dresdener Zeitschrift »Die Kolonne«, 1951 den Nationalpreis der DDR (III. Klasse), 1963 den West-Berliner Theodor-Fontane-Preis, 1972 den Österreichischen Staatspreis für europäische Literatur und 1977 den Europalia-Preis (Brüssel). 1976 wurde er Mitglied des Ordens Pour le Mérite.

Wenn einer alle deutschen Staatssysteme des 20. Jahrhunderts erlebt hat und »Solschenizyn der DDR« genannt wurde, weiß man, dass hier von einem Autor die Rede ist, dessen Werk von der Politik seiner Zeit nicht zu trennen ist, obwohl er selbst von seinen kommunistischen Freunden wie Alfred Kantorowicz und Karola Bloch als »unpolitisch« bezeichnet wurde. Doch das stimmt nicht: Huchel ist sein Leben lang keiner Partei beigetreten, weil er sich keiner Parteidoktrin unterwerfen wollte. Handels- und Denkfreiheit wollte er sich erhalten. In einem seiner wenigen Prosatexte, *Europa neunzehnhunderttraurig* (1931), schreibt er, dass er »zwischenzeitig« und »im Jahre neunzehnhunderttraurig« geboren und »schon zu spät auf die Welt gekommen« war. Er werde nie »zur Zeit kommen«. Diese frühe Prophezeiung Huchels sollte Wahrheit werden. Er, der sein Herz »privat weiterschlagen« lassen und »ohne Entschuldigung« leben wollte, war immer und in jeder Gesellschaft ein Außenseiter, auf den sich kein Etikett kleben ließ, sei es von einer politischen oder literarischen Strömung. Er war ein Einzelgänger, der manchmal offen Partei ergriff (wie z.B. in dem 1931 erschienenen Prosatext *Im Jahre 1930* gegen die NSDAP), aber viel öfter schweigen musste, weil die kritische Meinung in der nationalsozialistischen oder kommunistischen Diktatur nicht geäußert werden konnte. Auch für die revolutionären 68er war er ein Querdenker, weil er die DDR nicht als »das bessere Deutschland« anerkennen mochte. Daran hatte er im ersten Nachkriegsjahrzehnt geglaubt, aber für diese Utopie hatte er schwer büßen müssen. Das zentrale Thema des Huchelschen Werkes ist denn auch der Verlust der jugendlichen Geborgenheit und das Leiden des Menschen am Menschen, wie es im J. R. M. Lenz gewidmeten Gedicht *Lenz* (geschrieben 1927, 1957 veröffentlicht) heißt.

Huchel wurde auch als »linker Traditionalist« bezeichnet, und das trifft schon eher zu. Auf die Umfrage des Berliner »Tagesspiegel«, welche für ihn die fünf bedeutendsten dichterischen Werke der letzten 100 Jahre seien, antwortete Huchel 1960: 1. Büchner, 2. Baudelaire, 3. Rimbaud, 4. Trakl, 5. Jessenin. Er fügte jedoch hinzu, dass die Werke, die einen gewissen Einfluss auf sein Schreiben ausgeübt hatten, viel älter seien: die alten Chinesen, Augustinus, Jakob Böhme, Thomas Müntzer und Blaise Pascal. Hinzufügen darf man noch Shakespeare, Homer und die anderen Klassiker der Antike. Damit wich er erheblich vom Geschmack seiner zeitgenössischen Kollegen ab. Er war ein formbewusster Dichter, der seine Gedichte vor sich hin »raunte«, bis die Worte den richtigen Klang und den richtigen Rhythmus gefunden hatten. Erst dann schrieb er sie auf, um sie noch viele Male zu überarbeiten, bis alles stimmte. Etwa ein Drittel seiner Gedichte hat der selbstkritische Huchel nie veröffentlicht. Das Raunen war ihm wichtiger als das Schreiben und nur unter großem Druck seiner Verleger gab er einen Text frei. Zwischen 1924 und 1979 publizierte er nur vier Gedichtbände. Dennoch gilt er als einer der großen deutschen Lyriker des 20. Jahrhunderts. Er hat außerdem noch eine Hand voll sehr kurzer Prosatexte und etwa 25 Hörspiele geschrieben.

Seine ersten Gedichte erschienen ab 1924 in Paul Westheims »Das Kunstblatt«, »Die literarische Welt«, in der »Vossischen Zeitung« und im »Freiburger Figaro«. Da Huchel sagte, er habe seine prägendsten Lebenserfahrungen auf dem großelterlichen Bauernhof in der Mark Brandenburg gesammelt, wundert es nicht, dass diese frühen Veröffentlichungen vor allem idyllische Beschreibungen seiner Jugend und des Lebens auf dem Lande sind. Doch sind die Gedichte mehr als reine Naturbeschreibungen: Huchel schildert, wie die Natur das Leben des Menschen bestimmt, der seinerseits wieder die Natur und die Landschaft verändert. Der Dichter Huchel liest in den Naturzeichen die Geschichte des Menschen und versucht, sie mittels

Metaphern zu übersetzen. In den frühen Jahren ist es eine wild wuchernde Natur, die oft als Handelnde auftritt, die den Menschen in sich hineinzieht. Im Laufe der Jahrzehnte wird sie immer karger, fast leblos, und mit ihr ändert sich Huchels Sprache: von den rhythmischen Strophen voller Endreim, Assonanzen und Alliterationen bleiben am Schluss nur noch reimlose Versblöcke voller harter Enjambements, wo jedes schmückende Wort gestrichen ist.

Nachdem Huchel 1932 den Lyrikpreis der »Kolonne« gewonnen hatte, sollte in deren Verlag sein Debüt *Der Knabenteich* erscheinen. Doch nach Hitlers Machtübernahme zog Huchel den Band zurück, da er befürchtete, seine Naturlyrik könnte von den Nationalsozialisten vereinnahmt werden, wie er in Nachkriegsinterviews erklärte. Als sich herausstellte, dass Hitler sich doch länger hielt, als viele anfangs gedacht hatten, kehrte Huchel aus Rumänien zurück und begann mithilfe seiner Freunde Elisabeth Langgässer, Oda Schaefer, Horst Lange und Günter Eich eine Karriere als Hörspielautor. Im Ausland sah er für sich und seine Familie offenbar keine Chance zu überleben. Zuletzt erschien im Oktober 1935 in »Das innere Reich« sein Gedichtzyklus *Strophen aus einem Herbst*. Die Qualität der Gedichte hatte stark nachgelassen. Huchel sagte in einer Preisrede 1977, die Idylle war durchlöchert. »Aber es spinnt dich das Finstere ein«, heißt es in dem Gedicht *Deutschland*, das in den *»Zwölf Nächten«* der Hitler-Diktatur entstand und als Programm der inneren Emigration gelten könnte: »Einsame Söhne, hütet das Licht. / Dass es von euch in Zeiten noch heißt, / dass nicht klirret die Kette, die gleißt, / leise umschmiedet, Söhne, den Geist.« Von den Hörspielen, die Huchel zwischen 1934 und 1941 schrieb, sind die Manuskripte nur z.T. überliefert. Es sind Arbeiten für den Kinderfunk, Abenteuer-, Liebes- und sonstige Unterhaltungsgeschichten, teils Bearbeitungen von anderen Autoren wie Goethe (*Hermann und Dorothea*), Poe (*Die schwarze Katze*) oder Daudet (*Tartarin de Tarascon*). In *Die Herbstkantate* (1935) und *Die Magd und das Kind* (1935) reiht Huchel viele seiner Gedichte zu stimmungsvollen Porträts. Zusammen mit dem in Blankversen geschriebenen Hörspiel *Margarethe Minde* (1939) sind dies die einzigen Texte für den Rundfunk, die als literarisch wertvoll gelten dürfen. Dass er mit seinen »Brotspielen«, wie er sie nannte, irgendwie doch den Nationalsozialisten diente, dessen war sich Huchel bewusst. Seine verzwickte Lage brachte er in dem Spiel *Der Fesselballon* (1936) zum Ausdruck: Der junge Schriftsteller möchte fliehen, doch er ist ein Fesselballon und seine Auftraggeber halten die Seile fest. Es stellt sich heraus, dass alles nur ein Albtraum war. Für Huchel sollte dieser erst 1945 enden.

Nach dem Krieg entschied sich Huchel, sich aktiv am Aufbau eines demokratischen und antifaschistischen Deutschland zu beteiligen, und offenbar sah er dazu mehr Chancen in der SBZ. Sein erster Band *Gedichte* erschien 1948 in Ost-Berlin und 1950 in der Bundesrepublik. Auf ein Dutzend Gedichte aus *Der Knabenteich* – die besten Schilderungen seiner Jugend und Herkunft, zusammengefasst in der Metapher *Die Sternenreuse* – folgen kritische Gedichte aus der Hitler-Zeit (*Zwölf Nächte*) und ausführliche Beschreibungen der Schrecken des Krieges. Doch so negativ konnte und wollte Huchel sein Debüt nicht enden lassen. Im Gedicht *Heimkehr* treibt eine wendische Frau das zerstreute Vieh wieder zusammen und schlägt den Rost vom Pflug. Diese Aufbaustimmung wollte Huchel in einem Lobgesang auf die Bodenreform fortsetzen, die seinen Hauptpersonen, den besitzlosen Knechten und Mägden, endlich eigenes Land zuteilte. Es ist jedoch bezeichnend, dass er von diesem erzählenden Gedicht *Das Gesetz* nur die Schilderungen des Elends in den letzten Kriegswochen in Zeitschriften veröffentlichte. Erneut zog Huchel ein druckfertiges Buch zurück, das Manuskript war bereits gesetzt. Auch hier werden neben Zweifel an der literarischen Qualität politische Argumente eine Rolle gespielt haben. Mit dem Programm des Bitterfelder Weges und des sozialistischen Realismus konnte Huchel sich nicht identifizieren.

In »Sinn und Form« brachte Huchel neben literarischen Originalbeiträgen (v.a. von Brecht und Jahnn) viele Aufsätze, die den Leser zu selbstständigem Denken anregen wollten. So veröffentlichte er meistens über ein und dasselbe Thema Pro- und Kontra-Aufsätze von Interpreten aus dem öst- und westlichen Lager Europas. Huchel wollte auf diese Weise Schwarz-Weiß-Malerei vermeiden und den Leser dazu anregen, sich eine eigene Meinung zu bilden. Er wusste viele progressive Denker als feste Mitarbeiter zu gewinnen, u.a. Ernst Bloch, Konrad Farner, Ernst Fischer, Werner Krauss, Hans Mayer und Arnold Zweig. Berühmt-berüchtigt wurden z.B. Brechts Verteidigung der Barlachschen Kunst und Ernst Fischers Interpretation von Hanns Eislers *Faustus*-Oper (1952), wodurch Huchel Anfang 1953 zum ersten Mal gekündigt wurde. Durch Brechts Intervention und die Geschehnisse rund um den 17. Juni durfte Huchel aber weitermachen.

Nach Brechts und Bechers Tod stand er aber mit dem Rücken zur Wand. Mit dem Mauerbau 1961 war eine Zeitschrift, die sich für den kulturellen Brückenschlag nach dem Westen einsetzte, überflüssig geworden, und Huchel wurde zum Rücktritt gezwungen. In seinem Abschiedsheft standen Brechts *Rede über die Widerstandskraft der Vernunft* und einige Gedichte aus Huchels zweitem Band *Chausseen Chausseen* (1963), der nur im Westen erscheinen konnte und mit dem Huchel der endgültige Durchbruch als Lyriker gelang. Die politische Desillusionierung in der DDR machte er in Gedichten wie *Traum im Tellereisen* und *Der Garten des Theophrast* deutlich, wobei er historische Masken (wie Theophrastos, Polybios, Pe-Lo-Thien) benutzen musste, um die Wahrheit über die ihm feindliche Gegenwart sagen zu können.

Es folgten acht Jahre der öffentlichen Anprangerung, erzwungenen Isolation und Stasi-Bespitzelung. Für einige jüngere Autoren der DDR wie Biermann, Fühmann, Grüning, Kirsten, Kunert oder Kunze wurde Huchel zum moralischen und literarischen Vorbild, wie er es auch für Bobrowski, Huchels größte literarische Entdeckung, gewesen war. Es mussten aber Freunde sein, die »Unkraut liebten«, denn so hatten ihn die Kulturfunktionäre der DDR eingestuft. Seine missliche Lage beschrieb Huchel unverhohlen in Gedichten wie *Unkraut, Hubertusweg, Das Gericht* oder *Exil*, die alle nur im Westen erscheinen konnten. Dort veröffentlichte Huchel nach seiner Ausreise den Band *Gezählte Tage* (1972), für den er mit Preisen überhäuft wurde. In dem Band stehen neben den Beschreibungen seines Lebens in Italien (1971) und den von der DDR-Aktualität angeregten Gedichten viele Texte, in denen er Stoffe der Antike und Motive Shakespeares in die Gegenwart versetzt. So treibt *Ophelia* als Opfer der DDR-Grenztruppen in einer Stacheldrahtreuse – ein größerer Kontrast zur Sternenreuse der Jugendzeit ist wohl kaum möglich –, und Richard III. könnte für Ulbricht stehen (*Middleham Castle*). Wie Odysseus irrt der Lyriker Huchel herum, auf der Suche nach dem richtigen Wort. Sein Alphabet reiche nicht aus, die Naturzeichen zu übersetzen (*Keine Antwort*). Jedes Wort müsse er dem Schweigen abringen, sagte er 1977. In seinem letzten Band *Die neunte Stunde* (1979) ist die Aktualität denn auch verschwunden, nur mithilfe klassischer Stoffe gelingt es Huchel noch, sich auszudrücken. Er zieht Bilanz über sein Leben (*Der Fremde geht davon*), nimmt als deutscher Dichter Stellung zum Holocaust (*Der Ammoniter, Entzauberung*), beschreibt sich als Paria in der DDR (*King Lear*) und bereitet sich vor auf den kommenden Tod (*Aristeas*). Nichts ist mehr zu berichten, das letzte Wort blieb aber ungesagt.

Huchel hinterließ ein schmales Werk, das viele seiner Zeitgenossen beeinflusste oder inspirierte. Dazu zählen u.a. Bobrowski, Eich und Grünbein, aber auch ausländische Autoren wie Joseph Brodsky. Seit 1984 wird in Staufen der Peter-Huchel-Preis für ein erstmals in Druckform erschienenes Werk verliehen, das einen besonders bemerkenswerten Beitrag zur Entwicklung der deutschsprachigen Lyrik geleistet hat. Sein Wohnhaus am Hubertusweg in Wilhemshorst bei Potsdam wurde als Gedenkstätte eingerichtet.

Hub Nijssen

Werke: *Doktor Faustens Teufelspakt und Höllenfahrt. Nach alten Puppenspielen für die Jugend bearbeitet,* Hsp., Reichssender Bln. 1934; *Ein Fahrstuhl ist nicht mehr zu halten. Ein Funkmärchen zu Himmelfahrt,* Hsp., Reichssender Bln. 1935; *Die Magd und das Kind. Eine Dichtung für den Rundfunk,* Hsp., Reichssender Bln. 1935; *Die Herbstkantate. Eine Dichtung für den Rundfunk,* Hsp., Reichssender Bln. 1935; *Ballade im Eisfenster. Ein Winterspiel,* Hsp., Reichssender Bln. 1936; *Katzen auf allen Dächern. Ein Spiel um den Mond,* Hsp., DKW 1936; *Der Fesselballon. Eine Funkkomödie,* Hsp., Reichssender Bln. 1936; *Das Räuberschloss. Ein romantisches Spiel,* Hsp., Reichssender Bln. 1937; *Taten und Abenteuer des Löwentöters Tartarin von Tarascon. Ein Lustspiel mit vielen Liedern frei nach Daudet,* Hsp., Reichssender Lpz. 1937; *Brigg Santa Fé. Eine Weihnachtsballade,* Hsp., Reichssender Lpz. 1937; *Die Freundschaft von Port Said. Ein Spiel zwischen Heimat und Übersee,* Hsp., DKW 1938; *Die schwarze Katze. Szene nach E. A. Poe,* Hsp., Deutschlandsender 1938; *Der Nobiskrug,* Filmnovelle, 1938; *Das Fräulein von Soor,* Filmnovelle, 1938; *Margarethe Minde. Dichtung für den Rundfunk,* Hsp., Reichssender Leipzig 1939, Theaterst., UA Tangermünde 1992; *Hermann und Dorothea. Hörspielbearbeitung,* Hsp., Reichssender Lpz. 1940; *Peter Paul Rubens. Sein Werk und sein Leben. Szenen und Dialoge,* Hsp., DKW 1940; *Gedichte,* Ost-Bln. 1948, Karlsruhe 1950; *Sinn und Form. Beiträge zur Literatur,* Chefredaktion, Ost-Bln. 1949–1962; *Junge Lyrik aus der DDR. Jahrbuch »Das Gedicht«,* Anth., Hg., Hbg. 1956; *Das Gesetz,* Fragm., Hsp., Rundfunk d. DDR 1959; *Chausseen Chausseen,* G., Ffm. 1963; *Die Sternenreuse,* G., Mü. 1967; *Gezählte Tage,* G., Ffm. 1972; *Marie Luise Kaschnitz: Gedichte,* hg. v. Peter Huchel, Anth., Ffm. 1973; *Hans Henny Jahnn – Peter Huchel. Ein Briefwechsel 1951–1959,* hg. v. Bernd Goldmann, Mainz 1974; *Unbewohnbar die Trauer,* G., m. Lithografien v. Piero Dorazio, St. Gallen 1976; *Der Tod des Büdners,* G., St. Gallen 1976; *Die neunte Stunde,* G., Ffm. 1979; *Gesammelte Werke, Bd. 1: Die Gedichte, Bd. 2: Vermischte Schriften,* hg. v. Axel Vieregg, Ffm. 1984; *Johannes Bobrowski – Peter Huchel Briefwechsel,* hg. v. Eberhard Haufe, Marbach am Neckar 1993; *Wie soll man da Gedichte schreiben. Briefe 1925–1977,* hg. v. Hub Nijssen, Ffm. 2000.

Huizing, Klaas, wurde am 14. 10. 1958 in Nordhorn in der Grafschaft Bentheim geboren. Er studierte Philosophie und Theologie in Münster, Kampen und Amsterdam in Holland, Hamburg, Heidelberg und München; 1986 und 1991 promovierte er in beiden Fächern, 1994 folgte die Habilitation. Ab 1995 war er Lehrstuhlvertreter an der Universität Würzburg für Systematische Theologie und theologische Gegenwartsfragen, seit 1998 ist er dort als ordentlicher Professor tätig. Klaas Huizing lebt in Berg am Starnberger See. 1994 erhielt er den Förderpreis des Freistaates Bayern für Literatur und 2003 ein Stipendium der Villa Concordia des Freistaates Bayern in Bamberg.

Klaas Huizing, das ersieht man bereits aus seinem Lebenslauf, ist ein gelehrter Autor. Seine Bildung dokumentieren allerdings nicht nur eine beachtlich lange wissenschaftliche Publikationsliste, sondern auch seine belletristischen Werke. Immer wieder haben sie Figuren der Geistesgeschichte und Philosophie zum Gegenstand: Johann Georg Tinius in *Der Buchtrinker* (1994), Johann Georg Hamann, Immanuel Kant und sein Diener Lampe in *Das Ding an sich* (1998), schließlich Sören Kierkegaard in *Der letzte Dandy* (2003).

Ein zweiter roter Faden im Werk Huizings ist die Auseinandersetzung mit theologischen Fragen, inbesondere die nach der Gültigkeit der theologischen (Er-)Lösungsangebote im Alltag. So ist es nur folgerichtig, dass *Das Buch Ruth* (2000) ein protestantisch-liberales Pfarrhaus zum Schauplatz hat und dass der Ich-Erzähler im Roman *Auf Dienstreise* (2000) für die Zeitungsbeilage »Gratia. Religion und Alltag« demografisch unterwegs ist, um vor allem den weiblichen Lesern Auskünfte über die Frage »Wie hältst du's mit der Religion?« (und einigem mehr) zu entlocken. Die theoretische Begründung für sein literarisches Interesse an verbürgten historischen Figuren, der Rezeptionsgeschichte ihres Werks und der Verknüpfung zeitgenössischer Probleme mit theologischen Dogmata liefert Huizing in einem Essay über die religiöse Kunst des Wiedererkennens unter dem Titel *Literarische Legenden* selbst: »Ich [habe] versucht zu zeigen, wie die religiöse Existenzkategorie der Wiederholung Motor der Prosa-Produktion ist.«

Der Buchtrinker. Zwei Romane und neun Teppiche (1994) wurde nach dem 1992 erschienenen *Oberreit oder: Der Gesichtsleser. Ein Physiognomischer Roman*, der weitgehend unbeachtet blieb, ein großer internationaler Erfolg. (Nach-)Erzählt wird die Geschichte des Johann Georg Tinius, geboren 1764, der ein phänomenales Gedächtnis hat und einen unstillbaren Lesehunger. Für den geht er über Leichen – gesteht allerdings seine Mordtaten nie ein und wird in einem Indizienprozess zu einer langjährigen Zuchthausstrafe verurteilt. 200 Jahre später gerät ein gewisser Reinhold Falk auf Tinius' Spur und erliegt ebenso wie jener der Bibliomanie, die sein Leben fortan bestimmt und dramatisch verändert. In den neun Teppichen, die die Brücke bilden zwischen den Jahrhunderten und den Büchernarren, ist die gesamte abendländische Philosophie- und Geistesgeschichte verwoben: von Platon bis Derrida. Beleuchtet werden die Zusammenhänge, die hinter der fatalen Lesewut des Tinius und seines modernen Alter Ego stehen: Was ist Schrift? Was ist Gedächtnis? Was ist Lesen? Ist Gott Schriftsteller? Und wenn ja, erschöpfen wir uns dann, in beiderlei Sinn des Worts, im Lesen? Eine beinah häretische Fragestellung, der Huizing im ironisch-verschmitzen Stil eines Jean Paulschen Schulmeisterleins nachgeht.

Paradise. Die Romanillustrierte (1996) ist der nicht vollends geglückte Versuch, Paradies und Sündenfall in »elf Alltagsromanen« neu zu instrumentieren. Das Buch steht im Schatten des *Buchtrinkers* und des zwei Jahre später erschienenen Kantromans *Das Ding an sich* (1998), der höchstes Lob von Günter Grass erhielt: »Eine reizvoll pikareske Erzählung, ein wunderbares, ein heiteres Buch.«

Bei dem Ding an sich handelt es sich in diesem Roman, anders als in Kants Systematik, um eine Scherbe, angeblich ein Stück des Siegeltons, mit dem Adam nach der Vertreibung seinen Pakt mit dem Teufel besiegelte, um die Erde kultivieren zu dürfen. Diese Scherbe gerät unter denkwürdigen Umständen in den Besitz des Philologen Johann Georg Hamann, einem der ältesten Freunde Kants, der fortan überzeugt ist, dass das rätselhafte Relikt Schuld trägt an seiner notorischen Erfolglosigkeit. Über die klagt er in »fliegenden Briefen« an den Physiognomen Lavater, bei dem er auf mehr Verständnis stößt als bei dem verehrten Kant. Kant, dem ein derartig irrational-abergläubisches Gebaren zuwider ist, schickt seinen etwas einfältigen Diener Lampe mit der Scherbe auf Reisen zu den berühmtesten Wissenschaftlern des 18. Jahrhunderts, die klären sollen, was es mit dieser für eine Bewandtnis hat. Aber weder der Miterfinder des Blitzableiters, Prokop Divisch, noch Tiberio Cavallo, der Erfinder der Eismaschine, noch der Magnetiseur Mesmer wissen Rat. Erst die »himmlische Musik« einer Glasharmonika, die »das Weltall zum zweiten Mal, dieses Mal fehlerfrei« entstehen lässt, bringt die Scherbe – das Corpus Delicti menschlicher Anmaßung und Schwäche – vor den Augen der drei Musikanten Hamann, Kant und Lampe zum Zerspringen: eine Art zweiter Urknall. Wie auch im *Buchtrinker* gelingt es Huizing hier, in einem mit Zitaten und Anspielungen gesättigten Text Geistesgrößen unserer Kulturgeschichte lebendig werden zu lassen – und mit ihnen die großen philosophischen Fragen menschlicher Existenz. Erzählt wird mit großer Nonchalance, Fakten und Fiktionen werden frech zu einem Komplott verrührt, die Chronologie der Ereignisse nicht immer ganz ernst genommen. Grass' Wort vom pikaresken Erzählen trifft die Sache genau: Wir sind mit Lampe unterwegs auf schelmischer Entdeckungsreise, und wie alle Schelme ist auch sein Prinzip das der Subversion durch Hartnäckigkeit.

Das Buch Ruth (2000) ist nach *Paradise* Huizings zweiter Versuch, sich mit der Gegenwart auseinander zu setzen, ohne eine frühere Epoche als Spiegel und Korrektiv zu funktionalisieren. Im Mittelpunkt steht die Pfarrerstochter Ruth Jordan, Altersgenossin des Autors, die in den Siebzigerjahren, im eher geruhsamen Nordhorn, jung ist und das, was von den 68ern herübergeweht ist, gierig aufnimmt. Auch Georg, ihre große Liebe und ehemaliger Mitschüler, ist revolutionär bewegt (jedenfalls ist er sehr gegen Weihnachtsbäume), sexuell aufgeschlossen und ideologisch befreit. Beide studieren Theologie, heiraten, haben eine Tochter. Ruths Versuch, sich mit der dauerhaften Selbstbeschwörung »Alleshalbsoschlimm« über den Opportunismus und die Gewissenlosigkeit ihres Mannes und ihre eigene programmatische Blindheit dafür hinwegzutäuschen, misslingt, muss misslingen: Am Krankenbett Georgs resümiert sie zum ersten Mal radikal ehrlich die Geschichte ihres Scheiterns, ihrer Verblendung. Hinter der Fassade eines politisch-sozialen Engagements gegen Krieg, Atomkraft, Nachrüstung hatte man ein falsches Leben aufgebaut, das sich vor persönlicher Verantwortung und echter Anteilnahme drückte und die gesellschaftliche Verantwortung in Ritualen erstarrte. Georgs Krankheit ist die Katharsis für das Paar. Als er aus dem Koma erwacht, kommt es zur Versöhnung, diesmal wird ein »echter Bund fürs Leben« geschmiedet. Das didaktisch bemühte Ende wie auch die gelegentliche Überfrachtung der Figuren als Symptomträger nimmt der überzeugenden Darstellung einer zeitgenössischen (Ehe-)Biografie zwischen Revolution und Anpassung aber letztlich nichts von ihrer Schärfe und Plastizität.

Auf Dienstreise (2000) schildert die Odyssee eines Ich-Erzählers, der im Auftrag der Chefredakteurin Frau Birus ausgezogen ist, um herauszufinden, was die Leserinnen zwischen Kamener Kreuz, Greifswald und St. Ingbert wirklich bewegt – Gott oder die Welt. Sie wünscht »Alltagstheologie für Everyday-People«, und brav macht sich der Handlungsreisende in Sachen Theologie und Sinngebung auf den Weg quer durch die Republik. So entstehen vergnügliche Protokolle der unterschiedlichsten Lebenswelten und manche erotische Verwirrung. Ein leicht-sinniges Buch, ein Buch für Vielfahrer und Dienstreisende.

Der letzte Dandy (2003), ein fiktives Gespräch zwischen Sören (Aabye Kierkegaard) und Thomas (Mann), geführt während sieben Spaziergängen an den Gestaden des Paradieses, stellt den gelungenen Versuch da, Kierkegaards Leben und Wirken romanhaft miteinander zu verflechten und gleichzeitig neu zu deuten. Wie der Beichtvater Thomas Mann, so hat auch der Leser dieses Romans Gelegenheit, sich – von Huizing geführt – mit dem Werk Kierkegaards vertraut zu machen und dem Drama seines kurzen Lebens beizuwohnen. Die Maskeraden, die so typisch sind für diesen letzten Dandy, übersetzte Huizing fulminant in Sprache: mal schnoddrig zeitgenössisch, mal lübeckisch geziert, mal hitzig aufgeladen, bricht sich in ihr die Komplexität eines imaginiert-wirklichen Lebens.

Dagmar Leupold

Werke: *Oberreit – oder: Der Gesichtsleser*, R., Stg. 1992; *Der Buchtrinker. Zwei Romane und neun Teppiche*, R., Mü. 1994; *Paradise. Die Romanillustrierte*, R., Mü. 1996; *Das Ding an sich. Eine unerhörte Begebenheit im Leben des Immanuel Kant*, R., Mü. 1998; *Das Buch Ruth*, R., Mü. 2000; *Auf Dienstreise*, R., Mü. 2000; *Der letzte Dandy*, R., Mü. 2003.

Hummelt, Norbert, wurde am 30. 12. 1962 in Neuss am Rhein geboren. Zwischen 1983 und 1990 studierte er Germanistik und Anglistik in Köln. In der Arbeit für sein Erstes Staatsexamen beschäftigte er sich mit Friederike Mayröckers Prosa der Achtzigerjahre. Hummelt war unter anderem Leiter des Kölner Literatur Ateliers (1989– 1996). Im Jahre 2002 hatte er eine Gastprofessur am Deutschen Literaturinstitut Leipzig inne. Er lebt in Wahlscheid bei Köln als Lyriker und freier Publizist.

Hummelt erhielt 1995 den Förderpreis des Landes Nordrhein-Westfalen, 1996 den Rolf-Dieter-Brinkmann-Preis der Stadt Köln, 1998 den Mondseer Lyrikpreis und 2000 den Hermann-Lenz-Förderpreis. Gefördert wurde er unter anderem mit dem New-York-Stipendium des Deutschen Literaturfonds 2002/03.

Hummelts erste poetische Veröffentlichungen Ende der Achtzigerjahre weisen ihn als Lyriker aus, der den naiven Umgang mit einer durch Medienrede diskreditierten Sprache verweigert und seine Texte im Spannungsfeld von Tradition und zeitgenössischer sprachkritischer Dichtung produziert. Vergleichbar einem Musik-DJ sammelt er sein Material im Alltag, auf den Straßen und in den Kneipen, und verdichtet die Phrasen, Slogans und aufgeschnappten Sprachfetzen zu seinem musikalisch-lyrischen Sound, etwa in Form so genannter »pick-ups«: »…ne blonde, die nie was sagt, ›ich geb den leuten nie / lippenstift, immer augen- / schminke‹, ich bin jetzt nicht sicher, ob sie sonja / heißt. steht da der typ, / ist am winken und am diri- / gieren, ›he, wir sind ne / atommacht, alter!‹, ist echtn problem …« Von Anfang an bedient sich Hummelt vielfältiger poetischer Formen vom Sonett über diverse Reimformen, die Montage und das »Sprach-Cutting« bis hin zu den Techniken der konkreten Poesie – Einflüsse der »Wiener Gruppe« sind in seiner Arbeit spürbar. In seinem Gedicht *knackige codes* deutet sich Anfang der Neunzigerjahre schließlich eine Umorientierung an: der urbane und mediale Kontext tritt in den Hintergrund zugunsten eines deutlicheren Bezuges auf poetische Vorläufer von Gottfried Benn bis zur romantischen Lyrik mit ihrem Blick auf die ephemeren Erscheinungen der Natur: »… da auch ich nun seltener / ausgeh und kaum im bilde bin, was / geschehen mag an den besagten orten, / wo heftig gesprochen wird … / sodass die dichtmaschin / wieder langsamer dreht und mich hinzieht / an dies mein hinterfenster, wo stimme / des schwarzen vogels vernehmbar, / der hockt gekrümmt in dem da weißen / baum, welcher für ein paar tage / blüht, was dann vorüber.« Hummelt nimmt weiterhin den traditionellen Bestand als Material, demontiert und arrangiert ihn neu auf teils ironische und parodistische Weise. In seinem Band *singtrieb* (1997) verwandelt sich Hummelt dann den Ton, die Sichtweise und die Motivwelt der Romantik weiter an, etwa in seinen Naturgedichten: »hindurch des waldes lichtere / bepflanzung, ein vogel der vermutlich bussard heißt; hinunter / nimmt mich der pfad / allmählich total über-/ wucherndes brombeergestrüpp, dem / tut unten sich auf ein grund / nicht ganz unversehrt / da nämlich kreuzen die mountain- / biker …« Hummelts romantischer Fokus zeigt aber auch die allgegenwärtigen Spuren von Zerfall und Zerstörung. Die Emphase der Sehnsucht und Verklärung bricht sich an dieser nüchternen Erfahrung der Gegenwart – und löst sich immer wieder auf in humorvollen Wendungen, die bereits seine frühen Texte auszeichneten. Dieser Zugriff prägt auch seinen von der Kritik vielfach gewürdigten Band *zeichen im schnee* (2001), der seinem verstorbenen Vater gewidmet ist. Hier kommt als Thema die Erinnerung an die eigene Kindheit hinzu wie in der Verserzählung *früchte*, in der das scheinbar banale Detail lyrisch erhöht wird zum »stillen träger der erinnerung« (wie es in dem Gedicht *treets* heißt): »…es ist / der nachgeschmack, der das gedächtnis schenkt // bestimmte früchte, wo wir früher von aßen / geriebener apfel, himbeersirup / rote johannisbeeren überm puddingschnee.«

Der Blick auf die äußeren Dinge und Zeichen kennzeichnet Norbert Hummelts Lyrik. Seine Wahrnehmungen fasst er formbewusst in vielfältigen Stimmlagen und Rhythmen. Anspielungen auf und Zitate aus dem überlieferten poetischen Kanon stehen ebenso neben alltäglichen Begrifflichkeiten und Begebenheiten wie melancholischer Duktus und Witz nahe beieinander liegen. In seinem Essay *In der Fremde* entwickelt Hummelt eine Poetik, deren Züge man seinem Werk ab Anfang der Neunzigerjahre zuweisen kann: »Romantisch«, schreibt er, »wäre vielleicht der wie immer geartete Versuch, sich nicht mit der Registratur des Verschwindens und Zerfaserns von Wirklichkeit zu begnügen, sondern … noch einmal etwas zu wagen, das man poetischen Widerstand nennen könnte. Also eine Kunstanstrengung, die ›Entfremdung‹ nicht rein lakonisch konstatiert, sondern unterwegs bleibt zu ihrer Aufhebung« (»text + kritik«, Heft 143).

Stefan Sprang

Werke: *oh an-atomie*, G., Köln 1987; *irre duzibel*, G., Köln 1989; *irre parabel*, G., Köln 1990; *maisprühdose/ geknautschte zone*, zus. mit Ingo Jacobs, G., Eupen 1991; *pick-ups*, Siegen 1992; *knackige codes*, G., Bln. 1993; *singtrieb*, G., Buch & CD, Weil am Rhein/Basel 1997; *Zeichen im Schnee*, G., Mü. 2001.

Huonder, Silvio, wurde am 6. 10. 1954 in Chur in der Schweiz geboren. Von 1983 bis 1987 studierte er an der Hochschule für Musik und Darstellende

Kunst in Graz und von 1990 bis 1994 Szenisches Schreiben an der Hochschule der Künste in Berlin. Er ist Mitglied des AdS und des Deutschweizer P.E.N.-Zentrums. Er lebt heute als Schriftsteller und Drehbuchautor in Berlin. Ausgezeichnet wurde er 1998 mit dem Preis der Schweizerischen Schillerstiftung.

Nach einigen Theaterstücken, von denen *Die Holzfresser* (1988) am erfolgreichsten war, erzielte Silvio Huonder mit seinem Romandebüt *Adalina* (1997) einen unerwarteten Erfolg. *Adalina* ist eine tragische Liebesgeschichte und eine Hommage an die Zeit der Kindheit zugleich. Erzählt wird vom in Berlin lebenden Zeichner Johannes Maculin, 38 Jahre alt, der in seine Heimatstadt Chur zurückkehrt. Es ist die Geschichte vom Anfang und Ende eines Mannes, der seine Jugendliebe, die wilde Cousine Adalina, nicht vergessen kann. Diese frühreife Verführerin hatte ihn verzaubert, doch er ließ sich nie wirklich auf diese Liebe ein; Adalina verunglückte wenig später bei einem Motorradunfall. Maculin, der ihr seinen Helm aus Eifersucht verweigert hatte, wird das Gefühl, schuld an ihrem Tod zu sein, nicht mehr los. Es war eine erste Liebe und Adalina so etwas wie die zweite Hälfte seiner Identität, doch inmitten der spießigen Verklemmtheit der späten Sechzigerjahre, wo selbst die Mutter »stechende Augen« bekam, als sie die beiden ertappte, hatte diese Heimlichkeit keine Chance. Die Kindheit blieb für Maculin trotzdem das einzig Authentische in seinem Leben; die Rückerinnerung und die Wiederbegegnung mit alten Freunden und Lieben stürzt ihn in Albträume und letztlich ins Bodenlose, in den Tod. Mit dieser in überwiegend kurzen Parataxen schlank und unsentimental erzählten Schicksalsgeschichte erntete Huonder viel Beifall; seine Erzählweise der kleinen, lakonischen Gesten verstand es, Motive, Figuren und Episoden kunstvoll zu verknüpfen.

Das *Übungsheft der Liebe* (1998) wird von einer deutlich leichteren Stimmung getragen; im Stile eines Schelmenromans entführt es in die Welt der Siebzigerjahre und begleitet als Tagebuch die hauptsächlich erotischen Erfahrungen des Schweizer Deserteurs und Luftikus Fabio Bosch, der den vorgezeichneten Lebensweg als Arzt und Offizier kurzerhand verlassen hat und nun das vogelfreie Leben genießt. Er eifert den Beatniks aus Jack Kerouacs Kultroman *On the road* (1957) nach, doch die Nachtlager im Bündner Land sind karger und die Gaben der Mitbürger nicht immer reichlich. In dieser linear gebauten, frechen Komödie erfreut sich Fabio eine Zeit lang der Frauen und Drogen, bis schließlich Auto, Liebschaft und auch seine Nase in die Brüche gehen. Zudem wird diese Sinnenfreude von einigen Schreckenserfahrungen konterkariert, die ihn merklich kleinlauter klingen lassen – letztlich ein unterhaltsames, aber sprachlich nicht mit dem Vorgänger in Konkurrenz tretendes Buch.

Thomas Kraft

Werke: *Die Holzfresser*, Theaterst., UA Zug 1988; *Vincent,* Theaterst., UA Mü. 1991; *Feuerlili*, Theaterst., UA Freiburg/Br. 1993, Hsp., MDR 1994; *Schneller wohnen*, Theaterst., UA Konstanz 1996; *Monsieur & Leontine*, Hsp., DLR 1996; *Frau im Schatten*, Drehb., Bln. 1997; *Adalina*, R., Hbg., Zür. 1997; *Übungsheft der Liebe*, R., Ffm. 1998; *Berlin Taxi*, Film, Bln. 2000; *Camenisch*, Dok.-Film, Zür. 2001.

Hürlimann, Thomas, wurde am 21. 12. 1950 in Zug in der Schweiz geboren. Sein Vater Hans Hürlimann war Regierungs- und Bundesrat. Thomas Hürlimann besuchte das Gymnasium in Einsiedeln, bestand hier die Reifeprüfung, begann in Zürich Philosophie zu studieren, wechselte an die Freie Universität Berlin und brach das Studium ab, um zwei Jahre lang als Regieassistent und Dramaturg am Berliner Schiller-Theater zu arbeiten. Er lebt seit 1981 als freier Schriftsteller in Wilerzell bei Einsiedeln. Seit 2000 lehrt er am Deutschen Literaturinstitut in Leipzig. Er erhielt viele Auszeichnungen: 1981 den »aspekte«-Literaturpreis, 1982 den Rauriser Literaturpreis und den Förderpreis des Verlags der Autoren, 1985 den Gastpreis des Luzerner Literaturpreises, 1990 den Kritikerpreis des SWF und den Preis der Schweizerischen Schillerstiftung, 1992 den Berliner Literaturpreis, den Innerschweizer Literaturpreis, den Marieluise-Fleißer-Preis und den Preis der Stiftung Bibel und Kultur, 1993 den Mozart-Preis, 1997 den Literaturpreis der Konrad-Adenauer-Stiftung, 1998 den Solothurner Literaturpreis und 2001 den Joseph-Breitbach-Preis.

In seiner Geschichte *Begegnung* aus dem Band *Die Tessinerin* (1981), der autobiografisch beeinflusste Erinnerungen enthält, wird der Erzähler als »einer von den Alpenländischen« bezeichnet, »die es in die Großstadt getrieben habe. Einer, dem es in der fernen Heimat an Bewegung fehle«. Nach Hürlimanns eigenen Angaben war der Abnabelungsprozess von der Familie, das Freischreiben aus dem engen Geflecht sozialer Kontrolle seiner kleinen Heimatstadt eine wesentliche Intention seiner literarischen Arbeit. Im Zentrum dieser »Vergangenheitsbewältigung« steht aber die durch die Krankheit und den Tod seines Bruders begründete Auseinandersetzung mit dem Sterben. »Wer in einem Sterbehaus an einem Sterbebett sitzt, wer in seinem Hirn nach Wörtern sucht, um nicht verrückt zu werden oder zu grinsen wie ein Blöder, der erfährt, ob er nun der Euteler Lehrer sei am Bett seiner Frau oder ich am Bett meines Bruders (worüber ich schreiben wollte und nicht kann), dass ein sterbender Mensch einem fremd wird, weil er Stille erzeugt – eine feierliche Stille.« In eindringlichen, unpathetischen Bildern nähert sich Hürlimann dem in der modernen Gesellschaft weitgehend verdrängten Phänomen des Todes mit all seinen Begleiterscheinungen, die in dieser extremen Lage verschärfte Konturen gewinnen. Trauer und (Selbst-)Mitleid, Ohnmacht und Schuldgefühle, Vorwürfe, (Selbst-)Täuschungen und Ausflüchte prägen nahezu grotesk eine Situation, in der der Sterbende entgegen all der bürokratisierten, inhumanen Sterbepraxis Größe zu bewahren sucht: »Wenn ein Mensch verende, sagte er, verende alles. In allem, was sei, werde das Verenden sichtbar, nur noch das Verenden sei wirklich.« Dieser Erfahrung entsprechend bewegt sich der Erzähler als »Wanderer in der Ebene« meist nachts in den Randzonen der Großstadt, wo die hilflos am Abgrund balancieren, »die zu den tätigen Gruppen keinen Anschluss mehr finden«, an den Orten der Einsamkeit und Isolation, sei es in der Sterbeklinik, im finsteren, dem drohenden Verfall anheim gegebenen Bergdorf oder inmitten all der sozialen Strukturen, in denen Druck zwar sehr sublim, nichtsdestoweniger aber wirksam unter dem scheinheiligen Deckmantel der gesellschaftlichen Konvention ausgeübt werde: »Entweder fressen die Eltern ihre Kinder, oder die Kinder schlagen ihre Eltern tot. (...) In den guten Bürgerstuben ist der Kampf archaisch.«

Thematisch eng damit verknüpft ist Hürlimanns Theaterstück *Stichtag*, das 1984 seine umstrittene Doppel-Uraufführung in Stuttgart und Düsseldorf erlebte (»Die Uraufführung dokumentiert die Unfähigkeit, ein Stück produktiv zu lesen«, so Heinrich Vormweg), und das daraufhin in einer neuen Textfassung 1985 in Zürich aufgeführt wurde. Der todkranke, ehemalige Geflügelfabrikant Damunt entflieht der Intensivstation des Krankenhauses und begibt sich auf das Gelände seiner mittlerweile stillgelegten und teildemontierten Hühnerfarm, um »wieder in die Mast zu gehen«. Von unsäglichen Schmerzen gequält, zwischen Lebensmut und Resignation schwankend, sieht der von seiner Frau und seinen ehemaligen Mitarbeitern umgebene Industrielle sein Lebenswerk bedroht, ja zerstört, sein Aufbäumen im Todeskampf (»Sterben ist Arbeit, Schwerstarbeit«) ist vergeblich; sein ausschließlich auf seine Welt, die Welt der Hühnerfabrik, fixierter Blick lässt ihm diese als die einzig reale erscheinen, die nun mit seinem Tode auch erlöschen werde. Trotz der sich aufdrängenden Assoziation von hoch technisierter Schlachtfabrik mit der sterilen Kälte von Krankenhäusern und Sterbekliniken bleibt für Hürlimann der »Stichtag« des Todes, der Tag, an dem alles entschieden wird, ein privates Refugium des Menschen, ein durch nichts auflösbarer Raum. In diesem Zusammenhang wurden die religiösen Anspielungen der neuen Textfassung und vor allem die Schlussszenen der Inszenierungen als »neutestamentliche Bilder eines modernen Totentanzes« (C. B. Sucher) gewertet.

In seinem 1981 im Schauspielhaus Zürich uraufgeführten Stück *Großvater und Halbbruder* betrachtet Thomas Hürlimann das Verhalten der neutralen Schweiz während des Zweiten Weltkrieges in Flüchtlings- und Asylangelegenheiten »sozusagen per distance und aus der Enkelperspektive«. Den Schweizer Opportunismus gegenüber Nazi-Deutschland, wie er in dem auf die Emigranten gemünzten Slogan »Das Boot ist voll« von 1942 gipfelte, illustriert Hürlimann anhand der eigenen Familiengeschichte im Verhalten seines Großvaters, der den Versprechungen eines sich je nach politischer Großwetterlage als Halbbruder Hitlers namens Alois oder als jüdischer Emigrant ausgebenden Fremden auf den Leim geht und dafür von der Dorfgemeinschaft gegen Ende des Krieges geächtet wird. »Wir sind anständige Leut«, behaupten die Dörfler von sich und wittern angesichts der Fliegerangriffe auf das nahe gelegene deutsche Reich »ein Bombengeschäftlein, wenn's noch ein bisschen anhalten würde«. Und so würde sich der Kreis schließen – die Regieanweisungen für Anfangs- und Schlussszene sind nahezu identisch –, das Auge zugedrückt, das Gesicht und die Neutralität gewahrt, wenn nicht der störrische Großvater an diesem ominösen Halbbruder Hitlers festhalten und damit die mittlerweile wieder eingekehrte Ruhe und Ordnung erheblich stören würde. Wenn Thomas Hürlimann sich diesen unbequemen Wahrheiten widmet, ohne direkt anzuklagen, zeugt dies von einer Gelassenheit, wie sie die Figur des »Doktors« in seinem Band *Die Tessinerin* verkörpert: »Ich bin durch die Wirklichkeit hindurchgegangen und erlaube mir jetzt ein touristisches Verhältnis zum Horizont.«

In seiner gefeierten Novelle *Das Gartenhaus* (1989) erzählt Hürlimann von Lucienne und ihrem Obersten, die ihren einzigen Sohn früh begraben mussten und nicht darüber hinwegkommen. Die Grabpflege wird zur Farce, als der Oberst eine verwilderte Katze auf dem Friedhof ohne Wissen seiner Frau füttert. Erst als sie bei ihm immer wieder rohes Fleisch findet, zerplatzen die Täuschungen. Eines Tages zerstört der Oberst die im Gartenhaus aufgebaute Spiellandschaft des Sohnes, von da an betreten beide wieder gemeinsam diesen Ort. Als der Oberst stirbt, zieht Lucienne weg und sucht nach Heiratskandidatinnen für ihren vor zehn Jahren verstorbenen Sohn. »Es ist ein Alters- und Eheroman, ein Glücks- und Trauerroman, ein Männer- und Frauenroman und dazu ein spielendes und ein ernstes Buch, eins zum Lachen und manchmal zum Weinen« (Andreas Isenschmid).
In den bereits in Schweizer Wochenzeitungen erschienenen Episoden und Panoramen, die der Autor »mit leichter Hand und einer präzise gesetzten Schlusspointe« zu inszenieren beabsichtigte, begegnet man Figuren und Symbolen einer vergehenden Zeit. Im Gegensatz zu den Menschen, die *Die Satellitenstadt* (1992) bewohnen, erzählt Hürlimann von einem »Verstiaribruder« eines Klosters oder dem »Langstreckenläufer«, einem mit allen Sachen handelnden und stets zu einem Schwatz aufgelegten Einzelgänger. In einer Gesellschaft, in der bereits »jede Milchtüte das Datum ihres Verfalls trägt«, besetze die Melancholie die Gemüter, herrsche Krieg in den Metropolen, drohe das »Verhängnis«. Mit seinen wehmütigen Geschichten strebt Hürlimann einen Moment des Innehaltens und der Besinnung in einer schnelllebigen Zeit an. *Der große Kater* (1998) »leistet für Bundesbern und die Eidgenossenschaft, was Wolfgang Koeppens *Treibhaus* für Bonn und die BRD erbracht hat: eine beklemmende schattenhafte Analyse« (Beatrice von Matt). Der erste Roman Hürlimanns um den österreichischen Bundespräsidenten trägt autobiografische Züge und sorgte für einen kleinen Skandal bei den Eidgenossen. Hürlimann erzählt von Intrigen und Machtkämpfen zwischen dem Präsidenten und dem Chef seiner Sicherheitspolizei, die ihren Ursprung in einer Liebesgeschichte mit verletzten Eitelkeiten in sich trägt. Das *Einsiedler Welttheater* (UA 2000) ist eine modernisierte Variante des Calderónschen Vorbildes, verzichtet auf Himmel, Hölle und Fegefeuer und kommt auch ohne Gott aus. Das Theater wird zum reinen Weltspiegel, die Hölle ist auf Erden. Die Novelle *Fräulein Stark* (2001) erzählt von der erotischen Initiation eines Klosterschülers in den Sechzigerjahren, der für die Bereitstellung der Filzpantoffeln für die Besucher der St. Gallener Klosterbibliothek zuständig ist. Dabei lugt er frech den Frauen unter die Röcke und kommt in den Genuss des weiblichen Geruches, argwöhnisch beobachtet von der Haushälterin Fräulein Stark. Ein sommerlich-leichtes Buch über das Erwachsenwerden inmitten einer bigotten und engen Welt.

Thomas Kraft

Werke: *Die Tessinerin. Geschichten*, Zür. 1981; *Großvater und Halbbruder*, Theaterst., UA Zür. 1981, gedr. Ffm. 1980; *Stichtag*, Theaterst., UA Düsseld., Stg. 1984, gedr. Ffm. 1984; *Meinrad Inglin: Der schwarze Tanner und andere Erzählungen*, Hg., Zür. 1995; *Stichtag. Der Text und ein Bilderbuch zur Probenarbeit*, Zür. 1985; *Der Ball*, E., Zür. 1986; *Das Gartenhaus*, N., Zür. 1989; *Der letzte Gast*, Theaterst., UA Zür. 1990; *Claus Lymbacher*, Theaterst., UA Zür. 1990; *Der Berg*, Drehb., zus. m. Markus Imhof, 1990; *Der Gesandte*, Theaterst., Zür. 1991, UA Zür. 1991; *Der Franzos im Ybrig*, Theaterst., UA Einsiedeln 1991, Film 1991; *Innerschweizer Trilogie* (enth. *Der Franzos im Ybrig; Dämmerschoppen; Lybacher*), Zür. 1991; *Die Satellitenstadt*, Zür. 1992; *Güdelmantig. Eine Komödie*, Zür. 1993, UA Einsiedeln 1993; *Carleton*, Theaterst., Zür. 1996; *Das Geburtstagskind*, Theaterst., UA Innsbr. 1996; *Das Lied der Heimat. Alle Stücke*, Ffm. 1998; *Der große Kater*, R. Zür. 1998; *Das Einsiedler Welttheater. Ein Stück, nach Petro Calderón de la Barca. Mit Sinnbildern geschmückt und einer Arbeitsnotiz des Autors*, UA Einsiedeln, gedr. Zür. 2000; *Das Holztheater. Geschichten und Gedanken am Rand*, Zür. 2000; *Fräulein Stark*, N., Zür. 2001; *Himmelsöhi, hilf! Über die Schweiz und andere Nester. Kleine Schriften vermischten Inhalts*, Zür. 2002; *Synchron*, Theaterst., UA Zür. 2002.

Hüttenegger, Bernhard, wurde am 27. 8. 1948 in Rottenmann in der Steiermark geboren. Nach der Ausbildung zum Volksschullehrer studierte er in Graz Germanistik und Geschichte. Heute lebt er als freier Schriftsteller in Wien und in Launsdorf in Kärnten. Als Kulturkritiker arbeitete er für den Rundfunk und diverse Tageszeitungen. Er ist Mitglied des Grazer »Forum Stadtpark«. Er erhielt 1975 den Literaturförderungspreis der Stadt Graz, 1979 und 1991 den Theodor-Körner-Förderungspreis und 1980 sowie 1991 den Literaturpreis des Landes Steiermark.
1975 debütierte der Autor mit den *Beobachtungen eines Blindläufers*, einer Sammlung von 50 kurzen Prosastücken, in denen alltägliche Vorgänge und belanglose Situationen (z.B. *Das Auftauchen einzelner Gesichter in der Menge*; *Zwei Hunde in der*

Bahnhofshalle) in schmuckloser, aber bis in kleinste Detail exakter Sprache in ihrer Bedeutungslosigkeit akzentuiert oder ins Groteske übersteigert werden. Mit Texten wie *Richtlinien für Untermieter* oder *Anweisung zu einer Idylle* demaskiert er durch parodierende Nachahmung bestimmter Sprachmuster die sich selbst so wichtig nehmende, durchstrukturierte und verwaltete Gesellschaft. In einem Text über den Anstaltsalltag in einer Nervenklinik (oder einem Gefängnis) gibt die Erzählerinstanz das einzige Mal die Position des außen stehenden, distanzierten Beobachters auf und schildert aus ihrer Perspektive die Welt dieses »überschaubaren Ordnungsbezirkes«.

Die Erzählungen *Ein Tag ohne Geschichte* (1980) greifen ungewöhnliche Episoden aus dem Leben der dargestellten Figuren auf, so wehrt sich z.B. eine Bedienung in einem Klagebrief an eine »Gerichtskommission« gegen den weiteren Raubbau an ihrem Körper. In dem Band *Verfolgung der Traumräuber* (1980) präsentiert der Autor eine Sammlung essayistischer Skizzen, in denen er mit teils ironischem, teils melancholischem Unterton die Stumpfheit der zivilisationsgeschädigten und -schädigenden »Traumräuber« attackiert: »Der Urvogel Archäopterix (Symbol der Sehnsucht aller, sich selbst als Selbst zu spüren und die Umwelt als zu gestaltende Natur zu erfahren) hängt längst als Trophäe ausgestopft an den Bürowänden der TRAUMRÄUBER, die mit einem verkommenen Mythos eigennützigen Handel treiben.« Schon die Titel der Erzählung *Die sibirische Freundlichkeit* (1977) und des Romans *Reise über das Eis* (1979) sind Metaphern der Kälte, mit denen die Vereisung und Erstarrung sozialer Verhaltensformen illustriert werden. In einzelnen, meist in sich geschlossenen Episoden entwirft Hüttenegger reale, grotesk verfremdende oder utopische Szenerien.

Eine auf den ersten Blick unspektakuläre Reise unternimmt der Protagonist des Romans *Die sanften Wölfe* (1982): Kainer wird vom »Institut für Soziometeorologie« in ein unattraktives Dorf geschickt, um »das Wetter zwischen den Menschen« zu beobachten. Mit dem genauen Blick des Feldforschers registriert er die dörflichen Existenzen und Ereignisse. Dabei erfährt er Aggressivität, Widersprüchlichkeit und Borniertheit, aber auch die Sehnsucht der Menschen nach einer besseren Welt. Kainer, der zwar Außenstehender in dieser abgezirkelten Gesellschaft bleibt, reagiert nicht – wie z.B. die Figur John in der *Reise über das Eis* – mit Flucht. Es entsteht beinahe der Eindruck, als habe der »Wissenschaftler« durch das ständige Beobachten der Menschen einen verloren geglaubten Kontakt zum Leben wiedergewonnen. Ähnlich wie Kainer wird der Versicherungsangestellte Lesski im Roman *Der Glaskäfig* (1985) auf eine Außenstelle seiner Firma in eine Kleinstadt versetzt. Er erlebt seine Umwelt, als wäre er durch unsichtbare Begrenzungen eines Glaskäfigs von ihr getrennt, was schließlich den völligen Rückzug Lesskis in seine Wohnung bewirkt, wo er sich einer »Orgie der Einsamkeit« hingibt. Durch die suggestive Kraft seiner präzisen Bilder vermittelt Hüttenegger das Wechselspiel von Hoffnung und Trostlosigkeit im Bewusstsein des Anti-Helden Lesski.

In den Neunzigerjahren legte Hüttenegger die Erzählbände *Wie man nicht berühmt wird* (1990) und *Der Hundefriedhof von Paris* (1994) vor. Auch in den dort versammelten Prosatexten wird der Leser immer wieder mit Erzählerinstanzen konfrontiert, die ihre Umgebung – nicht selten als Außenseiter – beobachten. Unerwartete Störungen des Alltags markieren dabei die scheinbar omnipräsente, wenn auch oft unsichtbare Grenze zwischen heiler und unheiler Welt. Die Titelerzählung des Bandes *Wie man nicht berühmt wird* kritisiert den oberflächlichen Literaturbetrieb, dem ein Schriftsteller allerdings kaum mehr als Kollegenschelte entgegenzusetzen hat. Im Roman *Die Tarnfarbe* (1991) begibt sich der Maler Janak aus einer Provinzmetropole (vermutlich Graz) ins »Grenzgebiet des östlichen Hügellandes«, um im Zuge eines eigenartigen Künstlerwettbewerbs des Verteidigungsministeriums eine neue Tarnfarbe zu finden. Als Gast in einem Landschloss lernt er nicht nur die Vorzüge der Schlossherrin kennen und lieben; er beginnt auch die nur auf den ersten Blick verschrobenen wirkenden Bewohner der Gegend zu schätzen, wie z. B. den in der Oststeiermark legendären Erfinder der »Weltmaschine«, die in jahrzehntelanger Arbeit zu einer raumfüllenden Installation heranreifte. Die sich dem Maler allmählich erschließende Landschaft, die Natur und die Menschen werden dem Leser durch eine präzise und doch subtile poetische Bilderwelt vergegenwärtigt. So gelingt es Hüttenegger, dessen erzählerische Brillanz von der Kritik immer wieder hervorgehoben wurde, »mit einer sehr differenzierten und mit großer Sensibilität gehandhabten Sprache Bedeutung, Sinn zu evozieren« (Ernst Nef). Dies bestätigt der Schriftsteller, der vielleicht mangels offensiver Selbstvermarktung ein Außenseiter im deutschsprachigen Literaturbetrieb geblieben ist, auch in seinen 2000 erschienenen Reisebildern *Die Unschuld am Morgen.* Sie gehören für Karl-Markus Gauss »zum Besten, was dieses Genre zu bieten hat« (»Neue Zürcher Zeitung«).

Petra Ernst

Werke: *Schöne Stille*, Hsp., ORF 1978; *Beobachtungen eines Blindläufers*, Pr., Wien 1975; *Die sibirische Freundlichkeit*, E., Salzb., Wien 1977; *Reise über das Eis*, R., Salzb., Wien 1979; *Verfolgung der Traumräuber. Tagesverläufe*, Graz 1980; *Ein Tag ohne Geschichte*, En., Pfaffenweiler 1980; *Die sanften Wölfe*, R., Reinbek 1982; *Atlantis*, Hsp., ORF 1983; *Der Glaskäfig*, E., Reinbek 1985; *Wie man nicht berühmt wird. Wahre Geschichten*, Wien 1990; *Die Tarnfarbe*, R., Wien 1991; *Quasi una fantasia*, Hsp., ORF 1991; *Felix, der Floh. Eine Fabel*, Klagenfurt 1993; *Der Hundefriedhof von Paris*, En., Klagenfurt 1994; *Anatomie der Engel. Eine Reise in die Seelenwelt des Dichters Edgar Allen Poe*, Hsp., ORF 1994; *Die Unschuld am Morgen. Reisen und Schreiben*, Wien-Klosterneuburg 2000; *Abendland*, R., Wien-Klosterneuburg 2001.

Ingold, Felix Philipp, wurde am 25. 7. 1942 in Basel geboren. Er studierte vergleichende Literaturwissenschaft, Slawistik, Philosophie und Kunstgeschichte in Basel und Paris und verbrachte Studienaufenthalte in Moskau, Warschau und Prag. Nach dem Examen arbeitete er zunächst als freier Autor und Publizist. Seit 1971 lehrt er als Ordinarius für Kultur- und Sozialgeschichte Russlands an der Hochschule St. Gallen. Als Übersetzer (v.a. aus dem Französischen und Russischen) widmete er sich der Poetik und Poesie der Moderne. Sein umfangreiches publiziertes Werk besteht aus experimenteller Lyrik und Prosa sowie aus essayistischen und theoretischen Texten. Ingold legte Veröffentlichungen zur Kulturgeschichte Russlands, zur künstlerischen Avantgarde Osteuropas und zur französischen und russischen Gegenwartsliteratur vor. Er lebt heute in Zürich, wo er zusätzlich zur Professur in Sankt Gallen an der ETH als Dozent arbeitet. 1989 erhielt er den Petrarca-Preis für Übersetzung, 1992 den Riehemer Kulturpreis, 1998 den Großen Literaturpreis des Kantons Bern, 2001 den »manuskripte«-Preis sowie diverse Ehrengaben der Stadt und des Kantons Zürich.

Ingolds Literatur widersetzt sich herkömmlichen Rezeptionsformen; sie gilt wegen ihres experimentellen Charakters und wegen ihres artifiziellen Stils als schwer lesbar und sperrt sich dem herkömmlichen Verständnis. *Freie Hand. Ein Vademecum durch kritische, poetische und private Wälder* (1996) ist ein genresprengendes Buch Ingolds, das ähnlich wie *Haupts Werk. Das Leben* (1984) Aphorismen, tagebuchartige Notate, Essays und Reflexionen enthält, die sich nicht ausschließlich, aber oft mit dem Schreiben beschäftigen. Darin, wie insbesondere auch in *Schriebsal* (1985), wird deutlich, dass für Ingold Schreiben als Synonym für Leben stehen kann. Wie ein manisch schreibender Sisyphos will in *Schriebsal* der Autor selbst ein Produkt des eigenen Textes werden. In poetischen und poetologischen Splittern, in Wahrnehmungsskizzen und Lesenotizen, in Traum- und Erinnerungsstücken öffnet sich Ingold in *Freie Hand* (1996) wie sonst selten dem Leser und verwirklicht trotzdem auf leicht nachvollziehbare Weise eines seiner wichtigsten Anliegen, das Aufbrechen des Textes, das er mit größter Konsequenz in der Lyrik praktiziert. Seit Ingolds Debüt *Schwarz auf Schnee* (1967) sind bisher 14 Gedichtbände erschienen. Ihnen gemeinsam ist, dass die Texte das Lineare und Diskursive der Alltagssprache verlassen. Sie nehmen Sprache beim Wort und spüren verborgene Nebenbedeutungen auf, generieren Sinn durch das Zersetzen einzelner Wörter (»Gesetzeskraft« in »Geh. Setz es. Kraft«), überlassen sich der Eigendynamik des Sprechens und verzichten auf auktoriale Autorität. Die Texte wären im Idealfall neue Sprachräume ohne Autor, sie sind kurz und suggerieren mehr Sinn als sie ausdrücken, beziehen außersprachliche Elemente ein und können sogar zu Leertexten in Pünktchen-Form werden und am Ende nur noch aus weißer Fläche bestehen: Das Schweigen als Endstadium entautomatisierter Sprache. Ob Ingold in *Unzeit* (1981) mit Sonetten spielt und alte Traditionen formal und sprachlich variiert, ob er in *Fremdsprache* (1984) deutsche Dichtung in seine eigene Literatursprache übersetzt, ob er in dem *Buch der Sprüche* (1987) Politiker- und Werbeslogans auf den verbalen Seziertisch legt, immer gilt Ingolds Aufforderung: »Im Wesentlichen ist diese spielerische Wortarbeit eine Errungenschaft des poststrukturalistischen Dekonstruktivismus; sie verpflichtet den Leser zu einer hermeneutischen Sorgfalt, die dem Text nicht nur auf der Bedeutungsebene, sondern auch in seiner schieren Buchstäblichkeit gerecht zu werden hat.« Ingolds sprachkritisches Bewusstsein ist mit Heißenbüttels, Hildesheimers und Pastiors Ausdrucksformen verwandt. Dass der Sinn der Literatur sich im Akt des Lesens erfüllt, während der Autor sich schreibend eliminiert, gehört zu den Konstanten der Poetologie Ingolds. »Klar ist«, schreibt Ingold in *Autorschaft und Management* (1993), dass »der Autor als Diskurs begründendes Subjekt sich auslöschen, seine Autorität als Herr, Beherrscher der Sprache aufgeben muss, um nur noch in Funktion zur Sprache – als deren Funktionator gewissermaßen – wirksam zu sein; um schließlich einer herrenlosen Sprache zum Durchbruch zu verhelfen«.

Ingolds Arbeiten als Theoretiker, Dichter und Übersetzer greifen ineinander und zweifeln variantenreich an der Berechtigung der Urheberschaft. Vor allem in Ingolds Prosa mutiert der Autor, der mit seinem Text lediglich auf andere Texte verweist, zum Leser. In *Leben Lamberts* (1980) befindet dieser sich in einem literaturlexikalischen Irrgarten: Zitate wechseln sich mit Paradoxien und Mitteilungsverweigerungen ab. Die Enden der sechs Texte

verweisen stets auf den Beginn zurück. Der Leser wird gezielt desorientiert.
Die jüngsten Arbeiten Ingolds machen wieder deutlich, dass die Lyrik im Gegensatz zur Prosa die adäquatere Form für das Ingoldsche Sprachlabor ist. Der Hang zur Lakonie und zur Reduktion verstärkte sich seit den Neunzigerjahren, dämmte aber die Produktivität keineswegs ein. In *Auf den Tag genaue Gedichte* (2000) blitzt auch immer wieder Humor auf (»Kalauer / Kahl. / Au! / Sie?«) und zeigt Ingold von seiner zunehmend spontanen Seite: alltägliche Begebenheiten, Träume, Aperçus, Triviales, Ernstes, Zärtliches. Ingold spricht aus, nähert sich entspannt vielen auf Anhieb leicht verständlichen Aussagen und kokettiert doch weiterhin mit seinen wichtigsten Themen (»Ich hör mir von dir / alles an. Nur / nicht dein Schweigen«). Ingold hat im Sinne einer als Arbeitsinstrument verstandenen Selbstdisziplinierung in *Auf den Tag genaue Gedichte* ein Jahr lang jeden Tag einen Dreizeiler geschrieben. Theorien und Ideen rücken in den Hintergrund, dafür regen ihn verstärkt Beobachtungen und Wahrnehmungen zu diesen kaleidoskopischen Miniaturen an. Allerdings denkt er sich für jedes literarische Projekt neue Zwänge aus, von denen er sich dann überraschende Freiheiten erwartet, wie schon in den Achtzigerjahren vom Reim. Im Lyrikband *Nach der Stimme* (1998) nimmt jeder Strophenanfang Silben oder einzelne Laute der letzten Zeile der vorangegangenen Strophe wieder auf. In *Jeder Zeit. Andere Gedichte* (2002) verlässt Ingold die Form des vorangegangenen lyrischen Diariums, konzentriert sich jedoch mit derselben Prägnanz auf die kleine Form.

Nicola Bardola

Werke: *Schwarz auf Schnee, 58 Gedichte*, Zür. 1967; *Innokentij Annenskij. Sein Beitrag zur Poetik des russischen Symbolismus,* Diss., 1968; *Spleen und überhaupt. 50 Gedichte,* Bern 1969; *Baudelaire im Urteil seiner Zeitgenossen*, Übs., zus. m. Robert Kopp, Ffm. 1969; *Literaturwissenschaft und Literaturkritik im 20. Jahrhundert*, Ess., Hg., Bern 1970; *Peter Arschinow: Anarchisten im Freiheitskampf*, Aufs., Hg., Zür. 1971; *Gedichte an Gott sind Gebete,* G., Hg., zus. m. Ilma Rakusa, Zür. 1972; *Picasso in Russland,* Ess., Hg., Zür. 1973; *Alexander Solschenizyn: Kirche und Politik*, Hg., zus. m. Ilma Rakusa, Zür. 1973; *Literatur und Aviatik. Europäische Flugdichtung 1909–1927,* Basel, Stg. 1978; *Retrospekulative: Dorette Huegin*, Hg., Zür. 1980; *Leben Lamberts. Prosa,* Zür., Ffm. 1980; *Dostojewski und das Judentum,* Ess., Ffm. 1981; *Unzeit,* G., Stg. 1981; *Edmond Jabès: Es nimmt seinen Lauf*, Übs., Ffm. 1981; *In Goethes Namen. Anekdoten aus dem »Russischen Diwan«*, Hg., Zür. 1982; *Haupts Werk. Das Leben*, Pr., G., Mü. 1984; *Fremdsprache. Gedichte aus dem Deutschen*, Bln. 1984; *Schriebsal*, Zür. 1985; *Joseph Brodsky: Römische Elegien und andere Gedichte,* Übs., Mü. 1985; *Michail Bulgakow: Wohnraum auf Rädern*, Hg., Zür. 1985; *Edmond Jabès: Das kleine unverdächtige Buch der Subversion*, Übs., Ffm. 1985; *Mit anderen Worten*, Prosagedichte, Mü. 1986; *Das Buch der Sprüche*, 1987; *Letzte Liebe*, R., Mü. 1987; *Und das soll ein Gedicht sein,* G., Zür. 1987; *Das Buch der Sprüche. Ein Idiotikon*, Bln. 1987; *Eigennamen. Meditationen über Sprache und Literatur*, Ess., Hg., Mü. 1988; *Francis Ponge: Schreibpraktiken oder Die stetige Unfertigkeit*, Übs., Mü. 1988; *Günther Uecker: Sibirien/Mongolei. Texte von Boris Pilnjak*, Hg. u. Übs., St. Gallen 1988; *Der Autor im Text*, Ess., Bern 1989; *Echtzeit*, G., Mü. 1989; *Edmond Jabès: Vom Buch zum Buch*, Übs., Ffm. 1989; *Edmond Jabès: Die Schrift der Wüste*, Hg., Bln. 1989; *Boris Pasternak: Der Strich des Apelles*, Übs., St. Gallen 1990; *Francis Ponge: Gnoske des Vorfrühlings*, Übs., St. Gallen 1990; *Ewiges Leben*, E., Mü. 1991; *Gennadij Ajgi: Aus Feldern Russland*, Übs., Ffm. 1991; *Gennadij Ajgi: Widmungsrosen*, Übs., Bln. 1991; *Michel Leiris: Suppe Lehm Antikes im Pelz tickte o Gott Lotte*, Übs., Bln. 1991; *Ossip Mandelstam: Das zweite Leben*, Übs., Mü. 1991; *Jan Skácel: Ein Wind mit Namen Jeromir*, Übs., Salzb. 1991; *Reimt's auf Leben. Ein Hundert Gelegenheitsgedichte*, G., Bln. 1992; *Der Autor am Werk*, Ess., Mü. 1992; *Fragen nach dem Autor. Positionen und Perspektiven*, Ess., Hg., Konstanz 1992; *Gennadij Ajgi: Gruß dem Gesang*, Übs., Bln. 1992; *Gennadij Ajgi: Und: für Malewitsch*, Übs., Zür. 1992; *Wladimir Buritsch: Texte*, Übs., Salzb. 1992; *Edmond Jabès: Das Gedächtnis und die Hand.* Übs., Münster 1992; *Edmond Jabès: Verlangen nach einem Beginn/Entsetzen vor einem einzigen Ende*, Übs., Stg. 1992; *Autorschaft und Management. Eine poetologische Skizze*, Ess., Graz 1993; *Ausgesungen*, G., Bln. 1993; *Gennadij Ajgi: Die letzte Fahrt*, Übs., Bln. 1993; *Gennadij Ajgi: Im Garten Schnee*, Übs., Bln. 1993; *Gennadij Ajgi: Veronikas Heft*, Übs., Lpz. 1993; *Jan Skácel: Und nochmals die Liebe*, Übs., Salzb. 1993; *Restnatur*, G., Münster 1994; *Marina Zwetajewa: Gruß vom Meer*, Übs., Mü. 1994; *Der Autor im Dialog. Beiträge zur Autorität von Autorschaft*, Ess., Hg., Konstanz 1995; *Gennadij Ajgi (mit Günther Uecker): der dort*, Übs., St. Gallen 1995; *Gennadij Ajgi: Mit Gesang zur Vollendung*, Übs., Wien 1995; *Freie Hand. Ein Vademecum durch kritische, poetische und private Wälder*, Mü. 1996; *Unter sich (Ein poetologischer Briefwechsel)*, zus. m. Bruno Steiger, Graz 1996; *Zeichensatz*, G., Münster 1996; *Tagebuch einer Reise nach Russland im Jahr 1867*, Hg., Ostfildern 1997; *Gennadij Ajgi: Blätter im Wind*, Übs., Wien 1997; *Gennadij Ajgi: Reiner als Sinn*, Übs., St. Gallen 1997; *Gennadij Ajgi: Wind vorm Fenster*, Übs., St. Gallen 1997; *Nach der Stimme*, G., Stg. 1998; *René Char: Lascaux*, G., Hg., Münster 1999; *Geballtes Schweigen (zeitgenössische russische Einzeiler)*, Hg. u. Übs., St. Gallen 1999; *Kunstleben und Lebenskunst*, Ess., Zug 2000; *Der große Bruch. Russland im Epochenjahr 1913. Kultur – Gesellschaft – Politik*, Ess., Mü. 2000; *Auf den Tag genaue Gedichte*, G., Graz 2000; *Jeder Zeit. Andere Gedichte*, G., Graz 2002; *Henri-Frédéric Amiel: Tag für Tag. Intime Aufzeichnungen. Ausgewählt von Leo Tolstoi*, Pr., Hg., Zür. 2003.

Innerhofer, Franz, geboren am 2. 5. 1944 in Krimml bei Salzburg (Österreich) als unehelicher Sohn einer Landarbeiterin und eines Bauern. Mit sechs Jahren kam er auf den Bauernhof seines Vaters, wo er elf Jahre lang, bis 1961, leben und arbeiten musste. Anschließend machte er eine Schmiedelehre und leistete den Militärdienst. Ab 1966 besuchte er eine Arbeitermittelschule und das Gymnasium für Berufstätige, danach studierte er ein Semester Jura und fünf Semester Germanistik und Anglistik in Salzburg, schloss aber sein Studium nicht ab. Innerhofer war von 1973 bis 1980 freier Schriftsteller und lebte an wechselnden Orten, u. a. in Paris und bei Zürich; danach hatte er verschiedene Jobs, u.a. auf dem Bau, als Schlosser und im Buchhandel. Innerhofer nahm sich am 19. 1. 2002 das Leben und wurde erst zwei Tage später in seiner Wohnung in Graz gefunden. 1973 erhielt er das Österreichische Staatsstipendium für Literatur, 1975 den Literaturpreis der Freien Hansestadt Bremen und den Rauriser Literaturpreis, 1993 den Literaturpreis des Landes Steiermark und den Literaturpreis der Salzburger Wirtschaft.

Innerhofers Prosa ist stark autobiografisch geprägt. Sein Thema ist die sprachlose Wut und die zunächst ohnmächtige Empörung der an der Gesellschaft Leidenden, die erst durch die Sprache ein Ventil bekommen, die das Leiden benennen kann, Distanz schafft und ein Mittel zur Befreiung wird. In seiner Trilogie um die Figur eines Jungen und Mannes namens Holl verarbeitet Innerhofer auch seine eigene Geschichte. Sein erster Roman, *Schöne Tage* (1974), erzählt Kindheit und Jugend des jungen, unehelichen Holl, der in extremer Abhängigkeit auf dem Hof seines leiblichen Vaters arbeiten muss und nur als Arbeitskraft akzeptiert wird. Unterdrückt und gedemütigt wird er nicht nur vom Vater und den Knechten, sondern auch von Kirche, Schule und öffentlicher Fürsorge, bis er sich schließlich wie ein »Leibeigener« vorkommt. Er hat nicht einmal einen Vornamen, sondern wird nur Holl gerufen: »man dachte die Menschen auch nur im Zusammenhang mit Handgriffen«. Erst allmählich verschafft er sich durch seine mühsam erarbeitete Vertrautheit mit den Landmaschinen etwas Respekt. Von Kritik und Publikum wurde der Roman begeistert aufgenommen, da er in extremer Subjektivität eine nahe und doch für die meisten exotische Welt schildert, auch Voyeurismus und die Sucht nach »authentischen Schicksalen« spielte bei der Rezeption gewiss eine Rolle. Die schonungslose Drastik der Darstellung einer feudalen und brutalen Wirklichkeit im Nachkriegsösterreich verschaffte diesem Roman eine große Aufmerksamkeit. Vernachlässigt wurde in der Kritik allerdings oft, dass Holl nur als Beispiel gesellschaftlicher Missstände fungiert, die unbehindert weiterbestanden.

Schattseite (1975) und *Die großen Wörter* (1977) sind die Fortsetzung dieser Lebensbeschreibung: Holl, der in *Schattseite* eine eigenständige Identität entwickelt hat und in der Ich-Form selbst erzählt (»Hauptsächlich aber beschäftigte mich das Problem, wie befreie ich mich von meiner Familie, die sich mich angeeignet hat?«), verlässt den Hof, macht eine Schlosserlehre und wird Arbeiter, in *Die großen Wörter* dann Student, der sein politisches Bewusstsein entwickelt. Stets bleibt er Demütigungen und sozialen Zwängen ausgesetzt, denen er sich unterwerfen muss. Nur leidend lernt er, versucht seine Erfahrungen sprachlich einzufangen und Selbstverständliches zu hinterfragen. Die Trilogie dieses Entwicklungsromans zeigt den Weg von der Arbeit zum Lesen und Sprechen bis zum Fragen und Hinterfragen. Immer mehr desillusioniert, hat Holl am Ende sein Milieu verlassen, er »schwor sich, eher würde er jämmerlich in der Redewelt verenden, als nur mit einem Schritt in sein früheres Milieu zurückzukehren«. Am Ende des dritten Romans steht er, der sich am Ende der ersten beiden Teile noch eine hoffnungsvolle Aussicht gestattet hatte, zwischen den Welten, ohne einer von ihnen richtig zuzugehören, eine zerrissene, gespaltene Person. 1982 erschien die Erzählung *Der Emporkömmling*, die Geschichte eines Intellektuellen, der sich nach einer Zeit des Erfolgs entschließt, wieder Arbeiter zu werden. Trotz aller wieder spürbaren Abhängigkeiten erscheint dies als Versuch des Ich-Erzählers, zum »richtigen Leben« zurückzukehren. Von der Kritik wurde vor allem der überraschende, manchmal derbe Humor, mit dem Innerhofer das harte, ungewohnte Leben beschreibt, hervorgehoben. Erst über zehn Jahre später, 1993, erschien das nächste Buch, *Um die Wette leben*, ein zwischen Autoren- und Protagonistenperspektive schwankendes Buch, eine Flucht und Abrechnung mit allem, auch mit den Literaturkritikern: »Elender Marktblödsinn, fluchte der Autor in sich hinein. Scheiß deutsches Kritikertum! Scheiß deutsches Verlegergesindel! Scheiß Aktionäre! Scheiß feige anonyme Machtbagage! Tatsächlich fühlte er sich auf die Schulbank zurückversetzt, ja mehr, er war aus freien Stücken auf ein Glatteis gegangen und wollte es noch nicht einmal richtig wahrhaben.« Dem entfremdeten Norden setzte Innerhofer ein paradiesisches Süden entgegen, in dem Ort »Urbs Vetus« lebt man nur »als Selbstzweck«. Sprachlich übermäßig konstruiert und unbeholfen hat Innerhofer mit diesem Buch seinen Abschied aus der Literatur genommen.

Georg Patzer

Werke: *Schöne Tage,* R., Salzb. 1974; *Schattseite,* R., Salzb. 1975; *Die großen Wörter,* Salzb. 1977; *Innenansichten eines beginnenden Arbeitstages,* En., m. Originalgrafiken v. M. Keith, Pfaffenweiler 1976; *Der Emporkömmling,* E., Salzb. 1982; *Schöne Tage,* Drehb., 1982; *Um die Wette leben,* R., Salzb. 1993; *Schreibtruhe,* R., Salzb. 1996.

Ivanji, Ivan, wurde am 24. 1. 1929 in Zrenjanin (Großbetschkerek) im Banat (Jugoslawien) geboren. 1944 wurde er im Zuge der Judenverfolgung von den Nationalsozialisten nach Auschwitz, später nach Buchenwald deportiert, wo er nur dank glücklicher Umstände überlebte. Nach dem Krieg studierte er in Belgrad Architektur und Germanistik. Er war in der Bauwirtschaft, als Journalist, Lektor, Dramaturg und Theaterintendant tätig. Über zwanzig Jahre lang arbeitete er als Dolmetscher für Tito und die jugoslawische Staats- und Parteiführung. Von 1974 bis 1978 war er als Botschaftsrat in Bonn tätig. So nahm er u.a. an der KSZE-Gipfelkonferenz 1975 in Helsinki teil. Von 1979 bis 1982 war er im jugoslawischen Außenministerium in Belgrad tätig, von 1982 bis 1988 war er Generalsekretär des jugoslawischen Schriftstellerverbandes. Seit 1992 lebt er in Wien und Belgrad als freier Schriftsteller.

Autobiografische Linien durchziehen und strukturieren das umfangreiche erzählerische Werk des serbisch-jüdischen Schriftstellers Ivan Ivanji. So erzählt *Schattenspringen* (1993) von den ersten Wochen nach Kriegsende, wie sie ein 16-jähriger Junge nach seiner Befreiung aus dem KZ Buchenwald erlebt hat. Nach der »Wiedereingliederung« in Magdeburg kann er im September 1945 nach Novi Sad heimkehren, mit angstfreien Sprüngen im Schatten der Akazien. Milo Dor sprach von »guter Literatur, die man nicht vergisst«. Ivanji weilte als Korrespondent einer Belgrader Wochenzeitung zur Zeit des Ungarnaufstandes 1956 in Belgrad und hat seine Beobachtungen – verknüpft mit einer Liebesgeschichte und einem weltpolitischen Bogen, der bis zur Sueskrise reicht – im Roman *Ein ungarischer Herbst* (1995) niedergelegt. Als Dolmetscher Titos konnte Ivanji seine Erfahrungen mit dem jugoslawischen Präsidenten unmittelbar in ein Porträt einfließen lassen. In *Barbarossas Jude* (1996) vermischt er die Zeitebenen und stellt einerseits Tito Kaiser Barbarossa gegenüber sowie auf einer anderen Handlungsebene den jugoslawischen Ex-Agenten Marko dem Juden Isaac, dem Dolmetscher Barbarossas. Im analogen Vergleich zwischen 12. und 20. Jahrhundert werden die ständige Wiederkehr der Geschichte und die endlose Wanderschaft des ewigen Juden angedeutet, aber auch die Stabilität der Machtsysteme durch das fraglose Funktionieren als Rädchen im Getriebe des Weltenlaufs, wie ihn Marko und Isaac garantieren.

Ivanji hat wiederum viel selbst Erlebtes und Erlittenes in seine Geschichte der Ilse von Blockberg, *Das Kinderfräulein* (1998), einfließen lassen. Er schickt die aus Klagenfurt stammende junge Lehrerin in eine Kleinstadt im Banat, eine mitteleuropäische Enklave, in der Deutsche und Juden, Serben und Ungarn, Slowaken und Zigeuner zu jener Zeit relativ friedlich miteinander lebten. Ivanji rekapituliert in diesem Roman die deutsche Besatzung Donauschwabens 1941, die Pogrome und Deportationen durch die Nazis, den Widerstand der Partisanen, die militärische Wende und die Befreiung durch die Rote Armee, die Internierungen und Vergeltungsaktionen der Kommunisten bis hin zum jugoslawischen Sonderweg 1948 und der Absetzung vom Terror des Stalin-Regimes. Der Lebensweg der deutschen Erzieherin wird vor diesem mit großer Akribie ausgemalten Panorama erzählt. Man erfährt von ihrer Zeit im Haus des jüdischen Zuckerfabrikanten Moritz Keleti, in der sie dessen Sohn Viktor betreut. Sie verliebt sich in einen deutsch-nationalen Spediteur, der dem Schwäbisch-Deutschen Kulturbund angehört und die allgemeine Hitlerisierung der Stadt forciert. Bei der Machtübernahme durch die Deutschen wird Keleti ermordet, Ilse kann seiner Familie zur Flucht verhelfen. Sie arbeitet als Bürokraft für die Gestapo und betäubt mit Kokain ihr Gewissen. Ein warnender Hinweis für einen früheren Angestellten der Keletis, der nach der deutschen Niederlage zu den neuen Entscheidungsträgern gehört, rettet ihr das Leben und bringt sie in ein Arbeitslager, das sie mit Not überlebt. Sie arbeitet später in einem Krankenhaus und darf mit vierzig Jahren das Land verlassen. Sie erfährt, dass Keletis Frau in Auschwitz ermordet wurde, Viktor aber überlebt hat. Wieder vierzig Jahre später, Ilse ist längst Rentnerin in Wien, trifft sie ihn, den gefeierten Architekten, auf einer Ausstellung wieder. Eine Einladung in seine Villa wird zum Albtraum; Viktor hält sie für mitschuldig am Tod seiner Eltern und quält sie mit Vorwürfen. Als man ihm den Entwurf eines Holocaust-

Denkmals anträgt, begibt er sich auf Erinnerungsreise nach Deutschland und Israel und kehrt als müder, desillusionierter Mann zurück. Kurz darauf wird er Opfer eines Unfalls. Ilse begräbt ihn, ihr eigener Tod naht. Ivanji schafft es auf imponierende Weise, ohne allzu große Brüche Zeiten zu verknüpfen und seine Figuren nicht aus den Augen zu verlieren. Das ist umso bemerkenswerter, weil der Roman aus Radiofeatures montiert ist und aus Gesprächen, die Ivanji auf Reisen durch Österreich und Deutschland geführt hat.

Der Aschenmensch von Buchenwald (1999) geht vom realen Fund von 700 namenlosen Urnen 1997 im Lager Buchenwald aus. Ivanji, selbst Überlebender des Lagers und Teilnehmer an der Bestattung der Urnen in einem Gemeinschaftsgrab, fiktionalisiert das Geschehen, übersteigert es ins Groteske, wenn er die Asche der Opfer gen Himmel fliegen und sich in Form einer mythischen, wolkenhaften Gestalt vereinigen lässt. Aus ihr sprechen die Stimmen der Ermordeten, jeder erzählt seine Leidensgeschichte. Das über dem Ettersberg kreisende Stimmengewirr lässt die Überlebenden und Nachgeborenen nicht in Ruhe. So hadert der Erzähler mit seiner Rolle in der Gedenk- und Erinnerungskultur, die ihm zugedacht und fragwürdig erscheint. Aber die Stimmen stören auch die Vorbereitungen zum Goethejahr und zur Kulturhauptstadt im nahe gelegenen Weimar. In seinem wohl bislang persönlichsten Buch, das nicht immer glücklich zwischen autobiografischem Erleben und fantastischer Überhöhung pendelt, erforscht Ivanji das Schicksal seines Lebensretters und reflektiert auch die Situation im Lager, in der prominente Häftlinge wie Jorge Semprun Sonderbehandlung erfuhren.

Im Roman *Die Tänzerin und der Krieg* (2002) wird das Familienalbum seiner Frau Dragena, einer ehemaligen Tänzerin und Schauspielerin, aufgeblättert und detailliert wiedergegeben. In der spürbaren Nähe zu dieser Geschichte, die ja auch in Teilen die des Autors ist und in vielen Anekdoten und Intimitäten aufscheint, liegen Charme und Mängel des Romans begründet. Das lange Mittelstück verliert sich in Seufzern, Betulichkeiten und im sentimentalen Rückblick auf die Stationen einer Karriere, die die rothaarige Daria mit den schönen Beinen aus einer Belgrader Handwerkerfamilie bis an die New-Yorker Met brachte. Im letzten Teil des Romans hingegen wird aus der Sicht eines Serben, der mit seiner Frau die Bombardierung Belgrads und den Kampf um Sarajevo miterlebt hat, der Alltag des Krieges, das Leben in den Luftschutzkellern, der Tod auf der Straße durch die Scharfschützen und der Albtraum der Giftgasalarme und Volltreffer beschrieben. In der schmucklosen Sprache des Reporters vermittelt Ivanji die grotesken Bilder von blinkenden Verkehrsampeln inmitten einer toten Stadt, vom eingeklemmten, kopfüber in den Trümmern hängenden Bombenopfer, dem die Beine vor Ort amputiert werden, von Geburten und Todesstunden im Krankenhaus von Sarajevo, aber auch von tanzenden Jungen und Mädchen auf dem Häuserdach, mit denen die alte Ballerina kleine Choreografien einstudiert. Das sind ergreifende Szenen, hart und genau geschrieben, große Gefühle, große Kunst.

Thomas Kraft

Werke: *Junge jugoslawische Lyrik*, Übs., Stierstadt/Ts. 1961; *Kaiser Diokletian*, R., Bln. 1976; *Der Tod auf dem Drachenfels*, R., Dorsten 1984; *Danilo Kiš: Enzyklopädie der Toten*, Übs., Mü. 1986; *Danilo Kiš: Junge Leiden*, Übs., Mü. 1989; *Rache und Scham – Das Schicksal der Volksdeutschen in Jugoslawien*, Feat., WDR 1990; *Jugoslawien*, Reiseb., Mü. 1991; *David Albahari: Beschreibung des Todes*, Übs., Klagenfurt 1993; *Der gutherzige Hai*, Kinderb., Wien 1993; *Er nannte sich Südwind*, Hsp., ORF 1993; *Die bosnische Tragödie*, Feat., WDR 1995; *Vidosav Stevanović: Schnee und schwarze Hunde*, Übs., Wien 1995; *Schattenspringen*, R., Wien 1993; *Die andere Seite der Ewigkeit. Zwanzig Geschichten vom Tod*, Wien 1994; *Die Entwurzelten: Unsere Heimat ist die Welt*, Feat., WDR 1994; *Rückkehr nach Buchenwald*, Feat., WDR 1995; *Kinder Gottes im Bürgerkrieg – Die serbisch-orthodoxe Kirche und der Konflikt auf dem Balkan*, Feat., DLF 1995; *Ein ungarischer Herbst*, R., Wien 1995; *Vor vierzig Jahren der Ungarn-Aufstand – Noch Politik oder schon Geschichte?*, Feat., WDR 1996; *Barbarossas Jude*, R., Wien 1996; *Bosnien ist auch Europa – Menschen, die verzweifeln und doch hoffen*, Feat., WDR 1997; *Das Kinderfräulein*, R., Wien 1998; *Der Aschenmensch von Buchenwald*, R., Wien 1999; *Die Tänzerin und der Krieg*, R., Wien 2002. – Zahlreiche Übersetzungen aus dem Deutschen ins Serbische (u.a. Grass, Brecht, Borchert, Jaspers, Böll, Frisch, Weiss und Dor).

J

Jaeggi, Urs, wurde am 23. 6. 1931 in Solothurn geboren. Der Vater war als Notar und überzeugter Sozialdemokrat in der Konsumgenossenschaft Coop in Solothurn engagiert. Der frühe Tod des Vaters zwang Urs Jaeggi zum Abschluss der Primarschule in Solothurn und zu einer anschließenden Banklehre, danach arbeitete er als Bankbuchhalter bei der Kantonalbank in Solothurn. Während dieser fast zehnjährigen Tätigkeit publizierte er erste Erzählungen und Gedichte in Schweizer Tageszeitungen. Die anfangs beabsichtigte Karriere als Volkswirtschaftler, die er 1955 mit einem Studium in Genf begann, wurde bald zugunsten eines Studiums der Soziologie und Philosophie, das er in Bern abschloss, aufgegeben. Die Arbeit an der soziologischen Dissertation über *Die gesellschaftliche Elite* (1960) und an der Habilitation über *Berggemeinden im Wandel* (1965) waren von der Niederschrift mehrerer Romane und Theaterstücke begleitet. Von 1960 an arbeitete Urs Jaeggi zuerst als Dozent, dann als Professor für Soziologie in Bochum, Bern, New York und seit 1972 in Berlin, wo er 1993 vorzeitig emeritierte, um sich dem künstlerischen Schaffen verstärkt widmen zu können. Während seiner wissenschaftlichen Tätigkeit entstand ein reicher Fundus an literarischen Publikationen; ab 1993 widmete er sich jedoch nur noch dem Malen, Bildhauern und Schreiben. Die erste Kunstausstellung in Berlin 1982 wurde fortgesetzt mit Ausstellungen in wichtigen Galerien und den Museen in Bochum, Olten, Solothurn, Mexico City und Colorado/USA. 2003 pendelt Urs Jaeggi zwischen Mexico City, wo er Kunststudenten unterrichtet, und Berlin hin und her. 1962 erhielt er den ersten Literaturpreis für ein Theaterstück, das im Experimentiertheater Wien aufgeführt wurde, 1964 den Literaturpreis der Stadt Bern, 1978 den Literaturpreis des Kantons Bern, 1981 den Ingeborg-Bachmann-Preis und 1987 den Kunstpreis des Kantons Solothurn. Urs Jaeggi war Vorsitzender der Sektion Berlin beim Deutschen Schriftstellerverband und bis zu seinem Rücktritt 1996 im Präsidium des P.E.N.-Clubs. Das Schweizerische Literaturarchiv mit Sitz in der Schweizerischen Landesbibliothek in Bern verwaltet das literarische und wissenschaftliche Werk von Urs Jaeggi.

Literatur ist für Urs Jaeggi immer nur eine mögliche Form der Bewältigung der Umwelt: »Wir schreiben über das, was uns angeht, was uns herumtreibt, was uns verzweifeln lässt oder Spaß macht, Erfolg bringt, Geld oder was auch immer. Indem wir das tun, sind wir in der Welt verstrickt. Wie alle. Nur, und hier fangen Verständnis und Unverständnis an, dass der Schriftsteller immer wieder und vielleicht ausschließlich am nicht Mitteilbaren schreibt« (Jaeggi, *Kunst,* 2002). Dieses nicht Mitteilbare ist beteiligt an jenem Nicht-Ort, den wir mit Utopie bezeichnen. Jaeggi hat stets mögliche Festschreibungen vermieden, ließ sich nicht festlegen, wich aus, schrieb im nächsten Buch über ein Thema, das niemand so erwartet hatte, und versuchte dabei das Nicht-Fassbare am Leben zu fassen. Dies sind Folgen der erlebten und erlittenen Sozialisation. Dies ist aber zugleich Ausdruck der radikalen Moderne, in deren Kontext der Autor aufgewachsen ist.

Die Frage nach der Vieldeutigkeit eines einzelnen Lebens steht zentral in seinem literarischen Werk, nach den vielen Facetten, die gelebt werden dürfen, weil die Moderne nach Wechsel verlangt. Zuerst entstanden die Romane *Klappmann* (1959) und *Radio Milano* (1960), die nicht veröffentlicht wurden. Die Sammlung von Kurzgeschichten, *Die Wohltaten des Mondes* (1963), erreichte eine derart breite Resonanz, dass der 32-jährige Autor nach dem Empfang des Literaturpreises der Stadt Bern in die Schweizer Avantgarde der Sechzigerjahre aufgenommen wurde. Kritiker wie Karl Krolow nannten ihn in einem Atemzug mit Max Frisch und Friedrich Dürrenmatt. Die Erzählungen aus *Die Wohltaten des Mondes* sind zusammen mit weiteren Kurzgeschichten im Band *Fazil und Johanna* (1985) zu Recht wieder aufgelegt worden. Je mehr Zeit seit der Erstveröffentlichung vergangen ist, desto deutlicher wird das Verständnis für die in den Texten beschriebenen scheiternden Menschen, die an ihren Wünschen und Hoffnungen zerschellt sind. Lange bevor der Soziologe Ulrich Beck die Individualisierung in der Risikogesellschaft wissenschaftlich zu fassen suchte, sind die nach einer glaubhaften Identität Suchenden in Urs Jaeggis Erzählungen dargestellt.

Der erste veröffentlichte Roman, *Die Komplicen* (1964), stieß auf Unverständnis und Nichtbeachtung. Josef Hügi, ein Lehrer mit gesicherter kleinbürgerlicher Existenz, der die Sicherheit des nächsten Tages und seines gesamten Lebens kennt, verlässt diese Bindungen auf der Suche nach Sinn und Identität. Der Mann wird als Suchender und

Verunsicherter dargestellt, während Frederike, seine große Liebe, voller Selbstbewusstsein ist. Frederike weiß, wo sie steht, und sie weiß mehr als Josef Hügi selbst von dessen Fehlern und Schwächen. Vor allen Dingen gewinnt sie ihre Identität als Frau gegen und neben ihm. Erst 1981 werden die bereits in *Die Komplicen* beschriebenen Positionen des Aussteigers voll verstanden. *Grundrisse* (1981) enthält die gleichen Thematiken: Der Architekt Albert Knie verzweifelt an seiner Identität, seine Tochter Ruth zeigt Entwürfe einer kommenden Identität, seine Frau Ursula behauptet sich im Geschlechterkampf gegen ihn.

Ein Mann geht vorbei (1968) lässt Urs Jaeggi vollends aus dem Betrieb der arrivierten Schriftsteller herausfallen. Er untersuchte hier die Verstrickung der Schweiz mit den deutschen Nationalsozialisten am Beispiel der Migrationsgeschichte des Juden Jakob, des Besitzers eines Bücher-Antiquariats in Genf. Jakob, dem es in den Dreißigerjahren gelang in die Schweiz zu flüchten, erinnert sich durch die Begegnung mit der deutschen Studentin Monika an das Verdrängte. Erst *Brandeis* (1978) erhält wieder die volle Aufmerksamkeit der literarischen Öffentlichkeit. Mit Professor Brandeis erlebt der Leser die Auseinandersetzungen, die an den europäischen und amerikanischen Universitäten in den Sechzigerjahren stattfanden. Es ist eine sehr persönlich und emotional beschriebene Dokumentation der so genannten 68er-Bewegung. Das Schlusscredo »Brandeis sagt: Wart ab, erst später wirst du es begreifen«, ist auch eine Antwort auf die Aufgabe der Literatur. Genauso wie *Brandeis* wird der bereits erwähnte Roman *Grundrisse* (1981) gelesen und diskutiert. Die Bauwut der späten Siebzigerjahre wird in *Grundrisse* in einer Form behandelt, die alle Gedanken zur Kritik des postmodernen Bauens in den Metropolen der Globalisierung enthält. Der Roman setzt sich mit dem überholten Selbstverständnis einer etablierten, ehemalig linken Kultur auseinander. Mit diesem Thema will sich gegenwärtig niemand mehr beschäftigen. Doch zum Zeitpunkt ihrer Veröffentlichung trugen beide Romane zur Selbstreflexion der Linken in den deutschsprachigen Ländern bei. Mehr denn je gelten die Sätze aus *Literatur und Politik* (1972): »Wer schreibt, richtet sich auch nach der Nachfrage. Er passt sich entweder sehr genau an oder er weicht von gängigen Schreibmustern gerade so weit ab, dass die Abweichung mindestens eine Gruppe aufmerksamer Leser interessiert.« Der Roman *Rimpler* (1987), der mit *Brandeis* und *Grundrisse* eine Trilogie bildet, wich genauso von den Erwartungen der Lesergemeinde ab, wie Jaeggi das schon in den Sechzigerjahren erreicht hatte. Dass die Auseinandersetzung mit dem Staat und den vielfältigen Formen von Herrschaft danach verlangte, die Ausübenden der Polizeigewalt darzustellen, wurde verstanden. Jaeggi zeigt anhand der Psychoanalyse eines Polizisten, der in den Polizeikordons gegen die 68er gestanden hatte, dessen Konflikte und dessen Lebensthemen mit einem verständnisvollen Blick. Dass zum Aufbrechen des Denkens ein ständiger Perspektivenwechsel gehört, hat Jaeggi immer deutlich gemacht. Die auf *Soulthorn* (1990) folgenden Texte verweigern sich einer schnellen Identifikation. Die intensive Beschäftigung mit dem späten Samuel Beckett machte Urs Jaeggi klar, dass das endgültig ausgeschriebene Buch nur Raum für Interpretationen liefert, während das unvollständige die Arbeit am Text verlangt. *Lange Jahre Stille als Geräusch* (1999) ist in diesem Sinne geschrieben: »Vom Weiß in die Fläche, in der alles notiert ist / Ringsherum eingeschlossene Steine, wie allmählich / In die Schlinge fallend, wieder und wieder / Unsicher mit gelegentlichen Anspielungen / Ein momentlang ganz Auge.«

Peter Truebner

Werke: *Die gesellschaftliche Elite. Eine Studie zum Problem der sozialen Macht,* Bern 1960; *Sport und Student,* Mitverf., Bern 1963; *Die Wohltaten des Mondes,* En., Mü. 1963; *Der Angestellte im automatisierten Büro. Betriebssoziologische Untersuchung über die Auswirkungen elektronischer Datenverarbeitung auf die Angestellten und ihre Funktionen,* zus. m. H. Wiedemann, Stg. 1963; *Die Komplicen,* R., Mü. 1964; *Berggemeinden im Wandel. Eine empirisch-soziologische Untersuchung in 4 Gemeinden des Berner Oberlandes,* Bern 1965; *Der Soziologe,* Bern 1966; *Der Angestellte in der Industriegesellschaft,* zus. m. H. Wiedemann, Stg. 1966; *Der Vietnamkrieg und die Presse,* Zür. 1966; *Ordnung und Chaos. Strukturalismus als Methode und Mode,* Ffm. 1968; *Ein Mann geht vorbei,* R., Zür. 1968; *Macht und Herrschaft in der Bundesrepublik,* Ffm. 1969, Neubearb. u. d. T. *Kapital und Arbeit in der BRD. Elemente einer gesamtgesellschaftlichen Analyse,* Ffm. 1973; *Für und wider die revolutionäre Ungeduld. Aufsätze und Notizen,* Zür. 1972; *Literatur und Politik: Ein Essay,* Ffm. 1972; *Geschichten über uns. Ein Realienbuch,* G., Pr., Ffm. 1973; *Was ist revolutionärer Marxismus? Kontroverse über Grundfragen marxistischer Theorie zwischen Louis Althusser und John Louis,* zus. m. H. Arenz u. J. Bischoff, Bln. 1973; *Revolution und Theorie I: Materialien zum bürgerlichen Revolutionsverständnis,* zus. m. Sven Papcke, Ffm. 1974; *Die SPD in der Krise. Die deutsche Sozialdemokratie seit 1945,* zus. m. J. Brauns, Ffm. 1976; *Sozialstruktur und politische Systeme,* Köln 1976; *Theoretische Praxis. Probleme eines strukturellen Marxismus,* Ffm. 1976; *Brand-*

eis, R., Darmst. 1978; *Grundrisse,* R., Darmst. 1981; *Was auf den Tisch kommt, wird gegessen,* Darmst. 1981; *Kopf und Hand. Das Verhältnis von Gesellschaft und Bewusstsein,* zus. m. Manfred Fassler, Ffm., New York 1982; *Geist und Katastrophe. Studien zur Soziologie im Nationalsozialismus. Zur Geschichte der Soziologie,* Hg., Bln. 1983; *Versuch über den Verrat,* Darmst. 1984; *Heicho,* G., m. Illustr. v. Schnag Hutter, Bln. 1985; *Fazit und Johanna,* En., Ffm. 1985; *Rimpler,* R., Zür. 1987, Hsp., RIAS 1986; *Mauersprünge,* Ess., Hg., Reinbek 1988; *Soulthorn,* R., Zür. 1990; *D + G,* zus. m. John Kinsella, Sydney 1996; *Urs Jaeggi,* Ess./Fotobd., Bln. 1998; *Lange Jahre Stille als Geräusch,* Bln. 1999; *Kunst,* Ess., Bln. 2002.

Jakobs, Karl-Heinz, wurde am 20. 4. 1929 in Kikauken in Ostpreußen geboren. Er durchlebte im Folgenden eine für viele ostdeutsche Schriftsteller seiner Generation geradezu typische Biografie: Nach dem Zweiten Weltkrieg schlug er sich zunächst als Bergmann und Hilfsarbeiter auf dem Bau durch, später machte er eine Ausbildung zum Maurer. Als Nachwuchsjournalist und Parteimitglied wurde er 1956 von seinen Betrieb zum Studium an das »Literaturinstitut Leipzig« delegiert, ab 1958 arbeitete er als freier, dem sozialistischen System aktiv verbundener Schriftsteller. 1961 erschien sein Romandebüt *Beschreibung eines Sommers.* Die erfolgreiche Verfilmung mit Manfred Krug und Christel Bodenstein in den Hauptrollen war umstritten und wurde einer »falschen Moral« verdächtigt, ging es doch um die Liebesaffäre einer verheirateten Frau. 1967 arbeitete Jakobs mit einer Helferbrigade der Freien Deutschen Jugend (FDJ) in Mali. Eine spätere Verfilmung seines dort entstandenen Afrikabuches scheiterte daran, dass seine Beobachtungen bei der sozialistischen Aufbauhilfe in Afrika große Differenzen zu den eigentlich propagierten Zielen offen legten. Jakobs selbst rechtfertigte sich infolge dessen gegenüber seinen Kritikern mit dem Satz: »Ich kritisiere nicht, ich stelle dar.« Doch etliche Gegenwartsromane aus seiner Feder wie *Eine Pyramide für mich* (1971), *Die Interviewer* (1973) oder *Wüste, kehr wieder* (1976), in denen u.a. die Frage nach den Grenzen wissenschaftlich-objektiven Denkens thematisiert wurden, fanden den Beifall sowohl des Publikums als auch der Parteiobrigkeit und erreichten in der DDR hohe Auflagen. Wegen seines schnörkellosen Schreibstils lobte ihn die offizielle Kritik und verglich seine knappe Sprache mit der Prosa Hemingways. Er schrieb in den folgenden Jahren zahlreiche Erzählungen, Romane, Filmdrehbücher und Reportagen für Funk und Fernsehen. Sein Thema wurde das Verhalten des Menschen in Sozialismus und Industriegesellschaft. 1971 erhielt Jakobs mit dem Heinrich-Mann-Preis die wichtigste staatliche Auszeichnung für Literatur in der DDR. Karl-Heinz Jakobs ist Mitglied des deutschen P.E.N.-Zentrums sowie des Schriftstellerverbandes und lebt heute in Velbert im Rheinland.

Der Roman *Wüste, kehr wieder*, dessen Handlung Motive des Afrikabuches in anderen Zusammenhängen wieder aufgreift, wurde 1975 nach Jakobs eigenem Drehbuch verfilmt. Als jedoch Wolf Biermann 1976 aus der DDR ausgewiesen wurde, protestierte Jakobs dagegen öffentlich mit seiner Unterschrift. Weil er seinen Protest auch nach mehrmaligen »Ermahnungen« nicht zurücknahm, wurde er 1977 aus der SED und, nach einer weiteren Unterschrift für Stefan Heym, 1979 auch aus dem DDR-Schriftstellerverband ausgeschlossen. Daraufhin wurden ihm von seinem Verlag »Neues Leben«, dem wichtigsten Jugendbuchverlag der DDR, dessen Programm vom Zentralrat der FDJ kontrolliert wurde, alle Verträge gekündigt. Um die gängige Praxis des Denk- und Berufsverbots für kritische und »uneinsichtige« Schriftsteller zu vertuschen, durfte Jakobs danach offiziell noch für die staatliche Filmfirma DEFA sowie den Ost-Berliner »Eulenspiegel-Verlag« tätig werden; reale Ergebnisse erbrachte diese Ersatztätigkeit jedoch erwartungsgemäß nicht. 1981 empfahl das Ministerium für Staatssicherheit in einem internen Bericht »die Ausreise von Jakobs mit seinen Familienangehörigen noch vor dem X. Parteitag zu genehmigen«, da er »ein aktiver und politisch aggressiver Feind der DDR« sei – wie nach der deutschen Wiedervereinigung in J. Walthers Recherche *Sicherungsbereich Literatur* nachzulesen ist. Karl-Heinz Jakobs, endgültig enttäuscht vom real existierenden Sozialismus, siedelte im gleichen Jahr in die BRD über: »Von heute an nicht mehr«, sagte er dazu der »FAZ« über Zensur und Selbstzensur in der Literatur und im eigenen Denken und Schreiben.

Das endlose Jahr heißt sein Roman über das Jahr 1977 – ein Buch, in dem er den endgültigen Niedergang der geistigen Freiheit in der DDR thematisiert und das 1983 im Westen erschien. In der DDR hingegen erschienen seine Bücher fortan nicht mehr, auch nicht die früheren Ausgaben, sein Name verschwand dort so vollständig aus der Öffentlichkeit, als hätte es ihn nie gegeben. Erst nach der Wiedervereinigung wurden sie auf Jakobs eigenen Wunsch, gerichtet an das Kulturministerium in Ostdeutschland, wieder aufgelegt. 1999 erschien dann *Leben und Sterben der Rubina*, eine fiktive Lebensgeschichte über die Schrecken des Stalinismus und des Verschweigens seiner Folgen.

Im wiedervereinigten Deutschland besitzt der Autor Karl-Heinz Jakobs wie viele ostdeutsche Literaten seiner Generation eine eher retrospektive Bedeutung. Seine Arbeiten in den Achtziger- und Neunzigerjahren, darunter auch Kinder-, Kriminal- und Science-Fiction-Erzählungen sowie literarische Publizistik und Reiseliteratur, erschienen in Magazinen und kleineren Verlagen; von Jakobs ausgewählte deutsche Kurzerzählungen erscheinen bis heute regelmäßig in der Tageszeitung »Neues Deutschland«. An seine Erfolge während der Aufbauzeit der DDR konnte er nach seiner Übersiedlung nach Westdeutschland kaum anknüpfen. Nach eigenen Angaben veröffentlichte er jedoch mehrere hundert Reiseerzählungen, Reportagen und Features in Presse, Rundfunk und Fernsehen.

Martin Jankowski

Werke: *Die Welt vor meinem Fenster*, En., Halle 1960; *Das grüne Land und andere neue Geschichten*, Halle 1961; *Beschreibung eines Sommers*, R., Bln. 1961; *Merkwürdige Landschaften. Sieben ausgewählte Geschichten*, m. Illustr. v. Ronald Paris, Halle 1964; *Eine Pyramide für mich*, R., Bln. 1971; *Letzter Tag unter der Erde*, Hsp., Rundf. d. DDR 1971; *Die Interviewer*, R., Bln. 1973; *Heimatländische Kolportagen. Ein Buch Publizistik*, Bln. 1975; *Wologdaer Eisenbahn*, Hsp., Rundf. d. DDR 1975; *Tanja, Taschka und so weiter ... Ein Reiseroman*, Bln. 1975; *Wüste, kehr wieder*, R., Bln. 1976; *Fata Morgana. Fantastische Geschichten*, Bln. 1977; *Beginn einer neuen Art des Reisens durch Afrika im Jahre 1884*, Hsp., Rundf. d. DDR 1978; *Wilhelmsburg*, R., Düsseld., Bln. 1979; *Casanova in Dux*, Hsp., Rundf. d. DDR 1980; *Die Frau im Strom*, R., Bln. 1982; *Das endlose Jahr. Begegnungen mit Mäd*, R., Bln. 1983; *Das große Lesebuch vom Frieden*, Hg., Ffm. 1983; *Landschaft in der DDR. Naturschönheiten, Städte und Menschen*, Mithg., Hgb. 1990; *Festessen mit Sarte und andere Sonntagsgeschichten*, Hg., zus. m. Monika Walther, Dülmen 1996; *Leben und Sterben der Rubina*, R., Bln. 1999.

Jandl, Ernst, wurde am 1. 8. 1925 als Sohn eines Bankbeamten in Wien geboren. Nach dem Besuch des Gymnasiums und der Ableistung des Militärdienstes studierte er an der Wiener Universität Germanistik und Anglistik, legte 1949 die Lehramtsprüfung ab und promovierte 1950 mit einer Dissertation über die Novellen von Arthur Schnitzler. Seit 1949 war er als Lehrer an höheren Schulen in Wien tätig, zur Wahrnehmung von Lehraufträgen in Berlin, in England und den USA jedoch zeitweise beurlaubt. 1973 gehörte er zu den Gründern der Grazer Autorenversammlung. Ernst Jandl war Mitglied der Akademie der Künste in Berlin, der Deutschen Akademie für Sprache und Dichtung in Darmstadt, des Forums Stadtpark, Graz, und korrespondierendes Mitglied der Akademie der Künste in Ost-Berlin. 1968 erhielt er (gemeinsam mit Friederike Mayröcker) den Hörspielpreis der Kriegsblinden, 1974 den Georg-Trakl-Preis für Lyrik, 1976 den Preis der Stadt Wien für Literatur, 1978 den Österreichischen Würdigungspreis, 1980 den Mülheimer Dramatikerpreis, 1982 den »Manuskriptepreis« des Landes Steiermark und den Anton-Wildgans-Preis der Österreichischen Industrie, 1984 den Großen Österreichischen Staatspreis und den Georg-Büchner-Preis, 1985 den Preis der Deutschen Schallplattenkritik (für *»ernst jandl. bist eulen?«*), 1986 die Ehrenmedaille der Bundeshauptstadt Wien in Gold, 1987 den Kasseler Literaturpreis für grotesken Humor, 1989 den Frankfurter Hörspielpreis, 1990 den Peter-Huchel-Preis, 1993 den Kleist-Preis. Im Wintersemester 1984 hielt er Poetik-Vorlesungen an der Frankfurter Universität.

Jandl heißt Ernst und so ist er auch, möchte man mit einem Wortspiel sagen, das seiner Natur gerecht wird. Es gibt keinen anderen Sprachspieler, der die Dialektik von Spiel und Ernst so konsequent demonstriert wie er. Die Ernsthaftigkeit des Spielerischen und das Spielerische des Ernstes sind in ihm zur existenziellen Einheit verschmolzen. Die Notwendigkeit des Spiels zum Überleben des Menschen scheint für ihn zum Programm geworden: Der Mensch überlebt nur, wenn er Interesse zeigt, Anteil nimmt, dazwischentritt. Jandl sagt selbst: »ziel meiner arbeit, heute wie früher, sind funktionierende, lebendige, wirksame, direkte Gedichte, gesteuert, von welchem material immer sie ausgehen und in welcher form immer sie hervortreten, von dem was in mir ist an richtung und neigung, an freude und zorn. was ich will sind gedichte, die nicht kalt lassen.« An anderer Stelle nennt er seine Gedichte eine Sache, »die die leute anschauen und über die sich die einen freuen und die andern ärgern und die zu nichts sonst da ist«.

Jandls Mutter hieß Luise, schrieb Gedichte und ist die Luise im Titel seines eigenen Gedichtbandes *Laut und Luise* (1966, mit Nachwort von Helmut Heißenbüttel), der dieses poetische Programm der Vermählung von Spiel und Ernst auch als die Verbindung von Freiheit und Witz wiedergibt. »Freiheit gibt Witz ... und Witz gibt Freiheit«, heißt es bei Jean Paul, und Jandl exemplifiziert diesen Satz in allen seinen Gedichten. So bedeutet auch das wortwörtlich Neue, das Nochnichtdagewesene, das Außergewöhnliche für ihn das wirklich Befreiende. Als Jandl, der 1956 mit dem Gedichtband *Andere Augen* debütierte, nach fast zehnjährigem Schweigen 1964 in der von Max Bense und Elisabeth Walther herausgegebenen Reihe »rot« mit dem Band *lange gedichte* wieder in Erscheinung trat, da hatte er in einer intensiven experimentellen Phase seinen Neuansatz gefunden: Die konkrete Poesie, mit ihren Wurzeln im Dadaismus (Stramm, Arp, Schwitters), ihren Anwendungen in der Wiener Gruppe (Artmann, Rühm, Wiener) und ihrer Neudefinition in der Stuttgarter Schule (Bense, Heißenbüttel, Döhl) wurde sein Arbeitsfeld. Jetzt stellte sich Schreiben für ihn nicht mehr als Beschreibung von vorhandenen oder fiktiven Gegenständen dar, nicht mehr als Aufzeichnung von Denkabläufen oder Sachverhalten, nicht mehr als sprachliche Widerspiegelung, sondern als »die erzeugung von objekten aus einem bestimmten material – objekten, die es nicht gibt, außer als ergebnis eines solchen machens«. Jedes dieser Objekte bildet, ganz im Sinne von Jandls innovativem Interesse, »ein ding, das ich bisher nicht kannte und von dem ich, da ich mich umsehe, annehmen darf, dass es das bisher nicht gab«.

Jandls Spiel mit der vermittelnden Sprache und mit den durch diese Sprache vermittelten Inhalten ist voller Witz und Komik; die grotesken Züge erschließen sich aber erst beim Sprechen und Hören der Gedichte. In den *langen gedichten* fallen vor allem die dem »Sprechgedicht« typischen Redeketten klangverwandter Wörter auf, die verhärtete und bereits zu Hülsen verkommene Begriffe aufbrechen (wie »philosophie«); in *Laut und Luise* finden sich Gedichte, deren Methode zugleich auch die Demonstration des Mechanismus betrifft, den sie kritisch entlarven (wie »lichtung: Manche meinen / lechts und rinks / kann man nicht velwechsern. / werch ein illtum!«); in *wischen möchten* (1974) sind es Litaneien, in denen aus dem Spiel mit verkrusteten Abstrakta erfrischende Erkenntnisse gezogen werden; es geht um die Bewusstmachung des Gefangenseins in dogmatischen Begriffen (wie *»von keit zu keit«*); in der Sammlung *bearbeitung der mütze* (1978) greift Jandl schließlich auf volkstümliche Sprechweisen zurück, wobei er in zyklischen Gruppierungen seine formalen Reduktionen inhaltlich bestätigt (etwa die Entmythisierung Rilkes, die Anverwandlung von Gastarbeitersprache). Dabei handelt es sich bei Jandl einerseits um eine vollkommen neue Form des Gedichts, andrerseits aber, wie Heißenbüttel im Nachwort zu *Laut und Luise* feststellt, um Dialekt, um politische, um Liebes-, um autobiografische, um Naturgedichte und Lieder, die allesamt in der Kontinuität einer Tradition stehen.

In den Achtzigerjahren sind die Jandlschen Mahn- und Lästerrufe zu Schreien einer Verzweiflung geworden. Was einst ein Balancespiel über dem sicher geknüpften Netz der Sprache war, ist nun ein Trapezstück über dem Abgrund, ein poetischer Drahtseilakt auf Leben und Tod. Ein unverstelltes Sprechen kehrt in den Gedichtbänden *Der gelbe Hund* (1980), *Selbstporträt des Schachspielers als trinkende Uhr* (1983) und *Idyllen* (1989) das abgrundtief Komische hervor. Die Paradoxien des Lebens und der Welt, die im experimentellen Sprachspiel einen immer artifizielleren Charakter gewannen und nie ganz diese hergestellte Künstlichkeit verleugnen konnten, zeigen sich nun selbstverständlicher, unbezweifelbarer. Jandl legt in diesen Gedichten das Missverhältnis von Sein und Schein schamlos bloß; der Leser wird auf unmittelbare Weise des Risses gewahr, der zwischen Wirklichkeit und Wunsch hindurchgeht, und lacht, obwohl ihm schon im nächsten Augenblick das Lachen auf den Lippen gefriert.

Jandls fortschreitende Stetigkeit – ein scheinbares Paradox –, dieses Festhalten am neuen, ungewohnten Sprechen (»Das Material ist dasselbe, aber die Gewöhnung daran muss aufhören, wo Poesie beginnen soll«) und ein gleichzeitiges inhaltliches Überschreiten der clownesken Themen ins Resignative, dokumentiert sich in diesen Gedichten der Achtzigerjahre auf exemplarische Weise: In indirekter Rede wird der Sprechende zum Sprecher des Sprachlosen, spricht er seine überwindbare Resignation, seine Selbstaufgabe aus. Jandl stellt sich vor das Nichts und spricht nur noch, »damit das ganze an welt wegfällt«; diese Verse offenbaren in selbstzerstörerischer Komik das Grausen des schreibenden Menschen vor der »Tabula rasa« der Welt und dem leeren Blatt Papier. Dass es ihm wie keinem anderen gelungen ist, »sowohl die unfreiwillig komischen wie auch die zutiefst verzweifelten Züge unserer gegenwärtigen Existenz zur Sprache zu bringen und zugleich daran zu erinnern, dass es in der Literatur vor allem auf den Wort-Laut ankommt«, bescheinigt ihm der Verleihungstext zum Georg-Büchner-Preis 1984.

»gern wollt ich dir schreiben / mein schönstes

gedicht / das geht jetzt nicht / warum geht es denn nicht? // schau nicht nach oben / ich fliege nicht / dort auf dem boden / das war mein gesicht // deine sechzig zu loben / vergaß ich nicht / doch mein sturz aus dem bett / hat mir alles verschoben // such mich nicht oben / ich fliege nicht / ich stürz aus dem bett / mein bein zerbricht.« Einem zwei Jahre jüngeren Freund aus der Stuttgarter Schule schreibt Jandl zum Sechzigsten ein Geburtstagsgedicht, dessen Bekenntnis in das selbstzerstörerische Lamento seines letzten Lebensjahrzehnts übergeht. Mit einem realen Beinbruch geht nun ein unaufhaltsamer Bruch im Denken, im Anschauen der Welt, in Betrachtungen und Einschätzungen der menschlichen Natur einher. Alle Gedichte seiner Endzeit sind radikaler Ausdruck ungeschönter Melancholie. Es sind scheinbar kunst- und harmlose Lieder, in Wirklichkeit aber konkrete, rabiate Gegengesänge wider die falsche Harmonie, »des Schrecklichen Anfang«, wie es bei Hölderlin über das Schöne heißt. Ernst Jandl stirbt am 9. 6. 2000 in Wien. Friederike Mayröcker, seine langjährige Lebensgefährtin, schreibt in ihrem Requiem: »Ausgesetzt bin ich verschüttet / morsches Gebälk mein Leben.«

Die Vermittlung der Jandlschen Texte geschieht am sinnfälligsten in der akustischen Realisierung, bei der Jandl selbst sein bester Interpret ist. Aber auch in dramatischen Stücken, wie den *szenen aus dem wirklichen leben* (1966, mit Musik v. E. Kölz), in der *»Sprechoper in 7 Szenen« Aus der Fremde* (Urauff. Graz 1979, wiederaufgef. Berlin 1980, Buch 1980; als Anleitung zur akustischen Realisierung dieses Textes im Konjunktiv hat Jandl eine Tonbandkassette besprochen) und vor allem in Hörspielen, wie *Fünf Mann Menschen* (zus. mit Friederike Mayröcker, gesendet 1968, Buch 1971), erschließt sich die Sinnfälligkeit der Verlautbarung auf oft verblüffende Weise: Dabei scheint es ein Paradoxon, dass das Beschwörende der Jandlschen Sprechtexte nicht aus einem hermetischen, sondern umgekehrt aus dem offenen Sprachgestus herrührt. Jedermann wird auf direkteste Weise von seinen Gedichten und Texten angesprochen; die Einfachheit, die Offenheit, die Treffsicherheit haben Jandl zu einem Volksschriftsteller werden lassen. Er selbst nennt sein 1974 erschienenes Lesebuch: *ernst jandl für alle.*

Ludwig Harig

Werke: *Andere Augen,* Wien 1956; *lange gedichte,* hg. v. Max Bense u. Elisabeth Walther, Stg. 1964; *klare gerührt,* Frauenfeld 1964 (= konkrete poesie, 8); *Hosi-Anna!,* Bad Homburg 1964; *mai hart lieb zapfen eibe hold,* hg. v. Bob Cobbing, London 1965 (= Writers Forum Poets, 11); *Sprechgedichte,* Schpl. 1965 (= Writers Forum Records, 1); *Robert Creeley: Die Insel,* Übs., Ffm. 1965; *Laut und Luise,* Olten 1966, Schpl. 1968; *szenen aus dem wirklichen leben,* Theaterst., UA Wien 1966; *No music please,* (dt./engl.), London 1967 (= Turret Booklet, 9); *sprechblasen,* G., Neuwied 1968; *Fünf Mann Menschen,* Hsp., zus. m. Friederike Mayröcker, Hsp., SWF 1968; *Der Gigant,* Hsp., zus. m. Friederike Mayröcker, WDR 1969; *John Cage: Silence,* Übs., Neuwied 1969; *der künstliche baum,* G., Neuwied 1970, Schpl. 1970; *Spaltungen,* Hsp., zus. m. Friederike Mayröcker, 1970; *Christopher Middleton: Wie wir Großmutter zum Markt trugen,* Übs., zus. m. Günter Kunert, Stierstadt/Ts. 1970; *Gemeinsame Kindheit,* Hsp., zus. m. Friederike Mayröcker, 1970; *die auswanderer,* Hsp., WDR 1970; *das röcheln der mona lisa,* Hsp., BR/NDR 1970, Schpl., 1972; *der uhrensklave,* Hsp., SDR 1971; *flöda und der schwan,* G., Stierstadt/Ts. 1971; *hosi + anna,* Schpl., 1971; *Traube,* Fssp., zus. m. Friederike Mayröcker u. Heinz v. Cramer, 1971; *Gertrude Stein: Erzählen,* Übs., Ffm. 1971; *Fünf Mann Menschen,* zus. m. Friederike Mayröcker, Neuwied 1971; *dingfest,* G., Darmst. 1973; *übung mit buben,* Bln. 1973; *männer. ein film,* Pr. m. Zeichn. v. J., Stierstadt/Ts. 1973; *der raum. szenisches gedicht für beleuchter und tontechniker,* UA Villach 1973; *serienfuss,* G., Darmst. 1974; *wischen möchten,* Bln. 1974; *ernst jandl für alle,* Darmst. 1974; *Gott schütze Österreich: durch uns: Alexander, H. C. Artmann, Wolfgang Bauer, Jodik Blapik, Günter Brus, Ernst Jandl, Friederike Mayröcker, Hermann Nitsch, Gerhard Rühm, Aloisius Schnedel. Szenen, Dialektgedichte, Sprachübungen, Musiken, Urteile, Montagen,* Schpl., Bln. 1974; *der versteckte hirte,* G., m. Zeichn. v. J., Düsseld. 1975; *alle freut was alle freut. Ein Märchen in 28 Gedichten,* Kinderb., zu Bildern v. Walter Trier, Köln 1975; *Drei Hörspiele,* zus. m. Friederike Mayröcker, Wien 1975; *M. Wulff: Dichtung,* m. einem krit. Begleittext v. J., 1975; *Die schöne Kunst des Schreibens,* 4 Vortr., Darmst. 1976; *Die Humanisten. Konversationsstück in einem Akt,* UA. Graz 1976, Hsp., WDR 1977, CD, Obermichelbach 1998; *»neue texte« 16/17* (J.-Sonderh. m. Bibl.) 1976; *13 radiophone Texte (1966),* Tonband, Düsseld. 1977; *klatschmohn,* zu Illustr. v. E. Cristini u. L. Puricelli, Köln 1977; *die bearbeitung der mütze,* Darmst. 1978; *Ein Mensch,* Hsp.-Buch u. Kassette, 1979; *him hanflang war das wort,* Schpl., 1980; *Aus der Fremde. Sprechoper in sieben Szenen,* Hsp., HR/WDR 1980, Darmst., Neuwied 1980, Theaterst., UA Graz 1979; *der gelbe hund,* G., Darmst., Neuwied 1980; *Falamaleikum. Gedichte und Bilder,* zus. m. J. Spohn, Darmst., Neuwied 1983; *selbstporträt des schachspielers als trinkende uhr,* Darmst., Neuwied 1983; *ernst jandl live,* G. u. Szenen, Video-Kass., Darmst., Neuwied 1984; *E. J. spricht Gedichte,* Schpl., Ffm. 1984; *bis eulen?,* Schpl., zus. m. Jürg Laederach, Wien 1984; *Gesammelte Werke,* hg. v. Klaus Siblewski, 3 Bde., Darmst., Neuwied 1985; *My right hand – my writing hand – my handwriting,* hg. v. Heimrad Bäcker, Linz 1985; *Das Öffnen und Schließen des Mundes. Frankfurter Poetik-Vorlesungen,* Darmst., Neuwied 1985; *Weltgebäude,* Schpl., zus. m. Martin Haselböck, Graz 1986; *Ottos Mops hopst,* G., m.

11 Zeichn. v. Bernd Hennig, Ravensb. 1988; *im delikatessenladen. Ausgewählte Gedichte,* hg. v. Klaus Pankow, Bln. 1988; *vom vom zum zum,* CD, Wien 1988; *gemeinschaftsarbeit. Prosa,* zus. m. Friederike Mayröcker u. Andreas Okopenko, hg. v. Marcel Beyer, Siegen 1989; *Idyllen,* G., Ffm. 1989, *das röcheln der mona lisa. gedichte szenen prosa. ein hör- und lesebuch,* Bln. 1990; *szenen aus dem wirklichen leben,* Hsp., zus. m. Ernst Kölz, BR/HR/SWF 1990, CD, Mü. 1990; *Der beschriftete Sessel,* G., m. 20 Radierungen v. Thomas Ranft, hg. v. Klaus Pankow, Lpz. 1991; *Leo Lionni: Matthias und sein Traum,* Übs., Mü. 1991; *lieber ein saxofon. Lesung mit Musik,* CD, Wien 1991; *Leo Lionni: Seine eigene Farbe,* Übs., Köln 1991; *Die wirklichen Möglichkeiten. Zwei Reden zum Erich-Fried-Preis 1991,* zus. m. Bodo Hell, Graz 1992; *stanzen,* Ffm. 1992, CD, m. E. Meixner, Wien 1994; *Leo Lionni: Mister McMaus,* Übs., Düsseld. 1993; *glawaraaaa oder: Sehnsucht ergreift das hundevieh,* Hsp., 1993; *lechts und rinks. gedichte statements peppermints,* Mü. 1995; *laut und luise. Aus der Kürze des Lebens. Lesung mit Musik,* CD, m. NDR-Bigband, Therwil 1995; *Peter und die Kuh,* G., Hbg. 1996; *Poetische Werke,* 10 Bde., hg. v. Klaus Siblewski, Mü. 1996; *eile mit feile. Lesung,* Kass., Stg. 1996; *laut und luise/hosi und anna. Lesung,* CD, Bln. 1997; *Fünfter sein. Farbiges Bilderbuch,* m. Illustr. v. Norman Junge, Weinheim 1997; *jandls dilemma,* CD, Mü. 1997; *Im Gespräch,* CD, zus. m. Peter Huemer, Obermichelbach 1998; *Antipoden. Auf der anderen Seite der Welt,* m. Illustr. v. Norman Junge, Weinheim 1999; *aus dem wirklichen leben. Gedichte und Prosa,* Mü. 1999; *him hanflang war das wort. sprechgedichte, gelesen vom Autor,* CD, Bln. 1999; *Hans J. Ch. v. Grimmelshausen: Die unendliche Geschichte des Simplicissimus,* Kass., m. Jerzy Kosinski, Ostermundigen 1999; *Autor in Gesellschaft. Aufsätze und Reden,* Mü. 1999; *Bibliothek,* Schweinfurt 1999; *wien: heldenplatz,* CD, Mü. 1999; *a komma Punkt ernst jandl. Ein Leben in Texten und Bildern,* Mü. 2000; *der künstliche baum,* G., Mü. 2001; *Letzte gedichte,* Mü. 2001; *Philip de Vos: Karneval der Tiere,* Übs., Mü. 2001; *Telefongespräche mit Ernst Jandl,* CD, zus. m. Klaus Siblewski, Bergisch-Gladbach 2002.

Janker, Josef W(ilhelm), wurde am 7. 8. 1922 in Wolfegg als Sohn eines Schuhmachers und Mesners geboren. Nach der Volksschule in Ravensburg machte er eine Zimmermannslehre und wurde anschließend zum Militär eingezogen. Fronteinsatz in der Sowjetunion und in Polen; Gefangenschaft in Frankreich. 1946 besuchte er die Meisterschule für das Bauhandwerk in München. Eine kriegsbedingte Tuberkulose hatte lange Sanatoriumsaufenthalte zur Folge, die schreibauslösend wirkten, Janker jedoch auf berufsfremde Tätigkeiten (Textilvertreter, Meinungsbefrager, Platzanweiser u.a.) verwiesen. Seit den Sechzigerjahren zahlreiche Reisen in Europa und nach Afrika. Janker lebt in Ravensburg und ist Mitglied des deutschen P.E.N.-Zentrums. Er erhielt zahlreiche Stipendien (u.a. Villa Massimo) und Preise, u.a. 1972 den Schubart-Preis, 1977 den Kulturpreis der Städte Ravensburg/Weingarten und 1999 den Hermann-Lenz-Preis.

Nach seiner Entlassung aus der Gefangenschaft stand Janker vor der Entscheidung, ob er als »invalider Eckensteher« seine Rente verzehren oder aber »in selbst verhängter Klausur sein unbeholfenes musisches Naturell an die Kandare nehmen und Schriftsteller werden wollte«. Seine Entscheidung für Letzteres – als »Akt der Selbstwehr mit erzählerischen Mitteln« verstanden – erinnert an den Versuch, sich am eigenen Schopf aus dem Sumpf existenzieller Kalamitäten zu ziehen. Sein schwer errungenes Schreiben, das in eingehender Auseinandersetzung mit der zeitgenössischen Literatur zu sehen ist, stand von Anfang an im Zeichen des eigenen Kriegserlebens. Dabei unterlief Janker mit seinem »selektiven Stil« die gängigen Klischees von »Frontgeist« und Kameradschaft, um den Krieg in seiner ganzen Sinnlosigkeit und Vergeudung von Menschen, Energie und Lebenszeit zu decouvrieren. Bereits in *Zwischen zwei Feuern* (1960), dem Roman um eine Gruppe von Pionieren an der Ostfront, nachfolgend auch in seinem Erzählband *Mit dem Rücken zur Wand* (1964) verweigerte Janker jede nachträgliche Sinnstiftung und suchte in seiner knappen und spröden Diktion das Verstörende des Geschehens zu bewahren. Stets spricht aus dieser Prosa ein Ich, dem als Einziges die genaue Sprache blieb, um ohne Beschönigung zu benennen, was war. Typisch für Janker ist die nüchtern-ironische Darstellung und der konzentrierte, oft überscharf belichtete Blick, der mitunter von quälender Deutlichkeit und Ausführlichkeit ist. Sein Roman *Der Umschuler* (1971) macht deutlich, dass Janker seine Kriegserfahrungen auch im Frieden, den er einmal als »verlängerte Waffenpause« bezeichnet hat, nicht so rasch loswurde. So befällt den Protagonisten Mertens mitten im Gehen die Vorstellung, »im Fadenkreuz eines Scharfschützen zu stehen«, und Landschaft bleibt ihm etwas, das entweder eingesehen werden kann oder aber Deckung bietet. Thematisch lebt diese stilistisch konzentrierte, Erfahrung immer wieder aperçuhaft zuspitzende Prosa von ihrer Außenseiter-Perspektive, welche einer verdächtig rasch zur Normalität zurückgekehrten und nun »im Windschatten der Geschichte Speck« ansetzenden Gesellschaft misstraut.

In dem Band *Aufenthalte* (1967) mit sechs Reiseberichten findet sich auch ein Porträt von Jankers Heimatstadt, in dem sich der Blick erstmals auf die eigene Herkunft richtet. Janker hat dies in der Folge immer häufiger getan – vor allem in einer Reihe von zehn großformatigen Heften, die als Auftragsarbeit für eine regionale Sparkasse entstanden. Was Janker hier leistete, ist nicht weniger als die literarische Vermessung der Lebenslandschaft Oberschwaben – Annäherungsversuche an die eigene Herkunft und ein ambitioniertes Kompendium, in dem sich Janker ebenso distanziert wie intim auf Geschichte und Brauchtum, Kultur und Mentalitäten seiner Heimat einlässt. Hier kommt auch Jankers pointillistischer Spätstil zu voller Entfaltung, in dem sich erzählerische und beschreibende Elemente in komplexer Mischung durchdringen und eine bekenntnisfreudige Subjektivität mit einschließen. Mit dem Erscheinen der vierbändigen Werkausgabe mochte es zunächst den Anschein haben, als sei Jankers Schreiben abgeschlossen. Doch seine »Anfälligkeit für Exotik und Kolonialhistorie«, die Janker 1941 bereits einmal zum Studium von Kisuaheli verleitet hatte, ließ ihn den Auftrag annehmen, die Lebensgeschichte einer Ravensburger Missionsschwester in Swakopmund aufzuzeichnen. Aus dieser Arbeit erwuchs zugleich das *Tagebuch einer Namibia-Reise* (1991), in dem sich der Autor an eigenen Vorstellungen und Erwartungen ebenso abarbeitet wie an den allgegenwärtigen spätkolonialen Spuren im ehemaligen Deutsch-Südwestafrika. Hier kommt noch einmal jene subtile Ironie zu ihrem Recht, die bereits Jankers frühe Reiseprosa (*Aufenthalte*) bestimmte.

Sein Buch *Meine Freunde die Kollegen* schließlich ist eines der Erinnerung; seine Basis bilden zahlreiche Begegnungen mit Kollegen und vor allem eine überreiche Korrespondenz. Als letzter Briefeschreiber, der Geld dafür nehmen sollte, wurde Janker einmal von Martin Walser bezeichnet. In welchem Ausmaß Janker den Austausch gesucht und gefunden hat, belegt vor allem der vierte Band der Werkausgabe, der Jankers Korrespondenz gewidmet ist. An diesem Erinnerungsbuch, dessen locker gefügte Kapitel stark anekdotisch geprägt sind, lassen sich die meisten biografischen Konstanten Jankers noch einmal gut ablesen: Die Energie, mit der er in einem eher literaturfernen Umfeld ein Leben lang um Professionalität und Anerkennung gerungen hat; seine immer wieder aus Freundschaften bezogene Selbstvergewisserung sowie eine Fülle eingegangener Engagements: seine Tätigkeit als Inspizient bei der semiprofessionellen »Jungen Schauspieltruppe« sowie für den »Ravensburger Kreis« mit seinem hochkarätigen literarischen Veranstaltungsprogramm; Juryarbeit für den Meersburger Droste-Preis und langjährige Leitungsfunktion im »Internationalen Bodensee-Club«.

Manfred Bosch

Werke: *Zwischen zwei Feuern*, R., Köln 1960, überarb. Ausg. Ffm. 1986; *Mit dem Rücken zur Wand u. a. Erzählungen*, Ffm. 1964; *Aufenthalte. Sechs Berichte*, Ffm., 1967; *Der Umschuler*, R., Ffm. 1971; *Ravensburg. Porträt einer oberschwäbischen Landschaft*, Ess., zus. m. Erich Beurer, Ravensburg 1971; *Der Fall Schalk. Bericht über ein nicht wieder gutzumachendes Unrecht*, Hsp., SWF 1972; *Ansichten und Perspektiven*, Bd. 1: *Wahrzeichen*, Bd. 2: *Brauchtum, Tradition*, Bd. 3: *Barock*, Bd. 4: *Werktage*, Bd. 5: *Kleinode*, Bd. 6: *Markttage*, Bd. 7: *Landschaften*, Bd. 8: *Feuchtes Element*, Bd. 9: *Erntezeit*, Bd. 10: *Abschiede*, m. Fotos v. Rupert Leser, Ravensburg 1973-1982; *Das Telegramm*, E., m. Zeichnungen v. Günter Bruno Fuchs, Düsseld. 1977; *Im Zeichen von Annette von Droste-Hülshoff*, Hg., zus. m. Dino Larese, Amriswil 1983; *Omo ndi li! Lebensbericht der Schwester Mansueta O.S.B.*, Windhoek 1987; *Werkausgabe in vier Bänden*, hg. v. Manfred Bosch, Friedrichshafen 1988; *Ein willkommener Auftrag. Tagebuch einer Namibia-Reise*, Eggingen 1991; *Meine Freunde die Kollegen. Erinnerungen*, Friedrichshafen 1994.

Janosch, bürg. Horst Eckert, wurde am 11. 3. 1931 in Hindenburg, Oberschlesien (heute Zabrze, Polen) geboren. Der alkoholsüchtige Vater schickt den 13-jährigen Sohn in eine Schmiede- und Schlosserlehre, später arbeitet Janosch in Fabriken, u.a. in Oldenburg als Hemdenmusterzeichner in der Textilherstellung. 1953 wird er zu Probesemestern an der Münchner Kunstakademie aufgenommen, die er aber mehrfach nicht besteht und das Studium abbricht. Seit 1960 verfasst und illustriert er Kinderbücher, Romane und Theaterstücke, er lebt heute auf Teneriffa, Spanien. Janosch erhielt u.a. 1979 die Goldene BIP-Plakette und den Tukan-Preis der Landeshauptstadt München, 1984 den Silbernen Griffel Amsterdam und 1992 den Andreas-Gryphius-Preis für seine Vermittlungsleistungen zwischen Deutschland und Polen.

1960 malte Janosch auf der »Suche nach einer Überlebensmöglichkeit« sein erstes Kinderbuch, *Die Geschichte von Valek, dem Pferd*, und »machte der Einfachheit halber auch den Text dazu«. Sein Verleger riet ihm zum Künstlernamen »Janosch«. In den folgenden Jahren entstand eine Reihe von Kinderbüchern, die der Autor heute mit Distanz betrachtet. Sie seien mehr aus finanzieller Not als aus wahrem künstlerischen Engagement heraus entstanden. 1972 erzählte und gestaltete Janosch eine Reihe von Grimms Märchen (z.B. *Hans im Glück* oder *Das elektronische Rotkäppchen*) in dem für ihn typischen umgangssprachlichen Stil. Seine Geschichten für Kinder sind seitdem charakterisiert durch eine einfache, zum Teil radikal auf das Nötigste reduzierte Sprache, die den Regeln der Sprachlehre absichtlich trotzt: »›O Bär‹, sagte der Tiger, ›ist das Leben nicht unheimlich schön, sag!‹ ›Ja‹, sagte der kleine Bär, ›ganz unheimlich und schön.‹ Und da hatten sie verdammt ziemlich Recht« (*Post für den Tiger*, 1980). Dem Erfinden dieser einprägsamen Sprache sei, so der Autor, eine lange Erfahrung mit Kompliziertheiten vorausgegangen. Janosch verkündet durch sie seinen Traum vom unbegrenzten Glück, das der Mensch schon zu Lebzeiten erreichen kann: »Der Himmel findet nicht nach dem Tode statt, sondern jetzt.«

In vielen seiner Kinderbücher überwiegt das Bild. Meist sind es kolorierte Tuschzeichnungen, bevölkert von seinen anthropomorphen Tiergestalten mit besonderer Liebe für das Detail, für kleine verspielte Nebenhandlungen, in denen sich Kastenfrosch und kleine Tigerente, Maulwurf und Fiedelgrille begegnen. Große Popularität erlangte Janosch mit seinen friedlich-fröhlichen Erzählungen von Hase, Bär, Tiger und anderen Tieren, die in einer bescheidenen und genügsamen Welt miteinander leben (z.B. *Oh wie schön ist Panama*, 1978; *Post für den Tiger*, 1980). Janosch arbeitet in diesen zeit- und alterslosen Kinderbüchern mit einem schlichten Inventar an unverfälschten Emotionen, Ereignissen, Handlungen und Worten, wie um zu zeigen, dass es keiner außergewöhnlichen Begebenheiten und Helden bedarf, um dem Leben Herr zu werden. Subtil vermittelt er Lesern und Betrachtern seine Botschaft: »Die Schwachen sind die Starken.« Wie etwa in *Schimanzki – Die Kraft der inneren Maus* (1989), einer rauen Parodie auf die Westernepen unserer Zeit. Der Mäuserich Schimanzki vertraut der Kraft seiner Pfoten und besteht fast unbeschadet jedes Abenteuer. Wiederholt erzählt Janosch in kindlich-naiver Manier von ungewöhnlichen Freundschaften zwischen Tier und Mensch, die zeigen sollen, dass die unterschiedlichsten Geschöpfe in Harmonie und Verbundenheit zusammenleben können, wenn sie die Eigenheiten des anderen lieben gelernt haben und einander respektieren: Popoff der Bauer und Piezke der Siebenschläfer zum Beispiel (*Traumstunde für Siebenschläfer*, 1977), oder in der Legende *Der alte Mann und der Bär* (1985), dem wohl poetischsten Kinderbuch des Dichters Janosch.

Geradezu verächtlich äußert sich Janosch über uns Menschen: »Der Mensch ist eine Sau, nicht als Einzelmensch, sondern als Schöpfung.« So übernehmen seine Tiergestalten die Funktion, den zwischenmenschlichen Erfahrungsbereich zu deuten. Sie halten alle auch noch so kleinen lebenswerten Momente fest, manchmal nur Augenblicke der Hilfsbereitschaft, Treue, Freude.

Mittlerweile hat Janosch auch als Verfasser von bisher sieben Romanen auf sich aufmerksam gemacht. Ebenso wie seine Theaterstücke bezeichnet er sie als sein Hauptwerk und entwirft in ihnen ein Gegenbild zu den aquarellfidelen Alles-wird-gut-Geschichten seiner Kinderbücher – er nähert sich der eigenen Biografie von der anderen dramatischen Seite her: In seinem Romanerstling *Cholonek oder der liebe Gott aus Lehm* (1970) versucht er sich mit derber Sprache und grotesker Situationskomik seine schwere Kindheit von der Seele zu schreiben, die geprägt war von der Reitpeitsche des Vaters und der religiös-distanzierten Strenge der Mutter. Wie auch in den Romanen *Polski Blues* (1991) und *Von dem Glück, Hrdlak gekannt zu haben* (1994) spielt die Handlung dieser Romane, die oft auch als »Schlesien-Trilogie« bezeichnet werden, in seiner schlesischen Heimat: Hier, in der gottvergessenen Grenzregion zwischen Deutschland und Polen, in den armseligen und immer grauen Bergarbeitersiedlungen, von Weltkriegen und Kommunismus gezeichnet, leben skurrile, versoffene, einsame und abgestumpfte Menschen ein kümmerliches Dasein. Autobiografisches trägt Janosch auch in seinem Roman *Gastmahl auf Gomera* (1997) zusammen. Mehr sich selbst als dem Journalisten, der ihn auf der Insel besucht, um nach mehreren Interviews eine Janosch-Biografie zu schreiben, erzählt Janosch lose Szenen aus seinem Leben. Janosch gelingt es dabei, durch die Kombination von vermeintlich Wahrem mit Fiktivem eine spielerische Schwebe zu erzeugen: »Ich nahm mir vor zu lügen. Interviews müssen dazu genutzt werden sich zu verbergen.«

In seinem Theaterstück *Zurück nach Uskow. Oder: Eine Spur von Gott. Oder: Der Hund von Cuernavaca* (1994), einem »Einakter für einen Schauspieler und einen Farbfernseher«, der wie auch die späteren Stücke *Restaurant* (2001) und *Mutterglück oder Das Kind* (2001) Janoschs autobiografischen Fingerabdruck trägt, beobachtet ein alter Steinmetz, wie ein streunender Hund von einem Landstreicher getreten wird, ohne sich zu wehren. In der Gleichgültigkeit des Hundes gegen den ungerechten Angriff sieht der alte Mann Parallelen zum menschlichen Glauben an eine höhere Macht: »Keine

Furcht – lass ihn treten. Schicksal oder wer auch immer du bist – bediene dich.« Der Steinmetz, der »lachend sterben will«, kämpft so lange gegen seinen Kirchenhass an, bis er sich von diesem Zwang befreit hat. Denn schon im *Gastmahl auf Gomera* fasst Janosch seinen Lebenssinn zusammen: »Man muss nur so unbeschadet wie möglich das Leben überstehen. Und das größte Glück: Mit sinnenhafter Freude ohne Furcht vor irgendetwas durchkommen.«

Saskia Kipping

Werke: *Die Geschichte von Valek, dem Pferd*, Kinderb., Mü. 1960; *Das kleine Schiff*, Kinderb., Mü. 1960; *Der Josa mit der Zauberfiedel*, Kinderb., Mü. 1960; *Valek und Jarosch*, Kinderb., Mü. 1960; *Der Räuber und der Leiermann*, Kinderb., Mü. 1961; *Johann Wolfgang von Goethe: Reineke Fuchs*, Kinderb., Mü. 1962; *Mc Kneacher oder Eine wundersame und phantastische Geschichte*, Kinderb., Mü. 1964; *Onkel Popoff kann auf Bäume fliegen*, Kinderb., Mü. 1964; *Das Auto hier heißt Ferdinand*, Kinderb., Mü. 1964; *Ferdinand im Löwenland*, Kinderb., Mü. 1965; *Heute um neune hinter der Scheune*, Kinderb., Mü. 1965; *Das Apfelmännchen*, Kinderb., Mü. 1965; *Hannes Strohkopp und der unsichtbare Indianer*, Kinderb., Mü. 1966; *Leo Zauberfloh oder Wer anderen eine Grube gräbt*, Kinderb., Mü. 1966; *Popoff und Piezke. Ein Siebenschläfer ist kein Vogel. Eine Bildergeschichte*, Kinderb., Mü. 1966; *Ich male einen …*, Kinderb., Mü. 1966; *Rate mal, wer suchen muss*, Kinderb., Mü. 1966; *Reite, reite Jockel*, Kinderb., Mü. 1966; *Schlafe, lieber Hampelmann*, Kinderb., Mü. 1976; *Rabenkönig Muckelbass*, Kinderb., Wien, Zür.1967; *Böllerbam und der Vogel*, Kinderb., Köln 1968; *Herr Wutzel und sein Karussell*, Kinderb., Mü. 1968; *Lukas Kümmel Zauberkünstler*, Kinderb., Recklingh. 1968; *Wir haben einen Hund im Haus*, Kinderb., Mü. 1968; *3 Räuber und 1 Rabenkönig. Eine Räubergeschichte*, Kinderb., Mü. 1968; *Der Mäuse-Sheriff. Lügengeschichten aus dem wilden Westen, erlogen von einer Maus*, Kinderb., Recklingh. 1969; *Cholonek oder der liebe Gott aus Lehm*, R. Recklingh. 1970; *Komm nach Iglau, Krokodil*, Kinderb., Mü. 1970; *Flieg Vogel, flieg*, Kinderb., Mü. 1971; *Ene bene Bimmelbahn*, Kinderb., Mü. 1971; *Löwe, spring durch den Ring!*, Kinderb., Mü. 1971; *Lari Fari Mogelzahn. Jeden Abend eine Geschichte*, Kinderb., Weinheim 1971; *Ich bin ein großer Zottelbär*, Kinderb., Mü. 1972; *Janosch erzählt Grimms Märchen und zeichnet für Kinder von heute, 50 ausgewählte Märchen*, Kinderb., Weinheim 1972; *Hottentotten grüne Motten. Alte und neue Kinderreime, gesammelt + gemalt + gedichtet*, Kinderb., Reinbek 1973; *Die Globeriks. Gliwi sucht einen Freund. Janosch-Comic Nr. 1*, Kinderb., Zür. 1973; *Die Globeriks. Hau den Lukas! Janosch-Comic Nr. 2*, Kinderb., Zür. 1973; *Die Globeriks. Geburtstagsblumen mit Pfeffer und Salz. Janosch-Comic Nr. 3*, Kinderb., Zür. 1974; *Die Globeriks. Hosen wachsen nicht im Garten. Janosch-Comic Nr. 4*, Kinderb., Zür. 1974; *Familie Schmidt. Eine Moritat, vorgeführt in Bildern*, Kinderb., Reinbek 1974; *Lari Fari Mogelzahn. Die Löwenreise*, Kinderb., Weinheim 1974; *Bärenzirkus Zampano*, Kinderb., Mü. 1975; *Sacharin im Salat*, R., Mü. 1975; *Das Geheimnis des Herrn Josef. Geheimnisgeschichten, Bilder*, Kinderb., Weinheim 1976; *Der Quasselkasper. Jeden Abend eine Geschichte oder Reisen und Abenteuer*, Kinderb., Weinheim 1976; *Die Geschichte von Antek Pistole. Eine Geschichte aus Margarinien*, Kinderb., Weinheim 1976; *Das große Janosch Buch. Geschichten und Bilder*, Kinderb., Weinheim 1976; *Kleiner Mann in der Zigarilloschachtel und andere Geschichten*, Kinderb., Recklingh. 1976; *Der Mann, der Kahn, die Maus, das Haus*, Kinderb., Mü. 1976; *Ich sag, du bist ein Bär*, Kinderb., Weinheim 1977; *Traumstunde für Siebenschläfer*, Kinderb., Weinheim 1977; *Kasper Löffel und seine gute Oma*, Kinderb., Mü. 1977; *Ich sag, du bist ein Bär*, Kinderb., Weinheim 1977; *Die Maus hat rote Strümpfe an. Janoschs bunte Bilderwelt*, Kinderb., Weinheim 1978; *Oh, wie schön ist Panama. Die Geschichte, wie der kleine Tiger und der kleine Bär nach Panama reisen*, Kinderb., Weinheim 1978; *Löwenzahn und Seidenpfote. Eine schöne Geschichte von zwei Mäusen, die sich lieben und zwei Kinder bekommen, nämlich Löwenzahn und Seidenpfote*, Kinderb., Weinheim 1978; *Hasenkinder sind nicht dumm. Die Geschichte vom Hasenkind Jochen Gummibär und seinen Geschwistern Bobbo, Bubbi, Babba und Bibbelchen*, Kinderb., Weinheim 1978; *Der Gliwi und der Globerik*, Kinderb., Stg. 1979; *Sandstrand*, R., Weinheim 1979; *König, Kaiser, Bettelmann. Abzähler, freundliche Reime, Spaßgedichte für Kinder und andere fabelhafte Menschen*, Kinderb., Weinheim 1979; *Die Grille und der Maulwurf. Die Geschichte von der schönsten Zeit ihres Lebens*, Kinderb., Weinheim 1979; *Komm, wir finden einen Schatz. Die Geschichte, wie der kleine Bär und der kleine Tiger das Glück der Erde suchten*, Kinderb., Weinheim 1979; *Der Wolf und die 7 Geiserlein*, Kinderb., Weinheim 1979; *ABC für kleine Bären*, Kinderb., Weinheim 1979; *Ich kann schon zählen: 1,2,3*, Kinderb., Weinheim 1980; *Kasperglück und Löwenreise. Jeden Abend eine Geschichte oder Was Lari Fari Mogelzahn, der starke Löwe Hans und der Quasselkasper aus Wasserburg auf ihren abenteuerlichen Fahrten und Reisen erleben*, Kinderb., Weinheim 1980; *Post für den Tiger. Die Geschichte, wie der kleine Bär und der kleine Tiger die Briefpost, die Luftpost und das Telefon erfinden*, Kinderb., Weinheim 1980; *Die Gänse-Oper*, Kinderb., Weinheim 1980; *Der Löwe Hans*, Kinderb., Weinheim 1980; *Mehr vom Gliwi und dem Globerik*, Kinderb., Stg.1981; *Der Mäusesheriff und andere Geschichten*, Kinderb., Recklingh. 1981; *Janoschs verzauberte Märchenwelt*, Kinderb., Mü. 1981; *Das Leben der Thiere*, Kinderb., Weinheim 1981; *Liebe Grille, spiel mir was*, Kinderb., Weinheim 1982; *Tigerschweinchen kleiner König*, Kinderb., Weinheim 1982; *Circus Hase*, Kinderb., Weinheim 1982; *Das Haus, der Klaus. Die Geschichte von Klaus und vom Berg und vom Haus*, Kinderb., Weinheim 1982; *Der kleine Affe*, Kinderb., Weinheim 1982; *Der Esel & die Eule*, Kinderb., Weinheim 1982; *Ein kleiner Riese*, Kinderb., Weinheim 1983; *Rasputin der Vaterbär. Sechsundzwanzig wahre Geschichten*, Kinderb., Weinheim 1983; *Die Tigerente und der Frosch*, Kinderb., Weinheim

1983; *Schnuddelbuddel fängt einen Hasen und Ein Kanarienvogelfederbaum*, Kinderb., Mü 1984; *Kleines Schiff von Paris*, Kinderb., Zür. 1983; *Hasenkinder sind nicht dumm*, Kinderb., Mü. 1983; *Der Froschkönig*, Kinderb., Zür. 1984; *Herr Korbes will Klein Hühnchen küssen*, Kinderb., Zür. 1984; *Kasper Mütze und der Riese Wirrwarr*, Kinderb., Mü. 1984; *Der Wettlauf zwischen Hase und Igel*, Kinderb., Zür. 1984; *Es war einmal ein Hahn. Keine wahre Geschichte*, Kinderb., Zür. 1984; *Kleine Tierkunde für Kinder*, Kinderb., Weinheim 1984; *Das große Buch der Kinderreime*, Kinderb., Zür. 1984; *Das große Panama-Album. Der kleine Bär & der kleine Tiger und ihre Abenteuer*, Kinderb., Weinheim 1984; *Alle meine Enten von A–Z. Mein erstes Adressbuch*, Kinderb., Zür. 1985; *Circus Popcorn*, Kinderb., Zür. 1985; *Eia popeia. 13 liebreiche Verslein aus Mutters Garten*, Kinderb., Zür. 1985; *Alle meine Entlein*, Kinderb., Zür. 1985, *Häschen hüpf!*, Kinderb., Zür. 1985; *Kleine Katze, spiel mit mir*, Kinderb., Zür. 1985; *Der alte Mann und der Bär*, Kinderb., Zür. 1985; *Mein Bär braucht eine Mütze*, Kinderb., Zür. 1985; *Die Fiedelgrille und der Maulwurf*, Kinderb., Zür. 1985; *Ich mach dich gesund, sagte der Bär. Die Geschichte, wie der kleine Tiger einmal krank war*, Kinderb., Zür. 1985; *Hallo Schiff Pyjamahose*, Kinderb., Zür. 1986; *Das tapfere Schneiderlein*, Kinderb., Zür. 1986; *Schnuddelbuddel sagt Gute Nacht*, Kinderb., Zür. 1986; *Rasputin. Das Riesenbuch vom Vaterbär. Sechsundzwanzig Geschichten aus dem Familienleben eines Bärenvaters*, Kinderb., Zür. 1986; *Kasper Mütze hat Geburtstag*, Kinderb., Zür. 1986; *Kasper Mütze baut ein Auto*, Kinderb., Zür. 1987; *Kasper Mütze fängt einen Fisch*; Kinderb. Zür. 1987; *Kasper Mütze holt einen Hasen*, Kinderb. Zür. 1987; *Kasper Mütze. Wie man einen Riesen foppt*, Kinderb., Zür. 1987; *Guten Tag, kleines Schweinchen. Die Geschichte, wie der kleine Tiger eines Tages nicht mehr nach Hause kam*, Kinderb., Zür. 1987; *Das Lumpengesindel*, Kinderb., Zür. 1987; *Robinson Hase*, Kinderb., Weinheim 1988; *Riesenparty für den Tiger. Die Geschichte, wie der kleine Tiger einmal Geburtstag hatte*, Kinderb., Zür. 1989; *Schimanzki. Die Kraft der inneren Maus*, Kinderb., Zür. 1989; *Der Quasselkasper*, Kinderb., Weinheim 1989; *Kaspar Mütze geht in die Schule*, Kinderb., Zür. 1989; *Kaspar Mütze hat Besuch*, Kinderb., Zür. 1989; *Kaspar Mütze hat fünf Freunde*, Kinderb., Zür. 1989; *Rasputin der Lebenskünstler. In Wort und Bild*, Kinderb., Zür. 1989; *Das kleine Panama-Album*, Kinderb., Weinheim 1989; *Tiger und Bär im Straßenverkehr. Die Geschichte, wie der kleine Tiger und der kleine Bär einmal in die Stadt gingen*, Kinderb., Zür. 1990; *Du bist ein Indianer, Hannes*, Kinderb., Recklingh. 1990; *Emil und seine Bande*, Kinderb., Zür. 1990; *Franz mit dem verdammten Hut*, Kinderb., Recklingh. 1990; *Schnuddel. Hasenmotor kostet nix*, Kinderb., Zür. 1990; *David. Eine Geschichte*, Kinderb., Hauzenberg 1990; *Das kleine Kinderreimebuch*, Kinderb., Zür. 1990; *Schnuddel. Wenn Schnuddel in die Schule geht*, Kinderb., Zür. 1991; *Polski Blues*, R., Mü. 1991; *Günter Kastenfrosch oder Der wahre Sinn des Lebens, aufgezeigt an einem Kasten u.a.m. in Wort und Bild*, Kinderb., Zür. 1991; *Der kleine Tiger braucht ein Fahrrad. Die Geschichte, wie der kleine Tiger Radfahren lernt*, Kinderb., Zür. 1992; *Der Musikant in der Luft und andere Geschichten*, Kinderb., Weinheim 1992; *Zurück nach Uskow. Oder: Eine Spur von Gott. Oder: Der Hund von Cuernavaca*, Theaterst., UA Göttingen 1993, Gifkendorf 1992; *Mutter, sag, wer macht die Kinder?*, Kinderb., Mü. 1992; *Die schönen Geschichten von Janosch*, Kinderb., Mü. 1993; *Schäbels Frau*, R., Mü. 1992; *Janoschs Großer kleiner Tiger-Atlas*, Kinderb., Mü. 1993; *Wie der Tiger lesen lernt*, Kinderb., Mü. 1994; *Wenn der Hase baden geht. Gesammelte Geschichten & Bilder von überall her mit echten Flaschenpostgrüßen*, Kinderb., Weinheim 1994; *Von dem Glück, als Herr Janosch überlebt zu haben*, Autobiogr., Hbg. 1994; *Von dem Glück, Hrdlak gekannt zu haben*, R., Mü. 1994; *Und Traudis Haus steht immer noch. Erinnerung*, E., Hauzenberg 1994; *Wie der Tiger zählen lernt*, Kinderb., Mü. 1995; *Das Wörterbuch der Lebenskunst*, Mü. 1995; *Ach du lieber Schneemann*, Kinderb., Mü. 1995; *Morgen kommt der Weihnachtsbär*, Kinderb., Mü. 1995; *Bei Liebeskummer Apfelmus. Ein Kochbuch für die Lust am Leben*, Kinderb., Mü. 1996; *Oma Luzie gründet einen Indianerstamm*, Kinderb., Luzern 1996; *Janoschs kleine Tigerschule*, Kinderb., Zür. 1997; *Janoschs Tausend-Bilder-Lexikon*, Kinderb., Mü. 1997; *Gastmahl auf Gomera*, R., Mü. 1997; *Wie ich nach Prag kam. Ein Traum*, E., Hauzenberg 1997; *Restaurant und Mutterglück oder Das Kind*, Theaterst., UA Saarbrücken 2001, Gifkendorf 1998. – Die meisten Kinderbücher sind mit Illustrationen des Autors versehen.

Jansen, Johannes, wurde am 6. 1. 1966 in Berlin/DDR geboren. Er wuchs in Freiberg/Sachsen, Leipzig und Ost-Berlin auf und absolvierte eine Lehre zum Graveur. Jansen lebt als freier Autor und Grafiker in Berlin. Er erhielt 1990 den Anna-Seghers-Preis und 1997 die Ehrengabe der Deutschen Schillerstiftung. Für seinen Text *Dickicht Anpassung* wurde er beim Ingeborg-Bachmann-Wettbewerb in Klagenfurt 1996 mit dem Preis des Landes Kärnten ausgezeichnet.

Johannes Jansens literarische Biografie beginnt in den inoffiziellen Zeitschriften Ost-Berlins. Darin erscheinen 1984 seine ersten Texte, danach veröffentlicht er regelmäßig Lyrik und Prosa in zehn verschiedenen Blättern, die Zeitschrift »Liane« gibt er zeitweilig mit heraus. Kurz nach der Wende wird er – zumeist als jüngster Vertreter – in diversen Anthologien gedruckt, welche der westdeutschen Öffentlichkeit die Autoren der »Prenzlauer-Berg-Szene« präsentieren.

Jansen stellt in den Achtziger- und Neunzigerjahren auch zahlreiche Künstlerbücher her. Seine frühe Ästhetik ist geprägt vom literarischen und grafischen Doppeltalent: Er kombiniert auf dem Papier Text und Bild. Das Buch *Schlackstoff* (1991) und die zwei Bände der »edition suhrkamp« *Reißwolf*

(1992) und *Splittergraben* (1993) hat Jansen selbst gestaltet: Er kollagiert darin seine Texte, den dicken schwarzen Stift eigener Zeichnungen, Comicstrips, Fotos und Pop-Art-Material. Wie gewaltsam die neue Welt der BRD den jungen Autor traf, beweisen schon die Titel dieser Bände. Wendehälse, Vertreter und Gewürm bevölkern darin ein ruinenreiches Gelände. Die Landschaft ist eine »gestückelte fläche« aus Kunststoff und Kot, die bis auf weiteres nicht zusammengesetzt werden kann. Nicht ohne Ironie gibt Jansen als Ziel den Versuch aus, »eine künstliche flutwelle wie sie als dauerzustand dem stadium der umgebung entspricht in eine mit abstand wahrnehmbare form zu bringen«. Hatte er in der DDR Lyrik und Prosa getrennt gehalten, so noch in *Prost Neuland* (1990), so ist aus den Gattungen nun eine fließende Kurzprosa der ersten Person entstanden, in welcher der Autor – außer dem Zeilensprung – weiterhin alle lyrischen Mittel nutzt. Mitte der Neunzigerjahre verdichtet Jansen seine Prosa zu Miniaturen; *unsereins* (1994) und *Heimat. Abgang. Mehr geht nicht.* (1995) sind vor allem pointierte Betrachtungen, die den Auftakt einer neuen Schreibphase bilden. Der Textblock wird als Form ausgearbeitet und endgültig etabliert, Jansens Satzsplitter fügen sich zu einer reflexiven, später philosophischen Kurzprosa. Aus der frühen Ästhetik übernimmt der Autor dabei allein das Ich-Erzählen und die Reibung der Figur am Kollektiv, an der Allgemeinheit. Jansen hat durch konsequente Verwendung der ersten Person über Jahre hinweg eine autobiografische Konstruktion aufgebaut, welche die Grenze zwischen Autor und Erzähler abwechselnd aufzeigt und verschwinden lässt. Im Band *Kleines Dickicht* (2000) werden laut Untertitel *biografische Notizen* dieser Ich-Figur zusammengestellt. Hinter den Anekdoten eines Vereinzelten leuchtet Historie auf, der Zweite Weltkrieg, Prag 1968, Berlin 1989. Es herrscht eine Sprache vor, die gerade in ihrer Sachlichkeit Poesie entfaltet. Der totalitär-ideologische Teil der DDR-Vergangenheit, dem Jansens Ich in früheren Texten anarchischen Hass entgegensetzte, ist in größere Zusammenhänge eingeordnet und hat so an Macht über das Ich verloren.

Diese zunehmende Gelassenheit kennzeichnet auch Jansens Prosa-Konvolut *Verfeinerung der Einzelheiten* (2001). Handlung und Körperlichkeit werden noch einmal reduziert, die Denkstrukturen des Erzählers nehmen diese Leerstelle ein. Literarische Sprache durchbricht die Grenze zur Philosophie und sichert dem Text eine besondere Stellung in der deutschen Gegenwartsliteratur. Der Bogen dieser Prosa wird geschaffen, indem der Ich-Erzähler sich ein utopisches Wir vorstellt, dem er sich anschließt, um sich später wieder von ihm zu trennen. Der Erzähler sieht keine Menge, für die er als Einzelner zu handeln bereit wäre. Das Buch erzählt aber auch von der Unmöglichkeit reinen Denkens; kein Reflektieren könne ohne die Gesetze des Erzählens auskommen.

Jan Böttcher

Werke: *Poesiealbum 248*, G., Pr., Bln. 1988; *Prost Neuland. spottklagen und wegzeug*, G., Pr., Bln. 1990; *fundzeug. chamäleon. text-bild-kombinationen 1987–90*, Siegen 1991; *Schlackstoff. Materialversionen*, Pr., Bln. 1991; *Reißwolf. Aufzeichnungen*, Pr., Ffm. 1992; *Splittergraben. Aufzeichnungen II*, Pr., Ffm. 1993; *Lost in London*, m. Fotos v. Ute Zscharnt, Pr., Klagenfurt 1994; *unser eins*, mit Illustr. v. Antje Kahl, G., Pr., Bln. 1994; *Heimat. Abgang. Mehr geht nicht. – Ansätze*, m. Zeichnungen v. Norman Lindner, Pr., Ffm. 1995; *Kleines Dickicht. Biografische Notizen*, Pr., Klagenfurt 2000; *Verfeinerung der Einzelheiten*, m. Bildern v. Reinhold Johann Fäth, Pr., Ffm. 2001; *Dickicht Anpassung*, Pr., Ess., Klagenfurt 2002.

Jelinek, Elfriede, wurde am 20. 10. 1946 in Mürzzuschlag in der Steiermark geboren und wuchs in Wien auf. Sie ist die Tochter eines Chemikers, den nur seine »kriegswichtige« Tätigkeit vor antisemitischer Verfolgung bewahrte und der 1969 in einer psychiatrischen Klinik starb. Sie besuchte eine katholische Privatschule, gleichzeitig erlernte sie am Wiener Konservatorium Orgel, Blockflöte und Komposition. 1964 nahm sie ein Studium der Theaterwissenschaft und Kunstgeschichte an der Universität Wien auf. Ab 1969 engagierte sich Elfriede Jelinek in der Studentenbewegung und im Umkreis der Literaturzeitschrift »manuskripte«. 1971 legte sie das Organisten-Diplom am Wiener Konservatorium mit »sehr gutem Erfolg« ab. In den Jahren 1972/73 hielt sie sich in Berlin und Rom auf. 1974 heiratete sie Gottfried Hüngsberg und trat in die Kommunistische Partei Österreichs ein, die sie 1991, nach dem Zusammenbruch des Ostblocks, wieder verließ. 1993 wurde sie zur Ehrenpräsidentin der Österreichischen Dramatikervereinigung sowie von der Zeitschrift »Theater heute« zur »Dramatikerin des Jahres« ernannt. Seit 1998 ist sie Mitglied der Deutschen Akademie für Sprache und Dichtung. Sie lebt in Wien und München. Elfriede Jelinek erhielt für ihr Werk zahlreiche Auszeichnungen, darunter 1969 den Lyrik- und Prosapreis der österreichischen Jugendkulturwoche und den Lyrikpreis der österreichischen Hochschulschülerschaft, 1972 das Österreichische Staatsstipendium für Literatur, 1978 die Roswitha-Gedenkmedaille der Stadt Gandersheim, 1986 den Heinrich-Böll-Preis der Stadt Köln, 1989 den Würdigungspreis der Stadt Wien für Literatur, 1994 den Peter-Weiss-Preis der Stadt Bochum, 1996 den Bremer Literaturpreis, 1998 den Georg-Büchner-Preis, außerdem 2002 den Theaterpreis Berlin, den Mülheimer Dramatikerpreis und den Düsseldorfer Heinrich-Heine-Preis.

»sie sollen dieses buch sofort eigenmächtig verändern«, appelliert Elfriede Jelinek in der »Gebrauchsanweisung« der Montage-Prosa *wir sind lockvögel baby!* (1970) an ihre Leser, »sie sollen die Untertitel auswechseln. sie sollen hergehen & sich überhaupt zu VERÄNDERUNGEN außerhalb der legalität hinreissen lassen.« Das zweite Buch der 24-jährigen Österreicherin erschien in einem schwarzen, abwaschbaren Plastikeinband. Nach Agitprop-Manier verriet es auch gleich seine Methode: »allgemeine züge des trivialromans benutzend montiert elfriede jelinek ihren stoff den sie den bereichen der subkultur entnimmt in einer sprungtechnik die auf momentane reizwirkung aus ist.« Verbunden mit der extravagant-fotogenen Erscheinung der Verfasserin war *wir sind lockvögel baby!* dazu angetan, den Grundstein zu legen für Jelineks mittlerweile über dreißigjährige Karriere als »enfant terrible« des deutschsprachigen Kulturbetriebs. Da mag manche Selbststilisierung zum Schutzmechanismus geraten.

Unbeirrt hält sie in ihrem opulenten Werk – bestehend aus Prosa, Lyrik, Dramatik, Hörspielen, Drehbüchern und Opernlibretti – an der Kärrnerarbeit im Bergwerk der Mythendestruktion fest. Seit ihrer ersten poetologischen Veröffentlichung, dem Essay *Die endlose Unschuldigkeit* von 1970 (1980 publiziert), beharrt Jelinek auf dem Primat der Ökonomie in den gesellschaftlichen und vor allem den Geschlechterbeziehungen. Die Entlarvung kleinbürgerlicher Lebenslügen begreift sie im Sinne von Roland Barthes' *Mythen des Alltags* »als einen Akt, in dem die zum Klischee und Stereotyp erstarrte Wirklichkeit wieder geöffnet wird für ihren gesellschaftlichen Gebrauch«. Dabei war sie sich stets des Dilemmas bewusst, als Repräsentantin und mit den Mitteln des bürgerlichen Kulturbetriebs nur begrenzt zur proletarischen Bewusstseinsbefreiung beitragen zu können.

Zwei bestimmende Themen ziehen sich durch Elfriede Jelineks Œuvre: zum einen die Befreiung der Frau aus ihrer teils selbst verschuldeten Unmündigkeit (»Die Frau ist eine Dilettantin des Existierens«), aus ihrer Unterdrückung durch das Patriarchat und die ihm willfährigen Massenmedien; seit Ende der Achtzigerjahre – beginnend etwa mit *Wolken.Heim* (1988) – trat demgegenüber die Kritik an der unbewältigten NS-Vergangenheit der einstigen »Ostmark« in den Vordergrund. Zunehmend stellt sie sich dabei in die Tradition der jüdischen Sprachkritik eines Karl Kraus. Sie beklagt, dass der »Faschismus in Deutschland die experimentellen Kunsttechniken radikal abgeschnitten« habe, hier setzt sie wieder an. All ihre Texte zeugen von großer Musikalität, vor allem die Romane sind wie Partituren angelegt. Debütiert hatte sie als Lyrikerin: Die postdadaistischen Experimente der »Wiener Gruppe« schlugen sich neben Versatzstücken der Pop- und Alltagskultur in den freien Versen von *Lisas Schatten* (1967) nieder. Von dort war es nur ein kleiner Schritt in die Welt der TV-Serie. Die Fernsehmutter Inge Meise und ihr Sohn Michael, der strahlende, viel begehrte Juniorchef, beherrschen das Figurenpanorama von *Michael. Ein Jugendbuch für die Infantilgesellschaft* (1972). Drei Handlungsstränge speisen sich aus Serien wie »Die Unverbesserlichen«, »Uncle Bill« oder »Flipper«. Sie werden in konsequenter Kleinschreibung collagiert und von einer vorlauten Erzählerinstanz psychoanalytisch durchdrungen, um die Massenmedien als modernes Über-Ich zu entlarven. Die Familie erscheint als Hort der Gewalt. Das Fernsehen wiederum festigt das patriarchalische Prinzip, das auch in den Betrieben herrscht, dort aber durch eine Familienstruktur kaschiert wird.

Von Anfang an hat Elfriede Jelinek die an den Konsum gekoppelten Sehnsüchte, vor allem die weiblichen, mit sarkastischer Ratlosigkeit entlarvt. Eines ihrer schönsten frühen Hörspiele trägt den Titel *Wenn die Sonne sinkt, ist für manche auch noch Büroschluss* (1972). Die Kunstfiguren des Kaufhauskönigs Markus und der rehäugigen Verkäuferin Gaby, zwischen denen die Liebe ausbricht, sind als geschlossene Nicht-Individuen gezeichnet. Mit gestanzten Dialogen aus dem Groschenroman vertreten sie ein ureigenes Jelineksches Anliegen: die Demontage der idealistischen Philosophie. Der Mensch hat keine Wahl: Die im Kapitalismus suggerierte Entscheidungsfreiheit ist eine »Wunschmaschine als Waschmaschine der Wirklichkeit« und somit Teil des Systems.

Jelineks unverwechselbare groteske Fantasie, die sich bis zum Irrwitz steigern kann, prägt ebenso ihren ersten Roman *Die Liebhaberinnen*, mit dem ihr 1975 der Durchbruch gelang. Wie in *Michael* sind die Figuren flächige Prototypen ohne Individualität, in diesem Fall Brigitte und Paula. Die Fabrikarbeiterinnen setzen ihre Körper nicht nur in der Fabrik als Produktionsmittel ein, sondern auch als Vehikel des sozialen Aufstiegs. Auf gespenstische Weise wimmelt es von toten und halb toten Frauen (»die leiche von brigittes mutter liegt auf dem sofa und liest die fürstenhäuserzeitung«), während die (Sexual-)Organe der Lebenden wie beim Metzger taxiert werden.

Immer wieder hat Elfriede Jelinek, die als Kind auf eine Musikerkarriere hin getrimmt wurde, mit der ihr eigenen Schärfe den bürgerlichen Geniebegriff karikiert: Der Halbstarken-Roman *Die Ausgesperrten* (1980) rekurriert auf einen Wiener Kriminalfall und Jean-Paul Sartres *Die Eingeschlossenen.* Am Beispiel des scheiternden Unterschicht-Intellektuellen Rainer wird der Bildungsroman ad absurdum geführt. Das Theaterstück *Clara S. musikalische Tragödie* (1982) bringt den faschistischen Dichter d'Annunzio mit Clara Schumann zusammen, um das geschlechtsspezifische Auseinanderfallen von Genie und Charakter aufzuzeigen. Kompositorisch und analytisch brillant führt die Autorin schließlich in *Die Klavierspielerin* (1983) eine Tragödie des Kulturbetriebs vor, die zur Tragödie der verhinderten Pianistin Erika Kohut wird. Jelineks formal konventionellster und meistübersetzter Roman ist in seiner beklemmenden Mutter-Tochter-Konstellation von zeitloser Qualität, wie Michael Hanekes Verfilmung 2001 bewies. An Erika wird der umfassende Kanon Jelinekscher Frauenleiden deklamiert. Erfolglos versucht sie, als Voyeurin und in masochistischen Eskapaden die Dominanz der Mutter zu durchbrechen. Diese hat ihr seit der Abwesenheit des Vaters eine keusche Schattenexistenz auferlegt. Nur wenigen Frauen im Jelinekschen Werk ist es vergönnt, sich als Vampirin über die Zwänge ihres Geschlechts hinwegzusetzen, so wie Emily in dem Theaterstück *Krankheit oder Moderne Frauen* (1985). Blut saugend entzieht sich die geistige Erbin der Brontë-Schwestern ihrem weiblichen Schicksal des »dehnbaren Nichts«.

Das Missverständnis um ihr skandalträchtigstes Buch, den »Anti-Porno« *Lust* (1989), erwies sich als lukrativ – *Lust* erreichte eine Auflage von 200 000 Exemplaren. Im Rückblick betrachtet Jelinek die Reaktion der Feuilletons als »massenmediale Katastrophe«. Der Text sei in eine falsche Vordergründigkeit hineingerissen worden, wo es ihr doch um eine exemplarische Analyse gesellschaftlicher Sachverhalte gegangen sei. Mit der zyklischen Prosa tritt sie den Beweis ihrer These an, dass sich der Faschismus nach 1945 in die Familien zurükkgezogen habe. Angesichts von Aids besinnt sich der triebgesteuerte Fabrikdirektor Hermann auf seinen ehelichen, sexuellen »Besitz« in Gestalt Gertis, die er mehrmals täglich heimsucht. Durch die Drastik der Kopulations-Beschreibungen erreicht Jelinek eine »Übererfüllung« jener Erwartungen, die sich an den Titel knüpfen, und damit die Distanzierung des Lesers. Alle rhetorischen Mittel werden aufgeboten, die Erregung sprachlich zu zerlegen, den Text ungenießbar zu machen.

Eine Demontage der idealistischen Philosophie unternimmt Elfriede Jelinek explizit in ihrem Anti-Heidegger-Stück *Totenauberg* (1991). In ihm »desemantisiert« sie die angeblich unschuldige Sprache des Philosophen und macht die nationalsozialistische Implikation erkennbar. Im Dienst des Erinnerns steht gleichfalls *Wolken.Heim* (1988). Der Monolog verbindet Zitate aus deutschen »Schlüsseltexten« wie Heideggers Rektoratsrede oder Fichtes *Rede an die deutsche Nation* zu einem regressiven Identitätsdiskurs, der sich zum unaufhörlichen Wir verselbstständigt. Das ist eine regietechnische Herausforderung sondergleichen, zumal die Autorin in ihren Dramen die Rhythmisierung durch »Stillstand und Bewegung in einem« anstrebt. In späteren Werken wie *Das Sportstück* (1998) tritt immer stärker die Funktion des Chores in den Vordergrund.

In ihrem Hauptwerk *Die Kinder der Toten* (1995) bündelt Jelinek all ihre Themen, Anklagen und Besessenheiten und vermischt sie mit dem Leichengift der Hoffnungslosigkeit. Die Chronologie ist aufgehoben, es handelt sich um einen Wiedergängertext in Episoden, dem das erkaltete Heldentrio seinen Stempel aufgedrückt hat. Einmal findet sich ein Anflug auktorialer Selbstkritik: »Sie, liebe Leserinnen und Leser, erhalten hier ein seltsames Schreiben.« Doch die Adressaten sind längst in einer sprachlichen Endlosschleife gefangen, bis zum Erreichen der teuflischen Seitenzahl 666. Die Figuren unterliegen zwar keiner zeitlichen Abfolge, der Ort des Geschehens steht indessen eindeutig fest: Österreich, das als »alte, doppelzüngige Ostmark« die Erbsünde beging, sich Nazi-»Deutschland (ohne Goethe)« anzuschließen. Wie in ihrem Hörspiel *Burgteatta* (1991), in dem Ferdinand Raimunds Alpenkönig als österreichischer G'wissenswurm von Sympathisanten des Altreichs (der Schauspielerdynastie Wessely-Hörbiger) akustisch demoliert wird, stellt die Vernichtung der europäischen Juden die Projektionsfläche des Romans dar. Verloren und verlogen erstrahlen vor ihr die Reklamelichter der Gegenwart. Verfolgt man das Gegensatzpaar hell-dunkel weiter, dann stehen die Täter – nach dem Jelinekschen Katechismus sind das die Männer – im Licht. Die Frauen verharren im Dunkel des Geschichtsraums, den sie als Geschlechtsraum begreift. Selten blühten Jelineks Sprachbilder schöner und mannigfacher, selten verdrehte sie Binsenwahrheiten und Spruchweisheiten aus Heim, Flur und Fernsehen sarkastischer, um sie entlarvend platzen zu lassen. Kein Wirklichkeitspartikel wird ausgelassen, bis hin zu einer bayerischen Bildschirmgröße im Dirndl aus einem Menschenhaut-Lampenschirm. Von solchen Implikationen des Grauens, die ihnen den Weg ins Grab versperren, wissen die untoten Figuren nichts. Wie schon dem Albtraum-Ehepaar aus *Lust* ist den Protagonisten keine eigene Stimme gegeben; sie nehmen durch Charakterisierung Kontur an, nicht durch Dialoge. Nach *Porträt einer verfilmten Landschaft* (1977), *Oh Wildnis, oh Schutz vor ihr* (1985) und der vom ORF als Eloge in der Reihe »Vielgeliebtes Österreich« geplanten, von Jelinek zur grundlegenden Tourismus-Kritik umgestalteten Fernsehsendung *Die Ramsau am Dachstein* (Quelle des Hörspiels *Die Jubilarin*) bedeutet *Die Kinder der Toten* zugleich eine geografische Heimkehr. Die Erzählerin solidarisiert sich mit der Landschaft als einer Prostituierten des Fremdenverkehrs. Die Natur und ihre Verbündeten – die im Patriarchat zum vegetativen Dasein verdammten Frauen und die unerlösten NS-Opfer – bilden die Gegenwelt zur Hegemonie der Männer, der Amtskirche, der Medien und nicht zuletzt der homophilen »Bubenpartei« des Jörg Haider.

Der Roman *Gier* (2000) sagt unmissverständlicher als der Vorläufer *Lust*, worauf er zielt: auf die Verbindung von Geschlechts- und Besitztrieb im Jahre eins der schwarz-blauen Koalition in Österreich. Das Kleinbürgertum mit seinen Gemeinheiten und Trivialmythen hat jetzt das Ruder in der Hand. Im Roman blitzen die freudschen und sonstigen Fehlleistungen der Regierung vereinzelt auf, wie etwa Thomas Prinzhorns (FPÖ) obszöne Rede von der gefährlichen Fruchtbarkeit der Ausländer. Darob fragt ihn die Erzählerin, ob er »das ganze Land in Besitz nehmen und ficken« wolle. Prinzhorns Äußerung traf auf verbrannten Boden, den der verwirrte Ausländerhasser und Attentäter Fuchs mit selbst gebastelten Bomben bereitet hatte. Vier Roma waren 1995 bei Fuchs' Attentat im burgenländischen Oberwart ums Leben gekommen, für Jelinek das »katastrophalste Ereignis der Zweiten Republik«. Sie reagierte darauf mit dem Stück *Stecken, Stab und Stangl*: »Stecken« steht für den Hirtenstab, »Stab« für den berüchtigten, sie selbst verunglimpfenden »Krone«-Kolumnisten Staberl und »Stangl« für den Kommandanten des KZ Treblinka. Das Stück löste einen der heftigsten Jelinek-Skandale aus und veranlasste sie, ein (vorläufiges) landesweites Aufführungsverbot ihrer Stücke auszusprechen. Der so genannte Unterhaltungsroman *Gier* wirkt wie ein ermatteter Epilog auf die zentralen, immer wieder variierten Jelinekschen Themen. Der weite literarische und musikalische Anspielungshorizont reicht von diversen Operetten über Franz Schuberts *Winterreise* mit ihrem Fremdheitsmotiv bis zu Ingeborg Bachmann und den Burgtheater-Klassikern Anton Wildgans und Johann Nestroy. Der Gendarm Kurt Janisch, die männliche Hauptfigur, ist wie so oft bei Jelinek ein Popanz. Eine seltsam ungehaltene Erzählerin solidarisiert sich mit jenen Frauen am Steuer, deren Führerscheine und Körper Janisch im Dienst kontrolliert. Sein Ziel ist die Inbesitznahme von Eigenheimen aus Frauenhand. Dafür geht er über Leichen. In einer Einführung zu ihrem Science-Fiction-Hörspiel *Die Bienenkönige* (1976) begründete sie einst ihre Leidenschaft für Kriminalgeschichten.

Elfriede Jelinek ist der Attacken in ihrem Heimatland müde geworden. Hellsichtig hatte sie 1986 die österreichische Kunstfeindlichkeit in ihrer Dankesrede zum Heinrich-Böll-Preis thematisiert. Die politische Flora brachte sie auf den Begriff *In den Waldheimen und auf den Haidern*, was weitere Diffamierungen provozierte. Ausführlich belegt das Verhältnis der »bestgehassten Frau Österreichs« zu den Medien die von Pia Janke herausgegebene Dokumentation *Die Nestbeschmutzerin. Jelinek und Österreich* (2002).

Das Schreckgespenst des »Alpenfaschismus« und ihre Sorge um die vom Fremdenverkehr verheerte Gebirgslandschaft fanden zuletzt ihren kombinierten Ausdruck in Form des Theaterstücks *In den Alpen* (2002). Es geht darin um das Speicherkraftwerk von Kaprun, dessen ersten Spatenstich 1938 Hermann Göring setzte und das er unter unmenschlichen Bedingungen von Zwangsarbeitern errichten ließ. Die ungesühnten Seelen dieser Geschundenen lässt die Autorin mit jenen Skiurlaubern in Dialog treten, die im November 2000 im Tunnel der »Kitzsteingams« verunglückten. Auch Paul Celan ist mit einem verqueren »Gespräch im Gebirg« vertreten. Erneut setzt sie damit auf eine Art Stimme des Bodens, auf einen »genius loci«, der verdrängte Geschichte und verschwiegenen Sinn zum Sprechen bringt.

Katrin Hillgruber

Werke: *Lisas Schatten*, G., Mü. 1967; *wir sind lockvögel baby!*, Pr., Reinbek 1970; *Michael. Ein Jugendbuch für die Infantilgesellschaft*, E., Reinbek 1972; *Wenn die Sonne sinkt, ist für manche auch noch Büroschluss*, Hsp., SDR/BR 1972; *Wien-West*, Hsp., NDR/WDR 1972; *Untergang eines Tauchers*, Hsp., SDR 1973; *Kasperl und die dicke Prinzessin oder Kasperl und die dünnen Bauern*, Kinder-Hsp., SDR 1974; *Für den Funk dramatisierte Ballade von drei wichtigen Männern sowie dem Personenkreis um sie herum*, Hsp., NDR 1974; *Die Liebhaberinnen*, R., Reinbek 1975, Ost-Bln. 1978, Theaterst., UA Düsseld. 2002; *Die Bienenkönige*, Hsp., SDR/RIAS 1976; *Die Ramsau im Dachstein*, Fssp., ORF 1976; *Porträt einer verfilmten Landschaft*, Hsp., NDR 1977; *Jelka. Familienserie in 8 Folgen*, Hsp., SWF 1977; *Die Jubilarin*, Hsp., BR 1978; *Die Ausgesperrten*, Hsp. SDR/BR/RB 1978, Neuprod. SDR 1990, R., Reinbek 1980, Film, 1982; *Was geschah, nachdem Nora ihren Mann verlassen hatte oder Stützen der Gesellschaft*, Theaterst., in: »manuskripte« 58 (1977/78), UA Graz 1979, Hsp., SDR/HR/RB 1979; *bukolit. hörroman*, m. Illustr. v. Robert Zeppel-Sperl, Wien 1979; *Die endlose Unschuldigkeit*, Ess., Schwifting 1980; *Thomas Pynchon: Die Enden der Parabel. Gravity's Rainbow*, Übs., zus. m. Thomas W. Piltz, Reinbek 1981; *Clara S. musikalische Tragödie*, Theaterst., in: »manuskripte« 72 (1982), UA Bonn 1982; *Burgtheater. Posse mit Gesang*, Theaterst., in: »manuskripte« 76 (1982), UA Bonn 1985, Hsp. u. d. T. *Burgteatta*, BR/ORF 1991; *Frauenliebe – Männerleben*, Hsp., SWR/HR 1982; *Die Klavierspielerin*, R., Reinbek 1983, Hsp., Musik v. Patricia Jünger, SWR 1988, Theaterst., Musik v. Patricia Jünger, UA Basel 1989, Film, 2001; *Georges Feydeau: Herrenjagd*, Übs., Köln 1983; *Krankheit oder Moderne Frauen*, Theaterst., in: »manuskripte« 85 (1984), UA Bonn 1987; *Muttertagsfeier oder Die Zerstückelung des weiblichen Körpers*, Klang- u. Textmontage, Musik v. Patricia Jünger, SWF 1984; *Oh Wildnis, oh Schutz vor ihr*, Pr., Reinbek 1985; *Robert, der Teufel*, Libr., Musik v. Hans Werner Henze, UA Graz 1985; *Erziehung eines Vampirs*, Hsp., SDR/NDR/BR 1986; *Georges Feydeau: Floh im Ohr*, Übs., Köln 1986; *Georges Feydeau: Der Gockel*, Übs., Köln 1986; *Begierde und Fahrerlaubnis. Eine Pornografie*, Theaterst., UA Graz 1986; *Was die Nacht spricht. Eine Erzählung*, Drehb, zus. m. Hans Scheugl, 1987; *Präsident Abendwind. Ein Dramolett*, in: *Anthropophagen im Abendwind*, Bln. 1988, UA Bln. 1987, Hsp., BR 1992; *Wolken.Heim*, Theaterst., Programmheft der Bühnen der Stadt Bonn, Bonn 1988, Gött. 1990 (mit CD), UA Bonn 1988, Hsp., HR/BR/SFB 1992; *Eugène Labiche: Die Affäre der Rue de Lourcine*, Übs., Köln 1988; *Lust*, Pr., Reinbek 1989; *Malina*, Drehb., n. d. R. von Ingeborg Bachmann, 1990; *Totenauberg*, Theaterst., Reinbek 1991, UA Wien 1992; *Körperliche Veränderungen/Der Wald*, Mini-Operas m. Musik v. Olga Neuwirth, UA Wien 1991; *Unruhiges Wohnen*, Tanztheaterst., UA Linz 1991; *Georges Feydeau: Die Dame vom Maxim*, Übs., Köln 1990; *Theaterstücke: Was geschah, nachdem Nora ihren Mann verlassen hatte oder Stützen der Gesellschaft/Clara S. musikalische Tragödie/Burgtheater/Krankheit oder Moderne Frauen*, Reinbek 1992; *Raststätte oder Sie machens alle*, Theaterst., in: »Theater heute«, 12/1994, UA Wien 1994; *Die Kinder der Toten*, R., Reinbek 1995; *Stecken, Stab und Stangl. Eine Handarbeit*, Theaterst., in: »Theater der Zeit«, 3/1996, UA Hbg. 1996, Hsp. u. d. T.: *Stecken! Stab! Und Stangl! – Eine Leichenrede*, ORF/BR/NDR, 1996; *Neue Theaterstücke: Stecken, Stab und Stangl/Raststätte/Wolken.Heim*, Reinbek 1997; *Todesraten*, Hsp., BR 1998; *Jelineks Wahl*, Anth., Mü. 1998; *Ein Sportstück*, Reinbek 1998, UA Wien 1998; *er nicht als er*, Monolog, Ffm. 1998, UA Salzb. 1998, Hsp., BR 1998, Audio-CD, Erdingen 2002; *Eugène Labiche: Der Bewerb oder Sand für die Augen*, Übs., Köln 1998; *Macht. Nichts. Eine kleine Trilogie des Todes*, Reinbek 1999, UA Zür. 2001; *Bählamms Fest*, Opernlibr., n. Leonora Carringtons *Das Fest des Lamms*, UA Wien 1999; *Gier*, R., Reinbek 2000; *Das Lebewohl (Ein Haider-Monolog). 3 kleine Dramen*, Bln. 2000, UA Bln. 2000; *In den Alpen. Drei Dramen*, Bln. 2002, UA Mü. 2002; *Der Tod und das Mädchen I–V. Fünf Prinzessinnendramen*, Bln. 2003 (*I. Schneewittchen, II. Dornröschen, III. Rosamunde:* UA Hbg. 2002; *IV. Jackie, V. Die Wand:* UA Bln. 2002).

Jenny, Zoë, wurde am 16. 3. 1974 als Tochter des Basler Verlegers Matthyas Jenny in Basel geboren. Sie wuchs in Basel, Griechenland, im Tessin und wiederum in Basel auf. 1994 schloss sie die Basler Diplom-Mittelschule ab. Seit Ende der Schulzeit veröffentlichte sie Geschichten und erhielt 1995 den Förderpreis der Stiftung Pro Helvetia. 1997 nahm Zoë Jenny an den Solothurner Literaturtagen teil und gewann beim Klagenfurter Bachmann-Wettbewerb für einen Ausschnitt ihres ersten Romans *Das Blütenstaubzimmer* das 3sat-Stipendium. Im selben Jahr erschien der Roman, erhielt den Preis der Jürgen-Ponto-Stiftung und den »aspekte«-Literaturpreis. Er wurde in 27 Sprachen übersetzt. Es folgten diverse Beiträge für Zeitungen und Zeitschriften, zwei weitere Romane und ein Kinderbuch. Zoë Jenny lebt in Berlin.

Das Schicksal der Zoë Jenny steht archetypisch für den Fall eines anfangs hoch gefeierten Erzählstars der späten Neunzigerjahre. Im Herbst 1997 wurde von Teilen der deutschen Literaturkritik das so genannte »Fräuleinwunder« ausgerufen. Zu dessen Galionsfigur geriet die damals 23-jährige Schweizerin Zoë Jenny mit ihrem Roman *Das Blütenstaubzimmer* (1997). Aus Jungmädchenperspektive und in einem kaum von Lakonie kaschierten Poesiealben-Ton wird darin die Geschichte des Scheidungskindes Jo erzählt, die von ihrem Verlegervater – einem Alt-68er – vernachlässigt wird, sich in Träume flüchtet, zur sich verspinnenden Mutter keinen Zugang findet und auch zu keinem Menschen sonst in der Welt. Als mutige, weil poetische und längst überfällige Abrechnung mit der Generation der 68er wurde dieses erfolgreichste Schweizer Erzähldebüt aller Zeiten gefeiert. Als im selben Ton gehalten, mit denselben, aber deutlicher sichtbaren sprachlichen Schwächen und um dasselbe Thema kreisend drei Jahre später Zoë Jennys zweiter Roman *Der Ruf des Muschelhorns* (2000) erschien, schien es fast so, als werde an diesem zweiten Roman die vergessene Kritik am ersten nachgeholt. Endgültig, flächendeckend und literaturkritisch durchaus begründet zur Jugendbuchautorin deklariert wurde die Schweizerin dann für ihren dritten Roman *Ein schnelles Leben* (2002), einer in den Berliner Ausländer-versus-Skinheads-Konflikt verlagerten Version des Romeo-und-Julia-Stoffes.

Elmar Krekeler

Werke: *Das Blütenstaubzimmer*, R., Ffm. 1997; *In Nuce. Ein Filmpoem*, Drehb., 1999; *Der Ruf des Muschelhorns*, R., Ffm. 2000; *Mittelpünktchens Reise um die Welt*, Kinderb., m. Illustr. v. Bernd Pfarr, Mü. 2001; *Ein schnelles Leben*, R., Bln. 2002.

Jens, Walter, wurde am 8. 3. 1923 in Hamburg geboren. Er besuchte dort die Gelehrtenschule des Johanneums und studierte später klassische Philologie in Hamburg und Freiburg i. Br., wo er 1944 mit einer Arbeit über die griechische Tragödie promovierte. Nach seiner Assistentenzeit in Hamburg und Tübingen habilitierte er sich 1949, wurde 1950 Dozent und 1956 apl. Professor für Klassische Philologie. 1962 wurde er zum Professor für Klassische Philologie und Allgemeine Rhetorik ernannt und auf den neu eingerichteten Lehrstuhl für Rhetorik in Tübingen berufen. 1964 nahm er eine Gastprofessur in Stockholm wahr. Als Mitglied des Gründungssenats beteiligte er sich 1971 am Aufbau der Universität Bremen. Den Ruf auf den Lessing-Lehrstuhl in Hamburg lehnte er 1982 ab. Jens ist Ehrendoktor der Universitäten von Stockholm, Athen, Jena, Augsburg und Jassy. Seit 1962 ist er Mitglied der Deutschen Akademie für Sprache und Dichtung. Von 1976 bis 1982 sowie 1988/89 wirkte er als Präsident des P.E.N.-Zentrums der Bundesrepublik Deutschland, dessen Ehrenpräsident er seit 1982 ist. 1989, im Jahr seiner Emeritierung, wurde Jens zum Präsidenten der Berliner Akademie der Künste gewählt. In dieser Funktion, die er bis 1997 innehatte, setzte er sich maßgeblich für den Zusammenschluss des ostdeutschen und des westdeutschen Akademie-Zweiges ein. Walter Jens ist seit 1951 mit der Philologin und Publizistin Inge Jens verheiratet. Jens profilierte sich – außer durch seine Tätigkeit als Hochschullehrer – durch die Veröffentlichung literarisch-fiktionaler Texte und zahlreicher Bücher mit Reden, Essays und Studien zu Gegenständen der klassischen Philologie, Germanistik, Rhetorik,Theologie sowie zu Problemen des öffentlichen Lebens und zu Fernsehsendungen. Zudem trat er als Übersetzer von Texten der griechischen Antike und des Neuen Testaments hervor. In einer breiteren Öffentlichkeit machte er sich einen Namen als Kritiker und Redner, als engagierter, seine Überzeugungen beredt vertretender Schriftsteller und Intellektueller. Jens wurde vielfach ausgezeichnet. Er erhielt u.a. 1956 den Schleußner-Schüller-Preis, 1968 den Lessing-Preis, 1981 den Heinrich-Heine-Preis, 1984 den Adolf-Grimme-Preis, 1988 zusammen mit Inge Jens den Theodor-Heuss-Preis, 1989 den Alternativen Büchner-Preis, 1990 den Österreichischen Staatspreis für Kulturpublizistik und 1998 die Ernst-Reuter-Plakette.

Walter Jens, seit 1950 Mitglied der »Gruppe 47«, fand mit seinem ersten Roman *Nein. Die Welt der Angeklagten* (1950) sogleich internationale Beachtung. Der Roman wurde in mehrere Sprachen übersetzt und diente als Vorlage für ein Hörspiel und einen Film. Er steht als negative Utopie in der Traditionslinie von Huxleys, Koestlers und Orwells Zukunftsromanen, reflektiert aber auch Erfahrungen aus der Zeit des Hitler-Regimes. Das »Nein«, mit dem sich die Hauptfigur des Romans den Zumutungen eines totalitären, Konformität erzwingenden Systems verweigert, ist sowohl auf die Vergangenheit wie auf die Zukunft gemünzt. Protagonist der nachfolgenden Erzählung *Der Blinde* (1951) ist ein erblindeter Lehrer, der sich in die imaginäre Traumwelt eines Baukastenspiels zurückgezogen und der sozialen Umwelt entfremdet hat. Die bildhaft eingekleidete Erkenntnis, dass man das Spiel nicht allein spielen darf: »Es müssen immer zwei sein«, wird zum Schlüssel für seinen Weg zurück aus der Selbstisolation. Als eine Lesart bietet sich der über den Text hinausgreifende Appell an, im literarischen Schaffen ichbezogene Fantasie und moralisch-soziales Engagement miteinander zu verbinden. In dem Roman *Vergessene Gesichter* (1952; Fssp. 1959) versammelt Jens ehemalige

Schauspieler in einem französischen Altersheim. Ihr Realitätsverlust und Verfangensein in alten individualistischen Rollenmustern verweist symbolhaft auf die Unfähigkeit, sich den Forderungen der Gegenwart zu stellen. Eine ähnlich indirekt vermittelte Botschaft enthält auch die Ich-Erzählung *Das Testament des Odysseus* (1957), indem sie Odysseus als nachdenklichen, humanitär gesinnten Helden zeichnet, der den Trojanischen Krieg verhindern will und dennoch in Krieg und Bluttat verstrickt wird. Ein solches Umschreiben antiker Mythen, mit dem Ziel eines Brückenschlags zur Gegenwart, wird zu einem von Jens immer wieder praktizierten Verfahren, das auch im Tagebuch einer Griechenlandreise *Die Götter sind sterblich* (1959) Anwendung findet.

Jens verfolgte seine aufklärerischen Ziele, auf direktere Weise, auch in Rundfunkarbeiten der Fünfzigerjahre. Die Hörspiele *Der Besuch des Fremden* (1952), *Ahasver* (1956), *Der Telefonist* (1957) setzen sich in hörfunkgerechter Form mit der Kriegs- und Nachkriegszeit auseinander. Bei dem Protagonisten des erstgenannten Hörspiels handelt es sich um einen emigrierten Intellektuellen, der angesichts der Trümmerlandschaft sein Verhalten rückblickend überprüft. *Ahasver* schildert in Rückblenden den Lebensweg eines Berliner Chirurgen in der Exil- und Nachkriegszeit und konfrontiert die Zuhörer mit der Frage nach ihrem eigenen Verhalten im Dritten Reich. Das dritte Hörspiel zeigt einen Obergefreiten, der durch den 20. Juli 1944 in eine dramatische Entscheidungssituation gestellt wird.

Bereits während der Fünfzigerjahre bereitete sich im literarischen Schaffen von Jens eine Neuorientierung vor, die sich in dem Roman *Der Mann, der nicht alt werden wollte* (1955) andeutet, im Vorwort zu dem Essayband *statt einer Literaturgeschichte* (1957) programmatisch zur Sprache kommt und im 1963 erschienenen Roman *Herr Meister* einen vorläufigen Abschluss findet. Sie bezieht sich auf sein Selbstverständnis als Dichter und Wissenschaftler im Sinne eines »poeta doctus«. Der »poeta doctus ist Essayist und Dichter in einer Person«, schreibt er in dem viel beachteten und mehrfach erweiterten Essayband *statt einer Literaturgeschichte*. Er enthält anregende, stilistisch anspruchsvolle Studien zu Autoren des 20. Jahrhunderts (u.a. Benn, Brecht, Broch, Thomas Mann) und zu Strukturen ihrer Literatur. In *Herr Meister* unternimmt Jens den Versuch, Poesie und Poetik im Rahmen eines Romans miteinander zu vereinen. Die Problematik des Erzählens wird zum Thema eines Briefwechsels zwischen einem Romancier und einem Literaturprofessor, die sich darin mit einem geplanten und schließlich scheiternden Romanprojekt auseinander setzen.

Die Leitfigur des »poeta doctus« blieb auch im literarischen Schaffen der Folgezeit prägend, mit stärkeren politischen Akzenten. Den Rhetorik-Lehrstuhl nahm Jens zum Ausgangspunkt für seine Bestrebungen, über den akademischen Bereich hinaus in die Öffentlichkeit hineinzuwirken. Als adäquate Form für seinen aufklärerischen Impetus betrachtet Jens die Rede, da sie dem Schriftsteller Möglichkeiten zu einem unmittelbaren Reagieren auf aktuelle Ereignisse eröffnet. Der Band *Von deutscher Rede* (1969) vereinigt Vorträge, mit denen sich Jens in den Sechzigerjahren einen über den Hörsaal hinausreichenden Hörerkreis eroberte. Seine Bemühungen, auf diese Weise demokratische und humane Prinzipien pointiert zu vermitteln, setzt er in den später nachfolgenden Publikationen *Republikanische Reden* (1976), *Ort der Handlung ist Deutschland* (1981) und *Kanzel und Katheder* (1984) fort. Eine weitere Möglichkeit der öffentlichen Wirkung erschloss sich Jens durch Fernsehkritiken, die er von 1963 an unter dem Pseudonym »Momos« für die Wochenzeitung »Die Zeit« schreibt. Er verwandte differenzierte Maßstäbe zur Beurteilung von Sendungen aus verschiedenen Programmsparten, um bei den Zuschauern den Qualitätssinn zu schärfen. Wie die Bände *Fernsehen – Themen und Tabus. Momos 1963–1973* (1973) und *Momos am Bildschirm* (1984) dokumentieren, beschränkt sich Jens keineswegs auf das Tadeln, denn anders als es sein antikes Vorbild nahe legt, schließt sein kritischer Impetus die Anerkennung von Gelungenem mit ein. Die Intention, mit dem Zuschauer in einen kritischen Dialog zu treten und ihn zu eigener Stellungnahme herauszufordern, verfolgte Jens auch mit seinen seit Mitte der Sechzigerjahre entstandenen Fernsehspielen. In seinem politisch-dokumentarischen Fernsehspiel *Die rote Rosa* (1966), das Parallelen zum Dokumentartheater dieser Jahre aufweist, setzt er bei dem historischen Gerichtsprozess an, der zu einem Freispruch der Mörder Rosa Luxemburgs führte. Durch die fiktionale Wiederaufnahme des Prozesses in der Form eines Totengerichts erfolgt eine Revision des historisch-realen Gerichtsurteils. In dem Fernsehspiel *Der tödliche Schlag* (1975) greift Jens auf den Odysseus-Mythos zurück, um die zeitlos aktuelle Frage nach der Verantwortung des Intellektuellen zu erörtern. Das Fernsehspiel *Der Teufel lebt nicht mehr, mein Herr!* (1979) imaginiert einen Dialog zwischen dem »Gelehrten« Lessing und dem »Dichter« Heine. Der als Lernprozess angelegte Austausch macht deutlich, wie aus der Verbindung von Gelehrsamkeit und Inspiration das neue Werk entstehen kann.

In den Siebzigerjahren trat die Religion als eine weitere Bezugsgröße in den Horizont seiner weit gefächerten Interessengebiete und Problemstellungen. Mit der Übersetzung des Matthäus-Evangeliums *Am Anfang der Stall – am Ende der Galgen. Jesus von Nazareth* (1972) begannen die Bemühungen, die Botschaft der Evangelien durch neu akzentuierte Übertragungen für die Gegenwart aufzuschließen. In den Neunzigerjahren folgten die Übersetzungen des Markus-, Lukas- und Johannes-Evangeliums nach. Seit den Achtzigerjahren beschäftigt sich Jens zudem in gemeinsamer Herausgeber- und Autorschaft mit Hans Küng mit theologischen Fragestellungen, die in Publikationen wie *Dichtung und Religion* (1985) und *Theologie und Literatur* (1986) in einer diskursiven Form ausgetragen werden. Ebenfalls mit Hans Küng veröffentlichte Jens 1989 den Band *Anwälte der Humanität*, der sich aus doppelter Perspektive, der des Philologen und der des Theologen, mit den Autoren Thomas Mann, Hermann Hesse und Heinrich Böll befasst.

Von den zahlreichen weiteren Arbeiten und Publikationen, die in den Achtziger- und Neunzigerjahren aus seinen verschiedenen Tätigkeitsfeldern hervorgegangen sind, können nur einige stellvertretend erwähnt werden. Seine Fernsehbearbeitung des Romans *Frau Jenny* Treibel von Theodor Fontane gelangte 1982 zur Erstausstrahlung. Mit dem Theaterstück *Die Friedensfrau* (1985), einer Bearbeitung der *Lysistrate* von Aristophanes, führte Jens seinen Ansatz fort, Stoffe und Gestalten der Antike unter humanitär-aufklärerischer Perspektive umzugestalten. Das Theaterstück *Ein Jud aus Hechingen. Requiem für Paul Levi* (1992) erweitert die bereits im Hörspiel *Die rote Rosa* thematisierte historisch-politische Problemstellung. Die unter dem Titel *Einspruch* versammelten *Reden gegen Vorurteile* (1992) setzen sich zum Ziel, Texte gegen den Strich zu lesen und verfestigte Urteile über Texte und Autoren aufzubrechen. Dieser wie auch der nachfolgende Essayband *Macht der Erinnerung: Betrachtungen eines deutschen Europäers* (1997) stellen die fortdauernde Produktivität des »homme de lettre« unter Beweis. Das gilt auch für die *Texte einer Dienstzeit*, die Jens im Rahmen seines Amtes als Präsident der Akademie der Künste Berlin-Brandenburg verfasst hat. In den unter dem Titel *Aus gegebenem Anlass* (1998) zusammengestellten Vorträgen, Reden und Würdigungen erweist sich Jens als sachkundiger und engagierter »Anwalt« in Fragen der Kulturgeschichte und Kulturpolitik, der bildenden Kunst, der Architektur und Literatur sowie des Theaters, Films und Kabaretts. In die Achtzigerjahre zurück reichte sein Engagement als Herausgeber von Kindlers Lexikon der Weltliteratur, das in den Neunzigerjahren zum Abschluss kam. Zu den Publikationen der Neunzigerjahre, die Jens zudem in gemeinsamer Autorschaft mit Inge Jens herausgegeben hat, gehört das Buch *Vergangenheit – gegenwärtig* (1994). Es enthält zwei biografische Skizzen, die das Autorenpaar in der Absicht niederschrieb, »eigenes Erleben zu objektivieren und mit der persönlichen Geschichte auch ein (...) Stückchen Historie zu erzählen«. Das Ineinandergreifen von Individualgeschichte und Zeitgeschichte wird auch anschaulich in der von Inge Jens und Walter Jens verfassten Lebensgeschichte Katia Manns. Auf der Basis von zahlreichen, zuvor teilweise unbekannten Dokumenten entwerfen die Autoren das Porträt Katia Manns so facettenreich, dass deren Selbstcharakterisierung als »Zubehör« eines großen Dichters unvermutet eine neue Bedeutungsqualität gewinnt. Das 2003 erschienene Buch mit dem viel sagenden Titel *Frau Thomas Mann. Das Leben der Katharina Pringsheim* ist bereits zum Bestseller geworden.

Doris Rosenstein

Werke: *Das weiße Taschentuch*, E., u. d. Pseud. Walter Freiburger, Hbg. 1947; *Nein. Die Welt der Angeklagten*, R., Hbg., Stg., Baden-Baden 1950; *Der Blinde*, R., Hbg. 1951; *Ein Mann verlässt seine Frau*, Hsp., SWF 1951; *Der Besuch des Fremden*, Hsp., SWF/BR/RB 1952, in: *16 deutsche Hörspiele*, Ausw. v. H. Schmitthenner, Mü. 1962; *Vergessene Gesichter*, R., Hbg. 1952; *Alte Frau im Grandhotel* bzw. *Abendschatten*, Hsp., 1953; BR/HR 1956; *Die Stichomythie in der frühen griechischen Tragödie*, Mü. 1955; *Der Mann, der nicht alt werden wollte*, R., Hbg. 1955; *Hoffmannsthal und die Griechen*, Studie, Tüb. 1955; *Tafelgespräche*, Hsp., BR 1956; *Ahasver*, Hsp., HR/NDR 1956; *Seine Majestät Mr. Seiler*, Hsp., RIAS 1956; *statt einer Literaturgeschichte*, Ess., Pfullingen 1957, 7., erw. Aufl. 1978; *Das Testament des Odysseus*, E., Pfullingen 1957; *Plädoyer für die abstrakte Literatur*, Funk-Ess., 1957; *Doktrin und Poesie – Bertolt Brecht*, Funk-Ess., SDR 1957; *Aischylos: Orestie*, Übs., Funkbearb., 1957; Theaterst., UA Hannover 1962; *Der Telefonist*, Hsp., NDR/SDR 1957, in: *Hörspielbuch 1957*, Ffm. 1957; *Moderne Literatur – moderne Wirklichkeit*, Ess., Pfullingen 1958; *Die entführte Europa*, Hörfolge, 1958; *Ilias und Odyssee*, Nacherz., Ravensburg 1958; *Sopho-*

kles: Antigone, Übs., UA Karlsruhe 1958; *Die Götter sind sterblich. Tagebuch einer Griechenlandreise*, Pfullingen 1959; *Griechische Klassiker*, Ausw., Wien 1959; *E. G. Winkler: Werke*, Ausw., Ffm. 1960; *Alkestis*, nach Euripides, Hsp. 1960; *Deutsche Literatur der Gegenwart*, Ess., Mü. 1961; *Plädoyer für das Positive in der modernen Literatur, Rede zur Eröffnung der Buchmesse*, 1961, Schpl. 1962; *Zueignungen*, Ess., Mü. 1962 u. erw. 1963; *Herr Meister. Dialog über einen Roman*, R., Mü. 1963; *Melancholie und Moral. Rede auf Wolfgang Koeppen*, 1963; *Sophokles: König Oedipus*, Übs., UA Celle 1963; *Literatur und Politik*, Ess., Pfullingen 1963; *Euripides. Büchner*, Ess., Pfullingen 1964; *Sophokles: Ajas*, Übs., UA Hbg. 1965; *Die rote Rosa*, Fssp., BR 1966; *Von deutscher* Rede, Vortr., 1966; *Die Verschwörung*, Fssp., ARD 1969; *Von deutscher Rede*, Ess, Mü. 1969; *Die Bauformen der griechischen Tragödie*, Hg., Mü. 1971; *Am Anfang der Stall – am Ende der Galgen. Jesus von Nazareth*, Übs. d. *Matthäus-Evangeliums*, Stg. 1972; *Fernsehen. Themen und Tabus*, Kritiken, Mü. 1973; *Der barmherzige Samariter*, Hg., Stg. 1973; *Die Verschwörung/Der tödliche Schlag*, 2 Fsspe., Mü. 1974; *Der Ausbruch*, Libr., Musik v. A. Kounadis, Tüb. 1975; *Der Fall Judas*, E., Stg. 1975; *Republikanische Reden*, Mü. 1976; *Der tödliche Schlag*, Fssp., ARD 1975; *Über Helmut Kindler*, Rede, 1977; *Eine deutsche Universität. 500 Jahre Tübinger Gelehrtenrepublik*, zus. m. Inge Jens u. B. Beckmann, Mü. 1977; *Zur Antike*, ges. Aufs. u. Übs., Mü. 1978; *Assoziationen. Gedanken zu biblischen Texten*, Hg., Stg. 1978 ff.; *Um nichts als die Wahrheit. Deutsche Bischofskonferenz kontra Hans Küng*, Dok., Hg., Mü. 1978; *Aischylos: Orestie*, Übs., Mü. 1979; *Warum ich Christ bin*, Hg., Mü. 1979; *Der Teufel lebt nicht mehr, mein Herr! Ein Totengespräch zwischen Lessing und Heine*, Fssp., ARD 1979, gedr. in: »Die deutsche Bühne«, H. 5, 1979; *Literatur und Kritik. Festschrift f. Marcel Reich-Ranicki*, Hg., Stg. 1980; *Ort der Handlung ist Deutschland. Reden in erinnerungsfeindlicher Zeit*, Mü. 1981; *Die kleine große Stadt Tübingen*, zus. m. Inge Jens, Stg. 1981; *Frieden. Die Weihnachtsgeschichte in unserer Zeit*, Hg., Stg. 1982; *In letzter Stunde. Aufruf zum Frieden*, Hg., Mü. 1982; *Frau Jenny Treibel*, Fssp. n. Th. Fontane, ARD 1982; *Der Untergang. Nach den Troerinnen des Euripides*, Theaterst., Mü 1982, UA Hbg. 1983; *Klassenlektüre. 106 Autoren stellen sich vor*, Hg., zus. m. B. Engelmann, Mü. 1982; *In Sachen Lessing. Vorträge und Essays*, Stg. 1983; *Der Untergang*, Hsp., BR 1984; *Momos am Bildschirm 1973–1983*, Kritiken, Mü. 1984; *Kanzel und Katheder*, Reden, Mü. 1984; *Vom Nächsten. Das Gleichnis vom barmherzigen Samariter heute gesehen*, Hg., Mü. 1984; *Das Vorratshaus der Deutschen. Zur Geschichte und Bedeutung des Grimm'schen Wörterbuchs*, Mü. 1984 (Privatdruck); *Dichtung und Religion*, zus. m. Hans Küng, Ess., Mü. 1985; *Roccos Erzählung. Zwischentexte zu »Fidelio« von Ludwig van Beethoven*, Stg. 1985; *Die Friedensfrau. Nach der Lysistrate des Aristophanes*, Theaterst., UA Hbg. 1985, gedr. Mü. 1986; *Theologie und Literatur. Zum Stand des Dialogs*, zus. m. H. Küng u. Karl-Josef Kuschel, Dok.; Hg., Mü. 1986; *Rhetorik und Theologie. Rhetorik. Ein internationales Jahrbuch*, Bd. V, Hg., Tüb. 1986; *Anfang und Ende. Die Offenbarung des Johannes*, Übs., Stg. 1987; *Unser Uhland. Nachdenken über einen vergessenen Klassiker*, Ess., Tüb. 1987; *Deutsche Lebensläufe in Autobiografien*, zus. m. H. Thiersch, Weinheim 1987; *Das weiße Taschentuch*, E., Neuausg., Stg. 1988; *Feldzüge eines Republikaners. Ein Lesebuch*, hg. v. G. Ueding u. P. Weit, Mü. 1988; *statt einer Literaturgeschichte*, Ess., Neuausg. Stg. 1988; *Juden und Christen in Deutschland*, Ess., Stg. 1989. *Nationalliteratur* und *Weltliteratur – von Goethe aus gesehen*, Ess., Mü. 1989; *Anwälte der Humanität: Thomas Mann, Hermann Hesse, Heinrich Böll*, Ess., zus. m. H. Küng, Mü. 1989; *Die Buddenbrooks und ihre Pastoren. Zu Gast im Weihnachtshause Thomas Manns*, Mü. 1990; *Der Fall Judas*, Hsp., ORF 1990; *Die Rede des frommen Judas*, Hsp., SDR 1990; *Die Zeit ist erfüllt. Das Markus-Evangelium*, Übs., Stg. 1990; *Mike, Tracy*, Hsp., BR/SR/ORF 1991; *Einspruch. Reden gegen Vorurteile*, Mü. 1992; *Schreibschule. Neue deutsche Prosa*, Hg., Ffm. 1991; *Und ein Gebot ging aus. Das Lukas-Evangelium*, Übs., Stg. 1991; *Die sieben letzten Worte am Kreuz*, Neuried 1992; *Die Friedensfrau. Ein Lesebuch*, Lpz. 1992; *Ein Jud aus Hechingen. Requiem für Paul Levi*, Theaterst., UA Tübingen 1992; *Kindlers neues Lexikon der Weltliteratur*, Hg., Mü 1988–1992; *Am Anfang das Wort. Das Johannes-Evangelium*, Übs., Stg. 1993. *Der Fall Ödipus*, Theaterst., UA Münster 1993; *Mythen der Dichter. Modelle und Variationen*, Ess., Mü. 1993; *Friedrich der Große und Ödipus Rex*, Theaterst., UA Potsdam 1994; *Vergangenheit – gegenwärtig. Biografische Skizzen*, zus. m. Inge Jens, biogr. Ess., Stg. 1994. *Zeichen des Kreuzes. Vier Monologe*, Stg. 1994. *Menschenwürdig sterben. Ein Plädoyer für Selbstverantwortung*, zus. m. H. Küng, Mü. 1995. *Macht der Erinnerung: Betrachtungen eines deutschen Europäers*, Ess., Düsseld., Zür. 1997. *Aus gegebenem Anlass. Texte einer Dienstzeit*, Reden, Bln. 1998; *statt einer Literaturgeschichte*, letzte Neuausg., Düsseld., Zür. 1998; *Der Römerbrief. Neu übersetzt*, Stg. 2000; *Wer am besten redet, ist der reinste Mensch. Über Fontane*, Ess., Weimar 2000. *Der Teufel lebt nicht mehr, mein Herr! Erdachte Monologe, imaginäre Gespräche*, Stg. 2001; *Frau Thomas Mann. Das Leben der Katharina Pringsheim*, Biogr., zus. m. Inge Jens, Reinbek 2003.

Jentzsch, Bernd, wurde am 27. 1. 1940 in Plauen im Vogtland geboren. Er wuchs in Chemnitz auf, absolvierte nach dem Abitur den Wehrdienst und studierte von 1960 bis 1965 Germanistik und Kunstgeschichte in Leipzig und Jena. Von 1965 bis 1975 war er Verlagslektor, in dieser Zeit gab er die monatlich erscheinende Lyrikanthologie »Poesiealbum« heraus. Später lebte er als freier Schriftsteller in Ost-Berlin. Im Oktober 1976, als Jentzsch in Bern mit der Zusammenstellung einer viersprachigen Anthologie schweizerischer Dichtung des 20. Jahrhunderts beschäftigt war, protestierte er in einem offenen Brief an den DDR-Staatsratsvorsitzenden Erich Honecker gegen Reiner Kunzes Ausschluss aus dem Schriftstellerverband sowie gegen die Ausbürgerung Wolf Biermanns. Er kehrte nicht in die DDR zurück, da ihm dort eine Gefängnisstrafe drohte. Zeitweise lebte er als Lektor des Walter-Verlages und als Herausgeber des »Walter-Literariums« in Küsnacht. 1982 lehrte er als Gastprofessor am Oberlin College in den USA, 1986 übersiedelte er nach Hamburg. 1988 war er als wissenschaftlicher Mitarbeiter für den Bereich Medien und Kultur der Konrad-Adenauer-Stiftung angestellt. Seit 1989 lebt und arbeitet er in Euskirchen. Er ist Mitglied des P.E.N.-Zentrums der BRD, 1991 wurde er zum stellvertretenden Vorsitzenden gewählt. 1991 gründete er zusammen mit Jürgen Seuss die Deutsche Gesellschaft für Buchkunst und Buchform. Von 1992 bis 1998 war er Gründungs-Direktor des Deutschen Literaturinstituts Leipzig. Ausgezeichnet wurde er u.a. 1968 mit der Johannes-Bobrowski-Medaille, 1978 mit dem Werkpreis des Kantons Zürich, 1982 mit dem Förderpreis des Kulturkreises im Bundesverband der Deutschen Industrie, 1985 mit dem Werkpreis des Kantons Solothurn, 1987 mit dem Jahresstipendium der Märkischen Kulturkonferenz und 1994 mit dem Eichendorff-Preis.

Jentzschs erster und bis 1977 einziger Gedichtband *Alphabet des Morgens* erschien 1961. Der 21-jährige gab jugendlich-unbekümmert Impressionen wieder, er entwarf sprachbewusst kühne Bilder einer technisierten Welt. Später entstandene, in Zeitschriften und Anthologien gedruckte Gedichte wie *Die grünen Bäume starben in uns ab* plädieren gegen die Vergesser der Naziherrschaft, erinnern an die Zeit der Eltern und reflektieren den DDR-Alltag. Der Einfluss Klopstocks ist erkennbar; die Gedichte sind präzise, mit expressionistischen Anklängen, organisiert, nichts in ihnen ist zufällig oder überflüssig, sie weichen nicht aus, sondern sensibilisieren, helfen dem Leser eigene ästhetische Kriterien zu entwickeln. Eine Auswahl liegt mit dem Band *Quartiermachen* (1978) vor.

Jentzschs Erzählungen – *Jungfer im Grünen* (1973), *Ratsch und ade!* (1975) – zeigen eine ihm eigentümliche Schreibweise: Er erzählt in geraffter Form und plastischen Bildern parabolische Alltagsgeschichten, deren Lehrhaftigkeit sich hinter sanfter Verfremdung und Spott oder gar Groteskem versteckt. Er bildet Wirklichkeit und Gesellschaft ab, entdeckt Wahrheiten und spricht sie – häufig in bewusst gesetzten »Leerstellen« – aus, schlägt Verhaltensmodelle vor. Von großem Einfluss war seine Nachdichter-Tätigkeit (u.a. von Texten von Jannis Ritsos, Harry Martinson, Gyula Illyes und anderer flämischer, polnischer, tschechischer, rumänischer und russischer Autoren). Jentzsch gab viele Anthologien heraus, in denen er junge, unbekannte und ältere, vergessene Dichter vorstellte. Er initiierte und verantwortete die Lyrik-Reihe »Poesiealbum«, die in Form einer 30-seitigen Monatszeitschrift auf kennenswerte alte und neue Lyriker aufmerksam machte und bis 1989 in 275 Ausgaben (122 unter seiner Herausgeberschaft) erschien. In der Bundesrepublik gab er zusammen mit Helmut Heißenbüttel von 1978 bis 1981 die Zeitschrift. »Hermannstraße 14« heraus, in der Schweiz von 1980 bis 1985 die 18-bändige Buchreihe »Walter-Literarium« und von 1980 bis 1984 die siebenbändige Kinderbuchreihe »der kleine walter«. Er edierte zusammen mit Jürgen Seuss die zwölfbändige Buchreihe »Der Rüsselspringer« (1983–1985) und realisierte die Taschenbuchreihe »Rowohlt Jahrhundert« (52 Bände, 1988–1989). In den jüngsten Veröffentlichungen mischen sich neue Gedichte, Fabeln und Märchen mit alten Texten. Ihr großes Thema ist das Leben in Deutschland heute und die Erinnerung an die Folgen der deutschen Teilung.

Konrad Franke

Werke: *Alphabet des Morgens,* G., Halle 1961; *Bekanntschaft mit uns selbst,* G., zus. m. Werner Bräunig, Heinz Czechowski, Rainer Kirsch, Karl Mickel, K. Steinhaußen, Halle 1961; *Schwedisch,* Reiseb., 1968; *Gabriela Mistral,* Funk-Ess., 1968; *Lew Kwitko: Fliege, Schaukel, himmelhoch,* Kinderb., Nachdicht., Ost-Bln. 1968; *Jannis Ritsos: Die Wurzeln der Welt,* Hg. u. Nachdicht. zus. m. K.-D. Sommer, Ost-Bln. 1970; *Jungfer im Grünen,* En., Rostock 1973, Mü. 1973; *T. Kubiak: Im Herbst,* Kinderb., Nachdicht., Ost-Bln. 1973; *Harry Martinson: Der Henker des Lebenstraums,* Übs., Ost-Bln. 1973; *Der Muskel-Floh Ignaz vom Stroh,* E. nach Linolschn. v. I. Jörg, Bln. 1974; *T. Kubiak: Im Winter,* Kinderb., Übs., Ost-Bln. 1975; *Ratsch und ade!,* E., Rostock 1975, Mü. 1977; *Der bitterböse König auf dem eiskalten Thron,* E. nach Linolschnitten v. I. Jörg, Bln. 1975; *In stärkerem Maße/Med växande styrka,* G., dt. u. schwed., Helsingborg 1977; *Prosa,* Ffm., Bln., Wien 1978; *Quartiermachen,* G., Mü. 1978; *Vorgestern hat unser Hahn gewalzert,* Kinder-Gesch. zu Illustr. v. W. Fischbach, Köln 1978; *»Hermannstraße 14«. Halbjahresschr. für Literatur,* Hg. zus. m. Hellmut Heißenbüttel, Stg. 1978–1981; *Berliner Dichtergarten und andere Brutstätten der reinen Vernunft,* Pfaffenweiler 1979; *Die Wirkung des Ebers auf die Sau,* Kinderb., 1980; *Irrwisch. Ein Gedicht,* Pfaffenweiler 1980; *Die Kaninchen von Berlin oder Von den strengen Ordnungen,* E., Bln. 1983; Fernsehübertragung vom Schlachtfeld, G., o. O. 1983; *Rudolf Leonhard – Gedichteträumer,* biogr. Ess., Mü., Wien 1984; *Schreiben als straf-*

bare Handlung, Ess., Assenheim 1985; *Poesiealbum 276: Bernd Jentzsch*, G., Assenheim 1991; *Von der visuellen Wohlhabenheit. Der Autor und seine buchästhetischen Vorstellungen. Ein Vortrag*, Mü. 1991; *Die alte Lust sich aufzubäumen. Ein Lesebuch*. Lpz. 1992; *Flöze. Schriften und Archive 1954–1992*, Lpz. 1993; *Das Erste Newtonsche Prinzip. Äußere Kräfte. Erzählungen und Kommentare*, Bornheim b. Bonn 1993. Zahlreiche Herausgaben von Anthologien und Werken u.a. von Max Hermann-Neiße, Barthold Hinrich Brockes, Bettina u. Gisela v. Arnim, Wilhelm Raabe, Friedrich Rückert, Alfred Döblin, Peter Bichsel, Franz Hohler, Paul Heyse, Hermann Kesser, Gustav Falke, Clara Viebig, Efraim Frisch, Thomas Brasch, Friedrich Halm, Max Halbe, Reiner Kunze, Werner Bergengruen, Hans Christian Andersen, Elisabeth Langgässer, Ludwig Winder, Erich Fried, Rudolf Leonhard, Jacques Prevert, Paul Celan.

Jirgl, Reinhard, wurde am 16. 1. 1953 in Berlin (DDR) geboren. Er wuchs bei der Großmutter in Salzwedel (Altmark) auf und kehrte erst 1964 zu den Eltern nach Berlin zurück. Jirgl erlernte zunächst den Beruf eines Elektromechanikers. Nach dem Studium der Elektronik an der Humboldt-Universität ging er als Service-Ingenieur an die Akademie der Wissenschaften. 1978 wechselte er an die Berliner Volksbühne, wo er als Beleuchtungstechniker arbeitete. Er kam dort mit Heiner Müller in Kontakt, der ihn in seiner literarischen Arbeit bestärkte. Der erste Versuch einer Buchveröffentlichung wurde 1985 wegen »nichtmarxistischer Positionen« verzögert. Erst 1989 konnte Gerhard Wolf den Druck des *Mutter Vater Roman* in seinem Programm »Außer der Reihe« im Aufbau-Verlag durchsetzen. Erschienen ist das Debüt schließlich im Frühjahr 1990 »in aller Stille« (Jirgl); es wurde in der Zeit des politischen Umbruchs, als Bücher aus DDR-Verlagen wie Altlasten entsorgt wurden, kaum beachtet. Seit 1996 lebt Reinhard Jirgl als freier Schriftsteller in Berlin. Er erhielt 1993 den Alfred-Döblin-Preis, 1994 den Marburger Literaturpreis und 1998 die Johannes-Bobrowski-Medaille zum Berliner Literaturpreis sowie den Joseph-Breitbach-Preis.

Zu genau war Reinhard Jirgls Blick auf die Verhältnisse im Staat, zu drastisch waren seine historischen Vergleiche, als dass er in der DDR hätte publizieren können. Jirgls ästhetisches Konzept ist ein ungewöhnliches, einzigartiges. Er ist als Schriftsteller ein Einzelgänger, der im damaligen Ost-Berlin nicht zu jener »Szene« gehörte, die in Künstlerzeitschriften mit Kleinstauflage ein Medium fand. Bereits im *Mutter Vater Roman* (1990) werden die Themen deutlich, denen sich Jirgl immer wieder zuwendet. Er zieht aus der Existenz seiner Figuren eine Linie zurück in die deutsche Geschichte, die Geschichte von Diktatur und Krieg, Verrat und Unterdrückung. Angst und Hass, Lust und Gier treiben den Weltkriegs-Deserteur Walter zum atemlosen Sprechen, genauso wie seine Frau Margarete, die in Berlin die Bombennächte durchlitten hat. Die Frau wird ein Kind zur Welt bringen von dem Mann, den sie nicht liebt. In einem »Mittelpunkt« genannten Zwischenstück erklärt Jirgl: »Die Haut der Nachgeborenen ist voller Narben. Solange sie sichtbar sind, verweht der Blutgeruch nicht.« Er lässt die Narben des 20. Jahrhunderts sichtbar bleiben. Er schöpft aus der Geschichte und dem vor ihm Geschriebenen. Dem ersten Buch fügt er noch ein Quellenverzeichnis an. Es reicht von der Bibel und Homer über Thomas Müntzer bis zu Sigmund Freud und Herbert Marcuse. Im zweiten Buch, *Im offenen Meer* (1991), entsprechen die Quellen den Motti für die einzelnen Kapitel. In den späteren Werken hängt es von der Belesenheit des Lesers ab, was er erkennt.

Verletzungen, ob sie nun durch einen Nächsten oder die herrschende Macht zugefügt werden, setzen sich bei Jirgl über die Generationen fort. In dem Roman *Abschied von den Feinden* (1995) wachsen die Söhne eines ehemaligen SS-Mannes in der DDR bei Pflegeeltern auf, werden später dieselbe Frau lieben, sich für die entgegengesetzten politischen Systeme entscheiden und einander hassen. Mit diesem Buch erlebte Jirgl den Durchbruch bei der Kritik. Das Familiendrama will er als deutsches Drama gelesen sehen: »Es sind ja nicht vertierte Führer & degenerierte Funktionäre allein (...), es ist Das Deutsche: Das Faust- & das Schächer-Syndrom, in allen Deutschen –: Der Stürmer, solange sie obenauf sind: Der um Vergebung winselnde Ganove am Kreuz, wenn die Sache schief gegangen ist: – dieses Deutsche in den Deutschen, das dieser Zeit diese Gestalten gibt.«

Jirgls Auftreten als Autor fällt zusammen mit dem Ende des Staates, in dem er nicht publizieren konnte und mit der deutschen Vereinigung – an die sich Fragen zur Rolle und Verantwortung Deutschlands in Europa knüpfen. Die Biografien der Jirglschen Figuren stehen symbolhaft für diese Fragen. In seinem drastischen Blick auf DDR-Verhältnisse kann man eine Verwandtschaft zum Schreiben Wolfgang Hilbigs sehen, bei dem sinnliche Erfahrung auch oft mit Ekel einhergeht. Jirgl schreibt jedoch expressiver, selten nur lässt er einen Erzählfluss zu. Das Offenlegen der Nazi-Vergangenheit scheinbar Unbescholtener findet man ähnlich in den Stücken

Heiner Müllers, bei Jirgl aber sind deren Aussichten düsterer. Vorbilder mag man auch in Gottfried Benn und Kafka entdecken, seine Thesen lassen die Lektüre Friedrich Nietzsches erkennen. Spezifisch für sein Schreiben ist außerdem die Konstruktion der Texte, bei der die Perspektive selten eindeutig ist. Stattdessen sprechen mehrere Stimmen (*Mutter Vater Roman*; *Abschied von den Feinden*) oder eine Figur redet nur durch andere (die junge Frau im Roman *Die atlantische Mauer*). Was aber vor allem sein Werk ausmacht, ist sein Zeichensystem. Reinhard Jirgl schreibt konsequent in einer typo- und orthografisch von ihm selbst geschaffenen Sprache, die zwar an Arno Schmidt und an Protagonisten des Dada erinnert, in dieser ausgefeilten Form aber ganz seine eigene ist. Interpunktion und Ziffern sind mit Bedeutung aufgeladen. Lautmalerische Schreibung setzt er bewusst ein; die »Fiesiognomie« Berlins spricht nicht für die Stadt, sein »doitsch Land« ist politisch motiviert und welchem Gewerbe die Mädchen nachgehen, die eine Grenzstadt »benuttsten«, ist auch klar. Doppeldeutungen und Lese-Anleitungen treibt Jirgl bis zum Manierismus. Damit zwingt er zum genauen Lesen.

Der Roman *Hundsnächte* (1997) folgt in den Motiven auf *Abschied von den Feinden*. Während ein Mann in einer Ruine im Niemandsland des ehemaligen Grenzstreifens seine Geschichte aufschreibt, dringt ein anderer zu ihm vor, der mit einem Bautrupp gekommen war, um eigentlich die Ruine abzureißen. Das Festhalten des Geschehens an einem überflüssig gewordenen Ort wird zur Allegorie, die Figuren selbst verlieren an Bedeutung; sie transportieren aber die Auflösung der DDR und ihrer Mechanismen, die Wirren des Umbruchs und den Zynismus des Westens. Mit dem Roman *Die atlantische Mauer* (2000) geht der erzählerische Weg zum ersten Mal aus Deutschland hinaus. Eine noch junge Frau und ein alternder Schriftsteller suchen unabhängig voneinander ihr Glück in den USA. Das Deutsche können sie dort ebenso wenig abschütteln wie die Verletzungen, die sie sich innerhalb ihrer Familienhölle zugefügt haben. Jirgl ist hier zwar sprachlich weitgehend konsequent geblieben, doch einige Kritiker bemerkten einen Verlust der formalen Strenge und bemängelten Textpassagen, die zu redselig geraten seien.

Mit der Trilogie *Genealogie des Tötens* (2002) folgte ein Buch, das Jirgl bereits Ende der Achtzigerjahre geschrieben hat, aber in der DDR nicht veröffentlichen konnte. Es ist ein düsteres Werk, streckenweise nach antiken Vorbildern in dramatischer Form konstruiert und enthält schon vieles von dem, was Jirgls Schreiben ausmacht. Seziert und ins Verderben geschickt wird hier das sozialistische Kleinbürgertum und mit ihm eine Gesellschaft, die die Abhängigkeiten des Einzelnen ausnutzt. Der Sprachgestus ist zornig und kraftvoll, aber auch ausufernd: Es fällt schwerer als in den späteren Büchern, den Zusammenhang zwischen den Szenen und Erzählfetzen zu erfassen.

Mit seinem Roman *Die Unvollendeten* (2003) wendet sich Jirgl einer Personengruppe zu, die in der Literatur nur selten einen Auftritt hatte: den nach Hitlers Krieg aus den ehemaligen deutschen Ostgebieten Vertriebenen. Zwei erwachsene Schwestern fliehen mit der alten Mutter aus der Tschechoslowakei, die 18-jährige Tochter der einen zunächst zurücklassend, in den Norden der Sowjetischen Besatzungszone. Grausame Szenen spielen sich vor ihren Augen ab; voller Hass werden sie vertrieben und dort, wo sie ankommen, stoßen sie wiederum auf Hass. Die Flüchtlinge bleiben überall Außenseiter – wollen aber auch selbst nicht zulassen, dass das Provisorium für sie zu einer neuen Heimat wird. Im zweiten Teil des Romans erweist sich das Buch als autobiografisch motiviert. Die Tochter gebiert im Januar 1953 einen Sohn, der zehn Jahre bei Großmutter und -tante in einer Kleinstadt in der Nähe von Magdeburg bleiben wird, während seine Mutter studiert. Mit den starken, beklemmenden Erzählpassagen bekommt der Leser eine Ahnung davon, warum bei Jirgls Figuren Wut und Verachtung oft aus familiären Verstrickungen erwachsen.

Jirgl selbst präsentierte sein literarisches Programm in der Rede zur Entgegennahme des Joseph-Breitbach-Preises so: »Erinnern: Das heißt immer Wiedergängerei, den Blick aushalten auf die Bruchstellen der Lebenswirklichkeit (denn nur die Sprache mit ihren Begriffen ist kontingent), das ist Unruhe, Verstören, alles Dunkle auch und dann die Ängste, die kein Wort mehr unter Verschluss halten wollen, rührt die tiefste Erinnerung doch zugleich an jener tiefsten Unerfahrbarkeit des Menschen; nämlich woher wir kommen und wohin wir gehen.«

Cornelia Geißler

Werke: *Mutter Vater Roman*, R., Bln., Weimar 1990; *Uberich. Protokollkomödie in den Tod*, Ffm. 1990; *Im offenen Meer. Schichtungsroman*, R., Hbg. 1991; *Zeichenwende. Kultur im Schatten posttotalitärer Mentalität*, Ess., zus. m. Andrzej Madela, Koblenz 1993; *Das obszöne Gebet. Totenbuch. Szenen*, Ffm. 1993; *Abschied von den Feinden*, R., Mü. 1995; *Hundsnächte*, R., Mü. 1997; *Die atlantische Mauer*, R., Mü. 2000; *Genealogie des Tötens.*

Trilogie: Klitaemnestra Hermafrodit & »Mama Pappa Tsombi«. MER – Insel der Ordnung. Kaffer. Nachrichten aus dem zerstörten=Leben, Mü. 2002; *Gewitterlicht.* E.,/ *Das poetische Vermögen des alphanumerischen Kodes in der Prosa,* Ess., Hann. 2002; *Die Unvollendeten,* R., Mü. 2003.

Johansen, Hanna, wurde am 17. 6. 1939 in Bremen geboren und absolvierte dort ihre Schulausbildung. Sie studierte in Marburg und Göttingen Germanistik, Altphilologie und Pädagogik, verbrachte die Jahre von 1967 bis 1969 in den USA und lebt seit 1972 in Kilchberg bei Zürich. Mit Übersetzungen amerikanischer Autoren wie Donald Barthelme und Grace Paley begann sie ihre schriftstellerische Arbeit. Seit 1977 schreibt sie für Erwachsene, seit 1983 auch für Kinder. Wie die meisten ihrer Übersetzungen (Letztere zuweilen in Zusammenarbeit mit Marianne Frisch entstanden) publizierte sie zunächst auch ihre Kinderbücher unter dem Namen Hanna Muschg. 1980 erhielt sie die Ehrengabe des Kantons Zürich, 1986 den Marie-Luise-Kaschnitz-Preis, 1987 den Conrad-Ferdinand-Meyer-Preis, 1993 den Österreichischen Kinder- und Jugendbuchpreis und 2002 den Preis der Schweizerischen Schillerstiftung für das Gesamtwerk.

Johansens Prosadebüt *Die stehende Uhr* (1978) ist eine ungewöhnliche literarische Selbsterfahrung: Eine Ich-Erzählerin sitzt in einem Zug und stellt mit rhythmischen, syntaktischen und morphologischen Mitteln während dieser scheinbar nicht endenden Zugfahrt Bewegung als Wiederholung und Wiederholung als Stillstand dar. Schreibend versucht die Autorin die Zeit einzuholen und aufzuheben. Die Mitreisenden werden nicht als Menschen, sondern als Rollenträger wahrgenommen. Ihre Attribute werden festgehalten, aber nicht ihr Wesen; dementsprechend flüchtig ziehen die Landschaften kulissenhaft vorbei. Grundlegende gesellschaftliche Regeln und Zusammenhänge sowie einfache menschliche Verhaltensweisen sind der Ich-Erzählerin fremd. Die Zugfahrt wird so zur Erfahrung des Absurden, an dessen Ende die Protagonistin eine Zeitspanne überstanden, aber das Ereignis nicht verstanden hat. Mehrere Parallelen dazu weist die zweite Prosaarbeit *Trocadero* (1980) auf, die auch nahezu ohne nacherzählbare Handlung auskommt. Wiederum handelt es sich um den inneren Monolog einer Frau, der mehr evoziert als darstellt. Allerdings ist der Autorin diesmal der Raum wichtiger als die Zeit. Die Ich-Erzählerin soll während einer internationalen Konferenz ein Festessen vorbereiten und erkundet daraufhin einen halb verfallenen, labyrinthartigen Palast. Mit den Bildern, Bibliotheken und Schiffsmodellen erwacht die museal erstarrte Kulturgeschichte zum Leben. Die Protagonistin befindet sich allein unter Männern, die »Weltbewegendes« diskutieren und »Schneewittchens« Aufgabe auf verschiedene Weise lösen würden. Ohne die Männer zu beurteilen, nimmt sie die Hinweise zur Kenntnis und stellt sich hartnäckig immer wieder aufs Neue ihrem Misserfolg, denn eine praktikable Lösung gibt es nicht. Mit ihrem dritten Roman *Die Analphabetin* (1982) nimmt Johansen erneut eine die Wahrnehmungskonventionen verstörende Perspektive ein: Johansen erzählt in nüchterner und lakonischer Sprache aus der Sicht eines fünfjährigen Mädchens von den Ereignissen im Sommer 1944 am Rande einer Großstadt. Das Mädchen erfährt, noch stärker als zuvor die erwachsenen Ich-Erzählerinnen, die Welt als etwas Fremdes. Das Mädchen setzt der Unausweichlichkeit der Geschichte, hier also des Krieges, eigene Geschichten entgegen. In den Erzählungen *Über den Wunsch sich wohl zu fühlen* (1985) werden vorwiegend Männer porträtiert, wird diskret und skeptisch über Liebe, Glück und über Zweierbeziehungen reflektiert. In *Zurück nach Oraibi* (1986) kommt nicht mehr das Befremden über den Alltag, sondern das Interesse an fremden Kulturen zum Ausdruck. Johansen schildert aufgrund eines authentischen Berichts die Lebensweise der Hopi-Indianer. Der Bericht der Journalistin Polingaysi Qoyawayna diente Johansen als Grundlage, um das harmonische und sinnvolle Gefüge der indianischen Welt nachvollziehbar zu machen.

Mit *Ein Mann vor der Tür* (1988) wandte sich Johansen einer autobiografisch gefärbten Liebesgeschichte zu. Der Roman thematisiert zudem mit der gewohnten Mischung aus Subjektivität und objektivierender Distanz Johansens Umsiedlung in die Schweiz, wo ihr vieles, vor allem die ständige Demonstration der Wehrbereitschaft, absurd erscheint. Den in ihren Geschichten meist scheiternden Zweierbeziehungen nähert sich die Autorin auf gewohnt artifizielle und neuerdings manchmal ironische und humorvolle Art, vor allem in der *Kurnovelle* (1994) und der *Universalgeschichte der Monogamie* (1997). Johansens skeptischer Empirismus und die vielen Ich-Erzählerinnen als Spielformen ihres Ichs bleiben eine Konstante in ihrem Werk, wobei die Autorin auch mit Motiven und Figuren spielt, die an verschiedenen Stellen ihres Werkes auftauchen, zuletzt Lena aus der *Universal-*

geschichte im Roman *Lena* (2002), in dem das Leben einer selbstkritischen, fast achtzigjährigen Frau aufgefächert wird, die ernst und unsentimental mit ihrer Biografie und dem Alter umgeht.
Johansen veröffentlicht seit 1977 auch Texte für Kinder und hält sich dabei nicht an Grenzen zwischen dem Schreiben für Erwachsene und dem Schreiben für Kinder. Sie betont die Wechselwirkungen zwischen den Literaturen: So beeinflussten die Recherchen für *Dinosaurier gibt es nicht* (1992) die darauf folgenden Märchen und Klagen für Erwachsene, *Über den Himmel* (1993). Für Johansen sind sprachliche Dichte und Knappheit bei Kinderbüchern entscheidend. Sie verzichtet auf das Festhalten von bestimmten Gedanken, wenn sie den Satz oder den Rhythmus dafür nicht findet. Johansen schreibt einfach, aber ohne zu vereinfachen. Die meisten Kinderbücher Johansens erzählen von Tieren. Sie beobachtet bei ihnen Verhaltensweisen, die es auch bei Menschen gibt. In *7 x 7 Siebenschläfergeschichten* (1985), einer poetischen Sammlung kleiner, fantasievoller Texte, verbindet Johansen Erkenntnisse aus der Verhaltensforschung und Kinderthemen. Johansens Geschichten, die manchmal wie an Lewis Carrolls überraschender Logik geschult wirken, sind feinfühlig und kinderfreundlich, heiter und ernst. Johansen versetzt sich in die magische Welt der Kinder und erzählt ihnen mit feinem Humor und mit Sprachspielen aus dem Leben von Enten, Eulen, Gänsen, Hühnern oder Katzen. Johansens sachliche Genauigkeit, die exakte Beschreibung von Tierverhalten mündet unversehens von der Alltagswirklichkeit in kindliche Fantasiewelten. In *Ein Maulwurf kommt immer allein* (1994) führte Johansen stetige Wechsel in der Erzähldynamik ein: Neben kurzen Einzelepisoden stehen längere Teile, die das Zyklische des Maulwurflebens betonen. Durch das Nebeneinander von Ruhe und Spannung entsteht eine Erzählung, die sich besonders gut zum Vorlesen eignet. In den neuen Büchern setzte Johansen Kinder mehrfach als Protagonisten ein. In *Bist du schon wach?* (1998) spürt Johansen dem Realitätswert von Träumen und von literarischer Fiktion nach, indem sie die Gedankenwelt des Mädchens Dodo auf der morgendlichen Suche nach Vorlesewilligen schildert.

Nicola Bardola

Werke: *Donald Barthelme: Unsägliche Praktiken, unnatürliche Akte,* Übs., Ffm. 1969; *Grace Paley: Fleischvögel,* Übs., Ffm. 1971; *Walker Percey: Liebe in Ruinen,* Übs., Ffm. 1974; *Die stehende Uhr,* R., Mü. 1978; *Trocadero,* R., Mü. 1980; *Die Analphabetin,* R., Mü. 1982; *Auf dem Lande,* Hsp., NDR 1982; *Bruder Bär und Schwester Bär,* Kinderb., u. Hanna Muschg, Zür. 1983; *Die Ente und die Eule,* Kinderb. (wie vorh.), Zür. 1984; *7 x 7 Siebenschläfergeschichten,* Kinderb. (wie vorh.), Zür. 1985; *Über den Wunsch sich wohl zu fühlen,* En., Mü. 1985; *Grace Paley: Ungeheure Veränderungen in letzter Minute,* Übs., zus. mit Marianne Frisch und Jürg Laederach, Ffm. 1985; *Zurück nach Oraibi,* R., Zür. 1986; *Der Siebenschläfer,* Hsp., SDR 1986; *Felis, Felis. Eine Katergeschichte,* Kinderb., Zür. 1987; *Ein Mann vor der Tür,* R., Mü. 1988; *Die Geschichte von der kleinen Gans, die nicht schnell genug war,* Kinderb., Zür. 1989; *Die Schöne am unteren Bildrand,* En., Mü. 1990; *Dinosaurier gibt es nicht,* Kinderb., Zür. 1992; *Die Ente und die Eule,* Kinderb., Zür. 1993; *Über den Himmel. Märchen und Klagen,* Mü. 1993; *Ein Maulwurf kommt immer allein,* Kinderb., Zür. 1994; *Kurnovelle,* Mü. 1994; *Patricia MacLachlan: Schere, Stein, Papier. Sophies Geschichte,* Übs., Mü. 1994; *Der Füsch,* Kinderb., Mü. 1996; *Universalgedichte der Monogamie,* R., Mü. 1997; *Der Zigarettenanzünder,* Hsp., SWF 1997; *Halbe Tage, ganze Jahre,* En., Mü. 1998; *Vom Hühnchen, das goldene Eier legen wollte,* Kinderb., Zür. 1998; *Bist du schon wach?,* Kinderb., Mü. 1998; *Sei doch mal still,* Kinderb., Mü. 2001; *Lena,* R., Mü. 2002.

Johnson, Uwe, geboren am 20. 7. 1934 in Kammin/Pommern als Sohn eines Landwirtes und Ministerialbeamten, war 1944/45 Schüler eines NS-Internats, floh 1945 mit der Familie nach Mecklenburg und verbrachte seine Gymnasialjahre in Güstrow. Von 1952 bis 1956 studierte er Germanistik und Anglistik in Rostock und Leipzig; seine Lehrer dort waren Hans Mayer und Ernst Bloch. Sein erstes Romanmanuskript sah ihn im Widerspruch zum eigenen Staat und wurde in der DDR nicht gedruckt. Sein zweites erschien 1959 in der Bundesrepublik; im selben Jahr übersiedelte er nach West-Berlin. Studienreisen führten ihn nach Rom (1962, Stipendium der Villa Massimo) und New York (1961 und 1966 bis 1968). 1960 erhielt er den Fontane-Preis, 1962 den Internationalen Verlegerpreis, 1971 den Büchner-Preis, 1975 den Raabe-Preis, 1978 den Thomas-Mann-Preis, 1983 den Kölner Literaturpreis. Seit 1969 war Uwe Johnson, der auch Kontakte zur »Gruppe 47« unterhielt, Mitglied des P.E.N.-Zentrums; 1977 wurde er in die Deutsche Akademie für Sprache und Dichtung aufgenommen, aus der er 1979 ebenso wieder austrat wie 1983 aus dem VS. 1979 übernahm er die Poetik-Dozentur der Universität Frankfurt am Main. Die dort gehaltenen Vorlesungen (*Begleitumstände*, 1980) unterrichten – zum Teil in sehr privaten Selbstanalysen und Abrechnungen mit anderen – über seinen Lebenslauf, seinen schriftstellerischen Werdegang und seine literarischen Prinzipien. 1974 ließ er sich in Sheerness-on-Sea auf der Isle of Sheppey (England) nieder. Sein letztes Lebensjahrzehnt war geprägt von Einsamkeit und psychischen Krisen. 1983 schloss er nach 15-jähriger Arbeit seine Tetralogie *Jahrestage* ab. Er starb am 23. oder 24. 2. 1984 in Sheerness. An der Frankfurter Universität wurde 1985 ein Uwe-Johnson-Archiv eingerichtet.

Johnson gehört zu den reflektiertesten und formsichersten Erzählern der deutschsprachigen Gegenwartsliteratur. Das Etikett eines »Dichters der beiden Deutschland« bzw. »Dichters der deutschen Teilung«, mit dem ihn die Kritik gleich nach seinem Debüt versah, ist seinem frühen Ruhm zweifellos zugute gekommen und bestimmt bis heute seine öffentliche Einschätzung. Er selbst hat sich gegen diese Festlegung stets gewehrt, offensichtlich um die Allgemeingültigkeit seiner realistischen Ästhetik zu betonen. Tatsache ist indes, dass die meisten seiner Romane und Erzählungen um das Faktum der staatlichen und ideologischen Trennung Deutschlands kreisen, wenn auch nicht im Sinn politischer Tendenzliteratur, sondern unter dem Blickwinkel individueller Bewusstseinskonstitution. Dieser thematischen Eingrenzung entspricht formal der Anschluss an eine europäische Romantradition, die die fiktionale Selbstherrlichkeit des Erzählers aufgegeben hat und Wirklichkeit als einen dialektischen und nur annähernd fixierbaren Prozess beschreibt. Als Vorbilder kommen Proust, Joyce und V. Woolf, vor allem aber Faulkner, Döblin, Brecht und der »nouveau roman« in Betracht.

Johnsons Romane, von einer starken Liebe zum Individuum geprägt, stellen literarische Ermittlungsverfahren um Personen dar, die in den undurchschaubaren Grenzbereich widerstreitender Ideologien geraten sind. Das besondere Interesse des Erzählers scheint dabei auf die Überlebensformen von Subjektivität gerichtet zu sein – ihre Spielräume, ihre Bewusstheit, ihre Assoziationsfähigkeit, ihre Restitutionsquellen. In *Ingrid Babendererde. Reifeprüfung 1953,* dem erst posthum (1985) gedruckten Frühwerk, sind diese Eigenarten schon weitgehend ausgebildet, allerdings noch durchsetzt mit Elementen eines konventionelleren Erzählens (Motive, Metaphorik). Unverkennbar ist auch schon, wie sehr sich die Kraft des Johnsonschen Erzählens aus einer empfindsamen Identifikation mit der heimatlichen Region speist, mit der Landschaft und dem Menschenschlag Mecklenburgs. Seinen frühen Ruhm verdankt Uwe Johnson dem 1959 erschienenen Roman *Mutmaßungen über Jakob*, der die Vorgeschichte eines rätselhaften Todesfalls rekonstruiert und dabei – nicht ohne Anklänge an den Kriminalroman – die Erlebnisse und Ansichten mehrerer Protagonisten so ineinander projiziert, dass ein vielschichtiges, aber letztlich doch kalkulierbares Bild vom Handlungszusammenhang und den Bewusstseinslagen der Akteure entsteht. Die Figurenkonstellation, die an die strenge Ökonomie des Dramas erinnert, zeigt ein Ensemble zeittypischer Figuren, ohne jedoch in Typik zu verfallen: den technischen Experten der DDR-Reichsbahn (Jakob), seine in die Bundesrepublik geflüchtete Jugendfreundin, den Dissidenten, den Staatssicherheitsbeamten, die Elterngeneration. Trotz des tragischen Ausgangs und der vorwiegenden Auseinandersetzung mit ostdeutschen Gegebenheiten enthält der Roman kein Votum für eines der beiden politischen Systeme; hingegen darf er als wichtiges Zeugnis der beginnenden Kritik am Kalten Krieg gelten.

Wie sehr Johnsons Schreibweise der »Wahrheitsfindung« zugleich auch eine der »Suche nach Erzählmöglichkeiten« ist, macht sein nächster Roman *Das dritte Buch über Achim* (1961) deutlich, in dem ein westdeutscher Journalist den Versuch unternimmt, die objektive Biografie eines DDR-Sportidols zu schreiben. Die Umstände der biografischen Ermittlungen werden also miterzählt und damit das Aufbauschema des ersten Romans um eine Erzählebene erweitert. Es entspricht Johnsons erkenntnistheoretischer Einsicht, dass der Roman im Roman, das heißt die Suche nach Authentizität, scheitert, der »Roman der Suche« hingegen schreibbar ist und der Wirklichkeit standhält. In *Zwei Ansichten* (1965) hat Johnson sein experimentelles Verfahren des Montierens von Erzählertext, Zitat, Dokument, direkter, indirekter und erlebter Rede aufgegeben und sich einer linearen Diktion, einer modellhaften Handlungsführung und einer exemplarischen Personendarstellung angenähert. Die Erzählung schildert, wie sich das beiläufige Liebesverhältnis zwischen einer Ost-Berlinerin und einem Westdeutschen unter dem Eindruck des Mauerbaus in Berlin verändert. Die inneren Beweggründe der handelnden Personen werden jetzt viel eindeutiger bestimmt als früher, sodass die Kritik bei diesem Roman ein vorrangig ideologiekritisches Interesse unterstellen konnte. Was die Protagonisten selbst als Liebe verstehen, scheint nichts anderes als das Leiden an der offenen (Mauer) oder versteckten (Warenwelt) Beschränkung der Handlungsfreiheiten.

Dieser Weg hat keine Fortsetzung gefunden. In seinem Buch *Eine Reise nach Klagenfurt* (1974), einer biografischen Erzählstudie in Erinnerung an Ingeborg Bachmann, und vor allem in dem erst 1983 abgeschlossenen Opus magnum *Jahrestage* (4 Bde. 1970, 1971, 1973, 1983) kehrte Johnson zur Schreibweise der Mutmaßungen zurück. Mit Gesine Cresspahl, der Heldin der *Jahrestage,* und ihren mecklenburgischen Kindheitserinnerungen erweckte er auch den Personenkreis und die Landschaft der *Mutmaßungen* wieder zum Leben. Neben einer Verfeinerung des »Korrespondenzen«-Prinzips hat die Wiederaufnahme des alten Erzählkonzepts freilich auch problematische Tendenzen, etwa zur Mechanisierung und Ermüdung, entwickelt. Schon die Romandisposition einer Bewusstseinserkundung über 365 Tage (365 Kapitel) eines Alltagserlebens in der Weltstadt New York (vom 21. 8. 1967 bis zum 20. 8. 1968) deutet die Gefahren an. Dazu kommt die Vervielfältigung der Erinnerungs-, Erlebnis- und Wahrnehmungsbereiche (Vorkriegsschicksal des Vaters, Jerichower Jugend, New-Yorker Angestelltenwelt, Maries Schulwirklichkeit, Prager Frühling, die tägliche Berichterstattung der »Times« usw.) wie der ideologischen Zeitgeschichtsfolien (neben ostdeutschem Kommunismus und westdeutschem Kapitalismus nun auch NS-Faschismus und »american way of life«), sodass ein erzählerisches Mosaik von gewaltigen Ausmaßen entsteht, dessen realistischer Anspruch auch den Willen einschließt, zu zeigen, »mit welch belanglosem und belastendem Schutt eine Person des 20. Jahrhunderts sich abzugeben habe Tag für Tag«. Die Kritik hat zunächst nur zögernd auf die ästhetische Herausforderung dieses Werks reagiert, scheint aber, vor allem seit dem Erscheinen des vierten Bandes den kompositorischen und historiografischen Rang des Buches zunehmend anzuerkennen. Wichtig ist zweifellos der Hinweis, dass Johnson mit der Konfrontation von nostalgisch in die Erinnerung gerufener Provinz und gegenwärtiger Weltstadtrealität ein genuin deutsches Thema (Heimat, Regionalismus) neu und anspruchsvoll zu gestalten vermocht hat.

Conrad Wiedemann

Werke: *Mutmaßungen über Jakob*, R., Ffm. 1959; *Das dritte Buch über Achim*, R., Ffm. 1961; *Herman Melville: Israel Potter. Seine fünfzig Jahre im Exil*, Übs., Lpz. 1961; *John Knowles: In diesem Land*, Übs., Ffm. 1962; *Karsch und andere Prosa*, Ffm. 1964; *Zwei Ansichten*, Ffm. 1965; *Bertolt Brecht: Me-ti. Buch der Wendungen. Fragmente 1933–1956*, Hg., Ffm. 1965; *Berliner Stadtbahn*, hg. v. A. Fujimoto, Tokio 1966; *Das neue Fenster. Selections from Contemporary German Literature*, Hg., New York 1967; *Jahrestage 1. Aus dem Leben der Gesine Cresspahl (August 1967 bis Dezember 1967)*, Ffm. 1970; *Jahrestage 2. Aus dem Leben der Gesine Cresspahl (Dezember 1967 bis April 1968)*, Ffm. 1971; *Jahrestage 3. Aus dem Leben der Gesine Cresspahl (April 1968 bis Juni 1968)*, Ffm. 1973; *Eine Reise nach Klagenfurt*, Ffm. 1974; *Berliner Sachen*, Aufs., Ffm. 1975; *Max Frisch: Stichworte*, Hg., Ffm. 1975; *Das Werk von Samuel Beckett. Berliner Colloquium*, Hg., zus. m. Hans Mayer, 1975; *Von dem Fischer un syner Fru. Ein Märchen nach Ph. Otto Runge*, Nach-E., Ffm. 1976; *Margret Boveri: Verzweigungen. Eine Autobiografie*, Hg., Mü. 1977; *Begleitumstände. Frankfurter Vorlesungen*, Ffm. 1980; *Skizze eines Verunglückten*, Ffm. 1982; *Jahrestage 4. Aus dem Leben der Gesine Cresspahl (Juni 1968 bis August 1968)*, Ffm. 1983; *Ingrid Babendererde. Reifeprüfung 1953*, Ffm. 1985; *Drei Prosastücke*, Braunschweig 1987; *Der 5. Kanal. Editorische Notiz v. Raimund Fellinger*, Ffm. 1987; *Ich überlege mir die Geschichte ... Uwe Johnson im Gespräch*, hg. v. E. Fahlke, Ffm. 1987; *Porträts und Erinnerungen*, hg. v. Eberhard Fahlke, Ffm. 1988; *Versuch einen Vater zu finden. Marthas Ferien*, hg. v. Norbert Mecklenburg, Ffm. 1988; *Eine Reise wegwohin und andere kurze Prosa*, hg. v. J. Grambow, Bln., Weimar 1989; *Entwöhnung von einem Arbeitsplatz. Klausuren und frühe Prosatexte*, hg. v. B. Naumann, Ffm. 1992; *Vergebliche Verabredung. Ausgewählte Prosa*, hg. v. J. Grambow, Lpz. 1992; *Entwöhnung von einem Arbeitsplatz*, hg. v. B. Naumann, Ffm. 1992; *Wo ist der Erzähler auffindbar? Gutachten für Verlage 1956–1958*, hg. v. B. Naumann, Ffm. 1992; *Wo ich her bin ... Uwe Johnson in der DDR*, hg. v. Roland Berbig u. Erdmut Wizisla, Bln. 1994; *Inselgeschichten*, hg. v. E. Fahlke, Ffm. 1994; *Wohin ich in Wahrheit gehöre. Ein Uwe-Johnson-Lesebuch*, hg. v. Siegfried Unseld, Ffm. 1994; *Summer in the city*, hg. v. B. Naumann und Nicolai Riedel, Ffm. 1994; *Heute neunzig Jahr. Aus dem Nachlass*, hg. v. Norbert Mecklenburg, Ffm. 1996; *Uwe Johnson und Max Frisch: Ein Briefwechsel*, hg. v. E. Fahlke, Ffm. 1999; *Briefwechsel mit Siegfried Unseld*, Ffm. 1999; *Uwe Johnson. Befreundungen. Gespräche, Dokumente, Essays*, zus. m. Roland Berbig u. Thomas Wild, Bln. 2001; *Leaving Leipzig Next Week. Unveröffentlichte Briefe Uwe Johnsons an Jochen Ziem*, hg. v. Erdmut Wizisla, Bln. 2002.

Jokl, Anna Maria, wurde am 23. 1. 1911 in Wien geboren. 1927 übersiedelte sie nach Berlin und besuchte zwischen 1929 und 1932 die Piscator-Schule. In dieser Zeit war sie bereits für die »Vossische Zeitung« tätig, sammelte erste Rundfunkerfahrungen beim Deutschlandsender und versuchte sich als Dramaturgin für die Ufa. 1933 emigrierte sie zunächst nach Paris und dann nach Prag; ihre in Berlin zurückbleibende Mutter und ihr Stiefvater wurden später von den Nationalsozialisten ermordet. In Prag schrieb Jokl für verschiedene Zeitungen und wurde Mitglied in dem von F. C. Weiskopf und Wieland Herzfelde gegründeten »Bert-Brecht-Club«. 1939 flüchtete sie nach dem Einmarsch der deutschen Truppen in Prag über Polen nach England. In London engagierte sie sich besonders in tschechoslowakischen Exil-Organisationen; so arrangierte sie z. B. für den Dachverband der überparteilichen Jugendorganisationen im Exil, »Young Czechoslovakia«, Kabarett-Revuen und inszenierte Theaterstücke für Kinder. Nach dem Krieg ließ sie sich als Psychoanalytikerin ausbilden, der angestrebte Abschluss an C. G. Jungs neu gegründetem Züricher »Institut für Komplexe Tiefenpsychologie« wurde ihr vermutlich aufgrund antisemitischer Ressentiments verwehrt. 1950 kehrte Jokl nach Deutschland zurück. Aus Ost-Berlin, wo der Regisseur Wolfgang Staudte die Verfilmung ihres Bestsellers *Die Perlmutterfarbe* (1948) vorbereitete, wurde Jokl von den jungen DDR-Behörden nach nur zweimonatigem Aufenthalt unter nicht näher bekannten Umständen ausgewiesen. Bis 1965 arbeitete sie journalistisch sowie hauptberuflich als Psychotherapeutin u. a. im Jüdischen Krankenhaus in West-Berlin. Von 1965 bis zu ihrem Tod am 21. 10. 2001 lebte sie »in historischer Konsequenz« – wie sie einmal schrieb – in Jerusalem, wo sie ihre Tätigkeit als Therapeutin fortsetzte. 1995 wurde Anna Maria Jokl für ihr Lebenswerk mit dem Hans-Erich-Nossack-Preis ausgezeichnet.

Als ihr erfolgreichstes Buch gilt *Die Perlmutterfarbe. Ein Kinderroman für fast alle Leute* (1948). Im tschechischen Exil geschrieben, musste Jokl das Manuskript bei ihrer Flucht nach England zunächst in Prag zurücklassen. Auf abenteuerlichem Weg konnte es ihr Fluchthelfer, ein tschechischer Bauer, wiederbeschaffen und der jungen Schriftstellerin, die in einem polnischen Flüchtlingslager auf ihre Ausreise wartete, übergeben. Josef, dem »edlen Schmuggler«, ist das Buch gewidmet. Nach seiner Neuauflage 1992 wurde es in mehrere Sprachen übersetzt und als Theaterstück in Israel aufgeführt. Wiederholt mit Erich Kästners *Das fliegende Klassenzimmer* verglichen, liegt auch diesem Buch das Muster zweier rivalisierender Klassen zugrunde. Doch die spannende Kindergeschichte, die sich um ein versehentlich mit Perlmutterfarbe bekleckertes Buch entspinnt, gerät unaufdringlich zur Parabel über die Entstehung totalitärer Systeme und kollektiver Unterdrückungsmechanismen. Dieser Umstand mag dazu geführt haben, dass der während der Zeit des Nationalsozialismus verfasste Kinderroman, der in deutscher Sprache erstmals 1948 in Ostdeutschland verlegt werden konnte und innerhalb von zwei Jahren zu einem der meistgelesenen Bücher avancierte, 1950 schließlich verboten wurde.

1964 verfasste Jokl einen gesellschaftspolitisch brisanten Text, der als selbstständige Publikation erst über 30 Jahre später einer größeren Öffentlichkeit zugänglich gemacht wurde. In dem Buch *Zwei Fälle zum Thema »Bewältigung der Vergangenheit«* (1997) bezieht sich die Psychotherapeutin, die sich schon früh mit den seelischen Folgen des Holocaust beschäftigte, auf die Fallgeschichten zweier gleichaltriger Männer: Der eine überlebte als Sohn jüdischer Eltern Krieg und Holocaust, der andere wuchs als Sohn eines überzeugten Nationalsozialisten auf. Beide sind traumatisiert durch ihre – wenngleich sehr unterschiedlichen – Jugenderfahrungen, beide unterziehen sich einer Therapie. Jokl demonstriert anhand dieser Fallbeispiele eindrücklich, in welchem Ausmaß und mit welch nachhaltigen Folgen individuelle Lebensgeschichten kollektiver Geschichte unterworfen sein können. Gleichzeitig beleuchtet sie kritisch die Bemühungen jener Zeit, die »Vergangenheit zu bewältigen« und damit zu vergessen.

Erst in Jerusalem wandte sich Jokl wieder literarischem Schreiben zu. Jahrelang arbeitete sie an ihrem schmalen Erinnerungsbuch *Essenzen* (1993), das mit der *Reise nach London* (1999) eine Ergänzung fand. Jokls Prosaskizzen erscheinen in ihrer Konzentration als »knappe Zeugnisse der Wunder des Alltags, verwirrende Momentaufnahmen, Essenzen eines Lebens und eines Jahrhunderts« (Manuela Reichart). Nahezu beiläufig entsteht aus den persönlichen Erinnerungen, die sich wie zufällig aneinander gereihte und ineinander verschachtelte Episoden doch zu einem Ganzen fügen, ein fast das gesamte 20. Jahrhundert umspannendes Geschichtsbuch. Die *Reise nach London*, die Jokl 1977 nach Jahren der Abwesenheit von Jerusalem aus in die nun völlig veränderte Metropole unternahm, wurde für die Autorin zu einer Reise in die Vergangenheit ihrer englischen Jahre. Ihre Spurensuche, motivisch gefasst durch das Bild eines nicht mehr existenten Baums im Kensington Garden, führt sie in Straßen und an Plätze, die sie mittelbar und unmittelbar an für sie einst wichtige Begebenheiten und Menschen erinnern. Geraten ihre Ausführungen über C. G. Jung dabei z. B. wenig schmeichelhaft für den berühmten Zeitgenossen, so lässt sich aus den Reminiszenzen an Martin Buber die tiefe Zuneigung Jokls für den großen Religionsphilosophen und späteren Freund herauslesen.

Die in Deutschland erst in den Neunzigerjahren wieder entdeckte Autorin – vorrangig ein Verdienst Siegfried Unselds – weist mit ihrem schmalen literarischen Werk in eine aus Sicht der heute jungen Generation längst vergangene Epoche. Über die konkrete historische Bedeutung hinausreichend, können ihre Erinnerungsbücher aber auch als Zeugnisse bewussten und abgeklärten Alterns gelesen werden: »Man ist alles Gewesene, die Verschmelzung aller Abläufe in Gleichzeitigkeit (...). Die Welten, die uns formten und die wir belebten, sind verschwunden, ihre Völker, Menschen, Länder sind kaum noch Geschichte für die später Geborenen, unsere Kämpfe und Tode, unsere Antennen schon unbekannt, aber wir sehen noch ungefähr so aus wie früher und leben in der völlig veränderten Welt und Zeit, anscheinend angepasst, aber anders lebendig, aus verborgenen geologischen Schichten.«

Petra Ernst

Werke: *Das süße Abenteuer*, Prag 1937, Wien 1946; *Die wirklichen Wunder des Basilius Knox. Ein Roman über die Physik für Kinder*, Prag (tschech.) 1938, Zür., Wien (deutsch) 1946; *Die Perlmutterfarbe. Ein Kinderroman für fast alle Leute*, Bln. 1948, überarb. Neuaufl. Ffm. 1992; *Die verzeichneten Tiere*, Bln. 1950; *Avner Carmi, Hannah Carmi: Das unsterbliche Klavier. Die abenteuerliche und wahrhaftige Geschichte von dem verschollenen und wiedergefundenen Siena-Klavier*, Übs., Mü. 1965; *Zvi Kolitz: Josel Rackower spricht zu Gott*, Übs., Neu-Isenburg 1985; *Essenzen*, Ffm. 1993, erw. Ausg. Ffm. 1997; *Zwei Fälle zum Thema »Bewältigung der Vergangenheit«*, Ffm. 1997; *Die Reise nach London. Wiederbegegnungen*, Ffm. 1999.

Jonas, Anna, wurde am 8. 6. 1944 in Essen-Werder geboren. Nach dem Abitur ging sie 1963 nach Berlin, um Theaterwissenschaft und Germanistik zu studieren. Sie unterbrach das Studium, nahm unterschiedliche Gelegenheitsarbeiten an, hielt Nachtwachen in Krankenhäusern und arbeitete als Telefonistin. Nach drei Jahren kehrte sie, nachdem sie auch für die Gefangenenhilfsorganisation »amnesty international« tätig gewesen war, als Studentin der Politologie an das Otto-Suhr-Institut der Freien Universität Berlin zurück. Ihre Examensarbeit schrieb sie über *Die Souveränität der Bundesrepublik in den Pariser und Römischen Verträgen*. Die Jahre 1973 bis 1978 verbrachte sie zeitweilig in Spanien, wo sie die letzte Phase des Franco-Regimes miterlebte. In Spanien begann sie Tagebuch zu führen: »Es war der Versuch der Selbstversicherung in der eigenen Sprache in einem fremden Land.« 1978 verfasste sie ihre ersten Gedichte. Der Beginn nichtliterarischer Übersetzungsarbeit aus dem Spanischen ging einher mit der Abwendung von der Politik. Der entscheidende Punkt war, »dass ich die Kluft zwischen dem erkannte, was gesagt, und dem, was gemeint war. Durch die Politik bin ich zur Sprache gekommen und über die Sprache zu den Wörtern.« Der literarischen Öffentlichkeit wurde Anna Jonas erstmals bekannt, als sie 1979 mit dem Darmstädter Leonce-und-Lena-Förderpreis für Lyrik ausgezeichnet wurde. 1980 erhielt sie den Verlegerpreis des Ingeborg-Bachmann-Wettbewerbs für die Erzählung *Das Haus der Tante*. 1987 wurde sie als erste Frau in das Amt der Vorsitzenden des Schriftstellerverbandes VS gewählt, doch 1988 legte sie das Amt nieder und trat nach einem Eklat beim 8. Bundesdelegierten-Kongress unter Protest – zusammen mit dem stellvertretenden Vorsitzenden Günter Grass – aus dem Verband aus.

1981 erschien ihr erster Lyrikband *Nichts mehr an seinem Platz*. Jonas eröffnet die Gedichtsammlung mit einem kurzen Prosatext, in dem sie Zitate, Bilder und Wortfolgen aus den nachfolgenden lyrischen Texten aneinander reiht. Nichts mehr ist an seinem Platz, Verunsicherung und Irritation werden durch die scheinbar fehlende Logik in der Kombination der sprachlichen Gebilde evoziert. Innere Unruhe und Skepsis sprechen aus diesen Texten, und doch verspricht Anna Jonas zugleich eine klarere Sicht, nachdem »die bekannte Welt in ungewohnte Ansichten« (Thomas Zenke) aufgelöst worden ist: »Als die Nacht hereinbricht / schmilzt der Mond / die Bäume fallen / zur Erde / und die Wolken geraten / zu grünlichen Streifen / als der Wind aufkommt / sehe ich klarer / weil nichts mehr an seinem Platz ist.« Anna Jonas liebt es, literarische und biblische Zitate, Redensarten und Motive aus Kinderliedern und Märchen in einem ungewöhnlichen, manchmal unsinnig anmutenden Kontext zu präsentieren. Das oft schon in der ersten Zeile vorgeführte Sprach- und Bildmaterial markiert die Grenzen, innerhalb derer sich die fantastischen, träumerischen, angstvollen oder philosophischen Gedanken des lyrischen Ichs kaleidoskopartig auffächern. Die Autorin verrückt und zersetzt Gewohntes und Vertrautes, sie reizt das Hintergründig-Spielerische.

In ihrem zweiten Band, *Sophie und andere Pausen* (1984), der ohne erkennbare dramaturgische Notwendigkeit in Akte, Szenen, Vor-, Zwischen- und Nachspiele untergliedert ist, kommt die Vorliebe der Autorin für literarische Techniken und sprachliche Effekte zum Ausdruck. Die mit dem Aufbrechen herkömmlicher sprachlicher Strukturen beab-

sichtigte Kritik an bestehenden Verhältnissen läuft jedoch gelegentlich ins Leere. Wortketten, die einer oberflächlichen semantischen Logik folgen, sollen die potenzielle Vieldeutigkeit einzelner Worte sichtbar machen. Der kühle Ton lässt eine eigentümlich abgeklärte Distanz, die das lyrische Ich zu seiner Gefühlswelt einnimmt, offenkundig werden. In dem *Lied der Vagantin* heißt es lakonisch: »und ich bin / unterwegs / wo ich immer / schon war.«
In ihrer bislang einzigen Prosaveröffentlichung *Das Frettchen* (1985) beschreibt sie eine gewalttätige, zerstückelte, albtraumhafte Welt, in der sich das Erzähler-Ich zurechtfinden muss. »Ich mache Rollen vorwärts, Rollen rückwärts durch einen heftigen Parcours von Ringen aus Rauch.« Der »heftige Parcours«, von dem sie spricht, führt durch wechselnde Räume und Zeiten. Reale und fiktive Ereignisse werden ohne erkennbaren Zusammenhang aneinander gereiht: Im Norden Portugals findet ein militärisches Gemetzel statt, dem die Erzählerin mit einem Kind, das einem Frettchen ähnelt, zusieht. Die hexenhafte Tante Ite, Onkel Fuffi und Kriss verfolgen die Erzählerin; unvermittelt schildert sie, wie sie einmal bei einer Flugzeugentführung dabei war, sie täuscht einen Selbstmord vor, erwürgt ihre Schwester, wehrt sich mit Steinen und Bratpfannen gegen ihre Feinde; sie räsoniert über den Papst, über das Kochen, über Ehemänner und über Mütter, die sich ihre Söhne als Liebhaber vorstellen. Sie befindet sich auf einer rastlosen Flucht, gerät dabei immer wieder in Situationen, die sie bedrohen und gegen die sie sich zur Wehr setzen muss. So inszeniert sie »absurde Tode« der ihr verhassten Menschen und verwüstet hilflos ihre Umgebung, um schließlich in menschenleeren Gefilden – im Meer und auf dem Mond – Zuflucht zu finden. Anna Jonas redet in dem Prosaband *Das Frettchen* einer radikalen Form von Subjektivität das Wort, treibt dabei ihre disparate Ausdrucksweise unerbittlich und ästhetisch konsequent voran. Analog der Unfähigkeit der Personen in dem Roman, sich einander verständlich zu machen, bleibt der Text allerdings an vielen Stellen rätselhaft.

Petra Ernst

Werke: *Antonio Avaria: Besser als vis-à-vis,* Übs., zus. m. Carlos Widmann u. a., Bln. 1979; *Nichts mehr an seinem Platz,* G., Mü. 1981; *Sophie und andere Pausen,* Bln. 1984; *Das Frettchen. Eine Biografie,* Bln. 1985; *»Ich steh' auf Berlin«. Berlin und zugenäht,* zus. m. Heinz Wohner, Bln. 1987; *Elena Poniatowska: Stark ist das Schweigen. Vier Reportagen aus Mexiko,* Übs., zus. m. Gerhard Poppenberg, Ffm. 1987.

Jonigk, Thomas, am 4. 3. 1966 in Eckernförde geboren, absolvierte an der Freien Universität Berlin ein Studium der Mediävistik, neueren deutschen Literaturwissenschaft und Theaterwissenschaft. Seit 1991 schreibt er Theaterstücke, Hörspiele, Libretti und Prosa. Gemeinsam mit dem Regisseur Stefan Bachmann gründete er 1992 die freie Berliner Theatergruppe »Theater Affekt«. Nachdem 1994 drei seiner bis dato geschriebenen Stücke in relativ kurzer Abfolge mit großem Erfolg uraufgeführt wurden, wandte er sich ganz dem Theater zu und arbeitete in der Folge an Theatern in Berlin, Bonn, Dortmund und am Opernhaus Lyon als Dramaturg. Von 1997 bis 1999 war er am Wiener Schauspielhaus als Chefdramaturg und Regisseur tätig. Jonigk wurde 1993 mit dem Preis der Frankfurter Autorenstiftung bedacht, 1995 wurde ihm im Rahmen der Mülheimer Theatertage für sein Stück *Du sollst mir Enkel schenken* der Stücke-Förderpreis des Goethe-Instituts verliehen und die Kritiker-Jury der Zeitschrift »Theater heute« kürte ihn im gleichen Jahr zum Nachwuchsdramatiker des Jahres. Thomas Jonigk lebt als freier Autor in Berlin.
Schon mit Jonigks erstem Stück *Von blutroten Sonnen, die am Himmelszelt sinken* (1994) kristallisieren sich Charakteristika seines Schreibens heraus: eine wortakrobatische (Kunst-)Sprache und die Familie in ihrer patriarchal-bürgerlichen Ausformung als thematisches Epizentrum seiner Texte. Insbesondere seine gedrechselte Kunstsprache, die einer inneren Logik gehorchend spielerisch mit Alliterationen, Binnenreimen etc. arbeitet, hat die Kritik oft veranlasst, Jonigk in der Nachfolge von Elfriede Jelinek oder Werner Schwab anzusiedeln, ein Vergleich, der von ihm eher als Hemmschuh empfunden wurde: »... ich gehe mit meinen Sprachexperimenten in eine ganz andere Richtung. Mich interessiert Musikalität und Bildkraft des Gesprochenen, in dem sich Bewusstes und Nicht-Bewusstes vermengt« (Jonigk, 1994). Der Mikrokosmos Familie bildet für Jonigk die gesellschaftlichen Realitäten im Kleinen ab und nur in plakativer Überhöhung sieht er ein adäquates Mittel, seinen Figuren Glaubhaftigkeit zu verleihen. »Alle Figuren müssen stark überzeichnet dargestellt werden, damit sie glaubhaft sind«, heißt es in den Regieanweisungen zu *Rottweiler* (1994). Sei es der Vater in *Blutrote Sonnen*, dessen Verbalattacken immer wieder in tätliche Aggressionen gegen seine Frau als willfähriges Opfer umschlagen, oder die übermächtige Mutter in *Du sollst mir Enkel schenken* (1994),

die ihren homosexuellen Sohn gegen seinen Willen verheiraten und ihn ihrem (gesellschaftlich sanktionierten) Fortpflanzungsdiktat unterwerfen will: »Schluss mit der verschwenderischen Sekretion deines Samens! Sofort fängst du mit dem Vervielfältigen an!« (*Enkel*, 1994) Das Beziehungsgeflecht innerhalb der Jonigkschen Familien ist geprägt von Gewalt als naturgemäßer Grundkomponente familiären Daseins. Gewalt generiert Gewalt, Missbrauch mündet wieder in Missbrauch. – In ähnlich ausweglosen Familienbanden bewegt sich die Tochter in *Rottweiler*. Mit dem Schlachtruf »Mutter ist hier. Sie folgte der Stimme des Blutes« begehrt die dominante Mutter im Heim der Tochter Einlass. In kammerspielartigen Szenen spulen Mutter und Tochter ihr ritualisiertes Repertoire an Macht- und Ohnmachtsgesten ab, bis der junge omnipotente Bekannte der Tochter dem täglichen Schlagabtausch eine andere Wendung verleiht. Jonigks Figuren sind »Überzeugungstäter«: Ihre naturhafte Bestimmtheit basiert in seinen frühen Texten auf der nationalsozialistisch geprägten Ideologie der Elterngeneration. In *Rottweiler* wird sie von der Mutter transportiert und der junge Bekannte der Tochter erhofft sich durch die sexuelle Vereinigung mit der Mutter am Geist jener »glorreichen Zeit« partizipieren zu können. Der verbale Machtkampf zwischen den Geschlechtern und Generationen in *Rottweiler* u.a. frühen Texten ist gespeist von unverhohlenem Chauvinismus und latentem Fremdenhass, und dennoch bergen die grotesk überzeichneten Familienhöllen ein unübersehbar komisches Potenzial. »Ich möchte komisch sein und unterhalten. Das hat nichts mit Oberflächlichkeit zu tun, denn Unterhaltung kann tiefsinnig und grausam sein« (Jonigk, 1994).

Eine deutliche Zäsur in seinem Schaffen markiert das Stück *Täter* (1999). Während in frühen Texten die sprachlichen Gebilde mitunter die Inhalte dominierten, findet Jonigk hier zu einer konzentrierten Sprache, die jedoch nichts an selbstentlarvendem Potenzial eingebüßt hat und weiterhin Kunstsprache bleibt. »Ich glaube, dass es wieder Zeit ist, im Theater Themen anzugehen, die sozial relevant sind«, äußerte sich Jonigk anlässlich der UA 1999. *Täter* setzt sich auf radikale Weise mit dem in früheren Texten schon virulenten Thema Missbrauch auseinander, und das in Form einer Komödie. Anhand mehrerer Familien spielt er eine provokante These durch: Missbrauch ist nicht die Ausnahme, sondern die Regel. Alle Erwachsenen in *Täter* betrachten ihre Kinder als Sexualobjekte, Missbrauch wird zum selbstverständlichen Privileg der Erziehungsberechtigten. Konterkariert wird die familiäre Hölle durch ein immer wieder eingestreutes Schäferidyll und die Utopie eines Neuanfangs für zwei der Opfer. In seinem bisher einzigen Roman *Jupiter* (1999), den er im Rahmen des Ingeborg-Bachmann-Wettbewerbs vorstellte, erreicht der Prozess der Selbstverleugnung des schwulen Protagonisten, der Missbrauch und Vergewaltigung erlebt hat, einen schmerzlichen Höhepunkt.

Betrachtet man Jonigks jüngst erschienene Texte, so scheint es, als habe die Familie als Dreh- und Angelpunkt seines dramatischen Schaffens ausgedient. Sowohl in *Triumph der Schauspielkunst* (2000) als auch in *Die Elixiere des Teufels* (2003) wählt er als literarische Bezugsfolien Texte des 19. Jahrhunderts für seine Auseinandersetzung mit der Rolle des Künstlers.

Carola von Gradulewski

Werke: *Von blutroten Sonnen, die am Himmelszelt sinken*, Einakter, UA Köln 1994; *Du sollst mir Enkel schenken*, Theaterst., UA Bonn 1994; *Rottweiler*, Theaterst., UA Wien 1994; *Machtübernahme*, Hsp., WDR 1995; *Vaterfrühling*, Hsp., WDR 1996; *Täter*, Theaterst., UA Hbg. 1999; *Jupiter*, R., Salzb. 1999; *Triumph der Schauspielkunst*, Dramolett zu Tschechows *Kirschgarten*, UA Bln. 2000; *Die Elixiere des Teufels*, Theaterst., n. Motiven v. E.T.A. Hoffmann, UA Gießen 2003; *Heliogabal*, Libretto, Musik: Peter Vermeersch, UA Gelsenkirchen 2003.

Jonke, Gert (bis 1977 G. F. Jonke), geboren am 8. 2. 1946 in Klagenfurt als Sohn einer Pianistin und eines Instrumentenbauers, studierte in Zürich Musikwissenschaft und Germanistik und besuchte dort die Akademie für Film und Fernsehen. 1970 war er kurze Zeit in der Hörspielabteilung des Süddeutschen Rundfunks in Stuttgart tätig. Von 1971 bis 1975 lebte er in Berlin, zeitweise in London, dann in Klagenfurt und Wien. 1977 erhielt er den Ingeborg-Bachmann-Preis, 1981 das Hamburg-Stipendium, 1988 den Preis der Frankfurter Autorenstiftung.

Jonkes erste Texte gehören in den Umkreis jener österreichischen Literatur, die aus Opposition gegen eine abgenutzte, anachronistisch gewordene Belletristik einerseits und gegen die kleinbürgerlich dumpfe Beschränktheit Österreichs andererseits zu Beginn der Sechzigerjahre entstand, sich jedoch durchweg nicht direkt gesellschaftskritisch artikulierte, sondern ihr Engagement in antitraditionellen, provokativ experimentellen Schreibweisen eher anarchischen Gepräges äußerte. Sein erstes Buch,

Geometrischer Heimatroman (1969), opponiert gegen das triviale Muster des Heimat- und Dorfromans, jedoch nicht durch dessen Wendung ins Gesellschaftskritische (wie z. B. F. Innerhofer), sondern durch die Reduktion konventioneller Romanform auf ihre Grundstruktur. So entwirft er die Topografie eines Dorfes und seiner Umgebung, die Typologie von Menschen und ihren sozialen Beziehungen. Eine nur angedeutete Handlung (der Versuch zweier Personen, den Dorfplatz zu überqueren) wird immer wieder durch Einschübe antifiktionaler Art durchbrochen: Hinweistafeln, Fragebogen, Verhaltensvorschriften und Dienstanweisungen reglementieren das Leben der Dorfbewohner. Verschiedene Sprach- und Wirklichkeitsebenen wechseln einander ab: Ich-Erzählungen, die ins Fiktive und Fantastische reichen; konjunktivische Berichte, in denen die Amtssprache parodiert und ins Absurde getrieben wird; Sachbeschreibungen, die ins Irreale münden. So erreicht Jonke nicht nur die Destruktion des herkömmlichen Heimatromans, sondern er macht den Prozess wachsender Bürokratisierung und Überwachung des öffentlichen wie des privaten Lebens kenntlich, und zwar mit den Mitteln der Sprache selbst. Die *Glashausbesichtigung* (1970) führt diese Methode weiter. »Ich kann nur an Erzählungen, die durch andere Erzählungen unterbrochen werden, glauben«, heißt es. Auch hier (und ebenso in der *Vermehrung der Leuchttürme*, 1971) experimentiert Jonke mit Erzählmustern, macht den Erstarrungsprozess der verwalteten Welt in der Sprache deutlich.

Hatte die Auflösung des Gegenübers von Fiktion und Wirklichkeit, das Spiel mit der Unendlichkeit des Möglichen in den frühen Texten noch experimentellen Charakter, so gewinnen diese Themen in der *Schule der Geläufigkeit* (1977) eine geschlossene Erzählform. Die Erzählung beruht auf dem Prosastück *Wiederholung eines Festes* (aus: *Beginn einer Verzweiflung*, 1970) und auf *Motiven aus Musikgeschichte* (1970). Romantischer Tradition (E. T. A. Hoffmann, Brentano) sich nähernd, entwirft Jonke eine fantastische Welt, in der Wirkliches und bloß Vorgestelltes sich unentwirrbar vermischen, einen Irrgarten von Varianten des Tatsächlichen, der fantastisch und logisch zugleich ist. Humoristisches und Witziges versickert plötzlich im bodenlos Bedrohlichen. Raum und Zeit verlieren ihre Selbstverständlichkeit. In den Rissen des erschütterten Bewusstseinsgefüges blühen wundersame poetische Blumen. Jonkes virtuoses Spiel wirkt beängstigend, weder der Ort des Erzählens noch der des Erzählers ist sicher. Am Ende bekennt der Ich-Erzähler fatalistisch, er habe sich »seinen Kopf so mundfertig zurechtruiniert«. Bemerkenswert ist, dass Jonke die Ratlosigkeit seiner Existenz nicht autobiografisch abschildert, sondern sich selber auf die Spur zu kommen sucht, indem er Privates in höchst eigenständigen Kunstgebilden aufgehen lässt. Hervorstechend die quasi mathematisch-musikalische Struktur seiner Prosa. Strengste Logik verbindet sich mit der Groteske. Musikalische Formen (Rondo, Fuge) bestimmen den Ablauf. Der Versuch, den Fortgang der Zeit aufzuhalten und in eine unendliche spiralige Bewegung zu biegen, kennzeichnet die Sätze mit ihren ausgedehnten Partizipialkonstruktionen.

Jonke hat einmal erklärt, sein Ziel sei es, »bis an den letzten Punkt zu gehen, bis dorthin, wo man verrückt wird«. Dies ist ihm in seinem Roman *Der ferne Klang* (1979, der Titel bezieht sich auf die gleichnamige, 1912 uraufgeführte Oper des österreichischen Spätromantikers Franz Schreker) auf verblüffende Weise gelungen: Bei klarem Verstand und mit gesteigerter sprachlicher Ausdruckskraft wagt er sich ins Reich der Fantasie weiter hinein als je zuvor. Der Roman führt die radikalste denkbare Form der Verweigerung vor. Dieser Eskapismus bedeutet den Widerspruch schlechthin und er steht im Gefolge der romantisch-utopischen Konzeption des Novalis, die Abhängigkeit der Sinne von der realen Welt zu überwinden. Wollte man den Inhalt des Buchs referieren, so wäre von einem Komponisten zu erzählen, der in einem Irrenhaus erwacht, in das man ihn gebracht hat, weil er einen Selbstmordversuch begangen haben soll. Er flieht und begibt sich auf die Suche nach einer Frau, in die er sich in der Klinik verliebte. Von ihr erhofft er Aufklärung über seine Situation, die im Verlauf der wunderlichen Begebenheiten, die ihm nun widerfahren, immer unübersichtlicher wird. Er verfehlt die Geliebte , die Reise stellt sich immer mehr als ein Weg ohne Ziel heraus und endet wieder am Ausgangspunkt. Die Verlässlichkeit solcher kategorialen Ordnungen wie Raum, Zeit, Logik, Wirklichkeit, Traum und Identität des Subjekts – all das schwindet dahin; das Tönen des fernen Klangs wird immer mächtiger, bis es alles in seinen vernichtenden, berückenden Strudel zieht. Der an Heinrich von Ofterdingens *Traum von der blauen Blume* erinnernde ferne Klang bildet die Metapher für eine zunächst musikalische, dann aber gewaltige synästhetische Vision, »die Ouvertüre der überwältigenden Schönheit eines herbeigehofften Unterganges, die herbeigesehnte erregend berührende Zerstörung der Natur durch sich selbst, die nun so lange sich weiterzerstört, bis ... sie, befreit von den Menschen, neu wieder beginnen kann ...«.

Eine beiläufige Szene aus dem *Fernen Klang*, der Blickwechsel des Helden mit den steinernen Karyatiden und Atlanten, die die Gebäude an seinem Weg schmücken, gibt die Keimzelle seiner Erzählung *Erwachen zum großen Schlafkrieg* (1982) ab. Der »akustische Raumgestalter« Burgmüller und das zeitlose Geschlecht der allegorischen Weltenträger treten zu einer Schule zusammen, in der es um die Vermittlung von Erschöpfungs- und Müdigkeitszuständen geht. Burgmüllers Schlaf- und Traumlektionen sind von der subversivsten Art, ein Angriff nämlich auf die Statik und Haltbarkeit der Wirklichkeit. Seine Intrige hat offenbar am Ende Erfolg. Er erscheint als ein anderer Lot, hinter dem die Stadt, die er verlässt, zugrunde geht. Dazwischen ist er mit der Schöpfung einer »bewohnbaren Musik« in Worten beschäftigt, die die anarchische, fantastische wie systematische und genaue Erzählproduktion hervortreibt. Die (selbst-)zerstörerischen und bedrohlichen Aspekte dieser umfassenden Vertauschung von Realität und Fiktion werden dort am deutlichsten, wo so etwas wie Glück ihm die Feder führt, im »Erzählkrieg« mit seiner Geliebten. *Insektarium* (2001) versammelt 14 Theaterpoesien, Monologe, Hyperbeln und Dramolette, die von der Kritik kontrovers aufgenommen wurden: Lutz Hagestedt schwärmte von der »genauen Ökonomie des Erzählens«, während Manfred Papst von »sauertöpfischen Abschweifungen« sprach. Der Sprachartist Jonke kommt dann in der »Sprechsonate« *Redner rund um die Uhr* (2003) wieder in seiner ganzen Virtuosität zur Geltung.

Ulrich Greiner

Werke: *Zwischen den Zeilen*, Hsp., 1967; *Geometrischer Heimatroman*, Ffm. 1969; *Der Dorfplatz*, Hsp., 1969; *Glashausbesichtigung*, R., Ffm. 1970; *damals vor graz*, Hsp., WDR 1970; *Beginn einer Verzweiflung*, Salzbg. 1970; *Musikgeschichte*, Bln. 1970; *Weltbilder. 49 Beschreibungen*, Hg., zus. m. Leo Navratil, Mü. 1970; *Die Reifen*, Film-Ms. f. Herbert Brödl, entst. 1970; *Die Vermehrung der Leuchttürme*, Ffm. 1971; *Die Schreibmaschinen*, Hsp., WDR/RB 1971; *Es gibt Erzählungen, Erzählungen und Erzählungen*, Hsp., WDR 1971; *Die Hinterhältigkeit der Windmaschinen oder ein schluck gras löscht jeden durst im inland und im ausland auch*, Theaterst., 1972, gedr. in »Theater heute« 7/1973 u. in: *im inland und im ausland auch*, Prosa, Gedichte, Hörspiel *(damals vor graz)*, Theaterst., Ffm. 1974 (Sammelbd. mit z.T. überarb. Fassungen älterer Texte aus *Beginn einer Verzweiflung* u. *Musikgeschichte*); *Schule der Geläufigkeit*, Theaterst., entst. 1974, als E., Ffm. 1977, revid. Fssg. Salzb. 1985; *Wiederholung eines Festes*, Hsp., ORF 1975; *Klavierstück*, Hsp., WDR 1976; *Hörfunkenflug*, Hsp., WDR 1979; *Der ferne Klang*, R., Salzbg. 1979; *Händels Auferstehung*, Fssp., v. K. Lindemann, Text (nach St. Zweig), 1980; *Die erste Reise zum unerforschten Grund des stillen Horizonts. Von Glashäusern, Leuchttürmen, Windmaschinen und anderen Wahrzeichen der Gegend*, bearb. Fassg. von Arbeiten a. d. Jahren 1965 bis 1975, Salzbg. 1980; *Erwachen zum großen Schlafkrieg*, R., Salzbg. 1982; *Entflieht auf leichten Kähnen*, 1983; *Im Schatten der Wetterfahne*, Hsp., WDR 1986; *Geblendeter Augenblick – Anton Weberns Tod*, Drehbuch; *Der Kopf des Georg Friedrich Händel*, E., Salzbg. 1988; *Sanftmut oder Der Ohrenmaschinist*, Hsp., SDR 1991; *Opus 111*, Hsp., ORF 1994; *Stoffgewitter. Anlässe, Auslassungen und Unerlässlichkeiten*, Salzb. 1996; *Es singen die Steine. Ein Stück Naturtheater*, Salzb. 1998; *Himmelsstraße – Erdbrustplatz oder Das System von Wien*, Salzb. 1999; *Insektarium*, Salzb. 2001; *Redner rund um die Uhr. Eine Sprechsonate*, Salzb. 2003; *Chorfantasie. Konzert für Solo-Dirigent auf der Suche nach dem Orchester*, Graz 2003.

Jünger, Ernst, wurde am 29. 3. 1895 in Heidelberg als Sohn eines Apothekers geboren; er war der ältere Bruder Friedrich Georg Jüngers. Er besuchte Volks- und Realschulen, Gymnasien und Lyzeen in Hannover, Schwarzenberg, Schneeberg, Braunschweig, Rehburg, Wunstorf und Hameln. Im November 1913 floh er in die Fremdenlegion, bestand im August 1914 das Notabitur in Hannover und zog als Freiwilliger in den Ersten Weltkrieg. Jünger wurde mehrmals verwundet und erhielt 1918 den Orden »Pour le Mérite«. 1919 wurde er in die Reichswehr übernommen und war zeitweilig in der Heeres-Vorschriftenkommission in Hannover tätig. Von 1923 an studierte er in Leipzig und Neapel Zoologie und Philosophie. 1926 heiratete er Gretha von Jeinsen (1906–1960), die auch ein literarisches Werk vorlegte. Seit 1925 lebte Jünger als freier Schriftsteller in Leipzig, Berlin, Goslar, Überlingen und Kirchhorst bei Hannover. Im Zweiten Weltkrieg gehörte er als Hauptmann zum Pariser Stab General von Stülpnagels. 1944 wurde er wegen Wehrunwürdigkeit entlassen; von 1945 bis 1949 erhielt er Publikationsverbot. Seit 1948 unternahm er zahlreiche Reisen in den Mittelmeerraum, nach Island, Afrika und Asien. Seit 1962 war er in zweiter Ehe mit Liselotte Lohrer verheiratet. Im September 1984 nahm er als Kriegsveteran an der deutsch-französischen Versöhnungsfeier in Verdun teil. Von 1950 bis zu seinem Tod am 17. 2. 1998 in Riedlingen lebte er in Wilflingen. Jünger erhielt

1955 den Bremer Literaturpreis und den Kulturpreis der Stadt Goslar, 1959 das Große Bundesverdienstkreuz, 1960, 1964 bzw. 1983 die Ehrenbürgerschaften von Wilflingen, Rehburg und Montpellier, 1960 die Ehrengabe des Kulturkreises im BDI, 1965 den Immermann-Preis, 1968 den Straßburg-Preis der Stiftung FvS, 1970 die Freiherr-von-Stein-Medaille in Gold, 1974 den Schiller-Preis des Landes Baden-Württemberg, 1977 den Komtur des Bundesverdienstkreuzes und den Aigle d'Or der Stadt Nizza, 1979 die Medaille de la Paix der Stadt Verdun, 1980 den Verdienstorden des Landes Baden-Württemberg, 1981 die Goldene Medaille der Humboldt-Gesellschaft und den Prix Mondial der Fondation Simone et Cino del Duca, Paris, sowie den Prix Europa Littérature der Fondation Internationale pour le Rayonnement des Arts et des Lettres, 1982 den Goethe-Preis der Stadt Frankfurt am Main und die Ehrenmitgliedschaft des International Nomenclature Committee, Division of Literature, 1983 den Premio Circeo der Vereinigung für italienisch-deutsche Freundschaft. Er wurde 1985 Ehrenpräsident der Deutsch-Togolesischen Gesellschaft und erhielt das Schulterband zum Großen Verdienstkreuz mit Stern, 1986 den Premio Mediterraneo des Centro di Cultura Mediterranea der Stadt Palermo sowie den Bayerischen Maximiliansorden, 1990 den Oberrheinischen Kunstpreis, den Oberschwäbischen Kunstpreis und die Ehrendoktorwürde der Universität Bilbão, 1993 den Robert-Schumann-Preis und den Gran Premio Punti Cardinali dell'Arte der Stadt Venedig und 1995 die Ehrendoktorwürde der Universität Madrid-Alcalá sowie die Silbermedaille des Senats von Spanien.

Die bevorzugten literarischen Formen Jüngers sind das Tagebuch und der Essay; das erzählerische Werk nimmt sich daneben vergleichsweise schmal aus. Der Kriegsheimkehrer Jünger, mit ungewöhnlichen diagnostischen Fähigkeiten für seine Zeit ausgestattet, beginnt 1920 zu publizieren. Der Erste Weltkrieg hat ihn vom Heraufziehen einer existenziellen Bedrohung überzeugt. In seinen Tagebüchern registriert er den Einbruch des Gefährlichen in seine Zeit; in seinem essayistischen Werk versucht er die Quellen der modernen Bedrohung zu benennen – das heißt für ihn die Gefahr zu bannen, die er als Indiz für den Anbruch eines neuen Zeitalters wertet. 1920 erscheint *In Stahlgewittern. Aus dem Tagebuch eines Stoßtruppführers*, das Kriegstagebuch, das die Jahre 1914 bis 1918 umfasst. Es zeigt, wie sehr Jünger sich bemühte, dem Weltkrieg und seinen Opfern einen positiven Sinn zu geben: Das unvorstellbare Grauen der Kesselschlachten dürfe nicht vergebens gewesen sein. *In Stahlgewittern* kann als expressionistisches Bekenntnisbuch eines kalten und entschlossenen Kämpfers gelesen werden, den der Kriegstaumel packt »wie ein Rausch«, der »als Sohn einer durchaus vom Stoff überzeugten Epoche« in diesen Krieg zieht, um dem langweiligen Alltag des Bürgers abzuschwören. In einem »radikalen Subjektivismus« (K. Prümm) werden die eigenen Fronterlebnisse vom übrigen Kriegsverlauf isoliert. Der Text schildert den heroisch vorgehenden Soldaten, der die Schlacht bei Langemarck nur als »scheinbar wirres Tun in finsterer Nacht« erlebt. Das Bewusstsein, keinen tieferen Einblick in die »großen Kampfhandlungen« gewinnen zu können, die von einer anonymen »Massenschlächterei« kaum zu unterscheiden sind, desillusionieren den jungen »Pour le Mérite«-Träger.

In seinem zweiten Buch, dem Essay *Der Kampf als inneres Erlebnis* (1922), unternimmt Jünger einen ersten psychologischen Deutungsversuch des Weltkrieges. Er versucht, das prägende Kriegserlebnis als inneren Besitz für sich nutzbar zu machen, und entwickelt die These, dass die »tierischen Gewalten«, die im Ersten Weltkrieg aus dem Urgrund der Menschennatur hervorgebrochen seien, den Dichter ebenso wie den Krieger zu ekstatischen Leistungen beflügelt hätten. Mit dieser Parallelisierung gibt Jünger, der sich mit den Kriegszielen des Kaiserreichs nicht identifizieren kann und die Verpflichtung auf Heimat und Volk, Pflicht und Ehre früh als sinnentleert erkennt, dem Krieg in der animalischen Natur des Menschen eine quasi »natürliche« Erklärung. Seine Prosa, suggestiv, rhythmisch, kämpferisch, fragt nicht nach den politischen Zielen des Krieges; sie appelliert an das Gefühl, ruft auf zum Kampf, in dem sich Angst, Grauen, Eros und Blut zu einer neuen Qualität des Lebens verbinden.

Das Dilemma, Jüngers Frühwerk auf den Begriff zu bringen, ergibt sich vor allem daraus, dass der dilettierende Autodidakt unter dem Einfluss rasch wechselnder literarischer Bezugsgrößen in einen Konflikt zwischen Tradition und Avantgarde gerät. 1923, als seine Erzählung *Sturm* erscheint, orientiert er sich an den Epochenstilen der frühen Moderne. Sein Protagonist Leutnant Sturm, ein Bewunderer des anti-intellektuellen, urwüchsigen Landsknechtstypus, wird gegen die leicht als Expressionisten zu erkennenden Caféhaus-Literaten ausfällig: »Sie haben den Anschluß verloren, während in uns der große Rhythmus des Lebens schwingt.« In dieser Erzählung hat Jünger sein Projekt, Dichter und Krieger zu identifizieren, aufgegeben und in der Figur des Leutnant Sturm den »Zwiespalt zwischen einer gleichmäßig hoch entwickelten aktiven (d.i. der Soldat) und kontemplativen (d.i. der Schriftsteller) Natur« als unüberwindbar dargestellt. Während eines feindlichen Angriffs lässt er den Dichter-Krieger Sturm seine Manuskripte verbrennen, um Licht zu gewinnen, lässt ihn also einen Teil seiner Identität vernichten. Die Erzählung endet folgerichtig mit dem Tod des Leutnants. Ende der Zwanziger-, Anfang der Dreißigerjahre erscheinen zentrale Texte des Œuvres, darunter *Das abenteuerliche Herz* in der ersten Fassung (1929) und die Prosa *Sizilischer Brief an den Mann im Mond* (1930). *Das abenteuerliche Herz* stellt das postromantische Traum- und Protestbuch eines Erzählers dar, der die tief greifenden Umwälzungen seiner Zeit und die grausame Werkstättenlandschaft der modernen Industriegesellschaft als vage und gleichwohl existenzielle Bedrohung erfährt. Jünger ritualisiert das traumatische Erlebnis, er ästhetisiert die Erfahrung des schönen Schreckens und macht sie zum Leitmotiv seines weiteren Werkes. Die »Aufzeichnungen bei Tag und bei Nacht«, deren Stil man bald als »surrealistisch«, bald als »magisch«, bald als »romantisch« vage umschrieben hat, werden von »scheinbar völlig disparaten Welterfahrungen« gespeist, wie Jünger sie im *Sizilischen Brief* zum Thema erhebt.

Die »stereoskopische Wahrnehmung« gilt als ein zentrales Erkenntnismittel in Jüngers Werk. Sie bedeutet »ein und demselben Gegenstande gleichzeitig zwei Sinnesqualitäten« abzugewinnen. Stärker noch ist der Analogieschluss ein adäquates Mittel für den »spekulativen Denker«, lebendige Formen zu erkennen, doch geht es ihm – »über die Ähnlichkeit hinaus« – um die »Quelle der Vergleiche«, um die innerste Einheit der Erscheinungen, d.h. um die Schöpfung selbst. Dass die Schöpfung unsere »Denkungskräfte« (J. G. Hamann) übersteigt, stört dabei nicht – man bewegt sich »auf hypothetischem Feld«. 1932 entwirft Jünger einen »utopische(n) Gesellschaftsentwurf« (Marianne Wünsch) des technischen Zeitalters. *Der Arbeiter* bedeutet die Vision eines neuen »Typus« in einer »heraufziehenden Zeit«, die sich in den Materialschlachten des Ersten Weltkrieges bereits angekündigt hat: Hinter dem »Typus« stehe die »Gestalt des Arbeiters«, eine schöpferische Instanz, die in der Individuation den »Arbeiter« mobilisiere, das neue Subjekt der Geschichte, das allein in der Lage sei, Technik zu beherrschen und die Gefahren der Moderne zu überwinden. Er wird nach Jüngers Konzeption die bürgerlichen Werte des Liberalismus, Demokratie und Kapitalismus, radikal hinwegfegen. *Der Arbeiter* teilt wesentliche Züge mit Heideggers Technik-Philosophie und führte auch zu einem Briefwechsel zwischen Autor und Philosoph. In seinem Essay *Über den Schmerz*, enthalten in der Sammlung *Blätter und Steine* (1934), schildert Jünger die Verwandlung des »Einzelnen« in den »Typus« und setzt sich in polemischer Attitüde gegen die Empfindsamkeit des 19. Jahrhunderts ab: Schließlich wird die Technik »Organ« und verschmilzt mit dem Arbeiter zur »organischen Konstruktion«. In einer »Operation« wird die »Zone der Empfindsamkeit« aus dem Leben »herausgeschnitten«. Das Modell einer solchen Konstruktion hat er anhand eines japanischen Ein-Mann-Torpedos beschrieben.

Literarisches Interesse verdient die Erzählung *Afrikanische Spiele* (1936). Afrika erscheint dem 18-jährigen Gymnasiasten Herbert Berger, einem begeisterten Leser deutscher Kolonialromane, als »Inbegriff des Wilden und Ursprünglichen«, als »prächtige Anarchie« des Lebens: »Mich zog (...) eine Zone an, in der der Kampf natürlicher Gestalten rein und zwecklos zum Ausdruck kam.« Der leidenschaftliche Träumer wirft seine Schulbücher über die nächste Mauer und verpflichtet sich in Verdun für fünf Jahre zur französischen Fremdenlegion, wo er sein fantastisches Afrikabild allerdings sehr bald revidieren muss: Berger ist von der weitgehenden Zivilisiertheit des Kontinents enttäuscht. Es ist sicher kein Zufall, dass Jünger den autobiografischen Stoff erst in den Dreißigerjahren bearbeitet hat, denn mit der Machtübernahme der Nationalsozialisten erfolgte sein Rückzug ins Private: »Im Augenblick, da ich erkannte, dass sich Verbrecher zu Anwälten der guten Sache (scil. der Annullierung des Versailler Vertrages) machen wollten, wandte ich mich auch gegen sie.« In seiner radikal-nationalistischen Publizistik der Zwischenkriegszeit hatte Jünger noch versucht, den Gedanken an eine Revanche für Versailles wach zu halten. In Zeitungen und Zeitschriften wie dem »Völkischen Beobachter«, »Arminius. Kampfschrift für deutsche Nationalisten« sowie den zusammen mit Werner Lass gegründeten Blättern »Vormarsch. Blätter der nationalistischen Jugend« und »Die Kommenden. Überbündische Wochenschrift der deutschen Jugend« unterstütze er die anti-demokratischen Kräfte der Weimarer Republik. Aufsätze im »Militär-Wochenblatt. Zeitschrift für die deutsche Wehrmacht« behandelten Aspekte moderner Gefechtsführung und soldatischer Tradition. In »Die Standarte. Beiträge zur geistigen Vertiefung des Frontgedankens«, einer Beilage des »Stahlhelm«, beschrieb er 1925/26 die gegenwärtige Politik als Fortsetzung des Krieges mit anderen Mitteln; vom Typus des »Frontsoldaten« erhoffte er sich eine »konservative Revolution«. 1933 jedoch lehnte Jünger die Aufnahme in die Preußische Akademie der Künste und ein Reichstagsmandat der NSDAP ab; er löste die letzten Verbindungen zu Zeitungen und Zeitschriften und »emigrierte« in die Provinz. Als er 1939 seine Erzählung *Auf den Marmor-Klippen* erscheinen ließ, ohne sie der »parteiamtlichen Prüfungskommission zum Schutze des NS-Schrifttums« vorzulegen, riskierte er viel, denn das Buch wurde als ein zentrales Werk des Widerstandes, als Zeit- und Schlüsselroman gegen Hitler gelesen. *Auf den Marmor-Klippen* erzählt von zwei Brüdern, die vergeblich versuchen, ihre Kulturwelt vor dem Einbruch des elementar Bösen zu retten – sie müssen vor der zerstörerischen Macht in Gestalt des »Oberförsters« die Flucht ergreifen.

Die letzte Buchveröffentlichung im »Dritten Reich«, das Kriegstagebuch *Gärten und Straßen* (1942), wurde bereits kurz nach ihrem Erscheinen indiziert, die weiteren Tagebücher aus dem Zweiten Weltkrieg, die *Strahlungen*, konnten erst 1949 erscheinen. Sie umfassen die Kriegsjahre 1941–1945. *Das erste Pariser Tagebuch* – Jünger ist Besatzungssoldat in Paris – enthält die für ihn typischen Maximen und Reflexionen und gibt Aufschluss über den soldatischen Alltag in der französischen Hauptstadt, über Konflikte zwischen der Heeresleitung und der Gestapo, über die Postzensur als eine der Aufgaben Jüngers, über seine Briefwechsel und Begegnungen mit deutschen und französischen Intellektuellen sowie über seine Kriegs- und seine Lektüreeindrücke. Die *Strahlungen* sind umstritten, weil Jünger auch angesichts des Krieges nicht bereit ist, die reine Anschauung des Schönen aufzukündigen. Häufig zitiert wird jene Eintragung im *Zweiten Pariser Tagebuch* vom 27. Mai 1944, als Jünger sich, ein Glas Burgunder mit Erdbeeren in der Hand, am Anblick eines Bomberangriffs auf das brennende Paris delektiert. Im selben Jahr kollationiert er Abschriften seines Essays *Der Friede. Ein Wort an die Jugend Europas und an die Jugend der Welt* (Erstdruck 1945), in dem er zu einer gerechten Friedensordnung aufruft, als dem Grundpfeiler einer neuen Welt, wie er sie in *Der Weltstaat* (1960) entwerfen wird.

Zeitgleich mit dem Kriegstagebuch *Strahlungen* erscheint 1949 die zeitkritische Parabel *Heliopolis. Rückblicke auf eine Stadt*, die ebenso wie seine Romane *Gläserne Bienen* (1957), *Eumeswil* (1977) und *Aladins Problem* (1983) dem utopisch-erzählerischen Werk zuzurechnen sind. *Heliopolis* spielt in einer Zukunftslandschaft, in der sich die aristokratische Macht des »Prokonsuls« und die neue, plebejische Gewalt des »Landvogts« gegenüberstehen. Lucius de Geer arbeitet ohne innere Überzeugung für den Prokonsul und zerstört in geheimer Mission das »Toxikologische Institut« des Landvogts. Er muss Heliopolis fluchtartig verlassen und tritt in die Dienste des »Regenten«, einer gottähnlichen Herrscherfigur. *Eumeswil* bedeutet in erster Linie den Entwurf zu einer Typologie des »Anarchen« in geschichtsloser Zeit. Martin »Manuel« Venator, ein Anarch, der im Gegensatz zum Monarchen nur sich selber beherrschen will und höchste Unabhängigkeit anstrebt, arbeitet als Kellner beim »Condor«, dem Machthaber von Eumeswil, begleitet ihn in den geheimnisumwitterten »undurchdringlichen Südwald« und kehrt von dieser Expedition nicht mehr zurück. Wie schon Lucius de Geer, die Hauptfigur aus *Heliopolis*, ist auch Venator »autoritätsbedürftig«. Der nihilistische »Aladin«-Typus, den Jünger in den Protagonisten seiner erzählenden Schriften – von *Afrikanische Spiele* über *Heliopolis*, *Gläserne Bienen* und *Eumeswil* bis hin zu *Aladins Problem* – zu entwickeln sucht, ist jedoch keineswegs der postulierte »wahre (naive) Machthaber«, sondern wird bloß von Mächten geduldet, in deren Nischen er sich einrichten darf. Auch der Stadtstaat Eumeswil führt nur ein Nischendasein zwischen den angrenzenden Großreichen der »Chane« – er muss eine flexible Politik betreiben, damit er nicht behelligt wird.

Die erzählerischen Glanzstücke des späten Jünger heißen *Die Zwille* (1973) und *Eine gefährliche Begegnung* (1985). Der erstaunliche Entwicklungsroman *Die Zwille* schildert die (autornahen) Verwirrungen des Zöglings Clamor, der einen Teil seiner Schülerzeit in der Großstadt verbringen muss. Der Anti-Held, ein empfindsamer, überängstlicher Waisenknabe, wird in einer Schülerpension, einer sog. »Presse« untergebracht; Angst und Entsetzen begleiten seine Schul- und Freizeit. Jüngers Roman schildert die Gefährdungen, denen ein pubertierender Gymnasiast im wilhelminischen Deutschland zwischen 1900 und 1914 ausgesetzt sein mochte, und lässt sich als Vorgeschichte der geschundenen Weltkriegsgeneration lesen. Die Erzählung *Eine gefährliche Begegnung* kann als späte Sherlockiade des Autors gelesen werden und ist im Paris des Jahres 1888 situiert: Léon Ducasse, ein Dandy à la Brummell, arrangiert eine »liaison dangereuse« zwischen der verheirateten Gräfin Kargané und dem Botschaftsattaché Gerhard zum Busche. Als im Nebenzimmer ihrer zwielichtigen Absteige eine Balletteuse ermordet wird, übernimmt Inspektor Dobrowsky den Fall. Der Erzählung kommt es nicht auf die Moral, sondern auf die »Logik der Verfolgung« an und wurde als überzeugende erzählerische Umsetzung einer »Theorie des Kriminalromans« gelesen, wie Jünger sie in seinen Aufzeichnungen *Autor und Autorschaft* (1984) formuliert hat.

Drei teils erzählerische, teils essayistische Werke bilden den Auftakt von Jüngers Alterswerk. *An der Zeitmauer* (1959), eine geschichtsmetaphysische Spekulation in der Nachfolge von Jüngers *Arbeiter*, beschreibt die Ablösung der historischen Zeit durch eine »Geistzeit« als einer »unmittelbare(n) Manifestation des Göttlichen«. *Subtile Jagden* (1967) erzählt von Jüngers Käferleidenschaft und kann als Erinnerungsbuch am »Leitfaden einer entlegenen Liebhaberei« (Gerhard Nebel) gelesen werden. *Annäherungen* (1970) schließlich beschreibt die Erfahrungen des Autors mit Rauschgiften, wobei »Annäherung« sowohl die Suche nach der Existenz einer »neuen Welt«, nach dem Absoluten bedeuten kann, als auch das Erleben des Neuartigen im Sinne eines Ausbruchsversuches aus der »wachsende(n) Monotonie der mechanischen Welt«. Erste Versuche mit Alkohol in der Wandervogelzeit und eine gefährliche Hanfvergiftung in den Zwanzigerjahren bilden die Auftaktstationen eines auf den Spuren von Maupassant und de Quincey bis ins hohe Alter gepflegten »Studiums der Räusche«. 1970 ging Jünger mit Albert Hofmann, dem Entdecker des LSD, auf »abenteuerliche Fahrt«. Die Kulturgeschichte der Räusche und Rauschgifte vereinigt eine Vielzahl von Digressionen, die sich u. a. mit dem »magischen Anteil« von Kunstwerken, mit Expressionismus und Surrealismus, dem ersten Versuch »die technische Welt und ihre Hässlichkeit durch Geist zu bändigen«, mit Geschlechtskrankheiten, mit dem Sterben und dem Nichts beschäftigen.

Wie seine Reisetagebücher bezeugen, hat Jünger zahlreiche »echte« Fahrten unternommen. Der *Dalmatinische Aufenthalt* (1932) wird zum ersten Buch ausgewertet; es folgt *Myrdun. Briefe aus Norwegen* (1943), eine Reise, aus der die Initiationserzählung von toxikologischen Genüssen, *Besuch auf Godenholm* (1952), hervorgegangen sein soll; zu nennen bleiben ferner *Atlantische Fahrt* (1947, Brasilien), *Ein Inselfrühling* (1948, Rhodos) mit den »sizilianischen Tagebuchblättern« *Aus der goldenen Muschel* (1944, erw. 1984), *Am Kieselstrand* (1951) und *Zwei Mal Halley* (1987). Das Faszinierende dieser Reiseberichte besteht in ihrer geistigen wie sinnlichen Qualität und ergibt sich aus der stereoskopischen Wiedergabe lokaler Besonderheiten und Genüsse sowie der aus Autopsie und Lektüre gewonnenen kulturmorphologischen Weltsichten. Jüngers 70-jährige Autorschaft mündet am Ende in die späten Tagebücher *siebzig verweht* (5 Bde., 1980–1997); auch sie erweisen sich als eine Mischung aus Reiseschilderungen, Lektüreeindrükken, Maximen und Reflexionen sowie Brieffragmenten. Zusammen mit den Tagebüchern aus dem Ersten und Zweiten Weltkrieg und den zwischendurch publizierten Reisetagebüchern decken sie einen Großteil seines Lebens ab und ersetzen beinahe die Autobiografie. Beinahe, denn Jünger hat »nur in gefährlichen Zeiten« Tagebuch geführt: »Und als ich dann siebzig wurde, da dachte ich, na ja, jetzt kommen also von alten Freunden doch immer wieder Verlustnachrichten, eine gefährliche Zeit, da könnte man ja wieder anfangen.«

Lutz Hagestedt

Werke: *In Stahlgewittern*, Tgb., Hann. 1920; *Der Kampf als inneres Erlebnis*, Ess., Bln. 1922, verbess. Aufl. Bln. 1926; *Sturm*, E., 1923, Buchausg. Olten 1963; *Das Wäldchen 125*, Ess., Bln. 1925; *Feuer und Blut*, Ess., Magdeburg 1926; *Das abenteuerliche Herz*, 1. Fssg., Pr., Bln. 1929; *Die totale Mobilmachung*, Ess., Bln. 1931; *Der Arbeiter*, Ess., Hbg. 1932; *Blätter und Steine*, Ess., Hbg. 1934; *Afrikanische Spiele*, R., Hbg. 1936; *Das abenteuerliche Herz. Figuren u. Capriccios*, 2. Fssg., Pr., Hbg. 1938; *Auf den Marmor-Klippen*, R., Hbg.1939; *Gärten und Straßen. Aus den Tagebüchern v. 1939 u. 1940*, Bln. 1940; *Myrdun. Briefe aus Norwegen*, Oslo 1943, Neuausg. Zür. 1948; *Der Friede*, Ess., Hbg. 1945; *Atlantische Fahrt*, Tgb., London 1947; *Sprache und Körperbau*, Ess., Zür. 1947; *Ein Inselfrühling. Ein Tagebuch aus Rhodos. Mit den sizilianischen Tagebuchblättern »Aus der goldenen Muschel«*, Zür. 1948; *Strahlungen*, Tgb., Tüb. 1949; *Heliopolis*, R., Tüb. 1949; *Über die Linie*, Ess., Ffm. 1950; *Das Haus der Briefe*, E., Olten 1951; *Der Waldgang*, Ess., Ffm. 1951; *Am Kieselstrand*, Tgb., Ffm. 1951; *Besuch auf Godenholm*, E., Ffm. 1952; *Drei Kiesel*, E., Ffm. 1952; *Der gordische Knoten*, Ess., Ffm. 1953; *Capriccios. Eine Auswahl*, hg. v. Armin Mohler, Stg. 1953; *Das Sanduhrbuch*, Ess., Ffm. 1954; *Am Sarazenenturm*, E., Ffm. 1955; *Rivarol*, Ess., Ffm. 1956; *Serpentara*, Tgb., Zür. 1957; *San Pietro*, Tgb., Olten 1957; *Gläserne Bienen*, R., Stg. 1957; *Jahre der Okkupation*, Tgb., Stg. 1958; *Mantrana. Einla-*

dung zu einem Spiel, Stg. 1958; *An der Zeitmauer*, Ess., Stg. 1959; *Ein Vormittag in Antibes*, Pr., Olten 1960; *Sgraffiti*, Pr., Stg. 1960; *Der Weltstaat. Organismus und Organisation*, Ess., Stg. 1960; *Das spanische Mondhorn*, Pr., Olten 1962; *Fassungen*, Pr., Mü. 1963; *An Friedrich Georg zum 65. Geburtstag*, o. O. 1963; *Typus – Name – Gestalt*, Ess., Stg. 1963; *Geheimnisse der Sprache*, Ess., Ffm. 1963; *Grenzgänge*, Festschrift, Olten 1965; *In Totenhäusern*, Pr., Stg. 1965; *Im Granit*, Pr., Olten 1967; *Subtile Jagden*, Ess., Stg. 1967; *Zwei Inseln*, Ess., Olten 1968; *Carabus Rutilans*, Pr., Hbg. 1968; *Federbälle*, Pr., Biberach 1969; *Träume*, Pr., m. Illustr. v. O. Dalvit, Arbon 1970; *Lettern und Ideogramme*, Pr., Olten 1970; *Ad hoc*, Pr., Stg. 1970; *Annäherungen. Drogen und Rausch*, Ess., Stg. 1970; *Zahlen und Götter. Philemon und Baucis*, Ess., Stg. 1970; *Briefwechsel mit Alfred Kubin*, Biberach 1971; *Sinn und Bedeutung*, Ess., Stg. 1971; *Die Zwille*, R., Stg. 1973; *Eumeswil*, R., Stg. 1977; *Federbälle. Teile I u. II*, Pr. u. Br., Zür. 1980; *Aus dem perennierenden Wilflinger Gartenkalender*, Pr., Stg. 1980; *siebzig verweht I*, Tgb., Stg. 1980; *siebzig verweht II*, Tgb., Stg. 1981; *Aladins Problem*, R., Stg. 1983; *Maxima – Minima. Adnoten zum »Arbeiter«*, Stg. 1983; *Aus der goldenen Muschel. Gänge am Mittelmeer*, Tgb., Stg. 1984; *Autor und Autorschaft*, Pr., Stg. 1984; *Eine gefährliche Begegnung*, E., Stg. 1985; *Ausgewählte Erzählungen*, Stg. 1985; *Zwei Mal Halley*, Tgb., Stg. 1987; *Nervengeflechte*, E., m. Illustr.. v. Hubert Sommerauer, Bayreuth 1988; *Die Schere*, Aufz., Stg. 1990; *Zeitsprünge. Träume*, m. Illustr. v. Horst Janssen, Stg. 1990; *Traumreich*, m. Illustr.. v. Esteban Fekete, Tgb., Bayreuth 1993; *siebzig verweht III*, Tgb., Stg. 1993; *siebzig verweht IV*, Tgb., Stg. 1995; *Nigromontanus. Aufzeichnungen bei Nacht*, m. Illustr. v. Horst Janssen, Stg. 1995; *siebzig verweht V*, Tgb., Stg. 1997; *Briefwechsel mit Rudolf Schlichter*, hg. v. Dirk Heißerer, Stg. 1997; *Rehburger Reminiszenzen*, m. Illustr. v. Elke Rehder, Hbg. 1998; *Briefwechsel mit Carl Schmitt*, hg. v. Helmuth Kiesel, Stg. 1999; *Politische Publizistik*, hg. v. Sven Olaf Berggötz, Stg. 2001. – Werkausg.: *Werke*, 10 Bde., Stg. 1960–1965; *Sämtliche Werke*, 22 Bde., Stg. 1978–2003.

Jünger, Friedrich Georg, Bruder des Ernst Jünger, wurde am 1. 9. 1898 in Hannover geboren. Seine Kindheit und Jugend verbrachte er im Erzgebirge und am Steinhuder Meer, Landschaften, denen er vielfache Impressionen in seinem Werk verdankt. Nach dem Abitur nahm er am Ersten Weltkrieg teil, in dem er schwer verwundet wurde. Von 1920 bis 1924 studierte er Rechtswissenschaften in Leipzig und Halle, übte aber den juristischen Beruf nur kurze Zeit aus. Seit 1926 lebte er als freier Schriftsteller in Berlin, stand dem Widerstandskreis um Ernst Niekisch nahe, in dessen Verlag er auch Teile seines Werks publizierte. 1927 übersiedelte er nach Überlingen am Bodensee, wo er bis zu seinem Tode am 20. 7. 1977 lebte, einerseits in Distanz zur Außenwelt, etwa in der Zeit des Nationalsozialismus, andererseits in Vorträgen und Essays auch immer wieder in die öffentliche Diskussion eingreifend, vor allem wenn es um die Probleme moderner Technologie ging. In diesem Zusammenhang wurde er auch als Herausgeber tätig: Zusammen mit Max Himmelheber gab er die Zeitschrift »Scheideweg« heraus. Er erhielt den Literaturpreis der Bayerischen Akademie der Schönen Künste (1950), den Immermann-Literatur-Preis (1952), den Wilhelm-Raabe-Preis (1957) und den Großen Kunstpreis des Landes Nordrhein-Westfalen für Literatur (1960).
Abgesehen von der Herausgabe des Buches *Aufmarsch des Nationalismus* (1926), einer polemischen Absage an die Weimarer Republik, bilden die *Gedichte* (1934) seine erste Veröffentlichung. In ihnen werden Hexameter-Gesänge und antikisierende Formen, wie Oden und Elegien über Heldenleben, Frühlingsnacht, Krieg und Garten, wieder belebt; darunter befindet sich auch das berühmt gewordene Gedicht *Der Mohn*, eine deutliche Wendung gegen die nationalsozialistischen Machthaber. Es folgen streng geformte, wenn auch meist reimlose Strophen mit den Hauptmotiven Feuer und Licht als die Beweger alles Lebendigen in dem Band *Taurus* (1937). In der Sammlung *Der Missouri* (1940) tritt die erzählende Elegie verstärkt als lyrische Form hervor, fortgesetzt in *Der Westwind* (1946). Der 1954 erschienene Band *Ring der Jahre* fasst *Die Silberdistelklause* (1947), *Das Weinberghaus* und *Die Perlenschnur* (beide 1947) zusammen. Wie oft bei Jünger wird vor allem im *Weinberghaus* das »Glück des Wassers« beschworen, in diesem Fall das Wasser des Bodensees. Es folgen *Iris im Wind* (1952) und *Schwarzer Fluss und windweißer Wald* (1955), in denen sich Jünger zum Teil gegen seine eigenen bisherigen theoretischen Erkundungen wendet. Seine Verse nähern sich einer außerordentlichen Einfachheit, des Öfteren ist man geneigt Prosa zu hören.
Bei aller antikisierenden Form in seinem früheren Werk wahrt Jünger Abstand zu epigonalen Verflachungen; sein Umgang mit den griechischen Göttern erscheint so unbefangen, als wäre nichts zwischen sie und die Menschen getreten. Immer zeigen sich Jüngers Verse als Gegenentwürfe zur Fortschrittsgläubigkeit eines technischen Zeitalters und dem damit verbundenen, einseitigen Glauben an bloße Rationalität und Ökonomie. Wildnis und Schlange kehren wie das Wasser als Motive wieder; ihnen eignet allen der Archetyp der ewigen Wiederkehr. Anklänge an Nietzsche, über den Jünger einen Essay verfasste, kommen nicht von ungefähr.

Den stärksten Anklang fand Jüngers Lyrik in den Fünfziger- und frühen Sechzigerjahren. Vielfach wird er in Literaturgeschichten in einem Atemzug mit G. Britting, Lehmann, von der Vring und anderen genannt, die der »inneren Emigration« zugerechnet werden. Neu entdeckt nach 1945 und in den Sechzigerjahren dann wieder vergessen, verbindet sie darüber hinaus die Wahl ähnlicher Stilmittel und Motive. Am meisten trifft für Jünger wohl die Verwandtschaft mit Lehmann im Gebrauch der Naturmetaphern zu.

Jüngers essayistische Arbeit setzt ein mit der Schrift *Über das Komische* (1936), in der er sich kritisch über Humor, Ironie, Witz und Karikatur äußert und dagegen die Kraft des Schönen setzt. Größtes Aufsehen erregte seine technikkritische Abhandlung *Die Perfektion der Technik*, 1939 geschrieben, veröffentlicht 1944, bis auf wenige Exemplare im Krieg verloren, neu herausgegeben 1946 und noch einmal durchgesehen 1953 – sie konnte also erst nach dem Krieg ihre Wirksamkeit entfalten. Jünger beschreibt in ihr die Welt als eine Maschine, den Menschen als Automaten. »Die tote Zeit dringt vor. Das Leben tritt in den Dienst eines überall wirksamen Automatismus, durch das es reguliert wird.« Schon zu dieser Zeit sieht Jünger die Technik verwüstend in die Landschaft eindringen, die Luft verräuchern, das Wasser verpesten, Wälder und Tiere vernichten. Er sieht einen Zustand voraus, in dem die Natur vor dem rationalen Denken geschützt werden muss. In ähnliche Richtung, Kritik am Automatismus, geht *Maschine und Eigentum* (1949). – Den Gegenpol zur technischen Entwicklung bildet dann die Besinnung auf den Mythos: *Griechische Götter* (1943), *Griechische Mythen* (1947), *Orient und Okzident* (1948) enthalten Artikel über Martial, Klopstocks Oden und persische Dichter, über den italienischen, französischen und englischen Park, über die *Wanderungen auf Rhodos* (1943) und *Briefe aus Mondello* (1943), in denen es heißt: »Nichts liegt unserer technischen Welt ferner als das Bukolische, das einen Überfluss, eine gewisse Fülle voraussetzt und dazu jene Ruhe, Genügsamkeit und Genussfähigkeit des Geistes, die dem mageren und zehrenden Treiben des homo faber unbekannt ist.« Miteinander verknüpft werden die Themen in *Gedanken und Merkzeichen* (1949). Das Gegenspiel zur Perfektion der Technik nimmt noch einmal der Essay *Die Spiele* (1953) auf, ein Gegenstück zum rationalisierten Automatismus. Eine wesentliche Rolle im großen Spiel der Welt besitzt der Zufall, der natürliche Gegner aller Berechnung: »Wenn die Welt eine exakt arbeitende Maschine wäre, würde es in ihr keinen Zufall geben.« Der Zufall gehört zu den Bewegungen, denen man vertrauen kann, denn im Zufall wirkt Vorsehung, er ist mit der Vorsehung in einem gemeinsamen Netz verknüpft. Auch in die Liebe, in den Geschlechtstrieb kann der Geist des Mechanismus, des Automatismus eindringen, aber eben nur dann, wenn alles auf mechanische, physikalische, chemische, magnetische Ursachen zurückgeführt wird. Das Spiel aber bleibt der große Gegenspieler gegen die Berechnung, gegen die Maschine. »Spiele« wirken gegen die »Perfektion der Technik«.

Ein weiteres Feld essayistischer Arbeit erschließt sich Jünger in den Sprachreflexionen über *Rhythmus und Sprache im deutschen Gedicht* (1952), *Gedächtnis und Erinnerung* (1957) und schließlich in *Sprache und Denken* (1962). Hier wird Heideggersches Denken bis in die Begrifflichkeit hinein fortgesetzt: Wildnis erscheint nun als Weglosigkeit, das Gedicht »erinnert« an die ewige Wiederkehr.

Jüngers episches Werk umfasst drei Romane, zwei Erinnerungsbücher und über dreißig Erzählungen. *Der erste Gang* (1954) stellt mehr ein novellistisches Mosaik als einen Roman dar. In seinem Geschehen, das im Polen des Ersten Weltkrieges spielt, stellt sich der Untergang der Donaumonarchie als Wende von der alten zur Anonymität der modernen Welt dar. Auch im zweiten Roman *Zwei Schwestern* (1956) stehen sich Bewahrendes und Revolutionäres, Liebe und bloße Koketterie, Nord und Süd gegenüber, erzählt an der Gestalt eines deutschen Reisenden, der im faschistischen Rom in kriminalpolitische Zusammenhänge und in die Liebe zu zwei Schwestern verwickelt wird. Der 1979 aus dem Nachlass erschienene Roman *Heinrich March* zeigt die Perspektive eines alten Mannes, der nicht zur Ruhe gekommen ist und noch immer Vergangenes zu enträtseln sucht. Erzählt werden die Lebensläufe der drei Söhne des Pastors March. Wieder, wie schon im Roman *Der erste Gang*, wird ein Zeitwandel deutlich, der auch das Innere eines Menschen in einer Weise verändert, dass kein Ausgleich mehr möglich erscheint zwischen dem Vergangenen und der leeren neuen Zeit. Einer der Söhne begeht konsequenterweise Selbstmord.

Mehr Anklang als die Romane, an denen die Kritik eine gewisse mühsame Konstruktion beanstandete, fanden seine Erinnerungsbücher: *Grüne Zweige* (1951) und *Spiegel der Jahre* (1958), in denen von

seiner Kindheit die Rede ist, vom Bruder Ernst, vom Krieg, der Revolution, von Reisen und Liebesgeschichten.
Erzählerisches Zentrum Jüngers aber stellen seine meist streng geformten Erzählungen dar, die in verschiedenen Sammlungen erschienen sind: *Dalmatinische Nacht* (1950), *Die Pfauen* (1952), *Kreuzwege* (1961), *Wiederkehr* (1965). Es geht in Jüngers Erzählungen oft um eine Stille, der eine ungeheure Bedrohung innewohnt. So sehr sie gesucht wird, kann sie doch auch Tod bedeuten oder, mehr noch, die Verlassenheit von Menschen überhaupt. Ruhe herrscht auf dem Friedhof, »draußen« ist Unruhe. Mit Schweigen können Menschen sich gegenseitig bedrohen, wie in der kurzen Erzählung *Der Knopf*; das Schweigen wird empfunden als »eine tote Zeit, denn die lebendige floss unaufhaltsam davon«. Das Ruhige, Stille, Kontemplative steht nie für sich allein, ist, bei aller scheinbaren Zeitlosigkeit, niemals isoliert, denn stets bleibt es historisch oder existenziell mit dem Schweren und Bedrückenden verbunden. So ist auch im »Urlaub« das Leichte, Schwebende nur verstehbar vor dem Hintergrund des Schweren, des Bedrohlichen, des Krieges. Aus diesem Zusammenhang heraus erklärt sich die Wahl des Ortes und der Zeit, der Urlaub am Wasser: »... faul sein wie ein alter Karpfen. Baden, angeln, in der Sonne liegen und nachts mit der Fischertochter schlafen.« Das Sehen, das Beobachten bleibt nie ohne seine düstere Kehrseite: »In seinem Sehen war, die Vorahnung eines Verlustes, etwas Schmerzliches, das ihm zusetzte.«
Jünger, ein halb vergessener Autor, könnte neue Aktualität in einem ökologischen Verständnis gewinnen, das seine Kritik an rein mechanistischen Abläufen, an bloßer Orientierung an technologischer Ökonomie und einseitiger Rationalität teilt. Erkenntnistheoretisch steht Jüngers »Vielleicht« im Gegensatz zu Ansätzen mit absolutem Wahrheitsanspruch.

Gerd Holzheimer

Werke: *Aufmarsch des Nationalismus*, Hg., Lpz. 1926; *Gedichte,* Bln. 1934; *Der verkleidete Theseus,* Lsp., Bln.-Halensee 1934; *Der Krieg,* G., Bln. 1936; *Über das Komische,* Ess., Bln. 1936; *Der Taurus,* G., Hbg. 1937; *Der Missouri,* G., Lpz. 1940; *Griechische Götter,* Ess., Ffm. 1943; *Briefe aus Mondello*, 1930, Hbg. 1943; *Wanderungen auf Rhodos,* Hbg. 1943; *An Doktor Schranz in Siedlingshausen. Epistel an Enner. Epistel an Zita. 3 Episteln,* Ffm. 1943; *Die Titanen,* Ess., Ffm. 1944; *Der Westwind,* G., Ffm. 1946; *Über die Perfektion der Technik,* Ffm. 1944 (vor der Auslieferung vernichtet), dann als *Die Perfektion der Technik,* Ffm. 1946; *Die Silberdistelklause,* G., Hbg. 1947; *Das Weinberghaus,* G., Hbg. 1947; *Die Perlenschnur,* G., Hbg. 1947, zusammengef. als *Ring der Jahre,* Ffm. 1954; *Griechische Mythen,* Ess., Ffm. 1947, umgearb. Ffm. 1957 (enth. *Die Heroen*); *Gespräche,* Ess., Ffm. 1948; *Orient und Okzident,* ges. Ess., Hbg. 1948; *Sprüche in Versen,* Ffm. 1949; *Gedichte,* Ffm. 1949; *Maschine und Eigentum,* Abh., Ffm. 1949; *Gedanken und Merkzeichen,* Aphor., Ffm. 1949; *Nietzsche,* Ess., Ffm. 1949; *Dalmatinische Nacht,* En., Tüb. 1950; *Grüne Zweige,* Autobiogr., Mü. 1951; *Die Pfauen,* En., Mü. 1952; *Rhythmus und Sprache im deutschen Gedicht,* Abh., Stg. 1952; *Morgenländische Stadt,* G., Ffm. 1952; *Iris im Wind,* G., Ffm. 1952; *Die Spiele. Ein Schlüssel zu ihrer Bedeutung,* Ffm. 1953; *Ring der Jahre,* G., Ffm. 1954; *Gedanken und Merkzeichen,* 2. Samml., Ffm. 1954; *Der erste Gang,* R., Mü. 1954; *Schwarzer Fluss und windweißer Wald,* G., Ffm. 1955; *Der weiße Hase,* En., Stg. 1955; *Sprache und Kalkül,* Vortr., Ffm. 1956; *Zwei Schwestern,* R., Mü. 1956; *Gedächtnis und Erinnerung,* Ess., Ffm. 1957; *Dank im Gedicht,* Ffm. 1958; *Spiegel der Jahre,* Aut., Mü. 1958; *Nachw. zu F. G. Klopstock: Ausgew. Werke,* hg. v. K. A. Schleiden 1960; *Gärten im Abend- und Morgenland,* Ess., Mü. 1960; *Kreuzwege,* En., Olten 1960; *Sprache und Denken,* Ffm. 1962; *Wiederkehr,* En., Mü. 1965; *Gesammelte Erzählungen,* Mü. 1967; *Es pocht an der Tür,* G., Ffm. 1968; *Die vollkommene Schöpfung. Natur oder Naturwissenschaft?,* Ffm. 1969; *Erzählungen,* Zür. 1969; *Der Arzt und seine Zeit,* Ffm. 1970; *Laura,* En., Mü. 1970; *»Scheideweg«,* Vierteljahresschr., begr. u. hg. zus. m. Max Himmelheber 1971 ff.; *Erzählungen 1–3,* Stg. 1978; *Homer: Odyssee,* Übs. a. d. Nachl., m. Holzstichen v. K. Rössing, Stg. 1981; *Werke,* Stg. 1978 ff.; *Der Wechsel,* m. Abb. v. Ute Osterwald, Stg. 1979; *Heinrich March,* R., Stg. 1979; *Ausgewählte Erzählungen,* Ffm., Bln., Wien 1981; *Im tiefen Granit. Nachgelassene Gedichte,* hg. v. Citta Jünger, Stg. 1983.

Jungk, Peter Stephan, wurde am 19. 12. 1952 in Santa Monica, Kalifornien, als Sohn des Zukunftsforschers und Publizisten Robert Jungk geboren. 1957 übersiedelte er mit der Familie nach Wien, ging dort auf die amerikanische Schule und wechselte anschließend auf das Akademische Gymnasium über. Von 1968 bis 1970 besuchte er die Rudolf-Steiner-Schule in Berlin; in dieser Zeit entstanden erste Prosatexte. 1970 zog er nach Salzburg und legte dort 1972 das Abitur ab. 1973/74 arbeitete er als Regieassistent bei Hans Hollmann am Baseler Theater und als Produktionsassistent bei der Verfilmung von Hermann Hesses *Steppenwolf.* 1974 bis 1976 studierte er an der »UCLA« und absolvierte eine Filmschule in Los Angeles. Von 1976 bis 1979 lebte er als freier Autor in Salzburg; 1977 arbeitete er in Paris als Regieassistent bei der Verfilmung von Peter Handkes *Die linkshändige Frau.* 1980 begann er ein Studium an einer Thora-

schule in Jerusalem, 1981 übersiedelte er nach Wien, seit Ende 1988 lebt er in Paris. Ausgezeichnet wurde er 2001 mit dem Stefan-Andres-Preis.
In den beiden autobiografisch beeinflussten Bänden *Stechpalmenwald* (1978) und *Rundgang* (1981) begibt sich ein Erzähler an Orte, von denen er hofft, dort »ohne Sehnsucht nach dem Gegenteil wohnen« zu können und dass sie ihm »Heimatgefühle in den Kopf setzen«. Den Ort in Kalifornien erfasst er wie im Zeitraffer, kalt, surreal und nur spotartig aufblitzend wie die Neonreklamen der »Dornröschenboulevards«. Bald jagen ihn albtraumartige Erinnerungen, die Grenzen zwischen Traum und Wirklichkeit verschwimmen in dieser künstlich anmutenden Stadt Hollywood. Auch ihre Bewohner entziehen sich dem eifrig protokollierenden Erzähler wie »elektrische Disneywesen«, die einer unbekannten Regie folgen und vergebens ihren Träumen hinterherlaufen. So bleibt sein »tiefes Suchen in Vergangenem, Unübersehbarem, ein Orten, Vermessen, Greifen«, bleibt ein sich »Verlieren«. Seine Sehnsucht, sich »mit einer Frucht, einer Landschaft, einem Ozean zu vereinigen«, wird nicht erfüllt; mit »dicken Mappen« voller Prosafragmente, Szenenentwürfe und Beobachtungsjournalen unter dem Arm verlässt er das Land. In Jerusalem besucht er ein Kolleg der orthodoxen Juden zur Ausbildung von Rabbinern, um sein »schmerzliches Nichtwissen abzustreifen, das unbekannte Verwandte verstehen zu lernen, ich wollte der groben Unordnung in meinem Kopf einen Rahmen finden«. Hin- und hergerissen zwischen den strengen Regeln der Gläubigen und den lebensfrohen Neigungen eines Weltenbummlers, durchwandert er das geteilte Jerusalem, das geistige Zentrum zweier Konfessionen, erörtert dabei Glaubensfragen und stellt sich am Ende dieses »Rundganges« die zweifelnde Frage: »Habe ich mir Innere Heimat erlaufen?« Diese sprachlich durchaus eigenwillige, immer wieder metaphorisch überhöhte Dokumentation einer »Reise in die Angstwelt« , auf der sich der Erzähler als »glattrasierter Jederniemand zwischen den Welten« befindet, lässt vor allem in *Stechpalmenwald* das Faible des Autors für filmische Sequenzen und Perspektiven erkennen, überdeckt aber trotz dieser glitzernden Oberfläche nicht das ernsthafte Bemühen um die Auflösung offenbar verwirrend wirkender Wirklichkeitsstrukturen.
Jungks Figuren sind getrieben von dem Wunsch, einer Welt zugehörig zu sein und Geborgenheit zu erfahren. Flankiert werden diese Sehnsüchte aber von einem starken Unabhängigkeitsbedürfnis, das es schwer macht, sich in einem Raum zu verankern, der intellektuelle mit körperlichen Ansprüchen versöhnt, christliche und jüdische Tradition gemeinsam denkt. So ist es auch kein Zufall, dass der Franz-Werfel-Biograf Jungk die Titelfigur seines Romans *Die Unruhe der Stella Federspiel* (1996) nach einer Figur aus Werfels letztem Roman *Stern der Ungeborenen* (1946) nannte. Wie Werfel vertraut Jungk dem Unterbewusstsein, um die Diskrepanzen zwischen einer »grenzenlosen inneren Erlebnisfähigkeit des Menschen« und der räumlich wie zeitlich sich im Zivilisationsprozess entfernenden äußeren Wirklichkeit zu überwinden.
Schmückte Jungks Roman *Tigor* (1991) Walter Pichlers Bild *Der doppelte Wanderer* und verwies auf das »lebende Spiegelbild«, das die Titelfigur sucht und fürchtet zugleich, so ziert nun das Foto einer jungen Frau den Umschlag, das von Horst P. Horst – der im Roman einen Rilke-Brief erwirbt – gemacht wurde. Die erfolgreiche Uhrendesignerin Stella begeistert sich für die Präzision ihrer Produkte, im Privatleben ist sie abweisend und neurotisch. Von einem Jugendfreund wird sie wider Willen schwanger, treibt das Kind ab und zieht sich zum Nachdenken zurück. Sie macht ihre Eltern für ihre Misere verantwortlich, wird depressiv und schließt am Ende mit dem Freund einen Pakt, der ihr Mutterglück und Unabhängigkeit gleichermaßen gewähren könnte. Ihre Seelenkrise wird so durch die Hervorbringung neuen Lebens als gleichsam identitätsstiftende Maßnahme behoben. Erinnerung und Gedächtnis, wie sie im Roman durch Orte und Menschen wie ihren Vater, den polnischen Antiquar, versinnbildlicht werden, erfahren ihre Weiterführung im »Meer der Zeit«. Uhren und Bücher begleiten Menschen und bewahren ihre Geschichten. Hier schließt sich der Kreis, wenn Jungk seinen Roman nicht nur als Selbsterfahrung einer jungen Frau organisiert, sondern ihn selbst zum zeitlosen Gedächtnisort macht. *Die Erbschaft* (1999) hingegen räumt all diese Hoffnungen ab: Egomanie und Geldgier, Betrug und Intrige stehen für eine Welt, in der selbst die familiären Bindungen nichts mehr zählen und der Glaube an Gerechtigkeit längst verloren gegangen ist. Als der Lyriker Daniel Löw im Kampf um die Erbschaft seines Onkels am Ende Familie, Geld und Selbstachtung verloren hat, bilanziert er: »Ich bin fortan mein eigener Prophet.« Konsequent hat Jungk seine literarische Testreihe weitergeführt und den Filmtycoon Walt Disney in einer unterhaltsamen Romanbiografie als »Monster in Kinderschuhen« gezeichnet. *Der König von*

Amerika (2001) erscheint als großer Visionär und rücksichtsloser Geschäftsmann, der sein Imperium mit harter Hand führt und gleichzeitig gerne mit Modelleisenbahnen spielt.

Thomas Kraft

Werke: *Stechpalmenwald*, En., Ffm. 1978; *Oktave*, Hsp., SDR 1979; *Rundgang*, R., Ffm. 1981; *Woody Allen: Tod*, Übs., Ffm. 1981; *Suchkraft*, Hsp., WDR 1982; *Das Franz-Werfel-Buch*, Hg., Ffm. 1986; *Franz Werfel. Eine Lebensgeschichte*, Ffm. 1987; *Raymond FitzSimons: Edmund Kean*, Übs., Ffm. 1987; *Christopher Durang: Betty, Boo und die Ehe*, Übs., Ffm. 1987; *Ein Weltfreund zwischen den Welten. Über Franz Werfel*, TV-Film, ORF/ZDF 1988; *Meister der Nacht. Über Leo Perutz*, TV-Film, ORF/ZDF 1989; *Christoper Durang: Gebrüllt vor Lachen*, Übs., Ffm. 1989; *Tigor*, R., Ffm. 1991; *Dunkles Licht. Über Eugen Bacvar*, TV-Film, ORF/ZDF 1992; *Vier Frauen. Porträts*, m. Fotografien v. Lillian Birnbaum, Hdbg. 1994; *G. Gbadamosi: Hotel Orpheu*, Übs., Ffm. 1994; *Die Unruhe der Stella Federspiel*, R., Mü. 1996; *Die Erbschaft*, R., Mü. 1999; *Thornton Wilder: Vier Einakter (Jugend; Bei Shakespeare und in der Bibel; Es läutet an der Tür. Unterirdische Flüsse)*, Übs., Ffm. 1999; *Der König von Amerika*, R., Stg. 2001; *Georg Schuchter: Ganz Träumer, ganz Draufgänger*, Hg., Wien 2002.

LEXIKON
DER DEUTSCHSPRACHIGEN
GEGENWARTS-
LITERATUR
SEIT 1945

LEXIKON
DER DEUTSCHSPRACHIGEN
GEGENWARTS-
LITERATUR
SEIT 1945

BEGRÜNDET VON HERMANN KUNISCH,
FORTGEFÜHRT VON HERBERT WIESNER,
SIBYLLE CRAMER UND
DIETZ-RÜDIGER MOSER,
NEU HERAUSGEGEBEN VON
THOMAS KRAFT

BAND 2: K–Z

N Y M P H E N B U R G E R

Vollständig überarbeitete und aktualisierte Neuausgabe des »Lexikons der deutschsprachigen Gegenwartsliteratur seit 1945«

Besuchen Sie uns im Internet unter
nymphenburger-verlag.de

Umschlaggestaltung: Wolfgang Heinzel
Lektorat, Herstellung und Satz:
VerlagsService Dr. Helmut Neuberger
& Karl Schaumann GmbH, Heimstetten
Gesetzt aus der 8,5/11 Punkt Sabon
Druck und Binden: Ueberreuter Buchproduktion, Korneuburg
Printed in Austria
ISBN 3-485-00989-X

INHALT

Kaminer, Wladimir, wurde am 19. 7. 1967 in Moskau geboren. Er absolvierte eine Ausbildung zum Toningenieur für Theater und Rundfunk und studierte anschließend Dramaturgie am Moskauer Theaterinstitut. 1990 übersiedelte er nach Berlin, wo er zuerst als Tontechniker bei einer freien Theatergruppe arbeitete. Er schrieb Ende der Neunzigerjahre Feuilletons und Kolumnen für verschiedene Zeitungen und moderierte regelmäßig Radiosendungen. 2002 erhielt er den Ben-Witter-Preis.

Mit seinem ersten Erzählband *Russendisko* (2000) hat Kaminer bereits jene autobiografisch geprägte Schreibweise gefunden, die auch seine in kurzen Abständen nachfolgenden Erzählungen und Romane bestimmt. Der Autor erzählt von sich und seiner Familie in einem multikulturellen Stadtviertel Berlins und berichtet in Rückblenden vom Leben in der sich auflösenden Sowjetunion. Seine Stellung zwischen den Kulturen befähigt ihn, die sowjetische Vergangenheit in Moskau wie das alltägliche Leben in der deutschen Metropole mit der Haltung allseitiger Distanz und einem kühlen, satirischen Blick zu betrachten. Wie auch in dem nachfolgenden Erzählband *Schönhauser Allee* (2001) ist sein Stil einfach, die syntaktische Struktur wird von Hauptsätzen dominiert, die Themen kreisen um den Alltag von Kleingewerbetreibenden und Gelegenheitsarbeitern unterschiedlicher Nationalität. Seine literarischen Ambitionen spielt Kaminer herunter. In einem Interview meinte er: »Ich habe keine großen literarischen Ansprüche. Für mich ist das eher ein Witz.« Manche Kritiker folgen seiner Selbstauskunft und bemängeln seine amüsanten, oberflächlichen Feuilletons, die ohne das hochliterarische Spiel der Bedeutungen auskommen. Andere registrieren, dass Kaminers Texte in ihren besten Passagen einen bemerkenswerten absurden Humor verraten.

In seinem Roman *Militärmusik* (2001) beschreibt Kaminer das Leben von Herumtreibern und Arbeitsunwilligen, die in der sowjetischen Gesellschaft der Achtzigerjahre mühelos Nischen finden und den sozialen Regeln und Pflichten einer instabilen Gesellschaft entgehen. Er knüpft an die Sozialsatire an, die in den Zwanzigerjahren des 20. Jahrhunderts von Autoren wie Ilja Ehrenburg, Michail Sostschenko oder dem Duo Ilja Ilf/Jewgeni Petrow entwickelt wurde und die in plebejischer Tradition die Gesellschaft aus der Perspektive von anarchischen Außenseitern betrachtete. Kaminer besitzt nicht ihren hohen literarischen Formanspruch, aber seine Figuren ähneln mit ihrer List, ihrem Vermögen, sich irgendwie durchzuschlagen und die individuelle Tragödie immer wieder zu vermeiden, den großen Vorgängern. Mit *Die Reise nach Trulala* (2002) und dem Foto-Text-Band *Helden des Alltags* (2002) variiert er sein literarisches Erfolgsrezept, kombiniert Erzählung, Reisebericht und Autobiografie, ohne jedoch eine Erweiterung seiner stilistischen Mittel erkennen zu lassen.

Mario Scalla

Werke: *Russendisko*, En., Mü. 2000; *Schönhauser Allee*, En., Mü. 2001; *Frische Goldjungs*, Hg., Mü. 2001; *Militärmusik*, R., Mü. 2001; *Die Reise nach Trulala*, En., Mü. 2002; *Helden des Alltags*, mit Fotos v. Helmut Höge, En., Mü. 2002.

Kaminski, André, wurde am 19. 5. 1923 in Genf als Sohn eines Psychiaters und einer Apothekerin geboren. Der polnische Vater und die aus der k.u.k. Monarchie stammende Mutter, die nach dem Ersten Weltkrieg in die Schweiz emigriert waren, erzogen ihren Sohn entsprechend ihren politischen Idealen zum Kommunisten. Kaminski studierte in Zürich und Genf Geschichte, promovierte und habilitierte sich. 1950 ging er nach Polen, weil er sich – wie er einmal in einem Interview mitteilte – »schämte, den Krieg in der Schweiz auf dem Trockenen in der Prominentenloge betrachtet zu haben«. In Polen arbeitete er als Produzent und Dramaturg bei Rundfunk und Fernsehen sowie am Theater. Er verfasste über 30 Theater- und Fernsehspiele in polnischer Sprache. In den Fünfzigerjahren lebte er, als Fernsehjournalist von Polen entsendet, für einige Jahre in Algerien und Marokko. In den »wahren Geschichten« des Erzählbandes *Die Gärten des Mulay Abdallah* (1983) erinnert sich der Autor an diese Zeit. 1968 wurde Kaminski als Dissident ausgebürgert; 20 000 Juden mussten Polen in diesem Jahr, als der Aufstand in Prag niedergeschlagen wurde, verlassen. Nach einem einjährigen Aufenthalt in Israel kehrte er in die Schweiz zurück und arbeitete bis zu seiner Pensionierung als Chefdramaturg beim Schweizer Fernsehen. Ab 1986 lebte er als freier Schriftsteller in Zürich. 1987 erhielt er den Mara-Cassens-Preis und 1990 die Ehrengabe der Stadt Zürich. Am 12. 1. 1991 starb André Kaminski in Zürich.

Kaminski, der nach eigener Aussage von so unterschiedlichen Schriftstellern wie Gottfried Keller, Mark Twain, Dos Passos, Philip Roth und Woody Allen beeinflusst wurde, unterlegte seinen Prosatexten durchgängig autobiografisches Material. In den *Neun wilden Geschichten* des Bandes *Herzflattern* (1984) entsinnt sich der Ich-Erzähler seiner erotischen Abenteuer, verbindet aber immer wieder Privates mit Gesellschaftlichem, wenn er beispielsweise über politische Auseinandersetzungen in den Vierzigerjahren in der Schweiz berichtet. Die teils anekdotischen, gelegentlich auch die Nähe zum Kitsch nicht scheuenden *Flimmergeschichten* (1990) speisen sich aus dem Fundus der Erlebnisse und der jahrzehntelangen Erfahrungen des Autors beim Fernsehen. Nie allerdings wirken seine aus der Position eines Ich-Erzählers formulierten Prosatexte vordergründig bekenntnishaft oder desavouierend, vielmehr fügen sich Fiktion und (historische) Wirklichkeit zu unglaublichen, manchmal aberwitzigen Geschichten, deren gelegentlich ironischer Unterton kritische Distanz zum Leser herzustellen weiß. Kaminski beherrscht die Kunst des Fabulierens: Mit wenigen Strichen zeichnet er Charaktere und Typen, lässt längst Vergangenes wiedererstehen, entwirft mit klaren Bildern Szenarien familiärer Idylle ebenso wie dramatische historische Umbruchsituationen. Dass es ihm dabei nicht um den Nachvollzug des bloß Faktischen oder um analytische Erklärungsmodelle geht, sondern um Grundsätzliches und allgemein Menschliches, lässt sich allein aus der stets weit ausholenden Geste seines Schreibens ablesen; mit Details und Feinzeichnungen seiner Figuren hält er sich nicht auf.

Am stärksten beeindrucken konnte Kaminski mit seiner bei Lesepublikum und Kritik gleichermaßen erfolgreichen, turbulenten Familiensaga *Nächstes Jahr in Jerusalem* (1986). Die Handlung setzt Ende des 19. Jahrhunderts ein und endet mit der Geburt des Erzählers Andrzej. Die zwei Erzählstränge des Romans folgen der Geschichte der polnisch-jüdischen Herkunftsfamilie väterlicherseits und der aus dem monarchistischen Stanislau stammenden mütterlichen Linie. Die Patriarchen der Familien, einerseits der reiche Fabrikant Jankl aus Warschau, andrerseits der verarmte Leo Rosenbach, ehemaliger Hoffotograf des bayerischen Märchenkönigs Ludwig II., werden als Kaminskis Großväter ausgewiesen, wobei der Ich-Erzähler in einem in den Text integrierten Schlusswort ganz allgemein die Authentizität des Erzählten zur Disposition stellt: »Für historische Daten, Ortsbezeichnungen und biographische Details übernehme ich keinerlei Verantwortung. Schon auf der ersten Seite dieses Buches zitierte ich ja die Inschrift auf dem Grabstein des längst dahingegangenen Rabbi Schloime Rosenbach (...) Die Wahrheit ist das kostbarste aller Güter und soll gehandhabt werden mit Sparsamkeit und Zurückhaltung.« Kaminski folgt den Spuren seiner Vorfahren an verschiedene Schauplätze: Warschau, Wien, London, Rom, Zürich oder New York, wo die elf »Kaminskiboys« beispielsweise als Fußballmannschaft von Sieg zu Sieg eilen und damit gleichzeitig das alte Klischee von der körperlichen Schwäche und Unsportlichkeit der Juden wirkungsvoll widerlegen. Vereinzelt hielten Kritiker Kaminski vor, die »Epoche im Spiegel des Lachkabinetts« (Schalom Ben-Chorin) unangemessen darzustellen und darüber hinaus jüdische Traditionen unrichtig oder ungenau zu beschreiben. Doch der unterhaltsame, manchmal drastische Ton verfängt sich immer wieder in bitter-ironischen Brechungen, die der Ernsthaftigkeit von Situationen mitunter in höherem Maße Rechnung tragen als explizite Formulierungen oder Kommentare.

Im Zuge des großen Erfolgs von *Nächstes Jahr in Jerusalem* wurde Kaminski zu einer Lesereise eingeladen, die ihn 1986 erstmals in seinem Leben nach Deutschland führte. Durch über 100 Städte tourte er und hielt seine Beobachtungen, Begegnungen, Diskussionen und Eindrücke in dem Tagebuch *Schalom allerseits* (1987) fest. Die oft nur schlaglichtartig beschriebenen Situationen veranlassen Kaminski zu Reflexionen über das deutsch-jüdische Verhältnis, über die eigenen Klischeevorstellungen von Deutschland, über die Zeit des Nationalsozialismus, aber auch über tagesaktuelle Ereignisse wie die atomare Katastrophe von Tschernobyl.

Im Zentrum seines zweiten Romans steht der heimatlos gewordene Jude Gideon Esdur *Kiebitz* (1988), der als Opfer der polnischen Ausbürgerungsaktionen 1968 Frau und Kind in Polen zurücklassen musste und in Wien sitzend einer unsicheren Zukunft entgegenblickt. Durch die Ereignisse buchstäblich verstummt, entsinnt sich Kiebitz eines Schweizer Schulfreundes, dessen professionelle Hilfe als Psychiater er erbittet. Eine »Korrespondenztherapie«, in deren Rahmen er sich an seine bewegten polnischen Jahre zurückerinnert, führt schließlich zum gewünschten Erfolg: Kiebitz findet seine Sprache wieder. Er erkennt, dass er als später Sohn Hiobs im Gegensatz zu seinem Therapeuten trotz aller Wirrnisse und negativen Erfahrungen stets ein »Leben aus erster Hand« geführt hat.

Ein gängiges Klischee abwehrend, antwortete Kaminski einmal auf die Frage eines Journalisten, ob er sich denn als »typisch jüdischen Erzähler« betrachte, gleichermaßen knapp wie differenzierend: »Ich empfinde mich als Erzähler. Wenn ich jüdische Geschichten erzähle, dann bin ich ein Erzähler, der jüdische Geschichten erzählt. Aber mehr nicht.«

Petra Ernst

Werke: *Paß nach drüben. Eine Komödie*, Kassel o. J. [1973]; *Adam, Eva und die Dampfwalze*, Theaterst., UA Düsseld. 1976; *Die Gärten des Mulay Abdallah. Neun wahre Geschichten aus Afrika*, Ffm. 1983; *Herzflattern. Neun wilde Geschichten*, Ffm. 1984; *Nächstes Jahr in Jerusalem*, Ffm. 1986, *Schalom allerseits. Tagebuch einer Deutschlandreise*, Ffm. 1987; *Kiebitz*, R., Ffm. 1988; *Der Sieg über die Schwerkraft und andere Erzählungen*, Ffm. 1990; *Flimmergeschichten*, Ffm., Lpz. 1990; *Kaminski erzählt* (enth. *Die Gärten des Mulay Abdallah; Herzflattern*), Ffm., Lpz. 1991.

Kaminski, Volker, wurde am 14. 7. 1958 in Karlsruhe geboren. Er studierte von 1981 bis 1990 Germanistik und Philosophie in Freiburg im Breisgau und in Berlin, danach arbeitete er als Privatlehrer und Erzieher. Er lebt seit 1994 als freier Autor in Berlin. Ausgezeichnet wurde er 1996 mit dem Alfred-Döblin-Stipendium und dem Stipendium der Kunststiftung Baden-Württemberg, 1998 mit einem Arbeitsstipendium des Berliner Senats.

Der junge Kämpfer aus der Novelle *Die letzte Prüfung* (1994), mit der Volker Kaminski debütierte, erscheint auf seinem Passionsweg als moderne Variante des Gralsritters mit Anleihen bei Hesses »Goldmund« und den »angry young men« des angloamerikanischen Melodrams. Durch eine surreale Eislandschaft, die nun den afrikanischen Kontinent bedeckt, fährt Falt mit seinem Prüfer Ted unter großen Strapazen auf einem obskuren Gefährt Richtung Tripolis, der »Stadt des Glücks«. Der Weg ist das Ziel, und so durchschreitet Falt mit nahezu religiösem Eifer dieses Jammertal, erduldet drei Monate Strapazen und Qualen, um sich für höhere Aufgaben, die ihn am Ende der Reise erwarten, zu qualifizieren. Sein Traum ist es, von Tripolis aus die so genannte »Grüne Wand« zu durchstoßen und den Kontinent vom Eis zu befreien. Sein Prüfer Ted hingegen, ein abgezockter Veteran dieses Spiels, hat sich mit der »herrlichen Kälte« arrangiert und will seinen Schützling mit allen Kräften von diesem Vorhaben abbringen. Während der Reise bricht der Konflikt zwischen den Generationen auf, ein dramatischer Kampf bis hin zum klassischen Showdown beginnt. Zwischen Pflicht und Neigung, zwischen der Erfüllung eines Traumes und den Verlockungen der Macht müssen die Kontrahenten wählen. Archaische Szenen, düster und visionär zugleich, dazu zwei griffig gezeichnete Antipoden auf der Suche nach Wahrheit, eingebunden in eine geschlossene, weitgehend straffe Handlung, zuweilen vielleicht das Raunende und Bildhafte etwas übertreibend, zog dieses Debüt einige Aufmerksamkeit und gute Kritiken auf sich. Dieser überzeugenden Talentprobe folgte der Roman *Söhne niemands* (2000) über einen verbummelten Studenten und Tagträumer, der in Syrien »nach alten Schätzen graben will«, doch stattdessen in der Provinz bei Eierdieben und Verrückten landet. Um einen Lebensplan-Sucher geht es auch in *Spurwechsel* (2001) – »Volker Kaminski schafft es erstaunlicherweise, aus all diesen abgestandenen Ingredienzien, aus Berlin-Roman, Wenderoman, Künstlerroman und Ménage à trois eine Geschichte zu kompilieren, die ihre eigene Dynamik und sogar eine zunehmende Spannung entfaltet – bis hin zu einem regelrechten Showdown am S-Bahnhof Treptow« (Jörg Magenau).

Thomas Kraft

Werke: *Die letzte Prüfung*, N., Bln. 1994; *Söhne niemands*, R., Bln. 2000; *Spurwechsel*, R., Mü. 2001.

Kant, Hermann, wurde am 14. 6. 1926 in Hamburg als Sohn eines Gärtners geboren. Er besuchte die Volksschule und machte eine Elektrikerlehre. Sechs Monate vor Kriegsende wurde er eingezogen und geriet von 1945 bis 1949 in sowjetische und polnische Gefangenschaft. Im Warschauer Arbeitslager wandelte er sich zum Antifaschisten und beteiligte sich an der Gründung eines Antifa-Komitees. Nach seiner Rückkehr in die damalige Sowjetische Besatzungszone holte er an der Arbeiter- und Bauern-Fakultät Greifswald das Abitur nach, studierte Germanistik an der Ost-Berliner Humboldt-Universität und promovierte zum Dr. phil. Er arbeitete als Hochschulassistent und Redakteur einer Studentenzeitung sowie bis 1962 als Redakteur der Zeitschrift »Neue Deutsche Literatur«. Seitdem ist er freischaffender Schriftsteller. Als einer der fünf Stellvertreter Anna Seghers' stand Kant von 1969 bis 1978 dem Schriftstellerverband der DDR vor, von 1978 bis März 1990 war er dessen Präsident. 1969 wurde er in die Deutsche Akademie der Künste gewählt, 1991 in die erneuerte und umbenannte Akademie der Künste zu Berlin, die er im Jahr darauf unter politischem Druck verließ. Von 1974 bis

1979 gehörte er der Berliner SED-Bezirksleitung an, 1986 bis 1989 war er Mitglied des SED-Zentralkomitees und von 1981 bis 1990 Abgeordneter der DDR-Volkskammer. 1991 schied er aus dem Deutschen P.E.N.-Zentrum Ost aus, dem er seit 1964 angehört hatte. Heute lebt er in Prälank, Mecklenburg. Hermann Kant wurde unter anderem 1963 mit dem Heinrich-Heine-Preis des Ministeriums für Kultur ausgezeichnet, 1973 mit dem Nationalpreis der DDR, 1976 mit dem Vaterländischen Verdienstorden in Silber sowie 1983 mit dem Nationalpreis der DDR 1. Klasse. 1986 verlieh ihm das Präsidium des Obersten Sowjets der UdSSR den Orden der Völkerfreundschaft.

»Welch schöner Doppelsinn des Wortes Schutzumschlag«, schrieb Hermann Kant einst im Klappentext seiner Geschichtensammlung *Bronzezeit* (1986): Der Schutzumschlag schütze das Buch und seinen Autor auch. Und weiter beteuerte er, dass in den Satiren kein einziger Schriftsteller vorkomme, der über die Bronzezeit nachsinnt und bei dieser Gelegenheit mit der Geschichte der DDR vertraut macht. Und doch spielt der Titel auf die Einteilung der Weltgeschichte in naturgesetzliche Phasen nach der Lehre des historischen Materialismus an. Schutz, Vorsicht, wortreiche Absicherung der eigenen Person: Kant ist sich bis zu seinem jüngsten Buch *Okarina* (2002) treu geblieben. »Fazit« sollte es ursprünglich heißen, ähnlich knapp und resümierend wie *Abspann* (1991), seine gallenbittere Nach-Wende-Autobiografie. Immer sei er neugierig geblieben, »auf Neuigkeiten gierig«, bekennt darin der IM »Martin«, der Kant nachweislich zumindest in den Jahren 1963 bis 1976 war. Inzwischen leugnet er seine Mitarbeit beim Staatssicherheitsdienst nicht mehr.

Als »Meister des kritischen Zudeckens von Widersprüchen« ging Kant in Wolfgang Emmerichs *Kleine Literaturgeschichte der DDR* ein, und so begann seine schriftstellerische Laufbahn bereits mit einem harmlosen Widerspruch: Die Erzählungen *Ein bißchen Südsee* (1962) entfalteten keine – im eingeschlossenen »Ländchen« DDR schmerzlich entbehrte – Exotik, »sondern dröge Norddeutsches«, wie der Autor in koketter Schein-Selbstanklage später bekannte. Sie ist das Markenzeichen eines Mannes, der sich allzu gerne als »Thomas Mann der DDR« gesehen hätte. Auch über das Handwerk des Schreibens lässt sich der selbstsichere Debütant aus; Kunst insgesamt definiert er als »disziplinierte Ausschweifung«.

In den Erzählbänden *Eine Übertretung* (1975), *Der dritte Nagel* (1981) oder *Die Summe* (1987) nimmt Kants Kurzprosa den Schlendrian des sozialistischen Alltags aufs Korn: halblegalen Tauschhandel, Probleme bei der Versorgung mit Konsumgütern oder die wechselhafte Diskussion ums preußische Erbe in Zeiten der »Neuen Unbefangenheit«. Das mündet in allerlei kleine Fluchten, die der Dialektiker als inhärente »Kinderkrankheiten« des Staates milde belächelt. In der Stephan Hermlin gewidmeten Erzählung *Bronzezeit* verhindert der Buchhalter Farßmann – schon Name und Beruf sind satirisches Programm – nihilistische Bestrebungen des VEB Ordunez (Orden und Ehrenzeichen), eine bronzene Reiterstatue Friedrich des Großen einzuschmelzen, um Rohmaterial für Medaillen zu gewinnen – deren hat der staatliche Sektor »Ruhm und Ehre« wachsenden Bedarf.

Die Bronzezeit, vielmehr das goldene Zeitalter des Hermann Kant, ist im November 1989 untergegangen. Wie kein anderer DDR-Autor war er Repräsentant seines Staates. Als langjähriger Vorsitzender des Schriftstellerverbandes, Mitglied im Zentralkomitee der SED und Volkskammerabgeordneter verfügte er über die Macht, die Kollegen in schwierigen Zeiten (etwa während der Biermann-Ausbürgerung 1976) zusammenzuhalten und sie bei Bedarf zu schikanieren. Aus diesen Funktionen bezog der einstige Elektriker und Autodidakt seine persönliche wie künstlerische Existenzberechtigung. Ohne die Sowjetische Besatzungszone und ihre Arbeiter- und Bauern-Fakultäten wäre Hermann Kant (wie sein Bruder Uwe) wohl kaum Schriftsteller geworden. Er revanchierte sich mit einem Werk, in dem »die DDR so drin ist wie Sauerstoff in der Luft«.

Seit seinem bedeutenden ersten Roman *Die Aula* (1965), der als DDR-Roman schlechthin gelten kann, beschreibt Kant in Variationen immer wieder die eigene Lebensgeschichte. Er heftet sie Stellvertreterfiguren an, die Robert Iswall oder Mark Niebuhr (*Der Aufenthalt,* 1977) heißen und in ein Kollektiv eingebettet sind. Es handelt sich um Entscheidungs- und Funktionsträger aus dem Arbeitermilieu. Ihre im Rückblick erzählten Biografien verlaufen parallel zur etappenweisen Entwicklung jenes Staates, dem Kants Helden ihre Karrieren verdanken. In der höchst genauen Abschilderung des eigenen Landes entstand auf diese Weise eine selbstbewusste neue Heimatliteratur: ein Jahrzehnt nach dem Bitterfelder Weg und in der Intention historischer als die so genannte Ankunftsliteratur der jüngeren

Autorengeneration (benannt nach Brigitte Reimanns Roman *Ankunft im Alltag*, 1961).

Kants große drei DDR-Romane – *Die Aula, Der Aufenthalt* sowie mit deutlicher Abschwächung *Das Impressum* – verbinden das Bekenntnis zum sozialistischen Realismus mit avancierten »westlichen« Prosatechniken. Diese formale Raffinesse machte vor allem *Die Aula* zum Lesevergnügen und beliebten Schulstoff. In Form eines vielfach von der Gegenwart – dem Jahr 1962 – überblendeten Rückblicks erinnert sich darin Robert Iswall an seine Studienjahre ab 1949 an der Greifswalder ABF (Arbeiter- und Bauern-Fakultät). Der arrivierte Journalist und Kritiker, hinter dem man den Autor selbst vermuten darf, soll eine Rede anlässlich der Schließung der Bildungseinrichtung für Arbeiterkinder halten. Da dieses Ziel in der DDR erfolgreich »übererfüllt« wurde, hat sich die ABF überlebt. Anhand der Lebensläufe seiner Mitschüler entwickelt Iswall ein exemplarisches Porträt jener Gesellschaftsschicht, die Brechts Forderung erfüllt hat, dass die Köchin den Staat regieren solle.

Dabei spart der Roman dunkle Punkte wie die des ideologischen Musterschülers Quasi Riek nicht aus; nach seiner Flucht ins kapitalistische Hamburg verlottert der Hoffnungsträger als Kneipenwirt. Einen Nebenbuhler schickte Iswall einst für sieben Jahre nach China. So erkennt er selbstkritisch, dass er die Sache des Sozialismus mit eigenen Interessen vermengte. Iswalls Recherche in Hamburg bietet Kant die Gelegenheit zu einer ebenso schematischen wie polemisch reizvollen Gegenüberstellung der deutschen Teilstaaten. Das hatte in der Literatur jener Jahre – abgesehen vom Werk Uwe Johnsons – Seltenheitswert. Was als Rechenschaftsbericht angelegt war, steigert und verästelt sich zum kunstvollen Bildungsroman.

Dieses Niveau vermochte *Das Impressum* nicht zu halten. Wieder ist Ausgangspunkt der Handlung, dass ein Journalist Zeugnis über sich ablegt. In diesem Fall David Groth, der es vom Boten zum Chefredakteur der »Neuen Berliner Rundschau« brachte und nun Minister werden soll. Groths kokettes Nein auf die offizielle Anfrage wandelt sich – wie sollte es anders sein – schließlich zum launigen »Ich käme«. Die Haltung des »Es ist erreicht« steht in Kontrast zum selbstgefälligen Plauderton, mit dem Ereignisse seit 1945 thematisiert werden. Wie immer geschieht das in Verschränkung von Biografie und Politik, etwa, als Groths Liebe zu seiner Frau parallel zur DDR am 17. Juni 1953 einer Zerreißprobe ausgesetzt wird. Obwohl das Buch zum zwanzigsten Geburtstag der Republik 1969 geplant war, wurde ein Vorabdruck abgebrochen und das Erscheinen um drei Jahre verzögert. Selbst der unfreiwillige, alle Widersprüche zukleisternde Unterhaltungsroman eines Staatsschriftstellers konnte in die Mühlen der DDR-Kulturpolitik geraten.

Zu einem differenzierten und auch von der westdeutschen Kritik hochgelobten Projekt der deutschpolnischen Annäherung durch die ungeschönte Analyse des NS-Mitläufertums geriet der Roman *Der Aufenthalt*. Der junge Wehrmachtssoldat Mark Niebuhr läutert sich in polnischer Kriegsgefangenschaft dank höherer Einsicht zum erklärten Antifaschisten. Er erlebt die Zeit in Warschau als »Entwilderung« und wird zum lebenslangen Skeptiker. Diese Wandlung hat er mit dem Verfasser gemein.

Der Roman *Okarina* (2002) beginnt gleichfalls mit Niebuhrs politischem Erweckungserlebnis in Warschau anno 1947. Doch dann geschieht das Fantastische, jenes Ereignis, das diesen Schelmenroman zur veritablen Münchhauseniade macht: Auf Geheiß Josef Stalins wird Niebuhr eines Nachts von Warschau nach Moskau gebracht. In Privataudienz spielt ihm der Generalissimus auf der Okarina vor, einer kleinen bauchigen Flöte aus Ton. Anschließend ernennt er den verdutzten Deutschen zu seinem »Ideengefäß«. Im Falle einer Niederlage des kommunistischen Weltenführers solle er, Niebuhr, Stalins Ideen in sich bewahren und damit retten. Niebuhr kehrt nach dem Krieg nach Berlin zurück. Er wird an der SED-Parteihochschule ausgebildet, arbeitet in einer Druckerei und gründet eine Loseblatt-Zeitschrift namens – Okarina. Stalin stirbt und Niebuhr, sein Ideengefäß, versagt. Denn mit dem Ende der DDR wird die Zeitschrift eingestellt. Zum ersten Mal erwähnt Kant namentlich den sowjetischen Diktator, wo er zu DDR-Zeiten das Fortdauern des Stalinismus stets geleugnet hatte. Freimütig bekennt der Ich-Erzähler an anderer Stelle, einen gewissen Biermann aus der DDR hinausgeworfen zu haben: »Und warum ich – und wie, mit dem Stock oder wie? – den Biermann vertrieben habe. Wobei Biermann wie Milchmann oder Kohlenmann klang.« Hermann Kants Taktik ist nicht neu. Je öfter dieser Meister der Rollenprosa »ich« sagt, umso weniger teilt er in Wahrheit über sich mit. Seine angeblichen Geständnisse bewegen sich auf sicherem Boden, seine scheinbar systemkritische Ironie diente seinerzeit gerade der Zementierung des Systems. In der Diktatur mag die wortgewaltige Verschleierung von Kritik noch ihre Berechtigung gehabt haben. Inzwischen aber sind Kants Waffen, ist seine kecke und doch nur wohlfeile Sophistik stumpf geworden. Keine Beschreibung der rötlichen Bronzezeit, sondern Nachrichten aus einer neuen Eiszeit liefert er jetzt, und das gewohnt sarkastisch: »Mit siebzig/plus ist man für Höhlen und Gruben gut. Der dauerhafteste aller Permafröste wartet; ein Feuerchen noch, Asche zu Asche, vor dieser nicht sehr lieben Seele habt ihr, wartet nur, balde Ruh.«

Katrin Hillgruber

Werke: *Ein bißchen Südsee*, En., Ost-Bln. 1962, Darmst. 1979; *Die Aula*, R., Ost-Bln. 1965; *In Stockholm*, m. Fotos v. Lothar Reher, Ost-Bln. 1971; *Das Impressum*, R. Ost-Bln. 1972, Neuwied, Bln. 1972; *Eine Übertretung*, En., Ost-Bln. 1975, Darmst. 1976; *Der Aufenthalt*, R., Ost-Bln. 1977, Darmst. 1977, Film, 1983; *Anrede der Ärztin O. an den Staatsanwalt F. gelegentlich einer Untersuchung und andere Erzählungen*, Darmst. 1978; *Zu den Unterlagen. Publizistik 1957–1980*, hg. v. Leonore Krenzlin, Ost-Bln. 1981, Darmst. 1982; *Der dritte Nagel*, En., Ost-Bln. 1981, Darmst. 1982; *Schöne Elise*, En., Lpz. 1983; *Bronzezeit*, En., Ost-Bln. u. Darmst. 1986; *Krönungstag*, E., m. Illustr. v. Christa Jahr, Ost-Bln. 1986; *Die Summe. Eine Begebenheit*, E., Ost-Bln. 1987, Darmst. 1988; *Abspann. Erinnerung an meine Gegenwart*, Bln., Weimar 1991; *Kormoran*, R., Bln., Weimar 1994; *Escape. Ein Word-Spiel*, Bln. 1995; *Okarina*, R., Bln. 2002.

Kapielski, Thomas, wurde am 16. 9. 1951 in Berlin geboren und lebt dort heute noch. Er studierte Geografie, Philologie und Philosophie und verbrachte längere Zeit in Frankreich und Holland. Kapielski ist nicht primär Autor, sondern in vielen Kunstsparten tätig. In einem postmodernen Gestus ignoriert er Gattungsgrenzen und steht in dieser Hinsicht der Fluxus-Tradition nahe. In den Siebziger- und Achtzigerjahren ist er vor allem als Aktionskünstler, Musiker (mit Frieder Butzmann), Fotograf und Vortragsreisender aktiv gewesen. Neben Musik-, Aktionsauftritten und Ausstellungen ist er mit Katalogen, Schallplatten, Hörspielen und Filmen an die Öffentlichkeit getreten. Kapielski kultivierte eine Schnappschuss-Fotografie, um Objekte des Alltagslebens festzuhalten. Bildunterschriften und Titel seiner Werke machen aus ihnen einen ironischen Kommentar auf die gängige Kunstpraxis (»Ditt könn wa och!«). »Die Leute, die der Moderne den Weg geebnet haben, haben ihre Technik noch beherrscht. Dieter Roth war ein hervorragender Druckgrafiker, Duchamp konnte zeichnen. Aber ihre Nachfolger klacksen heute nur noch so rum. Ich selber kann nicht zeichnen, habe mich aber auch nie richtig als Künstler gefühlt, sondern bin in die Szene eher hineingeraten. Ich habe konzeptionell gearbeitet, bin in den Achtzigerjahren als fröhlicher Dilettant zu Werke gegangen, als das ein neuer Ansatz war. Als die Kunst anfing, mich zu langweilen, habe ich die Sparte gewechselt und zu schreiben begonnen, anstatt die Menge der gemalten Bilder um weitere Merkwürdigkeiten zu erweitern« (Januar 2000 im Gespräch mit Christian Schröder). Er kaufte sich beispielsweise Ölfarben, um den »Ölschinken« zu malen, das »Frauenbild« wurde mit Abwaschbürsten gefertigt, das »Männerbild« mit einem Rasierpinsel. 1999 nahm Kapielski eine befristete Professur für Performance an der Hochschule für Bildende Künste in Braunschweig an: »Wissen und gepflegtes Rumsitzen unter dem Vorwand einer Professur für Spiel, Bühne und Performance.« Im selben Jahr wurde er mit dem Ben-Witter-Preis und dem Sprengel-Preis für Bildende Kunst geehrt.

1988 arbeitete Kapielski als Journalist bei der »tageszeitung« und provozierte einen Eklat. Über das Jubiläum einer Diskothek berichtete er, sie sei bei seinem Eintritt »gaskammervoll« gewesen. Es folgte eine wochenlange Debatte über linken Antisemitismus. Solche Provokationen haben bei Kapielski Methode, Sprachspiele von kalauerhaft (»Je dickens destojewskij!«) bis herausfordernd (»rationalsozialistische Losungen«) prägen sein Schreiben. Als Autor spielte Kapielski zunächst eine untergeordnete Rolle.

1992 erschien *Aqua Botulus*. Ein Ich-Erzähler bleibt auf dem Weg zu einem Performance-Auftritt in der Kneipe hängen. Dem Buch sind Fotos beigegeben, wie Aufkleber auf Autos, Bausünden, Lampen, Blumenkübel und Tapeten. Schon hier ist der für ihn typische Stil und Erzählton entwickelt. Der Roman gibt sich autobiografisch und bezieht seine Effekte aus einer Selbstentblößung (»Das heißt aber noch lange nicht, dass wir nur im Gesicht schwitzen. Bei mir sind da noch die Eier und die Arschfalte«). Ähnlich verfährt Kapielski auch in den beiden *Gottesbeweisen* (*Davor kommt noch. Gottesbeweise IX–XIII*, 1998, und *Danach war schon. Gottesbeweise I–VIII*, 1999). Die zwei Bände versammeln Erzählungen, in deren Zentrum wiederum ein Ich-Erzähler steht. Die Geschichten kreisen ums Trinken und bieten immer wieder ironisches Räsonnement über Kunst auf. Kalauerhaft wird ein Bildungshintergrund referiert (»Die Welt ist alles, was die Unfälle ist«). 1999 wurde Kapielski zum Ingeborg-Bachmann-Wettbewerb nach Klagenfurt eingeladen. Hier fand er das ideale Forum, in der ihm eigenen Art radikaler Selbstentblößung den Kultur-

betrieb ironisch zu attackieren. Ausgezeichnet wurde er dort zwar nicht, seitdem ist er aber vom Geheimtipp zum beachteten Schriftsteller geworden. Die Tendenzen seiner früheren Bücher münden in *Sozialmanierismus* (2001), in einen Tagebuchroman (Februar 1999 bis Dezember 2000), in dessen Mittelpunkt wiederum das erzählende, kalauernde und räsonierende Ich steht. Von einer an der Umgangssprache orientierten Ausdrucksweise hat sich Kapielski immer mehr zu einer mit artifiziellen, altdeutsch anmutenden Wendungen durchsetzten Darstellung entwickelt (»Doch empfange, Leser, gütigst folgenden Nachtrag«), die in ihren stärksten Momenten parodistisch wirkt.
Es liegt in der Anlage seiner Texte, dass Kapielski nahezu vollständig mit seinen Texten identifiziert wird. Er hat vielfach diese Rolle als »ulkiger Erzählonkel« abzustreifen versucht. Es sei in seinen Texten »sehr viel reine Lüge dabei«, notwendig schon deshalb, um seine »Familie zu schützen«. Auch das Schreiben gehe bei ihm nur »stocknüchtern« vonstatten: Auch den fröhlichen Dilettantismus, mit dem Kapielski in der Kunstszene reüssieren konnte, möchte er nicht auf sein literarisches Schaffen angewendet wissen; da sei nichts drauflosgeschrieben. Kapielski hat im Spiel von Fiktion und Autobiografie ein eigenes parodistisches Repertoire entwickelt, hat damit aber auch Festschreibungen in der literarischen Öffentlichkeit provoziert, mit denen er selbst da noch verbunden bleibt, wo er sich abzusetzen versucht. Seine Werke werden wie Bekenntnisse rezipiert, sein Humor tendiert zunehmend zum Drastischen und seine Provokationen zur Selbstüberbietung. Man hat ihm daher politische Haltungslosigkeit vorgeworfen, etwa wenn er türkische Jugendliche aufs Korn nimmt oder von seiner »ganz normalen« Begegnung mit Jörg Haider erzählt. Gleichgültig, was Kapielski von politischer Korrektness halten mag, werden seine Provokationen eindeutig verortet, wenn es heißt, er bleibe »ein letzter Aufrechter im Heer der Opportunisten« (Gerrit Bartels, »taz«).

Franz Maria Sonner

Werke: *Wahnsinn schon mal in Unsinn Schwerefeld drinne? – Nö!*, Foto-R., Bln. 1976; *Kapielski – SCHWARZ WEISS/Kapielski grüßt den Rest der Welt*, Kat., Bln. 1981; *Ach du stille Post/Kapielskis Denkblase*, Bln. 1981; *Rosa rauscht*, Bln. 1982; *Der bestwerliner Tunkfurm. Texte, Fotos, Zeichnungen*, Bln. 1984; *Einfaltspinsel = Ausfallspinsel*, Kat., Bln. 1987; *Rechnen: 5, Malen: 1*, Kat., Bln. 1987; *Frische Hemden*, Köln 1987; *Die kleine Trompete oder Das linke Ohr ist dem Geschehen am nächsten*, Hsp., zus. m. Frieder Butzmann, SFB 1988; *Radio Postnormal*, Hsp., zus. m. Frieder Butzmann, RIAS 1987; *Montag bis Sonntag Ruhetag*, Bln. 1987; *Heute geschlossen*, Bln. 1987; *Zentrale Randlagenproblematik*, Hsp., SFB 1989; *Zum Hafthaken*, Bln. 1989; *G.S.P. – U.M.P. KAPIELSKIE. Dett Könn Se! – Bulletin*, Hg., Bln. 1990; *Neuer Dublettenkäse (vormals »Gadamer«, reifere Handschrift, anschwellende Bedeutungsferne)*, Bln. 1990; *G.S.P. Sonderheft/Ein Fall von verdeckter Erotik in der Neugriechischen Malerei. Ein Exkursionsbericht*, Hg., Bln. 1991; *Das Zenonsche Schorleparadoxon im weiblichen Alkoholismus & Gleitzeit und Hirschmedaillon (2 Ohrstäbchen/Q-tips)*, Bln. 1991; *Aqua Botulus*, R., m. 183 Fotos, Bln. 1992, veränd. Neuausg. Ffm. 2000; *Leid »light«*, Bln. 1993; *Sparlampe*, Bln. 1993; *Onkel und Dantes Inferno*, Köln 1993, Hsp., SWF 1993; *Der Einzige und sein Offenbarungseid. Verlust der Mittel*, R., Gespräche, Fotos, Bln. 1994, veränd. Neuausg. Ffm. 2000; *Was war eigentlich 1989? Weihnachten im Kuhstall der LPG Florian Geyer*, Hsp., SDR/SWF 1995; *Nach Einbruch der Nüchternheit. Werkkatalog 1979 bis 1996*, Kat., hg. zus. m. Michael Glasmeier, Bln. 1996; *Schwerstarbeit, Edition zur Ausstellung »Diverse klare sprachliche Unklarheiten und unklare sprachliche Klarheiten in Öl und gestickt«*, Bln. 1997, überarb. Neuausg. u. d. T. *Strafarbeit*, Bln. 1997; *Davor kommt noch. Gottesbeweise IX–XIII*, En., m. Abb., Bln. 1998; *Das Pfeifen im Walde*, Hsp., zus. m. Frieder Butzmann, DLR 1998; *Danach war schon. Gottesbeweise I–VIII*, En., m. Abb., Bln. 1999; *Sabine Vogel: Auf Dienstreisen*, Hg., Bln. 1999; *Katrin Schings: Das Anliegen*, Hg., Bln. 2000; *»Bau Griff ran, schmeiß weg!«*, Kat., Braunschweig 2000, *Sozialmanierismus. Je dickens destojewskij!*, Pr.-Fragm., Bln. 2001; *Abstehende Röhren*, Hörb., Ffm. 2002.

Kappacher, Walter, wurde am 24. 10. 1938 in Salzburg geboren. Er machte eine Lehre als Kfz-Mechaniker, besuchte eine Schauspielschule und arbeitete dann hauptsächlich in Reisebüros in Salzburg und Berlin. Er schreibt seit 1964 und ist ab 1978 als freier Schriftsteller tätig. Er lebt heute in Obertrum bei Salzburg. Kappacher wurde mit dem Österreichischen Staatspreis (Förderpreis) für Literatur, 1986 mit dem Preis des Kulturkreises im Bundesverband der Deutschen Industrie und dem 1997 mit dem Hermann-Hesse-Stipendium der Stadt Calw ausgezeichnet.
Zu einer Zeit, als die Arbeiterliteratur den deutschen Sprachraum heimzusuchen begann, trat Walter Kappacher an die Öffentlichkeit. Sein Roman *Morgen* (1975), sein erstes Meisterstück, ging durch als die Beschreibung eines verkorksten Angestelltenlebens, das sich zögernd seiner Fesseln entledigt, und bietet doch viel mehr als die Bestandsaufnahme eines Milieus. Er montiert alltägliche Szenen aus dem Leben eines Zauderers, der in der Defensi-

ve lebt und sich selbst, so weit es geht, zurücknimmt. Der Roman ist gesplittet in zahlreiche Handlungsstränge, die nur durch die Figur des Erzählers zusammengehalten werden. Jeder Strang ist zerschnitten in kleine Einheiten, sodass alltägliche, belanglose Wahrnehmungen ins Bedeutsame gesteigert werden. Die Banalität des Alltags bekommt durch diesen Blick etwas Monströses und auch Komisches.

Mit dieser Methode hat Kappacher eine Methode gefunden, die in den folgenden Büchern variiert wird. Im Roman *Rosina* (1978) sprengt er die bedrückende Existenz einer Büroangestellten in kleine Texteinheiten auf und wirbelt die Chronologie der Zeit durcheinander, im Roman *Der lange Brief* (1982) kontrastiert er die Aufzeichnungen eines Angestellten, der mit seinem Leben hadert, mit den Enthüllungen eines Aussteigers, der sich auf die Suche nach dem wahren Leben gemacht hat und dabei verschollen ist. Kappachers Roman *Ein Amateur* (1983) erzählt die Geschichte eines jungen Mannes, der sich in ständigem Aufbruch befindet, um zu einem ihm angemessenen Leben zu finden. Er wird Mechanikerlehrling, Theatereleve und kommt dann in einem Reisebüro unter, und ist eigentlich auf dem Sprung zum Schriftsteller. Der Roman *Silberpfeile* (2000) rückt den verkrachten Motorjournalisten Maurer in den Mittelpunkt, der sich für die große Zeit der Autorennen in der Zwischenkriegszeit interessiert und die Bekanntschaft mit einem alten Techniker macht, der maßgeblich an der Entwicklung der Rennmotoren beteiligt war. Maurer hofft in diesem Mann eine Auskunftsperson gefunden zu haben, der ihm Wichtiges über die legendären »Silberpfeile« berichten kann, doch der legt seine Lebensbeichte ab und erzählt, wie er während des Krieges an der Entwicklung der Wunderwaffe V2 mitgewirkt haben will. So verliert der unpolitische Techniker mit einem Schlag seine Unschuld.

Kappachers Literatur macht aus, dass seine Bücher stets die stillen Zweifler besiedeln, die sich nicht abfinden mit dem Unglück, in dem sie leben, sondern die Mühen der Erkenntnis auf sich nehmen, um auszubrechen aus dem vorgegebenen Trott. Diese Helden der Einsamkeit treffen Entscheidungen für sich allein, sie ringen sich gegen alle Vernunft der Konvention durch zu einem Leben in Eigenverantwortung. Sie gehen ihren Weg allein, weil ihnen unbehaglich ist in Gesellschaft der anderen. Kappachers Prosa zeichnet etwas unbändig Eigensinniges aus. Figuren, die er so ernst nimmt, dass ihn deren Entwicklung interessiert, führt er bedächtig aus der Gesellschaft und stößt sie in den freien Raum der Selbsterkenntnis. Dort sind sie gezwungen, ihrem Leben selbst Form und Richtung zu geben.

Anton Thuswaldner

Werke: *Nur Fliegen ist schöner und andere Geschichten*, En., Salzb. 1973; *Morgen*, R., Salzb. 1975; *Die Werkstatt*, R., Salzb. 1975, Neufssg. Stg. 1981; *Rosina*, E., Stg. 1978, Drehb., ORF/ZDF 1980; *Der Zauberlehrling*, Drehb., zus. m. Peter Keglevic, ORF 1978; *Die irdische Liebe*, En., Stg. 1979; *Enfant terrible*, Hsp., BR/HR 1979; *Die Jahre vergehen*, 2 Drehb., zus. m. Peter Keglevic, Salzb. 1981; *Die kleinen Reisen des Herrn Aghios*, Drehb., n. Italo Svevo, ORF 1981; *Die irdische und die himmlische Liebe*, Hsp., ORF 1981; *Der lange Brief*, R., Stg. 1982; *Bänder*, Hsp., ORF 1983; *Der stille Ozean*, Drehb., zus. m. Gerhard Roth, ORF/ZDF 1983; *Gipskopf*, E., Graz 1984; *Die Heimkehr*, Hsp., ORF 1984; *Unser Mann in Bangkok*, Drehb., zus. m. Andreas Gruber, ORF 1984; *Cerreto. Aufzeichnungen aus der Toskana*, m. Zeichn. v. W. K., Salzb. 1988; *Touristomania oder die Fiktion vom aufrechten Gang*, E., Wien 1990; *Ein Amateur*, R., Wien 1991; *Wer zuerst lacht*, En., Wien 1997; *Silberpfeile*, R., Wien 2000.

Karasek, Horst, wurde am 7. 10. 1939 in Wien geboren. Nach Jahren der Flucht in Stollberg im Erzgebirge eingeschult, verbrachte er Kindheit und Jugend in Bernburg, Laichingen und schließlich in Würzburg, wo er zu schreiben anfing und mit Karl-Heinz Roth und anderen die literarische Zeitschrift »Die Sonne« herausgab. Er studierte (ohne Abschluss) Psychologie, Germanistik und Soziologie in Würzburg, München und Frankfurt am Main. Dort lebte er über zehn Jahre mit Helga M. Novak zusammen, die ihn erneut zum Schreiben anregte. Seit 1972 gehörte er dem VS an. Er starb am 25. 11. 1995 in Frankfurt am Main..

Horst Karasek, Anhänger anarchistischer Gruppierungen und Experte für historische Volksaufstände (*Die Kommune der Wiedertäufer in Münster von 1534*, »eines der wenigen deutschen Beispiele einer realisierten Sozialutopie«, 1977) und andere zeitgeschichtlich eher unbekannte Ereignisse und Personen (*Die Stelzer*, 1991; *Die Vierteilung*, 1994) wurde 1976 mit der ärztlichen Diagnose konfrontiert, dass er an fortgeschrittener Nephritis lebensgefährlich erkrankt sei. Von dieser Erkrankung »zu einem geduldigen, geduldeten Bürger gemacht«, veröffentlichte er 1985 seinen persönlichen Krankheitsbericht, »die Chronik eines eingeschränkten Lebens«, unter dem Titel *Blutwäsche*. Nüchtern schildert er die Stationen des Krankheitsverlaufs, Therapien wie Diät und Dialyse, die eigenen psychischen Spannungen, die »Momente des Aufbegehrens«, der Albträume und der sozialen Entfremdung, den körperlichen Verfall durch die fortschreitende Vergiftung, durch Blutstaus, Muskelkrämpfe, Kollapse und verminderte körperliche Leistungsfähigkeit. Die Begrenzung von Lebenszeit und Lebensraum erzwingt soziale Veränderungen: Verständnis- und Hilflosigkeit bei Lebenspartnern und Geschwistern, eine Art doppelter Lebensführung, um die Trennung von »der Welt der Gesunden« nicht noch evidenter zu machen, die lebensrettende Maschine als »der eigentliche Lebenspartner«, mit dem er eine intimere Verbindung hält als zu anderen Wesen. Die Umgestaltung der eigenen Existenz ist radikal: »Ich passe mir eine Zwangsjacke an, lange vor der Zeit (...), sogar meiner Fantasie sind die Flügel gestutzt.« Die Erfahrung der Krankheit führt zu einer neuen Weltsicht; verzweifelter Lebensmut (»Es gibt kein Schicksal, das durch Verachtung nicht überwunden werden kann«, nach A. Camus) und die Erfahrung der eigenen Nichtigkeit angesichts einer viel kränkeren Welt prägen das Selbstverständnis des ehemaligen »Aussteigers«, dessen Friedfertigkeit und Ruhebedürfnis aus der Lähmung seiner Lebensnerven resultiert: »Ich hänge an hundert Rohren, Leitungen, Kabeln und Schläuchen, durch die das Leben pulst, aber ich kann mich nicht rühren, weil diese Lebensadern mich festhalten und fesseln und zu einem Paket verschnüren, dessen Haut vom langen Liegen in der Seifenlauge aufgeschwemmt ist wie eine eingeweckte Kartoffel.«

Währenddessen arbeitete Karasek mit ungeheurer Anstrengung an seinem wieder weitgehend autobiografischem Buch *Das Haus an der Grenze*, das 1987 erschien. Der Untertitel *Eine Fluchtgeschichte* charakterisiert die Flucht Frankfurter Intellektueller in die vermeintliche Idylle eines abgelegenen Dorfes im fränkischen Zonengrenzgebiet genauso wie das Fernweh der Dorfjugend, die, nahezu ohne berufliche und private Perspektive, in der Tradition und Lebensart ihrer Eltern und Vorfahren keinen Halt mehr findet. Das Ferien- und Wochenenddomizil bedeutet indessen kein sicheres Refugium: Nach anfänglichem Wohlwollen verfolgen Neid, Verleumdungen und Vorurteile vonseiten der Dorfbewohner und Observationen und Razzien der Polizei die als mutmaßliche Terroristen eingestuften Hausbesitzer. Das Engagement bei den umfänglichen Renovierungsarbeiten des vom Vorbesitzer angezündeten Hauses, das Interesse an der Geschichte des Dorfes, an den Lebensläufen seiner Bewohner, das Gefühl der Geborgenheit in den alten Mauern, wenn auch schon gepaart mit einem leisen Unbehagen, weichen der Angst und dem Befremden, als die Malerin Maria eine kritische »Kreuzweg«-Szenerie über den Umgang der Dorfbewohner mit Fremden in Form von Votivtafeln ausstellt und daraufhin Hasstiraden das Dorf erfüllen. Konfrontiert mit dieser offenen Ablehnung und polizeilichen Maßnahmen in Frankfurt, sehen sich die Protagonisten als »Verfolgte im eigenen Land« und weichen; sieben Jahre nach den geschilderten Vorfällen kehrt einer der Hausbesitzer in das Dorf zurück und zündet das Haus an.

»Horst ist durch seine schwere Krankheit ein zweites Mal zum Schriftsteller geworden. Das heißt, die Krankheit hat ihm das Thema seines Schreibens zu diktieren begonnen«, schreibt Hellmuth Karasek über seinen Bruder im Nachwort zu *Rasend das Herz. Chronik eines zu Ende gehenden Lebens* (1998). Imponierend ist vor allem der unbändige Lebenswille, der diese Krankheitsgeschichte überstrahlt und Mut machen kann.

Thomas Kraft

Werke: *Wohnhaft im Westend*, Dok., zus. m. H. M. Novak, Darmst. 1970; *Propaganda und Tat. Drei Abhandlungen über den militanten Anarchismus unter dem Sozialistengesetz*, Ffm. 1971; *Da beschloß die Sprechpuppe sich nicht mehr ausziehen zu lassen. Texte zur Emanzipation*, Hg., zus. m. H. M. Novak, Mü. 1972; *Das Gasthaus »Zum Faß ohne Boden«*, Kinderb., Hann. 1973; *Haymarket! Die deutschen Anarchisten von Chicago*, Bln. 1975; *Die Kommune der Wiedertäufer. Bericht aus der befreiten und belagerten Stadt Münster 1534/35*, Bln. 1977; *Belagerungszustand! Reformisten und Radikale unter dem Sozialistengesetz 1878–1890*, Bln. 1978; *Der Fedtmilch-Aufstand. Wie die Frankfurter 1612–1616 ihrem Rat einheizten*, Bln. 1979; *Der Brandstifter. Lehr- und Wanderjahre des Maurergesellen Marinus van der Lubbe, der 1933 auszog, den Reichstag anzuzünden*, Bln. 1980; *Das Dorf im Flörsheimer Wald. Eine Chronik vom alltäglichen Widerstand gegen die Startbahn West*, Darmst. 1981; *Blutwäsche. Chronik eines eingeschränkten Lebens*, Darmst. 1985; *Das Haus an der Grenze. Eine Fluchtgeschichte*, Darmst. 1987; *Die Stelzer*, hist. R., Ffm. 1991; *Die Vierteilung. Wie dem Königsmörder Damiens 1757 in Paris der Prozeß gemacht wurde*, Bln. 1994; *Rasend das Herz. Chronik eines zu Ende gehenden Lebens*, Mü. 1998.

Karasholi, Adel Suleiman, wurde am 15. 10. 1936 als Syrer kurdischer Herkunft in Damaskus geboren. Mit 15 Jahren veröffentlichte er erste Gedichte. Unterbrochen wurde seine frühe Karriere 1958/59, als Nasser die Macht übernahm, den Ein-Parteien-Staat erklärte und den marxistisch orien-

tierten arabischen Schriftstellerverband verbot, dessen jüngstes Mitglied Karasholi damals war. Er entging dem Haftbefehl, geriet über Beirut nach Berlin, lebte als Hilfsarbeiter in München, fand 1961 mit einem Stipendium Aufnahme in Leipzig, wo er bis heute lebt. Er studierte an der Theaterhochschule »Hans Otto« und bei Georg Maurer am »Literaturinstitut Johannes R. Becher« und promovierte 1970 über die arabische Rezeption des brechtschen Theaters. Ab 1968 arbeitete er 25 Jahre lang als Lektor an der Universität Leipzig, Abteilung Afrika- und Nahost-Wissenschaften. Seit 1993 lebt Adel Karasholi als freier Schriftsteller, schreibt Essays, Kurzgeschichten und vor allem Gedichte. Seit 1980 ist er Mitglied des ehemaligen DDR-, heute des gesamtdeutschen Schriftstellerverbands. 1985 erhielt er den Kunstpreis von Leipzig, 1992 den Adelbert-von-Chamisso Preis, dessen Jury über den deutschsprachigen Autor syrischer Herkunft befand: Aus seinem Werk spreche »die Formkraft des Dichters und die Weisheit eines Weltbürgers«.
Die Titel seiner Lyrikbände skizzieren den Lebenskreis seiner Dichter-Existenz vom Orient zum Okzident und zurück zu arabischen Traditionen: *Wie Seide aus Damaskus* (1968), *Umarmung der Meridiane* (1978), *Daheim in der Fremde* (1984), *Wenn Damaskus nicht wäre* (1992), *Also sprach Abdulla* (1995). »Literatur ist Literatur. Ihre Identität liegt im Ästhetischen, nicht im Soziologischen«, mahnt er. Dennoch ist der diskursive, ja appellative Charakter seiner frühen Gedichte auch biografisch begründet: mit Flucht, Exil, plötzlichem Sprachverlust und der Sehnsucht nach Kommunikation. »Die Biografien der Dichter stehen zwischen den Versen ihrer Gedichte«, sagte Heinz Czechowski als Laudator bei der Verleihung des Adelbert-von-Chamisso-Preises. »Wer aber liest heute noch Gedichte, um zwischen den Versen die Biografie der Dichter ernsthaft zu suchen?«, fragte Adel Karasholi resigniert, nachdem aus dem Leseland DDR ein gesamtdeutsches Konsumparadies geworden war.
1963 entschied sich Adel Karasholi, auf Deutsch zu schreiben, um für seine Liebesgedichte keinen Übersetzer mehr zu brauchen und um als syrischer Poet nicht länger auf exotische Klischees von Tausendundeine Nacht reduziert zu werden: »Also setzt ab / Von meinem Haupt / Den alten Turban / Gebt mich endlich frei.« Doch selbst wenn er sich mit den Worten Chamissos fast schon »einen deutschen Dichter« nennt, führt Karasholi bis heute ein Doppelleben zwischen den Sprachen. Neben deutschsprachiger Lyrik publiziert er arabische Essays, Gedichte und Übersetzungen. Leben und Schreiben zwischen den Welten ist ihm »Verdoppelung und Halbierung« zugleich, eher Gespaltensein als die Synthese von Orient und Okzident. Von »doppelter Fremdheit« spricht er, sie zu leugnen sei Selbstbetrug. »In zwei Sprachen bildet sich ein Satz / In zwei Welten greifen die Hände.« Trügerisch ist der Titel seines ersten auf Deutsch geschriebenen Lyrik-Bandes *Umarmung der Meridiane* (1978). Denn diese Gedichte aus den Jahren 1964 bis 1976 bezweifeln die Chance auf Ankunft, Umarmung, Versöhnung der Kulturen. »Ölbaum und Eiche / Ungleiches Paar in mir / Tastendes Hinwachsen/ zum anderen.« Leben und Dichten zwischen den Kulturen ist eher Last denn Lust, gefährlich jede Assimilation: »Anzukommen / Bei euch / Falle ich ab / Von mir.« Hinter der Ironie des »Syro-Sachsen« liegen Zerrissenheit, Verwundbarkeit, Sprachheimweh, Enttäuschung mit Blick auf Zensur und Repression in der DDR: »Viele sind es die mich verstehn / Viele die mich nicht verstehn / Obwohl die mich nicht verstehn / Schreien / Schweigen / Die mich verstehn.« Der Exilant war dem syrischen Regime entronnen, hatte im Realsozialismus Zuflucht gefunden und mit dem befristeten Visum eine Dichter-Existenz auf Abruf. Widerstand war von ihm nicht zu erwarten, nur Zweifel: »Wer aber / Gibt das Recht denen / Die heute Verfolger sind / zu sprechen / Im Namen der Verfolgten / von gestern«, fragt er im Band *Daheim in der Fremde* (1984).
Ratio, Analyse und Metaphern kennzeichnen Adel Karasholis Poesie. Keine schwer entschlüsselbaren Chiffren, sondern klare poetische Bilder, die oft von philosophischem und erkenntnistheoretischem Interesse geleitet und manchmal im Sinne der brechtschen Dialektik eingesetzt sind. Mit Brecht fühlt sich Adel Karasholi verbunden, seit er sich von ihm gelöst hat. Mögen andere arabische Dichter von der französischen Moderne beeinflusst sein, er sucht den Dialog mit deutschen Dichtern von Goethe bis Enzensberger. Seinen Gedicht-Zyklus *Die augenblicklichen Leiden des neuen K.* durchziehen Stimmen von Hölderlin, Kleist und Volker Braun, sie sprechen von Vaterland, Schmerz und der Weltunordnung. Beobachungen in seiner deutschen Umgebung verbindet der Lyriker mit dem arabischen Erbe. Immer wieder begegnet man dem Olivenbaum, der aller Kälte und Dürre trotzt, der Widerstand, Stärke, Leben bedeutet. Immer wieder sprechen Karasholis Verse von der Minze, der Pflanze, der Geliebten, dem einzigen Mittel, das dem Rastlosen Ruhe bringt.

Entwurzelung, Fremde, Heimatlosigkeit bleiben seine Themen. Zu riskant ist der Tanz auf dem »Seil zwischen Hölle und Hölle«, zwischen syrischem Regime und SED-Diktat. Aus dem arabischen Bild vom Seil zwischen Hölle und Paradies ist zu Beginn der Achtzigerjahre eine aussichtlose Lage geworden. »Packe deine Koffer nicht aus ... Du bist nirgends zuhaus«, warnt er sich selbst, und doch stand hinter allem bis zuletzt die Hoffnung, aus einer besseren DDR könnte ein besseres Deutschland werden. Aber der extrovertierte Diskurs früher Dichterjahre ist zum inneren Dialog mit sich selbst geworden. In schwieriger politischer Zeit entdeckt Adel Karasholi eine Dialog-Form des Sufismus aus dem 10. Jahrhundert. Der Dichter ist dem Islam kulturell, nicht religiös verbunden. Nicht Gott ist also sein Gesprächspartner, sondern ein fiktiver Abdulla. Mit der Stimme dieses andern befragt er sich selbst, führt kritische Zwiesprache über Vaterland und Heimatlosigkeit, Tod und Ewigkeit, Freiheit, Fremde und Sprache: »Und er sprach Verlassend die Endstation / Der Sprachlosigkeit / Umarmt sich selbst / Der Fremde / Seiner Gebete Rosenkranz / Kargwort / Neben Kargwort.« Realpolitische Themen haben in *Also sprach Abdulla* (1995) kaum mehr Platz. Umso mehr umkreisen die Verse den Tod als Vollendung, als Vollkommenheit, als Teil des Lebens: »Und er sprach / Nimm hin was kommt / Erwarte es nicht / Sage dem Tod willkommen / Und lebe.«

Cornelia Zetzsche

Werke: *Das Lied in der Fremde. Arabische Gedichte*, Lpz. 1967; *Wie Seide aus Damaskus*, G., Bln 1968; *Umarmung der Meridiane*, G., Halle, Lpz. 1978; *Hinaussteigen aus dem Ich. Arabische Gedichte*, Damaskus 1985; *Daheim in der Fremde*, G., Halle, Lpz. 1984; *Wenn Damaskus nicht wäre*, G., Mü. 1992; *Also sprach Abdulla*, G., Mü. 1995.

Karsunke, Yaak, wurde am 4. 6. 1934 in Berlin geboren. Nach dem Abitur 1953 studierte er drei Semester lang Jura. Dann besuchte er von 1955 bis 1957 die Abteilung Schauspiel der Max-Reinhardt-Schule und verdiente sich zunächst seinen Lebensunterhalt als Gelegenheitsarbeiter. 1964 ging er nach München und gründete dort mit Christian Geissler, Friedrich Hitzer, H. Stütz und M. Vosz die politisch-literarische Vierteljahresschrift »kürbiskern«, die er als Chefredakteur und Mitherausgeber leitete, bis er sie 1968 wegen politischer Differenzen verließ. Seit 1969 lebt Karsunke als freier Schriftsteller in Berlin. Von 1976 bis 1979 wirkte er als Fachberater für »Drehbuch und Dramaturgie« an der Deutschen Film- und Fernsehakademie, 1981 übernahm er eine Gastprofessur an der Hochschule für Künste in Berlin im Fachbereich Schauspiel. Karsunke war bis 1988 im Verband deutscher Schriftsteller (VS) und im P.E.N.-Zentrum aktiv. Seit einigen Jahren rezensiert er für die »Frankfurter Rundschau«.

Sein erster Gedichtband *Kilroy & andere* (1967) versammelt Gedichte aus den Jahren 1960 bis 1966, die den Einfluss von Brecht, aber auch der modernen US-amerikanischen Lyrik verraten. Die klaren Botschaften mancher Texte zeigen das Engagement des Autors in der gerade entstehenden APO. Doch Karsunke baut in seine politischen Appelle Widerhaken ein, indem er auf subjektive Erfahrung zurückgreift und die eigenen inneren Widersprüche in eindrücklichen Bildern formuliert. Neben historischen Themen und persönlicher Alltagswelt bezieht er Material aus Literatur und Kunst, das er – wie auch in späteren Gedichtbänden – im Anhang erläutert.

Der zweite Gedichtband *reden & ausreden* (1969) enthält unter der Überschrift »gedichte aus gegebenem anlass« Gedichte, die »für lesungen auf politischen veranstaltungen, flugblätter etc. geschrieben« wurden. Gerade im Gegensatz zu diesen plakativen Texten zeigen andere Gedichte des Bandes, wie genau Karsunkes analytischer Blick sein kann. Das gilt etwa für sein Gedicht *Matti wechselt das rad*, das als differenzierte Kritik an seinem Lehrmeister Brecht in die Lesebücher eingegangen ist.

Erst zehn Jahre später erschien mit *da zwischen* (1979) ein weiterer Lyrikband, dem 1982 *auf die gefahr hin* folgt. Diese späteren Gedichte sind thematisch komplexer, ihre Montagetechnik ausgereift. Karsunkes bisher letzter Gedichtband *Gespräch mit dem Stein* (1992) arbeitet den Zusammenbruch des real existierenden Sozialismus auf, analysiert Ereignisse der deutschen Geschichte des 20. Jahrhunderts und der Französischen Revolution und erweitert unter dem Untertitel »die schönen künste« diese um den Sport.

In den Siebzigerjahren entstanden zwei Bilderbücher mit Texten von Yaak Karsunke. Eines davon ist eine Fotogeschichte für Kinder: *Die Apotse kommen* (1972), die als symbolischer Rückblick auf die APO-Bewegung verstanden werden kann. In seinem Kriminalroman *Toter Mann* (1989) lässt Karsunke einen Literaturredakteur eines Berliner Senders im Fluchthelfermilieu ermitteln. Der Roman wurde 1990 mit dem Deutschen Krimipreis ausgezeichnet. Ende der Sechzigerjahre begann Karsunke mit dramatischen Arbeiten. Für den Choreografen Johann Kresnik entwickelte er zwei Ballett-Libretti, deren deutlich politische Thematik die Kritiker irritierte. *PIGasUS* setzt sich mit amerikanischer Politik und Kultur auseinander, die *Schwanensee AG* parodiert den Ballett-Klassiker und deckt dabei auf ironische Weise die Herrschaftsstrukturen im Kitsch des romantischen Ballettmärchens auf. 1971/72 entstehen zwei dokumentarische Hörspiele für den WDR: *Listen to Liston* und *& jetzt Bachmann*. Der Untertitel der Buchausgabe (1973) formuliert das verbindende Thema: *Versuche, aus der Unterklasse auszusteigen*. Josef Bachmann, der Dutschke-Attentäter, und Sonny Liston, der schwarze Boxer, der von seinen weißen Managern wie eine Ware behandelt wird, sind manipulierte Individuen, denen die Lebensumstände das eigene Denken und ihre Sprache genommen haben. Mit den Mitteln der Montage zeigt Karsunke die Sinnlosigkeit ihres Handelns auf.

Das Hörspiel *1525 – dran, dran, dran!* (1975) steht im thematischen Umfeld des Bauernkriegs, der Karsunke lange beschäftigt hat. Auch seine weiteren Hörspiele (*Der Doppelverlierer,* 1976; *Und die Großen lässt man laufen,* 1979; *Henker der Revolution,* 1984) montieren dokumentarisches Material.

Beeinflusst sind Karsunkes dramatische Arbeiten von Brechts epischem Theater und dem Theater des Expressionismus. Karsunke selbst zieht eine Linie zu den Forderungen der sowjetischen Literaturtheorie der Zwanziger- und Dreißigerjahre – in der Formulierung von Boris Arvatov: »Objektive Fixierung plus dialektische Montage der wirklichen Fakten anstelle der subjektiven Kombination erfundener Fakten.« Im Rahmen eines Theaterprojekts am LTT Tübingen entdeckte Karsunke die Polit-Revue als breitenwirksames Medium. Seine *Bauernoper* (1973) ist eine lebendige Abfolge von Szenen, unterbrochen von Liedern und Couplets, die zeigen soll, was über den Bauernkrieg nicht in den Geschichtsbüchern steht. Karsunkes Stück idealisiert nicht einzelne Bauernführer, sondern beschäftigt sich mit den vielen Namenlosen, die den Aufstand eigentlich getragen haben. Die *Ruhrkampf-Revue* (1975) schildert den verlorenen Kampf der Arbeiter im Ruhrgebiet gegen den Kapp-Putsch 1920. Hier werden einzelne Charaktere deutlicher herausgearbeitet, ohne dass Karsunke allerdings zum alten Figurentheater zurückkehren würde. Beide Theaterprojekte wurden von der kritischen linken Presse weitgehend ignoriert, die bürgerlichen Kritiker warfen Karsunke trockene Didaktik vor. Als drittes Stück am LTT entsteht 1978 *Des Colhas' letzte Nacht*. »Colhas« ist für Karsunke zunächst ein unbescholtener Bürger, der erst durch erlittenes Unrecht radikalisiert und zum Widerstandskämpfer wird.

1968/69 lernte Karsunke Rainer W. Fassbinder kennen, in dessen ersten Spielfilmen *Liebe ist kälter als der Tod* und *Götter der Pest* er als Schauspieler mitwirkt. Unter Fassbinders Regie wurde 1974 im Frankfurter Theater am Turm (TAT) *Germinal*, eine Dramatisierung des Romans von Zola, uraufgeführt – leider mit geringem Erfolg. 1976 produzierte Karsunke mit dem Ensemble des TAT die vergnügliche Revue *Unser schönes Amerika*, die ihm – wieder einmal – Kritik sowohl von links (»Klischees«) als auch von rechts (»Anti-Amerikanismus«) eintrug. Wie das Zola-Stück basieren die Stücke *Nach Mitternacht* (nach Irmgard Keun) und *Mehring im Café* (nach Walter Mehring) (beide 1982) auf literarischen Vorlagen.

Ab 1977 arbeitete Karsunke auch für das Fernsehen. Eine lebhafte Diskussion löste sein Ost-West-Film *Hier kein Ausgang – nur Übergang* aus, der unterhaltsam und ohne Schwarz-Weiß-Zeichnung schildert, wie eine Frau aus der DDR den Träumen des goldenen Westens verfällt, die sich schließlich als Illusionen erweisen.

Uta Rupprecht

Werke: *Kilroy & andere*, G., Bln. 1967/2000; *reden & ausreden*, G., Bln. 1969/2000; *Hallo Irina*, Bilderb., zus. m. D. Blech, Weinheim, Bln., Basel 1970; *PIGasUS*, Libr. 1970, UA Bremen 1970; *Schwanensee AG*, Libr., UA Bremen 1971; *Die Apotse kommen*, Bilderb., zus. m. R. Hachfeld, Mü. 1972; *Listen to Liston*, Hsp., SWF 1972; *& jetzt Bachmann*, Hsp., WDR 1972; *Josef Bachmann/Sonny Liston*, Bln. 1973; *Die Bauernoper*, Musik: Peter Janssens, UA Tüb. 1973; *Germinal*, Dr., UA Ffm. 1974; *1525 – dran, dran, dran!*, Hsp., SDR 1975; *Ruhrkampf-Revue*, Musik: P. Janssens, UA Castrop-Rauxel 1975; *Der Doppelverlierer*, Hsp., WDR 1976; *Unser schönes Amerika*, Musik: Wilhelm D. Siebert, UA Ffm. 1976; *Bauernoper. Ruhrkampf-Revue*, Theaterstücke, Bln. 1976; *Hier kein Ausgang – nur Übergang*, Fssp., ZDF 1977; *Neue Töne*, Fssp., WDR 1978; *Bares Geld*, Fssp., WDR 1978; *Des Colhas' letzte Nacht*, Musik: W. D. Siebert, UA Bln. 1978; *da zwischen, 35 Gedichte & ein Stück*, Bln. 1979; *Und die Großen läßt man laufen*, Hsp., WDR/SWF 1979; *auf die gefahr hin*, G., Bln. 1982; *Nach Mitternacht*, Dr., UA Osnabr. 1982; *Mehring im Café*, Dr., UA Dortm. 1982; *Die Guillotine umkreisen*, G., Bln. 1984; *Henker der Revolution*, Hsp., WDR 1984; *Bodenproben*, Fssp., zus. m. Riki Kalbe, 1987; *Toter Mann*, Kriminalroman, Bln. 1989; *Gespräch mit dem Stein*, G., Bln. 1992.

Kaschnitz, Marie Luise, wurde als Tochter von Max Reinhardt Freiherrn von Holzing-Berstett, einem preußischen Offizier, und Elsa Wilhelmine, geb. Freiin von Sedeneck, am 31. 1. 1901 in Karlsruhe geboren. Sie wuchs teils in Potsdam, teils in Berlin auf. Nach dem Besuch des Lyzeums wurde sie Buchhändlerin in Weimar, München, Florenz und Rom. In München lernte sie den Archäologen Guido Kaschnitz-Weinberg kennen, den sie später in Rom wieder traf und 1925 heiratete. Sie behielt den Ehenamen als Autorennamen bei, weil ihr Mann der Erste gewesen war, der ihr Schreiben nachdrücklich gefördert hatte. Nach Aufenthalten in Königsberg (1932–1937) und Marburg, die durch die Lehrtätigkeit des Ehemanns veranlasst wurden, lebte sie seit 1941 in Frankfurt/M. und in Rom, wo sie am 10. 10. 1974 verstarb. Die Dichterin wurde vielfach ausgezeichnet, unter anderem 1955 mit dem Georg-Büchner-Preis, 1957 mit dem Immermann-Preis, 1970 mit dem Johann-Peter-Hebel-Preis und 1973 mit der Roswitha-Gedenkmedaille. 1968 erhielt sie ein Ehrendoktorat der Universität Frankfurt am Main, 1967 wurde sie Ehrenbürgerin von Bollschweil.

Nach frühen Poesiealbums-Anfängen finden sich erste verstreute Publikationen Kaschnitz' Ende der Zwanzigerjahre. Ihr Werk zerfällt deutlich in zwei Hälften, deren erste von 1928 bis 1945 anzusetzen ist, Lyrik und erzählende Prosa umfasst. Themen sind Natur und Antike, bedingt auch durch den Ehemann, der als Archäologe tätig war. Der Abschnitt *Südliche Landschaft* ihres ersten Gedichtbands *Totentanz und Gedichte zur Zeit* (1947) ist denn auch Ergebnis von Studienreisen in den Mittelmeerländern und zu den klassischen antiken Stätten. Auch ihr nach *Liebe beginnt* von 1933 zweiter Roman *Elissa*, der 1937 erschien, greift auf antike Mythologie zurück: Dem erzählten Geschehen legt Kaschnitz die Sage von Äneas und Dido zugrunde. 1943, der vermeintlichen Helden-Thematik wegen als »kriegswichtiges« Projekt eingestuft, erschienen 15 Nacherzählungen unter dem Titel *Griechische Mythen*.

Angeregt durch einen Aufenthalt in Paris 1939 verfasste Kaschnitz zwischen 1942 und 1944 eine Biografie über Gustave Courbet. 1966 schrieb sie dazu: »Zurückblickend sehe ich meine Courbet-Biographie als eine Überleitung zu einer neuen Epoche meines Schreibens, in der nicht nur die Natur, sondern auch die Antike langsam verschwinden, während der heutige Mensch in den Vordergrund tritt.« Die auktoriale Selbstdeutung ist von der Forschung bestätigt worden (vgl. Dagmar von Gersdorff: *Kaschnitz*, 1992). Das Ende der »klassischen« Epoche des Werks kann mit 1945 angesetzt werden, der *Courbet* erschien im Jahr der Gründung der BRD 1949. 1946 im ersten Sonderband der von Dolf Sternberger herausgegebenen Monatsschrift »Die Wandlung«, zu deren ständigen Mitarbeitern (u.a. Werner Krauss, Karl Jaspers, Alfred Weber) sie gehörte, war Kaschnitz mit dem Essay *Vom Ich* vertreten. Thema ist die moralische Neuorientierung nach der Katastrophe des Zweiten Weltkriegs.

Die thematische und auch formale Zäsur (so wandte sich die Autorin z.B. von der Sonettform ab) wurde jedoch kaum registriert; es entstand ein »Nachzieheffekt«, der die Kaschnitz-Rezeption lange beherrscht hat: Ihre frühen, an der »Zeitlosigkeit« der antiken Motive orientierten Texte gaben noch dem Laudator Kasimir Edschmidt anlässlich der Verleihung des Büchner-Preises an Kaschnitz im Jahr 1955 die Möglichkeit, Konfliktvermeidung gegenüber einer erinnerungsscheuen Öffentlichkeit zu betreiben. Kaschnitz hatte zu diesem Zeitpunkt bereits einen weiteren Gedichtband, *Zukunftsmusik* (1950), und Tagebuchprosa, *Engelsbrücke – Römische Betrachtungen* (1955), veröffentlicht, die den Übergang zu einem an der Nahperspektive und dem Kurztakt diarischer Aufzeichnungen orientierten Schreiben vorführen, das auch die Gegenwart in den Blick nimmt.

Im Jahr der schweren Erkrankung ihres Ehemanns erschien 1956 *Das Haus der Kindheit*, eine Erzählung, die sich ebenfalls auf die Tagebuchform – die Autorin sprach von »vorgetäuschter Tagebuchform« – stützt. Die Folge poetisch bearbeiteter Tagebucheintragungen wurde mit *Tage, Tage, Jahre* (1968), *Steht noch dahin* (1970) und *Orte* (1973) fortgesetzt. Das in *Engelsbrücke* reflektierte Tagebuchschreiben und die Verwandlung diarischer Notizen in (Kurz-)Prosa blieb bis zum Ende der beherrschende Gestus im Schreiben Kaschnitz' und war Grundlage ihrer Anfang der Sechzigerjahre einsetzenden produktivsten Schaffensphase (im Sommersemester 1960 übernahm sie die »Siftungs-Gastdozentur für Poetik« an der Universität Frankfurt und publizierte 1963 *Wohin denn ich*).

In *Orte*, ihrem letzten Buch, schildert Kaschnitz gleich zu Anfang ihre seit *Engelsbrücke* kultivierte Schreibstrategie: »Hier steht, was mir eingefallen ist in den letzten Jahren, nicht der Reihe nach, vielmehr einmal dies, einmal das, und in eine Ordnung wollte ich es nicht bringen, obwohl doch das Leben seine Ordnung hat, seine Reihenfolge, seinen Anfang, seine Mitte und dem Ende zu.« Einziges Ordnungsprinzip ist die Autobiografie, wie sie sich am unmittelbarsten in der diarischen Form darzustellen vermag. Bei der Einschätzung der eigenen Bedeutung für die Literaturgeschichte berief Kaschnitz sich eben darauf: »Als eine ewige Autobiografin, eine im eigenen Umkreis befangene Schreiberin, werde ich, wenn überhaupt, in die Literaturgeschichte eingehen.«

Heribert Kuhn

Werke: *Liebe beginnt*, R., Bln. 1933; *Elissa*, R., Bln. 1937; *Menschen und Dinge*, Ess., Hdbg. 1946; *Griechische Mythen*, Hbg. 1946; *Totentanz*, Theaterst., 1946 (entst. 1944, auch enth. in *Totentanz und Gedichte zur Zeit*, 1947); *Gedichte*, Hbg. 1947; *Totentanz und Gedichte zur Zeit*, Hbg. 1947; *Gustave Courbet. Roman eines Malerlebens*, Baden-Baden 1949, 1967 u. d. T. *Die Wahrheit, nicht der Traum*; *Zukunftsmusik*, G., Hbg. 1950; *Das dicke Kind*, En., Krefeld 1952; *Ewige Stadt*, G., Krefeld 1952; *Das Spiel vom Kreuz*, Hsp., 1953; *Was sind denn sieben Jahre*, Hsp., RIAS 1953; *Engelsbrücke*, Pr., Hbg. 1955; *Das Haus der Kindheit*, Autobiogr., Hbg. 1956; *Neue Gedichte*, Hbg. 1957; *Lange Schatten*, En., Hbg. 1960; *Ein Gartenfest*, Hsp., HR 1961; *Der Hund*, Hsp., 1961; *Ein königliches Kind*, Hsp., NDR/SDR 1962; *Dein Schweigen – meine Stimme*, G., Hbg. 1962; *Hörspiele*, Hbg. 1962 (enth. *Jasons letzte Nacht*, SR/BR 1952; *Die fremde Stimme*, RIAS 1952; *Caterina Cornaro*, HR 1954; *Der Hochzeitsgast*, HR 1955; *Die Kinder der Elisa Rocca*, RIAS 1955; *Der Zöllner Matthäus*, HR/SDR 1956; *Hotel Paradiso*, HR 1957; *Wer fürchtet sich vorm Schwarzen Mann?*, BR 1958; *Die Reise des Herrn Admet*, HR 1960; *Tobias oder Das Ende der Angst*, NDR/SDR 1961); *Liebeslyrik heute*, Mainz 1962; *Schneeschmelze*, Hsp., SDR 1963; *Wohin denn ich*, Aufz., Hbg. 1963; *Ferngespräche*, Hsp., HR 1964; *Das Tagebuch des Schriftstellers*, Mainz 1965; *Ein Wort weiter*, G., Hbg. 1965; *Überallnie. Ausgewählte Gedichte, 1928–1965*, Hbg. 1965; *Guido v. Kaschnitz-Weinberg: Ausgew. Schriften*, Hg., Bln. 1965; *M. L. K. liest*, Schpl., 1965; *M. L. K. spricht*, Schpl. 1966; *Gespräche im All*, Hsp., HR/NDR 1966; *Ferngespräche*, En., Ffm. 1966; *Beschreibung eines Dorfes*, Pr., Ffm. 1966; *F. Grillparzer: Medea*, Hg., 1966; *Tage, Tage, Jahre*, Aufz., Ffm. 1968; *Vogel Rock*, En., Ffm. 1969; *Die fremde Stimme. Hörspiele*, Mü. 1969; *Steht noch dahin*, Pr., Ffm. 1970; *Unternehmen Arche Noah*, Hsp., HR 1970; *Deutsche Erzähler*, Bd. 2, Hg., 1971; *Zwischen Immer und Nie. Gestalten und Themen der Dichtung*, Ffm. 1971; *Eisbären. Ausgewählte Erzählungen*, Ffm. 1972; *Kein Zauberspruch*, G., Ffm. 1972; *Orte*, Aufz., Ffm. 1973; *Das alte Thema*, G., m. Collagen v. A. Hertenstein, Düsseld. 1973; *Ja, mein Engel!*, Hsp., RB 1974; *Gesang vom Menschenleben*, G., Düsseld. 1974; *Georg Trakl: Gedichte*, Hg., 1974; *Ein Lesebuch. 1964–1974*, hg. v. Heinrich Vormweg, Ffm. 1975; *Der alte Garten*, Düsseld. 1975; *Seid nicht so sicher. Geschichten, Gedichte, Gedanken*, hg. v. H. Nitschke, Gütersloh 1979; *Gesammelte Werke*, 7 Bde., hg. v. Christian Büttrich u. Norbert Miller, Ffm. 1981 ff.; *Florens. Eichendorffs Jugend*, Düsseld. 1984; *Jennifers Träume. Unheimliche Geschichten*, Ffm. 1984; *Notizen der Hoffnung. Ausgewählte Gedichte*, Ost-Bln., Weimar 1984; *Orte und Menschen. Aufzeichnungen*, Pr., Ffm. 1986; *Einer von Tausenden oder Der Denkzettel*, Hsp., SDR 1987; *Tagebücher aus den Jahren 1936–1966*, hg. v. Christian u. Marianne Büttrich u. Iris Schnebel-Kaschnitz, Ffm. 2000.

Kaser, Norbert Conrad, wurde am 19. 4. 1947 in Brixen in Südtirol geboren. Er wuchs in ärmlichsten Verhältnissen in Bruneck auf, besuchte das klassische Lyzeum und arbeitete dann als Aushilfslehrer an verschiedenen Schulen. Erste Gedichte zirkulierten im Freundeskreis, lokale Zeitschriften brachten erste Abdrucke. 1968 trat Kaser als Novize in das Kapuzinerkloster von Bruneck ein, der Austritt erfolgte schon nach einem Jahr. Er nahm an der 20. Jugendkulturwoche in Innsbruck teil, zusammen mit Barbara Frischmuth, Peter Henisch, Klaus Hoffer, Elfriede Jelinek, Gert Jonke, Werner Kofler, Michael Scharang, Jutta Schutting, Helmut Zenker, Joseph Zoderer. Nach erfolgreicher Matura hielt er im August 1969 in der Cusanus-Akademie in Brixen einen Vortrag über »suedtirols literatur der letzten zwanzig jahre & zukunft. daraufhin scharfe polemiken in der lokalen presse & aechtung meiner person.« 1969 übersiedelte er nach Wien zum Studium der Kunstgeschichte. Mit über 300 Gedichten (getippt und zu acht Büchlein zusammengeheftet) kehrte er schon 1971 nach Südtirol zurück und gab das Schreiben auf. In Bergschulen verdingte er sich als Aushilfslehrer. Für »seine« Kinder begann er wieder zu schreiben: Märchen, Sagen, Legenden. Alkohol-Abusus machte ihn dienstunfähig, eine psychiatrische Therapie griff nicht. Als Gelegenheitsarbeiter in Bruneck gelangen ihm Gedichte, Prosaskizzen (»Stadtstiche«) sowie Glossen zur Lokalpolitik und Alltagskultur voll aggressiver Wehmut und voll Zorn. Als »Roter« und »Spinner« verschrien, trat er (»da ich ein religiöser mensch bin«) 1976 aus der katholischen Kirche aus und in die PCI (KPI) ein. Seine einzige öffentliche Anerkennung erreichte ihn 1976: ein österreichisches Staatsstipendium für Literatur. Im Frühjahr 1977 schickte ihn die Partei zu einer Leberkur nach Bad Berka (damals DDR). Im Frühjahr 1978 trat er in Wien zusammen mit Joseph Zoderer bei einer Lesung auf. Am 21. 8. 1978 erlag er in Bruneck seiner Leberzirrhose.

Kaser blieb es versagt, ein Buch von sich gedruckt zu sehen. Seit 1967 erschienen einzelne Texte in Zeitungen und Zeitschriften. Erst zwei Auswahlbände aus seinem Nachlass (*eingeklemmt*, 1979; *kalt in mir*, 1981) machten seinen Namen bekannt. »ich bin tiroler dissident geworden & bleibe mit mut und zorn & ekel meinem tal treu … wir sind ueberhaupt eine recht eingeklemmte generation. rueckwaerts geht es nimmer & vor dem vorwaerts graut uns«, schrieb er kurz vor seinem Tod in einem seiner artifiziellen Briefe. Diese Form privater Mitteilungen nutzte er in seiner Isolation als Publikationsersatz. Seine Ausbruchsversuche richteten sich gegen Deutschtümelei und Volkserhaltungskultur in Südtirol, engherzigen Klerikalismus und kleinstädtische Dumpfheit. Die Wahrer des Deutschtums in Südtirol provozierte er mit Gedichten in italienischer Sprache. Seine Poesie erreichte ihre Höhen zwischen regionaler Sprachbewahrung und Lautexperimenten in bestechender Ruhe, Genauigkeit, Musikalität sowie einer Scholastikerliebe zum Detail. Die religiöse Prägung fand Ausdruck in litaneihaften Klagen »aus der Tiefe«, Protest und Preisgesang, Verneigung vor kindlicher Unschuld und klassischen Leidensfiguren (wie dem hl. Sebastian), Sehnsucht nach Frieden und Erlösung. Nach frühen Experimenten, auch mit visueller Poesie, fand er einen an der Volkssprache angelehnten Ton. Sein letztes Gedicht: »ich krieg ein Kind / ein kind krieg ich / mit rebenrotem kopf / mit biergelben fueßen / mit traminer goldnen haendchen / & glaeserem leib / wie klarer schnaps // zu allem lust / & auch zu nichts // ein kind krieg ich / es schreiet nie / lallet sanft / ewig sind / die windeln / von dem kind / feucht & nass // ich bin ein fass« (datiert »28. 7. 78«).

Hans Haider

Werke: *eingeklemmt. Gedichte – Geschichten und Berichte – Stadtstiche – Poetische Protokolle – Kritik – Polemik – Agitation*, hg. v. Hans Haider, Innsbr. 1979; *kalt in mir. Ein Lebensroman in Briefen*, hg. v. Hans Haider, Wien 1981; *jetzt mueßte der kirschbaum blueben. Gedichte, Tatsachen u. Legenden, Stadtstiche*, hg. v. Hans Haider, Zür. 1983; *33 unveröffentlichte gedichte*, in: *Literatur in Südtirol*, hg. v. Gerhard Mumelter, Schlanders 1983, Übs., v. Giancarlo Mariani, Bolzano 1983; *verrueckt will ich werden sein & bleiben. Gedichte, Geschichten u. Briefe*, Bln. 1986; *Kreuzweg. Zyklus in 11 Bildern*, Musik v. Anton Prestele, Theaterst., UA Graz 1988; *Werkausgabe, in drei Bänden.*, Innsbr. 1988. *Das Kaser-Lesebuch*, hg.v. Hans Haider, Innsbr. 1993.

Kater, Fritz, ist laut offizieller Biografie 1966 in Bad Kleinen (Mecklenburg-Vorpommern) geboren und siedelte später nach Ost-Berlin über. Nach seinem Wehrdienst in der NVA und einer Lehre als Fernsehmechaniker folgte im Jahre 1987 die Ausreise in die BRD, wo neben Gelegenheitsarbeiten als Kellner, Regieassistent und Taxifahrer erste Schreibversuche stattfanden. Seit seiner Rückkehr nach Berlin 1990 arbeitet er u.a. als Schriftsteller; 2003 wurde er für *Zeit zu lieben Zeit zu sterben* mit dem Mülheimer Dramatikerpreis ausgezeichnet. Nach inoffizieller Lesart handelt es sich bei dem Namen um ein Pseudonym, hinter dem sich ein 1964 in Meschede a.d. Ruhr geborener Regisseur verbirgt. Was Autor und Regisseur verbindet, ist eine wechselvolle Ost-West-Biografie, die sie die beiden deutschen Staaten aus eigener Anschauung kennen lernen ließ.

Die Vieldeutigkeiten sind Programm. Besonders in seinem Frühwerk forciert Kater durch seine komplexe Titelei und einen gewissen Hang zur »Überrubrizierung« (P. Kohse, 2001) das Verwirrspiel. Hinter den mitunter äußerst kryptischen Titeln verbergen sich Texte, die sich einer eindeutigen Kategorisierung entziehen. »Mit epischen Texten kann man Geschichten erzählen, die man mit Dialogen nie erzählen könnte«, meint zum Gattungscrossover des Autors Fritz Kater der Regisseur Armin Petras, ein Spezialist in Sachen Kater, hat er doch mit Ausnahme von *Vineta (oderwassersucht)* (2001) bisher alle Stücke Katers uraufgeführt. Es ist ein Spiel mit Versatzstücken aus Popkultur und Werbung, aus Film und Literatur, das der Autor betreibt, wobei intertextuelle Bezüge oft konkret benannt werden. In *bloß, weil dich irgendein typ mit sperma bedeckte und dich dann zurückwies oder meine kleine wolokolamsker chaussee 6* (1996) ist schon im Titel das Vorbild Heiner Müller angezeigt. Das Spiel mit literarischen Bezügen setzt sich in der Binnenstruktur des Textes fort: Jean Cocteaus Monologstück *Die geliebte Stimme* wird bei Kater zur Telefonsexnummer, ein böser kleiner Monolog in Zeiten des ungebremsten Kapitalismus. Eine Adaption des Vergewaltigungsmotivs aus Kleists Novelle *Die Marquise von O.* im »Sarajevo-Bewältigungsversuch« (J. Schulz-Ojala, 1994) *Krieg, Böse III (Sarajevo)* (1994) oder Péter Gothárs Film *Time stands still* aus dem Jahre 1981 als Pate für den zweiten Teil von *zeit zu lieben zeit zu sterben* (2002) – die Bezugsfelder sind vielfältig und alles andere als zufällig.

»Fritz Kater ist als Dramatiker ein DJ, sein Schreiben ist Sampling«, beschreibt Petra Kohse den Stil des Autors, eine Feststellung, die bei den frühen Texten ihre Berechtigung hat. Dass diese Form von »re-écriture« und das Spiel mit Versatzstücken auf einem spezifischen Verständnis von dramatischen

Texten beruht, wird deutlich angesichts der sehr heterogenen Beschaffenheit der frühen Stücke, bei denen es sich mitunter eher um Textmaterial als um geschlossene dramatische Werke handelt.
Alle bisher veröffentlichten Texte des Autors Fritz Kater thematisieren in mehr oder minder expliziter Form die letzten Jahre der DDR und die Umwälzungsprozesse im Zuge der Wiedervereinigung, eingebettet in die im realsozialistischen Deutschland fußenden Biografien seiner Protagonisten. Mit dem Verlust der Heimat ist auch ihre Identität auf der Strecke geblieben, und so folgt ihr oft nicht enden wollender Redefluss einem Wunsch nach verbaler Selbstvergewisserung, nach Selbstverortung in einer Welt, in der die Koordinaten verschoben wurden. In den verschiedensten Konstellationen erzählt der Autor vom Prozess der Desillusionierung: in *EJAKULAT AUS STACHELDRAHT II* (1993) illustriert er in drei Monologen die unabwendbare Schräglage dreier Lebensläufe. Das junge Paar in *keiner weiß mehr 2 oder Martin Kippenberger ist nicht tot* (1998), einer Art Roadmovie, wagt zwar den Aufbruch, aber das Ziel bleibt unbestimmt, und die Begegnungen mit einem abgetakelten Altachtundsechziger und anderen »Zeitgenossen« illustrieren die Sinnlosigkeit ihres Unterfangens. In *Vineta* kehrt der ehemalige Boxer Steve nach Frankfurt an der Oder zurück, um an alte (Box-)Träume wieder anzuknüpfen, enttäuscht vom Leben im Westen. Vielen von Katers Figuren ist eine ungewöhnliche Hellsichtigkeit eigen. Die eigene Misere wird nicht beschönigt, sondern mal in lakonisch-beiläufiger, mal in poetisch aufgeladener Sprache zum Ausdruck gebracht.
Mit *Vineta* setzt bei Fritz Kater ein Prozess der Verknappung und Ausformung dramatischer Strukturen ein, der sich bis in die jüngsten Texte fortgesetzt hat. In *zeit zu lieben zeit zu sterben* äußert sich diese formale Stringenz in einer klaren Trennung der Erzählstrategien. In einem ersten chorischen Teil gewährt eine Gruppe von Jugendlichen Einblicke in eine »Jugend« in der DDR mit ihren Sehnsüchten, Ängsten und unerfüllten Träumen. Der zweite, dialogische Teil liefert Innenansichten einer Familie in Ungarn Ende der 80er-Jahre, und im letzten Prosa-Teil analysiert Kater das Scheitern einer Paarbeziehung im Westen – als Ganzes betrachtet eine Reise im Zeitraffer, die Abschnitte eines individuellen Lebens und politische Veränderungen streift. – Fritz Katers »Zustandsbeschreibung Ost« ist noch nicht abgeschlossen, aber der Blickwinkel hat sich geweitet.

Carola von Gradulewski

Werke: *Krieg, Böse III (Sarajevo),* Theaterst., UA Frankfurt/Oder 1994; *Ejakulat aus Stacheldraht II,* 3 Monologe, Frankfurt/Oder 1994; *bloß, weil dich irgendein typ mit sperma bedeckte und dich dann zurückwies oder meine kleine wolokolamsker chaussee 6,* Theaterst., UA Nordhausen 1996; *keiner weiß mehr 2 oder martin kippenberger ist nicht tot,* Theaterst., UA Nordhausen 1998; *Vineta (oderwassersucht),* Theaterst., UA Lpz./Magdeb. 2001; *zeit zu lieben zeit zu sterben,* Theaterst., UA Hbg. 2002; *Sterne über Mansfeld,* Theaterst., UA Lpz. 2003; *WE ARE CAMERA/jasonmaterial,* UA Hbg. 2003.

Kauer, Walther, geboren am 4. 9. 1935 in Bern, begann nach einer heilpädagogischen Ausbildung und etlichen Wander- und Studienjahren zunächst als Journalist zu schreiben. 1968 erschienen seine ersten literarischen Texte. Lange Zeit lebte er in Castasegna, dann in Murten. Am 27. 4. 1987 kam er bei einem Motorradunfall ums Leben. 1975 wurde er mit dem Preis der Schweizerischen Schillerstiftung ausgezeichnet, ferner u.a. 1976 mit dem Preis der Stadt Zürich und dem Conrad-Ferdinand-Meyer-Preis und 1977 mit dem Preis des Kantons Bern.
1974 veröffentlichte Kauer in der DDR seinen ersten großen Roman *Schachteltraum*, der auch in westlichen Medien ein starkes Echo fand. Erzählt wird die Geschichte eines gewissen Georg Knecht, der während der Weltwirtschaftskrise in »Lauterburg« (= Bern) aufwächst, und zwar als Sohn eines arbeitslosen, aber klassenbewussten Proletariers. Dieser geht 1936 nach Spanien und fällt im Bürgerkrieg. Knecht kommt als Verdingbub zu einem reichen Großbauern, überwindet vielerlei Schwierigkeiten, wird Journalist und steht auf der Kippe zu kleinbürgerlicher Anpassung. Doch als er versucht, einen durch Profitgier verursachten Arbeitsunfall aufzuklären, gerät er ins Räderwerk des zynischen Hauruck-Kapitalismus und wird gnadenlos zermalmt. Kauer hat in diesem Roman suggestive Szenen und eine in ihrer Gespaltenheit sehr plastische Hauptfigur geschaffen, seine »verschachtelte« Erzähltechnik aber mit ihren wenig motivierten Brüchen der Perspektive wirkt manieriert, das Gesellschaftsbild bleibt Karikatur.
Der literarisch überzeugendste Wurf gelang Kauer zwei Jahre später mit dem Roman *Spätholz* (1976). Im Mittelpunkt dieses formal geschlossenen Werkes steht der alte Tessiner Bauer Rocco Canoica, der während einer endlosen Nacht seinen Militärkarabiner reinigt und ölt, um damit am Morgen seinen neuen Nachbarn, den Deutschen Korten, zu erschießen. Denn dieser reiche Villenbesitzer hat per

Gerichtsbeschluss durchgesetzt, dass Roccos geliebter Nussbaum gefällt werden muss, weil er ihm die Aussicht verstellt. Im Verlauf der Schicksalsnacht erinnert Rocco sein ganzes hartes Leben – von jenem stolzen Moment an, in dem er zusammen mit seinem Vater eine für den Hof äußerst wichtige Quelle entdeckt hat, bis zum Tod seiner Frau und zum zornigen Weggang der beiden Söhne, die sich dem unerbittlichen Willen des Patriarchen nicht mehr fügen mochten. Zugleich werden auch die alten, durch Landflucht und Technisierung zerstörten Traditionen des abgelegenen Bergtals noch einmal lebendig. Dank kluger Beschränkung auf eine kohärente Perspektive, dank weitgehendem Verzicht auf spektakuläre Handlungsmomente und karikierende Überzeichnung gewinnt *Spätholz* starke Geschlossenheit, auch wenn – so die »Frankfurter Rundschau« – »die Spannung ... eingeebnet [wird] zugunsten einer mythischen Anschauung von Natur«.

Mit seinen späteren Romanen blieb Kauer weitgehend erfolglos. Seine mehr und mehr ins Pamphletartige ausufernden Angriffe auf die kapitalistische Gesellschaft passten immer weniger ins gesellschaftliche Umfeld der Achtzigerjahre; es gelang ihm auch nicht immer, die divergierenden Elemente seines Erzählens unter Kontrolle zu halten. *Tellereisen* (1979) beruht mit der intensiven Verschränkung persönlicher und historischer Erfahrungen immerhin noch auf einem spannungsreichen Konzept. Die folgenden Werke aber sind allzu sehr von privater Verbitterung und literarischer Hilflosigkeit geprägt.

Valentin Herzog

Werke: *Grüner Strom und schwarze Erde,* Zür. 1968; *Der Held,* E., Zür. 1969; *du sollst nicht ...,* E., Zür. 1969; *Schachteltraum,* R., Ost-Bln. 1974; *Anna Ciorata, die Brandstifterin von Soglio,* Hsp., 1974; *Schweizer Erkundungen,* Pr., Ost-Bln. 1975; *S' Sparbuech,* Hsp., 1975; *Senioreträum,* Fssp., 1976; *Spätholz,* R., Zür. 1976, Hsp. 1983; *Abseitsfalle,* R., Zür. 1977; *De zwöiti Früelig,* Fssp., 1977; *En Staat suecht en Mörder,* Hsp., 1977; *Cagnosciat tü guel paiset,* Hsp., 1977; *Tellereisen,* R., Zür. 1979; *Wekkergerassel. Zehn vergnügiche Geschichten,* En., Zür. 1981; *S' Muggfürli,* Hsp., 1981; *Schwelbrände,* R., Zür. 1983; *Yschblueme,* Theaterst., UA Bern 1983; *Bittersalz,* R., Zür. 1983; *Gastlosen,* R., Münsingen 1986; *S'Vreneli ab em Guggisbärg,* Hsp., 1987.

Kehlmann, Daniel, wurde am 13. 1. 1975 in München geboren, seit 1981 lebt er in Wien. Er studierte von 1993 bis 1999 Philosophie und Germanistik an der Universität Wien, seit Herbst 1999 arbeitet er an seiner Dissertation über *Kants Begriff des Erhabenen.* Regelmäßig schreibt er Literaturkritiken für Zeitungen und Zeitschriften. Ausgezeichnet wurde er 1998 mit dem Förderpreis des Kulturkreises der Deutschen Wirtschaft, 2000 mit einem Stipendium des Literarischen Colloquiums in Berlin, 2001 mit dem Österreichischen Staatsstipendium für Literatur, 2002 mit einem Aufenthaltsstipendium des Österreichischen Bundeskanzleramtes in Mexico City und 2003 mit einem Förderstudium des Deutschen Literaturfonds. 2000/2001 nahm er eine Gastdozentur für Poetik an der Universität Mainz wahr.

In den ersten drei Romanen Daniel Kehlmanns scheint vieles auf den ersten Blick nicht mit rechten Dingen zuzugehen. Seine Figuren versuchen, die Wirklichkeit zu überwinden, unendliche Räume zu öffnen. Sie befinden sich in einem Schwebezustand, der sich die Magie der Zahlen und die Relativität der Zeit zunutze macht. So verschwimmen dem Zauberkünstler Arthur Beerholm in Kehlmanns Debüt *Beerholms Vorstellung* (1997) die Trennlinien zwischen Magie und Wissenschaft. Auf dem Höhepunkt seiner Kunst hört der gefeierte Künstler auf, weil er fürchtet, eines Tages an die eigenen Wunder zu glauben. Auch der Erzählband *Unter der Sonne* (1998) spielt mit dem gedanklich Möglichen und thematisiert so unterschiedliche Ereignisse wie eine finanzielle Fehlbuchung und ihre Folgen, die Killerinstinkte eines Halbwüchsigen und die Flammenfeste eines Pyromanen. Im Roman *Mahlers Zeit* (1999) kämpft der junge Physiker David Mahler um die Aufhebung von Linearität und Chronologie; als er vier Formeln mit einer Versuchsanordnung kombiniert, scheint er in der Lage zu sein, das Gesetz der Zeit umzukehren. Doch die Wissenschaft erkennt sein Genie nicht und seine Hoffnung, im Nobelpreisträger Valentinov den kompetenten Mentor seiner Entdeckung zu finden, erfüllt sich nicht. Eine seraphische Kampftruppe sorgt dafür, dass der Kontakt nicht zustande und Mahlers wahrscheinlich korrekte Berechnung nicht zur Anwendung kommt. Auch Julian aus dem Roman *Der fernste Ort* (2001) unterliegt einem Umkehrprozess, aber ganz anderer Art. Der Versicherungsangestellte will seinem langweiligen Dasein entfliehen und nutzt die Gelegenheit, bei einer Tagung in Italien einen Badeunfall zu fingieren und abzutauchen. Julian ist ein Träumer, der sich früh mit einer Nebenrolle in seiner allmählich auseinander fallenden Familie begnügen musste. Seine Spinoza-Lektüre bestärkt seine Überzeugung, dass es keine Freiheit gibt, und der Barockdenker Vetering, den er studiert, legt dar, dass der Mensch sogar sein Sterben versäumen kann. Auf der Suche nach dem fernen Fixpunkt seines Lebens, Ultima Thule, wird er am Ende im Zug überfallen und seiner falschen Identität beraubt. In diesen mit surrealen und fantastischen Elementen spielenden Texten erweist sich der Nabokov-Verehrer Kehlmann als raffinierter, mit im Grunde einfachen Mitteln arbeitender Spannungsmonteur. Seine intelligenten, mit subtilen Irritationen spielenden Erkundungen utopischer Entwürfe bereiten großes Vergnügen.

Mit *Ich und Kaminski* (2003) hat Kehlmann eine amüsante Parodie des Kunstbetriebes geschrieben, in der Mythen und Lebenslügen gleichermaßen decouvriert werden. Inszeniert als Duell zwischen dem ehrgeizigen Kunsthistoriker Sebastian Zöllner und dem in Vergessenheit geratenen Surrealisten Manuel Kaminski, erzählt Kehlmann aus der Perspektive des jungen Egomanen von dessen Versuch, mit einer Biografie des Künstlers selbst zu reüssieren. Doch der listige Kaminski übertölpelt Zöllner, er benutzt ihn für seine Interessen. Und es stellt sich am Ende heraus, dass der ganze Mythos vom Avantgardisten eine geschickte Täuschung war. »So ansteckend lustvoll und hinreißend unglaubwürdig wie Kehlmann strapaziert die trivialen Genres nur, wer sie um Haupteslänge überragt« (Andreas Nentwich).

Thomas Kraft

Werke: *Beerholms Vorstellung*, R., Wien, Mü. 1997; *Unter der Sonne*, En., Wien, Mü. 1998; *Mahlers Zeit*, R., Ffm. 1999; *Der fernste Ort*, N., Ffm. 2001; *Ich und Kaminski*, R., Ffm. 2003.

Kellein, Sandra, wurde am 24. 10. 1958 in Nürnberg geboren. Sie studierte Germanistik und Psychologie in Hannover. Seit 1987 lebt sie als freie Autorin in Berlin. Sie erhielt 1990 das Alfred-Döblin-Stipendium der Akademie der Künste, diverse weitere Stipendien und 1993 den Ernst-Willner-Preis beim Ingeborg-Bachmann-Wettbewerb. 1997 war sie »artist-in-residence« am Colorado College, USA. Sie verfasst Erzählungen, Romane, Theatertexte und Hörspiele sowie Begleittexte zu Katalogen bildender Künstler.

Die Menschen in Sandra Kelleins Texten bewegen sich in einem Grenzbereich zwischen »normaler« und »anomaler« Wahrnehmung und Kommunikation. Sie kreisen in ihrem Denken und Sprechen um sich und um Fragmente einer medienvermittelten Wirklichkeit. Hinter Verschrobenheiten in Sichtweise und Sprache werden Verletzungen erkennbar. Die Figuren zeichnen sich durch Fremd- und Fragmentiertheit aus, ihre Identität bleibt in einer den Leser herausfordernden Schwebe, ihre Rede ist schillernd, verquickt verschiedene Perspektiven und sträubt sich gegen eindeutige Festlegungen.

Kelleins Schreiben speist sich aus Detailbeobachtungen von Alltagsszenen, die ins Surreale tendieren. Die Autorin bezeichnet sich als »reinen Augenmenschen«, die Welt in ihren Texten erschließt sich vornehmlich über das Optische, Empfindungen ihrer Figuren werden auffallend häufig visualisiert. Ein Hauptinteresse gilt den Phänomenen der Moderne im digitalisierten Zeitalter. Kelleins Texte führen postmoderne Weltwahrnehmungsweisen vor: Das Fernsehen ist allgegenwärtig, und die Figuren sind mehreren synchronen Wirklichkeiten, Glücksversprechen, Bildern und Zeichen ausgeliefert; sie leben in Welten, die sich nicht erklären. Motor der Texte ist dabei eine assoziativ wuchernde Sprachliebe, die neben eindrücklichen poetischen Wendungen auch heiter-skurrilen Sprachwitz generiert.

In den drei Erzählungen des Bandes *Liebe im Ausland* (1992) steht die Begegnung zwischen Menschen – nach einer Kontaktsendung im Fernsehen, in der Transsibirischen Eisenbahn und im Bett mit »meinem Chinesen« – in engem Zusammenhang mit Sprachbarrieren und der Suche nach einer gemeinsamen Sprache. Die Texte arbeiten thematisch auf die Ich-Erzählung *Hochformat* hin, mit der Kellein 1993 den Ernst-Willner-Preis gewann. Das von einer isolierten Position, einer »Festung«, aus sprechende Ich charakterisiert sich über seinen Blick, der zwischen Fernsehen und Fenster wandert und aus Sinnfragmenten eine neue Wirklichkeit montiert. Die unerfüllte Sehnsucht nach dem Bewusstwerden der eigenen Identität korrespondiert mit der experimentellen Sprache, die mit Ellipsen, unvermittelten gedanklichen und grammatikalischen Sprüngen, Wortspielen und der unkonventionellen Verwendung bzw. dem Übereinanderprojizieren von Redewendungen arbeitet.

Kelleins erster Roman *Khaki und federn* (1995) spielt 1991, zur Zeit des Golfkriegs, und verknüpft dieses von den Medien direkt übertragene Ereignis mit den alltäglichen Erlebnissen und Irritationen zweier junger Frauen in Berlin. Liebe und Krieg – die zwei großen Themen erscheinen hier als denkwürdig virtuelle Phänomene.

Der Roman *Gold oder Rabenschwarz* (1996) demonstriert die Fremd- und Vertrautheiten der Menschen nach der deutschen Wiedervereinigung an einer »kleinsten Einheit«, einer schizoiden Erzählerin. Nach der Maueröffnung von West- nach Ost-Berlin umgezogen, verharrt sie im Zustand des Nicht-ganz-angekommen-Seins. Ihrem zurückgezogenen, abwartenden Beobachten der Außen- und Innenwelt voller surrealer und synästhetischer Eindrücke setzt Margret, das Alter Ego der Erzählerin, einen oberflächlichen, lauten Aktivismus entgegen, der allerdings erfolglos bleibt. Kellein inszeniert aus dem Auseinanderdriften und Einander-Näher-Kommen ihrer Figuren ein dezent-ironisches Rollenspiel; mit einer individuellen Sprache wollen sie dem Zustand des Gespalten- und doch Einsseins beikommen. Der Roman verfügt über eine hohe Musikalität, verknüpft in kreisenden Bewegungen wiederkehrende Motive und glänzt durch Sprachwitz.

Die 14 Erzählungen in *Die Erfindung von Amerika* (1998) sind formal disparat und spielen in verschiedenen Ländern. Sie zeigen Menschen und Situationen, deren »innere Zeichensetzung geringfügig verrutscht« ist. Beobachtet werden Simulationen von Authentizität, immer wieder tauchen fremde Sprachen und Schriften auf; das Übersetzen und Benennen von Dingen, das Erzählen schafft Welt: Amerika wird nicht entdeckt, sondern erfunden. Die Menschen leben teilweise in sich eingeschlossen, nehmen auf ungewöhnlichen Wegen Kontakt auf und werden von bizarren Ritualen zusammengehalten. In den Texten wird ein ausgeprägtes Sensorium für Körperlichkeit spürbar; Gerüche, Haare, Essen, erotische Szenen geraten zu Erfahrungen, in denen bei aller Sinnlichkeit etwas Fremdes mitschwingt. Doch »ab und zu tauchte sogar etwas wie Glück auf, ohne jede Vorwarnung«.

Charlotte Brombach

Werke: *Die Liebe im Ausland*, En., Stg. 1992; *Welcome*, Hsp., SWF 1993; *Heimspiele*, Hsp., SWF 1993; *Innenräume. 6 Monologe*, Bad Homburg 1993; *Eine Postkarte/Kyrillisches Bier. 2 Monodramen*, Bln. 1993; *Khaki und federn*, R., Bln. 1995; *Die letzten Zeichen*, zus. m. der Künstlergruppe Inkonferenz, Münster 1995; *Gold oder Rabenschwarz*, R., Bln. 1996; *Marder und Mörder*, Hsp., SWF 1996; *Wie ich die Statistik erfand*, Hsp., SWF 1997; *Fast vier Wochen*, Hsp., SWF 1997; *Die Erfindung von Amerika*, En., Bln. 1998; *Kreuzfahrten, Seiltänze*, Hsp., SWF 1998; *Eine fragwürdige Geschichte*, Hsp., SWR 1999; *Tiere wie wir*, Hsp., SWR 2000; *Coach und Crunch*, Hsp., SWR 2001; *Kammerflimmern*, Hsp., 2002; *Aus dem merkwürdigen Leben der Rekonvaleszenten – Schlingentisch-Hörstück für Rückenleider*, Hsp., SWR 2002; *Zockerbräute*, Hsp., SWR 2003; *Venus in Aspik*, Hsp., SWR 2003.

Keller, Christoph, wurde am 22. 12. 1963 in St. Gallen geboren und ist dort aufgewachsen. Von 1984 bis 1991 studierte er in Genf und Konstanz Slawistik und Amerikanistik. Christoph Keller ist mit der amerikanischen Lyrikerin Jan Heller Levi verheiratet und lebt als Autor, Übersetzer und Publizist in St. Gallen und New York. Er wurde u.a. 1988 mit dem Förderpreis der Stadt St. Gallen, 1992 mit dem Kurt-Adler-Preis und 1994 mit dem Preis der Internationalen Bodensee-Konferenz ausgezeichnet.

Christoph Keller schlägt eine unübliche Brücke, denn er ist ein ausgewiesener Kenner der russischen Literatur mit einem erzählerischen Faible fürs Amerikanische. Darin drückt sich nicht bloß eine literarische Gegenüberstellung aus, in diesem Spannungsfeld keimt auch ein Gespür für die Absurdität von politischen Konstellationen, das Keller gerne in seine Texte einfließen lässt.

Gulp heißt der Erstling, mit dem er 1988 an die Öffentlichkeit trat. Der Roman ist in Ich-Form verfasst, allerdings stecken hinter diesem Ich vier verschiedene Personen, die sich am Ende, unausgesprochen, als Masken eines einzigen Erzählers erweisen. Der angeblich ermordete Egon Vorburger schlüpft in die Rolle des Dichters Gulp, um zu einem neuen Goethe zu werden und um am Ort seiner Träume, der Psychiatrischen Klinik Alpenblick, Einlass zu finden. *Gulp* ist eine literarische Spiegelfechterei: Das Erzähler-Ich löst sich in alternative Identitäten auf, über die der Autor anscheinend selbst nur mit Mühe die Kontrolle behält. Christoph Keller beweist in diesem Roman kompositorisches Talent und satirisches Flair, wobei Letzteres stets auch charmante Züge behält und vor allzu schneidender Schärfe zurückweicht. Eine Künstlerfigur auf der Flucht steht drei Jahre später auch in der »amerikanischen Erzählung« *Wie ist das Wetter in Boulder?* (1991) im Zentrum. Der Pianist Robert Vleedenstedt leidet unter den Ansprüchen, denen er genügen soll, und versucht sich diesen mit einer Reise nach Amerika zu entziehen. Wirtschaftliche Themen in satirischer Diktion bringt Keller dagegen in seinen Stücken auf die Bühne: die Optimierung von Menschen zu effizienten Managern in *Kalter Frieden* (1991), und in *Der Sitzgott* (1994) die politischen Verstrickungen eines harmlosen Stuhlherstellers, dessen Produkte im Irak beim Raketenbau Verwendung finden. Ihre scheinbare Leichtigkeit verdankt sich der Zurückhaltung des Autors, sie ist aber auch Spiegel eines wirtschaftlichen Systems, das gerne alle bösen, betrügerischen Absichten von sich weist.

Der Hang zum Absurden, der in den Stücken wie in der Prosa Kellers spürbar wird, scheint zweierlei Wurzeln zu haben. Im Sammelband zur neueren russischen Literatur, *Herumstreunende Bären unterm Höllenhimmel* (1997), bekundet Christoph Keller seine Sympathie für den skurrilen Realismus, wie ihn die Autoren Viktor Pelewin oder Jewgenji Popow virtuos pflegen. Keller schreibt nicht nur fachkundig über russische Literatur, er ist auch als Übersetzer und Herausgeber hervorgetreten (*Moskau erzählt*, 1993; *Petersburg erzählt*, 1999). Die zweite Bezugsquelle für jenen Hang wird im Roman *Ich hätte das Land gern flach* (1996) manifest: Wilhelm Gess, ein »landesdurchschnittlicher Langweiler«, erschießt am 16. Juni 1993 in aller Öffentlichkeit den Bundesrat Hans Lüthi. Widerstandslos lässt er sich festnehmen, schweigt sich aber über seine Motive aus. Die Ermittlungen ergeben ein Geflecht von familiären Konflikten, die eine derartige Tat weder rechtfertigen noch erklären. Offenkundig erinnert diese Konstellation an Dürrenmatts Roman *Justiz* (1985), allerdings weicht Keller den lustvoll bösen Sarkasmus des Vorbilds ins eher Burleske auf. Dafür sprechen der Name des Mörders, ein Mix aus Tell und Gessler mit Blick auf Schiller, sowie der Titel, der an die Forderung »Nieder mit den Alpen, freie Sicht aufs Mittelmeer« erinnert, aber einem Gedicht von Günter Eich entnommen ist: »Zeit für mich, / das Gebirge abzukarren. / Ich hätte das Land gern flach.« Diese intertextuellen Bezüge situieren den Tyrannenmord zwischen Farce und Pathos und gesellen ihm Eichs sanften Anarchismus als Ausweg hinzu. *Ich hätte das Land gern flach* ist insofern typisch für Keller, weil er hier auch die Harmlosigkeit einer Schweiz bespiegelt, die zu großen Taten nicht mehr zu bewegen ist. Der Wunsch nach Heldentum versickert in akribisch beschriebenen familiären Querelen.

Das Spiel mit Variationen und Schreibweisen hat schließlich auch die Basis gelegt für die Zusammenarbeit mit dem Autor Heinrich Kuhn. Als Keller + Kuhn haben sie »vierhändig« zwei Romane verfasst, *Unterm Strich* (1994) und *Die blauen Wunder* (1997), die listig mit dem literarischen Genre des Krimis spielen, ohne dessen Erwartungen vollauf zu erfüllen. Als formal innovativ erweist sich insbesondere *Die blauen Wunder*, weil dieser »Fax-Roman« ein ungewohntes Medium bespielt. Dieses selbst wird zur Botschaft, seine kommunikative Unverbindlichkeit ermöglicht Missverständnisse aller Art.

Beat Mazenauer

Werke: *Gulp. Eine Karriere*, R., Zür. 1988; *Wie ist das Wetter in Boulder?*, E., Ffm. 1991; *Kalter Frieden*, Theaterst., UA St. Gallen 1991; *Moskau erzählt*, Hg. und Übs., Ffm. 1993; *Unterm Strich*, R., zus. mit Heinrich Kuhn (u. d. Pseudonym: Keller + Kuhn), Düsseld. 1994; *Der Sitzgott. Stuhlvariationen*, Theaterst., Eggingen 1994, UA Bregenz 1998; *Ich hätte das Land gern flach*, R., Ffm. 1996; *Herumstreunende Bären unterm Höllenhimmel*, Ess., Eggingen 1997; *Die blauen Wunder. Ein Fax-Roman*, zus. m. Heinrich Kuhn, Lpz. 1997; *Herbstblätter*, Hsp., DRS 1998; *Petersburg erzählt*, Hg. und Übs., Ffm. 1999; *Im Zustand der Fuge*, E., St. Gallen 2000; *Ballerina*, Theaterst., UA Bregenz 2003; *Der beste Tänzer*, Ffm. 2003; *Einige vertraute Dinge*, E., Winterthur/New York 2003; *Die Stiftung*, Theaterst., UA Saarbrücken 2004.

Kempff, Diana, wurde am 11. 6. 1945 in Thurnau bei Bayreuth geboren. Ab ihrem zehnten Lebensjahr lebte sie in München. Später führten sie Sprachstudien nach London und Rom, sie reiste nach Japan und Nepal. Zeitweise arbeitete Diana Kempff in Verlagen, vor allem aber begleitete sie ihren Vater, den Pianisten Wilhelm Kempff (1895–1981), auf seinen Konzertreisen. Sie lebt heute in Münsing am Starnbergersee. 1980 erhielt sie den Förderpreis der Münchner Abendzeitung, 1983 den Förderungspreis Literatur der Landeshauptstadt München, 1986 wurde sie auf Vorschlag von Joachim Kaiser mit dem Kleist-Preis ausgezeichnet.

In ihrem viel beachteten autobiografischen Erstlingsroman *Fettfleck* (1979) erzählt sie Stationen aus der Leidens- und Entwicklungsgeschichte eines dicken Mädchens, das aufgrund seines Anders-Seins herumgeschubst, abgelehnt und gequält wird. Die anderen Kinder erkennen nicht die Verletzlichkeit und Ungeschütztheit des Mädchens, das sie »Fettsau« nennen; ihre Ablehnung manifestiert sich in Spott, Ächtung und Schlägen. Das Elternhaus bietet in diesem schwierigen Lebensabschnitt keine Zuflucht. Der Vater bereist die Welt, die Mutter hat »im Kopf ein fremdes Gesicht«. Das zurückgewiesene Mädchen reagiert mit der Flucht nach innen: »Spiel ich eben allein. Mein Lieblingsspiel. Unsichtbar sein.« Es entdeckt die Faszination des Lesens, erkämpft sich unantastbare Freiräume, die die Bitterkeit der Realität erträglicher werden lassen. Aus dieser Position heraus wird das Kind mehr und mehr zum Beobachter, es durchschaut die Mechanismen der Erwachsenenwelt. Als schließlich die vermeintliche Freundschaft mit einem Jungen jäh enttäuscht wird, kommt »Fettfleck« zu dem lapidaren Schluss: »Wirklichkeit ist doof.« Nun beginnt sich die Heranwachsende zu wehren, angetrieben von Angst und Wut; das imponiert, bringt aber nicht die ersehnte Zuwendung. Während eines Sanatoriumsaufenthalts erfährt die »kleine Dicke«, wie der Tod riecht: »Süßlich und ein bisschen nach 4711.« Beinahe schizoide Angstzustände stürzen sie in eine frühe Identitätskrise: »Ich fühl mich von mir selber getrennt ... Ich schmelze zu einem Punkt, der verschwindet langsam in einer schwarzen Leere ... Ich sind so viele. Die zerren an mir ... Ich weiß nicht mehr, wer ich bin.« Durch derartige Erfahrungen abgehärtet und zunehmend auf sich selbst konzentriert, muss das Mädchen an der Schwelle zum Erwachsenwerden den Selbstmord des einzigen Freundes erleben. Die verlogenen Reaktionen der Erwachsenen, die ihr Versagen nicht zugeben können, und das Erkennen der eigenen Unzulänglichkeit und Unachtsamkeit bewirken bei dem Mädchen radikale Einsichten: Es will sich mit den Gegebenheiten nicht mehr stillschweigend abfinden, die Floskel »Kammanixmachn« verliert ihre tröstende Funktion. Ob die Schlusssätze Rebellion oder völligen Rückzug anzeigen, bleibt offen, jedenfalls kann nach diesem existenziellen Erlebnis nichts bleiben, wie es war: »Am Ende ist die Welt mit Brettern vernagelt. In unserem Kopf. Man müsste sie zerschlagen, bis der Kopf zerspringt.« Die Autorin bedient sich in ihrem Roman einer kindlichen Sprechweise; parataktische Sätze, die zuweilen stark umgangssprachliche Züge aufweisen, dominieren. Diana Kempff jongliert mit Begriffen und Konstruktionen, die, einer kindlichen Logik folgend, die Absurditäten der Erwachsenenwelt dekuvrieren. Eine übergeordnete kommentierende Erzählerinstanz fehlt. – Auch in ihrem folgenden Buch, dem fantastischen Roman *Hinter der Grenze* (1980) steht ein Mädchen im Mittelpunkt des Geschehens. Noch benommen von einer Zahnarztspritze geht »sie« in den Zoo, stößt gegen einen Zaun und fällt hinter der Grenze in ein Fabelreich. Während ihrer Erkundungsstreifzüge begreift »Aha« – so der Fantasiename des Mädchens – nach und nach, dass in der Traumwelt gängige Kategorien und Vorstellungen außer Kraft gesetzt sind, wiewohl ständig mit Begriffen aus der menschlichen Wirklichkeit operiert wird. Als schließlich ein Krieg das Traumreich bedroht, überstürzen sich die Ereignisse, das Geschehen wird zunehmend undurchsichtiger, das teilweise aus der Science-Fiction-Welt entlehnte Personal unüberschaubar. Angesichts der Turbulenzen wirken die schlaglichtartig gesetzten Wortspiele, Gedankensplitter und Räsonnements über Freiheit und Zwang, Sein und Schein, menschliches Verhalten usw. eher unverbindlich und konstruiert. Ein Professor für vergleichende Universalwissenschaft kommt den Fabelwesen zu guter Letzt zu Hilfe – das Reich der Fantasie gewinnt den Kampf. Das Mädchen muss allerdings wieder in die Realität zurückkehren. *Alice's Adventures in Wonderland* von Lewis Carroll, Orwells *Animal Farm*, Loftings *Doctor Doolittle* oder das Zwischenspiel des »Magischen Theaters« aus Hesses *Steppenwolf* darf man als literarische Vorbilder für Diana Kempffs Roman vermuten. Märchen- und Fabelelemente gehen ebenso in die Geschichte ein wie Anleihen aus der christlichen und fernöstlichen Gedankenwelt. Aus dem Konglomerat von Sentenzen und Mini-Diskursen lassen sich jedoch nur schwer Sinnzusammenhänge herstellen, auch wenn man im Reich der Fantasie nicht fraglos davon ausgehen kann, dass diese überhaupt vorhanden sind.

Ausbruch, Rückzug, Angst, Isolation und Einsamkeit sind die Themen, die Diana Kempff in ihren Werken in immer neuen Varianten behandelt. In dem beklemmenden Prosaband *Der vorsichtige Zusammenbruch* (1981) hat sie diese Phänomene am extremsten und dichtesten in Sprache umgesetzt. Der Titel signalisiert mit dem Wörtchen »vorsichtig«, dass es sich paradoxerweise um einen bewussten, nachvollziehbaren, vielleicht gar angestrebten Zusammenbruch handelt. »Ich beobachte, wie ich gehe, spreche, was ich tu und nicht tu. Dabei bin ich ganz unbeteiligt an der Person, die ich sein soll«, sagt das Mädchen des Romans *Fettfleck*. In dieser Äußerung zeichnet sich bereits eine Vorform jener egomanen Zustände ab, in denen die namenlosen Figuren in dem Band *Der vorsichtige Zusammenbruch* gefangen sind. Anteilnahme von außen erwarten sie nicht mehr, »haben wir das Sprechen doch schon lange verlernt, nur mit uns selbst sprechen wir manchmal, will man das Stammeln als Sprechen bezeichnen«. Völliges Verstummen kann nur noch durch den Akt des Schreibens aufgehalten werden: »Ich schreibe etwas, das ich nicht denken kann, auch nicht vor mich hinsagen. Es gibt Augenblicke, wo auch Monologe nicht helfen ...« Die Frage nach der Identität, die über eine Beziehung zum »Du« nicht (mehr) herzustellen ist, kann nur noch im künstlerischen Prozess gelöst werden: »Unauslöschlich sind dann die Sätze, der Vorgang des Aufschreibens gleicht einem gefährlichen Anschlag auf Menschen und Dinge ...« Die 54 Prosaskizzen – die meisten sind nicht länger als zwei Seiten – leben von einer eigenartigen Spannung: Einerseits verkünden die Texte die Unmöglichkeit der Verständigung, andererseits erzwingen sie Anteilnahme. Der Leser wird durch eine minuziöse, manchmal gläsern-leblose Sprache mit psychischen Extremzuständen konfrontiert. »Eine Autorin schlägt aus psychischen Grenzsituationen ihr Prosa-Kapital ... Irgendwie unglückszufrieden«, konstatierte Joachim Kaiser. Die Welt offenbart sich der Autorin bruchstückhaft, gewalttätig, kalt, außer der gelegentlich lustvoll empfundenen Einsamkeit verbürgt nichts mehr Sicherheit. Der eigene innere Kosmos überdeckt zunehmend die Realität, einzig unmenschliche Stimmen und Geräusche dringen noch »von draußen« bis zu dem »Ich« vor. Schizoide und durch Alkohol und Drogen manipulierte Wahrnehmungen werden ebenso kommentarlos-sachlich wiedergegeben wie Gewaltfantasien oder die Beschreibung physischer Verletzungen. Die Verwendung eines »Vokabulars des körperlichen Verfalls« signalisiert Ich-Dissoziation: »Voll von angehaltenem Atem berste ich auseinander, erst springen die Arme und Beine ab von meinem Körper, dann platzt die Bauchdecke, Luft quillt heraus, eine unendliche Fülle von Luft, in der ich mich frei bewegen könnte.« Die Form der Kurzprosa verdichtet Kempff in dem 1989 publizierten Band *Das blaue Tor* schließlich noch mehr. In den über 100 Stücken – teilweise Gedichten – scheint sich das (lyrische) Ich gewissermaßen zu verpuppen. Nur schwer dringt denn auch der Leser durch die Bündelung von Metaphern, mythologischen Anspielungen und hermetischen Bildern.

Angedeutet hat sich diese Entwicklung bereits in Diana Kempffs Gedichtband *Herzzeit* (1983), in dem sie ihren lyrischen Wortbestand schon auf ein kaum mehr zu unterschreitendes Minimum reduzierte. »Irgendwann / werden wir überhaupt / nichts mehr sagen«, heißt es in einem der knappen Gedichte. Die sprachlichen Kondensate beschwören Einsamkeit, Dunkelheit und Resignation, nur in einigen wenigen Gedichten wird in Erwägung gezogen, die Kluft zwischen Innen- und Außenwelt zu überbrücken. Doch schon die Bereitschaft zur Hingabe und Offenheit birgt das Risiko einer möglichen Vernichtung in sich: »Festgenagelt mein Herz / am freigegebenen Schießstand.« Die Erfahrung »versuchter Nähe« spiegelt sich in den Gedichten wider, in denen – unvermutet – von »du« und »wir« gesprochen wird. Doch auch die *Herzzeit* ist dem »Fortgang der Zeit« ausgeliefert – Stillstand ist unmöglich. Die Schlusszeilen des Bandes kündigen das Ende der *Herzzeit* an, das lyrische »Ich« verstümmelt sich, wird »herzlos«: »Nun da du fortschwimmst / untergetaucht wieder einmal / reiße ich mir das Herz aus / trag es dir an unzubereitet / mit Haut und Haar.«

Petra Ernst

Werke: *Der Traum vom Glück*, Hg., München 1971; *Vor allem das Unnützliche*, G., Esslingen 1975; *Fettfleck*, R., Salzb. 1979; *Hinter der Grenze*, R., Salzb. 1980; *Der vorsichtige Zusammenbruch*, Pr., Salzb. 1981; *Coniunctio*, Hsp., BR 1981; *Herzzeit*, G., Salzb. 1983; *Das blaue Tor*, Hsp., SFB/NDR 1984; *Der Wanderer. Fantasie*, Salzb. 1985; *Das blaue Tor*, Salzb. 1989; *Totengespräche*, Hsp., NDR 1989; *Aller Tage Abend*, Hsp., NDR 1991; *Die fünfte Jahreszeit*, G., Salzb. 1995.

Kempker, Birgit, wurde am 28. 5. 1956 in Wuppertal geboren. Sie studierte Kunst und Literatur in Zürich und lebt seit 1990 in Basel. Seit 1978 ist sie schriftstellerisch tätig, arbeitet an Ausstellungen und Aufführungen im Bereich Kunst, Literatur und Theater mit. Sie ist Dozentin für Wort und Bild an der Schule für Gestaltung in Basel und seit 1990 betreut sie das Fach Sprache/Literatur in der F+F-Kunstschule Zürich. 1985 bekam sie den Preis des Landes Kärnten beim Ingeborg-Bachmann-Wettbewerb, 1986 war sie Stipendiatin des Literarischen Colloquiums in Berlin, 1987 erhielt sie ein Stipendium des Deutschen Literaturfonds, 1996 den Preis der Schweizer Hörspielstiftung und 2000 »Das goldene Hörnetz«, einen Preis für unabhängig produzierte Hörspiele (zusammen mit Bernd Kempker).

Bereits mit ihrem Roman *Der Paralleltäter* (1986) und den parallel dazu erschienenen Prosaarbeiten *In der Allee 1* (1986) und *In der Allee 2* (1987) legte Birgit Kempker ihre Poetologie offen: assoziative Sprachspiele, die auf narrative Strukturen verzichten und lieber den Oberflächen- und Tiefenstrukturen, den verborgenen Nebenbedeutungen, heimlichen Subtexten und »semantischen Verrutschungen« nachspüren. Dies treibt sie vor allem in ihren Hörstücken voran, die neben ihren Büchern entstehen. Die Erzählerinnen in *Der Paralleltäter* vermuten überall Parallelen: »Nudeln, vor allem Spaghetti, eigentlich nur Spaghetti sind das Parallelessen überhaupt, nebeneinander, übereinander, glitschig, verwechselbar, oder könnte man auch nur eine einzige Spaghetti als eine mit sich selbst identische bezeichnen?« Zu ihrem poetischen Parallel-Verfahren gehört auch, permanent den Text durch sich selbst zu reflektieren: »Ist nun ein Dichter eine Metapher für Parallelen oder umgekehrt?«

Mit *Rock me Rose* (1988) unternahm Birgit Kempker einen einmaligen Ausflug ins Krimigenre – vor allem, um herauszufinden, wie sich ein Text ohne klare Erzählinstanz erzählen lässt. *Dein Fleisch ist mein Wort* (1992) ist ihr erster Versuch, per Verfremdung ein neues Erzählverfahren zu finden, autobiografische Erfahrungen lyrisch zu verdichten – eine Methode, die schon beim nächsten Buch, dem Prosagedicht *Als ich zum ersten Mal mit einem Jungen im Bett lag* (1998), ein juristisches Nachspiel provozierte: In exakt 195 poetischen Variationen und Aberrationen erkundet und seziert sie den magischen Moment, in dem die Sexualität erstmals zum Blühen kommt. In der namentlich genannten Figur des Textes, die rund 300-mal litaneiartig aufgerufen und von Kempker als Quelle der lyrischen Imagination genutzt wird, erkannte sich jedoch ein Leser wieder, klagte vor Gericht – und gewann. Die Autorin wurde zu einer Schmerzensgeldzahlung verurteilt, der Verlag musste alle noch existierenden Exemplare des Buches vernichten (der ganze Fall, einschließlich des Gerichtsurteils, kann in »Schreibheft. Zeitschrift für Literatur«, Nr. 55, nachgelesen werden). »Mike liegt unter dem Baum. Jane liebt Mike. Sie liegt daneben« – für eine nahezu unendliche Zahl von Komplikationen ist das die kürzestmögliche Versuchsanordnung: In den 99 Szenen von *Mike und Jane* (2001) treibt die Autorin ihren literarischen Modellversuch über die Aporien und Abgründe einer Sprache der Liebe weiter und führt in exemplarischen Kapriolen, Exerzitien, Fallbeispielen und Witzen vor, wie die Sprachfragmente von Liebenden unfreiwillig zueinander finden, wie Liebende voller Hingabe aneinander vorbeireden, wie die Sprache eine ewig sprudelnde Quelle von Missverständnissen sein kann.

Günther Fischer

Werke: *Der Paralleltäter*, Zür. 1986; *In der Allee 1. Schnee in der Allee*, Pr., Zür. 1986; *In der Allee 2. Auch Frieda war jung*, Pr., Zür. 1986; *Rock me Rose*, R., Zür. 1988; *Der Tiger ist tot, 1., 2., 3. und 16. Tod*, Hsp., SWF 1989; *Vögel. Fiktiv. Konzert für Stimme und Percussion*, Hörstück, UA Zür. 1994; *Dein Fleisch ist mein Wort*, Pr., Reinbek 1992; *Liebe Kunst*, Ess., Graz 1997; *Das Wiepersdorfer Gefühl. Stück für ein Huhn*, Theaterst., UA Basel 1997; *Ich will ein Buch mit dir. Kein Fleisch, Stücke*, Pr. u. Hsp., Basel 1997; *Ich ist ein Zoo/Anleitung fürs Blut*, Hsp., DRS 1996; *Warten auf A. Kleines Stück*, Theaterst., UA Zür. 1998; *Als ich das erste Mal mit einem Jungen im Bett lag*, Pr., Graz 1998 (im Februar 2000 per Gerichtsbeschluss indiziert); *Übung im Ertrinken/Iwan steht auf*, Hsp., DRS 1999, gedr. Basel, Weil am Rhein, Wien 1999; *Bertie Brab. Ein Stück für jedes Alter*, Theaterst., UA Braunschweig 1999; *Schrei nicht Fliege. Hörstück für die Bühne und 23 Lautsprecher, 2 Navigatoren, 1 Einsagerin, 2 Schauspieler und 1 Hasen*, Theaterst., UA Zür. 2000; *Parzifal und Parzifal cry le beau*, Hsp., SR 2000; *Mike und Jane*, Pr., Graz 2001; *Die Wurzel des freien Radicalen ist Herz/Ich sag so viel Kafka wie ich will*, Hspe., DRS 2000, gedr. Basel, Weil am Rhein, Wien 2001.

Kempowski, Walter, wurde am 29. 4. 1929 in Rostock als Sohn eines Schiffsmaklers geboren. Er besuchte das Realgymnasium, wurde 1944 in eine Strafeinheit der Hitlerjugend eingewiesen und 1945 Luftwaffen-Kurier. 1946 musste er die Schule verlassen und begann nach einigen Gelegenheitsarbeiten eine kaufmännische Lehre. 1948 wurde er wegen »Spionage« von einem sowjetischen Militärgericht zu 25 Jahren Arbeitslager verurteilt (er hatte Papiere in den Westen gebracht, die die Demontage der väterlichen Reederei dokumentierten). Nach acht Jahren Haft in Bautzen entlassen, ging er 1956 in die Bundesrepublik, machte sein Abitur nach, studierte in Göttingen Pädagogik und wurde Volksschullehrer, seit 1965 in Nartum, wo er heute noch lebt. Von 1980 bis 1990 war er Lehrbeauftragter an der Universität Oldenburg. Gastdozenturen führten ihn an die Universitäten Essen (1977), San Diego (1980), Hamburg (1983/84), Provo/USA (1986) und Taos/USA (1988). Seit 1980 sammelt er Fotografien, Tagebücher und autobiografische Aufzeichnungen; sein Archiv umfasst mehr als 6000 Texte, von denen er einige publiziert hat. Seit 1981 veranstaltet er Literaturseminare in seinem Haus in Nartum. Er erhielt 1977 den Karl-Szcuka-Preis für das Hörspiel *Beethovens Fünfte*, 1979 den Wilhelm-Raabe-Preis, 1980 den Jakob-Kaiser-Preis (zusammen mit Eberhard Fechner, der drei seiner Romane verfilmt hat), 1984 den Konrad-Adenauer-Preis für das *Echolot*, 2000 den Heimito-von-Doderer-Preis, 2002 den Nicolas-Born-Preis und den Dedalus-Preis.

Kempowskis Werk umfasst zahlreiche Formen und Gattungen, wirkt scheinbar disparat, wird aber durch ein gemeinsames Anliegen zusammengehalten: die Bewahrung der Vergangenheit. Ursprünglich auf die eigene, dann die Familiengeschichte konzentriert (*Deutsche Chronik*), weitet Kempowski den Blick zusehends, umfasst gemeinsame Erlebnisse seiner Generation (Befragungsbücher) und mündet schließlich in den Versuch, ganze Zeitabschnitte global zu erfassen (*Echolot*-Projekt, 1993).

Auslöser für das Schreiben ist für ihn die Erfahrung der Haft in Bautzen, bei der er, zum Teil zusammen mit seinem ebenfalls inhaftierten Bruder, den gemeinsamen Schatz an Erinnerungen, Eindrücken und das in Familie und Schule vermittelte »kulturelle Kapital« memoriert. Die Erinnerungsarbeit dient ihm, vor allem als er in einer Einzelzelle sitzt, als Überlebenshilfe. Nach der Entlassung wirkt die Beobachtung, dass die Nachkriegsgesellschaft das »Dritte Reich« und die Kriegsjahre verdrängt, zusätzlich motivierend. Der Haftbericht *Im Block* erscheint 1969, die beiden Romane *Tadellöser & Wolff* und *Uns geht's ja noch gold* 1971 und 1972. Sie behandeln die Kriegs- und Nachkriegsjahre und etablieren den Autor als populären Erzähler: Große Teile der bürgerlichen Leserschaft erkennen sich in der Familie wieder, die Kempowski schildert, erfreuen sich an den präzis zusammengetragenen Details aus dem Alltag und amüsieren sich an den Schnacks und Schnurren (»Nein, wie isses nun bloß möglich«). Die ursprünglich dominierende gefühlig-gemütliche Rezeption verkennt, dass der Autor die bürgerlichen Werte und Verhaltensweisen nicht nur vorstellt, sondern auch vorführt; die zurückhaltende, sich auf das Zitat als zentrales Kunstmittel stützende Schreibweise verlangt einen aktiven Leser, der die Absurdität bürgerlicher Formen im Zusammenhang des totalen Krieges begreift. Aber dazu waren auch Teile der Literaturkritik nicht imstande, die Kempowski naiven oder affirmativen Umgang mit einer kompromittierten Schicht vorwarfen und ihm lange schlichtweg die Anerkennung als Schriftsteller verweigerten.

Die Analyse schon der frühen Romane zeigt aber, wie der Autor in einem politisierten Umfeld jede Form der Beschuldigung vermeidet; ihm geht es darum, durch den Zusammenprall von Text und Kontext beim Leser einen Erkenntnisprozess auszulösen. Wenn etwa im vierzehnten Kapitel von *Tadellöser & Wolff*, mitten im Weltkrieg, bürgerliche Rituale wie Klavierstunde und Schülervorspiel hingebungsvoll zelebriert werden, erscheinen diese wie ein längst deplatziertes Zitat aus fernen Zeiten, ja wie absurdes Theater. Allerdings denunziert Kempowski seine Protagonisten nie, sondern lässt ihnen ihre Würde, hat er doch selbst den Nutzen des bürgerlichen Bildungsrepertoires schätzen gelernt. Mit *Ein Kapitel für sich* (1975) erweitert er die Darstellung seiner Haftzeit um die Sichtweise der Mutter und des Bruders, mit *Aus großer Zeit* (1978) und *Schöne Aussicht* (1981) führt er die Familiengeschichte bis ins 19. Jahrhundert zurück, mit *Herzlich willkommen* (1984) die eigene Vergangenheit bis in die Fünfzigerjahre.

Ein Bindeglied zwischen *Deutscher Chronik* und dem *Echolot*-Projekt sind die drei Befragungsbücher (*Haben Sie Hitler gesehen*, 1973; *Immer so durchgemogelt*, 1974; *Haben Sie davon gewußt*, 1979), protokollierte und arrangierte Äußerungen von Zufallsbegegnungen, eine Art »Geschichte von unten« unter Verzicht auf jeglichen Kommentar. Ein Gegenstück dazu stellen die radikal subjektiven Tagebücher dar, die Kempowski regelmäßig führt und von denen er bisher zwei veröffentlicht hat (*Sirius*, 1990; *Alkor*, 2001). Das erste korrespondiert mit dem Roman *Hundstage* (1988), der dieselbe Zeitspanne, literarisch transponiert, behandelt.

Seit 1980 konzentriert sich der Autor auf sein *Echolot*-Projekt, das aus den ihm auf Zeitungsannoncen zugesandten privaten Aufzeichnungen hervorgegangen ist und bis jetzt neun Bände und mehr als 6000 Seiten umfasst. In ihm dokumentiert und arrangiert Kempowski, wiederum ohne Kommentierung, den Zweiten Weltkrieg: in chronologischer Folge und in Zeitschnitten, die jedem Tag den Raum von Dutzenden von Seiten geben. In einem festen rhythmischen »Programm« lösen sich die Äußerungen von Prominenten (Schriftsteller, Politiker, Heerführer) und Unbekannten ab, der Blick wandert von den Befehlszentralen in die Schützengräben und Unterstände, ins Hinterland der beteiligten und in neutrale Staaten. Kempowski verwendet veröffentlichte und unveröffentlichte Texte, Tagebuch-Einträge und Briefe, Autobiografien und Dokumente. Die erste »Lieferung« (*Echolot*, 1993, 4 Bände) schildert den Umschlag des Krieges mit der Niederlage der deutschen Armee in Stalingrad, die zweite (*Echolot. Fuga Furiosa*, 1999, 4 Bände) den entscheidenden Angriff der Roten Armee auf Berlin, den Untergang Dresdens und die Flucht aus Ostpreußen Anfang 1945, die dritte (*Echolot. Barbarossa '41*, 2002) den Anfang und das Steckenbleiben des Angriffs auf Sowjetrussland Juni/Juli und Dezember 1941. Eine letzte Lieferung soll das Kriegsende in Berlin zum Zentrum haben.

Ein Chor aus »Stimmen« soll das *Echolot* nach dem Bekunden des Autors sein, er will darin »nicht die Ähre, sondern das Kornfeld« zeigen. Das »kollektive Tagebuch« entgeht den Klippen herkömmlicher Kriegsdarstellung, weil es konsequent auf eine doppelte Perspektive setzt: die Totale und die Nahaufnahme. Jeder »Kriegsteilnehmer« behält seine Stimme, bleibt als Einzelner vernehmbar, teilt seine subjektive Wahrheit mit; ihre Vielzahl und die (von der *Deutschen Chronik* her bekannte) »Häppchen«-Technik des Autors verhindern jedoch die Identifikation des Lesers; ebenso wie die starke Präsenz dieser Einzelnen verhindert, dass aus der »Draufsicht« Distanz entsteht. Die doppelte ist eine »unmögliche« Perspektive, sie entspricht der Unmöglichkeit, dem Phänomen des Weltkrieges und der Intensität des Leidens überhaupt literarisch gerecht zu werden. Weit mehr als ein bloßer Sammler und Dokumentarist, liefert Walter Kempowski mit der *Deutschen Chronik* wie mit dem *Echolot* hochkomplexe literarische Ensembles, die zum aktiven Umgang mit Geschichte, ihrer Darstellung und ihrer Erinnerung herausfordern.

Martin Ebel

Werke: *Im Block. Ein Haftbericht*, Reinbek 1969; *Tadellöser & Wolff. Ein bürgerlicher Roman*, R., Mü. 1971; *Träumereien am elektrischen Kamin*, Hsp., 1971; *Uns geht's ja noch gold. Roman einer Familie*, R., Mü. 1972; *Ausgeschlossen*, Hsp., 1972, *Haben Sie Hitler gesehen? Deutsche Antworten*, Anth., Mü. 1973; *Der Hahn im Nacken. Mini-Geschichten*, Kinderb., Reinbek 1973, *Walter Kempowskis Harzreise erläutert*, Mü. 1974; *Immer so durchgemogelt. Erinnerungen an unsere Schulzeit*, Anth., Mü. 1974; *Ein Kapitel für sich*, R., Mü. 1975; *Beethovens Fünfte*, Hsp. 1975, *Wer will unter die Soldaten*, Fotob., Mü. 1976; *Mein Lesebuch*, Anth., Ffm. 1980; *Alle unter einem Hut*, Hsp. 1982; *Herrn Böckelmanns schönste Tafelgeschichten nach dem ABC geordnet*, Kinderb., Hbg. 1983; *Herzlich willkommen*, R., Mü. 1984; *Alles umsonst*, Hsp. 1984; *Haumiblau. 208 Pfenniggeschichten für Kinder*, Kinderb., Mü. 1986; *Hundstage*, R., Mü. 1988; *Sirius. Eine Art Tagebuch*, Mü. 1990; *In Rostock*. Fotob., Ffm. 1990; *Mark und Bein. Eine Episode*, R., Mü. 1991; *Mecklenburg-Vorpommern*, Fotob., Mü. 1991; *Das Echolot. Ein kollektives Tagebuch Januar und Februar 1943*, 4 Bde, Mü. 1993; *Der arme König von Opplawur. Ein Märchen*, Kinderb., Mü. 1994; *Mein Rostock*, Fotob., Ffm. 1994; *Der Krieg geht zu Ende. Chronik für Stimmen – Januar bis Mai 1945*, zus. m. Walter Adler, Hsp., Stg. 1995; *Weltschmerz. Kinderszenen fast zu ernst*, E., Mü. 1995; *Bloomsday '97*, Anth., Mü. 1997; *Heile Welt*, R., Mü. 1998; *Das Echolot. Fuga furiosa. Ein kollektives Tagebuch Winter 1945*, 4 Bde, Mü. 1999; *Alkor. Tagebuch 1989*, Mü. 2001; *Das Echolot. Barbarossa '41. Ein kollektives Tagebuch*, Mü. 2002.

Kern, Elfriede, geboren am 20. 7. 1950 in Bruck an der Mur (Steiermark). Nach abgebrochenem Lehramtsstudium arbeitete sie als Bibliothekarin in den Universitätsbibliotheken von Graz und Linz sowie in der Österreichischen Nationalbibliothek in Wien. Seit 1983 lebt sie in Linz und arbeitet seit 1988 als freiberufliche Schriftstellerin. 1995 erhielt sie den Max-von-der-Grün-Förderpreis für »Literatur zur Arbeitswelt«, 1999 den Buch-Preis der Arbeiterkammer & LIVA (Linzer Veranstaltungsgesellschaft), 2000 das Adalbert-Stifter-Stipendium des Landes Oberösterreich und 2002 den Marianne-von-Willemer-Preis.

Obgleich von der Literaturkritik eher unbeachtet, hat sich Kern mit ihren Romanen dank eines so souveränen wie eigenwilligen Stils einen unbestreitbaren Platz unter den österreichischen Gegenwartsautoren erschrieben. Ihre Romane entwerfen einen eigenständigen Erzählkosmos aus beständig variierten Motiven und Handlungsmustern, in dem sich Elemente der Trivialkultur mit mythologischen und biblischen Motiven sowie Anspielungen auf Autoren des 19. und 20. Jahrhunderts verbinden. Basierend auf Mustern des Schelmenromans erzählt der Debütroman *Etüde für Adele und einen Hund* (1996) die Geschichte des ehemaligen Pianisten Aaron Straub, der seinen Bruder durch eine Intrige ermordet. Nach einem missglückten Gebirgsausflug mit seiner Haushälterin Adele gerät Straub auf eine bizarre Odyssee, die ihn auf eine gigantische Mülldeponie, in das Haus eines kranken Einsiedlers, danach ins Gefängnis und schließlich in die Fänge eines mörderischen Schwesternpaares bringt. Der Roman kann als Kritik an bürgerlichen Normen und sozialen Ausgrenzungsmechanismen gelesen werden. Seine literarische Qualität liegt gerade in der exegetischen Offenheit begründet, ein Merkmal, das ebenso auf den zweiten Roman *Kopfstücke* (1997) zutrifft, der nur vordergründig den Antagonismus der Geschlechter zum Thema hat.

Kern schildert darin das Schicksal Yolandes, die von ihrem jähzornigen Stiefbruder mit einer Spitzhacke am Schädel verletzt wird. Auf ihrer Flucht gerät sie in die Gewalt eines Hüttenbesitzers, der ihrem Kopfloch ein perverses voyeuristisches Interesse entgegenbringt. Später gelangt Yolande in die Obhut eines aufgrund von Depressionen frühpensionierten Anwalts, der sich durch die eigenhändige Beibringung eines Kopfloches die Befreiung von seinem Leiden erhofft. Die Notlage des Anwalts ausnutzend, bestiehlt Yolande ihn und verbündet sich am Ende mit der umherziehenden Schamanin Cora. Diese nützt Yolande zunächst als Verkaufshilfe für ihre magischen »Opfersäckchen« aus, verrät sie aber schließlich und überlässt die Schwerkranke ihrem Schicksal. *Kopfstücke* führt das Element des Magischen in das Werk von Elfriede Kern ein, das dort gleichberechtigt neben Versatzstücken der politischen und gesellschaftlichen Realität existiert, sodass in den Romanen eine eigentümliche Mischung aus Archaik und Alltag entsteht, die in Verbindung mit den unvorhersehbaren Wendungen der

Handlung für eine beständige Verunsicherung des Lesers sorgt.
Auf die Spitze getrieben wird dieses Prinzip im Roman *Schwarze Lämmer* (2001). Erzählt wird die märchenhafte Abenteuergeschichte Arthurs, der eines Tages auf einer Waldlichtung ritualhaft arrangierte Tierknochen findet und dadurch die Bekanntschaft einer doppelgängerartigen Figur macht, die ihn und seine Schwester in das verborgene Waldlager einer mysteriösen Sekte verschleppt. Diese wiederum begeht Überfälle auf Lastwägen und huldigt einem grotesken Hekate-Kult, der die alljährliche Opferung von Menschenzungen verlangt, welche die Oberpriesterin in einer Kette um den Hals trägt. Nachdem Arthur sich zunächst komplizenhaft an den Verbrechen der Sekte beteiligt, flieht er, sobald er selbst als Opfer ausersehen wird, zurück in die Stadt. Der Text kann aufgrund des halb kindlich naiven, halb skrupellos kollaborierenden Erzählers als Parabel auf die Verführbarkeit des Menschen durch irrationale oder autoritäre Systeme gelesen werden, reduziert sich aber keineswegs auf eine bloße politische Aussage oder Kritik an der Esoterik-Welle. Wie in allen Romanen Kerns erinnert die Vielfalt der Motive, die man aus Horrorfilm, Märchen, Mythos, schwarzer Romantik und anderen Anspielungen auf die Literaturgeschichte kennt, an die irreduzible Mehrschichtigkeit aller Wahrnehmung und Erfahrung. Kerns stilistische Polyfonie will vor allem an das Unterdrückte rühren, das unter dem Deckmantel des Kulturisationsprozesses rumort.

Uwe Schütte

Werke: *Geständert*, E., Steyr 1994; *Fore!*, E., Linz 1995; *Etüde für Adele und einen Hund*, R., Salzb. 1996; *Kopfstücke*, R., Salzb. 1997; *Schwarze Lämmer*, R., Salzb. 2001.

Kerschbaumer, Marie-Thérèse, wurde am 31. 8. 1936 in Garches bei Paris als Kind einer Österreicherin und eines Kubaners geboren. Ihre Kindheit verbrachte sie zunächst in Costa Rica und danach bei ihren Großeltern in Tirol. Von 1953 bis 1956 lebte sie als Gastarbeiterin in England und Italien. 1957 kehrte sie nach Österreich zurück. Nach der Abendmatura begann sie das Studium der Romanistik und Germanistik, das sie 1973 mit einer Promotion über *Die syntaktische Hervorhebung im modernen Rumänisch* abschloss. Seit 1971 lebt sie als freie Schriftstellerin und Übersetzerin in Wien. Sie erhielt zahlreiche Preise und Stipendien, darunter 1986 den Österreichischen Würdigungspreis für Literatur, 1993–96 das Robert-Musil-Stipendium und 1995 den Preis der Stadt Wien für Literatur.
»Ich habe immer, jeden Tag, Unterdrückung empfunden«, hat Marie-Thérèse Kerschbaumer einmal über ihre Kindheit gesagt. Unterdrückung und der daraus erwachsene Widerstand sind auch die Themen, die sich durch das Werk der österreichischen Autorin ziehen. Paradigmatisch findet sich das in der Prosa *Der weibliche Name des Widerstands* (1980), die Hans Höller sogar als »österreichischen Pendant zu Peter Weiss' *Ästhetik des Widerstands*« bezeichnete. Kerschbaumer schildert hier das Schicksal von sieben Frauen – vom Schneiderlehrmädchen bis zur Hochschullehrerin –, die im Dritten Reich aktiven Widerstand leisteten und dafür von den Nazis ermordet wurden. Indem die Autorin die Rolle der Schreibenden in die Erzählungen integriert, stellt sie einen Bezug zur Gegenwart her und verweist mit den Mitteln der Literatur auf die bis in die Achtzigerjahre hineinreichende Verdrängung der österreichischen Mitschuld an den Verbrechen der Nazis.
Die literarische Verdichtung realer Lebensläufe zeigt sich auch im Opus magnum der Autorin: der eindrucksvollen autobiografisch geprägten Romantrilogie *Die Fremde* (1992), *Ausfahrt* (1994) und *Fern* (2000). Angefangen bei der Geschichte des aus der Fremde in die Enge der Tiroler Gebirgswelt kommenden Kindes Barbarina und dem Ausbruch der 17-Jährigen nach England, erzählt Kerschbaumer im dritten Buch von ihrem Leben als Kindermädchen in einer Florentiner Adelsfamilie, vom Erlernen der italienischen Sprache und vom Entdecken toskanischer Lebenskultur, Kunst und Architektur. Vor allem bei Letzterem wird Kerschbaumers hohe Schreibkunst deutlich: So eindringlich und sinnlich werden hier Speisen und Kunstwerke beschrieben, dass sie zum Greifen nah erscheinen. Barbarinas italienische Reise, ihre Lehr- und Wanderjahre, folgen zwar der Form des Bildungsromans, aber hier steht kein Bürgerkind, sondern eine Mittellose im Zentrum. Dass gerade die, deren Kindheit und Jugend von Unterdrückung geprägt war, sich ein möglichst umfassendes Wissen aneignet und für eine freie Moral und ein vorurteilsloses freies Denken eintritt, verdeutlicht einmal mehr die Kraft des Prinzips Hoffnung, die noch in den finstersten Texten dieser Autorin spürbar wird.

Michael Fischer

Werke: *Gedichte*, G., Bukarest 1970; *Paul Goma: Ostinato*, Übs., Ffm. 1971; *Vintila Ivanceanu u. Peter Croy: Der Vultcaloborg und die schöne Belleponge. Bestiarium* *in dreizehn Kapiteln*, Übs., Ffm., Bln., Wien 1972; *Paul Goma: Die Tür*, Übs., Ffm. 1972; *Vladimir Colin: Der Spalt im Kreis. Polaris 1. Ein Science-fiction-Almanach*, Übs., Ffm. 1973; *Der Schwimmer*, R., Salzb. 1976; *Die Zigeunerin*, Filmtreatments u. Drehb., 1979–1981; *Kinder kriegen*, Hsp., ORF 1979; *Der weibliche Name des Widerstands. Sieben Berichte*, Olten, Freiburg/Br. 1980, Drehb., 1981; *Die Zigeunerin*, Hsp., ORF 1981; *Schwestern*, R., Freiburg/Br. 1982; *Das Fest. Mini-TV-Spiel*, Drehb. 1982; *Gewinner oder Verlierer einer Zeit. Literaturförderung und künstlerische Qualität*, Wien 1988; *Neun Canti auf die irdische Liebe*, m. Zeichnungen v. Helmut Kurz-Goldenstein, G., Klagenfurt 1989; *Für mich hat Lesen etwas mit Fließen zu tun. Gedanken zum Lesen und Schreiben von Literatur*, Ess., Wien 1989; *Eine Frau ein Traum – kein Requiem*, Hsp., SR 1989; *Versuchung*, R., Bln., Weimar 1990; *Zeit/Fluchten*, Theaterst., UA Wien 1990; *Die Fremde. Erstes Buch*, R., Klagenfurt 1992; *Ausfahrt. Zweites Buch*, R., Klagenfurt 1994; *bilder immermehr (1964–1987)*, G., Salzb., Wien 1997; *Fern. Drittes Buch*, R., Klagenfurt 2000; *Orfeo. Bilder, Träume*, Pr., Klagenfurt 2002.

Kersten, Paul, geboren am 23. 6. 1943 in Brakel, Kreis Höxter, verbrachte seine Kindheit und Jugend in Holzminden/Weser, legte dort 1963 das Abitur ab und studierte seit 1963 Germanistik, Linguistik und Philosophie in Hamburg. Er promovierte dort 1970 mit einer Dissertation über Nelly Sachs und erhielt anschließend einen Lehrauftrag für Literaturwissenschaft an der Hamburger Universität. Seit 1973 arbeitet er als Literaturredakteur beim Norddeutschen Rundfunk. Ausgezeichnet wurde er 1982 mit dem Film- und Fernsehpreis des Deutschen Ärzteverbandes.

Für Paul Kersten bedeutet »Schreiben eine Fortsetzung des Erinnerungsvorgangs (...), Erinnerungsarbeit (...). Die dabei hergestellte Identität mehrerer Zeitebenen reißt für die Dauer von ein paar wirklichkeits- und gegenwartserfüllten Momenten denjenigen, der erinnernd schreibt bzw. sich schreibend erinnert, aus dem rasenden Sturz in den Tod.« Kerstens Texte präsentieren sich als Momente erinnernder Selbstvergewisserung, die in der analytischen Rekonstruktion von Vergangenheit den Kampf gegen das Verdrängen von Lebenskrisen, Komplexen und Ängsten aufnehmen.

In der autobiografischen Erzählung *Der alltägliche Tod meines Vaters* (1978) provoziert der Fund der Bartstoppeln des Vaters im Elektrorasierer drei Monate nach dessen Tod beim Erzähler Schuldgefühle, neugierige Fragen und die »Angst vor dem eigenen Tod«. Gefühle im gegenseitigen Umgang versteckt zu haben, die sprachlose Fremdheit und Verklemmtheit, die rücksichtslose Distanzierung von der Krankheit des Vaters und von dessen achtmonatigem Siechtum erzeugen beim Erzähler nachträglich angesichts der Unwiderruflichkeit des Todes, angesichts der verpassten Gelegenheiten den Wunsch nach persönlicher Stellungnahme, der in eine Mischung aus offener Selbstbezichtigung und verzweifelten Rechtfertigungsversuchen mündet. Das »Spiel des Schweigens und des Lügens« ist scheinbar beendet, genauso wie die Zeit der 68er-Generation, die hier verabschiedet wird, aber es gibt die Vorwürfe gegen die Mutter, der der Erzähler weiterhin wenig Verständnis und Interesse entgegenbringt.

14 Jahre später erscheint mit *Die Helligkeit der Träume* (1992) das zweite Abschiedsbuch. Ein Sommerurlaub auf einer dänischen Insel erinnert den Erzähler an den Tod seiner Mutter und die Umstände ihres Sterbens. Diese beiden autobiografischen Bücher basieren auf den Tagebüchern des Autors, der alle Sentimentalitäten verbannt hat und diese Geschichte, im Kontext der klinischen Medizin, auf lakonische und hanseatisch nüchterne Weise erzählt. Paul Kersten will, so George-Arthur Goldschmidt, »das Erlebte als erlebbar übermitteln, sich aus der Angst nicht erlösen, sondern aus der Einsamkeit der Gefühle herauskommen. Das Schreiben Kerstens ... kommt aus der Gewissheit, dass es den anderen Menschen ähnlich ergeht, dass sie die gleichen Empfindungen haben.«

Der Ich-Erzähler des Romans *Absprung* (1979) empfindet »eine entsetzliche Scham darüber, warum gerade ich mir einbilde, das Leben nicht mehr ertragen zu können«. Der Hamburger Journalist Rolf Kaus versucht seine Selbstmordpläne auf der schwedischen Insel mit minuziöser Präzision zu realisieren. Kaus, der sich »an eine Lebensrolle verkauft« hat und sich »längst eingenistet (hat) in fetter saturierter Normalität«, der mit Valium und Alkohol seinen Selbsthass und seine Depressionen bislang linderte und mit gespieltem Sarkasmus »die Verinnerlichung des Ekels pflegen« will, gefällt sich in der Rolle des wehleidigen Hypochonders, des selbstgefälligen Narziss. Er ist selbst sein bester Analytiker; die fiktiven Briefe und Gespräche mit seinem Kollegen Thomas und seiner Frau Christine vermitteln eine Lebenswirklichkeit, die die genüssliche Selbstzerfleischung kultiviert hat und eine zynische Behäbigkeit Entscheidungen vorzieht. Der verhinderte Selbstmord von Kaus und seine Rückkehr zur Familie als »Pflegefall« sind nur die konsequente Bewältigung dieser Grenzsituation.

Der Prosaband *Die toten Schwestern* (1982), der die Kindheitserlebnisse des Erzählers in einer norddeutschen Kleinstadt während der Nachkriegszeit und sein Befremden gegenüber einer kleinbürgerlich verkrusteten Erwachsenenwelt wiederaufleben lässt, der Gedichtband *Die Verwechslung der Jahreszeiten* (1983), in dem Kersten sich »auf dem besten Wege (befindet), an die Stelle intensiven Nachdenkens über Vergangenheit und Zukunft den schicken Mythos einer verlorenen Generation zu setzen« (A. Kelletat), und der Roman *Briefe eines Menschenfressers* (1987), der auf grotesk-vertrackte Weise den Widerstand eines angeblich »therapieresistenten« Patienten einer Nervenheilanstalt gegen die oberflächliche Diagnose seines behandelnden Arztes schildert, dokumentieren ein offenes Nachdenken über das eigene Vergessen und Versäumen. Zudem bleibt die beharrliche Umkreisung der Tabuzone Tod in seinen Texten ein überzeugendes Plädoyer für das Leben.

Thomas Kraft

Werke: *Steinlaub*, G., Bad Driburg 1963; *Nelly Sachs*, Bibl. u. Ess., hg. v. d. Freien Akad. d. Künste in Hbg., Hbg. 1969; *Die Metaphorik in der Lyrik der Nelly Sachs*, Diss., Hbg. 1970; *Alfred Mombert: Briefe an Friedrich Kurt Benndorf 1900–1940*, Hg., Hdbg. 1975; *Der Mann ohne Ufer. Hans Henny Jahnn*, TV-Film, zus. m. Peter Rühmkorf, NDR 1975; *Ich sage ich. Literatur zwischen Engagement und Innerlichkeit*, TV-Film, ARD 1976; *Der alltägliche Tod meines Vaters*, E., Köln 1978; *Absprung*, R., Köln 1979; *Die Blume ist ängstlich*, G., Hbg. 1980; *Der Riese*, E., Hbg. 1981; *Die Traurigkeit, die töten kann. Haben Depressionen Heilungschancen?*, TV-Film, ARD 1981; *Die toten Schwestern. Zwölf Kapitel aus der Kindheit*, Köln 1982; *Die Verwechslung der Jahreszeiten*, G., Hbg. 1983; *Briefe eines Menschenfressers*, R., Köln 1987; *Abschied von einer Tochter*, R., Hbg. 1990; *Die Helligkeit der Träume*, R., Hbg. 1992.

Kieseritzky, Ingomar von, wurde am 21. 2. 1944 in Dresden geboren und ist in Stadthagen, Freiburg, Königsfeld und Langeoog aufgewachsen. Er arbeitete ein Jahr lang als Requisiteur am Goetheaneum Dornach bei Basel und war dann mehrere Jahre Buchhändler in Göttingen. 1971 ging er als Gast des Berliner Senats nach West-Berlin, wo er seither als freier Schriftsteller lebt und arbeitet. Er ist Mitglied der Akademie der Künste Berlin-Brandenburg. Kieseritzky, der mit zirka 100 Hörspielen zu den produktivsten Hörspielautoren der Bundesrepublik gehört, konnte auch als Erzähler und Romancier reüssieren. Er erhielt 1970 den Förderpreis für Literatur des Großen Kunstpreises des Landes Niedersachsen, 1973 das Stipendium des Kunstpreises Berlin, 1989 den Bremer Literaturpreis, 1993 den Montblanc-Preis für kurze Geschichten, 1995 die Ehrengabe der Deutschen Schillerstiftung Weimar, 1997 den Hörspielpreis der Kriegsblinden und den Alfred-Döblin-Preis sowie 1999 den Kasseler Literaturpreis für grotesken Humor. Die Hörspiel-Jury der Frankfurter Akademie der Darstellenden Künste erkannte vier Produktionen, *Der Desaster-Klub* (1985), *Nur der liebe Gott hat das Recht seinen Nächsten zu töten oder: Chabut* (1986), *Die Fragen des Yeti oder Die Lichtung* (1992) und *Aktenlos oder Der Hamster im Laufrad* (1993) die Auszeichnung »Hörspiel des Monats« zu.

Der Schriftsteller Ingomar von Kieseritzky kultiviert das Scheitern als Passion. Die wahren Künste in seinem Œuvre sind die Lebenskünste, die er in immer neuen Fallstudien mit fast wissenschaftlicher Akribie pathologisiert. Generatives Moment seines Erzählens ist eine absurde Morphologie, die alle menschlichen Leidenschaften und Obsessionen in immer neuen Gestalten, Formen und Konstellationen in die Katastrophe führt. Kieseritzkys Katalog der Kalamitäten umfasst den Mord als schöne Kunst ebenso wie den letalen Koitus oder die eingebildete Krankheit zum Tode. Die kleinen Schwächen und Malaisen des Subjekts werden als Bausteine komplexer kybernetischer Systeme betrachtet, aus denen kein Entkommen möglich ist. Murphys Gesetz (»Alles, was schief gehen kann, wird schief gehen«) ist dabei der geheime oder offenbare Motor seiner Geschichten und konkurriert mit der Klassifikationsmanie seiner Helden, die sich u.a. im »Lappinischen Dilemma«, der »Premmschen Ethik« und der »Nesseldykeschen Versenkungsgymnastik« manifestiert.

Die Romanhandlung des philosophisch-satirischen Romans *Die ungeheuerliche Ohrfeige oder Szenen aus der Geschichte der Vernunft* (1981) ist im alten Griechenland situiert, wohl in klassischer Zeit, verlagert sich dann aber nach Ägypten, ins Land der großen Schriftgelehrten. Drei Knaben, Ploikos, Kabes und Kritos, besuchen die Akademie des Phanton, um sich in Philosophie unterrichten zu lassen. Ihr Lehrer Phanton ist eine höchst eigentümliche Gestalt: Seine Mäeutik besteht darin, an die Stelle der Einsicht saftige Backpfeifen zu setzen. Er vertritt die Ansicht, dass »das Denken überschätzt« werde, »wenn es an die sogenannten großen Fragen« gehe: »es gibt nämlich keine großen oder ungelösten Fragen«. Seine Lehrmeinungen bekräftigt der Philosoph mit der Kopfnuss »im rechten Augenblick«: Es

»verging nicht ein Begreifen oder Auffassen ohne eine begleitende Ohrfeige von hoher Schlagkraft und Qualität«. Aufgrund dieser Erfahrung machen sich Ploikos, Kabes und der Ich-Erzähler Kritos auf den Weg, um auch andere den Augenblick der Erkenntnis, das griechische »heureka (»ich hab's«), spüren zu lassen sowie alternative Lehrmeinungen kennen zu lernen. Bei einem »Naturwissenschaftler, Gruppenforscher und Schweinezüchter« erhalten sie auf ihrer ersten Station eine blauäugige Sau namens Sophia zum Geschenk: »es handelt dieses Tier streng nach Eigeninteressen [...], gemäß den Schönheiten, die ihm die Sinne liefern. Im Verhalten [...] sind Wunder der Inkohärenz zu finden, wie sonst nur bei Menschen.« Hätte Sophia die »Gabe zu sprechen«, wäre sie »ein vorzüglicher Moralist geworden«.

In Kieseritzkys Textbüchern werden die »letzten Fragen« der Geistesgeschichte zugleich thematisiert und ironisiert. Bereits in seinen Werken *Ossip und Sobolev oder Die Melancholie* (1968), *Tief oben* (1970), *das eine wie das andere* (1971), *Trägheit oder Szenen aus der vita activa* (1978) und *Obsession. Ein Liebesfall* (1984) konfrontiert er seine Protagonisten mit dem »Furor des wissenschaftlichen Geistes« (Iris Radisch), mit dem Ekel und den Qualen der Körperlichkeit und der Sinnlosigkeit des Universums. Seine destruktive Komik, hypochondrisch-mäkelnde Satire und burleske Übertreibungskunst stehen in der Tradition der Kyniker, die der Common-Sense-Kultur bewusst widersprechen und die Kräfte einer »körperlich-physiognomisch agierenden Vernunftkritik« (Josef Quack) mobilisieren.

Der Katastrophenspezialist Kelp soll in Kieseritzkys erfolgreichstem Roman *Das Buch der Desaster* (1988) den angeblich todkranken Autor Alfons Robert Brant in die Dordogne begleiten. Kelp verspricht sich von der Reise, ein gutes Stück in seinem Lebenswerk, der »totale[n] Lexifikation« des Desasters, voranzukommen und »retrospektiv Herr des Gesamtdesasters zu werden« – eine diabolische Perspektive. Brant erhofft sich von seiner letzten Reise mit Kelp einen Tod mit Aplomp: ein genussvolles, schwelgerisches Ende, einen emphatischen Untergang, zuverlässig begleitet vom ehemaligen Sterbehelfer Brant. Die Reise ist ein einziges Fiasko, zumal sich Brant bester Gesundheit erfreut. Gleichwohl stirbt er – aus Gram, als seine Ex-Geliebte seinem Begleiter Kelp in die Hände fällt.

Kieseritzkys tragikomischer Roman referiert auf authentische wie auf fiktive Fremdtexte. Zu den authentischen gehören Gustave Flauberts Roman *Bouvard et Pécuchet* (1881) und Sebastian Brants Moralsatire *Das Narren Schyff* (1494). Zu den fiktiven Referenztexten gehören die Memoiren eines gewissen Queron: »Als Queron, um über sein Leben nachzudenken, im Februar 1767 verreiste, blieb seine Kutsche im Schlamm stecken; eine Dame, mit der er im Gasthaus die Gewitternacht verbrachte, stahl ihm die Barschaft und hinterließ ihm einen weichen Schanker.«

Die Katastrophen sind in Kieseritzkys Œuvre allgegenwärtig. Seine Protagonisten sind auf ganzer Linie scheiternde oder gescheiterte Existenzen. Sie leiden am Erfolg oder Misserfolg, an zu starker oder zu schwacher Potenz, an der Welt im Allgemeinen und den Frauen im Besonderen, vor allem aber an sich selbst. Sie treten als verschmockte Ästheten, tölpelhafte Versager, gallige Zyniker auf. Vor allem aber sind sie schrullige Buchhalter-Typen, pedantische Katalogisierer und Verschrifter ihrer selbst. Kieseritzkys Romanwerk steht in der Tradition der Enzyklopädisten und führt den platonischen Dialog ebenso wie die neuzeitlichen Rationalisten ad absurdum. Sein Œuvre ist somit Ausdruck einer prinzipiellen Auseinandersetzung mit den Denk-, Literatur- und Wissenssystemen des Abendlandes. Seine Protagonisten lassen sich von Axiomen leiten, glauben aber an die Empirie: Sie »schreiben unablässig an Aufsätzen, Traktaten, Features, entwerfen Systeme und Glossarien, verkünden therapeutische Lösungen, aber alles versandet, bleibt bloße, öde Simulation. Vitale Kraft ist einzig und allein die Passion des Leidens« (Christina Weiss).

An »selig-unseligen Erinnerungen« leidet Max Marun, Hauptfigur des Romans *Anatomie für Künstler* (1989). Er hat einige Teilnehmer eines Kongresses zur Rettung der Erde beseitigt und sitzt nun in einer psychiatrischen Verwahranstalt. An einem übersäuerten Magen und hysterischen Durchfällen laboriert Maurice Goff, Fotograf und Augenblicksjäger in Kieseritzkys Roman mit dem schönen Goethe-Titel *Der Frauenplan* (1991). Goff katalogisiert das andere Geschlecht mithilfe einer Checkliste und ist fast rührend – doch leider vergeblich – bemüht, seinem Untermieter, dem Germanistikstudenten Coburn, beim Selbstmord zu helfen.

Im Textbild aller Romane Kieseritzkys manifestiert sich die offene Form kleiner, toposhaft versetzbarer Einheiten. Die spielerische Aleatorik seines Erzählens findet in einer Prosamischform ihren idealen Ausdruck: Dialogfragmente, eingeschobene fiktive Briefe, Inventurlisten, Notizen und Billetts, fiktive

Zeitungsmeldungen und Lexikonartikel, Traumprotokolle und Lektürefrüchte transportieren die Histoire, als wären sie nach einem Zettelkastenprinzip sortiert. Das Bau- und Spielprinzip seiner Prosa weist Kieseritzky als Vertreter einer neuen Poesie aus, die den Diskurs als eine Folge von Digressionen, Neben- und gelehrten Abhandlungen begreift und dadurch den Systemwahn seiner Protagonisten auch »formal ad absurdum« führt.

Lutz Hagestedt

Werke: *Ossip und Sobolev oder Die Melancholie*, R., Neuwied, Bln. 1968; *Pâte sur Pâte. stimmen-bilder*, Hsp., 1969; *Tief oben*, R., Neuwied, Bln. 1970; *Zwei Systeme*, Hsp., RIAS 1971; *das eine wie das andere*, R., Neuwied, Bln. 1971; *das mauss-hoffender-melnikkow-system*, Hsp., 1972; *abweichung und kontrolle*, Hsp., WDR 1972; *Es geht nicht ohne Ballistol*, Hsp., 1972; *zodiac und modiac oder eine verbesserung von herrn levell*, Hsp., HR 1972; *salute capone*, Hsp., WDR 1973; *Liebe-Paare. Expertengespräche*, Hsp., Neuwied, B. 1973; *resorption*, Hsp., WDR 1974; *über die bevorzugte behandlung einiger beliebiger geräusche unter anderen geräuschen*, Hsp., 1974; *das attribut*, Hsp., HR 1974; *diskurs über naive modelle*, Hsp., WDR 1974; *der traum als dictionnaire oder est et non*, Hsp., 1974; *plotonismus oder der gang des denkens beim gehen*, Hsp., RIAS 1975; *magnus-korporation oder das problem-problem*, Hsp., WDR 1976; *morbus meyerson oder die deformation*, Hsp., 1977; *Limbus I*, Hsp., HR 1977; *Trägheit oder Szenen aus der vita activa*, R., Stg. 1978; *plotonismus II oder die tugend geht hinter dem beispiel*, Hsp., 1978; *Limbus II – Plum Blossom*, Hsp., 1979; *Channel X oder Das Konzentrationsmodell*, Hsp., NDR/WDR 1980; *Die ungeheuerliche Ohrfeige oder Szenen aus der Geschichte der Vernunft*, R., Stg. 1981; *Einige Philosophen im Klub oder Wie man Fragen stellt*, Hsp., WDR 1981; *Limbus III – Die Niederlage*, Hsp., HR 1981; *Dilemma*, Hsp., SFB 1982; *Insufficienza oder Himmlische Enttäuschungen*, Hsp., WDR 1982; *Die Exkursion*, Hsp., SFB 1983; *Obsession. Ein Liebefall*, R., Stg. 1984; *Tristan & Isolde im Walde von Morois oder Der zerstreute Diskurs. Dialoge*, Hsp., zus. m. Karin Bellingkrodt, SFB 1984 u. 1985, gedr. Graz 1987; *Seneca oder Die reine Lehre*, Hsp., NDR 1984; *Gemütsdiät oder Das Leben als Kunstwerk*, Hsp., BR 1984; *Séance oder Die Suche*, Hsp., WDR 1984; *Der Desaster-Klub*, Hsp., BR 1985; *Sulzer endet seine Überzeugung*, Hsp., 1985; *Sulzer kauft Parfum*, Hsp., BR 1985; *Sulzer besucht seine Mutter*, Hsp., zus. m. Karin Bellingkrodt, BR 1985; *Sulzer ganz normal oder Wer ist hier eigentlich verrückt*, Hsp., zus. m. Karin Bellingkrodt, BR 1985; *Sulzer oder Die Sanierung*, Hsp., BR 1985; *Sulzer oder Die Traumfrauen*, Hsp., zus. m. Karin Bellingkrodt, BR 1985; *Sulzer und der Suizidversuch*, Hsp., 1985; *Sulzer kauft ein Weihnachtsgeschenk*, Hsp., BR 1985; *Sulzer ändert seine Überzeugung*, Hsp. 1985; *Das Gefühlslabor*, Hsp., HR/RIAS 1985; *Friedliche Automaten*, Hsp., zus. m. Karin Bellingkrodt, NDR 1985; *Vernünftige Träume*, Hsp., RIAS 1985; *Hiob oder Die Freuden des Alterns*, Hsp., SWF 1985; *Hiob oder Ein todesmutiger Entschluß*, Hsp., SWF 1985; *Die Konditionierung*, Hsp., RB 1985; *Literatur das Leben*, Hsp., SWF 1985; *Nur der liebe Gott hat das Recht seinen Nächsten zu töten oder: Chabut*, Hsp., BR 1986; *Der Bullterrier oder: Ein Kaufversuch*, Hsp., BR 1986; *Besuch im Tierheim*, Hsp., BR 1986; *Sulzer oder Die Aufgabe der Persönlichkeit*, Hsp., 1986; *Sulzer oder Die Survivalbox*, Hsp., RB 1986; *Lavarottis Topf oder Das süße Fleisch*, Hsp., RB 1986; *Die Abenteuer des Herrn Milòs oder Ein selbstloser Liebhaber*, Hsp., RB 1986; *Seelenapparate*, Hsp., RB 1986; *Sulzer hat Besuch oder: Charakter gibt es nicht*, Hsp., BR 1986; *Sulzer und das Syndrom oder: Die verweste Maus unter dem Sofa*, Hsp., BR 1987; *»Kein Versicherungsfall« – Eine Natur-Romanze*, Hsp., SDR/SFB 1987; *Helffrich oder Sein Verschwinden im System*, Hsp., NDR 1987; *Das Buch der Desaster*, R., Stg. 1988; *Mißglückte Triole zu Trinitatis oder Der Nebenbuhler*, Hsp., RB 1988; *Sulzer und die Neuordnung des Lebens oder Die Theologie der Erfrischung*, Hsp., zus. m. Karin Bellingkrodt, SFB 1988; *Frauenlos*, Hsp., SFB/ORF 1988; *Anatomie für Künstler*, R., 1989; *Gift*, Hsp., zus. m. Karin Bellingkrodt, BR 1989; *Die Suizid-Klinik oder Die individuelle Lösung ist das Wahre*, Hsp., BR 1989; *Nichts als Zufall oder Ohne Hypothese geht es nicht*, Hsp., RB 1989; *pleg malig buh! in spiriten oder Ein phytoreskes Vermächtnis*, Hsp., SR/SFB 1989; *Reanimation oder Unaufhörliche Mutterchose*, Hsp., 1989; *Auf allen Ebenen*, Hsp., zus. m. Karin Bellingkrodt, SFB 1989; *Korridor 2009 oder Die Dekomposition*, Hsp., SDR 1989; *Ein idealer Urlaub*, Hsp., zus. m. Karin Bellingkrodt, SWF 1989; *Große Augenblicke oder Obskur ist alles oder nichts*, Hsp., HR/SFB 1990; *Die Maschine*, Hsp., RB 1990; *Der Frauenplan. Etüden für Männer*, R., 1991; *Wunschprogramme für Riesenschildkröten*, Hsp., FU 1991; *Das Positive ist das Wahre*, Hsp., 1991; *Bis hierher und nicht weiter*, Hsp., FU 1991; *Die Hundswut oder Der wahre Wahn*, Hsp., SFB/ORF 1992; *Instruktionen über eine Affäre*, Hsp., SFB/ORF 1992; *Jour Fix*, Hsp., RB 1992; *Katzenfutter*, Hsp., SDR 1992; *Der Yeti oder Die Lichtung*, Hsp., 1992; *Das Universum des Weibes oder Eine Betastung*, Hsp., SFB/ORF 1992; *Der Zerfall*, Hsp., SFB/ORF 1992; *Der Sinnstift oder Tagewerk und Nachtschaff*, Hsp., WDR 1992, gedr. m. Schpl., Stg. 1993; *Die Literatur und das Komische. Bamberger Vorlesungen*, Bamberg 1993; *Die Abenteuer des Chevalier de Goffray oder 12 Uhr 15 in Jerusalem*, Hsp., DSK 1993; *Unter Tanten*, Hsp., SFB/RB 1993; *Aktenlos oder Der Hamster im Laufrad*, Hsp., DSK 1993; *Das Fleisch, Nabelpforten und andere Abnormitäten oder Leben vor dem Tode*, Hsp., SDR 1993; *Turin, Stockholm und Frankenstein*, Hsp., SDR 1993; *Kleine Dämonologie für Anfänger*, Hsp., SFB 1994; *Memoiren des Periophthalmus Koelreuteri*, Hsp., SDR/SFB 1994; *Die Fragen des Yeti oder Die Lichtung*, Hsp., SDR 1994; *Haustiere oder Wer ist wessen Parasit*, Hsp., SFB 1994; *Das Eichhorn und die Fliege oder Des ganzen Ficksals Fülle in einem Augenblick*, Hsp., ORF/SFB 1994; *Die gelbe Leber oder Es leidet das Befinden*, Hsp., ORF/SFB 1994; *Auch Mäuse haben Parasiten oder Ein Haus wird besetzt*, Hsp., SDR 1995; *Von der Wollust des Reisens und abenteuerlichen Ruhekuren*, Hsp., SFB 1995; *Unter Tan-*

ten und andere Stilleben, R., Stg., 1996; *Compagnons & Concurrenten oder Die Wahren Künste*, Hsp., SDR/DLR 1996; *Mord in der Villa Massimo*, Hsp., DLR 1996; *Dog's and Underdog's life*, Hsp., SWF 1996; *Lamb & Lamb oder Love's labour's lost*, Hsp., SDR 1996; *Umzugs Leidwesen oder Von den Schrecken der Sesshaftigkeit*, Hsp., SFB 1996; *Flüchten oder Standhalten oder Die Tanzstunde*, Hsp., SFB 1996; *Die Spinne im magischen Netz*, Hsp., HR 1997; *Transaktionen*, Hsp., SFB 1997; *Agonales Mißgeschick oder Der Backofen*, Hsp., SDR 1998; *Der Analog*, Hsp., NDR 1998; *Kleiner Reiseführer ins Nichts*, R., Stg. 1999; *Flash back oder Des Finales endlicher Anfang*, Hsp., SWR 1999; *Cogito in vitro*, Hsp., WDR 1999; *Schatzi oder Dem Tier ist das Menschliche nicht fremd*, Hsp., SWR 1999; *Limelight – 2000 Augen-Blicke ins nächste Jahrtausend*, Hsp., DLR/NDR 1999; *Kalorienerwerb oder vom Entsetzen des Geschmacks*, Hsp., SFB 1999; *Bouvard und Pécuchet schauen zurück oder Die Erschöpfung*, Hsp., WDR 2000; *Die Insel der Erzähler*, Hsp., WDR 2000; *Fin de partie oder Das Rauschen des Äthers*, Hsp., HR 2000; *Unnatürliche Akte, vertraute Prozeduren oder Der Kongress in Budapest*, Hsp., SWR 2000; *Da kann man nichts machen*, R., Mü. 2001; *Verwandte Seelen und was man dagegen tut*, Hsp., SWR 2001; *Menagerie*, Hsp., WDR 2001; *Wie man auf den Hund kommt oder Arme Ritter*, Hsp., SFB/ORB 2001; *Fortune oder Die Tücke des Objekts*, Hsp., MDR/SWR 2003; *Gastspiele mit Meerblick*, Hsp., HR 2003.

Kinder, Hermann, geboren am 18. 6. 1945 in Thorn, verbrachte seine Kindheit bei Ulm, bei Nürnberg und in Münster/Westfalen. Nach dem Abitur in einem Internat nahe Kassel studierte er Kunstgeschichte, deutsche und niederländische Philologie in Münster, Amsterdam und Konstanz und promovierte 1972 über *Poesie als Synthese. Ausbreitung eines deutschen Realismus-Verständnisses in der Mitte des 19. Jahrhunderts*. Seither arbeitet er als Akademischer Rat in der Fachgruppe Literaturwissenschaft an der Universität Konstanz. Gastdozenturen führten ihn nach Klagenfurt und nach Schanghai. Zusammen mit Wolfgang Ferchl ist er Herausgeber der Reihe »Rotbuch Bibliothek«. Hermann Kinder ist Mitglied im VS und im P.E.N.-Zentrum der Bundesrepublik Deutschland. Er wurde 1977 mit dem »Hungertuch«, 1981 mit dem Bodensee-Literaturpreis, 1985/86 mit einem Stipendium des Deutschen Literaturfonds, 1991/92 mit einem Stipendium der Kunststiftung Baden-Württemberg, 1996 mit dem Alemannischen Literaturpreis und 1998 mit dem Stuttgarter Literaturpreis ausgezeichnet.

»Lebensnotwendig ist, sich Bilder im Kopf zu machen, und ebenso, diesen Bildern zu mißtrauen. Deshalb will ich eine Literatur, die unterhaltsam ist und spröde, die Illusion ermöglicht und wegnimmt, Bilder entwirft und befragt«, so Hermann Kinder 1981. Kinders Texte handeln von Standortverschiebungen, Fluchtbewegungen, Ausbruchsversuchen, Reisen. Rückblickend, erinnernd oder neu erkundend werden Orte, Situationen, Stationen des Lebens (meist des Ich-Erzählers) vor das geistige Auge zitiert. Der Erzähler überprüft die durch sein subjektives Bewusstsein gefilterte Wahrnehmung und Verarbeitung von realen Lebenssituationen, will Aufschluss über diese Ereignisse und letztlich vor allem über sich selbst erhalten. »Alle trefflichen Beschreibungen und vernünftigen Überlegungen waren nur der Mantel, unter dem ich an der Vollendung eines Bildes von mir selbst arbeiten konnte. Ich hatte nur eine Möglichkeit gefunden, meiner Eitelkeit zu frönen, die Bedeutsamkeit eines Bildes von mir, die ich anders nicht los wurde, unter die Menschen zu bringen ... Ich wollte zeigen, daß mein Selbst-Bild sich mit dem Zustand der Welt deckte« (*Heller Wahn*, 1981).

Mit ironisch gebrochener Melancholie erzählt Kinder autobiografisch eingefärbte Geschichten vom gescheiterten Ausstieg aus der Gesellschaft: Im Debütroman *Der Schleiftrog* (1977) – ein Dialektausdruck für »Hemmschuh« – schildert er den Lebensweg seines literarischen Alter Ego Bruno aus einem streng protestantischen Elternhaus über Internat und Studienzeit in die perspektivlose Frühehe, formt ein farbiges und präzises Zeitpanorama aus Adenauer-Ära mit strammem Antikommunismus, Studentenbewegung (»War die mehr als ein pubertärer Rülpser?«) und SPD-Engagement mit Günter Grass als Vorbild, Umstrukturierung der Universitäten, allmählicher Anpassung und gesellschaftlicher Vereinnahmung einer ehemals »skeptischen Generation«: »Wir sind ein bißchen verzweifelt, ein bißchen ironisch und hängen an uns. Wir haben nicht einmal unsere Gefühle geändert. Wir werden dreißig, nehmen eine Stellung ein, man kann sich auf uns verlassen, es ist unnötig, uns Berufsverbot zu geben.« Am Ende streift Bruno, die Ehe und die Berufskarriere hinter sich, wie von Furien gejagt durch den Hegau; der gut gemeinte Rat des Autors: *Du mußt nur die Laufrichtung ändern* (1978), aus der gleich lautenden Erzählung, erreicht ihn wohl ebenso wenig wie seinen wesensverwandten Zeitgenossen, einen Studienrat, dem auf der Reise von Holstein an den Bodensee zu seiner schwangeren Frau die eigene Lebenssituation als »fest zugemauerte Zukunft« erscheint, aus der es kein Entrinnen zu geben scheint. Anarchische Fantasien vom Rückzug in die Wälder, von Amokläufen und sexueller

Erfüllung brechen sich an seiner Vernunft, alles bleibt gedankliches Planspiel, die Frage »Was wäre wenn?« wird, sinnbildlich als Spinne zugegen, zwischen den Fingern zerquetscht.
Der Konstanzer Kunsthistoriker Dr. Gottlieb Müller aus dem Roman *Vom Schweinemut der Zeit* (1980), der den Einfluss der Säkularisation auf die Kirchenbilder des 17. Jahrhunderts untersucht und durch die drohende Streichung seiner Lehrstelle in seiner von Karrieredenken und Anpassungszwang schon ganz verstörten Existenz nun restlos erschüttert ist, begeht in einer irrealen Schlussszene konsequenterweise Selbstmord. Der »Starrkrampf zwischen dem, was man ist, und dem, was man nie sein wird«, hat ihn, den unglücklichen Privilegierten, befallen; sein Ein- und Untertauchen in ihm bislang fremde Lebenswelten bleibt erfolglos: »Identität ist eine Idee, die nur noch schmerzt.«
Anachronismus, Fälschung, Inkongruenz der Kunst mit dem wirklichen Leben, »Kopfwahn«: Kinders schwermütig-spielerisches Leiden »an der alltäglichen Vergewaltigung der andern durch unsere Bilder« erfährt in seinen Romanen *Der helle Wahn* und *Ins Auge* (1987) seine radikalste Ausprägung. In der manieristischen Wiedergabe eines Autorentreffens auf der Heltburg parodiert Kinder die Selbststilisierung eines neurotischen Literaturbetriebes, die narzisstische »Spiegelliebe (der Literaten) zu ihren Papierfiguren«, die letztlich nur den Ausweg offen lässt, auch diese Geschichte als Kopfgeburt, als Denkfigur des erzählenden Ichs preiszugeben. Buchstäblich »ins Auge« zielt Kinder mit seiner Figur des H. C. Hirschberg, eines Augenarztes und Gehirnphysiologen, der »dem Mephistopheles den Star stechen« möchte. Hirschberg will das individuelle Sehvermögen und die damit verbundene subjektive Erlebnisfähigkeit mittels einer Laseroperation an der menschlichen Linse aufheben, damit »die Bilder der Welt korrigieren und beherrschbar machen«. Als Repräsentant der objektiven Berechnung und der perfekten Einheitlichkeit präsentiert er sich als moderner Frankenstein und als Antagonist des Erzählers, der auf die Vielfalt der Bilder, auf die Emotionen und letztlich damit auf die Toleranz vertraut. Diesen vielen Sehweisen entspricht Kinder mit ebenso vielen Sprechweisen; ein buntes Mosaik aus Aperçus, Exkursen, Paraphrasen, Zitaten, Bildern, Lehrsätzen, Personalien, filmischen und dramatischen Sequenzen, Kalauern charakterisiert seine Texte, die nur eines im Sinn zu haben scheinen: »die Bilder in meinem Kopf und des Lesers Kopf laufen zu lassen«. Mit dem wie ein Triptychon strukturierten Wissenschaftsroman *Die böhmischen Schwestern* (1990) folgte die konsequente Fortschreibung realer und fiktiver Horrorszenarien im Kontext von Eugenik und Gen-Technologie. Im Kapitel *Virchows Tod* steht so der Pathologe Rudolf von Virchow im Mittelpunkt, der wie Hirschberg nicht sterben kann und weiterfantasiert vom siamesischen Zwillingspaar Josefa und Rosa Blazek (1877–1922), von Menschenexperimenten und perfekter Gesundheitskontrolle. Authentische Dokumente und schaurige Visionen verknüpft Kinder ohne Scheu zu einer Mischung aus Zukunftsroman und Wissenschaftssatire. Dass seine Texte »ziemlich schwarz« sind, wie Kinder selbst weiß, belegt auch *Alma* (1994), ein momenthafter Bilderstrom mit Krimielementen, in dem die arbeitslose Biologin Alma das Verschwinden ihres Onkels Paul feststellt und ihm so lange auf der Spur bleibt, bis sich die Geschichte auflöst.
Mit Essays und Glossen hat sich Hermann Kinder immer wieder zu Wort gemeldet: *Von gleicher Zeit* (1988) versammelt Einwürfe aus 25 Jahren, in denen der in den letzten Jahren von der Kritik missachtete Autor seine Wunden leckt und gegen die »Schweinebande« der Rezensenten vom Leder zieht. Versöhnlicher, »seelisches Wohlbehagen« ausstrahlend dagegen seine Textsammlung *Fremd. Daheim* (1988), in der sich der Bodensee-Liebhaber poetologisch und topografisch verortet und seine Nachbarn Walser und Härtling mit Hommagen besucht. Unterwegs ist der Erzähler auch in *Himmelhohes Krähengeschrei* (2000), und zwar auf dem Wander- und Pilgerweg von Konstanz durch die Schweiz in Richtung Santiago de Compostela. Auf dem »Schwabenweg«, einer Teilstrecke des berühmten »Jakobsweges«, den er in drei Etappen zu drei Jahreszeiten begeht, erinnert sich der Wanderer an schreckliche Ereignisse, oft stand und steht am Ende der Tod. Doch dieses unruhige Buch, das auch als Kirchengeschichte, Zeitgeistkritik und Schubert-Hommage gelesen werden kann, ist vor allem ein radikaler Sprachversuch, der den Veränderungen mit Hingabe zum Detail folgt: »Seine Sätze lesen sich wie ein fortlaufendes Überpinseln der kleinen Lebenskeime, die das Geschehen zu einer liebevoll präsentierten Geschichte machen könnten« (Hanns-Josef Ortheil).

Thomas Kraft

Werke: *Poesie als Synthese. Ausbreitung eines deutschen Realismus-Verständnisses in der Mitte des 19. Jahrhunderts*, Diss., Ffm. 1973; *Der Schleiftrog. Ein Bildungsroman*, Zür. 1977; *Du mußt nur die Laufrichtung ändern*,

En., Zür. 1978; *Vom Schweinemut der Zeit*, R., Zür. 1980; *Lauter Lieben nach Mitternacht*, G., Memmingen 1980; *Der helle Wahn. Roman oder Mythoscopia Romantica*, Zür. 1981; *Bürgers Liebe. Dokumente zu Elise Hahns und G. A. Bürgers unglücklichem Versuch, eine Ehe zu führen*, Hg., Ffm. 1987; *Der Mensch, ich Arsch. Drei Prosastücke*, Zür. 1983; *Liebe und Tod. 25 schöne Geschichten von A bis Z*, Zür. 1983; *Die klassische Sau. Handbuch der literarischen Hocherotik*, Anth., Hg., Zür. 1986; *Ins Auge. Des Starstechers H. C. Hirschberg Geschichten aus dem Inneren des Hurrikans*, R., Zür. 1987; *Winter am See*, G., Bergen 1987; *Du mußt nur die Laufrichtung ändern. Fünf Prosastücke*, Zür. 1988; *Bürgers Ehe. Ein deutsches Lustspiel aus der Zeit der Aufklärung*, UA Esslingen 1988; *Kina Kina. Eine Geschichte*, Zür. 1988; *Fremd. Daheim. Hiesige Texte*, Pr., Eggingen 1988; *Die böhmischen Schwestern*, R., Zür. 1990; *Der Mythos von der Gruppe 47*, Ess., Eggingen 1991; *Alma. Phantasien zur Zeit. Kriminalnovelle*, Zür. 1994; *Von gleicher Hand. Aufsätze, Essays zur Gegenwartsliteratur und etwas Poetik*, Eggingen 1995; *Um Leben und Tod*, E., Hbg. 1997; *Nachts mit Filzstift und Tinte*, Eggingen 1998; *Himmelhohes Krähengeschrei. Kammerprosa*, Lengwil 2000; *Die Forell'sche Erkrankung*, E., Bordenau, Venezia 2002.

Kipphardt, Heinar, wurde am 8. 3. 1922 als einziger Sohn des Zahnarztes Heinrich Kipphardt und seiner Frau Elfriede Kipphardt, geb. Kaufmann, in Heidersorf/Schlesien geboren. Er studierte Medizin in Düsseldorf, machte 1947 das Staatsexamen und promovierte 1950 an der Medizinischen Akademie Düsseldorf. Bereits im Jahr davor, im Sommer 1949, war er mit seiner Familie in die DDR gezogen und hatte als Psychiater an der Nervenklinik der Charité in Ost-Berlin zu arbeiten begonnen. Parallel entstanden erste literarische Arbeiten. Von 1950 bis 1959 war er als Dramaturg am Deutschen Theater engagiert. Nach heftigen kulturpolitischen Konflikten verließ Kipphardt 1959 die DDR und arbeitete fortan als freier Autor in der Bundesrepublik. 1970/71 war er Chefdramaturg der Münchner Kammerspiele, von 1977 bis zu seinem Tod Mitherausgeber der AutorenEdition. Kipphardt starb am 18. 11. 1982 an den Folgen einer zerebralen Blutung. Er wurde u.a. 1953 mit dem Nationalpreis der DDR ausgezeichnet, 1964 mit dem Gerhart-Hauptmann-Preis und dem Adolf-Grimme-Preis, 1976 mit dem Prix Italia und 1977 mit dem Literaturpreis der Freien und Hansestadt Bremen.

Kipphardts früheste literarische Texte handeln von den Erfahrungen, die er als Soldat der Deutschen Wehrmacht an der russischen Front machte. In ihnen findet sich bereits das zentrale Thema, das sein gesamtes Werk wie ein roter Faden durchzieht: die Frage nach dem Verhältnis von Gehorsam und Widerstand, Pflicht und Verweigerung. Er selbst verstand sich zeitlebens als Nonkonformist. Die Entscheidung, 1949 aus freien Stücken mit seiner Familie in die gerade gegründete DDR zu übersiedeln, um dort am Aufbau eines »anderen Deutschland« mitzuwirken, hat er zehn Jahre später revidiert, als er nach rigiden Zensurmaßnahmen stalinistischer Kulturpolitiker enttäuscht in den Westen zurückkehrte. Am utopischen Ideal einer sozialistischen Gesellschaft hielt er jedoch sein Leben lang fest.

Kipphardts erster literarischer Erfolg war *Shakespeare dringend gesucht* (1953), ein satirisches Schauspiel über den verkrusteten Literaturbetrieb der DDR. In den unfreiwillig komischen Erfahrungen der Hauptfigur, des Dramaturgen Amadeus Färbel, spiegelte sich zugleich Kipphardts eigener Arbeitsalltag am Deutschen Theater wider, dessen Intendant Wolfgang Langhoff für ihn zu einem wichtigen Lehrer wurde. Der junge Autor Kipphardt sah sich aber schon bald dem Vorwurf des »Formalismus« und »Anarchismus« ausgesetzt; seine Sozialismus-Satire *Esel schrein im Dunkeln* (1956/57 entstanden) wurde vom Spielplan des Deutschen Theaters kurzerhand wieder abgesetzt. Nach seiner Rückkehr ins westliche Deutschland entwickelte sich Kipphardt zum – neben Peter Weiss und Rolf Hochhuth – führenden Vertreter des dokumentarischen Theaters, das in den Sechzigerjahren seine Blütezeit erlebte. Kipphardt bestand stets darauf, dass dokumentarische Literatur nicht »mit der Schere« herzustellen sei, also keineswegs als bloße Collage entstehen könne. Seine Methode war es, von authentischem Material auszugehen und diesem durch Auswahl, Anordnung und subjektive Schreibweise eine allgemeine Bedeutung zu verleihen. Als großes Vorbild betrachtete er die Ästhetik Georg Büchners. »Ich denke«, notierte Kipphardt 1964, »daß man den Stil für eine Sache gefunden hat, wenn er – der Stil – unbemerkbar geworden ist.«

Kipphardts wichtigstes dokumentarisches Theaterstück war *In der Sache J. Robert Oppenheimer* (1964, zunächst als Fernsehspiel gesendet). Der Physiker Oppenheimer, der während des Zweiten Weltkriegs maßgeblich an der Entwicklung der amerikanischen Atombombe beteiligt war, musste sich 1954 einem Hearing unterziehen, da ihm die US-Behörden mangelnde Loyalität u.a. wegen seiner Kontakte zu Kommunisten vorwarfen. Am Ende der Hexenjagd wurde dem Physiker die Sicherheitsgarantie entzogen. Oppenheimer selbst erwuchsen im Verlauf des Verfahrens zunehmend Skrupel angesichts der militärischen und politischen Folgen der von ihm geleiteten Forschungen. Kipphardt übernahm aus den Dokumenten die prozessähnliche Konstellation und viele einzelne Textpassagen, formte aber aus dem Material eine eigene, deutlich wertende Dramatisierung des Falles, in der – ähnlich wie in Bertolt Brechts *Leben des Galilei* und in Friedrich Dürrenmatts *Die Physiker* – die große gesellschaftliche Verantwortung des modernen Naturwissenschaftlers ins Zentrum gerückt ist. Das Oppenheimer-Stück ging in den Sechzigerjahren über die Bühnen der ganzen Welt. Auch die Stücke *Der Hund des Generals* (1962) und *Joel Brand* (1965) waren dem Konzept eines politisch aufklärenden, tabuverletzenden Dokumentardramas verpflichtet. In beiden geht es um das Verhalten von Menschen in Entscheidungssituationen während der Nazizeit: in *Der Hund des Generals* um die Kriegsverbrechen eines hohen deutschen Offiziers, der seinen Hund fürsorglicher behandelt als die von ihm befehligten Soldaten; in *Joel Brand* um den vergeblichen Versuch der Rettung von einer Million jüdischer Menschen. Kipphardt etablierte sich mit diesen Arbeiten als einer der wichtigsten Autoren des politischen Theaters in der Bundesrepublik. Sein wachsender Einfluss ermutigte ihn, im Gefolge der 68er-Revolte noch einmal an der Leitung einer großen Bühne mitzuwirken: als Chefdramaturg der Münchner Kammerspiele 1970/71, unter dem Intendanten August Everding. Kipphardt brachte dort u.a. die ersten Stücke des noch unbekannten Autors Franz Xaver Kroetz heraus. Eine Inszenierung von Wolf Biermanns Stück *Der Dra-Dra*, einer »großen Drachentöterschau« mit deutlichen Anspielungen auf lebende Politiker, führte dann zum Eklat, an dessen Ende der missliebig gewordene Kipphardt im Sommer 1971 gehen musste.

Nach längerer Schaffenskrise meldete sich der Autor 1976 mit seinem ersten (und einzigen) Roman zurück: *März*, der Lebens- und Leidensgeschichte eines schizophrenen Dichters. Alexander März ist der Name eines Mannes, der seit Jahren in einer psychiatrischen Klinik lebt. Der junge Arzt Kofler versucht Licht in das Dunkel dieser Existenz zu bringen. Aus Aufzeichnungen und Gedichten des Patienten, den Berichten Dritter, Koflers Gesprächen und Beobachtungen setzt sich wie ein Puzzle das Bild eines hochsensiblen Menschen zusammen, der die »Normalität« unserer Gesellschaft radikal infrage stellt. März verweigert sich dem herrschenden Leistungs- und Konkurrenzprinzip: »Lieber verrückt als ein Rädchen«, lautet sein Motto. Der Roman *März* war inspiriert von den Texten und der Biografie des österreichischen Autors Ernst Herbeck, eines Patienten des Psychiaters Leo Navratil. Mit dem *März*-Stoff hat Kipphardt sich auch in den Folgejahren intensiv beschäftigt; u.a. entstanden ein Theaterstück (1980) und zahlreiche *März-Gedichte*, eine Art von Rollenpoesie, geschrieben in einer dem Schizophrenen nachempfundenen Sicht. Auch die auf nächtlichen Notizen des Autors basierenden *Traumprotokolle* (1981) waren Teil von Kipphardts Versuch, eine andere, verfremdete Sichtweise auf die eigene Gegenwart zu finden und damit neue Möglichkeiten einer aufklärerischen, engagierten Literatur zu erproben. Der nicht zur Anpassung fähige (oder bereite) Außenseiter März verkörpert einen tragisch scheiternden Versuch, der herrschenden Fremdbestimmung und Normierung zu entgehen.

Mit *Bruder Eichmann*, seinem postum 1983 aufgeführten letzten Werk, hat Kipphardt einen Gegentypus gezeichnet: den des funktionalen Menschen, der »jede Maschine ölt« und im 20. Jahrhundert zum Normalfall geworden ist – mit den bekannt monströsen Folgen. Das Stück zeigt den NS-Funktionär Adolf Eichmann, der von seinem Schreibtisch aus den Völkermord an den europäischen Juden organisierte, als Durchschnittstypus, als Vertreter der »Banalität des Bösen« (Hannah Arendt). In eingeschobenen kurzen Dokumentarszenen werden zugleich Beispiele der »Eichmann-Haltung« aus der politischen Gegenwart vorgeführt: aus dem Vietnamkrieg und dem Palästinakonflikt, der Terroristenverfolgung und dem Umgang der Deutschen mit ihren türkischen Mitbürgern. Diese als Provokation angelegten »Analogieszenen« führten zu heftigen öffentlichen Kontroversen um Kipphardts letztes Stück.

Ein Fragment blieb Kipphardts Projekt, mit dem er – ähnlich wie Peter Weiss in seiner *Ästhetik des Widerstands* – die Geschichte und das Scheitern der revolutionären Linken in Deutschland und Europa zu beschreiben intendierte. Anhand der Biografie des fiktiven deutschen Kommunisten Heinrich Rapp wollte Kipphardt die grässliche »Verkehrung der Revolution« durch den Stalinismus darstellen, in einer dem *März*-Roman ähnlichen Form – als Montage von Aufzeichnungen, Erinnerungsfetzen und Dokumenten. Lediglich knapp zwei Dutzend fragmentarische Texte des ambitionierten Vorhabens fanden sich im Nachlass des Schriftstellers; sie wurden im Rahmen der Werkausgabe 1990 in dem

Band *Die Tugend der Kannibalen* veröffentlicht und lassen sich wie eine Art Vermächtnis des Autors lesen.

Uwe Naumann

Werke: *Entscheidungen,* Theaterst., 1952, UA Bln. 1952; *Shakespeare dringend gesucht. Ein satirisches Lustspiel,* Bln. 1954, UA Bln. 1953; *Der Aufstieg des Alois Piontek,* Theaterst., Bln. 1956, UA Bln. 1956; *Die Stühle des Herrn Szmil,* Theaterst., UA Wuppertal 1961, Fssp., ARD 1979; *Der Hund des Generals,* Theaterst., Ffm. 1963, UA Mü. 1962, Hsp., SWF/BR 1963, Fssp., ARD 1964; *Bartleby,* Fssp., ZDF 1963; *Die Ganovenfresse,* En., Mü. 1964; *In der Sache J. Robert Oppenheimer. Ein szenischer Bericht,* Theaterst., Ffm. 1964, UA Mü./Bln. 1964, Hsp., WDR/BR 1964; *Joel Brand. Die Geschichte eines Geschäfts,* Theaterst., Ffm. 1965, UA Mü. 1965 u. d. T. *Die Geschichte von Joel Brand,* Fssp., WDR 1964, Hsp., BR 1968; *Die Nacht, in der der Nacht geschlachtet wurde,* Theaterst. Stg. 1967, Fssp., ZDF 1979; *Die Soldaten,* nach J. M. R. Lenz, Theaterst., Ffm. 1968, UA Düsseld. 1968, Fssp., 1977; *Sedanfeier,* Theaterst., UA Mü. 1970; *Nazim Hikmet: Und im Licht mein Herz. Gedichte,* Mitübs., Bln. 1971; *Stücke I,* Ffm. 1973; *Stücke II,* Ffm. 1974; *März. Ein Künstlerleben,* R., Mü. 1976, Hsp., BR. 1977; *Leben des schizophrenen Dichters Alexander M.,* Drehb., Bln. 1976; *Engel der Psychiatrie,* m. Holzschnitten v. HAP Grieshaber, Düsseld. 1976; *Angelsbrucker Notizen,* G., Mü. 1977; *Der Mann des Tages und andere Erzählungen,* Mü. 1977; *Theaterstücke,* 2 Bde., Köln 1978; *Zwei Filmkomödien. Die Nacht, in der der Chef geschlachtet wurde. Die Stühle des Herrn Szmil,* Königstein/Ts. 1979; *März, ein Künstlerleben,* Theaterst., Köln 1980, UA Düsseld. 1980, Fssp. u. d. T. *Leben des schizophrenen Dichters Alexander März,* ZDF 1985; *Aus Liebe zu Deutschland. Satiren zu Franz Josef Strauß,* Hg., Mü. 1980; *Traumprotokolle,* Mü. 1981; *Vom deutschen Herbst zum bleichen deutschen Winter. Ein Lesebuch zum Modell Deutschland,* Hg., Mü. 1981; *Bruder Eichmann,* Theaterst., Reinbek 1983, UA Mü. 1983, Hsp., BR 1983; *Gesammelte Werke in Einzelausgaben,* 10 Bände, hg. von U. Naumann unter Mitarbeit von Pia Kipphardt, Reinbek 1986–1990; *Das Einhorn kommt gerne bei Nacht,* Briefw. m. HAP Grieshaber, hg. von S. Hanuschek, Mü. 2002.

Kirchhoff, Bodo, geboren am 6. 7. 1948 in Hamburg, besuchte das Internat Gaienhofen am Bodensee; nach dem Abitur 1968 folgten zwei Jahre Wehrdienst, währenddessen er zu malen anfing. Nach einem längeren USA-Aufenthalt studierte er Pädagogik, Psychologie und Soziologie in Frankfurt am Main und unternahm erste Schreibversuche. 1975 schloss er sein Studium mit dem Diplom ab, 1978 mit der Dissertation *Vom Wider-Stand zur Wider-Rede. Ergänzungen zu psychoanalytischen Theorien zur Kategorie des »Widerstandes«.* Kurzfristig war Kirchhoff als Heilpädagoge tätig. 1979 wurden seine ersten Theaterstücke *Das Kind oder Die Vernichtung Neuseelands* und *Body-Building* uraufgeführt. Kirchhoff, der immer wieder ausgedehnte Reisen durch Europa, Afrika und Asien unternimmt, lebt heute als freier Schriftsteller in Frankfurt am Main und am Gardasee.

Kirchhoffs erste Veröffentlichungen, zwei Theaterstücke, lesen sich wie literarische Verarbeitungen seiner heilpädagogischen und psychoanalytischen Ausbildung. In *Das Kind oder Die Vernichtung von Neuseeland* (1979), der Tragödie eines autistischen Jungen, tritt als Therapeut ein promovierter Heilpädagoge auf, dessen vordergründig partnerschaftliches Verhalten entlarvt und der in der Folge von seinem Patienten erschlagen wird. Doch statt bloßer Sozialkritik führt das Stück seine Figuren vorrangig als subjektlose Träger der Sprachanordnung auf dem Theater vor. Hier wie im folgenden Stück *Body-Building* (1979), mit dem Kirchhoff erstmals öffentliche Aufmerksamkeit erregte, gewinnt Sprache eine Eigendynamik, die sie mehr und mehr dem Willen und Zugriff der Figuren entzieht. Sprache »widerfährt« ihnen. Die Arbeiten Jacques Lacans, über die Kirchhoff promoviert hat und die Freuds Überlegungen zur regelhaften, der Sprache analogen Konstitution des Traumes weiterentwickelt haben, werden in Kirchhoffs literarischen Arbeiten virulent – ab *Body-Building* auch im Spiegelmotiv, im Narzissmus. Der junge Bodybuilder Arnold übt auf der Suche nach Vollkommenheit unablässig vor dem Spiegel und versucht, sich selbst zu »ver-körpern«. Der Spiegel hat – nach der Wunschkonzeption Lacans – die wichtige Funktion, ein Bild vom eigenen Selbst zu machen, wobei eine Übereinstimmung beider unerreichbar bleibt. Verlust des Selbst, Fantasmen des Ich und Aufbau von Körper-Bildern bilden immer wiederkehrende, variierte Themen Kirchhoffs, und sie sind fast immer gekoppelt an die spezifische egozentrisch-narzisstische Selbstbespiegelung seiner Hauptfiguren.

Sie manifestiert sich vor allem in den Prosaarbeiten der Achtzigerjahre im passiv-beobachtenden Verhalten der – männlichen – Protagonisten (z. B. Branzger in *Ohne Eifer, ohne Zorn,* 1979). Ihr zwanghafter Voyeurismus gründet wohl im Begehren einer Frau, aber am Ziel ihrer Begierde kommen sie nie an, fliehen sie doch in einer letzten Volte jede Nähe. Schon Titel wie *Die Einsamkeit der Haut* (1981) oder *Ferne Frauen* (1987) sind hierfür symptomatisch. Der Protagonist in der *Einsamkeit der Haut* streunt durch das Frankfurter Bahnhofsviertel, beschreibt voyeuristisch-akribisch die Körper der Prostituierten, meidet aber peinlichst jeden Hautkontakt. Auch in den zwölf Geschichten des Bandes *Ferne Frauen* misslingt die Begegnung, die männlichen Erzähler bleiben mit ihren Sehnsüchten, den Ausgeburten ihrer Lust und ihres »Begierdewahns«, mit fernen Phantomfrauen allein. Die Erzähltechnik aber, das kühle, detaillierte und so zugleich völlig distanzlose Beschreiben, rückt den Personen auf die Haut, geht unter die Haut. Dass Kirchhoff vor keinem Tabu scheut – neben auch krassen Varianten von Sexualität speziell Branzgers Interesse am Analen und Fäkalischen im Prosadebüt *Ohne Eifer, ohne* Zorn –, wurde ihm immer wieder als bloße Provokation unterstellt. Und den Vorwurf der Frauenfeindlichkeit eingetragen hat Kirchhoff die Reduktion seiner weiblichen Figuren zu reinen Begierde- und Beobachtungsobjekten seiner männlichen voyeuristischen Protagonisten, wobei gern übersehen wurde, dass darin gerade deren Unzulänglichkeit entlarvt wurde.

Seit *Zwiefalten* (1983), Kirchhoffs erstem Roman, wird der Aktionsradius seiner männlichen Hauptfiguren um die Suchbewegung des Reisens an – auch exotische – Schauplätze erweitert. Während sich aber dem narzisstisch-egozentrischen Zwiefalten die Welt um ihn herum zur spiegelnden Folie seiner Selbstdarstellung verhärtet, bietet die *Mexikanische Novelle* (1984) eine auffallende Veränderung im Selbstverständnis der Hauptfigur: Anstelle von Armin wird dessen Freund Ritzi ermordet, weshalb sich Armin, als ihm dieser Mord angelastet wird, in sein Schicksal fügt: Das zunächst nur beobachtende, sezierend genau beschreibende und dadurch seine menschlichen Objekte auch erniedrigende Ich wird »durchlässig« und zum Dulder. In dem Band *Dame und Schwein* (1985) schließlich verschiebt sich das Begehren der männlichen Figuren von der Frau auf das lustvolle Erleben in, mit und durch Sprache. Aus elementarem Mangel an Erleben von Außergewöhnlichem streben die Figuren in einer Art Ersatzhandlung nur dessen gelingende, Lust bringende sprachliche Darstellung an.

Neben sprachlichem Exhibitionismus und Voyeurismus dient die Rede den Figuren in Kirchhoffs Theaterstücken – obwohl sie »geredet wurden« (Lacan) – gerade als Beweis ihrer Existenz. Rede durfte deshalb – wie bei Figuren Thomas Bernhards – aus schierem Überlebenswillen der Figuren nicht versiegen. Der Twist aus Rede als Exhibitionismus und Rede als Überlebenstechnik wird auf die Spitze getrieben in dem Theater-Monolog *Der Ansager einer Stripteasenummer gibt nicht auf* (1994), der zugleich den Voyeurismus des Publikums desavouiert.

Doch seit Anfang der Neunzigerjahre sind Theaterstücke eher eine Ausnahmeerscheinung in Kirchhoffs Œuvre, das seither zwei wesentliche Umorientierungen erkennen lässt, die ihm – mag er auch an seiner »Lust an Grenzverletzungen« mit dem Risiko wütender Leserreaktionen festhalten – einen entschieden höheren Bekanntheitsgrad und größere Akzeptanz bei Kritik und Publikum eingebracht haben: Zum einen richtet sich sein dramaturgisches Interesse weg vom Theater hin zum Film, zum Drehbuch, zum anderen setzt sich in der Prosa mehr und mehr die Großform des Romans durch. Dass sie statt der Fixierung auf einen narzisstischen Helden die Möglichkeit komplexer Erzählsituationen bietet, hat Kirchhoff in dem Roman *Infanta* (1990) so überzeugend gezeigt, dass ihm damit der Durchbruch bei Kritik und Publikum gelang. Neben einem auktorialen Erzähler beobachten und beschreiben fünf alte, in dem philippinischen Ort Infanta lebende Missionare das Leben des Deutschen Kurt Lukas und das ihrer Haushälterin Mayla, in die sie alle heimlich verliebt sind, und wirken, ihre eigenen Lebens- und Liebesgeschichten einwebend, an der Konstruktion der (Liebes-)Geschichte zwischen Kurt und Mayla mit. Der Roman überzeugt mit Perspektivenvielfalt und komplexen Motiv-Netzwerken, vor allem aber dadurch, dass das provozierende distanziert-rücksichtlose Beobachten *mit* dem narzisstischen Ich-Erzähler abgelöst ist durch den – nach Erzählern abgestuften – empathischen Blick *auf* die Hauptfigur(en). Mit dem gewaltsamen Tod Kurt Lukas' ist dann auch der dritte jener Themenbereiche präsent, die das Roman- und Filmschaffen Kirchhoffs von jetzt an prägen, aber natürlich schon in den früheren Arbeiten vorgespurt sind: erstens die Liebe, bei der sich jetzt neben der obsessiv-sexuellen Dimension die emotionale etabliert (und darüber auch die Tiefenschärfe von Frauenfiguren wie Mayla oder Suse Stein in *Parlando*, 2001); zweitens der gewaltsame Tod, Mord oder Unfall, der, wird er als auslösendes Moment an den Anfang gestellt, die kriminalgeschichtliche Dimension verstärkt – so im *Sandmann* (1992), im Tatort-Krimi *Alptraum* (1997), in *Parlando* und zuletzt in *Schundroman* (2002); drittens der exotische Schauplatz als Kontrastfolie, vor der sich allererst die Abgründe und Wahrheiten der Personen zeigen – so bei den Bundeswehrsoldaten in Somalia in *Herrenmenschlichkeit* (1994) oder bei den deutschen Touristen im Film *Manila* (2000). Anstelle eines Schauplatzes kann aber auch die Reise durch die (exotische) Fremde stehen, die als zwanghafte Suche nach einer Person oder deren Spuren einsetzt (z.B. Quints Suche nach Helen im *Sandmann*, Kurt Fallers Reise auf den Spuren seines Vaters in *Parlando*), sich aber – anders als beim scheiternden Zwiefalten – als Reise zu sich selbst erweist, die als Anlass dienen kann, sich über das Erzählen erst zu konstituieren. Diese demiurgische Funktion des Erzählens ist besonders deutlich im entsprechend programmatisch betitelten Roman *Parlando* (2001), der elf Jahre nach *Infanta* erschien und an dessen Erfolg anknüpfen konnte. Die Grundsituation von *Parlando* ist paradox: Der neben einer Frauenleiche erwachte Kurt Faller bezichtigt sich, obwohl unschuldig, dieses und gleich weiterer Morde, während die Staatsanwältin Stein ihm seine Unschuld nachzuweisen sucht und auf »Wahrheit« drängt – Auslöser für Faller, sein Leben zu erzählen und sich im Erzählen von der Hassliebe zu seinem Vater zu heilen. Dabei lässt der Roman die Möglichkeit offen, ob es sich hier nicht auch um eine imaginierte Wunschbiografie oder eine Fieberfantasie handeln könnte – in jedem Falle verschränkt sich darin die sich anbahnende Liebesgeschichte zwischen Faller und Suse Stein. Zu den komplexen Erzählkonstruktionen in *Infanta* und *Parlando* nimmt sich der Roman, *Schundroman* (2002), geradezu als Kontrastprogramm aus. Diese Parodie auf die Pulp Fiction, den Trivialroman, serviert genüsslich eine schrille Mischung aus Comic, Komödie, Klamotte, Groteske und Satire; sein schräges Personal – Auftragskiller, Edelnutte, Sexfibel-Autorin, schmieriger Leasing-Unternehmer, Jungautoren-Star und der zu Tode kommende Großkritiker – haben zusammen mit dem Hintergrund der Geschichte, der Frankfurter Buchmesse, dazu geführt, *Schundroman* als Schlüsselroman und Abrechnung mit dem Literaturbetrieb zu lesen. So unterhaltsam der Roman ist –, dass sein Erscheinen im zeitlichen Wettlauf mit Martin Walsers *Tod eines Kritikers* und mit medialem Getöse gnadenlos vorgezogen wurde, wirft die Frage auf, warum der Autor sich in diesem Maße den Gesetzen des Betriebs beugt, den er auf's Korn nehmen wollte – in einem Genre, der Schundroman-Parodie, deren Halbwertzeit kurz ist. Aber: Derselbe Autor geht in einem anderen Genre, dem Drehbuch, gleichzeitig ein Wagnis und möglicherweise zukunftsträchtiges Experiment ein: Der Film *Mein letzter Film* (2002) wagt die strikte Mono-Perspektive, bietet die One-Woman-Show einer erfolgreichen, ungefähr fünfzigjährigen Schauspielerin vor der Videokamera, die, während sie ihre Habseligkeiten in den Koffer wirft und in ein neues Leben aufbricht, mit ihrem bisherigen abrechnet, vor allem mit den Männern ihres Lebens. Auch wenn die an Seelen-Exhibitionismus grenzende Schonungslosigkeit von Kirchhoff-Figuren bekannt ist, so überrascht *Mein letzter Film* mit der ungewohnten Frauenperspektive. Kirchhoff mag sich deshalb während des Schreibens zweifelnd als »Fehlbesetzung« gesehen haben, Intensität und Erfolg des Films beruhen nicht allein auf dem bravourösen Spiel Hannelore Elsners. Vielmehr scheint hier eine interessante Perspektive für zukünftige Kirchhoff-Arbeiten auf.

Anke Bosse

Werke: *Das Kind oder Die Vernichtung von Neuseeland*, Theaterst., UA Saarbrücken 1979, gedr. in: »Spectaculum« 31, Ffm. 1979; *Ohne Eifer, ohne Zorn*, N., Ffm. 1979; *Body-Building*, E., Theaterst., Ess., UA Saarbrücken 1979, gedr. Ffm. 1980; *An den Rand der Erschöpfung weiter*, Theaterst./Hsp., UA Ffm. 1980, gedr. in: »Spectaculum« 34, Ffm. 1981; *Die Einsamkeit der Haut*, Pr., Ffm. 1981; *Wer sich liebt*, Theaterst., UA Karlsruhe 1980, gedr. Ffm. 1981, Hsp., SDR 1984; *Glücklich ist, wer vergißt*, Theaterst., UA Osnabrück 1982, gedr. Ffm. 1982, Hsp., SDR 1982; *Zwiefalten*, R., Ffm. 1983; *Mexikanische Novelle*, N., Ffm. 1984, Drehb., zus. mit Romuald Karmakar, 2000; *Dame und Schwein*, En., Ffm. 1985; *Die Geldverleiherin*, Drehb., n. *Die verdammte Marie*, 1985; *Die verdammte Marie*, Theaterst., UA Graz 1986, gedr. Graz 1986, Hsp., ORF 1987; *Ferne Frauen*, En., Ffm. 1987; *Niemandstage der Verliebtheit. Ein Lesebuch*, Hg., zus. m. Ulrike Bauer, Ffm. 1989; *Infanta*, R., Ffm. 1990; *Der Sandmann*, R., Ffm. 1992; *Gegen die Laufrichtung*, N., Ffm. 1993; *Herrenmenschlichkeit*, Tageb., Ffm. 1994; *Legenden um den eigenen Körper. Frankfurter Vorlesungen*, Aufs., Ffm. 1995; *Der Ansager einer Stripteasenummer gibt nicht auf*, E., Ffm. 1994, Theaterst., UA Düsseld. 1995, Hsp., SWF 1996; *Die Weihnachtsfrau*, Schpl., Ffm. 1997; *Tatort: Alptraum*, Drehb., ARD 1997; *Katastrophen mit Seeblick*, En., Ffm. 1998; *Manila*, Drehb., zus. m. Romuald Karmakar, 2000, Filmb., Ffm. 2001; *Parlando*, R., Ffm. 2001; *Schundroman*, R., Ffm. 2002, Hsp., SWR 2003; *Mein letzter Film*, Drehb., 2002, Filmb., Ffm. 2002.

Kirsch, Rainer, geboren am 17. 7. 1934 in Döbeln/Sachsen, studierte von 1953 bis 1957 in Halle und Jena Geschichte und Philosophie und wurde im Zusammenhang mit einer Kampagne gegen die philosophischen Anschauungen Ernst Blochs relegiert. Von 1958 bis 1960 war er als Druckereihilfsarbeiter, Chemie-Arbeiter und Kulturarbeiter in einer »Landwirtschaftlichen Produktions-Genossenschaft« (LPG) tätig. Von 1963 bis 1965 besuchte er das Literaturinstitut »Johannes R. Becher« in Leipzig, ein Abschlussdiplom wurde ihm verweigert. Seit 1965 bis 1980 lebte Kirsch, vorübergehend mit Sarah Kirsch verheiratet, als freier Autor in Halle/Saale. Heute ist er in Berlin ansässig. Er wurde 1990 zum letzten Vorsitzenden des Schriftstellerverbandes der DDR gewählt. 1995/96 hatte er eine Gastprofessur am Institut für Deutsche Literatur in Leipzig inne. 1965 wurde er mit der Erich-Weinert-Medaille und dem Kunstpreis der Stadt Halle, 1983 mit dem F.-C.-Weiskopf-Preis der Ost-Berliner Akademie der Künste, 2001 mit dem Wilhelm-Müller-Preis des Landes Sachsen-Anhalt ausgezeichnet.

Kirschs Gedichte erweisen sich als strenge, logische, souveräne Texte, die das DDR-Leben modellhaft aufschließen. Kirsch, der hohe Ansprüche an die Form seiner Gedichte stellt, schreibt unverschlüsselt, aber mehrdeutig; er denkt radikal. Die Gedichte handeln vom Lebensgenuss, von Lebensgewohnheiten, vom eigenen Verhalten, vom Verhalten anderer. Ihr Verfasser zeigt Alternativen, Zusammenhänge, Endzustände. Ein Ton von gefasster Entschlossenheit, durch Verzicht erzwungen, herrscht in dieser Lyrik vor. Im Erinnern an Liebesbegegnungen, in Wunschgedichten werden Intensivierung und Vergessen gesucht. Kirschs Essays, beispielsweise zu Rilke, Kleist, Karl Mickel und zur georgischen Poesie, wollen Verständnis für die notwendige Fremdheit des Denkens anderer Dichter wecken. Es sind Plädoyers für die Wichtigkeit der Kunst bei der Humanisierung der Erde. Kirsch schrieb informative Porträts lebender DDR-Wissenschaftler (*Kopien nach Originalen*, 1974, veränd. 1978); seine fiktive Prosa wie die Erzählung *Erste Niederschrift* und das Märchen *Die Rettung des Saragossameeres* versteckt die Aussage im Fantastischen.

Kirsch übersetzte unter anderem Gedichte von Anna Achmatowa, Sergei Jessenin, Ossip Mandelstam; zusammen mit Adolf Endler übertrug er georgische Poesie und gab sie in einer repräsentativen Anthologie (1971 u. 1974) heraus; er schrieb Kinderbücher, Märchenkomödien, bearbeitete Dramen. Wegen seiner Komödie *Heinrich Schlaghands Höllenfahrt* (nicht aufgef.), einer Selbstverwirklicher-Farce mit DDR-Bezüglichkeit, wurde er 1973 aus der SED ausgeschlossen. Sein Gedichtband *Ausflug machen* (1980) ist durch Formstrenge, durch Ironie, durch philosophischen Humor gekennzeichnet. Die Erzählungen, gesammelt u. a. in dem Band *Sauna oder Die fernherwirkende Trübung*, 1985, berichten in Ton und Form von Märchen Erstaunliches aus dem Alltag. Arbeiten aus den letzten Jahren zeigen den Autor als kritischen Betrachter des Weltenlaufs, wobei er oft klassische Versmaße belebt und dem Vorbild Petrarcas, dessen Sonette er übertrug, nacheifert; schnelle befördernde Zwischenfragen und gleichmütige, zuversichtliche Schlüsse, durch Entschiedenheit erzeugte Spannungen und kühle Lakonie – »Form, klar, ist volksfern, hochnot Inhalt«– charakterisieren die Gedankendichte und die politisch-philosophischen Essays.

Konrad Franke

Werke: *Bekanntschaft mit uns selbst. Gedichte junger Menschen*, zus. m. Bernd Jentzsch, Karl Mickel u. a., Halle/S. 1961; *Teddy Honigmaul und der Zauberer. Abenteuerliches Puppenspiel in vier Bildern*, Lpz. 1961; *W. Korostylew u. M. Iwowskij: Bruno, der Unsichtbare*, Kinder-St., Bearb., Ost-Bln. 1962; *Karli Kippe*, Trick-F., 1963; *Der Stärkste*, Kinder-Hsp., zus. m. Hsp. v. Sarah Kirsch, Ost-Bln. 1963; *Wir freuen uns auf den Wind von morgen*, Kantate, m. Musik v. R. Lukowski, 1963; *Berufung*, Hsp., 1964; *Berlin – Sonnenseite. Bild-Report über das Deutschlandtreffen der Jugend*, m. Texten v. R. u. S. Kirsch, Ost-Bln. 1964; *Gespräch mit dem Saurier*, G., zus. m. Sarah Kirsch, Ost-Bln. 1965; *S. Jessenin: Gedichte*, Nachdicht., zus. m. Paul Celan u. a., Lpz. 1965; *Der Soldat und das Feuerzeug*, K., 1967; *N. Kulis: Pathétique/Pathetische Sonate*, Theaterst., Übs., Ost-Bln. 1967; *A. Achmatowa: Ein nie dagewesener Herbst*, G., Übs., zus. m. Sarah Kirsch, Ost-Bln. 1967; *Vietnam in dieser Stunde*, Dok., Mithg., Halle/S. 1966; *E. Rostand: Cyrano de Bergerac*, Übs., Ost-Bln. 1969, UA 1968; *N. Barataschwili: Gedichte*, Übs., Tbilissi 1968: *Molière: Die Schule der Frauen*, Übs., Ost-Bln. 1971; *Georgische Poesie aus 8 Jahrh.*, Nachdicht., zus. m. Adolf Endler, Ost-Bln. 1971; *Olympische Spiele*, G., hg. zus. M. Wolter, Ost-Bln., Weimar 1972; *A. Sastre: Geschichte von der verlassenen Puppe*, Kinderst.-Bearb., Ost-Bln. 1973; *G. J. Reyes: Der Stein des Glücks*, Kinderst.-Bearb., Ost-Bln. 1973; *W. Majakowskij: Schwitzbad*, Dr., Übs., Ffm. 1973; *Heinrich Schlaghands Höllenfahrt*, K., in: »Theater der Zeit«, H. 4, 1973; *Wenn ich mein rotes Mützchen hab*, Kinder-G., Ost-Bln. 1974, Hanau 1975; *Kopien nach Originalen. 3 Porträts & 1 Reportage*, Lpz. 1974, Bln. 1974; *Es war ein Hahn*, Kinderb., Ost-Bln. 1975; *Die Perlen der grünen Nixe*, Kinderb., Ost-Bln. 1975, Dortm. 1975; *Das Feuerzeug*, K., Ost-Bln. 1975, Ffm. 1982; *Das letzte Mal mit der Geliebten*, Hg., zus. m. M. Wolter, Ost-Bln. 1975; *Das Land Bum-Bum*, Familienoper, Musik v. G. Katzer, Ost-Bln. 1975, UA 1978; *Der lustige Musikant*, Kinderoper, 1976; *O. Mandelstam: Der Hufeisenfinder*, G., Nachdicht., zus. m. P. Celan u. a., Lpz. 1975; *Das Wort und seine Strahlung*, Ess., Ost-Bln., Weimar 1976; *Die Rettung des Saragossameeres*, in: *Die Rettung des Saragossameeres*, hg. v. M. Wolter u. J. Walter, Ost-Bln. 1976; *W. Majakowskij: Die Wanze*, Dr., Übs., Ost-Bln. 1977; *Vom Räuberchen, dem Rock und dem Ziegenbock*, Kinderb., Ost-Bln. 1978; *Der Soldat und das Feuerzeug*, K., Ost-Bln. 1978; *Auszog das Fürchten zu lernen*, En., G., Ess., K., Reinb. 1978; *Münchhausen*, Ballett-K., Musik v. R. Kunad, 1978; *Erste*

Niederschrift, E., in: *Die Tarnkappe*, hg. v. M. Wolter u. S. Schnitzler, Ost-Bln. 1978; *Reglindis*, Kinderverse, Nachdicht. (m. Schpl.), Ost-Bln. 1979; *Shelley: Der entfesselte Prometheus*, Dr., Übs., Lpz. 1979; *Amt des Dichters*, Ess., Rez., Br., Rostock 1979; *Ausflug machen*, G., Rostock 1980; *Frau Holle*, Theaterst., 1983; *Der Wind ist aus Luft*, Kinderb., Ost-Bln. 1983; *Heute ist verkehrte Welt*, Kinderb., Ost-Bln. 1983; *Sauna oder Die fernherwirkende Trübung*, E., Rostock 1985; *Der kleine lila Nebel*, E., Ost-Bln. 1985; *Ordnung im Spiegel*, Ess., Lpz. 1985, erw. 1991; *Der Storch Langbein*, Kinderb., Düsseld. 1986; *Häuptling Olim* oder *Wie die Mathematik in die Welt kam*, Kinderb., Ost-Bln. 1986; *Die Schöne und der Schwan*, Ost-Bln. 1987; *Kunst in Mark Brandenburg*, G., Rostock 1988; *Maxim Gorki: Fünf Dramen*, Übs., Ost-Bln. 1989; *Poesiealbum 271*, G., Ost-Bln. 1990; *Anna Katarina oder Die Nacht am Moorbusch. Eine sächsische Schauerballade nebst dreizehn sanften Liedern und einem tiefgründigen Gespräch*, G., Rostock 1990; *Jewgeni Schwarz: Rotkäppchen*, Dr., Übs., Bln. 1992; *Ossip Mandelstam: Gedichte*, Hg., Bln. 1992; *Die Talare der Gottesgelehrten. Kleine Schriften*, Ess., Lpz. 1999.

Kirsch, Sarah, (eig. Ingrid Bernstein) wurde am 16. 4. 1935 als Tochter eines Fernmeldetechnikers und Uhrenbauers in Limlingerode im Südharz geboren. Nach dem Abitur arbeitete sie in einer Zuckerfabrik, danach studierte sie Biologie in Halle und schloss mit dem Diplom ab. Von 1963 bis 1965 studierte sie am Literaturinstitut »Johannes R. Becher« in Leipzig. 1958 heiratete sie den Schriftsteller Rainer Kirsch, mit dem sie bis zu ihrer Trennung 1968 zusammenarbeitete, zunächst als freie Schriftstellerin in Halle, dann in Ost-Berlin. Ihr lyrisches Debüt gab sie 1967 mit dem Band *Landaufenthalt*, der in erweiterter Form unter dem Titel *Gedichte* auch 1969 in der Bundesrepublik erschien. Die Sammlung bildet zusammen mit den nachfolgenden Gedichtbänden *Zaubersprüche* (1973, westdt. Lizenzausgabe 1974) und *Rückenwind* (1976, westd. 1977) und gleichzeitig erschienenen Kinderbüchern, Bearbeitungen fürs Theater, Frauenporträts nach Tonbandprotokollen und dem Erzählband *Die ungeheuren bergehohen Wellen auf See* (1973) das dem Umfang nach schmale, aber überaus erfolgreiche Frühwerk aus der Zeit vor dem Wechsel in den Westen. 1976 unterzeichnete sie einen Protestbrief gegen die Ausbürgerung Wolf Biermanns, 1977 wurde sie aus der SED und dem Schriftstellerverband ausgeschlossen und bekam die Genehmigung zur Ausreise. Gleichzeitig erschien in Leipzig eine Auswahl ihrer Gedichte unter dem Titel *Musik auf dem Wasser* (1977) mit einem Nachwort von Elke Erb. 1977 erfolgte die Übersiedlung nach West-Berlin, 1978 erhielt sie das Stipendium für die Villa Massimo in Rom. Es folgten Reisen in die Provence und die USA, 1983 dann die Übersiedlung nach Schleswig-Holstein und der Beginn einer fruchtbaren Schaffensperiode, die in zahlreichen Auszeichnungen ihre Krönung fand. Sarah Kirsch erhielt u.a. 1965 den Kunstpreis der Stadt Halle (zus. m. R. Kirsch), 1973 den Heinrich-Heine-Preis, 1976 den Petrarca-Preis (zus. m. Ernst Meister), 1981 den Österreichischen Staatspreis für Europäische Literatur, 1983 die Roswitha-Gedenkmedaille der Stadt Gandersheim, 1984 den Friedrich-Hölderlin-Preis, 1988 den Kunstpreis des Landes Schleswig-Holstein, 1988 den »Stadtschreiber«-Literaturpreis des ZDF und der Stadt Mainz, 1996 den Peter-Huchel-Preis des Südwestfunks und des Landes Baden-Württemberg, 1996 den Georg-Büchner-Preis und 1997 den Annette-von-Droste-Hülshoff-Preis.

Die frühen Natur- und Liebesgedichte Sarah Kirschs bedienen sich archaischer Muster des Märchen- und Zauberspiels. Vordergründig erzählen die Texte von Sonne, Mond und Sternen, See, Wald und Vögeln, von den Jahres- und Tageszeiten. Doch die verblüffend selbstsicher evozierte Naturidyllik trügt; die Vögel sind Raubvögel, und das Glücksversprechen erweist sich als gefährlicher Lockruf: »Nebel zieht auf, das Wetter schlägt um. Der Mond versam- / melt Wolken im Kreis. Das Eis auf dem See hat Risse und / reibt sich. Komm über den See.« Den Tonfall gefühliger Innerlichkeit durchbricht immer wieder ein melancholischer, in den Pointen ironischer Unterton, der schlichte Naturton wird in dialektisch kunstvollen Bildern aufgehoben: »Ein wüster Vogel ... / Segelt in Lüften. Hat er dich / Im südlichen Auge, im nördlichen mich? / Wie wir zerrissen sind, und ganz / Nur in des Vogels Kopf.« Sarah Kirschs beste Gedichte verlängern die Tradition der romantisch-nachromantischen Dichtung von Novalis, Eichendorff, der Droste über Trakl, Huchel und Bobrowski bis hin zu der im Motivbestand verwandten Ingeborg Bachmann. Der sublim politische Aspekt ihrer Lyrik versteckt sich in Gedichten, die der Entfremdung des Menschen, der verratenen Brüderschaft von Natur und Poesie, der verlorenen Hoffnung auf Versöhnung gelten. Doch irritierte die scheinnaive Subjektivität mancher Liebesgedichte. Namentlich in den verknappten *Rückenwind*-Gedichten zeichnete sich die Gefahr der Schlichtheit deutlich ab. Der nach 1977 entstandene Band *Drachensteigen* gewinnt in der sparsamen Verarbeitung der eigenen Biografie und der frischen Eindrücke des Italienerlebnisses ein Stück Geschichtlichkeit. Die Liebesgedichte kündigen mit dem Verzicht auf das Enjambement die Entwicklung hin zu eigenständigeren Verszeilen an. Doch machte sich der Wechsel in den Westen als Zäsur nicht bemerkbar.

Nach der lyrischen Prosa *La Pagerie* (1980), die in prätentiöser Manier das Erlebnis eines sommerlichen Provence-Aufenthalts festhält, kehrte Kirsch mit dem Band *Erdreich* (1982) zur Lyrik zurück. In apokalyptisch gestimmten Zeitgedichten, die krisenhafte Erfahrungen einer USA-Reise zu Reflexionen über die Unheimlichkeit der Zeit und die Bedrohung der menschlichen Lebenswelt verarbeiten, stilisiert sich das lyrische Ich als Alice im Wunderland, die auf der Reise ihre Unschuld verliert und heimkehrend die vertraute alte Welt mit neuem, geschärftem Blick besichtigt. Mit *Katzenleben* (1984) kehrte Kirsch zur Naturlyrik zurück. Allerdings bewahrt ihre Kunst der Distanz die Nachrichten über das Leben auf dem Land vor der Gefahr harmloser poetischer Schäferei, ihr nüchterner Blick auf Blumen und Blätter (und daneben auf die abgeschlagenen Köpfe der Kühe und den verdammten Prometheus), ihr trockener Tonfall, die mündlich verschliffene, alltagsnahe Sprache, die Nähe von lyrischem und empirischem Ich. In den Prosagedichten *Irrstern* (1986) vertiefen sich die Schatten, verstärkt sich der Gestus der Beunruhigung. Über die Elementarwelt aus Deich, Sonne, Mond, Nebel, Hahnenschrei und Starenwolken legt sich der Schatten des Falklandkrieges, der Anblick brennender Schiffe, Krieg führender Schafe, Farmer und Pinguine, das Gefühl, »ertrunken zu leben«.

Mit *Allerleih-Rauh* (1988), *Schwingrasen* (1991) und *Spreu* (1991) eröffnete sie die Reihe poetischer Chroniken, tagebuchartiger Notate bzw. Prosagedichte, die der Gefahr idyllischer Verklärung entgehen, weil die Erzählerin die dörflich friesische Welt, in der sie lebt, mit dem Silberblick des Gedächtnisses beobachtet. In die Bilder des Augenblicks in der Natureinsamkeit und dem Zusammenleben mit dem Sohn und Lebensgefährten werden Erinnerungen an das Leben in der DDR und sachlich kühle Betrachtungen über die absterbende Lebenswelt des (aus Goethes *West-östlichem Divan* herbeizitierten) menschlichen Erdenkloßes eingeblendet; zusehends bricht nun in das abgeschiedene Schreibleben der Störfaktor Kunstbetrieb ein, aber auch politische Ereignisse, das Ende der DDR, die Probleme des vereinten Deutschland.

Die Kontinuität des Werks verdankt sich ihrer unverwechselbaren Diktion (die namentlich im frühen erotischen Gedicht verrückt, entrückt, verzaubert ist, im mitmenschlichen Kontakt zart, im Naturgedicht die Innigkeit wie die Illusion meidet) und dem quasi synoptischen Verfahren, das die Pole von Ich und Welt, Besonderem und Allgemeinem, Teil und Totale in schwebender Balance hält. Mitten in seinen Wandlungen von den spielerischen Haltungen der *Zaubersprüche*, dem Überschwang der frühen Liebesgedichte, dem nicht ungetrübten, aber unbeschwerten Daseinsgefühl hin zu ruhigeren Gangarten bleibt sie sich selbst treu. Die Genauigkeit der Weltaneignung, die Weltoffenheit mitten im Rückzug in den Winkel, der lebendige, dem hohen Ton entgegengesetzte Zungenschlag und das gegenklassische Forminventar zeichnen auch die Gedichte und Prosa aus, die seither erschienen, darunter die Gedichtbände *Erlkönigs Tochter* (1992) und *Bodenlos* (1996), die Aufzeichnungen *Schwingrasen* (1991), die eine Islandreise verarbeiten, und die während der Arbeit an *Erlkönig* entstandene Prosa *Das simple Leben* (1994). Zugenommen hat die Direktheit des Tons, in die sich freilich nie Härte, Bitterkeit oder Klagetöne mischen; zugenommen hat die Tiefenschärfe des Blicks, der die Gegenwart vor dem Hintergrund des Gewesenen, Erlebten, Gewussten betrachtet, vor allem aber macht sich die zunehmende Tendenz zur Abbreviatur bemerkbar. Die Gedichte des Bandes *Schwanenliebe. Zeilen und Wunder* (2001), die dem Jahreszeitenzyklus folgen, halten an der Naturthematik fest, mischen aber unter die Bilder segelnder Wolken, balancierender Regentropfen und herbstlicher Krähen Befindlichkeitsprotokolle. Die Prosastücke *Tatarenhochzeit* (2003) verschränken alte und neue Zeit, die märchenhaft-legendarische Erzählung vom Tatarenfürsten Igor mit der Faktizität von Reisenotizen, dem Wiedersehen mit den alten Lebensorten, Erinnerungen und Alltagsnachrichten. Die Gefahr der künstlerischen Genügsamkeit und poetischen Kleinmeisterei freilich ist inzwischen unübersehbar.

Sibylle Cramer

Werke: *Die betrunkene Sonne*, Kinder-Hsp., Rundfunk der DDR 1963 (zus. m. einem Hsp. v. Rainer Kirsch); *Berlin – Sonnenseite. Bild-Report über das Deutschlandtreffen der Jugend*, zus. m. R. Kirsch, Ost-Bln. 1964; *Gespräch mit dem Saurier*, G., zus. m. R. Kirsch, Ost-Bln. 1965; *Auf der Erde geht ein Vogel*, G., zus. m. Justinas Marcinkevicius, hg. v. Leonhard Kossuth, Bln. 1967; *Landaufenthalt*, G., Ost-Bln., Weimar 1967, Ebenhausen 1969; *Gedichte*, Lpz.

1967, Ebenhausen 1969; *Vietnam in dieser Stunde*, Dok., Mit-Hg., Halle 1968; *Konzert für Kinder mit Musik von Th. Medeck*, 1969; *Hänsel und Gretel*, Opern-Nacherz., Lpz., Ffm., London, New York 1972; *Die ungeheuren bergehohen Wellen auf See*, En., Ost-Bln. 1973, Zür. 1987; *Die Pantherfrau. Frauen-Porträts nach Tonbandprotokollen*, Ost-Bln., Weimar 1973, Ebenhausen 1975; *Zaubersprüche*, Ost-Bln., Weimar 1973, Ebenhausen 1974; *Es war dieser merkwürdige Sommer*, biblioph. G.-Ausw. m. Grafiken v. W. Jörg u. E. Schönig, Bln. 1974; *Caroline im Wassertropfen*, Kinderb., m. Illustr. v. E. Oelschlaeger, Ost-Bln. 1975, Dortmund 1975; *Zwischen Herbst und Winter*, Kinderb., zus. m. I. Schuppau, Ost-Bln. 1975; *Rückenwind*, G., Ost-Bln., Weimar 1976, Ebenhausen 1977; *Wiepersdorf*, G.-Zyklus (aus *Rückenwind*), Ebenhausen 1977; *Katzenkopfpflaster*, G.-Ausw., Mü. 1978; *Sarah Kirsch liest Gedichte*, Schpl., 1978; *Erklärung einiger Dinge*, Dok. u. Bilder, ein Gespräch mit Schülern, m. Urs Widmer u. Elke Erb, Ebenhausen 1978; *2 »poetische Wandzeitungen«: Sommergedichte, Wintergedichte*, Ebenhausen 1978; *Ein Sommerregen*, m. Illustr. v. K. Taniucki, Hbg. 1978; *Wind*, m. Illustr. v. K. Taniucki, Hbg. 1979; *Schatten*, m. Illustr. v. K. Taniucki, Hbg. 1979; *Sieben Häute*, G. 1962–1979, Bln. 1979; *Drachensteigen*, G., Ebenhausen 1979; *Geschlechtertausch. 3 Geschichten über die Umwandlung der Verhältnisse*, zus. m. Christa Wolf u. Irmtraud Morgner, Darmst. 1980; *La Pagerie*, Pr., Stg. 1980; *Hans mein Igel*, nach den Märchen der Brüder Grimm, Köln 1980; *Papiersterne, 15 Lieder für Mezzosopran u. Klavier*, nach G. v. S. K., Musik v. W. v. Schweinitz, Stg. 1981; *Erdreich*, G., Stg. 1982; *Zwischen Herbst und Winter*, Köln 1983; *Katzenleben*, G., Stg. 1984; *Porzellanschnecken*, zus. m. Harald Naegeli, in: »Spuren in Kunst und Gesellschaft«, H. 4, Hbg. 1984; *Landwege. Eine Auswahl 1980–1985*, Stg. 1985; *Hundert Gedichte* (Ausw. aus *Rückenwind*, *Landaufenthalt*, *Zaubersprüche*, *Drachensteigen) und ein Gespräch über ihre Gedichte*, Ebenhausen 1985; *Irrstern*, Pr.-G., Stg. 1986; *Die ungeheuren bergehohen Wellen auf See. Erzählungen aus der ersten Hälfte meines Landes*, Zür. 1987; *Galoschen. Immerwährender Kalender*, lim. Aufl., Bremen 1987; *Sarah Kirsch – A. R. Penck. Lyrik. Zeichnung*, Bln. 1987; *Allerleih-Rauh*, Pr., Stg. 1988; *Luft und Wasser*, G., zus. m. Bildern v. Ingo Kühl, Gött. 1988; *Schneewärme*, G., Stg. 1989; *Die Flut*, Ausw. v. Gerhard Wolf, Bln., Weimar 1989; *Tiger im Regen*, G., Ravensburg 1990; *Schwingrasen*, Pr., Stg. 1991; *The Brontes hats*, dt.-engl. Ausg., Cambridge 1991; *Spreu*, Gött. 1991; *Eisland*, G., Warmbronn 1992; *Erlkönigs Tochter*, G., Stg. 1992; *Sic! natur. Prosa und Aquarelle*, Remagen-Rolandseck 1992; *wasserbilder. ein gemischtes bündel. Postkartenbuch*, Gött. 1993; *Sarah Kirsch. Texte, Dokumente, Materialien*, Moos 1993; *Das simple Leben*, Notate, Stg. 1994; *Ich Crusoe. Sechzig Gedichte und sechs Aquarelle der Autorin*, Stg. 1995; *Nachtsonnen. Ein gemischtes Bündel*, Gött. 1995; *Sechs Gedichte. Sechs Blätter in einer Matte*, Ebenhausen, Stg. 1995; *Sarah Kirsch & Frank Siewert*, m. Lithografie v. Frank Siewert u. Texten v. S. K. anlässlich der Ausstellung »zeitstriche«, Bln. 1995; *Bodenlos*, G., Stg. 1996; *Sechs Gedichte*, Stg. 1996; *Sarah Kirsch. Begleitheft zur Ausstellung Stadt- und Universitätsbibliothek Frankfurt 1996/97*, hg. v. Carl Paschek, Ffm. 1997; *Luftspringerin. Gesammelte Gedichte und Prosa*, Stg. 1997; *Allerlei Spatzen und Gänseblümchen. Gedichte und Prosa*, Schpl., Mü. 1997; *Ausgabe in fünf Bänden mit 12 Seiten Bildteil (Aquarelle)*, hg. v. Franz-Heinrich Hackel, Stg. 1999; *Beim Malen bin ich weggetreten. Aquarelle, Bilder, Zeichnungen*, hg. v. Christoph Wilhelm Aigner, Stg. 2000; *Katzen sprangen am Rande und lachten. Gedichte und Prosa*, hg. v. Hans A. Hackel, Stg. 2000; *Die Bucht*. Hand-Farbenlichtdruck, Stg. 2000; *Sarah Kirsch entdeckt Christoph Wilhelm Aigner*, hg. v. Axel Marquardt, Hbg. 2001; *Schwanenliebe. Zeilen und Wunder*, G., Stg. 2001; *Islandhoch. Tagebuchbruchstücke*, m. Aquarellen, Gött. 2002; *Tatarenhochzeit*, Pr., Stg. 2003.

Kirsten, Wulf, wurde am 21. 6. 1934 als Sohn eines Steinmetzen in Klipphausen bei Meißen geboren. Nach der Schulzeit absolvierte er von 1950 bis 1952 eine kaufmännische Lehre und war anschließend als Bauarbeiter, Buchhalter und Sachbearbeiter tätig. Von 1960 bis 1964 studierte er Deutsch und Russisch an der Universität Leipzig. Er war dann kurze Zeit als Lehrer beschäftigt, arbeitete von 1965 bis 1988 als Lektor im Aufbau-Verlag in Weimar und beteiligte sich an der Herausgabe des *Wörterbuches der obersächsischen Mundarten*. 1971 trat Kirsten in den Schriftstellerverband der DDR ein. Seit 1988 lebt und arbeitet er als freier Schriftsteller in Weimar. Im selben Jahr wurde er zum Korrespondierenden Mitglied der Mainzer Akademie der Wissenschaft und der Literatur gewählt. 1972 erhielt Kirsten den Louis-Fürnberg-Preis, 1983 den Literatur- und Kunstpreis der Stadt Weimar. 1985 wurde er mit dem Johannes-R.-Becher-Preis, 1987 mit dem Peter-Huchel-Preis, 1989 mit dem Heinrich-Mann-Preis der Ost-Berliner Akademie der Künste, 1994 mit dem Weimar-Preis und dem Elisabeth-Langgässer-Literaturpreis, 1997 mit dem Deutschen Sprachpreis der Henning-Kaufmann-Stiftung und 2000 mit dem Marie-Luise-Kaschnitz-Preis ausgezeichnet. Er war Stadtschreiber von Salzburg und Bergen-Enkheim sowie Stipendiat im Künstlerhaus Edenkoben und der Landeshauptstadt München in der Villa Waldberta am Starnberger See.

Kirsten, 1976 von Reiner Kunze als »große Hoffnung der DDR-Lyrik« bezeichnet, hat sich vor allem als Dichter einer in Obersachsen verwurzelten, eigenwilligen Naturpoesie einen Namen gemacht. *Die Erde bei Meißen* (1986) bildet das beherrschende Thema seines lyrischen Werkes. Seiner immer wieder zur Sprache gebrachten »Verbundenheit mit der dörflichen Heimat- und Arbeitswelt« (Eberhard Haufe) fehlt jedoch jegliche Spur jener provinziellen Selbstgenügsamkeit, die für eine auf größere Leserkreise zielende Heimatliteratur kennzeichnend ist. Stattdessen gelingt es ihm, »soziale und historische Bezüge« von zivilisationskritischer Brisanz in seine Texte (*das haus im acker*; *schlachtfeld*; *sieben sätze über meine dörfer*) einzubringen, die eine gewisse Allgemeingültigkeit beanspruchen können.

Kirsten, der nach eigener Aussage durch die »bäuerliche Lebenswelt« seiner Heimat nachhaltig geprägt wurde und sich als »Bewahrer« einer zivilisatorisch und ökologisch bedrohten ländlichen Kultur sieht, nennt vor allem Johannes Bobrowski, Peter Huchel, Theodor Kramer, Erich Jansen und die tschechischen Lyriker František Halas oder Jiři Wolker als Vorbilder für das eigene Werk. Viele seiner Texte beschreiben akribisch und ohne jedes Pathos die Lebenswelt jener Namenlosen (*der knecht*; *schmiede*; *begegnung mit einem alten bauern*; *werktätig*), die »ohne Stimme sind«, oder sie skizzieren mit verhaltener Selbstironie Stationen und Situationen des eigenen Lebensweges (*kindheit*; *schulweg*; *klassenfoto*). Auch die Porträtgedichte (*aus dem leben der Droste*; *Christian Wagner*; *Jiři Wolker zugedacht*; *Querner*), die hauptsächlich in den 1970 und 1977 erschienenen Bändchen *satzanfang* und *bleibaum* veröffentlicht wurden, weisen starke Affinitäten zur Person des Autors auf. Nach eigenem Bekenntnis verstand Kirsten viele dieser Texte als »verdeckte Autobiografie«; er schrieb vor allem über Personen, zu denen er sich »ins Verhältnis setzen konnte« und die im Prozess seiner Selbstfindung als Schriftsteller von Bedeutung waren.

Von ungewöhnlicher »Empfindlichkeit für das Erlittene« (Martin Walser) geprägt, wirken auch Kirstens 1984 (*Die Schlacht bei Kesseldorf*; *Kleewunsch*) und 1987 (*Winterfreuden*) publizierte Prosatexte unprätentiös und unheroisch. Ebenso wie die zwei Kurzgeschichten, die in kleiner Auflage unter dem Titel *Winterfreuden* erschienen, wendet sich auch der Bericht *Die Schlacht bei Kesseldorf* aus dem Blickwinkel der Betroffenen gegen »das Vergessen« (Martin Walser) und die Arroganz historiografischer Verallgemeinerungen. Den gleichen Geschichtssinn lässt die von Kirsten als »Kleinstadtbild« bezeichnete fiktive Chronik *Kleewunsch* erkennen, die durch ihren hintergründigen Humor und ihre Vorliebe für das Detail an die ironisch gebrochenen Kleinbürgeridyllen Eduard Mörikes oder Jean Pauls erinnert. Auch seine autobiografisch inspirierten Erinnerungen *Die Prinzessinnen im Krautgarten. Eine Dorfkindheit* (2000) sind diesem Blick auf die Geschichte von unten verpflichtet. Unpathetisch beschreibt der Autor den Zusammenbruch der NS-Herrschaft in der sächsischen Provinz als einen »Umbruch«, den stets die »Bedrückung« vor »etwas Ungewissem« (Kirsten) begleitete. Lapidar und mit ironischer Distanz wird die von der sowjetischen Besatzung verfügte und von den Dörflern realisierte Enteignung des Adels als wenig heldenhafter Gewaltakt gegenüber zwei betagten, wehrlosen Prinzessinnen geschildert (»Macht aich raus, ihr alten Schachteln!«). Der Einmarsch der Roten Armee war für den der DDR äußerst kritisch gegenüberstehenden Autor nicht nur Befreiung, sondern auch Beginn einer »siebenundvierzigjährigen Besatzungszeit« (Kirsten).

Prinzipiellen Skeptizismus gegenüber verordneten Geschichtsbildern und der Simplifizierung des Literarischen zur Legitimationsästhetik dokumentiert Kirsten auch in seinen Reden und Aufsätzen (*Textur*, 1998), seinen Laudationes auf Elke Erb, Harald Gerlach, Günter Herburger, Uwe Saeger (in: *Ehrengaben der Deutschen Schillerstiftung Weimar)*, Ludwig Greve, Sarah Kirsch, Thomas Rosenlöcher sowie seinen unter dem Titel *Zwischen Standort und Blickfeld* 2001 gedruckten, bereits 2000 für den Hessischen Rundfunk geschriebenen Selbstkommentaren. Wie weit sich Kirsten von allen früheren Vorbildern gelöst hat, offenbaren seine 1993 und 1999 publizierten Gedichtsammlungen *Stimmenschotter* und *Wettersturz*. Im Rekurs auf Novalis wird deutlich, dass die poetisierte Natur bei Kirsten eine »Geschichts- und Gedächtnislandschaft« ist, deren andere Zeitlichkeit »näher an der Ewigkeit« ist als »unsere eigene« (Peter Horst Neumann). Längst geht es nicht mehr nur um die heimische Umgebung, illusionslos skizziert er in den Gedichten *Kurfürstendamm* oder *Nagelfluh* bar wohlfeiler Regressionsmythen eine von Entfremdung und funktionalisierter Ästhetik bestimmte urbane Welt. Texte wie *September am Ettersberg* dokumentieren ein waches zeitkritisches Bewusstsein, das Kirsten auch dazu motivierte, sich während der Wende direkt politisch in der Bürgerrechtsbewegung zu engagieren.

Die in seinen Publikationen spürbare »Tendenz gegen das Offizielle« (Peter Hamm), die kompromisslose Originalität und Ursprünglichkeit seiner artifiziellen Dichtersprache und sein Verzicht auf griffige weltanschauliche Didaktik haben das Werk

Kirstens zu einer Ausnahmeerscheinung im Literaturbetrieb der Gegenwart gemacht.

York-Gothart Mix

Werke: *Gedichte*, Ost-Bln. 1968; *satzanfang*, G., Ost-Bln., Weimar 1970; *Die Akte Detlev von Liliencron*, Bln., Weimar [in Komm.], 1968; *Poesiealbum*, Teil 4, Bln. 1968; *Eduard von Keyserling: Abendliche Häuser*, ausgew. En., Hg., Ost-Bln. 1970; *Oskar Maria Graf: Raskolnikov auf dem Lande. Kalendergeschichten*, Hg., Ost-Bln., Weimar 1974; *Ein Fischer saß im Kahne. Die schönsten deutschen Balladen des 19. Jahrhunderts*, Hg., zus. m. Herbert Greiner-Mai, Ost-Bln., Weimar 1974; *Ziegelbrennersprache*, G., Darmst. 1975; *Don Juan überm Sund. Liebesgedichte*, Hg., zus. m. Wolfgang Trampe, Ost-Bln., Weimar 1975; *der landgänger*, G., Düsseld., Krefeld 1976; *Vor meinen Augen, hinter sieben Bergen. Gedichte vom Reisen. Eine Anthologie*, Hg., zus. m. Urich Berkes, Ost-Bln., Weimar 1977; *bleibaum*, G., Ost-Bln., Weimar 1977; *Glück ohne Ruh. Deutsche Liebesgedichte aus hundert Jahren*, Hg., zus. m. Herbert Greiner-Mai, Ost-Bln., Weimar 1978; *Wilhelm Müller: Rom, Römer und Römerinnen*, Hg., Ost-Bln. 1978; *Veränderte Landschaft*, G., Hg., Lpz. 1979; *Oskar Jellinek: Hankas Hochzeit*, Nn. u. En., Hg., Ost-Bln. 1980; *Deutschsprachige Erzählungen: 1900–1945*, Hg., zus. m. Konrad Paul [3 Bde.], Bln., Weimar 1981; *Jakob Haringer: In die Dämmerung gesungen*, ausgew. G., Hg., Ost-Bln., Weimar 1982; *Das Rendezvous im Zoo. Liebesgeschichten*, Hg., zus. m. K. Paul, Bln., Weimar 1984; *Die Schlacht bei Kesseldorf*, Pr., Ost-Bln., Weimar 1984; *Kleewunsch*, Pr., Ost-Bln., Weimar 1984; *Die Schlacht bei Kesselsdorf*, Bln., beigefügtes Werk: *Kleewunsch. Ein Kleinstadtbild*, Bln. 1984, *Jakob Boßhart: Jugendkönigin. Dorfgeschichten*, Hg., Ost-Bln., Weimar 1985; *Hermann Hesse: Heumond. Frühe Erzählungen.*, Hg., Ost-Bln., Weimar 1985; *Liebesgeschichten. Von Arthur Schnitzler bis Hermann Broch*, Hg., Stg. 1986; *Die Erde bei Meißen*, G., Lpz. 1986 (neubearb. u. erg. Ausg.); *Winterfreuden*, Pr., Warmbronn 1987; *Texte, Dokumente, Materialien*, zus. m. Stefanie Hoster u. Regina Moths, Baden-Baden 1987; *Hermann Hesse: Kinderseele*, En., Hg., Ost-Bln., Weimar 1988; *Die eigene Stimme. Lyrik der DDR*, Hg., zus. m. Ursula Heukenkamp u. Heinz Kahlau, Ost-Bln., Weimar 1988; *Veilchenzeit*, G., Warmbronn 1989; *Es waren zwei Königskinder. Eine Auswahl deutscher Volkslieder*, Hg., Bln. 1989; *Heinz Czechowski: Auf eine im Feuer versunkene Stadt. Gedichte und Prosa 1958–1988*, Hg., m. Zeichnungen v. Claus Weidensdorfer, Halle 1990; *Mir gruselt, Charlotte!*, Hg., zus. m. Matthias Merker, Weimar 1990; *Stimmenschotter*, G., m. Lithografien v. Walter Sachs u. Ulrich Panndorf, Bln. 1992; *Gedenkminute für Manfred Streubel*, Hg., zus. m. Manfred Streubel, Dresden 1993; *Eintragung ins Grundbuch*, G.-Anth., Rudolstadt 1996; *Gespräch mit der Wasseramsel*, Calw 1996; *Wetterwinkel*, G., m. Holzschnitten v. Martin Max, Weimar 1996; *Rudolf Hartig: Apostel einer besseren Menschlichkeit der Expressionist Rudolf Hartig (1893–1962)*, Hg., Eggingen 1997; *Albert Rudolf Leinert: Der aussätzige Mai. Der Expressionist A. Rudolf Leinert (1898–1969)*, Hg., zus. m. Peter Salomon, Eggingen 1999; *Wandern über dem Abgrund. Jakob van Hoddis nachgegangen; eine Hommage*, Bucha bei Jena 1999; *Wegrandworte*, m. Radierungen v. Max Uhlig, Rudolstadt 1997; *Martin Stade: Wilhelms Haus*, En., Hg., Weimar 2000; *Bodo Baake: Thüringer Wortweltbilder. Montagskolumnen*, Hg., Weimar 2000; *Rainer Hohberg: Der Ritter der Posthornschnecke*, Märchen, Hg., Weimar 2000; *Zwischen Standort und Blickfeld. Gedichte und Paraphrasen*, Warmbronn 2001; *Die Prinzessinnen im Krautgarten. Eine Dorfkindheit*, R., Mü., Zür. 2003.

Kiwus, Karin, wurde am 9. 11. 1942 in Berlin geboren. Sie studierte ebendort Publizistik, Germanistik und Politologie und arbeitete danach von 1971 bis 1973 als wissenschaftliche Assistentin an der dortigen Akademie der Künste. Nach zwei Jahren als Lektorin beim Suhrkamp-Verlag in Frankfurt am Main wurde ihr 1975 die Leitung der Abteilung Literatur an der Berliner Akademie der Künste übertragen. 1978 nahm sie eine Gastdozentur an der University of Texas in Austin/USA wahr, 1981–82 einen Lehrauftrag an der Freien Universität Berlin. Von 1980 bis 1984 gehörte sie dem Rundfunkrat des Senders Freies Berlin an. 1986–87 arbeitete sie als Verlagslektorin in Hamburg und kehrte dann wieder nach Berlin und an die Akademie der Künste zurück. 1977 erhielt sie den Literaturförderungspreis der Freien Hansestadt Bremen und ein Gaststipendium der Stadt Graz, 1981 den Literatur-Förderpreis des Kulturkreises im Bundesverband der Deutschen Industrie.

»Ein zweifaches Ich, die beiden Seiten seiner Gegenwart: Reize und Zwänge der Großstadt und der Gesellschaft, fast expressionistisch, satirisch, Parodie, oft in epischen Langzeilen, gehäufte Hauptworte ohne gliedernde Syntax; und die südlich-marmorne Seite, Traum, Gegen-Entwurf, Spiel, die Korrektur der gegebenen Welt durch den Möglichkeitssinn«, so charakterisierte Peter Demetz ihren ersten Gedichtband. In *Von beiden Seiten der Gegenwart* (1976) präsentiert Karin Kiwus eine breite Palette verschiedenster Sprachhaltungen, vom frech-saloppen Jargon bis zum leisen poetischen Ton (meist in Moll), steht ein Ich, mal heiter und gelöst, mal voller Trauer und Skepsis, im Strudel der Alltagserfahrungen, um den drängenden Bildern zu entfliehen: »auf einem blankgewaschenen Stein hocken / und alle Sinne verlieren / an das Nichts / an das liebliche Nichts«. Entschiedener noch und radikaler der Rückzug von der »Alltagsbühne« in ihrem zweiten Buch *Angenommen später* (1979). Trotz aller Empfänglichkeit für den Charme der Außenwelt (*Sonny-Boy*), der in kurzatmige Glückszustände versetzt und dem im Gedicht mit Wortspielereien und flapsigen Seitenhieben entsprochen wird, obsiegt die Ernüchterung über ein letztlich Allein-auf-sich-gestellt-Sein, ohne Selbstmitleid oder Anklage, nur sprachlich härter, aber auch vorsichtiger gefasst; ein Rückzug auf Raten, bewusster Ausdruck eines mit Wehmut empfundenen Mangels. Wollte das lyrische Ich sich in den frühen Gedichten schon zurückziehen und ersuchte »um freies Geleit / an einen Ort friedlicher Verhandlungen«, so räumt es nun dieser Welt überhaupt keine Chance mehr ein; das scheint begründet, vielleicht aus der Erfahrung der eigenen Verletzbarkeit, formuliert letztlich aus der Perspektive eines rudimentären Fossils: »Später / in einer zweiten Zeit / werde ich dahocken / wie ein Leguan / reglos scheinbar / versteckfarben / hornbewehrt / ein unbezwingbares Faltengebirge Haut / in den Augenhöhlen nur noch / südlich hell flackerndes / Licht / das sich immer / weiter / nach innen / entfernt.«

Auf die Frage, warum sie denn ausgerechnet Gedichte schreibe, antwortete Kiwus 1981 in dem im Nachwort ihrer Werkauswahl *39 Gedichte* (1981) enthaltenen, fingierten Interview: »Ich hatte sehr persönliche Dinge zu sagen, und Gedichte sind sicherlich immer noch die intimste Möglichkeit, sich zu artikulieren.«

Als eine Art Zwischenbilanz erweist sich *Das chinesische Examen* (1992), in dem sich Kiwus retrospektiv »an den eigenen Schatten herantastet«, das poetische Objektiv auf die richtige Brennweite einstellt und das Terrain der Vergangenheit gezielt auslotet. Schmerzvoll verbeißt sich das Ich, das zuweilen auch zum Wir – als Abrechnung mit den ehedem »bewegten« Gefährten – erweitert wird, in die erlittenen Enttäuschungen; verbittert und nüchtern sieht sie »kein Sprungtuch in Sicht, nur eine kleine Schürze da unten, die das Schluchzen auffängt«. Momente von Liebe und Zärtlichkeit sind selten in diesen Prosagedichten; immer wieder wird das Bild des Meeres mit seinem monoton verlässlichen Kommen und Gehen der Wellen beschworen, dem sicheren Anfang und Ende allen Werdens.

Thomas Kraft

Werke: *Von beiden Seiten der Gegenwart*, G., Ffm. 1976; *Vom Essen und Trinken*, Hg., zus. m. Henning Grunwald, Ffm. 1978; *Angenommen später*, G., Ffm. 1979; *39 Gedichte*, Ausw. u. Nachw., Stg. 1981; *Poetische Perlen. Renshi*, zus. m. H. Kawasaki, M. Ooka u. G. Vesper, Nördlingen 1985; *Zweifelhafter Morgen*, G., Lpz. 1987; *Das chinesische Examen*, G., Ffm. 1992; *Tiere wie wild*, m. Fotografien v. Ille Oelhaf, Ffm. 1994; *Berlin – ein Ort zum Schreiben. 347 Autoren von A bis Z. Porträts und Texte*, Hg., Bln. 1996; *Wenn ich auf mein bisheriges zurückblicke, muß ich leider sagen. Jurek Becker 1937–1997*, Kat., Hg., Bln./Ffm. 2002; *Fundsachen für Grass-Leser*, Kat., zus. m. Wolfgang Trautwein, Gött. 2002.

Kleeberg, Michael, geboren am 24. 8. 1959 in Stuttgart, aufgewachsen in Böblingen und Hamburg. Studium der Politologie und visuellen Kommunikation in Hamburg. Danach viele Gelegenheitsjobs, von 1986 bis 1994 Mitinhaber einer Werbeagentur in Paris, seit 1996 freier Schriftsteller, erst in Sougères en Puisaye, einem kleinen Ort in Burgund, und heute in Berlin. 1996 wurde er mit dem Anna-Seghers-Preis und 2000 mit dem Lion-Feuchtwanger-Preis.

Ende der Achtziger-, Anfang der Neunzigerjahre erschien eine Reihe von Romanen und Erzählungen, die von den Subkulturen Berlins erzählten und in die Tradition des »metropolitanen Jugendromans« (Katherina Rutschky) gestellt wurden. Neben Bodo Morshäuser, Michael Wildenhain oder Ralf Rothmann tauchte in diesem Kontext erstmals auch der Name Michael Kleeberg auf. Dieser hatte nach dem Erzählband *Böblinger Brezeln* (1984) seinen ersten Roman *Der saubere Tod* (1987) veröffentlicht. Berlin wird dabei zur pejorativen Chiffre herabgewürdigt, ist (bis zur Vereinigung) Frontstadt des Kalten Krieges oder, wie es bei Kleeberg heißt, »Sodom und Gomorrha«. Erzählt wird vom mit kühnen Plänen nach Berlin gekommenen Johann Ritter, der den schnellen Erfolg in einer schnellen Stadt sucht und dabei scheitert. Drogen zerstören sein Leben, am Ende will er, der schwer erkrankt ist, töten, wahllos. Mit Gewalt sucht er den Genuss einer reinen, momenthaften Wahrheit. Jenseits aller moralischen Bindungen erhebt er sich zum Vollstrecker eines kollektiven Schicksals: »Johann kann eine Freiheit nicht ertragen, die Leere bedeutet, solange sie nicht mit etwas ausgefüllt wird, das eben diese Freiheit wieder einengt und beendet. Diesen Widerspruch, dass Freiheit etwas ist, das hingegeben werden muss, um gewonnen zu werden, versteht Johann nicht, oder er beginnt es doch nur dunkel zu ahnen, am Schluss der Geschichte« (M. Kleeberg).

Durch häufige Verlagswechsel bedingt, dauerte es lange, bis der Autor Kleeberg in der Öffentlichkeit angekommen war. So blieb auch sein grandioser Roman *Proteus der Pilger* (1993), eine Verbeugung vor der Spracheleganz und dem Formbewusstsein

Wielands (*Geheime Geschichte des Philosophen Peregrinus Proteus*, 1791) und eine ironische Adaption des Motivs vom ewig wandelbaren Geist, weitgehend unbeachtet. Dabei erzählt er die überaus zeitgemäße Geschichte von Hagen Seelhorst und seinem elitären Dünkel, seinem Größenwahn, der sich bis hin zur Folterung einer ehemaligen Geliebten auslebt und ihm am Ende sogar noch eine Art Auferstehung ermöglicht. Bereits in diesem Roman brilliert Kleebergs Erzählkunst mit all den handwerklichen Fähigkeiten, die einige Jahre später bei der Diskussion um den Stellenwert deutscher Literatur und um die »Wiederkehr des Erzählens« eingefordert wurden. Die Grenzen psychopathologischen Handelns noch weiter austestend, wird in der Novelle *Barfuß* (1995) die schockierende Passivität des Helden geschildert, der per Zufall in sadomasochistische Kreise gerät und seine Affinität für diese Form gewalttätiger Sexualität nicht mehr zu kontrollieren weiß. Den letzten Kick fordernd und genießend »büßte K. lustvoll unter der Peitsche für die Menschen und die Welt« und endet wie der gekreuzigte Christus. Der Kontrast zu K.s bürgerlichem Leben mit Frau, Kind und Beruf könnte nicht krasser sein, u.a. da der Erzähler auf eine psychologisierende Darstellung und Analyse möglicher Motive verzichtet und stattdessen mit dem Gespür für die dramatischen Notwendigkeiten einer Novelle eine »deformation humaine« schildert. Für den Gestus des Erzählens, wie er dem folgenden Band, *Der Kommunist vom Montmarte und andere Geschichten* (1997), zugrunde liegt, begeisterte sich Tilman Krause: »Es ist das Erzählen, wie es immer war und ist und sein wird. Ein behagliches Anheben und Ausbreiten, ein geschmeidiges Einwenden, Umlenken und Auslaufenlassen sind seine Sache, als wären Stifter und Storm die Lehrmeister.«

Mit dem umfangreichen, auf zwei Ebenen spielenden Roman *Ein Garten im Norden* (1998) hat Michael Kleeberg seine Geschichte der wegweisenden Entscheidungen fortgeschrieben und gleichzeitig sein Opus magnum vorgelegt. Erzählt wird zum einen von der Rückkehr eines Mannes namens Albert Klein nach vielen Jahren nach Deutschland, das sich in seinen Augen immer noch als rationales, vermufftes und geldgieriges Ungetüm präsentiert. Deswegen reist er gleich nach Prag weiter. Dort steigt ihm wie Meyrinks Golem ein Homunkulus auf die Schulter und flüstert ihm ironische Widerworte ein. Der Erzähler kauft derweil in einem Antiquariat eine Art Wunschbuch mit leeren Seiten, die er mit Leben füllen soll. Hiermit wird die zweite Dimension des Romans eröffnet, Klein entwirft eine Gesellschaftsutopie, eine alternative Geschichtsschreibung dieses Jahrhunderts. Ein gartenähnliches Refugium im Herzen von Berlin steht im Zentrum der Vision, in dem sich in den Zwanzigerjahren Wissenschaftler, Künstler, Philosophen und Politiker zum Gedankenaustausch treffen. Der Besitzer, der jüdische Bankier Albert Klein, denkt bei dieser arkadischen Konstruktion an eine Korrektur der Geschichte im Sinne gesellschaftlicher Synthese, humaner Ideale und pluralistischer Strukturen. Doch irgendwann muss der Garten verkauft werden; der Kreis schließt sich, wenn Kleins Geliebte Charlotte einen Teil des verwahrlosten Gartens aufkaufen kann und sich in den Neunzigerjahren ein Grundstück, an dem die Spekulanten interessiert sind, als der Ort entpuppt, an dem früher einmal ein großer Park angelegt war.

Michael Kleeberg zählt zu den Vertretern eines literarischen Realismus. Daran ändern die häufigen Volten und Sprünge seiner Erzählhandlung, die die vielen Lebensgeschichten gelenkig miteinander verknoten, ebenso wenig wie der spielerische Umgang mit Fakten und Fiktionen. Der Roman wird von einem durchgehenden Spannungsfaden und einem stabilen Erzählrahmen sicher getragen. Dies gilt auch für den historischen Roman *Der König von Korsika* (2001), in dem Kleeberg das abenteuerliche Leben des Höflings, Hochstaplers und Diplomaten Theodor Neuhoff in der ersten Hälfte des 18. Jahrhunderts schildert, der wie viele Kleebergsche Figuren Suchender und Visionär zugleich war.

Thomas Kraft

Werke: *Böblinger Brezeln. Storys*, Mü. 1984; *Der saubere Tod*, R., Mü. 1987; *Proteus der Pilger*, R. Halle 1993; *Yves Simon: Die Drift der Gefühle*, Übs., Halle 1994; *Barfuß*, N., Köln 1995; *Xavier Hanotte: Das Bildnis der Dame in Schwarz*, Übs., Mü. 1996; *John Dos Passos: Das Land des Fragebogens*, Übs., Ffm. 1997; *Joris Karl Huysmans: Zuflucht*, Übs., Bremen 1997; *Der Kommunist vom Montmartre und andere Geschichten*, Köln 1997; *Ein Garten im Norden*, R., Bln. 1998; *Pascal Bruckner: Diebe der Schönheit*, Übs., Bln. 1998; *Nicholas Blincoe: Acid Killers*, Übs., Mü. 1998; *Jules Barbey d'Aufevilly: Finsternis*, Übs., Bremen 1999; *Paule Constant: Vertrauen gegen Vertrauen*, Übs., Ffm. 1999; *Xavier Hanotte: Von verschwiegenem Unrecht*, Übs., Mü. 1999; *William B. Spencer: Annas Schatten*, Übs., Mü. 1999; *Virginie Despentes: Pauline und Claudine*, Übs., Reinbek 2001; *Jean L. Fetjaine: Vor der Elfendämmerung*, Übs., Mü. 2001; *Der König von Korsika*, R., Mü. 2001; *Tim Pears: Der Lauf der Sonne*, Übs., Mü. 2001; *Marcel Proust: Combray*, Übs., Mü. 2002; *Paule Constant: Sucre et Secret*, Übs., Ffm. 2003; *Marcel Proust: Eine Liebe Swanns*, Übs., Mü. 2004.

Klein, Georg, wurde am 29. 3. 1953 in Augsburg geboren. Er studierte Germanistik, Geschichte und Soziologie an den Universitäten Augsburg und München und arbeitete anschließend als Sprachlehrer und Ghostwriter. Er lebt zusammen mit seiner Frau, der Autorin Katrin de Vries, und zwei Kindern in Ostfriesland. 1999 erhielt er den Brüder-Grimm-Preis und 2000 den Ingeborg-Bachmann-Preis.

Klein war bereits ein erfahrener Schriftsteller, als er 1998 im fortgeschrittenen Debütantenalter von 45 Jahren seinen ersten Roman veröffentlichte. 20 Jahre lang hatte er im Verborgenen geschrieben: *Libidissi* machte ihn über Nacht zu einem gefeierten Star des Literaturbetriebs, auf den der Autor wie kaum ein anderer Debütant vorbereitet zu sein schien. Die medialen Mechanismen innerhalb des Kulturbetriebs hatte Klein lange als Beobachter studieren und schließlich, als ihm die Tür zur Öffentlichkeit geöffnet wurde, mit einer gewissen Souveränität für sich nutzen können.

»Libidissi« ist der Name einer fiktiven, möglicherweise im Nahen Osten angesiedelten Stadt, deren Geografie kaum überschaubar ist. Die Rätselhaftigkeit dieses Ortes findet in der Erzählweise und Struktur des Textes ihre Entsprechung. Klein bedient sich der Genreliteratur, in diesem Fall des Spionageromans, um das Genre zu parodieren und zu travestieren. Anleihen aus der Science-Fiction-Literatur lassen sich gleichfalls entdecken: Die Handlung spielt in einer nicht näher definierten Zukunft, von der aus die Figuren mit nostalgischen Gefühlen auf die Vergangenheit zurückblicken. Der Roman erschafft mit »Libidissi«, diesem bis ins kleinste Detail vermessenen, mit allerhand bizarren Versatzstücken versehenen sozialen und architektonischen Gebilde, aus sich heraus eine ganz eigene Wirklichkeit, wenngleich sich immer wieder Elemente und Symbole der Gegenwart in verfremdeter Form erkennen lassen. Die erzählte Stadt mutiert zu einem der Hauptakteure des Romans, zu einem organischen Wesen. Anke Feuchtenbergers Zeichnung auf dem Umschlag des Buches illustriert die Bedeutung und zellartige Form, die der im Roman minuziös gestalteten Kulisse zukommt. Vor dieser orientalisch anmutenden Szenerie spielt sich ein Agentendrama ab, dessen Plot sich auch bei Graham Greene oder Eric Ambler finden ließe, dessen verschwörungstheoretische Implikationen auf Thomas Pynchon und dessen sachlich klaustrophobische Stimmung auf Kafka verweisen: Ein altgedienter Spion soll von zwei Nachfolgern abgelöst und liquidiert werden. Mit filmischen Techniken, Perspektivwechseln, Beschreibungen großer Präzision, einem raffinierten Spiel mit Mythen der Populär- und Hochkultur, in einem Manierismen und Pathos nicht scheuenden hohen Ton schafft es Klein, sowohl die Spannung durchgängig zu halten als auch einen hohen Grad formaler Komplexität und sprachlicher Selbstreferenzialität entstehen zu lassen. Das Bekenntnis zu Unterhaltung und rigorosem Stilwillen formulierte Klein auch in einer für seine Poetik wichtigen Essayserie: Unter der Überschrift *Aus einem kleinen Kanon schlechter Bücher*, erschienen in der »Frankfurter Rundschau« (1999–2001), würdigte er diverse »Schundautoren«, die zwar den Leser zu fesseln imstande sind, dafür aber zu seinem großen Bedauern sprachliche Qualitäten vermissen lassen.

Der Titel des Romans *Libidissi* darf nicht zuletzt als Ausdruck des libidinösen Verhältnisses des Autors zur Sprache gelesen werden. Um Sprache, um Ausgesprochenes und Verschwiegenes, um Verschlüsselung und Enttarnung, um Lesen und Gelesenwerden, geht es in diesem Zeichendschungel »Libidissi« ganz wesentlich. Subkutan wird eine elegische Stimmung erzeugt, die zugleich den im Informationsüberfluss drohenden Verlust der Sprache als auch verschüttete Empfindungsmomente in sich trägt. So stellt man am Ende des Romans fest, dass auch den Agenten Spaik eine gewisse prophetische Autorschaft auszeichnet und er obendrein vielleicht selbst der Schöpfer eines Teils seiner Welt ist; die Fiktion erschafft sich noch einmal eine eigene Fiktion. Die Überschriften der 27 kurzen Kapitel klingen altertümelnd, emphatisch und empfindsam – »Hohn«, »Besinnung« oder »Hochmut« –, lassen aber gerade deshalb einen schimmernden Assoziationsraum entstehen, in dem sich die geheimnisvollen und fesselnden Geschehnisse ausbreiten können. Wie in einem Agentenroman nicht unüblich, wird die auch in der Postmoderne virulente Frage nach der Gespaltenheit der Identität hier auf verschiedenen Ebenen aufgeworfen. So ist es ein zwillingshaftes Verfolgerpärchen, das es auf den Agenten abgesehen hat. Dieser trägt den Namen »Ich=Spaik«. Erst nach und nach wird der getriebene Protagonist aus dieser grammatikalischen Entfremdung erlöst und kann schließlich als Rächer-Gott von »ich, der ich bin« sprechen.

In *Libidissi* sind etliche Motive angelegt, die auch in dem 1999 erschienenen Erzählungsband *Anrufung des blinden Fisches* aufgegriffen werden bzw. vorweggenommen worden sind. Kleins Texte wurden

nicht in der Reihenfolge ihrer Entstehung veröffentlicht. Die Erzählungen entstanden zum Teil vor dem Roman *Libidissi* und bilden dementsprechend in ihrer Anlage, Thematik und stilistischen Ausarbeitung Vorstufen zur größeren Form. Gleichwohl beharrt Klein auf der Eigenständigkeit der kurzen Prosastücke und wehrt sich gegen die »Vergötzung« des Romans durch die Kritik. Dem entspricht ein genaues Arrangement der Texte. In drei Abteilungen sind die zwölf Geschichten des Erzählbandes unterteilt: »Membran«, »Schnittstelle« und »Geschlecht«. Der Text selbst wird bei Klein zur durchlässigen Schnittzone, an der Informationen und Fiktionen zusammenlaufen. Vermittlungs- und Speicherinstrumente sind Dreh- und Angelpunkte vieler dieser Erzählungen – Schrift, Bilder, Computer, Aufzeichnungsgeräte. Die Geschichten handeln unter anderem davon, wie Zeichen decodiert, wie Botschaften entdeckt und gedeutet werden, welche Rückkopplungen von den Maschinen auf die Menschen – Werbetexter, omnipotente Chefs, Rohbilddeuter, drogensüchtige Verkäufer – stattfinden. Damit knüpft Klein an einen höchst aktuellen Diskurs des Informationszeitalters an, ohne »einen emphatischen Zugang zur Sprache«, den der Autor von Literatur einfordert, aufzugeben. Ein Gestus der Rätselhaftigkeit, ein Hang zu absurder Komik und ein teils preziöser, teils ironischer Tonfall prägen Kleins Prosa. Diese Künstlichkeit korrespondiert zugleich mit einer drastischen Körperlichkeit; zumeist steht ein Mann als gehandikapter, gejagter, unter Druck gesetzter und leidender Anti-Held im Mittelpunkt. Frauenfiguren treten nur selten ins Rampenlicht, und wenn, sind sie stark und selbstsicherer als Kleins brüchige Männergestalten.
Um männliche Körperlichkeit geht es auch in Kleins zweitem Roman *Barbar Rosa* (2001), der sich dem Trivialgenre des Detektivromans verschreibt. Die Art und Weise, wie die Geschichte des an Ausschlag und Impotenz leidenden Detektivs Mühler erzählt wird, der einen immer rätselhafteren Auftrag zu erfüllen hat, ruft eine Reihe von Referenzen in den Sinn: Thomas Pynchon, E.T.A. Hoffmann, Jean Paul, den Schauerroman des 19. Jahrhunderts oder die Literatur der Décadence. Die altfränkische Diktion des Helden verleiht dieser versehrten und doch geschickt alle Widrigkeiten bewältigenden Gestalt Patina. Klein lässt die irrationale Handlung sprachlich so wirkungsvoll in einer spannenden, labyrinthischen Fantasiewelt aufgehen, dass eine irritierende Simulation entsteht: Die »Hauptstadt«, der seltsam verschwommene Ort der Handlung, ist immer mit so vielen Gegenwartsmarkern ausgestattet, dass man an Berlin denkt, zugleich aber mit so vielen verschrobenen Symbolen, dass die »Hauptstadt« zu einem ganz fremden Schauplatz wird.
In dem Erzählband *Von den Deutschen* (2002) sind die Geschichten wiederum in drei Abteilungen zu je vier Erzählungen zusammengefasst. Das vorangestellte Motto von Jean Paul, »Nationalkarakter ist Manier«, verweist sowohl auf das Thema als auch auf das poetische Programm Kleins. Die »Riesen«, »Recken« und »Wichte«, die er in seinen effektvollen Erzählungen auftreten lässt, bilden ein Panoptikum bundesdeutscher Befindlichkeiten ab – ein Volk von insgeheim längst illusionslosen, in Mythen und unheilvoller Geschichte verfangenen Sinn- und Heimatsuchern. Wie in allen Büchern Kleins kommt auch hier die Gegenwart in einer verfremdeten, mehrfach ästhetisch gefilterten Form zu sich: Kleins Prosa ist ein literarischer Vorstoß ins Innere unserer Zeit, der Fragen nach Erinnerung und Erfahrung, nach Künstlichkeit und Authentizität, nach Kunst und Körperlichkeit, Menschlichkeit und Barbarei, Glück und Schmerz, Regression und Progressivität birgt. Zwischen diesen Polen vermittelt seine hochartistische und hochartifizielle Sprache.

Ulrich Rüdenauer

Werke: *Libidissi*, R., Bln. 1998; *Anrufung des blinden Fisches*, En., Bln. 1999; *Barbar Rosa*, R., Bln. 2001; *Von den Deutschen*, En., Reinbek 2002.

Klimke, Christoph, wurde am 22. 11. 1959 in Oberhausen geboren. Er wuchs in Kleve auf und war nach Abitur und Zivildienst immer wieder für längere Zeit in Italien. Nach ersten Arbeiten für Funk und Fernsehen sowie als Übersetzer arbeitet er seit 1984 als freier Schriftsteller, seit 1990 als freier Dramaturg für verschiedene Bühnen. Die Zusammenarbeit mit Johann Kresnik begann 1997; in diesem Jahr war er auch Gastprofessor an der Theatre Academy Helsinki. Seit 1999 ist er Gastdozent an der Ernst-Busch-Hochschule in Berlin. Er war 2000 Kurator der Ausstellung »Lost Paradise Lost« in Hannover. Er drehte Filme u. a. über Alberto Moravia, Günter Kunert, Pier Paolo Pasolini und Wolfgang Borchert, übersetzt aus dem Italienischen und schreibt Essays für Zeitungen und Kunstzeitschriften. Ausgezeichnet wurde er u. a. 1992 mit dem Förderpreis Literatur des Landes Nordrhein-Westfalen, 1995 mit dem Alfred-Döblin-Stipendium und dem Ernst-Barlach-Preis für Literatur.

Für eines seiner Bücher hat Klimke als Titel eine Bemerkung Pasolinis aus einem von dessen Interviews gewählt: *Wir sind alle in Gefahr* (1995/2001). Ein Buch, Ergebnis eines Furors ohnegleichen, eine Mischung aus Essay, Protest, Klage und Anklage. Worum geht es Klimke, dem es um Pasolini geht, seine unerfundene Hauptfigur? Pasolini erweist sich für Klimke als das Exempel für den Umgang einer Gesellschaft mit ihren Außenseitern, mit einem außerordentlichen und ungewöhnlichen Menschen, der 500 Jahre früher entweder verbrannt oder heilig gesprochen worden wäre. Klimke ist kein konformistischer Biograf, im Gegenteil. Den Mord an Pasolini deutet er als zur Tat gewordenes Verlangen aller Ordnungsmächte; Klimke ist an Pasolinis Schicksal mit Haut und Haaren beteiligt. Kommentierend folgt er den Spuren dieses merkwürdigen Daseins und entdeckt dabei mehr als eine Kriminalstory. Er stößt dabei auf einen Prozess in einem nahezu Kafkaschen Sinne. Und er macht deutlich, was unser Alltag, die Medien, das übertäubende Getriebe verbergen: dass die Individuen in Scheinhafte und Scheinbare verwandelt werden und dass jedes sich dagegen sträubende Individuum in Gefahr ist. An Pasolinis Existenz zeigt Klimke das Zerstörerische der Industriezivilisation. Einen Pasolini durfte es in der wirklichen Welt nicht mehr geben, als manipulierbares, interpretierbares Abbild ist er benutzbar. Von dem unaufhebbaren Gegensatz zwischen der schöpferischen Persönlichkeit und der konfektionierten Allgemeinheit spricht Christoph Klimke. Denn es sind eben nicht allein die äußeren, die handgreiflichen Gefahren, von denen er redet, es sind die Gefahren für unsere Seele. Klimke, als Pasolinis Anwalt und Herold, besteht wie sein Idol auf menschlicher Ganzheit, auf der, wie er schreibt, »anarchistischen Kraft der Liebe im Leben und liebevollen Anarchie«, und er warnt vor der Lebensangst, denn »sie kultiviert Ignoranz und Gewalt gegen das Fremde, den Fremden«.

Also ist Klimke ein Aufklärer? Wohl kaum. Zumindest nicht dergestalt, wie linke Verblendung den »Aufklärer« schematisiert und stilisiert hat. Aus rein rationalen Gründen schreibt man kein solches Buch, bei dem Wut und Verzweiflung unübersehbar federführend waren. Auch in diesem Prosastück ist Klimke seiner Natur als Lyriker treu geblieben. Und das ist er ja in äußerster Linie. Klimke, der weltläufige, polyglotte Mann, Pendler zwischen Berlin und Rom, Übersetzer, Stückeschreiber, Regisseur, Großstädter, erweist sich als ein von der Natur affiziertes Geschöpf. Was etwas obenhin »Naturgedicht« heißt, findet sich bei Klimke auf Platz eins seiner wesentlichsten Gedichte. Man würde, in Kenntnis seines ironischen und spöttischen Wesens, Derartiges kaum vermuten. Aber wie alle Melancholiker von Geblüt, besitzt auch er das Gegengewicht von Witz und Humor. Veranschaulicht wird das durch eines seiner Gedichte, in dem der Verfasser die Natur zum Bild eines nicht ausschließlich persönlichen Befindens macht: »Durch die Schatten der Nebel / steigen die Bäume / aus der Erde / atmet schwer das Getier / und es bewegt sich nichts / kein Wasserfall keine Flut mehr / auf den Lippen brennt uns / das Schweigen« (*Durch die Schatten im Nebel*).

Mit dem Choreografen Johann Kresnik, der 2001 die Berliner Volksbühne verließ und, wie die »Welt« schrieb, »zu den bewunderten und geschmähten Radikalen des zeitgenössischen Tanztheaters gehört«, verbindet Klimke eine langjährige Zusammenarbeit. Neben zahlreichen Libretti und Dramaturgien entstand 2002 der gemeinsame Band *Engel tötet man nicht*, der düstere Zeichnungen aus Kresniks Feder mit sinnlichen, leisen Versen Klimkes zusammenführt. Am Ende bleibt das Unfassbare »aus der Luft / gegriffen das Ende / mit beiden Händen«.

Günter Kunert

Werke: *Der Sünder. Fragen an Pier Paolo*, Bln. 1985; *Kraft der Vergangenheit. Zu Pasolinis Filmen*, Hg., Ffm. 1988; *Stadtträumer*, E., Reinbek 1989; *Sand-Alphabet*, G., m. Bildern v. J. Brodwolf, Nürnberg 1991; *Die siamesischen Zwillinge*, Theaterst., UA Dortmund 1991; *du mein Ich. Geschichten von Paaren*, Hg., Reinbek 1991; *Leonzek & Woyce*, Theaterst., UA Ffm. 1992; *Der Test oder: Chronik einer veruntreuten Seele*, E., Stg., 1992; *Ach Adam. Selbstbildnisse in der Literatur*, Hg., Reinbek 1993; *Wo das Dunkel dunkel genug*, G., Stg. 1994; *Wir sind alle in Gefahr. Pasolini. Ein Prozess*, Ess., Weinheim 1995, überarb. Neuausg. Bln. 2001: *Blutsbrüder*, Theaterst., UA Bonn 1997; *Gastmahl der Liebe*, Libretto, zus. m. Johann Kresnik, UA Bln. 1997; *Memorial »Oggi stesso«*, Musiktheaterst., Musik v. Günther Wiesemann, UA Schwerte, zus. m. WDR 1997; *Federico Garcia Lorca oder Honig ist süßer als Blut*, Ess., Bln. 1998; *Goya – Der Schlaf der Vernunft gebiert Ungeheuer*, Libretto, zus. m. Johann Kresnik, UA Bln. 1999; *Don Quijote*, Libretto, zus. m. Johann Kresnik, UA Bln. 2000; *Alles sei Traum*, G., Bln. 2000; *Garten der Lüste*, n. Aldous Huxleys *Schöne neue Welt*, Libretto, zus. m. Johann Kresnik, UA Bln. 2001; *Mata Hari*, Libretto, zus. m. Pavel Mikulastik, UA Bonn 2001; *Tanz-Marathon*, Libretto, zus. m. Pavel Mikulastik, UA Bonn 2001; *Hahnenkämme*, Theaterst., UA Bln. 2001; *Picasso*, Libretto, zus. m. Johann Kresnik, UA Bln. 2002; *Engel tötet man nicht*, G., m. Bildern v. Johann Kresnik, Düsseld. 2002; *Vegeltung*, Musiktheaterst., Musik v.

James Reynolds, UA Köln, zus. m. WDR 2002; *Sanatorium »Zur Sanduhr«*, n. Bruno Schulz, Theaterst., UA Bln. 2003.

Kling, Thomas, wurde am 5. 6. 1957 in Bingen geboren und wuchs in Düsseldorf auf. Er lebte zeitweilig in Wien und Köln, unterbrochen von einem Aufenthalt in Finnland. Seine erste Lesung bestritt er 1983 in Wien. Heute lebt und arbeitet er auf einer ehemaligen Raketenstation, die zur Stiftung Insel Hombroich (bei Neuss) gehört. Thomas Kling ist Mitglied der Deutschen Akademie für Sprache und Dichtung in Darmstadt. 1986 erhielt Kling den Ersten Preis des nordrhein-westfälischen Dichtertreffens in Düsseldorf, im Jahr darauf den Förderpreis der Stadt Düsseldorf und 1989 den Förderungspreis des Landes Nordrhein-Westfalen. Nach dem Rolf-Dieter-Brinkmann-Stipendium der Stadt Köln 1990 schlossen sich an 1991 der Förderpreis des Kulturkreises im Bundesverband der Deutschen Industrie, 1994 der erste Else-Lasker-Schüler-Preis, 1997 der Peter-Huchel-Preis, 2000 der Kritikerpreis und 2001 der erste Ernst-Jandl-Preis.

Nachdem Thomas Kling durch mittlerweile legendäre Performance-Auftritte, zunächst im Rheinland, zusammen mit Frank Köllges bereits einige Bekanntheit erlangt hatte, erschien 1986 sein erster Gedichtband *erprobung herzstärkender mittel.* Das schon im Titel erkennbare poetologische Programm dieses Werks stößt sich vehement ab von Alltagsdichtung, Befindlichkeitslyrik und Selbstbespiegelungsliteratur der Siebziger- und Achtzigerjahre. Auch der von ihm als ästhetisch ungenügend wahrgenommenen Sprache großer Teile der deutschen Nachkriegslyrik (z.B. Bachmann, Enzensberger) setzt Kling sein eigenes Konzept entgegen: Um die Sprachvitalität erfahrbar zu machen, zersprengt er das Dudendeutsch und bedient sich der Wandlungsfähigkeit von Semantik und Orthografie sowie der Einbeziehung von Fremdmaterial wie Argots, den Fachsprachen der Wörterbücher, Lexika aller Art und etymologischer Selbstvergewisserung.

Das provozierende Spiel mit der Gewohnheit, die kühnen Assoziationssprünge, die den Leser/Hörer einbeziehende Auslassungstechnik: In Klings zweiter Veröffentlichung, dem Band *geschmacksverstärker* (1989), sind diese Verfahren intensiv vereint: »›sonz noch was?‹, ›wie / butter einge..‹ SCHLIESSLICH IN GROSS / AUFNAHME ZEIGN WAS IM EINZELN VORSICH / DEHT / gebrochene flie / snbläue, halluzinierter meerschaum / schnitt reißverschluß schnitt an offenen / samstagen in heißn bädern die durch / gehend geöffneten pulsadern, gretchens / roter badezusatz ein eingeweichter / anblick HIER KEIN ZITAT!« (*öffentliche verkehrsmittel*). Zeitgenossenschaft bedeutet für die sich entwickelnde Gedichtsprache von Thomas Kling die Skepsis gegenüber dem »sprachfraß«: den Sprachstereotypen, die die Wirklichkeitswahrnehmung verstellen. Wenn das Sprachwerkzeug genauso wie die Wirklichkeit »in die binsn« geht, reagiert Lyrik darauf, indem sie die materielle Qualität von Sprache neu inszeniert. »Terraingewinn im Unbesprochenen« nannte die Kritik den Gewinn solcher Sprachinszenierungen, die zu Gesamtkunstwerken werden, weil sie Hören und Sehen, Schreiben und Sprechen miteinander konfrontieren. Klings Gedichte werden zu »vorbildlicher demontage«, wenn in der »rangeschraubtn ferne« von Geschichte und Geografie, intimen Szenarien, Literatur und bildender Kunst die Erkenntnis des Lesers bereichert wird.

Mit dem Fortschreiten seines Werks in den Gedichtsammlungen *brennstabm* (1991) und *nacht. sicht. gerät* (1993) erschrieb sich Thomas Kling den Rang eines »poeta doctus«. Obwohl keiner Sprachtheorie folgend, sind seine Sprachforschungen eingebunden in ein sich stetig verdichtendes Gewebe von Anspielungen, Querverweisen und Zitaten. Keinesfalls jedoch dient Bildungsfülle zu moralischer Belehrung. Dem widersteht der Dichter. Dabei gehört die sinnliche Wirkung des Vortrags, die »tonspur« (*thüringer ton 2*), zu den wesentlichen Bestandteilen seiner Kunst.

In *morsch* (1996) perfektionierte und erweiterte Kling erneut sein »Ekstaseinstrument Sprache«. Mit *Manhattan Mundraum* schuf er vitalste Großstadtdichtung, in der der urbane Raum als »polylinguales geschau« erscheint, als Ort einer pulsierenden Vielzahl von Sprachen, die hör- und sichtbar werden durch die Weitergabe akustischer, visueller und gedanklicher Reize. Textgestalt und Metaphorik zieht Kling heran, um ein letztlich undurchdringliches Netz von Bezügen zu schaffen, das dem der Mega-Stadt gleicht. In weiteren zyklischen »textadersystemen« behandelt er die gesamte Palette seiner nun eindeutig herausgebildeten Themenkreise: Stoffe, die Sicht- und Hörbares umkreisen, finden sich neben solchen, die historisch-archäologische Phänomene aufgreifen oder den städtischen Lebensraum thematisieren.

Mit seinen Catull-Übersetzungen (1997) brachte Kling, unterstützt von den Aquarellen seiner Frau Ute Langanky, einmal mehr seinen Anspruch zur Geltung, der Poesie über Gattungsgrenzen hinwegzuhelfen. In diesen Zusammenhang gehören auch einige weitere Publikationen in Zusammenarbeit mit derselben Künstlerin.

In zwei essayistischen Sammlungen, einem Parallelwerk – *Itinerar* (1997) und *Botenstoffe* (2001) – umreißt Thomas Kling die Poetik seines Werks und treibt die Archäologie des Poetischen voran, ohne den assoziativen Gedankenreichtum in ein theoretisches Argumentationsschema zu zwingen. Den Forschungscharakter seiner Poesie streicht er dabei besonders heraus: »Ein Gedicht ist ein verknapptes Gebilde aus Sprache, dem das Ungesicherte, das Frag-Würdige allein als gesichert gilt« (*Botenstoffe*). Diese Offenheit ist nicht zu verwechseln mit Beliebigkeit, denn das »konzentrierte Zergliederungswerk« (*Itinerar*) ist seinem Wesen nach ein Konstruiertes. Den nötigen Halt für seine Sprachgrabungen findet Kling in einer Ahnenreihe von Dichtern, die er in zugespitzter Analyse nach Parallelen zum eigenen Dichtertum befragt, wobei er vor allem die Berührungspunkte von Barockdichtung und Moderne erhellt. Dieses Konzept der poetisch-historischen Selbstvergewisserung liegt auch dem *Sprachspeicher* (2001) zugrunde, einer Anthologie deutscher Gedichte vom 8. bis zum 20. Jahrhundert.

Thomas Klings 1999 erschienener Band *Fernhandel* verrät eine ruhigere Abfolge der evozierten Bilder, die der Dichter nicht mehr unvermittelt aufblitzen lässt, sondern sprachlich ausleuchtet und intensiviert. Im bewegenden Langzeilenzyklus *Der Erste Weltkrieg* wird »das Sehen selbst als Aufzeichnungstechnik« (Hubert Winkels) Gegenstand der Betrachtung. Die Filterarbeit der Wahrnehmung und Aufbewahrung durch Zeitzeugen und Medien ist die Voraussetzung für die Erinnerung der Nachgeborenen: »und immer tritt der schwester, nie gesehen, die kugel in den ältren bruder ein. / und über jahrzehnte wieder aus. auf innerlich durchsichtig gewordener platte.« Auch die Gedichte in *Sondagen* (2002) zeichnen sich durch eine Zurücknahme des Tempos aus; die Auslotung der Tiefenschichten von Natur und Geschichte wird in den Vordergrund gerückt. Dabei reicht Klings Horizont von der klassischen Antike in der Gedichtfolge *Greek Anthology. Nach Kenneth Rexroth* bis zum »totnmehl« des zerstäubenden Welthandelszentrums in *Manhattan Mundraum Zwei*. Der optische Zugang zu den Fundstücken, das »bergungsfoto« (*Retina Scans*), überwiegt in *Sondagen* merklich die Rolle des akustischen Reizes. Diese Entwicklung steht allerdings nicht im Widerspruch zur beigelegten CD, auf der Thomas Kling – wie erstmals bei *Fernhandel* – seine Vortragskunst beweist.

Für die jüngere Generation deutscher Lyriker ist Thomas Klings Sezier-Sound heute als stil- und schulbildend anerkannt. Seine eigenwillig traditionsbewusste Poesie hat ihn zu einem der »herausforderndsten und komplexesten Dichter der deutschen Gegenwartsdichtung« (*Times Literary Supplement*) werden lassen.

Christian Döring

Werke: *der zustand vor dem untergang. 35 Gedichte*, Düsseld. 1977; *erprobung herzstärkender mittel*, G., Düsseld. 1986; *geschmacksverstärker*, Gedichte 1985–1988, Ffm. 1989; *brennstabm*, G., Ffm. 1991; *Proë*, Anth., zus. m. Gerhard Falkner u.a., Bln. 1992; *nacht. sicht. gerät*, G., Ffm. 1993; *wände machn*, G., m. Aquarellen v. Ute Langanky, Münster 1994; *morsch*, G., Ffm. 1996; *Itinerar*, Ffm. 1997; *catull: das haar der berenice*, Übs., Ostfildern vor Stuttgart 1997; *wolkenstein. mobilisierun'. Ein Monolog*, m. Linolschnitten v. Ute Langanky, Münster 1997; *GELÄNDE camouflage*, G., m. Fotografien v. Ute Langanky, Münster 1998; *Friederike Mayröcker: Benachbarte Metalle. Ausgewählte Gedichte*, Hg., Ffm. 1998; *Fernhandel*, G., m. CD, Köln 1999; *Botenstoffe*, Köln 2001; *Sprachspeicher. 200 Gedichte auf Deutsch vom achten bis zum zwanzigsten Jahrhundert. Eingelagert und moderiert v. T. K.*, Hg., Köln 2001; *Sondagen*, G., m. CD, Köln 2002.

Kluge, Alexander, wurde am 14. 2. 1932 in Halberstadt geboren. Nach dem Besuch des Gymnasiums in Halberstadt und Berlin studierte er Rechtswissenschaft, Geschichte und Kirchenmusik in Marburg und Frankfurt am Main. Er promovierte 1956 mit der Abhandlung *Die Universitätsselbstverwaltung*. 1958 fand die Zweite juristische Staatsprüfung statt. Nachdem er zunächst als Rechtsanwalt in der Praxis von Hellmut Becker in Kressbronn gearbeitet hatte, wandte sich Kluge Anfang der Sechzigerjahre dem Film und der Literatur zu. Nach einer Assistenz bei Fritz Lang begann er mit Kurz- und Dokumentarfilmen, drehte unter anderen, gemeinsam mit Peter Schamoni, *Brutalität in Stein* (1960). Er gehörte zu den Mitverfassern des »Oberhausener Manifestes« (1962), das die Abkehr vom alten deutschen Film und einen Neuanfang forderte. 1962 debütierte er auch als Schriftsteller mit dem Buch *Lebensläufe*. In den nachfolgenden Jahren drehte er zahlreiche Filme und erhielt bedeutende Filmpreise, zum Beispiel für *Abschied von gestern* (1966) den Silbernen Löwen der Filmfestspiele in Venedig, den Goldenen Löwen für *Artisten in der Zirkuskuppel: ratlos* (1968), Deutsche Filmpreise für *Deutschland im Herbst*

(1978) und *Die Patriotin* (1979). Er war Sprecher der Arbeitsgemeinschaft neuer deutscher Spielfilmproduzenten. In den Achtzigerjahren entwickelte er sein Projekt eines »Herausgeber-Fernsehens«, das er als Geschäftsführer des Jointventure-Unternehmens »dtcp« (»Entwicklungsgesellschaft für Fernsehprogramme mbh«), gemeinsam mit »Dentsucorp«. (Tokio) und dem »Spiegel« durchsetzte. Parallel zu diesen Aktivitäten veröffentlichte Kluge weiter literarische Bücher und, zusammen mit Oskar Negt, theoretische Arbeiten, zum Beispiel *Öffentlichkeit und Erfahrung* (1972) und *Geschichte und Eigensinn* (1981; neu bearbeitet in *Der unterschätzte Mensch*, 2001). Im Jahr 2000 fasste er seine literarische Arbeit in einer zweibändigen *Chronik der Gefühle* zusammen. Kluge hat zahlreiche literarische Preise erhalten, darunter 1979 den Fontane-Preis, 1985 den Kleist-Preis, 1990 den Lessing-Preis, 1993 den Heinrich-Böll-Preis und 2002 den Lessing-Preis für Kritik. Alexander Kluge lebt in München.

Bekannt wurde Alexander Kluge zuerst als Filmemacher. Er drehte Filme wie *Abschied von gestern* (1965/66) oder *Artisten in der Zirkuskuppel: ratlos* (1968), die ihn als Exponenten des jungen deutschen Films auswiesen und auch international bekannt machten. Bereits Anfang der Sechzigerjahre wurde aber klar, dass Kluge sich nicht auf eine Kunstform festlegen ließ, sondern im Gegenteil die Arbeitsteilung, wie sie die bürgerliche Gesellschaft für Künste und Wissenschaften etabliert hatte, ignorierte. 1962 las er in der »Gruppe 47« erstmals aus dem Buch *Lebensläufe* (1962), in dem die Schicksale zahlreicher Menschen beschrieben werden, deren Leben durch das Jahr 1945 durchbrochen wird.

Kluge erzählt zwar Geschichten, allerdings nicht in herkömmlicher, bürgerlich realistischer Weise. 1964 erschien das Buch *Schlachtbeschreibung – Der Untergang der 6. Armee*. Darin geht es um den »organisatorischen Aufbau eines Unglücks«, die Einkesselung der 6. Armee in Stalingrad. Hier kommt Kluges Montagetechnik, sein Verständnis von Realismus, zur vollen Entfaltung. Unter Verwendung dokumentarischen Materials werden Begebenheiten aus dem Generalstab, von Offizieren und einfachen Soldaten berichtet, die sich nicht zu einem Gesamtbild des Krieges oder eines Einzelschicksals fügen, sondern das Ereignis und seine Ursachen anschaulich machen. Eigentlich, so die Grundannahme, ist eine Katastrophe wie Stalingrad für Menschen nicht emotional rekonstruierbar. Wie kann es passieren, dass Hunderttausende von Soldaten, die in ihrem Leben ganz andere Pläne verfolgt hatten, im russischen Winter ums Überleben kämpfen? Um diese Frage zu beantworten, sei, so Kluge, die »Auflösung hin zu den Erfahrungen und Geschichten« vonnöten. Diese Auflösung impliziert auch eine offene Struktur der Texte, die eine aktive Rezeptionshaltung fordern. Leser müssen, wollen sie die Handlungen der Figuren und die Ursachen individueller und kollektiver Katastrophen verstehen, Verbindungen nicht nur innerhalb der Erzählung, sondern ebenso zu eigenen Erfahrungen und Gedanken herstellen.

Mit seiner Montagetechnik erweist sich Kluge als Erbe der literarischen Moderne. Wie bei Bertolt Brecht fordern seine Texte den Rezipienten eine Haltung ab; sie enthalten Verfremdungseffekte und arbeiten häufig mit populären Formen und Genres. Doch die Frontstellung der Zwanzigerjahre, als moderne Avantgarde und bürgerlicher Realismus sich unversöhnlich gegenüberstanden, spielt für seine Arbeit keine Rolle mehr. In Kluges Büchern geht es nicht nur um eine, sondern verschiedene Formen von Realität. In seiner *Fontane-Preisrede* (1979) verteidigte er den Realismus, allerdings einen, der die klassische Definition sprengt: »Das Motiv für Realismus ist nie Bestätigung, sondern Protest.« Menschen in ihren Lebenszusammenhängen, mit ihren Erfahrungen und Plänen, entwickeln eine Strategie, mit der sie ein Möglichstes an Glück und Lebenssinn realisieren wollen. Demgegenüber bricht destruktiv ein ihnen unzugängliches, abstraktes System in ihre Entwürfe ein – in *Schlachtbeschreibung* die Apparate der Nazis und der Wehrmacht. Kluges Kombination aus Moderne und Realismus widerstreitet jeglicher Vorstellung von Totalität, deren Hauptmerkmal Abgeschlossenheit ist und die deshalb den Protest, die beständige Suche nach Auswegen, nicht integrieren kann.

In den Erzählbänden, die in den Siebzigerjahren herauskamen (*Lernprozesse mit tödlichem Ausgang*, 1973; *Neue Geschichten 1–18, »Unheimlichkeit der Zeit«*, 1978), wird diese Praxis fortgeführt. In diesen formal und inhaltlich zusammenhängenden Büchern werden unterschiedliche narrative Formen eingesetzt. In den Geschichten werden Erzählmuster wie Bericht, Interview oder Chronik adaptiert und Unterhaltungsgenres wie Science-Fiction eingesetzt. Ebenso vielfältig sind die Themen. Ein Aufstand in einem Altersheim in Venedig, eine Begebenheit auf den Schlachtfeldern von Verdun, aus den Kolonien von Niederländisch-Indien oder auf fernen Planeten bezeichnen nur einige der Orte und Vorkommnisse. Einheit gleich welcher Art wird nicht angestrebt, Leser können sich auf eine assoziative oder begriffliche Suche nach Ähnlichkeiten oder Differenzen begeben.

Die begriffliche, theoretische Anstrengung ist bei Alexander Kluge nichts Äußerliches, nicht etwas, das die Texte in ein Raster sperrt und ihre sinnliche Wahrnehmung behindert. Kluge selbst hat diese Rezeptionshaltung befördert, indem er Kommentare oder Ergänzungen zu seinen literarischen Arbeiten veröffentlichte. In dem Buch *Gelegenheitsarbeit einer Sklavin. Zur realistischen Methode* (1975) geht es zwar zuerst um die Erfahrungen als Filmemacher, aber seine Reflexionen über die Rolle und Funktionsweise der Fantasie, den Einsatz dokumentarischen Materials, lassen sich auf seine gesamte künstlerische Arbeit beziehen. Vor allem die Kooperation mit dem Soziologen Oskar Negt erwies sich als produktiv. Zuerst in *Öffentlichkeit und Erfahrung* (1972), dann in dem umfangreichen Buch *Geschichte und Eigensinn* (1981), arbeiteten sie an einer originellen und viel diskutierten Fortsetzung der »Kritischen Theorie« der »Frankfurter Schule«. Das ambitionierte, bewusst fragmentarische Werk wollte nichts weniger als Marx' politische Ökonomie des Kapitals durch eine politische Ökonomie der Arbeitskraft, der lebendigen Arbeit, ergänzen. Obwohl die Autoren ihr Werk als Baustelle bezeichnet haben, gibt es dennoch zentrale Begriffe, die diese ungeheure Menge an Material strukturieren. Der »Eigensinn der lebendigen Arbeit« wird durch den Begriff der »Selbstregulation« beschrieben, der das Vermögen und den Willen von Einzelnen, ihr Leben zu gestalten, und den Widerstand gegen alle Versuche, diese Lebensenergien zu blockieren oder umzufunktionieren, zu fassen sucht. Später formulierte Alexander Kluge: »Menschen haben zweierlei Eigentum: ihre Lebenszeit, ihren Eigensinn.« Diesem Eigensinn versucht er in seinen Büchern und Filmen auf die Spur zu kommen, gerade auch durch das Insistieren auf historischen Erfahrungen. Als die Postmoderne sich Ende der Siebzigerjahre als Epochenbezeichnung durchzusetzen begann, schrieb er: »Die Macht des Faktischen ist dadurch mächtig, dass Fakten unbeirrt voranschreiten und sich zueinander addieren. Dem entspricht in den Menschen geradezu umgekehrt eine Nichtaddition ihrer Erfahrung, Erinnerungsverlust.« Dieser Verlust ist etwas, dem Kluges Texte und Filme immer wieder entgegenarbeiten. In den Achtziger- und Neunzigerjahren wandte er sich dann verstärkt dem Medium Fernsehen zu und sorgte mit seiner Produktionsfirma »dtcp« dafür, dass auch im Privat-TV Erinnerungs- und Reflexionsarbeit ihren Platz fanden.

23 Jahre nach der letzten eigenständigen literarischen Veröffentlichung erschien sein zweibändiges Opus magnum *Chronik der Gefühle* (2000). In teilweise überarbeiteter Fassung sind darin alle literarischen Texte, die er bis dahin veröffentlicht hatte, zusammengefasst, erweitert um einen ebenso umfangreichen Anteil neuer Geschichten, die zu einem Teil um den Untergang der DDR kreisen. Mit der *Chronik* nimmt Kluge eine im 17. Jahrhundert beliebte Form der Geschichtsschreibung wieder auf, und mit dem Thema der Gefühle knüpft er an eine Tradition an, die seit dem Rationalismus der Aufklärung verdeckt und verdrängt wurde. Montaigne oder Madame de Lafayette mit ihrem 1678 erschienenen Buch *Die Prinzessin von Clèves* sind jetzt entscheidende Referenzpunkte. Nur vordergründig hat Kluge mit der *Chronik der Gefühle* einen neuen Weg beschritten. Kritiker wandten seit dem ersten Erzählband gelegentlich ein, seine Erzähltexte ähnelten kühlen, rationalen Versuchsanordnungen, aber der Autor beweist auch hier, dass solche Kategorisierungen und Grenzziehungen nicht zutreffen. In immer neuen Anläufen versucht er die beträchtlichen Energien zu erfassen, die die Menschen vorantreiben. Gefühle wie Faulheit, Vernünftigkeit, Traurigkeit sind dabei nie eindeutig, sondern entfalten ihre positiven oder negativen Qualitäten erst in der konkreten Situation. Die *Chronik* will in einer immensen Vielfalt von Erzählungen und Geschichten die Emotionen auf ihre mögliche Verwendbarkeit hin prüfen, gerade auch in Hinsicht auf die in ihnen liegenden Glücksversprechen. »Alle Gefühle glauben an einen glücklichen Ausgang«, schrieb Kluge und blieb damit seiner Definition von Realismus als Protest wie einem Glauben an die Möglichkeit menschlicher Emanzipation verpflichtet.

Mario Scalla

Werke: *Die Universitäts-Selbstverwaltung*, Ffm. 1958; *Brutalität in Stein/Die Ewigkeit von gestern*, Film, 1960; *Kulturpolitik und Ausgabenkontrolle*, zus. m. Hellmut Becker, Ffm. 1961; *Rennen*, Film, 1961; *Lebensläufe*, Stg. 1962, neubearb. u. erg. u. d. Titel *Lebensläufe. Anwesenheitsliste für eine Beerdigung*, Ffm. 1974; *Lehrer im Wandel*, Film, 1962/63; *Protokoll einer Revolution*, Film, 1963; *Porträt einer Bewährung*, Film, 1964; *Schlachtbeschreibung – Der Untergang der 6. Armee*, Freib./Br. 1964, überarb. Fssg. 1983; *Abschied von gestern*, Film, 1965/66; *Pokerspiel*, Film, 1966; *Abschied von gestern*, Filmprotok., Ffm. 1967;

Frau Blackburn, geb. am 5. Jan. 1872, wird gefilmt, Film, 1967; *Die Artisten in der Zirkuskuppel: ratlos*, Film, 1967; *Die unbezähmbare Leni Peickert*, Film, 1967/69; *Feuerlöscher E. A. Winterstein*, Film, 1968; *Die Artisten in der Zirkuskuppel: ratlos, Die Ungläubige, Projekt Z, Sprüche der Leni Peickert*, Mü. 1968; *Der große Verhau*, Film, 1969/70; *Der Arzt aus Halberstadt*, Film, 1969/70; *Wir verbauen 3 x 27 Milliarden Dollar in einen Angriffsschlachter/Der Angriffsschlachter*, Film, 1971; *Willi Tobler und der Untergang der 6. Flotte*, Film, 1971; *Öffentlichkeit und Erfahrung. Zur Organisationsanalyse von bürgerlicher und proletarischer Öffentlichkeit*, zus. m. Oskar Negt, Ffm. 1972; *Lernprozesse mit tödlichem Ausgang*, Ffm. 1973; *Filmwirtschaft in der BRD und Europa. Götterdämmerung in Raten*, zus. m. M. Dost u. F. Hopf, Mü. 1973; *Die Reise nach Wien*, Film, 1973; *Besitzbürgerin, Jahrgang 1908*, Film, 1973; *Gelegenheitsarbeit einer Sklavin*, Film, 1973; *In Gefahr und größter Not bringt der Mittelweg den Tod*, Film, 1974; *Kritische Theorie und Marxismus*, zus. m. Oskar Negt, 's Gravenhage 1974; *Gelegenheitsarbeit einer Sklavin. Zur realistischen Methode*, Ffm. 1975; *Der starke Ferdinand*, Film, 1975/76; *Die Menschen, die das Stauferjahr vorbereiteten*, Film, 1977; *Nachrichten von den Staufern*, 2 Teile, Film, 1977; *»Zu böser Schlacht schleich ich heut nacht so bang«*, Film, 1977; *Neue Geschichten, Hefte 1–18: »Unheimlichkeit der Zeit«*, Ffm. 1977; *Deutschland im Herbst*, zus. m. Edgar Reitz, Volker Schlöndorff, Bernd Sinkel, Rainer Werner Fassbinder u.a., Film, 1978; *Die Patriotin*, Film, 1979; *Der Kandidat*, zus. mit Stefan Aust, Alexander von Eschwege und Volker Schlöndorff, Film, 1979/80; *Die Patriotin. Texte/Bilder 1–6*, Ffm. 1979; *Ulmer Dramaturgien. Reibungsverluste*, zus. m. K. Eder, Mü., Wien 1980; *Geschichte und Eigensinn*, zus. m. Oskar Negt, Ffm. 1981, überarb. Fssg., 1993; *Bestandsaufnahme: Die Utopie Film*, Ffm. 1983; *Krieg und Frieden*, zus. mit Stefan Aust, Alexander von Eschwege und Volker Schlöndorff, Film, 1981; *Schlachtbeschreibung. Neue Geschichten Hefte 20–27: »Vater Krieg«*, Ffm. 1983; *Macht der Gefühle*, Film, 1983; *Der Angriff der Gegenwart auf die übrige Zeit*, Film, 1985; *Neue Geschichten Hefte 19–20: »Der Angriff der Gegenwart auf die übrige Zeit«*, Drehb., Ffm. 1985; *Vermischte Nachrichten*, Film, 1986; *Theodor Fontane, Heinrich von Kleist und Anna Wilde. Zur Grammatik der Zeit*, Bln. 1987; *Maßverhältnisse des Politischen*, zus. m. Oskar Negt, Ffm. 1992; *»Ich schulde der Welt einen Toten«. Gespräche mit Heiner Müller*, Hbg. 1995; *Die Wächter des Sarkophags. 10 Jahre Tschernobyl*, Hbg. 1996; *»Ich bin ein Landvermesser«. Gespräche mit Heiner Müller*, Hbg. 1996; *August Everding. Der Mann der 1000 Opern. Gespräche und Bilder*, Hbg. 1998; *In Gefahr und größter Not bringt der Mittelweg den Tod. Texte zu Kino, Film, Politik*, hg. v. Christian Schulte, Bln. 1999; *Chronik der Gefühle*, Ffm. 2000; *Facts &Fakes. Fernseh-Nachschriften. Heft 1: Verbrechen*, hg. v. Christian Schulte u. Reinald Gussmann, Bln. 2000; *Die Schrift an der Wand. Alexander Kluge, Rohstoffe und Materialien*, Osnab. 2000, hg. v. Christian Schulte (enthält eine Bibliografie von Kluges Fernseharbeiten bis November 1999); *Verdeckte Ermittlung. Ein Gespräch mit Christian Schulte u. Rainer Stollmann*, Bln. 2001; *Der unterschätzte Mensch. Gemeinsame Philosophie in zwei Bänden*, zus. m. Oskar Negt (enth. gemeinsame Interviews, *Öffentlichkeit und Erfahrung, Geschichte und Eigensinn, Maßverhältnisse des Politischen*), Ffm. 2001; *Facts&Fakes. Fernseh-Nachschriften. Heft 2/3: Herzblut trifft Kunstblut*, hg. v. Christian Schulte u. Reinald Gussmann, Bln. 2001; *Facts&Fakes. Fernseh-Nachschriften. Heft 4: Der Eiffelturm, King Kong und die weiße Frau*, hg. v. Christian Schulte u. Reinald Gussmann, Bln. 2002; *Die Kunst, Unterschiede zu machen*, Ffm. 2003. *Facts&Fakes. Fernseh- Nachschriften. Heft 5: Der Feuerkopf spricht: Einar Schleef*, hg. v. Christian Schulte u. Reinald Gussmann, Bln. 2003.

Klüger, Ruth, wurde am 30. 10. 1931 als Tochter jüdischer Eltern in Wien geboren. Im Mai 1942 wurde sie mit ihrer Mutter ins Konzentrationslager Theresienstadt deportiert, später nach Auschwitz-Birkenau und ins Lager Christianstadt. Auf einem der »Todesmärsche« 1945 konnte sie fliehen, kam nach Straubing und Regensburg und emigrierte 1947 in die USA. In New York studierte sie Anglistik und Bibliothekswesen, in Berkley Germanistik. Als Literaturwissenschaftlerin lehrte sie an den Universitäten von Cleveland, Kansas, Virginia, Princeton und zuletzt als Professorin in Irvine, Kalifornien. Ihre Freisemester verbringt die Amerikanerin seit Jahren in Göttingen und Wien. Ausgezeichnet wurde sie 1993 mit dem Rauriser Literaturpreis, 1993 mit dem Johann-Jacob-Christoph-von-Grimmelshausen-Preis, 1993 mit dem Niedersachsen-Preis, 1994 mit dem Marie-Luise-Kaschnitz-Preis, 1996 mit dem Anerkennungspreis zum Andreas-Gryphius-Preis, 1997 mit der Heinrich-Heine-Medaille, 1998 mit dem Prix Mémoire de la Shoa, 1998 mit dem Österreichischen Staatspreis für Literaturhistorische Essays, 1999 mit dem Thomas-Mann-Preis und 1999 mit dem Preis der »Frankfurter Anthologie«.

Berühmt und vielfach geehrt wurde Ruth Klüger vor allem für ein Buch: *weiter leben. Eine Jugend* (1992). In diesem autobiografischen Zeugnis nennt sie ihre Geburtsstadt Wien freudlos und bis »ins Mark judenfeindlich«. Sie beschreibt die Diffamierung, die Deportation im Viehwagon, die Rampe im KZ und den Geruch von Angst, Auschwitz als Vorhölle und Chiffre für den industrialisierten Massenmord. Aber fast 50 Jahre nach Primo Levi weiß sie: Dies ist nicht das erste Buch zum Holocaust, die Menschen brauchen keine Nachhilfe, wer wissen will, weiß. Also setzt sie Fakten voraus, setzt auf radikale Subjektivität und provoziert mit Kontrasten: Sie erinnert sich, wie der Vater den Hut zum Gruße zieht und sieht ihn dann in der Fantasie

»elend verrecken, gemordet von den Leuten, die er in der Neubaugasse grüßte«. Dass *weiter leben* ein Bestseller wurde und nun als »Klassiker« der Holocaust-Literatur gilt, liegt vor allem an dem neuen, verblüffend-frechen, schmerzhaft-schnoddrigen Ton des Buches. Es ist die Sprache eines Kindes, die Perspektive einer Siebenjährigen, fern vom Pathos ritualisierten Gedenkens. »Meine erste Leiche war Großpapas sprechender Papagei«, schreibt Ruth Klüger, setzt Wortwitz gegen peinigende Erinnerung und bekennt, dieses »Prinzip des Stilbruchs«, Pathos mit Understatement zu brechen, habe sie von Heine gelernt. Nicht die Nazis sind in *weiter leben* angeklagt, sondern die Erwachsenen. Nicht Sex ist das große Tabu, sondern der Tod. Theresienstadt hasst und liebt das Kind »irgendwie«, weil es im Zentrum des Terrors auch soziales Miteinander erfährt und mit den Geschichten des Rabbiners Leo Baeck vom jüdischen Erbe im Geist der Aufklärung hört. Ruth Klüger erzählt auf höchst unsentimentale Weise, baut Brücken zwischen damals und heute, schildert die Folgen des Terrors, die Schuldgefühle der Überlebenden und sich selbst als »eine, die sich auf die Flucht begibt, nicht erst, wenn sie Gefahr wittert, sondern schon, wenn sie nervös wird«.
Literatur ist für sie auch ein Spiegel der eigenen Identität. Schon die Eltern waren »aus Schnitzlers Welt«, Gedichte ein Instrument der Trauerarbeit, das Aufsagen von Schillers Balladen ihre Durchhaltetaktik bei quälenden Lagerappellen. Gebundene Sprache ist ihr wichtig, um Ordnung ins Chaos zu bringen. Kein Wunder, dass Ruth Klüger Literatur zum Beruf machte und sich bis heute mit Faschismus und Chauvinismus, Tod und Menschlichkeit in der Literatur beschäftigt. In dem Band *Katastrophen* (1993) untersucht sie jüdische Gestalten bei Thomas Mann und Antisemitismus bei jüdisch-österreichischen Autoren. Von Lessings Nathan will sie wissen: »Wozu die Kulisse eines bitterbösen Krieges hinter so viel Menschenfreundlichkeit?« Bei Kleist fragt sie: »wieso Feuersbrünste, Katastrophen, Massenmorde damals schon – eben schon damals«. In *Frauen lesen anders* (1996) betrachtet sie Figuren wie Penthesilea und das Käthchen von Heibronn aus der feministischen Perspektive der Gender-Studies. Immer wieder sind Kleist und Lessing ihre Kronzeugen. Lessing, der große Aufklärer, der verschiedene Male alle seine Bücher verkaufte, als glaube er selbst nicht an die Macht des Wissens. Und Kleist, bei dem der Glaube an Aufklärung, Fortschritt, Humanismus, Gerechtigkeit endgültig kollabiert, »er war das Kind, das auszog, um das Gruseln zu lernen«. Vom kitschig verklärenden Umgang mit der Shoa handelt Klügers Buch *Von niedriger und hoher Literatur* (1995). Bundespräsident Rau würdigte ihre Arbeit als »Zeugnis für die Leuchtkraft humanen und aufgeklärten Denkens«.

Cornelia Zetzsche

Werke: *weiter leben. Eine Jugend*, Autobiogr., Gött. 1992; *Katastrophen. Über deutsche Literatur*, Ess., Gött. 1993; *Von hoher und niedriger Literatur*, Ess., Gött. 1995; *Frauen lesen anders*, Ess., Mü. 1996; *Knigges Umgang mit Menschen. Eine Vorlesung*, Gött. 1996; *Schnitzlers Damen, Weiber, Mädeln, Frauen. Wiener Vorlesungen*, Wien 2001; *Salomon Hermann Mosenthal. Erzählungen aus dem jüdischen Familienleben*, Hg., Gött. 2001.

Klüssendorf, Angelika, wurde am 26. 10. 1958 in Ahrensburg bei Hamburg geboren. Von 1961 an lebte sie in Leipzig. Sie lernte Zootechniker-Mechanisator und arbeitete als Spezialistin am Fischgrätenmelkstand und bei der Tierfütterung. Sie war Mitherausgeberin der in 30 Exemplaren handgefertigten Literatur-Zeitschrift »Anschläge«. 1985 siedelte sie nach West-Berlin über.
Schon Angelika Klüssendorfs erste Erzählung, der 1990 erschienene Band *Sehnsüchte*, legt die Spuren, auf denen Klüssendorf mit ihrem elf Jahre später erschienenen Roman *Alle leben so* zur Meisterschaft gelangte. Die Welt, zumal die deutsche, ist aus den Fugen. Und der Riss geht mitten durch die Menschen hindurch. Sie suchen das Glück und sehnen sich daran vorbei. Wie später in *Alle leben so* greift Klüssendorf Figuren, Grenzgänger vom scheinbaren Rand der Gesellschaft auf und legt sie unter ein literarisches Vergrößerungsglas. Erzählt wird von Artur, den sie Zappel-Artur nennen, weil er seinen Körper nicht mehr im Griff hat, wenn ihn Sehnsuchtsanfälle packen. Das Auseinandergefallensein der Welt spiegelt sich aber nicht nur in der Hauptfigur, sondern auch in der Erzählweise. Aus sechs Perspektiven wird der Zappelnde und seine Liebesgeschichte zur Imbissbudenbesitzerin Else zusammengesetzt – ein hochkompliziertes, kristallines und dennoch tiefenscharfes Spiel mit Wirklichkeit und Wahrnehmung. Klüssendorf nimmt es nach der Erzählung *Anfall von Glück*, von der sie sich später distanzierte, und dem 1995 entstandenen, aber noch unaufgeführten Theaterstück *Frag mich nicht, schieß mich tot*, in ihrem Romandebüt wieder auf und bringt es zu einiger Perfektion. *Alle leben so* ist ein pathosfreier, leichter und sehr präzise erzählter Reigen aus dem Nachwende-Berlin, durch das ein skrupulöser Gerichtsvollzieher, ein

scheiternder Heiratsschwindler und ein Schriftsteller, dem die Fähigkeit abhanden gekommen ist, Alltägliches zu erzählen, taumeln. Die alten neuen Länder sind in Auflösung; die Sprache zerfällt ihnen voran. Die Menschen stecken mit ihren Sehnsüchten, ihren Hoffnungen dazwischen. Glück ist selten, Aufbruch noch seltener. »Die Welt wird weiter existieren, gleichgültig gegenüber unserem Verschwinden. Was kann uns eigentlich passieren?«, fragt sich der mitleidvolle Gerichtsvollzieher. »Warum wagen wir nichts?«

Elmar Krekeler

Werke: *Sehnsüchte*, E., Mü. 1990; *Anfall von Glück*, E., Mü. 1994; *Frag mich nicht, schieß mich tot*, Theaterst., 1995; *Alle leben so*, R., Ffm. 2001.

Knapp, Radek, wurde am 3. 8. 1964 in Warschau geboren. 1976 übersiedelte er mit seinen Eltern nach Wien, ging dort zur Schule und erhielt die österreichische Staatsbürgerschaft. Ab 1988 studierte er Philosophie an der Universität Wien. Knapp lebt er als freier Schriftsteller in Wien. Ausgezeichnet wurde er 1994 mit dem »aspekte«-Literaturpreis und 2000 mit dem Förderpreis zum Adelbert-von-Chamisso-Preis.

Radek Knapp schreibt schelmische Geschichten. Seine Figuren sind Herzensbrecher, Tagträumer und kleine Spitzbuben, mit Charme und Lakonie folgt er diesen Anarchisten des Alltags. Mit seinem Debütband *Franio* (1994) hat er das Zentrum der Welt in das polnische Dorf Anin versetzt. Hier finden wir die wahren Helden und Weltverbesserer, hier sind Männer noch ganze Kerle (wie der Bahnhofsvorsteher Trombka), wenn es gilt, das Herz einer Frau zu erobern. Anin ist hoffnungslos rückständig, tiefste Provinz. Die Menschen freuen sich über ein paar brennende Straßenlaternen und lauschen sogar einem wie Franio, der ihnen angebliche Meldungen aus der Zeitung erzählt, obwohl er überhaupt nicht lesen kann. Mit heiterer Melancholie führt Knapp in die Zeit seiner Kindheit, als er bei seinen Großeltern auf dem Lande aufwuchs, in einen weitgehend politikfreien Raum, der den Menschen Zeit lässt, mit ihren Dämonen zu ringen. Denn Sentimentalität ist Knapps Sache nicht, seine Idyllen haben ihre Schattenseiten, dafür bürgt schon sein Mentor Stanislaw Lem. So erscheint er als eine Mischung aus modernem Schwejk und polnischem Wilhelm Raabe, der seine Figuren liebt und in ihren Schwachstellen bohrt, ohne zynisch zu wirken.

In seinem ersten Roman *Herrn Kukas Empfehlungen* (1999) schickt er Waldemar aus Warschau nach Wien in den vermeinlich goldenen Westen. Leichtfüßig spielt er das Spiel mit den Klischees vom Volk der Autoschieber, treffsicher sein Tritt gegen das Schienbein aller Berufswiener und Ausländerfeinde. Das Konsumparadies entpuppt sich schnell als Freilaufgehege für Skins, Alltagsfaschisten und Freizeittiroler; Waldemar imaginiert sich ersatzweise in amouröse Versuchungen und bekämpft mit gelassener Schnoddrigkeit die kleinen Absonderlichkeiten des Lebens. Denn solange ihn ein »Glücksschatten« begleitet, wird Knapp immer noch eine passende Pointe einfallen.

Beim zweiten Roman *Papiertiger* (2003) sind dann aber doch ein paar Wolken aufgezogen, denn die Geschichte vom werdenden Schriftsteller Walerian Gugania, die in vielem an den Autor denken lässt, leidet an Kalauerdichte und ertrinkt in Harmlosigkeit. Walerians Weg vom Müßiggänger zum arrivierten Autor mit Lesereise und Literaturgroupie leidet am sorglosen Plauderton und lässt jenen Biss und jene Originalität vermissen, die seine früheren Texte auszeichneten.

Thomas Kraft

Werke: *Franio*, En., Wien 1994, Film, 2001; *Herrn Kukas Empfehlungen*, R., Mü. 1999; *Papiertiger*, R., Mü. 2003.

Koch, Roland, wurde am 2. 11. 1959 in Hanau geboren. Er studierte allgemeine Literaturwissenschaft und Philosophie und promovierte 1989 mit einer Arbeit zum Werk Heimito von Doderers. 1998/99 und 2001 lehrte er als Gastprofessor am Deutschen Literaturinstitut in Leipzig. 1992 erhielt er das Rolf-Dieter-Brinkmann-Stipendium der Stadt Köln, ein Jahr später den Förderpreis des Landes NRW für junge Künstlerinnen und Künstler, 1994 ein Aufenthaltsstipendium im Literarischen Colloquium Berlin. 1995 wurde er mit dem Bettina-von-Arnim-Preis ausgezeichnet, 1999 mit dem Gratwanderpreis, 2003 war er Stadtschreiber von Minden. Roland Koch lebt als freier Autor in Köln.

Koch veröffentlicht seit 1989 literarische Texte. Waren es zunächst vor allem Gedichte in verschiedenen Zeitschriften, so wandte er sich mit seinem ersten Roman *Die tägliche Eroberung* (1991) der Prosa zu. Der Titel macht bereits das Sucht-Potenzial des Erzählten deutlich: So wie der Drogensüchtige seinen täglichen Schuss braucht, so ist der Ich-Erzähler unablässig auf der Suche nach der täglichen sexuellen Eroberung. Alle Handlungen, alles

Denken sind einzig auf den Geschlechtsakt ausgerichtet, aber in Wirklichkeit ist der Ich-Erzähler zu einer festen, monogamen Freundschaft nicht in der Lage. Aus diesem Grund strahlt der Roman auch ein gehöriges Stück Trostlosigkeit aus. Fast geschäftsmäßig reiht sich Geschlechtsakt an Geschlechtsakt, die subjektive Welt ist durch und durch sexualisiert, und was dabei auf der Strecke bleibt, sind alle Gefühle, die über die sexuelle Erregung und Befriedigung hinausreichen. Entstanden ist somit ein in Teilen veritabler Pornoroman, der jedoch durch die erzählerische Kälte und Perspektivlosigkeit jenseits der Sexualität seltsam gebrochen wirkt.

Auch in den 21 Geschichten des Bandes *Helle Nächte* (1995) geht es jeweils um zwischenmenschliche Beziehungen der verschiedensten Art. Erzählt wird dabei stets von einem spezifischen Augenblick, in dem es in der Beziehung zu eigenartigen, beinahe fantastisch anmutenden Metamorphosen kommt. Ein älterer Herr und väterlicher Freund verwandelt sich plötzlich in eine Frau, der Erzähler sieht sich mit einem Mal aus dem jetzigen Wien in das der Kriegszeit versetzt, eigenartige Zufallsbekanntschaften eröffnen Abgründe der eigenen und der fremden Person. Alle Erzählungen setzen mit alltäglichen, realistischen Begebenheiten ein, die dann unvermittelt ins Surreale, Traumhafte umschlagen, bedrohliche oder magische Kraft entfalten, der einzig durch Flucht zu entkommen ist. Die Unterströmungen menschlicher Beziehungen sind für einen Augenblick auf verstörende Weise sichtbar geworden, und danach ist nichts mehr wie zuvor.

Als deutlich zugänglicher und »klassischer« erweist sich der Erzähler Koch in seinem zweiten Roman *Das braune Mädchen* (1998). Von der distanzierten Kälte oder dem Surreal-Traumhaften der früheren Prosatexte ist nicht mehr viel zu spüren. Doch auch hier wieder dreht sich die Handlung um den Einbruch des Unvertrauten, Fremden in die scheinbare Idylle des alltäglichen Lebens. Ein junges Paar, Konrad und Fanny, erfüllt sich einen lang gehegten Traum und zieht aus der Stadt in die Zurückgezogenheit des Bergischen Landes. Plötzlich taucht wie aus dem Nichts Giulia auf, das »braune Mädchen«. Sie weist deutliche Züge der Mignon-Gestalt aus Goethes *Wilhelm Meister* auf: Ihre Wildheit und die scheinbare »Vergangenheitslosigkeit« des Kindes ziehen Konrad in ihren Bann, die Fragilität des gemeinsamen Lebens wird sichtbar, doch die familiären Bruchstellen schließen sich am Ende wieder. Auch wenn die Handlung etwas überkonstruiert wirkt, erweist sich Koch mit diesem Roman erneut als feinfühliger Beobachter zwischenmenschlicher Beziehungen, der überdies die Kargheit der früheren Texte durch eine poetischere, bilderreiche Sprache – nicht zuletzt in den eindringlichen Naturschilderungen – ersetzt hat.

Den Nerv einer Generation getroffen hat Koch schließlich mit seinem Roman *Paare* (2000). Es ist der Roman einer Krise, eines Lebensabschnitts, in dem die Vergangenheit der Jugend noch zu nah und die Zukunft des »gesetzten« Lebens nicht mehr fern genug ist. Christina und Jens besitzen scheinbar alle Voraussetzungen, glücklich zu sein. Doch Jens hat eine Affäre, Christina hadert mit verpassten Möglichkeiten ihres Lebens und sucht zunehmend nach Wegen jenseits der klassischen Rolle als Mutter und Ehefrau. Koch erzählt hier sehr dicht und gedrängt, wozu nicht zuletzt das Präsens als Erzähltempus und die doppelte Erzählperspektive beitragen. Im Verlauf des Romans kommt es zu einer überraschenden Wende, als Jens plötzlich ein weitgehend bedürfnisloses, einfaches Leben auf einem Bauernhof in Südfrankreich sucht. Für welche Zukunft sich jedoch Christina entscheiden wird, bleibt offen.

Andreas Wirthensohn

Werke: *Die Verbildlichung des Glücks. Untersuchungen zum Werk Heimito von Doderers*, Tüb. 1989; *Die tägliche Eroberung*, R., Köln 1991; *Helle Nächte*, En., Köln 1995; *Das braune Mädchen*, R., Köln 1998; *Paare*, R., Köln 2000; *Der wilde Osten. Neueste deutsche Literatur*, Anth., Hg., Ffm. 2002; *Ins leise Zimmer*, R., Köln 2003.

Koch, Werner, wurde am 4. 8. 1926 in Mülheim/Ruhr als Sohn eines Pastors geboren. Er studierte Geschichte, Germanistik und Philosophie und war dann von 1948 bis 1954 als Feuilletonredakteur bei der »Rheinischen Zeitung«, von 1954 bis 1961 als Dramaturg und Regisseur an den Städtischen Bühnen Köln tätig. Von 1961 bis 1991 arbeitete er als Redakteur beim WDR. 1961 bis 1965 leitete er das von ihm gegründete Kulturmagazin »Spektrum«, seit 1965 die Programmgruppe Kultur, seit 1985 die Programmgruppe Geschichte/Zeitgeschichte. Koch, der auch als Essayist hervorgetreten ist, drehte über 80 Filme, darunter mehrere Dokumentationen über den arabischen Kulturraum. Seit 1962 war er Mitglied des bundesdeutschen P.E.N.-Zentrums, seit 1977 Mitglied der Mainzer Akademie der Wissenschaften und der Literatur. 1960 erhielt er den Erzählerpreis des Süddeutschen Rundfunks, 1962 die Molière-Plakette der Académie Française, 1964 den Preis der Académie Française für den besten ausländischen Roman (*Pilatus*), 1967 den Filmpreis »Silberne Palme« und 1972 den Bodensee-Literaturpreis. Er lebte bis zu seinem Tod am 30. März 1992 in Köln.

Zentrales Thema in Kochs Werk ist der Tod bzw. das Leben angesichts eines unvorhersehbaren, aber doch allgegenwärtigen Todes. Zwei motivisch unterschiedliche Textgruppen lassen sich feststellen: historisch-religiöse Texte, die vorwiegend durch die Bibel, insbesondere durch das Neue Testament, inspiriert sind (*Pilatus*, 1959; *Diesseits von Golgatha*, 1986; Essays über den Prozess der Jeanne d'Arc, 1963, über den Prozess Jesu, 1966 und 1967), und die motivisch ungebundenen, gegenwartsbezogenen Texte (die *See-Leben*-Trilogie, 1971, 1975, 1979, und die Erzählung *Intensivstation*, 1983). Doch trotz ihrer zum Teil weit auseinander liegenden Entstehungszeit lassen sich vielfach Bezüge zwischen den Texten herstellen. Kochs transparente Sprache orientiert sich an traditionellen Erzählformen. Die Gedanken der Erzählerinstanz im dritten Teil der *See-Leben*-Trilogie über das Wesen von Geschichten weisen indirekt auf das poetologische Verständnis des Autors hin: »Die meisten von uns finden die richtigen Worte nicht; ihre Geschichten fangen schlecht an, sie halten sich mit Expositionen auf und dringen nicht zum Kern vor. Man kann das nicht erlernen. Als die Wunder noch auf der Straße lagen, waren die Geschichtenerzähler lediglich Augenzeugen ... Es ist aber geradezu der Sinn einer Geschichte, das scheinbar Fantastische erkenntlich zu machen ...«

Der in acht Sprachen übersetzte Roman *Pilatus* (1959) schildert anhand der fiktiven Erinnerungen des Pontius Pilatus dessen letzte Lebensjahre in Rom bis zum Ausbruch seines Wahnsinns. In Anlehnung an das Matthäus-Evangelium (27,19) wird im Text die Bedeutung der Ehefrau des Pilatus besonders hervorgehoben. Sie war es, die ihren Mann seinerzeit davon hatte abbringen wollen, Jesus von Nazareth zum Tode zu verurteilen. Widerwillig hatte sich Pilatus aber schließlich dem Druck der Hohenpriester gebeugt. Der alte Pilatus wird nun als vereinsamter, skeptischer und leidender Mensch dargestellt, der in imaginären Gesprächen mit seiner verstorbenen Frau und seiner Katze »Mitleid sucht«. Seine Aufzeichnungen vermitteln das Bild einer vom Untergang bedrohten Gesellschaft und lassen damit Anklänge an die Gegenwart erkennen. Wie im Roman *Pilatus* werden in dem 27 Jahre später erschienenen Werk *Diesseits von Golgatha* (1986) die Fragen nach Wahrheit, nach Gerechtigkeit und Schuld gestellt. Stärker als früher betont Koch hier den Gegenwartsbezug. Das Schicksal des Judas, Barabbas, Johannes und der anderen Menschen, die am See Genezareth leben, erfährt durch das – allerdings nicht explizit formulierte – Auftreten des Jesus von Nazareth eine dramatische Wendung. Judas, der sich in der Stadt einer terroristischen Gruppe, der »Anarchistischen Liga«, angeschlossen hat, verrät unter Folter zuerst seine Mitkämpfer an die »Stapo«, später dann Jesus, um mit dem Kopfgeld ein neues Leben zu beginnen. Der Schafhirte Barabbas ermordet einen Polizeispitzel, der seine Schwester Maria vergewaltigt hat. Er lässt sich verhaften, erwartet seine Verurteilung. Vom Lehrer Barabbas, dem Vater des Mörders, mobilisiert, schreien die Bewohner des Sees – durch das Amnestiegesetz des Passahfestes dazu bemächtigt – Barabbas frei. Deshalb wird Jesus, den die Leute vom See nur aus wunderlichen Berichten kennen, gekreuzigt. Das Leben im Dorf beginnt sich wieder zu stabilisieren, nur Johannes geht endgültig fort, um den Menschen von Jesus Christus zu erzählen. Der biblische Stoff wird immer wieder mit Problemen bundesdeutscher Gegenwart verwoben: Die Figuren debattieren über soziale und politische Missstände und über Möglichkeiten zu deren Beseitigung. Durch Anspielungen auf die RAF und auf totalitäre Methoden staatlicher Machtausübung schlägt Koch den Bogen zur historisch unruhigen Situation zur Zeit Jesu und verleiht nicht zuletzt dadurch einer resignativen Geschichtsauffassung Ausdruck.

In der *See-Leben*-Trilogie (*See-Leben I*, 1971; *Wechseljahre oder See-Leben II*, 1975; *Jenseits des Sees*, 1979) gestaltete der Autor den Versuch eines Mannes, eine Utopie zu leben, »als sei es die alltäglichste Realität«. Der Ich-Erzähler, Ingenieur bei einer Kölner Baufirma, verlegt nach einem Urlaub sein Büro in eine Hütte am See. Dort will er sich fortan seinen beruflichen Aufgaben widmen und sich gleichzeitig seine Wünsche nach einer individuell gestalteten Lebensführung erfüllen. Die Firma akzeptiert dies zunächst, doch als sie, um einem drohenden Bankrott zu entgehen, mit einem amerikanischen Unternehmen fusionieren will, kommt es zu Auseinandersetzungen unter den Angestellten. Der Ingenieur verweigert die Rückkehr nach Köln und verlässt die Firma. Der letzte Teil der Trilogie beginnt nach dem Tod des Helden: »Das Sterben war einfach.« Der Erzähler liegt ertrunken am Grunde des Sees und beobachtet das Geschehen im Diesseits. Die Anwesenden im »Terrain«, im Reich der Toten, erinnern sich an ihr vergangenes Leben und philosophieren über »letzte« Wahrheiten. Koch verbindet in der Trilogie realistische, fantastische und irreale Elemente miteinander. In *See-Leben I*, von Hartmut Griesmayr verfilmt, sah Reinhard Baumgart »ein Traktat, dem eine Fabel nur als Rükkgrat dient, ein Traktat über die Frage nach dem richtigen Leben«.

Die 1983 erschienene Erzählung *Intensivstation* ist im Grenzbereich zwischen Leben und Tod angesiedelt. Traumferne Erinnerungen, erotische Fantasien, Ängste und visionäre Bilder bedrängen den Patienten einer Intensivstation. Wie in seinen anderen Texten räumt Koch der Gedanken- und Bilderwelt, dem Bewussten und Unbewussten, der Realität und der Fantasie gleichen Stellenwert ein. Doch die Konkretheit der Ausgangssituation lässt diesmal die Grenzen zwischen literarischer Fiktion und authentischer Zustandsbeschreibung nicht mehr genau erkennen.

Motive und Themen aus früheren Werken finden sich auch in Kochs letztem zu Lebzeiten erschienenen Buch wieder. Hans Rüdiger Schwab bezeichnet es als Kochs »radikalstes Romanwerk«. Solchermaßen scheint *Altes Kloster* (1990) eine Art literarisches Vermächtnis geworden zu sein.

Petra Ernst

Werke: *Sondern erlöse uns von dem Übel*, R., Köln 1955; *Pilatus. Erinnerungen*, R., Düsseld. 1959; *Der Prozeß Jesu. Versuch eines Tatsachenberichts*, Ess., Köln, Bln. 1966; *Zum Prozeß Jesu. Versuch einer historischen Konstruktion*, Ess., Hg., Weiden 1967; *Zur Nacht – Autoren im Westdeutschen Fernsehen*, Hg., Ffm. o. J.; *Selbstanzeige. Gespräche mit Schriftstellern*, Hg., Ffm. 1971; *See-Leben I*, R., Pfullingen 1971, Fssp., ZDF 1975; *Wechseljahre oder See-Leben II*, R., Ffm. 1975; *Ganghofers Haltung*, Ess., Mainz, Wiesb. 1979; *Robert Payne: Der große Charlie*, Übs., zus. m. Jakob Moneta, Ffm. 1979; *Jenseits des Sees*, R., Ffm. 1979; *Kant vor der Kamera. Referenzen und Pamphlete*, hg. v. der Akad. d. Wiss. u. d. Lit., Mainz 1980; *Intensivstation*, E., Ffm. 1983; *Kölner Konturen. Festschrift für Hans Bender zum 1. 7. 1984*, Hg., Köln 1984; *Der Tod – Eine vorzeitige Betrachtung*, Film, WDR 1985; *Autor und Publikum. Tagebuch einer Lesereise*, Stg. 1986; *Diesseits von Golgatha*, R., Ffm. 1986, Hsp., WDR 1991; *Vom Tod. Lesebuch für jedermann*, Hg., Ffm. 1987; *Der Zwang zum Bild. Geschichte im Fernsehen*, Stg. 1988; *Altes Kloster*, E., Ffm. 1990; *Deutsche Schicksale. Die Geschichte von Arthuro Kirchheimer, Fred Smetacek und Rabbi Aharon Shear-Yashuv. Drei Dokumentationen in Wort und Bild*, Ffm. 1992.

Koeppen, Wolfgang, wurde am 23. 6. 1906 in Greifswald geboren. Koeppen wuchs bei seinem liberalen Onkel, einem preußischen Regierungsrat, in Ortelsburg/Masuren auf, besuchte das Gymnasium und veröffentlichte seine ersten Essays und Erzählungen. Er war dann »Schiffskoch (zwei Fahrten), 14 Tage Fabrikarbeiter, Platzanweiser im Kino, Eisbereiter in St. Pauli«. Später studierte er in Hamburg, Greifswald, Berlin und Würzburg, wo er auch ein Jahr lang als Dramaturg tätig war. Der Theaterkritiker Herbert Ihering holte ihn 1930 als Feuilletonredakteur an den »Berliner Börsen-Courir«; der Plan, als Kulturkorrespondent nach Paris zu gehen, scheiterte mit dem Einstellen der Zeitung Ende 1933. Während einer Italien-Fahrt begonnen und im Sommer 1934 in Berlin geschrieben, erschien im Herbst desselben Jahres bei Bruno Cassirer (dessen Lektor Koeppens Freund Max Tau war) sein erster Roman *Eine unglückliche Liebe*. Koeppen (»Ich war immer, von frühester Jugend an, Sozialist, also links«) ging im »Dritten Reich« und im Zweiten Weltkrieg »Eulenspiegels Wege«, fest entschlossen, »das Dritte Reich zu überleben«. In Holland schrieb er seinen zweiten Roman *Die Mauer schwankt*, der 1935 ebenfalls noch bei Bruno Cassirer, seinem jüdischen Verleger, erscheinen konnte; 1939 gab ihn der Universitas-Verlag als *Die Pflicht* erneut heraus. Kurz vor Kriegsende kam Koeppen im Zusammenhang mit Filmarbeiten nach Feldafing, wo er seine spätere Ehefrau Marion Ulrich, die Tochter eines Münchener Rechtsanwaltes, kennen lernte; seinen Wohnsitz hatte er seither in München. Koeppen war Mitglied des bundesdeutschen P.E.N.-Zentrums, der Akademie der Künste in Berlin, der Bayerischen Akademie der Schönen Künste und der Deutschen Akademie für Sprache und Dichtung in Darmstadt. Er erhielt u. a. 1962 den Georg-Büchner-Preis, 1967 den Immermann-Preis, 1977 das Hauptstipendium des Europa-Forums für Literatur in der Friedrich-Schiller-Stiftung und 1984 den Arno-Schmidt-Preis. 1974 amtierte er als »Stadtschreiber« von Bergen-Enkheim. Koeppen ist am 15. März 1996 in München gestorben.

Koeppens Debütroman *Eine unglückliche Liebe* (1934), der von einem Teil der zeitgenössischen Kritik als ein Zeichen gegen die Hitlerzeit stark beachtet wurde, ist indes eher als ein (glänzend stilisiertes) »Lehrbuch unerfüllter Erotik« anzusehen (Hermann Kesten), die leidvolle Geschichte von der unerfüllbaren, romantischen Liebe des Studenten und Lampenprüfers Friedrich zu der Tingeltangelkabarettistin Sibylle. Mit dem Roman *Die Mauer schwankt* (1935) wird Koeppen politischer; er beschreibt hier den Umbruch der Zeit während des Ersten Weltkrieges und gibt damit zugleich eine Vivisektion des bürgerlichen Zeitalters. Johannes von Süde, ein aus Berlin in eine pommersche Kleinstadt versetzter Baumeister, der durchdrungen ist von Pflichtgefühl, lernt während einer Balkanreise die junge Revolutionärin Olga kennen. Sie sagt ihm, dass er »auf unterhöhltem Grund« stehe. »In einem brüchigen Reich, das Sehnsucht hat, aus seiner Form zu fallen und eine neue, ein neues Leben zu finden.« Erstmals hört er Theorien wie: »Man lässt Geld rollen. Man will seine Geschäfte machen. Nur nach dem Leben und Willen des Volkes fragt man nicht.« Von Süde begreift später, dass dies auch für Deutschland gilt (auch insofern ist dieser Roman antinazistisch) und dass die »Erde nicht eine Ruhe, sondern Geschichte« bedeutet.

Nach dem Zweiten Weltkrieg schrieb Koeppen mit *Tauben im Gras* (1951) den ersten (und besten) seiner drei zeit- und gesellschaftskritischen Nachkriegsromane – ein Meisterwerk der deutschen Literatur und ein Pandämonium bundesdeutscher Nachkriegsverhältnisse, zusammengefügt durch Montage, inneren Monolog und filmische Simultaneität zu einem Tag des Jahres 1948 im amerikanisch besetzten München. Der Moralist und Zeitkritiker Koeppen warnt, zwischen Pessimismus und vager Hoffnung schwankend, vor einem neuen Krieg. Koeppens »Tauben« – Menschen aller Schichten und verschiedener Hautfarbe und Nationalität – kennen weder ihren Schlag, noch befinden sie sich »in Gottes Hand«. Von Angst getriebene Figuren leben in Scheinwelten, fliehen in Träume und Erinnerungen. Formal steht Koeppen mit diesem Roman – 110 Sequenzen werden in filmischem Perspektiv- und Schauplatzwechsel miteinander verzahnt – in der Tradition von Joyce, Dos Passos, Döblin, Faulkner und anderen.

Auch mit seinem Buch *Das Treibhaus* (1953) begleitet Koeppen die politische Entwicklung der Bundesrepublik als ihr epischer Analytiker. Vergeblich kämpft der sozialdemokratische Abgeordnete Keetenheuve im Bundestag gegen die Wiederaufrüstung. Aus dem Londoner Exil zurückgekehrt, im Glauben an einen politischen Neuanfang, erlebt Keetenheuve zu seiner tiefen Enttäuschung, dass sich nichts Wesentliches verändert hat. Koeppen schildert – teilweise in Schlüsselroman-Technik (»Knurrewahn« ist Kurt Schumacher) – die restaurative Treibhausatmosphäre von Bonn, das wieder »versippt war mit den alten Urmächten« und das die Wiedervereinigung Deutschlands der konservativen Restaurierung des Bonner Teilstaats unterordnete, eines Staates, der nicht begeistert, in dem Mitläufertum und alte Untertanengesinnung das Klima in- und außerhalb der Parteien vergiften. Nationalistische und militaristische »Denker« gewinnen wieder an Einfluss: »Die geschundenen Krieger auf den Schlachtfeldern, die geplagten Völker waren die Opfer zänkischer, überaus eigensinniger, rechthaberischer und gänzlich unfähiger Denker, die in ihrem verdrehten armen Kopf keine Klarheit schaffen konnten und die sich außerdem gegenseitig nicht verstanden und ausstanden.« Für den sensiblen Keetenheuve wird Politik deshalb zum Dschungel, zum schlechthin Bösen: »Alle Politik war schmutzig, sie glich den Gangsterkämpfen, und ihre Mittel waren dreckig und zerreißend; selbst wer das Gute wollte, wurde leicht zu einem Mephistopheles, der stets das Böse schafft.« Weil die »Nation neue Grundlagen des politischen Lebens und die Freiheit der Demokratie« nicht besitzt, resigniert Keetenheuve und begeht Selbstmord.

Auch in seinem dritten zeitkritischen Roman, *Der Tod in Rom* (1954), erzählt Koeppen »Geschichte im Präsens«: In Rom trifft der untergetauchte ehemalige SS-General und Massenmörder Judejahn seinen Schwager Pfaffrath, einen alten Nazi-Oberbürgermeister, der nach dem Krieg schon wieder einflussreicher Oberbürgermeister geworden ist, um über die Rückkehr in die Bundesrepublik zu beraten. Judejahn sehnt den Tag herbei, an dem erneut alles Nichtdeutsche »ausgerottet« wird. Gegenspieler dieser wieder an den Schalthebeln der Macht sitzenden neuen alten Nazis sind ihre Söhne, Adolf Judejahn, der als katholischer Priester die Schuld seines Vaters sühnen möchte, und Siegfried Pfaffrath, ein erfolgreicher Avantgarde-Komponist, wie Philipp in den *Tauben im Gras* und Keetenheuve im *Treibhaus* ein resignativer und gebrochener Charakter. Die analytische Schärfe und außerordentliche Klarsicht, mit der Koeppen in diesen drei Romanen die konservative westdeutsche Nachkriegsentwicklung zeichnete, trug ihm von der Literaturkritik sowohl Anerkennung als auch heftige emotionale Ablehnung ein, weil er Tabus verletzte.

Als der politische Romancier Koeppen dann drei Reiseberichte publizierte, *Nach Rußland und anderswohin* (1958), *Amerikafahrt* (1959) und *Reisen nach Frankreich* (1961), sahen manche darin einen Rückzug, verschuldet von einer bornierten Literaturkritik, die Koeppen nicht zum Durchbruch verholfen habe. Elf Jahre nach dem Frankreich- Bericht und 18 Jahre nach dem letzten

Roman erschien 1972 der Prosaband *Romanisches Café*, ein Panorama Koeppenscher Momentaufnahmen und Alltagsbilder, geschrieben zwischen 1936 und 1971, ein erneuter Beweis ungebrochener Sprachkraft. Anstelle des schon im Suhrkamp-Programm (seinem vierten Verlag) ausgedruckten Romans *In Staub mit allen Feinden Brandenburgs* wurde 1976 der bedeutende Prosaband *Jugend* publiziert. In ihm setzen sich Bilder, Erinnerungen, Fragmente mosaikartig zu einem Dritten zusammen: Jugend als erinnertes Phänomen vom Alter aus und Jugend konkret als die eines um 1906 Geborenen. Obgleich nicht immer identisch mit seiner eigenen Biografie, erzählt Koeppen doch von den für ihn entscheidenden Erlebnissen (»Der Schriftsteller liegt ... immer etwas an der Kette seines Lebens«): wie die wilhelminische Kleinstadtgesellschaft in ihrer blinden Begeisterung für Stechschritt, Generalslitzen und Krieg schließlich in den Untergang hineinmarschierte und wie nach der Katastrophe des Ersten Weltkrieges Militär, Beamtentum und Besitzbürgertum sich mit der konservativen Revolution wieder erneut an die Staatsspitze stellten und mit Hitler die junge Republik ins neue alte Verderben führten. Koeppen – Pazifist, Weltbürger, Gefühlssozialist – beschreibt in seinen Nachkriegsromanen diesen sich wiederholenen Vorgang politischer Restauration. Dreimal erlebt zu haben, wie politische Reaktion der Vernunft und Humanität böse mitspielte – vielleicht liegt darin der Grund für das Fatalistische, Resignative in Koeppens bedeutendem Werk – und für sein langes Schweigen. Koeppens Prosa, die schmiegsam-assoziativ ist, angefüllt mit Zitaten, Anspielungen, verlebendigtem Bildungsmaterial, zählt zur besten der deutschen Literatur.

Aus den Hunderten von Rezensionen, Porträts und Essays, die er im Laufe der Jahrzehnte geschrieben hat, hat Marcel Reich-Ranicki unter dem Titel *Die elenden Skribenten* (1981) vor allem die Aufsätze ausgewählt, die Koeppen auf seine Aufforderung hin in den Siebzigerjahren in der »Frankfurter Allgemeinen Zeitung« publiziert hat. Es handelt sich – von Grimmelshausen über Kleist, Proust, Kafka und Robert Walser bis zu Hermann Kesten und Alfred Andersch – um schriftliches Lob für große und bedeutende Außenseiter, liebe- und ehrfurchtsvolle Verteidigung der gern und oft geschmähten »elenden Skribenten«. Zum 80. Geburtstag Koeppens erschien eine nach Gattungsgesichtspunkten gegliederte Ausgabe der *Gesammelten Werke* in sechs Bänden, ebenfalls herausgegeben von Marcel Reich-Ranicki, Dagmar von Briel und Hans-Ulrich Treichel. Die Ausgabe ist nicht ganz vollständig. In Band 5 und 6 sind nicht alle Berichte, Skizzen und Rezensionen Koeppens abgedruckt. Ebenso sind die Filmdrehbücher ungedruckt bzw. über ihren Verbleib herrscht Unklarheit, zugleich fehlt eine vollständige Bibliografie. Doch ist Koeppen, wie auch diese Werkausgabe deutlich macht, keineswegs verstummt: *Morgenrot* (1987) enthält Fragmente des erwähnten Romans *In Staub mit allen Feinden Brandenburgs*, und *Angst* (1987) umfasst weitere in sich abgeschlossene Erzählungen aus Koeppens letzten Schaffensjahren von 1974 bis 1984. »Auffallend ist die Zweisträngigkeit der letzten Texte: einmal, wie in *Angst* aus der Distanz der USA ein Rückblick eines aus Deutschland im Dritten Reich ausgewanderten Juden beschrieben wird, dessen Politikersohn vom Typ Kissinger in Washington mit Problemen wie Vietnam, Watergate, FBI zu tun hat; hier scheint die USA Mitte der Siebzigerjahre ein Klima einzuholen, wie Koeppen es im Bonn der frühen Fünfzigerjahre wahrnahm und es in *Treibhaus* zu beschreiben suchte. Und in *New York* (1976) sind es gar Henry Hudson von 1609, die Toten der hessischen Regimenter aus den Unabhängigkeitskriegen, Paraden auf dem Times Square von 1929, die Arbeitslosen der Depression und ein Hofmannsthal lesender Flaneur vor der Metropolitan Opera; sie verbinden Deutsch-Amerikanisches zum Bicentennial ebenso, wie die Schauspielschülerin bei Reinhardt das Schicksal der Schwarzen teilt, und alles in einer surrealistischen Vision einer Revolution in Manhattan endet, die Dos Passos Ehre gemacht hätte. Anders die autobiografisch gefärbten Roman-Fragmente des Ich-Erzählers in *Morgenrot* und *Ein Anfang ein Ende*, wo der Tag der Machtübernahme 1933 den Generationenkonflikt zwischen einem preußischen Generalssohn und seinen deutschnationalen Vater- und Großvaterfiguren herausstellt: Er wird Schauspieler werden und sympathisiert mit der ›Roten Fahne‹; in einer unserer Zeit angenäherten Gegenwart im München der Siebzigerjahre zeigt sich derselbe Erzähler, wie er, hochbetagt und immer noch unbehaust, zunehmend schlaflos in Gedanken an einem Weltgebäude baut, dessen Richtfest er nicht mehr erleben wird, wobei aber auch an die nahende Atomkatastrophe gedacht ist. Ziel des Besuchs im geteilten Berlin ist Kleists Grab am Wannsee. Wer Koeppens Aufsatz über *Kleist oder Der mißverstandene Prinz von Homburg* kennt, versteht mit dem Arbeitstitel seines neuen Romans auch die

Affinität des an einem Phantom Germania leidenden, todesträchtigen Prinzen – der in dem patriotischen Stück um sich selber ringt, wie der Autor vor dem Wannsee-Selbstmord – zu einer Hellas-Vision in Brandenburg, die Koeppen teilt« (Volker Wehdeking).

Koeppen, der einen Teil seiner Kindheit zusammen mit seiner Mutter im Hause seines Onkels – des Architekten und Leiters des »Königlichen Hochbauamtes« – im masurischen Ortelsburg verbrachte, erinnert sich in *Es war einmal in Masuren* (1991) noch einmal an diese frühen Jahre. Anlass war im Zusammenhang mit dem Dokumentarfilm *Ortelsburg – Sczytno* von Peter Goedel eine Reise nach Ortelsburg bei Allenstein, dem heutigen Sczytno. »Ich wohne in München, mein Schreibtisch steht an der Isar ... Ich denke an meine Schulzeit in Ortelsburg in Masuren. Das ist lange her ... Ein Menschenleben zwischen mir und Ortelsburg.« Auf »Traumpfaden« und wie im Märchengestus des »Es war einmal ...« taucht Koeppen ein in seine Erinnerungen. In Fragmenten, knappen Wortprotokollen hält er fest, was sein Gedächtnis aufbewahrt hat, und vergleicht es mit dem, was er 70 Jahre später als 85-Jähriger wahrnimmt: »Über Dächer, von Türmen gesehen, der große Haussee. Mir war, als erkannte ich ihn erst jetzt, den wundersamen Freund meiner Jugend.« Die Erinnerung spannt sich vom Ausbruch des Ersten Weltkrieges – das Geschützfeuer der Tannenbergschlacht im August 1914 zerstört weitgehend den 10000-Einwohner-Ort Ortelsburg – bis zur Flucht aus dem Haus des Onkels – »dem Kind schien es ein Gefängnis zu sein«: »Ich lebte in einer Kleinstadt und verwünschte sie.«

1992 erschien als Roman Wolfgang Koeppens das Buch *Jakob Littners Aufzeichnungen aus einem Erdloch*. Es erzählt die Leidensgeschichte des jüdischen Briefmarkenhändlers Jakob Littner, der nach der Reichskristallnacht aus München floh und im Getto der kleinen ostpolnischen Stadt Sbaracz überlebte – versteckt in einem fensterlosen, feuchten Erdloch. Gerettet, schrieb Littner seine Erlebnisse auf. Der mit Koeppen befreundete Verleger Herbert Kluger suchte einen anonymen Bearbeiter und fand ihn in Koeppen. Erfolg beschieden war weder der Erstausgabe von 1948 noch einer Neuausgabe 1985, erst der Ausgabe von 1992 im Jüdischen Verlag des Suhrkamp-Verlages. In deren Vorwort schrieb Koeppen ungenau: »Der Entkommene suchte einen Schriftsteller. ... Ich ... schrieb die Leidensgeschichte eines deutschen Juden. Da wurde es meine Geschichte.« Koeppen hat das nahezu 200 Seiten starke Typoskript Littners mit dem Titel *Mein Weg durch die Nacht* bearbeitet und aus dem Ich-Erzähler eine Koeppenfigur gemacht. Zum Beispiel: Als die Türglocke schrillt, erwartet der Erzähler seine Verhaftung und blickt in den Spiegel: »Ich sah mich, wie ich mich nie gesehen hatte: gefährdet, heimatlos, krank. Meine Wohnung ein Symbol meiner bürgerlichen Existenz, zerplatzte gleichsam vor meinem Auge, und ein Sturm wehte mich hinaus in das Ungeschützte, vielleicht in das wahre Leben, und alles, was bisher war, ist nur Täuschung – das sichere Geschäft, die Briefmarkenhandlung, das Handelsregister, die Steuernummer, die bürgerlichen Ehrenrechte.« Offen bleibt, ob Littners relativ kunstloser, aber authentischer Originalbericht nicht wirksamer ist als Koeppens Ästhetisierung zu Kunstprosa.

Jörg Dörings werkbiografische Studie *... ich stellte mich unter, ich machte mich klein ... Wolfgang Koeppen 1933–1948*« erhellt Koeppens Jahre im holländischen Exil und ab Ende 1938 seine Zeit als Drehbuchschreiber bei der Ufa. Wie ein Eulenspiegel hatte Koeppen nach 1945 biografische Realität und Fiktion miteinander vermischt. Anlass für diese Scharaden und Vexierspiele war das Empfinden von Schuld darüber, im »Dritten Reich« zu viele Kompromisse geschlossen zu haben. (Als Drehbuchschreiber schrieb Koeppen den Lebensunterhalt sichernde Drehbücher mit Titeln wie *Rosi und die Philosophen*, *Pflicht und Leidenschaft*, *Der Weibsteufel*. Realisiert davon wurde eine schönfärberische NS-Fassung von *Romeo und Julia auf dem Dorfe*.) Döring sieht in dem Jonglieren mit NS-Behörden und privaten Beziehungen auch den Grund dafür, dass Koeppen den immer wieder in Aussicht gestellten großen Roman nicht geschrieben hat. Koeppens Satz »Ich bin ein gewandter Lügner, das fordert der Beruf« ist ernst zu nehmen.

Auf die erhebliche Bedeutung der Radierungsserie *Carceri d'Invenzione* des spätbarocken italienischen Architekten Giovanni Battista Piranesi für Koeppens Weltverständnis und Werk haben zuletzt mehrere Germanisten hingewiesen. Bereits 1931 verfasste Koeppen für die »Deutsche Allgemeine Zeitung« einen Feuilletonartikel über Piranesi sowie die erst jetzt wiederentdeckte Erzählung *Das phantastische Gefängnis des G. B. Piranesi*. Verzweifelt über die Beschränkungen, denen er unterlag, gab sich Piranesi nächtlichen Visionen hin, Ausflügen ins »dunkle Reich des gezeichneten Spukes« – einer Ästhetik des Schreckens, Leidens und der

Labyrinthe: »So durfte ich jung die Carceri von Piranesi betrachten und bin in diesem bewundernswerten grausamen Labyrinth verwirrt geblieben; gefesselt, geängstigt und unbegreiflich entzückt. Es war die Gewalt des Ästhetischen, des Möglichen, des Spiels.« Das Labyrinthische wird vielfach – besonders in den Romanen – zu Koeppens Kompositionsprinzip.

Der umfangreiche Nachlassband *Auf dem Phantasieroß* (2000) zeigt, dass Koeppens Fabulierfähigkeit trotz der ihm immer wieder attestierten Schreibhemmung auch in der zweiten Lebenshälfte groß war. Nach seinem Tod 1996 fand man in seiner Wohnung in der Widenmayerstraße in München einige tausend Blätter Manuskripte, darunter unveröffentlichte Erzählungen und Romanfragmente. Schreiben blieb Koeppens Lebenshaltung: Kräftig bewegte er noch im hohen Alter die Flügel des Pegasus. Zugleich ist an diesem Nachlassband ablesbar, dass der Stilist Koeppen, dem Hans Magnus Enzensberger die »zarteste und biegsamste Prosa« der deutschsprachigen Literatur bescheinigte, nie mit seinen Texten »fertig« war; immer wieder schrieb er sie um und verfeinerte sie ständig. Allerdings sind in diesem ersten Nachlassband manche der 170 Texte – aus den Jahren 1923 bis 1993 – doch allzu skizzenhaft und »unfertig«.

Stephan Reinhardt

Werke: *Eine unglückliche Liebe*, R., Bln. 1934; *Die Mauer schwankt*, R., Bln. 1935; *Jakob Littner: Aufzeichnungen aus seinem Erdloch*, Mü. 1948, u. d. T. *Jakob Littners Aufzeichnungen aus einem Erdloch*, Ffm. 1992; *Die Pflicht*, R., Bln. 1939; *Emile Zola: Germinal*, Hg., Mü. 1947; *Tauben im Gras*, R., Stg., Hbg. 1951; *Das Treibhaus*, R., Stg. 1953; *Der Tod in Rom*, Stg. 1954; *Der gläserne Turm*, Drehb., zus. m. Otto Krohmann, 1957; *Percy B. Shelley: Das brennende Herz*, Hg., Mü., Wien, Basel 1958; *Nach Rußland und anderswohin. Empfindsame Reisen*, Stg. 1958; *Amerikafahrt*, Stg. 1959; *Reisen nach Frankreich*, Stg. 1961; *New York. Auswahl aus Amerikafahrt*, mit einer autobiografischen Skizze, Mü. 1961; *Romanisches Café*, Pr., Ffm. 1972; *Jugend*, Pr., Ffm. 1976; *Die elenden Skribenten. Rezensionen, Porträts*, hg. v. Marcel Reich-Ranicki, Ffm. 1981; *Gesammelte Werke*, 6 Bde., hg. v. M. Reich-Ranicki, Dagmar v. Briel u. Hans-Ulrich Treichel, Ffm. 1986; *Morgenrot. Anfänge eines Romans*, Ffm. 1987; *Philipp Otto Runge: Von dem Machandelboom. Nacherzählung*, Ffm. 1987; *Angst. Erzählende Prosa 1974–1984*, Ffm. 1987; *Ortelsburg–Sczytno. Es war einmal in Masuren*, Film, zus. m. Peter Goedel, 1990; *Es war einmal in Masuren*, Ffm. 1991; *Ich bin gern in Venedig warum*, Ffm. 1994; *»Einer, der schreibt.« Gespräche und Interviews*, hg. v. Hans-Ulrich Treichel, Ffm. 1995; *Auf dem Phantasieroß. Prosa aus dem Nachlaß*, Ffm. 2000.

Kofler, Werner, wurde am 23. 7. 1947 in Villach (Kärnten) geboren. Es besuchte die Lehrerbildungsanstalt in Klagenfurt, beendete das Studium aber nicht. Er begab sich auf Reisen und schlug sich mit Gelegenheitsjobs durch. Seit 1968 arbeitet er als freier Schriftsteller, seit 1970 lebt er in Wien. Er wurde mehrfach mit dem Elias-Canetti-Stipendium der Stadt Wien, 1990 mit dem Österreichischen Würdigungspreis für Literatur, 1991 mit dem Großen Preis der Stadt Wien, 1996 mit dem Arno-Schmidt-Stipendium und 2001 mit dem Peter-Rosegger-Literaturpreis des Landes Steiermark ausgezeichnet.

Mit der landläufigen Wirklichkeit hat Werner Kofler nichts im Sinn. Die Vorbehalte fangen schon beim eigenen Ich und seinen subjektiven Erfahrungen an. Literatur, die vorgibt, allgemein verbindlich abzubilden, was vorgeht in der Welt, bietet ihm Anlass für Spott und Satire. Wenn Kofler von sich und seinen Erfahrungen schreibt, schiebt er Instanzen der Verrätselung zwischen Werk und Leben. Mit seiner ersten größeren Prosaarbeit, die Wirkung zeitigte, *Guggile* (1975), gab er vor, autobiografisch zu verfahren. In Szenen und Momentaufnahmen öffnet sich das Panorama einer Kindheit und Jugend im Kärnten der Fünfzigerjahre, doch mehr als am deklamatorischen Vorzeigen seiner Wunden ist ihm daran gelegen, Mechanismen der Zurichtung herauszuarbeiten. Kofler ordnet Material, Vorgefundenes und Bearbeitetes, um der Unheimlichkeit der Normalität auf die Schliche zu kommen. Das Buch legt den Grundstein für ein Werk, das einen Berserker der Sprache zeigt, der in der Folge Buch um Buch der Wirklichkeit heimzuzahlen gewillt ist, weil sie sich an den Menschen vergreift und ihnen Beschränkungen auferlegt. Koflers Literatur zielt auf die Sprengung der Grenzen, was bei ihm bedeutet, die üblichen Denkbarrieren mit Sprachwut aufzuheben. Wo das auf Linie gebrachte Denken nicht ausreicht, gelangt Kofler mit seiner rabiaten Sprache doch noch hin. Koflers Literatur spielt mit trivialen Modellen und entwickelt daraus hochartifizielle Prosastücke.

In seinen als Trilogie konzipierten Bänden *Am Schreibtisch* (1988), *Hotel Mordschein* (1989) und *Der Hirt auf dem Felsen* (1991) setzt er jeweils ein Ich der Weltverwirrung auf den Höhen einer entfesselten Sprache aus. Kofler ist ein Stimmenimitator, der literarisch Mimikry betreibt. Als Erzähler ist er nie dingfest zu machen, weil er sich fremde Rollen anmaßt und ein Ich nur als Verwandlungskünstler gelten lässt. Im Text *Verdeckte Selbstbeo-*

bachtung (in: *Hotel Mordschein*) verschanzt sich ein Ich in einem Hotel und beobachtet sich selbst im Literaturhaus gegenüber. Das gibt Anlass zu vertrackten Identitätskonstellationen: Das Ich sieht sich als Schriftsteller selbst beim Schreiben zu und wird Zeuge einer permanenten Verwandlung im Prozess des Schreibens.
Weil Kofler Setzungen von Wirklichkeit attackiert, zieht er mit Genuss über Schriftstellerkollegen her, die handfeste Erzählungen liefern oder Wirklichkeit idealisieren. Er macht sich einen Spaß daraus, anspielungs- und zitatenreiche Prosa zu schreiben, die sich freudig Gegner schafft. Aber Kofler, der Virtuose der Grammatik, bleibt selber ein Phantom. Er bildet Konjunktiv-Realitäten aus (*Üble Nachrede – Furcht und Unruhe*, 1997) und spielt mit literarischen Modellen. So liegt dem Roman *Konkurrenz* (1984) eine Krimistruktur zugrunde.
Harmlos ist die Koflersche Literatur nie. Sie gibt vor, auf das Verständnis von Wirklichkeit, auf das wir uns eingeschworen haben, zu pfeifen, aber sie attackiert mit all ihrer Sprachmacht. Und wenn sich der Autor auch das Recht nimmt, Politik nicht mit Argumenten zu kritisieren, so führt er hochgelobte Autoren der Gegenwart unter der Rubrik »kuscheliger Antifaschismus« (*Herbst, Freiheit*, 1994) und schlägt mit Wucht zu, wo sich ihm die Fratze der Macht zeigt.

Anton Thuswaldner

Werke: *Stimmen,* Hsp., ORF 1969; *Örtliche Verhältnisse,* Hsp., SDR 1970; *örtliche verhältnisse,* Bln. 1973; *Analo. Das große kleine Comix-Buch,* zus. m. Friedrich Aigner, Wien, Mü. 1973; *Vorgeschichte,* Hsp., ORF 1973; *Guggile: vom Bravsein und vom Schweinigeln. Eine Materialsammlung aus der Provinz,* Pr., Bln. 1975; *Surrealismus oder Was ist, kann nicht wahr sein,* Hsp., ORF 1976; *Geschlossene Anstalt,* Hsp., ORF 1977; *Zell-Arzberg oder Die Gütergemeinschaft,* Hsp., ORF/NDR 1978; *Ida H. Eine Krankengeschichte,* E., Bln. 1978; *Aus der Wildnis. Zwei Fragmente,* Bln. 1980; *Oliver,* Hsp., ORF/HR 1980; *Die vier Jahreszeiten (Die Bewährung von Harmonie und Erfindung oder Play Vivaldi),* Hsp., ORF 1981; *Monopolis,* Hsp., ORF 1983; *Konkurrenz. Szenen aus dem Salzkammergut,* R., Wien, Bln. 1984; *Zell-Arzberg. Ein Exzess,* Theaterst., UA Villach 1984; *Amok und Harmonie. Vier Prosastücke,* Bln. 1985; *Der dramatisierte Schundroman – letzte Folge,* Hsp., zus. m. Antonio Fian, ORF 1985; *Feiner Schmutz, gemischter Schund. Ein Radioroman,* Hsp., zus. m. Antonio Fian, 1986; *Blöde Kaffern, dunkler Erdteil,* Hsp., zus. mit Antonio Fian, Hsp., HR 1987; *Am Schreibtisch. Alpensagen/Reisebilder/Racheakte,* Pr., Reinbek 1988; *Hotel Mordschein,* Hsp., ORF 1988; *Hotel Mordschein. Drei Prosastücke,* Reinbek 1989; *Der Erlöser. Eine Simulation,* Hsp., zus. m. Antonio Fian, HR/ORF 1989; *Der Hirt auf dem Felsen. Ein Prosastück,* Reinbek 1991; *Das große Buch vom kleinen Oliver,* E., m. Illustr. v. Gerhard Haderer, Wien 1991; *Was geschah mit der Königin der Nacht,* Hsp., ORF/SFR/WDR 1992; *Im Museum,* Drehb., 1993; *Herbst, Freiheit. Ein Nachtstück,* E., Reinbek 1994; *Wie ich Roberto Cazzola in Triest plötzlich und grundlos drei Ohrfeigen versetzte. Versprengte Texte,* Wien 1994; *In der Hauptstadt der Literatur,* Hsp., ORF 1994; *Lombroso in Leibnitz oder Der afrikanische Bruder,* Hsp., zus. m. Antonio Fian, HR/ORF 1994; *Biohotel, Pastorale,* Hsp., ORF/RB 1994; *Dopo Bernhard. Wie ich dem Übersetzer Reitani aus Bari den Unterschied zwischen Mordschein und Mondschein beibrachte. Ein Schurkenstreich/Nach Bernhard. Come al traduttore Reitani di Bari feci capire la differenza fra Mordschein e Mondschein. Una mascalzonata,* zweispr. Ausg., Übs. v. Anna Santini, Köln 1996; *Üble Nachrede – Furcht und Unruhe.* Pr., Reinbek 1997; *Furcht und Unruhe. Monolog,* Hsp., ORF/HR 1997; *Manker. Invention,* Wien 1999; *Blöde Kaffern, dunkler Erdteil. Drei Hörspiele,* zus. m. Antonio Fian, Wien 1999; *Zerstörung der Schneiderpuppe. Eine Festschrift,* Köln 1999; *Tanzcafé Treblinka – Geschlossene Vorstellung. Sprechstück mit Musik,* Wien 2001, UA Klagenfurt 2001; *Stadttheater,* Hsp., SR/ORF 2001; *Auf der Strecke,* Hsp., NDR/ORF 2003.

Köhler, Barbara, wurde am 11. 4. 1959 in Burgstädt/Sachsen geboren. Sie absolvierte eine Ausbildung zur Textilfacharbeiterin mit Abitur in Plauen und arbeitete später in Karl-Marx-Stadt. Von 1985 bis 1988 studierte sie am »Institut für Literatur Johannes R. Becher« in Leipzig, von 1988 an war sie wissenschaftliche Mitarbeiterin am Bezirksliteraturzentrum Karl-Marx-Stadt/Chemnitz. Seit 1991 arbeitet sie als freie Schriftstellerin, 1994 zog sie nach Duisburg um. Seit 1996 arbeitet sie mit Texten im Raum, Ausstellungen, Installationen, Multiples, Audioarbeiten, Text am Bau. Ausgezeichnet wurde sie 1990 mit dem Förderpreis der Jürgen-Ponto-Stiftung, 1991 mit dem Förderpreis des Leonce-und-Lena-Preises, 1992 mit dem Förderpreis des Friedrich-Hölderlin-Preises, 1993 mit dem Edenkoben-Stipendium, 1994 mit dem Förderpreis des Else-Lasker-Schüler-Preises, 1995 mit dem Stadtschreiberamt in Rheinsberg, 1996 mit dem Clemens-Brentano-Preis, 1998 mit der Ehrengabe der Deutschen Schillerstiftung Weimar, 1999 mit dem Literaturpreis Ruhrgebiet und 2001 mit dem Förderpreis des Lessing-Preises. 1997 war sie »writer-in-residence« an der University of Warwick in England, 1999/2000 »artist-in-dialogue« an der Universität Witten-Herdecke.
Poetische Grenzvermessungen, gepaart mit einem sprachskeptischen Humanismus, so ließen sich Barbara Köhlers Arbeiten beschreiben. Bereits in ihrem Debüt, *Deutsches Roulett* (1991), heißt es: »Ich

harre aus im Land und geh ihm fremd / Mit einer Liebe, die mich über Grenzen treibt.« In den zwischen 1984 und 1989 entstandenen Texten ist viel von Grenzerfahrungen, von Spiegelungen und Brechungen die Rede, auch von Verlusten und Verletzungen durch das Aufbegehren gegen Ordnungen. Zahlreiche Liebesgedichte, Texte zur Kindheit in der DDR und zu weiblichen Mythen, Hölderlin und Bachmann lugen über die Schulter, dann wieder Reiseimpressionen aus Budapest und Böhmen, plötzlich befindet sich »Sachsen am Meer – ahoi!«, und die sanfte Melancholie erweitert sich zum heiteren Jauchzen. »Den Flüssen hier glaubt man nicht, daß sie ins Meer wollen«, heißt es dann wieder mit Bitternis, nur die »Papierboote« überwinden die Sprachlosigkeit und fahren in die Freiheit.

Blue Box (1995) verfolgt ein anderes Verfahren: Wie eine »blue box« arbeitet Köhler mit Überblendungstechniken semantischer und phonetischer Wortfelder, verknüpft und spiegelt einzelne, lose Satzteile, jongliert mit Syntax, Worten und Silben. Klar erkennbar ist der Versuch, vorgestanzte Sprachschablonen zu vermeiden oder gar zu destruieren; Köhler bietet mehrere (speziell auch weibliche) Lesarten an, gibt sich widersprüchlich, lässt ihre Sätze Verse umgreifen und dann wieder harte Schnitte, Bilderbrüche und Stakkati wirken. So wie sie es in *Wittgensteins Nichte* (1999) analytisch und theoretisch vorführt, leistet sie sich kleine, ironische Spielereien wie Verschiebungen der Perspektive, um Sprachstrukturen und Sprachgrenzen behutsam abzutasten. Dies ist als Reflex auf eine sich verändernde Welt zu lesen, in der die poetische Bewegung der realen (von Chemnitz nach Duisburg mit dem Abstecher nach Island) zu folgen sucht. Nicht immer offenbar mit Erfolg: »Ich übe das Alleinsein ... Ich rede mit der Sprache, manchmal antwortet sie. Ich rechne nicht mehr damit, verstanden zu werden.« Diese Zweifel an der menschlichen Kommunikationsfähigkeit korrespondieren mit den sprachskeptischen Modellen von Wittgenstein und McLuhan, die hier ausgiebig anzitiert werden. Der Band *cor responde* (1998) ergänzt mit seinen Bildern aus einem farbigen Portugal und einem interpunktionslosen, gehetzten Rhythmus die poetischen Suchbewegungen von Barbara Köhler, die auch die Zusammenarbeit mit bildenden Künstlern pflegt. Hier entstehen dann Text- und Videoinstallationen für spezielle Räume, in denen Text, Bild und Raum in ein wechselseitiges, buchstäbliches Verhältnis treten sollen.

Thomas Kraft

Werke: *Deutsches Roulette*, G., Ffm. 1991; *Blue Box*, G., Ffm. 1995; *Orts Zeit*, Kat., zus. m. Albert Renger-Patzsch u. Beat Reichlin, Duisburg 1996; *cor responde*, G., zus. m. Ueli Michel, Duisburg 1998; *Wittgensteins Nichte. Vermischte Schriften/Mixed Media*, Ffm. 1999; *to change the subject*, zus. m. Ulrike Draesner u. Peter Waterhouse, Gött. 2000; *Zeit zum Essen. Eine Tischgesellschaft. Objects food and portraits by Gertrude Stein, über- und vorgetragen von B. K.*, Schpl., Basel, Weil a. Rh., Wien 2001. Arbeiten für öffentlichen Raum (Auswahl): *Words for Windows*, diverse temporäre Arbeiten seit 1996; *Ein öffentlicher Raum für Hasselbach*, Skulpturenprojekt Im Tal, Hasselbach/Westerwald; *Die schönste Farbe*, zus. mit Ueli Michel, Wohnüberbauung Färberei-Areal Zofingen, CH; *Stimmführung*, Diözesanmuseum Köln 1999.

Köhlmeier, Michael, am 15. 10. 1949 in Hard (Vorarlberg) geboren, besuchte die Volksschule in Hohenems und das Gymnasium in Feldkirch, wo er 1970 auch die Matura (Abitur) ablegte. Dann studierte er in Marburg Deutsch und Politik für das Lehramt, absolvierte 1976 das Staatsexamen mit einer Arbeit über den Austrofaschismus und studierte anschließend von 1977 bis 1980 noch Mathematik und Philosophie in Gießen. Seit 1980 lebt Köhlmeier als freischaffender Autor in Hohenems. 1981 heiratete er die Schriftstellerin Monika Helfer. 1974 erhielt er den Rauriser Förderungspreis des Landes Salzburg, im Jahr darauf gewann er den ORF-Drehbuchwettbewerb und den Anerkennungspreis der Ernst-Koref-Stiftung Linz. 1976 bekam er das Nachwuchsstipendium für Literatur des österreichischen Bundesministeriums für Unterricht und Kunst (BUK) zugesprochen, 1982 den Rauriser Literaturpreis des Landes Salzburg, 1985/86 das Staatsstipendium für Literatur des BUK sowie den Georg-Rendl-Literaturpreis der Kammer für Arbeiter und Angestellte in Salzburg, 1987 die Ehrengabe des Landes Vorarlberg, 1988 den Johann-Peter-Hebel-Preis des Landes Baden-Württemberg, 1993 den Manès-Sperber-Preis für Literatur des BUK, 1995/96 das Projektstipendium des BUK, 1996 den Anton-Wildgans-Preis der Österreichischen Industrie, 1997 den Grimmelshausen-Preis der Stadt Renchen und 2001 den Ehrenpreis des Vorarlberger Buchhandels.

Köhlmeiers Gesamtœuvre ist überaus vielgestaltig und besteht u.a. aus Songtexten, Libretti, Kinderbüchern, Hörspielen, Theaterstücken und Drehbüchern. Dabei gibt es zwischen den einzelnen Genres mehrfach Austauschbeziehungen: So hat der Autor Dramen, einzelne Erzählungen und Teile von Romanen nachträglich zu Hörspielen umgearbeitet, aber auch umgekehrt aus Hörfunkproduktionen

Theaterstücke oder Prosatexte gemacht. Das Zentrum seines Schaffens bilden die zahlreichen Romane und Erzählungen. Dieses Prosawerk steht im Zeichen jener literarischen Entwicklung des späten 20. Jahrhunderts, die sich mit dem Schlagwort von der »Wiederkehr des Erzählens« fassen lässt. Wie andere junge Autoren seiner Generation begann auch Köhlmeier Anfang der Achtzigerjahre damit, bewusst auf die von den Avantgardebewegungen des 20. Jahrhunderts propagierte Zerschlagung narrativer Strukturen zu verzichten und sich vermehrt wieder vertrauten Mustern der Erzählliteratur zuzuwenden. Während die beiden frühen Texte *Der Peverl Toni* (1982) und *Moderne Zeiten* (1984) noch auf Versatzstücke des Schelmen- und des fantastischen Romans zurückgreifen, etablierte er in der zweiten Hälfte der Achtzigerjahre einen eigenen Modus der psychologischen Recherche mit narrativen Mitteln, der die Voraussetzungen des Erzählens subtil mitreflektiert. Sowohl in *Die Figur* (1986) als auch in *Spielplatz der Helden* (1988) und *Die Musterschüler* (1989) geht es um die erzählerische Rekonstruktion von Ereignisabläufen mit tendenziell katastrophischen, immer aber unverhältnismäßigen Folgen – im ersten Fall bildet die Ermordung des italienischen Königs Umberto I. durch den Seidenweber Gaetano Bresci das Ziel der literarischen Spurensuche, im zweiten wird erkundet, weshalb drei Alpinisten auf einer Extremexpedition in Grönland zu erbitterten Feinden werden, und im dritten lässt der Autor einen ehemaligen Mitbeteiligten an einem beinahe tödlich verlaufenen Bestrafungsritual in einem Knabeninternat nach den Ursachen des kollektiven Gewaltausbruchs fahnden. Jedes Mal erweist sich aufs Neue, dass sich zwar Motivationsbruchstücke für das Tun der Personen aufspüren lassen, alle Erklärungsversuche letztlich aber fragwürdige Konstrukte bleiben, weil die nachträglich hergestellten Kausalketten die Irrationalität menschlichen Handelns nur überdecken. Narratologisch stellen insbesondere die beiden letztgenannten Romane eine Weiterentwicklung dar, weil hier – anders als in den früheren Texten – nicht mehr auktorial erzählt, sondern das Geschehen durch mehrere, z.T. einander widersprechende Ich-Berichte vermittelt wird, die obendrein durch das Dazwischentreten einer zusätzlichen, gleichfalls subjektiven Sammel- und Filterinstanz eine weitere Brechung erfahren.

In den Neunzigerjahren verließ Köhlmeier scheinbar das Modell narrativer Investigation. Sein Prosaschaffen fächerte sich sowohl inhaltlich als auch strukturell in eine Vielzahl parallel existierender Formen auf: parabelhafte (*Als das Schwein zu Tanze ging*, 1991; *Sunrise*, 1994) stehen neben autobiografisch grundierten Texten (*Bleib über Nacht*, 1993; *Geh mit mir*, 2000), episodische (*Bevor Max kam*, 1998; *Der traurige Blick in die Weite*, 1999) neben eher novellistisch zu nennenden Erzählkonstruktionen (*Calling*, 1998; *dein Zimmer für mich allein*, 1997). Die zweifellos wichtigste Sparte bildet jedoch die narrative Neukonstellierung antiker und mittelalterlicher Stoffe – ein Unternehmen, das zum gegenwärtigen Zeitpunkt noch nicht zum Abschluss gekommen ist und aus zwei aufeinander bezogenen Teilprojekten besteht. Im ersten, das auf insgesamt drei Bände angelegt ist und von dem bislang die Romane *Telemach* (1995) und *Kalypso* (1997) erschienen sind (der abschließende Band der Trilogie, *Penelope*, steht noch aus), betreibt Köhlmeier eine aktualisierende Umschrift der homerischen *Odyssee*, die zuweilen bis hin zur Mythenparodie geht. Im zweiten erzählt er die in den homerischen Epen, den Schriften Ovids und Hesiods, im Alten und Neuen Testament sowie im Nibelungenlied enthaltenen Geschichten nach. Ausgangspunkt für diese Texte waren zwei umfangreiche Hörfunkproduktionen des ORF, in denen der Autor ab 1995 zunächst »Sagen des klassischen Altertums« in drei Staffeln und dann ab 1999 in zwei Staffeln »Biblische Geschichten« weitgehend aus dem Stegreif paraphrasierte und in moderner Diktion mündlich wiedergegeben hat. Die Hörfunksendungen sind auf CD erhältlich, liegen aber auch – im Wortlaut geringfügig verändert – in gedruckter Form vor. Durch den betont kolloquial gehaltenen Erzählduktus sucht der Autor die ursprünglich mündlich vermittelten und erst im Laufe der Zeit verschriftlichten, schließlich zum Kulturmonument gewordenen Berichte aus der Starre der Kanonisierung zu befreien und sie neu in die Erlebniswelt der heutigen Rezipienten einzuspeisen.

Köhlmeier schlüpft hier an der Wende vom 20. zum 21. Jahrhundert gewissermaßen in die Rolle eines modernen Gustav Schwab, der die Tradierung vom Vergessen bedrohten, kulturellen Bildungsguts zu seiner zentralen Aufgabe macht. Weil er die mythischen Erzählungen aber in erster Linie als Geschichtenreservoir begreift, zielt er – im Gegensatz zu Schwab – nicht auf eine monumentalisierende Darstellungsweise ab. Auch geht es dem Autor nicht um die historische Rekonstruktion des Mythos, ja der Leser erfährt sowohl in den Romanen als auch in den Nacherzählungen kaum etwas über die konkreten Lebensbedingungen der Menschen in der antiken Welt. Stattdessen werden die handelnden Figuren radikal vergegenwärtigt und agieren lediglich vor mehr oder weniger prominenten Kulissen. Die Kritik hat aus diesem Grund zu Recht von »Attrappen des klassischen Altertums« (Franz Haas) gesprochen. Um seinen Hörern und Lesern das längst Vergangene nahe zu bringen, setzt Köhlmeier auf eine radikale, oft gewollt banalisierende Aktualisierung der Vorlage. Indem er das Geschehen psychologisiert – an dieser Stelle taucht unvermutet das Interesse an narrativer Investigation wieder auf –, ebnet er die Differenz zwischen den überlebensgroß wirkenden Figuren des Mythos und dem Erlebnishorizont der Jetztzeit konsequent ein: Sisyphos etwa wird kurzerhand zum »Zwangsneurotiker« (*Sagen des klassischen Altertums*, 1996) erklärt. Eine solche Transposition der Stoffe ins Heute präpariert zwar den anthropologischen Kern menschlichen Agierens heraus, reduziert die Motive des Tuns aber auch auf das immer Gleiche. Dient die psychologische Mythendeutung wesentlich dazu, die antiken Figuren zu vermenschlichen, wendet Köhlmeier in seinen in der Gegenwart angesiedelten Romanen und Erzählungen vielfach die umgekehrte Verfahrensweise an. Während er die mythischen Stoffe der Weltliteratur entheroisiert, unterlegt er im Gegenzug seinen selbst er- bzw. selbst gefundenen Geschichten gern einen mythischen Bedeutungshintergrund und hebt sie dadurch über das bloß Individuelle hinaus. So verweisen beispielsweise Titel und Motto von *Bleib über Nacht* (1993) auf das biblische Buch Ruth und zitieren so das wohl prominenteste Beispiel eines aufgeschobenen Liebesaktes. Überhaupt zeichnen sich Köhlmeiers Texte durch eine ausgeprägte Intertextualität aus, die in ihrer z.T. wilden Kombinatorik spielerisch-postmodern wirkt. Dem entspricht auch der Umstand, dass der Autor in seinen Nacherzählungen keinerlei Unterschied zwischen antiken, nordischen und christlichen Mythen macht. Der Mythos gilt ihm – unabhängig von seiner Herkunft und seinem Entstehungskontext – als eine Art von Ur-Erzählung, als basales Narrationsmuster zur Wiedergabe archetypischer Grunderfahrungen – gleichgültig, ob sich diese in Extremsituationen oder in unscheinbaren Alltagsmomenten abspielen.

Wegen der außerordentlichen Vielgestaltigkeit seines Œuvres wurde Köhlmeier gelegentlich als »Proteus« (Sigrid Löffler) der Literatur tituliert. Zwar hat eine solche Bezeichnung insofern eine gewisse Berechtigung, als der Autor sowohl reichlich unspektakuläre Begebenheiten als auch Stoffe von weltliterarischem Format gestaltet und abwechselnd einer zuweilen sich verselbstständigenden Fabulierlust und einem ökonomisch-pointierten Erzählen mit klarer Dramaturgie den Vorrang gibt, doch verdeckt sie die erkennbaren Konstanten in der Werkentwicklung. Fraglos gehört Köhlmeier zu den erfolgreichsten Schriftstellern seines Landes. Auffällig ist dabei freilich, dass die Bewertung seiner Texte im deutschen Sprachraum signifikant differiert: Während der »Tausendsassa der Literaturszene« (Raimund Jäger) in seinem Heimatland Österreich hoch geschätzt wird, hat ihn die bundesdeutsche Presse wegen seiner auch kolportagehafte Elemente nicht verschmähenden Erzählweise eher zum Verfasser gehobener Unterhaltungsliteratur erklärt und wirft dem »Vielschreiber« (Klaus Grabovszki) vor, dass er das Leserinteresse geschickt mit süffigen und nicht selten anzüglichen Stoffen bediene.

Wolfgang Bunzel

Werke: *Klaus will Millionär werden*, zus. m. Reinhold Bilgeri, Hsp., ORF 1972; *Der Melierdialog des Thukydides*, Hsp., ORF 1973; *Frau B. lernt sprechen*, zus. m. Elisabeth Wäger-Häusle, Hsp., ORF 1973; *Im Westen nichts Neues*, zus. m. Reinhold Bilgeri, Kabar.-Serie, ORF 1973–75; *Like Bob Dylan*, Theaterst., UA Rauris 1974, Hsp., ORF 1974; *Aufenthalt in Lindau*, Hsp., ORF 1974; *Mehr als 15 Prozent*, Hsp., ORF 1975; *Drei im Café spielen*, Hsp., ORF 1975; *Das Anhörungsverfahren*, Theaterst., UA Bregenz 1976; *Elektronenecho oder Der innere Kreis*, Theaterst., UA Bregenz 1976; *Warum wir über das Römische Reich mehr wissen als über das Dritte Reich*, zus. m. Elisabeth Wäger-Häusle, ORF 1976; *Über die Schrebergärten hinaus*, Hsp., ORF 1976; *Paloma Blanca*, Hsp., ORF 1977; *Oktopus greift ein: Die Logik des Todes*, Hsp., ORF 1978; *Seine Begegnung mit ihm*, Hsp., ORF 1978; *Der Auftrag*, Hsp., ORF 1978; *Catch 22. Nach Joseph Heller*, Hsp., ORF 1978; *Macht über die Speisekarte. Nach Mark Twains »Menschenfresserei in der Eisenbahn«*, Hsp., ORF 1978; *Der Zorn des Meisters*, zus. m. Monika Helfer-Friedrich, Hsp., ORF 1979; *Giacomo. Nach James Joyces »Giacomo Joyce«*, Hsp., ORF 1979; *Tonbandprotokoll*, zus. m. Monika Helfer-Friedrich, Hsp., ORF 1979; *Der Peverl Toni und seine abenteuerliche Reise durch meinen Kopf*, R., Hbg. 1982; *Leviathans Brief*, Hsp., ORF 1982; *Frau Böckle und Herr Schädler*, Hsp., ORF 1983; *March Movie*, Hsp., ORF 1983; *Moderne Zeiten*, R., Mü. 1984; *Sapperlot, frohlocket*, Theaterst., UA Feldkirch 1984; *Das Kinderzimmer. Nach Ray Bradbury*, Hsp., ORF 1984; *Der zweite Schübling*, Hsp., ORF 1984; *Das weiße Haus in Casablanca*, zus. m. Peter Klein, Hsp., ORF 1984; *Das Kreuz von Hohenems*, zus. m. Peter Klein, Hsp., ORF 1984, Theaterst., UA Feldkirch 1985; *Hörspiel Hörspiel*, zus. m. Peter Klein, Hsp., ORF 1984; *Veltliner und Betrogen*, Hsp., ORF/RIAS 1985; *Konrad*, zus. m. Peter Klein,

Hsp., ORF 1985; *Scheffknecht und Breuß*, Hsp., ORF 1985–87, Theaterst., UA Schaan 1989, bearb. v. Angelika Mathis, Hohenems 2000; *Spielplatz der Helden*, R., Mü. 1988; *Onkel Wolf*, Hsp., SFB/ORF 1988; *Die Musterschüler*, R., Mü. 1989; *Erlebtes gemalt. Im Süden der Vernunft. Versuch über die Fort-Bewegung*, zus. m. Roland Haas, Amstetten 1989; *Onkel Wolf*, Hsp., SFB/ORF 1989; *Herz der Finsternis. Nach Joseph Conrad*, Hsp., ORF 1989; *Love and Glory*, Theaterst., UA Wien 1990; *Apokalypse*, Theaterst., UA Schlins 1990; *Die Natur des Gegners*, Theaterst., UA 1990; *After Shave*, zus. m. Edith-Ulla Gasser u. Peter Klein, Hsp., ORF 1990; *Wie das Schwein zu Tanze ging. Eine Fabel*, Mü. 1991; *Im Süden der Vernunft. Ein Essay*, Hard 1991; *Scheffknecht und Breuß II*, Theaterst., UA Feldkirch 1991; *Schuhe aus der Mark Brandenburg*, Hsp., ORF 1991; *Theorie des Heimzahlens*, Hsp., ORF/SFB 1991; *Theorie des Aufrisses*, Hsp., SFB/ORF 1992, beide u. d. Titel *Männer in der Stadt*, Theaterst., UA Feldkirch 1994; *Marile und der Bär*, hg. v. Richard Pils, Weitra 1992; *Meine Mann-Männchen. Eine blaukrause Geschichte*, hg. v. Richard Pils. Weitra 1992; *Bleib über Nacht*, R., Mü. 1993; *Theorie der völligen Hilflosigkeit*, Hsp., ORF 1993, Theaterst., UA Feldkirch 1995; *Der Mensch ist verschieden. Variationen zu Theophrast*, zus. m. Monika Helfer, Mosbach 1994; *Der Narrenkarren. Nach Lope de Vega »Die Irren von Valencia«*, Dornbirn 1994; *Die Leute von Lech*, Innsbr. 1994; *Oskar und Lilli. Nach dem gleichnamigen Roman von Monika Helfer*, Hsp., ORF 1994; *Sunrise*, E., Innsbr. 1994, Hsp., ORF 2001; *Telemach*, R., Mü. 1995; *Mein privates Glück*, Theaterst., UA Bregenz 1995; *Der liebe Augustin*, Theaterst., UA Bregenz 1995; *Klassische Sagen des Altertums*, Hsp., ORF 1995–97, u. d. T. *Michael Köhlmeiers Sagen des klassischen Altertums*, Mü. 1996, u. *Neue Sagen des klassischen Altertums von Amor und Psyche bis Poseidon*, Mü. 1998; *Ballade von der sexuellen Abhängigkeit*, E., Innsbr. 1996, u. d. T. *Trilogie der sexuellen Abhängigkeit*, Mü. 1997; *Nestor*, Hsp., ORF 1996; *Neue Sagen des klassischen Altertums von Eos bis Aeneas*, Mü. 1997; *dein Zimmer für mich allein*, E., Wien 1997, Hsp., ORF 1998; *Die Welt der Mongolen. Libretto zu einer Oper von Kurt Schwertsik*, Wien 1997, UA Linz 1997; *Der Unfisch. Die Erzählung zum Film von Robert Dornhelm*, Wien 1997; *Kalypso*, R., Mü. 1997; *Bevor Max kam*, R., Mü. 1998; *Fundevogel*, Theaterst., UA Dornbirn 1998; *Mein privates Glück*, Hsp., NDR/DLR/ORF 1998; *Die Nibelungen*, Hsp., ORF 1998, u. d. T. *Die Nibelungen. Neu erzählt*, Mü. 1999; *Calling. Eine Kriminalgeschichte*, Wien 1998, Hsp., ORF 1999; *Michael Köhlmeier erzählt Leben und Werk der Brüder Grimm*, Hsp., ORF 1998; *Der traurige Blick in die Weite. Geschichten von Heimatlosen*, Wien 1999; *Das große Sagenbuch des klassischen Altertums*, Mü. 1999; *Tantalos oder der Fluch der bösen Tat*, Horn 1999, Mü. 2000; *Am Ri Dam*, Hsp., ORF 1999; *Calling*, Hsp., ORF 1999, E., Mü. 2000; *Biblische Geschichten*. Hsp., ORF 1999/2000, u. d. T. *Geschichten von der Bibel. Von der Erschaffung der Welt bis Josef in Ägypten*, Mü. 2000; *Moses. Geschichten von der Bibel*, Mü. 2001, u. *Der Menschensohn. Die Geschichte vom Leiden Jesu*, Mü. 2001; *Geh mit mir*, R., Mü. 2000; *Die besten Sagen des klassischen Altertums*, Mü. 2001; *Der Tag, an dem Emilio Zanetti berühmt war*, Wien 2002; *Vom Mann, der Heimweh hatte. 10 Erzählungen*, Wien 2002; *Brief aus Ulan-Bator*, zus. m. Christoph Abbrederis, St. Pölten 2002; *Geschichten von der Bibel. Von der Erschaffung der Welt bis Moses*, Mü. 2003.

Kolb, Ulrike, wurde am 14. 7. 1942 in Saarbrücken geboren. Die ersten Jahre verbrachte sie in einem Industriedorf »zwischen Fabrikschlöten und brodelndem Zuckerrübensirup«. Später besuchte sie ein Internat im Schwarzwald, nach dem Abitur die Werkkunstschule Saarbrücken und studierte anschließend Sprachen in England und in Paris. Danach zog sie nach Berlin und ließ sich zur Fremdsprachenkorrespondentin ausbilden. Nach Heirat und der Geburt einer Tochter studierte sie Pädagogik und arbeitete in einem Jugendfreizeitheim in Berlin-Kreuzberg. Anfang der Siebzigerjahre erfolgte der Umzug nach Frankfurt am Main und die Arbeit an einer pädagogischen Fachschule und in einer Kindertagesstätte. Seit den Achtzigerjahren betätigte sie sich journalistisch, 1981 Veröffentlichung des ersten Buches *Salto Vitale*, zusammen mit Jutta Stössinger. Ausgezeichnet wurde sie 1995 mit dem Preis des Landes Kärnten beim Ingeborg-Bachmann-Wettbewerb und 1996 mit dem New-York-Stipendium des Deutschen Literaturfonds.

Das Bemühen, die Erinnerung sprechen zu lassen, steht im Zentrum des Schreibens von Ulrike Kolb. Dabei versteht sie sich nicht als Chronistin von Lebens- oder Zeitgeschichte, sondern verankert den Prozess des Erinnerns und die Wiederbelebung der Bilder direkt in ihren Figuren und vermischt diese meist mit der Gegenwart der Erzählerin oder des Erzählers, sodass daraus im besten Falle eine neue, irritierende und wechselhafte Welt entsteht. Ihre ersten Texte, *Der Rabe* (1984) und *Idas Idee* (1985), erzählen von komplizierten Frauenleben, die aus Angst, sich zu verflüchtigen, obsessive Züge annehmen. Im Debüt geht es um die Ausreißerin J., die auf ihrer Suche nach der eigenen Biografie zunehmend verwahrlost und mit Drogen und anderen Süchten ihrem Wahn verfällt. Die Kaufhausangestellte Ida hingegen nimmt den Kampf auf gegen die verordneten Schönheitsideale und tut alles dafür, dick zu werden. Am Ende macht die fette Ida mit neuem Selbstbewusstsein Karriere.

Während der folgende Roman *Schönes Leben* (1989) mit bulimischer Tochter, vorenthaltener Mutterliebe und saarländischem Nachkriegspanorama die Kritik wenig entzückte, gelang Ulrike Kolb mit der schmalen Erzählung *Eine Liebe zu ihrer Zeit* (1995), mit der sie auch beim Bachmann-Preis reüssierte, der Durchbruch. Erzählt wird die unspektakuläre Liebesgeschichte von Anton aus Berlin und Meret aus Paris, die sich in der Nacht des Mauerfalls ineinander verlieben und mit zahlreichen Körper- und Flugkontakten ihre Amour fou eine Zeit lang beatmen. Die Last ihrer Biografien, beide nicht ganz jung und in andere Lebenszusammenhänge verstrickt, erstickt ihre Euphorie, die Ulrike Kolb virtuos bis ins Detail zu erzählen vermag. Es ist der »Parcour einer Liebe« (V. Auffermann), der hier leichtfüßig und sinnenhaft beschritten wird, auch wenn beide am Ende, in relativem Unglück, wieder getrennte Wege gehen.

Im *Roman ohne Held* (1997) erinnert sich der tote Ich-Erzähler seines Lebens, sieht Dinge, die er nie gesehen hat, beginnt zu begreifen und zu durchschauen. Es entsteht eine heftige Auseinandersetzung mit der Tochter, die ihm alles in den Mund legt. Ihre Bilder, ihre Vermutungen sind ebenso das Produkt ihrer Fantasie wie seine Erinnerungen, die zugleich ihre Erklärungsversuche für sein Verhalten in der Vergangenheit sind. Der im Pool Ertrunkene beendet den prämortalen Selbstbetrug, der ihn vom Erfolg in die Katastrophe führte, und macht sein hasserfülltes Verhältnis zu Frauen dafür verantwortlich. In diesem Familiendrama, das ein spektakuläres, sogartiges Anfangskapitel aufweist, bleibt durch die unklare Erzählperspektive und das Spiel mit den Zuschreibungen vieles in der Schwebe. Die Auseinandersetzung der Tochter mit dem Vater gleicht einer sprachlichen Sektion, in der gewalttätige und sexuelle Szenen dicht gedrängt aufscheinen. Diese Erzählsituation wird in leicht variierter Form im Roman *Diese eine Nacht* (2003) wiederbelebt, wenn eine Frau eine ganze Nacht am Bett ihres Jugendfreundes sitzt und diesen mit ihrem in Erinnerungen schwelgenden Monolog aus dem Koma zurückzuholen versucht.

Immer wieder schweift der Blick von Kolbs Erzählerinnen zurück in die späten Sechziger-, frühen Siebzigerjahre, so auch im Roman *Frühstück mit Max* (2000), in dem ein unverhofftes Wiedersehen zwischen Max und seiner damaligen Ersatzmutter Nelly nach vielen Jahren längst vergessen geglaubte Erinnerungen revitalisiert. Der wie ein Kammerstück fast nur in Innenräumen spielende Roman räumt auf mit den Legenden von der antiautoritären Erziehung und der modernen Patchwork-Familie. Das Kind Max litt traumatisch unter der Trennung von Nelly und seinem Vater. Nun kreuzen sich die Lebenslinien erneut, und Kolb macht aus diesem Wiedersehen »Prosa von beschwingter Intelligenz, heiter, präzise, flüchtig« (Reinhard Baumgart).

Thomas Kraft

Werke: *Salto Vitale*, Sachb., zus. m. Jutta Stössinger, 1981; *Der Rabe*, E., Münster 1984; *Idas Idee*, R., Ffm., Dülmen 1985; *Wenn nicht die Wolke da gewesen wär*, Hsp., RB 1986; *Schönes Leben*, R., Köln 1989; *Darf ich vorstellen: Deine Mutter*, Hsp., zus. m. David Schütz, DLR 1994 *Eine Liebe zu ihrer Zeit*, E., Reinbek 1995; *Roman ohne Held*, Stg. 1997; *Frühstück mit Max*, R., Stg. 2000; *Diese eine Nacht*, R., Stg. 2003.

Kolbe, Uwe, geboren am 17. 10. 1957 in Ost-Berlin als Sohn von Binnenschiffern, wuchs auf am Prenzlauer Berg, leistete nach dem Abitur 1976 seinen Grundwehrdienst ab und veröffentlichte erste Gedichte in der Zeitschrift »Sinn und Form« (6/1976). 1980/81 Kurs am Literaturinstitut »Johannes R. Becher« in Leipzig. Zwischen 1982 und 1985 bekam er aufgrund regimekritischer Äußerungen Publikationsverbot und schlug sich als Übersetzer durch. Gemeinsam mit Lothar Trolle und Bernd Wagner gab er von 1982 bis 1987 die Zeitschrift »Mikado« heraus. Seit 1985 erlaubte ihm ein Visum Reisen nach Westeuropa und in die USA. Seit Sommer 1988 lebte er als DDR-Bürger in Hamburg und später in Berlin, seit 1997 leitet er das »Studio Literatur und Theater« an der Universität Tübingen. Gastdozenturen führten ihn nach Austin/Texas, 1994 nach Wien und 1994/95 nach Essen. Kolbe erhielt 1987 den Förderungspreis Literatur zum Kunstpreis Berlin sowie den Förderpreis zum Hölderlin-Preis, 1987/88 ein Stipendium im Künstlerhaus Worpswede, 1988 den Nicolas-Born-Preis der Petrarca-Preis-Stiftung München und den Übersetzerpreis des Henschelverlages, 1991 ein Villa-Massimo-Stipendium, 1992 den Berliner Literaturpreis und 1993 den Friedrich-Hölderlin-Preis der Stadt Tübingen.

Mit vielen Vorschusslorbeeren bedacht, gelang Uwe Kolbe mit seinem ersten Gedichtband, *Hineingeboren* (1980) ein viel beachtetes Debüt. Literaturgeschichtlich gut orientiert (»Verkostete Expressionismus, quirlte / formal mein graues Hab / und das Gute durch und um«), entwirft er hier karge, aber formal vielgestaltige Bilder. Oft an ein geliebtes Du adressiert, auch an Freunde und an literarische Vorbilder wie Johannes Bobrowski, Wolfgang Borchert, Pablo Neruda, Fernando Pessoa und Friedrich Hölderlin, eröffnen diese Gedichte den

Blick auf eine lebendige und komplexe Existenz, der poetische Welterfahrung und Ausdrucksweise auf lebensnotwendige Art eigen zu sein scheinen. Dunkle und graue Töne (»Es ist die Farbe, in der ich lebe«), Bilder der Einsamkeit, der Fäulnis, des Ekels und des Todes durchziehen diese oft wehmütigen Verse. Sie sind »pathetisch in dem Sinne, das existenzielle Leiden als gesellschaftliches anzusprechen, es als eins zu erfahren. Die Unmöglichkeit also, Kommunismus (...) jetzt zu haben, jetzt zu leben, also jetzt (...) Menschengemeinschaft zu erfahren.« Dem Vorwurf, seine Gedichte seien schwer auflösbar und hermetisch, entgegnete Kolbe mit dem Hinweis auf eine mögliche sinnliche Erfahrbarkeit seiner Texte. Er sprengt bewusst die Grenzen des konventionellen Sprachgebrauchs, verändert Bedeutungsinhalte und grammatikalische Regeln, um die Instrumentalisierung der Sprache durch Ideologien und ihre nachlässige Handhabung im Alltag zu entlarven. Er will »die Worte polieren, auch etymologisch«. Direkte politische Stellungnahmen sind seine Sache nicht, zwar konstatiert auch er »Risse in den Wänden« eines baufälligen Welthauses, aber er bleibt auf Distanz, suggeriert nur vorsichtig seinen Unmut, sublimiert ihn in lyrischen Gedankenreisen: »Ich wölbe mir den Himmel / Mehr schlecht als blau.«

So bilden auch seine Gedichtbände *Abschiede und andere Liebesgedichte* (1981) und *Bornholm II* (1986) – letzterer benannt nach einer Ost-Berliner Kleingartenanlage, für Kolbe »der deutsche Ort« schlechthin, »Parzellierung der Parzellen« – Dokumente einer pessimistischen Weltsicht und gleichzeitig lyrische »Provokateure. Sie fordern dem, den sie herausfordern, das Äußerste ab und halten stand«, so sein Mentor Franz Fühmann. Kolbe ist kein politischer Nostalgiker; schon 1986, am Grab von Fühmann, behauptete er, »dass es nur noch die Möglichkeit gibt, *nach* diesem Scheitern zu beginnen, dieses Scheitern in seiner Tragweite und Tragik anzunehmen und darauf aufzubauen«. Dabei geht der Blick oft zurück: die Eltern Binnenschiffer, die Elbe, »schon damals ein Wurm zwischen Deutschland«, für Kolbe so etwas wie der Mississippi für Tom Sawyer, eine Lebensader und ein vertrautes Terrain, das an Heimat erinnert, ohne zu Sentimentalität Anlass zu geben. Auch *Die Farben des Wassers* (2001) greift diesen lebensgeschichtlichen Zusammenhang gleichsam durch den Titel des Bandes leitmotivisch wieder auf.

»Ich habe mein Land verloren«, lautet die erste Zeile der vierten Gedichtsammung, *Vaterlandkanal* (1990). Vier Jahre später beginnt der Band *Nicht wirklich platonisch* (1994) mit verhalten kämpferischen Tönen: »Einer oder der anderen Stadt oder / einem oder dem anderen Land zugehören / oder nur oder gerade / dem schlechten Gewissen gehören / nicht heimisch zu sein – und / gerade dies abzustreifen, Land / Land und Stadt Stadt heißen lassen, / zu brechen das Brot und dem Liede / zu lauschen, das herübertönt.« Dieses lyrische Ich mag sich nicht festzurren lassen. Enttäuschung über den neuen Kurs ist spürbar, die Verheißung des Westens ist verpufft wie eine Fehlzündung. Statt im Dorado landet man auf Kolbes literarischer Reise ins Ungewisse wie Poes Held Arthur Gordon Pym in einer undurchdringlichen Nebelwand. Verse werden nur noch mühsam abgerungen, in der Verzweiflung kommt es fast zum Äußersten: »Die Sprache hätte ich gerne fortgegeben.« Die wenigen Worte, die über die Lippen kommen, zeugen von der Einsamkeit eines Rom-Besuchers, der seine Nationalität wie einen Klumpfuß nach sich zieht und in der Ewigen Stadt, die ihren Mythos zu verlieren droht (»O Rolf-Dieter, bewahre uns unser Arkadien«) keinen Trost findet. Zwar geistern noch die Bilder vom Prenzlauer Berg durch die Zeilen, aber auch diese Heimatgefühle verblassen. Während andere leichten Fußes durchs poetische Gefilde federn, kämpft sich Uwe Kolbe verbissen durch seine Irritationen, bemüht um sprachliche Konzentration. Stilistisch weiterhin Autoren wie Trakl und Benn verpflichtet, sucht er geradezu die Konfrontation, um den eigenen Standort zu finden: »Begriffsfiasko, Abfall in wüste Romantik!«

In seinen Essays, Reden und Artikeln dieser Jahre bekräftigt Kolbe seine frühe Skepsis. Der DDR-Staat erschien ihm als »verfaulter, immer wieder ausbetonierter Baumstamm« und seine Bürger, gerade die Intellektuellen, als Dampfplauderer von Honeckers Gnaden ohne Sinn und Verstand. Die bohemehafte Existenz am Prenzlauer Berg habe im Grunde eine wirkliche politische Opposition verhindert. Kolbe spart in seinen Analysen und Polemiken nicht mit Seitenhieben auf die literarische Prominenz von Biermann über Hein bis Wolf: »Diese Dissidenten, marginale Intellektuelle des sozialistischen Ringelreihens, wurden mit ihrer unablässigen Anstrengung, den Realsozialismus, dieses geistig leere Gebäude, zu verstehen, zu analysieren, zu interpretieren und *fast* fundamental zu kritisieren, mehr und mehr zu den Stichwortlieferanten der Herrschenden.« Kolbe zeigt sich fassunglos angesichts dieser Glaubensgefolgschaft; er benennt die zeitgeschichtlichen Ereignisse, die *Renegatentermine* (1998), die wachrütteln hätten müssen: vom Ungarn-Aufstand 1956 bis zu Solidarnosc 1981, und fragt: »Wieviel bedarf es, daß *ein* Mensch begreift? Wie viele Termine brauchen viele Menschen?« Kolbe geht meist vom persönlichen Erleben aus, von Begegnungen mit Stasi, Informanten, Kollegen, Funktionären, Oppositionellen. So vehement er Autoren angreift, die mit der Stasi zusammengearbeitet haben (*Offener Brief an Sascha Anderson*, 1991), so dankbar würdigt er jene »Renegaten«, die »innere und äußere Auseinandersetzungen von immenser Tiefe und Schärfe durchgestanden« haben: Johannes Bobrowski, Uwe Johnson, Erich Arendt, Peter Huchel.

Kolbe nimmt es genau mit topografischen und poetologischen Verortungen. Die Eindrücke während einer Lesereise, die 1985 ins Tessin und an den Luganer See führten (»Ihr Schweine! Ihr wolltet, daß ich dies hier nie in meinem Leben sehe«), die Kindheit am »verwunschenen« Ort Prenzlauer Berg, Erfahrungen im »Daimlerland« und im ungeliebten Land der »poussierlichen Vergessenswerfer«. Aus der Angst heraus entstehen seine Gedichte, meist stille Momente der Vergewisserung, der erinnernden Nachbegehung vertrauten Terrains. *Vineta* (1998), jene sagenhafte, untergegangene Stadt, dient ihm als Chiffre für die alte DDR, ein »entlebtes« Schattenreich zwischen einem halbherzigen Können und Wollen. Der müde »Städtesammler« reiste daraufhin um die halbe Welt, seine Kindheit konnte er trotzdem nicht mehr nachholen. Er dichtet über Frauen, Kontoeröffnungen, Allen Ginsberg und das Weltpedal, über Landpartien, Abendsonnenschein und Krähenruf, fühlt sich bedroht vom Lindwurm des Vergessens und einer heutigen »ziemlich brutalen Freiheit«. Der Alltag schreibe ihm die Texte, diktiere Fragen und Antworten, vor allem Fragen.

Thomas Kraft

Werke: *Hineingeboren. Gedichte 1975–1979*, Ost-Bln. 1980, Ffm. 1982; *Abschiede und andere Liebesgedichte*, Ost-Bln. 1981, Ffm. 1983; *Am Ende der Zeit*, m. Grafiken v. Helge Leiberg, Ost-Bln. 1985; *Bornholm II*, G., Ost-Bln. 1986, Ffm. 1987; *Das Kabarett – kostenlose, limitierte Beilage des Autors zu Bornholm II*, Ost-Bln, Amsterdam 1986; *Mikado oder der Kaiser ist nackt. Selbstverlegte Literatur in der DDR*, Hg., zus. m. Lothar Trolle u. Bernd Wagner, Darmst. 1988; *Vaterlandkanal. Ein Fahrtenbuch*, Ffm. 1990; *Graphikbuch Nr. 1*, m. Radierungen v. Sabine Grzimek, Bln. 1990; *Die Situation. Eine Geschichte vom Prenzlauer Berg*, Gött. 1994; *Nicht wirklich platonisch*, G., Ffm. 1994; *Spaß und Erinnern*, m. Grafiken v. Frank Eissner, Hg. v. Leipziger Bibliophilen-Abend, Lpz. 1995; *Renegatentermine. 30 Versuche, die eigene Erfahrung zu behaupten*, Ffm. 1998; *Vineta*, G., Ffm. 1998; *Die Farben des Wassers*, G., Ffm. 2001; *Der Tote von Belintasch. Eine Kriminalgeschichte*, Hdbg. 2002

Kolbenhoff, Walter (Pseudonym seit 1933 im dänischen Exil für Walter Hoffmann) wurde am 20. 5. 1908 in Berlin-Adlershof als Sohn des Arbeiters Hermann Hoffmann und der Näherin Ida, geb. Lehnert, geboren. Das Proletarierkind besuchte 1914 bis 1919 die Grundschule, 1920 bis 1922 eine sozialistische weltliche Schule, 1926 beendete Kolbenhoff die Lehre eines Chemigrafen mit der Gesellenprüfung. Ein Stipendium zur schulischen höheren Bildung hatte der Vater abgelehnt. Die in der Schule entdeckte Welt der Literatur suchte Kolbenhoff 1926 bis 1930 als Vagabund in Europa, Nordafrika und Kleinasien. Ab 1930 versuchte er sich in Berlin als freier Journalist und Schriftsteller in linksorientierten Zeitungen und Zeitschriften und trat dem Bund proletarisch-revolutionärer Schriftsteller Deutschlands bei. Ende Februar 1933 flüchtete er nach Amsterdam und weiter nach Kopenhagen, wo er mit Wilhelm Reich zusammentraf. Dort arbeitete er bis 1942 journalistisch in dänischer Sprache; sein Roman *Untermenschen* brachte ihm den Parteiausschluss aus der dänischen KP. 1942 erhielt er als W. Hoffmann den deutschen Gestellungsbefehl, wurde Soldat in Jugoslawien und Italien, wo er am 1. 6. 1944 bei Monte Cassino in amerikanische Gefangenschaft geriet. Bis 1946 war Kolbenhoff in verschiedenen Lagern der USA, ab September 1945 in Fort Kearney, Rhode Island, wo er an der »reeducation«-Zeitschrift »Ruf. Zeitung der deutschen Kriegsgefangenen in USA« mitarbeitete, eine erste Verbindung zu dem Kreis des späteren Münchner »Rufs. Unabhängige Blätter für die jüngere Generation«. Nach seiner Entlassung 1946 war er in München Mitarbeiter an dieser Zeitschrift bis zu ihrem Ende 1947, bis 1949 Redakteur bei der amerikanischen »Neuen Zeitung«; Wohnorte waren 1950 bis 1955 Ambach am Starnberger See (als Autor für das Münchner Kabarett »Die Zwiebel«), 1955 bis 1960 Rodenkirchen bei Köln (arbeitete als Reporter für die Kölner »Neue Illustrierte«), 1960 bis 1964 Utting und Schorndorf am Ammersee, seit 1964 bis zu seinem Tode am 29. 1. 1993 Germering bei München.

1953 erhielt Kolbenhoff den Hörspiel-Förderpreis des Bayerischen Rundfunks, 1985 den Tukan-Literaturpreis der Stadt München, 1990 den Günter-

Eich-Preis des Landes Salzburg; seit 1947 war er Gründungsmitglied der »Gruppe 47«, seit 1972 Mitglied im deutschen P.E.N.-Zentrum.
Der Autodidakt begann 1930 mit Reportagen und Kurzgeschichten, darunter auch dem ideologischen Fortsetzungsroman *Das Hinterhaus* für die »Rote Fahne, 26.1.–13.2.1930«. Bekannt wurde er erst mit dem im amerikanischen Exil begonnenen Roman *Von unserem Fleisch und Blut*, für den er 1946 den Preis des vom Bermann-Fischer-Verlag, Stockholm, ausgeschriebenen Romanwettbewerbs in den US-Kriegsgefangenenlagern gewann. In den letzten Tagen des Zweiten Weltkrieges kämpft ein 17-jähriger Hitlerjunge, Mitglied der Werwolf-Organisation, fanatisch weiter gegen die Amerikaner: die falschen Ideale lassen ihn zum Verbrecher an Wahrheit, Menschlichkeit, Freundschaft, Kameradschaft werden. Und er überlebt. Diesem Hass werden andere Gestalten entgegengestellt, zwar in Schuld verstrickt, aber in Verantwortung vor der eigenen falschen Vergangenheit und deshalb Hoffnungsträger für eine neue Generation in Deutschland. Dieser Roman ist einer der wenigen dieser Zeit, die Gegenwart spannungsvoll und erzählerisch kunstvoll aufnehmen. Schon resignierter ist Kolbenhoffs zweiter Roman *Heimkehr in die Fremde* (1949); der Ich-Erzähler, Schriftsteller, sieht sich zunehmend isoliert in der Nachkriegsgesellschaft, Besinnung und Neuanfang werden verdrängt von Überlebenskämpfen und durch alte verbrauchte Ordnungen, ein Ich-Erzähler, der von der Haltung her autobiografische Züge trägt.
In den nächsten Jahrzehnten lebte Kolbenhoff bescheiden von der kleinen Form: Kurzgeschichten, Reportagen, Hörspiele, Übersetzungen aus dem Englischen und Dänischen, oft auch Auftragsarbeiten und Gebrauchstexte; ihre Intention ist trotz Wahrnehmung der Realität ein verhaltener Optimismus, der sich auf Humanität und Freiheit stützt. Fruchtbar wurde die Konfrontation mit der Wirklichkeit in dem Report genannten Roman *Das Wochenende*, (1970). Das Wochenende zweier junger Bauarbeiter, die Unterbrechung der harten Arbeitswoche, herbeigesehnt und dann mit Schlafen, Essen, Saufen und ein wenig Sex gefüllt, eine nüchterne Aussage über die deutsche Konsumgesellschaft, geschrieben in Alltagssprache, ein gekonntes Stück der »Literatur der Arbeitswelt«.
Gegen Ende seines an Resignation und Depression reichen Lebens richtete Kolbenhoff noch einmal den Blick auf den Anfang seines Schriftstellerlebens, auf die unmittelbaren Nachkriegsjahre in der *Schellingstraße 48* (1984). Es sind seine Erfahrungen mit Deutschland, ein Testament an die Nachgeborenen, damit sie lesen, wie viele Intellektuelle und Künstler optimistisch und wahrhaftig aufgebrochen waren, eine »erste« neue Republik Deutschland zu gründen – und was Freundschaft damals bedeutete, für Kolbenhoff die mit Alfred Andersch, Erich Kästner, Hans-Werner Richter und Günter Eich.

Gerhard Hay

Werke: *Untermenschen*, R., Kopenhagen 1933; *Moderner Ballader*, G., Kopenhagen 1936; *Von unserem Fleisch und Blut*, R., Stockholm 1947, Mü. 1947; *Heimkehr in die Fremde*, R., Ffm./Mü. 1949; *Unsere schönen Träume*, Hsp., 1951; *Am Ende der Straße*, Hsp., 1951; *Der arme Mann von Gorgonzola*, Hsp., 1952; *Der Briefträger ging vorbei*, Hsp., 1953; *Zwanzig Paar Seidenstrümpfe*, Hsp., 1953; *Michiro Maruyama: Anatahan. Insel der Unseligen*, Übs., zus. m. Egon Strohm, Bln. 1954; *Die Entscheidung*, Hsp., 1959; *Die Kopfjäger*, Kriminalroman, Mü. 1960; *Wahre Geschichten*, Hsp., 1961; *Das Astronautenbuch. Sieben amerikanische Weltraumfahrer berichten*, Übs., zus. m. Isolde Kolbenhoff, Köln 1962; *Die Blumen von Hiroshima*, Hsp., 1963; *Bornhofer*, Hsp., 1963; *John O'Hara: Elizabeth Appleton*, Übs., Mü. 1964; *Das Wochenende. Ein Report*, Freib./Br. 1970; *Schellingstraße 48. Erfahrungen mit Deutschland*, Autobiogr., Ffm. 1984; *Bilder aus einem Panoptikum*, E., hg. von Gerhard Hay, Ffm. 1988; *Der Skorpion*, Ztgs.-Reprint, zus. mit Wolfdietrich Schnurre u. Nikolaus Sombart, Gött. 1991.

Kolleritsch, Alfred, wurde als Sohn des Forst- und Teichverwalters Gottfried Kolleritsch am 16. 2. 1931 in Brunnsee in der Steiermark geboren. Von 1937 bis 1941 besuchte er die Volksschule in Brunnsee, ab 1941 die Rosegger-Schule bzw. das Gymnasium in Graz. Nach der Matura studierte er ab 1950 Germanistik, Philosophie und Anglistik, dann auch Geschichte an der Universität Graz. Seit 1958 (bis 1993) war er als AHS-Lehrer tätig, 1964 promovierte er mit einer Dissertation über Martin Heidegger. Bereits 1960 gründete er die Zeitschrift »manuskripte«, deren Herausgeber er bis heute geblieben ist. Er war Mitbegründer und von 1968 bis 1995 Präsident des Grazer »Forum Stadtpark«. 1978 erhielt er den Petrarca-Preis, 1987 den Georg-Trakl-Preis für Lyrik des Landes Salzburg, 1993 den Österreichischen Staatspreis für Kulturpublizistik und 1997 den Peter-Rosegger-Literaturpreis des Landes Steiermark.
Als Herausgeber der für die Rezeption der »progressiven« österreichischen Literatur seit den Sechzigerjahren höchst bedeutsamen österreichischen Literaturzeitschrift »manuskripte« ist er noch immer eine – bisweilen befehdete – Grazer Institution.

Der umtriebige Multiplikator fungierte als Gravitationszentrum des »Forum Stadtpark«, von dem aus in den Sechziger- und Siebzigerjahren die Autoren der »Grazer Gruppe« (Wolfgang Bauer, Barbara Frischmuth, Peter Handke, Elfriede Jelinek, Gerhard Roth u.v.a.) »auszogen, die Literatur zu erobern«, wie es im Titel eines 1975 erschienenen Sammelbandes heißt.

Eine Buchpublikation eigener Texte von Alfred Kolleritsch ließ lange auf sich warten. Der erst 1972 (nach einigen Vorabdrucken in den »manuskripten«) erschienene Roman *Die Pfirsichtöter* gemahnt mit seiner Schlossmetaphorik thematisch an Kafkas Parabel von Ohnmacht und Herrschaft, die Satzkonstruktionen zeigen sich aber vor allem durch die experimentellen Verfahrensweisen der »Wiener Gruppe« beeinflusst. Im Vordergrund steht weniger die assoziative Begriffs(de)montage als die Problematisierung jeglicher Bedeutungszuweisung durch sprachliche Fixierung. Die Macht des Fürsten Heinrich und die seiner Kaste wird durch einen totalitären Sprachgestus zementiert, die Möglichkeit zu individueller Abweichung und (sprachloser?) subjektiver Erfahrung in Abrede gestellt: »Es ist immer schon längst alles erledigt, ehe man es überhaupt erlebt.« Die erstarrten Bilder von der Wirklichkeit sind für Kolleritsch eingefangen in toten Sprachformeln, die das Verhalten und seine Interpretation reglementieren und einen abstrahierenden Gültigkeitsanspruch erheben, der in der geschichtslosen Dauer und ausweglosen Unveränderlichkeit ein beengendes Sprachgefängnis errichtet. Die anarchischen sechs »Hochzats« sind in den *Pfirsichtötern* als gewalttätige Gegenmacht eingesetzt, die die Bilder zerstören: »Sie kennen nichts Allgemeines. Wo sie hinkommen, zerfällt es in Teile.« Sie stehen für das Prinzip der Veränderung und die Erfahrung der Veränderbarkeit, eine allerdings im dialektischen Umschlag ambivalente destruktive Kraft, die im Roman realhistorisch mit den Auflösungserscheinungen des Dritten Reiches und dem damit endgültig einhergehenden Untergang der feudalen Ordnung verschränkt wird.

Ähnlich skeptisch wird aber auch die literarische Vergegenwärtigung des Vergangenen eingeschätzt. Eine Erzählung wirkt wie ein sprachlicher Abklatsch des Geschehenen, die sprachlichen Zeichen sind ihres Gegenstands entleert: »Nichts ist mehr zu sehen, was selbst *ist*.« Der Schluss wirkt fast wie ein selbstkritisches Eingedenken des Autorbewusstseins: In Bezug auf das autobiografisch Erlebte machen der zeitliche Abstand und das fortschreitende Vergessen den sprachlichen Rekonstruktionsprozess zu einer zwar nicht sinnlosen, aber reichlich unsinnlichen Anstrengung, bei der die philosophische Reflexion das Erzählte zu überwuchern droht. Folgerichtig hat sich Kolleritsch seit den *Pfirsichtötern* einerseits verstärkt auf die Lyrik konzentriert und andererseits in den späteren umfänglichen Prosatexten traditionellere Erzählformen bevorzugt, die, oft dem Schema des Entwicklungsromans folgend, familiäre Erlebnis- und Erzählwelten in den Vordergrund rücken.

Um die Pole Macht und Ohnmacht, Ordnung und Auflösung sowie Erstarrung und Zerstörung geht es auch im Roman *Die grüne Seite* (1974). Der in den *Pfirsichtötern* noch modellhaft-entrückte, sprachlich verfremdete und metaphorisch aufgeladene autobiografische Hintergrund ist hier unvermittelter in die Generationenabfolge Großvater-Vater-Enkel eingebettet, der (reale) Vater Gottfried tritt als Zentralfigur der Handlung auf. Der Großvater verlangt von seinem Sohn bedingungslose Unterwerfung und Anpassung, um in der Aufgabe eigener Wünsche und Sehnsüchte die »grüne Seite« zu erreichen, den utopielosen Zustand eines zufriedenen Einverstandenseins mit dem Gegebenen. Am Ende löst sich die Zwangs-Identität auf, die lebenslänglich unterdrückte Selbst-Behauptung vermag sich nur noch als psychische Krankheit und angesichts des Todes als unkontrollierte Persönlichkeitsauflösung Raum zu verschaffen: »Als Ohnmächtiger sagte er, wer er war.«

Die familiäre Figurenkonstellation findet sich auch in *Allemann* (1989) wieder, der Vater wird noch einmal als »verstummt in seinem Begehren unter der Herrschaft eines Bildes, nach dem zu leben ihm sein Vater aufgetragen hatte«, apostrophiert. Zentrum der Selbstvergewisserung ist aber nunmehr der Enkel Josef Algebrand, der in verstockter Opposition zum Drill und den Tüchtigkeitsappellen des Dritten Reichs nach dem »Unverwechselbaren« sucht, der, wie der Vater bemerkt, »nur etwas mag, wenn es einen Fehler hat, wenn es andere so nicht besitzen«. Der Erzieher Allemann – eigentlich Bestandteil der von pädagogischen Sadisten wie dem Oberlehrer oder dem Heimleiter verkörperten Unterdrückungsmaschinerie –, der einige Buben zur Onanie ermuntert und am Ende exekutiert wird, symbolisiert komplizenhaft den Widerstand: »Er war der Übermacht der einen Wahrheit entkommen und hatte die Spur zum anderen Weg hinterlassen.« Einen persönlichen Preis für Abweichung und Außenseitertum zahlt auch der Wüterich in Kolleritschs 1995 erschienener Erzählung *Der letzte Österreicher*. Porträtiert wird hier der Sohn des Schriftstellers Richard Schaukal, Wolfgang (1900–1981), der als Leiter der Grazer Urania intensive Kontakte zur Künstlergruppe rund um das »Forum Stadtpark« und zu den »Sezessionisten« pflegte. Die von Rückblenden durchbrochene protokollarische Beschreibung der letzten Lebenstage im Krankenhaus entwirft das Bild von einer radikal anarchischen, gleichzeitig katholisch-reaktionären Künstlerexistenz, die mit Verve nach dem Wesen des Österreichischen fahndet und in ihren alkoholbeschwingten Suaden zwischen Lebensgier und -verzweiflung schwankt.

An den Gedichten der frühen Sechzigerjahre wird das entschiedene (kultur-)politische Engagement, das sich gegen den provinziellen Nazi-Mief und eine rückwärts gewandte literarische Ästhetik wandte, im Vergleich zur späteren Lyrik eher unverschlüsselter sichtbar: »der index prohitorum librorum / und der rüde aus braunau / sind deine zukunft / faltenwurf / den man auch österreich nennt.« Gegenüber dem nach außen gerichteten, bisweilen pathetisch-anklagenden Sprachduktus lässt der Autor rückblickend im später erschienenen Privatdruck-Bändchen *erinnerter zorn* Distanz erkennen, erstrebt wird nun die »geduld / durch alles hindurch alles beim namen zu nennen«. Diese Verszeilen wurden auch in den 1978 erschienenen Gedichtband *Einübung in das Vermeidbare* aufgenommen, für den Kolleritsch den Petrarca-Preis in Empfang nehmen konnte. »MEINEN EINFÄLLEN vertraue ich nicht«, heißt es dort eingangs und statt »heißem Zorn« und »Wehleidigkeit« sucht das lyrische Ich »Spuren, / zertretenes Laub, / einen Menschen, der Fehler hat, / der mich quält« – eine Unentschiedenheit und Vorläufigkeit, in der sich einzurichten schwer fällt: »Freilich, / ich gewöhne mich nicht daran, / ich merke, / daß ich keine Gewohnheiten habe.« Die Bereitschaft zu rückhaltloser Öffnung rechnet mit einem »Du«, das die schmerzhafte Aufsprengung des Ich-Panzers bewerkstelligen soll: »Unnahbar, zu unnahbar bin ich. / Nimm dieses glänzende Stück Eisen / und schlage die Wände ein.« Die dem lyrischen Genre gemäße Verankerung in der eigenen Befindlichkeit und die Auseinandersetzung mit einem geliebten Gegenüber (in verschiedenen Beziehungsstadien) bleiben thematische Konstanten in Kolleritschs lyrischem Sprechen. Dazu kommt der sprachkritische Zweifel an der Sinnhaftigkeit sprachlichen Benennens, das entweder ständig zur erstarrten Bildhaftigkeit ideologischer Formeln tendiert oder tautologisch das Gegebene verdoppelt. »Warum schaufelt und schaufelt man, / was das Auge aufwirft, / zurück in die Sätze / und sagt den Dingen die Litanei, / daß sie sind?«, fragt der an Mauthner und Wittgenstein, aber auch an Heidegger geschulte Autor im zweiten Lyrikband *Im Vorfeld der Augen*. Die Farben, der Duft und das Ertastete als ontologische Phänomene jenseits (oder vor) der Sprache gelten als herrschaftsfreie Räume, deren poetische Vergegenwärtigung dem Sehenden, Hörenden, Fühlenden für glückhaft erfahrene Augenblicke ein utopisches Ineinssein mit dem Außen und Anderen andeutet.

Die Titel der beiden folgenden Gedichtbände sind programmatisch: *Absturz ins Glück* (1981), *Augenlust* (1986). Im Band *Gegenwege* (1991) sind es dann die transitorischen Bereiche zwischen Innenwelt und Außenwelt, an denen sich eine schwebende Ortlosigkeit einstellt: Zaun, Riss, Schwelle sind jene Übergangsmarkierungen, an denen sich eine voraussetzungs- und zukunftslose Gegenwärtigkeit am ehesten literarisch verorten lassen. Der elegische, bisweilen von existenzphilosophischer Begrifflichkeit beschwerte Ton seiner Lyrik stellt sich auch in *Zwei Wege, mehr nicht* (1993) ein; die zeitliche Sukzession führt zu Zerfall, Enge, Trennung und Tod – ein Ablauf, der für kurze Zeit in der (erotischen) Vergegenwärtigung eine Aus-Zeit erlebt: »Die Angst vor dem Wahn der Dauer / befreite uns ins Bedeutungslose [...] Vielerfahren erlöste dein Körper / meinen Leib, und wir waren da, / nichts als da.« Im Schlussgedicht wird noch einmal ein für Kolleritsch zentraler Motivkomplex angesprochen: das opulente Festessen, hier verschränkt mit der Auferstehungs- und Eucharistiemetaphorik vom Einverleiben des Toten, das im Moment der Aneignung von Brot und Wein »es« erhofft, »nicht nur Ereignisloses, jeder Bissen / eine Wiederholung der Leere«. Das Essen, der Liebesakt, das Schreiben sind für Kolleritsch sinnliche Grenzerfahrungen an der Nahtstelle der Verwandlung des Fremden in das Eigene, von denen die Stimme der Literatur Zeugnis ablegt in Form einer imaginierten Welt, bewohnbar »für den ein wenig, der sie miterfindet« (*Die Summe der Tage*, 2001).

Gerhard Fuchs

Werke: *Eigentlichkeit und Uneigentlichkeit in der Philosophie Martin Heideggers*, Diss. (masch.), Graz 1964; *erinnerter zorn*, G., Graz 1972; *Die Pfirsichtöter*, R., Salzb. 1972; *Die grüne Seite*, R., Salzb. 1974, Film, 1981; *Von der schwarzen Kappe*, E., Graz 1974; *Einübung in das Vermeidbare*, G., Salzb. 1978; *manuskripte 1960–1980.*

Eine Auswahl, Hg., zus. m. Sissi Tax, Basel, Ffm. 1980; *Im Vorfeld der Augen*, G., Salzb. 1982; *Trost der Vulkane*, Drehb., 1982; *Absturz ins Glück*, G., Salzb. 1983; *Landschaften*, G., m. Zeichnungen v. Hannes Schwarz, Graz 1984; *Augen der Landschaft*, Drehb., 1984; *Gespräche im Heilbad. Verstreutes. Gesammeltes*, Salzb. 1985; *Die schwarze Kappe*, Hsp., ORF 1985, *Augenlust*, G., Salzb. 1986; *Gedichte*, hg. v. Peter Handke, Ffm. 1988; *Allemann*, R., Salzb. 1989; *Überschattungen*, G., m. Bildern v. Hannes Schwarz, Salzb. 1990; *Über das Kindsein*, Briefe, Salzb. 1991; *Gegenwege*, G., Salzb. 1991; *Hemler der Vogel. Eine Geschichte*, m. Zeichnungen v. Hartmut Urban, Graz 1992; *Zwei Wege, mehr nicht*, G., Salzb. 1993; *Der letzte Österreicher*, E., Salzb. 1995, Theaterst., UA Graz 1998; *Die geretteten Köche. Ein Lust-Spiel*, Salzb. 1997, Theaterst., UA Graz 1998; *Das Vermächtnis der Maria Szmaragowska*, Hsp., ORF 1998; *In den Tälern der Welt*, G., Salzb. 1999; *Die Verschwörung der Wörter. 70 ausgewählte Gedichte*, Salzb. 2001; *Marginalien und Widersprüche. Texte zu Literatur, Kunst und Politik*, hg. v. Kurt Bartsch, Graz 2001; *Die Summe der Tage*, G., Salzb. 2001; *Graz*, Hg., zus. m. M. Jaroschka u. G. Dienes, Klagenfurt 2002; *Graz von außen*, Hg., zus. m. Klaus Hoffer, Graz, Wien 2003.

Koneffke, Jan, geboren am 19. 11. 1960 in Darmstadt, wuchs in Frankfurt und Braunschweig auf, machte – zuletzt wieder in Darmstadt – 1980 Abitur, studierte von 1981 bis 1987 Philosophie und Germanistik an der Freien Universität Berlin und lebte dort seit 1987 als freier Schriftsteller. Heute lebt er als Autor und Kulturkorrespondent für Zeitungen und Rundfunkanstalten in Rom. Er erhielt 1987 den Leonce-und-Lena-Preis für Lyrik und ein Stipendium des Berliner Senats (auch 1992), 1987/88 ein Stipendium der Peter-Suhrkamp-Stiftung, 1990 den Förderpreis zum Friedrich-Hölderlin-Preis der Stadt Homburg, 1990 das Alfred-Döblin-Stipendium, 1995 das Villa-Massimo-Stipendium und 2002 das Stipendium Bahnhof Rolandseck. 2001 hielt er Poetik-Vorlesungen an der Universität Bamberg.

Seinen Gedichten, die gesammelt erstmals 1989 unter dem Titel *Gelbes Dienstrad wie es hoch durch die Luft schoß* erschienen, bescheinigte die Darmstädter Jury eine »eigenständige poetische Redeweise, eine sprachliche Phantasie, die ungewohnte, überraschende Bilder hervorbringt«. Und auch in *Was rauchte ich Schwaden zum Mond* (2001) findet man Verse in luftiger Höhe, über einer putzigen Spielzeugwelt mit »Schutzpolizisten«, die einen »Schlüssel im Rücken« tragen. Nonsens und Kindertraum, *Mondreise* und doch auch Dämonen – in diesen spielerischen Versen gehen Gedanken spazieren und begehren auf gegen eine Welt der Prinzipien, die unter ihnen liegt. Umstritten blieb hingegen sein Prosadebüt, die Erzählung *Vor der Premiere* (1988); die Attribute reichten hier von »virtuos und konzentriert erzählt« bis hin zu »blutleer« und »gemein«. Koneffke erzählt die Geschichte des Schauspielers Borg, der, von Natur aus kleinwüchsig und fett, von einem befreundeten Regisseur für eine sommerliche Freilichtaufführung in einem Historienstück gewonnen werden kann. Er sei für die schwierige Rolle des buckligen Hofnarren geradezu prädestiniert, der Regisseur »kenne keinen Schauspieler, der sie besser verkörpern kann«. Dieses zweifelhafte Kompliment stürzt den sensiblen Borg in eine Identitätskrise. Aus der Perspektive des Tages »vor der Premiere« erzählt ein nunmehr glücklicher und ausgeglichener Borg in Rückblenden, wie er seine Selbstzweifel besiegen und dem »Labyrinth der Trugbilder« entfliehen konnte. »Ich bin auf mich selbst getroffen«, sagt der kurz zuvor noch von Selbstmordgedanken geplagte Borg; eine körperliche Metamorphose, »das leise Verwachsen der Knochen«, lässt ihn zu dem werden, »dem ein Bukkel wächst«. Erst die Akzeptanz der eigenen Körperlichkeit, das Ende des Selbstbetrugs und der Zurückweisung aller sozialen Zuwendungen ermöglichte ihm den Ausbruch aus dem Kreislauf dieser Identitätssuche. »Heute, am Tag der Premiere, zweifelt er nicht mehr daran, vor sich selber geflohen zu sein. Wer Borg bei seinen Gedanken ertappte, war Borg. (...) Nun weiß er, daß es seiner Verwachsung bedurfte, um wirklich erleichtert zu sein.« Dieser Umstand wirft ein Licht auf die Gesellschaft, die erst einen deformierten Menschen zu akzeptieren weiß, der sich diesem Umstand fraglos unterwirft. Die aus der Innenschau Borgs erzählte Handlung besticht durch poetische Bilder mit unzähligen Lichtmetaphern; Koneffkes Vorliebe für die Romantik spiegelt sich im märchenhaften Charakter der Erzählung sowie in der engen Anlehnung an den Erzählton jener Zeit. »Es kann sein, daß Borgs Selbstheilung nur die endgültige Besiegelung seines Persönlichkeitszerfalls ist. Seine letzten Geheimnisse gibt der Text nicht preis« (Sigrid Löffler).
Von einer Kindheit im Nationalsozialismus erzählt im Grunde der Roman *Paul Schatz im Uhrenkasten* (2000), auch wenn er über das Kriegsende hinaus in die zweite Diktatur, die der DDR, reicht. Paul Schatz, die Titelfigur, wächst in den Dreißigerjahren als Halbjude im Berliner Scheunenviertel auf. Sein Vater ist ein jüdischer Schildermaler und Frauenheld, die Mutter stirbt, aber das erfährt Paul erst nach Kriegsende, an einer Schwangerschaft, die der

von Paul verehrte Großvater mit allen Mitteln zu verhindern suchte. Dieser ist eine beeindruckende Gestalt, Antisemit und Hitlerfeind zugleich, Freimaurer, Patriarch und Uhrensammler. Um ihn herum baut Koneffke die Welt des Berliner Schtetls auf, mit ihrem freundlichen Mief und dem bunten Treiben, vielleicht eine Spur zu niedlich. Doch der Blick durch die Kinderaugen Pauls zeigt Faszinierendes, Poetisches, später auch in Ansätzen das Grauen. Mit Humor und Sinn für kleine Skurrilitäten, aber auch kleinteilig und zuweilen etwas hastig wird der Lebensweg des kleinen Paul verfolgt, der sich zeitlebens klein machen, ein »Herr Niemand« bleiben will, um zu überleben. Auch wenn Kritiker mäkelten, dass der Roman »eine Verharmlosung des Schreckens« (Hannelore Schlaffer) betreibe, ist doch der überzeugende Versuch eines Nachgeborenen zu würdigen, im langen Schatten der *Blechtrommel* die Atmosphäre des entstehenden Faschismus plastisch rekonstruiert zu haben.

Thomas Kraft

Werke: *Vor der Premiere*, E., Ffm. 1988; *Gelbes Dienstrad wie es hoch durch die Luft schoß*, G., Ffm. 1989; *Bergers Fall*, R., Ffm. 1991; *Gulliver in Bulgarien*, Hdbg. 1999; *Paul Schatz im Uhrenkasten*, R., Köln 2000; *Was rauchte ich Schwaden zum Mond*, G., Köln 2001.

König, Barbara, geboren am 9. 10. 1925 in Reichenberg/Böhmen, kam 1944/45 für ein halbes Jahr in »Schutzhaft« der Gestapo, bevor ihr kurz nach Kriegsende die Flucht nach Bayern gelang. Sie arbeitete zunächst als Journalistin bei der Deutschen Nachrichtenagentur und bei der »Neuen Zeitung«. 1950/51 studierte sie Zeitungswissenschaft und »Creative Writing« in den USA; 1953 redigierte sie die Zeitschrift »kontakt«. Seit 1958 lebt sie als freie Schriftstellerin in Dießen am Ammersee. Sie war Mitglied der »Gruppe 47« und ist Mitglied des deutschen P.E.N.-Zentrums, der Mainzer Akademie der Wissenschaften und der Literatur sowie der Bayerischen Akademie der Schönen Künste. 1962 erhielt sie den Literaturpreis des Kulturkreises im Bundesverband der Deutschen Industrie, 1965 den Charles-Veillon-Preis, 1966 den Förderpreis der Stadt München, 1970 die Ehrengabe des Andreas-Gryphius-Preises, 1982 den Ohio State Award, 1983 den Tukan-Preis der Stadt München, 1985 die Ehrengabe des Kulturkreises im Bundesverband der Deutschen Industrie sowie 1993 das Bundesverdienstkreuz am Band. 1989/90 war sie Gast der Villa Massimo in Rom.

Barbara König setzt sich in ihrem Werk mit dem Problem der Selbstfindung des Einzelnen in einer vielgestaltigen Umwelt auseinander. Dabei veranschaulicht sie die Zerrissenheit des Individuums durch eine Aufspaltung der Figuren in mehrere Einzelgestalten. In ihrer Erzählung *Das Kind und sein Schatten* (1958) stellt Barbara König ein junges Mädchen vor, das in seine Person als Kind und in sein zweites Ich, den Schatten, aufgeteilt ist. Der Schatten, obwohl bloß unsichtbarer, sprechender Geist, verkörpert die Wirklichkeit des Mädchens: Er stört es in seinen Träumen und Sehnsüchten und holt es mit zynischen und ernüchternden Bemerkungen in die Realität zurück. Die doppelte Persönlichkeit des Mädchens symbolisiert den Gegensatz von Realität und Traumwelt. Die Rahmenhandlung, in der der Dialog zwischen diesen beiden Bewusstseinszuständen stattfindet, beschreibt das Leben mehrerer Personen gegen Kriegsende und schließlich die Flucht des Mädchens über die Grenze in den Westen.
Eine Weiterentwicklung der Zerrissenheit des Individuums sowie die Frage nach der eigentlichen Identität des »Ichs« führt der Roman *Die Personenperson* (1965) vor. Hier setzt sich die Hauptfigur Nadine aus sechs anderen Figuren zusammen. Nadine hat einen Mann kennen gelernt und wartet nun auf eine Verabredung mit ihm. Während dieser Wartezeit treten ihre Einzelpersönlichkeiten auf und erzählen ihre Geschichte. Nadines zusammengesetzte Gestalt steht nicht nur für ihren Charakter, sondern auch für die Schwierigkeit des Menschen, sich in seiner Vielgestaltigkeit zu akzeptieren und mit ihr zu leben, statt sie zu verdrängen: »Wo sollen denn die anderen hin sein, die wir einmal gewesen sind, vom Kind angefangen, nicht zu reden von den Übrigen, die wir so erfolgreich verbergen, bis sie eines Tages an der falschen Stelle auftauchen, uns in Verlegenheit und zum Nachdenken bringen? Sie sind da, und sie zu leugnen wäre unklug und verlogen; es wäre nicht realistisch.« Barbara König konzipiert den Dialog der verschiedenen Ichs auf sprachlich kunstvolle Weise. Die knappe, distanzierte Skizzierung der einzelnen Persönlichkeiten steht ganz im Dienst des inhaltlichen Anliegens, eine Figur aus mehreren Figuren entstehen zu lassen.
Von Selbstfindung handelt auch der Tagebuchroman *Schöner Tag, dieser 13.* (1973). Der Roman unterscheidet sich erheblich von ihren vorherigen Werken. Im Mittelpunkt steht die Ich-Erzählerin, die ihre Ehe mit einem Industriellen und die Liebe zu anderen Männern anhand fiktiver und authenti-

scher Tagebuchnotizen schildert. Sie nimmt keine Aufspaltung der Figuren mehr vor; die Notizen sprechen für sich selbst: Auch hier wieder versucht sie, Klarheit über sich selbst zu gewinnen.

Ähnliches bewegt die Hauptfigur des Romans *Der Beschenkte* (1980). Der Makler Mommsen bekam durch den Opfergang eines Priesters im KZ, der sich an seiner Stelle hinrichten ließ, sein Leben zum zweiten Mal »geschenkt«. Die Feier zu Ehren seines Lebensretters erweckt in ihm 35 Jahre nach dem Geschehen Zweifel am Sinn seines bisherigen Lebens. Er erkennt, dass er sein ganzes Leben nicht auf der Dankbarkeit gegenüber seinem Retter aufbauen kann. So empfindet er plötzlich das vermeintlich kostbarste Geschenk als eine kaum zu ertragende Bürde: »Was mir wirklich geschenkt wurde, das waren: eine furchtbare Schuld, ein gequältes Gewissen, die Pflicht, einen Sinn zu finden, wo keiner ist, ein später Tod anstelle eines frühen, mit allem, was er einschließt: Alter, Krankheit und Verfall, die tödliche Langeweile. Ich hätte ein Genie sein müssen, um diesem Anspruch zu genügen, und selbst dann ...«

Noch kompakter verarbeitet sie dieselbe Handlung in dem Hörspiel *Der Fuß im Netz*, das zur selben Zeit (1980) entstand (enthalten in dem Band *Ich bin ganz Ohr*, 1985). – Die Hörspielsammlung *Ich bin ganz Ohr* (1985) vereint mehrere Adaptionen eigener Prosatexte. Dabei verwendet sie immer wieder den Stereo-Effekt, um die verschiedenen Ebenen der Figuren und der erlebten Zeit darzustellen. Ihre bildhafte und dennoch knappe Sprache ermöglicht dem Leser, sich die in den Hörspielen entfaltete Welt realitätsnah zu vergegenwärtigen.

Heidi Rehn

Werke: *Das Kind und sein Schatten*, E., Mü. 1958; *Kies*, R., Mü. 1961; *Die Personenperson*, R., Mü. 1965; *Abschied von Olga*, Hsp., 1966; *Spielerei bei Tage*, En., Mü. 1969; *Böhmische Gänse*, Hsp., WDR/RIAS 1970; *Freiersfüße – Witwersfüße*, Hsp., 1971; *Ich bin ganz Ohr*, Hsp., WDR 1971; *Dreimal Zeit*, Hsp., 1973; *Schöner Tag, dieser 13.*, R., Mü. 1973; *Ich und Ihr, die ich mal war*, Hsp., 1975; *Etüden*, Hsp., 1976; *Die Wichtigkeit, ein Fremder zu sein*, Ess., Wiesb. 1979; *Der Beschenkte*, R., Mü. 1980; *Der Fuß im Netz*, Hsp., WDR/SDR 1980; *Die Personenperson*, Hsp. 1981; *Viktor*, Hsp., BR 1983; *Ich bin ganz Ohr*, Hsp.-Slg. Mainz 1985; *Spielerei bei Tage*, Mü. 1985; *Hans Werner Richter. Notizen einer Freundschaft*, Mü. 1997.

Königsdorf, Helga, (Ehename Bunke), wurde am 13. 7. 1938 in Gera geboren. Von 1955 bis 1961 absolvierte sie ein Physikstudium in Jena und Berlin. 1963 erfolgte die Promotion, 1972 die Habilitation und 1974 die Berufung zur Professorin. Von 1961 bis 1990 arbeitete sie in der Abteilung für Wahrscheinlichkeitsrechnung und mathematische Statistik an der Akademie der Wissenschaften der DDR in Berlin. Sie lebt in Berlin. 1985 erhielt sie den Heinrich-Mann-Preis, 1989 den Nationalpreis der DDR und 1992 die Roswitha-Gedenkmedaille. 1978 brachte sie den Erzählungsband *Meine ungehörigen Träume* heraus, der durch die lakonische, oft ironische Erzählweise auffiel. Die »ungehörig« komisch auftrumpfende Debütantin berief sich ausdrücklich auf Irmtraud Morgner. Wie in einigen späteren, so galt auch in diesem ersten Erzählband Königsdorfs besonderes Interesse einerseits dem vertrauten Wissenschaftsbereich, andererseits den Geschlechterbeziehungen. Mit Sarkasmus und Selbstironie werden Mühsal, Ehrgeiz, Eitelkeit und Betriebsamkeit in Institutionen der exakten Naturwissenschaften in prägnanten, oft auf überraschende Schlusspointen hinzielenden Fabelverläufen vorgeführt. In den 14 Geschichten des Bandes *Der Lauf der Dinge* (1982) verstärkt sich die kritische Sicht auf Missverhältnisse in den Beziehungen zwischen Individuen sowohl im persönlichen Bereich (Frau und Mann, Eltern und Kinder) als auch im Wissenschaftsbetrieb. Frauen und Männer werden in ihrem Rollenverhalten gleichermaßen komisch verfremdet. Königsdorfs produktive Distanz hängt nicht zuletzt damit zusammen, dass sie als Schriftstellerin die Mechanismen in Wissenschaftsstrukturen und als Mathematikerin die des Literaturbetriebes zugleich von innen und außen betrachtet.

Da die Fabeln zumeist kausal begründet ablaufen, wird die Aufmerksamkeit der Lesenden auf die tiefer liegenden Ursachen der ins Leere laufenden Anstrengungen gelenkt. Königsdorfs analytischer Darstellung gelingt es, Mechanismen bloßzulegen, die im Kleinen wie im Großen Kreativität behindern und letztlich auf allgemeine Stagnation hinauslaufen. Die Neigung zu fantastischer Überhöhung und zum Grotesken verstärkte sich im Laufe der Jahre. Je ausgesprägter die scharfsichtige Kritik, umso eindringlicher auch die Artikulation von Ängsten und Sehnsüchten. In der umfangreichen Erzählung *Respektloser Umgang* (1982) allerdings fällt Komisches weitgehend aus. Die ernste Tonart ist der Auseinandersetzung mit existenziellen Gefährdungen geschuldet: zum einen mit der unheilbaren Krankheit der Ich-Erzählerin, einer erfolgreichen Mathematikerin, zum anderen mit der als Gesprächspartnerin heraufbeschworenen Atomphysikerin Lise Meitner und generell mit der um 1980 eskalierenden Atomkriegsdrohung. Angesichts neuer Schübe der Krankheit (der Name Parkinson fällt hier nicht) weist die Protagonistin die Versuchung ab, ihren Leiden einen höheren Sinn beizulegen.

Die zwölf Erzählungen des Bandes *Lichtverhältnisse* (1988) sind zunehmend düster eingefärbt. An die Stelle der »ungehörigen« Träume des Anfangs treten mehr und mehr »zentnerschwere Träume«. In symptomatischen Alltagsbegebenheiten, z.T. wiederum im Wissenschaftsbereich, zeigt sich, dass nicht gelernt wird, wie groß auch der absehbare Schaden sein mag. In einigen Erzählungen setzt Königsdorf das Grotesk-Absurde ein, um den Kampf der – meist weiblichen – Figuren gegen die Angst sinnfällig zu machen.

Der vor Herbst 1989 fertig gestellte, 1990 erschienene kleine Briefroman *Ungelegener Befund*, trägt das Motto »Aber die Stille ist trügerisch«. Das charakterisiert die Stimmungslage in der Handlungszeit 1986/88 und am Handlungsschauplatz DDR. Der Protagonist, ein angesehener Hochschullehrer und Genetiker, gerät durch persönliche Verwicklungen in eine umfassende Lebenskrise, die ihn dazu bewegt, aus der wissenschaftlichen Laufbahn auszusteigen. Viele Textsignale verweisen über die konkrete individuelle Handlung hinaus auf geschichtliche Verallgemeinerungen, vor allem auf Gefahren, die sich systemübergreifend aus wissenschaftlichen und technischen Entwicklungstendenzen ergeben. Die Technik des Briefromans ermöglicht es, komplizierte Geschichts- und Handlungszusammenhänge in einer radikal verkürzenden und zugleich subjektiv emotional gefärbten Erzählweise darzubieten. Der Begriff Würde, der in diesem Erzähltext zentrales Denkmotiv ist, bildet auch den Kern aktueller und weltgeschichtlicher Reflexionen in publizistischen Beiträgen seit Herbst 1989. Der Zusammenbruch der DDR und die Auflösung der bipolaren Machtkonstellation in der Welt waren Antrieb und Stoff ausgedehnter Publizistik für die Tagespresse. Sie erschien in einer Reihe von Sammelbänden, darunter auch in zwei Protokollbänden mit Stimmen aus Ost und West, die differenziert authentische Erfahrungen mit den Veränderungsprozessen dokumentieren. Diese Bemühungen fanden ein exemplarisches Resümee in dem Aufsatz *Über die unverzügliche Rettung der Welt*, der dem Essayband von 1994 den Titel gab.

Die turbulenten Veränderungen in individuellen Lebensläufen, die sich im Osten Deutschlands in den ersten Neunzigerjahre vollzogen, bilden den Stoff von Erzählwerken, in denen fantastische, z.T. mysteriöse Erscheinungen und Vorgänge die generelle Verunsicherung aller Lebensbeziehungen ausdrücken. Im Roman *Im Schatten des Regenbogens* (1993) greift Königsdorf auf den in frühen Erzählungen behandelten wissenschaftlichen Tätigkeitsbereich »Zahlographie« zurück und nimmt aktuelle Vorgänge seiner »Abwicklung« zum Anlass, die Protagonisten der alten Eliten nach ihrem Tun und Lassen in den sich auflösenden Machtstrukturen und im Hinblick auf ihre gelingende oder misslingende Neuorientierung zu befragen. Der Erzählungstitel *Die Entsorgung der Großmutter* deutet an, dass auch im privaten Bereich Humanität gefährdet ist. In den Erinnerungen *Landschaft im wechselnden Licht* (2002) erzählt Königsdorf angesichts ihrer immer eingeschränkteren Lebenschance mit großer Gelassenheit.

Eva Kaufmann

Werke: *Meine ungehörigen Träume. Geschichten*, Bln., Weimar 1978; *Der Lauf der Dinge. Geschichten*, Bln., Weimar 1982; *Respektloser Umgang*, Bln., Weimar 1986; *Lichtverhältnisse. Geschichten*, Bln., Weimar 1988; *Ungelegener Befund*, Bln., Weimar 1990; *1989 oder Ein Moment Schönheit. Eine Collage aus Briefen, Gedichten, Texten*, Bln., Weimar 1990; *Adieu DDR – Protokolle eines Abschieds*, Bln., Weimar 1990; *Aus dem Dilemma eine Chance machen. Aufsätze und Reden*, Hbg., Zür. 1991; *Gleich neben Afrika*, E., Bln. 1992; *Im Schatten des Regenbogens*, R., Bln., Weimar 1993; *Über die unverzügliche Rettung der Welt*, Ess., Bln., Weimar 1994; *Unterwegs nach Deutschland. Über die Schwierigkeit ein Volk zu sein: Protokolle eines Aufbruchs*, Reinbek 1995; *zwischen lichtem land und ganz verloren. gedichte aus zwei jahrzehnten*, o. O., o. J; *Die Entsorgung der Großmutter*, Bln., Weimar 1997; *Der gewöhnliche Wahnsinn*, Bln., Weimar 1998; *Landschaft in wechselndem Licht. Erinnerungen*, Bln. 2002.

Kopetzky, Steffen, wurde am 26. 1. 1971 in Pfaffenhofen an der Ilm in Oberbayern geboren. Er studierte Philosophie und Romanistik in München, Paris und Berlin. Er lebt als freier Schriftsteller in Berlin. 1996 erhielt er den Kurt-Magnus-Preis der ARD, 1997 den Preis des Landes Kärnten in Klagenfurt und den Kulturförderpreis der Stadt Pfaffenhofen a. d. Ilm, 1999 den Else-Lasker-Schüler-Preis, 2000 den Carolinenpreis für Journalismus.

Sein Debütroman hat als erklärtes Ziel »die Teilnahme seiner Leser am Glück des Versprechens, das gebrochen wird«. Er trägt einen Titel, dessen bibliografische Durchtriebenheit und autobiografische Vermessenheit Programm sind: *Eine uneigentliche Reise. Handenzyklopädie der Grundprobleme Europas am Ende des 20. Jahrhunderts* (1997). Zu barockisierenden Kapitelüberschriften stellt der Autor schelmenzünftige Gattungsbezeichnungen, deren Schillern etwas von dem »transatlantischen« Hans Magnus Enzensberger hat: »Ein Tatsachenbericht«, »Eine Feststellung«, »Eine Erhellung«, »Eine Rede«, »Eine Aufmunterung«, »Eine Ankündigung«, »Eine Spekulation«. So heißt etwa das ausgeklügelt mittlere Kapitel: »Die Uneigentlichkeit oder Weshalb es besser ist zu sprechen wenn man es satt hat sich zu unterhalten«, und bevor »Eine Rede« dann anhebt, gibt es aus Wittgensteins *Philosophischen Untersuchungen* ein Motto zu lesen, das einen kongenialen Vergleich anstellt zwischen zwei möglichen Bildern: dem einen, das Beethoven beim Schreiben der 9. Symphonie zeigt, und dem anderen, das Goethe beim Schreiben der 9. Symphonie zeigt. Steffen Kopetzky wird in allen seinen Büchern der eklektizistisch belesene Igel bleiben, der immer schon da ist. Vielleicht ist das der Grund, dass er – und sein Ich: ein anderer oder anderes – ständig unterwegs ist, mal zwischen München und Berlin, mal im eigenen Zimmer, mal in der Nacht.

Die uneigentliche Reise ist (k)ein Roman wie der von Lawrence Sterne, auf den er anspielt. Der »Tatsachenbericht«, mit dem die Handenzyklopädie beginnt, heißt: »Die Abschweifung oder Warum meine Liebe zu Neapel in Berlin immer am größten ist«. Uneigentlich ist die Reise, weil der Ausgangspunkt das Ziel, das Ziel der Ausgangspunkt bleibt. Steffen Kopetzkys parabolisches Recherchieren gilt freilich nicht nur einer »vollkommen ahnungslosen jungen Frau« oder einem Europa, dem »die Wellen des Untergangs den Strand der Gegenwart (benagen)«, sondern auch dem eigenen Medium: »Im Prinzip heißt Schreiben doch nur, Sehnsucht zu haben nach einem ganz bestimmten Buch, nach einem Text, nach einer Sprache, die man nie bekommt. Wenn man richtig befriedigt wäre von Lesbarem, was es schon gibt, dann könnte man nicht mehr schreiben.«

Nach dieser im Zweifelsfall essayistischen Anfrage an die Möglichkeitsbedingung von Welt und Wissen stellt Steffen Kopetzky in seinem zweiten Roman – *Einbruch und Wahn* (1998) – einen veritablen Helden aus sich heraus, den Philosophiestudenten Krampas, der zunächst, in München, durch einen Liebesverrat ins Strudeln gerät, später, in Berlin, durch einen in sein Zimmer geworfenen Stein, dessen Gewicht sich schon durch die Assoziationen, die er auslöst, gewaltig erhöht. Steffen Kopetzky bändigt die diaristische Progression durch eine wiederum beinahe absolutistische Struktur. Diese findet eine Entsprechung in der Konstellation von Autor, Erzähler, Figur: »Krampas (...) schreibt den Satz, der seine Aufzeichnungen enden und beginnen lässt, und geht vorsichtig (...) zu seinem Bett – der Symmetrie zuliebe, und da meine Arbeit nun zu Ende ist, sei gestanden: Ich bin Krampas. Oder: Krampas ist Ich. Oder: Vielleicht sind wir die zwei aneinander geschmiegten Flächen eines Möbiusbandes, zwei Stränge eines Wirbels – zwei Seiten einer Figur, deren Gestalt wir beide nicht kennen.«

Beide Romane – wie auch die Arbeiten für Funk und Theater sowie die Essays und Kolumnen – weisen Steffen Kopetzky als ein narzisstisches und goldmundiges Talent aus, das zu frei ist, um nicht alle narrativen und dramatischen Raffinessen aufzubieten, zu einsam, um auf die Sehnsucht nach dem ultimativen Buch zu verzichten, ein altkluger Novize zwischen Pynchon und Pitigrilli, eloquent und geistesgegenwärtig wie kaum ein zweiter Autor seiner Generation.

Der dritte Roman bezieht das Reisemotiv seines Titels vom ersten, das allegorische Wahnmotiv seines Untertitels vom zweiten: *Grand Tour oder die Nacht der Großen Complication* (2002). Der Roman hält, was sein »Gewicht« von 740 Schmökerseiten verspricht. Statt eines erlesenen Mottos findet sich im Impressum die pastorale Warnung an den Leser, sich an den im Buch beschriebenen Abfahrts- und Ankunftszeiten und sonstigen Fahrplanangaben zu orientieren. Andererseits versteht sich Steffen Kopetzky durchaus nicht als einer jener klassischen Autoren, die eine Reise »tun« und was erzählen können. In einem Interview (»Welt«, Juni 2002) plädiert er für eine neue Ethnologie »über das Unterwegssein als Normalität«. Und er tut das mit der Autorität eines gewesenen Schlafwagenschaffners (den der Schriftstellerkollege Raoul Schrott, unterwegs nach Neapel, einmal in Ernst Jünger vertieft gesehen haben will). Der zweite Teil des Titels löst präzise Erwartungen nur bei demjenigen Leser aus, dem Ahnung und Gegenwart solitärer Zeitmesser nicht fremd sind. Es geht um eine Uhr (die es nur in der Wirklichkeit nicht gibt), eine »Ziffer à Grande Complication 1924«, die ihren Besitzer ein Dreivierteljahrhundert nach ihrer Anfertigung aus 637 einzeln angefertigten Teilen in die Lage versetzt, »am 31. Dezember 1999 um Mitternacht die verborgene Tätigkeit eines alleine dafür gebauten und konstruierten Schalters beobachten zu können, der 1,3 Millimeter nach oben rückte und eine Mechanik ins Werk setzte, die anstelle der Ziffern ›1999‹ vier andere, nämlich ›2000‹, einrasten lassen würde.« Womit auch die »Nacht« des Untertitels – Show-down des Romans – geklärt wäre. Steffen Kopetzky nun bringt – in einer Art Doppelhelix – zwei Bewegungen zusammen: die Grand Tour von Leo Pardell, einem – wie sein Autor – 1971 geborenen Schlafwagenschaffner-»Springer«, und die Such(t)bewegung des Barons von Reichhausen, eines Uhren-Afficionados, der auf eine Spur jener als verschollen geltenden Uhr mit Millenniumsanzeige gestoßen ist. Beide Figuren werden, ohne dass sie einander gewahr werden, bereits im Prolog des Romans miteinander verbunden: durch den »zarten Flugschatten« einer Taube namens »Lucia«. (Heimito von Doderer hätte dieser ausholenden Eröffnung seinen Respekt nicht versagt.) Und was dann anhebt, ist ein figurenreiches Welttheater auf Schienen, bei dem der Leser zugleich bedauert und begrüßt, dass es einen Waschzettel mit den zahllosen »dramatis personae« nicht gibt: Nur so wird die Grand Tour – diese wundersamen Fahrplanlabyrinthen folgende Raumreise, von chronometrischen Wunderwerken gemessene Zeitreise – zu einem nervend leibeigenen Erlebnis! Alle Kapitel des Romans sind lokalisiert und bis auf die Minute datiert, die Mitte der sieben großen Teile bildet die »präzise Finsternis« vom 11./12. 8. 1999 – eine Komposition, die dem abgebrochenen Architekturstudenten, der Pardell ist, wohl zukommt. Seine Diplomarbeit hätte den Titel tragen sollen: »Der Fluchtweg. Theorie und Praxis einer Bauvorschrift und ihre Spuren im Werk Piranesis«. Steffen Kopetzky scheint nun Piranesis *Carceri* in das europäische Streckennetz transformiert zu haben: Wo manche Bahnhofshalle auf diese »Kerker«-Kathedralen schon baulich anspielt, herrschen in seinen Schlafwagenabteilen metaphysische Lichtverhältnisse wie in ihnen: »Manchmal waren ihre Gesichter, die sich schweigend ansahen, in fernes Neonlicht getaucht …« Fluchtwege allenthalben, für Verschwörer und Liebende und Liebesschwörende.

Steffen Kopetzky ist ein Meister des Features, und es ist staunenswert, aus wie vielen »einzeln angefertigten« Teilen er den Roman angefertigt und wie er jedem dieser Teile eine feinmechanische Funktion gegeben hat. Und dass der Roman »geht«, ein Epos, das einen mit auf eine Reise nimmt, bei der man an den schönsten Stellen sagen möchte: Verweile doch. Aber glücklich darüber ist, dass es keinen Halt gibt. Ein Roman, der zu Ende ist, wenn er zu Ende ist, Punkt Mitternacht: Jahrtausendwende. Auf seine Weise ein prächtiges Buch über nichts und wieder nichts, »fantastisch zwecklos« (Heinrich Heine), nur dass man sich als Leser dabei ertappt, wie man die »FAZ«-Sonderbeilage über Uhren aufhebt und »Dumjahn's Jahrbuch für Eisenbahnliteratur« kauft und Bahnhofstauben hinterherschaut.

Hermann Wallmann

Werke: *Die Entdeckung der Pyramiden*, Hsp., SFB 1995; *Stille Tage in Mortefontaine*, Funk-E., SFB 1995; *Schlafwagen nach Florenz*, Feat., SFB 1995; *Erste und abschließende Partien*, Funk-E., SFB 1996; *Ein Smoking für Pavarotti*, Feat., SFB 1996; *Der installierte Klang*, Funk-Ess., SFB 1996; *Die Geburt Don Quichotes*, Funk-E., SFB 1996; *Sieben Träume von Annabelle*, Pr. f. Kinder, SFB/NDR/WDR 1997; *Nachtkonzert und Sternenstaub – Reisen auf einem passageren Kontinent*, Funk-E., SFB 1997; *Grandhotel – Lust und Schrecken des Luxus*, Feat., SFB 1997; *Eine uneigentliche Reise. Handenzyklopädie des 20. Jahrhunderts*, R., Bln. 1997; *Einbruch und Wahn*, R., Bln. 1998; *Wenn Politiker Visionen haben*, Feat., DLR 1998; *Zuverlässiger Bericht über die Schlaflosigkeit*, Theaterst., UA Baden-Baden 1999; *Die Ankunft nach den Abschieden*, Funk-E., SFB 1999; *Herr Krampas: Auftauchend*, Theaterst., UA Kaiserslautern 1999; *Der Mensch und sein Hunger*, Hsp., DLR 1999; *Zeuge stirb*, Opernlibretto, UA u. d. T. *Königin ÖK*, Bonn 2000; *Schlaf Rauch Zufall*, Hsp., SWR 2000; *Raum eines Enkels von den Sternen*, Funk-E., SFB 2000; *Nacht der Fliege*, Theaterst., UA Hannover 2000; *Einmal Vineta und zurück*, Feat., NDR 2000; *Der Freischütz*, Opernlibretto-Neufssg., WDR 2001; *Anspruch und Karriere: Die Leistungsgesellschaft*, Feat., DLR 2001; *Grand Tour oder Die Nacht der Großen Complication*, R., Ffm. 2002; *Zeuge stirb*, Hsp., SFB/NDR 2003.

Köpf, Gerhard, wurde am 19. 9. 1948 in Pfronten im Allgäu als Sohn eines Landbriefträgers geboren. Er studierte in München von 1968 bis 1984 Germanistik, promovierte zum Doktor der Philosophie, lehrte an verschiedenen Universitäten und wurde 1984 zum Professor für Gegenwartsliteratur und angewandte Literaturwissenschaft an der Universität Duisburg berufen. 1993 hatte er die Poetik-Professur in Bamberg, 1999 in Tübingen inne. Er ist Mitglied des P.E.N.-Zentrums der Bundesrepublik Deutschland und der Bayerischen Akademie der Schönen Künste. Köpf, der seinen Wohnsitz in München beibehalten hat, erhielt 1983 den Preis der Klagenfurter Jury, 1983 den Jean-Paul-Förderpreis des Freistaates Bayern, 1984 das Münchner Literaturjahr, 1985 ein Stipendium der Villa Massimo, 1986 das »Stadtschreiber«-Amt von Bergen-Enkheim, 1989 den Förderpreis der Akademie der Künste, 1990 den Wilhelm-Raabe-Preis der Stadt Braunschweig.

»Thulsern« findet sich auf keiner Landkarte; es geschieht im Kopf des Lesers von Köpfs Werken.

Das Wortspiel steht hier nicht aus reinem Vergnügen, Köpf selbst verwendet es. »Köpf« als Konjunktiv von »Kopf« verweist auf den Literaten als Produzenten multipler Wirklichkeiten. »Was mich beim Erzählen beschäftigt, ist die Aufhebung des linearen Erzählens, dass es nicht darum geht, einen Maulesel zu bepacken und von A nach B zu schicken, sondern die Anstrengung, die unternommen wird, so etwas wie räumliches Erzählen zu erzielen; einen zweiten Boden einzuziehen.« Thulsern also stellte über lange Zeit hinweg die scheinbar geografische Verortung von Köpfs literarischem Schaffen dar. Hier, irgendwo im Allgäu, ganz nahe am bundesdeutschen Alltag – und doch Ewigkeiten davon entfernt – agieren seine Anti-Helden, die an der Wirklichkeit, an den Sachzwängen und an der ganz normalen Unmenschlichkeit Gescheiterten. Aber ihr Scheitern erweist sich zugleich als ihre Bestimmung und als ihr größter Triumph, denn sie versagen vor allem vor Normen, die nicht die ihren sind. Und es führt aus der Wirklichkeit hinaus in eine poetische Zweitexistenz, die auch den Tod bedeuten kann, aber ein wirklicheres Leben meint.

Seine ursprünglich als Trilogie – Köpf zieht die Bezeichnung »Triptychon« vor – geplante Werkfolge *Innerfern* (1983), *Die Strecke* (1985) und *Die Erbengemeinschaft* (1987) wurde mit *Eulensehen* (1989) zur Tetralogie erweitert. Ein notwendiges Ende erreichte sie damit nicht, denn nicht erst im Zeitalter der Telekommunikation kann jeder Ort auf dem Erdball zum Nabel der Welt werden. Während der kleine Ort in dem Roman *Die Strecke* durch Bahngeleise mit der Welt verbunden ist, dient in dem Folgeband *Die Erbengemeinschaft* eine Kalebasse – einer magischen Kristallkugel gleich – der Kommunikation mit anderen Zeiten; im Band *Eulensehen* erlaubt die heimliche Lektüre der Briefpost Einblicke in das Weltgeschehen. »Existieren ist Reisen genug. Nur äußerste Schwäche der Einbildungskraft rechtfertigt, dass man den Ort wechseln muss, um zu fühlen: Jede Straße, sogar diese Straße von Entenpfuhl trägt dich ans Ende der Welt« (*Eulensehen*).

Innerfern, Köpfs erster Roman, bevorzugt das Reisen durch die Literaturgeschichte: Zitate, Verweise und Erwähnungen von Beckett, Chamisso, Fontane, Ganghofer, Hölderlin, Kraus, Lenz, Schiller und Robert Walser begegnen dem Leser. »Germanistendichtung, Lektorenprosa?«, fragte Franz Josef Görtz in der »Frankfurter Allgemeinen Zeitung«; jedenfalls bedeutete dieser Roman einen Befreiungsschlag, der den Wissenschaftler zum Literaten machte. Die Geschichte der Karlina Piloti, die in eine psychiatrische Anstalt eingewiesen wird und dort trotz des Engagements der behandelnden Ärztin stirbt, handelt vom Vergessen und von der Wiederentdeckung. Zehn Jahre nach ihrem Ableben bricht der Erzähler auf, um die Geschichte ihres Todes zu rekonstruieren. In Gesprächen mit der behandelnden Ärztin wird ihm die Vergangenheit wieder zur Gegenwart. Seine Jugenderinnerungen an die gemeinsam verlebten Stunden mit der Künstlerin erscheinen in traumhaften, metaphernreichen Sequenzen, die Bilder jenseits unserer Zivilisation beschwören. Köpfs Vorbild für die Piloti war Ilse Schneider-Lengyel, in deren Haus am Bannwaldsee das erste Treffen der »Gruppe 47« stattfand, die aber später aus der Gruppe ausschied.

Die Strecke sprengt die strenge Form von *Innerfern*. Der umfangreiche Roman zeigt ein Welttheater aus der Sicht des philosophisch gebildeten Streckengehers Aggwyler, der zusammen mit einem imaginären Revisor das letzte Mal vor der Stilllegung die Geleise abschreitet. Er kämpft mit seinem Sprechen und Denken und Erzählen an gegen die »Verkrautung und Verrottung« als Menetekel einer neuen Barbarei, die der Fortschritt verursacht. Gegen das Verschwinden einer Epoche, die nicht mehr zu retten ist, breitet er vor dem Leser sein eigenes Leben, die Geschichte der Gegend und ihrer Bewohner aus. »Aggwyler gehörte ursprünglich zum Personenkreis um Karlina Piloti, hat sich dann aber sozusagen selbstständig gemacht. Wie die Piloti setzt er die Kraft der Fantasie gegen den Lauf des Alltags und den Zerfall der Umwelt« (Köpf). Dieses Entgegenstellen misslingt: Der Streckengeher schreitet über den Prellbock hinaus durch die Geschichte, durch die Apokalypse, durch die unwirtlichsten Gegenden, auf den höchsten Gipfel und entschwindet mit einem gewaltigen Gelächter; wie übrigens zahlreiche Romane von Köpf mit einer Elevation der Hauptperson enden.

Die endgültige Etablierung als virtuoser Geschichtenerzähler gelingt Köpf mit der *Erbengemeinschaft*. Von versponnen märchenhaft bis deftig schwankhaft zieht der Fabulierer alle Register seiner Erzähltechnik. »Unserallerkind« befindet sich im Besitz einer Kalebasse, deren Schnitzereien nicht nur die Familienchronik und die Geschichte Thulserns bewahren, sondern auch den Kosmos abbilden. Im Akt des Wiedererzählens dieser Ereignisse wird die Historie präsent und greifbar. Gleichzeitig bietet sich die letzte Gelegenheit ihrer Wiederaneignung, denn mit dem Ende des Buches birst die Kalebasse. *Eulensehen* treibt das postmoderne Spiel mit Selbst- und Fremdzitaten auf den einstweiligen Höhepunkt. Man begegnet Versatzstücken früherer Romane Köpfs und aller Autoren, die er liebt oder aus anderen Gründen für erwähnenswert hält. »Worauf es ankommt, ist das Wiedererzählen – ein Erzählen, das die erzählten Geschichten für sich in Besitz nimmt, sie für eigene Zwecke nutzbar macht und dabei eigenen Zielen unterwirft oder durch weitererzählen verwandelt.« Für Köpf ergibt sich diese Vorgehensweise notwendig aus seinem Ziel, wie ein Maler hinter dem Bild zu verschwinden. Dennoch tritt er dadurch viel stärker in den Vordergrund – der Autor verschwindet nicht hinter dem Erzähler, sondern vice versa. Gleichzeitig geht die magische Kraft der Erzähler aus Thulsern zur Neige, sie wird ersetzt durch die Flucht in die Form. Der Roman gliedert sich in zweimal zwölf Kapitel, die den Monaten und den Tierkreiszeichen zugehören, Anfang und Endpunkt der Lektüre können frei gewählt werden.

In den Werken der Neunzigerjahre ist keine klare Entwicklungslinie mehr zu erkennen. *Piranesis Traum* (1992) ist ein Raum- und Zeitgrenzen sprengender anklagender Monolog des Titelhelden, *Papas Koffer* (1993) eine Hommage an Hemingway und die Literatur. Die scheinbar konventionelle Erzählung *Nurmi oder Die Reise zu den Forellen* (1996) überrascht den Köpf-Kenner mit seitenlangen nicht ausgewiesenen Zitaten aus früheren Werken und treibt die Intertextualität auf die Spitze.

Ulrich Schall

Werke: *Märendichtung*, Stg. 1978; *Das Insel-Buch der Faulheit*, Hg., zus. m. Joachim Schultz, Ffm. 1983; *Innerfern*, Ffm. 1983; *Der Wolkenschieber*, Hsp., SFB 1983; *Fischwinter. Ein Spiel mit Dokumenten*, Hsp., BR 1984; *Der Kampf mit dem Drachen*, Hsp., SWF 1984; *Landfunk*, Hsp., SFB 1984; *Ein Schriftsteller schreibt ein Buch über einen Schriftsteller …*, Hg., Ffm. 1984; *Schwellengang und andere Prosa*, Weingarten 1984; *Die Strecke*, R., Ffm. 1985; *Die Erbengemeinschaft*, Ffm. 1987; *Das Buch der Drachen*, Hg., Ffm. 1987; *Christoph Wilhelm Hufeland: Der Scheintod oder Sammlung der wichtigsten Tatsachen und Bemerkungen darüber in alphabetischer Ordnung*, Hg., Bern, Ffm., New York 1987; *Hund und Katz und Maus, Schnecke, Butt und Ratte. Günter Grass zum sechzigsten Geburtstag*, Ffm. 1987; *Das Lesegift*, Hsp., SWF 1987; *Borges gibt es nicht*, Hsp., SDR 1988; *Piranesi oder der Quälgeist*, Hsp., SWF 1988, *Eulensehen*, Ffm., Wien 1989; *Borges gibt es nicht. Eine Novelle*, Ffm. 1991; *Der Alte und der Hahn*, Hsp., SFB 1991; *Die Ermordung des Johan Joachim Winckelmann durch den Kupferstecher Giovanni Battista Piranesi*, Hsp., SWF 1991; *Vom Schmutz und vom Nest. Aufsätze aus zehn Jahren*, Ffm. 1991; *Bluff oder Das Kreuz des Südens*, Weinheim 1991; *Piranesis Traum*, Ffm. 1992; *Rezeptionspragmatik. Beiträge zur Praxis des Lesens*, Hg., Stg. 1992; *Erzählen – Erinnern. Deutsche Prosa der Gegenwart. Interpretationen*, Hg., zus. m. Herbert Kaiser, Ffm. 1992; *Papas Koffer*, E., Hbg. 1993; *Gerhard Köpf*, Eggingen 1993; *Nachtpost*, Theaterst., UA Memmingen 1993; *Lesegift*, Gütersloh 1994; *Der Weg nach Eden*, Mü, Zür. 1994; *Ezra & Luis oder Die Erstbesteigung des Ulmer Münsters*, Theaterst., UA Brixen 1994, Hsp., SWF 1994; *Sizilianisches Roulette*, Hsp., WDR 1995; *Der Kühlmonarch. Eine Selberlebensbeschreibung*, Austin 1995; *Nurmi oder Die Reise zu den Forellen*, Mü. 1996; *Mitteilungen über Max. Marginalien zu W. G. Sebald*, Hg., Oberhausen 1998; *Vor-Bilder. Tübinger Poetik-Vorlesungen*, Tüb. 1999; *Gregor von Rezzori: Essays, Anmerkungen und Erinnerungen*, Hg., Oberhausen 1999; *Noblesse, Stil, Eleganz. Texte zum 7. Würth-Literaturpreis*, Tüb. 1999; *Oliver Seemann: Die Internet-Süchtigen*, Hg., Oberhausen 2002.

Kordon, Klaus, wurde am 21. 9. 1943 in Berlin geboren. Seine Eltern führten eine Gastwirtschaft. Als er mit 13 Jahren verwaiste, lebte Kordon mehrere Jahre in Heimen, arbeitete später u. a. als Transport- und Lagerarbeiter und wurde nach einem volkswirtschaftlichen Fernstudium Exportkaufmann in der DDR. Nach der Niederschlagung des »Prager Frühlings« wuchs die Distanz zur DDR. Eine missglückte Republikflucht brachte ihm und seiner Frau eine Verurteilung zu drei Jahren Haft ein, aus der sie nach einem Jahr von der Bundesrepublik Deutschland freigekauft wurden. Zunächst war Kordon wieder als Exportkaufmann tätig. Seit 1980 ist er freiberuflicher Kinder- und Jugendbuchautor. Er lebt heute in Berlin. 1982 erhielt er den Friedrich-Gerstäcker-Preis, 1995 den Deutschen Jugendliteraturpreis und 1999 den Großen Preis der Deutschen Akademie für Kinder- und Jugendliteratur.

Kordons realistische Erzählweise steht in der Tradition des 19. Jahrhunderts. Chronologisch entwickelt er auf sprachlich unprätentiöse Weise individuelle Lebenspanoramen einschließlich des sozialen und zeithistorischen Umfeldes. Seine Protagonisten gehören meist unteren Gesellschaftsschichten an, deren soziale Milieus er genau und einfühlsam schildert. Als engagierter Autor stellt Kordon die Lebensverhältnisse seiner Figuren ungeschönt dar, bindet sie in einen gesellschaftlichen und zeitgeschichtlichen Kontext ein und gibt ihnen zugleich eine utopische Dimension. Die Hoffnung auf ein menschenwürdiges Leben, auf Menschen- und Bürgerrechte bleibt trotz politischer Rückschläge und persönlicher Enttäuschungen lebendig. Kordons junge Helden entwickeln sich unter den prekären

Verhältnissen zu verantwortungsvollen und autonomen Persönlichkeiten. Kordon ist ein moralischer Autor, der seinen Lesern soziale, historische und politische Kenntnisse und Einsichten vermitteln will.

Sein Werk hat drei thematische Schwerpunkte: Dritte Welt, Gegenwartsprobleme von Kindern und Jugendlichen in Deutschland und deutsche Geschichte. Mit dem Thema Dritte Welt hat sich Kordon vor allem zu Beginn seines schriftstellerischen Wirkens beschäftigt. In seinem Debütroman *Tadaki* (1977) erzählt Kordon die Geschichte eines indonesischen Jungen, der in Jakarta als Bettler, Küchengehilfe und Rikschafahrer lebt und auf ein besseres Leben in Bandung hofft. Der Roman *Wie Spucke im Sand* (1987) entwickelt das Porträt einer jungen Inderin, Munli, die in einer patriarchalischen Dorfgesellschaft aufwächst, in der Frauen nichts gelten. Munli schließt sich, als sie als 13-Jährige verheiratet werden soll, Rebellen an und findet später bei einer Frauenwohngemeinschaft Unterkunft. Als Lehrerin will sie gegen die Frauendiskriminierung kämpfen. In seinen Romanen zum Thema Dritte Welt verbindet Kordon den sozialkritischen Realismus mit Motiven des Abenteuerromans.

Kordons Gegenwartsromane fächern mit Themen wie Drogenkonsum (*Einbahnstraße*, 1979; *Wartehalle*, 1983), Behinderte (*Willst du fliegen*, 1981; *Zugvögel oder Irgendwo im Norden*, 1983) oder Umweltverschmutzung (*Ich möchte eine Möwe sein*, 1989) ein ganzes Spektrum problematischer Lebensverhältnisse für Kinder und Jugendliche in Deutschland auf.

Im Zentrum seines Werks aber stehen historische und zeitgeschichtliche Romane, die in ihrer Gesamtheit die deutsche Geschichte von der Mitte des 19. Jahrhunderts bis in die Gegenwart spiegeln und lebendig werden lassen. *1848 – Die Geschichte von Jette und Frieder* (1997) führt den Leser an der Seite der beiden jugendlichen Helden unter die Aufständischen der Märzrevolution von 1848 in Berlin. Die so genannte »Trilogie der Wendepunkte« erzählt vom Leben einer Berliner Arbeiterfamilie über mehrere Generationen. Im ersten Band, *Die roten Matrosen* (1984), geht es um die Revolution von 1918, in *Mit dem Rücken zur Wand* (1990) um das Ende der Weimarer Republik und den Beginn der Naziherrschaft, in *Der erste Frühling* (1993) um das Ende des Dritten Reichs und die so genannte Stunde null.

Der autobiografische Roman *Krokodil im Nacken* (2002) erzählt von einer Kindheit und Jugend im geteilten Berlin, von einer missglückten Flucht aus der DDR und den Monaten in Stasi-Untersuchungshaft.

Christoph Schmitz

Werke: *Tadaki*, Jugendb., Hbg. 1977, überarb. Neuausg. u. d. Titel *Der Weg nach Bandung*, Hbg. 1989; *Henner oder 10 Tage wie ein Jahr*, Jugendb., Stg. 1978; *Möllmannstraße 48*, Kinderb., Stg. 1978; *Brüder wie Freunde*, Kinderb., Weinheim 1978; *Schwazer Riese, 5. Stock*, Kinderb., Weinheim 1979; *Die Einbahnstraße*, Jugendb., Ravensburg 1979; *Monsun oder Der weiße Tiger*, Jugendb., Weinheim 1980; *Eine Stadt voller Bäume*, Kinderb., Stg. 1980; *Willst du fliegen? Zwölf Geschichten und elf Gedichte – ein Lesebuch für Jungen und Mädchen*, Stg. 1981, Neuausg. u. d. T. *Der Menschenfresser*, Weinheim 1992; *Querverbindungen oder Man gibt Laut*, G., Stg. 1982; *Ein Trümmersommer*, Kinderb., Weinheim 1982; *Einer wie Frank*, Jugendb., Weinheim 1982; *Maxe allein in der Stadt und andere lustig-nachdenkliche Geschichten in Versen*, Bilderb., m. Illustr. v. Eckart Straube, Stg. 1982; *Kichererbsen. Geschichten, Gedichte und Comics zum Grinsen, Schmunzeln, Lachen, Nachdenken und Freuen*, Kinderb., Stg. 1982; *Diktatur. Wie war es, als ... Was wäre, wenn ...*, Ravensburg 1983; *Wir haben halt einfach zugepackt! Mit Volldampf ins Wirtschaftswunder*, Jugendb., Ravensburg 1983; *Die Wartehalle*, Jugendb., Würzb. 1983; *Immer feste druff!*, Postkartenbuch, Stg. 1983; *Zugvögel oder Irgendwo im Norden*, Jugendb., Stg. 1983; *Die Reise zur Wunderinsel*, Kinderb., Weinheim 1983; *Till auf der Zille*, Kinderb., Würzb. 1983; *Liebe! Liebe! Liebesgeschichten*, Jugendb., Ravensburg 1984; *Die roten Matrosen oder Ein vergessener Winter*, Jugendb., Weinheim 1984, überarb. Neuausg. 1995; *Die tausendundzweite Nacht und der Tag danach*, E., Würzb. 1985; *Hände hoch, Tschibaba! Geschichten von damals und heute*, Kinderb., Mü. 1985, Neuausg. u. d. T. *Paule Glück. Das Jahrhundert in Geschichten*, Weinheim 1999; *Knuddel und Eddi*, Bilderb., m. Illustr. v. Ursula Kirchberg, Stg. 1985; *Eine Oma für Till*, Kinderb., Würzb. 1985; *Das Fünfmarkstück*, Kinderb., Würzb. 1985; *Frank guck in die Luft. Brüder wie Freunde. Tage wie Jahre. Einer wie Frank*, Jugendb., Weinheim 1986, Neuausg. u. d. T. *Frank oder Wie man Freunde findet*, Jugendb., Weinheim 1999; *Mottha und Bawani*, Kinderb., Weinheim 1986; *Wie Spucke im Sand*, Jugendb., Weinheim 1987; *Kellerleichen. Bitterböse Storys*, E., Mü. 1987; *Der liebe Herr Gott oder Der Postskandal von Tippelrode*, Kinderb., Würzb. 1987; *Der Ritter im Sack. Alte Märchen, Sagen und Schwänke neu gesponnen*, Kinderb., Würzb. 1987; *Der Käpt'n aus dem 13. Stock*, Kinderb., Hbg. 1988; *Komm, alter Tom*, Kinderb., Bindlach 1988; *Die Flaschenpost*, Kinderb., Ravensburg 1988, Hsp., RIAS 1990; *Ich bin ein Geschichtenerzähler*, Kinderb., Weinheim 1988; *Maltes Großvater wohnt am Meer*, Kinderb., Bindlach 1989; *Tage wie Jahre*, Jugendb., Weinheim 1989; *Ich möchte eine Möwe sein*, Jugendb., Weinheim 1989; *Ein richtiger Indianer*, Kinderb., Mü. 1989; *Annapurna. Meine Mutter ist eine Göttin*, Kinderb., Mü. 1991; *Noch sind wir wenige! Plädoyer* *für eine bessere Welt*, Jugendb., Baden-Baden 1989; *Der große Fisch Tin Lin*, Bilderb., m. Illustr. v. The Tjong Khing, Ravensburg 1990; *Stille Tage oder Lenz feiert Weihnachten*, E., Ffm. 1990; *Mit dem Rücken zur Wand*, Jugendb., Weinheim 1990; *Es war einmal in Usambara*, Kinderb., Bindlach 1990; *Am 4. Advent morgens um vier*, Kinderb., Ravensburg 1990; *Robinson, Mittwoch und Julchen*, Kinderb., Ravensburg 1991, Hsp., RIAS 1992; *Die Lisa. Ein Leben*, Bilderb., m. Illustr. v. Peter Schimmel, Mü. 1991, Neuausg. u. d. T. *Die Lisa. Eine deutsche Geschichte*, Düsseld. 2002; *Der Kleine, der Riese und der Großriese*, Bilderb., m. Illustr. v. Marie-José Sacré, Zürich 1991; *Alicia geht in die Stadt. Geschichten vom Überleben*, Kinderb., Mü. 1992; *Das ist Harry*, Kinderb., Weinheim 1992; *Der erste Frühling*, Jugendb., Weinheim 1993; *Die Zeit ist kaputt. Die Lebensgeschichte des Erich Kästner*, Biogr., Weinheim 1994; *Das Mädchen Eisenstein und der Rabe Fritz*, Kinderb., Mü. 1993; *Ein Freund für Löwe Boltan*, Bilderb., m. Illustr. v. Pieter Kunstreich, Ravensburg 1994; *Lütt Luftballon und die große Mitternachtsbeschwörung*, Kinderb., Mü. 1994; *Opageschichten*, Kinderb., Bindlach 1995; *Der Adler Arkabar*, Bilderb., m. Illustr. v. Julian Jussim, Mü. 1996; *Der goldene Ritter*, E., Stg. 1996; *Lütt Luftballon und der schwarze Teufel aus dem Moor*, Kinderb., Mü. 1996; *1948. Die Geschichte von Jette und Frieder*, Jugendb., Weinheim 1997; *Murras Rache*, Kinderb., Reinbek 1997; *Mein Freund Ringo*, Kinderb., Mü. 1998; *Lütt Luftballon und der Weihnachtshund*, Kinderb., Mü. 1998; *Hundert Jahre und ein Sommer*, Jugendb., Weinheim 1999; *Paula Kussmaul lässt nicht locker*, Kinderb., Weinheim 2001; *Die Stadt der Diebe*, Kinderb., m. Illustr. v. Julian Jusim, Weinheim 2001; *Felix kommt*, Kinderb., Hbg. 2001; *Krokodil im Nacken*, R., Weinheim 2002; *Paula Kussmaul und der Kater Knutschfleck*, Kinderb., Weinheim 2003.

Körner, Wolfgang, wurde am 26. 10. 1937 in Breslau geboren, besuchte ein Gymnasium in der DDR, floh mit seinen Eltern in die Bundesrepublik und lebt seit 1952 in Dortmund, wo er eine Ausbildung als Verwaltungsbeamter absolvierte und als Sachbearbeiter im Sozialamt, als Geschäftsführer der Volkshochschule und im Kulturamt tätig war. Seit 1980 lebt er als freier Schriftsteller abwechselnd in Dortmund, Bad Reichenhall, San Augustin und Gran Canaria. Körner, Mitbegründer der »Internationalen Literaturfabrik«, gehörte der Dortmunder »Gruppe 61« an und ist Mitglied im Verband Deutscher Schriftsteller. Er erhielt 1967 den Literatur-Förderungspreis des Landes Nordrhein-Westfalen für junge Künstler, 1973 den Förderungspreis zum Annette-von-Droste-Hülshoff-Preis, 1975 den Annette-von-Droste-Hülshoff-Preis und 1979 den Förderpreis für Literatur zum Großen Kunstpreis des Landes Nordrhein-Westfalen.

Wolfgang Körner schreibt für Zeitschriften, Hörfunk und Fernsehen. Er verfasst Kinder- und Jugendbücher, essayistische Texte, satirische Prosa und Romane. Seine Berufserfahrungen sowie seine Beschäftigung mit Musik und Literatur fanden Eingang in mehrere seiner Texte. In seinem 1966 erschienenen Debütroman *Versetzung* erschließt er als einer der Ersten literarisch die Mechanismen moderner Verwaltungswelt. Der junge Sozialbeamte Rolf Hagen macht in der Presse auf einen Behördenskandal aufmerksam: Drei alte Frauen, für die kein Platz in einem Altenheim zu organisieren ist, hausen in einem Keller. Der zuständige Sachbearbeiter stirbt, Hagen wird auf einen belanglosen Posten versetzt.

In dem nach der gleichnamigen Fernsehserie entstandenen Unterhaltungsroman *Büro Büro* (1983) setzt sich Körner nochmals mit den Strukturen eines übermächtigen Verwaltungsapparates auseinander. Diesmal jedoch unter völlig veränderter Perspektive. Der »Azubi« (= Auszubildende) Sigbert Schmidt hat vom Personalchef einer mittelständischen Firma den Auftrag erhalten, seine Erlebnisse im Betrieb niederzuschreiben. Schmidts amüsierter Bericht gibt Auskunft über die Arbeitsweise in der Lurzer KG, über die vielfältigen zwischenmenschlichen Beziehungen der Angestellten und schließlich über den Niedergang der Firma nach Einführung der elektronischen Datenverarbeitung. Schmidt, der angewiesen wurde, im Reißwolf alle Akten zu vernichten, nachdem sie auf Datenträger gespeichert worden waren, löscht die Datenbestände und löst damit das vollständige Chaos aus.

In seinem zweiten Roman *Nowack* (1969) entwirft Körner das Bild einer großstädtischen Gesellschaft, »zeigt ihre Auswüchse, die näher gesehen gar keine sind, sondern banale Passive hier und zornig Aufsässige dort« (»Die Tat«). Die Titelfigur, der freischaffende Fotograf Harry S. Nowack, lebt im Ruhrpott. Harrys Begegnungen mit der Sechszwölfteljungfrau, dem Drogenpeter, dem glücklosen Versicherungsagenten Boris, dem Kapitalisten Hans Rippa alias Jack the Ripper, dem linken Dr. Frank N. Stein und anderen Typen werden in losen Handlungssequenzen geschildert. Die Vielfalt der Personen und Ereignisse hält Harry in repräsentativen Ausschnitten fotografisch fest, schafft so eine einheitliche Perspektive der diffusen Wirklichkeit. Durch groteske Verfremdung, durch eine an die Fotografie angelehnte literarische »Notierung«, durch grelle Zeichnung in Pop-Art-Manier und rasche Szenenwechsel werden die selektiven Wahrnehmungsmuster der Figuren, die nicht mehr nach Zusammenhängen fragen, sondern sich nur noch an äußeren Erscheinungsformen orientieren, akzentuiert. Am Ende verschwindet Harry nach Mazedonien: »Aber das ist nicht bewiesen, weil nirgendwo fotografisch festgehalten.«

In den nachfolgenden Romanen *Der Weg nach Drüben* (1976), *Und jetzt die Freiheit* (1977) sowie *Im Westen zu Hause* (1978), die die Folgen der Flucht der Familie in den Westen thematisieren, wendet sich Körner einer konventionellen Schreibweise zu. 1978 erscheint der kurze Roman *Die Zeit mit Michael*, der vor dem Hintergrund einer Liebesgeschichte zwischen einer Lehrerin und einem Studenten aktuelle politische Probleme anspricht: Durch die Beziehung zu Michael, der sich in der Anti-Atomkraft-Bewegung engagiert, beginnt die Lehrerin Christiane, ihre gesellschaftliche Position zu reflektieren. Sie unterstützt eine Bürgerinitiative, der auch Michael angehört. Aus Furcht vor einem Disziplinarverfahren und aus Zweifel an der Wirkung ihrer Aktionen zieht sie sich jedoch nach kurzer Zeit sowohl aus der Beziehung als auch aus der Bürgerinitiative zurück. Körner konfrontiert in diesem Text gegensätzliche gesellschaftspolitische Standpunkte und verweist dabei in nuce auf einen Zustand allgemeiner Verunsicherung.

Seit den Achtzigerjahren verfasst Körner überwiegend Unterhaltungsliteratur. Neben den »einzig wahren« Ratgeberbüchern und Kunstführern erschien der Roman *Kandinsky oder Ein langer warmer Sommer* (1984), in dem ein Graupapagei über seine Erfahrungen mit der Spezies Mensch berichtet. In dem Roman *Scharfe Suppen für hungrige Männer* (1986) setzt sich Körner satirisch mit Fragen der Frauenemanzipation und mit Problemen verlassener Männer auseinander. Diese Thematik behandeln auch Tonbandprotokolle, die 1979 in dem Band *Meine Frau ist gegangen – Verlassene Männer erzählen* veröffentlicht wurden. Eine einheitliche Entwicklungslinie ist in Körners literarischem Schaffen über die Jahre nicht auszumachen. Vor allem seit Erscheinen der diversen Ratgeber wird der vielseitige Schriftsteller von der Literaturkritik kaum noch wahrgenommen.

Petra Ernst

Werke: *Versetzung*, R., Recklingh. 1966, Fssp., HR 1968; *Nowack*, R., Düsseld. 1969; *Die Zeit mit Harry*, En., Dortm. 1970; *Die Kimmerische Fahrt des Werner Warsinsky*, WDR 1971; *Zum Beispiel diese fünf Frauen*, Hsp. SWF 1972; *Volkshochschule in der Veränderung*, WDR 1972; *Ein freier Schriftsteller. Marginalien zum Literaturbetrieb*, Düsseld. 1973; *Ein Ham-Ham und das i*, Hann. 1973; *Der ausgedachte Vater*, Hann. 1974; *Ich gehe nach München*, Fssp., ZDF 1974, R., Ravensb. 1977; *Der ausgedachte Vater*, SFB 1974; *Wo ich lebe – Storys und Berichte*, Wupp. 1975; *Eine Spur von Horst Wessel oder die Überwindung der Angst – Beitrag zur literarischen Konjunktur*, Düsseld. 1975; *Der Weg nach Drüben. Roman einer Jugend*, Recklingh. 1976; *Und jetzt die Freiheit. Roman einer Jugend*, Recklingh. 1977; *Todesarten*, SFB 1977; *Im Westen zu Hause. Roman einer Jugend*, Recklingh. 1978; *Die Zeit mit Michael*, R., Köln 1978; *Kindergeschichten aus Skandinavien*, Hg., Ffm. 1978; *Meine Frau ist gegangen – Verlassene Männer erzählen*, Ffm. 1979, aktualisierte Neuausg. u. d. T. *Meine Frau hat mich verlassen. Männer erzählen von Trennung und dem Leben danach*, Ffm. 1987; *Gespenstergeschichten aus Skandinavien*, Hg., Ffm. 1979; *Drogenreader*, Ffm. 1980; *Schule in der Drogenwelle*, WDR 1981; *Noch mal von vorn anfangen – Männer erzählen, wie sie ihr Leben veränderten*, Ffm. 1981; *Nach Skandinavien reisen*, Ffm. 1982; *Büro Büro*, R., Mü. 1983; *Büro Büro*, 18 Folgen, ARD ab 1981, 25 Folgen, ARD ab 1990; *Kandinsky oder Ein langer warmer Sommer*, R., Mü. 1984; *Der einzig wahre Opernführer*, Reinbek 1985; *Scharfe Suppen für hungrige Männer*, R., Mü. 1986; *Der einzig wahre Schauspielführer*, Illustr. v. Manfred Limmroth, Reinbek 1986, Neuausg. Reinbek 2000; *Willkommen in der Wirklichkeit. Dreizehn Erzählungen*, Mü. 1987; *Der einzig wahre Anlageberater. Rockefellers Kopfkissenbuch*, Reinbek 1987, Neuausg. u. d. T. *Körners endgültiger Anlageberater. Der schnelle Weg zum großen Geld*, Düsseld. 1996; *Der einzig wahre Karriere-Ratgeber. Über Leichen zum Erfolg*, Reinbek 1988, Neuausg. u. d. T. *Körners endgültiger Karriereberater. Mit der Kamikaze-Methode zum Erfolg*, Düsseld. 1996; *Spielergeschichten*, 2 Folgen, ARD 1988; *Auch das noch*, 2 Folgen, ARD 1988; *Der einzig wahre Patientenberater. Vom Kreißsaal bis zur Intensivstation*, Illustr. v. Manfred Limmroth, Reinbek 1988; *Der einzig wahre Eheberater. Verheiratet und trotzdem glücklich*, Reinbek 1989; *Der neue Drogenreader*, Ffm. 1989; *Das goldene Elternbuch. Kinderliebe für Anfänger und Fortgeschrittene*, Illustr. v. Manfred Limmroth, Hbg. 1989, Neuausg. u. d. T. *Der einzig wahre Eltern-Ratgeber. Kinderliebe für Anfänger*, Reinbek 1993; *Der einzig wahre Kultur-Führer. Das unverzichtbare Handbuch für Gebildete*, Illustr. v. Manfred Limmroth, Reinbek 1990; *Der einzig wahre Reise-Führer. Das Kompendium für den kultivierten Reisenden*, Reinb. 1991; *Der einzig wahre Manager-Berater. Die Mikado-Erfolgsstrategie*, Reinb. 1992; *Der Ausbau der Hochschulen oder der Turmbau zu Babel*, Hg., Wien 1993; *Ruhrgebiet – heiter betrachtet*, Düsseld. 1993; *Körners endgültige Geschichte der Deutschen. Von der Völkerwanderung bis heute*, Düsseld. 1994; *Der einzig wahre Operetten- und Musical-Führer*, Illustr. v. Manfred Limmroth, Reinbek 1995; *Der einzig wahre Erfolgs-Berater. Die geheimen Tricks der Sieger*, Illustr. v. Manfred Limmroth, Reinbek 1995; *Körners endgültige Entdeckung Amerikas. Von Donald Duck bis Donald Trump*, Düsseld. 1995; *Aus dem Leben eines empfindsamen Chauvinisten und andere schräge Geschichten*, Düsseld. 1996.

Koziol, Andreas, wurde am 8. 1. 1957 in Suhl geboren. Nach Schulbesuch und Armeedienst wurde er zum Metallarbeiter ausgebildet. Nach einem abgebrochenen Theologiestudium in Naumburg und Berlin schlug er sich mit verschiedenen Aushilfsjobs (u.a. Briefträger, Heizer, Totengräber, Hauslehrer) durch und lebt seit Mitte der Achtzigerjahre als freischaffender Autor, Nachdichter und Herausgeber in Berlin.

Andreas Koziol gehört zu denjenigen Protagonisten einer in den Achtzigerjahren entstandenen, außerhalb der offiziellen Distributionsmechanismen in der DDR agierenden Literaturszene, die nicht nur Erscheinungsbild und Selbstverständnis dieser Literatur wesentlich prägten, sondern auch eine unverwechselbare Individualpoetik und Sprachverwendung herauszubilden vermochten. Seine Dichtung ist exemplarisch für einen gemeinsamen poetologischen Ansatz in dieser Zeit, die entleerten Floskeln der Herrschaftssprache nicht mehr in ihren Erscheinungsformen anzugreifen, sondern ihre Mechanismen spielerisch zu unterlaufen. In einem 1987 geführten Gespräch mit Egmont Hesse entwickelt Koziol dafür die Kurzformel vom »consens durch nonsens«. Und noch 1999 hält er rückblickend fest: »Und alle Akte des gelungenen Schabernacktreibens mit diesem Pseudokanon oder mit dieser sehr brutalen Art von Geheiligtsein einer Sprache, alle diese gelungenen Versuche haben auch eine Art von punktuellem, augenblickslangem Effekt von Befreiung hervorgerufen.« Nicht mehr aufklärerisch intendierte Kritik, sondern postmodern begründetes Stöbern in den Trümmern der Ideologie bildet den Bezugspunkt. Der viel zitierte Baudrillardsche »Aufstand der Zeichen« sollte durch eine Literatur der »Erlösung vom Dösen aller Signifikate« (*Lebenslauf*) an Rasanz gewinnen. Andreas Koziol, der seine Texte zunächst vor allem in den Szenezeitschriften »schaden« und »ariadnefabrik« publiziert, entwickelt und verfeinert hierfür Verfahren katachretischer Kurzschlüsse und semantischer Irrläufer im Wörtlichnehmen von ideomatisierten Metaphern, ideologischen Phrasen und umgangssprachlichen Wendungen, die auf ihren unmittelbaren Dingbezug hin entkleidet werden. Dadurch, dass in der Lyrik die vertrauten Strukturen (Strophenformen, Reime) und in der Prosa eine narrativ sich gebende Glättungs-Rhetorik geradezu herausgehoben werden, entbehren die Texte nicht komischer bis grotesker Effekte. Als symptomatisches Beispiel sei das Gedicht *nekrolog auf eine anrüchige wegzehr* (1989) angeführt: »mutterkorn und apfelstich und mohn / raunten uns elysische sibirien / manchmal war die freiheit kein phantom / doch die mauer lyrischer delirien // wanderte im schnee vom kalten krieg / (›in der tat ein eigentümlich holz‹) / wuchs aus schwarzer rotstiftpolitik / um das ministerium des golds // flüsterpropaganda war berauschend / gevatter staat ist nicht die beste droge / sagtest du das wär nicht dein jahrtausend? / nemo fällt vor staunen von der loge.«

Indem Koziol Signifikanten, deren verglimmende Signifikate sofort abrufbar sind, über Mehrfachkreuzungen, Engführungen und das tragende Gerüst konventioneller Formgebung blitzartig miteinander reagieren lässt, revitalisiert er Wortsinnlichkeiten, ohne Sinngerüste errichten zu wollen. Zielrichtung ist nicht, wie in einer langen Tradition von Scheerbart bis Uwe Gressmann (dessen *Schilda-Komplex* 1998 neu herausgegeben zu haben Koziol editorischer Dank gebührt), die Poetisierung von erfahrener »Welt«, sondern ein gleitender Signifikationsaufschub nach dem »Dominoprinzip«, das »jede einmal gefundene Wendung umwirft« (Peter Böthig). Deshalb durchstören in fast allen Texten Metaphernspender aus der Sphäre von Schrift und Literatur die Rückbeziehung auf außersprachliche Sachverhalte. Dergestalt entsteht in Kettenreaktionen ein »letterleuchten«, dessen Licht umso schärfer auf die vereinsamten Sprachhülsen fällt und die Kluft zwischen Bezeichnungen und Bezeichnungsobjekten umrandet.

Andreas Koziol reüssiert als Lyriker 1990 mit dem Band *mehr über rauten und türme*, der Gedichte aus den Jahren 1984 bis 1989 versammelt. Ein Bravourstück der kleinen Form liefert er 1991 mit einem hingetuschten *Bestiarium Literaricum*, in dem er ebenso spottlustig wie konzis Beschreibungen einzelner literarischer Spezies aus den näheren Landschaften versammelt. Der Wegfall der Ideologiekontexte aus DDR-Erfahrungen nach 1989 schien zunächst der Koziolschen Poetik nichts anhaben zu müssen, da sie die Bedeutungsreste der Macht-Sprache sowieso distanziert als Spiel-Material betrachten konnte. Vielmehr befindet der Diarist, dass nun die »Finsternis nicht mehr so allumfassend anmutete, sondern wieder auf das gebräuchliche Papierformat geschrumpft war« (*Lebenslauf*). Wohl aber wächst das Bedürfnis, die poetischen Unternehmen einer stärkeren Beziehungsmöglichkeit auf eigene biografische Erfahrungen hin zu öffnen, ein Unterfangen, das das Interesse zu Mischformen wie der Verserzählung (*Frühjahre*, 2001) bzw. zur Prosa (*Lebenslauf*, 1999) driften lässt. In der literarischen Legendierung des Herkommens und der gesellschaftlichen Umstände, assistiert von Palimpsest-Figuren der Weltliteratur (so wird der Vergil der *Göttlichen Komödie* auf dem DeDeRonischen Höllen-Trip zu »Wörtschill« transformiert), erblickt Koziol fortan eine ausbaufähige Handhabe, von sich erzählen zu können, ohne seinen poetologischen Prinzipien untreu werden zu müssen. Dabei gibt er stimmige Psychogramme früher Sozialisation ebenso anheim wie atmosphärisch dichte Einblicke in das als disparat empfundene Innenleben des »Prenzlauer Bergs«. Es nimmt nicht wunder, dass Koziol seine schwierige Passion für »Wortspielmärchen« (*Lebenslauf*) in einer »einäugig bebrüllten Spektakelwelt« in jüngster Zeit mit Vergeblichkeitsahnungen begleitet: »Meine Lust am reinen Widerspruch steht wie eine Eins vor dem Koma des Wortspiels und erwartet nur noch das Dümmste. Die Früchte der Erkenntnis sind ein apokalyptisches Mus. Stil ist da Überrest« (*Frühjahre*).

Peter Geist

Werke: *mehr über rauten und türme*, G., Bln. 1991; *Bestiarium Literaricum*, Porträts, Bln. 1991; *sammlung*, G. u. Pr., Bln. 1996; *Ein Buch der Schlafwandlungen*, Langgedicht, Bln. 1997; *Uwe Gressmann: Schilda-Komplex*, Hg., Bln. 1998; *Lebenslauf*, Pr., Bln. 1999; *Frühjahre*, G. u. Pr., Bln. 2001.

Kracht, Christian, wurde 1966 in Gstaad in der Schweiz geboren und wuchs als Sohn begüterter Eltern in den USA, Kanada und Frankreich auf. Er schrieb Asien-Essays für verschiedene Zeitungen und lebte in verschiedenen asiatischen Städten, zur Zeit wohnt er in Bangkok. Bereits diese spärlichen Angaben zur Person stehen jedoch unter Vorbehalt, denn der Autor neigt, auch was Familienstand und sexuelle Ausrichtung betrifft, zu Mystifikationen.
Kracht wurde mit seinem Erstling *Faserland* (1995) zum Begründer der deutschen Popliteratur der Neunzigerjahre. Der Roman erzählt, in der Tradition von Bret Easton Ellis (*Less Than Zero*, 1985), in Ich-Form von einem reichen, aber kontaktarmen und ziellosen jungen Mann, der von Sylt bis Salem per Bahn, Flugzeug und Auto einmal durch Deutschland fährt. Dabei führt ihn seine unterdrückte Homosexualität, die sich auch in kurzen Kindheits-Rückblicken andeutet, auf verschiedene Partys und zur Begegnung mit drei alten Bekannten. Nach dem Selbstmord des letzten dieser Bekannten reist er schließlich mit dessen Porsche in die Schweiz weiter auf der Suche nach dem Grab von Thomas Mann. Obwohl Kracht seinen Erzähler und Protagonisten als sprachlich und menschlich eindeutig defizitär anlegt, verdankt sich die unmittelbare Initialwirkung seines Romans einer weitgehend ungebrochenen Lektüre. *Faserland* spaltete sofort die literarische Szene: Befreiend wirkte für die einen »die Ernsthaftigkeit, mit der Kracht Markenprodukte« – vor allem die Barbour-Jacke – »einführte und als Fundamente des Lebens Anfang der Neunzigerjahre vor Augen führte« (Florian Illies), andere stellten angesichts der wenig verdichteten, schnöselhaften Rede des Ich-Erzählers die Frage, »was ein vollgeschwalltes Stück Papier von einem literarischen Text unterscheide« (Matthias Politycki). Der von diesem Roman zusammen mit Nick Hornbys *High Fidelity* (1995) ausgelöste Boom der Popliteratur gab dem noch Anfang der Neunzigerjahre heftig debattierten Neuen Erzählen eine von dessen Vertretern unvorhergesehene Wendung.
In seiner Selbstinszenierung als dandyhafter Jungkonservativer (»Ich bin ja sehr reich«, sagte er im »ZEIT«-Interview) polarisierte Kracht auch als Person die literarische Szene, so etwa als Teil des umstrittenen »popkulturellen Quintetts« *Tristesse Royale* (1999) im Berliner Hotel Adlon und als Co-Autor des weltenbummlerischen Bar- und Hotelführers *Ferien für immer* (1998). Für die von ihm herausgegebene, im übrigen harmlose Popliteratur-Anthologie *Mesopotamia* (1999) schrieb er eine Terror-Geschichte und ließ sich auf dem martialischen Umschlag mit Kalaschnikow abbilden, auf dem Cover von *Der gelbe Bleistift* (2000), einer Sammlung literarisch beeindruckender Asien-Feuilletons, zeigte er sich wieder friedlich mit Sitar.
Als ausgerechnet im September 2001 sein zweiter Roman, *1979*, erschien, sah sich die Kritik berufen, das Ende der Popliteratur zu verkünden. Der diesmal offen und frei heraus homosexuelle Ich-Erzähler, ein Innenarchitekt, reist mit seinem Freund nach Persien und besucht dort eine dekadente Party. In den Umbruchswirren stirbt sein Begleiter, und ein obskurer Agent namens Mavrocordato schickt den unbedarften Protagonisten auf eine verbotene Pilgertour um den heiligen tibetanischen Berg Mount Kailasch. Dort wird er verhaftet und in diverse chinesische Straflager gesteckt, wo er sich der kommunistischen Umerziehung unterwerfen muss. Doch abgesehen davon, dass der in klarer Prosa gleichmütig zustimmend erzählte Weg von Dekadenz über Selbsterfahrung zur Unterwerfung unter einen grausamen Staatsterrorismus ebenfalls nicht als positive Lösung zu nehmen ist, bleibt die Popkultur

auch für diesen Roman konstitutiv – von den Berluti-Schuhen über Musik und Mode bis hin zu abstrusen Schlankheitsfantasien im Lager. Dazu kommt ein dichtes Gewebe von Anspielungen auf die islamische Kultur von den Assassinen bis Afghanistan, aber auch auf Fin de Siècle-Literatur, Wilhelm Reich, Ernst Jünger, Josef Beuys, Tim & Struppi und Hollywood-Filme. Eine einheitliche Lesart der eigentümlichen Mischung aus Pop, Ästhetizismus und Terror, die Krachts gegenwärtige Prosa prägt, wäre erst noch zu entwickeln.

Moritz Baßler

Werke: *Faserland*, R., Köln 1995; *Ferien für immer. Die angenehmsten Orte der Welt*, Lit. Reiseführer, zus. m. Eckhart Nickel, Köln 1998; *Mesopotamia. Ernste Geschichten am Ende des Jahrtausends*, Anth., Hg., Stg. 1999; *Tristesse Royale. Das popkulturelle Quintett*. Gespräch, hg. v. Joachim Bessing, zus. mit Eckhart Nickel, Alexander von Schönburg, Benjamin von Stuckrad-Barre, Bln. 1999; *Der gelbe Bleistift*, Ess., Köln 2000; *1979*, R., Köln 2001.

Krauß, Angela, wurde am 2. 5. 1950 in Chemnitz geboren, absolvierte von 1969 bis 1972 ein Studium der Werbeökonomie, arbeitete anschließend als Werbeökonomin und Redakteurin und studierte von 1977 bis 1979 Literaturwissenschaft in Leipzig, wo sie heute als freie Schriftstellerin lebt. 1988 erhielt sie den Ingeborg-Bachmann-Preis für ihre Erzählung *Der Dienst*. Ausgezeichnet wurde sie 1986 mit dem Hans-Marchwitza-Preis, 1996 mit dem Berliner Literaturpreis und der Johannes-Bobrowski-Medaille und 2001 mit dem Thomas-Valentin-Preis.

Seit ihrem Debüt *Das Vergnügen* (1984) schreibt Angela Krauß an einer Geschichte der Sehnsucht. Eingebettet in den Zeitenlauf der letzten 20 Jahre mit dem markanten Scheitelpunkt 1989, der für die gebürtige Chemnitzerin dieses existenzielle Verlangen nach Freiheit einlösbar erscheinen ließ, begleitet sie ihre Figuren liebevoll vom realen Sozialismus in die westliche Warenwelt, immer auf der Suche nach Verzauberung und Liebe. Ausgangspunkt ist die ostdeutsche Brikettfabrik Rosdorf, die ein Jubiläum mit Geselligkeit und launigen Reden feiert. Direktor Bernstein macht allen Betriebsangehörigen klar, dass Freiheit als »Einsicht in die optimale Variante« zu verstehen sei. Die Teilfacharbeiterin Felizitas und ihre hochdekorierte Freundin Lucie, eine Heldin der Arbeit, verkörpern zwei Generationen mit unterschiedlichen Ansprüchen: Felizitas will die »Sternschnuppen« und das Westgeld für den »Schopp« und tanzt am liebsten zu Disco-Songs wie »Eimfrie«, Lucie ist »wunschlos glücklich«, erinnert sich einer Mittelmeerkreuzfahrt als Lebenshöhepunkt und begutachtet ansonsten besorgt ihre Krampfadern. Erst die Arbeit, dann das Vergnügen, so die Devise; da macht es doch nichts, dass die Maschinen über 100 Jahre alt sind und Lohnzuschlag erst bei 80 Grad Hitze gezahlt wird. »Die Wirklichkeit ist in unserem Kopf, wo denn sonst«, tröstet man sich. Ohne Sentimentalität und Schönfärberei wird ein DDR-Arbeitsalltag sachlich und distanziert abgebildet, in dem die Illusionen klein, aber vorhanden sind. Ihren Tonfall wird die Autorin im Wesentlichen beibehalten, auch die zentralen Motive ihrer Prosa scheinen in den folgenden Arbeiten wieder auf.

1989 ist überall Bewegung und Hast. Mond und Wolken rasen dahin, Züge prallen aufeinander, Flugzeuge fliegen gen Westen. Man spricht vom Tapetenwechsel und dem Blick hinter die Fassaden und meint die Wende. Selbst die Rauchfahne des Heizkraftwerks legt sich in *Die Überfliegerin* (1995) bereitwillig quer, zeigt so einen Schlussstrich an und symbolisiert jene »waagrechten Gedankenbewegungen«, von denen in *Sommer auf dem Eis* (1998) noch die Rede sein wird. Erzählt wird vom Versuch einer Frau aus Leipzig, nach dem Mauerfall eine neue Welt wahrzunehmen und seelisch zu verdauen. Eingekeilt vom Geschehen sucht sie Orientierung in einer eigenartigen Fremdheit, die zwischen Erinnerungen und neuen Freiheiten noch keinen Halt finden kann: »Ich war ein Teil einer Vielheit, von der ich nichts geahnt hatte. Von der Begrenztheit der Formen schloß ich einst auf einen übersichtlichen Bauplan.« Demzufolge will sie alles zerlegen und neu zusammenfügen, will staunen und entdecken – Wünsche, die alle weiblichen Heldinnen in der Prosa von Angela Krauß hegen. Doch vieles wirkt, als sie zu ihrem Überflug abhebt, befremdend und unwirklich, ob an der amerikanischen Westküste oder in Moskau. Während sie in den USA erlebt, wie Bäume in Häusern wachsen, Intellektuelle die Einheit von Körper und Seele trainieren und Protestbriefe an folternde Despoten verfassen, zeigt man ihr in Moskau, wie man schnell zu Geld und Ansehen kommen kann. Ihre Wertmaßstäbe werden verschoben, nichts hat mehr nur eine Bedeutung. Diese Geschichte eines Aufbruchs und einer Verwirrung in einer Zeit des Umbruchs endet mit einer Bruchlandung, mitten hinein ins bunte Leben, hart, ernüchternd und befreiend. Mit viel Leichtigkeit und Ironie hat Krauß diese Suche gestaltet. Die leicht schwebende Perspektive, die der Text durchhält, ohne flüchtig zu werden, erweist sich als probate Erzählhaltung. Krauß singt weder das Klagelied der DDR-Nostalgie noch den Spottvers der Denunzianten; man lauscht in ihrer Geschichte eher jenem »nachhallenden verlorenen Klang« einer vergangenen Zeit, der sich mit ungewohnten Geräuschen dezent zu einer neuen Tonfolge vermischt.

»Der Schein bestimmt das Bewußtsein ... ist die Realität, die wir haben könnten«, heißt es ironisch in *Sommer auf dem Eis* (1998); an einem heißen Sommertag liegen an einem Teich mitten im ehemals größten Chemiekombinat Europas, Bitterfeld bei Leipzig, zwei Menschen auf einer Decke im Gras, schlafen und lassen die Gedanken schweifen. Tagträumerisch nutzt die arbeitslose Frau die Bewegungslosigkeit der Situation und blendet in vergangene Zeiten zurück. In der Verknüpfung von Kindheitserinnerungen mit grundsätzlichen Überlegungen zu Raum und Zeit denkt sie über einen Neubeginn nach, über eine stabile Verankerung im Leben mit der Chance zum freien Flug. Die frühere Eiskunstläuferin träumt neue Pirouetten ihrer Seele herbei, die Natur wird zum Spiegel innerer Bewegungen. Plötzlich schiebt sich in einem zweiten Textteil, einer Fata Morgana gleich, ein riesiger Ozeandampfer ins Bild. Wie »ein großer Speicher« symbolisiert er die Schatten der Vergangenheit. Nichts ist vergessen, weder die kontaminierte Erde dieser Industrielandschaft noch die »Engpässe, Notfälle und Havarien«, die die Passagiere als »Überlebende« einer Katastrophe der jungen Frau, die an Bord genommen wurde, erzählen. Am Ende hat die Erzählerin »alle Versuche eingestellt, mir das Leben zu erklären«; der Geliebte ist nahe, hier wird ein neuer Anfang möglich sein. Der Text liest sich wie eine große Metapher, konkreter wird die Erzählerin nicht, eben ein Stillleben, unter der Oberfläche brodelt es.

Im Sehnsuchtsort New York lässt sich eine junge Frau aus Neu Kynitzsch treiben: »Jahrelang war ich mit Vorstellungen zufrieden gewesen, Leichtigkeit hat von mir Besitz ergriffen. Freiheit!« Entdecken will sie *Milliarden neuer Sterne* (1999), offen ist sie für alles, zur Liebe bereit. Mit fremdem Blick sieht sie die Metropole, atemraubend und rasant das Tempo der Stadt und des Textes; am Ende erlebt sie den Jahreswechsel inmitten der Masse und fragt sich, was die Zukunft bringen wird.

Diese Situation wird im Roman-Essay *Weggeküßt* (2002) von der Erzählerin, einer Kommunikationswissenschaftlerin, analysiert und gedeutet. In ihrem Wahrnehmungslabor attestiert sie den Menschen Überreizung und Verunsicherung; zwischen Wende und Warenwelt gehe der Menschen verloren, werde »weggeküßt« und bleibe einsam: »Wenn wir Lust haben, können wir alles tun, zu jeder Zeit, an jedem Ort. Diese Vorstellung ist alles, was uns geblieben ist. Wer keine Lust hat, kann gar nichts tun, er versteckt sich für eine Weile, er weiß nicht wohin. Wer Lust hat, weiß auch nicht wohin.« Die Welt sei grenzenlos, doch genau das sei ihr Problem. So schweben die Menschen wieder in der schnell fließenden Zeit, aber nicht freiwillig, sondern auf der Suche nach Überblick, Orientierung und Ordnung. Das Netz, die Vernetzung im globalen Dorf habe die Menschen nicht wirklich näher zueinander gebracht. Der alte Zauber sei verloren gegangen, nur im Blick auf das Kreatürliche könne er wiederbelebt werden und von den Verlockungen des Konsums ablenken. Im Nicht-Sprachlichen, im Sinnlichen läge die wahre Freiheit.

Thomas Kraft

Werke: *Das Vergnügen*, E., Ost-Bln. 1984, Ffm. 1988; *Glashaus*, E., Ost-Bln. 1988, Teilausg. u. d. T. *Kleine Landschaft. Erzählungen*, Ffm. 1989; *Meine Oma stirbt nie*, Hsp., DLF 1988; *Der Dienst*, Ffm. 1990; *Dienst-Jahre und andere Prosa*, Bln. 1991; *Im Sommer schwimme ich im See*, Fssp., MDR 1992; *Die Überfliegerin*, E., Ffm. 1995; *Sommer auf dem Eis*, Ffm. 1998; *Milliarden neuer Sterne*, Ffm. 1999; *Leipzig im Umbruch*, Fotobd., zus. m. Ralf Schuhmann u. Ingo Andreas Wolf, Amsterdam 1999; *Formen der inneren und äußeren Welt*, Rede, hg. v. Peter Freese, Paderborn 2000; *Weggeküßt*, Ffm. 2002.

Krausser, Helmut, geboren am 11. 7. 1964 in Esslingen, wuchs in München und Germering auf. Nach dem Abitur 1985 arbeitete er in Aushilfsjobs als Nachtwächter, Opernkomparse und als Sprecher beim Funk. Erste Texte las der kaum 20-jährige Autor in der Sendung »Pop Sunday« des Bayerischen Rundfunks, 1990 veröffentlichte er diese zwischen 1983 und 1987 entstandene Prosa unter dem Titel *Spielgeld*. Er studierte einige Semester Archäologie, bevor er sich ausschließlich dem Schreiben widmete. Früh beteiligte er sich an »Sage und Schreibe«, einem Autorenworkshop der Stadt München, und bereits 1986 konnte er das Manuskript seines ersten Romans abschließen: *Schweine und Elefanten*. Es war der Auftakt zu der – später so genannten – »Hagen-Trinker-Trilogie«, deren

Bände zwei (*Könige über dem Ozean*) und drei (*Fette Welt*) 1989 und 1992 erschienen sind. Der erste Band, *Schweine und Elefanten*, bereits 1987/88 entstanden, wurde erst im Mai 1999 nachgereicht. Krausser erhielt 1989 ein Literaturstipendium der Stadt München, 1993 den Tukan-Preis, 1998 ein Villa-Massimo-Stipendium und 1999 den Prix d'Italia, 2000 ein Literaturstipendium des Deutschen Literaturfonds und 2002 das Literaturstipendium Ahrenshoop. 2001 wurde seine Hörspielproduktion *Dienstag* (2000) als Hörspiel des Jahres ausgezeichnet.

Im Mittelpunkt seines Werkes steht die Krise der Person. Äußere wie innere Störungen, wahnhafte Wirklichkeitsbilder, nicht beherrschbare Leidenschaften, Perversionen und Exzesse, oft in Verbindung mit Alkohol- und Drogenkonsum, bringen sie aus dem Gleichgewicht. Ein Plot führt, ähnlich wie im Ödipus-Mythos, auf die eigene Spur »von Verstrickung und Schuld und Wurzelsuche«. Aus dem Spannungsfeld reduzierten oder gesteigerten Lebens, unterdrückter oder entfesselter Sexualität, moderater Passion oder forcierter Grenzüberschreitung, von verlorenem oder gewonnenem Selbst, gewinnt Krausser seine Sujets. Die Hagen-Trinker-Trilogie ist autornah konzipiert und mit Daten der eigenen biografischen Realität ausgestattet: »Wahre und erfundene Geschichten tisch ich auf« (*Fette Welt*). Hagen Trinker, ihr junger Protagonist, Glücksritter und Opernstatist, Schach- und Backgammonspieler, Hilfsarbeiter und Drücker, Tage- und Gelegenheitsdieb, Borderliner und halber Berber, treibt sich mit Vorliebe mit gescheiterten Existenzen auf der Münchener Freiheit, im Englischen Garten oder auf verlassenen Baustellen der bayerischen Metropole herum. Halb überwältigt von Schmutz und Ekel sammelt er ziellos erste sexuelle Erfahrungen. Er ist ein unpolitischer Rebell, der nur widerwillig an die kleinbürgerlichen Verhältnisse zurückdenkt, die ihn geprägt haben. In betont ruppiger Weise versucht er, diese Welt hinter sich zu lassen. Die Trilogie der Entwicklungs- und Schelmenromane wirkt wie eine teils bittere, teils melancholische Reminiszenz an die Wege der Kindheit in Schwabing und Germering. In *Fette Welt* verliebt sich Hagen in die Ausreißerin Judith und zeigt ihr seine Welt. Zugleich führt Krausser den Kindsmörder Herodes ein, der die Schlagzeilen der Boulevardpresse dominiert und mit Hagen Trinker identisch ist – doch aufgrund einer Persönlichkeitsspaltung wissen Hagen und Herodes nichts von ihrem jeweiligen Alter Ego.

Die Welt der Musik verbindet Kraussers Opus magnum, den Roman *Melodien* (1993), thematisch mit der Hagen-Trinker-Trilogie und wird zu einem bestimmenden Motiv auch seines weiteren Werkes. *Melodien* hat eine Gegenwarts- und eine Vergangenheitshandlung: Der Magier und Alchimist Castiglio lebt im Italien der Hochrenaissance und spürt zusammen mit seinem Famulus Andrea den so genannten »Tropoi« nach, den elementaren Melodien, auf die sich alle große Musik zurückführen lässt. Diese Tropoi können den Weltenlauf positiv beeinflussen, aber auch in den Dienst des Bösen gestellt werden. Idealisten wie Castiglio oder finstere Gestalten wie Marc Antonio Pasqualini versuchen daher, sich in den Besitz der Tropoi zu bringen. Die spannend erzählte Romanhandlung ist zugleich als Durchgang durch die Höhepunkte der Musikliteratur und die Abgründe der Musikgeschichte lesbar. *Melodien* wurde von der Literaturkritik als deutsche Antwort auf den postmodernen Roman Umberto Ecos gewertet (*Der Name der Rose*, dt. 1982), lässt sich aber auch auf Patrick Süskinds Roman *Das Parfum. Die Geschichte eines Mörders* (1985) beziehen. Die Faszination der Musik als der absoluten Kunst gehört zum Erfahrungsschatz so gut wie aller Protagonisten seines Œuvres und bestimmt ihr Denken und Handeln ebenso wie die Psychologisierung der Realität in Freuds Nachfolge. Ins Psychopathologische ausgreifende Leidenschaften werden in seinem Werk immer mehr zum eigentlichen Movens der Ereignisfolge. *Thanatos* (1996) beispielsweise, im Untertitel als *Das Schwarze Buch. Roman* ausgewiesen, kann als suggestiver Psychokrimi mit Kolportage-Elementen bestimmt werden: Johanser, Grafologe und gerade entlassener Archivar eines Berliner Institutes zur Erforschung der Literatur der Romantik, fährt in die Schwäbische Alb und nistet sich bei Verwandten ein. Soeben ist seine Ehe in die Brüche gegangen, jetzt verdrängt er in einem diskret geführten Psychokrieg seinen Cousin Benedikt, ermordet ihn und entwickelt eine schizoide Persönlichkeit, in die er Benedikt quasi integriert. Die Inkorporation bzw. Impersonifikation einer Figur durch eine andere verbindet *Thanatos* thematisch sowohl mit *Fette Welt* als auch mit *UC* (2003) und konstituiert ein Register der im Œuvre häufiger auftretenden Borderline-Figuren. *Thanatos* endet, in spätromantischer Topik, fragmentarisch, und einer Lesart der Fragmente zufolge glaubt Johanser schließlich, mit Benedikt identisch zu sein und als Sohn zu den Eltern zurückkehren zu können.

Kraussers Callas-Roman *Der große Bagarozy* (1997), 1999 von Bernd Eichinger verfilmt, erzählt die Geschichte des Stanislaus Nagy, eines augenscheinlich gestörten Kaufhausdetektivs, der behauptet, einst der Schoßhund von Maria Callas gewesen zu sein und ihr Leben dominiert zu haben. Plötzlich in einer Praxis aufgetaucht, erzählt er der Psychotherapeutin Cora Dulz von nächtlichen Visionen, in denen ihm Maria Callas erscheint. Eine harmlose Marotte, glaubt Cora zunächst, doch als Nagy behauptet, der Leibhaftige zu sein, lässt sich Cora mehr und mehr von ihrem eigentümlichen Patienten affizieren, zumal seine Erzählungen immer bizarrer und doch zugleich immer profunder werden. *Der große Bagarozy*, ein modernes Kunstmärchen aus der literarischen Psychopathologie des Autors, mündet in den Wunsch des armen Teufels, durch die Frau erlöst und sterblich zu werden.

Der Erzähler der *Schmerznovelle* (2001) ist Wissenschaftler und Psychiater und gewohnt, mit klinischer Distanz an seine Fälle heranzugehen. Doch im Fall Palm verliert er schnell seine privilegierte Position als Beobachter. Als Psychologe, der sich nach und nach die gesamte Vorgeschichte der Familie Palm erarbeitet, untersucht er die pathogene Hörigkeit der Ehefrau Johanna Palm zu ihrem Mann Ralf. Sein wissenschaftliches Interesse mündet in eine leidenschaftliche Motiv- und Spurensuche – der Detektiv fungiert zugleich als Lockvogel und Versuchsperson. Ähnlich wie in Schnitzlers *Traumnovelle* muss es in dieser Geschichte ein Opfer geben, damit der Protagonist, Täter und Opfer zugleich, wieder in die Wirklichkeit entlassen werden kann. In der dargestellten Welt der »Psychopathia sexualis«, in der Sexualität indirekt ausgespielt, quasi über Bande gespielt wird, gerät er jedoch kurzzeitig selber ins Visier der Polizei und wird verdächtigt, einen Mord begangen zu haben. Als Erzähler hat er darüber hinaus eine »analytische Funktion« (Torsten Pätzold), die durch die Erzählhaltung zum richtigen Verhältnis von Nähe und Distanz entscheidend beiträgt.

Der fantastische Roman *UC* operiert mit der Fiktion, dass er seine eigene Entstehung und Rezeption diskutiere. Die Protagonisten des Romans werden dabei nach einem Märchen von Hans Christian Andersen modelliert: Andersens Märchen *Der Schatten* (1847) erzählt, wie der Schatten und sein Herr, der Körper, getrennte Wege gehen und sich jeweils einen sekundären Herrn bzw. Schatten zulegen. Am Ende lässt der Schatten seinen ehemaligen Herrn umbringen und führt selber ein Leben als Herr. Das Verhältnis von Körper und Schatten steht hier wie in *UC* gleichnishaft für das Verhältnis von primärer und sekundärer Existenz und primärer und sekundärer Kunst: Auch Kraussers Figuren unterhalten ein parasitäres oder auch symbiotisches Verhältnis zueinander und zum sozialen und kulturellen Raum. Arndt Hermannstein, als Protagonist über weite Strecken auch Ich-Erzähler des Romans, ist als Komponist epigonaler Primärkünstler, als Dirigent genialer Sekundärkünstler. Sein Biograf Samuel Kurthes ist als Guru einer futuristisch anmutenden Kosmologie und als Romanschriftsteller gleichermaßen Primär- und Sekundärkünstler. Hermannstein ist eine inspirierende Figur für ihn, er benutzt ihn und andere Figuren »für ein spontan entstehendes Welttheater«, denn er nimmt, indem er ihre Vita nicht nur biografisch nachzeichnet, sondern sie zu dominieren sucht, aktiv Einfluss auf ihren biografischen Werdegang und damit auf ihre und seine Geschichte. Das Material seines und ihres Lebens vollzieht und verändert sich im lebenden und schreibenden Vollzug. Die gleichnishafte Rede von Andersens Märchen über die Frage, was Körper und was Schatten, was wesenhaft und was habituell sei, übersetzt sich hier in die »Realität« und die »Psychologie« der dargestellten Welt. Dabei übersetzt sich die literarische Arbeit in Wirklichkeit und die psychische Wirklichkeit der Figuren in Literatur.

»Die Unternehmung, nur einen Monat pro Jahr Tagebuch zu führen, gewinnt eigenartige Dynamik, vor allem, wenn man weiß, das Produkt dieser viereinhalb Wochen wird veröffentlicht werden.« Diese Selbstauskunft des Verfassers, dem Tagebuch *Juli* (1996) entnommen, bezeichnet ein einzigartiges Tagebuchprojekt, das Krausser im Mai 1992, während seiner Arbeit an *Melodien*, begonnen hat. Es sieht Tagebücher für jeweils einen Monat eines Jahres vor, und zwar in aufsteigender Linie: Auf *Mai. Tagebuch des Mai 1992* (ersch. 1993) folgt *Juni. Tagebuch des Juni 1993* (1994) usw. Das Projekt wird abgeschlossen sein, sobald jeder Monat des Kalenderjahres einmal nominell Tagebuchmonat gewesen ist, das heißt im April 2004. Formal sind Kraussers Tagebücher eine Mischung aus Reise- und Werkstattberichten, Kommentaren zum Literaturbetrieb und zum Zeitgeschehen. Zu den formalen Leitbildern des Tagebuchschriftstellers gehört Ernst Jünger, doch entschiedener noch als Jünger kommentiert Krausser das eigene Werk. Im Tagebuchwerk werden Poetologie und Autopoiesis gezielt für eine kritische Öffentlichkeit elaboriert.

Kraussers Lyrik vermittelt eine informelle, fast sujetlose Schlichtheit: »Frauen an der Theke, / mit hin und herschwappenden Schenkeln / deren Kniekehlen manchmal grunzen, wenn / sie sich schütteln vor Lachen und ihr / Fleisch gegens Holz / klatscht.« Insofern entwerfen diese Texte Alltagsbilder, ohne dass entscheidbar wäre, ob ihre Einfachheit quasi »gefunden« oder gezielt erarbeitet ist. Ihr Gestus von Leichtigkeit jedenfalls ist selbst da noch spürbar, wo die Referenz über das Sujet zwielichtiger Existenzen hinausweist und auf die Dichtungstradition zielt. Kraussers Sammlung *Gedichte '79–'99* (2000) kontextuiert Lyrik aus 20 Jahren und ist in zehn Kapitel unterteilt, wobei dem letzten Kapitel ein Sonderstatus zukommt: *Denotation Babel* gruppiert die Einzeltexte zum Zyklus, zu einem »Stimmengemenge vom Veteranenstammtisch«. Drei biblisch alte Männer erzählen aus archaischer Zeit. Sie kennen Atlantis aus eigener Anschauung, sie haben vis-a-vis des Olymp gewohnt und den Göttern Griechenlands in die Fenster geguckt, sie haben Sodom und Gomorrha als »große Oper« und den Turm zu Babel als heiligen Ort erfahren. Mit kräftigen Strichen wird hier aus tradierten Mythen und aus stereotypen Sagenstoffen neue Poesie gezaubert – ganz leicht, sehr heiter, womöglich respektlos, aber selbstbewusst und schlüssig in den Mitteln und dadurch eindrucksvoll. In die dialogische Rede der Alten mischt sich die »Blutmusik« der Ewig-Gestrigen: Die Mythen Griechenlands münden ins Horst-Wessel-Lied. Eine Hörspielversion von *Denotation Babel* wurde 1998 Hörspiel des Monats und 1999 mit dem »Prix d'Italia« ausgezeichnet, eine Theaterversion kam 2003 zur Uraufführung.

Der Roman *Schweine und Elefanten* erzählt von einer Band, »Genie & Handwerk«, in der Hagen Trinker als Leadsänger fungiert. Diese Band hat in der Wirklichkeit eine Entsprechung: Sie wurde 1985 von Helmut Krausser und dem Gitarristen El Conde gegründet und kam 1999 mit einer CD *Genie & Handwerk* auf den Markt, im Untertitel *Bootleg* genannt, Aufnahmen aus den Achtzigerjahren, zwölf teils deutsche, teils englische Songs. Kompositionen mit einem »E«- und »U«-Anspruch münden auch in die CD *Kammermusik*, Ergebnis eines Aufenthaltes in der Villa Massimo.

In den Neunzigerjahren konnte Krausser auch sein Debüt als Bühnen- und Hörspielautor feiern: *Dienstag*, einer von zwei Teilen des Theaterstückes *Diptychon* (1999), ist dem Dramatiker Werner Schwab (1958–1994) und dem Schock-Theater des »Grand Guignol« verpflichtet. Als Hörspieltext zwischen absurdem Theater und Verismo-Oper angesiedelt, schildert es eine kleinbürgerliche Hölle von Mutter und Sohn. *Haltestelle. Geister* (2000) kann mit seinen 29 Szenen und 15 Figuren als moderner »Reigen« und als »Transitstück« (Tom Mustroph) gelesen werden. Ort der Handlung ist eine Bushaltestelle – hier kreuzen sich gezielt oder zufällig die Wege unterschiedlichster Charaktere und Milieus. Kraussers Theaterdebüt *Lederfresse*, eine »Tour de Farce« (1994), erzählt von einem »ER«, dessen Wohnung urplötzlich Tatort eines bizarren Missverständnisses wird: Denn seine Vorbereitungen für ein »Texas Chain Saw Massacre«-Karaoke werden von der alarmierten Polizei als Geiselnahme interpretiert. Das Stück mit einer Rondo- oder Sonatenform nimmt für den Protagonisten eine unheilvolle Wendung, ebenso wie für den jüdischen Musikkritiker Grodek in *Spät Weit Weg* (1997), der vom jungen Komponisten Sebastian Lomé mit seinen eigenen Waffen – den Waffen des Wortes – geschlagen wird.

Lutz Hagestedt

Werke: *Sonnenaufgang in der Hölle*, G., Gilching 1983; *Könige über dem Ozean*, R., Mü., Hbg. 1989; *Spielgeld*, En., Mü. 1990; *Fette Welt*, R., Mü., Lpz. 1992; *Melodien oder Nachträge zum quecksilbernen Zeitalter*, R., Mü., Lpz. 1993; *Mai. Tagebuch des Mai 1992*, Mü. 1993; *Juni. Tagebuch des Juni 1993*, Mü. 1994; *Lederfresse (mit der WRROOMMM Kettensäge)*, Theaterst., Ffm. 1994, UA Hbg. 1994; *Die Zerstörung der europäischen Städte*, En., Mü., Lpz. 1994; *Thanatos. Das schwarze Buch*, R., Mü. 1996; *Juli. Tagebuch des Juli 1994*, Mü. 1996; *August. Tagebuch des August 1995*, Mü. 1996; *September. Tagebuch des September 1996*, Mü. 1997; *Der große Bagarozy*, R., Reinbek 1997; *Spät Weit Weg. Groteske! Bubenstück, infames!*, Theaterst., Ffm. 1997, UA Darmst. 1997; *Helle Nächte*, Opernlibr., 1997; *Oktober. Tagebuch des Oktober 1997*, Mü. 1998; *Denotation Babel*, Hsp., HR 1998, Schpl., Mü. 1999; *Schweine und Elefanten*, R., Reinbek 1999; *November. Tagebuch des November 1998*, Mü. 1999; *Genie und Handwerk. Bootleg*, Mü. 1999; *Kammermusik*, Schpl., Mü. 1999; *Diptychon*, Theaterst., Ffm. 1999; *Dezember. Tagebuch des Dezember 1999*, Mü. 2000; *Haltestelle. Geister*, Theaterst., Ffm. 2001, UA Hbg. 2000; *Dienstag*, Hsp., BR 2000; *Gedichte '79–'99*, Mü. 2000; *Januar. Tagebuch des Januar 2000*, Mü. 2001; *Schmerznovelle*, Reinbek 2001, Hsp., BR 2001; *Wenn Gwendolin nachts schlafen ging*, Kinderb. m. Illustr. v. Susanne Straßer, Mü. 2002; *Über Los (Montag)*, Theaterst., Ffm. 2002, UA Esch/Alzette 2002; *Stücke 93–03*, Ffm. 2003; *Nachtkonzert*, G., Reinbek 2003; *Februar. Tagebuch des Februar 2001*, Mü. 2002; *März. Tagebuch des März 2002*, Mü. 2003; *UC*, R., Reinbek 2003; *Strom*, G., Reinbek 2003.

Krechel, Ursula, wurde am 4. 12. 1947 in Trier geboren. Von 1966 bis 1971 studierte sie Germanistik, Theaterwissenschaft und Kunstgeschichte in Köln und promovierte 1972 mit einer Dissertation über den Kritiker Herbert Ihering. Nachdem sie schon während ihrer Schulzeit journalistische Erfahrungen gesammelt hatte, arbeitete sie während des Studiums beim Westdeutschen Rundfunk und beim »Kölner Stadtanzeiger«, bevor sie 1969/70 und 1971/72 als Dramaturgin an den Städtischen Bühnen Dortmund tätig wurde. Während dieser Zeit entwickelte sie Theaterprojekte mit jugendlichen Untersuchungshäftlingen. 1972 entschloss sie sich, ihren Brotberuf aufzugeben. Seither ist sie als freie Schriftstellerin tätig, lebte in Köln und Darmstadt und lebt heute in Berlin. Seit 1982 ist sie Mitglied des bundesdeutschen P.E.N.-Zentrums, seit 1993 der Freien Akademie der Künste in Mannheim. Sie erhielt u.a. 1980 ein Arbeitsstipendium für Berliner Künstler, 1982 das Stipendium »Auswärtige Künstler zu Gast in Hamburg«, 1995 den Internationalen Eifel-Literatur-Preis und das Edenkoben-Stipendium des Landes Rheinland-Pfalz, 1997 den Elisabeth-Langgässer-Literaturpreis sowie den Münchener Jugend-Dramatiker-Preis. 1993 lehrte sie als »poet in residence« an der Essener Universität/Gesamthochschule.

Ursula Krechel, die sich in allen literarischen Gattungen mühelos bewegt und sich auch als Rezensentin und Essayistin (*Mit dem Körper des Vaters spielen*, 1992) einen Namen gemacht hat, debütierte 1974 mit dem Theaterstück *Erika*, das von der Kritik sehr unterschiedlich aufgenommen wurde. In diesem Stück, in dem ausschließlich Frauen agieren, wird der nicht bewältigte Ausbruchsversuch einer Frau geschildert, die ihrem monotonen Leben als Schreibkraft und gefügiges Eheweibchen entflieht, um am Ende – nachdem sie von einem anderen Mann geschwängert wurde – wieder zu ihrem ersten Mann zurückzukehren. »Ich schreibe über Frauen, weil ich die Lage von Frauen besser kenne als die von Männern. Ich schreibe über Frauen, weil die objektive Lage von Frauen im Widerspruch zu der Vorstellung dieser Gesellschaft von sich selbst steht ... In den Widersprüchen finde ich das, was mich zur Darstellung reizt«, meinte Ursula Krechel in »Theater heute« (1974).

In dem Sachbuch *Selbsterfahrung und Fremdbestimmung* (1975) legte Ursula Krechel eine Bestandsaufnahme vor, die die Position der Frau in der Gesellschaft nach 1968 theoretisch und erzählerisch reflektierte. In diesem Bericht aus der »Neuen Frauenbewegung« analysierte sie persönliche und allgemeine Erfahrungen weiblicher Emanzipation. Ein feministischer Ton bestimmt auch einige Texte ihres 1977 erschienenen Lyrikbandes *Nach Mainz!* Die Gedichte wurden von der Literaturkritik der Lyrik der »Neuen Sensibilität« zugerechnet, jener Strömung zeitgenössischer deutscher Poesie, deren Autoren individuelle Erfahrung mit gesellschaftlicher darstellerisch zu verbinden suchten. Erinnerungen an die Kindheit und Jugend im Nachkriegsdeutschland (*Feindesland; Pfadfinder*), der Rückblick auf die Aufbruchssituation der 68er-Bewegung (*Nach Mainz!*), die auf Veränderung abzielende Klage über die traditionelle Rollenverteilung (*Die Taschenfrauen*) und die Darstellung eigener, spezifisch weiblicher Empfindungswelt (*Warnung*) bilden die thematischen Schwerpunkte der Erzählgedichte und der wenigen Epigramme.

War dieser erste Band noch geprägt von der leisen Hoffnung auf eine Besserung der gesellschaftlichen Verhältnisse, so präsentiert sich die Lyriksammlung *Verwundbar wie in den besten Zeiten* (1979), die im »deutschen Herbst« 1977 begonnen wurde, illusionsloser, kühler: »Aufbruch, Bruch, Abbruch. / Das Wir ist verstört / das Ich längst begraben. / In diesem Winter vergaß ich / was Poesie ist, das war das Schlimmste / nicht. Flußaufwärts, abwärts / grüßen bekannte Sätze: / Vorsichtig führten wir sie / an einer kurzen Leine« (*Klage am Kanal*). Allgemeine und individuelle Entfremdung wird in Metaphern der Kälte deutlich gemacht, die Sprache selbst erhebt sich immer häufiger zum Gegenstand der poetischen Reflexion.

Ursula Krechels Werk bezeugt eine Flexibilität und Risikofreudigkeit, die die Gattungsgrenzen aufzubrechen versucht: »Das Flirrende zwischen den Gattungen, das Negieren einer Eindeutigkeit habe ich in meine dramatischen Arbeiten übernommen« (Krechel, 1987). Ihre Gedichte, die sie als »Schichtungen, Bewegungen« bezeichnet, sind in ihrer Sprache und Struktur für die Dramen bedeutsam. Da Ursula Krechel nicht mehr an die Mitteilungsfähigkeit von (dramatischer) Sprache im gebräuchlichen Sinn glaubt, hat ihre Sprache konsequenterweise »etwas Monomanisches, Monologisches« angenommen. Dieser Zug verstärkte sich auch in der Lyrik etwa seit *Rohschnitt* (1983), einem bilderreichen Langgedicht in 60 Sequenzen, und *Vom Feuer lernen* (1985): »Die schuldige Frau umfaßt ihren Leib / als sei ihr Leib ein fremder Leib / versiegelt die geläufige Sprache / die Frau löscht das Licht / Dunkelheit malt Versöhnungsgesichter« (*Nachtleben*). »Frei

von jeglichem Gefühlskult, von modisch-weinerlicher Selbstbespiegelung und formalem Schnickschnack«, befand der Berliner »Tagesspiegel«.
Den feministischen Gestus aus der Zeit ihrer literarischen Anfänge findet man in Krechels Texten seit Mitte der Achtzigerjahre nicht mehr. Er ist vielmehr einer schriftstellerischen Haltung gewichen, die – sich aktueller theoretischer Diskurse bewusst – z. B. auf den Konnex (fragmentierter) Körper, Schrift, Sprache und Wahrnehmung Bezug nimmt, wie der 2001 erschienene Prosatext *Der Übergriff* nachhaltig belegt. Eine arbeitslos gewordene Journalistin schreibt an gegen eine sie malträtierende Stimme, die ihr mit einem nachhaltigen »Halt's Maul!« immer wieder ins Ohr dringt. Die Ich-Erzählerin durchläuft Räume und Zeiten, wobei die erzählten Begebenheiten keinem linearen Handlungsbogen folgen und sich erst nach und nach erschließen. In der – letztlich auch um sich selbst kreisenden – Bewegung findet die Erzählerin schließlich zu einer neuen Freiheit, in der die Stimme der Schrift unterliegt. 20 Jahre liegen zwischen dieser Erzählung und der ersten größeren Prosaarbeit, den »Szenen eines Romans«, *Zweite Natur* (1981). Dieser episodische Text gewährt Einblicke in eine Frankfurter Wohngemeinschaft, wobei typisch anmutende Situationen nur angedeutet werden, um die Ratlosigkeit und Unsicherheiten der Gruppe zu illustrieren.
Den Bezug zu einer wie auch immer wahrgenommenen Realität verliert Krechel nie, selbst dort, wo man auf den ersten Blick rein abstrakte Konstruktionen vermuten könnte. Wenn sie in ihrer Lyrik durch Wortspiele und semantische Verschiebungen ungewöhnliche Relationen evoziert, widerspiegeln sich darin nicht zuletzt jene »unfreiwilligen Verstrickungen, vor denen wir uns fürchten« (Nicolai Riedel). In ihrer Publikation *Kakaoblau* (1989) besinnt sich die Lyrikerin Krechel auf die spielerische Komponente von Poesie und legt (Unsinns)-»Gedichte für Erwachsende« – so der Untertitel – vor, die durch Wort-, Logik- und Sprachspiele inspiriert sind. Auf die Energie von Assonanzen und Alliterationen vertrauend, setzt Krechel auch immer wieder klangliche Techniken ein, womit sie, wie in dem Band *Landläufiges Wunder* (1995), einmal mehr belegt, dass Traditionellem innovative Kraft innewohnen kann: »Zarentöchter, Zimperliesen und Ziehmütter / eine graziöse Gemeinschaft der / Gemeinschaftsunfähigen / sie treten gegeneinander an im Brustton / der Überzeugung« (*Züngeln und Zündeln*).

Petra Ernst

Werke: *Information und Wertung. Untersuchungen zum theater- und filmkritischen Werk von Herbert Ihering*, Diss., 1972; *Erika*, Theaterst., UA Castrop-Rauxel 1974, Hsp., WDR 1975; *Zwei Tode*, Hsp., RB/HR 1975; *Selbsterfahrung und Fremdbestimmung. Bericht aus der Neuen Frauenbewegung*, Darmst., Neuwied 1975, erw. Neuausg. 1983; *Nach Mainz!*, G., Darmst., Neuwied 1977; *Die Entfernung der Wünsche am hellen Tag*, Hsp., 1977; *Women's Liberation. Frauen gemeinsam sind stark. Texte u. Materialien aus der neuen amerikanischen Frauenbewegung*, Mit-Hg., 1977; *Verwundbar wie in den besten Zeiten*, G., Darmst., Neuwied 1979; *Das Parkett ein spiegelnder See*, Hsp., BR/WDR 1979; *Zweite Natur*, R., Darmst., Neuwied 1981; *Lesarten. Gedichte, Lieder, Balladen*, Hg., Darmst., Neuwied 1982; *Der Kunst in die Arme geworfen*, Hsp., SFB/BR/NDR 1982; *Rohschnitt*, G., Darmst., Neuwied 1983; *Glückselig feindselig vogelfrei*, Hsp., NDR/SFB 1984; *»Ich bin eine erstklassige Schriftstellerin zweiter Güte«. Die Karriere der Vicki Baum*, Fssp., zus. m. Herbert Wiesner, 1985; *Vom Feuer lernen*, G., Darmst., Neuwied 1985; *Aus der Sonne*, Theaterst., 1985; *Der Keksgigant*, Hsp., NDR/SFB 1986; *Leuk und Lachen oder die Grammatik des Austausches*, Hsp., WDR/NDR zus. m. Willem Capteyn, 1987; *Sitzen bleiben gehen*, Theaterst., 1988; *Shanghai fern von wo*, Hsp., SWF 1988; *Stadtluftundliebe*, Hsp., SWF/NDR 1988; *Kakaoblau*, G., Salzb. 1989; *Aus der Sonne*, Theaterst., Ffm. 1989; *Die Freunde des Wetterleuchtens*, En., Ffm. 1990; *Sitzen bleiben gehen. Ein Nachspiel im Radio*, Hsp., SWF 1990; *Bilderbeben*, Hsp., SR/BR 1991; *Näher am springenden Punkt*, Hsp., NDR 1991; *Zwischen den Ohrringen der Redefluß*, Hsp., SFB/SWF 1991; *Technik des Erwachens*, G., Ffm. 1992; *Mit dem Körper des Vaters spielen*, Ess., Ffm. 1992; *Sizilianer des Gefühls*, E., Ffm. 1993; *ÄUSSERST INNEN*, G., m. Radierungen v. Irmgard Flemming, Ffm. 1993; *Landläufiges Wunder*, G., Ffm. 1995; *Mein Hallo dein Ohr*, Hsp., SWF 1995; *Im Ohrensaal*, Hsp., BR 1995; *Ich glaub, mich tritt ein Meerschwein*, Theaterst. f. Kinder, 1996; *Ungezürnt. Gedichte, Lichter, Lesezeichen*, Ffm. 1997; *Unendliches Türenschlagen*, Hsp., NDR 1997; *Verbeugungen vor der Luft*, G., Salzb. 1999; *Autorenwerkstatt Prosa 1999*, Hg., Lpz. 1999; *Der Übergriff*, E., Salzb., Wien 2001; *Liebes Stück*, Hsp., SWR 2002.

Kretzen, Friederike, wurde am 20. 7. 1956 in Leverkusen geboren. Nach dem Studium der Soziologie und Ethnologie in Gießen arbeitete sie als Regieassistentin am Stadttheater Gießen und der Schauspielwerkstatt Köln und als Dramaturgin am Residenz-Theater in München. Während des Studiums gab es erste Veröffentlichungen, sie schrieb Texte für die eigene Theatergruppe. Neben der schriftstellerischen Arbeit ist sie als Publizistin und Dozentin für »Theorie und Schreiben« und als Leiterin der Schreibwerkstatt an der ETH Zürich tätig. Seit 1983 lebt sie in Basel und Venedig. Ausgezeichnet wurde sie mit mehreren Werkbeiträgen und

Werkjahren, 1998 mit dem Deutschen Kritikerpreis für Literatur und 2002–2004 mit dem Arno-Schmidt-Stipendium.

Friederike Kretzen betrat die Bühne der Literatur mit dem Monolog einer Frau, die eine Bühne betritt. Im Roman *Die Souffleuse* (1989) reflektiert sie aus der Sicht »von unten« deren Situation als Stütze einer Welt, zu der sie nicht gehört. Was die »Vergessene« zunächst noch als Umbruchsphase zwischen Jugend und Integration in die Gesellschaft wahrnimmt, entwickelt sich im Verlauf ihrer Standortbestimmung immer mehr zur Erfahrung ihrer existenziellen Situation überhaupt. Indem sie sich als Schauspielerin, die ihr eigenes Leben als alte Frau spielt, auf die Bühne begibt, verwischen die Grenzen zwischen Wirklichkeit und Fiktion ebenso wie die zwischen Leben und Tod. Der Kasten unter der Bühne wird zur »Gruft«, die die Welt bedeutet.

Die Souffleuse war geplant als Auftakt zu einer Triologie mit dem Arbeitstitel »Frauen ohne Männer«. Den zweiten Teil bildet der Roman *Die Probe* (1991). Inhaltlich ist er vor *Die Souffleuse* anzusetzen, handelt er doch vom Heranwachsen eines jungen Mädchens. Es nennt sich zunächst selber »Fritz«, Zeichen seiner schwierigen Identitätsfindung als junge Frau. Die Welt und die Sprache der Erwachsenen erfahren in derjenigen des Mädchens grotesk-poetische Verformungen. Die »Proben«, die es inszeniert, sind Einübungen in Leben und Tod. Gleichzeitig sind sie ein Versuch, das Unausweichliche in Spiel zu verwandeln und so abzuwehren.

Die Hauptfiguren in *Ihr blöden Weiber* (1993) sind die drei alten Schwestern Maritta, Sophie und Louise. Sie treffen sich zu Sophies Geburtstag. Erstmals ist die Einheit von Raum und Zeit auf der imaginären Bühne des Romans infrage gestellt. Zum einen durch Maritta, die die Reise bis zu Sophie nicht schafft, sondern in den Straßenbahnlinien ihrer Stadt hängen bleibt, zum andern durch den plötzlichen Tod Sophies. Versunken in ihren Geschichten, in denen die Männer den ihnen gebührenden Platz haben, leben die drei Schwestern in den Trümmern der Vergangenheit: »Die Zeit ist abgereist.« Die zynische Vitalität der Frauen zeigt nur, in welchem Maß sie das Leben und das Sterben verpasst haben.

Das Projekt der Trilogie wurde nicht mehr weitergeführt. Es zeichnete sich aber eine kontinuierliche Verarbeitung des eigenen Erwachsenwerdens ab. Im Roman *Indiander* (1996) nimmt Kretzen auch im Sprachduktus die Figur des Mädchens aus *Die Probe* wieder auf. In seiner Person erinnert sie sich an die Jugendzeit in Leverkusen. Diese ist äußerlich geprägt vom deutschen »Wirtschaftswunder«. Aufschwung und soziale Spannungen wirken bis in die Strukturen der Familie hinein. Während die Ehe der Eltern auseinander bricht, hält die Großmutter in ihrer Küche eine Großfamilie von Tanten, Onkeln, Cousins, Cousinen und »Schlafmännern« zusammen. Mit einem unerzogen genauen Blick und einer der Not gehorchenden Fantasie reflektiert das Mädchen von hier aus die Welt, die sich ihm gleichzeitig eröffnet und verschließt.

Der Stoff des Romans *Ich bin ein Hügel* (1998) schließt an *Indiander* an und behandelt die Zeit der Siebzigerjahre. Die Kretzen von Beginn an attestierte avantgardistische Schreibweise findet hier ihre ausgeprägteste Form. Unter Beibehaltung größtmöglicher Distanz spricht sie aus der subjektiven Sicht einer Heranwachsenden. In Kretzens Kunstsprache ist die Suche nach Bildern für das, wofür ihr die Begriffe fehlen, ebenso abgebildet wie reflektiert. Der Roman ist eine minuziöse Studie der Pubertät in ihrer Ambivalenz von Verlust und Neudefinition körperlicher und seelischer Identität, die immer für die radikale Möglichkeit offen ist, dass Selbstfindung nur als Selbstaufgabe gelingen kann. Für das nach dem Tod des Vaters und der Großmutter aufbrechende familiäre Beziehungsnetz findet die Protagonistin in den neu erprobten Strukturen der 68er-Generation keinen tragfähigen Ersatz.

Mit dem Roman *Übungen zu einem Aufstand* (2002) kehrt Kretzen in ihre Studienzeit in Gießen zurück. Der Roman schließt motivisch an *Die Probe* an. Protagonist ist jetzt eine studentische Theatergruppe, die sich zurückzieht, um ein letztes Mal ihr Theater zu spielen, das über Übungen nie hinauskommt. Traum und Traumata lassen sich nicht trennen. In einer Kindheitsdämmerung fließen die individuellen Sozialisationsgeschichten in die gesellschaftlichen Utopien der Gruppe ein. Über die je eigenen Wörter und Bilder der Mitglieder versucht sie sich freizuspielen. Wiederum werden Indianer zu Symbolfiguren und zur Metapher für das Lebensgefühl des Vorhandenseins der Nichtvorhandenen. Das Erproben der Realität geht einher mit der Erfahrung ihrer Irrealität. Anlehnungen der Gruppe an die Surrealisten sind nicht zufällig und spiegeln sich im Sprachduktus des Romans.

Samuel Moser

Werke: *Die Souffleuse*, R., Frauenfeld/Zür. 1989, Hsp., DRS 1989, Theaterst., UA Zür. 1990; *Die Probe*, R., Frauenfeld/Zür. 1991; *Ihr blöden Weiber*, R., Frauenfeld/Zür. 1993; *Pest ist die Frau*, Theaterst., UA Hbg. 1994; *Indiander*, R., Basel/Köln 1996; *Ich bin ein Hügel*, R., Frauenfeld/Zür. 1998; *Das Auges des Tiger*, Künstlerb., zus. m. B. Voïta, Zür. 1999; *Übungen zu einem Aufstand*, R., Ffm./Basel 2002.

Kroetz, Franz Xaver, geboren am 25. 2. 1946 in München als Sohn eines Steueramtmanns, verbrachte Kindheit und Jugend in Simbach am Inn sowie in München und besuchte ab 1956 die Wirtschaftsoberrealschule, die er 1961 verließ, um privaten Schauspielunterricht zu nehmen und in Abendkursen die Mittlere Reife nachzuholen. Für kurze Zeit war er Schauspielschüler im Wiener Max-Reinhardt-Seminar (zusammen mit Martin Sperr), das er aber »wegen mangelnder Technik« 1964 wieder verlassen musste. Mit Gelegenheitsarbeiten verdiente er sich seinen Lebensunterhalt, schrieb in dieser Zeit erste Drehbuch- und Dramenentwürfe und übernahm Engagements an kleineren Theatern. 1968 fand die Uraufführung seiner Bühnenbearbeitungen von Shakespeares »Julius Cäsar« und von Gontscharows »Oblomow« am Münchener Büchner-Theater statt; Kroetz spielte in Rainer Werner Fassbinders Produktion *Zum Beispiel Ingolstadt* (nach Motiven von Marieluise Fleißer) am »antitheater« mit. 1969 stand er kurze Zeit bei der Ludwig-Thoma-Bühne in Rottach-Egern unter Vertrag, für die er unter dem Pseudonym Franz Landau den Schwank *Hilfe, ich werde geheiratet* verfasste. 1971 begründete die Uraufführung seiner beiden Einakter *Heimarbeit* und *Hartnäckig* im Werkraumtheater der Münchner Kammerspiele seinen Ruf als einer der herausragenden deutschen Dramatiker der Gegenwart. Sein Eintritt in die DKP und seine damit verbundene Kandidatur für die Bundestagswahlen 1972 und 1976 (1980 Parteiaustritt) bildete den äußeren Ausdruck seiner Absicht, nicht nur im Theater politische Wirkungen zu erzielen. Zwischendurch widmete er sich, neben der Regiearbeit an eigenen und fremden Stücken (zum Beispiel an Felix Mitterers *Stigma*), der Schauspielerei (zum Beispiel als Münchener Klatschreporter »Baby Schimmerlos« in der erfolgreichen Fernsehserie *Kir Royal*) und dem Tagesjournalismus für konservative Zeitungen. Kroetz lebt mit seiner Familie in Kirchberg im Chiemgau und auf den Kanarischen Inseln. Er erhielt 1970 das Dramatikerstipendium des Suhrkamp-Verlages, 1971 die Ludwig-Thoma-Medaille der Stadt München, 1972 das Literaturstipendium des Berliner Kunstpreises, 1973 den Berliner Kritikerpreis, 1974 zusammen mit Thomas Bernhard und Botho Strauß den Hannoverschen Dramatiker-Preis, 1975 den Wilhelmine-Lübke-Preis, 1976 den Mülheimer Dramatiker-Preis, 1985 den Ernst-Hoferichter-Preis der Stadt München und den 1. Preis des »Festival du Théâtre des Amériques« in Montreal, 1995 den Bertolt-Brecht-Preis der Stadt Augsburg und 1996 den Oberbayerischen Kulturpreis.

»Wenn ich dann was inszeniere, ist es gleich das ›Anrüchige‹, das ›Sensationelle‹, das ›Ketzerische‹. Für mich ist Theatermachen eine Leidenschaft, eine Passion. Und ich will ein Störfaktor sein. Eigentlich will ich mit jeder meiner Arbeiten einen GAU [= Größten Anzunehmenden Unfall] erzeugen. Selbstverständlich. Im Kopf immer. Logischerweise«, so Kroetz 1987 in der »Süddeutschen Zeitung«. Das Etikett des Störenfrieds, des unbequemen Querdenkers haftet ihm seit der von Tumulten begleiteten Premiere seiner beiden Einakter *Heimarbeit* und *Hartnäckig* 1971 in München an, und mit feinem Gespür hat er es sich – durchaus auch publikumswirksam – zu bewahren verstanden.

Die Entwicklung des mittlerweile auf über 40 Stücke, zwei Romane, Tagebücher, Gedichte und Materialienbände angewachsenen Textkorpus wurde indes immer wieder stark von persönlichen Selbstzweifeln des Autors, von neuen literarischen und politischen Orientierungsversuchen unterbrochen und neu ausgerichtet. Formexperimente, die Hinwendung zu neuen Gattungen bzw. das Aufbrechen von als zu statisch empfundenen Dramaturgiekonzepten sowie die ständigen Versuche, mit eigener Regiearbeit und einer verstärkten Berücksichtigung anderer Ausdrucksformen weiterzuarbeiten, signalisieren eine ständige Bereitschaft, Positionen zu überprüfen und zu revidieren. Die scheinbare Widersprüchlichkeit mancher Äußerungen und Produktionen veranlassten die Feuilletons immer wieder, eine Schaffenskrise herbeizureden, Kroetz für die ernste Wissenschaft gleichsam als persona non grata zu diskreditieren (so Willi Winkler: *Der Dichter als Radfahrer*, »Die Zeit«, 30. 9. 1988) oder erregt jede seine Verlautbarungen auf das Ernsthafteste zu analysieren: »Eigentlich möchte er der erfolgreichste neue Theaterautor bleiben und zugleich der schärfste literarische Systemkritiker werden. Er braucht das Massenecho und die öffentliche, professionelle Anerkennung, aber er braucht auch die Zurückweisung durch das vermeintlich geschlossene System«

(Rolf-Peter Carl). Dabei hatten sich nur die Produktionsbedingungen seiner Texte verändert: Standen seine frühen Stücke von *Wildwechsel* (1971) über *Michis Blut* (1971) und *Männersache* (1972) bis hin zu *Stallerhof* (1972) noch ganz unter dem Einfluss der Vorbilder Marieluise Fleißer und Ödön von Horvath, und konstruierte Kroetz aus persönlicher Betroffenheit und moralisch-engagiertem Impetus didaktisch unterlegte, mit naturalistischer Abbildungsmethodik geformte Anschauungsmodelle aus dem »anderen Leben«, so stellte bereits das Stück *Oberösterreich* (1972) in seinen konzeptionellen Überlegun-gen einen markanten Wendepunkt dar. Die dumpfe und hilflose Apathie seiner in äußerst engen Verhältnissen lebenden Figuren, die sich nur in sinnlosen oder verzweifelten Gewaltausbrüchen (Mord, Abtreibung, Kindstötung) ihr Ventil suchen, wird nun abgelöst durch neue Dimensionen des Erkennens, Verstehens und zielgerichteten Handelns. Die Hoffnung von Kroetz, durch die pure, sicherlich oft provokante Darstellung als bedrängend empfundener Zustände Emotionen auszulösen, die wiederum Erkenntnisprozesse bei den Zuschauern in Gang setzen sollten, hatte sich als trügerisch erwiesen; Kroetz versuchte nun den aufklärerischen Aspekt seiner sozialkritischen Stücke mit an Bert Brecht geschulten theatralen Hilfestellungen zu unterstützen. Sein Bemühen, »das Individuelle ins Gesellschaftliche zu schreiben«, fand vor allem in seinen Hebbel-Bearbeitungen *Maria Magdalena* (1973) und *Agnes Bernauer* (1977) sowie in den Stücken *Oberösterreich* (1972), *Das Nest* (1975), *Mensch Meier* (1978), *Der stramme Max* (1980) und *Nicht Fisch nicht Fleisch* (1981) mit ihrer Thematisierung von Arbeitslosigkeit und Umweltproblematik ihren bislang stärksten Ausdruck. Kroetz taucht direkt in den bundesdeutschen Arbeitsalltag ein; seine Protagonisten, die sich weniger sozial als vielmehr mentalitätsgeschichtlich klassifizieren lassen, sind verstrickt in einem Netz von Abhängigkeiten; ihre sprachliche Befangenheit und ihre Unfähigkeit, in Problemsituationen Lösungsstrategien zu entwickeln, begrenzen ihre Möglichkeiten, sich zur Wehr zu setzen.

Auch im Roman *Der Mondscheinknecht* (1981) leistet der behinderte Schriftsetzer Anton Kreuzberger, als er mit Rationalisierungsmaßnahmen seines Betriebes konfrontiert wird, erbitterten Widerstand, bekennt sich zwar zu seiner Außenseiterrolle, will sie aber mit aller Gewalt loswerden. Die Unfähigkeit, miteinander zu kommunizieren, ist auch hier Ausdruck von Hilflosigkeit und Abhängigkeit. Wie viele der Kroetzschen Figuren flieht Kreuzberger in eine dumpfe und brutale Sexualität. Wo die Sprache versagt, triumphiert die Triebhaftigkeit: Kroetz erweist sich als Meister des beredten Schweigens. Kreuzberger gerät dennoch immer tiefer in eine isolierte Situation; erst mit der Beschreibung seines Lebens fasst er neuen Mut, erschreibt sich sein Leben und eventuell eine Perspektive neu.

Mit dem im Titel an Brecht angelehnten Theaterstück *Furcht und Hoffnung der BRD* (1984) versuchte Kroetz seinen im September 1982 formulierten Anspruch einzulösen: »Ich will ein Dichterbild der BRD und meiner Gefühlslage von der BRD im Jahr 83! Ich will einen ganz subjektiven, großen, weiten Text, der letztlich an den Heine erinnern soll: Deutschland, ein Wintermärchen, und der alles sprengen soll, was es eben bisher gibt an Kategorien: Einakter, Zweiakter, Drama ...« Doch eine entscheidend neue Dramaturgie (»Minutendramaturgie«) entstand nicht. Das aus vielen Szenen montierte Stück erwies sich nur im Ansatz als gelungene Zusammenschau gesellschaftlicher Zustände.

Bauern sterben (1985) und *Der Nusser* (1986) nach Ernst Tollers *Hinkemann* (1923) erinnern an seine frühen Stücke: Parabelhaft, mit starker Betonung mythisch-symbolhafter Elemente und mit einer provokanten Verknüpfung sexueller und religiöser Motive (»Im Grunde bin ich der einzige christliche Bühnenautor«), verursachten sie handfeste Theaterskandale. Kroetz wertete sie als »schönen Aufbruch des Theaters in das Irreale, in die Absurdität. Ich war glücklich, das Modell zu zerbrechen, die Wirklichkeit mit Frechheit zu schlagen.« Von seinen früheren »proletarisch verbohrtesten Bemühungen, einen Heroismus der Arbeiterklasse zu kreieren«, hatte er sich distanziert. Nach seinem umstrittenen Seouler Tagebuch und seiner Fernsehrolle als Klatschreporter »Baby Schimmerlos«, die ihn populärer machte als seine ganzen Bühnenskandale, schrieb er ein Stück mit dem Titel *Der Dichter als Schwein*, ein Schauspiel, »in dem alle ununterbrochen davonlaufen. Wenn sie nämlich stehenbleiben, dann würde ihnen der Grabstein der Nichtigkeit das Genick brechen.«

In einem Interview (»Süddeutsche Zeitung«, 29. 9. 1989) betonte er seine Absicht, »endlich wieder rein und radikal Worteschmied, Wortzusammensetzer« zu sein. Gedichteschreiben bedeute für ihn »eine Rückversammlung auf Sprache, eine Wiedergeburt, die endlich von dem verfluchten Theater befreit«. 1996 erschienen unter dem ironiefreien Titel *Heimat Welt* »Gedichte eines Lebendigen«. Kroetz schreibt über Kroetz, die Schmerzgrenze zum Kitsch überschreitend (»verschwende Tod / deine Fantasie / für meinen armen Leib«) thematisiert er von seiner Schreibblockade, sorgt sich um sein Image, den Nachruhm und die Flüchtigkeit des Dichterwortes im Allgemeinen. Angesichts eines offenbar verwelkenden Körpers entstehen schwermütige Zeilen, die rein privaten Charakter haben und ästhetisch ziemlich anspruchslos sind. Wo er zur politischen Emphase greift, erreichen die Texte kaum Flugblattniveau.

Der Dramatiker Kroetz machte in den Neunzigerjahren im Grunde nur mit zwei Stücken von sich reden: *Bauerntheater* (UA 1991) und *Ich bin das Volk* (UA 1994). Während das selten gespielte *Bauerntheater* zumindest in einer vom Autor selbst inszenierten Neufassung an den Münchner Kammerspielen reüssierte (»Kroetz kotzt Kroetz auf die Bühne ... und macht aus der dramatischen Kroetzkrise eine kunstvolle Kroetzklamotte«, Moritz Rinke), konnte die Sketch- und Szenenfolge *Ich bin das Volk* bereits bei der Uraufführung 1994 in Wuppertal nicht überzeugen. Mit Eichmann, Wagner, Ernst Jünger und Helmut Kohl als Stichwortgeber werden brauner Geist und Neue Rechte im platten Geschichtsexkurs bebildert. 2000 inszenierte Claus Peymann am Berliner Ensemble das Zwei-Personen-Stück *Das Ende der Paarung*, dem die 1992 im Selbstmord endende Beziehung von Gert Bastian und Petra Kelly zugrunde liegt.

Der Theaterregisseur Kroetz zeigte 1996 am Hamburger Schauspielhaus seine Version von Büchners *Woyzeck* und wurde dabei vom Publikum kräftig ausgebuht. Erfolge verbuchte er dagegen wieder an den Münchner Kammerspielen mit Brechts *Herr Puntila und sein Knecht Matti* sowie 1998 am Wiener Akademietheater mit *Die Eingeborene. Stück für großes Kasperltheater*. Ebenso erfolgreich war er Anfang 1999 mit Anton Hamiks bäuerlicher Groteske *Der verkaufte Großvater, die er* am Münchner Volkstheater inszenierte.

Thomas Kraft

Werke: *Julius Cäsar*, nach Shakespeare, Theaterst., UA Mü. 1968; *Oblomow*, Theaterst., nach I. Gontscharow, UA Mü. 1968; *Hilfe, ich werde geheiratet*, Schwank, unter dem Pseud. F. Landau, UA Rottach-Egern 1969; *Heimarbeit. Hartnäckig*, Einakter, UA Mü. 1971, gedr. zus. m. *Männersache*, Sch., Ffm. 1971; *Michis Blut*, Requiem, UA Mü. 1971; *Männersache*, Theaterst., UA Darmst. 1972, Neufassg. als *Ein Mann ein Wörterbuch*, UA Wien 1977; *Stallerhof*, Sch., UA Hbg. 1972, Oper v. Gerd Kühr, Libretto v. F. X. K., UA Mü. 1988 im Rahmen der 1. Münchener Biennale; *Stallerhof. Geisterbahn. Lieber Fritz. Wunschkonzert. Vier Stücke*, Ffm. 1972; *Inklusive*, Hsp., 1972; *Gute Besserung*, Hsp., 1972, UA als Stück 1982; *Globales Interesse*, Komödie, UA Mü. 1972; *Dolomitenstadt Lienz*, Posse, UA Bochum 1972; *Oberösterreich*, Theaterst., UA Hdbg. 1972; *Herzliche Grüße aus Grado*, Fssp., 1972, Theaterst., UA Düsseld. 1976; *Wildwechsel*, Theaterst., Wollerau, Wien und Mü. 1973, UA Dortmund 1971; *Wunschkonzert*, Theaterst., UA Stg. 1973, Schpl., 1975; *Maria Magdalena*, Theaterst., UA Hdbg. 1973; *Münchner Kindl*, Theaterst., UA Mü. 1973; *Bilanz*, Hsp., 1973; *Die Wahl fürs Leben*, Hsp., 1973, Theaterst. UA am Wahlabend (5. Okt.) Mü. 1980; *Der Mensch Adam Deigl und die Obrigkeit*, TV-Film, n. J. M. Bauer, 1974; *Oberösterreich. Dolomitenstadt Lienz. Maria Magdalena. Münchner Kindl. Vier Stücke*, Ffm. 1974; *Weitere Aussichten*, Theaterst., UA Karl-Marx-Stadt 1975; *Reise ins Glück*, Hsp., 1975, UA Zür. 1976; *Das Nest*, Volksstück, UA Mü. 1975; *Lieber Fritz*, Theaterst., Darmst. 1975; *Geisterbahn*, Theaterst., UA Wien 1975; *Gesammelte Stücke*, Ffm. 1975; *Stücke*, DDR-Ausgabe, hg. v. W. Schuch, Ost-Bln. 1975; *Muttertag*, Fssp., 1975; *Mitgift*, Fssp., 1976; *Weitere Aussichten ... Texte für Filme, Hörspiele, Stücke, DDR-Report, Aufsätze, Interviews*, hg. v. W. Schuch, Th. Thieringer, J. Ziller, Köln 1976; *Sterntaler*, Theaterst., Mitarb. u. Musik v. P. Zwetkoff, UA Braunschw. 1977; *Agnes Bernauer*, Theaterst., UA Lpz. 1977; *Verfassungsfeinde*, Einakter, UA Dresden 1977; *Chiemgauer Gschichten. Bayerische Menschen erzählen ...*, Gesprächsprotokolle, Köln 1977; *Mensch Meier*, Volksstück, UA Kaiserslautern 1978, Tüb. 1978; *Mensch Meier. Der stramme Max. Wer durchs Laub geht. Drei neue Stücke*, Ffm. 1979; *Bilanz*, Theaterst., UA Sommerhausen 1980; *Der stramme Max*, Theaterst., UA Ruhrfestspiele Recklingshausen 1980; *Heimat*, TV-Film, 1980; *Stücke*, hg. v. J. Ziller, Ost-Bln. 1981; *Der Mondscheinknecht*, R., Ffm. 1981; *Wer durchs Laub geht*, Theaterst., UA Marburg 1981; *Nicht Fisch nicht Fleisch. Verfassungsfeinde. Jumbo-Track*, Ffm. 1981; *Nicht Fisch nicht Fleisch*, Theaterst., UA Düsseld. 1981; *Gute Besserung*, Theaterst., UA Mü. 1982; *Jumbo-Track*, Libr., UA Tüb. 1983; *Der Mondscheinknecht. Fortsetzung*, R., Ffm. 1983; *Frühe Stücke. Frühe Prosa*, Ffm. 1983; *Nicht Fisch nicht Fleisch. Münchener Fassg.*, in: »Spectaculum« 39, Ffm. 1984; *Furcht und Hoffnung der BRD. Szenen aus dem deutschen Alltag des Jahres 1983*, UA Bochum 1984, Düsseld. 1984; *Furcht und Hoffnung der BRD. Das Stück, das Material, das Tagebuch*, Ffm. 1984; *Der Weihnachtstod. Ein bayerisches Requiem*, Volksstück, in: »Düsseldorfer Debatte«, H. 4, 1984, UA Mü. 1986, verändert in: »Literatur in Bayern« 2, 1985, S. 8–19; *Bauern sterben*, Theaterst., UA Mü. 1985; *Nicaragua-Tagebuch*, Hbg. 1986; *Der Nusser*, Theaterst., UA Mü. 1986; *Heimat*, Theaterst., UA Freib./Br. 1987; *Stücke I–IV*, 4 Bde., Ffm. 1988; *Zeitweh*, Theaterst., 1988; *Oblomov*, Theaterst., UA Mü. 1989; *Bauerntheater*, Theaterst., Ffm. 1991, UA Köln 1991; *Brasilien-Peru-Auf-*

zeichnungen, Ffm. 1991; *Heimat Welt. Gedichte eines Lebendigen*, Hbg. 1996; *Maria Magdalena. Stücke 1*, Hbg. 1995; *Der Drang* (UA Mü. 1994). *Ich bin das Volk* (UA Wuppertal 1994). *Bauerntheater. Neue Stücke 1*, Hbg. 1996; *Heimarbeit. Stallerhof. Geisterbahn. Kapellenspiel von der Heiligen Jungfrau. Michis Blut. Stücke 2*, Hbg. 1996; *Der Dichter als Schwein*, Theaterst., UA Düsseld. 1996; *Furcht und Hoffnung in Deutschland. Nicht Fisch nicht Fleisch. Stücke 3*, Hbg. 1997; *Wildwechsel. Negerin. Männersache. Stücke 4*, Hbg. 1998; *Mensch Meier. Herzliche Grüße aus Grado. Das Nest. Stücke 5*, Hbg. 1999; *Bauern sterben. Der Weihnachtstod. Weitere Aussichten ... Stücke 6*, Hbg. 1999; *Ende der Paarung* (UA Bln. 2000). *Die Trauerwütigen. Die Eingeborene. Neue Stücke 2*, Hbg. 2002.

Krohn, Tim, wurde am 9. 2. 1965 in Wiedenbrück (Nordrhein-Westfalen) geboren. Er wuchs ab dem zweiten Lebensjahr im schweizerischen Glarus auf. Nach einem langjährigen Studium der Germanistik, Philosophie und Politologie ohne Abschluss lebt er seit 1992 als freier Roman-, Drehbuch- und Theaterautor in Zürich. Krohn präsidierte von 1998 bis 2001 den Schweizerischen Schriftstellerinnen- und Schriftsteller-Verband (SSV, heute AdS). Nebst etlichen Aufenthaltsstipendien hat er für sein Werk mehrere Auszeichnungen erhalten: 1993 war er Preisträger des 1. Internationalen Open Mike, 1993 erhielt er den UNDA-Radiopreis, 1994 den Conrad-Ferdinand-Meyer-Preis, 1998 den Preis der Schweizerischen Schillerstiftung, 1998 Werkbeiträge von Pro Helvetia und des Kantons Zürich (auch 2002) und 2000 die Fördergabe der Internationalen Bodensee-Konferenz.

Ein Begriff taucht in den kritischen Bewertungen über Tim Krohn häufig auf: postmodern. Vielen gilt Krohn als Inbegriff eines Autors, der frei von »anxiety of influence« (H. Bloom) mit intertextuellen Bezügen spielt. Seine literarische Wandelbarkeit entzieht sich den fixen, auch stilistischen Zuordnungen. Krohn verwischt und verschiebt leidenschaftlich gern Grenzen. Die Forderung nach einem unverwechselbaren Individualstil scheint für ihn in Zeiten diffuser Identitäten nicht mehr zu gelten.

Nach ersten Anfängen in verschiedenen Genres erweckte die Erzählung *Der Schwan in Stücken* (1994) erstmals Aufsehen. Mit kühler Sachlichkeit seziert Krohn darin die sinnlichen Turbulenzen, die der Koch Andris hervorruft. Das Auftreten eines Kommissars deutet an, mehr nicht, dass Andris' Begierde etwas mit einem Mord zu tun haben könnte. *Der Schwan in Stücken* ist eine Parabel auf den fleischlichen Materialismus und zugleich ein trauriges Märchen über eine getötete Liebe, worin Sinnlichkeit formal nicht ausgelebt, sondern reflektiert und gebändigt wird. Mit vielen Zitaten aus der Literaturgeschichte lässt Krohn die Kochmetapher als Lebens- und Gesellschaftsmetapher erscheinen: »Der Mensch ist, was er isst.«

Den damit inaugurierten Postmoderne-Verdacht erhärtete drei Jahre später der Roman *Dreigroschenkabinett* (1997). Wie im Titel angedeutet, handelt es sich dabei um eine Adaption von Brechts Gaunerstück, ins neue Deutschland nach dem Mauerfall übersetzt, wo sich auch für den legendären Mackie Messer neue Chancen auftun. Krohn bestätigt darin seine formale Virtuosität. Er variiert verschiedenste Schreibweisen und Genres, freilich um die Gefahr, dass dem vielschichtigen Romangebilde am Ende der Zusammenhalt abhanden kommt. In diesem Lehrstück der Postmoderne bezahlt Tim Krohn sein Lehrgeld. Das diskursive Spiel mit Stilen und Zitaten wird ihm von der Kritik gerne auch als persönliche Unverbindlichkeit ausgelegt. Dagegen hat er schon 1994 eingewendet: »Ein Autor hat die Pflicht, gesellschaftlich etwas bewegen zu wollen.« Allerdings verweigert sich Krohn einer Position der Einstimmigkeit, weil es eine solche gar nicht mehr geben kann. Im offenen, gebrochenen, vielstimmigen Text widerspiegeln sich Welt und Gesellschaft viel präziser, lebensnäher.

Welche Möglichkeiten sich daraus ergeben, demonstriert der in mehrerer Hinsicht ungewöhnliche Roman *Quatemberkinder und wie das Vreneli die Gletscher brünnen machte* (1998). Krohn erprobt darin eine für ihn neue Schreibweise und bleibt sich dennoch treu. Er erfindet ein eigenes Idiom, in dem Glarner Regionaldialekt und deutsche Hochsprache miteinander verschmelzen. Inhaltlich hat Krohn auf Sagen und Märchen aller Art zurück gegriffen, um die zarte Liebesgeschichte zwischen Melk und Vreneli zu erzählen, die Mitte des 19. Jahrhunderts gegen den Widerstand von Teufeln und Geistern zueinander finden. Dass auch Vreneli zaubern kann, verwundert niemanden, denn in *Quatemberkinder* ist die Grenze zwischen Wirklichkeit und Zauberwelt durchlässig. Aufgehoben in einer wundersamen sprachlichen Synthese verteidigt dieser scheinbar harmlose »Heimatroman« eine eigentümliche Modernität. In den Mythen und Sagen, die unterschwellig auch die technische Zivilisation mit ihren Geistern, Zombies und Mutanten beatmet, hallen die moralischen Imperative der vergangenen Epoche nach.

Krohn hat von diesem Stoff auch ein Theaterstück

verfasst – nicht zum ersten Mal. Neben seinen Prosaarbeiten sind im Laufe der Jahre einige Stücke entstanden, die ein vergleichbares Verfahren erproben wie jene. *Die apokalyptische Show von den vier Flüssen Manhattans* (1995) bezieht sich auf Garcia Lorcas *Kleine Ballade von den drei Flüssen* und imaginiert den Untergang New Yorks im Jahr 2030. Körperliche Ausscheidungen zerstören die klinische Reinheit der Stadt. Krohns Flair für das geistreiche literarische Spiel bezeugen vor allem die dramatischen Adaptionen von weltliterarischen Werken. In *Die Bienenkönigin* (1994) sowie weiteren, im Band *Bienen, Königinnen, Schwäne in Stücken* (2002) versammelten Theaterstücken »übermalt« Tim Krohn Stoffe von Shakespeare, Racine, Maeterlinck oder Dostojewski mit eigenen Farben. Das gemeinsame Substrat dieser Stücke bilden Grenzerfahrungen: die politische Wende nach 1989, die dünne Haut zwischen Öffentlichkeit und Privatheit oder das Ineinanderwirken von Kultur und Natur.

Nach dem leichtgewichtigen *Irinas Buch der leichtfertigen Liebe* (2000) – darin kommentiert die scharfzüngige Irina per Fax eine allmählich entstehende Geschichte, die der Autor ihr vorlegt –, greift Krohn in *Die Erfindung der Welt* (2002) nochmals auf das mythische Fundament unserer Zivilisation zurück. Als Mitautorin wird die vierjährige Elisa genannt, die den Erzähler mit ihren Fragen animiert, aus dem kollektiven Schatz der Mythen und Legenden insgesamt 158 Geschichten herauszusuchen, um sie dem naseweisen Kind in eigenen Worten und zeitgemäßer Adaption wiederzugeben. Kinder fragen, Erwachsene entwickeln dafür (und dagegen) großartige Theorien oder fantastische Geschichten. Deren Ungereimtheiten spornen den literarischen Sucher Tim Krohn an.

Beat Mazenauer

Werke: *Johann & Johanna*, Hsp., DRS 1986; *Ehrenbürger Böhm*, Hsp., DRS 1988; *Fäustchen*, R., Zür. 1990; *Surfer*, Theaterst., UA Zür. 1991, gedr. Zür. 1992; *»Tamilen nach Auschwitz!«. Szenen einer faschistischen Schweiz*, Hsp., DRS 1991; *Zeitalter des Esels*, Theaterst., UA Zür. 1992, Hsp., SFB/RB 1993; *Der Schwan in Stücken*, E., Zür. 1994, Theaterst., UA Köln 1995; *Die Bienenkönigin*, Theaterst., gr. Fssg. UA Passau 1994, kl. Fssg. UA Zür. 2000; *Der gepökelte Lenin*, Hsp., SFB 1994; *Die kleine Oper vom Herbstmondfächer. Eine Art Hörspiel in CD und Buch*, Stuttgart 1996; *Die apokalyptische Show von den vier Flüssen Manhattans*, Theaterst., UA Mainz 1995, Hsp., SDR/SFB 1996; *Dreigroschenkabinett*, R., Ffm. 1997; *Polly*, Theaterst., UA Koblenz 1998; *Quatemberkinder und wie das Vreneli die Gletscher brünnen machte*, R., Bln./Ffm. 1998, Theaterst., UA Stans 2000; *Revolution mit Hund. Ein Bewegungsabend für fünf Damen, sechs Herren und halbes Dorforchester*, Theaterst., UA Zür. 1998; *Revolution mit Hund, die zweite*, Theaterst., Werkstattauffg. Hbg. 1999; *Der Stil ist eine Frage der Moral*, Hg., zus. m. P. A. Schmid, Zür. 1999; *Irinas Buch der leichtfertigen Liebe*, Bln./Ffm. 2000; *Onanieren Sie gern? Kleiner Fragebogen der Autoerotik in 17 Abteilungen*, Bern 1999; *Shakespeare Love Songs*, Theaterst., UA Neuss 2001; *Dostojewski Verbrechen & Strafe*, Theaterst., UA Zür. 2001; *Die Beule*, Drehb., 2001; *Die Erfindung der Welt*, R., zus. m. Elisa Ortega, Bln./Ffm. 2002; *Bienen, Königinnen, Schwäne in Stücken, sechs Stücke mit CD*, Basel et al. 2002.

Kröhnke, Friedrich, wurde am 12. 3. 1956 in Darmstadt als Sohn eines Apothekers und einer Schriftstellerin geboren. Er studierte Germanistik, Romanistik und Geschichte und promovierte in Köln 1981 über »das Bild des Jugendlichen in deutscher Literatur 1900–1933«. 1981 und 1984 unterrichtete er an den Schulen des deutschen Buchhandels in Frankfurt/M. Von 1982 bis 1984 war er Mitherausgeber der Literaturzeitschrift »Wanderbühne«. Von 1986 bis 1988 arbeitete er als wissenschaftlicher Angestellter beim Kölner Stadtarchiv. Seine zahlreichen Reisen werden von journalistischen Arbeiten begleitet. Kröhnke lebt in Prag und auf Reisen. Er erhielt 1986 das Stipendium des Kultusministeriums Nordrhein-Westfalen, 1990 und 1998 das Stipendium des Senators für kulturelle Angelegenheiten Berlin, 1994 das Alfred-Döblin-Stipendium des Landes Berlin und 1995 das Stipendium des Stuttgarter Schriftstellerhauses. Außerdem erhielt er 1997 ein Aufenthaltsstipendium im Kloster Cismar (Land Schleswig-Holstein) und 1999 in Ahrenshoop (Stiftung Kulturfonds) sowie ein Reisestipendium des Berliner Senats 2002.

Friedrich Kröhnke schreibt ein ums andere Mal eine Art »überspannte Autobiografie« (*Atterseekrankheit*, 1999), in der, glaubt man dem fiktionalen Erzähler, zwar »alles aufgebauscht und ausgeschmückt«, aber »nichts hinzuerfunden« wird; d. h. Kröhnke stattet seine durchaus gegensätzlichen Figuren mit Daten seiner eigenen Biografie aus. Zu den inhaltlichen Konstanten des Werks gehört, ähnlich wie bei Josef Winkler, die Obsession der Päderastie, während ein radikal linkes politisches Engagement, das noch die ersten Essays und Erzählungen prägte, in den Hintergrund getreten ist; hingegen sind zentrale Motive der Reise und des Todes hinzugekommen. Beim Grundthema Päderastie wird, neben der präzisen Schilderung des Milieus und der Wiedergabe des spezifischen Jargons, stets die postulierte eigene Erfahrung mit der Perspektive der Gesellschaft verbunden, was sich bereits im Titel von Kröhnkes Dissertation *Jungen in schlechter Gesellschaft* (1981) ankündigt. So werden die Protagonisten meist von Obrigkeiten verfolgt, werden zu gesellschaftlich isolierten Menschen mit »schlechtem Umgang« (*Knabenkönig mit halber Stelle*, 1988), die jedoch nicht anders können als ihrer besonderen Neigung zu folgen. In dem pointierten Roman *Was gibt es heut bei der Polizei* (1989) zieht es den »*chicken-hawk*« Kranick, der mit seinem gewissenhaften Kollegen Esselborn im Rahmen einer Arbeitsbeschaffungsmaßnahme im Kölner Stadtarchiv arbeitet, immer wieder zum »Ameisenpfad« der minderjährigen Strichjungen am Hauptbahnhof. Esselborn, der sich am Feierabend ganz dem Dienst für die Sozialdemokratie verschrieben hat, dient zunächst als Regulativ, zeigt sich aber zunehmend fasziniert von den fortwährend offener werdenden Ausführungen Kranicks, die sich in von ihm verfassten pornografischen Miniaturen offenbaren. Der Autor Kröhnke reflektiert das eigene Schaffen, indem er sich implizit in der Romankonstruktion zu erkennen gibt, etwa wenn die beiden Hauptfiguren ihre »Ergänzung« – auch in der von Autor und Leser – in der Passion und im Gemüt des jeweiligen Gegenübers entdecken. In der Erzählung *Grundeis* (1990) erfolgen Referenzen auf Werke Erich Kästners, Franz Hessels, Hans Siemsens, Siegfried Kracauers oder Fritz Langs Film *M – Eine Stadt sucht einen Mörder*. Kästners *Emil und die Detektive* dient u. a. als Stoffvorlage, Hessels Prototyp eines Flaneurs als Modell für den Blick auf die Metropole Berlin. In Kröhnkes Opus magnum, dem ironischen Bildungs- und Entwicklungsroman *Die Atterseekrankheit*, der dem Voyeurs- und Schelmenroman *Aqualand* (1996) folgt, berichtet er explizit von sich selbst: durch Benennung der tatsächlichen Schreibsituation sowie durch empfangene Stipendien und Querverweise auf vorangegangene Bücher. Die aufzählende Darstellung homoerotischer Abenteuer gerät in seinem stolzen Bekenntnis überbordend, die neu erschlossenen Motive Tod bzw. Altern sowie Reise und Exotik deuten sich aber bereits an. Konzentriert finden sie sich in der novellistischen Kurzprosa *Murnau. Eine Fahrt* (2001), die sich auf mehreren Ebenen um den »Autobahntod« des deutschen Regisseurs rankt, der wiederum in der Verfilmung des Ich-Erzählers gespiegelt wird. Der homosexuelle Regisseur drehte seinen letzten, elegischen Film »Tabu«, zivilisationsflüchtig, auf einer Südseeinsel und starb wenig später bei einem Autounfall in Florida, nachdem er einen jungenhaften Filipino in die Rolle des Chauffeurs gedrängt hatte. Über die aus den anderen Werken bekannte Thematik hinaus wird in *Murnau* vieldeutig über das eigene wie das fremde, eventuell freiwillige Sterben, aber auch über Probleme der künstlerischen Verarbeitung, der Vollendung eines letzten schönen Werkes und dessen Verhältnis zum augenblickhaften Leben sinniert.

Alexander Müller

Werke: *Ratten-Roman*, R., Bln. 1986; *Zweiundsiebzig. Das Jahr, in dem ich sechzehn wurde*, Pr., Ffm. 1987; *Knabenkönig mit halber Stelle*, En., Bln. 1988; *Leporello*, En., Bln. 1989; *Was gibt es heut bei der Polizei*, R., Zür. 1989; *Grundeis*, E., Zür. 1990; *P 14*, R., Zür. 1992; *Dieser Berliner Sommer*, En., Bln. 1994; *Aqualand*, R., Zür. 1996; *Zwillinge. Betrachtet und verwechselt*, Anth., Hg., mit Karl Kröhnke, Ffm. 1999; *Die Atterseekrankheit*, R., Zür. 1999; *Murnau. Eine Fahrt*, E., Aachen 2001.

Krolow, Karl, wurde am 11. 3. 1915 als Sohn eines Verwaltungsbeamten in Hannover geboren. Er studierte zwischen 1935 und 1942 Germanistik, Romanistik, Kunstgeschichte und Philosophie in Göttingen, Breslau und wieder Göttingen. 1976 erhielt er die Ehrendoktorwürde der Technischen Hochschule Darmstadt. Während des Krieges erschienen bereits die ersten Gedichte und Rezensionen in Tageszeitungen. Danach arbeitete Krolow als freier Schriftsteller, Essayist und Übersetzer. 1951 zog er von Göttingen zurück nach Hannover. Seit 1956 lebte er in Darmstadt. 1966 wurde Krolow Vizepräsident der Deutschen Akademie für Sprache und Dichtung in Darmstadt und war zwischen 1972 und 1975 ihr Präsident. Er war seit 1951 Mitglied des P.E.N.-Zentrums der Bundesrepublik, seit 1960 der Akademie der Wissenschaften und der Literatur in Mainz und seit 1962 der Bayerischen Akademie der Schönen Künste in München. Krolow erhielt für sein lyrisches Werk u. a. 1956 den Georg-Büchner-Preis, 1975 den Rilke-Preis und das Große Bundesverdienstkreuz, 1988 den Hölderlin-Preis und 1990 den Hessischen Verdienstorden. Er hielt Poetik-Vorlesungen in Frankfurt und München und war in zahlreichen Jurys tätig. Am 21. 7. 1999 verstarb er nach langer Krankheit an einer Lungenentzündung. Krolow gilt als einer der wichtigsten deutschen Nachkriegsdichter; sein Werdegang von der so genannten »Stunde null« bis zum Ende des Jahrhunderts kann exemplarisch für die Entwicklung der deutschen Dichtung gelesen werden. Begleitet wurde Krolows umfangreiches lyrisches Schaffen von einer kontinuierlichen theoretischen Reflexion, die vor allem in den Siebzigerjahren für wichtige Lyrik-Debatten gesorgt hat. Seine intime Kenntnis der zeitgenössischen deutschen Literatur wie auch der europäischen Tradition zeigte sich in der Rezeption so unterschiedlicher Dichter wie Goethe, Hölderlin, Klopstock, Rilke, Trakl, Eich und Celan, Beckett, Apollinaire und Guillen. Im vorgerückten Alter veröffentlichte Krolow auch Prosa, die um die Themen Einsamkeit und späte Leidenschaft kreist. Besonders hervorzuheben ist darüber hinaus Krolows Übersetzungswerk. Es existieren meisterhafte Übertragungen u. a. von Baudelaire, Verlaine, Apollinaire, Michaux, Machado, Jiménez, Alberti und Guillen.

Die Entwicklung seiner Lyrik lässt sich grob in fünf Phasen unterteilen: Erste Veröffentlichungen noch im Krieg und Nachkriegslyrik bis Ende der Vierzigerjahre; die weitere Entwicklung als »moderner Klassiker« bis etwa Mitte der Sechzigerjahre; dann, begleitet von zahlreichen Selbstinterpretationen und theoretischen Schriften, eine Abkehr vom hohen Ton der frühen Jahre zu Lakonismus und verschärften kultur- und gesellschaftskritischen Positionen bis in die frühen Neunzigerjahre; schließlich das um körperlichen Verfall und Tod kreisende Alterswerk, das in seiner Lebensfülle und gleichzeitigen Transzendenz die »intellektuelle Heiterkeit« als Grundton Krolowscher Lyrik wiedergewinnt.

Das Ringen um die heitere souveräne Geste in der Dichtung kann als Konstante seines Werkes angesehen werden. Seine Ausgangsposition ist dabei ein naturmagischer Zivilisationsskeptizismus, der eine Auflösung des Individuums in die Natur ersehnt: »Will mit krummen Fingern schreiben / In die Luft, / mit der Erdenkälte treiben. / Und es soll von mir nichts bleiben / als ein kurzer Windhalmduft.« Todesnähe wird zum bleibenden Motiv. Schutz- und Verhüllungsgesten – »Hand vorm Gesicht! Sie hält / kurz nur das Sterben ab« – wechseln ab mit Imaginationen des Danach und des Nichts: »Die Asche meiner Stimme / Streut in den Fluss.«

In den nächsten Jahren wuchsen einerseits in der Lyrik Krolows Bezugsrahmen an – französischer Surrealismus, Christentum, Antikenrezeption –, die ersten Langgedichte tauchten auf; auf der anderen Seite versuchen die Gedichte, den Schock des Krieges darzustellen und der Verlogenheit der Nachkriegszeit einen Spiegel vorzuhalten. Dabei nimmt Krolow gegenüber dem Bennschen *Statischen Gedicht* eine Gegenposition ein, die das Offene und Unabgeschlossene von Rezeptionsvorgängen behauptet – vermutlich auch als Selbstkritik, denn Krolow war seine handwerkliche Meisterschaft mit all ihren späteren Komplikationen früh bewusst. Vorläufigkeit wird so zu einem zentralen Motiv der Dichtung.

In dem Band mit dem sprechenden Titel *Die Zeichen der Welt* (1952) erreicht die Dichtung Krolows durch verstärkte poetologische Reflexion im Werk einen ersten Höhepunkt: »Formel der Früchte: wer nennt sie? Auf tönenden Tischen / Der Tage gebreitet, in silbernen Schalen der Nacht! / Sinnlich und nah zu greifen. Ich suche mit Worten inzwischen / Die Flüchtigen aufzuhalten: mit einer Algebra, zart erdacht / Aus atmenden Silben, einem Bündel Gedanken, die baden / Im steigenden Halbmond wie das Geflecht der Plejaden.« Geradezu barocke Sinnlichkeit, naturwissenschaftliche mathematisch-musikalische Diktion, Flüchtigkeit des Daseins, Vitalität der Sprache und Naturvorgänge werden hier synästhetisch in ein umfassendes Bild geschmolzen. Statt der Auflösung in eine als magisch gedachte Natur wird nun das freie Spiel mit einer als Natur gesetzten Kultur, etwa wie beim Akmeismus Ossip Mandelstams, etabliert.

Das Ausgeliefertsein des Menschen nicht zuletzt im Sinne Heideggers sowie die von Hugo Friedrich beschworene »leere Transzendenz« als letztem Bezugspunkt des modernen Gedichts stehen in den Fünfzigerjahren im Zentrum des lyrischen Werks. Im Motivbereich des Meeres findet Krolow eindrucksvolle Bilder, so zum Beispiel in einem seiner berühmtesten Gedichte *Verlassene Küste*: »Segelschiffe und Gelächter, / Das wie Gold im Barte steht, / Sind vergangen wie ein schlechter / Atem, der vom Munde weht.« Der klassische Topos der Vergänglichkeit wird hier durch das Bild des menschlichen Atems in besonderer Weise präsent und gleichzeitig entpersonifiziert. Andererseits wird dieser Prozess durch den Reim unterlaufen, was zu der diaphanen Distanz und Klassizität des Gedichtes beiträgt.

Unter dem Einfluss spanischer Dichter, wie etwa Jorge Guillen, gelangten mehr und mehr systematisch-geometrische Anteile in die Gedichte, der guillensche Goetheton wird aber oftmals ironisch gebrochen. »An einer windgeschützten Stelle / Endet ein Gedicht in einem Reim /(...) / Aber man soll sich nicht täuschen lassen: / Schon ein paar Schritte weiter / Ist es ratsam, den Hut ins Gesicht zu ziehen.«

Mit *Fremde Körper* (1959) erreichte die Lyrik Krolows einen zweiten Höhepunkt. Die europäischen Einflüsse werden kritisch mit der deutschen Gegenwart abgeglichen, das spezifisch Deutsche für die

Lyrik wiederentdeckt. Die Gedichte bewegen sich jedoch frei durch Kulturen und Sprachen: »Tag mit blauen Fingernägeln, / mit deutschen Augen, nichts / für Freunde von Logarithmen. // Am Brunnen wird das Blattgrün / gewaschen, bis es weiß ist: / Staub vom Gefühl, mit dem sich / schreiben läßt, zum Beispiel: / gotisch oder mit Gewehren.«

Bis Mitte der Sechzigerjahre verstärkte sich der Skeptizismus in der Lyrik Krolows, seine neue Positionsbestimmung wurde flankiert von zahlreichen poetologischen Schriften, die sich mit dem modernen Gedicht auseinander setzen: *Aspekte zeitgenössischer deutscher Lyrik* (1961), *Die Rolle des Autors im experimentellen Gedicht* (1962), *Schattengefecht* (1964). Übersetzungsarbeiten aus dem Englischen und Amerikanischen erschienen. Die Entpersonalisierung der Gedichte verstärkt sich, und die zeitweise aufblitzende Ironie wird von einem dauerhaften lakonischen Unterton abgelöst: »Frieden. Die ruhigen Leute / lassen ihr Haar wachsen. // Die rücksichtsvolle Prosa / ihres Umgangs. // Scharfe Luft, wenn eine / Halbwüchsige in einer / Kasernenruine pißt.«

Die Eigenschaft von Krolows Gedichten, Natur und Schrift gleichzusetzen, semiotische Kunststükke, die kritische Durchleuchtung des eigenen Werkes und umfassende Versiertheit im lyrischen Sprechen führten in den Gedichten der Siebzigerjahre zu »Langeweile« und daraufhin zu scharfer immanenter Selbstkritik. In den Gedichten werden die »intelligente Kopie«, die »veraltete Landschaft«, immer »dasselbe Lied«, die »bloße Toleranz« beklagt. Nur selten durchbrochen von erfrischender Naivität erfuhr Krolow seine Dichtung als »Landschaftszitate wie Klassik / des Umgangs, sonst unbeteiligt«. Statt in der Nachfolge Rilkes Systeme des Weltinnenraums entwerfen zu können, wie es in den ersten Langgedichten versucht wurde, mussten nun mühsam Einzelobjekte der Außenwelt auf ihre Tauglichkeit als poetische Objekte abgeklopft werden.

Das schreibende Ich ringt um sich selbst und um Geduld im Gedicht, sucht Auswege und findet nur Sackgassen: bürgerliche Liebe und derbe Sexualität, Alkohol und den Wunsch, »in Ruhe gelassen zu werden«. Besonders deutlich wird das Drama dieser verhaltenen, gequälten, in Bürgerlichkeit gefangen bleibenden Rebellion in den aggressiv-erotischen *Bürgerlichen Gedichten* (1970), die Krolow unter dem schlecht gehüteten Pseudonym Karol Kröpcke herausgab, und in der autobiografischen, peinlich-ehrlichen Abrechnung über die Liebesbeziehung eines alternden Schriftstellers zu einer jungen, ihn bewundernden Studentin in der Erzählung *Das andere Leben* (1978). Davor und danach liegen weitere Prosaarbeiten, die Themen wie Selbstbeobachtung, *Im Gehen* (1981), Vereinsamung, *Melanie. Geschichte eines Namens* (1983), und Möglichkeiten von Annäherung an und Distanzierung von poetischen Gegenständen, *In Kupfer gestochen. Observationen* (1987), behandeln.

Mit der Sicherheit eines neuerrungenen Arbeitsethos ging Krolow nach dieser Krise im »Herbst« seines Lebens daran, Geschichte zu dekonstruieren und neu zu erfinden. Berühmte Beispiele dafür sind *Herbstsonett mit Hegel. Gedichte, Lieder etc.* (1981), dessen zweite Strophe mit einem ungewöhnlich starken Enjambement beginnt: »Geht es zu mit der Geschichte beliebiger Jahre, / mal so und mal so. Der greift getrost in die Haare / mit Sturm und macht die Geschichte kaputt«, und das Langgedicht *Herodot oder der Beginn von Geschichte*, das mit einer denkbar nüchternen Zeile anhebt: »Überall gelangt man rasch ans Ende der Welt.« Es endet jedoch mit der endlich zurückgewonnenen »intellektuellen Heiterkeit«: »Anders das Schöne in dieser Welt, / das man kennen darf: es ist / seit langem – widerrufbar – gefunden.« Das Schöne ist immer »anders« und lässt sich, wie die auf Widerruf gestundete Zeit seiner Kollegin Ingeborg Bachmann, für Krolow immer nur in der Tätigkeit des »Widerrufens«, des gleichzeitigen Widersprechens und Antwortens auf sie, finden. Vom reimlosen Gelegenheitsgedicht ausgehend, etablierte Krolow mit seinem Band *Herbstsonett mit Hegel* erneut strenge metrische Formen, gerade als sie in der bundesdeutschen Diskussion am unmöglichsten schienen – eine Krolows Rang gemäße großbürgerliche, nichtsdestotrotz fruchtbare Rebellion.

Ab diesem Zeitpunkt schrieb Krolow Sonette, Terzinen, Sestinen, nutzte Kreuz- und Binnenreime, rhythmisierte die Verse im alternierenden oder daktylischen Takt, doch zerstörte er sie auch oder sprach sie gegen den Strich, sodass ein freies Wechselspiel zwischen Tradition und Improvisation entstand. Bis vier Wochen vor seinem Tod schrieb Krolow beinahe täglich an seinem Werk. 206 Gedichte aus den Jahren 1996 bis 1999 sind auf diese Weise entstanden. Man kann diese Gedichte als lyrisches Tagebuch sehen – frei von der Frage nach der dichterischen Position im Literaturbetrieb sind sie ein intensives Vermächtnis, das in seinen gelungensten Erzeugnissen eine immer würdige und manchmal weise Gleichzeitigkeit von humanistischer Heiterkeit, Angst, Jubel, Abgeklärtheit, Melancholie und schalkhaftem Humor angesichts des drohenden Todes beweist.

Karla Reimert

Werke: *Hochgelobtes gutes Leben,* G., Hbg. 1943; *Gedichte,* G., Konstanz 1948; *Nachdichtungen aus fünf Jahrhunderten französischer Lyrik*, Übs., Hann. 1948; *Heimsuchung*, G., Berlin, 1948; *Auf Erden*, G., Hbg. 1949; *Die Zeichen der Welt. Neue Gedichte*, G., Stg. 1952; *Von nahen und fernen Dingen. Betrachtungen*, Pr., m. Zeichnungen v. Fritz Fischer, Stg. 1953; *Wind und Zeit. Gedichte* 1950–1954, G., Stg. 1954; *Tage und Nächte*, G., Düsseld., Köln 1956; *Die Barke Fantasie. Zeitgenössische französische Lyrik*, Übs., Düsseld., Köln 1957; *Bestiarium. Sieben Gedichte nach Guillaume Apollinaire's »Bestiaire ou Courtège d'Orphée«*, Übs., m. Linolschnitten v. Flora Klee-Palyi, Wuppertal 1957; *Paul Verlaine: Gedichte*, Übs., Hg., Wiesbaden 1957; *Guillaume Apollinaire: Bestiarium. Fünfundzwanzig Gedichte nach Guillaume Apollinaire's »Bestiaire ou Courtège d'Orphée«*, Übs., Gießen 1959; *Schatten eines Mannes*, G., m. Gravuren v. R. Schoofs, Wülfrath 1959; *Tessin*, G., m. Bildtafeln n. Aufnahmen v. Fritz Eschen, Mü. 1959; *Fremde Körper*, G., Bln., Ffm. 1959; *Aspekte zeitgenössischer deutscher Lyrik*, Ess., Gütersloh 1963; *Spanische Gedichte des XX. Jahrhunderts*, Übs., Hg., Ffm. 1962; *Unsichtbare Hände. Gedichte 1959–1962*, Ffm. 1962; *Ausgewählte Gedichte*, Ffm. 1962; *Die Rolle des Autors im experimentellen Gedicht*, Ess., Wiesbaden 1962; *Reise durch die Nacht*, G., Darmst. 1964; *Corrida de Toros,* m. Fotos u. Zeichnungen v. Helmut Lander, Übs., Darmst., Ffm. 1964; *Schattengefecht*, Ess., Ffm. 1964; *Gesammelte Gedichte. 1944–1964*, Ffm. 1964; *Das Problem des langen und kurzen Gedichts – heute*, Ess., Wiesbaden 1966; *Landschaften für mich*, G., Ffm. 1966; *Mein Winterfeldzug*, G., Neuwied 1966; *Poetisches Tagebuch*, P., Ffm. 1966; *Unter uns Lesern. Rezensionen*, Darmst. 1967; *Alltägliche Gedichte*, Ffm. 1968; *Allzeit mutig*, G., Neuwied 1968; *Minuten-Aufzeichnungen*, Pr., Ffm. 1968; *Nichts weiter als Leben. Neue Gedichte mit einem Anhang über ein eigenes Gedicht*, G., Ffm. 1970; *Bürgerliche Gedichte*, u. d. Pseud. Karol Kröpcke, m. Zeichnungen v. Arno Waldschmidt, Hbg. 1970; *Zeitvergehen*, G., Ffm. 1972; *Deutschland deine Niedersachsen*, Pr., Hbg. 1972; *Zu des Rheins gestreckten Hügeln – Goethereise 1972,* Köln, Bln. 1972; *Ein Gedicht entsteht. Selbstdeutungen, Interpretationen, Aufsätze*, Ffm. 1973; *Miteinander*, Anth., Hg., Darmst. 1974; *Karl Krolow. Ein Lesebuch*, hg. v. Walter Helmut Fritz, Ffm. 1975; *Gesammelte Gedichte 2 (1956–1974)*, Ffm. 1975; *Von literarischer Unschuld. Matthias Claudius. Ein Porträt*, Aufs., Darmst. 1977; *Der Einfachheit halber*, G., Ffm. 1977; *Wilhelm Lehmann: Gedichte*, Hg., Ffm. 1978; *Guillaume Apollinaire: Bestiarium oder Das Gefolge des Orpheus*, Übs., m. Holzschnitten v. Raoul Dufy, Ffm. 1978; *Das andere Leben*, E., Ffm. 1979; *Literarischer März. Lyrik unserer Zeit*, Hg., zus. m. Fritz Deppert u. Wolfgang Weyrauch, Mü. 1979; *Gedichte*, hg. v. Gabriele Wohmann, Ffm. 1980; *Sterblich*, G., m. Holzschnitten v. Alfred Pohl, Pfaffenweiler 1980; *Nocturnos*, G., m. Farbradierungen v. Eberhard Schlotter, Hofheim 1981; *Pomologische Gedichte*, m. türkischen Papieren v. Ilka von Tümling, Kransberg 1981; *Im Gehen*, Pr., Ffm. 1981; *Herbstsonett mit Hegel. Gedichte, Lieder etc.*, Ffm. 1981; *Literarischer März 2. Lyrik unserer Zeit*, Hg., zus. m. Fritz Deppert u. Wolfgang Weyrauch, Mü. 1981; *Zwischen Null und Unendlich*, G., Ffm. 1982; *Samuel Beckett: Flötentöne*, Übs., zus. m. Elmar Tophoven, Ffm. 1982; *Poesie der Welt. Deutschland*, Hg., Bln. 1982; *Deutsche Gedichte*, Hg., Ffm. 1982; *Glanz aus dem Glas. 6 Gedichte*, m. Radierung v. Heidy Stangenberg-Merck u. türkischen Papieren v. Gertraud Simon-Fuchs, Kransberg 1982; *Herodot oder der Beginn von Geschichte*, G., Waldbrunn 1983; *Melanie. Geschichte eines Namens,* E., Mü. 1983; *Literarischer März 3. Lyrik unserer Zeit*, Hg., zus. m. Fritz Deppert u. Hanne F. Juritz, Mü. 1983; *Schönen Dank und vorüber*, G., Ffm. 1984; *Vorlieben. Sammlung von Lesefrüchten*, Hg., Darmst. 1984; *Notizen, Erinnerungen, Träume*, zus. m. Edith Wolf u. Helmut Lander, Darmst. 1985; *Gedichte und poetologische Texte*, hg. v. Rolf Paulus, Stg. 1985; *Gesammelte Gedichte 3*, Ffm. 1986; *Literarischer März 4. Lyrik unserer Zeit*, Hg., zus. m. Fritz Deppert u. Hanne F. Juritz, Mü. 1985; *Nachtleben oder Geschonte Kindheit*, Pr., Ffm. 1985; *Unumwunden*, G., hg. v. Kevin Perrymann, m. Holzschnitten v. Walter Mayer, Schondorf 1985; *Die andere Seite der Welt*, G., Pfaffenweiler 1987; *In Kupfer gestochen. Observationen*, Pr., Ffm. 1987; *Literarischer März 5. Lyrik unserer Zeit*, Hg., zus. m. Fritz Deppert u. Hanne F. Juritz, Mü. 1987; *Joseph von Eichendorff*, Hg., Köln 1987; *Als es soweit war*, G., Ffm. 1988; *Auf Erden. Frühe Gedichte*, Ffm. 1989; *Sätze in der Nacht*, G., zus. m. Uta Franck, Aachen 1990; *Meine Gedichte*, Ffm. 1990; *Rainer Maria Rilke: »Les fenêtres«. Karl Krolow: Die Fenster,* Übs., m. Radierungen v. Christian Mischke, Ffm. 1990; *Ich höre mich sagen*, G., Ffm. 1992; *Wenn die Schwermut Fortschritte macht. Gedichte, Prosa, Essays*, hg. v. Kurt Drawert, Lpz. 1990; *Etwas brennt. Gesammelte Prosa*, Ffm. 1994; *Die zweite Zeit*, G., Ffm. 1995; *Gedichte, die von Liebe reden*, hg. von Charitas Jenny-Ebeling, Ffm., Lpz. 1997; *Gesammelte Gedichte 4*, Ffm. 1997; *Deutsche* Gedichte, Hg., Ffm. 1998; *Die Hand voll Sand. Gedichte aus dem Nachlass*, hg. v. Charitas Jenny-Ebeling, Ffm. 2001; *Im Diesseits verschwunden. Gedichte aus dem Nachlass*, Ffm. 2002.

Kronauer, Brigitte, wurde am 29. 12. 1940 in Essen geboren, studierte in Köln und Aachen Pädagogik und stand bis 1971 im Schuldienst; seither lebte sie als freie Schriftstellerin in Göttingen; seit 1974 ist sie in Hamburg ansässig. 1985 erhielt sie den Großen Kunstpreis der Stadt Berlin, 1987 den Preis des Literaturmagazins im Südwestfunk, 1989 den Heinrich-Böll-Preis, 1994 den Berliner Literaturpreis, 1998 den Joseph-Breitbach-Preis (zus. m. Hans Boesch und Friedhelm Kemp) und den Hubert-Fichte-Preis der Stadt Hamburg, 2001 den

KVR-Literaturpreis und das Stadtschreiberamt der Stadt Mainz, das sie zurückgab.
Brigitte Kronauer wollte schon »als Jugendliche unbedingt Schriftstellerin werden«. Sie begann bereits im Alter von etwa acht Jahren mit dem »Aufschreiben kleiner Geschichten«. Ihre ersten Publikationen fielen in die Mitte der Siebzigerjahre; es sind literaturkritische Essays (über Robert Walser, Ror Wolf, Hubert Fichte u. a.) in alternativen Literaturzeitschriften und kurze Prosastücke in drei gesonderten Sammlungen: *Der unvermeidliche Gang der Dinge* (1974), *Die Revolution der Nachahmung* (1975) und *Vom Umgang mit der Natur* (1977 im Selbstverlag). Für 1979 war ein Gedichtband *50 energische Momente* angekündigt, dessen Veröffentlichung dann doch unterblieb. Im Klappentext ihres ersten Buches (*Der unvermeidliche Gang der Dinge*) schrieb Brigitte Kronauer über ihre Intentionen: »Das, was sich die Leute im Bus erzählen, hat Anfang und Ende, Höhepunkt und Pointe, das, was wir automatisch tun, wenn uns etwas zustößt, ist das Herausputzen der Details zu Symptomen, das Herstellen einer Geschichte. Was dabei entsteht, ist nicht die Realität.« Und: »Der Terror der Realität ist ja ein zweifacher: Die chaotische Vielfalt der Wirklichkeit und das Gegensätzliche: Die Hartnäckigkeit einer einzigen Sicht, die sich für die Realität ausgibt und deren Diktatur, man könnte es ›Diktatur der Literatur‹ nennen, um so größere Chancen hat, je weniger sich jemand mit Literarischem beschäftigt.« Daraus ergab sich das Programm ihres Schreibens: »Immer dies ist die Frage: Kriegen wir die Geschichten (Raster, Klischees, Schlußfolgerungen) in den Griff oder sie uns!«
Brigitte Kronauers erste drei Prosabücher wurden bei Erscheinen von der Literaturkritik kaum beachtet. Die wichtigsten Texte daraus sind in dem 1981 publizierten Band *Die gemusterte Nacht* (1981) wieder zugänglich gemacht worden. Auf die erstaunliche und bewundernswerte Kunstfertigkeit der Autorin wurde die literarische Öffentlichkeit erst mit der Publikation ihrer Romane *Frau Mühlenbeck im Gehäus* (1980) und *Rita Münster* (1983) aufmerksam. In beiden Romanen werden Entwicklungsverläufe und Lebenszustände von Frauen thematisiert. In *Frau Mühlenbeck im Gehäus* treffen eine ältere Hausfrau und eine junge Lehrerin aufeinander. Frau Mühlenbeck bemerkt nicht, dass sie, indem sie auf alle Lebenswiderfahrnisse eine sinnsteuernde Antwort gibt, einem Auslegungszwang erliegt. Nicht interpretierte Situationen kann sie weder ertragen noch erzählen. Eben diesem Deutungsdrang entzieht sich die junge Lehrerin; sie sagt von sich: »Ich frage mich nie, wie ich das durchstehen soll. Wie war das? Habe ich mich nicht dadurch, daß ich stur durchs Fenster gucke, vor einem Schreikrampf gerettet?« Um die Zwänge der Einsinnigkeit sowohl zu zeigen als auch aufzubrechen, formalisiert und segmentiert Brigitte Kronauer die beschriebene Realität so stark, dass sie gleichsam verlangsamt – und dadurch einsehbar – am Leser vorüberzieht. Erst durch die Abwehr von Bedeutungszuschreibungen wird dem Leser die heimliche Herrschaft von Sinn-Schemata überhaupt erfahrbar. Noch stärker als in *Frau Mühlenbeck im Gehäus* bewährt sich das Verfahren der Autorin in *Rita Münster*. Es ist der Roman einer stillen Emanzipation. Inmitten der unverrückbaren Schicksale ihrer Freunde und Verwandten betreibt Rita Münster den faszinierenden Selbstaufbau ihrer Person; neugierig und aufmerksam verfolgt sie die Lebensbewegungen ihrer Mitmenschen, von denen sie sich jedoch weder einschüchtern noch beeindrucken lässt; ihre Selbstbemächtigung endet an dem Punkt, an dem sie von sich selbst sagt: »Ich bin in die Luft geschleudert worden, über alle Umstände hinaus, über Haus, Familie, Kopfschmerzen, Friedhöfe und Jahreszeiten hinaus!«
Mehr als an allen anderen Arbeiten von Brigitte Kronauer lässt sich an *Rita Münster* zeigen, dass die Schreibmethode der Autorin, die ritualisierende Zerlegung und Mikroskopierung von Außenrealität, im Dienst der Souveränisierung ihrer Figuren steht. Der dabei auch entstehende Eindruck der »irritierenden Trivialität und Fremdheit« (Uwe Schweikert) geht auf die von der Autorin rigoros betriebene Durcharbeitung der Unheimlichkeit des Alltags zurück, ohne die der Prozess der allmählichen Freiheitsgewinnung nicht in Gang zu bringen ist: in der überpräzisen Beobachtung des schlechten Bekannten liegt der erste Impuls für dessen Überwindung.
In ihrem dritten Roman *Berittener Bogenschütze* (1986), mit dem sie bei der Kritik durchweg große Anerkennung fand, spielt zum ersten Mal ein Mann die Hauptrolle. Es ist der 40-jährige Universitätsdozent Matthias Roth, dem es mithilfe einer Italienreise gelingt, seine innere Isolation in eine bewusste und ihn nicht mehr selbst einschränkende Einsamkeit umzuwandeln. In Italien trifft Roth auf eine Außerordentlichkeit der Natur, die auch seine eigene Außerordentlichkeit in Bewegung bringt. Er liefert sich immer wieder neu seiner Naturbeobach-

tung aus und erlebt dabei eine Art von Glückseligkeit, die nicht mehr gesellschaftlich vermittelt erscheint. In das Hingerissensein durch Landschaft und Vegetation mischt sich eine Todesahnung, die die Kräfte Roths nicht schmälert, sondern im Gegenteil stärkt. Paradox gesagt: die Lebenserfahrung ist die Todeserfahrung. Die Autorin schreibt eine Prosa der Bedachtsamkeit und Allmählichkeit, deren Faszination in der deutschen Literatur der Gegenwart ohne Beispiel ist; dabei wirkt ihre Ding-Magie nicht romantisch und nicht transzendent, sondern gegenständlich und nachbuchstabierbar. Die Bedeutung des Erzählten folgt immer aus Beobachtungen; so antwortet der Roman auf Bedürfnisse der Innenwelt, ohne selbst Innerlichkeit hervorzubringen. Die Emanzipationsprozesse, die Brigitte Kronauer in ihren ersten beiden Büchern wie auch hier im Auge hat, sind nie von Auftritten oder Trommelwirbeln begleitet; sie bewegen sich in den Tiefen des Gemüts und in der Verstecktheit des Fühlens.

Zu Recht hat Reinhard Baumgart auf das »moralfreie« Schreiben dieser Autorin hingewiesen; denn die Genauigkeit ihrer Beobachtungen und ihre emphatische Wahrnehmungskraft lassen die Dinge zum Sprechen kommen und sie von innen her leuchten.

Die Frau in den Kissen (1990) komplettiert mit *Rita Münster* und *Berittener Bogenschütze* eine so nicht ausgewiesene Trilogie und setzt die rätselhaften und komplexen Bildbeschreibungen der Vorgänger fort. Eine Handlung existiert kaum mehr, »alles genügt, wie es ist«, die Syntax wird variiert (z.B. durch den weitgehenden Verzicht auf Verben) und mit verführerischem Sprachmäandern ein faszinierender Sprach- und Sinnzusammenhang geflochten. In fünf Schritten wird die Welt von der Erzählerin, die im Grunde die einzige Figur in diesem Text ist, in den Blick genommen. Es ist eine Situation des Stillstands, in der nur eine Gräfin, in einem Boot sitzend, ihren bizarren Erinnerungen nachhängt und als ihr Gegenbild eine Greisin, die vom Leben weggetrieben wird. Dazwischen steht ein Besuch im Zoo, wo die Natur am Ende zu sein scheint. Hinter diesen Suchbewegungen steht offenbar der Wunsch nach ekstatischer Entgrenzung und zugleich eine Unsicherheit, die um die Notwendigkeit einer festen Hülle, eines Schutzes weiß. Kronauers Skepsis gegenüber biografischem Erzählen korrespondiert mit der Notwendigkeit, diese zumindest als Fiktionen darzustellen. Im Erzählband *Schnurrer* (1992) wird dieses Ansinnen dadurch beglaubigt, das Wesen der Dinge von ihrem Erscheinungsbild abzukoppeln und erst im Auge des Betrachters bzw. im Kopf des Lesers als Ganzes aufscheinen zu lassen.

Die Geschichte des Apothekers Willi Wings, die Kronauer in *Das Taschentuch* (1994) erzählt, ist das Protokoll eines fast unmerklichen Verschwindens, denn Willi und seine scheinbar harmonische Welt sind, ohne dass er es bemerkt, in Auflösung begriffen. Ein nicht auf den Begriff zu bringender Mensch, ein schüchterner, leicht abwesender Mann wird vollends unkenntlich gemacht. *Teufelsbrück* (2000) wiederum ist die Geschichte eines »notwendigen, wohltuenden, nur mir bestimmten Untergangs«, eine Liebes- und Dreiecksgeschichte im Bade der Romantik, in der die Witwe Maria Frauenlob dem schönen Galan Leo erliegt, das Ganze inszeniert von Zara, »amüsierte Fädenzieherin, Venus und Frau Welt, Liebes- und Todesgöttin, nächtliche Zuhörerin Marias bis zuletzt, wo im Glanz des Hochgebirgswinters sich der Liebesbereich für immer verschließt, der Roman ausfasert und Marias Erzählen in jenen hellen Vogellaut übergeht, der als Leitmotiv durch den Roman klingt« (Gunhild Kübler).

Wilhelm Genazino/Thomas Kraft

Werke: *Der unvermeidliche Gang der Dinge*, Gött. 1974; *Die Revolution der Nachahmung*, Gött. 1975; *Vom Umgang mit der Natur*, En., Hbg. 1977; *Frau Mühlenbeck im Gehäus*, R., Stg. 1980; *Die gemusterte Nacht*, En., Stg. 1981; *Rita Münster*, R., Stg. 1983; *Berittener Bogenschütze*, R., Stg. 1986; *Aufsätze zur Literatur*, Stg. 1987; *Die Frau in den Kissen*, R., Stg. 1990; *Schnurrer. Geschichten*, Stg. 1992; *Literatur und schöns Blümelein*, Ess., Wien 1993; *Die Wiese*, En., Stg. 1993; *Hin- und herbrausende Züge*, En., Stg. 1993; *Das Taschentuch*, R., Stg. 1994; *Die Lerche in der Luft und im Nest. Zu Literatur und Kunst*, Bln. 1995; *Die Einöde und ihr Prophet. Über Menschen und Bilder*, Stg. 1996; *Kulturgeschichte der Mißverständnisse. Studien zum Geistesleben*, zus. m. Eckhard Henscheid u. Gerhard Henschel, Ess., Stg. 1997;*Teufelsbrück*, R., Stg. 2000; *Zweideutigkeiten. Essays und Skizzen*, Stg. 2002.

Krüger, Horst, wurde am 17. 9. 1919 in Magdeburg geboren. Er wuchs in Berlin auf und studierte dort und in Freiburg i. Br. Philosophie und Literaturwissenschaft. 1939 wurde er von der Gestapo wegen des Verdachts auf »Vorbereitung zum Hochverrat« verhaftet; ab 1942 (bis Kriegsende) war er Gefreiter in der Deutschen Wehrmacht. Danach schrieb er als Literaturkritiker für die »Badische Zeitung« in Freiburg. Von 1952 bis 1967 arbeitete er als Leiter des literarischen Nachtstudios beim Südwestfunk Baden-Baden. Horst Krüger war Mitglied der Deutschen Akademie für Sprache und Dichtung in Darmstadt und des P.E.N.-Zentrums der Bundesrepublik Deutschland. 1970 erhielt er den Thomas-Dehler-Literaturpreis, 1972 den Johann-Heinrich-Merck-Preis für literarische Kritik und Essay der Deutschen Akademie für Sprache und Dichtung, 1973 den Berliner Kritikerpreis, 1975 den Ernst-Reuter-Preis, 1980 die Goethe-Plakette der Stadt Frankfurt am Main, 1982 die »Goldene Kamera« für das Drehbuch zu dem Film *Der Kurfürstendamm*, 1983 den Journalistenpreis der Stadt München und 1990 den Hessischen Kulturpreis. Seit 1967 lebte er als freier Schriftsteller in Frankfurt am Main, wo er im Oktober 1999 starb.

Krüger, der vorwiegend Kulturreportagen, Feuilletons und Essays verfasste, wurde vor allem durch seine Reiseprosa einem größeren Publikum bekannt. Er verstand sich jedoch nicht als Reiseschriftsteller im herkömmlichen Sinn, sondern als »Schriftsteller auf Reisen«, der seine subjektiven Eindrücke und Erfahrungen »immer nur aus dem Gefühl der Fremdheit« festhielt (*Spötterdämmerung*, 1984). Der Autor schrieb erst – nach Hause zurückgekehrt – aus der Erinnerung: »Es ist eine kuriose Erfahrung am Schreibtisch: (...) Die ganze Reise kommt jetzt zurück. (...) Das Chaos der Bilder beginnt, Struktur anzunehmen. (...) Ich bin nur der Cutter des Ganzen, nicht mehr.« In seinen Büchern *Stadtpläne* (1967), *Deutsche Augenblicke* (1969), *Fremde Vaterländer* (1971), *Ostwestpassagen* (1975), *Poetische Erdkunde* (1978) und *Unterwegs* (1980) porträtiert Krüger im lockeren Plauderton Städte, Landschaften und Menschen aus allen Erdteilen. Er setzt kulturelle, historische und gesellschaftliche Fakten, die er in die Texte einfließen lässt, mit seinen eigenen Wahrnehmungen in Beziehung. Die Alltagsbeobachtungen, die er aus der Position des Außenstehenden macht, lassen punktuell soziale Wirklichkeit aufleuchten. Die Reisebilder sind von unterschiedlicher Intensität, was auch mit Krügers jeweiliger Vorkenntnis der beschriebenen Orte zusammenhängen mag. Pauschalierungen bleiben bei seiner oft saloppen Formulierungsweise nicht aus: »Die Frauen [in Frankfurt] lassen sich alle so gehen; sie watscheln, trapsen, wackeln wie Enten. Die Haare so strohig im Gesicht. Mein Gott: Keine Afrikanerin, keine Französin, keine Amerikanerin würde so wirr, so aufgelöst auf der Straße erscheinen« (*Deutsche Augenblicke*). Durch den Einsatz rhetorischer Stilmittel wird manchmal die Tatsache verdeckt, dass es sich bei den mitunter nur flüchtig gewonnenen und ausschnitthaft dargestellten Eindrücken und Erlebnissen um höchst subjektive Äußerungen handelt.

Krügers Erstlingswerk *Das zerbrochene Haus* (1966) bezeichnete er selbst als »Reise in die eigene Vergangenheit«. Ausgelöst durch den Auschwitz-Prozess 1964 in Frankfurt am Main, dem Krüger über vier Wochen lang als Beobachter im Gerichtssaal beiwohnte, reflektiert er kritisch die Geschichte seiner Familie während des Dritten Reiches. Dabei entsteht eine exemplarische Analyse über die Rolle des großstädtischen deutschen Kleinbürgertums in der Ära des Nationalsozialismus. Das autobiografische Werk, das Wolfgang Koeppen damals als »deutsches Hausbuch« empfahl, bildet zugleich den Versuch des Autors, die eigene Vergangenheit zu bewältigen. Dass dies für Menschen der Kriegsgeneration jedoch nur bedingt möglich sein kann, signalisiert der Schlusssatz: »Dieser Hitler, denke ich, der bleibt uns – lebenslänglich.«

In den folgenden Publikationen unternahm Krüger »Reisen in die Welt mit dem Gepäck dieser Vergangenheit«. Er setzte sich in Feuilletonbeiträgen, Reportagen und in seiner Reiseprosa immer wieder mit dem Deutschland der späten Adenauer-Zeit, mit der DDR und der deutsch-deutschen Teilung auseinander. Er schildert Stationen seiner Erkundungsfahrten in beiden deutschen Staaten während der späten Sechziger- und frühen Siebzigerjahre, etwa Baden-Baden, Frankfurt am Main, Ost- und West-Berlin, das Ruhrgebiet, Nürnberg und München. Auch in die Städte ferner Länder lockte es ihn, nach New York, Moskau, Stockholm, Belgrad, Peking, Hongkong und Washington (vgl. *Unterwegs* – eine Auswahl daraus enthält der Band *Erste Augenblicke*, 1983 – und *Poetische Erdkunde*). In der Fremde stellt sich Krüger oft die Frage nach der eigenen Herkunft und Identität. Eine mögliche Antwort gibt er in dem Band *Tiefer deutscher Traum* (1983), in dem er in »Annäherungen an die Bundesrepublik« seine Sehnsucht nach einem »Gefühl von Zuhause« – so der Titel eines Beitrags – artikuliert. Krüger, der wiederholt sein Selbstverständnis als Schriftsteller und Publizist erläuterte, machte auch immer wieder seine Absichten deutlich, die er in den verschiedenen Genres verfolgte. Was er bezüglich seiner Schreibweise als Feuilletonist hervorhob, formulierte er auch an anderer Stelle: Sein Standpunkt entspringe einer Subjektivität, »die in ihrer Unberechenbarkeit für das Kollektiv etwas Ärgerliches hat« (*Zeit ohne Wiederkehr*,

1985). Die Unberechenbarkeit von Krügers literarischen Äußerungen bezieht sich aus heutiger Perspektive allerdings weniger auf ihre ästhetische Gestaltung – die Vielzahl seiner Veröffentlichungen ist tendenziell durch stilistische Einheitlichkeit gekennzeichnet – als vielmehr auf die Inhalte. Vor allem seinen Beobachtungen der (deutsch-)deutschen Verhältnisse kommt eine nicht zu unterschätzende Funktion zu in einer schnelllebigen, neoliberal geprägten Zeit, in der vieles, was die Menschen in beiden Teilen Deutschlands jahrzehntelang beschäftigte, in einem beispiellosen Prozess der Vergessenheit anheim fiel.

Petra Ernst

Werke: *Zwischen Dekadenz und Erneuerung*, Ess., Ffm. 1953; *Der Schriftsteller in der Opposition*, Mü. 1962; *Was ist heute links?*, Hg., Mü. 1963; *Das Ende einer Utopie*, Hg., Freiburg/Br. 1963; *Das zerbrochene Haus. Eine Jugend in Deutschland*, Mü. 1966; *Stadtpläne. Erkundungen eines Einzelgängers*, Mü. 1967; *Deutsche Augenblicke. Bilder aus meinem Vaterlande*, Mü. 1969; *Fremde Vaterländer. Reiseerfahrungen eines Deutschen*, Mü. 1971; *Zeitgelächter. Ein deutsches Panorama*, Hbg. 1973; *Ostwestpassagen. Reisebilder aus zwei Welten*, Hbg. 1975; *Poetische Erdkunde. Reise-Erzählungen*, Hbg. 1978; *Ludwig lieber Ludwig. Ein Versuch über Bayerns Märchenkönig*, Hbg. 1979; *Erste Augenblicke. Reiseprosa*, Hbg. 1980; *Spötterdämmerung. Lob- und Klagelieder zur Zeit*, Hbg. 1981; *Der Kurfürstendamm. Glanz und Elend eines Boulevards*, Hbg. 1982; *Deutsche Stadtpläne*, Auswahlbd., Mü., 1984; *Zeit ohne Wiederkehr*, ges. Feuill., Hbg. 1985; *Deutschland zwischen Erzgebirge und Ostsee*, dt., engl., frz., Abb. v. Karl Jürgens, Künzelsau 1990; *Deutschland*, Würzburg 1992; *Diese Lust am Leben*, Ffm. 1993.

Krüger, Michael, wurde am 9. 12. 1943 in Wittgendorf/Kreis Zeitz in Sachsen als Beamtensohn geboren. Er verbrachte seine Schulzeit in Berlin, machte nach dem Abitur eine Lehre als Verlagsbuchhändler beim Herbig-Verlag, war nebenher Gasthörer an der FU Berlin und arbeitete von 1962 bis 1965 als Buchhändler in London. Er lebt heute in München. Seit 1966 ist er als Lektor, Verlagsleiter, Herausgeber und Kritiker im Literaturbetrieb präsent und von Einfluss; seit Mitte der Siebzigerjahre auch als Autor, vor allem als Lyriker und Erzähler. Mit Klaus Wagenbach gab Krüger das Jahrbuch für Literatur »Tintenfisch« heraus (1968 –1988). Seit 1976 ist er Mitherausgeber (mit Hans Bender), seit 1981 Alleinherausgeber der »Akzente«. Hinzu kommt, seit 1983, die Buchreihe »Edition Akzente«. Daneben edierte Krüger eine Reihe von Anthologien und schrieb Vor- bzw. Nachworte zu Sammelbänden. Krüger ist Mitglied des deutschen P.E.N.-Zentrums, der Bayerischen Akademie der Schönen Künste, der Berlin-Brandenburgischen Akademie der Künste, der Deutschen Akademie für Sprache und Dichtung und der Mainzer Akademie der Wissenschaften und der Literatur. Er erhielt u. a. 1986 den Peter-Huchel-Preis, 1991 die Wilhelm-Hausenstein-Medaille, 1994 den Ernst-Meister-Preis, 1996 den Prix Médicis und 2000 den Ehrenpreis der Stadt München.

Krügers erster Gedichtband *Reginapoly* (1976) verleugnet nicht die Erfahrung dessen, der berufsmäßig Umgang mit Literatur und der Überfülle des Gedruckten hat: »Du befindest dich auf einem riesigen Stück Papier.« Dem Schreiber schwebt ein »stabiler Totalsatz« vor, »eine Art Haussatz, in dem ich wohnen kann«. Die folgenden Lyrikbände lassen sich als Versuche begreifen, die »gefesselte Bibliothek« zu verlassen und in eine Schule »jenseits des Denkens« zu gehen, um das »subversive ABC« zu lernen. Das fruchtbare Paradox besteht darin, dass dieser Weg nicht ohne Hilfe der Reflexion und Lektüre gemacht werden kann. *Diderots Katze* (1978) entfaltet bereits im Titelgedicht die Dialektik von Seele und Kopf, und die »Notizen zur Geschichte des Fensters« in diesem Band geben der Schreibreflexion, der »unauffälligen Krankheit des Schreibens«, so etwas wie Halt. Das Fenster als Nahtstelle von Denken und Welt ist – wie das Gedicht – eine »künstliche Grenze, / die den Blick trennt von der Welt«. Der Weg in die Realität scheint für Krüger eine Art Mühe der Ebene zu sein. So entwickelt der Band *Aus der Ebene* (1982) eine »Poetik des Mangels«. Der Imperativ »sei der Verirrte / in den unerforschten Regionen des Landes« wird konterkariert durch die Aufforderung »Geh stolz hinaus in dieses stumme Vaterland« (*Zur deutschen Frage*). Aber diese – auch bei anderen Autoren zu beobachtende – Annäherung an das nationale Thema hebt die existenzielle Heimatlosigkeit nicht auf. Diesen Zirkel erheben die in Rom geschriebenen *Wiederholungen* (1983) zum Thema.

Der Band *Die Dronte* (1985) sucht die verlorene Natur unter dem Bild einer ausgestorbenen Spezies, des Vogels Dronte, und beschwört das Eingedenken als die eigentliche poetische Wahrnehmung: »Die Dronte wird von der Geschichte / zum Schweigen gebracht, sie konnte / nicht fliegen. Nur ihr Name / wurde gerettet vor Zeit und Tod, / ihren zukünftigen Feinden.«

Nach einigen kleinen bibliophilen Lyrikbänden – *Lidas Taschenmuseum* (1981), *Stimmen* (1983),

Zoo (1986) – und den »Tagebuchgedichten« der *Idyllen und Illusionen* (1989) zeigen die Gedichte der Neunzigerjahre den Lyriker Krüger entspannter und wieder stärker auf Tradition bezogen. Kurt Drawert – im Nachwort zu *Archive des Zweifels* (2001), »Gedichten aus drei Jahrzehnten« – hat eine Entwicklung »vom Parlando über die Lakonik zur Souveränität des poetischen Bildes« konstatiert und als Gemeinsames von Krügers Lyrik festgehalten, dass sie »eines aber beibehält: von Zeit zu sprechen; von der privaten Zeit, die zur historischen wird; und von der historischen Zeit, die im Privaten ihre Entsprechungen findet«.

Deutlich später als der Lyriker betritt der Erzähler Michael Krüger die literarische Szene, nämlich mit *Was tun? Eine altmodische Geschichte* (1984), einer satirisch angelegten Erzählung von einem Intellektuellen, der an mehreren Liebesbeziehungen scheitert. Auch der Chinareisende in *Warum Peking? Eine chinesische Geschichte* (1986) repräsentiert eine Figur der intellektuellen Zirkulationssphäre. Beim Verlust von Pass und Vortragsmanuskript kippt die Balance des Protagonisten in eine slapstickhafte Komik um. *Wieso ich? Eine deutsche Geschichte* (1987) setzt das Erzählprojekt über den Typus des weltfremden, lebensuntüchtigen Subjekts fort. Der Assistent eines Insektenforschers, der am Grab seiner Mutter die Beerdigungsrede halten soll, läuft schließlich einfach davon, um die gar nicht ausgearbeitete Rede nicht halten zu müssen.

Die Neunzigerjahre eröffnet der Erzähler Krüger mit einer weiteren Trias von Prosaarbeiten: *Das Ende des Romans. Eine Novelle* (1990), *Der Mann im Turm* (1991) und dem Roman *Himmelfarb* (1993). Der erste Text satirisiert die Klischee gewordene These vom »Ende des Romans«: Der Schriftsteller, dem zum Ende seines Riesenwerks noch der Schlusssatz mit dem Selbstmord des Helden fehlt, vernichtet Kapitel um Kapitel, während er das Erzählte noch einmal Revue passieren lässt. Der Mann im Turm, ein Landschaftsmaler, überwindet durch turbulente Erlebnisse seine künstlerische Krise, freilich unter Preisgabe des symbolisch gemeinten Turms, der ihm abbrennt. Der Reiseschriftsteller Richard in *Himmelfarb* wird mit seiner Lebenslüge konfrontiert: Das unter seinem Namen publizierte »Hauptwerk« ist das geistige Eigentum des emigrierten galizischen Juden Himmelfarb. Krüger karikiert im Gefühlskitsch des Erzählers die deutsche Unfähigkeit zur Wahrheit, zu Schuld und Buße.

Nach *Aus dem Leben eines Erfolgsschriftstellers* (1998), satirisch getönten Arbeiten über Kunst-, Literatur- und Wissenschaftsbetrieb, setzt der Erzähler Krüger offenbar zu einem neuen Erzählprojekt an. In dem facettenreichen Roman *Die Cellospielerin* (2000) ist der Held ein Komponist, der mehr oder minder aussichtsreich am Projekt einer Mandelstam-Oper laboriert und durch Judit, die Tochter einer Budapester Ex-Freundin, aus der Bahn zu geraten droht. Sein Scheitern ist nicht zuletzt ein Reflex der Historie des 20. Jahrhunderts. *Das falsche Haus* (2002) operiert novellistisch bravourös mit dem Zufall: Auf dem Hemd eines Journalisten landet der Ball eines Jungen und hinterlässt einen Fleck. Der Protagonist folgt der Einladung der Mutter des Jungen in das »falsche Haus« und wird Zeuge der Verstrickungen, in die Mutter und Sohn verwickelt werden. »Wir müssen den Zufällen unseres Lebens hinterherlaufen. Wir können uns nicht mehr auf ein statisches Leben einstellen«, lautet die Selbstdeutung des Autors. Michael Krüger ist ein Schriftsteller, der das Problem unserer fehlenden Kontingenzen untersucht und die Rolle, die der Künstler in einer Welt ohne Kontingenz spielen kann.

Harald Hartung

Werke: *»Die Diagonale«*, Mit-Hg., Bln. 1966–1969; *»Tintenfisch«*, Hg., zus. m. Klaus Wagenbach, Bln. 1968 ff.; *Die Blume Wiederkehr. Eine Auswahl neuer tschechoslowakischer Lyrik*, Mü. 1969; *Kommt, Kinder, wischt die Augen aus, es gibt hier was zu sehen. Die schönsten deutschen Kindergedichte*, Hg., zus. m. Herbert Heckmann, Mü. 1974; *Bram Stoker: Das Haus des Grafen Dracula*, Hg., Zür. 1974; *Deutsch für Deutsche*, Schpl., zus. m. Ludwig Harig, Bln. 1975; *Sheridan Le Fanu: Onkel Silas oder Das verhängnisvolle Erbe*, Übs., Mü. 1975; *Reginapoly*, G., Mü. 1976; *Was hat alles Platz in einem Gedicht? Aufsätze zur deutschen Lyrik seit 1965*, Hg., zus. m. Hans Bender, Mü. 1977; *Diderots Katze*, G., Mü. 1978; *Der Maler Hans Dahlem*, Hg., zus. m. Ludwig Harig, Saarbr. 1978; *Günter Bruno Fuchs: Gesammelte Fibelgeschichten und letzte Gedichte: Erinnerung an Naumburg*, Hg., Mü. 1978; *Kunert lesen*, Hg., Mü. 1979; *Nekrologe*, G., Pforzheim 1979; *Vaterland – Muttersprache*, Hg., zus. m. Klaus Wagenbach u. Winfried Stephan, Bln. 1979; *Bienek lesen*, Hg., Mü. 1980; *Lidas Taschenmuseum*, G., Pfaffenweiler 1981; *Aus der Ebene*, G., Mü., Wien 1982; *Stimmen*, G., Pfaffenweiler 1983; *Wiederholungen*, G., Bln. 1983; *Was tun? Eine altmodische Geschichte*, Bln. 1984; *Günter Bruno Fuchs: Gemütlich summt das Vaterland*, Hg., Mü. 1984; *Die Dronte*, G., Mü. 1985; *Warum Peking? Eine chinesische Geschichte*, Bln. 1986; *Zoo*, G., Pfaffenweiler 1986; *David Rokeah: Nicht Tag, nicht Nacht*, Hg., Ffm. 1986; *Welt unter Glas*, G., Stg. 1986; *Wieso ich? Eine deutsche Geschichte*, Bln. 1987; *Henri Michaux: Bilder*,

Aquarelle, Zeichnungen, Gedichte, Aphorismen 1942–1984, Hg., zus. m. Fred Jahn, Mü. 1987; *Z. Herbert: Das Land, nach dem ich mich sehne,* Hg., 1987; *Cesare Pavese: Sämtliche Gedichte,* Übs., zus. mit Dagmar Leupold u. Urs Oberlin, Düsseld. 1988; *Idyllen und Illusionen. Tagebuchgedichte,* Bln. 1989; *Hinter der Grenze,* G., Pfaffenweiler 1990; *Das Ende des Romans,* N., Salzb. 1990; *Ein Mann im Turm,* R., Salzb. 1991; *Brief nach Hause,* G., Salzb. 1993; *Himmelfarb,* R., Salzb. 1993; *Nachts, unter Bäumen,* G., Salzb. 1998; *Walter Höllerer: Zurufe, Widerspiele,* Mit-Hg., Bln. 1993; *Fünfzig Gedichte,* Ffm. 1993; *Petra Mathers: Victor und Cristabel,* Übs., Mü. 1995; *Aus dem Leben eines Erfolgsschriftstellers,* En., Zür. 1998; *Das Schaf im Schafspelz und andere Satiren aus der Bücherwelt,* Zür. 2000; *Die Cellospielerin,* R., Ffm. 2000; *Archive des Zweifels. Gedichte aus drei Jahrzehnten,* hg. v. Kurt Drawert, Ffm. 2001; *Keiner weiß es besser als der Mond,* zus. m. Quint Buchholz, Mü. 2001; *Das falsche Haus,* N., Ffm. 2002.

Krusche, Dietrich, wurde am 25. 1. 1935 in Rippin bei Lodz im heutigen Polen geboren und wurde 1945 mit seiner Familie aus der Heimat vertrieben. Nach dem Krieg legte er sein Abitur in Nürnberg ab, wurde nach dem Studium unter anderem Lektor an Universitäten in Sri Lanka und Japan, Lehrer und Universitätsprofessor; Mitglied der Bayerischen Akademie der Schönen Künste; zuletzt war er Professor für interkulturelle Literaturvermittlung und Hermeneutik an der Universität München, ehe er sich in ein kleines Dorf in der Provence zurückzog.

Dieses Unterwegssein, das Führen einer Existenz in der Fremde ist nicht durchgängig von Freiwilligkeit gekennzeichnet, im Gegenteil: die Vertreibung aus Lodz erweist sich als lebens- und damit auch literaturbestimmende Station Dietrich Krusches: »Meine Vorstellung von Aufbruch ist durch einen eisigen Wintermorgen des Jahres 1945 bestimmt.« Dieser findet sich in dem Essay-Band *Reisen* (1994); der Untertitel *Verabredung mit der Fremde* suggeriert wohl ein sehr starkes Einlassen auf diese Fremde (ein Buch über *Japan. Konkrete Fremde* 1983, die Herausgabe eines Bandes *Haiku – Japanische Gedichte* 1994 führen beredte Sprache darüber), dennoch muss der erste Aufbruch, die Vertreibung, die nicht nur eine Vertreibung aus der Kindheit, sondern auch eine aus der Heimat war, als traumatische Erfahrung verarbeitet werden: in dem Roman *Stimmen im Rücken* (1994). In einer dreifachen Bewegung geht der Roman auf die Suche nach den Stimmen im Rücken, nach der Vergangenheit: der Sterbeort des Bruders, der zugleich zum eigenen Geburtsort wird, die Großfamilie des Vaters bei Lodz und schließlich die Flucht im Jahre 1945. Die Erinnerung wird in einer Dialektik des Erzählens zwischen dem Erwachsenen der Jetzt-Zeit und dem gewesenen Kind ermittelt. Krusche war sieben Jahre alt, als sein Vater ertrank, Superintendent einer halb polnischen, halb deutschen Kirche, der sich nicht gescheut hatte, sich mit dem nationalsozialistischen Generalgouverneur Hans Frank anzulegen, damit dieser die polnischen Geistlichen wieder freilasse. Von den Polen wurde der Tod seines Vaters als politischer Mord gedeutet – dass Vorgänge vor allem auch aus ethnisch unterschiedlicher Perspektive divergent interpretiert werden können, wird dem Wissenschaftler und Schriftsteller Krusche als lebenslange erkenntnistheoretische Grundierung anhaften.

Fremdheitserfahrungen in menschlicher Interaktion und Kommunikation sind zentrale Themen Krusches: des Schriftstellers Krusche in Romanen wie *Obenauf* (1974), *Kienspan steht auf* (1980) oder Gedichtbänden wie *Verzögerte Geburt* (1982), *Klatschen mit einer Hand* (1990) ebenso wie des Wissenschaftlers Krusche mit Arbeiten über Kafka, über Japan als Kulturraum und vor allem über die spezifisch japanische Gattung der Lyrik, das Haiku, von dem er eine Auswahl als Herausgeber auswählt und kommentiert. Die Affinität zum Haiku als lyrische Form spiegelt Krusches eigene poetologische Position wider: »Wenn das Haiku heute zur erfolgreichsten lyrischen Gattung der Weltliteratur geworden ist, so hat das mit dem Reise-Leben Bashos zu tun: Das Reisen verhalf ihm dazu, alles Wichtige bei sich zu haben, gebündelt im Hier und Jetzt.« In dem Gedicht *Heimkehr* aus *Klatschen mit einer Hand* spielt Krusche auf die odysseeische Begegnung mit dem Hund an: »Vielleicht / erkennt mich der eine Hund.« Er selbst fiele bei Homer unter die Kategorie der »Vielgewandten«, und wenn ein Vielgewandter »mit einer Hand klatscht«, entfallen ihm Bilder aus New Orleans, aus New York, von Jerusalem, auch Chiang Mai und Djakarta und vom Schuttberg in München: immer unterwegs, immer in Bewegung – »nur schnell jetzt schnell«.

Dietrich Krusche geht in seinen wissenschaftlichen wie poetischen Arbeiten von der Sprachtheorie Karl Bühlers aus, wie sie der Wiener Psycholinguist 1934 im Rückgriff auf Kant entwickelt hat. Von Harald Weinrich fortgeführt, bietet dieses Modell ein Analyseinstrument an, das nicht vorgibt, den literarischen Text zu interpretieren, das aber die »sinnlichen Gewissheiten« bei der Lektüre nachzeichnet, die sich für alle Leser eindeutig und verbindlich daraus ergeben. Der Leser hat nur das Buch, nur sein eigenes Verhältnis zum Text kann er befragen, nicht das zwischen Text und Autor. In den Schlussfolgerungen, die Krusche daraus zieht (zusammengefasst in dem Band *zeigen im text. anschauliche orientierung in literarischen modellen von welt*, 2001), unterscheidet er zwei Diskurs-Anteile, die verschiedenen kommunikativen Bedingungen unterliegen. Da ist zum einen der analytische Anteil, der eine genaue Einsicht in die Setzung von relationalen Positionen und die Eröffnungen von Orientierungsräumen ermöglicht. Sobald der Leser aber den Text auf seinen eigenen biografischen Hintergrund hin rezipiert, führt dieser Text zu »Bedeutungen«, die individuell geprägt sind.

Der Problematik, immer das Eigene in das Fremde mitzunehmen, kann nur entgehen, wer seine Wahrnehmung in die Felder des Symbols, der Bedeutung und der sprachlichen Organisierung zu transferieren und solchermaßen zu differenzieren vermag, und damit die Bedingungen seiner Rezeption reflektiert. Der Erzähler Krusche muss sich von daher immer fragen, was er als Erzähler weiß, über die Welt, über seine Figuren, und das, was er nicht wissen kann. Krusche will keinen Satz schreiben, in dem er das Bewusstsein eines anderen einnehmen müsste. Aufgrund dieses Verzichtes ergibt sich erzählerisch eine gewisse Reduktion des Inventars. Nur noch was die Figur selbst erlebt, wird erzählt.

In die Praxis seines Schreibens setzt sich seine Theorie in dem Roman *Himalaya* (1998) schon mit dem ersten Satz um: »Was John angeht, weiß ich gar nichts.« Es bleibt bei Annäherungen, Mutmaßungen, subjektiven Überlegungen. Was immer erzählt wird, es entsteht unter »Wissensentzug«. Ebenso wie in dem Roman *Himalaya* wird in dem Roman *Das Haus im Haus* (2002) die Problematik der eigenen Innerlichkeit herausverlagert, die individuelle Befindlichkeit wird in das soziale Beziehungsgefüge eingefügt. Japan gerät nach Frankreich, Kyoto an den Fuß der Alpen. Am Rande eines Dorfes in der Provence leben der Erzähler und der Japaner Yukio Ogawa als Nachbarn beieinander. Sie kennen sich aus der Zeit, als der Erzähler an einer japanischen Universität unterrichtete. Wie Yukio Goethes *Iphigenie* ins Japanische übertragen hat, so haben er und seine Frau Yoko im Gegenzug ein japanisches Haus in die Provence mitgebracht. Yukio ist selbst zwischen die Kulturen geraten, doch ist er entschlossen, nicht zwischen »Goetheland« und Japan verloren zu gehen, sondern seine Chance in den Möglichkeiten zu suchen, die der dritte Ort bietet: »das Haus im Haus«. Es stellt eine Raumerfahrung dar, die teilt, das Innere und das Äußere bilden ein inhomogenes Milieu. Auch wenn am Schluss des Romans die äußere Trennung als Abschied bevorsteht. Auf dem Schreibtisch bleibt »der kleine Buddha«.

Gerd Holzheimer

Werke: *Das Experiment, oder: Die Fahrt nach Hammerfest*, R., Mü. 1961; *Haiku – Bedingungen einer lyrischen Gattung*, Mü. 1970; *Obenauf. Beschreibung einer Situation*, R., Mü. 1974; *Das Ruder auf dem Dach*, G., Stg. 1979; *Der Fisch im Sand*, En., Mü. 1980; *Kienspan steht auf*, R., Stg. 1980; *Verzögerte Geburt*, G., Stg. 1982; *Japan. Konkrete Fremde. Zur Hermeneutik kulturräumlicher Distanz*, Mü. 1983; *Klatschen mit einer Hand*, G., Mü. 1990; *Reisen. Verabredung mit der Fremde*, Ess., Mü. 1994; *Stimmen im Rücken*, R., Mü. 1994; *Besuch bei Galilei. Die Eroberung Japans von den Bergen aus*, Theaterst., Mü. 1995; *Himalaya*, R., Mü. 1998; *zeigen im text. anschauliche orientierung in literarischen modellen von welt*, Ess., Würzb. 2001; *Das Haus im Haus*, R., Mü. 2001.

Krüss, James [Jacob Hinrich] (Pseud.: Markus Polder, Felix Ritter), kam am 31. 5. 1926 auf Helgoland zur Welt. Die Inselwelt mit viel Wasser, Wind und Sand prägte seine Jugend und machte ihn zu einem lebenslang überzeugten Insulaner. Im Sommer 1944 wurde er als Soldat zur Luftwaffe einberufen. Nach der Kapitulation 1945 machte er sich zu Fuß und per Rad von Böhmen auf den Weg nach Hamburg. Helgoland war als Kriegsfolge unbewohnbar. 1946 erschien sein erstes Buch mit vier Legenden *Der goldene Faden* in Hamburg. 1948 absolvierte James Krüss sein Examen als Volksschullehrer. Allerdings übte er seinen erlernten Beruf nie aus. Zunächst gründete er die Zeitschrift »Helgoland« für die von ihrer Insel evakuierten Helgoländer, dann zog es ihn in den Süden. 1949 siedelte er sich in Lochham bei München an. In der bayerischen Landeshauptstadt lernte er Erich Kästner kennen und arbeitete dessen *Konferenz der Tiere* in ein Hörspiel um. Diesem ersten Erfolg folgten viele Kinderhörspiele; nach und nach für alle deutschen, später auch für viele europäische Sender. Ab 1951 schrieb Krüss zudem regelmäßig für »Die Neue Zeitung« und die »Süddeutsche Zeitung« Kindergedichte. 1966 hatte er endgültig genug vom Festlandsdasein und zog nach Gran Canaria um, wo er bis zu seinem Tod am 2. 8. 1997 lebte.

1953 kam sein erstes Bilderbuch *Hanselmann reist um die Welt* auf den Markt. Krüss war ungeheuer produktiv, Schlag auf Schlag folgten weitere Bilderbücher und 1956 sein erstes Kinderbuch *Der Leuchtturm auf den Hummerklippen*. Insgesamt gibt es von ihm ungefähr 700 Bücher in verschiedenen Sprachen, zudem Lieder, Singspiele, Theaterstücke, Hörspiele, Fernsehsendungen und -serien. Krüss' Werke wurden in mehr als 40 Sprachen übersetzt. Bereits 1960 erhielt er den Deutschen Jugendbuchpreis für das Kinderbuch *Mein Urgroßvater und ich*, zahlreiche weitere Auszeichnungen folgten, darunter mehrfach nochmals der Deutsche Jugendbuchpreis und der Internationale Jugendbuchpreis, die Hans-Christian Andersen-Medaille, auch für sein Gesamtwerk. Außerdem wurde ihm der Marburger Literaturpreis und der Große Preis der Deutschen Akademie für Kinder- und Jugendliteratur zuerkannt. James Krüss war Ehrenbürger der Gemeinde Helgoland und Träger des Bundesverdienstkreuzes Erster Klasse. Bisher gibt es fünf Schulen in Deutschland, die seinen Namen tragen. Seine Erbengemeinschaft schenkte den literarischen Nachlass der Internationalen Jugendbibliothek in München, die 2001 anlässlich seines 75. Geburtstages den James-Krüss-Turm auf Schloss Blutenburg einweihte, wo u.a. Originalausgaben, Manuskripte, Illustrationen und Buchentwürfe sowie Korrespondenz mit befreundeten Künstlern ausgestellt bzw. einsehbar sind.

»Haltet die Uhren an, vergeßt die Zeit. Ich will euch eine Geschichte erzählen«, so beginnt James Krüss den Zyklus *Geschichten der 101 Tage* aus seinen bekanntesten Romanen, und dieses Motto könnte man über sein gesamtes Werk stellen. Die Lust am Fabulieren und der Spaß am Reimen sind seine Basis. 1957 erscheint sein erfolgreichstes Bilderbuch *Henriette Bimmelbahn*. Der Band über die spontane, freundliche und gemütliche Bimmelbahn, die sich an keinen Fahrplan hält, sondern auf die Menschen eingeht, hat sich mehr als 3,5 Millionen Mal verkauft. Der Bilderbuch-Klassiker erfreut sich wegen seiner musikalischen Verse bis heute ungebrochener Beliebtheit. Es ist James Krüss immer wieder gelungen, moralische Geschichten ohne den pädagogischen Zeigefinger zu erzählen. Seine Utopie ist eine friedliche Welt, in der die Menschen einander zuhören und verstehen. In seinen Büchern belebt er immer wieder gerne eine ganz reale Umgebung mit einigen Fantasiegestalten. In *Leuchtturm auf den Hummerklippen* erzählt die Möwe Alexandra (alle anderen Möwen heißen ja Emma) ihrem Freund, dem Leuchtturmwärter, genauso gerne Geschichten wie er ihr. Und in *Die glücklichen Inseln hinter dem Winde* (1958) berichtet der Kapitän Madirankowitsch von seiner Reise zu einer Inselgruppe, wo alle Tiere sprechen können und auch sonst eine traumhafte Harmonie und Fantastik herrscht. Dort ist ein Spaziergang auf dem Meeresboden kein Problem, und Raubkatzen sind freundliche Zeitgenossen, die gerne plaudern. Kein Wunder also, dass die Bewohner sich gegenseitig ständig einen glücklichen Tag wünschen, und in diesem utopischen Staatswesen Gewalt gänzlich unbekannt ist.

Inseln haben Krüss immer wieder inspiriert, ob nun die Kanaren wie in *Paquito* (1978) und *Amadito* (1980) oder seine Heimat Helgoland. In *Der Urgroßvater und ich* (1959) schmiedet ein Junge, der kleine Boy, kräftig Verse mit seinem Großvater. Da inspiriert ein Wort oder das ganze ABC die beiden zu Gedichten, und sie sind vom gemeinsamen Dichten gleich begeistert wie vom wechselseitigen Zuhören.

James Krüss motiviert seine jungen Leser mit viel Sprachgefühl und Humor dazu, selbst mit den Worten zu jonglieren und den Spaß beim Erzählen wie beim Schreiben zu entdecken. In seinen frühen Werken dominiert die Freude an den Sprachspielen, an fantasievoller Hinterfragung von Rollen und Normen, am puren Nonsens. Ab den Sechzigerjahren werden seine Bücher gesellschaftskritischer, was besonders für seine populären und mehrfach verfilmten *Timm-Thaler*-Romane (1962 und 1978) gilt. Timm hat ein wunderbares Lachen, das alle ansteckt, aber auch Begehrlichkeiten weckt. Der Teufel alias Baron Lefuet kauft es ihm ab, und der Junge merkt, dass das Leben ohne Lachen keinen Spaß macht. Zur echten Menschlichkeit gehört der Humor, der mehr wert ist als alles Geld der Welt, deswegen macht sich Timm auf, um sein Lachen zurückzugewinnen. Krüss prangerte Profitgier und Umweltzerstörung in den Industriestaaten zunehmend an, aber als echter Strandgänger bewahrte er möglichst viel vom Kind in sich und ließ sich die Freude an Sprachspielen und am Erzählen nicht nehmen, denn wie er selbst schrieb: »Die Kindheit dauert tausend Jahre, das Altern aber währt nur einen Augenblick.«

Andrea Naica-Loebell

Werke: *Der goldene Faden. Vier Legenden*, Hbg. 1946; *Hanselmann reist um die Welt*, Bilderb., Illustr. v. Katharina Maillard, Oldenb. 1953; *Die Hundefarm von Pudelslust*, Bilderb., Illustr. v. Liselotte Mende-Neupert, Oldenb. 1954; *Hanselmann hat große Pläne*, Bilderb., Illustr. v. Katharina Maillard, Oldenb. 1954; *Christoffel und sein Schimmelchen*, Bilderb., Illustr. v. Irene Schreiber, Oldenb. 1956; *Der Leuchtturm auf den Hummerklippen*, Kinderb., Illustr. v. Jutta Benecke-Eberle, Hbg. 1956; *Henriette Bimmelbahn*, Bilderb., Illustr. v. Lisl Stich, Bln. 1957; *Kinder, heut ist Wochenmarkt*, Bilderb., Illustr. v. Katharina Maillard, Oldenb. 1957; *Ladislaus und Annabella*, Bilderb., Illustr. v. Beatrice Braun-Fock, Mü. 1957; *Schimmel angespannt – fahren wir aufs Land*, Bilderb., Illustr. v. Irene Schreiber, Oldenb. 1957; *Susebilles große Reise*, Bilderb., Illustr. v. Ingrid u. Peter Paxmann, Oldenb. 1957; *Der blaue Autobus*, Bilderb., Illustr. v. Lisl Stich, Bln. 1958; *Die glücklichen Inseln hinter dem Winde. Bd. 1*, Kinderb., Illustr. v. Eberhard Binder-Staßfurt, Bln. 1958; *Der Leierkasten-Jan aus Amsterdam*, Bilderb., Illustr. v. Waltraude Macke-Brüggemann, Mü. 1958; *Spatzenlügen*, Gedichtsammlung für Kinder, Illustr. v. Elisabeth Shaw, Mü. 1958; *Das verzauberte Dorf*, Bilderb., Illustr. v. Beatrice Braun-Fock, Oldenb. 1958; *Zirkuszelt – Wunderwelt*, Bilderb., Illustr. v. Katharina Maillard, Oldenb. 1958; *Mies Bouhuys: Der treue Schimmel*, Übs., Bilderb., Illustr. v. Eva Huysmans, Stg. 1958; *Abc, Abc, Arche Noah sticht in See*, Bilderb., Illustr. v. Beatrice Braun-Fock, Mü. 1959; *Es war einmal ein Mann*, Bilderb., Illustr. v. Hilde Hoffmann, Mü. 1959; *Der kleine Doppeldecker*, Bilderb., Illustr. v. Lisl Stich, Stg. 1959; *Die kleine gelbe Straßenbahn*, Bilderb., Illustr. v. Käte Schulze, Ost-B. 1959; *Mark Twain: Die Eine-Million-Pfund-Note*, Hg. u. Bearb., Illust. v. Lea Auvo, Mü. 1959; *Mein Urgroßvater und ich*, Kinderb., Illustr. v. Jochen Bartsch, Hbg. 1959; *So viele Tage wie das Jahr hat. 365 Gedichte für Kinder und Kenner*, Hg., Illustr. v. Eberhard Binder-Staßfurt, Gütersl. 1959; *Der Wunderteppich*, Bilderb., Illustr. v. Georg Lenzen, Gütersl. 1959; *Frosch und Vogel, Huhn und Hahn*, Bilderb., Illustr. v. Marlenka Stupica, Ljubljana 1960; *Die glücklichen Inseln hinter dem Winde, Bd. 2*, Kinderb., Illustr. v. Eberhard Binder-Staßfurt, Hbg. 1960; *Eine lustige Froschreise*, Bilderb., Illustr. v. Lisl Stich, Stuttgart 1960; *Der Reisepudel Archibald*, Bilderb., Illustr. v. Erich Hólle, Stg. 1960; *Der Schrank*, E., in: *Geschichten von gestern und heute*, Bln. 1960; *Ich bin noch klein*, Übs., Kinderreime aus dem Slowenischen, Illustr. v. Marlenka Stupica, Ljubljana 1960; *Robert Louis Stevenson: Im Versgarten*, Übs., Kinderb., Illustr. v. Alice u. Martin Povensen, Ravensb. 1960; *Zbigniew Lengren: Schwarze, weiße und gestreifte Kinder*, Übs., Kinderb., Illustr. v. Zbigniew Lengren, Bln. 1960; *Emil und die drei Zwillinge*, Theaterst. nach Erich Kästner 1960, UA Mü. 1961; *Florentine und die Tauben*, Bd. 1, Kinderb., Illustr. v. Erika Meier-Albert, Mü 1961; *Fridolin Maus*, Foto-Bilderb., Fotos v. Louisa Stoeckicht, Gütersl. 1961; *Ich möchte einmal König sein*, Kinderb., Illustr. v. Dietrich Lange, Ravensb. 1961; *Michele Guck-Dich-Um*, Bilderb., Illustr. v. Enno di Majo, Mü. 1961; *Tetjus Timm*, Bilderb., Illustr. v. Peter Goettsche, Bln. 1961; *Der wohltemperierte Leierkasten*, Kinderb., Illustr. v. Eberhard Binder-Staßfurt, Gütersl. 1961; *Jan Brzechwa: Herr Doremi und seine sieben Töchter*, Übs., Bilderb., Illustr. v. Jan-Marcin Szancer, Ravensb. 1961; *Dugan Radovic: Sehr geehrte Kinder*, Übs., Kinderb., Illustr. v. Djorde Milanovic, Bln. 1961; *Annie M. G. Schmidt: Tapsi der Fuchs*, Übs., Foto-Bilderb., Fotos v. Louisa Stöckicht, Gütersl. 1961; *Ann H. Davidow: Wir zeichnen Tiere*, Übs., Bilderb., Illustr. v. Ann H. Davidow, Stg. 1961; *Die ersten Jahre*, Bilderb., Illustr. v. Ennio di Majo, Mü. o. J.; *Abdullah und die Datteldiebe*, Bilderb., Illustr. v. Lisl Stich, Stg. 1962; *Dschemal der Schornsteindieb*, Bilderb., Illustr. v. Peter Paxmann, Ravensb. 1962; *Florentine und die Krämerin*, Bd. 2, Kinderb., Illustr. v. Erika Meier-Albert, Mü. 1962; *Die kleinen Pferde heißen Fohlen*, Kinderb., Illustr. v. Margret Rettich, Hbg. 1962; *Die Sprechmaschine*, Kinderb., Illustr. v. Dietrich Lange, Ravensb. 1962; *Timm Thaler oder Das verkaufte Lachen*, Kinderb., Hbg. 1962; *Leo Lionni: Stück für Stück*, Übs., Bilderb., Illustr. v. Leo Lionni, Köln 1962; *Sunny B. Warner: Tobias und die große Tasche*, Übs., Kinderb., Illustr. v. Sunny B. Warner, Köln 1962; *Adler und Taube*, Kinderb., Illustr. v. M.-L. Pricken u. Stefan Lemke, Hbg. 1963; *3x3 an einem Tag*, Bilderb., Illustr. v. Eva Johanna Rubin, Mü. 1963; *Karlemann und Karoline*, Foto-Bilderb., Fotos v. Louisa Stoeckicht, Hanau 1963; *Die Kinderuhr. Bambino-Bilderbuch*, Illustr. v. Herbert Lentz, Mü. 1963; *Die Seefahrt nach Rio*, Bilderb., Illustr. v. Ulrik Schramm, Mü. 1963; *Zehn kleine Negerlein*, Bilderb., Illustr. v. Horst Lemke, Gütersl. 1963; *Der rote Läufer*, Hg., Bilderb., Illustr. v. Rex Parkin, Köln 1963; *Aliki: Die Geschichte von Hans Apfelkern*, Übs., E., Illustr. v. Aliki, Mü. 1963; *ABC und Fantasie*, Kinderb., Illustr. v. Erika Meier-Albert, Ravensb. 1964; *Annette mit und ohne Mast*, Kinderb., Illustr. v. Eberhard Binder-Staßfurt, Mü. 1964; *Hendrikje mit den Schärpen*, Bilderb., Illustr. v. Lisl Stich, Stg. 1964; *Pauline und der Prinz im Wind*, Kinderb., Illustr. v. Jochen Bartsch, Hbg. 1964; *Adolf Zäbransky: Das goldene Tor*, Übs., Kinderreime, Illustr. v. Adolf Zäbransky, Hanau a. M. 1964; *Leo Lionni: Swimmy*, Übs., Bilderb., Illustr. v. Leo Lionni, Köln 1964; *Auf sieben geschliffenen Kieseln*; Kinderb., Illustr. v. Gertraud Brylka, Hbg. 1965; *Fahre mit durchs Abc*, Bilderb., Illustr. v. Horst Lemke, Gütersl. 1965; *Die ganz besonders nette Straßenbahn*, Bilderb., Illustr. v. Lisl Stich, Stg. 1965; *Heimkehr aus dem Kriege. Idylle*, E., Mü. 1965; *Das Hemd des Glücklichen und andere Kinderhörspiele*, Illustr. v. Jochen Bartsch, Mü. 1965; *James Tierleben*, Kinderb., Illustr. v. Erika Meier-Albert, Mü. 1965; *Der kleine Leierkasten*; Kinderb., Illustr. v. Eberhard Binder-Staßfurt, Ravensb. 1965; *Sängerkrieg der Heidehasen und andere Kinderhörspiele*, Illustr. v. Jochen Bartsch, Mü. 1965; *Die Hirtenflöte. Europäische Volkslieder*, Hg. u. Übs., Illustr. v. Andreas Brylka, Mü. 1965; *Ela Peroci: Das Haus aus Klötzchen*; Übs., Bilderb., Illustr. v. Lidija Osterc, Mü. 1965; *Cliff Roberts: Der Punkt*, Übs., Bilderb., Illustr. v. Cliff Roberts, Hbg. 1965; *Ela Peroci: Die Pantoffelmieze*, Übs., Bilderb., Illustr. v. Ancka Gosnik-Godec, Mü. 1965; *Slodoban Petrovic: Mäuseweihnacht*, Übs., Bilderb., Illustr. v. Eberhard Binder-Staßfurt, Hbg. 1965; *Slobodan Petrovic: Wenn der Dezember naht*, Übs., Bilderb., Illustr. v. Eberhard Binder-Staßfurt, Hbg. 1965; *Gladys Williams: Semolina Seidenpfote*, Übs., Illustr. v. Ronald Ferns, Kinderb., Mü. 1965; *Du hast die ganze Welt zuhaus*, Bilderb., Illustr. v. Lea Auvo, Mü. 1966; *Lirum Larum Leierkasten*, Kinderb., Illustr. v. C. von Velsen, Hbg. 1966; *Das rote Auto und der Peter*, Bilderb., Illustr. v. Erich Hölle,

Stg. 1966; *Der Trommler und die Puppe*, Bilderb., Illustr. v. Eva Johanna Rubin, Mü. 1966; *Was sagt die Glucke zu den Küken?*, Bilderb., Illustr. v. Herbert Thiele, Stg. 1966; *Gladys Williams: Feuerwerk für Semolina Seidenpfote*, Übs., Illustr. v. Ronald Ferns, Kinderb., Mü. 1966; *Christa Bendova: Fidel Didel Geigenlieder*, Übs., Illustr. v. Mirko Hanak, Hanau 1966; *Jörgen Clevin: Jakob und Joachim*, Übs., Bilderb., Hbg. 1966; *Ludwig Bemelmans: Madeline*, Übs., Bilderb., Illustr. v. Ludwig Bemelmans, Ravensb. 1966; *Robert Louis Stevenson: Wenn ich schlafe, Wenn ich spiele, Wenn ich träume*, Übs. von 3 Bilderb., Hbg. 1966; *Der Dreckspatz und das Plappergänschen*, Bilderb., Illustr. v. Lisl Stich, Stg. 1967; *Mein Urgroßvater, die Helden und ich*, Kinderb., Illustr. v. Jochen Bartsch, Hbg. 1967; *Welches Tier hat sieben Meter Halsweh?*, Bilderb., Illustr. v. Erika Meier-Albert, Mü. 1967; *Phil Ressner: Der alte und der junge Bär*, Übs., Kinderb., Illustr. v. Crosby Bonsall, Hbg. 1967; *Kristina Brenkova: Die Sonne scheint, es regnet sehr*, Übs., Illustr. v. Marlenka Stubica, Mü. 1967; *Adelaide Holl: Die Tiere in der Regenpfütze*, Übs., Bilderb. Illustr. v. Roger Duvoisin, Stg. 1967; *Fran Milcinski: Die Zehnte*, Übs., Bilderb., Illustr. v. Lidija Osterc, Mü. 1967; *Jercy Ficowski: Kalenderreigen*, Übs., Bilderb., Mü. 1967; *Maurice Sendak: Max und der Löwe*, Übs, Kinderb., Illustr. v. Maurice Sendak, Hbg. 1967; *Kristina Brenkova: Schifflein auf dem blauen Meer*, Übs., Illustr. v. Marlenka Stubica, Mü. 1967; *Kristina Brenkova: Schirtel Schartel König Martel*, Übs., Illustr. v. Marlenka Stubica, Mü. 1967; *Bienchen, Trinchen, Karolinchen*, Kinderb., Illustr. v. Erika Witt, Stg. 1968; *Briefe an Pauline*, Kinderb., Illustr. v. James Krüss, Hbg. 1968; *Ein-, Eich- und Mondhorn*, Kinderb., Illustr. v. Jan Balet, Mü. 1968; *Grüß Gott, ich bin der Hansel*, Kinderb., Illustr. v. Erika Meier-Albert, Mü. u.a. 1968; *Hoppla und Hü. Sechs Gute-Nacht-Geschichten*, Bilderb., Illustr. v. Renate Schwarz, Ffm. 1968; *Was kleine Kinder gerne mögen*, Bilderb., Illustr. v. Edith Witt, Stg. 1968; *Polulangrische Lieder*, Hg. u. Illustr., Ahrensburg u. Paris 1968; *Jugoslawien. Bildband,* Hg., Fotos v. Toni Schneider u. Toso Dabac, Zür. 1968; *Gladys Williams: Ein Auto für Semolina Seidenpfote*, Übs., Illustr. v. Ronald Ferns, Kinderb., Mü. 1968; *Sebastian Lybeck: Der rote Zauberschlüssel*, Übs., Bilderb., Illustr. v. Hans Jorgen Toming, Mü. 1968; *Julian Tuwin: Lokomotive*, Übs., Kinderb., Illustr. v. Marcin Szancer, Mü. 1968; *Geraldine Richelson: Was ist ein Kind*, Übs., Bilderb., Illustr. v. John E. Johnson, Ravensb. 1968; *Gongo und seine Freunde, Bd. 1 u. 2 (Gongo geht in die Luft)*, Kinderb., Illustr. v. Erika Meier-Albert, Mü. 1969; *Ich wär so gerne Zoodirektor*, Bilderb., Illustr. v. Lisl Stich, Stg. 1969; *In Tante Julies Haus*, Kinderb., Illustr. v. Jochen Bartsch, Hbg. 1969; *Das Puppenfest*, Bilderb., Illustr. v. Edith Witt, Stg. 1969; *Der verwirrte Großpapa*, Bilderb., Illustr. v. Eberhard Binder-Staßfurt, Bln. 1969; *Naivität und Kunstverstand. Gedanken zur Kinderliteratur*, Weinh. u. Basel 1969; *Was kocht die Maus in ihrem Haus*, Übs., Illustr. v. Ludovic Fulla, Mü. 1969; *Ela Peroci: Hütchen, Hahn und Röschen*, Übs., Bilderb., Illustr. v. Lidija Osterc, Mü. 1969; *Jorgen Clevin: Wir kommen zur Schule*, Übs., Bilderb., Illustr. v. Jorgen Clevin, Hbg. 1969; *Anton und der Wal*, Bilderb., Illustr. v. Herbert Lentz, Gütersl. 1970; *Pan Tau und die Kinder im Schnee, Pan Tau und eine schöne Bescherung, Pan Tau, ein Junge und ein großer Dampfer*, alle nach dem gleichn. tschech. Fernsehfilm, Fotos v. Alena Cervena, Köln 1970; *Der Schneider und der Riese*, Bilderb., Illustr. v. Edith Witt, Stg. 1970; *Halfdan Rasmussen: Halfdans ABC von Anton bis Zebra ein ABECEDEBRA*, Übs, Illustr. v. Spang Olsen, Hbg. 1970; *1 x 1 = 1. Der Kasper fährt nach Mainz*, Bilderb., Illustr. v. Edith Witt, Stg. 1971; *Der musikalische Drache*, Bilderb., Illustr. v. Erika Meier-Albert, Gütersl. 1971; *Wer rief denn bloß die Feuerwehr?*, Bilderb., Illustr. v. Erika Meier-Albert, Stg. 1971; *Die kleine Windsbraut Edeltraut/Geschichten von ausländischen Autoren aus 14 Ländern*, Hg., Illustr. v. F. J. Tripp, Stg. 1971; *Pu, der Bär*, Übs. d. Musicals nach A. A. Milne, Mü. 1971; *Der A-B-Zoo Zeichenbuch. Buchstabenspiel in Versen und Bildern*, Bilderb., Illustr. v. James Krüss, Stg. 1972; *Die Abenteuer der Berta Besenbinder*, Bilderb., Illustr. v. Jochen Bartsch, Balve 1972; *Der Sängerkrieg der Heidehasen. Versepos*, Bilderb., Illustr. v. Herbert Lentz, Hbg. 1972; *Seht her, ich bin der Hansel*, Kinderb., Illustr. v. Edith Witt, Stg. 1972; *Seifenblasen zu verkaufen. Nonsens-Verse*, Hg., Kinderb., Illustr. v. Eberhard u. Elfriede Binder-Staßfurt, Gütersl. 1972; *Janet Burroway: Das Riesen-Marmeladenbrot*, Übs., Bilderb., Illustr. v. John Vernon Lord, Stg. 1972; *Ezra Jack Keats: Hallo, Katze*, Übs., Bilderb., Illustr. v. Ezra Jack Keats, Stg. 1972; *Ezra Jack Keats: Tierschau*, Übs., Bilderb., Illustr. v. Ezra Jack Keats, Stg. 1972; *Gianni Rodari: Kopfblumen. 7 x 7 Gedichte für Kinder*, Übs., Illustr. v. Eberhard Binder-Staßfurt, Bln. 1972; *Die Lügenuhr*, Schwank für Kinder, Mü: 1972; *Weinlaub und Purpur*, horazische Komödie, ungedr., keine Aufführung, 1972; *Das Buch der sieben Sachen*, Kinderb., Illustr. v. Ulrik Schramm, Mü. 1973; *Das gereimte Jahr*, Bilderb., Illustr. v. Edith Witt, Stg. 1973; *Geschichten aus allen Winden oder Sturm um Tante Julies Haus*, Kinderb., Illustr. v. Jochen Bartsch, Hbg. 1973; *Die Geschichte vom großen A*, Bilderb., Illustr. v. Eleonore Schmid, Stg. 1973; *Sandmännchen und die Tiere*, Bilderb., Illustr. v. Herbert K. Schulz, Stg. 1973; *Friesische Gedichte aus West-, Ost- u. Nordfriesland*, Übs. ins Hochdeutsche, Bremerhaven 1973; *Die Bremer Stadtmusikanten, in Verse gesetzt*, Bilderb., Illustr. v. S. de Horna, Esslingen 1974; *Flora biegt Balken*, Kinderb., Illustr. v. Friedrich Kohlsaat, Hbg. 1974; *Tantchen*, Bilderb., Illustr. v. Erika Meier-Albert, Stg. 1974; *Der kleine schwarze Weißfellkater*, Übs., Kinderb., Illustr. v. K. Palecec, Esslingen 1974; *Salko Hieda: Die Geschichte vom Birnbaum*, Übs., Bilderb., Illustr. v. Ivan Gantschev, Esslingen 1974; *John Vernon Lord: Herr Ellwein und die Rollschuhmaus*, Übs., Bilderb., Illustr. v. John Vernon Lord, Stg. 1974; *Reiko Okuda: Warum schließt die Schneiderei?*, Übs., Bilderb., Illustr. v. Reiko Okuda, Esslingen 1974; *Ergebner Diener, sprach der Fuchs*, Kinderb. mit Gustav Krklec, Illustr. v. Hermann Altenburger, Mü. 1975; *Der kleine Flax*, Kinderb., Illustr. v. Janosch, Hbg. 1975; *Mein Teddybär und ich*, Bilderb., Illustr. v. Edith Witt, Stg. 1975; *Michele Guck-Dich-Um*, Bilderb., Illustr. v. Edith Witt, Stg. 1975; *Wer versteckt sich da?*, Bilderb., Illustr. v. Herbert Lentz, Stg. 1975; *Das deutsche Lied in Modellen. Satiren*, Hbg. 1975; *Die Abenteuer des kleinen Elefanten Gongo*, Kinderb., Illustr. v. Erika Meier-Albert, Stg. 1976; *Es war mal eine Frau*, Bilderb., Illustr. v. Hilde Hoffmann, Stg. 1976;. *Es war einmal ein Kind*, Bilderb., Illustr. v. Hilde Hoffmann, Stg. 1976; *Der fliegende Teppich. Geschichten und Gedichte für 101 Tag*, Kinderb., Illustr. v. Rolf Rettich, Hbg. 1976; *Gongo und seine Freunde*, Bilderb., Illustr. v. Erika Meier-Albert, Stg. 1976; *Die Reise durch das A. Ein gereimtes Lexikon*, Kinderb., Illustr. v. Sibylle Feger, Hallein/Österreich 1976; *Der Rummelplatz geht an*, Bilderb., Illustr. v. Walter Grieder, Stg. 1976; *Das U-Boot Fritz*, Bilderb., Illustr. v. Aiga Rasch, Stg. 1976; *Der Sängerkrieg der Heidehasen*, Musical für Kinder, Musik: Christian Bruhn, Hbg. u. Mainz 1976; *Brian Wildsmith: Das Fest der Tiere*, Übs., Bilderb., Illustr. v. B. Wildsmith, Stg. 1976; *Gäste auf den Hummerklippen*, Kinderb., Illustr. v. Rolf Rettich, Hbg. 1977; *Pauline und ich*, Kinderb., Illustr. v. Aiga Rasch, Stg. 1977; *Der Sängerkrieg der Heidehasen und andere Spiele*, Kinderb., Illustr. v. Haidrun Gschwind, Mü. 1977; *Sommer auf den Hummerklippen*, Kinderb., Illustr. v. Rolf Rettich, Hbg. 1977; *Und weiter ist nichts los*, Bilderb., Illustr. v. Edith Witt, Stg. 1977; *Robinson und die Indianer. Die schönsten klassischen Kindergeschichten*, Hg., Illustr. v. Hugo Magnus, Mü. 1977; *Ein kleiner Mops mit Namen Meier. Kriminal-Bilderbuch mit Suchbildern*, Illustr. v. Erika Meier-Albert, Stg. 1978; *Paquito*, Kinderb., Illustr. v. Rolf Rettich, Hbg. 1978; *Timm Thalers Puppen*, Kinderb., Illustr. v. Rolf Rettich, Hbg. 1978; *Ulf Lötgren: Harle-Harle-Harlekin*, Übs., Kinderb., Illustr. v. Ulf Lötgren, Hbg. 1978; *William Steig: Bauer Schlauer fährt zur Stadt*, Übs., Kinderb., Illustr. v. William Steig, Stg. 1978; *Alle Kinder dieser Erde*, Kinderb., Illustr. v. Jörg Drühl, Mü. 1979; *Das neue Papageienbuch*, Kinderb., Illustr. v. Rolf Rettich, Stg. 1979; *Nicky und Nanettchen*, Kinderb., Illustr. v. Aiga Rasch, Mü. 1979; *Der Rummelplatz fängt an*, Bilderb., Illustr. v. Edith Witt, Stg. 1979; *Der Weihnachtspapagei*, Kinderb., Illustr. v. Horst Lemke, Mü. 1979; *Inselgeschichten*, Hg., Kinderb., Illustr. v. Günter Blum, Mü. 1979; *Amadito*, Kinderb., Illustr. v. Rolf Rettich, Hbg. 1980; *Das neue Papageienbuch*, Bd. 2, Kinderb., Illustr. v. Rolf Rettich, Stg. 1980; *Der Drachenturm*, Bilderb., Illustr. v. Eva Johanna Rubin, Hbg. 1981; *Die Fabeluhr*, Kinderb., Illustr. v. Ingrid Kellner, Mü. 1981; *Florian auf der Wolke*, Kinderb., Illustr. v. Hamburger Bilderbuchmacher, Hbg. 1981; *Das neue Papageienbuch*, Bd. 3 u. 4, Kinderb., Illustr. v. Rolf Rettich, Stg. 1981; *Vom schönen Tausend-Wünsche-Baum*, Bilderb., Illustr. v. Luba Koncekova-Vesela, Stg. 1981; *Wie macht man goldnen Apfelsaft?*, Bilderb., Illustr. v. Wolfgang Metzger, Stg. 1981; *Barbro Lindgren-Enskog: Mutters wildes Hänschen*, Übs., Illustr. v. Eva Eriksson, Hbg. 1981; *Signal Molly*, Kinderb., Illustr. v. Rolf Rettich, Hbg. 1982; *Der Zauberer Korinthe und andere Gedichte*, Kinderb., Illustr. v. Rolf Rettich, Hbg. 1982; *Freunde von den Hummerklippen*, Kinderb., Illustr. v. Rolf Rettich, Hbg. 1983; *Henriette Bimmelbahn, Auto, Flugzeug, Bus und Kahn – das große Reisebilderbuch*, Illustr. v. Petra Wiegand, Stg. 1983; *Meyers Buch vom Menschen und von seiner Erde*, Kinderb., Illustr. v. Hans Ibelshäuser u. Ernst Kahl, Mannh. 1983; *Barbro Lindgren-Enskog: Das wilde Hänschen fährt zur See*, Übs., Illustr. v. Eva Eriksson, Hbg. 1983; *Die Schiffbrüchigen oder die Fabelinsel*, Kinderb., Illustr. v. Eberhard Binder, Mü. 1984; *Weihnachten auf den Hummerklippen*, Kinderb., Illustr. v. Rolf Rettich, Hbg. 1984; *Von dazumal bis heutztage/Ein Hausbuch mit deutschen Geschichten und Versen*, Hg., Illustr. v. Eberhard Binder, Bln. 1984; *Abschied von den Hummerklippen*, Kinderb., Illustr. v. Rolf Rettich, Hbg. 1985; *Rose und Samuel Lagercrantz: Karlchen wär gern stark und groß*, Übs., Bilderb., Illustr. v. Eva Eriksson, Hbg. 1985; *Nele*, Kinderb., Illustr. v. Rolf Rettich, Hbg. 1986; *Die Straßenbahn zum Mond*, Kinderb., Illustr. v. Susanne Riha, Wien 1986; *Barbro Lindgren-Enskog: Das wilde Hänschen und sein Hund*, Übs. Bilderb., Illustr. v. Eva Eriksson, Hbg. 1986; *Maria Puncel/Vivi Escriva: Kirschen schmecken jedem gut*, Übs., Kinderb., Oberursel 1986; *Maria Puncel/Theo Puebla: Was wird aus Onkel Pedros Weide*, Übs., Kinderb., Oberursel 1986; *Rose und Samuel Lagercrantz: Karlchen zaubert Eins-Zwei-Drei*, Übs., Bilderb., Illustr. v. Eva Eriksson, Hbg. 1987; *Beim Milchmann gibt's kein Briefpapier*, Bilderb., Illustr. v. Edith Witt, Stg. 1988; *Glucke, Puppe, Kasper, Bär, Rummelplatz und Feuerwehr*, Bilderb., Illustr. v. Petra Wiegand, Stg. 1988; *Von Apfel bis Zylinder*, Bilderb., Illustr. v. Eberhard Binder, Reinbek 1988; *Der Wettstreit der Instrumente*, Bilderb., Illustr. v. Stanislav Skoda, Mü. 1988; *Der Harmlos – Frühe Jahre*, Autobiogr. R., Hbg. 1988; *Historie von der schönen Insel Helgoland*, Illustr. v. James Krüss, Ffm. 1988; *Maurice Careme: Die Sternenfee*, Übs., Kinderb., Illustr. v. Teo Rueblo, Oberursel 1988; *Bongos Abenteuer*, Kinderb., Illustr. v. Rosi Vogel, Stg. 1989; *Hans Naselang*, Bilderb., Illustr. v. Stasys Eidrigevicius, Zür. 1989; *Sonntagmorgengeschichten*, Kinderb., Illustr. v. Rosi Vogel, Stg./Wien 1989; *Die Bremer Stadtmusikanten*, Bilderb., Illustr. v. Kestutis Kasparavicius, Esslingen 1990; *Celloläut und Geigophon*, Liederbuch, Illustr. v. Annet Rudolph, Düsseld. 1990; *Der kleine und der große Kran*, Bilderb., Illustr. v. Erdmut Oelschlaeger, Bln. 1991; *Märchen*, Kinderb., Illustr. v. Rolf Rettich, Hbg. 1991; *Die Geschichte vom Huhn und vom Ei*, Bilderb., Illustr. v. Josef Palecek, Mü. 1992; *Hü und Hoppla*, Kinderb., Illustr. v. Rosi Vogel, Stg./Wien 1992; *Jeder hat den Flohmarkt gern*, Bilderb., Illustr. v. Hildegard Rost, Erlangen 1992; *Ein Fall für Mimi und Olli*, Kinderb., Illustr. v. Annette Bley, Stg./Wien 1993: *Die Reise ins Schlaraffenland*, Bilderb., Illustr. v. Erika Baarmann, Lpz. 1993; *Der Korngeist. Geschichten aus dem Wasaland*, Hg., Illustr. v. Jo Martin, Mü. 1993; *Timm Thaler*, Theaterst., Hbg. 1993; *Von Apfelbaum bis Zirkuszelt*, Bilderb., Illustr. v. Hans Ibelshäuser, Mannh. 1994; *Antony Lishak: Klicketi-Klick Klicketi-Klack. Was wird für das Kind in den Koffer gepackt?*, Übs., Bilderb., Illustr. v. Ian Penney, Freiburg/Br. 1994; *Die Insel Hammerbö*, Bilderb., Illustr. v. Josef Palecek, Lpz. 1995; *Jenny und Jonny auf Reisen*, Bilderb., Illustr. v. Ingrid Kesper, Kevelaer 1997; *Der Zauberer Korinthe*, Bilderb., Illustr. v. Andrea Hebrock, Hbg. 1997; *Die Weihnachtsmaus*, Kinderb.,

Illustr. v. Martina Mair, Hbg. 1998; *Wenn die Möpse Schnäpse trinken*, Bilderb., Illustr. v. Ole Könnecke, Hbg. 1998; *Im Krug zum Grünen Walfisch. Nebelgeschichten*, Kinderb., Illustr. v. Hauke Kock, Hbg. 1999; *Florentine und der Weltuntergang*, Bilderb., Illustr. v. Susanne Thurn, Hbg. 2000; *Der Garten des Herrn Ming*, Bilderb., Illustr. v. Kerstin Wichmann, Hbg. 2000; *Die Maus Kathrein*, Kinderb., Illustr. v. Martina Mair, Hbg. 2000; *Zu Land, in der Luft, auf dem Meer. James Krüss Lesebuch*, Kinderb., Illustr. v. Christine Brand, Hbg. 2000; *Phantastische Blätter*, G., Illustr. v. James Krüss, Mü. 2000; *Fischfasching*, Bilderb., Illustr. v. Kerstin Wichmann, Hbg. 2001; *Der kleine rosa Zeppelin*, Bilderb., Illustr. v. Sybille Hein, Hbg. 2001; *Die Maus und der Elephant*, Bilderb., Illustr. v. Harriet Russell, Hbg. 2001; *Münder, Münder, viele Münder*, Bilderb., Illustr. v. Frank Wowra, Hbg. 2001; *Die Schildkröte Pia Maria*, Bilderb., Illustr. v. Heike Vogel, Hbg. 2001; *Der verwandelte Schneemann*, Bilderb., Illustr. v. Katja Bandlow, Hbg. 2001; außerdem diverse Hörspiele, Singspiele und Hörbilder.

Kuckart, Judith, wurde am 17. 6. 1957 in Schwelm/Westfalen geboren. Sie studierte Literatur- und Theaterwissenschaft in Köln und Berlin und absolvierte eine Tanzausbildung in Düsseldorf und Essen. 1985 arbeitete sie am Choreographischen Theater Heidelberg unter Johann Kresnik. 1986 gründete sie das Tanztheater »Skoronel« in Berlin und richtete mit dieser Gruppe von 1986 bis 1998 17 Produktionen ein, u.a. in Koproduktion mit der Oper Wuppertal, der Oper Duisburg, dem Berliner Ensemble, dem Landestheater Tübingen und dem Teatro Vascello Rom. Von 1998 bis 2000 inszenierte sie am Stadttheater Baden-Baden. Judith Kuckar lebt als Schriftstellerin und Regisseurin in Zürich und Berlin. Ausgezeichnet wurde sie 1991 mit dem Rauriser Literaturpreis, 1993 mit einem Stipendium des Deutschen Literaturfonds, 1997 mit dem Amt der Stadtschreiberin in Rheinsberg, 1997/98 mit dem Stipendium der Villa Massimo in Rom, 2000 mit dem Stipendium der Villa Decius in Krakau und dem Stipendium der Villa Aurora in Los Angeles, 2002 mit einem Werkbeitrag der Stiftung Pro Helvetia.

»Wer erzählt, hat eine Frage«, heißt es in Judith Kuckarts viertem Roman *Lenas Liebe* (2002). Kuckarts Figuren haben viele Fragen und sind ständig auf der Suche nach Antworten, die sie aber nicht finden können. Immer wieder führen Obsessionen, meist erotischer Natur, zum Ausbruch aus erstarrten Lebenssituationen, zu radikalen Volten im Leben der Hauptfiguren. Auch wenn zeitgeschichtliche Themen und Motive wie Terrorismus und Nationalsozialismus die Folie für diese Suchbewegungen abgeben, so interessiert sich die Autorin doch in erster Linie für das Glück und die Liebe, für Hoffnungen und Fantasien im zwischenmenschlichen Bereich. Sie überlagert Biografien und führt Konfrontationen herbei, die ins Ungewisse führen.

In ihrem Romandebüt *Wahl der Waffen* (1990) liest Katia in einer französischen Zeitung, dass Jette, ihr ehemaliges Kindermädchen, im Libanon an der Seite der Palästinenser umgekommen ist. Sie versucht, Jettes Lebensspur zu verfolgen, ohne verwertbare Ergebnisse. Ihre eigene Fantasie beginnt die Leerstelle auszufüllen, das Phantom erhält Konturen, die Einfühlung in eine Person und ihre Wirklichkeit nimmt manische Züge an. Die Recherche mutiert zur Projektion, Klischees von der aus bürgerlichen Verhältnissen ausbrechenden Frau (»aus streng protestantischer Zucht«) besetzen pathetisch das unbekannte Profil der toten Frau. Lakonisch und szenisch beschreibt Kuckart kurze Szenen, die Rhythmik des Erzählens wird immer wieder gebrochen, verkürzt, kontrapunktiert. »Das hitzige politische Klima wird nicht erörtert, es findet sich in der Hast und Härte der Sprache, die hoch ansetzt, manchmal zu hoch, sodass sie abstürzt, bis ins Banale. Ein Tribut an den riskanten Versuch, der Größe des Themas und dem radikalen Pathos seiner Helden gerecht zu werden« (Monika Maron). Weniger positiv war die Resonanz auf ihren zweiten Roman *Die schöne Frau* (1994), in dem eine junge Dramaturgin Briefe der Mutter findet, aus denen hervorgeht, dass sie ein Kind des Lebensborn ist. Pornografische Fantasien kommen ins Spiel, vieles bleibt unbestimmt und ein »vages Stimmungsgemälde« (Hubert Winkels), eine vordergründig »politische Geschichte im erotischen Begründungszusammenhang« (Andrea Köhler).

Mit dem erfolgreichen Roman *Der Bibliothekar* (1998) inszenierte Kuckart ein erotisches Kammerspiel mit ungleicher Besetzung, »sie ein scharfes Messer, er ein verliebter Radiergummi«. Der Bibliothekar Hans-Ulrich stürzt sich, durch Lektüre animiert, ins wilde Leben und lernt in einer Berliner Stripteasebar die Tänzerin Jelena kennen. Eine anfänglich an den *Professor Unrat* von Heinrich Mann erinnernde Amour fou entspinnt sich, käufliche und verletzliche Liebe gehen vorübergehend eine fragile Liaison ein, »etwas ganz Physisches«. Der Bibliothekar gibt Bücher und Kakteen auf, trifft sich mit der erdbeerblonden Hure in einer schmierigen Absteige und hofft auf einen gemeinsamen Wechsel ins bürgerliche Milieu. Zwei unterschiedliche Temperamente verkeilen sich hoffnungslos ineinander; die mit einem Skorpion tätowierte Dame frisst den Kopf des Männchens auf, während dessen Unterleib noch heftig kopuliert. Am Ende steht ein mysteriöser Liebestod, der auch durch die spätere Nachforschung durch Hans-Ulrichs Töchter keine Aufklärung findet. Kuckart verzichtet auf psychologisierende Kommentare, lässt absichtlich Leerstellen frei und schreibt mit kühler Hand und energischem Rhythmus diese Passion zu Ende.

Lenas Liebe (2002) funktioniert wie ein Roadmovie deutscher Machart, denn die Reise geht nach Auschwitz und zurück. Drei Menschen suchen dabei Antworten auf ihre Lebensfragen: Dahlmanns Vater war Hundeführer im Lager und verschwand plötzlich, Ludwig war Lenas große Liebe, ließ sich zum Priester weihen und sucht nun wieder den Anschluss an die Wirklichkeit, und Lena mit der »Regenhaut« hat die Schauspielerei aufgegeben, ist in die Provinz zurückgekehrt, weiß nicht, was sie mit Ludwig anfangen soll, und geht vorerst mit einem jungen Fußballspieler »in die Verlängerung«. In diesem komplizierten, gebrochenen Text mit seinen scheinbar einfachen Sätzen wird viel gefragt, gesucht und versteckt; gezeigt werden einsame Menschen voller Angst und Zweifel auf der Suche nach einem Dasein, einer Liebe und einer Biografie, die sie nicht verheimlichen müssen.

Thomas Kraft

Werke: *Im Spiegel der Bäche finde ich mein Bild nicht mehr. Gratwanderung einer anderen Ästhetik der Dichterin Else Lasker-Schüler*, Ffm. 1985; *Eine Tanzwut. Das Tanztheater Skoronel*, Ffm. 1989; *Wahl der Waffen*, R., Ffm. 1990; *Die schöne Frau*, R., Ffm. 1994; *Last Minute Fräulein Dagny*, Theaterst., UA Magdeburg 1995; *Melancholie 1 oder Die zwei Schwestern*, Theaterst., UA Bln. 1996, Hsp., BR 2000; *Der Bibliothekar*, R., Ffm. 1998; *Sätze mit Datum*, zweispr. Ausg. (dt.-ital.), Zür. 1998, Hsp., SWR 2000; *Lenas Liebe*, R., Köln 2002; *Blaubart wartet*, Theaterst., UA Bln. 2002; *Die Autorenwitwe*, En., Köln 2003.

Kühn, August, wurde am 25. 9. 1936 im Münchner Westend geboren, einem Arbeiterstadtteil, in dem er immer wieder seine Texte verortete. Von 1939 bis 1945 hielt er sich mit seiner Mutter in der Schweiz auf. Kühn erlernte den Beruf eines Optikschleifers, war Reporter einer Münchner Boulevardzeitung, Kabarettist und Darsteller, Angestellter bei verschiedenen Firmen, zeitweise auch arbeitslos, zuletzt Teilinvalide infolge eines Arbeitsunfalls, schließlich Produzent von historischen Zinnfiguren und freier Autor, teils in München, teils auf einer Berghütte in Hinterwössen, unweit von Reit im Winkl im Chiemgau. August Kühn war Mitglied des deutschen P.E.N.-Zentrums und im »Werkkreis 70«. 1982 erhielt er den Ernst-Hoferichter-Preis der Landeshauptstadt München, 1983 den Lyrikpreis des Literarischen Monats Burghausen. August Kühn starb am 8. 2. 1996 in Hinterwössen.

Als erklärter »Arbeiterschriftsteller« setzte er sich zum Ziel, ein »Epos der kleinen Leute« zu schreiben, was ihm, zumindest vom Umfang seines Gesamtwerks her, auch gelang; auf jeden Fall betrieb er eine konsequente Geschichtsschreibung von unten und ging schon in der *Westend-Geschichte* (1972) mit dem Untertitel *Biografisches aus einem Münchner Arbeiterviertel* deutlich über die Ergebnisse des »Werkkreises Literatur der Arbeitswelt« hinaus. Kühn ergriff von Anfang an Partei für die Unterdrückten und Entrechteten, er eröffnete ihnen aus marxistischer Sicht eine Handlungs-Perspektive, doch blieb diese häufig eher plakativ, während die konkreten Möglichkeiten im Kontext tradierter Strategien der Arbeiterbewegung verharrten.

Am Ende der *Westend-Geschichte* heißt es: »Wir müssen wieder mehr Dinge selber in die Hand nehmen, so wie es unsere Großväter vor sechzig Jahren taten, als sie sich in der Genossenschaft zusammenschlossen und sich damit ihre Heimat schufen. Eine Heimat in der Großstadt, z. B. in München, in der Schwanthalerhöh, die amtlich auch Westend genannt wird.«

Auch im zweiten Roman *Eis am Stecken* (1974) wird die Geschichte eines einfachen Angestellten erzählt, Betriebsrat wie Kühn selbst, und Opfer eines ungeklärten Verkehrsunfalls, dessen Geschichte von einer Journalistin erzählt wird. Zunehmend bezieht Kühn in diesem Buch, mehr noch in den folgenden Romanen *Jahrgang 22* (1977) und seiner Fortsetzung *Fritz Wachsmuths Wanderjahre* (1978) zeitgeschichtliche Vorgänge mit ein, vor allem die Studentenbewegung im Gefolge des Jahres 1968. Das Bewusstsein der Arbeiter wird mit den theoretischen Positionen der Neuen Linken reflektiert, wobei Kühns Vision in die Richtung eines gegenseitigen Lernens zwischen Arbeitern und Studenten tendiert.

Zum Ziel seiner Kritik werden in Kühns Texten darüber hinaus die Zustände in Bayern, von ihm »Massbierien« genannt, mit einer Hauptstadt, die von Kühn als »die seichte Stelle an der Isar« bezeichnet wird. »Massbierien« ist das satirische »Lob eines trink- und sangesfreudigen Volkes«. In *Die Affären des Herrn Franz* (1979), dessen Held ein gewisser »Dr. h. c. Triumphator« mit unaufhaltsamem Zug zum Amt des Bundeskanzlers ist, wird der Leser aufgefordert, Vergleiche mit lebenden Personen zu ziehen. »Massbierische Volksparteiler« treiben ihr Unwesen, es gibt sogar eine »massbierisch monarchistische Volkspartei«, die staatstragende aber ist die »CSA«.

Kühns erfolgreichstes Werk blieb die 1975 erschienene Familienchronik *Zeit zum Aufstehn*; sie erreichte die stolze Auflage von weltweit zwei Millionen Exemplaren, wurde verfilmt und als »Buddenbrooks der Arbeiter« bezeichnet. In ihr sind zumindest in Teilen Quellen einer deutschen Sozialgeschichte aufbewahrt. Wenn etwas so scheinbar Banales wie ein Sonntagsausflug an den Starnberger See beschrieben ist, wird am Beispiel, wie das Brotzeitpaket einer Arbeiterfamilie aussieht, die nicht mit dem Auto, sondern mit dem Zug hinausfährt, ein Stück Alltagsgeschichte deutlich: »Ein halber Wecken Brot in Scheiben geschnitten, eine Portion Wurst, zwei Ecken Streichkäse, den die Kinder nicht mögen, ein Pfund Tomaten. Wenn man sich heute Kinder leistet, muß man sehr sparsam wirtschaften. Weshalb die meisten wohl darauf verzichten, eine richtige Familie zu werden.«

Zeit zum Aufstehn erweitert den Zeitraum der *Westend-Geschichte,* welche die Jahre 1936 bis 1972 umgreift, auf die vier Generationen der Familie Kühn zwischen den Jahren 1860 und 1970. In dem historischen Roman *Die Vorstadt* (1980) wird über sieben Jahrhunderte hinweg, zwischen 1200 und 1900, das Leben der kleinen Leute in der Münchner Vorstadt Au geschildert. In dem Fragment unter dem Titel *Wir kehren langsam zur Natur zurück* (1984) wendet sich August Kühn der Geschichte der Judenverfolgung zu, der er sich auch von seiner eigenen Lebensgeschichte her stark verbunden fühlte. Als äußeres Bekenntnis der Zugehörigkeit trug er unter einem bayerischen Trachtenhut stets eine Kippa, Markenzeichen seiner äußeren Erscheinung.

1986 wurde *Meine Mutter 1907* veröffentlicht, gleichsam eine Hommage an sein erklärtes Vorbild Oskar Maria Graf. Auch dieser Roman enthält stark autobiografische Züge, selbst wenn Kühn die Geschichte seiner Mutter als exemplarische Biografie eines Arbeiterinnen-Schicksals anlegt und dieses Buch »den Müttern dieses Jahrhunderts« widmet. In dem Roman *Die Abrechnung* (1990) wird noch einmal ganz im tradierten Sinne eine sonst ausgestorben erscheinende Gattung weitergeschrieben: der Gesellschaftsroman. Am Schluss der *Abrechnung* heißt es: »Es geht immer weiter, ob auch vorwärts, das liegt an uns.«

Im Widerspruch zu dieser proklamierten Aufbruchsstimmung stand August Kühns stetig abfallende Schriftstellerkarriere, die zum einen auch ein Stück Münchner Verlagsgeschichte ist, welche nicht nur das Anliegen dieses Autors verkommen ließ, sondern das einer anspruchsvollen bayerischen Literatur überhaupt. Zum anderen trug Kühn allerdings auch selbst zu seinem Niedergang bei: durch ein starres Festhalten an prekär gewordenen politischen Positionen ebenso wie an überholten Strukturen des Erzählens, die den Roman als Grundmuster stets sich wiederholender Begegnungen zwischen Fortschrittlichen und Reaktionären einerseits und Arbeitern und Akademikern andererseits bemüht. Das Reisetagebuch *Deutschland – ein lauer Sommer* (1984), Dokument eines zumindest in der Fiktion drei Monate währenden Fußmarsches durch die Bundesrepublik, resümiert teils zu Recht, teils aber auch larmoyant eine recht desaströse kulturelle Landschaft. 277 Buchhandlungen und 61 Zeitungsredaktionen hatte Kühn bei dieser Aktion aufgesucht, die Resonanz war jedoch ernüchternd.

Dennoch blieb Kühn auch im Gewand historischer Begebenheiten der ungebrochen optimistische, wenn nicht naive Aufklärer. Im Vorwort zu seinem Volksstück *Der Bayerische Aufstand 1705* (1995), der die »Sendlinger Mordweihnacht« mehr dokumentarisch nachstellt, als dass man sie wirklich auf der Bühne spielen könnte, drückt Kühn die Hoffnung aus, dass sich gegen Rüstung, Militarismus und endlose Kriegstreiberei einmal die Völker weltweit zusammenfinden könnten – wie das Volk in Bayern 1705. Voraussetzung sei allerdings, räumt Kühn ein, dass die beim Aufstand 1705 »gemachten Fehler vermieden werden«.

Gerd Holzheimer

Werke: *Westend-Geschichte. Biografisches aus einem Münchner Arbeiterviertel*, Mü. 1972; *Zwei in einem Gewand oder Die nichtmögliche Wandlung des Menschen und Unternehmers Hubmann*, Theaterst., u. d. Pseud. Rainer Zwing, Mü. 1974; *Eis am Stecken. Ein Betriebsroman*, Ffm. 1974; *Zeit zum Aufstehn. Eine Familienchronik*, Ffm. 1975, Drehb., 1978; *Massbirien. Lob eines trink- und sangesfreudigen Volkes*, E., u. d. Pseud. Rainer Zwing, Ffm. 1977, Ost-Bln. 1983; *August Kühns Münchner Ge-*

schichten (enth. u.a. Texte fürs Kabarett u. für Zeitungen von 1964–1976, außerdem zwei autobiogr. Texte), Ffm. 1977; *Jahrgang 1922 oder Die Merkwürdigkeiten im Leben des Fritz Wachsmuth*, R., Mü. 1977; *Fritz Wachsmuths Wunderjahre*, R., Dortmund 1979; *Die Affären des Herrn Franz*, R., Dortmund 1979; *Die Vorstadt. Historischer Roman*, Mü. 1981; *Zelle 70*, Drehb., 1981; *Wir kehren langsam zur Natur zurück*, Fragm., Mü. 1984; *Deutschland – ein lauer Sommer. Ein Reisetagebuch*, Mü. 1984; *Meine Mutter – 1907*, R., Mü. 1986; *Der bayerische Aufstand 1705. Sendlinger Mordweihnacht*, Theaterst., Mü. 1995.

Kühn, Dieter, wurde am 1. 2. 1935 in Köln geboren und verlebte seine Kindheit und Jugend in Bayern. Nach dem Besuch der Volksschule in Herrsching am Ammersee besuchte er in München das Gymnasium. 1949 zog die Familie nach Düren, wo er 1955 Abitur machte. Er studierte Germanistik und Anglistik in Freiburg, München und Bonn und promovierte 1964 über Robert Musils Roman *Der Mann ohne Eigenschaften*. Kühn war ein Jahr lang Teaching Assistant am Haverford College, USA, und ist, nach einer kurzer Redakteurstätigkeit, seit 1965 freiberuflicher Autor, Mitglied des P.E.N.-Zentrums der Bundesrepublik Deutschland. Dieter Kühn lebt in Köln. Er wurde 1972 mit dem Förderungspreis des Landes Nordrhein-Westfalen für junge Künstler, 1974 mit dem Hörspielpreis der Kriegsblinden, 1977 mit dem Hermann-Hesse-Preis, 1989 mit dem Großen Literaturpreis der Bayerischen Akademie der Schönen Künste und 1993 mit dem Stadtschreiber-Literaturpreis des ZDF und der Stadt Mainz ausgezeichnet. Er hatte 1993 die Poetik-Gastdozentur an der Universität Frankfurt/Main inne.

Dieter Kühn begann seine schriftstellerische Laufbahn als Hörspielautor. Später zeigte sich, dass er sich verschiedener Medien künstlerisch überzeugend und finanziell ertragreich zu bedienen wusste, als Romanautor und Dramatiker ebenso wie im Funk. Er begann 1960, Hörspiele zu schreiben, unterbrochen von seiner Dissertation über Robert Musils *Mann ohne Eigenschaften* (1965). Erst 1970, nach 17 Funkarbeiten, publizierte er seinen ersten Roman. Dieser ist, wie die meisten anderen seiner Arbeiten, eine Art Romanbiografie, zu denen er durch seine Promotionsschrift angeregt wurde, die ihm die Einsicht in biografische Abläufe und Brüche und die sie begleitenden, manchmal auch kreuzenden, geschichtlichen Prozesse vermittelte. In *N* (1970) geht es um die Geschichte Napoleon Bonapartes von seiner Geburt bis zur Machtübernahme am 18. Brumaire. Kühn konterkariert die geschichtlichen Fakten, die er präzise recherchiert hat und in seinen Essays (*Grenzen des Widerstands*, 1972) benennt, mit jeweils fiktiven möglichen Alternativbiografien, die an verschiedenen Punkten von Napoleons Leben ansetzen. Der »Möglichkeitssinn« der Musilschen Helden ist hier auf eine Persönlichkeit der Weltgeschichte angewandt, dabei ist das Buch flüssig und spannend erzählt, gleichzeitig niveauvoll und unterhaltsam, Publikum wie Kritik waren begeistert, da sie eine originelle, neue Art des biografischen Erzählens entdeckte, mit der die Möglichkeiten analytischen Erzählens stark erweitert werden.

In *Ausflüge im Fesselballon* (1971) baut Kühn auf dieser Methode auf und spielt diesmal eine zeitgenössische Biografie durch: Der Realschullehrer Wolfgang Braemer erlebt Krieg und Nachkriegszeit bis zur Mitte der Sechzigerjahre. Auch in diesem Roman wird der Lebenslauf an markanten Stellen unterbrochen, die Biografie variiert, Identitäten verlieren ihre Substanz und werden unsicher. Allerdings ist dieser Roman auch etwas unübersichtlich geworden; Kühn korrigierte ihn 1977 in einer Neufassung, wie er das auch mit vielen anderen Büchern machte. In den vier Erzählungen des Buches *Siam-Siam* (1972) spielt Kühn seine Erzählmethode an Paarbildungen historischer und fiktiver Personen durch. Im sehr umfangreichen Roman *Die Präsidentin* (1973) wandte er sich der modernen Wirtschaft zu und komponierte ein »Simulationsspiel« über die Börse und Wirtschaftsverbrechen. Die historisch belegte und bereits biografisch erschlossene Figur der Französin Marthe Hanau ist dabei nur Anlass für Kühns kritische Darstellung der Ökonomie; auch an diesem Roman lobte die Kritik die spannende und witzige Darstellung und die Einblicke in seinen Arbeitsprozess.

Großen Erfolg hatte Kühn vor allem mit seiner ersten Biografie eines mittelalterlichen Autors, *Ich Wolkenstein* (1977), in der er das Leben des Dichters, Komponisten und Sängers Oswald von Wolkenstein rekonstruierte, der wahrscheinlich von 1377 bis 1445 lebte. Wie so oft gelang Kühn eine Mischung aus biografischen, historischen und sozialen Fakten, aus Übersetzungen, einer flüssigen Darstellung und der Reflexion der Beschäftigung mit seinem Forschungsgegenstand. Bei seiner nächsten mittelalterlichen Romanbiografie, *Herr Neidhart* (1981), liegt der Schwerpunkt, da in Neidharts Fall keine zeitgenössischen Dokumente vorliegen, eher auf den historischen und rezeptionsgeschichtlichen Aspekten von Neidhart und seinen Liedern, die Kühn, wie auch Oswalds Texte, in eine moderne Fassung übertrug,

An vielen historischen Persönlichkeiten erprobte Kühn auf dieser Basis immer wieder seine Kunst und erzählte im Laufe der Jahre von König Ludwig II., Kaiser Wilhelm, Bettine von Arnim, Kaiserin Elisabeth, Josephine Baker, Carl Friedrich Gauß, Ludwig van Beethoven, Karl Philipp Moritz, Wolfram von Eschenbach, Clara Schumann und Maria Sibylla Merian. Dabei variierte er seinen Stil stark, der vom sprachexperimentellen bis zum dialogischen Erzählen gehen kann, und benutzte verschiedene Genres, auch Erzählungen, Theaterstücke und Hörspiele. Es geht ihm durchaus nicht immer nur um die Möglichkeiten der veränderbaren Biografien. In *Der wilde Gesang der Kaiserin Elisabeth* (1982) zeigt er die Zwänge eines öffentlichen Lebens, indem er historisch belegte Zitate montiert und um sie herum Wunschfantasien der Kaiserin erfindet, in denen sie der Gesellschaft entflieht. In *Josephine* (1976) untersucht er die Widersprüche zwischen der wirklichen und der *öffentlichen Biografie* (so im Untertitel) der Tänzerin und Widerstandskämpferin Josephine Baker. In der Erzählung *Festspiel für Rothäute* (1974) schildert er den Staatsbesuch von vier Irokesen-Häuptlingen in London im Jahr 1710, die von der Machtdemonstration ihrer Gastgeber eingeschüchtert zurückkehren. Kühn zeigt in diesem anspruchsvollen und hervorragend komponierten Text eindrucksvoll die imperiale Kultur und den Herrschaftsanspruch Englands. In *Und der Sultan von Oman* (1979) verarbeitet er den ersten Ölschock und zeigt die Risse in der Wohlstandsgesellschaft am Beispiel eines PR-Referenten, der das Image der Ölmultis verbessern soll, aber zunehmend unsicherer agiert und sich utopischen Fantasien hingibt. Kühn beschrieb das Leben von Clara Schumann (1996) und Annemarie Böll (2000) und lieferte Skizzen aus dem Leben von Goethe (2001). In *Frau Merian!* (2002) erzählt er ausufernd barock und nach z. T. selbst erforschten Quellen vom schwierigen und selbstbewussten Lebensweg der Naturkundlerin Maria Sibylla Merian, die um 1700 nach Surinam fuhr, wo sie Pflanzen und Insekten erforschte und malte. Wie bei allen »historischen Romanen« Kühns ist auch hier nicht nur der Stoff selbst und der breit ausgeführte zeithistorische Hintergrund, sondern auch seine Er- und Verarbeitung durch den Autor Inhalt des Romans.

Neben wenigen lyrischen Versuchen (*Schnee und Schwefel*, 1982) beschäftigt sich Kühn vor allem immer wieder mit dem Hörspiel; oft bearbeitet er seine eigenen Prosavorlagen für den Funk oder macht aus Hörspielen Theaterstücke, schreibt auch Kinderhörspiele und rheinische Mundarthörspiele und sogar reine Unterhaltungsstücke, spart aber auch das reine Experiment wie in *Goldberg-Variationen* (1974) nicht aus. Auch von Fachmediävisten anerkannt sind seine Übersetzungen des *Parzival* von Wolfram von Eschenbach, das um etwa 5000 Verse gekürzt 1994 erschien, und Gottfried von Straßburgs *Tristan und Isolde* (1991), die im Zusammenhang mit seinen biografischen Romanen um Wolfram von Eschenbach und Neidhart von Reuental (1986, 1988) entstanden sind.

Georg Patzer

Werke: *Das Transparent*, Hsp., WDR 1960; *Der Feuerengel*, Hsp., WDR 1962; *Das goldene Fass*, Hsp., WDR 1962; *Reduktionen*, Hsp., WDR 1963; *Symptome*, 3 Kurz-Hspe., WDR 1964; *Ritornell*, Hsp., WDR 1965; *Analogie und Variation. Zur Analyse von Robert Musils Roman »Der Mann ohne Eigenschaften«*, Diss., Bonn 1965; *Das Ärgernis*, Hsp., SR 1965, Ffm. 1967; *Präparation eines Opfers*, Hsp., WDR 1968, Theaterst., UA Ffm. 1970; *Die Fünf-Uhr-Marquise*, Hsp. WDR 1969; *U-Boot-Spiel*, Hsp., WDR/HR/SR 1969; *Op der Parkbank*, Hsp., WDR 1969; *Eskalation*, Hsp., WDR 1970; Stervenswöötche, Hsp. WDR 1970; *Sonderaktion Epsilon*, Hsp., WDR 1970; *N*, Pr., Ffm. 1970; *Schlachtsinfonie*, Hsp., WDR 1970; *Musik und Gesellschaft*, Ess., Bad Homburg 1971, erw. Neuausg. u. d. T. *Löwenmusik*, Ffm. 1979; *Ludwigslust*, Hsp., WDR 1971; *Ausflüge im Fesselballon*, R., Ffm. 1971, Neufassg. Ffm. 1977; *Grenzen des Widerstands*, Ess., Ffm. 1972; *Freitag lernt sprechen*, Hsp., WDR 1972; *Simulation*, Theaterst., UA Oberhausen 1972, Hsp., WDR 1973; *Siam-Siam. Ein Abenteuerbuch*, Ffm. 1972, veränd. Ausg. Ffm. 1974; *Die Präsidentin*, R., Ffm. 1973; *Große Oper für Stanislaw den Schweiger*, Hsp., BR/WDR 1973; *Et Maachwort jesproche*, 3 Hspe., WDR 1973; *Sprachregelung*, Hsp., BR 1973; *Festspiel für Rothäute*, E., Ffm. 1974; *Nordlicht*, Hsp., WDR 1974; *Ein Schrank wird belagert*, Theaterst., UA Köln 1974; *Goldberg-Variationen*, Hsp., BR 1974; *Netzer kam aus der Tiefe des Raumes. Notwendige Beiträge zur Fußballweltmeisterschaft*, Hg., zus. m. Ludwig Harig, Mü. 1974; *Mit dem Zauberpferd nach London*, Kinder-R., Darmst. 1974; *Johann Most. Ein Sozialist in Deutschland*, Hg., Mü. 1974; *Unternehmen Rammbock. Planspielstudie zur Wirkung gesellschaftskritischer Literatur*, Ffm. 1974; *Luftkrieg als Abenteuer. Kampfschrift*, Mü. 1975; *Stanislaw der Schweiger*, R., Ffm. 1975; *Das Lullische Spiel*, Hsp., NDR/SWR 1975; *Herbstmanöver*, Hsp., WDR 1975, Theaterst., in: »Spectaculum« 27, 1977, UA Braunschweig 1977; *Eduard Pöppig: In der Nähe des ewigen Schnees*, Hg., Ffm. 1975; *Achmeds Geheimsprache*, Kinderb., m. Illustr. v. Kurt Halbritter, Velber 1976; *Separatvorstellung*, Hsp., HR 1976, Theaterst., in: »Theater heute« 12, 1978, UA Wiesbaden 1978; *Im Vorfeld*, Hsp., ORF 1976; *Einflüsterungen*, Hsp., BR 1976; *Goldberg-Variationen*, Hsp.-Texte m. Materialien, Ffm. 1976; *Josephine. Aus der öffentlichen Biografie der Josephine Baker*, Ffm. 1976; *Die große Show der Josephine Baker*, Fssp., 1976; *Der Herr der Fliegenden Fische*, Kinderhsp., SDR 1979, m. Illustr. v. Wilhelm Bieber, Ffm. 1979; *Op der Parkbank*, Hsp.-Texte in Kölner Mundart, Köln 1976; *Ich Wolkenstein*, Biografie, Ffm. 1977; *Ludwigslust*, En., Ffm. 1977; *Die Geisterhand*, Kinderb., m. Illustr. v. Dirk Zimmer, Ffm. 1978; *Schallmauer*, Hsp., HR/SFB 1978; *Schriftbilder – Bilderschrift*, Düren 1979; *Abenteuer einer Leseratte*, Hsp. f. Kinder, SDR 1979; *Gespräche mit dem Henker*, Theaterst., UA Düsseld. 1979, Hsp., WDR/SFB 1984; *Galaktisches Rauschen*, Hsp., WDR/SDR 1979, gedr. Ffm. 1980; *Und der Sultan von Oman*, E., Ffm. 1979; *Auf der Zeitachse. Vier Konzepte*, Ffm. 1980; *Herr Neidhart*, R., Ffm. 1981; *Der wilde Gesang der Kaiserin Elisabeth*, R., Ffm. 1982; *Konzert für Sprecher und Orchester*, Hsp., HR 1982; *Bettine liegt Goethe in den Ohren*, Hsp., WDR 1982; *Bettine von Arnim: Aus meinem Leben*, Ffm. 1982; *Im Zielgebiet*, Theaterst., UA Wilhelmshaven 1982; *Schnee und Schwefel*, G., Ffm. 1982; *Liederbuch für Neidhart*, Ffm. 1983; *Der König von Grönland*, Hsp., WDR/HR 1983; *Montezuma in Berlin*, Hsp., SDR/RIAS 1983; *Ein Tanz mit Mata Hari*, Theaterst., UA Lüneburg 1983; *Zehntausend Bäume*, Theaterst., UA Münster 1983; *Die Kammer des schwarzen Lichts*, R., Ffm. 1984; *Der Himalaya im Wintergarten*, En., Ffm. 1984; *Flaschenpost für Goethe*, Ffm. 1985; *Anfang und Ende vom Lied*, Hsp., SDR/WDR 1985; *Im Zauberpferd nach London*, Kinderst., Ffm. 1986; *Bettines letzte Liebschaften*, Ffm. 1986, Hsp., NDR/HR 1986; *Der Parzival des Wolfram von Eschenbach*, Ffm. 1986; *Feuermusik*, Hsp., NDR/SDR 1987; *Neidhart aus dem Reuental*, R., Ffm. 1988; *Auf der Zeitachse. Biographische Skizzen – kritische Konzepte*, Ess., Ffm. 1989; *Konzertreise*, Hsp., SDR/HR 1989; *Entziehungskur für einen Ohrwurm*. Hsp., WDR 1989; *Beethoven und der schwarze Geiger*, R., Ffm. 1990; *Tristan und Isolde des Gottfried von Straßburg*, R., Ffm. 1991; *Der zweite graue Bote*, Hsp., HR/WDR/ORF 1991; *Mühsames Klettern im Altersbaum*, Hsp., WDR 1991; *Die Minute eines Segelfalters*, E., Ffm. 1992; *Das Heu, die Frau, das Messer*, E., Ffm. 1993; *Der Mann im Heu*, Hsp., WDR/MDR 1993; *Eine Reise nach Surinam. Elektronisches Tagebuch des Stadtschreibers*, Drehb., ZDF 1993; *Wolfram von Eschenbach: Parzival*, Übs., Ffm. 1994; *Prinz Achmed und die Pferde des Sultans*, R., Ffm. 1996; *Clara Schumann, Klavier. Ein Lebensbuch*, R., Ffm. 1996; *Der fliegende König der Fische*, R., Ffm. 1996; *Das Heu, die Frau, das Messer*, E., Ffm. 1997; *Der König von Grönland*, R., Ffm. 1997; *Gottfried von Straßburg: Die Geschichte der Liebe von Tristan und Isolde*, Übs., Stg. 1998; *Das Geheimnis der Delphinbucht*, R., Ffm. 1998; *Im zweiten Kreis der Hölle: Tristan und Isolde*, Hsp., WDR 1999; *WortGewalt*, Hsp., WDR 2000; Auf *dem Weg zu Annemarie Böll. Eine biographische Skizze*, Bln. 2000; *Goethe zieht in den Krieg. Eine biographische Skizze*, Ffm. 2001; *Mit Flügelohren ins Dritte Reich*, Hsp., WDR 2001; *Frau Merian!*, R., Ffm. 2002.

Kühn, Johannes, wurde am 3. 2. 1934 als erstes von neun Kindern einer saarländischen Bergmannsfamilie in Tholey/Bergweiler geboren. Er lebt seit seinem zweiten Lebensjahr in Tholey/Hasborn. Bis zur Mittleren Reife war er Schüler am Humanistischen Gymnasium des Missionshauses St. Wendel, einer strengen Klosterschule. Krankheitsbedingt konnte er das Abitur nicht machen, hat aber als Gast an den Universitäten Saarbrücken und Freiburg Germanistik gehört, außerdem war er eingeschriebener Student der Schauspielschule Saarbrücken mit dem Berufsziel Radiosprecher. Von 1963 bis 1973 arbeitete er als Hilfsarbeiter in der Tiefbaufirma seines Bruders. Danach verlegte er sich ganz aufs Schreiben. Sein Werk enthält zwei große Erzählungen, viele Märchen und eine beträchtliche Anzahl Dramen, meist absurde Einakter, die alle vor 1980 entstanden sind. Gedichte schrieb er vom 14. Lebensjahr an. 1988 erhielt er den Kunstpreis des Saarlandes, 1991 die Ehrengabe der Schillerstiftung, 1995 den Horst-Bienek-Preis der Bayerischen Akademie der Schönen Künste, 1996 den Christian-Wagner-Preis, 1998 den Stefan-Andres-Preis und 2000 den Hermann-Lenz-Preis.

Sein Werk lässt sich in zwei Schaffensperioden unterteilen, in die Zeit vor dem langen Schweigen (bis 1983) und in die Zeit danach (ab 1992). Er erfährt ein Hölderlin-Schicksal mit gutem Ausgang. Kennzeichnend für den Außenseiter in der Literaturszene ist eine Poesie der Gegensätze: Er schreibt Natur- und Personengedichte oft in hymnischem Ton, Arbeitergedichte in einem Mischton von Arbeiterjargon, Umgangssprache und gehobener Sprechweise. Der hymnische Ton hat Anklänge an Klopstock, Hölderlin, Trakl und Bachmann. Es sind Gedichte zur Rettung der Natur, gegen die Langeweile, die Trauer und Einsamkeit. In den Arbeitergedichten spricht er als einer, der zehn Jahre im Graben geschuftet hat. Die zweite Phase unterscheidet sich von der ersten durch eine neu gefundene Lebenseinstellung. Seine Sprache ist jetzt weniger emphatisch, direkter zupackend, durchsetzt mit distanzierender Komik, spielerischem Witz und einer guten Portion Selbstironie. Das Leiden an der Außenseiterrolle tritt zurück, die Ungesichertheit der menschlichen Existenz überhaupt gewinnt an Bedeutung. Er schreibt Gedichte gegen die Verführbarkeit des Menschen zum Krieg, über die Hinfäl-

ligkeit des Alters, über die Lebenswelt eines saarländischen Dorfgasthauses. Er, der sich früher kaum theoretisch geäußert hat, riskiert eine pragmatische Zweckbestimmung: »Lyrik kann von Bedrückung freimachen.« Er hat keine überhöhte Vorstellung vom Dichten: »Der Dichter muss sein Handwerk können wie ein Schmied« (sein Großvater war Schmied), oder er redet von der Lyrik als »einem Planspiel unter einer Beabsichtigung bei großem Kunstaufwand«. Aufs ganze Werk bezogen kennzeichnet sein Schreiben eine mühelose Spontaneität. Aus dem Fundus der ersten Schaffensepoche haben wir mit dem Dichter zusammen u.a. die folgenden Bände herausgegeben: *Salzgeschmack* (1984) ist der Versuch, das lyrische Werk bis dahin in den hauptsächlichen Tönen bei unterschiedlichen Themen vorzustellen. Das Hauptgewicht von *Ich Winkelgast* (1989) liegt auf existenziellen Themen und den Arbeitergedichten. Der Titel von *Meine Wanderkreise* (1990) ist wörtlich zu nehmen. Die Gedichte betreffen die Schaumbergregion im nördlichen Saarland, wo Johannes Kühn täglich unterwegs war. *Blas aus die Sterne* (1991) sind Gedichte zu Sterben und Tod. Die Kernaussage von *Gelehnt an Luft* (1992) ist, dass es für uns Menschen keinen zuverlässigen Halt im Leben gibt, auch die Beziehung zwischen Mensch und Natur ist ambivalent.
Aus der Zeit nach 1992, also der zweiten Schaffensepoche, haben wir u.a. die folgenden Titel herausgegeben: *Leuchtspur* (1995) reflektiert die kurze Dauer eines Menschenlebens, das Altern, die Rückbesinnung (beispielsweise auf Hölderlin) – persönliche Erfahrungen, die er jetzt aufgreift. *Wasser genügt nicht* (1997) enthält Gasthausgedichte, die wirklich am Gasthaustisch geschrieben sind. *Em Guguck lauschdre* (1999) ist die Gesamtausgabe seiner Mundartgedichte auf Moselfränkisch. *Mit den Raben am Tisch* (2000) ist eine umfangreiche Sammlung alter und neuer Gedichte. *Nie verließ ich den Hügelring* (2002) ist das Unternehmen, seine Dorfvergangenheit aufzubewahren, ohne das Unverständnis und die Zurückweisungen durch die Leute zu verschweigen.
Seine Märchen (*Zugvögel haben mir berichtet,* 1988) erlauben keine unmittelbare Übertragung ihrer Wirklichkeit auf die heutige Alltagsrealität. In ihnen kommen keine Maschinen vor, weder Autos, noch Computer, noch Fernsehgeräte. Der Krieg erscheint antiquiert. Wie es für die Zugvögel keine politischen Grenzen gibt, so existieren sie auch in diesen Märchen nicht. Folglich sind sie unmodern und utopisch zugleich.

Die jugendliche, vor Einfällen überbordende Geschichte *Der tolle Poet,* 1953 entstanden und bislang unveröffentlicht, dreht sich um einen Racheakt. Ein Dichter, der keine Anerkennung findet, nutzt das Rührstück seiner Beerdigung, um dem Publikum die Leviten zu lesen. *Wohin?* (1958 entst., veröff. 2004 bei Hanser) erzählt vom Erleben eines in einem Spanwerk arbeitenden Studenten. Seine Betroffenheit vor den Maschinen, die gewaltsam Baumstämme zerquetschen, und die Leiden der sie bedienenden Menschen werden Cicero, dem weisen Römer, erzählt, dem diese Maschinenwelt natürlich völlig fremd ist. Durch diesen Kunstgriff wird alles dem Menschen des Industriezeitalters Geläufige auf eine erschütternde Weise unvertraut. Zur Entstehungszeit der Erzählung fanden die Atombombentests der USA statt. Bei Technikern wie Militärs und Politikern war die Faszination so groß, dass sie tödlich nahe an die Explosionsherde herangingen. Kühn stellt gegen diese Euphorie seine Befürchtungen, die Tschernobyl vorwegnehmen. Es ist ein Werk, das die tiefe Verbundenheit mit der Natur, die Wahrnehmungsgenauigkeit seines Autors offenbar macht. Ebenso hatte er mit dem Gedicht *Hochhaus,* das u.a. in »Sinn und Form« erschienen ist und bereits am 31. Januar 2000 geschrieben wurde, die Gefährdung von Wolkenkratzern durch Angriffe aus der Luft vorausgeahnt.
In den drei sehr unterschiedlichen Einaktern *Geigenmensch, Die Saarschleife, Daß uns nichts als der Schlaf einfällt, und nicht einmal der ...* (1991) spannt sich der Bogen vom absurden Spiel, in dem die Hauptfigur rettungslos in den Bann einer Geige gerät und von daher ihre Umwelt tyrannisiert, über einen schrulligen Streit zwischen einem konventionellen Künstler und einem progressiven, wie die Saarschleife, das Idol des Saarlandes, zu malen sei, bis zu dem komisch-ernsten Stück, in dem Bunkerinsassen während eines bedrohlichen Bombardements nach peinigendem Streit ihr Heil im Schlafe suchen.
Johannes Kühn hat sich selber von Kindsbeinen an die Treue gehalten. Keine Modernismen haben ihn irritieren können. Der Rhythmus seiner Gedichte ergibt sich aus dem Atem des langsam Schreitenden, der bei den Dingen verweilt und durch sein »einfaches Sagen« ihr Wesen neu erschließt. Er ist ein Gehender geblieben, dieweil wir eilig Fahrende geworden sind.

Irmgard und Benno Rech

Werke: *Vieles will Klang, immer wieder,* G., Buxheim 1956; *Stimmen der Stille,* G., Saarbr. 1970; *Salzge-*

schmack, G., Saarbr. 1984; *Zugvögel haben mir berichtet*, Märchen, Lebach 1988; *Ich Winkelgast*, G., Mü. 1989; *Meine Wanderkreise*, G., Saarbr. 1990; *Blas aus die Sterne*, G., Warmbronn 1991; *Geigenmensch. Drei Einakter*, UA Saarbr. 1991; *Am Fenster der Verheißungen*, G., Tholey 1992; *Gelehnt an Luft*, G., Mü. 1992; *Wenn die Hexe Flöte spielt. Ein Märchen, Gedichte und Bilder*, Warmbronn 1994; *Leuchtspur*, G., Mü. 1995; *Lerchenaufstieg*, G., Warmbronn 1996; *Wasser genügt nicht*, G., Mü. 1997; *Hab ein Auge mit mir*, m. Fotos v. Wolfgang Wiesen, Tholey 1998; *Voll Geheimnis – ganz wie die Welt*, zus. m. Urszula Koziol u. Jean-Pierre Lefebvre, Eisingen 1998; *Em Guguck lauschdre. Gesamtausgabe der Mundartgedichte*, m. Holzschnitten v. Heinrich Popp, Blieskastel 1999; *Vom Lichtwurf wach*, G., Warmbronn 2000; *Mit den Raben am Tisch*, Mü. 2000; *Markus Gramer – Lithografien. Johannes Kühn – Gedichte*, Saarbr. 2001; *Johannes Kühn liest Gedichte und ein Märchen*, CD, Blieskastel 2001; *Nie verließ ich den Hügelring*, G., Blieskastel 2002.

Kumpfmüller, Michael, wurde am 21. 7. 1961 in München geboren; seit 1986 lebt er in Berlin. Nach dem Abitur am Werner-Heisenberg-Gymnasium Garching bei München absolvierte er 1980/81 ein Studium generale am Leibniz-Kolleg Tübingen und begann danach sein Studium der Literatur und Geschichte an den Universitäten Tübingen (1981–1984) und Wien (1984–1986) sowie an der Freien Universität Berlin (1987–1990). Ab 1985 entstanden erste journalistische Arbeiten u. a. für den Bayerischen Rundfunk, ab 1990 für diverse Tages- und Wochenzeitungen.

Von 1990 bis 1994 schrieb er eine Dissertation über den Mythos der Schlacht von Stalingrad, danach arbeitete er als freier Journalist und von 1996 bis 1998 als wissenschaftlicher Mitarbeiter an der FU Berlin in einem Forschungsprojekt über Veränderungen literarischer Intellektualität im Medienverbund. 1993 erhielt er den Walter-Serner-Preis für Krimigeschichten, 1997 den Katholischen Journalistenpreis, 1998 ein Stipendium des Deutschen Literaturfonds e.V.

Kaum ein Buch der neueren deutschen Literatur wurde hierzulande mit derart vielen Vorschusslorbeeren und Erwartungen bedacht und befrachtet wie der Roman *Hampels Fluchten* (2000) von Michael Kumpfmüller. In die Diskussion um »den Roman der deutschen Einheit« brach dieses Buch mit großem medialen Getöse erfolgreich ein, das Lager der Kritik zeigte sich nach der Lektüre gespalten.

»An einem Dienstag im März ging Heinrich bei Herleshausen-Wartha über die Grenze.« Mit diesem lapidaren Satz beginnt der Roman und die Rückschau auf das Leben eines deutschen Opportunisten, dem seine Maßlosigkeit zum Verhängnis wird. Mit leichter Ironie blättert Kumpfmüller im Familienalbum des Heinrich Hampel, der 1932 in Jena geboren wird und seine Jugend in Russland verbringen muss. 1951 kehrt die Familie zurück in die DDR, Heinrich flieht in den Westen, verbringt einige Zeit in Afrika und versucht sich dann als Geschäfts- und Ehemann im bundesdeutschen Wirtschaftswunder. Als Bettenverkäufer landet er aber häufig in den Armen fremder Frauen, er verschuldet sich, verlässt Frau und Kinder und versucht mit seinem Grenzübertritt 1962 das alte Leben abzustreifen. Doch dieser historische Gegenlauf ist kein Widerstand, Heinrich arrangiert sich mit dem neuen System, wird »IM Rosa«, landet wieder bei Frauen und Alkohol, dann in der Haftanstalt Bautzen, bevor er noch vor dem Fall der Mauer verstirbt.

Kumpfmüller blendet in die Jugend seines Anti-Helden zurück, erzählt von erster Liebe, NS-Jahren und mütterlichem Liebesentzug; wie in Walter Kempowskis Milieuschilderungen der Fünfziger- und Sechzigerjahre entsteht bei Söhnlein Brillant und 4711-Parfum jene leicht vermuffte Atmosphäre, die, wie Kritiker bemängelten, aus der Perspektive der Neunzigerjahre so nicht erzählt werden könne. Man sprach in diesem Zusammenhang von der Monotonie der Klangfarbe, mit der Kumpfmüller die Jahrzehnte erzählerisch zu fassen sucht, von einer »Leierkasten-Satzmelodie« (Wieland Freund). Hampel erscheint als deutscher Heinrich ohne besondere Eigenschaften, der Erzähler versucht nicht, ihn zu befragen oder gar zu öffnen. So lässt Kumpfmüller die DDR auch ganz bewusst als »gemütliche Alltagsstruktur« erscheinen, in der selbst die Stasi-Beamten menschliche Züge tragen. Zeitgeschichte ist hier Alltagsgeschichte mit Unterhaltungswert, politische Reflexionen finden nicht statt.

Der Roman erntete neben diesen vor allem formalen Einwänden auch euphorisches Lob, man erinnerte an Johnson und Döblin und legte damit die Messlatte ein wenig zu hoch. Aber Charme, Raffinesse und ein »flottes« Erzähltempo wurden allgemein bescheinigt.

Thomas Kraft

Werke: *Der wunderbare Hund. Ein deutsch-polnischer Schelmenroman*, Hg., Bln. 1993; *Die Schlacht von Stalingrad. Metamorphosen eines deutschen Mythos*, Mü. 1995; *Hampels Fluchten*, R., Köln 2000.

Kunert, Günter, geboren am 6. 3. 1929 in Berlin, aus »rassischen Gründen« vom Besuch der Oberschule ausgeschlossen. Arbeitete als Lehrling in einem Textilgeschäft. Wurde für »wehrunwürdig« erklärt. Studierte ab 1946 fünf Semester in der Grafik-Klasse der Hochschule für Angewandte Kunst in Berlin. Erste Gedichte entstanden 1947, 1948 begann die Satire-Zeitschrift »Ulenspiegel« sie zu drucken. 1950 nahm Kunert am ersten Schriftsteller-Lehrgang des Deutschen Schriftstellerverbandes in Bad Saarow bei Berlin teil, gleichzeitig erschien sein erster Gedichtband *Wegschilder und Mauerinschriften*. In den folgenden Jahren arbeitete Kunert für Film, Hörfunk, Fernsehen, schrieb aber zugleich weiterhin Gedichte und Prosa. 1967 erschien, zunächst nur in der Bundesrepublik, sein einziger Roman *Im Namen der Hüte*. Kunert verfasste außerdem Reiseberichte, Essays, ein Kinderbuch. 1962 wurde er wegen dreier kritischer Gedichte und wegen des Fernseh-Films *Monolog für einen Taxifahrer* angegriffen und des Revisionismus bezichtigt. 1966, in der so genannten »Lyrikdebatte« der DDR-Studenten-Zeitschrift »Forum«, bestritt Kunert, dass es notwendig einen Zusammenhang zwischen technischem und humanitärem Fortschritt gebe, und stieß damit auf starken Widerspruch. 1976 unterzeichnete er die Petition für Wolf Biermann und wurde deshalb 1977 aus der SED ausgeschlossen. 1979 reiste er aus der DDR aus. Seitdem lebt er in Kaisborstel bei Itzehoe/Holstein.

Seit 1980 gehört er der Redaktion des »Literaturmagazins« an. Er ist Mitglied der Akademie für Sprache und Dichtung in Darmstadt. 1981 hielt er Poetik-Vorlesungen an der Universität Frankfurt am Main; 1962 empfing er den Heinrich-Mann-Preis, 1973 den Johannes-R.-Becher-Preis, 1979 den Georg-Mackensen-Literaturpreis, 1980 die Ehrengabe des Kulturkreises im Bundesverband der Deutschen Industrie, 1985 den Heine-Preis der Stadt Düsseldorf und 1989 den »Stadtschreiber«-Literaturpreis des ZDF und der Stadt Mainz. 1975 war er »writer-in-residence« an der University of Warwick (Großbritannien), 1988 wurde ihm die Ehrendoktorwürde des Allegheny College in Meadville (Pennsylvania) verliehen.

Kunert lernte von Bert Brecht, Johannes R. Becher förderte ihn. Seine Entwicklung ist kennzeichnend für die Veränderung des Lebensgefühls einer ganzen Generation: Aus dem kritisch-satirischen Lob des Neuanfangs nach dem Krieg, aus der Mitarbeit am Aufbau einer neuen Gesellschaftsordnung erwuchs das intensive Verlangen, den Bestand aufzunehmen, die Realität zu befragen, die Diskrepanz zwischen den offiziösen Parolen und dem Alltagsleben, die Spannung zwischen Traum und Wirklichkeit zu erkennen. Kunert nimmt die Diskrepanzen und Spannungen in seine Arbeiten auf, zunächst zurückhaltend, immer aber konsequent, rational. Allem nur Emotionalen gegenüber skeptisch, bringt er in Bilder, zeigt er Zusammenhänge, legt er bloß. Deutlich wird in seinen Gedichten und Prosatexten, dass ihn insbesondere die Frage des Fortlebens von Altem in Neuem interessiert – wie viel Faschismus tragen wir alle unwissentlich mit uns herum? Ist der Mensch überhaupt änderbar? Seine Genossen in der SED halten ihn bald für »talentiert«, aber auch für »zurückgeblieben« und »verwirrt« (Hans Jürgen Geerdts, Germanist in Greifswald, 1963). Kunert schließt keine Kompromisse, die *Verkündigung des Wetters* (1966) bleibt seine Aufgabe, er fordert, in zunehmend düsteren Bildern, in wachsend pessimistischer Haltung: Menschlichkeit. Die Töne der Trauer in seinen Gedichten werden lauter, die Vorliebe für die Form der Paradoxie wächst, das Interesse an der aktuellen Realität schwindet: »Ich bin Realist und behalte mir eine Definition vor.«

Kunert beschränkt sich allmählich in seiner Prosa auf Momentaufnahmen, auf Gerüste von Handlungen. An die Stelle der Handlung treten Assoziationen, Spekulationen, Reminiszenzen, Sentenzen, sie verbinden und füllen das soeben aufgerichtete Handlungsgerüst mit dem Ganzen des Weltgeschehens. Der Untertitel einer seiner Prosabände heißt: *Geschichten, Parabeln, Merkmale*. Seine Lyrik wird im Laufe der Jahre immer raffinierter und radikaler – er spricht melancholisch, mit List, von der Widerstandskraft der Vernunft, von Gewissensängsten, vom vertauschbaren Ineinander der Vergangenheit und der Zukunft, von der Sehnsucht nach der Unschuld der Natur, vom notwendigen Kulturbewusstsein, von der unaufgebbaren Autonomie der Kunst. Er schreibt, »um die Welt, die pausenlos in Nichts zerfällt, zu ertragen«. »Exkursionen in die Geschichte« führen ihn immer wieder durch Berliner Straßen, aber auch nach Dachau und nach Wien, nach London und nach Amerika. Fazit: Der Mensch lernt nicht aus seiner Geschichte, er vergisst sie nur immer wieder neu – »Glaubst du an wahres Verstehen noch / wie ich nicht mehr?« Für Kunert bleibt die Pflicht zur Erinnerung. Längst schon sind seine »verspäteten Monologe« nicht mehr nur DDR-spezifisch. Seine Erfahrungen lassen ihn in beinahe beliebigen einzelnen Gegenständen Züge der furchtbaren Realität erkennen, die die Situation in allen Gesellschaftsordnungen kennzeichnet. In den seit der deutschen »Wende« entstandenen Gedichten bleibt Kunert mehr denn je ein produktiv melancholischer Zeitkritiker, der sich anschaulich und gleichmütig, mal direkt, mal im »Klassikerjargon« von allen Utopien, von den Ideen der Aufklärung, von der Welt verabschiedet. Nicht ohne Genuss: »Lebende / einer wie ich, labt sich / an seiner eigenen Trauer«.

Seine kurzen Prosatexte, seine kulturkritischen Essays sind Zeugnisse seines »archaischen Bewusstseins«, es sind Belege für seine These, dass allein der Mythos Schlüssel für Lebenszusammenhänge ist. Seine Texte sind Zeichen für das verlorene Vertrauen zu Welt und Menschen, Erörterungen der Folgen des Gottesverlusts, Betrachtungen über die Wirkungen der Selbstzensur bei den DDR-Kollegen. Der erste Teil einer Autobiografie veranschaulicht Kunerts Lebensprinzip: Er hält sich von jeglichem Betrieb fern und bewahrt sich, allein dem Wort und den Katzen vertrauend, indem er auf Distanz geht. In den zahlreichen Arbeiten für Zeitungen, in denen er sich in aktuelle Debatten einmischt, sieht sich Kunert als entschiedener Skeptiker in der Nachfolge Montaignes und Benjamins.

Konrad Franke

Werke: *Wegschilder und Mauerinschriften*, G., Ost-Bln. 1950; *Der ewige Detektiv und andere Geschichten*, Sat., Ost-Bln. 1954; *Unter diesem Himmel*, G., Ost-Bln. 1955; *Jäger ohne Beute*, E., Bln. 1955; *Kriegsfibel von B. Brecht*, Übs. der engl. Bildunterschriften u. erläuternder Anhang v. G. K., Ost-Bln. 1955; *Denkmal für einen Flieger. Musikballade*, Hsp., 1958; *Fetzers Flucht. Funkoper*, Hsp., 1959, Drehb. 1962; *Der Kaiser von Hondu*, Fssp., Ost-Bln. 1959; *Seilergasse 8*, Drehb., 1959/60; *Tagwerke*, G., Halle 1960; *Das kreuzbrave Liederbuch*, G., Ost-Bln. 1961; *Vom König Midas. Kantate für Kinder*, Hsp. 1958, Lpz. 1961; *Das zweite Gleis*, Drehb., 1962; *Monolog eines Taxifahrers*, Drehb., 1962; *Erinnerung an einen Planeten. Gedichte aus fünfzehn Jahren*, Mü. 1963; *Tagträume*, Pr., Mü. 1964; *Kunerts lästerliche Leinwand*, Foto-Sat., Ost-Bln. 1965; *Der ungebetene Gast*, G., Ost-Bln., Weimar 1965; *Verkündigung des Wetters*, G., Mü. 1966; *Unschuld der Natur. 52 Figurationen leibhafter Liebe*, G., m. Zeichnungen v. F. Cremer, Ost-Bln., Weimar 1966; *Der Hai*, Hsp., 1966; *Im Namen der Hüte*, R., Mü. 1967; *Die Beerdigung findet in aller Stille statt*, En., Mü. 1968; *Poesiealbum 8*, G., Ost-Bln. 1968; *Kramen in Fächern. Geschichten, Parabeln, Merkmale*, Ost-Bln., Weimar 1968; *Orpheischer Dialog mit einer Art Publikum*, Hsp., 1968; *Gedichte*, Bln. 1968; *Hugh Mac Diarmid: Ein Wind sprang auf*, Nachdicht., zus. m. Hans Petersen, Ost-Bln. 1968; *Abschied*, Drehb. n. J. R. Becher, 1968; *Fleiß und Faulheit*, Drehb., 1968; *Betonformen, Ortsangaben*, Pr., Ost-Bln. 1969; *Nikolaus Lenau. Gedichte*, Hg., Ffm. 1969; *Tadeusz Rósewicz: Gesichter und Masken*, Übs., zus. m. Karl Dedecius, Ost-Bln. 1969; *Alltägliche Geschichte einer Berliner Straße*, Mü. 1970; *Bertolt Brecht: Über die irdische Liebe und andere gewisse Welträtsel in Liedern und Balladen*, Hg., Ost-Bln. 1970; *Warnung vor Spiegeln*, G., Mü. 1970; *Notizen in Kreide*, G.-Ausw., Lpz. 1970, erw. 1975; *Ortsangaben*, Pr., m. Zeichnungen v. G. K., Ost-Bln., Weimar 1971; *Mit der Zeit ein Feuer*, Hsp., 1971; *Karpfs Karriere*, Drehb., 1971; *Zentralbahnhof*, Drehb., 1971; *Offener Ausgang*, Ost-Bln., Weimar 1972; *Tagträume in Berlin und andernorts. Kleine Prosa, Erzählungen, Aufsätze*, Mü. 1972; *Ehrenhändel*, Hsp., 1972; *Gast aus England*, E., Mü. 1973; *Die geheime Bibliothek*, Pr., Ost-Bln., Weimar 1973; *Berliner Gemäuer*, Drehb., 1973; *Im weiteren Fortgang*, G., Mü. 1974; *Der Hai*, Pr., ausgew. u. m. Nachw. v. D. Bode, Stg. 1974; *Der andere Planet. Ansichten von Amerika*, Ost-Bln., Weimar 1974; *Der Mittelpunkt der Erde*, Pr., Ost-Bln. 1975; *Das kleine Aber*, G., Ost-Bln., Weimar 1976; *Warum Schreiben. Notizen zur Literatur*, Ost-Bln., Weimar 1976, Mü. 1976; *Jeder Wunsch ein Treffer*, Kinderb., Köln 1976; *Berliner Wände*, Text zu e. Fotobd., Mü. 1976; *Keine Affäre*, En., Bln. 1976; *Kinobesuch*, ges. En., Lpz. 1977; *Beethoven – Tage aus einem Leben*, Drehb., zus. m. H. Seemann, 1976; *Berlin mit Unterbrechungen*, Drehb., 1976; *Unterwegs nach Atlantis*, Drehb., zus. m. S. Kühn, 1977; *Fahrt mit der S-Bahn*, Tokyo 1977; *Unterwegs nach Utopia*, G., Mü. 1977; *Ein anderer K.*, Hspe., Ost-Bln., Weimar 1977, Stg. 1977; *Die Weltkreise im Zimmer*, Libretto, Lpz. 1977; *Camera obscura*, Pr., Mü. 1978; *Verlangen nach Bomarzo. Reisegedichte*, Lpz. 1978, Mü. 1978; *Ein englisches Tagebuch*, Pr., Ost-Bln., Weimar 1978, Mü. 1980; *Die Schreie der Fledermäuse*, Sammelbd., hg. v. D. E. Zimmer, Gütersl. 1978; *Bucher-Nachträge*, Bln. 1978; *Heinrich von Kleist – Ein Modell*, Aufs., Bln. 1978; *Ziellose Umtriebe. Nachrichten von Reisen und Daheimsein*, Ost-Bln., Weimar 1979, Mü. 1981; *»Ulenspiegel«. Zs. f. Lit., Kunst u. Sat. Ein Querschnitt v. 1945–1950*, Hg., zus. m. H. Sandberg, Mü. 1979; *Drei Berliner Geschichten*, Ost-Bln., Weimar 1979; *Unruhiger Schlaf*, G., Mü., 1979; *Abtötungsverfahren*, G., Mü. 1980; *Kurze Beschreibung eines Moments der Ewigkeit*, Pr., Lpz. 1980; *Da hockt's im Moos, zwei Spannen groß*, Frauenfeld 1980; *Laterna Magica*, Drehb., 1981; *Platzwechsel*, Drehb., 1981; *Verspätete Monologe*, Pr., Aufs., Mü. 1981; *Jahrbuch für Lyrik*, Bd. 3, Hg., Königstein/Ts. 1981; *Futuronauten*, Schausp., UA Hann. 1981; *Teamwork*, Hsp. 1981; *Diesseits des Erinnerns*, Aufs., Mü. 1982; *Warnung vor Spiegeln – Unterwegs nach Utopia – Abtötungsverfahren*, Mü. 1982; *Countdown*, Hsp. 1983; *Am Anfang war das Wort*, Hsp. 1983; *Briefwechsel*, Hsp., UA MDR 1983; *Mein Lesebuch*, Hg., Ffm. 1983; *Stilleben*, G., Mü. 1983; *Die letzten Indianer Europas*, Ess., Hauzenberg 1983; *Abendstimmung*, G., Holzschnitte, zus. m. H. Stein, Hauzenberg 1983; *Leben und Schreiben*, Ess., Pfaffenw. 1983; *Auf der Suche nach der wirklichen Freiheit*, Bln. 1983; *Kain und Abels Brüderlichkeit. Eine Rede*, Hauzenberg 1984; *Zurück ins*

Paradies, En., Mü., Wien 1984; *Der Mann mit der Pfeife*, Drehb., 1984; *Sozialistische Studentengruppen. Mythos und Politik. Über die magischen Grenzen der Rechten*, Hg., zus. m. Peter Glotz, Hbg. 1985; *Kein Anschluß unter dieser Nummer*, Hsp., 1985; *Vor der Sintflut. Das Gedicht als Arche Noah. Frankfurter Vorlesungen*, Mü., Wien 1985; *Berliner Nächte. Laternenbilder*, zus. m. Michael Engler, Hbg. 1986; *Berlin beizeiten*, G., Mü. 1987; *Gedichte*, ausgew. v. F. J. Görtz, Stg. 1987; *Meine Katze*, Mitverf., Hbg. 1987; *Zeichnungen und Beispiele*, Düsseld. 1987; *Lesarten. Gedichte der »Zeit«*, Hg., Mü., Zür. 1987; *Hitler lebt*, Hsp., 1987; *Druckpunkt. Gedichte und Prosa über Berlin*, Krefeld 1988; *Auf Abwegen und andere Verirrungen*, Mü. 1988; *Ich Du Er Sie Es*, G., Ravensb. 1988; *Männerfreundschaft*, Hsp., 1988; *Stimmflut*, Hsp., 1988; *Der Fachmann fürs Fallbeil gibt zu Protokoll*, Hsp., 1988; *Dichter predigen. Reden aus der Wirklichkeit*, Hg., Stg. 1989; *Die unbefleckte Empfängnis*, G.-Ausw., Mü. 1989; *Aus fremder Heimat. Zur Exilsituation heutiger Literatur*, Hg., Mü. 1988; *Unter vier Augen*, Hsp., 1989; *Besuch bei Dr. Guillotin*, Hsp., 1989; *Der zwiefache Mann*, Hsp., 1989; *Fremd daheim*; G., Mü. 1990, CD, Mü. 1999; *Nachruf auf die Mauer*, Drehb., 1990; *In Schleswig-Holstein. Zwischen den Meeren*, Freib./Br. 1990; *Aus vergangener Zukunft*, En., Bln., Weimar 1990; *Mondlichtlandschaft*, G. u. Bilder, zus. m. Glyn Uzzell, Gött. 1991; *Die letzten Indianer Europas. Kommentare zum Traum, der Leben heißt*, Ess., Mü. 1991; *Das Experiment*, Hsp., UA MDR 1992; *Der Sturz vom Sockel. Feststellungen und Widersprüche*, Ess., Mü. 1992; *Auf leisen Pfoten*, Hbg. 1992, *Morpheus aus der Unterwelt*, E., Passau 1992; *Im toten Winkel. Ein Hausbuch*, Mü. 1992; *Ostragon und Wessimir*, Hsp., UA MDR 1993; *Steine reden*, Passau 1994; *Baum. Stein. Beton. Reisen zwischen Ober- und Unterwelt*, Ess., Mü. 1994; *Grützkes Sphinx*, Gifkendorf 1994; *Schatten entziffert*, hg. v. Jochen v. Richter, Lpz. 1995; *Theodor Lessing – Der Prophet*, Vortr., Bremen 1995; *Mein Golem*, G., Mü. 1996; *Eine Geschichte, die ich nicht schreiben konnte*, Passau 1996; *Erwachsenenspiele. Erinnerungen*, Mü. 1997; *Nachtvorstellung*, G., Mü. 1999; *Immer wieder am Anfang. Erzählungen und kleine Prosa*, Stg. 1999; *Katzen. Eine Bildreise*, Hbg. 1999; *Da sind noch ein paar Menschen in Berlin*, Bild-Bd., zus. m. Konrad Hoffmeister, Mü. 1999; *Die Therapie*, E., Passau 1999; *Am Sexophon: Esmeralda*, Hsp., Kass., Mü. 1999; *Gedichte*, Stg. 1999; *Briefwechsel*, Hsp., Kass., Mü. 2000; *Günter Kunert entdeckt Nikolaus Lenau*, Hbg. 2000; *Fantasien über das Verbrechen*, Hsp., Kass., Mü. 2000; *Nachrichten aus Ambivalencia*, Ess., Gött. 2001; *So und nicht anders. Ausgewählte und neue Gedichte*, Mü. 2002; *Klopfzeichen vom Verratgeber*, Bln., Mü. 2002; *Zu Besuch in der Vergangenheit*, E., Passau 2002.

Kunze, Reiner, wurde am 16. 8. 1933 in Oelsnitz im Erzgebirge als Sohn eines Bergarbeiters geboren. Er studierte Philosophie und Journalistik in Leipzig und war dort als wissenschaftlicher Assistent mit Lehrauftrag tätig. Nach schweren politischen Angriffen musste er 1959 die Universität verlassen und wurde Hilfsarbeiter im Schwermaschinenbau und in der Landwirtschaft. Seit 1962 lebte er, verheiratet mit einer tschechischen Ärztin, als freiberuflicher Schriftsteller in Greiz in Thüringen. Nach dem Erscheinen des Prosabuches *Die wunderbaren Jahre* (1976) im Westen wurde Kunze aus dem DDR-Schriftstellerverband ausgeschlossen (Oktober 1976) und erhielt faktisch Berufsverbot. Im April 1977 – fünf Monate nach der Ausbürgerung Biermanns – sah er sich gezwungen, mit seiner Familie die DDR zu verlassen. Er lebt jetzt in Obernzell bei Passau. Nach der politischen »Wende« in der DDR wurde ihm bei seinem ersten Wiederauftreten in Greiz (Januar 1990) »vor begeistertem Publikum« (»Thüringische Landeszeitung«) eine öffentliche Entschuldigung zuteil. Kunze, der 1989/90 Gastdozenturen für Poetik an den Universitäten München und Würzburg innehatte, ist u. a. Mitglied mehrerer Akademien (München, Darmstadt, Mannheim), Gründungsmitglied der Sächsischen Akademie der Künste, Ehrenmitglied des ungarischen Schriftstellerverbandes und des tschechischen P.E.N.-Zentrums. Den Verband Deutscher Schriftsteller verließ er 1982, die Berliner Akademie der Künste 1992. Für sein Werk, das bisher in mehr als 30 Sprachen übersetzt wurde, erhielt er zahlreiche Preise, unter anderem 1968 den Preis für Nachdichtungen des Schriftstellerverbandes der ČSSR, 1971 den Deutschen Jugendbuchpreis, 1977 den Georg-Trakl-Preis (zus. m. Friederike Mayröcker), nach der Übersiedlung 1977 den Andreas-Gryphius-Preis (zus. m. Rose Ausländer) und den Georg-Büchner-Preis, 1981 den Geschwister-Scholl-Preis, 1984 den Eichendorff-Literaturpreis, 1984 das Verdienstkreuz Erster Klasse der Bundesrepublik Deutschland, 1988 den Bayerischen Verdienstorden, 1989 den Kulturpreis Ostbayern, 1990 den Herbert-und-Elisabeth-Weichmann-Preis, den Hanns-Martin-Schleyer-Preis, 1993 das Große Bundesverdienstkreuz und die Ehrendoktorwürde der TU Dresden, 1997 den Weilheimer Literaturpreis, 1999 den Friedrich-Hölderlin-Preis, 2001 den Hans-Sahl-Literaturpreis und den Bayerischen Maximiliansorden für Kunst und Wissenschaft sowie 2002 den Kunstpreis zur deutsch-tschechischen Verständigung.

Kunze, einer der bedeutendsten Lyriker aus der mittleren Generation der DDR, begann in den Fünfzigerjahren mit klischeehaft-vordergründigen Arbeiten, in denen sich der junge Dichter an den damals offiziell erwünschten Vorbildern des sozialistischen Realismus orientiert hatte. Erst die Begegnung mit der Poesie der Tschechen und Slowaken befreite ihn aus den Abhängigkeiten und machte ihm Mut zu eigener lyrischer Artikulation. Seine wichtigsten Gedichte finden sich außer in der Sammlung *widmungen* (1963), in die auch frühere Texte übernommen wurden, in den Bänden *sensible wege* (1969), *zimmerlautstärke* (1972) und in dem nach langer Pause in der DDR erschienenen Auswahlband *Brief mit blauem Siegel* (1973). Der Band *sensible wege* zeigt den Lyriker in der Position eines Mannes, der gegen die Stagnation der Revolution ankämpft, der die Rechte des Einzelnen verteidigt und sich gegen das Denken in den Kategorien Schwarz und Weiß wehrt. Hier artikuliert sich ein engagierter Sozialist, der sich um Selbstfindung müht und dem in seinen dialektisch argumentierenden Gedichten Bilder von überraschender Prägnanz gelingen; ein verletzlicher, sensibler Dichter, der mit knappen Worten seine Lage skizziert, der sich in kritischer Liebe zu seinem Land bekennt, in dem er das Leben für die Menschen menschlicher machen möchte: »Ausgesperrt aus büchern / ausgesperrt aus zeitungen / ausgesperrt aus sälen // eingesperrt in dieses land / das ich wieder und wieder wählen würde.«

Freilich hat man Kunze in der DDR seine Kritik verübelt und ihm mit einer Vielzahl von Schikanen das Leben schwer gemacht. So konnte auch die Sammlung *zimmerlautstärke* (1972) nur im Westen erscheinen. In diesem Buch vergleicht Kunze vom Standpunkt sozialistischer Humanität aus Anspruch und Wirklichkeit in seinem Land kritisch miteinander. Eine Reihe von Gedichten gilt der ČSSR: Sie bilden Seismogramme der Erschütterung über das, was am 21. August 1968 mit der Okkupation dem Land seiner Freunde angetan wurde. Schließlich nimmt Kunze in mehreren Gedichten Stellung zur Sowjetunion und zum Schicksal des damals noch in der UdSSR lebenden und politisch diffamierten Alexander Solschenizyn; in der Nobelpreisverleihung an Solschenizyn sah Kunze ein Ereignis, das »die finsternis lichtet«. Dem Band *zimmerlautstärke* hatte er programmatisch das Seneca-Wort vorangestellt: »Bleibe auf deinem Posten und hilf durch deinen Zuruf; und wenn man dir die Kehle zudrückt, bleibe auf deinem Posten und hilf durch dein Schweigen.« Dieses Motto könnte auch für Kunzes inzwischen bekanntestes Buch, den Prosaband *Die wunderbaren Jahre*, gelten, in das viel Wirklichkeit eingegangen ist, das aber nicht zur Dokumentarliteratur im engeren Sinne gehört. Kunze entwirft das Bild einer Jugend, die zu Anpassung und Gehorsam erzogen wurde, und er zeichnet und reflektiert die Lage in der ČSSR, 1968 und 1975, sieben Jahre nach der Okkupation. Kunzes mutiges und wahrhaftiges Buch stellt ein Mosaik aus selbstständigen Einzeltexten unterschiedlichster Art dar, wie Prosagedicht, Kurzszene, Rapport, Flugblatt, Erzählung, Dialog. Die Sprache wirkt klar, präzise und von artifizieller Einfachheit, sie erscheint eher karg als weitschweifig. So unterstreicht auch die Struktur der Texte den quasidokumentarischen und exemplarischen Charakter des Werkes und vermittelt den Eindruck unbedingter Authentizität, den der gleichnamige Film 1980, bei dem Kunze selbst Regie führte, vermissen lässt. Heinrich Böll: »Kunze stellt die Wirklichkeit, die ihm in die Falle geht.«

Auch die gesellschaftliche und politische Wirklichkeit in der Bundesrepublik provozierte Kunze zu verschiedenen, nicht selten umstrittenen Stellungnahmen. Freilich sollte nicht überhört werden, was Kunze selbst in einem Interview zur Frage seines politischen Engagements gesagt hat: »Ich stelle mich dem Politischen dort, wo es mich als Autor stellt, wo es ins Existenzielle hineinreicht. Aber ich bin kein politischer Autor, kein Autor, der schreibt, um Politik zu machen.« In den Jahren seit seiner Übersiedlung hat Kunze zahlreiche schmale Bände mit Nachdichtungen tschechischer Lyrik und Prosa vorgelegt, vornehmlich von Dichtern, die während der kommunistischen Diktatur verboten oder ins Abseits gedrängt waren: »Wohl kaum ein anderer Dichter der deutschen Sprache hat je in solchem Maße aus der tschechischen Poesie geschöpft wie Reiner Kunze«, schrieb 2001 der tschechische Germanist Roman Kopřiva. Milan Kundera charakterisierte Kunze als den slawischsten Deutschen, den er kenne, und Václav Havel äußerte die Hoffnung, »dass viele Tschechen und Deutsche in Wahlverwandtschaft lebten und arbeiteten wie die Dichter Jan Skácel und Reiner Kunze«.

Der erste eigene Lyrikband nach Kunzes Übersiedlung in den Westen *auf eigene hoffnung* erschien 1981. Die meisten dieser Gedichte wurden bereits in der Bundesrepublik (*auch dies ist mein land*) geschrieben. In ihnen werden die neuen Erfahrungen, nicht zuletzt auch Erlebnisse auf Reisen im westlichen Ausland, benannt und reflektiert. Fünf Jahre später, 1986, veröffentlichte Kunze die Sammlung *eines jeden einzigen leben*: poetische Reaktionen auf Gesehenes, Erlebtes, Erfahrenes, sehr dichte, metaphernreiche Texte, die deutlich dialogischen Charakter tragen. Nach eigener Aussage schreibt Kunze, um innere Situationen zu bewältigen, die er anders nicht bewältigen könne; um Haltungen zu gewinnen; um Flüchtigem ein wenig Dauer zu verleihen: »Ich schreibe, um mein Leben zu intensivieren und (...) um innere Entfernungen zu Menschen zu verringern, die ich nicht kenne.« Als lyrischer Aphoristiker setzt Kunze die Tradition des späten Brecht fort: Mit Sprach- und Wortwitz wird dialektisch argumentiert, die Reflexion wird zielstrebig auf eine überraschende Pointe zugetrieben. Kunze ist ein Meister der genauen Wahrnehmung. Ihm gelingen Gedichte, in denen Natur und Landschaft genau lokalisierbar sind, Gedichte, die Gesehenes deutlich zeigen und die dann, auf einer zweiten Ebene, über das Bild hinausdeuten.

In den Achtziger- und Neunzigerjahren hat Kunze eine ganze Reihe von Büchern meist geringeren Umfangs publiziert. Außer Übertragungen sind dies gesammelte Interviews, Reden, Dokumentationen, auch Bände mit eigenen Fotos. Im Zentrum seiner literarischen Arbeit aber stand weiterhin das Gedicht. 1998 legte er die Sammlung *Ein Tag auf dieser Erde* vor. »poesie ist außer Wahrheit / vor allem poesie«, heißt es in einem dem Leipziger Horst Drescher gewidmeten Gedicht. Das ist für Kunze Programm. Das dichterische Bild, das die Verbindung zwischen zwei entgegengesetzten Welten herstellt, muss stimmen, dann ist das Gedicht wahr. Und solche Wahrheit zeigt sich sowohl in dem aus 15 Gedichten bestehenden Zyklus, der dem Buch den Titel gab und in dem der Tag eines Anglers zum Bild eines ganzen Lebens wird, als auch in kleinen, haikuhaften Texten wie *In blauem Feld:* »der baum, ein schräges segel, / wirft den schatten sich / als boot.«

Reiner Kunze schreibt Gedichte, die, bei allem Realitätsgehalt, über die Information hinausgehen und die, bei aller Subjektivität, nichts anderes sind als Meinung: Gedichte, die nicht ohne erheblichen Substanzverlust ins Begriffliche zu übersetzen wären. Diese Texte muten eigentlich ganz einfach an, sind in Wahrheit aber höchst artifizielle lyrische Gebilde, zumeist reimlos und in freien Rhythmen. Wenn dann in einem Gedicht über den Mozart spielenden Vladimir Horowitz beinahe unmerklich doch einmal Jamben und Reime auftauchen, ist dies vom Thema her durchaus legitim. Der Reim ist hier kein aufgesetzter Klingklang, sondern ergibt sich wie selbstverständlich als Parallele zum Mozartklang. Auch an solchen Subtilitäten wird die hohe Meisterschaft des Lyrikers Reiner Kunze erkennbar.

Jürgen P. Wallmann

Werke: *Die Zukunft sitzt am Tische*, G., zus. m. E. Günther, Halle 1955; *Das Genre Feuilleton in der Presse der DDR*, Vorlesung, 1958; *Vögel über dem Tau*, G., Halle 1959; *Mir gegenüber*, Feuill., zus. m. H. Knobloch, Halle 1960; *Lieder für Mädchen, die lieben*, Lpz. 1960; *Halm und Himmel stehn im Schnee*, Weihnachtskantate, 1960, Schpl. 1969; *Wesen und Bedeutung der Reportage*, Ess., Ost-Bln. 1960; *Fragen des lyrischen Schaffens*, Ess., zus. m. G. Wolf u. K. Pfützner, Halle 1960; *Mein Wort, ein weißer Vogel. Eine Anthologie junger deutscher Lyrik*, Hg., 1961; *Der Wind mit Namen Jaromir*, Nachdicht., Halle 1961; *Aber die Nachtigall jubelt*, Liedtexte, Halle 1962; *Widmungen*, Bad Godesberg 1963; *Die Tür*, Nachdicht., Bad Godesberg 1964; *J. Skácel: Fährgeld für Charon*, G., Übs., Hbg. 1967; *Poesiealbum 11*, G., hg. v. Bernd Jentzsch, 1968; *Sechs Variationen über das Thema »Die Post« und drei Gedichte*, Reinbek 1968; *V. Holan: Nacht mit Hamlet*, Übs., Hbg. 1969; *sensible wege*, G., Reinbek 1969; *Der Löwe Leopold. Fast Märchen, fast Geschichten*, Kinderb., Ffm. 1970, Schpl. 1973 u. 1978, erw. Ausg. 1974; *A. Brousek: Wunderschöne Sträflingskugel*, G., Übs., Darmst. 1970; *V. Holan: Vor eurer Schwelle*, Übs., Darmst. 1970; *Der Dichter und die Löwenzahnwiese*, Kinderb., Bln. 1971; *Zimmerlautstärke*, G., Ffm. 1972; *Brief mit blauem Siegel*, G., Lpz. 1973; *Gedichte*, m. Grafiken v. H. G. Anniès, Dresden 1975; *Die Bringer Beethovens*, G., m. Holzschnitten v. HAP Grieshaber, Düsseld. 1976; *Die wunderbaren Jahre*, Pr., Ffm. 1976; *Darf der Schriftsteller überhaupt vernünftig werden wollen?*, Büchner-Preis-Reden v. Heinrich Böll u. R. K., Ffm. 1977; *Die wunderbaren Jahre. Lyrik, Prosa, Dokumente*, hg. v. Karl Corino, Gütersloh 1978; *Das Kätzchen*, Kinderb., Ffm. 1979; *Der Film »Die wunderbaren Jahre«. Lesefassung des Drehbuchs*, Ffm. 1979; *Auf eigene Hoffnung*, G., Ffm. 1981; *Wo wir wohnen*, G. u. Pr., Weilheim 1981; *Ergriffen von den Messen Mozarts*, Ess., Hauzenberg 1981; *Eine stadtbekannte Geschichte*, Kinderb., Olten 1982; *V. Obrtel: Sommertraum*, Übs., Hauzenberg 1982; *M. Macourek: Eine Tafel blau wie der Himmel*, Kinderb, Übs., Hauzenberg 1982; *Jan Skácel: Wundklee*, Übs., Ffm. 1982; *L. Chytilová/L. Nagy: Manchmal schreibt mir das Weibchen des Kuckucks*, Übs., Hauzenberg 1982; *Gespräch mit der Amsel*, G., Ffm. 1984; *In Deutschland zuhaus. Funk- u. Fernsehinterviews 1977–1983*, Hauzenberg 1984; *Elisabeth Kottmeier: Die Stunde hat 60 Zähne*, Hg., Hauzenberg 1984; *Jaroslav Seifert: Erdlast*, Übs., Hauzenberg 1985; *Über, o über dem Dorn. Gedichte aus hundert Jahren*, Hg., Ffm. 1986; *Die wunderbaren Jahre/Ausgewählte Gedichte*, Ffm. 1986; *Die Richtung des Kunstwerks*, Rede, 1986; *Mario Schoßer: Dialoge. Bilder zu Gedichten von R. K.*, Hauzenberg 1986; *Zurückgeworfen auf sich selbst. Interviews 1983–1988*, Hauzenberg 1989; *Das weiße Gedicht*, Ess., Ffm. 1989; *Selbstgespräch für andere*, G. u. Pr., Stg. 1989; *Jan Skácel: Das blaueste Feuilleton*, Übs., Hauzenberg 1991; *Deckname »Lyrik«*, Dok., Ffm. 1990; *Jan*

Skácel: Die letzte Fahrt mit der Lokalbahn, Übs., Hauzenberg 1991; *Wohin der Schlaf sich schlafen legt*, Kinderb., m. Illustr. v. Karel Franta, Ffm. 1991; *Am Krankenbett des Tierbildhauers Hienz Theuerjahr*, G., Hauzenberg 1991; *Mensch ohne Macht. Dankreden*, Hauzenberg 1991, *Am Sonnenhang. Tagebuch eines Jahres*, Ffm. 1993; *Begehrte, unbequeme Freiheit. Interviews 1989–1992*, Hauzenberg 1993; *Wo Freiheit ist ... Gespräche 1977–1993*, Ffm. 1994; *Der Dichter Jan Skácel*, Porträt, Hauzenberg 1996; *Bindewort »deutsch«*, Reden, Hauzenberg 1997; *Milena Fucimanova: Schmerzstrauch*, Übs., Hauzenberg 1997; *Ein Tag auf dieser Erde*, G., Ffm. 1998; *Marie Skálová: Die Schuld der Unschuldigen. Lebenserinnerungen*, Übs., zus. m. Elisabeth Kunze, Hauzenberg 1999; *Die Regenwolken zogen ab. Gedichte aus vierzig Jahren*, m. Illustr. v. Bettina Haller, Passau 2001, u. d. T. *Die großen Spaziergänge*, Schpl., 2001; *Gedichte*, Ffm. 2001; *Bohuslaw Reynek, Jan Zahrradníček, Ivan Blatný: Hoffnung auf Heimkehr*, Übs., Hauzenberg 2002; *Die Aura der Wörter. Denkschrift*, Stg. 2002; *Der Kuß der Koi*, Pr. u. Fotos, Ffm. 2002.

Kurbjuweit, Dirk, wurde am 3. 11. 1963 in Wiesbaden geboren. Nach einem Studium der Volkswirtschaft war er von 1990 bis 1999 Redakteur der Wochenzeitung »Die Zeit«. Seit 1999 arbeitet er beim Wochenmagazin »Der Spiegel«, dessen Berliner Büro er seit Ende 2002 stellvertretend leitet. Kurbjuweit lebt in Berlin. 1998 und 2002 wurde ihm der Egon-Erwin-Kisch-Preis für die beste Reportage verliehen. Die Verfilmung seines Romandebüts *Die Einsamkeit der Krokodile* (Regie: Jobst Oetzmann) wurde 2001 mit dem Bayerischen Filmpreis ausgezeichnet.

Die Rezensenten rücken das Werk Dirk Kurbjuweits gern in die Nähe eines literarischen Existenzialismus. Tatsächlich erscheinen seine oft einzelgängerischen Figuren im Sartreschen Sinn als zur Freiheit geradezu Verurteilte in einer sinnentleerten Welt. Stilistisch wie thematisch hat Kurbjuweits Arbeit als Reporter Spuren auch in seiner fiktionalen Arbeit hinterlassen. Seine Sprache ist stets geschliffen, direkt und zuweilen routiniert. Gelegentlich verdanken sich manche seiner Motive der Tagesaktualität, ohne aber notwendig darunter zu leiden. Immer ist ein starker Gestaltungswille zu spüren.

Kurbjuweits Erstlingswerk *Die Einsamkeit der Krokodile* (1995) ist ein Roman aus der Provinz. Der Ich-Erzähler, selbst ein Einzelgänger, recherchiert das Leben und Sterben seines entfernten Cousins Günther in einem pfälzischen Dorf. Kurbjuweits Schilderung des Dorflebens zwischen Schweinemast und Wurstproduktion ist dabei so drastisch wie effektvoll, das soziale Klima im Dorf, von aggressiver Angst vor dem Anderen geprägt, erweist sich als mörderisch. Die romanhafte Erkundung ergibt folglich: Günther, Sohn des ortsansässigen Metzgers, wurde Opfer eines »Mordselbstmords«. Während der Erzähler befindet: »Es kann sich ja jeder seine eigene Normalität suchen«, entgegnet der Pfarrer im Ort: »Man findet zu sich nur über andere.« Zuletzt erscheint Günther als einer, der hätte weggehen können, aber vor der Gestaltung seiner Freiheit versagt hat. Dem Ich-Erzähler hingegen, Günthers verwandte Geschichte vor Augen, gelingt der Absprung in ein selbst gestaltetes Leben, dessen Normalität er selbst bestimmt. Sinnfällig zieht er sich auf sein eigenes Boot zurück.

Deutlich schwächer als *Die Einsamkeit der Krokodile* ist Kurbjuweits zweiter Roman *Schußangst* (1998). Sein Protagonist Lukas Eiserbeck, Nachwuchsruderer, Zivildienstleistender in Hamburg und wiederum ein Einzelgänger aus der Provinz, wird darin zum militanten Kriegsgegner. Seine Wandlung zum Attentäter jedoch bleibt psychologisch nur unzulänglich motiviert: Eine strapazierte Mischung aus enttäuschter Liebe, unverarbeiteter biografischer Vergangenheit und zweifelhafter medialer Inszenierung des Jugoslawien-Krieges treibt ihn an.

Im Gegensatz zu *Schußangst* viel gelobt hingegen wurde Kurbjuweits bislang letztes fiktionales Werk. Die Novelle *Zweier ohne* (2001) ist ein präzises, wiederum existenzialistisch geprägtes Drama der Freundschaft und der Initiation: »Nur ein Freund konnte einem das Gefühl geben, da zu sein.« Die viel beschworene Gemeinsamkeit der Protagonisten Ludwig und Johann jedoch – symbolisiert im Ruderboot, auf das der Titel anspielt – muss zwischen Pubertät, erster Liebe und existenzieller Einsamkeit zerbrechen: Wie alle Texte Kurbjuweits spielt auch *Zweier ohne* in stets unmittelbarer Todesnähe. Hatten seine Romane unter der gelegentlich forciert wirkenden Überfülle ihrer Motive gelitten, kommt dem Autor die Form der Novelle mit ihrer traditionell hohen Motivdichte entgegen. Wo in die *Einsamkeit der Krokodile* und *Schußangst* manches Zeichen noch ins Ungefähre führte, gelingt in *Zweier ohne* ein regelrechtes Verweissystem von hoher Kunstfertigkeit und Virtuosität.

Wieland Freund

Werke: *Die Einsamkeit der Krokodile*, R., Ffm. 1995, Film 2001; *Schußangst*, R., Ffm. 1998, Film 2001/2002; *Zweier* *ohne*, Novelle, Zür. 2001; *Unser effizientes Leben. Die Diktatur der Ökonomie und ihre Folgen*, Sachb., Reinbek 2003.

Kurzeck, Peter, wurde am 10. 6. 1943 in Tachau/Böhmen geboren. Als Flüchtlingskind wuchs er im hessischen Staufenberg bei Gießen auf. Nach der Schulzeit absolvierte er eine kaufmännische Lehre und arbeitete später als Personalchef für die deutschen Angestellten bei der US Army in Gießen. 1977 zog er nach Frankfurt am Main. Er unternahm ausgedehnte Reisen, vor allem nach Frankreich und Südosteuropa. Heute lebt er in Uzès, Südfrankreich, und in Frankfurt am Main. Kurzeck wurde 1988 mit dem Literaturpreis des Landkreises Gießen, 1989 mit dem Kunstpreis der Stadt Cloppenburg, 1990 mit dem Jahreskunstpreis des Frankfurter Vereins für Künstlerhilfe, 1991 mit dem Alfred-Döblin-Preis, 1994 mit dem Joseph-Breitbach-Preis, 1995 mit der Ehrengabe der deutschen Schillerstiftung, 1999 mit dem Großen Literaturpreis der Bayerischen Akademie der Schönen Künste und 2000 mit dem Hans-Erich-Nossack-Preis ausgezeichnet. Er amtierte 1995 als Wetterauer Stadtschreiber und 2000/2001 als Stadtschreiber von Bergen-Enkheim.

Im Zentrum von Peter Kurzecks Prosa steht die Zeit. Seine Bücher sind Zeit-Romane in doppelter Hinsicht: Er versucht, das Vergehen der Zeit zu erfassen und aufzuhalten und schreibt damit in hartnäckigen Erinnerungsbewegungen zugleich eine Chronik der Bundesrepublik Deutschland aus der Perspektive der Provinz. Alle seine Bücher verarbeiten autobiografisches Material und führen einen einzigen, endlosen Text immer weiter. Sie spannen einen Bogen von der unmittelbaren Nachkriegszeit bis in die Achtzigerjahre und führen von Staufenberg, das Kurzeck in dem Dorfroman *Kein Frühling* (1987) porträtiert, über die Bundesstraße 3 – wo weite Teile des Romans *Keiner stirbt* (1990) spielen – bis nach Frankfurt am Main, wo der Roman *Übers Eis* (1997) und dessen Fortsetzung *Als Gast* (2003) angesiedelt sind. Die Entwicklung der Gesellschaft ist mit dieser Bewegung vom Dorf über die Automobilisierung der Gesellschaft bis in die Stadt nachgezeichnet. Kurzecks Landschaften sind stets vom Untergang bedroht oder schon in der Vergangenheit versunken. Nur im eigenen Gedächtnis haben sie noch einen Ort.

»Die Idylle wird bald ein Ende haben!«, lautet der bedrohliche Untertitel seines Debütromans *Der Nußbaum gegenüber vom Laden, in dem du dein Brot kaufst* (1979), der Jugenderinnerungen an eine mit dem Rauswurf beendete Schulzeit, an frühe Versuche mit der Malerei und erste Reisen ebenso enthält wie bereits das typische Kurzeck-Personal: Kleinbürger, Hausmeister, Eckkneipenbenutzer, Herumtreiber aller Art. Doch ebenso wie in der Trinkerhöllenfahrt *Das schwarze Buch* (1982), das die Alkoholdelirien eine Mannes nachzeichnet, der an seinem Vertreterdasein verzweifelt, mangelt es hier noch an formaler Durchdringung der Materialfülle, die das Gedächtnis im Übermaß bereitstellt. Erst in *Kein Frühling* (1987) hat Peter Kurzeck zu seinem kunstvollen, elliptischen Stil und seiner unverwechselbaren, musikalischen Sprache gefunden. Seine Sätze sind der Umgangssprache nachempfunden, ohne sie direkt abzubilden, und sind damit in der Lage, die teilweise komplizierten Gedankenwindungen der Protagonisten nachzuzeichnen. In *Kein Frühling* gelingt Kurzeck das Kunststück, das Stimmengewirr des Dorfes als chorhafte Erzählerstimme abzubilden und damit das kollektive Bewusstsein der Landbevölkerung zum Sprechen zu bringen. Der Roman führt die bäuerliche Lebens- und Denkweise vor, ohne zu denunzieren und ohne romantisch zu verklären. Er ist ein seltenes Beispiel gelungener Heimatliteratur ohne alle Tümelei. Eine Handlung im engeren Sinn gibt es nicht, wohl aber wird eine gesellschaftliche Entwicklung gezeigt, die sich mit der Arbeit im Hüttenwerk und in der Holzindustrie ankündigt. Die Bauern sind zur Lohnarbeit gezwungen, weil sie von der Landarbeit allein nicht mehr leben können. Beschrieben wird der Abschied von einer Epoche, die im Rhythmus der Jahreszeiten lebte, und der Übergang in die Moderne, die durch Stechuhr und »eiligen Fabrikschritt« gekennzeichnet ist.

In *Keiner stirbt* (1990) ist die Fragmentierung des Subjekts in einer sich beschleunigenden Welt weiter fortgeschritten. Der Roman spielt an vier Tagen Ende Oktober 1959. Wieder gibt es ein Erzählerkollektiv; diesmal handelt es sich um eine Gruppe junger Männer, deren Stimmen, Erinnerungen und Reflexionen nicht immer auseinander zu halten sind. Sie sind mit einem Kleinbus unterwegs von Gießen ins Frankfurter Bahnhofsviertel, dem Fixpunkt ländlicher Sehnsüchte nach Abenteuer, Erotik, Konsum und Freiheit. Weiter draußen in der Ferne locken dann nur noch Frankreich und das Meer. Entwurzelt, heimatlos geworden im Raum und in der Zeit, hat die Protagonisten eine Unruhe erfasst, die im Erzählfluss der Prosa Peter Kurzeck ihre Entsprechung findet.

Mit der Welt und den Dingen ist auch die Sprache in Bewegung geraten, verlieren die Sätze ihre syntaktische Festigkeit, verebben, zerfließen, verlieren häufig unterwegs ihre Verben. Die Funktion der Sprache ist es, die Fließgeschwindigkeit so zu erhöhen, dass kein Detail untergehen kann. Kurzeck sieht seine Aufgabe als Erzähler darin, sich an jeden Augenblick zu erinnern, damit nichts, was war, verloren geht.

Auch der Roman *Übers Eis* (1997) ist ein notwendigerweise vergeblicher und also fortzusetzender Versuch, sich der Vergänglichkeit erzählerisch entgegenzustellen. Der mit dem Autor weitgehend identische Ich-Erzähler dieses offen autobiografischen Werkes hat sich im Winter 1983/84 in Frankfurt von seiner Freundin getrennt, ist aus der gemeinsamen Wohnung ausgezogen und muss damit auch das Töchterchen verlassen. Gleichzeitig versucht er, als Autor Fuß zu fassen, und arbeitet an seinem dritten Roman. Damit gerät der sich erinnernde Autor selbst in den Blick – der Zirkel der Erinnerung ist geschlossen. In *Übers Eis* gibt Kurzeck Einblick in seine Produktionsweise. Er offenbart sein Schreiben als eine Form der Selbsttherapie und den Autor als einen unermüdlichen Archivar des eigenen Lebens.

Die Zirkularität des Schreibens und eines Gedächtnisses, dem sich jeder Tag bis ins Unendliche vervielfältigt, radikalisiert Kurzeck in *Als Gast* noch weiter. In diesem Buch sind alle früheren Bücher Kurzecks als Gegenstand der Erinnerung enthalten, so wie in jedem Augenblick alle früheren enthalten sind. Die Quadratur des Erzählens in und mit der Zeit droht jedoch zu stagnieren. Der Erzähler kommt nicht vom Fleck. »Ohne Umwege mag ich nicht«, sagt er und kommt niemals an. Das ist sein Glück und seine Not.

Jörg Magenau

Werke: *Der Nußbaum gegenüber vom Laden, in dem du dein Brot kaufst*, R., Basel/Ffm. 1979; *Das schwarze Buch*, R., Basel/Ffm. 1982; *Kein Frühling*, R., Basel/Ffm. 1987; *Kommt ein Zirkus ins Dorf*, Hsp., 1987; *Keiner stirbt*, R., Basel/Ffm. 1990; *Mein Bahnhofsviertel*, E., Basel/Ffm. 1991; *Der Sonntagsspaziergang*, Hsp., 1992; *Vor den Abendnachrichten*, En., Hdbg. 1996; *Übers Eis*, R., Basel/Ffm. 1997; *Dass wir hier sind, Rosenmontag, Ein Samstag im März. Drei Erzählungen*, in: Der Literaturbote 59, Okt. 2000; *Als Gast*, R., Basel/Ffm. 2003.

Kusz, Fitzgerald (urspr. Rüdiger), geboren am 17. 11. 1944 in Nürnberg, wuchs in Fürth/Mittelfranken auf, besuchte ein humanistisches Gymnasium und studierte Germanistik und Anglistik in Erlangen. Von 1967 bis 1968 arbeitete er als Assistant Teacher in Nuneaton/England, danach war er von 1972 bis 1982 als Deutsch- und Englischlehrer im Schuldienst tätig. Seither lebt er als freier Schriftsteller in Nürnberg. Er ist Mitglied in der Autorenvereinigung »Die Kogge«, im VS und im P.E.N.-Zentrum der Bundesrepublik Deutschland. 1974 erhielt er den Förderpreis der Stadt Nürnberg für Literatur, 1975 den Hans-Sachs-Preis, 1977 das Gerhart-Hauptmann-Stipendium der Freien Volksbühne Berlin, 1983 den Wolfram-von-Eschenbach-Preis, 1984 den Förderpreis für Schriftsteller des Landes Bayern, 1988 den Kulturpreis der Stadt Nürnberg, 1992 das Bundesverdienstkreuz, 1998 die Verdienstmedaille »Pro Meritis« München und den Friedrich-Baur-Preis der Bayerischen Akademie der Schönen Künste.

Als Sohn eines Berliner Opernsängers und einer fränkischen Hausfrau befand sich Fitzgerald Kusz von Anfang an »im Spannungsverhältnis zwischen zwei Dialekten«. Er begann allerdings mit Gedichten und Texten in hochdeutscher Sprache, bearbeitete sie spielerisch unter dem Einfluss der Pop-Poesie zum Zweck politischer Agitation. Als Germanistikstudent und Mitglied des »Sozialistischen Deutschen Studentenbundes« hatte er 1967 seinen ersten öffentlichen Auftritt zusammen mit Peter Handke bei einem Festival in Erlangen. Auch wenn er mit seinen Sprachcollagen aus Comics, Werbesprache, Redewendungen und Zeitungsschlagzeilen damals bereits lokale Aufmerksamkeit erregte, musste er Absagen von Verlegern und Lektoren wie F. C. Delius (»Es wundert mich, daß das politische Bewußtsein des Autors nicht mehr in die Gedichte eingesickert ist, es wird nur reproduziert und sorgt nicht für Aggressivität und Fantasie in den Gedichten«) reihenweise hinnehmen (vgl. *Wunschkonzert*, 1971). Unter dem Einfluss der Großmutter, deren Wissen ein schier unerschöpfliches Reservoir an mündlich überlieferten fränkischen Sprichwörtern, Redewendungen und Geschichten darstellte, und nach dem Vorbild der Wiener Gruppe um H. C. Artmann erfolgte die Hinwendung zur Mundart, zum fränkischen Dialekt. Er entdeckte eine dem Dialekt »innewohnende subversive Sprengkraft« und wurde sich dessen Potenzial an Ausdrucksmöglichkeiten bewusst, vor allem bei spontanen Äußerungen, und der Möglichkeit, über die Entlarvung stereotyper Sprachbilder als schichtenspezifisches Sprechverhalten indirekte Verhaltenskritik artikulieren, das heißt

unter anderem, Inhalte, die bislang nur der hochdeutschen Lyrik vorbehalten waren, auch in der Mundart ausdrücken zu können (»Demokratisierung der Poesie«). Auch können Inhalte, die bislang nicht literaturfähig erschienen, in der Mundart zum Thema werden. Sprache als Form der menschlichen »Kommunikation und Verhinderung von Kommunikation« wird für Kusz zum gesellschaftlichen Seismografen, zum Spiegelbild menschlicher Verhaltensweisen.
Die Gedichte von Fitzgerald Kusz leben häufig aus dem Kontrast zwischen hochdeutscher Überschrift und in Fränkisch gehaltenen Textzeilen, aus ihrer Fähigkeit, scheinbar abstrakte Gegenstände (Kultur, Erziehung usw.) schnell und zupackend ins Konkrete, Verständliche und Bildhafte umzusetzen. Mit an Brecht geschulter Auslassungstechnik setzt Kusz den Assoziationsprozess des Lesers in Gang; durch die geballte Aussagekraft der Topoi innerhalb eines Gedichtes (es gibt auch häufig mehrere Gedichtvariationen zu einem Thema) wird die Hohlheit einer Sprache, die typisch für die Denkweise eines kleinbürgerlichen Biotops ist, besonders deutlich. Verbale Gewalttätigkeiten wie Schimpfwörter, Flüche, Beleidigungen, Provokationen und Gewaltandrohungen sind zahlreich; sie kennzeichnen eine gewisse Lieblosigkeit und Kälte im menschlichen Umgang. Kusz verurteilt und belehrt nicht. Trotz aller spöttischen und hart zupackenden Kritik scheint immer Sympathie für die Betroffenen durch, einem leisen Zweifel folgend, ob man auch nicht zu hart gewesen, alles gerecht berücksichtigt und nichts übersehen habe: »deä aa sachd äsu / und dä andä äsu / edz waaßi nimmä / wäi i droo bin.«
Kusz ist ein genauer Beobachter, er notiert Alltagsimpressionen im Gewühl der so genannten kleinen Leute, achtet auf die Stimme des Volkes, hat den Blick für die kleinen, unauffälligen Härten und Schicksale des Lebens. Er dechiffriert eine Sprache, die meist nach der »oddnung« schreit, die aber bei allem alltäglichen Frust die Kontinuität der bestehenden gesellschaftlichen Verhältnisse bestätigt (»iich will mein rouh / iich hald mei maul«).
Seit Beginn der Achtzigerjahre wurden seine Gedichte, bei aller Vorliebe für epigrammatische Schlaglichter, Gelegenheitsgedichte und Haikus, poetischer, länger, melancholischer, aber auch zärtlicher, wie in den Kindergedichten (*seid mei uhr nachm mond gäihd*, 1984); Gedichte über eine halbherzige Vergangenheitsbewältigung, über Ausländerfeindlichkeit, über eine beschädigte Natur und beschädigte Seelen dominieren im Band *Irrhain* (1987). Die Gedichte von Kusz sind dialogisch konzipiert; es handelt sich um kleine Szenen, in denen sich ein fiktiver Sprecher an ein Gegenüber wie an einen Gesprächspartner wendet. Kusz bevorzugt den leisen Spott, die vorsichtige Skepsis. Denn er mag die Menschen, die er beschreibt, auch wenn sie ihm manchmal furchtbar auf die Nerven gehen, und er gerne derb reagieren möchte. Klerus und Staat müssen sich kräftigere Seitenhiebe gefallen lassen. Aber letztlich bleibt der Ton immer versöhnlich, das *Gedicht als Waffe*, so ein Titel (*Hobb*, 1994) tauge nur zum Mücken Erschlagen. Im fränkischen Weichdeutsch streut Kusz seine Haikus als *Schdernla* (1996) unters Volk, ihre Wirkung entfaltet sich als Lautmalerei.
Der Übergang des Lyrikers zum »Stücklesschreiber« erfolgte konsequent. Schon das erste Stück *Schweig, Bub!* (1976) brachte für Kusz den Durchbruch. Seit der Premiere 1976 in Nürnberg steht es ununterbrochen auf dem Spielplan des dortigen Schauspielhauses, wurde in mehr als zehn deutsche Regionaldialekte und Spielfassungen übertragen und in mehrere Sprachen übersetzt. Auf einer Konfirmationsfeier zerfleischt sich die eingeladene Verwandtschaft in scheinheiliger Eintracht (»iich bin frouh, wenni kann vo dennä siich«) auf die »normalste« und subtilste Weise zugleich; gefestigt durch ungehemmtes Essen und Trinken belauert man sich, durch den Alkohol brechen alte Wunden wieder auf (»iich hädd beschdimmd woss wern kennä, wenni diich ned kennäglernd hädd«), man trauert verpassten Lebenschancen nach, räsoniert über die guten alten Zeiten und versucht sich in gegenseitiger Konkurrenz neiderfüllt zu übertreffen. Typische Mentalitäts- und Milieumerkmale, wie sie überall in Deutschland anzutreffen sind, ermöglichen die Transformation des Stückes, ohne seine inhaltliche Qualität zu beeinträchtigen.
Stinkwut (1979) spielt laut Regieanweisung in einem »Reihenhaus der ›Neuen Heimat‹, das in den Zwanzigerjahren gebaut und nicht unterkellert wurde«. Aus Verzweiflung über die Geruchs- und Lärmbelästigung einer angrenzenden Chemiefabrik greift die Familie Weidinger, nach mehreren vergeblichen Eingaben bei den Behörden, zur Selbsthilfe und gräbt einen unterirdischen Tunnel von der eigenen Küche zur Fabrik, um diese mithilfe von Chemiebaukästen (»Wr schlagn die bloß mit ihrn eigenen Waffn«) zu sabotieren. Man landet versehentlich im Tresorraum einer Bank, schwimmt urplötzlich im Geld und gerät ins Pläneschmieden (»seine

eigene kleine Welt aufbaun«). Streit keimt auf, man besinnt sich der alten Ziele, zerstört nun die Stromversorgung der Fabrik (»die Fabrik zerstört sich jetzt von selbst, unkontrollierbare chemische Prozesse laufen« nun ab) und schafft sich die ersehnte Idylle in sauberer Luft, bis im letzten Bild die Polizei erscheint.

Auch die Stücke *Saupreißn* (1981), eine Satire auf Berliner »Missionierungspläne« im kulturell unterentwickelten Frankenwald, laut Kusz »ein komisches Sittenbild deutscher Stämme im Wirtshausmief«, *Derhamm is derhamm* (1982), eine der Gerhard Polt-Satire *Man spricht deutsch* ähnliche Persiflage auf deutsche Urlauber im Ausland, hier der missglückte Ausflug des Kegelklubs »Schiefe Bahn« nach Cattolica/Italien, und *Unkraut* (1983), Grabenkämpfe von Kleingärtnern und Raiffeisensparern, garantieren jenen Unterhaltungswert, den Kusz an den Boulevardstücken Alan Ayckbourns bewundert und der ihn auf dem schmalen Grat zur Klamotte sicher balancieren lässt. In den Stücken *Burning love* (1984), das die Liebesunfähigkeit eines jungen Paares vor der trostlos-kalten Kulisse von Autobahnbrücke, Fast-Food und Disko schildert, und *Höchste Eisenbahn* (1985), das Psychogramm einer entfremdeten Schwesternbeziehung, will Kusz immer stärker in seine »Figuren hineinschauen und sie in ihren Widersprüchen darstellen. Das bedeutet auf der einen Seite ein Mehr an Psychologie, auf der anderen auch ein Mehr an Poesie.« Zu finden ist dies auch in *Der Alleinunterhalter* (UA 2003), einer Hommage an den populären fränkischen Dialektkomiker Herbert Hisel.

Alle, große und kleine Sünder, können sich im Kuszschen Teatro mundi wiederfinden, sich Ohrfeigen abholen und auf Vergebung hoffen. So entstand *Der fränkische Jedermann* (UA 2001) auch als Idee bei einer Beerdigung, als die Grabpredigt auf Fränkisch gehalten wurde, eine Nachdichtung der Hofmannsthalschen Vorlage, der »wuchtige Direktheit und ein Augenzwinkern« (Christopher Schmidt) bescheinigt wurde. In Anlehnung an Hans Sachs heißt es im Schlusswort: »An des denkt mer nie: / Allers gäiht derhii. / Drum tät eier Zeit ned versammer / und beizeitn eier Sündn auframmer / Dass allers nu gout wird zum goutn Schluss. / Des wünscht eich eier Fitzgerald Kusz.«

Thomas Kraft

Werke: *Beherzigungen*, G., Mü. 1967; *Wunschkonzert*, Gersthofen 1971; *Morng sixtäs suwisu nimmä*, G., Rothenburg/T. 1973; *kerichdhaffn*, G., Bln. 1974; *Liichdi nei und schlouf*, G., Rothenburg/T. 1976; *Feig* (auch Hsp., BR 1975), *Sweet death* (auch Hsp., 1977). *Zwei Einakter*, UA Mü. 1976; *Schweig, Bub!, Volksstück*, UA Nürnberg 1976, Hsp., BR 1977, CD 1999; *Hans Sachs: Fünf Fastnachtsspiele. Ins Landnürnbergerische übertragen*, Erlangen 1976; *Selber schuld. Volksstück*, UA Nürnberg 1977; *Woss G'scheids. Szenen*, UA Nürnberg 1978; *Besser wie gar nix. Ich leb bloß zweimal. Zwei Einakter*, UA Reutlingen 1978; *Todestag*, Hsp., 1978; *Zweierlei Maß*, Hsp., 1978; *Die Bestellung*, Hsp., SDR 1979; *ä daumfedern affm droddoa*, G., Erlangen 1979; *Stinkwut. Volksstück*, UA Mannheim 1979, Hsp., BR 1984, gedr. Nürnberg 1979, Film, ZDF 1986; *Sooch halt wos. Szenen*, UA Mü. 1980, gedr. Ffm. 1981; *Die Vögel*, Kinder-Hsp., zus. m. Friedrich Schirmer, 1980; *Tagesschau*, Hsp., BR 1980; *'s zweite Leb'n.*, Fssp., ZDF 1980; *Die Zwerge*, Hsp., HR 1980; *Der Hausfrieden*, Hsp., HR 1980; *Besser wie nix*, Hsp., 1981; *Fortsetzung folgt*, Hsp., BR 1981; *War des scho alles?*, Hsp., HR 1981; *wennsdn sixd, dann saxdersn. der gesammelten gedichte erster teil*, Erlangen 1981; *Saupreißn. Volksstück*, UA Bln. 1981, Hsp., 1982; *mä machd hald su weidä. der gesammelten gedichte zweiter teil*, Mü. 1982; *Derhamm is derhamm. Ein fränkisches Volksstück*, UA Nürnberg. 1982, Hsp., 1982, gedr. Ffm. 1982; *Die Schraiers*, Fs.-Serie in 14 Folgen, zus. m. Rainer Söhnlein, 1982; *Frau Nachbar*, Hsp., HR 1982; *Derzähl mer nix! Gschichtler aus Franken*, Mü. 1983; *Zweikampf*, Hsp., HR 1983; *Jetzt erst recht*, Hsp., HR 1983; *Die Suppe*, Hsp., HR 1983; *Marianne und Sofie*, Film, 1983; *Essen mit Spaß*, Hsp., HR 1983; *Familienfoto*, Hsp., BR 1983; *Da hab ich aber Angst gehabt*, Kinder-Hsp., zus. m. Birgit Kusz, HR/SDR/DRS 1983; *Das Familiengrab*, Hsp., BR 1983; *Der Überfall*, Hsp., BR 1983; *Die schönen Seiten des Lebens*, Hsp., HR 1983; *seid mei uhr nachm mond gäihd. der gesammelten gedichte dritter teil*, Mü. 1984; *Burning love*, Theaterst. UA Konstanz 1984, Hsp., HR 1983; *Schweig, Bub!, Derhamm is derhamm, Unkraut* (UA Esslingen 1983, Hsp., BR 1983). *Fränkische Trilogie*, Mü. 1985; *Ä Zehnerle für die Tiere*, Hsp. 1985; *Paris einfach*, Hsp., 1985; *Höchste Eisenbahn*, Theaterst. UA Esslingen 1985, Hsp., RIAS 1986; *Goldkronach*, Fssp., ZDF 1986; *Naturgsetz*, Hsp., DRS 1986; *Normal*, Hsp., HR 1986; *Todesanzeige*, Hsp., HR 1986; *Paris eifach*, Hsp., DRS 1986; *Schpätusgab*, Hsp., DRS 1986; *Schtraf muess sy*, Hsp., DRS 1986; *Schturmfrei*, Hsp., DRS 1986; *Stücke aus dem halben Leben*, Ffm. 1987; *irrhain*, G., Mü. 1987; *Der Hauptgewinn*, Hsp., BR/SWF 1987; *Himmelsheim*, Film, 1988; *Hermann*, Hsp., SR 1989; *Bräisälä*, G., Mü. 1990; *Die Nibelungen. Eine deutsche Seifenoper*, UA Mü. 1990, Hsp., BR 1992; *Gudrun*, Film, 1992; *Ärwert. Monolog*, Hsp., 1992; *Freunde*, Hsp., HR 1993; *Nachtwache*, Hsp., HR 1993; *Kreuzworträtsel*, Hsp., HR 1993; *Zombie*, Hsp., HR 1993; *Hobb*, G., Cadolzburg 1994; *Florian III*, Fssp.-Serie, zus. m. Franz-Xaver Wendleder, BR/ORF 1994; *Let it be. Volksstück mit Gesang*, UA Düsseld. 1993, Hsp., ORF 1994; *Drei Stücke von der Liebe*, Ffm. 1994; *Alles Gute*, Hsp., BR 1995; *Magebitter/Alles Gute*, Hsp., DRS 1995; *Schdernla. 144*

Haikus, m. Illustr. der Original Hersbrucker Bücherwerkstätte, Cadolzburg 1996; *Letzter Wille. Ein Leichenschmaus in fünf Akten*, UA Mü. 1996, Hsp., BR 1997; *Schuhbändl*, Hsp., HR 1996; *Allmächd*, CD, Fürth 1996; *Mama. Dramolett in drei Akten*, Hsp., SWF 1996; *Mama, Der Alleinunterhalter. Zwei Einakter*, UA Mü. 1997, Hsp., SWF 1996; *Du, horch. Szenen und Geschichten*, Cadolzburg 1997; *Flaiss, fluss*, CD, Velbrug 1998; *Alles Gute*, Theaterst., UA Sommerhausen 1998; *Zwerge. Eine fränkische Passion*, Theaterst., UA Nürnberg 2000; *Der fränkische Jedermann. Nach Hugo v. Hofmannsthal*, Theaterst., Cadolzburg 2001, UA Nürnberg 2001; *Hänsel und Gretel. Ein Familiendrama*, UA Nürnberg 2002; *Wouhii. Ein Lesebuch*, Cadolzburg 2002; *Der Alleinunterhalter. Monodrama*, UA Nürnberg 2003, Hsp., SWF/BR/WDR 1996.

Laederach, Jürg, wurde am 20. 12. 1945 in Basel geboren. Nach dem Abitur am dortigen Humanistischen Gymnasium studierte er zunächst Mathematik an der Eidgenössischen Technischen Hochschule in Zürich, dann Englisch, Französisch und Musikwissenschaft an der Universität Basel. 1969 ging Laederach als Stipendiat nach Paris und arbeitete dort als Deutschlehrer an einem Gymnasium. Nach seiner Rückkehr war er ein Jahr lang als Werbetexter tätig. Seither arbeitet er als freier Schriftsteller, Übersetzer, Prosaist und Dramatiker in seiner Heimatstadt. Längere Zeit lebte er in Graz – wo er 1986 eine Poetik-Vorlesung hielt –, in New York, Berlin (1985 DAAD-Stipendiat) und Essen (1988/89 »Writer's Workshop«). 1981 erhielt er den Förderpreis der Berliner Akademie der Künste, 1986 den »manuskripte«-Literaturpreis der Steiermärkischen Landesregierung, 1987 den Literaturpreis der Stadt Basel, 1997 den Österreichischen Staatspreis für Europäische Literatur und 2001 den Großen Literaturpreis des Kantons Bern.

Sein Debüt als Schriftsteller gab Jürg Laederach 1974 mit dem Erzählungsband *Einfall der Dämmerung*. Der schmale Band enthält Texte von unterschiedlicher Länge und Thematik: Parabeln, Märchen, Satiren, Aktennotizen, Erzählungen, die an Western erinnern wollen und dann doch keine sind, Spielanleitungen und nüchtern gehaltene Beschreibungen, die unvermittelt ins Groteske kippen. Es sind Geschichten mit meist harmlosen Anfängen – so manches will einem vertraut erscheinen, und schon kommt es vollkommen anders, schon brechen sie sehr überraschend ab und treiben in eine neue, unerwartete Richtung. Sprichwörter werden buchstäblich beim Wort genommen, bestimmte Wendungen lösen Assoziationen aus, die sich erzählend kaum mehr einbinden lassen. Die Prosatexte scheren immer wieder aus den Erwartungen aus, die sie erst eben geschürt haben und die nun als beliebige Setzungen bewusst gemacht und außer Kraft gesetzt werden. Laederachs Erstling arbeitet mit einer Kunstfigur, die »Hirse« heißt und die wie eine Sonde in alle möglichen Situationen hineingehalten und hineinerzählt wird. Sie ist ständig von Auflösung bedroht, jederzeit kann ihr die Sprache den Boden unter den Füßen wegziehen und sie anderswo weitergehen lassen. Hirse führt im Kern schon sehr vieles vor, was Laederach seither in seinen Romanen und Erzählungen, in Theaterstücken und zahlreichen Essays immer wieder aufgegriffen und variiert hat. Das mäandernde Erzählen gehört dazu, so gut wie die parodierfreudige, in ständiger Bewegung begriffene, nach allen Seiten hin ausholende, sich immerfort verzweigende, jederzeit zum Kalauer sprungbereite Sprache – sowie das Wissen um die Materialhaftigkeit der sozialen und psychischen Wirklichkeit. Und es gehört dazu auch, dass in den Texten theoretische Überlegungen wie nebenher mitlaufen – nicht als Gleitmittel und nicht als Bremsbelag, sondern als Spielmaterial und Selbstgespräch des Textes. Laederachs Texte denken immer auch über sich selber nach, und dieses Nachdenken biegen sie sofort in den Text zurück und machen es dem Erzählen gefügig – das natürlich kein lineares sein kann. Das Räsonnement, das mit knappen, immer überraschenden Definitionen operiert und gerne zur Kasuistik greift, legt das Kunstkalkül frei, ohne diesem dadurch die erzählerische Spannung zu nehmen.

Unter den kurzen und kürzeren Geschichten von Laederachs Erstling findet sich auch jene, worin ein Schriftsteller wegen »Anarkhie in Schprooch n Schriff« – »Anarchie in Sprache und Schrift« – zu 20 Jahren schwerem Orthografiekerker verurteilt wird. Um Anarchie geht es Laederach allerdings nie, auch nicht um deren Gegenteil, sondern um ein raffiniertes, zwischen hoher Künstlichkeit und grellem Realismus angesiedeltes, immer wieder überraschendes Schreiben, welches stets im Auge behält, dass die Sprache ihre eigene Realität schafft und dafür auch, wie es einmal heißt, »sehr viel Sprache her muß«, bis zur Verausgabung. »Mein Stachel ist, daß ich heißen muß«: So beginnt Laederachs Roman *Im Verlauf einer langen Erinnerung* (1977). Sprache, jede Sprache, ist ein System, das uns Bedeutungen vorgibt, also Entscheidungen abnimmt – worauf wir einerseits angewiesen sind, was uns anderseits aber auch lähmen kann. Die eingependelten Bedeutungen der Sprache, die Übereinkünfte werden mürbe und blind, gleichsam undurchlässig, sie verkommen zum semantischen Stehsatz.

Daraus folgt denn auch der konsequente Verzicht auf jede schlüssige, nacherzählbare Fabel, die dem Erzählten das Rückgrat stärkt. Welche Mühe dies beim Lesen zunächst bereiten kann – und dass er schwierig zu lesen sei, ist Laederach seit seiner ersten Veröffentlichung häufig vorgeworfen worden –

, macht er in seinem Roman *Flugelmeyers Wahn* (1986) zum Thema. Darin lässt er den Schriftsteller Georg Flugelmeyer von Ernst Jawosch zu seiner Arbeit befragen, was diesem nie recht gelingen will. Was der Interviewer am Ende herausfindet, fügt sich keiner Logik, bietet aber äußerst genaue Bilder einer Welt des Wahns, die sich von der Normalität kaum mehr zu unterscheiden vermag. Laederach fügt auch hier immer wieder Passagen ein, die programmatischen Charakter haben und das eigene Vorgehen kommentieren und vorantreiben: »Der Empfindungsterror der Empfindsamen: Feine Innenzensur verhängen sie über sich selbst. Bei Notierung ihrer Empfindung waltet eine Fantasie, die der Empfindende im Augenblick der Niederschrift nicht haben kann. Die Kunst scheint darin zu bestehen, Empfindungen so niederzuschreiben, als würden sie sich selbst aus der Psyche herausschreiben. Der Autor gibt vor, er denke beim Schreiben an die Empfindung und nicht ans Schreiben. Mit Sprache ein vorsprachliches Feld abstecken: Das ist Augenwischerei. Empfindungen können nicht schreiben und sich selbst schon gar nicht. Die Empfindungskapazität des Mediums Sprache ist eine andere als die des Mediums Psyche.«

Zum »Laederoiden«, wie Laederach das für ihn Typische, Unverwechselbare selbst bezeichnet, gehört die komplexe Struktur seiner Texte, ob es nun Romane, Erzählungen oder Theaterstücke sind. Sie beruhen auf Repetition und Variation, erproben also Techniken, die vor allem von der Minimal Art her bekannt sind. Die hoch konzentrierten Mikrostrukturen verunmöglichen, textarchitektonisch gesprochen, jede einheitliche Perspektive. Es gibt hier keine bekömmliche, alles abfedernde, weil alles in Pflicht nehmende Zentralperspektive, dafür aber rasante Vielstimmigkeit, durch alle Sprachtemperaturen hindurch. Und Lust an der Satire: »Die größte Satire«, heißt es im Roman *Emanuel* (1990), »wäre ein totales Recording der Ära, ein Bandgerät, das mit sechs Sinnen registriert. Emanuel ließe es eine Woche laufen, und kein Satiriker könnte für den Rest des Jahrhunderts den Mund mehr auftun. Die Wirklichkeit schlägt sie alle. Auch Karl Kraus verlor das Match. Da seine Wirklichkeit verschollen ist, ist der Verlierer in die Rolle des Siegers gewachsen.«

Laederachs Texte erzählen von buchstäblich allem, so weit die Sprache reicht. Dafür bringen sie ihre eigene Logik, ihre eigene Ordnung gleich mit – und wirken dabei wahnsinnig normal. Sie spiegeln den Wahnsinn des Normalen und widerstehen ihm zugleich. Sie widerstehen als Texte, die diesen Wahnsinn vorführen, indem sie sich mit ihm zum Schein verbünden. Es muss kein Wort daran wahr sein, damit es dennoch zutrifft. Der Sprache, der er misstraut, wird dabei noch mal alles abverlangt. Am eindrücklichsten und farbigsten hat er diese jedes Schreiben lähmende Aporie in dem Erzählungsband *69 Arten den Blues zu spielen* (1984) vorgeführt, einer überaus reichhaltigen Enzyklopädie von Schreibweisen. Hier demonstriert Laederach, der auch ein vielseitiger Musiker ist, auf vielfältige Weise und unter Einhaltung stets neuer Spielregeln, die er sich immer wieder zurechtlegt, wie sich das Erzählen den Boden immer wieder unter den Füßen wegreißen kann, ohne darum mit Erzählen aufzuhören.

In seinen Poetik-Vorlesungen, die er 1986/87 an der Universität Graz gehalten hat und die 1988 erschienen sind (*Der zweite Sinn oder Unsentimentale Reise durch ein Feld Literatur*), unternimmt Laederach den Versuch, die Bedingungen zu klären, unter denen die Sprache funktioniert, wenn sie beschreiben soll. Die Belege für seine höchst anregenden Erörterungen findet er in der Literaturgeschichte. Die Liste ist lang und reicht von Herbert Achternbusch über Thomas Bernhard, die Gebrüder Grimm, James Joyce, Nabokov bis hin zu Wittgenstein. Dabei vermeidet Laederach alles Akademische, er springt durch die Jahrhunderte und über Genregrenzen hinweg und entwickelt seine Position bei Bedarf auch in fiktiven Gesprächen, etwa mit Hemingway, den er in Venedig trifft: Womit Theorie wieder in Fiktion umschlägt.

Einen bedeutenden Raum nimmt in Laederachs Werk seine Arbeit als Übersetzer ein. Er hat eine Reihe von wichtigen Werken aus dem Französischen und dem Englischen ins Deutsche übertragen und damit einem interessierten Publikum zugänglich gemacht – Werke von Walter Abish, Harold Brodkey, Michael Brodsky, Frederick Barthelme, William H. Gass, Grace Paley, Maurice Blanchot, Marguerite Duras und anderen.

Martin Zingg

Werke: *Einfall der Dämmerung*, En., Ffm. 1974; *Im Verlauf einer langen Erinnerung*, R., Ffm. 1977; *Das ganze Leben*, R., Ffm. 1978; *Raymond Roussel: Die Prädestinierten. Zwei Theaterstücke,* Übs., zus. m. Klaus Völker, Mü. 1978; *Die Lehrerin verspricht der Negerin wärmere Tränen*, Hsp. 1979, Theaterst., UA Zür. 1979; *Das Buch der Klagen. Sechs Erzählungen aus dem technischen Zeitalter*, Pr., Ffm. 1980; *Heirat und Tod eines weiblichen Körpers*, Hsp. 1980; *Proper Operation*, Theaterst., zus. m. Andrea Breth, UA Zür. 1980; *Fahles Ende kleiner Begier-*

den. Minimale Stücke, Ffm. 1981; *Wittgenstein in Graz*, Hsp. 1981; *Nach Einfall der Dämmerung*, Ffm. 1982; *Dummweg, das Hermelin*, Hsp. 1982; *Michael Brodsky: Der Tatbestand und seine Hülle*, Übs., Ffm. 1982; *Walter Abish: Quer durch das große Nichts*, Übs., Ffm. 1983; *69 Arten den Blues zu spielen*, Pr., Ffm. 1984; *Hotel der grauen Schmerzen*, Hsp. 1984; *Fata Morgana, nach einem Bericht von William Kotzwinkle*, Hsp. 1985; *Grace Paley: Ungeheure Veränderungen in letzter Minute*, Mitübs., Ffm. 1985; *Japanische Spiele*, Theaterst., UA Bln. 1985; *Das Lächeln des Verlierers*, Hsp. 1985; *Tod eines Kellners*, Theaterst., zus. m. A. Müry, 1985, UA Bonn 1985; *John Hawkes: Travestie*, Übs., Ffm. 1985; *Thomas Pynchon: Spätzünder. Frühe Erzählungen*, Übs., zus. m. Thomas Piltz, Reinbek 1985; *Die Sekretärin und das Tier. Plötzlich*, Theaterst., UA Mü. 1985; *Han und Amin. Ein Akt*, UA Graz 1985, UA des Gesamtstücks Graz 1989; *Körper Brennen*, Dr., zus. m. A. Müry, 1986, UA Graz 1986; *Sigmund oder Der Herr der Seelen tötet seine*, Pr., Ffm. 1986; *Flugelmeyers Wahn. Die letzten sieben Tage*, R., Ffm. 1986; *Ein SommerMachtRaum*, Theaterst., UA Bln. 1986; *Marguerite Duras: Der Lastwagen*, Übs., Ffm. 1987; *Walter Abish: Das ist kein Zufall*, Mitübs., Ffm. 1987; *Maurice Blanchot: Thomas der Dunkle*, Übs., Ffm. 1987; *Der zweite Sinn oder Unsentimentale Reise durch ein Feld Literatur*, Poetik-Vorlesung 1986/87 an der Univ. Graz, Ffm. 1988; *William C. Williams: Kore in der Hölle. Frühe Schriften*, Mitübs., Ffm. 1988; *Frederick Barthelme: Moon de luxe*, Übs., Ffm. 1988; *Vor Schrecken starr. Fixierungen, Stechblicke, Obsessionen*, Pr., Ffm. 1988; *Gertrude Stein. Warum ich Detektivgeschichten mag*, Übs., Bln. 1989; *Frederick Barthelme: Leuchtspur*, Übs., Ffm. 1989; *Rost oder das Denken ist immer*, Theaterst., UA Bonn 1989; *Grace Paley: Später am selben Tag*, Mitübs., Ffm. 1989; *Maurice Blanchot: Das Todesurteil*, Übs., Ffm. 1990; *Emanuel. Wörterbuch des hingerissenen Flaneurs*, R., Ffm. 1990; *Walter Abish: 99: der neue Sinn*, Übs., Bln. 1990; *Harold Brodkey: Engel. Nahezu klassische Storys, Bd. 2*, Mitübs., Reinbek 1991; *Grace Paley: Die schwebende Wahrheit*, Mitübs., Lpz. 1991; *William H. Gass: Im Herzen des Herzens des Landes*, Übs., Salzb. 1991; *William H. Gass: Pedersens Kind*, Übs., Salzb. 1992; *Passion. Ein Geständnis*, R., Ffm. 1993; *Frederick Barthelme: Koloraturen*, Übs., Ffm. 1993; *Gertrude Stein: Spinnwebzeit*, Mitübs., Zür. 1993; *William H. Gass: Orden der Insekten*, Übs., Salzb. 1994; *Schattenmänner*, En., Ffm. 1994; *Eccentric. Kunst und Leben: Figuren der Seltsamkeit*, Ess., Ffm. 1995; *Adolf Wölfli: 0 Grad ⁰/₀₀: Entbrannt von Liebes,=Flammen. Gedichte*, Hg., Ffm. 1996; *John Hawkes: Belohnung für schnelles Fahren bei Nacht*, Übs., Ffm. 1996; *Über Robert Walser*, zus. m. W. H. Gass, Salzb. 1997; *Styles Sass: Mehr als diese wenigen Tage*, Übs., Stg. 1998; *Walter Abish: Alphabetisches Afrika*, Übs., Basel 2002; *In Hackensack. Vier minimale Stücke*, Basel 2003.

Lange, Hartmut, wurde am 31. 3. 1937 in Berlin-Spandau geboren. Er wuchs von 1939 bis 1946 bei Posen auf, lebte dann bis 1965 in Berlin-Adlershof, besuchte bis zur 11. Klasse die Oberschule und war danach als Gelegenheitsarbeiter tätig. Von 1960 bis 1963 studierte er an der Filmhochschule Babelsberg und arbeitete anschließend als Dramaturg am »Deutschen Theater« in Ost-Berlin. 1965 wechselte er in den Westen Berlins, wo er seither als freier Schriftsteller lebt. Zeitweise arbeitete er als Dramaturg und Regisseur an der Schaubühne am Halleschen Ufer und unter der Intendanz von Hans Lietzau am Schiller-Theater. Er erhielt 1966 den Förderpreis für Literatur des Großen Kunstpreises des Landes Niedersachsen, 1968 den Gerhart-Hauptmann-Preis, 1989 den Prix de la littérature, 1991 und 2000 das Stipendium des Deutschen Literaturfonds, 1998 den Literaturpreis der Konrad-Adenauer-Stiftung und 2000 die Ehrengabe der Deutschen Schillerstiftung Weimar. 1997 nahm er die Poetik-Dozentur an der Universität Paderborn wahr.

1960 schrieb er sein erstes Stück, *Senftenberger Erzählungen* (1967), das ihn unter den Theaterleuten der DDR schnell bekannt machte. Am nachhaltigsten wirkte sich für ihn die Freundschaft mit dem Dramatiker Peter Hacks sowie die Zusammenarbeit mit dem Regisseur Benno Besson aus, für den er Molières *Tartüff* (1963) übersetzte. 1963 beendete er seine Komödie *Marski* (1965, UA 1966), in der die Dialektik von Arbeit und Genuss gepriesen wird. Solange die Bauern, demonstriert Lange, von dem gargantuesken Großbauern Marski ausgebeutet werden, können sie nicht genießen; beim Anblick fruchtbarer Felder und üppiger Wiesen geraten sie nicht ins Schwärmen. Indem die Bauern schließlich den Eintritt in die Kooperative erzwingen, machen sie Marski als Ausbeuter unschädlich und als Mensch nützlich: Sie lernen von ihm die Kunst des Genießens. Hoch entwickelter Genuss, muss Marski lernen, setzt die vergesellschaftete Produktion voraus. Im Unterschied zu Brecht, der durch den Knecht Matti das Publikum auffordern lässt, den Gutsbesitzer Puntila abzuschaffen, möchte Lange seinen Großbauern nur als Ausbeuter liquidieren, ihn als Individuum aber erhalten. Denn mehr als die soziale Frage interessiert ihn als Dramatiker die »ideale Konstruktion«. Als drittes Stück legte Lange *Der Hundsprozeß* (1968) vor, in dem er den unmenschlichen Mechanismus der stalinistischen Schauprozesse darstellte. Als Ergänzung zu diesem Einakter schrieb er dann eine Art prostalinistischen Gegenentwurf, *Stalin als Herakles* (1968).

Lange fiel es damals schwer, als Autor im Westen Fuß zu fassen. Mit seinen Stücken versuchte er sich gegen den von ihm abgelehnten kapitalistischen Kulturbetrieb zu behaupten. Er wollte, wie Shakespeare, Geschichte »als einfache Erfahrung« auf ihren poetischen Begriff bringen. Problematisch erwies sich dabei gelegentlich, dass er seine Stoffe entweder zu parabelhaft verschlüsselte oder sie zu simpel über den humoristisch-politischen Leisten schlug. Sein erfolgreichstes Stück war 1969 *Die Gräfin von Rathenow*, eine freie Adaption der Kleist-Novelle *Die Marquise von O.* Der Realismus der Erzählung ist hier zugunsten einer antifeudalistischen Aussage ignoriert; nicht mehr die Ohnmacht der Marquise erscheint als der dramatische Angelpunkt, sondern die Ohnmacht derer, die von den Großen hereingelegt werden. Lange schätzte es, überlieferte »sozusagen archetypische gesellschaftliche Situationen als Materialwert für die Beschreibung gegenwärtiger Welt« zu benutzen. So ging er daran, nach Stalin auch Trotzkis Rolle in der Geschichte zu bestimmen. *Die Ermordung des Aias oder Ein Diskurs über das Holzhacken* (1971, UA 1974) zeigt, wie schnell den Leuten, die richtig denken, »die Köpfe vom Hals fliegen«. Denken bedeutet unter den Bedingungen, die Lange meint, nur noch einen törichten Wettstreit von Ideen, »die Schall und Rauch sind für die tatsächlichen Vorkommnisse dieser Welt«. Die Auseinandersetzung zwischen den politischen Erben und Sachwaltern der Russischen Revolution führt Lange vor den Toren Trojas fort: Aias-Trotzki und Odysseus-Stalin streiten um die Waffen des toten Achill-Lenin und um die Strategie, mit der Troja, die Festung des Imperialismus, erobert werden soll. Einerseits als Gegenstück und Satyrspiel zum *Aias*, andererseits aber auch als Antwort und Gegenentwurf zu *Trotzki im Exil* von Peter Weiss, erschien 1972 *Trotzki in Coyoacan*, ein »Schwanengesang« des klassischen Marxismus der Jahre 1924 bis 1938 aus der Perspektive einer im Jahr 1940 spielenden satirischen Gesellschaftskomödie in der Manier Ostrowskis. Eine Figur aus der Komödie *Marski*, den Bauern Staschek, machte Lange 1972 zum Held des Stücks *Staschek oder Das Leben des Ovid* (UA 1973). Im neuen Land jenseits der Elbe, die er überquert hat, erinnert er sich an die Verhältnisse in der DDR in römischer Verkleidung und er erlebt, wie sich die Dichter Horaz und Ovid, mit denen Heiner Müller und Peter Hacks gemeint sind, in den Dienst der Macht Octavians zwingen und korrumpieren lassen. *Staschek* ist das persönlichste Stück des Autors, in dem er zu dem unmissverständlichen Resümee gelangt, dass man im Grunde weder jenseits noch diesseits der Elbe Kunst machen könne. Staschek begegnet bei seinem »Sprung« in die Geschichte zuletzt Sidonius Apollinaris, der sich vergeblich bemühte, bei den Wisigoten das Gedächtnis an die römischen Dichter hochzuhalten.

In seinem 1976 fertig gestellten Stück *Frau von Kauenhofen* (UA 1977) entpuppt sich der Nietzscheaner Major Sedlitz als ein preußischer Nachfahre jenes Sidonius Apollinaris, der den »Geschmack der Massen diesseits und jenseits der Elbe« beklagt und seine letzten Tage in Trauer zurückgezogen in einer Grunewaldvilla verbringt. Nicht mehr an Karl Marx, sondern hauptsächlich an Nietzsche orientierte sich nun Lange, dem zunehmend Zweifel »an der Allmacht der kritischen Vernunft«gekommen waren und den die Angst jenes Major Sedlitz befiel, »hinter den Tatsachen des Lebens zurückzubleiben«. Die zentralen Figuren seiner zwischen 1975 und 1980 entstandenen Stücke sollten sein Eingeständnis veranschaulichen, dass es ihm immer schwerer fiel, »die politischen und sozialen Vorkommnisse dieser Welt zu kompensieren«. Die »Bewusstwerdung seiner eigenen Vergänglichkeit« legte sich wie Blei auf seine Stücke. Konsequenterweise wechselte Lange dann auch zur Prosa als der ihm nun gemäßeren literarischen Ausdrucksform über, die es ihm erlaubt, psychische Befindlichkeiten genauer, »ohne Rücksicht auf Zeit und Raum«, darzustellen. 1982 erschien *Die Selbstverbrennung*, der zum Roman umgearbeitete, jetzt überzeugender gestaltete Stoff des Schauspiels *Pfarrer Koldehoff* (1979), in dem sich zwei an ihrer »Zerrissenheit« leidende Grenzgänger zwischen Vernunft und Glaube gegenüberstehen. Beide suchen die »Bewegung«, wollen nicht länger ausharren am Ort ihrer Verdrossenheit in einem Provinznest der DDR. Der eine will den Weg der Selbstverbrennung nach dem Vorbild seines Kollegen in Zeitz nehmen, der andere flieht über die Grenze in den Westen. Ein Roman über Menschen, die mit Hoffnungen angetreten sind, aber nun ihre Mittelmäßigkeit nicht mehr aushalten können. »Aber wehe der reichen Gesellschaft, die es verlernt hat, Tempel zu bauen«, warnt Lange in seinem »Tagebuch eines Melancholikers« *Deutsche Empfindungen* (1983), einer Sammlung kulturkritischer Betrachtungen, die allerdings die Radikalität jener Dichter und Denker, auf die sie Bezug nehmen, nur selten erreichen. Hier ist zu viel von Sehnsucht nach Metaphysik die Rede. Das Melancholie-Räsonnement setzte Lange fort in den fünf Novellen, die 1984 als *Die Waldsteinsonate* erschienen. Es handelt sich um Texte über Nietzsches Turiner Aufenthalt kurz vor dem Ausbruch des Wahnsinns, über die letzten Tage Kleists und seiner Todesgefährtin Henriette Vogel, über einen vergessenen Nihilisten namens Alfred Seidel, über einen Besuch des toten Franz Liszt bei der Familie Goebbels im Bunker unter der Reichskanzlei, Texte, die laut Autor »vom Zustand jener Unglücklichen erzählen, denen das Bewusstsein ein besonderes Verhängnis war«.

Auch als Erzähler entdeckte Lange die Krankheitsgeschichte des modernen Subjekts. Mehr in der Form einer klassischen Novelle ist *Das Konzert* (1986) erzählt, in der er das Thema des letzten Textes aus der *Waldsteinsonate* noch einmal aufnimmt: Die deutsche Schuldfrage, die er jetzt in einen kunsttheologischen Zusammenhang rückt. Es handelt sich um die Geschichte eines von den Nazis ermordeten Musikers, der als Toter unter den Toten das falsche Konzert gibt. Er lässt seine Leidensgenossen im Stich und spielt vor seinen reumütigen Mördern. Eine Künstlernovelle, in der es um die Leidensbedingungen der Kunst und um ihre Erlösungskraft geht. Das historische Vorbild für den Musiker ist der 1943 hingerichtete Pianist Karlrobert Kreiten, dessen »unpolitisches Künstlertum« Lange auch dramatisch abgehandelt hat in seinem Stück *Requiem für Karlrobert Kreiten* (1987).

Die Titelnovelle des Bandes *Die Reise nach Triest* (1991) bildet mit *Die Ermüdung* (1988) und *Die Wattwanderung* (1990) den Schlusspunkt einer Berliner Novellen-Trilogie, in der Lange zu einer unverschnörkelt lakonischen Sprache gefunden hat und einen erzählerischen Ton anschlägt, der eine schöne Spannung und sublimen Ernst ergibt, aber nie pathetisch wird. In *Eine andere Form des Glücks* (1999) konfrontiert uns Lange mit der verqueren Lebenskrise eines Statikers, den nicht seine Arbeitslosigkeit den Boden unter den Füßen verlieren lässt, sondern das Verhalten seiner scheinbar teilnahmslosen, schweigsamen Freundin Corinna. Und auch im Leben der befreundeten Zahnarzteheleute Dahlhaus ist bald nichts mehr so, wie sie es bisher gewohnt waren. Die Novellen Langes entwickeln, je kunstvoller und konzentrierter sie geschrieben sind, einen sanften Sog von Befremden, das die Psyche vertrauter Menschen unerwartet rätselvoll erscheinen lässt, ein Gefühl, das den Leser schließlich auch mit sich selbst konfrontiert und das zunehmend die Qualität eines metaphysischen Thrillers annimmt. Vollendete Sätze und Texte sind der Ausgleich für das dünne Eis an Wirklichkeit und Sicherheit, das allen Geschichten eigen ist, das Äquivalent für die Erkenntnis, dass »Wahrheit im Verschwinden« liegt. »Jeder Satz, schlicht präzis«, erklärt die Erzählkunst Langes bewundernd der Philosoph Odo Marquard, »konzentriert aufs Nötigste, mit Meisterschaft des Weglassens, von äußerster Intensität und wie eingebrannt in seinen Kontext. Darin gelingt es seinen Sätzen und Texten, die Wirklichkeit aussehender zu machen.«

Klaus Völker

Werke: *Molière: Tartüff*, Übs., UA Bln. 1963; *Marski. Eine Komödie*, Ffm. 1965, UA Ffm. 1966; *Der Alchimist*, Theaterst., n. Ben Jonson, UA Mü. 1967; *Senftenberger Erzählungen*, Ffm. 1967; *Die Erlösung des Gelehrten Ch'ien Wan-Hsüan*, Theaterst., n. chines. Einaktern u. d. Bearb. *Der große Tag des Gelehrten Wu* v. P. Palitzsch u. C. M. Weber, UA Bln. 1967; *Hundsprozeß, Herakles. Zwei Einakter*, m. Zeichnungen v. Arwed. D. Gorella, Ffm. 1968, UA Bln. 1968; *König Johann*, Theaterst., n. Shakespeare, UA Bln. 1968; *Richard II.*, Stück n. Shakespeare, UA Ffm. 1969; *Die Gräfin von Rathenow*, Theaterst., Ffm. 1969, UA Köln 1969, Neufssg. Reinbek 1979; *Die Schule der Frauen*, Molière-Bearb., UA Köln 1970; *Die Ermordung des Aias oder Ein Diskurs über das Holzhacken. Stück in drei Akten*, Bln. 1971, UA Bln. 1974; *Trotzki in Coyoacan*, Theaterst., Ffm. 1971, UA Hbg. 1972, Hsp., RIAS 1976; *Staschek oder Das Leben des Ovid*, Theaterst., Mü. 1972, UA Stg. 1973; *In Wensdorf nichts Neues*, Hsp., SWF 1972; *Der schwarze Mann*, Hsp., SWF 1972; *Rätselgeschichten*, Kinderb., m. Zeichnungen v. F. K. Waechter, Köln 1973; *Herr Rietbauer verschwindet*, Hsp., WDR 1973; *Die Revolution als Geisterschiff. Massenemanzipation und Kunst*, Ess., Reinbek 1973; *Texte für das Theater. Theaterstücke 1960–1972*, Reinbek 1973, erw. Ausg. 1977; *Jeppe vom Berge*, Stück n. L. Holberg, Stg. 1975; *Jenseits von gut und böse oder Die letzten Stunden der Reichskanzlei*, Theaterst., Mü. 1975, UA Hbg. 1975; *Frau von Kauenhofen*, Theaterst., Mü. 1976, UA Bln. 1977; *Vom Werden der Vernunft oder Auf der Durchreise nach Petersburg*, Theaterst., Mü. 1976, UA Bln. 1976, Hsp., WDR 1976; *Pfarrer Koldehoff*, Theaterst., Mü. 1978, UA Bln. 1979; *Die Unberührbare*, Hsp., 1980; *Die Selbstverbrennung*, R., Reinbek 1982; *Deutsche Empfindungen. Tagebuch eines Melancholikers. Aufzeichnungen der Monate Dezember 1981 bis November 1982*, Bln. 1983; *Gerda Achternach*, Theaterst., UA Gött. 1983; *Die Waldsteinsonate. Fünf Novellen*, Zür. 1984; *Das Konzert*, N., Zür. 1986; *Requiem für Karlrobert Kreiten*, Theaterst., UA Bln. 1987; *Die Ermüdung*, E., Zür. 1988; *Vom Werden der Vernunft. Theaterstücke*, Zür. 1988; *Die Wattwanderung*, E., Zür. 1990; *Die Reise nach Triest*, Nn., Zür. 1991; *Die Stechpalme*, N., Zür. 1993; *Schnitzlers Würgeengel. Vier Novellen*, Zür. 1995; *Der Herr im Café. Drei Erzählungen*, Zür. 1996; *Italienische Novellen*, Ffm. 1998; *Eine andere Form des Glücks*, N., Zür. 1999; *Die Bildungsreise*, N., Zür. 2000; *Das Streichquartett*, N., Zür. 2001; *Irrtum als Erkenntnis. Meine Realitätserfahrung als Schriftsteller*, Ess., Zür. 2002; *Gesammelte Novellen*, zwei Bde., Zür. 2002.

Lange-Müller, Katja, wurde am 13. 2. 1951 in Berlin geboren. Bis zu ihrem sechsten Lebensjahr lebte sie in einem Heim. Sie absolvierte eine Schriftsetzerlehre und arbeitete dann vier Jahre lang als Setzerin, Umbruchredakteurin und Layouterin bei der »Berliner Zeitung«. Nach zwei Semestern Kunststudium nahm sie eine Stelle als Hilfsschwester an der Charité an. Dort und im Krankenhaus Berlin-Herzberge war sie über fünf Jahre als Pflegerin und Maltherapeutin auf geschlossenen psychiatrischen Frauenstationen tätig. 1979 bis 1982 studierte sie am Leipziger Literaturinstitut. Nach einem einjährigen Aufenthalt in der Mongolei war sie für kurze Zeit als Lektorin tätig, bis sie 1984 in die Bundesrepublik ausreiste. Sie lebt heute in Berlin. 1986 erhielt sie den Klagenfurter Ingeborg-Bachmann-Preis, 1987, 1993 und 1999 ein Stipendium des Deutschen Literaturfonds, 1989/90 war sie Stadtschreiberin von Bergen-Enkheim, 1997/98 von Minden, 2001 von Rheinsberg, 1991 wurde sie eingeladen, die Wiesbadener Literaturtage zu kuratieren, 1990 erhielt sie das New-York-Stipendium des Deutschen Literaturfonds, 1995 den Alfred-Döblin-Preis, 1996 den Berliner Literaturpreis, 2001 den Preis der SWR-Bestenliste, 2002 den Stadtschreiber-Literaturpreis der Stadt Mainz und die Roswitha-Gedenkmedaille der Stadt Bad Gandersheim. Seit 2000 ist die Schriftstellerin Mitglied der Akademie für Sprache und Dichtung in Darmstadt und seit 2002 der Akademie der Künste Berlin.

1986 erschien ihr erster Erzählband *Wehleid – wie im Leben*. Die meisten der 32 Texte, die noch in der DDR entstanden sind, kreisen um die Themen Einsamkeit, Angst und Tod. Obwohl die Prosastücke größtenteils autobiografisch inspiriert sind (z.B. *Manchmal kommt der Dot auf Latschen*; *Kleist in Ulan-Bator*; *Frauen in Ulan-Bator* oder *Die Klinke bin ich*), enthält sich die Autorin privater Bekenntnisse. Ihre Betroffenheit, aber auch ihre Auflehnung kommen nicht zuletzt durch den sprachlichen Gestus zum Ausdruck. In schnoddrigem, ironischem, manchmal nachdenklich-melancholischem Ton rückt Katja Lange-Müller dem »Wehleid« zu Leibe. Die Erzählung *Manchmal kommt der Dot auf Latschen* handelt vom Leben und Sterben in einer geschlossenen psychiatrischen Anstalt, wo »Schizo-Omas und senile Demenzen, vormals weiblichen Geschlechts« untergebracht sind. In dem Prosastück *Die Unbefugten* erinnert sich die Ich-Erzählerin an den ersten kindlichen Liebeskummer. Beinahe gleichnishaft mutet die Geschichte vom Tod eines Karpfens an, den eine gut meinende Frau im Meer aussetzt (*Der Fisch*). In *Lebenslauf* rekapituliert ein toter DDR-Grenzsoldat sein Leben und die Umstände seiner Erschießung. In der Erzählung *Wer erschießt mich für fünfzig Mark?* macht sich ein »älterer, chronischer Selbstmörder« auf die Suche nach jemand, der ihn gegen Entgelt vom Leben zum Tode befördert. Sensibel für die Sprache der unterschiedlichen sozialen Milieus, in denen die Erzählungen angesiedelt sind, charakterisiert Katja Lange-Müller ihre Figuren im Umgang mit ihren kleinen und großen Leiden ohne Pathos und Sentimentalität. In anderen, weniger konkreten Texten kommt ihre Fabulierlust und Experimentierfreude zum Ausdruck (z.B. *Nichts Neues aus den Tierreichen*; *ein kleiner hund kann der allerbeste Freund sein*; *mörder – vor augen der see*; *I. (k)ein wortspiel ohne aufzüge fahr(roll-)stühle u. sonstige wachparaden …)*. Hier kommt es der Autorin weniger auf die Darstellung sinnträchtiger Zusammenhänge an als auf Effekte der Verfremdung, beispielsweise durch assoziatives Schreiben oder das Erfinden origineller Wortkombinationen: »die revolution ist noch immer … beendet und mein büstenst(r)amm/halter zu klein für den kriech nach afghanistan oder wuhlheide oder sonstwonichthin« (*I. (k)ein wortspiel*).

War der Erzählband *Wehleid – wie im Leben* noch von den Erfahrungen der Autorin in der DDR geprägt, so steht ihre zweite Prosaveröffentlichung *Kasper Mauser – Die Feigheit vorm Freund* im Zeichen der deutsch-deutschen Teilung. Für einen Auszug dieses Textes erhielt Katja Lange-Müller 1986 den Ingeborg-Bachmann-Preis. »Dies ist die Geschichte (…) von Amigo Amica, alias Kasper Mauser, Anna Nass, auch die Trampel-Muse Kaspers und ihrer fernen Freundin Rosa Extra, drei Kreaturen, welche das ihnen gemeinsame (…) Verwahrlosungssyndrom auf ganz unterschiedliche Weise veräußerlichten« (*Kasper Mauser*). Rosa Extra lebt in Ostberlin, Anna Nass, ehemalige DDR-Bürgerin, seit längerer Zeit im Westen der Stadt und Jürgen-Amica Hermann verlässt gerade die Republik über den Grenzübergang Friedrichstraße, um sogleich festzustellen, dass es sich bei dem »antifaschistischen Schutzwall« um eine »Klapp-Klapp-Tür« handelt. Da beschließt er, zukünftig »nicht mehr Opfer, sondern Kasper« zu sein. Seine neue Identität, die es fortan zu verteidigen gilt, wählt er in Reminiszenz an die traditionelle Kasperle-Figur, den Suppen-Kasper, die Figur Mauser aus Heiner Müllers gleichnamigen Theaterstück und Jakob Wassermanns Caspar Hauser. Für einige Zeit lebt Kasper bei Anna, um jedoch bald wieder das Weite zu suchen. Anna hat mit dem Umzug vom Ostteil in den Westteil der Stadt Berlin ihre Identität nicht abgegeben. Sie, die nur »allzu viele Ehemalige und sonst keinen« kennt, findet sich nicht so mühelos im »Klapptalismus« zurecht und begibt sich immer wieder auf »die Flucht in die Welt der Geiste aller Flaschen«. Rosa Extra spielt im Osten weiterhin »Fingerhakeln mit der Macht« und verfasst Bücher, »die hier keiner druckt und dort keiner kennt«. In dieser dreistimmigen rhapsodischen Groteske, die eine Geschichte des Abschiednehmens ist, wechselt Katja Lange-Müller ständig die Perspektiven: von Ost nach West, von der realen Welt in eine fantastische, von Anna zu Rosa oder Amica. Durch den Einsatz von Sprachspielen, wie sie bereits aus *Wehleid – wie im Leben* bekannt sind, kabarettistischen, satirischen und parodistischen Elementen versucht Katja Lange-Müller der Absurdität der Problematik Ausdruck zu verleihen. Das Schlussbild zeigt Amica, der nun als Kasper Mauser »niemanden und keinen«, »nicht Mensch, nicht Getier« zu sehen braucht und nur noch den Wunsch hat, Carl Orffs *Carmina Burana* zu hören. Von dieser Wendung aus betrachtet, erhalten die eingangs zitierten Zeilen, »Annas Liebesgedicht und Grabinschrift für Kasper Mauser«, ihre tiefere Bedeutung: »Du bist doof, / sei dankbar und froh, / daß wir dir das Leben geschenkt haben. / Mit dir wird nichts, / aber wir brauchen dich. / Denn so ist das Leben in Deutschland geworden: / Die einen haben Katzen, / die anderen nichts / und Ekel Konjunktur.«

Sieben Jahre vergingen, bevor Katja Lange-Müller mit dem schmalen Prosaband *Verfrühte Tierliebe* (1995) – sie erhielt dafür den Döblin-Preis – wieder an die Öffentlichkeit trat. In der Erzählung *Käfer* steht ein junges Mädchen, das Ende der Siebzigerjahre in der DDR aufwächst, im Mittelpunkt. Die plötzlich einsetzende Pubertät bringt die 14-Jährige völlig aus dem seelischen und hormonellen Gleichgewicht. Ihre Liebe entzündet sich an Bisalzki, einem in der Schule auftauchenden Zoologen, der das Mädchen allerdings schroff zurückweist. Am Ende rächt es sich dafür und zerlegt unfachmännisch eine Käfersammlung, um sie in originellen Formationen wiedererstehen zu lassen mit »transparenten Ganzkörper-Nagellackglasuren in Perlmutt, Kirschrot, Violett«.

Die zweite Erzählung *Servus* bezieht sich auf die merkwürdige Maßnahme eines Kaufhausdetektivs, der dieselbe – mittlerweile erwachsene – Ich-Erzählerin als Ladendiebin ertappt. Nach einer ominösen Vernehmung findet sich die Frau nackt in einer Toilette wieder. Diese zweite Erzählung legte die Regisseurin Ariane Gaffron ihrer Dramatisierung zugrunde, die 2000 unter dem Titel *Beispiellose Entblößung einer Kaufhausdiebin* in Freiburg aufgeführt wurde.

Lange-Müller selbst verfasste bisher ein Theaterstück, *Schneewittchen im Eisblock* (UA 1996): Aus dem bekannten zauberhaften Märchenprinz ist ein heroinsüchtiger Prinz geworden, der reglos vor sich hinröchelt, während Schneewittchen nicht von ihm lassen will und ihn – in Umkehrung der bekannten Rollen – wach küssen möchte. Die Frau spricht ihren und seinen Part, verhandelt gleichermaßen ihre Sehnsüchte und seine Wahrnehmung; doch unerlöst, »im Eisblock«, bleiben letztlich beide.

»Für ihre präzisen Beschreibungen burlesker Alltagssituationen« in ihrem ersten Roman *Die Letzten. Udo Posbichs Druckerei* (2000) erhielt die Autorin den Preis der SWR-Bestenliste. Im Zentrum dieses Bandes steht eine kleine Privatdruckerei in der DDR Ende der Siebzigerjahre. In einem Interview bekannte Lange-Müller, die selbst einmal in einer Setzerei gearbeitet hat, dass »die Setzer und Drucker (...) die Leute in (ihrem) Leben waren, die (sie) am meisten beeindruckt« hätten. Nicht zuletzt durch die präzise Sprache Lange-Müllers, die auch syntaktische Reihen virtuos zu setzen weiß, entfaltet sich in diesem kurzen, heterogenen Text ein Panorama skurriler Begebenheiten um die kleine Belegschaft eines zum Untergang bestimmten Betriebes. Monika Marons angesichts des Bandes *Verfrühte Tierliebe* geäußertes Lob kann man wohl auch für den Roman *Die Letzten* – vielleicht für Lange-Müllers gesamtes Schaffen – gelten lassen: »Die Melancholie bezieht sie aus der Komik, die Komik aus der Ernsthaftigkeit, die Ernsthaftigkeit aus der Naivität und das Naive aus dem Wissen darum.«

Petra Ernst

Werke: *Wehleid – wie im Leben*, Ffm. 1986; *Kasper Mauser – Die Feigheit vorm Freund*, Köln 1988; *Lebenslauf*, Hsp., SDR 1988; *Verfrühte Tierliebe*, En., Köln 1995; *Schneewittchen im Eisblock*, Theaterst., UA Braunschweig 1996; *Bahnhof Berlin*, Anth., Hg., Bln. 1997; *Die Letzten. Aufzeichnungen aus Udo Posbichs Druckerei*, R., Köln 2000; *Biotopische Zustände. Von Fauna und Flora in der Stadt*, m. Linolschnitten v. Ingrid Jörg, Bln. 2001; *Vom Fisch bespuckt. Neue Erzählungen von 37 deutschsprachigen Autorinnen und Autoren*, Hg., Köln 2002; *Die Enten, die Frauen und die Wahrheit*, En., Köln 2003.

Langer, Tanja, wurde am 10. 9. 1962 in Wiesbaden geboren. Nach dem Abitur 1982 studierte sie in Paris, München und Berlin Philosophie und vergleichende Literatur- und Politikwissenschaften. Sie schloss 1991 mit einer Arbeit über Nathalie Sarraute und Marguerite Duras ab. Schon während des Studiums absolvierte sie eine Ausbildung zur Theaterfotografin, eine Hospitanz bei der Berliner Volksbühne und machte ihre erste Inszenierung an der Freien Bühne der FU Berlin. Seit 1995 schreibt sie für Tageszeitungen und den Rundfunk Rezensionen und Features. 1999 erhielt sie ein Arbeitsstipendium der Berliner Senatsverwaltung sowie 2000 ein dreimonatiges Aufenthaltsstipendium im Schloss Wiepersdorf.

Die fortwährende Wirkung von Traumata durch Generationen hindurch thematisiert Tanja Langer in ihren literarischen Arbeiten. Im Hörspiel *Fluchtpunkte* (1999) ist es die Spurensuche einer jungen Frau, deren Mutter als Kind zu den Flüchtlingen aus Schlesien gehörte. Im Romandebüt *Cap Esterel* (1997) verhindert eine schreckliche Erfahrung, dass ein junger Mann engere Beziehungen zu Frauen eingehen kann. Und im zweiten Roman *Der Morphinist oder Die Barbarin bin ich* (2002) erschrickt die Erzählerin über sich selbst, weil sie durch die Beschäftigung mit einem prominenten Nazi die eigene Anfälligkeit für bestimmte Verhaltensweisen feststellen muss.

Cap Esterel scheint auf den ersten Blick eine leichte Sommergeschichte zu sein, doch im raffiniert verschachtelten Handlungs- und Stimmengewirr scheint ein dunkler Fleck durch, der erst am Ende erkennbar wird. Der junge und gut aussehende Architekt Michel fährt für einen Kurzurlaub an die südfranzösische Mittelmeerküste. Doch statt Sonne und Strandleben zu genießen, mietet er sich in einer Pension ein, in der er mit seinen Eltern und seinem Bruder vor vielen Jahren bereits einmal abgestiegen war. Es beginnt eine Reise in die Vergangenheit, die viele Fragen aufwirft und in die sich zwei weibliche Stimmen mischen: Da ist einmal die forsche Berliner Fotografin Elisabeth, mit der Michel eine kurze, aber heftige Affäre hatte und die ihn nicht versteht, weil er sich immer wieder aus unerklärlichen Gründen zurückzieht. Und es taucht die Stimme seiner Mutter Hélène auf, die verzweifelte Briefe an eine Freundin schickt. Mit Rück- und Vorblenden arbeitend, setzt Langer erst allmählich aus der Vielzahl der aneinander gereihten Bilder und Handlungspartikel ein Ganzes zusammen, das die Verwirrungen auflöst. Michels Mutter hatte sich damals im Urlaub in den Eisverkäufer Jules leidenschaftlich verliebt, ihre Gefühle aber mit Rücksicht auf die Familie unterdrückt. Doch ihre Blicke und Tränen waren dem kleinen Michel nicht verborgen geblieben. Als seine Eltern schwimmen gehen und dabei ertrinken, steht er mit seinem Bruder am Strand. Diese Einsamkeit und Leere hat ihn nie wieder verlassen und eine schier unüberwindliche Distanz zu Frauen erzwungen. Diese Erinnerung treibt ihn um und verantwortet seine Melancholie. Der Roman, der eher einer Erzählung gleicht, fragt nach der Momenthaftigkeit und Illusion von Gefühl und Liebe und »besticht mit vielen sinnlichen und erotischen Details und der forschen bis amüsanten Offenheit, mit der diese beschrieben werden« (Tanja Dückers).

Der Morphinist ist die historische Figur des Dietrich Eckart, der 1869 in Neumarkt in der Oberpfalz als Juristensohn geboren wurde, Dichter werden wollte, 1899 nach Berlin ging und außer einer Übertragung von Ibsens Theaterstück *Peer Gynt* erfolglos blieb. Eckart machte dafür die jüdischen Kritiker verantwortlich, wandte sich dem Alkohol und dem Morphium zu und entwickelte antisemitische Thesen, die ihn zum Vordenker und Anreger des deutschen Nationalsozialismus machten. Er avancierte zum väterlichen Freund Adolf Hitlers, wurde Oberschriftleiter des »Völkischen Beobachters« und starb 1923 am Obersalzberg wenige Tage nach dem Marsch der Nazis auf die Münchner Feldherrnhalle an den Folgen seiner Alkohol- und Drogensucht. Hitler hat ihm zum Dank den zweiten Teil von *Mein Kampf* gewidmet, und Eckart wurde von den Nazis zum Märtyrer ausgerufen. Die Ich-Erzählerin schreibt eine Biografie über Eckart, doch ist dieses Projekt auch als Auseinandersetzung mit dem eigenen Vater zu bewerten. Sie lässt Eckart dicht an sich herankommen, will ihn als menschliches Wesen begreifen und jenseits der historischen Fakten in seine Abgründe sehen. »In das Fell eines anderen zu schlüpfen bedeutet, die eigene Haut kennen zu lernen.« In diesem offenen und komplexen Text hebt die Erzählerin die Distanzen auf, reflektiert die eigene Familiengeschichte mit Dokumenten, die Recherche mit der eigenen Verfasstheit. Der Untertitel des Romans *Die Barbarin bin ich* suggeriert die über die geistige Physiognomie der Zeit hinausreichende Wirkung ideologischer, negativ besetzter Haltungen und Eigenschaften auf die Erzählerin. Diese latente Faszination aus heutiger Perspektive zu thematisieren, ist ein riskantes Unternehmen, dem sich Buch und Autorin aber weitgehend gewachsen zeigen. Langer geht es um die Transparenz ambivalenter Gefühle, um den gezielten Tabubruch individuell abzutasten, welchen (fremd scheinenden) Sehnsüchten selbst die dritte Generation noch ausgeliefert zu sein scheint.

Thomas Kraft

Werke: *Ich bin die Nacht*, Theaterst., UA Ffm. 1992; *Hagazussa. Ein Hexenstück*, UA Bln. 1995; *Cap Esterel*, R., Bln. 1997; *Fluchtpunkte*, Hsp., SFB 1999; *Der Morphinist oder Die Barbarin bin ich*, R., Mü. 2002.

Längle, Ulrike, wurde am 4. 2. 1953 in Bregenz/Österreich geboren. Von 1971 bis 1997 studierte sie in Innsbruck und Poitiers Germanistik, Romanistik und vergleichende Literaturwissenschaften. 1982 promovierte sie mit einer Dissertation über Ernst Weiß. Bis 1984 war sie Lehrbeauftragte am Germanistischen Institut der Universität Innsbruck, seit 1984 leitet sie das Franz-Michael-Felder-Archiv (Vorarlberger Literaturarchiv) in Bregenz. Mit ihrer schriftstellerischen Tätigkeit begann sie 1992. 1995 erhielt sie ein Stipendium der Stiftung Kulturfonds auf Schloss Wiepersdorf, 1999 das Heinrich-Heine-Stipendium des Literaturbüros Lüneburg und das Würdigungsstipendium der Literarmechana.

Die Geschichten in Ulrike Längles erstem Erzählband *Am Marterpfahl der Irokesen* (1992) bauen auf Überraschungseffekte: Virtuos experimentiert die Literaturarchivarin aus Bregenz mit altvertrauten Mustern, kombiniert sie neu und gestaltet so alltägliche und banale Stoffe zu tragikomischen Alltagspossen – mit einer sehr klaren, in erster Linie beschreibenden Sprache. Souverän und wie beiläufig spricht die Autorin von Menschen, meist von Frauen, denen es gelingt, im verworrenen Leben ihren eigenen Sinn zu finden und den oft vertrackten persönlichen Verhältnissen ein bisschen Glück abzugewinnen. Längles klare Prosa ist es dann, die ordnend in die Welt ihrer Protagonisten eingreift – und sie geradezu liebevoll bloßstellt. Kriminalistische Spurenelemente, ein spöttisches Augenzwinkern und eine erfrischende Respektlosigkeit beim Ausgestalten des erzählten Stoffes prägen ihren zweiten Erzählband *Der Untergang der Romanshorn* (1994) – selbst wenn es hier um Themen wie Tod und Einsamkeit geht.

Mit dem Roman *Tynner* (1996) versuchte sich Längle erstmals an der großen Form. Ein gleichmäßig gedämpfter Erzählton und eine buchhalterische Liebe zum Detail haben allerdings eine sehr sedative Wirkung. Die atmosphärische Verdichtung des Erzählten funktioniert als literarisches Stilmittel nur in der kurzen Form. Erst mit ihrem nächsten, wieder schmalen Buch, *Il Prete Rosso* (1996), erweist sich die Autorin erneut als Virtuosin des Lapidaren, die in ihren mit klassischer Strenge komponierten Erzählungen ganz zwanglos das Unerhörte mit dem Banalen verbindet. Wieder und wieder geht es dabei in ihren Texten um die menschliche Sehnsucht nach Zuneigung. Die Untiefen sentimentalen Gefühlsüberhangs vermeidet sie durch den Wechsel von tragischen zu komödiantischen Tonarten – so auch in den zyklisch strukturierten Gedichten in *Mit der Gabel in die Wand geritzt* (1999). Mit *Bachs Biss. Eine Liebe in Lüneburg* (2000), zum 250. Todestag von Johann Sebastian Bach veröffentlicht, findet sie den Mittelweg zwischen kurzer Prosa und langem Roman: In dieser längeren Erzählung dichtet sie dem Komponisten eine erste frühe Liebe an und vermischt dabei historische Fakten mit fiktiven Begebenheiten.

In ihrem zweiten Roman *Seesucht* (2002) wendet sich die Autorin erstmals der Gegend zu, in der sie lebt, und verflicht in die Routine täglicher Bootsausflüge am Bodensee die Geschichte zweier Schriftsteller: Entstanden ist eine Studie zur wechselseitigen Wahrnehmung von Schreibenden – detailverliebt, aber in klarer Prosa geschrieben.

Günther Fischer

Werke: *Gillo Dorfles: Im Labyrinth des Geschmacks*, Übs., Mü. 1987; *Gillo Dorfles: Ästhetik der Zwietracht*, Übs., Mü. 1988; *Am Marterpfahl der Irokesen*, En., Ffm. 1992; *Der Untergang der Romanshorn*, En., Ffm. 1994; *Franz Michael Felder: Ich will der Wahrheitsgeiger sein. Ein Leben in Briefen*, Hg., Salzb., Wien 1994; *Max Riccabona: Auf dem Nebengeleise. Erinnerungen und Ausflüchte*, Hg., Innsbr. 1995; *Tynner*, R., Ffm. 1996; *Il Prete Rosso*, En., Salzb., Wien 1996; *Vermutungen über die Liebe in einem fremden Haus*, R., Ffm. 1998; *Mit der Gabel in die Wand geritzt*, G., 1999; *Bachs Biss. Eine Liebe in Lüneburg*, E., Eggingen 2000; *Seesucht*, R., Eggingen 2002.

Lattmann, Dieter, geboren am 15. 2. 1926 in Potsdam, verbrachte eine »behütete Kindheit in einer unbehüteten Zeit, verteilt auf Kassel, Bonn, Hannover und Braunschweig«. Er stammte aus einem protestantisch-deutschnationalen Elternhaus; sein Vater war ehemaliger Berufsoffizier. Lattmann meldete sich freiwillig als Offiziersanwärter zur Marine. »Erst als ich in der Uniform steckte, begriff ich schlagartig: Dazu tauge ich nicht. Für meinen Protest aus vagem Idealismus brachte man

mich auf der Kriegsschule hinter Schloss und Riegel. Auf der Pritsche schrieb ich Gedichte.« Nach Kriegsende lebte er als Gutseleve im Weserbergland, arbeitete dann als Lehrling in einem Kasseler Musikverlag, heiratete, zog nach Stuttgart und 1952 nach München, wo er nach einer Verlagstätigkeit seit 1960 als freier Schriftsteller lebt. Er ist Mitglied des bundesdeutschen P.E.N.-Zentrums, organisierte 1968 den »Verband deutscher Schriftsteller« (VS) und betrieb als dessen Vorsitzender (bis 1974) den gewerkschaftlichen Anschluss. Von 1972 bis 1980 gehörte Lattmann als Sozialdemokrat dem Deutschen Bundestag an (Wahlkreis Ostallgäu), ohne danach erneut zu kandidieren. Als Begründer zahlreicher kulturpolitischer Initiativen erreichte er u.a. die Aufnahme Freischaffender in das Tarifvertragsgesetz, die Einrichtung einer Künstlersozialversicherung und eines Altersversorgungswerks (»Bibliotheksgroschen«) sowie eine Urheberrechtsnovellierung für freie Autoren. Seit Beendigung seiner parteipolitischen Laufbahn engagiert sich Lattmann verstärkt in der Friedensbewegung (*Die verwerfliche Alte*, 1991). 1968 erhielt er den Münchener Förderpreis für Literatur.
Lattmanns Selbstcharakterisierung als »politisch-literarische Mehrzweckfigur« dokumentiert sein persönliches Dilemma als Schriftsteller. Es spiegelt zwar seine durch viele Aktivitäten im politischen und kulturellen Bereich belegte Vielseitigkeit, weist aber zugleich auf die symbiotische Nähe seiner literarischen Texte zu politischen Themenkomplexen hin, was ihm vonseiten der Kritik häufig den Vorwurf eines rein didaktisch und moralisch kalkulierten und deswegen ästhetisch anspruchslosen Schreibstils eingebracht hat. Lattmann debütierte 1957 mit dem Band *Die gelenkige Generation*, einer Sammlung von Essays und kurzen Prosatexten, die die Stimmung der Nachkriegsjahre und des beginnenden Wirtschaftswunders und damit die Mentalität einer Generation von »leidenschaftslosen und doch virtuosen Künstlern der Anpassung« einfangen sollte. In kulturkritischen Reflexionen moniert Lattmann Spezialistentum, niedriges Bildungsniveau und mangelnde »elementare Emotionen« in der deutschen Gesellschaft; phänomenologisch markiert er deren Bruchstellen und Niederungen und leistet mit diesen Betrachtungen die gedankliche Vorarbeit für seine Romane *Ein Mann mit Familie* (1962) und *Schacharbeit* (1968). Seine heute teilweise befremdend wirkenden Bilder und Gedanken wie über »die naturhafte Erfüllung weiblichen Lebens«, in der eine Berufsausübung als »Unfall« abgetan wird, wirken wie Relikte einer überholten Kulturtradition. Lattmanns Plädoyers für eine Erneuerung von Kunst und Gesellschaft wirken nicht immer schlüssig; sie fordern einerseits das Ausgewogene, »die beharrliche Gleichsetzung von Politik mit jener Vernunft, die das Moralische einbezieht« und als künstlerischen Ausdruck dessen eine »multiliterale Literatur«, die kompromisslos mit den Ideen der Vätergeneration abrechnet. Andererseits bezeichnet er die »Gruppe 47« als »bedrohliche Ballung publizistischer Macht« und erhofft sich eine »umfassende, polare Literatur« voller Geheimnisse und ohne modische Attitüden. Diese widersprüchlichen Erkenntnisse »überträgt er gleichsam aus dem Skizzenbuch des Sozialressentiments in die sozialromantische Reinschrift« (K. H. Kramberg) des literarischen Modells, realisiert an den beiden genannten Unterhaltungsromanen, die in sprachlich wenig überzeugender Form das »geheimnisumwitterte« Verlags- und Zeitungsmilieu auf das »gesunde Mittelmaß durchschnittlicher Alltäglichkeit« zurechtstutzen.
Mit den Bänden *Die Einsamkeit des Politikers* (1977) und *Die lieblose Republik* (1984) meldete sich nach knapp zehnjähriger Pause ein gereifter Autor zurück. Aus dem reichhaltigen Fundus achtjähriger Parlamentsarbeit schöpfend, offeriert er auf Tagebucheintragungen basierende »Aufzeichnungen aus Bonn am Rhein«, eine sachkundige wie kritisch-engagierte Mischung aus dokumentarischem Material und persönlichen Erfahrungen aus einem ernüchternden Politiker-Alltag. Lattmann will »Grundsituationen des politischen Berufs verdeutlichen«: die Machtkämpfe, Fraktions- und Sachzwang, das Netz von Intrigen und Profilneurosen, Mediendruck und Wählererwartung, der Politiker als »Hohlkörperexistenz mit perfekter Schminke«. Lattmann rekapituliert hier eindrucksvoll ein Kapitel bundesrepublikanischer Geschichte, im Wesentlichen die Ära Brandt/Schmidt, was neben vielen interessanten Detailinformationen Einblick in sein politisches Credo der »demokratischen Toleranz« gewährt.
Das Titelbild seines umfangreichen Romans *Die Brüder* (1985) – eine feine Trennlinie zieht sich quer durch die Titelzeile – skizziert dessen Grundthematik: Die Geschichte der Teilung Deutschlands vom Ersten Weltkrieg bis zum Ende der Ära Adenauer, mit ihren Inhalten und Konsequenzen, vorgeführt am Schicksal der protestantischen und deutschnational gesinnten Familie Ristenpart. An die eigene Familiengeschichte angelehnt, spürt Lattmann

anhand der verschiedenen Lebensläufe der Familienmitglieder dreier Generationen, in denen sich jeweils die Brüderpaare politisch kontrovers gegenüberstehen, den Realitäten und (verpassten) Möglichkeiten deutscher Historie nach. Es ist eine Geschichte der Männer, der Soldaten und Offiziere, eine Geschichte voll von politischer Rivalität und Misstrauen zwischen den als Ideenträgern verwendeten Romanfiguren. Ehemalige Nazis, SED-Funktionäre, Ostermarschierer, Reserveoffiziere und DDR-Geistliche gehen der Frage nach, »wie weit einer den anderen auszuhalten bereit ist«. Lattmann propagiert den Neubeginn eines konstruktiven Dialogs, nachdem das »falsche Pathos der Wörter« vergangener Zeiten überwunden und die Bereitschaft der Menschen beider Staaten gefestigt sei. Es gelte den Riss, der durch die Landkarte wie durch die Menschen hindurchgehe, zu schließen. Er träumt den »Traum vom wieder vereinigten, nicht aufgerüsteten Deutschland«, wobei vor allem die Repräsentanten der BRD, »dieser Erwerbsgesellschaft mit beschränkter Haftung«, gefordert seien. Sprachlich gereift – Szenen aus dem Ersten Weltkrieg erinnern in ihrer Intensität an Ernst Tollers *Eine Jugend in Deutschland* (1933) –, erliegt Lattmann, die politische Utopie vor Augen, doch zuweilen der Gefahr, statt Geschichte unaufdringlich zu erzählen, einen epischen Ansatz im Würgegriff politischer Thesen zu ersticken. Seine redlichen Absichten stehen dabei außer Frage.
1995 geriet Lattmann in die Schlagzeilen: Stasi-Mitarbeiter und Spion lautete der Verdacht. Mittlerweile ist er von den Karlsruher Richtern rehabilitiert worden. Lattmann kommentierte: »Schnell läuft der Verdacht, langsam der Widerruf. Ich hoffe, die das eine glaubten, erreicht das andere.« In seinem Roman *Jonas vor Potsdam* (1995), der unverkennbar autobiografische Züge trägt, tritt der Erzähler eine Reise in die Kindheit an, durchstreift nach Jahrzehnten erstmals wieder die Straßen und Hinterhöfe seiner Kindheit. Im Spiegel kritischer Selbstbefragung reflektiert sich das komplizierte Verhältnis zur DDR, das dem Autor eigen ist. Dessen ehrliches Bemühen um eine sachliche Auseinandersetzung charakterisiert eine Persönlichkeit, die bei aller Sympathie für linke Positionen nicht den Zweifel und den Zwischenruf vergaß, wo Ideologie Menschlichkeit zu verdrängen suchte.

Thomas Kraft

Werke: *Die gelenkige Generation*, Ess., Mü. 1957; *Ein Mann mit Familie*, R., Mü. 1962; *Mit einem deutschen Paß. Tagebuch einer Weltreise*, Mü. 1964; *Aus dem Tagebuch eines Bücherwurms*, Sonderdr., Mü. 1965; *Zwischenrufe und andere Texte*, Mü. 1967; *Schachpartie*, R., Mü. 1968; *Einigkeit der Einzelgänger. Dokumentation des ersten Schriftstellerkongresses des VS*, Hg., Mü. 1971; *Wir sprechen noch darüber. Beiträge bekannter Schriftsteller zum Nachdenken und Diskutieren*, Hg., zus. m. H. G. Noack, Würzburg 1972; *Die Literatur der Bundesrepublik Deutschland. Kindlers Literaturgeschichte der Gegenwart. Bd. 1*, Hg., Mü. 1973; *Entwicklungsland Kultur. Dokumentation des zweiten Schriftstellerkongresses des VS*, Hg., Mü. 1973; *Die Einsamkeit des Politikers*, Mü. 1977; *Das Anekdotenbuch*, Hg., Ffm. 1979; *Kulturelle Demokratie. Plädoyer für die Macht der Humanität*, Hg., zus. mit Bruno Friedrich, Hans Koschnik, François Mitterand, Hermann Glaser, Giorgio Strehler, Bonn 1979; *Was ist uns die Literatur wert? Jahrestagung der Kulturpolitischen Gesellschaft e.V. am 13./14. 11. 1980 in Hannover*, Hg., zus. mit Karla Fohrbeck, Anatol Buchholz, Karl Bungenstab, Ernst Pappermann, Olaf Schwencke, Hann. 1981; *Die lieblose Republik. Aufzeichnungen aus Bonn am Rhein*, Mü. 1981; *Hauptsache Provinz*, Fssp., 1981; *Matthias Hoppe: München, April '82. Ostermärsche – SPD-Parteitag-Demonstration. Eine kritische Dokumentation*, Hg., Sigmar. 1982; *Rüstung – Entrüstung – Abrüstung. SPD 1966–1982*, Hg., zus. m. Georg Benz, Bernt Engelmann, Fritz Sänger, Bornheim 1982; *Die Brüder*, R., Ffm. 1985; *Kennen Sie Brecht? Stationen seines Lebens*, Lpz., Stg. 1988; *Die Erben der Zeitzeugen. Wider die Vertreibung der Geschichte aus der Gegenwart*, Ffm. 1988; *Plädoyer für die Einheit in Deutschland. Dieter Lattmann erzählt von einer Bahnreise in der (noch) DDR*, Schpl., hg. v. Dietrich Wild, Mü. 1990; *Deutsch-deutsche Brennpunkte. Ein Schriftsteller in der Politik*, Bln. 1990; *Die verwerfliche Alte*, Pr., Stg. 1991; *Jonas vor Potsdam*, R., Zür. 1995.

Laub, Gabriel, wurde am 24. 10. 1928 in Bochnia (Polen) als Sohn jüdischer Eltern geboren. Seine Muttersprache war das Polnische, aber auch Jiddisch war in seiner Umgebung üblich. Die Kaufmannsfamilie bewegte sich zwischen Bochnia und Krakau. Diese Gegend war schon vor dem Krieg durch antisemitische Ausschreitungen bekannt. Die Flucht vor den deutschen Truppen führte die Familie Laub 1939 in die damals von der Sowjetunion okkupierten Teile Polens (heute Ukraine: Lemberg-Lwiv) und nach Russland, in die Gegend des Urals. Die Familie strebte nach Samarkand, wo sich viele Exil-Polen sammelten. Hier war die Umgangssprache Russisch, in der Schule wurde Polnisch gesprochen. Nach dem Krieg ging Laub nach Krakau, machte sein Abitur, folgte aber bald wegen der antisemitischen Atmosphäre in Krakau seinen Brüdern nach Prag. In Prag studierte Laub von 1946 bis 1951 an der Hochschule für Politik und Sozialwissenschaften und arbeitete fortan als Journalist für

verschiedene Zeitungen. Bald war er auch ständiger Mitarbeiter der Revue »Plamen« (»Die Flamme«). Bereits dadurch gab sich Laub eindeutig als Oppositioneller zu erkennen, denn diese Zeitung diente als Plattform reformorientierter Intellektueller um 1960. Hier formierte sich eine der Keimzellen des Prager Frühlings von 1968.
Seine ersten literarischen Arbeiten sind noch auf Tschechisch geschrieben, und in der Tschechoslowakei erschienen viele seiner Erzählungen und Aphorismen in Zeitungen und Zeitschriften. In dieser Zeit übersetzte er auch aus dem Polnischen und aus dem Russischen. Schließlich fasste er 1967 seine Satiren im Sammelband *Zkušenosti (Erfahrungen)* zusammen. Seine anekdotische Schreibweise passte hervorragend zur Stimmung des Landes, denn aufgrund der Zensur konnte vieles nur bildhaft und versteckt mitgeteilt werden. Manche seiner Erzählungen wurden Schullektüre, nach 1974 gerieten sie aber auf die von den Kommunisten erstellten Verbotslisten und mussten aus Buchhandlungen und Bibliotheken entfernt werden.
Seinen literarischen Stil, der von Humor und Sarkasmus gekennzeichnet war, behielt Laub auch nach seiner Übersiedlung nach Hamburg 1968 bei, wo er nach kurzer Zeit selbst in deutscher Sprache zu schreiben begann. Er arbeitete für die »Zeit«, für Hörfunk und Fernsehen. Er fokussierte auf einige spezifische Themen und stellte in seinen Kurzerzählungen die Absurditäten der Welt mit satirischer Schärfe dar. So verteidigte er zum Beispiel seine Leibesfülle in zahlreichen Artikeln über gutes Essen und über die Absurdität des Schlankheitswahns (*Der Aufstand der Dicken,* 1986). Parallel dazu entwickelte Laub seine aphoristische Kunst weiter. Hier nutzte er besonders geschickt die erfrischenden Impulse, die durch die Übergänge und Schnittpunkte der ihm geläufigen Sprachen, durch im Deutschen unbekannte Vergleiche, Metaphern und Wendungen freigesetzt wurden. Schon bald nach seiner Übersiedlung nach Deutschland erschienen die ersten Sammelbände mit Aphorismen und Kurzprosa (*Ur-Laub zum Denken*, 1972). Ein Jahr vor Laubs Tod sind sie als *Die Kunst des Lachens* in sechs Bänden gesammelt erschienen.
Gleichzeitig veröffentlichte Laub auch in tschechischen Exilverlagen. Er moderierte Fernsehsendungen, schrieb Drehbücher und übersetzte u. a. tschechische Autoren wie V. Havel. Er war Mitglied und lange Zeit Präsident des Exil-P.E.N.-Klubs deutschsprachiger Länder. Er half nach 1968 auch anderen Flüchtlingen, die Asyl in Deutschland suchten.
Laub ist oft als Humorist gehandelt worden, eine Auffassung, die er nicht teilte. Seine Weltsicht, das Geschichtsbewusstsein, die prägende Erfahrung durch den Holocaust, der auch vor seiner Familie nicht Halt machte – dies alles erlaubte in seinen Augen keine andere Form der Bewältigung als Humor und Sarkasmus. Eine zu ernst genommene Welt war ihm ein Gräuel. Selbst als schwer Kranker brachte er noch so viel Humor auf, dass er am Vorabend seines Todes die Nachricht von seinem Ableben verfasste. Er starb am 3. Februar 1998 in Hamburg und ist in Tel Aviv bestattet. Für seine literarischen Arbeiten hat er 1971 den Internationalen Preis der Stadt Neheim-Hüsten und den Erich-Klabund-Preis des Deutschen Journalistenverbandes sowie 1973 den Preis des Kulturkreises beim Bundesverband der Deutschen Industrie erhalten.

Jaroslav Šonka

Werke: *Zkušenosti (Erfahrungen),* Prag 1967; *Verärgerte Logik*, Mü. 1969; *Enthüllung des nackten Kaisers*, Mü., 1970; *Největší proces dějin (Der größte Prozeß der Geschichte)*, Köln 1971; *Ur-Laub zum Denken*, Mü. 1972; *Koph mi scheboschew*, Tel Aviv 1972; *Erlaubte Freiheiten*, Mü. 1975; *Doppelfinten*, Mü. 1975; *Spielen Sie Detektiv*, Reinbek 1976; *Václav Havel: Audienz*, Übs., Reinbek 1976; *Václav Havel: Vernissage*, Übs., Reinbek 1976; *Denken erlaubt*, Gütersloh 1977; *Alle Macht den Spionen*, Hbg. 1978; *Das Recht, recht zu haben,* Mü. 1979; *Leman tehila, naschim vebehemot*, Tel Aviv 1979; *Václav Havel: Protest*, Übs., Reinbek 1979; *V. Havel: Versuch in der Wahrheit zu leben,* Übs., Hbg. 1980; *Dabei sein ist nicht alles*, Hbg. 1980; *Olympisches Laub*, Hbg. 1980; *Der leicht gestörte Frieden*, Mü. 1981; *Die Güte der Fürsten – nach Geschichten und Motiven von Jaroslav Hašek zu seinem 100. Geburtstag*, Drehb., zus. mit Otto Anton Eder, ARD 1983; *Wie im Leben*, Drehb., SFB 1983–1986; *Gespräche mit dem Vogel*, Mü. 1984; *Entdeckungen in der Badewanne. Neue Satiren*, Mü. 1985; *Der Aufstand der Dicken*, Bergisch-Gladbach 1986; *Mein lieber Mensch. Neue Gespräche mit dem Vogel*, Mü. 1987; *Alle Macht den Spionen. Ein Schock neuer Satiren*, Mü. 1988; *Unordnung ist das ganze Leben*, Mü. 1992; *Schafft die Arbeit ab*, Mü. 1994; *Urlaub muß sein*, Mü. 1995; *Je kleiner der Unterschied …*, Mü. 1995; *Gut siehst du aus. Alltag satirisch*, Mü. 1995; *Denken verdirbt den Charakter*, Zür. 1996; *Man kann's auch positiv sehen*, Mü. 1996; *Die Kunst des Lachens*, Mü. 1997; *Ein Lächeln zwischen den Zeilen*, Mü. 1999.

Laube, Horst, wurde am 21. 1. 1939 in Brüx geboren. Er studierte Philosophie und Kunstgeschichte in Marburg und Wien. Nach seinem Studium arbeitete er als Feuilletonredakteur bei verschiedenen Zeitschriften in Essen und Wuppertal, von 1968 bis 1972 als Chefdramaturg der Wuppertaler Bühnen, von 1972 bis 1980 als Dramaturg in Frankfurt am Main, danach in Hamburg. Laube starb im Oktober 1997 in einem Sanatorium im Sauerland an den Folgen eines schweren Unfalls.

Horst Laube liebte die Präsenz, das unmittelbare Dasein, die Wahrheit des Augenblicks. In seiner Hommage an Joseph Conrad *Zwischen den Flüssen. Reisen zu Joseph Conrad* (1982) fragt der Ich-Erzähler Franz Nehoda das Alter Ego des Autors, was es sich von seiner Reise zu den geografischen Ursprüngen der Romane Conrads, in die fremde Hitze Borneos, versprochen habe. Dieses antwortet: »Weiß nicht genau. Etwas Authentisches. So etwas wie Wahrheit, Kraft, ein gutes Abenteuer vielleicht.« Was in diesem Roman mit Reiseromantik und männlichem Abenteurertum verbunden ist und dabei ab und an in Gefahr gerät, ins Klischee abzurutschen – Laube entgeht dem durch einen bagatellisierenden und ironisierenden Ton –, äußert sich auch in ganz anderer Form: Im Roman *Ella fällt* (1976) als Sucht nach Genauigkeit des Erzählens, als ob das Ereignis mit Worten noch einmal vollkommen wiederholt werden müsste, in den Dramen als Abneigung, die Innenwelt der Figuren nach außen zu stülpen.

In Laubes Roman *Ella fällt* erinnert sich eine mittlerweile alte Frau – rund 40 Jahre später – an »den 30. Geburtstag von Kurt im Jahre 1933«. Kurt weist einige Ähnlichkeit mit Gottfried Benn auf. Ella fiel aus dem fünften Stock; warum, ist unklar. Sie überlebt, weil ein Mann sie auffängt. Anna sucht sich zu erinnern, was geschah. Daraus wird keine Analyse der allgemeinen Geistesverfassung zu Beginn des Faschismus, sondern eher eine Anleitung zur Erinnerung. Im Insistieren Annas, im immer neuerlichen Aufgreifen und anderen Betrachten liegt kein Bedürfnis nach Erklärungen, sondern es setzt sich langsam ein immer präsenteres Bild des Vergangenen zusammen. Ohne Vergangenheit ist die Gegenwart arm. In Kurts Wohnung befanden sich außer ihm noch vier Frauen, die alle durch ihre erotische Bindung zu Kurt in einem Beziehungsgeflecht standen, das Anna nun langsam zu klären sucht. *Ellas Fall* betrifft nicht den »Fall« Deutschland, kein Symbol, sondern einen unerklärlichen Vorgang. Als solcher verbleibt er in seiner Tatsächlichkeit. Das Buch mündet mit leichter Trauer in den bundesdeutschen Alltag. Anna hängt am Vergangenen, die anderen haben vergessen, Anna schläft nicht, die anderen erscheinen verarmt.

Auch in Laubes drittem Roman, *Anhöhe im Wald* (1986), wirft ein vergangenes Ereignis seine Schatten in die Gegenwart. Eine Gruppe ehemaliger Studienfreunde trifft sich im Wald. Eugen, der Initiator, sucht noch immer nach einer Stelle, an der hier vor Jahren ein Mord begangen wurde. Was gefunden wird, bleibt offen; was geschieht, ist, dass die Vergangenheit in ihrer Unbewältigtheit, den Verstrickungen, dem schon damals nicht Gesagten, die inzwischen Erwachsenen immer noch in ihrem Bann hält. Nichts löst sich; das Treffen endet in einem Unfall, der durch die Sprachlosigkeit der Figuren unausweichlich erscheint. Die Anhöhe im Wald ist gleichsam eine Bühne; in der Abgeschlossenheit dieser Welt entkommen die Figuren nicht dem Verschwiegenen. Unter Zwang reden sie sich in einen Strudel, der sie in die Vergangenheit zieht, eine Mischung aus Gehässigkeiten, Anspielungen, Wahrheiten, Missverständnissen reißt alle mit. Die Aggression der Gruppe richtet sich auf den Busfahrer, der sich als Faschist entpuppt. Er wird attackiert und verursacht dann einen Unfall. Das wirft kein Licht auf den Faschismus, sondern auf die geistige Konstitution der Nachgeborenen. Eine Traumfahrt stellt Laubes Roman *Zwischen den Flüssen. Reisen zu Josef Conrad* (1982) dar. Der Erzähler nähert sich in einem unwirklichen Land, zwischen Hitze und Feuchtigkeit, Lethargie und stehender Zeit, einem unwirklichen Ort. Borneo, das Zentrum von Joseph Conrads Romanen, steuert er an, um etwas zu finden, von dem er von vornherein weiß, dass es nicht da sein wird. Er reist im Auftrag des Goethe-Instituts und bleibt so fest in den Händen der Zivilisation. Damit nimmt er sich von vornherein die Möglichkeit, ganz in den Bann des Ortes gezogen zu werden, ganz der traumatischen »Wirklichkeit« zu verfallen. Doch er trifft seine Wünsche in einem anderen Conrad-Jünger, der von dieser Reise Unbedingteres verlangt und sich deshalb tiefer auf Land (und Alkohol) einlässt. Die Annäherung zwischen diesen beiden Figuren bildet die Hauptlinie des Romans, es ist Laubes Annäherung an Conrad. Mit diesem Roman beweist Laube seine Fähigkeit, die Wirklichkeit zum Traum werden zu lassen. »Horst Laubes Buch ist eine Entdeckung«, urteilte Hermann Wallmann angesichts der 1998 erfolgten Neuauflage unter dem Titel *Doppelgänger auf Borneo. Auf den Spuren von Allmayers Wahn*, »eine Prosa, die Maßstäbe setzen könnte, nicht nur fürs Genre der Reiseliteratur.«

Der Dauerklavierspieler (1974) ist Laubes erstes und bekanntestes Theaterstück. Es handelt sich um eine Revue durch die Zeiten zwischen 1928 und 1964. Heinrich Abend, »der Weltmeister im Dauerklavierspiel«, tingelt durch die Vorstadtkneipen der Republik und trifft dabei allerlei bekannte und unbekannte Leute. Doch seine Energie ist auf das ununterbrochene Klavierspiel gerichtet. Und so zieht die Geschichte an Heinrich Abend vorüber. Sein Leben bleibt unwirklich und, auch wenn er von Frau und Bruder ständig begleitet wird, einsam. Er wird kaum von der bewegten Wirklichkeit berührt. Die Abgeschlossenheit und Hermetik der Laubeschen Konstruktionen ist in dem Stück *Der erste Tag des Friedens* (1978) am extremsten verwirklicht: Für Jakob Nachthage wird seine Kriegsverwundung zum Trauma. Er nimmt um sich nur mehr Feinde wahr und schließt sich deshalb mit seiner Familie ein. Die Familie geht miteinander meist vorsichtig und liebevoll um, doch am Schluss beginnt sie, durch die zu Schießscharten verkleinerten Fenster nach außen auf alles, was sich bewegt, zu feuern. Die Familie wird in sanftem Realismus geschildert, doch bleibt sie gefangen in einem hermetischen Wahnsystem. *Finale in Smyrna* (1984) betrifft eine Etüde nach Motiven von Goldoni und ist ein witziges, klamottiges Stück über den Schauspielerbetrieb und die Zerstörung von hehren Kunstidealen. Obwohl das Stück die Schauspieler in die Nichtigkeit ihrer Eitelkeiten führt, entwickelt es gerade auf diesem Boden die Zuneigung zu den unverbesserlichen Artisten. War in den bisherigen Stücken Laubes der Leerlauf der Kunst eine Anklage, so wird er hier zum Stoff der ewigen Komödie der Eitelkeiten. Vor seinen Theaterstücken und Romanen hat Laube mehrere Reportagen veröffentlicht (z.B. *Der Weg ist rot, die Wiese ist grün, die Amseln sind schwarz. Bericht über die Ruhrfestspiele*, 1971; *Ruhrpottbuch*, 1972). Es handelt sich um demokratische Berichte, objektiv, nicht wertend, sondern schildernd, Zeugnis gebend, nicht Meinung machend. Wie in späteren Veröffentlichungen (*Theaterbuch 1*, 1978; *War da was? Theaterarbeit und Mitbestimmung am Schauspiel Frankfurt*, 1980) zeigt sich schon hier Laubes Neigung, dem Leser Material an die Hand zu geben, ihn damit selbst urteilsfähig zu machen und ihm Raum zu eigener Fantasiearbeit zu geben. Diese Tendenz setzt sich in Laubes zurückhaltender Schreibweise fort.

Peter Michalzik

Werke: *Der Weg ist rot, die Wiese ist grün, die Amseln sind schwarz. Bericht über die Ruhrfestspiele*, Velber, Bln., Hann. 1971; *Ruhrpottbuch*, 1972; *Peter Hacks*, Hg., Velber 1972; *Der Dauerklavierspieler*, Theaterst., UA 1974, gedr. Ffm. 1974, Hsp., SDR 1981; *Werkbuch über Tankred Dorst*, Hg., Ffm. 1974; *Ella fällt*, R., Neuwied, Bln. 1976; *Goncourt oder Die Abschaffung des Todes*, Theaterst., zus. m. Tankred Dorst, UA 1977, gedr. Ffm. 1977; *Der erste Tag des Friedens*, Theaterst., UA 1978; *Theaterbuch 1*, Hg., zus. m. Brigitte Landes, Mü. 1978; *Endlich Koch*, Theaterst., UA 1980, gedr. Ffm. 1980; *War da was? Theaterarbeit und Mitbestimmung am Schauspiel Frankfurt*, Hg., zus. m. Gert Loschütz, Ffm. 1980; *Der Angstmann*, Hsp., 1981; *Zwischen den Flüssen. Reisen zu Joseph Conrad*, Ffm. 1982, Neufssg. u. d. T. *Doppelgänger auf Borneo. Auf den Spuren von Allmayers Wahn*, Hbg. 1998; *Finale in Smyrna*, Theaterst., UA 1985; *Anhöhe im Wald*, R., Ffm. 1986.

Lavant, Christine (Pseud. f. Christine Habernig, geb. Thonhauser), wurde am 4. 7. 1915 als neuntes Kind eines Bergarbeiters in Groß-Edling bei St. Stefan im Lavanttal (Kärnten) geboren. Seit der Kindheit durch Krankheiten (Skrofulose, Lungentuberkulose), später von Beeinträchtigungen des Gesichts- u. Gehörsinns gezeichnet, verlief ihre Biografie an den Rändern der Lebens-Gefährdung, in gesundheitlicher und ökonomischer Hinsicht. Nach der Schule, die sie von 1921 bis 1929 besuchte, verblieb sie als letztes Kind bei den Eltern im Hause, wo sie jene Fertigkeit schulte, mit der sie über Jahre ihren Broterwerb bestreiten sollte: die Strickarbeit. Durch Klinikaufenthalte, Armut, nicht zuletzt auch durch die skrofulösen Narben von den üblichen Vergemeinschaftungen ausgeschlossen (vgl. *Das Kind*; *Das Krüglein*), fand sie in ihren Klagenfurter Ärzten (akademische) Bezugspersonen und Freunde, die sie in ihrer intellektuellen, später auch literarischen Entwicklung förderten. Nach einem Suizidversuch begab sie sich 1935 freiwillig für sechs Wochen in die Klagenfurter Nervenheilanstalt, eine Erfahrung, welche sie 1946 in dem Prosatext *Aufzeichnungen aus einem Irrenhaus* verarbeitete. 1939 ehelichte sie den 36 Jahre älteren Maler Josef Habernig u. lebte mit ihm in kargen Verhältnissen in St. Stefan. Sie beschäftigte sich mit religiöser, mystischer und philosophischer Literatur, bis sie, inspiriert von der (späten) Lyrik Rilkes, das zuvor verworfene Schreiben wieder aufgriff; für ihre Publikationen wählte sie den Namen ihres Heimattals als literarischen Nom de Plume. Eine Dichterlesung bei den St. Veiter Kulturtagen 1950 zeitigte erste literarische Anerkennung, bildete zudem den Beginn der Freundschaft mit dem Maler Werner Berg, dessen Holzschnitt-Porträts das Imago der Dichterin bis heute prägen. Nun im Kontakt mit anderen Künstlern und Schriftstellern (Gerhard Lampersberg, Ludwig von Ficker, Thomas Bernhard) und mit dem Salzburger Verleger Otto Müller, fand Christine Lavants Gedichtband *Die Bettlerschale* (1956) breite Beachtung. Auszeichnungen u. Preise folgten. Nach dem Tod ihres Ehemannes 1964 übersiedelte Christine Lavant für zwei Jahre nach Klagenfurt, kehrte 1968 nach St. Stefan zurück und starb am 7. 6. 1973 an den Folgen eines Schlaganfalls im Krankenhaus Wolfsberg. Christine Lavant wurde 1954 und 1964 mit dem Georg-Trakl-Preis für Lyrik sowie 1964 mit dem Anton-Wildgans-Preis ausgezeichnet, bevor ihr 1970 der Große Österreichische Staatspreis für Literatur zuerkannt wurde. Seit 1995 wird in Wolfsberg der Christine-Lavant-Lyrik-Preis verliehen.

Über vier Jahrzehnte hinweg nahezu ausschließlich als Lyrikerin wahrgenommen, erfordern die in den Neunzigerjahren begonnenen Sichtungen des Nachlasses (Robert-Musil-Institut, Klagenfurt) sowie verschiedener Vor- und Nachlässe von befreundeten Personen (Brenner-Archiv, Innsbruck) die Revision des Lavant-Bildes. Steht diese Aufarbeitung noch mitten im Werk und wird sie die Rezeption nachhaltig beeinflussen, bleibt Lavants Literatur unbestritten Sigle für eine in ihrer Weise radikale Dichtung, wenngleich man sie besser in ihren pragmatischen Kontexten wird erkennen können, als dies bislang geschehen ist. Davon unbelangt bleibt, dass mit Christine Lavant eine Stimme aus der dreifachen Provinz zu vernehmen ist: Eine Stimme aus dem regionalen und sozioökonomischen Abseits, die Stimme einer Frau und die Stimme eines von physischen und psychischen Grenzerfahrungen gefährdeten Individuums. In dieser Peripherie hat sich Lavants poetisches Organ an vorgefundenen Mustern – Katholizismus, Naturmystik und den zugänglichen Bildungsgütern – orientiert. Eindrücke der Lektüren (etwa der Lyrik Rilkes) manifestieren sich in den frühen Gedichten, führten in der Rezeption sogar bis zum Vorwurf der Epigonalität; Lavant selbst hat sich später von ihrem ersten Gedichtband *Die unvollendete Liebe* (1949) distanziert.

Die drei Bände des lyrischen Hauptwerks, *Die Bettlerschale* (1956), *Spindel im Mond* (1959) und *Der Pfauenschrei* (1962), offenbaren ein genuines Ausdrucksvermögen, welches in ambivalenten Bildern um die Darstellung des leidenden und zweifelnden Subjekts kreist. Die Namen der Gedichtgruppen des Bandes *Die Bettlerschale* (1956) sprechen zentrale Motive an: Reflektiert *Die Feuerprobe* den Themenkomplex von Apperzeption und Wandlung, verweist *Im zornigen Brunnen* auf das Moment des Aufbegehrens gegen das Schicksal (bzw. gegen Gott), während *Das Auferlegte* auf jene Hingabe deutet, welche – in Freundschaft und Liebe – das passive Leiden zugunsten aktiver Empathie verwirft. Das Thema der sinnlichen Wahrnehmung ankert in den Handikaps, welche die Autorin an den Beeinträchtigungen des Gesichts- und Gehörsinns zu tragen hatte, speist sich zugleich aber auch aus einer prekären Theodizee. Wenn das Titelgedicht der *Bettlerschale* mit dem Ruf anhebt »Horch! das ist die leere Bettlerschale« und mit dem Vers »Blick nicht weg und stelle dich nicht taub!« auf die Wahrnehmung rekurriert, kann dies ebenso auf ein Ich im Selbstaufruf deuten wie auf eine Adresse an Gott bzw. auf einen Appell an den Leser. In poetologischer Abwandlung wird Schreiben eins mit dem Apperzipieren der »großen Chiffrenschrift« der Natur (Novalis): »und meine Finger gleiten / entlang der Bilderschrift, die alles weiß« (*Hinfällig starre ich ins Rad der Zeit*, in: *Die Bettlerschale*). In Anlehnung an das mythische Schicksalsbild erscheint die Wahrnehmung der *Verborgene[n] Spindel im Mond* als Drehmoment einer Erkenntnis des eigenen Geschicks. Das meist drastisch angesprochene Augenmotiv akzentuiert allerdings, dass Wahrnehmung als schmerzhaft erfahren wird (»meine verzweifelten Augen«, *Aus jäh erleuchtetem Blau*, in: *Der Pfauenschrei*); zugleich sind die Augen nicht nur Sinnesorgan, sondern auch das Mittel der aktiven Kontaktaufnahme mit dem Du: »ich lege ihr mein Augenlicht / ins Fenster, wo es weiterbrennt« (*Des Mondes Wiege schaukelt leer*, in: *Die Bettlerschale*). Leiderfahrung, Schmerz und Depression werden direkt benannt (*Wie pünktlich die Verzweiflung ist!*, in: *Die Bettlerschale*) oder in Lavants charakteristischer Bildlichkeit (Herz, Blume, Feuer, Stein) chiffriert. G. Lübbe-Grothues hat auf die Kombinatorik der scheinbar einfachen Wortbilder hingewiesen, welche keine statischen Indizes tragen, sondern sich, relational zu ihren Wortumfeldern, in immer neue Bedeutungsmuster fügen. Was am deutlichsten bei den Komposita (Hungerstern, Mondkreuz, Aug-Brunnen) hervortritt, gilt in gleicher Weise für die semantischen Kippfiguren einfacher Bilder (etwa die Farbe Rot) und für den Moiré-Effekt zwischen realen und symbolischen Bedeutungen elementarer Motive. Dass es kein Jenseits gibt zur unmittelbaren Auseinandersetzung mit Schmerz, Leib und Welt signalisiert das kurrente Bild des Mohns, welches – mit Trug, Traum, Bewusstlosigkeit assoziiert – als verführerische Illusion verworfen wird. Die Notwendigkeit von Bewusst-Sein formulierend, weist Christine

Lavants Lyrik die Tröstungen der tradierten religiösen Weltbilder ebenso brüsk zurück wie die Hoffnung, durch das Schreiben Kompensation oder Beruhigung zu finden. Als Mensch in ständiger Revolte tobt das lyrische Ich gegen sich selbst wie gegen Gott bzw. diejenige Instanz, welche das Leid auferlegt: »Ich will die Ehre deines Auftrags nicht!« (*Wen schickst du mir aus deiner Herrlichkeit*, in: *Die Bettlerschale*). Gerade diese »Lästergebete« (L. v. Ficker) erweisen, dass Lavants Dichtung zwar Ausdruck, nicht aber Ausweg aus der Krise ist: Sie bleibt – trotz Formgebung in Reim und Metrum – stets virulent. Solcherart können auch die widersprüchlichen Bedeutungen der Einzelmotive bzw. ihr »Fluktuieren« (W. Wiesmüller) als poetisches Offenhalten der Wunde schmerzlicher Ambivalenz verstanden werden. Dass Hoffnung auf ein Tertium datur besteht, indiziert der Themenkreis um *Das Auferlegte*, welcher in der aktiven Hingabe an andere Menschen wenn schon keine Lösung, so doch immerhin eine Seinsmöglichkeit erkennt.

Obwohl bereits die Lyrik unumwunden von Krankheit und Einsamkeit spricht, rücken Christine Lavants Prosatexte noch expliziter an die persönlichen und sozioökonomischen Verhältnisse heran, damit auch die Lebensumstände der »infamen Menschen« (M. Foucault) hervorkehrend. Bedrohliche, vielfach mit Imaginärem durchwachsene Szenarien entstehen aus dem Blickwinkel einer Figur, die einem fremdartigen Geschehen verständnislos ausgesetzt ist. Am deutlichsten wird dies in der Perspektive »von unten« auf die endlosen weißen Gänge, die hohen Türen und die überlebensgroßen Ärzte in *Das Kind* (1948), welche die Erlebnisse der Zwölfjährigen in der Klagenfurter Augenklinik verarbeitet. Die Ausgrenzung, die das Kleinhäuslermädchen seitens seiner Mitpatienten erfährt (»eine Arme-Leute-Krankheit«), setzt sich in der Klassengesellschaft innerhalb der Nervenheilanstalt fort. Etwa ein Jahr (1946) nach dem *Kind* entstanden, wurden die *Aufzeichnungen aus einem Irrenhaus* kürzlich erstmals veröffentlicht. Eindringlich (bisweilen sarkastisch) analysiert der aus der Ich-Perspektive erzählte Text die Macht- und Gewaltdynamik (»diesen Haß- und Elendsstrahlungen«) zwischen Patientinnen, Schwestern und Ärzten, darüber hinaus bedingen die Zweifel und Ängste der Erzählerin eine poetische Weitung der Narration. Nicht nur mit den *Aufzeichnungen* hat sich das publizierte Œuvre der Christine Lavant um ein bedeutendes Werk geweitet, auch die für verschollen gehaltene Erzählung *Das Wechselbälgchen* (entst. vor 1948) rückt – darin dem 1949 erschienenen Text *Das Krüglein* ähnlich – das Leben von Außenseitern unter Außenseitern in den Fokus. Frucht der Verfügungsgewalt des Bauern, wird das behinderte Kind einer Magd von der Kirche als unehelich stigmatisiert, während es dem abergläubischen Freund der Mutter als teuflischer Wechselbalg gilt. Die Figuren indolenter Pfarrer bzw. geistlicher Schwestern als Repräsentanten rigider gesellschaftlicher Moralvorstellungen einerseits und einer ungnädigen Religion andererseits kehren in den Erzählungen des 1969 von Jeannie Ebner edierten Bandes *Nell* wieder (*Nell*, *Maria Katharina*), ebenso das im *Wechselbälgchen* angesprochene Handlungsmuster des in seinem Aberglauben randalierenden Mannes (*Nell*). Die Geschichten führen verschiedene Frauenfiguren vor als Pragmatikerinnen auf der Suche nach einem lebbaren Weg zwischen den Fronten Armut, Krankheit, kirchlicher Bigotterie und privater Schikane; ungewöhnlich für das Lavantsche Werk ist die Episode aus dem städtischen Angestelltenmilieu (*Rosa Berchtold*), die Wahl einer männlichen Zentralfigur (*Der Knabe*) sowie die deutlichen Spuren politischer Zeitgeschichte. Während der dialektal durchwirkte, digredierende Kolloquialstil der frühen Erzählungen (*Das Wechselbälgchen*; *Das Krüglein*) die narrative Dynamik akzentuieren, bleiben die hochsprachlichen Texte des Bandes *Nell* relativ statisch und erinnern – wie schon die symbolisch aufgeladenen Kunstmärchen des Prosabandes *Baruscha* (1952) – an exemplarische Kalendergeschichten. Zwischen Brief und Erzählung gehalten ist der kürzlich entdeckte, 1948 an die Freundin Ingeborg Teuffenbach gerichtete Text *Die Schöne im Mohnkleid* (1996). Im Zeichen der Dedikation stellt die Erzählerin die bisherigen weiblichen Bezugspersonen vor (die sich z.T. mit den Figuren aus *Das Krüglein* decken), um die bürgerliche Adressatin in ihre – vielleicht »heimlich begnadet[e]« – Welt der »Armut« einzuführen. Mit der Edition der Briefe an I. Teuffenbach (*Herz auf dem Sprung*, 1997) haben A. Steinsiek und U. A. Schneider die Erschließung der umfangreichen Korrespondenz begonnen, welche wertvolle Aufschlüsse über das hochgradig ambivalente Selbst- und Schreibverständnis der Christine Lavant verspricht und damit jener Reduktion ihres Werks entgegenwirken wird, welche sich auf das Briefzitat »Kunst wie meine ist nur verstümmeltes Leben« (an G. Deesen, 27. 3. 1962) zu berufen pflegt.

Christiane Zintzen

Werke: *Das Kind*, E., Stg. 1948, Neuausg. n. d. Hs. u. m. e. editor. Bericht v. A. Steinsiek u. U. A. Schneider, Salzb. 2000; *Die Nacht an den Tag*, G., Stg. 1948/49 (nur als Bürstenabzug, verschollen); *Die unvollendete Liebe*, G., Stg. 1949; *Das Krüglein*, E., Stg. 1949; *Baruscha*, En., Graz 1952; *Die Bettlerschale*, G., Salzb. 1956; *Die Rosenkugel*, E., Stg. 1956; *Spindel im Mond*, G., Salzb. 1959; *Der Sonnenvogel*, G., Wülfrath 1960, Neuausg. u. d. T. *Sonnenvogel*, hg. v. R. Th. Hlawatsch u. H. Heiderhoff, m. Linolschnitten v. E. Bartholmai, Waldbrunn 1962; *Wirf ab den Lehm*, G. u. En., Graz 1961; *Der Pfauenschrei*, G., Salzb. 1962; *Hälfte des Herzens*, G., Darmst. 1967; *Nell. Vier Erzählungen*, Salzb. 1969; *Gedichte*, hg. v. G. Lübbe-Grothues, Mü. 1972; *Kunst wie meine ist nur verstümmeltes Leben*, nachgel. u. verstreut gedruckte Gedichte, Prosa und Briefe, hg. v. A. Wigotschnig u. J. Strutz, Salzb. 1978; *Versuchung der Sterne*, En. u. Briefe, hg. v. F. Israel, Lpz. 1984; *Gedichte*, hg. v. Th. Bernhard, Ffm. 1987; *Und jeder Himmel schaut verschlossen zu. 25 Gedichte für Otto Scrinzi*, Wien 1991; *Kreuzzertretung*, G., Pr., Briefe, hg. v. Kerstin Hensel, Lpz. 1995; *Die Schöne im Mohnkleid*, E., hg. v. A. Steinsiek, Salzb. 1996; *Herz auf dem Sprung. Die Briefe an Ingeborg Teuffenbach*, hg. v. A. Steinsiek, Salzb. 1997; *Das Wechselbälgchen*, E., hg. v. A. Steinsiek u. U. A. Schneider, Salzb. 1998; *Christine Lavant: Bilder u. Worte. Ein Postkartenbuch*, hg. v. A. Steinsiek, Salzb. 1999; *Aufzeichnungen aus einem Irrenhaus*, hg. v. A. Steinsiek u. U. A. Schneider, Salzb. 2001; *Christine Lavant: Der kommentierte Gesamtbriefwechsel*, hg. v. U. A. Schneider u. A. Steinsiek, 2 Bde. u. CD-Rom, Salzb. 2004.

Lebert, Hans, wurde am 9. 1. 1919 in Wien geboren. Er war sicher ein Neffe Alban Bergs und angeblich ein Enkel Kaiser Franz Josephs. Er erhielt eine Ausbildung als Sänger, reüssierte vornehmlich in Wagner-Opern und lebte seit seinem Rückzug von der Bühne im Jahr 1950 bis zu seinem Tod am 20. 8. 1993 in Baden bei Wien. 1962 wurde er mit dem Förderungspreis zum Österreichischen Staatspreis, 1973 mit dem Preis der Stadt Wien und 1992 mit dem Grillparzer-Preis ausgezeichnet.

In seinen letzten Jahren erlebte er skeptisch die Wiederentdeckung seines Prosawerkes, alles in allem nicht mehr als zwei Romane und zwei Bände mit Erzählungen, und machte aus seinem Zweifel, ob sich die späte Anerkennung den richtigen Motiven verdanke, keinen Hehl. In der Dankesrede zum Grillparzer-Preis distanzierte er sich leidenschaftlich von jenen jüngeren Autoren, die ihn eben erst entdeckt und begeistert zum Vorläufer ihrer eigenen Österreich-Verdammung erklärt hatten. Ihnen warf er vor, dass sie Österreich ohne seine verzweifelte Liebe »beschimpfen und lächerlich machen, um im Ausland dafür Applaus zu ernten. Solche Autoren bereiten eine Kolonisation vor.« Unter Kolonisation verstand er den »zweiten Anschluss« an Deutschland, der diesmal nicht mit großdeutschen, sondern europäischen Phrasen legitimiert würde.

Den »Anschluss« von 1938 hat Lebert, der 1941 wegen des Verdachts der »Wehrkraftzersetzung« mehrere Monate in Haft verbrachte, als traumatisches Ereignis erlitten und als schuldhaftes Versagen der großen Mehrheit der Österreicher gedeutet. In seinen Romanen *Die Wolfshaut* (1960) und *Der Feuerkreis* (1971) geht es stets auch um diese Schuld, die in den Kriegsjahren schuldhafte Verstrickung in Verbrechen zeitigte und nach 1945 mittels schuldhaften Verschweigens »bewältigt« wurde.

Schweigen ist denn auch der Name des Dorfes, in dem sein erster Roman *Die Wolfshaut* spielt, der seinen Ruhm begründete und bis heute ausmacht. 99 Tage lang geht vom November 1952 an unaufhörlich ein »Regen, ekelhaft wie noch nie: Ein dünnes, weinerliches Gewieschel« über den modellhafte Mikrokosmos Schweigen nieder, rührt das Land zu klebrigem Morast auf und bringt damit die Jauche der nationalsozialistischen Vergangenheit Österreichs an den Tag. Die Natur wird rigoros anthropomorphisiert und in die Metaphorik der Verwesung wie die Rhetorik der politischen Kritik einbezogen: Die Figuren, typenhaft gezeichnete Honoratioren mit sprechenden Namen wie Habergeier, die sich am Stammtisch des Wirtshauses rituell der Tatsache versichern, dass sich vom Faschismus zur Demokratie nichts geändert hat – »Wir bleiben wir!« –, bewegen sich durch eine »parteibraune Landschaft«, in der »die Bäume längs der Fahrbahn Spalier standen«. Im Dorf herrscht ein misstrauisch überwachter Zwangsfrieden, der aufbricht, sobald von außen an das gemeinschaftlich begangene Verbrechen, den Mord an sechs Zwangsarbeitern in den letzten Kriegstagen, gerührt wird. Ehe dieses Verbrechen nicht gesühnt ist, finden die Toten keine Ruhe; Rache übt für sie – »Die Toten haben Hunger!« – der durch früh erlittenes Unrecht und die Erfahrung des Krieges gebrochene Fotograf Maletta, der in seiner psychischen Deformation die Verwandlung in ein werwölfisches Wesen erleidet und die Mörder von einst der Reihe nach richtet.

Als Lebendtoter hat Maletta im Werk Leberts manche Vorfahren und Wiedergänger. Schon Otto Erdmann, ein einstiger Weltkriegsleutnant, der in der langen Erzählung *Das Schiff im Gebirge* (1955) den Weg in das abgelegene Bergdorf Lur antritt, existierte in einem Zwischenzustand aus Leben und Tod, und selbst in Leberts erster Buchveröffentlichung, dem Sammelband *Ausfahrt* (1952), tritt bereits eine Lebendig-Tote auf. Die Durchmischung der beiden Sphären, welche die Welt mitunter als »Kadaver« erscheinen lässt, steht in vielfältigen sozialen, historischen, politischen, theologischen und ästhetischen Bezügen.

Die Wolfshaut ist ein düsterer Provinzroman, der Elemente von Gespenstergeschichte und Kriminalroman originell verwendet, um eine radikale politische Kritik zu exemplifizieren. Vielschichtig wie er ist, kann der Roman auch durchgängig religiös verstanden werden, nicht nur, weil er Schuld und Erlösung stets religiös konnotiert, sondern auch, weil er eine veritable negative Genesis entfaltet und voller gnostischer Motive ist. Vor allem aber ist dies ein grandioses Sprachkunstwerk, metaphorisch kühn, musikalisch strukturiert und streng komponiert, mit aberwitzig komischen und Grauen erregenden Passagen.

Nach der allenthalben gerühmten *Wolfshaut* veröffentlichte Lebert elf Jahre lang kein Buch und nur wenige kleinere Texte in Zeitschriften, ehe er 1971 den zweiten Roman *Der Feuerkreis* vorlegte und dafür von der Kritik in Grund und Boden verdammt wurde. Der Wagner-Sänger und Wagner-Kenner, der die Technik des Leitmotivs literarisch durchaus wagnerianisch einsetzt, versucht hier, den faschistischen Mythos ausgerechnet mit Richard Wagner aufzusprengen. Die Verweise und Anspielungen auf den *Ring der Nibelungen* gehen von der Personenkonstellation über viele Motive bis ins sprachliche Detail. Auch die Neuauflage (1992) hat dem ambitionierten und prekären Versuch, Mythenkritik mittels Mythen zu versuchen, nicht zu viel größerer Anerkennung verholfen.

Zu überprüfen wäre die Rolle der Außenseiter in Leberts Werk, die, wie der Matrose in *Die Wolfshaut* und der Captain Jerschek in *Der Feuerkreis*, gegen die negativ bestimmte »Masse« stehen und sich wider den Nationalsozialismus im Besonderen und die Barbarei im Allgemeinen moralisch zu behaupten suchen. Repräsentieren sie ein konkretes »anderes Österreich«, stehen sie als Ausnahmeerscheinungen für das Humane selbst in einer zutiefst antihumanen Welt oder sind sie vor dem Horizont einer religiös verstandenen Erlösung zu verstehen?

Karl-Markus Gauß

Werke: *Ausfahrt*, En., Graz 1952; *Das Schiff im Gebirge. Unheimliche Erzählungen*, Wien 1955; *Die Wolfshaut*, R., Hbg. 1960; *Der Feuerkreis*, R., Salzb. 1971; *Die schmutzige Schwester. Zwei Hörspiele*, Wien 1972; *Das weiße Gesicht*, En., Wien, Zür., 1995; *Schützt euer Land selbst! Dankesrede zum Grillparzer-Preis*, in: »Forum« 39, Wien (15. 1. 1992).

Lehnert, Christian, wurde am 20. 5. 1969 in Dresden geboren. Er studierte Religionswissenschaften, Orientalistik und Theologie und lebt seit 2001 als Pfarrer in Burkhardswalde im Müglitztal. 1995 erhielt er den Förderpreis zum Leonce-und-Lena-Preis, 1998 den Dresdner Lyrikpreis und 1999 den Förderpreis der Hermann-Lenz-Stiftung.

In einer poetologischen Notiz zu dem geistlichen Barockdichter Angelus Silesius hat Christian Lehnert seinen lyrischen Standort zwischen Mystik und Moderne bestimmt. Es gehe darum, heißt es in diesem Schlüsseltext, »die Fragmente frühester Erinnerungen mit den Fraktalen der Wahrnehmung zu verbinden« und »ein Klanggewölbe für die Stimmen der poetischen Mystik« zu schaffen. Mit einer solchen Poetik, mit der er sich als Nachfahre der Mystik Jacob Böhmes und Meister Eckharts zu erkennen gibt und auch die »Gebetsvorbereitungen« des »Cherubinischen Wandersmanns« Angelus Silesius' wieder aufnimmt, liegt Lehnert quer zu allen postmodern inspirierten Konzepten. Von den metaphysisch ernüchterten Schriftstellern des späten 20. Jahrhunderts werden solche mystisch-religiösen Programme meist des Irrationalismus verdächtigt, der vorsätzlichen Flucht vor den Zeichensystemen einer medial beschleunigten Gegenwart. Es ist nun aber gerade dieser hartnäckig retroverse Blick, diese Suche nach visionärer Innenschau, die Lehnerts Phantasmagorien der Vorzeit und seinen Motiven der Schöpfungsfrühe ihre Suggestivität gibt.

Mitte der Neunzigerjahre fand Lehnert, inspiriert durch religionswissenschaftliche Studien, in den Landschaften der jüdischen und arabischen Welt seine Orte poetischer Verheißung. Angeregt durch den Besuch heiliger Stätten des Judentums und des Islams, etwa auf der Halbinsel Sinai, entstanden lyrische Zyklen, in denen das poetische Subjekt immer wieder Motive der Schöpfungsfrühe und der Geburt des Menschen imaginiert. In seinen großen lyrischen Zyklen *bruchzonen*, *befunde*, *Der Augen Aufgang* oder *Finisterre* imaginiert Lehnert den Rücksturz in eine prähumane Sphäre, die Auflösung des Ichs in den Organismen des Meeres oder das pantheistische Zerfließen und Oszillieren des Subjekts. Anders als der agnostische Pfarrerssohn Gottfried Benn verbindet Lehnert seine Vorstellungen von der Entrückung des Ichs in animalische Ursprünglichkeit mit positiv konnotierten Bildern göttlicher Schöpfung. Auch in den *bruchzonen* aus dem Band *Der Augen Aufgang* (2000) sinkt das Ich hinab in jene heilige Sphäre, die für die allermeisten Gegenwartspoeten völlig tabu ist. Der Zyklus *Finisterre* (2002) weist den Erkenntnisweg, den Lehnerts Gedichte in ihrer emphatischen Bewegung gehen – hinab zu den Sphären der Vorzeit, zu den Anfängen des Lebens. In dunkel dahinströmenden Ursprungsbildern und halluzinatorischen Fantasien reformuliert dieser Autor die Erleuchtungen der Mystik, seine Texte haben die Innigkeit und visionäre Kraft von Gebeten.

Michael Braun

Werke: *Der gefesselte Sänger,* G., Ffm. 1997; *Der Augen Aufgang,* G., Ffm. 2000; *Finisterre,* G., Wien 2002.

Lehr, Thomas, wurde am 22. 11. 1957 in Speyer geboren. Nach dem Abitur in Ludwigshafen studierte er von 1979 bis 1983 Mathematik, Physik und Biochemie in Berlin. Bis 1999 arbeitete er als EDV-Spezialist in einer wissenschaftlichen Bibliothek der Freien Universität in Berlin, heute lebt er dort als freier Autor. Er ist Mitglied des deutschen P.E.N.-Zentrums. Ausgezeichnet wurde er u.a. 1994 mit dem Rauriser Literaturpreis, 1995 mit dem Maria-Cassens-Preis des Hamburger Literaturhauses, 1996 mit dem Förderpreis zum Kunstpreis der Berliner Akademie der Künste, 1998 mit dem Stipendium des Künstlerhauses Wiepersdorf, 1999 mit dem Martha-Saalfeld-Förderpreis des Landes Rheinland-Pfalz und mit dem Rheingau-Literaturpreis, 2000 mit dem Wolfgang-Koeppen-Preis der Hansestadt Greifswald und 2002 mit dem Georg-K.-Glaser-Preis.

Im Spannungsfeld zwischen Kunst und Koitus inszenierte Thomas Lehr in seinem Romandebüt *Zweiwasser oder Die Bibliothek der Gnade* (1993) den literarischen Stellvertreterkrieg, einen Trojanischen Krieg an den Gestaden von Frankfurt und Klagenfurt. Der Passionsweg seines Helden, des armen Poeten Zweiwasser, führt durch den Markt der Eitelkeiten im Umfeld von Feuilleton und Literaturwettbewerb. Zweiwasser schwimmt in »Traumseen«, erliegt dem »Wahn von Bedeutung« und entwickelt Strategien, um den erhofften Erfolg Wahrheit werden zu lassen. Am Ende liegen einige Leichen herum, das »literarische Klimakterium« forderte seinen Tribut. Auch die Utopie einer »Bibliothek der Gnade«, in der die Manuskripte aller verhinderten Dichter Eingang finden könnten, zerstört sich in dieser virenverseuchten Zeit selbst. Gewandt im Umgang mit Platonschen Sentenzen und Phallusmotiven, delektiert sich der Erzähler am Strampeln eines aufgeblähten, im Grunde aber maroden Literaturbetriebes, an dem er aber gerne teilhaben möchte. In Lehrs Satire geht es um das (abgelehnte) Manuskript des Romans *Die Erhörung*, der dann doch 1994 erscheinen konnte und als der eigentliche Debütroman Thomas Lehrs gelten muss. *Die Erhörung* ist Zeitroman und Krankengeschichte zugleich, eine hoch ambitionierte Fallstudie über die psychopathologischen Folgen des Schreckens über mehrere Generationen hinweg. Mit großer Sprachenergie und einem dichten Geflecht an eindrucksvollen Bildern und Motiven wird der Historiker Anton Mühsal porträtiert, der der eigenen Biografie im überhöhten Bild des Großvaters, eines Spanienkämpfers und Revolutionärs, nachspürt. Dieser ist ihm Vorbild und Last zugleich; im Rahmen seines Geschichtsstudiums versucht er die vielen Lebenssplitter zusammenzusetzen, doch eine Flut an Fantasien und Assoziationen löst schizoide Schübe aus. Die Grenzen zwischen Vision und Realität verschwimmen, wie in Trance folgt er seinen Bewusstseinssprüngen, die von den Schreckensbildern des Großvaters begleitet werden. Die Weimarer Republik und das Berlin der Siebzigerjahre sind die zeitlichen Koordinaten der Entwicklungsgeschichte. In diesem Rahmen sucht Anton, getrieben vom Wunsch »alles zu wissen«, die Epoche zu fassen und sich die Last der Geschichte von den Schultern zu nehmen. Dieser Suchende und Leidende erscheint als Paradebeispiel für die Signatur des 20. Jahrhunderts, das vergeblich auf Versöhnung hofft.

Die fortschreitende Verzweiflung über den großen Verlust schreibt auch der Roman *Nabokovs Katze* (1999) eindrucksvoll fort. Es ist die Geschichte einer erotischen Obsession, die im Verzicht auf Sexualität ihre Erfüllung zu finden glaubt: »Mit keiner Frau war es so aufregend, nicht miteinander zu schlafen.« Der Filmemacher und Dramatiker Georg Graf ist seiner Jugendliebe Camille Sesemann verfallen, alle paar Jahre besucht er sie, die ihm als Fünfzehnjährige ewige Treue schwor. Camille wird zur Lebensprojektion; Graf verlässt seine Familie, seine egomanen Begierden steigern sich in der Sucht nach einer vagen Authentizität ins Extreme, ohne Erfüllung finden zu können. Hier gewinnt der Roman selbstironische, fast parodistische Züge, wenn sich der Intellektuelle hilflos seinen Emotionen ausgesetzt sieht. So hat Lehr geschickt eine selbstreflexive Ebene in die ineinander montierten

Handlungsstränge eingezogen, die, mit vielen visuellen Motiven versehen, den Prozess dieses Abenteuers abbilden. Wen wundert es, wenn Lehr Thomas Mann, Robert Musil, Gustave Flaubert und Vladimir Nabokov als literarische Fixsterne nennt: »Präzise zu beschreiben, wie die Menschen sich im Laufe ihrer Lebenszeit verändern, wie sie mutieren, das ist eine Flaubertsche Vorgabe, deren Spuren sich in jedem meiner bisherigen Bücher verfolgen lassen«, so Thomas Lehr, der auch in der Novelle *Frühling* (2001) die rätselhafte Wirkung von Ereignissen auf die Nachgeborenen zu beschreiben sucht. Der Held stirbt in dem Moment, in dem er erkennt, dass er stirbt. Er leidet darunter, dass er versäumt hat in Erfahrung zu bringen, was sein Vater getan hat. Das tötet ihn; was man davon erfährt, passiert in den letzten 39 Sekunden vor seinem Tod.

Thomas Kraft

Werke: *Zweiwasser oder Die Bibliothek der Gnade*, R., Bln. 1993; *Die Erhörung*, R., Bln. 1994; *Nabokovs Katze*, R., Bln. 1999; *Frühling*, N., Bln. 2001, Hsp., SWR 2003.

Leisegang, Dieter, wurde am 25. 11. 1942 als Sohn des Malers Gustav Leisegang in Wiesbaden geboren. 1959 siedelte er mit seinen Eltern nach Offenbach am Main um. Bereits in den Fünfzigerjahren entstanden literarische Arbeiten, die in Zeitschriften und Anthologien erschienen. Der erste Gedichtband wurde 1962 als Privatdruck veröffentlicht. Nach dem Abitur 1963 studierte Leisegang Philosophie, Germanistik und Geschichte an der Universität Frankfurt am Main. Zusammen mit dem Verleger Horst Heiderhoff gab er die Lyrikreihe »Das Neueste Gedicht« heraus. Von 1968 bis 1971 war er als Lehrbeauftragter für Ästhetik an der Werkkunstschule Offenbach und als Dozent für Rhetorik an der Fachschule für Industriewerbung und Absatzförderung in Kassel tätig. Von 1968 bis 1973 fungierte er als Herausgeber der literarischen Reihen »ars poetica« und »eidos« im Heiderhoff-Verlag in Frankfurt. 1969 promovierte er mit einer philosophischen Dissertation über *Die drei Potenzen der Relation* bei Julius Schaaf und Theodor W. Adorno. In den folgenden Jahren arbeitete er als Lehrbeauftragter für Geschichte der Philosophie und Kunsttheorie in Frankfurt, als Redakteur sowie als Cheftexter und Konzeptionist bei der Firma Olivetti. 1972 übernahm er eine Gastdozentur für Philosophie, Germanistik, Politik und Soziologie an der University of the Witwatersrand Johannesburg (Südafrika). Am 21. 3. 1973 nahm er sich in Offenbach am Main das Leben.

Kenner seines Werkes zählen Leisegang zu den bedeutendsten Persönlichkeiten der deutschen Nachkriegsliteratur. Die Literaturkritik ist Leisegang die verdiente Beachtung und Würdigung jedoch bis heute schuldig geblieben. Reiner Kunze schrieb 1976 über Leisegangs Gedichte: »Ich lese sie mit einer Spannung wie einen großen Roman. Ich frage mich nur, wo war (ist) eure anspruchsvolle Literaturkritik, als Leisegang auftauchte? Oder war die Umwelt so, daß sie nicht nur Leisegang selbst, sondern auch seine Fürsprecher nicht hören wollte (konnte)?« Einer seiner wenigen Fürsprecher, der Lyriker und Essayist Hans-Jürgen Heise, erkannte bereits 1965, nach dem Erscheinen des Bandes *Überschreitungen*, in den Gedichten Leisegangs »eine magische Dimension (...), eine Tiefe, die ihre Religiosität gerade aus dem Umstand entwickelt, daß jenseits des Lebens nur Leere vermutet wird«.

Tod, Vergänglichkeit und die unablässige Auseinandersetzung des »Ichs« mit der Außenwelt sind die dominierenden Themen in Leisegangs introvertierten Gedichten. Das Erkennen der Missstände in der Welt und einer ausweglosen, tragischen Grundsituation des Individuums führten bei ihm zum Rückzug auf einen einsamen Beobachterposten, von dem aus er Leben wahrnahm, analysierte und reflektierend begreifen wollte. Zur Zeit der Studentenrevolte schrieb Leisegang an der Peripherie des Literaturbetriebs unbeirrt seine lakonischen Verse. Seine politischen Gedichte beschränken sich nicht auf aktuelle Geschehnisse, sondern sie zielen auf zeitunabhängige, übergreifende Bezüge und Zusammenhänge: »Den Kaiser freut so / (Zwischen blutigen Entschlüssen) / Ein wenig Porzellan« (*Chinoiserie*). Während seines Südafrikaaufenthaltes bezog er allerdings ganz konkret Stellung gegen die Apartheid.

1966 an einer schweren Tuberkulose erkrankt, mied Leisegang mehr und mehr gesellschaftliche Kontakte. Sein Vater, dem er auch einige Gedichte widmete, blieb bis zu dessen Tod die wichtigste Bezugsperson. Stationen der bewussten Selbstentfremdung schrieb Leisegang mit eisiger Radikalität in seinen Aphorismen fest: »Autobiografie. Alles bei mir läuft in Richtung auf mich selbst. Ist Selbstrichtung. Selbsthinrichtung.« Trotz der immer wieder akzentuierten Privatheit vieler Aphorismen und lyrischen Texte – die meisten sind mit dem Datum der Entstehungszeit versehen – kann man Leisegangs Werk nicht als »Bekenntnisliteratur« bezeichnen. Leisegang vertrat einen komplexen und äußerst differenzierten Subjektbegriff. Er beklagte, dass die Menschen »vom Ursprung her gesehen das Absolute« seien, dass sie aber in einem Kontext lebten, der aus ihnen etwas »ganz schlecht Relatives mit dem Anspruch des Absoluten« mache. Diesen Aspekt berücksichtigend, versteht sich das »lyrische Ich« in seinen Gedichten stets als Teil des Ganzen, das sich durch Selbstreflexion zu objektivieren trachtet. »Totalisieren ohne zu entpersonalisieren. Zugleich das Ganze und die Elemente retten. Darum geht es.« Diesen Satz Pierre Teilhard de Chardins stellte Leisegang als Motto seinem 1970 geschriebenen Aufsatz *Dimension und Totalität. Entwurf einer Philosophie der Beziehung* voran. Die Erlösung des leidenden Menschen verheißt ein – vielleicht jenseitiger – Zustand des »standpunktfreien«, schmerzlosen Begreifens: »Aufgehoben zu sein / ohne Mitte, ichlos, vorbei / Nur so dahinfließen / Ein Ding unter Dingen« (*Glücklich und Endlich*, Juni 1969).

Das Motiv des Freitods zieht sich wie ein roter Faden durch Leisegangs Verse. Im philosophischen Werk und im künstlerischen Prozess offenbart sich jedoch sein Wille, der erkannten Sinnlosigkeit Sinn abzutrotzen, der Vergänglichkeit gültige Momente entgegenzusetzen und der Wahrheit näher zu kommen. Die Kunst könne allerdings, seiner Überzeugung nach, immer nur Widerschein und Abglanz der Wahrheit bleiben, »in ihr kann das Leben nicht zu sich selbst kommen« (*Dimension und Totalität*). Leisegangs konsequente Tätigkeit als Beziehungs-Theoretiker (vgl. dazu die Dissertation *Die drei Potenzen der Relation*, 1969, sowie *Dimension und Totalität, Entwurf einer Philosophie der Beziehung*, 1972), sein auf Erkenntnis und letztlich doch auf Kommunikation ausgerichtetes Denken und Arbeiten sollten in Rechnung gezogen werden, bevor man in seinem literarischen Werk primär die Ankündigung seines Suizids sieht.

»Um mehr Wirklichkeit zu gewinnen« (H.-J. Heise) und um das diskursive Element in seiner Dichtung zu verstärken, verfasste Leisegang neben seinen epigrammatischen – manchmal gereimten – Kurzgedichten und Aphorismen eine Zeit lang reflektierende »long poems«, lyrische Prosa. Nach der Publikation von *Hoffmann am Fenster* (1968) wandte sich der Autor wieder seiner knappen, »fabel-haften« Bildersprache zu, die sich darum bemüht, die gedankliche Essenz in ihrer letztmöglichen Reduktion wiederzugeben. Leisegangs von ihm selbst zum Druck vorbereiteter, posthum erschienener Gedichtband *Aus privaten Gründen* (1973), den er zunächst nach einer Zyklusüberschrift »Kahlschlag« betiteln wollte, gewährt noch einmal Einblick in die Gedanken- und Empfindungswelt des Dichters, in das »leergelebte« Leben eines Allein-Seienden (*Einsam und Allein* lautet der Titel eines im Okober 1972 entstandenen Gedichts). Doch trotz der Überzeugung, dass »alle physikalischen Ordnungsgebilde« zu »letztendlichem Verfall verurteilt« seien (*Dimension und Totalität*), verlieh der Dichter weiterhin seiner »Hoffnung« auf Ewigkeit Ausdruck: »Ein Weiterleben nach dem Tode halte ich allein deshalb schon für gesichert, weil ich kaum glauben kann, daß sich das Unglück so schnell zur Ruhe setzt.« Und: »Gegen Ende. Sich betten. Am besten in Kinderaugen.«

Petra Ernst

Werke: *Bilder der Frühe*, G., Privatdr., Offenbach 1962; *Die Form sichtbar machen*, Ess., Kat. d. Frankfurter Sezession, o. O. 1963; *Übung eines Weges*, G., Privatdr., Offenbach 1964; *W. H. Auden: The Common Life*, Übs., Darmst. 1964; *Brüche*, G., Darmst. 1964; *Überschreitungen*, G., Darmst. 1965; *Die Welt lesen*, Ess., Kat., Mainz 1965; *W. H. Auden: The Cave of Making*, Übs., Darmst. 1965; *Hart Crane: Moment Fugue*, Übs., Darmst. 1966; *Intérieurs*, G., Ffm. 1966; *Hoffmann am Fenster*, G., Ffm. 1968; *Edvard Kocbek: Die Dialektik*, Übs., Ffm. 1968; *Ein Fenster zur Welt. Gedichte von zehn slowenischen Autoren*, SR 1968; *Die drei Potenzen der Relation*, Diss., Ffm. 1969; *Erich Martin. Porträt eines Malers*, Film, HR 1969; *Dichter über ihre Dichtungen*, Film, HR 1969; *Die Pariser Biennale für junge Kunst*, Film, HR 1969; *Ich schreibe ... Resignation und Tendenz in der deutschen Lyrik nach Auschwitz*, Film, HR 1969; *Die Gießener Musiktage 1969*, Film, HR 1969; *Aus dem Nachlaß der sechziger Jahre*, Film, ARD 1970; *Kunst und Kitsch im Kinderbuch*, Film, HR 1970; *Die Kinderbuchmesse in Bologna*, Film, HR 1970; *Unordentliche Gegend*, G., Ffm. 1971; *Lücken im Publikum. Relatives und Absolutes bei Kafka*, Ffm. 1972; *Bei Abwesenheit von Wolken*, zus. m. Joachim Leisegang u. H. Heiderhoff, Ffm. 1972; *Die Logos und ihre Väter*, Abh., Ffm. 1972; *Dimension und Totalität. Entwurf einer Philosophie der Beziehung*, Ffm. 1972; *Aus privaten Gründen*, G., Waldbrunn 1973; *Statt eines Nachworts. Rede zur Trauerfeier am 27. März v. Julius Schaaf*, Ffm. 1973; *Lauter letzte Worte* (enthält G. aus: *Überschreitungen*, *Hoffmann am Fenster*, *Unordentliche Gegend*, *Aus privaten Gründen*), hg. v. Karl Corino, Ffm. 1980; *Übung eines Weges*, G., hg. v. Roswitha Heiderhoff, H. Heiderhoff u. J. Leisegang, Waldbrunn 1986.

Lentz, Michael, wurde am 15. 5. 1964 in Düren geboren. Er studierte in Aachen und München Germanistik, Geschichte und Philosophie und promovierte 1998 in Siegen über Lautpoesie und -musik nach 1945. Von 1987 bis 2002 lebte er in München, seit 2003 wohnt er in Berlin. Er tritt international als Saxofonist und Interpret von lautpoetischen Texten auf, seit 1989 auch als Mitglied im Ensemble des Komponisten Josef Anton Riedl. Er hat Veranstaltungen zur akustischen Kunst kuratiert und theoretische Beiträge zur Lautpoesie für Zeitschriften und Hörfunk verfasst. Lentz ist ordentliches Mitglied der Freien Akademie der Künste zu Leipzig. 1999 erhielt er den Bayerischen Staatsförderpreis, 1999/ 2000 ein Stipendium des Deutschen Literaturfonds Darmstadt, 2001 den Ingeborg-Bachmann-Preis sowie ein Aufenthaltsstipendium in der Villa Aurora, Santa Monica/Los Angeles, 2002 den Hans-Erich-Nossack-Förderpreis.

Die Texte von Michael Lentz sind auch durch seine Aktivitäten als Musiker und Performer geprägt. Inhaltliches tritt darin zugunsten assoziativer oder konstruktiver Sprach- und Lautprozesse zurück. Aus diesem Grund zählt er zur intermedialen und experimentellen Literatur; in seinem Kanon würden sich Samuel Beckett, Raoul Hausmann, Franz Mon, Oskar Pastior, Carlfriedrich Claus und einige (Ultra-)Lettristen finden.

Alltagsbeobachtungen aus der Großstadt, Erinnerungen ans Aufwachsen in der Provinz eine Generation nach Kriegsende, Lebensumstände eines freien Autors und Originalton-Mitschriften mehr oder weniger schrulliger Zeitgenossen dienen ihm als Anlass und Material für streng strukturierte und auf sprecherische Inszenierbarkeit angelegte Texte. Dahinter stehen eine fundamentale Sprachskepsis und ein deutliches Bewusstsein für die gleichzeitige Zeichenflut aus anderen Medien. Als Gegenstrategien dienen Lentz häufige Ebenenwechsel durch – auch parodistische – Selbstkommentare und verschiedene Techniken zur Reduktion und Strukturierung des sprachlichen Materials.

Eine der wichtigsten dieser Techniken ist für Lentz das Anagramm, das die scheinbar vertraute Identität der Wörter als Zeichenketten auflöst. Laute und Bedeutungen erweisen sich als keineswegs fest miteinander verbunden. Die 61 Anagrammgedichte in *Neue Anagramme* (1998) gehen meist von einem Namen oder einem anderen sprachlichen »objet trouvé« aus und folgen häufig einschränkenden Zusatzregeln. Sie zeigen eine große, mitunter sehr unterhaltsame Vielfalt inner- und außersprachlicher Bezüge, Neologismen und manchmal quasi-philosophische Reflexionen. Andere tendieren deutlich zum Dialog oder Sprechtext.

In den beiden Prosabänden *ODER* (1998) und *Muttersterben* (2002) kippen die thematischen Anlässe vom Komischen und Grotesken (Verfalls- und Ekelmotive) leicht ins Makabre (Todesfälle, Morde) um. Die sprachlichen Verarbeitungsstrategien dominieren jedoch darüber. In *ODER* sind, wie der Titel andeutet, häufig unscheinbare, kleine Wörter strukturbildend, sowohl für den Rhythmus als auch bei Umbrüchen im Geschehen und in selbstreferenziellen Passagen. Hier werden Einsichten aus Vokabelstudien der konkreten Poesie so weiter entwickelt, dass bei aller Sprachskepsis auch persönliche und generationstypische Erfahrungen komplex perspektiviert werden können.

Das zeigen besonders in *Muttersterben* die thematisch um das Titelstück gruppierten Texte. Sprache und Thematik – vor allem Distanz- und Verlustererfahrungen – widerstreben einander, insofern beide ernst genommen werden und dabei nicht nur »gutgemeintheiten« entstehen sollen. Die Poetik des Autors steht so in einer angemessenen Beziehung zu der offenbar von jeher kommunikationsarmen Situation im Elternhaus, welche durch die tödliche Krankheit der Mutter noch gesteigert wird. So entsteht ein gebrochenes Zeugnis, dessen Dichte sich gerade den erneuerten sprachexperimentellen Verfahren verdankt.

Ende gut. Sprechakte (2001) enthält Sprechtexte zum Teil als Dialogpartituren mit (manchmal offenen) Ausführungshinweisen. Die beiliegende CD gibt Realisationen in unterschiedlichen Genres wieder, an denen auch andere Sprecher und Musiker mitwirken. Die Vortragskunst von Michael Lentz zeigt hier ihre Bandbreite zwischen karikierender Mimesis einzelner Tonfälle und hoch rhythmischer, präziser Darbietung artistischer Sprechabläufe.

Martin Maurach

Werke: *zur kenntnisnahme. gedichte und prosa*, Düren 1985; *ABSPRACHE. 5 Sprechakte*, Hsp. 1995; *Lautmusik nach 1945*, Hörfunkcollage 1995; *Land-, See- und Luftschaften*, CD, zus. m. Uwe Dick, Mü.1995; *Mixed. Live*, Konzertmitschnitt Bayerischer Rundfunk, 1996; *Poésie sonore 1957–96. Henri Chopin: Ein Kapitel »akustischer« Kunst*, Feature, 1996; *Musiksprechen. Die »Akustischen Lautgedichte« des Komponisten Josef Anton Riedl*, Feature, 1997; *VerbiVisiVocals. Bob Cobbing's concrete sound performance*, Feature, 1997; *Galerie der Lautpoeten* u. CD *Musik sprechen*, Hg., in: »Neue Zeitschrift für Musik«, 1998; *»Ich bin ein Futurist, der Futurist geblieben ist«. Die Verbophonien des Lautmusikers Arthur Pétronio*, Feature, 1998; *Neue Anagramme*, G., Wien 1998 (mit *optischen Lautgedichten* von Josef Anton Riedl); *jedoch immerhin für 1 Sprecher CD und live,*

1 Schlagzeuger, 3 Papierwerfer, Sprechakt, UA 1998; *ODER. Prosa,* Wien 1998 (mit *optischen Lautgedichten* von Josef Anton Riedl); *Sonosoph & Co. Zur Klangästhetik der schwedischen Text-Sound-Komponisten,* Feature, 2000; *Lautpoesie/-musik nach 1945. Eine kritisch-dokumentarische Bestandsaufnahme,* Dissertation, Wien 2000; *SOUNDBOX. Akustische Kunst,* Hörfunkcollage, zus. m. Rudolf Frisius, 2000; *Ende gut. Sprechakte,* experimentelle Texte, Wien 2001 (Buch mit CD, mit *optischen Lautgedichten* von Josef Anton Riedl); *Musiksprechen. Die andere Tradition. Eine Geschichte der Lautpoesie in zwei Kapiteln,* Feature, 2001; *Es war einmal ... Il était une fois ...,* E., Wien 2001; *Sprachwirklichkeiten. Zwischenwelten. Carlfriedrich Claus und die Musik,* Feature, 2001; *arance dal marocco (Text-Sound-Composition) für 4 akustische und 5 elektrische Gitarren, Sampler, Talkbox, Sprechen live und CD,* CD, zus. m. Zoro Babel, 2001; *Donaumusik,* Video, zus. m. Zoro Babel, Peider A. Defilla, Ruth Geiersberger, Lucas Linke, Reza Menari, Ulrich Müller, Friederika Riechert, Mü. 2002; *Muttersterben,* Pr., Ffm. 2002; *Muttersterben. Hörstück,* Hsp., 2002; *Muttersterben. Lesung und Hörstück,* 2 CDs, Mü. 2002; *Aller Ding,* G., Ffm. 2003; *Liebeserklärung,* R., Ffm. 2003.

Lenz, Hermann, wurde am 26. 2. 1913 in Stuttgart geboren. Die ersten elf Lebensjahre verbrachte er im hohenlohischen Künzelsau, wo sein Vater als Zeichenlehrer am Seminargymnasium tätig war. 1924 zog die Familie nach Stuttgart; im dortigen Elternhaus lebte Lenz – von den Unterbrechungen der Studien- und Kriegszeit abgesehen – bis 1975, als Erbstreitigkeiten ihn und seine Frau Hanne dazu zwangen, nach München zu ziehen. Nach dem Abitur und einem abgebrochenen Theologiestudium studierte Lenz ab 1933 Kunstgeschichte, Archäologie und Germanistik in Heidelberg und München. Von 1940 an war er Soldat in Frankreich und Russland; 1946 kehrte er aus amerikanischer Kriegsgefangenschaft nach Stuttgart zurück, wo er als freier Schriftsteller ein Auskommen zu finden suchte. Begleitend arbeitete er für einen württembergischen Kulturverein und von 1951 bis 1971 als Sekretär des süddeutschen Schriftstellerverbandes. Lenz' Werk wurde mit zahlreichen renommierten Preisen ausgezeichnet, darunter 1978 mit dem Georg-Büchner-Preis, 1981 mit dem Wilhelm-Raabe-Preis, 1983 mit dem Gottfried-Keller-Preis, 1987 mit dem Petrarca-Preis, 1991 mit dem Jean-Paul-Preis und 1997 mit dem Europäischen Literaturpreis. 1986 war Lenz Dozent der Poetik-Vorlesungen an der Universität Frankfurt/Main. Am 12. 5. 1998 starb er in München.

Bereits als Student begann Lenz an erzählerischen und lyrischen Texten zu arbeiten. Durch die Vermittlung von Georg von der Vring debütierte er 1936 mit einer schmalen Broschüre *Gedichte.* Diese frühe Lyrik steht unverkennbar im Kontext der naturmagischen Schule (Wilhelm Lehmann u.a.), die auf den sich ausbreitenden Nationalsozialismus mit einer Haltung der »inneren Emigration« reagierte. Lenz geht es in seinen Gedichten – am bekanntesten ist *Das Blatt* – darum, sich den Bedrohungen des Hitler-Regimes dadurch zu entziehen, dass ein (vermeintlich) unzerstörbarer Naturraum heraufbeschworen wird. Dessen Beschreibung spart indes Verfall und Gefährdung nicht aus, sodass bis ins lyrische Detail hinein der Eindruck von unterschwelliger Verletzbarkeit entsteht. Parallel zu seinen Gedichten schrieb Lenz erste Prosa, die sich aus einem vergleichbaren Impuls nährt: Die 1938 zuerst in der »Neuen Rundschau« und, stark erweitert, 1947 in Buchform erschienene Erzählung *Das stille Haus* versucht in einer an impressionistischen Verfahren geschulten Weise dem Nationalsozialismus ein entferntes Refugium – das Wien des Fin de Siecle – entgegenzustellen, das es dem Autor erlaubt, einerseits die Atmosphäre vom nahenden Untergang zu vermitteln und sich andererseits imaginierend in die verfeinerte Kultur der späten Habsburgermonarchie zurückzuversetzen. Lenz, der dem Nationalsozialismus früh feindlich gegenüberstand und durch die Verbindung zu seiner späteren Frau, einer Halbjüdin, auch im Persönlichen von der NS-Politik betroffen war, schuf sich so einen poetischen inneren Raum, der ihm half, dem Kollektivismus der Zeit entgegenzutreten.

Die Erfahrungen des Dritten Reiches erwiesen sich für Lenz' gesamtes Œuvre als prägend: Literatur blieb für ihn Sache des Einzelnen, der schreibend nach jenen Dingen zu suchen hat, die den bedrohlichen oder vergänglichen Erfahrungen des Alltags transzendente Illusionen des Dauerhaften abtrotzen. Diese Haltung führte dazu, dass Lenz viele Jahre lang als Außenseiter im bundesrepublikanischen Literaturgeschehen angesehen wurde. Anders als seine Kollegen, die sich nach 1945 einem literarischen Aufbruch mit oftmals unzweideutigen politischen Implikationen verschrieben, wurde Lenz' Denken und Schreiben davon nur in der unmittelbaren Nachkriegszeit beeinflusst. *Das stille Haus* und die Erzählungen *Das doppelte Gesicht* (1949) kulminieren in Hoffnungen, die auf das »geheime Einverständnis« Gleichgesinnter setzen und damit eine Vision humanen Zusammenlebens andeuten – ein Gemeinschaftsappell, der sich in späteren Arbeiten kaum noch findet. Im engeren literarischen Feld fühlte sich Lenz keiner Strömung zugehörig. Obschon Berührungen mit Werken von Hermann Kasack oder Hans Erich Nossack bestanden, bezog sich Lenz vor allem auf Leitbilder des 19. Jahrhunderts (Mörike, Stifter, Keyserling) oder der klassischen Moderne (Schnitzler, Hofmannsthal, Proust). Ein glückloser Auftritt 1951 bei der »Gruppe 47«, beschrieben in *Ein Fremdling* (1983), änderte an dieser solitären Position nichts.

Im Mittelpunkt des Lenzschen Werkes steht seine neunbändige Autobiografie in Romanform. Es bedurfte einer langen Anlaufzeit, ehe Lenz allmählich Zutrauen gewann, sein eigenes Leben zum literarischen Gegenstand zu machen. Die Fünfzigerjahre, die auch aufgrund der Doppelbelastung durch den Brotberuf des Kultursekretärs für ihn zum künstlerischen Krisenjahrzehnt wurden, schufen nur langsam die Voraussetzungen für die Autobiografie: Sieben Jahre vergingen, ehe Lenz nach der verunglückten Erzählung *Die Abenteurerin* (1952) mit *Der russische Regenbogen* (1959) seine Erzählambition komprimieren und ein persönliches Kriegserlebnis als Ausgangspunkt nehmen konnte. Der 1962 erschienene, aus drei Teilen komponierte Roman *Spiegelhütte* resümierte gleichsam Lenz' seinerzeit gewachsene Desillusion: Die politische und moralische Restaurationserfahrung wird in einen am magischen Realismus orientierten Text thesenartig auf eine Weise eingearbeitet, die Entwicklungen der Studentenrebellion Ende der Sechzigerjahre vorwegnimmt und zugleich einen historischen Bogen bis ins Imperium Romanum und die Biedermeierzeit spannt.

Diese harsche gesellschaftskritische Antwort (die *Spiegelhütte* zu einem kontrovers diskutierten Buch machte) bahnte den Weg zur Autobiografie: 1963 begann Lenz mit der Niederschrift des Romans *Verlassene Zimmer*, der drei Jahre später den Auftakt zur großen autobiografischen Folge bildete. Lenz' Geschichtsverständnis gemäß setzt diese bereits um die Jahrhundertwende ein und beschreibt das Leben der Großeltern, die um 1900 eine Gastwirtschaft im Schwäbischen betrieben. Zentralfigur ist das Alter Ego Eugen Rapp, aus dessen Perspektive weite Teile des Geschehens geschildert werden. Acht Bände folgten darauf: *Andere Tage* (1968), *Neue Zeit* (1975), *Tagebuch vom Überleben und Leben* (1978), *Ein Fremdling* (1983), *Der Wanderer* (1986), *Seltsamer Abschied* (1988), *Herbstlicht* (1992) und *Freunde* (1997). Sie umfassen einen Zeitraum von der Jahrhundertwende bis Anfang der Neunzigerjahre und zählen zu den eminenten autobiografischen Dichtungen des 20. Jahrhunderts. In einer an Marcel Proust gemahnenden Konzentration auf das Detail breiten sie einerseits die bis in kleinste Verästelungen reichende Innensicht einer Figur aus und bieten andererseits einen »poetischen Geschichtsunterricht« (Peter Handke), der zentrale Etappen des 20. Jahrhunderts aus der Optik des (Klein-)Bürgertums und später auch der Literaturszene erfasst. Während die Auseinandersetzung mit dem Dritten Reich – in *Andere Tage* und *Neue Zeit* – das politische Geschehen auf weitem Raum darstellt und insbesondere die Auswirkungen auf das individuelle Leben beschreibt, spielt das zeitgeschichtliche Spektrum der Bundesrepublik eine weitaus geringere Rolle. Eugen Rapp wird hier verstärkt zum Spiegel gesellschaftlicher Strömungen, mit denen er sich, meist als randständige Figur, befasst oder befassen muss. Lenz fand in diesen autobiografischen Romanen seine prägnante Erzählweise des inneren Dialogs, die Eugen permanent mit sich selbst führt – über familiäre Probleme, Wanderungen im Bayerischen Wald oder Verpflichtungen und Zumutungen des Literaturbetriebs.

Die 1994 publizierte Erzählung *Zwei Frauen* bildet ein poetologisch aufschlussreiches Pendant zur Autobiografie. Auch hier tritt Eugen Rapp als Figur auf, ohne jedoch zum Dreh- und Angelpunkt in der sich um unterschiedliche weibliche Lebenshaltungen rankenden Handlung zu werden. Dieses späte Werk, das die Rapp-Figur mit ironischer Geste an den Rand rückt, dokumentiert das Zutrauen, das Lenz nach und nach zu sich und seiner Lebensgeschichte fand. Die letzten Bände der Autobiografie, vor allem *Freunde*, zählen zwar nicht zu den literarisch bedeutendsten Stücken der Folge, doch sie demonstrieren eindrücklich, wie ein Einzelgänger nach und nach eine Form des Einklangs mit seiner Umgebung findet.

Seine im engen Sinne autobiografischen Texte hat Lenz kontinuierlich durch Romane und Erzählungen ergänzt, die parallele Lebensläufe durchspielen oder sich den geschätzten Epochen »Biedermeier« und »Wiener Jahrhundertwende« annähern. Dazu zählen die groß angelegte, 1980 abgeschlossene Trilogie *Der innere Bezirk*, die sich, innerhalb des bis 1947 reichenden zeitlichen Rahmens, als Gegenentwurf zu den Eugen-Rapp-Romanen lesen lässt. Oberst Franz von Sy wird in den Widerstand gegen Hitler aktiv verwickelt und muss sich so – in einem literarischen Experiment – in Situationen beweisen, in die Eugen Rapp nie geriet. Die in die Mörike- und Grillparzer-Zeit verlagerten Romane wie *Die Be-*

gegnung (1979) oder *Erinnerung an Eduard* (1981) erproben, wie die – sich in fast allen Lenzschen Arbeiten ähnelnden – sensiblen Protagonisten in Epochen agieren, die von den nachgeborenen Figuren des 20. Jahrhunderts ersehnt werden. Die in der (Wiener) Jahrhundertwende spielenden Prosatexte *Der Kutscher und der Wappenmaler* (1972) und *Dame und Scharfrichter* (1973) spitzen dies zu, indem sie die Handelnden in ein morbides, von Untergangssymptomen begleitetes Umfeld platzieren.

Poetologisch hat sich Lenz selten unaufgefordert geäußert. Die Frankfurter Vorlesungen *Leben und Schreiben* (1986) skizzieren vornehmlich die Genese der Arbeiten, beschreiben Leitbilder wie Marc Aurel, Stifter oder Arno Schmidt und betonen, dass kein noch so literaturkritisch geschulter Verstand das Geheimnis der Kunst je ergründen wird. Lenz' Poetik, die sich auf die mehrdeutige Formel »Schreiben, wie man ist« bringen lässt, hält an dem traditionell anmutenden Gedanken fest, dass die Kunst, auch wenn sie die eigene Biografie zum Gegenstand macht, Metaphysisches zumindest als Ahnung kenntlich machen sollte. Wo dies gelingt – etwa in meditativen Naturaugenblicken – beginnt das ständig reflektierende Ich sich selbst zu vergessen und epiphanieartig einen »anderen Bezirk« zu erspüren.

Lenz' Rezeption wurde nachhaltig durch Peter Handkes 1973 erschienenen Aufsatz *Tage wie ausgeblasene Eier. Einladung, Hermann Lenz zu lesen* beeinflusst. Handkes Würdigung des fast 30 Jahre älteren Kollegen ebnete Lenz' Weg zum Suhrkamp- bzw. Insel-Verlag und führte dazu, dass Lenz aus seinem Schattendasein des »Geheimtipps« heraustrat und wenig später breitere Anerkennung fand. Die Missachtung durch fast alle maßgeblichen Literaturkritiker nach 1945 war beendet. Lenz' Fähigkeit der Sprachgestaltung und der facettenreichen Darstellung innerer Welten wurde nun als herausragendes Beispiel der modernen deutschsprachigen Literatur erkannt und gewürdigt.

Rainer Moritz

Werke: *Gedichte*, G., Hbg. 1936; *Washington Irving: Rip van Winkle*, Übs., Ulm 1946; *Anthony Trollope: Malachi's Bucht*, Übs., Ulm 1946; *Arthur Loth: Der kleine Schornsteinfeger in der Christnacht*, Übs., Ulm 1946; *Das stille Haus*, E., Stg. 1947, veränd. Fssg. Ffm. 1982; *Das doppelte Gesicht*, En., Stg. 1949; *Die Abenteurerin*, E., Stg. 1952; *Der russische Regenbogen*, R., Neuwied 1959; *Nachmittag einer Dame*, R., Neuwied 1961; *Spiegelhütte*, R., Köln 1962; *Die Augen eines Dieners*, R., Köln 1964; *Verlassene Zimmer*, R., Köln 1966; *Andere Tage*, R., Köln 1968; *Im inneren Bezirk*, R., Köln 1970; *Der Kutscher und der Wappenmaler*, R., Köln 1972; *Dame und Scharfrichter*, E., Köln 1973; *Neue Zeit*, R., Ffm. 1975; *Stuttgart deine Straßen*, Ess., Schwieberdingen 1975; *[Prosatexte]*, En., Leonberg 1976; *Wie die Zeit vergeht*, G., Ffm. 1977; *Der Tintenfisch in der Garage*, E., Ffm. 1977; *Tagebuch vom Überleben und Leben*, R., Ffm. 1978; *Die Begegnung*, R., Ffm. 1979; *Der innere Bezirk*, R.-Trilogie, Ffm. 1980; *Zeitlebens*, G., Mü. 1980; *Erinnerung an Eduard*, E., Ffm. 1981; *Durch den Krieg kommen*, Pr., Stg. 1983; *Ein Fremdling*, R., Ffm. 1983; *Stuttgart*, Ess., Stg. 1983, überarb. Fssg. Ffm. 2003; *Der Letzte*, E., Ffm. 1984; *Aus dem Leben des Eugen Rapp*, Pr., Weilheim/Obb. 1985; *Den Lehrlingen*, G., Warmbronn 1986; *Leben und Schreiben*, Ess., Ffm. 1986; *Der Wanderer*, R., Ffm. 1986; *Bilder aus meinem Album*, Ess., m. Fotos, Ffm. 1987; *Zu Fuß*, G., Warmbronn 1987; *Seltsamer Abschied*, R., Ffm. 1988; *Im Hohenloher Land*, Ess., m. Fotos v. Karlheinz Jardner, Freiburg/Br. 1989; *Jung und Alt*, E., Ffm. 1989; *Der Käfer und andere Geschichten*, En., Passau 1989; *Gedichte und Prosa*, Karlsruhe 1989; *Hotel Memoria*, En., Ffm. 1990; *Schwarze Kutschen*, E., Ffm. 1990; *Geschichten*, En., m. Kupferstichen v. Peter Stein, Mü. 1990; *Das Glück im Stein*, E., m. Grafiken v. Volker Mehner, Bln. 1991; *Rosen und Spatzen*, G., Mü. 1991; *Herbstlicht*, R., Ffm. 1992; *Jugendtage*, E., Passau 1993; *Ein Lesebuch*, Pr., Ffm. 1993; *Titel und Tendenzen 1963–1964*, Ess., Fellbach-Schmieden 1994; *Zwei Frauen*, E., Ffm. 1994; *Die alte Stadt an den drei Flüssen*, E., m. einem Holzschnitt v. Andreas Opperer, Passau 1996; *Feriengäste*, En., Regensb. 1997; *Freunde*, R., Ffm. 1997; *Paul Celan – Hanne und Hermann Lenz*, Briefe, Ffm. 2001; *Die Schlangen haben samstags frei*, En., Ffm. 2002.

Lenz, Siegfried, wurde am 17. 3. 1926 in Lyck/Ostpreußen als Sohn eines »geduldigen Beamten« (Lenz) geboren. 1943 wurde er zur Marine auf der Ostsee eingezogen. Nach Desertion und englischer Gefangenschaft kam er 1945 nach Hamburg und studierte dort Philosophie, Anglistik und Literaturgeschichte, ohne sein Studium abzuschließen, das er sich als Schwarzhändler und als Blutspender finanziert hatte. Neben seinem Studium begann er in der Redaktion der »Welt« zu arbeiten. Nach Veröffentlichung seines ersten Romans 1951 gab er sein Studium und damit den Plan, Hochschullehrer zu werden, auf und lebt seitdem als freier Schriftsteller in Hamburg und im Sommer auf der dänischen Insel Alsen. Mitte der Sechziger- und Anfang der Siebzigerjahre unterstützte er die SPD durch Wahlkampfreisen, 1970 reiste er mit Günter Grass auf Einladung von Willy Brandt zur Unterzeichnung des deutsch-polnischen Vertrags mit nach Warschau. Lenz erhielt u.a. 1952 den René-Schickele-Preis, 1961 den Literaturpreis der Freien Hansestadt Bremen, 1976 die Ehrendoktorwürde der Universität Hamburg, 1984 den Thomas-Mann-Preis der Stadt

Lübeck, 1988 den Friedenspreis des Deutschen Buchhandels, 1999 den Goethe-Preis der Stadt Frankfurt und 2002 die Hamburger Goethe-Medaille in Gold.

Seine ersten größeren Publikationen standen im Zeichen des Anfang der Fünfzigerjahre populären französischen Existenzialismus. So ist sein Romanerstling *Es waren Habichte in der Luft* (1951) eine Geschichte der Ausweglosigkeit, der Unentrinnbarkeit des Menschen seinem Schicksal gegenüber, demonstriert an der Verfolgung eines Menschen unter einer totalen Herrschaft. Das schon hier angeschlagene Thema der existenziellen Schuld des Menschen nimmt Lenz u.a. in seinem nächsten Roman, *Duell mit dem Schatten* (1953), einem stilistisch gespreizten und philosophisch überladenen Werk, wieder auf. Dort geht es um die Auseinandersetzung eines Obersten mit seinem menschlichen Fehlverhalten in der Vergangenheit, aber auch um die Rechtfertigung, die Verantwortlichkeit des Menschen. Die Behandlung des Themas der Schuld sollte Lenz später in seinem aus dem Doppelhörspiel *Zeit der Schuldlosen – Zeit der Schuldigen* (1961; verfilmt 1964) hervorgegangenen Drama *Zeit der Schuldlosen* (1961) wieder aufnehmen, in dem neun Männer in einer Diktatur verhaftet und einer Grenzsituation ausgesetzt werden. Durch die Ermordung eines Unschuldigen gewinnen sie zwar ihre eigene Freiheit wieder, aber sie werden dadurch schuldig. Das Werk etablierte Lenz als einen der wichtigsten Hörspielautoren der Sechzigerjahre. Das ebenfalls in einer Diktatur spielenden Drama *Das Gesicht* (1964) blieb dahinter qualitativ weit zurück.

Bereits in den Fünfzigerjahren trat Lenz auch als Autor von Kurzgeschichten hervor. Zu den gelungensten gehören die der Sammlung *So zärtlich war Suleyken. Masurische Geschichten* (1955), 20 humoristische Geschichten um die Einwohner von Suleyken, einem fiktiven Dorf in Lenz' Heimat Masuren, die sich durch Konzilianz, Verträglichkeit und Versöhnlichkeit, aber auch durch die hartnäckig verfolgte pervertierte Logik der Dorfbewohner auszeichnen. In den ebenfalls humoristischen *Lehmanns Erzählungen oder So schön war mein Markt* (1964) schwärmt ein autobiografisch erzählender ehemaliger Schwarzhändler von den angeblich schönen Zeiten des schwarzen Marktes in den ersten Nachkriegsjahren.

Die spätere Sammlung *Der Geist der Mirabelle. Geschichten aus Bollerup* (1975) ist als eine Art Gegenstück zu *So zärtlich war Suleyken* konzipiert, indem Lenz hier versuchte, in Anekdoten, Schwänken und Humoresken die Verschmitztheit von Dorfbewohnern dem nüchternen Geist der modernen Konsumgesellschaft gegenüberzustellen. Dennoch wirkten die in Norddeutschland angesiedelten Dorfschwänke 1975 schon reichlich antiquiert. Die meisten Kurzgeschichten der Sammlung *Jäger des Spotts* (1958) sind Ernest Hemingway verpflichtet; sie beschreiben Menschen in einer Grenzsituation, dem Augenblick der Wahrheit, der charakterlichen Bewährung auch in der äußerlichen Niederlage. Daneben stehen schon satirische, zeitkritische Erzählungen. Die Geschichten der Anthologie *Das Feuerschiff* (1960) markieren die bewusste Selbstbefreiung Lenz' von seinem Lehrer Hemingway, indem für Lenz nicht »The End of Something« (Hemingway), sondern *Der Anfang von etwas* – der Titel einer der Geschichten – wichtig ist. Auch in der 1963 verfilmten Titelerzählung *Das Feuerschiff* sind Ruhe, Sicherheit und minimales Risiko wichtiger als Hemingwayscher Heroismus und Bewährung im Scheitern.

Schon in dem 1958 verfilmten, zeitkritischen Roman *Der Mann im Strom* (1957) hatte sich Lenz den sozialen Problemen seiner Zeit zugewandt. Im sachlichen Ton des Understatements stellt er die Probleme des alternden Arbeitnehmers anhand eines Tauchers dar, der sein Geburtsdatum fälscht, um Arbeit zu bekommen. Durch seine Erfahrung erweist er zwar seine Nützlichkeit, verliert aber durch das Bekanntwerden der Fälschung seine Stelle. Auch in seinem Sportroman *Brot und Spiele* (1959) behandelt Lenz das Problem des Älterwerdens, diesmal anhand eines durch seinen sportlichen Erfolg korrupt gewordenen Läufers, der als Mensch und Sportler scheitert.

Um die Auseinandersetzung mit der Vergangenheit des Dritten Reiches geht es in der nächsten Phase von Lenz' Werk: Widerstand gegen die Diktatur in einem nordischen Land ist das Thema des Romans *Stadtgespräch* (1963). Die Auslieferung eines Widerständlers gegen die Freilassung von 44 Geiseln, die schließlich erschossen werden, die Berechtigung seiner Entscheidung, sich nicht zu stellen, ja die Berechtigung des Widerstands angesichts seiner Risiken, die Zerredung der Ereignisse im Nachhinein ist Thema dieses moralischen Modellfalls, der im Hinblick auf seine Diskussion von Schuld und Unschuld dem Drama *Zeit der Schuldlosen* verwandt ist. Auch in den wichtigsten Geschichten seiner nächsten Erzählsammlung *Der Spielverderber* (1965) setzt sich Lenz mit der Vergangenheit des

Dritten Reiches in ihrer Beziehung zur Gegenwart auseinander und argumentiert implizit gegen ihre Verdrängung.

Das Fortleben des Geistes der Vergangenheit in der Gegenwart ist auch das Thema von Lenz' größtem Bucherfolg, dem Roman *Deutschstunde* (1968), in dem es ganz konkret um das Dritte Reich geht, demonstriert an einem scheinbar unwesentlichen Fall von Widerstand. Der junge Siggi Jepsen ist der Erzähler des Romans, der in einer Jugendstrafanstalt eine Strafarbeit über seinen Vater schreibt, der als »nördlichster Polizeiposten Deutschlands« das Malverbot seines Jugendfreundes, des Malers Max Ludwig Nansen, überwachen soll. Der Maler erwartet hingegen, dass der Polizist seine »Pflicht« nicht erfüllt, damit er seine innere Verpflichtung, zu malen, erfüllen kann. Das Kernproblem ist die unterschiedliche Auffassung von Pflichterfüllung, die in der deutschen Geschichte schließlich eine verhängnisvolle Rolle spielen sollte. Bei dem Polizisten ist sie zu dem Wahn gesteigert, auch nach 1945 noch Bilder zu verbrennen, bei seinem Sohn Siggi zur umgekehrten Wahnvorstellung, sie retten, notfalls stehlen zu müssen. Der Fortbestand der Nazi-Ideologie auch nach dem Ende des Dritten Reiches wird so zum Thema in einem Roman, der sich durch seine dichte norddeutsche Atmosphäre auszeichnet. Der Leser soll durch die Lektüre seine eigene »Deutschstunde« absolvieren, sich mit der deutschen Vergangenheit und ihrem Weiterleben in der Gegenwart auseinander setzen.

Mit dem Roman *Das Vorbild* (1973), der an eine Episode aus *Deutschstunde* anknüpft, wandte sich Lenz ganz Problemen der Gegenwart zu, indem er drei Pädagogen, die selbst ihre problematischen Seiten haben, für ein repräsentatives Lesebuch Geschichten über mögliche Vorbilder diskutieren und verwerfen lässt. Er demonstriert so die Schwierigkeit, der Jugend unbeschädigte Vorbilder zu präsentieren und den Leser selbst zu einer kritischen Sicht auf seine menschliche Umwelt zu erziehen. Die epische Integration der diskutierten Stoffe will jedoch nicht als gelungen erscheinen.

Einstein überquert die Elbe bei Hamburg (1975) enthält 13 Erzählungen sehr unterschiedlicher Art. Neben solchen, die aus den älteren Sammlungen stammen könnten, stehen solche, in denen die zeitkritischen Aspekte von *Der Spielverderber* mit größerer Aktualität fortgesetzt werden. Im Gegensatz zu den früheren Sammlungen zeigt sich hier eine zunehmende Verfeinerung und souveränere Handhabung erzählerischer Stilmittel und neuer Thematik, so z.B. in der Titelgeschichte die Subjektivität der Realitätserfassung. Mit Themen wie Gastarbeiter, Sport, Gewalt und menschlicher Identität ist er ausgesprochen gegenwartsorientiert.

Auf dem Höhepunkt seines Könnens als Romancier ist Lenz wieder in dem Roman *Heimatmuseum* (1978), der sozusagen »der Deutschstunde dritter Teil« ist. Hier lässt Lenz den masurischen Teppichknüpfer Zygmunt Rogalla gleichsam einen farbenprächtigen Teppich der Geschichte seiner Heimat weben. Zygmunt erzählt vom Schicksal eines von ihm begründeten masurischen Heimatmuseums, dem Versuch der Vereinnahmung des Museums durch die Nazis genauso wie der Vertriebenenverbände nach dem Kriege. So wehrt sich Lenz gegen politische Inanspruchnahme und einseitige Interpretation der Geschichte seiner Heimat und des Begriffs Heimat im Allgemeinen.

Mit dem Roman *Der Verlust* (1981) schien sich eine Wende Lenz' weg vom Politisch-Sozialen zum Psychologisch-Menschlichen zu vollziehen. Er handelt von dem Hamburger Reiseführer Ulrich Martens, der durch einen Schlaganfall seine Sprechfähigkeit verliert, und der dadurch ausgelösten Beziehungskrise mit seiner Lebensgefährtin Nora. Sprachverlust als Weltverlust, als Verbannung ins eigene Innere, als Kontaktverlust ist das allgemeine Thema. Mit der Novelle *Ein Kriegsende* (1984; Fssp. 1984) kehrte er jedoch zu den moralischen Fragestellungen und dem modellhaften Charakter seiner frühen Romane und Erzählungen sowie zur deutschen Vergangenheit zurück. Lenz schildert hier eine Meuterei Anfang 1945 an Bord eines deutschen Minensuchers und die Exekution der Anführer noch nach der Kapitulation im Westen. Die Handlung wirkt konstruiert, das Problem gesucht und antiquiert. Im folgenden Roman *Exerzierplatz* (1985) kehrte Lenz zur parabelhaften *Deutschstunde* zurück, indem er von einer ostpreußischen Flüchtlingsfamilie berichtet, deren Oberhaupt Konrad Zeller in Schleswig-Holstein einen ehemaligen Exerzierplatz in eine große Pflanz- und Baumschule verwandelt. Als er einen Teil davon seinem leicht debilen, aber gärtnerisch begabten Faktotum Bruno Messmer vermacht, da dieser das Erbe am ehesten in seinem Sinne weiterführen würde, wird das Testament von seiner Familie angefochten. Es geht um den Wiederaufbau der Bundesrepublik nach 1945 und um den Anteil der Ostflüchtlinge daran, um Vergangenheitsbewältigung, Probleme der Wohlstandsgesellschaft und einen sich neu bildenden Militarismus, aber auch darum, dass ein »reiner

Tor« in der heutigen, durch Egoismen bestimmten Gesellschaft keinen Platz hat.
Die Auseinandersetzung mit Problemen seiner eigenen Zeit setzte Lenz in *Das serbische Mädchen* (1987) und *Ludmilla* (1996) fort, wo in den Titelgeschichten die Oberflächlichkeit eines Deutschen bzw. die Versachlichung menschlicher Beziehungen in ihrer Reduktion auf steuerliche Abschreibbarkeit gegeißelt wird. In den Kurzgeschichten wird, stärker noch als in seinen Romanen, Lenz' thematische Spannweite und seine Virtuosität in der Handhabung vielfältiger erzählerischer Stilmittel deutlich.
Fragen moralischer und allgemein menschlicher Art werden wieder in den Romanen der Neunzigerjahre thematisiert, in *Die Klangprobe* (1990) und *Die Auflehnung* (1994), die damit an den Roman *Der Verlust* anknüpfen. In *Die Klangprobe* geht es um die verhaltene Liebesgeschichte zwischen dem Kaufhausdetektiv Jan Bode und Lone, der Übersetzerin aus dem Norwegischen. Die noch zarte Beziehung scheitert, als Lones elternloser Neffe Fritz von einer auseinander brechenden Grabmalfigur – Jans Vater Hans ist Bildhauer – erschlagen wird. Der Wechsel aller Dinge, die Vergänglichkeit allen Seins wird in dem durch Symbolik überfrachteten Roman zum Thema, exemplifiziert an den durch Umweltverschmutzung zerbröckelnden steinernen Denkmälern Hans Bodes, ein Thema, das etwas zu vordergründig-aktuell wirkt. Im Mittelpunkt des »zeitlosen« Romans *Die Auflehnung* stehen zwei Brüder, Frank und Willy Wittmann, die sich beide gegen Schicksalsschläge wehren: Der Teichwirt Frank gegen Kormorane, die seine Existenz bedrohen, der Tee-Koster Willy gegen den Verlust seiner Geschmackssicherheit durch einen Unfall. Trotz, Auflehnung gegen formales Recht im Namen menschlichen Rechtsempfindens einerseits und Sichabfinden mit körperlichen Mängeln und dem Alter andererseits sind die Hauptthemen dieses Romans. In *Arnes Nachlaß* (1999) geht es um das Schicksal des früh verwaisten jungen Arne, der seine Freundschaft zu einem ehemaligen estnischen Schiffsingenieur missbraucht, um Teil einer Gruppe von Jugendlichen zu werden, und aus Scham Selbstmord begeht. Das Verhältnis des Einzelnen zur Gemeinschaft steht hier im Mittelpunkt, aber auch die Ängste und Nöte von Jugendlichen heute. Der zum Welttag des Buches publizierte Erzählband *Zaungast* (2002) enthält humorvolle Impressionen Lenz' von seinen Reisen. Durch Kontrastierung von falscher Erwartung und Wirklichkeit schildert er Begegnungen mit anderen Kulturen.
Trotz Ansätzen zu experimenteller Stilkunst, vor allem in seinen Kurzgeschichten, ist Lenz ein gemäßigter Traditionalist, der seine meist parabelhaften Geschichten mit einer moralischen Tendenz erzählt. Dabei konfrontiert er seine Leser gern mit Grenzsituationen oder schwierigen Entscheidungen. Statt sie zu provozieren, ist er bemüht, einen geheimen Pakt mit ihnen zu schließen, um sie im demokratischen Sinne zum Nachdenken anzuregen und zur Infragestellung von Vorurteilen und politischen Doktrinen. In seinen Anfängen geprägt von der Auseinandersetzung mit der Hitlerdiktatur und ihren Folgen, stehen auch in seinen späteren Werken existenzielle und moralische Fragestellungen im Mittelpunkt.

Hans Wagener

Werke: *Es waren Habichte in der Luft*, R., Hbg. 1951; *Inspektor Tondi*, Fssp., 1952; *Wanderjahre ohne Lehre*, Hsp., 1952; *Odyssee von zwei deutschen Jungen im sowjetisch besetzten Osten nach dem Zweiten Weltkrieg*, Hsp., 1952; *Duell mit dem Schatten*, R., Hbg. 1953; *Zur Naturgeschichte des Luxus*, 1954; *So leicht fängt man keine Katze*, E., Hbg. 1954; *Die Nacht des Tauchers*, Hsp., 1954; *So zärtlich war Suleyken*, En., Hbg. 1955; *Das schönste Fest der Welt*, Hsp., NWDR 1955, gedr. Hbg. 1956, Fssp. 1969; *Der Hafen ist voller Geheimnisse*, Hsp.-Folge, 1955; *Die verlorene Magie der Märkte*, Hsp.-Folge 1955; *Der einsame Jäger*, m. Illustr. v. Franz Richter-Johnson, E., Gütersl. 1955; *Die Muschel öffnet sich langsam*, Hsp., 1956; *Resignation in Baccar*, Hsp., 1956; *Die neuen Stützen der Gesellschaft*, Hsp., 1956; *Das Kabinett der Konterbande*, Studie, Hbg. 1956; *Der Mann im Strom*, R., Hbg. 1957; *Die Sumpfleute*, Hsp. 1958; *Jäger des Spotts*, En., Hbg. 1958; *Der Hafen ist voller Geheimnisse. Ein Feature in Erzählungen und zwei masurische Geschichten,* En., Lübeck u. Hbg. 1958; *Brot und Spiele,* R., Hbg. 1959; *Die Kunst sich unentbehrlich zu machen – Mr. Parkinson oder Ein Grundgesetz der Bürokratie,* Hsp., HR 1959; *Das Feuerschiff*, En., Hbg. 1960; *Wippchens charmante Scharmützel*, m. Egon Schramm, Satiren, Hbg. 1960; *Zeit der schönen Not – Bekenntnisse eines Schwarzhändlers,* Hsp., SFB 1961; *Das Wunder von Striegeldorf*, En., Ffm. 1961; *Zeit der Schuldlosen,* Hsp., NDR/SWF 1960; *Zeit der Schuldigen*, Hsp., NDR/SWF 1961; *Zeit der Schuldlosen*, Dr., Köln 1962, UA Hbg. 1961, Fssp. m. Thomas Fantl, 1962; *Stimmungen der See*, En., m. autobiograf. Nachw., Stg. 1962; *Haussuchung*, Hsp., NDR/SWF 1963; *Aus der Stimme lesen,* Hsp., NDR 1963; *Der Hafen ist voller Geheimnisse,* En., Hbg. 1963; *Stadtgespräch,* R., Hbg. 1963; *So zärtlich war Suleyken* u.a., Schpl. mit Ausz., 1963; *Lehmanns Erzählungen oder So schön war mein Markt*, Pr., Hbg. 1964; *Das Gesicht*, K., Hbg. 1964, UA Hbg. 1964; *Der Gesandte,* Hsp., NDR/BR 1964; *Die Glücksfamilie des Monats*, Hsp., SDR 1964; *Der Spielverderber*, En., Hbg. 1965; *Die Enttäuschung*, Hsp., NDR/ SDR 1966; *In fremder Sache*, Hsp., SDR 1966; *Haussuchung*, ges. Hspe., Hbg. 1967; *Flug über Land und Meer*, Bildbd., zus. m. Dieter Seelmann, Braunschw. 1967; *Das Labyrinth*, Hsp., NDR/SDR 1967; *Deutschstunde*, R., Hbg. 1968, Hsp., DLR 1995; *Leute von Hamburg*, Pr., Hbg. 1968; *Das schönste Fest der Welt. Haussuchung*, 2 Hspe., Stg. 1970; *Beziehungen. Ansichten und Bekenntnisse zur Literatur*, Ess., Hbg. 1970; *Die Augenbinde*, Theaterst., UA Hbg. 1970, *Nicht alle Förster sind froh*, Dial., Reinb. 1970; *Baumeister einer brüderlichen Welt. Siegfried Lenz. Dokumente einer Ehrung*, Lit.-Preis Dt. Freimaurer, 1970; *Gesammelte Erzählungen*, Hbg. 1970; *Die Augenbinde*, Dr., UA Düsseld. 1970; *Ein Anfang von Etwas oder Die Aussprache*, Hsp., WDR 1970; *Versäum nicht den Termin der Freude*, m. Holzschnitten v. A. Bajorat, Memmingen 1970; *So war das mit dem Zirkus. 5 Geschichten aus Suleyken*, Kinderb., Hbg. 1971; *Verlorenes Land – Gewonnene Nachbarschaft*, Bielefeld 1971; *Der Leseteufel*, m. 8 Orig.-Holzschnitten v. A. Bajorat, Calw (Privatdr.) 1971; *Die Herrschaftssprache der CDU*, Bielefeld 1971; *Der Amüsierdoktor*, Mainz 1972; *Das Vorbild*, R., Hbg. 1973; *Ein Haus aus lauter Liebe*, Stg. 1973; *Nicht alle Förster sind froh*, Dr., UA Gött. 1973; *Der Geist der Mirabelle. Geschichten aus Bollerup*, En., Hbg. 1975; *Herr und Frau S. in Ewartung ihrer Gäste*, Hsp., DRS 1975; *Einstein überquert die Elbe bei Hamburg*, En., Hbg. 1975; *Wo die Möwen schreien. Flug über Norddeutschlands Küsten und Länder*, Fotos v. Dieter Seelmann, Hbg. 1976; *Die frühen Romane*, R., Hbg. 1976; *Die Kunstradfahrer und andere Geschichten*, En., Hbg. 1976; *Die Fantasie*, Fssp., zus. m. Gerd Kairat, 1976; *Die Wracks von Hamburg*, Oldenb., Hbg. 1978; *Heimatmuseum*, R., Hbg. 1978; *Fallgesetze*, Hsp., DRS 1978; *Lotte macht alles mit*, m. Bildern v. Jörg Greif, Kinderb., 1978; *Waldboden*, m. Illustr. v. Lieselotte Lenz, Mü. 1979; *Gespräche mit Manès Sperber und Leszek Kolakowski*, Hbg. 1980; *Drei Stücke*, Hbg. 1980; *Der Verlust*, R., Hbg. 1981; *Der Anfang von etwas*, En., Lpz. 1981; *Über Fantasie: Gespräche mit H. Böll, G. Grass, W. Kempowski, P. Kohout*, hg. v. Alfred Mensak, Hbg. 1982; *Der Verlust*, Fssp. n. d. R., 1983; *Elfenbeinturm und Barrikade. Erfahrungen am Schreibtisch*, Hbg. 1983; *Ein Kriegsende*, E., Hbg. 1984, Fssp. 1984; *Exerzierplatz*, R., Hbg. 1985; *Der Verzicht*, E., m. 5 Holzstichen v. Denis Stéen, Neu-Isenburg 1985; *Etwas über Namen*, Hbg. 1985; *Die Erzählungen. 1949–1984*, 3 Bde., Mü. 1986; *Auf Verlegers Rappen*, Hg., m. Jens Jordan, Mü. 1986; *Das Wrack. Der Läufer*, En., Mü. 1986; *Die Bergung*, Hsp., DW 1986; *Das serbische Mädchen*, En., Hbg. 1987; *Kleines Strandgut*, m. Illustr. v. Lieselotte Lenz, Hbg., 1986; *Dostojewski, der gläubige Zweifler*, Ess., Hauzenberg 1988; *Am Rande des Friedens*, Pr., Hbg. 1988; *Motivsuche*, En., Weimar 1988; *Die Klangprobe*, R., Hbg. 1990; *Bedenkenloser Entwurf eines ganz und gar idealen Verlages. Rede*, Pr., Hbg. 1991; *Über das Gedächtnis. Reden und Aufsätze*, Hbg. 1992; *Die Auflehnung*, R., Hbg. 1994; *Ludmilla*, En., Hbg. 1996; *Werkausgabe in 20 Einzelbänden*, Hbg. 1996–1999 (darin zusätzl. zu den Romanen: *Erzählungen 1. 1948–1955*, 1996; *Erzählungen 2. 1956–1962*, 1997; *Erzählungen 3. 1964–1975*, 1998; *Erzählungen 4. 1976–1995*; *Schauspiele*, 1998; *Hörspiele*, 1998; *Essays 1. 1955–1982*, 1997; *Essays 2. 1970–1997*, 1999); *Fast ein Triumph*, 2 En. [Teilausg. v. *Das serbische Mädchen*], Mü. 1997; *Über den Schmerz*, Ess., Hbg. 1998; *Arnes Nachlaß*, R., Hbg. 1999; *Mutmaßungen über die Zukunft der Literatur. Drei Essays*, Hbg. 2001; *Zaungast. Reiseerzählungen*, 2002.

Lettau, Reinhard, wurde am 10. 9. 1929 in Erfurt geboren. 1947 übersiedelte die Familie – der Vater war Kaufmann und nach 1945 Polizeichef von Eisenach – aus der SBZ nach Karlsruhe. Lettau besuchte das Internat Schloss Bieberstein (Rhön), wo er 1949 das Abitur ablegte. Im selben Jahr schrieb er erste Feuilletons und Geschichten für Zeitungen. Er studierte zunächst auf Wunsch des Vaters Jura und dann von 1951 bis 1957 deutsche Literatur und Anglistik in Heidelberg und Harvard, wo er, mittlerweile amerikanischer Staatsbürger, 1960 zum Thema »Utopie und Roman« promovierte. Er arbeitete als Dozent in Hamburg und am Smith College in Northampton/Mass. und war von 1965 bis 1967 Außenlektor für den Hanser-Verlag in Berlin. Zwischen 1962 und 1967 nahm er an mehreren Tagungen der »Gruppe 47« teil und gab 1967 die Dokumentation *Die »Gruppe 47«. Ein Handbuch* heraus. Nach seiner Rede *Von der Servilität der Presse* an der Freien Universität Berlin wurde ihm die Aufenthaltsgenehmigung entzogen. Lettau erhielt einen Ruf an die University of California in San Diego, wo er von 1967 bis zu seiner Emeritierung 1991 als Professor für Vergleichende Literaturwissenschaft lehrte. Gastprofessuren führten ihn an verschiedene amerikanische Universitäten, an die University of Warwick (England) und im Wintersemester 1979/1980 nach Essen. Immer wieder besuchte er Berlin. 1991 kehrte er ganz nach Deutschland zurück, zunächst in ein Dorf bei Lüchow-Danneberg, 1993 dann nach Berlin. Er starb am 17. 6. 1996 an den Folgen einer Lungenentzündung in einem Krankenhaus in Karlsruhe. Lettau war Mitglied der Deutschen Akademie der Darstellenden Künste und seit 1971 des P.E.N.-Zentrums der Bundesrepublik Deutschland, das er aus Protest gegen die Vereinigungsquerelen 1995 verließ, um demonstrativ dem Ost-P.E.N. beizutreten. Er wurde ausgezeichnet 1979 mit dem Hörspielpreis der Kriegsblinden, 1994 mit dem Berliner Literaturpreis und 1995 mit dem Bremer Literaturpreis.

Schon in seinem ersten Erzählband *Schwierigkeiten beim Häuserbauen* (1962) zeigte sich Reinhard Lettau als Sprachvirtuose und Meister der kleinen Form, als listiger und lustvoller Erfinder grotesker

Szenerien. Ein Irrgarten und ein potemkinsches Dorf sind typische Handlungsorte. Kutscher, Könige und Feldherren gehören zum Personal dieser altmodisch ausstaffierten Weltmodelle im Spielzeugformat, die jedoch zuverlässig mit einer satirischen Pointe ad absurdum geführt werden. Lettau stilisiert und typisiert seine Figuren bis ins Marionettenhafte und lässt so das Schaffen und Wirken der Menschen als komische Bemühungen erscheinen. Sein artifizieller Reduktionismus mündet im *Auftritt Manigs* (1963) in eine fast schon abstrakte Komik. Manig, die Hauptfigur, ist nicht viel mehr als ein Strichmännchen, an dem Grundmuster des menschlichen Verhaltens wie das Betreten eines Hauses, das Öffnen der Tür, der Beginn eines Gespräches oder das Ergreifen eines Gegenstandes durchgespielt werden.

Ein ähnliches Verfahren wandte Lettau in dem Prosatext *Feinde* (1968) und in den auch als Hörspiel erfolgreichen Dialogen *Frühstücksgespräche in Miami* (1977) an. Durch die Studentenbewegung und den Protest gegen die Springer-Presse in Berlin, vor allem aber durch sein Engagement gegen den Vietnamkrieg der USA politisiert, bekam seine Literatur eine herrschaftskritische Ausrichtung und sein Witz aggressiven Biss. Voller Freude lässt er verkalkte Generäle und abgehalfterte lateinamerikanische Diktatoren über die Fallstricke der Logik stolpern. Er unterwirft die Militärs und die Pensionäre der Macht seinen linguistischen Experimenten im Observatorium der Sprache, um so die Absurdität ihres Denkens und Handelns offen zu legen. Herrschafts- und Medienkritik, Einspruch gegen Rassendiskriminierung und eine als imperialistisch wahrgenommene amerikanische Politik prägten auch die Essays dieser Zeit, besonders den dokumentarischen Band *Täglicher Faschismus (1971)*. Lettau präsentiert darin eine Collage aus Artikeln amerikanischer Zeitschriften, die den manipulativen Charakter der Presse ebenso belegen sollten wie die Verbindungen zwischen Industrie und Pentagon.

Nach langer Pause legte Lettau mit *Zur Frage der Himmelsrichtungen* erst 1988 wieder einen Prosa-Band vor, in dem er sich auf subtile, ganz andere Weise mit der Problematik der Weltordnung beschäftigte. Indem er seinen Geburtsort Erfurt zum geografischen Zentrum der Welt erklärte, fand er dort zugleich den archimedischen Punkt, an dem »lokaler und universaler Standpunkt versöhnt wären«. In kurzen, prägnanten Kapiteln deklinierte er die absurden Konsequenzen dieser Entdeckung durch und gab zugleich eine Liebeserklärung an seine Heimatstadt und an Thüringen ab. Die endgültige Rückkehr nach Deutschland im Jahr 1991 deutete sich damit bereits an. Von nun an ging es um Heimat und ums Heimkommen. In *Flucht vor Gästen*, dem letzten und mit knapp 100 Seiten umfangreichsten Werk dieses sparsamen Erzählers, findet sich eine Szene, in der ein mit dem Autor weitgehend identischer Ich-Erzähler in seinem Haus an der amerikanischen Pazifikküste vor einer Weltkarte sitzt und mit Deckweiß alle Länder übermalt, die man sich »wegdenken könnte, ohne daß Schaden entstünde«, bis nur noch Thüringen übrig bleibt. Ins Absurde überspitzt erzählte Lettau von der Rückkehr ins überschaubare Deutschland, schilderte daneben eine amerikanische Reise und das Leiden unter Gästen, die das Wohnhaus des Erzählers in Unordnung bringen. Indem er auch über sich spricht und ein »Ich« in seine Literatur einlässt, demonstriert der freundliche Misanthrop Lettau seine Fähigkeit zur Selbstironie und fügt seinem Werk noch eine neue, wärmere Klangfarbe hinzu.

Jörg Magenau

Werke: *Schwierigkeiten beim Häuserbauen*, E., Mü. 1962; *Auftritt Manigs*, Pr., Mü. 1963; *Drei Geschichten*, B., Castrop-Rauxel 1964; *Lachen mit Thurber*, Hg. 1963; *Die »Gruppe 47«. Bericht, Kritik, Polemik*, Hg., Neuwied, Bln. 1967; *Zwölf Gesellschaftsromane*, Bln. 1967; *Gedichte*, Bln. 1968; *Feinde*, Pr., Mü. 1968; *Täglicher Faschismus. Amerikanische Evidenz aus 6 Monaten*, Mü. 1971; *Immer kürzer werdende Geschichten*, Mü. 1973; *Karl Marx: Love Poems*, Hg., zus. m. L. Ferlinghetti, San Francisco 1977; *Franz Kafka: Die Aeroplane in Brescia*, Hg., Ffm. 1977; *Frühstücksgespräche in Miami*, Pr., Mü. 1977, Hsp. 1978, Theaterst., UA Gießen 1978; *Sittenjournal*, Schloss Gümse 1977; *Zerstreutes Hinausschaun. Vom Schreiben über Vorgänge in direkter Nähe oder in der Entfernung von Schreibtischen*, Ess., Mü. 1980; *Der Irrgarten. Geschichten und Gespräche*, Auswahlbd., Lpz. 1980; *Herr Strich schreitet zum Äußersten*, Pr., Ausw. v. E. Dinter, 1982; *Einladung zu Sommergewittern*, Hsp., Zür. 1986; *Zur Frage der Himmelsrichtungen*, Mü. 1988, *Flucht vor Gästen*, R., Mü. 1994; *Alle Geschichten*, Pr., Sammelbd., Mü. 1998

Leupold, Dagmar, geboren am 23. 10. 1955 in Niederlahnstein am Rhein. Das Studium der Germanistik, Philosophie und Komparatistik in Marburg, Tübingen und New York wurde 1993 mit Promotion abgeschlossen. Leupold arbeitete als Lehrerin an Privatschulen in Florenz und nahm Lehraufträge sowie Gastdozenturen wahr, u.a. an den Universitäten München, Bamberg, Mainz,

Leipzig, Kiel und Aston/Birmingham. Darüber hinaus war sie als literarische Übersetzerin aus dem Italienischen und Englischen tätig. Sie lebt in Kirchseeon bei München. 1992 wurde sie mit dem »aspekte«-Literaturpreis für das beste Prosadebüt, 1994 mit dem Bayerischen Literatur-Förderpreis und 1995 mit dem Montblanc-Preis ausgezeichnet. Während der Gedichtband *Wie Treibholz* (1988), mit dem Dagmar Leupold die literarische Bühne betrat, eher unbeachtet blieb, erwies sich ihr Prosadebüt *Edmond. Geschichte einer Sehnsucht* (1992) bei Kritikern wie Lesern sofort als durchschlagender Erfolg. Der Roman ist prototypisch für das weitere Werk Leupolds, als bereits darin das Hauptinteresse der Autorin alltäglichen Erfahrungen und unspektakulären Vorkommnissen gilt. Ihr immer wieder variiertes Kernthema ist das Beziehungsgeflecht zwischen den Geschlechtern in seiner Komplexität aus Zuneigung und Abstoßung, Hoffnung und Enttäuschung, Treue und Verrat. *Edmond* ist der Name eines amerikanischen Sportlehrers, in den sich die Erzählerin bei ihrer ersten Begegnung in einem Schlafwagen verliebt. Mit ihm verbindet sie eine vorübergehende, zwischen Nähe und Distanz changierende Liebesgeschichte, die im Roman episodisch aufgerollt wird. Dies geschieht aus der Retrospektive, indem sich die Erzählerin an die Affäre zu Beginn der Neunzigerjahre erinnert, während sie am Silvestertag 1999 hochschwanger im Krankenhaus die Geburt ihres Kindes erwartet. Die sukzessive, von der Erzählerin wiederholt explizit thematisierte Niederschrift des Textes als Hervorbringung eines Kunstwerks wird so der Geburt als Hervorbringung neuen Lebens gleichgestellt; konsequent endet der Roman mit der Entbindung des Sohnes. Die Dichotomie zwischen Kunst und Leben wird gespiegelt im antagonistischen Verhältnis zwischen Edmond und der Erzählerin, denn während der Amerikaner den nüchternen und vitalistischen Realisten repräsentiert, verkörpert die als Kunsthistorikerin tätige Europäerin die künstlerische Existenz. Die Beziehung der zwei Liebenden ist so von vornherein zum Scheitern verurteilt, Literatur und Liebe erweisen sich allenfalls als temporär vereinbar: »Edmond ist fort. Kein Buch der Welt wird ihn zurückbringen, nicht einmal ein ungeschriebenes. Das Erzählen, anstatt ihn zu halten, hat ihn vertrieben. Ich habe mich verzählt; aus der Liebeserklärung wurde die Erklärung der Liebe.« Leupold spielt auf geschickte Weise mit der Differenz zwischen Erzählerin und Autorin, indem sie unverkennbar autobiografische Elemente in die Ebene der Erzählung einbringt – ein poetologisches Stilmittel, das auch in späteren Romanen wiederholt eingesetzt wird.

Ihren Ruf als Lyrikerin festigte Leupold mit der Sammlung *Die Lust der Frauen auf Seite 13* (1994), in der ein kunstreiches Spiel mit versteckten Anspielungen und indirekten Zitaten aus Mythos und Literaturgeschichte inszeniert wird, wenngleich die Reflexionsdichte und literarische Qualität des Debütromans in der lyrischen Form nicht wieder erreicht wurde. Mit dem Roman *Federgewicht* (1995) konsolidierte Leupold ihr Prosaschaffen. Die Dreiecksgeschichte zwischen dem Ungarn Arpad Janos, der nach einem Schlaganfall an den Rollstuhl gefesselt ist, seiner Pflegerin und Mitbewohnerin Dorothea und der Krankengymnastin Elisabeth besticht durch die anschauliche Zeichnung der Figuren, die sich im Alltagsleben als durchaus außergewöhnliche Menschen erweisen. Allerdings wirken manche Aspekte der sich zwischen den Haupt- und mehreren Nebenfiguren ergebenden Verwicklungen zu konstruiert, so etwa die Problematisierung des Rechtsradikalismus.

Als beeindruckend innovativ erwies sich der programmatisch betitelte Band *Destillate* (1996), in dem Leupold das physikalische Verfahren zur Herstellung konzentrierter und von Verunreinigungen befreiter Stoffe auf die Literatur zu übertragen versuchte. Das Resultat sind kurze Gedichte und knappe Prosaskizzen, in denen meist alltägliche Begebenheiten durch präzise Beobachtungen und stilistische Genauigkeit zu Texten verdichtet werden, die sprachlichen Destillaten gleichen. Dabei ragen besonders die Texte heraus, in denen es Leupold gelingt, eine sinnlich-erotische Sprache zur subtilen Wiedergabe von Sexualität zu finden. Dieses Talent stellt sie auch in den folgenden Romanen wiederholt unter Beweis. So spielt Sexualität im Roman *Ende der Saison* (1999) eine entscheidende Rolle, da der Text die erotischen Verwirrungen schildert, die die Anwesenheit eines mysteriösen, rothaarigen Deutschen in einem Toskanadorf am Ende der Tourismus-Saison auslöst. Als eher enttäuschend wurde die nachfolgende Lyriksammlung *Byrons Feldbett* (2001) von weiten Teilen der Kritik bewertet. Wenig geglückt ist in diesem Band vor allem die beabsichtigte Verschränkung von Elementen moderner Lebenswirklichkeit (wie Computer und TV) mit Allusionen auf oder Zitaten aus Texten der Hochkultur wie der Bibel, dem Minnegesang oder Poemen Lord Byrons.

Einen weiteren Höhepunkt ihrer Prosakunst erreichte Leupold mit dem Roman *Eden Plaza* (2002). Während eines heimlichen Treffens mit ihrem Geliebten in einem Hotel erinnert und beschreibt die Erzählerin Stationen ihres Lebens und Episoden ihrer Ehe mit einem italienischen Chemiker, der seinen Forschungsposten an einer amerikanischen Universität verloren hat und Manager einer pharmazeutischen Firma in Deutschland wurde. Der Roman seziert mit bemerkenswerter Genauigkeit, wie die anfängliche Liebe der Routine des Zusammenlebens zum Opfer fällt. *Eden Plaza* macht anhand der Beziehung zwischen der deutschen Erzählerin und ihrem italienischen Gatten aber auch das langjährige Leben im Ausland als Zustand der Entwurzelung begreifbar. Banale Handlungen wie die Mülltrennung oder der Verzehr heimatlicher Speisen avancieren hier zu identitätsstiftenden Ritualen. Wieder verweisen die unterschiedlichen Mentalitäten der Hauptfiguren und die geschlechtsspezifischen Spannungen auf Differenz als grundlegendes Axiom menschlicher Erfahrung. Doch stärker als in früheren Romanen rückt in *Eden Plaza* eine Perspektive der Erlösung in den Blick, versinnbildlicht durch eine aus dem 15. Jahrhundert stammende Darstellung der mit einem Lorbeerbaum verschmelzenden Daphne, welche die Erzählerin im Schlussabschnitt in der Gemäldegalerie der University of Birmingham betrachtet.

Uwe Schütte

Werke: *Wie Treibholz*, G., Pfaffenweiler 1988; *Edmond. Geschichte einer Sehnsucht*, R., Ffm. 1992; *Die Lust der Frauen auf Seite 13*, G., Ffm. 1994; *Federgewicht*, R., Ffm. 1995; *Destillate*, Pr. & G., Ffm. 1996; *Ende der Saison*, R., Ffm. 1999; *Byrons Feldbett*, G., Ffm. 2001; *Eden Plaza*, R., Mü. 2002.

Leutenegger, Gertrud, wurde am 7. 12. 1948 in Schwyz geboren und wuchs dort auf. Von 1976 bis 1979 absolvierte sie ein Regiestudium in Zürich, arbeitete dann unter anderem als Regieassistentin, als Kindergärtnerin sowie als Sozialhelferin in einer psychiatrischen Klinik und begann für Zeitschriften und Zeitungen zu schreiben. Von 1981 bis 1984 lebte sie in Miège, später in Cabbio, heute wohnt sie in Zürich. Längere Aufenthalte führten sie nach Italien, England und Deutschland. 1987 nahm sie ein Stipendium der Japan Foundation in Tokio wahr. 1978 erhielt sie den Preis der Jury des Ingeborg-Bachmann-Preises, 1979 den Meersburger Annette-von-Droste-Hülshoff-Preis, 1985 den Gastpreis der Luzerner Literaturförderung, 1986 den Preis der Schweizerischen Schillerstiftung und 1993 den Anerkennungspreis der Marianne-und-Curt-Dienemann-Stiftung (Luzern).

Die Schweizer Literatur wurde bis zum Beginn der Siebzigerjahre von männlichen Autoren dominiert. 1975 erschienen jedoch zwei Bücher, die eine neuartige Erzählhaltung und ein verändertes, radikalisiertes Sprachbewusstsein zum Ausdruck brachten und deshalb »intensiver rezipiert und diskutiert wurden als jedes andere von Schweizer Autorinnen vor- und seither« (Heinz F. Schafroth) verfasste Buch: Verena Stefans *Häutungen* und Gertrud Leuteneggers *Vorabend*. Am Vorabend einer Demonstration – der Titel kann als Chiffre für die Aufbruchsstimmung der Siebzigerjahre gelesen werden – geht die Ich-Erzählerin durch jene Straßen Zürichs, durch die am nächsten Tag der Protestzug führen wird. Das Ausschreiten des Raumes wird zugleich zum – nicht chronologischen – Ausschreiten der Zeit; die Grenzen zwischen Innen- und Außenwelt, zwischen Vergangenheit und Gegenwart, zwischen Traum, Imagination und Realität verfließen. Die Beobachtungen und Wahrnehmungen während des Spaziergangs dienen der Ich-Erzählerin als Anlass zu meditativem Nachsinnen; Erinnerungen an die Kindheit, an geliebte Menschen, an fremde und vertraute Orte und Landschaften erfahren eine Interpretation und markieren in Verbindung mit philosophischen Gedankensplittern und assoziativ sich einstellenden Erkenntnissen einen individuellen Suchakt der Erzählerin. Gertrud Leutenegger verwendet eine üppige lyrische, metaphern- und symbolreiche Sprache, wie sie in einer Zeit der Sprachskepsis und der propagierten Sprachkargheit verdächtig wirken musste. Gelegentlich läuft diese Sprache dabei Gefahr, »zu einem ebenso routinierten, verselbständigten Wortritual« zu verflachen »wie die Begriffssprache, von der sie sich selbstgewiß absetzt« (Michael Zeller). Der sich scheinbar regellos ausdehnenden Gedanken- und Bilderflut des Romans – »Es ist überhaupt nichts konzipiert« (*Vorabend*) – liegt ein strenger Grundriss zugrunde: Jeder der elf Straßen ist ein Kapitel gewidmet. Die ersten fünf Straßen werden zügig durchschritten, die sechste Straße – das zentrale Kapitel des Buches – führt symbolisch umgedeutet durch einen »Durchgang« von der Kindheit in die Welt der Erwachsenen.

Der Titel des lyrischen Prosa-Epos *Ninive* (1977) deutet auf die im Text heraufbeschworene Verbindung von Privatem und Biblisch-Mythologischem hin. »Ninive« erscheint einmal als Bestandteil eines

hintergründigen Kinderreims, an anderen Stellen verweist das Wort auf die Jonas-Legende. Die Ausstellung eines toten Riesenwals in einem Dorf in der Innerschweiz bietet den äußeren Anlass für ein Treffen zwischen der Ich-Erzählerin und Fabrizio, ihrem Freund aus Kindheit und Jugendzeit und späteren Geliebten. Während der Reise ins Innere des »heilig-unheiligen Tieres« (Albert von Schirnding) werden Erinnerungen an die gemeinsam verbrachte Kindheit und Jugend und an die Erlebnisse aus der Zeit der Trennung wach. Die Erzählerin verbindet Vergangenes und Gegenwärtiges durch ein Netz von Analogien und Symbolbezügen, sodass sich die unterschiedlichen, manchmal diffus wirkenden Elemente des »Romans« zur Einheit schließen. Die endgültige Demontage des Wals löst die angstvolle Spannung der Nacht, und die »unaufhaltsam hochklimmende Helle über dem Berghang« gibt für Fabrizio und die Ich-Erzählerin, die sich wieder gefunden haben, das Signal zum Aufbruch.
Im 1988 erschienenen Prosaband *Meduse* setzt Leutenegger erneut die Geschichte eines Übergangs poetisch ins Bild. War in *Ninive* das Streben der Protagonisten auf die Vereinigung gerichtet, so wird in *Meduse* die Trennung des Liebespaares geschildert. Die episodenhaft erzählten Erinnerungen verbinden sich miteinander durch ein dichtes Netz an Metaphern, Verweisen, Assoziationen und Anspielungen, fügen sich solchermaßen zur »Geschichte eines weiblichen Selbstvergewisserungsprozesses« (Rita Mielke), der in einem visionären Erlebnis der Erzählerin seinen Höhepunkt findet. Danach wird die Trennung von Fabrizio für die Ich-Erzählerin unumgänglich. Im Schlussbild sieht sich die Frau mit der Weite des offenen Meeres konfrontiert. Sie schwimmt hinaus: »Flut füllte mir den Mund, um wiederzugewinnen, was ich verlor.«
Erst 1994 veröffentlichte Gertrud Leutenegger ihr nächstes Buch, ein schmales Bändchen mit dem Titel *Acheron*. Wenngleich es Bilder und Motive der früheren Prosatexte aufgreift, schlägt es einen neuen Ton an. In einer japanischen Metropole begegnen sich zwei Frauen; die Ich-Erzählerin aus Europa folgt dem obdachlosen Mädchen Tenko durch die Gänge der Metro und auf eine Vulkaninsel. Während der gemeinsam zurückgelegten Wegstrecke verschränken sich die Erzählungen und schmerzhaften Erinnerungen der beiden, bis am Ende Verbitterung und Traurigkeit einer emanzipierten, offenen Haltung weichen.
Leutenegger sieht alle ihre Prosatexte als »Variationen von Aufhellungserfahrungen des großen unheimlichen Rätsels« Realität, als »Variationen von oft plötzlichen und für eine Weile erlösenden Wachheiten«. Sie bemüht sich dabei in ihrer bilderreichen Sprache um die Veranschaulichung metaphorischer Vorstellungen. Beschreibt sie in ihren Prosatexten vor allem Übergänge und Entwicklungen, so versuchte sie, in ihren 1967 bis 1973 entstandenen Gedichten – sie erschienen 1981 unter dem Titel *Wie in Salomons Garten* – »vom Entschwinden bedrohte Impressionen in dichteste Sprache zu bannen« (Gert Niers). In diesem Band finden sich auch kritische Anmerkungen, in denen die Schriftstellerin ihrer Empörung über die Ungerechtigkeiten in der Welt, zugleich aber auch ihrer Hilflosigkeit Ausdruck verleiht. Ihre Betrachtungen schließen mit dem Wunsch: »Wäre die Geschichte ein Albtraum! aus dem heraus / wir noch einmal ans Licht schwimmen könnten.« Dieser Satz mutet beinahe wie die Vorwegnahme einer Konstellation an, die Leutenegger 1998 in dem »dramatischen Poem« *Sphärenklang* vorführte. Ein »Er« und eine »Sie«, zwei Stimmen, versuchen nach einem Unfall, den »Er« überlebt hat, ihre Gegenwart neu zu (er-)finden und ihre Entfremdung zu überwinden. Doch vieles bleibt in der Schwebe und lässt sich nicht wieder fassen. Und so scheint dieser Text fast exemplarisch für Leuteneggers Werk, in dem sich die wahrgenommenen und empfundenen Grenzen zwischen den Geschlechtern letztlich doch kaum überwinden lassen.

Petra Ernst

Werke: *Vorabend*, R., Ffm. 1975; *Ninive*, R., Ffm. 1977; *Lebewohl. Gute Reise. Ein dramatisches Poem*, Ffm. 1980; *Gouverneur*, R., Ffm. 1981; *Wie in Salomons Garten*, G., m. Grafiken v. Wolf Spies, Düsseld. 1981; *Komm ins Schiff*, Ffm. 1983, Hsp., DRS 1987; *Kontinent*, R., Ffm. 1985; *Das verlorene Monument*, Ffm. 1995; *Meduse*, R., Ffm. 1988; *Acheron*, Ffm. 1994; *Sphärenklang*, Hsp., DRS 1998, gedr. m. Lithografien v. Esther Bättig, Düsseld. 1999.

Lewitscharoff, Sibylle, wurde am 16. 4. 1954 in Stuttgart geboren. Sie studierte von 1973 bis 1982 Religionswissenschaften und Soziologie in Berlin, 1977 lebte sie für ein Jahr in Buenos Aires, 1984 in Paris. Sie kehrte 1978 nach Berlin zurück, wo sie noch heute lebt und seit 1978 als Buchhalterin in einer Werbeagentur arbeitet. 1998 erhielt Sybille Lewitscharoff den Ingeborg-Bachmann-Preis für ihr Buch *Pong* (1998).
Schon mit diesem Prosawerk – ihr erstes erschien bereits 1994 von der literarischen Öffentlichkeit

nahezu unbemerkt unter dem Titel *36 Gerechte* – erweist sich Lewitscharoff als eine sehr eigene Stimme, die ausgefeiltes Sprachbewusstsein mit fast barocker Sprachspielerei ebenso vermischt wie fantastische Erzählelemente und einen Hang zu skurrilen Figuren mit einem subtilen (religions-) theoretischen Subtext. *Pong* ist die Geschichte eines an der Welt irr Gewordenen, der ehrwürdiger Nachfahre genannt werden kann von Schreber, Wölffli und Co. und doch zugleich ein Visionär ist, der träumt, die Welt nach seinem Willen neu zu schöpfen. Doch Lewitscharoff interessiert nicht die in Kunst verwandelte Darstellung eines paranoiden Falls. Vielmehr erhebt sie eben jene Logik des Nicht-Sinns – wie sie als aleatorische Dynamik des assoziativ arbeitenden Unbewussten dem Wahnsinn zugeschrieben wird – zur künstlerischen Methode, um in absurden Bildern von einer Welt zu berichten, die gleichermaßen aus den Fugen ist. Denn alle sprachliche, stilistische und formale Spielerei in *Pong* – jähe Perspektivwechsel, Wortkomposita und Neologismen, eine gemischte Registerlage zwischen hohem Ton und expressiver Verknappung, Opulenz und poetischer Zartheit – sollte nicht darüber hinwegtäuschen, dass hier kein »l'art pour l'art« zelebriert wird. Vielmehr wirft die gelernte Religionswissenschaftlerin mit ihrer Figur Pong – übrigens mehr eine Stimme denn eine psychologisch ausgearbeitete Figur (wie auch jene *36 Gerechte*; ausgefallene Exzentriker, die in einem polyfonen Chor ihr Anderssein fast zwanghaft und dabei in rabulistischer Verschlüsseltheit verkünden) – einen Blick hinter den Spiegel. Nicht umsonst gilt Lewis Carroll, neben Edward Lear, als einer ihrer literarischen Bezugspunkte. Denn *Pong* verweist auf die in der säkularisierten Welt nur mehr pervertierten Restbestände des Heiligen; eine Welt, in der die Ratio zum Fetisch erhoben und die Idee des Heils (der auch ein Grammatik-Brettspiel gewidmet ist, das die Autorin 1995 erfunden hat) dem Geld und damit dem Talmi der Moderne überantwortet ist. Nicht zuletzt aber zeichnet sich in *Pong* ein weiteres Thema ab, das charakteristisch ist für die Verquickung von Komik und Tragik, die ihre Figuren auszeichnet: Denn Zwangsneurotiker sind sie alle, an denen die Autorin die fragile Grenze auslotet, an der das Bedürfnis nach Ordnung sich wandelt in Wahn, in den die fast zwanghafte Suche ihrer Figuren nach dem Glück immer wieder umzukippen droht. *Der höfliche Harald* (1999), ein der englischen Nonsense-Tradition verschriebenes Kinderbuch auch für Erwachsene (das die Autorin, wie schon *36 Gerechte*, mit eigenen Illustrationen versehen hat), erzählt von dieser Kippfigur, wenn der kleine Harald in die Zumutungen der Erwachsenenwelt initiiert wird und dafür Abenteuer zu bestehen hat in einem Land namens Oblivion, in dem all jene Gestalten leben, die von den Geschichten vergessen worden sind und nun auf ihre Vollendung warten. Von solch (fast märchenhafter) Fantastik, die tatsächlich im Reich der Erfindung angesiedelt ist, verabschiedet sich auf sehr überraschende Weise das dritte Prosawerk der Autorin, *Montgomery* (2003). Nun ist Lewitscharoff, die in einem Interview »eine gewisse Scheu, Menschen in Fleisch und Blut darzustellen« gestand, in die Welt der handfesten Realität gewechselt und erzählt eine sehr aktuelle Geschichte aus dem Hier und Jetzt. Schauplatz ist Rom, die heilige Stadt, vor deren (nicht allein touristisch verkommener) Kulisse Lewitscharoff eine kriminalistische Recherche entspannt um die sieben letzten Tage im Leben des demiurgischen Filmregisseurs Montgomery Cassini-Stahl, ein Zwangsneurotiker auch er. Er dreht in Rom einen Film über das Schicksal von Josef Süß Oppenheimer, der als »Jud Süß« zu trauriger Berühmtheit aufgestiegen ist durch den gleichnamigen Propagandafilm der NS. Tatsächlich holt die Vergangenheit auch Cassini – wie Oppenheimer in Stuttgart geboren – in mehrfacher Hinsicht ein, denn er erinnert sich an die Verstrickung nicht nur seiner Familie, sondern überhaupt der Mächtigen des Landes – Kirche wie Staat – in das dunkle Kapitel Nationalsozialismus. Zudem steht er selbst, wie einst der biblische Kain, im Verdacht, seinen jüngeren Bruder ermordet zu haben. Letztlich aber erzählt Lewitscharoff – deren Charaktere ebenso überzeugen wie die narrative Ausstattung der inneren und äußeren Natur – mit *Montgomery* von einem so einsamen wie herrschsüchtigen Menschen, der Macht über die Welt zu erlangen sucht, da er nichts als geliebt werden will. Ein nicht ohne die gebotene zarte Ironie gestalteter Schmerzensmann, der von ferne auch an manche Figuren bei Walser, Kafka, Beckett oder Bernhard erinnert; Autoren, die getrost Seelenverwandte von Sibylle Lewitscharoff genannt werden dürfen.

Claudia Kramatschek

Werke: *36 Gerechte*, mit Illustr. der Autorin, Pr., Münster 1994; *Im Schrank*, Hsp., 1996; *Pong*, E., Bln. 1998; *Der höfliche Harald*, Kinderb., mit Illustr. der Autorin, Bln. 1999; *Montgomery*, R., Stg. 2003.

Liebmann, Irina, wurde am 23. 7. 1943 als Tochter eines deutschen Emigranten in Moskau geboren. 1945 zog die Familie nach Ost-Berlin. Liebmann studierte Sinologie und Kulturwissenschaften in Leipzig und arbeitete dann als Journalistin. Von 1975 an lebte sie als freie Schriftstellerin in Ost-Berlin, ab 1988 in West-Berlin. 1987 erhielt sie den Ernst-Willner-Preis in Klagenfurt, 1989 den »aspekte«-Literaturpreis, 1990 den Förderpreis zum Bremer Literaturpreis, 1995 die Ehrengabe der Deutschen Schillerstiftung und 1998 den Berliner Literaturpreis.

Irina Liebmanns Hellhörigkeit sowie ihre Sensibilität für den Genius Loci zeigen sich bereits in ihrem Erstling *Berliner Mietshaus* (1982). Kalkuliert absichtslos bringt sie dessen Bewohner am Prenzlauer Berg zum Sprechen, arrangiert die Geschichten mit feinem, durch Reportagen geschärften Gespür für das signifikante Detail, tariert sie durch Beobachtungen aus und schafft so einen fluoreszierenden Mikrokosmos unterschiedlicher Lebensentwürfe, der ohne Prätention im Einzelnen das Überindividuelle zeigt und zugleich den Blick auf die Geschichte freigibt.

Dem irritierend Alltäglichen nachgehen, es schreibend herstellen, nicht auflösen, will Liebmann im Erzählungsband *Mitten im Krieg* (1989), der Geschichten aus den letzten Jahren der DDR versammelt. Einige der Themen, die sie später auffächern wird, sind hier schon angeschlagen: Der Versuch, innere und äußere Grenzen zu durchbrechen, das schmerzhafte Schwanken zwischen Lebensformen, diskrete Arten des Widerstands und das kontrapunktierende Auflösen scheinbarer Idyllen. Die Sprache, die sie dafür findet, ist insistierend, musikalisch, suggestiv, besonders dort, wo ein bedrohlicher Weltzustand in Tonabstufungen abgebildet wird.

Die Grenze, primär die zwischen Ost und West, ist Thema des Romans *In Berlin* (1994), der »Politisches, Historisches und Persönliches« souverän zusammenführt. Er setzt im lethargischen Klima vor dem politischen Umbruch ein, wo die Menschen auf Abruf vor sich hin leben. Die Formel »Raus hier« zieht sich wie ein Tremolo durch die atmosphärisch dichte Prosa, doch im Westen angekommen, will sich die Befreiung nicht einstellen. Denn es ist auch ein Roman über eine nachgetragene Liebe zu einem abhanden kommenden Mann, einem vertrauten Alltag. In Anlehnung an die Konzeptionen der Moderne spiegelt die Stadt die Topografie der Seele, »Verrat« wird zur Chiffre des Lebens, auch jenseits dieser Form von Zerrissenheit. Das fiebrige Tempo der Metropole, die Unruhe der Protagonistin, die sich in eine Erzählerin und »die Liebmann« spaltet, bildet sich in teils dramatisch rhythmisierten, teils lyrisch schwingenden Sätzen ab. So gelingt es, »Poetisches in einer unpoetischen Welt« zu fassen und eine für Deutungen offene »Unmittelbarkeit« herzustellen, beides zentrale Anliegen der Autorin. Innenwelt und Außenwelt, Privates und Öffentliches, historische Fakten und Erinnerungen münden in den Erzählstrom und wieder legt ein archäologischer Blick Schichten frei.

Mit *Letzten Sommer in Deutschland* (1997) schließt Liebmann an die Tradition romantischer Reiseliteratur an: Kennzeichnend ist ein geradezu schwärmerisches Sich-Einlassen auf den Gegenstand, die offene Form, das Bekenntnis zur Subjektivität und der oft ironische gebrochene Blick. Sie bewegt sich jenseits von präfigurierten Routen, erschließt Orte, ohne sich externen Kriterien verpflichtet zu fühlen. Nach Vorstudien wiedererlangte Naivität und insistierendes Nachfragen sind die leitenden Prinzipien dieser Unternehmung. Einmal mehr erweist sie sich als aufmerksame Augen- und Ohrenzeugin der Geschichten anderer. In das vielschichtige Wahrnehmungsgewebe dieser Prosa fließen historische Details ein, Reflexionen sowie Referenzen an Kollegen am Weg wie Brigitte Reimann, Marieluise Fleißer oder Bert Brecht. Für das Tastende, Improvisierte ihrer Annäherungen findet sie einen Rhythmus, der offen genug ist, sich auf den jeweiligen Gegenstand einzustimmen.

Die Keimzelle des Bandes *Stille Mitte von Berlin* (2002) bilden 20 Jahre zurückliegende Recherchen. An einem Straßenzug um den Hackeschen Markt, in den Achtzigerjahren verwahrlost und trist, davor lebendig, nun in einem anderen Glanz, entzündet sich Liebmanns Interesse. Der Geschichte spürt sie zunächst in Gesprächen nach, darauf folgen Archivstudien. Statt des geplanten Romans ist aus dem Material ein Essay mit Bildern entstanden, der diese Gegend über einen Zeitraum von eineinhalb Jahrhunderten beeindruckend kenntnisreich und sensibel porträtiert. Irina Liebmanns fotografischer Blick unterliegt ähnlichen ästhetischen Prinzipien wie ihr literarischer: Das zunächst Unscheinbare, Nebensächliche, das leicht zu Übersehende setzt für den, der Zeichen zu lesen versteht, Bedeutung frei und schließt große Zusammenhänge auf.

Angelika Klammer

Werke: *Neun Berichte über Ronald, der seine Großmutter begraben wollte,* Hsp., Rundf. d. DDR 1979; *Christina,* Hsp., Rundf. d. DDR 1979; *Berliner Mietshaus. Begegnungen und Gespräche,* Pr., Halle 1982; *Sie müssen jetzt gehen, Frau Mühsam,* Hsp., Rundf. d. DDR 1982; *Ist denn nirgendwo was los?,* Hsp., Rundf. d. DDR 1982; *Aphrodite, Arsinoë, Philadelphos,* Hsp., NDR 1987; *Ich bin ein komischer Vogel,* Kinderb., m. Illustr. v. I. L., Bln. 1988; *Quatschfresser,* Theaterst., UA Schwerin 1988; *Hast du die Nacht genutzt?,* Hsp., Rundf. d. DDR 1988; *Mitten im Krieg,* E., Ffm. 1989; *Quatschfresser. Theaterstücke* (enth. *Lydia – Johanna – Berlin,* UA Köln 1993; *Brunnenstraße; Ist denn nirgendwo was los?; Berliner Kindl; Was sagt der Mond?),* Ffm. 1990; *Die sieben Fräulein,* Kinderb., m. Illustr. v. Volker Pfüller, Bln. 1990; *März, Berlin,* Hsp., RIAS/NDR 1990; *Georg Seidel: In seiner Freizeit las der Angeklagte Märchen,* Hg., zus. m. Elisabeth Seidel, Köln 1992; *In Berlin,* R., Köln 1994; *Der Weg zum Bahnhof. Ein Märchen für Heilbronn,* Theaterst., UA Heilbronn 1994; *Wo Gras wuchs bis zu Tischen hoch. Ein Spaziergang im Scheunenviertel,* m. Illustr. v. Xago (= Rolf Schröder), Hbg. 1995; *Die schöne Welt der Tiere,* m. Zeichnungen v. Xago, Bln. 1995; *Poem für Jakob Wassermann,* Hsp., SR/DLR 1995; *Letzten Sommer in Deutschland. Eine romantische Reise,* Pr., Köln 1997; *Eine Fahrt nach Hoyerswerda,* Feat., Berlin 1998; *Das Lied vom Hackeschen Markt,* Hsp., RB/SFB/ORB 2001; *lolalola.de,* Hsp., DLR 2001; *Stille Mitte von Berlin. Eine Recherche um den Hackeschen Markt,* Ess., m. Fotos v. I. L., Bln. 2002.

Lind, Jakov (eig. Jakov Landwirth), wurde am 10. 2. 1927 in Wien geboren, wo er die Volksschule besuchte. 1938 flohen die Eltern nach Palästina; Lind ging nach Holland und besuchte eine Gartenschule in Gouda. Während der deutschen Besetzung Hollands hielt er sich verborgen. 1943 bis 1945 war er in Deutschland; mit einem Pass auf den Namen Jan Gerrit Overbeek arbeitete er als Matrose auf einem Rheinschlepper und als Kurier für einen hochrangigen Beamten im deutschen Reichsluftfahrtministerium: »Mein Weg führte nicht über die Pyrenäen nach Spanien, nicht über Vichy-Frankreich in die Schweiz. Ich scheute jeden anderen Ort als die Höhle des Löwen. Im Rachen des Ungeheuers würde ich weder seine Zähne noch seine Klauen fürchten müssen. Als ich am 2. November 1943 an Bord der ›Matthias Stinnes 72‹, 1400 Tonnen, Heimathafen Duisburg, nach Deutschland einfuhr, überschritt ich einen Meridian in ein neues Selbst.«
Nach dem Kriege führte er ein Wanderleben zwischen Palästina, Amsterdam und Wien, wo er Regie am Max-Reinhardt-Seminar studierte. 1954 ließ er sich in London nieder. Lind, der als freier Schriftsteller in London, New York und auf Mallorca lebt, schreibt seit Beginn der Arbeit an seiner Autobiografie in englischer Sprache. Ausgezeichnet wurde er 1983 mit dem Preis der Literatur-Initiative der Girozentrale Wien und 1997 mit der Goldenen Ehrenmedaille der Stadt Wien.

Jakov Linds Werk spiegelt die traumatische Präsenz des während der NS-Zeit Erlebten. Der rückschauenden Entzifferung des Albtraums gilt sein autobiografisches Werk. Spürbar lädt der Erinnerungsdruck seine Sprache auf, die in einer sprachlichen Form der Mimesis den gesellschaftlichen Gestus der Gewalttätigkeit in ihre Tonlagen aufnimmt. Lind interessiert sich nicht für die faschistische Höllenfahrt des bürgerlichen Bewusstseins, die das Verschwinden eines ursprünglichen Kulturzustandes voraussetzen würde. Er zeigt, um mit Benjamin zu sprechen, dass die Katastrophe das Gegebene ist. Terror, Schrecken, Verfolgung, Bedrohung, Gasöfen und Konzentrationslager werden als gesellschaftlicher Normalfall vorgeführt. Die Darstellung der Leiden der Verfolgten wird von einer indifferenten Erzählhaltung gesteuert, einem drastischen, der Groteske zuneigenden Humor, der die Wirklichkeit fantastisch überbietet, um der erzählerischen Gefahr einer Ästhetisierung der Barbarei zu entgehen und dem Grauen, der menschlichen Erniedrigung und moralischen Vernichtung der Opfer mit indirekten Mitteln beizukommen. Was in den Erzählungen *Eine Seele aus Holz* (1962) erschütterte, wurde freilich in dem Roman *Landschaft in Beton* (1963) schon zur makabren Attitüde.

1970 erschien, als Übersetzung des englischen Originals *Counting My Steps*, Linds Autobiografie *Selbstporträt*, die sich teilweise auf einen 1967 erschienenen Text in der Anthologie *Jahr und Jahrgang 1927* stützt. *Selbstporträt* ist der Lebensbericht eines jugendlichen Flüchtlings jüdischer Herkunft, dessen Odyssee im Wien des Jahres 1938 beginnt und nur vorübergehend endet, als er bei seinem Vater in Israel ankommt. Überzeugender als die reflektierenden Partien seines autobiografischen Schreibens, das 1973 mit *Nahaufnahme* (englisches Original: *Numbers*) glücklos fortgesetzt wurde, erscheinen die Bilder einer Menschenjagd, bei der sich der Gejagte in einen Jäger verwandelt. Mit der Identitätsfrage, die schon im Zentrum der Autobiografien stand, beschäftigte er sich in distanzierter Form noch einmal in dem 1972 erschienenen Reisebericht *Israel – Rückkehr für 28 Tage*, einer außerordentlich kritischen Auseinandersetzung mit dem Staat Israel. Nach dem schmalen Band *Der Ofen. Eine Erzählung und sieben Legenden* (1973) folgte eine lange Zeit des Schweigens, bis 1983 der

Roman *Reisen zu den Enu* erschien, dessen Übersetzung Lind selbst in Zusammenarbeit mit dem Schriftsteller Klaus Hoffer besorgte. Es ist die *Geschichte eines Schiffbruchs*, so der Untertitel des Buchs, den er als Metapher eines »kosmischen Geschehens« verstanden wissen will. In den Bildern einer von *Gullivers Reisen* inspirierten Weltfahrt (Swift ist das englische Original gewidmet) erscheint die exotische Welt des pazifischen Inselvolks der Enu als satirischer Spiegel einer Gegenwart, zu deren Erbsünden das gehört, was sie selbst Logik nennt. Das Buch ist eine sehr zeittypische, in ihren gedanklichen Partien unpräzis schweifende Warnutopie. 1997 folgte *Im Gegenwind*, eine im Original 1991 erschienene Fortsetzung seines Lebensberichts, der die Nachkriegszeit behandelte, den Studienaufenthalt in Wien, wo er Bekanntschaft mit der »Wiener Gruppe« um H. C. Artmann machte, die endgültige Niederlassung in London, die Freundschaft mit Erich Fried und Elias Canetti, die Heirat und die Geburt zweier Kinder, bis zum Beginn der Arbeit an *Eine Seele aus Holz*. Der Bericht ist ein Hohe Lied auf die englische Lebensart und das »Klima der Freiheit, Rücksichtnahme und Toleranz«, das im Lande herrscht.

Sibylle Cramer

Werke: *Eine Seele aus Holz*, En., Neuwied. 1962; *Landschaft aus Beton*, R., Neuwied 1963; *Die Öse*, Film, 1964; *Anna Laub*, Hsp., SDR/NDR 1964, gedr. Neuwied 1965, Theaterst., UA London 1974; *Die Heiden*, Theaterst., Übs. v. Erich Fried, UA Braunschweig 1964; *Die Heiden. Das Sterben der Silberfüchse*, Hsp., NDR 1965, gedr. Neuwied 1965; *Die Auferstehung*, Fssp., 1965, Hsp., 1965; *Hunger*, Hsp., HR/BR 1967; *Eine bessere Welt*, R., Bln. 1966, Theaterst., UA New York 1966, *Angst*, Hsp., 1967, u. d. T. *Fear*, Theaterst., UA New York 1973; *The Silverfoxes are dead and other plays*, 1968, daraus *Angst und Hunger*, 2 Hspe., Bln. 1968; *Counting My Steps*, Autobiografie, 1969, dt. *Selbstporträt*, Ffm. 1970; *Voices*, Hsp., 1971; *Safe*, Hsp., 1972; *Israel – Rückkehr für 28 Tage*, Ffm. 1972; *Numbers*, Autobiografie, 1972, dt. *Nahaufnahme*, Ffm. 1973; *Der Ofen. Eine Erzählung und sieben Legenden*, Salzb. 1973; *Thema und Variationen*, Film, 1977; *Reisen zu den Enu*, R., Wien, Bln. 1983; *Reise durch die Nacht*, Hsp., DRS 1984; *Die Auferstehung*, Hsp., SFB/SWF 1985; *Der Erfinder. Ein Roman in Briefen*, R., Mü. 1988, Hsp., SDR/NDR 1990; *The Crossing*, Autobiografie, London 1991, dt. *Im Gegenwind*, Wien 1997.

Link, Heiner, wurde am 5. 2. 1960 als Sohn eines Kraftfahrers und einer Hausfrau in München-Pasing geboren. Nach einem Volkswirtschaftstudium baute er mit seiner Frau Claudia Link ein Übersetzerbüro auf. Das Ehepaar lebte mit seinen Kindern Franziska und Moritz im Münchener Vorort Eichenau. Heiner Link starb am 30. 5. 2002 bei einem Motorradunfall. Für die Arbeit am Prosaband *Affen zeichnen nicht* erhielt er 1998 ein Stipendium des Deutschen Literaturfonds.

Heiner Links autobiografisch gefärbtes Romandebüt *Hungerleider* (1997) erzählt vom Leben in der Vorstadt, dem Geist in Supermärkten, Restaurantketten und Doppelhaushälften. Das Sujet begleitet sein ganzes kurzes Schriftstellerleben. Der Autor selbst sah sich als späten Erben einer bayerischen Tradition des Anarchischen, die im Volksstück und bei Karl Valentin beginnt. Darüber hinaus ist er ein Vertreter jener »kleinen Literatur« (Gilles Deleuze), die ästhetisch so weit auseinander liegende Autoren wie Robert Walser und Ernst Jandl verbindet. Kennzeichnend sind die tiefe, nie verleugnete Verbundenheit mit der eigenen mediokren Herkunft und ein spezifischer Humor. Links Anthologie *Trash-Piloten. Texte für die 90er* (1997) versammelt Texte, die sich mit einer von Oberflächenreizen geprägten, postmodernen Alltagswelt beschäftigen. Im Vorwort seiner Lyrik-Anthologie *eine laus im uhrgehäuse* (2001) stellt er der in TV-Comedy-Shows verbreiteten Praxis, x-beliebige Existenzen zu zerstören, um ein Massenpublikum zum Wiehern zu bringen, seinen Begriff von Humor gegenüber: »Der komische Dichter steht nicht wie ein Fels in der Brandung und vor allem amüsiert er sich nicht auf Kosten anderer.« Dem von Rentenversicherungsfragen, Arbeitsplatzängsten, Investmentfonds und Freizeitproblemen begrenzten Horizont der Neue-Mitte-Gesellschaft, mit dem sich der Ich-Erzähler im *Hungerleider* konfrontiert sieht, begegnet Link mit einer Ästhetik des Tragikomischen. In der Prosasammlung *Affen zeichnen nicht* (1999) dehnt er sie auf die Parodie literarischer Klischees aus, die das zielgruppenorientierte Buchgeschäft der Neunzigerjahre beherrschen. Er kopiert den Duktus des zeitgenössischen Fräuleinwunders ebenso wie den Sound der Angelique-Romane und den Stil von Günter Grass, ohne dabei aus den Augen zu verlieren, wie sehr sein eigenes Schreiben Klischees gehorcht. Radikale Selbstironie verleiht seinen Texten ihre unverwechselbare Aura. Link entlarvt das konsumversaute Spaßspießertum und die Hybris einer hysterischen Pseudokultur, ohne die Menschen dabei bloßzustellen. Das mit Arno Geiger verfasste Hörspiel *Alles auf Band oder Die Elfenkinder* (2001) geht unter anderem der Frage nach den Grenzen einer Verwertungslogik nach, die zunehmend skrupelloser wird: »Man lernt einen ungewöhnlichen Menschen kennen und der erste Gedanke ist etwas daraus zu machen.« In der Konsequenz entwickelt Link in *Mein Jahrtausend* (2002) eine Technik des offenen Plagiats bei gleichzeitiger Überhöhung des Banalen, um diese Logik ad absurdum zu führen. Doch auch die Ohnmacht ästhetischer Subversion tritt immer deutlicher zu Tage. Spätestens in *Fräulein Ursula* (2003) wird sie zum beherrschenden Motiv. Der nachgelassene Roman ist ein schwarzes Idyll. Schaffte es der Erzähler im *Hungerleider* immer wieder mit letzter Kraft vom »Idiotenkarussell« der Neue-Mitte-Welt zu springen, »eine letzte Wildheit« hinüberzuretten »in mein lausiges Dasein«, existiert in *Fräulein Ursula* kein Ort mehr, der nicht Teil der munteren Drehscheibe wäre. Der Horizont einer pervertierten Scheinwelt ist nun total. Ausgänge, Ritzen gibt es keine, nicht einmal im Kopf. Die Revolte des Helden erschöpft sich in dem lächerlichen Akt, Sprüche auf die Fliesen einer Golfklubtoilette zu schreiben. »Das Spiel wird zunehmend schwerer«, hieß es im *Hungerleider*, »die Gegner raffinierter und ich machte meinen Weg über die Wurstsemmel, die profan meinen Hunger stillte und die mir kaum mehr als sechs Bissen wert war. Chiffre, mit Chiffre geht es.« Fünf Jahre später haben die Gegenwelten ausgespielt – mögen sie auch als Wurstsemmeln getarnt daherkommen. Nur Heiner Links Komik, die Selbstironie dieses Autors einer kleinen Literatur, bleibt als Waffe und Heimat, um sich dem unaufhaltsamen Verlust letzter Handlungsmöglichkeiten der endgültigen Apathie zu widersetzen.

Norbert Niemann

Werke: *Hungerleider,* R., Bln. 1997; *Trash-Piloten. Texte für die 90er,* Lpz. 1997; *Affen zeichnen nicht. Humoresken,* Lpz. 1999; *Alles auf Band oder Die Elfenkinder. Ein Drama,* Hsp., zus. mit Arno Geiger, Wien 2001; *eine laus im uhrgehäuse. komische gedichte von morgenstern bis gernhardt,* Hg., Lpz. 2001; *Mein Jahrtausend,* Salzb. 2002; *Fräulein Ursula,* R., Reinbek 2003.

Lippet, Johann, wurde am 12. 1. 1951 in Wels in Österreich geboren. Die Familie kehrte 1956 in das Geburtsdorf des Vaters im Banat in Rumänien zurück, wo Lippet aufwuchs. Er studierte von 1970 bis 1974 Germanistik und Rumänistik in Temeswar und war in den Siebzigerjahren Mitbegründer der »Aktionsgruppe Banat«. Von 1974 bis 1978 war er als Deutschlehrer in Temeswar tätig. Bis zu seiner Ausreise 1987 arbeitete er als Dramaturg am Deutschen Theater in Temeswar. Lippet lebt in Sandhausen bei Heidelberg. Ausgezeichnet wurde er u.a. 1980 mit dem Debütpreis des rumänischen Schriftstellerverbandes und mit dem Förderpreis für Prosa des Adam-Müller-Guttenbrunn-Literaturkreises, 1983 mit dem Lyrikpreis des Adam-Müller-Guttenbrunn-Literaturkreises, 1989 mit dem Preis der Henning-Kaufmann-Stiftung zur Pflege der Reinheit der deutschen Sprache, 1996 mit dem Preis des Landes Baden-Württemberg, 1998 mit einem Stipendium des Künstlerhauses Edenkoben und 2001 mit einem Stipendium der Konrad-Adenauer-Stiftung.

»Hier ist jemand ebenso unaufdringlich wie konzentriert an der Arbeit. Der Arbeit des Sich-Erinnerns, Festhaltens, der Suche nach verlorener Zeit, verlorenem Land«, schrieb Walter Klier in der »Zeit« über Johann Lippet anlässlich des Erscheinens der beiden Bände *Protokoll eines Abschieds und einer Einreise oder Angst vor dem Verschwinden der Einzelheiten* (1990) und *Die Falten im Gesicht* (1991). Lange hatte der Autor gezögert, bis er für sich und seine Familie den Antrag auf Ausreise aus Rumänien stellte. Doch mit dieser Entscheidung, so ist im autobiografischen *Protokoll* nachzulesen, begibt er sich in ein schier unüberschaubares, korruptes System, das einzig und allein dazu eingerichtet erscheint, den Ausreisewilligen ein letztes Mal Geld aus der Tasche zu ziehen. Detailliert und faktengesättigt wird jene Atmosphäre vermittelt, in der Freundschaften zu Ende gehen, der Geheimdienst Securitate einschreitet, Taschen aufgehalten werden. Doch auch jenseits der Grenze, im Zielland, ist die Aufnahme der Aussiedler ähnlich unfreundlich und schikanös. Im nüchternen Protokollstil, der immer wieder von Episoden, Anekdoten und Eindrücken durchbrochen wird, schildert der über die behördlichen Hürden stolpernde Erzähler die Irritationen auf dem Weg in die Freiheit. In der zweiten Person Imperfekt erzählt, gewinnt der Erzähler die nötige Distanz zur Objektivierung des Geschehens und zur Selbstbefragung. Allmählich verstummt der Erzähler angesichts einer Sprache, die von Amtspersonen und Funktionären entwürdigt wird, und verständigt sich nur noch mit Blicken und Gesten. Die Beklemmung bleibt ständiger Begleiter. Doch die Kunst des Aussparens und Andeutens, wie sie Herta Müller und Richard Wagner praktizieren, ersetzt Lippet durch offene Worte, durch minuziöse Auskünfte, durch authentisches Material. So gesehen ist Lippet ein Vertreter eines kritischen Regionalismus, der eine vergessene oder im Versinken begriffene Kultur und Tradition, Sitten und Gebräuche memoriert. In kargem, schnörkellosem Stil, kaum literarisiert, wird das Absurde im Normalen geschildert.

In seinen Gedichten, in Deutschland erstmals gesammelt unter dem bezeichnenden Titel *Abschied, Laut und Wahrnehmung* 1994 erschienen, kreisen die Verse auch um die heimatlichen Topografien, die den Autor nicht loslassen, wie schwere Erde an den Sohlen kleben: »zurückkehren / den weg durch das ried einschlagen / sich den nebel dazudenken«. Mit melancholischer Stimme und zum Teil volksliedhaftem Gestus werden Naturbilder entworfen, der Wechsel der Jahreszeiten, der Stillstand und das Verschwinden alter Strukturen. In diesem Kontext steht auch die Erzählung *Der Totengräber* (1997), wenn auch die größere Distanz des Autors zu seinem Stoff spürbar wird. Im kleinen Dorf W. in der Banater Heide leben Anfang der Achtzigerjahre noch acht Menschen, unter ihnen der Schuster Johann Wiener. Als die anderen sieben plötzlich sterben, gibt Wiener seinen Beruf auf und wird Totengräber. Seine Vision ist, den Friedhof mit den Geldern der Auslandsbanater zu finanzieren und in eine touristische Attraktion umzuwandeln. Zwischen Küche und Friedhof pendelt Wiener in seinem Eifer; akribisch werden alle Aktivitäten bis ins kleinste Detail beschrieben. Der ehemalige Außenseiter des Dorfes avanciert – welch Ironie des Schicksals – zum Bewahrer der dörflichen Kultur, engagiert drei Verwandte als Helfer und erst mit dem Umbruch im Dezember 1989 verschwindet auch dieses Refugium ebenso von der Landkarte wie das Dorf Wiseschdia, von dem Lippet in seinem Familien- und Generationenroman *Die Tür zur hinteren Küche* (2000) erzählt.

Im jüngsten Gedichtband buchstabiert Lippet, der mit Gedichten bereits in Rumänien seinen literarischen Weg begonnen hat, das *Banater Alphabet* (2001) durch; das *Banater Alphabet* »aus der Ebene bei Hegyeshalom an der ungarischen Grenze wird zum beeindruckenden Gesang, in dem die verlorenen Worte noch einmal und ohne Gewalt zur Sprache kommen« (Jan Koneffke).

Thomas Kraft

Werke: *biografie. ein muster. Poem*, Bukarest 1980; *so wars im mai so ist es*, G., Bukarest 1984; *Protokoll eines Abschieds und einer Einreise oder Die Angst vor dem Verschwinden der Einzelheiten*, R., Hdbg. 1990; *Die Falten im Gesicht*, En., Hdbg. 1991; *Abschied, Laut und Wahrnehmung*, G., Hdbg. 1994; *Der Totengräber*, E., Hdbg. 1997; *Die Tür zur hinteren Küche*, R., Hdbg. 2000; *Banater Alphabet*, G., Hdbg. 2001.

Lodemann, Jürgen, wurde am 28. 3. 1936 in Essen geboren. Nach dem Abitur 1956 in Essen studierte er in Freiburg Germanistik und Geografie und promovierte 1961 bei Walther Rehm über »Lortzing und seine Spielopern«. 1962 legte er das Staatsexamen für das Lehramt an höheren Schulen ab. Von 1963 bis 1964 arbeitete er bei Zeitungen in Essen, Hamburg und Berlin. Seit 1965 war er beim Fernsehen des SWF/Baden-Baden unter anderem für die Filmreihe »Trivialliteratur« verantwortlich. Von 1972 bis 1983 betreute er das »Literaturmagazin«, seit 1975 die Bücher-Bestenliste und den Literatenstammtisch »Café Größenwahn«. Außerdem drehte er zahlreiche Dokumentarfilme. Er lehrte an den Universitäten Stuttgart, Frankfurt/M., Marburg und Freiburg. Jürgen Lodemann ist Mitglied im P.E.N. und im Vorstand des VS. 1977 erhielt er den Alfred-Kerr-Preis für Literaturkritik, 1986 den Essener Dramatiker-Preis, 1987 den Literaturpreis Ruhr und 2002 den Fantastik-Preis der Stadt Wetzlar.

Äußerlich scheint das Werk Jürgen Lodemanns in alle Richtungen zu streben: Ruhrpottmilieu, Irland, Reiseliteratur, Medienkritisches, historische Romane bis zurück ins 5. Jahrhundert. Gibt es gar keinen durchgehenden Plan? Außer den drei *Langensiepen*-Romanen scheint nichts zusammenzupassen. *Lynch* (1976) geht 500 Jahre zurück, die *Nibelungen*-Themen noch weiter. Und dann wieder heftige Gegenwart. Am Anfang des literarischen Schaffens war der Sprachschlamm des Ruhrreviers, der Titel des ersten Romans ist barock: *Erinnerungen in der Zornigen Ameise an Geburt, Leben, Ansichten und Ende der Anita Drögemöller und die Ruhe an der Ruhr* (1975). »Watten Beschiss dat Leem in Wahheit is«, philosophiert das Callgirl für gehobene Ansprüche und arbeitet sich nach oben, so vital wie sensibel, gleichsam ein Sprech-Wunder, gerät aber unter Zwänge und Abhängigkeiten und stürzt am Ende ab – so wie alle Lodemann-Figuren ihre Geschichten nicht überleben. Die Lebensgeschichte der professionellen Beischläferin ist eine Satire auf eine Heuchelgesellschaft, ein bitter-komisch-ernsthaftes Porträt im Schmelztiegeljargon aus Rheinisch und Westfälisch, grob und zugleich voller Zärtlichkeit.

Allen Texten Lodemanns ist eines gemeinsam: Die Perspektive von unten. Erzählt wird aus der Sicht der Leidenden, der Verlierer, derer, die dennoch weitermachen. So auch in dem historischen Roman *Lynch und Das Glück im Mittelalter* (1976), der vom Versuch berichtet, unter den harten Bedingun-

gen des übermächtigen England ein Stück Lebensfreiheit zu verwirklichen: die Gründung einer autonomen Stadtrepublik, die eine Versöhnung gegensätzlicher Interessen leisten und die Spannungen zwischen Iren und Engländern, Katholiken und Protestanten, Armen und Reichen lösen sollte. Die Lynchs – Vater Walter Lynch ist Bürgermeister und Handelsherr – haben das fast geschafft. Aber Junior Pat Lynch schlägt über die von den Ahnen gestrickten Stränge, erlaubt sich eine Maßlosigkeit, ja einen Mord, und das schöne große Renaissance-Projekt einer frühdemokratischen Stadt wird vom letzten der Lynchs zum Einsturz gebracht.
Intimer Ausgangspunkt für den Roman *Der Solljunge oder Ich unter den anderen* (1982) ist der Nazischock. Dass ein »gebildetes« Volk der größten Verbrechen fähig war, dass auch der Vater sich blenden ließ, war ein Grundbeben, das sinnliche Mitteilungen nötig machte. Am Anfang des Romans werden Kindheitsbilder entschlüsselt, die auch für den Leser der jüngeren Generation leitmotivischen Charakter haben. Die Fünfzigerjahre, die Ausflüge im grauen VW Standard des Vaters, der Sohn auf der Rückbank, schon jetzt ein Beobachter. Doch mit diesem Vater, der weder Täter noch Mitläufer war, kann der Sohn nicht abrechnen: »Nein, keine Verurteilung. Trauer um ihn und seine groteske, kaputte Zeit, auf der meine, unsere stehen soll.« Mit dem Roman *Muttermord* (1998) schreibt Lodemann seine Auseinandersetzung mit der Elterngeneration fort. Bruno Legrand kommt als Besucher seiner 80-jährigen Mutter mit der Absicht, sie zu töten, ins Elternhaus zurück, das er vor mehr als 20 Jahren wegen des verhassten Vaters verlassen hat. Zwei Tage im Juli 1990 werden geschildert und der Kampf Brunos gegen die Mutter, die ihm immer noch überlegen ist und ihn mit seinen eigenen Waffen schlägt. Das ist intensiv und psychologisch ambitioniert geschrieben – der drastische Ausgang der Geschichte geht weit über die gewohnten Mutter-Sohn-Konflikte hinaus.
Der Roman *Essen Viehofer Platz oder Langensiepens Ende* (1985) kehrt wieder zu den sozialen Brennpunkten im Ruhrgebiet zurück. Aber diesmal geht es nicht um Callgirls, sondern um Kanalarbeiter, um Türken und Kurden. Kriminalkommissar Langensiepen und seine Kollegin Rosa Bergmann von der Sitte versuchen die Machenschaften von Ruhrbonzen aufzudecken. Beleuchtet wird die Ausbeutung der Gastarbeiter, aber auch die Fehden der gesellschaftlichen Randgruppen untereinander.
Die Biografie *Lortzing. Leben und Werk des dichtenden, komponierenden und singenden Publikumslieblings, Familienvaters und komisch tragischen Spielopernweltmeisters aus Berlin* (2000) ist ebenfalls eine Von-unten-Geschichte. Ein Gaukler aus degoutantem Milieu wird Komponist, leistet Erstaunliches als Librettist wie als Musiker, kann aber den Geruch seiner Herkunft nie abschütteln. Er wird nie mit berühmten Kollegen wie Mendelssohn und Schumann Kontakt haben, nie werden im Gewandhaus seine Opern zur Aufführung kommen. Lodemann zeigt vor allem den Sozialkritiker Lortzing, der zum Beispiel in seiner Oper *Regina* einen Arbeiterstreik thematisierte, eine Haltung, die Lortzings Karriere endgültig zerstörte.
Immer wieder schreibt Lodemann auch historische Romane, weil er bei der Ermittlung gesellschaftlicher Ursachen die Geschichte befragen und latente Abgründe sichtbar machen will. Auch in *Der Mord. Das wahre Volksbuch von den Deutschen* (1995) geht es um Siegfried, der dem Drachen begegnet: »Komm her, römischer Kriech-Christ!« Dieser Roman verdankt seine Entstehung einem Zufall: Ein Buchhändler im irischen Galway schenkte dem Autor eine 200 Jahre alte Übersetzung der unter Verschluss gehaltenen gälischen Kilians-Chronik. Dies Material nutzte Lodemann, um seinen früheren Siegfried-Roman zu einer politischen Theologie zu weiten. *Der Mord* entfaltet sprachgewaltig und voller Witz das Geistespanorama einer Epoche, in der sich das Schicksal Europas entschied.
20 Jahre lang hat sich der Autor um die Siegfriedsage bemüht, in seinem Opus magnum *Siegfried und Krimhild. Die älteste Geschichte aus der Mitte Europas* (2002) erzählt er, wie Siegfried den Drachen besiegt, das Rheingold erobert, in Liebe zu Krimhild entbrennt und schließlich von Hagen umgebracht wird. Dieser Monumentalroman greift weit über die Liebes- und Mordgeschichte hinaus und erweist sich als Spiegel unserer Zeit und Geschichte. Jürgen Lodemanns Texte sind aufklärende Versuche in verschiedenste Richtungen, demonstriert an Fällen, die im Grundphänomen ähnlich sind.

Asta Scheib

Werke: *Begegnungen mit dem Ruhrgebiet*, zus. m. O. Steinert, Bild-Text-Band, Düsseld. 1967; *Schöpfer der Anti-Oper des Biedermeier. Versuch über den Komponisten Albert Lortzing*, Ess., Ffm. 1973; *Erinnerungen in der Zornigen Ameise an Geburt, Leben, Ansichten und Ende der Anita Drögemöller und die Ruhe an der Ruhr*, R., Zür. 1975; *Lynch und Das Glück im Mittelalter*, R., Zür. 1976;

Fantastisches Plastikland und Rollendes Familienhaus. Amerikanisches Reisetagebuch, Zür. 1977, als *Familienferien im Wilden Westen*, Zür. 1978; *Im Deutschen Urwald*, En., Ess., G., Zür. 1978 ; *Wat kaputt son Mann ist (Anitas Tagebuch)*, E., Modautal 1978; *Bettgeschichte*, E., Weinheim 1978; *Gift und Galle*, Hsp., Baden-Baden 1978; *Der Gemüsekrieg. Fantastische Erzählung*, Stg. 1979; *Frau Hermes und die deutschen Lindenblätter*, Weinheim 1979; *Ahnsberch. Volksstück über die Räuber an der Ruhr*, Theaterst., Bochum 1980; *Die besten Bücher der Bestenliste*, Hg., Ffm. 1981; *Das sollten Sie lesen. Die Bestenliste*, Hg., Ffm. 1982; *Der Solljunge oder Ich unter den anderen*, R., Zür. 1982; *Der Jahrtausendflug*, R., Stg. 1983; *Luft und Liebe. Ein Dutzend Geschichten über Freude, Glück, Erfolg, Courage und andere lang entbehrte Dinge*, Zür. 1984; *Ich und der Sport*, E., Hbg. 1984; *Geschichten aus dem Schwarzwald*, Hg., Zür. 1985; *Das erste lange Liebesspiel*, E., Stg. 1985; *Nach München?*, E., Ravensb. 1985; *Der Hirschsprung*, E., Zür. 1985; *Die Lehre Oberlins*, E., Tüb. 1985; *Essen Viehofer Platz oder Langensiepens Ende*, R., Zür. 1985; *Don Giovanni rasiert sich*, E., Hbg. 1986; *Swinging Manni*, E., Esslingen 1986; *Siegfried*, Jugendb., Stg. 1986; *Der Beistrich oder Katharina Botticelli in Gelsenkirchen-Bulmke*, Theaterst., Essen 1987; *Anita Drögemöller oder Rudolf Langensiepens erster Fall*, Köln 1987; *Essen Viehofer Platz oder Langensiepens zweiter Fall*, Hsp., Köln 1987; *Mit der Bagdad-Bahn durch die unbekannte Türkei*, R., Eggingen 1990; *Hucke Bums und Frauke Butt*, Kinderb., Stg. 1990; *Die Närrin mit der Hacke*, Hsp., Baden-Baden 1990; *Alles wird gut*, R., Karlsruhe 1991; *Der Mord. Das wahre Volksbuch von den Deutschen*, Ffm. 1995; *Meine Medien-Memoiren*, Eggingen 1996; *Muttermord*, R., Gött. 1998; *Lortzing. Leben und Werk des dichtenden, komponierenden und singenden Publikumslieblings, Familienvaters und komisch tragischen Spielopernweltmeisters aus Berlin*, Biogr., Gött. 2000; *Siegfried und Krimhild. Die älteste Geschichte aus der Mitte Europas*, R., Stg. 2002.

Loest, Erich, wurde am 24. 2. 1926 in Mittweida als Sohn eines Eisenwarenhändlers geboren. 1944 als Schüler zur Wehrmacht eingezogen, erlebte er die letzten Kriegswochen als so genannter »Werwolf« in der Slowakei und in der Oberpfalz. Nach zweiwöchiger Kriegsgefangenschaft war er bis zur Durchsetzung der Bodenreform als Eleve auf einem Gutshof in Sachsen tätig, bevor er 1946 für kurze Zeit als Hilfsarbeiter in das Leuna-Werk dienstverpflichtet wurde. Nach erneutem Schulbesuch legte Loest die Reifeprüfung ab und begann 1946 seine journalistische und schriftstellerische Laufbahn als freier Mitarbeiter der traditionsreichen »Leipziger Volkszeitung«. 1947 trat er der SED bei, im selben Jahr wurde er nach kurzer Volontärszeit zum Kreisredakteur desselben Blattes ernannt. 1950, nach Veröffentlichung seines ersten Romans, verlor er seine Redakteursstelle aufgrund einer vernichtenden Kritik des Buches in der »Täglichen Rundschau« und wurde (nach eigener Aussage) »wider Willen« freier Schriftsteller. In der Folgezeit um strikte Einhaltung der ästhetischen Richtlinien des »sozialistischen Realismus« bemüht, wurde er 1952 zum Leipziger Bezirksvorsitzenden des Schriftstellerverbandes der DDR gewählt. Massive Kritik und persönliche Anfeindungen brachten ihm ein Jahr später seine im »Börsenblatt für den Deutschen Buchhandel« publizierte Analyse des Arbeiteraufstandes vom 17. Juni 1953 ein. 1955/56 studierte er am Leipziger Literaturinstitut. Sein politisches Eintreten für die »Überwindung von Dogmatismus und Personenkult« führte im November 1957 – ähnlich wie im Fall von Walter Janka – zur Verhaftung und zum Ausschluss aus der SED. Nach einem Jahr Untersuchungshaft 1958 wegen »konterrevolutionärer Gruppenbildung« zu Vermögensentzug und siebeneinhalb Jahren Haft abgeurteilt, verbrachte er die Zeit bis September 1964 zeitweilig in Einzelhaft bei striktem Schreibverbot in der Strafvollzugsanstalt Bautzen II. Nach der Entlassung aus dem Gefängnis begann Loest mit der Ausarbeitung und Niederschrift lange konzipierter Prosa. Als Folge eines »unnatürlichen Staus« brachte er in den Jahren 1965 bis 1975 elf Romane und über 30 Erzählungen zu Papier. Viele dieser zur Sicherung des Lebensunterhaltes veröffentlichten anspruchslosen Kriminalgeschichten (*Der Mörder saß im Wembley-Stadion*, 1967; *Gemälde mit Einlage*, 1969; *Mit kleinstem Kaliber*, 1973; *Eine Kugel aus Zink*, 1974, u.a.) erschienen, da der Autor nach wie vor als Unperson galt, unter dem Pseudonym Hans Walldorf. Zensurmaßnahmen, Kampagnen gegen seine Person und die von staatlicher Seite verfügte Beschränkung und Verzögerung der Neuauflage seines unmittelbar nach Erscheinen vergriffenen Romans *Es geht seinen Gang oder Die Mühen in unserer Ebene* (1978) veranlassten Loest schließlich, die von ihm geforderte Zurückhaltung aufzugeben. 1979 unterzeichnete er eine gegen die öffentliche Diffamierung Stefan Heyms gerichtete Petition und trat aus dem Schriftstellerverband der DDR aus. Im März 1981 wurde ihm ein Dreijahresvisum für die Bundesrepublik erteilt. Loest lebte seitdem in Osnabrück, später wieder in Leipzig. 1981 erhielt er den Hans-Fallada-Preis der Stadt Neumünster, 1984 wurde er zu einem der stellvertretenden Vorsitzenden des Verbandes deutscher Schriftsteller gewählt.

Loests Erster Roman *Jungen, die übrig blieben*, der zwischen 1947 und 1949 »an Feierabenden und

Sonntagen« entstand und 1950 in Leipzig veröffentlicht wurde, machte den Autor binnen kurzem in der DDR bekannt. In diesem autobiografisch inspirierten Anti-Kriegsroman, in dem »so gut wie nichts erfunden« ist und sich »Erlebtes mit Gehörtem« mischt, schildert Loest den Weg des Oberschülers Walter Uhlig durch die Wirren der letzten Kriegsmonate und der ersten Nachkriegszeit. Sein Versuch, den »inneren Widerstand« eines Jugendlichen, den die »Kommißmaschine zu zerbrechen suchte«, nüchtern zu beschreiben, stieß allerdings bei den offiziösen Literaturkritikern der »Täglichen Rundschau« auf entschiedene Ablehnung. Unmissverständliche Positionen im Sinne der herrschenden Literatur- und Gesellschaftsdoktrin vertrat Loest schließlich in seinem 1952 in Halle publizierten und während seiner Haft in der DDR indizierten Roman *Die Westmark fällt weiter*. In dieser kolportageähnlich angelegten Kriminalstory über das in vier Sektoren geteilte Berlin demonstrierte der Autor seinen Lesern in ideologisch unzweideutigem Clairobscur, dass der »Sozialismus auf der Siegstraße« und der »Kapitalismus am Verfaulen« sei. Ernsthafter als in diesem später verworfenen Buch, das dem Autor sechs Jahre lang »so viel Geld« einbrachte »wie er brauchte«, war die Auseinandersetzung mit dem Zeitgeschehen in den im Sommer 1953 publizierten Artikeln »Es wurden Bücher verbrannt« und »Elfenbeinturm und rote Fahne«, die um eine Betrachtung der Ereignisse des 17. Juni 1953 jenseits klischierter Deutungsmuster bemüht waren. Zwei Jahre nach der Haftentlassung erschien Loests fiktive Biografie *Ich war Robert Ley* (1966) anonym in Berlin. In diesem Roman, der als Satire auf den Opportunismus und die Autoritätshörigkeit während des Dritten Reiches begriffen werden kann, mokierte sich der Autor über die Trivialität nationalsozialistischer Herrschaftsrituale, die politische Naivität der Öffentlichkeit und die Gesinnungslosigkeit der Mitläufer. Das eigene Erleben, den Kriegsalltag sowie die Identitäts- und Rollenkonflikte seiner Generation im nationalsozialistischen Machtstaat behandelte Loest in seinem 1968 publizierten Roman *Der Abhang* in kurzen autobiografischen Skizzen (*Kleiner Krieg*; *Pistole mit sechzehn*), in mehreren Erzählungen (u.a. *Sliwowitz und Angst*, 1965) sowie der knappen Reisebeschreibung *Stille Rückkehr eines Werwolfs* (1986).

Auch in den Romanen (*Schattenboxen*, 1973; *Es geht seinen Gang oder Mühen in unserer Ebene*, 1978; *Zwiebelmuster*, 1985), in denen der Autor den Alltag in der DDR mit einer an Hans Fallada geschulten Sachlichkeit illusionslos und minuziös schildert, sind die Identitätsprobleme und die schleichende psychische Deformierung des Einzelnen beherrschendes Thema. Loests Anliegen, die Lebenswirklichkeit im real existierenden Sozialismus unvoreingenommen und »wahrheitsgetreu zu beschreiben« (Christa Wolf), gelang ihm am überzeugendsten in seinem 1978 veröffentlichten Buch *Es geht seinen Gang oder Mühen in unserer Ebene*. Mit der Geschichte des sensiblen Verweigerers Wolfgang Wülff, der die tagtägliche autoritäre Bevormundung ebenso wenig erträgt wie die vordergründige Bewertung des Individuums nach den prestigeträchtigen Symbolen des Berufserfolgs, berührte Loest offenkundig einen neuralgischen Punkt im Selbstverständnis der SED. Obwohl sich ein Bestsellererfolg ankündigte, erhielt der Autor die Rechte vom Verlag zurück. Eine begrenzte Nachauflage besorgte 1979 der unbedeutende Greifenverlag in Rudolstadt; eine weitere Verbreitung dieser Darstellung der »DDR-Wirklichkeit« (Christa Wolf) wurde von der Kulturbürokratie um Kurt Hager verhindert. Das »Entstehen und Sterben« des Romans beschrieb der Autor ausführlich in seiner 1984 in Köln veröffentlichten Dokumentation *Der vierte Zensor*.

Eine ähnlich zeitgeschichtliche Bedeutung kommt der 1981 in Hamburg publizierten Autobiografie *Durch die Erde ein Riß* zu. Loests »Versuch« – so der ursprünglich vorgesehene Untertitel – »die eigene Wahrheit zu schreiben«, muss als äußerst aufschlussreiche Quelle zur Kulturpolitik in der Ulbricht-Ära und der Arbeit am Leipziger Literaturinstitut angesehen werden. 1984 erschien in Hamburg der bereits in der DDR konzipierte Heimatroman *Völkerschlachtdenkmal*, in dem der Autor rhapsodisch über die letzten 150 Jahre der Leipziger Stadtgeschichte fabuliert und über den Einfluss der ungeliebten preußischen Nachbarn auf Sachsen sinniert. Diese »Affinität« zu Sachsen und sächsischen Themen blieb ähnlich wie die eigene Lebensgeschichte bis in die Gegenwart ein »Rückbezugspunkt« (Günter Kunert) in Loests literarischem Schaffen. Im Gegensatz zu dem für die Geschichte der Zensur bedeutsamen autobiografischen Text *Der Zorn des Schafes. Aus meinem Tagwerk* (1990), der sich auf authentische Quellen des Minsteriums für Staatssicherheit stützt, sind seine nach 1989 veröffentlichten, die Leipziger Stadtgeschichte umkreisenden Romane *Nikolaikirche* (1995) und *Reichsgericht* (2001) an den narrativen

Mustern publikumswirksamer Unterhaltungsliteratur orientiert. Auch der Erzählband *Gute Genossen* (1999) fällt vom Niveau deutlich gegen seine früheren Beschreibungen der DDR-Wirklichkeit ab. Sein Versuch, den Alltag in der Bundesrepublik zu thematisieren (*Froschkonzert,* 1987) und sich von den »Schatten der eigenen Biografie« (Günter Kunert) zu befreien, war ebenfalls mit einem literarästhetischen Substanzverlust verknüpft und wurde bald aufgegeben. Ähnliches gilt für die 1986 unter dem Titel *Saison in Key West* erschienenen Reisebilder. Loests Stärke ist weniger die Darstellung kaum vertrauter Verhältnisse oder die Beschreibung »andersartiger Natur als die Skizzierung von Personen, mit denen er zusammentraf« (Günter Kunert).

York-Gothart Mix

Werke: *Jungen, die übrig blieben*, R., Lpz. 1950, überarb. u. erw. Aufl. Halle 1954; *Nacht über dem See und andere Kurzgeschichten*, En., Lpz. 1950; *Liebesgeschichten*, En., Lpz. 1951; *Die Westmark fällt weiter*, R., Halle/S. 1952; *Sportgeschichten*, En., Halle/S. 1953; *Das Jahr der Prüfung*, R., Halle/S. 1954; *Hitlers Befehl*, E., Ost-Bln. 1956; *Aktion Bumerang*, En., Ost-Bln. 1957; *Der Schnee von Podgonowka*, E., Ost-Bln. 1957, m. Illustr. v. Hans Betke; *Der Argwohn* (dt. u. ungar.), Budapest 1957; *Sliwowitz und Angst*, E., Ost-Bln. 1965; *Ich war Robert Ley*, R., Ost-Bln. 1966, m. Illustr. v. Paul Rosie (u. d. Pseud. Waldemar Nass), überarb. u. erw. Aufl. 1971 u. 1976, überarb. Auflage 1980, überarb. Neuausg. u. d. T. *Die Mäuse des Dr. Ley. Satirischer Roman*, Olten 1984; *Der grüne Zettel*, R., Ost-Bln. 1967 (u. d. Ps. Hans Walldorf); *Der Mörder saß im Wembley-Stadion*, R., Halle/S. 1967 (u. d. Ps. Hans Walldorf); *Das Waffenkarussell*, R., Halle/S. 1968 (u. d. Ps. Hans Walldorf); *Hilfe durch Ranke*, E., Ost-Bln. 1968 (u. d. Ps. Hans Walldorf); *Der Abhang*, R., Ost-Bln. 1968; *Öl für Malta*, En., m. Illustr. v. Heinz Ebel, Ost-Bln. 1969; *Der elfte Mann*, R., Halle/S. 1969, überarb. Aufl. 1978 u. Leipzig 1992; *Schöne Frau und Kettenhemd*, E., Ost-Bln. 1969 (unter Ps.); *Gemälde mit Einlage*, E., Ost-Bln. 1969 (u. d. Ps. Hans Walldorf); *Erpressung mit Kurven*, E., Ost-Bln. 1970 (u. d. Ps. Hans Walldorf); *Nur ein Strumpf*, E., Ost-Bln. 1969 (u. d. Ps. Hans Walldorf); *Wildtöter und große Schlange*, E., Ost-Bln. 1972, m. Illustr. v. Eberhard Binder; *Oakins und der Elefant*, E., Ost-Bln. 1972 (u. d. Ps. Hans Walldorf); *Schattenboxen*, R., Ost-Bln. 1973; *Mit kleinstem Kaliber*, R., Halle/S. 1973 (u. d. Ps. Hans Walldorf); *Eine Kugel aus Zink*, E., Ost-Bln. 1974 (u. d. Ps. Hans Walldorf); *Ins offene Messer*, R., Ost-Bln. 1974; *Rotes Elfenbein*, R., Ost-Bln. 1975 (u. d. Ps. Hans Walldorf); *Etappe Rom. Zehn Geschichten*, En., Ost-Bln. 1975, erw. Aufl. 1978; *Oakins macht Karriere*, R., Ost-Bln. 1975; *Dienstfahrt eines Lektors*, Hsp., Rundfunk der DDR 1975; *Die Oma im Schlauchboot*, En., Ost-Bln. 1976, überarb. u. erw. Aufl. 1978; *Ein Herr aus Berlin*, Hsp., HR 1976; *Rendezvous mit Syrena. Unterwegs in Polen*, zus. m. G. Große, Halle/S. 1978; *Es geht seinen Gang oder Mühen in unserer Ebene*, R., Halle/S., Lpz. 1978; *Pistole mit sechzehn*, En., Hbg. 1979; *Eine ganz alltägliche Geschichte*, Hsp., HR/RB 1979; *Swallow, mein wackerer Mustang*, R., Ost-Bln. 1980; *Messerstecher*, Hsp., WDR 1980; *Durch die Erde ein Riß. Ein Lebenslauf*, Biogr., Hbg. 1981; *Eine ganz alte Geschichte*, Stg. 1982; *Schlesisches Himmelreich*, Hsp., SFB/SDR 1983; *Harte Gangart. Aufstieg u. Fall d. Romanes »Es geht seinen Gang oder Mühen in unserer Ebene« – ein Stück DDR-Literaturpolitik*, Ess., Köln 1983; *Völkerschlachtdenkmal*, R., Hbg. 1984; *Herzschlag*, E., Assenheim 1984; *Der vierte Zensor. Vom Entstehen und Sterben eines Romans in der DDR*, Biogr., Köln 1984; *Geordnete Rückzüge. Reise-Feuilletons.*, Hann. 1984, m. Illustr. v. Gabriele Wicke; *Zwiebelmuster*, R., Hbg. 1985; *Froschkonzert*, Hsp., WDR 1985; *Leipzig ist unerschöpflich. Über die 4 Arten von DDR-Literatur heute*, Universitätsrede, Paderborn 1985; *Bruder Franz. Drei Vorlesungen über Franz Fühmann, gehalten an der Universität Paderborn im Januar 1985*, Paderborn u. a. O., 1986; *Saison in Key West. Reisebilder*, Mü., Hbg. 1986t; *Ein Sachse in Osnabrück*, m. Karten u. Fotos von Christian Grovemann, Freiburg/Br. 1986; *Hermannsbrötchen*, Hsp., WDR 1986; *Froschkonzert*, R., Mü., Hbg. 1987; *Die Brücke am Lipper Ley*, Hsp., HR 1987; *Eine romantische Reise um die Welt*, Bildbd., Künzelsau 1988; *Ich und meine Bücher, meine Verleger und Verlage*, Hsp., DLF 1988; *Fallhöhe*, R., Künzelsau 1989; *Die Stasi war mein Eckermann oder Mein Leben mit der Wanze*, Hsp., DLF 1990; *Die Stasi war mein Eckermann oder Mein Leben mit der Wanze*, Biogr., Gött., Lpz. 1991; *Der Zorn des Schafes. Aus meinem Tagewerk*, Autobiogr. 1952–1989, Künzelsau, Lpz. 1990; *Bauchschüsse. Zehn Erzählungen*, Künzelsau 1990; *Ein Freund weniger*, Hsp., SA/WDR 1991; *Ich habe noch nie Champagner getrunken*, Hsp., SA/NDR 1991; *Sondern erlöse uns von dem Bösen*, Hsp., MDR 1992; *Heute kommt Westbesuch. Zwei Monologe*, Gött., Lpz. 1992; *Wälder, weit wie das Meer. Reisebilder*, Mü. 1992; *Katerfrühstück*, R., Lpz. 1992; *Inseln der Träume*, Bildbd., Künzelsau 1993; *Was ist des Deutschen Vaterland. Ein deutsch-deutsches Lesebuch*, zus. m. Günter Grass u. Christa Wolf, Bln. 1993; *Zwiebeln für den Landesvater. Bemerkungen zu Jahr und Tag*, Gött., Lpz. 1994; *Nikolaikirche*, R., Lpz. 1995; *Als wir in den Westen kamen. Gedanken eines literarischen Grenzgängers*, Aufsatzslg., Stg. 1997; *Gute Genossen. Erzählung, naturtrüb*, Lpz. 1999, Hsp., MDR 1999; *Reichsgericht*, R., Lpz. 2001; *Träumereien eines Grenzgängers. Respektlose Bemerkungen über Kultur und Politik*, Aufsatzslg., Stg., Lpz. 2001.

Loetscher, Hugo, wurde am 22. 12. 1929 in Zürich als Sohn katholischer Zuwanderer aus dem Kanton Luzern geboren. Er studierte 1948 bis 1956 in Zürich und Paris Politologie, Soziologie, Wirtschaftsgeschichte und Literatur, war während des Studiums Vorsitzender des Verbandes Schweizerischer Studentenschaften und promovierte 1956 in Zürich. 1958 bis 1962 arbeitete Loetscher als literarischer Redakteur der Monatsschrift »du« und leitete dabei die von ihm begründete Beilage »Das Wort«. Von 1964 bis 1969 war er Feuilleton-Redakteur und Mitglied der Chefredaktion der Zürcher »Weltwoche«. Wie in Europa die Länder der Romania und Griechenland das Ziel des »von Kultur zu Kultur, von Geschichte zu Geschichte« reisenden Hugo Loetscher sind, so in Übersee die Länder der Lateinamerikas und seit 1976 der Ferne Osten, u.a. Thailand und China. Seit 1969 lebt er, der von seinen Reisen »regelmäßig« zurückkommt und dies »nicht ohne Freude« tut, als freier Schriftsteller und Publizist in seiner Heimatstadt. Er wurde u.a. 1964 mit dem Charles-Veillon-Preis ausgezeichnet, 1966 mit dem Conrad-Ferdinand-Meyer-Preis, 1972 mit dem Literaturpreis der Stadt Zürich, 1992 mit dem Großen Preis der Schweizerischen Schillerstiftung, 1994 mit dem Kreuz des Südens, Orden für Verdienste um die brasilianische Kultur, 1996 mit dem Prix Lipp für die französische Übersetzung von *La mouche et la soupe*. 1979/80 war Loetscher »writer-in-residence« an der University of Southern California in Los Angeles, er lehrte als Gastdozent 1980/81 am Kunsthistorischen Seminar der Universität Zürich, im Sommer 1981 an der Universität Fribourg, 1981/82 als (erster) Inhaber des Swiss Chair an der City University of New York, 1988 als Gastdozent für Poetik der Gegenwartsliteratur an der Universität München und 1999 an der Universität Porto. Die Vorlesungen in München und Porto sind (zusammen mit anderen poetologischen Aufsätzen) gesammelt in dem Band *Vom Erzählen erzählen. Poetikvorlesungen* (erweiterte Neuausgabe 1999). Hugo Loetscher war von 1986 bis 1990 Präsident des Schweizerischen Schriftstellerverbandes, 1988 bis 1992 Präsident der Schweizer Stiftung für Photographie und ist Mitglied der Deutschen Akademie für Sprache und Dichtung in Darmstadt.

Publizistik und Poesie ergänzen sich glücklich in Loetschers vielgestaltigem Werk, das von 1958 bis zu dem Lebensband *Durchs Bild zur Welt gekommen. Reportagen und Aufsätze zur Fotografie* (2001) von Fotografie-Deutung und Foto-Geschichte begleitet wird und schließlich fotografisch-erzählende Strukturen annimmt. Loetscher ist ein Experte Südamerikas, wie er ein Experte der Fotografie-Geschichte ist. Auf Reisen hat er mit seinen publizistischen Arbeiten meist ein »moralisches Soll« erfüllt, um sich ein »ästhetisches Dürfen einzuhandeln«. Seine Foto-Reportagen und -kommentare stehen gleichsam in der Mitte zwischen Publizistik und Erzählen, da er auch mit der Kamera zu sehen versucht, was sonst nicht zu sehen ist, da er Sätzen und Bildern nicht nur einen Mund, sondern auch Ohren und – vor allem – Augen zu geben versucht. Das Reisen, meinte der polyglotte (Zürcher) Weltbürger Loetscher, der bis heute ein gesuchter Reisereporter und Foto-Kommentator der Schweizer Medien ist, sei wie das Lesen, »beginnt man einmal damit, hört es nie mehr auf«. So wurde er zu einem der großen Entdecker in der deutschsprachigen Literatur, der mit den erstaunten (und gestaltenden) Augen des Reisenden aus dem europäischen Kleinstaat die Kolonialkulturen Lateinamerikas und den Fernen Osten, als die neuen Gravitationszentren der Welt, erforscht und dabei zugleich – von den Rändern des westlichen Zivilisation aus – zum »Ethnologen des eigenen Stammes« wurde.

Wie Reise-Reportage und Poesie oft ununterscheidbar ineinander fließen, so sind der Freundeskreis und die Weltkarte Hugo Loetschers seit Beginn des Reisens und Lesens um die erlebten Gestalten der Poesie und die zitierten Orte der Fantasie erweitert: »... keine Alpen ohne den Zauberberg und keine Anden ohne den Großen Gesang von Neruda, kein Manhattan ohne Transfer von Dos Passos und keine Mancha ohne die Windmühlen von Don Quijote.« Gottfried Keller, Kafka, Proust, Musil, Borges, Canetti, Max Frisch, Teresa von Avila, Juana Inés de la Cruz, Emily Dickinson, seit den Neunzigerjahren auch Foucault, Derrida und Eco, und immer wieder Friedrich Dürrenmatt, der dem 60-Jährigen 1989 die Geburtstagsrede gehalten hat, gehören zum Anspielungshorizont dieses Werkes. Nicht zufällig fühlt sich Loetscher, der die Antithese europäischer Literatur seit Horaz, den Widerstreit zwischen dem »Nützlichen« und dem »Erfreulichen«, in seinem Werk zu bestehen sucht, den Mystikern und den Meistern der Ironie verbunden; das heißt den radikalen (mystischen) Sprachzweiflern und den Entdeckern der Ironie als eines ästhetischen Mittels der Ethik. So gehört sein Herz politisch ganz konsequent den Utopisten der Tat, den Gründern des Jesuitenstaates am Paraná. Erzähltechnisch und inhaltlich bekennt sich Loetscher (seit der Mitte der Achtzigerjahre) immer stärker zu einer nach-modernen Geisteshaltung, zur Simultaneität, das meint zum Nebeneinander und zur Gleichzeitigkeit, eher zu den Rändern als zum Zentrum. »Statt aller Ideologien«, lautet das Motto seines Erzählens, »zumindest Ambivalenz.« So werden die Lebensgeschichten aus dem Roman *Die Papiere des Immunen* (1986) in *Die Augen des Mandarin* (1999) in miteinander verflochtene Erzählkerne aufgelöst. Die Geschichten werden nicht mehr zu Ende erzählt, weil es dem Autor um das Auskundschaften aller, nicht nur einzelner Möglichkeiten poetischer Formen geht (*Die Fliege und die Suppe*, 1989; *Der predigende Hahn*, 1992). Loetscher selbst lässt sein poetisches Werk mit dem Roman *Abwässer – ein Gutachten* (1963) beginnen, nachdem sein erster dramatischer Versuch, *Schichtwechsel*, im September 1960 am Zürcher Schauspielhaus durchgefallen war. Das Drama ist sein Genre nicht, denn auch der zweite dramatische Versuch, eine Nestroy-Bearbeitung, *Die Launen des Glücks oder Parterre und Bel Etage* (UA am 29. 5. 1997 am Schauspielhaus Zürich), fand keine Gnade vor den Augen der Kritik. Der parabelartige Stil des ersten Romans, in dem bewusst ein Gutachten über jenes Kanalisationssystem verfasst wird, in das ein auf Sauberkeit bedachter Staat eine wahre Sintflut von Schmutz ableitet, weist schon hinüber in das spätere Werk (seit 1985), in dem stilistische Vielfalt, »Situativität« und dann »Simultaneität« leitende Gestaltungsabsichten sind. Ein Begriffsfeld, so meinte Loetscher 1988, habe er im ersten Roman entfaltet, eine Metapher, nämlich die Totenkränze für eine vergehende Zeit und ihre Gesellschaft in *Die Kranzflechterin* (1964), eine ironische Parabel in *Noah – Roman einer Konjunktur* (1967), in der das Ende der Spaßgesellschaft inmitten von deren Aufstieg geschildert wird. Zwischen diesen frühen Prosaarbeiten und dem Roman *Der Immune* (1975, überarbeitet 1985), liegt ein knappes Jahrzehnt, in dem Loetscher seine politisch-publizistische und seine ästhetisch-poetische Position neu bestimmt und mit entschiedener Parteinahme gegen die Diktaturen in Europa, Lateinamerika und Asien, für das eingreifende (Loetscher sagt »behaftbare«) Schreiben reformuliert hat. Das Porträt des portugiesischen Jesuiten Antonio Vieira (Padre Antonio Vieira und H. L.: *Die Predigt des heiligen Antonius an die Fische*, 1966) wurde so zur Musterpoetik eines Autors, der von seinen Reisen das Erschrecken darüber mitgebracht hat, was der Mensch dem Menschen anzutun fähig ist, nicht nur in der Vergangenheit, sondern täglich, stündlich in unseren Tagen. Inmitten der munteren Vorführung von Bademoden steht da plötzlich das verbrannte Kind, »etwas, das zerfetzt war und genäht wurde, aufgerissen und zusammengeheftet, verbrannt und vernarbt« (*Saison*, 1995). Den Kindern, den geschundenen und missbrauchten, den ausgebeuteten, den früh gestorbenen, gehört das Mitleid dieses Erzählers der Städte, ihrer Faszination und ihres Elends; etwa Corazon und Godofredo aus Manila, in der tatsächlich behaftbaren Geschichte *Der Sündenpriester* (in: *Die Papiere des Immunen*), oder der toten Fatima in *Wunderwelt. Eine brasilianische Begegnung* (1979), welcher der Erzähler »zurückgab, was ihr schon immer gehört hatte«, die Geschichte ihrer Heimat, des Nordostens von Brasilien, der Armenkammer der Welt.

Vermutlich ist Hugo Loetscher seinem Ideal, so »nützlich zu sein wie Gottfried Keller und so poetisch wie Robert Walser«, in den *Papieren des Immunen* am nächsten gekommen, in einem Roman, in dem er das im *Immunen* angeschlagene Thema des Bewusstseins-Labyrinths in einer von Not und Unterdrückung, von Folter und Armut gezeichneten Welt kunstvoll variiert. Hier treibt das situative »Erzählen (...) mit dem Erzähler sein Spiel«, weil der Ich-Erzähler seinem nur scheinbar immun gewordenen Geschöpf als Alter Ego gegenübertritt und bezweifelt, noch einmal davongekommen zu sein. Durch die Kette der für den Zustand der Welt und der Poesie in ihr paradigmatischen Geschichten blicken traurige Kinderaugen, »gnadenlos, schlimmer als jeder bewaffnete Verfolger«, auf Leser und Erzähler und fordern die Vision der Hoffnung.

Wolfgang Frühwald

Werke: *Abwässer – ein Gutachten*, R., Zür. 1963; *Die Kranzflechterin*, R., Zür. 1964; *Manuel Gasser: Welt vor Augen*, Hg., Zür. 1964; *Die Predigt des heiligen Antonius an die Fische*, Padre Antonio Vieira, Vorw. v. H. L., Zür. 1966; *Noah – Roman einer Konjunktur*, Zür. 1967; *Varlin. Der Maler und sein Werk*, Hg., Zür. 1969; *Zehn Jahre Fidel Castro. Reportage und Analysen*, Zür. 1970; *Ach, Herr Salazar*, in: *Dieses Buch ist gratis*, Zür. 1971; *Fulvio Roiter: Brasilien*, Bildbd., Hg., Zür, 1972; *Fulvio Roiter: Spanien*, Bildbd., Hg., Zür. 1972; *Der Immune*, R., Darmst. 1975, veränd. Fssg. Zür. 1985; *Kulinaritäten. Ein Briefwechsel über die Kunst und die Kultur der Küche*, zus m. Alice Vollenweider, Bern 1976; *Adrien Turel: Bilanz eines erfolglosen Lebens*, Hg., Frauenfeld 1976; *Hanny Fries: Theaterzeichnungen*, Hg., Zür. 1978; *Wunderwelt. Eine brasilianische Begegnung*, Darmst. 1979; *Herbst in der großen Orange*, R., Zür. 1982; *How many languages does man need?*, Vorlesungen, hg. v. Tamara S. Evans, City University of New York 1982; *Der Waschküchenschlüssel und andere Helvetica*, Zür. 1983, erw. Ausg.: *Der Waschküchenschlüssel oder Was – wenn Gott Schweizer wäre*, Zür. 1988; *Werner Bischof: Il fotografo impegnato*, Milano 1983; *Die Papiere des Immunen*, R., Zür. 1986; *Die Fliege und die Suppe und 33 andere Tiere in 33 anderen Situationen*, Fabeln, Zür. 1989; *Kurt Laurenz Metzler*, Monogr., Basel 1991; *Stichworte zur Schweizer Photographie*, Zür. 1991; *Der predigende Hahn. Das literarisch-moralische Nutztier*, Zür. 1992; *Saison*, R., Zür. 1995; *Die Augen des Mandarin*, R., Zür. 1999; *Ayi Kwei Armah: Die*

Schönen sind noch nicht geboren, Übs., zus. m. Franz Z. Küttel, Wuppertal 1999; *Vom Erzählen erzählen. Poetikvorlesungen,* Zür. 1999, erw. Ausg v. Zür. 1988; *Durchs Bild zur Welt gekommen. Reportage und Aufsätze zur Fotografie,* hg. v. Peter Pfrunder u. Martin Gasser, Zür. 2001 (m. Bibliografie seiner Reportagen u. Aufsätze zur Fotografie 1958–2000); *Der Buckel. Geschichten,* Zür. 2002

Loher, Dea, wurde am 20. 4. 1964 im oberbayerischen Traunstein geboren. Sie studierte Germanistik und Philosophie an der Universität München und szenisches Schreiben an der Hochschule der Künste Berlin. Seit 1990 schreibt sie Theaterstücke. Dea Loher lebt in Berlin. Ausgezeichnet wurde sie u. a. 1990 mit dem Dramatikerpreis der Hamburger Volksbühne, 1993 mit dem Goethe-Preis des Goethe-Instituts, 1995 mit der Fördergabe des Schiller-Gedächtnispreises von Baden-Württemberg, 1997 mit dem Gerrit-Engelke-Preis der Stadt Hannover und 1998 mit dem Mülheimer Dramatikerpreis.

Dea Loher gehört zu den erfolgreichsten und im In- und Ausland viel gespielten jungen Dramatikerinnen Deutschlands. Eine einjährige Reise nach Brasilien inspirierte sie zur dramatischen Auseinandersetzung mit der deutsch-südamerikanischen Nazi-Vergangenheit, es entstand ihr erstes Theaterstück *Olgas Raum* (1990). Zu einer Zeit, als sich ganz Deutschland im Freudentaumel über Maueröffnung und Wiedervereinigung zu befinden schien, setzte Loher ganz andere Akzente, indem sie Folter und KZ, düstere Vergangenheit und eine extreme Täter-/Opfer-Geschichte auf die Bühne brachte. Trotz früher, vielfacher Auszeichnungen aus der Fachwelt begegnete sie immer wieder dem Vorwurf des Utopieverlustes und der Schwarzmalerei und der Vorhaltung, eine Kassandra der Gegenwartsdramatik zu sein: »Eine Utopie als unerfüllbaren Traum kann man gar nicht verlieren. Davon erzählen doch meine Stücke dauernd, von dem Traum einer gerechteren, glücklichen Welt.«

»Ihre Themen sind Verrat und Treue (*Fremdes Haus*), tiefste Verletzung bei engster Verbundenheit (*Tätowierung*), unheilvolle Verstrickung von Täter und Opfer ohne irgendeine falsche Entlastung des Täters (*Olgas Raum*), hilflose und höchst gewaltsame Gegenwehr gegen eine fremde Welt (*Leviathan*) und das Staunen über die Verletzungsbereitschaft einer Welt, die schließlich in Selbstverletzung mündet (*Adam Geist*)«, schreibt ihr Förderer und damaliger Intendant am Schauspiel Hannover, Ulrich Khuon. Zentral für ihr Schreiben ist eine Kategorie, die in unserer Lebenswelt scheinbar verschwunden ist: Schuld. Schuld ist aber die dramatische Zeitdimension schlechthin. Alle Stücke von Dea Loher erinnern an diese Kategorie; ausgesprochen wird sie nie und schuldig gesprochen wird niemand, aber um sie kreisen alle Figuren, kreist alles Reden.

Dea Lohers Suchbewegung im Schreiben verlässt so das dezidiert politische Theater. Ihre Stücke werden auf der einen Seite inhaltlich offener und größer, in den letzten Stücken auch leichter, auf der anderen Seite in der Form genauer und verdichteter. Erzählt *Olgas Raum* noch im Folterszenario die politische Biografie der jüdischen Kommunistin Olga Benario politisch korrekt nach und meint in der Inszestgeschichte *Tätowierung* (1992) die scheinbar private Gewalt in der Familie Wucht immer auch eine Gesellschaft, die sich in solchen Zwangszusammenhängen organisiert, so steht bereits in ihrem vermeintlich politischsten Stück, *Leviathan* (1993), nicht so sehr die Rekonstruktion einer Urszene des deutschen Terrorismus im Mittelpunkt (die bewaffnete Befreiung von Andreas Baader durch Ulrike Meinhof) und geht es im eigentlichen Sinne auch gar nicht um den Staat, wie der Titel verspricht, sondern wird vielmehr der dramatische Konflikt zugespitzt auf eine ebenso individuelle wie ideologische Entscheidung der fiktiven Schwester Christine.

Genau und damit über die Form politisch ist Lohers *Leviathan* vor allem im poetischen Gebrauch der vorgefundenen Sprachen dieser Zeit, fast zitierend dekonstruiert sie das Pathos, das Erhabene und gleichzeitig Kalte der Protagonisten Meinhof, Baader, Ensslin oder Vesper. Durch chorisches Sprechen, rhythmisierte Verse und leichte inhaltliche Verschiebungen sucht sie nach den Lücken in der behaupteten Zwangsläufigkeit der Geschichte, des »gelesenen« Materials. In ihrer Sprache steckt nicht nur die »Wucht zur Tragödie« (Dirk Schümer), sondern auch Distanz, Ironie und ein grimmiges Schmunzeln über diesen Jargon der Eigentlichkeit.

In *Fremdes Haus* (1995), ebenfalls wie *Leviathan* ein Auftragswerk für das Schauspiel Hannover, ist der politische Brandherd Jugoslawien und die Geschichte von ein paar Exil-Jugoslawen in Deutschland nur ein Hintergrund oder Auslöser für eine Geschichte, die in einer fast klassischen Ibsen-Dramaturgie der Frage von individueller Schuld nachgeht: Nach und nach wird ein verfehltes Leben und ein individueller Verrat entdeckt.

In *Adam Geist* (1998), Lohers bisher wichtigstem Werk, erzählt sie eine negative Passionsgeschichte voller Unausweichlichkeiten und Opfer. *Adam*

Geist skizziert eine wüste Welt ohne Himmel. Auf die Rolle als Hilfsschüler und Tischlerlehrling will Adam sich nicht reduzieren lassen. Er bricht mit der Familie, verlässt die Arbeitsstelle und wird Drogendealer. Am Grab der Mutter trifft er ein Mädchen, erprobt die Liebe, das Mädchen stirbt an seiner ungestümen Gewalt. Sie wird ein Geist, eine Untote, ein Engel. Immer wieder begegnet Adam ihrem Schatten auf seinen nächsten Stationen: In der Dealerszene, als Feuerwehrmann, der Menschenleben rettet, als brutaler Massenmörder, Fremdenlegionär und Jugoslawien-Söldner. Dort erschießt er einen neuen Freund, als dieser einen alten Mann und ein Kind unnötig quält, dann kehrt er wiederum zurück nach Hause, sucht Zuflucht beim Glauben, findet ihn nicht und beschließt, aus dem Leben zu gehen. Adam Geist ist amoralisch, hart, liebenswert, gnadenlos und zärtlich in einem. Er ist eine Figur, die immer und immer wieder Fragen stellt und keine Antworten erhält: »Kein Engel, aber auch kein Killer« (John Updike). Dea Loher enthält sich jedes Kommentars, sie beschreibt mit Knappheit und Härte die Schwierigkeiten des Einzelnen, sich in permanenter Überforderung zurechtzufinden. Ihr Schreiben verweigert sich jeder Eindeutigkeit, gleichwohl beschreibt der Text Wirklichkeit, indem er versucht, so viel Welt und so viel Sprechweisen über diese Welt wie möglich in den Text zu holen. Mit *Adam Geist* hat Dea Loher ein für sie wichtiges Stilprinzip entdeckt: Diskursvermehrung als eine Antwort auf die Frage nach dem politischen Theater. Das Prinzip der Ausweitung von Sprechakten prägt *Adam Geist*. Auf der einen Seite: große Ernsthaftigkeit, Unbedingtheit, letzte Zustände, unsagbares und unspielbares Leid, auf der anderen Seite eine Überfülle an Zeichensystemen und Verweisungszusammenhängen. Die Chöre der Feuerwehrmänner, Giftler oder Pilger spielen mit antiken Stoffen und Formen. Das Mädchen ist die Tochter von Büchners Woyzeck, der wie ein Schatten oder Leitstern den Text begleitet. Bei den Szenen und Figuren gibt es Anleihen bei Stücken und Filmen von Bernard-Marie Koltès, Bertolt Brecht, Rainald Goetz, Christoph Schlingensief, Jim Jarmusch, Abel Ferrara, Emir Kusturica. Dieses politisch verzweifelte und künstlerisch lustvolle Sampling macht nicht die Welt erträglich, aber das Sprechen über sie überhaupt erst möglich.

Klaras Verhältnisse, Dea Lohers komischer wie tragischer Beziehungsreigen, geschrieben 2000 als Auftragswerk für das Wiener Burgtheater, schlägt einen anderen, einen neuen Ton an: »Jetzt bin ich doch wieder ganz optimistisch.« Klara, Anfang 30, hat ihre Entlassung provoziert. Ihre Arbeitslosigkeit begreift sie als Chance, auf keinen Fall will sie so werden wie ihre Schwester Irene, die mit ihrem Mann Gottfried ein Leben in unaufgeregter Sicherheit führt. Aber nichts klappt so, wie Klara es sich vorstellt. So fragil wie ihre äußeren Umstände sind ihre Beziehungen. Tomas, der als Trödler die Restbestände des Lebens entsorgt, betrügt sie mit Elisabeth; ihre Schwester Irene verliebt sich in diese Freundin und beendet die frustrierende Ehe mit Gottfried; Georg sucht als Klaras Arzt nur eine unverbindliche Affäre mit ihr, und der Bankangestellte Gottfried unterschlägt Geld für Klara, um sich ihre Liebe oder wenigstens einen Kurzurlaub nach Afrika zu erkaufen. Klara, die aus ihren Verhältnissen ausbrechen wollte, bleibt am Ende auf der Strecke. Sie verliert sich, Selbstmord scheint der einzige Ausweg zu sein. Doch Dea Loher hat mit *Klaras Verhältnisse* auch eine Komödie geschrieben, zumindest schreibt sie ein Happy-End: Klara wird von einem unbekannten Chinesen gerettet. »Das Herz an der Wand beginnt zaghaft zu blinken« – der letzte Satz eines Stücks, das erstaunt und wie nebenbei die Geschichte einer Frau von heute erzählt, aber auch versucht, ein Genre für sich zu erobern, das in den Achtzigerjahren von Botho Strauß dominiert wurde: die intellektuelle Gesellschaftskomödie.

Nach den beiden unterschiedlichen, aber doch großen und ambitionierten Stücken *Adam Geist* und *Klaras Verhältnisse* wandte Dea Loher sich wieder kleineren Stoffen und Formen zu. Für das Thalia-Theater Hamburg – wo Ulrich Khuon inzwischen Intendant ist – schrieb sie das streng formal-abstrakte Drei-Personen-Stück *Der dritte Sektor* (2001) und eine lose Folge von Kürzest-Dramen (2001/ 2002), *Magazin des Glücks*. Letzteres war dann auch so etwas wie die Fingerübung für ihr neues großes Stück, *Unschuld* (2003). Eine Stadt am Meer in Europa: Elisio und Fadoul sind illegale schwarze Immigranten, sie haben eine Frau ins Meer gehen sehen und ihr nicht geholfen. Der eine kann nicht mehr schlafen, der andere findet eine Tüte voller Geld. Absolut ist eine junge blinde Frau, die nackt im »Blauen Planeten« für Männer tanzt. Frau Habersatt bittet um Vergebung für Taten, die sie nicht gemacht hat. Franz hat eine Aufgabe für sein Leben gefunden: Er arbeitet in einem Bestattungsunternehmen, seine Frau Rosa möchte ein Kind von ihm. Die Mutter von Rosa, Frau Zucker, hat Zucker und übergibt die Verantwortung für sich an Rosa und Franz: Sie zieht bei ihnen ein. Ella, eine alternde Philosophin, hat ihre Bücher verbrannt und glaubt nur noch an die Unzuverlässigkeit der Welt. Dea Loher erzählt hier wieder Geschichten vom Rande unserer Gesellschaft. Es ist ihr nach *Adam Geist* dunkelstes Stück, und doch ist ein verhaltener Optimismus spürbar in der Schönheit und Lakonie der Sprache und in dem Überlebenswillen der Figuren.

Michael Börgerding

Werke: *Olgas Raum*, UA Hbg. 1992, gedr. 1994; *Tätowierung*, UA Bln. 1992, gedr. Ffm. 1994; *Leviathan*, UA Hann. 1993, gedr. Ffm. 1994; *Fremdes Haus*, UA Hann. 1995, gedr. Ffm. 1996; *Blaubart – Hoffnung der Frauen*, UA Mü. 1997, gedr. Ffm. 1999; *Adam Geist*, UA Hann. 1998, gedr. Ffm. 1998; *Berliner Geschichte*, gedr. in: *TheaterKulturVision*, Bln. 1998, UA Hann. 2000; *Manhatten Medea*, UA Schwerin 1999, gedr. Ffm. 1999; *Klaras Verhältnisse*, gedr. Ffm. 1999, UA Wien 2000; *Der dritte Sektor*, UA Hbg. 2001; *Die Schere*, UA Wien 2001 (als einleitender Monolog der Doppelinszenierung *Dantons Tod/ Der Auftrag*); *Magazin des Glücks I–V* (*Licht – Hände – Deponie – Hund – Sanka*) und VII (*Futuresong*), UA Hbg. 2001/2002, gedr. Ffm. 2002; *Magazin des Glücks VI* (*Samurai*), UA Ffm. 2002, gedr. Ffm. 2002; *War Zone*, gedr. in: *Dea Loher: Magazin des Glücks*, Ffm. 2002; *Unschuld*, UA Hbg. 2003.

Lustiger, Gila, wurde am 27. 4. 1963 als Tochter des Historikers und Holocaust-Überlebenden Arno Lustiger in Frankfurt am Main geboren. Sie studierte von 1982 bis 1986 Germanistik und Komparatistik an der Hebräischen Universität Jerusalem. Von 1983 bis 1986 war sie als Lektorin für deutsche Literatur und Kinderliteratur in Tel Aviv tätig, bevor sie 1987 nach Paris übersiedelte. In Paris arbeitete sie 1987 bis 1989 als Journalistin für die deutsche Redaktion von Radio France Internationale und das Pariser Büro des ZDF. Seit 1989 ist sie Lektorin bei verschiedenen französischen Verlagen, u.a. bei Albin Michel und beim Verlagshaus Stock. Sie übersetzte Texte aus dem Französischen und Hebräischen, u.a. von T. Carmi und Asher Reich. Gila Lustiger lebt mit dem in Casablanca geborenen, seit 1986 in Frankreich beheimateten Dichter Emmanuel Moses und ihrer Familie in Paris.

Ihr erster Roman, *Die Bestandsaufnahme* (1995), zählt zu den wichtigsten Werken der Generation der nach der Shoah Geborenen. Akribisch und kompromisslos entwirft Lustiger ein detailreiches Spektrum deutscher Wirklichkeit, das sowohl den Opfern als auch den Tätern nachspürt. Ihr Stil knüpft nicht selten an die alten Meister an. Nüchterner Sarkasmus, freche Schnodderigkeit, trockener Humor und beträchtliches Einfühlungsvermögen verbinden sich zu einer reichen Erzählpalette, die Schritt für Schritt vor dem Leser ausgebreitet wird. Die Jahre unmittelbar vor Hitlers Machtübernahme und das Dritte Reich werden aus den Blickwinkeln der Mächtigen, der kleinen Leute wie auch der Verfolgten widergespiegelt. Den Todeslagern sind keineswegs nur Menschen jüdischer Herkunft ausgeliefert – auch Zeugen Jehovas, Homosexuelle, geistig Behinderte und Sexualstraftäter werden als Opfer dargestellt. Die Todeslager existieren in erster Linie als ständige Bedrohung im Hintergrund. In 35 Fragmenten entsteht ein erschreckender Katalog der Tötungsmaschinerie des Dritten Reiches. Nahezu jedes Kapitel nennt einen Gegenstand, den man nach der Inhaftierung abgeben musste: *Zwei Eheringe (Gold)* etwa oder *Das Feuerzeug* – sie alle werden zu Rohstoffen einer endlosen Bestandsaufnahme degradiert. Ähnlich den Tagebüchern des Musikhistorikers Victor Klemperer fächert Lustiger die scheinbaren Nebensächlichkeiten einer höllischen Epoche auf. Mitunter entstehen Sequenzen, in denen sich die Autorin offenbar gezwungen fühlt, sich mit einem ihrer zahlreichen Protagonisten zu identifizieren. Dabei gerät sie hin und wieder sonderbar ins Schwanken, ob nun mit dem Opfer oder mit dem Täter. Ihre Fähigkeit, die Tonlage zu wechseln, Nazis, Juden, Polen, Italiener, Schwule, politisch Aktive nachzuahmen, in ihren Zungen sprechen zu lassen und ihnen nachzufühlen, ist beeindruckend. Die Wirklichkeit der Gaskammern und Hinrichtungsplätze wird erst im letzten Teil des Romans thematisiert; dabei griff Lustiger weitgehend auf historische Unterlagen zurück und ordnete ihre dichterische Fantasie den Fakten unter.

Im zweiten Roman, *Aus einer schönen Welt* (1997), bedient sich die Autorin erneut der Technik des Vexierspiels mit Fragmenten. In 163 knappen Texten schildert eine Hausfrau die Qualen eines Ehelebens und Mutterdaseins in einem Bildzeitungs-Deutschland der Achtziger- und Neunzigerjahre. Nachrichten aus der Ehehölle, so könnte der Untertitel lauten. Ironisch und kühl-distanziert zählt Lustiger die Schrecknisse eines deutschen Frauenlebens auf: Vom Umgang mit der ausländischen Putzfrau über den Hass auf die überpräsente Mutter bis hin zum Techtelmechtel mit einem blassen, verklemmten Studenten, dem sie kaum heftigere Leidenschaft entgegenbringt als ihrem Gemahl, dem namenlosen Kleinunternehmer. Kein Moment der Natürlichkeit kommt auf, die absolute Künstlichkeit des literari-

schen Seziervorgangs wird gnadenlos durchgehalten, eine Bestandsaufnahme ganz anderer Art.
Lustiger ist auch als Essayistin tätig; in ihrem bemerkenswerten Beitrag anlässlich des Wiener Erich-Fried-Symposiums 1999 *Einige Überlegungen zur Lage der jüdischen Autoren in Deutschland* formuliert sie ihre literarische Position: »Die Heimat der Nachgeborenen bleibt die Sprache, aber der Zauberstab ist zerbrochen. Die Sprache, wie wir sie kennen, läßt sich nicht liebkosen. Sie ist keine Geliebte, wir beäugeln sie mißtrauisch, sind vor ihr auf der Hut. [...] Aus dieser Sprache sprechen wir, die Nachgeborenen, zu Ihnen.« In diesem Sinne ist Gila Lustiger, trotz ihrer Verbitterung, trotz ihres doch eher resignativen Weltbildes, eine Hoffnungsträgerin.

Peter Stephan Jungk

Werke: *T. Carmi: An den Granatapfel*, Übs., Mü. 1991; *Asher Reich: Arbeiten auf Papier*, Übs., Hbg. 1992; *Die Bestandsaufnahme*, R., Bln. 1995; *Aus einer schönen Welt*, R., Bln. 1997.

Lutz, Werner, wurde am 25. 10. 1930 in Wolfhalden/Appenzell geboren. In St. Gallen absolvierte er eine Grafikerlehre. Er lebt als Schriftsteller und Maler in Basel. Er erhielt 1992 den Preis der Schweizerischen Schillerstiftung und 1996 den Basler Literaturpreis.
Von Rainer Brambach entdeckt, von Hans Bender erstmals publiziert, finden sich 1955 in »Akzente« erste Gedichte von Werner Lutz. Doch 24 Jahre vergingen, bis ein erster Gedichtband des Schweizer Lyrikers erschien. *Ich brauche dieses Leben* (1979), ein Sammelband mit Gedichten aus drei Jahrzehnten, hat denn auch nichts mit einem Erstling gemein. Die Gedichte, knapp und luzide, verweisen auf die Themen und Grundmotive, denen der Lyriker heute noch verpflichtet ist: »Seltsam / wie leicht das Licht schmilzt / wenn ich in meine Hände hauche / und etwas / das wie Landregen fällt / macht mich allmählich alt.« In diesem ersten Band tragen die Gedichte noch Titel, oft aber entsprechen sie der ersten Zeile des Gedichts. In den nachfolgenden Bänden verzichtet Lutz konsequent auf Titel, die Interpunktion fällt weg und ein Reduktionsprozess setzt ein, wie er radikaler kaum sein könnte. Das Echo war groß, als 1992 sein zweiter Band *Flusstage* erschien. Hans-Ulrich Treichel etwa schrieb über diese Gedichte, sie seien »von zarter Hand geschrieben und von großer und aquarellhafter Transparenz«. Treichel verwies damit nicht nur auf den Maler Lutz, sondern indirekt auch auf das Hauptthema des Lyrikers: das Wasser. Wasser – Lutz lebt seit Jahrzehnten am Ufer des Rheins – in all seinen Erscheinungen bestimmt eine Vielzahl seiner Gedichte. Selten verstrickt sich der Autor in geisteswissenschaftliche Abstraktionen, Ausgangspunkt seiner Lyrik ist zumeist eine konkrete Beobachtung, eine Berührung oder ein Duft. Nichts Reißerisches, nichts nach Pointen Trachtendes haftet den Zeilen an. Der Reduktionsprozess, in *Die Mauern sind unterwegs* (1996) fortgeführt, findet im Band *Nelkenduftferkel* (1999) seinen Höhepunkt. Die meisten Gedichte bestehen aus drei oder weniger Zeilen, erinnern entfernt an Aphorismen Canettis, widerspiegeln einen Gedanken oder einen Moment: »Die Wünsche markieren / damit sie endlich zu unterscheiden sind.«
Zu einem Zeitpunkt, als eine weitere Verknappung unmöglich erscheint, wechselt Lutz das Genre und feiert mit 70 Jahren sein Prosadebüt. *Hügelzeiten* (2000), eine Erzählung von 82 Seiten, stellt aber nur scheinbar einen Bruch zum lyrischen Schaffen dar. Es ist eine lyrische, präzise Prosa, in der der Autor die Geschichte eines Mannes erzählt, der wegen einer verlorenen Liebe aus der Stadt aufs Land zieht. Der Ich-Erzähler dürfte von seinem Autor nicht weit entfernt sein, wenn er konstatiert: »Kein Zweifel, ich für mich war lieber ein Stück Natur als ein Kunstwerk, obwohl das eine das andere nicht ausschließen muss. Ich stellte mit Befriedigung fest, dass ich hügelkonform zu denken begann. Gelassener, gleichgültiger, distanzierter, als genüge es ein Hügel zu sein.« Mit seinem jüngsten Lyrikband *Schattenhangschreiten* (2002) kehrte Lutz in sein angestammtes Gebiet zurück, weitete indes den »Raum«. Es sind noch immer kurze Gedichte, denen der Lyriker den Vorzug gibt, doch Wortballungen und -wiederholungen schaffen Resonanz, fordern die eine oder andere Mehrzeile – es ist wohl der bis dato musikalischste Band des Malers und Lyrikers Werner Lutz.

Markus Bundi

Werke: *Ich brauche dieses Leben*, G., Ffm. 1979; *Flusstage*, G., Zür. 1992; *Die Mauern sind unterwegs*, G., Zür. 1996; *Nelkenduftferkel*, G., Frauenfeld 1999; *Hügelzeiten*, E., Frauenfeld 2000; *Schattenhangschreiten*, G., Frauenfeld 2002.

M

Maar, Michael, wurde am 17. 7. 1960 in Stuttgart geboren und verbrachte seine Kindheit und Jugend in Baden-Württemberg. Er studierte Germanistik und Psychologie in Bamberg, wo er 1995 mit einer Studie über Thomas Manns *Zauberberg* promovierte. Schon diese Arbeit erregte Aufsehen: Noch im Jahr der Dissertation wurde er mit dem Johann-Heinrich-Merck-Preis der Deutschen Akademie für Sprache und Dichtung ausgezeichnet. 1995 erhielt er den Ernst-Robert-Curtius-Förderpreis, 2000 den Lessing-Förderpreis für Kritik, 2002 wurde er zum ordentlichen Mitglied der Deutschen Akademie für Sprache und Dichtung ernannt. Von 1997 bis 1998 war er Fellow am Berliner Wissenschaftskolleg, im Frühjahr 2002 lehrte er als Gastprofessor an der University of Stanford im Fachbereich German Studies. Schon während des Studiums veröffentlichte Maar regelmäßig Literaturkritiken in der »Frankfurter Allgemeinen Zeitung«. Neben wissenschaftlichen Aufsätzen, Nachworten und Beiträgen für Sammelbände schrieb er von 1989 an über hundert Rezensionen und Essays u. a. für den »Merkur, »Die Zeit«, die »Neue Zürcher Zeitung«, »Die Weltwoche« und die »New Left Review«. Maar lebt mit Frau und zwei Kindern in Berlin.

Geister und Kunst. Neuigkeiten aus dem Zauberberg lautet der Titel seiner 1995 erschienenen Dissertation, und Neuigkeiten sind es in der Tat, die Maar mit dieser Studie über Thomas Manns viel gelesenen, von der Fachwissenschaft oft durchleuchteten Roman vorlegte. Dass Maar im Bekannten Überraschendes, im Vertrauten Unbekanntes entdeckte und so zu Einsichten gelangte, die selbst einen Klassiker der Moderne in neuem Licht erscheinen lassen, kennzeichnet seine Wahrnehmung literarischer Phänomene.

Die Basis seiner Hermeneutik und Literaturkritik ist die zu einer selten versierten Meisterschaft entwickelte Arbeit am Text: das gründliche, genaue Lesen, wobei Maar seine Lektüre mit sicherem Gespür für den verborgenen Sinn scheinbar belangloser Einzelheiten präzise auf die Details einstellt und damit Zugänge findet zu tiefer gelegenen Bedeutungsschichten. Maar untersucht »die Epidermis des Textes mikroskopisch« – ein Verfahren, das ihn im Fall seiner *Zauberberg*-Studie zur Entdeckung einer bis dahin unbeachtet gebliebenen, aber für Mann und sein Schaffen zentralen Literaturerfahrung führt, zur Märchenwelt Hans Christian Andersens. Maar weist deren verkappte, doch »subkutan« auf das Textgeschehen eminent wirksame Anwesenheit im *Zauberberg* nach und erhält damit den Schlüssel zu einem neuen, für die Deutung des Schriftstellers und Künstlers insgesamt folgenreichen Thomas-Mann-Verständnis.

Das Mikroskop dient der Spurensuche, der Sicherung von Indizien. Maars philologische Deutungstechnik – und dies gilt für die meisten seiner Schriften – hat in ihrem Kalkül etwas Kriminalistisches. Einen »philologischen Thriller« nannte denn auch Hans Magnus Enzensberger das Buch über den *Zauberberg,* und Gert Ueding bescheinigte dem Autor, er arbeite »mit dem Gespür eines philologischen Detektivs von Rang«, was die Lektüre »zu einem Vergnügen macht«. Überhaupt war sich die Literaturkritik einig in ihrem Lob: »Respekt, Bewunderung und Genugtuung. Ein glanzvolles Kunst-Stück Prosa«, urteilte Hans Wollschläger, und Hans Hartung schrieb im »Merkur«: »Früher hätte man Maars Buch genial oder doch genialisch genannt.«

Neben Mann sind es vorzüglich Proust und Nabokov, denen Maars literarisch-kritisches Interesse gilt. Er hat diesen Autoren mehrere Essays gewidmet. Auf Neben- und Umwegen – zumeist sind es irritierende, rätselhafte Details, deren Spuren aufgenommen und verfolgt werden – dringen sie zu den Geheimkammern der Werke vor, wobei auch hier exakte Textkenntnis und philologische Detektivarbeit die Türen öffnen. Maars Vorliebe für diese Autoren schließt indessen die Neugier auf die unterschiedlichsten literarischen Kulturen nicht aus: Er hat über Lichtenberg, Flaubert, Chesterton, Botho Strauß, Arno Schmidt, Kleist, Borges u. a. geschrieben, aber auch unvoreingenommen ins Blickfeld der Literaturwissenschaft gerückt, was deren akademische Vertreter gemeinhin zu ignorieren pflegen. 2002 publizierte er eine Studie über Joanne K. Rowlings Bestseller *Harry Potter*, die die Erzählstrategien dieser versierten Schriftstellerin aufdeckt. Erstaunlich ist Maars Analyse nicht zuletzt deshalb, weil sie dem unabgeschlossenen Romanzyklus die weitere Handlung voraussagt. Die erkannte narrative Logik gestattet den Blick in die Zukunft.

Gleichviel, ob Maar über Mann, Nabokov, Proust oder Rowling arbeitet, seine Kunst der Auslegung, sein eleganter, präziser, nüchterner Stil sowohl im Denken als auch im Schreiben zeichnen ihn als einen herausragenden Literaturkritiker der Gegenwart aus. 1999 wurde er von der »London Review of Books« zu Deutschlands »most gifted literary critic of the younger generation« erklärt. »Wir haben es«, schrieb Karl Heinz Bohrer »in seiner inzwischen literarischen Person mit dem seltenen Falle zu tun, dass die subtile Gelehrsamkeit und originelle Belesenheit umschlagen in einen in Deutschland fast fremdartig anmutenden Stil der Entdeckung dessen, was nicht offensichtlich ist.«

Ulrich Moritz

Werke: *Geister und Kunst. Neuigkeiten aus dem Zauberberg,* Mü. 1995; *Die Feuer- und die Wasserprobe. Essays zur Literatur,* Ffm. 1997; *Schreibheft 50*, Hg., Essen 1997; *Die falsche Madeleine,* Ffm. 1999; *Marcel Proust. Zwischen Belle Époque und Moderne*, Hg., Ffm. 1999; *Das Blaubartzimmer. Thomas Mann und die Schuld,* Ffm. 2000; *Warum Nabokov Harry Potter gemocht hätte,* Bln. 2002; *Die Glühbirne der Etrusker*, Köln 2003.

Maar, Paul, wurde am 13. 9. 1937 in Schweinfurt geboren. Er studierte in Stuttgart Malerei und Kunstgeschichte und war anschließend fünf Jahre als Kunsterzieher tätig. Seit 1968 schreibt und zeichnet er vorwiegend für Kinder und Jugendliche und hat sich zu einem der populärsten Autoren in Deutschland entwickelt. Von 1981 bis 1983 war er Hausautor an der Württembergischen Landesbühne Esslingen. Seit 1987 wohnt er in Bamberg. Seine Bücher wurden in zahlreiche Sprachen übersetzt. Die *Sams*-Geschichten haben eine Gesamtauflage von 3,5 Millionen erreicht. Sein Schaffen wurde mit zahlreichen Preisen ausgezeichnet, u.a. 1982 mit dem Brüder-Grimm-Preis des Landes Berlin, 1987 mit dem Großen Preis der Deutschen Akademie für Kinder- und Jugendliteratur, 1989 mit dem Österreichischen Staatspreis, 1996 mit dem Sonderpreis des Deutschen Jugendliteraturpreise für das Gesamtwerk, 2000 mit dem Friedrich-Rückert-Preis, 2001 mit dem E.T.A.-Hoffmann-Preis und mit dem Bayerischen Theaterpreis. Seit 1999 stiftet er jährlich das »Stipendium Paul Maar« zur Förderung junger Dramatiker.

Seine Herkunft als Maler und Zeichner kann der Schriftsteller Paul Maar nicht verleugnen. Starke Bildfantasien, gepaart mit einer großen Lust, Geschichten zu erzählen, dominieren sein gesamtes literarisches Werk. Seine erste Buchfigur *Der tätowierte Hund* (1968) ist ein merkwürdiges, gänzlich mit Bildern bedecktes Tier. »Jedes dieser Bilder bedeutet eine Geschichte«, lässt der Hund den neugierigen Löwen wissen, der sich diese nun erzählen lässt. Damit hat Maar sehr früh seine literarische Grundhaltung gefunden und zum Ausdruck gebracht. Er, der fantastische Geschichtenerfinder, versteht sich als Erzähler, der stets ein Gegenüber benötigt. Maars Kinderbücher sind voller kurioser Erfindungen, sprachlichem Witz und Reimen, fantastischen Figuren und einem reichen Fundus immer neuer Geschichten. Ringelnatz und Jandl, Nestroy und der vergessene Kurt Kusenberg könnten Pate gestanden haben. Maar hat nahezu alle seine Bücher selber illustriert, sodass sich mit den gut zu merkenden Geschichten auch stets Bildfiguren verbinden. Prägnant ist sein Känguru, mit dem seit 1989 die Erstleser sich »auf Abenteuer« und »in Gefahr« begeben. Der Sammelband *Alles vom kleinen Känguru* (2002) vereint sämtliche dieser Geschichten.

Noch populärer wurde Maar mit seiner *Sams*-Figur, die sich einer millionenfachen Leserschaft eingeprägt hat. Mit *Eine Woche voller Samstage* schaffte er 1973 seinen literarischen Durchbruch. Seitdem ist die Geschichte in sechs Bänden weitererzählt worden, dramatisiert und verfilmt. Das Sams, diese kindlich fantastische Figur, die Wünsche erfüllen kann und das geordnete Alltagsleben durcheinander wirbelt, weckt bei den Kindern starke Sympathien. Maar schreibt die Geschichten aus der Perspektive des zurückhaltenden Lehrers, Herrn Taschenbier, dem er autobiografische Eigenschaften mitgegeben hat.

Eine wichtige Rolle spielt Maars eigene, durch den Krieg geprägte Kindheit. In *Kartoffelkäferzeiten* (1990), einem seiner Jugendbücher, erlebt das Mädchen Johanna in der unterfränkischen Provinz die Nachkriegszeit. Das Buch öffnet, mit fast dokumentarischer Schärfe, den Blick auf die typischen Probleme dieser Jahre. Seit 1970 schreibt Maar auch erfolgreich Theaterstücke, vorwiegend für Kinder und Jugendliche. Die ersten Stücke waren stark geprägt von den Tendenzen des emanzipatorischen Kindertheaters der Siebzigerjahre. In seinem Erfolgsstück *Kikerikiste* (1973) werden Herrschaftsverhältnisse und Autoritäten mit den Mitteln des clownesken Theaters hinterfragt. Bartholomäus, der Starke, und Kümmel, der Schwache, streiten sich ständig. Ein preußisch anmutender Musikmarschierer taucht auf. Ihm gelingt es, die beiden Freunde gegeneinander auszuspielen. Erst als sie sein verwerfliches Spiel erkennen, versöhnen sich beide und lassen sich durch den Musikmarschierer nicht mehr stören.

Während seiner Tätigkeit als Hausautor an der Württembergischen Landesbühne Esslingen schrieb er in enger Zusammenarbeit mit dem Ensemble die Stücke *Mützenwexel* (1981), *Freunderfinder* (1982) und *Die Reise durch das Schweigen* (1983) – als die so genannte »Esslinger Trilogie«. Die Zusammenarbeit mit Theaterkünstlern ist Maar stets wichtig. In den Neunzigerjahren entstand eine weitere Stückfolge. Die »Nürnberger Trilogie« verweist auf die erfolgreiche Zusammenarbeit mit dem dortigen Theater »Pfütze«. Diese begann 1992 mit der Dramatisierung *Papa wohnt jetzt in der Heinrichstraße* (nach dem Buch von Nele Maar), 1995 folgte *Lippels Traum* (nach Maars gleichnamigen Jugendbuch) und führte 1999 zu dem Stück *F.A.U.S.T.* In dem Ensemble des Theaters »Pfütze« hat Maar seine kongenialen Partner gefunden und die Zusammenarbeit mit der Inszenierung seines Buches *In einem tiefen dunklen Wald* (2001) fortgesetzt. Diese Produktion, eine Märchenparodie für Jung und Alt, wurde mit dem Bayerischen Theaterpreis 2001 ausgezeichnet.

Man kann aber nicht über das dramatische Schaffen von Paul Maar sprechen, ohne die Bearbeitungen sämtlicher *Sams*-Bücher für das Kindertheater, Musical und Film zu erwähnen. Maar hat lange gezögert, das Buch zu bearbeiten. Seine Vorbehalte entsprangen der Vorstellung, dass das Sams als Fantasiefigur in erster Linie in den Köpfen der Kinder lebt. Eine reale Bühnenfigur birgt die Gefahr, diese Fantasie durch Gesten, Kostüme und Mimik der Darsteller einzuengen. Aber die Erfolgsgeschichte der *Sams*-Stücke zeigt das Gegenteil: Kinder lassen jenes Theater zu ihrem eigenen werden, in dem sie Wiedererkennungen finden. Gerne folgten sie frei fantasierend auf der Bühne den ihnen vertrauten *Sams*-Geschichten.

Wie vielfältig Maars literarische Tätigkeit darüber hinaus ist, lässt sich an der Bandbreite seiner weiteren Veröffentlichungen ablesen. Von ihm liegen Sachbücher, Bildergeschichten für den Schulunterricht genauso vor wie Rätselgeschichten, Kalender, Sprachspielbücher oder Tonkassetten und CDs.

Henning Fangauf

Werke: *Der tätowierte Hund*, Kinderb., Hbg. 1968; *Der verhexte Knödeltopf*, Hbg. 1970; *König in der Kiste*, Theaterst., UA Hbg. 1970; *Summelsarium oder 13 wahre Lügengeschichten*, Kinderb., Hbg. 1973; *Kikerikiste*, Theaterst., UA Hbg. / Bonn 1973; *Eine Woche voller Samstage*, Kinderb., Hbg. 1973; *Lauter Streifen;* Kinderb., Hbg. 1975; *Andere Kinder wohnen auch bei ihren Eltern*, Kinderb., Hbg. 1976; *Onkel Florians fliegender Flohmarkt*, Kinderb., Hbg. 1977; *Maschimaschine*, Theaterst., UA Bruchsal 1978; *Am Samstag kam das Sams zurück*, Kinderb., Hbg. 1980; *Das Spielhaus*, Theaterst., zus. m. KNISTER, UA Oberhausen 1981; *Mützenwexel*, Theaterst., UA Esslingen 1981; *Freunderfinder*, Theaterst., UA Esslingen 1982; *Die Eisenbahn-Oma*, Kinderb., Hbg. 1981; *Die vergessene Tür*, Hbg. 1982; *Anne will ein Zwilling werden*, Kinderb., Hbg. 1982; *Tier-ABC*, Kinderb., Hbg. 1983; *Die Reise durch das Schweigen*, Theaterst., zus. m. Mauro Guindani, UA Esslingen 1983; *Lippels Traum*, Kinderb., Hbg. 1984; *Kindertheaterstücke*, fünf Theaterst., Hbg. 1984; *Gib mir einen Kuss, Frau Nuss!*, Illustr., Text v. Jutta Richter, Kinderb., Hbg. 1984; *Robert und Trebor*, Kinderb., Hbg. 1985; *Die Opodeldoks*, zus. m. Sepp Strubel, m. Illustr. v. P. M., Kinderb., Hbg. 1985; *Paul Maars kleiner Flohmarkt*, Kinderb., Mü. 1985; *Eine Woche voller Samstage*, Theaterst., UA Maßbach/Hbg. 1986, Musical, UA Wilhelmshaven 1990; *Das Wasser des Lebens*, Theaterst., UA Würzb. 1986; *Der Tag, an dem Tante Marga verschwand*, Kinderb., Hbg. 1986; *Konrad Knifflichs Knobelkoffer*, Kinderb., Hbg. 1987; *Türme*, Jugendb., Hbg. 1987; *Dann wird es wohl das Nashorn sein*, Kinderb., Weinheim 1988; *Das kleine Känguruh auf Abenteuer*, Kinderb., Hbg. 1989; *Kartoffelkäferzeiten*, Jugendb., Hbg. 1990; *Das kleine Känguruh lernt fliegen*, Kinderb., Hbg. 1990; *Das kleine Känguruh und seine Freunde*, Kinderb., Hbg. 1991; *Das kleine Känguruh und der Angsthase*, Kinderb., Hbg. 1991; *Die vergessene Tür*, Opern-Libretto, Musik v. Matthias Thurow, UA Münster 1991; *Anne macht alles nach*, Kinderb., Hbg. 1992; *Neue Punkte für das Sams*, Kinderb., Hbg. 1992; *Am Samstag kam das Sams zurück*, Theaterst., UA Bamberg 1992, Musical, UA Fürth/Meiningen 1997; *Papa wohnt jetzt in der Heinrichstraße*, Theaterst., zus. m. Nele Maar, UA Nürnb. 1992; *Neue Punkte für das Sams*, Theaterst., UA Bamberg/Maßbach 1993; *Neue Kindertheaterstücke*, vier Theaterst., Hbg. 1993; *Der Aufzug*, Kinderb., m. Illustr. v. Nikolaus Heidelbach, Weinheim 1993; *Jakob und der große Junge*, Kinderb., Hbg. 1993; *Eine gemütliche Wohnung*, Kinderb., m. Illustr. v. Norman Junge, Weinheim 1994; *Tina und Timmi kennen sich nicht*, Kinderb., Hbg. 1995; *Lippels Traum*, Theaterst., UA Fürth 1995; *Ein Sams für Martin Taschenbier*, Kinderb., Hbg. 1996; *Der Buchstaben-Fresser*, Kinderb., Hbg. 1996; *Der gelbe Pulli*, Kinderb., Hbg. 1996; *Der Elefant im Kühlschrank*, Kinderb., Hbg. 1996; *Lisas Reise;* Kinderb., m. Illustr. v. Kestutis Kasparavicius, Esslingen 1996; *Neben mir ist noch Platz*, Kinderb., Mü. 1996; *Die Maus, die hat Geburtstag heut*, Kinderb., Hbg. 1997; *Tina und Timmi machen einen Ausflug*, Kinderb., Hbg. 1997; *Matti, Momme und die Zauberbohnen*, Kinderb., Hbg. 1997; *Philipp hat Glück*, Kinderb., Hbg. 1997; *Das Kleine Känguruh in Gefahr*, Kinderb., Hbg. 1998; *Eine Woche voller Samstage*, CD, 1998; *Die Biberburgenbaumeister*, Text v. Anne Maar, m. Illustr. v P. M., Kinderb., Hbg. 1998; *In einem tiefen, dunklen Wald*, m. Illustr. v. Verena Ballhaus, Kinderb., Hbg. 1999; *Frühling, Spiele, Herbst & Lieder*, zus. m. KNISTER, m. Illustr. v. Gesa Denecke, Kinderb., Hbg. 1999; *Der Aufzug*, Theaterst., UA Tüb. 1999; *F.A.U.S.T.*, Theaterst., zus. m. Christian Schidlowsky, UA Fürth 1999; *In einem tiefen dunklen Wald*, Theaterst., UA Bamberg 2000, *Tierische Freundschaften*, m. Bildern v. Reinhard Michl, Bilderb., Hbg. 2001; *Der weiße Wolf*, Opernlibretto,

Musik v. Matthias Thurow, UA Stg. 2001; *Das Sams wird Filmstar,* Kinderb., Hbg. 2001; *Das Sams – Der Film,* Drehb., zus. m. Ulrich Limmer, 2001; *Sams in Gefahr,* Kinderb., Hbg. 2002, Drehb., zus. m. Ulrich Limmer, 2003; *Die Kuh Gloria,* m. Bildern v. Tina Schulte, Kinderb., Hbg. 2002; *Alles vom kleinen Känguru,* Kinderb., Hbg. 2002; *Ein Sams für Martin Taschenbier,* Theaterst., 2002; *Hase und Bär,* Kinderb., m. Bildern v. Ute Krause, Hbg. 2003.

Maier, Andreas, wurde am 1. 9. 1967 in Bad Nauheim geboren. Er studierte Germanistik, lateinische Philologie und Philosophie an der Johann-Wolfgang-Goethe-Universität in Frankfurt am Main und schloss im Jahr 1995 mit dem Magisterexamen ab. Im Jahre 2002 promovierte er mit einer Arbeit über Poetik und Rhetorik im Prosawerk von Thomas Bernhard. Andreas Maier lebt in Bad Nauheim und Brixen (Südtirol). Im Jahr 2000 erhielt er den Ernst-Willner-Preis sowie den Jürgen-Ponto-Literatur-Förderpreis und den »aspekte«-Literaturpreis, 2001 den Wetterauer Kulturpreis und 2003 den Clemens-Brentano-Preis der Stadt Heidelberg.

Schon bei der Juroren-Diskussion im Rahmen der »Tage der deutschsprachigen Literatur 2000« nach der Lesung seines Textes *Diagnosestunde* deuteten sich die Koordinaten an, die seitdem die Rezeption seiner Prosa bestimmen. Hier begegnet ein Autor dem Einfluss eines bewunderten literarischen Vorbilds nicht durch ästhetische Negation oder Abstoßung, sondern durch Anverwandlung stilistischer und struktureller Elemente. Ausgangspunkt mag dabei – Maiers großes Vorbild ist Thomas Bernhard – sogar eine pasticheartige Imitationsübung gewesen sein. Doch dies schadet seinen Texten nicht im Geringsten; trotz der Anlehnung an das literarische Vorbild durch thematische Modulation und Fortspinnung entwickeln sie eine erstaunliche Eigenständigkeit, wie seine beiden Romane *Wäldchestag* (2000) und *Klausen* (2002) bestätigen.

Wäldchestag handelt von einer Dorfgemeinschaft, in der sich die Leute die Mäuler über den verstorbenen Vogelforscher und Philosophen Sebastian Adomeit zerreißen. Dieser würde bei Bernhard als »Geistesmensch« bezeichnet, Maier schreibt diskret »geistige Person«. In der dichten, absatzlosen Prosa, die durchweg in der indirekten Rede gehalten ist, wird dem Leser ein Panoptikum von skurrilen Figuren vorgeführt, die alle in irgendeiner Beziehung zur abwesenden Hauptfigur stehen. Die klatschsüchtigen Dorfmenschen und die schweigsamen Jugendlichen, die man durchaus als Adomeits Jünger bezeichnen kann, bilden ein heilsgeschichtliches Muster: Adomeit, der den Vornamen des heiligen Sebastians trägt, hat festgelegt, dass er am Pfingstsonntag beerdigt werden will und dass sein Testament am Pfingstdienstag geöffnet werden soll. Und die Dorfgemeinschaft bildet noch zu Lebzeiten Adomeits Legenden. Einer der »Jünger« hebt am Fest des Geistes im wahrsten Sinne des Wortes ab: In einer Art psychotisch-epiphanischem Zustand fliegt er mit einem Segelflugzeug über das Dorf und landet unerwartet sicher. Innerhalb dieses strukturell sakralen Musters geistern altbekannte Philosopheme herum, wie in Stammtischform.

Maiers zweites Buch *Klausen* spielt ebenfalls in der ländlichen Provinz, diesmal in der kleinen Südtiroler Stadt Klausen. Der Text lebt wiederum von Kolportage und Gerücht. Wieder sind verschiedene »geistige Personen« zwischen dumpfe, gehässige, klatschsüchtige Kleinstädter gesetzt: Der geniale Dichter und Zeichner Auer, von dem schon einige Gedichte in der »FAZ« erschienen sind, der aber ein Stipendium ausschlägt, weil er vom Begriff »Existenz als Künstler« angewidert ist und lieber »Worte wie Depp oder Idiot« für sich gelten lassen will. Der lärmempfindliche Professor Klein, der eine Gastdozentur in Bozen angenommen hat, weil er von Südtiroler Ruhe träumt und unter der Brenner-Autobahn leidet. Und sein Assistent Zanetti, der im Volksbildungshaus einen Vortrag über Bewusstsein und Ontologie bei Heidegger halten will, der schließlich tumultuös in die Hose geht. In *Klausen* setzt Maier seine in *Wäldchestag* entwickelte, durchrhythmisierte Technik der indirekten Rede sparsamer ein. Auch mit der Erzählkonstellation entfernt er sich ein paar entscheidende Schritte von Thomas Bernhard: Es wird anonym und auktorial erzählt, was mehr Möglichkeiten für schnelle Schnitte zwischen den Handlungssträngen zulässt. Der Text arbeitet in Wellenbewegungen auf eine Katastrophe zu. Eine Razzia, der Eklat beim Heidegger-Vortrag und schließlich ein Attentat auf die Hochbahntrasse bieten Maier die Gelegenheit, seine ganze Kunstfertigkeit im Beschreiben von Gruppenphänomenen anzuwenden. Im Unterschied zu Bernhard und dem früheren Text *Wäldchestag* zielt Maier hier aufs Gesellschaftliche. Ihn interessiert die Wechselwirkung von genialischer Kompromisslosigkeit und der biederen Kleinstadtgemeinschaft, die wiederum begierig ist, den zu Lebzeiten geschmähten Auer zum Heiligen zu glorifizieren. Und ihn interessiert der Umschlagpunkt von Gruppenrhetorik in Gewalt. Mit einer selbstreferenziellen Signatur schließt Maier seinen Roman: Er spielt auf die Bildtradition der »pazzi«, der grotesken Köpfe von Leonardo bis Ensor an. Auf einem Notizzettel des genialischen Auer steht der Satz: »Lasst mich eine Fratze malen, eine Fratze mit aufgerissenem Mund.« Versöhnlicher als diese Signatur von Maiers Literatur ist die im Grunde heitere Gesamtatmosphäre seiner Kleinstadtwelt.

Marius Meller

Werke: *Wäldchestag*, R., Ffm. 2000; *Klausen*, R., Ffm. 2002.

Mairowitz, David Zane, wurde am 30. 4. 1943 in New York geboren. Seine Eltern waren als Kinder polnischer Einwanderer nach New York gekommen und später in der Kommunistischen Partei der USA stark politisch engagiert. Mairowitz studierte englische Literaturgeschichte und Philosophie am Hunter College, New York, und Theaterwissenschaft an der University of California in Berkeley, wo er mit dem »Master of Arts« abschloss. 1966 siedelte er nach Großbritannien über und arbeitete als freier Publizist und Schriftsteller. In London gehörte er zu den Gründern der »International Times«, die als erste britische Underground-Zeitung der linken Gegenkultur gilt. Er veröffentlichte journalistische Arbeiten, Kurzgeschichten und Theaterstücke. Seine Hörspiele und Radiofeatures wurden in Großbritannien, Deutschland, Frankreich und rund 20 weiteren Ländern Europas produziert. Er lebt in Avignon in Südfrankreich. 1989 erhielt er den Giles Cooper Award for Best Radio Play, 1996 den Moskauer Prix Ostankino, 1997 den Special Prize for Radio Fiction beim Prix d'Italia sowie den Sony Gold Award. 2002 wurde sein gemeinsam mit Nicole Marmet verfasstes Feature *Die Gesichter der Jeanne d'Arc* (SFB/ORB) in Kroatien mit dem Grandprix Marulic Documentary Award ausgezeichnet.

Mairowitz, der im deutschsprachigen Raum vor allem mit Radioarbeiten hervorgetreten ist und zu den erfolgreichsten europäischen Hörspielautoren zählt, hat sich vielfach mit der Geschichte der amerikanischen und europäischen Linken auseinander gesetzt. Bereits 1974 beschrieb er in seiner polemischen Analyse *The Radical Soap Opera* die Selbstinszenierung und zunehmende Theatralisierung linker Bewegungen in den USA unter dem Einfluss der Massenkultur. Überschneidungen von Politik und Psychoanalyse sowie die prägende Wirkung des Melodrams, der Autobiografie oder des B-Films auf politische Ausdrucksformen haben sein Interesse auch weiterhin bestimmt. So legt sein Sach-Comic über den umstrittenen Psychologen Wilhelm Reich (*Reich for Beginners*, 1986, dt. 1995) besonderes Gewicht auf die Konflikte des Sexualreformers mit europäischen Kommunisten und amerikanischen Kommunistenjägern. Es folgten zwei weitere essayistisch zugespitzte und fundierte Comic-Werkbiografien über Franz Kafka (1993, dt. 1995) und Albert Camus (1998, dt. 2000), unter denen der Kafka-Band mit Zeichnungen von Robert Crumb durch das gelungene Zusammenspiel von Text und Bild hervorsticht. Mairowitz' Hörspiele der Achtziger- und frühen Neunzigerjahre handeln häufig von Fremden oder Außenseitern, die von ihrer Umgebung verstoßen oder missverstanden werden. In *Unerwünscht* (1986) sieht sich ein Abschiebehäftling der anonymen Macht der Behörden ausgesetzt; *Herdentrieb* (1987), *Laura Singer* (1990, dt. 1993) und *Die Schrumpfmarie* (1991) erzählen von Frauen, die versuchen, sich gegenüber einer reaktionären ländlichen Gesellschaft zu behaupten. Zugleich entstand eine Reihe von zeitgeschichtlichen Hörspielen. *Silent Wing* (1984, dt. 1991) beschreibt den Versuch einer ehemaligen deutschen Terroristin, die einstigen Weggefährten und die Erinnerungen an die Isolationshaft abzuschütteln. *The Stalin Sonata* (1989, dt. 1992) karikiert in einem nächtlichen Kammerspiel die Willkürherrschaft des stalinistischen Regimes. *Planet aus Asche* (1993) schildert, ausgehend von dem autobiografischen Bericht Yahiel De Nurs, die LSD-Behandlung eines ehemaligen KZ-Häftlings.

In späteren politisch-historischen Stücken schlug Mairowitz zuweilen einen komödiantischen oder aggressiv-satirischen Ton an. Das mit Eberhard Petschinka verfasste Hörspiel *Goldrausch oder Something for Everybody* (1999), das an die so genannte »Nazigold«-Debatte anknüpft und als Hüter der nachrichtenlosen Schweizer Bankkonten einen grotesk überzeichneten jüdischen Kollaborateur präsentiert, wurde vor der Ausstrahlung vom Sender abgesetzt, weil man Proteste und antisemitische Reaktionen befürchtete. Eine zweifelhafte jüdische Figur nach realem Vorbild präsentiert das plakativ inszenierte Stück *Ich war Il Duces Judenmädchen* (2002) über Mussolinis verstoßene Geliebte und Mitarbeiterin Jessica Alfieri.

In einer weiteren Werkgruppe porträtierte Mairowitz Künstler wie die italienischen Futuristen Azari, Russolo (*Azaris Aerial Theatre*, 1985, dt. 1987) und Marinetti (*The Voluptuous Tango*, 1997, dt. 1998). In *Chopins Piano* (1987, dt. 1990) und *Frag-*

mente einer vulgären Sprache (2001) lässt er Wissenschaftler auf den Spuren liebender Künstler wie Chopin und George Sand oder Petrarca ihrerseits dem Liebeswahn verfallen. Mit *Sherlock Holmes und der Fall Karl Marx* (2001) gelang ihm eine unterhaltsame literarische Parodie.

In ihrer Erzählweise sind Mairowitz' Hörspiele überwiegend dem Realismus der BBC-Tradition verpflichtet. Auch die deutschsprachigen Inszenierungen setzen weitgehend auf eine konventionelle Dominanz des Dialogs, dem Musik und Geräusche illustrativ untergeordnet sind. Ausnahmen bilden das Radio-Musical *Dictator Gal* (1992, dt. 1994) sowie *The Voluptuous Tango* mit einem fast durchweg gesungenen Libretto zur Musik von Dominic Muldowney.

In jüngster Zeit hat Mairowitz sich auch im Radiofeature der politischen Geschichte und der seiner eigenen Familie zugewandt. *Die Gespenster von Warschau* (1998) beschreibt die Suche nach der Heimat und den jüdischen Vorfahren seines Vaters. *Das FBI und ich* (2001) unternimmt einen Rückblick auf die Kommunistenverfolgung der McCarthy-Ära, die Mairowitz als Kind erlebte. Wie im letztgenannten Stück führt er seit einigen Jahren auch Regie für Feature und Hörspiel, wobei er die Fiktion gelegentlich durch dokumentarische Stilformen und Aufnahmen erweitert (*Die Schellacks*, 2001), während er für Dokumentationen gern einen persönlichen Blickwinkel wählt, wie in dem Feature *Die Gesichter der Jeanne d'Arc* (2001), das, ausgehend von Beobachtungen in seiner Wahlheimat Avignon und der Perspektive seiner in Algerien geborenen Koautorin Nicole Marmet, die politische Vereinnahmung einer französischen Symbolfigur beschreibt.

Frank Kaspar

Werke: *The Law Circus*, Theaterst., UA London 1969; *Some of IT*, Hg., London 1969; *BAMN (By Any Means Necessary). Outlaw Manifestos and Ephemera 1965–70*, Hg., zus. m. Peter Stansill, Harmondsworth 1971; *Flash Gordon and the Angels*, Theaterst., UA London 1971; *Penguin Modern Storys 11.*, mit Judith Burnley, Kingsley Amis und Ruth Prawer Jhabvala, Harmondsworth 1972; *That Was Laura, But She's Only a Dream*, Theaterst., UA Los Angeles 1974; *The Radical Soap Opera. An Impression of the American Left from 1917 to the Present*, London 1974; *The Radical Soap Opera. Roots of Failure in the New Left*, New York 1976; *Rosa Leviné-Meyer: Inside German Communism. Memoirs of party life in the Weimar Republic*, Hg., London 1977 (dt.: *Im inneren Kreis: Erinnerungen einer Kommunistin in Deutschland 1920–1933*, hg. v. Hermann Weber, Köln 1979); *In the Slipstream. Storys*, Chicago 1977; *Landscape of Exile*, Theaterst., UA London 1979, Hsp., BBC 1980; *Rivers to Cross*, Hsp., BBC 1982; *Silent Wing*, Hsp., BBC 1984; *Azaris Aerial Theatre*, Hsp., BBC 1985; *Mock Manoeuvres*, Hsp., BBC 1986; *Reich for Beginners*, m. Zeichnungen v. German Gonzales, London 1986 (dt.: *Wilhelm Reich kurz und knapp*, Übs. v. Ursula Grützmacher-Tabori, Ffm. 1995); *Unerwünscht*, Hsp., SFB/SR 1986; *Withering Woman*, Hsp., BBC 1986; *Azaris Lufttheater*, Hsp., SFB 1987; *Chopin's Piano*, Hsp., BBC 1987; *Herdentrieb*, Hsp., SWF 1987; *Die Engelmacherin*, Hsp., SR/RB/SDR 1989; *Maker of Angels*, Hsp., BBC 1989; *The Stalin Sonata*, Hsp., BBC 1989; *Chopins Klavier*, Hsp., SFB 1990; *The Far Cry*, Hsp., BBC 1990; *Der Innenhof*, Hsp., DRS 1990; *Laura Singer*, Hsp., BBC 1990; *Silent Wing*, Hsp., SR 1991; *Heart of April*, Hsp., BBC 1991; *Die Schrumpfmarie*, Hsp., RB 1991; *Dictator Gal*, Hsp., BBC 1992; *Die Stalin-Sonate*, Hsp., HR 1992; *Herzzeit*, Hsp., WDR 1993; *Kafka for Beginners*, m. Zeichnungen v. Robert Crumb, Cambridge 1993 (dt.: *Kafka kurz und knapp*, Übs. v. Ursula Grützmacher-Tabori, Ffm. 1995); *Laura Singer*, Hsp., SFB/SR 1993; *Planet aus Asche*, Hsp., SR 1993; *Diktatorweib*, Hsp., WDR 1994; *Prawdastraße*, Hsp., ORF/WDR 1996; *Albanien fressen*, Hsp., DRS 1997; *Dunkle Waise*, Hsp., NDR 1997; *The Voluptuous Tango*, Hsp., BBC 1997; *Camus for Beginners*, m. Zeichnungen v. Alain Korkos, Cambridge 1998 (dt.: *Camus kurz und knapp*, Übs. v. Uli Aumüller, Ffm. 2000); *Ich kaufte den Ferrari von Juan und Evita Perón*, Hsp., WDR/SFB 1998; *Die Gespenster von Warschau*, Feat., SFB/ORB/DeutschlandRadio/NDR 1998; *Der wollüstige Tango*, Hsp., HR/SWF 1998; *Case Study: Joan of Arc*, Hsp., BBC 1998; *Goldrausch oder: Something for Everybody*, zus. m. Eberhard Petschinka, Hsp., DRS 1999 (publiziert in Nr. 104 der Literaturzeitschrift »Drehpunkt«, Basel 1999); *Herman Melville: Moby Dick*, Hsp., BBC 2000 (Kass., BBC Radio Collection, 2000); *Sieben Lügen*, Hsp., SWR 2000; *La Reine des Gâteaux*, Hsp., France Culture 2000; *Franz Kafka: Der Prozess*, Theaterst., UA Avignon 2000 (Festival d'Avignon, gedr. v. Lansman Editeur, Belgien 2000); *Fragmente einer vulgären Sprache*, Hsp., SR 2001; *Die Gesichter der Jeanne d'Arc*, zus. m. Nicole Marmet, Feat., SFB/ORB 2001; *Les Faux Amis*, Hsp., France Inter 2001; *Die Schellacks*, Hsp., DRS/SFB/ORB 2001; *Miroir, miroir*, zus. m. Nicole Marmet, Hsp., France Culture 2001; *Sherlock Holmes und der Fall Karl Marx*, Hsp., WDR/SFB/ORB 2001; *Das FBI und ich*, Feat., DeutschlandRadio/WDR 2001; *Ich war Il Duces Judenmädchen*, Hsp., NDR 2002; *Albert Camus: L'Etranger*, zus. m. Nicole Marmet, Hsp.-Feuilleton, France Culture 2002; *Tuskapeikko*, Hsp., Yleisradio (Finnland) 2002; *En français on dit »coussin gonflable«*, zus. m. Nicole Marmet, Hsp., France Inter 2002; *Collision*, Hsp., France Inter 2003; *Die Mission*, Hsp., DRS 2003; *Williwaw*, Hsp., BBC 2003.

Maiwald, Peter, wurde am 8. 11. 1946 in Grötzingen im Kreis Esslingen geboren. Er studierte acht Semester Theaterwissenschaften, Germanistik und Soziologie in München, brach das Studium aber

1969 ab, um als freiberuflicher Schriftsteller zu arbeiten. 1970 zog er nach Neuss, seit 1985 lebt Peter Maiwald in Düsseldorf. Peter Maiwald hat wiederholt Arbeitsstipendien des Kultusministeriums von Nordrhein-Westfalen erhalten (1976, 1980, 1986 und 1991). 1979 gewainn er den 1. Preis im Wettbewerb des Pläne-Verlags für neue Liedtexte, 1983 erhielt er den Förderpreis zum Friedrich-Hölderlin-Preis der Stadt Bad Homburg, 1986 den Berliner Kritikerpreis, 1997 den Rheinischen Literaturpreis der Stadt Siegburg.

In *Augustnacht* (*Springinsfeld*, 1992) schreibt Peter Maiwald: »Sie gehen nicht. Es ist ein Gehenlassen. / Man sitzt nicht im Café. Es ist ein Ruhn / und alle Welt hat mit sich selbst zu tun. / Es ist zu heiß um andere zu hassen.« Das Spiel von Enjambement und Zäsuren, das dem jambischen Fünfheber seine souveräne Gelassenheit verleiht, die Harmonie der Reime, das Bild der Menschen, die für einen Augenblick bei sich verweilen – ein Bild des Glücks, alles versteht sich ganz von selbst. Doch ist dieses Selbstverständliche nur die Ausnahme, wie die gallige Pointe aufdeckt: Ob Hass herrscht oder nicht, hängt vom Wetter ab. Der Traum von einer Gesellschaft, in der Glück nicht ephemer ist, ist ausgeträumt.

Maiwalds frühe Gedichte haben einen ganz anderen Ton, doch zeichnet sie bereits die klare, an Brechts artifizieller Einfachheit geschulte Sprache aus: »Ein Kind ist kein Kegel. / Wer's rumstößt, heißt Flegel, // ... Ein Kind ist kein Sklav, / kein Kommherdaseibrav. // Ein Kind ist kein Stroh. / Drum drescht es nicht so« (*Klarstellungen*, 1972, in: *Die Leute von der Annostraße*, 1979). Diese assoziationsreiche Sprache, die sogar Neologismen unmittelbar plausibel erscheinen lässt, zeigt schon früh die für Maiwald typische Verbindung von sprachlicher Intuition und Leichtigkeit. Gleichzeitig finden sich in diesen frühen Arbeiten didaktische Elemente, die den Mangel aller Didaktik reproduzieren: Das Gesagte ist von heteronomen Wertvorstellungen überformt. Die *Klarstellungen* sind eher eine moralisierende Direktive.

Das Jahr 1984 markiert einen Bruch in Peter Maiwalds Arbeit: Er wird Mitherausgeber und Redakteur der neu gegründeten »Düsseldorfer Debatte. Zeitschrift für Politik, Kunst und Wissenschaft« (1984–1988). Wegen politischer Differenzen wird er im selben Jahr aus der DKP ausgeschlossen. Seine Lyrik, im Feuilleton der »FAZ« längst hoch geschätzt, radikalisiert sich zunehmend. Sie beginnt immer intensiver dem Unvermittelten nachzuspüren, indem sie hinter dem realen Schein der Verdinglichung *Lebenszeichen* ausmacht. Wo *Lebenszeichen* sind, ist jemand so eben noch einmal davongekommen. Da gibt es keine Idyllen und auch keine sicheren Nischen: »Bevor ich mich zutodtrink, halt ich ein / ... / und sage allen, die gut raten: Nein / zu nüchtern bin ich um nüchtern zu sein. // ... // Bevor ich mich noch einleb, geb ich auf / mich einzukaufen in den Menschenkauf / mich einzulaufen in den Geldscheinlauf / ... // Nur dass ich dich ertrunken nicht mehr seh / das tut mir, Liebste, mehr als alles weh« (*Austrinker*, 1995, in: *Lebenszeichen*, 1997). Die Desillusionierung schreibt sich dem oppositionellen Geist ein als Melancholie, die verhindert, dass der Dichter wie viele andere nach dem Wegbrechen ihrer Leitbilder fügsam in den Mainstream einschert. In *Abgang Marx* (1993, in: *Lebenszeichen*, 1997) ist Karl Marx, »damit er, was er schuldig, nun bereu«, von der Selbstgerechtigkeit des Juste-milieu unter Anklage gestellt. Er entgegnet: »Die ihr stets da und nie dabei gewesen / macht schnell. Ich muss noch in den Quellen lesen.« Diese Abkehr von den triumphierenden Siegern der Geschichte hin zu »den Quellen« korrespondiert durchaus mit Maiwalds konservativer Ästhetik.

Sein Traditionalismus der Form (Metrum, Reim; Volksliedstrophe, Ballade, elisabethanisches Sonett) ist kein Zufall. Die Dekonstruktion von Syntax und Semantik ist für ihn Anzeichen eines Dilettantismus, der nur in völliger Verzweiflung oder in autistischer Sprachtüftelei enden kann. Beides verlässt den sozialen Ort Sprache: »Dass beim Gedichteschreiben Herzwerk und Kopfwerk zusammengehören, hat sich herumgesprochen, dass aber beides ohne Handwerk nichts ist außer Lamentation, Kitsch und Kalkül, nicht. Das Handwerk der Verskunst ist derart in den Verruf gekommen, dass unter den jüngeren Dichtern immer weniger zu wissen scheinen, dass ein Gedicht nicht aus Worten, sondern aus Versen besteht« (*Wortkino*, 1993). »Herzwerk«, »Kopfwerk«, »Handwerk« – allein die Einheit dieser drei Gewerke ermöglicht Maiwald dem ubiquitären Parlando der Beliebigkeit zu entkommen, ohne Banales mit Bedeutung aufzublähen oder sich in transzendentale Phantasmagorien zu flüchten. Seine Verskunst lebt aus radikaler Diesseitigkeit: »Laura // Sie liebt an Dichtern nicht Gedichte eher / was sie zur Nacht ihr treiben: ... / Nun ist sie fort und mit ihr die Gedichte / die ich nach Vorbild rückwärts ihr getrommelt / wie hat Schluckspechtin die mein Rohr gedommelt / (die Ruh ist hin, was männlich war zunichte) / dass ich für Tage nicht mehr bäuchlings liege. / Die Hölle weiß, wann ich mich wieder kriege« (1990, in: *Springinsfeld*, 1992). Im direkten Gegensatz zu Petrarcas *Sonetten an Madonna Laura* (1470), auf die hier angespielt wird, preist Maiwald das Glück sexueller Ekstase, den intimen Augenblick. Die kleine Unsterblichkeit im Hier und Jetzt ist das einzig mögliche Glück. Maiwalds zahlreiche erotische Gedichte leuchten vor düsterem Hintergrund: »Ein altes Lied weiß noch ein Lied zu singen. / Die Schatten über ihre Menschen springen« (*Die Schatten*, 1994, in: *Lebenszeichen*, 1997). Die Lust am Leben entspringt der Gewissheit des Todes und zugleich dem Bewusstsein möglicher Autonomie. Diese doppelte Einsicht trennt Maiwald gleichermaßen von gespreizten Geworfenheitsattitüden und barockisierenden Weltschmerzabstraktionen. Seine Vorliebe für Redensarten, Floskeln aller Art, hat längst nichts mehr zu tun mit didaktischer Volkstümlichkeit. Ihn interessieren die Modi des Sprechens, die Modulationen der Alltagssprache, das, was man so – und eben nicht anders – sagt. Die Sprache der Redensarten und Mythen repräsentiert die kollektiven Wahrheiten und Lügen der Menschen. Gerade in der scheinbaren Banalität der kollektiven Sprechmuster erfährt sich jedes Individuum unmittelbar als Gattungswesen und bekommt so zumindest die Möglichkeit, trotz seiner Vereinzelung das Selbstverständlichste – Glück – zu erfahren. Dass dabei die Gattung und das Glück sich jeder Idealisierung entziehen, macht das, was sich von selbst versteht, überhaupt erst glaubhaft. In diesem Sinne ist Peter Maiwald ein Dichter des Selbstverständlichen.

Ferdinand Scholz

Werke: *Geschichten vom Arbeiter B. Haltungen u. Redensarten*, E., Mü. 1975; *Antwort hier zu Lande*, G., Mü. 1976; *Die Leute von der Annostraße. Gedichte und Lieder für Kinder und Erwachsene*, Oberhausen 1979; *Balladen von Samstag auf Sonntag*, Stg. 1984; *Düsseldorfer Debatte. Zeitschrift für Politik, Kunst und Wissenschaft*, Hg., zus. m. Michael Ben, 1984 bis 1988; *Zugänge – Ausgänge. Der Baum, das Haus, der Himmel*, G., Köln 1989; *Das Gutenbergsche Völkchen. Kalendergeschichten*, E., Ffm. 1990; *Guter Dinge*, G., Stg. 1987; *Wortkino. Notizen zur Poesie*, Ess., Ffm. 1993; *Springinsfeld*, G., m. Illustr. v. Alfons Holtgreve, Ffm. 1992; *Lebenszeichen*, G., Ffm. 1997; *Pauls Zauberland heißt Samarkand*, m. Bildern v. Ute Krause, G., Ffm. 1998..

Malkowski, Rainer, wurde am 26. 12. 1939 in Berlin geboren. Dort arbeitete er ab 1959 zunächst in Zeitungsverlagen und machte, seit 1962 in Frankfurt, als Werbetexter Karriere. Von 1968 bis 1971 war er Geschäftsführer und Teilhaber der damals größten deutschen Werbeagentur in Düsseldorf. Seit 1972 lebt er als freier Schriftsteller in Brannenburg am Inn. Er wurde unter anderem 1976 mit dem Förderungspreis des bayerischen Staates, 1977 mit dem Förderpreis des Hermann-Hesse-Preises, 1979 mit dem Leonce-und-Lena-Preis für Lyrik und dem Villa-Massimo-Stipendium, 1989 mit dem Märkischen Literaturstipendium ausgezeichnet. 1999 erhielt er den Joseph-Breitbach-Preis. Er ist Mitglied der Akademie der Wissenschaften und der Literatur, Mainz, und der Bayerischen Akademie der Schönen Künste.

Nach verstreuten Veröffentlichungen debütierte Malkowski, vermittelt durch Jürgen Becker, mit *Was für ein Morgen* (1975) im Suhrkamp-Verlag. Bereits mit diesem Gedichtband gelang es ihm, sich bei der Kritik als wichtiger Lyriker zu etablieren. Kontinuierlich folgten seither weitere Gedichtsammlungen, die formal, etwa in der Gliederung der Bände, den Bauformen und Sprechsituationen der Gedichte, nur geringfügig variieren. Den Gegenständen und thematischen Schwerpunkten des Erstlingswerkes bleibt Malkowski auch in seinem späteren Werk treu. Die Gedichte entwerfen Versuche der Selbstverständigung des Subjekts – in seiner Vereinzelung, in der sonderbaren Tröstung des Naturerlebens wie in Momenten sinnlichen Glücks; sie tun dies durch genaue Beobachtungen aus dem Alltag, in Form von eigenen Lebenserinnerungen, in Porträts und Darstellungen exemplarischen Lebens, Liebesgedichten und nicht zuletzt im Lesen und Schreiben. In einem »Sprechen aus der poetischen Selbstverständlichkeit heraus«, so Karl Krolow, konstituiert sich »eine komplizierte und komprimierte Subjektivität«.

Spricht das Titelgedicht in *Was für ein Morgen* (1975) von einem Moment der Aufhebung aller Berechnungen und des Austritts aus einer eingerichteten Welt, so tut es dies ambivalent und relativ: als Ausruf wie als Frage und im Kontext des Bandes verknüpft mit anderen »Morgenden«. Ebenso wie bei *Einladung ins Freie* (1977), in dem die Natur und die Schönheit nicht leicht zu haben sind. Mit vollem programmatischen (und poetologischen) Nachdruck argumentieren Titelformulierung und Titelgedicht in *Vom Rätsel ein Stück* (1980), tragen sie doch das Paradoxon in sich und verbinden sich zugleich mit der Beschwörung: »Daß uns die Bilder nicht ausgehen. / Daß uns zuletzt / das Rätsel errettet.« Programmatisch auch für die Situation des reflektierenden Beobachters ist der Titel *Zu Gast* (1983), denn zu Gast sein bezieht sich nicht nur auf den Stipendiumsaufenthalt in Rom, sondern auch auf das »media in vita in morte sumus « – bedenkt Malkowski doch in allen seinen Gedichtbüchern das Lebensende und den Tod im Leben. Dies klingt auch mit im Titel *Was auch immer geschieht* (1986), der in der Illusionslosigkeit des Verlustes den Anspruch des Weitermachens evoziert und Malkowskis Dichtung auch als eine Kunst des Nichtgesagten, der Implikation, charakterisiert.

Das Meer steht auf (1989) zeigt ein weiteres Verfahren seiner poetischen Rede: Die ungebrochene Kraft der Natur bezeugt diese Zeile des Titelgedichts und demonstriert zugleich das Prinzip der Verwandlung, des Zusammenhangs (das Meer steht auf im Wind, in den Blättern alter Bäume). Auch durch solche Zeichenhaftigkeit der Erscheinungen bekommen die Details Gewicht in Malkowskis spezifischer »unverstörter Anschauung«. Dass der Autor sich auf das »nicht austauschbare Fühlen und Sehen« beruft, impliziert eine kulturkritische Klage und fungiert zugleich als ein dem Existenziellen, dem Diesseits verpflichtetes Programm. Die Gedichte sammeln also nicht nur Eindrücke, wie der Titel *Ein Tag für Impressionisten* (1994) suggerieren könnte, sondern zielen auf »Wahrnehmung als Ereignis« und Erkenntnis durch Vergegenwärtigung. Dabei liefern Künstler wie Corinth und Beckmann sowie Bilder alter Meister immer wieder poetologische Modelle: mit ihrer Hingabe, ihrer Distanz und, wie im Falle von Brancusi und Giacometti, ihrer Reduktion. Auch wenn viele seiner Gedichte dem Augenblick verpflichtet sind, repräsentieren sie nicht Momentaufnahmen, sondern lassen sich eher als dynamisch komponierte Stillleben oder als Raum schaffende Gebilde begreifen, deren großes Sujet die Zeit ist.

Malkowskis lyrische Sprache zeichnet sich aus durch einen unverwechselbaren lakonischen Ton. Im Gestus der Zurückhaltung und des Aussparens entstehen Gedichte von zarter und strenger Schönheit und einer – nicht selten ironisch gefärbten – skeptischen Gelassenheit. Auch wenn die Rede gelegentlich ins Sentenzenhafte mündet, die Reflexion überwiegt, bleibt die Lakonie gewahrt. So hat auch Malkowski Hartmann von Aues *Armen Heinrich* in alltagsnaher, knapper Rede in die Gegenwart transponiert. Zwischen »Neuer Subjektivität« der Siebzigerjahre und traditionalistischen Tendenzen der Achtzigerjahre behauptet Malkowski so eine eigenständige Position. Flucht in melancholische Idylle lautete ein von manchen Kritikern erhobener Einwand gegen seine ersten Bände. Doch Malkowskis dargestellte Subjektivität zielt nicht auf Selbstbespiegelung in der Entfremdung, sondern weiß sich dem Fragen verpflichtet, einem Hunger nach Wahrheit. Das verdeutlicht auch das Titelgedicht des Bandes *Hunger und Durst* (1990) noch einmal.

Von diesem Verlangen zeugt auch Malkowskis erster Proasaband *Im Dunkeln wird man schneller betrunken* (2000). Die Kurz- und Kürzesttexte – meist nur wenige Zeilen lang, nie füllen sie eine ganze Seite – demonstrieren Malkowskis Lakonie in Form von Aphorismen, vergegenwärtigten Szenen und kurzen Gedankengängen. Diese »Hinterkopfgeschichten« sind auf Zusammenhänge aus, auf Evidenz, auf Staunen. Sie nehmen Übereinkünfte und Vorstellungen unter die Lupe, typologisieren Möglichkeiten der Condition humaine, treffen das Unerwartete im Alltäglichen, im Alltäglichen die Ambivalenz der großen Fragen. Das als Titel des schlanken Bandes gewählte Notat verweist wiederum auf die Wahrnehmung, das Sehen: wichtigstes Demonstrations- und Reflexionsfeld von Weltbegegnung und Weltaneignung in Malkowskis Poesie. Und auch im kürzesten Text – »Die Amsel ist ein einfacher Vogel.« – zeigt sich diese Prosa verbunden mit dem Zentrum seiner Poetologie: »Das Einfache ist der unverstellte Zugang zum Komplexen.«

Thomas Betz

Werke: *Was für ein Morgen*, G., Ffm. 1975; *Einladung ins Freie*, G., Ffm. 1977; *Vom Rätsel ein Stück*, G., Ffm. 1980; *Die Nase. Für Kinder erzählt nach Nicolai Gogol*, m. Illustr. v. Rolf Köhler, Ffm. 1981; *Das Insel-Buch zur Mitternacht*, Hg., Ffm. 1981; *Zu Gast*, G., Ffm. 1983; *Heinz Piontek: Die Zeit einer Frau. Sechs Erzählungen*, Hg., Stg. 1984; *Das Insel-Buch der Tröstungen*, Hg., Ffm. 1984; *Was auch immer geschieht*, G., Ffm. 1986; *Von Tugenden und Lastern. Ein Insel-Buch*, Hg., Ffm. 1987; *Gedichte. Eine Auswahl*, Ffm. 1989; *Das Meer steht auf*, G., Ffm. 1989; *Vom Meer, von Flüssen und von Seen. Ein Insel-Buch*, Hg., Ffm., 1990; *Ein Tag für Impressionisten und andere Gedichte*, Ffm. 1994; *Lyrik – Bemerkungen über eine exotische Gattung*, Ess., Stg. 1996; *Hunger und Durst*, G., Ffm. 1997; *Walter Helmut Fritz: Ausgewählte Gedichte und Prosa. Autoren sehen einen Autor*, Hg., Darmst. 1999; *Im Dunkeln wird man schneller betrunken. Hinterkopfgeschichten*, Pr., Zür. 2000; *In den Fugen der Biografie*, G., m. Zeichnungen v. Horst Egon Kalinowski, Karlsruhe 2001; *Hartmann von Aue: Der arme Heinrich*, Nachdicht., zweispr. Ausg., Mü 2003.

Mand, Andreas, wurde am 14. 12. 1959 in Duisburg geboren. Er studierte Medienwissenschaften in Osnabrück. Er lebt heute in Minden (Westfalen). Andreas Mand ist, neben Ralf Rothmann und Matthias Politycki, der Inventarist deutscher Provinz, wie sie von der so genannten 78er-Generation erlebt wurde. Abgesehen vom Roman *Der Traum des Konditors* (1992) über einen deutschen Heinrich, der Zuckerbäcker war, aber Künstler werden wollte, schließlich bei den Nazis landete und am Ende den Bomben zum Opfer fiel, kreisen seine Geschichten meist um Erlebniswelten, in denen Autoquartette, Nutellabrote und Pril-Blumen den Tag verschönten. Erzählt wird die Kindheit und Jugend des Pastorensohnes, der unter dem Decknamen »Grover« die versteckte Kamera erfindet (*Grovers Erfindung*, 1990) und damit die rätselhafte und irgendwie eklige Welt der Erwachsenen erkundet. Kindermund spricht, man merkt förmlich das Atemholen und Nachdenken zwischen den einzelnen Sätzen, das umständliche Bemühen um eine korrekte, der Erwachsenensprache nachempfundenen Formulierung. Grover ist Empiriker und schreibt Erlebnisaufsätze über den cholerischen Vater, die besorgte Mutter und die Aufteilung der Welt in Geha- und Pelikan-Füller-Ideologien. Lakonisch und poetisch zugleich, dabei nie verklärend oder sentimental entsteht eine Art privater Geschichtsschreibung über die Freuden, Sorgen und Nöte eines Heranwachsenden, die mit ungeheurem Detailreichtum aufwartet und dem abgenutzten Begriff des Authentischen zu neuem Glanz verhilft. Das heitere Kramen im Fundus der Kindheit spiegelt sich in einer Sprache, die alles findet und doch nichts verrät. Ob es nun wie in *Grover am See* (1992) die Streifzüge durch ostfriesische Weiden und Scheunen oder die pubertären Selbstversuche beim Zeltlager in der Tschechoslowakei sind, es sind jedenfalls die kleinen Erfahrungen und Entdeckungen, auch Enttäuschungen, die geschildert werden, und zwar auf unprätentiöse, angenehm pragmatische Weise.

Haut ab (1992) ist das Dokument der No-Future-Phase und New-Wave-Moden in den Achtzigerjahren, *Das rote Schiff* (1994) und *Peng* (1994) berichten vom Wandel »zum sarkastischen Erwachsenen«. Paul und Rüdiger grübeln hier dem permanenten Irrtum hinterher, kokettieren mit ihrem Unglück und paktieren mit den Sonderangeboten des Lebens. Dieser Selbstbetrug brachte beide an den Zeichentisch einer Werbeagentur – für Mand offenbar *die* Chiffre einer angepassten Existenz. Beide machen Musik als fröhliche Dilettanten im Independent-Abseits, Paul durchlitt als Zivildienstleistender die Psycho-Kuschelei seiner Betreuer und beide gaben ein kurzes Gastspiel bei den Steinewerfern des Autonomen Blocks. Mand betätigt die Rücklauftaste, um erinnernd nach den Ursachen für ihren »Dreißigjährigen-Fatalismus« zu forschen. *Peng* funktioniert raffinierter, geradezu filmisch. Vor einer Berlin-Kulisse mit Kiez, Ruinen und Abbruchdiskos spielen »Nazikinder« und Guardian Angels Krieg, die Musik ist laut, das Licht grell, die Dialoge kurz. Rüdiger stellt fest, dass im Osten »Leute in Form von Jan zum Beispiel auftauchen, die denen gleichen, die er damals verloren hat. Und die alten, verworfenen oder besiegten Ideale stehen wieder auf der Tagesordnung.«

Hausbesetzungen, ein wenig Punk und Randale – Grover heißt jetzt Paul Schade, der Name ist Programm. Anfang der Achtzigerjahre noch bei den »Bürokratischen Anarchisten« in Osnabrück, wird der studentische Bafög-Empfänger zum sozialen Verlierer und Betroffenheitsmimen. Mit viel O-Ton blendet Mand in die Mentalität »der letzten Generation vor dem anything goes« (Thomas Groß). *Kleinstadthelden* (1996) sind sie alle, sozialrevolutionär und kuschelgrün. Mit angenehmer Beiläufigkeit schildert Mand das »Bildungsprogramm« seines Helden und dessen Initiationserfahrungen. Dann folgt der Wechsel zur Kleinfamilie als Hausmann und Vater in Duisburg; *Vaterkind* (2001), sicher mit ähnlichen autobiografischen Erfahrungen grundiert wie alle Bücher Mands, erzählt vom Vierzigjährigen, der eine Tochter bekommt und seinen Vater verliert. Ein Generationen- und Paradigmenwechsel vollzieht sich – mit neuen Erziehungsmethoden und Wertvorstellungen –, doch im Grunde ist es immer wieder die gleiche Geschichte, die das Leben vollzieht und die Andreas Mand in immer neuen Anläufen erzählt.

Thomas Kraft

Werke: *Haut ab*, Hbg. 1982; *Innere Unruhen*, Hbg. 1984; *Grovers Erfindung*, Augsburg 1990; *Der Traum des Konditors*, R., Bln. 1992; *Grover am See*, R., Augsburg 1992; *Peng. Filmerzählung*, Stg. 1994; *Das rote Schiff*, R., Augsburg 1994; *Kleinstadthelden*, R., Zür. 1996; *Das große Grover-Buch. Alle Grover Geschichten*, Zür. 1998; *Vaterkind*, R., Salzb. 2001.

Manz, Hans, wurde am 16. 7. 1931 in Wila bei Zürich geboren. In Winterthur und Zürich machte er eine Ausbildung zum Primarlehrer; er übte den Beruf in Erlenbach und Zürich rund 35 Jahre lang aus. Seit 1987 lebt er als freier Schriftsteller und Journalist in Zürich. Bekannt wurde er vor allem durch seine »Sprach-Bücher« für Kinder (Gedichte und Erzählungen), die aus seiner Arbeit als Grundschullehrer erwuchsen. Daneben hat er als Übersetzer, Kabarettist und Herausgeber von Anthologien gearbeitet und für Zeitung, Radio und Fernsehen in der Schweiz geschrieben. Für sein Werk erhielt er zahlreiche Auszeichnungen, u.a. 1977 die Ehrengabe der Schweizer Schillerstiftung, 1991 den Schweizer Jugendbuchpreis, 1993 den Österreichischen Kinderlyrik-Staatspreis, 1994 den Lyrikpreis der Schweizer Schillerstiftung und die Ehrengabe der Stadt Zürich.

»Redensarten«, so ein Zitat aus Hans Manz' *Die Welt der Wörter* (1991), »sind Sätze, die nur noch geredet, aber nicht mehr gedacht werden.« Genau hierauf aber kommt es ihm in seinem Beruf als Grundschullehrer an: eine Sprache zu lehren, die zum Denken verführt. »Ein neuer Sprachunterricht würde zuallererst, vor aller Wortschatzerweiterung, Syntax, Grammatik, Poetik und Orthografie, bewusst machen, dass Laute, Sätze und Wörter ein lebensbestimmendes, lebensgefährdendes, lebenserhaltendes Instrumentarium sind. Der Schüler erfährt, dass man nicht immer miteinander, untereinander, füreinander spricht, sondern gleicherweise gegeneinander, übereinander, aneinander vorbei.« Hans Manz, der diese Gedanken in seinem Nachwort zu *Worte kann man drehen* (1974) formuliert, ist ein leidenschaftlicher Sprachvermittler, der den ihm anvertrauten Schulkindern (und Lesern überhaupt) bewusst sein Ohr leiht, für Zwischentöne und Misstöne hellhörig macht, das Bewusstsein schärft für das, »was Sprache anrichten kann«, im positiven wie im negativen Sinne. Seine Sprach-Bücher, eine Gattung, die er in den Siebziger- und Achtzigerjahren in der deutschsprachigen Kinder- und Jugendliteratur etablierte, haben jedoch über die Schule hinaus Wirkung gezeigt und ein breites Lesepublikum erreicht.

Manz ist in all seinen Sprach-Büchern Akrobat, Moralist und Spaßmacher zugleich. Sein Schreiben ist geprägt von einer intensiven Parteinahme für Kinder. Sein Bemühen, über die Möglichkeiten der Sprache aufzuklären, entspringt dem Bedürfnis, Kinder zu starken und selbstbewussten Gesprächspartnern der Erwachsenen zu machen. Ähnlich wie bei Morgenstern, Ringelnatz oder Brecht sind seine Verse geprägt von kritischer Nachdenklichkeit, auch wenn sie deren Eleganz und Leichtigkeit in Rhythmus und Versmaß nicht immer erreichen. Sein spielerischer Umgang mit Lauten und Zeichen, Wörtern und Sätzen, Versen und Schrift-Bildern, Rätseln und Reimen ist ein »kunstvolles, zu Durchsicht und Einsichten führendes, ebenso ernstes wie heiteres Spiel« (A. K. Ulrich).

Als sein emotional wichtigstes Werk hat Manz seine Geschichten von *Adam hinter dem Mond* (1976) bezeichnet, seine »zärtlichen Geschichten von Adam, seinem Größerwerden und Hineinwachsen in den Umgang mit geliebten Menschen«. Das Echo auf seinen 1981 erschienenen Roman *Grund zur Freude* blieb, gemessen an dem Erfolg seiner Sprach-Bücher, verhalten. Nach einem Gedichtband, *Die Wachsamkeit des Schläfers* (1994), hat er 2002 Erzählungen vorgelegt, »fatale Alltagsgeschichten«, die von »Bruchstellen« im Leben seiner Protagonisten handeln, Irritationen und Situationen, nach denen im Leben nichts mehr ist, wie es war.

Renate Raecke

Werke: *Lügenverse,* Kinderreime, m. Illustr. v. Ted Scapa, Zür. 1965; *Die dreißig Hüte,* Kinderreime, m. Illustr. v. Ted Scapa, Zür. 1966; *Konrad,* Bilderb., m. Illustr. v. Werner Hofmann, Zür. 1969; *Eins, Zwei, Drei, mach vielerlei,* Sprachspielbuch, m. Illustr. v. Wilfried Blecher, Weinheim 1971; *Ess- und Trinkgeschichten,* Kinderb., m. Illustr. v. Edith Schindler, Ravensburg 1974; *Worte kann man drehen, Sprach-Buch für Kinder, Zeit-Wörter und anderes,* m. Illustr. v. Günther Stiller, Weinheim 1974; *Der schwarze Wasserbutz, Die schönsten Sagen aus der Schweiz,* Hg., m. Illustr. v. Paul Nussbaumer, Frauenfeld 1976; *Adam hinter dem Mond. Zärtliche Geschichten,* m. Illustr. v. Edith Schindler, Weinheim 1976; *Helen Oxenbury's ABC Bilderbuch,* Übs., Ravensburg 1977; *Mumps und Tilli reisen mit der Zeitmaschine,* Bilderb., Übs., m. Illustr. von Philippe Fix, Ravensburg 1977; *Mumps und Tilli kehren zurück,* Bilderb., Übs., m. Illustr. v. Philippe Fix, Ravensburg 1978; *Kopfstehn macht stark oder Die Kunst zwischen den Zeilen zu lesen. Neues Sprachbuch für Kinder, Texte, Spiele, Laute,* m. Illustr. v. Moritz Baumgartl, Weinheim 1978; *Der Knopf,* m. Illustr. von Magi Wechsler, Zür. 1978; *Mitenand,* m. Illustr. v. Robert Siebold, Zür. 1979; *Grund zur Freude,* R., Olten 1981; *Wiesowarum,* m. Illustr. v. Käthi Bhend, Zür. 1982; *Schnigge, Schnagge, Schnäggebei, Värsli für Chinde,* Hg., m. Illustr. v. Paul Nussbaumer, Frauenfeld 1982; *Überall und niene,* m. Illustr. v. Magi Wechsler, Zür. 1983; *Lieber heute als morgen. Sprechen, hören, träumen, hoffen,* Kinderb., m. Illustr. v. Wolfgang Rudelius, Weinheim 1988; *Die Welt der Wörter, Sprachbuch für Kinder und Neugierige,* (Neuausg. v. *Worte kann man drehen; Kopfstehn macht stark; Lieber heute als morgen*), Weinheim 1991; *An Türen klopfen. Zwölf Geschichten für zwölf Monate,* Kinderb., m. Illustr. v. Inge Steineke, Zür., Frauenfeld 1991; *Schöne Träume. Sieben Geschichten für sieben Nächte,* Kinderb., m. Illustr. v. Susann Opel-Götz, Zür., Frauenfeld 1992; *Vom Maulaufreissen und Um-die-Ecke-Gucken,* Kinderb., m. Illustr. v. Susann Opel-Götz, Zür., Frauenfeld 1993; *Die Wachsamkeit des Schläfers,* G., Frauenfeld 1994; *Mit Wörtern fliegen. Neues Sprachbuch für Kinder und Neugierige,* Weinheim 1995; *Pantoffeln für den Esel. Märchen der Stille,* Kinderb., m. Illustr. v. Hannes Binder, Zür., Frauenfeld 1996; *Da kichert der Elefant,* Kinderb., m. Illustr. v.

Verena Ballhaus, Zür., Frauenfeld 1998; *Das kleine o steht vor dem Zoo. Geschichten für Buchstaben-Narren*, Kinderb., m. Illustr. v. Verena Ballhaus, Zür. 2000; *Nichts ist so wie es ist. Zehn Erzählungen an den Bruchstellen des Alltags*, En., Zür. 2002.

Marchi, Otto, wurde am 13. 4. 1942 in Luzern geboren. Von 1962 an studierte er Geschichte und Germanistik in Zürich; 1970 promovierte er über den ersten Luzerner Freischarenzug von 1844. Anschließend betätigte er sich in einer Werbeagentur, von 1974 bis 1976 als Redakteur bei der »Züricher Weltwoche«, von 1976 bis 1980 bei den »Luzerner Neuesten Nachrichten« und 1981 als Lektor der Büchergilde Gutenberg, Schweiz. Seit 1982 lebt er – nach zeitweiligen Aufenthalten in Berlin, Rom, Paris und Wien – wieder als freier Schriftsteller und Publizist in Luzern. Als Dozent für Sprache unterrichtet er an der Hochschule für Gestaltung und Kunst in Luzern. Ausgezeichnet wurde er 1981 mit dem Werkjahr von Stadt und Kanton Luzern, 1983 mit dem Werkjahr der Pro-Helvetia-Stiftung, Zürich, 1984/85 mit dem DAAD-Stipendium des Landes Berlin. 1985/86 hielt er sich im Instituto Svizzero in Rom auf.

Ein Mann bricht aus. Moralische Skrupel, traumatische Erinnerungen und verdrängte Erlebnisse blockieren den Weg der Sicherheit und Anpassung und zwingen ihn dazu, sich zu befragen, sich zu ändern. Er beschreitet vorsichtig neues Terrain, unterzieht sich einer Selbstbefragung und übt sich in veränderten Denk- und Verhaltensformen. Otto Marchi hat diesen Akt der Bewusstseinsveränderung in seinen Romanen, *Rückfälle* (1978), *Sehschule* (1983), *Landolts Rezept* (1989) und *Soviel ihr wollt* (1994), gestaltet und ist dabei zu recht unterschiedlichen Ergebnissen gekommen.

So führt der halbherzige Ausstieg eines PR-Beraters aus einem unerträglich gewordenen Arbeitsalltag – er bewirbt und verkauft die Zerstörung von Landschaften durch Spekulationsobjekte als Arbeitsplatzbeschaffungsmaßnahme – und einem beliebig gewordenen Privatleben nur zu gesteigerter Anpassung, zu *Rückfällen* in das gewohnte Arrangement unter kaum veränderten Vorzeichen. Eine bereits in der Gegenwart »vollendete Zukunft« nimmt dem wendigen Erzähler den Mut zum Risiko, zur Akzeptanz des Zweifels.

Auch die Konflikte des Historikers Georg Anderhelden mit dem Ethos seines Fachgebietes, das sich ihm als ungebrochene Dokumentation von Herrschaft und Macht und nicht von Verfolgung und Unterdrückung eröffnet, veranlassen ihn, über sein Leben nachzudenken (*Sehschule*). Er durchblättert den Nachlass des Vaters, hört Tonbandprotokolle der Mutter und besucht seine alte Schule; das Quellenstudium der eigenen Kindheitsgeschichte schmerzt (»Das war nicht Wirklichkeit, sondern Regie, war Goldstaub, der ihm die Lungen vergiftet hatte ein Leben lang«) und erschüttert trotz aller Vorahnung; es gilt die verfälschte und beschönigte Wirklichkeit in einer neuen *Sehschule* zu durchschauen, alles neu zu erleben, präzise zu beobachten und zu notieren. Diese Selbstverpflichtung wirkt befreiend, sein Wissenschaftsverständnis formt sich neu: »Er kümmerte sich nicht mehr um die Lehrsätze seiner Wissenschaft, stand endlich zu seiner Subjektivität, zu seinem Zorn und seinem Mitleid mit den Opfern.«

Der arbeitslose Journalist Landolt (vgl. Salomon Landolt in Gottfried Kellers *Landvogt von Greifensee*) wird von seiner neuen Partnerin Hanna zur Beichte über sein bisheriges Liebesleben gezwungen. Landolt hatte seine Erinnerungen an sein missglücktes polygames Experiment mit fünf »Weibern« verdrängt; nun ist er, nicht zuletzt um die Zuneigung seiner neuen Freundin zu erringen, um ein neues männliches Selbstverständnis bemüht. Landolt gerät aber nach unglaublichen kulinarischen Orgien und den hartnäckigen Fragen Hannas buchstäblich unter die Räder.

Soviel ihr wollt (1994) knüpft im Stil einer »investigation story« an die früheren Romane an und rekapituliert Ängste und Albträume einer Schulzeit. Nach Jahren begibt sich ein Schüler auf die geistige Reise in seine Kindheit, spielt Kopfkino und lässt die Vergangenheit vor dem inneren Auge Revue passieren. Dabei wechseln die Perspektiven, entstehen im Zuge der Recherche neue Versionen, die seine – aufgrund einer Relegation durch einen strengen Philosophielehrer – verbitterte Haltung aufweichen. Eine ungewöhnliche Liebesgeschichte tritt zutage, die ihm am Ende ein befreiendes Gelächter ermöglicht. Marchi überlistet den Leser mit einer Identifikationsofferte, dann aber kompliziert sich der Fall und gewinnt neue Facetten und konfrontiert den Leser mit eigenen Vorurteilen und Klischees, die längst überwunden schienen. Mit subtiler Ironie hat der Autor in den Irrgarten scheinbarer Sicherheiten gelockt.

Vom Rückfall in alte Rollenmuster über die Erfahrung neuer Sichtweisen bis hin in den rauschhaften Erzähldrang – Marchis männliche Figuren begeben sich in den Kampf um innere Freiräume innerhalb einer zunehmend reglementiert erscheinenden Gesellschaft. Ihre Schwierigkeiten und ihr teilweises Scheitern indizieren eine gesellschaftliche Umbruchphase, die vertraute Sicherheiten auflöst und neue Wege der Selbstbestimmung einfordert. Otto Marchi bewahrt mit Ironie, ungebrochener Erzählfreude und »der verhaltenen Musikalität der Sprache« (E. Pulver) seine Anti-Helden vor der literarischen Denunziation; diese literarischen Psychogramme zeugen von der Beziehungsarmut unserer Zeit.

Thomas Kraft

Werke: *Schweizer Geschichte für Ketzer oder Die wundersame Entstehung der Eidgenossenschaft*, Zür. 1971; *Rückfälle*, R., Ffm. 1978; *Sehschule*, R., Ffm. 1983; *Landolts Rezept*, R., Ffm. 1989; *Soviel ihr wollt*, R., Zürich 1994.

Maron, Monika, wurde am 3. 6. 1941 in Berlin geboren. 1951 übersiedelte die Familie, die zunächst in Köln gelebt hatte, von West- nach Ost-Berlin. Nach dem Abitur arbeitete Maron zunächst ein Jahr als Fräserin, studierte dann Theaterwissenschaft und Kunstgeschichte. Sie war als Regieassistentin beim DDR-Fernsehen und drei Jahre lang als wissenschaftliche Aspirantin an der Schauspielschule in Berlin tätig. Sechs Jahre lang arbeitete die Stieftochter des ehemaligen Innenministers der DDR, Karl Maron, als Reporterin, zuerst bei der Frauenzeitschrift »Für dich«, später bei der »Wochenpost«. Ab 1976 lebte sie freiberuflich in Ost-Berlin. Im Frühjahr 1988 erhielt sie ein Drei-Jahres-Visum für die Bundesrepublik, lebte zunächst in Hamburg und zog dann nach Berlin. 1990 erhielt Maron den Irmgard-Heilmann-Preis, 1991 den Brüder-Grimm-Preis der Stadt Hanau, 1992 den Kleist-Preis, 1994 wurde sie als Preisrichterin für den Ludwig-Börne-Preis nominiert, 1994 wurde sie mit dem Solothurner Literaturpreis und der Roswitha-Gedenkmedaille der Stadt Bad Gandersheim, 1995 mit dem Buchpreis des Deutschen Verbandes der Evangelischen Büchereien ausgezeichnet. 1995 wurde bekannt, dass die Autorin zwischen Oktober 1976 und Mai 1978 unter dem Decknamen »Mitsu« für den Staatssicherheitsdienst der DDR als Informantin tätig gewesen war. Später wurde Maron selbst observiert, als »feindliche Person« wurde sie nun unter dem Decknamen »Wildsau« geführt. Als eine Folge der Aufdeckung ihrer Spitzeltätigkeit musste die Autorin das Kuratorium der Alfred-Herrhausen-Gesellschaft verlassen. Empörung unter ehemaligen DDR-Schriftstellerkollegen wie Wolf Biermann provozierte vor allem Marons ambivalentes Verhalten nach Bekanntwerden ihrer »Stasi«-Kontakte und deren Bagatellisierung. Unverständnis rief in diesem Zusammenhang auch ihr Artikel »Heuchelei und Niedertracht« (»FAZ«, 14. 10. 1995) hervor.

In den ersten Jahren nach der Wende hat die Autorin vielfach öffentlich Stellung bezogen zum deutsch-deutschen Verhältnis, zum Verhalten ehemaliger DDR-Bürger im wiedervereinigten Deutschland wie auch zur häufig einseitigen Berichterstattung westdeutscher Medien. Einige der zwischen 1988 und 1992 teilweise in Zeitungen publizierten Artikel und Essays, darunter auch der in den neuen Bundesländern heftig kritisierte »Spiegel«-Beitrag »Zonophobie«, sind in dem Sammelband *Nach Maßgabe meiner Begreifungskraft* (1993) zusammengefasst.

Die Lebensumstände in der DDR lieferten der Autorin bis in die frühen Neunzigerjahre Stoff für ihre literarischen Texte. Die weibliche Hauptfigur in ihrem erstem Roman *Flugasche* (1981), der weithin große Anerkennung fand, trägt autobiografische Züge der Autorin. Im Rahmen der Zürcher Poetik-Vorlesung, zu der sie 1999 an die Universität Zürich eingeladen wurde, gestand Maron allerdings, diesen Text nie gemocht zu haben (»NZZ«, 30./31. 10. 1999). Im ersten Kapitel besinnt sich die Journalistin Josefa Nadler ihrer jüdischen Herkunft und erläutert einen für ihr Handeln charakteristischen Zug, den sie von ihrem durch die Nazis getöteten Großvater geerbt hat: »Später erkannte ich meine Verwandtschaft mit dem Großvater auch in der Angst. (…) Die Angst wächst, wird größer als ich selbst, will aus mir hinaus. Sie bäumt sich und reckt sich, bis sie Wut ist und ich platze.« Eine andere Form von Angst befällt die Ich-Erzählerin, wenn sie »den unfaßbaren Sinn« ihres Lebens sucht. Dass Josefa durch ihre Angst einerseits in ihrem Tatendrang gehemmt, andererseits aber angestachelt wird, zeigt sich im Verlauf des realistisch erzählten Romans anhand der zwei parallel verlaufenden Erzählstränge sehr deutlich. Monika Maron führt zum einen die Geschichte der ehrgeizigen und unbestechlichen Journalistin vor, die, von ihrer Zeitung beauftragt wird, eine Reportage über »B.« [= Bitterfeld], die »schmutzigste Stadt Europas«, zu verfassen. Josefa zeigt in ihrem kritischen Bericht, den sie im Interesse der ansässigen Bevölkerung schreibt, die enormen Umweltprobleme der Industriestadt auf und sieht sich deshalb heftigen Angriffen seitens ihrer Vorgesetzten und der Partei ausgesetzt. Es gelingt ihr nicht, die Verantwortlichen von ihrem politischen und persönlichen Standpunkt zu überzeugen. Der Text bleibt ungedruckt, Josefa zieht sich daraufhin zurück. Auf einer zweiten Erzählebene wird Josefas persönliche Entwicklung nachgezeichnet. Die dreißigjährige Frau, die allein mit ihrem Sohn lebt, schwankt zwischen ihrer Sehnsucht nach Zuwendung und Geborgenheit und der Angst vor Beschränkung und Zwang. Die Suche nach einer ihr gemäßen Lebensweise dokumentiert sich in den Gesprächen mit ihrem Freund, der Kollegin und den Menschen, die sie bei ihrer Arbeit »in B.« kennen lernt. Die Trennung von ihrem Freund vollzieht sich zu einem Zeitpunkt, an dem sie, von den beruflichen Auseinandersetzungen zermürbt, ihre Souveränität und Stärke verloren hat. Am Ende entscheidet sich Josefa – das Bild des sich ankündigenden Frühlings vor Augen –, ihren Zusammenbruch zu akzeptieren und allein den Neuanfang zu wagen. Der »durchaus reformerische Ansatz« im ersten Teil des Buches wird im Verlauf des Textes nicht durchgehalten. Der Bruch im zweiten Teil des Romans, der auch formal bemerkbar ist, geht nach Aussage der Autorin auf die Ausweisung Wolf Biermanns – in dieser Zeit entstand *Flugasche* – und die damit verbundene Desillusionierung zurück. Die für 1988 geplante Veröffentlichung des Romans in der DDR durch den Aufbau-Verlag kam mit Hinweis auf den erstmals im »Zeit-Magazin« publizierten Briefwechsel Monika Marons mit dem bundesdeutschen Autor Joseph von Westphalen (3. 7. 1987 bis 11. 3. 1988) nicht zustande.

Die »totale Abkapselung nach außen, Unfähigkeit zur Mitteilung« (Karl Corino) und die falsche Erwartung des Einzelnen gegenüber seiner Umwelt bringt Monika Maron in dem Band Das *Missverständnis* (1982) – im Vergleich zu *Flugasche* radikaler – zur Sprache. Die darin aufgenommenen Erzählungen, darunter auch die 2001 wieder aufgelegte Parabel über den seines Amts und seiner Bedeutung verlustig gegangenen *Herrn Aurich* und die Szenenfolge »Ada und Evald«, weisen stilistisch schon auf den zweiten Roman der Autorin hin. Der Roman *Die Überläuferin* (1986) kann als eigentliches Anschlussstück zu *Flugasche* gesehen werden. War *Flugasche* noch ganz einer realistischen Erzählweise verhaftet, verwischen in der *Überläuferin* die Grenzen zwischen Fantasie und Wirklichkeit. Die Protagonistin Rosalinde Polkowski bemerkt eines Morgens, dass sie nicht mehr gehen kann. Solchermaßen »aus lebenslanger Dienstverpflichtung entlassen«, richtet sie sich nun in ihrer Einsamkeit ein und spürt in »Kopfräumen« (Wilfried F. Schoeller) den Möglichkeiten ihres Lebens nach. In »Zwischenspielen« treten merkwürdig typisierte Figuren auf, die den Anspruch der Autorin bekunden, »nicht nur Konflikte in ihrem eigenen Innern, sondern auch gesellschaftliche Kräfte, deren Macht und Schwäche, zu erfassen« (Elsbeth Pulver). Der viel beachtete Roman setzt nach Meinung Elsbeth Pulvers nicht zuletzt durch die Verbindung zwischen epischen und dramatischen Passagen »den Widerspruch gegen alles Genormte und Vereinheitlichte energisch in Form um«.

Diesem Widerspruch zu entfliehen, gilt auch das Bestreben der Protagonistin des Romans *Stille Zeile sechs* (1991). Sie trägt denselben Namen wie die *Überläuferin*, Rosalind Polkowski. Als Wissenschaftlerin in der DDR beschließt sie eines Tages, dass sie »nicht mehr für Geld denken« will, und gibt ihren Beruf auf. Die unerwartete Begegnung mit einem pensionierten Parteifunktionär zeitigt fatale Folgen für die Frau. Sie lässt sich von dem ehemaligen Parteibonzen als Schreibkraft anheuern und nimmt zunächst kommentar- und emotionslos das Diktat seiner Memoiren auf. Im Laufe der Zeit entwickelt sich jedoch eine zwischen Hass und uneingestandener Zuneigung schwankende Beziehung zwischen dem ungleichen Paar. In der literarischen Darstellung der widerstreitenden Empfindungen der Protagonistin gegenüber ihrem neuen Arbeitgeber spiegelt sich auch das ambivalente Verhältnis der DDR-Gründerväter und ihrer Nachgeborenen. Doch die Auseinandersetzung der Generationen findet nur symbolisch bzw. im Kopf der Wissenschaftlerin statt. Gerade diese merkwürdig auf den Schutzbereich des Privaten reduzierte Konstellation irritierte manche Kritiker, die darin nicht zuletzt eine gewisse Verharmlosung der thematisierten Phänomene erkennen wollten. Dem fünf Jahre später erschienenen Liebesroman *Animal triste* (1996), der eine glücklose Dreiecksgeschichte referiert, kommt verglichen mit den früheren Texten der Autorin wohl eher eine nebengeordnete Stellung zu.

Mit dem Erinnerungsbuch *Pawels Briefe* (1999) über die Großmutter und den von den Nationalsozialisten ermordeten Großvater legte Maron schließlich die einfühlsame Rekonstruktion eines nur spärlich dokumentierten Lebens vor. Gleichzeitig geht sie den drängenden Fragen nach den zivilisatorischen Brüchen des 20. Jahrhunderts und den Mechanismen des Erinnerns, Vergessens und Verdrängens nach. Einige Fotos und die Überlieferungen ihrer Mutter bildeten die Basis für diese reflektierende Prosa, die trotz aller Privatheit Allgemeines formuliert. Konsequent wird auch Marons persönliche Biografie, die DDR-Sozialisation einschließend, vor allem im Lichte der Mutter-Tochter-Beziehung nacherzählt.

Die Erkenntnis, dass jedes Leben uneingelöste Möglichkeiten in sich birgt und dies notwendigerweise nicht nur eine Folge politischen Systemzwangs darstellt, beschäftigt die alternde Protagonistin Johanna in Marons Roman *Endmoränen* (2002). Eine Grundkonstellation ihrer literarischen Figurenführung beibehaltend, stellt Maron ins Zentrum ihres Textes eine Frau, die ihre vermeintlich bewährten Wahrnehmungsmuster infrage zu stellen beginnt und dadurch in eine schwere Krise gerät. Nicht nur die gegenwärtige Selbstwahrnehmung, auch die retrospektive Deutung der persönlichen Lebensgeschichte verändert sich. Gleichzeitig bezeugt dieses Buch die Probleme jener Generation, die die DDR von ihrem Beginn bis zum Niedergang erlebte und deren Hoffnung auf ein »eigentliches Leben« immer auf einen späteren Zeitpunkt vertagt wurde: »Heute kommt es mir vor, als hätte ich damals immer darauf gewartet, dass mein eigentliches Leben eines Tages noch beginnt. Und jetzt [...] hat mich die Ahnung, eher die Furcht befallen, es könnte schon wieder vorbei sein mit dem eigentlichen Leben, weil es zu spät angefangen hat.«

Petra Ernst

Werke: *Flugasche*, R., Ffm. 1981; *Das Missverständnis. Vier Erzählungen und ein Stück*, Ffm. 1982; *Ada und Evald*, Theaterst., UA Wuppertal 1983, gedr. in: *Das Missverständnis*, Hsp., WDR 1983; *Die Überläuferin*, R., Ffm. 1986; *Trotzdem herzliche Grüße. Ein deutsch-deutscher Briefwechsel*, zus. m. Joseph von Westphalen, Ffm. 1988; *Stille Zeile sechs*, R., Ffm. 1991; *Nach Maßgabe meiner Begreifungskraft. Essays und Artikel*, Ffm. 1993; *Animal triste*, R., Ffm. 1996; *Pawels Briefe. Eine Familiengeschichte*, Ffm. 1999, Schpl., Hbg. 1999; *Quer über die Gleise. Essays, Artikel, Zwischenrufe*, Ffm. 2000; *Herr Aurich*, E., Ffm. 2001; *Endmoränen*, R., Ffm. 2002.

Marti, Kurt, wurde am 31. 1. 1921 in Bern als Sohn eines Notars geboren. Nach dem Besuch des Freien Gymnasiums, einer christlich orientierten Privatschule in Bern, und der Matura folgte 1940 ein zweisemestriges Jurastudium. 1941/42 leistete er Dienst in der Infanterie-Rekrutenschule in Bern, wurde zum Unteroffizier ausgebildet und bis 1945 als Gebirgsjäger eingesetzt. Von 1942 bis 1948 studierte er Theologie (u. a. bei Karl Barth) an den Universitäten Bern und Basel. 1947/48 hielt er sich zehn Monate lang in Paris als Mitarbeiter der ökumenischen Kommission für Kriegsgefangenenseelsorge auf und machte dort Bekanntschaft mit dem französischen Existenzialismus. 1948/49 war er Lernvikar und Hilfspfarrer, 1950 heiratete er und lebte ab 1950 als Pfarrer im Industriedorf Niederlenz (Aargau). Nach vereinzelten Gedichtpublikationen folgte 1958 die erste eigenständige Veröffentlichung, der Gedichtband *Boulevard Bikini*. Von 1961 bis 1983 wirkte er als Pfarrer an der Nydeggkirche in Bern. Marti engagierte sich in den Sechzigerjahren in mehreren Organisationen für Frieden, Abrüstung und Unterstützung der Dritten Welt. Außerdem arbeitete er bei verschiedenen Zeitungen mit. 1970 trat er aus dem Schweizer Schriftstellerverein aus und gründete mit anderen Kollegen die »Gruppe Olten«. In den Siebzigerjahren unterstützte er kirchenreformerische Aktivitäten. Ein geplanter Lehrauftrag für Homiletik an der Universität Bern wurde ihm 1972 vom Berner Regierungsrat wegen angeblicher »linker Umtriebe« vorenthalten. Seit 1978 ist er Mitarbeiter der »Kirchlichen Arbeitsgruppe für Atomfragen« in Bern. 1983 zog er sich aus dem Pfarramt zurück und ging häufiger auf Reisen. Marti erhielt 1957 den Lyrik-Preis von Radio Basel, 1967 den Preis der Schweizerischen Schillerstiftung, 1972 den Großen Literaturpreis des Kantons Bern, 1972 den Johann-Peter-Hebel-Preis, 1977 die Ehrendoktorwürde der Universität Bern, 1981 den Literaturpreis der Stadt Bern, 1982 den Preis des Verbandes Evangelischer Büchereien, 1997 den Tucholsky-Preis für literarische Publizistik und 2002 den Karl-Barth-Preis der Evangelischen Kirche der Union.

Als seine ersten Gedichte erschienen, war plötzlich eine Tonart da, die auf eine trockene Art spielerisch wirkte, die aber keinen Zweifel daran ließ, dass sich der Autor über das Spielerische an die Realität herantastete: »was / machten / die mächtigen / machten / die ohne macht / nicht / was die mächtigen / machen?« Hatten die *republikanischen gedichte* (1959) Randbemerkungen zum Staat dargestellt, so stellten die *gedichte am rand* (1963) ausdrückliche Randbemerkungen zur Bibel dar. In den *Leichenreden* (1969), seinem bislang populärsten Buch, weicht das spielerische Element einem eindringlichen Protest gegen den Tod.

Eine große Wirkung innerhalb der schweizerdeutschen Literatur erzielten seine Gedichte in der Berner Umgangssprache, *Rosa Loui* (1967). Marti sagte von ihnen, sie sollten »die zerbröckelnde Ideologie schollenverklebter Gemütspoesie, die das Feld bernischer Dialektdichtung noch immer beherrscht, vollends zersetzen«. Manche dieser

Gedichte, z.B. »wie geits?« (»es chunnt / es geit / ganz zerscht / chunnt meh / als geit / doch gly / chunnts so / wies geit / und bald / geit meh / als chunnt / bis / alles geit / und nüt meh chunnt«) sind heute schon fast zu Klassikern geworden und haben zu einer Wiederbelebung der Mundartliteratur beigetragen, für die Walter Vogt den Begriff »Modern Mundart« geprägt hat.

Bei Martis bisher einzigem Roman, *Die Riesin* (1975), handelt es sich weniger um einen Roman als vielmehr um verschiedene Auslegungsversuche eines rätselhaften Vorgangs – der Autor selbst nennt ihn im Untertitel einen *Bericht*. Kurt Martis erzählerische Stärke liegt wohl ganz allgemein eher in der kurzen Form. Seine Kurzgeschichten werfen ein unerbittliches Licht auf den Normalbetrieb (*dorfgeschichten*, 1960; *bürgerliche geschichten*, 1981) oder es stoßen Alltägliches und Unalltägliches auf eine Art zusammen, welche die Abgründe des Alltags spürbar macht (*Nachtgeschichten*, 1987). In seinen Aphorismen und Tagebüchern, (*Zum Beispiel: Bern 1972*, 1973; *Zärtlichkeit und Schmerz*, 1981; *Ruhe und Ordnung*, 1984; *Im Sternzeichen des Esels, 1995*) begegnen wir einem äußerst unbestechlichen Beobachter der politischen und gesellschaftlichen Mechanismen. Für diese Werke gilt speziell, was Peter Bichsel über den Autor sagte, nämlich: »Wer erkunden möchte, was literarisch, politisch und kulturpolitisch in den letzten dreißig Jahren in der Schweiz geschah, dem könnte als Information das Werk von Kurt Marti genügen.« Sein politisches Tagebuch *Zum Beispiel: Bern* trug ihm übrigens eine gerichtliche Klage des Zürcher Nationalrats Ernst Cincera ein, den er in diesem Buch kritisierte. Marti war immer das, was man nach seinem Verständnis in der Nachfolge Christi sein sollte: unbequem.

»Wunsch, dass Gott ein Tätigkeitswort werde.« Mit diesem Satz schließt *Zärtlichkeit und Schmerz*, eine Sammlung teils aphoristischer Prosa, in der Marti über die Heimatlosigkeit theologischen Denkens in der heutigen Gesellschaft reflektiert. Mit seiner literarischen Produktion löst er diese Frage für sich, als poetischer Theologe, als theologischer Poet, nachzulesen unter anderem in dem Sammelband *Schon wieder heute* (1982) oder *Tagebuch mit Bäumen* (1985). *kleine zeitrevue* (1998) ist so etwas wie ein autobiografischer Gang durch seine Lebenszeit in lyrischer Form.

In *Högerland* (1990), das Marti im Untertitel *Ein Fußgängerbuch* nennt, trifft sich der Poet mit dem Spötter, etwa wenn er zwischen Autobahnwüsten das Grab von Max Horkheimer sucht (»In dieser Gegend pulsiert, was man für Leben hält«) oder wenn er den als privat umzäunten Geistsee gefunden hat (»Gefangen und einsam so: der Geist, sein See«) oder wenn er zu Hause nicht mehr weiß, wohin mit sich (»Erste Person Einzahl: Wie langweilig«). Der Fußgänger als Verkörperung einer menschlichen Lebens- und Wahrnehmungsform, dem das Flüchtige nicht entwischt, taucht bei Marti immer wieder auf. *Die Hoffnung geht zu Fuß*nennt er einen Tagebuchband seiner fünfbändigen Werkausgabe.

Ebenso vielfältig wie sein literarisches Œuvre ist sein religiöses und exegetisches, welches von seinen Predigten *Das Markus-Evangelium* (1967), *Das Aufgebot zum Frieden* (1969), *Bundesgenosse Gott* (1972), *Der Gottesplanet* (1988) über Lieder für Kirchengesangbücher bis zu seinem vierbändigen Werk über die Psalmen reicht, *Die Psalmen* (1991–93). Auch in seinen Auslegungen und Predigten zeigt sich uns ein Denker, der Christsein nur als eine lebendige Haltung verstehen kann, die sich den Problemen der Gegenwart stellen muss. Er fordert zu einem Christentum auf, das sich nicht als Ruhe, sondern als Unruhe begreift, das sich nicht mit den regierenden Mächten verbündet, sondern sich zugunsten der Ohnmächtigen gegen sie verschwört, das den Menschen nicht Antworten geben will, sondern Fragen, das nicht primär an den Herrn glaubt, sondern an den »Aufstand Gottes gegen die Herren«.

Franz Hohler

Werke: *Boulevard Bikini*, G., Biel 1959; *republikanische gedichte*, St. Gallen 1959; *Dorfgeschichten*, Gütersl. 1960, erw. Ausg. u. d. T. *Wohnen zeitaus*, Zür. 1965, erw. Ausg. u. d. urspr. T. Darmst. 1983; *gedichte am rand*, Teufen 1963, erw. Ausg. u. d. T. *geduld und revolte – die gedichte am rand*, Stg. 1984; *Das Spiel des Schreibens. Text für die Expo 1964 in Lausanne*, Burgdorf 1964; *gedichte, alfabeete & cymbalklang*, Bln. 1966; *Die Schweiz und ihre Schriftsteller – die Schriftsteller und ihre Schweiz*, Zür. 1966; *Rosa Loui – vierzg gedicht ir bärner umgangsschprach*, Neuwied 1967; *Trainingstexte*, Zür. 1967; *Das Markus-Evangelium*, Basel 1967; *Leichenreden*, Neuwied 1969; *Das Aufgebot zum Frieden*, Basel 1969; *Abratzky oder Die kleine Brockhütte. Lexikon in einem Band*, Neuwied 1971; *Heil-Vetia*, G., Basel 1971, erw. Ausg. 1981; *Paraburi. Eine Sprachtraube*, Bern 1972; *Bundesgenosse Gott*, Basel 1972; *Dialog Christ/Marxist*, zus. m. K. Farner, Zür. 1972; *Zum Beispiel: Bern 1972. Ein politisches Tagebuch*, Darmst. 1973; *Undereinisch – gedicht ir bärner umgangsschprach*, Darmst. 1973; *meergedichte alpengedichte*, Bln. 1975; *Die Riesin. Ein Bericht*, Darmst. 1975; *Nancy Neujahr & Co.*, G., Leverkusen 1976; *Grenzver-*

kehr. Ein Christ im Umgang mit Kultur, Literatur und Kunst, Ess., Neukirchen-Vluyn 1976; *Der Mensch ist nicht für das Christentum da. Ein Streitgespräch*, zus. m. R. Mächler, Hbg. 1977; *Zärtlichkeit und Schmerz. Notizen*, Darmst. 1979; *Ein Abend in Lehrer Meilis ruhigem Leben und Drei Prophezeiungen des Leonardo da Vinci*, Bern 1980; *abendland*, G., Darmst. 1980; *Bürgerliche Geschichten*, Darmst. 1981; *Für eine Welt ohne Angst. Berichte, Geschichten, Gedichte*, Hbg. 1981; *Widerspruch für Gott und Menschen. Aufsätze und Notizen*, Freib./Br. 1982; *Gottesbefragung. Der 1. Johannisbrief heute*, Stg. 1982; *Schon wieder heute. Ausgewählte Gedichte 1959–80*, Darmst. 1982; *Schöpfungsglaube. Die Ökologie Gottes*, Stg. 1984; *Ruhe und Ordnung. Aufzeichnungen, Abschweifungen*, 1980–83, Darmst. 1984; *Wo chiemte mer hi? gedicht und schtückli in bärner umgangsschprach*, Münsingen 1984; *Tagebuch mit Bäumen*, Darmst. 1985; *Schilfgräser*, Aphor., Lugnorre 1985; *Zart und genau. Reflexionen, Geschichten, Gedichte, Predigten*, Bln. 1985; *Lachen, Weinen, Lieben. Ermutigungen zum Leben*, Stg. 1985; *O Gott!*, Ess. u. Meditationen, Stg. 1986; *Mein barfüßig Lob*, G., Darmst. 1987; *Nachtgeschichten*, Darmst. 1987; *Ungrund Liebe. Klagen, Wünsche, Lieder*, Stg. 1987; *Red' und Antwort. Rechenschaft im G'spräch*, Stg. 1988; *Der Gottesplanet. Aufsätze und Predigten*, Darmst. 1988; *Ausgewählte Gedichte*, Ffm. 1989; *Die gesellige Gottheit*, Diskurs, Stg. 1989; *Högerland. Ein Fußgängerbuch*, Hbg. 1990; *Herausgehoben, Notizen und Details*, Stg. 1990; *Die Psalmen 1–150, Annäherungen*, Stg. 1991–93 (Bd. 1: *Die Psalmen Davids* (1–41), 1991. Bd. 2: *Die Pslamen 42–72*, 1992. Bd. 3: *Die Psalmen 73–106*, 1992. Bd. 4: *Die Pslamen 107–150*, 1993); *Da geht da sein. Gedichte*, Hbg. 1993; *Damit der Mensch endlich wird, was er sein könnte. Streitgespräch mit Robert Mächler*, Zür. 1993, Neuausg. u. d. T. *Woher eine Ethik nehmen? Streitgespräch mit Robert Mächler*, Zür. 2002; *Fromme Geschichten*, Stg. 1994; *Erinnerung an die DDR und einige ihrer Christen*, Zür. 1994; *Im Sternzeichen des Esels, Sätze, Sprünge, Spiralen*, Zür./Frauenfeld 1995; *Gottgerneklein*, G., Stg. 1995; *Werkauswahl in 5 Bänden*, Zür./Frauenfeld 1996 (Bd. 1: *Neapel sehen*, En.; Bd. 2: *Unter der Hintertreppe der Engel. Wortstücke und Notizen*; Bd. 3: *Turbulenzen und Träume. Tagebücher 1;* Bd. 4: *Die Hoffnung geht zu Fuß. Tagebücher* 2; Bd. 5: *Namenszug mit Mond*, G.); *Von der Weltleidenschaft Gottes. Denkskizzen*, Stg. 1998; *kleine zeitrevue. Erzählgedichte*, Zür. 1999; *Der heilige Geist ist keine Zimmerlinde. 80 ausgewählte Texte*, Stg. 2000; *Das Lachen des Delphins. Notizen und Details*, Zür. 2001; *Der cherubinische Velofahrer und andere Belustigungen*, Zür. 2001; *Der Prediger Salomo. Weisheit inmitten der Globalisierung*, Stg. 2002.

Martin, Marko, wurde am 17. 9. 1970 in Burgstädt/Sachsen geboren. Nach der Verweigerung des Wehrdienstes verließ er im Mai 1989 die DDR, holte am Bodensee das Abitur nach und studierte in Berlin Germanistik, Politikwissenschaft und Geschichte. Während dieser Zeit veröffentlichte er seine ersten literarischen und publizistischen Arbeiten. Zwischen 1993 und 1995 hielt er sich in Paris auf, im Herbst 1994 als Stipendiat der Arthur F. Burns Fellowship in San Francisco. Seitdem lebt er als freier Autor in Berlin.

In seinem Buchdebüt *Mit dem Taxi nach Karthago* (1994) versammelt Martin Reiseprosa, Gedichte und Essays, die einen ungewohnten Blick auf das wiedervereinigte Deutschland und die Welt werfen. Es meldet sich ein junger Ostdeutscher zu Wort, der, dem Sozialismus kurz vor dessen Zusammenbruch entronnen, die gewonnene Freiheit in »selbstverständlich eitlen, geschwätzigen, privatistischen und unzuverlässig subjektiven« Texten feiert. Mit seinen Reisen nach Nordafrika und Israel, nach Paris, Prag oder Klagenfurt lässt er das »*Vielleicht später*... dieses gemütliche Vertrösten, dieses genügsame Abwarten im ungelebten Leben« hinter sich und nimmt, erstaunlich instinktsicher, sogleich einen eigenen intellektuellen und poetischen Raum in Besitz. Gegen östliche Larmoyanz und die Umarmungen der »Verständnis-Wessis« verteidigt er seine Erfahrungen mit einer spöttischen Souveränität, die Ralph Giordano als »ein Lichtblick in deutscher Finsternis« erscheint. – *Orwell, Koestler und all die anderen. Melvin J. Lasky und »Der Monat«* (1999) enthält neben einer Dokumentation und Rückblicken beteiligter Publizisten einen ausführlichen Essay über die Rolle der von Lasky herausgegebenen Zeitschrift in Nachkriegsdeutschland. In ihm bekennt sich Martin zu einem gesellschaftsbezogenen Schreiben, zu einer im Gegensatz zu deutscher Innerlichkeit und den Verführungen des Totalitarismus stehenden betont westlichen, d. h. libertären Sichtweise.

Während der Autor sich bisher vor allem als Publizist einen Namen machte, tritt er 2000 mit dem opulenten Roman *Der Prinz von Berlin* an die Öffentlichkeit. Indem er einen Libanesen zu seinem Helden wählt, kann Martin Berlin sich in den Augen eines Orientalen spiegeln lassen, so wie es Montesquieu einst mit Paris getan hat. Jamal Kassim wurde zum Ingenieurstudium nach Berlin geschickt, doch betreibt er vor allem seine Emanzipation von familiären, religiösen und ethnischen Fesseln bis hin zum Ausleben seiner neu entdeckten Homosexualität. Seine Beobachtungen in Schwulenbars und Plattenbauten, an Currywurstbuden und auf den Partys der Kulturschickeria sind allerdings zu bissig und kenntnisreich, als dass sie hinter der Maske einer männlichen Scheherazade das Gesicht des sächsischen Zeitzeugen Martin verbergen können. Nach vergeblichen Versuchen, sich zuerst als Märchenprinz der Darkrooms zu stilisieren und später das Kaufgeld für eine arabische Jungfrau auf dem Bau zu erarbeiten, winkt Jamal schließlich eine Zweckheirat mit der »Elfenkönigin« Katja.

Bernd Wagner

Werke: *Mit dem Taxi nach Karthago. Reiseprosa, Gedichte, Essays*, mit einem Vorwort von Hans Christoph Buch, Hdbg. 1994; *Orwell, Koestler und all die anderen. Melvin J. Lasky und »Der Monat«*, Asendorf 1999; *Ein Fenster zur Welt. 70 Essays aus vier Jahrzehnten »Der Monat«*, Hg., Weinheim 2000; *Der Prinz von Berlin*, R., Bln. 2000.

Martin, Thomas, wurde am 31. 10. 1963 als Sohn eines Chemieprofessors in Berlin/DDR geboren. Er war nach dem Abitur zunächst als Transportarbeiter und danach als Regieassistent, Dramaturg und Bühnenautor am Deutschen Theater und am Berliner Ensemble tätig. 1993 gründete er in Venedig die Freie Gruppe »Teatro Furioso«. 1997 erhielt er das Autorenstipendium des Landes Berlin, 2003 die Literaturförderung der Stiftung Preußische Seehandlung.

Der vielseitige Autor ist zunächst als Stückbearbeiter in Erscheinung getreten. Sein Erstling *Calderóns Tochter der Luft* (1992) nach einer Vorlage von Pedro Calderón de la Barca wirft mit einem Stoff aus den assyrischen Kriegen im 9. Jh. v. Chr. Fragen nach den Grenzen der politischen Loyalität im Kampf um die bloße Macht auf. Auch die Stückemontagen *Schwarze Fahnen* (UA 1997) nach Strindberg und *Krähwinkelfreiheit* (UA 1998) nach Nestroy entwickeln ohne ausdrückliche Gegenwartsbezüge ihre Aktualität direkt aus den Konfliktstoffen der Vorlagen. In *Schwarze Fahnen* geht es um den Realitätsverlust der Intellektuellenschicht. Der Geist wird unter der Fremdherrschaft eines toten Ideals zum Gespenst und macht die Geistesschaffenden zu sich gegenseitig heimsuchenden Spukgestalten. Auch die Frauenemanzipation steht hier unter dem Verdacht, lediglich Maske eines an sich selbst vampirisch gewordenen Bürgertums zu sein. In *Krähwinkelfreiheit* wiederum vermengt Martin drei Possen Nestroys zu einem szenischen Gebräu, das gleichsam unter dem Feuer frühbürgerlicher Revolutionserwartung die Substanz von Freiheit und Humanität bis auf einen kannibalistischen Bodensatz verkocht. Die in der Provinzposse verpuffende Befreiungsenergie schlägt allmählich um zur blutigen Groteske mit zunehmend globalisierender Potenz. *Heimatstück* (UA 2002) schließlich zeigt Szenen der eigenen Erfahrung mit dem stets obsessiv gebrauchten Vehikel der Revolutionsbewegungen in Deutschland. Wieder steht das Freiheitsversprechen – diesmal als »Friedliche Revolution« in der DDR von 1989 – im sarkastischen Widerspruch zur Trägheit des Fleisches. Motive sozialer Utopien, die der Realsozialismus per Dekret in Geiselhaft genommen hatte, lösen sich nach dem Ausbruch aus den Mauern in der Luft der freien Marktwirtschaft auf. Übrig bleibt der Körper und das unglückliche Bewusstsein, nur als Toter aus dem Albtraum der Geschichte erwachen und den utopischen Kredit der Gesellschaft mehren zu müssen. Der monologische Schlussakt »Die Zeitung« gerät zu einem Abgesang auf die eigene Identität als einem Fleisch gewordenen Manko in der kapitalistischen Zeitrechnung. Da der Erscheinungstag der zufällig gefundenen Zeitung mit dem Geburtsdatum des Akteurs identisch ist, jene sich aber mit ihren Schreckensmeldungen in nichts Wesentlichem von den Nachrichten der Gegenwart unterscheidet, drängt sich dem Finder das Gefühl auf, dass die einzige authentische Einheit für ihn diejenige von Geburt und Tod sei.

Die beiden Lyrikbände *Sehzwang vor Allem* (1997) und *Der Garten* (2003) versammeln mit elegischem Lakonismus Argumente des Zusehens und Aufschreckens in einer Zeit der betriebsblinden Verdrängungen. »Die Welt ist keine Bühne mehr. Ein potemkinsches Dorf / Dem die Bewohner ausgegangen sind nach zu langem Warten / Auf die Kutsche der Fürsten Dafür die Händler / Hocken in den Nischen zwischen Ruine und Neubau / An ihren Ständen mit dem Müll unserer Tage …«, heißt es in *Das Möbiusgedicht* (*Sehzwang*). Das lyrische Subjekt greift darin verzweifelt und dennoch nur darum nach politischen Extremen, um sie – wie um Schlimmeres zu verhindern – der Bodenlosigkeit seiner Utopiehoffnung einzuverleiben. Eine sich durch die gesamte poetische Arbeit ziehende Auseinandersetzung mit Dichtern der Antike und der klassischen Moderne führte den Autor in *Der Garten* (2003) zu drei Texten nach Horaz und Ovid, die anhand des Schicksals einiger Gebrauchsgegenstände aus Holz die widersprüchlichen Verhältnisse zwischen Formwillen, Sinngebung und Zweckbestimmung thematisieren.

Berlinische Leben (2003) schildert in an Walter Benjamin und Franz Hessel geschulter essayistischer Prosa Streifzüge durch die deutsche Hauptstadt nach der staatlichen Wiedervereinigung. Mit Gespür für prägnante Details, das Thomas Martin bei seiner jahrelangen Beitragsarbeit für diverse Zeitungskolumnen entwickelte, werden ausgewählte Merk- und Denkwürdigkeiten im weitläufigen Straßenbild aus dem Schatten ihrer Alltäglichkeit gehoben und der Stadtgeschichte zur Ergänzung anheim gegeben.

Andreas Koziol

Werke: *Calderóns Tochter der Luft*, Theaterst., Bln. 1992/2002; *John Donne – Todes Duell*, m. Schpl., Übs. u. Hg., Bln. 1995; *Monologe und Stein*, G., m. Lithografien v. Mark Lammert, Bln. 1996; *Sehzwang vor Allem*, G., Lpz., Ffm., Bln. 1997; *Schwarze Fahnen*, Theaterst., Bln. 2002, UA Stockholm 1997; *Krähwinkelfreiheit*, Theaterst., UA Wien 1998; *Tochter der Träume*, szen. Lesestück, Bln. 2000, UA Lyon 2001; *Heimatstück*, Theaterst., Bln. 2002, UA Lyon 2002; *Der Garten oder Fotografieren lernen heißt Sterben lernen*, m. Fotografien v. Arno Fischer, Bln. 2003; *Berlinische Leben*, Ess. u. Pr., m. Fotografien v. Franziska Hauser, Bln. 2003.

Matthies, Frank-Wolf, wurde am 4. 10. 1951 in Ost-Berlin geboren. Nach dem Abitur 1970 begann er in seiner Heimatstadt eine Lehre als Kunstschlosser, die er wegen Krankheit abbrechen musste. Von da an war er in verschiedenen Berufen tätig. 1973 wurde er durch den Staatssicherheitsdienst der DDR verhaftet, ein Großteil seiner Manuskripte wurde im Zuge dessen beschlagnahmt. 1975 leistete er seinen Wehrersatzdienst als Bausoldat ab. Im selben Jahr erschienen durch Vermittlung von Franz Fühmann seine ersten Veröffentlichungen in Literaturzeitschriften und im Rundfunk der DDR. Seit 1977 ist Matthies als freier Schriftsteller tätig. In der DDR mit Veröffentlichungsverbot belegt, wurde sein erster selbstständiger Band 1979 in der Bundesrepublik publiziert. Nach Erscheinen des Bandes *Unbewohnter Raum mit Möbeln* (1980) verhaftete man ihn erneut und ermittelte gegen ihn wegen »nicht genehmigter Veröffentlichungen im Ausland«. Unter den diesmal beschlagnahmten Manuskripten befanden sich Vorarbeiten zu einem Roman-Essay über Rabelais und Machiavelli (*Diarium des Fliegenden*). Auf Fürsprache mehrerer Schriftsteller (u.a. Franz Fühmann und Stephan Hermlin) wurde Matthies aus der Haft entlassen. Seinem daraufhin gestellten Ausreiseantrag wurde stattgegeben, sodass er 1981 mit seiner Familie nach West-Berlin übersiedeln konnte. 1974 erhielt er den Lyrik-Preis der FDJ, 1981 das Berlin-Stipendium, 1981/82 war er Stipendiat des Deutschen Literaturfonds, 1983/84 Stipendiat der Villa Massimo in Rom, 1998 erhielt er das Arnim-Stipendium im Künstlerhaus Schloss Wiepersdorf und den Karl-Kraus-Preis. Matthies wohnte bis 1994 in Berlin, seither lebt er in Friedrichsthal bei Berlin.

Das Schreiben von Frank-Wolf Matthies ist wesentlich geprägt durch seine Erfahrungen und Auseinandersetzungen in der DDR. Zu DDR-Zeiten ging es dem Schriftsteller nicht (nur) um vordergründige Attacken gegen staatliche Willkür und deren Vertreter und Handlanger, sondern um das Aufzeigen der tief greifenden Folgen für Menschen, die unter einem Unterdrückungssystem leiden. Die Motivation seines frühen Schreibens dokumentiert sich in seiner ersten Publikation *Morgen* (1979), die Texte aus den Jahren 1969 bis 1978 versammelt, besonders deutlich: »also formuliere ich nicht in der absicht, schuldige zu denunzieren, sondern um vorgänge, die mich beunruhigen, sichtbar zu machen, sie erkennbar zu machen, um einen noch möglichen widerstand zu diesen verhaltensweisen zu mobilisieren, denn die folgen des sich-drein-findens sind absehbar: vereinsamung, zunehmende entfremdung des menschen von sich selbst & der damit verbundene niedergang der sprache« (*Notizen nach dem zweiten Lesen von Peter Handkes Theater und Film: Das Elend des Vergleichens*). Nicht ohne Ironie und entsprechend seinem aufklärerischen Anliegen nennt Matthies auch die anvisierten Zielgruppen seiner Texte: »ich schreibe für die benutzer / der betonsilos am röderplatz / (...) & für die beamten / der DEUTSCHEN VOLKS / POLIZEI (...) / & ich schreibe für die putz / frau in meinem betrieb (...) / & ich schreibe auch & vor / allem für meine generation (...) / aber ich schreibe auch für die / anderen: Die JUNGEN POETEN / die ihren weltschmerz in / die POESIEALBEN der verordneten / meinung kotzen (...) / & ich schreibe für JENE die DIESE / Angst hat (...): diese scheißangst / die mir mut macht (...)« (*Nachtrag ins Vernehmungsprotokoll*).
Auf die privaten Fluchtburgen in Pankow und am Prenzlauer Berg, Orte der kritischen Auseinandersetzung innerhalb der nichtoffiziellen Szene in Ost-Berlin, blickte Matthies in dem in der Bundesrepublik und Rom entstandenen *Tagebuch Fortunes* (1985) zurück. Hatte er in den ersten Publikationen – abgesehen von einzelnen experimentellen Versuchen – traditionelle Stilelemente erprobt, durchbricht er in *Fortunes Tagebuch* »erstarrte Konventionen« (Michael Braun). In 24 Kapiteln montiert und kombiniert Matthies zahllose Prosafragmente, in denen er Beobachtungen und Eindrücke aus beiden Teilen Deutschlands bzw. Berlins festhält. (Tag-)Träume, Gedankensplitter, Assoziationen und vieldeutige Anspielungen und Notate sind zu einem in seiner Gesamtheit schwer dechiffrierbaren »Kryptogramm« (M. Braun) verwoben. Ein beigefügtes

ausführliches Glossar soll das Verständnis erleichtern.
Dass sein Verhältnis zur Bundesrepublik nicht frei von Skepsis blieb, wird in seinem Briefwechsel mit dem 1981 nach 48-jährigem Exil nach Deutschland zurückgekehrten Schriftsteller Werner Landsburgh deutlich. Für Matthies, der nach seiner Ausreise aus der DDR, wie er es formulierte, »in der eigenen Fremde: wie eh und je« lebt, blieb die Sprache der Poesie weiterhin das zuverlässige Medium, sich zu artikulieren. Auch die neue Umgebung provozierte ihn zur Auseinandersetzung. Der Titel des Erzählbandes *Die Labyrinthe des Glücks oder Der Endzweck der Welt ist ein Buch* (1990) bekräftigt und beschwört dieses Verhältnis zur Sprache noch einmal. Doch die Voraussetzungen für sein Schreiben haben sich nach 1989 grundlegend verändert. Und so verweist das, was der Autor in diesem schmalen Text ausdrückt, auf die grundsätzliche Problematik, die jahrzehntelang bedrückende persönliche wie gesellschaftliche Erfahrung literarisch (noch) wirkungsvoll zu abstrahieren, nachdem das dafür verantwortliche System sich selbst bereits ad absurdum geführt hat. Matthies findet zwar mit dem Märchenton eine poetische Möglichkeit, das gerade noch Gewesene in ein fernes »Es war einmal ...« zu entrücken, aber die Geschichte vom Fall des sagenhaften Reiches Ioch wurde selbst von einer literarisch interessierten Öffentlichkeit kaum wahrgenommen. 1994 zog sich Matthies ins Umland von Berlin zurück, um sein bis dahin umfangreichstes Werk *Aeneis* (1997), eine »kaum verhüllte Paraphrase auf den *Ulysses*« (Hannes Schwenger), zu schreiben. Dass Matthies mit diesem Text keinen konventionellen Roman vorlegen wollte, überrascht nicht. Seine Schreibweise konsequent fortsetzend, komponierte er mit *Aeneis* ein anspielungsreiches und formal facettenreiches Werk, zu dessen Stärke z.B. Einschübe fantastischer, teils märchenhafter Episoden, zu dessen Schwäche jedoch die vordergründig wertende Bezugnahme auf (ehemalige) DDR-Schriftstellerkollegen zählen. 2001 legte Matthies *Auf der Suche nach dem verlogenen Blei oder 1 Junkie an König Ubus Hof* vor, »Band 1, 12 von 36 Ubu-Romanen«.

Petra Ernst

Werke: *Morgen. Lyrik und Prosa*, Reinbek 1979; *Französische Lyrik der Gegenwart*, Übs., Bln. 1980; *Unbewohnter Raum mit Möbeln*, Pr., Reinbek 1980; *Für Patricia im Winter. Gedichte und 3 Manifeste*, Reinbek 1981; *Exil. Ein Briefwechsel mit W. Landsburgh*, Ess., G. u. Dok., Köln 1983; *Peter Hille: Brennende Einsamkeit*, Übs. ins Norwegische, Oslo 1984; *Tagebuch Fortunes*, R., Ffm. 1985; *Die Sehn-Sucht. Reisetagebuch in Briefen*, Amsterdam 1986; *Stadt*, G. u. Pr., Hofheim 1986; *Gelächter*, Pr., Hofheim 1987; *Franz Lövenhertz*, Märchen, Bln. 1987; *Ossip Mandelstam: Unterwegs auf Glas*, Übs., Hbg. 1987; *Inventar der Irrtümer*, Bln. 1988; *Die Labyrinthe des Glücks oder Der Endzweck der Welt ist ein Buch*, Pr., Hbg. 1990; *Poet's Corner 10*, G., Bln. 1992; *Du bist der Ort vor dem Ende der Welt*, G., Bln. 1992; *Adressen aus den Heften für Patricia. Gedichte 1981–1989*, m. Zeichnungen v. Gerd Wandrer, Bln. 1993; *Omerus Volkmund. Fünf Erzählungen sowie Kupferstiche aus dem Briefwechsel der Familie des Kinderfreundes*, Bln. 1994; *Aeneis*, R., Bln. 1997; *Ein Lügner muss ein gutes Gedächtnis haben*, E., Bln. 1998; *Manifeste des DaDaeRismus*, m. Grafiken v. Lutz Leibner, Bln. 1998; *Auf der Suche nach dem verlogenen Blei oder 1 Junkie an König Ubus Hof*, Band 1, 12 von 36 Ubu-Romanen, Bln. 2001; *Von der Erotik des Zeiten vernichten*, G., Bln. 2002.

Maurer, Georg, wurde am 11. 3. 1907 in Sächsisch-Regen (Rumänien) als Sohn einer Lehrerfamilie geboren. Er zog 1911 mit den Eltern nach Bukarest, lernte mit neun Jahren bei seinem Vater Hochdeutsch und besuchte deutsch-evangelische Schulen. Von 1926, dem Erscheinungsjahr erster Gedichte, bis 1934 studierte er in Leipzig und Berlin Kunstgeschichte, Germanistik und Philosophie, arbeitete dann als Kunstkritiker und Lokalreporter für die »Neue Leipziger Zeitung« und ging für ein Jahr nach Rumänien zurück. 1940 wurde er Soldat und dabei vorwiegend als Dolmetscher in Rumänien eingesetzt. 1945 kehrte er aus sowjetischer Kriegsgefangenschaft heim und arbeitete fortan als freier Mitarbeiter beim Mitteldeutschen Rundfunk in Leipzig und als freier Schriftsteller. Von 1955 an lehrte er bis zu seinem Tode am 4. 8. 1971 in Potsdam am Leipziger Literaturinstitut, seit 1961 als Professor. Maurer war seit 1965 Mitglied der Akademie der Künste und des Schriftstellerverbandes der DDR. 1948 erhielt er den Literaturpreis der Stadt Weimar, 1961 den Johannes-R.-Becher-Preis, 1964 den Kunstpreis der Stadt Leipzig, 1965 den Nationalpreis der DDR und 1972 posthum den F.-C.-Weiskopf-Preis.
Maurer begann mit klassizistisch-glatten Hymnen und Sonetten (*Ewige Stimmen*, 1936; *Gesänge der Zeit*, 1948), in denen er, von Rilke beeinflusst, eine christlich-humanistische Weltanschauung versifizierte. Dann entdeckte er Marx, übernahm dessen Sicht einer Gesetzmäßigkeit der Veränderung der Welt und erfasste sie in symbolreichen Bildern (*Zweiundvierzig Sonette*, 1953; Die *Elemente*, 1955). Allmählich entwickelte sich Maurer zum

bewussten Sozialisten, er wollte sich die Welt aneignen, wollte den Menschen als Naturwesen begreifen, wollte Entfremdung aufzeigen (Zyklen *Bewusstsein*, 1956, u. *Selbstbildnis*, 1957), er kam »von idealistischer Schau zu materialistischem Bewusstsein« (Gerhard Wolf). Maurer sah nun, was sich in der Gesellschaftsordnung der DDR veränderte, er rief die westdeutsche Landschaft als Zeugin gegen die Restauration in der BRD auf und lobte die »Großbauten des Kommunismus« in der Sowjetunion (*Poetische Reise*, 1959). Später wandte sich Maurer mehr den einfachen Dingen des Alltags zu (*Dreistrophenkalender*, 1961), statt der Sonette Shakespeares und der Hymnen Hölderlins steht bei dieser magielosen Natur- und Liebes-Lyrik das Volkslied Pate. Als sein Hauptwerk betrachtete Maurer den Zyklus *Das Unsere* (1962), in dem er, gegen Rilke gewandt, an die Stelle der Klage über die Entfremdung des Menschen das Selbstbewusstsein der in einer gesetzmäßigen Entwicklung stehenden Zeitgenossen setzte. Diese Haltung belegte er auch in seinen späteren Arbeiten (*Stromkreis*, 1964; *Im Blick der Uralten*, 1965) in immer neuen Bildern und Gleichnissen. Große Bedeutung kommt dem Pädagogen Maurer zu. Er beeinflusste mit seinen Forderungen nach genauem Gestalten, nach aktivem Eingreifen in die gesellschaftlichen Prozesse, nach kritischer Aufnahme des literarischen Erbes, eine ganze Generation von DDR-Lyrikern.

Konrad Franke

Werke: *Ewige Stimmen*, G., Lpz. 1936; *Gesänge der Zeit. Hymnen und Sonette*, Lpz. 1948; *Z. Stancu: Barfuß*, R., Übs., Ost-Bln. 1951; *Die Armen halten Gericht. Rumänische En. aus 100 Jahren*, Übs., Ost-Bln. 1953; *42 Sonette*, Ost-Bln. 1953; *J. L. Caragiale: Dramen*, Übs., Ost-Bln. 1954; *Die Elemente. Freie Rhythmen*, Lpz. 1955; *J. L. Caragiale: Eine stürmische Nacht*, Übs., Lpz. 1956; *Gedichte aus zehn Jahren*, Ost-Bln. 1956; *Lob der Venus. Sonette*, Ost-Bln. 1956; *Der Dichter und seine Zeit*, Ess. u. Kritiken, Ost-Bln. 1956; *Poetische Reise*, G., Ost-Bln. 1959; *J. L. Caragiale: Ein Glückspilz*, Nn., Übs., Ost-Bln. 1969; *E. Jebeleanu: Das Lächeln Hiroshimas*, Übs., Ost-Bln. 1960; *Dreistrophenkalender*, G., Halle 1961; *Gedichte*, Ausw., Lpz. 1962, erw. Ausg. 1968; *Gestalten der Liebe*, G., Halle 1964; *Stromkreis*, G., Lpz. 1964; *Variationen*, G., Lpz. 1964, veränd. Ausg. Halle 1965; *Im Blick der Uralten*, G., Lpz. 1965; *V. Colin: Sagen aus Vams Land*, Kinderb., Übs., Ost-Bln. 1967; *Gespräche*, G., Halle 1967; *Essay 1*, Halle 1969; *Kreise*, G., Halle 1970; *Gedichte*, hg. v. Bernd Jentzsch, Ost-Bln. 1971 (= Poesiealbum 43); *Erfahrene Welt*, G., Halle 1973; *Essay 2*, Halle 1973; *Dichtung ist deine Welt. Selbstaussagen u. Versuche zum Werk*, G., hg. v. Gerhard Wolf, Halle 1973; *Unter dem Maulbeerbaum*, ausgew. G., hg. v. G. Wolf, Ffm. 1977; *G. M.s. immerwährender Dreistrophenkalender*, hg. v. E. Grüttner, Halle 1979; *Was vermag Lyrik? Ess., Reden, Briefe*, hg. v. Heinz Czechowski, Lpz. 1982; *Werke*, 2 Bde., hg. v. W. u. C. Hartinger u. E. Maurer, Halle 1987.

Maus, Stephan, wurde am 16. 8. 1968 in Berlin geboren. Er studierte Literaturwissenschaften in Caen und Aix-en-Provence, anschließend Informationswissenschaften in Lille. Er lebt als freier Schriftsteller und Literaturkritiker in Berlin.

Hajo ist ein Verwandlungskünstler, ein Meister der Metamorphosen, ein Kopf mit 1000 Gesichtern. Hajo hat einen bezeichnenden Nachnamen: Er heißt »Löwenzahn«! Löwenzahn ist der Protagonist ... nein, Löwenzahn ist die »Galaxie«, das Erzähluniversum gleichen Namens. Hajo Löwenzahn ist eine Erfindung von Stephan Maus.

Hajo Löwenzahn liegt in der Badewanne, am Fußende ein aufblasbarer Globus. Er träumt, er wäre die Welt und die Welt wäre er. Träumend erfindet er eine multiple, kaleidoskopische, sich ständig verändernde Figur. Diese Figur ist zu allen Zeiten, ist überall und nirgends existent, ist Mann, Frau, Tier und Ding, lebt in der Luft, zu Wasser, auf der Erde und im Innern ihrer eigenen, unterschiedlichen Körper.

Löwenzahn ist ein Wesen mit vielen, d.h. ohne besondere Eigenschaften. Er hat alle möglichen und unmöglichen Berufe, er ist Shakespeare, ein Heimatdichter, er ist der Erfinder seines Autors. Und Löwenzahn ist eine Pusteblume. Eine dieser Pusteblumen hatte in ihrer Jugend dichten wollen, wie »The Cure« Musik macht. Älter geworden, möchte sie schreiben können, wie Glenn Gould Bachs »Englische Suiten« spielt. Also träumt sie so genannte »Badewannendivertimentis«, 182 suiten-ähnliche kurze Texte.

Das Ergebnis dieser feuchten Träumerei ist eine überschwappende Wanne verrückter Einfälle. Geradezu überwältigend die Fantasie und schier unendlich die Fähigkeit von Löwenzahns Erfinder, Assoziationsketten generieren, Stil- und Tonlagen ändern, intelligente Diskurse führen und schlechte Witze reißen zu können.

Dass Maus ein fröhlicher Dekonstrukteur ist, der in allen literarischen Wassern gebadet zu haben scheint, der seine Baudrillards, Deleuzes und Virilos genauso kennt wie seine Nabokovs, seine Burroughs' und Serners, das stellt er auch in seinem zweiten Buch *Alles Mafia! Eine Gangsta-Rhapsodie* unter Beweis.

Nina, seine Erzählerin, lässt zwischen dem ersten Satz (»Hast du mal Feuer?«) und dem letzten (»Ich rauche nicht«), also in nicht mal einer halben Sekunde, die Geschichte einer gefährlichen Dreiecksbeziehung Revue passieren: Wie sie, die 30-Jährige, sich nämlich erst in Than, einen vietnamesischen Zigaretten-Schwarzhändler, verliebt, um schließlich Thans Boss, dem skrupellosen, gewalttätigen Ninja! zu verfallen, einer verunglückten (und verunstalteten) Gen-Züchtung chinesischer Biologie-Studenten. Jedoch: Die Geschichte dieser exzessiven, mit der Ermordungs Thans endenden Amour fou ist nichts als bloße Folie. Denn was Maus vor allem interessiert, sind die sprachlichen Mittel, die Ninas »Katastrophengebiet der Erinnerungen« evozieren können.

War es in *Hajo Löwenzahn* das Divertimento, ist es in *Alles Mafia!* nun die Rhapsodie, per Definition das »formal völlig freie, freirhythmische Gedicht« oder die Prosa als »leidenschaftlicher, begeisterter Erguss einer erregten, erschütterten Seele«.

Wie in seinem Erstling zündet Maus erneut ein wahres Feuerwerk an originellen, ausgefallenen Formulierungen, an Wortneuschöpfungen und Klangspielereien. Aus allen möglichen Quellen – Wort-Trash, Werbeslogans, offiziösen, zu Gemeinplätzen gewordenen Phrasen, Filmdialogen, Pop-Songs und literarischen Zitaten – montiert er einen bilderreichen Sprachstrom, der seiner kurzen Sätze und seiner Rhythmik wegen bisweilen wie ein Rap-Song klingt.

Für die Geschichte Ninas, d.h. für die extremen Zustände, in die Nina gerät, hat Maus damit eine überzeugende, zwingende Form gefunden.

Norbert Wehr

Werke: *Hajo Löwenzahn. Ein Badewannendivertimento,* R., Hamburg 1998; *Der Auftrag oder Die Sache mit Frazer,* Hsp., Radio Bremen 1998; *Alles Mafia! Eine Gangsta-Rhapsodie,* R., Berlin 2000; *Elmores Apokalypse,* Hsp., DeutschlandRadio Berlin 2001; *Zitatsalat,* Pr., Köln 2002; *diskurs/ende/leben,* Hsp., WDR 2002.

Mayenburg, Marius von, wurde am 21. 2. 1972 in München geboren. Nach dem Abitur studierte er Altgermanistik, erst in München, ab 1992 in Berlin. Ab 1994 studierte er an der Berliner Hochschule der Künste szenisches Schreiben. An der Baracke des Deutschen Theater arbeitete er in der Dramaturgie mit. 1999 übersiedelte er gemeinsam mit dem Team von Thomas Ostermeier an die Schaubühne am Lehniner Platz. Hier arbeitet er als Dramaturg und Hausautor. 1997 wurde er mit dem Kleist-Förderpreis für junge Dramatiker und dem Preis der Frankfurter Autorenstiftung ausgezeichnet.

Mayenburg Erstlingsstück *Haarmann* (1995) greift den Fall des Fleischhändlers und Polizeispitzels Fritz Haarmann auf, eines Massenmörders, der 1925 in Hannover wegen 24 bewiesener Morde an jungen Männern hingerichtet wurde. In hart gegeneinander montierten Kurzszenen beleuchtet Mayenburg einen Täter, dessen Motive rätselhaft bleiben. Er zeichnet mit drastischen Mitteln ein verarmtes Zwischenkriegsmilieu nach, ohne allerdings in der klassischen Tradition des Sozialdramas in den Verhältnissen den Schuldigen zu suchen. Auf Erklärungen für Gewalt wird Mayenburg auch in seinen Folgestücken verzichten. Nach dem in eigener Regie in Berlin uraufgeführten Theaterstück *Messerhelden* (1996) und den beiden grotesken Einaktern *Fräulein Danzer* (1996) und *Monsterdämmerung* (1996) beschreibt er in *Feuergesicht* (1997) die Zerrüttung einer bürgerlichen Kleinfamilie. Die beiden pubertierenden Geschwister Kurt und Olga legen die Nachbarschaft mit selbst gebastelten Brandsätzen in Schutt und Asche. Die Beziehung zu den wohlmeinenden Eltern ist von Anfang an gestört und eskaliert am Ende in einem Doppelmord. Wieder beruht das Stück auf dem Montageprinzip schneller Dialoge und monologischer Einschübe. Die Tatmotive erscheinen diesmal allerdings gänzlich undurchschaubar, sind die Familienverhältnisse in einem sozialliberalen Wohlstandsmilieu doch grundlegend solide.

»Mayenburgs Figuren haben keine Gegner außer sich selbst«, brachte der Dramatiker Werner Buhs in seiner Laudatio zur Verleihung des Kleist-Förderpreises an den Autor die Figurenzeichnung auf den Punkt. Der Leser bzw. Zuschauer, dem bewusst keine Lösungen angeboten werden, so Mayenburg, bleibt gänzlich auf sich selbst gestellt. Mit *Feuergesicht* etablierte sich Mayenburg als eines der dramatischen Sprachrohre einer Generation, die auf deutschsprachigen Bühnen bewusst wieder Geschichten erzählt.

Die Aussichtslosigkeit von Mayenburgs Figuren gilt in verschärftem Maße auch für die fünf Figuren im Folgestück *Parasiten* (2000). Die schwangere Friederike verlässt ihren Freund Petrik und wird, nachdem sie am Rande der Autobahn zusammengebrochen ist, von ihrer Schwester Betsi aufgenommen. Diese lebt mit ihrem querschnittsgelähmten Freund Ringo in einer Beziehung, in der man sich beinahe gegenseitig zerfleischt. Das Maß an Unglück, aus dem sich keine der hier versammelten Randexistenzen befreien kann, übertrifft jegliches Maß herkömmlichen sozialkritischen Schreibens. Anders als

in Stücken einer Marieluise Fleißer oder eines Franz Xaver Kroetz sind Mayenburgs Figuren allerdings selbst innerlich verrottet – und nicht unbedingt ihre Umwelt, die Mayenburg in seinem Stück ausklammert. Dadurch entsteht ein bedrückend geschlossenes System des Elends und der sozialen Kälte.
In seinem Stück *Das kalte Kind* (2002) vertraut Mayenburg auf die Mittel der Groteske. In einem Berliner Szenecafé verstrickt sich eine Kleinfamilie in einen Reigen von Paarbeziehungen unter den Cafégästen. Auf der Toilette entblößt sich Henning vor der Studentin Lena und wird damit zum Ehestifter. Johann, ein anderer Cafébesucher, rettet Lena vor dem Provinz-Exhibitionisten und heiratet sie. In Henning verknallt sich dagegen Lenas jüngere Schwester Tine. Der Zielgerichtetheit dieser komödiantischen Verstrickungen steht die völlige Leere von Mayenburgs Figuren gegenüber. Sie flüchten in der Vermeidung größeren Übels in die Arme des nächstbesten. Dort finden sie allerdings genauso wenig Halt wie alle anderen Figuren Mayenburgs auch.

Stephan Hilpold

Werke: *Haarmann*, Theaterst., 1995, UA Hann. 2001; *Messerhelden*, Theaterst., UA Bln. 1996; *Fräulein Danzer*, Theaterst., Bln. 1996; *Monsterdämmerung*, Theaterst., UA Bln. 1997; *Feuergesicht*, Theaterst., UA München 1997, gedr. Ffm. 2000; *Psychopathen*, Theaterst., UA Wien 1998; *Parasiten*, Theaterst., UA Hbg. 2000, gedr. Ffm. 2000; *Das kalte Kind*, Theaterst., UA Bln. 2002; *Sarah Kane: Gier*, Übs., Reinbek 2000.

Mayröcker, Friederike, wurde am 20. 12. 1924 in Wien geboren. Sie studierte englische Philologie und arbeitete von 1946–1969 als Englischlehrerin in Wien, wo sie heute als freie Schriftstellerin lebt. Die ersten literarischen Arbeiten entstanden 1939 und wurden in der Wiener Avantgarde-Zeitschrift »Plan« veröffentlicht. 1956 erfolgte die erste Buchpublikation, die zweite schloss sich zehn Jahre später an. Seither legt Mayröcker in stetem Wechsel Gedichte, lange und kurze Prosa, Reflexionen zur Kunst sowie Hörspiele vor. Auch Kinderbücher und Bühnentexte aus ihrer Hand existieren. Sie ist Mitglied einer Reihe von Akademien und Foren; zudem erhielt sie zahlreiche hervorragende Literaturpreise, so 1968 den Hörspielpreis der Kriegsblinden (gemeinsam mit Ernst Jandl), 1982 den Großen Österreichischen Staatspreis, 1993 den Friedrich-Hölderlin-Preis der Stadt Bad Homburg, 1996 den Großen Literaturpreis der Bayerischen Akademie der Schönen Künste, 2001 den Georg-Büchner-Preis.
Mayröckers vielfältiges Werk zielt von Anfang an auf die sprachliche Wahrheit des Menschen. In ihren Bewusstseinstexten fächert Sprache sich in Valenzen und Bedeutungen auf; Zustände und Dinge sollen in »einem Kranz von Assoziationsmöglichkeiten« sichtbar gemacht werden. Daher mag rühren, was von manchen als das Träumerisch-Versponnene der Autorin Friederike Mayröcker empfunden wird, doch darf die »eiserne Form«, die sie ihren Themen gibt, dabei nicht übersehen werden. Handwerklich schulte Mayröcker sich für die exakte Arbeit mit Wörtern und Rhythmen an der »Wiener Gruppe« sowie den Cut- und Montagetechniken der Dadaisten und Surrealisten, deren Ansätze besonders in ihrem Frühwerk Spuren hinterlassen haben. »Ich habe immer vermieden, eine Story zu machen, das heißt ich sehe nirgends eine Story. Ich sehe auch im Ablauf meines Lebens oder im Leben überhaupt keine storyähnlichen Erscheinungen« (F. Mayröcker, 1975). Dieses Nein zum Narrativen ist als Klischee fest in der Mayröcker-Rezeption verankert. Ein genauerer Blick jedoch zeigt, dass die Autorin stets neue Muster erzählerischer Anordnung erfindet. Insbesondere in den späten Prosawerken arbeitet sie daran, die Grenze zum Narrativen (im traditionellen Sinn) neu auszuloten.
*Larifari. Ein konfuses Buch (*1956) versammelt Ansätze und Selbstvergewisserungen einer Autorin, deren doppelter Schreibgestus – der Wunsch, sich ins Schreiben zurückzuziehen und doch mit anderen zu kommunizieren – bereits hier sichtbar wird. Erst Jahre später kann Mayröckers Gedichtband *Tod durch Musen* (1966) erscheinen, der die Autorin schlagartig bekannt macht. In der Zwischenzeit ist Mayröcker Lebenspartnerin von Ernst Jandl, der Austausch mit ihm und Autoren der »Wiener Gruppe«, insbesondere mit Andreas Okopenko und H. C. Artmann, führte zu einer Explosion ihres eigenen Textkosmos. In den Bänden *minimonsters traumlexikon* (1968) und *Phantom Fan* (1971) erschreibt sie sich den Dialog fiktiver Figuren, entwickelt Ironie und Abstand. Neue Muster der Texterstellung und Stimmführung werden in den ab 1966 mit Ernst Jandl zusammen entstehenden Hörspielen erprobt, etwa *Fünf Mann Menschen* (1968) und *Gemeinsame Kindheit* (1970).
Die verschiedenen neuen Schreibstimmen führt Mayröcker zum ersten Mal in *je ein umwölkter Gipfel* (1973) zusammen. Redeteile wandern von Figur zu Figur, als wäre Sprache zu Wolken kondensiert und lagere sich um diesen oder jenen Gipfel = Menschen an. Durch die Anwesenheit mehre-

rer Figuren, die miteinander kommunizieren und doch zugleich Selbstgespräche führen, entsteht der Eindruck eines Austausches auf essenzieller Ebene, die geheimste Wünsche, Verletzungen und Träume berührt.

Die Werke *Das Licht in der Landschaft* (1973/74), *Fast ein Frühling des Markus M.* (1975/76) sowie *Heiligenanstalt* (1978) vervollständigen die Technik der mehrfach gleitenden Stimmführung. Durch konkrete Szenen und Alltagsbeobachtungen wird das Geschehen immer wieder an das Verstehen des Lesers gebunden. Im Rückblick führen diese Texte auf die langen Prosawerke zu, die Mayröcker in den Achtzigerjahren in Angriff nimmt. Sie finden einen ersten Höhepunkt in *Die Abschiede* (1980), setzen sich mit *Reise durch die Nacht* (1984) und *Das Herzzerreißende der Dinge* (1985) fort. Die Texte konzentrieren sich zunehmend auf eine Ich-Schreib-Figur, die sich akribisch in allen Irritationen wahrnimmt und die eigene Widersprüchlichkeit offen legt. Erzählt wird nicht linear, sondern in der runden Gestalt einer Zeit, die Vergangenheit, Gegenwart und Zukunft umgreift. Momentaufnahmen sind zu einem dichten Netzwerk motivischer Korrespondenzen gebündelt – jede Figur erscheint auf dem Hintergrund der ihr eigenen Vergangenheit und Zukunft. So werden in *Die Abschiede*, die vom Anfang und Ende einer Liebesgeschichte handeln, alle Formen von Abschieden im Leben der beiden Hauptfiguren aneinander gelegt sichtbar. Es entsteht ein Denk- und Möglichkeitskompendium unseres Daseins, begleitet von steten Reflexionen im Text darauf, was hier getan wird.

mein Herz mein Zimmer mein Name (1988), über 300 Seiten stark, entfaltet einen leitmotivisch gearbeiteten, fiebrig sich aufschichtenden Monolog, in dem das sprech-schreibende Ich in einem einzigen Satz zwischen Selbstgespräch und Kommunikationsversuchen mit einem Gegenüber (dem Ohrenbeichtvater) sowie verschiedenen Briefpartnern oszilliert. Ein wortmächtiges Stimmgeflecht entfaltet sich, sein Kern – und seine Bedingung – heißen Verausgabung und Selbstzerfleischung. Das Ich schreibt mit dem ganzen Körper, unter Einsatz von allem, was es ist und hat. Das Thema der Obsession zieht sich durch eine Reihe von Arbeiten dieser Jahre, in dem Gedichtband *Das besessene Alter* (1992) bestimmt es sogar den Titel. Das schreibende Ich presst sich selbst, um Sprache auszupressen und an ihre Grenzen zu treiben; der Unterschied zwischen Leben und Schreiben wird so weit wie möglich aufgehoben. Nicht durch Sprache hindurch, sondern in ihr erscheinen Figuren und Themen eines Textes. Kompositionsprinzip ist ein rückhaltloses Sammeln der Wirklichkeit. Biografie und Fiktion werden willentlich vermischt, doch natürlich ist das Biografische bearbeitet und fiktionalisiert. Nicht über das Schreiben der Mayröcker, sondern vom Verfassen der Welt im Text unseres - eigenen Kopfes handelt dieses Werk.

In *Stillleben* (1991) fingiert jedes Kapitel den Abschluss eines Buches, das aus den vorangehenden Kapiteln besteht. Marginalien oder »Verbaleinfälle« begleiten den Text. Immer deutlicher tritt die Zerrissenheit der textuellen Ich-Figur zwischen dem Wunsch nach Kommunikation und nach Rückzug in die Abgeschiedenheit der Wortarbeit hervor. In *Lection* (1994) verzichtet Mayröcker zum ersten Mal auf den Aufbau des Textes durch die ständige Ansprache einer fiktiven Bezugsfigur. Zu ihr wird der Leser; parallel dazu tauchen vermehrt die realen Namen von Gesprächs- und Briefpartnern auf, vermischt mit Bezügen vor allem auf das durch seine Naturbeobachtungen ausgezeichnete *Journal* des Jesuiten G. M. Hopkins. Sollte in *mein Herz mein Zimmer mein Name* der (Text-)Körper ausgeschüttet werden, so unterzieht *Lection* ihn vielfachen physischen und psychischen Verwandlungen.

brütt oder Die seufzenden Gärten (1998), als Tagebuch angelegt, ist geschrieben aus der Perspektive einer alten Frau, die ihre letzte Liebesgeschichte erlebt. Begehren, Verzweiflung, Sehnsucht, Selbstentblößung und Rückzug beziehen sich dabei stets sowohl auf die Liebe als auf den Text, der sich mit dem möglichen Gescheitertsein des eigenen Werkes auseinander setzt. Eine zunehmende Selbstzerfleischung im Schreiben und eine beispiellose Anstrengung der Ehrlichkeit werden hier zu Voraussetzungen textueller Erkenntnis, gepaart mit Souveränität, Demut und einem Schuss Selbstironie.

Mayröckers erster Gedichtband, *Tod durch Musen* (1966), versammelt Texte aus zwanzig Jahren, die von den erlebnisgeprägten Anfängen der Dichterin bis zu den langen, flächig über die Seiten verteilten Poemen der Sechzigerjahre reichen. Assoziationssprünge, neue Metaphern und die Arbeit mit rhythmischen Versatzstücken sowie Wiederholungen kennzeichnen diese Gedichte, die stets darauf zielen, nicht ein Text über, sondern ein Text mit etwas zu sein. Interpunktion wird dabei zunehmend als Atem- und Lautstärkezeichen eingesetzt. Die Arbeit mit Wörtern fasst die wahrgenommene Welt und das wahrnehmende Subjekt gleichermaßen in den Blick. Parallel zur Prosa radikalisiert sich auch

Mayröckers poetisches Schreiben in den Achtzigern. Spätestens mit *Das besessene Alter* (1992) wird der eigene Körper in allen Zuständen zur Vorratskammer der Poesie, das Ich erscheint sich als »Worteinmarschzone«. Biografische Spuren koppeln sich mit Bilderfindungen, exakte Datierungen mit Anredeversuchen. Viele Gedichte entspinnen ein Du-ich-Zwiegespräch; oft sind die Texte untereinander durch Metaphern und Entstehungsdaten verschränkt. Die Themen des Alterns und der (natürlichen) Erneuerung, des Verlustes und der Wiederkehr bestimmen von nun an Mayröckers poetisches Werk. *Notizen auf einem Kamel* (1996) überraschte durch die vermehrte Wendung zu einfachen Formen. Ein direkterer, auch bescheidener Zugang zu Gefühlen ist erschrieben. Leise dringen die Texte in tiefe Schichten innerer Beunruhigung, vor allem die den Band in zwei Schüben durchziehenden Gedichte zum Tod der Mutter. Bild- und Landschaften folgen einander. *Mein Arbeitstirol* (2003) setzt diese Tendenz fort. Abschieds- und Liebesgedichte für den 2000 verstorbenen Ernst Jandl durchziehen den Band. Durch die chronologische Anordnung lässt sich die enge Verschränkung von Leben und Schreiben der Dichterin verfolgen. Anrührendes, Untergründiges und Spracherfinderisches gehen Hand in Hand; es wird mit Fernrohr und Mikroskop zugleich gesehen.

In den fünf Bänden der *Magischen Blätter* (1983–1999) findet sich ein reiches Kompendium werkbegleitender Gedanken und Arbeiten. Reflexionen auf andere Künstler (etwa J. S. Bach, Breton, Jean Paul, Max Ernst, Dalí), insbesondere aber Aussagen zur Wirklichkeitswahrnehmung und Schreibhaltung der Autorin werfen Licht auf Entstehungszusammenhänge und Denkwege. Als ihr oberstes Ziel nennt die Autorin, deren literarische Stimme zu den fruchtbarsten unserer Zeit gehört, »einer poetischen Wahrheit gerecht zu werden; gleichzeitig mit größter Maßlosigkeit und größtem Maßhalten arbeiten und dies möglichst ohne Unterbrechung und unverzagt, um in den Sog jenes Rhythmus zu kommen, der einem wunderbarerweise das Schreiben zum Leben macht und das Leben zum Schreiben« (*Magische Blätter II, Mail Art*).

Ulrike Draesner

Werke: *Larifari. Ein konfuses Buch*, Kurzpr., Wien 1956; *metaphorisch*, G., hg. v. Max Bense u. E. Walther, Stg. 1964; *Texte*, G., Innsbr. 1966; *Tod durch Musen. Poetische Texte*, G., Reinbek 1966; *Sägespäne für mein Herzbluten*, G., Bln. 1967, erw. Ausg. Bln. 1973; *Fünf Mann Menschen*, Hsp., zus. mit Ernst Jandl, SWF 1968, gedr. Neuwied, Bln. 1971; *Minimonsters Traumlexikon*, Pr., Reinbek 1968; *Der Gigant*, Hsp., zus. mit Ernst Jandl, WDR 1969; *Mövenpink oder 12 Häuser*, Hsp., RIAS 1969; *Spaltungen*, Hsp., zus. mit Ernst Jandl, WDR/SWF 1970; *Gemeinsame Kindheit*, Hsp., zus. mit Ernst Jandl, WDR 1970; *Arie auf tönernen Füßen*, Hsp., WDR 1970, gedr. Neuwied, Darmst. 1972; *ANAMNESE. Erinnerung an eine Vorgeschichte*, Hsp., SDR/RB 1970; *Botschaften von Pitt*, Hsp., SDR/RB 1970; *LAND ART*, Hsp., SR 1971; *Phantom Fan*, Pr., Reinbek 1971; *Sinclair Sofokles der Babysaurier*, Kinderb., Wien, Mü. 1971; *Traube*, Fssp., zus. mit Ernst Jandl u. Heinz v. Cramer, WDR 1971; *für vier*, Hsp., NDR 1971; *Tischordnung*, Hsp., WDR 1971; *message comes*, Hsp., RB 1972; *In memoriam Vladimir Kafka*, Bildg., Bln. 1972; *SCHWARMGESANG. Ein stereophones Albumblatt von Friederike Mayröcker u.a.*, Hsp., bearbeitet v. Heinz v. Cramer, SDR 1972; *Blaue Erleuchtungen. Erste Gedichte*, Düsseld. 1973; *je ein umwölkter gipfel*, E., Neuwied, Darmst. 1973; *Gefälle*, Hsp., RIAS 1973; *In langsamen Blitzen*, G., Bln. 1974; *meine träume ein flügelkleid*, Kinderb., Düsseld. 1974; *Augen wie Schaljapin bevor er starb*, Kurzpr., Dornbirn 1974; *ein schatten am weg zur erde*, Hsp., RB 1974; *Das Licht in der Landschaft*, Pr., Ffm. 1975; *schriftungen: oder gerüchte aus dem jenseits*, Pr., Pfaffenweiler 1975; *Drei Hörspiele*, zus. mit Ernst Jandl, Wien 1975; *Fast ein Frühling des Markus M.*, Pr., Ffm. 1976, Hsp., NDR 1977; *Der Tod und das Mädchen*, Hsp., WDR 1977; *rot ist unten*, Kurzpr., G., Hsp., Wien, Mü. 1977; *Heisze Hunde*, Pfaffenweiler 1977; *lütt'koch. Gedicht in 6 Phasen*, Wien 1977; *Bocca della verità*, Hsp., ORF 1977, gedr. Baden bei Wien 1981; *Heiligenanstalt*, Pr., Ffm. 1978; *Schwarmgesang. Szenen für die poetische Bühne*, Hsp., Bln. 1978; *Franz Schubert oder, Wetter-Zettelchen Wien*, Hsp., WDR 1978; *Tochter der Bahn/Der Ureinwohner*, Pr., Düsseld. 1979; *Ausgewählte Gedichte 1944–78*, Ffm. 1979; *Ein Lesebuch*, Pr., G., Hsp., Theaterst., hg. v. G. Lindemann, Ffm. 1979; *Pegas das Pferd*, Kinderb., Salzb. 1980; *Die Abschiede*, Pr., Ffm. 1980; *Schwarze Romanzen. Ein Gedichtzyklus*, Pfaffenweiler 1981; *Treppen*, Pr., St. Pölten 1981; *Ich, der Rabe und der Mond*, Kinderb., Graz 1981; *Beobachtung einer Figur*, Fssp., SR 1981; *So ein Schatten ist der Mensch*, Hsp., RIAS 1982, gedr. Offenbach 1985; *Gute Nacht, guten Morgen. Gedichte 1978–81*, Ffm. 1982; *Magische Blätter*, Kurzpr., Ffm. 1983; *Im Nervensaal, Himmel am zwölften Mai*, Kurzpr. u. Zeichnungen, Wien 1983; *Das Anheben der Arme bei Feuersglut*, G., Pr., hg. v. H. F. Schafroth, Stg. 1984; *Reise durch die Nacht*, Pr., Ffm. 1984, Ost-Bln. 1986; *Rosengarten*, Pr., Pfaffenweiler 1985; *Configurationen*, Pr., Wien 1985; *Das Herzzerreißende der Dinge*, Pr., Ffm. 1985; *Das Jahr Schnee*, G., Pr., Hsp., Ost-Bln. 1985; *Winterglück. Gedichte 1982–85*, Ffm. 1986; *Der Donner des Stillhaltens/Larven, Schemen, Phantome*, Pr. u. Fotografien, zus. m. Bodo Hell, Graz 1986; *Die Umarmung*, nach Picasso, Hsp., WDR 1986; *Votivkopf, weiblich*, Pr., Mü. 1986; *Magische Blätter II*, Kurzpr., Hsp., Gespr., Ffm. 1987; *mein Herz mein Zimmer mein Name*, Pr., Ffm. 1988; *Variantenverzeichnis oder Abendempfindung an Laura*, Hsp., ORF 1988, gedr. Bonn 1989; *Repetitionen*, nach Max

Ernst, Hsp., WDR/NDR 1989; *Jericho*, G., Wien 1989; *UMBRA. DER SCHATTEN. Das ungewisse Garten-Werk*, Pr., m. Arbeiten v. L. Waber, Wien 1989; *Zittergaul*, Kinderb., mit Zeichnungen v. F. M., Ravensburg 1989; *Gesammelte Prosa 1947–75*, Ffm. 1989; *Dekomposition*, Pr., Ffm. 1989; *Aus einem Stein entsprungen: aus einem Verwandtschaftshimmel: zu Karl Prantls Arbeiten in Stein*, Pr., St. Gallen 1989; *Gemeinschaftsarbeit*, Pr., zus. m. Ernst Jandl u. Andreas Okopenko, Siegen 1989; *Empfindliche Träume. Zeichnungen*, Wien 1990; *Entfachung*, G., Wien 1990; *Magische Blätter III*, Kurzpr., Ffm. 1991; *Stillleben*, Pr., Ffm. 1991; *Kinder Ka-Laender, 1965*, Kinderb., Wien 1991; *NADA. NICHTS. Ein Konversationsstück*, UA Wien 1991, Hsp., SDR 1991, gedr. Ffm. 1992; *Phobie der Wäsche*, Pr., Köln 1992; *als es ist. Texte zur Kunst*, Kurzpr., G., Hsp., Salzb. 1992; *Blumenwerk, ländliches Journal/Deinzendorf*, Pr., G., Hsp., Weitra 1992; *Das besessene Alter, Gedichte 1986–1991*, Ffm. 1992; *Poëm auf den Änderungsschneider Aslan Gültekin*, G., Bln. 1992; *Verfaulbett oder die ALMLUNGE*, Pr., Horn 1992; *ABC-thriller, 1968*, Kinderb., Wien 1992; *Veritas. Lyrik und Prosa 1950–1992*, hg. v. Elke Erb, Lpz. 1993; *Obsession*, Hsp., bearb. v. Heinz v. Cramer, BR 1993; BETBLUMEN. *(ein) mein Lieblingstod*, Pr., Weitra 1993; *Nimbus der Kappe*, Pr., Rudolstadt 1993; *Das Alphabet der Friederike Mayröcker (1965)*, Kinderb., Wien 1993; *Mania*, Rede, Zür. 1994; *Schubertnotizen oder das unbestechliche Muster der Ekstase*, Hsp., WDR 1994; *Lection*, Pr., Ffm. 1994; *Bildlegende zu einem absurden Puppentheater*, Pr., Oberursel 1994; *Brancusi »Der Kuss« (Kalkstein) (öcker mal nicht so fromm – aus dem Niedersächsischen Wörterbuch)*, Pr., Oberursel 1994; *ziemlich Gedichtkopfkissen, presque oreiller-poëme*, G., Mainz 1994; *In einer Art ohne Netz*, Gespräche, Pr., Graz 1994; *Magische Blätter IV*, Kurzpr., Ffm. 1995; *Den Fliegenschrank aufgebrochen*, Zeichnungen, Münster 1995; *Kabinett-Notizen, nach James Joyce*, Pr., m. Illustr. v. F. M., Horn 1995; *Notizen auf einem Kamel. Gedichte 1991–1996*, Ffm. 1996; *Anrichteschrank, Stillleben am Morgen*, m. Linolschnitten v. Angela Wolf, Bln. 1996; *Das zu Sehende, das zu Hörende*, Hsp., ORF 1997, gedr. Ffm. 1997; *Portrait Franz Josef Czernin*, Winterthur 1997; *brütt oder Die seufzenden Gärten*, Pr., Ffm. 1998; *Benachbarte Metalle. Ausgewählte Gedichte*, Anordnung v. Thomas Kling, Ffm. 1998; *Blättersitten*, m. Fotos v. M. Gruber, Innsbr. 1999; *Magische Blätter V*, Ffm. 1999; *Dein Wort ist meines Fuszes Leuchte* (oder *Lied der Trennung*), Hsp., ORF 1999; *Das Couvert der Vögel*, Hsp., WDR 2001; *will nicht mehr weiden. Requiem für Ernst Jandl*, Hsp., ORF 2001, *Requiem für Ernst Jandl*, Pr., Ffm. 2001; *Gesammelte Prosa 1949–2001*, 5 Bde., hg. v. Klaus Reichert m. Marcel Beyer u. Klaus Kastberger, Ffm. 2001; *Magische Blätter I–V*, Ffm. 2001; *Mein Arbeitstirol. Gedichte 1996–2001*, Ffm. 2003; *Die kommunizierenden Gefäße*, Pr., Ffm. 2003.

Mechtel, Angelika, wurde am 26. 8. 1943 in Dresden geboren. Ihre Mutter, die Schauspielerin Gisela Osé, flüchtete mit ihren beiden Kindern nach dem Ende des Zweiten Weltkriegs ins Rheinland. 1950 kehrte der Vater, der Journalist Walter Mechtel, aus der russischen Gefangenschaft zurück. Die Familie zog nach München, wo Mechtel bis 1956 die Rudolf-Steiner-Schule besuchte, dann nach Bad Godesberg und Würzburg, wo sie 1962 Abitur machte. Im gleichen Jahr heiratete sie den Schriftsteller und Kleinverleger Wolfhart Eilers, mit dem sie nach München übersiedelte. Mechtel arbeitete jahrelang als Zimmermädchen, kaufmännische Angestellte und Hilfsarbeiterin und lernte auf diese Weise die Arbeitswelt kennen, die sie später in einem Teil ihres Werkes literarisch verarbeitete. Parallel dazu engagierte sie sich in der Redaktion verschiedener Literatur- und Autorenzeitschriften. 1965 führte sie Max von der Grün in die »Dortmunder Gruppe 61« ein. Mechtel, die bereits als Schülerin zu schreiben begonnen hatte, verstand sich zeitlebens als politische Schriftstellerin und arbeitete aktiv in verschiedenen Gremien und Schriftstellervereinigungen mit: Von 1970 bis 1991 war sie Mitglied im Verband Deutscher Schriftsteller (VS) und bekleidete lange Jahre Vorstandsämter auf der Landes- und Bundesebene. 1991 jedoch verließ sie den VS aus Protest gegen die inkonsequente Haltung in der Rushdie-Affäre. 1972 wurde sie Mitglied im P.E.N.-Zentrum, dem sie von 1982 bis 1991 als Präsidiumsmitglied angehörte, von 1983 bis 1991 als Vizepräsidentin. Bis 1991 war sie Beauftragte des Komitees »Writers in Prison«. Für ihr umfangreiches und vielseitiges Werk erhielt sie zahlreiche Preise, darunter 1971 den Tukan-Literaturpreis der Stadt München, 1984 den Kinderliteraturpreis der Stadt Berlin und 1994 den Verdienstorden des Landes Nordrhein-Westfalen. 1989 wurde ihr die Hermann-Kesten-Medaille für Verdienste um verfolgte Schriftsteller verliehen. Nach dem Scheitern ihrer Ehe lebte sie mit dem Schriftsteller Gerd E. Hoffmann zusammen, zumeist in Köln, zuletzt immer häufiger auch in Boquerón auf Puerto Rico. Angelika Mechtel erlag am 8. 2. 2000 in der Domstadt ihrem Krebsleiden.

Bekannt wurde Mechtel 1968 mit ihrem ersten Erzählband *Die feinen Totengräber*, der bereits die ihr eigene Technik des assoziativen, knappen und artifiziellen Schreibstils zeigt, der die Autorin immer wieder die Realität des Alltags transzendieren lässt. Der Durchbruch gelang mit dem Roman *Kaputte Spiele* (1970), der mehrfach ausgezeichnet und in zahlreiche Sprachen übersetzt wurde. Das Buch thematisiert das Lebensgefühl der 68er-Generation, die vergeblich gegen Konsumwahn und kleinbürgerliche Enge protestierte und schließlich resignierte.

Mechtels wachsende Unzufriedenheit mit einer Intellektuellenprosa, die nur von einer kleinen und elitären Gruppe des Literaturbetriebs gelesen und geschätzt wird, führte sie ab 1970 zu einer emanzipatorischen Trivialliteratur, um auch vom Normalleser beachtet zu werden. Ihre didaktische Absicht, sozialkritische Themen in naiver Schreibweise zu fixieren, setzte sie erstmals in dem umfangreichen Roman *Friss Vogel* (1972) um, der das Schicksal ihres Vaters beschreibt, der 1967 als SDR-Korrespondent des Deutschen Fernsehens in Aden bei Dreharbeiten erschossen wurde. Das Ergebnis ist ein Roman ohne Höhepunkte und Spannung, der seine aufklärerische Intention ebenso verfehlt wie die Romane *Das gläserne Paradies* (1973) und *Die Blindgängerin. Geschichte einer allein stehenden Frau* (1974). Weitaus überzeugender, da authentischer wirken dagegen die beiden Dokumentationen aus jenen Jahren, *Alte Schriftsteller in der Bundesrepublik* (1972) und *Ein Plädoyer für uns. Frauen und Mütter von Strafgefangenen berichten* (1975).

In dem autobiografischen Roman *Wir sind arm, wir sind reich* (1977) findet Mechtel wieder zu einer bewusst literarischen Ausdrucksweise zurück. Zugleich wagt sie den Schritt von der Arbeiter- zur Frauenliteratur. Aus der Perspektive der 13-jährigen Marnie entsteht ein zeitkritisches Sittenbild der Fünfzigerjahre. Nur Sebastian, der ehemalige Spanienkämpfer, der in der konsumorientierten und vergangenheitsblinden neuen Gesellschaft keinen Platz mehr findet, kann ihre Fragen beantworten.

Anfang der Achtzigerjahre legte Mechtel eine Reihe mehr oder weniger geglückter Frauenromane vor, deren Protagonistinnen aus ihren vorgegebenen Rollen auszubrechen versuchen. Aufsehen erregte der Roman *Die andere Hälfte der Welt oder Frühstücksgespräche mit Paula* (1980), da er der neu erwachten Sehnsucht der Literatur nach Romantik und Innerlichkeit Rechnung trug – ungeachtet des kühlen und dadurch distanzierten Stils der Autorin. Die Ich-Erzählerin kann sich nicht dazu entscheiden, das kalte Klima einer männlich dominierten Kleinstadt zu verlassen. Ihre ehemalige Klassenkameradin Paula, mit der sie Frühstücksgespräche führt, wagt den Absprung. Sie verliebt sich in einen Spanier und folgt ihm nach Süden in die »andere Hälfte der Welt«.

1987 erkrankte Mechtel an Krebs, der in der Folgezeit auch ihr literarisches Schaffen bestimmte. *Jeden Tag will ich leben. Ein Krebstagebuch* (1990) zeigt ihren Kampf gegen Angst und Depression, aber auch gegen eine Medizin, die den Patienten nicht mehr als Menschen begreift.

Die letzten beiden großen Werke sind historische Romane. In *Die Prinzipalin* (1994) blickt die sterbende Caroline Neuber selbstbewusst und eigensinnig auf ihr bewegtes Leben zurück, an dessen Ende zwar die Vergeblichkeit aller Bemühungen steht, das sie aber als das für sie einzig mögliche empfindet. *Das kurze heldenhafte Leben des Don Roberto* (1999) erzählt die Geschichte eines karibischen Freibeuters aus dem frühen 19. Jahrhundert, der durch die Friedensvereinbarungen des Wiener Kongresses zu einem Gesetzlosen wird. Die neuen Machtverhältnisse und die Verschiebung der politischen Gewichte zwischen Europa und den USA zeigen, wie berechtigt das Misstrauen gegenüber einer Rechtsordnung ist, die nur den Mächtigen nützt. In beiden Romanen gelingt es Mechtel, ihre auseinander strebenden Schreibimpulse zu disziplinieren und den Hang zum Artifiziellen mit dem Anspruch nach Authentizität zu versöhnen. Besonders ihr letzter Roman zeigt, was sie bereits in frühen Jahren anstrebte: souverän und unangestrengt zu erzählen, ohne trivial zu werden.

Waltraud Müller-Ruch/Hermann Ruch

Werke: *Gegen Eis und Flut*, G., Mü. 1963; *Lachschärpe*, G., Mü. 1965; *Die feinen Totengräber*, En., Mü. 1968; *Die Belagerung des gläsernen Turms oder Das zyklische Leben der Maria S.*, Hsp., SWF 1969; *Niederlage eines Ungehorsamen oder Der Fall Wolfgang M.*, Hsp., SWF/SDR 1969; *Die Puppe in meinem Kopf*, Hsp., SWF 1969; *Komm, Elisa, lass dich beißen*, Hsp., SWF 1970; *Kaputte Spiele*, R., Mü. 1970; *Hochhausgeschichten*, Hsp., WDR 1970; *Hochhausgeschichten*, En., Mü. 1971; *Das Leben ist Schreiben*, Film, ARD 1972; *Alte Schriftsteller in der Bundesrepublik. Gespräche und Dokumente*, Mü. 1972; *Friss Vogel*, R., Mü. 1972; *Märchen von einem, der auszog das Fürchten zu lernen*, Hsp., NDR 1973; *Mut zur eigenen Courage*, Hsp., SWF 1973; *Heiliger Sankt Florian*, Hsp., SWF 1973; *Vier Zimmer, Küche, Bad*, Hsp.-Serie, SWF 1973–1976; *Das gläserne Paradies*, R., Percha 1973; *Die Blindgängerin. Geschichte einer alleinstehenden Frau*, R., Percha 1974; *Fußball und Idole*, Hsp., BR 1974; *Lokalseite unten links*, div. Drehb. f. Fernsehserie, zus. mit anderen, ARD 1975–1978; *Ein Plädoyer für uns. Frauen und Mütter von Strafgefangenen berichten. Gespräche u. Dokumente*, Percha 1975; *Hallo Vivi. Ein Roman nicht nur für Mädchen*, Bayreuth 1975; *Motiv – Liebe*, div. Drehb. f. Fernsehserie, zus. mit anderen, ARD 1976; *Die Freistunde*, Hsp., SWF 1976; *Wenn einer eine Reise tut*, Hsp., SWF 1976; *Hilf dir selbst*, Hsp., SWF 1976; *Ein schmerzlicher Verlust*, Hsp., SWF 1976; *Kinder, Kinder*, Hsp., SWF 1976; *Vater, Sohn und Ritterkreuz*, Hsp. SWF/HR 1976; *Bereitschaftsdienst*, Hsp., SWF/HR 1976; *Keep*

Smiling oder Weiter im Leichtlohntrott, En., Mü. 1976; *Die Träume der Füchsin*, En., Stg. 1976; *Kitty Brombeere. Ein Roman für Kinder in 22 Kapiteln*, Bayreuth 1976; *Das Puppengesicht*, Pr., Ost-Bln. 1977; *Wir sind arm, wir sind reich*, R., Stg. 1977; *Wir in den Wohnsilos*, G., Pforzheim 1978; *Kitty und Kay*, Jugendb., Bayreuth 1978; *Strafe ohne Urteil*, Film, zus. m. E. Itzenplitz, ZDF 1979; *Eva Jones: Dreizehn*, R., Übs., Reinbek 1979; *Die andere Hälfte oder Frühstücksgespräche mit Paula*, R., Mü. 1980; *Frau über vierzig*, div. Drehb. f. Fernsehserie, zus. mit anderen, ZDF 1981; *Meine zärtlichste Freundin*, G., Pforzheim 1981; *Maxie Möchtegern*, Kinderb., Bayreuth 1981; *Es geht, es geht. Zeitgenössische Schriftsteller und ihr Beitrag zum Frieden – Grenzen und Möglichkeiten*, Mit-Hg., Mü. 1982; *Gott und die Liedermacherin*, R., Mü. 1983; *Die Reise nach Tamerland*, Kinderb., Bayreuth 1984; *Janne und der Traumabschneider*, Kinderb., Bayreuth 1985; *Das Mädchen und der Pinguin. Geschichten und Nichtgeschichten*, Kinderb., Mü. 1986; *Himmelsgevögel*, G., Pforzheim 1986; *Jonas, Julia und die Geister*, Kinderb., Bindlach 1988; *Zwiesprache mit einem Schweigenden und andere Geschichten*, Würzburg 1989; *Gummitwist und Hexenbesen*, Kinderb., Hbg. 1989; *Der Engel auf dem Dach. Und andere Weihnachtsgeschichten*, Bindlach 1989; *Jeden Tag will ich leben. Ein Krebstagebuch*, Ffm. 1990; *Kitty geht ihren Weg*, Jugendb., Bindlach 1990; *Simon Monster und die Märchenfee*, Kinderb., m. Illustr. v. Charlotte Panowsky, Bindlach 1990; *Flucht ins fremde Paradies*, Jugendb., Ravensburg 1991; *Friedensgeschichten*, m. Illustr. v. Barbara Massmann, Bindlach 1991; *Ferien mit Zitrone*, Kinderb., m. Illustr. v. Michael Schober, Würzburg 1992; *Cold Turkey. Die Drogenkarriere des Andreas B.*, Jugendb., Ravensburg 1992; *Schulklassengeschichten*, Bindlach 1992; *Paula bei den Walen*, Kinderb., Bindlach 1993; *Der Wunschplanet. Eine Geschichte in 18 Kapiteln für Kinder und Eltern und alle, die den Planeten Erde lieben*, Recklinghausen 1993; *Tropenzeit*, zus. m. Gerd E. Hoffmann, München 1993; *Rettet Jorinde!*, Kinderb., Würzburg 1994; *Die Prinzipalin*, R., Ffm. 1994; *Ikarus. Geschichten aus der Unwirklichkeit*, Ffm. 1994; *Mein gelbes Tier. Ausgewählte Gedichte 1962–1994*, Weilerswist 1995; *Das kurze heldenhafte Leben des Don Roberto. Ein karibischer Roman erzählt nach den spärlichen Dokumenten über die Karriere des Piraten Roberto Cofresie*, Ffm. 1999.

Meckel, Christoph, wurde am 12. 6. 1935 in Berlin geboren. Sein Vater, Eberhard Meckel, war Schriftsteller und Johann-Peter-Hebel-Forscher. Meckel besuchte in Freiburg das Gymnasium bis zur Oberprima und studierte im Anschluss daran Grafik an der dortigen Kunstakademie (1954/55) sowie an der Kunstakademie München (1956). Grafik und Literatur sind bei Meckel bis heute gleichberechtigte Künste; 1956 erschien sein erstes Buch mit Gedichten und Radierungen, *Tarnkappe*. Seitdem hat Meckel mehr als 100 Bücher veröffentlicht und in über 60 Einzelausstellungen in der ganzen Welt seine Grafik gezeigt. Meckel ist Miglied des P.E.N.-Zentrums der Bundesrepublik Deutschland, der Akademie für Sprache und Dichtung in Darmstadt und der Mainzer Akademie der Wissenschaften und der Literatur. Ihm wurden zahlreiche Literaturpreise verliehen, unter anderem 1979 der Rainer-Maria-Rilke-Preis für Lyrik, 1981 der Literaturpreis der Freien Hansestadt Bremen, 1981 der Ernst-Meister-Preis der Stadt Hagen, 1982 der Georg-Trakl-Preis der Stadt Salzburg, 1993 der Kasseler Literaturpreis für grotesken Humor und 1998 die Ehrengabe der Deutschen Schillerstiftung Weimar. 1988 hatte Meckel die Poetik-Dozentur der Universität Frankfurt am Main inne.

Die frühen Gedichte Meckels, von Brecht und der Lyrik des Expressionismus beeinflusst, sind in stark metaphorischer Diktion geschrieben: assoziativ-reihende und parabelhafte Gedichte. Meckel erprobt hier fast das ganze lyrische Formenrepertoire, schreibt in Reimen und in freien Rhythmen, reflektiert schreibend die Tätigkeit des Schriftstellers. Als Motive dominieren Enttäuschung, Resignation und Hoffnungslosigkeit angesichts der Entwicklung im Nachkriegsdeutschland des beginnenden Wirtschaftswunders. Liebesgedichte, Gedichte, die an Kindheitsstunden erinnern und emphatische Bilder des Dichters, Weltenbummlers und Filous verweisen bereits auf die späteren Themenschwerpunkte Meckels. Mit dem Gedichtband *Wildnisse* (1962) wird Meckels eigenständige lyrische Sprache deutlicher vernehmbar; groteske Erzählgedichte, Landschaftsgedichte und Balladen bilden nun die bevorzugten Formen. *Die Balladen des Thomas Balkan* (1969) entwerfen in pathetischem Ton, auf mythische Gestalten, Götter und Märchen rekurrierend, die Geschichte der Menschheit als Kette von Hoffnungsverlust, Unrecht und Barbarei. Aufklärung durch genaues Sprechen, nicht Aufruf zu politischem Handeln ist für Meckel in dem Band *Die Dummheit liefert uns ans Messer. Ein Zeitgespräch in zehn Sonetten von C. M. und Volker von Törne* (1967) Aufgabe und Möglichkeit von Literatur. »Das Gedicht ist nicht der Ort, wo Schönheit gepflegt wird ... Das Gedicht ist der Ort der zu Tode verwundeten Wahrheit«, heißt es in *Wen es angeht* (1974). Die Gedichtbände *Säure* (1979), *Souterrain* (1984) und *Anzahlung auf ein Glas Wasser* (1987) fügen sich zusammen zur Trilogie *Die Komödien der Hölle*. In poetischen Miniaturen werden die Episoden einer gescheiterten Liebesbeziehung in die Erinnerung zurückgerufen: Schmerz und Lust, Flüchtigkeit des Glücks und Einsamkeit, Erlebnismomente und Reflexionen werden tagebuchartig notiert.

In der Erzählung *Tullipan* (1965) beschreibt Meckel die Begegnung eines Schriftstellers mit einem Geschöpf seiner Fantasie. Tullipan, die vom Erzähler ausgedachte Person, steht plötzlich in der Tür. Im Haus des Schriftstellers untergebracht, tritt Tullipan in eine alltägliche Realität, die ihn sehr bald zum Außenseiter abstempelt. Da auch sein Erfinder ihn vorwiegend mit Vorschriften und Verboten malträtiert, verschwindet Tullipan eines Tages und taucht nur noch sporadisch als Figur in den Träumen seines Erfinders auf. Erst jetzt bekennt sich der Schriftsteller zu Tullipan und schützt ihn vor den Angriffen der Gesellschaft. Auch in der Erzählung *Herr Ucht* aus *Im Lande der Umbramauten* (1961) geht es um die Verantwortung, die der Schriftsteller seinen Figuren und Ideen gegenüber hat. In der *Geschichte der Geschichten* (1966) wird erzählend die Poetik des Erzählens durchgespielt. Ein alter Mann und ein Junge erzählen gemeinsam eine Geschichte. Während des Erzählens verwandelt sich der Gegenstand der Handlung so, dass immer wieder eine neue Geschichte erzählt werden muss. Unter Hinzufügung einiger märchenhafter Elemente hat Meckel diese Prosa zu dem Hörspiel *Der Wind, der dich weckt, der Wind im Garten* (1966, Buch 1967) umgearbeitet. Das *Hörspiel Jungfernschüsse und randalierende Blattläuse* (1965) folgt inhaltlich dem Buch *Die Noticen des Feuerwerkers Christopher Magalan* (1966). Dieses Buch erzählt die fiktive Biografie eines verschollenen Feuerwerkers aus dem 18./19. Jahrhundert. Mit zehn Grafiken aus dem Nachlass des Künstlers, die von dem Professor L. Kuchenfuchs fachgelehrt kommentiert werden, entsteht eine ironische Collage als Satire auf kunsthistorische und philologische Gelehrsamkeit. Auf der Suche nach dem verschwundenen, weil verkauften Schutzengel erleben Mick, 14 Jahre, und Sauly, 10 Jahre, in Meckels erstem Roman *Bockshorn* (1973) die entfremdete und apokalyptische Kehrseite unserer modernen Welt. Wissend, nicht mit naivem Kinderblick, wird das Recht auf »mehr als das nackte Leben« gegen den Götzen »Fortschritt« gefordert.

Suchbild. Über meinen Vater (1980) erweist sich als ein schonungsloser Bericht über die Abstumpfung des eigenen Vaters, vor dem Krieg Freund von Günter Eich und Peter Huchel, der sich vom Landschaftslyriker über den dichtenden Offizier, dem ein Preis für Soldatenlyrik verliehen wird, zum unglücklichen und verständnislosen Provinzschreiber »entwickelt« – »die Fallstudie eines Mitläufers zur Zeit des Nationalsozialismus, der schuldig wurde aus politischer Abstinenz und Ignoranz« (Herbert Wiesner). Das Buch stand am Anfang einer ganzen Reihe so genannter Vaterbücher, in denen problematische Vater-Sohn-Beziehungen vor dem zeitgeschichtlichen Hintergrund (Nationalsozialismus, Krieg und Holocaust) beschrieben und analysiert wurden. *Erinnerung an Johannes Bobrowski* (1978) und *Nachricht für Baratynski* (1981) stellen einfühlsame und liebevolle, gleichwohl radikale Portraits zweier Dichter dar, in deren Nachfolgeschaft sich Meckel versteht. *Nachricht für Baratynski* besticht durch Meckels gekonntes Changieren zwischen Poesie und Prosa, Erzählung und Essay, Biografie und Fiktion.

Mit der Erzählung *Der wahre Muftoni* (1982) tritt Meckel wieder als grotesk-satirischer Fabulierer auf; die Schwadroneure, Kleinganoven und übermütigen Lebenskünstler vom Schlage eines Muftoni alias Petit Matin geraten ihm überzeugender als das snobistisch blasierte Personal aus der Erzählung *Licht* (1978), dem bislang erfolgreichsten Buch des Autors. *Plunder* (1986) bezeichnet nicht allein den Titel eines Prosabuches, sondern auch das Haupt-Wort und die provisorische Gattungsbezeichnung für die »Textsorten«, die in diesem Band versammelt sind. Das Wort Plunder gibt Thema und Variationsmöglichkeiten für die Texte vor, bestimmt die auf Kleinigkeiten, Restgrößen, Nutz- und Zwecklosigkeiten ausgerichtete Perspektive des Autors.

1989 hat Meckel in Freiburg im Breisgau ein deutsch-israelisches Schriftstellertreffen initiiert, das 1993 in Berlin fortgesetzt wurde. Beide Treffen hat er zusammen mit der Autorin und Malerin Efrat Gal-Ed in deutsch-israelischen Lesebüchern anthologisch dokumentiert: *Alles andere steht geschrieben* (1993) und *Der Vogel fährt empor als kleiner Rauch* (1995). Seine beiden Gedichtzyklen *Das Buch Jubal* (1987) und *Das Buch Shiralee* (1989) hatten eine einfache Gedichtsprache, den Rückgriff auf biblische Motive und deren Neuformulierung angesichts von Erfahrungen mit der gegenwärtigen Realität und den Landschaften Israels schon angekündigt. »Jubal, von dem sind hergekommen die Geiger und Pfeifer«, wie es im 1. Buch Moses heißt, ist auch der Tagdieb und der Meister, »dem ich verdanke / nichts oder alles«. Er ist der Textgenerator und das Scharnier zwischen beiden Gedichtzyklen. »Was aus der Poesie heraus gesagt wird, führt unmittelbar in die Poesie zurück« – die knappe Formel für Meckels Leser- und Autorenpoetologie aus *Von den Luftgeschäften der Poesie. Frankfurter Vorlesungen* (1989) und das Bekenntnis zur Poesie als innerliterarischem Kommunikationsmedium, als »Jasein der Sprache«, das dem »Neinsein« entgegengesetzt wird. Doch auch das »Neinsein«, die Sprache derer, die Leben und Dasein verwalten und vernichten, gehört in den Kompetenzbereich des Poeten als »Wortschatz deiner Unterwelt«.

Mathieu Combel, ein französischer Lavendelbauer im kleinen Dorf Villededon im Hinterland der Drôme ist der Held der unsentimental, in nüchternen Sätzen, die auf genauen Detailbeobachtungen beruhen, geschriebenen Prosa *Ein unbekannter Mensch* (1997). Die Lebensumstände einfacher Bauern, die keine Hoffnung für die Gesellschaft der Zukunft darstellen, deren Existenz vom unüberschaubaren Markt, von Umweltgiften und modernen Technologien infrage gestellt werden, erscheinen noch einmal in ihrer beinahe archaischen Gleichförmigkeit. Hier erreicht Meckel eine Dichte der Beschreibung, wie sie sonst nur in seinen Erinnerungen an Johannes Bobrowski und in einzelnen Bildern seines Vaterbuches anzutreffen war. Als *Suchbild. Über meinen Vater* erschienen war, hat Meckels Mutter ihre Tagebuchauszüge der Jahre 1944–1947 veröffentlicht und diese auch als »Hinzufügung zu dem vorletzten Buch meines Sohnes« bezeichnet. Sie wollte das vom Sohn gezeichnete und von ihr als ungerecht empfundene Bild des Eberhard Meckel korrigieren. Dass der Sohn wenige Jahre nach ihrem Tod sein *Suchbild. Meine Mutter* (2002) veröffentlichen und gleich auf der ersten Seite mitteilen würde, »Ich habe meine Mutter nicht geliebt«, konnte sie nicht ahnen. Die Mutter wird verantwortlich gemacht für die Gefühlskälte in der Familie, für die »Familienverhandlung im Richtstuhl der Selbstgerechten«, die »Verfälschung des Menschen als Inhalt der Konversation«, bei der die Mitmenschlichkeit verloren geht. Contenance, gepflegte Konversation, Ordnungssinn, ein leidenschaftsloser Kunstsinn, Haltung in freudloser Stärke und Ablehnung aller Kritik haben diese protestantische Bürgerstochter durch ein Leben geleitet, das bis ins hohe Alter reichte. Der Sohn kann zwar Mitgefühl für diese hochmütige Frau empfinden, die »mit sich einverstanden« war »bis zuletzt«, aber sie als Mutter zu lieben, hat er nie gelernt.

Ernest Wichner

Werke: *Tarnkappe*, G., 4 Graf., Mü. 1956; *Hotel für Schlafwandler*, G., 4 Ätzungen, Stierstadt/Ts. 1958, veränd. Neuausg. m. Grafiken, Stierstadt/Ts. 1971; *Nebelhörner*, G., Stg. 1977; *Moél*, m. Radierungen, Hbg. 1959; *Die Stadt*, m. Radierungen, Hbg. 1960; *Der Krieg*, m. Radierungen u. G., Hbg. 1960; *Welttheater*, m. Radierungen, Hbg. 1960; *Manifest der Toten. Und vier Holzschnitte. Proroman II*, Pr., Stierstadt/Ts. 1960, überarb. Neuausg. Stierstadt/Ts. 1971; *Der Turm*, m. Radierungen, Hbg. 1961; *Im Land der Umbramauten*, Pr., Stg. 1961; *Wildnisse*, G., Ffm. 1962; *Dunkler Sommer und Musikantenknochen*, E., Bln. 1964; 43 Radierungen zu: *Voltaire: Candide oder der Optimismus, Zadig oder das Schicksal, Der weiße Stier*, Köln 1964; *Gedichtbilderbuch*, G. u. Farbdrucke, Stierstadt/Ts. 1964; *Tullipan*, E., m. Zeichnungen, Bln. 1965; *Das Meer*, m. Radierungen, Mü. 1965; *Lyrik, Prosa, Grafik aus zehn Jahren*, Mü. 1965; *Jungfernschüsse und randalierende Blattläuse*, Hsp., Köln 1965; *Die Savannen*, m. Radierungen, Bonn 1966; *Die Noticen des Feuerwerkers Christopher Magalan. Briefe, Zeichnungen, Dokumente*, Bln. 1966; 28 Radierungen zu: *B. Brecht: Hauspostille*, Ffm. 1966; *Der Wind, der dich weckt, der Wind im Garten*, Hsp., SDR 1966, gedr. Neuwied 1967; *Der glückliche Magier*, En. u. Pr., Baden-Baden 1967; *Die Dummheit liefert uns ans Messer. Ein Zeitgespräch in zehn Sonetten mit Volker von Törne*, Bln. 1967, erw. Ausg. Bln. 1983; *Bei Lebzeiten zu singen*, G., Bln. 1967; *In der Tinte*, G., m. Zeichnungen, Holzschnitt, Bln. 1968; *Bilderbotschaften. Werkstattnotiz*, Mü. 1969; *Die Balladen des Thomas Balkan*, Bln. 1969; *Amüsierpapiere oder Bilder aus Phantasus Bauchladen*, m. Farbzeichnungen, Mü. 1969; *You're Welcome*, Mappe, m. Lithografien, Vignette, G., Bln. 1969; *Eine Seite aus dem Paradiesbuch*, Hsp., 1969, gedr. Bln. 1969; *Jasnandos Nachtlied*, G., m. Linolschnitten, Freiburg/Br. 1969; *Der Taschenelefant*, m. Grafiken, n. Chr. Middleton, Bln. 1969; *Zettelphilipp*, Mappe, m. Grafiken, G., Bln. 1970; *Kraut und Gehilfe*, E., Bln. 1970; *Fliegen im Bernstein*, Funk-Erz., Stg. 1970, DRS 1971; *Wie wir Großmutter zum Markt bringen*, m. Grafiken, Text von Chr. Middleton, Stierstadt/Ts. 1970; *Die Geschichte der Geschichten*, Bilderb., Mü. 1971, Hsp., RB 1982; *Werkauswahl, Lyrik, Pr., Hsp.*, Mü. 1971; *Lieder aus dem Dreckloch*, G., m. Grafiken, Stierstadt/Ts. 1972; *Verschiedene Tätigkeiten. Geschichten, Bilder und Gedichte*, Stg. 1972; *Kranich*, Hsp., Stg. 1972; *Die Ballade vom blutigen Bomme*, m. Holzschnitten, Text v. Christa Reinig, Stierstadt/Ts. 1972; *Kranich*, En., m. Zeichnungen, Stierstadt/Ts. 1973; *Bockshorn*, R., Mü. 1973; *Wen es angeht*, G. u. Grafiken, Düsseld. 1974; 30 Rad. zur *Allgemeinen Erklärung der Menschenrechte*, Ffm. 1974; *Wer viel fragt, kriegt viel gesagt*, m. Bildern, Text v. A. Schweiggert, Mü. 1974; *Wie entsteht eine Radierung? Werkstattgespräch*, Bln. 1974; *Die Gestalt am Ende des Grundstücks*, Pr., m. Miniaturen, Düsseld. 1975, Ost-Bln. 1984; *Nachtessen*, G., m. Zeichnung, Bln. 1975; *Flaschenpost für eine Sintflut*, G., Pr., Grafik, Ost-Bln. 1976; *Der Strom. Ein Zyklus*, m. Radierungen, Leverkusen 1976; *Liebesgedichte*, m. Radierungen, Bln. 1977; *Licht*, E., Mü. 1978, Hsp., ORF 1982; *Erinnerung an Johannes Bobrowski*, m. Veduten, Düsseld. 1978, erw. Ausg. 1989; *Über das Fragmentarische*, Rede, Wiesbaden 1978; *Sonderband Poesie. Zusammenstellung, Gebrauchsanweisung u. 5 Zeichnungen*, Fürth 1978; *Säure*, G., m. Grafik, Düsseld. 1979; *Ausgewählte Gedich-*

te 1955–1978, Königstein/Ts. 1979; *Die Sachen der Liebe* (*Licht* und *Säure*), Ost-Bln. 1980; *Das Dings da*, m. Zeichnungen, Düsseld. 1980; *Suchbild. Über meinen Vater*, m. Grafik, Düsseld. 1980; *Tunifers Erinnerungen und andere Erzählungen*, m. Zeichnungen, Ffm. 1980; *Über Peter Stephan*, G. u. Pr., Mü. 1980; *Jedes Wort hat die Chance, einen Anfang zu machen*, Rede, 1981; *Nachricht für Baratynski*, Pr., m. Grafik, Mü. 1981; *Das bucklicht Männlein. Ein altes Lied in Bild und Schrift gesetzt*, m. Radierungen, Ffm. 1981; *Der wahre Muftoni*, E., m. Zeichnungen, Mü. 1982; *Anabasis. Ein Zyklus*, m. Radierungen, Mü. 1982; *Ein roter Faden*, ges. En., m. Radierung, Mü. 1983; *Berliner Doodles*, m. Grafiken, Bln. 1984; *Reise in die Provence*, m. Grafiken, Bln. 1983; *Zeichnungen und Bilder. Zur Biografie des Zeichners*, Bln. 1983; *Sein Herz ist sein Rücken*, Ausw., Karlsruhe 1983; *Souterrain*, G., Mü. 1984; *Zeichnungen, Radierungen*, Kat., Reutlingen 1984; *Jahreszeiten*, m. Zeich. u. Pr., Bln. 1984; *Jasnandos Nachtlied*, G., Privatdr., Bln. 1985; *Bericht zur Entstehung einer Weltkomödie*, Pr., m. Grafiken, Mü. 1985; *Sieben Blätter für Monsieur Bernstein*, Pr., m. Zeichnungen, Stg. 1986; *Plunder*, Pr., Mü. 1986; *Anzahlung auf ein Glas Wasser*, G., Mü. 1987; *Das Buch Jubal*, G., m. Lithografien, Düsseld. 1987; *Limbo. Zyklus*, m. Fotos n. Radierungen, Mainz 1987; *Poetische Grabschriften*, m. Radierungen, hg. v. Wulf Segebrecht, Ffm. 1987; *Zeichnungen und Grafik*, Kat., Bergisch-Gladbach 1987; *Bilder-Bücher-Bilderbücher*, Kat., Bamberg 1986/87; *Die Kirschbäume*, G., m. Zeichnung, Warmbronn 1987/88; *Signatur 7. Zeit Schrift Bild*, Remagen 1987; *Hundert Gedichte*, hg. v. Harald Weinrich, Mü. 1988; *Pferdefuß*, G., m. Zeichnungen, Ravensburg 1988; *Lichterloh*, Text v. Ruth Reichstein, m. Zeichnungen, Frauenfeld 1988; *Das Buch Shiralee*, G., m. Grafiken, Düsseld. 1989; *Von den Luftgeschäften der Poesie. Frankfurter Vorlesungen*, Ffm. 1989; *Vakuum*, G., m. Grafik, Warmbronn 1990; *Radierungen*, Kat., Freiburg/Br. 1990; *Zünd and Other Storys*, zweispr. Ausg., New York 1990; *Container. Ein Poem*, Pr., Bln. 1991; *Hans im Glück*, G., m. Grafiken, Köln 1991; *Die Messingstadt*, R., Mü. 1991; *Jemel. Ein poetisches Kunstmärchen im Bilddruck*, m. Grafiken, Lpz. 1991; *Manuskriptbilder 1962–1992*, Freiburg/Br. 1992; *Shalamuns Papiere*, R., Mü. 1992; *Votiv. Sieben kleine Tafeln mit einem Gedicht*, Warmbronn 1992; *Schlammfang*, E., m. Lithografien, Düsseld. 1993; *Stein*, G., Frauenfeld 1993; *Alles andere steht geschrieben. Ein deutsch-israelisches Lesebuch*, Hg., zus. m. Efrat Gal-Ed, Kiel 1993; *Archipel*, E., Düsseld. 1994; *Die Rechte des Kindes. Das Übereinkommen über die Rechte des Kindes, verabschiedet von der Generalversammlung der Vereinten Nationen in New York am 20. November 1989*, m. Radierungen, Ravensburg 1994; *Eine Hängematte voll Schnee*, En., m. Zeichnungen u. Fotos v. Renate v. Mangoldt, Bln. 1995; *Gesang vom unterbrochenen Satz. Drei Poeme*, Mü. 1995; *Immer wieder träume ich Bücher*, G., m. Grafiken, Ausw. z. 60. Geburtstag, Warmbronn 1995; *Sidus Scalae. Das Treppengestirn. Ein Poem*, G., m. Zeichnungen, Warmbronn 1995; *Der Vogel fährt empor als kleiner Rauch. Ein deutsch-israelisches Lesebuch*, Hg., zus. m. Efrat Gal-Ed, Gött. 1995; *Nachtmantel*, E., m. Lithografien, Düsseld. 1996; *Ein unbekannter Mensch*, E., Mü. 1997; *Trümmer des Schmetterlings. Grafik und Texte*, Ostfildern 1997; *Merkmalminiaturen*, Stg. 1997; *Komm in das Haus*, Mü., Wien 1998; *Dichter und andere Gesellen*, Ess., Mü., Wien 1998; *Jul Miller*, m. Radierungen v. H.-H. Steffens, Gifkendorf 1998; *Die Ruine des Präsidentenpalastes*, Studie, m. Lithografien, Düsseld. 2000; *Zähne*, G., Mü., Wien 2000; *Ein grüner Herbst*, G., m. Zeichnungen, Warmbronn 2000; *Christoph Meckel. Beginn eines Sommers. Bücher und Bilder für Kinder*, Kat., Troisdorf 2001; *Blut im Schuh*, G., Lüneburg 2001; *Suchbild. Meine Mutter*, Mü., Wien 2002.

Mehr, Mariella, wurde am 27. 12. 1947 als Angehörige des Romavolks in Zürich geboren. 1975 begann sie ihre journalistische und schriftstellerische Tätigkeit und veröffentlichte 1981 ihren ersten Roman, *steinzeit*. Mehr lebt und arbeitet seit 1997 in Italien. Sie ist Vizepräsidentin des »Internationalen Romaschriftstellerverbands« mit Sitz in Helsinki. 1992 erhielt Mehr den Anerkennungspreis des Kantons Graubünden für ihr Gesamtwerk, 1996 den Preis der Schweizerischen Schillerstiftung und 2003 drei Preise für ihre Trilogie *Daskind*, *Brandzauber* und *Angeklagt*. Sie erhielt 1998 den Ehrendoktortitel der Universität Basel.

Grundthema des Gesamtwerks von Mehr sind ihre Erfahrungen und Beobachtungen als Mitglied einer verfolgten und verachteten Minderheit. Dazu gehören Gewalt, Demütigungen und die Selbstentfremdung, die sie als ethnisches Opfer durch vom Staat sanktionierten Missbrauch erlebte. Zentral in ihrem Umgang mit diesen Themen ist die Untersuchung der vielschichtigen Wirkung von Gewalt auf individuelle Schicksale, um eine geeignete Sprachform dafür zu erproben. Ihr literarischer Stil zeichnet sich durch bewusste Verstöße gegen die grammatischen und literarischen Konventionen des Hochdeutschen aus, z. B. durch zersplitterte Erzählperspektive und disparate Bewusstseinsebenen der Figuren, das Aufheben der normativen Syntax wie auch durch Zäsuren und Leerstellen. Mit ihren Sprachexperimenten legt Mehr die Folgen von Gewalt bloß und gibt den oft verstummten Opfern eine Stimme im öffentlichen Diskurs.

Das enge Verhältnis zwischen Form und Inhalt zeigt sich im Werk von Mehr als durchgängiges Motiv. Schon im Erstlingswerk, dem Roman *Steinzeit* (1981), sind es Tagebuchauszüge aus Mehrs eigenen Erfahrungen als Mündel der Hilfsorganisation »Pro Juventute«, die den Themenstoff bilden. Diese Erlebnisse werden von drei Figuren erzählt, die sich als Aufsplitterung einer Hauptfigur erweisen. Diese

Erzählstratagie lässt eine Distanz zu den erlebten Traumata (u.a durch Sexualmissbrauch und Elektroschocktherapie) entstehen, die deren Artikulation erst ermöglicht. Andere stilistische Merkmale, die das Fragmentarische des Textes und gleichzeitig sein subversives Potenzial illustrieren, sind der Verzicht auf Großbuchstaben und das nur scheinbar willkürliche Aneinanderreihen von Sätzen und Satzteilen, die eine eigene, textimmanente Logik aufweisen. Mehr ersetzt eine lineare Erzählstruktur durch eine temporale: Das subjektiv Erlebte bestimmt die Erzählstruktur. Im Theaterstück *Kinder der Landstraße* (1986) setzt Mehr wiederum eigene Erfahrungen als Mündel ein. Hier allerdings wird das Erlebte aus der Aktenlage der Hilfsorganisation heraus geschildert, die die Entscheidungsmacht von Behörden über das Schicksal eines Menschen und eines Volkes in all seiner Brutalität offenbart. Auch in zwei nicht veröffentlichen Theaterstücken, *Silvia Z* (1986) *und Anni B* (1989), bearbeitet Mehr dieses Thema.

Ihre journalistischen Texte, gesammelt in *Rückblitze* (1990) bringen die sozial engagierten, gesellschaftspolitischen Meinungen von Mehr zum Ausdruck. In ihrem Hauptwerk, einer Romantrilogie, befasst Mehr sich mit den langfristigen Folgen von Gewalt; vor allem geht es um die Frage, wie aus hilflosen Opfern Täter werden können. In ihrem Roman *Daskind* (1995) schildert Mehr das seelische und körperliche Leiden eines stummen, namenlosen Pflegekindes, das von der Dorfgemeinschaft erbarmungslos gequält wird. Am Ende lernt das Kind, sich zu wehren, indem es die erlittene Gewalt in einen Mord an einem seiner Peiniger umsetzt. Auf diese Weise findet es einen Weg aus seiner Sprachlosigkeit und Verlassenheit.

Die gewalttätige Selbsttherapie des Opfers steht auch im zweiten Teil der Trilogie, dem Roman *Brandzauber* (1998), im Mittelpunkt. Hier nimmt das Thema Schuld eine wichtige Stellung ein. Die zwei Hauptfiguren werden durch ihr Anderssein zu Außenseiterinnen gemacht: Das eine Mädchen ist Zigeunerin, das andere Jüdin. Während ihre gemeinsame Stigmatisierung anfänglich die Basis einer Freundschaft bildet, entwickelt sich daraus eine sadomasochistische Beziehung, die schließlich wiederum in einem Mord kulminiert. Das ständig Ineinanderblenden der Außen- und Innenerzählpositionen zeigt die Gewaltakte der Täterin Anna aus einer Doppelperspektive. Von außen grauenhaft und brutal, wirken sie aus der Innenperspektive als Mittel, sich vom Schmerz erinnerter Gewalt vorübergehend zu befreien. Anders als in ihren bisherigen Texten verwendet Mehr hier eine knappe, einfache Sprache, die die korrumpierende und verführerische Seite von Gewalt nahe bringt. Im letzten Teil der Romantrilogie, *Angeklagt* (2002), fügt Mehr den Teufelskreis der Gewalt in eine nochmals zugespitzte Form. Ihre Protagonistin Kari Selb, eine Brandstifterin und Mörderin, steigert sich in einer Rechtfertigungsrede vor einer Beamtin, die ihre Zurechnungsfähigkeit beweisen soll, in eine Orgie der Gewalt.

Carmel Finnan

Werke: *steinzeit*, R., Zür. 1981; *In diesem Traum schlendert ein roter Findling*, G., Zür. 1983; *Das Licht der Frau*, Bericht, Gümligen 1984; *Kinder der Landstraße*, Theaterst., UA Bern 1986, gedr. Gümligen 1987; *Silvia Z*, Theaterst., unveröff., UA Chur 1986; *Anni B*, Theaterst., unveröffentlicht; *Rückblitze*, Aufs., Gümligen 1990; *Zeus oder der Zwillingston*, R., Zür. 1994; *Daskind*, R., Zür. 1995; *Brandzauber*, R., Zür. 1998; *Nachrichten aus dem Exil*, G., Klagenfurt 1998; *Widerwelten*, G., Klagenfurt 2001; *Angeklagt*, R., Zür. 2001.

Meienberg, Niklaus, wurde am 11. 5. 1940 in St. Gallen geboren und schied am 24. 9. 1993 in Zürich aus dem Leben. Aufgewachsen im katholischen Milieu St. Gallens, besuchte er von 1955 bis 1960 die Klosterschule in Disentis und studierte ab 1961 Geschichte in Fribourg, Zürich und Paris. Die Studienzeit beendete er 1970 mit einer Lizenziatsarbeit über Charles de Gaulle. Ab 1966 arbeitete Meienberg als Pariser Korrespondent der Schweizer Wochenzeitung »Die Weltwoche«, ab 1971 war er Mitarbeiter des Zürcher »Tages-Anzeiger Magazins«, verschiedener Printmedien sowie Radio- und Fernsehanstalten. Nachdem er 1982/83 neun Monate lang als Pariser Korrespondent der Illustrierten »Stern« tätig gewesen war, kehrte er nach Zürich zurück und arbeitete fortan als freier Journalist, Schriftsteller und Historiker, insbesondere als Mitarbeiter der »Weltwoche« und der »Wochenzeitung«. Meienberg wurde 1988 mit dem Max-Frisch-Preis, 1989 mit dem Zürcher Journalistenpreis und 1990 mit dem Kulturpreis der Stadt St. Gallen ausgezeichnet.

Mit dem Sammelband *Reportagen aus der Schweiz* legte Meienberg 1975 seine erste Buchpublikation vor. Sie enthielt unter anderem die später verfilmte historische Reportage über die Erschießung des Landesverräters Ernst S. In Meienbergs Schilderung erscheinen Todesurteil und die Hinrichtung des sozial randständigen Ernst S. nicht mehr als Sinnbild eines entschlossenen Widerstandswillens der Schweiz, sondern als ein opportunes Mittel, um von der partiellen Zusammenarbeit mit dem »Dritten Reich« ablenken zu können. Mit dieser Darstellung initiierte Meienberg in der Schweiz eine frühe, breite Debatte über die Rolle des Landes im Zweiten Weltkrieg und begründete sein Ansehen als machtkritischer Journalist. Weitere Kompilationen seiner journalistischen Texte – meist Reportagen, autobiografische Texte und Porträts – folgten in unregelmäßigen Abständen. Während *Das Schmettern des gallischen Hahns* (1976) Reportagen aus Frankreich versammelte, behandeln die Bände *Vorspiegelung wahrer Tatsachen* (1983), *Der wissenschaftliche Spazierstock* (1985), *Vielleicht sind wir morgen schon bleich u. tot* (1989), *Weh unser guter Kaspar ist tot* (1991) und *Zunder* (1993) überwiegend schweizerische Themen. Anhand konkreter Fälle spürt Meienberg darin oft dem Funktionieren der Macht nach und legt pointiert offen, wer zu ihren Gewinnern und Verlierern gehörte. Seine betont persönliche Perspektive, die eindringliche Sprache und der virtuose Umgang mit rhetorischen Mitteln heben die Texte aus dem Gleichmaß journalistischer Erzeugnisse und sichern ihnen eine literarische Wirkung über den Tag hinaus. Besonders mit der häufigen Verwendung von Helvetismen, aber auch von Archaismen und eigenen Wortbildungen wirkte er auf die Schweizer Literatur stilbildend. Seine Reportagen brachten Meienberg den Ruf des besten, aber auch des umstrittensten Schweizer Journalisten ein. So führte der subjektive, parteiliche und oft polemische Stil seiner Artikel 1976 beim Zürcher »Tages-Anzeiger«-Konzern zu einem 14 Jahre dauernden Schreibverbot, das exemplarisch für die Ablehnung und Verweigerung steht, mit der die bürgerliche Schweiz auf seine scharfzüngige Kritik reagierte. Niklaus Meienberg fühlte sich einem dokumentarischen Schreiben verpflichtet, da er darin die politische Relevanz von Literatur verbürgt sah. Seine Absage an fiktionale Mittel führte 1983/84 zu der in der Zürcher »Wochenzeitung« ausgetragenen »Realismusdebatte«, in der sich Schweizer Autorinnen und Autoren – unter ihnen Otto F. Walter – um den Wirklichkeitsbezug literarischer Produktionen stritten. Tatsächlich hat Meienberg Projekte innerhalb der klassischen literarischen Gattungen – etwa zu einem Theaterstück und einem Familienroman – kaum ernsthaft verfolgt. Hingegen realisierte er zwei umfangreichere historischen Arbeiten: Mit *Es ist kalt in Brandenburg* legte Meienberg 1980 eine Untersuchung über den Schweizer Hitler-Attentäter Maurice Bavaud vor. Bei seiner Recherche erschloss er wie schon in der Ernst-S.-Reportage zahlreiche mündliche Quellen, womit er zu einem Vorläufer der »oral history« in der Schweiz wurde. 1987 folgte *Die Welt als Wille & Wahn*, ein Bericht über den Clan des Schweizer Erster-Weltkrieg-Generals Ulrich Wille, der sowohl wegen seines Inhalts als auch wegen seines innovativen historiografischen Ansatzes – der Fokussierung der Familienstruktur – für Aufsehen sorgte. Außer mit journalistischen und historischen Arbeiten ist Niklaus Meienberg auch mit zwei Lyrikbänden hervorgetreten. Während *Die Erweiterung der Pupillen beim Eintritt ins Hochgebirge* (1981) zu einem großen Teil aus Gebrauchslyrik mit öffentlich-politischer Zielrichtung besteht, überwiegen in *Geschichte der Liebe und des Liebäugelns* (1992) formbewusste, oft an französischen Vorbildern (Apollinaire, Baudelaire) angelehnte Liebesgedichte.

Reto Caluori

Werke: *Reportagen aus der Schweiz*, Darmst. 1975; *Das Schmettern des gallischen Hahns*, Darmst. 1976; *Es ist kalt in Brandenburg*, Zür. 1980; *Die Erweiterung der Pupillen beim Eintritt ins Hochgebirge*, G., Zür. 1981; *Vorspiegelung wahrer Tatsachen*, Zür. 1983; *Der wissenschaftliche Spazierstock*, Zür. 1985; *Die Welt als Wille & Wahn*, Zür. 1987; *Vielleicht sind wir morgen schon bleich u. tot*, Zür. 1989; *Weh unser guter Kaspar ist tot.*, Zür. 1991; *Geschichte der Liebe und des Liebäugelns*, G., Zür. 1992; *Zunder*, Zür. 1993.

Meier, Gerhard, am 20. 6. 1917 im schweizerischen Niederbipp am Fuße des Südjura (Kanton Bern) geboren, bewohnt noch heute sein Geburtshaus. Die dörfliche Szenerie blieb die Konstante in seinem sesshaften Leben. Als Kind lebte er einige Jahre auf der Insel Rügen, der Heimat seiner Mutter. Als Soldat kämpfte er in Russland. Ein Architekturstudium brach er ab und verdingte sich zuerst als Arbeiter, später als Designer und technischer Leiter in einer Lampenfabrik im Heimatdorf. 54-jährig ging er das Risiko eines freien Schriftstellerlebens ein. Gerhard Meier erhielt 1964, 1968 und 1971 Literaturpreise des Kantons Bern, 1970 und 1986 den Preis der Schweizerischen Schillerstiftung, 1978 den Großen Literaturpreis der Stadt Bern, 1979 zusammen mit Peter Handke den Kafka-Preis, 1981 den Großen Literaturpreis des Kantons Bern, 1983 den Petrarca-Preis, 1991 den Hermann-Hesse-Preis, den Fontane-Preis und 1992 den Berliner Kunstpreis und den Kunstpreis des Kantons Solothurn, 1994 den Gottfried-Keller-

Preis und 1999 den Heinrich-Böll-Preis der Stadt Köln.
Gedichte hat er bereits früh geschrieben, ohne sie zu veröffentlichen. Zwischen 1964 und 1971 erschienen zwei Gedichtbände, aus denen 1973 eine Auswahl unter den Titel *Einige Häuser nebenan* gestellt wurde, und Prosaskizzen, die ebenfalls später noch einmal als *Papierrosen* (1976) gesammelt wurden. Diese Skizzen – in lyrischer Zeilenbrechung und Satzfreiheit oder in prosasprachlichen Satzblöcken – konturieren bereits das späte Werk: Es handelt sich um Sprechübungen, Denkentwürfe, Inventur dörflicher Szenerie, Bestandsaufnahme der Wahrnehmung, Formeln einer Beschwörung, um Dinge und Szenen in den Augenblick zu bannen und sie zum Spiegel zu machen, der die Impression des Betrachters und seine gedankliche Reaktion reflektiert. Die Konstanten im Werk Meiers existieren von Anfang an. – »Vorgefundenes neu zusammensetzen« heißt es in dem Band *Der andere Tag* (1974): Die Kulisse des Dorfes wird zum Prisma einer Gesellschaft und eines Individuums mit all seinen geistigen und emotionalen Bezugspunkten, ein dichtes Netz aus formulierten und nicht artikulierten, aber im Sprachnetz verfangenen Gedanken. – Das literarische Verfahren, das Meier in den frühen Gedicht- und Prosabänden als Textsplitter im Spannungsfeld zwischen lapidarer Nennung und metaphorischer Brechung exerziert, entfaltet sich in seiner besonderen Eigenart erst in den fünf Romanen, die seit 1976 erschienen sind. Im Textkontinuum hat Meier die ihm gemäße Form gefunden, im Fortschreiben der reflektierenden Beobachtung, im Sammeln und Immer-wieder-Spiegeln der Dinge, Bilder und Worte, die sich in der Erinnerung beharrlich anhäufen, ablagern, verflechten. Die Spiegelung bildet ein durchgehendes Motiv seiner Texte. »Der Putz der Fassaden, das Dach, Krüppelwalmdach, dessen Ziegel (von Flechten und Moos paniert), die Vogeldiele, der Dachkännel, Gartenzaun, der Schatten der Linde, der Pflaumenbaum, ja selbst die Gräser, die sich zwischen den Steinen des Hofes heraufdrängen, gaben Rückstände frei aus der Zeit der Anna A., des Isidor A., als diente die Porosität der Dinge einzig der Stapelung solcher Rückstände«, – so heißt es geradezu programmatisch in dem Werk *Der schnurgerade Kanal* (1977). Meier lässt die Dinge porös werden, um die Innenwelt in die Außenwelt sickern zu lassen, um die Mischfarben der Dingwahrnehmung zu »ent-decken«. Das Leben – Netzwerk aus Erlebtem, Empfundenem, Geahntem, Gefürchtetem, Reflektiertem, Begriffenem – prägt sich ein, bildet sich ab im imaginären Museum des Gedächtnisses. Die Bilder seines Museums stellt Meier vor, indem er Motiv um Motiv rekonstruiert, eine akribische Sicherung der Erinnerungsspur. Er nutzt die Magie eines momentanen Wahrnehmungserlebnisses, um die Komponenten der Erinnerung an frühere Wahrnehmungen, an Lektüren, an Reflexionen und Emotionen durch die Sprache und in die Sprache zu beschwören. Eine komplexe Sprachwirklichkeit entsteht, ein Konstrukt aus Gegenwärtigkeit, Vergangenheit, Irrealis und Potenzialis, gegebene und gedachte Wirklichkeit werden ununterscheidbar. Im Bewusstseinsstrom verwischen sich Innenwelt und Außenwelt zu einer sprachlichen Welt des »Undinglichen«, Möglichen. Bereits im ersten Roman *Der Besuch* (1976) ist das indirekte Reden, die konjunktivistische Sprechweise, das vorherrschende Stilmittel. – In der Trilogie *Toteninsel* (1979), *Borodino* (1982) und *Die Ballade vom Schneien* (1985) imaginiert Meier das Gespräch zweier Freunde, alter Kriegskameraden in drei Lebensetappen, drei Begegnungen. Baur redet, Bindschädler berichtet als Ich-Erzähler, beobachtet das Gespräch, die Szenerie, reagiert, eignet sich das Erleben seines Freundes an, spinnt dessen Gedankenfäden fort: Der dialogische Monolog offenbart die Doppelperspektive eines einzigen Bewusstseinsstroms, leitmotivisch gegliedert durch die Konstanten aus Bildern und Figuren einer Gegend – des Ortes Amrain. Die begrenzte Horizontlinie der Szenerie, eines dörflichen Alltags, diese Mikrowelt, diese Ich-Welt, bricht Meier auf in die vermittelten Welten aus gelesenen Büchern, geliebten Bildern und Musikstücken. Nicht nur die *Toteninsel* von Böcklin, Tolstois *Krieg und Frieden* mit der Schlacht von Borodino und Robert Walsers *Ballade vom Schneie* im Prosastück *Winter*, die drei Werke, die Meiers Trilogie die Titel lieferten, sind geistige Koordinaten. Bilder von Friedrich, Rothko, Tapies, die literarischen Welten von Stifter, Proust, Beckett und Simon, die biblischen Psalmen und die Schöpfungsgeschichte brechen sich prismatisch in Amrainer Tableaus und Geschichten, transzendieren aktuelle, alltägliche, banale Wahrnehmung in die geistige Auseinandersetzung mit einer »ent-grenzten« Welt, stoßen arabeske Fantasiebewegung an, verrücken vertrauteste Dinge in Gefilde einer »Welt ohne Sicherheit«. Das Bild des Windes, das Meier den Worten des Predigers Salomo entleiht – »Es war alles eitel und Haschen nach Wind« –, steht immer wieder für diese Welt aus Fantasie und Gottesahnung. – Der Stil der tag-

träumenden, meditativen Montage aus wiederholten, variierten Wahrnehmungsdetails und unablässigem Rekapitulieren des kulturellen Wissens und das poetische Ausreizen der Übergänge zwischen Realitätsstufen kennzeichnen Meiers ganz eigene Schreibweise.

Der Kritiker und Übersetzer Werner Morlang führt 1992/93 neun intensive Gespräche mit Meier in dessen Heimatdorf Niederpipp im Kanton Bern; das Dorf wurde als »Amrain« zur literarischen Provinz, deshalb trägt der Band den Titel *Amrainer Gespräche* (1995): »Ich merke jetzt in meinen späten Tagen, dass ich meine Region nahezu hysterisch mitbekommen habe. Ich war dem Dorf, den Häusern, den Leuten, den Blumen, dem Wind, den Gerüchen, den Klängen in einem kaum nachvollziehbaren Maß ausgeliefert, aber ich empfinde es als ein Vorrecht, wunderbar und manchmal auch etwas beängstigend, wenn man als Kind seine Lebensgegend so heftig mitbekommen darf. Es gibt also Zeiten, wo mich sieben, acht Jahrzehnte zurückliegende Bilder, wo mich diese detailsüchtigen Bilder anfallen in einer Intensität, dass ich beinahe erschrecke darüber. Dann treten sie in den Hintergrund, und der gewöhnliche Wind streicht wieder über die Gräser hinweg wie ansonsten auch.«

Christina Weiss

Werke: *Das Gras grünt*, G., Bern 1964; *Im Schatten der Sonnenblumen*, G., Bern 1967; *Kübelpalmen träumen von Oasen. Sechzig Skizzen*, Bern 1969; *Es regnet in meinem Dorf*, Pr., Olten 1971; *Einige Häuser nebenan*, G., Bern 1973 (enth. *Das Gras grünt* u. *Im Schatten der Sonnenblumen*); *Der andere Tag. Ein Prosastück*, Gümligen 1974; *Papierrosen. Gesammelte Prosaskizzen*, Bern 1976; *Der Besuch*, R., Bern 1976; *Der schnurgerade Kanal*, R., Bern 1977; *Toteninsel*, R., Bern 1979; *Borodino*, R., Bern 1982; *Die Ballade vom Schneien*, R., Bern 1985; *Werke in drei Bänden*, Bern 1987; *Signale und Windstöße*, G. u. Pr., ausgew. v. Heinz F. Schafroth, Stg. 1989; *Land der Winde*, R., Ffm. 1990; *Das dunkle Fest des Lebens. Amrainer Gespräche*, zus. m. Werner Morlang, Köln 1995.

Meier, Helen, wurde am 17. 4. 1929 in Mels (Kanton St. Gallen, Schweiz) als Tochter eines Dorfschullehrers geboren. Nach Abschluss des Lehrerseminars arbeitete sie einige Jahre als Grundschullehrerin. Nach Aufenthalten in England, Frankreich und Italien sowie einem abgebrochenen Sprach- und Pädagogikstudium an der Universität Fribourg betreute sie für das Rote Kreuz Tibetflüchtlinge. Anschließend trat sie in Heiden (Appenzell-Ausserrhoden) eine Stelle als Sonderschullehrerin an, die sie bis 1987 innehielt. Heute lebt Helen Meier als freie Autorin im appenzellischen Trogen. Für ihr Erzählwerk ist sie mehrfach ausgezeichnet worden, darunter 1984 mit dem Ernst-Willner-Stipendium, 1985 mit dem Rauriser Literaturpreis, 1985 und 2000 jeweils mit dem Preis der Schweizerischen Schillerstiftung sowie 2000 mit dem Annette-von-Droste-Hülshoff-Preis der Stadt Meersburg.

Helen Meier ist eine genuine Geschichtenerzählerin. Sie bevorzugt die kurze Prosaform. Ihr literarisches Debüt 1984 – im Alter von 55 Jahren – hat aufhorchen lassen. Anlässlich des Wettbewerbs um den Ingeborg-Bachmann-Preis las Meier die Erzählung *Lichtempfindlich* aus dem wenig später erscheinenden Band *Trockenwiese* (1984) – die ebenso anrührende wie formvollendet erzählte Beziehungsgeschichte zwischen einer Sonderschullehrerin und einem in sie verliebten, geistig behinderten Schüler. Der Junge wirbt um die Lehrerin, bedrängt sie und später auch ihren Geliebten. Als ihn dieser schließlich bei der Polizei anzeigt, stellt sich die Lehrerin auf die Seite ihres linkischen jugendlichen Verehrers. Die Geschichte ist kennzeichnend für dieses Prosadebüt: Der überraschende Schluss, die kurzen, präzisen Satzperioden, die ländliche Idylle, in der kleine und große Geheimnisse nur notdürftig unter dem Deckel gehalten werden. Meier erweist sich als wache Beobachterin, die schonungslos, doch nie bloßstellend von vereinsamten Alten, behinderten Außenseitern und biederen Bürgern erzählt. Sie leben eingebettet in eine Ordnung, die zwar Sicherheit bietet, mit ihrer beklemmenen Fürsorglichkeit aber auch einengt und Verzweiflung provoziert. Beim Essen wird dieser Zwiespalt der Gefühle immer wieder offenkundig: ein Leitmotiv in Meiers Werk und von ihr gerne in Großaufnahme gezeigt. Im Essen verbinden sich Lust und Ekel. Die Leiblichkeit lässt sich nicht kontrollieren, weshalb Schleim, Geifer, Schweiß und Kot Ausdruck einer Gefahr sind, die es abzuwehren gilt.

In den beiden folgenden Geschichtenbänden, *Das einzige Objekt in Farbe* (1985) und *Das Haus am See* (1987), schärft Helen Meier ihren Stil zu dem, was Werner Morlang einmal als »parataktisches Trommelfeuer der Sätze« bezeichnet hat. Der Eigensinn ihrer Sprache äußert sich im Ungestüm eines wuchernden, überschießenden Sprachflusses, der durch die Kürze der Geschichten weniger gebändigt als abrupt unterbrochen und oft trocken in einer ironischen, schrecklichen Pointe aufgehoben wird. Hinzu kommen widerspenstige Wortwendungen, die, dialektal geprägt, außerhalb der Dudennorm stehen. Gelingen und Misslingen stehen hier manchmal eng beieinander. Wie die Sprache, so auch die Geschichten. In ihnen beschreibt Meier lakonisch, illusionslos und seltener auch verträumt pathetisch von einem Leben, das abgelaufen ist, doch die Erwartungen nicht erfüllt hat. Ihre Erzählfiguren – späte Kinder, lüsterne Witwer und zornige alte Damen – erheben vehementen Anspruch auf Sex und Liebe. Zugleich fürchten sie sich vor Berührung und Zuneigung. Die Erzählerin schmiegt sich gerne an ihre Hauptfiguren an oder schlüpft ganz in sie hinein, um die Mitleidlosigkeit ihres Blicks zu steigern und die unzimperliche Wortwahl zu akzentuieren. In der Erzählung *Drei Freunde* (in: *Letzte Warnung*, 1996) beschreibt sie die gealterten Körper aus Sicht einer nicht mehr ganz jungen Frau mit »Schwabbelhintern, Runzelwangen, Hängebäuche, Venenschläuche, Höckerranzen, Schlapperdrüsen, Watschelbeine, Plumpsseckel, Faltmösen«. Lust und Verlangen werden dadurch aber nicht abgetötet, bloß ist es nicht statthaft, dass die Alten in ihrer Einsamkeit noch davon träumen.

Die Bühne ihrer Geschichten ist der spießige, biedere Alltag, in den verbotene Fantasien, ewiges Verlangen oder die Mordlust älterer Damen rabiat einbrechen; ein Alltag, der die Heimat längst in ein Gefängnis aus Gewohnheit, das Haus in einen Ort der Unbehaustheit verwandelt hat. Der Band *Das Haus am See* (1987) erzählt von Menschen, die das häusliche Zusammenleben nicht mehr ertragen, an der Festgefügtheit des Hauses zugrunde gehen oder sich im eigenen Haus verlieren: »Sie lebte in ihrem Haus wie in einer Schale, immer mehr wurde es die vergessene Landschaft ihres Lebens, die Dinge in ihm Gedankenstücke eines Bewusstseins, das den Sitz nicht in ihr hatte« (*Haus auf der Anhöhe*). Die Ambivalenz der Gefühle ist letztlich eingespannt zwischen die Pole der Liebe und der Vergänglichkeit. Im *Nachtbuch* (1992) heißt es lakonisch: »der Tod ist kein Problem für die Toten«. Dem Alten, der sich auf der Chaiselongue liegen sieht, entfährt unvermittelt ein »Schluchzer der Freude«, als er bemerkt, dass er tot ist und die irdischen Qualen hinter sich hat (*Symbol*). Meist freilich erzählt Helen Meier von den Lebenden, denen solche Befreiung noch nicht zusteht.

Nachtbuch ist der insgesamt vierte Geschichtenband, drei Jahre davor hat Helen Meier ihren ersten Roman *Lebenleben* (1989) veröffentlicht. Gealtert, wehmütig, doch noch lebenshungrig breitet Anna ihr Leben aus. Sie ist die Letzte. Eltern und Geschwister hat sie auf den Totenacker begleitet, unzählige Geschichten in Annas Gedächtnis aber erinnern noch an sie – im Schatten eines vergeblichen Wunsches: »Wenn es anders gelaufen wäre. Es, welches Es?« Die Verdoppelung im Romantitel verweist auf eine gleichermaßen verzweifelte wie aufgekratzte, ungebändigte »Wut der Liebe«; zugleich steht sie für die einander widerstrebende Lebensgier und Lebensangst. Indem Helen Meier chronologisch sprunghaft Anekdoten und Episoden zueinander fügt, gelingt es ihr, die epische Form des Romans zu bewältigen. Auffallend ist die starke Hervorhebung von Geräuschen und Gerüchen, die mehr noch als visuelle Wahrnehmungen den unterschwelligen Lebenshunger bezeugen. Die Autorin liebt es, deftige Sinnlichkeit, nicht Empfindsamkeit, zu evozieren und sie in einen wilden, verrückten, mitleidlosen, zugleich lustvollen Sprachfuror zu gießen. Vor allem die weiblichen Erzählfiguren überschreiten die ihnen gesetzten Grenzen immer wieder mit ihrem resoluten Willen, das Glück für sich herbeizuzwingen. Mögen die Versuche auch scheitern, bewahren sie dadurch Stolz und Größe. Solcher Überschuss an schrägen Figuren und Fantasien ging dem zweiten Roman *Die Novizin* (1995) indessen ab. Im didaktischen Gegensatz der schönen jungen Heldin, Herz geheißen, und der alten Erzählerin, einem »verlebten Weib«, tritt der innere Konflikt sinnbildlich nach außen und verliert seine Spannkraft.

In den folgenden Geschichtenbänden *Letzte Warnung* (1996) und *Liebe Stimme* (2000) hat sich Meier wieder auf ihre eigentliche Stärke, die prägnante, rigorose Form, besonnen. Allerdings wird hierin auch eine gewisse Versöhnlichkeit spürbar, wodurch die erzählerischen Mängel stärker hervortreten. Zu den Kennzeichen ihrer Prosa gehört der Mut zu verwackelten Formulierungen, die zwischen den präzisen, lakonischen Beschreibungen gedeihen. Im Vergleich zu früheren Texten will diese Symbiose hier nicht immer glücken, da einige Geschichten etwas umständlich und willentlich auf die Schlusspointe hin zielen. In den besten Texten aber lebt Helen Meiers erzählerische Kraft weiter. »Vom Tod und von der Liebe mag sie es noch«, wie es in dem nur einseitigen Text (*Der halbe Himmel*) am Ende von *Liebe Stimme* heißt: »Sonst gibt es nichts zu erzählen.«

Beat Mazenauer

Werke: *Trockenwiese*, E., Zür. 1984; *Das einzige Objekt in Farbe*, E., Zür. 1985; *Das Haus am See*, E., Zür. 1987; *Lebenleben*, R., Zür. 1989; *Nachtbuch*, E., Zür. 1992; *Die Novizin*, R. Zür. 1995; *Die gegessene Rose*, Sp., UA St. Gallen 1995; *Letzte Warnung*, E., Zür. 1996; *Liebe Stimme*, E., Zür. 2000.

Meinecke, Thomas, geboren am 25. 8. 1955 in Hamburg, lebte in den Siebzigerjahren während seines Studiums der Theater-, Literatur- und Kommunikationswissenschaften in München. Dort war er von 1978 bis 1986 Redakteur und Mitherausgeber der Zeitschrift »Mode und Verzweiflung«. Meinecke, der auch für weitere Szene-Zeitschriften schrieb, veröffentlichte seit 1982 seine Kurzgeschichten in der »Zeit«. Neben seiner literarischen Tätigkeit tritt Meinecke seit 1980 auch als Texter und Sänger der Gruppe »Freiwillige Selbstkontrolle/FSK« auf. Seit 1985 arbeitet er zudem als Produzent und als Discjockey beim Bayerischen Rundfunk (»Zündfunk«). Von Januar bis Mai 1987 weilte er als Stipendiat des »Literarischen Colloquiums« in Berlin, 1998/99 war er »poet-in-residence« an der Universität/GH Essen. Ausgezeichnet wurde er 1997 mit dem Förderpreis zum Heimito-von-Doderer-Literaturpreis und mit dem Rheingau-Literaturpreis, 1998 mit dem Kranichsteiner Literaturpreis, 2003 mit dem Deutschen Literaturpreis.

Thomas Meinecke ist ein Grenzgänger zwischen Literatur und Musik, seine Texte werden mit Bezeichnungen wie »tracks« und »samples« versehen: »Es ist ein bisschen wie beim Plattenauflegen; man merkt nach einer gewissen Strecke, jetzt müsste mal eine langsamere Nummer kommen oder mal ein Knaller oder: jetzt weiter so in dem Groove, aber mit anderem kulturellem Hintergrund. Man lässt quasi durch sich hindurch Dinge sprechen«, so Meinecke über sein Schreiben. Durch das Sampling entsteht eine Gleichzeitigkeit verschiedener Elemente, Schichten überlagern sich, Spuren können neu gemischt und variiert werden, rhythmische Verzögerungen und Beschleunigungen durchbrechen die Syntax, fördern die Musikalität eines Satzes. Das »schmetterlingshafte Befruchten« (Meinecke) von scheinbar Disparatem wird zum poetischen Prinzip. Die Verfügbarkeit des Materials ist Voraussetzung, die akribische Recherche steht vor dem Schreiben. Musik als beweglicheres Medium liefert die Folie für die Literatur. In schöner postmoderner Weise ist eine gute Kopie besser als ein schlechtes Original. Für Meinecke ist es reizvoll, Theorie in Fiktion zu übersetzen. Er testet aus, seine Gedankenfunde in einen Erzählstrom einfließen zu lassen. Literarische Wirklichkeit entsteht so aus der Verkettung von Lektüren, die Differenzen zwischen Dokument und Roman verwischen, Form und Inhalt bedingen sich. Auf jeden Fall unterlaufen diese mäandernden Texte jegliche formale Grenze; es handelt sich um eine Art »Faction« oder »Fusion-Prosa«, der Konfrontation verschiedener Stile und Ausdrucksformen. Der Autor als Relaisstation, als Suchender und als Arrangeur von Material, an dessen Schnittstellen im besten Fall Funken sprühen und Neues entsteht.

In *The Church of John F. Kennedy* (1996) schickt Meinecke den Mannheimer Studenten Wenzel Assmann auf eine zweijährige Odyssee durch die amerikanischen Südstaaten. Sein Interesse gilt vor allem der Frage, welchen Einfluss die europäischen Auswanderer des 18. und 19. Jahrhunderts auf die Herausbildung einer eigenständigen amerikanischen Kultur genommen haben. Gleichzeitig will Assmann im Fremden das Eigene sehen und zieht Parallelen zwischen der Kolonialisierung Amerikas und der Wiedervereinigung Deutschlands: »Was dem Indianer nämlich das Feuerwasser war ..., ist heute dem Ostdeutschen der Viertakter.« In ständigem Kontakt mit einer Berliner Freundin informiert er sich über die laufenden Ereignisse in Deutschland und setzt sie in Beziehung zu den Ergebnissen seiner Spurensuche in den Archiven, Antiquariaten und Sammlungen von New Orleans, Richmond und Atlanta. Passagen aus Dokumenten und Briefen deutscher Siedler, die in den Erzähltext montiert sind, zeugen vom alten Pioniergeist. In der historischen Recherche und Alltagsbeobachtung erzählt Meinecke klar und anschaulich, die sozialromantischen Sympathien seines Helden für Honecker und die alte DDR wirken befremdend. Gesagt werden soll, wie »grunddeutsch der heutige Amerikaner doch sei«. So könne es nicht verwundern, so der Erzähler in schönster Marcusescher Dialektik, dass von einem Land, das mit materiellen Anreizen kulturelle Eigenheiten seiner Minderheiten zurückdränge, auch nichts Anderes als ein farbloses, beliebiges Vielerlei zu erwarten sei. Da die Deutschen gerne amerikanische Kultur reimportieren, sei auch die deutsche Entwicklung vorhersehbar. In diesem Sinn kann man Meineckes Reiseprosa auch als deutschen Wenderoman lesen.

Tomboy (1998) beschäftigt sich mit den Theoremen der Geschlechterdifferenz, »gender studies«. Im Zentrum stehen Vivian und ihre Heidelberger Clique; Vivian schreibt ihre Magisterarbeit über Otto Weininger und seine biologistischen Pamphlete und gönnt sich nichts außer Süßigkeiten und »autoerotischen Erregungen«. Ihre lesbische Freundin Frauke Stöver promoviert seit zwanzig Semestern über die Vorhaut von Jesus, arbeitet ihren missionarischen Drang in VHS-Kursen ab und heiratet letztlich einen transsexuellen Kellner aus der Po-Ebene. Und die bisexuelle Korinna untersucht »kolonialisierte Leibesinseln«, bevor sie sich von einem örtlichen Drogendealer schwängern lässt und am eigenen Körper männliche Projektionen dekonstruiert. Es wimmelt in diesem Roman von phallokratischen Chiffren, revanchistischen Thesen und ästhetischen Modellen; Exkurse über den Zionismus, die Haute Couture und die Tomboys Leni Riefenstahl und Marlene Dietrich illustrieren einen detailfreudigen Text. »Meine Figuren«, so Meinecke, »sind Sprecher eines dialektisch aufgeteilten Gedankengangs.« Diesen hat er sich mit einschlägigen Texten erarbeitet und in einer Zitat- und Versuchsanordnung ausgebreitet. Seine Kompilation besteht aus unzähligen Fragen, Fakten und Fragmenten, die er auf seinem literarischen Plattenteller zusammenbaut. Es gibt kaum Handlung im Text, eher verbale und sexuelle Erregungen aus zweiter Hand. Seine Figuren führten ein sozial kastriertes Leben, das immer komischer wird, ohne dass sie es merken. Vor lauter Reden über Sex findet keiner mehr statt. Mit sanfter Ironie gibt Meinecke nur die Paradoxa und Auswüchse seines Themas preis: »zweihundert Jahre Geschlechterpolarität« im »abenteuerlustigen, interdisziplinären Querfeldein«.

Mit *Hellblau* (2001) hat Meinecke die Ende der Neunzigerjahre aufkeimende Diskussion um eine »Wiederkehr des Erzählens« klar für sich beendet: diese Collage aus Prosafragmenten, Theorieansätzen und Medienzitaten entfernt sich noch weiter von Plots, Spannungsbögen und Strukturen als ihre Vorgänger. Ging es bei diesen im Wesentlichen um nationalkulturelle und geschlechtsspezifische Phänomene, so stehen bei *Hellblau* ethnische Fragen im Zentrum. Der Erzähler, ein moderner Arno Schmidt, lenkt den Blick in seine Zettelkästen, Tagebücher und elektronischen Korrespondenzen. Es gibt nur ein paar Sprecher, die in North Carolina, New York und Berlin sitzen und als Gesprächspartner fungieren. Tillmann ist als Stipendiat in einem »Net-House« an der amerikanischen Ostküste, denkt über den deutsch-amerikanischen U-Boot-Krieg in den Vierzigerjahren nach und fragt sich, ob Mariah Carey nun schwarz oder weiß ist. Mit Vermilion, die über den »Topos des jüdischen Mannes als Frau« arbeitet, besucht er das chassidische Viertel in New York. Heinrich schreibt über den Besuch Kohls und Reagans 1985 auf dem Bitburger Soldatenfriedhof, auf dem auch Soldaten der Waffen-SS begraben liegen. Cordula geht indessen zum Tauchen, Lee rasiert sich die Augenbrauen und Yolanda interessiert sich für Leni Riefenstahl. Alle schreiben an einem Buch über Techno mit. Sie handeln kaum, reden und lesen stattdessen. Vieles geschieht gleichzeitig, alles – Begriffe, Kategorien, Zuschreibungen – gerät an- und durcheinander. Meinecke schildert diesen Info-GAU mit ironischen Untertönen, stellt die Möglichkeiten von Sprache, Dinge zu benennen und damit zu fixieren, prinzipiell infrage. Ob es nun um Hautfarben oder andere kulturelle Identitäten in diesem Haken schlagenden Text geht, immer überzeugt der undogmatische Umgang mit den Exzerpten dieser Spurensuche. Die Anverwandlung von Countrymusic, Sigmund Freud und Hedy Lamarr in einer Art freier Metamorphose stürzt den Leser in ein komplexes Vergnügen.

Thomas Kraft

Werke: »Mode und Verzweiflung«, Zeitschr., Mithg., 1978–1986, im Sammelbd. *Mode & Verzweiflung*, Ffm. 1998; *Mit der Kirche um's Dorf. Kurzgeschichten*, Ffm. 1986; *Holz*, E., Köln 1988; *Pennsylfawnisch Schnitzelbank*, Hsp., SWF 1992; *Texas Bohemia*, Hsp., BR 1993; *The Church of John F. Kennedy*, R., Ffm. 1996; *Freuds Baby*, Hsp., BR 1999; *Tomboy*, R., Ffm. 1998, Hsp., BR 1998; *soundstories/materialmeating: Welche Farbe hat Mariah Carey*, Hsp., BR 2000; *Hellblau*, R., Ffm. 2001, Hsp., BR 2001; *Konvent*, Hsp., BR 2002.

Meißner, Tobias O., geboren am 4. 8. 1967 in Oberndorf am Neckar, lebt seit 1970 in Berlin, wo er Kommunikationswissenschaften studierte. Seit 1997 ist er freiberuflicher Schriftsteller.

Meißner nimmt in seiner Prosa Einflüsse aus populären Quellen auf – Comics, Science-Fiction, Computerspiele, Trash-, Beat- und Pulp-Literatur oder auch Splatter-Movies. Im traditionellen Speichermedium Buch versucht er die formale Grenzen sprengende Qualität dieses Materials zu erhalten. Das äußert sich bereits auf paratextueller Ebene: So erweist sich etwa das Schriftbild seines ersten Romans *Starfish Rules* (1997) als ein experimentelles Spiel mit den verschiedensten Layoutformen; jedes der 50 Kapitel erhält einen eigenen Charakter. Inhaltlich entspricht dem eine stetige Verschiebung der Erzählperspektive, was eine labyrinthische, oftmals verwirrende Handlungsstruktur entstehen lässt. Zum Eindruck des Labyrinthischen trägt auch der aberwitzige Plot und das kaum zählbare Personal bei: In den Dreißigerjahren flieht ein jüdischer Student mit dem aus dem Pergamonmuseum gestohlenen »Äolosschlauch« in ein fiktives Amerika, in dem verschiedene Gruppen und Geheimgesellschaften um die Macht kämpfen. Äolos, der griechische Gott der Winde, soll der Legende nach alle zerstörerische Gewalt der Stürme in diesem Schlauch versammelt haben, und der junge Deutsche möchte die Wunderwaffe vor den Nazis in die USA retten. Es entwickelt sich eine aus Pynchonschen Verschwörungsszenarien und B-Movie-tauglichen Kulissen zusammengemixte Gewaltorgie, die sich nicht mehr um zeitliche Kohärenz oder historische Präzision schert und schließlich in einem apokalyptischen Show-down endet. Neben den schon angesprochenen Referenzen und dem Zitat klassischer Literatur (etwa Franz Kafka oder Herman Melville) spielt auch die Popmusik als Zeichenmaterial in dieser nichtlinearen, postmodernen und archaisch gewalttätigen Erzählung eine wichtige Rolle. Popmusik steht auch im Mittelpunkt des zweiten, ebenfalls in den USA spielenden Romans *HalbEngel* (1999), der fast schon zum Klischee gewordenen Geschichte eines Musikers, der aus ärmlichen Verhältnissen kommend zum Superstar aufsteigt. Meißner integriert und parodiert verschiedene Schreibstile etwa des Musikjournalismus' oder biografischer Literatur, um eine moderne Entwicklungsgeschichte zu erzählen.

Mit *Todesengel* (2000) intendierte Meißner, der von ihm diagnostizierten Apathie seiner Generation ein dezidiert politisches Buch entgegenzusetzen und »einen Gegenentwurf zu der ansonsten (...) sehr überflüssigen Selbstbefindlichkeits-Literatur« zu schaffen, wie er in einem Interview (»Kultur News«, 2001) bekannte. Der *Verhörroman*, so der Untertitel, seziert ohne erkennbare Ironie und mit einer stereotypen, wenig komplexen Argumentationsweise die Beweggründe eines Kanzler-Attentäters mit dem plakativen »nom de guerre« »Kain Zwaifel« – ein verkannter Schriftsteller –, der mit seiner Tat ein Zeichen gegen Konformität setzen will. Die Dialoge zwischen Ermittler, Psychologe, Agent und Täter sind von politischem Romantizismus durchdrungen, der politische Radikalismus wird trivialisiert.

Auch das Thema der Überschreitung der Kunst hin zum Leben wird von Meißner revitalisiert. Mit *Neverwake* (2001), deklariert als Roman, eroberte sich der Autor ein literarisches Feld, das seine Ursprünge in den USA hat: Die Science-Fiction-Literatur unter dem Vorzeichen digitaler Welten. »Neverwake« bezeichnet den eskapistischen Zustand permanenten Schlummerns und völliger Entsagung körperlichen Begehrens, der das Ideal professioneller Computerspieler – der »Virts« – darstellt. Das aus einem Glossar, einem Lobgesang aufs virtuelle Zeitalter, einem fingierten kulturessayistischen Zeitungsbeitrag und zwei Erzählungen zusammengesetzte Buch bedient sich nicht nur beim Vokabular der Computerspieler, sondern auch vom Zitatenschrottplatz alter Science-Fiction-Filme. Gezeigt wird in dieser Fantasy-Parallelwelt, wie das gedächtnislose Jetzt zur bestimmenden Daseinsform im Techno-Land wird und wie Elektrifizierung Simplifizierung zu erzeugen vermag. Flankiert wurde *Neverwake* von den zusammen mit dem Frankfurter Medienwissenschaftler Mathias Mertens verfassten »Geschichten vom Computerspielen« mit dem Titel *Wir waren Space Invaders* (2002), die sowohl die Historie von Computer- und Videogames aufrollen als auch von der Faszination der Spielenden handeln.

2002 erschien der Roman *Hiobs Spiel. Erstes Buch. Frauenmörder*, das ein auf 50 Jahre angelegtes Schreibprojekt eröffnete. Meißner schickt seinen Helden Hiob Montag durch eine dämonische Horrorwelt, um Punkte im Kampf gegen den satanischen NuNdUuN, »Fürst der Flagellanten« zu sammeln und die gesamte Menschheit zu retten. Er ist ein leidender, melancholischer Rächer, dem alle Mittel recht sind, sein Ziel zu erreichen, nämlich selber zum Herrscher über gut und böse zu werden. Reihenweise mordet er Mordende dahin und geistert als Magier durch verschiedene Zeitschichten. *Hiobs Spiel* ist eine blutrünstige, sprachlich häufig klischeehafte Gewaltfantasie, die Kritiker an Lautréamonts *Gesänge des Maldoror* erinnerten. Meißner versucht sich damit an einer postmodernisierten Ästhetik des Schreckens, die unter anderem an die Tabuverletzungen historischer Avantgarden gemahnt und vom Zitat sowohl der Splatter- und satanischen Literatur als auch der Hochkultur zehrt.

Ulrich Rüdenauer

Werke: *Starfish Rules*, R., Hbg. 1997; *HalbEngel*, R., Hbg. 1999; *Todestag. Verhörroman*, R., Ffm. 2000; *Neverwake*, R., Ffm. 2001; *Wir waren Space Invaders. Geschichten vom Computerspielen*, zus. m. Mathias Mertens, Ffm. 2002; *Hiobs Spiel. Erstes Buch. Frauenmörder*, R., Ffm. 2002.

Meister, Ernst, wurde am 3. 9. 1911 in Hagen-Haspe in Westfalen geboren. Er begann 1930/31 zunächst mit dem Studium der Theologie in Marburg, wechselte dann zu Philosophie, Germanistik und Kunstgeschichte in Marburg, Berlin, Frankfurt und Heidelberg, war dabei u.a. Schüler von Hans-Georg Gadamer. 1939 trat er als kaufmännischer Angestellter in die Firma seines Vaters ein, 1940 wurde er als Soldat zur Wehrmacht eingezogen. Nach dem Krieg arbeitete er erneut im Familienbetrieb, unternahm dann ausgedehnte Reisen nach Südfrankreich, Italien und Holland. Ab 1960 lebte er bis zu seinem Tod am 15. 6. 1979 als freier Schriftsteller in Hagen-Haspe. Meister war Mitglied des P.E.N.-Clubs und der Akademie für Sprache und Dichtung in Darmstadt. Er erhielt 1957 den Annette-von-Droste-Hülshoff-Preis, 1962 den Literaturpreis der Stadt Hagen, 1963 den Großen Kunstpreis des Landes Nordrhein-Westfalen für Literatur, 1976 den Petrarca-Preis zusammen mit Sarah Kirsch, 1977 den Rilke-Preis und posthum 1979 den Georg-Büchner-Preis.

Ernst Meisters frühe Lyrik ist gekennzeichnet durch surrealistische Einflüsse, während in seinem Spätwerk, etwa ab Mitte der Fünfzigerjahre, eine Verdichtung im sprachlichen Ausdruck sowie die Hinwendung zu Existenziellem zu konstatieren ist. Die Beschäftigung mit philosophischen Fragen steht im Zentrum der meisten Gedichte; ein stark reflexives Moment mit dem Ziel, Erkenntnis über Leben und Tod zu erlangen, ist ihnen eigen. Meisters erster Gedichtband *Ausstellung* (1932) wurde gleich nach Erscheinen als Begründung einer Art »Kandinsky-Lyrik« bezeichnet. Die surreal anmutende Sprache und die Abfolge grotesker, zum Teil auch abstrakter Bilder wie etwa die von Städten, die durch sich selbst »spazieren gehen«, von Maschinenmenschen und personifizierten Naturerscheinungen, im Stil an expressionistische Malerei erinnernd, weisen von gegenständlicher Abbildung weg hin zum Absurden, so z.B. in *Mittags*: »Auf einem Buch des Mittags liegt die Hand zerstört. / Die Blumen an den Fenstern fließen über. / Der Kopf steht still und kein Bild ist erhört. // In diesem Kopf, den Träumen gegenüber, / liegt nur ein toter Teich und hat kein Licht. / Es fließen Kähne drüber, die oft stille stehen. // Ein Augenblick färbt Teich und Kähne nicht. / Ein Tier hat einmal seinen Schlaf besehen. / Es ist so dunkel selbst im weißen Gehen.«

Häufig wählt Meister Metaphern aus dem Bereich des Wassers (Meer, Teiche, Flut und Fische), um die bizarren Träume der lyrischen Subjekte zu umschreiben. Die »poetische Fantasie« spiegele dabei »die als unerträglich empfundene, versehrte Wirklichkeit wider« (M. Bärmann). Kreisen die Gedichte des Bandes *Ausstellung* noch um die Angst des Menschen vor einer ungewissen Zukunft, die sowohl Abgrund, Nichts, Tod als aber auch Erlösung bedeuten kann, so vermitteln Meisters nachfolgende Gedichte, die er erst nach dem Zweiten Weltkrieg wieder in Sammelbänden veröffentlichte, überhaupt keine Hoffnung mehr auf eine Rettung der Menschheit. Sie sprechen nur noch von völliger Ungewissheit und dem Gefühl des Ausgeliefertseins an eine unbekannte Zukunft. In dem Werk *Dem Spiegelkabinett gegenüber* (1954) greift Meister biblische Motive auf, die die christliche Heilserwartung durch Verfremdung ad absurdum führen: »Und morgen werd ich nicht im Paradiese sein, / sondern als Mahlstein Ängste zerreiben, / als Knecht der Erde Psalmen singen« (*Gründonnerstag*).

Meisters streng protestantisch geprägtes Elternhaus und seine Glaubenskrise Anfang der Dreißigerjahre, die ihn sein Theologiestudium abbrechen ließ, beeinflussten seine kritisch-desillusionierende Auseinandersetzung mit Religion und Bibel. Das Jenseits erscheint bei ihm als Bedrohung des Menschen, Gott wird als Schöpfer und Heilsbringer infrage gestellt, wenn nicht sogar negiert. Die folgenden Bände dokumentieren eine fortschreitende formale und sprachliche Reduktion. Die vielfältigen Bilderfolgen innerhalb eines Gedichts weichen einem einzigen Bild, das einen Gedanken präzise wiedergeben soll. Die Verse und Strophen verkürzen sich, die Bilder werden noch abstrakter und symbolträchtiger. »Meisters Lyrik ist anspielungsreich, das gibt ihr eine Spur von Dunkelheit« (Walter Jens), so etwa im Band *Zahlen und Figuren* (1958): »Sie lachten. / Sie saßen // grau / in den Flammen / und lasen // in einem Buch, / das ihnen sagte, // wie alles / verwirkt sei / für immer.«

Die Gedichte tragen zunehmend imperativische Züge hinsichtlich der »conditio humana« und verkünden, dass das tragische Dasein und das Bewusstsein von der Endlichkeit des Menschen im Tod angenommen werden müsse. Diese Wirkung verstärkt sich durch den Dialogcharakter, den einige Gedichte seit dem Band *Zahlen und Figuren* enthalten. Ein lyrisches Ich beginnt mit einem »Du« zu sprechen, die mitgeteilte Erfahrung scheint zum persönlichen Erleben zu werden, kann aber die rätselhafte, religiös-philosophisch befrachtete, prophetisch-dunkle Aussage nicht erhellen.

In dem Band *Sage vom Ganzen den Satz* (1970) versucht Meister eine »dritte Möglichkeit« als eine Alternative zu den Dichtungen Hölderlins und Paul Celans zu entwerfen, deren 200. Geburtstag bzw. Selbstmord im Jahre 1970 den Anstoß zu dieser Sammlung gaben. Der Inhalt der Gedichte kreist um Sterben und Tod, konstituiert von der Größe Zeit: »Langsame Zeit, / Zeitlangsamkeit, / Wortlangsamkeit, / langsam, ich sage / ein Zeitwort, / (...) / es ist / Sterben darin.«

In Meisters beiden letzten Bänden, *Im Zeitspalt* (1976) und *Wandloser Raum* (1979), spiegelt sich die Erfahrung wieder, dass der Mensch mit seinem begrenzten Bewusstsein Tod, Jenseits und Ewigkeit nicht erfassen kann und ihnen letztlich wehrlos gegenübersteht: »Das dir zugesagte / Nichtsein wischt / alles Gedachte weg. // Das / Denken krümmt sich / im Wissen darum / und ist doch genötigt / Welt zu verstehen.« Die Grenzerfahrung des Bewusstseins, die Annäherung an Jenseits und Tod, vollzieht Meister auch sprachlich nach, indem er versucht, an die äußerste Grenze von Sprache zu gelangen: »Auf das Ende sehen, / den Text ohne Wörter, / Worte führten bis dorthin, / (fast bis dorthin).« Der unerreichbare Punkt, an dem Sprechen in Schweigen umschlägt, eine Erfahrung, die nicht artikulierbar ist, symbolisiert Meisters Bemühen, in den Gedichten Leben aus der Rückschau von Lebensende und Jenseits darzustellen. Damit muss er ebenso scheitern wie mit dem Versuch, mittels Sprache das Stummsein zu beschreiben. Meister betrachtet Dichten als »identisch mit Denken«, weshalb er seine Lyrik in freie Rhythmen oder, wie Norbert Johannimloh es bezeichnete, in »infinite Verse« fasste, deren Form der Offenheit und Unbestimmtheit den Gedanken nahe kommt. Inhaltlich konzentriert er sich auf die Spannung zwischen Dasein und Tod, wobei er glaubt, dass von Letzterem her der Wahrnehmungs- und Erkenntniswille des Menschen ausgehe: »Ich muss die Dinge verstehen (...) von ihrer Vernichtbarkeit« her.

Heidi Rehn

Werke: *Ausstellung*, G., Marburg 1932; *Gehn und Sehn in der Mütter Geheiß*, G., Hagen 1946/47; *Unterm schwarzen Schafspelz*, G., Ffm. 1953; *Dem Spiegelkabinett gegenüber*, G., Stierstadt/Ts. 1954; *Der Südwind sagte zu mir*, G., Stierstadt/Ts. 1955; ... *und Ararat*, G., Wiesb. 1956; *Fermate*, G., Stierstadt/Ts. 1957; *Pythiusa*, G., Stierstadt/Ts. 1958; *Zahlen und Figuren*, G., Wiesb. 1958; *Der Bluthänfling*, E., Illustr. v. Wolfgang Meister, Münster 1959; *Lichtes Labyrinth*, G., Gießen 1960; *Die Formel und die Stätte*, G., Wiesb. 1960; *Les Yeux Les Barques*, G., franz.-dt., Paris 1960; *Flut und Stein*, G., Neuwied 1962; *Schieferfarbene Wasser*, Hsp., RB/SDR 1963; *Au Delà De l'Au Delà*, G., franz.-dt., Paris 1964; *Gedichte 1932–1964*, Ausw., Neuwied 1964; *Winterfabel*, Hsp., 1965; *Ein Haus für meine Kinder*, Theaterst., UA Wiesb. 1966; *Das Glück*, Hsp., SDR/SR 1966; *Die Sterblichen*, Hsp., SDR/NDR 1967; *Zeichen um Zeichen*, G., Neuwied 1968; *Schein und Gegenschein*, G., m. Radierungen v. E. Schumacher, Duisb. 1969; *Es kam die Nachricht*, G., Neuwied 1970; *Die Botschaft*, Hsp., 1970; *Apologie des Zweifels*, Hsp., SDR 1971; *Hermann und Alice oder Mühle spielen*, Hsp., RB 1971; *Sage vom Ganzen den Satz*, G., Neuwied 1972; *Die Raupen*, Hsp., 1972; *Die Reisenden*, Hsp., 1972; *Das Souvenir*, Hsp., 1972; *Schatten*, G., m. Lithografien v. E. M. Duisb. 1973; *Unser Vater, der Seemaler*, Hsp., 1973; *Das Schloss*, Hsp., SDR/RIAS 1973; ... *und aufwecken wollte ich ihn nicht*, Hsp., SDR 1975; *Im Zeitspalt*, G., Darmst. 1976; *Ausgewählte Gedichte 1932–1976*, Darmst. 1977; *Wandloser Raum*, G., Darmst. 1979; *Wandlose Träume*, Hsp., 1979; *Das Leben ist länglich, dachte ich kürzlich. Nonsens-Gedichte, Erstveröffentlichung aus dem Nachlass*, hg. v. Helmut Kohlleppel u. Jürgen P. Wallmann, Münster 1980; *Winterfabel*, Hsp., SDR 1986; Neuausgabe des Werks, Aachen 1985 ff.; *Prosa 1931–1979*, hg. v. Andreas Lohr-Jasperneite, Hdbg. 1987; *Lyrik seit 1960: Westfalen – Westflandern/Poëzi sinds 1960: West-Vlaanderen. – Westfalen. Eine zweisprachige Anthologie. Een tweetalige bloemlezing*, zus. m. Christine D'Haen, o. O. 1989; *Ausgewählte Gedichte 1932–1979*, Mü. 1989; *Liebesgedichte*, hg. v. Reinhard Kiefer, Mü. 1991; *Der Gang*, G., Aachen 1992; *Westfälische Erzählungen. Von Peter Hille bis Ernst Meister*, hg. v. Dieter Sudhoff, Bielefeld 1996; *Im Nirgendblau*, G., hg. v. Reinhard Kiefer, Mü. 1998; *Ernst Meister. Hommage – Überlegungen zum Werk – Texte aus dem Nachlass*, hg. v. Helmut Arntzen u. Jürgen P. Wallmann, Münster 1998; *Lang oder kurz ist die Zeit*, G., Aachen 1999; *Gedichte aus dem Nachlass*, Aachen 1999; *Mitteilungen für Freunde 1–6*, Aachen 2000; *Aus dem Zeitlied eines Kindes*, G., Aachen 2002; *Der Schnee in deinem Namen. Liebesgedichte*, hg. v. Reinhard Kiefer, Mü. 2003.

Menasse, Robert, wurde am 21. 6. 1954 in Wien geboren. Er studierte Germanistik, Philosophie und Politikwissenschaften in Wien, Salzburg und Messina. 1979 war er Mitbegründer der Studentenzeitschrift »Zentralorgan herumstreunender Germanisten«. 1980 wurde er mit der Arbeit *Der Typus des Außenseiters im Literaturbetrieb. Am Beispiel Hermann Schürrer* zum Dr. phil. promoviert. Von 1981 an lehrte er an der Universität São Paulo, hielt vor allem Lehrveranstaltungen über philosophische und ästhetische Theorien, u. a. über Hegel, Lukács, Benjamin und Adorno. 1988 kehrte er aus Brasilien zurück. Seitdem lebt er als freier Schriftsteller in Wien. 1989 erhielt er den Literaturförderpreis der Stadt Wien, 1991 den Heimito-von-Doderer-Preis, 1992 den Hans-Erich-Nossack-Preis der Deutschen Industrie, 1993 ein DAAD-Stipendium in Berlin, 1994 den Marburger Literaturpreis und den Preis der Alexander-Sacher-Masoch-Stiftung, 1995 den Förderpreis des Österreichischen Würdigungspreises für Literatur, 1996 den Hugo-Ball-Preis der Stadt Pirmasens, 1998 den Österreichischen Staatspreis für Kulturpublizistik, 1999 den Grimmelshausen-Preis, 2002 den Marie-Luise-Kaschnitz-Preis der Evangelischen Akademie Tutzing, den Friedrich-

Hölderlin-Preis der Stadt Bad Homburg, den Lion-Feuchtwanger-Preis und den Joseph-Breitbach-Preis. Der Titel von Menasses erstem Roman *Sinnliche Gewißheit* (1988) zitiert eines der philosophischen Hauptwerke des klassischen deutschen Idealismus: den Beginn von Hegels *Phänomenologie des Geistes*. Hegel versucht dort zu zeigen, dass die sinnliche Gewissheit die niedrigste Stufe der Erkenntnis darstelle, sie lediglich Ausgangspunkt eines werdenden Wissens sei, das erst im absoluten Geist seine Vollendung finde. In seinem Roman, den er mit *Selige Zeiten, brüchige Welt* (1991) und *Schubumkehr* (1995) zur Trilogie erweiterte, verkehrt Menasse diese Bewegungsrichtung des hegelschen Denkens ins Gegenteil. Ausgehend von dessen Idee des absoluten Geistes beschreibt er, wie regressiv, ja geradezu infantil sich die »modernen Zeiten« ausnehmen. Hemmungslos huldige man dem Hier und Jetzt und habe jeden Anspruch, die Totalität der Welt auch nur annähernd verstehen zu wollen, längst verabschiedet. »Das Design bestimmt das Bewußtsein«, spottete er in seiner *Phänomenologie der Entgeisterung*, einem theoretischen Traktat, das er 1991 pseudonym unter dem Namen Leopold Joachim Singer (so heißt eine der Hauptfiguren seiner Trilogie), 1995 unter seinem eigenen Namen veröffentlicht hat und in dem er das postmoderne Credo »anything goes« kurzerhand mit »nothing comes« gleichsetzte.

Menasses Romane erschöpfen sich nicht in ihrem philosophischen Gehalt. »Ich habe«, erklärte er in einem Interview, »die lateinamerikanische Literatur gelesen und gelernt: Ja, man kann erzählen. Und es muss deswegen überhaupt nicht trivial oder überholt oder konservativ sein. Man kann also mit avanciertem Kunstanspruch erzählen.« »Die Reflexion«, sagte er in einem Gespräch mit dem Germanisten Dieter Stolz, »muß in der sinnlichen Erzählebene gleichsam versickern. Sie muß in der Literatur verschwinden – aber sie muß sie sättigen.«

Derart ambitioniert begann Menasse auch mit der Arbeit an einem Roman, über dessen theoretische und stoffliche Voraussetzungen er in seiner Rede »Geschichte« war der größte historische Irrtum« zur Eröffnung der Frankfurter Buchmesse 1995 erstmals öffentlich berichtet hat. Theoretisch setzt er sich, wenn auch unausgesprochen, nochmals mit Hegel und dessen Geschichtsphilosophie auseinander und erklärt den ihr immanenten Fortschrittsbegriff für obsolet: »Wenn es einen ›Misthaufen der Geschichte‹ gibt, dann ist das, was am dringendsten auf diesen Misthaufen gehört, unser Begriff von Geschichte selbst.« Als Alternative zu einer Vergangenheit, die nach der jeweilig vorherrschenden Interessenlage zur Rechtfertigung aktueller Politik instrumentalisiert werde, proklamiert Menasse radikale Zeitgenossenschaft: »Die Anerkennung der Unwiederbringlichkeit jedes einzelnen Lebens wäre die einzige Legitimation für all unser Handeln, das in unserer Lebenszeit erreichbare Glück wäre unser Ziel, und unsere Grenze wäre es, dabei keine Wirklichkeit zu produzieren, die als fortwährende Möglichkeit künftige Generationen bedroht.«

Politisch brisant ist dieses Plädoyer, weil Menasse auch den Repräsentanten einer Erinnerungskultur widerspricht, die die Unvergleichbarkeit des Völkermords während der NS-Zeit festschreiben wollen. Wären diese Verbrechen, so der Fluchtpunkt seiner Überlegungen, tatsächlich singulär, wie könne man dann angesichts von gegenwärtigen politischen Entwicklungen infrage stellen, was etwa durch Vergleiche von Rechtspopulisten mit Hitler ohnehin infrage gestellt werde: dass nämlich das Einzigartige gar nicht einzigartig sei und sich jederzeit wiederholen könne? Um dieser Frage noch deutlichere Konturen zu verleihen, bedient Menasse sich in seinem 2002 veröffentlichten Roman *Die Vertreibung aus der Hölle* der parallelen Erzählung zweier Biografien: einer aus dem 17. und einer aus dem 20. Jahrhundert. Die eine ist die historisch verbürgte von Samuel Manasseh ben Israel (auch: Samuel Menasse, 1604–1657), der in Portugal in einem Jesuitenkolleg erzogen, schließlich aber von der Inquisition wegen seiner jüdischen Herkunft verfolgt wurde. Er floh deshalb in die Niederlande, wo er Lehrer des jungen Baruch Spinoza wurde und als erster jüdischer Gelehrter Abhandlungen über religiöse Themen veröffentlichte, die vor allem für ein nichtjüdisches Publikum bestimmt waren. Die andere Lebensgeschichte ist fiktiv, allem Anschein nach aber autobiografisch grundiert. Viktor Abravanel heißt der 1955 geborene zweite Protagonist, dessen Entwicklung viele Parallelen zu der des ersten aufweist. Wie dieser wird Viktor in einem Internat erzogen. Auch er wird Gelehrter, doch in einem anderen Fach: dem der Geschichtswissenschaft. Offenbar ist er sogar ein Verwandter Manassehs, der in Amsterdam eine Esther Abravanel geheiratet hat. Dadurch wird verständlich, dass Viktor die Geschichte Manassehs zum Thema einer Studie macht, die er auf einem Historikerkongress in Amsterdam präsentieren will. Es liegt nahe, den ganzen Erzählstrang, der von der Geschichte des Rabbis handelt, als Viktors Bericht über die Ergebnisse seiner Forschungsarbeit zu lesen.

Der Roman beginnt mit der Schilderung einer Abiturientenfeier in Wien, auf der Viktor sich noch in anderer Weise mit der Vergangenheit auseinander setzt: Er liest seinen ehemaligen Lehrern ihre (wie sich später herausstellt: von ihm erfundenen) NSDAP-Mitgliedsnummern vor, wodurch die Veranstaltung ein vorzeitiges Ende findet. Durch diesen Einstieg in die Romanhandlung und die sich an ihn anschließende Beschreibung des ideologisch motivierten Massenmords an den Juden in Portugal zu Beginn des 17. Jahrhunderts werden die NS-Verbrechen und die Verbrechen der Inquisition aufeinander bezogen. Menasse vergleicht jedoch nicht und erst recht setzt er nicht gleich. Aber er legt einen Vergleich nahe. Der Roman gibt allerdings keine Antwort auf die Frage, wie das Ergebnis lauten könnte, initiiert auch nicht emotionale Identifikationsprozesse, sondern verlangt vom Leser Mit- und Nachdenken. Dass der Autor einen kritisch reflektierenden Nachvollzug der Handlung auch erwartet, zeigt bereits das Inhaltsverzeichnis. Es kündigt vier Kapitel an – »Amok«, »Koma«, »Komma« und »Makom« –, doch im Text sucht man sie vergeblich und ist daher aufgefordert, die entsprechenden Zäsuren selbst festzulegen.

Menasse hat sein Publikum mit der Entdeckung verblüfft, Rabbi Samuel Manasseh habe zu Beginn des Aufklärungszeitalters angesichts des Genozids an den Juden im 17. Jahrhundert exakt den gleichen Satz wie Adorno nach der Erfahrung des Massenmords an den Juden während der NS-Zeit geprägt: »Was einmal wirklich war, bleibt ewig möglich.« Tatsächlich hat Menasse diese Koinzidenz zwischen dem Rabbi und dem Autor der *Dialektik der Aufklärung* nur mit musilschem Möglichkeitssinn erfunden, genauso wie zwei Bücher mit dem Titel *Die Geschichte der Inquisition*, von denen er in seiner Dankrede *Igel, Hase und die Lehre des Rabbi* zur Verleihung des Hölderlin-Preises der Stadt Bad Homburg berichtet. Solche Finten zeigen, dass er sich in erster Linie nicht als politischer Essayist (der er auch ist) oder als philosophisch inspirierter Schriftsteller (der er auch ist), sondern im emphatischen Sinn als Dichter versteht und sich daher jederzeit die Freiheit nimmt zu fabulieren, auch mit viel und oft bitterem Humor Skurriles und Groteskes einzuflechten, und damit politischen und philosophischen Problemen erst eine Komplexität, Schärfe und innere Spannung zu geben, die reinen Theoretikern in der Regel unerreichbar ist.

Gunther Nickel

Werke: *Sinnliche Gewissheit*, R., Reinbek 1988, überarb. Fssg. Ffm. 1996; *Die sozialpartnerschaftliche Ästhetik*, Ess., Wien 1990; *Selige Zeiten, brüchige Welt*, R., Salzb., Wien 1991; *Phänomenologie der Entgeisterung. Geschichte des verschwindenden Wissens*, Ess., u. d. Pseud. Leopold Joachim Singer in: »manuskripten«, 1991, H. 111, S. 91–110, unter eig. Namen, Ffm. 1995; *Das Land ohne Eigenschaften*, Ess., Wien, 1992; *Ivan Ângelo: Das Fest*, Übs., Salzb., Wien 1992; *Schubumkehr*, R., Salzb., Wien 1995; *»Geschichte« war der größte Irrtum. Rede zur Eröffnung der 47. Frankfurter Buchmesse 1995*, in: *Dieter Stolz (Hg.): Die Welt scheint unverbesserlich. Zu Robert Menasses »Trilogie der Entgeisterung«*, Ffm. 1997, S. 27–34; *Hysterien und andere historische Irrtümer*, Wien 1996; *Die letzte Märchenprinzessin*, m. Elisabeth u. Eva Menasse, Illustr. v. Gerhard Haderer, Ffm. 1997; *Der mächtigste Mann*, m. Elisabeth u. Eva Menasse, Illustr. v. Kenneth Klein, Wien 1998; *Sterbensworte*, in: *Ruth Beckermann: Jenseits des Krieges. Ehemalige Wehrmachtssoldaten erinnern sich*, Wien 1998, S. 9–16; *Dummheit ist machbar*, Ess., Wien 1999; *Erklär mir Österreich*, Ess., Ffm. 2000; *Die Vertreibung aus der Hölle*, R., Ffm. 2001; *Igel, Hase und die Lehre des Rabbi. Dankrede zum Hölderlin-Preis der Stadt Bad Homburg*, in: »Frankfurter Allgemeine Zeitung«, 15. 6. 2002.

Mensching, Steffen, wurde am 27. 12. 1958 in Berlin (DDR) als Sohn eines Chemieingenieurs und einer Sachbearbeiterin geboren. Nach dem Abitur 1977 volontierte er 1977/78 beim Radio Berlin International und studierte vier Monate Journalistik in Leipzig. Von 1979 bis 1984 arbeitete er als redaktioneller Mitarbeiter der Berliner Zeitschrift »Temperamente« und studierte von 1982 bis 1987 Kulturwissenschaft/Ästhetik an der Humboldt-Universität. Zugleich war er von 1978 bis 1984 als Autor und Akteur im Liedertheater »Karls Enkel« aktiv, wo die rund zwanzigjährige Zusammenarbeit mit Hans-Eckart Wenzel begann. Mit diesem tourte er von 1982 bis 1999 als Clownsduo »Weh & Meh« durch die DDR und nach 1989 auch im Ausland (Frankreich, Schweiz, Niederlande, USA). Nach 1999 setzte Mensching, der außerdem als Film-Schauspieler, Regisseur und Sänger arbeitete, die Bühnenarbeit mit Soloprogrammen fort. Er trat auch als wissenschaftlicher Herausgeber (Rudolf Leonhardt: *Traumbuch des Exils*, 2001), als Lyriker, Erzähler und Dramatiker hervor. Nachdem er schon 1975 am Zentralen Poetenseminar der FDJ in Schwerin teilgenommen hatte, erhielt er 1978 vom Kulturbund das Johannes-R.-Becher-Diplom, 1984 den Debütpreis des Schriftstellerverbands der DDR, 1987 den Louis-Fürnberg-Preis des Bezirks Erfurt, 1989 den Heinrich-Heine-Preis des Kulturministeriums der DDR sowie zusammen mit Hans-Eckart

Wenzel 1991 den Deutschen Kleinkunstpreis der Stadt Mainz und 1995 den Kabarettpreis der Stadt Nürnberg. 1991 wurde er in das Präsidium des deutschen P.E.N.-Zentrums (Ost) gewählt und 1998 war er »writer-in-residence« der New York University. Er lebt heute in Berlin.

Die ersten gedruckten Gedichte Menschings stammen von 1975. Seine Lyrik stand anfangs in der subtil gebrochenen Tradition Brechts. Stärker als in kanonisierten Formen sozialistischer Dichtung war der satirische Ton. Dabei knüpfte Mensching an Außenseiter der Tradition eines nicht nur ästhetischen Widerstands an, wie etwa Blanqui, Rimbaud, Rosa Luxemburg, Herbert Baum, Jannis Ritsos oder Peter Weiss: »Einmal, später, irgendwann / werden wir die Siegel der Archive brechen. / Beieinander sitzend dann / das nie Ausgesprochene aussprechen [...] / Wir würden den Sieg nicht kleiner, / wir würden ihn reiner machen.« Nach 1990 wich der verhaltene Optimismus der frühen Gedichte (*Poesiealbum*, 1979; *Erinnerung an eine Milchglasscheibe*, 1984; *Tuchfühlung*, 1986) einem pessimistischeren Ton. Die ideologische »Tabula rasa« (*Berliner Elegien*, 1995), kennzeichnend für die historische Gleichgültigkeit der Jahrtausendwende (»Alles gleich. Gültig alles. / Auschwitz, Wandlitz, Austerlitz. / Ein Abwasch ...«), bewirkte eine neue Qualität in der Schärfe der Beobachtung, die in den 1999 (in »ndl«) publizierten *New York Lines* ihren vorläufigen Höhepunkt hat. Hier vollendete sich auch, was sich bereits in *Tuchfühlung* (1986) angedeutet hatte, nämlich eine zunehmend prosanähere Diktion und die gänzlich subjektive Thematisierung von Geschichte. Von Anfang an waren Intimes und Politisches bei Mensching verknüpft, jedoch verschoben sich die Akzente: von der Frage, wie sich die »große« Geschichte auf die individuelle Lebenssphäre auswirkt, hin zu einer Verbindung von Politischem und Privatem, wenn das Erlebnis Ausgangspunkt der poetischen Reflexion wird, und zuletzt vom persönlichen Erlebnis hin zur objektivierten Wahrnehmung bei programmatischer Zurücknahme des lyrischen Subjekts.

Seit den späten Achtzigerjahren dominiert die Prosa das dichterische Werk Menschings. Der zwischen 1987 und 1991 geschriebene Roman *Pygmalion* (1991) ist eine satirische Abrechnung mit dem staatssicherheitlich überwachten Leben in der DDR und – ebenso wie die parallel entstandene Geschichte *Die Stadt. Eine Beichte* (1989) – zugleich ein Bekenntnis des Autors, der darin »eigene Erfahrungen« und »Verstrickungen in jene dubiosen Institutionen« kultureller Förderung und Knebelung, welche die Kulturlandschaft DDR kennzeichneten, verarbeitete. Neben satirischen Erzählungen stehen aber auch Prosatexte, in denen Mensching alltägliche Realität auf surrealistische Weise mit einer traumhaften Erlebniswirklichkeit vermittelt, wie in der 2001 (in »ndl«) publizierten Erzählung *Die Reise*. Anfang 2003 erschien der zweite größere Roman Menschings, *Jakobs Leiter*, in dem, ausgehend von einer in New York zum Verkauf stehenden Emigrantenbibliothek, ein gleichermaßen dokumentarisches wie fiktionales Panorama menschlicher Schicksale und Lebenswege nicht in Amerika geborener Amerikaner aufgerollt wird.

Insgesamt gilt, dass Mensching »das Werk eines Dichters« zunehmend dann glückte, wenn »er sich als Dichter völlig zurücknahm«, wie er selbst über Rudolf Leonhardt schrieb. Dies gilt auch für die Theaterstücke, vor allem für das 1994 uraufgeführte *Ballhaus*, in dem kein einziges Wort gesprochen wird, sondern sich 60 Jahre deutscher Geschichte im Spiegel der sich wandelnden Tanz- und Musikmoden von Charleston bis Disco abbilden. Und es gilt außerdem für das 2000 uraufgeführte Drama *Quijotes letzter Auszug*, einen Monolog des aus der Geschichte verschwindenden »Narren« Alonso Quijano alias Don Quijote, der ein drittes und letztes Mal – vergeblich – auszieht, weil er von Cervantes die Korrektur mindestens des Schlusses der Romanchronik seines Lebens erlangen will, die angebliche Bekehrung, die seiner Weltverneinung unwürdig und außerdem unwahr sei. Doch gegen eine weltweit erfolgreiche Phantasmagorie ist nicht mehr anzukommen.

Arnd Beise

Werke: *Poesiealbum 146*, G., Bln. 1979; *Jannis Ritsos: Gedichte*, Übs., Bln. 1983 (*Poesiealbum 195*); *Erinnerung an eine Milchglasscheibe*, G., Halle/Lpz. 1984; *Kinobesuch – ein Ein-Personen-Stück*, zus. m. H.-E. Wenzel, UA Bln. 1984; *Tuchfühlung*, G., Halle/Lpz. 1986; *Die Sichel-Operette – ein soziales Experiment mit viel Musik*, zus. m. H.-E. Wenzel, UA Bln. 1987; *Boris Vian: Gedichte*, Übs., Bln. 1987 (*Poesiealbum 233*); *Giorgos Seferis: Gedichte*, Übs., Bln. 1988 (*Poesiealbum 245*); *Gedichte*, Bln. 1990; *Pygmalion. Ein verloren geglaubter dubioser Kolportage-Roman aus den späten 80er Jahren*, R., Halle 1991; *Textbücher: Letztes aus der Da Da eR/Hundekomödie*, Clowns-Spiele, zus. m. H.-E. Wenzel, hg. v. Andrea Doberenz, Halle 1991; *Der Struwwelpeter, neu erzählt. Lustige Geschichten*, Bln. 1994; *Das Ballhaus*, Theaterst., UA Weimar 1994; *Berliner Elegien*, G., Lpz. 1995; *Showdown oder Der Meister kommt nach C. Ein Schwank*, Theaterst., UA Chemnitz 1998; *Der Abschied der Matrosen vom Kommunismus*, Revuen, zus. m. H.-E. Wenzel,

Bln. 1999; *Quijotes letzter Auszug. Ein Monolog nach Cervantes*, Theaterst., UA Bln. 2000, gedr. Bln. 2001; *Rudolf Leonhardt: In derselben Nacht. Das Traumbuch des Exils*, Hg., Bln. 2001; *Die Traumstadt. Reise zu Levysohn*, Feature, DLR Bln. 2002; *Jakobs Leiter*, R., Bln. 2003.

Menzinger, Stefanie, wurde am 24. 3. 1965 in Gießen geboren, in Wiesbaden ist sie aufgewachsen. Von 1985 bis 1991 studierte sie Germanistik und Russistik in Mainz, Wien, Frankfurt am Main und Moskau. Sie arbeitete von 1992 bis 1994 als Deutschlehrerin für DaF (Deutsch als Fremdsprache) an einer pädagogischen Hochschule in Liepaja in Lettland und von 1996 bis 2002 als Dozentin für deutsche Literatur an der Universität in Cluj-Napoca in Rumänien. Seit Herbst 2002 lebt sie in München. Ausgezeichnet wurde sie 1988 mit dem Förderpreis des Jungen Literaturforums Hessen, 1994 mit dem Ernst-Willner-Preis beim Ingeborg-Bachmann-Wettbewerb in Klagenfurt und dem Rheingau-Literaturpreis, 1995 mit dem Förderpreis des Bundesverband der Deutschen Industrie und dem Gratwanderpreis der Redaktion »Playboy«, 1997 mit dem Förderpreis zum Bremer Literaturpreis und dem Stipendium des Literarischen Colloquiums Berlin und 1999 mit dem Anna-Seghers-Preis.
Stefanie Menzingers Romane sind suggestive Sprachexpeditionen in das Reich der Körper und Lüste. Mit sinnlicher Genauigkeit und femininem Blick erzählt sie laszive, obszöne und grausame Geschichten, die nur von der Kraft der Einbildung profitieren und im Traum und in der Fantasie (und damit in der Literatur) jene Erfüllung bringen, die die Wirklichkeit versagt. Der Leser wird mit großer Suggestivität verführt, sich in die kreatürliche Welt ihrer Gesten und Dinge, ihrer Gerüche und ihres Augenschmauses zu begeben; er wird über die sprachliche Teilhabe und über den geschickten Wechsel der Erzählperspektiven zum Komplizen der voyeuristischen und pornografischen Erregungen der meist weiblichen Figuren. So funktionieren die über zwanzig Texte in *Schlangenbaden* (1994) wie ein erotisches Spiegelkabinett, in dem imaginatives Spiel und Realität ineinander geblendet werden. Das irreale Reich der Lüste und Begierden verdrängt Fragen, was nun wirklich ist und was nicht. So durchsucht eine Frau in der Erzählung *Der Gärtner, der Kater und ich* das Zimmer des Mannes, den sie begehrt, in seiner Abwesenheit und spielt in Gedanken all das durch, was ihr im Augenblick noch versagt bleibt. Und in *Die Wäscherin* verschafft eine Krankenschwester drei alten Männern, während sie sie wäscht und pflegt, mit frivolen und obszönen Geschichten zumindest eine Erregung im Kopf.
Sich eine eigene Welt aus Buchstaben und Körperteilen zu erschaffen, ist der Ehrgeiz von Emily Hazelwood, die in einer baltischen Kleinstadt lebt und einen regen Briefwechsel führt. *Wanderungen im Inneren des Häftlings* (1996) heißt dieser Roman und auch hier wird der Körper nicht als seelenlose Maschine, sondern als schutzbedürftiges, aber auch experimentierfreudiges Tableau der eigenen Projektionen benutzt. Geradezu obsessiv, »mit gelassener Grausamkeit und schroffer Lüsternheit zerlegt der Roman die Körperbilder unserer Medienwelt« (Meike Fessmann). En detail und mit unglaublicher Fantasie korrespondiert Emily über abgeschnittene und operierte Brüste, über einen Körper, der von innen her von einer Ratte aufgefressen wird, über bei einem Schiffsunglück verunstaltete Körper, amputierte Füße und ständige Inkontinenz. Der Roman ist ein furioser Monolog mit vielen intertextuellen Anspielungen über das spannende Verhältnis von Imagination und körperlicher Existenz, der auch vor drastischen Befunden nicht zurückschreckt.

Thomas Kraft

Werke: *Schlangenbaden*, En., Zür. 1994; *Wanderungen im Inneren des Häftlings*, R., Zür. 1996.

Merkel, Inge, wurde am 1. 10. 1922 in Wien geboren. Sie studierte in ihrer Heimatstadt Germanistik, Geschichte und Altphilologie und promovierte 1944 mit einer Arbeit über *Die mimische Kunst bei E. T. A. Hoffmann*. Einige Jahre arbeitete sie als wissenschaftliche Assistentin am Seminar für klassische Philologie der Universität Wien und war anschließend, von 1974 bis 1984, im höheren Schuldienst, als Gymnasialprofessorin für Latein und Griechisch, tätig. Sie lebt in Wien. 1982 erhielt sie den »aspekte«-Literaturpreis des ZDF, 1986 den Literaturpreis der Stadt Wien, 1987 den Anton-Wildgans-Preis, 1992 den Ehrenpreis des österreichischen Buchhandels für Toleranz in Denken und Handeln, 1990 den Otto-Stoessl-Preis und 2002 den österreichischen Würdigungspreis für Literatur.
Inge Merkels Romane gelten als unberührt von literarischen Moden und Zeitgeschmack. Gerne zitiert wird in diesem Zusammenhang Hilde Spiel, die bemerkte, dass hier ein Werk vorliege, das sich mit den großen Fragen der Menschheit wie Glaube,

Liebe, Tod, Schöpfung und Apokalypse beschäftige. Man möchte ergänzen: mit der Beziehung zwischen Mann und Frau.
Ihr erster Roman, der Briefroman *Das andere Gesicht*, erschien 1982, da war sie bereits 60 Jahre alt. Ursprünglich nicht zur Veröffentlichung vorgesehen, sondern primär als eine »Art Denkhilfe und Disziplinierungsmaßnahme«, brachte er ihr aber sofort Anerkennung, zum Teil sogar euphorische Kritiken. Merkel entwirft darin ein düster-apokalyptisches Wien-Bild der Zwanziger- und Dreißigerjahre im Spiegel zweier Heranwachsender aus der Oberschicht, wobei der junge Mann jüdischer Herkunft ist. Persönliche wie politische Verwirrungen und Schicksale verschlingen sich untrennbar. Neben der sprachlichen und formalen Kunstfertigkeit ist gerade die Beschäftigung mit der europäischen Geistes- und Kulturgeschichte kennzeichnend für ihr Werk, wobei ihr eine umfassende klassische Bildung zur Seite steht, die sich im Werk vielfach in gelehrten, teilweise etwas zu wissenslastigen Exkursen niederschlägt. Noch stärkere Beachtung fand ihr großer Roman um eine Daseinskrise, *Die letzte Posaune* (1985), den Kritiker mit Werken von Heimito von Doderer und Jean Paul verglichen. Darin wird die seelische und gesundheitliche Krise einer Lehrerin kurz vor der Pensionierung in einer Vielfalt von erzählerischen Brechungen mit biblisch-mythologischen Motiven angereichert und darüber hinaus zu einem veritablen Stück schneidender Zeitkritik erweitert. Der Roman *Eine ganz gewöhnliche Ehe. Odysseus und Penelope* (1987) avancierte zum bis dato erfolgreichsten Buch: Die Neuerzählung der mythenbeladenen Geschichte von Odysseus und Penelope konterkariert und entschlackt das alte heldenhaft-mythologische Denk- und Erzählmuster, setzt weibliche Beharrlichkeit und Friedfertigkeit als Topos der Erneuerung den bis in die Gegenwart hinein verkrusteten Denkmustern entgegen. Hier wie im gesamten Werk Merkels wird der Satz ernst genommen: aus der Geschichte lernen.
Im Roman *Aus den Geleisen* (1996) werden die Teilnehmer einer Studienreise in Mexiko mit der fremden Kultur konfrontiert. Bloßgestellt wird auf ironisch-bissige Weise die westlich arrogante Art, die Armut der Dritten Welt wie ein Kuriosum zu betrachten und dabei enttäuscht zu sein, den »edlen Wilden« nicht gefunden zu haben. Das Fazit der allwissenden Erzählerin lautet: In der Fremde wachse die Erkenntnis, dass jeder nur in seinem Kulturgeleise bleiben solle.
Der Roman *Sie kam zu König Salomo* (2001) vereint noch einmal wesentliche Motive ihres Erzählens vor dem Hintergrund biblischer Geschichte. Der Besuch der Königin von Saba in Jerusalem steht im Mittelpunkt dieses an äußerer Handlung eher armen Romans. In ausgedehnten Dialogen kommen sich die Königin und König Salomo näher. Merkel reduziert die von der Historie mythisch überhöhte Begegnung der personifizierten Mächte auf eine Liebesgeschichte, auf das Zusammentreffen zweier Menschen, die einen geistigen Austausch von seltener Intensität pflegen, der aber auch als ein gegenseitiges Kräftemessen verstanden werden kann. Der Leser kann das Ideal seelisch-spiritueller Durchdringung vor dem Hintergrund absoluter Freiheit erahnen. Wie auch im Odysseus-Roman dient die historische Welt lediglich als Folie, um existenzielle Konflikte zwischen Mann und Frau um Macht und Männlichkeit, Begehren und Eitelkeit, Selbstbehauptung und Geliebtwerdenwollen deutlich abbilden zu können. So entsteht kein Geschichtsroman im engen Sinne, sondern ein mit teils burschikos-deftigen Wendungen gewürzter Bildungsroman, der die Intentionen der Autorin bekräftigt: abendländische Geschichte und deren Werte zu vermitteln und zu festigen zu einem Zeitpunkt, wo der Endpunkt dieser Geschichte und dieser Werte nahe zu sein scheint.

Oliver G. Riedel

Werke: *Das andere Gesicht*, R., Salzb., Wien 1982; *Zypressen*, En., Salzb., Wien 1983; *Die letzte Posaune*, R., Salzb., Wien 1985; *Eine ganz gewöhnliche Ehe*, R., Salzb., Wien 1985; *Das große Spektakel. Eine todernste Geschichte von Windeiern aufgelockert*, R., Salzb., Wien 1990; *Aus den Geleisen*, R., Salzb., Wien 1996; *Sie kam zu König Salomo*, R., Salzb., Wien 2001.

Merkel, Rainer, wurde am 26. 5. 1964 in Köln geboren. Sein Studium der Psychologie und Kunstgeschichte in Berlin schloss er 1993 mit dem Diplom ab. Neben journalistischen Arbeiten und der freien Mitarbeit bei einer Multimedia-Agentur 1995/1996 arbeitet er als freier Psychologe seit 1997 in Berlin. 2001 wurde er mit dem Jürgen-Ponto-Preis ausgezeichnet.
Der schüchterne Ich-Erzähler in Rainer Merkels Debütroman *Das Jahr der Wunder* (2001) taucht äußerst vorsichtig ein in die »wunderbare« Welt der Kreativen und Schönen, der würdevollen Grafiker und langbeinigen Empfangsdamen. Wie ein kleiner Junge beobachtet Christian die seltsamen Rituale der Gruppenarbeit, das leere Geschwätz der Team-

sitzungen, die pseudo-lässigen Auf- und Abtritte seiner Kollegen. Merkel entführt in die Welt der New Economy, in eine Berliner Multimedia-Agentur Mitte der Neunzigerjahre, in der sein Erzähler nach abgebrochenem Medizinstudium und Taxifahrer-Tristesse gelandet ist. Sein Blick ist diskret, sein Staunen ehrlich und nur von zarter Subversivität geprägt. Eher beiläufig werden die Hackordnungen spürbar, der permanente Zwang zur Kreativität, die Unsicherheit eines Arbeitsplatzes. Es hagelt Kick-offs, Exposés und Konzepte, die Terra incognita entpuppt sich als Artefakt, selbst der Türgriff zur Welt der Bilder und Visionen »fühlt sich kalt an«. Der Roman gleicht einer Studie, er ist genau und anschaulich und vermittelt Einblicke in das Wesen einer Branche der markigen Slogans und grellen Effekte, ohne sich diese Sprache anzueignen. Es passiert nur wenig, Vieles bleibt rätselhaft im Dunkeln, »aufgelöst in die unverbindliche Verbindlichkeit der kommunikativen Prozesse« (Hubert Winkels). In den Rückführungen in die Kindheit und das schmale Privatleben des jungen Mannes entsteht eine erzählerische Ebene, die den im Grunde doch eng geführten Handlungsbogen sanft durchbricht und abfedert. Am Ende scheint sich Christian ins Bild einer dynamischen und erfolgsorientierten Generation zu fügen, die in ihren gestylten Formatbüros Kampagnen entwirft und Kunden effektive Imagetransfers schmackhaft zu machen versucht. Von Liebe, Zielen oder auch nur von Aggression ist in dieser Welt kaum die Rede. Merkel ist ein Roman gelungen, der eng an unserer modernen Lebenswelt angelehnt ist und zeigt, »wie vieles auf interessante Weise immer komplizierter und undurchsichtiger geworden ist«.

Thomas Kraft

Werke: *Das Jahr der Wunder*, R., Ffm. 2001; *Wahlverwandtschaften. Telefongeschichten*, Anth., Hg., zus. m. Jörg Paulus u. David Wagner, Bln. 2002.

Merz, Klaus, wurde am 3. 10. 1945 in Menziken/Aargau geboren. In Wettingen und Lausanne ließ er sich zum Sekundarlehrer ausbilden. Er lebt als freier Autor in Unterkulm. 1979 und 1997 wurde er mit dem Preis der Schweizerischen Schillerstiftung ausgezeichnet, 1992 erhielt er den Aargauer, 1996 den Solothurner Literaturpreis, 1997 folgte der Hermann-Hesse-Literaturpreis und 1999 die Auszeichnung mit dem Prix littéraire Lipp.

Klaus Merz debütierte in jungen Jahren mit einem schmalen »Bogen« an Gedichten, *Mit gesammelter Blindheit* (1967). Es folgten zwei weitere Lyrikbände, bevor der Autor sich erstmals mit kurzen Prosatexten zu Wort meldete, die er viel sagend als *Obligatorische Übung* (1975) betitelte. Merz verschrieb sich für Jahre der Kurzprosa, 1982 veröffentlichte er mit *Der Entwurf* die erste längere Erzählung. Im selben Jahr fand er zurück zur Lyrik, *Landleben* (1982) erschien, danach hielten sich Prosa und Lyrik die Waage. Interessant ist diese Aufzählung deshalb, weil sich zumindest drei Schaffensphasen ablesen lassen: eine erste lyrische Phase von 1967 bis 1972, eine Prosaphase von 1975 bis 1982 und eine dritte Periode von 1982 bis heute, in der beide Formen gleichberechtigt nebeneinander stehen und manchmal im selben Buch erscheinen. Die überregionale Wahrnehmung dieses Autors setzte erst mit *Tremolo Trümmer* (1988) ein. Den großen Durchbruch schaffte Merz mit der Erzählung *Jakob schläft* (1997).

Vereinzelte Stimmen forderten schon früh Aufmerksamkeit für den Schriftsteller aus dem Aargau; so schrieb Heinz F. Schafroth 1979: »Die Rezensentenfunkstille, von der seine bisherige Arbeit weitgehend begleitet war, müsste angesichts der unter dem programmatischen Titel *Latentes Material* erschienenen Erzählungen nun unbedingt durchbrochen werden.« Dennoch dauerte es weitere 17 Jahre, bis Merz' Literatur über die nationalen Grenzen hinaus bekannt wurde. In der Tat handelt es sich bei der Titelgeschichte dieses Bandes um ein kleines Meisterwerk. Protagonist ist ein Fotograf, der mitten in der Arbeit zu einem Jubiläumsfilm über das Dorf ums Leben kommt. Von ihm werden Tonbandaufnahmen gefunden, die einerseits über seinen Beruf, andererseits aber auch über seinen Wunsch, Schriftsteller zu werden, Auskunft geben. Letztlich sprechen die Aufnahmen über das Leben selbst: »Wahrscheinlich habe ich Fotograf werden müssen, weil ich den retardierenden Blick bei mir gespürt habe. Ich sehe keine Abläufe, sondern aneinander gereihte Zustände. Auch wenn ich Schriftsteller geworden wäre, hätte ich diesen Beruf nur so ausüben können, sozusagen fotografisch, tagebuchartig. Im Grunde beginnt man mit jedem Bild, mit jeder Eintragung wieder von vorn.« In dieser Erzählung offenbart sich nicht nur das Denken des Fotografen, es offenbart sich auch die Kunst des Autors, in der Arbeitsweise, der Kunst des Andeutens, in der Koketterie über die Kunst.

Mit *Jakob schläft* (1997), »eigentlich ein Roman« untertitelt, schaffte Merz den Durchbruch im deutschsprachigen Raum und mit den Übersetzungen ins Französische und Italienische auch darüber hinaus. *Jakob schläft* erzählt eine Familiengeschichte in den späten Fünfzigerjahren aus der Perspektive von Lukas, Sohn eines Bäckermeisters im schweizerischen Mittelland. Die Familie wird von mehreren Schicksalsschlägen heimgesucht: Der Vater ist Epileptiker, Lukas' älterer Bruder starb gleich bei der Geburt, sein jüngerer Bruder kam mit einem Wasserkopf zur Welt. *Jakob schläft* erzählt eine Familiengeschichte voller Traurigkeit, allerdings in einem kontrastreichen, hellen Ton, der die Geschichte in einem labilen Gleichgewicht hält. Anstatt auf Pathos setzt der Autor auf Lakonie, auf poetische Verknappung, hebt die Geschichte gleichermaßen über die trüben Ereignisse hinaus, vergleicht sie mit den Verheerungen menschlichen Lebens an sich und spiegelt das Ganze an glücklichen Momenten des Alltags für sich. Als Lukas gerade im Stimmbruch ist, als sein Bruder im Dachzimmer von Marietta, der jungen Angestellten der Eltern, liegt und diese ihm gerade die sieben Geißlein aus seinen kurzen Hosen herausoperiert, steht plötzlich die Mutter im Türrahmen. »So innig hatte ich später kein Märchen mehr miterlebt. Und dass das wahre Glück wortlos ist und nur von kurzer Dauer, davon bin ich seit jenem Nachmittag überzeugt«, hält Lukas rückblickend fest.

Was in *Jakob schläft* offenbar wird, zeigt sich bereits in Merz' Frühwerk. Es ist zum einen der Verfall des Menschen, das »Zuschanden-geritten-Werden«, zum anderen sind es die Möglichkeiten, trotzdem zu überleben. Der Autor hat hierfür früh die »Balance« als Bild für das Wechselspiel von unabwendbarer Tragödie und unmittelbarem Lebenswillen etabliert, ein Bild, das immer wieder variiert und den Verschiebungen kleinster Gewichte nachspürt. »Balance« meint auch das labile Gleichgewicht, das es zu halten gilt zwischen den Lasten der Vergangenheit und dem gegenwärtigen Moment. Merz hat für das Halten der Balance eine Vielzahl von Metaphern gefunden, so z. B. in *Garn* (2000), einem jener Mischbände aus Prosa und Gedichten: »Lieb Ellen bestand darauf, ein Insekt zu sein, lebenslang: Eines Tages wachsen mir Flügel und ich entschwinde euch. / Ausgerechnet an einem Dienstag, als alle bei ihrer Arbeit weilten, war es so weit, muss die Fünfundsechzigjährige abgehoben haben: Vierflüglig, schillernd, da und dort kurz verharrend – in ihren Facettenaugen die vielfach gespiegelte Welt – flog sie hinaus zum Teich. Und zu den Artgenossen.« Das ist nicht ein Ausschnitt, sondern die Wiedergabe der ganzen Erzählung *Fliegerin*. Sie steht nicht nur beispielhaft für diese Geschichten mit wenigen Zeilen, sie verweist darüber hinaus auf die Poetologie des Schriftstellers. In der Libelle steckt das lateinische Wort für »kleine Waage«, und aus ihrem (Flug-)Verhalten lassen sich direkt Rückschlüsse auf Motivation und Motive des Autors ziehen. In einem kleinen Artikel, *Der Ruf der Wörter* (»NZZ«, 2000), formulierte Merz diese Schreibhaltung noch genauer: »Seine kurzen Prosastücke und Gedichte möchten, wenn alles gut gehe, schmale, schräg aufragende Sprungbretter sein für Seele und Kopf, lüpfige Fragmente: / Kurz federn und aus der Schwerkraft ausklinken für eine Weile. Oder einbrechen durch die Folie, la folie des Alltäglichen. In Rätselhaft versetzt werden.«

Einen vorzüglichen Einblick in das frühe Schaffen des Autors ermöglicht der Band *Kurze Durchsage* (1995), der Gedichte und Kürzestprosa aus dieser Zeit versammelt. Einige Gedichte weichen leicht von ihrer Originalfassung ab. Gleiches gilt für *Der Entwurf* (1982), den der Autor viele Jahre später überarbeitet als *Kommen Sie mit mir ans Meer, Fräulein* (1998) neu veröffentlicht hat. Die Überarbeitungen zeigen vor allem eines: den Perfektionisten Klaus Merz. Die einzelnen Bücher innerhalb des Gesamtwerks korrespondieren miteinander, über ein Zitat oder über ihre Motive. Klaus Merz gehört zu jenen Autoren, die ein Leben lang an einem Werk arbeiten, an einer Sekundärliteratur über die Wirklichkeit und das Leben, wie er im Gedicht *Schrift* (in: *Kurze Durchsage*) erahnen lässt: »Wenn die Wirklichkeit selber / Sätze machte nichts / bliebe uns mehr / zu erzählen. Und / was zu leben wäre, / wäre erlebt.« Und was die Prosa betrifft, so zeigt sich der als »Meister der Lakonie« bezeichnete Autor in seinem jüngsten Band *Adams Kostüm* (2002) mit der Erzählung *Fast Nacht* auf der Höhe seiner Meisterschaft.

Markus Bundi

Werke: *Mit gesammelter Blindheit*, G., St. Gallen 1967; *Geschiebe, mein Land*, G., Aarau 1969; *Vier Vorwände ergeben kein Haus*, G., Zür. 1972; *Obligatorische Übung*, En., Aarau 1975; *Zschokke-Kalender*, Theaterst., UA Aarau 1976; *Bruder Montgolfier*, Hsp., DRS 1977; *Latentes Material*, En., Aarau 1978; *Danuser*, Freilichtspiel, UA Baden 1980; *Zugluft – Türen schließen automatisch*, Theaterst., zus. m. Urs Faes, UA Baden 1982; *S'Füdli schwänke im Tote Meer*, Hsp., DRS 1982; *Der Entwurf*, E., Mü. 1982; *Landleben*, G., Zür. 1982; *Motel*, Drehb. f. TV-Serie, 1983; *Bootsvermietung*, En., G., Zür. 1985; *Das Ende der Fertigkeiten*, Monolog, UA Aarau 1985; *Bogendrucke I–XXVI*, für Lyrik, Prosa, Bild, Essay, Hg., Zür.

1986–1992; *Tremolo Trümmer*, En., Zür. 1988; *Nachricht vom aufrechten Gang*, En., G., Zür. 1991; *Die Schonung. Eine Moritat in 7 Gängen*, Theaterst., UA Zür. 1989; *Am Fuß des Kamels*, En., Innsbr. 1994; *Kurze Durchsage*, En., G., Innsbr. 1995; *Jakob schläft*, E., R., Innsbr. 1997; *Kommen Sie mit mir ans Meer, Fräulein*, R., Innsbr. 1998; *Garn*, En., G., Innsbr. 2000; *Adams Kostüm*, En., Innsbr. 2002; *Vom ersten bis zum letzten Zug. Ein Stück Perron*, UA Menziken 2002; *Zwischenland*, Neuaufl. d. Gedichte des Bruders Martin Merz (1950–1983), Innsbr. 2003.

Meyer, Detlev, wurde am 12. 2. 1948 in Berlin geboren. Er studierte Bibliotheks- und Informationswissenschaften in Berlin und Cleveland (Ohio), arbeitete als Bibliothekar in Toronto und als Entwicklungshelfer in Jamaica. Zurück in Berlin verdiente er seinen Lebensunterhalt für kurze Zeit mit einer Boutique und lebte seit Anfang der Achtzigerjahre als freier Autor. Detlev Meyer erhielt zahlreiche Stipendien, darunter 1980 das Literaturstipendium des Berliner Senats, 1986 das Alfred-Döblin-Stipendium sowie 1999 das Stipendium der Stiftung Preußische Seehandlung. Er war Mitglied des P.E.N. Detlev Meyer starb am 30. 10. 1999.

Die »Zeit« nannte ihn einen »Virtuosen des Leichtsinns« und bezeichnete seine Bücher als »Heiterkeitsdroge«, andere nennen ihn einfach den »melancholischen Dandy aus Berlin«: Detlev Meyer ist einer der wenigen schwulen Autoren in Deutschland, der mit seinen Romanen und Feuilletons, Geschichten und Gedichten ein Publikum weit über die Szene hinaus gefunden hat, ohne irgendetwas zu kaschieren. Aber »schwule Literatur«? Meyer erhebt Einspruch: »Ich bin bereit von schwuler oder homosexueller Literatur dann zu sprechen, wenn ich in der nächsten Ausgabe der ›FAZ‹ oder der ›Zeit‹ lese, dass ein neues Werk der heterosexuellen Literatur erschienen ist. Dann will ich gerne sagen: Dies gibt es, aber es gibt auch das andere und beide finden im Haus des Seins, der Sprache, ihren Platz.«

Meyer war ein Meister der kurzen Form. Geschult an Rilke, George und Else Lasker-Schüler, geübt im ironischen Spiel mit den Formen, das die hehre Welt der Poesie, der Wünsche und Hoffnungen mit der profanen Welt der Subkultur, mit der Welt des Alltags, des Beats und Rock'n'Roll konfrontiert und daraus Funken schlägt, hat er vier Lyrikbände hinterlassen. Kolumnen und Kurzprosa waren sein Metier. Seinen ersten Gedichtband legte Meyer im Alter von 33 Jahren vor. »In Berlins Lederkneipen / habe ich Hausverbot / nur weil ich betrunken / gerufen habe: Ihr habt / nichts zu verlieren / als eure Ketten.« So heißt es in seinem Gedicht *MSC, Ade!*. Die Texte waren geprägt von den Erfahrungen in Berlins aufkeimender Subkultur, indirekt aber auch von der Studentenbewegung. Hier das Fest der sexuellen Libertinage, da der Wunsch nach politischer Emanzipation, die Sehnsucht auch nach Leben und Liebe und Geborgenheit. Aus dieser Mischung gewinnt er treffsicher seine Pointen. Zugleich schafft sie auch den Raum für Trauer und Melancholie. Denn im Alltag siegt immer das Banale. In den Jahren 1985 bis 1989 erschienen die Bände der *Biografie der Bestürzung*, eines Romans in Episoden, der Geschichte seines Alter Ego Dorn. Dorn, ein Großstadtmensch der Achtzigerjahre, genießt die Erfolge der sexuellen Liberalisierung, lässt sich durch das nächtliche Berlin und auch durch Paris treiben, begibt sich mit guten Freunden auf eine Fahrradtour durch Norddeutschland – und wird schließlich abrupt von der Aids-Krise eingeholt. Leichtfüßig und doch mit einigem Gewicht erzählt Meyer eine Geschichte über den Alltag, die Liebe, die Beziehung zu seinem Freund Viktor und die Subkultur. Von Beginn an ist deshalb auch das Thema Aids präsent, im letzten Band wird es dominant. Dorn, Schriftsteller wie Meyer, will über die neue Gefahr schreiben, doch will die Geschichte nicht in Gang kommen. Immer wieder lässt Meyer seinen Helden neu ansetzen, doch immer wieder rückt das Thema so nahe, dass es ihn zu erschlagen droht, dass er abbricht. Schon gibt es Gerede unter den Freunden, bis schnell das Dementi kommt, »mit der Geschichte scheine irgendetwas nicht zu stimmen. Dorn selbst sei kerngesund.« Das »kollektive Trauma« Aids (Martin Dannecker), all die Ängste, die Verdrängung und die Not, sind hier genauso präsent wie die Sprach- und Hilflosigkeit, die richtigen Worte zu finden. Aber der Leser darf lachen, ohne dass die Heiterkeit in Albernheit abgleitet, und zuletzt bleibt das Lachen oft im Halse stecken. So, wenn Dorn und Viktor darüber streiten, ob sie ihre Katze angesichts der Lage »Lebensfreude« nennen dürfen, und Dorn mit diebischer Freude, aber auch traurig bewegt zuspitzt, zu was für Sätzen dies in ihrer Kommunikation führen wird: »Lebensfreude kotzt. Lebensfreude ist rollig. Lebensfreude hat auf die Bügelwäsche gepisst. Lebensfreude ist abgehauen, verschwunden, vergiftet, unter ein Auto gekommen. Tot ist sie, unsere Lebensfreude!« Was wird aus der Lebensfreude? Wie kann man den Tod überlisten? Wie reden zwei Freunde miteinander, von denen der eine erkrankt ist? Das sind die Themen dieses letzten Teils der *Biografie der Bestürzung*, die Meyer über diesen Punkt hinaus nicht fortsetzen wollte und konnte. Stattdessen wirft der Autor den Blick zurück. Zunächst erzählt er in Form eines überkandidelten, dann aber vehement im Alltag aufprallenden Briefromans über die Pubertät seines Helden: hier die Verse Rilkes und Georges, da Mick Jaggers *I can't get no satisfaction*. Danach schrieb er *Das Sonnenkind* (posthum veröffentlicht 2001), die genau beobachtete melancholische Hommage an eine Kindheit, die erst nicht schnell genug vergehen kann und die dann wie keine andere Lebensphase viel zu schnell, schmerzhaft und unwiederbringlich verloren geht, das Hohe Lied des Lebens also und zugleich ein »Abschiedsbuch«. Neben seinem literarischen Werk verfasste Meyer Feuilletons, kurze Geschichten und Reportagen für verschiedene schwule Magazine sowie den »Stern« und Flugblatt-Texte für die Deutsche Aids-Hilfe. In seiner Lyrik und poetischen Kurzprosa der letzten Jahre, vor allem in *Sind Sie das Fräulein Riefenstahl* (1997) und *Stern in Sicht* (1998), treten existenzielle Fragen, der Tod, die Endlichkeit des Seins, das Verhältnis diesseitiger und jenseitiger Welten stärker in den Vordergrund. So wie Meyers Alter Ego Dorn schon in der *Biografie der Bestürzung* immer dann, wenn ihm der Alltag zu banal oder zu gefährlich zu werden droht, zwischen verschiedenen Welten und Identitäten changiert, mal in die Rolle Lucy Lehmanns, des lichtscheuen Lyrikers schlüpft, mal in die von Tasso Tarzan oder Harry Graf Einsiedel, bewegt sich der Erzähler der kurzen Prosa zwischen dem Nichts und dem Greifbaren, findet er sich mal im längst untergegangenen alten Ägypten, mal im Sportpalast oder auch in einem mit Breker-Figuren besiedelten Speerschen Lichtdom, der dann aber, so bombastisch er wirkt, plötzlich einfach ausgeknipst wird. Die Geschichten verweigern sich einer eindeutigen Lesart oder Interpretation. Umso greller richten sie aber den Lichtstrahl auf die maßlosen Sehnsüchte und Wünsche des Menschen, der sich angesichts des Todes Welten erfindet, in denen er weiter existieren kann.

Detlef Grumbach

Werke: *Heute Nacht im Dschungel. 50 Gedichte*, Bln. 1981; *Im Dampfbad greift nach mir ein Engel. Biografie der Bestürzung. Bd. 1*, R., m. Illustr. v. Christoph Eschweiler, Düsseld. 1985; *David steigt aufs Riesenrad. Biografie der Bestürzung. Bd. 2*, R., m. Illustr. v. Christoph Eschweiler, Düsseld. 1985; *Ein letzter Dank den Leichtathleten. Biografie der Bestürzung. Bd. 3*, R., m. Illustr. v. Christoph Eschweiler, Düsseld. 1989; *Stehen Männer an den Grachten. Fünfzig Gedichte*, m. Illustr. v. Hildegard Pütz, Düsseld. 1990; *Heiße Herzen. Liebeslesebuch*, zus. m. Ralf König, Reinbek 1990; *Teure Freunde. Zehn Portraits*, Pr. m. Illustr. v. Jörg Remé, Düsseld. 1993; *Versprechen eines Wundertäters. Fünfzig Gedichte*, m. Illustr. v. Hannes Steinert, Hbg. 1993; *Ich ließ dich los nach ein paar schönen Jahren. Vom Sterben, Trauern und vom Tod*, Pr., Bln. 1994; *In meiner Seele ist schon Herbst. Eine Gymnasiastenliebe*, R., Hbg. 1995; *Familienbande*, Pr., m. Fotos v. Michael Taubenheim, Bln. 1995; *Die PC-Hure und der Sultan. Geschichten 1986 bis 1996*, Pr., Hbg. 1996; *Detlev Meyer liest Auszüge aus der Biografie der Bestürzung*, CD, Hbg. 1997; *Sind Sie das Fräulein Riefenstahl? Kurze Prosa*, m. Illustr. v. Annah, Düsseld. 1997; *Stern in Sicht. Gedichte*, Hbg. 1998; *Zuletzt*, G. u. Pr., Hbg. 2000; *Das Sonnenkind*, R., Bln. 2001.

Meyer, E. Y. (eig. Peter Meyer), geboren am 11. 10. 1946 in Liestal im Kanton Basel-Landschaft. Er besuchte die Schule in Biel und belegte nach der Matura 1966 einen Vorkurs für die Lehramtsschule an der Universität Bern. Von 1967 bis 1969 studierte er Germanistik und Geschichte, dann Philosophie an der Universität Bern. 1969/70 absolvierte er eine Ausbildung am Staatlichen Lehrerseminar in Bern (Primarlehrerpatent). Von 1971 bis 1974 wirkte er als Lehrer in Ittigen bei Bern, lebte dann als freier Schriftsteller in Wabern bei Bern und unternahm Reisen nach Italien, Frankreich, Israel, Deutschland und Holland. 1982 siedelte er nach Bern über, wo er auch heute noch lebt und arbeitet. Er erhielt 1972, 1977 und 1980 den Buchpreis des Kantons Bern, 1976 den Literaturpreis des Kantons Bern-Landschaft und des Kantons Baselland und den Baselbieter Literaturpreis, 1978 ein Werkstipendium des Kantons Zürich, 1983 den Gerhart-Hauptmann-Preis, 1984 den Preis der Schweizerischen Schillerstiftung und 1985 den Welti-Preis für das Drama.

Der Autor debütierte 1972 mit dem Erzählband *Ein Reisender in Sachen Umsturz*, der noch zu deutlich den Einfluss Thomas Bernhards verrät und das erzählerische Bemühen um Genauigkeit in dem überkomplizierten Satzbau erstickt. Es bleibt der vorherrschende Eindruck von Verstörung, Angst und Aporie, ein eher experimenteller Versuch. Der 27-Jährige wurde ein Jahr später mit seinem ohne Frage autobiografisch angereicherten Roman *In Trubschachen* (1973) fast berühmt: Ein junger, namenloser Mann fährt in den Tagen nach Weihnachten in das abgelegene Trubschachen im Emmental, um eine wissenschaftliche Arbeit über Immanuel Kant zu verfassen. In der abgelegenen, verschneiten Gegend entfernt er sich zunehmend von seiner vertrauten Wahrnehmung der Dinge; im Dorfgasthof erliegt er zudem förmlich dem Wohlleben und verkostet die Speisekarte vorwärts und rückwärts, dabei stets in philosophische Gespräche mit den Honoratioren des Ortes verstrickt. Die Lektüre Kants (Meyer selbst hat nach der Lektüre von Kants *Kritik der reinen Vernunft* sein Philosophiestudium abgebrochen) und die winterlich verfremdete Landschaft führen zu einer großen Verunsicherung. Geschildert wird das alles in einem komplizierten verschachtelten, konjunktivischen Satzbau und einer metaphernreichen Sprache, damit einen eigenartigen Gegensatz zur Detailversessenheit des Autors bildend, denn bis hin zur Speisekarte im Gasthof oder der stinkenden Knochenhalde im Ort ist alles exakt der Wirklichkeit entnommen, was ihm teils heftige Anfeindungen einbrachte. Die »Rede gegen die Pflicht«, die der junge Mann am Neujahrstag in schon berauschtem Zustand in dem Wirtshaus hält, ist, ganz dem Zeitgeist entsprechend, getragen von der Rebellion gegen die bürgerliche Gesellschaft, verkörpert in den »menschenfeindlichen Lebensbedingungen«, die Kant mit seinem kategorischen Imperativ und seiner strikten Pflichtethik mit zu verantworten hat. Eingefordert wird das Handeln aus Liebe und Zuneigung, das Recht auf persönliche Sinngebung des Lebens. Eine menschenfreundliche bzw. -würdige Gesellschaft, die sich nicht hinter Konventionen versteckt, muss dafür geschaffen werden. Damit ist die Grundfrage E. Y. Meyers, der als Autor immer wieder auf die philosophische Existenz des Menschen jenseits lebensfeindlicher Maximen abhebt, angesprochen.

Er inszeniert in der Folge ein ganzes System von Bezugnahmen und Korrespondenzen seiner einzelnen Werke untereinander, nichts mehr steht isoliert. Meyers umfangreichstes Werk, der Entwicklungs- oder Bildungsroman *Die Rückfahrt* (1977), greift u.a. Motive der ersten Erzählungen auf: Ein junger Lehrer erholt sich in einem Kurhaus in Luzern von den Folgen eines Autounfalls, bei dem der Mitfahrer, ein Denkmalpfleger, ums Leben kam. Seine selbstquälerischen Schuldgefühle sind der Ausgangspunkt zur Überwindung des Traumas, einer Verwandlung und Neubesinnung, wobei eine Malerin die entscheidenden (Kunst-)Impulse einer Hinwendung zur musischen Sinnlichkeit, zur Schönheit vermittelt. Der Lehrer möchte, nunmehr ästhetisch erzogen, Dichter werden und in der Romanfigur des Dichters Hermann Haller als Mentor erweist Meyer Hermann Hesse Reverenz. Das Bild der Schweiz bekommt in diesem Roman allerdings einige Kratzer, verbunden mit einer allgemeinen, für Meyer typischen Zivilisationskritik, die auch im Mittelpunkt des Traktats *Plädoyer – Für die Erhaltung der Vielfalt der Natur beziehungsweise für deren Verteidigung gegen die ihr drohende Vernichtung durch die Einfalt des Menschen* (1982) steht. Eigentlich zwischen Erzählung und Essay schwankend, schildert dieser Text Eindrücke von einer deutschen Gesamtschule und deren Horror-Architektur (als Ausdruck eines wahnhaften Fortschrittsglaubens), bevor er in einem zweiten Teil eine dezidierte Architekturkritik formuliert. Grundtenor ist das Plädoyer für ein neues »Welt-Bild«, das Kreativität, Individualität und Schönheitssinn verbindet und die Enfremdung zwischen Natur und Mensch aufzuheben hilft. Vermittler dabei soll der Künstler sein (dies auch das Thema des »Künstlerdramas« *Sundaymorning*, 1981).

Seine neueren Werke wenden sich vermehrt dem klassischen Erzählen zu. Der Roman *Das System des Doktor Maillard oder die Welt der Maschinen* (1994) ist von E. A. Poe inspiriert: Ein Doktorand der Psychologie reist zum berühmten Doktor Maillard in die Provence, um dessen »Beschwichtigungssystem« zu studieren. Maillard residiert als Anstaltsleiter einer Privatklinik in einem Schloss, umgeben von sich frei bewegenden Patienten (teils Karikaturen berühmter Künstler der Gegenwart), die sehr bald willige Instrumente im Maschinensystem werden, das Maillard für seine totalitären Weltherrschaftsfantasien braucht. Das Klinikpersonal wird arrestiert und der Roman endet in Rededuellen zwischen Gut und Böse, wobei die Argumente von vornherein klar verteilt sind. Der Roman ist weder als Psychiatriesatire noch als umfassende Parabel auf die Labilität der Gesellschaft bzw. deren Hang zum Materialismus gelungen und scheint eher einer allgemeinen Weltuntergangsstimmung zu huldigen. Die Novelle *Venezianisches Zwischenspiel* (1997) erzählt von der hindernisreichen Fahrt einiger Theaterleute und eines Schriftstellers nach Venedig, die dort in Harry's Bar einen Premierenerfolg feiern wollen. Sie kommen jedoch so spät an, dass das Lokal bereits geschlossen hat. Das herbstliche Venedig, sehr präzise mit viel Ortskenntnis geschildert, wird zu einer bedrohlichen, albtraumhaften Kulisse, in der die Protagonisten verloren herumirren, bis sie ein italienischer Dramatiker mit dem sprechenden Namen Malino mit den Geheimnissen der Lagunenstadt vertraut macht. Zugleich entpuppt er sich aber als Anhänger de Sades und wird zur Verkörperung der »Macht des Bösen« stilisiert. Die Personen gewinnen keine rechten Kon-

turen und die Elemente der Fantastik sind zu zitathaft; als Novelle wirkt der Text zu inhomogen.
Es scheint, als müssten die neueren Werke Meyers an seiner eigenen Aussage gemessen werden, wonach ihm »immer weniger deutlich« sei, »inwiefern die Kunst wirklich Einfluss nehmen kann auf die Gestaltung der Wirklichkeit«. Meyer arbeitet seit längerem an einem »Großprojekt«, einem Roman mit dem Arbeitstitel *Das Naturtheater.*

Oliver G. Riedel

Werke: *Ein Reisender in Sachen Umsturz*, En., Ffm. 1972; *Spitzberg*, Hsp., DRS 1972; *In Trubschachen*, R., Ffm. 1973; *Eine entfernte Ähnlichkeit*, En., Ffm. 1975, Hsp., DRS 1975; *Herabsetzung des Personalstandes*, Fssp., SF 1976, Hsp., DRS 1976; *Die Rückfahrt*, R., Ffm. 1977; *I heiße Bärger*, Bearb. eines Hsp. v. G. Aberle, DRS 1977; *Robert L. Stevenson: Kidnapped. Die Erinnerungen David Balfours an seine Abenteuer im Jahre 1751*, Hg., Ffm. 1978; *Der Anhalter*, Hsp., 1979; *A. Stifter: Bergkristall und andere Erzählungen*, Hg., Ffm. 1979; *Die Hälfte der Erfahrung*, Ess. u. Reden, Ffm. 1980; *Sundaymorning*, Theaterst., Übs. v. Wolfgang Kunz, Ffm. 1981, UA Bern 1987; *E. A. Poe: Der Rabe/The Raven*, Hg., Ffm. 1982; *Plädoyer – Für die Erhaltung der Vielfalt der Natur beziehungsweise für deren Verteidigung gegen die ihr drohende Vernichtung durch die Einfalt des Menschen*, Ess., Ffm. 1982; *Wilde Beeren. Texte zu Bildern*, Ffm. 1992; *Das System*, Theaterst., Ffm. 1983, 2. Fssg. 1988, beide nicht aufgef.; *Das System des Doktor Maillard oder Die Welt der Maschinen*, R., Zür. 1994; *Wintergeschichten*, En., Zür. 1995; *Venezianisches Zwischenspiel. Eine Novelle*, Zür. 1997; *Der Trubschachen-Komplex. Ein Roman und eine Erzählung*, Zür. 1998, Neuausg. zus. m. der E. *Die Erhebung der Romanfiguren*, 1975.

Mickel, Karl, geboren am 12. 8. 1935, entstammte einer Dresdner Arbeiterfamilie. Nach dem Abitur 1953 studierte er in Berlin Volkswirtschaftsplanung bei Hans Mottek an der Hochschule für Ökonomie und von 1956 bis 1958 Wirtschaftsgeschichte bei Jürgen Kuczynski an der Humboldt-Universität (Diplom). Danach arbeitete Mickel als Redakteur, erst beim Verlag »Die Wirtschaft« und von 1959 bis 1961 bei der Zeitschrift »Junge Kunst«. Anschließend lebte er als freiberuflicher Schriftsteller. Da er sich davon nicht ernähren konnte, ging er 1965 zurück an die Hochschule und plante eine Dissertation zum Thema *Die Hochliteratur als Geschichtsquelle.* 1970 engagierte ihn Helene Weigel an das Berliner Ensemble, wo er bis 1978 Mitglied der Leitung und »stückführender Dramaturg« war. Von 1978 an lehrte er an der Hochschule für Schauspielkunst »Ernst Busch«, Berlin, als Dozent für Diktion. 1992 wurde er dort auf eine Professur für Deutsche Verssprache und Versgeschichte berufen. Er starb am 20. 6. 2000 in Berlin. Karl Mickel erhielt 1978 den Heinrich-Mann-Preis, 1983 den Nationalpreis der DDR, 1997 den Wilhelm-Müller-Preis und 1998 den Christian-Wagner-Preis; das Stipendium des Hamburger Lessing-Preises lehnte er 1968 ab. Er war Mitglied des deutschen P.E.N.-Zentrums, der Akademie der Künste der DDR, seit 1996 der Akademie der Künste, Berlin, und der Deutschen Akademie für Sprache und Dichtung. Die Wahl zum Mitglied der Sächsischen Akademie der Künste unmittelbar vor seinem Tod konnte er nicht mehr annehmen.
Mickels Ruhm verdankt sich seiner Lyrik. Schon in den frühen Gedichten, von denen der Autor später nur wenige gelten ließ, treffen provokante Beobachtungen des Alltags und formale Fertigkeit aufeinander. Die Argumentation, belegt durch Zitate, hat zuweilen einen agitatorischen Zug (*Lobverse & Beschimpfungen*, 1963). Höhepunkte von Mickels lyrischer Produktion sind die Gedichtsammlungen *Vita nova mea* (1966) und *Eisenzeit* (1975). *Vita nova mea* erschien im selben Jahr wie die von Mickel und Adolf Endler zusammengestellte Anthologie *In diesem besseren Land*, die das von den Herausgebern erhoffte »lebhafte Streitgespräch« auslöste – eine Debatte über die Lyrik der DDR, in der Mickels Gedicht *Der See* eine harsche ideologische Abfuhr erteilt wurde.
Mickel war als Dichter Philosoph, ein Philosoph freilich, der bei allem analytischen Skeptizismus fröhlich, sinnlich und lebenszugewandt schrieb. Seine Naturgedichte (*Abend am Fluss*, *Der Wald*, *Der See*, *Die Elbe* etc.) erfassen – wie die Gedichte Bobrowskis – in der Landschaft den Menschen, seine Vergangenheit und Zukunft. Eine Reihe von Versen des »gelernten Historikers« evoziert die faschistische Barbarei und plädiert für Frieden (*Die Friedensfeier*; *Dresdner Häuser*; *Bericht nach Burchett*; *Indianerfilm* etc.). Waghalsig ist der kunstvolle Realismus protokollartiger Alltagsgedichte (*Ode nach Horaz II/13*; *Hofgeschrei*; *Frauentag*; *Vox Dei 1945*). Die Gedichte der seinem Lehrer gewidmeten Folge *Mottek sagt* stellen pointenreich Haltungen zur Debatte; der Zyklus ist, laut Mickel, »nicht Nachschrift, sondern Porträt der Denkweise«. Von besonderer Schönheit ist die Liebeslyrik (*Maischnee*; *Epistel*). Die späten Texte sind zarte Gebilde voller Weisheit (*Der Besuch*; *Das Alter*). Mickels Gedichte öffnen sich allen Wahrnehmungen: »Wer Ohren hat zu sehen, der wird schmecken« (*Bier*). Der Dichter Mickel setzte »dichtend

ein Menschenmaß, mit Strenge und Gelächter« (Volker Braun). Mickels Sprache erhält ihre Güte durch eine souveräne, spielerisch wirkende Formbeherrschung. Sie kombiniert Elemente der Bindung (Metrum, Reim, Klang) mit solchen der Freiheit (Umgangssprache, Dialekt, laxe Wendungen). Der Dichter belebte traditionelle Formen der Verssprache: Luther-Choral, Elegie, Sonett, Blankvers, die freie Ode und Hymne Klopstocks und Hölderlins. Als Mitglied der »Sächsischen Dichterschule« war er Adressat und Absender übermütiger Zueignungen. Geschätzt sind Mickels Nachdichtungen u.a. von Petrarca, Michelangelo, Shakespeare, Blok, Chlebnikow, Zwetajewa, Jessenin und Jewtuschenko.

Wie Goethe und Brecht, seine Lehrmeister, wie Volker Braun, der Freund, schrieb Mickel Texte in allen Gattungen. Neben der Lyrik entstanden Arbeiten für die Bühne, meist aus der Theaterpraxis. Mickel bezeichnete sie als »Gelegenheitsarbeiten«. Es sind Beiträge zu einer neuen Bühnensprache. *Nausikaa* (UA Potsdam 1968), die Geschichte der Phäakentochter aus der *Odyssee*, »historisiert den Mythos konsequent« (Heinz-Jürgen Staszak). *Celestina* nach de Rojas (1972, UA 1974 am Berliner Ensemble) ist ein Spiel um Intrige und Inquisition. In der Zusammenarbeit mit Ruth Berghaus und Paul Dessau wandte sich Mickel zur Oper hin; er schätzte die »hochgradige Synchronität des Bühnengeschehens«. Das Theater langweile ihn, gestand er 1999 ein: »Wenn die heutige Welt auf dem Theater darstellbar ist, so ist sie es auf der Opernbühne.« Das Libretto zur Oper *Einstein* (UA Ost-Berlin 1974, Regie: Ruth Berghaus) verfasste Mickel auf Anregung von Dessau, der den Stoff mit Brecht diskutiert hatte; keine Bühnenarbeit Mickels hat mehr Beachtung gefunden. *Einstein* setzt ein Diktum aus Brechts Fragment in Szene: »Fortschritt in der Erkenntnis der Natur / bei Stillstand in der Erkenntnis der Gesellschaft / Wird tödlich.« Mickel bearbeitete ferner Stoffe nach Vorlagen von Aristophanes, Choderlos de Laclos, Goethe, Büchner, Johann Strauß, Arnold Zweig und Brecht. Der Rückgriff auf Material ist charakteristisch für den Dichter; einen Band der Werkausgabe nannte Mickel *Raubstücke*, einen anderen *Palimpsest*. Keine »Gelegenheitsarbeit« ist das nicht realisierte Filmszenarium *Volks Entscheid* (1981): atmosphärisch genaue Szenen aus einer sächsischen Kleinstadt des Jahres 1946.

Versform und musikalischer Gestus von Mickels Dichtungen regten immer wieder Komponisten (Dessau, Schenker, Bredemeyer, Katzer, Dittrich, Kochan, Medek) zu Vertonungen an. »Der Komponist ist der ideale Leser«, befand Mickel.

Als Prosaautor ist Mickel erst spät hervorgetreten, obwohl er bereits seit 1962 an einem Roman gearbeitet hatte. *Lachmunds Freunde* ist ein plebejischer Bildungsroman, verfasst mit »sächsischem Understatement-Pathos«, wie es im Text heißt. Mühelos verfügt der Autor über die erzähltechnischen Mittel der Moderne. Sein Text ist eine freche Mixtur aus fabulierenden Elementen, Dialogen, Jux und Theoretischem aus Ökonomie (samt ihrer Parodie), Philosophie, Kunst und Sprache. Mit dem Zitat von Benjamins These über den Angelus Novus grundiert Mickel das Buch geschichtsphilosophisch. Das als siebter Band seiner Werkausgabe angekündigte zweite Buch ist Fragment geblieben (sh. Nachlass im Deutschen Literaturarchiv Marbach).

Mickel war ein »poeta doctus«. Seine Studien, unter dem treffenden Titel *Gelehrtenrepublik* erschienen, sind ein bedeutender Teil seines Gesamtwerkes. Der Lehrer Mickel begriff die »formale Struktur eines sprachlichen Textes als Durchblick auf eine Weltstruktur«. In genauen Analysen von Texten, Versen, dramaturgischen Gesetzen, Bildern und Kompositionen entwickelte Mickel eine philosophisch begründete Poetologie. Die *Beiträge zur deutschen Dichtungsgeschichte* gehören zum Klügsten und Witzigsten, was über die deutsche Literatur geschrieben worden ist.

Erdmut Wizisla

Werke: *Revue der Einverstandenen* (u. d. Pseudonym Adam Schrank), Lpz. 1961, Musik v. Günter Kochan, UA Ost-Berlin 1958; *Requiem für Lumumba*, Kantate, Musik v. Paul Dessau, UA Lpz. 1964; *Lobverse & Beschimpfungen*, G., Halle/S. 1963; *Vita nova mea. Mein neues Leben*, G., Ost-Bln., Weimar 1966; *In diesem besseren Land. Gedichte der Deutschen Demokratischen Republik seit 1945*, Hg., zus. m. Adolf Endler, Halle/S. 1966; *Vita nova mea*, G., Reinbek 1967; *Einstein*, Oper, Ost-Bln. 1973, Musik v. Paul Dessau, UA Ost-Berlin 1974; *Einstein/Nausikaa. Die Schrecken des Humanismus in zwei Stücken*, West-Bln. 1974; *Eisenzeit*, G., Halle/S. 1975, West-Bln. 1975; *Odysseus in Ithaka. Gedichte 1957–1974*, Lpz. 1976; *Gelehrtenrepublik. Aufsätze und Studien. Essay*, Halle/S. 1976; *Odysseische Reise*, m. Illustr. v. Rainer Ehrt, Ost-Bln. 1978; *Poesiealbum 161*, G., m. Illustr. v. Dieter Goltzsche, Ost-Bln. 1981; *Volks Entscheid. 7 Stücke*, Lpz. 1987; *Gelehrtenrepublik. Aufsätze und Studien*, Lpz. 1990; *Schriften 1: Gedichte 1957–1974*, Halle/S., Lpz. 1990, u. d. T. *Mottek sagt*, Mü. 1990; *Schriften 2: Palimpsest. Gedichte und Kommentare 1975–1989*, Halle/S., Lpz. 1990; *Schriften 4: Raubstücke: Weiberherrschaft. Die Gebeine Dantons*, Halle/S., Lpz. 1990; *Schrif-*

ten 6: Lachmunds Freunde, R., Halle/S. 1991; *Schriften 3: Halsgericht. Schauspiel. Oper. Film*, Halle/S. 1993; *Kants Affe. Ein Todtengespräch*, Musik v. Friedrich Schenker, m. Illustr. v. Nuria Quevedo, Bln. 1993; *Das Beil von Wandsbek*, Historie, nach Arnold Zweig, Theaterst., Bln. 1994, UA Cottbus 1994; *Die Braut von Messina oder Die feindlichen Brüder*, Bearb., Musik v. Paul-Heinz Dittrich, Marbach 1997; *Irrgangs Beichte*, Hsp., MDR 1997; *Aus der Anderwelt. Ein Besuch, sechs Erzählungen*, Warmbronn 1998; *Geisterstunde*, G., Chöre, Privatdruck 1999 (erst postum verteilt); *Schriften 5: Gelehrtenrepublik. Beiträge zur deutschen Dichtungsgeschichte*, Halle/S. 2000; *Das Marmorbild*, m. Illustr. v. Thomas Ranft, Lpz. 2000; *Das Gedächtnis*, Musik v. Friedrich Schenker, m. Illustr. v. Strawalde, Bln. 2001.

Miehe, Ulf, geboren am 11. 5. 1940 in Wusterhausen/Dosse, Mark Brandenburg, absolvierte nach der Mittleren Reife eine Buchhändlerlehre, arbeitete dann als Volontär und Lektor im Sigbert-Mohn-Verlag und als Schriftleiter der »blätter« des Bielefelder Jugendkulturringes. Seit 1965 lebte er als freier Schriftsteller, Regisseur und Synchronsprecher in Kreuzpullach bei München. 1972 trat er in der WDR-Satiresendung »Express« mit der Band »Superheroes« auf, zu der u.a. auch Marius Müller-Westernhagen gehörte. 1982 nahmen Esther Ofarim und Eberhard Schoener die LP *Complicated Ladys* mit zwei Texten von Ulf Miehe auf. 1965 erhielt er ein Stipendium der Carl-Bertelsmann-Stiftung, 1967 ein Stipendium des Berliner Senats und 1973 den Literaturförderungspreis der Bayerischen Akademie der Künste. Seit 1974 gehörte er dem P.E.N.-Zentrum an. Ulf Miehe starb am 13. 7. 1989.

Dem Genre des anspruchsvollen Kriminalromans ist in der deutschsprachigen Literaturszene eher ein Schattendasein beschieden. Anglo-amerikanische Schriftsteller wie Eric Ambler, Raymond Chandler und John le Carré verkörpern einen literarischen Standard, den hiesige ambitionierte Autoren, von wenigen Ausnahmen abgesehen, in aller Regel routiniert unterbieten. Ulf Miehes Romandebüt mit dem lässig parodierenden Titel *Ich hab noch einen Toten in Berlin* (1973) schien diese Lücke souverän zu füllen und versetzte deshalb die Kritiker in hellstes Entzücken. Geradezu elektrisiert von dieser literarischen Rarität überhäufte man Miehe mit Vorschusslorbeeren – »ein deutscher Chandler« –, und Miehe enttäuschte die Erwartungen nicht. Der ehemals mit zeitgemäßen lyrischen Formexperimenten und fast atemlos hingeworfenen Alltagsimpressionen (*Die Zeit in W und anderswo*, 1968) begonnene Weg wurde nach diesem Anfangserfolg in anderer Richtung konsequent und erfolgreich fortgesetzt. Die folgenden Kriminalromane *Puma* (1976) und *Lilli Berlin* (1981) zeigen sich spannend und bildhaft erzählt, sauber recherchiert, knapp und präzise im Dialog, detailfreudig und transparent in der Schilderung von Charakteren und Lokalitäten. Mit dem Einschieben von Protokollen, Tonbandaufnahmen und Zeugenaussagen, mit den aus wechselnden Perspektiven erzählten Handlungssträngen und mit den Bemerkungen eines fiktiven Herausgebers suggeriert Miehe literarische Authentizität. Dabei kann er seine Affinität zum Film nicht verhehlen. Nicht zufällig basiert zum Beispiel *Puma*, eine Erpressergeschichte, auf einer Drehbuchvorlage, die dann niemand mehr realisieren wollte, als im September 1977 die Brutalität der Schleyer-Entführung die Öffentlichkeit schockiert hatte. – Miehe denkt in Bildern, er konstruiert und verknüpft filmreife Szenen und Rollen. Mit Gespür für minimalistisch erzielte Effekte bedient er sich der Filmgeschichte, arrangiert geschickt Versatzstücke zu neuen, aber eigentlich doch wieder vertrauten Konstellationen und Spannungsbögen und kalkuliert mit der Assoziationsbereitschaft seiner Leser. Der meist eher konventionelle Erzählstoff – Raubüberfall auf einen Geldtransport, Entführung eines Großindustriellen und eine Fluchthelferstory zwischen Ost und West – bezieht seinen Reiz aus der Psychologisierung der geschilderten Verbrechen. Miehe erzählt von der Angst und den Skrupeln der Täter, beleuchtet ihre Lebensumstände, ihre Motive, vermittelt ein »Psychogramm des Verbrechens« vor, während und nach seinem Begehen. Der Leser wird Zeuge bei der allmählichen Verfertigung der Gedanken zu einer Tat, er erlebt mit, wann die Wirklichkeit (und für Miehe gibt es spürbar mehrere) umschlägt, die Protagonisten in der Konfrontation mit einer neuen Situation verführt werden, die eigenen Fantasien mit der Realität zu verschmelzen: »Ein Planspiel funktioniert perfekt, weil sich sein Verlauf nach den Gesetzen der Logik richtet. Aber Menschen reagieren nicht immer logisch. Sein Fehler war, er hatte ein Planspiel bereits für den Plan gehalten. Er hatte vergessen, dass es Menschen waren, die daran beteiligt waren« (*Puma*). – Miehes spürbares Interesse für gesellschaftliche Außenseiter, sein durch eine genaue und geschulte Beobachtungsgabe gespeistes Reservoir an »Typischem« (nicht Charakteristischem) und seine Überzeugung von der Ambivalenz aller Realitäten erzeugen diese kurzweilige Dichotomie von Lebensnähe und

Künstlichkeit, die seinen Texten eigen ist. Gerade durch den Einbau sehr realistischer, offenkundig selbst erlebter oder genau recherchierter Einzelheiten in eine an sich recht unwahrscheinliche Geschichte erhöht sich der irreale Charakter des Lesestoffs, zu dem sich der Leser in einem genussvollen Wechsel von Distanz und Affirmation verhalten kann. Das Unglaubliche und das Vertraute wecken in ihrer gegenseitigen Durchdringung im Leser die Neugier und die Fragen nach der Gültigkeit eines jeglichen Subjektivismus, seiner Anfälligkeit in einer sich ständig verändernden Wirklichkeit.

In zunehmendem Maße musste sich Miehe den Vorwurf gefallen lassen, er sei fasziniert vom Verbrechen, heroisiere gar seine Protagonisten. Textpassagen wie die folgende offenbaren das Missverständnis: »Die Tat: als Verbrechen lediglich nach dem Strafgesetzbuch definiert. Ein moralisches Verbrechen meinetwegen. Die Faszination erwächst aus der kühlen, genauen Planung und der Reinheit der Tat.« Der früh verstorbene Ulf Miehe hatte selbstkritisch geunkt, dass, »während der Verleger auf das Manuskript wartet, das nicht fertig werden will, das nie fertig werden wird, weil (...) die weiterlernen, von denen ich gelernt habe«. Jörg Fauser hingegen nannte ihn den besten Autor, den die deutsche Krimiliteratur hervorgebracht habe.

Thomas Kraft

Werke: *Gedichte von Gertrud Höhler und Ulf Miehe*, 1962; *In diesem lauten Lande*, G., 1966; *Panorama moderner Lyrik Deutsch sprechender Länder*, Hg., Gütersl. 1966; *Thema Frieden. Zeitgenössische deutsche Gedichte*, Hg., zus. m. Wolfgang Hädecke, Wupp. 1967; *Die Zeit in W und anderswo*, Wupp. 1968; *Ab sofort liefern wir folgende Artikel auf Teilzahlung. Eine Politpornografie*, Bln. 1969; *So hat jeder seine* Freiheit, Film, 1970; *Jaider, der einsame Jäger*, Drehb., m. Volker Vogeler, 1971; *Verflucht, dies Amerika*, Drehb., m. Volker Vogeler, 1973; *Ich hab noch einen Toten in Berlin*, R., Mü. 1973; *Output*, Drehb., m. Thomas Schamoni, Volker Vogeler und Michael Fengler, 1974; *John Glückstadt*, Drehb., m. Walter Fritzsche, Regie, 1975; *Puma*, R., Mü. 1976; *Lilli Berlin*, R., Mü. 1981; *Nichts Neues unter der Sonne – Grüße Max,* Film, Drehb. u. Regie, m. Klaus Richter, 1981; *Einmal ist keinmal*, Drehb., ZDF 1983; *Der Unsichtbare*, Drehb., m. Klaus Richter, Regie, 1987; ab 1984 Drehbücher (mit Klaus Richter) für die TV-Serie *Der Fahnder*, ab 1987 für die TV-Serie *Tatort*.

Mischkulnig, Lydia, wurde am 2. 8. 1963 in Klagenfurt geboren. Sie studierte Bühnenbild und Film an den Hochschulen für Musik und Darstellende Kunst in Graz und Wien. Seit 1991 schreibt sie Erzählungen, Hörspiele und Romane. Mischkulnig lebt heute in Wien. 1994 erhielt sie den »manuskripte«-Förderpreis, 1995 das Österreichische Staatsstipendium für Literatur, 1996 das Dramatikerstipendium, den Förderungspreis für Literatur des Landes Kärnten sowie den Bertelsmann-Literaturpreis beim Ingeborg-Bachmann-Wettbewerb und 2003 den »manuskripte«-Preis.

Glücklich sind sie nicht, die Figuren der Lydia Mischkulnig. Ob Mann oder Frau: Im literarischen Kosmos der Kärntner Autorin sind sie vor allem Getriebene und Suchende, hin- und hergerissen zwischen Eros und Thanatos. Am Erbe der Elterngeneration tragen sie schwer, ganz gleich, ob es sich um genetische Konditionierungen handelt, um Kindheitserlebnisse oder Lebensmuster.

Im Debütroman *Halbes Leben* (1994) ist es die Erbschaft des Onkels, die Simon bereits in jungen Jahren zum Bestattungsunternehmer macht. Und als ob ihn sein Beruf nicht ohnehin über die Maßen mit Leichen beschäftigte, so wird er darüber hinaus nach dem Selbstmord seines Vaters immer wieder mit dem Sterben konfrontiert, bis er zuletzt sein nach einem Autounfall amputiertes Bein »bestattet«. Vom Tod, auf den alles zuläuft, geht in dieser anspielungsreichen Prosa eine geradezu obszöne Anziehungskraft aus, steigert sich scheinbar sogar bis zur nekrophilen Lust. Die Beschwörung des Todes paart sich in Mischkulnigs Texten von Anfang an mit Bildern, die Sexualität und Geburt evozieren.

Als Grabschänder wird eine der Hauptfiguren des zweiten, von der Kritik einhellig gelobten Romans, *Hollywood im Winter* (1996), eingeführt: der Industrielle und Kunstmäzen Tauschitz. Er stiehlt nicht nur die Grabsteine toter Künstler, sondern sammelt auch die Zigarettenasche von Schauspielern, Regisseuren und Komponisten, um sie als Devotionalien in seinem Haus aufzubewahren. Doch im Grunde strebt er danach, Unvergängliches in der Kunst zu schaffen. Aus diesem Grund brachte Tauschwitz seinerzeit seine Frau mit dem Regisseur Berg zusammen, um einen Sohn, einen »Theatergott«, zeugen zu lassen: Caesar. Jahre später sehen sie sich am Ziel ihrer Wünsche; ihr Sohn glänzt als angehender Schauspieler in seiner ersten Hauptrolle. Während der Festspiel-Proben zu Sophokles' *Oedipus Rex* erfährt er die Wahrheit über seine Herkunft. Geschockt überwirft er sich mit seiner Familie, bleibt am Ende aber doch der Schauspielerei treu.

Um Fragen nach Identität und Identitätssuche geht es auch in den sieben Erzählungen des Bandes *Sie-*

ben Versuchungen (1998) und vor allem im Roman *Umarmung* (2002). In diesem wechselt das erzählende Ich zwischen drei Figuren permanent hin und her: einem anonymen Ich, der Schriftstellerin LM und einer multiplen Agathe. Im weiteren Verlauf des Romans wird deutlich, dass die Aufspaltung der Persönlichkeit bereits in der Kindheit begonnen hat: durch die Drohung, das Kind in ein Heim zu stecken, und durch den Tod eines vermutlich pädophilen Nachbarn.

Die Geschlechter- und Liebesbeziehungen sind in nahezu allen Texten von Täuschung, Manipulation und Unterdrückung bestimmt. Liebe hat nichts mehr Verbindendes, sondern offenbart Ängste und Abgründe. Mit Anspielungen auf Ingeborg Bachmanns *Malina* oder Thomas Bernhards *Alte Meister* markiert die Kärntner Autorin eindeutig die literarische Tradition ihres Schreibens. Was Lydia Mischkulnig als Schriftstellerin auszeichnet, hat sie vor allem in ihren Erzählungen und in *Hollywood im Winter* gezeigt. Sie kann fein und gewagt strukturieren, erhellende intertextuelle Fährten legen und ungemein kraftvoll und böse erzählen. Drastische und schonungslose Bilder sind ebenso Kennzeichen dieser Prosa wie das Erfinden von Neologismen bzw. rätselhaften Schlüsselworten (»Lachgerinnsel«, »Pfotigkeit«). Für ihren Umgang mit Redewendungen, Floskeln und Klischees ist Lydia Mischkulnig zuletzt von der Kritik gescholten worden. Doch indem sie Bilder aus dem gewohnten Zusammenhang reißt und einer subversiven Lust an Sprachspielen frönt, steht sie nicht nur in der Tradition österreichischer Literatur des 20. Jahrhunderts, sondern lotet mit ihren verstörenden Texten auch immer wieder die Möglichkeiten und Grenzen des literarischen Schreibens neu aus.

Michael Fischer

Werke: *Halbes Leben*, R., Graz, Wien 1994; *Der Lärm der Stille*, Hsp., ORF 1994; *Erich der Erich*, Hsp., ORF 1996; *Hollywood im Winter*, R., Innsbr. 1996; *Sieben Versuchungen*, E., Stg., Mü. 1998; *Umarmung*, R., Mü. 2002.

Missfeldt, Jochen, wurde am 26. 1. 1941 in Satrup/Schleswig geboren. Er durchlief eine Ausbildung zum Piloten und Luftwaffenoffizier und war bis 1982 Flugzeugführer im Aufklärungsgeschwader 52 in Leck/Schleswig-Holstein. Nach seiner Entlassung studierte er Musikwissenschaft, Philosophie und Volkskunde in München und Kiel. Seit 1985 ist er freier Schriftsteller und freier Mitarbeiter der »FAZ«; er lebt heute in Nordfriesland. 1981 erhielt er den Hebbelpreis, 1998 das Stipendium des Landes Niedersachsen »Künstlerhof Schreyahn«, 1999/ 2000 das Stipendium des Landes Bayern (Internationales Künstlerhaus »Villa Concordia« in Bamberg) und 2002 den Wilhelm-Raabe-Preis.

Ohne die extreme Erfahrung, Pilot des ebenso legendären wie absturzgefährdeten Starfighters gewesen zu sein, hätte Missfeldts bisheriges Hauptwerk, der meisterliche und von der Kritik zurecht gefeierte Roman *Gespiegelter Himmel* (2001), der den Untertitel *Titanvogeltage* trägt, wohl nicht entstehen können. Ort des Geschehens ist das fiktive Garnisonsstädtchen Solsbüll in Schleswig-Holstein. Das zeitliche Hauptinteresse liegt auf den Sechziger- und Siebzigerjahren, in einigen wichtigen Passagen finden sich aber auch Rückgriffe auf die nationalsozialistische Zeit. Der Protagonist Gustav Hasse, der bei aller Vorsicht auch als Alter Ego des Autors zu vestehen ist, fliegt eben jenes neuartige, hochsensible Fluggerät. Sein Lehrer Zürndorfer, ein Fliegeras, entstammt einem Lebensborn. Die Rivalität der beiden Männer, die in der Nachfolge der literarischen Archetypen Faust und Mephisto gelesen werden kann (es gibt direkte Bezüge zu Thomas Manns *Doktor Faustus* und Goethes *Walpurgisnacht*), nimmt eine dramatische Wendung, als es bei einem Flugmanöver zu einem Unfall kommt, an dem Hasse nicht ganz unbeteiligt ist, und Zürndorfer abstürzt. Beider Leben sind durch dieses Ereignis unauflöslich verknüpft, denn Zürndorfer erleidet aufgrund von Kopfverletzungen erhebliche psychische Schäden: Er ist nicht mehr in der Lage, Emotionen adäquat auszudrücken, und er besitzt kein Gefühl mehr für »Zukunft«, womit ihm zwei Grundbedingungen menschlicher Existenz abhanden kommen. Missfeldts Roman, in dem Zeitgeist und Zeitgeschichte auf elegante Weise mit der Handlung verwoben sind, ist nicht nur aufgrund seiner Konstruktion, sondern auch in sprachlicher Hinsicht von höchster Qualität. Intensive Erfahrung von Natur wird hier im Besonderen während der Flüge der so genannten Titanvögel emphatisch erlebt und in einer Diktion vermittelt, die durchtränkt ist mit romantischen und expressionistischen Stilelementen. Missfeldts Schreibweise erinnert in den Passagen, in denen die Natur prägnant und originell beschrieben wird, nicht selten an Alfred Döblin oder Arno Schmidt.

In einem positiven Sinne empfindsam erweist sich Missfeldt nicht nur in seiner Prosa, sondern ebenso in seiner unprätentiösen Lyrik. Besonders die Gedichtsammlung *Mein Vater war Schneevogt*

(1979) ist hier hervorzuheben. Auch in den Erzählbänden *Zwischen Oben und Unten* (1982) und *Capo Frasca und andere Fliegergeschichten* (1984) kreist Missfeldt wie in seinem Opus magnum um das Fliegen. Dabei haben diese Geschichten, die als Vorarbeiten zu den beiden großen Romanen gesehen werden können, nichts mit militärischer Fliegerromantik gemein. Missfeldt meidet jegliche Form von hohlem Pathos und dröhnendem Heroismus, er wertet die soldatische Welt aber auch nicht explizit ab. Nüchtern und subtil werden die Atmosphäre im Geschwader, die beständige Angst vor dem Tod sowie die brutalen Rituale in der Welt des Militärs geschildert. In seinem Romandebüt *Solsbüll* (1989) bewies Missfeldt zum ersten Mal, dass er fähig ist, auch über eine längere Distanz hohes erzählerisches Niveau zu halten. Der Held von *Gespiegelter Himmel*, Gustav Hasse, taucht hier bereits zusammen mit einer Reihe anderer im zweiten Roman wiederkehrender Figuren auf. Der gemeinsame Hauptschauplatz verklammert die beiden Romane auf einer weiteren Ebene. *Solsbüll* kann als Raum- und Zeitroman aufgefasst werden, denn primär wird die Geschichte und Atmosphäre des titelgebenden Ortes im Norden Deutschlands geschildert. Anhand von über hundert Figuren, die in Solsbüll leben oder auf andere Weise mit diesem Ort zu tun haben, wird die Biografie des Städtchens komponiert. Der Roman spannt dabei einen Bogen vom Beginn des 20. Jahrhunderts bis ans Ende der Fünfzigerjahre, wobei die beiden dramatisch in die Lebensläufe eingreifenden Weltkriege im Mittelpunkt stehen. In der für Missfeldt so typischen Mischung aus Poesie und Lakonie wird in dieser Provinzwelt die Geschichte Deutschlands Pars pro Toto zusammen mit den jeweils herrschenden Ideologien gespiegelt. Auch in sprachlicher Hinsicht zeigt Missfeldts erstes großes episches Werk schon die lyrischen Qualitäten, die *Gespiegelter Himmel* so herausragend machen, wenngleich das spätere Werk darstellerisch wie stilistisch deutlich gereift wirkt.

Stephan Landshuter

Werke: *Gesammelte Ängste*, G., Bonn 1975; *Mein Vater war Schneevogt*, G., Ebenhausen 1979; *Zwischen Oben und Unten*, En., Ebenhausen 1982; *Capo Frasca und andere Fliegergeschichten*, En., Ebenhausen 1984; *Solsbüll*, R., Ebenhausen 1989; *Der Rapskönig*, Kinderb., Wiesb./Zür. 1990; *Supermarkt*, E., Plön 1990; *Zwölf neue Gedichte*, G., Ebenhausen 1996; *Deckname Orpheus. Opernspiele*, Pr., Ebenhausen 1997; *Gespiegelter Himmel. Titanvogeltage*, R., Bln. 2001; *Seid gut zum Unkraut. Landschaften, Orte, Jahreszeiten*, Pr., Bamberg 2002.

Mitgutsch, (Waltraud) Anna, wurde am 2. 10. 1948 in Linz geboren, studierte in Salzburg Germanistik und Anglistik und war von 1974 bis 1978 als Assistentin am Institut für Amerikanistik in Innsbruck tätig. Längere Auslandsaufenthalte führten sie nach Israel, in die USA, nach England und Korea. Sie unternahm Reisen nach Afrika, in den Nahen, Mittleren und Fernen Osten. Von 1979 bis 1985 unterrichtete sie an verschiedenen amerikanischen Universitäten deutsche Sprache und Literatur. Neben ihren Prosawerken publiziert die in Linz lebende Autorin essayistische Arbeiten über deutsche, englische und amerikanische Literatur. Seit 1986 ist sie Mitglied der Grazer Autorenversammlung. Mitgutsch erhielt u.a. 1985 den Brüder-Grimm-Preis und die Claassen-Rose, 1986 den Kulturpreis des Landes Oberösterreich für Literatur, 1990 den Südtiroler Leserpreis der Stadt Bozen, 1992 den Anton-Wildgans-Preis der österreichischen Industrie, 2000 den Österreichischen Würdigungspreis für Literatur und 2001 den Solothurner Literaturpreis.

Die ersten beiden Romane Mitgutschs problematisieren, wenn auch auf sehr unterschiedliche Weise, die Beziehung zwischen zwei Frauen. *Das andere Gesicht* (1986), von der Kritik eher verhalten aufgenommen, erzählt die Geschichte einer Frauenfreundschaft. Die esoterisch angehauchte Jana und die pragmatische Sonja ergänzten und unterstützten sich stets; beide geraten in einen emotionalen Zwiespalt, als sich der mit Jana verheiratete Achim – eine eher negativ gezeichnete Figur – zu Sonja hingezogen fühlt. Die Suche nach der je eigenen inneren Mitte und die Sehnsucht, Geborgenheit bei einem geliebten Menschen zu finden, treibt die Protagonisten nun in die entlegensten Winkel der Erde – nach Afrika, Lateinamerika und in die Länder des Fernen Ostens. Erzählt wird diese in Ansätzen autobiografische Beziehungsgeschichte aus der Ich-Perspektive, wobei die beiden Frauen abwechselnd zu Wort kommen.

Auch in ihrem mehrfach ausgezeichneten und in mehrere Sprachen übersetzten Erstlingswerk *Die Züchtigung* (1985) stellt Mitgutsch psychische und physische Extremzustände in der Beziehung zweier Frauen dar und erreicht dabei eine politische Dimension, die *Das andere Gesicht* entbehrt. Die Autorin versucht in diesem Roman, individuelle Wurzeln gesellschaftlicher Gewalt und Verrohung freizulegen. Reüssierte in den Siebzigerjahren die Diskussion über die Vergangenheit der Väter zum wichtigen literarischen Thema, so setzte in den Achtzigerjahren eine kritische Auseinandersetzung weiblicher Schriftstellerinnen mit der Figur der Mutter ein (z.B. Elfriede Jelineks *Die Klavierspielerin* oder Rahel Hutmachers *Tochter*). »War deine Mutter auch so wie du?«, fragt ein kleines Mädchen die Erzählerin, die daraufhin ihre eigene Entwicklung rekapituliert und die Spuren ihrer Mutter bis zu deren Kindheit zurückverfolgt. Der Roman bewegt sich auf zwei Ebenen: Das freudlose Leben der Bauerntochter Marie wird linear nachgezeichnet, die Kommentare der erzählenden Tochter sind eingeschoben. Bereits im Alter von neun Jahren muss Marie auf dem elterlichen Hof schwerste körperliche Arbeit verrichten. Sie wird von den Geschwistern gedemütigt und vom Vater geschlagen. Marie wird hart und eigenbrötlerisch, träumt von einer besseren Zukunft. Die will sie erzwingen, indem sie gegen den väterlichen Willen einen Kleinhäuslersohn heiratet und mit ihm in die Stadt zieht. Die Familie erlebt das wirtschaftliche Elend der Nachkriegszeit. In ihre kleine Tochter Vera setzt die von kleinbürgerlicher Profilneurose geplagte Marie nun all ihre Hoffnung; das Kind soll einmal das erreichen, was ihr selbst versagt geblieben ist. Die perverse Liebe zu ihrem Kind treibt Marie dazu, Vera für das Leben »zurechtzuschlagen«. Vera, die sich trotz allem bemüht, den Anforderungen der Mutter zu entsprechen, reagiert auf die Züchtigungen mit Magersucht. Nach dem Abitur verlässt Vera das Elternhaus, doch auch in der fremden Stadt findet sie nicht die ersehnte Freiheit. Selbst der Tod der Mutter bringt nicht die Erlösung; die Mutter bleibt durch den Hass der Tochter lebendig. Als langfristige Folge der mütterlichen Erziehung entpuppt sich schließlich Veras Unfähigkeit, eine normale Liebesbeziehung einzugehen. Sie sucht sich Männer, die sie demütigen und bei denen sie die Opferrolle, die sie von Kindheit an eingeprügelt bekam, übernehmen kann. »Die enge Verbundenheit von Opfer und Täter« erweist sich somit als unauflösbar. Bei ihrer eigenen Tochter will Vera den Kreislauf der Gewalt durchbrechen. Sie muss jedoch erfahren, dass Nicht-Schlagen für ein Kind keineswegs schon verständnisvolle Zuwendung bedeutet. Der sozialen Isolation, in die sie die destruktive Mutter getrieben hat, und der daraus resultierenden Gefühlskälte kann Vera trotz des intellektuellen Nachvollzugs ihrer Geschichte nicht entfliehen.

In ihrem dritten Roman *Ausgrenzung* (1989) erzählt die Autorin die Geschichte einer Mutter und ihres autistischen Sohnes. Die Mutter, allein gelassen von ihrem Mann und weitgehend auch von ihren Mitmenschen, wendet all ihre Energie auf, um sich ganz ihrem Kind zu widmen. Mitgutsch beschreibt die Welt zweier Menschen, die, um den Zustand des Nicht-Dazugehörens wissend, immer weiter an den Rand der Gesellschaft gedrängt werden und sich in ihrer Isolation »einrichten«.

Die Suche nach individueller und kollektiver Identität bestimmt das Handeln der Protagonisten der folgenden Romane. In dem monologisch gehaltenen Roman *In fremden Städten* (1992) verlässt die in Österreich lebende Amerikanerin Lillian nach 16-jähriger Ehe mit einem braven Tiroler ihre Familie, um in Amerika ihren Traum einer Schriftstellerexistenz zu verwirklichen. Doch weder der von Lillian überforderte Geliebte noch ihre pragmatische Schwester unterstützen die Frau in ihrem Bemühen um ein neues erfolgreiches Leben. Nach der Begegnung mit dem Vater, der als Schriftsteller seinen Lebensunterhalt mit schlechten Werbetexten verdient, erkennt Lillian in dessen Existenz schließlich ihr vermeintlich eigenes Scheitern: »Nichts blieb hinzuzufügen, alles war deutlich sichtbar bis in die fernste Zukunft, als wäre ihr Leben bereits gelebt.« Lillian steckt das Haus des Vaters in Brand, ihr Ende bleibt dem Leser verborgen.

Der Roman *Abschied von Jerusalem* (1995), den Kritiker nicht zuletzt wegen der sprachlich bestechenden und atmosphärisch dichten Beschreibungen der Stadt Jerusalem lobten, erzählt ebenfalls die Geschichte eines Aufbruchs. Die Ich-Erzählerin Dvorah, getauft auf den Namen Hildegard, begibt sich auf die Suche nach ihrer jüdischen Identität, nachdem sie erst spät von ihrer jüdischen Herkunft erfahren hat. In Jerusalem hofft die Mittvierzigerin Antworten auf ihre Fragen zu finden. Doch eine unerwartete, gleichermaßen leidenschaftliche wie aussichtslose Liebesbeziehung zu einem 20 Jahre jüngeren, vermutlich arabischen Mann, dessen wahre Identität im Dunkeln bleibt, stürzt die Frau in schwere Konflikte. Die Liebe steht plötzlich wortwörtlich im Schussfeld der Politik: Sivan, der Geliebte, wird nach einem Terroranschlag erschossen. Als Dvorah vor ihrem Abflug aus Israel von israelischen Sicherheitsbeamten vernommen werden soll, gibt sie sich vor dem Verhör selbst Rechenschaft von ihrem Aufenthalt in Jerusalem. Gescheitert ist die Suche der Protagonistin wohl in der Hinsicht, dass sie nicht fand, was sie erwartete – die Vorstellung einer Einheit stiftenden Identität bleibt angesichts der real-politischen Verhältnisse und der Komplexität zwischenmenschlicher Beziehungen Konstrukt und/oder Trugbild. Dies muss auch Max Bermann, Protagonist des Romans *Haus der Kind-*

heit (2000), erkennen. Sein Haus der Kindheit steht in Österreich. Die Eltern verließen es, als sie mit ihm Ende der Zwanzigerjahre nach Amerika emigrierten, die zurückgebliebenen jüdischen Verwandten wurden Opfer des Holocaust. In drei Versuchen unternimmt es Max, sich seiner glücklich erinnerten Kindheit wieder anzunähern, und reist in die österreichische Kleinstadt. Jedoch erst als alternder Mann kann er das von den Nationalsozialisten geraubte Haus, dessen Rückgabe nach dem Krieg lange verzögert wurde, übernehmen und renovieren. Die Darstellung der Innenwelt von Max wird ergänzt und kommentiert durch die Beschreibung der Schicksale jener Menschen, die ihm im Laufe seines Lebens nahe standen oder denen er anlässlich seiner vorläufigen Rückkehr begegnet. Bevor er Österreich endgültig verlässt, recherchiert er die Geschichte der jüdischen Gemeinde des Städtchens. Seine Chronik markiert schließlich jenen symbolischen Akt des Erinnerns, der die Toten dem Vergessen entreißt.

Die literarische Darstellung von Erinnerung an individuelle und kollektive Geschichte sowie deren Wechselbeziehungen nimmt in den Texten von Anna Mitgutsch immer breiteren Raum ein, wird auch inhaltlich immer bedeutsamer und brisanter. Damit trägt die Schriftstellerin auch den aktuellen kulturwissenschaftlichen Forschungsansätzen über Gedächtnis- und Erinnerungskultur künstlerisch Rechnung. Welche poetologische Qualität dem Phänomen Erinnerung nach ihrer Auffassung zukommt, erläuterte die Autorin 1999 in ihren Poetik-Vorlesungen in Graz unter dem Titel *Erinnern und Erfinden*, für die sie die Buchprämie erhielt.

Petra Ernst

Werke: *Zur Lyrik von Ted Hughes – Eine Interpretation nach Leitmotiven*, Diss., Salzb. 1974; *John Gallaghue: Auf Befehl Seiner Heiligkeit (The Jesuit)*, R., Übs., Wien 1975; *Philip Larkin: Gedichte*, Übs., Stg. 1988; *Die Züchtigung*, R., Düsseld. 1985; *Das andere Gesicht*, R., Düsseld. 1986; *Ausgrenzung*, R., Ffm. 1989; *In fremden Städten*, Hbg., Zür. 1992; *Jerusalem*, Hsp., ORF 1994; *Abschied von Jerusalem*, R., Bln. 1995; *Erinnern und Erfinden*, Grazer Poetik-Vorlesung, Graz 1999; *Haus der Kindheit*, R., Mü. 2000, *Familienfest*, R., Mü. 2003.

Mitterer, Felix, wurde am 6. 2. 1948 in Achenkirch/Tirol geboren; seine Mutter, eine verwitwete Kleinbäuerin, gab ihn einem Landarbeiterehepaar zur Adoption. Er wuchs in Kitzbühl und Kirchberg auf, besuchte acht Jahre die Volksschule, vier Jahre eine Lehrerbildungsanstalt in Innsbruck, arbeitete dann zehn Jahre lang beim Zollamt in Innsbruck, wo er ab 1977 als freier Autor lebte. Heute wohnt und arbeitet Felix Mitterer in einem Dorf in der Nähe von Cork/Irland. Er wurde 1980 mit dem Walter-Buchebner-Preis, 1987 mit dem Peter-Rosegger-Preis des Landes Steiermark, 1988 mit dem Kunstpreis des Landes Tirol, 1991 mit dem Österreichischen Würdigungspreis für Literatur und 2001 mit dem Ernst-Toller-Preis ausgezeichnet. Man darf Felix Mitterer wohl als den bekanntesten Vertreter des kritischen österreichischen Volkstheaters der letzten zwei Jahrzehnte bezeichnen. »Die Anderen, die Außenseiter, die Ausgestoßenen sind ein durchgehendes Thema meiner literarischen Arbeit«, die Mitterer häufig aus historischen Ereignissen, wahren Begebenheiten und legendenhaften Überlieferungen seiner Heimat Tirol entwickelt. Obwohl er nach eigenen Angaben nicht schreibt, um zu verletzen, provozierten die Uraufführungen seiner Stücke immer wieder öffentliche Skandale. Mitterer legt den Finger in offene Wunden, entknotet die tabuisierte Verkettung von Macht, Religion und Sexualität, die er in der engen Provinzialität Tirols konzentriert vorzufinden glaubt. Auch wenn mittlerweile seine Stücke in die moderne Lebenswelt hinein- und herausragen, so greift er immer wieder Themen mit regionaler Anbindung auf, wie z.B. *Die drei Teufel*, *Die Geierwally* (1993) oder den Tiroler Michael *Gaismair* (2001), den Anführer des Bauernaufstandes und Verfasser einer Landesordnung für eine Volksrepublik.

In dem Volksstück *Kein Platz für Idioten* (1977), das thematisch an Martin Sperrs *Jagdszenen aus Niederbayern* (1966) erinnert, greift Mitterer die Problematik vom gesellschaftlichen Umgang mit Behinderten auf, hier des »Dorftrottels« Wastl, der überall und jeden stört, selbst von der Mutter gehasst und zum öffentlichen Ärgernis erklärt wird, mit dem Argument, dass er den Fremdenverkehr beeinträchtige. Nur in der Freundschaft mit dem ehemaligen Hufschmied, einem anderen Außenseiter, spürt er Wärme und Verständnis. Die Verbindung zerbricht letztlich an den Vorurteilen und am Hass der Dorfgemeinschaft; Wastl wird als potenzieller Sexualverbrecher abgestempelt und in eine Anstalt eingewiesen. Das Stück *Stigma* (1982), im Untertitel *Eine Passion* genannt, erzählt in Form des Stationendramas die Leidensgeschichte der Dienstmagd Moid im 19. Jahrhundert, die aufgrund ihrer Besitz- und Rechtlosigkeit nicht heiraten darf, sich daraufhin in religiöse Wahnvorstellungen flüchtet, in der Umarmung mit dem gekreuzigten Jesus Christus dessen Passion durchlebt, ihm ihr Menstruationsblut opfert und seine Wundmale empfängt. »Aber Moid genügt es nicht mit Christus zu leiden. Sie will ihm auch sonst nacheifern und wendet sich öffentlich gegen die Ungerechtigkeit der Welt. Daraufhin treten Kirche, Wissenschaft und Staat gegen sie auf und Moid erleidet am Ende wie Christus den Opfertod« (Mitterer, 1984). Es geht um die Durchdringung von Religion und Sexualität, um religiösen Fanatismus als Ersatz für unerfüllte Wünsche. Mit archaischen Bildern der Gewalt, der religiösen Versenkung und Naivität, holzschnittartigem Naturalismus – »Blasphemie in blutigen Bildern« und »Edelkitsch«, meinten manche Kritiker – erzielt Mitterer äußerst bühnenwirksame Verdichtungen. In der viel beachteten Inszenierung von Franz Xaver Kroetz in München 1987 kappte der Regisseur alle sozialkritischen Aspekte und konzentrierte sich auf die mystische Qualität des Stückes; am Schluss wird Moid in einem sexuellen Ritualmord von ihren glücklosen Verehrern regelrecht hingerichtet.

»Verquere Männerfantasien« bescheinigte man dem Stück *Die wilde Frau* (1986), in dem einer Waldarbeitergruppe in der Einsamkeit ihrer Berghütte eine »Salige«, eine geheimnisumwitterte, legendenhafte Frauengestalt, erscheint. Als undurchsichtige Mischung aus Hexe, Dirne und Priesterin soll sie die Überlegenheit des genuin Weiblichen verkörpern, das die Triebkräfte der Männer aktiviert. Diese aber in ihrer Rohheit, Dumpfheit und Besitzgier außer sich geratenden Kreaturen fallen übereinander her und damit sich selbst zum Opfer und demonstrieren so nur ihre Ohnmacht und Angst. *Kein schöner Land* (1987), vergleichbar mit Oskar Maria Grafs *Unruhe um einen Friedfertigen* (1947), widmet sich dem schleichenden Eindringen des Faschismus in die dörfliche Lebenswelt Tirols, wo »man dazu neigt, die Vergangenheit zu heroisieren« (Mitterer). Den historischen Fall des jüdischen Fremdenverkehrs-Pioniers Rudolf Gomperz aus St. Anton aufgreifend, entwirft Mitterer rund um das Schicksal dieser Figur (im Text als Viehhändler Stefan Adler getarnt) ein blutiges Fresko aus Mord, Euthanasie, Opportunismus, Selbstbezichtigung, KZ-Szenen, verzweifelten Rettungsversuchen und markigen Reden: »Streichen wir durch diese Zeit, löschen wir sie aus unserem Herzen und in unserem Gedächtnis! Vergessen wir Hader, Zwist und kleinliche Rache! ... Halten wir alle zusammen, lasst uns gemeinsam, mit neuem Mut, mit neuer Kraft, mit neuem Schaffendrang, das neue, zukünftige Österreich aufbauen!«

Auch die Stücke *Verlorene Heimat* (1987) über die Vertreibung protestantischer Glaubensgruppen aus dem Zillertal 1837 und *Die Kinder des Teufels* (1989) über die Folterung und Ermordung jugendlicher Bettelbanden unter Führung des historischen Zauberer-Jackls im Salzburg des 17. Jahrhunderts beziehen sich auf historische Ereignisse, arbeiten mit Symbolen, Allegorien, einer dem Tiroler Dialekt ähnlichen Kunstsprache, mit traditionellen Theaterkonzepten in der Hoffnung auf Rührung und Läuterung. So entspricht Felix Mitterer, der sich selbst durchaus ungeniert als Volksautor, als Heimatdichter, versteht, ganz dem Bild, das der alte Hufschmied in dem Stück *Kein Platz für Idioten* vom Schriftsteller entwirft: »An Dichter hoaßt ma des. Und der siegt natürlich die Welt gonz onders wia mir! Der siegt Liachtln, wo gor koane sein! Verstehst?«

Viele Auftragsarbeiten folgten, oft bei den Tiroler Volksschauspielen in Telfs uraufgeführt: *Sibirien* (1989), vielleicht das erfolgreichste Stück Mitterers, über den Kampf eines alten Mannes in einem Pflegeheim um einen menschenwürdigen Tod, *Das wunderbare Schicksal* (1992) über den Zillertaler Peter Prosch, der sich dem Adel im 18. Jahrhundert als Hof-Tyroler anbiedert, *Abraham* (1993) über Homosexualität, Aids und Generationenkonflikt, *Krach im Hause Gott* (1994) über das dringend notwendige Ende der Menschheit, *In der Löwengrube* (1998) über einen jüdischen Schauspieler, der im Nationalsozialismus Karriere macht, *Die Frau im Auto* (1998) über eine Familientragödie und den Unterschied zwischen Recht und Gesetz, *Tödliche Sünden* (1999) über die Familie, das »Haus der Hölle«, *Mein Ungeheuer* (2000) über ein Ehepaar, das sich die Pest an den Hals wünscht und über den Tod hinaus nicht voneinander loskommt, und *Johanna oder Die Erfindung der Nation* (2002), eine Jeanne d'Arc-Adaption und zugleich ein zeitgemäßes Psychodrama. Mitterers Stücke wirken wie Schmerzensschreie, Geschichts- und Geschichtentheater gleichermaßen; Publikumserfolge wie die Filme *Verkaufte Heimat* (1988) und *Die Piefke-Saga* (1989) machen ihn zum erklärten Feind des Fremdenverkehrs. Doch »das Theater Mitterers erhebt sich nicht über das Publikum. Es ist ohne Dünkel und ohne falschen Anspruch« (Ruth Drexel).

Thomas Kraft

Werke: *Schießen*, Drehb., ORF 1977; *Kein Platz für Idioten*, Volksst., UA Innsbr. 1977, gedr. Mü. 1979; *Superhenne Hanna*, Kinderb., Wien 1977; *Egon Schiele*, Drehb., ORF/ZDF 1979; *An den Rand des Dorfes*, En., Wien 1980; *Veränderungen*, Theaterst., UA Graz 1980; *Die 5. Jahreszeit*, Sechs Drehb., NDR 1980/81; *Der Narr von Wien. Aus dem Leben des Dichters Peter Altenberg*, Drehb., Salzb. 1981, Hsp., ORF/ZDF 1981/82; *Stigma. Eine Passion*, Theaterst., UA Telfs 1982, gedr. Mü. 1983; *Karrnerleut 83*, Theaterst., UA Telfs 1983; *Erdsegen*, Drehb., n. Roman v. Peter Rosegger, ORF/ZDF 1984/85; *Das rauhe Leben*, Drehb., n. Roman v. Ernst Petzold, ORF/ZDF 1985; *Besuchszeit. Vier Einakter*, UA Wien 1985, gedr. Mü. 1985, Fssp. 1987; *Drachendurst*, Theaterst., UA Telfs 1986; *Die wilde Frau*, Theaterst., UA Innsbr. 1986, gedr. Mü. 1986, Drehb., ORF 1987; *Kein schöner Land*, Theaterst., UA Innsbr. 1987, gedr. Innsbr. 1987; *Verlorene Heimat*, Theaterst., UA Gemeinde Stumm/Zillertal 1987; *Heim*, Theaterst., UA Linz 1987; *Schwarz und Weiß, Geld und Brot, Leben und Tod*, Theaterst., UA Wien 1987; *Die verkaufte Heimat. Eine Südtiroler Familiensaga*, Drehb., OFR/BR/RAI 1988/89 u. 1993/94, gedr. Innsbr. 1989 u. 1994; *Die Piefke-Saga. Komödie einer vergeblichen Zuneigung*, Drehb., NDR/ORF 1989–1991, gedr. Innsbr. 1991; *Die Zaubererbuben*, Theaterst., UA 1989; *Die Kinder des Teufels*, Theaterst., UA Mü. 1989, gedr. Innsbr. 1989; *Sibirien*, Theaterst., UA Telfs 1989; *Munde. Das Stück auf dem Gipfel*, Theaterst., UA Telfs 1990, gedr. m. Tagebuch d. Autors u. Fotos v. Sepp Dreissinger, Innsbr. 1990; *Requiem für Dominic*, Film-Drehb., 1990; *Ein Jedermann*, Theaterst., UA Wien 1991, gedr. Innsbr. 1991; *Das wunderbare Schicksal*, Theaterst., UA Telfs 1992, gedr. Innsbr. 1992; *Die Wildnis*, Drehb., 1992; *Das Spiel im Berg*, Theaterst., UA Altaussee 1992; *Stücke 1 und Stücke 2*, Innsbr. 1992; *Die Geierwally*, Theaterst., UA in der Bernhardstalschlucht bei Elbigenalp im Lechtal 1993; *Abraham*, Theaterst., UA Linz 1993, gedr. Innsbr. 1993; *Krach im Hause Gott. Ein modernes Mysterienspiel*, Theaterst., UA Bregenz 1994, gedr. Innsbr. 1994; *Alle für die Mafia. Komödie einer Manipulation*, Drehb., 1997, gedr. Innsbr. 1997; *In der Löwengrube*, Theaterst., UA Wien 1998, gedr. Innsbr. 1998; *Die Frau im Auto*, Theaterst., UA Linz 1998, gedr. Innsbr. 1998; *Tödliche Sünden. Sieben Einakter*, Theaterst., UA Innsbr. 1999, gedr. Innsbr. 1999; *Mein Ungeheuer*, Theaterst., UA Telfs 2000, Hsp., ORF 1999, Schpl., Innsbr. 2000; *Gaismair*, Theaterst., UA Telfs 2001, gedr. Innsbr. 2001; *Andreas Hofer*, Drehb., 2001; *Stücke 3*, Innsbr. 2001; *Johanna oder die Erfindung der Nation*, Theaterst., UA Salzb. 2002, gedr. Innsbr. 2002.

Modick, Klaus, wurde am 3. 5. 1951 in Oldenburg geboren. Er studierte Germanistik, Geschichte, Kunstgeschichte und Philosophie an der Universität Hamburg. 1980 promovierte er mit einer Untersuchung über Lion Feuchtwangers Roman *Erfolg*. Es folgten diverse berufliche Tätigkeiten, etwa als Werbetexter und als Lehrbeauftragter an der Universität Hamburg. Seit 1984 arbeitet er als freier Autor, darüber hinaus als Gastprofessor für kreatives Schreiben im In- und Ausland. Zudem ist er Herausgeber und Übersetzer, Mitglied des deutschen P.E.N.-Zentrums und der Literaturkommission des niedersächsischen Ministeriums für Wissenschaft und Kultur. 1989 erhielt er den Kunstpreis Niedersachsen, 1990 den Preis der Villa Massimo, 1993 das Pariser Stipendium der Cité Internationale des Arts, 1994 den Bettina-von-Arnim-Preis und 2000 den Märkischen Autorenpreis. Modick lebt heute in Oldenburg.

Mit *Moos* (1984) und *Das Grau der Karolinen* (1986) markieren gleich zwei Hauptwerke den Anfang seiner schriftstellerischen Laufbahn. Bereits in der Novelle *Moos* erschafft Modick ein Stück Rollenprosa, in dem der Erzähler »K. M.« als Herausgeber der fiktiven nachgelassenen Blätter des Botanikers Lukas Ohlburg auftritt. Dessen letzte Aufzeichnungen erweisen sich zunehmend als »Abschied von der empirischen Welt«, sodass sein eigentliches Vorhaben, das systematische Werk »Zur Kritik der botanischen Terminologie und Nomenklatur« zu verfassen, zugunsten einer tagebuchartigen Entmystifizierung seiner Existenz gerät. Dabei bemächtigt sich das wissenschaftliche und metaphorische Phänomen Moos seiner Wahrnehmung. Die Kulisse der provinziellen Abgeschiedenheit des verlassenen, von seinen Eltern ehemals sorgfältig entmoosten Sommerhauses tut ein Übriges, Ohlburg ein Überdenken seiner Lebensumstände zu ermöglichen. Schließlich bedeuten die Aufzeichnungen und ihr Ende für den sterbenden Wissenschaftler einen versöhnlichen Kreisschluss seines Lebens, eine über die Moosflechten in Gang gesetzte Metamorphose zurück in den Schoß der Wahrhaftigkeit und Natürlichkeit. Auch Modicks umfangreichster Roman, *Das Grau der Karolinen*, setzt einen Kontrapunkt zur wissenschaftlichen Kunst- und Weltwahrnehmung. Behandelt wird die Wirkungsgeschichte eines vom Protagonisten Jessen beim Trödler erstandenen Bildes. Als Künstler-, Kriegs-, Abenteuer- und Enthüllungsroman arrangiert, sinniert der Text mittels essayistischer Einschübe darüber, »welche Beziehung besteht zwischen Sehen und Wissen«. So entpuppt sich der rätselhaft auf Jessen einwirkende graue Bildhintergrund einer Luftkampfszene als übermalte Abstraktion des Schlachtenmalers Carlsen, den es in die Südsee, auf die Karolinen-Inseln, verschlagen hat. Die kunsthistorische Sensation potenziert sich, als der prophezeiende Charakter des Bildes zum Vorschein kommt. Während der Beobachtung einer militärischen Atoll-Sprengung erkennt der in den Dunst und Staub sehende Jessen, was er »durch das Fernglas sah, war, für einen Augenaufschlag, identisch mit Carlsens Bild«. Diese Kulmination relativiert jede menschliche Wahrnehmung; Zeit und Raum, Richtig und Falsch implodieren im Paradoxon. *Das Grau der Karolinen* ist Modicks gelungener Versuch, mit Mitteln der Kunst direkter und fruchtbarer in die Seele eines Kunstwerks vorzudringen als über den wissenschaftlichen Umweg.

Erfolgreich war auch Modicks Zwischenspiel mit dem Unterhaltungsroman *Ins Blaue* (1985), in dem der Erzähler Kurt den unbezahlbaren Südfrankreich-Urlaub samt erotischer Verwirrspiele schlichtweg herbeiimaginiert. Im bizarren »Romanverschnitt« *Weg war weg* (1988) kommt dem Autor Lukas Domcjik (Anagramm des Namens Klaus Modick) sein voluminöses Romanmanuskript abhanden; auf der Suche nach dem verloren gegangenen Roman mindert sich die Großartigkeit des Gesuchten bis hin zur Losung: »kürzen bis zum Aphorismus«. Neben allem Amüsement, das die Reflexionen dieses Romans vermitteln, wird doch eine ernsthafte Forderung an die Literatur gestellt, nämlich »den intellektuellen Eiertanz um das postmoderne Feuilleton-Kalb Postmoderne« zugunsten einer lebensnäheren Darstellung aufzugeben, denn »das Leben ist postmoderner als die Literatur«. In *Die Schrift vom Speicher* (1991), dem inneren Monolog eines im verlassenen Haus der Eltern zu sich Kommenden, enthält sich Modick sowohl handlungsorientierter Erzählmuster als auch eines heiteren Grundtenors. Erinnert werden die einst bewusstlos registrierten »Dinge und Düfte, Menschen und Momente, Bewegungen und Gesten«, die vom Erzähler als persönlichkeitskonstituierend nachempfunden werden. Formal verwandt versucht *Das Licht in den Steinen* (1992) die Stadt Rom im »stream of consciousness« zu versinnlichen. Das Unterfangen, der Stadt, die »alle Körperlichkeit zu ihrem endgültigen Ausdruck treibt«, eine ebenso getriebene Geistigkeit entgegenzusetzen, bekommt allerdings bisweilen eine deskriptive Schlagseite.

Die erneute Hinwendung zur Narration gelingt im Roman *Der Flügel* (1994). Dass Literatur nicht zuletzt den Auftrag hat, aufklärerisch Partei zu ergreifen, zeigt Modick, indem er vor aktuellem fremdenfeindlichem Hintergrund einen Strang bisher verschwiegener Familiengeschichte verfolgt. Der Oldenburger Schriftsteller Klaus Haresch und Sarah McColby, Tochter der emigrierten Jüdin Lea Grünberg, enthüllen im Laufe ihrer Nachforschungen die schicksalshaft verzwirbelten Liebes- und Lebenswege ihrer Verwandten. Während die Jüdin Lea Grünberg in die USA emigrieren konnte, zwangen widrige Umstände Hareschs Onkel Heinrich nach Kriegsende mit der Fremdenlegion nach Indochina und dort vor die Hunde zu gehen. Der einst aus dem jüdischen Haushalt abgepresste Bechstein-Flügel, Impuls und Sinnbild der Nachforschungen, taucht schließlich übel ramponiert in einem Jugendklub wieder auf, als »ein Grinsen des Verfalls und der Zerstörung«. In der Novelle *Das Kliff* (1995) gipfelt das von Ressentiments begleitete Wiedersehen zwischen Vater und Sohn in einer von Thrillerelementen durchsetzten Katastrophe: Während eines Ausritts am Rande eines Kliffs kommt es zur Auseinandersetzung, die für den Vater tödlich endet. Als der Sohn sich darauf den Lockreizen der jungen Witwe hingeben will, wird er selbst zum Opfer. Wieder ist es der symbolische Ort des Kliffs, an welchem eine andere Wendung, eine andere Wahrheit ans Licht kommt.

Den beiden Romanen *Der Mann im Mast* (1997) und *Vierundzwanzig Türen* (2000) liegen verwandte erzählerische Grundmuster zugrunde. Eine familiäre, idyllische, von charmant pubertierendem Kindermund durchsetzte Rahmenhandlung schafft eine saloppe Heiterkeit, welche eingesetzt wird, um die von sozialer Drastik geprägte Binnenhandlung abzufedern. In *Der Mann im Mast* nutzt der Erzähler den Familienurlaub an der amerikanischen Atlantikküste, um sich von einer melodramatischen Nordsee-Ballade von Otto Ernst über den verschollenen Nis Randers befeuern zu lassen und dessen dreijähriges Verschwinden mit abenteuerlichem Seemannsgarn auszuschmücken. In *Vierundzwanzig Türen* wird der Familie des Erzählers von einem alten Mann ein mit Zeichnungen ausgestatteter Adventskalender des Jahres 1946 zugespielt. Die sich an den Zeichnungen entzündenden Erinnerungen des Erzählers, der wie viele Modick-Helden Schriftsteller ist, entwerfen ein Nachkriegsszenario des Behelfs und Ersatzes in einer norddeutschen Kleinstadt. Am 23. 12. bekommt der Erzähler die vom Alten getippte Geschichte zu den Bildern des Kalenders: Drei Männer, darunter der nun Alte, stehlen ein Worpsweder Gemälde, um damit den Kauf von Heizmaterial und Lebensmitteln zu finanzieren. Ein Schneestrum zwingt sie zur Einkehr in ein einsames Gehöft, wo eine junge Frau in den Wehen liegt. Wie in allen Romanen Modicks thematisiert der Roman sich mit Mitteln romantischer Ironie selbst; in diesem Roman fordert ein gewisser Dr. Rotte den Erzähler auf, doch endlich mal die »weihnachtliche Leerstelle in unserer Literatur« zu füllen, was dem Roman auf raffinierte und anrührende Weise gelingt. Mit *September Song* (2002) knüpft Modick wieder an die unterhaltsamen Erzählstrukturen von *Ins Blaue* an. Erzählt wird die Geschichte eines Vaters, dessen siebzehnjährige Tochter aus dem Ferienlager zurückkommt, wo sie sich in einen Jungen verliebt hat, der sich im Laufe väterlicher Nachforschungen als Folge eines Seitensprungs herausstellt: Drohend hängt das Damoklesschwert des Inzests im Raum. Doch auch in diesem Roman führen Mittel wie romantische Ironie, Autopoetik und eingebettete Binnenerzählung zu einer gelassenen Erzählposition, die eine Distanzierung von der Gegenwärtigkeit des dargestellten Geschehens erreicht; rückblickend teilt der Erzähler somit den Dingen der Welt ihren Platz, ihren Sinn zu. Ähnlich verhält es sich mit dem Modickschen Humor: Meist stehen seine Erzähler relativierend über den Dingen und sehen Reibungen mit einem gewissen Lächeln, denn sie wissen, dass alles irgendwie zu einem guten Ende gebracht wird. So erklärt sich Modicks tendenziell positive Grund- und Endausrichtung, die trotz brisanter Themen wenig Dunkles, Chaotisches, Ungesagtes übrig lässt. Themenschwerpunkte wie das Haus der Kindheit, der unbewältigte Vaterkonflikt sowie historische oder familiäre Auswüchse vor odenburgischer Heimatkulisse dominieren in Modicks Romanwerk; seine darin eingeflochtene theoretische Auseinandersetzung mit der Literatur findet sich zudem dezidiert und separiert in den beiden Essaybänden *Das Stellen der Schrift* (1988) und *Milder Rausch* (1999).

Arne Rautenberg

Werke: *Lion Feuchtwangers Roman Erfolg*, zus. m. E. Brückner, Kronberg/Ts. 1978; *Autonomie und Sachlichkeit: Lion Feuchtwanger im Kontext der 20er Jahre*, Königsstein/Ts. 1981; *Meine Bäume sind die Häuser*, G., Gött. 1983; *Mehr als Augenblicke, Polaroids im Kontext*, Ess., m. Fotos v. Jan Rieckhoff, Marburg 1983; *Moos*, E., Zür. 1984; *Kabelhafte Perspektiven. Wer hat Angst vor neuen Medien?*, Hg., zus. m. Matthias J. Fischer, Hbg. 1984; *Ins Blaue*, R., Siegen 1985; *Das Grau der Karolinen*, R., Reinbek 1986; *Traumtanz. Ein berauschendes Lesebuch*, Hg., Reinbek 1986; *Man müsste noch mal 20 sein*, Hg., zus. m. Bernhard Lassahn, Reinbek 1987; *Kenneth White: Das Buch der Goldenen Wurzel*, Übs., Odisheim 1987; *Weg war weg. Romanverschnitt*, R., Reinbek 1988; *Das Stellen der Schrift*, Ess., Siegen 1988; *William Gaddis: Die Erlöser*, Übs., zus. m. Martin Hielscher, Reinbek 1988; *Privatvorstellung. Liebesgeschichten*, En., Hbg. 1989; *Im Moos*, Hsp., NDR 1989; *Der Schatten, den die Hand wirft. Sonette*, G., Ffm. 1991; *Die Schrift vom Speicher*, R., Ffm. 1991; *Das Licht in den Steinen*, R., Ffm. 1992; *Robert Olmstead: Jagdsaison*, Übs., Reinbek 1992; *Der Flügel*, R., Ffm. 1994; *Karen Usborne: Elisabeth von Arnim. Biografie*, Übs., Ffm. 1994; *Das Kliff*, R. Ffm. 1995; *Humus. Hommage à Helmut Salzinger*, Hg., Hbg. 1996; *Behelf, Ersatz & Prickelpitt. Oldenburger Kindheit in den 50er Jahren*, Ess., Oldenburg 1996; *William Gaddis: JR*, Übs., zus. m. Marcus Ingendaay, Ffm. 1996; *Der Mann im Mast*, R., Ffm. 1997; *Geglückte Lektüren*, Ess., Oldenburg 1997; *Erste Lieben und andere Peinlichkeiten*, En., Oldenburg 1997; *Sebastian Faulks: Gesang vom großen Feuer*, Übs., Ffm. 1997; *Pauker, Schwarten, Blaue Briefe. Oldenburger Schulzeit in den 60er Jahren*, Ess., Oldenburg 1998; *Steven Moore: Die Fakten hinter der Fälschung. Ein Führer durch William Gaddis' Roman Die Fälschung der Welt*, Übs., Ffm. 1998; *Robert Louis Stevenson: Die Ebbe*, Übs., Zür. 1998; *Herr Tigger. Bekenntnisse eines fetten, faulen Katers*, Reinbek 1999; *Milder Rausch. Essays und Portraits*, Ess., Ffm. 1999; *Die Axt im Haus*, Hg., Reinbek 1999; *Tim Junkin: Im Sog der Gezeiten*, Übs., Ffm. 2000; *Vierundzwanzig Türen*, Ffm. 2000; *Wo die Sonne schlafen geht. Verserzählung*, m. Bildern v. Dieter Wiesmüller, Hbg. 2000, Hsp., SWR 2001; *Von Lust und Last literarischen Schreibens. Werkstattberichte deutscher Schriftsteller*, Hg., zus. m. Helmut Mörchen, Ffm. 2001; *Sommerschauer*. Verserzählung, m. Bildern v. Jub Mönster, Oldenburg 2002; *September Song*, R., Ffm. 2002; *Robert Louis Stevenson: Mein Bett ist ein Boot. Der Versgarten eines Kindes*, Übs., Oldenburg 2002; *Säuische Sonette*, G., m. Bildern v. Dieter Wiesmüller, Ffm. 2003; *William Goldmann: Die schweigenden Gondolieri*, Übs., Ffm. 2003.

Mon, Franz, wurde unter dem Namen Franz Löffelholz am 6. 5. 1926 in Frankfurt am Main geboren. Nach Ende des Zweiten Weltkriegs studierte er Germanistik, Philosophie und Geschichte in Frankfurt, wo er 1955 mit der Arbeit *Wirklichkeitserlebnis und Gottesvorstellung in B. H. Brockes »Irdisches Vergnügen in Gott«* promovierte. Neben seinen literarischen Tätigkeiten arbeitete Mon als Lektor, später als Leiter eines Frankfurter Schulbuchverlags. 1962 gründete er mit Ernst Jandl den Typos-Verlag in Frankfurt am Main. Von 1990 bis 2000 war er zudem als Lehrbeauftragter für Grafik/Design in Offenbach, Kassel und Karlsruhe tätig. Seit 1978 ist er Mitglied des Bielefelder Colloquiums Neue Poesie. Außerdem ist er unter anderem Mitglied der Deutschen Akademie für Sprache und Dichtung, Darmstadt, der Akademie der Darstellenden Künste in Frankfurt am Main und der Freien Akademie der Künste Mannheim. 1971, 1982 und 1996 erhielt Mon den Karl-Sczuka-Preis des Südwestfunks, 1977 den Förderungspreis Literatur zum Kunstpreis Berlin, ebenfalls 1977 den Prix-Futura-Sonderpreis.

Keine Spielart moderner deutschsprachiger Literatur lässt sich vermutlich enger mit dem in den Fünfzigerjahren des 20. Jahrhunderts einsetzenden »linguistic turn« in Verbindung bringen als die konkrete Poesie und mit ihr die experimentelle Dichtung Franz Mons. Die Reflexion auf Sprache, die bereits mit Ferdinand de Saussures *Cours de linguistique général* (1916/17) und den sprachtheoretischen Schriften der russischen Formalisten einsetzte, fand in der international sich herausbildenden Strömung der konkreten Poesie eine ihrer entschiedensten Umsetzungen. Franz Mon, Eugen Gomringer und Helmut Heißenbüttel als deren wichtigste Vertreter in Deutschland knüpften mit ihren Texten an die literarische Moderne, vor allem Dadaismus und Surrealismus, an. Kurt Schwitters' Laut- und Bildgedichte etwa, auf die der informelle Künstler Karl Otto Götz Anfang der Fünfzigerjahre Mon hinwies, lieferten Beispiele einer auf die Materialbasis von Dichtung aufmerksam machenden Literatur. Auf diese avantgardistische Tradition zurückzugreifen, war nach Ende des Zweiten Weltkriegs keineswegs selbstverständlich.

Seit seinen ersten Publikationen in studentischen Zeitschriften zu Beginn der Fünfzigerjahre, spätestens mit seiner ersten Buchveröffentlichung *artikulationen* (1959), ließ Franz Mon keinen Zweifel daran, dass adäquat auf die Zeit reagierende Literatur nur als destruierender Akt ernst zu nehmen ist. So wie Kandinsky für die Malerei 1912 in seiner Programmschrift *Über das Geistige in der Kunst* die Zerstörung des Gegenstandsbezugs und die Hinwendung des Künstlers zu seinem bloßen Material aus Form und Farbe forderte, so hob Franz Mon die Materialität der Sprache hervor: Schon in *artikulationen* findet man einen Großteil der Techniken, mit denen Mon bis zu seinen jüngsten Veröffentlichungen arbeitet. Zeichen, Buchstaben, Wörter werden grafisch isoliert oder rein assoziativ kombiniert, sprachliche Gebilde – Zitate, Redewendungen, Sprichwörter – schließen sich aufgrund serieller und permutativer Verfahren nicht länger zu bestimmten Sinnverknüpfungen zusammen. Wie Mallarmé in seinem Text *Un coup de dés jamais n'abolira le hazard,* so bricht Mon die Linearität des Leseflusses durch die zerstreute Anordnung von Wörtern und Buchstaben auf. Im Extremfall treibt er Collage- und Montageverfahren so weit, dass zum Beispiel Buchstabenformationen Bildcharakter annehmen. Mit unterschiedlicher Radikalität werden fixierte Verstehensmuster zerstört. Mons Texte lassen sich nicht unter gattungstypische Rubriken wie Gedicht, Drama oder Kurzgeschichte bringen. Der Leser ist gehalten, wenn er sich auf die Texte einlässt, sich seinen eigenen Text zu machen.

1960 gab Mon zusammen mit Walter Höllerer und Manfred de la Motte die Sammlung *movens* heraus, in der unter anderem experimentelle Texte von Konrad Bayer und Gerhard Rühm von der »Wiener Gruppe« zu lesen waren. Dichtung, bildende Kunst, Musik und Architektur werden hier zusammengebracht. Schon in seinen frühen Texten ist etwas von dieser den fonetisch-akustischen Komplex nicht weniger als die optische Darstellung des sprachlichen Materials berücksichtigenden Intermedialität – das heißt dem fließenden Übergang von Bild, Ton und Text – zu spüren, die für Mon ab den Sechzigerjahren in seinen Hörspielen einen immer größeren Stellenwert einnahm. Eine erste Zusammenstellung eigener Texte, unter anderem Gedichte, Kurzgeschichten und Dramen, brachte Mon 1967 unter dem ironisch zu verstehenden Titel *Lesebuch* heraus. Exemplarisch forderte Mon den Leser in *herzzero* (1968), mit knapp 200 Seiten einer der ersten großformatigen experimentellen Texte, auf, Lesen als Textarbeit zu begreifen: Mit verschiedenen Stiften soll ergänzt, kommentiert und sogar gestrichen werden. Darüber hinaus überlässt Mon dem Leser die Leserichtung, da *herzzero* in zwei durchgängigen Spalten je Seite gedruckt ist, die man hintereinander, abwechselnd, am besten aber – was ein einzelner Leser allerdings nicht leisten kann – parallel liest. Kein Zufall also, dass Mon bei steigender Komplexität des Textmaterials sich die Möglichkeit des Hörspiels zunutze macht, mehrere Stimmen zugleich zu Gehör zu bringen.

Ab 1969 arbeitet Mon vor allem mit dem WDR zusammen, als Koproduktion entstand hier das mittlerweile als Klassiker geltende Hörspiel *das gras wies wächst* (1969). Wie der Leser seiner Texte, so wird hier der Hörer in die Realisierung des künstlerischen Ereignisses einbezogen. Und selbst wenn ein fertig gestelltes Hörspiel möglicherweise einen abgeschlosseneren Eindruck macht als ein experimentell angeordneter Text, so gilt auch für das Hörspiel, dass es als konkretisiertes nur eine Fassung von vielen möglichen ist. Denn der Autor mag zwar genaue Regieanweisungen geben (die jedoch alle möglichen Freiheiten und Überlassungen an den jeweiligen Sprecher einschließen), die materialen Artikulationsrealitäten wie Modulation der Stimme, Sprechtempo, Tonqualität und Gestaltung der Pausen entziehen sich ihm weitgehend. Für den Hörer ergibt sich die Irritation, dass er sich nicht auf die von der traditionellen Hörspielästhetik bekannte Darbietung imaginativer Räume verlassen kann, wo bestimmte Signale bestimmte Reaktionen beim Hörer auslösen sollen. Wie in Mons Texten handelt Sprache auch in den Hörspielen selbst: Es gibt weder Handlung noch Figuren. Vielmehr rutscht auch hier das Semantische ins Fonetische. Mon erprobt den produktiven, verfremdenden Gebrauch im Alltag geläufiger sprachlicher Artikulationsweisen und provoziert somit die Konstruktionsleistung des einzelnen Hörers. Die Sprache muss erst zertrümmert werden, damit im alltäglichen Gebrauch verschüttete semantische Plastizitäten von Worten aufgedeckt werden können. Die Rückeroberung des Bedeutungshofs der Wörter – so könnte man Franz Mons an Karl Kraus gemahnenden Versuch einer Sprachethik benennen, die er an verschiedenen Stellen seines Werks, gebündelt in dem 1970 erschienenen theoretischen Werk *Texte über Texte*, vorstellt. Konkrete oder experimentelle Dichtung ist eine rigorose Antwort auf die nicht nur von Mon gestellte Diagnose, dass der deutschen Sprache durch die Erfahrungen des Nationalsozialismus ein unermesslicher Schaden entstanden ist. Mon entscheidet sich für eine formalistische Literatur, die zwar im Formalen nicht aufgeht, nur darin sich aber positiv, nämlich in ihren Verfahren, beschreiben lässt. Der »Inhalt«, das ist die große weiße Fläche des nicht beschriebenen Blatts, das sind die grafischen Isolationen, Überschreibungen und Überlagerungen, aber auch die fonetischen Überschreitungen und Exzesse. Genau in diesem Sinn sind Mons Texte und Hörspiele unlesbar und unerhört: Sie führen auf eine fundamentale Stufe der Spracherfahrung zurück, in der nicht wichtig ist, was man sagt, sondern *dass* man sagt. Dieses Staunen vor der konkreten Artikulationsschwelle enthält ein utopisches Moment. Dass seine Texte auf jede Inhaltlichkeit im normalsprachlichen Verständnis verzichten, unterminiert sein Anliegen nicht. Sein Schreiben gehört mit hinein in den Bereich aufklärerischer Literatur: Auch wenn es darin einen extremen, mitunter hermetischen Ort markiert, durchzieht sein Werk ein didaktischer Gestus. Vor diesem Horizont ist es nicht erstaunlich, dass Franz Mon seine experimentelle Produktion ungebrochen, das heißt mit den gleichen Mitteln wie zu Beginn seines Schreibens, fortsetzt. Auch seine jüngsten Texte aus den Neunzigerjahren (*Nach Omega undsoweiter*, 1992) sind, paradox formuliert, gewohnt experimentell geschrieben. Die Frage ist berechtigt und auch Franz Mon stellt sie, ob das kritische Potenzial der experimentellen Dichtung heute noch ausreicht. Auch wenn man diese Frage verneint, bleibt festzuhalten, dass von der konkreten Poesie sowie von Franz Mons Texten und Hörspielen innovative Impulse ausgegangen sind. Die Tradition des Experiments wach zu halten ist nicht das Schlechteste, was man von einer Literatur sagen kann.

Gustav Mechlenburg/Dieter Wenk

Werke: *artikulationen*, Pfullingen 1959; *movens. Dokumente und Analysen zur Dichtung, bildenden Kunst, Musik, Architektur*, Hg., zus. m. Walter Höllerer u. Manfred de la Motte, Wiesbaden 1960; *protokoll an der kette*, Köln 1960/61; *wer ist dran*, Hsp., HR 1962; *verläufe*, Stg. 1962; *sehgänge*, Bln. 1964; *weiß wie weiß*, Bad Homburg 1964; *rückblick auf isaak newton*, hg. v. Walter Aue, Köln 1965; *5 beliebige fassungen eines textes aus einem satz*, hg. v. Max Bense u. Elisabeth Walther, Stg. 1966; *Lesebuch*, Neuwied, Bln. 1967, erw. Neuausg. 1972; *ainmal nur das alphabet gebrauchen*, Stg. 1967; *prinzip collage*, Hg., zus. m. Heinz Neidel, Neuwied, Bln. 1968; *herzzero*, Neuwied, Bln. 1968; *das gras wies wächst*, Hsp., SWR/BR/WDR 1969, gedr. in: *Neues Hsp.*, hg. v. Klaus Schöning, Ffm. 1969, Schpl., Bln. 1972; *bringen um zu kommen* Hsp., WDR 1970; *Texte über Texte*, Neuwied, Bln. 1970; *text mit 60 O*, Ffm. 1970; *blaiberg funeral*, quadrophonisches Hsp., Radio Stockholm 1970, Schpl., 1970; *Phonetische Poesie*, Schpl., Neuwied 1971; *ich bin der ich bin die*, Hsp., WDR 1971, bearb. Fssg. Radio Stockholm 1971; *aufenthaltsraum*, Duisburg 1972; *pinco pallino in verletzlicher umwelt*, szenisches Hsp., HR 1972; *da der du bist*, Hsp., WDR/NCRV Hilversum 1973; *Antianthologie. Gedichte in deutscher Sprache nach der Zahl ihrer Wörter geordnet*, zus. m. Helmut Heißenbüttel, Mü. 1973; *hörspiele werden gemacht. Werkstattbericht*, NDR/WDR 1974; *maus im mehl*, Ffm. 1976; *hören und sehen vergehen. ein stück für spieler, stimmen und geräusche*, Hsp., WDR/NDR 1976/77, gedr. Spenge 1978; *Dada-Musik*, SDR 1981; *fallen stellen. texte aus mehr als elf jahren*, Spenge 1981; *hören ohne aufzuhören*, Linz 1982; *wenn zum Beispiel nur einer in einem raum ist*, Hsp., WDR 1982; *es liegt noch näher. 9 Texte aus den 50ern*, Spenge 1984; *lachst du wie ein hund*, Hsp., WDR 1985; *augen genau*, Dreieich 1986; *Was hälst du denn von Bielefeld?*, Brackwede bei Bielefeld 1987; *Montagnacht. Für Stimmen und Flöte*, Hsp., WDR 1987; *Knöchel des Alphabets. 33 visuelle Texte*, hg. von der Hochschule für Gestaltung, Offenbach 1989; *Articulations*, Performance, WDR 1990; *das wort auf der zunge. Texte aus vierzig Jahren*, hg. v. Carlfriedrich Claus, Bln. 1991; *Nach Omega undsoweiter*, Spenge 1992; *Texty i kollaschi/Texte und Collagen*, Moskau 1993; *einsilbige eingriffe*, Dreieich 1994; *Von den Fahrplänen braucht man nicht zu reden*, Hsp., WDR 1996; *Wörter voller Worte. Texte 1983–1989*, Spenge 1999; *Gesammelte Texte*, Bln. 1994 ff. (Bd. 1: *Essays*, 1994; Bd. 2: *Poetische Texte 1951–1970*, 1995; Bd. 3: *herzzero*, 1996; Bd. 4: *Poetische Texte 1971–1982*, 1997).

Moníková, Libuše, wurde am 30. 8. 1945 in Prag geboren. Dort studierte sie Germanistik und Anglistik, 1970 promovierte sie bei Eduard Goldstücker über Bertolt Brechts Bearbeitung von Shakespeares *Coriolan.* Seit 1971 lebte sie in der Bundesrepublik Deutschland. Als Literaturwissenschaftlerin arbeitete sie u.a. über Kafka, Borges und Arno Schmidt; angestellt war sie an Hochschulen in Kassel und Bremen, wo sie danach als Lehrerin arbeitete. Seit 1981 war sie freie Schriftstellerin, vorwiegend in Berlin. Dort starb sie am 12. 1. 1998. Mitglied des deutschen P.E.N. war sie von 1991 bis 1996, Mitglied der Deutschen Akademie für Sprache und Dichtung seit 1993. Sie erhielt zahlreiche Preise, u.a. 1987 den Alfred-Döblin-Preis, 1991 den Adelbert-von-Chamisso-Preis, 1992 den Berliner Literaturpreis und die Johannes-Bobrowski-Medaille, 1995 die Roswitha-Gedenkmedaille der Stadt Bad Gandersheim. 1997 erhielt sie von Václav Havel den Orden des Weißen Böhmischen Löwen für Tapferkeit sowie die Masaryk-Medaille.

Als das Werk von Moníková durch ihren frühen Tod mitten in der Arbeit am Roman *Der Taumel* (2000 aus dem Nachlass veröffentlicht) abgebrochen wurde, hatte sich dennoch thematisch ein weiter Bogen vollendet. Die Romanhandlung bezeichnete eine Rückkehr mitten in jenes Territorium, von dem die Autorin 1971 in die Emigration geflüchtet war und das den Schauplatz in ihrem ersten, gleich auf Deutsch verfassten Erzählwerk mit dem viel sagenden Titel *Eine Schädigung* (1981) abgab. Dieses Prag war ein Ort, an dem die Menschen durch politische Repression Schaden nahmen. Und zugleich war es ein historisch mehrfach beschädigter Ort, wie die ganze böhmisch-mährische Geschichtslandschaft, vor allem durch das Münchner Abkommen von 1938 und die sowjetische Okkupation von 1968.

Genau diese Überschneidung von individueller und kollektiv-nationaler Beschädigung konstituiert das ideelle Quellgebiet von Moníkovás Werk. Mit großer Vielfalt an formalen Mitteln und einer von wissenschaftlicher, historischer und schöner Literatur inspirierten Erfindungskraft umkreist sie die damit zusammenhängenden subjektiven Erfahrungen, historischen Gegebenheiten und Betrachtungsweisen: Gewalt und Vergewaltigung, Emigration und Heimatverlust, die unglückliche Realgeschichte und ihre poetische Revison. Sowohl die *Schädigung* als auch der *Taumel* umreißen metaphorische Krankheitsbilder für das, was politische Gewalt und Repression den Einzelnen antun.

Die Erzählung *Eine Schädigung* stellt dar, wie die von der Studentin Jana empfundene untergründige Bedrohlichkeit ihrer Umgebung unversehens brutal zutage tritt, als sie durch einen Polizisten vergewaltigt wird, durch einen Repräsentanten sowohl der Männer- als auch der Systemherrschaft. Allerdings vermag sich das Mädchen zu wehren und ihren Peiniger zu töten. Durch diese »Schädigung« sieht sie sich herausgerissen aus dem freien, leichten Lauf, in dem sie sich vorher bewegte. Nun schleppt sie sich auf »verprügelten Beinen« dahin. Empfindlich geworden, registriert sie umso intensiver das auf der Stadt lastende Klima von polizeilicher Überwachung und obrigkeitlicher Willkür. Erzählt ist das in einer nahezu bilderlosen Sprache, die konzentriert und knapp, aber auch in präzise analysierenden Formulierungen den Wahrnehmungen und Empfindungen der Protagonistin nachgeht.

Dagegen hat die Gefährdung in *Der Taumel* keinerlei Geheimnis mehr. Der Held Jakub Brandl, Maler und Akademieprofessor, wird ganz offen von der Staatssicherheit zum Verhör bestellt, wo man ihn über die Künstlerszene, in deren Mittelpunkt er steht, aushorchen will. Der politische Druck von Einschränkung, Gängelei und Überwachung deformiert das soziale Leben. Bei Brandl verursacht er pathologische Symptome wie »Schwindelgefühle«. Außerdem erinnern sich die Romanfiguren weiterer Schädigungen durch Krieg und Verfolgung im »Jahrhundert der Verschütteten«, die den Sinn des Daseins infrage stellen. Als Gegen- und Hoffnungsbilder dazu werden andere Weltregionen und Momente der Kunst- und Kulturgeschichte heraufbeschworen, in diesem Fall die ägyptische Wüste und die Gemälde des Zöllners Rousseau.

Nicht zu Unrecht bezeichnete die Kritik Moníkovás Bücher als tschechische Romane in deutscher Sprache. Der Unglücksgeschichte ihres Heimatlandes hat sie Gegengeschichten und poetische Umschreibungen entgegengesetzt. »Bei mir schreiben die Verlierer die Geschichte«, sagte sie und das bezog sich überhaupt auf unterdrückte, missachtete Menschen und Völker, auch die Frauen. Seit ihrem zweiten Buch *Pavane für eine verstorbene Infantin* (1983) entwickelte sie daraus zunehmend eine Konzeption des Erinnerns und Bewahrens, der poetischen Revision und Restitution. Zentrales Thema dieser Erzählung ist das Leiden am Exil. Die Ich-Erzählerin Francine Pallas hat Prag nach der sowjetischen Besetzung verlassen, sie ist »aus der lethargischen Trauer einer ganzen Nation weggegangen«, einer Nation, die ihrer Geschichte und der dazugehörigen

Zeugnisse seit Jahrhunderten immer wieder beraubt werde. In der Bundesrepublik Deutschland arbeitet sie als Lehrbeauftragte an einer Universität. Geplagt von Angst und umgeben von Unverständnis, wächst bei ihr das Gefühl, zu verkrüppeln. Tatsächlich beginnt sie zu hinken. Dabei identifiziert sie sich mit dem Schicksal ihrer Nation, mit dem Tod der »großen Königin von Böhmen« und mit Kafka. Mit diesem identifikatorisch geschulterten Komplex des Leidens unternimmt sie einen poetischen Akt der Erlösung: Sie schreibt eine »Berichtigung des literarischen Schicksals« der Barnabas-Familie aus Kafkas Roman *Das Schloss* – als Austreibung des Todes und als Befreiung vom Bann des Unrechts.

Durch diese Idee der befreienden Um- und Fortschreibung eröffnete sich Moníková die Möglichkeiten eines offeneren, weiträumigeren Erzählens. Im nächsten Roman *Die Fassade* (1987) führte das zu einem außerordentlich freien Umgang mit der Fabel, den Stoffen und dem eingearbeiteten Geschichtsmaterial. Repräsentiert wird dieses Verfahren von den Hauptfiguren selbst. Das sind vier Künstler, welche Jahr um Jahr die Fassade des Renaissanceschlosses Friedland restaurieren, indem sie die Sgraffiti der Kassettenreliefs erneuern. Dabei halten sie sich jedoch nicht an die ursprünglichen Bildmotive, sondern zeichnen ein, was ihnen als Zeitgenossen wichtig erscheint. Sie setzen gegen die Geschichtsschreibung von oben ihr Geschichtsbild von unten. Dieses Wagnis trägt ihnen manche Kontroverse ein. Der zweite Teil des Romans führt sie auf einer pikarischen Irrfahrt nach Sibirien. Dabei erleben sie allerlei Abenteuer. So komisch, sonderbar oder kunterbunt diese auch sein mögen, sie bleiben selten ohne parabelhafte oder symbolische Bedeutung. Dadurch rücken die reisenden Schelme als das ins Bild, was sie verkörpern: Bildpoeten, Nachfahren des Soldaten Schwejk, Angehörige einer unterworfenen Nation, die dennoch entschlossen sind, sich in der Geschichte auf ihre Weise zu behaupten. Was sie dann im dritten Teil, wieder an der Fassade des Schlosses – ihres Geschichtshauses – als Chronisten weiterhin unter Beweis stellen. Machtlos, haben sie dennoch die poetische Macht über die Bilder, in denen sie ihre Geschichte erzählen.

»Die Realität ist nur ein Abglanz der Literatur«, sagte Moníková einmal in Anlehnung an Arno Schmidt, der neben Kafka, Borges oder Pynchon zu ihren Favoriten zählte. Sie war eine gelehrte Dichterin, die ihre poetischen Weltbilder reich mit enzyklopädischem Stoff ausstattete. Man kann in *Die Fassade* postmoderne Montageprinzipien erkennen, im parataktischen Nebeneinander von Themen, Motiven, literarischen Gattungen und Fabelelementen. Anspielungen, Fragmente, Lebensläufe, Anekdoten und Reflexionen wechseln sich ab. Meist lassen sich gleichsam im Subtext dieser spielerisch anmutenden Kombinatorik stringente Zusammenhänge entdecken. In ihrem Essay *Die Wunschtorte* aus dem Band *Schloss, Aleph, Wunschtorte* (1990) hat die Autorin dieses poetologische Konstruktionsprinzip einer literarischen Wunscherfüllung beschrieben. Oft gewann sie aus eingearbeiteten Wissensstoffen thematisch einschlägige Allegorien, Parabeln, Embleme, Metaphern. Sogar völlig Disparates kann dabei zur Analogie, zum Bild oder Spiegel für die zentralen Themen werden. In *Der Taumel* z.B. gemahnt ein geschundener mexikanischer Leguan an den heraldischen böhmischen Löwen. Nicht in jedem Fall erscheinen solche Querverbindungen völlig einleuchtend.

Während *Die Fassade* eine Geschichte der kunstvollen, listigen, hartnäckigen Selbstbehauptung erzählt, handelt der folgende Roman *Treibeis* (1992) eher von deren Scheitern. Auch hier driften die Hauptfiguren durch mit vielerlei Bedeutungszeichen ausgestattete Weltgegenden. Nur handelt es sich diesmal um ewige Emigranten, die nicht den rechten Stoff finden, um ihre poetische Wunschtorte zu backen, mit der sie der Realität Paroli bieten könnten. Hat es den Helden Jan Prantl schon geografisch an die äußerste Peripherie nach Grönland verschlagen, wächst schließlich die Gefahr, dass es ihn überhaupt aus dem Leben hinaustreibt.

In der ebenfalls vielschichtig angelegten Erzählung *Verklärte Nacht* (1996) wird eine neue Art der Entfremdung gegenüber dem Prag der Nach-Wende-Zeit beschrieben.

Die Geschichte ihres Landes, so geht die Grundfabel in den Büchern dieser leidenschaftlichen Mitteleuropäerin, ist in die Hände der Künstler gelegt. Es ist an ihnen, im poetischen Prozess wieder aufzurichten, was die reale Geschichte zerschlagen hat. Mit dieser Aufgabe hat sich Moníková ganz und gar identifiziert.

Eberhard Falcke

Werke: *Eine Schädigung*, E., Bln. 1981; *Pavane für eine verstorbene Infantin*, E., Bln. 1983; *Die Fassade*, R., Mü. 1987; *Tetom und Tuba. Ein Volksdiskurs nach Nestroy und anderen Wienern*, Hsp., SFB 1988; *Unter Menschenfressern. Ein dramatisches Menü in vier Gängen*, 4 Theaterst. (*Tetom und Tuba. Ein Volksdiskurs nach Nestroy und anderen Wienern)*, UA Literaturhaus Bln. 1987; *Caliban über Sycorax. Nach Shakespeare und Arno Schmidt*; *Mozart. Szenen aus der Geschichte der Pietät*; *ArAl. Gespräche in der Küche*, Ffm. 1990; *Schloss, Aleph, Wunschtorte*, Ess., Mü. 1990; *Treibeis*, R., Mü. 1992; *Prager Fenster*, Ess., Mü. 1994; »*Wer nicht liest, kennt die Welt nicht*«. *Grönländisches Tagebuch*, Film, Regie L. Moníková, 1994; *Verklärte Nacht*, E., Mü. 1996; *Der Taumel*, R., Mü. 2000.

Monioudis, Perikles, wurde am 8. 9. 1966 in Glarus/Schweiz geboren. Seine griechischen Eltern waren 1964 aus Alexandria/Ägypten übergesiedelt. Von 1987 bis 1993 studierte er Soziologie und Politologie an der Universität Zürich. Während des Studiums wurden erste Texte in Zeitschriften publiziert. Mehrmonatige Schreibaufenthalte in Toronto und Philadelphia folgten sowie 1992 die Gründung der Autorengruppe »Netz«. 1995 Umzug nach Berlin, wo er heute lebt. Monioudis wurde u.a. 1991 mit dem Werkbeitrag des Kantons Glarus, 1993 mit dem Buchpreis der Stadt Zürich, 1995 mit dem Werkjahr für Literatur des Kanton Zürichs, dem Preis der Schweizerischen Schillerstiftung, dem Preis für Prosa der Stadt Acona und dem Stipendium des Berliner Senats im Literarischen Colloquium Berlin, 1996 mit einem Stipendium des SDR, 1997 mit dem Hermann-Ganz-Preis des Schweizerischen Schriftstellerverbandes, dem Stipendium Schloss Wiepersdorf und dem Conrad-Ferdinand-Meyer-Preis, 1998 mit dem Stipendium Schloss Solitude, 1999 mit der Ehrengabe der Stadt Zürich ausgezeichnet. 2001 erhielt er einen Werkauftrag von der Schweizer Kulturstiftung Pro Helvetia. 1996 war er Gast im Ledig-Rowohlt-Haus in Lavigny, 2001 wurde er mit dem New-York-Stipendium der Pro Helvetia bedacht, 2002 war er Gast im Istituto Svizzero di Roma a Venezia.

Die ersten Bücher von Perikles Monioudis – *Die Verwechslung* (1993), *Das Passagierschiff* (1995) und *Die Forstarbeiter, die Lichtung* (1996) – bilden eine eigene Schaffensphase, in der sich der Autor mit Bernhardschem Groll und einer kunstvoll-verschnörkelten Sprache an der helvetischen Mentalität abarbeitet. So entwirft er im Romandebüt *Die Verwechslung* einen minimalen Handlungskern und verwendet ihn als Folie seiner Suaden. Erzählt wird vom ehemaligen Lehrer Kaspar Stucki, der wie gewohnt morgens zum Zeitungskiosk geht und dabei ungewollt Zeuge eines Gesprächs zwischen zwei Regierungsbeamten wird, in dem der eine den anderen um eine Unterschrift unter einen Antrag bittet, der dem Amtsmüden einen bequemen Abgang ermöglichen soll. Als dieser sich wortlos abwendet, bietet Stucki seine Unterschrift an. Der sich ertappt fühlende Politiker schreit auf, und Stucki wird aufgrund einer Falschaussage vorübergehend inhaftiert. Der vorliegende Roman gleicht seinem Rechtfertigungsschreiben, in der er abschweifend und detailverliebt sein ganzes Leben offenbart.

Mit den Romanen *Eis* (1997) und *Deutschlandflug* (1998) verändert sich der Stil von Monioudis, er schreibt lapidarer und unprätentiöser, seine Absicht ist, »das Außergewöhnliche augenblicklich zu relativieren«. Auch stofflich weitet sich der Blick und streift außerhalb der Schweiz liegende Landschaften. Eis ist Metapher und Motiv zugleich: Der Wechsel des Aggregatzustandes von Wasser in Eis korrespondiert mit dem Lebensabschnitt, in dem sich der junge Keller, Sohn eines Bau- und Eisunternehmers, nach dem Internat und vor dem Studium befindet. Er vertreibt sich die Zeit mit körperlicher Arbeit und bastelt nächtens an Eismaschinen, die das Handwerk seines Vaters überflüssig machen. Auf der Schwelle zum Erwachsenwerden löst sich Keller von seinem Vater und macht erste erotische Erfahrungen. Seine Emanzipation geht einher mit dem fremden Blick, den er auf das Eigene (z.B. den Betrieb des Vaters) richtet; ein Abschied deutet sich ebenso an wie im Roman *Deutschlandflug*, der wie sein Vorgänger die Zeitebenen durchmischt und wie ein fantastischer Ausbruch eines liebeskranken jungen Mannes gelesen werden kann. Vier Männer – darunter eine dem Schweizer Flugpionier Walter Mittelholzer nachempfundene Figur – brechen an Bord einer Dornier-B-Merkur zu einem Flug von Zürich nach Berlin auf, ein in den Zwanzigerjahren noch wagemutiges Unternehmen, das mit einer Sonderbriefmarke verewigt wird. Das Ziel wird nach zwei Zwischenlandungen, bei denen zwei Männer von Bord gehen, erreicht. Am Ende ist klar, dass sich der junge Bordfunker von seiner Geliebten trennen wird können.

Mit *Palladium* (2000) hat der Erzähler Monioudis die Schweiz endgültig verlassen. In seinem in Berlin spielenden Roman wird ein junger Anwalt und Familienvater durch die Begegnung mit einer verführerischen Komponistin aus der Bahn geworfen; es lockt ihn das Andere, Unbekannte, er vernachlässigt Beruf und Familie, huldigt bei täglichen Besuchen im Pergamon-Museum den antiken Schönheiten und kann sich der ziemlich keuschen Beziehung zu dieser Frau nicht entziehen. Monioudis setzt zwei starke, intelligente Menschen aufeinander an und lässt sie im Strudel der Gefühle fast untergehen. Ihr Doppelleben unterliegt letztlich einem Akt der Selbsttäuschung, ist vielleicht auch Ausdruck einer Lebenskrise, in jedem Fall aber ein höchst beunruhigendes, weil fatales Unterfangen. Kühl, trocken und welthaltig erzählt Monioudis nach geradezu klassischem Muster einen langen Moment der Irritation.

Thomas Kraft

Werke: *Die Verwechslung*, R., Zür. 1993; *Das Passagierschiff*, R., Zür. 1995; *Die Forstarbeiter, die Lichtung*, En., Zür. 1996; *So weit das Auge reicht. Eine Erzählung aus den Bergen*, E., Bln. 1996; *Eis*, R., Bln. 1997; *Deutschlandflug. Ein Traum*, E., Bln. 1998; *Die Trüffelsucherin*, En., Stg. 1999; *Schraffur der Welt. Junge Schriftsteller über das Schreiben*, Hg., Mün. 2000; *Palladium*, R., Bln. 2000; *Die Engel im Himmel. Vom Boxen*, En., Bln. 2003; *Land*, R., i.V.

Mora, Terézia, wurde am 5. 2. 1971 in Sopron/Ungarn geboren. 1990 übersiedelte sie nach Berlin und studierte Theaterwissenschaft und Hungarologie an der Humboldt-Universität. Sie wechselte zur Deutschen Film- und Fernsehakademie Berlin und schloss mit dem Drehbuch-Diplom ab. Sie lebt als Autorin, Drehbuchschreiberin und Übersetzerin in Berlin. Ausgezeichnet wurde sie 1997 mit dem Würth-Literaturpreis und dem Open-Mike-Preis der LiteraturWERKstatt Pankow, 1999 mit dem Ingeborg-Bachmann-Preis und dem Förderpreis zum Adelbert-von-Chamisso-Preis und 2002 mit dem Jane-Scatcherd-Übersetzer-Preis.
Das Land, von dem Terézia Mora in den zehn Geschichten ihres Prosadebüts erzählt, ist ein Ungarn, das abseits der vertrauten Bilder von Budapest, Puszta und Balaton liegt. Schwarzer Schlamm und Dauerregen, Dörfer, die »das letzte Ende« heißen: »Wenn man aus der Stadt kommt«, sagt die Erzählerin, »und aus dem Bus auf sie hinausblickt, scheint meine Heimat wie aus einer einzigen zusammengegorenen Materie zu sein. Aus Fasern so braun und so unauftrennbar wie die Wolle unserer Kleidung.« Und die Menschen erst: kaltheiße Frauen und vernarbte Männer, »Grabengesichter« und »Flüchtlingsblicke« allerorten, die Grenze geht mitten durchs Herz, Sexualität bedeutet Gewalt und Verrücktheit gilt als Volkskrankheit.
Seltsame Materie (1999) taucht mit großer poetischer Kraft in ein brodelndes Land ein, aus dessen archaisch-dumpfen Niederungen eine krude Mischung aus Melancholie und Aggression hochdampft. Mora entwirft für diese bedrängten Verhältnisse sinnlich-rauschhafte Bilder und bedient sich einer verknappten, rhythmisch-harten Sprache, die an Herta Müller und Agota Kristof erinnert. Väter zünden die Haare ihrer Töchter an, der See sammelt die Skelette der Fliehenden, man trägt Knoblauchzehen im Ohr, »beißt sich die Luft aus dem Himmel« und fördert den Kinderreichtum durch inzestuöse Verhältnisse. Ein vergiftetes Klima, in dem sich die Minderheit der Ungarndeutschen stets verdächtig macht. Eine grausame und hässliche Welt, die noch tiefer in sich zusammenzusinken droht, während das Land jenseits der nahen Grenze als verschleierte Metapher eine schöne Linie am Horizont abgibt. Von Enge, Irrsinn und Sehnsucht ist in diesen furchtbaren Geschichten die Rede, erzählt wird von einer Gegend »von Gott gemacht als eine Art Prüfung«. Mora erinnert sich, nach eigenen Angaben, ihrer seltsamen Kindheit in der Nähe des Neusiedler Sees, ihres winzigen Dorfes und seiner einsilbigen Menschen: »Ich habe dort eins gelernt: dass die Welt absurd ist und dass das völlig normal ist.«

Thomas Kraft

Werke: *Das Alibi,* Drehb., ZDF 1999; *Seltsame Materie,* En., Reinbek 1999; *Péter Esterházy: Harmonia Caelestis,* Übs., Bln. 2001; *István Örkény: Minutennovellen,* Übs., Ffm. 2002.

Morgner, Irmtraud, wurde am 22. 8. 1933 in Chemnitz als Tochter eines Lokomotivführers geboren. Sie studierte von 1952 bis 1956 in Leipzig Germanistik, arbeitete dann bis 1958 als Redaktionsassistentin bei der Zeitschrift »Neue Deutsche Literatur«; seit 1958 lebte sie als freie Schriftstellerin in Ost-Berlin. Sie war verheiratet mit dem Lyriker Paul Wiens (der nach der Wende als langjähriger Stasi-Spitzel in der DDR-Literaturszene enttarnt wurde). Morgner war Mitglied der Ost-Berliner Akademie der Künste. 1975 erhielt sie deren Heinrich-Mann-Preis, 1977 den Nationalpreis der DDR, 1985 die Roswitha-von-Gandersheim-Medaille und 1989 den Kasseler Literaturpreis für grotesken Humor. Sie starb am 6. 5. 1990 in Berlin.
Die literarische Arbeit von Irmtraud Morgner ist grundsätzlich geprägt von der Lust am Erfinden kurioser und absonderlicher Geschichten, von einem entschiedenen Engagement für die faktische Gleichberechtigung von Männern und Frauen in allen Lebensbereichen, von einer genauen Kenntnis konkreter Arbeits- und Produktionsprozesse sowie

vom Sozialismus als Utopie gesellschaftlichen Zusammenlebens. Das klingt widersprüchlich, doch es lässt sich vereinen – und hatte für das Erscheinen ihrer Romane in der DDR fast immer auch literaturpolitische Konsequenzen.

Noch ganz auf der Linie kulturpolitischer Verordnungen der DDR (»Bitterfelder Weg«) hatte Irmtraud Morgner 1959 mit der Erzählung *Das Signal steht auf Fahrt* ihre literarische Karriere begonnen (und sich später peinlich berührt von diesem in ihren Augen a-literarischen Anfang distanziert). Gleich ihr erster, erkennbar mit übermütig selbstbewusstem Schwung geschriebener Roman jedoch, *Rumba auf einen Herbst* (1966), wurde noch vor Erscheinen von den kulturpolitischen Instanzen verboten. In den Hochzeiten des Kalten Krieges wollten die DDR-Behörden keinen Roman veröffentlicht sehen, in dem auf durchaus nicht durchgängig realistische Weise Geschichten von Menschen erzählt wurden, die im Zeichen der atomaren Bedrohung lebten, ihr Leben aber (und womöglich nicht zuletzt aufgrund der sich ankündigenden Katastophe) unter den »westlichen« Rhythmen von Rumba und Twist nach fantastischen und utopischen Idealen, Vorstellungen und Wünschen ausrichteten. Witzig und ironisch übte Morgner Kritik an der inneren Verkarstung der politischen Organisationen in der DDR. Auch der Anspruch schließlich, Frauen als Menschen behandelt sehen zu wollen, konnte den subtil immer mit angegriffenen Kultur-Funktionären nicht zur Freude gereichen. Ausgedehnte Passagen des verbotenen Romans, der komplett und eigenständig erst 1992 publiziert wurde, fanden sich indes später eingearbeitet in Morgners Roman von der *Trobadora Beatriz* (1974): ein innerliterarisches Palimpsest, Kassiber im eigenen Werk.

Mit ihrem zweiten Roman *Hochzeit in Konstantinopel* (1968), der von ganz ähnlichen Themen- und Figuren-Konstellationen lebt, hatte Morgner es da leichter: Hier fahren die unverheirateten Liebenden Paul und Bele in ein jugoslawisches Touristenzentrum, machen Erfahrungen, lernen einander und die Umgebung kennen. Bele erzählt ihrem Paul jeden Abend eine fantastische Geschichte, sie imitiert Scheherazade und bezieht sich auf den DDR-Alltag: Da kauft sich eine einen Tretroller und schockiert ihre Umwelt, da fährt eine in einem Bett über die Spree. Gleichzeitig werden die Möglichkeiten einer engeren Beziehung erprobt. Alles aber bleibt im Ungewissen. In dem Roman *Die wundersamen Reisen Gustav des Weltfahrers* (1972) wird mit literarischer Meisterschaft die Form des arabischen Märchens von Sindbad dem Seefahrer übernommen und parodiert. Ganz offensichtlich ist Gustav, der von fernen Abenteuern unter Wilden und fremden Sternen berichtet, mehr einem Münchhausen als einem Sindbad verwandt. Er erzählt das in jeder Beziehung Unglaubliche dem Schrofelfahrer, also Müllfahrer Gustav, dem Namensvetter, den er auf diese Weise an seiner fantastischen Welt teilnehmen lässt. Die literarische Imagination besiegt auch hier den Alltag.

Irmtraud Morgners wichtigstes Buch trägt den barocken Titel *Leben und Abenteuer der Trobadora Beatriz nach Zeugnissen ihrer Spielfrau Laura* (1974) – ein Roman in »dreizehn Büchern und sieben Intermezzos«. Beatriz, eine mittelalterliche Troubadorin, wird durch ein Dornröschen-Wunder aus einem tiefen Schlaf geweckt und wandert durch die moderne Welt, in der sie nach emanzipierten Frauen sucht. Der Zufall verschlägt sie in die DDR, von der sie sehr viel erwartet. Sie bringt eine Zauberwelt mit sich, sodass plötzlich Straßenbahnführerinnen sich mit einer Wirklichkeit konfrontiert sehen, in der es die Märchengestalt Melusine gibt. Das Tier der Sage, das Einhorn, wird Symbol und gleichzeitig Ziel einer entschiedenen Jagd. Irmtraud Morgners Verwendung von Märchenmotiven hat niemals mystifizierenden, sondern immer aufklärerischen Charakter. Es geht um menschliche Beziehungen, um die Schwierigkeiten zwischen Mann und Frau – auch und gerade in der Erotik. Auch die Spannungen zwischen den Generationen sowie die Arbeitswelt sind ein Thema: Morgner kann neben der Welt der Gespenster die Wirklichkeit eines Lokomotivführers schildern, der »seine« Strecke zum letzten Mal vor seiner Pensionierung fährt. Wie fast alle Autoren, die sich der Vielfalt des Manierismus verschrieben haben, ist auch Irmtraud Morgner immer davon bedroht, dass ihre Einbildungskraft die Gesetze der literarischen Ökonomie verletzt und den Leser ermüdet; doch bleibt ihre spezifische Mischung aus Amüsement, Engagement und Belehrung letztlich in jedem Fall anziehend.

Die fantastischen Elemente werden wieder aufgenommen in *Amanda. Ein Hexenroman* (1983), wobei sich die feministische Tendenz nun mit einem genuinen Lustprinzip verbindet. In diesem umfangreichen Roman überschreitet Irmtraud Morgner wieder alle Grenzen der Wirklichkeit, lässt die ehemalige Trobadora Beatriz nach ihrem Fenstersturz zum zweiten Mal auferstehen, diesmal in Berlin, und stellt sie als orakelndes Zwitterwesen, als Sirene, in eine von Figuren und Schauplätzen schier aus den Nähten platzende barocke Szenerie kurz vor dem Atom-Exitus. Üppig verziert mit literarisch-philosophischen Textzitaten und alchimistischen Rezepturen präsentiert sich hier trotzdem ein Text, in dem ein erfrischend kritischer Blick auf die Schattenseiten ost- und westdeutscher Lebensrealität geworfen wird. Bei allen ironisch-boshaften Seitenhieben auf die patriarchalische Gesellschaft gipfelt die Standortbestimmung aus »historischer Distanz« in einer an die ganze Menschheit gerichteten, noch konjunktivisch formulierten Utopie: »Erstmals in der Menschheitsgeschichte käme ein Gefühl für weltweite Menschenabhängigkeit auf, von Schicksalsabhängigkeit, von globaler Verantwortung. Erstmals würde geahnt, dass es ein gemeinsames menschliches Interesse gibt, das größer ist als alle trennenden weltanschaulichen und ökonomischen Interessen: das Überlebensinteresse.« Für Irmtraud Morgner bilden die Frauen die Hoffnungsträger für die Zukunft; sie selbst versteht sich als »Feministin im Sinne von Marx«. In dem aus Gesprächsmitschnitten bei einer Lesung in Solothurn montierten Dokumentationsband *Die Hexe im Landhaus* (1984) macht Irmtraud Morgner deutlich, dass »wir möglichst viel von dem brauchen, was uns von der Natur gegeben ist, was im weitesten Sinne das Poetische im Menschen ist«.

Erst aus dem Nachlass wurde, wie erwähnt, 1992 der Roman *Rumba auf einen Herbst* publiziert sowie im Jahr zuvor die Erzählung *Der Schöne und das Tier* (1991), die amüsant von der Umkehrung der Geschlechterrollen fabuliert: Männer finden hier Vergnügen daran, sich feminin zu verschönern, während die Frau sich als »Patriarchen« inszeniert – die präfabrizierte Geschlechterordnung gerät aus den Fugen, die Geschlechter passen aber so schließlich gerade gut zueinander. Diese Erzählung, wie auch etliche andere späte Arbeiten, die 1998 unter dem Titel *Das heroische Testament* erschienen, ist Fragment geblieben, die schwer kranke Irmtraud Morgner konnte sie nicht mehr zu Ende führen. Gern hätte man gewiss mehr von dem groß angelegten Roman *Der Mann aus der Rippe* gelesen, der nach *Trobadora* und *Amanda* den dritten Teil der so genannten Salman-Trilogie hätte bilden sollen. Als wenig diskreter Einblick in Morgners zunehmend beklemmende Kranken- und die ihr vorausgehende Familiengeschichte hingegen erscheinen die von der Autorin offenkundig nicht zur Veröffentlichung bestimmten Aufzeichnungen während ihrer Krankenhaus-Aufenthalte.

Irmtraud Morgners euphorisch-utopische Sozialismus-Vorstellung wie auch ihr noch in der fantastischen Umkehrung von den tradierten Zuschreibungen bestimmtes Geschlechterbild sind heute bereits deutlich von historischer Patina überzogen. Ihre Lust am Fantastischen hingegen, ihre stupende Musikalität in der literarischen Formierung ihrer Fantasien, nicht zuletzt aber der kompromisslose, zunehmend bittere Witz ihrer Romane machen Morgner zu einer (immer system-, selten hingegen linientreuen) Abweichlerin vom Mainstream der DDR-Prosa, deren beste Romane gute Aussicht haben, das untergegangene politische Reich um einiges zu überdauern.

Elisabeth Endres/Frauke Meyer-Gosau

Werke: *Das Signal steht auf Fahrt*, E., Ost-Bln. 1959; *Ein Haus am Rand der Stadt*, R., Ost-Bln. 1962; *Hochzeit in Konstantinopel*, R., Ost-Bln. 1968; *Gauklerlegende. Eine Spielfraungeschichte*, Ost-Bln. 1970; *Die wundersamen Reisen Gustav des Weltfahrers. Lügenhafter Roman mit Kommentaren*, Ost-Bln. 1972; *Leben und Abenteuer der Trobadora Beatriz nach Zeugnissen ihrer Spielfrau Laura. Roman in dreizehn Büchern und sieben Intermezzos*, Ost-Bln. 1974; *Amanda. Ein Hexenroman*, Ost-Bln. 1983; *Die Hexe im Landhaus. Gespräch in Solothurn*, m. Beitr. v. Erica Pedretti, Zür. 1984; *Der Schöne und das Tier. Eine Liebesgeschichte*, Ffm. 1991; *Irmtraud Morgners hexische Wallfahrt. Eine Zeitmontage*, 1991; *Rumba auf einen Herbst*, R., Hbg., Zürich 1992; *Das heroische Testament. Ein Roman in Fragmenten*, Mü. 1998.

Morsbach, Petra, wurde am 1. 6. 1956 in Zürich geboren und wuchs in der Nähe von München auf. Nach dem Abitur studierte sie an der Münchner Ludwig-Maximilians-Universität von 1975 bis 1981 Slawistik, Theaterwissenschaften und Psychologie. Seit 1978 besuchte sie immer wieder die Sowjetunion zu Studienzwecken, von 1982 bis 1983 war sie als Austauschwissenschaftlerin am Leningrader Insitut für Theater, Musik und Kinematografie. 1983 promovierte sie mit einer Arbeit über Isaak Babel. Zwischen 1983 und 1993 arbeitete sie als Regieassistentin, Dramaturgin und freie Regisseurin in Freiburg, Ulm, Bonn, Eisenach, Leipzig, Schwerin und Bruchsal. 1991 begann sie mit der Arbeit an ihrem ersten Roman. Heute lebt sie als freie Schriftstellerin in Pöcking am Starnberger See. Petra Morsbach erhielt 2001 den Marieluise-Fleißer-Preis der Stadt Ingolstadt.

Ihr Debütroman *Plötzlich ist es Abend* (1995) ist geprägt von der engen persönlichen Beziehung Petra Morsbachs zu Russland, die ihre Wurzeln in dem Schlüsselerlebnis hat, als die Fünfzehnjährige zum ersten Mal Modest Mussorgskis Oper *Boris Godunow* hörte. Mit der Geschichte der Russin Ljusja, ihren Männern und ihrem täglichen Kampf ums Überleben porträtiert der Roman russische Wirklichkeit und sowjetischen Alltag im 20. Jahrhundert. Auch wenn die eigentliche erzählte Zeit den Raum zwischen 1950 und den Neunzigerjahren umfasst, greift das Buch weiter zurück. Der realistisch geschriebene Roman mit seiner Verschränkung von privatem Leben und großer Politik präsentiert sich als Gegenentwurf zu postmoderner Selbstreferenz und der so genannten Krise des Erzählens. Das breit angelegte Epos wurde zum Erfolg bei Lesern und Kritikern, die wiederholt Verbindungen zum russischen Roman des 19. und 20. Jahrhunderts herstellten. Schon in ihrem Erstling sind einige für Petra Morsbachs Erzählen typische Charakteristika erkennbar: der Rückgriff auf eigene Erfahrungen; die Konstruktion weiter erzählerischer Bögen aus einem Patchwork von Episoden und Anekdoten (der narrative Sog in *Plötzlich ist es Abend* entsteht aus 451, zum Teil nur wenige Zeilen langen Kapiteln); ein großes, kaum zu überschauendes Figurenarsenal; schließlich die völlig unprätentiöse, lakonische, unmittelbare Sprache – das Buch ist durchgängig im Präsens erzählt.

Auf ihre zehn Jahre andauerende Tätigkeit an verschiedenen Theatern geht der *Opernroman* (1998) zurück, der sich des Musters des Theater- oder Künstlerromans nur scheinbar bedient. Das nach dem Vorbild eines Fünfakters mit Vorrede und Epilog gebaute Buch verwendet das Genrevorbild nur als Hohlform, um vom Alltag hinter den Kulissen des Neustädter Theaters, eines fiktiven Drei-Sparten-Hauses in der Provinz, zu berichten. Es geht nicht um ästhetische Diskurse, sondern vielmehr um die Schilderung der Bühne als Ort der Normalität, der Intrigen, der Eifersucht, des Ehrgeizes und der persönlichen Niederlagen. Der Korrepetitor Jan und die Regieassistentin Babs sind weniger Hauptfiguren als vielmehr Klammern der Handlung. Im Mittelpunkt steht das Ensemble, das Morsbach zu einem erzählerischen Prinzip macht. Aus den über 50 Personen rücken Einzelne nur für kurze Zeit in den Fokus der Erzählung, um dann wieder im Kollektiv zu verschwinden. Auch hier ist die Authentizität wieder durch eigene Erfahrung verbürgt, wobei die Autorin bewusst Klischees einsetzt und sich – gerade im episodenhaften Erzählen – einiger Stilmittel der »soap opera« bedient.

Obwohl sie in ihrem dritten Buch *Geschichte mit Pferden* (2001) mit dem Tagebuchroman wieder eine andere Erzählform wählt, knüpft sie an den *Opernroman* an, indem sie einen Mikrokosmos der menschlichen Schwächen als im Grunde triviale Geschichte erzählt. Die Hauptfigur Nele Hassel, eine Köchin, die ihre letzten Arbeitsjahre auf einem Pferdehof verbringt, erinnert stark an Ljusja. Beide haben auf der Suche nach dem Glück immer die falschen Entscheidungen getroffen und sind an die falschen Männer geraten. Nele ist in ihrem Tagebuch die genaue, lebenskluge Beobachterin der Ereignisse auf dem Hof von Hemjö Crove. Der hat sich vom armen Kind eines Alkoholikers zum Besitzer des großen Hofes hochgearbeitet, ein Diktator und Charmeur, der mit Pferden wie mit Menschen gleichermaßen gut umgehen kann, aber seine Angestellten ausbeutet und seine Gäste betrügt. In Gier, Unverschämtheit und Verlogenheit wird er nur von seiner viel jüngeren Frau Gesine übertroffen. Auf einer zweiten Erzählebene reflektiert Nele ihr Leben, vor allem ihre unglückliche Ehe mit einem verarmten, schließlich zur Selbstzerstörung neigenden schlesischen Adeligen. Mit Nele und der glänzend gezeichneten Gesine bildet Petra Morsbach erneut gesellschaftliche Prozesse in Figuren und ihrem privaten Leben ab. Steht die eine für das Frauenbild der bundesrepublikanischen Aufbaugeneration und ihrer Werte, ist die andere ein Geschöpf der Spaßgesellschaft und ihrer zynischen Ablehnung jeglicher Moral. Während die Sprache des *Opernromans* (1998) eine mitunter jede stilistische Individualität verweigernde Eigenschaftslosigkeit aufweist und so Handlung und Figuren zuweilen verwischen, ist die *Geschichte mit Pferden* (2001) prägnanter und pointierter erzählt. Das Vorhandensein einer zentralen Figur wie im Erstlingsroman vereinfacht die sprachliche Integration von Leichtigkeit und großem Ernst.

Berndt Herrmann

Werke: *Albumblätter,* Drehb., ZDF 1993; *Plötzlich ist es Abend,* R., Ffm. 1995; *Das Bildnis des Dorian G.,* Musical-Libretto, Pullach 1996; *Opernroman,* R., Ffm. 1998; *Geschichte mit Pferden,* R., Ffm. 2001.

Morshäuser, Bodo, wurde am 28. 2. 1953 in Berlin geboren. Ab 1975 veröffentlichte er Artikel in Berliner Stadtzeitschriften und Gedichte in Anthologien und begann freiberuflich für den Hörfunk als Autor, Regisseur und Moderator zu arbeiten. Zwischen 1979 und 1983 intensivierte sich die Radioarbeit, gleichzeitig begann er, Prosa zu schreiben. Morshäuser lebt in Berlin. 1983 erhielt er das Ernst-

Willner-Stipendium des Ingeborg-Bachmann-Wettbewerbes in Klagenfurt und 1984 den Bremer Literatur-Förderpreis.

Das Metier der Erzähler in Morshäusers ersten Bänden ist das »weite alltägliche Feld der Simulation«. Wenn man die unter dem Titel *Alle Tage* (1979) versammelten Gedichte noch als Fingerübung bezeichnen darf, erweist sich Morshäuser in den folgenden Erzählbänden als Teil einer jungen, »in Geschichten gefangenen« Generation und als genauer »Betrachter und Ort des Geschehens« zugleich, an dem »die Jahre vorüberhuschten ohne größere Bewegung«. Seine Figuren stellen Fragen nach der Verfremdung der Wirklichkeit durch Politik und Medien. Überall stoßen sie auf manipulative Strategien, auf geschickte, politischen oder privaten Interessen dienende Umformungen, auf Simulation, die gezielt benutzt und toleriert wird, »weil wir belogen werden wollen, lückenlos und ohne Brücke«.

Kopien statt Orginale, Zitate von Zitaten, Klischee statt Wahrnehmung, Fiktion statt Realität – Krankheitssymptome einer Gesellschaft, beobachtet und vorgeführt am Modellfall Berlin. Denn »hier werden die Verhältnisse kurz vor ihrem Eintritt schon einmal vorgespielt. Berlin ist eine Bühne, der Orchestergraben im Schnitt 200 km breit. Hier kommt man nicht zufällig durch, hier fährt man hin. Von außen schaut man auf diese ausgehaltene Halbstadt und ihre subventionierte Unruhe mit derselben prospektiven Teilnahme, mit der man simulierte Verkehrsunfälle auf dem Bildschirm betrachtet.« In der Erzählung *Die Berliner Simulation* (1983) wird vor dem Hintergrund der Berliner Straßenkämpfe und Hausbesetzungen des Jahres 1981 die Begegnung des Erzählers mit der jungen Engländerin Sally geschildert, eine Begegnung, die nur auf den ersten Blick wie eine Liebesgeschichte anmutet. Ein nächtliches Treffen voll zärtlicher Rituale, atemlos intensiv, aber auch seltsam unwirklich und momenthaft. Liebe ist es nicht, der Erzähler gesteht: »Ich sehne mich nach einem Zustand, den sie mir verspricht.« Die konkrete Begegnung wird, in all ihrer realen Provokation, zur poetischen Projektion. Große Liebende der Weltliteratur werden bemüht, um wirkliche Gefühle zur literarischen Fiktion zu stilisieren. Die Gefühlskrise des Erzählers, verstärkt durch die jeweils passende Musik (»Mondscheinsonate« oder Punk) und durch den adäquaten Grauton des Berliner Wetters, nährt sich aus der lethargischen Grundstimmung einer No-Future-Generation. Ernüchtert von der »repressiven Toleranz« politischer Praxis fällt die Bestimmung des eigenen Standpunktes schwer. »Der ganze schöne Optimismus ist raus.« So erklärt sich der Rückzug ins Private, erklären sich auch die nächtlichen Streifzüge des »outcasts« durch das bizarre Nachtleben der »Ghosttown« Berlin auf der Suche nach der verschwundenen Sally. Sally als der gelebte, reale Entwurf; in der bewussten Selbsttäuschung des Erzählers erscheint sie als konkretes Fantasieobjekt, die Sehnsucht nach ihr und die Empfindungen für sie und ihre Vorgängerin Gina sind simuliert. »Ich interessiere mich für sie auch nur noch als Teil von mir.« Dieses Defizit des Erzählers an eigenen Gefühlsausdrücken zwingt ihn in die Rolle des nachdenklichen Voyeurs, der, inmitten des Geschehens sich bewegend, seine subjektiven Eindrücke sammelt und sie wie Filmspots aneinander reiht. »Man erkennt sich so schwer. Einfacher ist es, Dinge zu erkennen.« Erinnerungen an Filme überlagern eigene Erlebnisse, und die Musicbox liefert dazu die passende Untermalung. Dies ist der »gebärende wie tötende Vorgang des Projizierens«. Der Erzähler durchschaut durchaus die Manipulationspraktiken von Politik und Medien zum Zweck der Machtstabilisierung: »Ich sehe das Modell eines Fernsehbeitrages über das Modell einer Demonstration. Was wirklich ist, rutscht, wie üblich, hinten weg, und in der Hauptsache wird das gesagt, was an anderer Stelle auch schon gesagt worden ist. (…) Nicht die Ereignisse, sondern die Modelle werden wiederholt. (…) In diesen Modellen sollen wir bleiben wie in einem Hamsterrad, denn in ihnen bleibt nichts wirklich, nur die Simulation.« Alles wirkt schematisch und in gegenseitiger Abstimmung eingeübt. Unkontrollierte Provokationen werden auf das handhabbare Maß »politischer Logik« zurechtgestutzt. Und wenn die Hauptfiguren der Erzählung in einem finalen Akt in Anlehnung an die Brandanschläge der Baader-Meinhof-Gruppe ein Kaufhaus unter Wasser setzen, so spiegelt sich darin vielleicht schon die resignativ-hedonistische Haltung einer im Grunde apolitischen Generation, deren Selbstverständnis durch die Internalisierung vorgefertigter Bilder von fremder Hand bestimmt wird.

In der Erzählung *Blende* (1985) hat sich die Lage in Berlin verschärft. Ein ehemaliger Radio-Diskjockey, der in Berlin einen Koffer mit Drogen schnell zu Geld machen will, findet nach mehrjährigem Auslandsaufenthalt eine veränderte, ihm völlig fremde Stadt vor. Ein perfektes Überwachungssystem mit Videokameras und Sicherheitspolizei kontrolliert das soziale Leben in der Stadt, die mit einem futuristischen Geflecht von Tunneln, Rolltreppen und fließbandartigen Beförderungssystemen die kalte Atmosphäre eines überdimensionalen Bunkers vermittelt. Überall Zeichen von Zerstörung, Krater, Einschusslöcher, eine obskure Stadtguerillatruppe namens »Kinderkampf«, dunkle Straßen mit Luxusgeschäften, die Menschen erscheinen als programmierte Werbelitfaßsäulen, die im Kaufrausch ihre Sorgen kompensieren, kriegsähnliche Szenen im Verkehrsgewühl. Eine unheimliche Bedrohung geht von dieser Stadt aus, in der »schneller gestorben (wird), als getrauert werden kann«. Die meisten Menschen sind angepasst, genormt, »sie gehen gemessene Schritte, sie kennen das Maß, sie sind die Spezialisten des Normalen«. Der Erzähler beleuchtet diese groteske Szenerie mit filmartigen Spots, operiert karg und sparsam mit Blenden, stellt das Objektiv schärfer und schneidet hart und präzise: »Ich verstehe mich jetzt als Kamera und mache einen Schwenk über die Ränder.« Aber dieses Verfahren, muss er erfahren, funktioniert nur noch begrenzt. War es in der *Berliner Simulation* noch Orientierungshilfe, so »rutscht (jetzt) das Bild aus dem Rahmen«, die Perspektiven, die Dimensionen verschwimmen, »die Bilder stürzen ineinander«. Die Manipulation ist perfekt, der Mensch sein eigenes Abziehbild, Protest und Widerstand gebrochen und wirkungslos im Ritual, die Natur hat kapituliert. »Im März sah es schon wie im Oktober aus.« Der Erzähler wickelt sein Geschäft ab und verlässt Berlin fluchtartig Richtung Italien mit der Hoffnung auf privates Glück.

Aber auch diese letzte Utopie wird in der 1987 veröffentlichten Erzählung *Nervöse Leser* entzaubert. In dieser Dreiecksgeschichte sind alle Beteiligten auf der Suche nach der großen, unerreichbaren Liebe. Alle Ansätze scheitern an der Selbstbezogenheit der Protagonisten – »Jeder ist ein hübscher Kreis« –, am vorgeformten Misstrauen, am platten Kalkül, an der sozialen Kontrolle innerhalb der Stadt. Alle drei bespitzeln einander, stellen Fallen auf und entwerfen Taktiken. Die Unkonventionalität der in den Siebzigerjahren propagierten freien Liebe und Sexualität stößt an ihre Grenzen, Eifersucht und Angst erschweren jede behutsame Annäherung. Eine verunsicherte Generation scheint ihr kreatives Potenzial verbraucht zu haben, ist nervös geworden, kann ihre wahren Ziele und Wünsche nicht benennen. Die Stadt ist dabei Hindernis und Katalysator zugleich. Sie ist »voller Zombies, Parasiten, Lügner ohne Not und Aufschneider ohne Schnitt«, eines der »Zentren der Verlogenheit«, aber auch »die Härte, die wir brauchen«. Sie ist das Labyrinth, in dem »nervöse Leser« verzweifelt und unfähig dem Phantom Liebe nachstellen.

Revolver (1988), der letzte Band dieser Themenfolge, illustriert die Berliner Szene mit ihrer Vielzahl von Subkulturen, in der der Erzähler sich zum nihilistischen »Nichtstuer und Mitwisser« entwickelt hat. Die Zelebration von Lebenslust und Coolness erweist sich als Bluff und Inszenierung, es ist die Zeit der Coverversionen und Remakes, denn »eine Kopie ist keine Kopie, da jedes Original eine Kopie ist«. Reizüberflutung und Kommerzialisierung aller Lebensbereiche, auch der Kunst, kennzeichnen eine Zeit, »in der seit Jahren die Zugabe läuft«. Der Erzähler ist enttäuscht von der Wirkungslosigkeit politischen Engagements und muss feststellen, dass auch die Utopien, zu denen Hollywood, Rockmusik und Drogen die entsprechenden Traumbilder liefern, hohl sind. Die Unfähigkeit des Erzählers, privates Glück zu erlangen, lässt ihm nur noch den Weg in die selbst gewählte Isolation offen, in die einsame Existenz des Kunstschaffenden. Zwiespältig und durchaus selbstkritisch beurteilt der Erzähler auch diese letzte Alternative, aber als »hoffnungsloser« Romantiker akzeptiert er die traurige Einsicht, »in jeder Sekunde das Ganze (zu wollen), doch lebenslang nur Teilstücke« zu erhalten.

Anfang der Neunzigerjahre wandte sich Morshäuser den Themen Rechtsradikalismus und Wiedervereinigung zu. Im Essayband *Hauptsache Deutsch* (1992) berichtet er, ausgehend von einer Milieustudie am Beispiel der norddeutschen Kleinstadt Kellinghusen, von seinen Erfahrungen mit der deutschen rechtsradikalen Szene, speziell mit Skinheads, die in *Warten auf den Führer* (1993) noch differenzierter diskutiert werden. In Gesprächen und Essays bringt Morshäuser darin seine Verärgerung zum Ausdruck, wie die deutsche Öffentlichkeit, vor allem die Intellektuellen und hier wiederum die Alt-68er, mit dem Phänomen der »Neuen Rechten« umgeht. Er kritisiert einen verlogenen Betroffenheitskult und eine Doppelmoral, die in einen »Extremismus der Mitte« mündeten. Man erhebe sich zum besseren Deutschen, der den politischen Gegner nur diffamiere. Allerdings macht Morshäuser ähnliche Fehler, wenn er im Vorwort von »Rechtsextremen und anderen Irren« spricht. Der produktivste Gedanke liegt im Hinweis auf die der Moderne schon immer inhärente Gegenmoderne, die – entdämonisiert – als antagonistische und korrektive Strömung innerhalb einer pluralistischen Gesellschaft ausgehalten werden

kann, solange die Gewaltbereitschaft kontrolliert wird.
Im Sommer 1991 spielt die bizarre Liebesgeschichte in *Der weiße Wannsee* (1993) zwischen einem Ich-Erzähler und seiner Freundin, ein zärtlich-gewalttätiges Ritual im »Jahr der Abrechnung« in der ehemals geteilten Stadt. Kindheit, Freundschaft, Beziehung – all dies wird sortiert und neu bewertet, bis hin zum diffizilen Prozess der Annäherung zwischen Ost und West. Während hier am Ende nur blaue Flecken die Oberarme zieren, steht im nächsten Roman von Anfang an fest, dass es am Ende einen Toten geben wird. *Tod in New York City* (1995) erzählt von der Romanze des Berliner »Hate-Crime«-Spezialisten Simon Gruber mit der Inderin Joy während eines Kongresses in Toronto. Letztlich geht es um Schuld und Gewissen, Unterlassung und Zivilcourage. Gruber hatte in der Vergangenheit schon mehrfach versagt, als andere Hilfe benötigten. Als er nun mit Joy ausgeht, beobachtet er Vorgänge, die zu jenen »hate-crimes« führen, die er bekämpft. Doch Gruber bleibt untätig, ein Egomane und Lethargiker, vielleicht ein Phänotyp des modernen Menschen.
Das Thema 1968 und die Folgen hat in den letzten Jahren zu heftigen Kontroversen geführt. Auch Bodo Morshäuser wendet sich in seinem Roman *In seinen Armen das Kind* (2002) diesen Phänomenen zu, aber weniger aus der Perspektive des sentimentalen Veteranen, sondern als neugierig Fragender. Morshäuser wählt die Figur eines Erzählers, der sich über viele Jahre hinweg mit einem Bekannten trifft und von diesem die Geschichte des Romans erzählt bekommt. Diese Konstellation ist mit Bedacht und klug gewählt, denn sie erlaubt den erhellenden Wechsel von direkter Erzählhaltung zu distanzierteren Perspektiven. So ist dieser Roman auch eine Mischform aus Thriller und Kommentar, Lebensbericht und Generationenporträt. Das funktioniert über weite Strecken recht gut, ergibt manchen Spannungsbogen und ermöglicht die Auffächerung eines breit angelegten Zeitpanoramas. Die Geschichte des drogensüchtigen Schauspielers Maik Steiner, der seinen einer flüchtigen Beziehung entsprungenen Sohn sucht und dabei mit kriminellen Sekten und Landkommunen im Fränkischen konfrontiert wird, führt anfangs detailfreudig in Berliner Szenekneipen, Dealerwohnungen und Meditationstreffpunkte. Maiks Freundin Vera verschwindet mit dem gemeinsamen Sohn aus Berlin und wendet sich zwielichtigen Leuten zu, die wie Gurus Hof halten und Zentren wie das »Institut der experimentellen Erfahrung« betreiben. Maik entdeckt auf seiner jahrelangen Recherche, dass hinter der Fassade des »anderen Lebens« Ausbeutung, Kinderprostitution, Inzest und Gehirnwäsche stecken. Anleihen an bekannte Sekten wie die des Österreichers Otto Mühl und der amerikanischen Davidianer sind unverkennbar. Die Kriminalisierung und Zerstörung individueller Lebensentwürfe steht im Fokus des Romans, der den Konnex mit der Zeitgeschichte nicht auf gesamtgesellschaftlicher Ebene, sondern nur im Erlebnisraum der Figuren herstellt. Und doch bleibt gerade eine zentrale Figur wie Vera, deren Handeln immerhin den Anschub des Erzählens auslöst, seltsam blass und unwirklich. Vielleicht liegt das daran, dass sich der Erzähler viel Zeit für das Beschreiben von Orten und Nebensächlichkeiten nimmt, diese Details aber nur bedingt für die Erhellung von Motiven und Zusammenhängen einsetzt. Das könnte natürlich auch Absicht sein, wie der Schlussstrich unter eine Zeit voller Irrtümer, falscher Heilsbringer und leerer Versprechungen.

Thomas Kraft

Werke: *Die Ungeduld auf dem Papier und andere Lebenszeichen*, Hg., zus. m. J. Wellbrock, Bln. 1978; *Alle Tage*, G., Bln. 1979; *Die Berliner Simulation*, E., Ffm. 1983; *Thank you good night*, Hg., Ffm. 1985; *Nur die Liebe*, Hsp., SWF 1985; *Blende*, E., Ffm. 1985; *Flugzeuggespräch*, Hsp., SWF/RIAS 1985; *Spätes Aufwachen*, Hsp., SWF 1985; *Mit 30 wechselst du den Regenmantel*, Hsp., SFB 1986; *Die Spur des Trockenrads*, Hsp., SWF 1996; *Nervöse Leser*, E., Ffm. 1987; *Revolver*, En., Ffm. 1988; *Der Verfolger*, Hsp., SWF/WDR 1989; *Schnappschuß einer Trennung*, Hsp., SFB 1990; *Die letzten Tage West-Berlins*, Hsp., RIAS 1991; *Wewald und Weiß: ätzend*, Hsp., SFB 1992; *Hauptsache Deutsch*, Ffm. 1992; *Warten auf den Führer*, Ffm. 1993; *Der weiße Wannsee. Ein Rausch*, Ffm. 1993; *Gezielte Blicke*, Bln. 1995; *Tod in New York City*, R., Ffm. 1995; *Liebeserklärung an eine häßliche Stadt. Berliner Gefühle*, m. Fotos v. Unda Hörner, Ffm. 1998; *In seinen Armen das Kind*, R., Ffm. 2002.

Mosebach, Martin, wurde am 31. 7. 1951 in Frankfurt am Main geboren. 1979 schloss er sein Jurastudium mit dem zweiten Staatsexamen ab. Seit 1980 lebt er in Frankfurt am Main als freier Schriftsteller. Er wurde 1980 mit dem Förderpreis der Jürgen-Ponto-Stiftung, 1999 mit dem Heimito-von-Doderer-Preis und 2002 mit dem Heinrich-von-Kleist-Preis ausgezeichnet.
Sein erster Roman, *Das Bett* (1983), fand überaus wohlwollende Aufnahme wegen der präzisen Charakterzeichnung und der pointierten Sprache.

Erzählt wird die Geschichte eines deutsch-jüdischen Fabrikantensohns, der nach Kriegsende von New York nach Frankfurt zurückkehrt und wie gebannt und zeitverloren als Ausdruck kindlicher Regression in die Arme bzw. das Bett seiner ehemaligen Amme flüchtet. Anschließend lässt er sich auf verschiedene Amouren ein, ohne dabei die Kraft wiederzufinden, zum Kern echter Gefühle vordringen zu können, und wird so zum Sinnbild verlorenen Lebens und tragischer deutscher Geschichte. Der Roman *Westend* (1992) ist noch stärker dem Frankfurter Milieu verbunden, mit dem Mosebach wohl eine Art Hassliebe verbindet: Geschäftliche Erfolge und Misserfolge eines Frankfurter Immobilienimperiums in den Nachkriegsjahren entrollen sich in wahrhaft epischer Breite zu einem Bild der gegenwärtigen deutschen Gesellschaft. Das Buch ist ein Zeitroman Gutzkowscher Prägung wie auch eine opulente Familiensaga. Wie kaum ein anderer Gegenwartsautor steht er jenseits des literarischen Zeitgeistes und scheint eher dem 19. Jahrhundert verpflichtet; Mosebach hat eine begeisterte Leser- und Kritikergemeinde gefunden, die seine sprachliche Perfektion als Leseerlebnis und zur Bewahrung des Guten und Schönen in schwierigen Zeiten goutiert. So kürte ihn die Zeitschrift »Deutsche Sprachwelt« zum »Sprachstilwahrer des Jahres 2002«, aber es gibt auch andere Stimmen, die altfränkisch-epigonale Züge in seinem Erzählwerk sehen wollen.
In dem 1999 erschienenen Roman *Die Türkin* lernt ein Kunsthistoriker, ein trockener Akademikertyp, gerade in dem Moment eine junge Türkin kennen, in dem er in New York bei einem bekannten Antiquar Karriere machen soll und bereits dabei ist, seine Wohnung aufzulösen. Er verliert sich völlig an die faszinierende junge Frau, und für den im Innersten verunsicherten Helden – eine ganz typische Figur im Mosebachschen Erzählkosmos – stellt sich die gesamte Lebenssituation plötzlich neu dar. Er folgt ihr, die von ihrem Onkel unverzüglich in die sichere Heimat eskortiert wird, in die Türkei und erlebt in der als archaisches Märchenland geschilderten Landschaft Lykiens Brauchtum und Rituale einer fremden Welt. Mosebach bedient sich hier der Stilmittel eines magischen Realismus, wenn er Bilder fast klassisch-antiken Lebens malt. Zum Schluss hat der Held eine notwendige Bereicherung seines Lebens erfahren, selbst wenn er seine Geliebte an einen Einheimischen verliert. 2000 folgte der Frankfurter Großstadtroman *Eine lange Nacht*, dessen ähnlich gearteter Held mit unsicherem Schritt auf dem Weg der Selbstfindung durchs Leben taumelt: Er fällt durchs Juraexamen, scheitert als Kunsthändler, hat dann aber Erfolg als Textilimporteur. Er beginnt eine Affäre mit seiner verheirateten Sekretärin. Der Roman strotzt nur so von skurrilstem Lokalkolorit, wieder besticht Mosebach durch sein »ut pictura poesis«; Farbe und Farbsymbolik werden neben Ironie und Humor zum Stilmittel poetisch-lyrischer Stimmungen.
In seinem viel gelobten Roman *Der Nebelfürst* (2001), einer für den Autor ungewöhnlich handlungsreichen, wenn auch nicht durchgängig spannungsreichen Hochstaplergeschichte mit Elementen des Schelmen- und Kolportageromans, geht es um einen etwas einfältigen Journalisten und Abenteurer, der im deutschen Kaiserreich der Jahrhundertwende höhere Stellen von der Inbesitznahme der bei Spitzbergen gelegenen arktischen Bären-Insel zu überzeugen versucht. Er reist mit einem abgetakelten Dampfer in die Antarktis, wird aber auf lange Sicht nur das Opfer einer durch und durch intriganten und betrügerischen Femme fatale reiferen Alters, die ihm diese abstrusen Pläne suggeriert hat. Zwischen hoher Politik – der Interessenkonflikt des Deutschen Reiches mit Russland um eine vermeintliche kommerzielle Ausbeutung der Insel zeichnet sich ab – und kuriosen Ideen wie der Nutzung der Insel als Eisbären-Reservoir für den Berliner Zoo schwanken, dem Faible für Luftgeschäfte dieser Belle Epoque gemäß, die Protagonisten des Romans auf unsicherem Grund, immer den Bankrott vor Augen. Wie stets bei Mosebach entfaltet sich ein reicher und bunter Bilderbogen; Mosebach als literarischer Genremaler par excellence brilliert mit Details, feiner Beobachtung, köstlichen Tableaus, unerwarteten Handlungswendungen und reichem Wissensschatz, wenn auch auf Kosten der psychologischen Grundierung der Figuren sowie der Handlungskonsistenz. Hier hat das einzelne schön und delikat gemalte Bild doch Vorrang vor dem Ganzen.
Mosebach ist keineswegs auf die breite epische Form beschränkt. Voll frechem (Reim-)Witz jenseits aller Moral, zwischen Brettllied und Bänkelsang stehend, sind seine »Gedichte« in dem schmalen Band *Das Kissenbuch* (1995). In dem Erzählband *Stillleben mit wildem Tier* (1995) konnte er seinen Hang zum Skurrilen und zum feinsinnig Humor- und Fantasievollen in geschliffenen Miniaturen noch forcierter zum Ausdruck bringen, so in der Titelgeschichte, in der eine Katze in eine neapolitanische Krippenlandschaft springt, um eine ganz und gar lebendige Maus zu fangen, ein Memento mori

der besonderen Art. Das Außergewöhnliche wird so zum Realen. Die Neigung zum Originalitätsheischenden, sein Faible für das Feuerwerk an Einfällen birgt aber die Gefahr der Ermüdung und Erstarrung in sich, die allem Virtuosentum droht, und so lässt der folgende Band *Das Grab der Pulcinellen* (1996) an die krausen, spätmanieristischen Figuren im Park von Bomarzo denken, die selbst aus Fleisch und Blut nicht lebensfähig wären.

Seine mediale Vielseitigkeit hat Mosebach immer wieder als Autor von Hörspielen, als Verfasser von Opernlibretti und Filmdrehbüchern unter Beweis gestellt. In den Essays *Häresie der Formlosigkeit. Die römische Liturgie und ihr Feind* (2002) profiliert er sich als Religionshistoriker. Er sieht in der klassischen lateinischen Liturgie den Ausgangspunkt der europäischen Kunst und bedauert den Verlust der alten römischen Riten, die 1500 Jahre alle Traditionsbrüche und Krisen unverändert überdauert hatten, bis sie scheinbar ohne allen zwingenden Grund in einer Weise reformiert wurden, die das endgültige Auseinanderbrechen von Form und Gehalt der Liturgie befürchten lasse.

Mosebach schrieb auch zahlreiche Beiträge für Kunst- und Ausstellungskataloge sowie für Reisebücher. Seine besondere Liebe gilt Italien, er lebte dort sechs Jahre. Auch als gewandter Feuilletonist, Literaturkritiker und Essayist hat er sich einen Platz erobert.

Oliver G. Riedel

Werke: *Das Bett*, Hbg. 1983; *Ruppertshain*, R., Hbg. 1985; *McKenna, Stephen. 1980–1985*, Kat., zus. m. M. L. Syring, Düsseld. 1986; *Rotkäppchen und der Wolf. Ein Versdrama*, G., Hbg. 1988, Theatest., UA Ffm. 1992, Hsp., HR 1990; *Venedig*, Hg., Hbg. 1988; *Rom*, Hg., Hbg. 1988; *Buster's Bedroom*, zus. m. Rebecca Horn, Zür., Ffm., New York 1990; *Schermuly. Gegenstände. Ölbilder 1948–1989*, Hg., Stg. 1990; *Westend*, R., Hbg. 1992; *Das Kissenbuch. Gedichte und Zeichnungen*, Ffm. 1995; *Stillleben mit wildem Tier*, En., Bln. 1995; *Album Raffaello. Gedichte und Zeichnungen*, Bln. 1995; *Der Schacht*, Hsp., HR/RB 1995; *Das Grab der Pulcinellen. Erzählungen, Pasticci, Fantasien*, Bln. 1996; *Die schöne Gewohnheit zu leben. Eine italienische Reise*, Pr., Bln. 1997; *Oberon*, Libretto, Musik von C. M. von Weber, UA Ffm. 1996; *Die Türkin*, R., Bln. 1999; *El retablo de Maese Pedro*, Libretto, Musik v. Manuel de Falla, UA Wien 2001; *Eine lange Nacht*, R., Bln. 2000; *Das Wasser in Capri*, Hsp., HR 2000; *Vivaldi – eine Stadt wird Musik*, Monolog zur l'Estro Armonico v. Antonio Vivaldi, UA Freiburg/Br. 2001; *Der Nebelfürst*, R., Ffm. 2001; *Mein Frankfurt*, Ess., Ffm. 2002; *Häresie der Formlosigkeit. Die römische Liturgie und ihr Feind*, Ess., Wien 2002; *Die Parteien nach der Bundestagswahl 2002*, Hg., zus. m. Oskar Niedermayer, Leverkusen 2003.

Mueller, Harald, wurde am 8. 5. 1934 in Memel in Ostpreußen geboren. Er besuchte von 1956 bis 1959 Schauspielschulen in Hamburg und München und studierte von 1957 bis 1960 Germanistik und Theaterwissenschaften. Daneben arbeitete er als Rezitator, Bergmann, Hafenarbeiter, Hotelboy, Messevertreter und Dolmetscher. Von 1971 bis 1974 war er Dramaturg am Berliner Schiller-Theater; seitdem lebt er als freier Schriftsteller auf Sylt und in Berlin. 1969 erhielt er den Gerhart-Hauptmann-Förderpreis, 1969/70 das Suhrkamp-Dramatiker-Stipendium und 1987 den Kurd-Laßwitz-Preis. Mueller lehnte es 1988 ab, im Auftrag des Bonner Auswärtigen Amtes ein Stück über diese Behörde zu schreiben. 1990 wurde ihm der Bochumer Preis für Figurentheater zugesprochen.

Mueller gehört zu den konstant produzierenden deutschen Theaterautoren. Er brachte seit 1970 alle ein bis zwei Jahre ein neues Stück zur Premiere, das auch den praktischen Erfordernissen kleinerer Bühnen Genüge leistet. Seine Stücke zeichnen sich durch einen griffigen Plot und sprachlichen Witz aus. Muellers Dramatik ist geschult an den modernen englischen Dramatikern, vor allem an Edward Bond, von dem er Stücke übersetzt hat. Die Anerkennung der breiten Kritik ist ihm aber bisher verwehrt geblieben. Einzig am Anfang seiner Karriere, als er nach den ersten beiden Uraufführungen (*Großer Wolf* und *Halbdeutsch*, beide 1970) an den Münchener Kammerspielen als »Skandalautor« gehandelt wurde, und 1986, als die aktuellen Ereignisse *Totenfloß* zu einem »Tschernobylreißer« machten, gab es einiges Aufsehen.

Großer Wolf und *Halbdeutsch*, zwei sehr verwandte Stücke, beschreiben Außenseiter, und zwar vor allem mittels ihrer Sprache, die die auf Elementarstes verkürzten Umgangsformen direkt abbildet. In beiden Stücken steht eine Gruppe im Mittelpunkt, deren soziale Struktur in einer Weise vorgeführt wird, durch die Rückschlüsse auf die sie umgebende Welt möglich werden: In Randgruppen einer Gesellschaft zeigt sich deren Verfassung. Wird in dem Stück *Großer Wolf* die offene Aggression durch den Krieg erklärt – eine Gruppe von verwaisten Halbwüchsigen spielt Krieg im Krieg und übertrifft dabei in ihrer Brutalität die Vorbilder –, so versteht sich in dem zweiten Stück, *Halbdeutsch*, die Aggression als Abbild bundesdeutscher Wirklichkeit: Ein DDR-Flüchtling wird in einem Obdachlosenasyl gelyncht.

Die Underdogs bleiben auch in späteren Stücken Muellers bestimmend. Wenn er etwa über höhere

Gesellschaftsschichten schreibt (*Winterreise*, 1976; *Frankfurter Kreuz*, 1977), gibt es meist eine kontrastierende Gruppe von »Verkrachten«, die allein sprachliche Authentizität beanspruchen können. Auch die höheren Gesellschaftsschichten charakterisiert Mueller durch ihren Jargon, hierbei vor allem die Hohlheit der Phrasen entlarvend. Die Charaktere reduzieren sich oft auf typisierte Repräsentanten einer gesellschaftlichen Gruppe. Das Innenleben der Figuren wird in klischeehaften Sprechblasen ausgedrückt. Da Mueller diesen Zug nicht immer als Stilisierung kenntlich macht, sondern seine Stücke realistisch anlegt, wirken die Figuren manchmal eindimensional. Man kann bei den im Neureichenmilieu angesiedelten Stücken etwas über die Verarmung zwischenmenschlicher Beziehungen erfahren und mitverfolgen, wie die Kraft zu träumen in laue Melancholie abgleitet und wie dadurch die Umgangssprache geformt wurde. Diese Sprache schlägt zu, verletzt und leidet an dem Missbrauch, der mit ihr getrieben wird. Der Schrumpfprozess zu sprachlichen Rudimenten lässt sich als »Wahrhaftigkeit« vor einer seelisch verarmten Wirklichkeit, als Standhalten vor dem Schönheitsschlaf einer fabulierenden Literatur ansehen. Man könnte dies aber auch als Oberflächlichkeit interpretieren, die nicht in der Lage ist, die Abgründe ihrer Figuren auszuloten. Durch die Griffigkeit ihres Sujets geraten Muellers Stücke oft zu Tendenzstücken. Es scheint, als hätten sie eine einfache Moral, formulierten einen Appell. So liefern sich in dem *Seltsamen Kampf um die Stadt Samarkand* (1986) zwei orientalische Wüstenfürsten ein Rededuell in Reimen, bei dem es deutlich um den Ost-West-Konflikt geht. Die Lösung: Ein weiser Höhlenbewohner legt als Kampfziel fest, dass der Gegner vom jeweils anderen möglichst blumig zu loben sei. Dadurch ändern sich die Einstellungen der beiden: Der Zwist endet in einvernehmendem Schulterklopfen. Das wirkt manchmal witzig, ohne jedoch thematisch erhellend oder wegweisend zu sein.

Muellers großer Erfolg wurde das Stück *Totenfloß* (1986), mit dem er zu seinen schriftstellerischen Anfängen zurückkehrte. Nach der atomaren und chemischen Verseuchung treibt eine Gruppe Verkrüppelter auf einem Floß den Rhein hinab, um nach Xanten zu gelangen, dem Ort ihrer Hoffnung – die sich nicht erfüllen wird. Die vier Personen verhalten sich in der unwirtlichen Wirklichkeit einerseits wie Maschinen – ihre brutale, entfremdete Sprache erinnert gelegentlich an Punkdeutsch –, andererseits scheinen durch diese reduzierten Personen Rudimente des Menschlichen umso deutlicher hindurch; die letzten Gefühle des verseuchten, verbannten und todgeweihten Individuums treten quasi nackt auf. Auch dieses, das meistgespielte Stück seiner Saison ist von der Kritik heftig diskutiert worden. Sie interessierte sich mehr für ästhetische Schwächen des Stückes als für die mit ihm angesprochene reale Problematik. Muellers Stärke aber liegt gerade darin, dass er brisante Zeitfragen auf die Bühne bringt, sich am Geschehen (und nicht an ideellen Schönheiten) orientiert, jegliches Ästhetisieren zu vermeiden sucht und dadurch einen Blick auf die raue Wirklichkeit vermittelt.

Peter Michalzik

Werke: *Großer Wolf*, Theaterst., UA Mü., gedr. Ffm. 1970; *Halbdeutsch*, Theaterst., UA Mü. 1970, gedr. Ffm. 1970; *Ein seltsamer Kampf um die Stadt Samarkand,* Hsp., WDR 1970, Theaterst., UA Münster 1986; *Jeremy Seabrook/Michael O'Neill: Preisgegeben,* Übs., zus. m. Ada Kadelbach, Bln. 1970; *George Bernard Shaw: Pygmalion,* Übs., Ffm. 1970; *George Bernard Shaw: Ländliche Werbung,* Übs., Ffm. 1970; *Rosel,* Hsp., WDR/BR 1971; *George Bernard Shaw: Es hat nicht sein sollen,* Übs., Ffm. 1971; *George Bernard Shaw: Die Häuser des Herrn Sartorius,* Übs., Ffm. 1971; *George Bernard Shaw: Androklus und der Löwe,* Übs., Ffm. 1971; *Der plötzliche Reichtum der armen Leute von Kornbach,* Film, Drehb.-Mitarb., 1971; *George Bernard Shaw: Man kann nie wissen,* Übs., Ffm. 1972; *George Bernard Shaw: Der Mann des Schicksals,* Übs., Ffm. 1972; *Die Moral der Ruth Halbfass,* Film, Drehb.-Mitarb., 1972; *Edward Bond: Der See,* Übs., Ffm. 1972; *Stille Nacht*, Hsp., WDR/BR 1973, Theaterst., UA Bln. 1974, gedr. Ffm. 1974, Fssp., 1974; *Strandgut*, Hsp., BR 1973, Theaterst., UA Bln. 1974, gedr. Ffm. 1975; *Winterreise,* Hsp., 1975, Theaterst., UA Braunschweig 1977, gedr. Ffm. 1976; *Halbdeutsch. Strandgut. Stille Nacht. Winterreise. Vier Stücke,* Ost-Bln. 1977; *Der Zögling,* Hsp., ORF/WDR/BR 1977; *Henkersnachtmahl,* Hsp., 1977, UA Bielefeld 1979, gedr. Ffm. 1978; *Frankfurter Kreuz*, Theaterst., UA Esslingen 1979; *Die Trasse. Ein Heimatstück*, Theaterst., UA Dortmund 1980; *Das bunte Leben und der schwarze Tod von Walddorf,* Hsp., HR/BR 1980; *Der tolle Bomberg*, Hsp., 1982, Theaterst., UA Dortmund 1982, Neufssg. UA Münster 1988; *Totenfloß,* Theaterst., UA Oberhausen 1984, Neufssg. UA Basel, Düsseld., Stg. 1986, gedr. in: »Theater heute« 1986; *H. 7*, Hsp., HR/BR/SWF 1986; *Bolero,* Theaterst., UA Bonn 1987; *Anthony Burgess: Clockwork Orange,* Übs., Wien 1988; *Kohlhaas*, Hsp., HR/BR 1983, Theaterst., UA Bad Hersfeld 1990; *Doppeldeutsch,* Theaterst., UA Rostock 1992; *Luther Rufen*, Theaterst. UA Wittenberg 1996;

Mühl, Karl Otto, wurde am 16. 2. 1923 in Nürnberg geboren. Er wuchs in Nürnberg und Wuppertal auf, wo er sich ab 1939 zum Industriekaufmann ausbilden ließ. Der Kriegsdienst führte ihn 1941 nach Afrika; aus der amerikanischen Kriegsgefangenschaft kehrte er 1947 nach Wuppertal zurück, wo er heute noch lebt. Bis zu seiner Pensionierung arbeitete er als Werbe-, Verkaufs- und Exportabteilungsleiter für verschiedene Maschinen- und Metallwarenfabriken. 1975 erhielt er den Eduard-von-der-Heydt-Preis der Stadt Wuppertal.

Sein literarisches Debüt gab Mühl noch in der Kriegsgefangenschaft mit Possen und Einaktern für die Lagerbühne. Aus dieser Zeit datiert seine Freundschaft mit Tankred Dorst. Die enttäuschenden Erfahrungen nach der Rückkehr ins zerbombte Wuppertal setzte er in Kurzgeschichten um, die in zeitgenössischen Zeitschriften und Anthologien erschienen und in der Künstlergruppe »Turm« vorgetragen wurden, zu der neben Mühl und Dorst auch Paul Pörtner gehörte. Danach brach er seine literarische Arbeit abrupt ab, um sich in den folgenden 25 Jahren ganz auf seine berufliche Karriere als Angestellter in der Industrie zu konzentrieren. Erst Anfang der Siebzigerjahre begann er wieder zu schreiben und machte sich rasch als Verfasser überaus erfolgreicher Theaterstücke und Hörspiele einen Namen. Auch dieser Erfolg veranlasste ihn nicht, seinen Beruf aufzugeben und die Existenzform eines freien Schriftstellers zu wählen. Gerade aus seinem Berufsleben bezieht Mühl nämlich die Stoffe und das Anschauungsmaterial für seine Stücke und Romane.

Unter Verzicht auf die große dramatische Form entwickelt Mühl in seinen Theaterstücken Momentaufnahmen aus der Arbeitswelt und dem Familienleben der kleinen Leute. Indem er oft banal erscheinende Alltagstragödien letztlich namenloser Arbeiter und Angestellter schildert, entwirft er ein Panorama bundesdeutscher Wirklichkeit, in der der Einzelne mit seinen Hoffnungen, Sehnsüchten und Ängsten auf der Strecke bleibt. *Rheinpromenade* (1974) etwa erzählt die Geschichte eines von Tochter und Schwiegersohn finanziell ausgenutzten Rentners, der ein junges Mädchen, Küchenhilfe im Krankenhaus, kennen lernt und bei ihr das ihm von der Familie vorenthaltene Verständnis findet. Die Beziehung des ungleichen Paares stellt jedoch für die kleinbürgerliche Umgebung eine Provokation dar und ist infolgedessen zum Scheitern verurteilt. *Hoffmanns Geschenke* (1978) beschreibt den Konkurrenzkampf zwischen einem jungen und einem älteren Angestellten, bei dem zwei gänzlich verschiedene Arbeits- und Geschäftsauffassungen aufeinander prallen. Eine wesentlich differenziertere Darstellung erfährt der Generationskonflikt im Stück *Am Abend kommt Crispin* (1988): Dem alten, herzkranken Prokuristen einer Firma, der einmal von einer Teilhaberstellung geträumt hat und noch nicht abtreten will, wird sein designierter Nachfolger als Hospitant präsentiert. In den Gesprächen mit der toten Mutter finden sich erstmals bei Mühl fantastische Szenen, die sich gleichwohl psychologisch auflösen lassen.

Zentrales Gestaltungsmittel Mühls ist die wortkarge Dialogsprache seiner Figuren, die sich in ihrer Sprachlosigkeit und ihrem Aneinandervorbeireden als Verwandte Horváthscher Figuren zeigen, wie zum Beispiel Anton Bajorat in *Rosenmontag* (1974): »Und du kannst nix gegen sagen. Ist doch zum Kotzen so ne Art. Ich weiß nicht, warum mir da nie was einfällt.« Derartige Kommunikationsverluste gehen Hand in Hand mit Insuffizienzgefühlen, Unsicherheit und Angst und führen nicht selten zu Wahrnehmungs- und Realitätsverlusten. Besonders deutlich wird dieser Mechanismus etwa in der *Kur in Bad Wiessee* (1976), dem szenischen Porträt einer Frau, die das Scheitern ihrer Ehe nicht wahrhaben will.

Eine vergleichsweise umfassendere Perspektive wählt Mühl in seinen Romanen. In einem tagebuchartigen Rückblick entwirft der Ich-Erzähler des autobiografisch gefärbten Romans *Siebenschläfer* (1975), Ludwig Wolf, ein Bild der Jahre 1947 bis 1957 aus der Sicht eines erfolgreichen mittleren Angestellten: Rückkehr aus der Kriegsgefangenschaft in die zerstörte Heimat, im Vakuum vor der Währungsreform erneuter Schulbesuch, danach Eintritt ins Berufsleben und nach anfänglichen Schwierigkeiten der berufliche Erfolg. Aus dem Kreis der Freunde gewinnt vor allem der schizophrene Stefan Maria Huttner Bedeutung, eine Figur, die an den schizophrenen Dichter Alexander März aus Heiner Kipphardts gleichnamigem Roman erinnert; nach dem Freitod Huttners lehnt Wolf eine weitere berufliche Beförderung ab. Eigentümlicherweise reflektiert der Bericht Wolfs in keiner Weise die politischen Ereignisse jener Jahre; sie scheinen spurlos an Wolf vorbeizugehen. Wie sein Titel bereits nahe legt, wird dieser Roman zum Porträt einer Generation, die die geschichtsträchtige Zeit einfach verschlafen hat, während sie sich einseitig auf den wirtschaftlichen Wiederaufbau konzentrierte. Im Gegensatz zu seinen Theaterstücken gestattet Mühl sich in seinen Romanen einen trockenen Humor und eine entlarvende Ironie, die jedoch nicht zur Denunzierung seiner Figuren führen.

Literatur- und Theaterkritiker haben Karl Otto Mühl in den Siebzigerjahren mehrfach mangelndes sozialkritisches Engagement vorgeworfen und dabei übersehen, dass er sich fern von jeglicher Ästhetisierung und Harmonisierung um eine authentische Bestandsaufnahme gesellschaftlicher Zustände als Voraussetzung jeglicher Kritik bemüht, die zu artikulieren er aber seinen Lesern und Zuschauern überlässt.

Ruth Spietschka

Werke: *Rheinpromenade*, Theaterst., UA Wuppertal 1973, Fssp., ZDF 1973, Hsp., SDR/SFB 1974; *Rosenmontag*, Theaterst., UA Essen 1974, Fssp., ARD 1974, Hsp., WDR 1975; *Zwei Stücke aus dem Westen*, Bln. 1974; *Siebenschläfer*, R., Darmst. 1975; *Kur in Bad Wiessee*, Theaterst., UA Wuppertal 1976, gedr. Ffm 1976, Hsp., SDR/ SFB 1977; *Wanderlust*, Theaterst., UA Bochum 1977, gedr. Ffm 1977, Hsp., SDR/NDR 1978; *Geh aus, mein Herz*, Hsp., WDR/SFB 1978; *Grabrede auf Siebhacke*, Hsp., SDR/SFB 1978; *Hoffmanns Geschenke*, Theaterst., UA Bochum 1978, gedr. Ffm. 1978, Hsp., SDR/SFB 1978; *Tanzstunde*, Hsp., SDR 1979; *Kur in Travemünde*, Fssp., ARD 1979; *Die Reise der alten Männer*, Theaterst., UA Wuppertal 1980, gedr. Ffm. 1980, Hsp., SDR 1975; *Trumpeners Irrtum*, R., Darmst. 1981, Fssp., ARD 1988; *Kellermanns Prozess*, Hsp., WDR/SDR/BR/SFB 1980, Theaterst., UA Nürnberg. 1982, Fssp., ZDF 1983; *Morgenluft*, Hsp., RB/NDR 1980; *Am Abend kommt Crispin*, Theaterst., Ffm. 1988, UA Münster 1988; *Verbindlichen Dank*, UA Ingolstadt 1994; *Ein Neger zum Tee. Heimatstück*, Wuppertal 1995, UA Wuppertal 1995; *Fernlicht*, Jugendb., Wuppertal 1997; *Jakobs seltsame Uhren*, Kinderb., m. Illustr. v. Juliane Steinbach, Wuppertal 1999; *Das Privileg. Ein Volksstück aus dem Wuppertal. Die Gedichte und Lieder*, Wuppertal 2001; *Inmitten der Rätsel. Gedichte 1997 bis 1999*, Wuppertal 2002.

Müller, Heiner, geboren am 9. 1. 1929 im sächsischen Eppendorf, erlebte als Vierjähriger, wie sein Vater als Mitglied der Sozialistischen Arbeiterpartei von den Nationalsozialisten verhaftet und für ein Dreivierteljahr interniert wurde. Nach längerer, politisch bedingter Arbeitslosigkeit des Vaters zog die Familie 1938 nach Waren/Müritz, dort besuchte Müller die Volks-, Mittel- und Oberschule. Kurz vor Kriegsende kam der Fünfzehnjährige in ein militärisches Ausbildungslager bei Wismar, von da aus schlug er sich im Mai 1945 zur Familie nach Waren durch. 1947 zog die Familie in die sächsische Industriestadt Frankenberg, wo der Vater das Bürgermeisteramt übernahm und Müller 1948 sein Abitur ablegte, um anschließend als Hilfsbibliothekar und Literaturobmann der SED zu arbeiten. Im selben Jahr beteiligte er sich an einem Hörspielwettbewerb, erhielt eine lobende Erwähnung und trat dem »Kulturbund zur demokratischen Erneuerung Deutschlands« bei. 1949/50 nahm er an Schriftstellerlehrgängen in Radebeul und Bad Saarow teil. Als die Eltern 1951 mit seinem zehnjährigen Bruder Wolfgang aus politischen Gründen in die Bundesrepublik flohen, siedelte der 22-Jährige nach Berlin über, wo er monatelang eine »nomadische« Existenz führte, immer auf der Suche nach einer Chance, in den Literaturbetrieb einzusteigen. Journalistische Gelegenheitsarbeiten waren vorerst seine einzige Einnahmequelle, doch versuchte er sich unermüdlich in Lyrik, Prosa, Drama und Hörspiel gleichermaßen. Der »Sonntag«, die Wochenzeitung des »Kulturbunds«, druckte 1951 seine ersten literarischen Arbeiten. In einer Arbeitsgruppe des Deutschen Schriftstellerverbands lernte Müller 1953 die vier Jahre ältere Kinderbuchautorin Inge Schwenkner kennen, die er zwei Jahre später heiratete. Zwischen 1956 und 1959 war Müller nacheinander als Mitarbeiter für Dramatik bei der wissenschaftlichen Abteilung des Deutschen Schriftstellerverbands, als Redakteur der FDJ-Zeitschrift »Junge Kunst« und als Dramaturg am Maxim-Gorki-Theater tätig, danach lebte er als freier Schriftsteller. Zwischen 1962 und 1964 sicherten vor allem Kriminal- und Kinderhörspiele das Überleben der Familie. 1970 wurde Müller von Ruth Berghaus als Dramaturg und Hausautor am Berliner Ensemble engagiert, 1977 wechselte er in dieser Eigenschaft an die Volksbühne. Im Zusammenhang mit der Biermann-Ausbürgerung wurde er ab 1976 als »feindlich negativer Schriftsteller« Gegenstand intensiver geheimdienstlicher Überwachung. Weil er gesprächsbereit war, verzichtete das Ministerium für Staatssicherheit auf Sanktionen und führte den Autor zuletzt (ohne dessen Wissen) als Informellen Mitarbeiter. Seine konspirativen Treffs mit Offizieren der Staatssicherheit, die ihm nach Bekanntwerden 1993 heftige Kritik eintrugen, charakterisierte Müller hilflos als »Schadensbegrenzung gegen die wachsende Hysterie der Macht«. 1984 wurde Müller in die Akademie der Künste der DDR aufgenommen, die ihn 1990 zu ihrem Präsidenten wählte. Nachdem er seit 1987 als Regisseur am Deutschen Theater gewirkt hatte, wurde Müller im März 1992 als Ko-Direktor in die anfangs fünfköpfige Intendanz des Berliner Ensembles berufen, wo er im Jahr darauf mit einer Reihe von eigenen Inszenierungen begann. Im Herbst 1994 musste sich Müller in München einer Krebsoperation unterziehen. In der Zeit der Rekonvaleszenz schrieb er neben seinem letzten Stück eine Reihe beeindruckender Gedichte: überwiegend düstere Endzeitvisionen mit einer Fülle von historischen, literarischen und selbstbiografischen Verweisen, in denen er immer wieder die tödliche Krankheit thematisierte. Heiner Müller starb am 30. Dezember 1995 in Berlin. Zu seinen wichtigsten Auszeichnungen zählen der Büchner-Preis (1985), der Kleist-Preis (1990) und der Europäische Theaterpreis (1994).

Bis vor wenigen Jahren galt Heiner Müller in erster Linie als Dramatiker, sein schmales lyrisches Werk als weniger bedeutender Nebenproduktionszweig. Tatsache aber ist, dass Lyrik den Autor in allen Lebensphasen begleitet hat, anfangs in Wechselwirkung mit den Stücken, später mehr und mehr sich als selbstständige Ausdrucksform etablierend. Müllers erste Schreibversuche reichen bis ins zehnte Lebensjahr zurück. Geprägt von der Lektüre Brechts und Majakowskis entstanden zehn Jahre später die ersten ernst zu nehmenden poetischen Texte. Ganz um Lehre und Wirkung bemüht, lassen sie Grundthemen seiner Dichtung erkennen: So verweist *L. E. oder Das Loch im Strumpf* auf die Aktivistenstücke der Fünfzigerjahre, *Philoktet 1950* auf das gleichnamige Lehrstück von 1964, *Anna Flint* auf die Szenencollage *Die Schlacht* von 1974, *Motiv bei A. S.* auf den *Auftrag* von 1979; eine Reihe, die sich ohne weiteres fortsetzen ließe. Teilweise unter Mitarbeit seiner Frau Inge Müller, die sich 1966 das Leben nahm, schrieb Müller zwischen 1956 und 1964 mehrere Stücke, die sich mit Aufbauschwierigkeiten in den Gründerjahren der DDR beschäftigen. Den Anfang machten *Der Lohndrücker* (1956) und *Die Korrektur* (1957). Gemeinsam ist diesen Texten, dass sie bei grundsätzlicher Übereinstimmung mit dem von Müller als revolutionär begriffenen Weg der Staatspartei SED ein Geflecht von Widersprüchen formulieren. Thema der Komödie *Die Umsiedlerin oder Das Leben auf dem Lande* ist die Entwicklung der DDR-Landwirtschaft von der demokratischen Bodenreform 1945 bis zur sozialistischen Kollektivierung. Die Probeaufführung im Herbst 1961 an einer Berliner Studentenbühne geriet zu einem der größten kulturpolitischen Eklats der DDR und führte zu Müllers Ausschluss aus dem Schriftstellerverband, was einem Berufsverbot gleichkam. Nach Aufhebung des von der Partei über ihn verhängten Bannfluchs unternahm Müller 1964 mit dem Stück *Der Bau* einen letzten Versuch, sich im Genre des »Produktionsstücks« auf kritische Weise mit der Gegenwart der DDR auseinander zu setzen. In rasch wechselnden Einstellungen verwies er auf Diskrepanzen zwischen Anspruch und Wirklichkeit und betonte so den Übergangscharakter der DDR-Gesellschaft. Diese Auffassung brachte ihn erneut in scharfen Widerspruch zur Parteilinie: Auf dem berüchtigten XI. Plenum des ZK der SED im Dezember 1965 wurde Front gegen alle Künstler und Intellektuellen gemacht, die es am nötigen Aufbau-Enthusiasmus mangeln ließen. Das Jahrzehnt zwischen 1961 und 1970 stand im Zeichen des Lehrstücks; an die Stelle direkt-realistischer Darstellung trat die parabolische Gestaltung mythischer und geschichtlicher Stoffe. In *Philoktet*, *Der Horatier* und *Mauser* geht es um die vorgebliche Zwangsläufigkeit von Gewaltmechanismen, um das Paradox, eine bessere Zukunft mit den grausamen Methoden der Vergangenheit aufbauen zu müssen, um parteiliche Beschönigung und Verklärung von Gewalt und Terror – Themen, mit denen sich Müller die Bühnen der DDR noch auf längere Zeit verschloss. *Philoktet*, geschrieben zwischen 1958 und 1964, gelangte erst 1974 zur Aufführung, der Versuch von Ruth Berghaus, den *Horatier* am Berliner Ensemble zu inszenieren, wurde von der SED-Bezirksleitung unterbunden, eine Magdeburger *Mauser*-Inszenierung 1972 kurz nach Probenbeginn verboten. Aufgrund seiner anhaltenden Bühnenabstinenz musste sich Müller häufig an Kopien und Variationen fremder Vorlagen versuchen. Ein heftiges Echo erzielte er mit seiner extrem materialistischen Version von *Macbeth* (1971), in der er die schottischen Thronfehden als rücksichtslose Herrschaftskämpfe auf Kosten der Bauern und Soldaten deutete, denen er – im Unterschied zu Shakespeare – Gestalt und Stimme gab. Regierungen, so ist zu sehen, kommen und gehen, an der Lage des Volks ändert sich nichts. *Zement* (1973) ist zweifellos ein Geschichtsdrama aus der schwierigen Aufbauzeit der Sowjetunion, doch im Mittelpunkt steht der durch die sozialistische Revolution herbeigeführte Umsturz in den Geschlechterbeziehungen. Von der Energie, die beide Partner in einer Liebesbeziehung produzieren bzw. verbrauchen, handeln auch zwei Stücke Müllers aus den Achtzigerjahren, *Verkommenes Ufer Medeamaterial Landschaft mit Argonauten* und *Quartett*, wobei hier der Akzent weniger auf dem gesellschaftlichen Emanzipationsprozess als vielmehr auf dem privaten »Geschlechterkampf« liegt. *Die Schlacht. Szenen aus Deutschland* (1974) zeigt individuelles Verhalten unter den Bedingungen der nationalsozialistischen Gesellschaft und in der Extremsituation des Krieges. In *Germania Tod in Berlin* bilanzierte Müller, mit aufwändigeren szenischen Mitteln als zuvor, den Weg der deutschen Arbeiterklasse von 1918 bis 1953, wobei die Kontrastierung von Momentaufnahmen aus der jungen DDR mit teils grotesk verfremdeten Historienszenen die Kontinuität der »deutschen Misere« verdeutlicht. In der DDR galt für das Stück bis 1988 ein Totalverbot. Zentrales Thema des 1976 in Bulgarien geschriebenen »Gräuelmärchens« *Leben Gundlings Friedrich von Preußen Lessings Schlaf Traum Schrei* ist das Verhältnis zwischen preußischen Intellektuellen und Feudalabsolutismus: eine Bilder- und Figurenreihe gescheiterter Koexistenz von Geist und Macht, die in der DDR gedruckt, aber nicht gespielt werden durfte. Konnte *Hamletmaschine* (1977) als Versuch schmerzhafter Selbstvergewisserung eines marxistischen Schriftstellers im zerbrochenen Spiegel von Shakespeares Tragödie gelesen werden, so ging *Der Auftrag. Erinnerung an eine Revolution* (1979) noch einen Schritt weiter, indem er das Scheitern der Utopie bereits voraussetzte. Den Fünfteiler *Wolokolamsker Chaussee*, entstanden zwischen 1983 und 1987, bezeichnete Müller später als sein »Requiem auf das Ende des sozialistischen Blocks«. Das Stück beschreibt den Weg der Panzer von Berlin nach Moskau und zurück und von Moskau weiter nach Budapest und Prag. An eine DDR-Aufführung des Gesamtwerks war nicht zu denken; doch immerhin gelangten dort zwischen Mai 1985 und Februar 1989, Schritt haltend mit den politischen Veränderungen, alle fünf Teile auf die Bühne. Nach dem Mauerfall schuf das Verschwinden des politischen Gegenspielers und mit ihm aller politisch bedingten Schreib- bzw. Veröffentlichungshemmnisse eine Situation, mit der der Dramatiker Müller kaum fertig wurde und die er zum Thema des Langgedichts *Mommsens Block* machte, in dem nun erstmals auch die »roten Cäsaren« als »Machthaber einer Illusion« ihre Zensuren erhielten. Während eines Erholungsaufenthalts in Kalifornien als Gast der Getty Foundation schrieb er *Germania 3 Gespenster am toten Mann:* nicht das seit Jahren geplante Hitler/Stalin-Stück, sondern eine düstere Endzeitvision mit einer Fülle von historischen, literarischen und selbstbiografischen Verweisen, zusammengehalten allenfalls von der unausgesprochenen Trauer über die Opfer und der Scham der Überlebenden. Die Aufführung am Berliner Ensemble, bei der er selbst Regie führen wollte, erlebte Müller nicht mehr.

Jan-Christoph Hauschild

Werke: *Zehn Tage, die die Welt erschütterten. Szenen aus der Oktoberrevolution nach Aufzeichnungen John Reeds*, Theaterst., zus. mit Hagen Müller-Stahl UA Ost-Bln. 1957; *Der Lohndrücker*, Theaterst., Mitarbeit: Inge Müller; UA Lpz. 1958; *Die Korrektur*, Hsp./Theaterst., zus. mit Inge Müller, UA Ost-Bln. 1958 *Die Brücke. Ein Bericht aus Klettwitz*, Hsp., UA Ost-Bln. 1958; *Die Umsiedlerin oder Das Leben auf dem Lande*, Theaterst., UA Ost-Bln. 1961; *Der Tod ist kein Geschäft*, Hsp. (u. d. Pseud. Max Messer), UA 1962; *Philoktet. Herakles 5.*, Ffm. 1966; *Sophokles: Ödipus Tyrann. Nach Hölderlin*, Übs., UA Ost-Bln. 1967; *Philoktet*, Theaterst., UA Mü. 1968; *Molière: Don Juan oder Der steinerne Gast.* K., zus. m. Benno Besson, Übs., UA Ost-Bln. 1968; *Horizonte*, Theaterst., UA Ost-Bln. 1969; *Molière: Der Arzt wider Willen*, K., zus. m. Benno Besson, Übs., UA Ost-Bln. 1970; *Anton Tschechow: Die Möwe*, K., zus. m. Ginka Tscholakowa, Übs., UA Ost-Bln. 1971; *Weiberkomödie*, Theaterst., nach e. Hsp. von Inge Müller UA Magdeburg 1971; *Macbeth. Nach Shakespeare*, Theaterst., UA Brandenburg 1972; *Alexander Suchowo-Kobylin: Tarelkins Tod*, Farce, Übs., UA Ost-Bln. 1972; *Der Horatier*, Theaterst., UA West-Bln. 1973; *Zement*, Theaterst., UA Ost-Bln. 1973; *Texte 1–11*, West-Bln. 1974–1989; *Stücke*, Ost-Bln. 1975; *Mauser*, Theaterst., UA Austin 1975; *Die Schlacht/Traktor*, Theaterst., UA Ost-Bln. 1975; *Die Schlacht. Traktor. Leben Gundlings Friedrich von Preußen Lessings Schlaf Traum Schrei*, Ost-Bln. 1977; *Bertolt Brecht: Der Untergang des Egoisten Johann Fatzer*, Bühnenfassung von Heiner Müller, UA Hbg. 1978; *Germania Tod in Berlin*, Theaterst., UA Mü. 1978; *Leben Gundlings Friedrich von Preußen Lessings Schlaf Traum Schrei. Ein Greuelmärchen*, Theaterst., UA Ffm. 1979; *Der Bau*, Theaterst., UA Bln. 1980; *Der Auftrag. Erinnerung an eine Revolution*, Theaterst., UA Ost-Bln. 1980; *Der Auftrag. Der Bau. Herakles 5. Todesanzeige*, Ost-Bln. 1981; *Quartett*, Theaterst., UA Bochum 1982; *Rotwelsch*, Texte u. Gespräche, West-Bln. 1982; *Verkommenes Ufer Medeamaterial Landschaft mit Argonauten*, Theaterst., UA Bochum 1983; *Wladimir Majakowski: Wladimir Majakowski*, Tragödie, zus. mit Ginka Tscholakowa, Übs., Illustr. v. Wladimir u. David Burljuk, West-Bln. 1983; *Die Bauern. Macbeth. Mülheimer Rede*, Ost-Bln. 1984; *Anatomie Titus Fall of Rome Ein Shakespearekommentar*, Theaterst., UA Bochum 1985; *Bildbeschreibung*, UA Graz 1985; *Philoktet. Bildbeschreibung. Anatomie Titus Fall of Rome Ein Shakespearekommentar. Wolokolamsker Chaussee I und II*, Ost-Bln. 1987; *Quartett. Weiberkomödie. Wie es euch gefällt. Verkommenes Ufer Medeamaterial Landschaft mit Argonauten. Blut ist im Schuh oder Das Rätsel der Freiheit*, Ost-Bln. 1988; *Revolutionsstücke*, Stg. 1988; *Die Schlacht. Wolokolamsker Chaussee. Zwei Stücke*, Ffm. 1988; *Stücke*, Ost-Bln. 1988; *Stücke. Texte über Deutschland (1957–1979)*, Lpz. 1989; *Ein Gespenst verlässt Europa*, G., Köln 1990; *Aischylos: Die Perser*, Übs., UA Bln. 1991; *Gedichte*, Bln. 1992; *Krieg ohne Schlacht. Leben in zwei Diktaturen*, Autobiogr., Köln 1992, erw. Neuausg. mit e. Dossier von Dokumenten des Ministeriums für Staatssicherheit der ehemaligen DDR, Köln 1994; *Der Lohndrücker und Die Umsiedlerin* *oder Das Leben auf dem Lande. Zwei Theaterstücke*, Lpz. 1995; *Germania 3 Gespenster am Toten Mann*, Theaterst., UA Bochum 1996; *Werke*, Ffm. 1998 ff. (geplant sind 8 Bände).

Müller, Herta, geboren am 17. 8. 1953 in Nitzkydorf/Kreis Timis in Rumänien, gehörte in ihrer Heimat zur nationalen Minderheit der Deutsch sprechenden Banater Schwaben. Von 1973 bis 1976 studierte sie an der Universität von Temeswar Germanistik und Romanistik. Nach ihrer Entfernung aus dem Schuldienst – sie war als Deutschlehrerin tätig gewesen – arbeitete sie als Kindergärtnerin und Übersetzerin. Letztere Arbeitsstelle verlor sie 1980, weil sie es ablehnte, für den rumänischen Geheimdienst zu arbeiten. Infolge der großen Anerkennung, die ihr erster Prosaband *Niederungen* (1982) in der Bundesrepublik Deutschland fand, konnte Herta Müller 1984 in ihren Beruf als Lehrerin zurückkehren. Doch des jahrelangen politischen Drucks müde, stellte sie im Oktober 1985 zusammen mit ihrem Mann, dem Schriftsteller Richard Wagner, einen Ausreiseantrag. Bis zur Genehmigung dieses Gesuchs im März 1987 wurde sie mit einem strikten Reise- und Publikationsverbot belegt. Seit ihrer Übersiedlung lebt sie als freie Schriftstellerin in Berlin. Herta Müller wurde 1981 mit dem Förderpreis für Prosa des Literaturkreises Adam-Müller-Guttenbrunn und dem Debütpreis des rumänischen Schriftstellerverbandes, 1982 mit dem Literaturpreis des Verbandes der Kommunistischen Jugend Rumäniens, 1984 mit dem »aspekte«-Literaturpreis des ZDF, 1985 mit dem Förderpreis des Bremer Literaturpreises und mit dem Rauriser Literaturpreis, 1987 mit dem Ricarda-Huch-Preis der Stadt Darmstadt, 1989 dem Preis der Henning-Kaufmann-Stiftung zur Pflege der Reinheit der deutschen Sprache, 1990 mit der Roswitha-Gedenkmedaille der Stadt Bad Gandersheim und mit dem Marieluise-Fleißer-Preis der Stadt Ingolstadt, 1991 mit dem Kranichsteiner Literaturpreis und einem Villa-Massimo-Stipendium, 1992 mit dem Kritiker-Preis des Verbandes deutscher Schriftsteller, 1994 mit dem Kleist-Preis, 1995 mit dem Europäischen Literaturpreis Aristeion und dem Stadtschreiberamt von Bergen-Enkheim, 1997 mit dem Franz-Nabl-Preis, 1998 mit dem Impac Dublin Literary Award und dem Ida-Dehmel-Literaturpreis, 1999 mit dem Franz-Kafka-Preis, 2001 mit dem Cicero-Rednerpreis, 2002 mit der Carl-Zuckmayer-Medaille des Landes Rheinland-Pfalz und 2003 mit dem Joseph-Breitbach-Preis (zus. m. Christoph Meckel und Harald Weinrich) ausgezeichnet. 1989 übernahm sie eine Gastdozentur an der Universität Paderborn, 1992 war sie »writer-in-residence« der University of Warwick in England, 1996 des Dickinson College in Carlisle und der University of Wales in Swansea, 1998 der University of Florida in Gainsville, 2000 des Literaturhauses Basel, 2001 der TU Zürich. 1995 übernahm sie Gastprofessuren an den Universitäten Hamburg und Bochum, 1998 übertrug man ihr die Gebrüder-Grimm-Professur der GH Kassel, 2001 die Poetikdozentur der Universität Tübingen und 2002 eine Gastprofessur am Deutschen Literaturinstitut Leipzig.

Herta Müller kommt von Rumänien nicht los. Die Diktatur diktierte die Wirklichkeit, sie retuschierte, grenzte aus und vernichtete, säte Misstrauen und Hass. Sie okkupierte Sprache und verhinderte Reflexion. Rumänien ist nicht nur ein geografischer Ort, den Herta Müller 1987 verlassen hat, sondern auch ein Zustand und ein Trauma, die über Grenzen hinweg weiterwirken. »In meiner Stirn sind die Beschädigungen einer Einheimischen und die Bedenken eines fremden Passagiers«, so Müller in *Hunger und Seide* (1995). Zu Hause ist sie in ihrer Sprache. Es ist eine raue, fast körperliche Sprache, voll innerer Spannung, lyrisch und karg zugleich, eine Sprache, die im Grunde zwei Wurzeln hat, denn das Banater Deutsch ihrer Heimat vermischt sich mit der rumänischen Sprachwelt, die sie erst mit fünfzehn Jahren kennen gelernt hat. Diese Sprache ist voller eigentümlicher Bilder, wie man sie sonst nirgendwo findet. Herta Müller ist misstrauisch und hellhörig geworden, sie klopft Begriffe genau ab, erkennt falsche Zwischentöne, insistiert im Nachfragen und ist um Differenzierung bemüht. In ihrem Prosadebüt *Niederungen* (1982) beschreibt sie mit dem unerbittlichen Blick des Kindes den Geburtsort ihrer Wahrnehmung und Sprache, das abseits gelegene Dorf, alles nur in Augenhöhe, selbst die Sprache konnte nicht mitwachsen, eine »Kinderbettsprache« (*Herztier*, 1994) innerhalb einer sprachlosen Umgebung. Hier macht sie die Erfahrung, dass dieses kleine Dorf in seinen Strukturen für den Staat einsteht, archaisch, Menschen verachtend und brutal im Denken und Handeln: »Und wo man etwas berührt, wird man verwundet«, lautet der Kernsatz dieser Prosa. Im Folgenden ist es die tägliche Nichtübereinstimmung mit dem totalitären System, viele Einzelheiten; der Schatten der Verfolgung legt sich auf die Dinge, die allgegenwärtige Bedrohung und die daraus entstehende

Angst – Grundmotiv all ihrer Texte – beschädigt die Wahrnehmungsfähigkeit. Der Sturz des Regimes und der Tod des Diktators 1989 haben bei Müller vieles freigesetzt, was sich verkapselt hatte. Verschwommene Bilder bekamen nun Konturen und Gefühle nahmen sprachliche Gestalt an. Aus der Sprache verjagt, mussten Worte wie Dinge in ihrer ursprünglichen Form, wie sie vor der Diktatur existierten, wiedergefunden, aus falschen Kontexten herausgeschnitten und neu zusammengesetzt werden. Ihre Bild-Text-Collagen sind manifeste Beispiele dieser Bemühungen (*Der Wächter nimmt seinen Kamm*, 1993; *Im Haarknoten wohnt eine Dame*, 2000). Im Roman *Der Fuchs war damals schon der Jäger* (1992) sind es das Gift des Verrats, die Nahtstelle zur Freundschaft und die Erpressung durch den Geheimdienst Securitate, die die Verfolgten zermürben und verletzen. Der Fuchs ist dabei nur das Symbol für die Allgegenwart der Verfolger, die anonyme Macht wird plötzlich sichtbar und verbreitet Angst, diese fast paradoxe Symbiose zwischen Staatsmacht und Oppositionellen treibt alle, wenn auch auf unterschiedliche Weise, an die Grenzen des Wahns. In *Herztier* (1994), vielleicht dem zentralen Text im Werk Herta Müllers, werden aus der Sicht einer Frau die Verstrickungen einer Clique von Freunden erzählt, die als Studenten in ihrem Aufbegehren gegen das System zusammenfinden und, vom politischen Gegner gezielt in alle Winde zerstreut, Kontakt zu halten suchen. An Lolas Schicksal hatte sich ihr Widerstand entzündet. Ihre Liaison mit einem Parteifunktionär wurde angezeigt, kurz darauf war sie tot. Spuren werden verwischt, man statuiert ein Exempel, diffamiert die junge Frau und macht ein Opfer zum Täter. Alle, auch die Erzählerin, ducken sich, niemand erhebt die Stimme. Aus Gesprächen mit den drei jungen Männern entsteht jedoch eine intensive Bindung, sie lesen Bücher, schreiben Gedichte und dokumentieren mit Fotos. Behördliche Schikanen wie Zensur, Hausdurchsuchung, Verhör und Denunziation führen in die soziale Isolation. Der äußere Druck, der auf ihnen lastet, findet kein Ventil; gegenseitige Verletzungen sind die Folge. Allmählich schwindet ihre Kraft; mürbe geworden, entschließen sie sich – mit einer Ausnahme – zur Ausreise. In Deutschland angekommen, erfahren sie, dass zwei Mitglieder ihrer Gruppe unter mysteriösen Umständen ums Leben kamen. An Knotenpunkten des Geschehens, das nie vom gesellschaftlichen Bezugssystem abgelöst wird, wird in die Kindheit der Erzählerin zurückgeschaltet, und Stationen einer Entwicklung werden transparent gemacht, die in Verrat, Terror und Tod münden. SS-Väter, »Blutsäufer« und andere dumpfe Gestalten prägen eine unheilvolle, verrohte Wirklichkeit, deren Deformationen für die politische Entwicklung mitverantwortlich gemacht werden. Ausgangspunkt bleibt jedoch stets die besondere Erfahrung. Die Observation zwingt die Opfer in eine überscharfe, nervöse Wahrnehmung, das bleibt dem Schreiben Müllers anzumerken. In ihren Bonner Vorlesungen *In der Falle* (1996) hat sie im Hinblick auf Theodor Kramer, Inge Müller und Ruth Klüger betont, wie sie diese Autoren während ihrer Zeit in Rumänien gelesen und als Stütze gesehen hat, weil sie trotz aller Leiden sich und dem geschriebenen Wort treu geblieben waren. Es sind zerbrochene Lebensläufe wie die von Rolf Bossert und Roland Kirsch, Dichterfreunde beide, die unter ungeklärten Umständen ums Leben kamen. Die Vermutung, dass der Geheimdienst seine Hände im Spiel hatte, ist wohl nicht ins Reich der Fabel zu verweisen. Wenn Schreiben zur existenziellen Notwendigkeit wird, wie dies für Müller der Fall war und ist, verrät die Poesie in ihrer Intensität, ihren Skrupeln und ihrem Schweigen mehr von den Befindlichkeiten der Menschen, als es politische Kommentare jemals vermögen: »In Rumänien haben sich viele Menschen an Gedichte gehalten. Durch sie hindurch gedacht, um eine Weile nur für sich zu sein.« Im Roman *Heute wäre ich mir lieber nicht begegnet* (1997) schildert Müller sehr offen ihre Erfahrungen mit dem täglichen Terror der Staatsmacht und geht damit über *Herztier* in manchen Passagen noch hinaus. Auf dem Weg zu einem Verhör, zu dem die Erzählerin bestellt ist und vor dem sie panische Angst hat, benützt sie die Straßenbahn. Unterbrochen durch das Zu- und Aussteigen der Passagiere an den zahlreichen Haltestellen entsteht gleichsam ein Stationendrama. Der jeweilige Halt gibt der Erzählerin Gelegenheit, die Beobachtung der Vorgänge in der Tram zu unterbrechen und in Erinnerungen abzuschweifen. Wie auf dem Weg zum Schafott drängen sich Schlüsselerlebnisse schlaglichtartig in ihr Bewusstsein: Die erste Ehe mit dem Sohn eines »Parfümkommunisten«, der die Deportation ihrer Großeltern zu verantworten hat; die Arbeit in einer Textilfabrik, in der sie, die Zettel mit Heiratsangeboten ins Ausland schmuggelt, bespitzelt und denunziert wird; die Liebe zu Paul, der auch bald schikaniert und bei einem absichtlich herbeigeführten Unfall gefährdet wird; die inzestuösen Gelüste ihrer Kindheit; ihre schrille Freundin Lilli mit ihrem Hang zu alten Männern, der ihr bei einem Fluchtversuch an der ungarischen Grenze zum Verhängnis wurde; Erinnerungen an Familie, Freunde und Kollegen, an ein Land, das dem ständigen Druck durch eine überbordende Sexualität, durch Brutalität und exzessiven Alkoholgenuss zu entkommen sucht. Diese permanente Hochspannung, in der Nerven wie »Glitzerdraht« bloßliegen und die Totenlieder zum Galgenhumor zwingen, manifestiert sich in jenen Traumata, die das Leben der Erzählerin prägen, seitdem sie »bestellt« ist. Auf dem Weg zu ihrem sadistischen Peiniger, dem Major Albu, verpasst die Erzählerin die richtige Haltestelle und kann beobachten, wie Paul mit einem verdächtigen Mann vertraulichen Umgang pflegt. Wie merkte doch Herta Müller noch 1994 bei der Verleihung des Kleist-Preises illusionslos an: »Es gibt für das, was das Leben ausmacht, keinen Durchblick. Nur gebrechliche Einrichtungen des Augenblicks. Und Zurechtlegungen, die nicht bis zum nächsten Schritt halten.«

Thomas Kraft

Werke: *Niederungen*, Pr., Bukarest 1982, Bln. 1984; *Drückender Tango*, Pr., Bukarest 1984; *Der Mensch ist ein großer Fasan auf der Welt*, E., Bln. 1986; *Barfüßiger Februar*, Pr., Bln. 1987; *Reisende auf einem Bein*, Pr., Bln. 1989; *Wie Wahrnehmung sich erfindet*, Rede, Paderborn 1990; *Der Teufel sitzt im Spiegel. Wie Wahrnehmung sich selber erfindet*, Bln. 1991; *Der Fuchs war damals schon der Jäger*, Drehb., zus. m. Harry Merkle, 1991, R., Reinbek 1992; *Eine warme Kartoffel ist ein warmes Bett*, Hbg. 1992; *Der Wächter nimmt seinen Kamm. Vom Weggehen und Ausscheren*, Reinbek 1993; *Berlin – tolerant und weltoffen. 4. Gesprächsforum vom 17. 4. 1993 mit Herta Müller*, Bln. 1993; *Herztier*, R., Reinbek 1994; *Hunger und Seide*, Ess., Reinbek 1995; *Täter und Opfer der Diktatur*, Feat., DLF 1996; *Das Haar auf der Schulter. Musikalische Meditation. Sieben Texte zur Messe in C-Dur von Franz Schubert, vorgetragen in der Kirche von Payern*, DRS 1996; In *der Falle. Bonner Poetik-Vorlesungen*, hg. v. Karin Hempel-Soos u.a., Gött. 1996; *Heute wäre ich mir lieber nicht begegnet*, R., Reinbek 1997; *Der fremde Blick oder Das Leben ist ein Furz in der Laterne. Ein Essay*, Gött. 1999; *Theodor Kramer: Die Wahrheit ist, man hat mir nichts getan. Gedichte*, Hg., Wien 1999; *Im Haarknoten wohnt eine Dame. Collagen*, Reinbek 2000; *Langwasser. Ein Monolog*, Theaterst., UA Hann. 2000; *Einmal anfassen – zweimal loslassen*, in: *Zukunft! Zukunft?, Tübinger Poetik-Vorlesung*, hg. v. Jürgen Wertheimer, Tüb. 2000; *Heimat ist das, was gesprochen wird. Eine Rede*, Blieskastel 2001; *Der König verneigt sich und tötet. Vorträge*, Mü. 2003.

Müller, Inge (geborene Ingeborg Meyer), wurde am 13. 3. 1925 im Osten von Berlin geboren. Am 8. 1. 1945 erhielt sie, nach Reichsarbeitsdienst in der Steiermark und Pflichtdienstjahr in Berlin, den Stellungsbefehl in die Wehrmacht. Als Soldatin der Flakbatterie 253 erlebte sie die Schlacht um Berlin. Ende April 1945 wurde sie nach einem Bombenangriff von einem Haus im Prenzlauer Berg für drei Tage und drei Nächte verschüttet. Nach ihrer Befreiung barg sie die Eltern tot aus den Trümmern ihres ehemaligen Zuhauses in Berlin-Lichtenberg. Im Dezember 1946 wurde ihr Sohn Bernd geboren. Seit Anfang der Fünfzigerjahre lebte sie als freie Schriftstellerin und trat 1957 in den Schriftstellerverband der DDR ein. Gemeinsam mit Heiner Müller erhielt sie für die Stücke *Die Korrektur* und *Der Lohndrücker* 1959 den Heinrich-Mann-Preis der Ost-Berliner Akademie der Künste. 1960 sendete Radio DDR ihr Hörspiel *Die Weiberbrigade*, für das sie ein Jahr später mit dem Vaterländischen Verdienstorden in Bronze (Kollektiv) ausgezeichnet wurde. 1965 bekam sie die Erich-Weinert-Medaille (Kollektiv), den Kunstpreis der FDJ. Am 1. 6. 1966 beging Inge Müller Selbstmord in Berlin-Pankow.

Wie viele ihrer Generation bejahte sie als junge Autorin den politischen Aufbruch der 1949 gegründeten DDR zunächst umstandslos: Als Kinderbuchautorin (*Die Radfahrer*, 1954; *Wölfchen Ungestüm*, 1955; *Zehn Jungen und ein Fischerboot*, 1958) schrieb sie ganz auf der kulturpolitischen Linie liegende, bemühte Texte; als Journalistin erhielt sie wegen ihres didaktischen Tons zahlreiche Aufträge. Doch Inge Müller war von Beginn an eine »Dichterin mit Geschichte« (M. Zwetajewa), die ihrem inneren Stoff einen hautnahen, auf die Brüche ihrer Zeit direkt reagierenden Ausdruck abverlangte: Historischer Nötigung und Todeserfahrung begegnete sie mit einer Originalität aus Kunstlosigkeit, Aussparung, bewusstem Stilbruch und Überzeichnung.

Ihre Ende der Fünfzigerjahre beginnende, zunächst noch vorsichtige Absage an die neue sozialistische Nationalliteratur, an Aufbaupathos, sterile Realismusdoktrin und den Heldengesang vom neuen Menschen könnte verzweigter, eigenständiger und klagloser nicht sein. Die Erweiterung der Genese ihres Schreibens – auch mittels der intensiven Begegnung mit dem Dramatiker Heiner Müller 1953, den sie zwei Jahre später heiratete – führte sie in die Lyrik und Prosa, ins Hörspiel und zu Texten fürs Theater. Der weitaus größte Teil ihrer literarischen Produktion entstand in den letzten sieben, acht Jahren ihres Lebens. Es sind Texte, die sich durch Atemknappheit, moralische Intensität, Konkretheit, schroffe Gegensätzlichkeit in der Strukturierung des Sprachmaterials und ihr enorm gestisches Potenzial klar von den früheren Arbeiten unterscheiden.

In der Prosa divergiert vor allem das als innere Wahrnehmungsbiografie angelegte Kaleidoskop *Jona-Fragment* vom Schreibgestus der frühen Entwürfe. Mit den Mitteln der Selbstvertextung erzählt dieser große Textsplitter von den Wandlungen einer Ich-Figur vom Kind zum Mädchen zur Frau, bis zum Wechsel eines zivilen weiblichen Wesens in einen Soldaten. Eine Art Roman im Spiegel, der Versuch, den innersten, intimsten Laut eines einzelnen Lebens im Moment des Zugriffs großer Geschichte zu Gehör zu bringen. Entworfen wird die Figur eines »weiblichen Faust, im Kreis geschützt und fixiert«, die die Grundthemen Inge Müllers dauerhaft umkreist: Krieg, Gewalt, Eingeschlossensein, Verlorenheit, Liebe, individuelle Freiheit, Erinnerung und Kunst.

Auch die späte Kriegs- und Liebeslyrik, die den Nachruhm der Dichterin begründete, nimmt diese Themen auf. Historische Jahreszahlen werden zu Zäsuren individuellen Lebens: »33 war ich ein gläubiges Kind / ... / Erwachsen wurde ich 39.« Oder die häufige Chiffre 1945, wie in dem Gedicht *Trümmer 45*: »Da fand ich mich / Und band mich in ein Tuch: / Ein Knochen für Mama / Ein Knochen für Papa / Einen ins Buch.« Der reduzierte, lakonische Vierzeiler berichtet vom durchlebten Inferno und verpflichtet zugleich die Schrift: Der dritte Knochen wird ins Buch weitergegeben. Die exemplarische Position Inge Müllers in der Nachkriegs-Literaturlandschaft der DDR ist in jener Radikalität begründet, die eigene Erfahrung als Schreibzentrum freizulegen und ihren poetischen Textkörpern eine dissonante eigenwillige Kunstwahrheit abzuverlangen.

Bis zum Frühjahr 1966, als Inge Müller ihre Kontakte zum Theater aus politischen Gründen abbrach, war sie neben Hedda Zinner die einzige gespielte Dramatikerin in der DDR. Vor allem ihre Neufassungen für das Deutsche Theater Berlin – Viktor Rosows Stück *Unterwegs* und Jewgeni Schwarz' *Der Drache* – wurden legendär und auf zahlreichen nationalen und internationalen Bühnen gespielt. Doch weder ihr ausgemachter Bruch mit dem pädagogisierenden Theater der Zeit noch ihre Textarbeiten an den Stücken wurden überliefert. Als Theaterautorin verschwand ihr Name zusehends, wie die gesamte Rezeption des Werks von Inge Müller zu Zeiten der DDR sicherheitsdienstlich gelenkt und behindert wurde. Eine erste schmale Auswahl mit 37 Gedichten erschien 1976, zehn Jahre nach ihrem Tod. 1985 veröffentlichte der Aufbau-Verlag den zensierten Lyrikband *Wenn ich schon sterben muss* (hg. v. Richard Pietrass, Berlin), der ihr Werk entpolitisierte. Erst die beiden Editionen nach 1989 – *Irgendwo; noch einmal möcht ich sehn* (hg. v. Ines Geipel, Berlin 1996) und *Dass ich nicht ersticke am Leisesein* (hg. v. Sonja Hilzinger, Berlin 2002) – ermöglichten eine Gesamtschau des Werks von Inge Müller und die literarhistorische Einordnung ihrer poetischen Stimme als »faszinierendste ostdeutsche Schriftstellerin der Nachkriegszeit«.

Ines Geipel

Werke: *Die Radfahrer*, E., Bln. 1954; *Wölfchen Ungestüm*, Jugendb., Bln. 1955; *Der Lohndrücker*, Theaterst., zus. m. Heiner Müller, Bln. 1957, gedr. Bln. 1958; *Zehn Jungen und ein Fischerdorf*, Jugendb., Weimar 1958; *Die Korrektur*, Theaterst., zus. m. Heiner Müller, UA Bln. 1958; *Die Brücke fällt aus*, Hsp., zus. m. Heiner Müller, Rundf. d. DDR 1958; *Die Weiberbrigade*, Hsp., Rundf. d. DDR 1960; *Auf dem Wege*, Jugend-Hsp., Rundf. d. DDR 1964; *Unterwegs*, Theaterst., n. Viktor Rosow, UA Bln. 1965; *Der Drache*, Theaterst., n. Jewgeni Schwarz, UA Bln. 1965; *Poesiealbum 105*, G., hg. v. Bernd Jentzsch, Bln. 1976; *Wenn ich schon sterben muss*, G., hg. v. Richard Pietrass, Bln. 1985; *Irgendwo; noch einmal möcht ich sehn. Lyrik, Prosa, Tagebücher*, hg. v. Ines Geipel, Bln. 1996; *Ach du lieber Augustin, wie fröhlich ich bin*, Hsp.-Collage v. Geipel u. Tauch, ORB/DLF 1997; *Das Herz ist ein geräumiger Friedhof. Collage aus Texten von Inge und Heiner Müller*, v. Geipel u. Paasch, SR 2000; *Dass ich nicht ersticke. Gesammelte Texte*, hg. v. Sonja Hilzinger, Bln. 2002.

Mulot, Sibylle, wurde am 3. 5. 1950 in Reutlingen als jüngste von drei Töchtern eines Gymnasialdirektors geboren. Nach dem Abitur studierte sie Germanistik und Romanistik. Sie promovierte 1977 über Robert Musil, absolvierte eine journalistische Ausbildung bei der »Süddeutschen Zeitung« und wurde freie Autorin. Sie lebte und arbeitete in Rom, Wien und München, bevor sie sich mit ihrem Mann, dem Niederländer Ronald Jonkers, und ihren zwei Töchtern Mitte der Neunzigerjahre im französischen Lure, einem kleinen Ort im Burgund, niederließ, wo sie als Schriftstellerin und Übersetzerin lebt. Mulot hat 1995 den Ersten Preis »Editeur en langue allemande« des Salon de L'Alsatique de Marlenheim und das Jahresstipendium für Schriftsteller des Ministeriums für Wissenschaft und Kunst Baden-Württemberg erhalten.

Nach ihrer Dissertation, *Der junge Musil* (1977), und einer Biografie der Kulturhistorikerin und

Autorin Bertha Eckstein-Diener, *Sir Galahad* (1987), trat Sibylle Mulot erst vergleichsweise spät, als 40-Jährige, mit dem Roman *Einen Mann für sich allein* (1991) als Erzählerin hervor. Die junge Elvira, die in Rom studiert, geht ihrem »starken Bedürfnis nach Sünde« nach, und das hat allerlei Verwicklungen zur Folge. Was bei einem Debüt wenig überrascht – die Orientierung am Autobiografischen – hat die Autorin in den meisten ihrer Romane und Erzählungen beibehalten. Das Motiv der Studentenliebe, in diesem Fall im Wiener Ambiente, spielt beispielsweise auch in ihrem Roman *Das ganze Glück* (2001), im Grunde eine längere Erzählung mit angehängtem Hafis-Orakel, eine zentrale Rolle.

Mulots zweiter Roman trägt den Titel *Liebeserklärungen* (1994), und diese Überschrift könnte über ihrem ganzen Werk stehen – allerdings in dem besonderen Sinn, den dieses Kompositum hat. Weder erklärt hier jemand einem anderem seine Liebe, noch wird die Liebe schlechthin erklärt. Es handelt sich um Erklärungsversuche vieler verschiedener Personen, die durch die Liebe, oder was daraus geworden ist, verbunden sind. »Eine deutsche Autorin, die über Scherz, Satire, Ironie und – Selbstironie verfügt«, so hieß Kyra Stromberg damals Sibylle Mulot willkommen. Die Qualität der Selbstironie hängt mit der Ich-Erzählerin zusammen, einer Figur, die selbst einiges weiß über den berühmten »Wahn« und nun verschiedene Typen von Liebesleuten nach ihren leid- und freudvollen Erfahrungen und ihren Ansichten befragt. Dabei ergeben sich überraschende, kunstvolle Verknüpfungen auf verschiedenen Zeitebenen, ohne dass dies als besondere erzählerische Anstrengung ins Auge sticht.

Steht das Rätsel Schicksal, dem die Menschen mit allerhand Tricks auf die Schliche zu kommen trachten, in Mulots Geschichten immer zumindest im Hintergrund, so wird es in der Erzählung *Das Horoskop* (1997) fast titelgebend. Was liebende Familienmitglieder voneinander trennt, ist die große Frage, auf die es am Ende keine Antwort gibt – das verwundert wenig, wenn man bedenkt, dass die ebenso große Frage, was die Liebenden zueinander treibt, wie Mulot weiß, ebenso unbeantwortbar ist.

Neben all den gut gemachten Etüden, zu denen auch die Erzählung *Baby Eurydike* (1997) zählt, bei denen sie die Tiefe, gut hofmannsthalisch, an der Oberfläche versteckt, hat Sibylle Mulot zwei Romane vorgelegt, bei denen zwar auch das Liebesmotiv die Handlung treibt und durchdringt, die in der Anlage zum historischen Gesellschaftsbild jedoch deutlich ehrgeiziger daherkommen. In *Nachbarn* (1995) bearbeitete sie die Mythen von Résistance und Kollaboration am Beispiel der Leute eines fiktiven französischen Dörfchens namens Parisey, in dem sich die Bewohner ihrer Wahlheimat Lure mit Recht wiedererkannten. Ein bis in die Gegenwart brisantes Thema, wie das Beispiel von Renée Pasteur zeigt, deren Vater, als »Collabo« verdächtigt, in den letzten Kriegswochen umgebracht wurde, was der hinterbliebenen Familie über die Jahrzehnte anhängt, während der Mann, der für die Hinrichtung verantwortlich war, sich erst kurz zuvor der Résistance angeschlossen hatte, später dann Bürgermeister wurde und nun endlich für seine »Verdienste« ausgezeichnet werden soll. Das Sittengemälde als Familienroman sind *Die unschuldigen Jahre* (1999), wenn Sibylle Mulot die Zeit ihrer eigenen Kindheit und zugleich des Wirtschaftswunders, die Jahre vor 1968, die Pubertät der kleinen Mimi und der jungen Bundesrepublik wieder auferstehen lässt. Die Familie Hülle in Merklingen ähnelt dabei der Familie Mulot in Reutlingen bis in die Einzelheiten.

Sibylle Mulot ist eine polyglotte Schriftstellerin, die nicht nur familiär und als Übersetzerin mit mehreren europäischen Kultursprachen zu tun hat, sondern eine im besten Sinne europäische Literatur produziert. *Nachbarn* steht in der langen Tradition realistischen Erzählens; sie habe versucht, so Mulot, den harten Stoff mit Fontanes Mitteln erträglich zu machen. Auch die französischen Vorbilder von Balzac bis Jean Rouaud sind nicht zu übersehen. *Die unschuldigen Jahre* wiederum, bei denen die Partnerwahl der einen Schwester für die andere die Katastrophe des Liebesverrats bedeutet, wurden mit Jane Austens Romanen und deren Schilderung des Kampfes um gesellschaftliche Anerkennung verglichen. Und die Liebesgeschichten mit ihren Zeitsprüngen und Gefühlswendungen, mit ihren wie filigran skizzierten Charakteren und Schauplätzen und mit ihrer Lust an der unaufdringlichen Reflexion haben die schwer erarbeitete Leichtigkeit von Colette-Erzählungen.

Gelegentlich geht der Gaul namens Pegasus mit seiner Reiterin durch, etwa, wenn der Stolz auf die Erfindung sprechender Namen wie Sanda Lenz und Zenta Herbst *(Das ganze Glück)* diesen ein Übermaß an psychologischer Bedeutsamkeit aufbürdet, oder wenn die verheiratungsfixierte Mutter Marga in *Die unschuldigen Jahre* zur Karikatur wird, indem sie ihre Töchter mahnt: »Alles dürft ihr nach

Hause bringen, alles. Nur keinen Katholiken. Und natürlich keinen Neger. Und keinen Juden und keinen Scheich.« Anderes jedoch, was wie Selbstzweck wirkt, wird nach und nach als erzählerisch funktionales Kalkül erkennbar, die Knöpfchen- und Biesenzählerei, die Parade der Petticoatvarianten, der Seidencloqué- und Organza-Stoffe vor dem Hintergrund der kaum überstandenen und schon verdrängten Nazizeit als Zeichen der ins Leere gehenden weiblichen Sehnsucht nach dem richtigen Leben im falschen. Auf diese Weise macht sich bemerkbar, was am Erzählten Erfahrung ist – eine für Autorin und Leser fruchtbar-beunruhigende Erfahrung.

Julia Schröder

Werke: *Der junge Musil – seine Beziehung zu Literatur und Kunst der Jahrhundertwende,* Diss., Stg. 1977; *Sir Galahad – Porträt einer Verschollenen,* Biogr., Ffm. 1987; *Mensje van Keulen, Tommy Bahnhof,* zus. mit Ronald Jonkers, Stg./Wien 1987; *Gina Kaus: Von Wien nach Hollywood – Erinnerungen,* hg. u. mit e. Nachw., Ffm. 1990; *Einen Mann für sich allein,* R., Mü./Zür. 1991; *Großer Himmel, flaches Land – Niederländisches Lesebuch,* Hg., zus. mit Ronald Jonkers, Mü./Zür. 1993; *Leon de Winter: SuperTex,* Übs, R., Mü./Zür. 1993; *Leon de Winter, Hoffmans Hunger,* Übs., Zür. 1994; *Liebeserklärungen,* R., Zür. 1994; *Peter van Straaten, Agnes – Szenen eines unordentlichen Lebens,* R., Hbg. 1995; *Nachbarn,* Übs., Zür. 1995; *Baby Eurydike,* E., Innsbr. 1997; *Das Horoskop,* E., Zür. 1997; *Leon de Winter: Sokolows Universum,* Übs., Zür. 1999; *Das ganze Glück,* R., Zür. 2001; *Rasche Peper, Das Mädchen, das vom Himmel fiel,* R., Reinbek 2001.

Muschg, Adolf, wurde am 13. 5. 1934 in Zollikon (Schweiz) geboren. Nach dem Gymnasium in Zürich studierte er Germanistik, Anglistik und Psychologie in Zürich und Cambridge und schloss das Studium mit einer Promotion bei Emil Staiger (über Ernst Barlach) ab. Nach 1959 lehrte er an Schweizer Gymnasien, später als Hochschuldozent an deutschen, japanischen und amerikanischen Universitäten. Von 1970 bis 1999 war er Professor für Deutsche Sprache und Literatur an der Eidgenössischen Technischen Hochschule in Zürich. Muschg lebt heute in Männedorf (Schweiz). Er gehört der Sozialdemokratischen Partei der Schweiz an und war Mitglied der Kommission zur Totalrevision der Schweizerischen Bundesverfassung. Er ist Mitglied der Akademie der Künste Berlin, der Akademie der Wissenschaften und der Literatur Mainz, der Deutschen Akademie für Sprache und Dichtung Darmstadt und der Freien Akademie Hamburg. An Auszeichnungen erhielt er u.a. 1967 den Hamburger Leserpreis, 1968 den C.-F.-Meyer-Preis, 1974 den Hermann-Hesse-Preis, 1984 den Zürcher Literaturpreis, 1989 die Carl-Zuckmayer-Medaille, 1993 den Ricarda-Huch-Preis, 1994 den Georg-Büchner-Preis, 1995 den Internationalen Vilenica-Literaturpreis und den Premio Antico Fattore (Florenz) sowie 2001 den Grimmelshausen-Preis.

Schauplatz in Muschgs erstem Roman *Im Sommer des Hasen* (1965) ist Japan. Das Fremde gibt einer Gruppe von Schriftstellern um den PR-Chef Bischof die Möglichkeit, Bekanntes zu überprüfen. Die Frage, ob in der Fremde eine fremd gewordene Heimat wiedergefunden werden kann, beschäftigte Muschg weiterhin in seinen späteren Japan-Aufsätzen im Band *Die Insel, die Kolumbus nicht gefunden hat. Sieben Gesichter Japans* (1995). Im Roman *Gegenzauber* (1967) schreibt der Gymnasiast Klaus Marbach einen Bericht über das Haus »Soldanella«, das einer Gruppe junger Leute als Refugium dient. Gesellschaftliches wird von ihnen bewusst ausgeklammert, kommt dadurch jedoch umso deutlicher zum Vorschein. Auch dem Gerichtsberichterstatter im Hörspiel *Das Kerbelgericht* (1969) werden die politischen Interessen erst bewusst, nachdem er bei einer Straßenkundgebung, in die er zufällig geraten ist, verletzt worden ist. Muschgs Engagement für die 68er-Revolte schließt Aufbruch und Resignation mit ein. Der Lehrer Hämmerli im Roman *Mitgespielt* (1969) ist geprägt von dieser Gebrochenheit. Nur deckt Muschgs brillant arrangierende Schreibweise sie zu. Seine Option für die kritische Subversion herrschender Sprache (im Aufsatz *Fiktion und Engagement*, 1972) ist verwirklicht in den Erzählungen *Fremdkörper* (1968). Muschgs Zuneigung zu den Opfern der Gesellschaft zeigt sich hier vor allem in der Aufmerksamkeit für deren Sprache: Wenn er in ihr spricht, wie in der Erzählung *Der Zusenn oder das Heimat* (*Liebesgeschichten*, 1972), oder wenn er die Opfer selber sprechen lässt.

Das prekäre Verhältnis des bürgerlichen Intellektuellen zur Macht stellte Muschg ins Zentrum seiner Auseinandersetzung mit dem deutschen Bürgertum an der Wende vom 18. zum 19. Jahrhundert, in dem Schauspiel *Die Aufgeregten von Goethe* (1971). Die Wurzeln seiner eigenen politischen und poetologischen Position werden sichtbar in seiner Monografie über *Gottfried Keller* (1977) und im Theaterstück *Kellers Abend* (1975), in dem er Kellers Resignation vor dem Antritt einer Staatsschreiberstelle als Zustand erhöhter Aufmerksamkeit darstellt. Die autobiografischen Hintergründe seines politischen Engagements verarbeitete Muschg erst im Buch *O mein Heimatland* (1998), das durch die Verbindung von Fiktionalität und politischer Verteidigungsschrift auch formal von Bedeutung ist. Den Anspruch der progressiven Bestrebungen, die 1848 zur Verfassung des Bundesstaates führten, stellt Muschg auch an die Schweiz heute (*Von Herwegh bis Kaiseraugst*, 1975). Das Postulat der »Brüderlichkeit« als »der Zweck, in dem sich ein Staatswesen zugleich realisiert und selbst überholt«, sieht er jedoch gefährdet durch die Konsensdemokratie. Die Frage, welche Rolle eine sich als modellhaft verstehende Schweiz in Europa zu übernehmen bereit ist, steht im Zentrum späterer politischer Aufsätze und Kommentare, die im Band *Die Schweiz am Ende. Am Ende die Schweiz* (1990) gesammelt sind.

Die Unfähigkeit, Konflikte auszutragen, bringt viele Figuren in den Erzählungen *Entfernte Bekannte* (1976) an den Rand ihrer Existenz. Das Risiko der Aufdeckung einer verschütteten Liebesbeziehung jedoch zeigt die Erzählung *Noch ein Wunsch* (1979). Sie endet mit der desillusionierenden Erkenntnis, dass die Beziehung nie existiert hat. Der Erzähler im Roman *Baiyun oder die Freundschaftsgesellschaft* (1980) gehört zu einer kleinen, illustren China-Reisegesellschaft. Ein Vorkommnis macht unerwartet alle zu Mordverdächtigen. Nicht mehr das fremde Land steht nun im Mittelpunkt der Fragen und Reflexionen, sondern die Schuld jedes Einzelnen. Kann Kunst, kann Literatur sie wieder gutmachen? Mit dieser Frage beschäftigt sich der Essay *Literatur als Therapie?* (1981). Ausgehend vom Lebensdefizit des »Musterschülers« Muschg aus gutbürgerlichem Haus und dem Therapiebedürfnis der gescheiterten 68er-Generation entwirft Muschg seine Ästhetik. Das Gelingen der Kunst ist »bezahlt mit dem Nichtgelingen des Lebens«, das ihr Thema bildet. »Aber durch ihre Form, die Güte der Form allein, steht sie auf der Seite der Hoffnung.«

»Von jetzt an war der Mensch das Subjekt der Geschichte«, so endet vorläufig die Erzählung *Ein Glockenspiel*, die letzte des Bandes *Leib und Leben* (1982). In der Geschichte eines Kaplans in einem linksrheinischen Städtchen des Jahres 1792 vollzieht sich Durchbruch und Scheitern der Aufklärung. Der Mensch ist Subjekt, aber nicht sich selbst geworden. Die Erzählung *Der Zweitsitz oder unterlassene Anwesenheit* zeigt: So wie das Subjekt in der Geschichte da erst entdeckt wird, wo es zerstört wird, ist das Dasein in der Literatur immer schon versäumtes Dasein. Um Kunst und Leben geht es nochmals im Roman *Das Licht und der Schlüssel* (1984), dessen Protagonist Samstag einmal als Zerutt aus *Albissers Grund* identifiziert wird. Aber die Frage ist nicht: »Wer ist Samstag?«, sondern: »Kennt er sich selber?« Nacht für Nacht erzählt Samstag der todkranken Mona aus dem Leben. Nicht aus seinem, denn er hat keines. Er ist ein Vampir, der anderen Frauen zur Ader geht. Daraus macht er Geschichten. Ort der Handlung ist Amsterdam, Stadt des Tabaks und der Bilder, des Tauschs und der Täuschung. Im Auftrag des blinden Kunstsammlers Mijnheer ist Samstag auf der Suche nach einem Stillleben, das Mijnheer das Augenlicht wieder zurückgeben soll. Die Suche verläuft sich in einer Kriminalgeschichte der Fälschungen. Die Kunstgeschichte, die Mijnheer im Anhang des Buches entwirft, zeigt, dass aus der Kunst kein Leben zu gewinnen ist. Aber indem das Stillleben vom Tod erzählt, verweist es auf das Leben, das wir uns selber schulden.

In den Liebesgeschichten *Der Turmhahn* (1987) steht die erfahrene oder vermisste Liebe auf dem Spiel. Was die Protagonisten mit großer Distanziertheit erzählen, ist ein ganzes Leben – oft genug bis zum Tod. Liebe ist verbunden mit der Erfahrung gesellschaftlicher und persönlicher Katastrophen. Zum Hintergrund der Titelgeschichte gehören die Tschernobyl-Ereignisse, die Muschg als »umfassende Entwertung des Sichtbaren« definiert. Angst und Lust, Hilflosigkeit und Mitleid verkehren sich im Stile Kleistscher Novellen und führen zur Zerstörung scheinbar sicherer Gefühle und Identitäten. Der Kurier Axel Hagen, der aus der Perfektion des Dienens sein Lebenswerk macht und sein Nicht-Leben in ein Text-Leben zu verwandeln versucht, setzt in *Weiter im Text* Täuschung und Tarnung strategisch ein. *Weiter im Text* bedeutet die radikale Gestaltung eines Leitmotivs im Werk Muschgs: die Dialektik von Linderung und Verhinderung von Leben durch Kunst.

Opus magnum Muschgs ist *Der Rote Ritter* (1993), die umfangreiche Gestaltung des Parzival-Stoffes zu einer paradigmatischen Erzählung von Auswanderung und Heimkehr. Den Gral zum Lachen zu befreien, bricht Parzival auf. Sein Weg zum Gral ist aber ein Weg hinab. Ehe Parzival zu seinem Glück findet, muss er lernen, aus der Ritterrüstung zu steigen. Bevor er selber lachen kann, muss er sich lächerlich machen. So lässt ihn Muschg auch erzählerisch über weite Strecken aus den Augen. Den Gral kann Parzival nicht suchen, er kann nur von ihm erlöst werden. Christliche Motive werden deutlich sichtbar. Die Frage, mit der Parzival den dahinsiechenden Anfortas endlich gesund macht (»Oheim, was tut dir weh?«), ist Ausdruck der sozialen Verantwortung, die der neue Rittertypus jetzt zu lernen hat. Der *Rote Ritter* ist ein aus den ethischen und ästhetischen Normen des Rittertums heraus entwickelter bürgerlicher Erziehungsroman. Die ironische Erzählhaltung bietet Muschg endlich auch die Möglichkeit ungebrochenen Erzählens. Nach französischen und althochdeutschen Quellen formt er den Stoff zu einem West und Ost verbindenden, gesamteuropäischen Mythos. Das Schreiben als Glückssuche, Muschgs Lebensprojekt, erfährt in diesem außergewöhnlichen Werk seine Verwirklichung.

Im Roman *Sutters Glück* (2001) finden die Schüsse aus *Albissers Grund* ein spätes Echo. Hier bringen sie den pensionierten Gerichtsreporter Sutter dazu, die Trauerarbeit nach dem Selbstmord seiner krebskranken Frau bis zu seinem eigenen Tod voranzutreiben, um so das Leben zurückzugewinnen. Im Stil einer Ermittlung gegen sich selber erkennt er seine Verwicklung in die Beziehungen einer Gattenmörderin, die er in einer seiner Reportagen verteidigt hatte. Im Finale des Romans kommt es zu ihrem späten Vollzug: Sutter schläft mit der Täterin. Beim Ausstreuen der Asche seiner toten Frau im Silsersee geht er dann selber über Bord und ertrinkt. In einer Vision öffnet er sich dem Strom des Lebens, gegen den er stets geschwommen war.

Der Parzival-Stoff klingt nach im Roman *Das gefangene Lächeln* (2002), in der noch stärker mit christlichen Motiven besetzten Geschichte des in seiner evangelisch-puritanischen Erziehung gefangenen Josef Kaspar Kummer. Sein Leben nahm nach einem gescheiterten Mordversuch an seiner Geliebten eine unwahrscheinlich glückliche Wendung im fernen Ägypten. Glaubwürdigkeit bekommt sie als Schuldeingeständnis Josefs, der seine Lebensgeschichte in Form einer »confessio« seinem Enkel in einem Dokument niederlegt, das dieser erst zwanzig Jahre später öffnen darf. Das fröhliche Lachen des kleinen John soll vom gequälten Lächeln der Kummer-Familie unbehelligt bleiben.

Samuel Moser

Werke: *Der Dichter Barlach*, Diss., Aarau 1962; *Wüthrich im Studio*, Hsp., DRS 1962; *Im Sommer des Hasen*, R., Zür. 1965; *Gegenzauber*, R., Zür. 1967; *Rumpelstilz. Ein kleinbürgerliches Trauerspiel*, UA Zür. 1968, gedr. Zür. 1968, Hsp., DRS 1968, Fssp., 1969; *Fremdkörper*, En., Zür. 1968; *D. Barthelme: Unsägliche Praktiken, unnatürliche Akte*, Übs., zus. m. Hanna Muschg, Ffm. 1969; *Das Kerbelgericht*, Hsp., WDR/DRS 1969, gedr. Zür. 1969, Theaterst., UA Lausanne 1971; *Mitgespielt*, R., Zür. 1969; *Papierwände*, Aufs., Bern 1970; *Die Aufgeregten von Goethe*, Theaterst., UA Zür. 1970, gedr. Zür. 1971; *Liebesgeschichten*, Ffm. 1972; *Highfidelity oder Ein Silberblick*, Fssp., 1973, gedr. Basel 1973; *Verkauft*, Theaterst., UA Zür. 1970; *Albissers Grund*, R., Ffm. 1974; *Kellers Abend. Ein Stück aus dem 19. Jh.*, UA Basel 1975, gedr. Ffm. 1976; *Von Herwegh bis Kaiseraugst – wie halten wir es als Demokraten mit der Freiheit?* Rede, Zür. 1975; *Entfernte Bekannte*, En., Ffm. 1976; *Geschichte eines Manuskripts*, Vorw. zu F. Zorns *Mars*, Zür. 1977; *Gottfried Keller*, Monogr., Mü. 1977; *Why, Arizona*, Hsp., DRS/WDR 1977; *Watussi oder Ein Stück für zwei Botschafter*, UA Bern 1977, Hsp., DRS 1978, Fssp. 1973; *L'Alpage (Der Zusenn)*, Theaterst., UA Genf 1978, Hsp., DRS 1980; *Besuch in der Schweiz*, En., Stg. 1978; *Noch ein Wunsch*, E., Ffm. 1979; *Professor Gottfried Keller*, Zür. 1979; *Besprechungen 1961–1979*, hg. v. J.-F. Bergier, Stg. 1980; *Baiyun oder die Freundschaftsgesellschaft*, R., Ffm. 1980; *Goddy Haemels Abenteuerreise*, Hsp., DRS 1981; *Literatur als Therapie? Ein Exkurs über das Heilsame und das Unheilbare*, Ffm. 1981; *Die Tücke des verbesserten Objekts*, Vortr., Bern 1981; *Leib und Leben*, En., Ffm. 1982; *Übersee. Drei Hörspiele* (enth. *Why, Arizona*; *Watussi*; *Goddy Haemel*), Stg. 1982; *Ausgew. Erzählungen*, Ffm. 1982; *Das Licht und der Schlüssel*, R., Ffm. 1984; *Unterlassene Anwesenheit*, En., hg. v. L. Kopácsy, Lpz. 1984; *Empörung durch Landschaften. Vernünftige Drohreden*, hg. v. P. N. Franchini, Zür. 1985; *Im Wasser Flamme – Goethes grüne Wissenschaft*, Vortr., Stg. 1985; *13 Briefe Mijnheers. Vom Bildersehen und Still-Leben*, Ffm. 1986; *Goethe als Emigrant. Auf der Suche nach dem Grünen bei einem alten Dichter*, Ffm. 1986; *Zürich und Zürichsee*, Fotobd., Text v. A. M., Mü. 1986; *Der Turmhahn*, En., Ffm. 1987; *Deshima*, Film, 1986/87, gedr. Ffm. 1987; *Die Erfahrung von Fremdsein*, Mü. 1987; *Noch ein Wunsch*, Film, 1988; *Die Schweiz am Ende. Am Ende die Schweiz*, Ffm. 1990; *Kellers Abend*, Hsp., ORF/DRS 1990; *Der Rote Ritter. Eine Geschichte von Parzival*, R., Ffm. 1993; *Die Wahrheit ist immer anders*, Hsp., SWF 1993; *Herr, was fehlt euch? Zusprüche und Nachreden aus dem Sprechzimmer des heiligen Grals*, Aufs., Ffm. 1994; *Nur ausziehen wollte sie sich nicht. Ein erster Satz und seine Fortsetzung*, E., Ffm. 1995; *Die Insel, die Kolumbus nicht gefunden hat. Sieben Gesichter Japans*, Aufs., Ffm. 1995; *Wenn Auschwitz in der Schweiz liegt. Fünf Reden eines Schweizers an eine und keine Nation*, Ffm. 1997; *Oh mein Heimatland. 150 Versuche mit dem berühmten Schweizer Echo*, Ffm. 1998; *Sutters Glück*, R., Ffm. 2001; *Das gefangene Lächeln*, E., Ffm. 2002.

Nadolny, Sten, geboren am 29. 7. 1942 in Zehdenick an der Havel als Sohn des Schriftstellerehepaares Isabella und Burkhard Nadolny, verlebte seine Kindheit und Jugend in Oberbayern, besuchte ein humanistisches Gymnasium und studierte anschließend neuere und mittelalterliche Geschichte sowie Politologie an den Universitäten in München, Göttingen, Tübingen und Berlin. Das Studium schloss er mit einer Promotion über die Genfer Abrüstungskonferenz 1932/33 ab. Anschließend arbeitete er als Geschichtslehrer und als Aufnahmeleiter beim Film. Heute lebt er als freier Schriftsteller in Berlin. 1980 wurde ihm der Ingeborg-Bachmann-Preis der Stadt Klagenfurt, 1985 der Hans-Fallada-Preis der Stadt Neumünster, 1986 der Premio Vallombrosa und 1995 der Ernst-Hoferichter-Preis verliehen.

Sten Nadolnys literarisches Debüt bei der Klagenfurter Autorenlesung 1980 mit dem fünften Kapitel seines damals noch unveröffentlichten Romans *Die Entdeckung der Langsamkeit* (1983) weckte bei Jury und Rezensenten hohe Erwartungen. Sein erster, 1981 publizierter Roman *Netzkarte* wurde in den Feuilletons jedoch mit deutlicher Zurückhaltung besprochen. In ihm schildert Nadolny die Erlebnisse eines fiktiven Kollegen, des Studienreferendars Ole Reuter, der sich 1976, mit Netzkarte und Kursbuch bewaffnet, auf eine Zugfahrt kreuz und quer durch Deutschland begibt. Reuter, kurz vor dem Staatsexamen stehend, befindet sich in einer seelischen Krise und erhofft sich von der Reise »eine allmähliche Gesundung«. Eine Zugfahrt als Therapie – Ole sucht neue Perspektiven. Dazu hat er die Absicht einer »häufig das Objekt wechselnden Annäherung an das weibliche Geschlecht«. In tagebuchartigen Aufzeichnungen versucht er zu wahren Empfindungen vorzustoßen, er hat ein nicht näher zu bestimmendes Ziel und klammert sich an Netzkarte und Fahrplan. Mit dem Blick aus dem Abteilfenster leitet er aus Beobachtungen kleine halbphilosophische und historische Exkurse ab. In Köln lernt er Judith kennen, bleibt aber unentschlossen. Reuter fällt durchs Examen, Judith wendet sich einem anderen Mann zu. Mittlerweile als Produktionsassistent beim Film arbeitend, vertraut er wieder einem Tagebuch seine Aufträge und Erfahrungen an, »denn es verlangsamt Nerven und Hirn, es verhindert Heißlauf«. Er beneidet die Profis, ihre Arbeit: »Sie haben alles, was man braucht, außer Zeit.« Dann, vier Jahre später, sitzt Ole wieder im Zug, mit Netzkarte. Aber die Welt hat sich verändert. »Der Übergang ist sehr allmählich! Leute mit schneller Wahrnehmung kriegen ihn nicht mit.« Ole ist depressiv, doch statt Neugier treibt ihn jetzt der Wunsch, an Vergangenes, an Erlebtes anzuknüpfen. Am Ort seiner Kindheit, in Übersee am Chiemsee, räsoniert er über seinen Vater und über die Ziele, die dessen Generation verkörperte und, ohne sich möglicher Konsequenzen bewusst zu sein, realisierte: »Zu schnell ist es gegangen! Die Enkel und Urenkel müssen sehen, dass einiges wieder langsamer wird und anderes gerechter, das ist viel Arbeit. Sonst bleiben nur die Medien, Langeweile und eine neue Bombe.« Ole bricht seine Reise ab, übergibt seine Aufzeichnungen Nadolny und fährt in die USA, optimistisch und voller Neugier, herauszukriegen, »ob wirklich alles zu spät ist und wer das sagt«.

Die Erlebnisse Ole Reuters und seine Einsichten in die moderne, schnelle Zeit lesen sich wie eine Vorstudie zu Nadolnys zweitem Roman *Die Entdeckung der Langsamkeit* (1983), einer historisch-biografischen Betrachtung über das Leben des britischen Marineoffiziers und Forschers John Franklin (1786–1847). Der Romantitel ist Programm, Nadolny wollte mit diesem Text »das Wunschbild eines Mannes schaffen, der die Kraft hat zum Widerstand gegen diese Schnelligkeitsanforderungen, die von außen an einen herangetragen werden«. Mithilfe historischen Quellenmaterials rekonstruierte Nadolny den Lebensweg des berühmten Polarforschers und formte den historischen Franklin zu einer Kunstfigur, die in ihrer Bedächtigkeit einen überzeugenden Widerpart gegen die hektische Oberflächlichkeit des beginnenden Industriezeitalters darstellt: »London dampfte. Der Zuwachs an Apparaten, Maschinen und Eisenkonstruktionen wurde täglich größer, man nannte es den Fortschritt.« Inmitten dieser Betriebsamkeit wächst John Franklin auf, mit einer angeborenen, wohl von der Mutter ererbten Langsamkeit im Denken und Handeln. Gehänselt von seinen Spielkameraden, will der kleine John »eines Tages schneller sein als alle, die ihm jetzt noch überlegen waren«. Johns Handikap, sein scheinbar unzeitgemäßes, zeitintensives Beharren darauf, etwas zu Ende denken, irritiert und verärgert seine Mitmenschen. Aber mit auswendig gelernten Phrasen und der gedanklichen Vorbereitung auf kommende Situationen passt sich

John ihren Anforderungen an: »Geistiger Drill glich die Langsamkeit aus.« Die Seefahrt und das Meer mit seinem eigenen, durch Wind und Wellen geprägten Rhythmus ziehen John in ihren Bann. Er heuert auf einem Kriegsschiff an und durchsteht mehr wie im Albtraum die Schlachten von Kopenhagen, Trafalgar und New Orleans. »Die Schlacht, sagte man, sei überflüssig gewesen. Leider sei die Nachricht vom längst abgeschlossenen Frieden verspätet eingetroffen. Aber was hieß verspätet? Man hatte nicht lange genug auf sie gewartet.« Der inzwischen recht selbstbewusste, von allen respektierte John Franklin zieht die Konsequenzen, quittiert den Dienst und begleitet eine Expedition nach Australien. In der Erforschung unbekannter Kontinente entdeckt er seine eigentliche Passion. Er entwickelt ein eigenes Denksystem, »das Franklinsche System des Lebens und Fahrens«, das die langsame und gründliche Beobachtung und Beurteilung von Details dem schnellen Überblick, der viel übersieht, vorzieht – »die zur Führungskraft und Philosophie gewordene Navigation«. Auf seinen Forschungsreisen in die Arktis auf der Suche nach der Nordwestpassage, einer schiffbaren Verbindung zwischen Atlantik und Pazifik und während seiner darauf folgenden Amtszeit als Gouverneur der britischen Sträflingskolonie Van-Diemens-Land bewährt sich Franklins Konzept im Kampf gegen Gegner und Gefahren. Als 60-Jähriger bricht er zu einer letzten Expedition ins Packeis auf, wo er nach zwei Schlaganfällen stirbt und seine ohne ihn völlig hilflose Mannschaft zugrunde geht. Nadolny zeichnet Franklin als melancholischen Anti-Helden, der zwar an seiner Utopie scheitert, dabei aber sein Lebensprinzip verwirklichen kann, wodurch Sieg und Niederlage zu belanglosen Kategorien verblassen. Ohne moralische Penetranz wird der Leser mit einem (historischen) Lebenslauf konfrontiert, der in seiner Geradlinigkeit einem überzeugenden Plädoyer für Toleranz und Humanität gleichkommt.

Mit *Der Entdeckung der Langsamkeit* gelang Nadolny ein Welterfolg; das Buch, das offenbar einen Nerv der Zeit traf, wurde allein im deutschsprachigen Raum mehr als eine Million Mal verkauft und in knapp zwanzig Sprachen übersetzt. Der Titel wurde sprichwörtlich, geradezu ein Slogan der Kulturkritik.

Mit *Selim oder Die Gabe der Rede* (1990) über die komplizierte Annäherung eines deutschen Intellektuellen an einen türkischen Gastarbeiter variiert Nadolny das Thema des letzten Romans. Berlin, 1965 bis 1989: Der APO-Student Alexander ist ein verträumter Stotterer, hat ein »Hirn-Echo« und will von seinem türkischen Freund Selim, der das meisterlich beherrscht, das Reden lernen. Er bewundert dessen Gabe, die Wirklichkeit fabulierend zu verwandeln, ein »Meister der Luftschloss-Baukunst, der 20 Minuten lang einen Ringkampf schilderte, der zwei Minuten gedauert hatte«. Alexander führt Tagebuch und reflektiert über den entstehenden Roman, was am Ende zu einer gewissen Geschwätzigkeit führt. Parallel zur Sprachfindung Alexanders, der schließlich noch eine Rhetorikschule gründet, führt er als Erzähler in vielen Kapiteln durch einen Abschnitt deutscher Zeitgeschichte, was aber zunehmend in Irrwege und Sackgassen führt. »Das Schönste aber an diesem reichhaltigen Buch voller Geschichten mit ungewissem Ausgang, diesem Roman über das Erzählen und seine Möglichkeiten, Zeit zu erfüllen und zu verlieren: wie Nadolnys Wärmestrom alle Personen erfasst und zu echten Menschen werden lässt« (Harald Eggebrecht).

In seinen Münchner Poetik-Vorlesungen *Das Erzählen und die guten Absichten* (1990) hatte Nadolny schon den Götterboten Hermes »als den für Romanschriftsteller meiner Sorte zuständigen Spezialgott« gerühmt. Vier Jahre später schickte Nadolny Hermes, *Ein Gott der Frechheit* (1994), selbst auf Entdeckungsreise. Ein Märchen nimmt so seinen Anfang. Hermes schwebt als bezaubernder Schelm, der Kapriolen und Maskeraden schätzt und vor allem »Heiterkeit und Erkenntnis, sogar Glück« stiften will, durch Zeiten und Räume. Sein Gegenspieler in dieser frechen Antiken-Satire ist Hephaistos, ein moderner Gott der Konzerne und der Technik, der die Welt weitgehend unter seine Kontrolle gebracht hat. Nur wenige Freigeister entziehen sich noch seiner Macht. Er engagiert den unbotmäßigen Hermes und baut ihn zum Star eines Privatsenders auf, doch dieser erkennt die Gefahr und flieht. Auf der Suche nach seiner Geliebten Helle, der Tochter des Hephaistos, schmiedet er mithilfe von Anteros, dem Gott der erwiderten Liebe, ein Komplott gegen den Melancholiker Hephaistos. Ein Pokerspiel soll die Entscheidung bringen. Gegen das mathematische Genie ist Hermes ohne Chance, doch am Ende wird er vielleicht doch mit List triumphieren. Der offene Schluss korrespondiert mit dem Gestus des Erzählers, der bei allen ironischen Verwerfungen der modernen Gesellschaft diese noch nicht für verloren hält. Nadolnys Anspruch war, »Freiheit erleben zu lassen. Nicht über sie zu sprechen oder eine Geschichte zu erzählen, in der jemand frei wird, sondern auf eine

Weise zu schreiben, die selber frei ist und den Leser, wenn er Glück hat, in diese Beschwingtheit hineinführt, dass er sich auch frei fühlt und plötzlich mehr Mut hat«.

Nach fast zwanzig Jahren steht Ole Reuter wieder am Bahngleis, hat eine Netzkarte in der Hand und will sich vom Leben erholen. Nadolny hat seine Figur reanimiert und im Roman *Er oder Ich* (1999) wieder auf die Reise geschickt. Reuter ist mittlerweile »ein treibendes Wrack« mit Haarausfall und Verdauungsstörungen, sein Gepäck enthält Whisky, Pillen und eine Pistole. War *Netzkarte* ein ironischer Bildungsroman der 68er-Generation, so ist *Er oder Ich* das Dokument ihres Scheiterns. Reuter gondelt ziellos durchs Land, sein Bewusstsein bleibt auf der Strecke, da kann er hinfahren, wohin er will. West und Ost, alles erscheint austauschbar, die Reise findet im eigenen Körper statt, der streikt irgendwann, und Reuter bricht zusammen. Böses wollte er tun, Taxis klauen, seine Frau betrügen, sein »Kampfgedächtnis« auffrischen. Der Teufel ist los, faustsche Pakte im Visier, die Angst treibt den Unternehmensberater Reuter an den Rand des Wahns. Doch diese penibel beschriebene Midlifecrisis erschöpft sich in der Selbstanalyse, der Leser geht auf Distanz. Auch der erzählerische Kniff, Reuter in zwei Figuren »Er« und »Ich« zerfallen zu lassen und zudem diverse Engel und Teufel gleichsam als Redenschreiber zu engagieren, misslingt, weil sich kein Spannungsbogen, keine erzählerische Linie einstellen will. Dies sei, so Hanns-Josef Ortheil, »das typische Buch eines Übergangs«.

Thomas Kraft

Werke: *Netzkarte*, R., Mü. 1981; *Die Entdeckung der Langsamkeit*, R., Mü. 1983, Oper v. Giorgio Battistelli, UA Bremen 1997; *Selim oder die Gabe der Rede*, Mü. 1990; *Das Erzählen und die guten Absichten*, Mü. 1990; *Ein Gott der Frechheit*, R., Mü. 1994; *Das große Spiel oder Im Dickicht der Begehrlichkeiten*, R., zus. m. Harald Eggebrecht u. Michael Winter u. d. gemeinsamen Pseud. Percy Warberger, Bln. 1995; *Er oder Ich*, R., Mü. 1999; *Die fliegende Teekanne*, Comic, zus. m. Loomit, Hbg. 2001; *Das Erzählen und die guten Ideen. Die Göttinger und Münchner Poetik-Vorlesungen*, Mü. 2001.

Naters, Elke, wurde am 5. 1. 1963 in München geboren. Nach einer Damenschneiderlehre und einer zweijährigen Tätigkeit als Kostümbildnerin und Designerin in München studierte sie an der Freien Universität und der bildo-Akademie in Berlin Medienkunst mit Schwerpunkt Fotografie. Nach einem einjährigen Aufenthalt in Bangkok lebt sie heute als freie Autorin und Fotografin in Berlin. Im Frühjahr 1998 erschien Elke Naters Debütroman *Königinnen* und stand damit am Anfang einer neu interpretierten Popliteratur um Autoren wie Benjamin von Stuckrad-Barre oder Christian Kracht, die sich jenseits eines politischen Anliegens um eine neue Ästhetik des Alltäglichen und der Beschreibung lebensweltlicher Oberfläche bemühten und ihren Büchern durch außerliterarische Inszenierungen Aufmerksamkeit bei einem breiten Publikum verschafften. Bereits in dem Buch *Königinnen*, das mit verdoppelter Ich-Perspektive das alltägliche Leben der zwei Erzählerinnen Marie und Gloria schildert, sind alle Themen und Motive angelegt, die Elke Naters auch in ihren späteren Büchern beschäftigen: Freundschaft, Liebe, Mode, Konsum. Marie und Gloria, beide um die 30, leben in Berlin und verkörpern in ihren Bedürfnissen, ihrem Wertesystem und nicht zuletzt ihrer Sprache zwei Großstadtfrauen ihrer Generation. Naters bedient sich hierbei einer O-Ton-Prosa, die sehr effektiv mit Jargon, elliptischer Syntax und parataktischer Reihung arbeitet. Auffällig ist, dass beide Frauen weniger über die eigene Befindlichkeit definiert werden als vielmehr über die Wahrnehmung ihrer Umgebung, wie dem Verhältnis zu ihren Freundinnen, der Farbe von Kinderfahrradhelmen oder der eigenen Frisur. Dabei bleiben die theoriefernen Beobachtungen immer an der Oberfläche des Alltäglichen, sind anders als popliterarische Werke der Sechziger- und Siebzigerjahre frei von sozialpolitischen Kommentaren. Nur in sehr begrenztem Umfang können sie als soziologische Bestandsaufnahme eines höchst spezifischen Lebensbereichs ihrer bürgerlich großstädtischen Protagonisten gelesen werden.

Naters' 1999 erschienener Roman *Lügen* schließt in Erzählduktus und Thematik bruchlos an ihr erstes Buch an. Auch hier stehen zwei Frauen im Mittelpunkt, Be und Augusta. Diesmal wird dem Leser aus Augustas Perspektive von den Sehnsüchten der zwei und von ihrem Verhältnis zueinander erzählt. Auch hier wird das Innenleben der Protagonistinnen zugunsten einer detailgenauen Beobachtung sozialer Mechanismen weitgehend ausgeblendet. Wie schon in *Königinnen* legt Naters so das komplexe Denken und Wahrnehmen ihrer weiblichen Heldin offen, das, verstärkt wiederum durch eine knappe und schlichte Syntax, unprätentiös auch den Egoismus und die Kleinmütigkeit Augustas mit einschließt. Fernab postfeministischer Standpunkte gelingt ihr dabei die Darstellung vordergründig naiver und doch selbstbewusster moderner Frauengestalten, die sich zwischen ihren Apartments, den Berliner Bars, Kneipen und Kaufhäusern bewegen und die stellenweise monomanische Befriedigung ihrer Bedürfnisse und Sehnsüchte verfolgen, ohne sich allzu sehr um berufliche oder finanzielle Verpflichtungen sorgen zu müssen. Augustas Gedanken kreisen um ihren neuen Freund Peter, um Be und deren zerbrechende Beziehung zu Karl, der sich stoisch um die Versorgung von Bes zwei kleinen Kindern kümmert.

2001 erschien Naters' Buch *G.L.A.M.*, zeitgleich auch die von ihr und Sven Lager herausgegebene Anthologie *the buch. leben am pool*, das die Texte ausgewählter Jungautoren ihres im Juni 2000 begonnenen Internetprojekts »am pool« zusammenfasst und in dem einige Stücke aus *G.L.A.M.* vorab zu lesen waren. Für *G.L.A.M.* lässt sich keine Gattungsbezeichnung finden. Sortiert nach 90 Stichwörtern, ist es vielmehr die Katalogisierung dessen, womit sich Naters auch in ihrer längeren Prosa beschäftigt. Die Textformen variieren von autobiografischen Tage- und Reisebuchaufzeichnungen über Listen und literarischen Skizzen bis zu Kurzdramen. Eingestreut sind drei Bildteile mit Fotografien der Autorin, die in ihrem Reduktionismus und ihrer Motivik die Stichworteinträge visuell reflektieren und Naters erzählerische Techniken mit fotografischen Mitteln fortsetzen.

2002 folgte der Roman *Mau Mau*, der von einem längeren Strandurlaub in Fernost erzählt, an dem fünf Personen teilnehmen: das Paar Mika und Frank, Susanne und Carsten, dazu Ida. Während der erste Teil des Buchs in für Naters typischer Prosa und subjektiver Unnachsichtigkeit aus Idas Perspektive wiedergegeben wird und wie ein Kammerstück wirkt, besteht der zweite Teil in einer Darstellung von Mikas und Franks Beziehung nicht nur während dieses Aufenthalts. Darin tritt ganz die Liebe zwischen den beiden in den Vordergrund und relativiert das von der ersten Erzählerin Ida Gesagte erheblich. Immer wieder stellt die Erzählerin Mika ihre (selbst-)zerstörerische Liebe auf die Probe, lotet sie aus und entblößt sich und ihren Partner vor dem Leser. Es geht Naters um die Ergründung von Liebe und Sex, der erst die Beziehung zwischen Frank und Mika tragfähig zu machen scheint. Auch in *Mau Mau* fokussiert die Autorin bei weit gehender Handlungsarmut und Verzicht auf die Beschreibung des Ortes auf die Meinungen und alltäglichen Tätigkeiten der weiblichen Charaktere, verschärft aber ihren in früheren Büchern zur Harmlosigkeit neigenden Ton ins Bösartig-Zynische und verleiht dem Roman durch Franks fast beiläufig von Mika zur Kenntnis genommenen Tod einen existenzialistisch tragischen Beigeschmack, der im Rahmen ihres übrigen Erzählens fremd wirkt.

Thomas Tebbe

Werke: *Königinnen*, R., Köln 1998; *Lügen*, R., Köln 1999; *G.L.A.M. Skizzen- und Bilderbuch*, Köln 2001; *the buch, leben am pool*, Anth., Hg., zus. m. Sven Lager, Köln 2001; *Mau Mau*, R., Köln 2002.

Neumann, Gert, wurde am 2. 7. 1942 in Heilsberg in Ostpreußen als Sohn der parteilichen Schriftstellerin Margarete Neumann geboren. 1945 fiel der Vater im Krieg, die Familie flüchtete nach Bayern. 1946 erfolgte die Übersiedlung nach Mecklenburg, 1949 bis 1951 nach Halle/Saale und dann nach Hohen Neuendorf bei Berlin. Nach der Volksschule 1957 bis 1960 absolvierte Neumann eine Traktoristenlehre und arbeitete als Traktorist in Schönfließ. 1960 bis 1962 leistete er freiwillig den Wehrdienst ab, 1963 trat er in die SED ein. 1962 bis 1964 war er Hilfsschlosser in Chemnitz, machte dann die Erwachsenenqualifikation zum Schlosser und den Abschluss der Mittleren Reife. Ab 1967 studierte er am Literaturinstitut »Johannes R. Becher« in Leipzig, im Mai 1969 wurde er exmatrikuliert und aus der SED ausgeschlossen. Er arbeitete anschließend in Leipzig als Bauschlosser in einer Privatfirma, dann als Theaterhandwerker am Schauspielhaus, 1976 bis 1978 als Haushandwerker im Kaufhaus »konsument«, 1978 bis 1985 als Heizungsschlosser im evangelischen Diakonissenhaus und danach als Haushandwerker beim katholischen Oratorium. Er war Mitglied der Redaktionen der nichtoffiziellen Zeitschriften »Anschlag« (1983–1988) und »Zweite Person« (1985–1988). Seit 1988 lebt er als selbstständiger Autor in Berlin. 1998 hielt er Poetik-Vorlesungen in Dresden und 2000 in Wien. 1982 erhielt er den Förderpreis für Literatur der Akademie der Künste, Berlin (West), verschiedene Stipendien und Ehrengaben, 1999 den Uwe-Johnson-Preis.

Gert Neumann ist immer seinen Weg in der Verteidigung der Poesie gegangen unter Vermeidung all dessen, was der Literaturbetrieb und die Medienöffentlichkeit zu bieten haben. Vielleicht deswegen ist sein Werk nahezu unbekannt geblieben, obwohl Franz Fühmann ihn schon 1982 (in einem Brief) als »den bedeutendsten Schriftsteller (...), den die DDR, nein, den wohl der deutschsprachige Raum besitzt«, bezeichnete; und noch 1999 nannte Martin Walser

(in seinem Vorwort) *Elf Uhr* »das unentdeckteste Buch der deutschen Gegenwartsliteratur«.
Ausgangspunkt der Prosastücke *Die Schuld der Worte* (1979; zwischen 1968 und 1976 entstanden) ist das Erlebnis der Sprach- und Gegenwartslosigkeit, verursacht durch die totalitäre sozialistische Gesellschaftstheorie. Um dennoch zu den Menschen und von den Dingen sprechen zu können, macht sich Neumann auf die Suche nach unkorrumpierten Ausdrucksformen im lyrischen oder pathetischen Sprechen, als Dialog mit der idealen Gesprächsfigur Saquerieur, als Klage, Sprachfantasie und in der sich selbst beobachtenden »verhüllten« Sprache (Jakob Böhme, Johann Georg Hamann). Diese noch eher geahnte poetologische Radikalität negiert jeglichen kunstfernen Anspruch, »da ich einen (...) rettungslos namenlosen Krieg führe, den ich den Krieg gegen die Sprache nenne«, um von dem real Abwesenden sprechen zu können. Ganz gleich, ob die Literatur von einem Soldaten im Wehrdienst oder von einem Schriftsteller im Braunkohlerevier oder von einem Teilnehmer an einer Betriebsversammlung erzählt – sie droht schuldig zu werden, wenn sie sich auf die Ebene der vorgegebenen Wahrnehmungs- und Deutungsschemata begibt. Deutlich wird dies in dem frühen Text *Die Reportagen*, der den Besuch eines jungen Schriftstellers – aufgrund des damals verkündeten »Bitterfelder Wegs« – in der Produktion schildert: »Ich dachte das Wort *Arbeiterklasse* ... und ich konnte mich nicht entscheiden, *wem* es gehörte.« Diese poetische Erzählung ist keine bestätigende Illustration einer behaupteten sozialen Realität, sondern ein »Kampf um die Namen und Sätze«, wodurch das tatsächliche Bild eines Baggers und das wirkliche Sein der Arbeiter erst dargestellt werden kann. Unversöhnlich stehen sich zwei Sprechweisen gegenüber: Die der staatstragenden Ideologie und die der sprachverhinderten Arbeiter.
Sein zweites Buch *Elf Uhr* (1981) zeigt Neumann in seiner für ihn eigentümlichen Doppelrolle: Als Handwerker und als ein Schriftsteller, der sich als Chronist und Analytiker der Gegenwart versteht. Deshalb lassen sich diese Texte auch als Stationen seiner äußeren und inneren Biografie verstehen. Vom 24. Februar 1977 bis zum 27. Februar 1978 machte sich das erzählende Ich um elf Uhr Notizen über seine Arbeit in dem Kaufhaus »konsument«, über die Kollegen und sein Schreiben, sodass *Elf Uhr* als Betriebs-Tagebuch und als Handbuch der Poesie gelesen werden kann. Der schreibende Handwerker, dessen Texte in der DDR nicht erscheinen dürfen (auch davon handelt dieses Buch), berichtet von Reparaturen, freiwilligen Arbeitseinsätzen, Betriebsversammlungen und Geburtstagsfeiern, vom »ökonomisch, kulturellen Leistungsvergleich zwischen den Brigaden« und von der »Schule der sozialistischen Arbeit«. Und er erzählt von den Mitarbeitern (ob Kollege oder Direktor, ob Spitzel oder Ausreisewilliger), deren Leben durch Krankheiten und Todesfälle, Langeweile, Überdruss und Kontaktlosigkeit gekennzeichnet ist. Schon auf dieser Beschreibungsebene ist *Elf Uhr* ein einzigartiges Buch der desorientierten inneren Verhältnisse der Einzelnen und des desolaten Zustands der DDR-Gesellschaft. Dem entspricht Neumanns radikale Kritik an der herrschenden Ideologie: »Die Diktatur ist eine Interpretation der Welt; sie zerstört die transzendentale Struktur der Welt bei vollem Bewusstsein.« Angesichts des tatsächlichen Elends und des zynischen Optimismus der ideologischen Behauptungssätze ist ein wahrhafter literarischer Realismus notwendig: »Denn der Horizont für eine Wahrheit ist in der Realität, in der wir leben, vollkommen verdüstert, weil es keine Sprache gibt (...), das Volk ist der Wirklichkeit enteignet; die Menschen müssen auf Sprache verzichten ... und taumeln umher.« Als Schriftsteller nimmt Neumann diese extreme Herausforderung an – »Ich bin ein Ort der Sprache ...« – und verbindet auf diese Weise sein Schreiben mit seiner Existenz. Er stellt sich und seine Kunst in eine literarische Tradition, in der die Großen der DDR-Literatur nicht vorkommen: Kleist, Büchner, Hebbel, Rilke, H. von Hofmannsthal, Kafka und, einzig von den Lebenden, Thomas Bernhard. Dennoch weiß er, dass sein Schreiben in jeder Hinsicht dem »Verhängnis DDR« verhaftet ist: »Dieses Manuskript ist, fraglos, ein Resultat der DDR-Realität.« Wie das Geschehen in diesem Kaufhaus sich als Brennspiegel einer erstarrten Gesellschaft verstehen lässt, so gilt des Erzählers tägliche Suche nach einem geeigneten Ort für seine Notizen als Metapher für den schwierigen Ort der Literatur im Land des sozialistischen Realismus. Das Resümee ist hart und eindeutig: Der erzählende Handwerker kündigt; seine Literatur muss in den Westen emigrieren; einige seiner Kollegen ereilt der Tod. Und am Schluss stehen das Chaos im Kaufhaus (ausgelöst durch eine besondere Verkaufsaktion) und eine sprachlose Entfremdung der Arbeiter, die sich als Zerstörungswut äußert. Der Autor aber besteht im Widerstand gegen das lebensgefährdende offizielle Denken auf seiner poetischen Erforschung der »inneren Sprache eines Menschen«.

Das Buch *Die Klandestinität der Kesselreiniger. Ein Versuch des Sprechens* (1989), an dem Neumann viele Jahre gearbeitet hat, reflektiert inhaltlich und formal die Brüche jener Zeit und Gesellschaft in einer klandestinen, verborgenen Sprache gegen den dominierenden Ideologie-Monolog, der allmächtig ist, aber die Wirklichkeit verfehlt. »Jenes Nichts ist die fast ... unbegreifliche Religion der Welt, die sich noch immer *Sozialismus* nennt.« Dieses poetische Sprechen in bisweilen verschlungenen, doch exakt kalkulierten Satzkonstruktionen ist nur bezogen auf die eindimensionale Klarheit einer machtvollen Benennungssprache dunkel und schwer verständlich. Das erzählende Ich arbeitet zusammen mit seinem bulgarischen Kollegen Angel im Heizungskeller eines evangelischen Krankenhauses. Obwohl dieser Ort der Arbeit entlegen scheint, ist der staatliche Zugriff allgegenwärtig: Zu Beginn berichtet der Erzähler von der Verhaftung seines Sohnes, um ihn zur Observation seines Vaters zu zwingen (hier bezieht sich Neumann auf einen Vorfall mit seinem Sohn Aram), und am Ende steht der Tod des keineswegs strahlenden bulgarischen Engels, nachdem dieser sich geweigert hatte, seinen Kollegen auszuspionieren. Dies ist das gesellschaftliche Umfeld, in dem Neumanns Prosa sich gegenüber den Sinnruinen der offiziellen Sprache behaupten muss: »Die Diktatur repräsentiert das Abwesende nicht!« Beide Tätigkeiten, die Reinigung des Rauchrohrkessels und das Schreiben – »gehämmert, geschabt, gefegt, geschrieben und geschwiegen« – sind gleichsam Versuche des Sprechens über die Schönheit des Materials und der Gegenstände und über die von der ideologischen Sprache vernichtete moralische und ästhetische Schönheit der Menschen, »die mit mir in jener schwierigen Dunkelheit lebten«. Eine Zeit lang erdulden das Ich und Angel den schlecht bezahlten Einsatz in diesem Keller der sozialistischen Arbeitswelt, wobei ein prinzipielles Misstrauen zwischen den sterilen Gedanken »der alten Männer« des Realsozialismus und dem nachdenklichen Arbeiter und dem Schriftsteller-Ich kein Gespräch möglich macht – ein unlösbarer Konflikt. Später erzählt dieses Ich an einem anderen Ort (in der Dübener Heide) aus der Rückschau und mit gelassener Distanz, dass es seine Arbeit aufgeben musste und wie es auf einer ersten Reise in den Westen zu seinen dort veröffentlichten Texten die deutsch-deutsche Teilung erlebte. Es entdeckte in »Deutschland oder wie zu sagen wäre« eine andere, fremde Ideologie, die das dortige Denken und Sprechen so sehr beherrscht, dass von einem »Drama vollkommen auseinander treibender Deutungen ein und desselben Materials« gesprochen werden muss, und dass der angeblich so goldene Westen keine Alternative ist: »Es war eine andere Mauernmetapher (...) Dann freilich ist die Welt endgültig geteilt in materialistische Lager.« Der Erzähler bleibt in der DDR und beginnt im Augenblick der Wahrheit – des Todes und des Schreibens – während der Beerdigung Angels sein öffentliches Sprechen, während die sozialistische Gesellschaft in Agonie erstarrt. Es gab zu dieser Zeit Verhaftungen, Hausdurchsuchungen, Hetzkampagnen, so genannte »Stimmen des Volkes« in den Zeitungen, Verleumdungen und Grundsatzpapiere.

1991 erschien der Band *Übungen jenseits der Möglichkeit*, der Essays, Briefe und Reden versammelt, die zwischen 1982 und 1991 entstanden sind. Sie geben Zeugnis von Neumanns Schreiben und Handeln vor und nach der Wende. Obwohl er sich nachdrücklich zu einem Leben in der DDR bekannte, war ihm bewusst, dass sich sein Schreiben nicht in Anklage und Schuldzuweisung erschöpfen konnte, sondern, da das Sozialismus-System ihm gegenüber bis zuletzt mit Schikanen, Zensur und der Machtfrage auftrat, als »Stimme des Schweigens« Auskunft geben musste über die Wirklichkeit in »Übungen jenseits der Möglichkeit«. Doch auch nach dem »Verlust der Diktatur« und unter demokratischen Verhältnissen besteht die Notwendigkeit zum Widerspruch: »Diese mir als selbstverständlich bekannt gewordene ... Poetik des Widerstands ist meiner Meinung nach würdig, im Gespräch der Deutschen Wirklichkeit zu stiften.«

Neumanns Buch *Anschlag* (1999) spielt in der Landschaft um das Kloster Chorin, die zweifach historisch geprägt ist: Die gotische Backsteinruine erinnert an die mittelalterliche Christianisierung und Germanisierung der slawischen Stämme, und das Kloster ist umgeben von den Resten eines barocken Landschaftsgartens von Peter Joseph Lenné. Hier, nordöstlich von Berlin, treffen sich zufällig ein Ostdeutscher und ein Westdeutscher und versuchen ein immer wieder verstummendes deutsch-deutsches Gespräch aus dem Schweigen ihrer unterschiedlichen Geschichts- und Gesellschaftserfahrungen heraus. Der Ostdeutsche spricht, zuerst als innerer Monolog, während der Westdeutsche zuhört, Fragen stellt und dann – mit einer Ingeborg-Bachmann-Anspielung – forsch und unwissend provoziert: »Erklär mir Widerstand!« Das ostdeutsche Ich – das sich auf einer »Genesungsreise« befindet, als habe es eine lange DDR-Krankheit überstanden – ist begierig, etwas über die Gründe »des östlichen

Verfolgungswahns und (...) des westlichen Schwerhörigkeitswahns« zu erfahren, doch das Gespräch darüber hat im nun mauerlosen Deutschland noch nicht begonnen. Und so erzählt der Ostdeutsche offen – und wie in einem sokratischen Dialog – von seiner Vergangenheit unter den Bedingungen der DDR-Ideologie, von der Einsamkeit der »Erkenntnismüden« (so nennt er die Stasimitarbeiter) und von der fast unmenschlichen Anstrengung, im Widerstand gegenüber der Staatsmacht zu bestehen. Dieses ostdeutsche Sprechen aber stößt auf ein »westliches Schweigen«, dessen Geheimnis im Zwielichtigen liegt, was den Ostdeutschen vermuten lässt, der Westdeutsche sei ein Kommunikations-Ingenieur, »da der Mangel an Kommunikation zwischen Ost und West in Deutschland eine wahre Krankheit war oder ist ...«. Es ist ein Gehen durch diese Landschaft, ohne im Kloster Chorin anzukommen, und es ist ein immer wieder abbrechendes Gespräch, das, wie in Kafkas Romanen, in eine Ausweglosigkeit mündet. So ist für den Ostdeutschen, dessen Gesellschaft, die ihn geprägt hat, kollabiert ist, das Sprechen immer offensichtlicher ein Selbstvergewisserungsgespräch – die einseitige Voraussetzung für ein mögliches gesamtdeutsches Gespräch, als habe er allein die Bringschuld für diese anstehende Kommunikation zu begleichen. Doch noch besteht der Widerspruch, dass das »Verdammungsgefühl des Westens« die eigene soziale und politische Ordnung für sinnvoll und den Niedergang der Herrschaft des Proletariats für notwendig erklärt, während der Ostdeutsche ein ganz anderes, ironisch gebrochenes Bild von seiner DDR-Vergangenheit hat: »Das Lebensgefühl des Ostens war im Gegensatz zu dem des Westens mit einem herrlichen und im Grunde genommen unbezahlten Urlaub von der Weltgeschichte zu vergleichen.« Man habe »umsonst« gelebt, in des Wortes doppelter Bedeutung. Also wendet sich der Ostdeutsche in der Erkenntnis, dass Widerstand auch im Erzählen der gewendeten Gegenwart notwendig ist, um das Durchschauen »verbaldemokratischer« Behauptungen zu ermöglichen, von dem ihm noch immer unbekannten Westdeutschen ab und begegnet in einem poetisch vielfältig auslegbaren Bild der »Mittagsfrau«, einer sagenhaften Gestalt slawischer Herkunft. Ihr erzählt er die Intention und den selbst gewählten Auftrag der Zeitschrift »Anschlag«. Und so ist das Buch *Anschlag*, zehn Jahre nach der Wende, eine einzigartige Poesie vom (notwendigen) Schweigen als Voraussetzung für ein gesamtdeutsches Gespräch.

Thomas Beckermann

Werke: *Die Schuld der Worte*, Ffm. 1979, Rostock 1989; *Elf Uhr*, R., Ffm. 1981, Rostock 1990; *Die Klandestinität der Kesselreiniger. Ein Versuch des Sprechens*, Ffm. 1989; *Übungen jenseits der Möglichkeit*, Ffm. 1991; *Anschlag*, R., Köln 1999; *Verhaftet. Dresdner Poetik-Vorlesung 1998*, Dresden 1999.

Neumeister, Andreas, wurde am 16. 9. 1959 in Starnberg geboren. Nach Abitur und Zivildienst studierte er Ethnologie in München. Andreas Neumeister lebt in München, wo er mit Christos Davidopoulos den mobilen Klub »Medley« betreibt. Ausgezeichnet wurde er 1993 mit dem Alfred-Döblin-Preis und 1996 mit dem Bayerischen Förderpreis für Literatur.

Wer so konsequent an der Entwicklung des eigenen Bewusstseins entlangschreibt, wie Andreas Neumeister, beginnt dessen Erkundung natürlich im Stadium der Kindheit und Jugend. So ist *Äpfel vom Baum im Kies* (1988) das Findebuch eines Andreas Nachleger, der »praktisch einheizen muss, damit der Gedankenfluss nicht friert«. Hier gräbt einer das wild wuchernde Wurzelwerk seiner Heimat (vom Dreißigjährigen Krieg über König Ludwig II. bis hin zu Ludendorff) und seiner Sozialisation um, hat Lektüren, Historie und Topografie stets im assoziierenden Blick und ereifert sich mit Lakonie und Witz über die »reichtumverblödete Kleinstadt«, aus der er stammt. Was hier noch sprunghafte Suada ist, erweitert sich auf dem Weg in die Stadt zur Großcollage: *Salz im Blut* (1990) zerlegt München in seine Bestandteile, wartet mit statistischem Material auf, reiht es wie Perlen an der Schnur auf und durchbricht so jeden Ansatz erzählerischer Stringenz auf dem Querfeldein vom Oberwiesenfeld nach Ampermoching und zurück. Keine Gasse, kein Graffiti, keine Brauerei entgehen seinem wachen Blick.

»Als laufende Kamera durchquerte ich die Stadt in Richtung Nacht und Leben«, heißt es in *Ausdeutschen* (1994) in Anlehnung an Christopher Isherwood (*Leb' wohl, Berlin*, 1949), doch man ist sich durchaus der begrenzten Möglichkeiten des Verfahrens bewusst: »Die Unregelmäßigkeit bleibt. Auch die exakteste Beschreibung bleibt tief im Ungefähren stecken.« Der Erzähler ist auf dem Weg von Bayern nach Ungarn in Berlin ausgestiegen, dem Schauplatz deutscher Geschichte im Winter 1990/91. Der rasende Reporter Andreas Nachleger, der jetzt Erich heißt, berichtet von vorderster Front, »denkt alles Denkbare« und vergleicht. »Telegen, fotogen, malerisch« dienen als Qualitätsmerkmale, im Zeitraffer und in postmoderner

Sorglosigkeit sprudelt die Chronistenquelle, wird eine Topografie deutsch-deutscher Befindlichkeit am Brennpunkt des Geschehens, der langjährigen »Inzestfalle« Berlin, erstellt. Arrangiert wird eine Melange aus Bonmots, Beobachtungen und Bekenntnissen, ein Zwitter aus Reportage und Kolumne zum Zeitgeschehen. Techno und Trenker, Frey und Frascati, Plattenbau und Plattensee, die klangorientierte Botanisiertrommel kriegt sie alle, gemäß der Maxime, dass »die Bilder scharf sein müssen, die Wahrheit nur plausibel«. »Wir befinden uns im vierten Jahrzehnt seit Pop«, verkündete Andreas Neumeister und verwies darauf, »dass Bewusstseinsbildung mitunter anders läuft als vor Erfindung der elektronischen Massenmedien, dass diese von jedem aufrechten Schöngeist geschmähten Medien seit Jahrzehnten fester Bestandteil der Wirklichkeit sind und dass es um Authentizität schon längst nicht mehr geht«.

Mit *Gut laut* (1998) hat er seine Autodiskografie auf den Markt geworfen, Listen mit Lieblingstiteln, Lieblingsbands, Charts und Songzeilen. Er erzählt von der Sozialisation eines Musikjunkies in »Mjunik«, aufgesplittet in die Rituale und Hörerlebnisse, Diskobesuche und Platteneinkäufe eines Raritätensammlers. Neumeister räumt sein Plattenregal auf, die Musik und der Text kommen dabei vom Band, Siebziger-Sound und Neunziger-Sprachsample im Schlagabtausch, alles gespeichert, der Müll wird aussortiert, der Rekorder verzeichnet, was bleiben soll. Es gibt keinen festen Plan in diesem Text, die Abschweifung ist Programm, das Jahrhundert wird bei diesem Streifzug durch die Münchner »Deppenkulturhölle« endgültig verabschiedet: »words per minute, words per decade, words per age«. Der Monolog des Erzählers erscheint stakkatohaft gerafft, die Textmaschine ist auf viele Umdrehungen programmiert und durchbricht alles, was nach geschlossenem System und verblühender Jugend aussieht. Alles wirkt »täuschend echt« (*Angela Davis löscht ihre Website*, 2002).

Thomas Kraft

Werke: *Äpfel vom Baum im Kies*, Ffm. 1988; *Salz im Blut*, Ffm. 1990; *Die Sirenen heulten lichterloh*, Hsp., BR 1992; *Ausdeutschen*, R., Ffm. 1994; *Poetry! Slam! Texte der Pop-Fraktion*, Hg., zus. m. Marcel Hartges, Reinbek 1996; *Gut laut*, Ffm. 1998; *Prima leben und sparen*, Hsp., zus. m. Ronald und Robert Lippok, BR 1998; *In dubio pro disco*, Kat., Rom 1999; *Gut laut Version 2.0*, Ffm. 2001; *Angela Davis löscht ihre Website. Listen, Refrains, Abbildungen*, Ffm. 2002, Hsp., BR 2003.

Nick, Dagmar, wurde am 30. 5. 1926 in Breslau geboren. Die Tochter der Konzertsängerin Kaethe Nick-Jaenicke und des Pianisten, Dirigenten, Komponisten und Kritikers Edmund Nick übersiedelte 1933 mit der Familie nach Berlin. Eine schwere Tuberkuloseerkrankung erzwang 1943 den Schulabbruch und führte zum Daueraufenthalt in Krankenhäusern. Mit den nach Mähren evakuierten Eltern flüchtete sie vor der nahenden Front 1945 nach Lenggries in Oberbayern. Dagmar Nick studierte Grafologie und Psychologie und zog 1948 nach München. 1949 heiratete sie den Übersetzer und Dramaturgen Robert Schnorr, arbeitete als Grafologin und wohnte seit 1952 in Köln, seit 1956 auf Schloss Gracht in Liblar, seit 1962 in München. 1960 machte sie ihre erste Reise nach Israel, wohin sie 1963 nach der Heirat mit einem Zahnarzt übersiedelte. 1967 kehrte sie nach München zurück, wo sie zum dritten Mal heiratete und seither lebt. Sie ist Mitglied des deutschen P.E.N.-Zentrums und erhielt u.a. 1963 und 1986 den Kulturpreis Schlesien des Landes Niedersachsen, 1966 den Eichendorff-Literaturpreis, 1977 die Roswitha-Gedenkmedaille, 1981 den Tukan-Preis, 1993 den Andreas-Gryphius-Preis und 2002 den Jakob-Wassermann-Preis der Stadt Fürth.

Mit ihrem Gedicht *Flucht* debütierte Dagmar Nick am 18. Oktober 1945 in der ersten Nummer der »Neuen Zeitung«; Feuilletonchef dieses alliierten Blattes war Erich Kästner, ein Freund der Familie, der in der Folge weitere Gedichte abdruckte. Mit diesen melodischen und inständigen Gedichten, die vor und nach Kriegsende entstanden, ist sie – etwa in *De Profundis* (1946), Gunter Grolls Anthologie des »anderen Deutschland«, und in Wolfgang Weyrauchs Sammlung neuer Dichtung *Die Pflugschar* (1947) – die jüngste Repräsentantin der »jungen Generation«. Von der immer noch schwer Kranken erschien 1947 die Gedichtsammlung *Märtyrer* (mit dem Vermerk »Geschrieben für jene, die die Konzentrationslager erlebten«), die 1948 mit dem Liliencron-Preis der Stadt Hamburg ausgezeichnet wurde. Nach den Schrecken und Bedrängnissen der Kriegs- und Nachkriegszeit blieb sie ihrer Zeiterfahrung (»Wir müssen uns ändern«) auch in den Gedichten der Fünfzigerjahre treu: In apokalyptischen Landschaften und metaphorischen Szenarien des Unterwegsseins und des Verlusts deutet sie das Schicksal des Menschen, verarbeitet dabei auch biblische und mythologische Motive. Bei ihrem ersten Hörspiel *Die Flucht* (1959) führte Martin Walser Regie. Dagmar Nick blieb mit ihrer Lyrik lange in einer Position am Rand des sich entwickelnden literarischen Marktes. Seit den Sechzigerjahren schreibt sie Prosa, publizierte verstreut einige Erzählungen.

Großen Erfolg dagegen hatte sie mit einer speziellen Gattung: Frucht der vier Israelreisen, die sie als Deutsche früh unternahm, wurde das Reisebuch *Einladung nach Israel* (1963). Mit Engagement und ihrer Liebe zu diesem Land verknüpfte sie Mythos, Geschichte und lebendige Gegenwart. Ebenso erfolgreich und mit derselben »anschaulichen, poetisch inspirierten Sprache« (Hans Bender) widmete sich die Autorin in der Folge Rhodos, Sizilien und den *Götterinseln der Ägäis* (1981). Vom intensiven Studium der Archäologie und Mythologie der Antike ließ sie sich inspirieren zu *Medea, ein Monolog* (1988). In dieser poetischen Prosa wird nicht ein Mythos umfunktioniert, sondern eine neue Geschichte erzählt. Medea weniger als Seherin und Zauberin, sondern als abwägende Beobachterin, die die Verbindung herstellt zwischen dem unsterblichen Prometheus und dem Leiden des Kentauren Chiron: das Ungeheuer Prometheus, mit Feuer und Schwert im Gefolge, gegen die Weisheit des gütigen Arztes. Wozu also Unsterblichkeit, fragt sie. Dass Nick die christlichen Moralvorstellungen und die Erbsünde ablehnt, macht ihr zweiter Frauenmonolog deutlich, *Liliíth, eine Metamorphose* (1992), der die zur Schlange erniedrigte erste Geliebte Adams zu Wort kommen lässt. Im dritten, *Penelope, eine Erfahrung* (2000), macht sich die Witwe des Odysseus auf die Suche nach Kirke, der Frau, die ihren Mann ein Jahr an sich fesselte. Mit dem steigenden Interesse für weibliche Sichtweisen, für Frauen in der Literatur rückte die Autorin Nick wieder in den Blickpunkt, auch wenn sie nicht feministische Positionen vertritt.

Ein sprechender Titel für ihre Lyrik ist *Zeugnis und Zeichen* (1969); der Band fand positive Aufnahme bei der Kritik, denn Nicks poetischer Humanismus fand hier zu einer leidenschaftlichen, zugleich gebändigten Sprache. Gedichtbücher hat sie kontinuierlich, aber mit großen Abständen publiziert und in wechselnden, kleinen Verlagen. Seit 1991 erscheinen ihre gesammelten und neuen Gedichte in einer Folge von Einzelausgaben, die die Kontinuität ihres lyrischen Œuvres verdeutlichen. Dazu gehören die moralische Konsequenz und ihre unbedingte Haltung zur Mitverantwortung – schon früh hat sie vor Militarismus gewarnt und gegen die Zerstörung der Natur protestiert. Durchgängig hohen Rang in ihrem Werk haben die Liebesgedichte. Gedichte der Liebe, zugleich der Erfahrung des Sterbens, des Todes, bilden zuletzt den Zyklus *Trauer ohne Tabu* (1999)/*Die Schöpfung kennt keine Zeit* (2000), ein Memorial für ihren nach langjähriger Behinderung 1998 verstorbenen Mann, den Arzt Kurt Braun. Durch diese Kontinuität und durch ihr klarsichtiges, lakonischer gewordenes Spätwerk zählt sie zu den wichtigen Lyrikerinnen der zweiten Jahrhunderthälfte. Ihre Gedichte sind *Wegmarken* (2000), Zeugnisse gelebten Lebens und Merkzeichen gegen das Vergessen.

Thomas Betz

Werke: *Märtyrer*, G., Mü. 1947; *Das Buch Holofernes*, G., Freiburg/Br. 1955; *Die Flucht*, Hsp., HR 1958; *In den Ellipsen des Mondes*, G., Hbg. 1959; *Das Verhör*, Hsp., WDR 1961; *Einladung nach Israel*, Pr., m. Fotos v. Shlomoh Ben-David, Mü. 1963, bearb. u. erg. Ausg. Ffm. 1970; *Einladung nach Rhodos*, Pr., m. Fotos v. Kurt Braun, Mü. 1967; *Zeugnis und Zeichen*, G., Landshut [1968]; *Israel gestern und heute. Dokumentation*, Sachb., Gütersloh 1968; *Zeugnis und Zeichen*, G., Mü. 1969, überarb. Ausg. Aachen 1990; *Requiem für zwei Sprecher und Chor*, Hsp., HR 1970; *Wir oder Der Empfang des Dichters*, E., Landshut 1975; *Sizilien*, Pr., m. Fotos v. Kurt Braun, Mü. 1976; *Fluchtlinien. Gedichte seit 1945*, m. Zeichn. v. Klaus Bertelsmann, Mü. 1978; *Götterinseln der Ägäis. Sechs Insel-Biografien*, Pr., m. Fotos v. Kurt Braun, Mü. 1981; *Frosteinbrüche*, G., Landshut 1982; *Gezählte Tage*, G., m. Zeichn. v. Claire-Lise Holy, Waldbrunn 1986, veränd. Ausg. Aachen 1992; *Medea, ein Monolog*, Pr., m. Offsetlithografien v. Heinrich Richter, Düsseld. 1988, erg. Neuausg. Aachen 1991; *Momentaufnahmen*, En., Mü. 1990; *Im Stillstand der Stunden*, G., Aachen 1991; *Liliíth, eine Metamorphose*, Pr., m. Offsetlithografien v. Jan Schüler, Düsseld. 1992; *Sternfährten. Gefährten*, G., m. Bildern v. Klaus Bertelsmann, Aachen 1993; *In den Ellipsen des Mondes. Gedichte 1945–1959*, Aachen 1994; *Jagdzeit*, G., Landshut 1994; *Gewendete Masken. Gedichte 1991–1995*, Aachen 1996; *Jüdisches Wirken in Breslau. Eingeholte Erinnerung: Der Alte Asch und die Bauers*, Würzburg, Sigmaringen 1998; *Trauer ohne Tabu*, G., m. Aquarellen v. Gertrude Gröninger-van der Erb, Aachen 1999; *Penelope, eine Erfahrung*, Pr., m. Offsetlithografien v. Hildegard Pütz, Düsseld. 2000; *Wegmarken. Ausgewählte Gedichte*, Aachen 2000; *Liebesgedichte*, Aachen 2001.

Niederhauser, Rolf, wurde am 25. 10. 1951 in Zürich geboren. Er wuchs in Biberist bei Solothurn auf, absolvierte nach neun Jahren Primar- und Bezirksschule eine Lehre als Elektromonteur im Elektrizitätswerk Solothurn. In diese Zeit fallen erste Schreibversuche, Veröffentlichungen von Gedichten und Kurzgeschichten in Zeitungen und Zeitschriften. Nach der Lehre und abgebrochener Rekrutenschule holte Niederhauser auf dem zweiten Bildungsweg sein Abitur nach. Ein Jahr arbeitete er als Elektriker im väterlichen Betrieb, dann ging er als Korrektor zur »Solothurner Zeitung«. 1972 kehrte er in das Elektrizitätswerk zurück. 1973 gehörte er als Gründungsmitglied zur »Genossenschaft Kreuz«, einem selbstverwalteten Wohn- und Kommunikationszentrum. Von 1976 bis 1982 studierte er Wirtschafts- und Sozialwissenschaften in Basel. Danach lebte er als freier Schriftsteller und Journalist in Basel. Von 1985 bis 1988 betätigte er sich als Redakteur der Filmzeitschrift »cinébulletin«, 1994 und 1996 arbeitete er als Kulturkorrespondent des »Zürcher Tages-Anzeigers« in New York. 1997 unterrichtete er an der German School der Summer University in Middleburg (Vermont). Von 1991 bis 1999 organisierte er im Auftrag des Vereins »Welt in Basel« eine außerschulische Studienwoche für jeweils tausend Schülerinnen und Schüler. Zum Abschluss dieses mehrjährigen Engagements leitete er für die Stiftung »Mensch-Gesellschaft-Umwelt« von 2000 bis 2002 das Forschungsprojekt www.mal.ch in Basel – einen »Marktplatz für außerschulisches Lernen«. Das Forschungsteam realisierte eine pädagogische Wirksamkeitsstudie über außerschulisches Lernen und entwickelte ein Internetportal, das außerschulische Kontakte in Firmen, Ämtern und Vereinen vermittelt sowie Tipps und Lernhilfen für das Arbeiten außerhalb des Klassenzimmers anbietet. Niederhauser erhielt 1982 ein Stipendium des Deutschen Literaturfonds und 1989 ein Werkstipendium der Schweizerischen Kulturstiftung Pro Helvetia, 1992 war er Writer-in-Residence am Allegheny College in Meadville/Pennsylvania.

Während der Arbeit im Städtischen Elektrizitätswerk Solothurn entstand 1972 ein Tagebuch, in dem Niederhauser seine Erfahrungen in der Arbeitswelt und seine Erinnerungen an die Lehrzeit verarbeitete und das 1976 in literarisierter Form unter dem Titel *Mann im Überkleid – ein Rapport* erschien. Niederhauser empfindet den Arbeitsalltag in seiner Monotonie und Sinnlosigkeit und seinen physischen Anforderungen als destruktiv und entfremdend. Unter dem Anpassungsdruck eines bis zur Perfektion mechanisierten Systems stumpft er ab, entbehrt Leben, seine Aufzeichnungen werden »täglich unwesentlicher«, denn: »Schreiben als Nachvollzug des Lebens setzt Leben voraus!« Ein eindringliches Sozialdokument liegt vor, sowohl in der Thematik als auch in der sprachlichen Intensität vergleichbar mit Silvio Blatters *Genormte Tage, verschüttete Zeit* (1976) und *Schaltfehler* (1972).

1978 folgte der zwischen Dokumentation und Fiktion pendelnde Roman *Das Ende der bloßen Vermutung*, dem die Erfahrungen Niederhausers als Gründungsmitglied im ersten »Alternativbetrieb« in der Schweiz zugrunde liegen: »Ein paar junge Leute haben es satt zu warten auf das Ende der bloßen Vermutung, dass es bessere Formen menschlicher Gemeinschaft gibt, mit einer vagen Hoffnung zu warten auf Zukunft, auf den Sozialismus in der Schweiz.«

Auch die Erzählungen des Bandes *Kältere Tage in sieben Bildern* (1980), skizzenhaft mit Gedichten montiert, zeugen von Niederhausers Bemühen, eine gefühlte Eiszeit zu überwinden, auch wenn (sprach-) skeptische Töne bleiben: »Sobald die Vorstellung zur Wirklichkeit wird, ist sie nicht mehr als das, langweilige Wirklichkeit ohne Hoffnung auf Veränderung, und was diese Wirklichkeit zu überschreiten vermag, sind Wörter, ein Hohlmaß für beinahe beliebige Inhalte, Wörter, die sich immer wieder verbrauchen.« Ängste scheiternder Menschen prägen diese stillen Texte. Die polizeiliche Überwachung einer Wohngemeinschaft, die sinnlose Denunziation eines sich benachteiligt fühlenden Arbeiters, die Angst eines arbeitslosen Schlägers vor der Angst, die er anderen bereitet (»Seine Existenz war andauernde Verteidigung«), der Bankrott eines sozial eingestellten Unternehmers stellen Gesten der Ohnmacht dar und einer Bedrohung, die das System ereilt, wenn »die letzten Träume gefroren sind« und die Menschen achtlos und schweigend aneinander vorbeigehen.

Der Roman *Nada oder Die Geschichte eines Augenblicks* (1988), der an Peter Handkes *Kindergeschichte* (1981) erinnert, erzählt die Geschichte eines Vaters, der mit seiner fünfjährigen Tochter seit der Trennung von seiner Frau allein lebt. Naumann, 33 Jahre, Architekt, arbeitet nur halbtags als Velomechaniker in Basel, um sich der Erziehung seiner aufgeweckten Tochter Nada widmen zu können. Trotz seiner allseits gelobten Gewissenhaftigkeit und Fürsorge plagen ihn Selbstzweifel, Zwangsvorstellungen, Schuldgefühle: »Er steht da und beobachtet sich mit dem rücksichtslosen Unverständnis des neutralen Beobachters.« Naumann ist ein grüblerischer 68er, der vergessen hat, »das Leben wahrzunehmen«. Der Alltag mit Nada ist anstrengend und fordernd; Nada, das »aufgestellte Kind«, avanciert zum Prüfstein seiner Existenz, seiner Lebens- und Leidensfähigkeit. Nadas Tod wird durch eine Krankheit hervorgerufen, die Naumann wegen einer Unaufmerksamkeit übersehen hat. In der Rekonstruktion des letzten gemeinsamen Jahres bekennt er sich schuldig, den Augenblick nicht genügend gewürdigt und Versprochenes versäumt zu haben. Aber das wäre »eine ganz andere Geschichte«.

Thomas Kraft

Werke: *Mann im Überkleid – ein Rapport*, Frauenf. 1976; *Das Ende der bloßen Vermutung*, R., Darmst. 1978; *Kältere Tage in sieben Bildern*, En., Darmst. 1980; *Geschichten aus der Geschichte der Deutschschweiz nach 1945*, Hg., zus. m. M. Zingg, Darmst. 1983, überarb. Ausg. Darmst. 1989; *Alles Gute. Fußnoten zum Lauf der Dinge 1980–1985*, Tagebuchnotizen, Darmst. 1987; *Nada oder Die Frage eines Augenblicks*, Darmst. 1988; *Wenn der Alltag Schule macht*, 1992; *Max Frisch: Ich stelle mir vor. Ein Lesebuch*, Hg., Ffm. 1995.

Niemann, Norbert, wurde am 20. 5. 1961 in Landau a. d. Isar (Niederbayern) geboren. Ab 1982 studierte er Germanistik, Musikwissenschaft und Geschichte in Regensburg, ab 1985 in München, mit einer Magisterarbeit über »Neue Subjektivität« schloss er 1989 ab. Er lebt als freier Autor in Chieming am Chiemsee. Ausgezeichnet wurde er 1997 mit dem Ingeborg-Bachmann-Preis, 1998 mit dem Bayerischen Literaturförderpreis und 1999 mit dem Clemens-Brentano-Preis.

In seinen beiden Romanen *Wie man's nimmt* (1998) und *Schule der Gewalt* (2001) zeigt Norbert Niemann das vergebliche Streben nach Authentizität in einer Welt zunehmender Fremdbestimmung, in der die Träume von fremden Bildern überholt werden und die Sprache der Liebe von der Sprache der Gewalt abgelöst wird. Das Scheitern von Lebensentwürfen korreliert mit Selbsttäuschung in einer veränderten Wirklichkeit, in der zwar viel geredet wird, aber niemand mit dem Anderen wirklich spricht. Im Debütroman bricht eine Familienidylle in einer niederbayerischen Kleinstadt der Neunzigerjahre auseinander, als der Ehemann, der Restaurator Peter Schönlein, seine Frau Christa mit der Provinzpuppe Lisa betrügt. Das geschieht wider alle Vernunft und völlig planlos, so als ob die »Scheißserien«, in denen das täglich vorgespielt wird, seinen Kopf in Beschlag genommen hätten. Die Bilderbuchwelt bekommt ihren Filmriss, die scheinbare Normalität erweist sich als Leben aus zweiter Hand, der Schein der schönen Bilder überlagert das Leben von vier Personen, die am Ende ratlos getrennte Wege gehen werden.

Auch in der *Schule der Gewalt* bricht eine fremde Macht in die Wirklichkeit ein. Für den Lehrer Frank Beck wird das Leben zum Albtraum, »es herrscht Krieg«, und Beck will nicht das Opfer bleiben. »Die Jagd ist zu Ende«, Leipzig ist Littleton, alles drängt zum Show-down: »Jetzt. Ich will es so. Will die Wirklichkeit. Auf nichts Anderes habe ich hingearbeitet. Es muss sein, muss heraus. Sie müssen antworten.« Doch Beck redet ins Leere. Obwohl er sich anstrengt, erreicht er die Jugendlichen nicht mehr. Er verheddert sich in den Chiffren und Kodes der Subkulturen, denen seine Schüler angehören, bleibt hängen an Äußerlichkeiten und fühlt sich fremd und ausgegrenzt. Er sammelt Material über Jugendkultur, legt Dateien und Archive an und redet mit seinem Fernseher, benutzt ihn als Spiegel der Seele und blickt in den eigenen Abgrund. Seine Gedanken, Gefühle und Worte befinden sich stets im falschen Film. Nur was ist wirklich in dieser Welt und was nur Pose und Simulation? Auf welcher Bahn bewegen wir uns noch, scheint der Erzähler zu fragen. Das »global village« zeigt uns alle Bilder, schießt sie in unsere Köpfe, doch für diese Informationen müssen wir auch die Rechnung bezahlen. Wo alles präsent ist, ist es noch lange nicht verständlich. Es gibt verschiedene Welten und Kulturen; wenn sie aufeinander treffen, so suggeriert der Roman, wissen sie trotz all der leicht verfügbaren Informationen nicht viel voneinander. Man fühlt sich verloren und unverstanden und prügelt aufeinander ein.

Niemanns Romane sind in jeder Hinsicht auf der Höhe der Zeit. In ihnen findet sich die Essenz postmoderner Diskurse der Achtzigerjahre ebenso wie die klassische gesellschaftsanalytische Diktion von Romanen im Geiste der Aufklärung. In diesen verschachtelten Kompositonen werden spannend, manchmal atemlos, die Herzstücke unserer Gesellschaft wie Familie und Schule in den kritischen Blick genommen.

Thomas Kraft

Werke: *Wie man's nimmt*, R., Mü. 1998; *Neue Zeiten! Und die Literatur? – Akzente der deutschen Gegenwartsliteratur*, Hg., zus. m. Wolfgang Matz, Mü. 1999; *Politik*, Hg., zus. m. Georg M. Oswald, Mü. 2001; *Schule der Gewalt*, R., Mü. 2001; *Tradition*, Hg., zus. m. Georg M. Oswald u. Wolfgang Matz, Mü. 2002.

Nitzberg, Alexander, wurde am 29. 9. 1969 als Sohn eines Malers und einer Schauspielerin in Moskau geboren. 1980 siedelte er in die Bundesrepublik Deutschland über. Er studierte Germanistik und Philosophie in Düsseldorf. Von 1996 bis 2000 arbeitete er als Lektor beim dortigen Grupello-Verlag; seitdem lebt er als freier Schriftsteller und Übersetzer in

Düsseldorf. Er ist Mitglied des P.E.N.-Zentrums. Nitzberg erhielt zahlreiche Preise und Stipendien, darunter 1996 den Ersten Düsseldorfer Lyrikpreis, 1998 den Förderpreis für Literatur der Landeshauptstadt Düsseldorf sowie des Landes Nordrhein-Westfalen, 1999 das Arbeitsstipendium der Stiftung Kunst und Kultur Nordrhein-Westfalen, 2002 den Cuxhavener Ringelnatz-Nachwuchspreis, der ihm von Peter Rühmkorf zugesprochen wurde.
In seinem ersten Gedichtband *Getrocknete Ohren* (1997) tritt Nitzberg in der Rolle des genialen Dichters auf: »Ich bin ein ungeniertes Genie! / Was sollte ich mich auch schämen? / Die Gläubigen zwang ich schon in die Knie, / die Zweifler werd ich noch zähmen!« Dieser – freilich selbstironisch gebrochene – Gestus verbindet sich mit dem Bewusstsein später Nachfolger einer Reihe von deutschen und russischen Lyrikern vor allem der klassischen Moderne zu sein. Nitzberg integriert diese Tradition humorvoll-spielerisch in seine Texte. Dabei entsteht »ein seltsames und ziemlich ausgefallenes Pasticcio aus allen möglichen Tonarten«, »ein bunter Flickenteppich klassisch-moderner Ausdrucksweisen« (P. Rühmkorf). So erinnert Nitzbergs Sinn für Groteske und Komik an Ringelnatz und van Hoddis, seine Spottlust hingegen an Heine. Die Vorbilder werden immer wieder auch explizit zum Thema von Gedichten, wie zum Beispiel in *Zum Jubiläum*: »Herr Heine! Darf ich mich vorstellen? / : *Alexander Nitzberg.*«
Nitzberg bedient sich traditioneller Vers-, Strophen- und Gedichtmaße, ohne auf dieses Repertoire beschränkt zu sein; den Endreim handhabt er virtuos. Eine besondere Vorliebe gilt der Sonettform, was sich vor allem an dem Sonettenkranz *Die Krone der Schöpfung* zeigt, einer regelrechten Demonstration formaler Meisterschaft.
In den beiden folgenden Gedichtbänden *Im Anfang war mein Wort* (1998) und *»Na also!«, sprach Zarathustra* (2000) greift Nitzberg seine früheren Themen und Formen auf, variiert und vertieft sie, adaptiert und entwickelt aber auch neue. Mit dem Epitaph-Zyklus *Danse macabre* beispielsweise schließt er an barocke Traditionen an; sein anhaltendes Interesse für das Sonett beweist der parodistische Zyklus *Orpheus' Sonette an Rilke*.
Seine literarische Ästhetik hat Nitzberg immer wieder in programmatischen Gedichten formuliert; so lautet etwa die durchaus zutreffende Selbstbeschreibung in *Mein lyrischer Leierkasten*: »Mein lyrischer Leierkasten / trillert in heitrer Tonart, / meine Gedankentasten / sind frisch poliert und gebohnert. [...] Bin oft ein mondäner Dämon, / dann red' ich in Glanz und Glossen / und pfeife verbotene Themen / (den Flohwalzer eingeschlossen), // liebe große Gebärden, / lache in Feuerwerken, / und sollte ich traurig werden, / ihr würdet es kaum bemerken ...«
Im Bereich Drama entstanden ein Theaterstück (*Die Blende, Claude Cahun,* 2001), drei Opernlibretti (*Puschkin und Salieri*, 1999; *Die Befreiung*, 2001; *Das Sternenkind,* 2002) sowie Übersetzungen. Parallel zu seiner schriftstellerischen Arbeit übersetzt Nitzberg in großem Umfang aus dem Russischen, unter anderem Texte von Puschkin, Tschechow und Majakowski. Mit seiner seit 1997 im Grupello-Verlag erscheinenden Reihe »Chamäleon« macht er von ihm übersetzte russische Lyrik des 20. Jahrhunderts deutschen Lesern zugänglich.

Frieder von Ammon

Werke: *Alexander Puschkin: Im Blute lodert das Verlangen*, Übs., Salzb. 1995; *Getrocknete Ohren. Gedichte,* m. Radierungen v. Anke Kirsch, G, Düsseld. 1996; *Igor Sewerjanin: Ananas in Champagner*, Übs., Münster 1996; *Oleg Grigorjew: Ich hatte viele Bonbons mit*, Übs., Düsseld. 1997; *Michail Senkewitsch: Wilder Purpur*, Übs., Düsseld. 1997; *Abram Efros: 25 erotische Sonette*, Übs., Düsseld. 1997; *Im Anfang war mein Wort. Neue Gedichte,* m. Illustr. v. Alexander Sitnikow, G. Düsseld. 1998; *Wladimir Majakowski, David Burlik: Cityfrau*, Übs., Düsseld. 1998; *Türspalt an der Kette. Anthologie der zeitgenössischen russischen Lyrik*, Übs., Düsseld. 1998; *Alexander Puschkin: Mozart und Salieri/Szene aus dem »Faust«*, Übs., Düsseld. 1998; *Boris Poplawski: Unter der Sternenfahne*, Übs., Düsseld. 1998; *Alexander Puschkin: Der goldene Hahn,* Übs., Düsseld. 1999; *Dampfbetriebene Liebesanstalt: Gedichte des russischen Futurismus*, Übs., Düsseld. 1999, Schpl., zus. m. Thomas Kling, Düsseld. 1999; *Michail Senkewitsch: Elga,* Übs., Düsseld. 1999; *Jelena Schwarz: Das Blumentier*, Übs., Düsseld. 1999; *Drei Schwestern. Eine Oper von Peter Eötvös üb. ein Libretto v. Claus H. Henneberg*, Übs., UA Düsseld. 1999; *Euripides: Medea*, Übs., UA Düsseld. 1999; *»Na also!«, sprach Zarathustra,* G., m. Fotos v. Marcus Schwier, G. Düsseld. 2000; *Anna Achmatowa: Ich lebe aus dem Mond, du aus der Sonne. 100 Gedichte über die Liebe*, Übs., Ffm. 2000; *Nikolaj Gumiljow: Pavillon aus Porzellan*, Übs., Düsseld. 2000; *Anna Achmatowa: Poem ohne Held*, Übs., Düsseld. 2001; *Die Befreiung. Eine Oper in zwei Akten v. Herbert Lauermann*, Lib., UA Ulm 2001; *Wladimir Majakowski: Tragödie Wladimir Majakowski. Wölkchen in Hosen*, Übs., Basel u.a. 2002; *Enuma Elisch. Ein Drama von Anna Achmatowa*, Übs., Ffm. 2002; *Anton Tschechow: Platonow*, Übs., UA Hbg. 2003.

Nizon, Paul, wurde am 19. 12. 1929 ins Bern geboren – als Sohn eines russischen Emigranten aus Riga, von Beruf Chemiker, und einer Bernerin. Nach dem Abitur und ersten Reisen nach Italien studierte er von 1951 bis 1955 in Bern und München Kunstgeschichte, Archäologie und deutsche Literaturgeschichte. Das Studium schloss er 1957 mit einer Dissertation über Vincent van Gogh ab. Im selben Jahr bekam er eine erste Stelle als Museumsassistent am Bernischen Historischen Museum. Für die »Neue Zürcher Zeitung« arbeitete er als Kunstkorrespondent. 1959 erschien sein erstes Buch, der Kurzprosaband *Die gleitenden Plätze*. 1960 reiste er mit einem Stipendium des Schweizer Instituts nach Rom. Er lernte Max Frisch kennen, der weit zurückreichende Entschluss, als Schriftsteller zu leben, festigte sich. 1961 wurde er Leiter der Kunstkritik-Redaktion der »Neuen Zürcher Zeitung« und siedelte nach Zürich um. Nach acht Monaten gab er die Kritikertätigkeit wieder auf, um sich ganz der Schriftstellerei zu widmen. Allerdings war er noch bis 1971 gelegentlich als Kunstkritiker für »Die Weltwoche« und die »Zürcher Woche« tätig. 1962 las er in Berlin vor der »Gruppe 47« aus dem Roman *Canto*, der 1963 erschien. Häufig reiste er in die europäischen Metropolen, nach Barcelona, nach London, wo er Elias Canetti kennen lernte, nach Paris und immer wieder nach Italien, aber auch nach Ostasien (1975) und in die USA (1978). Das Reisen gehört gleichsam zu den literarisch existenziellen Grundlagen dieses Autors. 1977 verließ er die Schweiz, um fortan in der Großstadt, in Paris, zu leben. 1972 erhielt er den Conrad-Ferdinand-Meyer-Preis, 1975 den Bremer Literaturpreis, 1988 wurde er zum Chevalier des französischen Ordens »des arts et des lettres« ernannt, 1990 folgte der Marie-Luise-Kaschnitz-Preis und 1996 der Erich-Fried-Preis, um nur die wichtigsten zu nennen.

Schon die Prosastücke des Bandes *Die gleitenden Plätze* sind sprachmächtige Aufbrüche ins Unbekannte, Skizzen des Unterwegsseins, auf Reisen nach Italien, in Träumen um Mädchen und Frauen, in Naturbetrachtungen, die aus der Enge des Alltags herausführen und das Weite, das Fremde ahnen lassen, nicht zuletzt bei Spaziergängen durch die Heimatstadt, bei denen die Beobachtungen von Landschaften, Gebäuden und Menschen zu Bildern gerinnen, die zwischen Traum und Wirklichkeit, Erlebtem und Gedachtem changieren. Das Buch galt als ein nachhaltiger Talentnachweis, Max Frisch vermittelte damit den Autor an den Suhrkamp-Verlag, der bis heute das Werk Nizons betreut. Sein zweites Buch *Canto* ist ein mehrstimmiger, lyrisch gesteigerter Gesang auf Rom und das Leben, der Versuch, die Gleichzeitigkeit von staunendem Suchen, Fühlen, Denken und Hören unmittelbar in Sprache zu übersetzen, mit der Bilderflut der Existenz in der Metropole eins zu werden. Eingeflochten in diesen Sprach- und Traumfuror der Annäherung ist die Erinnerung an den Tod und das Begräbnis des Vaters. Ein so ichbezogenes Buch, verletzend persönlich und subjektiv in der Lebensgier, konnte 1963 keine Anerkennung finden. Erst in späteren Auflagen entdeckte man gerade in dieser gesteigerten Subjektivität und hochsensiblen Wahrnehmung die Qualitäten, nahm man die Schule des Sehens wahr, in die Nizon bei van Gogh gegangen ist, und die Präfiguration durch die frühe Beschäftigung mit Robert Walser, beide wesensverwandt mit Nizon und Spiegel seiner Selbsterkenntnis. Es folgten weitere Bücher, u.a. 1970 eine Streitschrift zur Kunst- und Kulturszene Schweiz, der umstrittene und zum geflügelten Wort avancierte *Diskurs in der Enge*. 1971 erschien der zweite Roman, *Im Hause enden die Geschichten*. Darin erzählt Nizon am Beispiel seines Berner Geburtshauses und seiner Bewohner vom häuslichen Stillstand und vom Sterben des Vaters. Das Haus ist ihm die Metapher für das Geschlossene, Begrenzte, Eingefahrene schlechthin. Dagegen steht die Stadt, die Metropole, das Offene. Sie setzt das Schreiben in Gang, verhilft dem Autor, die Kluft zwischen Kunst und Leben zu ertragen und an ihrer Überwindung zu arbeiten. Kein Wunder, dass nach mehrjähriger Arbeit am Haus-Buch die Erzählung *Untertauchen, Protokoll einer Reise* von 1972 in kürzester Zeit niedergeschrieben wurde, die Konsequenzen einer elf Jahre zurückliegenden Fahrt nach Barcelona, die Trennung von Frau und zwei Kindern, das Sich-Selbst-Abhandenkommen in einer neuen Liebe und die Rückkehr zu sich selbst. Untertauchen meint hier auch Eintauchen ins Leben. Nizon setzt sich aus, er geht aufs Ganze, er sucht das Leben, um es zu schreiben, er ist kein Erfinder von Personen oder Geschichten. Schreiben ist ihm Leben und umgekehrt. Die Angst, das eine oder das andere könnte ins Hintertreffen kommen, ist immer vorhanden. Ihr hat Nizon in dem Roman *Stolz* von 1975, der seine Studienzeit in Bern und München, seine erste Ehe und einen Arbeitsaufenthalt im Spessart verarbeitet, beispielhaft Ausdruck gegeben. Die Figur des Stolz, in der Nizon selbst zu erkennen ist, entzieht sich einer von Tag zu Tag größer werdenden Lebenslüge, einer Lebensunfähigkeit, ergibt sich schließlich der Müdigkeit, die eine des Scheiterns vor dem eigenen Anspruch ist. Und noch die Erzählung *Hund. Beichte am Mittag* (1998) macht die heikle Gratwanderung zum Thema. In Paris, wo schon van Gogh in die Welt fand, lebt Nizon heute, in Frankreich als Schriftsteller hoch angesehen und geehrt. Sein Paris-Roman *Das Jahr der Liebe* (1981) ist vielleicht sein Opus magnum. Hier begibt sich der Stadtstreicher als Dichter auf die Suche nach sich selbst, der Liebe und der Verheißung der Stadt – und lernt dabei auch die Fröste der Freiheit kennen, die Einsamkeit und das Gefühl der Verlorenheit. Liebe, Erotik, Sexualität und das multikulturelle Leben in der unerschöpflichen Stadt sind Hauptthemen auf der Folie von Erinnerungen an die Kindheit und Jugend. Nizon bezeichnet sich selbst als Autobiografie-Fiktionär. Man darf die Ich-Figuren seiner Romane nicht gleichsetzen mit seiner Person, es sind Projektionen der eigenen Existenz, Offenbarungen und Verwischungen der Spur des Autors.

1989 erschien *Im Bauch des Wals*, Erzählungen, die Nizon als Capricios bezeichnet, virtuose Musikstücke in freier Form, weil auch hier musikalische Elemente die Strukturen des Erzählens bestimmen. Die Capricios sind Variationen über das Marschieren und den Marschierer, mit dem Nizon sich immer wieder beschäftigt. Mal nennt er ihn auch Streuner, mal Soldat an der Erlebnisfront, mal Clochard. Er verkörpert das Urbild dessen, der unterwegs ist. Warum läuft er? Wohin läuft er? Kommt er voran? Das sind Fragen, vor denen der Alltag des erzählenden Ichs sich vielschichtig entfaltet, in erotischen Träumen, in Gesprächen und Begegnungen zwischen Paris und Bern.

1995 erschien das Journal *Die Innenseite des Mantels*. Es spannt den Bogen zwischen den beiden Erzählwerken *Das Jahr der Liebe* und *Im Bauch des Wals* in Form von Notizen aus dem Alltag, von Begegnungen mit literarischen Freunden, Äußerungen zu Vorbildern und Konkurrenten, von Träumen und Lektüren dieser Jahre von 1980 bis 1989. Inzwischen wurde ein Tagebuchprojekt in mehreren Bänden in Angriff genommen, in dem das Material von *Die Innenseite des* Mantels im Rahmen des Gesamtprojekts neu gesichtet werden soll. Der erste Band des Projekts, *Die Erstausgabe der Gefühle. Journal 1961–1972,* ist im Jahr 2002 erschienen. Es erzählt von den Versuchen Paul Nizons, sich gegen alle Widerstände seiner Identität als Schriftsteller zu vergewissern und diese Identität in der eigenen Existenz zu begründen. Vor dem Hintergrund des Vietnamkriegs, der Atombombenängste, des Kalten Kriegs zwischen Ost und West und der Studentenbewegung entwickelt Nizon in Zürich und London seine Gedanken zur Zeit, zur Kunst, zur Literatur und zum eigenen Schreiben. Das Journal entfaltet die Stoffwelten von der Sprachexpedition des Rom-Romans *Canto* bis zur Erzählung *Untertauchen*, und am Horizont leuchtet Paris als welthaltiger Fluchtpunkt und ersehnte Metropole auf. Nizon äußert sich u.a. zu Max Frisch, Friedrich Dürrenmatt, Elias Canetti, Walter Benjamin, Franz Kafka, Robert Musil, Henry Miller, Thomas Wolfe und Leo Tolstoi. Ein europäischer Erzähler von Rang ist in seinen Anfängen zu entdecken.

Wend Kässens

Werke: *Vincent van Gogh: Der frühe Zeichnungsstil. Untersuchung über die künstlerische Form und ihre Beziehung zur Psychologie und Weltanschauung des Künstlers*, Diss., Bern 1957; *Vincent van Gogh im Wort. Eine Auswahl aus seinen Briefen*, Hg., Bern 1959; *Die gleitenden Plätze*, Pr., Bern 1959, überarb. Neuaufl. Ffm. 1990; *Bildteppiche und Antependien im Historischen Museum, Bern*, zus. m. M. Stettler, Bern 1959; *Canto*, R., Ffm. 1963; *Züricher Almanach*, Hg., Zür. 1968/1972; *Lebensfreude in Bildern großer Meister*, Genf 1969; *Friedrich Kuhn. Hungerkünstler und Palmenhändler*, Monogr., Zür. 1969; *Diskurs in der Enge. Aufsätze zur Schweizer Kunst*, Bern 1970; *Im Hause enden die Geschichten*, R., Ffm. 1971; *Swiss made, Portraits, Hommages, Curricula*, Zür. 1971; *Untertauchen. Protokoll einer Reise*, E., Ffm. 1972; *Taschenbuch der Gruppe Olten*, Hg., Zür. 1974; *Stolz*, R., Ffm. 1975; *Van Gogh in seinen Briefen*, Hg., Ffm. 1977; *Skizzenbuch New York. Hans Falks Skizzenbücher aus dem Woodstock Hotel, Times Square, NY*, Zür. 1979; *Das Jahr der Liebe*, R., Ffm. 1981; *Aber wo ist das Leben. Ein Lesebuch*, Ffm. 1983; *Am Schreiben gehen. Frankfurter Vorlesungen*, Ffm. 1985; *Im Bauch des Wals. Capricios*, Ffm. 1989; *Diskurs in der Enge. Verweigerers Steckbrief. Schweizer Passagen*, Sammelb., Ffm. 1990; *Über den Tag und durch die Jahre. Essays, Nachrichten, Depeschen*, Sammelb., Ffm. 1991; *Das Auge des Kuriers*, Pr., Ffm. 1994; *Die Innenseite des Mantels. Journal*, Ffm. 1995; *Hund. Beichte am Mittag*, E., Ffm. 1998; *Gesammelte Werke*, 7 Bde., Ffm. 1999; *Die Erstausgabe der Gefühle. Journal 1961–1972*, Ffm. 2002; *Abschied von Europa*, Pr., Ffm. 2003.

Noll, Chaim (Hans), wurde am 13. 7. 1954 als Sohn des Schriftstellers und hohen DDR-Funktionärs Dieter Noll in Berlin (Ost) in eine deutsch-jüdische Familie geboren. Die Großeltern waren NS-Verfolgte, die Eltern wurden Kommunisten. Noll studierte Kunst und Kunstgeschichte in Ost-Berlin und wurde Meisterschüler an der Akademie der Künste der DDR. Als »Nachwuchskader« mit Studienaufenthalten in der UdSSR privilegiert, verweigerte er 1980 aus Gewissensgründen den Wehrdienst und wurde in psychiatrische Kliniken eingewiesen; seine Stasi-Akte bezeichnet ihn als

»ungeeignet« für jede DDR-Laufbahn. 1984 wurde sein Ausreiseantrag genehmigt. Mit seiner Frau, der Malerin Sabine Kahane, und beiden Kindern zog er nach West-Berlin. Sein erstes Buch, *Der Abschied* (1985), wurde ein Bestseller und ermöglichte ihm einen Neuanfang als freier Autor. Es folgte ein Buch über seine Erlebnisse in der Sowjetunion, *Russland, Sommer, Loreley*, (1986), und ein weiterer, auch von der Kritik viel beachteter Erfolgstitel, der Roman *Berliner Scharade* (1987). Noll wurde Mitarbeiter verschiedener Zeitungen und Magazine und schrieb für Rundfunksender. Als Redaktionsbeirat der von Cornelia Gerstenmaier herausgegebenen Zeitschrift »kontinent« engagierte er sich in der Menschenrechtsbewegung. Noll, der die Menschenrechte als eine mit dem Judentum engstens verbundene menschliche Grundhaltung versteht, entwickelte vor allem in dieser Zeit eine in den DDR-Jahren verhinderte, dezidierte Hinwendung zu seiner jüdischen Herkunft und machte sie in zahlreichen Essays und Gedichten zu einem bis heute prägenden Merkmal seiner Identität und seines öffentlichen Wirkens. Sein Roman *Der goldene Löffel* (1989) über Kindheit und Jugend in Ost-Berlin wurde vom britischen Literaturwissenschaftler David Horrocks »prophetisch« genannt, da er das Ende der DDR fast auf den Tag genau voraussagte. Von 1989 bis 1991 war Noll wissenschaftlicher Mitarbeiter an der Freien Universität Berlin und forschte über Literatur im geteilten Deutschland. Seine Essays und Artikel, vor allem in der Zeitung »Die Welt«, hatten zunehmend auch politische Wirkung. So gilt als sicher, dass Erich Honecker 1991 sein vorübergehendes Exil, die chilenische Botschaft in Moskau, wieder verlassen musste, nachdem Nolls Artikel über die Einsperrung des Sohnes des chilenischen Botschafters Almeyda in einer DDR-Nervenklinik in der »New York Times« zitiert worden war. Unter dem Eindruck des Golf-Krieges und anti-amerikanischer/anti-israelischer Stimmungen legte Noll 1991 den deutschen Vornamen Hans ab und veröffentlicht seitdem unter seinem jüdischen Vornamen Chaim (vgl. sein Essay *Fragen nach der deutschen Solidarität mit Israel: Muss ein Jude tot sein, damit man ihn liebt?* in: »Die Welt«, 23. 3. 1991).

Noll ging 1992 nach Italien. Sein noch in Berlin geschriebener Essay-Band *Nachtgedanken über Deutschland* (1994) formuliert eine radikale Kritik an deutschen Zuständen. Neues literarisches Terrain gewann er sich in einem Band mit Prosa, Gedichten und Ölzeichnungen seiner Frau, *Taube und Stern. Roma Hebraica – Eine Spurensuche* (1994), in dem er feinfühlig und zugleich mit neuen Einsichten in historische Zusammenhänge am Beispiel römischer Orte und Erfahrungen den gemeinsamen Wurzeln von Juden- und Christentum nachspürt. Der Essay-Band *Leben ohne Deutschland* (1995) ist ein Bekenntnis zur jüdischen Integrität und ein Votum schärfster Kritik am Deutschland der Nachwendezeit, das von jüdischen und nichtjüdischen Kritikern nicht zuletzt als Abkehr vom Leben als Jude in Deutschland auch in Fernsehdebatten kontrovers diskutiert wurde. Im gleichen Jahr wurde er Mitglied des aus dem Exil unter dem Nationalsozialismus hervorgegangenen P.E.N.-Zentrums deutschsprachiger Autoren im Ausland, dessen Vorstand er seit 2003 angehört.

Seit 1995 lebt Noll mit seiner Familie in Israel. Hier kehrte er zum religiösen Judentum zurück, studierte die hebräische Bibel und den Talmud und berichtet seitdem, vor allem in der Zeitschrift »Mut« und im europäisch-jüdischen Magazin »Golem«, aus immer neuen Blickwinkeln über seine Erfahrungen mit biblischen Themen und dem Leben am Rande der Wüste Negev. Im Rahmen einer Lesereise an englische Universitäten (Oxford, Southampton, Birmingham u. a.) wurde er 1996 zum »visiting writer« an der Keele University ernannt. 1997 wurde er »writer-in-residence« und Mitglied des Beirats am Zentrum für deutsche Studien an der Ben-Gurion-Universität des Negev in Beer-Sheva. Seit 1998 israelischer Staatsbürger, gehört er zu den Gründungsmitgliedern und ständigen Dozenten der vom Literaturwissenschaftler Mark H. Gelber initiierten deutschsprachigen Sommeruniversität am Centre for International Student Programs der Ben-Gurion-Universität, einer in Israel bis heute einzigartigen Einrichtung. Als »writer-in-residence« an der Aston University of Birmingham und Lecturer an den Universitäten London und Southampton erarbeitete er einen grundlegenden kulturwissenschaftlichenText, *Adam. Die Suche des Menschen nach sich selbst* (2001). Neben weiteren literarischen und kulturgeschichtlichen Essays ragt unter neueren Veröffentlichungen der Gedichtband *Die Wüste lächelt* heraus (2001), der die sprachschöpferische Kunst Nolls, in der die abendländische Geschichte und die jüdische Gegenwart miteinander verbunden sind, auf ihrem Höhepunkt zeigt.

Carsten Peter Thiede

Werke: *Der Abschied. Journal meiner Ausreise aus der DDR*, Hbg. 1985; *Russland, Sommer, Loreley*, Hbg. 1986; *Die Berliner Mauer in der Literatur der DDR*, Funkessay, SDR 1987; *Berliner Scharade*, R., Hbg. 1987; *Der goldene Löffel*, R., Stg. 1989; *Nachtgedanken über Deutschland*, Ess., Reinbek 1992; *Taube und Stern. Roma Hebraica – Eine Spurensuche*, G., Pr., Gnadenthal 1994; *Leben ohne Deutschland*, Ess., Reinbek, 1995; *Die Wüste lächelt*, G., Weilerswist 2001; *Adam. Die Suche des Menschen nach sich selbst*, Ess., in: *Traces of Transcendency. Religious Motifs in German Literature and Thought*, London 2001, dt. Ausg. Mü. 2001.

Noll, Ingrid, wurde am 29. 9. 1935 in Schanghai geboren. Bis 1949 wuchs sie in Nanking auf, danach in Bad Godesberg. Sie studierte Germanistik und Kunstgeschichte, brach das Studium jedoch ab. 1959 heiratete sie und zog drei Kinder auf. Erst mit 54 Jahren begann sie Kriminalromane zu schreiben. Noll lebt in Weinheim an der Bergstraße. Für den Roman *Die Häupter meiner Lieben* erhielt sie 1994 den Glauser-Preis für den besten Kriminalroman des Jahres 1993.

Ingrid Noll gilt als Deutschlands erfolgreichste Kriminalautorin der Neunzigerjahre. Als sie 1991 ihren ersten Kriminalroman *Der Hahn ist tot* veröffentlichte, wurde die Arztgattin und Hausfrau binnen kurzem zur Bestsellerautorin, deren Romane in viele Sprachen übersetzt und zum Teil verfilmt wurden. Frauen morden pragmatischer, intelligenter und unverfrorener als Männer: Diese Grundkonstante ihrer Romane könnte man als das Erfolgsrezept von Noll beschreiben, gestützt von einer geradlinigen Dramaturgie und einer schnörkellosen Sprache mit viel schwarzem Humor, Ironie und Understatement. Nolls Romane kommen ohne detailreiche Beschreibungen von Gewalt aus. Sie sind auch keine klassischen Whodunit-Krimis, in denen die Suche nach dem Täter im Vordergrund steht, sondern aus der Perspektive der Täterinnen selbst geschrieben, deren Verbrechen damit offen zutage liegen. Ungewöhnlich im Sinne des Genres ist auch, dass die Autorin auf moralische Wertungen meist verzichtet. Statt der Aufklärung und Bestrafung der Taten durch Polizei und Justiz interessiert sie vielmehr das Motiv der Täterinnen und der psychologische Hintergrund. Ihre Protagonistinnen sind enttäuschte Frauen, die sich hinter einer Fassade bürgerlicher Wohlanständigkeit auf kriminelle Weise zu holen versuchen, was ihnen das Leben auf normalem Wege nicht gönnt.

Ein Paradebeispiel für diesen Frauentypus ist die Ich-Erzählerin des ersten Romans *Der Hahn ist tot*: Rosemarie Hirte ist eine 52-jährige, allein lebende Versicherungsangestellte ohne besondere Eigenschaften, die immer wieder Pech mit den Männern hatte. Doch da tritt unverhofft noch einmal die Liebe in ihr Leben und sie tut alles, um ihren Schwarm für sich zu gewinnen: Sie erschießt seine Frau, stürzt ihre einzige Freundin aus Eifersucht von einem Turm in den Tod, wirft einen elektrischen Lockenstab in das Badewasser einer anderen Konkurrentin und erschießt schließlich einen Polizisten, der ihr auf die Schliche zu kommen droht. Nicht nur Liebe, sondern zunehmend auch Lust an der puren Machtausübung steuert ihre Handlungen. Am Ende hat die Protagonistin den Angebeteten zwar für sich allein, aber um einen hohen Preis: Er ist durch einen Unfall gelähmt und Rosemarie ist über ihren Ängsten und Gewissensqualen schwer erkrankt.

In Nolls zweitem Roman *Die Häupter meiner Lieben* (1993) wird die Fühllosigkeit und kriminelle Energie der unscheinbaren, jugendlichen Ich-Erzählerin Maja mit einer unglücklichen Kindheit und schwierigen Familienkonstellation motiviert. Sie löst ihre Familienprobleme, indem sie – mehr oder minder absichtlich – den Bruder umbringt, später hilft sie der Freundin Cora unter anderem deren reichen Ehemann in der Toskana zu beseitigen: »In meinem Inneren zerbarst ein Damm: Die angestaute, unerhörte Wut auf alle Menschen, die es besser hatten als ich, entlud sich befreiend wie ein Gewitter.« Männer spielen in diesem wie auch den meisten anderen Romanen der Autorin nur eine untergeordnete Rolle, sie sind unscharf gezeichnete Schwächlinge und im Wesentlichen dazu gut, beerbt zu werden. Nolls Frauenfiguren hingegen sind ambivalent gezeichnet. Sie machen aufgrund ungünstiger Umstände eine kriminelle Entwicklung durch – die sich dann allerdings durchaus zu ihren Gunsten auswirken kann. So auch im Roman *Die Apothekerin* (1994), der 1997 von Rainer Kaufmann fürs Kino verfilmt wurde. Darin erzählt die Apothekerin Hella Moormann einer Bettnachbarin (ausgerechnet Rosemarie Hirte aus dem ersten Roman) im Krankenhaus ihre Lebensgeschichte. Sie beginnt mit dem tödlichen Unfall eines Mitschülers, durch den sie plötzlich als Mörderin stigmatisiert wird. Später wird ihr Helfersyndrom von Männern ausgenutzt, bis sie beginnt, ihre Interessen mithilfe etlicher mit viel Fantasie geplanter Morde durchzusetzen.

Doch nicht immer gehen die Protagonistinnen über Berge von Leichen. In *Röslein rot* (1998) wird die Hauptfigur Annerose zwar von Eifersucht auf andere Frauen im Leben ihres Ehemannes gequält, die Racheakte fallen aber vergleichsweise harmlos aus. Im nachdenklichen Roman *Kalt ist der Abendhauch*

(1996) gibt sich die 83-jährige Charlotte ihren Erinnerungen hin, während sie auf den Besuch ihres 88-jährigen Schwagers und Schwarms Hugo wartet. Zwar hat Charlotte durchaus eine Leiche im Keller (den eigenen Mann, einzementiert in der Waschküche), doch mehr als das Verbrechen steht die abgeklärte Rückschau einer alten Frau auf ihr vom Krieg geprägtes Leben und die Wirren der Liebe im Vordergrund.

Über die Jahre entwickelte Noll einen eigenen Kosmos aus wiederkehrenden Figuren: So ist Charlotte die Großmutter von Cora aus *Die Häupter meiner Lieben,* die mit ihrer Freundin Maja auch wieder im Roman *Selige Witwen* (2001) im Zentrum steht. Die beiden Protagonistinnen sind nun bereits ein paar Jahre älter und haben sich voneinander entfremdet, doch in gemeinsamen Verbrechen kommen sie sich wieder näher. Zwischen Florenz und Frankfurt geht es um Kunstraub, Folter und Zuhälterei – allzu starker Tobak angesichts einer nicht ausreichenden psychologischen Motivation, wie manche Kritiker bemängelten. Doch wie in den anderen Romanen der Autorin werden die Protagonistinnen, so kalt, gefühllos und habgierig sie auch wirken mögen, als im tiefsten Inneren trostbedürftig geschildert: Das Leben der Ich-Erzählerin Maja scheint ihr »wie eine wackelige Leiter zu sein, die durch einen kräftigen Windstoß oder einen Bösewicht rasch umgestoßen werden konnte«. Und die Protagonistin versucht, wie all die anderen Heldinnen, mit allen Mitteln sich auf dieser Leiter oben zu halten.

Antje Weber

Werke: *Der Hahn ist tot,* R., Zür. 1991, Hsp., DRS 1996 u. Deutschlandradio Berlin 1997, Fssp., ZDF 2000; *Die Häupter meiner Lieben,* R., Zür. 1993, Film, 1999; *Bommels Billigflüge,* Fssp., NDR 1993; *Die Apothekerin,* R., Zür. 1994, Film v. Rainer Kaufmann, 1997; *Der Schweinepascha,* Kinderb., m. Illustr. v. I. N., Zür. 1996; *Kalt ist der Abendhauch,* R., Zür. 1996, Film v. Rainer Kaufmann, 2000; *Stich für Stich. Fünf schlimme Geschichten,* En, Zür. 1997; *Röslein rot,* R., Zür. 1998; *Das Gipfeltreffen,* Kettenroman, zus. m. Doris Gercke, Edith Kneifl, Regula Venske, Frank Göhre, Gisbert Haefs, Karr & Wehner, Robert Hültner u. Jürgen Alberts, Mü. 2000; *Die Sekretärin. Drei Rachegeschichten,* En, Zür. 2000; *Selige Witwen,* R., Zür. 2001.

Nonnenmann, Klaus, wurde am 9. 8. 1922 in Pforzheim als Sohn eines Kaufmanns geboren. Ab 1929 besuchte er das Humanistische Gymnasium seiner Heimatstadt und bestand 1941, kurz bevor er zum Militärdienst eingezogen wurde, das Abitur. Er war als Bordfunker bei der Luftwaffe im Einsatz, wurde schwer verwundet und geriet in Gefangenschaft. Nach dem Krieg 1945 begann er mit dem Studium der Soziologie, Romanistik und Germanistik in Hamburg, Heidelberg und Frankfurt/Main. In der renommierten Frankfurter Studentenzeitung »Diskus« veröffentlichte er erste Kurzgeschichten und Glossen. Das Studium musste er wegen seines Lungenleidens abbrechen. Nach dem Freitod seiner ersten Frau 1959 zog er sich nach Gaienhofen am Bodensee zurück, wo er ein Haus erworben hatte, das er 1971 wieder verkaufte. Er heiratete erneut und lebte während der folgenden Jahre in Feldrennach im Nordschwarzwald. Er trennte sich von seiner zweiten Frau und ließ sich wieder in Pforzheim nieder, wo er am 11. 12. 1993 starb. 1964 erhielt er den Förderpreis des Südwestfunks Baden-Baden.

Nonnenmanns erstes Buch, der schmale Roman *Die sieben Briefe des Doktor Wambach,* das 1959 erschien, war sein erfolgreichstes – es wurde zweimal als Taschenbuch gedruckt und ins Italienische übersetzt. Basierend auf einer von Max Brod übermittelten Kafka-Anekdote wird die letzte und kaum ereignisvolle Woche im Leben des 83-jährigen Obervertrauensarztes Hubert Wambach beschrieben, der sich die Zeit mit meteorologischen Messungen, ein wenig Hobbymalerei und dem Verfassen von Briefen an ein kleines Mädchen vertreibt. Die äußere Handlung ist also äußerst spärlich. Was den Zauber des Buchs ausmacht, ist Nonnenmanns Humor und seine virtuose Formulierungskunst. Wie souverän er Stilmittel und Sprache beherrscht, demonstriert er durch die Schilderung des immer wieder gleichen Vorgangs zu Beginn der insgesamt sieben Kapitel des Romans, nämlich wie Doktor Wambach sich morgens aus dem Bett erhebt. Ohne sich ein einziges Mal zu wiederholen, gelingt es Nonnenmann, einem alltäglichen Ereignis ständig neue Facetten abzugewinnen. Die Zuwendung zum scheinbar Banalen, die völlige Vernachlässigung zeitgemäßer Problematik und alles Politischen in der Glanzzeit so genannter engagierter Literatur, drängte Nonnenmann von Anfang an in eine Außenseiterposition.

Sein 1961 erschienener Band *Vertraulicher Geschäftsbericht. Elf Geschichten und ein Spiel* erregte kaum Aufmerksamkeit, während der drei Jahre danach publizierte, umfangreiche Roman *Teddy Flesh oder Die Belagerung von Sagunt* (1964) von der Kritik sogleich als Meisterwerk erkannt wurde. Erzählt wird die Geschichte eines Aussteigers. Der Protagonist, Martin Schünemann, hängt seinen verhassten Kaufmannsberuf an den Nagel, erwirbt ein verfallenes Bauernhaus, das er mithilfe einiger schrulliger Dorfbewohner zu renovieren beginnt, wobei Nonnenmann auf die Erfahrungen mit seinem Besitz in Gaienhofen zurückgreifen konnte. »Er ruft«, skizzierte Jochen Greven den weiteren Inhalt, »seine geliebte Schwester herbei, und die beiden spinnen sich in ein glückseliges Rausch- und Traumleben ein, in dem ihre Kindheit wiederaufersteht, eine Welt der fabulierten Abenteuer und verbotenen Spiele, regiert von Teddy Flesh, einem zum Mythos aufgestiegenen Teddybären.« Kaum wieder zu Hause, stirbt die Schwester an Krebs, Martin gibt sein Projekt auf und kehrt ins bürgerliche Leben zurück.

Nonnenmann hatte gehofft, mit seinem *Teddy Flesh* den Durchbruch zu schaffen, sich endgültig in der deutschen Literaturszene zu etablieren. Der Publikumserfolg jedoch blieb aus, was nicht zuletzt am komplizierten – doch keineswegs unlogischen – Aufbau des Buches lag. Es half auch nichts, dass der sprachverliebte Autor, vielleicht der originellste nach 1945, wiederholt mit Lawrence Sterne und Jean Paul verglichen wurde. Gezeichnet von seiner Krankheit und zunehmendem Alkoholismus resignierte Nonnenmann allmählich. Erst vierzehn Jahre nach dem *Teddy Flesh* publizierte er den kleinen Erzählband *Herbst* (1977), der ihn zwar noch immer auf der Höhe seines Könnens zeigt, aber ein Come-back nicht mehr einleiten konnte. Und die letzte Publikation zu Lebzeiten – *Kongress der Zauberer* (1992) – enthielt nur noch bereits veröffentlichte Geschichten.

Allerdings hatte Nonnenmann in den Siebzigerjahren einen dritten Roman in Angriff genommen, den er immer wieder liegen ließ, um ihn dann neu zu konzipieren und zu überarbeiten. Zur Fertigstellung mangelte es ihm aber an Kraft und Motivation. Längere Passagen aus diesem Fragment sind in dem Nachlassband *Ein Lächeln für morgen* (2000) nachzulesen.

Michael Schulte

Werke: *Die sieben Briefe des Doktor Wambach*, R., Olten 1959; *Vertraulicher Geschäftsbericht. Elf Geschichten und ein Spiel*, Olten 1961; *Schriftsteller der Gegenwart. Deutsche Literatur. 53 Porträts*, Hg., Olten 1963; *Teddy Flesh oder Die Belagerung von Sagunt*, R. Olten 1964; *Herbst*, En., Darmst. 1977; *Kongress der Zauberer*, En., Ffm. 1992; *Der Stein von Cefalù*, En., Uhldingen 1998; *Ein Lächeln für morgen*, En. u. Fragm., Tüb. 2000.

Nossack, Hans Erich, wurde am 30. 1. 1901 als Sohn eines Importkaufmanns in Hamburg geboren. Nach dem Abitur im Jahre 1919 studierte er zunächst in Hamburg Rechtswissenschaft und Philosophie. 1920 wechselte er nach Jena, wo er Mitglied eines schlagenden studentischen Corps und der Deutschnationalen Volkspartei wurde. Nach eigenen Aussagen nahm er aktiv am Kapp-Putsch und am »Oberschlesischen Abwehrkampf« teil. 1922 wandte sich Nossack entschieden von den rechtsnationalen Kreisen ab, die sein Leben drei Jahre lang geprägt hatten. Er trat aus dem Corps aus, gab das Studium auf, wurde Hilfsarbeiter und für kurze Zeit Mitglied der KPD. Die Ereignisse des Jahres 1922 bezeichnete Nossack als den Beginn seiner »eigentlichen Biografie«. Seine politische Konversion ging einher mit dem Bemühen, sich von seiner bürgerlichen Herkunft zu lösen. In diese Zeit fielen auch seine ersten ernsthaften schriftstellerischen Versuche. 1925 kehrte Nossack nach Hamburg zurück. Er heiratete Gabriele Knierer und lebte von Aushilfsarbeiten in einer Bank und als Buchhalter, bevor er 1933 endgültig in die Importfirma seines Vaters einstieg. Bis 1956 war Nossacks Leben durch die Doppelexistenz als Kaufmann und Schriftsteller geprägt.

In den späten Weimarer Jahren gelang es ihm nicht, einen Verlag für seine Dramen (u.a. *Die Hauptprobe,* Uraufführung 1953) und Gedichte zu finden. 1933 kam es aufgrund seiner Kontakte zur KPD zu Haussuchungen durch die SA und die Polizei – doch entgegen zahlreicher Äußerungen Nossacks nach 1945 wurde ihm während der gesamten NS-Zeit kein Schreibverbot erteilt. Ab 1942 stand er in Verbindung mit Hermann Kasack und Peter Suhrkamp. Für den mehrfach von der Schließung bedrohten Suhrkamp-Verlag wurde der Band *Gedichte* vorbereitet, der während des Krieges nicht mehr gedruckt werden konnte und der erst 1947 im Hamburger Wolfgang-Krüger-Verlag erschien. Im Sommer 1943 verlor Nossack bei den Luftangriffen auf Hamburg einen Großteil seines Besitzes. Die meisten seiner Werke und Tagebücher wurden vernichtet.

Angesichts dieses unschätzbaren Verlustes begann er seine Erlebnisse im bombardierten Hamburg in einem Bericht festzuhalten, der 1948 unter dem Titel *Der Untergang* veröffentlicht wurde und ihn schlagartig berühmt machte. 1949 wurde Nossack von Alfred Döblin in die Akademie der Wissenschaften und der Literatur, Mainz, berufen. 1950 gründete er zusammen mit Hans Henny Jahnn die Freie Akademie der Künste in Hamburg. 1956 konnte er den Hamburger Familienbetrieb aufgeben und nach Aystetten bei Augsburg ziehen. 1961 erhielt er den Georg-Büchner-Preis. 1962 siedelte er nach Darmstadt über und 1965 nach Frankfurt. Vier Jahre später kehrte er nach Hamburg zurück, wo er am 2. 11. 1977 starb.

Während der wirtschaftlichen Aufbaujahre der Bundesrepublik avancierte Nossack zu einem der angesehensten Schriftsteller seiner Generation. Obwohl er sich am kulturellen Leben der Adenauer-Ära außerordentlich aktiv beteiligte, betonte er stets sein Außenseitertum. Besonders lag ihm daran, sich von den Autoren der »Gruppe 47« abzusetzen. Am 27. Mai 1952 schrieb er Ernst Kreuder: »Gestern war hier großer Empfang beim NWDR für die ›Gruppe 47‹. Um mir nicht noch mehr Feinde zu machen oder mich dem Vorwurf der Arroganz auszusetzen, ging ich hin und schüttelte die Hände von Richter, Eich, Kolbenhof, Schroers, Brüll (oder wie heißt er?), Aichinger usw. Auch verschiedene junge Österreicher waren da.« Abgesehen von ihrer schriftstellerischen Leistung, machte Nossack vor allem die gesellschaftliche und politische Geschäftigkeit vieler Mitglieder der »Gruppe 47« skeptisch. Selbstironisch hat er einmal geäußert, sobald etwas von ihm erfolgreich sei, müsse er sich fragen, was er bloß falsch gemacht habe. Er verstand sich als intellektueller »Partisan«, der den Aufbruch ins »Nicht-Versicherbare« probte.

Im Zentrum seines Gesamtwerks steht die existenzielle Erfahrung der Vereinzelung des Individuums in der Moderne. Voraussetzung seines Schreibens ist eine grundsätzliche Skepsis gegenüber jeder Form von Kommunikation. Thematisch erinnern seine Arbeiten an Samuel Beckett, und es ist sicher kein Zufall, dass die erste Übersetzung einer seiner Erzählungen ins Französische auf Vermittlung von Jean-Paul Sartre zustande kam. »Ich weiß nicht, wozu ich da bin«, stellt die Erzählerin in *Spätestens im November* über das Leben mit ihrem Geliebten fest, »es ist schlimmer als Verheiratetsein. Es ist schlimmer als Totsein. Woher sollte ich wissen, dass es solche Menschen gibt, die nichts brauchen. Und zu Anfang sah es doch so aus, als ob er mich brauchte, es war gar kein Zweifel. Und nun … man erfriert dabei.« Nossacks bevorzugte literarische Formen sind der Bericht und das Selbstgespräch. Seine Figuren bewegen sich in einer Innenwelt – das Außen, die Wirklichkeit der Anderen, haben sie verloren. Wenn das Schweigen unerträglich wird, beginnen sie zu sprechen. »Ein Ereignis hat einen Mann schlaflos gemacht. Er müht sich, sein Leben zurück und zu Ende zu denken; mit verteilten Rollen hält er über sich Gericht, klagt sich an, verteidigt sich und versucht sich zu begnadigen, um endlich Ruhe zu finden« (*Spirale*, 1956). Viele seiner Werke sind intellektuelle Expeditionen, an deren Beginn eine Grenzüberschreitung steht: Was passiert einem Fisch, der das Wasser verlassen hat, wenn er Luft atmet und dabei entgegen aller Erwartung feststellen muss, dass er bei seinem Landgang nicht stirbt? Ist der Schmerz ein Beweis dafür, dass man noch lebt? »Wer sagt uns denn, ob nicht auch Tote noch Schmerzen empfinden und ob nicht sogar Teile eines Toten sich zu atmen bemühen? Hat man sie nicht zucken sehen, wenn sie von den Zähnen Stärkerer zermalmt wurden?« (*Der Neugierige*, 1955) Wie soll die Frau eines Großindustriellen weiterleben, die sich in einen Mann verliebt, der ihr bei ihrer ersten Begegnung nüchtern und ernsthaft sagt, dass es sich mit ihr lohne, zu sterben (*Spätestens im November*, 1955)?

So deutlich die autobiografischen Bezüge in den meisten seiner Werke sind, so ungenau waren die Auskünfte, die Nossack gab, wenn er nach seinem Leben gefragt wurde. Nicht nur in seinen *Pseudoautobiografischen Glossen* (1971) bemühte er sich darum, seinem Gespaltensein zwischen dem sehr konventionellen Dasein als Kaufmann und seiner von ihm selbst als abgründig empfundenen Künstlerexistenz Rechnung zu tragen. Es ging ihm darum, die innere Existenz strikt von der äußeren zu trennen: »Als mir in den Dreißigerjahren die Todesanzeige von Barlach ins Haus geschickt wurde, war mir klar, dass mein Vater gestorben war. Als Max Beckmann 1950 in New York starb, habe ich um einen älteren Bruder geweint, und als Albert Camus 1960 verunglückte, um einen jüngeren Bruder. Ich fühlte mich ein wenig im Stich gelassen. Alle drei Familienangehörige habe ich nicht persönlich gekannt, das ist bei uns nicht nötig« (*Autobiografie*, 1963).

Jan Bürger

Werke: *Gedichte*, Hbg. 1947; *Nekyia. Bericht eines Überlebenden*, E., Hbg. 1947; *Interview mit dem Tode*, En., Hbg. 1948 (enthält *Der Untergang*); *Dorothea. Berichte*, Pr., Hbg. 1948; *Joyce Carey: Des Pudels Kern*, Übs., Hbg. 1949; *Die Rotte Kain*, Theaterst., Hbg. 1949; *Der Neugierige*, E., Mü. 1955; *Spätestens im November*, R., Bln. 1955; *Die Begnadigung*, E. Zür. 1955; *Die Hauptprobe. Eine tragödienhafte Burleske mit zwei Pausen*, Hbg. 1956, UA Bln. 1961; *Spirale. Roman einer schlaflosen Nacht*, Ffm. 1956; *Über den Einsatz*, Ess., Mainz 1956; *Gerald Hanley. Dunkler Wind*, Übs., Hbg. 1957; *Harold Nicolson: Die Kunst der Biografie und andere Essays*, Übs., Ffm. 1958; *Sherwood Anderson: Winesburg, Ohio*, Übs., Ffm.

1958; *Der jüngere Bruder*, R., Ffm. 1958, erw. Fssg. 1973; *Begegnung im Vorraum. Zwei Erzählungen*, Olten 1958; *Freizeitliteratur. Eine Fastenpredigt*, Ess., Wiesbaden 1959; *Unmögliche Beweisaufnahme*, Ffm. 1959, Hsp., SWF 1961; *Nach dem letzten Aufstand. Ein Bericht*, Ffm. 1961; *Georg Christoph Lichtenberg: Gedanken zur Zeit*, Hg., 1962; *Ein Sonderfall*, Theaterst., Neuwied, Bln. 1963; *Begegnung im Vorraum*, En., Ffm. 1963; *Das kennt man*, E., Ffm. 1964; *Sechs Etüden*, Ffm. 1964; *Das Testament des Lucius Eurinus*, E., Ffm. 1965; *Die schwache Position der Literatur. Reden und Aufsätze*, Ffm. 1966; *Der Fall d'Arthez*, R., Ffm. 1968; *Dem unbekannten Sieger*, R., Ffm. 1969; *Pseudoautobiografische Glossen*, hg. v. Christof Schmid, Ffm. 1971; *Die gestohlene Melodie*, R., Ffm. 1972; *Bereitschaftsdienst. Bericht über die Epidemie*, Pr., Ffm. 1973; *Der König geht ins Kino*, E., m. Bildern v. Arturo Heras, Ffm. 1974; *Um es kurz zu machen. Miniaturen, Etüden, Parabeln*, hg. v. Christof Schmid, Ffm. 1975; *Ein glücklicher Mensch. Erinnerungen an Aporée*, Pr., Ffm. 1975; *Dieser Andere. Ein Lesebuch mit Briefen, Gedichten, Prosa*, hg. v. Christof Schmid, Ffm. 1976; *Vier Etüden*, Ffm. 1979; *Die Erzählungen*, hg. v. Christof Schmid, Ffm. 1979; *Auf der Straße nach Weimar*, m. Illustr. v. Martin Repik, Braunschweig 1982; *Aus den Akten der Kanzlei seiner Exzellenz des Herrn Premierministers Tod. Glossen und Miniaturen*, hg. v. Christof Schmid, fm. 1987; *Schreiben und Veröffentlichen. Bibliografie und ausgewählte Texte*, hg. v. Gabriele Söhling, Mainz 1991; *Die Tagebücher 1943–1977*, hg. v. Gabriele Söhling, Ffm. 1997; *Geben Sie bald wieder ein Lebenszeichen. Briefwechsel 1943–1956*, hg. v. Gabriele Söhling, Ffm. 2001.

Nöstlinger, Christine, wurde am 13. 10. 1936 als Tochter einer Kindergärtnerin und eines Uhrmachers in Wien geboren, machte dort Abitur, studierte an der Akademie für Bildende Künste und wurde als Grafikerin beim Wiener »Express« angestellt. Sie heiratete den Journalisten Ernst Nöstlinger und bekam zwei Töchter. Sie gab ihren Beruf auf, begann dann aber an einer Kinderbuchfigur zu zeichnen und schrieb einen Text dazu. Sie hat rund 150 Bilder-, Kinder- und Jugendbücher geschrieben, Gedichte und Fernsehspiele. Sie schrieb in österreichischen und deutschen Zeitungen Artikel, für den »Wiener Kurier« zwölf Jahre lang eine Kolumne, aus Freude am Kulinarischen zwei Kochbücher, schrieb ab Ende der Siebzigerjahre für den Hörfunk (*Wischerbriefe*) und bezeichnete sich 1983 als »Ein-Mann-Buchstabenfabrik«. Sie lebt in Wien, gegenüber von Schloss Schönbrunn und in einem Haus im Waldviertel. 1972 wurde Christine Nöstlinger als Erste mit dem Friedrich-Bödecker-Preis ausgezeichnet, es folgten 1973 der Deutsche Jugendbuchpreis, 1974 der Buxtehuder Bulle, 1974 und 1987 der Österreichische Staatspreis für Kinder- und Jugendliteratur, 1984 die Hans-Christian-Andersen-Medaille, 1986 und 1991 der Preis der Leseratten des ZDF und 1998 der Ehrenpreis des österreichischen Buchhandels.

Nöstlingers erstes Buch erschien in einem österreichischen Verlag: *Die feuerrote Friederike* (1970) ist ein Mädchen mit roten Haaren und ungestümer Lebenskraft, die Erwachsenen als Aufsässigkeit erschien. Das Buch bekam einen Preis, aber nicht für die Illustrationen, sondern für den Text. Nöstlinger schrieb als Nächstes eine Parodie auf den utopischen Roman eines Freundes: *Mister Bats Meisterstück* (1971), worin eine Oma wieder jung werden möchte. Die Verwandlung misslingt dem Zauberer jedoch, sie wird ein kleines Kind, und nur mithilfe ihres Enkels und seiner Freunde und einer Zeitreise wird sie wieder die Alte. In diesen beiden Büchern zeigte sich vieles von dem, was in den nächsten Jahrzehnten von Nöstlinger entwickelt wurde: Ihr Instinkt für gesellschaftliche und wissenschaftliche Themen, noch kurz bevor sie aktuell wurden wie in *Ilse Janda* (1974), *Konrad* (1975), *Das Austauschkind* (1982). Ein fantastisches Element, das Heldin und Leser nicht in andere Welten entführt, sondern die Wirklichkeit nur genauer und greller zeigt, findet man in *Gurkenkönig* (1972), *Hugo* (1983), *Der Zwerg im Kopf* (1989), *Der gefrorene Prinz* (1990) und *TV-Karl* (1995) – ein ungeheures Tempo der Handlung, Wortwitz und Situationskomik, schließlich eine Sprache, deren trockene Treffsicherheit verstärkt wird durch die Austriazismen in Satzbau und Wörtern, die auch mit der Ursprünglichkeit der handelnden Personen und dem Reichtum der Fantasie zusammenhängen.

Mister Bat führte ein weiteres Thema ein, das von Nöstlinger immer wieder in fantastischer und realistischer Manier behandelt wurde: Die Familie samt der Unmöglichkeit, im für alle idealen Familienzustand zu leben und aufzuwachsen. *Ein Mann für Mama* (1972), bis zu allen *Gretchen Sackmeier*-Geschichten (1981 bis 2002). *Die Kinder aus dem Kinderkeller* (1971) griffen die Themen Kinderläden, antiautoritäre Erziehung und Hoffnung auf Solidarität auf. Die internationalen Studentenrevolutionen, der politische Wechsel, die pädagogischen Ideen, die sich seit A. S. Neill's *Theorie und Praxis der antiautoritären Erziehung am Beispiel Summerhill* (1965) auch in der Kinderliteratur niedergeschlagen hatten, erwiesen sich als ideale Kulisse für Nöstlingers Romane. Ihre Fähigkeit, diese wieder als neu empfundenen Themen nicht modisch und nicht verbissen orthodox zu behandeln, samt ihrer Produktionsgeschwindigkeit, ließ sie zu einer der wichtigsten Stimmen dieser Epoche werden.

In *Wir pfeifen auf den Gurkenkönig* (1972) verband Nöstlinger Fantasie und Sozialkritik; um zu zeigen, wie sich in Gegenwart eines autoritären Erpressers eine Familieneinheit als anfällig erweist. Der gefährliche Spuk verschwindet, aber einmal mussten sich alle so zeigen, wie sie sind. Dieser Roman machte Nöstlinger und ihren Stil endgültig als »Senkrechtstarter« (»Die Zeit«, 1972) berühmt. Sie sagte stets, wie es ist, knapp und manchmal schnoddrig. Auf diese Weise wurde jeder ihrer Romane ein Spiegel der Kinder- und Erwachsenenwelt in der zweiten Hälfte des 20. Jahrhunderts, samt allen Veränderungen dieser Jahrzehnte, das wachsende Interesse für Geschichten aus der Kriegs- und Nachkriegszeit *Maikäfer* (1972), *Rosa Riedl* (1979), *Zwei Wochen im Mai* (1981), für Umweltprobleme *Nagle einen Pudding an die Wand* (1990).

Immer wieder betonte Nöstlinger, sie wolle sich nicht bei Kindern anbiedern und habe deshalb keine Botschaft. Doch unter ihrem Wunsch, Kinder zu unterhalten, verstand sie auch: klüger machen, Dinge und Zusammenhänge begreifbar machen, Einsichten vermitteln, wie Menschen gestrickt sind. In ihren frühesten Romanen, *Stundenplan* (1975), *Luki-live* (1978), *Der Denker greift ein* (1981), wurden die Lehrer noch mit gnadenloser Kritik dargestellt. In den *Franz*-Geschichten der Achtziger- und Neunzigerjahre geht es milde zu. Denn Schulanfängern wollte sie nichts zumuten, was diese nicht verarbeiten können. Wohl aber Komik, weil sie das Lachen für ein Grundbedürfnis der Kinder hält. Diese Kraft der unbeirrbaren Lebensfreude stellte sie in vielen Entwicklungsgeschichten dar, am Beispiel der Familien von Gretchen Sackmeier und Susi und Paul bis zu Franz. In Familien mit oft schwierigen Müttern gibt es zum Ausgleich gute Väter oder Großväter. Ehemalige 68er-Eltern ohne feste Vorstellung von Erziehung werden dagegen von den Kindern zur Rede gestellt und müssen sich auf sich selbst besinnen – ein Paradebeispiel ist der *Gurkenkönig* (1972). Dazu gehören Dreiecksgeschichten, in denen sich Kinder zwischen Eltern und Bezugspersonen, verschiedenen Freunden etc. entscheiden müssen wie in *Oh du Hölle* (1980) oder in *Wetti und Babs* (1987). Diese Familienmodelle werden pointiert durch eine Reihe von – oft alten – Männern und Frauen, die den Kindern in fast all ihren Romanen – *Der kleine Herr* (1973), *Rosa Riedl* (1979), *Anatol* (1983), *Der geheime Großvater* (1986) – in kritischen Augenblicken zur Seite stehen. Was Nöstlinger ihren Lesern empfohlen hat, nämlich aus Erfahrungen Einsichten zu gewinnen, hat sie selbst befolgt und konstatierte Resignation: »Vor 25 Jahren gingen meine politischen Vorstellungen dahin, dass ich meinte, die Veränderung der Welt zum Guten hin sei möglich ... Wenn man das alles nicht mehr glaubt, dann neigt man viel eher zum Trösten, zum Freundlichsein.«

Sybil Gräfin Schönfeldt

Werke: *Die feuerrote Friederike*, Bilderb., m. Illustr. v. Janosch, Wien 1970; *Mr. Bats Meisterstück oder Die total verjüngte Oma*, R., m. Illustr. v. F. J. Tripp, Hbg. 1971; *Die Kinder aus dem Kinderkeller*, E., Weinheim 1971; *Ein Mann für Mama*, R., Hbg. 1972; *Wir pfeifen auf den Gurkenkönig*, R., m. Illustr. v. Maurer, Weinheim 1972; *Der kleine Herr greift ein*, R., m. Illustr. v. Rolf Rettich, Hbg. 1973; *Der schwarze Mann und der große Hund*, Bilderb., m. Illustr. v. Maurer, Weinheim 1973; *Maikäfer flieg!*, R., Weinheim 1973; *SimSalaBim*, Bilderb., m. Illustr. v. Hoffmann, Wien 1973; *Ilse Janda, 14 oder Die Ilse ist weg*, R., Hbg. 1974; *Achtung! Vranek sieht ganz harmlos aus*, R., Wien 1974; *Der Spatz in der Hand und die Taube auf dem Dach*, E., m. Illustr. v. Schindler, Weinheim 1974; *Iba de gaunz oaman Kinda*, G., m. Illustr. v. Lauth, Wien 1974; *Das Leben der Tomanis*, Bilderb., Köln 1974; *Konrad oder Das Kind aus der Konservenbüchse*, R., m. Illustr. v. Wittkamp, Hbg. 1975, Hsp., WDR 1976; *Stundenplan*, R., Weinheim 1975; *Der liebe Herr Teufel*, R., m. Illustr. v. Giesel, Wien 1975, Hsp., RB 1978; *Lollipop*, E., m. Illustr. v. Kaufmann, Weinheim 1977, Hsp., WDR 1977; *Andreas oder Die unteren sieben Achtel des Eisbergs*, R., Weinheim 1978; *Die Geschichten von der Geschichte vom Pinguin*, R., m. Illustr. v. C. N., Wien 1978; *Luki-live*, R., Hbg. 1978; *Rosa Riedl, Schutzgespenst*, R., m. Illustr. v. C. N., Wien 1979; *Dschi-Dsche-i Dschunior*, R., m. Illustr. v. Sklenitzka, Wien 1980; *Einer*, E., m. Illustr. v. Janosch, Weinheim 1980, Hsp., ORF 1995; *Pfui Spinne!*, R., Weinheim 1980; *Gretchen Sackmeier*, R., Hbg. 1981; *Rosalinde hat Gedanken im Kopf*, R., m. Illustr. v. Schössow, Hbg. 1981, Hsp., DRS 1989; *Der Denker greift ein*, R., m. Illustr. v. C. N., Wien 1981; *Zwei Wochen im Mai*, R., Weinheim 1981; *Das Austauschkind*, R., Wien 1982; *Iba de gaunz oaman Fraun*, G., Wien 1982; *Ein Kater ist kein Sofakissen*, Bilderb., m. Illustr. v. Limmroth, Hbg. 1982; *Hugo, das Kind in den besten Jahren*, R., Weinheim 1983; *Jokel, Julia und Jericho*, E., m. Illustr. v. Schindler, Weinheim 1983; *Anatol und die Wurschtlfrau*, R., m. Illustr. v. C. N., Wien 1984; *Am Montag ist alles ganz anders*, R., m. Illustr. v. C. N., Wien 1984; *Gretchen hat Hänschen-Kummer*, R., Hbg. 1983; *Geschichten vom Franz*, Kinderb.-Reihe, m. Illustr. v. Dietl, Hbg. ab 1984; *Liebe Susi! Lieber Paul!*, Brief-R., m. Illustr. v. C. N., Wien 1984; *Olfi Obermeier und der Ödipus*, R., Hbg. 1984; *Einen Vater hab ich auch*, R., Wien 1984; *Der Wauga*, R., Wien 1985; *Man nennt mich Ameisenbär*, R., Hbg. 1986, Hsp., WDR 1986; *Der Bohnen-Jim*, Bilderb., m. Illustr. v. Berner, Weinheim 1986; *Der geheime Großvater*, R., Wien 1986; *Susis/Pauls geheimes Tagebuch*, R., m. Illustr. v. C. N., Wien 1986; *Oh, du Hölle!*, Tagebuch-R., m. Illustr. v. C. N., Wien

1986; *Geschichten für Kinder in den besten Jahren*, En., m. Illustr. v. Rudelius, Weinheim 1987; *Wetti und Babs*, R., Wien 1987; *Der Hund kommt*, R., m. Illustr. v. Bauer, Weinheim 1987; *Iba de gaunz oaman Mauna*, G., m. Fotos v. Schirnhofer, Wien 1987; *Der Neue Pinocchio*, R., m. Illustr. v. Heidelbach, Weinheim 1988; *Gretchen mein Mädchen*, R., Hbg. 1988; *Werter Nachwuchs!*, Brief-R., Wien 1988; *Ein Löffel für den Papa*, R., m. Illustr. v. Wollmann, Wien 1989; *Sepp und Seppi*, Bilderb., m. Illustr. v. C. N., Weinheim 1989; *Der Zwerg im Kopf*, R., m. Illustr. v. Bauer, Weinheim 1989; *Der gefrorene Prinz*, R., m. Illustr. v. Waechter, Weinheim 1990; *Nagle einen Pudding an die Wand!*, R., Hbg. 1990; *Anna und die Wut*, Bilderb., m. Illustr. v. C. N., Wien 1990; *Eine mächtige Liebe*, En., m. Illustr. v. Janosch, Weinheim 1991; *Wie ein Ei dem anderen*, R., Weinheim 1991; *Ein und Alles*, Jahrb., m. Illustr. v. Bauer, Weinheim 1991; *Sowieso und überhaupt*, R., Wien 1991; *Spürnase Jakob-Nachbarkind*, R., Hbg. 1992; *Mini*, Bilderb.-Serie, m. Illustr. v. C. N., Wien ab 1992; *Liebe Tochter, werter Sohn*, Brief-R., Wien 1992; *Mit zwei linken Kochlöffeln*, Kochb., Wien 1993; *Madisou*, Bilderb., m. Illustr. v. Waldschütz, Wien 1995; *Einen Vater hab ich auch*, R., Weinheim 1994; *Der TV-Karl*, Tagebuch-R., m. Illustr. v. Bauer, Weinheim 1995, Hsp., DLR 1996; *Vom weißen Elefanten und den roten Luftballons*, R., m. Illustr. v. Rodelius u. Waldschütz, Weinheim 1995; *Iba de gaunz oaman Leit*, G., Wien 1996; *Ein Hund kam in die Küche*, Kochb., Wien 1996; *Villa Henriette*, R., Hbg. 1996; *Bonsai*, R., Weinheim 1997; *Emm an Ops*, R., Hbg. 1998; *Rudi sammelt*, Bilderb., m. Illustr. v. Kraushaar, Hbg. 2000; *Mini trifft den Weihnachtsmann*, Hsp., ORF 2000; *Dani Dachs*, Bilderb.-Serie, m. Illustr. v. Wegscheider, Wien ab 2001; *Küchen-ABC*, Wien 2003.

Novak, Helga M.(aria) (Pseud. f. Maria Karlsdottir), geboren am 8. 9. 1935 in Berlin. Von 1954 bis 1957 studierte sie Philosophie und Journalistik in Leipzig. Anschließend arbeitete sie als Buchhändlerin, Laborantin, Monteurin. 1961 heiratete sie nach Island. Dort war sie in Fischfabriken und in einer Teppichweberei beschäftigt. Sie unternahm Reisen nach Frankreich, Spanien und die USA, kehrte nach Leipzig zurück, nahm dort ein Studium am Literaturinstitut »Johannes R. Becher« auf. 1966 wurde ihr die DDR-Staatsbürgerschaft aberkannt, ein einzigartiger Akt in den Sechzigerjahren. Sie ging nach Island zurück und übersiedelte dann 1967 in die Bundesrepublik, wo sie weder in Frankfurt noch Berlin wirklich heimisch wurde. Jahrelang pendelte sie zwischen Berlin und einer Adria-Insel. Sie lebt seit 1992 in Polen. 1968 erhielt sie den Bremer Literaturpreis, 1979/80 war sie »Stadtschreiberin« von Bergen-Enkheim, 1985 wurde ihr der Kranichsteiner Literaturpreis verliehen, den Brandenburgischen Literaturpreis erhielt sie 1994, den Gerrit-Engelke-Preis 1997.

Helga M. Novaks Gedichte, Prosa, Hörspiele vermeiden das Literarisierte, die schnelle Bedeutung, Einfühlung und Anempfindung. Ihr Material ist das Konkrete, Sinnliche; es wird aber von ihr nicht zu einer Ab- und Nachbildung von Realität verwandt. Sie beschreibt die Realität nicht, sondern zerlegt sie in Partikel, Arbeitsabläufe, Sprechweisen. Ihre Gedichte kommen mit einfachen Wörtern aus, zitieren vertraute Figuren aus Märchen, Sagen und im späteren Werk aus griechischen Mythen, verweigern aber die erwarteten Bilder und Symbole.

Helga M. Novaks Zugang zum Balladesken kündigt sich bereits in ihrem ersten Band *Die Ballade von der reisenden Anna* (1965) an. Ihre Gedichte sprechen von einem zweigeteilten Land, vom erzwungenen Schweigen in Gefängnissen und dem Mundtotmachen an Küchentischen: »wer sagt, dass siebenfach versiegelte Münder / eines Tages aufspringen mit einem Knall«. Das Unmögliche ist ihr gerade recht, die Mühen des Alltags, auch die der grau gewordenen Liebe widerständig zu transzendieren. In dem Band *Legende Transsib* (1985), der aus dem unerfüllten Kindertraum entstand, eine Reise mit der Transsibirischen Eisenbahn zu machen, wird der Betreuer, der der westlichen Reisenden mitgegeben ist, zum »Paten«, wird die Schriftstellerin, auf die er aufpassen und über die er Bericht erstatten soll bei seinen Behörden, in Bann geschlagen von seinem täglichen Verrat an ihr. »Dein Name wuchs / in meinem Mund wie Krebs / und meine Argumente / hingen dir zum Hals raus / wie oft hast du meinen Namen / niedergelegt in Schriftstücken / und mit deinem signiert / ach unsre Namen auf demselben Papier.« Im titelgebenden Gedicht des Bandes *Margarete mit dem Schrank* (1978) wird die Frau, die die Last ihrer Liebe im Schrank auf ihrem Kopf balanciert, zu einer mythischen und gleichzeitig komischen Figur. Die Ordnung der Grammatik und die Ordnung der Realität werden zueinander in Beziehung gesetzt. Die einfachen parataktischen Fügungen mit ihrem Verzicht auf Kausalität, Finalität, Modalität stellen eine Ordnung her, die eine Komplexität in eine Vielzahl von gleichwertigen Funktionen zerlegt.

Helga M. Novak ist eher an Bestandsaufnahmen interessiert als Narration, eher an Befindlichkeiten als an Figurenkonstellationen. So entstehen in den Büchern *Geselliges Beisammensein* (1968) und *Aufenthalt in einem irren Haus* (1971) Texte, die eher einem System von Bauteilen, Mosaiksteinen, einer raschen Abfolge von Standfotos verwandt sind als konventionellen Erzählungen. Nüchtern, knapp und kühl notiert Helga M. Novak Beobachtungen an Arbeitsplätzen, in der Psychiatrie, in Wohnungen und Hotels. Die Bände *Wohnhaft im Westend* (1970, zus. m. Horst Karasek) und *Die Landnahme von Torre Bela* (1976) führen in weiträumigeren Formen die Erkundungen eines konkreten politischen und sozialen Umfeldes fort. Erfindungen bleiben ausgeklammert; die Erzählerin tritt hinter die Beobachtung, die Genauigkeit des Details zurück. Während aber der Bericht von der Veränderung des Frankfurter Westends durch Bauspekulanten ein Bericht über Täter und Opfer, Gewalt und Gegengewalt ist, zeigt der spätere Band ehemalige Opfer als Handelnde: Arbeitslose haben das portugiesische Landgut übernommen, üben das kollektive Leben und Arbeiten, bis die Kooperative zerschlagen wird.

In ihrem Buch *Die Eisheiligen* (1979) entwirft Helga M. Novak das Bild der eigenen Kindheit aus Redefloskeln, Geboten und Verboten, von denen das Kind umstellt ist, und aus Beschreibungen der mühsamen häuslichen Verrichtungen im Krieg und nach dem Krieg. Es ist eine Kindheit voller Erbitterung, Hass, Enttäuschung, Aufbegehren, glühenden Fantasien und Rachsucht, eine Kindheit wie ein böser Traum – für die Erwachsenen und das Mädchen gleichermaßen. Kaltesophie und Karl haben das Kind aus dem Heim geholt und adoptiert, als sie die Hoffnung auf ein eigenes Kind begraben mussten. Gnadenlos ahndet die Adoptivmutter jeden Versuch des Kindes, die kleinbürgerliche Welt zu sprengen. Beharrlich wehrt sich das Kind gegen den Kreislauf von Liebesentzug, Selbstzerstörung und Gnade vor Recht. »Wie zwei feindliche Soldaten« stehen sich Mutter und Tochter gegenüber, verroht von dem Krieg um sie, entfesseln sie einen Kampf gegeneinander. Helga M. Novak montiert den Machtkampf zwischen Mutter und Tochter aus kurzen, häufig dramatisch zugespitzten Erzählschüben, aus Liedhaftem, Lyrischem. Dem Formenwechsel entsprechen die Stimmungsschwankungen im Entwicklungsprozess. Mehr und mehr wird die Aufbauarbeit in der noch jungen DDR zur eigentlichen Heimat. Mit dem dialektischen Materialismus und einem Trotz, der eher Selbstschutz und Rebellion geworden ist, besiegt das junge Mädchen Kaltesophie und erkämpft sich einen Platz in einem Internat, einer Kaderschule der Partei.

Hier beginnt der zweite Band der Kindheits- und Jugendgeschichte von Helga M. Novak, *Vogel federlos* (1982). Die Schule, in der ein utopischer Sozialismus gelehrt wird, verschleißt die Schüler in Ernte- und Arbeitseinsätzen, die »Hundertfünfzigprozentige«, wie die Ich-Erzählerin sich bezeichnet, findet nur falsche Freunde. Der geforderten Solidarität steht die geförderte Bespitzelung der Mitschüler im Wege. Die Ich-Erzählerin lässt sich dazu überreden, im Elternhaus zu spitzeln, die Scham darüber wird sie nicht mehr los. Langsam und schmerzhaft zerbricht die Vorstellung, dass Vater Staat und Mutter Partei bessere Eltern wären als die Adoptiveltern. »Der sorgfältige spiegelblanke Schliff des neuen kommunistischen Menschen« scheitert. Die beiden Bücher, die bei ihrem Erscheinen im Osten tabu blieben und im Westen viel Beachtung fanden, müssen nach der Wende, nachdem eine ganze Reihe von autobiografischen Texten von Autoren, die in der DDR aufgewachsen sind, erschienen sind, die von Deformierungen des Individuums in postfaschistischen Strukturen erzählen, mit einem anderen Sensorium gelesen und als Pionierleistung gewertet werden.

In ihren Gedichtbänden *Märkische Feemorgana* (1989) und *Silvatica* (1997) verfolgt Helga M. Novak ihre biografische Spurensuche über das unzureichende Terrain der Kindheitserinnerungen hinaus und tastet sich mit expressiver Sprachgewalt an urzeitliche Erscheinungsformen der märkischen und der polnischen Landschaft heran. Hinter diesen rauschhaften, herben Bildern verbirgt sich die Sehnsucht nach Erdhaftigkeit, das Ringen um Identität, der Versuch, eigene Traumata in der Beschwörung allegorisch verklärter Landschaft zu bewältigen. *Verwilderung*, der Titel eines späten Gedichts, könnte wie ein ästhetisches Programm gelesen werden. Auswilderung aus der menschlichen Gemeinschaft, den Zumutungen der zerbrechlichen menschlichen Gemeinschaft zu entkommen, Jagd und Wildern, Fährtenlesen in der Moränenlandschaft, diese Motive kehren immer wieder, während die Gedichte melodiöser geworden sind, dringlich sich den Gegenständen öffnen, die eine mythisch erlebte »Eiszeit« übrig gelassen hat.

Ursula Krechel

Werke: *Die Ballade von der reisenden Anna*, G., Neuwied 1965; *Colloquium mit vier Häuten*, G., Neuwied 1967; *Geselliges Beisammensein*, Pr., Neuwied 1968; *Ausflug*, Hsp., 1969; *Kopfgleis*, Hsp., 1969; *Ringbahn*, Hsp., 1969; *Überm Berg*, Hsp., 1969; *Fibelfabel aus Bibelbabel oder Seitensprünge beim Studium der Mao-Bibel*, Hsp., 1970, LP, Hbg. 1972; *Palisaden oder Aufenthalt in einem irren Haus*, Hsp., 1970; *Wohnhaft im Westend. Dokumente, Berichte, Konversation*, zus. m. Horst Karasek,

Neuwied 1971; *Aufenthalt in einem irren Haus*, En., Neuwied 1971, Ffm. 1995; *Auf der Suche nach Berinike*, Hsp., 1971; *Hammelsprung hinkt, Volksmund singt, Maulschelle klingelt nicht*, Hsp., 1971; *Am laufenden Band*, Hsp., 1971; *Heimsuchungen*, Hsp., 1971; *Eines Tages hat sich die Sprechpuppe nicht mehr ausziehen lassen. Texte zur Emanzipation der Mündigkeit. Lesebuch 3*, Hg., zus. m. Horst Karasek, Mü. 1972; *Ballade von der kastrierten Puppe*, Hsp., 1972, gedr. Leverkusen 1975; *Seltsamer Bericht aus einer alten Stadt*, Kinderb., Hannover 1973; *Winter in Residence*, Pr., Bln. 1973; *Stadtgespräch Nr. 1*, Hsp., 1973; *Vom Esel im Galopp verloren*, Hsp., 1974; *Balladen vom kurzen Prozess*, Bln. 1975; *Pfänderspiele*, Hsp. 1975; *Am Beispiel Peter-Paul Zahl. Eine Dokumentation*, Hg., zus. m. Erich Fried u. a., Bln. 1976; *Die Landnahme von Torre Bela*, Pr., Bln. 1976; *Monolog eines Buchhändlers*, Hsp., 1976; *Ballade von der Minenwippe*, Hsp., 1976; *Die Schwedenchronik*, Hsp., 1977; *Margarete mit dem Schrank*, G., Bln. 1978; *Das türkische Rezept oder Leichenschmaus mit Erinnerungen*, Hsp., 1978; *Musikwalzer*, Hsp., 1978; *Die Eisheiligen*, R., Darmst 1979, Ffm. 1998; *Palisaden. Erzählungen 1967–1975*, Darmst. 1980; *Unordentliche Zeiten*, Hsp., 1980; *Die Verfehlung*, Hsp., 1980; *Tragflächen*, Hsp., 1982; *Vogel federlos*, R., Darmst 1982, Ffm. 1998; *Grünheide. Grünheide. Gedichte 1955–1980*, Darmst. 1983; *Der Marder*, Hsp., 1984; *Der gespenstische Bräutigam*, Hsp., 1984; *Legende Transsib*, Darmst. 1985; *Jonina auf See*, Hsp., 1986; *Carmen in Peking*, Hsp., 1986; *Troll-Kata und das vergessene Datum*, Hsp., 1987; *Märkische Feemorgana*, G., Ffm. 1989; *Nekropole*, Hsp., 1989; *Inigmar Findling bei den Verbannten*, Hsp., 1990; *Silvatica*, G., Ffm. 1997; *Solange noch Liebesbriefe eintreffen. Gesammelte Gedichte*, G., Ffm. 1999.

Ohler, Norman, wurde am 4. 2. 1970 im pfälzischen Zweibrücken geboren. 1988 erlangte er das U. S. High School Diploma an der Powers Catholic High School in Flint/Michigan, zwei Jahre später das Abitur am Zweibrücker Helmholtz-Gymnasium. Er absolvierte die Hamburger Journalistenschule, arbeitete unter anderem für den »Stern«, »Geo« und den »Spiegel«. Zwischen 1993 und 1995 lebte er in New York, wo er 1994 die »Tribes-Gallery« eröffnete. 1995 erschien sein Hypertext *Die Quotenmaschine* als weltweit erster Roman im Internet. 1999 erhielt er den Marta-Saalfeld-Preis. Seit Oktober 2002 ist er Kolumnist der Hamburger Wochenzeitung »Die Zeit«. Seit 1995 lebt Norman Ohler in Berlin.

Das Ende des Buches drohte nahe zu sein in den Neunzigerjahren. Mit den Mitteln des Internets schienen jetzt nicht nur neue, wahrhaft demokratische Distributionsformen denkbar, sondern überhaupt ganz neue, nichtlineare, wiederum durch eine mögliche Beteiligung der Leser demokratische Formen des Erzählens. Norman Ohler unternahm mit *Die Quotenmaschine* (1995/96) den ersten Versuch eines Hypertext-Romans in deutscher Sprache. Ohlers Projekt verhandelt die Suche eines im New York der näheren Zukunft lebenden Mannes namens Ray, der sich mithilfe des Netzes und seines anderen Internet-Ichs, des Detektivs Maxx Ruthenberg, auf die Suche nach seiner Identität macht. Ray fordert das Netz durch die Publikation autobiografischer Texte heraus, diese Autobiografie fortzuschreiben. Was dabei entsteht, ist ein dichtes Netz von mit Hyperlinks verbundenen Texten höchst unterschiedlicher literarischer Formung, ein Zerrspiegel der Fragmentierung des modernen Ichs, eine Untersuchung, wie nichtlineares Erzählen funktionieren könnte. Am Ende aber bleibt als Lösung für das Problem der Ich-Findung im Zeitalter des Cyberspace doch wieder nur ein ganz altes Projekt: die Liebe. Und als Lösung für das Publikationsproblem eines Romans ein ganz altes Medium: das Buch. Die Internet-Seifenblase platzte rasch, auch die literarische. Einen der abgehalfterten »Netizens« machte Ohler dann prompt zum Helden des zweiten Teils seiner Metropolen-Trilogie.

Auch *Mitte* (2001) erzählt von der Auflösung einer Identität beim Versuch, eine solche zu finden. Klinger, ehemals Content-Manager einer Internet-Firma, verliert sich, angeführt von Igor, dem Geist seines verstorbenen Vormieters, im Gespinst eines zur Sanierung anstehenden Hauses am Hackeschen Markt in Berlins Mitte. Was Ohler zwischen journalistischen Episoden und geradezu ekstatischen Passagen entstehen lässt, ist wiederum ein Netz – ein vielgestaltiger innerpsychologischer Raum mit deutlich psychedelischen Elementen und ein expressionistischer Berlin- und Wende-Roman von Döblinscher Sprachwucht und Präzision. Ein Netz als Spiegel eines Landes spinnt Ohler auch in seinem dritten Metropolen-Roman *Stadt des Goldes* (2002). Stein geworden ist dieses Netz diesmal in Ponte City, einem legendären 54-geschossigen Wohnturm, in dem um eine hohle Mitte herum gut 4000 Menschen in Johannesburg leben. In diesem Gewebe vor allem krimineller Beziehungen, in diesem Sündenbabel, lässt Ohler den abgehalfterten Journalisten Kraner abtauchen und untergehen. Ohler wendet sich in *Stadt des Goldes* weitgehend ab vom manchmal geradezu neobarocken Expressionismus der ersten Romane. Handlungsorientierter ist die Erzählung hier, literarisch so vielschichtig wie bisher montiert, nur klarer, präziser, kristalliner.

Elmar Krekeler

Werke: *Die Quotenmaschine. Hypertext*, 1995, R., Hbg. 1996; *Mitte*, R., Reinbek 2001; *Stadt des Goldes*, R., Reinbek 2002.

Ohnemus, Günter, wurde am 29. 1. 1946 in Passau geboren. 1965 begann er eine Buchhändlerausbildung in München und war in mehreren Buchhandlungen und Verlagen (als Lektor) tätig. Zudem studierte er Anglistik und Germanistik in München. In den Siebzigerjahren ging er nach Schottland und arbeitete in Glasgow am Collins-Pons-Großwörterbuch mit. 1978 gründete er den Ohnemus-Verlag, in dem er die Bücher des amerikanischen Autors Richard Brautigan übersetzt und herausgegeben hat, auch Autoren wie Bobbie Louise Hawkins, Gailyn Saroyan und Hans Herbst. Seit 1994 veröffentlicht er regelmäßig in der »Zeit«. Heute arbeitet er als Autor, Übersetzer, Kritiker und als Texter in einer Werbeagentur. Ausgezeichnet wurde er 1994 (zus. mit Ilse Ohnemus) mit dem Marburger Übersetzerpreis, 1998 mit dem Alfred-Kerr-Preis und dem Tukan-Preis der Stadt München.

Bereits in seinem Erstlingswerk, *Zähneputzen in Helsinki* (1982), kämpfte Günter Ohnemus mit der

Schwierigkeit, einen profunden Aufsatz über die Bedeutung von Pullovern in der amerikanischen Literatur zu Papier zu bringen. Wich er damals, vorgeblich am »Rand des Irrsinns« stehend, dem Problem aus, indem er sein Vorhaben verschob und eine andere Geschichte erzählte, die »etwas einfacher gestrickt« war, so ist er elf Jahre später, wie er in seinem Erzählband *Die letzten Großen Ferien* (1993), schreibt, froh, einen Beitrag über das Kaffeekochen in den Kriminialromanen von Raymond Chandler zugunsten wichtigerer Dinge zurückgestellt zu haben. Es ist der alltägliche Wahnsinn, das leicht Schräge und sympathisch Verrückte, dem sich die Erzähler in den »federleichten« Geschichten von Günter Ohnemus gerne zuwenden. Sie verkörpern den Typus des heiter-melancholischen Flaneurs, des freundlichen Müßiggängers und Tagträumers und würden gerne den Gesetzmäßigkeiten des Lebens auf die Spur kommen, was auch schon mal damit enden kann, dass ein Lammbraten und ein Holunderkompott aus dem Fenster fliegen. Sie notieren die kleinen Tragödien und lavieren sich durch die Unwägbarkeiten des Lebens hindurch, indem sie ihnen gelassen und humorvoll begegnen. Eine Anekdote jagt dabei die andere, doch am Ende kriegt der Erzähler immer noch die Kurve. »Seine Sätze kommen cool daher, er ist der einzige deutsche Autor, der das amerikanische Idiom ins Deutsche hinübergerettet hat« (Fitzgerald Kusz). Mit geradezu kindlicher Freude erzählt Ohnemus von kauzigen Typen und absurden Situationen, diszipliniert in den meist kurzen Geschichten aber seine Fantasie mit gezielten Pointen und Volten, was ihn zu einem Meister des Weglassens und der Andeutung macht. Auch in den *Siebenundsechzig Ansichten einer Frau* ((1995) entwirft Ohnemus filmreife Szenen mit leichter Hand; seine Vorliebe für amerikanische Literatur wird von Satz zu Satz deutlich. In Kritiken wird immer wieder von einem »Sog« gesprochen, den seine Geschichten entwickeln, davon, dass sie gleichsam »ansteckend« seien und »süchtig« machten.

So verwundern die Anklänge an Jerome D. Salinger und Raymond Carver nicht, die in seinem ersten Roman, *Der Tiger auf deiner Schulter* (1998), zu finden sind. Erzählt wird von Gogo, einem 18-jährigen Münchner, der »seit seinem dritten Lebensjahr keinen Tag ohne Lüge zugebracht« haben will, enthusiastisch Tennis spielt (wie der Autor) und während seines einjährigen USA-Aufenthalts als Austauschschüler sich in die schöne Tiffany verliebt hat. Dann kommt noch die selbstbewusste Karen ins Spiel, es folgen Briefe, Besuche in Eisdielen, endlose Straßenbahnfahrten und natürlich Gedichte. Gogo schreibt alles auf, was Karen und ihm passiert: Das beginnt bei den Erinnerungen an das Kinderfräulein Rosalie und endet beim Aidskranken Bruder Benji, der in London als Tänzer lebt. Dann ist Karen plötzlich weg, und Gogo beginnt, sie in den Eisdielen Südfrankreichs zu suchen. Dem nachhaltigen Charme dieser Geschichte kann man sich nicht entziehen, denn sie hat, wie Ohnemus einmal über richtige Wörter schrieb, »eine Körpertemperatur von ungefähr 37 Grad«. Das rückt sie ziemlich nahe an die Menschen heran.

Mit *Reise in die Angst* (2002) ging Ohnemus wieder auf das große Roman-Format, wobei ihm die kurzen Strecken besser liegen. Erzählt wird eine ziemlich wilde Mafia- und Verfolgungsgeschichte, bei der eine schöne Russin, ein Schriftsteller mit Taxi und ein paar Millionen Dollar eine zentrale Rolle spielen. Doch es ist auch eine Reise in die (verdrängte) Vergangenheit des Erzählers, der Hilfe von Freunden aus alten Tagen benötigt und so wieder an alten Wunden reißt.

Thomas Kraft

Werke: *Richard Brautigan: Die Abtreibung. Eine historische Romanze 1966*, Übs., zus. m. Ilse Ohnemus, Mü. 1978; *Richard Brautigan: Die Rache des Rasens. Geschichten 1962–1970*, Übs., zus. m. Ilse Ohnemus, Mü. 1978; *Ein konföderierter General aus Big Sur*, Übs., zus. m. Ilse Ohnemus, Mü. 1979; *Bobbie Louise Hawkins: Frenchy & Cuban Pete und andere Geschichten*, Übs., Mü. 1980; *Richard Brautigan: Träume von Babylon. Ein Detektivroman 1942*, Übs., zus. m. Ilse Ohnemus, Mü. 1981; *Richard Brautigan: Willard und seine Bowlingtrophäen. Ein perverser Kriminalroman*, Übs., zus. m. Ilse Ohnemus, Mü. 1981; *Zähneputzen in Helsinki*, Augsburg 1982; *Ein Parkplatz für Johnny Weissmüller. Kinogeschichten*, Anth., Hg., zus. m. Ilse Ohnemus, Siegen 1984; *Myron Levoy: Drei Freunde*, Übs., Zür., Mü. 1984; *Myron Levoy: Adam und Lisa*, Übs., Würzburg 1987; *Richard Brautigan: Das Hawkline Monster. Ein seltsamer Western mit zwei Killern, zwei schönen Frauen und einem Monster*, Übs., Ffm. 1986; *Keith Abbott: Racer. Eine Erzählung*, Übs., Augsburg 1987; *Richard Brautigan: Forellenfischen in Amerika*, Übs., Ffm. 1987; *Richard Brautigan: Der Tokio-Montana-Express*, Übs., Ffm. 1987; *Richard Brautigan: In Wassermelonen Zucker*, Übs., Ffm. 1988; *Keith Abbott: Harum Scarum. Verschollen im Harem*, Übs., Augsburg 1989; *Richard Brautigan: Am Ende einer Kindheit*, Übs., Ffm. 1989; *Tom Wolfe: Die neue Welt des Robert Noyce. Eine Pioniergeschichte aus dem Silicon Valley*, Übs., Düsseld. 1990; *Richard Brautigan: Sombrero vom Himmel. Ein japanischer Roman*, Übs., Ffm. 1990; *Keith Abbott: Rhino Ritz. Amerikanischer Detektivroman mit Ernest Hemingway, Gertrude Stein und Freunden*, Übs., Köln 1992; *Keith Abbott: Totale Überraschung. Ein*

Roman in Kurzgeschichten, Übs., Köln 1993; *Die letzten Großen Ferien. Geschichten*, Augsburg 1993; *Siebenundsechzig Ansichten einer Frau*, Augsb. 1995; *Tim Parks: Der Gutachter*, Übs., Mü. 1995; *Der Tiger auf deiner Schulter*, R., Ffm. 1998; *Hubert Selby: Willow Tree*, Übs., Hbg. 1999; *Jennifer Egan: Die Farbe der Erinnerung*, Übs., Ffm. 1999; *Reise in die Angst*, R., Mü. 2002; *Richard Brautigan: Eine unglückliche Frau*, Übs., zus. m. Ilse Ohnemus, Augsburg 2002; *Delmore Schwartz: Der Traum vom Leben*, Übs., zus. m. Ilse Ohnemus, Oberndorf, Augsburg 2002; *Ein Macho auf der Suche nach seinem Stuntman. Ausgewählte Zeitungsartikel*, Münster 2003.

Okopenko, Andreas, wurde am 15. 3. 1930 in Kosice (Kaschau), der heutigen Slowakei, geboren. Seit 1939 lebt er in Wien. Er studierte Chemie, arbeitete als Betriebsabrechner und ist seit 1968 als freier Schriftsteller tätig. Von 1951 bis 1961 war er im Lektorat der für die junge österreichische Literatur maßgeblichen Zeitschrift »neue wege« beschäftigt. Von 1973 bis 1985 war Okopenko Mitglied der Grazer Autorenversammlung, war Vorstandsmitglied und Gründer des »Situations-Kollektivs« zur sozialen Lage der Schriftsteller. Seit 1991 gehört er dem Präsidium der Internationalen Erich-Fried-Gesellschaft an. Ausgezeichnet wurde er u.a. 1965 mit dem Anton-Wildgans-Preis der Österreichischen Industrie, 1983 mit dem Preis der Stadt Wien für Literatur, 1995 mit der Ehrenmedaille der Bundeshauptstadt Wien in Gold, 1998 mit dem Großen Österreichischen Staatspreis für Literatur und 2002 mit dem Georg-Trakl-Preis für Lyrik.

Als Andreas Okopenko 2002 den Georg-Trakl-Preis für Lyrik überreicht bekam, sah er sich bestätigt, den richtigen Weg gegangen zu sein. Bald nach dem Zweiten Weltkrieg war er schon als Lyriker in Erscheinung getreten, der mit der Konvention aufräumte und sich die Metaphernsprache versagte. Gedichte sind seine bevorzugte Ausdrucksform, lyrisch ist die Grundhaltung auch in der Prosa und in den Hörspielen. In den frühen Fünfzigerjahren stürzte Okopenko in eine »universelle Lebenskrise«, die ihm für ein Jahrzehnt das Schreiben unmöglich machte. In dieser Zeit setzte er sich theoretisch mit Literatur auseinander. Als er in den frühen Sechzigerjahren erneut zu schreiben begann, schubweise Gedichte und den Erzählband *Die Belege des Michael Cetus* (1967), hatte er sich vom Literaturbetrieb weitgehend isoliert. Die »Wiener Gruppe« um H. C. Artmann und Gerhard Rühm wollte mit Okopenko nichts zu schaffen haben, weil er sich nicht dem reinen Sprachexperiment verschrieb, sondern Sprache stets als ein Vehikel für Mitteilungen verstanden wissen wollte. Damit stand er in einer Zeit, da nun auch noch die Generation um Peter Handke mit rigoroser Sprachbefragung für neuen Wind sorgte, auf verlorenem Posten. Okopenkos Literatur besteht von Anfang an auf der Kategorie des Subjektiven. Seine Gedichte entstehen aus Momenten tiefer Empfindung, der Überrumpelung einer subjektiven Wahrnehmung, die das Individuum außer Tritt bringt. Okopenkos Literatur, so sprachintensiv sie auch immer gearbeitet ist, steht nie für sich allein, sie ist bezogen auf eine außerliterarische Wirklichkeit. Selbst Anklänge an den Surrealismus haben zum Ziel, andere Formen der Wirklichkeit, des Traums etwa, auszuleuchten. Mit den *Lockergedichten* (1983), die spontane Einfälle rasch in Gedichtform bringen und die auf Sprachwitz setzen und dem Nonsens jede Chance einräumen, folgte Okopenko einer Ästhetik des Augenblicks.

Die Prosa Okopenkos verweigert sich dem konventionellen Anspruch, eine Geschichte linear zu erzählen. Der Erzählband *Die Belege des Michael Cetus* (1967) splittet eine Handlung in Momentaufnahmen auf, reiht kleine Prosaeinheiten aneinander. In der Titelgeschichte steht ein Jugendlicher im Mittelpunkt, der auf grauenhafte Weise Selbstmord begeht. Okopenko blieb nicht im Vorzimmer der Psychologie sitzen, sondern als ungebunden politischer Kopf attackierte er »die Grausamkeit des Milieus«, also reale Lebensverhältnisse.

Mit seinem *Lexikon-Roman* (1970) legte Okopenko eines der maßgebenden Bücher der österreichischen Avantgarde vor. Das Buch ist wie ein Lexikon zu benutzen, das in alphabetischer Ordnung Stichwörter reiht. Nach eigenem Gutdünken legt jeder Leser seine eigene Leseroute fest: »In vorgeschriebener Reihenfolge vorgeschriebene Blicke zu werfen, ist hingegen klassische Lektüre oder vortauwetterlicher Ost-Tourismus.« Für den Roman *Meteoriten* (1976) verwendete Okopenko dieses Verfahren erneut.

Der Roman *Kindernazi* (1984) stellt die Chronologie auf den Kopf. Er setzt 1945 ein, mit dem Ende des Krieges, und arbeitet sich konsequent zurück in die Geschichte, ins Jahr 1939, als der Krieg ausbrach. In 62 Episoden erzählt der Roman die Geschichte einer Kindheit und Jugend im Dritten Reich. Am Anfang steht die Niederlage, am Ende des Buches, das eigentlich der Beginn der Katastrophe ist, sieht sich der junge Anatol »keineswegs am

Anfang von irgendetwas, sondern endgültig irgendwo angelangt«. So wird der klassische Entwicklungsroman in seiner konsequenten Vorwärtsbewegung ironisch infrage gestellt.

Okopenkos literarisches Werk steht einzigartig in der österreichischen Literatur. Der Autor duldet keine Kompromisse, das erklärt die zaghafte und verspätete Wahrnehmung. Literarischen Moden und Schulen hat sich dieses Werk nie angebiedert.

Anton Thuswaldner

Werke: *publikationen einer wiener gruppe junger autoren. Literaturzeitschrift,* Hg., Wien 1951–1953; *Grüner November,* G., Mü. 1957; *Seltsame Tage,* G., Esslingen 1963; *Warum hier? Warum heute? Gedichte, Skizzen, Tagebücher aus dem Nachlass von Hertha Kräftner,* Hg., zus. m. Otto Breicha, Graz 1963; *Die Belege des Michael Cetus,* En., Salzb. 1967; *Warum sind die Latrinen so traurig? Spleengesänge,* Salzb. 1969; *Johanna,* Hsp., ORF/SR 1969; *Der Kaiser kommt,* Hsp., ORF 1969; *Lexikon einer sentimentalen Reise zum Exporteurtreffen in Druden,* R., Salzb. 1970; *Kafkagasse 4,* Hsp., ORF 1970; *Orte wechselnden Unbehagens,* G., Salzb. 1971; *Warum hier? Warum heute?* O-Ton-Feature üb. Hertha Kräftner, ORF 1971; *Die untere Schenke,* O-Ton-Feature üb. Theodor Kramer, ORF 1971; *Der Tisch ist rund,* Hsp., ORF 1972; *Arbeiterdichtung heute,* O-Ton-Feature, ORF 1972; *Der Akazienfresser. Parodien, Hommagen, Wellenritte,* Pr., Salzb. 1973; *Das Folterspiel,* Hsp., ORF 1973; *Warnung vor Ypsilon. Thrillgeschichten,* Salzb. 1974; *Der Programmierer und der Affe,* Hsp., ORF 1974 (u. d. T. *Der Programmierer und der Affe. Bericht für einen Aufsichtsrat,* bearb. v. Bernd Grashoff, Hsp., BR 1969); *Worried Men Skiffle Group: Teppenförderung,* Schpl., Wien 1974; *Das Mädchen von Mt. Palomar,* Hsp., ORF 1975; *Meteoriten,* R., Salzb. 1976; *Der Kindergarten,* Hsp., ORF 1977; *Die Überlebenden,* Hsp., ORF 1978; *Ulrich Roski: So hat es die Natur gewollt,* Schpl., 1978; *Vier Aufsätze. Ortsbestimmung einer Einsamkeit,* Salzb. 1979; *Der Meister,* Fssp., ORF 1979; *Gesammelte Lyrik,* Wien 1980; *Graben Sie nicht eigenmächtig! Drei Hörspiele,* Linz 1980; *Johanna,* Hsp. u. Kass., Baden 1982; *Lockergedichte. Ein Beitrag zur Spontanpoesie,* Wien 1983; *Ein Erwachen,* Hsp., ORF/NDR/WDR 1983; *Kindernazi,* R., Salzb. 1984; *Nicht als Tote geboren,* O-Ton-Feature üb. Hertha Kräftner, ORF 1988; *Noch einen Sketch!,* Hsp., ORF 1989; *Schwänzellieder,* G., Wien 1991; *Immer wenn ich heftig regne. (Neue) Lockergedichte,* Wien 1992; *7. Mai,* Hsp., ORF 1992; *Ernst Kein: Straße des Odysseus, gesammelte hochsprachige Lyrik. Aus dem Nachlass,* Hg., Wien 1994; *Hojsa & Emersberger: Mei Weanerlied,* Kass., Wien 1995; *Traumberichte,* Pr., Linz 1998; *Affenzucker. Neue Lockergedichte,* Wien 1999; *Gesammelte Aufsätze und andere Mitteilungsausbrüche aus fünf Jahrzehnten,* Bd. 1, Klagenfurt 2000; *Gesammelte Aufsätze,* Bd. 2, Klagenfurt 2001; *Marijke,* Kurzhsp., ORF 2003.

Oleschinski, Brigitte, wurde am 10. 8. 1955 in Köln geboren. Sie studierte politische Wissenschaft an der Freien Universität Berlin, arbeitete als Zeithistorikerin zu Fragen der politischen Repression in totalitären Systemen und war ab 1992 Mitgründerin eines Dokumentationszentrums in Torgau an der Elbe zur Geschichte der Gefängnisse und Haftstätten im Nationalsozialismus und in der Sowjetischen Besatzungszone. 1998 wurde sie mit dem Bremer Literaturförderpreis und dem Peter-Huchel-Preis ausgezeichnet, 2001 erhielt sie den Ernst-Meister-Preis.

Weiter und weiter hinaus, lautet der Titel des Gedichts, das Brigitte Oleschinski an den Anfang ihres 1990 erschienenen Debütbands *Mental Heat Control* stellte. Dieser Titel ist die programmatische Signatur für die räumliche und die poetisch-organisierende Bewegung, der ihre Gedichte folgen: Es sind Bewegungen, die stets an die Peripherie führen, an Stadtgrenzen, Ortsränder, an oft menschenleere Plätze, an Grenzlinien von Land und Meer, wo sich im lyrischen Subjekt ein Prozess der Selbstvergewisserung in Gang setzt. Fernab der urbanen Reizzonen öffnet sich der Blick des lyrischen Ichs und wendet sich unscheinbaren Dingen, Materialien und Prozessen zu, die durch oszillierende Körpergrenzen in das beobachtende Subjekt eintreten. Das Ich erlebt sich dabei als eine »rezeptive Konstellation«, das innen und außen kaum zu unterscheiden vermag. In Oleschinskis Bewusstseinspoesie, die ihre politischen Konnotationen eher verbirgt denn ausstellt, geht es auch, wie die Autorin in einem ihrer hochartifiziellen Essays (*Reizstrom in Aspik,* 2002) schreibt, um die Rückbindung des Gedichts »an elementare Körperfrequenzen wie Atem, Herzschlag, Schrittmaß …«. So entstehen poetische Epiphanien und hyperrealistische Wahrnehmungen, die sich an akustischen oder visuellen Eindrücken entzünden und ephemere Dinge festhalten: etwa »ein mattgrünes Lämpchen, nachts in einer Parkbucht unter den Abschlepp / kränen«, »Heckscheibendrähte« oder ein »Tankflügel- / stutzen«. An den Kreuzungspunkten der heraufgerufenen Bilder, flüchtigen Wahrnehmungen, Körperempfindungen und Erinnerungsfragmente entsteht die seltsam flirrende Figuration des Gedichts, wobei die einzelnen Verse immer in der Schwebe bleiben.

Die vier Kapitel von Oleschinskis zweitem Gedichtband *Your passport is not Guilty* (1997) umfassen jeweils elf Gedichte, in denen die unterschiedlichsten Bildbereiche kontrapunktisch verflochten werden. Das irritierende Wortspiel des Titels bezieht seinen Reiz aus der Bedeutungsverschiebung des Wortes »guilty«. Denn »guilty« meint ja nicht »gültig«, sondern »schuldig« – das semantische Zusammenspiel von »Pass« und »Schuld« verweist hier auf die traumatische deutsche Vergangenheit. In vielen Gedichten ist der Titel organischer Bestandteil des Textes, er stößt die Bewegung des Gedichts an, zieht den Leser mitten in das Geschehen hinein. Sperrige, weit ausgreifende Langzeilen sind das auffälligste Stilmerkmal dieser Gedichte, deren Sprache, wie Oleschinski in *Aspik in Reizstrom* festhält, »wie die physikalische Unschärferelation zwischen zwei Zuständen liegt«. Als poetische Grundfigur wird dabei »die Wiederholung« aufgerufen, die »Wiederkehr lyrischer Wellen bei unveränderter lyrischer Substanz«.

Michael Braun

Werke: *Mental Heat Control*, G., Reinbek 1990; *Die Schweizer Korrektur*, zus. m. Durs Grünbein u. Peter Waterhouse, Ess., Basel 1995; *»Feindliche Elemente sind in Gewahrsam zu halten«. Die sowjetischen Speziallager Nr. 8 und Nr. 10 in Torgau 1945–1948*, zus. m. Bert Pampel, Lpz. 1997; *Your Passport is not Guilty*, G., Reinbek, 1997; *Reizstrom in Aspik. Wie Gedichte denken*, Ess., Köln 2002.

Oliver, José Francisco Agüera, wurde am 20. 7. 1961 im badischen Hausach als Sohn spanischer Gastarbeiter geboren. Er studierte Romanistik, Germanistik und Philosophie, war Mitbegründer und später Leiter des »PoLiKunstvereins« für ausländische Künstler, die in Deutschland lebten und ein Forum suchten. Reisen führten ihn nach Süd- und Mittelamerika. In Lima initiierte und betreute er den Verein »Manthoc«, der Kinderarbeit eingrenzte, Straßenkindern ein Heim und ein Kinderparlament gab und von der UNESCO ausgezeichnet wurde. Für seine Lyrik erhielt er 1989 das Literatur-Stipendium der Kunststiftung Baden-Württemberg, 1994 das Stipendium des Berliner Senats für das Literarische Colloquium, 1996/97 das Stipendium der Kurt-Tucholsky-Stiftung, 1997 das Stipendium der Kulturstiftung »Niederlande-Deutschland« in Amsterdam und den Adelbert-von-Chamisso-Preis, 2000 das Stipendium der Villa Waldberta München. 2001 war er Stadtschreiber von Dresden, 2002 Gastprofessor und »writer-in-residence« am M.I.T. Cambridge/Bosten USA.

José F. A. Oliver ist ein deutschsprachiger Dichter mit spanischem Pass, der sich nicht per Verwaltungsakt »zwangsgermanisieren« und dem Jus sanguinis fügen möchte. Der Schwarzwald ist sein Zuhause, Andalusien seine Herkunft. »Wie ein Olivenbaum wurzelt seine Dichtung tief und verzweigt sich im Boden jahrhundertelanger Erfahrung seiner Ursprungsheimat« (Rafik Schami). Deutschland ist seine politische Landschaft, Andalusien seine poetische Existenz, dazu: die Zärtlichkeit und Melancholie spanischer Wiegenlieder, Schmerz und Todessehnsucht der Zigeunerweisen, des Cante Jondo, des Flamenco, aber auch die moderne Formensprache von Dichtern des Siglo de Oro, von Miguel Hernandez, Rafael Alberti oder Federico Garcia Lorca, dem er sich politisch wie poetisch verbunden fühlt, den er verehrt: »mit leisen sohlen gehe ich auf dich zu / fast verschämt buchstabiere ich / deinen namen: federico und deine verse: verde que te quieres verde« – grün, wie ich dich liebe grün – das Olivengrün Andalusiens. »ein olivenbaum war ich mit verdorrten früchten und ich fand das wasser«, heißt es an anderer Stelle.

Spanische Vokabeln, Verse, Redewendungen durchziehen die Gedichte Olivers, der sich »kopfunter in die Sprache« stürzt und dann auftaucht im Sprachenmeer aus Spanisch, Deutsch, Andalusisch, Alemannisch, Französisch und Englisch; ein Dichter zwischen vielen Idiomen, der die Doppelzüngigkeit der Sprache zeigt; ein *fernlautmetz* (2000), der Wörter und Klänge bearbeitet, auf Deutsch schreibt und das Deutsche fortschreibt mit der unerschöpflichen Lust am Sprachspiel. »Ich höre die Bilder, ich höre das Grün, ich höre die Augen«, sagt José Oliver, folgt der oralen Tradition Andalusiens, gibt der deutschen Lyrik eine eigene Melodie und probt den Dialog zwischen Sprache und Musik, Lyrik und Gesang, Bild und Klang, Auge und Ohr, Gefühl und Gedanke, Mond und Mondin, la luna. Er trennt Silben, fügt sie zu neuen Sinnen zusammen, enthüllt falsche Vertrautheiten der ihm geläufigen, aber nicht selbstverständlichen Sprache, erforscht die »Fremde im Innern«, ent-deckt Begriffe, die er nie begriff, ent-zingelt und erhört das unerhörte Wort, findet Bedeutungen, die verschüttet schienen, erfindet fremde Paarungen und schenkt dem Deutschen Wörter wie »fremdlings« oder »gastling«. Die Aufgabe des Dichters sieht er darin, »die offenrätsligkeit der Sprache neu zu schöpfen«, mit Sprache Zukunft zu gestalten, »Auf-Bruch«.

José F. A. Oliver ist ein »poeta ludens«, aber zum reinen Sprachspiel kommt eine humane Ästhetik hinzu. Titel wie *Heimatt* (1989) oder *Gastling* (1993) sind politisches und künstlerisches Programm: »so schenke ich mein wörterbuch / aus mondgestein geburtslandschaften / kreuzgesang olivenschrein /

aus haut und hoffnungsfetzen ...«, dichtet er *im gerippe eines tages* und benennt Auschwitz, Hoyerswerda, Mölln. Für die Straßenkinder in Peru buchstabiert er ein *Vater unser in Lima* (1991) aus Hunger, Soldatenstiefeln, »nackten Füßen dreckgehauen«. Oliver glaubt an die Anrufbarkeit des Menschen. Seine Verse, oft auf ein Du gerichtet, suchen den Dialog mit Lyrikern wie Hölderlin, Heine, Mayröcker. Sie haben appellativen Charakter, richten sich gegen Ausgrenzung, Unrecht, Armut, erzählen vom Unterwegssein, Fremdsein, Ankommen, der Liebe, sind Sprachreflexionen, Gedanken zum Tod, Erinnerungs- und Städtebilder zwischen Sydney und Havanna, Grenzgänge zwischen Krieg und Frieden wie in Zagreb. Sie erkunden *nachtrandspuren* (2002) zwischen Tag und Nacht, Licht und Dunkelheit des Vergessens, sind Sprachlabyrinthe in einer labyrinthischen Welt.

Cornelia Zetzsche

Werke: *Auf-Bruch*, G., Bln 1987; *Heimatt und andere fossile Träume*, G., Bln. 1989; *Weil ich dieses Land liebe*, G., Bln. 1991; *Vater unser in Lima*, G., Tüb. 1991; *Gastling*, G., Bln. 1993; *Austernfischer Marinero Vogelfrau. Liebesgedichte und andere Miniaturen*, Bln. 1997; *Duende. Ballade in drei Versionen*, Gutach 1997; *Lyrik oder Gesang!*, G., Schpl., Stg. 1997; *fernlautmetz*, G., Schpl., Stg. 1999, gedr. Ffm. 2000; *nachtrandspuren*, G., Ffm. 2002.

Opitz, Detlef, wurde am 8. 11. 1959 in Steinheidel-Erlabrunn im Erzgebirge als Sohn eines Bergmannes und einer Verkäuferin geboren. 1967 zog die Familie nach Zeithain bei Riesa. Bis 1973 besuchte Opitz die polytechnische Oberschule, arbeitete bis 1977 als Schienenfahrzeugschlosser bei der Reichsbahn in Dresden und qualifizierte sich in Halle zum Wagenmeister weiter. Anschließend versuchte er sich in verschiedenen Berufen und Aushilfsjobs, er war u.a. Bibliothekstechniker, Kellner, Verkäufer, Puppenspieler und Briefträger, bevor er 1981 die Existenzform des freien Schriftstellers wählte und in Zeitschriften wie »Sinn und Form«, »Kontext«, »Ariadnefabrik«, »Mikado« und »Niemandsland« publizierte, Zeitschriften zwischen den Kulturen und Milieus, die nicht nur in der DDR aufmerksam verfolgt wurden. 1985 löste ein »FAZ«-Artikel einen Sturm der Entrüstung aus, als der in der DDR wegen »gesellschaftlichen Missverhaltens« verurteilte Schriftsteller aus Ost-Berlin verbannt werden sollte. Unmittelbar nach der Wende erschien ein erster Band mit Erzählungen, bevor die politischen Umwälzungen sowie persönliche Umstellungsschwierigkeiten dem Autor eine fünfjährige Schreibhemmung eintrugen. Aufsehen erregte Opitz, als er den als Stasispitzel enttarnten Schriftstellerfreund Rainer Schedlinski zu einem öffentlichen Bekenntnis bewegte. Opitz erhielt 1990/91 ein Arbeitsstipendium und 1998/99 ein New-York-Stipendium des Deutschen Literaturfonds, 1992 ein Stipendium des Piper-Verlages und 1994 und 1998 zwei Stipendien der Stiftung Kulturfonds Berlin, 1997 den Franz-Carl-Weiskopf-Preis und das Literaturstipendium Schloss Wiepersdorf, 1997/98 ein Stipendium des Deutschen Literatur-Archivs der Deutschen Schillergesellschaft und 1998 die Ehrengabe der Deutschen Schillerstiftung.

Die Biografie von Detlef Opitz sollte mitgelesen werden, wenn man sich sein Hauptwerk, den Roman *Klio, ein Wirbel um L.* (1996) vornimmt. Gegeben ist ein Erzähler, der seit Jahren über Luther und seine Zeit forscht und der nun plötzlich, wiederholt und regelmäßig Besuch erhält. Doktor Leumull, Arzt und Psychiater, gibt vor, sich für den Erzähler und sein Projekt zu interessieren. Leumulls Auftritte schaffen eine teils beklemmende, teils bizarr-komische und für die Literatur der DDR nicht ungewöhnliche Atmosphäre: Mal kippt das fast freundschaftliche Gespräch in eine Verhörsituation, mal gibt sich der Erzähler wie ein braves, mal wie ein aufsässiges Kind. Leumull ist zunehmend auf Privates erpicht, der Erzähler aber will Lutherisches erzählen. Fast klingt es wie ein moderner Ablasshandel, wenn sich die beiden zu einigen suchen. Leumull, »im tiefsten Herzen seiner Seele selber Protestant«, frönt einem »billigen Voyeurismus« und bekommt reichlich Bären aufgebunden. Der von ihm Befragte hingegen redet sich immer tiefer in die Lutherzeit hinein, bis ihm ein Fauxpas unterläuft: Er spricht von Martin Luther als von der eigenen Person. Der Verdacht kommt auf, dass der Erzähler entweder schizoid ist oder aber, unter dem Vorwand seiner Luther-Begeisterung, seine eigene Zeit charakterisiert. Und auch Leumull vergisst sich, als sein freundlich-beiläufiger Fragegestus ins Vorwurfsvolle kippt, offenbar weil das »gesellschaftliche Gesamtverhalten« des Probanden zu wünschen übrig lässt. Am Ende reicht die Anamnese des Erzählers bis in seine Kindheit zurück und speist die Polizeiakten und die Akten der Staatssicherheit.

Die Sprachalchimie des Maskenspielers Opitz amalgamiert in diesem Opus magnum das Deutsch der Humanisten und des Barock mit der Nomenklatur der DDR-Organe. Schon bei seinem Erzählungsband *Idyll* (1990) war aufgefallen, dass der

Autor ein virtuoser Stimmenimitator ist; eine darin enthaltene Hommage an Walter Serner, eine Pastiche unter dem Titel *Zwanzig Dollar – Alibi für 3*, trifft den salopp-distanzierten Serner-Slang genau. In Anlehnung an Joris Karl Huysmans (*Wider den Strich*) entwarf Opitz 1988 eine Ganovengeschichte, die den Leser immer weiter »in allgemein-existenzielle Betrachtungen« entführt: Kujawa, ein Mann in den Dreißigern, verliert binnen eines Jahres sämtliche Kontakte zur Außenwelt und verschanzt sich hinter einer »schrullige[n] Existenz« aus »Fantasie & Wahn«. In der tagebuchhaften Erzählung *Faites vos jeux!* (1988) schließt der angehende Schriftsteller Brenzig Pferdewetten ab und tätigt kleinere Devisengeschäfte. Im dargestellten Milieu treffen sich Künstler, Spieler, Spitzel und Verbrecher; das Medium Buch dient als Köder für die Staatssicherheit, als Objekt der Begierde in der Adoleszenz und als Einsatz beim Glücksspiel.

Lutz Hagestedt

Werke: *Idyll. Erzählungen und andere Texte*, m. Illustr. v. Klaus Killisch, Halle u. Lpz. 1990; *Klio, ein Wirbel um L.*, R., Gött. 1996; *Die Nachtt, die Nachtt – der solituderten Herrtzen!*, E., m. Druckgrafiken v. Hans Scheuerecker, Bln. 1997; *Das dritte Foto*, E., m. Linolschnitten v. Wolfgang Jörg, Bln. 1997; *Wenn die Blüten blühen grünt mir Schwanes!*, E., m. Linolschnitten v. Wolfgang Jörg, Bln. 1998; *Der Tod & der Philologe*, E., m. Linolschnitten v. Wolfgang Jörg, Bln. 2002.

Opitz, Hellmuth, wurde am 6. 1. 1959 in Bielefeld geboren. Er studierte in Münster und arbeitet als Werbetexter in Bielefeld.

Das mehrfach publizierte und vielerorts bewunderte Gedicht *Charlotte Rampling in einem Hotelzimmer ...*, das in einem Zyklus von elf erotischen Poemen (*Die elektrische Nacht*, 1990) das Zentrum bildet, darf als ein lyrisches Schlüsselwerk des Dichters Hellmuth Opitz gelten. Das erotische Szenario dieses Gedichts, sein distanzierter Blick auf den mediatisierten Körper einer Frau, die Evokation eines Begehrens, das unerfüllt bleibt – das sind Motive, die von Beginn an im lyrischen Werk von Opitz präsent sind. Im ersten Gedichtband *An unseren Lippengrenzen* (1982) ist dabei noch der Nachhall der alltagspoetischen »Neuen Subjektivität« zu vernehmen, betreibt der Autor hier noch die lyrische Mimesis an jene Utopie sprachlicher »Unmittelbarkeit«, an der die Erlebnisdichter der Siebzigerjahre festhielten. Aber schon der zweite Gedichtband, *Entfernungen, Entfernungen* (1984), zeigt eine Skepsis gegenüber der »geläufigen Sprache« (Gerhard Falkner) an und ein Bewusstsein dafür, dass die existenziellen Kategorien des »Ich« und des »Du« nur an Wirklichkeit gewinnen, wenn sie alle Vertrautheit verlieren: »In- und auswendiges du, / endlich wirst du mir fremd. / Ungestört dürfen jetzt Schwärme / alter Vokabeln wieder einfallen / in mich, dürfen nachdunkeln, / du behelligst sie nicht mehr.«

Wenn Opitz für einige seiner Gedichte als heimlicher Heros einer neuen »Verständlichkeit« bejubelt wird, dann verkennt solche Rezeption, dass der Autor nicht den Weg des geringsten Widerstands geht, sondern die scheinbare Leichtigkeit und Direktheit seiner Gedichte kunstvoll hergestellt ist. Die Einfühlung des Lesers in das Liebesbegehren seiner lyrischen Helden wird immer wieder durch subtile Paradoxien bewusst irritiert. Das tragische, unaufhebbare Verfehlen der Liebe und das Scheitern am Eros wird in Opitz' substanziellstem Gedichtbuch, *Engel im Herbst mit Orangen* (1996), auf sehr raffinierte Weise durchgespielt. Das »Charlotte Rampling«-Gedicht ist ja keineswegs als emphatische Anbetung einer Ikone weiblichen Eros zu lesen, sondern als Spiegelung des männlichen Begehrens, das letztlich auf die Einsamkeit des Betrachters zurückgeworfen wird. Das erotische Glücksversprechen, das hier in einem Rampling-Foto von Helmut Newton deponiert ist, erfährt schmerzhaft die Unberührbarkeit des Körpers: »Also komm, / wenn du ein Liebhaber bist und Hände hast: / das ist ihr Körper. Alleingelassen. Und das / ist ihr Blick. Gelassen allein.«

Michael Braun

Werke: *An unseren Lippengrenzen*, G., Bielefeld 1982; *Entfernungen, Entfernungen*, G., Bielefeld 1984; *Die Städte leuchten. Ein Zyklus*, G., Bielefeld 1986; *Metro. Notizen aus der Pariser Unterwelt*, G., Bielefeld 1987; *Lonsky. Shortstory*, Bielefeld 1988; *Die elektrische Nacht. Elf erotische Gedichte*, Bielefeld 1990; *Engel im Herbst mit Orangen*, G., Bielefeld 1996; *Gebrauchte Gedichte*, G., Bielefeld 2003.

Ören, Aras, geboren am 1. 11. 1939 in Bebek-Istanbul (Türkei), war von 1959 bis 1969 in seiner Geburtsstadt als Schauspieler und Dramaturg tätig. 1960 erschien sein erster Gedichtband. 1960/61 nahm er am internationalen Wettbewerb der Jugendtheater in Erlangen teil, 1962 war er Schauspieler an der »Neuen Bühne« in Frankfurt/M. Nach zweijährigem Militärdienst versuchte er von 1965 bis 1967, eine Theatergruppe für die türkischen Arbeiter(innen) in Deutschland zu gründen.

Bis 1969 wieder als Schauspieler in Istanbul, verfasste er seine ersten Theaterstücke und ging dann erneut nach Berlin, wo er zunächst als Fabrikarbeiter, Bierzapfer und Schauspieler tätig war. Anfang der Siebzigerjahre schloss er sich der »Gruppe der schreibenden Arbeiter« in der Berliner Künstlervereinigung »Rote Nelke« an. 1973 gelang ihm mit *Was will Niyazi in der Naunynstraße?* der literarische Durchbruch. Seit 1974 ist Aras Ören als Redakteur in der türkischen Redaktion des SFB tätig, seit 1996 als deren Leiter. 1999 erhielt er die Tübinger Poetik-Dozentur. Ausgezeichnet wurde er 1969 mit dem Istanbuler Theaterpreis, 1980 mit dem Förderpreis des Kulturkreises im BDI, 1983 mit der Literarischen Ehrengabe der Bayerischen Akademie der Schönen Künste und 1985 mit dem Adelbert-von-Chamisso-Preis.

Nicht nur in den Jahren des Pendelns zwischen der Türkei und Deutschland, sondern auch in den über drei Jahrzehnten, die er nun in Berlin lebt, ist Aras Ören ein Wanderer zwischen zwei Welten geblieben: Längst integriert in den deutschen Literaturbetrieb, schreibt er bis heute in Türkisch; seine Werke erscheinen erst in der Türkei, werden dann in kürzester Zeit übersetzt und in deutschen Verlagen veröffentlicht. Seit dem Erscheinen der »Berliner Trilogie« (*Was will Niyazi in der Naunynstraße?*, 1973; *Der kurze Traum aus Kagithane*, 1974; *Die Fremde ist auch ein Haus*, 1980) hat sich Ören einen Namen beim deutschsprachigen Lesepublikum gemacht. Dazu beigetragen hat sicher auch, dass diese Texte bearbeitet und als Hör- bzw. Fernsehspiele gesendet wurden. Da Ören hier als einer der Ersten die spezifischen Gastarbeiterprobleme seiner Landsleute ins öffentliche Bewusstsein trug, wurde er zu deren Repräsentant erklärt und sein Werk der sog. »Migrantenliteratur« zugeordnet – beides simplifizierend. Schon Örens Ausgangslage ist insofern nicht repräsentativ, als er nicht auf Arbeitssuche, sondern aus Unzufriedenheit mit der Stagnation des kulturellen Lebens in seiner Heimat nach Deutschland kam. Wie etwa die »ortlosen« deutschen Autoren nach dem Zweiten Weltkrieg vollzog er einen gewollten Traditionsbruch: »Wir waren eine Generation ohne Identität. Was der Westen [...] an Kulturleistungen geschaffen hatte, das hatte uns zwar infiziert, stand aber zu unserem Leben in keinerlei Beziehung. Gleichzeitig stieß uns die degenerierte, verlogen-traditionalistische Kultur unseres eignen Lebenskreises ab. Ich packte meine Sachen und ging nach Berlin« – in die Stadt, die er »durch das Schreiben zu meinem eigenen Ort machen« musste. Zwar stünden »das Bewusstsein der Einwanderung« und sein »literarisches Bewusstsein in ständiger Wechselwirkung«, aber die Loslösung von der alten Identität und die Suche nach einer neuen seien nicht als spezifische Probleme der Gastarbeiter(innen) abzutun, denn diese Situation des »Dazwischen« biete gerade der Literatur die Chance einer grundlegenden Selbsterneuerung insbesondere durch »uns Ausländer in der deutschen Literatur« – z. B. über die Verbindung europäischer und orientalischer Literaturformen. Die Erzählgedichte der »Berliner Trilogie« etwa knüpfen formal an die Tradition der großen reimlosen Poeme Nazim Hikmets an, und die Straßen werden, in Anlehnung an Majakowski, zu jenen Orten, an denen sich die Lebensläufe der Figuren wiederholt kreuzen. Die Emigrationsmotive, Wünsche, Ängste und Integrationsprobleme der türkischen Einwanderer werden facettenreich protokolliert und ihre Biografien – charakteristisch für Örens Arbeiten – mit denen ihrer deutschen Nachbarn zu einem kleinen Kosmos zusammengeschlossen. Diese Techniken übernimmt Ören auch in seiner ersten Prosaarbeit, *Der Gastkonsument* (1979). Parallel dazu setzt in seinem Werk eine gattungsspezifische Entmischung ein: Einerseits entsteht neue, erzählende Prosa (*Gastkonsument*; *Bitte nix Polizei*), andererseits werden ab dem Gedicht-Band *Privatexil* (1977) die erzählenden Langgedichte von kürzerer, pointierter Lyrik abgelöst. Zudem gewinnen, wie schon der Titel signalisiert, seit *Privatexil* die Ich-Aussagen an Bedeutung. »Mein Lebensstil«, »meine Erfahrungen«, »Gedankensplitter« und »Gefühlsausbrüche«, vermengt mit Tagträumen, markieren zunehmende Subjektivität und werden mit mehr Mut zum Experiment in Montage- und Überblendtechniken zu einem traumhaft-albtraumhaften Gewebe aus Tradition, Vergangenheit, Erinnerung und aktuellen Zeitungsnachrichten verbunden. Die Metaphorik wird kühner, greift stärker als zuvor auf die Bildersprache der türkischen Lyriktradition zurück. Das »Privat«-Exil zwischen den Kulturen gerinnt zu autobiografisch geprägten Bildern der Ortlosigkeit, des Getrieben- und Unterwegsseins, die schon die Titel kontinuierlich fortschreiben: ob *Mitten in der Odyssee* (1980), *Reisen von Berlin nach Berlin* (1984), *Dazwischen* (1987) oder, in Anspielung an Heine, *Deutschland, ein türkisches Märchen* (1978). Parallel zur Lyrik werden auch Örens Prosaarbeiten experimenteller, kompilieren anstelle einer linearen Erzählung Gedanken, Einfälle, Tagträume und Erinnerungen zu einem fantastischen Panoptikum im

Kopf der Protagonisten. Die Verknüpfung europäischer Formexperimente wie der Montage aus authentischem Material (Zeitungsausschnitte, Fotos, Stadtinformationen, Wörterbücher, religiöse Schriften, persönliche Notizen) mit orientalischer Fabulierkunst (altorientalische Erzählmuster, z. B. nach 1001 Nacht, Märchen-, Traum- und Fabelhaftes) kulminieren schließlich in Örens erstem Roman *Eine verspätete Abrechnung* (1988), einer breit angelegten Selbstanalyse und Spurensuche des Ich-Erzählers. Autobiografisch-Authentisches und Fiktional-Fantastisches verfließen in den assoziativ verbundenen Rückblenden, Episoden und Tagträumen zu einer labyrinthischen Lebensgeschichte. Diese Techniken bestimmen, immer komplexe werdend, Örens weiteres Schaffen, denn *Eine verspätete Abrechnung* ist der I. Teil des zwischen 1983 und 1993 entstandenen sechsteiligen Romanzyklus' *Auf der Suche nach der gegenwärtigen Zeit*. Die Romane verbindet – in Kontrafaktur zu Prousts *Auf der Suche nach der verlorenen Zeit* – der Gegenwartsbezug, mögen sie auch die verschiedensten Zeiten kreuzen (z. B. das Berlin der Zwanzigerjahre bis zum Berlin von 1989, das türkische Side in der Antike und das heutige touristisch deformierte Küstenstädtchen etc.). Bis auf Teil III sind alle Romane auf Deutsch erschienen, allerdings nicht chronologisch: *Eine verspätete Abrechnung* (I, 1995), *Granatapfelblüte* (II, 1998), *Berlin Savignyplatz* (IV, 1995), *Sehnsucht nach Hollywood* (V, 1999) und *Unerwarteter Besuch* (VI, 1997). Berücksichtigt man die originale Reihenfolge, so fällt auf, dass nur *Granatapfelblüte* (II) in die türkische Heimat des Ich-Erzählers zurückkehrt und obstinat um dessen Schreibkrise kreist. Dann aber ist durchgehend Berlin der Spielort, an dem sich die Pfade verschiedenster Figuren kreuzen – die Ali Itirs und der 68er-Boheme zur Zeit des Mauerfalls (*Berlin Savignyplatz*), die Pfade der jungen Susanne im Nachkriegsberlin, die in die Dreharbeiten zu einem Film über das Drehen eines Films in den späten Zwanzigern gerät, und die des Schauspielers Arthur (*Sehnsucht nach Hollywood*), die Pfade »des Dichters«, der Edel-Kadersozialistin Dorothée, des geheimnisvollen Ali Bayrak und des dubiosen Fluchthelfers Heinz Lambert im Berlin vor und nach dem Mauerfall (*Unerwarteter Besuch*). Jedenfalls mischt sich der Ich-Erzähler nunmehr unter die Figuren oder begleitet sie in der Rahmenhandlung. Das Erzählen wandert zwischen Erzähler und Figuren, collagiert wechselnde Perspektiven und durchkreuzt, oft verwirrend, verschiedene Raum-, Zeit- und Handlungsebenen, als Erinnerung, Halluzination, Traum, Imagination und erzählte Wirklichkeit. Instabilität und Vexierspiel werden zum Prinzip, erfassen nun auch die Identität der Figuren. Einige irrlichtern durch mehrere Romane, andere erweisen sich als multipel: Erzähler und Figuren vertauschen verschiedene Identitäten, lassen sie ineinander fließen und in sich auflösen. Die Lizenzen und unbegrenzten Möglichkeiten des Erzählens werden ausgereizt. Und sie durchziehen zugleich – wie schon Örens Lyrik seit Mitte der Achzigerjahre – die Linie des dichterischen Scheiterns bis zur Selbstaufhebung. Was ganz am Ende des Zyklus anstelle »des Dichters« bleibt, ist sein »einziges erhaltenes Gedicht« über Mächtigkeit und, gegenläufig, subversive Unzuverlässigkeit des dichterischen Wortes: »Das Wort reißt jede von ihm selbst erbaute Zuflucht / ein. Und dennoch flüchten wir uns ins Wort.«

Anke Bosse

Werke: *Der Hinterhof. U-Bahn*, En., Bln. 1972; *Disteln für Blumen*, G., Bln. 1972; *Was will Niyazi in der Naunynstraße? Ein Poem*, Übs. v. H. A. Schmiede/J. Schenk, Bln. 1973, Fssp. als: *Frau Kutzer*, 1976; *Der kurze Traum aus Kagithane. Ein Poem*, Übs. v. H. A. Schmiede, bearb. v. J. Theobaldy, Bln. 1974, Hsp., bearb. v. G. Naleppa, 1976, Fssp. als: *Kazim Akkaya und die Bewohner der Naunynstraße*, 1977; *Privatexil*, G., Übs. v. G. Kraft, Bln. 1977; *Deutschland – ein türkisches Märchen*, G., Übs. v. G. Kraft, Düsseld. 1978; *Alte Märchen neu erzählt. Yeni dille eski masallar*, Übs. v. P. Kappert, Stg. 1979; *Die Fremde ist auch ein Haus. Berlin-Poem*, Übs. v. G. Kraft, Bln. 1980, Hsp., 1981; *Mitten in der Odyssee*, G., Übs. v. G. Kraft, Düsseld. 1980; *Bitte nix Polizei*, Kriminalerz., Übs. v. C. Bischoff, Düsseld. 1981, Hsp., bearb. v. B. Jarchow, 1983; *Der Gastkonsument und andere Erzählungen in fremden Sprachen. Konuk Tüketici – iki dilde anlatilar*, Übs. v. H. Dagyeli-Bohne/Y. Dagyeli, Bln. 1982; *Manege*, E., Übs. v. H. Dagyeli-Bohne/Y. Dagyeli, Düsseld. 1983; *Ich anders sprechen lernen*, G., Bln. 1983; *Widersinnige Sinnsprüche. Himetli Aykiri Sözler*, G., Bln. 1984; *Gefühllosigkeiten. Reisen von Berlin nach Berlin*, G., Übs. v. H. Dagyeli-Bohne/Y. Dagyeli/Y. Pazarkaya, Ffm. 1986; *Paradies kaputt*, En., Übs. v. H. Dagyeli-Bohne/Y. Dagyeli/P. Kappert, Mü. 1986; *Das Wrack. Second-Hand Bilder*, G., Übs. v. H. Dagyeli-Bohne/Y. Dagyeli, Ffm. 1986; *Dazwischen*, G., Übs. v. H. Dagyeli-Bohne/Y. Dagyeli, Ffm. 1987; *Leyla und Medjnun*, Theaterst., zus. m. Peter Schneider, UA Mü. 1988, Mü. 1988; *Verlorene Zärtlichkeit*, En., Übs. v. H. Dagyeli-Bohne/Y. Dagyeli, Ffm. 1990; *Wie die Spree in den Bosporus fließt. Briefe zwischen Istanbul und Berlin*, Briefwechsel mit Peter Schneider, Bln. 1991; Romanzyklus *Auf der Suche nach der gegenwärtigen Zeit*: (I) *Eine verspätete Abrechnung oder Der Aufstieg der Gündogdus*, Übs. v. Z. Senoçak/E. Hund, Ffm. 1988; (III) *Das geheime Leben von A.*, Istanbul 1989; (IV) *Berlin*

Savignyplatz, Übs. v. D. Göktürk, Bln. 1995; (VI) *Unerwarteter Besuch*, Übs. v. D. Göktürk, Bln. 1997; (II) *Granatapfelblüte*, Übs. v. E. Hund/Z. Senoçak, Bln. 1998; (V) *Sehnsucht nach Hollywood*, Übs. v. D. Göktürk, Bln. 1999; *Privatexil. Ein Programm. Tübinger Poetik-Vorlesung*, Ess., Tüb. 1999; *Der Haifisch in meinem Kopf*, En., Ess., Ged., hg. v. A. Ören, Künzelsau 2000.

Ortheil, Hanns-Josef, wurde am 5. 11. 1951 in Köln geboren. Seine Kindheit und Jugend verbrachte er in Wuppertal, Wissen an der Sieg und Mainz. Nach dem Abitur 1970 arbeitete er als Organist der deutschen Kirche in Rom. 1971 begann er ein Studium der Musikwissenschaft, Philosophie und Germanistik in Paris, Göttingen und Mainz, das er mit dem Konzertexamen für Klavier und der Promotion in Germanistik (*Der poetische Widerstand im Roman. Geschichte und Auslegung des Romans im 17. und 18. Jahrhundert*, 1976) abschloss. Von 1976 bis 1988 lehrte er Germanistik am Deutschen Institut der Universität Mainz. 1988 gab er die akademische Laufbahn zugunsten einer Existenz als freier Schriftsteller auf. Seit 1990 unterrichtet Ortheil Kreatives Schreiben und Gegenwartsliteratur am Institut für Deutsche Sprache an der Universität Hildesheim, die ihm 2003 die erste Professur für Kreatives Schreiben und Kulturjournalismus in Deutschland einrichtete. 1979 erhielt er den »aspekte«-Literaturpreis des ZDF, 1982 den Sonderpreis der Lektoren beim Ingeborg-Bachmann-Wettbewerb, 1988 den Literaturpreis der Landeshauptstadt Stuttgart. 1991 und 1993 lebte Ortheil als Stipendiat der Villa Massimo in Rom. Zu Poetik-Dozenturen eingeladen wurde er 1993/94 in Paderborn, 1994/95 in Bielefeld und 1998 in Heidelberg. Ausgezeichnet wurde er 2000 und 2001 mit dem Stadtschreiber-Literaturpreis der Stadt Mainz, 2000 mit dem Brandenburgischen Literaturpreis und 2002 mit dem Thomas-Mann-Preis der Hansestadt Lübeck. Hanns-Josef Ortheil lebt seit 1982 in Stuttgart.

Im literarischen Romandebüt *Fermer* (1979) sucht der jugendliche Titelheld Auswege aus der richtungslosen Unwirklichkeit und diffusen Bewusstseinslage der Siebzigerjahre. Getrieben von unbestimmter Sehnsucht und romantischem Freiheitsdrang begibt sich der Bundeswehrdeserteur auf seine »kleinen Fluchten« in die heile Natur der Rheinauen oder in die Lektüre der geliebten Klassiker, in ausschweifenden Selbsterkundungen Halt suchend. Fermers Angst- und Einsamkeitszustände lösen sich erst in der Gemeinschaft einer gleich gesinnten Gruppe von Studenten, unter deren Obhut sein Sinn für die verborgenen Zusammenhänge des getrennt Erlebten erwacht. Die »Suche nach einer bewohnbaren Sprache in einem bewohnbaren Land« endet unabgeschlossen, aber versöhnlich im Zeichen der Freundschaft und Geselligkeit. Am Ende führt ein Schumann-Konzert alle Beteiligten im einigenden Erlebnis der Musik als der ersehnten inneren Sprache noch einmal zusammen. Ein lukullisches Mahl überhöht das Ereignis zum erfüllten Augenblick, bevor die Freunde das »kalte Land« mit der Perspektive verlassen, sich am Sehnsuchtsort Italien wiederzusehen.

In *Hecke* (1983) unternimmt der im elterlichen Haus am Rande des Westerwalds logierende Erzähler den Versuch, in sieben nächtlichen Schreibanläufen ein Lebensbild der Mutter zu entwerfen. Dabei verlässt er sich nicht auf ihre allzu stimmigen Erzählungen, sondern setzt das entscheidende Ereignis aus unterschiedlichen Stimmen und dokumentarischem Material wie ein Puzzle zusammen. Im Zuge der literarischen Rekonstruktion der mütterlichen Vita entdeckt der Sohn entscheidende Konturen der eigenen Lebensgeschichte. »Hecke«, das Wort, das in der Gegenwart der Mutter nicht ausgesprochen werden darf, ist der Name des Gehöfts, wo die Katastrophe im April 1945 geschah. Nach dem Verlust von drei Söhnen während des Krieges starb der vierte beim Einmarsch der Amerikaner in den Armen der Mutter, getroffen von einem Granatsplitter. Der Schreiber erkennt, dass er, der 1951 geborene Nachzügler, zum Wiedergänger des toten Bruders geraten musste. »Wo lebte ich? Mehr in ihm als in mir.«

In seiner poetologisch-autobiografischen Schrift *Das Element des Elephanten* (1994) entfaltet Ortheil das familiäre Trauma als Urszene des eigenen Schreibens. Erzählt wird die Geschichte von dem Autor, der als Kind verstummt war und gelernt hat, sich seiner selbst im Akt des Schreibens zu vergewissern. Ortheils Romane repräsentieren vor dieser autobiografischen Folie immer auch »Varianten der eigenen Biografie«, insofern die Protagonisten fast ohne Ausnahme Erzähler darstellen, die zur Welt und zur Sprache kommen, um am Ende zu Autoren zu werden.

Der dritte Roman *Schwerenöter* (1987) ist der Versuch, das brachliegende Genre des Zeitromans in Form einer Doppelbiografie wiederzubeleben. Anhand der Lebensgeschichte der Zwillinge Josef (pragmatisch-umtriebiger Erfolgsmensch) und Johannes (introvertiert-schwermütiger Musiker) wird bundesrepublikanische Zeitgeschichte geschrieben und zugleich die »deutsche Seele« erkundet. Im

Gang durch die Jahrzehnte von der Währungsreform bis zum Einzug der Grünen in den Bundestag reflektiert der 1949 geborene Johannes die Denk- und Verhaltensmuster seiner Generation anhand repräsentativer Gegenstände: Der multifunktionale Teetisch, der vollautomatische Kühlschrank oder das Picassomuster der Vorhänge stehen für die Modernität der Fünfzigerjahre; die Lektüre von Adorno und Marx, das obligatorische Germanistik-Studium, die Theorieversessenheit und Diskussionswut repräsentieren den Geist der 68er, ausschweifende Teezeremonien und die grassierende Therapiehörigkeit künden vom Rückzug ins Private seit den Siebzigerjahren.

In *Agenten* (1989) entwirft Ortheil ein Bild der Achtzigerjahre aus der Sicht zweier Youngsters aus dem Hunsrück, die die Wiesbadener Szene erobern wollen. Meynard arbeitet als Jungredakteur bei einem Stadt-Magazin, und Blok, ein verwöhnter Arztsohn, träumt davon, eine Bar zu eröffnen. Als abgebrühte »Agenten« des Lifestyle und der Mode mischen sie die Yuppie-Szene Rheinhessens auf, verwickeln sich in konspirative Aktionen und in ein undurchschaubares Netz von Intrigen. Am Ende hat Blok seine Ziele scheinbar erreicht und kann sich mit dem vom Vater erpressten Geld seinen Traum von der Schickimicki-Bar erfüllen, während Meynard als Redakteur gekündigt wird und die Geliebte an den Freund verliert. In diesem Moment beginnt er, sich rückblickend Rechenschaft abzulegen, indem er seine Geschichte aufschreibt und zum Autor avanciert.

Abschied von den Kriegsteilnehmern (1992) schildert als Gegenstück zu *Hecke* den Ablösungsprozess des Sohnes vom Vater. Der Erzähler vertieft sich in die Hinterlassenschaften des Verstorbenen, liest dessen Aufzeichnungen, studiert Fotografien und interpretiert die Arbeitsgeräte des Geodäten. So setzt über die nachgelassenen Texte und zeichenhaften Objekte ein Dialog mit dem Verstorbenen ein, in dessen Verlauf der Sohn die Lebensrealität des Vaters, seine Ehe, den Berufsalltag als Landvermesser und die Kriegserlebnisse rekonstruiert. Die Vater-Sohn-Geschichte entwickelt sich zur doppelten Biografie: der Vater bekommt seine Geschichte, gleichzeitig entdeckt der Sohn den Vater als Ursprung seiner eigenen Identität als Schriftsteller. Die biografische Recherche mündet in den Reise- und Zeitroman, wenn der Held quer durch die USA und in die Karibik geschickt wird. Auf der Rückreise erfährt er, dass der Eiserne Vorhang fallen wird, und begibt sich nach Prag, um die Ausreise von DDR-Flüchtlingen in die Bundesrepublik mitzuerleben. In der apokalyptischen Schlussvision trägt der Erzähler seinen Vater und die vier Brüder auf dem Buckel nach Osten über die Schlachtfelder des Weltkrieges, um sie dort auf einer Anhöhe für immer zu begraben. Nach fünf Büchern und 2000 Seiten markiert das symbolische Begräbnis den Abschluss eines umfassenden Schreibprojekts – der Vermessung der Nachkriegszeit am Beispiel der eigenen Herkunft.

Im Zentrum der tagebuchartigen Aufzeichnungen *Blauer Weg* (1996) steht die Wiedervereinigung, die Annäherung und die früh einsetzende schleichende Desillusionierung zwischen Ost und West. In einzelnen Episoden und Skizzen beschreibt Ortheil, wie die historischen Umbrüche und politischen Ereignisse der Jahre 1989 bis 1995 das öffentliche und private Leben in Deutschland verändern. Während der Schreiber des *Blauen Wegs* seine Beobachtungen auf zahlreichen Reisen durch die Republik sammelt, bleibt der Verfasser von *Lo und Lu* (2001) überwiegend zu Hause. Von seinem Stuttgarter »Gartenhaus« aus setzt er seine Notate und Reflexionen aus dem bundesrepublikanischen Alltag bis zum Mai 2001 fort und schildert aus der Perspektive des liebenden Vaters das Heranwachsen der Kinder Lotta und Lukas in der häuslichen Umgebung, in der Sphäre der Stadt oder beim Urlaub am Meeresstrand, wobei der dezidiert kritische Blick in eine heitere Gelassenheit transformiert scheint.

Die in den späten Neunzigerjahren geschriebene Romantrilogie *Faustinas Küsse* (1998), *Im Licht der Lagune* (1999) und *Die Nacht des Don Juan* (2000) spielt in der historischen Vergangenheit des Jahres 1786. Die drei europäischen Kunstzentren Rom, Venedig und Prag sind Schauplatz der Handlung, und als Helden agieren die bedeutendsten Künstler ihrer Zeit – Goethe, Turner und Mozart. Die Gattung der fiktionalen Künstlerbiografie, welche die Trias der Künste repräsentiert, hält das Projekt äußerlich zusammen, das inhaltlich um die Ursprünge der künstlerischen Produktivität kreist. So stehen im Goethe-Roman das Lesen und Schreiben, im Turner-Roman das Sehen und Malen und im Mozart-Roman schließlich die Musik und die Kunst des Komponierens im Mittelpunkt. Indem Ortheil das biografische Genre mit der erzählten Fiktion koppelt, werden bekannte Lücken und Leerstellen in den Lebensbildern der Genies fiktiv gefüllt.

Wie kaum ein anderer Autor seiner Generation begleitet Hanns-Josef Ortheil sein Schreiben mit Arbeitsberichten, dichtungstheoretischen Reflexionen, Interviews und Poetik-Vorlesungen und macht auf diese Weise den Prozess der Fiktionsbildung einsichtig. Als ausgewiesener Kenner der postmodernen Theorie initiierte er in den späten Achtzigerjahren anhand von Essays und Rezensionen die deutsche Diskussion um den postmodernen Roman. Seine eigenen Romane sind eher einer klassischen Erzähltradition verpflichtet, zeichnen sie sich doch durch ästhetische Geschlossenheit, wohlorganisierte lineare Handlungsbögen, einheitliche Erzählperspektiven, psychologische Motivierung und die Orientierung an traditionellen Genres (Zeitroman, Entwicklungsroman, Historienroman, Biografie) aus. Ortheils Helden sind ausgeprägte Strukturalisten, die ihrer Lust am Zeichen frönen, die Semiologie im Sinne Roland Barthes' als umfassende kulturelle Wissenschaft betreiben und für alles offen sind: Theorien, Materialien, Erzählungen, Posen, Stile, Bilder, Töne – Fragmente im buchstäblichen Sinn, die mehr aneinander gerückt als in ein umfassendes Muster gezwängt werden. Indem immer auch Fragen zum Werdegang des Künstlers, zur ästhetischen Produktion und zum Verhältnis von Wirklichkeit und Kunst thematisiert werden, sind Ortheils Texte unter der einheitlichen Erzähloberfläche autobiografisch und poetologisch strukturiert.

Michaela Kopp-Marx

Werke: *Fermer*, R., Ffm. 1979; *Wilhelm Klemm. Ein Lyriker der »Menschheitsdämmerung«*, Biogr., Stg. 1979; *Der poetische Widerstand im Roman. Geschichte und Auslegung des Romans im 17. u. 18. Jahrhundert*, Diss., Königstein/Ts. 1980; Wilhelm Klemm: *Ich lag in fremder Stube. Gesammelte Gedichte*, Hg., Mü. 1981; *Robert und Clara Schumann: Briefe einer Liebe*, Hg., Königstein/Ts. 1982; *Mozart. Im Innern seiner Sprachen*, Ess., Ffm. 1982; *Hecke*, R., Ffm. 1983; *Jean Paul. Mit Selbstzeugnissen und Bilddokumenten*, Monogr., Reinbek 1984; *Köder, Beute und Schatten. Suchbewegungen*, Ess., Ffm. 1985; *Dämonen der Städte – Georg Heym*, Drehb., zus. m. Christine Soetbeer, ZDF 1985; *Ezra Pound – ein amerikanischer Hochverräter*, Drehb., zus. m. Christine Soetbeer, ZDF 1986; *Schwerenöter*, R., Mü. 1987; *Sturmnacht. Oper in zwei Akten*, Libretto, Musik v. Wolfgang-Andreas Schultz, UA Nürnberg 1987; *Agenten*, R., Zür. 1989; *Schauprozesse. Beiträge zur Kultur der 80er Jahre*, Ess., Mü. 1990; *Mozart im Leib. Ein Hörsehspiel nach einer Idee von Manfred Reichert für Schauspielerin und Kammerorchester mit Tonband und Diaprojektion*, UA Karlsruhe 1991; *Abschied von den Kriegsteilnehmern*, R., Mü. 1992; *Das Element des Elephanten. Wie mein Schreiben begann*, B., Mü., Zür. 1994; *Blauer Weg*, Mü. 1996; *Achill unter den Mädchen. Oper in einem Akt*, Libretto, Musik v. Wolfgang-Andreas Schultz, UA Kassel 1997; *Dr. Robert Schumann*, Drehb., zus. m. Christine Soetbeer, ZDF 1998; *Faustinas Küsse*, R., Mü. 1998; *Im Licht der Lagune*, R., Mü. 1999; *Die Nacht des Don Juan*, R., Mü. 2000; *Beschreibung: Erwin Wortelkamps Tal bei Hasselbach im Westerwald*, Biogr., Witten 2000; *Schauplätze meiner Fantasien: Rom, Venedig, Prag*, Drehb., ZDF 2000; *Lo und Lu. Roman eines Vaters*, Mü. 2001; *Schrecken der Heimat – Westerwald*, Drehb., ZDF 2001; *Der Stadtschreiber*, Theaterst., UA Mainz 2002.

Ossowski, Leonie (eigentl. Jolanthe von Brandenstein), geboren am 15. 8. 1925 in Ober-Röhrsdorf/Schlesien als Tochter eines Gutsbesitzers, absolvierte nach dem Internatsbesuch eine landwirtschaftliche Lehre und übersiedelte dann nach Oberrode/Hersfeld. In Biberach/Riss nahm sie verschiedene Gelegenheitsarbeiten als Fabrikarbeiterin, Marktverkäuferin, Sekretärin und Sprechstundenhilfe an. 1958 zog sie nach Mannheim, wo sie ehrenamtlich als Sozialarbeiterin und Bewährungshelferin tätig war. Seit 1980 lebt sie als freie Schriftstellerin in Berlin. Sie ist Mitglied des Schriftstellerverbandes (VS), des P.E.N.-Clubs der Bundesrepublik Deutschland und der Freien Akademie der Künste Mannheim. 1973 und 1980 erhielt sie den Adolf-Grimme-Preis, 1977 den Jugendbuchpreis der Stadt Oldenburg, 1978 den Jugendbuchpreis »Buxtehuder Bulle«, 1981 den Kulturpreis Schlesien des Landes Niedersachsen, 1982 den Schiller-Preis der Stadt Mannheim, 1984 den Jugendbuchpreis »Das rote Tuch« und 1985 den Brüder-Grimm-Preis des Landes Berlin.

»Wenn ich schreibe, dann geht es nicht darum, ein ästhetisches literarisches Produkt auf höchster Ebene anzulegen. Selbst wenn ich es könnte, würde ich es, glaube ich, nicht tun, weil es nicht der Sinn eines Buches ist in der heutigen Zeit.« Leonie Ossowskis literarisches Selbstverständnis ist eng mit ihrer Biografie verknüpft. So lassen sich in ihrem Werk zwei große, sich häufig ergänzende Themenkomplexe finden: die Bewältigung deutsch-polnischer und damit auch persönlicher Vergangenheit sowie Gesellschafts- und Sozialkritik, forciert durch ihre eigenen Erfahrungen als ehrenamtliche Bewährungshelferin. Ihr erster, 1956 in der DDR erschienener Roman *Stern ohne Himmel* (überarb. Fssg. 1978) beschäftigt sich mit der Zeit des Nationalsozialismus. Vier Jugendliche werden in Berlin 1945 vor die Entscheidung gestellt, den jüdischen Jungen Abiram, der sich in einem geheimen Lebensmittellager versteckt hält, auszuliefern und damit auch das Depot preiszugeben, oder aber Abiram samt den lebenswichtigen Nahrungsmitteln zu retten. Die Palette der Reaktionen reicht von Solidarität, die durch Abirams Erzählungen über das Konzentrationslager hervorgerufen wird, bis hin zu faschistischen Parolen, Mitläufertum und Angst. Es stellt sich im Verlauf des Romans heraus, dass sich die Jugendlichen bis auf eine Ausnahme, der faschistischen Propaganda zum Trotz, ihren Sinn für Gerechtigkeit und Menschlichkeit bewahrt haben.

Dieses Thema verarbeitete Leonie Ossowski 1974 zu dem Theaterstück *Voll auf der Rolle*: Im Zuge der Vergangenheitsbewältigung lässt ein Lehrer Schüler *Stern ohne Himmel* aufführen, aber die Schüler monieren die angeblich fehlende Aktualität des Stückes. Die Problematik um den jüdischen Jungen, der von dem türkischen Schüler Melim gespielt wird, wiederholt sich nun in der Gegenwart, wenn Melim um seine Aufenthaltsgenehmigung fürchtet. Die so entstandene Montage aus Gegenwart und Vergangenheit zeigt die immer währende Brisanz des Themas.

Stark autobiografisch geprägt erscheinen die beiden breit angelegten Romane *Weichselkirschen* (1976) und *Wolfsbeeren* (1987). *Weichselkirschen* spielt in der Zeit nach dem Zweiten Weltkrieg im heutigen Polen. Anna, die Tochter eines schlesischen Gutsbesitzers, kehrt 30 Jahre nach Kriegsende in ihr Heimatdorf zurück, um dort die eigene Identität in der Konfrontation mit Altbekanntem neu festzulegen. Gleichzeitig wird die Geschichte des Dorfes mit seinen Traditionen und Legenden wieder belebt, aber auch die gegenwärtige Situation, die wirtschaftliche und soziale Struktur des Ortes mit seinem eigenen Lokalkolorit geschildert. Die vertrauten Stätten, die Anna aus ihrer Jugend kennt, haben sich in eine neue Welt verwandelt.

Zeitlich gesehen stellt *Wolfsbeeren* die Vorgeschichte zu *Weichselkirschen* dar. Der Roman spielt in den Jahren 1918 bis 1945 in derselben schlesischen Familie. Im Mittelpunkt steht Annas Mutter, Sophie von Sarbach, die sich nach einem abenteuerlichen Bohemienleben in die konventionelle Ehe mit dem Gutsbesitzer Leopold geflüchtet hat. In Form von Tagebuchaufzeichnungen erfährt der Leser auf einer zweiten Erzählebene in Rückblenden die bewegte Lebensgeschichte Sophies: ihre Beziehungen zu dem Sozialisten Filip und dem deutschnationalen Clemens. Sophies Leben ist von der Politik der Zeit, dem Untergang der Weimarer Republik und dem Aufstieg der Nationalsozialisten nicht zu trennen, sodass ihre Selbstreflexionen und ihre Standortbestimmung automatisch ihr Verständnis des Zeitgeschehens dokumentieren. Beide Erzählstränge werden am Ende des Romans ineinander überführt, wenn eine emanzipierte Sophie ohne ihren Mann zusammen mit ihren Kindern zur Flucht in den Westen aufbricht.

Leonie Ossowski versteht sich als Anwältin sozial Unterprivilegierter. Sie erörtert bevorzugt Probleme gesellschaftlicher Randgruppen, die sich etwa aufgrund von Sprachbarrieren kein Gehör verschaffen können. Hatte ihr melodramatischer Roman *Wer fürchtet sich vorm schwarzen Mann* (1967) den ausweglosen Versuch eines in einem Erziehungsheim aufgewachsenen Mädchens beschrieben, sich mit Vergangenheit und Elternhaus zu arrangieren, so haben die folgenden Texte die Straffälligkeit Jugendlicher zum Thema. Recherchen für das Drehbuch zum »Tatort«-Krimi *Auf offener Straße* (1971) konfrontierten die Autorin mit den Praktiken des Jugendstrafvollzuges (*Zur Bewährung ausgesetzt*, 1972). Authentisches Material, wie Gerichtsurteile oder psychologische Gutachten, wird in den *Mannheimer Erzählungen* (1974) literarisch so verdichtet, dass am Einzelschicksal gesellschaftliche Mechanismen wie auch psychische Motive für Straftaten transparent werden. Der Roman *Die große Flatter* (1977) verdeutlicht die Sehnsüchte und Hoffnungen von »Schocker« und »Richy«, zwei Jugendlichen aus einer Obdachlosensiedlung, die aus zerrütteten Familienverhältnissen stammen und in finanzieller Not und von der Gesellschaft missachtet heranwachsen. »Er suchte Richy auf. Der hinkte und konnte sich nur rechtsherum drehen. Auf der linken Seite hatte er einen Bluterguss, groß wie ein Pfannkuchen. Das lag daran, dass Richy während der väterlichen Prügel den Kopf mit seinen Armen schützte und die Schläge also die Rippen trafen, hin und wieder auch den Rücken.« Dieses brutale Milieu verlassen zu können erweist sich als uneinlösbare Illusion. Alle Bemühungen der Jugendlichen scheitern an den Vorurteilen der Gesellschaft, die beide in die Kriminalität treibt.

Gesellschafts- und Sozialkritik bezieht sich bei Leonie Ossowski keineswegs nur auf extreme Missstände. Im Drama *Mitschuldig* (1973) gerät ein Lehrling, der Zeuge eines Überfalls wurde, bei der Aufklärung des Falles in asoziale Kreise. In *Wilhelm Meisters Abschied* (1982) – der Roman übernimmt Personal und Motive des Goethe-Textes – träumt ein Lehrling auf der Suche nach einem erfüllten Leben von einer Karriere in der Kulturszene, bricht seine Ausbildung ab und schließt sich der Hausbesetzerszene an. Kritik am Großbürgertum, an festgefahrenen Beziehungsschemata und am Machtmissbrauch übt der Roman *Liebe ist kein Argument*

(1981), in dem die Protagonistin Lea, Mutter zweier Kinder und Gattin eines erfolgreichen Arztes, durch Zufall auf einer Demonstration einen Studenten kennen lernt, ihre Ehe aufgibt und sich ihrer Selbstfindung widmet. Tradierte Familienstrukturen werden auch in dem Stück *Ewig und drei Tage* (1987) hinterfragt, einer Verkleidungsposse, die stereotype Rollenklischees dekuvriert. Entfremdung und Existenzängste in einer deformierten Gesellschaft behandelt Leonie Ossowski in den zwölf fantastischen, oft surrealistischen Erzählungen *Blumen für Magritte* (1978). Ängste, die sprachlich Restringierte nur ausagieren können, werden hier in Worte gefasst, wenn es z. B. in der Erzählung *Polizeibericht* heißt: »Was bin ich, fragte er sich und bekam Angst, kein Mensch zu sein. Niemand verstand ihn, und er verstand niemanden.«

Auch in Leonie Ossowskis wohl persönlichstem Roman *Neben der Zärtlichkeit* (1984) wird die Schilderung der Lebensumstände der kleinen Wanda um psychologische Aspekte erweitert. Wandas schlechte Beziehung zum Vater lässt sie in eine Traumwelt fliehen. Wer sie enttäuscht, fällt alttestamentlich anmutenden Bestrafungsfantasien anheim, seien es ihre Eltern, ihre Mitschülerinnen, ihre Liebhaber oder später ihr Mann Konrad, der sie belügt und betrügt. »Da brannte das Haus lichterloh, da stürzte das Dach ein, zersplitterte das Glas der Fenster mitsamt der Vorder- und Hintertür. Die Tiere verkohlten im Stall, und das Feuer versengte den Katzen die Schwänze. Der Qualm verstopfte der Gans den Hals, und die Blätter der Blumen im Vorgarten wurden schwarz. Kein Stein blieb auf dem anderen. Mutter und Vater machten sich auf die Flucht, während die Trümmer des Hauses Wandas Vorstellung von der Liebe begruben.« Aller Illusionen beraubt, trennt sich Wanda schließlich von Konrad und beginnt ein eigenständiges Leben.

Die schöne Gegenwart (2001) ist die Geschichte einer älteren Frau, die nach dem plötzlichen Zusammenbruch ihres Familienlebens in ihrer gerade geerbten Villa eine Art Senioren-Wohngemeinschaft gründet. Wie schon in ihrem 1994 erschienenen Roman *Die Maklerin* hat Ossowski wieder eine weibliche Hauptfigur entworfen, die aus dem Alltagstrott ausschert und einen neuen Weg sucht.

Leonie Ossowski bedient sich in ihrer Prosa der Mittel traditionell realistischen Erzählens. Stilmittel wie Zeitüberblendungen, Montage oder innere Monologe zur Figurencharakteristik werden im Allgemeinen von einem allwissenden Erzähler zu einem kohärenten Ganzen geordnet; hinzukommen poetische Landschaftsbilder. Die Authentizität der Stoffe bedingt eine realistische, d. h. dem Milieu entliehene Sprache, die oft lässig wirkt und Dialekt und Idiolekt bis hin zur Vulgarität nicht scheut. Je stärker das Artikulationsvermögen einer Figur ausgeprägt ist, desto differenzierter auch ihre Selbstreflexionen. Zur kausalen Motivierung eines Textes als Abfolge real-gesellschaftlicher Gegebenheiten, in die eine Figur sich gestellt sieht, tritt ihre Psychodynamik; innere und äußere Realität ergänzen sich zu einem umfassenden Bild, das Ossowskis Vorstellung von Literatur entspricht: »Ich vermittle Informationen über gesellschaftliche und politische Tatsachen, über bestimmte Situationen, über Randgruppen. Ich recherchiere und liefere Ergebnisse meiner Recherchen ab. Autor sein ist ein ganz ehrlicher Beruf.«

Jutta Ressel

Werke: *Zwei Mütter*, Drehb., u. d. Pseud. Jo Tiedemann, Film 1957; *Stern ohne Himmel*, R., Ost-Bln. 1958, überarb. Ausg. Weinheim 1978, Jugendst., UA Greifswald 1962, Film 1981; *Wer fürchtet sich vorm schwarzen Mann*, R., Mü. 1967; *Auf offener Straße*, Drehb., zus. m. Gunther Solojew, 1971; *Autoknacker*, Hsp., 1971; *Zur Bewährung ausgesetzt. Berichte über Versuche kollektiver Bewährungshilfe*, zus. m. G. Solowjew, Mü. 1972, Film 1972; *Mitschuldig*, Theaterst., UA Mannheim 1973; *Mannheimer Erzählungen*, Mü. 1974 (u. d. T. *Littel fasst einen Entschluss und andere Erzählungen*, Weinheim 1983 bzw. *Weckels Angst. Mannheimer Erzählungen*, Mü. 1986; *Weichselkirschen*, R., Mü. 1976, Fssp., 1980; *Die große Flatter*, R., Weinheim 1977, Drehb., 1979; *Blumen für Magritte*, En., Mü. 1978; *Liebe ist kein Argument*, R., Mü. 1981, Film 1984; *Schreiben, wie wir leben wollen*, Hg., zus. m. I. Arnold und H. Schwenger, Bln. 1981; *Wilhelm Meisters Abschied*, R., Weinheim 1982; *Neben der Zärtlichkeit*, R., Hbg. 1984; *Voll auf der Rolle*, Theaterst., UA Bln. 1984, gedr. Mü., Bln. 1984, Film 1987, Hsp., WDR 1987; *Mein Lesebuch*, Ffm. 1986; *Wolfsbeeren*, R., Hbg. 1987; *Ewig und drei Tage*, Theaterst., UA Bln. 1987; *Das Zinnparadies*, E., Stg. 1988; *Was heißt hier Deutschland?*, Bildbd., Wien 1989; *Holunderzeit*, R., Hbg. 1991; *Von Gewalt keine Rede*, Drehb., 1991, gedr. Mü. 1992; *Die Maklerin*, R., Hbg. 1994; *Stern ohne Himmel*, R., Weinheim 1995; *Herrn Rudolfs Vermächtnis*, R., Hbg. 1997; *Das Dienerzimmer*, R., Hbg. 1999; *Die schöne Gegenwart*, R., Mü. 2001; *Der Löwe im Zinnparadies*, En., Mü. 2003; *Espenlaub*, R., Mü. 2003.

Ostermaier, Albert, wurde am 30. 11. 1967 in München geboren. Nach einem Studium der Literaturwissenschaft und Volkskunde an der Universität München lebt er nun als Dramatiker und Lyriker in seiner Heimatstadt. Ostermaier erhielt 1990 das Münchner Literaturstipendium, 1995 den

Lyrik-Preis des P.E.N.-Zentrums Liechtenstein, war in der Spielzeit 1996/97 Hausautor am Nationaltheater Mannheim, erhielt 1997 den Ernst-Toller-Preis, schrieb 1997/98 für das Bayerische Staatsschauspiel ein Auftragswerk zum 100. Geburtstag von Bertolt Brecht, erhielt 1998 den Übersetzerpreis des Goethe-Instituts im Rahmen der Mühlheimer Theatertage, 1999 den Hubert-von-Herkomer Preis, 1999/2000 war er Hausautor am Bayerischen Staatsschauspiel, erhielt 2000 den Ernst-Hoferichter-Preis und den Autorenpreis des Heidelberger Stückemarktes, war 2001 »writer-in-residence« an der New York University und erhielt 2003 den Kleist-Preis der Heinrich-von-Kleist-Gesellschaft.

Ostermaier machte sich zunächst als Lyriker einen Namen. Fand sein erster Gedichtband *verweigerung der himmelsrichtung* (1988) noch kaum Beachtung, wurde er schon mit *umWaelZTOn* (1989) einem Insiderkreis bekannt. Der Band enthält 45 Gedichte mit sprechenden Titeln wie *benediktbayern* oder *dt.sche & frage*. Es sind stark verdichtete, bisweilen bis auf ein Wort (»STAMMHAUt«) komprimierte Gedichte, in denen er spielerisch alltägliche Objekte (*zur frage des spülvorganges*), stereotypisierte Persönlichkeiten (*maerchenkoenig*), Orte regionaler Identitätsbindung (*heimatmuseum*) und ambitionierte Bildungsgüter (*kinderlied nach schönberg*) hinterfragt. Ohne Punkt und Komma sind auch jene assoziativen Gedichte (z.B. *sandmännchens bettgeflüster*), die er, zusammen mit Prosa von Gert Heidenreich, in *Nicht in Venedig* (1991) publiziert hat. Es handelt sich hier um ein in lediglich 50 Exemplaren aufwändig gefertigtes Künstlerbuch – der erste Titel des von Albert Ostermaier zusammen mit Werner Fuld und Olaf Nie gegründeten Verlages Widder-Druck.

Für Aufsehen sorgten die beiden ersten bei Suhrkamp publizierten Lyrikbände *Herz Vers Sagen* (1995) und *fremdkörper hautnah* (1997). Zärtlich und zynisch nähert er sich den großen Themen des menschlichen Daseins, vor allem Liebe und Tod, wobei die großen Gesten ironisch in der Schwebe bleiben. »marie zum abschied schenk ich dir mein kind ein männchen aus plastiksprengstoff mit zwei knallerbsenaugen & der alten batterie aus meinem ausgelaufenen herzen ...« Vor Provokationen scheut Ostermaier nicht zurück und seziert die Gefühlskonventionen seiner Zeit. Er widmet sich aber auch einfühlsam dem Schicksal jüdischer Exilanten und erweist Ernst Toller, auch Oskar Maria Graf und Bob Dylan Referenz. Gerne werden Versatzstücke trendiger Alltagskultur oder intellektuellen Konsums bis hin zu antiken Mythen (*ödipus antigonekommentar*) verarbeitet. Es sind zupackende, kontrastreiche Sprachbilder, sprachliche Versatzstücke aus dem Alltag, denen er durch Neukombination und Sinnänderungen eine überraschend neue Bedeutung verleiht. Mancher Vers wirkt reichlich kitschig, doch die ironische Brechung lässt zumeist nicht lange auf sich warten. Voll entfaltet sich schon jene rasante, rhythmisch ineinander verzahnte Sprachmelodik, die zum Kennzeichen seiner Lyrik wird.

Für die Lyrikbände *Heartcore* (1999) und *Autokino* (2001) hat Ostermaier griffige, doppeldeutige Titel gewählt. Seine starken Sprachbilder versteht er als Polaroids (*polaroid paranoid*), wobei er die Auseinandersetzung mit Reiz- und Technikvokabeln sucht und vor martialischen Ausdrücken nicht zurückscheut. Er liebt dabei die ironische Brechung von Chiffren der Moderne. Mit *Autokino* rückt ein etwas altmodischer Mythos Amerika ins Blickfeld, wobei der Film und filmische Techniken der Sprachbehandlung eine große Rolle spielen. Beiden Büchern liegt eine CD mit einer Auswahl von Gedichten bei. Bei *Heartcore* ist es eine Hörspielfassung mit sphärisch-experimentellen Klängen des avantgardistischen Jazzmusikers Bert Wrede, der auch die szenische Fassung im Münchener Marstall-Theater begleitet hat.

Albert Ostermaier sucht den Dialog mit seinen Lesern und betrachtet es als wichtig, in der Vermittlung von Lyrik neue Wege zu gehen, um den hermetischen Kreis der Lyrikkonsumenten zu durchbrechen. Deshalb arbeitet er mit Musikern zusammen und ist selbst ein exzellenter Performer seiner Gedichte. Die durchgehende Kleinschreibung, der Verzicht auf Interpunktion fordert geradezu zur lauten Lektüre heraus, wodurch Ostermaier seiner Lyrik nicht selten überraschende Sinnzusammenhänge verleiht. Ostermaiers Lyrik besitzt einen eigenen Rhythmus, mitunter war vom »Ostermaier-Sound« die Rede, der auch dann trägt, wenn sich der Inhalt in Abstraktionen verliert. Ostermaiers dialogorientierter Umgang mit Sprache bildet die Schnittstelle zwischen Lyrik und Dramatik.

Sein erstes Theaterstück, *Zwischen zwei Feuern – Tollertopographie* (UA 1995) schildert den letzten Tag (22. Mai 1939), den Ernst Toller in seinem New Yorker Exil in einem Hotelzimmer durchleidet. Tollers Alter Ego, Tollkirsch, führt ihm immer wieder sein Scheitern vor Augen und hetzt ihn so zu Tode. Es ist die Topografie einer Künstlerseele, die Ostermaier in eine assoziationsreiche, wortspielerische dramatische Sprache kleidet, Monologketten, die den Lyriker nicht verleugnen. Erfolg oder Misserfolg von Schriftstellerexistenzen ist auch das Thema von *Tatar Titus* (UA 1999) und *The Making Of. B-Movie* (UA 1999). Durchgehend in Versform geschrieben, erzählt *Tatar Titus* von Titus und Lavinia, bei denen es sich nicht, wie in Shakespeares *Titus Andronicus*, um einen Feldherren und seine Tochter handelt, sondern um einen Schriftsteller und seine Muse. In ihrer Beziehung spiegelt sich der Kampf um künstlerischen Erfolg. Um Ruhm zu erlangen, stellt sich Titus tollkühn einer »Macht« zur Verfügung, die ihn benutzt, fallen lässt und Hackfleisch aus ihm macht. Schließlich opfert Titus sein Liebstes, Lavinia, um seine endgültige Selbstauflösung zu vermeiden. *The Making Of. B-Movie* erzählt von dem Dichter Andree, der vor seinen Problemen nach Afrika geflohenen ist. Der Schauspieler Silber überredet ihn zur Rückkehr nach Deutschland, wo er den Namen Brom und die Identität eines schreibenden Exsöldners anzunehmen hat. »Ab morgen bist du eine Kampfmaschine, die schreibt, kein Lyriker, der sich nicht verkaufen kann.« Der Rollenwechsel gelingt, Brom macht Karriere, weil die Intellektuellen authentische Typen wie ihn lieben. Am Ende emanzipiert sich Brom von seinem Herrn und ersticht Silber. Das Stück, in Auseinandersetzung mit Brechts *Baal* entstanden, kann als Satire auf den Kulturbetrieb verstanden werden, als kurzweilige Abrechnung mit literarischen und theatralen Moden, mit nach Erfolg lechzenden Theaterdirektoren und quotenfixierten Medien, mit kleinkarierten Kritikern und lächerlichen Talkmastern, die sich auf junge Talente stürzen.

Zwei verzweifelte Personen führt Ostermaier in *Zuckersüß & Leichenbitter oder: vom kaffee-satz im zucker-stück* (UA 1997) und in *Radio Noir* (UA 1998) vor. Im ersten Stück geht es um einen Mann, den Tod vor Augen, der schwarzen Kaffee trinkt und dabei seine gescheiterte Lebensgeschichte bruchstückhaft erzählt. Überraschend meldet sich ein Zuckerstück als Gegenpart zu Wort, dem die Auflösung im Kaffee droht und das deshalb verzweifelt für ungesüßten Kaffee kämpft. Am Ende fragt die Jukebox »du trinkst deinen kaffee doch schwarz oder kumpel« und die Antwort lautet »Black«.

In *Radio Noir* ist es eine Frau, die sich in den Tod stürzen möchte, sich dann jedoch in die Rolle einer sirenenhaften Nighttalkerin fantasiert und als solche über Radio ihre Hörer in einem atemlosen Monolog zu kollektivem Selbstmord, Sex, Gewalt und Anarchie auffordert. Dabei löst sich die Identität dieser Frau in einem unklaren Spiel zwischen Fiktion und Realität immer mehr auf. Die Unwirtlichkeit der Umgebung bestimmt in *Death Valley Junction* (UA 2000) die Beziehung des Ehepaares Valery und Desmond, das am »Dante's View« den Sonnenaufgang über dem Death Valley erleben möchte. Das Paar absolviert einen Seelenstriptease, der in einen Kampf um Leben und Tod mündet. Für Desmond entwickelt sich der Wüstentrip zum Albtraum, denn Valery entlarvt sich als Racheengel, die ihrem Mann eine jugendliche Meute auf den Hals hetzt. Das Stück ist ein ironisches Spiel mit Trashmythen, mit Versatzstücken aus amerikanischen Büchern und Filmen. Ein noch extremerer Handlungsort findet sich in *Erreger* (UA 2002), wo das Schicksal eines Bankers geschildert wird, der vom Schreibtisch weg ohne Erklärung in Quarantäne genommen wird. Den einzigen Kontakt zur Außenwelt bildet eine Krankenschwester im Schutzanzug, die ihn mit Essen versorgt, Blut abnimmt und Spritzen gibt. Der Banker vermutet, dass er mit einem Virus lebensbedrohlich infiziert ist. In einer Situation, in der weder Beruf noch Freunde Halt geben, rekapituliert er in wirren Monologen obsessiv seine Lebensgeschichte und versucht, die Ursache seiner Krankheit zu ergründen.

Es ist Zeit. Abriss (UA 2001) besteht aus fünf Monologen für vier Personen: Lux und seine Freundin Dor sowie den beiden älteren Herren Castou und Dufin. Viermal wird eine Geschichte unterschiedlich erzählt, wobei die Monologe unklar lassen, was sich wirklich in jenem Parkhaus abgespielt hat. Hat sich die Frau nach einem Streit mit ihrem Freund umgebracht, wurde sie ermordet oder ist sie gar nicht tot? Der Vorgang bleibt rätselhaft.

Ein mehr oder minder zufälliges Zusammentreffen von Personen führt Ostermaier auch in *99 Grad* (UA 2002) vor. Das Stück ist eine Art Endzeit-Groteske in 24 Bildern, in der die lädierten Egos von einem knappen Dutzend cooler Typen in ihrer Alltagssphäre vorgeführt werden. Dabei steigt die Temperatur von Körperwärme bis kurz vor den Siedepunkt. In *Letzter Aufruf* (UA 2002) treffen auf einem Flughafenterminal unterschiedlichste Menschen zusammen, die alle den »last call« überhört haben. Der Stoff scheint dem alltäglichen Kolportage-Universum der Medienindustrie und Filmen entnommen. Es sind Gestalten, die sich gegenseitig belauern und ein falsches Spiel treiben. Das Stück folgt keiner stringenten Handlung, es ist die Sprache, die trägt, ein Drama, das sich wie ein Gedichtzyklus präsentiert.

Daniel Drascek

Werke: *verweigerung der himmelsrichtung*, G., Loßburg/Schwarzwald 1988; *umWaelZTOn*, G., m. Zeichn. v. C. Nellehsen, Loßburg/Schwarzwald 1989; *Nicht in Venedig*, G., zus. mit Pr. v. Gert Heidenreich u. Serigrafien v. A. Kolenc u. G. Strasser, hg. von W. Fuld, Widdersberg 1991; *Zwischen zwei Feuern. Tollertopographie*, Theaterst., Essen 1993 und *Zwischen zwei Feuern. Tollertopographie*, Widdersberg 1993, Hsp., DLR 1994, UA Mü. 1995; *Herz Vers Sagen*, G., Ffm. 1995; *Die Göttin und ihr Sozialist. Christiane Grautoffs Autobiographie. Ihr Leben mit Ernst Toller. Mit Dokumenten zur Lebensgeschichte*, Hg., zus. mit W. Fuld, Bonn 1996; *fremdkörper hautnah*, G., Ffm. 1997; *Tatar Titus*, in: »theater heute«, 8/1997, UA Mannheim 1999; *Zuckersüß & Leichenbitter*, Hsp., S2 1997, Theaterst., UA Mü. 1997; *Tatar Titus. Stücke* (enth. *Zwischen zwei Feuern. Tollertopographie; Zuckersüß & Leichenbitter oder: vom kaffee-satz im zucker-stück; Tatar Titus; Moors Moral*), Ffm. 1998; *Heartcore*, G., m. Schpl., Ffm. 1999, Hsp., BR 1999, Theaterst., UA Mü. 1999; *Radio Noir*, Hsp., BR/WDR, Schpl., Mü. 1999, Theaterst., zus. m. Einaktern v. Werner Fritsch u. Simone Schneider u. d. T. *Lost Angels*, UA Mannheim 1998; *The Making Of. B.-Movie*, m. Illustr. v. M. Götze, Eching 1999, UA Mü. 1999; *The Making Of. Radio Noir. Stücke*, Ffm. 1999; *Death Valley Junction. Stück und Materialien*, Ffm. 2000, UA Hbg. 2000; *Das Welttheater – zweiter Teil*, Theaterst., zus. mit S. Voima, UA Ffm. 2000; *Erreger*, Theaterst., UA Hann. 2000, Hsp., BR 2001; *Autokino*, G., m. Schpl., Ffm. 2001; *Es ist Zeit. Abriss*, Theaterst., UA Bochum 2001; *Fliegenfänger. Monolog*, UA im Rahmen von *Die Nibelungen*, Basel 2001; *Lyrik eins: gelesen von den Autoren*, Moderation, zus. m. Peter Hamm, 4 Schpl., BR, Mü. 2001; *Fingerkuppen*, Libr., zum Musiktheaterprojekt *An Chung-gun/Fingerkuppen*, Musik v. H. Reber, UA Bln. 2001; *Erreger. Es ist Zeit. Abriss. Stücke und Materialien*, Ffm. 2002; *Letzter Aufruf*, Theaterst., UA Wien 2002; *Letzter Aufruf. 99 Grad. Stücke und Materialien*, Ffm. 2002; *Lyrik zwei: gelesen von den Autoren*, Moderation, zus. m. Peter Hamm, 4 Schpl. u. 2 Begleithefte, Mü. 2002; *99 Grad*, Theaterst., UA Mü. 2002; *Katakomben*, UA Ffm. 2003; *Vatersprache*, Ffm. 2003, Theaterst., UA Essen 2002; *Auf Sand. Katakomben*, Ffm. 2003; *Auf Sand*, Theaterst., UA Hbg. 2003.

Oswald, Georg Martin, wurde am 5. 8. 1963 in München geboren, wo er von 1985 bis 1990 Rechtswissenschaft studierte und heute als Anwalt lebt. Oswald ist als Essayist für zahlreiche überregionale Zeitungen und Zeitschriften tätig. 1993 erhielt er das Münchner Literaturstipendium, 1995 den Bayerischen Staatsförderpreis für Literatur, 2000 das Arno-Schmidt-Stipendium und den International Prize.

Bereits in seinen ersten Erzählungen beweist sich Oswald als genauer gesellschaftskritischer Beobachter. *Das Loch. Neun Romane aus der Nachbarschaft* (1995) versammelt Skizzen aus Oswalds bayerischer Heimat, in denen der Autor immer wieder das dumpf Brütende einer Gesellschaft herausarbeitet, die sich ängstlich aggressiv nach außen abschließt. Gern bedient sich Oswald in seiner Darstellung der Ironie, die ihm jedoch, anders als in der Pop-Literatur, deren genauer Kenner er ist, stets als Mittel zum Zweck der Aufklärung dient. Einflusslinien laufen zurück zum Werk Karl Kraus' und Albert Drachs. Ebenso wie die Erzählungen zeichnet auch Oswalds ersten Roman ein hohes Maß formaler Beherrschtheit aus. *Lichtenbergs Fall* (1997) präsentiert sich als Verhörprotokoll und ist – stilistisch nicht zuletzt von der Prosa Thomas Bernhards geprägt – beinahe durchgängig im Konjunktiv der indirekten Rede geschrieben. Carl Lichtenberg, des Schwiegermuttermords verdächtigt, ist ein klassisch unzuverlässiger Erzähler. Er erscheint im Roman als zeittypischer ironisch-affirmativer Zyniker. Zwar erkennt der Karrierejurist das arbeitsweltliche Prinzip des »survival of the meanest«, aber statt mit Kritik antwortet er mit Opportunismus. »Alles, alles, alles«, gibt er schließlich zu Protokoll, »könne man ihm vorwerfen, nur nicht, der Mörder seiner Schwiegermutter zu sein.« In Oswalds Werk gibt Lichtenbergs Fall gleich zwei Themen vor: zum einen das Leben in einer von der Ökonomie dominierten Gesellschaft; zum anderen den Generationskonflikt zwischen den Wirtschaftswunderprofiteuren und ihren Kindern, zu denen sich auch der Autor zählt. Eine Medienkritik qua Anschauung liefert Oswalds drittes Buch, der Genre-Zwitter *Party Boy. Eine Karriere* (1998). Darin hat Oswald Medienberichte über den mutmaßlichen Versace-Mörder Andrew Cunanan montiert, unterbrochen von einem fiktiven Dialog zweier Journalisten, die den Fall Cunanan recherchieren. Sie erscheinen zugleich als Täter, Opfer und Kritiker der Medien, die um jeden Preis unterhalten statt seriös zu informieren und Wirklichkeit konstruieren statt von ihr zu berichten.

Oswalds bislang jüngster und erfolgreichster Roman *Alles was zählt* (2000) zeigt sich maßgeblich vom angelsächsischen Konzept der »novel« beeinflusst. Der Autor tritt darin deutlicher denn zuvor als Satiriker mit bemerkenswertem Talent für das (auch karnevalesk) Komische hervor. Erzählt wird der Weg des Bankers Thomas Schwarz von »Drinnen« nach »Draußen« (wie die beiden Teile des Romans überschrieben sind). Schwarz ist, wie zuvor Lichtenberg, ein Karrierist. Sein innerer Monolog, der die Verhörsituation des ersten Romans ablöst, zeigt ihn wie Lichtenberg als Zyniker, dem in einer lange nicht mehr sozialen Marktwirtschaft (bis zu seinem Rauswurf arbeitet Schwarz in der Abteilung »Abwicklung und Verwertung«) Wertesystem wie Identität abhanden gekommen sind. Tatsächlich erfährt Schwarz, dass im »Draußen« einer kriminalisierten Gesellschaft dieselben Gesetze herrschen wie zuvor im »Drinnen« einer zusehends verspießernden, vormals bürgerlichen Karriere. Unzweifelhaft hat Oswald mit *Alles was zählt* Pionierarbeit geleistet. In der Hinwendung zum Thema Arbeitswelt sind ihm u.a. die Autoren Rainer Merkel, Norbert Zähringer und Ernst-Wilhelm Händler gefolgt. Zu Recht ist darauf hingewiesen worden, dass mit dem Roman das Ende einer deutschen Pop-Literatur eingeläutet wurde.

Bisher nicht uraufgeführt ist Oswalds erstes »Schauspiel« *Aus in Afrika*. Das (ähnlich wie *Party Boy*) dokumentarisch geprägte, unmittelbar im Anschluss an eine Afrika-Reise des Autors entstandene Stück stellt sich, gegen aktuelle Theatertrends, in die Tradition eines epischen Theaters des (Auf-)Zeigens. Während man – in einer Beckett'schen Ausgangssituation – vergeblich auf die Reparatur eines Generators wartet, offenbart sich in einer deutschen Pensionärs- und Aussteigerkolonie an der Südküste Kenias ein ungehemmter Rassismus. Am Ende des Stücks ist – wie als Antwort – der Chor afrikanischer Kinderstimmen zu hören, die »Osama! Osama!« skandieren. Ein Bekenntnis zur engagierten Literatur hat Oswald in einem Essay für das Heft »Akzente 4/02« abgelegt: »Jeder, der sein Heil in die Wörter legt, ist engagiert.«

Wieland Freund

Werke: *Das Loch. Neun Romane aus der Nachbarschaft*, En, Mü. 1995; *Lichtenbergs Fall*, R., Mü. 1997; *Party Boy. Eine Karriere*, Bln., Mü. 1998; *Alles was zählt*, R., Mü. 2000; *Akzente 3/2001: Politik*, Hg., zus. m. Norbert Niemann, Mü. 2001; *Akzente 4/2002: Tradition* , Hg., zus. m. Norbert Niemann u. Wolfgang Matz, Mü. 2002; *Aus in Afrika*, Theaterst., Mü. 2002 (noch ohne UA).

Özdamar, Emine Sevgi, wurde am 10. 8. 1946 in Malatya in Anatolien geboren und wuchs an verschiedenen türkischen Orten auf, zuletzt in Istanbul. 1965 kam sie als Gastarbeiterin erstmals nach Deutschland und besuchte die Schauspielschule in West-Berlin. Von 1967 bis 1970 lebte sie in Istanbul. Unter dem Druck der türkischen Militärdiktatur, nach kurzer Haft wegen politischer Aktionen und einer Reportage über die Armut kurdischer Bauern in Anatolien, kam sie 1976 nach Berlin zurück, arbeitete 1976/77 unter der Regie von Benno Besson, Matthias Langhoff und Fritz Marquardt als Regieassistentin und Schauspielerin an der Ost-Berliner Volksbühne, ging 1978 mit dem Brecht-Schüler Besson nach Paris und erlangte dort das Diplom als »Maître de Théatre«. Theaterarbeiten in Avignon, Berlin, Bochum, München folgten, mit Regisseuren wie Kroetz, Schleef, Berghaus und Zadek, ferner die Regie ihres ersten Theaterstücks in Frankfurt und Filmrollen wie in *Yasemin* von Hark Bohm, *Happy Birthday, Türke* von Doris Dörrie und *Die Reise in die Nacht* von Matti Geschonneck. Ihre Stücke, Erzählungen und Romane wurden in neun Sprachen übersetzt, auch ins Türkische und Griechische. »Publisher's Weekly« kürte ihren Erzählband *Mutterzunge* zu einem der »Best Books of Fiction published 1994«. Für den Roman *Das Leben ist eine Karawanserei* bekam sie 1991 den Ingeborg-Bachmann-Preis, 1992 den Walter-Hasenclever-Preis der Stadt Aachen, 1992 ein Stipendium des Deutschen Literaturfonds, 1995 das New-York-Stipendium des Deutschen Literaturfonds. 1998 erhielt sie ein Arbeitsstipendium der Landeshauptstadt Düsseldorf, 1999 den Preis der LiteraTour Nord und den Adelbert-von-Chamisso-Preis für ausländische Autoren, die auf Deutsch schreiben, 2001 den Künstlerinnen-Preis des Landes Nordrhein-Westfalen. Im Sommer 2000 lehrte Emine Sevgi Özdamar als »poet-in-residence« an der Gesamthochschule Essen. Sofern sie nicht unterwegs ist, lebt die türkische Künstlerin mit deutschem Pass inzwischen in Berlin.

Ihre literarische Laufbahn begann 1982 mit dem Stück *Karagöz in Alamania*, einer Auftragsarbeit am Schauspielhaus Bochum, 1986 uraufgeführt am Schauspielhaus Frankfurt. 1992 folgte *Keloglan in Alamania*. Beide Stücke schildern türkische Gastarbeiterschicksale in absurden, surrealen Bildern, fern von Sozialreportage und Betroffenheitskitsch. Keloglan, der junge Türke in Deutschland, entgeht seiner Abschiebung durch eine Heiratsburleske. Karagöz, »Schwarzauge«, eine berühmte, listig-naive Figur des türkischen Schattenspiels, ist mit seinem philosophierenden Esel auf dem Weg ins gelobte Deutschland, gerät in groteske Situationen und endet buchstäblich gespalten: der eine Karagöz kehrt mit seinem Esel in die Türkei zurück, sein Alter ego reüssiert, gewinnt Wohlstand in Deutschland, verliert aber seine Identität und tauscht den Esel gegen einen Opel Rekord.

Karagöz wurde von der Kritik noch zwiespältig aufgenommen, aber ihre beiden ersten Romane wurden zu literarischen Ereignissen. Sie nehmen das Motiv der Identitätssuche auf, erzählen die Geschichte einer jungen Türkin zwischen Asien und Europa und folgen chronologisch den Stationen der Autorin zwischen Tradition und aufgeklärtem Bürgertum Istanbuls, Terror des türkischen Militärs, Freiheiten der Berliner Boheme und Agitprop der 68er-Generation. *Das Leben ist eine Karawanserei hat zwei Türen aus einer kam ich rein aus der anderen ging ich raus* (1992) schildert Kindheit und Jugend, das orientalische Erbe der Großmutter und Elendsviertel der Städte, den Alltag in der Türkei der Fünfziger- und Sechzigerjahre und viele Umzüge der Familie, die Karawanserei. Die Reise nach Deutschland am Schluss verkündet Aufbruch und Befreiung. *Die Brücke vom Goldenen Horn* (1998) zeigt die junge Frau dann 1965 in Berlin als Arbeiterin bei Telefunken, als Theateranfängerin, als Reporterin in Anatolien. *Seltsame Sterne starren zur Erde* (2003), ein Zitat von Else Lasker-Schüler, folgt der Pendlerin zwischen dem Ost-Berliner Brecht-Theater an der Volksbühne und der West-Berliner Kommune, die vom Künstler Otto Mühl gegründet worden war. Jeder Roman verbindet die persönliche Geschichte mit politischer Gegenwart. Jeder erzählt ein Kapitel im Emanzipationsprozess des namenlosen Ich und beginnt, wo der Andere endete, und endet, wo der Folgende beginnt. Immer fällt ihr fremder Blick auf die Umgebung, der türkische Blick auf Deutschland, die deutsche Sicht auf die Türkei.

Assoziativ webt Emine Sevgi Özdamar an einem bunten Erzählteppich, in dem wiederholt das Motiv der Tür auftaucht: »Deutschland ist nur eine Tür, aus der man herausgeht und durch die man wieder zurückkommt. Wie man sich dabei ändert, wie die Sprache und die Ästhetik sich ändern, auch im eigenen Land, hat mich immer beschäftigt«, sagte sie mit Blick auf die Theater-Figur Karagöz. Nun schickt sie ihr Roman-Ich durch bühnenreife Drehtüren. Berlin ist ein großes Gebäude: Heimtür auf, Bustür zu, Fabriktür auf, Kaufhaustür zu – ohne Kontakt nach draußen, ohne Abend und von trauriger Komik ist das Gastarbeiterleben zwischen Heim und Stechuhr in *Die Brücke vom Goldenen Horn*. Bei der *Karawanserei* steckt die Tür schon im Titel. Auswanderung, Rückwanderung, Fremde, Entfremdung und Bindungen sind ihr Thema, Glücksucher die Figuren und ihre Bücher Entwicklungsromane anderer Art: Emine Sevgi Özdamar psychologisiert nicht, sie zeigt. Sie schreibt nicht: »Ich war traurig«, sondern »Ich weinte«, und beschreibt den Hunger nach Welthaltigkeit, Weltanschauungen und brechtschem Theater. Jeder der drei Romane beginnt und endet mit einer Reise dieser Nomadin zwischen Zeiten, Kulturen, Sprachen, der die »Mutterzunge« abhanden gekommen ist.

»In meiner Sprache heißt Zunge: Sprache. Die Zunge hat keine Knochen, wohin man sie dreht, dreht sie sich dorthin ... wenn ich nur wüsste, wann ich meine Mutterzunge verloren habe«, schreibt die Türkin im Erzählband *Mutterzunge* (1990). Sie lernt Arabisch und nähert sich der Sprache des Großvaters über die arabischen Wurzeln des Türkischen, die mit der Europäisierung von Schrift und Sprache durch Atatürk verloren gegangen waren. Jeder Lernprozess ist bei Emine Sevgi Özdamar ein Sprachprozess, ihre Annäherung an Deutschland eine sprachliche, ihr Deutsch kommt aus dem Türkischen: »Zwillingsmützen« heißt der Büstenhalter in *Die Brücke vom Goldenen Horn*. »Wonaym« buchstabiert sie ihr neues Zuhause, nicht »Wohnheim«, »Herscher« und nicht Herr Scher nennt sie den Meister. Und weil im Türkischen »zerbrochen« und »beleidigt« ein Wort sind, ist der zerstörte Anhalter Bahnhof »beleidigt«. Eine »Wörtersammlerin« war sie schon früher. Nun ist aus der Sprachnot ihr Sprachstil geworden. Sprache prägt die Wahrnehmung, weiß die Sprachwanderin Emine Sevgi Özdamar, flicht türkische Redewendungen und Sprichwörter in ihren deutschen Text, spannt in *Die Brücke am Goldenen Horn* einen Baldachin orientalisch-bunter Bilder übers triste Alltagsgrau Berlins und verbindet Deskription, Imagination und Assoziation in einer kunstvoll-naiven Sprache. So selbstständig und körperlich wirken Wörter und Geräusche, dass sie laufen und wärmen. Geräusche werfen Echos ins tragikomische Slapstick-Szenario von drei Schnauzbärten, die hinter ihren Wörtern hergehen. »Meine deutschen Wörter haben keine Kindheit, aber meine Erfahrung mit deutschen Wörtern ist ganz körperlich«, sagt Emine Sevgi Özdamar, inszeniert ihre Prosa und vertraut auf ihre Theatererfahrung. »Der Erfahrungsdruck macht den Schriftsteller«, zitiert sie Heiner Müller in *Seltsame Sterne starren zur Erde* (2003) und lässt geliebte, verlorene Menschen lebendig werden. Auch wenn der dritte Roman ärmer ist an Bildern und Arabesken, eine Wanderin und Wandlerin zwischen Sprachen, Orient und Okzident ist Emine Sevgi Özdamar geblieben.

Cornelia Zetzsche

Werke: *Karagöz in Alamania*, Theaterst., Ffm. 1982, UA Ffm. 1986; *Mutterzunge*, En., Bln. 1990; *Keloglan in Alamania*, Theaterst., Ffm. 1992; *Das Leben ist eine Karawanserei hat zwei Türen aus einer kam ich rein aus der* *anderen ging ich raus*, R., Köln 1992; *Die Brücke vom Goldenen Horn*, R., Köln 1998; *Noahi*, Theaterst., Ffm. 2001; *Seltsame Sterne starren zur Erde*, R., Köln 2003.

Özdogan, Selim, wurde am 15. 1. 1971 in Köln geboren. Der Sohn türkischer Einwanderer studierte Anglistik, Philosophie und Völkerkunde. 1996 erhielt Özdogan einen literarischen Förderpreis des Landes Nordrhein-Westfalen. 1999 wurde ihm der Adelbert-von-Chamisso-Preis zuerkannt. Er lebt als Schriftsteller und freier Journalist in Köln.
Özdogans großes Thema ist das Glück in alltäglichen Abläufen. Die Beschwörung einer Seligkeit mit kleinsten Anlässen ergibt das Leitmotiv im Werk. Indes werden die besonderen Umstände der Herkunft des Autors eher verschleiert. Darauf kam es Özdogan schon in seinem ersten Roman *Es ist so einsam im Sattel, seit das Pferd tot ist* (1995) an. Gleichwohl steht hier dem Komment unbedingter Erwartungen Wut zur Seite. Damit kontert der Erzähler eine Weltauffassung mit inferiorer Perspektive. Özdogan, der von Philippe Djian viel gelernt hat, stellt die Petulanz seines juvenilen Helden regelrecht aus. Die eindeutig als Alter Ego des Autors angelegte Erzähler-Figur überlebt in einer sozialen Nische, die ihre Konturen in den Siebzigerjahren erhielt. Drogen spielen eine Rollen, Selbstzerstörung findet aber nicht statt. Der Held setzt alle Hoffnungen auf die Liebe.
Die Handlung in Özdogans zweitem Roman verläuft auf der Folie einer imaginären Landschaft. *Nirgendwo & Hormone* (1996) ist ein Roadmovie in Worten, voller Anspielungen auf prominente Beispiele dieses Genres. Der Traum vom freien Leben in Easy-Rider-Manier mobilisiert die Protagonisten. Sie sind auf Abenteuer aus: Das Leben selbst soll mit seinen Lappalien dafür herhalten, ihr Temperament will vor allem den Rausch. Der Autor liefert sein Personal Prozessen der Ernüchterung aus und führt es Erkenntnissen entgegen, die die Frustrationen einer ganzen Generation spiegeln. *Ein gutes Leben ist die beste Rache* (1998) versammelt Kurzgeschichten, die als Storys annonciert werden. Hier, wie auch später in *Mehr* (2001), wird die Desillusionierung, die jedem Aufbruch folgt, zum zentralen Thema. Im Arsenal der Begeisterung verrotten die Instrumente zur Selbstbeglückung. Zumal in *Mehr* findet man Spuren der Anstrengung, den Alltag als positives Erlebnis zu erfahren. *Ein Spiel, das die Götter sich leisten* (2002) ist stärker als jedes frühere Buch Özdogans sexuell konnotiert. Der Autor untersucht nun die Bindungschancen im Sex. Der Ich-Erzähler hat seine Familie bei einem Unfall verloren und sucht im Folgenden nach einer Verbindlichkeit in Beziehungen, die er schließlich mit der Gründung einer eigenen Familie anstrebt. Mit diesem Roman ist Özdogan auch als Schriftsteller endgültig in der Mehrheitsgesellschaft angekommen.

Jamal Tuschick

Werke: *Es ist so einsam im Sattel, seit das Pferd tot ist*, R., Bln. 1995; *Nirgendwo & Hormone*, R., Bln. 1996; *Ein gutes Leben ist die beste Rache*, Pr., Bln. 1998; *Mehr*, R., Bln. 2001; *Im Juli*, R., Hbg. 2000; *Ein Spiel, das die Götter sich leisten*, R., Bln. 2002.

Pakleppa, Fabienne, wurde am 27. 9. 1950 in Lausanne in der Schweiz geboren. Sie studierte Germanistik, Romanistik und Philosophie in Genf. Ein Studienaufenthalt führte sie 1972 zunächst nach Heidelberg, seit 1977 lebt sie in München. Sie arbeitete in der Psychiatrie, in der Filmbranche, als Französischlehrerin, Übersetzerin, Lektorin und Journalistin und seit 1990 vor allem als Schriftstellerin. 1991 erhielt sie ein Literaturstipendium der Stadt München, 1998 den Gratwanderpreis für erotische Literatur der Zeitschrift »Playboy«, 2000 den Würth-Literaturpreis und 2001 den Ernst-Hoferichter-Preis der Stadt München.

In Fabienne Pakleppas erstem Roman, *Die Himmelsjäger* (1993), treffen drei Menschen in einem Experiment zusammen. Der Wissenschaftler Roden vertritt die Auffassung, das Wissen des Universums sei in der kleinsten Einheit enthalten. Anna, zunächst willige Probandin, später selbstständige Entdeckerin, will erfahren, was geschieht, wenn sie die Zeitebene verlässt, sich auf Synchronizität einlässt und nicht mehr nach den Gesetzen der Kausalität funktioniert. Bergmann, Rodens Assistent, will die Theorie des Wissenschaftlers widerlegen und wird zu dessen Gegenspieler. Er ist es, der Annas Wahrnehmungen wiedergibt, nachdem ihr Bewusstsein bei einer Reise ins Weltall verloren gegangen ist. Das, was er empfindet, sprengt die Grenzen seiner sprachlichen Ausdrucksmöglichkeiten. Pakleppa: »Die Sprache ist es, was mir immer noch im Weg steht, diese absurde Linearität der Sprache, die meine Gedanken in Zeit und Raum zurückdrängt. Ich muss aus ihren Strukturen ausbrechen, ich will etwas anderes sagen.« Obwohl Pakleppas Muttersprache Französisch ist, schreibt sie in Deutsch und kommentiert: »Ich habe die Muttersprache gewechselt.« Inzwischen hat sie mehr Gefühl für die deutsche Sprache als für die französische. Die Entscheidung, in Deutsch zu schreiben, war die Entscheidung für die lebendige Sprache, die Sprache, in der sie lebte. In ihren ersten Jahren in Deutschland hatte sie das Gefühl, sich nicht ausdrücken zu können. Diese Sprachlosigkeit bedeutete eine Herausforderung für sie. Das Ringen um Präzision begann einen immer größeren Reiz auf sie auszuüben. Ihre Liebesaffäre mit der deutschen Sprache hatte allerdings schon in der Schweiz ihren Anfang genommen, als sie von einer Deutschlehrerin mit den Theatertexten von Bertolt Brecht und Max Frisch bekannt gemacht wurde. Mit ihrem ersten Roman, *Die Himmelsjäger*, befinden wir uns bereits im Zentrum der literarischen Welt Pakleppas. Neue Möglichkeiten der Wissenschaft – Kosmologie, Chaostheorie – faszinieren sie ebenso wie Grenzbereiche der Realitätserfahrung und der Kommunikation. In ihrem Roman *Die Birke* (1999) wird aus der Perspektive einer Wachkoma-Patientin erzählt und eine schmerzlich-genaue Beschreibung der Geschehnisse innerhalb und außerhalb ihres Körpers geliefert. Mithilfe einer verknappten Sprache, die sich manchmal bis aufs Fragmentarische reduziert, wird die beklemmende Situation einer Frau beschworen, für die es keinen Ausweg aus ihrem unsichtbaren Gefängnis gibt. Die Hauptfigur in Pakleppas zweiten Roman, *Die Aufsässigen* (1995), sieht einen Ausweg im Aufbruch. Nach Jahren der Fremdbestimmung, der Ohnmacht angesichts der Totalität des Staates und seiner Apparate wagt sie einen Neuanfang. Sie beginnt wieder ihrer eigenen Wahrnehmung zu vertrauen und gegen die fortschreitende Zerstörung der Umwelt zu kämpfen.

Einen Schwerpunkt in Pakleppas Werk bildet die Kurzprosa. Sie schrieb zahlreiche umfangreiche Erzählungen, Essays, Shortstorys und Glossen, die in Zeitschriften, Zeitungen und Anthologien erschienen. Darin finden sich vor allem die Themen Zivilisationskritik und Erotik, derer sie sich mit Humor und genauer Beobachtungsgabe annimmt. Ihre Ausdrucksmittel sind dabei Übertreibung, Verzerrung, Zuspitzung und das Nebeneinander von Alltags- und Fantasiewelt, die sich gegenseitig berühren und durchdringen.

Gunna Wendt

Werke: *Die Himmelsjäger*, R., Ffm. 1993; *Sucht. Therapiebericht in zehn Sitzungen*, Hsp., WDR/ORF 1994; *Die Aufsässigen*, R., Ffm. 1995; *Die Birke*, R., Mü. 1999; *Durchhalten*, Hsp., SWF 1999; *Mein unverschämter Liebhaber. Kurzgeschichten*, Mü. 2000; *Dachschaden*, Hsp., SWF 2001; *In vino veritas*, Hsp., SWF 2002; *Lustopfer. Münchner Künstlerbuch m. Fotos v. Volker Derlath*, Mü. 2002.

Palzer, Thomas, wurde am 10. 4. 1956 als Sohn eines Arztes und einer Hausfrau in Mainz geboren. Sein Studium der Philosophie, Germanistik und Kommunikationswissenschaften in München und Wien schloss er 1984 ab. Seit 1982 arbeitet er als Hörfunkautor, seit 1991 als Autor für TV-Kultur-

magazine (3sat Kulturzeit u. a.), seit 2001 als Dokumentarfilmer (u. a. Beuys, Heidegger). Thomas Palzer lebt in München. Von 1979 bis 1986 war er Mitherausgeber der Zeitschrift »Mode & Verzweiflung«, er ist auch Gründungsmitglied der literarischen Sprechvereinigung »Das Jüngste Gericht«. 1994 und 2002 erhielt er den ersten Preis der »Literavision« für Kurzfilmbeiträge.
Palzers Erzählung *Pony* (1994) – er verwendet absichtsvoll die schlichte Bezeichnung *Geschichte* – kokettiert mit den Stilmitteln des Fin de Siècle, jedoch in maßvoller, raffinierter Dekadenz, die um die Mechanismen der Dekadenz sattsam Bescheid weiß und alle Klippen der Redundanz durch unerbittliche Reflexion umschifft. Dass dabei kein dröges Thesenpapier subjektiver Innerlichkeit entsteht, vermeidet Palzer durch kühle Abstraktion, die das eigene Ich aus weiter Ferne betrachtet, mit dem Blick des Wissenschaftlers im Selbstversuch: »... bin ich zu der festen Überzeugung gekommen, dass das Ich geopfert werden muss. Hier liegt der Zweck meines Tuns. Das Ich hat keinen Sinn außer dem, sich in der Ekstase zu verlieren; wir gehören nicht unserem Ich, auch wenn wir mit ihm sterben werden.«
Der Abstraktion der Darstellung entspricht indes nicht der lebenspralle, im besten Sinne unverschämte, zur Selbstentblößung neigende Inhalt der Erzählung. Palzers Lust an der Provokation dient immer der Suche nach dem Weg zum präziseren, facettierteren Denken, und wo sich eine These aufdrängt, wird sie der Prüfung des Advocatus Diaboli ausgesetzt, der weidlich lustvoll und hinterlistig die Antithese vertritt. In *Pony* wird Philosophie auf dem Rücken des begehrten weiblichen Körpers ausgetragen, lange vor Michel Houellebecq und ungleich poetischer, sinnlicher, positivistisch aus dem Trieb heraus, ohne schon beim ersten Wort zu wissen, wohin die Suche gehen wird. Sollte es einen Trieb geben, wird er immer ambivalent sein und neue Fragen aufwerfen. Palzers Prosa ist eine des langsamen, auch misstrauischen Sich-Ertastens der Wirklichkeit, die sein Erzähler-Ich Pars pro Toto in den Körpern und Gedanken jener Frauen nachzeichnet, die seinen Weg gekreuzt haben. Palzer, der Decadence stets auch mit einer inneren Biederkeit konfrontiert, bereitet es Vergnügen, die Denkerschulen zu wechseln wie die Stimmungen des Alltags. Genau das injiziert seiner Prosa die schillernde Vielschichtigkeit des Lebens, erweitert das Papier zum dreidimensionalen Raum: »Nur die Worte schützen vor dem Nichts.« Dieser Satz wird im Buch zum Mantra. *Pony* ist, trotz mancher Abschweifungen, ein lebendiger, pulsierender Text, eine Nabelschau, die sich beim Nabel nicht lange aufhält, die sich in beide Richtungen ausdehnt, eine Schule der Empfindsamkeit, in der Tradition eines tausendmal destillierten, geschmähten, verehrten Flaubert, der es an derber Sinnlichkeit ebenso wenig wie an transparenter Analyse mangelt. Dass *Pony* dennoch ebenso viele essayistische wie belletristische Züge trägt, dass die Satzgirlanden manchmal zu hypotaktisch, dem schnellen Lesen zu sperrig geraten, ist dem Text nachzusehen. Seit 1994, dem Erscheinungsjahr von *Pony*, arbeitet der Autor an der Fortsetzung der Geschichte, die den Titel *Frottee* haben soll.
Thomas Palzer zählt sich zu jener Fraktion von Autoren, die die Kindheit als verlorenes Paradies begreifen, dem man sich schreibend wieder nähert. Und er meint, dass es Pflicht des Menschen sei, sich zu bilden, so, wie der Bildhauer an seiner Statue arbeitet.
Auch in seinen Rundfunk-Kurzbeiträgen zu aktuellen Themen, die in einigen Bänden wie *Hosenträger* (1994) und *Ab hier FKK erlaubt* (1996) gesammelt vorliegen, gelangt Palzer oft zu einer erstaunlichen Verzeitlosung des Themas, indem er sich mit der Liebe zum Wort in dessen Kern begibt, in die Geschichte, Mythologie, indem er intertextuelle Wagnisse eingeht, die vordergründig rabulistisch daherkommen, mit dem Mut zu unpopulären, Widerspruch fordernden Positionen. Sie suchen durch allerlei Widerhäkchen den Konflikt mit dem Leser, erreichen oft eine Verknüpfung zu ihm. Dass diese Methode nie ohne Witz angewandt wird, sich immer auch der Pflicht zur Unterhaltung des Lesers bewusst ist, schützt sie vor Messianismus und akademischer Überheblichkeit. Vieles wirkt erfrischend, politisch inkorrekte, fast reaktionäre Haltungen weiß man oft von avantgardistischen nicht zu unterscheiden. Palzer verblüfft gerne, gefällt sich dann und wann im Gestenrepertoire des von ihm verachteten Hochstaplers, er zieht sich aber nach jedem rhetorischen Triumph, jeder gelungenen gedanklichen Volte sofort wieder zurück, dekuvriert jeden Schwindel, beharrt nicht auf etwas, sondern stellt es als Material zur Verfügung. Diese Bescheidenheit, die sich bisweilen als Frechheit tarnt, macht Thomas Palzer zu einem der interessantesten Kurz-Essayisten deutscher Sprache, dessen Wirkung sich vor allem in der schleichenden Nachwirkung vollzieht, nicht im schnelllebigen Effekt.

Helmut Krausser

Werke: *Mode & Verzweiflung. Thermometer der Zeit*, Hg., zus. mit Berg Lauchstaedt, Thomas Meinecke u. a., München 1979–86; *Das Jüngste Gericht – Hercule Perrier hat nie gelebt*, Hsp., BR 1989; *Ziegelbrennen*, Hg., zus. mit Franz Dobler, München 1989–91; *Le Monde, der Mond*, Hsp., BR 1991; *Mode & Verzweiflung*, Drehb. u. Regie, arte 1993; *Pony. Geschichte*, E., Augsburg 1994; *Hosenträger. Nachrichten aus der Welt von Gestern*, mit Vignetten v. Michaela Melían, Ess., Greiz 1994; *Secret Service. Kleine Ekstasen*, mit Vignetten v. Michaela Melían, En., Greiz 1995; *Ab hier FKK erlaubt. 50 schnelle Seitenblicke auf die Neunzigerjahre*, Ess., München 1996; *Nachmittag eines Fauns. Chansons, Chansons*, München 1996; *Journal intime*, LP, Hsp., BR 1996; *Homo Faber im Blütenstaubzimmer*, Drehb. u. Regie, 3sat 1998; *Intimität*, Ess., DLF 1998; *Camping. Zur Philosophie Richard Rortys*, Feature, DLF 1999; *Sylvesterpanik*, Drehb., zus. mit Matthias Beltz, u. Regie, SWR/arte 1999; *Die sieben Todsünden*, Drehb. u. Regie, 3sat 2000; *Keine Art (Protestmix)*, Hsp., zus. mit Resut, BR 2001; *Messias in Filz: Joseph Beuys*, Drehb. u. Regie, SWR/SFB/ORB 2001; *Mythos Mercedes – Ein Jahrhundert kommt in Fahrt*, Drehb., ZDF 2001; *Copyright. Die Fabrikation des abendländischen Menschen*, Feature, WDR 2002; *Camping. Rituale des Diversen*, mit Abbildungen v. Wolfgang Ellenrieder, Ess., München 2002; *Martin Heidegger*, Drehb. u. Regie, SWR/SFB/ORB 2002; *Die Erziehung der Sinne*, Drehb. u. Regie, 3sat 2002.

Papenfuß (auch: **Gorek** bzw. **Papenfuß-Gorek**), **Bert**, wurde am 11. 1. 1956 in Reuterstadt-Stavenhagen als Sohn eines Militärarztes geboren. Nach einer Ausbildung zum Elektronikfacharbeiter arbeitete er als Ton- und Beleuchtungstechniker in verschiedenen Theaterhäusern. Seit 1980 lebt er als freischaffender Schriftsteller in Berlin. Er präsentiert seine Poesie vorwiegend in Zusammenarbeit mit Malern und Musikern. Ab 1994 war er Mitherausgeber der kulturpolitischen Zeitschrift »SKLAVEN«, ab 1998 »SKLAVEN Aufstand«, seit 1999 »GEGNER«. Seit 1999 betreibt er die Tanzwirtschaft »Kaffee Burger«, wo er das Kulturprogramm »Salon Brückenkopf« koordiniert. 1988 wurde ihm der Norbert-C.-Kaser-Preis der Stadt Lana in Südtirol verliehen, 1991 erhielt er den Berliner F.-C.-Weiskopf-Preis, 1998 in Wien den Erich-Fried-Preis.

Als der Dichter 1985 mit dem Band *harm* in einem West-Berliner Kleinverlag debütierte, lagen bereits zwölf Jahre intensiver lyrischer Arbeit hinter ihm. Da er von Anfang an sein Schreiben in Zyklen anlegte und zu Mappen ordnete, die lange Zeit nur in selbst verfertigten Kopien an eine gegenkulturell orientierte Öffentlichkeit in der DDR gelangten, ergaben sich seit der ersten regulären Veröffentlichung gewisse Anachronien zu dem jeweils aktuellen Stand seines Schaffens. So war *harm* eigentlich sein drittes Buch, und es erschien im Schatten zweier Vorgänger, für die sich bis zu den Neunzigerjahren keine Veröffentlichungsmöglichkeit fand. Während seinen Versen in den Achtzigerjahren der Ruf des Neuen und buchstäblich Subversiven vorauseilte, hinkte die Publikation der einzelnen Manuskripte meist um so viele Jahre hinterher, wie die DDR noch bis zu ihrer Auflösung brauchte. Diesem Missverhältnis schaffte Papenfuß Abhilfe, indem er, Lücken in den Printverordnungen des Staates nutzend, die vorhandene Subkultur der Lyrik-Grafik-Editionen jenseits der offiziellen Verlage mit seinen Texten belieferte und beförderte. Der Berliner Aufbau-Verlag legte kurz vor dem Ende der DDR mit *dreizehntanz* (1989) noch einen Querschnittband vor, der gleichzeitig auch im Luchterhand-Verlag herauskam – Symptom für eine durch die Grenzmauer gebrochene und verdoppelte Wahrnehmung des Poeten zwischen den deutschen Landeshälften vor der Wiedervereinigung.

SoJa, ein von Papenfuß schon Ende der Siebzigerjahre geschriebener Zyklus, der die ästhetischen Kennzeichen eines radikalen Umbruchs trägt, erschien in handelsüblicher Buchform erst 1990 und wurde infolge eines fehlenden Ursprungsdatums als eine unmittelbare lyrische Reaktion auf das geschichtliche Ende der DDR gelesen und dementsprechend fehlinterpretiert. Soweit der Dichter seine Arbeit als ein »work in progress« versteht, das sich in wechselseitig aus- und einschließenden sowie einander aufhebenden Widersprüchen fortbewegt, gehört das Spiel mit dem Missverständnis jedoch auch zu seiner Poetik. Den Gestus permanenten Unterlaufens und Brüskierens sprachlicher Konventionen ergänzt eine ebenso permanente und nicht minder eigenwillige Selbst- und Gruppenanalyse. Der häufige Rückzug auf das egozentrische Selbst erweist sich als Fluchtpunkt, der die Rolle des Einzelnen von seiner gesellschaftlichen Funktion absetzt, um sie erneut in weitere Perspektiven einzuschreiben. Paradoxie und Einspruch sowie systematische Regelverletzung, deren Bruchstellen zu Brücken, zu Verbindungselementen von Gegensätzen transformiert werden, bilden die Bausteine für ein flexibles Bollwerk gegen die sprachlichen Konstruktionen der Entfremdung. Die Optionen anarchistischer Utopik begreift Papenfuß in einem umfassenden Wortspiel, das von kabbalistisch inspirierter Verrätselung bis zum derben Kalauer ein breites Spektrum dichterischer Ausdrucksformen zerlegt und unter Einbeziehung von gruppen- und geheimsprachlichen Kodes neu zusammenfügt. »Zumindest mein leben ist ein wortspiel«, heißt es im zweiten Gedicht des Zyklus *offene feldarbeit* aus dem Band *vorwärts im zorn,* der die Jahre 1984 bis 1988 präsentiert. Zuvor hatte er sein Experiment mit der Wandlungsfähigkeit von Wortbedeutungen mittels alternativer Orthografie und nichtsyntaktischer Grammatik in den Bänden *naif* (1993), *till* (1993) und *harm* (1993) demonstriert und mit dem Zyklus *schriftbruch* in *SoJa* zu hoher Konsequenz und zugleich an den Rand der Lesbarkeit getrieben. Der ebenfalls in *SoJa* befindliche Zyklus *aton notate* verschmilzt auf der Basis einer radikalen Reform der Orthografie das Thema der Liebe unter den Bedingungen der Staatsbürokratie mit Aspekten des Sonnenkults, den der Pharao Echnaton gegen die Götterverehrung seiner Vorgänger durchsetzte.

In den Wendejahren nach dem Ende der DDR reagierte Papenfuß zunehmend weniger verschlüsselt auf gesellschaftliche Veränderungen, indem er nach dem hermetischen Jahrzehnt seine erweiterte Auffassung vom Gedicht neuen Zerreißproben unterzog. Die offensive Auseinandersetzung mit dem Publikum, die er bereits früher bei gemeinsamen Auftritten mit Rockmusikern in Klubhäusern und kirchlichen Räumen suchte, kulminierte 1992 in dem Band *nunft*, der teilweise von einer Gereiztheit geprägt ist, bei der sich die Gleichzeitigkeit von kryptischem und aggressivem Inhalt als formschädigend zeigt. Der Vorgänger *tiské* (1990) stellt noch einen klarer konturierten Reflex auf die Untergangsdämmerung des sozialistischen Gesellschaftsgebildes dar. »Fortschreiten möchte man / & zwar möglichst fort«, heißt es dort im Gedicht *soziale marktmonarchie*. Dennoch harrte der sich nunmehr auch öffentlich zum Anarchismus bekennende Künstler in seinem subkulturellen Stammbezirk Berlin-Prenzlauer Berg aus und beteiligte sich maßgeblich an der Umgestaltung seines Wirkungsfelds. Er gründete nacheinander drei Zeitschriften und schuf mit der Übernahme eines Straßencafés einen von Subventionspolitik unabhängigen Rahmen für interkulturelle Veranstaltungen. Die Strategie des lyrisch verfremdeten Reports von Zeitereignissen, seine »nicht enden wollende angriffslust des begreifens«, setzte er mit *led saudaus* (1991), *mors ex nihilo* (1994), *routine in die romantik des alltags* (1995) und dem DDR-nostalgiekritischen *SBZ Land und Leute* (1998) fort. Obwohl der Reichtum an Anspielungen auf die Geschichte der künstlerischen Avantgarden in seinem bisherigen Werk groß ist, lässt es sich kaum einordnen. Auch die Herkunftsbeschreibung »Dichter aus Prenzlauer Berg« verdeckt am Ende nur seine weit in die Überlieferungsgeschichte der verschiedensten Kulturregionen hineingreifenden Wurzeln. Weist der Hang zu Neologismus und Deftigkeit barocke Bezüge von Johann Fischart bis Quirinus Kuhlmann auf, so stehen zahlreiche Verarbeitungen nordischer Mythen und Sagenstoffe der Epik des Mittelalters und den folkloristischen Renaissancen des 19. Jahrhunderts nahe. Zeugen gelegentliche Einlassungen auf die Geschichte der Klassenkämpfe und Sozialutopien von Revolutionsromantik und einem eschatologischen Zeitverständnis, so signalisiert der üppige Gebrauch von Vokabeln aus dem Rotwelsch, der Geheimsprache der Vagabunden, eine außergesetzliche Position, in der die Welt einer frei assoziierten Gegengesellschaft aufdämmert. Alle Fäden seines widerspruchsvollen Wirkens scheinen in der von ihm immer wieder adaptierten Figur des Till Eulenspiegel zusammenzulaufen, des Narren, der den Widersinn der realen Verhältnisse zum Tanzen herausfordert, indem er ihnen die eigene Melodie vorspielt.

Andreas Koziol

Werke: *O.T.O.B. Umfugs Beginnens Verrichtung*, Schpl., zus. m. Lutz Heyler, Bernd Jestram u. Ronald Lippok, Bln. 1984; *harm.arkdichtung 77*, G., Bln. 1985; *Sternhagel*, Schpl., zus. m. St. Hachtmann, B. Jestram u. R. Lippok, Kassette, Berlin 1986; *dreizehntanz*, G., Bln. 1988; *dreizehntanz*, G., Ffm. 1989; *SoJa*, G., m. Zeichnungen v. W. A. Scheffler, Bln. 1990; *tiské*, G., m. Zeichnungen v. A. R. Penck, Gött. 1990; *vorwärts im zorn*, G., m. Grafiken v. Strawalde, Bln. 1990; *On Eyes. Ornament & Verbrechen*, Schpl., m. B. Papenfuß als Gast, Bln. 1990; *Dolorosa überhaupt*, Schpl., Musik v. Robert Linke, zus. m. Sascha Anderson und Stefan Döring, Bln. 1991; *led saudaus,* G., m. Zeichnungen v. B. P., Bln. 1991; *nunft*, G., m. Zeichnungen u. Grafiken v. Endart, Gött. 1992; *nymfonie. novemberklub feat. B. Papenfuß,* CD, Göttingen 1992; *naif*, G., Bln. 1993; *till*, G., Bln. 1993; *harm*, G., Bln. 1993; *mors ex nihilo*, G., m. Zeichnungen v. Jörg Immendorf, Bln. 1994; *tiské. o.t. novemberklub feat. B. Papenfuß*, CD, Göttingen 1994; *routine in die romantik des alltags*, G., m. Zeichnungen v. Helge Leiberg, Bln. 1995; *TrakTat zum ABER*, G., Bln. 1996; *Berliner Zapfenstreich*, G., m. Zeichnungen v. A. R. Penck, Bln. 1996; *SBZ – Land und Leute*, G., m. Zeichnungen v. Silka Teichert, Bln. 1998; *mors ex nihilo. klangwerkstatt berlin feat. B. Papenfuß*, Schpl., Siegendorf 1998; *Kommando Stuhlgeist*, Schpl., Bln. 1998; *hetze*, G., Bln. 1998; *Tanzwirtschaft. Ein angewandter Fortsetzungsroman*, G., www.kaffeeburger.de 2001; *Haarbogensturz. Versuche über Staat und Welt*, G.,

m. Zeichnungen v. Tom Platt, Bln. 2001; *Tone Avenstroup: splitterspleiß*, Übs., Mü. 2001.

Pastior, Oskar, wurde am 20. 10. 1927 in Hermannstadt in Siebenbürgen geboren, wo er auch seine Kindheit und Schulzeit verbrachte. 1945 wurde er als Angehöriger der deutschen Minderheit in die UdSSR nach Donbas in der Ukraine deportiert, wo er bis 1949 in Arbeitslagern gefangen gehalten wurde. Nach der Rückkehr in die Heimatstadt arbeitete er zunächst als Kistennagler und Bautechniker, bevor er von 1955 bis 1960 an der Universität Bukarest Germanistik studierte. Anschließend arbeitete er acht Jahre als Redakteur des deutschen Programms beim Rumänischen Rundfunk. Nach einem Aufenthalt in der Bundesrepublik 1968 kehrte er nicht mehr nach Rumänien zurück. Seit 1969 lebt er als freiberuflicher Schriftsteller in Berlin. Pastior ist Mitglied des Bielefelder »Colloquiums Neue Poesie« und der Berliner Akademie der Künste. 1965 erhielt er den Literaturpreis der »Neuen Literatur Rumäniens«, 1967 den Lyrikpreis des Schriftstellerverbandes der Sozialistischen Republik Rumäniens, 1969 den Andreas-Gryphius-Förderungspreis und ein Arbeitsstipendium des West-Berliner Senats, 1976 das Stipendium des Berliner Kunstpreises, 1978 den Förderpreis des Kulturkreises im Bundesverband der Deutschen Industrie (BDI), 1980 den Marburger Förderpreis für Literatur und 1981 ein Stipendium für die Villa Massimo in Rom (Aufenthalt 1984). Es folgten 1983 der Preis des SWF-Literaturmagazins (Bestenliste-Preis), 1986 der Ernst-Meister-Preis, 1988 die Ehrengabe des Kulturkreises im BDI, 1990 der Hugo-Ball-Preis, 1997 der Horst-Bienek-Preis, 2000 der Walter-Hasenclever-Preis, 2001 der Peter-Huchel-Preis und 2002 der Erich-Fried-Preis.

Grenzgänge heißt eine 1969 erschienene Anthologie mit deutscher Dichtung aus Rumänien. Dieser Titel hätte in seiner Anwendung auf Pastiors literarisches Opus eine interpretierende Funktion. Für den rumäniendeutschen Autor war der Wechsel des Domizils identisch mit einem Abschied von traditionellen Mustern der Lyrik. Die Erweiterung der existenziellen Basis brachte Pastior einen erheblichen Zuwachs an Freiheit; er begreift dies als den Anbruch einer Karenzzeit im Umgang mit der Sprache. Im Gedichtband *Vom Sichersten ins Tausendste* (1969) ist von dieser neuen Enthaltsamkeit noch relativ wenig zu spüren. Gongorismus, Metasprachen und visuelle Poesie bedeuten für ihn Durchgangsphasen. Zu neuen Ufern bricht er in den *Gedichtgedichten* (1973) auf. Die Reflexion über Texte, die von der Sprache selbst infrage gestellt werden, hat jetzt Vorrang; die Homogenität von Satzkonstruktion und Satzaussage scheint aufgehoben; an den Grenzen seiner Sprache erkennt er »die Grenzen seiner Welt«. Im *Höricht* (1975) setzt Pastior seine literarische Gratwanderung mit entsagungsvoller Konsequenz fort. Er bedient sich sprachlicher Hohlformen aus den Bereichen der Medien, der Kaufhauskataloge und der Programmhefte. Diese Model füllt er mit Inhalten, die den Ritus der linguistischen Konventionen entblößen. Nie kommen Stoff und Form zur Deckung; das Unstimmige erweist sich als ein grammatischer Lügendetektor.

Eine Entlarvung scheinheiliger Wörter findet auch in dem Band *Fleischeslust* (1976) statt. Pastior statuiert diesmal seine Exempel am Vokabular der Konsumgewohnheiten. Seine »neckische Liebe zum Widerspruch« liefert Beweise dafür, dass der »logische« Satz nur einen Bruchteil der Möglichkeiten indiziert, die in der Sprache stecken. Wo er die Sprache sich selbst überlässt, folgt diese den scheinbar vernunftwidrigen Gesetzen des Traumes; das »Verrückte« offenbart sich kraft der Suggestion seines Urhebers als das Selbstverständliche.

Konstellationen dieser Art mögen Pastior auch bewogen haben, *Das gesamte Werk* (1976) seines Landsmannes Urmuz (1883–1923) neu zu übersetzen und umfassend zu edieren. Urmuz – eigentlich Demetru Demetrescu-Buzau, von Beruf Richter – wird von der rumänischen Sekundärliteratur als Vorläufer der surrealistischen Bewegung in Anspruch genommen. Sein Opus – zehn Prosastücke – entzieht sich einer Reißbrettanalyse; es trägt den Status des Vorläufigen und Unabgeschlossenen. Diese Kriterien lassen es gerechtfertigt erscheinen, zwischen Urmuz und Pastior Wahlverwandtschaften zu registrieren. Pastiors Edition vertuscht sogar, wo die Prosa des Autors aufhört und die Einkreisung des Herausgebers ihren Anfang nimmt; die Übergänge bleiben fließend.

1978 erschien *Der krimgotische Fächer*, Lieder und Balladen in einem aus vielfältigen Brocken der so genannten »Sprachbiografie« Pastiors amalgamierten »künstlichen Dialekt«. Sie realisieren sich erst während des Vortrags im Ohr der Zuhörer und vermitteln deutliche Berührungspunkte zur Sound-Poetry und zur Lautdichtung. »Was das Gedicht ohne die im Gedicht nicht vorhandenen Wörter überhaupt wäre«, gibt Pastior zu bedenken und lädt dazu ein, richtungslos und nicht nach einem verordneten Schema zu lesen. Auf seine Weise leistet er dem aleatorischen Prinzip Vorschub. Das gilt auch für den *Wechselbalg* (1980). Die Autonomie des Schreibenden und Sprechenden gegenüber der Sprache ist in diesen Gedichten aus den Jahren 1977 bis 1980 aufgehoben. Pastior unterwirft sich einer Herrschaft der Buchstaben. Seine Kryptogramme haben nicht mehr die Funktion, Aussagen zu tarnen; das Mittel verdrängt den Zweck. In Pastiors Sprachspielen ist das Wunderbare die Wirklichkeit, aber auch die Umkehrung stimmt. Pastior setzt auf die Reize des Irregulären, ohne jedoch das Maß tradierter Formen zu verlieren. Was scheinbar gegen die Logik des Denkens und gegen die Gesetze der Grammatik verstößt, bedeutet in Wirklichkeit Aufklärung. Alles, was Pastior macht – der Begriff des Fabrikats hat bei diesem Ludimagister der Sprache noch handwerkliche Unschuld –, verweist und zeigt auf Weiteres. Die Übergänge vom Wort zur Zeichnung – etwa in *sonetburger* (1983) – verfließen. Das Didaktische verliert bei Pastior seinen besserwisserischen Touch; es ist Bestandteil eines lebenslangen Spieltriebs, der über neue Wörter zu alten Sachen vordringt. So ersetzt Pastiors fonetische Poesie das Sinngedicht. Es bleibt allerdings eine Frage der Interpretation, ob hinter offenkundigen Nonsens-Versen nicht doch Bedeutungsspuren entdeckt werden können. Immer gibt die Ästhetik des Sprachmaterials den Ausschlag. Nie gerät Pastior in den Verdacht, einer anämischen Dichtung Vorschub zu leisten. Dieser Quirinus Kuhlmann der Postmoderne bringt vielmehr das Kunststück zustande, abstrakte Literatur in ein Erotikon zu verwandeln.

In den *Lesungen mit Tinnitus* (1986) gleicht kein Text dem anderen; die Anarchie erscheint hier als Ordnungsmacht. So entzieht sich Pastior den lexikalischen Begriffen einer Literaturgeschichte, die noch am Kodex veralteter Gattungsprinzipien festhält. Auch Pastiors Umgang mit der Weltliteratur ist locker. Das Zitat wirkt nirgends als Fremdkörper, sondern wird überall integriert; die poetische Lizenz entwickelt Pastior zur Methode.

Eines der kühnsten Beispiele für die »Einmischung« eines Autors der Achtzigerjahre in die Sprachdomäne eines Dichters der italienischen Frührenaissance bilden die *33 Gedichte* (1983) nach Sonetten aus Francesco Petrarcas Zyklus *Le Rime*. Ihnen stellt er 33 eigene Prosafassungen voran, die sich als das Protokoll einer Lektüre beschreiben lassen, bei der es dem lesenden Autor darum geht, »versuchsweise einmal zu sehen, was innerhalb der poetischen Vorgänge, im Spannungsfeld der Begriffs- und Metaphernbildung, sich während der Kenntnisnahme durch Sprache ergeben könnte« (Pastior). Petrarcas Metaphern und Begriffe werden in fließende Formen übertragen, in ein gegenwärtiges Sprechen übersetzt, das die individuelle Begriffs- und Metaphernwelt des heutigen Autors aufzurufen und zu beschreiben vermag. So wird beispielsweise aus Petrarcas Amor (Liebe) in Oskar Pastiors Version: »was als Gedanke in der Mitte zu wachsen beginnt« – aus einer geläufigen Formel für ein je individuell geprägtes Gefühl der höchst persönliche Beschreibungsversuch für einen veränderlichen Prozess. Pastiors Prosastücke bedeuten eine Annäherung, sie vermitteln einen fremden Text, aber letzten Endes sind sie selbst ein Original, das seine Existenz dem Anstoß der Petrarca-Verse verdankt. Poet und Poetologie verschmelzen zu einer Person; Theorie und Praxis werden zu einer »fröhlichen Wissenschaft«; darüber hinaus führen Petrarca und Pastior den Begriff des Zeitalters ad absurdum. Für Pastior sind diese *33 Gedichte* eine »Spurensuche«, der Leser registriert sie als Fundsache. Hingewiesen sei auf das von Klaus Ramm exemplarisch edierte Lesebuch *Jalousien aufgemacht* (1987), das, mit zahlreichen poetologischen Statements, Interview- und Briefzitaten durchwoben, Pastiors gesamtes bisheriges Werk erfasst.

Oskar Pastiors Schreiben hat sich seit den *Gedichtgedichten* (1973) in Projektschritten vollzogen. *Kopfnuss Januskopf* (1990), als Buchtitel schon ein Silbenpalindrom, versammelt in fünf Abschnitten größere Palindromtexte: Wörterpalindromblöcke, Silbenpalindromblöcke, Wörtergruppenpalindromtexte, Silbenpalindromzeilen mit Achse und Silbenpalindromzeilen ohne Achse; ein Versuch, im Textvollzug die Linearität von Sprache, ihr Verhältnis zu Raum und Zeit innerhalb der durch die Textform vorgegebenen Grenzen systematisch zu erkunden. Der poetische und der sprachphilosophische, erkenntnistheoretische Gewinn liegen hier dicht beieinander. »Wenn eine Textsammlung auch ein Sachbuch ist, ist auch ein Palindrom ein Gedicht«, kommentiert Pastior die Interdependenz von exhaustiver Sachlichkeit und ästhetischem Genuss.

Mit der Übersetzung von Georges Perecs *La Clouture*, der Pastior den deutschen Titel *Okular ist eng oder Fortunas Kiel* (1992) gab, hat er sich einer oulipotischen Contrainte (einschränkende Textregel) gestellt, die schwieriger nicht sein konnte. Die Anagramme des Originals übersetzte er zu

100 Prozent und die dazugehörigen lyrischen Passagen zu 98,41 Prozent zeichenidentisch. Im Jahr darauf nahm ihn die 1960 von Italo Calvino, Georges Perec und Raymond Queneau begründete internationale Autorengruppe OULIPO als bislang einziges deutsches Mitglied (neben Jacques Roubaud, Harry Mathews, Marcel Benabou u.a.) auf und publizierte 1995 seinen Essay *Spielregel, Wildwuchs, Translation* als Heft 73 der Bibliotheque Oulipienne. Harry Mathews verdankt Pastior die Bekanntschaft mit der Bauformel der Sestine, die er in einem weiteren Projektband, *Eine kleine Kunstmaschine. 34 Sestinen* (1994), mit einigen regelerweiternden »Subversionen als Zusatzregeln« und ergänzt um anagrammatische und intertextuelle Verfahren durchspielt.

Im Januar und Februar 1994 hielt Oskar Pastior seine Frankfurter Poetik-Vorlesungen, die noch im gleichen Jahr unter dem Titel *Das Unding an sich* erschienen. In fünf Vorlesungen stellt er dar, wie sein poetisches Universum funktioniert, wie bescheiden »hergestellt« er seine literarische Produktion verstanden wissen will: Fertigkeiten, Fähigkeiten, poetische Umgangsformen, all das, was zum poetischen Handwerk eines auf literarischen Erkenntnisgewinn ausgerichteten Geistes zählt und in beide Richtungen gleichzeitig wirksam wird – von der Form zum Inhalt und über Scharnierstellen auch umgekehrt –, beschreiben die Reden und führen es an einzelnen Texten exemplarisch vor. Der 1997 erschienene Band *Das Hören des Genitivs* versammelt Gedichte, die jenseits der Projekte, »mit und ohne Spielregel«, aus diversen Anlässen und mit unterschiedlichen Formel- und Textbezügen entstanden waren – ein anthologisches Buch, das Einblick gibt in die Vielfalt der durch poetische Texte konstituierten Verhaltensweisen zur Welt.

Gimpelschneise in die Winterreise (1997) ist hingegen ein weiterer Projektschritt: Die 24 Gedichte des Wilhelm Müller zu Schuberts *Winterreise* übertrug Oskar Pastior in homolingualer Übersetzung nach unterschiedlichen, immer aber im Sangbaren verbleibenden Textgenerationsverfahren. Das Doppelprojekt *Villanella & Pantum* (2000), in dem aus der Villanesca, dem neapolitanischen Bauern- und Hirtenlied des 16. Jahrhunderts, ein schier narratives, sich aussprechendes, das moderne Kunstlied um einen geselligen Gestus erweiterndes neues Lied entsteht, und die Pantums – Gedichtformen, die von den malaiischen Inseln vor 150 Jahren über Frankreich nach Europa gekommen sind – mit ihren wechselnden Reimzeilen, geben Pastior die Gelegenheit, sich oulipotische Regelwerke innovativ anzuverwandeln. Aus Baudelaires Gedicht *Harmonie du soir* entfaltet Pastior in seiner anverwandelnden Bearbeitung *o du roher jasmin* (2002) in unterschiedlichen Annäherungsschritten – anagrammatisch, nach der Methode SVA+7, buchstabengewichtet, vokalpalindomisch etc. – den deutschen Klang und das gegenwärtige Hintergrundrauschen eines ikonofonen Textes der frühen Moderne, deren Nachwirkungen gerade in solcher textgenerativer Rezeption lebendig und virulent gehalten werden.

Hansjörg Graf/Ernest Wichner

Werke: *P. Istrati: Kyra Kyralina/Die Disteln des Baragan*, Übs., Bukarest 1963; *M. Eminescu: Der Prinz aus der Träne*, Übs., Bukarest 1963; *T. Arghezi: Im Bienengrund*, Übs., Bukarest 1963; *T. Arghezi: Schreibe Feder ...*, Übs., Bukarest 1964; *Offene Worte*, G., Bukarest 1964; *Gedichte*, Bukarest 1966; *L. Blaga: Gedichte*, Übs., Bukarest 1967; *L. Blaga: Chronik und Lied der Lebenszeiten*, Übs., Bukarest 1968; *Vom Sichersten ins Tausendste*, G., Ffm. 1969; *Beiß nicht in die Birne*, Hsp., SDR 1971; *M. Sorescu: Jonas*, Übs., 1971; *Reise um den Münd in achtzig Feldern*, Hsp., WDR 1971; *Gedichtgedichte*, Darmst. 1973; *I. Petrescu: Die Abrechnung*, Übs., 1973; *M. Sorescu: Aberglaube*, Übs., Bln. 1974; *M. Sorescu: Das Flussbett*, Übs., 1974; *Höricht*, G., Lichtenberg 1975, Schpl., zus. mit *Gedichtgedichte*, 1976; *M. Sorescu: Noah, ich will dir was sagen*, Übs., Ffm. 1975; *An die Neue Aubergine. Zeichen und Plunder*, G., Bln. 1976; *Fleischeslust*, G., Lichtenberg 1976; *Urmuz: Das gesamte Werk*, Übs., Mü. 1976; *Die Sauna von Samarkand*, Hsp., WDR/NDR 1976; *P. Stoica: Und nirgends ein Schiff aus Attika*, Übs., Bln. 1977; *Summatorium*, Schpl., 1977; *Ein Tangopoem und andere Texte*, Bln. 1978; *Der krimgotische Fächer. Lieder, Balladen, Zeichnungen*, Erlangen 1978; *Wechselbalg*, G., Spenge 1980; *Fußnoten zur rumänischen Avantgarde*, Funk-Ess., 1980, gedr. in: *Das Tempo dieser Zeit ist keine Kleinigkeit: Zur Literatur um 1918*, hg. v. J. Drews, Mü. 1981; *Beobachtung einer Beobachtung*, Fssp., 1982; *Dichter lesen in der daadgalerie*, zus. m. Karin Kiwus, Friederike Mayröcker, Ernst Jandl, Schpl., Bln. 1982; *33 Gedichte*, Mü. 1983; *sonetburger*, G., Bln. 1983; *T. Tzara: Die frühen Gedichte*, Übs. und Hg., Mü. 1984; *Ingwer & Jedoch. Texte aus diversem Anlass*, Gött. 1985; *lyrics DADA-GROSSTADT*, Schpl., 1985; *M. Sorescu: Abendrot Nr. 15*, Übs. u. Hg., Mü. 1985; *Anagrammgedichte*, Mü. 1985; *Velimir Chlebnikow: Werke*, Bd. 1, Übs., Reinbek 1972/1985; *Een Nederlande titel*, G., zweispr., Übs. v. Wiel Kusters, Amsterdam 1985; *Zonder weerga/Seinesgleichen*, Anagramme, zus. mit Wiel Kusters, zweispr., Utrecht 1986; *Lesungen mit Tinnitus*, G., Mü., Wien 1986; *Römischer Zeichenblock*, Zeichnungen, 1986; *Zwei zur Dritten/Twee tot de derde*, G. u. Interpret., zus. m. Wiel Kusters, zweispr., 1987; *Modeheft des Oskar Pastior I. A. Klasse 1934/35*, Zeichnungen, Mü. 1987; *LAUTPOESIE*, Antholog., hg. v. Ch. Scholz, Schpl. m. Textb., Obermichelbach 1987; *Jalousien aufgemacht. Ein Lese-*

buch, hg. v. Klaus Ramm, Mü., Wien 1987; *Gertrude Stein: Ein Buch Mit Da Hat Der Topf Ein Loch Am Ende. Eine Liebesgeschichte. In einer Lesart von O. P. und Sissi Tax*, Bln. 1987; *Vier Scharniere mit Zunge. Renshi-Kettendichtung*, deutsch u. japanisch, zus. mit H. C. Artmann, Makoto Ooka, Shuntaro Tanikawa, Mü. 1988; *Mordnilapsuspalindrom/ein monologophage im kühlturm*, Hsp., WDR 1988, gedr. in: *Anthropophagen im Abendwind. Texte aus dem Literaturhaus, Berlin 2*, hg. v. Herbert Wiesner, Bln. 1988; Wiel Kusters: *Carbona notata*, G., Übs., Bln. 1988; *Eine Scheibe Dingsbums*, G., Ausw. v. Benjamin Henneberg u. Ernest Wichner, Ravensburg 1990; *Neununddreißig Gimpelstifte*, G., Bln. 1990; *Kopfnuss Januskopf. Gedichte in Palindromen*, Mü., Wien 1990; *Feiggehege. Listen, Schnüre, Häufungen*, m. Fotos v. Renate v. Mangoldt, Bln. 1991; *Urologe küss Nabelstrang. Verstreute Anagramme 1979–1989*, G., Augsburg 1991; *Georges Perec: La Cloture/Oskar Pastior: Okular ist eng oder Fortunas Kiel*, Übs., Bln. 1992; *Oskar Pastior. Deutsche Autoren aus dem östlichen Europa*, hg. v. d. Stiftung Gerhart-Hauptmann-Haus, Schpl., Interviewheft, Köln 1993; *Gellu Naum: Blackbox*, G., Übs., zus. mit Georg Aescht, Klagenfurt, Salzb. 1993; *Eine kleine Kunstmaschine. 34 Sestinen*, G., Mü., Wien 1994; *Das Unding an sich. Frankfurter Vorlesungen*, Ffm. 1994; *Spielregel, Wildwuchs, Translation. Règle de jeu, Ulcérations, Translations. Traduit par Jürgen Ritte*, Ess., Paris 1995; *ügel beg und ügel tal. Gedichte 1969–1997*, Schpl., Bln. 1997; *Gellu Naum: Rede auf dem Bahndamm an die Steine*, Übs., Zür. 1998; *Das Hören des Genitivs*, G., Mü., Wien 1997; *Gimpelschneise in die Winterreise. Texte von Wilhelm Müller*, G. u. Schpl., Weil a. Rhein 1997; *Villanella & Pantum*, G., Mü., Wien 2000; *Oskar Pastior. Many Glove Compartments. Selectet Poems. Translated by Harry Mathews, Chrisopher Middleton, Rosemarie Waldrop*, Burning Deck, Providence 2001; *Oskar Pastior entdeckt Gellu Naum*, Übs., Hbg., Wien 2001; *o du roher jasmin. 43 intonationen zu »Harmonie du soir« von charles baudelaire*, G. u. Schpl., Weil a. Rhein 2002.

Pausewang, Gudrun, wurde am 3. 3. 1928 in Wichstadtl in Ostböhmen geboren und musste aus ihrer Heimat fliehen. 1947 legte sie in Wiesbaden das Abitur ab, studierte von 1948 bis 1955 am Pädagogischen Institut in Weilburg a. d. Lahn und war anschließend als Lehrerin in Wiesbaden und Weilburg tätig. Von 1956 bis 1963 ging sie in den Auslandsschuldienst nach Chile und Venezuela. Sie unternahm mehrere Reisen durch Südamerika, Japan und Indien und arbeitete dann von 1963 bis 1967 wieder in Wiesbaden im Schuldienst, danach studierte sie fünf Semester Germanistik in Mainz. 1968 ging Pausewang für vier Jahre nach Kolumbien. Ab 1973 unterrichtete sie an der Grundschule Schlitz in Osthessen. Für ihre Kinderbücher erhielt Gudrun Pausewang zahlreiche Auszeichnungen, darunter 1981, 1983 und 1994 den Züricher Kinderbuchpreis, 1984 den Gustav-Heinemann-Friedenspreis, 1986 den Deutschen Jugendliteraturpreis, 1987 den Sudentendeutschen Kulturpreis, 1988 den Deutschen Jugendliteraturpreis, 1994 das Goldene Taschenbuch des Otto-Maier-Verlags für 1 Million verkaufte Taschenbücher, 1998 den George-Konell-Preis der Stadt Wiesbaden sowie 1999 das Bundesverdienstkreuz am Bande. 1999 promovierte die Schriftstellerin mit einer Arbeit über »Vergessene Jugendschriftsteller der Erich-Kästner-Generation« an der Goethe-Universität Frankfurt.

Für ihre Romane, die in mehrere Sprachen übersetzt wurden, wählte Gudrun Pausewang durchwegs lateinamerikanische Schauplätze. Mit großer Sensibilität für die Probleme der dortigen Bevölkerung schildert sie kenntnisreich das Leben der Unterdrückten; Bettler, Diebe, Prostituierte und verelendete Indios geben die Helden der konventionell geschriebenen Romane ab. In dem Roman *Plaza Fortuna* (1966), der auch verfilmt wurde, erzählt sie die Geschichte eines Bettlers, der auf der Jagd nach einem verloren gegangenen Lotterieschein und seinem rechtmäßigen Gewinn in turbulente Abenteuer verstrickt wird. Am Ende bekommt Isidro die unvorstellbare Summe von 950000 Cruces ausbezahlt, woraufhin auf der Plaza Fortuna – dem Ort, an dem er immer bettelte – ein wildes Handgemenge ausbricht. Die Leute wollen an Isidros Gewinn teilhaben. Zuletzt bleiben ihm 20 Cruces übrig, gerade so viel, wie er für das Los bezahlt hatte. Hier wie in anderen Büchern Gudrun Pausewangs gelingt es dem Helden nicht, aus seinem materiellen Elend zu entfliehen bzw. das kurze »Glück« festzuhalten. Die äußeren Umstände, die Naivität der Armen und ihre Abhängigkeit von den Reichen verhindern eine Änderung ihrer gesellschaftlichen Situation. Der Roman *Karneval und Karfreitag* (1976) beschreibt den Lebensweg einer Frau, die aus ihrem Dorf in die Stadt geht, um dort den sozialen Aufstieg zu schaffen. Doch ihre Pläne und Versuche, aus den ihr vorgegebenen Bahnen auszubrechen, scheitern. Sie fristet ihr Dasein als Dienstmädchen und Prostituierte; die Chance, bei einem europäischen Ehepaar, bei dem sie ein sicheres Auskommen haben könnte, als Dienstmädchen zu bleiben, vergibt sie leichtsinnig. Als sie in ihr Heimatdorf zurückkehrt, findet sie nur noch Ruinen vor. Bei ihrer Schwägerin, einer Bordellbesitzerin, beschließt Noris als Putzfrau ihre Tage. Gudrun Pausewang stellt dem Roman ein Zitat Bert Brechts voran: »Wie soll ich gut sein, / wo alles so teuer ist? / Die Guten / können in unserem Land / nicht lang gut bleiben« (*Der gute Mensch von Sezuan*). Die Autorin verweist immer wieder auf die ausweglose Situation jener Menschen, die aufgrund der wirtschaftlichen, politischen und sozialen Umstände ihres Landes dem Kreislauf von Armut, Analphabetentum, Kriminalität und völliger Verelendung nicht entkommen können. Zugleich versucht sie beim europäischen Leser Verständnis für ihre Figuren zu wecken.

Wie sich in die Enge getriebene Menschen wehren, erzählt der Roman *Wie gewaltig kommt der Fluss daher* (1978). Auf einem südamerikanischen Raddampfer kommt es während einer Fahrt zu einem Aufstand der Armen, als der Schiffseigentümer es ablehnt, für eine gebärende Frau einen Arzt zu holen. Der Roman zeigt wiederum Probleme Lateinamerikas auf, suggeriert aber gleichzeitig die Ohnmacht und das Wissen um die Schwierigkeiten, Lösungen in größerem Rahmen zu finden. »Es ist schon ein Witz, daß Unterdeck und Oberdeck immer in dieselbe Richtung fahren müssen«, meint der Schiffskoch des Dampfers lapidar.

Ein völlig anderes Thema greift die Autorin in dem gemeinsam mit ihrer Mutter, Elfriede Pausewang, publizierten Band *Rosinkawiese* (1980) auf. Die Mutter berichtet in Briefform über ihre Jahre in Ostböhmen, wo sie mit ihrem Mann zwischen dem Ersten und dem Zweiten Weltkrieg den Traum von einem »alternativen Leben« verwirklichte. In Wichstadtl baute das Ehepaar ein Haus nach eigenen Plänen und schaffte es unter größten Anstrengungen und Entbehrungen, nach einigen Jahren völlig autark zu existieren. Dieses nüchterne »Dokument einer Erfahrung« richtet sich nicht nur an den Adressaten der 1979 verfassten Briefe Elfriede Pausewangs – einen Studenten, der sein Studium aufgeben will –, sondern an alle, die einer romantischen Vorstellung vom idyllischen »Leben auf dem Lande« nachhängen. Obwohl als Jugendbuch erschienen, erfuhr der Band *Die Wolke* (1987) ein ungewöhnliches Echo bei der Kritik. Die Autorin, die zu den politisch engagiertesten deutschsprachigen Kinder- und Jugendbuchautorinnen zählt, beschwört hier das Bild einer atomaren Katastrophe aus der Perspektive eines Mädchens, »dem der Tod des kleinen Bruders wichtiger ist als das zigtausendfache Verrecken«. Walter Jens zeigte sich – wie viele andere – beeindruckt: »Ein leises Buch als Warnung zu gegebener Zeit, Literatur in ihrem ureigentlichen Metier: eine Panne bedenkend, die zu realisieren uns – den auf dem Weg zum Abgrund befindlichen Rasern – das Leben retten könnte.«

Petra Ernst

Werke: *Rio Amargo*, R., Stg. 1959; *Der Weg nach Tongay*, N., Stg. 1965; *Plaza Fortuna*, R., Stg. 1966; *Bolivianische Hochzeit*, R., Stg. 1968; *Guadalupe*, R., Stg. 1970; *Südamerika aus erster Hand. Geschichte und Gegenwart Lateinamerikas*, Hg., Würzburg 1970; *Die Entführung der Dona Agata*, R., Stg. 1971; *Hinterm Haus der Wassermann*, M., Düsseld. 1972; *Aufstieg und Untergang der Insel Delfina*, R., Stg. 1973; *Und dann kommt Emilio*, Kinderb., Ravensburg 1974; *Karneval und Karfreitag*, R., Stg. 1976; *Kunibert und Killewamba*, Kinderb., Ravensburg 1976; *Die Not der Familie Caldera*, Kinderb., Ravensburg 1977; *Auf einem langen Weg. Geschichte aus dem letzten Krieg*, Kinderb., Ravensburg 1978; *Wie gewaltig kommt der Fluss daher*, R., Stg. 1978; *Der Streik der Dienstmädchen. Geschichte aus der Dritten Welt*, Jugendb., Ravensburg 1979; *Rosinkawiese. Alternatives Leben vor 50 Jahren. Bericht in Briefform mit dokumentarischen Fotos*, Ravensburg 1980; *Die Freiheit des Ramon Acosta*, R., Stg. 1981; *Ich habe Hunger, ich habe Durst. Geschichten aus der Dritten Welt*, Jugendb., Ravensburg 1981; *Frieden kommt nicht von allein*, Jugendb., Ravensburg 1982; *Die Prinzessin springt ins Heu*, Kinderb., Neunkirchen 1982; *Steckenbein und Steckenbeinchen. Eine Außenseitergeschichte*, Kinderb., Lahr, Zür. 1982; *Die letzten Kinder von Schewenborn oder Sieht so unsere Zukunft aus? Ein Szenario zum Nachdenken*, Jugendb., Ravensburg 1983; *Wer hat Angst vor Räuber Grapsch?*, Kinderb., Ravensburg 1984; *Etwas lässt sich doch bewirken. Roman aus der Friedensbewegung*, Jugendb., Ravensburg 1984; *Kinderbesuch*, R., Zür. 1984; *Hinterm Haus der Wassermann*, Kinderb., Ravensburg 1985; *Das Sonnenfest*, Bilderb., Köln 1985; *Ein wilder Winter für Räuber Grapsch*, Kinderb., Ravensburg 1986; *Ich hab einen Freund in Leningrad. 16 Geschichten gegen Feindbilder und Grenzen*, Jugendb., Ravensburg 1986; *Guten Tag, lieber Feind! Bilderbuch*, Köln, 1986; *Pepe Amado*, R., Zür. 1986; *Ein Eigenheim für Räuber Grapsch*, Kinderb., Ravensburg 1987; *Die Wolke. Wie es wäre, wenn bei uns in der BRD ein Atomkraftwerk-Unfall geschähe*, Jugendb., Ravensburg 1987, Theaterst., UA Ingolstadt 1991; *Ich gebe nicht auf! Texte, Gedichte, Gebete, Geschichten*, Jugendb., Baden-Baden 1987; *Die Schule der glücklichen Kinder*, Bilderb., Köln 1987; *Die Kinder in der Erde*, Bilderb., Ravensburg 1987; *Das Tor zum Garten der Zambranos*, Jugend-R., Ravensburg 1988; *Der Großvater im Bollerwagen*, Kinderb., Zür. 1988; *Kreuz und quer übers Meer*, Bilderb., Ravensburg 1988; *Fern von der Rosinkawiese. Dokumentarischer Bericht einer Flucht 1945*, Ravensburg 1989; *Triller im Truseltal*, m. Illustr. v. Inge Steineke, Stg. 1989; *Kreuzweg für die Schöpfung*, Baden-Baden 1990; *Es ist doch alles grün*, m. Illustr. v. Marion Thomas, Ravensburg 1991; *Reise im August*, Ravensburg 1992; *Wetten, daß Goethe den Wahnsinn verboten hätte. Eine Erzählung gegen den Krieg*, Ravensburg 1992; *König Midas mit den Eselsohren*, m. Illustr. v. Inge Steineke, Freiburg/Br. 1993; *Der Schlund*, Ravensburg 1993; *Die Kinder in den Bäumen*, Zür. 1994; *Der Glücksbringer*, R., Ffm. 1995; *Die Verräterin*, Jugendb., Ravensburg 1995; *Der Weihnachtsmann im Kittchen*, m. Illustr. v. Markus Grolik, Ravensburg 1995;

Die Seejungfrau in der Sardinenbüchse, m. Illustr. v. Markus Grolik, Zür. 1995; *Adi – Jugend eines Diktators*, Ravensburg 1997; *Einfach abhauen*, Zür. 1997; *Wie kann Gott das zulassen?*, Ravensburg 1997; *Wiedersehen mit Anna*, Stg. 1997; *Ich geb dir noch eine Chance, Gott!*, Kinderb., Ravensburg 1998; *Hörst du den Fluss, Elin?*, Jugendb., Zür. 1998; *Barfuß durch die große Stadt*, Zür. 1999; *Frieden schaffen. Ein Roman aus der Friedensbewegung*, Stg. 1999; *Tod einer Touristin*, E., Hauzenberg 2000; *Roller und Rosenkranz*, Aarau 2000; *Macht euch euren Krieg allein! Und andere absichtliche Geschichten*, Ravensburg 2000; *Dort, wo zwei Monde scheinen. Geschichten vom Planeten Orm*, m. Bildern v. Markus Grolik, Ravensburg 2002; *Onkel Hugo und der Zauberer*, Düsseld. 2002; *Du darfst nicht schreien*, Ravensburg 2003.

Pazarkaya, Yüksel, wurde am 24. 2. 1940 in der türkischen Hafenstadt Izmir, dem einstigen Smyrna geboren, an der Ägäis. 1958 kam er in die Bundesrepublik und studierte in Stuttgart Chemie, später Germanistik und Philosophie. 1972 wurde er Fachbereichsleiter für Fremdsprachen an der Stuttgarter Volkshochschule, 1986 Leiter der türkischen Redaktion beim WDR. Seit 1960 veröffentlicht er in der Türkei und Deutschland Lyrik, Erzählungen, Essays, Theaterstücke, Hörspiele, Kinderbücher, Anthologien und Übersetzungen in und aus beiden Sprachen, Türkisch und Deutsch, darunter Gedichte des regimekritischen Dichters Nazim Hikmet und Texte des führenden türkischen Satirikers Azim Nezin. Von 1980 bis 1982 gab er die türkisch-deutsche Literaturzeitschrift »Anadil/Muttersprache« heraus. Einladungen amerikanischer Universitäten folgten, darunter eine Gastprofessur in Princeton. 1989 erhielt Pazarkaya als wichtiger Kulturvermittler den Adelbert-Chamisso-Preis »für bedeutende Beiträge ausländischer Autoren zur deutschen Literatur«, 1997 den Kinder- und Jugendbuchpreis des Berliner Senats, 2000 die Chamisso-Dozentur der Universität Dresden. Er lebt in Bergisch-Gladbach.
Für Yüksel Pazarkaya gilt die Symbiose von Politik und Kunst, von ästhetischer, gesellschaftlicher und menschlicher Mitteilung. Dichtung ohne Realitätsbezug gibt es bei ihm nicht. Seine Anfänge liegen in der Lyrik. Seine Einflüsse reichen von der Moderne bis weit zurück in die Traditionen der türkischen Mystik, der Volkskunst, des Diwan. An der Technischen Hochschule Stuttgart, im Umfeld des Semiotikers Max Bense, stieß er in den Sechzigerjahren auf die »konkrete Poesie«. Pazarkaya, der damals gerade erst Deutsch gelernt hatte, reizen bis heute die Experimentierfreude und Zeichenhaftigkeit der »konkreten Poesie«, die Reduktion der Sprache auf ihre Materie, das visuelle Spiel mit ihren Bausteinen. Liebe heißt in einem Gedicht das Wort, das er türkisch beginnen, grafisch wie durch eine Sanduhr rinnen und ins Deutsche münden lässt.
Schon frühe Arbeiten zeigen ihn als Pionier des türkisch-deutschen Dialogs, sind geprägt vom sozialen und pädagogischen Impetus und dem Kampf gegen Erniedrigung. *Heimat in der Fremde* (1979) etwa, drei illustrierte Erzählungen für Kinder und Erwachsene, zu einer Zeit, als das Wort »Betroffenheit« noch ungeschützt verwendet wurde. »Dursun-Kinder« nennt er Figuren wie den jungen Hamza in Anlehnung an Verse des berühmten Lyrikers Melik Cevder Anday und meint illegale Migranten wie Hamza, der sich bei einer Polizei-Razzia im Müll versteckt und von sich selber denkt: »Du bist ein Stück Müll.« Auch im Essayband *Spuren des Brots* (1983) fragt Yüksel Pazarkaya nach Identität und Integration türkischer Migranten in Deutschland. Kritik am Gastland ist erlaubt, denn: »Der Gerber schlägt das Leder, das er liebt.«
Der zweisprachige Band *Irrwege* (1985) mit Gedichten von 1960–68 betrachtet den »studierten« im »eisenkäfig aus träumen«, türkische Studenten, die in den Sechzigerjahren »Sozialismus spielten«, und nennt Gastarbeiter beim Namen, die ihr Bauernleben gegen ein Arbeiterdasein vertauscht haben. Wer in der Fremde seine Sprache verloren hat, verstummt; wer verstummt, verliert seine Identität, wird namenlos. »Im Türkischen haben dürsten und schweigen den gleichen Wortstamm: Schweigen heißt susmak und dürsten susamak. Ihr Verstummen wird gleichsam zum Dürsten nach ihrer Sprache, nach ihrem Namen als intelligibel geistiges Wesen, nach Überwindung der animalischen Naturhaftigkeit, nach dem Drang sich mitzuteilen«, erklärt Yüksel Pazarkaya, beruft sich auf Walter Benjamin, schreibt als »Sprachrohr der Animalisierten«, mit Chiffren wie »trockene zunge, dürre« (*Odyssee ohne Ankunft*, 2003).
»mein brennpunkt ist der mensch«, sagt Yüksel Pazarkaya und zeigt seine wache Zeitgenossenschaft in unterschiedlichsten künstlerischen Formen: Als »konkrete Poesie« oder lyrische Kalendernotiz, als Dreizeiler, Reisebild oder Reminiszenz an den berühmten Dichter Fazil Hüsnü Daglarca, der nach dem Militärputsch 1971 verhaftet wurde. »die hand ist eine gummihand / die hand sie ist amerikanisch / setzt dem schah seine fratze auf und setzt eine krone auf was kostet sie / prozente unseres erdöls / unseres urans unseres schweißes unseres brots«, heißt es in *schach*, in dem Band *Irrwege* (1985), der schon 1968 unter dem Titel *Koca Sap-*

malar in der Türkei erschien. Dass die meisten seiner Bücher in beiden Ländern oder gar zweisprachig publiziert werden, ist Konzept. Pazarkaya sucht die Verständigung zwischen beiden Heimatländern – als Herausgeber, Übersetzer, Poet und Sachbuchautor. Sein Plädoyer gilt einem Dialog, der von einer »Konvergenz« der Sprachen ausgeht, von ihrer inneren Verbundenheit und tiefer noch: von der »Wesensgleichheit der Menschen mit unterschiedlichen Sprachen« (*Odyssee ohne Ankunft*, 2003). Von vorbehaltloser Liebe zur deutschen Sprache, aber auch von der Zuflucht im Türkischen, von Demütigung, Enttäuschung, Fremdheit und vom Leben »zwischen den Polen« künden Verse in *Der Babylonbus* (1989).

Der Roman *Ich und die Rose* (2002) ist die Geschichte einer Rückkehr, einer Reise in die Türkei der Siebzigerjahre. 30 Jahre hatte die Roman-Figur in Deutschland gelebt, angekommen war sie nicht, nun beginnt die Suche. »Auf diese Reise hatte ich unendlich lange gewartet«, heißt es gleich zu Beginn. Von Sehnsucht spricht dieser erste Satz, Erlösung verspricht er zunächst nicht. Denn Orhan Barut, der Ich-Erzähler, der Ich-Sucher/*Ben Araniyor* (1989), wie die Ursprungsfassung des Romans auf Türkisch heißt, gerät in eine Türkei von Orwellschem Zuschnitt. Die Willkür der Militärs bedroht ihn schon an der Grenze, Verhaftungen, Folter, Mord folgen. Wie Strandgut treibt Orhan durch Tage und Nächte, taucht ab in archaische Rituale, sprachliche Arabesken, märchenhafte Formeln, bleibt fremd. Dieses repressive Land, diese zubetonierte Stadt ist nicht mehr der Ort seiner Kindheit, auch wenn der Ruf des Muezzin, Wahrsager, Marktschreier, Düfte und Geräusch die Atmosphäre orientalisch bunt würzen. Faschisten ertränken das Land im Blut. »Nieder mit den Ungläubigen«, rufen Fundamentalisten. Ort und Zeit bleiben ungenannt, das macht die Geschichte zeitlos, spiegelt die Kontinuität der politischen Verhältnisse. Für Orhan ist das Glück »nur der nicht existente Moment zwischen dem Augenblick vorher und nachher« und die Liebe: zu einem Jungen, der ihn führt, und zu Gül, einer Frau, die stark, schön und politisch unbeugsam ist. »Die Welt ist eine Rose«, und Gül ist die Welt, Gül heißt Rose. Sie sorgt dafür, dass diese Reise ins Innere eines Landes, ins Innere seiner selbst gelingt. Aber: »Der Mensch bleibt ein Nomade …

Heimat ist ein Mythos«, sagte Yüksel Pazarkaya in seiner Dresdner Poetik-Vorlesung. »Yurt heißt im Türkischen *Heimat*. Das Zelt, die *Jurte*, ist also Heimat, damit urspünglich etwas Wirkliches, das ein permanentes Provisorium ist, damit etwas Magisches … Es wird zweimal richtig aufgeschlagen: bei der Geburt und beim Tod. Dazwischen wandert es mit. Das ist der Weg, der Lebensweg.«

Cornelia Zetzsche

Werke: *Karlar Cözülürken (Schneeschmelze)*, Hsp., Radio Izmir 1961; *Die Liebe von der Liebe*, G., m. Zeichn. v. Franz Handschuh, Stg. 1968; *Koca Sapmalarda Biz Vardik (Irrwege)*, G., Istanbul 1968; *Umut Dolaylari (Die Gegenden der Hoffnung)*, G., Stg. 1969; *Die Dramaturgie des Einakters. Der Einakter als eine besondere Erscheinungsform in der deutschen Literatur des 18. Jahrhunderts*, Diss., Stg. 1973; *Utku oder Der stärkste Mann der Welt*, türk.-dt. Kinderb., m. Illustr. v. Elif Söylemezoglu, Mü., Wien 1974; *Aydinlik Kanayan Cicek (Blumen, die wie Licht bluten)*, G., Ankara 1975; *Oturma Izni (Aufenthaltserlaubnis)*, E., Istanbul 1977; *Heimat in der Fremde?/Yaban sila olur mu*, Pr., türk.-dt., Bln. 1979; *Incindigin Yerdir Gurbet (Fremde ist, wo du gekränkt wirst)*, G., Ankara 1979; *Karagöz – das Schwarzauge*, Hsp., SDR 1979; *Das Minarett, das zum Mond fliegt*, Kinder-Hsp., zus. m. Hans-Peter Breuer, SDR 1979; *Im Himmel gesucht, auf Erden gefunden*, Kinder-Hsp., SFB 1980; *Aya Ucan Minare (Das Minarett, das zum Mond fliegt)*, Kinder-R., Istanbul 1980, Köln 1993; *Saat Ankara (Die Uhr zeigt Ankara)*, G., Istanbul 1981; *Oktay lernt Atatürk kennen/Oktay Atatürk'ü Ögreniyor*, Kinder-R., türk.-dt., Heilbronn 1982, Ankara 1991; *Rosen im Frost. Einblicke in die türkische Kultur*, Ess., Zür. 1982, erw. Aufl. Zür. 1989; *Spuren des Brots. Zur Lage der ausländischen Arbeiter*, Zür. 1983; *Ich möchte Freuden schreiben*, G., Fischerhude 1983; *Unsere Nachbarn, die Baltas*, Begleitb. z. Fs.-Serie, 12 Folgen, ARD 1983; *Sen Dolaylari (Du-Gegenden)*, G., Istanbul 1983; *Irrwege/Koca Saplamar*, G., türk.-dt., Ffm. 1985; *Die Wasser sind weißer als wir. Türkische Lyrik der Gegenwart*, türk.-dt., Hg., Mü. 1987; *Balik Suyu Sever (Der Fisch liebt das Wasser)*, Kinderb., Hückelhoven 1987; *Balinanin Bebegi (Das Walbaby)*, Kinderb., Hückelhoven 1988, Istanbul 1988; *Karanliktan Yakinma (Klag nicht über die Dunkelheit)*, G., Istanbul 1988; *Mediah*, Theaterst., UA Ankara 1988, gedr. Duisburg 1989, Ankara 1992; *Der Babylonbus*, G., Ffm. 1989; *Ben Araniyor (Ich gesucht)*, R., Istanbul 1989; *Dost Dolaylari (Gegenden des Freunds)*, G., Istanbul 1990; *Sen Dolaylari/ Sevgi Dolaylari/Umut Dolaylari (Du-Gegenden/ Gegenden der Liebe/Gegenden der Hoffnung)*, G., Istanbul 1992; *Ferhat'in Yeni Acilari (Die neuen Leiden des Ferhat)*, Theaterst., UA Istanbul 1992, gedr. Ankara 1993; *Ver Elini Türkiye (Reich die Hand, Türkei)*, Fs.-Serie, zus. m. Kadir Sözen, 26 Folgen, WDR 1993; *Kemal und sein Widder*, Kinderb., m. Illustr. v. Inge Sauer, Würzburg 1993; *somut siir*, G., Istanbul 1997; *Ich und die Rose*, R., Hbg. 2002, *Odyssee ohne Ankunft*, Poetikvorlesung, Dresden 2003.

Pedretti, Erica, wurde am 25. 2. 1930 in Sternberg in der Tschechoslowakei/Mähren geboren. Ihre Jugend verbrachte sie in Hohenstadt/Zabreh, in Sternberg, Berlin und Freudenthal. Mit einem Rotkreuztransport kam sie 1945 in die Schweiz. Von 1946 bis 1950 besuchte sie die Kunstgewerbeschule in Zürich. 1950 emigrierte sie mit ihrer Familie in die USA und arbeitete zwei Jahre lang als Gold- und Silberschmiedin in New York. 1952 kehrte sie in die Schweiz zurück. Bis 1974 lebte sie in Celerina im Engadin, seither lebt sie in La Neuveville im Kanton Bern. 1970 erhielt Erica Pedretti den Prix Suisse für die beste schweizerische Hörspielproduktion, 1971 den Förderpreis der Schillerstiftung, 1973 den Gastpreis sowie 1977 und 1987 den Buchpreis des Kantons Bern, 1975/76 das Stipendium Pro Arte, 1984 den Ingeborg-Bachmann-Preis in Klagenfurt. In den Neunzigerjahren wurde die Autorin mehrfach ausgezeichnet, darunter 1990 mit dem Großen Literaturpreis des Kantons Bern, 1994 der Johannes-Bobrowski-Medaille zum Berliner Literaturpreis, 1996 dem Marie-Luise-Kaschnitz-Preis und dem Kulturpreis der Stadt Biel, 1999 mit dem Vilenica-Literaturpreis (Slowenien) und dem Kulturpreis des Kantons Graubünden. Erica Pedretti, die auch als bildende Künstlerin arbeitet, ist seit 1979 Mitglied des P.E.N.-Zentrums und seit 1988 Korrespondierendes Mitglied der Deutschen Akademie für Sprache und Dichtung in Darmstadt.

40-jährig veröffentlichte Erica Pedretti ihr erstes Buch *Harmloses, bitte* (1970), das wie viele Publikationen anderer Autorinnen zu Beginn der Siebzigerjahre um das Thema Kindheit kreist. Die Biografie der Autorin liefert den Rohstoff für die 30 kurzen Textpassagen, deren strukturelle Anordnung sich erst allmählich erschließt. Der Wechsel zwischen zwei »Räumen« liefert den Orientierungsrahmen: »Hier« – das ist das Engadin, wo Erica Pedretti zum Zeitpunkt der Entstehung des Textes lebte – und »Dort«, das ist Mähren vor dem Zweiten Weltkrieg und in der Kriegszeit. Den beiden Orten sind unterschiedliche Weltsichten zugeordnet. Das »Hier« beweist sich durch Anschaulichkeit, alles ist präsent und fassbar, im »Dort« verschwimmen die Konturen. Die Menschen scheinen im »Dort« als namenlose Bestandteile einer Landschaft auf. Im Gegensatz zu den prägnanten, stets abgeschlossenen Sätzen, die das »Hier« beschreiben, markieren stockende, manchmal abrupt abbrechende Sätze oder assoziative Wortketten das zuweilen bedrohlich wirkende »Dort«. Die Vertreibung aus dem kindlichen Paradies löst in der Erzähler-Figur eine existenzielle Verunsicherung aus, die bis in die Gegenwart, räumlich gesehen bis in das »Hier«, hineinreicht. In den letzten Kapiteln werden die Erinnerungen immer mächtiger, die Gegenwart tritt zurück, die Personen aus der vergangenen Zeit lösen sich noch einmal heraus aus der verschwommenen Vorstellungswelt. Solchermaßen klagen sie ihr Recht ein, von den nachfolgenden Generationen nicht vergessen zu werden.

Ihr zweites Werk, der Roman *Heiliger Sebastian* (1973), ist ebenfalls stark autobiografisch gefärbt. Er beschreibt Stationen der Lebensgeschichte einer Frau, wobei die verschiedenen Situationen zeitlich unmarkiert nebeneinander stehen; Träume nehmen im Erfahrungsraum der Protagonistin Anne einen ähnlichen Stellenwert ein wie real Erlebtes. Anne, die an manchen Stellen als Ich-Erzählerin auftritt, wird von Bildern bedrängt, die an geschehenes Unrecht mahnen und die »wichtiger, eindrücklicher [sind] als die vor Augen: wie Tote oder wie Geister«. Vor diesen Bildern versagt die Sprache, die sonst analysierend, reflektierend oder dokumentierend Realität bewältigen hilft. Anne, die sich in imaginären und realen Gesprächen mit ihrer Umwelt auseinander zu setzen versuchte, bricht am Ende aus. Sie weigert sich, weiterhin Rollen zu übernehmen, die sie nicht selbst gewählt hat: »Anne springt ab. Und weiß dabei, was sie tut.«

In ihrem Roman *Veränderung oder Die Zertrümmerung von dem Kind Karl und anderen Personen* (1977) vertieft Erica Pedretti die Schreibweise des »Dialogischen«, die in dem Band *Heiliger Sebastian* bereits anklingt. Beschrieben wird, wie sich eine Frau, eine Schriftstellerin, in einem langwierigen Prozess aus einer selbst gewählten Abhängigkeit löst. Die Ich-Erzählerin, die sich in einer fremdartigen Umgebung befindet, versucht zunächst, sich ihrer neuen Lebenssituation zu stellen. Dabei geht sie so weit, dass sie die Lebensart der sie umgebenden Menschen für sich selbst erproben möchte. Dieser Entschluss zeitigt fatale Folgen, als die Erzählerin einer alten Frau begegnet, die unermüdlich aus ihrem Leben berichtet. Das schriftliche Fixieren der Geschichten Frau Gersters löst bei der Ich-Erzählerin Überlegungen zu ihrem eigenen Leben aus. Sie stellt sich als Person infrage und reflektiert ihre labile Position als Schriftstellerin: »Aufgerieben zwischen den verschiedenen Geschichten und verwirrt von dem, was an mich herantritt, bin ich mir selbst abhanden gekommen.« Die Ich-Erzählerin erkennt plötzlich die Gefahr, sich über das Leben anderer zu definieren, und sei es auch nur im Schreiben. Diese Einsicht verlangt fortan die erhöhte Aufmerksamkeit der Schriftstellerin während des Schreibens, das ihr trotz aller Bedenken ermöglicht, ihrer eigenen »Zertrümmerung« etwas entgegenzusetzen.

In dem Band *Sonnenaufgänge – Sonnenuntergänge* (1985), der Erzählungen aus den Jahren 1978 bis 1983 versammelt, leuchten die Zweifel und die Verunsicherung über die sprachliche und schriftstellerische Vermittlung von Welt nochmals unübersehbar auf. Beinahe alle Texte setzen sich mit der Problematik des Schreibens auseinander. – Obwohl sie textimmanent meist Lösungen für die dargestellten Problemkonstellationen fand, stellte Erica Pedretti in den folgenden Jahren ihre schriftstellerische zugunsten der bildnerischen Tätigkeit zurück. Sie fertigte bizarre Objekte aus Draht, Leim und Stoff, die in vielen Museen und Galerien zur Ausstellung gelangten.

Erst 1986 erschien der Roman *Valerie oder Das unerzogene Auge*: Valerie lebt mit dem Maler Franz, dem sie Modell, Geliebte und Freundin ist. Die Frau, die völlig aufgeht in der Hingabe an Franz, die in seinen Begriffen denkt, die mit seinen Augen sieht und trotzdem mehr wahrnimmt als er, erkrankt an Krebs. Valerie entwickelt – ausgelöst durch die Krankheit – ein autonomes Bilderdenken, das in seiner »Unerzogenheit« und Offenheit der organisierten Art der Vergegenständlichung von Franz entgegensteht. Mit dem Fortschreiten der Krankheit, durch die Erlebnisse mit den monströs wirkenden medizinischen Behandlungsgeräten und die Begegnung mit anderen kranken Menschen wird Valerie zunehmend freier und kreativer. Sie beginnt, sich herauszulösen aus den Bildern, die Franz von ihr gemalt hat und denen sie stets entsprechen wollte. Der Maler versucht dem schleichenden Tod mit den für ihn gewohnten Mitteln beizukommen, er fixiert die Kranke auf der Leinwand. Die Parallele zu Ferdinand Hodler, dem Vorbild des Franz, ist offenkundig. Franz arbeitet an der »Rekonstruktion« der Geliebten, wobei er aber wieder nur falsche Abbilder schafft und die Veränderung in Valerie nicht wahrnimmt. In dem Maße, wie Valerie sich im Krankheitsprozess von Franz entfernt, findet sie zu sich selbst. Die kühne Schlusswendung suggeriert allerdings, dass die Selbstvergewisserung der Frau letztlich doch nur im »Du« zu finden ist. Mit dem Blick auf den gekreuzigten Christus bekundet Valerie ihren Lebenswillen.

Trotz der autobiografischen Bezüge wirken Erica Pedrettis Romane niemals bekenntnishaft. Ihre intellektuellen Protagonistinnen stellen sich erst einer kritischen Auseinandersetzung, wenn die gewohnten Strukturen des Alltags aufbrechen. Die Emanzipation der Romanheldinnen, die die Abgrenzung von ihren – meist – künstlerisch tätigen Geliebten zur Folge hat, ist dann mit der Freisetzung eigener kreativer Impulse verbunden.

Die in den Neunzigerjahren erschienenen Romane *Engste Heimat* (1995) und *Kuckuckskind oder Was ich ihr unbedingt noch sagen wollte* (1998) fassen die Themen des bisherigen Gesamtwerks der Autorin noch einmal in beeindruckender Weise zusammen. *Engste Heimat* setzt ein mit einem idyllischen Bild: Drei Damen und das neunjährige Mädchen Anna gehen in einem Sommergarten gewohnten Tätigkeiten nach. Die Frage Annas nach dem Verbleib ihres Onkels Gregor, der als Kunstmaler in Paris lebt und sie – auch wenn er schon längst tot sein wird – zeitlebens begleitet, weist auf ein bedrohliches Jenseits hinter den Gartenmauern. Krieg und Zerstörung als gestaltende Größen einer als sinnlos erachteten Geschichte brechen über die engste Heimat herein. Die Erinnerung an jene Jahre wird überlagert durch Erlebnisse Annas während einer Reise nach Mähren in den Siebzigerjahren und nach der Wende 1990. Doch das alles fügt sich nicht zu einem konsistenten Ganzen, sondern mündet in die Einsicht, dass individuell erinnerndes Bewahren in seiner Begrenztheit und Fragmentiertheit der unbarmherzigen Zwangsläufigkeit der Geschichte unterworfen ist.

Stärker noch als in diesem Roman macht Pedretti in *Kuckuckskind oder Was ich ihr unbedingt noch sagen* wollte (1998) den Prozess des Erinnerns selbst zum konstitutiven Element ihres Textes. Die Ich-Erzählerin Sophie will ihrer längst erwachsenen Pflegetochter Trude in den Monaten und Wochen vor ihrem Tod Mitteilung machen: über ihr Leben, über die Schauplätze der Kindheit und Jugend in Wien und Mähren nach dem Ersten Weltkrieg, über die Familie, die Beziehungen, die verlorenen Menschen und Orte. Doch Trude, kalt und abweisend, bringt durch ihr Verhalten die Erzählung immer wieder ins Stocken. Zudem verliert sich Sophie zunehmend in ihren inneren Suchbewegungen. Das literarisch ins Bild gesetzte Nach-Denken der Erzählerin dekonstruiert auf diese Weise ihre Erzählung und Biografie, sodass der Text auf einer Metaebene als poetologische Reflexion über biografisches und autobiografisches Schreiben gelesen werden kann.

So können die Romane *Engste Heimat* und *Kuckuckskind* auch als literarische Manifestationen eines aktuellen Diskurses, der Erinnerung und Gedächtnis vorrangig in Zusammenhang mit kollektiven Identitätskonstruktionen thematisiert, aufgefasst werden. Erica Pedretti vertritt in diesem

Kontext eine nüchterne, hoffnungslos anmutende Position: »Man wird der früheren Dinge nicht mehr gedenken und niemand wird sich ihrer mehr erinnern.«

Petra Ernst

Werke: *Badekur*, Hsp., DRS 1970, Schpl., Zür. 1974; *Harmloses, bitte*, Texte, Ffm. 1970; *Il trais sudos/Die drei Soldaten*, Bilderb., Zür. 1971; *Kaninchen*, Hsp., SDR 1971; *Catch as Katz can*, Hsp., DRS 1972; *Februar oder Das ganze Volk fährt Ski*, Hsp., DRS 1972; *Gang in es Inschtitut*, Hsp., DRS 1972; *Heiliger Sebastian*, R., Ffm. 1973; *ART 4/73 oder Soviel Kunst kann es gar nicht geben*, Hsp., DRS 1975; *Steine oder Die Zertrümmerung von dem Kind Karl und anderen Personen*, Hsp., SDR, NDR 1976; *Veränderung*, R., Ffm. 1977, u. d. T. *Die Zertrümmerung von dem Kind Karl und anderen Personen*, Ffm. *1985; Sonnenaufgänge – Sonnenuntergänge*, En., Ffm. 1984; *Valerie oder Das unerzogene Auge*, R., Ffm. 1986; *Mal laut und falsch singen. Eine Geschichte*, Kinderb., m. Radierungen v. E. P., Düsseld. 1986; *Engste Heimat*, R., Ffm. 1995; *Harmloses, bitte & zwei Romane*, Ffm. 1996; *Kuckuckskind oder Was ich ihr unbedingt noch sagen wollte*, R., Ffm. 1998; *Zeichen am Horizont. Bilder & Worte*, zus. m. Urs Dickerhof, M. S. Bastian u. Aljoscha Ségard, Stg. 1999; *Ein Text im Dialog*, hg. v. Rudolf Bussmann u. Martin Zingg, Basel 2000; *Von Hinrichtungen & Heiligen*, m. Zeichnungen, Schpl., Remagen-Rolandseck 2000; *Heute. Ein Tagebuch*, m. Abb., Ffm. 2001.

Pehnt, Annette, wurde am 25. 7. 1967 in Köln geboren. Von 1987 bis 1993 studierte sie Anglistik, Keltologie und Germanistik in Köln und Freiburg. Mehrere Studien- und Arbeitsjahre verbrachte sie in Irland, Schottland und Kalifornien und promovierte 1997 über »Mad Sweeny«. Seit 1992 schreibt sie Rezensionen für die »FAZ« und die »Badische Zeitung«. Seit 1998 leitet sie Schreibwerkstätten an Universitäten und in der Erwachsenenbildung. Sie lebt als freie Autorin in Freiburg im Breisgau. Ausgezeichnet wurde sie 2000 mit dem Förderstipendium der Kunststiftung Baden-Württemberg, 2001 mit dem Künstlerinnenpreis NRW, 2002 mit dem Mara-Cassens-Preis des Hamburger Literaturhauses, dem Reinhold-Schneider-Förderpreis der Stadt Freiburg, einem Stipendium des Deutschen Literaturfonds und dem Preis der Jury beim Ingeborg-Bachmann-Wettbewerb in Klagenfurt.

Dorst ist die Hauptfigur in Annette Pehnts Debütroman *Ich muss los* (2001). Dorst ist komisch. Ein ruheloser Typ, zwar mit Einserabitur, aber kaum Freunde, keinen Ehrgeiz. Bei Stadtführungen referiert er über zarte Gebirgsferkel, Limonadenbrunnen und Anglergeschäfte. Überall ist es ihm zu eng und stickig; wenn ihm eine Frau auf die Pelle rückt, nimmt er Reißaus. Dann singt er Lieder in Tiefgaragen und geht mit kleinen Jungen zum Angeln oder Straßenbahnfahren. Oder beißt sich vor Schmerz auf die Knöchel: »Du hast keine Ahnung, wovon ich träume.« Sein Vater hat sich zu Tode gehungert, die dicke Tante Lollo aus England lag eines Tages auch tot in ihrem Vorgarten, und die eigene Mutter hält ihn für einen Schrat. So ein Leben wird nicht einfach. Dorst ist ein sensibler Charakter, der die Wahrheit suchte und aussprach. Schon als Kind merkte er, dass das nicht besonders gut ankam. Seitdem hält er sich zurück und beobachtet lieber. Er hat den Blick für das scheinbar Marginale, das oft das Wesentliche ist. Mit Dorst hat Annette Pehnt eine wunderbar kantige und eigenwillige Figur geschaffen. Mit leichter, ruhiger Hand entwirft sie komische Situationen und bedient sich dabei eines lakonischen Stils, der vieles wörtlich nimmt und gleichzeitig ganz verrückte Einfälle wiedergibt. Geradezu anmutig ihre Fähigkeit, mit einem kurzen Satz, einer kleinen Nebenbemerkung Charaktere und Stimmungen präzise einzufangen, wie zum Beispiel bei einem Grillfest, zu dem Dorst eingeladen ist: »An den Bäumen lehnten frisierte Leute.«

So wie Dorst als Individuum unergründlich bleibt, entzieht sich auch die Protagonistin und Ich-Erzählerin in Annette Pehnts zweiten Roman *Insel 34* (2003) letztlich einer klaren Deutung. Der Autorin gelingt es trotz präziser Charakterisierung, eine schillernde literarische Unbestimmtheit zu lassen, die einen nicht unwesentlichen Teil der Qualität von *Insel 34* ausmacht. Ebenso wie Dorst fällt es der hoch begabten Ich-Erzählerin schwer, Beziehungen zu anderen herzustellen. In der Schule fliegt ihr alles zu, ohne dass sie je Leidenschaft aufzubringen gezwungen wäre. Diese fehlende Hingabe erweckt Misstrauen bei ihren Mitmenschen. Als die Erzählerin dies begreift und, von ihrem Vater dazu ermutigt, nach ihrer Bestimmung sucht, entdeckt sie sie in den Inseln vor der Küste. Sie forscht und beginnt sich für Insel 34 zu interessieren. Nach ihrem Studium beschließt sie, dorthin zu reisen und die Menschen dort kennen zu lernen. Lakonisch, mit feinem Humor und großer erzählerischer Ökonomie breitet Pehnt die Geschichte ihrer Heldin aus, die sie in wenigen Strichen glänzend zeichnet. Am Ende, nach vielen Begegnungen mit skurrilen und eigensinnigen Figuren, wird ihr klar, dass sie ihren Sehnsuchtsort nicht erreichen muss, um zu begreifen, worum es im Leben eigentlich geht, nämlich die Bewahrung und Verwirklichung individueller Träume und Eigenheiten.

Thomas Kraft

Werke: *John Steinbeck. Leben und Werk*, Monogr., Mü. 1998; *Mad Sweeny: Aneignung und Transformation eines mittelalterlichen Stoffes in der modernen irischen Literatur*, Diss., Trier 1999; *Ich muss los*, R., Mü. 2001; *Insel 34*, R., Mü. 2003.

Peltzer, Ulrich, wurde am 9. 12. 1956 in Krefeld geboren. 1975 kam er nach Berlin und studierte dort Philosophie und Psychologie. 1982 beendete er sein Studium als Diplompsychologe mit einer Arbeit über die »Formierung bürgerlicher Individualität in der höfischen Gesellschaft« und begann danach mit der Arbeit an seinem ersten Roman. 1992 erhielt er das Stipendium des Klagenfurter Ingeborg-Bachmann-Preises, 1996 den Berliner Literaturpreis der Stiftung Preußische Seehandlung, 1997 den Anna-Seghers-Preis für deutschsprachige Autoren, 2000 den Preis der SWR-Bestenliste, 2001 den Niederrheinischen Literaturpreis und 2003 den Bremer Literaturpreis.

Seit seinem ersten Roman *Die Sünden der Faulheit* (1987) lässt sich bei Ulrich Peltzer der Versuch beobachten, sich aus einem klassischen ästhetischen und aus seinem politischen Kontext freizuarbeiten. Als Sprungbrett in die Welt und in die Kunst dient dabei Berlin. In *Die Sünden der Faulheit* ist die Mauerstadt noch eine eher klassische expressionistische Kulisse, vor der ihr Protagonist, ein verkrachter Rundfunkjournalist, im Stil eines Kriminalromans *noir* in einen Diebstahl verwickelt wird. Das Buch speist sich vordergründig aus dem Überdruss an der stillstehenden Zeit im Berlin am Ende der Achtzigerjahre. Das einstige Zentrum von Subversion und Autonomie ist nur noch eine heruntergekommene »Kadaverstadt« aus Mauerkoller, Selbstbezogenheit und Desillusionierung. Mit Akribie zeichnet Peltzer das realistische Bild einer Endzeit, in der Subversion und Kriminalität geräuschlos ineinander überzugehen beginnen. Alle Personen haben vergessen, warum sie liebten, arbeiteten und kämpften, und kultivieren einen Hang zur Selbstzerstörung. Doch schon die cineastisch inspirierte Schnitttechnik, mit der Peltzer sein Personal kalt und unbarmherzig voneinander distanziert und zugleich verschränkt, ergibt eine kaleidoskopartige Montage des urbanen Lebens. Sie kündigt die Öffnung zu den antirealistischen Experimentierformen der Moderne wie etwa bei John Dos Passos an.

In *Stefan Martinez* (1995), der Geschichte eines Halbtagsangestellten in einem Berliner Architekturbüro, verwandelt sich diese Kulisse, obwohl bis zu den Fugen der Gehwegplatten fast fotorealistisch protokolliert, zu einem Materiallager, das nur noch dazu dient, das expressionistische oder realistische Bild aufzulösen. Schon der metaphorisch überfrachtete Name der Hauptfigur des ersten Romans, Bernhard Lacan, gab die Zielrichtung auf das dezentrierte Individuum der Postmoderne vor. Dieser abgetakelte Bohemian, ein Antiheld par excellence, lässt sich von den Ereignissen treiben. Er kann der Welt keine Richtung mehr vorgeben, sondern folgt, einmal verwickelt, der Logik der sich selbst konstituierenden Umstände. Peltzer treibt diese Auflösung des Bildes vom klassischen Individuum mit stabilem Bewusstsein immer weiter voran. In *Stefan Martinez* beschleunigt er die Handlung wie beim Vorspulen eines Films oder hält sie plötzlich an, friert sie im Still ein. Die Sprache folgt nicht mehr den Gesetzen der Grammatik, sondern wird zu einem Konglomerat von Unvollständigem, Zerbrochenem, Gesagtem und Gedachtem. Peltzer unterlegt die farb– und geruchsintensiven Streifzüge seines Helden durch die Berliner Nachtwelt mit wissenschaftlichen Fußnoten zur Neurochemie der Sinne und der Wahrnehmung und stellt die Frage nach der »organischen Grundlage des Bewusstseins«. Der ganze Text ist eine Mixtur aus unbewusster Wahrnehmung und der darüber geblendeten Reflexion über ihre biologischen Bedingungen. Formal knüpft Peltzer an die Tradition des Bewusstseinsromans à la James Joyce oder Andrej Belyi an. Alle vier Werke protokollieren einen wenige Tage umfassenden Zeitraum, in dem die Ereignisse des individuellen Umfelds und in der Welt gleichsam durch den Protagonisten hindurchdiffundieren. Der Erlebnisraum wird zum komplexen Zeichenraum umgedeutet. Darin treibt die Hauptfigur wie »in einem Strom von Photonen«. Ob Stefan Martinez, der arrivierte Berliner Diplompsychologe aus *Alle oder keiner* (1999) oder der Schriftsteller aus dem New-York-Roman *Bryant Park* (2002), der in der Public Library von New York nach biografischem Stoff für seine Kunst sucht – alle eint eine Bewusstseinshaltung, in der sie das »im Kopf vagabundierende Material, Fetzen von Bildern und Erinnerungen« mehr oder weniger bewusst umwälzen und reflektieren. Peltzer versucht sich in Simultaneität. Die Art und Weise, wie er reales und fiktives Material durch das individuelle Bewusstsein seiner Protagonisten filtert und weiter verarbeitet, erinnert durchaus an ähnliche musikalische Versuche, wie z. B. bei Miles Davis mit Alltagsgeräuschen. Mit diesem Bild von Identität und Bewusstsein als einem fragmentierten, von

Gedankenblitzen, plötzlichen Erkenntnissen, peripheren Wahrnehmungen und biografischen Erinnerungen durchzuckten Chaos, das immer nur vorläufig und notdürftig aufrechterhalten wird, ergeben sich Beziehungen zu den Ergebnissen der neueren Hirnforschung der Neunzigerjahre und den Folgerungen, die sich daraus für die Subjektphilosophie ergeben.

Der Bewegung der Dezentrierung und Auflösung entspricht eine Haltung der Entfernung von der Politik. Die Protagonisten der Romane Peltzers sind allesamt Post-68er. Diese plötzlich subjektiven und privaten 40-Jährigen mit einem Hang zum Design entsorgen nicht nur die starken Gefühle und das sperrig gewordene Mobiliar einer politisierten Zeit, auf die sie heute wie durch ein umgekehrtes Fernglas blicken. In ihre persönlichen Erinnerungsbilder mischen sich Szenen von Demonstrationen im Ausland oder Teach-ins an der Universität. Das stabile Subjekt der Rebellion wandelt sich zum zweifelsbeladenen Flaneur. Kontoauszüge, Fachliteratur sind ihm wichtiger geworden als Pamphlete. Wenn Martinez die Zahl der Atemzüge vom Straßenanfang bis zur Haustür zählt, werden individuelle Körperfunktionen zum sozialen Maß. Wenn man bei Peltzer noch so etwas wie eine Ästhetik des Widerstandes erkennen kann, dann darin, dass er den klassischen Plot mit seiner Hierarchie von Zentrum und Peripherie oder die einfache Oberfläche vermeidet – eine auffällige, immer neu variierte, aber niemals dogmatisch auftrumpfende Gegenbewegung zur naiven Ich-Perspektive und Dingwelt-Archivalik in der Renaissance des linearen Erzählens, die sich in der jüngsten deutschen (Pop-) Literatur vor allem in Berlin nach dem Mauerfall 1989 wieder durchgesetzt hat.

Während überall über den großen deutschen Wenderoman diskutiert wird, siedelt Peltzer die Handlung des 1995 erschienenen Romans *Stefan Martinez* in den Jahren kurz vor dem Mauerfall an. In *Bryant Park* (2002) erliegt Peltzer nicht der Versuchung, den Angriff islamistischer Attentäter der Al-Qaida auf das World Trade Center am 11. September 2001 in New York zum Mittelpunkt eines großen Historien-Romans zu machen. Stattdessen spielt die Verwicklung in die mediale Selbstreferenz des Ereignisses eine Rolle, also die Endlosschleifen der Bilder der Flugzeuge, die in das explodierende Gebäude rasen. Aber er schildert diesen zweiten welthistorischen Einschnitt nach dem Mauerfall, wie er sich für Millionen Menschen auch dargestellt hat: als zwar grundlegend erschütternde, aber peripher aufgetretene Störung, nach der das Leben weitergehen muss. Zugleich gelingt es Peltzer in dem Bild des Schriftstellers, dem die realen Toten des Terroranschlags das Vorhaben vermasseln, aus den Archivtoten der Public Library Kunst werden zu lassen, die offene Frage nach der Erschütterung, die dieser Einbruch der Realität für die Kunst bedeutet, exemplarisch darzustellen, ohne sie abschließend zu beantworten: »etwas ohne Vergleich« hat sich ereignet. Peltzers Experimente waren auch immer ein Versuch, sich aus dem latenten bis manifesten Realismusgebot der politischen Linken herauszuarbeiten. In *Bryant Park* ist dieses Vorhaben erst einmal zumindest gestört.

Der Weg von der Hauptstadt der politischen Rebellion Berlin zur intellektuellen Welthauptstadt New York, den die Werke des William-Gaddis-Verehrers Peltzer markieren, ist nicht zufällig. Doch auch wenn der angestrengte Wille zur (ästhetischen) Avantgarde bei ihm gelegentlich sehr deutlich durchscheint, ließe sich sein Stil als experimentelle Intarsienarbeit kennzeichnen: Verknappung, Verdichtung, präzise gearbeitete Fragmente, sorgsam ineinander gearbeitete Reflexion und Fiktion, die Ästhetik von Schnittstellen anstelle narrativer Vermittlungen oder konstruierter Übergänge – Ulrich Peltzer zeichnet aus, dass er seine offene Suche nach neuen Formen ästhetischer Repräsentation mit auffälliger stilistischer Eleganz bewältigt. Von seinem bisherigen Œuvre lässt sich in besonderem Maße sagen, dass es auf die gleichzeitig gewachsene Komplexität und Diskontinuität der Welt und des Bildes vom Menschen am Ende des 20. Jahrhunderts reagiert.

Ingo Arend

Werke: *Die Sünden der Faulheit*, R., Zür. 1987; *Stefan Martinez*, R., Zür. 1995; *Alle oder keiner*, R., Zür. 1999; *Bryant Park*, E., Zür. 2002.

Peters, Christoph, wurde am 11. 10. 1966 in Kalkar am Niederrhein geboren. Nach dem Abitur 1987 und dem Zivildienst von 1987 bis 1988 absolvierte er ein Studium der Malerei an der Staatlichen Akademie der Bildenden Künste in Karlsruhe, das er 1994 abschloss. Von 1995 bis 1999 arbeitete er am Flughafen Frankfurt am Main als Fluggastkontrolleur. Heute lebt er als freier Autor in Berlin. Ausgezeichnet wurde er 1996 mit einem Stipendium im Künstlerdorf Schöppingen, 1998 mit dem Martha-Saalfeld-Förderpreis, 1999 mit dem Niederrheinischen Literaturpreis und dem »aspekte«-Litera-

turpreis und 2000 mit dem Georg-K.-Glaser-Literaturpreis.
Mit seinem Romandebüt *Stadt Land Fluss* (1999) riss Christoph Peters die Kritiker zu wahren Lobeshymnen hin. Seine Liebesgeschichte zwischen einer Zahnärztin und einem Kassenpatienten, einem Kunsthistoriker, besticht durch ihre komplexe und doch tragfähige Struktur, die mit Verweisen, versteckten Andeutungen, philosophischen und kunsthistorischen Exkursen sowie einer Fülle von Porträts und Milieustudien arbeitet. Eine geheimnisvolle Spannung liegt über dem Erzählten, doch am Ende bündelt der Erzähler seine Fährten zu einer großen Spur, die zur Auflösung des Rätselhaften führt. Es ist die Geschichte einer Liebe, die nach dem ersten großen Rauschen im Alltag aufgegangen ist. Thomas Walkenbach, so heißt der Erzähler, blickt zurück auf zehn Jahre mit Hanna, und es scheint eine normale Beziehung mit den üblichen Komponenten wie erstes Verliebtsein, Schwiegereltern, Liebesurlaub, allmähliche Ermüdungserscheinungen zu sein. Doch es ist auch die Geschichte eines egomanen Zauderers, eines gescheiterten Intellektuellen, der sich nicht entscheiden kann, ob er über die Bedeutung der Zentralperspektive oder über den niederrheinischen Künstler Henrick Douwerman promovieren soll – Ordnung vs. Ornamentik also. Ein Brief liegt ungeöffnet auf dem Tisch, Hanna ist weg, und es bleibt bis fast zum Ende ein Rätsel, was mit ihr passiert ist. Bevor diese Frage beantwortet wird, weicht der Erzähler in eine große Klage über den Untergang der niederrheinischen Dorfkultur, dem Ort seiner Kindheit, aus, beschreibt mit multitonaler Verve anschaulich und humorvoll die Eigentümlichkeiten deutschen Dorflebens. Doch hinter all diesen Fluchten steht unmissverständlich von Anfang an der Tod. Man wird erfahren, dass Hanna an Brustkrebs erkrankt war. Von diesem Punkt an wird erkennbar, dass es auch eine Geschichte der Abhängigkeit Walkenbachs war, seine unbedingte Liebe auch ein Haltsuchen und ein hilfloser Versuch, seine beruflichen Rückschläge zu kompensieren. »Am Anfang denkt man verstanden zu haben: Geschichte, auch die vom eigenen Leben, kann man auf verschiedene Weise erzählen – jeder kann sie sich anziehen, wie er sie braucht. Dann denkt man, der Autor hat den Spieß umgedreht, er zieht seinen Figuren die Geschichten, die nur Hüllen sind, systematisch aus. Dann merkt man, dass es ihm mit seiner Beziehungsgeschichte furchtbar ernst ist. Und dann entwickelt sich diese Geschichte noch mal anders als gedacht, Spiel und Ernst und Tod vereinigen sich« (Peter Michalzik).
Der Titel des Erzählbandes *Kommen und gehen, manchmal bleiben* (2001) erscheint programmatisch für die vierzehn Geschichten, die von Aufbrüchen und Abschieden künden, und zwar teilweise auf drastische, brüske Weise. Da gibt es schallende Ohrfeigen, brennende Häuser, mahnende Zeigefinger und heimlichen Fluchten, gespielt wird an Durchgangsorten, die nicht immer als solche gedacht waren, kleine Probebühnen für das kleine Leben, das sich die Figuren zurechtlegen und doch so verloren wirken.

Thomas Kraft

Werke: *Stadt Land Fluss*, R., Ffm. 1999; *Kommen und gehen, manchmal bleiben. Vierzehn Geschichten*, Ffm. 2001.

Petersdorff, Dirk von, wurde am 16. 3. 1966 in Kiel geboren, wo er Germanistik und Geschichte studierte. 1995 promovierte er mit der Untersuchung *Mysterien: Zum Selbstverständnis romantischer Intellektueller*. Er lebt in Saarbrücken und lehrt an der dortigen Universität Germanistik. 1991 erhielt er den Förderpreis des »Literarischen März« (Leonce-und-Lena-Wettbewerb), 1993 den Friedrich-Hebbel-Preis, 1998 den Kleist-Preis, 1999 die Kieler Liliencron-Dozentur für Lyrik sowie 2000 den Preis der LiteraTour Nord.
Bereits in seinem ersten Gedichtband *Wie es weitergeht* (1992) bringt von Petersdorff zwei Haltungen zur Sprache, die seine Lyrik bestimmen. Einerseits treibt er ein reflexives Spiel mit den ästhetischen und gesellschaftlichen Diskursen der Moderne, von deren Protagonisten er sich mit provokantem Unbehagen abgrenzt. Zum anderen sucht er Zuflucht in einer zeitenthobenen Pragmatik, wo die moralisierende »Überzeugungsarbeit« etwa der engagierten Poesie keinen Platz mehr hat. In beiden Fällen variiert er das »Thema eines zukunftlosen Daseins« (Albert von Schirnding) vor dem Hintergrund verbrauchter Utopien. Seine sprachspielerische, selbstironische Schreibweise wurde von der Literaturkritik häufig als postmodern apostrophiert. Man wähnt sich in einem Netzwerk aus Zitaten, welches fortgesetzt Bezug nimmt nicht nur auf die Verheißungen und Entzauberungen der Literatur und Philosophie, sondern ebenso auf die Phänomene und Trivialmythen der Alltagskultur. All diese Bereiche vermischt von Petersdorff mit leichter Hand und lässt sie zum bloßen Material herabsinken, indem er

die Beliebigkeit ihrer gegenseitigen Durchdringung suggeriert. Dabei wechseln sich geistreicher Witz, Spott und Kalauer in einem Gestus der Überlegenheit ab. Von Petersdorffs Ablehnung richtet sich unter anderem gegen das Menschen- und Dichterbild der Alt- und Post-68er, gegen »Anwälte des Humanismus« und »Köche des Friedens«, namentlich Christoph Hein, Walter Jens oder auch Günter Grass. Sich selbst denunziert er indes als Epigonen und bekennt sich listig zur Unfähigkeit, aus dem Schatten der Vorbilder herauszutreten: »Ich bin Aufwärmer. Ich habe niemals selbst / gekocht.«

Dieser emanzipatorischen und zugleich resignativen Programmatik gesellt sich ein Leiden am »Rauschen der Zeit« bei, das in dem Band *Zeitlösung* (1995) deutlicher zutage tritt. Das Motto, eine abgewandelte Hofmannsthal-Sentenz, markiert einen temporären Übergang von der Ironie zum Pathos: »Die leichten Diskurse sind an die schweren wie an Luft und Erde gebunden. Durcheinander spielt sie alle das Dasein.« Mit diesem »Dasein« beschäftigen sich kontemplative Prosagedichte und Lieder, in denen eine dem Existenzialismus verwandte, an den Thesen der Posthistoire orientierte Stagnation und Verlorenheit herrscht: »Die Zeit rinnt zurück, / heißt es, im Schlaf.« Doch gleichzeitig hält von Petersdorff an einer – inzwischen weniger verbissenen – Ironie fest und setzt seine eklektizistischen Abgesänge auf die »großen Sinnkonstruktionen« der Geschichte fort.

So auch in dem dritten Gedichtband *Bekenntnisse und Postkarten* (1999), in dem zwanzigseitige Prosagedichte gereimten Emblemen und Postkarten gegenüberstehen, die nur wenige Zeilen umfassen. Ob gewitzte Karikatur oder authentisches Gefühl – von Petersdorff hält Spiel und Ernst in der Schwebe und thematisiert damit ein fundamentales Dilemma seiner Dichtergeneration: die Ungewissheit über die Wahrhaftigkeit der eigenen Rede. In seiner kulturkritischen Essaysammlung *Verlorene Kämpfe* (2001) greift er diesen Gedanken auf und plädiert für einen Anschluss an die »Fülle des Lebens«, während er die ästhetische Moderne als ritualisiert und »erschöpft« verurteilt, da sie keine Inhalte und Werte mehr vermittele. Dagegen helfe die Mimesis, »aus den Wüsten der Abstraktion zu entkommen«. Ausgehend von einer »offenen Gesellschaft« solle Dichtung überkommene Verdikte abstreifen und sich den Fundus des Überlieferten nutzbar machen.

Thomas Kastura

Werke: *Wie es weitergeht*, G., Ffm. 1992; *Zeitlösung*, G., Ffm. 1995; *Mysterienrede*, Diss., Tüb. 1996; *Bekenntnisse und Postkarten*, G., Ffm. 1999; *Verlorene Kämpfe*, Ess., Ffm. 2001.

Pietrass, Richard, wurde am 11. 6. 1946 als viertes von fünf Kindern eines Müllers und Landwirtes in Lichtenstein/Sachsen geboren. Seine Familie war kurz vor Kriegsende aus dem ehemals ostpreußischen Upalten (heute Polen) dorthin geflohen. Nach Abitur und Facharbeiterbrief arbeitete er 1965 als Metallhüttenwerker und Hilfspfleger. Nach dem Wehrdienst begann er ein Studium der klinischen Psychologie, das er als Forschungsstudent 1975 beendete. 1975 bis 1979 war er Lektor beim Verlag »Neues Leben« und bis 1978 Lyrikredakteur der Zeitschrift »Temperamente«. Ab 1977 fungierte er als Nachfolger von Bernd Jentzsch als Herausgeber der Reihe »Poesiealbum«; 1979 wurde er aus politischen Gründen entlassen. Seither lebt er als freier Schriftsteller, Übersetzer und Herausgeber in Berlin. Seit 1989 ist er Mitglied des deutschen P.E.N.-Zentrums, seit 2000 Mitglied der Sächsischen Akademie der Künste Dresden. 1992 erhielt er die Ehrengabe der Deutschen Schillerstiftung Weimar, 1994 den Literaturpreis des Kulturkreises im Bundesverband der Deutschen Industrie, 1999 den Wilhelm-Müller-Preis.

Als Christa Wolf in ihrer Büchnerpreis-Rede 1980 erklärte, ihre Generation sei »bis auf die Knochen ernüchtert« angesichts des gesellschaftspolitischen, wirtschaftlichen und ökologischen Trümmerfeldes, das sie in Gestalt der DDR als Vergegenständlichung eines moralisch ehrgeizigen, der Vernunft verpflichteten Denkens vor sich sehe, hatte sich für den eine Generation jüngeren Lyriker Richard Pietrass längst das Gedicht als geheimer, aber rettender Ausgang aus der Mutlosigkeit und Starre des realsozialistischen Alltags erwiesen. Bewusst nannte er seinen ersten Gedichtband deshalb *Notausgang* (1980). In ihm führte er erweitert fort, was er schon in dem programmatischen Gedicht *Das Wort* im Heft 82 der Reihe »Poesiealbum« als sein lyrisches Verfahren beschrieben hatte: »Tastende Hand / am Leib der Dinge / das bleibt das Wort // Immer vermag es alles / Immer vermag es nichts // Messer an der Zunge des Sängers / ist es doch größer / als das Schweigen.« Fällt in diesem Bändchen vor allem die karge, unverkennbar an der spanischen Lyrik Lorcas und Albertis geschulte Lakonie auf, mit der das lyrische Ich seine Unfreiheit und Einsamkeit benennt und seine Trauer angesichts eines Redens, das nichts mehr sagen darf oder will, so werden in *Notausgang* die Gegenkräfte der Poesie beschworen: Das Ich vergleicht sein Schreiben und die sich darin ausdrückende Dialogbereitschaft mit dem Auftauchen des Blauwals, den die Atemnot immer wieder an die Wasseroberfläche zwingt. Was der Sprechende, der seinen gesellschaftlichen Ort immer wieder neu zu bestimmen sucht, zu sagen hat, wird sehr viel stärker als in den früheren, eher begrifflichen Gedichten körperlich-bildlich gefasst.

Zwar hatte das VIII. Plenum des ZK der SED 1971 den Künsten neue Freiräume in Aussicht gestellt, aber schon das 1974 entstandene Gedicht *Einführung in die Metaphorik* rechnet mit enttäuschten politischen Hoffnungen ab und verweist ausdrücklich auf die untergründige Macht der Sprachbilder: »Das ist unser gesprungener / Kern: die Metapher. So weit / Gehen unsere Träume / Bis in das eigene, brennende Fleisch.« Eine Ahnung der kommenden Krisen steckt in diesen Zeilen und die Suche nach einer Verarbeitungs- und Ausdrucksmöglichkeit, die unter die Oberfläche der offiziell nur tolerierten Sprache dringt und damit für unbefugte Leser nicht unmittelbar zu entschlüsseln ist.

Vielleicht weil seine Familie vor seiner Geburt aus Ostpreußen geflohen war, stand Pietrass, der in einer sächsischen Kleinstadt geboren wurde und aufwuchs, dem Gründungspathos der DDR innerlich eher fern – obwohl er natürlich als Kind dort heimisch werden wollte. So erklärt sich später seine Reaktion auf die Biermann-Ausbürgerung 1976, bewusst im Land zu bleiben und sich – ironisch, lustvoll und unbeirrbar – als »Laus im Staatspelz« zu betätigen, aus einer unaufgeregten, wenn auch nicht unbeteiligten Sicht auf die politischen Verhältnisse.

Die Gedichte des 1982 erschienenen Bandes *Freiheitsmuseum* – schon der Titel verweist auf ein politisches Paradox – fragen nach der »Kunst zu leben« in einer Gesellschaft, in der aus dem Gott Pan ein »Pan Toffel« geworden ist. Oft dualistisch gebaut, listen die Texte mit enzyklopädischem Vergnügen Existenzielles und Alltägliches, Beklemmendes und Banales auf. Die Ironie und der Sarkasmus, die so aus den Zeilen springen, öffnen einen neuen, sich selbst unideologisch reflektierenden Sprachraum, der von innen heraus gestärkt wird durch eine Loslösung des Reimes vom Zeilenende: Bisher meist Paar- oder Kreuzreim, beginnt das Reimende nun frei durch die Zeilen zu wandern – ein Verfahren, das Pietrass immer weiter verfeinern wird.

Der Band *Spielball* (1987), der wohl am entschiedensten gesellschaftspolitisch Stellung bezieht, versammelt beschwörende Wortspiele, Umformungen und Sprachverrückungen jeder Art: »Spiegle ich mich, krieg ich Gespenster / Tanzende, ranzende Luft«, heißt es im Gedicht *Klima*. Dessen lebensbedrohende Veränderung, der fatalen Beherrschung der Welt durch den Menschen geschuldet (vgl. dazu den ökologisch radikalen Essay *Vom Vergehen der Arten*, 1987), steht im Zentrum der vier Kapitel, die mit *Schattenspiel, Muskelspiel, Taschenspiel* und *Linienspiel* vier Mechanismen der Machtausübung benennen. Poetisch sprechende, aufs Politische zielende Satire, zwischen Goethe, Novalis und Brecht listig hin- und herhüpfend, bringt die weltpolitischen Gefahren auf den DDR-Punkt: »Die das Herz im Halse tragen wird man in den Magen schlagen. / Die nicht singen und nicht sagen / werden hinterhergetragen«, heißt es frei nach Novalis. Im Essay *Lyrisch Roulette. Zensur als Erfahrung* (1993) schildert der Autor die schwierige Veröffentlichungsgeschichte dieses Bandes.

Die Sammlungen *Was mir zum Glück fehlt* (1989) und *Weltkind* (1990) folgten. In den letztgenannten Band konnten dank der Wende noch kurz vor dem Druck einige bisher unveröffentlichte, gesellschafts- und mentalitätskritische Texte aufgenommen werden. Das Gegengewicht zu dem spannungsreichen öffentlichen Raum, der den Alltag des Ichs bestimmt, bildet der Bereich der körperlich- geistigen Anziehung zwischen Mann und Frau, in dem Daseins- und Sinnenlust sich mit fröhlichem Spott mischen: »Mein Weib und ich wir gehn zu Bett, zu Tisch, zu Boden / treiben auf dem Flickenteppich, herzen den gordischen Knoten«, heißt es im Gedicht *Hohe Kante*.

Die bisher umfangreichste Werksammlung erschien 2001: *Die Gewichte. Hundert Gedichte*. Motivisch geordnet wird das ganze bisherige Werk aufgeblättert, und in einem angefügten ausführlichen Gespräch mit dem Herausgeber stellt der Autor sich in die Reihe der traditionsbewussten Neuerer: »Die Sprache der Lyrik kann nicht bei jedem Autor die Umgangssprache sein. Immer ist auch der Trupp der Sprachzertrümmerer und Sprachgeneratoren am Werk: Recycling und Crashtests gehören in die Sprachfabriken genauso wie die Patentabteilung. Man könnte Autoren auch danach klassifizieren, wie viele neue Zeichen sie in die Sprache eingebracht haben.« Entsprechend ist seine Gedichtsprache stark lautmalerisch; Um- und Neubildungen setzen die Akzente. Und breit ist das in der Tradition verankerte Formenspektrum: Volksliedstro-

phen finden sich neben Langgedichten, zweipolig gebaute Protokollgedichte neben epigrammatischen Texten, und Reimschemata werden mal kalkuliert widerständig, mal lustvoll aufgebrochen. Ebenso sieht sich das sprechende Ich, das seine Konturen in der aktiven Auseinandersetzung mit der äußeren Welt schärft, in einer herausfordernden Spannung zwischen angepasstem Leben und Regelverletzung, zwischen intellektuellen Selbstzweifeln und sinnlicher Gewissheit, Melancholie und Naturbegeisterung. Und das Gedicht verkörpert genau diesen Zwiespalt, weil es sich eher dem Trotz als der Hoffnung, der Selbstbehauptung mehr als dem Zukunftsversprechen verdankt, aber doch beider bedarf, um zu entstehen (wie der autobiografische Essay *Rolle rückwärts*, 1991, erläutert). Zum Gelegenheitsgedicht im besten Sinne bekennt sich der Autor, um den Augenblick in seiner Besonderheit aufzubewahren – und zu damit verbundenen, einmal eingeschlagenen Stil-Wegen und einer diese immer wieder verlassenden Formenvielfalt.
2002 erschien der Band *Schattenwirtschaft* (der Arbeiten aus den Jahren 1986 bis 1999 enthält); das Kapitel *Letzte Gestalt* ist seiner 1993 gestorbenen Frau Erika gewidmet. Aus dem früheren *Schattenspiel*, das in Fantasie und Alltag Überlebensräume erkundete, ist in den Neunzigerjahren ein Beobachten von ökonomischen Zwängen geworden, denen sich das Ich nur gewachsen fühlt dank seines Genusses der intensiven und hellen Körperlichkeit der Welt. Der gesellschaftspolitische Blick hat sich zu einem existenziell-kommunikativen geweitet; das Beschreiben von Bewegungen ersetzt in den erzählenden, meist ungereimten Gedichten das auflistende Einkreisen der Dinge.

Nicole Henneberg

Werke: *Poesiealbum 82. Gedichte,* Ost-Bln.1974; *Auswahl 76. Neue Lyrik. Neue Namen,* Hg., zus. mit H. J. Schubert und W. Trampe, Ost-Bln. 1976; *Auswahl 78. Neue Lyrik. Neue Namen,* Hg., zus. mit H. J. Schubert und W. Trampe, Ost-Bln. 1978; *Notausgang,* G., Ost-Bln. 1980; *Freiheitsmuseum,* G., Ost-Bln. 1982; *Uwe Gressmann: Lebenskünstler. Gedichte. Faust. Lebenszeugnisse. Erinnerungen an Gressmann,* Hg., Lpz. 1982; *Albin Zollinger: Stille des Wunders,* Hg., Ost-Bln. 1984; *Inge Müller: Wenn ich schon sterben muss,* Hg., Ost-Bln., Weimar 1985; *Spielball,* G., Ost-Bln., Weimar 1987; *Seamus Heaney: Norden,* Übs., Lpz. 1987; *Hans Arp: Opus null,* Hg., Ost-Bln., Weimar 1988; *H. C. Artmann: Wenn du in den Prater kommst,* Hg., Ost-Bln. 1988; *Was mir zum Glück fehlt,* G., Ffm. 1989; *Frau Naseweis,* Kinderb., Bln. 1990; *Edith Södergran: Klauenspur. Gedichte und Briefe,* Hg., Lpz. 1990; *Ostkreuz,* Pr., Bln. 1990; *Weltkind,* G., hg. v. Ursula Heuenkamp, Lpz. 1990; *Boris Pasternak: Die Gedichte Juri Shiwagos,* Übs., in: ders.: *Doktor Schiwago,* Ffm. 1991; *Lars Gustafsson: Gedichte,* Hg., Bln. 1992; *Letzte Gestalt. Elf Gedichte,* Warmbronn 1994; *Uwe Gressmann: Schilda,* Hg., zus. m. Andreas Koziol, Bln. 1996; *Seamus Heaney: Tod eines Naturforschers,* Übs., Lachen a. Zürichsee 1996; *Randlage. Zwölf Gedichte,* Warmbronn 1996; *Grenzfriedhof,* G., Bln. 1998; *Milan Rúfus: Strenges Brot,* Übs., zus. m. Uwe Grüning, Blieskastel 1998; *Seamus Heaney: Dank an die Poesie. Nobelpreisrede,* Warmbronn 1999; *Kolonnenweg,* G., Aschersleben 2000; *Die Gewichte. Hundert Gedichte,* Ebenhausen 2001; *Schattenwirtschaft,* G., Lpz. 2002.

Piontek, Heinz, geboren am 15. 11. 1925 in Kreuzburg/Oberschlesien, wurde 1943 »von der Schulbank weg« zum Arbeitsdienst und Wehrdienst einberufen. 1945 geriet er im Bayerischen Wald für kurze Zeit in amerikanische Kriegsgefangenschaft. Nachher hielt er sich in Waldmünchen/Oberpfalz auf und arbeitete dort im Steinbruch. 1946 ging er nach München, wo er als Bauhilfsarbeiter beim Wiederaufbau der zerstörten Stadt eingesetzt wurde. Erste journalistische Veröffentlichungen erschienen. 1947 zog Piontek nach Lauingen/Donau um. Er holte das Abitur nach und studierte drei Semester Germanistik an der Phil.-Theol. Hochschule in Dillingen/Donau. Seit 1948 lebt er als freier Schriftsteller. 1951 heiratete er, 1952 veröffentlichte er sein erstes Buch, den Gedichtband *Die Furt*. 1954 erhielt er ein einjähriges Stipendium des Bertelsmann-Verlages. 1955 zog er nach Dillingen, 1961 nach München. 1964 unternahm Piontek auf Einladung des Goethe-Institutes eine Lesereise durch Spanien. 1968 reiste er als westdeutscher Vertreter zu den internationalen Baudelaire-Feiern in Paris und hielt eine Lesung im »Odéon«. 1969 gründete er das Internationale Jahrbuch für Literatur »ensemble« und fungierte bis 1979 als Mitherausgeber. 1980 eröffnete er als Herausgeber die Buchreihe »Münchner Edition« des Schneekluth-Verlages, die er bis 1986 betreute. 1982 begann die Handschriftenabteilung der Bayerischen Staatsbibliothek mit dem Aufbau eines Piontek-Archivs. 1985 erhielt Piontek anlässlich seines 60. Geburtstages das Bundesverdienstkreuz; es erschien ein »Hommage-Band«, an dem sich 26 literarische Freunde beteiligen; das Oberschlesische Landesmuseum ehrte den Autor mit der Ausstellung »Wurzeln und Werk eines Dichters aus Oberschlesien«. Piontek ist seit 1960 Mitglied der Bayerischen Akademie der Schönen Künste, seit 1965 des P.E.N.-Clubs und seit 1969 Mitglied der Deutschen Akademie für Sprache und Dichtung in Darmstadt. Er erhielt

1957 den Förderpreis »Junge Generation« des Fontane-Preises und den Andreas-Gryphius-Preis, 1958 den Preis der Bayerischen Akademie der Schönen Künste, 1960 das Villa-Massimo-Stipendium, 1967 den Münchener Literaturpreis, 1971 den Eichendorff-Literaturpreis und den Tukan-Preis der Stadt München, 1972 den Alma-Johanna-König-Preis, Wien, 1974 den Großen Literaturpreis des Kulturkreises im Bundesverband der Deutschen Industrie, 1976 den Georg-Büchner-Preis, 1981 den Werner-Egk-Preis und 1983 den Oberschlesischen Kulturpreis.

Rasch bekannt wurde Piontek durch seinen 1952 erschienenen Gedichtband *Die Furt*, in dem die Kritik eine eigene Sprache, empfindliche Optik, genaue Verteilung der Gewichte und Sättigung durch Anschauung erkannte – Qualitäten, die für Pionteks weitere Lyriksammlungen kennzeichnend blieben, für *Die Rauchfahne* (1953), *Wassermarken* (1957), *Mit einer Kranichfeder* (1962), *Klartext* (1966), *Tot oder lebendig* (1971), *Wie sich Musik durchschlug* (1978). Begonnen hatte Piontek mit Naturgedichten (die oft gereimt waren); im Laufe der Jahre wandte er sich dann in immer stärkerem Maße existenziellen, zeitgeschichtlichen, auch politischen Themen zu, die sich in eher parlandoartigen Strophen ausprägten. Die Lyrik ist bis heute die Mitte von Pionteks Arbeit geblieben. Unverkennbar erscheint ihr auf weite Strecken hin meditativer Charakter. Von Anfang an hatte sie humane Transparenz. Und sie kennt jene »harsche Heiterkeit«, die die ausgehaltene Trauer verrät. Besonders eindrucksvoll etwa, wie er in wenigen volksliedhaften Strophen seines Gedichtes *Herkunft* die ganze Menschheitsgeschichte in Bilder fasst: von der Schöpfung (»Aus Klumpen Lehm der Alte«) über die Hirtenkultur bis zur Völkerwanderung und Sesshaftigkeit und wie er sich selbst an das Ende der vielen, durch Krankheit und frühen Tod gefährdeten Generationen setzt: »Sie wussten, sie mussten erliegen. / Aber sie wehrten sich. / Der Letzte schlachtete Ziegen / und zeugte mich.«

Früh ist Piontek auch mit erzählender Prosa hervorgetreten, zunächst mit dem Erzählungsband *Vor Augen* (1955), acht Jahre später mit *Kastanien aus dem Feuer* und schließlich – 1967 – mit seinem ersten Roman *Die mittleren Jahre*, dem 1976 und 1979 die Bände *Dichterleben* und *Juttas Neffe* folgten. Seine lebendig geschriebenen autobiografischen Romane *Zeit meines Lebens* (1984) und *Stunde der Überlebenden* (1989) stellen wichtige Zeitzeugnisse dar. Eine dritte Komponente bilden Pionteks Essays, etwa über die »lyrische Praxis«, die deutsche Kurzgeschichte, über Friedo Lampe, Felix Hartlaub, Lesskow u.a. 1993 veröffentlichte Piontek das Buch *Goethe unterwegs in Schlesien*, das er im Untertitel *Fast ein Roman* nannte. Er schildert darin einen Aufenthalt Goethes – meist an der Seite seines Herzogs – im Sommer 1790 in Schlesien und die Begegnung mit Henriette von Lüttwitz. Auch neue Gedichtbücher erschienen in den Neunzigerjahren, so die *Morgenwache* (1991), in die der Autor – neben den eigenen Versen – auch Übertragungen von Gedichten Ungarettis und Audens aufnahm. Von Melancholie erfüllte Strophen finden sich in der Sammlung *Neue Umlaufbahn* (1999). Kennzeichnend sind etwa Stichworte, die einzelne Gedichtgruppen zusammenfassen, wie »Kalt ist der Abendhauch« oder »Heimweh nach den Sternen«. Charakteristisch auch für dieses Buch ist die Durchsichtigkeit der Zeilen. Einmal formulierte es Piontek so: »… das Klare und Helle / liebend wie eh …«

Walter Helmut Fritz

Werke: *Das Inselhaus*, R., unveröff.; *Die Furt*, G., Esslingen 1952; *Die Rauchfahne*, G., Esslingen 1953, erw. Aufl. 1956; *Licht über der Küste*, Funk-Dichtg., 1954; *Vor Augen. Proben und Versuche*, E., Esslingen 1955; *Wassermarken*, G., Esslingen 1957; *Buchstab, Zauberstab. Über Dichter und Dichtung*, Ess., Esslingen 1959; *Aus meines Herzens Grunde. Evangelische Lyrik aus vier Jahrhunderten*, Hg., 1959; *John Keats: Gedichte*, Übs., Wiesb. 1960; *Weißer Panther*, Hsp., Stg. 1962; *Rote Pfeile*, Hsp. 1962; *Fremde in Sodom*, Hsp. 1962; *Damals in den Weinbergen*, Hsp. 1962; *Mit einer Kranichfeder*, G., Stg. 1962; *Kastanien aus dem Feuer*, E., Kurzgesch., Prosastücke, Stg. 1963; *Die Zwischenlandung*, Hsp. 1963; *Windrichtungen. Reisebilder, mit einer autobiografischen Skizze*, Stg. 1963; *Vor Robinsons Insel*, Hsp. 1964; *Neue deutsche Erzählgedichte*, Hg., Stg. 1964; *Randerscheinungen*, G., Darmst. 1965; *Hinweise, Erläuterungen, Proben, Daten*, Hbg. 1966; *Klartext*, G., Hbg. 1966; *Unser ganzes Leben. Ein Hausbuch*, Mit-Hg., 1966; *Die Lieder des Georg von der Vring*, Fssp. 1966; *Die mittleren Jahre*, R., Hbg. 1967; *Augenblicke unterwegs. Deutsche Reiseprosa unserer Zeit*, Hg., Hbg. 1968; *Außenaufnahmen*, E., Baden-Baden 1968; *Liebeserklärungen in Prosa*, Hbg. 1969; *Doppeltes Spiel*, Hsp. 1969; *Männer, die Gedichte machen. Zur Lyrik heute*, Ess., Hbg. 1970; *Im Winter, wenn es schneit*, Köln 1970; *Ensemble 2: Lyrik, Prosa, Essay*, Hg., zus. m. C. Podewils, Mü. 1971; *Die Erzählungen 1950–1970*, Mü. 1971; *Tot oder lebendig*, G., Hbg. 1971; *Klarheit schaffen*, Auswahlbd., hg. v. F. Bentmann, Karlsruhe. 1972; *Deutsche Gedichte seit 1960*, Anth., Hg., Stg. 1972; *Helle Tage anderswo. Reisebilder*, Mü. 1973; *Gesammelte Gedichte 1949–1974*, Hbg. 1975; *Leben mit Wörtern. Zum 50. Geburtstag des Autors*, Percha 1975; *Die Zeit der anderen Auslegung*, Darmst. 1976; *Dichterleben*, R., Hbg. 1976, neue Fssg. Würzb. 1996; *Das Schweigen überbrücken. Meditationen, Gedichte, Szenen, Erzählungen*, Gütersl. 1977; *Wintertage, Sommernächte. Gesammelte Erzählungen und Reisebilder*, Mü. 1977; *Dunkelkammerspiel. Spiel, Szenen und ein Stück*, ges. Hsp., Percha 1978; *Gesammelte Erzählungen*, Mü. 1978; *Wie sich Musik durchschlug*, G., Hbg. 1978; *Träumen, Wachen, Widerstehen. Aufzeichnungen aus diesen Jahren*, Mü. 1978; *Juttas Neffe*, R., Mü. 1979; *Das Handwerk des Lesens. Erfahrungen mit Büchern und Autoren*, Ess., Mü. 1979; *Vorkriegszeit*, G., Mü. 1980; *Lieb, Leid und Zeit und Ewigkeit. Deutsche Gedichte aus 1000 Jahren*, Hg., Hbg. 1981; *Was mich nicht loslässt*, G., Mü. 1981; *Ja, mein Engel. Die besten deutschen Kurzgeschichten*, Hg., Mü. 1981; *Werke in sechs Bänden*, Mü. 1982–1985; *Früh im September. Die Gedichte. G. aus fremden Sprachen*, Mü. 1982; *Schönheit: Partisanin. Schriften zur Literatur. Zu Person und Werk*, Mü. 1983; *Die Zeit einer Frau. Sechs Erzählungen*, Stg. 1984; *Zeit meines Lebens. Autobiografischer Roman*, Mü. 1984; *Farbige Schatten. Die Aufzeichnungen. Die Reiseprosa*, Mü. 1984; *Feuer im Wind. Die Erzählungen, die Hörspiele, eine Komödie*, Mü. 1985; *Ehe der Wind umsprang*, G., Waldbrunn 1985; *Eugen Gottlob Winkler: Die Dauer der Dinge. Dichtungen, Essays, Briefe*, Hg., Mü. 1985; *Helldunkel*, G., Freib./Br. 1987; *Jeder Satz ein Menschengesicht. Schriftsteller über ihren Beruf*, Anth., Hg., Mü. 1987; *Freies Geleit*, hg. v. Elisabeth Antkowiak, Lpz. 1989; *Werkauswahl*, 2 Bde., Sigmaringen 1990; *Stunde der Überlebenden. Autobiografischer Roman*, Würzb. 1989; *Morgenwache. Neue Gedichte*, Würzb. 1991; *Nach Markus*, E., Würzb. 1991; *Goethe unterwegs in Schlesien. Fast ein Roman*, Würzb. 1993; *John Keats: Auf eine griechische Urne*, Übs., Ffm. 1996; *Neue Umlaufbahn*, G., Würzb. 1999; *Anhalten um eine Hand*, Würzb. 2002; *Indianersommer. Ausgewählte Gedichte*, Würzb. 2002.

Piwitt, Hermann Peter, geboren am 28. 1. 1935 in Wohldorf bei Hamburg, wuchs in Hamburg und Frankfurt am Main auf und studierte dann Literaturwissenschaft, Philosophie und Soziologie, unter anderem bei Theodor W. Adorno und Walter Höllerer in Frankfurt am Main, München und Berlin. 1967 war er Lektor im Rowohlt-Verlag Reinbek, kehrte dann 1968 nach Berlin zurück und arbeitete bei der Zeitschrift »konkret« mit. Seit 1969 lebt er als freier Schriftsteller in Hamburg. Er ist Mitglied des deutschen P.E.N.-Zentrums. Lehraufträge nahm er 1973 in Warwick/England, 1975 in Bremen und 1999 in Swansea/Wales wahr. Er erhielt 1968 den Förderungspreis Literatur zum Kunstpreis Berlin und 1971/72 ein Villa-Massimo-Stipendium.

Hermann Peter Piwitt interessieren nach eigenen Angaben »die Fünfzigerjahre als Blütezeit des wirtschaftlichen und politischen Aberglaubens«, in der wirtschaftliche Erfolge politische Fragen verdrängten. Die Unfähigkeit der Nachgeborenen, mit dem Opportunismus der Väter fertig zu werden, spiegelt sich bereits in den Prosastücken seines Debütbandes *Herdenreiche Landschaften* (1965); Lethargie, die grüblerische Flucht in »Betthöhlen«, die Angst vor Veränderung, »liegende Männer« am Rande der geistigen Verwahrlosung, bildhaft nur noch als leblose Teile von Sumpflandschaften existent, melancholische Selbstreflexion und Apathie: »Es sagt mir nichts. Genauso gut könnte jemand von sich behaupten, dass er ein Strumpf, ein Korb voll Äpfel, mein Arm oder der liebe Gott sei. Ich sage noch einmal: Es sagt mir nichts.« Zudem scheinen die Abhängigkeitsverhältnisse der antagonistischen Klassen starr und festgeschrieben zu sein, der Blick auf die Wirklichkeit von den kapitalistischen Interessen der Mächtigen verstellt. Der Marxist Piwitt plädierte in seinen Essaybänden *Das Bein des Bergmanns Wu* (1971) und *Boccherini und andere Bürgerpflichten* (1976) für Sensibilität und Fantasie in der »politischen Praxis der Literatur« als »Form der Aneignung von Wirklichkeit«, um Bewusstseinsprozesse überhaupt möglich zu machen.

Blieb der Roman *Rothschilds* (1972) – der Versuch, eine gescheiterte Liebesgeschichte aus dem Bohememilieu im Frankfurt der Fünfzigerjahre aus dem Verdrängen der Vätergeneration und einer damit zusammenhängenden Lebens- und Liebesunfähigkeit der jungen Generation zu erklären –, noch im Konstrukt literarisierter Thesen gefangen, so stellt der Roman *Die Gärten im März* (1979) die überzeugende Gestaltung dieses Lebensgefühls dar. Der krankgeschriebene Drucker Pocher rekonstruiert schreibend in seiner Freizeit das Leben seines verschwundenen Freundes Ponto, eines aus so genanntem gutem Hause stammenden ehemaligen Jurastudenten, der mit der braunen Vergangenheit seines Vaters nicht zurechtkam; nunmehr eine Mischung aus Anarchist und Lebenskünstler, ein antibürgerlicher Held zwischen Suff und Snobs, Starkbierhalle und Schickeriafesten, ein »herrlich kaputter Typ«, der orientierungslos durch die Gegend schwankt, »vollendete Umgangsformen der Selbstvernichtung« beherrscht, zum belächelten Pausenclown der Bourgeoisie avanciert und sich am Ende dem Lebensüberdruss für immer entzieht: »Väter gleich Täter. Wenn der Reim so einfach wäre.«

Piwitt bemüht sich in den Erinnerungen und Reflexionen seines Bandes *Deutschland. Versuch einer Heimkehr* (1981), und nicht nur da, um differenzierte Beobachtungen und Urteile. Eine sich selbst entblößende Realität habe aggressive Provokationen überflüssig gemacht. Heimat wird so von Piwitt zunehmend als Verlust empfunden.

Der Roman *Der Granatapfel* (1986) erzählt die fiktive Autobiografie des italienischen Schriftstellers und Nationalhelden Gabriele d'Annunzio (1863–1938). Aus der rückblickenden Perspektive des 80-jährigen Gianbattista Taumaturga (= d'Annunzio), der kurz nach dem Ende des Zweiten Weltkrieges am Gardasee seine Memoiren schreibt, entsteht das Portrait einer schillernden Gestalt, eines Ästheten und zielbewussten Pragmatikers, eines Frauenhelden und Zynikers. D'Annunzio, Repräsentant einer dekadenten Fin-de-Siècle-Stimmung, entspricht mit seinem Erfolgsrezept – »Den Zeitgeist orten. Und ihm dann wie eine Fahne voraus sein im Wind, den er macht. Nur so läuft es« – dem vielgesichtigen, immer wieder reüssierenden Opportunismus, dem Piwitt mit seiner literarischen Arbeit den Kampf angesagt hat. Als Variante und Fortführung des *Granatapfels* erschien 1993 der Roman *Die Passionsfrucht*, in dem von der Liebesbeziehung des alten Kunstprofessors Mahler und der schönen, exzentrischen Malerin Clara und ihrer Reise in die »blaunebligen Mattigkeiten« des italienischen Spätsommers erzählt wird. Das geschichtsträchtige Terrain, das die beiden bereisen, und die Begegnung mit dem Tischler Dario, einem ehemaligen Partisanen, dem er im Krieg als Feind gegenübergestanden haben könnte und der – ein kleiner, vom Erzähler bewusst gesetzter Anachronismus – d'Annunzio nach der Zerschlagung des italienischen Faschismus bewachen musste, all dies konfrontiert Mahler mit einer Zeit, die in seinem Leben längst keine Rolle mehr gespielt hatte. Der von Dario geschilderte Rückzug der Deutschen aus Italien, seine Erlebnisse im Widerstand wie auch seine Beschreibungen von d'Annunzio und Mussolini fesseln Mahler und machen ihm bewusst, wie gegenwärtig dies noch für ihn und wie weit Clara doch von all dem entfernt ist. Sein Tagtraum zerbricht, er sieht sich als »Clown seiner Laster«, der Clara als Projektion seiner Wünsche missbraucht hat. In nur wenigen Momenten kann er diesen Eindrücken am Gardasee entfliehen, dann unterbrechen poetische Bilder voller Luzidität den kantigen Tonfall des Erzählers, der skrupulös immer das Konstruierte des Textes, das fiktive Moment seines Erzählens betont. Denn er sieht die Gefahr einer Instrumentalierung der Sprache (wie bei d'Annunzio) genauso wie ihre Unzulänglichkeit, wenn zum Beispiel, wie bei Mahler und Clara, Gefühle artikuliert werden sollen. So spielt er am Ende ironisch mit Attitüden und seiner eigenen Identität, die er selbst erfindet und damit auflöst. Dem entspricht *Ein unversöhnlich sanftes Ende* (1998), das zwar als Roman firmiert, aber als Geflecht vieler Miniaturen, als erzählerisches Prisma, das »geschlossene Wahnsystem« Welt zwischen Badeanstalt und Frittenbude so genau wie ratlos widerspiegelt.

Thomas Kraft

Werke: *Miodrag Bulatovic: Die Liebenden*, Übs., zus. m. Miodrag Vukic, Mü. 1960; *Miodrag Bulatovic: Der rote Hahn fliegt himmelwärts*, Übs., zus. m. Miodrag Vukic, Mü. 1960; *Jugoslawische Erzähler der Gegenwart*, Hg., 1962; *Miodrag Bulatovic: Der Schwarze*, Übs., zus. m. Miodrag Vukic, Mü. 1963; *Herdenreiche Landschaften*, En., Hbg. 1965, erw. Neuausg. Bielefeld 1985; *Das Gästehaus*, R., zus. m. Peter Bichsel, Walter Höllerer u.a., Bln. 1965; *Das Bein des Bergmanns Wu. Praktische Literatur und literarische Praxis*, Ess., Ffm. 1971; *Rothschilds*, R., Hbg. 1972; *Boccherini und andere Bürgerpflichten*, Ess., Hbg. 1976; *Literaturmagazin 5: Das Vergehen von Hören und Sehen*, Hg., zus. m. Peter Rühmkorf, Reinbek 1976; *Die siebente Reise. 14 utopische Erzählungen*, Hg., zus. m. Roman Ritter, Mü. 1978; *Die Gärten im März*, R., Hbg. 1979; *Deutschland – Versuch einer Heimkehr*, R.-Ess., Hbg. 1981; *Die Umseglung von Kap Hoorn durch das Vollschiff Susanne 1909 in 52 Tagen. Einmischungen aus 10 Jahren*, Ess., Hbg. 1985; *Herdenreiche Landschaften und Aufspürung meiner Sorgen*, Bielefeld 1986; *Der Granatapfel*, R., Hbg. 1986; *Die Passionsfrucht*, R., Reinbek 1993; *Ein unversöhnlich sanftes Ende*, R., Reinbek 1998.

Plenzdorf, Ulrich, wurde am 26. 10. 1934 in Berlin-Kreuzberg geboren. Seine Eltern, beide Kommunisten, waren unter Hitler inhaftiert. Plenzdorf besuchte ein Internat, machte 1954 Abitur und studierte zunächst Philosophie in Leipzig. Von 1955 bis 1958 war er tätig als Bühnenarbeiter, leistete 1958/59 in der DDR seinen Wehrdienst ab und studierte dann bis 1963 an der Filmhochschule Babelsberg, wo er im DEFA-Studio als Szenarist und Filmdramaturg beschäftigt war. Er engagierte sich in der alternativen Friedensbewegung und erklärte sich 1975 mit den zwölf Erstunterzeichnern des gegen die Ausbürgerung Wolf Biermanns protestierenden Briefes solidarisch. Plenzdorf erhielt u.a. 1973 den Heinrich-Mann-Preis, 1978 den Ingeborg-Bachmann-Preis, 1995 den Adolf-Grimme-Preis.

Dem Erscheinen von Plenzdorfs Text *Die neuen Leiden des jungen W.* (1973), der seit 1968 als Filmszenarium der DEFA vorlag, schloss sich eine kulturpolitisch geförderte öffentliche Diskussion an, die die Literaturdebatte in der DDR, gestützt auf ein neues Selbstverständnis der jüngeren Generation, wieder auf literarische Probleme brachte. Dies nicht allein, weil der jugendliche Held, Edgar Wibeau – Musterschüler und Sohn einer Werkleiterin – die Lehre abbricht, sich in eine Laube zurückzieht, eine Romanze kaum übersteht und schließlich aus Versehen bei der Erfindung einer Sprühdose durch einen Kurzschluss stirbt. Zur Diskussion reizte auch die jugendliche Unmittelbarkeit und Vorurteilslosigkeit, die sich vor allem in einem sozial nur schwer festlegbaren Jargon ausdrückt, mit dem sich der Anti-Held Edgar an »Old-Werther« reibt und diesen fast karikiert: Charlie bleibt bei ihrem spießigen und konformistischen Germanisten, Werthers Liebe zu Charlotte wird entsublimiert, indem der im Stück vorweggenommene Selbstmord, die unerbittliche Konsequenz Werthers, bei Plenzdorf materialisiert wird: Die alten und die neuen Leiden bleiben getrennt. Denn an dem auf dem »Lokus« gefundenen Goethe-Text des Reclam-Heftes soll Gegenwärtiges aus ironisch-parodistischer Distanz demonstriert werden. Werther ist ganz unbefangen zugleich fern und nah. Wibeaus Lieblingsbuch ist Jerome D. Salingers *Fänger im Roggen* (dt. 1965) Wichtig für Plenzdorfs »Helden« wird Salingers Kritik an der Heuchelei und Falschheit einer Gesellschaft, die beim Thema Erziehung und Schule den kritischen Blick auf die Gesellschaft richtet. Ohne einen Hauch Harmonisierung geht es auch bei »Neu-Werthers« Tod nicht: Er stirbt für eine technische Erfindung, was an bekannte Klischees, wonach der Sozialismus dann »real« erscheint, wenn er mit der Produktivität gleichgesetzt werden kann, erinnert.

Plenzdorfs Prosastück *kein runter, kein fern* (1978, nie in der DDR publiziert) – für das er den Klagenfurter Bachmann-Preis erhielt – ist Montage eines artistisch dargebotenen inneren Monologs, den ein debiler Halbwüchsiger vor sich hinbrabbelt, der zur Mauer will, um die Rolling Stones zu hören; konterkarierend untermischt ist dessen Gestammel mit der Propagandasprache zum 20. Jahrestag der DDR. Auch in Plenzdorfs Roman *Legende vom Glück ohne Ende* (1979) wird zwar das Beharren auf individuellem Glück ernst genommen, aber die »Heldin« Paula wird Opfer einer versuchten Selbstverwirklichung: Als sie von einem Funktionär ein uneheliches Kind bekommt, stirbt sie. Plenzdorf, der heute primär Filmdrehbücher und Fernsehserien schreibt, ist als der Autor des DDR-Werthers in die Literaturgeschichte eingegangen. Den breiten literarischen Erfolg der *Neuen Leiden des jungen W.* hat er nicht wiederholen können.

Hans-Jürgen Schmitt

Werke: *Mir nach, Kanaillen!*, Drehb., Film, Regie: Ralf Kirsten, 1964; *Karla*, Drehb.,1965, Film, Regie: Hermann Zschoche,1990; *Weite Straßen – stille Liebe*, Drehb., Film, 1969; *Kennen sie Urban?*, Drehb., Film, Regie: Ingrid Reschke, 1970; *Die neuen Leiden des jungen W.*, E. u. Theaterst., UA Halle 1972, Prosafssg. Rostock 1973, Film, Regie: Eberhard Itzenplitz, 1976; *Die Legende von Paul und Paula*, Drehb., Film, Regie: Heiner Carow, 1973, R., Ffm. 1974; *Buridans Esel. 46 Szenen nach Günter de Bruyns Roman*, Theaterst., UA Leipzig 1975, Film, Regie: H. Zschoche u. d. T.: *Glück im Hinterhaus*, 1980; *Karla, Der alte Mann, das Pferd, die Straße. Texte zu Filmen*, Ffm. 1978; *»Kein runter, kein fern«*, E., in: *Fink/Reich-Ranicki/Willner: Klagenfurter Texte*, Ffm. 1978; ferner in: *Geschichten aus der DDR*, hg. v. H.-J. Schmitt, Hbg. 1979, überarb. Fssg. UA Berlin 1990; *Der König und sein Narr*, Drehb., nach R. v. Martin Stade, Film, Regie: Frank Beyer, 1979, Theaterst., UA Potsdam 2001; *Legende vom Glück ohne Ende*, R., Rostock 1979, Theaterst., UA Schwedt 1983; *Es geht seinen Gang oder Mühen in unserer Ebene*, Drehb., nach R. v. Erich Loest, Film, Regie: Günter Gräwert, 1982; *Insel der Schwäne*, Drehb., Film, Regie: H. Zschoche, 1983; *Gutenachtgeschichte*, E., Rostock 1983; *Ein Tag länger als ein Leben*, Theaterst., nach R. v. Tschingis Aitmatow *Der Tag zieht seinen Jahrhundertweg*, UA Berlin 1986; *Freiheitsberaubung*, Theaterst., nach E. von Günter de Bruyn, UA Berlin 1988; *Zeit der Wölfe*, Theaterst., nach R. v. Tschingis Aitmatow *Die Richtstatt*, UA Potsdam 1989; *Der Fall Ö*, Drehb., Film, Regie: R. Simon, 1989; *Der Verdacht*, Drehb., n. Volker Braun, Film, Regie: Frank Beyer, 1990; *Hüpf, Häschen, hüpf!*, Drehb., Film, Regie: C. Steinke, 1991; *Vater, Mutter, Mörderkind*, Drehb., Film, Regie: H. Carow, 1992, Theaterst., UA Frankfurt/Oder 1993; *Das andere Leben des Herrn Kreins*, Fssp., n. Theaterst. v. D. Kovacevic, 1993; *Liebling Kreuzberg*, TV-Serie, Drehb. für 13 Folgen. Regie: Werner Masten, 1994; *Reform, Revolte, Revü*, Politrevue, UA Stuttgart 1995; *Matulla und Busch*, Drehb., n. R. v. Klaus Schlesinger, Film, Regie: Matthias Geschonneck, 1995; *Der Trinker*, Drehb., n. E. v. Hans Fallada, Film, Regie: Tom Toelle, 1995; *Der Laden*, Drehb., n. R. v. Erwin Strittmatter, dreiteiliger TV-Film, Regie: J. Bair, 1998; *Abgehauen*, Drehb., Dokumentarsp., Regie: Frank Beyer, 1998; *Richard van Camp: Die ohne Segen sind*, Übs., Ravensb. 2000; *4 Tage im Mai*, Drehb., nach Uwe Johnsons *Reifeprüfung*, 2001.

Pleschinski, Hans, geboren am 23. 5. 1956 in Celle, wuchs in Wittingen/Lüneburger Heide auf. Er studierte in München Germanistik, Romanistik und Theaterwissenschaft. Seit 1984 ist er regelmäßiger Mitarbeiter des Bayerischen Rundfunks und lebt als freier Autor in München. 1984 erhielt er für erste Arbeiten den Hungertuch-Preis des VS Hessen, 1986 folgte der Förderungspreis für junge Schriftstellerinnen und Schriftsteller des Freistaats Bayern und 1995 und 2002 der Tukan-Preis der Landeshauptstadt München.

Bereits 1978 hatte Pleschinski mit 22 Jahren eine Erzählung verfasst, die erst ebenso viele Jahre später veröffentlicht wurde: *Zerstreung. Spanische Novelle* (2000). Die Geschichte eines jungen Bremer Filmemachers, der in Spanien Ideen für ein Feature über das Ende der Franco-Diktatur sucht und auf dieser Reise seine eigene Befreiung vom Diktat politischer Handlungsvorgaben und Dogmen erfährt, bezeichnet den Aufbruch zum Subjektivismus der 78er-Generation: Abkehr von Ideologien, stattdessen Lebensgenuss und postmodernes Schreiben als Flanieren zwischen unbegrenzten formalen und inhaltlichen Möglichkeiten. Dies, ebenso wie kursorisches Räsonieren in kultiviertem Parlando, ins elegant Dandyhafte stilisiertes autobiografisches Erzählen und die Überzeugung, dass Ironie die einzig mögliche Methode ist, sich mit dieser Welt auseinander zu setzen, sollten fortan zum Charakteristikum in Pleschinskis Büchern werden. So führt er in seinem ersten Buch *Gabi Lenz. Werden & Wollen* (1984) den Werkstattbericht einer zum Schreiben gekommenen Sozialarbeiterin als leichthändige Satire auf den Innerlichkeitskitsch einer Selbsterfahrungs- und Betroffenheitsliteratur vor. Dabei hält er Wahrheit und Überzeichnung, zivilisationskritischen Impetus und bissige Persiflage in humoristischem Gleichgewicht.

Das in *Zerstreuung* angeschlagene Motiv einer Bildungsreise spinnt Pleschinski auch in seinem zweiten Buch *Nach Ägyppten. Ein moderner Roman* (1984) fort. Die Geschichte des Abiturienten Frank aus Duderstadt und seine den Zufällen des Lebens gedankte Tour durch diverse Städte Europas nutzt er zur rasanten Parodie auf die literarischen Gattungen des Entwicklungs-, Schelmen-, Reise- und Abenteuerromans. Mit Ironie und Koketterie lässt er seinen Protagonisten alle Register ziehen von altklugen wie lebensphilosophischen und kulturkritischen Betrachtungen, die einen weiteren Grundtenor von Pleschinskis Schreiben anschlagen: eine heitere Nonchalance auch den desolaten Aspekten der Existenz gegenüber, entschlossen, das »Leben als befristeten Festakt« zu inszenieren.

Pest und Moor. Ein Nachtlicht (1985) geriert sich als Fantasy-Groteske aus dem mittelalterlichen Pommern, mit Science-Ficton-Träumen von Glühbirnen, Aspirin und Heizlüftern. Die verfrühte Erfindung der Neuzeit muss erwartungsgemäß scheitern, bietet aber Gelegenheit für ein fabulierfreudiges Spektakel, das auch bewusst die Nähe zum Schwank als Stilmittel benutzt. Pleschinskis Vorliebe für das antithetische Zeitalter des Barock findet erstmals seinen Niederschlag in *Der Holzvulkan. Bericht einer Biografie* (1986). Der Herzog von Braunschweig-Wolfenbüttel möchte die Bedeutungslosigkeit seines winzigen Provinzfürstentums durch die Errichtung einer kolossalen Palastanlage überwinden; aus Geldmangel nur aus Holz gebaut, allein dem schönen Schein verpflichtet, ein gigantisches Trompe-l'œil. Mit erfinderischem Elan gelingt Pleschinski eine charmante Metapher für barockes Lebensgefühl zwischen Apotheose und Vanitas. Ein Exkurs in die goldene Zeit Sachsens unter August dem Starken findet sich auch in der autobiografischen Erzählung *Ostsucht. Eine Jugend im deutsch-deutschen Grenzland* (1993). Zwischen Landidylle und Aufmarschplatz für Panzerkolonnen, in Tuchfühlung mit dem damaligen Arbeiter- und Bauernstaat entwickelt der dort Aufwachsende ein geschärftes Sensorium für west-östliche Befindlichkeiten. Entstanden ist eine Studie zu Mentalitäten und soziokulturellen Lebenswelten zwischen Wirtschaftswunder und Klassenkampfparolen in einem geteilten Land.

Östlich an der Oder liegt auch der Schauplatz der Geschichte über *Die Wunder von Glogau* (1993). In einer abenteuerlichen Mixtur aus Rhetorik des Mittelalters mit Statussymbolen neuester Zeit treibt Pleschinski seinen Text in eine radikale Satire über die Kunst des Navigierens durch Staatsbankrott, östliche Unregierbarkeit und westliche Anmaßung. Als neuzeitliche Donquichotterie mit gezielten Assoziationen zur spätmittelalterlichen Moralsatire *Das Narrenschiff* von Sebastian Brant setzt Pleschinski *Brabant. Roman zur See* (1995) in Szene. Die zu ihrer Jahrestagung im flämischen Nieuport versammelten Teilnehmer einer pan-europäischen Kulturvereinigung fassen den Entschluss, vor Ort in Washington gegen die Errichtung eines Euro-Disney-Erlebnisparks auf antik-römischem Boden zu protestieren. Zu diesem Zweck stechen die etwa vier Dutzend Verteidiger des Abendlandes auf der zum Hotelschiff umgerüsteten Fregatte »Brabant« in See, um mit einer Kanonade auf das Pentagon gegen den amerikanischen Kulturimperialismus Zeichen zu setzen. In Sprachgewirr und divergierenden Haltungen seiner aus den unterschiedlichsten Kulturberufen stammenden Seereisenden demonstriert Pleschinski den Reichtum eines pluralistischen Europas, das sich in seiner Vielfalt ergänzt, manchmal relativiert, aber nicht nivelliert.

Mit *Bildnis eines Unsichtbaren* (2002) setzt sich Pleschinski souverän über Gattungsgrenzen hinweg. Sein autobiografischer Bildungsroman ist zugleich biografisches Porträt, Denkmal und Totenklage für den langjährigen Lebensgefährten. In einer Tour d'Horizon, auf dem Hintergrund einer Chronik der bundesrepublikanischen Gesellschaft, entwirft er das hedonistische Sittenbild einer Generation, die mit Beginn der Achtzigerjahre durch die Folgen von Aids aus ihrem libertären Bohemeleben jäh in den tödlichen Abgrund gestürzt wird. Passagen des Persönlichen werden immer wieder essayistisch abstrahiert, und neben einer fatalistischen Würde gegenüber der permanenten Konfrontation mit dem Sterben ist auch dieser Text wieder Bekenntnis zum literarischen Credo des Autors, wonach es selbst im Angesicht des Todes die Maxime einer gelassenen »Lebensheiterkeit« zu wahren gilt. Neben seinen literarischen Arbeiten machte sich Pleschinski auch als Essayist, Übersetzer und Herausgeber einen Namen. Gesammelte Glossen zu bundesrepublikanischen Befindlichkeiten erschienen 1984 unter dem Titel *Frühstückshörnchen. Satiren.* Es folgen 1995 *Die goldenen Achtziger. Meine Lektüren* als poetologische Programmskizze und *Byzantiner und andere Falschmünzer. Elf Lichter im Dunkel* (1996) als kulturhistorische Porträtstudien. Die Editionen von *Aus dem Briefwechsel Voltaire – Friedrich der Große* (1992), zu etwa einem Drittel von Pleschinski neu übersetzt, von *»Ich werde niemals vergessen, Sie zärtlich zu lieben.« Madame de Pompadour: Briefe* (1999), ebenfalls neu übersetzt und von *E.T.A. Hoffmanns Erzählungen* zeichnen sich aus durch den kenntnisreich formenden Zugriff des Herausgebers. In seinen Zusammenhänge stiftenden Kommentierungen und Analysen von zeitgeschichtlichen und privaten Hintergründen fügt Pleschinski die Briefe und Texte zu eindrucksvollen Biografien. Dabei bezeichnen die Auflösung verlässlicher Werte und Existenzformen im »Spiel der unbegrenzten Vorstellungen« im Werk E.T.A. Hoffmanns und das Streben nach barocker Daseinsfeier auch die wesentlichen Koordinaten in Pleschinskis eigenem Schreiben.

Barbara von Becker

Werke: *Gabi Lenz. Werden & Wollen. Ein Dokument,* R., Zür. 1984; *Nach Ägyppten. Ein moderner Roman,* R., Zür. 1984; *Pest und Moor. Ein Nachtlicht,* R., Zür. 1985; *Der Holzvulkan. Bericht einer Biografie,* E., Zür. 1986, Neuausg. Braunschweig 1995; *Aus dem Briefwechsel Voltaire–Friedrich der Große,* Hg. u. Übs., Zür. 1992; *Die Wunder von Glogau. Eine Geschichte,* R., Mü. 1993; *Ostsucht. Eine Jugend im deutsch-deutschen Grenzland,* autobiogr. E., Mü. 1993; *Brabant. Roman zur See,* R., Ffm. 1995; *Byzantiner und andere Falschmünzer. Elf Lichter im Dunkel,* Ess., Ffm. 1997; *»Ich werde niemals vergessen, Sie zärtlich zu lieben.« Madame de Pompadour: Briefe,* Hg. u. Übs., Mü. 1999; *Zerstreuung. Spanische Novelle,* E., Zür. 2000; *E.T.A. Hoffmanns Erzählungen,* Hg., Mü. 2000; *Bildnis eines Unsichtbaren,* R., Mü. 2002.

Plessen, Elisabeth (eigentl. Elisabeth Gräfin von Plessen), wurde am 15. 3. 1944 in Neustadt/Holstein geboren, wo sie zunächst auf dem elterlichen Gut Sierhagen bei Neustadt lebte. Sie besuchte eine Schule in Plön und danach das evangelische Mädcheninternat von Wieblingen bei Heidelberg. Sie studierte Philosophie, Geschichte und Germanistik in Paris und ab 1965 in Berlin, wo sie bei Walter Höllerer promovierte. Reisen führten sie nach Westindien, Südamerika und in die UdSSR. Sie war befreundet mit dem Schriftsteller Ernst Schnabel. Nach mehrjährigen Aufenthalten in München und Hamburg wohnt sie jetzt in Italien und wieder in Berlin. Ausgezeichnet wurde sie 1976 mit dem Kritikerpreis für Literatur, 1978 mit der Förderaktion für zeitgenössische Autoren des Bertelsmann-Verlages und 1988 mit dem Annette-von-Droste-Hülshoff-Preis der Stadt Meersburg.

Mit ihrem als *Mitteilung an den Adel* (1976) adressierten Roman, der literarischen Aufarbeitung einer durch die starren Normen und Wertvorstellungen traditioneller Adelserziehung belasteten Jugend, gelang Elisabeth Plessen mehr als ein literarischer Achtungserfolg, wie das die Lobeshymnen der Kritik, hohe Auflagenziffern und Übersetzungen des Romans belegen. Die über die Form der scharfzüngigen Abrechnung hinausgehende Auseinandersetzung mit einer überholten Lebensform am Scheitelpunkt gesellschaftlicher Veränderung – die Studentenunruhen von 1968 dienen als politischer Gegenpol – konzentriert sich auf die Gestalt des Vaters, eines adelig-konservativen Gutsherren, der das elitäre Standesbewusstsein ungebrochen zu personifizieren scheint: »Pflicht, Ordnung, Prinzip, Ideal, Würde, Ehre, selbstloser Mut. Er langte in die Begriffe wie in die Tiefkühltruhe. Was er an Funden hervorzog – nicht auftaubare Brocken, Schemen von steinaltem Grau.« Standesgrenzen in einer Zwei-Klassen-Gesellschaft, eine autoritäre, unpragmatische Erziehung, die Vereinsamung und seelische Nöte hervorruft, alles relativiert sich mit der nicht einlösbaren Wunschvorstellung vom Vater als einem, »der einen gehen ließ und nicht fortwährend aufzog wie eine Uhr«, einem nahbaren und offenen Freund, der sich nicht ständig entzog (»Ich will endlich ein Verhältnis zu dir«) und nur in der zeitlichen und räumlichen Distanz von der gemeinsamen Zeit auf dem Gutshof aus dem Gefängnis seiner selbst verordneten Rolle ansatzweise ausbrechen konnte. Augusta, das literarische Alter ego der Autorin, reflektiert diese Nicht-Beziehung auf der Fahrt von München nach Norddeutschland zur Beerdigung des Vaters, aufgescheucht durch die Beschuldigung der Schwester, sie habe »ihn auf dem Gewissen«. In der erinnernden Selbsterkundung kann Augusta, die bei der Nachricht vom Tod des Vaters keine Trauer verspürt, zwar vieles erklären, das Verhalten des Vaters, seine Person, bleibt ihr aber letztlich fremd. »Du kannst deine Herkunft durchschauen. Du kannst diese Herkunft in die Ecke stellen. Du kannst sie loswerden. Dann befreie dich aber auch von deiner Angst, sonst nützt es nichts. Sie logisch zu verneinen, ist kein Weg.« Augusta bleibt der Beerdigung fern.

In dem Roman *Kohlhaas* (1979), in den Geschichten *Zu machen, dass ein gebraten Huhn aus der Schüssel laufe* (1981) und in dem Roman *Stella Polare* (1984) variiert Elisabeth Plessen trotz der Unterschiede in Stoff und Form den bereits im Zentrum des Debütromans stehenden Aspekt der problembelasteten Annäherung an das männliche Geschlecht. *Kohlhaas* bildet den Versuch. auf der Vorlage der Kleistschen Novelle und in Kenntnis der Chronik von Peter Haffitz ein »Psychogramm des Außerordentlichen« (Christa Dericum) zu verfassen, das literarische Protokoll einer Rebellion gegen staatliche Willkür und Macht. Im poetischen Spiel mit historischen Kenntnissen entstehen Parallelen zur Revolte der »Außerparlamentarischen Opposition« und zum Terror der »Rote-Armee-Fraktion«, aber der in häufigen Reflexionen über das Schreiben (»Ich trödle im Sack der Sprache«) zum Ausdruck kommende Zweifel über das Vorhaben unterhöhlt die Gestaltung und belastet die Beziehung zwischen dem Erzähler und dem Protagonisten: »Er oder ich, Kohlhaas oder ich. Ich überlege es mir. Ich. Mein Hang zur Schwermut manchmal. Abhängen – das Zauberwort.« Auch die meist aus Reise-Impressionen bestehenden tagebuchartigen, wohl auch autobiografischen Aufzeichnungen des Geschichtenbandes und die brüchige, zwischen Anlehnungsbedürfnis und kreativer Entfaltung pendelnde Liebesbeziehung der Erzählerin zu dem Arzt und Schriftsteller Max (»Ich ersticke an dir«) in *Stella Polare* bestätigen den Eindruck, dass die Autorin ihre Hoffnung auf Veränderung aus früher Prägung heraus auf männliche Schultern legen will: »Wir sind Brüder gewesen, wir bleiben es auch.«

Die 1992 unter dem Titel *Lady Spaghetti* erschienenen Erzählungen nehmen diese Momente der sanften Auflehnung wieder auf, das Einlösen kleiner Träume und den Mut zu Ausbruch und Veränderung. Da springt ein kleiner Junge kopfüber vom Sprungbrett, was er vorher nicht wagte, und bringt damit die Spötter zum Schweigen; da tanzt ein Dorftrottel auf der Straße, ungeachtet des Verkehrs schwingt er sich von Alleebäumen und »will sich noch einiges ausdenken«; eine alte, arme Frau gönnt sich den Luxus eines Austernessens, und ein mit konditionellen Problemen kämpfender Schauspieler – unschwer ist Ulrich Wildgruber in Peter Zadeks *Lulu*-Inszenierung von 1988 zu erkennen – hadert mit seiner Paraderolle, die ihm einen akrobatischen Sturz eine Treppe hinunter abverlangt, den er bei der Premiere auch glücklich vollbringt. Diese kurzen Geschichten gleichen Momentaufnahmen aus einem persönlichen Skizzenbuch, sprachlich unprätentiös und mit einer leise anschwellenden Spannung raffiniert auf einen meist abrupten Schluss hin komponiert.

Ebenfalls einer Art Tagebuch vertraut Nicolas, Ehemann der bekannten Schauspielerin Vera, im Roman *Der Knick* (1997) seine Sorgen an. Vera ist medikamentensüchtig, Nicolas stützt und pflegt sie bis zur Selbstaufgabe. Minuziös wird diese Krankengeschichte geschildert, parallel dazu entsteht das Psychogramm einer wechselseitigen Abhängigkeit eines Paares, »das dem Beziehungsarsenal einer Gabriele Wohmann entliehen sein« könnte (B. Eichmann-Leutenegger).

Thomas Kraft

Werke: *Ernest Hemingway: Die fünfte Kolonne*, Übs., zus. m. Ernst Schnabel, Reinbek 1969; *Ernest Hemingway: 49 Depeschen. Ausgewählte Zeitungsberichte und Reportagen aus den Jahren 1920–1956*, Übs., zus. m. Ernst Schnabel, Reinbek 1969; *Fakten und Erfindungen. Zeitgenössische Epik im Grenzgebiet von fiction und nonfiction*, Mü. 1971; *Ernest Hemingway: Inseln im Strom*, Übs., zus. m. Ernst Schnabel, Reinbek 1971; *Katja Mann: Meine ungeschriebenen Memoiren*, Hg., zus. m. Michael Mann, Ffm. 1974; *Mitteilung an den Adel*, R., Zür. 1976; *Kohlhaas*, R., Zür. 1979; *Über die Schwierigkeiten einen historischen Roman zu schreiben*, Sonderdr., Zür. 1979; *Zu machen, dass ein gebraten Huhn aus der Schüssel laufe. Geschichten*, Zür. 1981; *Anatol und Bruno. Monolog für drei Stimmen*, Hsp., SWF/SFB 1983; *In Freiheit flüchtig – Über die Frauen in Alfred Anderschs Romanen*, Ess., Stg. 1983; *Stella Polare*, R., Ffm. 1984; *Der fliegende Hundekäfig*, Hsp., 1985; *Marguerite Duras: Savannah Bay*, Übs., Ffm. 1985; *John Webster: Die Herzogin von Malfi*, Übs., Reinbek 1985; *William Shakespeare: Wie es euch gefällt*, Übs., Reinbek 1986; *William Shakespeare: Julius Cäsar*, Übs.,

Reinbek 1986; *Auf ein Neues – Hin und Her in Beziehungen*, Hg., Reinbek 1987; *Bäume*, Film, NDR 1988; *William Shakespeare: Der Kaufmann von Venedig*, Übs., Reinbek 1989; *Anton Tschechow: Ivanov*, Übs., Reinbek 1990; *Unmögliche Interviews 8: Zwei Hasen jagen*, Hsp., SWF 1991; *Henrik Ibsen: Wenn wir Toten erwachen*, Übs., Reinbek 1991; *Lady Spaghetti*, En., Ffm. 1992; *William Shakespeare: Antonius und Cleopatra*, Übs., Reinbek 1994; *Igor Strawinsky u. C. F. Ramuz: die Geschichte vom Soldaten*, Übs., Reinbek 1994; *Anton Tschechow: Der Kirschgarten*, Übs., zus. m. Ulrike Zemme, Reinbek 1996; *Der Knick*, R., Zür. 1997; *William Shakespeare: Richard III.*, Übs., Reinbek 1997; *William Shakespeare: Hamlet*, Übs., Reinbek 1999; *H. Ibsen: Rosmersholm*, Übs., Reinbek 2000; *Harold Pinter: Mondlicht*, Übs., Reinbek 2000; *Sarah Kane: Sämtliche Stücke*, Übs., zus. m. Durs Grünbein u. Marius v. Mayenburg, Reinbek 2002; *Tennessee Williams: Die Nacht des Leguans*, Übs., Köln 2002; *Das literarische Duett – Arrivierte Schriftsteller unserer Zeit sprechen über die Klassiker von gestern. Über Bettina v. Arnim*, Film, NDR 2002; *Peter Zadek: Menschen Löwen Adler Rebhühner – Theaterregie*, Mit-Hg., Köln 2003.

Pludra, Benno, wurde am 1. 10. 1925 als Sohn eines Metallformers in Mückenberg (heute Lauchhammer/Niederlausitz) geboren und wuchs im Lausitzer Industriegebiet auf. Grimms Märchen, Heldensagen, Cervantes, Mark Twain, Abenteuer- und Seefahrtsromane gehören zu seinen prägenden Lektüreerfahrungen. Nach dem Erwerb der Mittleren Reife ging er 1942 zur Hamburger Seemannsschule, wurde auf dem Segelschiff »Padua« der Handelsmarine ausgebildet und fuhr mehrere Jahre auf einem Frachter. Nach dem Krieg absolvierte er 1946 einen Kurs als Neulehrer in Riesa und war als Lehrer in Großenhain/Sachsen tätig. Von 1948 bis 1950 studierte er in Halle und Berlin Germanistik, Geschichte und Kunstgeschichte. Er arbeitete als Reporter für regionale Tageszeitungen und war 1950–1952 Redakteur der Ost-Berliner »Rundfunkzeitung«. Seit 1952 lebt er als freier Autor, heute in Potsdam. Pludra ist einer der erfolgreichsten Kinder- und Jugendbuchautoren Ostdeutschlands. Er wurde 1952 mit dem Ersten Preis für Kinder- und Jugendliteratur vom Amt für Literatur und Verlagswesen, 1966 und 1981 mit dem Nationalpreis der DDR ausgezeichnet, 1992 mit dem Deutschen Jugendliteraturpreis und 2000 mit dem Alex-Wedding-Preis der Akademie der Künste Berlin. *Jakob heimatlos* (1999) wurde 2001 nominiert für den UNESCO-Preis für Kinder- und Jugendliteratur im Dienst der Toleranz und 2002 IBBY Honour List.

Pludras Werk bewahrt die in der westlichen Kinderliteratur vergessene Landschaft der mecklenburgischen und vorpommerschen Ostseeküste. Ihre Sprache gibt er anfangs in eingestreuten plattdeutschen Dialogen wieder, später in einem lakonischen Stil spröder Kargheit, knapper Wendungen, halber, subjektloser Sätze – in einer Prosa des Verstummens, die das Wichtigste zwischen den Zeilen verbirgt. Seine ersten Bücher verstand Pludra als Beitrag zum Aufbau des Sozialismus, dem er in kritischem Engagement bis heute verbunden geblieben ist. In der frühen DDR ging es ihm darum, die junge Generation für die neue Gesellschaftsordnung zu gewinnen. Er brachte sowohl Konflikte zwischen den Generationen und den politischen Kontrahenten zur Sprache (*Ein Mädchen, fünf Jungen und ein Traktor*, 1951) als auch auch Motive des Kalten Krieges. *Sheriff Teddy* (1956) erzählt von einem Jungen, der aus West- nach Ost-Berlin umgezogen ist und den seine Leidenschaft für Wildwestheftchen in schwierige Situationen bringt; schmerzhafte Erfahrungen fördern schließlich das richtige Bewusstsein. Hier verficht Pludra die sozialistische Version der Kampagne gegen Schmutz und Schund – damals auch im Westen ein beliebtes pädagogisches Kampfterrain. Mit deutlicher Reserve zeichnet er in *Haik und Paul* (1956) die Lust junger Hiddensee-Touristen an »Nietenhosen« und amerikanischen Tänzen. Der Protagonist Paul distanziert sich mustergültig von diesen modischen Umtrieben. Vorbildlich ist auch der kleine Timm in *Die Reise nach Sundevit* (1965), allerdings nicht mit politischen, sondern mit den allgemeinen Tugenden selbstloser Hilfsbereitschaft und Zuverlässigkeit.

Seit den Sechzigerjahren steht das kindliche Individuum mit seinem Eigensinn und seinen Lebensträumen im Mittelpunkt des Werks. In *Lütt Matten und die weiße Muschel* (1963) bricht der fünfjährige Matten nachts auf, um eine sagenhafte weiße Muschel in der Tiefe des Boddens zu suchen. Weder verharmlost der Erzähler die Gefahren dieses Abenteuers zwischen Traum und Realität, noch denunziert er die Fantasiewelt des Kleinen. Die Beharrlichkeit, mit der Timm, Lütt Matten und andere Kinder (z. B. in *Tambari*, 1969) ihre Ziele verfolgen, beeindruckt die Erwachsenen und leitet ein Umdenken ein, das den kindlichen Vorstellungen zu ihrem Recht verhilft. In späteren Erzählungen verzichtet Pludra häufig auf einen glücklichen Ausgang zugunsten offener Schlüsse. Deutet *Tambari* die Versöhnung im Zeichen des Sozialismus noch an, scheint sie in *Insel der Schwäne* (1980) keine Chance mehr zu haben. Das verhalten positive Ende in *Das Herz des Piraten* (1985) ist Jessikas persönlicher Entwicklung zu verdanken, nicht dem Kollektiv. In diesen Erzählungen gibt es keine klaren Feindbilder, kein eindeutiges Gut und Böse. Mit den komplexeren Menschendarstellungen werden auch die Konflikte differenzierter. Der Leser wird zum eigenen Nachdenken und Urteilen provoziert. Einen radikalen Schritt ins Offene vollzog Pludra nach der Wende mit dem Roman eines kindlichen Ausreißers, der in der Berliner Obdachlosenszene landet (*Jakob heimatlos*, 1999). Der Erzähler enthält sich jeder pädagogischen Gängelung seines Protagonisten. Er begleitet den Jungen mit spürbarer Zuneigung, aber ohne zu urteilen, drei Tage lang auf seinen Wegen in einer zugleich attraktiven und höchst gefährlichen Freiheit.

Kinder und Jugendliche, die von zu Haus davonlaufen, finden sich in zahlreichen Erzählungen. In ihren Fluchten inszeniert Pludra Elemente des Robinson-Stoffs: Konflikte mit dem Vater, den Sog der Fremde, die Faszination durch Meer und Seefahrt, Abenteuerlust, schließlich Spielarten des Scheiterns, der Verzweiflung wie der Bewährung und seelischen Erneuerung. Die Entwicklung des Werks folgt dem Verfall der väterlichen Autorität im 20. Jahrhundert. In den frühen Erzählungen (*Lütt Matten*, *Sundevit*) bieten die Väter ihren Kindern noch Geborgenheit und moralisches Vorbild. Als selbst erfahrenes Urbild mag der Erste Offizier des Segelschulschiffs im autobiografisch getönten Roman *Aloa-hé* (1989) gelten. Später werden die Väter verletzlicher und schwächer. In *Insel der Schwäne* gibt sich der Vater sicherer als er ist. Seiner Autorität fehlt die Lebenskraft, und sein Triumph über die Kinder, die sich gegen die Betonierung ihres künftigen Spielplatzes wehren, bleibt schal. Als Jessika in *Das Herz des Piraten* ihren Vater kennen lernt, begreift sie, dass er in ihrem realen Leben eine weit geringere Rolle spielen wird als bisher in ihren Tagträumen. Jakobs Vater bleibt sogar völlig unsichtbar. In den inneren Monologen des Sohns spiegelt er sich als ein Mensch, den der Umsturz der Werte und die Arbeitslosigkeit in eine lähmende Depression treiben. Die Einstellung der Kinder zu ihren Vätern ist weniger von Zorn und Aufruhr geprägt, als von Scham, Verlegenheit und hilflosem Mitleid. In ihren Aufbruchsmotiven mischen sich die Wünsche, schwierigen Lebenssituationen zu entkommen, mit einer unstillbaren Sehnsucht, deren Metapher das Meer ist. Nie verrät Pludra diese Sehnsucht an eine pseudovernünftige Besserwisserei.

Gundel Mattenklott

Werke: *Ein Mädchen, fünf Jungen u. sechs Traktoren*, Bln. 1951; *Die Jungen von Zelt 13*, Bln. 1952; *Wenn die Heringe ziehn ... Reportage*, Bln. 1955; *Sheriff Teddy*, Bln. 1956; *Haik und Paul*, Bln. 1956; *Die Falsche und die Brigg »Kehrwieder«*, Bln. 1957; *Jakob sucht Liebe*, Bln. 1958; *Der kleine Popp*, Bln. 1958; *Bootsmann auf der Scholle*, Bln. 1959; *Heiner und seine Hähnchen*, Bilderb., m. Illustr. v. I. Meyer-Rey, Bln. 1962; *Unser Schiff kommt von Kukkeia*, Sachb., Bln. 1962; *Lütt Matten und die weiße Muschel*, m. Illustr. v. W. Klemke, Bln. 1963, Film, DEFA 1964; *Die Reise nach Sundevit*, Bln. 1965, Film, DEFA 1966; *Vom Bären, der nicht mehr schlafen konnte*, Bb., Ill. I. Meyer-Rey, 1967; *Tambari*, *1969*; *Wie ich nach Swanetien reisen wollte*, Bln. 1974; *Sundus und der hafergelbe Hund*, Bln. 1975; *Trauermantel und Birke*, Bilderb., m. Illustr. v. G. Ruth Mossner, Bln. 1978; *Es waren einmal ein Paar Schuh, nach einem japanischen Märchen von Hisako Teraoka*, Minibilderb., m. Illustr. v. R. Totzke-Israel, Bln. 1979; *Es war ein Ei*, m. Illustr. v. L. Detlefsen, Bln. 1980; *Insel der Schwäne*, Bln. 1980, Film, Drehb. v. Ulrich Plenzdorf, DEFA 1982; *Manchmal sind wir schon ganz groß*, Bilderb., m. Illustr. v. E. Oelschlaeger, Bln. 1980; *Drinnen schläft die Zaubermaus. Kinderverse*, m. Illustr. v. R. Totzke-Israel, Bln. 1980; *Ein Mädchen fand einen Stein. Die Schwäne auf dem Wasser u. a.*, En., m. Illustr. v. M. Schoppe, Bln. 1981; *Wie die Windmühle zu den Wolken flog*, Bilderb., m. Illustr. v. S. Linke, Bln. 1981; *Es war eine Biene*, m. Illustr. v. M. Bofinger, Bln. 1983; *Verkehrte Welt*, Bilderb., m. Illustr. v. G. Neumann, Bln. 1984; *Das Herz des Piraten*, Bln. 1985, Hsp., RIAS/RB 1985; *Der Waldkauz Hadubrand*, Bilderb., Bln. 1988; *Aloa-hé*, R., Bln. 1989; *Das Fräulein Weißmann saß im Garten*, Bilderb., m. Illustr. v. R. Röder, Bln. 1989; *Siebenstorch*, Bln. 1991; *Fünf in der Tonne. Fünf Geschichten*, Bln. 1994; *Jakob heimatlos*, Bln. 1999.

Poethen, Johannes, wurde am 13. 9. 1928 in Wickrath am Niederrhein geboren. Er verbrachte seine Kindheit und Schuljahre in Köln und erfuhr dort eine intensive katholische Erziehung. Wegen der Kriegsereignisse musste er mehrmals seine Wohnorte wechseln und gelangte so auch nach Weingarten und nach Malching/Obb. 1944/45 wurde er als Flakhelfer eingesetzt. Im Sommer 1944 entstanden seine ersten Gedichte. Nach dem Abitur 1948 in Köln studierte er Germanistik, Geschichte und Anglistik in Tübingen. Zwischen 1949 und 1958 unternahm er mehrere Reisen in die Schweiz, nach Italien, Frankreich und vor allem nach Griechenland. Seit 1953 arbeitete Poethen beim Süddeutschen Rundfunk mit, von 1963 an als Verantwortlicher Redakteur und seit 1978 als Leiter der Abteilung »Literatur und Kunst«. Von 1969 bis 1978 präsentierte er die eigene Sendereihe »Literarisch-musikalisches Kalendarium«. Poethen war seit 1970 P.E.N.-Mitglied, 1977 übernahm er das Amt des Ersten Vorsitzenden des Schriftstellerverbandes (VS). 1959 erhielt er den Hugo-Jacobi-Dichterpreis, 1962 den Förderpreis der Stadt Köln, 1967 den Förderpreis zum Immermann-Preis der Stadt Düsseldorf, 1976 das Bundesverdienstkreuz und 1990 den Stuttgarter Literaturpreis. Er starb am 9. 5. 2001 in Stuttgart.

Poethens Arbeiten könnte man – auf den ersten Blick – »schwierig« nennen. Er unternimmt den Versuch, von einer Redeweise wegzukommen, die zuerst und vor allem auf das subjektive Selbstbewusstsein bezogen ist. Er übt sich in der Möglichkeit der »Verwandlung in die Dinge«, wie Marie Luise Kaschnitz in ihrem Nachwort zu seinem Gedichtband *Wohnstatt zwischen den Atemzügen* (1966) sagt. Er zeigt Vertrauen zur »unbegrenzten Versöhnlichkeit« des Elements, von der er in dem Gedicht *Meer* spricht. Seit Jahren gilt seine Liebe Griechenland (deutlich geworden auch in einer Reihe von Funk-Essays). Allerdings hat seine griechische Landschaft nicht viel mit der klassischen Antike zu tun. »Viel eher ist sie ein Urreich, in dem die Dinge ihre reinen Formen und Farben, die Erscheinungen der Natur ihren hellen mystischen Zauber noch nicht verloren haben« (Marie Luise Kaschnitz). Was Poethen schreibt, beeindruckt durch seine Konsequenz. Er hat eine eigene Möglichkeit des lyrischen Sprechens gefunden, auch in seinen Prosagedichten, und ist ihr treu geblieben. – Dabei lassen sich durchaus Wandlungen beobachten. Zu dem hohen Ton, der seine dichterische Welt lange Zeit bestimmte, kamen seit dem Band *Rattenfest im Jammertal* (1976) Bitterkeit, Sarkasmus, Zeitkritik. Zunehmende Ratlosigkeit und Entsetzen zeigten sich, und die Gedichte wurden immer offener für Paradoxien. Kennzeichnend aber blieb das Element des Meditativen. Neben Strophen, die von reduziertem Leben, Erschöpfung nach Irrfahrten sprechen, stehen solche, in denen sich Augenblicke der Ruhe ergeben, der zögernden Hoffnung, des Gleichgewichts. Dabei entsteht auch ein Raum der Stille, in dem etwas wachsen, lebendig bleiben kann, in dem nicht alles sofort zerfällt, ein Raum der Stille nicht um irgendeiner Selbstgenügsamkeit willen, sondern zur Verteidigung der Einsilbigkeit als Kontrast zum Gerede.

Konstant blieb auch – das belegen die Sammlungen *Schwarz das All* (1984) und *Auch diese Wörter* (1985) – die Neigung zum Zyklischen. Das einzelne Gedicht ist bis ist zu einem bestimmten Grad in sich geschlossen und auch für sich genommen verstehbar; zugleich gehört es aber zu einem Thema, das einen ganzen Zyklus prägt. 1992 erschien der Essayband *Auf der Suche nach Apollon. Sieben griechische Götter in ihrer Landschaft*, eindringliche Arbeiten, die nicht zuletzt möglich wurden dank der Erfahrungen, denen sich Poethen während seiner zahlreichen Griechenland-Aufenthalte geöffnet hatte. Auch die sechs Jahre später herausgekommene Sammlung *Von Kos bis Korfu. Sieben Inseln – Mythen, Geschichte, Gegenwart* will in diesem Zusammenhang gesehen sein. Johannes Poethen ging unabhängig von Trends und Moden beharrlich und konzentriert seinen Weg, bis hin zur Veröffentlichung von *Nach all den Hexametern. Letzte Gedichte 1995–2000* (2001).

Walter Helmut Fritz

Werke: *Lorbeer über gestirntem Haupt. Sechs Gesänge*, Düsseld. 1952; *Risse des Himmels*, G., Esslingen 1956; *Stille im trockenen Dorn*, G., Esslingen 1958; *Ankunft und Echo*, G., Ffm. 1961; *Baumgedicht*, Stg. 1961; *Episode mit Antifanta*, Pr., mit 6 Zeich. v. HAP Grieshaber, Stierstadt/Ts. 1961/62; *Gedichte*, Darmst. 1963; *Lyrik aus dieser Zeit. Dritte Folge*, Hg., zus. m. Wolfgang Weyrauch, Mü. 1965; *Lyrik aus dieser Zeit. Vierte Folge*, Hg., zus. m. W. Weyrauch, Mü. 1966; *Wohnstatt zwischen den Atemzügen*, G., Hbg. 1966; *Kranichtanz*, G., mit 7 Fotografiken v. L. Fischer, Stg. 1967; *Im Namen der Trauer*, G., mit 11 Holzschnitten v. HAP Grieshaber, Hbg. 1969; *Aus der unendlichen Kälte*, G., hg. v. J. Wallmann, Darmst. 1969; *J. P. liest Gedichte aus den Jahren 1946–1971*, Schpl., Duisb. 1972; *Gedichte 1946–1971*, hg. v. J. Wallmann, Hbg. 1973; *Rattenfest im Jammertal. G. 1972–1975*, Düsseld. 1976; *Der Atem Griechenlands*, Ess., Düsseld. 1977; *Otto kauft sich ein Auto*, mit 15 Holzschnitten v. HAP Grieshaber, Hann. 1978; *Ach Erde du alte*, G., Leonberg 1978; *Ach Erde du alte. G. 1976–1980*, Stg. 1981; *Schwarz das All*, G., Scheer 1984; *In memoriam Gries. Eine Betrachtung*, mit Grafiken n. Holzschnitten v. HAP Grieshaber, Hauzenberg 1984; *Auch diese Wörter*, G., mit 10 Bildern v. E. Schorr, Weingarten 1985; *Eines Morgens über dem Golf*, G., Warmbronn 1986; *Urland Hellas. Reisen in Griechenland*, Ess., Weingarten 1987; *Carmen Kotarski: Spanisches ABC*, Übs., 1988; *Wer hält mir die Himmelsleiter? Gedichte 1981–1987*, Karlsruhe. 1988; *Du zwischen den Zeilen. Gedichte und Collagen*, zus. m. Peter Schlack, Tüb. 1991; *Auf der Suche nach Apollon. Sieben griechische Götter in ihrer Landschaft*, Ess., Tüb. 1992; *Die Möven der Hagia Sophia. 14 Gedichte*, Warmbronn 1992; *Das Nichts will gefüttert werden. Fünfzig Gedichte aus fünfzig Jahren*, Weissach im Tal 1995; *Zwischen dem All und dem Nichts*, G., Eggingen 1995; *Solang das Spiel dauert. Acht Gedichte zweisprachig*, Warmbronn 1998; *Nach all den Hexametern. Letzte Gedichte 1995–2001*, Stg. 2001.

Pohl, Klaus, wurde am 30. 3. 1952 in Rothenburg ob der Tauber geboren. Nach dem Besuch der Schule und einer Gemüsehändler-Lehre zog er 1968 nach München und arbeitete als Verkäufer in einem Delikatessengeschäft. Seinen Zivildienst leistete er als Hilfspfleger in einem Krankenhaus ab. Im Oktober 1973 begann er eine eineinhalbjährige Schauspielerausbildung am Max-Reinhardt-Seminar in Berlin. An der Freien Volksbühne erhielt er 1975 seine erste Rolle. 1976 engagierte ihn Ivan Nagel für das Ensemble des Deutschen Schauspielhauses in Hamburg. Auftritte im Züricher Schauspielhaus und im Hamburger Thalia-Theater folgten. Die erste Regiearbeit leistete er 1980 beim RO-Theater in Rotterdam; 1981 wurde er Gastdozent am Opern- und Schauspielseminar der Hochschule für Musik und Darstellende Künste in Hamburg. Seit 1983 arbeitet er als Autor und Schauspieler mit Jürgen Flimm zusammen, zuerst in Köln, seit 1985 am Thalia-Theater in Hamburg. Seit 1992 lebt Pohl in New York und spielte erst Ende der Neunzigerjahre wieder Theater. Pohl erhielt 1980 den Förderpreis der Autorenstiftung Frankfurt,1983 die Fördergabe des Schiller-Gedächtnispreises des Landes Baden-Württemberg, 1985 den Mülheimer Dramatikerpreis, 1987 den Gerhart-Hauptmann-Preis, 1990 den Ernst-Schneider-Preis der deutschen Industrie- und Handelskammer. Nach den beiden unveröffentlichten Stücken *Zwoa Glatte, zwoa Gnellde* und *Erich und Elisabeth* wurde *Da nahm der Himmel auch die Frau* im Werkraumtheater der Münchener »Kammerspiele« (1979) uraufgeführt: Der Verfassungsschutzbeamte Titschler lernt eine verarmte Studentin in einer Animierbar kennen. Die sich spontan entfaltende Liebesaffäre steht unter einem schlechten Stern. Titschler entdeckt in seinen Akten, dass Katharina Angehörige der Protestbewegung war. Den heraufkommenden Konflikt löst er mit Schüssen aus seiner Dienstwaffe. Er ermordet sein Alter Ego, den Kollegen Sichert, und Katharina, um sein Selbstverständnis zu retten. »Pohls Stück ist eines über die Liebe, den Versuch zweier Personen also, außerhalb der herrschenden Verhältnisse Beziehung zueinander aufzunehmen. Dieser Versuch scheitert selbstverständlich: Er lässt außer Acht, dass die Staatsform der Demokratie auch das so genannte Privatleben, die Fantasie, die Sexualität und den Ausbruchsversuch, längst vergesellschaftet hat. Das Scheitern des Versuchs wird vorgeführt und macht die Struktur des Stückes aus: Der Anfang ist sein Ende« (Thomas Brasch).

Der große Durchbruch kam mit dem Stück *Das Alte Land* (1984), »eines der großen Deutschland-Dramen unserer Literatur« (Helmut Schödel). Das »Alte Land« meint die unterelbische Obstbauregion und bezieht sich auch auf den westlichen Teil des zerschlagenen Deutschlands zur so genannten »Stunde null«. Ein kleines Dorf steht modellhaft für die Wirrnisse der Nachkriegsgesellschaft. Junge und alte Nazis, Kommunistenhatz, Flüchtlingsstrom, Hunger und Arbeitslosigkeit kennzeichnen die extreme Situation. Erzählt wird die Geschichte der Großbäuerin Zentmeier, die ihre Vorräte versteckt, während den Flüchtlingen die Brotration halbiert wird. Um dies zu verhindern, verabreden die Bauern eine Intrige gegen die Bäuerin Zentmeier, deren Hof den Flüchtlingen offen steht. Vor dem Hintergrund alliierter Besatzung und geplanter Bodenreform entsteht ein missgünstiges Kima, an dessen Ende trotzdem eine Doppelhochzeit steht und das deutsche Wirtschaftswunder ausbricht. Pohl hat die Figuren, die sein »Altes Land« bevölkern, aus den Archiven auf die Bühne gehoben und mit einer theatergerechten Kunstsprache versehen, der auch Pathos und mythische Elemente nicht fehlen.

In *La Balkona Bar* (1985) verschwimmen die Zeitebenen, Traum und Wirklichkeit geraten durcheinander, während der stumme Gast darauf wartet, die Bar als Ausstellungsstück für ein Museum erwerben zu können. Doch sie ist bereits ein Stück konservierter Vergangenheit geworden. Was in den »goldenen« Fünfzigern so viel versprechend begonnen hatte, wurde zum Albtraum. Irgendwo auf dem Weg in die heutige Zeit ist nicht nur das Bündel der Illusionen, sondern auch die Moral verloren gegangen. So überzeugend die Konstruktion des dreiaktigen Stückes auch anmutet, so sehr gerät es dennoch in die Nähe einer Klamotte.

Klamotte nach Gogol heißt im Untertitel konsequent Pohls nächstes Werk *Der Spiegel* (1986), eine Köpenickiade aus einer bundesdeutschen Kleinstadt der Gegenwart: Der Baudirektor Frühstück verkauft seine Sonntagsmalereien zu teuren Preisen an Bauunternehmer, die er im Gegenzug mit öffentlichen Aufträgen versorgt, so geschehen in Koblenz und im »Spiegel« zu lesen. *Hunsrück* (entst. 1979, Neufssg. 1985) zeigt eine Gruppe von Sozialhilfeempfängern, die ohne Bezug zur Gesellschaft in einem Tal jenseits der Zivilisation leben. Sie träumen von Wein, Kino, Pelzen, aber sie handeln nicht, bis eine Familie beim Waldspaziergang den schaurigen Ort passiert. Sie wird in einem überdimensionalen Sack gefangen und erschlagen – ein sinnloses Verbrechen, ohne Grund und ohne Perspektive.

Aus Pohls Recherchen zum Themenkomplex Geld und Macht in der Bundesrepublik gingen noch ein Theaterstück, *Heißes Geld* (1988), und ein Fernsehspiel, *Das Milliardenspiel* (1989), hervor. Der authentische Niedergang der Privatbank Schröder, Münchmeyer, Hengst & Co. avancierte allerdings nicht zum erwarteten Skandal, sondern zur »Komödie der letzten Tage« (Benjamin Henrichs). Die mögliche Kritik hat Pohl bereits vor der Uraufführung vorweggenommen: »Da steht er dann mit seinem Zeitstück, der traurige Kropf, schon ist es der Schnee von gestern, die Diskussion ist wieder bei Schiller angelangt ...«

1991 entstanden die Stücke *Karate-Billi kehrt zurück* und *Die schöne Fremde*. Zusammen mit *Das Alte Land* bilden sie die »Deutschland-Trilogie«. Als einer der wenigen Dramatiker geht Pohl darin früh und entschieden auf die psychosozialen Folgen von Mauerfall und Wiedervereinigung ein. Dreizehn Jahre verbrachte Billi in der DDR-Psychiatrie, weil er als Republikflüchtling denunziert worden war. Seine Rückkehr in die Kleinstadt deckt ein Geflecht aus Lügen und Täuschung auf. Genugtuung für Billi, der am Ende des Stückes versehentlich den ehemaligen Stasi-Oberst Urban ersticht und erneut in die Psychiatrie eingewiesen wird. *Die schöne Fremde* thematisiert Fremdenfeindlichkeit und offenen Rechtsradikalismus in der westdeutschen Provinz. Eine Amerikanerin erlebt einen grauenhaften Abend in Bebra; die Ermordung eines Polen und ein massiver Vergewaltigungsversuch stellen die absoluten Tiefpunkte dar. Die Fremde kehrt eine Woche später zurück und rächt sich, als Hure verkleidet, indem sie die Täter gegeneinander ausspielt, bis diese sich gegenseitig abschlachten. Obwohl die Theaterkritiker den beiden Texten bestenfalls Gegenwartstauglichkeit attestierten, wurden sie auf zahlreichen Bühnen in Szene gesetzt. Pohl hatte seine Hand erfolgreich in offene Wunden gelegt. Das zeigt auch eine dramatische Entgegnung Martin Walsers: Sein Text *Kaschmir in Parching* sollte ursprünglich *Der schöne Fremde* heißen und bezog sich ausdrücklich auf Pohl, den Walser zu einem »Schreibgehilfen des Zeitgeistes« (1995) erklärte. Im Auftrag des »Spiegels« reiste der mittlerweile in New York lebende Pohl 1994 Tausende von Kilometern durch das wiedervereinigte Deutschland und interviewte Angehörige unterschiedlichster Berufsgruppen und Schichten. Neben einer eindringlichen Reportage – *Das Deutschlandgefühl* (1999) – entstand aus dem gesammelten Material auch das Stück *Wartesaal Deutschland* (1995). Anonymisiert und von Pohl collagiert, entfaltet sich ein beklemmendes Panoptikum deutscher Gegenwartsbefindlichkeit.

Ulrich Schall

Werke: *Da nahm der Himmel auch die Frau*, Theaterst., in: *Geländewagen 1*, hg. v. Wolfgang Storch, Bln. 1979, auch in: »Spectaculum 32«, Ffm. 1980, UA Mü. 1979; *Romeos Schwalbe*, Hsp., SDR 1983; *Das Alte Land*, Theaterst., Ffm. 1984, UA Wien 1984; *Das Alte Land*, Kölner Fssg., in: »Theater heute« 1984, H. 7, UA ?, Hsp., HR 1985; *La Balkona Bar. Hunsrück. Zwei Stücke*, Ffm. 1985; *La Balkona Bar*, Theaterst., UA Köln 1985; *Der Spiegel. Klamotte nach Gogol*, UA Münster 1986; *Hunsrück* (2. Fssg.), Theaterst., UA Bremen 1987; *Heißes Geld*, Theaterst., UA Hbg. 1988, gedr. Ffm. 1989; *Das Milliardenspiel*, Fssp., 1989; *Der Zwerg von Marrakesch*, Theaterst., UA Dortmund 1990; *Die schöne Fremde*, Theaterst., UA Recklinghausen 1991; *Karate-Billi kehrt zurück*, Theaterst., UA Hbg. 1991, beide gedr. Ffm. 1991, Hsp., SDR/HR 1991; *Mauritius-Los*, Fssp., 1991; *Selbstmord in Madrid. Die Wassermann-Papiere*, Theaterst., UA Zür. 1993, gedr. Reinbek 1995; *Manni Ramm I*, Theaterst., UA Essen 1994; *Zettel*, Theaterst., UA Hbg. 1995; *Wartesaal Deutschland. Stimmenreich*, Hbg. 1995, Theaterst., UA 1995, Hsp., SWF 1996; *Vinny*, Theaterst., UA Wien 1996; *Heinrich Heine – a Birthday Video*, Fssp., 1997; *Jud Süß*, Theaterst., UA Stg. 1999; *Otomo*, Film, 1999; *Das Deutschlandgefühl*, Reinbek 1999; *Die Nacht des Schicksals*, Theaterst., UA Hdbg. 2000, Hsp., SWR 1999; *Die Stunde des Wolfs*, Fssp., 2000; *Abschied*, Film, 2000; *Seele des Dichters – Unheimliches Lokal*, Theaterst., UA Bochum 2003.

Politycki, Matthias, wurde am 20. 5. 1955 in Karlsruhe geboren. Er studierte von 1975 bis 1987 Germanistik, Theater- und Kommunikationswissenschaften und Philosophie in München und Wien und wurde 1987 mit einer Arbeit über Friedrich Nietzsche promoviert. Von 1988 bis 1990 Akademischer Rat am Institut für Deutsche Philologie in München, seit 1990 freier Schriftsteller und Kritiker in München und Hamburg. Mitglied des deutschen P.E.N.-Zentrums. Ausgezeichnet wurde er 1987 mit dem Civitas-Preis für Literatur, 1988 mit dem Bayrischen Staatsförderpreis, 2001 mit dem Ledig-House-New-York-Stipendium und 2002 mit dem Stadtschreiberamt von Bordeaux.

Anschließend an seine nachhaltige wissenschaftliche Auseinandersetzung mit den Werken Friedrich Nietzsches und dessen Einfluss auf die deutsche Literatur publizierte Matthias Politycki 1987 seinen ersten, höchst umfangreichen Roman *AusFälle. Zerlegung des Regenbogens. Ein Entwicklungsroman*. Es ist der Versuch, seine neoavantgardistische Universalpoesie radikal umzusetzen und »konkrete Prosa« zu schreiben. In der Kritik umstritten und dem Publikum weitgehend unbekannt geblieben, verblüfft darin doch die konsequente Umsetzung einer Poetik, die den Roman zum Gegenstand des

Erzählens erhebt und die Einheit von Form und Inhalt anstrebt, dabei aber angesichts großer sprachlicher und narrativer Experimentierfreude in Form erzähltechnischer Falltüren und der Entwicklung einer konkreten Prosa seinem erklärten Ziel, E- und U-Literatur miteinander zu versöhnen, nicht gerecht werden kann.
Nach der Publikation seiner Dissertationsschrift *Umwertung aller Werte? Deutsche Literatur im Urteil Nietzsches* (1989) gab er die Lyrikanthologie *Hundert notwendige Gedichte. Und ein überflüssiges* (1992) heraus. Auch hierin betont er – u.a. explizit im Vorwort – sein Streben zur formalen Perfektion und bekennt sich zur »Neuen Äußerlichkeit«, die seine bis dahin von der Kritik behauptete artistische Radikalität und sein elitäres Literaturverständnis relativiert. Politycki will anhand von Motivketten und der Verbindung von Pop- und Hochkultur, von Gestern und Heute die ausgewählten Gedichte Geschichten erzählen lassen.
Dem einzeln veröffentlichten Gedicht *Die Wahrheit über Kaffeetrinker* (1993), das seine Fokussierung auf Details des Alltags und sein Spiel mit Syntax und Sprache auf poetische Weise illustriert, folgte der Zweite Roman *Taifun über Kyoto* (1993), dessen Ich-Erzähler zur Erholung in einem südfranzösischen Hotel absteigt, in dem ein japanischer Wandteppich seine Aufmerksamkeit erregt: Wem gehört der abgeschlagene Schädel, der der lächelnden Prinzessin Midori überreicht wird? Seine kriminologische Spurensuche um Midori und den geheimnisvollen Ermordeten entwickelt Politycki bald zu einer Abfolge von auch syntaktisch nachvollzogenen Wahnvorstellungen des Erzählers. *Taifun über Kyoto* erinnert in seiner sprachlichen und formalen Experimentierfreude durchaus an den ersten Roman, doch sie wird hier organischer in eine nachvollziehbare Handlung umgesetzt, wenn auch nicht alle Lösungen auf gestellte Fragen geliefert werden und die Authentizität der dargestellten Figuren noch unter ihrer formalen Instrumentalisierung leidet.
Polityckis zweiter Gedichtband, *Jenseits von Wurst und Käse* (1995), der auch *Die Wahrheit über Kaffeetrinker* und neun Tankas aus dem Roman *Taifun über Kyoto* enthält, kann als ausgesprochen programmatische Sammlung im Sinne seiner Poetik der »Neuen Äußerlichkeit« gelten. Klar und scharf, ohne dabei auf (klassische) poetische Themen oder Mittel zu verzichten, bildet Politycki Alltäglichkeit ab und nimmt Figuren wie Bademeister und Klofrauen und deren Wirklichkeitsausschnitt ins Visier. Einem Kunstbegriff artistischer Hermetik entgegenarbeitend, ist seine Sprache angemessen derb und doch fantasiereich, Politycki bleibt experimentierfreudig und äußerst formbewusst und dringt unter die Oberfläche der Dinge und des lyrischen Ichs.
Auf die literarische Fingerübung des *Bösen Einflusses der Bifi-Wurst* (1996), in dem eine universitäre Prüfungssituation in dem Gestus einer Fußballberichterstattung widergegeben wird, folgte Polityckis dritter und sicherlich erfolgreichster und einflussreichster Roman, der *Weiberroman* (1997). In ihm wird auf virtuose und detailreiche Weise aus dem Leben des Helden Gregor Schattschneider und dessen biografischen Stationen Lengerich, Wien und Stuttgart zwischen den Jahren 1974 und 1990 erzählt. Der Untertitel *Historisch kritische Gesamtausgabe* verweist einerseits auf die postmodern anmutende Erzählsituation, die einen gewissen MP die von Schattschneider und dessen Editor hinterlassenen Unterlagen zu einer Geschichte bündeln lässt. Anderseits spielt Politycki mit den Möglichkeiten wissenschaftlicher Arbeitsweisen, indem er vorgebliche Unleserlichkeit durch Schwärzungen von Textstellen wiedergibt und einen akribischen Anhang mit Fußnoten und Literaturliste vorlegt, der Schattschneiders Dasein historisch kritisch mit Details und Korrekturen versieht. Das alles ist sehr konsequent dargeboten, und wenn es auch dem Roman keine wesentliche Bedeutungsebene hinzufügt, reizt doch das Spiel mit wissenschaftlichen Konventionen, die auf die Handlungen des Alltags angewandt werden.
Der *Weiberroman* ist die Geschichte eines typischen Vertreters der von Politycki selbst ausgerufenen »78er-Generation«, einer Generation, die der 68er-Generation nachfolgte und von der eigenen Unsicherheit und geistigen Heimatlosigkeit bestimmt ist. Auf der Suche nach der Liebe, die ihm letztlich bei allen drei dargestellten Frauen versagt bleibt, wird Schattschneider denn auch vom Selbstbetrug und Selbstmitleid geleitet, ohne die guten Momente seiner Existenz wirklich zu erkennen. Mit Schattschneiders Geschichte hat Politycki einen Bildungs- und Entwicklungsroman geschrieben, der zugleich zwei Jahrzehnte bundesrepublikanischer Geschichte leichthändig abbildet. Sprachwitz und die von ihm geschätzten Neologismen funktionieren bis ins Detail und machen den mit Arno Schmidts frühem Werk verglichenen Roman gleichermaßen lesbar wie originell.
Immer wieder seit den späten Achtzigerjahren hat sich Politycki in die intellektuelle Debatte über Lite-

ratur und Gesellschaft eingemischt und provokante und bisweilen polemische Positionen bezogen. Sein 1995 erschienener Essayband *Die Farbe der Vokale. Von der Literatur, den 78ern und dem Gequake der Frösche* versammelt seine Aufsätze von 1980 bis 1997. Darin finden sich vor allem seine Positionen zur eigenen Generation, die er gegen die überkommenen literarischen »Avantgarde-Konzepte« der 68er ebenso wie gegen die Oberflächlichkeit der 89er-Generation antreten lassen will. Auf den 78ern laste nun die Verantwortung, lesbare deutschsprachige Literatur zu schreiben, die derjenigen aus Amerika oder England Paroli bieten könne. Eine solche Ästhetik der »Neuen Lesbarkeit«, die die Avantgarde fortschreibt und dennoch Vergnügen zu bereiten vermag, fordert konventionelle Handlungsstrukturen und identifizierbare Helden, behauptet aber zugleich formale Komplexität. Polemisch im Ton und kraftvoll in der Aussage, ist *Die Farbe der Vokale* eine Streitschrift für die Rückbesinnung auf Form und Genre, die die Schuld an der Misere der deutschsprachigen Literatur vor allem bei der Verstiegenheit der klassischen Literaturkritik sucht.

Ein Mann von vierzig Jahren (2000) schreibt Gregor Schattschneiders Geschichte fort. Darin begegnet der inzwischen 40-jährige Gregor, hauptberuflicher Autor von Klappentexten, der jungen Marietta (ursprünglich als vierter Teil des *Weiberromans* gedacht und auch als Internetprojekt bearbeitet worden). Wie schon seine Frauengeschichten im *Weiberroman,* bleibt auch diese Liebe Schattschneiders, die in München angesiedelt ist, unerfüllt. Und auch dieser Roman ist wieder Liebesgeschichte, Entwicklungsroman und detailgenaue Ortsbegehung in einem. Selbstironisch, geistreich, postmodern verspielt vermag allerdings der *Mann von vierzig Jahren* Polityckis ästhethischem Programm keine neue Facette hinzuzufügen.

Das Schweigen am andern Ende des Rüssels (2001) kann als Polityckis konventionellste Veröffentlichung gelten. Sie besteht aus siebzehn Geschichten und zwei als Pro- und Epilog angeordneten Gedichten. Politycki verzichtet weitgehend auf sprachliche oder strukturelle Experimente und verbindet die zwischen 1985 und 2001 entstandenen Reiseepisoden durch kursiv gesetzte Gleichzeitigkeitseinwürfe, die simultane Ereignisse an anderen Orten der Welt wiedergeben, gesammelte Augenblicke der Weltzeitgeschichte. In seiner Konstruktion von allen Büchern des Autors am durchschaubarsten, wirkt *Das Schweigen am andern Ende des Rüssels* mit seinen skurrilen, komischen und z. T. brutalen Geschichten von Reisenden ein wenig beliebig und ist wechselhaft in seiner literarischen Qualität. Interessant ist die Setzung der Simultaneinwürfe in Momente der Stille oder des Erschreckens. Letztlich kaum mehr als eine konventionelle, in seinen literarischen Mitteln postmoderne Sammlung unterschiedlichster Reiseepisoden, in denen die Erzählstimme zumeist einem spöttisch sentimentalen Mann zugehört.

Thomas Tebbe

Werke: *Der frühe Nietzsche und die deutsche Klassik. Studien zu Problemen literarischer Wertung*, Mü. 1981; *Aus-Fälle/Zerlegung des Regenbogens. Ein Entwicklungsroman*, Mü. 1987; *Im Schatten der Schrift hier. Zweiundzwanzig Gedichte*, Mü. 1988; *Umwertung aller Werte? Deutsche Literatur im Urteil Nietzsches*, Hdbg. 1989; *Sonnenbaden in Sibirien. Dreiseitige Geschichten*, Warmbronn 1991; *Hundert notwendige Gedichte. Und ein überflüssiges*, Hg., Hbg 1992; *Die Wahrheit über Kaffeetrinker*, G., Warmbronn 1993; *Taifun über Kyoto*, R., Hbg. 1993; *Die Frau mit dem Schatten. Minimusikalkomödie*, Libr., Mü. 1994; *Jenseits von Wurst und Käse. 44 Gedichte*, Mü. 1995; *Der böse Einfluss der Bifi-Wurst. Ein End- und ein Nachspiel*, Pr., Warmbronn 1996; *Weiberroman. Historisch-kritische Ausgabe*, R., Mü. 1997; *Die Farbe der Vokale. Von der Literatur, den 78ern und dem Gequake der Frösche*, Ess., Mü. 1998; *Ein Mann von vierzig Jahren*, R., Mü. 2000; *Die zwei Arten den Caipirinha zu bestellen. Ein Gedicht*, Warmbronn 2000; *Marietta – die Idee, der Datensatz und der Strohhut. Schreiben und Schreiben-Lassen im Internet*, Ess., Stg. 2000; *Das Schweigen am anderen Ende des Rüssels*, Pr., Hbg. 2001; *Ratschlag zum Verzehr der Seidenraupe*, G., Hbg. 2003.

Pollesch, René, wurde am 29. 10. 1962 in Friedberg in Hessen geboren. Er studierte von 1983 bis 1989 angewandte Theaterwissenschaften in Gießen, bekam 1996 ein Arbeitsstipendium am Royal Court Theatre in London und war 1999/2000 Hausautor am Theater Luzern, dann in gleicher Funktion am Deutschen Schauspielhaus in Hamburg. Seit 2001 ist er künstlerischer Leiter des Praters, einer Außenspielstätte der Volksbühne am Rosa-Luxemburg-Platz Berlin. 1997 erhielt er ein Stipendium der Akademie Schloss Solitude, 2001 den Mülheimer Dramatikerpreis, 2002 wurde er zum besten deutschsprachigen Dramatiker in der Kritikerumfrage von »Theater heute« gewählt.

Eine Pollesch-Inszenierung muss man erleben. Der Autor und Regisseur hat eine neue Form des Schauspiels entwickelt, die er in der Regieanweisung des Stückes *Drei hysterische Frauen* (1998) so charakterisiert: »Großbuchstaben kennzeichnen laute und – in Abwechslung mit den entspannten – die hysterischen Stellen. Zeremonielle Schnelligkeit, zeremonielle Hysterie. Hiev diesen Textblock hinein in dein Gehirn und sei nicht mit ihm identisch. Die Lautstärke geht paradoxerweise einher mit Entspannung. Hysterische Haltungen: Den Körper von der Lautstärke mitreißen lassen, nichts forcieren. Der Körper bleibt in einer einigermaßen entspannten Haltung, wie es das Schreien eben gerade noch zulässt.« Es gibt nur zwei Tonfälle bei Pollesch – Beiläufigkeit und Hysterie. Wut und Spaß an der Wut vermischen sich untrennbar, die Souffleuse ruft bei der kleinsten Verzögerung den Text hinein, das Ensemble kichert über die eigenen Fehler. Bei mehreren Aufführungen des Stückes *Heidi Hoh arbeitet hier nicht mehr* (2000) kam es fast zum Eklat, weil die Souffleuse das oft benutzte Wort »Schnauze« brüllte und die Schauspielerinnen »Schnauze« zurückschrien. Polleschs Stücke haben keine Handlung, sie bestehen nur aus Wortfetzen aus allen möglichen Quellen wie Film und Fernsehen, Bücher und Artikel. Laute Soundclips treffen auf abenteuerlich zusammen montierte Sätze.

Mit der für das Deutsche Schauspielhaus in Hamburg entwickelten Internet-Soap *world wide web-slums* (2000) gewann Pollesch den Mülheimer Stückemarkt 2001. Die Zuschauer sitzen auf Kissen, Teppichen, Kuscheldecken. Der Raum ist ein riesiges Kinderzimmer mit Schaukeln, einer Musikbox und allerlei Krimskrams. In atemlosem Tempo knallen die Schauspieler die Sätze heraus. Eine Frau namens Ostern Weihnachten trägt einen Körpercomputer mit sich herum, kann durch einen Doppelklick auf die Gebärmutter schwanger werden und spuckt schließlich Popcorn. Dann schaut sie sich den Film *Der Exorzist* an, plötzlich sabbert Ostern Weihnachten grünen Schleim und die anderen müssen eine Teufelsaustreibung vorbereiten. Plötzlich ist das Stück aus, Fortsetzung folgt. Die *world wide web-slums* sind als Serie angelegt.

René Pollesch variiert in seinen – wie er sagt – »technologiekritischen« Hochgeschwindigkeitstexten im Grunde immer nur ein Thema: das Leiden der Menschen an einer Welt, die nur noch hyperventilierende Mediensimulation ist. Immer wieder erlebt man den rausgebrüllten Frust, das Dasein am Rande des Nervenzusammenbruchs. Pollesch wundert sich, dass Kritiker fast nur über die Ästhetik und nur selten über die Inhalte seiner Stücke schreiben. Zum Beispiel stecke in den *world wide web-slums* eine ernste Auseinandersetzung mit dem gegenwärtigen Frauenbild, mit dem Gefühl, vergewaltigt zu werden von den Anforderungen der Arbeit und diskriminiert zu sein durch die Sexualisierung der Gesellschaft. »Ich will Theatertexte nicht so inszenieren, dass jede Figur Sinn produziert«, sagt Pollesch. »Der Eindruck soll entstehen, die Schauspieler hätten meine Texte so intus, dass sie sie nur ausspucken, ohne zu denken oder Gefühle zu vermitteln.« Und hinter all dem stehe durchaus eine Botschaft, die durch das deftige Ausspielen von monströsen Verrücktheiten und Abnormitäten nur verdeckt werde.

In *Soylent Green* (2003) zeigt Pollesch eine Welt, in der die Leute durch Kannibalismus überleben, und stellt die Frage nach dem Wert des Menschenfleischs; *Freedom, Beauty, Truth & Love* (2003) ist eine Auseinandersetzung mit dem opulenten Kinomusical *Moulin Rouge*. Provozierend verbindet Pollesch Bilder der zusammenstürzenden New-Yorker Twin Towers mit Musik aus dem Musical *Annie get your gun*. In *24 Stunden sind kein Tag. Escape from New York* (2002) greift er Motive aus John Carpenters apokalyptischem Science-Fiction-Film auf, und wieder ist eine anspielungsreiche Wortschlacht zu erleben.

Stefan Keim

Werke: *Metamorphosen*, Theaterst., n. Ovid, UA 1990; *Die Aquaristin*, Theaterst., UA 1991; *Harakiri einer Bauchrednertagung*, Theaterst., UA Ffm. 1992; *Splatterboulevard*, Theaterst., UA Ffm. 1992; *W. Shakespeare: Ein Sommernachtstraum*, Übs., UA 1992; *Ich schneide schneller. Version 4*, Theaterst., UA Ffm. 1993, Fssp., ZDF 1998; *Entertaining Mr. S – Rip Off*, Theaterst., UA Ffm. 1994; *Pool – A Snuff Comedy*, Theaterst., UA Ffm. 1994; *Henry Purcell: The Fairy Queen. Oper nach W. Shakespears »Sommernachtstraum«*, Theaterst., Übs., UA 1995; *Joe Orton: Was der Butler sah*, Theaterst., Übs., UA 1997; *Drei hysterische Frauen/Three hysterical women/Trois femmes hystériques*, Theaterst., UA Bln. 1998; *Superblock*, Theaterst., UA Bln. 1998; *Heidi Hoh*, Theaterst., UA Bln. 1998, Hsp., DLR 2000; *Java in a Box*, Theaterst., UA Luzern 1999; *Heidi Hoh arbeitet hier nicht mehr*, Theaterst., UA Bln. 2000, Hsp., DLR 2001; *World wide web-slums*, Theaterst., UA Hbg. 2000, gedr. Reinbek 2003; *Frau unter Einfluss*, Theaterst., UA Bln. 2000; *Ufos & interviews*, Theaterst., UA Luzern 2001; *Heidi Hoh – die Interessen der Firma können nicht die Interessen sein, die Heidi Hoh hat*, Theaterst., UA Bln. 2001, Hsp., NDR 2002; *Stadt als Beute*, Theaterst., UA Bln. 2001 (= Prater-Trilogie, Teil 1); *Insourcing des Zuhauses. Menschen in Scheißhotels*, Theaterst., UA Bln. 2001 (= Prater-Trilogie, Teil 2); *Smarthaus 1 und 2*, Theaterst., UA Stg. 2001; *Sex*, Theaterst., UA Bln. 2002 (= Prater-Trilogie, Teil 3); *Der Kandidat (1980) Sie leben!*, Theaterst., UA Braunschweig 2002; *24 Stunden sind kein Tag. Escape from New York*, Theaterst., UA Bln. 2002; *Soylent Green ist Menschenfleisch, sagt es allen weiter*, Theaterst., UA Bln. 2003; *Freedom, Beauty, Truth and Love. Das revolutionäre Unternehmen*, Theaterst., UA Bln. 2003.

Polt, Gerhard, wurde am 7. 5. 1947 in München geboren und wuchs in Altötting auf. Nach dem Studium der Skandinavistik war er vorübergehend als Schwedisch-Übersetzer beschäftigt. Seit 1975 tritt Polt als Bühnen-, Fernseh- und Filmschauspieler eigener, aber auch zusammen mit dem Regisseur und Komponisten Hanns-Christian Müller verfasster Kabaretttexte auf und wurde 1981 dafür mit dem Deutschen Kleinkunstpreis ausgezeichnet. Die Zuerkennung des Bayerischen Staatspreises für Literatur (Jean-Paul-Preis) 2001 sowie des Heimito-von-Doderer-Preises 2002 lassen aber erkennen, dass Polt mehr und mehr als genuiner Autor wahrgenommen wird.

Von Anfang an war es bei Gerhard Polt das mimetische Parodier- und Schauspielertalent, das den Textproduzenten und Autor nahezu in den Hintergrund drängte. Bestes Beispiel ist sein erstes eigenes Hörspiel, *Als wenn man ein Dachs wär in seinem Bau* (1976). Hier konnte er seine ureigenste Stärke der Stimmen- und Charakterimitation voll ausspielen. Über 50 Stimmen, jeden Alters und beiderlei Geschlechts, ahmt Polt in diesem Hörspiel nach, das von der Vertreibung alteingesessener Mieter durch Wohnraumspekulanten erzählt. Bereits in diesem frühen Hörspiel, dem eine stattliche Anzahl von Szenen, Sketchen, Theaterstücken und Kinofilmen folgte, werden im Grunde die meisten Themen und typisierten Personen aller späteren Arbeiten vorweggenommen. Polts Figurenarsenal lässt sich grob in zwei Kategorien einteilen: die im gesellschaftlichen Machtspiel eher Benachteiligten (alte Menschen, Arbeiter, Kleinbürger, Ausländer) sowie arrogante, skrupellose Karrieristen. Dennoch verläuft die Verteilung der Sympathien und Antipathien nicht nach einem simplen Schwarz-Weiß-Muster. Auch die kleinen Leute, denen von den wirtschaftlich und politisch Mächtigeren oft übel mitgespielt wird, werden immer wieder als »engstirnige Spießer voller Eigendünkel, egoistisch, grobschlächtig, ausländerfeindlich« (André Müller) entlarvt. Vor allem die Bände *Öha* (1979) und *Fast wia im richtigen Leben* (1982/83) führen in kurzen Szenen diese alltäglichen Negativfiguren vor: So etwa Herrn Grundwirmer, der dem Fernsehen seine frisch importierte und eingekaufte vietnamesische Ehefrau vorführt (»Was sie wiegt, jetzt müassad i glatt amal nachschaugn, im Katalog«) oder die Familie Demmeler, die sich zu Weihnachten als karitative Tat einen Neger gemietet hat (»Dass dieser junge Mensch also a so, sagn mir mal, transpiriert«), oder die ehrgeizigen Eltern, die sich als wahre »Kinderdompteure« erweisen, sowie den Schäferhundbesitzer mit seinem faschistoiden Geraunze.

Wie vor eine laufende Kamera gebeten oder vor ein offenes Mikrofon, erzählen diese Allerweltstypen, mal unsicher-stottrig, mal jovial, mal selbstsicher arrogant, ihre Geschichten. Es handelt sich quasi um unkommentierte Originaltöne, die sich in ihrer Floskelhaftigkeit oder auch diskriminierenden Wortwahl selbst entlarven sollen. Die Gefahr des Missverstehens hat Polt selbst einmal eingeräumt, als er davon berichtete, ein Alt-Nazi habe ihm einen dankenden Brief geschrieben, weil in einer seiner Szenen ein ehemaliger KZ-Wärter endlich einmal »klargestellt« habe, ein wie »harter Job« diese Arbeit gewesen sei. Vielleicht auch als Reaktion auf diese der Autorenintention zuwiderlaufende Rezeption verlagerte sich im Folgenden die angegriffene »Zielgruppe«: Nicht nur, dass das Autorengespann Müller/Polt ab Mitte der Achtzigerjahre zu längeren Formen tendierte (Spielfilm, Theaterstück); verstärkt wurden nun die Machenschaften der Mächtigen, der Wirtschaftsbosse und käuflichen Politiker an den Pranger gestellt. Besonders deutlich wurde dies in der abendfüllenden Szenenfolge *München leuchtet* (UA Münchener Kammerspiele 1984, unter Mitwirkung – auch bei der Texterstellung – von Gisela Schneeberger, Dieter Hildebrandt, Otto Grünmandl, Biermösl Blosn u.a.), einem fulminanten Publikumserfolg, der auf der spöttisch-beißenden Dekuvrierung von Politiker- und High-Society-Kreisen Münchens beruhte, aber auch in dem als Hörspiel, Theaterstück und Kinofilm bearbeiteten Stück *Kehraus* (1983): Die Angestellten einer Versicherung feiern ein orgiastisches Faschingsfest, während die Firmenleitung bereits die Auflösung und Kündigung der gesamten Abteilung beschlossen hat.

In den letzten Jahren arbeitet Polt vorwiegend solo und wird immer deutlicher sichtbar als alleiniger Autor hinter seiner gleichnamigen Kunstfigur. In den neueren Soloprogrammen *Standort Deutschland, Attacke auf Geistesmensch* sowie *Und wer zahlt's?* (die jeweiligen Audio-CD-Einspielungen 1997, 1998 und 2000) ist die Tendenz festzustellen, das frühere Nummern-Kabarett zu fast dramenähnlichen Großgeschichten zu entwickeln z.B. mit der immer wieder auftauchenden fiktiven oberbayerischen Ortschaft »Bad Hausen« und ihrem Personal an Neureichen, Trachtlern, Zuag'roast'n, Traditionalisten, Dorfpolitikern etc. Oft sind es die selbsternannten Alltagsphilosophen, die über hehre Begriffe wie Freiheit, Bildung, Demokratie schwadronieren – allerdings meist, um ihr eigenes borniertes Denken bloßzustellen. So auch beim Thema Toleranz: »Ich sag häufig zu meiner Frau, ich sag's ihr immer wieder, ich sag: ›Entschuldigung‹, sag ich, ›die Tatsache, dass du so selten eine fangst, da brauchst du dich nicht bei mir zu bedanken – bedanke dich bei meiner Toleranz.‹« Mit Ödön von Horvath, einem in vielem geistesverwandten Autor, könnte man abgewandelt sagen: Gerhard Polt, Autor von Kürzestdramen, zeigt, dass der Mensch viel schlechter, abgründiger, verdorbener wäre – er kommt nur so selten dazu!

Bernhard Setzwein

Werke: *Als wenn man ein Dachs wär in seinem Bau*, Hsp., Ffm. 1976; *Öha und hinterher heißts dann mit der Dankbarkeit, dass man sich erkundigen soll ... Szenen*, Feldafing 1979; *Fast wia im richtigen Leben. Sketche, Monologe, Lieder und Einakter*, 2 Bde., Feldafing 1982/83; *Kehraus*, zus. m. C. Fedier, Drehb., Mü. 1983 (UA als Sch. Mü. 1979, als Hsp. Mü. 1989); *München leuchtet*, Sch., UA Kammerspiele Mü. 1983; *Krieger Denk Mal! Ein Buch zur moralischen Aufrüstung*, zus. m. Dieter Hildebrandt, Mü. 1984; *Da schau her. Alle alltäglichen Geschichten*, Zür. 1985; *Die Exoten*, Sch., Zür. 1985 (UA Kammerspiele Mü. 1985); *Faria Ho. Der Deutsche und sein Zigeuner*, zus. m. D. Hildebrandt, Mü. 1985; *Wirtshausgespräche oder Die schweigende Mehrheit erzählt. Stücke*, Zür. 1985; *Ja, mei. Das Handbuch des deutschen Bürgerwesens*, Zür. 1987; *Diridari*, Sch., UA Kammerspiele Mü. 1988; *man spricht deutsh*, Drehb., Zür. 1988; *Der Bürgermeister von Moskau*, Zür. 1989; *Tschurangrati. Eine Revue in 29 Bildern*, Zür. 1993 (UA Kammerspiele Mü. 1993); *Bayern open*, Sch., UA zus. m. Biermösl Blosn, Mü. 1993; *Kinderdämmerung*, Hsp., Mü. 1996; *Rafael Schmitz der Pommfritz*, Zür. 1999; *Der Menschenfresser und andere Delikatessen. Das gesammelte Werk*, Zür. 2000; *Nikolausi. Und andere Weihnachtsgeschichten*, Zür. 2001; *Heute wegen Tod geschlossen. Dialoge von A nach B*, Zür. 2001; *Im Schatten der Gans. Sieben weihnachtliche Geschichten*, Zür. 2001; *Circus Maximus. Das gesammelte Werk*, Zür. 2002.

Praetorius, Friedrich-Karl, wurde am 6. 1. 1952 in Hamburg geboren. Von 1969 bis 1972 besuchte er die Hamburger Schauspielschule, die er mit Diplom abschloss. Von 1972 bis 1978 arbeitete er eng mit dem Regisseur Peter Zadek in Bochum und Hamburg zusammen. 1978 und 1982 wurde er beim Berliner Theatertreffen jeweils zum »Schauspieler des Jahres« gewählt. Von da an war er durchgehend an den großen deutschsprachigen Bühnen wie Hamburg, Berlin, Wien und München engagiert. Daneben drehte er zahlreiche Fernsehserien, Fernseh- und Kinofilme; er arbeitet auch als bildender Künstler mit eigenen Ausstellungen. Praetorius lebt in der Nähe von Frankfurt am Main.

Mit elf Liebesbriefen an seine spanische Carmen, *Liebe Carmen* (1993), ließ Praetorius erstmals die Lesergemeinde an seinen hintersinnigen Gedankenspielereien teilhaben. Es handelt sich um Briefe, die von der Unmöglichkeit berichten, Liebesbriefe schreiben, ja Gefühle überhaupt in Sprache übersetzen zu können. Und doch gefällt sich der verschmitzte Absender im exzessiven Spiel mit Worten; in leichter Schräglage, witzig und doppelbödig, übertreibt er zuweilen das prätentiöse Spiel in seinem »Hunger nach einem großen Gefühl, das ich dir übermitteln wollte«. Doch Papier ist geduldig und die Geliebte weit weg, sodass die Flucht in die Worte und die Passionen für andere Frauen nicht stören, auch wenn er beteuert, dass »dein Geist, Carmen, so präsent ist, dass er Konturen in mein Leben bringt«. Als ihn die Spanierin dann in Frankfurt besucht, wird ihm schlagartig klar, was der Unterschied zwischen Literatur und Leben ist: »Beim Schreiben ging alles so glatt.«

Charmant-bissig sind auch die Kommentare aus dem *Reisebuch für den Menschenfeind* (1993) über die Leiden des Individualreisenden im Zeitalter des Massentourismus. Abseits von ausgetrampelten Pfaden die kleine Oase, den »Originalschauplatz« für sich zu entdecken, ist der Wunschtraum dieses Globetrotters mit dem Alternativreiseführer im Gepäck. Diesen Wunsch teilt er mit Millionen anderen. Deshalb muss sich der feinnervige Reisearistokrat auf seinen Reisen nach Fernost, Südeuropa oder einfach nur nach Bad Godesberg jedes Mal furchtbar aufregen und dann die Flucht vor Lärm und Nepp ergreifen. So bleibe nur die Alternative, in eine völlig langweilige Gegend zu fahren und sich, »ohne sich dabei frivol vorzukommen« gelassen dem Reiz der Eintönigkeit hinzugeben.

Spott, schwarzer Humor und »die neckische Lust am Tabubruch« (S. Diehl) kennzeichnen auch Praetorius' Theaterstücke. In *Sein oder Nichtsein* (1995), *Alzheimer Roulette* (1998) und *Die Frauenfalle* (1999) nimmt er die eigene Theaterzunft aufs Korn, exekutiert mit drastischer Komik die Themen Sterben und Mutterliebe und macht sich mit bizarrem Personal und doppeldeutigen Dialogen über Sex und Seitensprünge lustig. Doch diese mit Kalauern gespickten und Hohn und Spott kübelweise ausschüttenden, teilweise aberwitzigen Texte erreichten in mancher Inszenierung laut Kritik nur das Niveau eines »mühsam gestreckten Herrenwitzes« (Peter Iden).

Die ungebrochene Lust an der Provokation offenbart auch der 2001 erschienene Roman *Der Mann mit der Sichel*, in dem die Lebensläufe eines Flugkapitäns, eines Drogenfahnders und eines Arztes unversehens ins Rutschen kommen. Besessen von ihren Wahnvorstellungen landen sie am Ende in der Psychiatrie – ein scherzhafter Warnschuss für alle sich in der Midlifecrisis Befindlichen.

Thomas Kraft

Werke: *Liebe Carmen*, Ffm. 1993; *Reisebuch für den Menschenfeind. Die Freuden der Misanthropie*, Ffm. 1993; *Sein oder Nichtsein. Lebensbericht einer Leiche*, Ffm. 1995; *Alzheimer Roulette* (UA Ffm. 1998). *Die Frauenfalle* (UA Ffm. 1999). *Stücke und Materialien*, Ffm. 2000; *Wildgruber oder Schluss mit dem Theater*, Theaterst., Erstlesung Bln. 2000; *Der Mann mit der Sichel*, R., Ffm. 2001.

Pressler, Mirjam, wurde am 18. 6. 1940 in Darmstadt als uneheliches Kind geboren. Sie wuchs in einer Pflegefamilie und im Kinderheim auf. In Frankfurt am Main und München studierte sie Malerei und Sprachen. Danach arbeitete sie für ein Jahr in einem Kibbuz in Israel. Nach der Rückkehr heiratete sie und bekam drei Töchter, die sie nach der Scheidung allein großziehen musste. Sie arbeitete in diversen Jobs, fuhr Taxi und besaß in München einen Jeans-Laden. Seit 1980 arbeitet sie als freischaffende Autorin und Übersetzerin und lebt seit 1995 mit ihrem zweiten Mann in einem kleinen Dorf in der Nähe von München.

Mirjam Pressler hat über 30 Bücher geschrieben und ca. 300 Bücher für Kinder, Jugendliche und Erwachsene aus dem Niederländischen, Flämischen, Hebräischen, Afrikaans und Englisch übersetzt. Sie erhielt viele namhafte Auszeichnungen, u.a. 1994 den Sonderpreis des Deutschen Jugendliteraturpreises für ihre Übersetzungen, 1995 den Deutschen Jugendliteraturpreis, 2001 die Carl-Zuckmayer-Medaille »für ihre Verdienste um die deutsche Sprache« oder 2002 den Deutschen Bücherpreis. Sie setzt sich stark für die Vermittlung von Literatur ein, ist Jurymitglied einiger Schreibwettbewerbe für junge Leute und veranstaltet jährlich über 100 Lesungen, vorwiegend in Schulklassen.

In ihrem gesamten literarischen Werk beschäftigt sich Mirjam Pressler mit Kindheit und Jugend; konsequent fokussiert sie ihre Romane und Jugendbücher auf jugendliche Mittelpunktfiguren. Der im 19. Jahrhundert geprägte Begriff des Jugendromans trifft dafür nur unzureichend zu, da Pressler diesen Lebensabschnitt nicht verklärt. Sie wendet sich an den jungen Leser, erzählt von Gleichaltrigen und lotet die Lebensgefühle seiner Generation aus. Jugend wird bei ihr sowohl als entwicklungspsychologisches als auch gesellschaftskritisches Phänomen betrachtet. Als wichtige Quelle dienen ihr die eigene, elternlose Kindheit, ihre Rolle als Mutter sowie die gewonnenen Erfahrungen während ihres Aufenthalts in Israel. Die Erinnerung an die Shoah ist eines ihrer zentralen Themen.

Bereits in ihrem Erstlingswerk, dem Roman *Bitterschokolade* (1980), schlug Pressler den Grundton ihres Schreibens an. Diese realistische, mit dokumentarischer Genauigkeit geschriebene Geschichte um die 15-jährige Eva, die sich in ihrem zu dicken Körper unwohl fühlt und der liebevollen Zuneigung von Michel nicht traut, wurde 1980 mit dem Oldenburger Jugendbuchpreis ausgezeichnet und brachte Pressler sofort in die öffentliche Diskussion: »Mein Thema ist, im weitesten Sinne, die beschädigte Kindheit.« In den folgenden Büchern wurde dieses Thema variiert. In *Nun red doch endlich* (1981) lebt Karin allein mit ihrer Mutter und muss ständig auf die kleine Schwester aufpassen. Eines Tages wird ihr alles zu viel, und sie bricht zusammen. Ilse, die jüngste von vier Geschwistern, wächst unter ärmlichsten und rohen Verhältnissen auf *(Novemberkatzen*, 1982*)*, Martina, Heldin von *Zeit am Stiel* (1982), hat sich von der Umwelt zurückgezogen und ganz ihrem Hund Asta zugewendet. Bis dieser eines Tages stirbt und Martina in eine große Krise stürzt.

Dieses reiche Anfangs-Œuvre, das immer wieder das Mutter-Tochter-Verhältnis thematisiert, zeugt von dem großen Bedürfnis der Autorin, sich an der eigenen Geschichte abzuarbeiten; ein Ventil war bei ihr geöffnet worden. »In kurzer Zeit schrieb sie mehr, als ich in einem Jahr verlegen konnte«, erinnerte sich ihr Verleger. Pressler gab den Außenseitern eine Chance, die Familie diente ihren Helden nicht nur als Ort der Geborgenheit, die Gesellschaft ragt bis in das Private hinein. Dagegen gilt es sich zu wehren.

Höhepunkte in der Reihe sozialkritischer Jugendbiografien sind zwei Romane: *Wenn das Glück kommt, muss man ihm einen Stuhl hinstellen* (1994) und *Malka Mai* (2001). Im ersten Buch vereinen sich biografische Erlebnisse mit einem interessanten Themenreichtum, der vieles aus den ersten Romanen bündelt und mit stiller Eindringlichkeit zum Ausdruck bringt. Die zwöfjährige Halinka lebt in einem Heim, ohne Freuden und Freunde. Zum Glück kann sie sich in ihr Versteck zurückziehen und dort ihrer Fantasie freien Lauf lassen.

2001 erschien Presslers bisher meistgelobtes Werk, der Roman *Malka Mai*, der in die Zeit des Zweiten Weltkrieges zurückreicht und die Flucht einer jüdischen Ärztin mit ihren beiden Töchtern von Polen nach Ungarn schildert. Eines Tages wird die siebenjährige Malka krank und muss zurückgelassen werden. Für das Mädchen beginnt eine bewegende Odyssee, die sie nach schrecklichen Erlebnissen überlebt. Ihr Leben hat sich für immer verändert. Presslers Roman, der dokumentarische Härte und tiefe Empfindsamkeit vereint, basiert auf einer wahren Lebensgeschichte und ist in dieser Art Neuland für die Jugendliteratur.

Die Lebensgeschichte der Anne Frank hat Pressler, die selbst Jüdin ist, zeitlebens fasziniert. Ende der Achtzigerjahre übersetzte sie die kritische Gesamtausgabe der Tagebücher vom Niederländischen ins Deutsche. 1991 gab sie eine stark erweiterte und neu übersetzte Ausgabe der *Tagebücher der Anne Frank* heraus. Pressler erforschte die Biografie dieses talentierten Mädchens, das mit fünfzehn Jahren von den Nationalsozialisten umgebracht wurde. Aus dieser Beschäftigung heraus und ihrer Intention vor dem Faschismus zu warnen erschien 1992 Presslers erstes Sachbuch, *Ich sehne mich so. Die Lebensgeschichte der Anne Frank*. Die Autorin entwirft darin das lebendige Bild eines Mädchens mit all seinen Sehnsüchten und Problemen. Nicht nur dieses Buch von Mirjam Pressler ist inzwischen Bestandteil der Schullektüre geworden.

Das Gesamtwerk von Mirjam Pressler wäre aber nur unzureichend beschrieben, würden nicht die zahlreichen Kinderbücher und Übersetzungen Erwähnung finden. Auch in den Kinderbüchern geht es ihr darum, für die Belange der jüngsten Leser zu kämpfen und sie mit ihren Sorgen ernst zu nehmen. Konflikte in der Familie, Alltagsnöte oder Ängste stehen im Mittelpunkt ihrer Themenwahl. Mit *Nickel Vogelpfeifer* (1986) können die Kinder Alltagserfahrungen machen und auch die Fortsetzungen ihrer *Jessi*-Geschichten (ab 1987) haben weite Verbreitung gefunden und die Autorin populär gemacht. Wie intensiv Pressler auch als Vermittlerin von Literatur arbeitet, wird an ihren zahlreichen Übersetzungen, überwiegend aus dem Niederländischen und Hebräischen, deutlich. Sie benutzt zur Erläuterung dieser Tätigkeit gerne das Bild eines Fährmannes, der ein Buch von einem Land zum anderen zu bringen hat. Dem Buch darf dabei nichts geschehen, nichts darf verschwinden, nichts hinzugefügt werden: »Es geht [beim Übersetzen] nicht nur um die bloße Benennung oder das korrekte Wort, sondern vielmehr um die Stimmung, die Atmosphäre und den Sprachduktus des Buches.«

Henning Fangauf

Werke: *Bitterschokolade,* R., Weinheim 1980; *Kratzer im Lack,* R., Weinheim 1981; *Nun red doch endlich,* Kinder-R., Weinheim 1981; *Stolperschritte,* R., Stg. 1981; *Novemberkatzen,* Kinder-R., Weinheim 1982; *Zeit am Stiel,* R., Weinheim 1982; *Veronika Hazelhoff: Mensch, Mama,* Übs. 1983; *Katharina und so weiter,* E., Weinheim 1984; *Riesenkuss und Riesenglück,* Kinderb., Hbg. 1984; *Anton Quintana: Auf der Suche nach Padjelanta,* Übs. 1985; *Mit 64 stirbt man nicht,* Krimi, Ffm. 1986; *Leselöwen-Traudich-Geschichten,* Kinderb., Bindlach 1986; *Nickel Vogelpfeifer,* Kinderb., Weinheim 1986; *Goethe in der Kiste,* Kinderb., Bindlach 1987; *Leselöwen-Oma-Geschichten,* Kinderb., Bindlach 1987; *Jessi. Ich schenk dir einen Schrank,* Kinderb., Ravensburg 1987; *Joke van Leeuwen: Deesje macht das schon,* Übs. 1987; *Anton Tellegen: Ich war fünfzehn und zum Glück groß für mein Alter,* Übs. 1987; *Ida Vos: Anna gibt es noch,* Übs. 1987; *Jessi. Drei Dackel bringen Glück,* Kinderb., Ravensburg 1988; *Die Geschichte von Rosalindes Mondfahrt,* Kinderb., Ravensburg 1988; *Bär Brumm Bär,* Kinderb., Ravensburg 1988; *Tony Ross: Hänsel und Gretel,* Übs. 1989; *Ida Vos: Wer nicht weg ist, wird gesehen,* Übs., 1989; *Jessi. Lutzibutzi spinnt,* Kinderb., Ravensburg 1990; *Wer sich nicht traut, ist ein Feigling,* Kinderb., Mü. 1990; *Gila Almagor: Der Sommer von Aviha,* Übs., 1990; *Jessi. Eine Sekunde nicht aufgepasst,* Kinderb., Ravensburg 1992; *Ich sehne mich so – Die Lebensgeschichte der Anne Frank,* Jugendb., Weinheim 1992; *Der schönste Hund der Welt,* Kinderb., Würzb. 1992; *Sieben und eine Hex,* Kinderbuch, Bindlach 1992; *Imme Dros: Das O von Opa,* Übs. 1992; *Ida Vos: Auf der Brücke von Avignon,* Übs. 1992; *Aharon Megged: Fojglman,* Übs., Gerlingen 1992; *Leselöwen-Geschwistergeschichten,* Kinderb., Bindlach 1993; *Ruth Almog: Die Silberkugel,* Übs., Mödling-Wien 1993; *Bénédicte Froissart: Was für ein Besuch,* Übs. 1993; *Imme Dros, Harrie Geelen: Lumpenpuppe, Liebepuppe und Gelbe Ente,* Übs. 1993; *Ruud van der Rol, Rian Verhoeven: Anne Frank,* Übs., 1993; *Amoz Oz: Sumchi,* Übs., 1993; *Navel Semel: Gerschona,* Übs., 1993; *Karel Eykman: Liebeskummer,* Übs., 1993; *Bart Maeyaert: Küss mich,* Übs., 1993; *Wenn das Glück kommt, muss man ihm einen Stuhl hinstellen,* R., Weinheim 1994; *Nora im Kaufhaus,* Kinderb., Ravensburg 1994; *Leselöwen-Geburtstagsgeschichten,* Kinderb., Bindlach 1994; *Auch Vampire können sich irren und andere Geschichten zum Gruseln,* Kinderb., Würzb. 1994; *Jola und Nickel in der Schule,* Kinderb., Bindlach 1994; *Jola und Nickel im Verkehr,* Kinderb., Bindlach 1994; *Tintoretto,* Bilderb., Düsseld. 1994; *Uri Orlev: Das Sandspiel,* Übs., 1994; *Uri Orlev: Lydia, Königin von Palästina,* Übs., 1994; *Schoschana Rabinovici: Dank meiner Mutter,* Übs., 1994; *Schoschana Rabinowici: Dank meiner Mutter,* Übs., Ffm. 1994; *Jessi und die Tante Dorothea,* Kinderb., Ravensburg 1995; *Jola und Nickel feiern Geburtstag,* Kinderb., Bindlach 1995; *Jola und Nickel auf dem Bauernhof,* Kinderb., Bindlach 1995; *Schlaf gut, Nora,* Kinderb., Ravensburg 1995; *Orly Castel-Bloom: Dolly City,* Übs., Reinbek 1995; *Shulamit Lapid: Lokalausgabe,* Übs., Ffm. 1995; *Marco Linnemann: Einsamkeit bewältigen,* Übs., 1995; *Barbara M. Joosse: Mama, hast du mich lieb?,* Übs., 1995; *Willy van Doorselaer: Ich heiße Kaspar,*

Übs., 1995; *Nava Semel: Flugstunden*, Übs., 1995; *Anne Frank: Tagebuch*, Übs., 1995; *Das Ding*, Bilderb., Mü. 1996; *Nora ist mal so, mal so*, Jugendb., Ffm. 1996; *Hans Hagen, Harrie Geelen: Still, ich denke an das Huhn*, Übs., 1996; *Galila Ron-Feder: Mein liebes Selbst*, Übs., 1996; *Rivka Keren: Katalin*, Übs., 1996; *Batya Gur: Am Anfang war das Wort*, Übs., Mü. 1996; *Batya Gur: So habe ich es mir nicht vorgestellt*, Übs., Bln. 1996; *Ben und Lena im Kindergarten*, Kinderb., Bindlach 1997; *Ben und Lena und das Kätzchen*, Kinderb., Bindlach 1997; *Shulamit Lapid: Der Hühnerdieb*, Übs., Mü. 1997; *Jonathan London: Liplas Wunsch: wie Großmutter sich in einen Stern verwandelt*, Übs., 1997; *Gregie DeMaeyer, Koen Vanmechelen: Juul*, Übs., 1997; *Uri Orlev, Jacky Gleich: Das kleine große Mädchen*, Übs., 1997; *Uri Orlev: Julek und die Dame mit dem Hut*, Übs., 1997; *Batya Gur: Du sollst nicht begehren*, Übs., Mü. 1997; *Ben und Lena gehen einkaufen*, Kinderb., Bindlach 1998; *Leselöwen-Gutenachtgeschichten*, Kinderb., Bindlach 1998; *Die wundersame Reise des kleine Kröterichs*, n. Theaterst. v. Yaakov Shabtai, Mü. 1998; *Annie M. G. Schmidt: Lauter nette Tiere*, Übs., 1998; *Imme Dros: Morgen gehe ich nach China*, Übs., 1998; *Uri Orlev, Jacky Gleich: Der haarige Dienstag*, Übs., 1998; *Galila Ron-Feder: Die Tage nach dem Anschlag*, Übs., 1998; *Karlijn Stoffels: Mojsche und Rejsele*, Übs., 1998; *Orly Castel-Bloom: Minna Lisa*, Übs., Mü. 1998; *Gabriel Zoran: Gideons Welt*, Übs., Zürich 1998; *Kopfunter Kopfüber. Ein Bilderbuch zum Drehen*, Mü. 1999; *Überraschungen für Timmi und andere Geburtstagsgeschichten*, Kinderb., Bindlach 1999; *Geschichte von Jessi*, Kinderb., Weinheim 1999; *Shylocks Tochter*, Jugendb., 1999; *Ben und Lena gehen zum Arzt*, Kinderb., Bindlach 1999; *Bart Moeyaert, Anna Höglund: Afrika hinter dem Zaun*, Übs., 1999; *Uri Orlev, Jacky Gleich: Das Löwengeschenk*, Übs., 1999; *Uri Orlev: Die Bleisoldaten*, Übs., 1999; *Shulamit Lapid: Goldstück*, Übs., Mü. 1999; *Bart Moeyaert: Bloße Hände*, Übs., 1999; *Neues von Jessi*, Kinderb., Weinheim 2000; *Ben und Lena freuen sich auf Weihnachten*, Kinderb., Bindlach 2000; *Imme Dros: Das ist das Haus am krummen Baum*, Übs., 2000; *Bart Moeyaert: Im Wespennest*, Übs., 2000; *Zeruya Shalev: Liebesleben*, Übs., Bln. 2000; *Shulamit Lapid: Der tote Bräutigam*, Übs., 2000; *Ruth Almog: Ein Engel aus Papier*, Übs., Gerlingen 2000; *Schattentier, tausch mit mir*, Kinderb., Mü. 2001; *Malka Mai*, Jugend-R., Weinheim 2001; *Ingrid Godon: Warten auf Seemann*, Übs., 2001; *Axel Scheffler, Julia Donaldson: Für Hund und Katz ist auch noch Platz*, Übs., 2001; *Janwillem van de Wetering: Eugen Eule und der Fall des verschwundenen Flohs*, Übs., 2001; *Zeruya Shalev: Mann und Frau*, Übs., Bln. 2001; *Für Isabell war es Liebe*, Jugend-R., Weinheim 2002., *Sayed Kashua: Tanzende Araber*, Übs., Bln. 2002.

Preußler, Otfried, wurde am 20. 10. 1923 als Sohn eines Lehrerehepaares im nordböhmischen Reichenberg geboren. Unmittelbar nach dem Abitur 1942 zum Kriegsdienst eingezogen, überstand er den Einsatz an der Ostfront. Als Leutnant geriet er 1944 in russische Gefangenschaft, verbrachte fünf Jahre hinter Stacheldraht. Nach der Entlassung aus der Gefangenschaft folgte er seiner Braut und seinen Eltern, die es nach Bayern, nach Haidholzen bei Rosenheim, verschlagen hatte. An die angestrebte Universitätslaufbahn war nicht mehr zu denken. Er studierte Pädagogik und arbeitete ab 1953 als Lehrer und später als Rektor an einer Volksschule in Rosenheim. Der Umgang mit den Kindern, den »strengen, unbestechlichen Kritikern«, förderte das Talent zum Erzählen, mündlich im Unterricht und schriftlich im Verfassen von Hörspielen und Büchern. 1970 schied Preußler aus dem Schuldienst aus und widmete sich ganz dem Schreiben. Für seine Kinderbücher (deutsche Gesamtauflage ca. 6 Millionen Exemplare, 157 Übersetzungen in 40 Sprachen) erhielt er zahlreiche Ehrungen, u.a. 1957 und 1961 den Sonderpreis beim Deutschen Jugendbuchpreis, 1960 den Anerkennungspreis des Sudetendeutschen Kulturpreises, 1972/73 den Silbernen Griffel von Rotterdam, 1978 den Europäischen Jugendbuchpreis, 1987 den Andreas-Gryphius-Preis, 1988 den Großen Preis der Deutschen Akademie für Kinder-und Jugendliteratur, 1990 den Eichendorff-Literaturpreis und 1993 das Bundesverdienstkreuz Erster Klasse. Preußler lebt heute am »Rübezahlweg« in Stephanskirchen bei Rosenheim.

Das Bekenntnis Preußlers, ein Autor, der für Kinder schreibe, unterwerfe sich freiwillig »erschwerten Bedingungen«, scheint im Widerspruch zu stehen zu den leichten Sujets, die er wählt (Schwank, Sage, Märchen, Legende) und zu dem einfachen Stil, in dem er schreibt. »Als der Wassermann eines Tages nach Hause kam, sagte die Wassermannfrau zu ihm: ›Heute musst du ganz leise sein. Wir haben nämlich einen kleinen Jungen bekommen.« So »einfach« beginnt die Erzählung, die ein Bestseller wurde: *Der kleine Wassermann* (Stuttgart 1956). Im Ton des Erzählens verschmelzen die märchenhafte Jenseitswelt und die alltägliche Diesseitswelt zu einer wundersamen Einheit: Stolz und Fürsorge der Eltern des Neugeborenen, staunende Mitfreude der Verwandten, kindliche Entdecker-Neugier und Angst, das allmähliche Erfassen und Benennen des Unbekannten mit den Sinnen, auch das Entsetzen der Mutter, wenn das Wassermann-Kind mit – natürlich!? – trockenen Füßen nach Hause kommt ... Dieses Erzählprinzip des Erfahrens der fremd-vertrauten Welt aus transzendenter Perspektive fesselt sowohl das des Lesens noch unkundige Kind als auch den mit Literatur gesättigten Erwachsenen. Die Gestalt des kleinen Fabelwesens entdeckt, indem es sich entwickelt, im Leser selbst einen liebens- und lebenswerten Kosmos. Schon die Titel der folgenden Erzählungen, *Das kleine Gespenst* (1956) und *Die kleine Hexe* (1957), ermutigen dazu, sich auf Gespenster und Hexen einzulassen. Die Geisterstunde dieses Gespenstes, nach der es sich sehnt und die es bestaunt, ist der hell-lichte Tag; der wissende Leser/Hörer kann ihm die Angst vor dieser Tag-Welt nehmen und verliert unbewusst die Angst vor der Nacht. Die kleine Hexe hat die Macht, die großen Hexen der Walpurgisnacht zu verzaubern, und damit kommt der böse Zauber zu einem guten Ende. Dass man bei Preußlers Erzählungen darauf vertrauen darf, dass Bösewichter, und sei es Luzifer mit seinen Gesellen, bei aller Anstrengung und allen Künsten, die ihnen zur Verfügung stehen, ihr Ziel nicht erreichen, hat etwas mit den Stoffen selbst zu tun, die er formt – Geschichten aus der Räuber- und Gendarmen-Welt des Puppenspiel-Theaters wie *Der Räuber Hotzenplotz* (1962), aus der Märchenwelt wie *Die Abenteuer des starken Wanja* (1968), aus der Narrenwelt der Schildbürger wie *Bei uns in Schilda* (1958) –, es hat aber mehr noch mit der ethischen und pädagogischen Grundhaltung des Autors zu tun, die der Fantasie Zügel anlegt und sie so lenkt. Selbst in der bedrohlichsten Geschichte *Krabat* (1971), die in die dunkelsten Schichten der Träume und Ängste führt, in eine Mühle, deren Meister mit dem Teufel im Bunde steht, dessen Knappen – 12 an der Zahl, »Apostel«, die auf ihren Meister schwören müssen – in einer tödlichen Falle sitzen, gibt es für den, der das Alphabet der Menschlichkeit zu üben gelernt hat, einen Ausweg. Es ist kein Zufall in dieser streng dreiteilig komponierten Geschichte, dass der sorbische Junge Krabat genau in der Mitte des Buches, in der Mitternacht aller Nächte, der Osternacht, aus dem Munde seiner zukünftigen Befreierin Kantorka das »Erstanden ist / Der heilig Christ / Halleluja / Halleluja« hört, das über Tod und Teufel siegreich triumphiert. Es enthält eine Botschaft, die hilft gegen die »Art von Zauberei, die man mühsam lernen muss [...], Zeichen für Zeichen und Formel um Formel«, eine Formel, »die wächst einem aus der Tiefe des Herzens zu: aus der Sorge um jemanden, den man lieb hat«.

Dass Preußler für Erwachsene zu erzählen versteht, ohne seinen Ton zu verlassen, zeigt er in der Legendengeschichte *Die Flucht nach Ägypten* (1978): Die heilige Familie nimmt ihren Weg nach Ägypten durch ein Böhmen, das Bethlehem benachbart liegt; die sprichwörtlich gemütliche Gründlichkeit einer k.k. Beamtenschaft, die von Kaiser Franz Joseph I. persönlich in Bewegung gesetzt wird, auf Bitten des Herodes die Flüchtenden abzufangen und auszuliefern, macht es dem Teufel schwer, an sein Ziel zu gelangen. Die »Divina Comedia« hat ihren Mittelpunkt in dem Kind in der Krippe, einem typisch böhmischen »Tuchmacherkripperl [...], bestehend aus einigen hundert Figuren der unterschiedlichsten Größe und Herkunft, jede von ihnen aus mehreren aufeinander geklebten Lagen Papier oder Pappendeckel herausgeschnitten und bunt bemalt«. Wie in dieser Krippe die mit den Augen des Kindes gesehene Heimat des Autors ohne sichtbare Trennlinie mit der biblischen Heilsgeschichte in Verbindung gebracht wird, so geschieht es auch leibhaftig in der Erzählung selbst: Die Legende tritt aus dem Bild heraus und wird lebendig; umgekehrt spiegelt sich die Welt der k.k. Monarchie noch in ihrem entlegensten Flecken, zu dem auch Reichenberg und Umgebung zählen mag, in der Legende.

Die Erinnerung an die Heimat seiner Kindheit hat Preußler mit den Weihnachtsgeschichten *Der Engel mit der Pudelmütze* (1985) in einer sinnlichen Greifbarkeit gestaltet, die aus dem Tonfall heraus zu hören und sehen und riechen ist. Die Form des Erzählens in überschaubaren Sequenzen ist dem Fassungsvermögen der Kinder angepasst, die etwa für die Länge einer Schulstunde die Grenze von hier zum Stall in Bethlehem überschreiten dürfen. Sie lassen sich offenbar gern von der Fantasie des Autors über die Grenzen führen, weil sie spüren, dass diese Fantasie ihre Sorgen liebevoll aufhebt.

Hans Unterreitmeier

Werke: *Der Rossdieb von Füssing. Ein Schelmenspiel nach Motiven von Hans Sachs und alten Schwenken*, Mü. 1950; *Der fahrende Schüler im Paradeis. Ein Schelmenspiel in 2 Aufzügen nach den alten Schwenken von Hans Sachs*, Mü. 1951; *Es geistert auf der Mitteralm*, Mü. 1951; *Lustig ist die Fasenacht*, Mü. 1951; *Das bemalte Bleichgesicht*, Mü. 1951; *Kasperl hat ein gutes Herz*, Mü. 1951; *Lieb Nachtigall, wach auf*, Mü. 1951; *Das Spiel vom lieben langen Jahr*, Mü. 1951; *Wir wollen auf die Reise gehen*, Mü. 1952; *Das Spiel von den 7 Gesellen*, Mü. 1953; *Ei guten Tag, Frau Base*, Mü. 1954; *Der kleine Wassermann*, Stg. 1956, Sonderausg. f. lernbehinderte Kinder Hdbg. 1973; *Die kleine Hexe*, Stg. 1957; *Bei uns in Schilda*, Stg. 1958; *Z.K. Slaby u.a.: Das Geheimnis der orangefarbenen Katze*, Übs., Stg. 1958; *Thomas Vogelschreck*, Stg. 1959; *Der Räuber Hotzenplotz*, Stg. 1962; *Josef Lada: Kater Mikesch*, Übs., Aarau 1962; *Das kleine Gespenst*, Stg. 1966; *Die Abenteuer des starken Wanja*, Würzb. 1968; *Josef Kolar: Kater Schnurr mit den blauen Augen*, Übs., Stg. 1969; *Neues vom Räuber Hotzenplotz*, Stg. 1969; *Lloyd Alexander: Taran und das Zauberschwein*, Übs.,

Würzb. 1969; *Lloyd Alexander: Taran und der Zauberkessel,* Übs., Würzb. 1970; *Krabat,* Würzb. 1971; *Die dumme Augustine,* Stg. 1972; *Hotzenplotz 3,* Stg. 1973; *Jahrmarkt in Rummelsbach,* Stg. 1973; *Das Märchen vom Einhorn,* Stg. 1975; *Der goldene Brunnen. Ein Märchenspiel,* Mü. 1975; *Die Glocke von grünem Erz,* Stg. 1976; *Die Flucht nach Ägypten,* Mü./Zür. 1978; *Hörbe mit dem großen Hut,* Stg. 1981; *Pumphutt und die Bettelkinder,* Stg. 1981; *Hörbe und sein Freund Zwottel,* Stg. 1983; *Der Engel mit der Pudelmütze,* Stg. 1985; *Kindertheaterstücke* (enth. *Der Räuber Hotzenplotz, Die kleine Hexe, Der goldene Brunnen, Die dumme Augustine*), Hbg. 1985; *Herr Klingsor konnte ein bisschen zaubern,* Stg. 1987; *Der Gloria-Engel,* E., Mü. 1987; *Howard Blake u. Raymond Briggs: Der Schneemann. Ein Bilderbuch mit Musik,* Übs., Kassel 1987; *Zwölfe hat's geschlagen. Dreimal dreizehn Geschichten von Schätzen und ihren Hütern, von Hexen und ihren Zaubermeistern, von Nachtgespenstern und Geisterspuk,* Stg. 1988; *Dreikönigsgeschichten* (*Die Krone des Mohrenkönigs, Das Lied der Zikade*), Mü. 1989; *Brot für Myra. Eine Geschichte vom heiligen Nikolaus,* Mü. 1990: *Lauf, Zenta, lauf!,* m. Illustr. v. Karin Lecher, Stg. 1991; *Das Räuber Hotzenplotz Puzzle-Bilderbuch,* m. Illustr. v. Matthias Preußler, Stg. 1991; *Mein Rübezahl-Buch,* Stg. 1993; *Das Eselchen und der kleine Engel,* Stg. 1993; *Die Zenzi mit dem Wackelzahn,* m. Illustr. v. Rolf Rettich, Mü. 1995; *Vom Drachen, der zu den Indianern wollte,* m. Illustr. v. Petra Probst, Stg. 1996; *Die Story von Monty Spinneratz,* Kass., 1999; *Lloyd Alexander: Taran im Land der dunklen Mächte,* Übs., zus. m. Roland Vocke, Würzb. 2001; *Wasserschratz und Tatzenkatze,* m. Illustr. v. Werner Schinko, Stg. 2001; *Wo steckt Tella?,* m. Illustr. v. Petra Probst, Stg. 2001; *Balladen,* CD, Hg., zus. m. Heinrich Pleticha, Hbg. 2002.

Priessnitz, Reinhard, wurde am 27. 10. 1945 in Wien geboren. Nach Abbruch seiner Gymnasialausbildung besuchte er ab 1960 eine private Maturaschule, die er nicht abschloss. Priessnitz arbeitete u.a. als Redaktionssekretär der Zeitschrift »Literatur und Kritik« (bis 1968), ab 1968 als Redakteur beim »Neuen Forum«, wo er aufgrund der so genannten »Aktionismusdebatte« 1974 zurücktrat, als Lektor bei der »edition neue texte« (1976–1983) und als Lektor beim Wiener Medusa-Verlag von 1983 bis 1985. Ab 1982 war Priessnitz Lehrbeauftragter an der Hochschule für Bildende Kunst in Wien und an der Hochschule für künstlerische und industrielle Gestaltung in Linz. Seit 1966 publizierte er Gedichte, Prosastücke und Essays in Literaturzeitschriften und Anthologien, ab 1976 schrieb er regelmäßig für das Feuilleton der Wiener Tageszeitung »Die Presse«. Er verstarb am 5. 11. 1985 in Wien an einem Krebsleiden. Priessnitz war Gründungsmitglied der Grazer Autorenversammlung (1973) und des Bielefelder Colloquiums Neue Poesie (seit 1978). 1980 wurde ihm der Förderungspreis der Stadt Wien und 1985 der Würdigungspreis des Österreichischen Bundesministeriums für Unterricht und Kunst verliehen.

Reinhard Priessnitz' einzige Buchpublikation zu Lebzeiten, die *vierundvierzig gedichte* (1978), spielt mit ihrem programmatischen Titel auf die Relation an, die Priessnitz' Dichtung und Poetik mit der so genannten experimentellen Literatur und der Literatur der Avantgarde verbindet, aber auch von dieser absetzt. Denn trotz der Nähe zur Avantgardeliteratur hat Priessnitz seine Texte nicht als »Texte, Konstellationen« (wie es vor allem in der konkreten Poesie gefordert wurde), sondern wieder als »Gedichte« bezeichnet. Dass auch die Anzahl der Gedichte in den Titel aufgenommen wurde, ist ein erster paratextlicher Hinweis dafür, dass jedes der Gedichte isoliert einen poetischen Komplex für sich darstellt, auf je eigenen Methoden seines Produziert-Seins basiert und auf andere thematische, formale und pragmatische Möglichkeiten seines Rezipiert-Werdens abzielt.

Bereits das erste Gedicht mit dem Titel *premiere,* der neben der thematischen Ausrichtung erster sexueller Erfahrungen auf die Stellung innerhalb des Buches anspielt, setzt sich mit der modernistischen Form des Lautgedichts auseinander, weil es »bis in den Bereich der Mikrobewegung und -bewegungsmöglichkeiten von Sprache hinein Entsprechungen von Wortbedeutungen und Themen erreicht« (Jörg Drews). Anders als eine »lautgläubige« Dichtung, der eine eindeutige Zuschreibung von Laut und Bedeutung als Ideal vorschwebt (etwa im russischen Kubo-Futurismus oder in der ZAUM-Poesie Velimir Chlebnikovs), weicht in Priessnitz' Anverwandlung diese simple Relation jedoch einer Strukturierung nach synästhetischen Kriterien in einer merkmalhaltigen Matrix. Weitere frühe Gedichte in den *vierundvierzig gedichten* setzen sich von dem genuin avantgardistischen Textgenerationsverfahren der Montage (etwa in den Arbeiten der »Wiener Gruppe«) dadurch ab, dass sie diesem Verfahren, das unbesehen das Prinzip der Textgeneration von der Imagination auf die Selektion und Kombination verlegt hat, einen die Methode der Montage ihrerseits reflektierenden Einsatz dieses poetischen Mittels entgegenhalten (in dem Gedicht *kleine genesis*). Dieses Gedicht wirft zudem die erkenntnistheoretisch relevante Frage nach der Kommunikationsabhängigkeit von Individualität und Bewusstsein auf – eine Frage, die in den späten Gedichten mehrfach und vertieft wiederkehrt.

Anders als in den Gedichten H. C. Artmanns (mit denen sie dennoch vieles verbindet) werden in Priessnitz' Gedichten Metaphern bewusst forciert eingesetzt, um (vor allem in *privilegium minus*) auf ihre Rolle als Metaphern zu verweisen und so das von Arthur C. Danto (in abwandelnder Adaption von Nelson Goodmans Überlegungen) für die Funktion der Metapher insgesamt entwickelte Konzept der »Exemplifikation« in einer weiteren reflektorischen Wendung auf das Konzept des Metaphorischen rückzubeziehen. In den Gedichten *white horse song*, +++ und *kapitän siebenstrophig* wird Priessnitz' Verhältnis zur Kunstauffassung des »Wiener Aktionismus« deutlich. Die z. B. von Hermann Nitsch angenommene Fähigkeit des Kunstwerks, »wirklichkeit als direktes gestaltungsmittel zu benützen«, wird in diesen Gedichten kritisch befragt. Priessnitz' Gedichte, die dem Aktionismus nahe stehen und ihr Sujet und ihre formalen Überlegungen seinen Erfahrungen durch Teilnahme an Aktionen verdanken, modellieren eine »indirekte Kunst«. Nicht jedoch als naives Beharren auf überkommenen Repräsentationsvorstellungen des Kunstwerks, sondern als Re-Repräsentationalisierung von in der Aktion zur Disposition gestellten Bewusstseinsprozessen. Sie sind eine repräsentationalitätskritische Re-Poetisierung der Beziehung von Bewusstsein und Kommunikation. Diese Gedichte halten nicht *vor* der Schwelle zu einer »Konstitution einer Eigenwirklichkeit im Rahmen der Aktionssituation« oder eines »nicht-repräsentierenden Zugriffs« auf die Wirklichkeit, der sich als »unmittelbare Perzeption anhand sinnlicher Erfahrungsqualitäten« (Oliver Jahraus zur »Aktion des Aktionismus«) vollziehe. Weil sie diese Schwelle gleichsam *hinter* sich haben, projizieren sie das für die Aktion konstitutive Moment ihrer Präsenzqualität auf eine prozessual-dynamische Schrift-Struktur, die das Gedicht ist. Priessnitz' Gedichte modellieren eine in höchstem Maße und bestem Sinne vermittelte »indirekte Kunst«.

Das Gedichtpaar *wurf eines entwurfs* und *entwurf eines wurfs* verknüpft die ästhetischen Fragestellungen der konkreten Poesie mit jenen, die z. B. aus der Ästhetik Hegels herrühren und sich als Frage nach »Fantasie, Erlebnis und Vorstellung« im Gedicht ausdifferenzieren. Dadurch transzendiert dieses Gedichtpaar die der konkreten Poesie zugrunde liegenden Philosopheme und zeigt in der Interpretation diese für Priessnitz' Dichtung insgesamt so charakteristische Tendenz einer »Resubjektivierung« und »-biografisierung« des Gedichts – allerdings nicht in einem Rückgriff auf eine vormoderne Abwertung des Materials, sondern als Kreuzung der Fragen nach der »Materialität« und »Medialität« mit jenen nach immaterieller »Vorstellung« und »Konzept«.

Das visuelle Gedicht *rose* geht als ein »letztes« visuelles Gedicht auch mit der visuellen Poesie insgesamt ins ästhetische Gericht. Das Gedicht zwischen Visualität und Lautlichkeit spielt aus dieser Sicht auch sehr deutlich auf die sprachliche Zeichen*möglichkeit* an; es ist ein ikonisches, bildlastiges Zeichen des arbiträren, lautlich geprägten Symbols, gebrochen durch die Dichtung und deren (jüngere) Historie, wie sie Priessnitz verkörpert. Der »Streit« zwischen »Material« und »Vorstellung« ist mit dem Werk von Reinhard Priessnitz auf nachdrückliche, vielleicht Epoche bildende Weise ausgetragen worden, die Anschlussmöglichkeiten für die Dichtung ihm folgender Generationen eröffnet hat.

In den späteren, »poetologischen« Gedichten Reinhard Priessnitz', vor allem aber in seinen Gedichten *in stanzen*, *heldin*, *triest* und *orvieto* steht die von Oswald Wiener formulierte, nicht hintergehbare Herausforderung an relevante Kunst und Literatur auf dem Spiel: den elementaren Mechanismen des Verstehens nachzugehen. Die Nichtunterscheidbarkeit zwischen Erleben und Gegenstand, die das künstlerische Experiment vom naturwissenschaftlichen scheidet, kann gerade dort zur »Chance« des künstlerischen Experiments werden, wo auch die exakten Wissenschaften es mit einem weit gehenden Zusammenfallen von Beobachter und beobachtetem Gegenstand zu tun haben: wenn es um eine wissenschaftliche Beschreibung von Verstehen, Bewusstsein, Selbst etc. geht, also im weitesten Sinne um das Verhältnis von mentalen und physischen Phänomenen. Alle Annäherungen an »Inneres« – interpretierbar als innere, mentale, psychische Zustände –, seien es nun Annäherungen der exakten Wissenschaften oder der Dichtung, sind zweifelhaft, weil sie im Vergleich zu diesem »Inneren« notwendig »Äußere« sind. Und auch allen Beschreibungs- und Darstellungsweisen, deren sich solche Annäherungen bedienen, haftet der Makel einer nicht ausräumbaren Spekulativität und Unsicherheit an: durch einen Zweifel an der Existenz von inneren Instanzen, seien sie sprachlich oder nichtsprachlich, durch Zweifel an deren Erkennbarkeit und Darstellbarkeit, durch welche symbolischen oder wissenschaftlichen Verfahren auch immer, und schließlich durch Zweifel an einer positiven oder auch dichterischen Darstellung der genannten zweifelnden Positionen. All dies muss zu Skeptizismus in allen Spielarten und mit allen paradoxalen und unausweichlichen Konsequenzen führen. Entscheidend ist, dass sich diese Skepsis nicht nur dichtungsfeiernd gegen außerdichterische Weltwahrnehmung und -repräsentation richtet, sondern das Gedicht und die Dichtung generell selbst affiziert. Gegen das die Domäne der Poesie nahezu grenzenlos erweiternde »All-Erlebnis« Paul Valérys oder Gottfried Benns führt Priessnitz eine radikal skeptische Position ins Feld, die auch die Dichtung als letzte/erste Bastion umgreift, diese einnehmend. Diese poetologischen Gedichte denken die Implikationen von einer durch das Gedicht prozessual und dynamisch hervorgebrachten »progressiven Universalskepsis« (Franz Josef Czernin) an ein – in jedem tiefen Sinn des Wortes verstehbares – Ende.

Diese späten poetologischen Gedichte Priessnitz' zeigen in ihrer Reflexion über die Bedingungen der Poesie, welchen Beitrag zum besseren Verständnis der Conditio humana Dichtung als Basis von Epistemologie bereithält, ganz gemäß dem von Priessnitz formulierten Anspruch: »poesie ist eine form von epistemologie, das heißt eine untersuchung der wege der erkenntnis.« Priessnitz' Gedichte agieren – mit einer seinem Werk zentralen Metapher gesagt – auf der »Bühne des Verstehens«, auf der die genannten epistemologischen Paradoxien tragisch und komisch zugleich ausgetragen und »übertragen« werden.

In den von Ferdinand Schmatz herausgegebenen *fünf prosastücken* (1987), die Modelle gegenwärtiger Erzählmöglichkeit aufgegriffen und geschaffen haben, weicht das Verfahren der strikten Montage, d.h. die Aneinanderreihung von vorgefundenem Sprachmaterial, einer »inhaltlichen Gedankenmontage« (Ferdinand Schmatz), in der (vorsprachliche) Vorstellungen und sprachliche Ausdrucksweisen gleichwertig ineinander verquickt werden. Herkömmliche Erzählung und Bedingung jeglichen Erzählens bilden ein Drittes, das sich umschreiben lässt mit: Blick auf die Erzählung »in statu nascendi«. Der sich den Gepflogenheiten von Kunst als Design widersetzende Essayist und Kritiker Priessnitz, dokumentiert in Band 3/1 (1988) und 3/2 (1990) der Werkausgabe, hat ästhetische Reflexion auf dem Niveau des eigenen höchsten Anspruchs geschrieben. Seine Aufsätze zu bildender Kunst, Literatur und sozialen Phänomenen harren ebenso noch einer weiter reichenden Rezeption wie Band 4, *texte aus dem nachlass* (1994), dessen vielleicht »unfertiges, unvollkommenes« keinen Vergleich mit dem als »fertig« Publizierten vieler anderer Dichter scheuen muss.

Thomas Eder

Werke: *Vierundvierzig gedichte*, hg. v. Heimrad Bäcker, G., Linz, Wien 1978 (3. Aufl. Linz, Wien 1986 = *werkausgabe reinhard priessnitz*, hg. v. Ferdinand Schmatz, Bd. 1); *fünf prosastücke*, hg. v. Ferdinand Schmatz, Pr., Linz, Wien 1987 (= *werkausgabe*, Bd. 2); *malerei, plastik etc. aufsätze*, hg. v. Ferdinand Schmatz, Aufs., Ess., Linz, Wien 1988 (= *werkausgabe*, Bd. 3/1); *literatur, gesellschaft etc. aufsätze*, hg. v. Ferdinand Schmatz, Aufs., Ess., Linz, Wien 1990 (= *werkausgabe*, Bd. 3/2); *texte aus dem nachlass*, hg. v. Ferdinand Schmatz u. Mitarb. v. Thomas Eder, G., Übs., Pr., Hsp., Theaterst., Aufs., Ess., Interviews, Graz, Wien 1994 (= *werkausgabe*, Bd. 4).

Rabinovici, Doron, wurde am 2. 12. 1961 in Tel Aviv geboren. Sein Vater, David, war 1944 aus Rumänien nach Palästina geflüchtet. Die Mutter, Schoschana, stammte aus Wilna und überlebte Getto und Vernichtungslager und erreichte Israel in den Fünfzigerjahren. 1964 übersiedelte die Familie nach Wien. Seither lebt Doron Rabinovici in Österreich, doch die Verbindung zu Israel brach nie ab. Er studierte an der Universität Wien Geschichte, Ethnologie, Medizin, Psychologie, promovierte im Jahre 2000 mit der historischen Arbeit *Instanzen der Ohnmacht. Die Wiener jüdische Gemeindeleitung 1938 bis 1945 und ihre Reaktion auf die nationalsozialistische Verfolgung und Vernichtung*. In den Achtzigerjahren gründete Rabinovici den »Wiener Freundeskreis der israelischen Friedensbewegung *Friede Jetzt*«. Ab 1986 galt sein Engagement im »Republikanischen Klub« der Auseinandersetzung mit Antisemitismus und Rassismus. Als Wissenschaftler forschte er insbesondere über die Israelitische Kultusgemeinde Wien während der nationalsozialistischen Vernichtung und schrieb 1994 an einem Projekt für das österreichische Wissenschaftsministerium über die »Perzeption der USA in Österreich während und nach dem Ende beider Weltkriege«. 1995 war er Zivildiener im »Dokumentationsarchiv des österreichischen Widerstands«. Im Jahr 2000 rief er aus Protest gegen eine Regierungsbeteiligung der Freiheitlichen zur Großdemonstration »Nein zur Koalition mit dem Rassismus« auf. Er lebt als Schriftsteller, Historiker und Essayist in Wien. Ausgezeichnet wurde er 1994 mit dem 3sat-Preis beim Ingeborg-Bachmann-Wettbewerb in Klagenfurt, 1996 mit Staatsstipendium des Bundesministeriums für Unterricht und Kunst für Literatur, 1997 mit dem Ernst-Robert-Curtius-Förderpreis für Essayistik, 1998 mit dem Hermann-Lenz-Stipendium, 1999 mit dem Bruno-Kreisky-Anerkennungspreis, 2000 mit dem Mörike-Förderpreis der Stadt Fellbach, dem Heimito-von-Doderer-Förderpreis und dem Preis der Stadt Wien für Publizistik sowie 2002 mit dem Clemens-Brentano-Preis der Stadt Heidelberg und dem Jean-Améry-Preis. Im Jahre 2002 war er »writer-in-residence« am Oberlin College in Ohio.

Suche nach M (1997) – man denkt unwillkürlich an einen bekannten Filmtitel. Die Stadt, in der der Debütroman von Doron Rabinovici spielt, ist Wien, eine Stadt, die, so der Erzähler, »alle Unebenheiten wienerwalzt«, bis entweder die reine Unschuld oder das blanke Entsetzen übrig bleiben. Oder beides zugleich. Die Mörder, um die es in diesem Roman geht, kommen aus den Reihen des Mossad und des palästinensischen Geheimdienstes, manche arbeiten auch auf eigene Rechnung oder sind alte Nazis. Es herrscht Panik im Land, die »Gespenster der Vergangenheit« wirbeln in grotesker Verwirrung Identitäten durcheinander und spuken durch die Albträume von Tätern und Opfern des Holocaust, bis keiner mehr weiß, zu welcher Gruppe er eigentlich gehört. In seiner pechschwarzen Verwechslungskomödie in zwölf Episoden spielt der Autor auf ironische Weise mit den Klischees von Anti- und Philosemitismus, mit den Konflikten innerhalb der jüdischen Gemeinden zwischen Orthodoxen und Liberalen und den Tabus und Traumata der Shoah-Generation und ihrer Kinder. In dieser Hinsicht ist *Suche nach M* auch ein exemplarischer Roman der Neunzigerjahre. Wie die Titelfigur des Prosabandes *Papirnik* (1994), die am Ende in Flammen aufgeht, ist M. alias Mullemann ein (in Mullbinden eingewickelter) Schmerzensmann, eine grelle Erinnerungsmetapher, eine gespaltene Persönlichkeit. In seiner Kindheit hieß er noch Dani Morgenthau und war, da sein Elternhaus ihn vernachlässigte, ein ziemlich neurotisches Kind. Die Allgegenwart der Shoah – »wir wurden alle mit einer blauen Nummer am Arm geboren«, heißt es im Text – bestimmt seine Existenz; es gibt für ihn keine Erklärungen, kein Gespräch mit den Eltern, keine Aufschlüsse über das Leben hier und jetzt. Der Erzähler überhöht Dani zur Symbolgestalt, die alle Schuld und alles Leid bereitwillig auf sich lädt – ein bequemes Alibi, ein Stellvertreter für individuelle und kollektive Täter, aber auch eine Provokation, die zur Stellungnahme, ja sogar zu Geständnissen herausfordert.

Arieh Scheinowitz ist gewissermaßen das andere Gesicht dieses jüdischen Januskopfes, der manische Rächer mit dem sicheren Gespür für jede Blutspur und dem untrügerischen Instinkt für Verbrechen und Schuld. Dani und Arieh sind Nachfahren jener Generation, die in den Gaskammern ermordet wurde oder psychisch vernichtet die Lager überlebte, »Tote auf Urlaub«, wie sie der Autor in Anlehnung an den gleichnamigen Roman Milo Dors nennt. Schuld anzuprangern und Schuldige kenntlich zu machen stößt, so legt es der Roman nahe, auf Widerstand »in einem Land, das allgemeine Unbeflecktheit beanspruchte«. Und wenn sich doch einmal jemand mit dem Thema auseinander setzte, wie es im Roman zum Beispiel der Maler Otto Toots macht, dann missverständlich, unwissend und verletztend. Angesichts seines Gemäldes mit dem Titel »Ahasver« entsetzt sich die Jüdin Navah Bein, eine Historikerin aus Tel Aviv: »So wollten und so wollen sie uns seit jeher sehen; in Fetzen, von Wunden umkränzt, zerschlagen, eingeschnürt und verletzt. Der Ewige Jude war und ist ihnen eine Ausstellung wert. Die Väter haben ihn als Untermenschen hingerichtet, die Söhne richten ihn als Heiligen her. Das jüdische Überleben, das israelische Selbstbewusstsein (...) interessieren hier niemanden.« Die Durchdringung der Romanhandlung mit fantastischen Motiven offenbart die Erzähltradition, der sich der Autor nahe fühlt: Namen wie Leo Perutz, Franz Kafka, Gustav Meyrink und Alfred Kubin müssen hier wohl genannt werden. Das Magische und Sprachzauberische eignet schon den »Storys« der Sammlung *Papirnik*, in denen die Titelfigur »kein Mann aus Fleisch und Blut«, sondern ein Mann aus Wörtern und Buchseiten ist. Die augenzwinkernde Lust am Fabulieren steht hinter diesen schrägen, surrealen Geschichten, kein Eskapismus, sondern ein gebrochener, widerständiger Blick auf die Schnittstellen der inneren und äußeren Welten. Den analytischen und essayistischen Zugang zur politischen Realität findet man in Rabinovicis zahlreichen »Einmischungen«, vorläufig gesammelt unter dem Titel *Credo und Credit* (2001) vorliegend. Seine Invektiven und Mahnreden über Erinnern und Vergessen richten sich gegen eine »Politik der Folklore« und das falsche Verständnis eines allgemeinen Bewusstseins, das noch immer Täter und Opfer verwechselt, was auch zeremonielle und habituelle Maskierungen nicht verbergen können. Zentral steht seine These, dass die sanktionierte »Trennung zwischen ökonomischem Antisemitismus und christlichem Antijudaismus« historisch nicht haltbar sei, die »nationalsozialistischen Verbrechen ohne Christentum und seinen Antijudaismus nicht möglich gewesen wären«.

Thomas Kraft

Werke: *Papirnik. Storys*, Ffm. 1994; *Suche nach M. Roman in zwölf Episoden*, Ffm. 1997; *Instanzen der Ohnmacht. Wien 1938–1945. Der Weg zum Judenrat*, Ffm. 2000; *Republik der Courage. Wider die Verhaiderung*, Hg., zus. m. Robert Misik, Bln. 2000; *Österreich. Berichte aus Quarantanien*, Hg., zus. m. Isolde Charim, Ffm. 2000; *Credo und Credit. Einmischungen*, Ffm. 2001.

Rachowski, Utz, wurde am 23. 1. 1954 in Plauen im Vogtland geboren und wuchs seit dem sechsten Lebensjahr in Reichenbach im Vogtland auf. Der Durchzug sowjetischer Panzer-Einheiten Richtung ČSSR 1968 hinterließ prägende Eindrücke. An der Erweiterten Oberschule gründete der mit Jürgen Fuchs befreundete Schüler einen Philosophie-Club. Wegen »Zersetzung des Klassenkollektivs und Beleidigung von NVA-Offizieren« wurde er 1971 von der EOS relegiert, arbeitete dann als Transportarbeiter und nach seiner Lehre bis zum Wehrdienst ab November 1973 als Elektriker. Längere Aufenthalte in der polnischen Jazz- und Theaterszene, seine Entdeckung Osteuropas als literarisches Thema – auch vor dem eigenen polnischen Familienhintergrund – sowie seine Bekanntschaft mit Wolf Biermann und Reiner Kunze führten ab 1975 zur MfS-Bearbeitung in den Operativen Vorgängen »Renegat« und »Wolke« (1978/79). Nach dem Abitur 1977 studierte Rachowski Medizin an der Universität Leipzig. Seine Stellungnahme für den ausgebürgerten Jürgen Fuchs und andere verfolgte Schriftsteller führte 1978 zur Exmatrikulation. Er arbeitete als Heizer und wurde im Oktober 1979 wegen Verbreitung eigener Gedichte und von Texten von Biermann und Kunze verhaftet und im März 1980 zu 27 Monaten Gefängnis wegen »staatsfeindlicher Hetze in Versform« verurteilt. Unterstützt durch Amnesty International gelang im November 1980 sein Freikauf. In West-Berlin und Göttingen studierte Rachowski Kunstgeschichte und Philosophie. 1982 recherchierte er in Polen und machte in Rundfunkbeiträgen auf das Schicksal internierter Intellektueller aufmerksam. 1984 wurde er Mitglied des Schriftstellerverbands und trat 1988 aus Protest gegen die Nähe des Vorstandes zur SED-Politik wieder aus. Seit 1992 wohnt er – außer in Berlin-Kreuzberg – auch wieder in Reichenbach. Von 1993 bis 1999 war er Redakteur der Literaturzeitschrift »Ostragehege« (Dresden), und von 1995 bis zu dessen Auflösung 2002 war er Mitglied im P.E.N.-Zentrum deutschsprachiger Schriftsteller im Ausland. Ausgezeichnet wurde er 1983 mit einem Stipendium des West-Berliner Senators für kulturelle Angelegenheiten, 1984 mit dem Preis des Ostdeutschen Kulturrates Bonn, 1986 mit dem Erzählerpreis des Landes Niedersachsen, 1987 mit dem Andreas-Gryphius-Förderpreis, 1988 mit dem Stipendium der Herrmann-Sudermann-Stiftung, 1989 mit dem Alfred-Döblin-Stipendium, 1991 mit dem Eduard-Mörike-Förderpreis, 1995 mit dem Arbeitsstipendium des Freistaates Sachsen und

2000 mit einem Jahresstipendium des Freistaates Sachsen.
Die Verletzung des Individuums durch politische Macht zieht sich als Thema seit dem Erzähldebüt *Erzählungen, so traurig wie Sie* (1983) durch Rachowskis literarische Arbeit. Seine frühen Erzählungen entwickeln sich oftmals in einer Idylle, in die Unheil einbricht. So werden u.a. die Sehnsucht nach Friedfertigkeit, Naturnähe, Großmutters Andeutungen über verlorene Großväter, erste erotische Empfindungen in der Titelgeschichte des Erzählbandes *Der letzte Tag der Kindheit* (1986) drastisch gebrochen von russischen Panzerkolonnen, die am 20. August 1968 am Haus der Großmutter vorbei Richtung Tschechoslowakei rattern. Im Vorwort charakterisiert Hans Sahl Rachowski als einen »jungen Autor, der die Konflikte unserer Zeit am eigenen Leibe erfahren hat ... mit dem Mut zu jener viel sagenden Einfachheit, die man Dichtung nennt«.
Literarisch beeinflusst von Bobrowski und Kunze, spielt in seinen symbolhaften Geschichten Fremdbestimmung eine wesentliche Rolle. Der autobiografisch angelegte Sammelband *Namenlose* (1993) wird zum Spiegelbild DDR-typischer Kindheit und Jugend in den Sechziger- und Siebzigerjahren. Erzählt wird vom Eintauchen in die kleinstädtische Boheme, allerdings auf Abruf, denn die Jeans sind nur für ein Wochenende gegen die Armeeuniform eingetauscht, oder über die unmöglich gewordene Liebe zwischen relegiertem Schüler und der Tochter eines Staatsanwaltes. Gerichts- und Gefängniserfahrung verdichtet sich in der Überzeugung: »Wenn sie die anderen Gesetze hätten, sie würden es tun.« Die schmerzhafte Einsamkeit im West-Berliner »Exil«, ohne Hoffnung auf Rückkehr, wird ohne Larmoyanz geschildert; sie zwingt die Figuren, sich zu erinnern. Einer, dessen Diktaturerfahrungen kaum interessieren, liest in der Zeitung über ein Schriftstellertreffen: »Wenn ein Knastbericht schon Literatur sein soll.« Hier wird Urvertrauen ebenso erschüttert wie in einigen der leisen, bitteren Erzählungen in *Erinnerungen an eine Jugend* (1995). Der Band spürt anhand von Stasi-Akten und Tagebuchaufzeichnungen, in Essays und sensibler Prosa nach, wie tief die Verletzung durch diktatorische Regimes reichen kann. Die Erzählung *My huckleberry friend 2* kulminiert in der Frage: »Ach Amica, warum hast du gesungen?« Der farbige Mitgefangene, Sänger von Biermann-Liedern, Vertrauter und Freund, bespitzelte den Ich-Erzähler in West-Berlin weiter für die Stasi. Zwischen fotografischer Erinnerung, poetischen Träumen und harter Wirklichkeit gelingt Rachowski vielfach die eindrucksvolle literarische Gestaltung von Erlebtem. Von der Literaturwissenschaft wurde seine Diktatur reflektierende literarische Arbeit bisher weitgehend ignoriert.

Udo Scheer

Werke: *Erzählungen, so traurig wie Sie,* En., Bln., London 1983; *Die Blicke der Nachbarn,* Hsp., SR 1983; *Der letzte Tag der Kindheit,* En., Bln. 1986; *Sieben Jahre,* G., Bln. 1991; *Die Stimmen des Sommers,* En., Bln. 1992; *Namenlose,* En., Bln. 1993; *Mein Museum,* G., Dresden 1995; *Erinnerungen an eine Jugend. Essays, Akten, Tagebuch,* Chemnitz 1995; *Das Wiederfinden der Erdbeben. Prosa und Aufsätze,* Bln. 2003.

Raeber, Kuno, wurde am 20. 5. 1922 in Klingnau im Kanton Aargau in der Schweiz geboren. Er studierte Geschichte, Literatur und Philosophie in Basel, Zürich, Genf und Paris. Als Novize des Jesuitenordens lebte er 1945 zwei Monate im Kloster. 1950 promovierte er in Basel mit der Arbeit *Studien zur Geschichtsbibel Sebastian Francks.* Raeber leitete 1951/1952 die Schweizer Schule in Rom, von 1952 bis 1955 war er Assistent am Leibniz-Kolleg in Tübingen und von 1955 bis 1957 Wissenschaftler am Europa-Kolleg in Hamburg, bevor er 1958 die wissenschaftliche Arbeit und seine Familie verließ, um in München zu leben und als freier Schriftsteller zu arbeiten. Raeber nahm mehrfach an den Treffen der »Gruppe 47« teil. Er starb am 28. 1. 1992 in Basel. 1967/1968 war er »poet-in-residence« am Oberlin College, Ohio, und 1977/1978 Gast des Schweizerischen Instituts in Rom. Seit 1978 war er Mitglied im P.E.N.-Zentrum der BRD. 1973 erhielt er die Ehrengabe der Stiftung zur Förderung des Schrifttums München, 1979 den Luzerner Literaturpreis, 1989 den Preis der Schweizerischen Schillerstiftung, 1991 den Kunstpreis der Stadt Luzern. Der Nachlass ist im Schweizerischen Literaturarchiv in Bern zugänglich.
Raeber begann als eindrucksvoller Lyriker. Später entwickelte er sich zum Prosaautor mit einem bildreichen, verspielten und rhythmischen Sprachstil eigener Prägung. Bei Erscheinen seines umfangreichsten Romans, *Alexius unter der Treppe* (1973), zeichnete er ein treffendes Selbstbild: »Meine Formation verdanke ich, nach der Religion, der Geschichte: Sie ist mir persönliche Vergangenheit geworden. Zum Mythos verwandelt, dringt sie in alles, was ich sehe und erlebe, ein und verschmilzt damit. Das Ergebnis dieses Prozesses sind meine Bücher.«

Zwischen 1950 und 1985 legte er sechs Gedichtbände vor. Die frühen Gedichte sind von neuromantischen Einflüssen geprägt. Deren empfindsame Naturbeobachtungen in einem gehobenen lyrischen Ton werden zunehmend ergänzt durch Themen aus der christlichen Kulturgeschichte und aus dem städtischen Alltag. Später prägen eine schmucklose Umgangssprache, der freie Rhythmus, die kunstvolle Wiederholung und der überlegte Gebrauch des Enjambements die lyrische Form.

Im ersten Band (*Gesicht im Mittag*, 1950) schimmern als Vorbilder Rilke, Hofmannsthal, Hölderlin und die christliche Lyrik (z.B. R. A. Schröder) durch. Im zweiten (*Die verwandelten Schiffe,* 1957) und dritten Band (*Gedichte*, 1960) gewinnt die Metamorphose, ein Hauptmotiv in Raebers Schreiben, an Bedeutung. Eindrücke des römischen Gastes vom Straßenbild der Stadt sind gemischt mit Stoffen aus den klassischen Mythen und aus christlichen Heiligenlegenden. Das Sichtbare und das assoziierte Bildungsgut der Überlieferung werden im Gedicht zusammengeführt; es verbildlicht die Prägung Roms durch seine Kulturgeschichte. Vergangenes und Vergessenes ersteht in verwandelten Formen wieder. Das gilt auch für Raebers Einstellung zur kulturellen Tradition überhaupt und für die Wirkung des Dichters: »... du stiegst aus dem Rauch, / in Flügel und Stimme unzähliger Vögel verteilt« (*An den toten Sänger*). Der neunteilige Zyklus *Miracula Sti. Marci* greift den Gründungsmythos Venedigs auf, die Überführung des Märtyrers Markus in die Serenissima (Heiligenlegende, Gemäldezyklus von Tintoretto), bricht ihn aber zweifach, durch die Verlagerung ins heutige Straßenbild der Stadt und durch eine drastische Situationskomik. Kirchliche Stoffe faszinierten Raeber lebenslang; z.B. enthält sein erster Roman *Die Lügner sind ehrlich* (1960) vielfältige Bezüge zur Figur der heiligen Katharina von Siena. Die Gedichte in *Flussufer* (1963) nähern sich eher dem lakonischen Alltagsgedicht – wie etwa bei Karl Krolow –, und sind häufig dialogisch angelegt. Themen sind die unerfüllte Sehnsucht nach menschlicher Nähe und die Beschwörung der Angst vor dem Tod.

Nach siebzehn Jahren Arbeit am Prosawerk erschien 1981 wieder ein Band Lyrik, dessen Titel *Reduktionen* erneut Programm ist. Die Motive aus der kulturellen Überlieferung sind hier vollständig entfernt zugunsten einer Beschwörung des Augenblicks durch das lyrische Ich. Ein Gefühl, ein Natureindruck wird rhythmisch konzentriert, um die stärkste Aussageintensität zu erreichen. Sie bannt die Wahrnehmung mittels einer »Musik der Worte«: »Blüten Blüten / über die Mauer herab. / Und unten der Golf / offene Blume und voll / von immer am Tag / von immer des Nachts / wiederkehrenden Wogen« (*Blüten*). Auch im Folgeband *Abgewandt Zugewandt* (1985), in dem die Welt der Kultur wieder zu Wort kommt, schwingen die Worte oft meditativ vor und zurück. Ein Hauptthema ist die Dialektik von Einsamkeit und Partnerschaft, Alltag und Kunst, Realität und Mythos. Die andere Hälfte des Bandes nehmen Texte in Luzerner Alemannisch ein, deren Reiz und Humor sich beim lauten Lesen entfalten: »Wenner use / chrableti usem Tömpel / use ond ufe / a Rand chäm ...« (*De Chräbs*).

Für seine Erzählprosa durchforstete Raeber gerne geistes- und kulturgeschichtliche Traditionen der Antike, des frühen Christentums und der Renaissance nach Geschichten, Charakteren, Motiven und Bildern. Auch Kurioses (z.B. der Schmetterling als Symbol der Seele) kann ein Leitmotiv werden. Raeber lässt seine Geschichten oft zwischen den Epochen hin- und herspringen und erzeugt durch eigenwillige Analogien neue Mythologeme. Geschichte ist hier kein Fortschritt. Vielmehr sind nach Raeber die in Religion und Geschichte zutage tretenden beispielhaften Gefühlsäußerungen und Verhaltensmuster nicht zeitgebunden, sondern überkommen den Menschen plötzlich und mit der Gewalt des Archaischen, der Macht der Magie und der Faszination eines Rituals. Seine Helden sind wie besessen vom Hang zum Extremen, zum Wunderbaren wie zum Abstoßenden. Sie durchleben nicht selten Albträume von Gewalttätigkeit, Sexualität, religiösem Wahn und Mord.

Den einfachsten Zugang zur Welt dieser Prosa bietet *Missverständnisse. 33 Kapitel* (1968). Die erzählten Fantasien, Geschichten, Rätsel und Reflexionen spielen teils an entlegenen Orten (Labyrinth des Minotaurus, Katakombe), teils in einer verfremdeten Gegenwart. Da tötet z. B. eine Frau einen Jungen, vergoldet die Leiche und stellt sie als Christus auf den Hausaltar. Anstößig an dieser Form von Kirchenkritik ist, dass die Vorgänge ohne Wertung und als rational nicht steuerbare Abläufe dargestellt sind. Raeber verarbeitet auch in späteren Werken die Verbindung von Gewalt und Ritus wie Opferung, Ritualmord und das Rädern, Letzteres in dem Mysterienspiel *Bocksweg* (1985). In seinem Hauptwerk, dem Roman *Alexius unter der Treppe* (1973), sind die Themen und Motive zu einer gewaltigen, bilderreichen Phantasmagorie versammelt. Alexius

ist der römische Einsiedler, dessen Vita die *Legenda Aurea* übermittelt, der zum Heiligen der Mittellosen und Bettler wurde, gleichzeitig aber ein verwahrloster, drogensüchtiger, dahinvegetierender junger Mann in New York, früherer Anführer einer Rockerbande. Sein Zuhörer, die Katze, stimuliert ihn zu immer neuen Fiktionen über sein Vorleben in früheren Epochen in Rom, Konstantinopel, Florenz und New York. Alexius berauscht sich an imaginierten Labyrinthen, die kunstvoll ihre Sogwirkung entfalten. Raeber überzieht die Kulturgeschichte mal tiefernst, mal ironisch mit »fabulae mundi«.
Die folgenden Romane *Das Ei* (1981) und *Sacco di Roma* (1989, ursprünglicher Titel *Wirbel im Abfluss*) spielen in Rom. Die blasphemischen und pornografischen Passagen in *Das Ei* verursachten einen Skandal. Raeber verarbeitet hier die Tat des Ungarn Laszlo Toth, der 1972 Michelangelos »Pieta« im Petersdom mit einem Hammer beschädigte. Die Figur des Erzählers bedauert, dass Toth ihm zuvorkam, und will dessen Tat »schreibend, im Schreiben, rekonstruierend, vollkommener und perfekter« nachvollziehen; er versteht dies als Aufstand der Söhne gegen die Macht der Mütter. Dahinter verbirgt sich eine tiefenpsychologisch verankerte, wütende Abrechnung mit der Macht der Institution Kirche durch die Figur des homosexuellen Erzählers, die sich u.a. mit Christus, mit Päpsten und Kardinälen identifiziert. Am Ende wird das Ei, ein altes christliches Symbol, zur Bombe, die den Petersdom in Schutt und Asche legt. Die Drastik des Geschehens und deren kunstvolle Verarbeitung lassen eher an die Schwarze Romantik und an Lautréamont denken als an Jean Genet.
Im Vergleich dazu wirkt der folgende Roman *Sacco di Roma* entspannter, aber auch weniger konzentriert. Als Provokation der Kirche treten eine weibliche Gottesfigur sowie ein Hündchen als Seelenführer auf. Die Plünderung Roms 1527 durch Truppen Kaiser Karls V. ist diesmal Bezugspunkt für einen Wirbel von Begebenheiten (Martyrium des heiligen Laurentius, Auftreten historischer Gestalten von Philipp II. bis zu Madame Pompadour). Sie werden in die Geschichte und die Räumlichkeiten der Engelsburg verflochten. Diese ist das profane Gegenstück zum Petersdom; sie diente u. a. als Mausoleum, Festung, Gefängnis, Kaserne und Kloster. In den endlosen Gängen und Höhlen des Bauwerks leben sich bei Raeber religiöse, sexuelle und gewalttätige Sehnsüchte und Ängste aus. Erneut werden disparate Epochen und Themen kunstvoll ineinander verschmolzen.
Der Prosaband *Bilder, Bilder* war bei Raebers Tod nahezu fertig gestellt und wurde 1994 aus dem Nachlass herausgegeben. Die dreiteilige Handlung verarbeitet Reisen nach Madrid und an den Nil. Der Ich-Erzähler und die Hauptfiguren begegnen Kunstwerken und Menschen, die verdrängte Seiten ihrer Persönlichkeit spiegeln. Letztlich geht es um die Suche nach Identität, nach dem Selbst-Bild jenseits der Bilder. Raeber lässt die kleine Infantin Margarita aus dem Bild »Las meninas« von Velazquez, das gerade gemalt wird, heraussteigen und den Alcazar durchstöbern. Die vergängliche barocke Macht und Pracht der Paläste erhält ein Gegenbild. Es ist das Porträt des enthaupteten Märtyrers Johannes des Täufers, das seine Wirkung durch die Jahrhunderte behalten hat. Im mittleren Abschnitt geht es um Bilder des Begehrens: Ein Lehrer verzichtet auf einer Nilreise in traumähnlichem Zustand auf bürgerlichen Anstand und entdeckt homosexuelles Verlangen in sich. Raffiniert verknüpft Raeber in diesem Buch die Bild-Realitäten miteinander: Beschreibungen der Natur, Bilder in Form von Gemälden, Bilder aus der Geschichte, das Fortspinnen von Themen der Gemälde in der Literatur, die Abbildfunktion der Literatur und ihrer Sprachbilder. Statt die Überflutung mit Bildern kulturkritisch zu beklagen, veranschaulicht er erzählend die Macht, die Verführung, die Faszination und die Abgründe der Bilder. Man wird ihrer Herr, indem man sich ihrer Wirkung stellt, wie es ein mehrmals zitiertes Motto sagt: »Triff deine Wahl, du musst dein Leben ändern!«

Ulrich Hohoff

Werke: *Gesicht im Mittag*, G., Basel 1950; *Studien zur Geschichtsbibel Sebastian Francks*, Diss., Basel 1952; *Die verwandelten Schiffe*, G., Darmst. 1957; *Michèle Perrein: Ein Mädchen mit Namen Odile*, Übs., zus. m. Mareile Raeber, Hbg. 1958; *Gedichte*, Hbg. 1960; *Die Lügner sind ehrlich*, R., Hbg. 1960; *Calabria. Reiseskizzen*, m. Illustr. v. Gaetano Pompa, Mü. 1961; *Flussufer*, G., Hbg. 1963; *Die Düne wandert*, E., 1964; *Yves Berger: Der Süden*, Übs., Mü. 1964; *Der Brand*, Hsp., SDR 1965; *Missverständnisse. Dreiunddreißig Kapitel*, En., Mü. 1968; *Alexius unter der Treppe oder Geständnisse vor einer Katze*, R., Darmst. 1973; *Das Ei*, R., Düsseld. 1981; *Reduktionen*, G., Ffm. 1981; *Abgewandt Zugewandt*, G., Zür. 1985; *Sacco di Roma*, R., Zür. 1989; *Bocksweg. Ein Mysterium in zwölf Bildern*, m. Illustr. v. Fabius von Gugel, Mü. 1989; *Vor Anker. Ein bürgerliches Trauerspiel in neunzehn Auftritten*, Mü. 1992; *Bilder, Bilder*, hg. aus dem Nachlass v. Jörg Trobitius, Zür. 1994; *Werke in fünf Bänden*, hg. v. Christiane Wyrwa und Matthias Klein, Mü., Wien 2002 ff.

Rakusa, Ilma, wurde am 2. 1. 1946 in Rimavská Sobota in der Slowakei als Tochter einer Ungarin und eines Slowenen geboren. Sie verbrachte ihre Kindheit in Budapest, Ljubljana und Triest und studierte Slawistik und Romanistik in Zürich, Paris und St. Petersburg. 1971 promovierte sie mit einer Arbeit über das Motiv der Einsamkeit in der russischen Literatur. Ilma Rakusa lebt in Zürich und arbeitet als Schriftstellerin, Übersetzerin, Kritikerin und Herausgeberin. 1991 erhielt sie den Petrarca-Übersetzerpreis, 1998 den Leipziger Buchpreis zur Europäischen Verständigung und den Schiller-Preis der Zürcher Kantonalbank, 2003 den Adelbert-von-Chamisso-Preis. Sie ist Mitglied der Deutschen Akademie für Sprache und Dichtung in Darmstadt.

»Nicht der Stoff, die Sprache ist das Abenteuer, das Unwägbare«, schreibt Ilma Rakusa in ihren 1994 erschienenen Poetik-Vorlesungen *Farbband und Randfigur*. Diese literaturästhetische Positionierung ist der poetologische Ausgangspunkt und gleichzeitig der Kern ihrer Texte. Von den frühen, in den Siebzigerjahren erschienenen Gedichten (*Wie Winter*, 1977) über die Erzählungen der Achtzigerjahre (*Die Insel*, 1982; *Miramar*, 1986; *Steppe*, 1990) bis hin zu den in *Love after love* (2001) gesammelten Gedichten manifestiert sich diese konkrete Arbeit an der Sprache und verdichtet sich in einer Poetik der Ambivalenz, der Vieldeutigkeit und textuellen Polyfonie, die nicht allein auf eine Sinn stiftende Ordnung innerhalb des Erzählten abzielt, sondern vor allem auch die rhythmischen und klanglichen Aspekte der Sprache betont und auslotet. Diese generell assoziierenden und intuitiven Techniken und Verfahrensweisen stehen dabei in keinem Widerspruch zu einem hohen Formbewusstsein auf Wort- und Textebene. Davon zeugen etwa der *Neunzig Neunzeiler* untertitelte Gedichtband *Ein Strich durch alles* (1997) ebenso wie Rakusas Vorliebe für Anagramme, Palindrome oder Akronyme, wie sie in der Sammlung *Leben* (1990) zu finden sind.

Eine thematische Konstante der Texte Rakusas ist der Mensch und die vielfältigen zwischenmenschlichen Beziehungsgeflechte, vor allem zwischen Mann und Frau. *Die Insel* (1982) erzählt die Geschichte einer Trennung aus der Perspektive des Mannes, der auf einer griechischen Insel diesen Lebenseinschnitt schreibend zu verarbeiten versucht. Ich- und Er-Erzähler wechseln sich dabei ab und spiegeln auf formaler Ebene die inhaltlichen Aspekte der Selbstsuche und -vergewisserung wider: »Ich sage ich und meine ihn, den andern, den Fremden, den Mehrdeutigen.« Die Uneindeutigkeit der Erzählinstanz, der assoziative Sprachduktus und die Nicht-Linearität verweisen dabei auf den Kontext einer spezifisch weiblichen Schreibästhetik, wie sie auch in den Texten etwa von Ingeborg Bachmann, Ilse Aichinger oder Friederike Mayröcker zu finden ist. In *Frau und Literatur – Fragestellungen zu einer weiblichen Ästhetik* (1984) hat sich Ilma Rakusa auf theoretischer Ebene mit den Merkmalen einer weiblichen Schreibweise auseinander gesetzt: Weibliche Ästhetik ist demzufolge »primär nicht durch Inhalte, sondern durch spezifische der Regelhaftigkeit entzogene Wahrnehmungs- und künstlerische Organisationsformen bestimmt« – Merkmale, die in allen literarischen Texten von Ilma Rakusa textkonstituierend sind.

Innerhalb ihres Werks kommt ihrer umfangreichen Tätigkeit als Übersetzerin ein besonderer Stellenwert zu. Sie hat zahlreiche Werke aus dem Russischen, Serbokroatischen und Französischen ins Deutsche übersetzt, darunter Texte von Marina Zwetajewa, Danilo Kiš, Imre Kertész und Marguerite Duras. Die Beschäftigung mit Texten anderer Autoren hinterlässt auch Spuren im eigenen literarischen Werk. Die Texte fungieren dabei gleichsam als Dialogpartner, aus dem bewussten und intensiven Dialogisieren mit Texten von Dostojewski, Tschechow, Svevo, Strindberg oder Duras entstehen wiederum neue, die Vorlagen überlagernde und weiterschreibende eigenständige Texte – ein Verfahren, das dem Werk Ilma Rakusas auch einen starken intertextuellen Charakter verleiht.

Stefan Schwar

Werke: *»Gedichte an Gott sind Gebete«. Gott in der neuesten sowjetischen Poesie*, Hg., zus. m. Felix Philipp Ingold, Zür. 1972; *Alexander Solschenizyn: Kirche und Politik*, Hg., zus. m. Felix Philipp Ingold, Zür. 1973; *Marina Zwetajewa: Prosa*, Übs., zus. m. Felix Philipp Ingold, Zür. 1973; *Studien zum Motiv der Einsamkeit in der russischen Literatur*, Bern 1973; *Einsamkeiten. Ein Lesebuch*, Hg., Zür. 1975; *Wie Winter*, G., Zür. 1977; *Russische Kinder*, Anth., Hg., Zür. 1979; *Sinai*, Zür. 1980; *Alexej Remisow: Der goldene Kaftan und andere russische Märchen*, Übs., Zür. 1981; *Dostojewski in der Schweiz. Ein Reader*, Hg., zus. m. Felix Philipp Ingold, Ffm. 1981; *Die Insel. Erzählung*, Ffm. 1982; *Danilo Kiš: Ein Grabmal für Boris Dawidowitsch. Sieben Kapitel ein und derselben Geschichte*, Übs., Mü. 1983; *Marguerite Duras: Sommer 1980*, Übs., Ffm. 1984; *Marguerite Duras: Der Liebhaber*, Übs., Ffm. 1985; *Marina Zwetajewa: Mutter und die Musik. Autobiografische Prosa*, Übs., Ffm. 1986; *Miramar. Erzählungen*, Ffm. 1986; *Anna Achmatowa: Gedichte*, Hg., Ffm. 1988; *Danilo Kiš: Sanduhr*, Übs., Mü. 1988; *Marguerite Duras*, Hg., Ffm. 1988; *Marguerite Duras:*

Das tägliche Leben, Übs., Ffm. 1988; *Michail Prischwin: Meistererzählungen*, Übs., Zür. 1988; *Marguerite Duras: Im Sommer abends um halb elf*, Übs., Ffm. 1990; *Marina Zwetajewa: Phoenix. Versdrama in drei Bildern*, Nachdichtung, Ffm. 1990; *Leben. Fünfzehn Akronyme*, G., Zür. 1990; *Steppe. Erzählungen*, Ffm. 1990; *Leslie Kaplan: Das Buch der Himmel*, Übs., Zür. 1991; *les mots/morts*, G., m. Illustr. v. Regine Walter, Zür. 1992; *Marina Zwetajewa: Im Feuer geschrieben. Ein Leben in Briefen*, Übs., Hg., Ffm. 1992; *Jim. Sieben Dramolette*, Theaterst., Ffm. 1993; *Danilo Kiš: Homo poeticus. Gespräche und Essays*, Hg., Mü 1994; *Farbband und Randfigur. Vorlesungen zur Poetik*, Graz 1994; *Alexej Remisow: Die Geräusche der Stadt*, Übs., Ffm. 1996; *Danilo Kiš: Der Heimatlose*, Übs., Mü. 1996; *Ein Strich durch alles. Neunzig Neunzeiler*, G., Ffm. 1997; *Joseph Brodsky: Haltestelle in der Wüste*, Hg., Ffm. 1997; *Imre Kertész: Ich – ein anderer*, Übs., Bln. 1998; *Marina Zwetajewa: Ein Abend nicht von dieser Welt*, Übs., Ffm. 1999; *Péter Nádas: Ohne Pause. Drei Stücke*, Übs., Reinbek 1999; *Marina Zwetajewa: Begegnungen mit Maximilian Woloschin, Andrej Belyj und Rudolf Steiner*, Übs., Dornach 2000; *Love after love. Acht Abgesänge*, G., Ffm. 2001; *Marina Zwetajewa: Versuch, eifersüchtig zu sein*, Hg., Ffm. 2002.

Ransmayr, Christoph, wurde am 20. 3. 1954 in Wels in Oberösterreich geboren und wuchs in Roitham bei Gmunden auf. Er studierte von 1972 bis 1978 in Wien Philosophie und Ethnologie und war mehrere Jahre als Kulturredakteur tätig, u. a. für die Wiener Zeitschrift »Extrablatt«, für »TransAtlantik«, »GEO« und »Merian«. Seit 1982 arbeitet Ransmayr als freier Schriftsteller; neben Wien und zeitweise am Traunsee nahm er 1994 auch einen Wohnsitz in Irland (derzeit West-Cork). Ransmayr unternimmt regelmäßig ausgedehnte Reisen in alle Teile der Welt, mit Reinhold Messner begab er sich mehrmals auf lange Fußwanderungen (z.B. 1993 Durchquerung des westlichen Himalaja). 1986 erhielt Ransmayr den Literaturpreis des Kulturkreises im Bundesverband der Deutschen Industrie, 1989 den Anton-Wildgans-Preis, 1992 den Großen Literaturpreis der Bayerischen Akademie der Schönen Künste, 1995 den Franz-Kafka-Literaturpreis in Klosterneuburg, 1996 den Europäischen Literaturpreis »Aristeion« (gemeinsam mit Salman Rushdie) sowie den Franz-Nabl-Preis der Stadt Graz, 1997 den Solothurner Literaturpreis, den Kulturpreis des Landes Oberösterreich sowie den Premio Letterario Internazionale Mondello, 1998 den Friedrich-Hölderlin-Literaturpreis der Stadt Bad Homburg und 2001 den Nestroy-Theaterpreis der Stadt Wien. 2000 war Ransmayr als »Dichter zu Gast« bei den Salzburger Festspielen.

Obwohl schon sein Roman *Die Schrecken des Eises und der Finsternis* (1984) mit dem Elias-Canetti-Stipendium der Stadt Wien ausgezeichnet wurde, fand Ransmayr erst nach dem Erscheinen des Romans *Die letzte Welt* (1988), der mittlerweile in über zwanzig Sprachen übersetzt wurde, bei einem großen Publikum Beachtung. Im Blickpunkt steht in beiden Texten am Beispiel völlig unterschiedlicher Sujets die menschliche Suche nach einem imaginären Ziel, dessen Existenz noch nicht bzw. nicht mehr mit letzter Sicherheit angenommen werden kann. Im Verlauf dieser Suche kommt es bei den Beteiligten zu tief greifenden existenziellen Veränderungen; die geltenden Kategorien von Raum und Zeit offenbaren sich in ihrer Relativität.

In dem dokumentarisch-fiktiven Roman *Die Schrecken des Eises und der Finsternis* steht die österreichisch-ungarische Nordpolexpedition von 1872 bis 1874 im Zentrum des literarischen Interesses. Als wichtigstes wissenschaftliches Ergebnis erbrachte diese Unternehmung die Entdeckung eines Archipels, der auf den Namen »Kaiser-Franz-Joseph-Land« getauft wurde. Die fiktive Figur Josef Mazzini bricht im Jahre 1981 auf, um diese legendäre Reise in die Arktis, an der einer seiner Vorfahren als Matrose beteiligt war, nachzuvollziehen. Mazzini, dessen Geschichte von einem Ich-Erzähler überliefert wird, verschwindet in den Gletscherlandschaften Spitzbergens. Der Chronist, überzeugt, »daß ein Verschollener [...] wohl erst in den Geschichten, die man sich nach seinem Verschwinden über ihn zu erzählen beginnt, allmählich und endgültig aus der Welt geschafft werden« müsse, begibt sich in die Vergangenheit zurück, »weil ein Jahrhundert genügen muß, um ein Schicksal [Mazzinis] zu erklären«. Ransmayr verbindet Tagebuchaufzeichnungen, Erinnerungen und Briefe der an der kaiserlichen Expedition Beteiligten mit fiktiven Einschüben, die den zweijährigen Überlebenskampf der 24 Mann starken Besatzung in der arktischen Eiswüste eindringlich vergegenwärtigen. In dem Maße, wie Josef Mazzini in der Geschichte »verschwindet«, erstehen die Kommandanten Carl Weyprecht und Julius Payer, der Maschinist Otto Krisch, die Matrosen Johann Haller und Alexander Klotz oder der Eismeister Carlsen. Die Gleichförmigkeit der für Monate in der Dämmerung der Polarnacht versinkenden, öden Landschaft führt bei den Männern zu der Erkenntnis, dass sowohl ihr als auch alle anderen ähnlichen vergangenen und zukünftigen Unternehmen nur von geringem Nutzen für die Menschheit seien. Um sich selbst nicht aufzugeben, müssen sie jedoch auch in der menschenleeren Umgebung an zivilisatorischen Eitelkeiten wie Ehre, Vaterlandsliebe und Ruhm festhalten. Wie durch ein Wunder im zweiten arktischen Sommer vom Eis freigegeben, wird die Mannschaft schließlich nach mehrtägiger Fahrt in ihren kleinen Rettungsbooten zwei Jahre nach ihrem Aufbruch von russischen Tranjägern aufgegriffen. Zurückgekehrt ins kaiserliche Reich, empfängt man die Entdecker mit großem Jubel, doch schon wenig später zeigt sich die »johlende Stadt« Wien »nur noch [als] ein nachdunkelndes Historienbild«, und das neu entdeckte Land ist »schon nichts mehr wert«. Julius Payer zieht sich tief enttäuscht von der Gesellschaft zurück. Er hält bis zu seinem Tode »eintausendzweihundertachtundzwanzig« Vorträge, »Visionen« über die Arktis, und schafft als Maler grandiose Bildwerke, die von der Reise ins eisige Niemandsland erzählen. Als er im August 1915 stirbt, findet man im Nachlass prophetisch anmutende Notizen, die davon sprechen, dass »eine Revolution in Russland, ebenso die Ermordung des Zaren, [...] Staatsbankrotte, Millionen von Toten, die Zerstörung der Städte [...] und schließlich der Untergang der Welt durch Verbrennung unseres Planeten als eines Schandflecks unseres Sonnensystems« vorauszusehen seien. Der Autor, der seine Kritik an hybrider Wissenschaftsgläubigkeit zwar nicht verhehlen kann, unterlässt in seiner Funktion als Chronist jedoch die Deutung der Ereignisse und der in ihrer teils bescheidenen, teils kühlen Sachlichkeit beeindruckenden Tagebucheintragungen der an der Expedition Beteiligten. Die Zerstörung von Mythen, die Dialektik von (Ver-)Wandlung und Erstarrung, die Suche des Menschen nach einer ihm gemäßen Lebenswelt, das Verhältnis von Gesellschaft, Staat und Wissenschaft sind Themen, die in dem Text angesprochen werden.

Der paradigmatische Charakter, die literarische Technik und einzelne Motive dieses Werkes lassen bereits eine Verbindung zu Ransmayrs Erfolgsroman *Die letzte Welt* (1988) erkennen. Dessen stoffliche Basis lieferten Ovids *Metamorphosen*: Der Dichter Publius Ovidius Naso wurde im Jahre 8 n. Chr. in die Erzkocherstadt Tomi am Schwarzen Meer verbannt, weil er, die kaiserlich-augusteische Etikette missachtend, anlässlich der Eröffnungsfeier eines Stadions »ohne die geringste Verbeugung vor die Mikrofone« trat und seine Rede mit dem schlichten Satz »Bürger von Rom« begann. In Ransmayrs Roman verbrennt Ovid daraufhin das Manuskript seiner *Metamorphosen*. Jahre später, nachdem das Gerücht vom Tode Ovids die Stadt Rom erreicht hat, macht sich Cotta, der fiktive Held der »letzten Welt«, nach historischem Vorbild – mehr aus Langeweile denn aus existenziellem Interesse – auf die Suche nach dem Dichter und dessen Hauptwerk. In Tomi begegnet Cotta merkwürdigen Gestalten, die, wie zunächst nur der Leser weiß, aus Ovids Mythenwerk stammen: dem Schlachter Tereus und seiner fetten Frau Procne, dem Salbenrührer und Totengräber Thies, der stummen Weberin Arachne, der Krämerin Fama und ihrem fallsüchtigen Sohn Battus, dem zwergwüchsigen Filmvorführer Cyparis oder Lycaon, dem Seiler. Sie alle verweigern Cotta die Auskünfte, die er zu finden hoffte. Einzig der verwirrte »Knecht« des Dichters, Pythagoras, erzählt von Ovid und seinem in der Verbannung wiedererstandenen Werk. Während Cottas Aufenthalt verändern sich Klima und Landschaft, die Bewohner Tomis verschwinden, versteinern oder verwandeln sich in Tiergestalten. Am Ende erkennt Cotta, der aus der vernünftigen, aufgeklärten Welt Roms gekommen war, dass er sich in einer Realität befindet, die er als dichterische Niederschrift zu finden gehofft hatte. Ähnlich wie Mazzini im ewigen Eis verschwindet, geht Cotta auf der Suche nach einem Mythos in einer mythischen Welt verloren. »Naso hatte schließlich seine Welt von den Menschen und ihren Ordnungen befreit, indem er jede Geschichte bis an ihr Ende erzählte. Dann war er wohl auch selbst eingetreten in das menschenleere Bild, kollerte als unverwundbarer Kiesel die Halden hinab [...] oder hockte als triumphierendes Purpurmoos auf dem letzten verschwindenden Mauerrest einer Stadt. [...] Die Erfindung der Wirklichkeit bedurfte keiner Aufzeichnungen mehr.« – Ransmayrs »hohe« Sprache erinnerte Kritiker an Ernst Schnabel, Herzmanovsky-Orlando, Stefan Zweig oder Ernst Wiechert. Der Autor, der ursprünglich auf Anregung Hans Magnus Enzensbergers eine Nachdichtung der *Metamorphosen* plante, verfremdet die von Ovid vorgegebenen Figuren zeitgemäß, entsprechend dessen Motto: »Keinem bleibt seine Gestalt«. Der kunstvoll konstruierte Roman berührt durchaus auch aktuelle gesellschaftspolitische Probleme, z.B. die Funktion des Künstlers, die Mechanismen eines staatlich gelenkten Kulturbetriebes, die Gräuel des Naziregimes, die nur graduell unterschiedliche Verlogenheit und Gewalttätigkeit in vermeintlich zivilisierten und »barbarischen« Gesellschaften. Doch die Verflechtungen, Verfremdungen und Anspielungen, das Verwenden literarischer und mythologischer

Motive und Zitate ergeben bei aller Konkretheit ein kompositorisches Gesamtbild, dessen gleichnishafter Grundzug überwiegt. In Ransmayrs ersten beiden Romanen provozieren sowohl die Zerstörung als auch die Wiedererschaffung des Mythos den Rückzug der Protagonisten aus der menschlichen Gesellschaft.

Die Frage, ob sich Ransmayrs fiktive Welten letztlich einem »Entwurf für eine Welt ohne Menschen« (Peter Rosei) annähern, stellt sich nach seinem dritten großen Werk, *Morbus Kitahara* (1995), noch drängender. Der Schauplatz des Geschehens, ein österreichisches Dorf namens Moor, gleicht einem postapokalyptischen Sperrbezirk, dem nach Kriegsende als Vergeltungsmaßnahme vorzivilisatorische Beschränkung auferlegt wird. Anklänge an den Morgenthau-Plan von 1944, der das besiegte Deutschland zu einem Agrarstaat machen wollte, sind offenkundig. Auch die Topografie des fiktiven Alpendorfs und seiner Umgebung gemahnt an historisch Vergangenes: Der Granitbruch von Moor erinnert an das Lager Ebensee, eine Außenstelle des Konzentrationslagers Mauthausen, in dem während des Nationalsozialismus Tausende Häftlinge zu Tode geschunden wurden. Drei Personen stehen im Zentrum der Geschehnisse. Ambras, im Krieg als Zwangsarbeiter gefoltert, wird von den Amerikanern als neuer Verwalter des Granitbruchs eingesetzt und gilt nun als heimlicher Herrscher in Moor. Sein Leibwächter Bering bezieht seine Autorität aus dem Besitz einer Waffe – Waffenbesitz ist sonst bei Todesstrafe untersagt – und aus seiner Fähigkeit, verrottete Maschinen wieder in Gang zu setzen. Lily, Tochter eines Kriegsverbrechers, gilt als »einzige Grenzgängerin in der Seeregion«. Sie kennt Waffenlager in den Bergen und verfolgt aus den Höhen des »Steinernen Meeres« marodierende Banden. Alle drei Figuren scheinen Unglückliche, Gequälte, Getriebene zu sein. Jeder hat »etwas Fremdes in diesen Frieden verschleppt, etwas Unbegreifliches, den Keim eines Übels, das immer dort zum Ausbruch kam, wo Menschen allein waren mit sich und ihresgleichen«. Als nach Jahrzehnten die Region schließlich in einen Truppenübungsplatz umgewandelt werden soll, machen sich die drei Protagonisten mit den abgebauten Maschinen des Steinbruchs auf die Reise nach Brasilien. Doch nur Lily gelingt eine Art Befreiung. Sie findet den Weg nach Santos, der Stadt ihrer Sehnsucht. Ambras hingegen wähnt sich auf einer Insel plötzlich wieder im Steinbruch und springt aus einer Felsspalte in die Tiefe; seinen Leibwächter Bering, der an Morbus Kitahara, einer zeitweiligen Netzhauttrübung, leidet, reißt er mit in den Tod. Die Kritik reagierte auf diesen lange erwarteten Roman, der in seiner Dichte und Komplexität eine Vielzahl von Deutungsansätzen zulässt, der sich konkret politisch wie auch metaphorisch-abstrakt lesen lässt, gespalten.

Überwiegend negativ fielen die Kritikerstimmen anlässlich der Uraufführung des bislang einzigen Theaterstücks von Ransmayr, *Die Unsichtbare* (2001), aus. Das Publikum hingegen nahm das Stück, das der Schriftsteller auf Anregung von Claus Peymann als Auftragswerk für die Salzburger Festspiele geschrieben hat, sehr positiv auf. *Die Unsichtbare* heißt eigentlich Frau Stern und ist eine traurige Souffleuse, die nach einer Vorstellung in einem Provinztheater über die Mühen ihres Berufs, die verpassten Möglichkeiten in ihrem Leben und über das Theater und seine Beschränktheit räsoniert. Ransmayr, der nach eigenem Bekunden eigentlich nicht für die Bühne schreiben wollte, verzichtet auf sprachliche und dramaturgische Experimente. Das formal konventionelle Stück wirkt indes weniger als vordergründige Theaterschelte, wie von manchen Kritikern wahrgenommen. Es scheint vielmehr, dass der Autor mit der *Unsichtbaren* einen Gegenpol zu den Protagonisten seiner beiden letzten Romane geschaffen hat. Nicht der Rückzug oder das Verschwinden aus der Welt, sondern die Selbst-Behauptung des Individuums, sein Auftauchen aus dem »Untergrund«, wird thematisiert. Denn Ransmayr verleiht der *Unsichtbaren* eine Stimme, die gehört werden will. Einen ähnlichen literarischen Gestus erkennt man schon in frühen Reportagen sowie in Reden zu verschiedenen Anlässen – nachzulesen in dem Band *Der Weg nach Surabaya* (1997). So macht der Autor z.B. in fünf biografischen Notizen über »Die Neunzigjährigen« mit nur wenigen Sätzen eindringlich auf die Lebensgeschichten Unbekannter aufmerksam. Über den Umgang eines ehemaligen Pflegers »des Irrenhauses Steinhof« mit seinen Patienten heißt es dort schlicht: »Weil in diesen Augenblicken der Wahnsinn unzerstörbar schien und man den Menschen eher noch die Finger gebrochen als die Fäuste geöffnet hätte, nahm Anton K. sie manchmal einfach in die Arme.«

Petra Ernst

Werke: *Strahlender Untergang*, m. Fotografien v. Willy Puchner, Wien 1982, Neuausg. Ffm. 2000; *Die Schrecken des Eises und der Finsternis*, R., Wien, Mü. 1984, Neuausg. Ffm. 1999; *Im blinden Winkel. Nachrichten aus Mitteleuropa*, Hg., Mü. 1985; *Die letzte Welt*, R., Nördlingen 1988; *Todesbilder*, Bln. 1993; *Morbus Kitahara*, R., Ffm. 1995; *Die dritte Luft oder Eine Bühne am Meer, Rede zur Eröffnung der Salzburger Festspiele 1997*, Ffm. 1997; *Der Weg nach Surabaya. Reportagen und kleine Prosa*, Ffm. 1997; *Die Unsichtbare. Tirade an drei Stränden*, Theaterst., UA Salzb. 2001, gedr. Ffm. 2001; *Vorbilder*, Bln. 2001; *Der Ungeborene oder Die Himmelsareale des Anselm Kiefer*, Ffm. 2002.

Rasp, Renate, geboren am 3. 1. 1935 in Berlin als Tochter des Schauspielers Fritz Rasp, legte 1954 in Berlin die Reifeprüfung ab. Sie absolvierte zuerst eine Schauspielausbildung und studierte danach Grafik und Malerei an der Berliner Hochschule für Bildende Künste und an der Akademie der Bildenden Künste in München. Sie ist gelernte Gebrauchs- und Schriftgrafikerin. Ab 1959 wohnte sie in München, seit 1973 lebt sie abwechselnd in Gräfelfing bei München und in Newquay an der Nordküste von Cornwall. Sie ist Mitglied des Schriftstellerverbandes (VS) und des deutschen P.E.N.-Zentrums. 1968 erhielt sie den Hamburger Leserpreis.

Renate Rasp, die unter anderem mit provokanten Gedichten über die sexuellen Empfindungen einer Frau (*Eine Rennstrecke*, 1969) und barbusigen Lesungen eine konservative Leseröffentlichkeit schockiert hatte, erlitt das Schicksal, das manchem erfolgreichen Debütanten beschieden ist. Mit dem Etikett einer literarischen »Femme fatale« geschmückt, entsprach sie in zunehmendem Maße dieser ihr zugedachten Rolle und ließ das literarische Potenzial ungenutzt, das ihr Debütroman *Ein ungeratener Sohn* (1967) so viel versprechend offenbart hatte. Bei diesem Roman handelt es sich um die groteske Parabel eines missglückten Dressuraktes, eines mit idealistischem Eifer gepaarten sadistischen Erziehungsversuches eines Kindes zu einem Baum, betrieben von einem wahnhaften Stiefvater, geduldet von einer opportunistischen Mutter. Mit gymnastischen Übungen, Amputationen, Ruhigstellung, Psychoterror und Essensrationierung wird die Transformation des Knaben Kuno vorangetrieben, der als Ich-Erzähler, nach dem gescheiterten Versuch mittlerweile verfettet und apathisch dahinvegetierend, rückblickend die Geschehnisse schildert. Erschreckend der Machthunger des väterlichen Tyrannen, der die Ergebenheit, ja Komplizenhaltung seines Opfers und die krankhafte Sucht seiner Mittäterin nach Lob und Aufmerksamkeit skrupellos ausnutzt. Ein gemeinsames Interesse, eine innere Übereinstimmung werden beschworen; erst nach dem Misslingen des Experimentes brechen die Gräben auf, die Existenz aller Beteiligten ist zerstört, Täter (»Sie sind ganz klein geworden«) und Opfer lassen sich kaum unterscheiden. Renate Rasp schneiderte dieser Gruselgeschichte eine in ihrer Normalität erschreckende und dabei präzise passende Sprache auf den Leib und sorgte für die »rationale Dosierung der stilistischen Mittel« (K. H. Kramberg).

Auf den ersten Blick ähnlich ungewöhnlich erscheint die Thematik des Bandes *Chinchilla. Leitfaden zur praktischen Ausübung* (1973), eines Lehrbuches für Berufsanfänger in Sachen Prostitution: »Ich kann Ihnen nur versichern, daß hier nichts geschrieben wurde, was nicht mehrfach ausprobiert worden ist.« Authentizität suggerierend, als Satire konzipiert, bedient das Buch aber eher voyeuristische Erwartungen, als dass es für einen etwaigen Benutzer oder eine Benutzerin nützlich sei. Gedacht wurde dabei offenbar an Schriftstellerinnen, deren Vermarktung von gewerblicher Prostitution nicht weit entfernt sei. Die Tipps erschöpfen sich in Allgemeinplätzen über Lebensalltag, Aufstiegschancen und Warencharakter im horizontalen Gewerbe: »Betrachten Sie sich, als verkauften Sie Schuhe.«

Nach einem Lyrikband mit Reminiszenzen an die englische Mythenwelt, *Junges Deutschland* (1978), erschien 1979 der Roman *Zickzack*, eine inzestuöse Kleinmädchenstory aus dem Münchener Schickeria-Milieu, der das vorläufige Ende des literarischen Weges von Renate Rasp markiert.

Thomas Kraft

Werke: *Ein ungeratener Sohn*, R., Köln 1967; *Eine Rennstrecke*, G., Köln 1969; *Chinchilla. Leitfaden zur praktischen Ausübung*, Reinb. 1973; *Junges Deutschland*, G., Mü. 1978; *Zickzack*, R., Mü. 1979; *Die Geister von morgen*, K., Mü. 1979; *Keltisches Quartett*, Hsp., 1982.

Rathenow, Lutz, wurde am 22. 9. 1952 in Jena geboren. Nach Abitur und Armeedienst studierte er von 1973 bis 1977 Germanistik und Geschichte an der Jenaer Universität. 1977 wurde er wegen »Zweifel[s] an ideologischen Grundpositionen« exmatrikuliert (Rathenow, *Begründung meiner Exmatrikulation*); 1992 rehabilitierte die Universität Jena Rathenow. Kurze Zeit arbeitete er als Transportarbeiter und übersiedelte Ende 1977 nach Ost-Berlin, wo er seither als freier Schriftsteller lebt. Ab 1978 gehörte er dem Verband der Theaterschaffenden der DDR an, 1973 bis 1975 dem

Arbeitskreis Literatur und Lyrik Jena, seit 1995 ist er Mitglied des bundesdeutschen P.E.N.-Zentrums, seit 1997 des Schriftstellerverbandes (VS). 1987 erhielt Rathenow die Bronzemedaille der »Haute Académie Littéraire et Artistique de France«, 1988 den Bochumer Textpreis für Figurentheater, 1989 das Autorenstipendium der Stiftung Preußische Seehandlung und den Jörg-Mauthe-Preis für Prosa, 1990 den Förderpreis des Marburger Literaturpreises, 1991 das Arbeitsstipendium für Berliner Schriftsteller, 1996 den Konrad-Adenauer-Preis für Literatur und 1998 den Karl-Hermann-Flach-Preis für seine publizistische Arbeiten.

Erst 1989 konnte in der DDR Rathenows erster Lyrikband erscheinen, nachdem – abgesehen von Einzelveröffentlichungen in Zeitschriften und Anthologien und einem Kinderbuch – seine Bücher bis dahin ausschließlich in der Bundesrepublik verlegt worden waren. Das Aufzeigen autoritärer (staatlicher) Machtstrukturen und Verhaltensweisen sowie ihrer absurden Konsequenzen für das Leben des Einzelnen bildete Rathenows vorrangiges literarisches Anliegen bis zur Wiedervereinigung. In seinem Debütband *Mit dem Schlimmsten wurde schon gerechnet* (1980) entwirft er in meist kurzen Prosastücken Szenarien der Bedrohung, der Zwänge und Kämpfe. Im *Protokoll zur Strafsache Peter Reinhold und Herbert Klöppel* müssen sich z.B. zwei Arbeiter dafür verantworten, dass sie eine – zum Zeitpunkt der Tat nicht käuflich erwerbbare – elektrische Verteilerdose aus ihrem Betrieb entwendet haben; in dem Monolog *Ohne Kommentar* zeichnet ein Student das Bild eines ideologie-fixierten Erziehungswissenschaftlers, »der sagt, [...] daß es dem Individualismus das Wasser abzugraben gilt«. In anderen Texten schildert Rathenow innere Nöte, Wünsche und Sehnsüchte von Jugendlichen und ihre schüchternen Versuche, gegen die Monotonie des Alltags und autoritäre – keineswegs nur DDR-staatliche – Willkür Widerstand zu leisten. Verdrängungsmechanismen und Träume helfen den Protagonisten, zwischenzeitlich ihr Dilemma zu vergessen. Doch die ständige Angst vor möglichen Katastrophen lässt sich immer nur kurzfristig vertreiben. Meist von realistischen Situationen ausgehend, nehmen Rathenows Geschichten mitunter fantastische Wendungen oder werden grotesk verfremdet.

Der Einsatz satirischer und grotesker Elemente kennzeichnet auch Rathenows *Stücke zum Lesen und Texte zum Spielen*, die 1984 in dem Band *Boden 411* vorgestellt wurden. Im Titel-Stück wird der geplante Selbstmord eines Mannes von einem Beamten vereitelt und dann behördlich verweigert. Der Mann bewirbt sich daraufhin um einen Arbeitsplatz bei der Polizei, um so in den Besitz einer Dienstwaffe zu gelangen, mit der er sein Vorhaben irgendwann doch noch ausführen kann. Eine Variante bildet die Szene *Das Spiel: Zimmer 312*. Einem Mann, der sich in einem weitläufigen Verwaltungsgebäude verirrt hat, wird durch eine totalitäre Bürokratie der Selbstmord befohlen. Der Mann kommt dieser Weisung – in einem eigens für diesen Zweck ausgestatteten Zimmer – widerspruchslos nach. In diesen dramaturgisch gesehen statischen und lehrhaft wirkenden Stücken versucht Rathenow, wie er in einem Kommentar schreibt, »die Strukturen einer Gesellschaft bis zur letzten Konsequenz zu belasten«. Er wählt den Tod als Thema und »die Banalität des Dahinlebens als eine Form des Sterbens«.

Der vielfach beachtete Lyrikband *Zangengeburt* (1982) enthält Gedichte aus den Jahren 1972 bis 1982. In stilistisch völlig unterschiedlichen Texten – sentenzenhaft-knappe Gedichte finden sich ebenso wie gebundene Prosa, Gereimtes steht neben freien Rhythmen – greift Rathenow bekannte Themen und Motive auf. Die Protesthaltung, die das Buch durchzieht, kommt konzentriert im Titelgedicht zum Ausdruck: »Gegen mein Stemmen / ins Leben gezerrt Blutige Ankunft / drei Wochen zu spät (wie immer / ich komme zu spät) Gekappt dann / die Schnur Drei vier Schläge / auf das Gesäß – und ich schrie / Schrie Und schrei.«

Das persönlich gezeichnete Porträt über Ost-Berlin (erstmals 1987 veröffentlicht als *Ostberlin – die andere Seite einer Stadt*, zusammen mit dem Fotografen Harald Hauswald) macht trotz kritischer Betrachtungsweise auf die liebenswerten Seiten der vom Verfall bedrohten Stadt aufmerksam. Nach der Wende verstummte Rathenow im Gegensatz zu manchem seiner früheren DDR-Schriftsteller-Kollegen nicht. Sein Status als Dissident wurde durch die Arbeit der Gauck-Behörde bestätigt, und so avancierte Rathenow zu einem viel gefragten journalistischen Kommentator über die Zustände in dem »Nochland« DDR bzw. später in den neuen Bundesländern sowie über die Befindlichkeit der dort lebenden Menschen. Einen medialen Höhepunkt in dieser Hinsicht bildet der ARD-Film von Hilde Bechert und Klaus Dexel *Zärtlich kreist die Faust* (1990), ein Filmtagebuch von und mit dem Schriftsteller, das von der Kritik allerdings eher zwiespältig aufgenommen wurde. Auf die von Rathenow seit Jahren angekündigte Autobiografie wartet sein Publikum bislang vergebens. Dafür erschienen in rascher Folge schmale Lyriksammlungen (darunter Auswahlbände mit älteren Texten), Kurzprosa und viel beachtete Kinderbücher. Stilistisch wie inhaltlich zeichnen sich in seinem Schreiben seit der Wende kaum Änderungen ab, mit Ausnahme davon, dass in neueren Texten die DDR und ihre Unterdrückungsmechanismen als Motive in den Hintergrund rücken. Der Autor legt nun einen stärkeren Akzent auf literarische Alltagsbeobachtungen, wobei manchem seiner Texte auch Skizzenhaft-Beiläufiges anhaftet (z.B. in dem Erzählungsband *Sisyphos*, 1995). Zum Zeitpunkt seiner Entstehung durchaus tagesaktuell war das Theaterstück *Autorenschlachten* (1990). Rathenow unternahm darin den Versuch, sich dem Phänomen der Spitzeltätigkeit von DDR-Schriftstellern für den Staatssicherheitsdienst literarisch anzunähern. Den dramaturgischen Ausgangspunkt bildet ein Literatursymposium, bei dem zwei vormals »Stasi«-nahe Autoren auf den oppositionellen Schriftsteller Bertram Bertram – er trägt autobiografische Züge Rathenows – treffen. Mit dem Auftreten von zwei ehemaligen »Stasi«-Offizieren wird das zwischen Komödie und Groteske changierende Spiel angeheizt. Vorgeführt werden nun die jeweils unterschiedlichen Strategien der Bewältigung sowie der geplanten zukünftigen (medialen) Vermarktung individueller Geschichte. Zu einer tatsächlichen Klärung oder Erhellung der komplexen Sachverhalte um die Verstrickungen von Künstlern mit dem DDR-Regime konnte das Stück *Autorenschlachten* allerdings kaum beitragen, was sich möglicherweise durch die geringe zeitliche Distanz zur dargestellten Problematik erklärt.

Petra Ernst

Werke: *Mit dem Schlimmsten wurde schon gerechnet*, Pr., Ffm., Bln., Wien 1980; *Boden 411*, Hsp., BR 1980; *Mensch-Ärgere-Dich-Nicht*, Kurz-Hsp., BR 1980; *Das Verständnis*, Hsp., BR 1981; *Im Lande des Kohls*, E., Bln. 1982; *Zangengeburt*, G., Mü. 1982; *Bertram*, Hsp., WDR 1982; *Knoten*, Kurz-Hsp., SFB 1983; *Sie steht am Fenster und spricht*, Kurz-Hsp., SFB 1983; *Däumelinchen*, Kurz-Hsp., RIAS 1983; *Jeder verschwindet so gut er kann*, Pr., m. Radierungen v. Ullrich Panndorf, Bln. 1984; *einst war ich fänger im schnee. Neue Texte und Bilder aus der DDR*, Hg., Bln. 1984; *Was sonst noch passierte*, Bln. 1984; *Boden 411. Stücke zum Lesen und Texte zum Spielen*, Mü. 1984; *contacts/Kontakte*, G. u. Pr., dt.-engl., New York 1985; *Beisammensein am Sonntagnachmittag*, Kurz-Hsp., RIAS 1985; *Der Tiger im Hochhaus*, Kinderb., Schleiden 1986; *Ostberlin – die andere Seite einer Stadt in Texten und Bildern*, zus. m. Harald Hauswald, Mü. 1987, veränd. Neuaufl. u. d. T. *Berlin/Ost – die andere Seite einer Stadt*, Dortmund 1989, erw. Ausg. u. d. T. *Berlin-Ost. Die andere Seite einer Stadt*, Bln. 1990; *Ein seltsamer Zoo*, Kinderb., Ost-Bln. 1988; *Floh Dickbauch/La puce Grobidon*, zweispr. Kinderb., frz.-dt., Marburg/L. 1989; *Sterne jonglieren*, m. Illustr. v. Andreas Röckener, Kinderb., Ravensburg 1989; *Zärtlich kreist die Faust*, G., Halle 1989, m. Offset-Lithografien v. Sascha Juritz, Pfaffenweiler 1989; *grafiklyrik 5*, m. Radierungen v. Claus Weidensdorfer, Dresden 1989; *Revolte der Sinnlichkeit? Kunst in der DDR*, Ravensb. 1989; *Zärtlich kreist die Faust. Filmtagebuch mit Lutz Rathenow*, ARD 1990; *Vom König, der die Sonne verteiben wollte*, Hsp., nach einem Märchen v. Edwin Hoernle, Rundfunk der DDR 1990; Der *Wolf und die widerspenstigen Geißlein*, Kinderb., Halle 1990; *23 Tage vom Sterben eines Staates. Ein Tagebuch des Schriftstellers Lutz Rathenow*, Hsp., DLF 1990; *Eine Ameise spaziert*, m. Illustr. v. Lothar Otto, Kinderb., Halle 1990; *Die lautere Bosheit. Satiren, Faststücke, Prosa*, Remchingen 1992; *Tag der Wunder*, m. Illustr. v. Frank Ruprecht, Kinderb., Hbg. 1992; *Alles Theater*, G., m. Linolschnitten v. Axel Hertenstein, Pforzheim 1992; *Dann wollen wir mal zur Sache kommen*, Hsp., DLF 1992; *Autorenschlachten*, Theaterst., UA Saarbrücken 1992, gedr. Remchingen 1993; *Und sie liebten sich heftiger denn je*, Pr., Pforzheim 1993; *Oder was schwimmt da im Auge*, G., Köln 1993; *Verirrte Sterne oder Wenn alles wieder mal ganz anders kommt*, G., Vastorf 1994; *Stevan Tontic: Handschrift aus Sarajevo*, G., Hg., Weilerswist 1994; *Wende gut, alles gut? Bilder aus Ostdeutschland*, m. Fotogr. v. Wolfgang Korall, Mü. 1995; *Sisyphos*, En., Bln. 1995; *Jahrhundert der Blicke. Neue Gedichte*, Weilerswist 1997; *Der Wettlauf mit dem Licht. Letzte Gedichte aus einem Jahrhundert*, Weilerswist 1999; *Der Himmel ist heut blau. Lustig-listige Gedichte und Geschichten*, m. Bildern v. Egbert Herfurth, Kinderb., Bln. 2000; *Es war einmal ein Wolf. 335 Geschichten für Kinder jeglichen Alters*, Weißensee/Thür. 2000; *Vom DDR-Bürger zum EU-Bürger. Spezifische Integrationsschübe und Integrationshemmnisse aus der Sicht eines ostdeutschen Schriftstellers*, Bonn 2000; *Sterben will gelernt sein. Ein Jahrtausend tritt ab. Lyrische Prosa und prosaische Lyrik*, Weilerswist 2000; *L. R., Heinz Ratz: Das RR-Projekt. Heinz Ratz singt, liest, spielt Lutz Rathenow*, Schpl., Gerichshain 2002; *Die Fünfzig. Gedichte*, Weilerswist 2002.

Rautenberg, Arne, wurde am 10. 10. 1967 in Kiel geboren und lebt nach vielen Umzügen – u.a. verbrachte er drei Jahre in Afghanistan – als Autor und Künstler in Kiel. Er studierte von 1994 bis 1999 Kunstgeschichte, Literaturwissenschaft und Volkskunde in Kiel. Er arbeitet als freier Rezensent und Mitherausgeber der Literaturzeitschrift »Das Haupt«. Ausgezeichnet wurde er 1996/97 mit dem Jahresstipendium des Landes Schleswig-Holstein, 1999 mit dem Stipendium des Klagenfurter Literaturkurses, 2000 mit einem Arbeitsstipendium des

Bundespräsidialamtes, einem Arbeitsstipendium des Landes Schleswig-Holstein und einem Stipendium für hochbegabten Schriftstellernachwuchs des Nordkollegs und der Arno-Schmidt-Stiftung, 2001 mit einem Lyrikpreis der Akademie Graz und dem Christine-Lavant-Publikumspreis, 2003 mit einem Aufenthaltsstipendium in Stein am Rhein (Schweiz).

Seine Gedichte halten häufig Zwiesprache mit sich selbst, erinnern an flüchtige Momente und beschriften mit zuweilen kühnen Bildern den eigenen Blick. Reimlos hetzen sie, lauschen »nur noch den mich umringenden klängen«, pappen dann wieder die Augenblicke aneinander. Arne Rautenberg inventarisiert das Alltagsleben, sein Fundus speist sich angeblich aus vielen Notizbüchern, aus Anzeigen und anderen Verschriftungen des medialen Lebens; er tupft dann seine Impressionen hin oder malt sie zu poetischen Gemälden aus. Das formale Spektrum ist heterogen, es finden sich Anklänge an konkrete und visuelle Poesie, Collagen, Haikus genauso wie konventionelle Prosagedichte. Seinen ersten Roman siedelt der Richard-Brautigan-Verehrer Rautenberg im Speckgürtel einer deutschen Großstadt an. Er kreist um Hartmut, einen gespenstisch anmutenden Archivar und Parasiten der Wohlstandsgesellschaft, der mit Schweißfüßen und flackerndem Blick seine Umwelt belästigt und mit seiner Sucht nach den »Exkrementen der Zivilisation« die Gedanken eines schreibenden Nachbars beflügelt. Dieser glaubt in Hartmut das »Symbol eines göttlichen Urgrundes« zu erkennen, einen Künstler und Partisanen, der sich aus Sperrmüll und Elektroschrott seinen eigenen Kosmos bastelte, Nachbarn, Mülleimer und Straße stets im Blick behielt und gezielt und unbeirrt die Schätze der Stadt vor der Vernichtung bewahrte, bis ihn ein Stromschlag unerwartet aus seinem Schaffen riss. In Arne Rautenbergs schrägem Debütroman *Der Sperrmüllkönig* (2002) inspiriert dieser kauzige Desperado den Ich-Erzähler zur Nachahmung, fortan will auch er mit Worten »sperrigen Lebensmüll auflesen« und mit dem »Klebstoff der Neugier« in unseren Hirnen fixieren. Gleichzeitig ist es die genau beobachtete, unsentimentale Geschichte eines Hauses und seiner Bewohner, in der viel Alkohol, geklaute Wäsche und ein Hinterhofgarten eine wesentliche Rolle spielen.

Thomas Kraft

Werke: *Neondämmerlicht*, Bremen 1996; *Dar Ernst Dis Lobuns*, Reihe »experimentelle texte«, hg. v. Karl Riha, Siegen 1997; *alle hebel umgelegt auf faulen fisch*, Sulzbach 1999; *Der Sperrmüllkönig*, R., Hbg. 2002; *Einblick in die Erschaffung des Rades*, Schpl., zus. m. Frank Will, Kiel 2002. Seit 1990 Einzelausstellungen in Kiel, Hamburg, Graz, Lauenburg, Wien und Klagenfurt.

Reding, Josef, wurde am 20. 3. 1929 in Castrop-Rauxel geboren. Als 16-Jähriger geriet er in amerikanische Kriegsgefangenschaft. 1952 nahm er das Studium der Germanistik, Anglistik, Psychologie und Kunstgeschichte an der Universität Münster auf. Ein Fulbright-Stipendium ermöglichte ihm einen Studienaufenthalt in den USA. Nach seiner Rückkehr 1955 sammelte er im Lager Friedland Eindrücke für sein Buch *Friedland – Chronik der großen Heimkehr* (1956), dem 1957 der Erzählband *Nennt mich nicht Nigger* folgte. Es schlossen sich Jahre der Filmarbeit an, vor allem in der Dritten Welt, wo er sich auch in Lepra-Stationen aufhielt. Reding schrieb Drehbücher zu über zwanzig Fernsehfilmen, beteiligte sich an der Bürgerrechtsbewegung Martin Luther Kings, wirkte bei der Gründung der »Gruppe 61« mit, arbeitete im Vorstand des VS mit und beteiligte sich am kirchlichen Leben; darüber hinaus war er aktiv in der Friedensbewegung tätig. Für seine literarische Arbeit erhielt er zahlreiche Auszeichnungen, unter anderem 1961 das Villa-Massimo-Stipendium, 1969 den Annette-von-Droste-Hülshoff-Preis und 1986 den »Eisernen Reinoldus«; 1988 wurde in Holzwickede sogar eine Schule nach ihm benannt.

Seinen ersten Schreibversuch datiert Reding auf das Jahr 1943. Die ersten Gedichte schrieb er auf Zementtüten, seine erste Buchveröffentlichung *Silberspeer und Roter Reiher, ein Jugendbuch* (1952) verfasste er nach der Arbeit als Betonwerker, mit der er seine Familie zu unterstützen suchte. Er erlebte das Trauma des Arbeiterkindes, dem die Weiterbildung verweigert wurde und das sich infolgedessen innerlich auf eine Zukunft bei Müllabfuhr und Bergbau vorbereitete. Gleichzeitig erwachte in ihm jedoch der Wille, »im Schreiben etwas zu korrigieren, und dies durch das Schreiben weiterzugeben«.

Während seines Aufenthaltes in den USA lernte Reding einerseits Schriftsteller wie John Steinbeck und William Saroyan kennen und machte sich mit der Technik der Kurzgeschichte vertraut, andererseits wurde er mit der Realität der Slums konfrontiert, in denen er wohnte. Form und Inhalt seiner Texte stehen bei Reding von Anfang an in enger Verbindung mit der unmittelbar persönlichen Erfahrung. Beispielhaft hierfür ist die Kurzgeschichte *Schuhputzstand in Manhattan* (aus *Nennt mich nicht Nigger*): Der sechzehnjährige deutsche Soldat Hanno Larsen wird nach seiner Gefangenschaft von amerikanischen Vernehmungsoffizieren mit einer brennenden Zigarette gefoltert. Den einen der beiden, Hawkins, erkennt er Jahre später, eingeladen nach Amerika, als Schuhputzer wieder. In kurzen traumhaften Sequenzen und inneren Monologen, in denen auch die Perspektive zwischen Larsen und Hawkins wechselt, tritt einmal Larsens Vision der (dann aber nicht verwirklichten) Rache hervor, zum anderen der Ärger des Schuhputzers Hawkins über den unentschlossenen Kunden, der ihm vor der Nase parkt und dann doch nicht seine Dienste in Anspruch nimmt. Bis in Sprache und Satzbau hinein reichen die Überschneidungen: »Man erkennt genau, was falsch ist, dachte er, wenn man nur noch eine Hand sieht, die eine Zigarette ungewöhnlich hält. Sehr ungewöhnlich hält.« Der Perspektivenwechsel in den Figuren weist auf die erzählerische Absicht Redings hin: Es geht nicht nur um eine mögliche Seite von Verfolgung und Unterdrückung, es geht ihm um alle Mitmenschen, die um ihrer Rasse, ihres politischen Bekenntnisses, ihrer Herkunft oder ihrer Religion willen verfolgt werden. In diesem Sinn ist auch der Titel der Sammlung *Nennt mich nicht Nigger* zu verstehen.

Ins Lager Friedland, die erste Anlaufstation von 12 000 Soldaten, ging Reding als Gast des Lagerpfarrers. Er wollte Zeitgeschichte sehen, erleben und zugleich helfen. Die Spätheimkehrer fanden in ihm einen Zuhörer, der aus der Einsicht, dass dieser Krieg noch von kommenden Generationen bezahlt werden müsse, handeln wollte: als unmittelbar Helfender und als Schreibender, der reflektiert, der Berichte mitteilt über dieses »profane Triptychon aus hoher Politik, sowjetischen Gefangenenlagern und dem Lager Friedland«.

Redings bevorzugte literarische Gattung bleibt die Kurzgeschichte. Kennen gelernt hat er sie bei den amerikanischen Soldaten, die ihn gefangen nahmen, entsprochen hat sie ihm nach eigener Aussage auch aufgrund seiner Herkunft aus dem Ruhrgebiet, einer Landschaft, in der das Knappe im sprachlichen Umgang vorherrscht (*Mein Bekenntnis zur Kurzgeschichte*). Er schätzt an ihr die Ökonomie, die keine Lüge verträgt, keine Worthülsen, von denen man unter dem Nationalsozialismus viel zu viel gehört habe. Die sprachliche Genauigkeit bedingt die Genauigkeit des Inhalts; immer versucht Reding aus der Empirie heraus zu sehen und zu schreiben. Nicht Hemingways Großwildjäger, Bargänger und Offiziere bilden Redings Kurzgeschichtenpersonal, sondern »die kleinen Leute, die an der Haltestelle auf den Bus warten« – vertreten in all seinen Sammlungen von Kurzgeschichten wie *Ein Scharfmacher kommt* (1967), *Und die Taube jagt den Greif* (1985) oder *Neue Not braucht neue Namen* (1986).

Als Journalist versucht Reding, die aktuelle Aussagekraft von Zeitungen zu nutzen, etwa von 1963 bis 1988 in der »Welt der Arbeit«. Er benutzt Kommentar (*Papierschiffe gegen den Strom*, 1963) und Satire (*Erfindungen für die Regierung*, 1962) ebenso wie die Reportage (*Menschen im Müll*, 1983), um seine Stellung in der menschlichen Gesellschaft zu verdeutlichen. Darüber hinaus vertritt Reding in Gedichten, die der Gebrauchslyrik nahe stehen, sein Anliegen, das gelebte Christentum im Unterschied zu einer sich nur christlich nennenden Gesellschaft, so in den *Asphaltgebeten* aus der Sammlung *Nennt sie beim Namen* (1982). In ihr vertreten ist »Herr Brokstiepel«, eine von Reding seit 1965 entwickelte literarische Figur in der Nachbarschaft von Brechts *Herrn K.*, an deren nörgelndem Charakter Reding immer wieder aktuelle Tagesereignisse aufzeigen kann. »Man kann Christus für seine Gleichnisse beneiden«, sagt Reding und sieht es als Aufgabe des Schriftstellers, seinerseits Gleichnisse zu finden. Seine Absicht als Schreibender erschöpft sich nicht in »reiner Literatur«; der »Rezensionsmarkt« ist ihm unwichtig, aber das genaue Wort will er dem Leser geben, »Brot statt Steine«. Und er will ihm Mut machen, wie in dem Buch *Friedensstifter – Friedensboten* (1986), das 58 Porträts von Menschen enthält, die sich für den Frieden eingesetzt haben: von Christus über Franz von Assisi und Martin Luther King bis hin zu Heinrich Böll, mit dem zusammen Reding seine erste öffentliche Lesung 1950 in Kassel bestritt.

Gerd Holzheimer

Werke: *Silberspeer und Roter Reiher*, Jugendb., Recklingh. 1952; *Friedland. Chronik der großen Heimkehr*, Recklingh. 1956; *Nennt mich nicht Nigger*, En., Recklingh. 1957; *Allein in Babylon*, Recklingh. 1960; *Die Minute des Erzengels*, Recklingh. 1961; *Erfindungen für die Regierung*, Pr., Augsburg 1962; *Papierschiffe gegen den Strom*, Pr., Recklingh. 1963; *Ein Scharfmacher kommt*, En., Recklingh. 1967; *Menschen im Revier*, Recklingh. 1967; *Sie nannten ihn Padre*, Wuppertal 1974; *Krippenrede für die 70er Jahre*, Neukirchen 1978; *Nennt sie beim Namen*, G., Freiburg./Br., Basel, Wien 1982; *Friedenstage sind gezählt*, Freiburg/Br., Basel, Wien 1983; *Menschen im Müll*, Pr., Freiburg/Br., Basel, Wien 1983; *Die Taube jagt den Greif*, En., Freiburg/Br., Basel, Wien 1985; *Friedensstifter – Friedensboten*, Porträts, Recklingh. 1986; *Neue*

Not braucht neue Namen, Freiburg/Br., Basel, Wien 1986; *Wie eine Narbe im Stein*, Pr., Kevelaer 1996; *Jerry lacht in Harlem*, Pr., Stg. 1999; *Asphaltgebete*, Würzburg 1999; *Bei Gott kann man nicht petzen. Lyrik für Kinder*, Kevelaer 1999; *Tiere sprechen dich an*, Kinderb., Kevelaer 2000; *Kein Platz in kostbaren Krippen*, E., Kevelaer 2000; *Lesebuch*, Kevelaer 2000; *Das Kreuz auch heute noch tragen*, Kevelaer 2000; *Texte für die Schule*, Baltmannsweiler 2001.

Regenass, René, geboren am 15. 5. 1935 in Riehen bei Basel, studierte Germanistik, Romanistik und Geschichte, war in verschiedenen Berufen tätig und publizierte 1969 erste Erzählungen. Seit 1979 lebt er, verheiratet mit der Schauspielerin und Sprecherzieherin Eva Nussbaumer, als freier Schriftsteller und Objekt-Künstler in Basel. Von 1982 bis 1985 war er Präsident der Schweizer Autoren Gruppe Olten. Er wurde u.a. 1981 mit dem Preis der Schweizerischen Schillerstiftung, 1986 mit dem Literaturpreis des Kantons Baselland sowie einem Stipendium der Stadt Mannheim und 1987 mit dem Preis der Welti-Stiftung ausgezeichnet.
Regenass hat konzentrierte Lyrik geschrieben, Hörspiele, Theaterstücke und hintergründig ironische Kurzgeschichten, viele davon für die satirische Zeitschrift »Nebelspalter«. Im Zentrum seines Schaffens aber steht die große epische Form. Regenass' Romane und Erzählungen kreisen immer wieder um das Thema des individuellen Scheiterns, das in erster Linie auf der Weigerung der Antihelden beruht, sich selber zu akzeptieren, Kompromisse einzugehen und sich anzupassen. Meist bleibt es beim halbherzigen Versuch, unter widrigen Umständen über den Schatten der eigenen Idiosynkrasien und Obsessionen zu springen. »Ich weiß nicht, wie lange ich dagestanden hatte, gebannt von der Freiheit, verängstigt vom Zwang, nun allein entscheiden zu müssen.« Mit diesen Sätzen endet der Versuch eines jungen Mannes, etwas an sich ganz Einfaches zu tun, nämlich in die Renaissancestadt Urbino zu fahren. Statt aufzubrechen, verstrickt er sich immer tiefer in unnötige Abhängigkeiten, Widersprüche, Schuldgefühle (*Aufbruch nach Urbino*, 1976). Einer vergleichbaren Figur begegnet man in der *Schattenreise* (1986), einer Erzählung, die großenteils aus Zustandsschilderungen besteht und dabei »einen Sog entstehen [lässt], der das Vertraute ins Bodenlose zieht« (»Frankfurter Rundschau«). »Ich hatte es mir strikt verboten, Frauen ... länger als unbedingt notwendig anzusehen.« Trotz oder wegen dieses rigiden Berufsethos verzweifelt der tyrannische Portier einer großen Klinik schließlich an seiner bürgerlichen Existenz und gibt sich im Leichenkeller perversen Erregungen hin (*Porträt eines Portiers*, 1979). In der *Vernissage* (1984) ist es ein moderner Candide, ein rücksichtslos für seine aufklärerischen Ideen eintretender Museumsassistent, der die bornierte Gesellschaft einer kulturbeflissenen Provinzstadt entlarvt, darüber aber selbst zu Fall kommt. Und in Regenass' Roman *Die Schranke* (2002) gelingt es dem pensionierten Richter Gubler zwar, für einen Augenblick die Konturen eines vertuschten Verbrechens sichtbar zu machen, doch im entscheidenden Moment tritt der überkorrekte, von Selbstzweifeln und Rollenkonflikten zerquälte Beamte den Rückzug an.
Regenass' Prosa ist als »bestes literarisches Kabarett« bezeichnet worden (»Die Weltwoche«). Andererseits hat ihm die Kritik eine »an Kafka und Thomas Mann gemahnende Handhabe ... [der] Sprache« bestätigt (»Neue Zürcher Zeitung«). Beide Urteile haben etwas für sich: Regenass instrumentalisiert die Möglichkeiten romantischen, realistischen und surrealen Schreibens zu einer »vernichtenden Kritik an der Gesellschaft« (»Vorwärts«). Diese lässt den Einzelnen gnadenlos ins offene Messer laufen, nur weil er sich gewissen Spielregeln verweigert. Regenass ist ein pessimistisch unbestechlicher Chronist jener Generation, die von den Aufbruchshoffnungen der 68er-Jahre geprägt und enttäuscht wurde.

Valentin Herzog

Werke: *Der Besuch blieb meist über Nacht*, En., Bern 1969; *Wir haben das Pulver nicht erfunden, uns gehören nur die Fabriken. Texte*, Basel 1971; *Alle Wege bodenlos und andere Erzählungen*, Basel 1972; *Wer kennt den Mann?*, Hsp., 1972; *Wer Wahlplakate beschmiert, beschädigt fremdes Eigentum*, R., Basel 1973; *Die Macher*, Theaterst., UA Basel 1973; *Die Sitzung*, Theaterst., UA Biel/Solothurn 1974; *Triumph ist eine Marke. Texte*, Basel 1975; *Aufbruch nach Urbino*, E., Basel 1976; *Der Anschneider*, Theaterst., UA Salzburg 1976; *Ein Schlagbaum treibt keine Blätter*, R., Bern 1976; *In aller Stille*, En., Basel 1977; *Mord-Steine. Vernünftige Sätze über die Zufälligkeiten des Alltags*, Pr., Bern 1978; *Damit die Zunge nichts Falsches sagt*, G., Basel 1979; *Porträt eines Portiers*, E., Reinbek 1979; *Mein Tschechow*, Theaterst., UA Biel/Solothurn 1980; *Die Kälte des Äquators*, R., Zür. 1982; *Arme, arme Bären*, Theaterst., UA Biel/Solothurn 1982; *Auto-Stop*, Hsp. 1982; *Schöne Zeiten;* Theaterst., UA Biel/Solothurn 1983; *Kopfstand. Gelegentliche und alltägliche Geschichten*, En., Rorschach 1984; *Vernissage. Ein Roman aus unserer musealen Zeit, geschrieben mit dem Rücken zum Bild*, Zür. 1984; *Wo liegt der Hund begraben?*, Theaterst., UA Basel 1984; *Die Liliputanerin*, En., Basel 1986; *Schattenreise*, R., Zür. 1986; *Tango d'amore*, Theaterst., ohne UA 1987; *Strandleben*, Hsp.,

1987; *Das Riesenrad,* Hsp., 1988; *Scott's Einsamkeit,* En., Basel 1989; *Der Tierstimmenimitator,* Hsp. 1989; *Fußangel,* R., Bern 1991; *Aufgebrochen. 40 Jura-Geschichten und 30 Objekte,* En., Basel 1995; *Sehnsucht nach Nummerngirls,* En., Rorschach 1995; *Und kommst du nach Gottstatt,* Theaterst., UA Biel 1995; *Der Anmacher,* R., Basel 1998; *Die Schranke,* R., Basel 2002.

Rehmann, Ruth (eigentl. Rehmann-Schonauer), wurde am 1. 6. 1922 als jüngstes Kind einer evangelischen Pfarrersfamilie in Siegburg im Rheinland geboren. Nach dem Abitur 1940 leistete sie den Arbeitsdienst ab, besuchte dann eine Dolmetscherschule (Englisch, Französisch) und studierte anschließend Kunstgeschichte, Germanistik und Musikwissenschaft in Bonn und Marburg. Ab 1943 studierte sie an den Hochschulen Köln und Berlin Violine, wurde 1944 zur Wehrmacht dienstverpflichtet und zu Büroarbeiten in militärischen Dienststellen herangezogen. Im Februar 1945 flüchtete sie nach Oberbayern, wo sie sich zunächst mit Landarbeit und als Sängerin durchschlug. 1947 nahm sie das Musikstudium wieder auf und schloss es 1951 mit der Konzertreife am Robert-Schumann-Konservatorium in Düsseldorf ab. Es folgten Reisen nach Algerien, Griechenland und Frankreich sowie die Veröffentlichungen erster Kurzgeschichten, Reiseberichte und Feuilletonartikel in Tageszeitungen und Zeitschriften (»story«, »Akzente«). Ruth Rehmann arbeitete zeitweise als Pressereferentin für ausländische Botschaften, als Dolmetscherin und als Lehrerin für Englisch und Deutsch an bayerischen Landschulheimen. 1979 begann sie sich in der Friedensbewegung zu engagieren, 1983 wurde sie als Bundestagskandidatin der »Grünen« für die Landkreise Traunstein und Berchtesgaden aufgestellt. Sie ist Mitglied des bundesdeutschen P.E.N.-Zentrums und des Schriftstellerverbandes (VS) Bayern sowie der Bayerischen Akademie der Schönen Künste. Sie lebt in Trostberg/Oberbayern. 1962 erhielt sie den Förderungspreis der Stadt Hannover, 1974 den Georg-Mackensen-Literaturpreis (zus. mit Dieter Kühn), 1975 den Kurzgeschichtenpreis von »Westermanns Monatsheften«, 1986 den Literaturpreis der Stiftung zur Förderung des Schrifttums, 1989 die Ehrengabe des Kulturkreises im Bundesverband der Deutschen Industrie.

Nach positiver Aufnahme durch die »Gruppe 47« erschien 1959 Ruth Rehmanns erster Roman *Illusionen*: Unabhängig voneinander versuchen vier Büroangestellte am Wochenende, aus dem Alltag zu flüchten, ihre bescheidenen Wünsche ein Stück weit zu erfüllen. In zwölf Episoden skizziert die Autorin Porträts von Personen, die sich an ihre Illusionen klammern, weil sie sich ihrer »Wirklichkeit« schämen. Jeder hat sich ein eigenes Instrumentarium geschaffen, mit dessen Hilfe er sich vor seinen Mitmenschen in Szene setzen kann. So leben die jugendlich-stürmische Therese, die nicht mehr ganz junge Carmen Viol, die mütterliche Frau Schramm und der Jungakademiker Paul Westermann unbewusst an ihren Möglichkeiten vorbei, finden sich immer wieder verlassen und unverstanden. »Ihre Zeit, ihr Leben, ihre Wirklichkeit, nichts weiter als ein Netz von Erwartungen mit zu weit gespannten Maschen in die Strömung gehängt, und wenn es hochgezogen wurde, war es leer, und doch war ein Meer hindurchgeströmt, viele kleine bunte Fische, die nichts zurückließen als wieder Erwartung.« In den zum Teil lose miteinander verbundenen Sequenzen legt die Autorin innere Handlungsmuster der Protagonisten frei, ohne jedoch psychologische Details auszuformulieren, und versucht, das Einzelschicksal in Abhängigkeit von seiner historischen und sozialen Umgebung zu sehen.

Dieses Anliegen verfolgt Ruth Rehmann in ihren späteren Werken mit zunehmender Intensität. In den Romanen *Die Leute im Tal* (1968) und *Die Schwaigerin* (1987) beschreibt sie kritisch, aber teilnahmsvoll das Leben der Menschen in einem bayerischen Tal, in dem es durch das Aufeinanderprallen altbewährter Traditionen und eines schnelllebigen modernen Lebensstils zu schwer wiegenden Konflikten kommt. Beide Texte scheinen für regionale Prosa exemplarisch: beispielsweise durch die Thematisierung des Generationenkonfliktes zwischen Alt- und Jungbauern, der Landflucht nach dem Zweiten Weltkrieg, des ländlichen Katholizismus, der Außenseiterproblematik und der Folgen der Technisierung. Fungiert die Autorin in dem Roman *Die Leute im Tal* quasi als Chronistin eines Landstrichs, die das über einen langen Zeitraum Wahrgenommene – anhand einzelner Begebenheiten – beinahe kommentarlos wiedergibt, so weitet Ruth Rehmann das engagierte Porträt über *Die Schwaigerin*, eine Bäuerin aus dem Tal, zu einer intensiven Auseinandersetzung mit der eigenen Geschichte aus. Die Ich-Erzählerin, die bei Kriegsende auf den Schwaigerhof kommt, lernt dort Anni, die spätere Bäuerin, kennen. Doch trotz der gegenseitigen Zuneigung bleiben während der fast 40 Jahre dauernden Freundschaft, die auch durch mehrmalige räumliche Trennung nicht zerstört werden kann, unüberbrückbare Differenzen bestehen: die eine

Frau ein Lebe-, die andere ein Arbeitsmensch. »Annis Schicksal ist anders als meins. [...] Mit der Gewalt eines Schmiedehammers schlägt es zu, von oben nach unten. Anni ist der Amboß, hält dagegen, hält aus, wird härter. [...] Ihr Schicksal ist aus einem Stück und bildet mit ihr, der Geschlagenen, eine Einheit, in die niemand eindringen kann.« Annis Tod, der im Epilog mit dem Bild eines umsinkenden Baumes umschrieben wird, markiert für die Erzählerin das Ende einer Epoche, das sich durch viele »kleine Zusammenbrüche« bereits lange zuvor angekündigt hatte. Ruth Rehmann schreibt aus der Sicht einer Betroffenen, allerdings mit dem Bewusstsein, trotz jahrelanger Aufenthalte im Tal Außenstehende geblieben zu sein. Gerade aufgrund der immer wieder betonten zwiespältigen Position der Ich-Erzählerin überzeugt die literarische Verknüpfung von Schilderung, Kommentar, Erinnerung und Reflexion in seiner Authentizität.

Der teilweise autobiografische Roman *Abschied von der Meisterklasse* (1985) behandelt wiederum die komplexe Beziehung zweier völlig unterschiedlicher Frauengestalten. Hanna Steinbrecher, ehemalige Geigenschülerin der berühmten Virtuosin Clara Schumann, soll die Memoiren der von ihr bewunderten Solistin aufzeichnen. Während der gemeinsamen Arbeitszeit offenbart sich der egozentrische Charakter der Künstlerin, die im Höhenflug ihrer ungewöhnlichen Laufbahn niemals Rücksicht auf ihre Mitmenschen und die Erfordernisse der Zeit genommen hat. In dem Roman werden jedoch nicht nur die sozialen Folgeerscheinungen eines inhuman gewordenen Kunstbetriebs kritisiert (wie z.B. in Elfriede Jelineks *Die Klavierspielerin*), sondern er greift darüber hinaus ein höchst brisantes Thema auf, das auch in der Wissenschaft erst spät Beachtung fand: die Rolle der Musik während der Zeit des Nationalsozialismus. Wie in ihrem 1979 erschienenen Werk *Der Mann auf der Kanzel. Fragen an einen Vater*, das die politische Vergangenheit des Vaters in den Mittelpunkt stellt, bemüht sich die Autorin – trotz deutlicher Kritik – in ihrer Grundhaltung um Verständnis für die unwissend schuldig Gewordenen: »Das könnte die besondere Art von Einsamkeit sein, in der einer trotz täglicher minutiöser Kontrolle an Gottes Wort und Gebot in Schuld geraten könnte, ohne Schuld zu bemerken, weil die Wahrnehmung gewisser Sünden ein Wissen voraussetzt, das durch Sehen, Hören, Verstehen zustande kommt, nicht durch Dialoge im Innenraum« (*Der Mann auf der Kanzel*).

Dieses sinnlich erfahrene Wissen, das veränderte Handlungsfähigkeit erst zur Folge haben kann, entbehren in Rehmanns Texten viele Figuren. Sie bleiben in erstarrten Verhaltensmustern gefangen und letztlich fremdbestimmt. So auch die Protagonisten der Erzählungen in dem Band *Paare* (1978), in dem die Autorin wie in ihrem ersten Roman Szenen aus dem bürgerlichen Milieu präsentiert. Gesellschaftlicher Druck und internalisiertes Rollenverhalten hindern die Personen daran, ihr Leben eigenverantwortlich zu gestalten. Bestenfalls im Traum oder im Rausch werden zahme Ausbruchsversuche gewagt, so zum Beispiel in der Titelerzählung *Paare*.

Kleine und größere Lebenslügen stürzen auch die Protagonistin des schmalen Romans *Fremd in Cambridge* (1999) in eine schwere Krise. Eine Lehrerin, die nach einer enttäuschenden beruflichen Erfahrung für längere Zeit nach England flieht, muss dort feststellen, dass sie – obwohl die Sprache beherrschend – nichts begreift. Die gesprochenen Worte korrespondieren nicht mit den Handlungen der Personen; Vermutungen und Projektionen schieben sich immer wieder vor die vermeintlich wahrgenommene Wirklichkeit. In diesem Labyrinth bietet sich Ludwig Wittgenstein als Orientierungshilfe an. Zuletzt liegt die Lehrerin nach einem Unfall in einem Londoner Krankenhaus und entdeckt dort eine ihr bisher unerkannte Wirkkraft von Sprache: den Klang. Durch das Aufsagen deutscher Gedichte gelingt es ihr, ein randalierendes Mädchen zu beruhigen – mit Worten, die es eigentlich nicht verstehen kann.

Ein wohl einzigartiges literarisches Dokument legte Rehmann schließlich mit ihren Betrachtungen *Unterwegs in fremden Träumen* (1993) über den »Ersten Gesamtdeutschen Schriftstellerkongress« 1947 in Berlin vor, über den sie im Herbst 1989 recherchierte. Erstmals konnte sie die bis dahin unter Verschluss stehenden Protokolle des Ost-Berliner Archivs einsehen und ihre literarische Spurensicherung u.a. über die großen alten Damen, die auf dem Kongress zusammen aufgetreten waren – Ricarda Huch, Elisabeth Langgässer und Anna Seghers – vorantreiben. Rehmanns Arbeit fiel in die Zeit des Niedergangs der DDR. Und so überlagern sich im Fluss des Erzählens auch die Ebenen der historisch fernen Umbruchsituation Ende der Vierzigerjahre und die Wendezeit um 1989. Immer wieder setzt Rehmann in diesem Kontext auch zu Selbstbefragungen an. Die Autorin beschließt den Text, in dem erzählende und essayistische Passagen kombiniert sind, mit einem politischen Bekenntnis zum »dritten Weg«: »Der Klang meiner einsamen Schritte in der gnadenlos ausgeleuchteten Halle hat etwas Gespenstisches, als bewegte ich mich in einem fremden Traum. Ich habe nicht an den Kommunismus geglaubt, aber sein schäbiges Ende macht mir Angst um der Hoffungen willen, die mit ihm verschwinden.«

Petra Ernst

Werke: *Illusionen*, R., Ffm. 1959; *Ein ruhiges Haus*, Hsp., NDR 1960; *Alte Männer*, Funk-E., SDR 1962; *Flieder aus Malchien*, Hsp., SDR 1964; *Morris L. West: Der Botschafter*, Übs., Mü. 1965; *Die Leute im Tal*, R., Ffm. 1968; *Ein Projekt stirbt ab. Reportage über den vergeblichen Versuch, Schriftstellerinnen in Ost und West zu beschreiben*, Hsp., SDR 1969; *Ich mag deine Freunde*, Hsp., WDR 1970; *Schreibende Frauen und die Emanzipation. Lebensbilder von Schriftstellerinnen*, Feat.-Serie, HR 1971–1974; *Nachsaison*, Funkmonolog, SDR 1972; *Frau Violets Haus*, Hsp., WDR 1974; *Gehörbildung oder ein exemplarischer Reinfall*, Hsp., WDR 1976; *Drei Gespräche über einen Mann*, Hsp., SDR 1977; *Herr Selinger geht zu weit*, Hsp., WDR 1977, Fssp., ZDF 1977; *Paare*, En., Mü. 1978; *Der Mann auf der Kanzel. Fragen an einen Vater*, R., Mü. 1979; *Eltern und Kinder*, Mü. 1979; *Die Prozedur oder Legen Sie Ihr Gewissen dar*, Hsp., WDR 1981; *Abschied von der Meisterklasse*, R., Mü. 1985; *Atemnot*, Hsp., WDR 1985; *Die Schwaigerin*, R., Mü., Wien 1987; *Der Abstieg*, E., Stg. 1987; *Unterwegs in fremden Träumen. Begegnungen mit dem anderen Deutschland*, Mü., Wien 1993; *Bootsfahrt mit Damen*, En., Mü. 1995; *Der Oberst begegnet Herrn Schmidt*, En., Stg. 1995; *Fremd in Cambridge*, R., Mü., Wien 1999.

Reichart, Elisabeth, wurde am 19. 11. 1953 in Steyregg in Oberösterreich geboren. Die Matura absolvierte sie an der Höheren Lehranstalt für Fremdenverkehrsberufe in Kleßheim bei Salzburg. Danach studierte sie Geschichte und Germanistik in Salzburg und Wien und promovierte in Geschichte über den Widerstand gegen den Nationalsozialismus im Salzkammergut. Seit 1982 lebt sie als freie Schriftstellerin in Wien. 1994 war sie »writer-in-residence« am Allegheny College in Meadville/Pennsylvania, 1995 an der State University von Bowling Green/Ohio, 1999 an der Nagoya State University in Japan und 2002 am Dickinson College in Carlisle/Pennsylvania. Ausgezeichnet wurde sie u.a. 1981 und 1982 mit dem Rauriser Förderungspreis, 1985 mit dem Theodor-Körner-Preis, 1989 mit dem Förderungspreis der Stadt Wien, 1995/96 mit dem Elias-Canetti-Stipendium, 1999 mit dem österreichischen Würdigungspreis für Literatur, 2000 mit dem Literaturpreis der Salzburger Wirtschaft, 2001 mit dem Anton-Wildgans-Preis und 2002 mit dem Stipendium Schloss Wiepersdorf.

Elisabeth Reicharts Erzählkosmos trennt scharf zwischen Standpunkt und Gegenstand: Aus weiblicher Perspektive wird eine von männlicher Macht, Gewalt und Sprache beherrschte Wirklichkeit im jeweiligen zeitgeschichtlichen Kontext geschildert. Der Zweite Weltkrieg und seine Fortsetzung mit anderen Mitteln in der modernen Gesellschaft wirkten, so Reichart, bis in die Familien und Paarbeziehungen hinein. Über sprachsensible Analysen exemplarischer Situationen soll erzählend das weitgehend noch bestehende patriarchalische System infrage gestellt werden. In der österreichischen Provinz in der Nähe des KZ Mauthausen aufgewachsen, stellte sie, wie viele ihrer Kollegen, die seltsame Verschwiegenheit der älteren Generation fest, begab sich auf Spurensuche und fand im Rahmen ihres Geschichtsstudiums Ansatzpunkte und Möglichkeiten, den Schleier des Vergessens etwas zu lüften. So beruht ihr erster Roman *Februarschatten* (1984) auf einem authentischen Fall, der »Mühlenviertler Hasenjagd«. Im Februar 1945 waren 500 sowjetische Kriegsgefangene aus dem Vernichtungslager Mauthausen ausgebrochen und wurden nahezu alle in einer tagelangen Verfolgungsjagd von den ortsansässigen Bauern ermordet. Der Roman erzählt die Geschichte einer Mutter-Tochter-Beziehung vor dem Hintergrund dieses Verbrechens. Auch das Elternhaus war an den Vorgängen nicht unbeteiligt, zwei Geschwister starben, aber mit kaltem Schweigen wurde das Geschehene verdrängt. Doch der Schatten der Vergangenheit reicht bis in die Gegenwart und hält die Familie weiterhin im Würgegriff. Die Qual des Erinnerns korreliert mit der Last des Vergessens, beide Generationen werden davon nicht befreit. Im Nachwort lobt Christa Wolf »die Tatsache, daß ein anderer Umgang mit Menschen als der mörderische, über den sie schreibt, nicht deklariert wird, sondern als aufmerksames Verhalten der Autorin zu ihren Figuren in die innerste Struktur dieses Buches eingegangen ist«. Auch die Erzählung *Komm über den See* (1988) beschäftigt sich mit Fragen des Opportunismus, der Stummheit und des Misstrauens gegenüber den Worten. Die Lehrerin Ruth Berger forscht über Frauen, die Nazi-Betriebe sabotierten, und stößt dabei auf die Großmutter einer Schülerin, die im Widerstand tätig gewesen war. Parallel dazu muss sie bei ihrem Mann, einem Richter, und im Schulkollegium Ressentiments gegen kritische Stimmen feststellen, die zeigen, dass der Prozess der kritischen Selbstbefragung noch viele nicht erreicht hat. Der Erzählband *La Valse* (1992) variiert diese

Themen, bei denen Sprache und Gewalt eine unheilvolle Koalition einnehmen.
Mit dem skandalträchtigen Titel *Fotze* (1993) radikalisierte Reichart ihren »Wortorgasmus«, ihre sprachkritischen Einlassungen gehen mit Fantasien und Gewalttaten eine ekstatische Verbindung ein. Was hier mit Mund und Geschlechtsteil doppeldeutig suggeriert wird, korreliert wieder mit familiären Konflikten; eine (männlich) besetzte Sprache lässt der Erzählerin keinen Freiraum für eine eigene Weltbenennung, sie endet in einer »Auslöschung«. Personifiziert hat Reichart die Themen ihres Schreibens in der Gestalt von Helene von Druskowitz (1856–1918), einer feministischen Intellektuellen und Autorin, die 1891 in eine psychiatrische Anstalt eingewiesen wurde und dort starb. Ihr Monolog in *Sakkorausch* (1994) ist eine wütende Anklage gegen die Welt der Männer und ihrer Herrensprache. Die Misshandlung eines Mädchens, der Selbstmord einer Frau, deren Eltern mit den Nazis zusammengearbeitet haben, und andere Schreckenstaten bedrängen eine Clique junger Leute im Roman *Nachtmär* (1995), die sich als zweite Generation von jeglicher Schuld befreit glaubte und nun ihren Irrtum einsehen muss. »Sie hatte sich daran gewöhnt, ein Fehler zu sein. Ein Sprachfehler, sonst nichts«, heißt es im Roman *Das vergessene Lächeln der Amaterasu* (1998) über Alwina, die, aus Wien kommend, dem japanischen Sänger Ichiro in seine Heimat gefolgt ist und nun feststellen muss, dass sich ihre Illusionen in einem Verbrechen verflüchtigen werden.

Thomas Kraft

Werke: *Februarschatten*, R., Wien 1984, Theaterst., UA Linz 1999; *Komm über den See*, E., Ffm. 1988; *La Valse*, En., Salzb., 1992; *Fotze*, E., Salzb. 1993; *Österreichische Dichterinnen*, Hg., Salzb. 1993; *Sakkorausch. Ein Monolog*, Theaterst., Salzb. 1994, UA Wien 1994, Hsp., ORF 1995; *Nachtmär*, R., Salzb. 1995; *3 Stück Österreich*, zus. m. Antonio Fian u. Bodo Hell, Salzb. 1996; *Inselfeier. Eine Farce*, Theaterst., UA Salzb. 1996; *Das vergessene Lächeln der Amaterasu*, R., Bln. 1998; *Afrika. Eine Einbildung*, Theaterst., UA Wien 1999; *Danubio im Traumwasser*, Kinderb., m. Illustr. v. Kiki Ketcham-Neumann, Borchen 2000; *Abseits. Ein Jugendstück*, UA Passing 2000; *Furien*, Hsp., ORF 2001; *Aphrodites letztes Erscheinen*, Theaterst., UA Wien 2001; *Das letzte Abendmahl*, Hsp., ORF 2003; *Frohe Weihnachten*, Hsp., ORF 2003.

Reimann, Brigitte, wurde am 21. 7. 1933 als Tochter eines Journalisten in Burg bei Magdeburg geboren. Nach dem Abitur 1951 war sie zwei Jahre lang als Lehrerin, dann als Buchhändlerin, Sprechstundenhilfe und Reporterin tätig. 1960 zog sie von Burg nach Hoyerswerda, wo sie im Braunkohle-Kombinat »Schwarze Pumpe« arbeitete und die Leitung eines »Zirkels schreibender Arbeiter« übernahm. 1964 reiste sie mit einer Delegation des Zentralrats der FDJ nach Sibirien. 1961 und 1962 erhielt sie den Literaturpreis des Freien Deutschen Gewerkschaftsbundes, 1965 den Carl-Blechen-Preis und den Heinrich-Mann-Preis der Akademie der Künste der DDR. Am 21. 2. 1973 starb sie in Berlin.
Die frühen Arbeiten der Prosaschriftstellerin sind noch getragen von einer beinah religiösen Gläubigkeit an die Ideen des sozialistischen Gesellschaftssystems. Schon bald jedoch erkannte Brigitte Reimann, dass die Praxis nicht mit der Theorie bzw. Ideologie übereinstimmte: »Aber das wird sich schon geben, dafür zu sorgen ist nicht zuletzt Sache des Schriftstellers – ›Humanität‹ heißt unsere große Parole«, notierte sie im Oktober 1955. Nach dem Erscheinen ihres ersten Prosatextes *Der Tod der schönen Helena* (1955) wurde Brigitte Reimann 1956 mit der Erzählung *Die Frau am Pranger*, der Geschichte einer Liebesbeziehung zwischen einer jungen deutschen Frau und einem russischen Kriegsgefangenen, einem größeren Publikum bekannt. Ebenfalls 1956 erschien die Erzählung *Die Kinder von Hellas* über die Jahre des griechischen Bürgerkriegs am Ende des Zweiten Weltkrieges. 1960 folgte *Das Geständnis*, ein Text über einen ehemaligen Hitlerjungen, der in den letzten Kriegstagen einen Deserteur auslieferte und damit die Schuld an dessen Tod trägt. Durch die Liebe zu einer Frau ermutigt, stellt sich der Protagonist nach Jahren der Staatsanwaltschaft. Das Verfahren gegen ihn wird mit der Begründung eingestellt, dass er sich »als Staatsbürger der Deutschen Demokratischen Republik [...] nicht nur loyal verhalten«, sondern aktiv beim Aufbau der neuen Ordnung mitgeholfen habe.
Drei Jahre später kam die längere Erzählung *Die Geschwister* heraus. Fritz J. Raddatz, der die frühen Prosaarbeiten Brigitte Reimanns der »Inhaltsliteratur« (Max Walter Schulz) zuordnete, sah den Wert dieses Textes »weniger im Literarischen als im Seismographischen«; er informiere »über die politische Moral, über die Hoffnungen und Verzweiflungen, die Vorstellungen und Klischees ›auf der anderen Seite‹«. Wie Christa Wolfs im selben Jahr erschienene Erzählung *Der geteilte Himmel* kreist Brigitte Reimanns Text um das Thema Republikflucht. Veranlasst durch die tatsächliche Flucht ihres Bruders

nach Hamburg, spielt die Autorin nachträglich fiktiv die Möglichkeiten einer geschwisterlichen Auseinandersetzung durch. Das Geschwisterpaar Ulrich und Elisabeth ist von Kindheit an eng miteinander verbunden. Als Ulrich nach dem Studium keine angemessene Beschäftigung findet, will er, enttäuscht von der sozialistischen Wirklichkeit, die DDR verlassen. Seine Schwester setzt alles daran, ihn zum Bleiben zu bewegen. Ulrich lässt sich überzeugen. Der Schlusssatz – »Was seid ihr bloß für Menschen?« – signalisiert allerdings die Halbherzigkeit seiner Entscheidung und die Entfremdung der Geschwister.

Obwohl die Autorin nicht davor zurückschreckte, soziale und politische Konflikte aufzugreifen, bietet sie in ihren frühen Arbeiten doch meist unrealistische, harmonisierende Lösungen an. Auch aus ihrem Roman *Ankunft im Alltag* (1961) spricht die ungebrochene Überzeugung von der Durchsetzbarkeit eines funktionierenden sozialistischen Staates. Brigitte Reimann erzählt in diesem Roman die Geschichte dreier junger Leute, die sich entschlossen haben, vor ihrem Studium ein »praktisches Jahr« in einer Fabrik zu absolvieren. Das zielstrebige Waisenmädchen Recha, dessen jüdische Mutter von den Nationalsozialisten umgebracht wurde, Curt, der großspurige Funktionärssohn, und der zurückhaltende, künstlerisch begabte Nikolaus treffen sich in der »Schwarzen Pumpe« und erleben dort den aufreibenden Alltag während der Stabilisierungsphase der DDR. Über die beruflichen Erfahrungen hinaus wird bei allen drei Personen ein Bewusstseinsprozess in Gang gesetzt, dessen Zielpunkt allerdings von vornherein feststeht: die Integration in die sozialistische Gesellschaft. Der Roman, der in der Bundesrepublik erst 1986 publiziert wurde, vermittelt über die bloße Handlung hinaus einen Ausschnitt sozialer Wirklichkeit in der DDR der späten Fünfziger- und frühen Sechzigerjahre.

Mit ihrem 1963 begonnenen Roman *Franziska Linkerhand* (1974), den sie nicht mehr beenden konnte, führte Brigitte Reimann das »Ankunfts-Motiv« weiter. Erst 1998 erschien erstmals die ungekürzte Romanfassung, 2000 wurde als sächsischer Beitrag zum Länderprogramm der EXPO eine Dresdner Fassung der urheberrechtlich geschützten Bühnenbearbeitung für Schwerin aus dem Jahr 1978 gezeigt. Reimann versuchte in ihrem Roman, die gesellschaftlichen, politischen und psychologischen Widersprüche darzustellen, mit denen sich eine ehrgeizige Architektin bei ihrem Eintritt in die Arbeitswelt konfrontiert sieht: Franziska zieht nach einer gescheiterten Ehe mit einem Arbeiter in eine kleine Stadt, in der sie am Aufbau einer riesenhaften Wohnanlage mitwirken soll. Ihre hochtrabenden Pläne und ihr Neuerungswille werden durch die Trägheit der Bürokratie und den fantasielosen Pragmatismus der Verantwortlichen gebremst. Desillusioniert, aber nicht resigniert, entscheidet sich Franziska, als sie die Wahl hat, in die Großstadt zurückzukehren, weiterhin an »ihrem« Projekt zu arbeiten: »Es muß, es muß sie geben, die kluge Synthese zwischen Heute und Morgen, zwischen tristem Blockbau und heiter lebendiger Straße, zwischen dem Notwendigen und dem Schönen, und ich bin ihr auf der Spur, hochmütig und ach, wie oft, zaghaft, und eines Tages werde ich sie finden.« Der 1983 in der DDR und 1984 in der Bundesrepublik erschienene Auswahlband von Tagebüchern und Briefen – *Die geliebte, die verfluchte Hoffnung* lautet der Titel der bundesdeutschen Ausgabe – dokumentiert den langwierigen Entstehungsprozess des Romans und die verbissene Schreibarbeit Brigitte Reimanns, »die gelegentlich zur Obsession wurde, aber auch zum Mittel gegen menschliche Grenzen und körperliche Schwäche« (Karl Krolow). Außerdem stellt dieser Band – ebenso wie die in den Neunzigerjahren veröffentlichten Briefwechsel und Tagebücher – eine materialreiche Quelle zur Kulturgeschichte und zur politischen Entwicklung der DDR dar und vermittelt »trotz den extremen Pendelschlägen zwischen Euphorie und Verzweiflung ein Ganzes, ein Leben, dessen oberster Leitsatz die Intensität des Daseins war« (»Neue Zürcher Zeitung«).

Petra Ernst

Werke: *Der Tod der schönen Helena*, E., Ost-Bln. 1955; *Kinder von Hellas*, Ost-Bln. 1956, Neuausg. Ost-Bln. 1989; *Die Frau am Pranger*, E., Ost-Bln. 1956, Mü. 1987; *Das Geständnis*, E., Ost-Bln. 1960; *Ein Mann steht vor der Tür*, Hsp., zus. m. Siegfried Pitschmann, Ost-Bln. 1960, Rundf. d. DDR 1. 3. 1960; *Sieben Scheffel Salz*, Hsp., zus. m. Siegfried Pitschmann, in: *Hörspieljahrbuch (1)*, Ost-Bln. 1961, Berliner Rundfunk 17. 11. 1960; *Ankunft im Alltag*, E., Ost-Bln. 1961, Mü. 1986; *Die Geschwister*, E., Ost-Bln., 1963, Bln. 1998; *Das grüne Licht der Steppen. Tagebuch einer Sibirienreise*, Ost-Bln. 1965, Tb.-Ausg. m. einem Auszug aus dem privaten Tagebuch, Fotos v. Thomas Billhardt, Bln. 2000; *Die Frau am Pranger. Das Geständnis. Die Geschwister*, drei En., Ost-Bln. 1969; *Franziska Linkerhand*, R., Ost-Bln. 1974, Mü. 1974, Neuausg. Bln. 1998, dram. Fssg. v. Bärbel Jaksch u. Heiner Maaß, in: »Theater der Zeit«, 11. 6. 1978, UA Schwerin 1978, Film 1981 als *Unser kurzes Leben*, Regie: Lothar Warneke; *Briefwechsel mit Annemarie Auer*, in: *Was zählt,* *ist die Wahrheit. Briefe von Schriftstellern der DDR*, Halle/S. 1975; *B. R. in ihren Briefen und Tagebüchern*, hg. v. Elisabeth Elten-Krause u. Walter Lewerenz, Ost-Bln. 1983, u. d. T. *Die geliebte, die verfluchte Hoffnung, Tagebücher und Briefe 1947–1972*, Darmst., Neuwied 1984; *Die Geschwister. Das Geständnis*, zwei En., Mü. 1988; *B. R. – Christa Wolf: Sei gegrüßt und lebe. Eine Freundschaft in Briefen 1964–1973*, hg. v. Angela Drescher, Bln. 1993; *Briefwechsel B. R. – Hermann Henselmann*, hg. v. Ingrid Kirschey-Feix, Bln. 1994, Tb.-Ausg. u. d. T. *Mit Respekt und Vergnügen*, Bln. 2001; *Aber wir schaffen es, verlaß Dich drauf! Briefe an eine Freundin im Westen*, hg. v. Ingrid Krüger, Bln. 1995; *Ich bedaure nichts. Tagebücher 1955–1963*, hg. v. Angela Drescher, Bln. 1997; *Alles schmeckt nach Abschied. Tagebücher 1964–1970*, hg. v. Angela Drescher, Bln. 1998; *Eine winzige Chance. Blätter, Bilder und Briefe*, m. Radierungen v. Dieter Dreßler, Bln. 1999; B. R. – *Irmgard Weinhofen: Grüß Amsterdam. Briefwechsel 1966–1973*, hg. v. Angela Drescher u. Dorit Weiske, Bln. 2003.

Reinerová, Lenka, wurde am 17. 5. 1916 in Prag geboren. 1936 begann Reinerová als Journalistin bei der »Arbeiter-Illustrierten-Zeitung«. 1939, nach dem Einmarsch der Wehrmacht in Prag, wurde die Jüdin und Kommunistin Reinerová von der Gestapo gesucht, sie konnte sich aber nach Frankreich absetzen, wo sie nach Ausbruch des Zweiten Weltkriegs im Pariser Zuchthaus La Petite Roquette inhaftiert wurde. Dank der Intervention F. C. Weiskopfs entkam sie über Marseille und Casablanca nach Mexiko, wo sie Egon Erwin Kisch, Anna Seghers, Walter und Lotte Janka wieder begegnete. In Mexiko erfuhr sie von der Vernichtung der europäischen Juden, der auch ihre Familie in Auschwitz und Ravensbrück zum Opfer fiel: »In Mexiko habe ich erfahren, dass ich keine Familie mehr habe. Aus dem Freundeskreis, in dem ich dort geborgen war, lebt kaum noch jemand. In Mexiko habe ich mein Kind empfangen. Dort habe ich eine meiner ersten Erzählungen geschrieben, die Geschichte von der Vernichtung und Ausrottung des böhmischen Bergdorfes Lidice.« Die Zeit des Exils dauerte von 1941 bis 1945, über Jugoslawien, woher ihr Mann stammte, kehrte Reinerová 1948 nach Prag zurück. 1952 wurde die überzeugte Kommunistin – als so genannte Westemigrantin – Opfer der stalinistischen Säuberungsaktionen, verbrachte fünfzehn Monate in Untersuchungshaft, verlor ihre Arbeit in einem Verlag und wurde zusammen mit ihrem Mann, dem Arzt und Schriftsteller Theodor Balk, und ihrer kleinen Tochter aufs Land zwangsverschickt. 1956 erschien ihr erstes, auf Deutsch geschriebenes Buch auf Tschechisch. Zwar wurde Reinerová 1964 rehabilitiert, sie erhielt jedoch nach dem Einmarsch der Warschauer-Pakt-Truppen 1969 erneut Publikationsverbot. Nach 1974 arbeitete sie unter einem Pseudonym als Dolmetscherin und Übersetzerin. Erst seit den Reformen von 1989 schreibt und veröffentlicht Reinerová wieder uneingeschränkt – und zwar auf Deutsch, ihrer Muttersprache. 1993 führt sie die Teilnahme an einem Kongress ein zweites Mal nach Mexico City. Für ihr Lebenswerk erhielt sie 1999 in Weimar den erstmalig von der Deutschen Schillerstiftung vergebenen renommierten Schillerring, 2001 wurde ihr die tschechische Verdienstmedaille von Václav Havel verliehen und 2002 die Ehrenbürgerschaft der Stadt Prag.

Reinerovás literarisches Werk umkreist thematisch vier zentrale Erfahrungsbereiche: die Traditionen der Prager deutschen Kultur, als deren letzte Repräsentantin die deutsch schreibende Autorin gelten darf, die Erfahrungen des Exils, die Auseinandersetzung mit dem Holocaust und die Verarbeitung des sozialistischen Alltags und seiner Erfahrungen nach 1948.

Der Prager deutschen Kultur hat Reinerová mit dem zentralen Werk *Das Traumcafé einer Pragerin* (1996) ein würdiges Denkmal gesetzt: »Irgendwo in dem schleierhaften blaugrauen Dunst über den von Grünspan bezogenen Kuppeln Prags gibt es ein Café mit vielen Tischchen, und von jedem kann man hinunterblicken in unsere Stadt.« Und in diesem Café sitzen all die, die Reinerová einst persönlich kannte: Egon Erwin Kisch, Max Brod, Theodor Balk, Anna Seghers. Es ist das Prag der Dreißigerjahre, das aus der Erinnerung hervorgeholt wird. In diesem Zusammenhang biografischen Schreibens setzt sich Reinerová, insbesondere in dem Band *Zu Hause in Prag – manchmal auch anderswo* (2000), mit der Erfahrung der Emigration auseinander. Der Abschied aus Europa via Marseille erhielt etwas Unwiderrufliches: »Noch heute glaube ich manchmal das laute Tuten des Schiffhorns bei der Ausfahrt aus dem Marseiller Hafen vernehmen zu können, das Aufklatschen des Wassers, das Ankurbeln und erste Stampfen der Maschinen. Mit jedem Ruck entfernten wir uns von Europa. Prag, meine Kindheit, meine Familie entschwanden, was einst war, zerrann in längst Gewesenes.« Der Weg ins Exil hat denn auch mehr mit einer Passion zu tun denn mit einem Ausflug: »Was ist denn los, stellte ich mich selbst zur Rede, du bist doch gerettet, stehst vor einem neuen Anfang. Schon wieder? Wie oft kann man neu beginnen? Jenseits der unendlichen Wassermenge tobt ein Krieg. Wird es auch dort nach all dem Unglück eines Tages dennoch einen neuen Anfang geben?« Auch die Exilantin Reinerová weiß mittlerweile: »Aufgezwungenes Exil ist wie ein Fluch. Man lebt in einem Land und wird zugleich mit tausend unsichtbaren Fäden in einem anderen, unerreichbaren festgehalten.« Dieser Zwiespältigkeit nähert sich auch die Erzählung *Die Schiffskarte*, mit der eine epische Dimension schicksalhafter Verstrickungen in Marseille gelingt, die einen Vergleich mit Anna Seghers *Transit* nicht zu scheuen braucht. Der Leidensweg des Dr. Michal Racek aus Brünn scheint zunächst dem so vieler Exilgestalten zu ähneln, eine Geschichte vergeblichen Hoffens auf ein Ausreisevisum, eine Schiffspassage, bis Racek eines Tages über eine junge Frau Kontakt zu einer Gruppe Widerstandskämpfer bekommt, durch die seine von Hoffnungslosigkeit erfüllte Passivität gebrochen wird. Eine einfache Handlung, die von einer feinen Psychologie durchwoben wird, mit der das Fühlen und Empfinden der durch den Krieg vertriebenen und von täglicher Verhaftung bedrohten Exilschicksale auf eine sehr nuancierte Weise beschrieben wird: »Das Grundproblem der Emigration ist die Tatsache des Exiliertseins: dass man eigentlich irgendwo lebt und woanders leben möchte, und da, wo man gerne leben würde, nicht leben kann« (Reinerová).

Im Zentrum ihres literarischen Schaffens steht unzweifelhaft die Auseinandersetzung mit dem Dritten Reich und dem Holocaust. Eine ihrer ersten Erzählungen berichtet über die Vernichtung des böhmischen Bergdorfes Lidice und seiner Bewohner durch die Nazis. Die Auseinandersetzung mit der Vergangenheit, also auch die Auseinandersetzung mit den deutschen Nachbarn, zieht sich wie ein roter Faden durch das Werk der zweisprachig Aufgewachsenen. Mit *Mandelduft* (1998) nähert sich Lenka Reinerová Theresienstadt, jenem Ort des Schreckens, den auch ihre Familie erleiden musste und den Reinerová lange zu besuchen sich weigerte. Theresienstadt oder Terezín, eine alte, nördlich von Prag liegende Festung aus den österreichisch-preußischen Kriegen des 18. Jahrhunderts, normalerweise für 4000 Bewohner angelegt, umfasste als Getto und »Durchgangslager« bis zu 60000 Insassen.

Ein letztes Thema ist dann mit den Erinnerungen an die sozialistische Zeit eingeführt, schließlich hat Reinerová mit allen Phasen der tschechoslowakischen Variante des Kommunismus ihre Erfahrung gemacht. Sie hat den Stalinismus erlebt, die Zeit des Tauwetters und den Prager Frühling, dann die Zeit der so genannten Normalisierung bis hin zum endgültigen Abgang des Systems 1989. Schreibend versucht Lenka Reinerová ein Leben lang, Leid und Schmerzen zu überwinden. Vollkommen gelingt das nie, sagt die Autorin heute.

Kennzeichnend für Reinerovás Werk ist ein biografisch und journalistisch gefärbtes Erzählen mit z. T. dezidiert ethnografischen Intentionen, wobei sie explizit an die Traditionen der Prager deutschen Literatur anknüpft (Weiskopf, Kisch). Es sind Geschichten am Rande der Katastrophe, die von den unheilvollen Momenten im Leben der Menschen erzählen, von Verfolgung, Flucht, Gefängnis, Krankheit und Tod. Aber Reinerová sieht sich auch den (besseren) Traditionen des sozialistischen Realismus verpflichtet, berichtet sie doch immer wieder vom Überleben und – aus dieser existenziellen Erfahrung – vom Staunen über die einfachen Dinge und Empfindungen. »Wie schlimm es ihr und den Helden ihrer Geschichten ergehen mochte – am Ende waren es die Fünkchen Freude im Alltag, die Mut machten und die Kraft verliehen, um eine bedrohliche Situation zu überleben.«

Steffen Höhne

Werke: *Der Ausflug zum Schwanensee*, En., Bln., Weimar 1983; *Es begann in der Melantrichgasse. Erinnerungen an Weiskopf, Kisch, Uhse und die Seghers*, Bln., Weimar 1985; *Die Premiere. Erinnerungen an einen denkwürdigen Theaterabend und andere Begebenheiten*, Bln., Weimar 1989; *Das Traumcafé einer Pragerin*, En., Bln. 1996; *Mandelduft*, En., Berlin 1998; *Zu Hause in Prag – manchmal auch anderswo*, En., Bln. 2000; *Alle Farben der Sonne und der Nacht*, E., Bln. 2003.

Reinig, Christa, wurde am 6. 8. 1926 in Berlin geboren. Während des Zweiten Weltkrieges arbeitete sie dort als Fabrikarbeiterin, nach Kriegsende begann sie eine Lehre als Blumenbinderin, arbeitete aber auch auf dem Bau. 1950, nach dem Abitur, wurde sie auf die »Arbeiter-und-Bauern-Fakultät« geschickt. Von 1953 bis 1957 studierte sie an der Berliner Humboldt-Universität Kunstgeschichte und christliche Archäologie und war von 1958 bis 1963 wissenschaftliche Assistentin am Märkischen Museum und am Pergamon-Museum in Ost-Berlin. Christa Reinig gehörte von 1949 bis 1955 der Literatenvereinigung »Zukunftssachliche Dichter« an und war von 1949 bis 1960 Mitherausgeberin der West-Berliner Zeitschrift »Evviva Future«. Ihre erste Erzählung wurde 1951 in dem Band *Neue Deutsche Erzähler* im Aufbau-Verlag publiziert, seit diesem Jahr hatte sie in der DDR Publikationsverbot. Als sie 1964 in Bremen den Literaturpreis der Freien Hansestadt Bremen verliehen bekam, blieb sie in der Bundesrepublik Deutschland. Sie ist Mitglied des P.E.N.-Zentrums der BRD und seit 1977 der Bayerischen Akademie der Schönen Künste. Sie erhielt 1965/66 das Stipendium in der Villa Massimo, 1968 den Hörspielpreis der Kriegsblinden, 1969 den Tukan-Preis der Stadt München, 1976 den Berliner Kritikerpreis für Literatur und das Bundesverdienstkreuz, 1993 die Roswitha-Gedenkmedaille und den Literaturpreis der Stadt Gandersheim. Christa Reinig ist auch als Übersetzerin tätig, u.a. für die Gedichte von Marina Zwetajewa, und engagierte sich publizistisch in der Frauenbewegung, u.a. in »Die Schwarze Botin«, »Frauenoffensive Journal« und in der »Münchner Frauenzeitung«.

Christa Reinigs Ton ist von Anfang an lakonisch, der Inhalt zumeist von Schrecken geprägt. Die 1954 entstandene Erzählung *Drei Schiffe* beginnt mit den Worten: »Der Tag verfinsterte sich unter der Sonne. Die Sonne regnete auf uns herab. Wir vergingen vor Durst und Entsetzen. Aus der Ferne blendete uns ein Haus.« So war es kein Wunder, dass ihre Gedichte und Prosatexte, die seit 1948 in ost-, später auch in westdeutschen Zeitschriften und Anthologien erschienen, in der DDR als existenzialistisch oder pessimistisch eingeschätzt wurden und politischen Argwohn erweckten. Dass sie sich an Rainer Maria Rilke formal wie auch insoweit inhaltlich orientierte, als sie nach Bildern der Rettung suchte, machte sie zudem verdächtig und brachte sie in Schwierigkeiten mit der offiziellen Kulturpolitik der DDR. In ihren Texten blitzen hinter dem Anschein von Ordnung stets Anzeichen von Destruktion, Chaos und Entfremdung auf. Immer wieder wurde von der Kritik auf ihre Herkunft und damit auf eine Berliner »Schnoddrigkeit« verwiesen, die ihren Stil ebenso wie ihre Art des Humors prägt. Nonsens, Makabres, Galgenhumor, schwarzer Humor kennzeichnen so auch ihr seinerzeit populärstes Gedicht, die *Ballade vom blutigen Bomme*, das Walter Höllerer in seine Anthologie *Transit* aufnahm. Gern zitiert wird aus dieser Ballade der Reim »beten« und »aufs Klo austreten«, der Reinigs poetische Technik trefflich charakterisiert.

In ihrer weiteren Entwicklung nimmt der Verzicht auf Metaphern und Vergleiche zu, Alltagssprache zieht in ihre Dichtung ein. In dem Gedicht *Der Traum vom Westen* aus dem Lyrikband *Schwalbe von Olevano* (1968) spiegelt sich wie bei vielen Autoren, die aus der DDR kamen, der Wechsel der Welten von West nach Ost, aber der poetische Ausdruck fällt sehr einfach aus: »Ich träumte heute Nacht, ich sei im westen. / und wachte und war – / im Westen.« Traum, immer wieder auch der Albtraum, und Wirklichkeit sind schwer zu trennen. In den *Schwabinger Marterln* (1969) lässt Christa Reinig ihrem Hang zu literarischen Späßen freien Lauf, indem sie »freche Grabsprüche für Huren, Gammler und Poeten« als Opfer erfundener Unglücksfälle erfindet.

Den in den lyrischen Formen erarbeiteten direkten Ton überträgt Christa Reinig auch in ihre Prosa, etwa in den autobiografischen Roman *Die himmlische und die irdische Geometrie* (1975). Gleichzeitig löst sie herkömmliche Gattungskategorien vollkommen auf, auch dramatisierte Dialoge werden in den »Roman« eingefügt. Das erste Kapitel der Autobiografie ist mit »Tod und Sterben« überschrieben, in der darauf folgenden »ersten Pause« disputiert der Satan mit Johann Sebastian Bach über das Tohuwabohu in der Musik, das zweite Kapitel heißt »Am Jenseits« und das sechste Kapitel schlicht »Das letzte Kapitel«. Zu Beginn des Romans heißt es: »Mein erster Eindruck von dieser Welt stand kopf«. Schon von der Geburt her wird die herkömmliche Geometrie gestört, soziale Misshelligkeiten treten hinzu: »Da meine Mutter mich, sobald sie die Entbindungsanstalt verlassen musste, in Pflege gegeben hat, und wir uns erst zwei Jahre später wieder sahen ...« Das gesamte Romangeschehen ist von menschlicher Gemeinheit geprägt, die mit größter Nüchternheit, Illusionslosigkeit und Unerbittlichkeit vorgeführt wird. Es gibt kein unmittelbares Wort des Trostes. Damit ironisiert Christa Reinig die »ursprüngliche Aufgabe des Romans, den Kampf der Tugend gegen das Laster darzustellen«.

Die Hinwendung zur Neuen Frauenbewegung in der zweiten Hälfte der Siebzigerjahre schlägt sich besonders in dem Roman *Die Entmannung* (1977) nieder. »Du hast Zweidrittel der Welt unterschlagen«, heißt es in dem Roman, »Irrenhaus, Krankenhaus, Zuchthaus. Das ist der Dreisatz der Weiberformel. Lehnst du dich auf, kommst du ins Zuchthaus, lehnst du nicht auf, drehst du durch und musst ins Irrenhaus und beneidest die Weiber, die zum Beil gegriffen haben. Unterwirfst du dich mit Lust, kommst du mit einem kaputtgerammelten Unterleib ins Krankenhaus. Und mit sieben Schläuchen aus dem Bauch beneidest du die Frauen, die im Irrenhaus dahindämmern dürfen.« Verena Stefan, selbst Autorin feministischer Literatur, erlebt die Frauen in dem Geschehen als »so stark in Überlebenshandlungen verstrickt, dass sie nicht reflektieren können«.

Der Gedichtband *Müßiggang ist aller Liebe Anfang* (1979), der von der Form her eher ein poetisches Tagebuch ist, geht auf die Geschichte zweier sich liebender Frauen zurück, die ein Tagebuch ihrer Beziehung führen, was zunächst scheitert. Erst als die Vereinbarung geschaffen wird, dass für jeden Tag nur ein einziger Satz als Eintrag erlaubt ist, gelingt das Unterfangen. Von dieser lakonischen Verknappung ist auch der Band gekennzeichnet, der Tag für Tag eines Jahres nach Art eines Kalenders in Drei- oder Vierzeilern nachzeichnet. Das Grundthema der Verse richtet sich polemisch gegen die Welt der Männer: »Schau manche männer an / genau an / ihren frauen / graut vor nichts« (»Februar, 23, Donnerstag«). Gleichzeitig behält Reinig ihren ironischen Grundton bei, der auch zur Selbstironie fähig ist: »Der Untergang des abendlandes / lässt mich kalt – aber wenn du bier trinkst / und marmeladenbrote dazu futterst / könnte ich schreien« (»Juni, 8, Donnerstag«). Am letzten Tag des Jahres sind in der Rückschau Trennungsängste, Todesvisionen und der Kampf mit dem Alltag überwunden, die Liebe hat gesiegt: »Dass wir es bis hierher / schaffen würden / hättest du das gedacht?« Die Antwort folgt an Silvester: »Wir drehten uns um / und waren ein jahr älter.«

Der Band *Der Wolf und die Witwen* (1980) versammelt Erzählungen und Essays, mit denen Christa Reinig »Appelle, Argumentationshilfen, Anweisungen für Frauen« gibt, »die sich gegen eine von Männern dominierte Welt zu behaupten suchen« (*Courage*). »In der patriarchalischen gesellschaft ist jede frau umstellt von vier männern: dem vater, dem bruder, dem gatten, dem sohn. Diese vier bilden die kanten eines undurchdringlichen kristallgitters.« Doch geht Christa Reinig davon aus, dass dieses Kristallgitter des Patriarchats zerbrochen ist, die Männer bilden nur noch »zusammenhanglose ketten«. Voraussetzung dafür ist allerdings jener Typus von Frau, die sich kämpferisch dafür einsetzt. Mit scharfer Ironie verfolgt Reinig aber auch ihre typisierten Frauengestalten, die sich diesen Rollen nicht gewachsen fühlen. Harmonie, so die Aussage dieser Texte, gibt es weder zwischen Männern und Frauen noch unter Frauen selbst. Diese Perspektive wird in den Erzählungen *Die ewige Schule* (1982) aufgegriffen: »Nehmen wir an, dass es überhaupt keine männlichen wesen gibt. Es ist wie nach dem dritten weltkrieg. Aber dreimal darfst du raten, frauen mit frauen ist auch nicht das paradies.«

Reinigs Roman *Die Frau im Brunnen* (1984) spielt ganz in einer Welt, die den Frauen vorbehalten ist. Zwei Frauen werden vorgestellt, von denen die eine sich der Mathematik und Etymologie widmet, die andere sich als Tierschützerin und Gärtnerin versteht. Ähnlich wie im kalendarischen Lyrikband *Müßiggang ist aller Liebe Anfang* sind die Frauen ein liebendes Paar, das mit ihren Gegensätzlichkeiten zur Rechtkommen muss. Keine der beiden Passionen findet Erfüllung, weder die Leidenschaft für Pflanzen und Tiere noch die für die großen Göttinnen, doch zusammen ergibt sich eine Überlebensgeschichte.

Mit ihren Gedichten gehört Christa Reinig in eine Reihe mit Gertrud Kolmar, Else Lasker-Schüler und Nelly Sachs, mit ihrer Prosa hat sie thematisch wie formal traditionelle Strukturen überwunden. Im Nachwort ihres 1986 erschienenen Bandes *Gesammelte Erzählungen*, in dem Texte aus vier Jahrzehnten versammelt sind, fragt sich die Autorin selbst, ob sie denn noch derselbe Mensch sei. Ihre Umwelt hat sich von Jahrzehnt zu Jahrzehnt so verändert, als hätte sie »von Zeit zu Zeit den Planeten gewechselt«. Bei der Biografie der Autorin, die Krieg, beginnende DDR, prosperierende Bundesrepublik und kämpferischen Feminismus eben nicht nur am eigenen Leib erfahren, sondern seit den Fünfzigerjahren engagiert begleitet hat, nimmt das nicht wunder. Als Wendepunkt bezeichnet sie selbst die Erkenntnis, dass es die Zukunft, an die sie geglaubt hatte, niemals geben werde. Mit dem Einfall, »dass *man* ja auch *frau* sagen könnte«, verändern sich ihre alltäglichen Sprachgewohnheiten: »Neue Wörter tauchen auf und wollen gebraucht werden.« Aus neuen Sprechgewohnheiten entstehen neue Denkgewohnheiten – und Christa Reinig staunt über sich selbst, »dass ich ein neuer Mensch in ein neuen Welt geworden bin«. Freilich bleibt sie auch in dieser Freude kritisch kontrolliert: »Und es war doch nur die Welt der neuen Wörter.«

Gerd Holzheimer

Werke: *Die Steine von Finisterre*, G., Stierstadt/Ts. 1960; *Der Traum meiner Verkommenheit*, Pr., Bln. 1961; *Die kleine Chronik der Osterwoche*, Hsp., SDR 1962; *Der Teufel, der stumm bleiben wollte*, Hsp., 1963; *Gedichte*, Ffm. 1963; *Drei Schiffe*, E., Ffm. 1965; *Tenakeh*, Hsp., BR/SDR 1965; *Wisper*, Hsp., SDR 1967; *Das Aquarium*, Hsp., SDR 1967; *Marina Zwetajewa: Gedichte*, Übs., 1968; *Schwabinger Marterln*, Stierstadt/Ts. 1969; *Orion trat aus dem Haus*, E., Stierstadt/Ts. 1969; *Schwalbe von Olevano*, G., Stierstadt/Ts. 1969; *Annette von Droste-*

Hülshoff: Gedichte, Hg., Ffm. 1969; *Das große Bechterew-Tantra*, Pr., Stierstadt/Ts. 1970; *Papantscha-Vielerlei*, G., Stierstadt/Ts. 1971; *Hantipanti*, Kinderb., Weinheim 1972; *Die Ballade vom blutigen Bomme*, Düsseld. 1972; *Die himmlische und die irdische Geometrie*, R., Düsseld. 1975; *Entmannung*, R., Düsseld. 1976; *Der Hund mit dem Schlüssel*, E., Düsseld. 1976; *Poèmes*, Paris 1976; *Mein Herz ist eine gelbe Blume. Christa Reinig im Gespräch mit E. Rudolph*, Düsseld. 1978; *Mädchen in Uniform*, Hsp., 1979; *Müßiggang ist aller Liebe Anfang*, G., Düsseld. 1979; *Die Prüfung des Lächlers. Drei Gedichtsammlungen*, Mü. 1980; *Der Wolf und die Witwen*, E., Aufs., Düsseld. 1980; *Mädchen ohne Uniform*, E., Düsseld. 1981; *Die ewige Schule*, E., Mü. 1982; *Sämtliche Gedichte*, Düsseld. 1984; *Die Frau im Brunnen*, R., Mü. 1984; *Feuergefährlich*, G. u. En., Bln. 1985; *Gesammelte Erzählungen*, Darmst. 1986; *Erkennen, was die Rettung ist. Ch. Reinig im Gespräch*, 1986; *Nobody und andere Geschichten*, En., Düsseld. 1989; *Glück und Glas*, En., Düsseld. 1991; *Frosch im Glas. Neue Sprüche*, Bln. 1994; *Simsalabim*, En., Bln. 1999.

Reinshagen, Gerlind, wurde am 4. 5. 1926 in Königsberg geboren. 1944 machte sie Abitur in Halberstadt und anschließend eine Apothekerlehre. Von 1946 bis 1949 studierte sie Pharmazie und arbeitete danach in verschiedenen Apotheken. An der Hochschule der Künste in Berlin studierte sie von 1953 bis 1956. Seit 1956 lebt sie als freie Schriftstellerin in Berlin. Sie ist Mitglied des bundesdeutschen P.E.N.-Zentrums und der Deutschen Akademie der Darstellenden Künste. 1974 erhielt sie die Fördergabe des Schiller-Gedächtnispreises des Landes Baden-Württemberg, 1977 den Mülheimer Dramatikerpreis für Sonntagskinder, 1981 ein Künstlerstipendium für Literatur des Landes Niedersachsen, 1983 den Andreas-Gryphius-Preis, 1988 die Roswitha-Gedenkmedaille, 1993 den Ludwig-Mühlheims-Preis für religiöse Dramatik und 2000 den Niedersächsischen Staatspreis.

Gerlind Reinshagen verteidigt standhaft ihre Vorstellung von einem anderen, besseren Menschen. Sie begreift die Bühne als einen Ort, an dem es möglich sei, den Menschen neu zu entdecken, seine Undurchschaubarkeit durch immer neue Überraschungen sichtbar werden zu lassen. Im Dialog-Essay *Kann das Theater noch aus der Rolle fallen? oder Die halbwegs emanzipierte Mariann* (1972) artikuliert die Zuschauerin Mariann gegen die professionellen Theatermacher, die große Veränderungen der Gesellschaft vom Theater erwarten, ihre eigene Haltung: Für sie kann das Theater Empfindungen auslösen, eine Sehschule für kleine, menschliche Strukturen und Prozesse sein. Gegen die bornierte Wahrnehmung eines theorielastigen Blicks steht die direkte Empfindung des Zuschauers. Gerlind Reinshagen zeigt sich stets bemüht, Alltägliches schlaglichtartig zu beleuchten, um es so in seiner Authentizität deutlich hervortreten zu lassen. Außerdem versucht sie, die Stücke in einer prägnanten Metapher zu konzentrieren. Als theatralische Grundsituation wählt sie dazu oft ein Fest.

Gerlind Reinshagen debütierte (nach Kinderbüchern und Hörspielen) 1967 als Theaterautorin mit dem *Doppelkopf* (UA 1968) Heinrich Hoffmann, der zwischen zwei Welten steht. Auf dem von ihm organisierten Betriebsfest wird es deutlich: An einem Tisch sitzen die alten Kumpel, die keine mehr sind, am anderen die Chefs, zu denen er noch nicht gehört. Entlarvend wirkt das Stück, wenn sich die unterdrückte Aggression in der Bierseligkeit und aufgeheizten Heiterkeit des Festes zu zeigen beginnt. Hoffmann, selbst nur ein Opportunist, wird zwischen den zwei Fronten zerrieben. Die Spannung zwischen den Klassen kommt deutlich zum Ausdruck. Während die Chefetage nur korrupt dargestellt wird, findet Gerlind Reinshagen für die untere Klasse eine zwar fragmentarische, unbeholfene, doch zeitweilig beredte Sprache. Das Drama ist zwischen Sozialstück und Groteske angesiedelt. Mit dem Stück *Himmel und Erde* (1974) erschrieb sich Gerlind Reinshagen eine neue Qualität durch das, was man den »naiven Blick« nennen könnte. Das Stück besteht vorwiegend aus einem Monolog der sterbenden Sonja Wilke, eines Durchschnittsmenschen, der nun zurückblickt und fragt, was denn eigentlich war. Dabei zeigen sich Momente einer tiefen Fantasie und Selbstständigkeit, auch einer individuellen Tapferkeit. Diese Qualität ist in der Figur der Elsie in den *Sonntagskindern* (1976), Gerlind Reinshagens bekanntestem Stück, Person geworden. Horst Laube nennt diese Elsie im Gespräch mit der Autorin einen »schönen Menschen«, da sie nie aus ideologischen Motiven reagiert, sondern immer aus ihrem Gefühl heraus. Sie befindet sich stets auf der Bühne; durch ihre Augen erlebt der Zuschauer die »normale« Brutalität des Kriegsalltags zwischen 1939 und 1945 mit. Auch wie der Krieg sie formt, wird plausibel; sie ist dem Geschehen vollkommen ausgeliefert. Ein anderer, der ebenso den »wahren Blick« hat, Konradi, wird darüber wahnsinnig. Die Gesellschaft arrangiert sich bei Kriegsende wieder, die Uniform wird zum Jagdanzug, der sprachlosen Elsie bleibt nichts, als auf die Uniform mit einer Schere loszugehen. Doch die Tat kommt nicht zustande. Elsie wird ein neues

Kleid als Zwangs- und Schweigejacke angelegt – die Geschichte der Bundesrepublik hat begonnen. Peter Iden, einer der hartnäckigsten Kritiker von Gerlind Reinshagen, hat ihr gerade an diesem Stück Reflexionslosigkeit vorgeworfen. Eine Analyse der behandelten Zeit hat Gerlind Reinshagen jedoch sicher nicht beabsichtigt. Das Stück besitzt andere Qualitäten: Es erarbeitet sich eine verdrängte Sensibilität, und es liefert außergewöhnlich dichte Schilderungen von Alltäglichem im »Dritten Reich«. Durch Elsies Blick wird das Grauen des Normalen sichtbar.

1939 ist die Elsie der *Sonntagskinder* 14 Jahre alt. Im *Frühlingsfest* (1980) tritt eine junge Frau auf, Elsa, die mit Elsie in vieler Hinsicht verwandt ist. Auf einer Gartenparty in den Fünfzigerjahren zeigt sich die innere Verfassung der jungen Republik. Es geht um schmutzige Arzneimittelgeschäfte, Profitgier und Skrupellosigkeit. Elsa ist mit Pauly, einem pragmatischen Aufbauer, verheiratet und mit Philipp befreundet, einem schon zynisch gewordenen, schreibunfähigen Dichter, der auch nichts zur Veränderung der Verhältnisse beitragen kann. Wieder erscheint alles durch den Blick Elsas gefärbt, trotzdem behauptet das Geschehen seine Eigenständigkeit. Das Stück bewirkt durch diese Zwischenstellung eine Irritation, die mit dem Geschehen durchaus korrespondiert. Die Fünfzigerjahre offenbaren ihre Verwandtschaft mit der Kriegszeit. Am Ende will Elsa Pauly ein Messer in den Rücken stoßen; dieser bemerkt Elsas Absicht nicht und gibt ihr Teller, die sie in die Küche tragen soll. Das ignorante Schweigen hat gesiegt. Pauly und Philipp treten auch in *Tanz, Marie!* (1986) auf. Marie ist mit Elsie verwandt. Die Opfer von einst sind nun alt und selbst Täter an ihren Kindern geworden. Gerlind Reinshagen berichtet mit den drei Stücken von ihrer eigenen Herkunft: »Wir waren keine Generation. Den Krieg nicht angezettelt und vom Frieden überrumpelt«, sagt Marie. Das Stück wirkt resignativer, bitterer. Alle Hoffnungen sind durchgespielt, alles bedeutet Wiederholung und Verdopplung; die untergründigen Verletzungen, die die Personen sich zufügen, zeigen sich als ritualisierte Spiele. Im *Eisenherz* (1982) wird das Thema »Arbeitswelt« wieder aufgenommen. Gerlind Reinshagen arbeitet aus der Monotonie des Bürolebens die Individualität einzelner Figuren heraus, verlegt das Gewicht von der Kritik an den Verhältnissen auf das Interesse an der Geschichte des Einzelnen.

Dem gleichen Umfeld entstammt ihr erster Roman, *Rovinato oder Die Seele des Geschäfts* (1981). Rovo, »die Seele des Geschäfts«, arbeitet als Packer im Keller. In seinen Imaginationen wird nachvollziehbar, was zwischen den Menschen wirklich geschieht. Das ist mit großer, manchmal beschönigend wirkender Zartheit dargestellt. Die Schmerzen und Verletzungen, die im Verlauf des Romans beschrieben werden, scheinen in einem esoterischen Glücksgefühl aufgehoben. In ihrem zweiten Roman, *Die flüchtige Braut* (1984) – mit dem Titel ist Berlin gemeint –, dient die traumartige Stimmung als adäquates Mittel zur Charakterisierung der Atmosphäre der Stadt. Romantisches und heutiges Berlin der »Szene«, das Gerlind Reinshagen treffsicher beschreibt, entwickelt sich in der vielfachen Brechung von ganz unterschiedlichen Figuren zu einer Mischung aus Lethargie und Hoffnung. Der Roman hat seine Stärken im Impressionistischen, er wirkt selbst wie ein Treiben durch die Stadt.

Die Theaterstücke *Clownin* (1985, UA 1986) und *Feuerblume* (UA 1988) konnten nicht den Erfolg der früheren Stücke verzeichnen. Die Clownin Dora, eine alternde Schauspielerin, die von der »Penthesilea« träumt und im Alkohol versinkt, entfaltet um sich eine verwirrende Welt aus Erinnerung, Imagination und Realität, in der ihr – als besseres Alter Ego – Emily Brontë zur Seite steht. Auch andere Traumfiguren, Charlie Chaplin, ihre Eltern, ihr Regisseur und Liebhaber tauchen auf, bis hin zu Charleroi, ihrer großen Liebe, die sie selbst erfindet und spielt. Die Verzweiflung nimmt zu, Theaterspielen wird zwischen eindringlichem Schmerz und irrem Lachen zur Metapher, zu einer Mischung aus Kopfgeburt und Bühnenrealität. Emily Brontë, die die Stimme Elsies sein könnte, kann Dora nicht retten.

In den Neunzigerjahren veröffentlichte Gerlind Reinshagen mehrere Romane. *Am großen Stern* (1996) ist ein Roman über einen Fotografen in der aufgeklärten Kunstszene Berlins, der sich in ein junges russisches Mädchen verliebt und mit ihm ein mehrere Jahre dauerndes, erotisch aufgeladenes, größenwahnsinniges Erziehungsprojekt verwirklicht. Der prekären Situation zwischen Bildner und Objekt ist der Roman sprachlich allerdings nur bedingt gewachsen. *Götterstimmen* (2000) zeigt dagegen eine junge Frau, die im Berlin der Sechzigerjahre Götterstimmen hört, darunter finden sich John Lennon und wieder Emily Brontë, Virginia Woolf und Dylan Thomas. Das Buch sucht die verstorbenen Götter aus dem Kosmos der Autorin weiterzudenken.

Peter Michalzik

Werke: *Was alles so vom Himmel fällt*, Kinderb., Stg. 1954; *Die Gefangenen*, Hsp., RB 1959; *Besuchszeit zwischen drei und vier*, Hsp., SFB 1960; *Der Umweg*, Hsp., SFB 1960; *Die Trennung*, Hsp., SFB 1961; *Die Wand*, Hsp., SFB 1962; *Ramona oder Die Maschine*, Hsp., WDR 1963; *Nachtgespräch*, Hsp., SWF 1964; *Das Milchgericht*, Hsp., SFB/SWF/BR 1965, gedr. Wiesb. 1968; *Reise zu Kroll*, Hsp., SDR 1967; *Zimperello oder die Geschichte von Tin*, Bilderb., Weinheim 1967; *Doppelkopf. Ein Spiel*, UA Ffm. 1968, Film, HR 1971; *Doppelkopf. Leben und Tod der Marylin Monroe. Zwei Stücke*, Ffm. 1971; *Leben und Tod der Marylin Monroe*, Hsp., SDR 1971, Theaterst., UA Darmst. 1971; *Himmel und Erde*, Theaterst., UA Stg. 1974, Film, HR 1976, gedr. Ffm. 1976; *Sonntagskinder*, Theaterst., UA Stg. 1976, Film, HR 1981, gedr. Ffm. 1981; *Das Frühlingsfest. Elsas Nachtbuch. Annäherungen. Ein Stück*, Ffm. 1980; *Das Frühlingsfest*, Theaterst., UA Bochum 1980; *Rovinato oder Die Seele des Geschäfts*, R., Ffm. 1981; *Eisenherz*, Theaterst., UA Bochum u. Zür. 1982; *Die flüchtige Braut*, R., Ffm. 1984; *Die Clownin*, Theaterst., Ffm. 1985, UA Düsseld. 1986; *Gesammelte Stücke*, Ffm. 1986; *Tanz, Marie!*, Theaterst., UA Darmst. 1989; Die *Feuerblume*, Hsp., SFB 1987, Theaterst., UA Bremen 1988; *Zwölf Nächte*, Essay, Ffm. 1989; *Drei Wünsche frei. Chorische Stücke*, Ffm. 1992; *Jäger am Rande der Nacht*, R., Ffm. 1993; *Tod den Geschichten*, Hsp., SWF 1993; *Die fremde Tochter*, Theaterst., UA Basel 1993; *Joint Venture. Kleine Studie über Impotenz*, E., Stg. 1996; *Am großen Stern*, R., Ffm. 1996; *Die grüne Tür. Chorische Stücke*, Ffm. 1999, UA Dresden 1999; *Göttergeschichte*, R., Ffm. 2000; *Joint Venture. Kleine Studie über die Impotenz*, Ffm. 2003.

Reschke, Karin, wurde am 17. 9. 1940 als Tochter einer Schauspielerfamilie in Krakau geboren. Kindheit und Jugend verbrachte sie in Berlin. Von 1960 bis 1964 studierte sie zeitweise in München, kehrte 1965 nach Berlin zurück und war von 1972 bis 1974 als Volontärin beim Sender Freies Berlin tätig. 1975 bis 1978 arbeitete sie in der Redaktion einer Literaturzeitschrift der Universität Konstanz mit, schrieb für die Zeitschrift »Konkret« Rezensionen und veröffentlichte erste literarische Texte im »Kursbuch«. Ab 1978 arbeitete sie an der Freien Universität Berlin (Fachbereich Politologie) und in der Redaktion der sozialwissenschaftlichen Zeitung »Leviathan«. Seit 1984 lebt Karin Reschke als freie Schriftstellerin in Berlin. Von 1978 bis 1988 war sie Mitglied im Schriftstellerverband (VS), seit 1983 gehört sie dem bundesdeutschen P.E.N.-Zentrum an. 1979, 1985 und 1990 erhielt sie das Arbeitsstipendium für Berliner Schriftsteller, 1982 den Preis für Literatur der »Frankfurter Allgemeinen Zeitung«, 1995 den Bettina-von-Arnim-Preis und 1998 den Sonderpreis des Kulturpreises Schlesien des Landes Niedersachsen.

Entwicklungs- und Selbstfindungsprozesse von Frauen bilden die zentralen Themen in Reschkes Werken. Teilweise von historischen Persönlichkeiten inspiriert, versucht die Autorin, Frauengestalten aus Vergangenheit und Gegenwart in ihren Reaktionen auf eine als leidvoll erfahrene gesellschaftliche Wirklichkeit darzustellen. Ihre erste größere, autobiografisch gefärbte Prosaarbeit *Memoiren eines Kindes* (1980) zeichnet sich – wie literarische Kindheitserinnerungen anderer weiblicher Schriftstellerinnen, die zwischen 1940 und 1945 geboren sind – durch »die Repräsentativität der Erfahrung« (Sigrid Weigel) aus. Aus der Perspektive des Mädchens Marie Wieler schildert die Autorin bruchstückhaft die Lebensumstände und Seelenwelt eines Kindes im Berlin des ersten Nachkriegsjahrzehnts. Reflektierende Einschübe, die die naiv-kindliche Erzählweise immer wieder unterbrechen, signalisieren, dass sich ein erwachsener Mensch an diese vergangene Zeit erinnert. Maries Familie kommt mit einem Flüchtlingszug nach Berlin, wo sich die Eltern nach einiger Zeit trennen. Das Mädchen versteht nichts von den politischen Wirren; es erlebt sie vorwiegend als Einbruch in die private Sphäre: »Vater und Mutter lachen nicht mehr auf der Weide, das Gelächter ist vorbei. Die Kinder haben nichts zu weinen in der größten Not, weil die Eltern immer alles vor ihnen verheimlichen, und deswegen sind in der Welt so viele Rätsel, die niemand lösen kann.« Auch in ihrem zweiten Buch, *Verfolgte des Glücks* (1982), erhebt Karin Reschke die Stimme für eine Frauengestalt, für die Todesgefährtin Heinrich von Kleists, Henriette Vogel. Das *Findebuch der Henriette Vogel* umspannt den Zeitraum vom April 1798 bis zum 10. November 1811. Karin Reschke schrieb dieses fiktive Tagebuch, in das Briefe und poetische Versuche eingeschoben sind, »weil man von dieser Frau einfach gar nichts weiß. [...] Bis auf ein paar Abschiedsbriefe, belanglose Briefe, in denen im Angesicht des Todes [...] von vielen banalen Alltäglichkeiten die Rede ist, gibt es absolut nichts. [...] Da ich offiziell nichts fand, habe ich selbst etwas erfunden.« Die jugendliche Henriette notiert Beobachtungen aus ihrer unmittelbaren Umgebung, ihre Sehnsüchte und ihre Erwartungen, die sich auf ein erfülltes Eheleben richten. Die Heirat mit dem nüchternen Beamten Louis Vogel bringt allerdings nicht das erhoffte Glück. Hingegen entwickelt sich aus der Begegnung mit dem Dichter Heinrich von Kleist eine innige geistige, wenn auch von Widersprüchen geprägte Freundschaft, die schließlich im gemeinsamen Freitod letzte Erfüllung findet. Durch die Gegenüberstellung Henriettes mit anderen Frauenfiguren macht die Autorin auf Probleme und Möglichkeiten weiblicher Emanzipation auch aus historischer Perspektive aufmerksam. Die Kritik zeigte sich von Karin Reschkes Unterfangen beeindruckt; ihr Einfühlungsvermögen in das Wesen Henriettes und ihrer Epoche, das »sich bis in die subtilen Verästelungen der Sprache auswirkt« (»Neue Zürcher Zeitung«), wurde besonders hervorgehoben. Mit dem Libretto *Herzvergiftung* (1986) über die Giftmörderin Gesche Gottfried, die 1831 in Bremen hingerichtet wurde, wandte sich Karin Reschke ein weiteres Mal einer historischen Frauengestalt zu. Auch in der 1987 erschienenen Erzählung *Margarete* bezieht sich Karin Reschke auf ein geschichtliches bzw. literarisches Vorbild. Sie unternahm hier den Versuch, die »Gretchen-Tragödie« in die Gegenwart zu transponieren. Margarete, die als Verkäuferin in einem Warenhaus arbeitet, lässt sich von dem zynischen Versicherungsvertreter Harry Bein verführen. Das Kind, das aus dieser Verbindung hervorgeht, wird von dem verlassenen und verwirrten Gretchen getötet.

In der Erzählung *Dieser Tage über Nacht* (1984) orientierte sich Karin Reschke nicht an einem vorgegebenen Stoff. Solitüde, wie sich die Ich-Erzählerin selbst nennt, schildert in einer mitunter prätentiös wirkenden Sprache die Geschichte ihrer Flucht, mit der sie gegen ihre Inbesitznahme durch die Männer aufbegehrt. Berlin, die begrenzte Stadt und Schauplatz des Geschehens, offenbart sich als surreales Labyrinth, an dessen Ausgang Solitüde wieder einem Mann in die Arme läuft. So ändern all ihre Erlebnisse und Begegnungen letztlich nichts an der inneren Perspektivlosigkeit der Figur. Solitüde bewegt sich nur äußerlich, eine innere Entwicklung lässt sich an der Figur nicht ablesen. Eine in Grundkonstellationen ähnliche Geschichte über Stagnation und Entwicklungslosigkeit einer aufbegehrenden Persönlichkeit erzählt Reschke – erstmals aus der Sicht eines männlichen Protagonisten – in dem Roman *Das Lachen im Wald* (1993). Fast 15 Jahre treibt Nono, der einst als rebellierender Jugendlicher aufgebrochen war, ohne konkretes Ziel durchs Leben, bis er schließlich wieder in seine Geburtsstadt Berlin zieht. Doch körperlich und psychisch krank flieht der nun 30-jährige Mann in einen Wald – als zwanghaft Lachender in ein Waldkrankenhaus.

Berlin, die ehemals geschlossene, begrenzte Stadt, die sich seit der Wende permanent verändernde Metropole, scheint für Karin Reschke ein idealer Ort zu sein: ideal als Projektionsfläche innerer Befindlichkeiten und äußerer Bewegungen. In dem Roman *Asphaltvenus* (1994) über eine Stadtstreicherin, die ihre Liebe zur Kunst immer wieder in Berliner Museen zieht, bindet die Autorin die Topografie der Stadt funktional in das literarische Geschehen ein. Reschke spielt in diesem Text wie auch in dem Roman *Spielende* (2000) mit den Klischees des Kriminalromans. Eine Geschichte über das Berlin der Neunzigerjahre legte Reschke mit der Erzählung *Birnbaums Bilder* (1998) vor: Bei den im Titel benannten Bildern handelt es sich um zahllose Fotografien, die ein gehbehinderter Ingenieur von den monumentalen Baustellen der Stadt anfertigen lässt, um sich klar zu werden, »was die Vergangenheit und die Stadt heute miteinander verbinde«.

Petra Ernst

Werke: *Texte zum Anfassen. Frauenlesebuch*, Hg., Mü. 1978; *Memoiren eines Kindes*, Bln. 1980; *Verfolgte des Glücks. Findebuch der Henriette Vogel*, Bln. 1982; *Dieser Tage über Nacht*, E., Bln. 1984; *Margarete*, E., Bln. 1987; *Das Lachen im Wald*, R., Hbg. 1993; *Asphaltvenus. Toscas Groschenroman*, Hbg. 1994; *Kuschelfisch*, En., Hbg. 1996; *Birnbaums Bilder*, R., Ffm. 1998; *Von Schleswig nach Holstein. Skizzen vom Ostseestrand*, Ffm. 1999; *Spielende*, R., Bln. 2000.

Rezzori, Gregor von (eigentl. G. d'Arezzo), wurde am 13. 5. 1914 in Czernowitz/Bukowina geboren, drei Monate vor dem Anfang des Krieges, der das Ende von Österreich-Ungarn bedeutete. Seine Familie stammte ursprünglich aus Sizilien (Rizzori bei Ragusa) und war um die Mitte des 18. Jahrhunderts nach Wien übergesiedelt. Wie viele andere Familien aus Ostmitteleuropa verbrachten die Rezzoris die letzte Hälfte des Krieges auf der Flucht und, plötzlich verarmt, weilten sie in Bistritz, Trieste und St. Pölten, bevor sie 1918 in die Bukowina zurückkehrten. Als Gregor Rezzori fünf Jahre alt war, wurde die Bukowina dem Königreich Rumänien zugeteilt. Von da an gehörte die Familie zu einer der vielen Minderheiten eines von Rumänen beherrschten Landes. Der Vater verlor seinen Posten als österreichischer Beamter, wurde aber dann als Jäger vom orthodoxen Religionsfond in den Karpatenwäldern eingesetzt. 1922 zog die Familie zu den Siebenbürger Sachsen nach Kronstadt, bald danach ließen sich die Eltern scheiden, die Mutter lebte mit ihrem neuen Mann in Wien, der Vater im karpatischen Wald. In seinen Romanen, Anekdoten, Erzählungen und Kurzgeschichten machte Rezzori später reichlich von seinen exotischen Jugendjahren Gebrauch. Schon während des Krieges hat der 1938 nach Berlin gezogene und in der Filmindustrie arbeitende junge Künstler drei Romane veröffentlicht. Staatenlos und deshalb nicht zur Wehrmacht eingezogen, lieferte Rezzori leichte, fast kitschige Begleitmusik zur Kriegspropaganda der Nazis – Trivialliteratur, die die Aufmerksamkeit einer immer nervöser werdenden Leserschaft von der Katastrophe des Krieges in Russland ablenken sollte.

Seine wohl populärste Entdeckung und Schöpfung, das Land Maghrebinia, mit seiner geheimnisvollen Bürokratie, märchenhaften Architektur und seinen orientalischen Sitten – »Sie werden es vergeblich auf der Karte suchen« – ist ein Land der Parodie, geschaffen aus einer bewusst verzerrten deutschen Version der südosteuropäischen Kulturen des einstigen Osmanischen Reiches. Auch Rezzoris abenteuerliche Zeit als erfolgloser Kunststudent im Bukarest der Dreißigerjahre kommt hier zur Geltung. *Die Maghrebinischen Geschichten* (1953), die er in verschiedenen Variationen im Laufe seiner schriftstellerischen Karriere fortsetzte, erwiesen sich als ungemein populär und wurden ein Dauerbrenner. Die 25 Kapitel bestehen aus einer leichten Mischung aus Schwänken, Witzen, Anekdoten, Parodien und skurrilen Geschichten, die mit spielerischer Leichtigkeit auch vor der Sexualität und Pornografie der Nachkriegsjahre nicht Halt machen. Diese Geschichten, die zuerst im Rundfunk gesendet wurden, schienen das zu bestätigen, was man aus seinen ersten drei Romanen herauslesen wollte: Rezzori sei ein nicht sehr ernst zu nehmender, wenn auch talentierter Autor aus dem untergegangenen Adelsstand der traditionell humorvollen Balkanesen, ein Lebemann, der zwar lustige Geschichten erzählen könne, aber letzten Endes snobistische Unterhaltungsliteratur liefere und den Unterschied zwischen hoher und niedriger Literatur nicht anerkenne. Sicher spielte dieser zu jener Zeit vielleicht nicht ganz unverdiente Ruf eine große Rolle in der Unterschätzung der Romane, die dann folgten.

Schon in seinem ersten Nachkriegsroman, *Oedipus siegt bei Stalingrad* (1954), den er bewusst irreführend als Kolportageroman bezeichnete, skizzierte er einen »Idiotenführer« durch die Berliner Gesellschaft der Dreißigerjahre, die am Rande ihrer Auflösung nichts Besseres zu tun hat, als bedeutungslosen Affären nachzugehen. Man spürt hier die grotesken Interpretationen des Ersten Weltkrieges von Grosz, Dix, Beckmann und Döblin. In den letzten Kapiteln werden die Idioten, als Offiziere getarnt, nach Stalingrad geschickt und kehren nie wieder heim. Der Spaß ist endgültig vorbei. Im Roman *Ein Hermelin in Tschernopol* (1958), in dem er zu den Orten seiner Jugend in der Bukowina zurückkehrte, suchte er nach den historischen Wurzeln einer unmoralischen Gesellschaft, die die einzige moralische Figur aussondert und straft, gerade weil sie moralisch ist. Nicht zu überhören ist, dass der Weg von Tschernopol nach Stalingrad nicht weit ist.

Die Jahrzehnte, in denen die Bundesrepublik allmählich zu einer ökonomischen Großmacht wurde und die Unzufriedenheit ihrer eigenen Jugend zu spüren bekam, erlebte Rezzori aus der Distanz. Er genoss Jahre in Italien, Frankreich oder den USA und agierte als Schauspieler neben Brigitte Bardot in den Louis-Malle-Filmen *La Vie Privée* und *Viva Maria*, in dem Rezzori einen Zauberer und Bardot und Jeanne Moreau Stripteasetänzerinnen im Revolutionsgeschehen in Mexiko spielen. Er schrieb Tagebücher während der Dreharbeiten für eine französische Boulevardzeitung und veröffentlichte es als *Die Toten auf ihre Plätze* (1966) auf Deutsch. Regelmäßig erschienen literarische Werke, immer auf Deutsch geschrieben, die dann meist entweder Variationen der maghrebinischen Geschichten waren oder Bekenntnisse eines Lebemannes.

Durch *Die Memoiren eines Antisemiten* (1978), die zuerst im »New Yorker« erschienen, wurde er im englischsprachigen Raum plötzlich zu einem der berühmtesten und populärsten deutschsprachigen Schriftsteller. Der Roman besteht aus fünf Episoden, die den Lebensweg des Autors von der Bukowina über Bukarest, Berlin und Italien zurück nach Rumänien verfolgen. Mit dem Blick zurück zu einem Anfang, der völlig verschwunden scheint, beschwört Rezzori eine Welt herauf, die die Wurzeln des Zweiten Weltkrieges sowohl in der Biografie eines Volkes wie in der eines Individuums findet. In seinen späteren Memoiren evoziert er ein letztes Mal das Europa der Vergangenheit, dessen Zerstörung immer noch das Europa von heute stark beeinflusst. Wie kaum ein anderer deutscher Autor des 20. Jahrhunderts ignorierte er die Erwartungen des Publikums an einen »ernsten« Schriftsteller, schrieb für Zeitschriften aller Art (vom »Playboy« bis zu »Dame«) über Gott und die Welt und hinterließ am Ende ein Œuvre, das an die Welt Ostmitteleuropas erinnert und dabei analysiert, warum diese Welt so vollständig untergegangen ist. Gregor von Rezzori ist am 23. 4. 1998 in seinem Haus in der Toskana gestorben. Für seine Arbeiten erhielt er 1959 den Berliner Fontane-Preis sowie später im In- und Ausland zahlreiche Würdigungen.

Peter Stenberg

Werke: *Flamme, die sich verzehrt*, R., Bln. 1939; *Rombachs einsame Jahre*, R., Bln. 1942; *Rose Manzani*, R., Bln. 1944; *Maghrebinische Geschichten*, En., Hbg. 1953; *Oedipus siegt bei Stalingrad. Ein Kolportageroman*, Hbg. 1954; *Männerfibel*, Ess., Hbg. 1955; *Atlanta oder Die Jagd von Kalydon*, Hsp., 1956; *Roda Roda's Geschichten*, Hg., Hbg. 1956; *Der Bogen des Eros*, Hsp. 1957; *Ein Hermelin in Tschernopol. Ein maghrebinischer Roman*, R., Hbg. 1958, neubearb. 1966 u. Mü. 1989; *Idiotenführer durch die deutsche Gesellschaft*, 4 Bde., Ess. m. eigenen Zeichnungen, Reinbek 1961–1963; *Bogdan im Knoblauchwald. Ein maghrebinisches Märchen*, Mü. 1963; *Die Toten auf ihre Plätze*, Filmtagebuch, Reinbek 1966; *1001 Jahre Maghrebinien. Neue Legenden, Schwänke und Anekdoten aus Balkanesien*, Reinbek 1967, u. d. T. *Neue maghrebinische Geschichten. 1001 Jahre Maghrebinien*, Reinbek 1972; *Der Tod meines Bruders Abel*, R. Mü, 1976; *Sherry Time*, Feature, Mü. 1978; *Greif zur Geige, Frau Vergangenheit*, R., Mü. 1978; *In gehobenen Kreisen*, Aufs., Bln. 1978; *Memoiren eines Antisemiten. Ein Roman in fünf Erzählungen*, Autobiogr., Mü. 1979, u. d. T. *Denkwürdigkeiten eines Antisemiten* Mü. 1989; *Der arbeitslose König. Maghrebinische Märchen*, Mü. 1981, bearb. Mü. 1990; *Kurze Reise übern langen Weg. Eine Farce*, Mü. 1986; *Die Marchesa und andere Geschichten*, Gütersl. 1986; *Die Küche der Toscana*, zus. m. B. Kausch, 1986; *Blumen im Schnee. Porträtstudien zu einer Autobiografie, die ich nie schreiben werde*, Mü. 1989; *Werkausgabe in Einzelbänden*, Mü. 1989 ff.; *Über dem Kliff*, N., Mü. 1990; *Begegnungen*, Wien 1992; *Ein Fremder in Lolitaland*, 1993; *Der Schwan*, E., Mü. 1994; *Greisengemurmel. Ein Rechenschaftsbericht*, Mü. 1994; *Italien–Vaterland der Legenden, Mutterland der Mythen*, Mü. 1996; *Mir auf der Spur*, Autobiogr., Mü. 1997; *Essays, Anmerkungen und Erinnerungen*, Duisburg 1999; *Kain. Das letzte Manuskript*, Mü. 2001.

Rheinsberg, Anna, wurde am 24. 9. 1956 in Hermsdorf geboren. Sie wuchs mit Mutter und Großmutter auf. Von Geburt an gehbehindert, verbrachte sie einen Teil ihrer Kindheit in Krankenhäusern. 1978 bekam sie Kontakt zur Frauenbewegung und schrieb für feministische Publikationen. Gleichzeitig studierte sie Deutsch und Volkskunde in Marburg, schloss das Studium aber nicht ab, sondern begann als freie Autorin zu arbeiten. Rheinsberg hat mehrere Stipendien erhalten. Sie lebt heute in Marburg.

Als erste Veröffentlichungen erschienen 1979 und 1981 zwei Lyrikbände, deren Stil an expressionistische Gedichte der Zwanzigerjahre, etwa von Claire Studer-Goll, erinnern. In den Achtzigerjahren veröffentlichte Rheinsberg Prosabände sowie Beiträge für Frauenzeitschriften, Tageszeitungen und den Hörfunk. In dieser Zeit lernte sie Helmut Heißenbüttel kennen, der ihre Arbeit bis zu seinem Tod unterstützte. Rheinsbergs Schaffen ist in der Folge geprägt von der Suche nach den eigenen familiären Wurzeln, die sich zum Beispiel in der Erzählung *Schwarzkittelweg* (1995) niederschlägt. In den Neunzigerjahren beginnt ihre Hinwendung zu avantgardistischen Schreibformen, die schon im Lyrikband *Narcisse Noir* (1990) spürbar wird. Hier entwickelt sie eine eigene, radikal nach Unabhängigkeit strebende Sprache. Dennoch fühlt sie sich den expressionistischen Lyrikerinnen der Zwanzigerjahre weiterhin verbunden; das zeigen ihre Porträtsammlungen *Kriegs/Läufe* (1989) und *Wie bunt entfaltet sich mein Anderssein* (1993).

Durchgängiges Thema in Rheinsbergs Texten ist die Auseinandersetzung mit Sprache und Gewalt, der Kampf um Selbstfindung und -definition – insbesondere von Frauen – in einer zersplitterten Realität mit eigenen, schwer fassbaren Gesetzen. Nicht leicht entschlüsselbar sind auch die meisten ihrer Texte. Sprachlich eigenwillig, obsessiv, befremdlich und aufreizend elliptisch, fordern sie beim Leser einen äußerst präzisen Blick – einen Blick, der unter der spröden Oberfläche ein kräftiges, unverbrauchtes Leuchten zu entdecken vermag. Rheinsbergs Stärke ist die Kleinform, die sprachliche Verknappung: So liegt auch der Schlüssel zu ihrem Schaffen in der Lyrik. Erst Mitte der Neunzigerjahre fand sie zu längeren Formen. Höhepunkt ihrer von Lyrik durchdrungenen Prosakunst ist der dreiteilige Erzählungsband *Shanghai – Erster Klasse* (1996). Hier gelingt es Rheinsberg, mit einer elektrisierenden Sprache völlig unterschiedliche Schauplätze, Milieus und Menschen zum Leben zu erwecken. In der titelgebenden Erzählung offenbart das Mädchen Rose in beinahe heiteren Ton den Mord an der Mutter – ein innerer Monolog, der in harten Schnitten Wahrnehmungssplitter aneinander montiert. Diese Erzählung wurde unter der Regie von Ulrike Hofmann-Paul im November 1994 am Modernen Theater Berlin uraufgeführt. In der zweiten Erzählung, *Kleine Monde, Wolf*, suchen junge Leute zwischen Wohngemeinschaft, Fabrik, Rummelplatz und Autorücksitz nach ihrer Zukunft. Ihre flapsigen Dialoge bilden in ihrer Authentizität und Ironie einen reizvollen Kontrast zum abstrahierenden Erzählton. Diese Erzählung wurde vom Berliner Filmemacher Michael Krause verfilmt. In der dritten Erzählung, *Felice*, greift Rheinsberg das Thema

Mutter-Tochter-Beziehung und Identitätssuche wieder auf: In einem halb verfallenen Haus am Meer leben Felice und ihre Mutter, die keine gute Mutter ist: Sie treibt sich mit Männern herum, säuft und erpresst das Kind mit Liebe und Wutausbrüchen. Felice flüchtet zu Moische, um das Glück zu finden, das sie in ihrem Namen trägt.

2000 erschien ihr erster Roman *Schau mich an,* eine Dreiecksgeschichte, bei der die Autorin dem Leser erstmals einen einfacheren Zugang zum Inhalt ermöglicht, ohne jedoch die Eigenwilligkeit ihrer Sprache aufzugeben. Hier erschließen sich Rheinsbergs große Beobachtungs- und Formulierungsgabe ebenso wie ihr Humor einem breiteren Publikum.

Monika von Aufschnaiter

Werke: *Marlene in den Gassen*, G., Hbg. 1979; *Bella Donna*, G., Hbg. 1981; *Unbeschreiblich weiblich*, Hg., m. B. Seifert, Hbg. 1981; *Hannah. Liebesgeschichten*, En., Hbg. 1982; *Alles Trutschen. Geschichten über Mädchen in einer Kleinstadt*, En., Ffm. 1983; *Wolfskuss*, En., Ffm. 1984; *Annakonda*, G., Hbg. 1985; *Feé*, En., Hbg. 1986/87; *Marthe und Ruth*, E., Darmst. 1987; *HerzLos. Kerlsgeschichten*, En., Darmst. 1988; *Die Engel*, Hg., Mü. 1988; *Bubikopf. Aufbruch in den Zwanzigern*, Hg., Darmst. 1988; *Kriegs/Läufe. Namen. Schrift*, Ess., Mannh. 1989; *Narcisse Noir*, G., Hbg. 1990; *Wie bunt entfaltet sich mein Anderssein. Gedichte und Portraits*, Ess., Mannh. 1993; *Schwarzkittelweg. Drei Erzählungen*, En., Mannh. 1995; *Die Schönen und die Biester. Frauen schreiben über Tiere*, Hg., m. Jutta Siegmund-Schultze, Hbg. 1995; *Shanghai – Erster Klasse*, En., Hbg. 1996; *Liebe Hanna, deine Anna. Briefe über Liebe und Literatur*, Hg., m. Hanna Mittelstädt, Hbg. 1999; *Schau mich an*, R., Hbg. 2000; *Basco. Eine Liebesgeschichte*, R., Hbg. 2003.

Richartz, Walter E. (Pseud. für Walter Erich von Bebenburg), wurde am 14. 5. 1927 in Hamburg geboren und wuchs in Süddeutschland auf. Nach dem Studium der Chemie in München und Hamburg und der anschließenden Promotion arbeitete er von 1957 bis 1960 als wissenschaftlicher Assistent in den USA. In den Sechziger- und Siebzigerjahren war Richartz als Chemiker in einem Forschungslabor tätig. Neben seiner eigenen schriftstellerischen Arbeit übersetzte er Werke von Carroll, Chandler, Crane, Fitzgerald, Hammett, Highsmith und Thoreau. Walter E. Richartz nahm sich 1980 das Leben, der Schriftsteller Hans-Jürgen Fröhlich (1932–1986) hielt die Grabrede bei seiner Beerdigung am 7. 3. 1980.

Richartz beschreibt in seinen Romanen und Erzählungen in erster Linie die technisierte und mechanisierte Kultur unserer Gegenwart, in der der einzelne Mensch so schematisch wie eine Maschine seinen Alltag erlebt. Besondere Aufmerksamkeit verdienen die minuziösen Schilderungen des Bürolebens (*Büroroman,* 1976; *Der Aussteiger,* 1979), dem Richartz bis ins Detail nachspürt: »Büro Zehnachtundzwanzig präsentiert ihnen nun das Duett des Beißens und Kauens, das Duett des Schlürfens, das weinende Umrühren, Schlucken, Schmatzen, das Magenkullern, das abwechselnde Abstellen der Tassen auf die Untertassen, das Knistern und Knacken, das friedliche Malmen« (*Büroroman*). So sehr sich der Autor dem zu beschreibenden Objekt nähert, so sehr vermeidet er andererseits durch eine abgehackte Syntax die Identifizierung mit den Scheinhelden seiner Geschichten. An den Opfern des modernen Arbeitsalltags diagnostiziert Richartz Unterdrückung der Individualität und seelische Uniformierung, die bis zum Identitätsverlust gehen kann.

Obwohl Richartz nie der große Durchbruch gelang, erregte schon sein erster Roman *Tod den Ärzten* (1969) bei den Rezensenten einiges Aufsehen. Es handelt sich um eine von grotesken Elementen durchsetzte Collage über den Irrsinn der modernen Welt und der Medizin: »Wer anders als die Ärzte – Ärtzte, wie wir von nun an sagen wollen, damit ihr scharfes Wesen klar hervortritt –, ein Sekret, eine nebelnde Säure, die alles zerfrisst! Denn letztlich haben sie es auf das Leben abgesehen, Leben schlechthin, ganz allgemein, in breitester Bedeutung, auf den lebendigen Geist.« Die aggressive Satire ist doppelbödig: In dieser verschachtelten Romankonstruktion führt Richartz exemplarisch vor, wie man bestimmte Gruppen – hier die Mediziner – durch gezielte Auswahl und Anordnung von Informationen und Kommentaren für Missstände aller Art verantwortlich machen kann. Seine Stärke liegt in der satirischen Verzerrung »normaler« Verhältnisse, aber auch er erliegt, wie viele Satiriker, manchmal der Gefahr der Übertreibung. Vor allem in seinen frühen Erzählungen glückte ihm die satirische Verfremdung, so etwa, wenn sich ein Mastschwein als »von der Kultur beleckt« entpuppt und der Unterschied zwischen Mensch und Tier verschwimmt: »Schwein: Vieles bleibt noch zu tun. Die sanitären Verhältnisse müssen weiter verbessert werden. Wir schlagen die Einrichtung von Brausen in jedem Koben vor, die selbsttätig alle zwei Stunden für fünf Minuten in Tätigkeit treten. Das Problem der Bewegung muss gelöst werden – Sie wissen, jeder Schritt kostet ein Zehntel Gramm Gewicht –, das ist nicht viel, aber es summiert sich« (*Gespräch mit dem großen Schwein*).

Das Motiv vom »Kopf in den Sand stecken« beschäftigte Richartz sein Leben lang. Der Titelheld in der frühen Erzählung *Prüfungen eines braven Sohnes* (1966) reagiert mit Passivität auf die Anforderungen seiner Umwelt, vor der er schließlich ins Haus seiner Mutter und damit zurück in die Kindheit flüchtet, wo Eigeninitiative nicht verlangt wird. Ein ungewöhnlicher Kriminalroman gelang Richartz mit *Noface – Nimm was du brauchst* (1973): Der Arzt John Reiter wird von seiner Umwelt plötzlich nicht mehr erkannt und lebt seither als »Noface«, an das sich keiner erinnern kann, der ihn einmal gesehen hat. Auf diese Weise eignet sich Reiter bei Banken das lebensnotwendige Kleingeld an, setzt sich mit Gangstern auseinander und kehrt schließlich unvermittelt wieder in die Normalität zurück. Hinter der vordergründigen Handlung steht die Frage nach Kriterien, die menschliche Individualität ausmachen, und nach Bedingungen, die sie plötzlich auslöschen können.

Isabel Grübel

Werke: *Reaktionen der Nitrosoamidgruppe,* Diss., 1955; *Die Jazzdiskothek,* zus. m. Gernot W. Elmenhorst, Reinbek 1961; *Es funktioniert,* m. Grafiken v. Walter Zimbrich, Stierst./Ts. 1964; *Le Jour de Gloire,* Ffm. 1964; *Mutterleiber–Vaterländer,* Stierst./Ts. 1965; *Meine vielversprechenden Aussichten. Sieben Erzählungen,* m. Zeichn. von Claus Knezy, Zür. 1966; *Prüfungen eines braven Sohnes,* En., Zür. 1966; *Henry David Thoreau: Über die Pflicht zum Ungehorsam gegen den Staat,* Übs., Zür. 1966; *Ring Lardner: Halts Maul, erklärte er,* Übs., Zür. 1967; *Mackbird,* Ffm. 1968; *Der Pudding,* Hsp., 1968; *Henry L. Mencken: R. I. P.,* Übs., 1968; *Patio-Fußballmagazin,* Mit-Hg., 1968 u. 1970; *Tod den Ärzten,* R., Zür. 1969; *Stickstoff,* Ffm. 1969; *Peng-Päng,* Theaterst., zus. m. Hans Jürgen Fröhlich, Zür. 1971; *Noface – Nimm was du brauchst,* R., Zür. 1973; *Patricia Highsmith: Kleine Geschichte für Weiberfeinde. Eine weibliche Typenlehre in siebzehn Beispielen,* Übs., Zür. 1975; *Büroroman,* Zür. 1976; *Das Leben als Umweg. Geschichten um Industrie, Wissenschaft, Handel, Wandel und PSI in der Gegenwart,* Zür. 1976; *Lewis Carroll: Geschichten mit Knoten,* Hg., 1977; *Dreizeiler,* hg. m. Karl Riha, Ffm. 1978; *Shakespeares Geschichten. Sämtliche Stücke von William Shakespeare nacherzählt,* Bd. 1 (Bd. 2 v. Urs Widmer), Zür. 1978, als CD Zür. 2002; *Krankfeiern,* Hsp., 1978; *Vorwärts ins Paradies, Aufsätze zur Literatur und Wissenschaft,* Zür. 1979 (Neuausg. Zür. 1988); *Der Aussteiger und andere Angestelltenprosa,* Zür. 1979; *Bürohörspiel,* Hsp. 1979; *Reiters westliche Wissenschaft,* R., Zür. 1980; *Francis S. Fitzgerald: Der gefangene Schatten,* Übs., Zür. 1980; *Francis S. Fitzgerald: Wiedersehen mit Babylon. Erzählungen,* Übs., m. W. Schürenberg u. Elga Abramowitz, Zür. 1980; *Schön ist die Jugend bei guten Zeiten,* Hg., zus. m. H. Droege, Königstein/Ts. 1980; *Tunneltexte,* 1981; *Dashiell Hammett: Das große Umlegen und andere Detektivstories,* Übs., zus. m. Hellmuth Karasek u. Wulf Teichmann, Zür. 1981; *Dashiell Hammett: Fracht für China und andere Detektivstorys,* Übs., zus. m. Antje Friedrichs u. Elisabeth Gilbert, Zür. 1981; *Edward Gorey: Die seelenlose Tragödie. Die horriblen Posamenterien,* Übs., zus. m. Werner Mintosch, Zür. 1981; *Edward Gorey: Die elfte Episode. Die respektlose Aufforderung.* Übs., zus. m. Dieter E. Zimmer, Zür. 1981; *Stephen Crane: Meistererzählungen,* Hg., Zür. 1981; *Stephen Crane: Das blaue Hotel,* Übs., Zür. 1981; *... auch so ein großer deutscher Klotzer,* m. elf Xylomontagen von Walter Zimbrich, Neu-Isenburg 1983; *Vom Äußersten. Letzte Erzählungen,* Zür. 1986; *Schöne Neue Welt der Tiere. Mehr als ein halbes Hundert neuer Arten nach den letzten Mutationen beobachtet und beschrieben,* m. neun Tierbildern v. Tatjana Hauptmann, Zür. 1987; *Das Leben als Umweg. Gesammelte Erzählungen,* 1988; *William Faulkner: Frankie und Johnny. Uncollected storys,* Übs., zus. m. Hans Wollschläger, Hans-Christian Oeser und Harry Rowohlt, Zür. 1992.

Richle, Urs, wurde am 24. 6. 1965 in Wattwil in der Schweiz geboren. Nach dem Abbruch einer Lehre als Radio- und Fernsehelektroniker wechselte er ins Lehrerseminar. 1989 zog er nach Berlin und begann ein Studium der Philosophie und Soziologie an der Freien Universität Berlin. Seit 1993 lebt er als freier Autor in Genf. Ausgezeichnet wurde er u.a. 1990 mit dem Autorenstipendium der Akademie Solitude, 1991 mit dem Berliner Autorenstipendium, 1993 mit einem Werkstipendium der Stiftung Pro Helvetia, 1994 mit dem Preis der Schweizerischen Schillerstiftung und 1999 mit dem Drehbuchförderpreis der Schweizerischen Autorengesellschaft.

In Urs Richles Werkstatt haben viele Bilder Platz. Er, der eigentlich Bildhauer werden wollte und eher zufällig beim Schreiben landete, sucht seinen Ausdruck in Bildgedichten, Skulpturen, Zeichnungen und Erzählungen: »Ich nehme auf, was passiert. Stimmungen. Situationen. Sie so einfach und so treffend wie möglich beschreiben können, das interessiert mich. Geschichten stauen sich an. Fragen bilden sich« (U. Richle). Nach einigen Sprachexperimenten war die Bekanntschaft mit dem Verleger Matthias Gatza in Berlin die Initialzündung für die ersten Erzähltexte: *Das Loch in der Decke der Stube* (1992), ein weitgehend autobiografischer Text und der bibliophile Band *Die Verwesung* (1992) mit eigenen Illustrationen. Der Debütroman erzählt vom Weg des Paul Zoll, der die Schweiz verlassen musste und nun in Berlin sich seiner fremden und engen Heimat Toggenburg erinnert (»Ich werde die Schweiz nicht los«). Die Dörfler hatten ihn des Mordes an Marianne beschuldigt, doch er diente

nur als Sündenbock für deren Doppelmoral und Selbstgerechtigkeit; der Mörder des unehelichen Kindes war ihr eigener Vater, der Säufer Emil. Auch in *Mall oder Das Verschwinden der Berge* (1993) versucht jemand einem Ort und einer Zeit zu entkommen, an die er sich nun erinnert: In einer psychiatrischen Anstalt rekonstruiert der Krankenpfleger Ulrich Hörmann seine Beziehung zum sterbenden Bergwerksingenieur Carl Mall, der nie aus seinem Berg herausgekommen war und in Hörmanns Armen starb. Er hatte ihm die Geschichte des Berges nahe gebracht, und so wollte Hörmann nach dem Tod des Alten diesen Berg von außen bezwingen und keineswegs, wie angenommen, Selbstmord begehen. Es ist die innere Welt, die Richle herauszuarbeiten sucht, die Geschichte hinter den Geschichten, die Träume, Sehnsüchte und Abgründe hinter den trügerischen Fakten.
Mit *Der weiße Chauffeur* (1996) und *Hand im Spiel* (1998) wandte sich Richle dem Kriminalroman zu, ohne sein Interesse am Spiel von Sein und Schein zu verlieren. So gerät im Verwirrspiel um den *Chauffeur* eine Fiktion außer Kontrolle. Zwei Banklehrlinge hatten aus Langeweile für eine fiktive Person ein Bankkonto eröffnet. Jahre später sucht einer der beiden einen Job und wird als Chauffeur just von jenem erfundenen Herrn eingestellt. Eine wissbegierige Freundin möchte ihn kennen lernen, ein Double wird engagiert, ein angeblicher Mordversuch an einem Phantom arrangiert, der junge Mann scheint zum Gefangenen seiner eigenen Erfindung zu werden, eine Verurteilung droht. In die Grauzone des Ungewissen führt diese spannende, immer neue Volten und Haken hervorzaubernde Camouflage, in der sich erst am Ende die Splitter zu einem stimmigen Ganzen fügen. Ein ähnlich labyrinthisches Spiel, allerdings episodischer und szenischer als der Vorgänger, entwickelt *Hand im Spiel*, in dem eine schwarze Ledertasche Anlass für allerlei Turbulenzen gibt. Die Flucht eines altersdementen Herrn aus seinem Genfer Seniorenheim führt bei gewissen humorlosen Menschen zu Überreaktionen, die Bewegung in die Stadt bringen und am Ende drei Tote hinterlassen. Verwechslung und Erpressung bescheren der »winzigsten Großstadt der Welt« 24 ereignisreiche Stunden, die patchworkartig und mit hartem Schnitt nebeneinander gereiht auch einen banalen Tag ergeben. In *Fado Fantastico* (2001) glaubt die Titelfigur, der portugiesische, illegal in der Schweiz lebende Hausdiener Francesco Fantastico, für ein mögliches Verbrechen oder einen Unfall im Ausland sühnen zu müssen. Nach vielen Jahren schreibt er einen Brief an seinen Sohn, es folgen eine erste, ernüchternde Kontaktaufnahme, zwei Entführungen, ein misslungenes Wiedersehen und ein Mord, dessen Täter, obwohl sich Fantastico selbst beschuldigt, im Nebulösen bleibt. Auch hier verfolgt Richle seine Strategie der schemenhaften Verknüpfung von äußeren und inneren Wahrheiten mit raffinierter Kombinatorik.

Thomas Kraft

Werke: *Das Loch in der Decke der Stube*, R., Bln. 1992, Theaterst., UA Winterthur 1997; *Die Verwesung*, E., Stg. 1992; *Mall oder Das Verschwinden der Berge*, R., Bln. 1993; *Der weiße Chauffeur*, R., Ffm. 1996; *Die Fischer*, Theaterst., UA Bern 1997; *Dorado City*, E., Martigny 1997; *Transit Café*, Drehb., Mü. 1997; *Hand im Spiel*, R., Ffm. 1998; *La Frontière*, Drehb., Genf 1998; *Der Graveur*, Drehb., Hbg. 2000; *Späte Heirat*, Drehb., Lausanne 2000; *Die Lügner. Die Fischer. Hörspieldramolette*, DRS 2000, *Fado Fantastico*, R., Zür. 2001; *Narcissimo*, Kinderb., Genf 2001.

Richter, Hans Werner, wurde am 12. 11. 1908 in Neu Sallenthin auf Usedom als Sohn eines Fischers geboren und wuchs mit sieben Geschwistern in Bansin auf. Nach dem Besuch der Volksschule begann er 1924 eine Buchhändlerlehre in Swinemünde und ging 1927 als Buchhandelsgehilfe nach Berlin. Zeitweilig war er arbeitslos und betätigte sich als Straßensänger. Richter begann sich autodidaktisch mit Literatur zu befassen, mit 24 Jahren schrieb er erste eigene Texte. 1930 trat er in die KPD ein, wurde jedoch 1932 wegen »Trotzkismus« ausgeschlossen und wandte sich daraufhin der SAP (Sozialistische Arbeiterpartei) zu. 1933 war Richter erneut als Buchhandlungsgehilfe tätig, übernahm im März die »Tempelhofer Buchhandlung« und betrieb dort eine Leihbibliothek. 1934/35 lebte er im Exil in Paris, kehrte jedoch aufgrund finanzieller Probleme nach sechs Monaten nach Berlin zurück. Dort arbeitete er in einer Buchhandlung, als Angestellter im »Bund reichsdeutscher Buchhändler« und 1937 bis 1939 bei unterschiedlichen Verlagen. Nach einem Verhör durch die Gestapo im Jahr 1938 stellte Richter einen Aufnahmeantrag für die Reichsschrifttumskammer, Abteilung Schriftsteller; 1939 ließ er sich wieder von der Mitgliedschaft befreien. Neuerlich auf Arbeitssuche, nahm er in Bansin eine Stelle als Tankwart an. Unmittelbar zu Kriegsbeginn wurde Richter eingezogen; es gelang ihm jedoch, den Wehrdienst einige Monate hinauszuschieben. 1940 wurde er verdächtigt, Führer der deutschen pazifistischen Jugend zu sein, und verhaftet, aber aus Mangel an Beweisen wieder freigelassen. Er wurde zum Kriegsdienst herangezogen und blieb bis 1942 in Polen beim Grenzschutz. Im selben Jahr heiratete er Antonie Lesemann in Krakau. 1942/43 kam Richter zum Grenzschutz in die Pyrenäen, im Sommer 1943 wurde er nach Italien verlegt. Bei Monte Cassino geriet er in amerikanische Gefangenschaft. Richter wurde in das Camp Ellis (Illinois) eingewiesen, wo er an einer Lagerzeitschrift mitarbeitete. Im September 1945 erfolgte seine Überführung nach Fort Kearney (Rhode Island); dort beteiligte er sich am »Ruf. Zeitschrift deutscher Kriegsgefangener in den USA«. Im April 1946 wurde Richter nach Bad Pyrmont entlassen. An seinem neuen Wohnort München knüpfte er schnell Kontakte zu Journalisten, Publizisten, Schriftstellern und Schauspielern. Von Oktober 1946 bis April 1947 gab er zusammen mit Alfred Andersch die politisch-literarische Zeitschrift »Der Ruf. Unabhängige Blätter der jungen Generation« heraus. Nach dem Verbot des »Ruf« durch die amerikanische Besatzungsmacht wollte Richter eine neue politische Wochenzeitung und eine literarische Zeitschrift ins Leben rufen. Er verhandelte mit knapp zehn verschiedenen Verlagen und erhielt 1948 eine Lizenz für die literarische Zeitschrift »Der Skorpion«. Doch schließlich zerschlugen sich die Zeitschriftenpläne, vor allem wohl wegen der schwierigen wirtschaftlichen Lage Ende der Vierzigerjahre. Allerdings blieben Richters Aktivitäten im publizistischen Bereich nicht ohne Wirkung: Sein persönlicher Kontakt zu engagierten Schriftstellern und Journalisten war der Ausgangspunkt für ein Autorentreffen, das im September 1947 in Bannwaldsee bei Füssen stattfand und als erste Tagung der »Gruppe 47« bekannt wurde. Bis 1967 versandte Richter kontinuierlich seine Einladungen, ein- bis zweimal jährlich wurden in wechselnden Gasthöfen Manuskripte vorgelesen und diskutiert. Die Tagungen wurden zu einem literarischen Ereignis ersten Ranges, die »Gruppe 47« entwickelte sich zu einem einflussreichen Netzwerk im Literaturbetrieb der Fünfziger- und Sechzigerjahre.

Richter selbst verstand die »Gruppe 47« nicht als rein literarische, sondern auch als politische Größe. Wie seine anderen gesellschaftspolitischen Initiativen sollte sie dazu beitragen, die Demokratie zu festigen und militaristische sowie nationalistische Strömungen konsequent zu bekämpfen. Richter war Mitbegründer des »Grünwalder Kreises« (1956–1958), Gründer des »Komitees gegen Atomrüstung« (1958) und Präsident der »Europäischen Föderation gegen Atomrüstung« (1959–1960). Doch wirkte das Prestige der »Gruppe 47« an der Nahtstelle zwischen Politik und Literatur besonders nachhaltig. Bis in die Sechzigerjahre hinein wurde die »Gruppe 47« als Repräsentantin gesellschaftskritischer Schriftsteller wahrgenommen. Ihr Name bündelte kritische Einzelstimmen zu politischen Stellungnahmen einer intellektuellen Elite, so z.B. beim Protest gegen das von Adenauer geplante »Deutschland-Fernsehen« (1960), bei Publikationen gegen den Mauerbau (1961) und bei der »Spiegel-Erklärung« im Kontext der kritischen Berichterstattung der Zeitschrift über das NATO-Staatsmanöver »Fallex« (1962). 1961 unterstützten Richter, Günter Grass und andere Autoren aktiv den Wahlkampf von Willy Brandt, 1965 gründete sich zu diesem Zweck in Berlin das »Wahlkontor«. Ab 1964 beförderte Richter den Austausch zwischen Literatur und Politik durch die Einrichtung des »Literarischen Salons« in Berlin.

Hans Werner Richter war Mitglied der Bayerischen Akademie der Schönen Künste, der Berliner Akademie der Künste und seit 1951 des P.E.N. 1978 erhielt er die Ehrendoktorwürde der Uni Karlsruhe, 1979 den Professorentitel E.h. sowie das Große Verdienstkreuz. Richter war Träger des Fontane-Preises der Stadt Berlin 1951 (zusammen mit Gerd Gaiser), des René-Schickele-Preises 1952, des Kulturpreises des Deutschen Gewerkschaftsbundes 1972, der Ehrengabe des Kulturkreises im Bundesverband der Deutschen Industrie 1982, des Großen Literaturpreises der Akademie der Schönen Künste 1986 und des Andreas-Gryphius-Preises 1987.

Sein politisches Engagement und die Arbeit für die »Gruppe 47« hatten für Richter Priorität gegenüber seinem literarischen Schaffen. Davon zeugt nicht zuletzt seine umfangreiche Korrespondenz, die von gesellschaftspolitischer Aktivität dominiert ist, in der aber z.B. poetologische Fragen kaum thematisiert werden. Auch nutzte Richter das kritische Forum der »Gruppe 47« nur selten um eigene Manuskripte vorzustellen; wenn er es tat, blieb die Resonanz verhalten. Insgesamt erregte sein literarisches Werk wenig Aufmerksamkeit – mit einer Ausnahme: Der Anti-Kriegsroman *Die Geschlagenen* (1949) schildert den Endkampf um Monte Cassino und die Kriegsgefangenschaft in den USA. Dieser Roman war eines der ersten deutschen Bücher, die sich mit dem Nationalsozialismus und der Lage des besiegten Deutschland auseinander setzten. Am 13. 2. 1949 schrieb der Journalist Hans Jürgen Krüger an Richter: »Jeder – der politisch gleich oder ähnlich oder verwandt empfindet – wird in diesem Roman, gerade seiner herben, phrasenlosen und realistischen Darstellung wegen, so etwas wie eine ›Offenbarung nach außen‹ sehen. Er wird sagen: Hier ist endlich gesagt, *wie* es war! und er wird sich selbst darin wiedererkennen und wird es oft schmerzlich genug noch einmal erleben, was noch immer wie ein Schatten in ihm wirkt und was das persönliche und allgemeine deutsche Schicksal bestimmte.« *Die Geschlagenen,* auch international ein Erfolg, wurden im März 1951 mit dem Fontane-Preis der Stadt Berlin ausgezeichnet.

Richters zweiter Roman, *Sie fielen aus Gottes Hand* (1951), basiert auf einer Reportage und schildert die Erlebnisse von zwölf Menschen verschiedener sozialer, nationaler und politischer Herkunft im Zeitraum von 1939 bis 1950, deren Lebenswege sich in einem deutschen Flüchtlingslager verknüpfen. Dass Richter für dieses Buch den René-Schickele-Preis erhielt, war keinesweg unumstritten; der Nachkriegsrealismus verlor in den Fünfzigerjahren sukzessive an Bedeutung. Die Literaturkritik bevorzugte wieder literarisch durchgearbeitete Werke und das breite Publikum fragte leichtere Lektüre nach. Vor diesem Hintergrund fand Richters autobiografisch geprägter Roman *Spuren im Sand* (1953) über eine Jugend in Pommern positive Resonanz: Schnörkellos, liebenswürdig, mit Schalk erzählt, gewann dieser autobiografisch geprägte Entwicklungsroman seine Leserinnern und Leser. Hingegen überzeugte *du sollst nicht töten* (1955), die gleichnishafte Schilderung eines Familienlebens im Krieg, weder formal noch hinsichtlich der erzählten Geschichte. Parabelhafte Elemente weist *Linus Fleck oder Der Verlust der Würde* (1959) auf; die typisierten Charaktere dieses Romans skizzieren ein lebendiges Porträt der Nachkriegsgesellschaft. *Linus Fleck* ist im Untertitel als Satire ausgewiesen; der Erzähler wählt allerdings nicht die Perspektive scharfer Distanz, sondern bleibt seinen Figuren in amüsanter Schilderung zugewandt.

Ab Mitte der Fünfzigerjahre ergab sich eine intensivere Kooperation mit dem Rundfunk; gefragt waren Richters subjektiv-politische Reiseberichte über den Alltag in sozialistischen Staaten. In den Sechzigerjahren firmierte Richter häufiger als Herausgeber, so bei den ro-ro-ro-Taschenbüchern *Die Mauer oder Der 13. August* (1961) und *Plädoyer für eine neue Regierung oder Keine Alternative* (1965) sowie bei den Retrospektiven *Bestandsaufnahme. Eine deutsche Bilanz* (1962) und *Almanach der Gruppe 47* (1962).

Die Satiren *Menschen in freundlicher Umgebung* (1965), mit denen Richter seinen Status als Schriftsteller bekräftigen wollte, fanden nicht den erhofften Zuspruch. Mit *Rose weiß, Rose rot* (1971) wandte er sich erneut dem autobiografisch orientierten Roman zu; erzählt wird von einem Jugendlichen Ende der Zwanzigerjahre. Einen Sonderstatus in Richters Werk nimmt die Erzählung *Flucht nach Abanon* (1980) ein, eine dicht erzählte Liebesgeschichte aus der Perspektive eines Mannes, der in vielschichtiger, ambivalenter Nähe zu der Schauspielerin in der Wohnung über ihm lebt. Einen weiteren literarischen Achtungserfolg erzielte Richter schließlich mit dem Roman *Ein Julitag* (1982).

Sabine Cofalla

Werke: *Der Ruf. Unabhängige Blätter der jungen Generation*, Hg., zus. m. A. Andersch, Mü. 1946/47; *Deine Söhne, Europa. Gedichte deutscher Kriegsgefangener*, Hg., Mü. 1947; *Die Geschlagenen*, R., Mü. 1949; *Sie fielen aus Gottes Hand*, R., Mü. 1951; *Die Literatur. Blätter für Literatur, Film, Funk und Bühne*, Hg., Stg. 1952; *Spuren im Sand. Roman einer Jugend*, Mü. 1953; *du sollst nicht töten*, R., Mü. 1955; *Pi-Pa-Po*, Hsp., 1955; *Linus Fleck oder Der Verlust der Würde. Ein satirischer Roman*, Mü. 1959; *Unter Priestern und Partisanen/Ochridsee*, Radiofeature, 1959; *Formentera est Servie*, Radiofeature, 1960; *Rosen, Dichter und Husaren, verplant im Lande der Bulgaren. Teil I: Eine romantische Reise durch ein romantisches Land. Teil II: Von Sofia zum Schwarzen Meer*, Radiofeature, 1960; *Der Stroop-Bericht. Der gelbe Stern. Eine Dokumentarsendung über die Vernichtung des Warschauer Gettos*, Radiofeature, 1960; *Der Charleston-Stalinismus. Eine Reise durch das Prag von heute*, Radiofeature, 1961; *Zwischen Nacht und Morgenrot. Eine empfindsame Reise durch Polen. Teil I und II*, Radiofeature, 1961; *Die Mauer oder der 13. August*, Hg., Anth., Reinbeck 1961; *Bestandsaufnahme. Eine deutsche Bilanz. Sechsunddreißig Beiträge deutscher Wissenschaftler, Schriftsteller und Publizisten*, Hg., Anth., Mü. 1962; *Almanach der Gruppe 47. 1947–1962*, zus. m. W. Mannzen, m. 10 Karikaturen v. H. Meyer-Brockmann, Anth., Reinb. 1962; *Wer will einen Esel?*, Kinderb., Mü. 1962; *Walter Rathenau: Schriften und Reden*, Hg., Ffm. 1964; *Euterpe von den Ufern der Neva oder Die Ehrung Anna Achmatowas in Taormina*, B., Bln. 1965; *Menschen in freundlicher Umgebung. 6 Satiren*, Bln. 1965; *Plädoyer für eine neue Regierung oder Keine Alternative*, Hg., Anth., Reinb. 1965; *Karl Marx in Samarkand. Eine Reise an die Grenzen Chinas*, m. 16 Fototafeln mit Aufnahmen v. Antonie Richter, B., Bln./Neuwied 1966; *Deutschland, deine Pommern. Wahrheiten, Lügen und schlitzohriges Gerede*, Pr., Hbg. 1970; *Blinder Alarm. Geschichten aus Bansin*, En., Ffm. 1970; *Rose weiß, Rose rot*, R., Hbg. 1971; *Rache für den Ziegenbock*, Kinderb., Hdbg. 1972; *Erzählungen aus Pommern. Heiteres und Besinnliches*, m. Holzschnitten v. Peter Kleinschmidt, Tüb. 1973; *Briefe an einen jungen Sozialisten*, m. e. Vorw. v. L. Reinisch, Hbg.

1974; *Kinderfarm Ponyhof*, Kinderb., Mü. 1976; *Bärbel Hoppsala. Neue Abenteuer auf der Kinderfarm Ponyhof*, Kinderb., Mü 1979; *Die Flucht nach Abanon*, E., Mü. 1980; *Die Stunde der falschen Triumphe*, R., Mü 1981; *Berlin, ach Berlin*, Hg., Anth., m. zahlr. Abb., Bln. 1981; *Ein Julitag*, R., Mü. 1982; *Im Etablissement der Schmetterlinge. Einundzwanzig Portraits aus der Gruppe 47*, Mü. 1986; *Reisen durch meine Zeit. Lebensgeschichten*, Pr., Mü. 1989; *Der Skorpion*, Hg., Reprint, Gött. 1991.

Richter, Jutta, wurde am 30. 9. 1955 in Burgsteinfurt/Westfalen geboren. Sie wuchs im Ruhrgebiet und im Sauerland auf. Nach einem einjährigen Schüleraustausch in den USA schrieb sie bereits ihr erstes Buch, das noch zu Schulzeiten veröffentlicht wurde. An der Universität Münster studierte sie nach dem Abitur von 1975 bis 1978 katholische Theologie, Germanistik und Publizistik. Seit 1978 lebt sie als freiberufliche Autorin auf Schloss Westerwinkel im Münsterland. Für ihr literarisches Werk wurde sie bereits mehrfach ausgezeichnet, u.a. 1978 mit dem Förderpreis für junge Literatur des Landes NRW, 2000 mit dem Rattenfänger-Literaturpreis der Stadt Hameln, dem LUCHS des Jahres 2000 von der »Zeit« und Radio Bremen sowie 2001 mit dem Deutschen Jugendliteraturpreis und 2002 mit dem Hermann-Hesse-Stipendium. Nach den belletristischen Werken ihrer Anfangszeit schreibt Jutta Richter derzeit überwiegend für Kinder und Jugendliche.

So wie in ihrem ersten Buch *Popcorn und Sternenbanner* (1975) ihre eigenen Erfahrungen als Austauschschülerin in den USA in Tagebuchform verarbeitet wurden, so kreisen auch die darauf folgenden Titel von Jutta Richter zunächst um sie selbst, um den Selbstfindungsprozess eines Mädchens, einer jungen Frau. *Die Puppenmütter* (1980), *Himmel, Hölle, Fegefeuer. Versuch einer Befreiung* (1982) und *Das Geraniengefängnis. Der schwierige Versuch, allein zu leben* (1984) belegen eindringlich, zum Teil schon im Titel, den Ausbruchsversuch aus einer als eng und festgelegt empfundenen Alltagswelt und Frauenrolle in einer bürgerlichen Kleinstadt und Gesellschaft. Ihre Texte fanden rasch Anerkennung in der damaligen Frauen- und Mädchenliteratur, weil sie authentisch die weibliche Weigerung beschreiben, die Biografien der Mütter (Heirat, Eigenheim, Kinder) zu wiederholen. Präzise beschreibt sie den Zwiespalt: die Sehnsucht, irgendwo dazuzugehören, und gleichzeitig zu wissen, dass die Anpassung an die Norm den eigenen Lebensträumen die Flügel beschneidet. In *Die Puppenmütter* sagt ihre Protagonistin Christine von sich, sie sei lieber eine Nacktschnecke als eine Schnecke mit Haus. »So ein Haus ist ja auch hinderlich. Man schleppt es immer mit sich herum. Wenn man kein Haus mehr hat, ist man zwar ungeschützt, aber beweglich.«

Der Ablehnung der bürgerlichen Familie steht auf der anderen Seite eine intensive Suche nach Geborgenheit gegenüber, die sich wie ein Leitfaden durch ihr gesamtes Werk zieht, vor allem in den seit den Neunzigerjahren entstandenen Kinderbüchern. In *Der Hund mit dem gelben Herzen* (1998) erzählt sie in einer kunstvoll doppelbödigen Parabel die Geschichte von der Erschaffung der Welt (durch einen »Erfinder« namens G. Ott) und vom Verlust des Paradieses. So wie der Hund in diesem Buch zwei Kindern seine eigene Lebensgeschichte und die seines Freundes Lobkowitz erzählt, um dafür mit einem Zuhause belohnt zu werden, so erfahren wir, dass der teuflische Lobkowitz, der einst dem G. Ott in die Erschaffungspläne des Menschen hineinpfuschte, immer noch auf der Suche nach dem paradiesischen Garten ist, aus dem er vertrieben wurde – eine Geschichte über Freundschaft, Verrat und Verlust. Die Pforten des Paradieses, so Richters Fazit, stehen nicht mehr offen. Das Paradies müssen wir uns selbst immer wieder neu erschaffen, hier auf Erden.

»Eigentlich schreibe ich, weil ich verstanden werden will. Verstanden zu werden, bedeutet Geborgenheit« (J. Richter). So ist auch in *Der Tag, als ich lernte, die Spinnen zu zähmen* (2000) und *Hinter dem Bahnhof liegt das Meer* (2001) von der Zerbrechlichkeit des Glücks die Rede, von der immer währenden Suche nach Heimat in der Liebe und in der Freundschaft. Jutta Richters kindliche Protagonisten sind allesamt schutzbedürftig und sie sind nicht davor gefeit, in ihrem Leben Fehler zu begehen. Neuner, der heimatlose Held aus *Hinter dem Bahnhof liegt das Meer*, verkauft seinen Schutzengel an eine »Königin«, die Besitzerin einer Kneipe, um mit seinem erwachsenen Freund Kosmos, einem Stadtstreicher, ans Meer fahren zu können. Die märchenhaften Umwege in der Erzählung erweisen sich als ebenso brüchig wie die Freundschaft. Vielleicht liegt hierin die größte Stärke Jutta Richters: Sie weiß von der Verletzbarkeit und schreibt so, dass ihre jungen Leser sich in ihren Texten geborgen fühlen können, weil sie verstanden werden.

Renate Raecke

Werke: *Popcorn und Sternenbanner. Tagebuch einer Austauschschülerin*, Freiburg/Br. 1975; *Die Puppenmütter*, R., Modautal-Neunkirchen 1980; *Das Geraniengefängnis.*

Der schwierige Versuch, allein zu leben, R., Weinheim 1980; *Himmel, Hölle, Fegefeuer. Versuch einer Befreiung,* R., Weinheim 1982; *Gib mir einen Kuss, Frau Nuss,* Bilderb., m. Illustr. v. Paul Maar, Hbg. 1985; *Das Tontilon,* Theaterst., UA Dinslaken 1986; *Die heilste Welt der Welt. Ein Jahr im Leben der Familie Feuerstein,* Reinbek 1987; *Prinz Neumann oder Andere Kinder heißen wie ihr Vater,* Kinderb., m. Illustr. v. Ute Krause, Weinheim 1987; *Und jeden Samstag baden. Geschichten von früher,* Reinbek 1987; *Bei uns zu Hause tut sich was. Lieder, Geschichten und Spiele durch einen ganzen Familientag,* m. Illustr. v. Ines Rarisch, Musik v. Detlev Jöcker (CD), Münster 1995; *Der Sommer schmeckt wie Himbeereis,* Liederheft, Musik v. Ludger Edelkötter, Drensteinfurt 1996; *Hexenwald und Zaubersocken,* Kinderb., m. Illustr. von Barbara Schumann, Hbg. 1995; *Der Hund mit dem gelben Herzen oder die Geschichte vom Gegenteil,* Kinderb., m. Vignetten v. Susanne Janssen, Mü. 1998, Hsp., 2000, Theaterst., UA Mü. 2001; *Es lebte ein Kind auf den Bäumen,* Kinderb., m. Illustr. v. Katrin Engelking, m. Noten, Musik v. Konstantin Wecker, Mü. 1999, CD 1999; *In der allerlängsten Nacht. Advents- und Weihnachtslieder für Kinder,* m. Noten, Musik v. Reinhard Horn, Lippstadt 1999, CD 1999; *Verlass mich nicht zur Kirschenzeit. Liebesgedichte,* m. Fotos v. Jacky Gleich, Mü. 2000; *Hildegard von Bingen,* Theaterst., m. Musik v. Peter Janssens, UA Telgte 2000; *Der Tag, als ich lernte, die Spinnen zu zähmen,* Kinderb., Mü. 2000, CD m. Musik v. Konstantin Wecker, 2001; *Hinter dem Bahnhof liegt das Meer,* Kinderb., Mü. 2001, CD m. Musik v. Konstantin Wecker, 2002; *Annabella Klimperauge. Geschichten aus dem Kinderzimmer,* Kinderb., m. Illustr. v. Ulrike Möltgen, Mü. 2002, Theaterst., UA Mü. 2003; *An einem großen stillen See, in einem kleinen gelben Haus,* Mü. 2003.

Riedel, Susanne, wurde am 13. 5. 1959 in Unna/Westfalen geboren. Nach dem Abitur absolvierte sie ein Volontariat bei der »Westdeutschen Allgemeinen Zeitung« und arbeitete dort anschließend bis 1986 als Redakteurin. Sie zog dann nach Berlin, um Politologie zu studieren, engagierte sich beim ersten linken Privatradiosender, »Radio 100«, unterhielt 1987 ihr eigenes Journalistenbüro »Ton und Text« und wechselte 1988 zum Sender Freies Berlin, zunächst zur Jugendsendung »SF-Beat«, dann zur Jugendwelle »Radio 4U«, die sie mitbegründete. Seit 1992 ist sie als freie Redakteurin und Moderatorin für SFB 2 tätig. 2000 erhielt sie beim Ingeborg-Bachmann-Wettbewerb den Preis der Jury, 2002 wurde ihr der Wolfgang-Koeppen-Preis der Hansestadt Greifswald verliehen.
Nachdem Susanne Riedel lange nur für die Schublade geschrieben hatte, erregte ihr Roman *Kains Töchter* (2000) sogleich Aufmerksamkeit, denn sowohl zustimmende wie auch kritische Rezensionen kommen darin überein, dass die Geschichte der Schwestern Joa und Thimpie Leghorn mit außergewöhnlicher Intensität erzählt wird. Im Rückblick berichtet Joa, die ältere der beiden Schwestern, von den Verstrickungen in einer Familie, in der über drei Generationen die Folgen von Inzest, von Misshandlungen und Missbrauch weitergereicht werden. Joa zeichnet dieses Familienelend, das sich auf engstem Raum und unter wenigen Figuren entfaltet, als Bericht im Rahmen ihrer psychiatrischen Behandlung auf. Dabei verwendet sie ausgefallene Bilder, greift auf Archetypen zurück und lotet damit immer auch die Grenzen von Einsicht und Erzählbarkeit aus. Die Kritik hielt den Roman deshalb entweder für »interessant misslungen«, weil »poetisch überladen« (Matthias Schreiber), oder sie lobte gerade die Dichte des Textes, der den Leser in eine »anschwellende Unglücksflut« hineinreiße (Eberhard Rathgeb). *Die Endlichkeit des Lichts* (2001) erzählt als breit angelegte Komödie, wie der Pilzkenner und Lyrik-Spezialist Alakar Macody und die Fernsehmoderatorin Verna Albrecht ein Paar werden. Zwischen der Waldeinsamkeit des einen und der Medienwelt der anderen entfaltet sich das ganze Spektrum zeitgenössischer, auch zeitgeistig generationenbedingter Mentalitäten; gleichzeitig wird dieses Grundrauschen durch Rückgriffe auf die Naturwissenschaften und auf die Lyrik von Anne Sexton und T. S. Eliot überhöht. Elegisch-kulturkonservative oder sinnlich sehnsuchtsvolle Verse mischen sich mit physikalischen Theorien und den schrillen Gesten eines Fernsehstudios. Hinter den Kaskaden von Worten sind wirkliche Gefühle erst spät und nur schwer zu identifizieren. In ihrem dritten Roman, *Die Frau aus Amerika* (2003), greift Susanne Riedel weiter aus und bindet das Schicksal eines gealterten Paars in den Zusammenhang der Bewältigung des Holocausts und der deutschen Geschichte ein. In intensiven Debatten über individuelles und historisches Versagen enthüllt sich auch die Wahrheit über eine jahrzehntelange Beziehung.

Michael Schmitt

Werke: *Kains Töchter*, R., Bln. 2000; *Die Endlichkeit des Lichts*, R., Bln. 2001; *Die Frau aus Amerika*, R., Bln. 2003.

Rinke, Moritz, wurde am 16. 8. 1967 in Worpswede geboren. Er studierte angewandte Theaterwissenschaft in Gießen und schrieb nebenher Kolumnen und Reportagen, u.a. für die »Süddeutsche Zeitung«, die »Frankfurter Allgemeine Zeitung«, »Die Zeit« und »Theater heute«. Von 1994 bis 1996 war er Volontär und anschließend Redakteur beim Berliner »Tagesspiegel«. Für seine Reportagen *Ein Tag mit Marlene* (1995) und über die Loveparade 1997 erhielt er zweimal den renommierten Axel-Springer-Preis. 1995 debütierte er mit dem Monolog *Der graue Engel* als Dramatiker. Für sein zweites Stück, *Der Mann, der noch keiner Frau Blöße entdeckte*, wurde er 1997 mit dem Literaturpreis des P.E.N.-Klubs Liechtenstein ausgezeichnet und für den Mülheimer Dramatikerpreis nominiert. Zusammen mit den nachfolgenden *Stücken Männer und Frauen* (1999) und *Republik Vineta* (2001) bildet es eine *Trilogie der Verlorenen*. Auch *Republik Vineta* wurde für den Mülheimer Dramatikerpreis nominiert; in der Kritikerumfrage der Zeitschrift »Theater heute« wurde es außerdem zum besten deutschsprachigen Stück der Spielzeit 2000/2001 gewählt. Im Rahmen des Autorentheater-Projekts »Leibschreiben I« in Bonn entstand 1999 der Einakter *Das Stockholm-Syndrom* über das Verhältnis von Entführern und Entführten. 2002 schrieb Rinke im Auftrag der Nibelungen-Festspiele in Worms eine komplette Neudichtung der *Nibelungen*. Das Stück wurde von Dieter Wedel im August 2002 vor dem Wormser Dom uraufgeführt und nach einem Rechtsstreit mit der Stadt Worms am Freiburger Theater unter dem Titel *Kriemhilds Traum* nachgespielt. Rinkes Stück *Die Optimisten* ist ein Auftragswerk für das Schauspielhaus Bochum über eine Reisegesellschaft, die in Nepal in ein Hotel gerät, das bald zum mysteriösen Ort für Waffen, Terroristen und einer westlichen Doppelmoral wird. Es soll im November 2003 uraufgeführt werden. Moritz Rinke lebt als freier Autor in Berlin und zählt zu den wichtigsten Vertretern der jüngeren Dramatikergeneration. 2001 erschien im Rowohlt-Berlin-Verlag unter dem Titel *Der Blauwal im Kirschgarten* eine Sammlung seiner Essays, Reportagen und Kolumnen.

Moritz Rinke ist der vielleicht letzte – oder aber der erste – poetische Visionär unter den Theaterautoren seiner Generation. Ein Dichter von eher heiterem Naturell, der die feuilletonistische Pointe ebenso beherrscht wie die Klaviatur der anspielungsreichen Komödie und der statt anzuprangern lieber träumt: von einer besseren, schöneren Welt, die er im Theater als Ort des Möglichen (und vor allem auch des Unmöglichen) der Wirklichkeit entgegenstellt. In einer Zeit, in der angelsächsische Hardcore-Stücke wie *Shoppen & Ficken* von Mark Ravenhill oder *Zerbombt* von Sarah Kane im deutschsprachigen Theater Hochkonjunktur hatten und es auf den Bühnen vor Blut, Schweiß und Sperma nur so troff, trat Moritz Rinke mit Stücken in Erscheinung, die keinen Hehl machten aus ihrer Sehnsucht nach Schönheit, Glück und Harmonie und damit so etwas wie einen Gegenentwurf zum populär gewordenen Schock- und Gewalttheater der jungen Exzessiven darstellten. Bei Rinke finden sich keine Brutalitäten wie Vergewaltigungen, Verstümmelungen oder Kannibalismus, auch mit dem, was man gemeinhin unter »Trash« oder »Popkultur« versteht, hat er nichts gemein. Rinke ist vielmehr der lustvolle Apologet eines poetischen Theaters, das die Bühne wieder als einen Sehnsuchtsort etabliert, als einen Ort, an dem man träumen, rätseln und lachen darf. In diesem Sinne wird er häufig als altmodisch tituliert. Einen »lieben Dichter« nannte ihn »Der Spiegel«: »Nicht das Beobachten oder Beschimpfen der Welt ist sein Metier, sondern das Staunen über sie« (Wolfgang Höbel). Rinkes Figuren sind Fantasten, Schwärmer, Traumtheatertänzer, Glückssucher, Spinner, Liebesverwirrte. Manche dieser Figuren sind Fremdlinge aus einer anderen Welt, Geschöpfe von kindlicher Unschuld wie der Germane Helmbrecht in *Der Mann, der noch keiner Frau Blöße entdeckte* oder der Engel Heinrich in *Männer und Frauen*. Sie stehen – ebenso wie die Vision des Architekten in *Republik Vineta* – für das utopische Moment, das Rinkes »Trilogie der Verlorenen« kennzeichnet, und verleihen den Stücken einen märchenhaften Charakter. »Möglichkeitsmenschen« nennt Rinke diese Fremdwesen in seinen Stücken, denn er versteht Theater »als Ort, wo ich Menschen oder Haltungen treffe, die es vielleicht gar nicht mehr gibt. Aber nicht im Sinne eines Museums, sondern ich will, dass diese Möglichkeitsmenschen wie Störfaktoren über die Wirklichkeitsmenschen hereinbrechen.« In Rinkes neueren Texten gewinnen die »Wirklichkeitsmenschen« allerdings immer mehr Macht, und der Grundton wird pessimistischer. Franz Wille beschrieb Rinkes Stücke als »hinterhältige Spiegel für alle, die sich darin betrachten ... Unterm plätschernden Gekräusel lauert das Riff.«

Rinkes Erstling *Der graue Engel* (1996) bildet insofern eine Ausnahme, als hier der utopische Gedanke noch völlig fehlt. Der »Monolog zu zweit« entwirft ein fiktives Bild der gealterten Diva Marlene Dietrich, die ihre Lebensgeschichte Revue passieren lässt, wobei offen bleibt, ob es sich tatsächlich um die berühmte Schauspielerin handelt oder um eine gewöhnliche Frau, die sich in der Retrospektive ein ungewöhnliches Leben erfindet. Stummer Ansprechpartner des Monologs ist der Diener Konstantin, der, fasziniert vom Mythos, die Erinnerungen des »Engels« begleitet. Das Stück greift stilistisch und dramaturgisch auf dramatische Vorbilder zurück und kann, wie Andrzej Wirth im Nachwort bemerkt, als ein »intelligentes Überschreiben (*rewrite*) von Beckett (*Happy Days*), Bernhard (*Die Macht der Gewohnheit*) und Genet (*Die Zofen*)« gelesen werden.

Mit seinem zweiten Stück, *Der Mann, der noch keiner Frau Blöße entdeckte* (1999), in dem er das Motiv vom Theater auf dem Theater variiert, beginnt Rinkes Hinwendung zur fantastischen Märchenkomödie vor gegenwartsbezogenem Hintergrund. Mitten in eine Theaterprobe von *Romeo und Julia* platzt Helmbrecht, ein Germane aus längst vergangener Zeit, der ein antiquiertes »Helogermanisch« spricht, aber auch des »Melogermanischen« mächtig ist. Helmbrecht ist ein Wesen von entwaffnender Naivität und Offenheit. Er umarmt wahlweise die Luft oder den Sonnenuntergang, gibt den Schneeflocken Namen und hat so ein »Sehnen nach dem Glück«. Im Verlauf der Handlung – Helmbrecht soll auf der Probe als Romeo einspringen, während draußen, in der Stadt, eine Art Bürgerkrieg tobt – verliebt sich der Germane in Anna, die Julia-Darstellerin, die von dem Fremdling zwar fasziniert ist, sich aus ihren gewohnten Strukturen jedoch nicht zu lösen vermag. Umgekehrt scheitert auch der Versuch, den Germanen zu »kultivieren«. Am Ende schreitet er, Anna auf den Armen, »der untergehenden Sonne entgegen«, während der Theaterbetrieb – personifiziert in dem Regieassistenten Felix – weitermacht, als sei nichts geschehen. In dem Nachfolgestück *Männer und Frauen* (1999), einer spielerischen Faust-Paraphrase, ist es der Engel Heinrich, den es aus einer fernen Sphäre in die Wirklichkeit verschlägt. Gott hat ihn auf die Erde geschickt, um dem Hirnforscher Martin Goldmann bei der Suche nach der richtigen Frau zu helfen. Die Suche misslingt. Ausgerechnet die verbotene Jenny will Goldmann haben. Auf die hat es jedoch auch der inzwischen von den Freuden des Irdischen deformierte Heinrich abgesehen, sodass es am Ende keine Lösung gibt, sondern nur in Gefühlsknäuel verstrickte Paare und Passanten auf den Spuren von Botho Strauß, in dessen Fußstapfen Moritz Rinke hier mit boulevardesker Leichtigkeit tritt.

In *Republik Vineta* (2000), dem letzten Teil der »Trilogie der Verlorenen«, planen ein paar dynamische Macher- und Managertypen die Entstehung eines neuen, idealen Staates auf einer unbewohnten Insel im Bottnischen Meerbusen. Versehen mit einem Themenpark der »untergegangenen Träume« soll die Republik Vineta zu einem Paradies der Menschheit werden. Als mit dem Architekten Färber ein neuer Mitarbeiter in das Projekt einsteigt, der mit revolutionären Thesen für die »Gegenmoderne« plädiert, bricht im Planungsstab ein Machtkampf aus. Das Stück endet, wie so oft bei Rinke, in der Desillusionierung: Vineta entpuppt sich als Seifenblase und das ganze Projekt als Beschäftigungstherapie für ein paar Männer, die unter die Räder der Marktwirtschaft gekommen sind. Mit *Republik Vineta*, diesem bissigen Stück über gesellschaftliche Utopien im Zeitalter von Turbokapitalismus und Globalisierung, feierte Rinke, »der kleine Prinz unter den deutschen Dramenschreibern« (Gerhard Stadelmaier), seinen bisher größten Erfolg. Gespaltener reagierte die Kritik auf *Die Nibelungen* (2002), Rinkes Neudichtung des Nibelungen-Stoffes für die Wormser Festspiele, in der er nicht ohne Ironie versuchte, »diese mythische Höhe – inklusive der schwierigen Rezeption – herabzusetzen und die *Nibelungen* wirklich ganz für mich selbst zu entdecken, so als hätte ich das auf Pergament geschriebene Lied von 1200 zufällig in einer Bibliothek gefunden«.

Christine Dössel

Werke: *Der graue Engel. Ein Monolog zu zweit*, UA Zür. 1996; *Der Mann, der noch keiner Frau Blöße entdeckte. Ein Schauspiel in vier Tagen* (*Trilogie der Verlorenen*, 1. Teil), UA Stg. 1999; *Männer und Frauen. Ein Schauspiel in 12 Bildern* (*Trilogie der Verlorenen*, 2. Teil), UA Hann. 1999; *Das Stockholm-Syndrom. Szenen für drei Schauspieler*, UA Bonn 1999; *Republik Vineta. Ein Stück in vier Akten* (*Trilogie der Verlorenen*, 3. Teil), UA Hbg. 2000; *Der Blauwal im Kirschgarten. Erinnerungen an die Gegenwart*, Bln. 2001; *Die Nibelungen*, Theaterst., UA Worms 2002, gedr. Reinbek 2002; *Trilogie der Verlorenen. Stücke*, Reinbek 2002.

Rinser, Luise, wurde am 30. 4. 1911 in Pitzling bei Landsberg/Lech als Tochter eines Volksschullehrers und Kirchenorganisten geboren. Sie verbrachte ihre Kindheit in verschiedenen oberbayerischen Orten, zu Ferienaufenthalten häufig im Kloster Wessobrunn, trat 1924 in München ins Volksschullehrerinnen-Seminar ein und machte 1930 Abitur. Ein Studium der Pädagogik und Psychologie schloss sie 1934 mit dem Staatsexamen ab und arbeitete anschließend vier Jahre lang als Lehrerin, bis sie der Entlassung wegen Nichteintritt in die NSDAP 1939 durch freiwilliges Ausscheiden aus dem Schuldienst zuvorkam. 1939 heiratete sie den Kapellmeister und Komponisten Horst Günther Schnell, der 1943 in einer Strafkompanie fiel. 1941 erschien ihr erstes Buch, die Erzählung *Die gläsernen Ringe*. Weitere Buchveröffentlichungen wurden ihr unter dem NS-Regime verboten.1944 ging sie eine Scheinehe mit dem Schriftsteller Klaus Herrmann ein, um diesen vor der Naziverfolgung zu schützen. Im selben Jahr wurde sie in Folge einer Denunziation wegen »Wehrkraftzersetzung« verhaftet und verbrachte mehrere Monate im Frauengefängnis Traunstein. Dem drohenden Todesurteil kam das Kriegsende zuvor. In ihrem 1946 veröffentlichten *Gefängnistagebuch* berichtete Rinser von dieser Haft. Von da an arbeitete sie als Schriftstellerin und Literaturkritikerin in München. 1954 bis 1959 war sie in dritter und letzter Ehe mit dem Komponisten Carl Orff verheiratet. Nach der Scheidung zog sie nach Rom, wo sie als Journalistin beim Zweiten Vatikanischen Konzil akkreditiert war. 1965 baute sie in Rocca di Papa bei Rom ein eigenes Haus, in dem sie die folgenden 30 Jahre hauptsächlich lebte. Diese standen im Zeichen einer beeindruckenden Produktivität in Genres wie Roman, Jugendbuch, Essay (*Unterentwickeltes Land Frau*, 1970), Tagebuchaufzeichnung und Reisebericht. Häufige Reisen führten sie insbesondere nach Nord- und Südamerika und in mehrere asiatische Länder. Kirchenkritische Äußerungen und Wahlhilfe für die SPD sowie ihr späteres Eintreten für pazifistische Bewegungen brachten ihr das Etikett einer »Linkskatholikin« ein. 1977 geriet sie als angebliche »Sympathisantin« der RAF-Terroristen in die Schlagzeilen, wurde jedoch offiziell rehabilitiert und erhielt das Große Bundesverdienstkreuz. 1984 wurde Rinser von der Partei der »Grünen« als Kandidatin für die Wahl zum Bundespräsidenten aufgestellt und unterlag Richard von Weizsäcker. Ihre letzten Lebensjahre verbrachte sie wieder vor allem in München. Am 17. 3. 2002 starb sie in Unterhaching. Eine Würdigung ihres Werkes erfuhr sie überwiegend im Ausland. So erhielt sie unter anderem in Italien 1979 den Premio Mediterraneo, 1980 den Premio Europa, 1988 den Giustina-Rocca-Preis und 1991 den Ignazio-Silone-Preis der Stadt L'Aquila, in der DDR 1985 die Johannes-Bobrowski-Medaille sowie 1987 den Heinrich-Mann-Preis. Doch auch »west«-deutsche Preise wurden ihr zuteil: 1952 der René-Schickele-Preis, 1975 der Christopherus-Jugendbuchpreis, 1979 die Roswitha-Gedenkmedaille der Stadt Bad Gandersheim und 1988 der Elisabeth-Langgässer-Literaturpreis der Stadt Alzey. Sie war Mitglied der Berliner Akademie der Schönen Künste und des deutschen P.E.N.-Zentrums.

Der Versuch einer Einordnung Luise Rinsers in die deutsche Literaturgeschichte sieht sich dem Problem einer fast völligen Abwesenheit seriöser literaturkritischer Beschäftigung mit ihrem Werk gegenübergestellt, auf die er zurückgreifen könnte. Die Ursachen hierfür liegen, mehr als im Werk Rinsers, in der Engführung des bundesdeutschen Literaturbegriffs nach dem Zweiten Weltkrieg, was in der Folge wiederum Rinsers Schaffen beeinflusst hat. Ein strenges ästhetisches Gebots- und Verbotssystem für die »literarische Moderne«, das in zunehmendem Maße von den Autoren der »Gruppe 47« und ihren kritischen Wegbegleitern verwaltet wurde, ein Misstrauen gegen den Realismusbegriff der emigrierten Epiker der Vorkriegszeit, die in der Bundesrepublik nicht mehr Fuß fassen konnten oder wollten (Feuchtwanger, Heinrich und Thomas Mann, Döblin, Zuckmayer, Zweig, Seghers etc.), womit eine Traditionslinie gekappt wurde, aber auch gegen diejenigen Autoren, die, in Deutschland geblieben, bereits vor dem Krieg veröffentlicht hatten – all dies ließ Luise Rinser ab den frühen Fünfzigerjahren weltanschaulich als christliche Schriftstellerin, ästhetisch als Vertreterin eines klassischen Realismus und schließlich als Frau, die einem ganzheitlichen Emanzipationsbegriff das Wort redete, rasch ins kritische Abseits geraten. Die hohe Wertschätzung, die sie als christliche Künstlerin von Anfang an zum Beispiel in Frankreich erfuhr, wo der »Renouveau Catholique« (Mauriac, Claudel, Bernanos) als gleichberechtigte literarische Strömung neben dem Existenzialismus herfloss, zeigt, dass es sich mehr um ein Problem deutscher Literaturrezeption handelt als um ein »Problem Rinser«. Das Dilemma des christlich fundierten Künstlertums von Luise Rinser bei der Kritik der Bundesrepublik hat Karl Rahner auf den Punkt gebracht. Er konstatierte »einen geheimen Anspruch der Hoffnung, der auch die Verzweiflung und Ratlosigkeit misst, als solche erfährt und darum weiß, dass sie nur das Vorläufige sind. Diese Vorentscheidung, die nie neutral zu rechtfertigen ist, sondern sich setzt als die eigene ›option fondamentale‹ und als Frage an die Entscheidung des andern und nur so ihre innere Evidenz hat, ist das eigentliche Ärgernis, die Torheit, die heute manche erbittert und gereizt macht. Das Vertrauen erregt Misstrauen, die Wahrheit erscheint als kindliche Dummheit, die Hoffnung als Naivität« (1970).

Die über 60 Jahre währende literarische Produktivität Luise Rinsers lässt sich in mehrere Phasen unterteilen: Auf die Debütjahre in Hitlerdeutschland und das Publikationsverbot folgt eine Periode des Neubeginns im Zeichen der Nachkriegsbeeinflussung durch angloamerikanische und französische Schreibmodelle, die von 1946 bis 1950 reicht und mit dem formal komplexen, mosaikartig aufgebauten Roman *Mitte des Lebens* (1950) schließt. Die folgenden 15 Jahre kann man als ihre »katholische Phase« bezeichnen: Romane wie *Daniela* (1953), *Abenteuer der Tugend* (1957), *Die vollkommene Freude* (1962) zeigen als Thema mit Variationen Frauengestalten, deren Selbstfindung als ein Über-sich-selbst-Hinauswachsen in eine als höher verstandene (christliche) Ordnung bzw. Entsagung dargestellt wird. Es folgt die Reifezeit Rinsers, in der zeitkritische Tagebücher (*Baustelle*, 1970) die Überhand über die Belletristik bekommen, das katholische Reflexionsmuster weitet sich in »kühnem ökumenischen Denkstil« (Kuschel, 1986) zu einem spirituellen Weltbürgertum. Schließlich das mit dem ersten Band ihrer Autobiografie (*Den Wolf umarmen*, 1981) einsetzende Spätwerk, das sich stilistisch durch ein gewisses Vertrocknen des Erzählfurors kennzeichnet und aus dem der Jesusroman *Mirjam* (1983) sowie durch ihre lakonische Form und geistige Abgeklärtheit einzelne Erzählungen (*Wie in einem Spiegel*) des Bandes *Geschichten aus der Löwengrube* (1986) herausragen, das allerdings auch mit zunehmender Zeit ein gewisses Nachlassen der intellektuellen Spannung, Wiederholungen der Motive und Meinungen sowie einen Hang zur Selbststilisierung mit sich bringt, ein Insistieren, das seinen Ursprung zum Teil in der selbst im hohen Alter nicht zugestandenen kritischen Anerkennung hat.

Vor den ersten von ihr autorisierten Werken wie der, ihren eigenen Angaben nach stilistisch an Ernst Jünger geschulten, aber eher den idyllischen Aspekten in Hermann Hesses Werk verpflichteten Kindheitsgeschichte *Die gläsernen Ringe* (1941), die die 30-Jährige als fertige Künstlerin zeigt, scheint es jedoch eine erst in den Achtzigerjahren publik gewordene Periode gegeben zu haben, in der die sehr junge Rinser mehrere in den Dunstkreis einer Nazidichtung gehörende Gedichte und Erzählungen in gleichgeschalteten Zeitschriften veröffentlicht hat, die sie jedoch später verleugnete. In ihrem ersten Buch sowie in allen später veröffentlichten Werken ist davon stilistisch und inhaltlich nichts mehr zu spüren, wenn auch zwei Konstanten in ihrem Schaffen die Verführbarkeit der Zwanzigjährigen erklären könnten: zum einen ihre werküberspannende Suche nach »geistigen Führergestalten«, die sich auch in ihrem Leben in Freundschaften zu »starken« Männern (Willy Brandt, Dalai Lama, Kim Il Sung, Karl Rahner etc.) manifestierte; zum anderen ein ebenso durchgängiger Elitismus ihrer Romanheldinnen, fast sämtlich zu einem besonderen Schicksal auserwählt und in der existenziellen Konsequenz ihres Handelns quasi übermenschlich anmutend.

Im Rahmen ihrer Prämisse, als eine von ethischen Gewissheiten ausgehende Autorin Inhalt, Fabel, Ausgang ihrer Romane nicht vernachlässigen zu können, hat sich Rinser als formal höchst experimentierfreudig erwiesen. Hier ist die Rückblendentechnik in *Mitte des Lebens* ebenso zu nennen wie die Erneuerung des Briefromans in *Abenteuer der Tugend*, ein Ausflug ins Krimigenre (*Der Sündenbock*, 1955), die Emanzipation einer Romanfigur von ihrem Schöpfer (*Ich bin Tobias*, 1967) bis hin zu einem Versuch surrealistischer »écriture automatique« (*Silberschuld*, 1987).

Aus dem fast unübersehbar großen und daher nicht immer auf einheitlichem Niveau stehenden, eine beeindruckende Bandbreite an Interessengebieten und Menschentypen behandelnden Werk ragen zwei Meisterwerke heraus, die bezeichnenderweise zu den Büchern gehören, in denen nicht Rinsers Gewissheiten herrschen, sondern eine existenzielle Unsicherheit, die zu einer literarisch höchst produktiven moralischen Mehrdeutigkeit führt. Beide, *Jan Lobel aus Warschau* (1948) und *Der schwarze Esel* (1974), sind miteinander verwandt, denn beide behandeln das Verhalten deutscher Durchschnittsmenschen während der NS-Zeit sowie die Lebenslügen der Bundesrepublik, visionär im Falle des frühen, illusionslos in dem des späten Buches. Hier wie überall in Rinsers Werk sind Frauen das »Agens« der Erzählung und so, als herausragende christliche Autorin und, damit zusammenhängend, als Vorreiterin einer genuin femininen Ästhetik muss Luise Rinser in der bundesrepublikanischen Literatur gewürdigt werden.

Michael Kleeberg

Werke: *Die gläsernen Ringe*, E., Bln. 1941; *Tier in Haus und Hof*, Kinderb., Bln. 1942; *Erste Liebe*, E., Mü. 1946; *Gefängnis-Tagebuch*, Mü. 1946; *Das Ohlstadter Kinder-Weihnachtsspiel*, Hsp., Mü. 1946; *Pestalozzi und wir*, Ess., Stg. 1947; *Pestalozzi*, Ausw., Hg., Stg. 1948; *Hochebene*, R., Kassel 1948; *Jan Lobel aus Warschau*, E., Kassel 1948; *Die Stärkeren*, R., Kassel 1948; *Martins Reise*, Jugendb., Zür. 1949; *Mitte des Lebens*, R., Ffm. 1950; *Sie* *zogen mit dem Stern*, Jugendb. u. Hsp., Mü. 1952; *Eine Weihnachtsgeschichte*, 1953; *Daniela*, R., Ffm. 1953; *Der Flötenengel*, Sp. 1953, auch Hsp., 1953; *Die Wahrheit über Konnersreuth*, Einsiedeln 1954; *Prinz Mandaly*, Hsp., WDR 1955; *Der Sündenbock*, R., Ffm. 1955, Fssp. 1965; *Ein Bündel weißer Narzissen*, En., Ffm. 1956; *Martha*, Hsp., 1957; *Abenteuer der Tugend*, R., Ffm. 1957; *Geh fort, wenn du kannst*, N., Ffm. 1959; *Magische Argonautenfahrt. Eine Einführung in die gesammelten Werke von E. Langgässer*, Hbg. 1959; *Der Schwerpunkt*, Ess., Ffm. 1960; *Nina*, R. (*Mitte des Lebens* u. *Abenteuer der Tugend*), Ffm. 1961; *Die vollkommene Freude*, R., Ffm. 1962; *Ich weiß deinen Namen*, St., Würzburg 1962; *Vom Sinn der Traurigkeit*, Zür. 1962; *Weihnachtliches Triptychon*, En., Zür. 1963; *Septembertag*, E., Ffm. 1964; *Die Kraft zu leben*, 1964; *Über die Hoffnung*, Traktat 1964; *Ich bin Tobias*, R., Ffm. 1966; *Gespräche über Lebensfragen*, Würzb. 1966; *Hat Beten einen Sinn?*, Zür. 1966; *Können Sie zuhören? Gespräche*, 1966; *Zölibat und Frau*, St., Zür. 1967; *Laie, nicht ferngesteuert*, Zür. 1967; *Jugend unserer Zeit*, Fotobd., Würzb. 1967; *Gespräche von Mensch zu Mensch*, Würzb. 1967; *Von der Unmöglichkeit und der Möglichkeit heute Priester zu sein*, Würzb. 1968; *Fragen – Antworten*, Würzb. 1968; *Nach seinem Bild*, Fotobd., zus. m. O. Kettenberger, Zür. 1969; *Baustelle. Eine Art Tagebuch*, Ffm. 1970; *Unterentwickeltes Land Frau*, Ess., Würzb. 1970; *Grenzübergänge. Tagebuch-Notizen*, Ffm. 1972; *Nicht Lob – noch Furcht*, Fssp., 1972; *Philemon*, Theaterst., n. J. Bidermann, UA Wien 1973; *Hochzeit der Widersprüche. Briefantworten an Leser*, Percha 1973; *Dem Tod geweiht? Lepra ist heilbar!*, Ber., Percha 1974; *Der schwarze Esel*, R., Ffm. 1974; *Wie, wenn wir ärmer würden oder Die Heimkehr des verlorenen Sohnes*, Percha 1974; *Hallo Partner. Zeige mir, wie du dein Auto lenkst, und ich sage dir, wie (wer) du bist*, Percha 1975; *Bruder Feuer*, Jugendb., Stg. 1975; *Leiden, Sterben, Auferstehen*, Aufs., Würzb. 1975; *Wenn die Wale kämpfen. Porträt eines Landes: Süd-Korea*, Percha 1976; *Der verwundete Drache. Dialog über Leben und Werk des Komponisten*, zus. m. Isang Yun, Ffm. 1977; *Kriegsspielzeug. Tagebuch 1972–1978*, Ffm. 1978; *Das Geheimnis des Brunnens*, Jugendb., Stg. 1979; *Khomeini und der islamische Gottesstaat*, Percha 1979; *Mit wem reden?* Jugendb., Stg. 1980; *Mein Lesebuch*, Anth., Hg., Ffm. 1980; *Nordkoreanisches Reisetagebuch*, Ffm. 1981; *Die rote Katze*, E., Ffm. 1981; *Den Wolf umarmen*, Autobiogr., Ffm. 1981; *Winterfrühling 1979–1982*, Ffm. 1982; *Kinder unseres Volkes*, Fssp., 1983; *Mirjam*, R., Ffm. 1983; *Wer wirft den ersten Stein? Zigeuner in Deutschland*, Stg. 1985; *Im Dunkeln Singen. 1982–1985*, Ffm. 1985; *Das Squirrel*, Kinderb., Stg. 1985; *Die Aufgabe der Musik in der Gesellschaft von heute*, Vortr., Ffm. 1986; *Geschichten aus der Löwengrube*, Ffm. 1986; *Silberschuld*, R., Ffm. 1987; *Ort meiner Kindheit: Wessobrunn*, Freiburg./Br. 1987; *Lasst mich leben. Frauen im Knast*, Hg., Hagen 1987; *Die sieben letzten Worte unseres Erlösers am Kreuz*, Hildesh. 1987; *Wachsender Mond. 1985–1988*, Ffm. 1988; *Drei Kinder und ein Stern*, Sp., Stg. 1988; *Detektivin Susi löst einen ungewöhnlichen Fall*, Hsp., Rundf. d. DDR 1989; *Abaelards Liebe*, R., Ffm. 1991; *Äskulap*, Hsp., DKS 1992; *Wir Heimatlosen 1989–1992*, Ffm. 1992; *Fließendes Licht*, Pr., München 1993; *Gratwanderung. Briefe*, *Mü.* 1994; *Saturn auf der Sonne*, Autobiogr., Ffm. 1994; *Mitgefühl als Weg zum Frieden*, B., Bln., Mü. 1995; *Leben im Augenblick*, Pr., Mü. 1996; *Der Engel lügt*, Pr., Mü. 1997; *Kunst des Schattenspiels 1994–1997*, Ffm. 1997; *Reinheit und Ekstase*, zus. m. Hans Christian Meiser, Pr., Mü. 1998; *Bruder Hund*, Pr., Mü. 1999; *Aeterna*, zus. m. Hans Christian Meiser, R., Ffm. 2000; *Zauberworte für den Mut*, Pr., Mü. 2002.

Rock, Zé Do, wurde am 3. 6. 1956 als Sohn eines Buchhalters in Porto Alegre/Brasilien geboren. Seine Familie hat deutsche, litauische und russische Wurzeln. Do Rock ging vielen Tätigkeiten nach, arbeitete in Reisebüros, als Verkäufer von Enzyklopädien, Möbelpacker, Lkw-Fahrer, Fließbandarbeiter, Küchenhilfe, Gigolo, Film-Statist und als Fernsehturmmontagechef in Afrika. Seine zahlreichen Reisen (fast dreizehn Jahre verbrachte er trampend) führten ihn nach Asien, Europa, Afrika und Australien; nachdem ihm in Ecuador sein Ausweis gestohlen worden war, wurde er am Amazonas der Spionage verdächtigt und für zwei Monate inhaftiert. Zé Do Rock pflegt heute einen etwas sesshafteren Lebensstil und wohnt in München. 1996 erhielt er den Münchner Förderpreis und ein Aufenthaltsstipendium in Schloss Wiepersdorf, 2001 den Pfefferbeißer-Satirepreis, 2002 das Literaturstipendium des Märkischen Kreises.

Einer breiteren Öffentlichkeit bekannt wurde er erstmals mit dem Film *No Elephants*, den Zé Do Rock ohne professionelle Ausrüstung mit einem Freund in Deutschland gedreht hatte. Den Titel erklärt der Autor aus der Tatsache, dass in dem Film keine Elefanten zu sehen sind. Wegen seines abgründigen Humors wurde der Film gelobt, die technische Qualität jedoch bemängelt. *No Elephants* wurde auf verschiedenen Festivals präsentiert.

Vom Winde ferfeelt (1995), Do Rocks erstes Prosa-Werk, spottet allen Versuchen einer gattungsspezifischen Einordnung. Ein erlebnissatter, autobiografischer Roman und Reisebericht verbindet sich hier auf originelle Weise mit einem orthografischen und linguistischen Traktat. Der Text beginnt in konventioneller deutscher Grammatik und Orthografie, um kapitelweise Do Rocks »Ultradeutsch« einzuführen und am Ende gänzlich in dieser Sprache geschrieben zu sein. »Ultradeutsch« ist Zé Do Rocks Alternative zu »Schwerdeutsch«, wie er die standardisierte deutsche Sprache nennt. Pointiert und scharfsinnig zeigt er, wo die deutsche Aussprache, Grammatik und Orthografie unlogisch ist –

der distanzierte Blick des Nicht-Muttersprachlers hat hier etwas Sezierendes. Vorschläge zur Simplifizierung, Verdichtung und Vereinheitlichung haben Do Rock zur Erfindung seiner Schreibreform inspiriert. »Liebe Leserinnen und Leser« wird zum Beispiel vereinfachend zu »liebe lesi« transformiert, die Großschreibung entfällt komplett. In *UFO in der küche* (1998) hat Zé Do Rock seine Abwandlung des Deutschen, »Ultradeutsch«, zu »Wunschdeutsch« gemäßigt: Auf seinen Performances hatte er das Publikum über mögliche Änderungen von Sprachregelungen mitabstimmen lassen; diese Vorschläge wurden nun in »Wunschdeutsch« berücksichtigt. *UFO in der küche* ist der Versuch eines »autobiografischen Science-Fiction«-Romans. Wieder einmal kommt Do Rocks Gespür für groteske Situationen, für narrenhaftes Personal, das ernste Inhalte mit clowneskem Charme aussprechen darf, zum Tragen.

Auch Do Rocks neuestes Buch *deutsch gutt sonst geld zuruck* (2002) widmet sich wieder der ulkhaften Erforschung der deutschen Sprache. Die englische Sprache nahm Zé Do Rock dabei ebenfalls unter die Lupe und erfand eine Sprachreform, die er »zinglish« (von Zé-inglish) nennt.

Tanja Dückers

Werke: *No Elephants*, Film, zus. m. Christoph Konrad, 1987; *fom winde ferfeelt*, Pr., Bln. 1995; *UFO in der Küche*, Pr., Lpz. 1998; *deutsch gutt sonst geld zuruck*, Pr., Mü. 2002.

Röckel, Susanne, wurde am 14. 6. 1953 in Darmstadt geboren. Sie studierte Germanistik und Romanistik in Berlin. Von 1978 bis Mitte der Achtzigerjahre arbeitete sie für die Zeitschrift »Filmkritik«. Von September 1997 bis Juli 1998 lebte sie in Schanghai und lehrte Deutsch an der dortigen Universität. Sie arbeitet auch als Übersetzerin, teilweise unter dem Pseudonym Anne Spielmann. Röckel lebt in München. Für ihr Erzähldebüt *Palladion* wurde sie 1988 mit dem Gerhard-Fritsch-Preis geehrt. 1989 erhielt sie den Förderpreis des Freistaats Bayern für Literatur, 1994 ein Stipendium im Künstlerhaus Schloss Wiepersdorf, 1998 den Mara-Cassens-Preis des Hamburger Literaturhauses und 1999 den Tukan-Preis der Stadt München.

»Immer wieder schreibe ich über lebensuntüchtige Figuren. Sie bringen sich meistens um oder werden wahnsinnig«, sagt Susanne Röckel im Interview. Schon die Protagonistin ihrer ersten Erzählung *Palladion* (1988) führt sie geradewegs in den Tod: Etwas Unheimlich-Bedrohliches schwebt über ihrer Ankunft »auf irgendeinem Bahnhof«. Als sei sie auf der Flucht. »Sie«, eine 15-Quadratmeter-Existenz, die mit ihrem Job als Sekretärin am Institut für klassische Altertumskunde zumindest einen Nachnamen bekommt: Mannhart. Doch die Fassade der Normalität beginnt bald zu bröckeln. Mannharts Chef, Professor Leopold Aufhalter, mehr Träumer als Wissenschaftler, wird aus dem Institut gemobbt. Parallel dazu beginnt ihr Abstieg. Sie spielt, verspielt ihr ganzes Geld, häuft Schulden an, wird obdachlos. In ihrem Spiellokal *Palladion* wird sie in eine Schlägerei verwickelt und tödlich verletzt. Susanne Röckel erzählt vom Scheitern, von Außenseitern, von Verletzung und Obsession, vom Fremdsein in einer unbarmherzigen Welt. Immer wieder variiert sie diese Themen in ihren Arbeiten, wählt dafür eine eindringlich-knappe, distanzierte, aber sehr elegante Sprache mit zwingendem Rhythmus. Hohe Präzision zeichnen ihre detailreichen Beschreibungen aus, virtuos beherrscht sie die kühne Verwendung von Adjektiven. Auch die beiden folgenden Erzählbände *Der Kimonofärber* (1990) und *Der Käfig* (1994) sind Erkundungszüge durch die Innenwelten der Figuren, in einem fast kafkaesken Ton. Die Autorin führt sie in Grenzbereiche, weist ihnen (Aus-)Wege, lässt kleine Siege zu, treibt sie dabei immer weiter dem unvermeidlich scheinenden Untergang entgegen. 1997 erschien ihr hoch gelobter Roman *Eschenhain*. In einem frisch renovierten Gründerzeitbau am Stadtrand, der einst als Irrenanstalt diente, wächst Lissi auf, erkundet voller Tatendrang das »geisterhafte Labyrinth« von Eschenhain, über dem eine »körperlose Stille« liegt. Die Mutter flüchtet sich in Krankheit, der Vater sucht Befreiung in der Arbeit. Es ist eine bizarre, »dünnlippige, zahnlose, welke« Welt aus Erinnerung, Vergänglichkeit und Tod, die schwer auf den Bewohnern lastet. Lissy will dieser Welt entfliehen, hängt sich an den Knecht Hannes, der einen aussichtslosen Arbeitskampf kämpft, heiratet Ludwig, ein Ebenbild des Vaters, und begeht auf der Hochzeitsreise Selbstmord. Immer wieder wechselt Röckel den Blickwinkel, entblättert ihre Geschöpfe, offenbart ihr Fühlen und Denken, insistiert auf ihrer Handlungsunfähigkeit, ihrer Hilflosigkeit, und webt dabei mit beeindruckender Sprachkraft ein dichtes Beziehungsgeflecht. Bezüge zu ihren vorausgegangenen Erzählungen (Märchen-Struktur, Motive wie Spiegel, Stadt, Käfig) sind deutlich, Franziskus könnte ein Bruder des Mörders Kilian (*Der Käfig*) sein. Das ausgeprägte Formenspiel (Novelle,

Märchen, Mythos) ihrer Erzählungen wiederholt und steigert Röckel in der Sammlung *Chinesisches Alphabet* (1999), in der sie das »Übermaß an Eindrücken« während ihrer Zeit als Deutschdozentin Ende der Neunzigerjahre in Schanghai wiedergibt. Von A wie Ausländer bis Z wie Ziehnudeln ordnet sie ihre Impressionen und Gedankensplitter, verknüpft Beobachtungen mit Assoziationen und kleidet sie in Glossen, Reportagen, Träume, Briefe, Kurzgeschichten, Pamphlete. So vielschichtig Röckel ihre Sprachkunst unter Beweis stellt, so eindeutig zeigt sie sich bei der Namensgebung ihrer Figuren, sofern diese nicht »er«, »sie« und »ich« sagen oder nur einen Vornamen tragen: Klamm heißt beispielsweise die Blaustrumpf-Lehrerin aus der Erzählung *Der Wiedergänger* (*Der Käfig*), Schreier der Anwalt aus *Der Schädel* (ebd.). *Aus dem Spiel* (2002) erzählt wieder von einem Abstieg: dem des Geschäftsmanns Walter Staub, der aus seiner Arbeit, seinem Leben gedrängt wird, aber keine Kraft hat, sich gegen die systematische Auflösung dieser Welt zu wehren. Er nimmt sein Scheitern wahr, ist aber unfähig, es zu begreifen.

Anja Witzke

Werke: *Palladion*, E., Salzb. 1988; *Der Kimonofärber*, En., Salzb. 1990; *Rebekka Göpfert (Hg.): Ich kam allein. Die Rettung von zehntausend jüdischen Kindern nach England 1938/39*, Übs., Mü. 1991; *Bernd Heinrich: Ein Forscher und seine Eule*, Übs., Ffm. 1993; *Der Käfig*, En., Mü. 1994; *Eschenhain*, R., Mü. 1997; *Chinesisches Alphabet. Ein Jahr in Shanghai*, Mü. 1999; *Lisa Jardine: Der Glanz der Renaissance. Ein Zeitalter wird entdeckt*, Übs., Mü. 1999; *Antonia S. Byatt: Stillleben*, Übs., zus. m. Melanie Walz, Ffm. 1999; *Paula Fox: Kalifornische Jahre*, Übs., Mü. 2001; *Aus dem Spiel*, R., Mü. 2002; *Paula Fox: Lauras Schweigen*, Übs., Mü. 2002; *Christian Jacq: Die Herrscherin vom Nil*, Übs., Mü. 2002; *Paula Fox: In fremden Kleidern*, Übs., Mü. 2003.

Roes, Michael, wurde am 7. 8. 1960 in Rehde am Niederrhein geboren. In Berlin studierte er Psychologie, Philosophie und Germanistik und promovierte mit einer Arbeit über das »Sohnesopfer«. Nach zweijähriger Arbeit als Regie- und Dramaturgieassistent an der Schaubühne Berlin reiste er nach Israel und lernte in der Wüste Negev das Leben der Beduinen kennen. Im Rahmen eines eineinhalbjährigen Forschungsaufenthalts verbrachte er mehrere Monate in der größten Sandwüste der Welt, Rub' Al-Khali. In den letzten Jahren unternahm Roes zahlreiche Reisen nach Amerika, wo er in den Indianerreservaten des Staates New York auf Spurensuche ging. 1993 erhielt Roes den Else-Lasker-Schüler-Förderpreis, im gleichen Jahr wurde er Fellow am Budapester Institut für Advanced Studys. 1997 erhielt Roes den Bremer Literaturpreis.

Michael Roes hebt sich von anderen Autoren nicht nur durch seine ungewöhnliche Themenwahl, sondern auch durch eine beeindruckende Genrevielfalt ab. Exotische Schauplätze, Figuren mit ungewöhnlichenen Biografien (wie die indianische Ethnologin aus *Der Coup der Berdache*, 1999) oder reiseberichtartige Episoden sind integraler Bestandteil seiner Arbeiten. Roes' Interesse am Essay, Dokumentarfilm und an der Zusammenarbeit mit ausländischen Künstlern zeugt von seinem Wunsch nach einer stets objektivierbaren Grundlage seines Arbeitens; sein soziologisch und ethnologisch geschulter Blick und die Genauigkeit seiner Recherchen bilden die Voraussetzung für die Entwicklung fiktionaler, utopischer und poetischer Momente. Sowohl im Finden wie auch im Erfinden, in der Verknüpfung von Realem und Erdachtem hat Roes seine Könnerschaft bewiesen.

Auf den Weg in die größte Sandwüste der Welt machen sich in Roes' 1996 erschienenem Roman *Das Leere Viertel – Rub' Al-Khali* Ende des 18. Jahrhunderts vier Reisegefährten aus Weimar. Die Ergründung des Geheimnisses der mosaischen Gesetzestafeln ist Motiv ihrer abenteuerlichen Expedition. Alois Schnittke, der als Chronist der Gruppe fungiert, berichtet spannungsreich von Sandstürmen, Beduinenüberfallen, der Königin von Saba, Kurtisanen, nächtlichem Leichenraub und schließlich dem Tod seiner Reise-Gefährten.

In *Der Coup der Berdache* (1999) wendet sich ein Polizeipsychologe Hilfe suchend an zwei Informanten: an die Drag-Queen Elektra und an eine indianische Ethnologin, von denen er sich Aufschluss über die Rituale des Geschlechterrollenwechsels und über den Mord in einem Nachtklub erhofft – denn es besteht Unklarheit über das Geschlecht des Mörders. Der mit Thrillerelementen ausgestattete Roman wechselt spannungsreich die Erzählebenen: Dem Leser werden Tagebuchauszüge des Polizeipsychologen, intime Geständnisse der Drag-Queen und Kindheitserinnerungen der Ethnologin dargeboten. Schauplatz dieser hinter dem Kriminalromanhaften evident werdenden Suche nach Identitäten ist die fiktive Stadt New Leyden.

In *Haut des Südens* (2000) begibt sich ein junger Mann auf eine Mississippi-Reise, um auf den Spuren der großen amerikanischen Erzähler Faulkner, Melville, Hemingway und Twain zu wandeln. Doch diese in fünf Kapiteln geschilderte Fahrt ist alles andere als eine nostalgische Bildungsreise. Die Personen, denen der Protagonist begegnet, und die Erlebnisse, die ihm widerfahren, besitzen eine eigentümliche Nähe zu den Gestalten und Handlungsverläufen der großen Werke der alten Meister. Geschickt verwebt Roes verschiedene Zeitebenen und lässt die Vergangenheit immer wieder in die Gegenwart durchscheinen. Schon der Titel des Buchs reflektiert die Bedeutung der Hautfarbe in der Südstaatenwelt, den Unterschied zwischen Schwarz und Weiß. Der Protagonist selbst leidet an einer lästigen Hautkrankheit, die in ihren verschiedenen Stadien mit Schuppen, Abschürfungen und Pusteln als sichtbares Äquivalent der inneren Verwandlung des Erzählers gedeutet werden kann, den Erzähler aber auch als Stigmatisierten von den anderen Weißen absetzt und den Erfahrungen der Schwarzen näher rückt.

Die Handlung des Romans *David Kanchelli* (2001) ist im Jahr 2023 angesiedelt. In der Manier eines Polit-Thrillers mit utopischen Elementen werden Mentalität und Charakter zweier Brüder gegeneinander ausgespielt: Ephraim Kanchelli ist Präsident der puritanischen Weltmacht »Union«, sein Bruder David, ein genießerischer Träumer, ist wegen Hochverrats zum Tode verurteilt. Ephraim als Staatsoberhaupt obliegt die Aufgabe, dieses Urteil zu bestätigen oder aufzuheben. David wiederum schließt sich mit der von der »Union« unterdrückten Bevölkerung eines anderes Staates zu einem bewaffneten Aufstand gegen die eigene Regierung zusammen. Bevor die Rebellen aktiv werden können, wird David gefangen genommen. *David Kanchelli* ist ein groß angelegtes Gesellschaftstableau, in dem Fragen nach Moral und Gerechtigkeit, nach Individuum und Kollektiv, nach Macht und Missbrauch gestellt werden.

Tanja Dückers

Werke: *Aufriss*, Theaterst., UA Koblenz 1991; *Lenau*, Hsp., NDR 1988, N., als Privatdr. 1989; *Nah Inverness*, Monolog, NDR 1991; *Jizchak – Versuch über das Sohnesopfer*, Ess., Bln. 1992; *Cham*, Theaterst., UA Köln 1993, gedr. Bln. 1993; *Lleu Llaw Gyffes*, R., Bln. 1994; *Abdallah und Adrian*, Dok.-Film, Jemen 1995, *Rub' Al-Khali – Leeres Viertel*, R., Ffm. 1996; *Durus Arabij – Arabische Lektionen*, G., NDR 1995, Vertonung v. Amos Elkana, Bln., als Liederzyklus, UA Tel Aviv 1998, gedr. Ffm. 1998; *Madschnun Al-Malik/Der Narr des Königs*, Theaterst., u. d. T. *Schelmenstück*, Ffm. 1997, UA Düsseldorf 1998; *Der Coup der* Berdache, R., Bln. 1999; *Haut des Südens – eine Mississippi-Reise*, R., Bln. 2002; *David Kanchelli*, R., Bln. 2001; *Someone is Sleeping in my Pain*, Film, UA New York 2002.

Röggla, Kathrin, wurde am 14. 6. 1971 in Salzburg geboren. 1992 erfolgte der Umzug nach Berlin, sie studierte von 1989 bis 1998 Germanistik und Publizistik und lebt heute als freie Autorin in Berlin. Ausgezeichnet wurde sie 1992 mit dem Salzburger Landesliteraturpreis, 1993 mit dem Open-Mike-Preis, 1995 mit dem Meta-Merz-Preis sowie dem Reinhard-Priessnitz-Preis, 2000 mit dem »Kolik«-Literaturpreis, 2001 mit dem Alexander-von-Sacher-Masoch-Preis und dem Italo-Svevo-Preis.

Ihre Texte sind pure Bewegung. Die Wörter purzeln und hüpfen frech und kleingeschrieben in die Welt, alles Vertraute wird gewendet, der erste Prosaband heißt so konsequent wie rätselhaft *Niemand lacht rückwärts* (1995). In diesen Körpertexten fahren Züge durch Rümpfe, die wiederum klaglos Arme und Beine verlieren; die Allerweltsnachrichten berieseln mit ihren Wortschablonen und Konfektionen ein sich selbst ausprobierendes Leben, es flirrt und flimmert, wirbelt und taumelt, dass man ganz nervös und schwindlig wird. Die Bilder scheinen in Aufruhr, geben sich widerspenstig, alles wird ausprobiert. Mit diesen kurzen Texten erweist Kathrin Röggla, einst jüngstes Mitglied der Salzburger »Literaturwerkstatt«, den Dadaisten und allen Spracharbeitern ihre Reverenz, später werden als Bezugspunkte Schmidt und Schwitters, Jelinek und Mayröcker genannt. Mit ihrem ersten Roman *Abrauschen* (1997) saust sie mit ungewöhnlich frecher Sprachartistik und -komik durch die Kinderstube der Wohlstandszöglinge. »Losheizen durch die selbstprärie«, den Eltern in Salzburg die Gartenzwerge um die Ohren schlagen, mit Kind und einem Erzeuger, der sich wieder »vertschüßt«, nach Berlin getanzt zu sein und am Ende ist sie »doch nur ein gefrierfach weitergekommen« – das sind Klänge einer »lost generation«, Desillusion nach dem Motto: »sagen tut man viel, abspielen tut sich dann die hälfte und im endeffekt ist nie etwas gewesen«. Geschickte Bewegungen in Sprache und Spiel, ein schneller Rhythmus, »ein unentwegtes Crossover von Slang, Straßenstimmen, Wortspielen und Poesie« (Uwe Pralle) kennzeichnen eine Fusion-Prosa, die den selbst ernannten Pop-Päpsten Beine machen könnte.

In ihrem dritten Buch herrscht *Irres Wetter* (2000) in Berlin-Mitte, die Polkappen schmelzen in der Stadt und man ringt nach »freiluft«. Überall gibt es Anzeichen von Veränderung und Auflösung, man empfindet Mattigkeit und würde lieber wie Pan Tau am Hut drehen oder den Geldautomaten zum Altar erklären dürfen. Die Stadt schimmert »sony-trunken« in einer »golf-gti-nacht« mit »h&m-geeichten« Menschen, allgemeine »materialermüdung« macht sich breit. »ach, wie kenne ich alle hypes«, seufzt die Erzählerin und wirft alle Rettungsringe Sinn stiftenden Erzählens über Bord. Genervt von Realismusdiskussionen und Partyliteraturen gibt sie ihrer Ratlosigkeit und Wut freien Raum. Ihre Mini-Topografien der Wohnstuben, Kneipen und Klubs von Berlin reflektieren diese Lebensgefühl- und Raum-Metamorphose in einem dissoziierenden, sich eher an Begriffen als an Bildern abarbeitenden Zornesausbruch. Risse, Grenzen und Trennungslinien markieren inhaltlich wie formal die Texte, eruptive Bewegungen werden immer wieder, fast aggressiv, gestoppt. Vieles ist (noch) schwer zu benennen, denn die »dinge selbst sind ja undicht«. Wo der Sprachvorrat erschöpft ist, greift sie zur Selbsthilfe: »eurofitness«, »kontoeinzugsmilieu« und »zielfernsehen« zum Beispiel. In diesem Sinne trägt Rögglas präzise beobachtender, zuweilen sarkastischer Text auch moralische Töne in sich. Röggla wählt für ihre wirbelnde Stadt-Land-Mensch-Diagnose die Perspektive des aktiven Betrachters, durch den die Dinge, wie Geld, regelrecht hindurchgehen und damit sein (Sprach-)Bewusstsein verändern. Das macht auch die Qualität dieses fordernden Textes aus, »hier kannst du kulturell echt was abgreifen«.

Als am 11. September 2001 der Angriff auf das World Trade Center erfolgte, weilte Röggla als Stipendiatin in New York. Sie begann zu fotografieren und sich Notizen zu machen, schaute Fernsehen. Entstanden ist eine Mischung aus Reportage und Tagebuch mit reflexiven Passagen. Ihr *really ground zero* (2002) misstraut der eigenen Wahrnehmung, dem Sog der Sensationslust, der geringen Distanz. Im bewusst nüchternen Protokollstil versucht Röggla die Aura des Unmittelbaren konsequent zu zerstören und die Details sprachlich zu erfassen. Sie wollte nicht den »schönen Sound« (Thomas Meinecke) zu den Schreckensbildern liefern, wo es doch allen anderen die Sprache verschlagen hatte. *Fake Reports* (2002), ihr erstes Theaterstück, nimmt diesen Text zur Grundlage, splittet ihn in sechs Rollen auf, die konjunktivisch Distanz zum Geschehen und zu den eigenen Emotionen herstellen sollen. Der Text richtet sich gegen die Macht der medialen Bilder – »wirklich im Fernsehen gesehen« – und versucht im Stimmengewirr eher Fragen zu stellen, als »authentische« Antworten zu bekommen.

Thomas Kraft

Werke: *Niemand lacht rückwärts*, Salzb. 1995; *Abrauschen*, R., Salzb. 1997; *Hochdruck/dreharbeiten*, Hsp., BR 1999; *nach mitte*, Hypertext, 1999; *Irres Wetter*, Salzb. 2000; *soundstorys/materialmeeting: Ein Riesen Abgang*, Hsp., BR 2000; *Selbstläufer*, Hsp., BR 2000; *das firmenwir*, Hsp., DLR 2001; *really ground zero. 11. September und Folgendes*, Ffm. 2001; *Fake Reports*, Theaterst., UA Wien 2001; *really ground zero – anweisungen zum 11. september*, Hsp., BR 2002; *nach Köln*, Hsp., BR 2002.

Rosei, Peter, wurde am 17. 6. 1946 in Wien als Sohn eines Friseurs und späteren Eisenbahnbeamten und der Inhaberin eines Milchgeschäfts geboren. Sein jüngerer Bruder ist der Bildhauer und Zeichner Franz Rosei, der einige seiner Bücher illustriert hat. Nach der Matura studierte Rosei an der Universität Wien Rechtswissenschaften, bestand sein Examen mit Auszeichnung und promovierte 1968 mit einer Arbeit über römisches Recht. Nach dem Wehrdienst war er Kunsthändler und zwischen 1969 und 1971 Sekretär des Wiener Malers Ernst Fuchs. Danach leitete er für ein Jahr einen Wirtschaftsverlag. Seit 1972 ist er freier Schriftsteller. Bis 1975 lebte er in Wien, dann in Bergheim bei Salzburg, seit 1981 wieder in Wien. Er wurde mit zahlreichen Preisen ausgezeichnet, u.a. 1972 mit dem Österreichischen Staatsstipendium für Literatur, 1973 mit dem Rauriser Literaturpreis, 1986 mit dem Elias-Canetti-Stipendium, 1993 mit dem Franz-Kafka-Literaturpreis, 1996 mit dem Großen Preis der Stadt Wien und 2000 mit dem Anton-Wildgans-Preis.

Landstriche (1972), Roseis erstes Buch, trägt einen für sein Werk exemplarischen Titel. Es erzählt exakt und bildkräftig vom Land und Landleben, aber nicht idyllisierend, sondern vor allem von der kargen Existenz, die stets gegen eine gleichgültige oder feindliche Natur erkämpft werden muss, die die Menschen selbst zur Gewalt verbiegt. Auch *Wege* (1974) zeigt die Menschen einer übermächtigen Natur hilflos ausgesetzt, schwankend zwischen Gleichgültigkeit und Ausbrüchen von blindem Hass, zu Zerstörungsakten getrieben, so wie die beiden Brüder in *Franz und ich* (1985), die nicht einmal vom Vater loskommen, als sie ihn gemeinsam erschlagen haben. Das Elend hört nie auf, denn die Natur lässt sich in Roseis Texten nicht besiegen, sie lässt sich auch nicht bewohnen, obwohl sie Züge eines zeitlosen Arkadiens trägt. Man kann sich der Natur, die dadurch einen seltsamen lebensfeindlichen Aspekt bekommt, nur noch unterwerfen und sich selbst, auch die eigene Psyche, zerstören. In *Bei schwebendem Verfahren* (1973) zeigt Rosei den Allmachtsanspruch der Gesellschaft, indem er im Rückgriff auf Kafkàsche Metaphern von einem Ministerium erzählt, in dem ein großes neues Gesetzbuch erarbeitet wird. Vor allem das in sich kreisende schlüssige Wahnsystem der Bürokratie, die Dumpfheit der untergeordneten Mitarbeiter und die Hybris der höheren Angestellten werden dargestellt; der Roman schließt mit einem Feuer, das das Ministerium und seine Scheinrationalität in einem kreatürlichen Rausch zerstört.

Als wenn sich Rosei mit diesem Text befreit hätte, änderte sich seine Prosa. In zwei langen Texten, *Entwurf für eine Welt ohne Menschen. Entwurf zu einer Reise ohne Ziel* (1975), beschreibt er detailliert eine karge, bis auf den Erzähler menschenleere und deswegen nicht bedrohliche Natur, durch die sich der Erzähler bewegt, und, im zweiten *Entwurf*, den parabelhaften Weg einer Gruppe von Menschen durch Landstriche und Orte. In den folgenden Texten geht Rosei noch genauer auf die Zersplitterung der Welt ein. In virtuoser Montagetechnik von Fragmenten aus den unterschiedlichsten Genres (Traum, Fantasie, Zitat) und ohne objektivierende Distanzierung erzählt er, indem er sich in Saint-Exupéry, Stevenson und Till Eulenspiegel versetzt, vom *Fluss der Gedanken durch den Kopf* (1976), in dem sich keine feste Wirklichkeit mehr ergeben will, kein fester Bezugsrahmen, keine Gültigkeit, sondern nur noch Chaos und ein sich in Bewusstseinssplitter zerfaserndes Ich. Rosei nannte diese Prosa *Logbücher*, mit deren Hilfe er die Wirklichkeit durch seine literarischen Vorbilder wahrnehmen will. In einem Rückgriff auf die Geschichte Edgar Allan Poes beschreibt Rosei in seinem kriminalistisch-fantastischen Roman *Wer war Edgar Allen* (1977) einen Drogensüchtigen, der in Venedig einen geheimnisvollen Mann namens Edgar Allan trifft und von ihm fasziniert ist, ihn aber nie fassen kann. Poetisch und düster erzählt, sind Identitätszweifel, Ich-Auflösung, sich steigernde Verunsicherung über die eigene Existenz und das romantische Motiv des Doppelgängertums die beherrschenden Themen des Buches. Auch in seinem Roman *Von Hier nach Dort* (1978) schildert Rosei Bewusstseinszustände zwischen Realität und Wahn, hier lässt sich die Wirklichkeit ebenfalls nicht sicher erschließen, sondern nur in Ausschnitten andeutend erzählen. Selten gibt es kurze Beschreibungen eines flüchtigen und intensiven, aber auch vagen Glücks, deutlich an Robert Walser angelehnt. Ein weiteres Außenseiterschicksal wird in *Das schnelle Glück* (1980) erzählt: Ein Arbeitsloser, von der Gesellschaft ausgestoßen und psychisch verunsichert, fällt immer mehr aus der Konvention der Sprache heraus und erlebt nur kurze Schübe von Wahrnehmungsrausch, ist ein Rätsel und nicht mehr entschlüsselbar.

Auch in den weiteren Texten sind die Figuren der Welt mehr ausgeliefert, als dass sie mit ihr umgehen. In dem sprachspielerischen Roman *Die Milchstraße* (1981) und einem mehrbändigen Prosazyklus, in dessen Zentrum *15000 Seelen* (1985) steht, wird systematisch die Möglichkeit untersucht, wie man noch handeln, Glück und Ganzheit herstellen kann. Dabei greift Rosei auch auf bizarre Ritualspiele zurück, die seinen Texten eine groteske Ironie verleihen, wie das blutige Dauerrasieren und weitere Entertainment-Spektakel, die eine entfremdete Wettbewerbswelt zeigen, auch auf sexuellem Gebiet, bis sie in einer Selbstvernichtung der Menschheit gipfelt. Gerne schildert Rosei auch Paarbeziehungen, wie in *Mann & Frau* (1984), wo er die Lebensverläufe eines Paares nach der Trennung erzählt, eine Geschichte, die in die Desillusionierung mündet, oder *Die Wolken* (1986), in dem ein Besucher eine heile Familie zerstört, weil er und die Frau sich verlieben. In *Der Aufstand* (1987) ist es wieder ein Einzelner, der Ökonomieprofessor Herbert, der als zynisch gewordener »schwarzer Romantiker« in der Welt nur noch Katastrophen sieht und keine Handlungsmöglichkeiten mehr findet. In einer der beiden Erzählungen von *Der Mann, der sterben wollte* (1991) soll der Schriftsteller S. einen Roman über den todkranken Industriemanager Beyer schreiben und verzweifelt darüber selbst.

Deutlich spiegelt sich in Roseis Texten die Zerstörtheit der Welt auch in seinem Stil wider, in der Disparatheit der Details und der unkausalen Reihung der Sätze. Es gibt in ihnen keine offizielle Ordnungsinstanz mehr, nur noch Symbole und Metaphern, die auf eine höhere Ordnung verweisen, die aber längst obsolet ist. Es gibt auch keine gleichgeordneten, sondern nur noch auseinander fallende, nebeneinander bestehende Ausschnitte der Wirklichkeit, die der Leser selbst zusammenfügen, voneinander abgrenzen und bewerten muss. Sowohl *Unser Landschaftsbericht* (1988), der die ungeordnete Natur, als auch der Roman *Rebus* (1990), der die moderne Großstadtkomplexität beschreibt, zeigen eine Fülle von Details und Verbindungen, aber keinen organischen Kosmos. In der Fülle der Formen und Stilebenen wird das Durcheinander der Moderne von Rosei auch stilistisch adäquat, weil vielfältig und disparat, dargestellt. Das zeigt sich sogar in seinen atmosphärisch dichten und impressionistisch angehauchten Reisefeuilletons. In einer Selbstauskunft hat er einmal gesagt: »Ich wollte immer wissen: Was ist hier los? Diese einfache Frage wollte ich beantworten. Wenn ich aus dem Fenster sehe, dann ist da ein Durcheinander, da gehen irgendwelche Leute, da fährt ein Autobus, da steht ein Baum im Wind, was immer es ist, ich möchte mir das erklären können, mir einen Reim darauf machen.«

Georg Patzer

Werke: *Landstriche*, En., Salzb. 1972; *Ein Fragment und seine Deutung*, Hsp., ORF 1972; *Happy Carinthia*, Hsp., ORF 1973; *Klotz spricht mit seinem Anwalt*, Hsp., ORF 1973; *Bei schwebendem Verfahren*, R., Salzb. 1973; *Rede*, Hsp., ORF 1974; *Lügen und andere Wahrheiten*, Hsp., ORF 1974; *Wege*, En., Salzb. 1974; *Adalbert Stifter: Kalkstein. Der Kuss von Sentze*, Hg., Salzb. 1974; *Wintereindecken*, Hsp., ORF 1974; *Klotz spricht mit seinem Anwalt*, vier Hspe., Fssp., Mü. 1975; *Das Logbuch des Saint-Exupéry*, Hsp., ORF 1975; *Entwurf für eine Welt ohne Menschen. Entwurf zu einer Reise ohne Ziel*, Pr., m. Zeichnungen v. Franz Rosei, Salzb. 1975; *Der Fluss der Gedanken durch den Kopf. Logbücher*, Salzb. 1976; *Einmal nach Wien kommen*, Fssp., 1976; *Der Flachgau*, zus. m. Franz Rosei, Fssp., 1977; *Wer war Edgar Allen?* R., Salzb. 1977; *Nennt mich Tommy*, Jugendb., Mü. 1978; *Von Hier nach Dort*, R., Salzb. 1978; *Chronik der Versuche ein Märchenerzähler zu werden*, En., Weinheim 1979; *Alben*, E., Erlangen 1979; *Regentagstheorie. 59 G.*, Salzb. 1979; *Das Lächeln des Jungen. 59 G.*, Salzb. 1979; *Innenhof*, zus. m. J. Kräftner, St. Pölten 1979; *Das schnelle Glück*, R., Salzb. 1980; *Die Milchstraße. Sieben Bücher*, Salzb. 1981; *Versuch die Natur zu kritisieren*, Ess., Salzb. 1982; *Reise ohne Ende. Aufzeichnungsbücher*, Ffm. 1983; *Komödie*, R., Salzb. 1984; *Tage des Königs*, Hsp., WDR 1984; *Mann & Frau*, R., Salzb. 1984; *15 000 Seelen*, R., Salzb. 1985; *Die Engel*, Hsp., SDR 1985; *Franz und ich*, En. u. Ess., hg. v. A. Fink, Stg. 1985; *M. Antonioni: Zabriskie Point*, Übs., zus. m. Ch. Pock, Ffm. 1985; *Die Schauspieler im Glück*, Hsp., SDR 1986; *Die Wolken*, R., Salzb. 1986; *Der Aufstand*, R., Salzb. 1987; *Die Rehe*, Hsp., SDR/NDR 1987; *A. Triestino: Das Geheimnis*, Übs., zus. m. Ch. Pock, Salzb. 1988; *search: Auf der Suche – Ein Spiel für etliche Stimmen und eine musikalische Espressomaschine*, Hsp., SFB/SDR 1988; *Goldtatze*, Hsp., SDR/NDR 1988; *Unser Landschaftsbericht*, Salzb. 1988; *Die Reise*, Hsp., ORF/SFB 1989; *Rebus*, R., Stg. 1990; *Am Meer – on the beach*, Hsp., SDR 1990; *Der Mann, der sterben wollte, samt einer Geschichte von früher*, En., Stg. 1991; *Tage des Königs*, Theaterst., UA Graz 1991; *Fliegende Pfeile. Aus den Reiseaufzeichnungen*, Stg. 1993; *Beiträge zu einer Poesie in der Zukunft. Grazer Poetik-Vorlesung*, Wien 1995; *Rorschach-Text*, Hsp., ORF/BR 1995; *Persona*, R., Stg. 1995; *Kurzer Regentag. Aufzeichnungen*, Wien 1997; *Verzauberung*, En., Ffm. 1997; *Kolchis*, Hsp., ORF 1997; *Naturverstrickt*, Ess., Wien 1998; *Viel früher*, G., Graz 1998; *Liebe und Tod*, R., Wien 2000; *St. Petersburg, Paris. Tokyo … Reisefeuilletons*, Wien 2000; *Am Abend vor der Reise*, Hsp., ORF 2001; *Album von der traurigen und glücksstrahlenden Reise*, Ess., Graz 2002.

Rosendorfer, Herbert, geboren am 19. 2. 1934 in Bozen, kam 1939 nach München. Von 1943 bis 1948 hielt er sich in Kitzbühel auf, seinem »Eichkatzelried«, und kehrte dann zurück nach München. Nach dem Abitur besuchte er zunächst ein Jahr die Kunstakademie, bevor er 1955 zum Jurastudium an die Universität München wechselte. 1963 legte er sein Zweites juristisches Staatsexamen ab, ging 1965/66 als Assessor und Staatsanwalt nach Bayreuth, um ab 1967 wieder in München als Richter am Amtsgericht zu arbeiten. Von 1993 bis zu seiner Pensionierung 1997 war er beim Oberlandesgericht in Naumburg/Saale tätig. 1986 wurde er Lehrbeauftragter und Honorarprofessor für bayerische Gegenwartsliteratur an der Universität München. Mittlerweile lebt er wieder in der Nähe von Bozen. Rosendorfer ist Mitglied des bundesdeutschen und des österreichischen P.E.N.-Zentrums, der Bayerischen Akademie der Schönen Künste und der Akademie der Wissenschaften und der Literatur zu Mainz. Er erhielt unter anderem 1970 den Bayerischen Förderungspreis für junge Künstler und Schriftsteller, 1971 den Förderungspreis für Literatur der Stadt München, 1973 den Georg-Mackensen-Literaturpreis, 1977 den Tukan-Preis der Stadt München, 1991 den Ernst-Hoferichter-Preis, 1997 das Bundesverdienstkreuz I. Klasse, 1999 den Jean-Paul-Preis und 2000 das Österreichische Verdienstkreuz für Kunst und Wissenschaft I. Klasse. 1990 war er Ehrengast der Villa Massimo in Rom.

Herbert Rosendorfers Werk zeichnet sich durch eine große Lust am Fabulieren aus. Vor allem in seinem Frühwerk ist der Einfluss der deutschen Romantik, insbesondere E.T.A. Hoffmanns, deutlich zu spüren. Neben der realistischen Erzählebene inszeniert er oft eine zweite, surreale, oder er lässt fantastische Elemente wie Zeitreisen, mythische Gestalten, Fabelwesen, magische Fähigkeiten der Figuren, wie selbstverständlich in die Darstellung einfließen. Dadurch erreicht er eine Verfremdung vertrauter Zusammenhänge oder Situationen, die sich aus der Distanz heraus als komisch-merkwürdig, gar aberwitzig entpuppen. Realität als bloße Vorspiegelung, Vermischung von Wirklichkeit und Traum, Realitätsflucht, nahes Weltende, das Verhältnis des Menschen zu Gott und das Missverhältnis zwischen Mensch und Natur tauchen immer wieder in abgewandelter Form als Themen bei

Rosendorfer auf. Der jeweilige Romanheld befindet sich im Konflikt mit seiner Umwelt und seinen Mitmenschen, steht außerhalb der »normalen« Gesellschaft. Dieses Außenseitertum ermöglicht neue Perspektiven auf die Unzulänglichkeit der Welt. Die Auseinandersetzung mit der NS-Vergangenheit seiner Heimat Südtirol und Deutschlands, die kritische Beleuchtung zeitgenössischer und historischer Ereignisse sowie die Aufdeckung der Mechanismen des Kunst- und Kulturbetriebs sind ihm ein wichtiges Anliegen. Dabei versteht er sich selbst häufig als eine Art Grenzgänger zwischen den Künsten. Er schreibt nicht nur, sondern tritt auch als Maler und Zeichner hervor, komponiert und gilt als ausgewiesener Kenner der Musik- und Kunstgeschichte, wie zahlreiche Publikationen belegen.

Sein erster Roman, *Der Ruinenbaumeister* (1969), steht in der Erzähltradition der deutschen Romantik. Der Ich-Erzähler gelangt während einer Eisenbahnfahrt mittels eines Notizzettels in eine Fantasiewelt, in der er die wunderlichsten Dinge erlebt. Eine Geschichte ergibt dabei die nächste, Traum und Wirklichkeit vermischen sich, die real anmutende Rahmenhandlung dient lediglich als Verbindungselement zwischen den einzelnen Erzählugen. In den folgenden Romanen löst sich Rosendorfer von diesem Stil und findet zu einer realistischeren, nach eigenen Worten »direkten« Prosa, in der er sich verstärkt mit der NS-Vergangenheit und anderen gesellschaftspolitischen Gegebenheiten beschäftigt. In der *Deutschen Suite* (1972), einer Groteske auf die deutsche Nachkriegsgesellschaft, verdeutlicht er in den Figuren eines scheinbar ins Unendliche wachsenden, dümmlichen Kronprinzen und eines Mischlings aus Gorilla und Mensch die Degeneration und moralische Verelendung der Menschheit. Im *Großen Solo für Anton* (1976) entwirft er ein Weltendeszenario, das die Hauptfigur Anton mangels ernst zu nehmender Gegenspieler gottähnliche Züge annehmen lässt, wie auch Kadon, letzter Überlebender einer Gruppe Schiffbrüchiger auf einer essbaren Insel, in dem späteren Roman *Kadon, ehemaliger Gott* (2001) sich schließlich als Gott begreift. Auch im Roman *Die goldenen Heiligen oder Columbus entdeckt Europa* (1992) herrscht eine Art Weltuntergangsstimmung: 500 Jahre nach Columbus sind es Außerirdische, die die »Neue Welt«, in diesem Fall Europa, erobern und kolonialisieren. Die Wiederholung der Geschichte soll die alten Fehler transparent machen; Alternativen bleibt Rosendorfer allerdings schuldig.

Kritik übt er dagegen immer wieder auch in Form von Zeitreisen zwischen Epochen und Kulturen, die die ganze Fragwürdigkeit des eigentlich Selbstverständlichen herausstellen. In den *Briefen in die chinesische Vergangenheit* (1983) gelangt Kao-tai aus dem kasierlichen China in das München des 20. Jahrhunderts. Der angebliche Fortschritt der westlichen Zivilisation wirkt auf ihn wie ein Rückschritt in die Barbarei, wie eine Beschleunigung des drohenden Weltunterganges: »Die Welt wandelt sich. Sie nennen es hier Fort-Schritt. (...) Wohin schreiten sie? Ich habe den Verdacht, sie wissen es nicht. Jedenfalls scheint es mir, sie schreiten fort von sich selber.« Unter dem Titel *Die große Umwendung* (1997) finden die Briefe ihre Fortsetzung; dieses Mal landet Kao-tai nach dem Fall der Berliner Mauer im Kölner Karneval. Nicht nur die abstruse Welt der Narren, sondern auch die veränderten politischen und sozialen Zustände im wiedervereinigten Deutschland lassen ihn dabei ins Grübeln geraten.

Mit dem Dritten Reich und seiner kollektiven Verdrängung setzt sich Rosendorfer wiederholt auseinander, nach der *Deutschen Suite* u.a. auch in den *Vier Jahreszeiten im Yrwental* (1987) oder im Roman *Die Nacht der Amazonen* (1989), in dem er aufgrund historischer Quellen die Machenschaften des Münchner NSDAP-Stadtrates Christian Weber, eines Duz-Freundes Hitlers, dokumentiert, der seine Stellung in der Partei zum Ausbau der eigenen Macht und zur Vermehrung seines privaten Reichtums nutzte. »Tut man ihm zu viel Ehre an ein Buch über ihn zu schreiben? Ja. Sicher. Aber solange es welche gibt – und es gibt genug –, die sich weigern das National-Geschwür mit der wissenschaftlichen Bezeichnung Drittes Reich in den Vergessens-Orkus hinabsinken zu lassen, ist es besser, man redet darüber und schreibt.« Viele Motive entnimmt Rosendorfer dem eigenen Erleben, wie der Erzählband *Eichkatzelried* (1979) beweist. Die Bevölkerung »Eichkatzelrieds«, das ist eigentlich Kitzbühel, dient ihm als Vorlage für die konkursreife Gesellschaft seiner Romane und Erzählungen. Daneben bietet ihm die Berufswelt der Juristen, der er selbst jahrzehntelang angehörte, reichlich Stoff für satirische Darstellungen, so etwa in *Ballmanns Leiden oder Lehrbuch für Konkursrecht* (1981). Im *Liebhaber ungerader Zahlen* (1994) sind es die Eigenarten des Literaturbetriebs, die ins – ironisch überspitzte – Blickfeld der Darstellung geraten.

Neben Romanen, Erzählungen, Theaterstücken, Hör- und Fernsehspielen umfasst Rosendorfers

Werk auch wissenschaftliche Beiträge (etwa über die Bernauerin oder über Dichter-Juristen), Publikationen zur Geschichte und Essays zum Zeitgeschehen, zur Kultur, Kunst und Musik, von denen ein Teil in dem Band *Ich geh zu Fuß nach Bozen* (1988) gesammelt vorliegt. In *Der Traum des Intendanten* (1984) und *Don Ottavio erinnert sich* (1989) finden sich Aufsätze Rosendorfers über Musik und Musiker, mit denen er seine Sachkenntnis auf diesem Gebiet beweist, die aber auch seine Vorliebe für Mozart und seine Abneigung gegen Wagner deutlich hervortreten lassen.

Heidi Rehn

Werke: *Der Ruinenbaumeister*, R., Zür. 1969; *Bayreuth für Anfänger*, Zür. 1969; *Der Gebrochene*, Hsp., Radio Basel 1969; *Der still gelegte Mensch*, En., Zür. 1970; *Scheiblgrieß*, Theaterst., Zür. 1970; *Rosendorfer's Aechtes Münchner Olympia-Buch*, Mü. 1971; *Über das Küssen der Erde. Frühe Schriften zu Politik und Kunst*, Zür. 1971; *Meine Name ist Urlappi*, Theaterst., Zür. 1971; *Deutsche Suite*, R., Zür. 1972; *Herbstliche Verwandlungen*, En., Mü. 1972; *Weißblaue Turnschuhe*, Fssp., BR 1973; *Dem Manne kann geholfen werden*, Theaterst., Zür. 1974; *Großes Solo für Anton*, R., Zür. 1976; *Skaumo*, Zür. 1976; *Wohnheim Westendstraße*, Fssp., BR 1976; *Stephanie und das vorige Leben*, R., Hbg. 1977; *Die bengalische Rolle*, Theaterst., Mü. o. J.; *Rondo mortale*, Hsp., Radio DRS 1977; *Münchner Miniaturen I–IV*, Theaterst., Mü. 1977 ff.; *Zeugenaussagen*, Fssp., ZDF 1978; *Der Prinz von Homburg oder Der Landgraf mit dem silbernen Bein*, Biogr., Mü. 1978; *Eichkatzelried. Geschichten aus Kindheit und Jugend*, Mü. 1979; *Das Messingherz*, R., Mü. 1979; *Eine große Familie*, Fssp., ZDF 1979; *Vorstadtminiaturen*, Hsp., ORF 1979; *Ball bei Thod*, En., Mü. 1980; *Der lästige Ungar oder Rigoletto hat keine Pause*, Fssp., ORF 1980; *Das Usambaraveilchen*, Fssp., BR 1980; *Der falsche Pass für Tibo*, Fssp., ZDF 1980; *An der Haustür*, Hsp., HR 1980; *In der Reinigung*, Hsp., HR 1980; *Am Zoll*, Hsp., HR 1980; *Im Reformhaus*, Hsp., HR 1980; *Ballmanns Leiden oder Lehrbuch für Konkursrecht*, R., Mü. 1981; *Das Zwergenschloss und sieben andere Erzählungen*, Mü. 1982; *Briefe in die chinesische Vergangenheit*, R., Mü. 1983; *Don Tristano e Donna Isotta*, Hsp., ORF 1983; *Königlich-bayerisches Sportbrevier*, Mü. 1984; *Der Traum des Intendanten. Gedanken zur Musik*, Mü. 1984; *Herkulesbad. Eine österreichische Geschichte*, Mü. 1985; *Die Frau seines Lebens und elf andere Geschichten*, Mü. 1985; *Vier Jahreszeiten im Yrwental. Vier Berichte*, Mü. 1986; *Tyrol oder Der Letzte auf der Säule*, Hsp., ORF 1987; *Ich geh zu Fuß nach Bozen. Erzählungen und Essays*, Mü. 1988; *Don Ottavio erinnert sich. Musikalische Schriften*, Mü. 1989; *Skaumo – Schelmenlied. Zwei Erzählungen*, Mü. 1989; *Die Nacht der Amazonen*, R., Köln 1989; *D'Beärdigung*, Hsp., DRS 1990; *Vorstadtminiaturen 7–9*, Hsp., DRS 1990; *Die angebliche Adoption des Augustus durch Cäsar*, Stg. 1990; *Rom. Eine Einladung*, Köln 1990; *Mitteilungen aus dem poetischen Chaos*, En., Köln 1991; *De Dackel*, Hsp., DRS 1991; *Überhaupt nicht ist fast nie*, Hsp., ORF 1992; *Der Richter im Himmel*, Hsp., DRS 1992; *Die goldenen Heiligen oder Columbus entdeckt Europa*, R., Köln 1992; *Venedig. Eine Einladung*, Köln 1993; *Die Erfindung des SommerWinters*, En., G., Glossen, Ess., Mü. 1994; *Ein Liebhaber ungerader Zahlen*, R., Köln 1994; *Die Anzeige*, Hsp., DRS 1995; *Absterbende Gemütlichkeit*, G., Köln 1996; *Das selbstfahrende Bett*, Köln 1996; *Die springenden Alleebäume*, En., Mü. 1996; *Die große Umwendung*, R., Köln 1997; *Ungeplante Abgänge*, En., Köln 1998; *Die junge Maria Stuart*, En., Ditzingen 1998; *Deutsche Geschichte 1. Ein Versuch*, Mü. 1998; *Der China-Schmitt*, En., Köln 1999; *Kirchenführer Rom*, Bln. 1999; *Die Schönschreibübungen des Gilbert Hasdrubal Koch*, Köln 1999; *Die Erscheinung im weißen Hotel*, En., m. Illustr. v. Fabius Gugel, Köln 2000; *Kadon, ehemaliger Gott*, R., Köln 2001; *Die Schöne des Waldes*, Bildbd., hg. v. Emanuel Schmid, Mü. 2001; *Autobiografische Schriften*, En., Mü. 2001; *Deutsche Geschichte 2. Ein Versuch*, Mü. 2001; *Die Kellnerin Anni*, Mü. 2001; *Deutsche Geschichte 3. Ein Versuch*, Mü. 2002.

Rosenkranz, Moses, wurde am 20. 6. 1904 in Berhomoth am Pruth im östlichsten Kronland der österreichisch-ungarischen Monarchie, der Bukowina, geboren. Der zuletzt völlig erblindete Rosenkranz, einer der letzten Zeugen der verschwundenen Welt der deutschsprachigen Juden Ostmitteleuropas, lebte bis zu seinem Tod am 17. 5. 2003 in Lenzkirch im Schwarzwald. Er war der letzte lebende Vertreter einer deutschsprachigen Welt, die im Sog ihres Untergangs in den Werken von Schriftstellern von höchstem Rang wie Paul Celan, Joseph Roth und Franz Kafka neu entstand. Als siebtes Kind eines armen, nicht-orthodoxen jüdischen Gutspächters wuchs Rosenkranz in heutzutage kaum vorstellbarer Armut auf, die er in seinen 1958 geschriebenen, aber erst 2001 erschienenen Memoiren *Kindheit* mit brennender Authentizität darstellte. Erst als Soldat in der rumänischen Armee habe er, so schreibt er, in seinem eigenen Bett geschlafen.

Bereits als 17-Jähriger schrieb Rosenkranz bemerkenswerte Gedichte, wie *Jesus im Walde*, das die Leiden Christi mit seinen eigenen und denen der Juden vergleicht. Wie all seine besten Gedichte, geschrieben über sieben Jahrzehnte, offenbaren auch die frühen Werke eine gelungene Mischung von sprachlicher Flexibilität, persönlicher Erfahrung und einem naiven Sinn für Rhythmen und Reime, fern jeder Sophisterei. Sein Werk steht dem Volkslied näher als etwa der Lyrik seines in Czernowitz geborenen Zeitgenossen Paul Celan, dem Rosenkranz erst in einem moldauischen Arbeitslager während des Krieges begegnete. Durch den frühen Tod seines Vaters gezwungen, die Bukowina ohne höhere Schulausbildung zu verlassen, zog er ab 1924 drei Jahre lang durch Deutschland und Frankreich und hielt sich als Gelegenheitsarbeiter über Wasser. Als 23-Jähriger kehrte er in die Hauptstadt der Bukowina zurück und wurde zum rumänischen Militär eingezogen. Nach seiner Entlassung blieb er bis 1930 in Czernowitz; im selben Jahr wurde sein erster Gedichtband, *Leben in Versen*, vom prominentesten Förderer der deutschsprachigen Literatur Rumäniens, Alfred Margul-Sperber, herausgegeben. Während des nächsten Jahrzehnts lebte Rosenkranz in Bukarest, wo er unter anderem Sekretär eines führenden rumänischen Politikers wurde, wie auch Pressereferent im Außenministerium und persönlich ausgewählter Ghostwriter für die Autobiografie der Königin Maria. Mit fast allen rumänischen Juden wurde er 1941 von den an die Macht gekommenen rumänischen Faschisten verschleppt. Er hatte rumänische Freunde, die ihn in weniger gefährliche Gebiete einschleusten. So verbrachte er die nächsten drei Jahre in moldauischen Arbeitslagern, wo Überlebenschancen bestanden, im Gegensatz zu den Ruinenstädten von Transnistrien, die für die meisten rumänischen Juden zur tödlichen Falle wurden. Aber sein schweres Schicksal war nach dem Krieg nicht vorbei. 1947 wurde er vom sowjetischen Geheimdienst gefangen genommen, der ihn für zu deutschfreundlich hielt; zehn Jahre wurde er im nordsibirischen Gulag Norilsk festgehalten. Zurück in Bukarest, drohte ihm der rumänische Geheimdienst Securitate, erst 1961 gelang ihm die Flucht nach Deutschland.

Rosenkranz gleicht einer im besten Sinne fast primitiven, folkloristischen Stimme, die im Laufe eines extrem abenteuerlichen Lebens lyrische Wendungen fand, um persönliche Erfahrungen, historische Gegebenheiten, mythische und religiöse Themen mit beeindruckend einfacher bildlicher Kraft zu vermitteln. In diesen Gedichten gelingt eine überzeugende poetische Gestaltung der verheerendsten Ereignisse des letzten Jahrhunderts.

Peter Stenberg

Werke: *Leben in Versen*, G., Czernowitz 1930; *Maria von Rumänien: Traum und Leben einer Königin*, Biogr., Lpz. 1935; *Gemalte Fensterscheiben*, G., Czernowitz 1936; *Die Tafeln*, G., Czernowitz 1940; *Gedichte*, Bukarest 1947 (u. d. Pseudonym Martin Brant); *Im Untergang. Ein Jahrhunderbuch*, G., Mü. 1986; *Im Untergang II. Ein Jahrhundertbuch*, G., Innsbr. 1988; *Bukowina. Gedichte 1920–1997*, Aachen 1998; *Meine Kindheit. Fragment einer Autobiografie*, Aachen 2001; *Visionen. Ausgewählte Gedichte*, Aachen 2002.

Rosenlöcher, Thomas, geboren am 29. 7. 1947 in Dresden, machte eine Ausbildung zum Handelskaufmann und nach dem Armeedienst 1970 das Abitur an der Arbeiter- und Bauern-Fakultät Freiberg. Von 1970 bis 1974 studierte er Betriebswirtschaft und arbeitete dann als Arbeitsökonom. Anschließend studierte er von 1976 bis 1979 am Institut für Literatur »Johannes R. Becher« in Leipzig. Er war Mitarbeiter am Kinder- und Jugendtheater Dresden und lebt seit 1983 als freier Autor und Übersetzer in Dresden und Beerwalde (Erzgebirge). Rosenlöcher bekam 1989 den Georg-Maurer-Preis, 1990 den Hugo-Ball-Förderpreis, 1991 das Märkische Stipendium für Literatur, 1993 den Schubart-Literaturpreis der Stadt Aalen und den Friedrich-Hölderlin-Preis der Stadt Tübingen und 1996 den Erwin-Strittmatter-Preis.

Thomas Rosenlöcher ist von jeher ein Nischenbewohner: In der DDR, im vereinigten Deutschland, im gesamtdeutschen Literaturbetrieb. In der DDR war er, wie seine Altersgenossen, »junger Pionier« und, wie etliche Kollegen, SED-Mitglied: In einem langen autobiografischen Essay (*Der Nickmechanismus – ein Selbstbefragungsversuch*, in: *Ostgezeter*, 1997) geht er seiner »Unfähigkeit, nein zu sagen«, nach. Ebenso ungeeignet war und ist er aber auch zum Jasager. Die Verhältnisse im »deutschen Sozialismus« fanden in ihm einen sanften Ironiker, keinen plakativen Dissidenten und schon gar keinen Mitmacher. Und in derselben freundlichen Distanz befindet sich der wiedervereinigte Rosenlöcher zur neuen West-Kultur, die sich überall in seiner Umgebung ausbreitet, vom »Steuerberaterhochsitz« bis zu den (fehlenden) Umgangsformen. Als geradezu kurioser Fremdkörper wirkt dieser Dichter in der Literaturverwaltungs- und -verwertungsmaschinerie, von der er nach der Wende gerne herumgereicht wurde – es häuften sich Stipendien, Preise, Einladungen, vor allem aufgrund seines »Dresdner Tagebuchs« *Die verkauften Pflastersteine* (1990) –, die gegenseitige Fremdheit aber blieb, wenn er »in Augsburg oder Schwäbisch Hall den Schriftsteller aus der DDR darstellt«. Keine Frage jedoch, dass für ihn »die deutsch-deutsche Vereinigung unter den Weltproblemen eines der erfreulichsten« ist. Sie beschert ihm ein neues, ein vorerst unerschöpfliches Thema für Essays und Betrachtungen, der neben der Lyrik zweiten Seite seines Schaffens. Den neuen Verhältnissen nähert sich Rosenlöcher vordergründig aus der Position des historisch Unterlegenen (»Sächsisch als Verlierersprache«, in: »*Ostgezeter*«), die sich bei näherer Betrachtung als ausgezeichnet geeignet erweist, um alle vermeintlichen Überlegenheiten – materiell, ideologisch, stilistisch, historisch – zu relativieren. Auch die eigene Position natürlich (»Ist Lächerlichkeit nicht eine Form von Anmut?«). Dem Vereinigungspathos hält er Skepsis und Ironie entgegen und praktizierten Anachronismus – etwa als Wanderer und Spaziergänger in einer automobilen Gesellschaft. Ähnlich reagiert er auf die Segnungen der Massenmedien: Er sei »als so genannter Schriftsteller höchstens noch insoweit vorhanden, solange ich den Lesern, die auch nicht mehr zum Lesen kommen, nicht wenigstens im Fernsehen erscheine«. Der Fortschritt aller Arten ist ihm eine ähnlich verdächtige Chiffre wie jeglicher Zentralismus. Von den Rändern her sieht man besser, meint er; das wahre Dresden, darauf beharrt der gebürtige und begeisterte Dresdner, liege an der Peripherie der Stadt, nicht im zerbombten und durch Wiederaufbau endgültig zerstörten Zentrum. Nur am Rand finde sich der »Dreiklang von Stadt, Hang und Strom«. Und da liege auch gleich »die deutsche Seele«, wie es in der *Dresdner Kunstausübung* (1996) heißt: »Wo die deutsche Seele ist? / Woher soll ich das wissen. / Am ehesten in Kleinzschachwitz / Am ehesten in mir.«

Der genannte Dresdner Vorort taucht programmatisch im Titel des ersten Gedichtbandes auf. Zusammen mit *Schneebier* wird dieser 1998 bei Suhrkamp wieder veröffentlicht, jetzt vor dem Horizont des wiedervereinigten Deutschlands, »ein, nicht umsonst vom Untergang ganzer Bibliotheken begleitetes, Verschwinden des ursprünglichen Bezugssystems« (aus dem Vorwort). Und die Texte aus den Achtzigerjahren ostdeutscher Provinz halten dem »neuen Bezugssystem« stand: Ihr zwischen Idylle und Sarkasmus pendelnder, in der großen Tradition deutscher Naturlyrik stehender Ton gehört zu den eigenwilligsten poetischen Stimmen des ausgehenden Jahrhunderts. Rosenlöcher ist ein unglücklicher Idylliker; für ihn gehört die Idylle »längst auch zur Kategorie des Entsetzlichen«, weil sie »die Nachricht einschließt, was rings schon nicht mehr existiert« (*Ostgezeter*). Nicht nur diese Formulierung weist ihn als genauen Leser Brechts aus; zu diesem Einfluss gesellt sich gleichberechtigt der Goethes und der Romantiker (mit denen er gern vertraulich Zwiesprache hält), vor allem ihr schwärmerisch-ganzheitlicher Naturbegriff, den Rosenlöcher allerdings angesichts drastischer Zerstörungsvorgänge nur noch gebrochen, elegisch, nostalgisch oder zitierend verwenden kann. Die Natur ist im real existierenden Sozialismus einerseits Fluchtort vor allzu vereinnahmenden gesellschaftlichen Forderungen, andererseits sind gerade dort die Schäden, die das System anrichtet, besonders schmerzhaft spürbar. Wo der Spaziergänger auch hinkommt, stößt er auf rauchende Schlote und Beton, stinkende Flüsse und Müllhalden, »den Hang herab Erbrochenes aus Plast«. Sarkastisch kommentiert er, was die Festredner seines Staates Fortschritt nannten: »Das war der Beitrag meiner Zeit.« Dass er einmal »des Fortschritts ersten Sekretär« in einem umgekippten See versinken lässt, diese Form poetischer Rache hat die Zensur seinerzeit übersehen. Getreu seiner Devise, »dass alles Schauen Abschied ist«, beschränkt sich der Dichter indes meist darauf, die bedrohte Schönheit zu beschwören, in Versen von traditionell-altmeisterlichem Bau, die handwerklich zum Besten gehören, was in diesen Jahren in Deutschland in gebundener Sprache geschrieben wurde. Bei aller Trauer: Oft setzt sich bei Rosenlöcher der Witz, die Waffe der Unterlegenen, durch; eine Waffe, die schon zu DDR-Zeiten geholfen hat. »Allein ein Kichern ändert schon die Welt«, und so parodiert er die Hymnik des SED-Staates, indem er etwa in Hexametern anhand einer Klopapierrolle über Vergänglichkeit schreibt: »Aber die Stunden des Menschen, der dich erdacht hat, Hygienische, / rollen wie du dich, sich ab.« Die Haltung bleibt: Anlässlich eines Stipendiatenaufenthaltes im Künstlerhaus Wiepersdorf ironisiert er die verkrampft avantgardistischen Bemühungen seiner kreativen Kollegen; die berühmte elfte Feuerbach-These kehrt zur Ratgeberprosa gewendet wieder: »Die Philosophen haben die Welt / verschieden interpretiert. / Es kommt aber darauf an / dass man sich in ihr etabliert«. Vor allem aber gilt der milde Spott dem eigenen, »turnbeutelhaften« Gesamtwerk und der paradoxen subventionierten Künstlerexistenz – bis hin zur »korrumpierend guten Verpflegung« (*Wiepersdorfer Tagebuch*, 2001).

Martin Ebel

Werke: *Ich lag im Garten bei Kleinzschachwitz. Gedichte und 2 Notate*, Halle 1982; *Herr Stock geht über Stock und Stein*, Kinderb., Bln. 1987; *Schneebier*, G., Halle u. Salzb. 1988; *Die verkauften Pflastersteine. Dresdner Tagebuch*, Ffm. 1990; *Die Wiederentdeckung des Gehens beim Wandern. Harzreise*, Pr., Ffm. 1991; *Der Mann, der ein Flusspferd war*, Kinderb., Bln. 1991; *Die Dresdner Kunstausübung*, G., Ffm. 1996; *Ostgezeter. Beiträge zur*

Schimpfkultur, Ess., Ffm. 1997; *Ich sitze in Sachsen und schau in den Schnee. 77 Gedichte*, Ffm. 1998; *Am Wegrand steht Apollo. Wiepersdorfer Tagebuch*, Ffm. 2001; *Liebst du mich ich liebe dich. Geschichten zum Vorlesen*, Kinderb., Lpz. 2002.

Roth, Friederike, wurde am 6. 4. 1948 in Sindelfingen geboren. Das Philosophie- und Linguistikstudium schloss sie 1975 in Stuttgart mit einer Promotion über die ästhetischen Untersuchungen des Soziologen Georg Simmel ab. Ihr wichtigster Lehrer war der Sprachtheoretiker Max Bense. Seine Text- und Kunsttheorie und philosophisch-gesellschaftskritischen Abhandlungen beeinflussten ihre Schreibtätigkeit. Bis 1979 war sie als Lehrbeauftragte tätig. Dann arbeitete sie als Hörspieldramaturgin beim Süddeutschen Rundfunk. 1970 debütierte sie mit *minimalerzählungen*. Diese frühen Texte gehen der »schwierigkeit, etwas zu beschreiben« nach. 1978 erschien ihr erster Gedichtband *Tollkirschenhochzeit*. Die Rivalität zwischen Realität und Ideal, die Liebe als Grundgesetz menschlichen Handelns, der Abschied vom Glücklichkeitswahn kündigen sich hier als Leitthema ihrer Arbeit als Lyrikerin, Prosaschriftstellerin, als Theater- und Hörspielautorin an. *Tollkirschenhochzeit* markierte einen Übergang. Roth hatte sich noch nicht von der Neuen Subjektivität gelöst und war noch nicht in der abgeklärten Weltsicht ihrer späteren Werke angekommen. Bildreich und ironisch erdenkt sie sich immer neue Musterbeispiele, um die erträumte und die gelebte Welt aneinander geraten zu lassen. Die Erzählung *Ordnungsträume* (1979) beschreibt die Welterklärungsmodelle des Volkshochschuldozenten Pfaff, der im Zwiegespräch mit seiner Schildkröte versucht, mit seiner »geistigen« Ordnungswut fertig zu werden. Pfaffs reale Liebesbegegnung mit Frl. Schulz scheitert. Pfaff flieht in die Arme einer fiktiven Geliebten, deren Gegenwart ihm so real erscheint, dass er diese fiktive Geliebte heiraten möchte. Roth komponiert die Texte so, als habe der Erzähler »beim Ordnen der Stückchen wie aus Versehen die große Ordnung aus dem Blick verloren«. Die 21 Gedichte des Bandes *Schieres Glück* (1980) zeigen Roths skeptischen, aber nicht destruktiven Humor. »Kühl bis ans Herz / Leidenschaften? Sehn unterm Mikroskop urkomisch aus …«, heißt es im Gedicht *Nämlich erst recht*.

Roths Trilogie *Das Buch des Lebens. Ein Plagiat. Erste Folge: Liebe und Wald* (1983), gefolgt von *Erben und Sterben. Ein Stück* (1992) und dem Langgedicht *Wiese und Macht* (1993) erhebt das Prinzip der Textcollage, der Montage und Verschachtelung zum Kunststil. Die Endlichkeit des Daseins wird zum Glück des Lebens ernannt. Der Tod ist in diesen aphoristisch gehaltenen Überlegungen der einzig mögliche Ausweg. Die Leitmotive der im Zeitraum von zehn Jahren erschienenen Trilogie sind: Wachen und Schlafen, Liebe und Leid, Reden und Schweigen, Tag und Nacht.

1980 erschien das Theaterstück *Klavierspiele*, das 1982 in Hamburg uraufgeführt wurde. Es erzählt vom langsamen Erwachen einer Rundfunkorchestersängerin aus ihrem Traum vom Liebesglück. Es folgte 1981 *Ritt auf die Wartburg*. Geschildert wird die Reise von vier bundesrepublikanischen Durchschnittsfrauen in die DDR. Reiseerwartung und reale Wirklichkeit treffen in einem grotesken Missverhältnis aufeinander. In *Krötenbrunnen* (1984) wird die Suche nach der wahren Liebe in einer Illustriertenwelt gesucht. Gefunden werden davon, außer bei den sich unermüdlich paarenden Kröten im Brunnen, nur Spurenelemente. Im Stück *Die einzige Geschichte* (1986) sitzen vier alte Männer in einem geschlossenen Raum und warten auf den Tod einer fast 90-jährigen Frau, die nicht sterben will: »Kaum fängt man an, ihr die Fußsohlen zu salben für den letzten schweren Weg, wird sie kitzlig und zwinkert und blinzelt.« Roth sammelt hier Beispiele für die Behauptung, dass die Liebe nicht möglich ist. In *Das Ganze ein Stück* (1986) variiert sie in drei Vorspielen und einem Zwischenstück den Gedanken des kulturellen Leerlaufs. Auf einem Fest zur Rettung und Ehre der Kultur wird gleichzeitig das Erscheinen eines Buches, eine Theaterpremiere, die Fertigstellung eines dreiteiligen Tafelbildes und die Uraufführung eines Streichquartetts gefeiert.

In den 47 Gedichten des Bandes *Schattige Gärten* (1987) ist Roths Distanz zu den Mythen von Glück und erfolgreichem Leben zu spüren. Die Gedichte grenzen meist negativ ein, was Glück sein könnte. Hoffnung auf Glück gibt es jedoch nicht. *Wispel. Eduard Mörikes »Wispeliaden«*, zusammengestellt und mit einem Nachwort von Roth versehen, erschienen 1994.

Verena Auffermann

Werke: *minimalerzählungen*, Stg. 1970; *Augenblicke*, Drehb., Fssp., 1973; *Wenn d'Thea nalangt, no gibt's a Stick*, Hsp., 1977; *Mr sen net heimlich uf dr Welt*, Hsp., 1978; *Tollkirschenhochzeit*, G., Darmst., Neuwied 1978; *Ästhetische Theorien im 20. Jahrhundert*, Diss., 1978; *Ordnungsträume*, E., Darmst., Neuwied 1979; *Wer mäht. Klavierstücke*, Theaterst., 1980; *Klavierspiele*, Theaterst., Ffm. 1980, UA Hbg. 1982, Hsp., WDR/SDR 1980; *der*

Kopf, das Seil, die Wirklichkeit, Hsp., SDR/RIAS1981; *Schieres Glück,* G., Darmst., Neuwied 1981; *Ritt auf die Wartburg,* Theaterst., Ffm. 1981, UA Stg. 1982, Hsp., SDR 1981; *Das Buch des Lebens. Ein Plagiat. 1. Folge: Liebe und Wald,* Darmst., Neuwied 1983; *Die einzige Geschichte,* Theaterst., Ffm. 1983, UA Bremen 1985, Hsp., SDR 1983; *Nachtschatten,* Hsp., SDR/NDR/RIAS 1984; *Krötenbrunnen,* Theaterst., Ffm. 1984, UA Köln 1984, Hsp., SDR 1985; *Nachtgewitter,* Pr., 1984; *Ritt auf die Wartburg. Klavierspiele,* Sammelausg., 1984; *Das Paar,* Hsp., SDR/BR 1986; *Das Ganze ein Stück,* Theaterst., Ffm. 1986, UA Bremen 1986; *Schattige Gärten,* G., Ffm. 1987; *Von schief nach schräg,* Pr., 1987; *Jane Bowles: Im Gartenhaus,* Übs., 1987; *Jahrbuch der Lyrik 1988/89,* Hg., zus. m. Christoph Buchwald, 1988; *Dorothy Parker: Close Harmony oder Die liebe Familie,* Übs., 1989; *Dorothy Parker: Ladys im Hotel,* Übs., 1989; *Anne Stevenson: Sylvia Plath,* Mit-Übs., 1990; *Sylvia Plath: Drei Frauen. Ein Gedicht für drei Stimmen,* Übs., 1992; *Erben und Sterben,* Theaterst., Ffm. 1992, Hsp., SDR/NDR 1992; *Monsieur Traum,* nach Robert Pinget, Hsp., 1992; *Der Marquis schreibt einen unerhörten Brief,* nach Javier Tomeo, Hsp., 1992, Theaterst., 1993; *Das Beefsteak,* Hsp., 1992; *Die Sanftwut oder Der Ohrenmaschinist,* nach Gert Jonke, Hsp., 1992; *Nach Jerusalem,* nach Tankred Dorst u. Ursula Ehler, Hsp., 1992; *Wiese und Macht. Ein Gedicht,* Ffm. 1993; *Abel Sánchez – Die Geschichte einer Leidenschaft,* nach Miguel de Unamuno, Hsp., 1994; *Das umstrittene Testament des Gaston de Puyparlier,* nach Javier Tomeo, Hsp., 1994; *Täuschung,* nach Philip Roth, Hsp., 1994; *Dialog in D-Dur,* nach Javier Tomeo, Hsp., 1994; *Die schwere Not,* nach Ivan Goncarov, Hsp., 1994.

Roth, Gerhard, wurde am 24. 6. 1942 in Graz als Sohn eines Arztes geboren. Nach abgebrochenem Medizinstudium arbeitete er als Programmierer und Organisationsleiter in einem Computer-Rechenzentrum in Graz. Gesundheitliche Probleme zwangen ihn 1977 zum Umzug in die steirische Provinz, wo er bis 1986 als freier Schriftsteller lebte. Anschließend zog er nach Wien. Neben der literarischen Tätigkeit arbeitete er als Drehbuchautor (u.a. bei der Verfilmung eigener Romane) und als Filmkritiker für eine österreichische Zeitschrift. In den Neunzigerjahren ist er als Fotograf hervorgetreten und hat mehrere, seine Texte begleitende Bildbände veröffentlicht. Aufgrund seiner zahlreichen politischen Kommentare und öffentlichen Wortmeldungen gilt er als einer der führenden Intellektuellen Österreichs. Gerhard Roth erhielt zahlreiche Auszeichnungen und Preise für sein literarisches Werk und seine Filmdrehbücher, darunter 1972 das Literaturstipendium der Steiermärkischen Landesregierung, 1978 den Preis der »SWF-Bestenliste«, 1983 den erstmals verliehenen Alfred-Döblin-Preis und den Silbernen Bären der 33. Berliner Filmfestspiele sowie 1992 den Preis der Zeitschrift »manuskripte«.

Roths Werk ist geprägt von einer außergewöhnlichen stilistischen Vielfalt bei gleichzeitiger Konzentration auf Leitthemen wie die Differenz zwischen normalem und pathologischem Verhalten oder den politischen Nachwirkungen der (nationalsozialistischen) Vergangenheit Österreichs. Zentraler formaler Bezugspunkt seiner Texte ist der Kriminalroman, dessen Elemente in unterschiedlicher Weise adaptiert oder verfremdet werden. Sein Werk, das avantgardistische Experimentalliteratur, realistische Prosa, lyrische Erzähltexte, Bühnenstücke sowie Bild- und Reportagebände umfasst, spiegelt auf durchaus repräsentative Weise die literarischen Entwicklungen seit Beginn der Siebzigerjahre. Zugleich aber weist Roths Schreiben bei aller Variabilität eine innere Kontinuität auf, die ihn zu einem der bedeutendsten Gegenwartsautoren Österreichs macht.

Bereits mit seiner ersten Veröffentlichung wurde Roth zu einem der bekanntesten Vertreter der Avantgarde-Autoren im Umkreis des Grazer Forums Stadtpark. *die autobiografie des albert einstein* (1972) tritt auf als Gedankenprotokoll eines schizophrenen Bewusstseins, das sich mit dem bekannten Physiker identifiziert. Dieser spielt jedoch keine weitere Rolle, vielmehr versucht der Text als literarisches Experiment die Verarbeitung sensorischer Empfindungen in einem denkgestörten Gehirn zu simulieren. Die Kohärenz alltäglicher Erfahrungen wird zersplittert in heterogene Segmente, die etwa aus Wortreihen, wissenschaftlichen Daten, tagebuchartigen Notizen und Zeichnungen bestehen. Nachfolgende Texte wie *Der Ausbruch des Ersten Weltkriegs* (1972), *How to be a detective* (1972) oder *Der Wille zur Krankheit* (1973) setzen das literarische Programm Roths fort, überkommene Schreibweisen wie normierte Wahrnehmungsmuster aufzubrechen.

Eine 1972 mit Wolfgang Bauer unternommene USA-Reise führt zu einem radikalen stilistischen Bruch. Unter dem Eindruck Amerikas, das Roth als fast utopischer Gegenraum zur Enge Österreichs erscheint, wendet er sich realistischen Schreibweisen und eher traditionellen literarischen Mustern zu. Zunächst entstehen zwei Romane mit amerikanischem Schauplatz, die deutlich von den Kriminalromanen Raymond Chandlers beeinflusst sind: *Der große Horizont* (1974) und *Ein neuer Morgen* (1976) erzählen beide von Fluchtversuchen der Protagonisten, die sich durch eine Reise von alltäglichen Zwängen befreien wollen, damit aber letztlich scheitern. Wenngleich die in Roths Romanen variierte Thematik von Identitätskrise und Ich-Findung Ähnlichkeiten mit der deutschen Literatur der »Neuen Innerlichkeit« aufweist, repräsentieren Roths Romane in erster Linie eine stringente Fortführung der Problematik, die bereits seine avantgardistischen Texte bestimmten. Die Werkphase der Reisetexte wird abgeschlossen mit dem in Italien angesiedelten Roman *Winterreise* (1978). Darin entschließt sich der Dorfschullehrer Nagl spontan, mit seiner ehemaligen Geliebten Anna eine Reise ins winterliche Italien zu unternehmen. Diese Reise wird zu einer erbarmungslosen Abrechnung mit der eigenen Existenz, die geprägt ist von Entfremdung, Entpersönlichung und Todesangst. Die in pornografischer Manier wiederholt geschilderten, gefühllosen sexuellen Begegnungen werden zum Signum des so verzweifelten wie aussichtslosen Versuchs, Kommunikation durch körperliche Nähe herzustellen. Radikaler als in den zuvor erschienenen Büchern verneint Roth die Möglichkeit einer Lösung für die »malaise« des modernen Individuums, die Gefühlskälte des Protagonisten wird als Resultat sozialer Kälte begreifbar.

Der Stille Ozean (1980) markiert eine weitere entscheidende Wende im Werk Roths. Erstmals werden die genau beobachteten und realistisch geschilderten gesellschaftlichen Verhältnisse seiner Heimat zum Gegenstand eines Romans. Lebensbedrohliche Herzbeschwerden zwangen den Autor 1978, sich zur Rekonvaleszenz aufs Land zu begeben. Das südweststeirische Dorf Obergreith in der Nähe der slowenischen Grenze wurde mit seinen Menschen und Geschichten zum nahezu unausschöpflichen Erzählfundus für den *Stillen Ozean* und den nachfolgenden Roman *Landläufiger Tod* (1984). Der semiautobiografische *Stille Ozean* erzählt die Geschichte des Grazer Arztes Ascher, der sich nach einem Kunstfehlerprozess auf das Land flüchtet, wo der Städter – so wie Roth – unvorbereitet mit den noch stark archaisch geprägten Strukturen des Provinzlebens konfrontiert wird. Durchaus in der Tradition des österreichischen Anti-Heimatromans wird zunächst ein negatives Bild der Provinz gezeichnet: Eine Tollwutepidemie lässt die latente Gewaltbereitschaft der Landbevölkerung hervorbrechen, die in einer Menschenjagd auf einen flüchtigen Mörder gipfelt. Zugleich aber erweist sich das Land in seiner Naturnähe für Ascher als positive Alternative zur städtischen Entfremdung, sodass er beschließt, sich dort als Arzt niederzulassen.

Mit dem knapp 800 Seiten umfassenden Romanwerk *Landläufiger Tod* (1984) schließt Roth inhaltlich an den *Stillen Ozean* an, greift formal aber auf seine experimentellen Anfänge zurück, indem der erzählerische Realismus zugunsten eines hierarchielosen Nebeneinanders von lyrischen, surrealistischen, aphoristischen, dokumentarischen und realistischen Schreibweisen völlig gesprengt wird. Als Konstruktionsmodell diente Roth der »Bien«, d.h. die Vorstellung, dass ein Bienenvolk aus einer Vielzahl autonomer Einheiten besteht, die aber zugleich in der Summe einen übergeordneten Organismus ergeben. Wie der Leser in einem der ersten Kapitel des *Landläufigen Tods* erfährt, hat Ascher nach mehrjährigem Landleben desillusioniert Suizid begangen. Erzählt wird im Buch vornehmlich aus der Perspektive des stummen Bienenzüchtersohns Lindner, der von psychotischen Halluzinationen heimgesucht wird und seine Umwelt oft verzerrt wahrnimmt. Mit nie erlahmendem Einfallsreichtum gelingt es Roth, authentische Ereignisse aus der Dorfgeschichte Obergreiths der letzten 200 Jahre mit den surrealen Visionen Lindners zu fusionieren. Diese werden in einem literarisch überzeugenden Stil präsentiert, der auf beeindruckende Weise die Konstruktionsprinzipien psychopathologischer Texte emuliert, anstatt Schreibweisen Schizophrener zu simulieren. Der *Landläufige Tod* ist ein Erzählwerk, das kaum seinesgleichen in der deutschsprachigen Literatur hat und zu den bedeutendsten, aber auch unterschätztesten Romanen des 20. Jahrhunderts gerechnet werden muss.

Die zwei Provinzromane legten den Grundstock zu einem schließlich siebenbändigen Zyklus mit dem Titel *Die Archive des Schweigens*, der den Versuch unternimmt, die verdrängten Konstanten der österreichischen Geschichte freizulegen und die historischen Katastrophen des 20. Jahrhunderts vor der Folie naturgeschichtlicher Destruktionsprozesse wahrzunehmen. In dem schmalen Band *Am Abgrund* (1986) verschiebt sich der Handlungsschwerpunkt von der Provinz in die Hauptstadt. Lindner und sein Freund Jenner gehen nach Wien, doch während der harmlose Schizophrene bald in der psychiatrischen Anstalt landet, begeht der soziopathische Jenner unmotivierte Morde. Diese versucht der Untersuchungsrichter Sonnenberg im anschließenden Band *Der Untersuchungsrichter* (1988) aufzuklären, jedoch erfolglos. Als Autor weit zurück tritt Roth in der dokumentarischen *Geschichte der Dunkelheit* (1991), in der ein jüdischer Emigrant seinen Lebensweg erzählt, der ihn nach dem »Anschluss« Österreichs ins englische Exil und nach dem Krieg wieder zurück nach Wien führt, wo er ein kaum gebrochenes Fortbestehen des Antisemitismus feststellen muss. Abgerundet und faktisch fundiert wird das groß angelegte Erzählprojekt durch den (nachträglich an den Anfang gesetzten) Bildband *Im tiefen Österreich* (1990), der historische bzw. von Roth aufgenommene Fotografien der steirischen Provinz enthält sowie den Essayband *Eine Reise in das Innere von Wien* (1991), in dem reportagehafte Texte über verschiedene Gebäude Wiens versammelt sind.

Der 1995 erschienene Roman *Der See* legte den Grundstock zu einem weiteren, wiederum auf sieben Bände angelegten Zyklus mit dem Arbeitstitel *Der Orkus*. Die Hauptfigur Paul Eck ist ein tablettensüchtiger Pharmavertreter, dessen Vater bei einem mysteriösen Bootsunfall auf dem Neusiedler See stirbt. Eck versucht das Rätsel um den Tod des Vaters zu lösen und wird dabei nach den Regeln der Detektivgeschichte immer tiefer in dunkle Machenschaften verstrickt. Noch stärker geprägt von den Mustern des Kriminalromans ist *Der Plan* (1998), mit dem Roth eine neue Serie von Reiseromanen einleitet. Das Buch erzählt von der tödlich endenden Japanreise des Bibliothekars Konrad Feldt, der dort einen gestohlenen Teil des Originalmanuskripts von Mozarts *Requiem* an einen Autografensammler verkaufen will. In der Mönchsrepublik Athos und in Griechenland spielt *Der Berg* (2000), dessen Protagonist, der Journalist Viktor Gartner, nach einem serbischen Dichter fahndet, der als Augenzeuge des Massakers von Srebenica die Ermordung Tausender bosnischer Moslems beobachtet haben soll. *Der Strom* (2002) zeichnet die Geschichte des jungen Wieners Thomas Mach nach, der in Ägypten in die Fußstapfen einer Reiseleiterin tritt, die beim mysteriösen Sturz aus einem Hotelfenster ums Leben kam. Den Fährten in ihrem Tagebuch nachgehend, findet Mach heraus, dass seine Vorgängerin eine Doppelexistenz führte. Deren Aufklärung bringt ihn schließlich selbst in Todesgefahr.

Den vier bisher erschienenen Bänden des *Orkus* ist gemein, dass sie, basierend auf von Roth tatsächlich unternommenen Reisen, ein jeweils genau beobachtetes Porträt der beschriebenen Länder und Orte liefern, wobei die Fremde in ihrer verstörenden Andersartigkeit zum Raum der Selbstbegegnung und -erkenntnis der Protagonisten wird. Roth stützt sich in diesen Romanen stark auf Muster amerikanischer Thriller, die (semi-)authentische Ereignisse und eine fiktive Handlung zu einer Literatur bündeln, welche die Nähe zu spannender Unterhaltung nicht scheut, ohne dabei ihren künstlerischen Anspruch zu kompromittieren. So sind die unterschwelligen Bezüge der Romane auf die *Odyssee*, im *See* etwa das Motiv der Vatersuche aus der »Telemachie«, von der Kritik noch kaum erkannt worden.

Fortgesetzt werden soll das *Orkus*-Projekt durch einen Roman mit dem Arbeitstitel *Das Labyrinth*, dessen Hauptfigur in Madeira Recherchen für eine Biografie über den letzten Habsburgerkaiser Karl anstellt. Im darauf folgenden sechsten Band mit dem Arbeitstitel *Die Stadt* sollen alle Figuren der Zyklusbände 1 bis 5 in Wien zusammengeführt werden und ein die erzählerische Polyfonie des *Landläufigen Tods* spiegelndes Nebeneinander unterschiedlicher Schreibweisen herrschen. Abgeschlossen werden soll der zweite große Zyklus mit dem Fotoband *Im Orkus*, der zusammen mit dem Bildband *Im tiefen Österreich* eine Klammer bildet um die zwei, in ihrer Art in der deutschsprachigen Literatur einmaligen Erzählprojekte.

Uwe Schütte

Werke: *die autobiografie des albert einstein*, R., Ffm. 1972; *Der Ausbruch des Ersten Weltkriegs und andere Romane*, R., Ffm. 1972; *Der Wille zur Krankheit*, R., Ffm. 1973; *Lichtenberg*, Theaterst., UA Graz 1975; *Der große Horizont*, R., Ffm. 1974; *Herr Mantel und Herr Hemd*, mit Bildern von Ida Szigethy, Kinderb., Ffm. 1974; *Ein neuer Morgen*, R., Ffm. 1976; *Der große Horizont*, Film. Regie: Friedrich Lehner, 1976; *In Grönland*, Hsp., EA ORF 1977; *Sehnsucht*, Theaterst., UA Graz 1977; *Winterreise*, R., Ffm. 1978; *Dämmerung*, Theaterst., UA 1978; *Menschen, Bilder, Marionetten. Prosa, Kurzromane, Stücke*, Ffm. 1979; *Der Stille Ozean*, R., Ffm. 1980; *Bruno Kreisky*, mit Peter Turrini und Fotografien von Konrad B. Müller, Berlin/Wien 1981; *On the Borderline/Grenzland. A Documentary Record/Ein dokumentarisches Protokoll*, Fotoband, Wien 1981; *Die schönen Bilder beim Trabrennen*, Aufs., Ffm. 1982; *Das Töten des Bussards*, Pr., Graz 1982; *Lichtenberg, Sehnsucht, Dämmerung. Stücke*, Ffm. 1983; *Der Stille Ozean*, Film, Regie: Xaver Schwarzenberger, 1983; *Dorfchronik zum »Landläufigen Tod«*, Pr., Ffm. 1984; *Landläufiger Tod*, R., Ffm. 1984; *Erinnerungen an die Menschheit*, Theaterst. Graz 1985, UA Graz 1985; *Die Unmöglichkeit der Naturwissenschaften*, Hsp., EA ORF 1985; *Am Abgrund*, R., Ffm. 1986; *Gsellmanns Weltmaschine*, mit Fotos v. Franz Killmeyer, Fotoband, Wien 1986; *Ein Schneetag*, Hsp., EA ORF 1987; *Der Untersuchungsrichter. Geschichte eines Entwurfs*, R., Ffm. 1988; *Über Bienen*, Sachbuch, Wien 1989; *Im tiefen Österreich. Bildtextband*, Fotoband, Ffm. 1990; *Über Bilder. Österreichs Maler nach 1945 aus der Sammlung der Zentralsparkasse*, Bildband, Wien 1990; *Landläufiger Tod. Teil 1: Mikrokosmos. Teil 2: Am Abgrund*, Filme, Regie: Michael Schottenberg, 1991; *Die Geschichte der*

Dunkelheit. Bericht, Ffm. 1991; *Eine Reise in das Innere von Wien. Essays*, Ffm. 1991; *Das Geheimnis*, Film, Regie: Michael Schottenberg, 1992; *Der Untersuchungsrichter*, Hsp., EA ORF 1993; *Wie auch wir vergeben unseren Schuldigern*, Film, Regie: Thomas Roth, 1993; *Geschäfte*, Film, Regie: Michael Schottenberg, 1993; *Das doppelköpfige Österreich. Essays, Polemiken, Interviews*, Ffm. 1995; *Schnellschuss*, Film, Regie: Thomas Roth, 1995; *Der See*, R., Ffm. 1995; *Der See*, Film, Regie: Thomas Roth, 1997; *Der Plan*, R., Ffm. 1998; *Kreuzfeuer*, Film, Regie: Thomas Roth, 1998; *Der Berg*, R., Ffm. 2000; *Ein Hund kam in die Küche*, Film, Regie: Xaver Schwarzenberger, 2001; *Der Strom*, R., Ffm. 2002.

Roth, Patrick, wurde am 25. 6. 1953 in Freiburg im Breisgau geboren. Er wuchs in Karlsruhe auf. Nach einem Studienjahr 1972 an der Alliance Française in Paris und einem zweisemestrigen Anglistik- und Romanistikstudium in Freiburg erhielt er 1975 ein DAAD-Stipendium für Los Angeles. Er betrieb anglistische Studien am Cinema Department der University of Southern California und ging regelmäßig ins Kino; bis zu sieben Filme sah er täglich. Los Angeles wurde ihm zur Wahlheimat; seit 25 Jahren arbeitet er dort als Filmjournalist, Regisseur, Drehbuchautor und Schriftsteller. 1992 erhielt er den Rauriser Literaturpreis, 1997 den Preis der Stiftung Bibel und Kultur, 2002 den erstmals vergebenen d.lit.-Literaturpreis der Stadtsparkasse Düsseldorf.

1978 erschien Roths erster zehnminütiger Kinofilm *The Boxer*. 1981 verfilmte er Charles Bukowskis Roman *The Killers*. Von 1984 bis 1990 arbeitete er an eigenen Hörspielen, die in Deutschland produziert und von denen die drei Stücke *Kelly*, *Paul* und *John* auch als so genannte Monodramen auf Theaterbühnen gespielt wurden. Sie erschienen 1990 als sein literarisches Debüt unter dem Titel *Die Wachsamen. Drei Monodramen*. Ein Jahr später wurde der erste Teil der Christus-Trilogie *Riverside* veröffentlicht, 1993 der zweite Teil *Johnny Shines* und 1996 der dritte Teil *Corpus Christi*.

In Kalifornien schrieb schon Thomas Mann seinen vierteiligen Roman-Zyklus *Joseph und seine Brüder* (1926–1942). Ihm ging es um eine aktualisierende Vergegenwärtigung dieses mythologischen Stoffes, wobei er sich auf den reinen Bibeltext und andere alttestamentliche Quellen stützte. Roth will in seiner Christus-Trilogie vom Leben Jesu berichten, und es gelingt ihm, diese Lebens- und Todesgeschichten so zu erzählen, dass den Figuren selbst und dem Leser klar wird, dass hier ihre jeweils eigene Geschichte verhandelt wird. Der erste Teil dieser Trilogie benennt im Titel eine Stadt südöstlich von Los Angeles. Die Novelle *Riverside* (1991) spielt allerdings im alten Palästina, in der Zeit kurz nach Jesu Tod und Auferstehung. Es geht um die Beglaubigung von Christi Leben und Wirken. Der Apostel Thomas hat zwei Brüder ausgesandt, Augenzeugenberichte von Christi Tod zu sammeln und aufzuschreiben. Die Brüder Andreas und Tabeas kommen während ihrer Recherche zum ungläubigen Diastasimos, denn auf dem Weg nach Bethlehem soll Jesus ihn, den Aussätzigen, in seiner Höhle besucht haben. An seinem Unglauben, so wird es erzählt, soll selbst die Heilkraft Jesu versagt haben. Diastasimos aber berichtet den beiden eine gänzlich andere Version; eine Version, die bisher nirgends geschrieben steht. Und diese seine Geschichte ist eine Wandlung gleich jener Begegnung mit dem römischen Hauptmann, von dem Jesus gesagt haben soll, solchen Glauben habe er in Israel bei keinem gefunden. Patrick Roth gelingt es in einer faszinierenden Kunstsprache, einen hohen Ton anzuschlagen, der, von umgangssprachlichen Wendungen durchbrochen, archaisch klingt. Vor allem aber baut er eine Spannung auf, die *Riverside* zu einem von der Kritik so genannten »Bibelkrimi« werden lässt.

Der zweite Teil der Trilogie, *Johnny Shines* (1993), spielt im Dezember 1992. Ein Priestersohn aus dem Örtchen Blade kehrt nach langer Abwesenheit in seinen Geburtsort zurück. Der offensichtlich verwirrte Mann bezichtigt sich eines Mordes. Ein derartiges Verbrechen aber ist in Blade und Umgebung nicht geschehen. Schließlich wird deutlich, dass der Mord bereits 25 Jahre zurückliegt. Damals tötete Johnny Shines versehentlich seine Schwester Sharon; die Eltern vertuschten diese Tat. Die Erinnerung daran war lange verschüttet, und erst eine von Johnny Shines so bezeichnete »Erinnerin« hilft ihm, seine Kindheit tiefenpsychologisch freizulegen. Er wird aus dem Polizeigewahrsam entlassen und besucht die Gräber seiner Eltern und seiner Schwester. Sieben Jahre später wird der Friedhof von Blade durch ein Erdbeben komplett zerstört. Am Tag der Jahrtausendwende findet man den Sarg der Schwester leer, und manche Einwohner sprechen von einem Wunder. Der Plot der Erzählung liegt darin, dass Sharon die Erzählerin dieser Seelenrede ist und demnach zum Leben erweckt wurde. Patrick Roth verfährt in seinem Buch mit der Heilslehre von der Wiederkunft Christi höchst eigenwillig, denn die Auferstehung der Toten scheint hier zunächst nur für Sharon zu gelten.

Corpus Christi (1996) ist eine irritierende Kriminalgeschichte. In Jerusalem, drei Tage nach der Kreuzigung von Jesus Christus, macht sich der Jünger Judas Thomas, der Zweifler, auf die Suche nach der Leiche, dem Corpus Christi. An eine Auferstehung glaubt er nicht. Fiebernd meint er dem wirklichen Geheimnis auf der Spur zu sein: einer Gruppe von Unbekannten, die den Körper fortgeschafft haben soll. Das Gerücht, man habe eine Frau am Grab des Gekreuzigten verhaftet, die sich an dieser Aktion beteiligt haben soll, bestätigt sich. Nach drei Tagen Folter entlässt man die Frau, denn man weiß, dass Judas Thomas auf sie wartet. Dieser entkommt den Spitzeln und flieht mit der Frau in einen Tempel. Dort berichtet sie ihm im Vertrauen, sie habe sich gemeinsam mit dem Gekreuzigten im Felsengrab einschließen lassen. Je mehr Judas Thomas das Beweisbare ihrer Aussage zu fassen versucht, desto vehementer entzieht sich der Kern der realen Erfahrung dieser geheimnisvollen Frau. Erst als er loslässt und hinter das Erzählte blickt, wird er fündig. Auch hier erzählt Patrick Roth von der Macht des Glaubens an die Realität und von der Kraft der Gewissheit über die Fakten. Deutlich wird der Einfluss der Überlieferungsgeschichte auf die Ereignishistorie. Die Wahrheit sei in jeder Erzählkultur eine Frage der Perspektive, so Patrick Roth. Und auch in *Corpus Christi* wird jegliche Selbstgewissheit infrage gestellt.

Nach seiner Christus-Trilogie überraschte Patrick Roth mit einer Hommage an den schon fast mythischen Filmemacher Charlie Chaplin. Zu dessen zwanzigsten Todestag im Dezember 1997 erschien *Meine Reise zu Chaplin*. Der Autor erzählt von seiner Jugendliebe zu diesem Filmgott und seiner 1976 unternommenen Reise nach Vevey, zum Hause Chaplins knapp zwei Jahre vor dessen Tod. Der Filmstudent folgt dem Meister wortwörtlich von der Leinwand eines verfallenen Kinos in Los Angeles bis vor die Schweizer Haustür. Hier will er ihm einen Brief persönlich überreichen, in dem er schildert, wie der Film *City Lights* (1928) sein Leben verändert habe. Und wieder wird deutlich, dass das Heilige für Roth nicht zwingend an christliche Inhalte gebunden ist. Das Heilige ist für den Autor diesmal die berühmte Filmszene im genannten Streifen, in dem das Blumenmädchen am Ende des Films zum Tramp Charlie Chaplin sagt: »Ja, jetzt kann ich sehen.« Sie, die einst Blinde, erkennt ihren Geliebten erst, als sie seine Hände berührt. Patrick Roth bezeichnet diese Szene als den für ihn »heiligsten Moment der Filmgeschichte«. Die Reise von Los Angeles nach Vevey wird zur Pilgerreise, zum religiösen Geschehen.

Im Prosaband *Die Nacht der Zeitlosen* (2001) begegnen dem Leser Menschen auf der Suche, Träumende, Neugierige, Sehende. Die *Nacht der Zeitlosen* ist ein Geschichten-Reigen aus fünf deutsch-amerikanischen Storys, der die Themen Dämmerung und Morgengrauen, Geburt und Tod spielend umkreist. Die Spanne zwischen Sonnenuntergang und -aufgang wird von Patrick Roth mit fünf Geschichten gefüllt, die zugleich in das Triptychon *sundown*, *night* und *sunrise* eingeteilt werden. Im Zentrum des Buches steht eine besondere Nacht, die Nacht vom 16. auf den 17. Januar 1994, in der Los Angeles von einem Erdbeben fast zerstört wurde. Dies ist das apokalyptische »earthquake«, auf dessen Folie der Autor sein Reigenmotiv entwickelt. Roth verwendet filmische Stilmittel in unterschiedlichen Variationen: Kamerazoom, Zeitlupe, Action, Rücklauf, Abspann. Alle fünf Geschichten handeln von der Erotik der Bilder, von Obsessionen und Albträumen, Lektüren und TV-Zapping, vom fließenden Übergang von Wahrnehmungs- und Bewusstseinsebenen und von den vielfältigen Brechungen der Rollenexistenz im Film und in der Realität. Patrick Roths Geschichten ragen in eine gleichsam mystische Zeit. In ihnen werden christliche Topoi u.a. mit den dunklen Mysterien Edgar Allan Poes und dem Mord an John F. Kennedy kurzgeschlossen. Es geht um die Motive von Schuld und Verrat, Initiation, Liebestod und Erlösung. Es sind Geschichten, die, mit ihrem Bilderreichtum und ihrer Lust am Detail, von der Magie dessen erzählen, dass alles noch so unerklärlich Erscheinende seinen eigenen Gesetzen folgt.

Im Januar 2002 hielt Patrick Roth Poetik-Vorlesungen in Frankfurt am Main, die unter dem Titel *Ins Tal der Schatten* (2002) erschienen. In seinen Vorlesungen benennt er seine literarischen Vorbilder Paul Celan und James Joyce, Ovid und Hölderlin. Außerdem bezieht er sich auf die Filmregisseure Sergej Eisenstein, Andrej Tarkowskij, François Truffaut, den Psychoanalytiker Carl Gustav Jung, selbstredend auf die Bibel und explizit auf die *Geistlichen Übungen* des Ignatius von Loyola. Wer literarische Texte verfasse, sei auf »Totensuche«, so Roth. Vor allem das Unbewusste und die Träume tragen für ihn zum poetischen Ergebnis bei. Im Mittelpunkt seiner Ausführungen über die Wahl des Stoffes und seine Verarbeitung steht fortwährend der Orpheus-Mythos. Orpheus sei der »Dichter, der den toten Stoff, personifiziert in seiner Anima

Eurydike, wiederfinden und lebendig machen will«. Naturgemäß gilt dem Moment, in dem sich der Sänger nach Eurydike umdreht, der so genannten »Orpheus-Sekunde«, das Interesse des Autors. Diese Sekunde sei die »Sekunde des Versagens«, denn wer »das tot Gefundene lebendig heraufführen will, der muss um die Gefahr wissen, dass er wieder verliert, was er nicht vollständig nach oben gezogen hat«. Schreiben ist für Patrick Roth Toten-Suche und Toten-Erweckung, darum sei ihm die Stofffindung selbst eine Tortur. Das Entscheidende für ihn sei der Abgrund, der hinter jedem Text lauere und der jedem etwas Anderes, etwas Individuelles heißen könne. Die Schrift des Autors verweise auf die Nichtschrift des Lesers, zurück in die Dunkelheit, zurück zu den Affekten und darum in das Tal der Schatten. Diese Schatten liegen vermutlich im Autor selbst.

Michael Fisch

Werke: *The Boxer,* Film, 1978; *The Killers,* Film, 1981; *Paul,* Hsp., SFB 1984; *Die Flamme,* Hsp., WDR 1984; *Kelly,* Hsp., WDR 1986; *Blues Aces,* Hsp., SDR 1990; *John,* Hsp., SFB 1990; *Die Wachsamen. Drei Monodramen,* Ffm. 1990, UA (1. u. 2. Teil) Bonn 2001; *Riverside. Christusnovelle,* Ffm. 1991; *Johnny Shines oder Die Wiedererweckung der Toten. Seelenrede,* Ffm. 1993; *Kelly oder Vom Treffen im kleinen Park,* Theaterst., UA Karlsruhe 1994; *Kindeskind,* Hsp., SWF 1993; *Die Hellseher,* Theaterst., Ffm. 1995; *Corpus Christi,* E., Ffm. 1996; *Meine Reise zu Chaplin. Ein Encore,* Ffm. 1997, CD, Mü. 1998; *Die Christus-Trilogie,* 3 Bde. m. CD., Ffm. 1998; *Die Nacht der Zeitlosen. Fünf Geschichten,* Ffm. 2001; *Ins Tal der Schatten. Frankfurter Poetik-Vorlesungen,* m. CD, Ffm. 2002; *Magdalena am Grab,* Ffm. 2003.

Rothmann, Ralf, geboren am 10. 5. 1953 in Schleswig als Sohn eines Bergarbeiters, wuchs im Ruhrgebiet auf, absolvierte eine Maurerlehre und war anschließend auch als Krankenpfleger, Koch und Drucker tätig. Er lebt seit 1976 als freier Schriftsteller in Berlin. 2001 war er »writer-in-residence« am Oberlin College/Ohio, an der New York University und an der Universität/GH Essen. 1986 wurde er mit dem Märkischen Kulturpreis, 1989 mit dem Förderpreis des Bundesverbandes der Deutschen Industrie, 1992 mit dem Stadtschreiber-Preis von Bergen-Enkheim und dem Mara-Cassens-Preis, 1996 mit dem Literaturpreis Ruhrgebiet, 2001 mit dem Hermann-Lenz-Preis, 2002 mit dem Kranichsteiner Literaturpreis und 2003 mit dem Evangelischen Buchpreis ausgezeichnet.

Gedichte stehen am Anfang eines schriftstellerischen Werdegangs, dem fünfzehn Jahre und acht Romane und Erzählbände später anlässlich der Verleihung des Kranichsteiner Literaturpreises bescheinigt wurde, den »Vater der neuen deutschen Erzählkunst der Neunzigerjahre« (Tilman Krause) hervorgebracht zu haben. »Da hock ich, die Stirn tief im Gesicht / und schieb eine Kugel aus Luft / im Mund herum. / Besoffen bin ich. / Ausschlafen möcht ich noch mal / bevor ich mich umbring.« Diese Zeilen aus Rothmanns erstem Gedichtband *Kratzer und andere Gedichte* (1987) lassen sich noch als Ausdruck einer eher zerrissenen Existenz verstehen, zwischen Lebensangst, Trotz und ungebrochenen Träumen, »zu Tode betrübt / und vor Lebenslust jammernd«. Es sind Bilder voller (Selbst-)Ironie, in denen sich Zuversicht, Leiden und Zorn zugleich spiegeln, dazu ein verführerischer Spritzer Neugier, um dann doch zu schmerzhaften Erfahrungen zurückzuleiten. Eine »kratzige, heftige Realistik, gut gebaute Verse, genaue Sätze« (Christoph Meckel), »kühn geträumt, mit wuchtigen Bildern« (Ludwig Fels), »aufgeraute Pointen« (B. v. Becker), »zwischen Neoromantik und Neuer Wildheit« (Michael Bauer) zeichnen die hochgelobten Verse des Autodidakten Rothmann aus. Paradoxa, unvermittelte Kehrtwendungen, ironische Brüche garantieren auch im zweiten Gedichtband *Gebete in Ruinen* (2000) kratzbürstige und hakende Bilder und Gedanken, oft hart gereimt und mit der Form des Gebetes durchaus frech spielend.

Messers Schneide (1986), Rothmanns Prosadebüt, erzählt die Liebesgeschichte zwischen dem Schriftsteller Manfred Assen und der Studentin Iris in Berlin. Diese Beziehung ist problematisch; der weltfremde Assen verwechselt, gerade als seine vitale Freundin schwanger wird, Sexualität meist mit Gewalt – Iris erinnert ihn an seine herrschsüchtige Mutter. Der zynische Freund Lauter, ein ehemaliger Schriftsteller und nunmehr Betreiber von Assens Stammlokal mit dem bezeichnenden Namen »Café Korrekt«, bestätigt ihn in seinen Vorbehalten und Ängsten: »Man will die Verhältnisse ändern – sie ändern das Abendkleid. Man will die Welt in Brand stecken – sie backen einen Kuchen. Man geht ihnen an die Gurgel – sie drehen flehend die Augen in Richtung Kind.« Männliche Urängste vor drohendem Freiheitsverlust charakterisieren den Musenfreund Assen, ohne ihn im Spannungsfeld von Chauvinismus und Emanzipation zu denunzieren. Rothmann erzählt spannend, ja fesselnd, witzig, jongliert teilweise brillant und ohne kitschig zu wirken mit eigentlich ausgetretenen Handlungsmustern, und dies alles in einer glasklaren Sprache.

Auch in der Erzählung *Der Windfisch* (1988) scheut Rothmann nicht das Spiel mit alten Klischees: rothaarige jüdische Rächerin jagt alten Naziverbrecher im südamerikanischen Dschungel, drückende Schwüle, Palmen und Strand, hochprozentige Getränke, Ganoven und willige Frauen, Korruption, Mordverdacht und schließlich Mord – trotz all dieser aus unzähligen Tropenkrimis hinlänglich bekannten Beigaben mixt Rothmann einen hinreißend erzählten Cocktail, der deshalb so berauscht, weil er nie vorgibt, besonders originell zu sein, sondern nur mit diesen Bildern auf höchst unterhaltsame Weise spielt.

Doch die Wertschätzung Rothmanns als genuiner Erzähler, wie sie Krause in seiner Laudatio zum Ausdruck brachte, rührt von seiner genialen Ruhrpott-Trilogie. 1991 hatte sich Rothmann mit dem Roman *Stier* erstmals in das Bermuda-Dreieck seiner Jugend zwischen Essen, Oberhausen und Bottrop gestürzt. Mit proletarischem Charme memoriert darin ein Schriftsteller, im fernen Berlin sitzend, wehmütig seine Erlebnisse mit »flower power« und »beat generation«. Für die 68er zu jung und für den Punk zu alt, ist er einer der viel zitierten »Zaungäste« (R. Mohr) seiner Generation. Auch die Romane *Wäldernacht* (1994) und *Milch und Kohle* (2000) spielen zwischen Zechen, Halden und Fördertürmen, und doch ist Rothmann kein Ruhrpott-Chronist wie Hans-Dieter Baroth und Max von der Grün. Zwar beschreibt er diese kleinbürgerliche Welt mit ihrem Gelsenkichner Barock, dem BVB-Enthusiasmus und den ständigen Alkoholproblemen überaus plastisch, aber letztlich bleibt das Revier bei aller Detailtreue Kulisse. Denn es sind seine Figuren, die Rothmann wirklich interessieren. Dem Milieu treu bleibend hält er sich an Arbeiter, Zuhälter, Rocker, Freaks und Huren. Als soziales Kontrastmittel spritzt er in dieses Sündenbabel eine starke Dosis an Öko-Aposteln, Rotariern und professionellen Müttern, die jede Begegnung zum Höllentrip werden lassen. Die Atmosphäre ist dabei nicht nur erotisiert, sondern sexuell stark erregt. Rothmann hat einen Hang zur Drastik, liebt Frivolitäten ebenso wie kleine Sentimentalitäten. Seine Erzähler – Kai Carlsen, Jan Marré und Simon Wess, im Grunde alle die gleiche Person – sind einsame Wölfe mit den Klischees in Kopf und Hose, die Rothmann fast zärtlich zitiert, um sie im nächsten Moment lakonisch zu entblößen. So leidet Jan nicht unter der Ambivalenz seiner Empfindungen, hat sich arrangiert mit dem Film der Vergangenheit: »Mein Körper ist eine Kloake, mein Kopf ein Hinterhalt und wenn ich mal ein Geheimnis besaß, hab ich's vergessen.« Ebenfalls vergessen hat er die Rückseite der Stones-Single *19th Nervous Breakdown* – man befindet sich erkennbar Ende der Sechziger-, Anfang der Siebzigerjahre –, ehemalige Erkennungsmelodie der Clique vom Pariser Tal, wo Saufen, Tätowieren und fröhliches »Rudelbumsen« mit Tiger-Lilly die tägliche Tristesse vertrieben. Rothmann liebt bildhafte Anspielungen und fixe Sprüche, Humor ist meistens Galgenhumor, das Spiel heißt literarisches Roulette. Seine Figuren sind starke Verlierer, keine Paradiesvögel, sondern gute Beobachter und Analytiker. »An dem Tag, an dem mir auffiel, dass es nichts Zufälliges mehr gibt, war die Jugend vorüber«, heißt es zu Beginn von *Stier.* Das Ende einer Lebensphase wird in diesen Entwicklungsromanen nicht betrauert, denn sie versprechen ein anderes Leben, das auch gelingen wird. Rothmann destilliert das Lebensfühl seiner Generation mit ihrer Musik, Mode und Idolen mit sozialem Realismus und eine Prise Metaphysik. Er zeigt die rasanten Veränderungen im Leben der Wirtschaftswunderzeit, wo Oregano noch eine Sensation war und es alle irgendwie schaffen wollten. Die Romane sind aber auch ein Blick ins Familienalbum; *Milch und Kohle* als Liebeserklärung an die Mutter zu lesen scheint nicht abwegig.

Doch Rothmann, der Wahl-Berliner, hat den Kohlenstaub weggeblasen und das Objektiv weiter geöffnet. *Berlin Blues* (1997) erzählt von der Kälte der Geschäftswelt, *Flieh, mein Freund!* (1998) ist Liebesgeschichte und Ablösungsdrama, *Hitze* (2003) wieder die Geschichte eines Simon, der seine Liebe verloren hat und einen Sommer lang in Polen eine neue sucht, und die Geschichten des Bandes *Ein Winter unter Hirschen* (2001) berichten vom Leben und Sterben in Deutschland. Auch hier erweist sich Rothmann als Erzähler mit Bodenhaftung, seine Figuren machen nicht viel Aufhebens, sind wortkarg und manchmal merkwürdig pointiert in ihrem Sprechen. Die Geschichten scheinen auf etwas hinter den Dingen zu verweisen. So wirkt auch sein Sprechen und Erzählen verkürzt und lakonisch, als ob es gefährlich sei, sich ausführlicher zu verbrauchen. Denn schnell ist eine Beziehung gekappt, ein Mensch verloren, ein Leben gescheitert. Doch neben all dem Elend verbirgt sich auch die tiefe, fast religiöse Sehnsucht nach einer momenthaften Versöhnung mit der Schöpfung. In diesen Scherbengeschichten kommen oft kranke und ängstliche Menschen zu Wort. Rothmann fängt sie im Gestus eines wörtlich zu nehmenden Mitleids ein, unpathetisch und einfühlsam. In der sparsamen Verwendung von Dialog und Handlung entstehen äußerste Spannungsmomente. Nachhaltig bleibt der Eindruck, »irgendetwas liegt in der Luft«, etwas Besorgnis Erregendes. Was passte mehr in diese Zeit?

Thomas Kraft

Werke: *Kratzer,* G., Bln. 1984, erw. Neuausg. u. d. T. *Kratzer und andere Gedichte* Ffm. 1987; *Messers Schneide*, E., Ffm. 1986; *Der Windfisch*, E., Ffm. 1988; *Stier*, R., Ffm. 1991; *Wäldernacht*, R. Ffm. 1994; *Berlin Blues. Ein Schauspiel*, Ffm. 1997; *Flieh, mein Freund!*, R., Ffm. 1998; *Milch und Kohle*, R., Ffm. 2000; *Gebet in Ruinen*, G., Ffm. 2000; *Ein Winter unter Hirschen*, En., Ffm. 2001; *Hitze*, R., Ffm. 2003.

Rühm, Gerhard, wurde am 12. 2. 1930 in Wien geboren. Er wuchs als Sohn eines Philharmonikers in einem musikalischen Elternhaus auf, studierte Klavier und Komposition an der Akademie für Musik und Darstellende Kunst, erhielt parallel dazu Privatunterricht bei dem Komponisten J. M. Hauer, dessen Zwölftonmusik das musikalische, aber auch lautpoetische Werk nachhaltig prägen sollten. Als »radikaler Komponist« in den Wiener Kunst-Subkulturzirkeln der frühen Fünfzigerjahre bald bekannt, lernte Gerhard Rühm mit den Dichtern H. C. Artmann und Konrad Bayer, dem Jazzmusiker Oswald Wiener und dem Architekten Friedrich Achleitner gleich gesinnte Proponenten des künstlerischen Aufbruchs kennen. Die experimentelle Zusammenarbeit dieses Kreises (später als »Wiener Gruppe« tituliert) vollzog sich während der Jahre 1952/54 bis 1964 und grenzte sich mit interdisziplinären Text-, Bild- und Darstellungs-Experimenten gegen das allseitig konservative Klima ab. Mit den spektakulären Happenings der sog. *literarischen cabarets* (1958/59) sowie der *kinderoper* (1964) wurde die »Wiener Gruppe« einer größeren Öffentlichkeit notorisch, verlor allerdings nach dem Selbstmord Konrad Bayers 1964 an Kohärenz. Rühm übersiedelte nach Berlin, wo er einerseits textuelle und bildnerische Arbeiten bei Klein- u. Kunsteditionen publizierte, sich andererseits mit der Herausgabe der Anthologie *Die Wiener Gruppe* (1967) als Chronist der jüngeren österreichischen Avantgarde engagierte. Nachdem Rühm in Deutschland mit seinen Collagen, Montagen und visuellen Texten erfolgreich als bildender Künstler wahrgenommen worden war, rief ihn die Staatliche Kunsthochschule Hamburg 1972 als Professor für freie Grafik. Seit 1977 lebt Gerhard Rühm in Köln. Die Achtzigerjahre erwiesen mit zahlreichen Einzelausstellungen (Graz 1980, Wien 1981, Stuttgart 1982) dem Bildautor Rühm Reverenz, bedeutende Institutionen (Rupertinum Salzburg 1987, Kunstverein Frankfurt 1989, Kunsthalle Hamburg 1995, steirischer herbst Graz 2001) zeigten Personalen. Mit der Auswahl der »Wiener Gruppe« für den österreichischen Auftritt bei der Biennale Venedig 1997 (sowie der im Folgejahr in der Wiener Kunsthalle eingerichteten gleichnamigen Ausstellung) wurde das einstige Bürgerschreck-Kollektiv und seine wegweisende Arbeit in den österreichischen Kanon eingemeindet. Neben den bildnerischen Arbeiten entstanden – zunächst im Kontakt mit Klaus Schöning, dem Leiter des neu aufgebauten WDR3-Hörspielstudios in Köln – unzählige Hörstücke. Was mit der Ursendung von Bayers und Rühms *sie werden mir zum rätsel, mein vater* (WDR 1968) begann, fand mit der Zuerkennung des Karl-Szuka-Preises 1977 (für *wintermärchen*) sowie mit dem Hörspielpreis der Kriegsblinden 1983 (für *wald, ein deutsches requiem*) vorläufige Höhepunkte. Als österreichische Ehrungen durfte Rühm – im Folgejahr seines prominent wahrgenommenen 60. Geburtstages – 1991 von der Stadt Wien die Ehrenmedaille in Gold und von der Republik Österreich den Großen Staatspreis für Literatur entgegennehmen. Solcherart von seiner Heimat nicht eben früh offiziell anerkannt, arbeitet Rühm seit seiner Hamburger Emeritierung als Dichter und Hörspielautor, Bildschöpfer und (szenischer) Komponist teils in Köln, teils in Wien.

Es scheint nahezu aussichtslos, ein über knapp 50 Jahre lang absichtsvoll über die Spartengrenzen von Literatur, Klang- und szenischer bzw. bildender Kunst geführtes Werk wie dasjenige Gerhard Rühms in einen Artikel für eine dezidiert als *Literatur*lexikon ausgewiesene Publikation zu zwingen. Da etliche Werke in Handpressen und limitierten Galerie-Editionen erschienen sind, vieles im Buchhandel vergriffen ist, ist Rühms Werk nicht einmal in Spezialbibliotheken umfassend einsehbar. Glücklicherweise geben die Sammelbände *botschaft an die zukunft* (1988), *geschlechterdings* (1990) und *sämtliche wiener dialektdichtungen* (1993) einen praktikablen Querschnitt durch das schwer überschaubare Werk. Die Quellenlage erschwert, dass die radiofonen Arbeiten nur in seltenen Fällen auf Tonträgern überliefert wurden, desgleichen sind die *literarischen cabarets* der »Wiener Gruppe« sowie spätere theatralische Aktionen meist nur anhand der Textvorlagen, Regieangaben bzw. Partituren nachvollziehbar.

Als Komponist hat Gerhard Rühm musikalische Prinzipien für die Textgenese produktiv gemacht. Zieht er in seinen Chansons, Dialektliedern, Hörspielen und Bühnenwerken traditionelle musikalische Genres als Grundmuster für variierte Explorationen heran, so hat er umgekehrt seine eigenen Chansons selbst vertont (*ich küsse heiß den warmen sitz*, 1970; *verlier nicht den kopf aus liebe*, 1999). Vollends amalgamiert sind die dichterischen und musikalischen Aspekte in der »auditiven (= Laut)poesie«, welche Gerhard Rühm dezidiert als Kompositionen konzipiert. Musikalische Sachkenntnis fließt dabei nicht nur in die melodische und rhythmische Gestaltung ein, sondern manifestiert sich insbesondere im Vortrag, den Rühm nicht etwa als sekundäre Form der Vorlesung »nach der Schrift« betreibt, sondern als virtuose Aktualisierung seiner Kunst. Das schriftliche Kondensat der »auditiven poesie« unterscheidet sich markant von traditionellen Formen der literarischen Notation, indem es an Partituren bzw. nonfigurative Grafiken erinnert. Nicht zufällig erscheinen die visuellen und auditiven Arbeiten als kommunizierende Gefäße, d.h., visuelle Arbeiten können akustisch realisiert, die Partituren auditiver Texte ihrerseits als grafische Fügungen rezipiert werden. Schon dem Namen nach erweist sich dieses »code switching« zwischen den visuellen Zeichen der konkreten Poesie und den praktischen Notaten akustischer Ereignisse bei den Werkgruppen der *expressionen*, *reihungen* und *konstellationen* (1952–1956). Vortrag und Rezeption der nichtgegenständlichen (nichtwörtlichen) Lautgedichte werden durch Regieanweisungen gesteuert. Ist eine »eruptive« Vortragsweise z. B. für die *hymne an lesbierinnen* vorgesehen (»at / at / dat / at d / d / d / u o ai / …«, 1956, in: *botschaft an die zukunft*), so sind die *reihungen* und *konstellationen* »meditativ vorzutragen«. Das *atemgedicht* (1954) besteht lediglich aus dem Hauchlaut »h«, welchem die Zusätze »einatmen«, »ausatmen« beigefügt sind. Eine Krise indiziert die Leseanweisung zum vorletzten Vers: »einatmen und den atem gespannt anhalten«, während der Schlussvers »h (erlöst ausatmen)« die finale Entspannung bringt. Auf vergleichbare Weise zielt das Stück *so lange wie möglich* (1962) auf eine dramatische Ausreizung des Stimm- und Atemorgans, bei welchem der Laut »a« bis »zum völligen versiegen des atems« gehalten wird. Wo mit mehreren Sprechern bzw. für Medien komponiert wird, erfolgen Koordination und Komposition der Stimmen per Sekundentabellen und Ablaufschemata (*nähern und entfernen, hörstück für einen sprecher und tonband*, 1961, in: *botschaft an die zukunft*).

Rühms bekannteste Werke sind zweifellos die *wiener dialektdichtungen*, welche – seit dem gemeinsam mit Friedrich Achleitner und H. C. Artmann 1959 veröffentlichten Band *hosn rosn baa* – eine über Jahrzehnte fortgeführte Werkgruppe bildet. Stand mit der Erschließung des Dialektes für die moderne Poesie zunächst die Erweiterung der Sprachmittel im Vordergrund (sowie ein Gegenentwurf zur heimelnden Mundartdichtung), so rückt mit der Besinnung auf die expressiven Qualitäten des Wienerischen dessen Lautbildlichkeit in den Fokus. Konsequent lösen Rühms *lautgedichte im wiener dialektidiom* (Nachdr. in: *Sämtliche wiener dialektdichtungen*) den Klang des Dialektes von den Begriffen ab und kondensieren damit sein aggressiv-serviles Substrat. Einige dieser frühen Lautgedichte (*gschbiz di laggn*) wurden später in die *rede an österreich* (1955–1958, in: *Botschaft an die zukunft*) eingearbeitet. Mit dem Zyklus *da söbsmeadagraunz* (1955/56) akzentuiert der Autor das Gewalt- und (Selbst-)Destruktionspotenzial des Wienerischen; einige Gedichte (*ma soggd von mia, mid mia geds beagobb*) sind – vertont von E. Kölz – in der Interpretation Helmut Qualtingers heute nachgerade populär.

Da Rühm als »funktion und berechtigung von kunst« nur das Prinzip der »innovation« anerkennt, bilden seine Wahlverwandtschaften zu bestehenden Genres und Ausdrucksformen stets nur das Grundmaterial für verfremdende Manöver. So behalten etwa seine *chansons* durchaus die traditionell gereimte Strophenform bei, brechen deren formale »Unschuld« jedoch durch makabre, oft sexualpathologische Inhalte (*geschlechterdings*). Nach dem Prinzip von »Vorbild u. Brechung« lässt sich ein breiter Werkkomplex als »intertextuelle Dichtung« bezeichnen. Rühms Adaptierung konsensueller Texte zielt nicht notwendig auf deren Destruktion qua Satire und Parodie, sondern kreiert aus dem vorgefundenen Form- und Motiv-Material eigenständige Werke, welche ihrerseits auf die Lektüre der Ursprungstexte rückwirken. So sind etwa der frühe Theatertext *ophelia und die wörter* (einer Sprachsektion der Ophelia-Passagen aus *Hamlet*, 1969), das Gedicht *ein gleiches nach goethe* (1979, in: *geschlechterdings*) bzw. die Repliken auf Nikolaus Lenau (*vernebelungen*, 1980, in: *geschlechterdings*) zugleich als Literatur und Metaliteratur zu verstehen. Als Folge der Beschäftigung mit Barocklyrik entstanden *die pegnitz schäfer* (1964) sowie die *thusnelda romanzen* (1968). In Letzteren konterkariert eine sadistische Fabel die leichthändige Schönheit von Sprache und Form. Zweimal rekurriert Rühm mit Goethes *Erlkönig* auf den Kanon poetischen Bildungsgutes: Einmal, indem er ihn in den Achtzigerjahren wüst »verwienert« (*wie man im hawelka klassiker liest*, in: *sämtliche wiener dialektdichtungen*), während er die Ballade ein andermal »wortlos« auf einer Schreibmaschine herunterklappert (*erlkönig nach johann wolfgang von goethe, für schreibmaschine*, 1975, in: *botschaft an die zukunft*). Lassen sich diese Rekurse auf literarisches Bildungsgut einerseits als dessen produktive Dekonstruktion deuten, gehören sie andererseits zum Inventar des »methodischen inventionismus«, den Rühm schon zu Zeiten der »Wiener Gruppe« forcierte. Mechanisch in vorgefundene Schemata montiert, generiert das sprachliche Material überraschende Verfremdungen. Als Muster dienen Konversations- (z.B. die Gemeinschaftsarbeit *magische kavallerie*, 1956) und Wörterbücher (*textall*, *reisefieber*), desgleichen Referenztexte wie Bundeshymne (*österreichische bundeshymne, um einen schritt weiter*, 1986, in: *geschlechterdings*), Sprichwörter oder das *glaubensbekenntnis* (1973, dessen inkantierte Glaubensinhalte sich auf die zur Zubereitung des Wiener Schmankerls »Hirn mit Ei« notwendigen Voraussetzungen beziehen, in: *botschaft an die zukunft*). Komplexer in Formverfahren und inhaltlichen Implikationen sind jene Texte, welche Rühm durch serielle Manipulationen einer anwachsenden »semantischen Trübung« unterzieht, z.B. die *abhandlung über das weltall* (1964/66, in: *botschaft an die zukunft*): Ein populärwissenschaftlicher Text wird sukzessive manipuliert, bis letztlich nur das »e« übrig bleibt (damit das Gegenteil darstellt von George Perecs Roman *La Disparition*, 1969, welchem dieser Vokal durchgängig fehlt) und damit die semantische Sprache »gleichsam den wärmetod« stirbt. Ein Pendant zu diesem dynamischen Reduktionismus stellt die *botschaft an die zukunft* (1983) dar, wo sich der Basistext allmählich in Morse-Impulse auflöst. Auf doppelte Weise – formal und semantisch – inventionistisch erweisen sich die *dokumentarischen sonette* (1969, in: *botschaft an die zukunft*), bei welchen das Vers- und Reimschema des Sonettkranzes mit kontingenten Zeitungsmeldungen der Entstehungszeit aufgefüllt werden. In diesem Fall beziehen sich viele der »mots trouvés« auf Mondlandung und Vietnamkrieg. Um den metrischen und klanglichen Vorgaben der gewählten Form zu genügen, werden die Gebrauchstexte mechanisch in die Sonettform gezwungen: Die dazu nötigen unsinnigen Füllwörter und -silben kontrastieren dabei in komischer Weise den Ernst der Nachrichten und der Sonettform.

Wo der »Roman« *textall* (1993) die polymorph-systematische Komposition diverser Fremdtexte (Chaostheorie, Zen-Buddhismus) in der Großform weitertreibt, führt Rühm an anderer Stelle seine Explorationen im Grenzbereich zwischen Musik, visueller und auditiver Poesie fort. Zu den *sprechduetten nach deutschen volksliedern* (1987, in: *botschaft an die zukunft*) werden simultan die der Liedmelodie zugehörigen Solmisationssilben (do, re, mi ...) vorgetragen, wodurch eine durch rein sprachliche Mittel erzielte »Vertonung« entsteht. Weiter ins Musikalische geführt und auf der Basis von Zeitungsmeldungen findet sich ein vergleichbares Prinzip auch in der *schwellenchronik der jahrtausendwende* (2001).

Zeitungsmeldungen, akustische Fundmaterialien und deren sprachlich-szenische Collagierung bilden meist die basalen Strukturen des Rühmschen Schau- und Hörspielwerks. Grundsätzlich auf den Bruch mit illusionistischen Figuren angelegt, führt es – von der *ophelia* über *unser versuch bestätigt das* (1969) bis zu den Hörspielen *wintermärchen* (1976) und *wald* (1983) – das Prinzip der Montage sowie das der Kollision vorgefundener Sprach- und Tonmaterialien fort. Rühms Œuvre verweigert sich der Vorstellung von der linearen Entwicklung eines Lebenswerks. Im Gegenteil – Rühm schreibt und komponiert auch weiterhin an verschiedenen methodischen und motivischen Paralleluniversen fort. Insofern wäre die Frage nicht unbillig, inwieweit ein solches »work in progress« Rühms eigenen Anspruch auf stetige Innovation einzulösen vermag.

Christiane Zintzen

Werke: *hosn rosn baa*, Dialektged., zus. m. Friedrich Achleitner u. H. C. Artmann, Wien 1959, Nachdr. in: *sämtl. wiener dialektdichtungen*, Graz 1993; *super rekord extra 100. ein werkstück*, zus. m. F. Achleitner, Wien 1961, Nachdr. in: *Die Wiener Gruppe*, Reinbek 1967; *konstellationen*, Frauenfeld 1961 (= konkrete poesie/poesie concreta 4); *rund oder oval*, Theaterst., UA Uppsala 1961, Hsp., RIAS 1971; *der weg nach bern*, Theaterst., UA Wien 1962; *gehen*, Theaterst., UA Ulm 1962, gedr. in: *Die Wiener Gruppe*, Reinbek 1967; *kinderoper*, zus. m. F. Achleitner, K. Bayer, O. Wiener, UA Wien 1964, gedr. in: *Die Wiener Gruppe*, Reinbek 1967; *bewegung*, Bleiburg 1964 (= Sonderdruck d. Eröffnungen 1); *montagen 1956, nach dem vollständigen lehrbuche der böhmischen sprache des H. Terebelski*, zus. m. H. C. Artmann u. K. Bayer, Bleiburg

1964 (= Sonderdruck d. Eröffnungen 2), Nachdr. in: *Die Wiener Gruppe*, Reinbek 1967; *die pegnitz schäfer*, Anth., Hg., Bln. 1964; *betrachtungen des horizonts*, Bln. 1965; *farbengedicht*, Bln. 1965; *lehrsätze über das weltall mit beweis in form eines offenen briefes an professor einstein*, Bln. 1965; *Konrad Bayer: der sechste sinn*, Hg., Reinbek 1966, erw. Neuausg. Wien 1993; *da söbstmeadagraunz. gedichte im wiener dialekt*, Bln. 1966, Theaterst., UA Wien 1993, Nachdr. in: *sämtliche wiener dialektdichtungen*, Graz 1993; *daheim*, Montagen, Bln. 1967; *Die Wiener Gruppe. Achleitner-Artmann-Bayer-Rühm-Wiener*, Anth., Hg., Reinbek 1967, erw. Neuausg. Reinbek 1985; *abhandlung über das weltall*, Hsp., SR 1967, gedr. in: *Die Wiener Gruppe*, Reinbek 1967, Nachdr. in: *botschaft an die zukunft*, Reinbek 1988; *rhythmus r*, Bln. 1968, Hsp., WDR 1969; *fenster. texte*, Reinbek 1968; *Kleine Billiardschule. (Carambolage-Spiel)*, Bln. 1968; *rühms schablone für zeitungsleser*, Bln. 1968 (= Ed. Galerie R. Block 12); *thusnelda romanzen*, Stierstadt/Ts. 1968, Nachdr. in: *geschlechterdings*, Reinbek 1990; *2 sätze (1960)*, Bln. 1968; *sie werden mir zum rätsel, mein vater*, Hsp., zus. m. K. Bayer, WDR 1968, gedr. in: *Die Wiener Gruppe*, Reinbek 1967; *ophelia und die wörter*, Theaterst., UA Ffm. 1969, Hsp., WDR 1969, Fssp., SFB 1970, Hsp. engl. Fssg., WDR u. BARD Berkeley 1987, Hsp. span. Fssg., RNE Madrid 1992; *unser versuch bestätigt das. szene für eine schwimmerin, bariton u. frauenchor*, UA Ffm. 1969; *drei kinematograph. texte*, Fssp., SFB 1969/70, Partituren, Wien 1996; *hans u. helga, schiebetext*, Bln. 1969/72 (= Ed. Galerie R. Block 12); *DA. eine buchstabengeschichte für kinder*, Ffm. 1970; *gesammelte gedichte und visuelle texte*, Reinbek 1970; *[hamburger blatt]*, zus. m. G. Brus, D. Roth, O. Wiener, Hbg. 1970; *in memoriam leo trotzki*, Fotomontage, Bln. 1970; *knochenspielzeug. märchen u. fabeln*, m. Grafiken v. C. L. Attersee, Stierstadt/Ts. 1970 (= Broschur 13), Neuausg., erw. um *liebesgeschichten*, Düsseld. 1979; *zeitverlauf*, Fotomontage, Bln. 1970; *ich küsse heiß den warmen sitz*, Schpl., Mannheim 1970; *Charles Baudelaire: die reise nach cythera. 10 umdichtungen*, Stierstadt/Ts. 1971; *die frösche u. andere texte*, Reinbek 1971; *kreidekreis. theatral. kommunikation nach dem chinesischen nach klabund*, Ffm. 1971, UA Krefeld 1981; *voyeurobjekt*, Bln. 1971 (= karton d. edition hundertmark 6); *der schweißfuß*, Operette, zus. m. K. Bayer, gedr. in: *Die Wiener Gruppe*, Reinbek 1967, musikal. Querschnitt, SFB 1971, Schpl., Köln 2002; *räuberhauptmann grasel*, Hsp., WDR 1971, gedr. in: *sämtliche wiener dialektdichtungen*, Graz 1993; *diotima hat ihre lektüre gewechselt*, Hsp., HR 1971; *AUA 231*, Hsp., zus. m. Urs Widmer, WDR 1971; *witz*, Fssp., HR 1971; *MANN u. FRAU*, Neuwied, Darmst. 1972 (= Luchterhand-Typoskript); *ophelia u. die wörter. gesammelte theatertücke 1954–1971*, Neuwied, Darmst. 1972, Neuausg. u. d. T. *theatertexte. gesammelte theaterstücke 1954–1971*, Ffm. 1990; *ergebnisse des 1. berliner dichter-workshops 1972*, zus. m. F. Achleitner, G. Brus, D. Roth, O. Wiener, Stg. 1973 (= Die Schastrommel 9); *wahnsinn. litaneien*, G., Schpl., Mü. 1973 (= Hanser-Manuskript); *erste folge kurzer hörstücke*, Hsp., HR/BR 1973; *blaubart vor der krummen lanke*, Hsp., WDR 1973; *entbindungen. griffelkunst*, Hbg. 1974; *comic*, Linz 1975; *zweite folge kurzer hörstücke*, Hsp., HR 1975; *von welt zu welt*, Hsp., BR 1975; *kurze hörstücke*, Hsp., WDR/HR 1975; *litaneien 1*, Schpl., Düsseld. 1975; *der einäugige könig*, 12 Offsetdrucke, Bln. 1976 (= Publikation d. Ed. am Mehringdamm 3); *bücher-bilder, bilder-bücher*, Bln. 1976 (= Publikation d. Ed. am Mehringdamm 4); *komm mit nach österreich. ein führer durch österreich für außerirdische wesen*, zus. m. C. L. Attersee, Grenchen 1976; *wintermärchen. ein radiomelodram*, Hsp., WDR 1976, Schpl., Baden 1984, Hsp. engl. Fssg., ABC Sydney 1989; *geschichte v. hühnchen u. hähnchen*, Hsp., WDR/HR 1977; *Konrad Bayer: das gesamtwerk*, erw. Neuausg., Hg., Reinbek 1977, Neuausg. u. d. T. *K. Bayer: sämtliche werke*, Wien 1985; *selbstbeobachtung*, Fssp., SR 1978; *adelaides locken*, Illustr. zu e. Ged. v. J. H. Füssli, Bln., Köln 1979 (= edition hundertmark 7); *konrad-bayer-symposium Wien*, Anth, Hg., Wien 1979; *Franz Richard Behrens: Werkausgabe*, Hg., 2 Bde., Mü. 1979; *super rekord 50 + 50, texte u. briefe*, zus. m. F. Achleitner, hg. v. Heimrad Bäcker, Linz 1980; *kleine geschichte der zivilisation*, Hsp., WDR 1980; *Oscar Wilde: Salome*, Nachdicht., Hsp., WDR 1981, gedr. Ffm. 1983 (= Theaterbibliothek 57), Theaterst., UA Wien 1990; *automatische zeichnungen/fotomontagen 1958–1966/hand- u. körperzeichnungen/schriftzeichnungen 1956–1977*, Hann. 1982; *bleistiftmusik*, Schpl. u. Dias, Köln 1983 (= Karton d. edition hundertmark 74); *die jause – ein kranz wiener hörstücke*, Hsp., ORF 1982; *wald. ein deutsches requiem*, Hsp., WDR 1983; *melogramme*, Drucke, Wien 1984; *TEXT – BILD – MUSIK. ein schau- und lesebuch*, Wien 1984 (= Freibord 41/42); *visuelle musik*, Karton m. 24 Notenbl., Hann. 1984; *fötus*, Hsp., WDR 1984, Installation, UA Graz 2003; *dings. eine untergangsfantasie*, Hsp., ORF 1984; *allein, verlassen, verloren. 3 Hörspiele zum Thema Angst*, zus. m. R. Hughes u. M. L. Kaschnitz, Stg. 1986; *leselieder/visuelle Musik*, Graz 1986; *Zeichnungen*, Wien, Salzb. 1987; *achrostichon für john cage*, Hsp., WDR 1987; *angelus. eine biografische litanei*, Hsp., WDR 1987, gedr. Salzb. 1989; *botschaft an die zukunft. gesammelte sprechtexte*, G., Schpl., Reinbek 1988; *das leben chopins und andere tondichtungen*, Schpl., Bln. 1988; *gerhard rühm: tuschmalereien*, Kat., hg. v. P. Weiermair, Ffm. 1989; *reisefieber. theatralische ereignisse in 5 teilen*, Reinbek 1989; *vollständige reiseerzählung*, Hsp., ORF 1989; *geschlechterdings. chansons-romanzen-gedichte*, Reinbek 1990; *20 arbeiten – 20 jahre. 1970–1990*, Köln 1990; *zeichnungen und scherenschnitte*, Kat., Mürzzuschlag 1990; *die winterreise dahinterweise*, Theaterst., UA Graz 1990, Hsp., ORF 1990, gedr. Klagenfurt 1991; *japanischer salat. hommage à eric satie*, Hsp., WDR 1990; *kunst der fingerfertigkeit. hommage à carl czerny*, Zell a. See 1991; *leselieder. spontangedichte auf notenpapier*, Wien 1991; *tuschcollagen*, Kat., Wien 1991; *golf. poesie nach 6 wochen prosa*, Hsp., BR 1991; *thema mit variation*, visuelle musik, Wien 1992, Schpl., Wien 1992; *liederbilder*, Bremen 1992; *wien, wie es klingt*, Hsp., ORF/WDR 1992; *kinderlieder heute*, Hsp., WDR 1992; *Konrad Bayer: theatertexte*, Hg., Ffm. 1992; *schwarzweiße messe*, UA Mürzzuschlag 1993; *sämtliche wiener dialektdichtungen*, G., Schpl., Graz 1993; *textall. ein utopischer roman*, Reinbek

1993; *überkreuzt*, Zeichnungen u. Montagen, zus. m. H.-G. Prager, Köln 1993; *BRAVO, sittenbild aus den 50er Jahren*, Innsbr. 1994; *besteckstück. objekttheater*, UA Graz 1994, Hsp., ORF 1994; *damentennis*, Hsp., WDR 1994; *auf messers schneide*, Theaterst., Schpl., Innsbr. 1995; *drei fragen, 2 sätze*, visuelle, auditive Texte, Schpl., Hbg. 1995; *zeichen-buch*, Zeichnungen, Hbg. 1995; *coole serie in memoriam*, Fotomontagen, Salzb. 1996 (= Edition Fotohof 2); *visuelle poesie. arbeiten aus 4 jahrzehnten*, Innsbr. 1996; *höllen- u. himmelfahrten*, Zell a. See 1996; *sound poems. speech duet*, Performance, UA Kopenhagen 1996, WDR 1996; *nix*, Theaterst., UA Wien u. Lpz. 1997; *lesebilder – bildgedichte*, Gumpoldskirchen 1997; *Die Wiener Gruppe. Ein Moment der Moderne 1954–1960*, Kat. z. österr. Ausst. d. Biennale Venedig 1997, hg. v. Peter Weibel, m. CD-Rom, Wien 1997; *Die Wiener Gruppe. Kunsthalle Wien 1998/99*, Kat., Wien 1998; *vom eintonstück zum damentango. kompositionen*, Schpl., Wien 1998 (= ORF-Edition Zeitton); *Gerhard Rühm*, Anth., hg. v. Kurt Bartsch u. Stefan Schwar, Graz 1999 (= Dossier 15); *verlier nicht den kopf aus liebe. gesammelte chansons*, Schpl., Wien 1999 (= ORF-Edition Zeitton); *gruselgeschichten*, Gmunden 1999; *um zwölf uhr ist es sommer*, Anth., Stg. 2000; *Kunst-Stücke*, Anth., Wien 2000; *schwellenchronik der jahrtausendwende*, Graz 2001; *momentgedichte und kurzgeschichten*, Köln 2001; *calendarium. monatstexte m. holzschn.*, Garching 2001; *ICH – »I« love you*, m. Bildern u. Objekten, Weitra 2001; *visuelle poesie, visuelle musik 1954–2001*, Kat., Graz 2001; *pencil music*, Schpl., Köln 2002; *masoch – eine rituelle rezitation*, UA Graz 2003, gedr. Graz 2003.

Rühmkorf, Peter, wurde am 25. 10. 1929 in Dortmund »als Sohn der Lehrerin Elisabeth Rühmkorf und des reisenden Puppenspielers H. W. geboren«. Er wuchs in Warstade-Hemmoor bei Stade in Niedersachsen auf. Ab 1951 studierte er zunächst Pädagogik, dann Germanistik und Kunstgeschichte in Hamburg, 1957 Abbruch des Studiums. Zusammen mit Werner Busse, Brunhild Fiebing, Peggy Parnass und Klaus Rainer Röhl gründete er das Kabarett »Die Pestbeule«. Von 1953 bis 1956 gab er zusammen mit Werner Riegel die hektografierte Monatsschrift »Zwischen den Kriegen« heraus (Veröffentlichungen u.a. unter den Pseudonymen Johannes Fontara, Leslie Meier und Leo Doletzki). Ab 1955 war er Mitarbeiter der Zeitschrift »Studenten-Kurier«, die sich seit 1957 »konkret« nennt. 1955 nahm er als Mitglied einer gesamtdeutschen Jugenddelegation an einer sechswöchigen Chinareise teil. 1956 war er Delegierter auf dem IV. Internationalen Studentenkongress in Prag, 1957 nahm er an den Weltjugendspielen in Moskau teil. Von 1958 bis 1964 arbeitete er als Lektor im Rowohlt-Verlag; zugleich engagierte er sich als Atomkraftgegner und im Vorfeld der Studentenbewegung. 1963 war er Dozent am Literarischen Colloquium in Berlin. Seither lebt er in Hamburg als freier Schriftsteller und entfaltet eine rege publizistische Tätigkeit für Zeitungen, Zeitschriften, Rundfunk und Fernsehen. 1964/65 erhielt er das Villa-Massimo-Stipendium in Rom. 1966 erfolgte die erste Open-Air-Veranstaltung »Jazz&Lyrik« zusammen mit Michael Naura und Wolfgang Schlüter, seitdem zahlreiche öffentliche Vorträge zu Jazzmusik (u.a. mit Volker Kriegel, Eberhard Weber, Leszek Zadlo). Ab 1969 übernahm er Gastdozenturen an internationalen Universitäten, so 1969/70 für moderne deutsche Literatur an der University of Austin, Texas/USA, 1974 an der Werkkunstschule in Hamburg, 1976 an der Universität in Essen, 1978 an der Universität Warwick, England. 1980 erhielt er die Stiftungsdozentur für Poetik an der Johann-Wolfgang-Goethe-Universität, Frankfurt am Main, 1983 die Gastdozentur an der University Hanover, New Hampshire/USA, 1985/86 an der Universität-Gesamthochschule Paderborn und 2001 an der Universität Tübingen. Peter Rühmkorf ist Mitglied im Verband deutscher Schriftsteller. 1960 gab er sein Debüt bei der »Gruppe 47«, der er bis zu ihrer Auflösung angehörte. Seit 1973 ist er Mitglied des P.E.N.-Zentrums der Bundesrepublik Deutschland, 1986 bis zu ihrer Auflösung war er Korrespondierendes Mitglied der Akademie der Künste in der DDR, außerdem Ehrendoktor der Universität Gießen (1989), Mitglied der Freien Akademie der Künste in Hamburg, der Deutschen Akademie für Sprache und Dichtung, Darmstadt, und der Akademie der Künste Berlin. 1958 erhielt er den Hugo-Jacobi-Preis, 1976 das Stadtschreiberamt von Bergen-Enkheim und den Johann-Heinreich-Merck-Preis, 1979 den Erich-Kästner-Preis, den Annette-von-Droste-Hülshoff-Preis sowie den Alexander-Zinn-Preis, 1980 den Bremer Literaturpreis, 1984 die Ehrengabe der Heinrich-Heine-Gesellschaft in Düsseldorf, 1986 den Arno-Schmidt-Preis, 1987 den Preis der Kasseler Kunstausstellung »documenta«-Schreiber, 1988 den Heinrich-Heine-Preis der DDR, 1993 den Georg-Büchner-Preis sowie den Justinus-Kerner-Preis und 1996 den Walter-Hasenclever-Preis, 1999 die Ehrendoktorwürde der Universität Göttingen, 2000 die Carl-Zuckmayer-Medaille, den Hoffmann-von-Fallersleben-Preis sowie den Johann-Heinrich-Voß-Preis und 2002 den Cuxhavener Joachim-Ringelnatz-Preis.

»Ich bin so'n Non-Stop-Charakter, wie soll ich sagen, / so ein eiliges Bleistiftgesicht. / Kaum dass ich ausgeschlafen hab, / rasen schon meine sämtlichen Nerven mit mir los, / eine Litfaßsäule törnt mich an, / selbst Erdgas wirbt schon mit Titten; / man muss den Menschen vermutlich öfter mal sagen, dass sie vorübergehn, sonst bleiben sie stehen – – – / Nebenbei, seit einigen Jahren, drei oder vier, / lass ich nur noch das Glück an mich rankommen« (*Haltbar bis Ende 1999*, 1979). Hier spricht, ganz Assoziationsequilibrist und Klangjongleur, Peter Rühmkorf. Wie beiläufig entwirft er ein Selbstporträt, halb realistisch, halb sentimental, nassforsch ein bisschen Asphalt und melancholisch ein bisschen Barock, übertüncht von trotzigem Optimismus. Das lyrische Ich klingt vertraut, doch ist ihm nicht zu trauen. Allzu perfekt camoufliert die Leichtigkeit seiner Sprache die Arbeit des Dichters: »Dass ich pro Gedichtseite etwa 100 bis 170 DIN-A4-Seiten veranschlagen muss, habe ich schon öfter erwähnt ... Bei dieser Methode habe ich wenigstens halbwegs die Gewähr, dass außer den Einfällen nichts mehr dem Zufall überlassen bleibt« (*TABU I* 1995). Was hier oberflächlich den Eindruck eines henneckemäßig stilisierten Proletarierethos macht, erweist sich als Ausdruck der Mühsal, aus Bedeutungs-, Klang- und Rhythmusfragmenten ein stimmiges Ganzes werden zu lassen. Rühmkorfs Eleganz und Leichtigkeit haben nichts mit dem ahnungslosen Romantizismus zu tun, Lyrik sei ein luftiges Kind des Zufalls. Rühmkorfs besondere Affinität zum Jazz passt genau hier ins Bild: Wie die Jazz-Improvisation entsteht das Gedicht aus einem spontanen Impuls, der erst zum Kunstwerk wird, indem er durch strenge harmonische und rhythmische Systeme, eine Art angewandter Mathematik, aufgehoben wird. Die Arbeit des Lyrikers entspricht der des Artisten in der Zirkuskuppel: Er scheint selbstvergessen zu schweben, doch ein minimaler Kontrollverlust kann ihn jederzeit abstürzen lassen. »Wir turnen in höchsten Höhen herum / selbstredend und selbstreimend, / von einem Individuum / aus nichts als Worten träumend. // ... ich schwebe graziös in Lebensgefahr / grad zwischen Freund Hein und Freund Heine« (*Hochseil*, 1976). Mit diesem Selbstbild bricht Rühmkorf mit der erbaulichen bürgerlichen Hochkultur und kündigt das romantische Künstlerbild auf, das er zugleich ironisch beibehält: Der Dichter wird zum verachteten Zirkusvolk gezählt, das mit höchstem Können und unter Lebensgefahr die Illusion weckt, die Grenzen der natürlichen und gesellschaftlichen Ordnung zu überwinden. »Épater le bourgeois« ist das Programm, ohne dabei in eine läppische Bürgerschreckattitüde zu verfallen. Im Traum vom »Individuum / aus nichts als Worten« klingt ironisch die romantische Kunstreligion an, deren intellektuelles Gepränge dem Dichter gleichwohl zu gefallen scheint. Ein solches Individuum ist wie die Sprache unendlich, ist der Schöpfergott, der am Anfang mit dem Wort identisch war (*Joh. 1,1*). So nimmt es nicht wunder, wenn Rühmkorf seinen programmatisch-poetischen Höhenflug mit »Freund Heine« enden lässt, der seinerzeit die Romantik beerbt und zugleich verdammt hat.

Rühmkorfs selbstkritisch-ironisches Bild des Künstlers erschließt sich paradigmatisch in *Komm raus!* (1979), wo er in den ersten beiden Versen zwei Schlüsselmetaphern verwendet: »Komm raus aus deiner Eber-Einzelbucht, / aus deiner Ludergrube ...« Die »Eber-Einzelbucht«, ein Koben, in dem der Eber isoliert gehalten wird, um die anderen Tiere nicht zu gefährden, verkörpert die Situation des Dichters. Durch seine Arbeit intellektuell und sozial isoliert, erscheint er als melancholischer Schweinekerl, der mit seiner viehischen Natur kokettiert. Ähnlich die »Ludergrube«; einmal ist dies die Luder- oder Aasgrube, in die im Mittelalter das verendete Vieh geworfen wurde, zum anderen handelt es sich um eine sexuelle Kodierung, das Lotterbett klingt an, beides verdichtet sich zu einem sarkastischen Memento mori, das darüber hinaus Negativbild des Elfenbeinturms ist. Der Dichter entzaubert seinen Beruf. Von Anfang an sind Außenseitertum, kunstvolle Schnodderigkeit des Tons und bissige Lust an der Parodie entscheidende Merkmale der Lyrik Rühmkorfs. Seine Liebe zum Unbedeutenden, scheinbar Belanglosen, Schroffen, dem er mehr poetische Kraft zutraut als der dekorativen Ästhetik des guten Geschmacks, zeigt sich in *Über das Volksvermögen. Exkurse in den literarischen Untergrund* (1967/69). Hier spürt er anonymen Alltagsversen nach, Kinderreimen, obszönen Epigrammen, versifizierten Flüsterwitzen, sarkastischen Werbe- und Propagandatravestien und weist nach, dass auch hier »außer den Einfällen nichts mehr dem Zufall überlassen« blieb. Denn durch die kollektive Benutzung dieser Verse schleifen sich alle Zufälligkeiten ab, so entsteht poetische Authentizität.

»Ein mir immer verlockender erscheinendes Jenseits. Dort dann in einer gemeinsamen Skatecke mit Ringelnatz und Benn. Nein, lieber noch mit Ringel und George Grosz« (*TABU I*, 1995) – Rühmkorf verortet seine Arbeit immer wieder in einem Referenzsystem aus Dichternamen. Wie für viele Dichter seiner Generation war Gottfried Benns Lyrik die poetische Primärerfahrung. Es ist bezeichnend, wie in der zitierten Notiz des *Tagebuchs* Benn prompt als Skatbruder für die Ewigkeit benannt wird, um dann zugunsten George Grosz' sofort wieder hinausgeworfen zu werden. Ringelnatz und Grosz sind Wahlverwandte: schnodderige Melancholiker, subversive Komiker, die den Kulturbetrieb unterlaufen, obwohl sie ihm angehören. Benn hingegen ist ein Leitbild, das dem Nachgeborenen buchstäblich schwer zu schaffen macht: der ästhetische Nihilismus des frühen Benn, der sich niemand und nichts verpflichten wollte. Auch seine verwegenen Reime waren verführerisch für einen jungen Dichter der desillusionierten Nachkriegsgeneration – es gibt Zeilen von Benn und Rühmkorf, da wüsste man nicht, von wem sie sind, wenn man nicht wüsste, von wem sie sind: »Europa, dieser Nasenpopel / aus einer Konfirmandennase« (Benn, *Alaska*, 1913); »Im Laube wispern meine Stiefdämonen / und trinken sich die zweite Einfalt an« (Rühmkorf, *Verkehrte Welt*, 1962). Umso vernichtender Rühmkorfs Kritik an der geschmäcklerischen Artistik des späten Benn, die es denkfaulen Epigonen allzu einfach macht. Benns *Welle der Nacht* nennt er »die kandierte Romantik nach dem ges. gesch. Geschmack des Restauratoriums [= der Adenauerzeit. F. S.], das La Paloma der intellektuellen Demimonde« (*Jahre, die ihr kennt*, 1972). Verbunden fühlt sich Rühmkorf in der Generation Benns eher Dichtern vom Schlage eines Jakob van Hoddis.

Aus seiner eigenen Generation widmet Rühmkorf zwei früh Verstorbenen seine besondere Aufmerksamkeit mit ausführlicher Biografie und Dokumentation: dem 1921 geborenen und 1948 gestorbenen Wolfgang Borchert mit der *rowohlt monographie* (1961) und dem 1925 geborenen und 1956 gestorbenen Werner Riegel mit *Werner Riegel … beladen mit Sendung, Dichter und armes Schwein* (1988). Mit Riegel verband ihn eine enge Freundschaft, mit ihm erarbeitete er 1956 den ersten Gedichtband (*Heiße Lyrik*), mit ihm gab er von 1952 bis 1956 die Zeitschrift »Zwischen den Kriegen« heraus und gemeinsam arbeiteten sie ab 1955 für den »Studentenkurier«. Auch Arno Schmidt ist zu nennen, der plebejische Rufer der Aufklärung in der wüsten Haide, dem er in *Bleib erschütterbar und widersteh* (1978) und mit *Arno Schmidt. Lesen ist schrecklich!* (1997) seine Wertschätzung erweist. Zusammen mit Robert Gernhardt gab er 2000 *In gemeinsamer Sache. Gedichte über Liebe und Tod, Natur und Kunst* heraus. Sein poetisches Referenzsystem baut Rühmkorf bis weit in die Vergangenheit aus: *Walther von der Vogelweide, Klopstock und ich* (1975). Der Titel von 1959, *Irdisches Vergnügen in g*, ist eine Reverenz an Barthold Heinrich Brockes. Aus Hölderlin, Klopstock, Eichendorff, Matthias Claudius schlägt er 1962 in *Kunststücke* seine poetischen Funken. Alle diese Dichter verkörpern auf unterschiedlichste Weise jenen poetischen und sozialen Eigensinn, der auch Peter Rühmkorf charakterisiert.

»Ich sage: Wer Lyrik schreibt, ist verrückt, / wer sie für wahr nimmt, wird es« (*Hochseil*, 1976). »Auch Kultur / ist nur eine unmaßgebliche Schutzbehauptung« (*Komm raus!*, 1979) – in solchen Sätzen äußert sich mehr als die kokette Ironie eines der erfolgreichsten deutschsprachigen Lyriker, hier spricht der Eigensinnige, der Laie in Staatsgeschäften, den erst das bürgerliche Zeitalter zum Idioten stempelt, kurz: Hier spricht der politische Dichter, der nicht zufällig für das bürgerlichste aller lyrischen Genres, das Naturgedicht, nur Spott übrig hat: »Anmut dürftiger Gebilde / Kraut und Rüben gleich Gedicht« (*Lied der Naturlyriker*, 1959). Denn er weiß, dass jede Kunst und gerade die, die es nicht wahrhaben will, politisch ist. Deshalb polemisiert er gegen jeglichen Ästhetizismus. Es ist nur ein scheinbarer Widerspruch, wenn er dabei seiner Lust am Spiel mit der Sprache, vor allem am Reim, ungehemmt nachgeht. Der Reim, den er wegen seiner Nutzlosigkeit oder besser Nichtsnutzigkeit »Elfenspuk« nennt, unterläuft subversiv die brachiale Verfügungssprache, die den gesellschaftlichen Ton angibt. In seinem Verschwinden manifestiert sich Barbarei: »… – denn dass sich aus den Anreißreimen von Kommerz und Markenwerbung einmal eine richtige Reimkultur entwickelt, ist selbst bei dem äußersten Regressionsoptimismus kaum zu erwarten« (*agar agar – zaurzaurim. Zur Naturgeschichte des Reims und der menschlichen Anklangsnerven*, 1981). Um derartige Reflexionen über sein Handwerk anstellen zu können, muss der Dichter die Gesellschaft und ihre Verhältnisse genau beobachten und reflektieren, er muss sich öffentlich artikulieren. Rühmkorfs Dichtung lebt von der unablässigen Reflexion ihrer Bedingungen. Nicht nur, dass er in seinen Büchern Lyrik und Essay kombiniert, belegt dies. Seine Gedichte sind genuin politisch, da deren Akrobatik mehr als nur das Fragile der Künstlerexistenz repräsentiert, sie anverwandelt das Reflektierte dem Rhythmus, der Melodie, dem Sound. Diese artistische Anverwandlung, autonom oder parodistisch, gelassen oder ironisch, melancholisch oder aggressiv, lässt die gängige

Sprache der Kommunikation und Machtausübung ins Bodenlose stürzen, ohne an Kommunikation und Machtausübung selbst etwas ändern zu können. »Weil diese Vorstellung vom ungeteilten Individuum, das in Sprache, in Kunst sich realisiert, längst selbst als Ideologem einer Stillhaltegesellschaft erkennbar geworden ist und weil das so genannte lyrische Ich sich überhaupt nur dialektisch noch seiner selbst versichern kann, mag es immerhin möglich sein, dass in der Auseinandersetzung zwischen dem, was Kunst sein will, und dem, was Anstoß stiften möchte, nicht das Zeitgedicht das letzte Wort behält; ... eins freilich scheint mir unbestreitbar, dass nämlich auch eine artistische Lösung gar nicht mehr denkbar ist, es sei denn über den Widerstreit mit Hoffnungen und Absichten, die nicht primär dem Gedicht gelten, sondern der Gesellschaft, die ihm entgegensteht, und einem Land, das wahrlich des Angstschweißes der Edlen wert ist« (*Lyrik und Politik*, 1963). Voraussetzungen dafür sind eminenter Scharfsinn und enorme Sprachfantasie. Rühmkorfs Poesie, die über beides verfügt, ist Bestandteil seiner politischen Publizistik. Und umgekehrt.

Man könnte Rühmkorfs Werk nun noch in unterschiedliche Schaffensphasen einteilen, signifikanter ist jedoch der Umstand, dass er seit seinen frühesten Publikationen ein sprachlich und gedanklich konsequentes wie kohärentes Gesamtwerk entwickelt hat. »Habe viel Schlachten, aber nie meine Identität verloren. Wusste vermutlich auch nie so recht, was das eigentlich ist« (*Die Jahre, die ihr kennt*, 1972).

Ferdinand Scholz

Werke: *Heiße Lyrik*, G., zus. m. Werner Riegel, Wiesbaden 1956; *Irdisches Vergnügen in g*, G., Hbg. 1959; *Wolfgang Borchert*, Biogr., Hbg. 1961; *Werner Riegel: Gedichte und Prosa*, Hg., Wiesbaden 1961; *Wolfgang Borchert: Die traurigen Geranien*, Hg., Reinbek 1962; *Kunststücke. Fünfzig Gedichte nebst einer Anleitung zum Widerspruch*, G., Hbg. 1962; *Lyrik und Jazz*, zus. m. Johnny Griffin, Gert Westphal, Joachim E. Berendt, Schpl., 1963; *Kleine Anweisung zum glücklichen Leben*, Film, 1963; *Schwarz-Weiß-Rot*, Zeichentrickfilm, zus. m. Helmut Herbst, 1964; *Abends wenn der Mond scheint*, Literarisches Colloquium Berlin, 1964; *Über das Volksvermögen. Exkurse in den literarischen Untergrund*, Ess., Reinbek 1967; *Zurück zur Kultur*, Film, 1968; *Friedrich Gottlieb Klopstock: Gedichte*, Hg., Ffm. 1969; *Was heißt hier Volsinii? Bewegte Szenen aus dem klassischen Wirtschaftleben*, Theaterst., Reinbek 1969, UA Düsseld. 1973; *Die Jahre, die ihr kennt. Anfälle und Erinnerungen*, Autobiogr., Reinbek 1972; *Lombard gibt den Letzten. Ein Schauspiel*, Theaterst., Bln. 1972, UA Dortmund 1972, Hsp., WDR 1974; *Der Ziegenbock im Unterrock. Kinderverse und -geschichten, gesammelt von Peter Rühmkorf, gesprochen von Kindern*, Schpl., 1973; *Die Handwerker kommen. Ein Familiendrama*, Theaterst., Bln. 1974; *Im Sperrmüll*, Hsp., WDR 1974; *Walther von der Vogelweide, Klopstock und ich*, Ess., Reinbek 1975; *Kein Apolloprogramm für Lyrik*, Schpl., 1976; *Gesammelte Gedichte*, Reinbek 1976, Neuausg. u. d. T. *Alle Gedichte 1953–1975*, Reinbek 1983; *Phönix voran! Gedichte*, m. Illustr. v. Sascha Juritz, Dreieich 1977; *Strömungslehre I. Poesie*, Ess., Reinbek 1978; *Haltbar bis Ende 1999*, G., Reinbek 1979; *Auf Wiedersehen in Kenilworth. Ein Märchen in dreizehn Kapiteln*, E., m. Illustr. v. Albert Schindehütte, Ffm. 1980; *Ein Mann ohne Ufer. Auf den Spuren von Hans Henny Jahnn*, Film, zus. m. Paul Kersten, 1980; *Im Fahrtwind. Gedichte und Geschichte*, G., Pr., Bln., Darmst., Wien 1980; *agar agar – zaurzaurim. Zur Naturgeschichte des Reims und der menschlichen Anklangsnerven*, Ess., Reinbek 1981; *Erich Kästner: Gedichte*, Hg., Ffm. 1981; *Es muss doch noch einen zweiten Weg ums Hirn rum geben*, G., Ess., Interview, Köln 1982; *Kleine Fleckenkunde. Klecksographien*, G., Zür. 1982; *Phönix voran!*, G., Ost-Bln. 1982; *Der Hüter des Misthaufens. Aufgeklärte Märchen*, En., Reinbek 1983, Schpl., 1988, u. d. T. *Dintemann und Schindemann* Lpz. 1987; *Blaubarts letzte Reise*, E., m. Illustr. v. Sascha Juritz, Dreieich 1983; *Bleib erschütterbar und widersteh. Aufsätze, Reden, Selbstgespräche*, Pr., Reinbek 1984; *Bertolt Brecht: Gedichte*, Hg., o. O. 1985; *Außer der Liebe nichts. Liebesgedichte*, Reinbek 1986, Schpl., 1999; *Phönix voran!*, G. u. Schpl., zus. m. Michael Naura u. Wolfgang Schlüter, Reinbek 1987; *Selbstredend und selbstreimend. Gedichte – Gedanken – Lichtblicke*, hg. v. Peter Bekes, Stg. 1987; *Werner Riegel ... beladen mit Sendung, Dichter und armes Schwein*, Hg., Zür. 1988; *Dreizehn deutsche Dichter*, Ess., Reinbek 1989; *Einmalig wie wir alle*, G., Reinbek 1989; *Selbst III/88. Aus der Fassung*, G., Pr., Zür. 1989; *Komm raus! Gesänge – Märchen – Kunststücke*, hg. v. Klaus Wagenbach, G., Pr., Bln. 1992; *Deutschland, ein Lügenmärchen*, Ess., Gött. 1993; *Lass leuchten! Memos – Märchen – TaBu – Gedichte – Selbstporträt mit und ohne Hut*, G., Pr., hg. v. Marcel Hartges, Reinbek 1993; *Tabu I. Tagebücher 1989–1991*, Reinbek 1995; *Ich habe Lust, im weiten Feld ... Betrachtungen einer abgeräumten Schachfigur*, Ess., Gött. 1996; *Arno Schmidt: Lesen ist schrecklich!*, Hg., Zür. 1997; *Lethe mit Schuss*, G., hg. v. Robert Gernhardt, Ffm. 1998; *wenn – aber dann. Vorletzte Gedichte*, Reinbek 1999; *VON MIR ZU EUCH FÜR UNS*, G., Pr., Gött. 1999; *Wo ich gelernt habe*, Ess., Gött. 1999; *Mein lieber Freund und Kompanjung*, Briefe, zus. m. Horst Janssen, hg. v. Thomas C. Garbe, Hbg. 1999; *Peter Rühmkorf liest Lyrik und Prosa*, Schpl., 1999; *Werke 2. Die Jahre, die ihr kennt*, hg. v. Wolfgang Rasch, Reinbek 1999; *Werke 1. Gedichte*, hg. v. Bernd Rauschenbach, Reinbek 2000; *In gemeinsamer Sache. Gedichte über Liebe und Tod, Natur und Kunst*, zus. m. Robert Gernhardt, Zür. 2000, Schpl., 2000; *Das Lied der Deutschen*, Ess., Gött. 2001; *Werke 3. Schachtelhalme. Schriften zur Poetik und Literatur*, hg. v. Hartmut Steinecke, Reinbek 2001.

Runge, Doris, wurde am 15. 7. 1943 in Carlow in Mecklenburg als Tochter des Inhabers einer Keks- und Zwiebackfabrik geboren. Als der Vater aus der Kriegsgefangenschaft heimkehrte, war die Fabrik bereits enteignet und die Familie zog ein Stück in den Westen, nach Schleswig-Holstein, wo Doris Runge in Oldenburg und später in Lübeck zur Schule ging. Nach einem Lehramtsstudium in Kiel entfloh sie der Aussicht, auf unabsehbare Zeit unterrichten zu müssen, und ging mit ihrem Mann, dem Maler Jürgen Runge, nach Ibiza. Dort befanden sie sich im Zentrum der Hippiekultur, der sie den Rücken zukehrten, als der Massentourismus aufkam. Es zog sie zurück an die Ostsee und im Weißen Haus neben dem Kloster Cismar fanden sie eine neue Aufgabe. Seither lebt sie in dem malerischen Haus, das sich mit seinen regelmäßigen Lesungen und Vorträgen zum Veranstaltungszentrum entwickelt hat.
Ihre ersten beiden Gedichtbände *Liedschatten* (1981) und *Der Vogel, der morgens singt* (1983) erschienen als bibliophile Privatdrucke, und erst der Sammelband *Jagdlied* (1985) machte ihr Werk einer breiteren Öffentlichkeit zugänglich. Es folgten in stetem Abstand neue Lyrikbände und Prosaarbeiten. Sie erhielt diverse Preise, so 1987 den Friedrich-Hebbel-Preis, 1992 den Gedok-Preis, 1997 den Friedrich-Hölderlin-Preis, 1998 den Landeskulturpreis Schleswig-Holstein sowie 1997 die Kieler Liliencron-Dozentur und 1999 die Poetik-Professur der Universität Bamberg.
Doris Runge hat ihre Poetologie mehrfach in öffentlichen Vorträgen dargelegt, doch erschließen sich ihre lyrischen Prinzipien bei genauer Lektüre ihrer stilsicheren und streng gebauten Verse fast von selbst. Bei ihr ist Dichtung als Verdichtung im Wortsinn zu verstehen: die größtmögliche Verknappung bei gleichzeitiger bildlicher und sinnlicher Aufladung. Das Resultat sind Gedichte, in denen wie selbstverständlich ein lyrisches Ich die Stimme erhebt, das aber jedes Wort der eigenen Stummheit und der Abnutzung der sprachlichen Mittel entringen muss. Unter diesen Ausgangsbedingungen sind nur die kleinen Formen möglich – knappste Verse, wenige kurze Strophen, Auftakte gleichsam, die doch schon das Ganze ausmachen. Dabei richtet sich der Blick in durchaus nicht selbstverständlicher Weise nach außen, in die Natur und auf die Mitmenschen, vor allem die geliebten. Und es gelingt ihr das Kunststück, sich weder der Sehnsucht nach einer ursprünglichen Idylle noch der Sentimentalität hinzugeben. Ihr Ton ist lakonisch, unpathetisch, aber trotzdem klingend, bildreich und erfahrungsgesättigt. Durchgängig in Kleinschreibung und interpunktionslos gesetzt, ist die wichtigste Beziehung im Gedicht die zwischen den einzelnen Wörtern, die gern wie in »eiszapfenverhängteswinterfenster« zusammenwachsen. Hier entfaltet sich auch die prägende rhetorische Figur ihrer Dichtung, das Apokoinu – eine syntaktische Ambivalenz, die eine doppelte Beziehbarkeit eines Wortes ermöglicht und zweifache Lesarten nahe legt, die Doris Runge öffentlich durch wiederholtes Lesen eines Gedichts zum Ausdruck bringt. Die Vor- und Rückbezüglichkeiten durchbrechen die lineare Lektüre und eröffnen eine Vieldeutigkeit in der äußersten Knappheit. Zieht sich diese Figur im Verbund mit Ellipse und Elimination durch ihr gesamtes lyrisches Schaffen, so wandeln sich die Themen und Blickwinkel der weiteren Bände: Ist *jagdlied* vor allem ein verrätseltes Spiel mit der Liebe und ein Wandel durch Landschaften, so zeigt *kommt zeit* (1988) eine raffinierte Auseinandersetzung mit Redensarten und Formeln, aber auch eine Hinwendung zum poetologischen Gedicht und zur Lautmalerei. Tod und Vergänglichkeit sind Leitmotive in *wintergrün* (1991), während in *grund genug* (1995) das Submarine, Sirenen und Undinen dominieren. Ihre langjährige Beschäftigung mit Thomas Mann fand ihren Niederschlag in dem Essayband *Welch ein Weib! Mädchen- und Frauengestalten bei Thomas Mann* (1998), in dem sie den Lieblosigkeiten in der Frauendarstellung, aber auch den Mechanismen der Verführung auf den Grund geht. Der Band *trittfeste schatten* (2000) artikuliert ein neues Lebensgefühl der »nachsaison«, der Ermattung nach früherem Aufbruch. In ihrer Offenheit, Kondensation und Sinnlichkeit gehört die Lyrik Doris Runges zum Besten, was die deutsche Literatur des ausgehenden 20. Jahrhunderts zu bieten hat.

Olaf Petersenn

Werke: *Liedschatten*, G., Hbg. 1981; *Der Vogel, der morgens singt*, G., Preinersdorf 1983; *jagdlied*, G., Stg. 1985; *kommt zeit*, G., Stg. 1988; *wintergrün*, G., Stg. 1991; *grund genug*, G., Stg. 1995; *schiff*, zus. m. Gunther Fritz, Kiel 1997; *Welch ein Weib! Mädchen- und Frauengestalten bei Thomas Mann*, Stg. 1998, *trittfeste schatten*, G., Mü. 2000.

Runge, Erika, wurde am 22. 1. 1939 in Halle geboren und verbrachte ihre ersten Lebensjahre in Potsdam. Der Vater war ein sozialer Aufsteiger, der seine Beamtenlaufbahn im Nationalsozialismus als Landgerichtsdirektor beschloss. Die Mutter stammte aus großbürgerlichen Verhältnissen und hatte bis zu ihrer Heirat als Lehrerin gearbeitet. Nach dem Krieg sah sich ihre durch den Beruf des Vaters diskreditierte Familie dazu gezwungen, nach West-Berlin überzusiedeln, wo Runge 1954 die Reifeprüfung ablegte. Anschließend studierte sie Literatur- und Theaterwissenschaft, Romanistik und Kunstgeschichte in Saarbrücken, Paris, Berlin und München. Geprägt durch die Invalidität ihres Vaters, der als Soldat im Ersten Weltkrieg beide Beine verloren hatte, und die während der Bombennächte des Zweiten Weltkriegs erlittenen Traumata schloss sie sich der Anti-Atom-Bewegung an und wurde Sprecherin des Studentischen Ausschusses gegen die Atomrüstung an der Münchner Ludwig-Maximilians-Universität. Ein Amateurfilmprojekt über die Ostermarschbewegung führte sie 1961 zum Berufsziel Filmemacherin. Runge promovierte 1962 mit der Dissertation *Vom Wesen des Expressionismus im Drama und auf der Bühne* und drehte danach erste Kurzfilme für die sozialpolitische Redaktion des Bayerischen Rundfunks. Sie entwickelte Kontakte zur Hamburger Zeitschrift »Konkret« und arbeitete als Regieassistentin beim Brecht-Schüler und damaligen Leiter der Abteilung Fernsehspiele des NDR, Egon Monk. Auf dieser Grundlage und radikalisiert durch die Studentenbewegung entwickelte sich Runge zu einer der bedeutendsten Vertreterinnen des neuen deutschen Dokumentarfilms, der sich seit dem »Oberhausener Manifest« (1962) gegen die etablierte Unterhaltungsindustrie stemmte und mit Nachdruck auf gesellschaftliche Probleme im In- und Ausland aufmerksam machte. Bereits ihr erster Fernsehfilm *Warum ist Frau B. glücklich* (1968), der vom Leben einer Bergarbeiterfrau handelte, fand breite Resonanz. Ebenfalls 1968 erschien die Interviewsammlung *Bottroper Protokolle*, mit der sich Runge erstmals auch auf dem Feld der Dokumentarliteratur einen Namen machte. Seither wurde sie zu den Tagungen der Dortmunder »Gruppe 61« eingeladen, wo sie mit Günter Wallraff u.a. für eine betont klassenkämpferische Ausrichtung der Arbeiterliteratur stritt. Die Arbeiter selbst sollten ihre Kreativität entdecken und über ihre Unterdrückung im Kapitalismus schreiben, lautete das Credo, das an die Programmatik des »Bitterfelder Wegs« und der proletarischen Literatur der Weimarer Republik erinnert und wenig später zur Abspaltung des »Werkkreises ‚Literatur der Arbeitswelt« führte. 1969/70 gehörte sie zu den Initiatoren und Gründern des Frankfurter Verlags der Autoren und des Filmverlags der Autoren in München, die neue Inhalte und Formen erschlossen. 1970 erregte sie bei den Oberhausener Kurzfilmtagen großen Aufruhr, als sie dafür plädierte, Filme ausschließlich nach ihrem Nutzen für den Klassenkampf zu bewerten. 1973 bei den kommunistischen Weltjugendfestspielen in Ost-Berlin wurde im Theater am Schiffbauerdamm die szenische Kantate *Streik bei Mannesmann* uraufgeführt, zu der sie das Libretto geschrieben hatte. Nach mehreren sozialkritischen Reportagen, die in engem Zusammenhang mit den entsprechenden Filmen der Autorin entstanden, erklärte Runge 1976 ihren Abschied von der Dokumentarliteratur und war fortan fast ausschließlich für das Fernsehen und Radio tätig. 1976 und 1979 übernahm sie kleinere Rollen in Filmen von Rainer W. Fassbinder und Peter Lilienthal. Die prominente Linke, die von 1968 bis 1988 der Deutschen Kommunistischen Partei (DKP) angehörte und bei der Bundestagswahl 1969 auf der Liste der Aktion Demokratischer Fortschritt (ADF) kandidiert hatte, sah sich seit der Tendenzwende ab Mitte der Siebzigerjahre durch den so genannten »Radikalenerlass« immer größeren Schwierigkeiten ausgesetzt. Erst recht nach dem Machtwechsel von 1982 erreichten sie immer weniger Aufträge der öffentlich-rechtlichen Rundfunkanstalten. Als ihr schließlich 1987 für das Fernsehspiel *Diesmal passiert's* die Regie verweigert wurde und ein neues Drehbuch keinen Abnehmer fand, musste sie sich beruflich umorientieren. Runge, die 1978 von München nach Berlin übersiedelte, trat seither nur mehr gelegentlich als Filmregisseurin und Autorin in Erscheinung. Seit 1995 arbeitet sie als selbstständige Psychotherapeutin und konzentriert sie sich im Wesentlichen auf diese Tätigkeit. Ungeachtet der politischen Veränderungen der Neunzigerjahre sieht sie sich bis heute der politischen Linken zugehörig. Nach dem Mauerfall engagierte sie sich für einen Ausgleich mit den DDR-Autoren und wurde demonstrativ Mitglied im Ost-P.E.N. 1997 unterzeichnete sie die »Erfurter Erklärung«, die das Ende der Regierung Kohl forderte, im Januar 2002 den »Friedenspolitischen Ratschlag«, der kritisch zum Besuch des US-Präsidenten in Deutschland Stellung nahm. 1998 war sie Gründungsmitglied der gewerkschaftsnahen Fasia-Jansen-Stiftung in Oberhausen. Runge ist Mitglied der Deutschen Akademie der Darstellenden Künste, des deutschen P.E.N.-Zentrums und des Verbands deutscher Schriftsteller (VS). Für ihre filmischen und literarischen Dokumentationen wurde sie bereits früh mit zahlreichen Preisen ausgezeichnet:

1968 mit der Curt-Oertel-Medaille, dem Preis der deutschen Filmkritik bei der Internationalen Filmwoche Mannheim, dem Fernsehpreis der Deutschen Akademie der Darstellenden Künste sowie einer Empfehlung der Interfilm-Jury; 1970 mit dem Förderungspreis für Literatur der Stadt München und dem Spezialpreis in der Kategorie Dokumentarfilm beim 4. Internationalen Experimental- und Dokumentarfilmfestival in Córdoba; 1971 mit dem Ernst-Reuter-Preis des Bundesministeriums für innerdeutsche Beziehungen und dem Adolf-Grimme-Preis. 1982 erhielt sie in Addis Abeba die Goldmedaille International Award ad personam, 1983 den Preis der Frankfurter Autorenstiftung. Dreimal wurde ihr die Auszeichnung »Film des Monats« zugesprochen. 1992/93 erhielt sie das Künstlerinnenstipendium des Berliner Senats.

Bereits in den *Bottroper Protokollen* (1968) legte Runge die Dokumentation als Grundkonzept ihrer Arbeitsweise fest. In Tonbandreportagen sammelte sie Interviews von Betroffenen aus dem Bottroper Arbeitermilieu, die direkt oder indirekt von der Stilllegung der Schachtanlage Möller-Rheingraben betroffen waren. Ziel der Milieustudie war es, im aufklärerischen Geist der 68er-Generation zu untersuchen, ob die von der Wirtschaftskrise betroffenen Arbeiter eine Politisierung erlebten und ein neues Bewusstsein über ihre Lage entwickelten, das sie dazu befähigen könnte, ihre Situation aktiv zu verändern. Die im Originaldialekt des Ruhrgebiets belassenen Interviews brachten eine breite Palette von Gefühlen, Befindlichkeiten und Lebensbeschreibungen zutage und straften damit die bisherige Meinung von der Sprachlosigkeit der Arbeiterschicht Lügen. Die Autorin nahm keinerlei literarische Eingriffe vor, ließ die Interviews unkommentiert, arrangierte sie lediglich nach bestimmten Gesichtspunkten. Diese Methode entfachte eine intensive Diskussion. Martin Walser lobte in seinem Vorwort die progressiv-demokratische Ausrichtung der *Bottroper Protokolle*. Die Authentizität der Berichterstattung werde bis in die sprachliche Besonderheit eingelöst und damit der lesenden Öffentlichkeit unmittelbar zugänglich gemacht. Andere hingegen protestierten gegen den Primat der politischen Wirkungsabsicht und die hieraus resultierende Preisgabe jeglicher Fiktionalität, mit der sich die Literatur selbst aufhebe.

Ungeachtet dieser Einwände hielt Runge an der von ihr gewählten Darstellungsmethode fest. *Frauen. Versuche zur Emanzipation* (1969) enthält Tonbandprotokolle von Frauen unterschiedlicher Schichten im Alter zwischen 14 und 87 Jahren und sollte »Vorbilder zeigen und Mut machen«. *Eine Reise nach Rostock, DDR* (1971) lässt in authentischen Aussagen Menschen des anderen Deutschland zu Wort kommen. Das Leseheft *Ich heiße Erwin und bin 17 Jahre alt* (1973) konfrontierte ein schulisches Lesepublikum mit den bedrückenden Aussagen von Industrie-Lehrlingen. *Südafrika – Rassendiktatur zwischen Elend und Widerstand* (1974) enthält Gespräche mit aufständischen schwarzen Schülerinnen und Schülern, publizistische und literarische Texte sowie statistische Dokumente, die zum Kampf gegen das rassistische Apartheid-Regime aufrufen sollten.

Ihren Abschied von der Dokumentarliteratur 1976 begründete die Autorin mit den Sätzen: »Die dokumentarische Literatur hängt mir inzwischen fast zum Hals raus ... ich muss mich völlig zurücknehmen, damit ich den Personen gerecht werde ... und das ist mir inzwischen nicht genug. Ich glaube, dass meine Fantasie nicht genügend gefordert ist und dass utopische Elemente zu kurz kommen ... Bisher habe ich nicht gewagt, meine Fantasie über den Alltag hinaus zu gebrauchen, ästhetische Möglichkeiten – mich selber! – auszuprobieren. Jetzt will ich anfangen.« Doch der von ihr angekündigte Roman erschien nie. Stattdessen kehrte sie mit den *Berliner Liebesgeschichten* (1987) zur Dokumentarliteratur zurück. Zehn Tonbandprotokolle von Paaren unterschiedlichster Herkunft sprechen über das Gelingen, mehr jedoch über das Scheitern der Liebe. Gleiches ist ihren von der Kritik kaum wahrgenommenen *Liebesgeschichten* (1990) zu entnehmen.

Waltraud Müller-Ruch/Hermann Ruch

Werke: *Soll eine Frau soviel verdienen wie ein Mann?*, Film, BR 1966; *Bottroper Protokolle. Aufgezeichnet von Erika Runge*, Interviews, Ffm. 1968, Hsp., SWF/NDR 1968; *Warum ist Frau B. glücklich?*, Film, WDR 1968; *Frauen. Versuche zur Emanzipation*, Interviews, Ffm. 1969; *Frauen an der Spitze. Auf dem Wege zur Emanzipation*, Film, ARD 1970; *Ich heiße Erwin und bin 17 Jahre alt*, Film, ARD 1970, gedr. Stg. 1973; *Zum Beispiel Bottrop*, szen. Dok., zus. m. W. Geifrig, Oberhausen 1971; *Eine Reise nach Rostock, DDR*, Interviews, Ffm. 1971, Feat., SWF/HR 1971; *Drogenabhängig – und wie man davon wegkommt*, Feat., HR 1972; *Ich bin Bürger der DDR*, Film, ARD 1973; *Südafrika. Rassendiktatur zwischen Elend und Widerstand. Protokolle und Dokumente zur Apartheid. Mit einem historischen Überblick und tabellarischen Anmerkungen von Christina Oberst-Hundt*, Reinbek 1974; *Südafrika – Analphabeten 48,6 %*, Feat., HR 1974; *Michael oder Die Schwierigkeiten mit dem Glück*, Film, ARD 1975; *Streik bei Mannesmann. Szenische Kantate*, Libretto, Musik v. H. W. Henze u.a., Dortmund 1976;

Opa Schulz, Film, ARD 1976; *Überlegungen beim Abschied von der Dokumentationsliteratur*, in: *Kontext I. Literatur und Wirklichkeit*, hg. v. Uwe Timm u. Gerd Fuchs, Mü. 1976; *Wenn eine Betriebsratsvorsitzende ein Kind bekommt,* Film, ARD 1978; *Die Verwandlung einer fleißigen, immer zuverlässigen und letztlich unauffälligen Chefsekretärin*, Hsp., Rundf. d. DDR 1978; *Kinder in Kreuzberg*, Sachb., m. Fotos v. W. Krolow, Bln. 1979; *Die merkwürdigen Abenteuer einer zuverlässigen und keineswegs aufsässigen Chefsekretärin*, Hsp., WDR 1979; *Porträts von Berlinern*, Film, 3 Folgen, SFB 1980; *Lisa und Tshepo. Eine Liebesgeschichte*, Film, ARD 1981; *Unter die Haut*, Feat., RB 1981; *Wie Frauen ihren Alltag meistern*, Film, 3 Folgen, SFB 1982; *Ein Chilene in Berlin*, Film, SFB 1983; *Diesmal passiert's*, Film, Drehb., zus. m. M. Vogler, ZDF 1987; *Berliner Liebesgeschichten*, Interviews, Köln 1987, Feat., RIAS 1986; *Lisas Traum vom Glück*, Film, West 3 1988; *Menschsein und Widerstand. Frauen, die nicht vergessen*, Film, SFB 1989; *Liebesgeschichten*, En., Ost-Bln. 1990, *Chaim*, Feat., RIAS 1990; *Lieben, was es nicht gibt*, Feat., RIAS 1992.

Rutschky, Michael, wurde am 25. 5. 1943 in Berlin geboren. Er studierte Germanistik, Soziologie und Philosophie in Frankfurt, Göttingen und Berlin, unter anderem bei Theodor W. Adorno und Jürgen Habermas. 1978 promovierte er an der Freien Universität Berlin. Von 1979 bis 1984 lebte er in München, war 1979 Redakteur der Zeitschrift »Merkur«, 1980/81 der Zeitschrift »Transatlantik« und von 1985 bis 1997 Redakteur der Zeitschrift »Der Alltag«. Seit 1985 lebt er in Berlin. 1997 erhielt er den Heinrich-Mann-Preis für Essayistik der Berliner Akademie der Künste; 1999 hatte er die Heidelberger Poetik-Dozentur an der Universität Heidelberg inne.

Michael Rutschky ist ein Autor, dessen Werk sich nicht im Rahmen der tradierten Gattungsgrenzen bewegt. Der überwiegende Teil seiner Schriften lässt sich in den weiten Bereich der literarischen Essayistik einordnen, doch umfasst sein Œuvre auch experimentelle Kurzprosa. Stilprägend ist in jedem Genre die Verbindung von Intellektualität und Lust an der Komik – Rutschkys Betrachtung der Realität bezieht ihren Witz unter anderem aus der spielerischen Anwendung sozialwissenschaftlicher Konzepte auf die alltägliche Lebenswirklichkeit.

Der klassischen Vorstellung vom Essay als einer Abhandlung kommt wohl Rutschkys Erstling *Erfahrungshunger. Ein Essay über die siebziger Jahre* (1980) am nächsten, der sich mit dem Schicksal der Protestbewegung in der Bundesrepublik nach 1968 befasst. Als konstitutiv für diese Bewegung sieht Rutschky die Popularisierung akademischer Theorietraditionen an, die eine theoriegeladene Wahrnehmung der eigenen Lebenswirklichkeit zur Folge hat. Bestimmend für die Siebzigerjahre wird, nach dem Ende der revolutionären Utopien, eine popularisierte Variante der Kritischen Theorie Adornos. Die Gesellschaft wird als feindliche Außenwelt, als Bedrohung der Individualität wahrgenommen, die mit einem Rückzug in eine Innenwelt beantwortet wird, die als frei von Bestimmungen und Begrenzungen erlebt wird. Eine neue Utopie entsteht: die »Utopie der Unbestimmbarkeit«, des Vagierens, der Strukturlosigkeit und Entgrenzung. Schreiben, insbesondere autobiografisches Schreiben, wird zum Inbegriff der authentischen Tätigkeit, zur »eigentlichen Arbeit«; Literatur soll unmittelbar an körperliche Erfahrung anschließen und beim Leser eine solche hervorrufen. Die Kinobegeisterung der jungen Intellektuellen belegt den Wunsch nach physischen, nicht-sprachlichen Evidenzen ebenso wie der Terrorismus, der statt der Sprache die körperliche Gewalt zum Kommunikationsmittel macht. Neben zahlreichen Lebensgeschichten (zu denen auch Teile seiner eigenen Biografie gehören), die Rutschky im Stil geraffter Berichte erzählt, sind es daher Zitate aus den Werken prominenter und obskurer Verfasser, aus denen seine Thesen entwickelt werden. *Erfahrungshunger* ist auch eine Positionsbestimmung des Autors, der rückblickend auf das vergangene Jahrzehnt Abschied nimmt von den Illusionen der Protestbewegung.

In den folgenden Veröffentlichungen Rutschkys werden die Grenzen zwischen Essay und Erzählung zunehmend verwischt; beide Schreibweisen durchdringen sich oder werden miteinander kombiniert. Manche Texte lassen sich eher als Essays bezeichnen, in die Erzählungen in knapper, raffender Berichtform (die an Sigmund Freuds Krankengeschichten oder Berichte in ethnologischen Werken denken lassen) eingeschoben sind; in anderen dominiert die Erzählprosa, die oft durchsetzt ist von Exkursen, Interpretationen, theoretischen Reflexionen. Der Band *Wartezeit. Ein Sittenbild* (1983) beinhaltet experimentelle Kurzprosa, die Erzähltechniken des »nouveau roman«, insbesondere Michel Butors, aufgreift, ebenso wie essayistisch-argumentierende Texte. Das Berufsleben mit seinen Zwängen und Demütigungen, der Körper und die Obsessionen, die ihn betreffen, das Älterwerden und der Tod, die kleinen Dramen des Alltags werden mit distanziert-humorvollem Blick geschildert und analysiert. *Was man zum Leben wissen muss. Ein Vademecum von A bis Z* (1987) ordnet kurze Prosatexte und Essays in alphabetischer Reihenfolge unter Schlagwort-Titeln an. Neben Einträgen mit theoretisch-reflektierenden Passagen finden sich radikal schmucklose, ganz auf Bericht und Beobachtung konzentrierte Texte. Die 25 lexikonartigen »Artikel«, die ironisch die wichtigen Dinge des Lebens zu klären beanspruchen, verdichten sich zu einem Panorama des zeitgenössischen Alltags. In den *Traumnachrichten* (1991) kontrastiert die karge Berichtsprosa mit der surrealen Fantasiewelt des Traums. Indem die Träume Menschen mit bestimmten Berufen zugeschrieben werden, wird die Traumwelt mit der realen Alltagswelt in vieldeutige Bezüge gesetzt. Mit »Traum« und »Alltag« sind die Pole des Spannungsfelds beschrieben, in dem sich auch Rutschkys *Lebensromane. Zehn Kapitel über das Fantasieren* (1998) bewegen. »Romane« sind auch hier die Tagträume, die heimlich ausgesponnenen Lieblingsfantasien vom eigenen Leben, die mit der Realität in teils komischem, teils tragischem Kontrast stehen. Rutschky zeigt, wie auch die privaten, individuellen Wünsche und Träume kollektiven Modellen folgen und wie hinter den Lebensgeschichten die Erzählschemata verborgen sind.

In den Bildbänden *Auf Reisen. Ein Fotoalbum* (1986), *Mit Dr. Siebert in Amerika* (1991) und *Berlin. Der Roman der Stadt* (2001) gehen Fotografien des Autors mit kurzen, ein- bis mehrzeiligen Texten eine Verbindung ein, in der die Texte die Bilder nicht wie üblich erläutern, sondern von ihnen wegführen, Fantasieräume eröffnen, die Wahrnehmung selbst thematisieren und die verborgenen Muster, die ihr zugrunde liegen. Oft sind es scheinbar private Assoziationen, die sich mit den Bildern verbinden, dann wieder soziologische oder psychoanalytische Theoreme, Klischees und Gemeinplätze, die in ihrer die Wahrnehmung steuernden Funktion reflektiert werden. Entscheidend ist nicht, was man sieht, sondern wie man die Dinge (noch) sehen könnte. Auch in den Fotobänden wird der Alltag, das nachbarschaftliche Umfeld, der städtische Lebensraum zum Thema, immer unter der Prämisse des Durchdrungenseins der Wahrnehmung von Interpretation, Theorie und Fantasie.

Florian Wolfrum

Werke: *Erfahrungshunger. Ein Essay über die siebziger Jahre*, Ess., Köln 1980; *Lektüre der Seele. Eine historische Studie über die Psychoanalyse in der Literatur*, Ffm. 1981; *Errungenschaften. Eine Kasuistik*, Hg., Ffm. 1982; *1982. Ein Jahresbericht*, Hg., Ffm. 1983; *Wartezeit. Ein Sittenbild*, Pr. u. Ess., Köln 1983; *Zur Ethnographie des Inlands. Verschiedene Beiträge*, Ess., Ffm. 1984; *1983. Tag für Tag. Der Jahresbericht*, Hg., Ffm. 1984; *Auf Reisen. Ein Fotoalbum*, Fotos u. Pr., Ffm. 1986; *Was man zum Leben wissen muss. Ein Vademecum von A bis Z*, Pr. u. Ess., Zür. 1987; *Die andere Chronik. 1987*, Hg., Ffm. 1988; *Reise durch das Ungeschick und andere Meisterstücke*, Ess., Zür. 1990; *Traumnachrichten*, Pr., Hersbruck 1991; *Mit Dr. Siebert in Amerika*, Fotos u. Pr., Zür. 1991; *Unterwegs im Beitrittsgebiet*, Ess., Gött. 1994; *Der verborgene Brecht. Ein Berliner Stadtrundgang*, Fotos u. Ess., zus. m. Jürgen Teller, Zür. 1997; *Die Meinungsfreude. Anthropologische Feuilletons*, Ess., Gött. 1997; *Lebensromane. Zehn Kapitel über das Fantasieren*, Pr. u. Ess., Gött. 1998; *Berlin. Die Stadt als Roman*, Fotos u. Pr., Ffm. 2001.

Sachs, Nelly, wurde am 10. 12. 1891 in Berlin als Kind von Margarete und Georg William Sachs geboren und auf den Namen Leonie getauft. Sie wuchs in einer großbürgerlichen jüdischen Familie auf. Bereits als Jugendliche unternahm sie schriftstellerische Versuche. In den Zwanzigerjahren veröffentlichte sie in Berlin erste Texte. Ab Mitte der Zwanzigerjahre pflegt sie den kranken Vater bis zu dessen Tod 1930. Aufgrund ihrer jüdischen Herkunft sah sie sich in den Dreißigerjahren in Deutschland immer stärkeren Verfolgungen ausgesetzt und bemühte sich um eine Einreisegenehmigung nach Schweden. 1940 emigrierte sie zusammen mit ihrer Mutter nach Stockholm. Hier beschäftigte sie sich neben der eigenen literarischen Produktion vor allem auch mit Übersetzungen schwedischer Lyrik ins Deutsche. Nach dem Krieg veröffentlichte sie Gedichte und szenische Dichtungen. Seit ihrer frühen Jugend litt Nelly Sachs periodisch unter Angst- und Wahnzuständen, die nach dem Krieg, verstärkt durch das Trauma der Verfolgung und Vernichtung der Juden, phasenweise Aufenthalte in psychiatrischen Kliniken notwendig machten. Öffentliche Anerkennung fanden ihre Texte erst in den letzten zwanzig Jahren ihres Lebens: 1957 wurde sie in die Deutsche Akademie für Sprache und Dichtung in Darmstadt aufgenommen, 1958 erhielt sie den Lyrikpreis des schwedischen Schriftstellerverbandes, 1960 den Meersburger Droste-Preis für Dichterinnen. 1961 wurde ihr als erster Preisträgerin der nach ihr benannte Nelly-Sachs-Preis der Stadt Dortmund zuerkannt, und sie wurde in die Hamburger Freie Akademie der Künste aufgenommen. 1965 erhielt sie den Friedenspreis des deutschen Buchhandels, 1966 zusammen mit Samuel Josef Agnon den Nobelpreis für Literatur. 1967 wurde sie Ehrenbürgerin der Stadt Berlin. Am 12. 5. 1970 starb Nelly Sachs nach längerer Krankheit in Stockholm.

Nur äußerst zögernd und fragmentarisch hat sich Nelly Sachs über die biografischen Hintergründe ihrer Texte geäußert. Immer wieder brachte sie den Wunsch zum Ausdruck »hinter dem Werk zu verschwinden« und betonte, dass das »Innere geheim bleiben« müsse. Bekannt ist, dass sie bereits in früher Jugend begann, Gedichte zu schreiben, ohne allerdings an eine Veröffentlichung zu denken. Als Auslöser gilt ein unglückliches Liebeserlebnis, das zu ihrer ersten großen psychischen Krise führte. Nach dem Krieg hat Nelly Sachs sehr streng über die Lyrik und Prosa ihrer Berliner Jahre geurteilt und wollte diese nicht in ihre Werkausgabe aufgenommen wissen. Die ersten Texte der Dichterin stehen im Kontext der Neuromantik und beziehen sich auf Hölderlin und Novalis. Unter dem Eindruck von Selma Lagerlöfs *Gösta Berlings Saga* (1891) schrieb sie kurze, von Sagen inspirierte märchen- und parabelhafte Prosatexte, die sie 1921 unter dem Titel *Legenden und Erzählungen* in äußerst geringer Auflage veröffentlichte. Bereits hier kommt jene religiöse Grundstimmung zum Tragen, die auch ihre späteren Werke kennzeichnet. In Briefen an den Literaturhistoriker Walter Berendsohn stellt sie die frühen Gedichte aus den Zwanziger- und Dreißigerjahren in die Nähe von Musik und Tanz. Atem und Rhythmus werden von ihr als Strukturprinzipien dieser Dichtungen benannt. Der Tanz erscheint als Metapher für eine vergängliche, fragile Schöpfung, die von einer inneren Musikalität geleitet wird. Dies sind ästhetische Prinzipien, die auch die szenische Dichtung der späten Jahre prägen. Andere Gedichte formulieren eine Todessehnsucht, die sich ebenfalls in der späteren Lyrik wiederfindet. In den Dreißigerjahren erschienen dann erste Gedichten in der jüdischen Tagespresse, der einzigen Veröffentlichungsmöglichkeit, die ihr im nationalsozialistischen Deutschland blieb. Auf Rezitationsabenden des Jüdischen Kulturbundes ließ Nelly Sachs neben den Gedichten etwa zu biblischen Themen auch frühe Puppenspiele und die unveröffentlichte Prosa *Chelion – Eine Kindheitsgeschichte* lesen.

In den ersten Jahren des Exils übersetzte Nelly Sachs als Broterwerb Gedichte aus dem Schwedischen und veröffentlichte diese unter dem Titel *Von Welle und Granit. Querschnitt durch die schwedische Lyrik des 20. Jahrhunderts* (1947). Zunächst arbeitete sie weiter an den Texten, die sie aus Berlin mitgebracht hatte. Mitte der Vierzigerjahre begann jedoch eine neue Phase in ihrem Werk: Sie ist gekennzeichnet durch die Suche nach einer neuen Ausdrucksform, die der unsagbaren Erfahrung von Verfolgung und Ermordung entspricht. Sie entwickelte eine Poetik, die um Begriffe wie Verstummen, Sprachlosigkeit, Leid und Erinnerung zentriert ist. In dieser Zeit änderte sich auch ihre eigene Bewertung der früheren Arbeiten, die sie nun nicht mehr als Teil ihres Werks wahrgenommen haben möchte. Angesichts des Todes im Konzentrationslager erschienen ihr diese Texte nicht mehr akzeptabel. Die Gedichte der Kriegs- und ersten Nachkriegsjahre wurden unter dem Titel *In den Wohnungen des Todes* (1947) publiziert. Diese Sammlung enthält mehrere lyrische Zyklen, unter anderem die *Grabschriften in die Luft geschrieben* und die *Chöre nach Mitternacht*. Die *Grabschriften* hat sie später als »Zwischenwerk« bezeichnet, zunächst einmal sind sie jedoch ein Zeugnis ihres Schmerzes über das jüdische Schicksal, der Versuch eines Gesprächs mit den Toten, deren Gedächtnis die Texte gelten. Doch wie der »Chor der Geretteten« nachdrücklich beschreibt, ist selbst mit den Überlebenden ein Gespräch nicht möglich. Subjektivität wird hier vernichtet, Individualität reduziert auf das Repräsentative von Figuren wie »Narr«, »Tänzerin«, denen die Grabschriften gewidmet sind, und die »Wandernden«, »Waisen« oder »Toten« der Chöre – ein Verfahren, das die Autorin in späteren Zyklen wie *Sternverdunkelung* (1949) noch steigert. Die Bezugsfiguren der Gedichte sind häufig Chiffren für jüdische Religiosität wie »Hiob«, »Abraham« oder »Israel« selbst. Das Zurückgeworfensein auf ihre jüdische Identität durch die nationalsozialistischen Rassengesetze führte zu einer Auseinandersetzung mit der jüdischen religiösen Tradition. Zu den wichtigsten Referenzpunkten für Nelly Sachs gehörten die von Martin Buber gesammelten chassidischen Geschichten und die metaphorisch, weniger theoretisch als einfühlend rezipierten Texte jüdischer Mythen und der Kabbala, die sich im *Sohar-Zyklus* oder den Gedichten wie *Chassidische Schriften* niederschlugen. Asche, Sand und Rauch sind hier nicht nur Chiffren für die Auslöschung der europäischen Juden, sie sind gleichfalls sehr reale Dinge, die konkrete Aspekte der Vernichtung beschreiben. In der Charakterisierung ihrer Gedichte als »lyrische Passion« fühlte sie sich deshalb verstanden.

Nelly Sachs' erste große szenische Dichtung stammt aus dem Jahr 1944/45 und trägt den Titel *Eli. Ein Mysterienspiel vom Leiden Israel* (1951). Genauso wie in den späteren dramatischen Szenen inszeniert sie die Suche ihrer Figuren nach einer Sprache, in der sie sich ausdrücken können. Diese Sprache entzieht sich ihnen jedoch immer wieder, ganz unabhängig davon, ob es Tanz, Wort oder Musik ist, auf deren semiotische Systeme die Figuren zurückgreifen. In letzter Instanz wird immer ein Scheitern, ein Versagen, ein Nicht-sagen-Können dargestellt. Ganz ähnlich funktioniert *Abram im Salz* (1952/1962), in dem sich Sachs' Vorstellung eines »erweiterten Theaters« gleichfalls realisiert. Die dramatischen Szenen spiegeln auch formal die Grenzüberschreitung als poetologisches Prinzip, das ihr Schreiben kennzeichnet. Den dramatischen Texten ebenso wie den in *Flucht und Verwandlung* (1959) versammelten Gedichten eignet ein gewisses Pathos, das nicht zuletzt ihrer Annäherung an die Sprache der Psalmen und der Sehnsucht nach einer kosmischen Ordnung geschuldet ist. Die szenische Dichtung zeichnet die gleiche Tendenz zur Chiffrierung und die zunehmende Verunsicherung im Hinblick auf die zur Verfügung stehende Sprache aus. Auch die späten lyrischen Zyklen aus den Sechzigerjahren *Fahrt ins Staublose* und *Noch feiert der Tod das Leben* oszillieren zwischen Glauben an das »Zwiegespräch« und dem Verstummen und Versinken im Dunkel. Dennoch steht die erst spät einsetzende Rezeption ihres literarischen Werks in Deutschland vor allem unter dem Vorzeichen der deutsch-jüdischen »Versöhnung« und damit des Dialogs.

Die Editionslage der Werke von Nelly Sachs ist nicht befriedigend: Es liegen weder eine textkritische noch eine historisch-kritische Ausgabe ihrer Texte vor. Auch die frühen ebenso wie die unveröffentlichten Texte sind bis heute nicht vollständig zugänglich, da sich die Dichterin nachdrücklich gegen die Publikation aller vor *In den Wohnungen des Todes* entstandenen Texte ausgesprochen hat. Zu ihrem literarischem Œuvre gehört nicht zuletzt auch die Korrespondenz. Waren es in den Berliner Jahren Hermann Hesse, Stefan Zweig und Selma Lagerlöf, mit denen sie korrespondierte, so verlagerte sich der Briefwechsel nach dem Krieg: Nun waren es vor allem Autoren der jüngeren Generation wie Ingeborg Bachmann, Paul Celan, Hilde Domin und Hans Magnus Enzensberger, die zu ihren Briefpartnern wurden und von Nelly Sachs' Freundschaftsbegabung zeugen. Der Briefwechsel zwischen Nelly Sachs und Paul Celan liest sich darüber hinaus auch als poetischer Dialog über Metaphern wie Licht und Dunkelheit (1993). In ihren Briefen manifestiert sich neben der häufig zum Ausdruck gebrachten Enttäuschung über das fehlende Wort, das Versagen der Sprache und die große Einsamkeit der Autorin immer auch das tiefe Bedürfnis nach Kommunikation, Austausch und Zwiegespräch – eine Ambivalenz, die Nelly Sachs' ganzes Werk charakterisiert.

Anja Tippner

Werke: *Legenden und Erzählungen*, E., Bln. 1921; *In den Wohnungen des Todes*, Bln. 1947; *Von Welle und Granit. Querschnitt durch die schwedische Lyrik des 20.* Jahrhunderts, Übs. u. Hg., Bln. 1947; *Sternverdunkelung*, G.,

Amsterdam, Wien, Bln. 1949; *Eli. Ein Mysterienspiel vom Leiden Israels*, szenische Dichtung, Malmö 1951; *Aber auch die Sonne ist heimatlos. Schwedische Lyrik der Gegenwart*, Übs. u. Hg., Darmst. 1956; *Und niemand weiß weiter*, G., Hbg., Mü. 1957; *Johannes Edfeld: Der Schattenfischer*, Übs. u. Hg., Düsseld., Darmst. 1958; *Flucht und Verwandlung*, G., Stg. 1959; *Fahrt ins Staublose. Die Gedichte der Nelly Sachs*, G., Ffm. 1961; *Zeichen im Sand. Die szenischen Dichtungen der Nelly Sachs*, Ffm. 1962; *Gunnar Ekelöf: Poesie. Schwedisch-deutsch*, Übs., Ffm. 1962; *Ausgewählte Gedichte*, G., Ffm. 1963; *Erik Lindegren: Weil unser einziges Nest unsere Flügel sind*, Übs. u. Hg., Neuwied, Bln 1963; *Glühende Rätsel*, G., Ffm. 1964; *Späte Gedichte*, G., Ffm. 1965; *Schwedische Gedichte*, Übs. u. Hg., Neuwied, Bln. 1965; *Karl Vennberg: Poesie. Schwedisch-deutsch*, Übs., zus. m. Hans Magnus Enzensberger, Ffm. 1965; *Teile dich, Nacht*, G., Ffm. 1966; *Die Suchende*, G., Ffm. 1966; *Landschaft aus Schreien. Ausgewählte Gedichte*, Bln., Weimar 1966; *Simson fällt durch das Jahrtausend und andere szenische Dichtungen*, Mü. 1967; *Verzauberung. Späte szenische Dichtung*, Ffm. 1970; *Suche nach den Lebenden. Die Gedichte der Nelly Sachs*, Bd. 2, Ffm. 1971; *Teile dich, Nacht. Die letzten Gedichte*, hg. von M. u. B. Holmqvist, Ffm. 1971. *»Und Leben hat immer wie Abschied geschmeckt«. Frühe Gedichte und Prosa der Nelly Sachs*, G. u. E., Stg. 1987; *Briefe der Nelly Sachs*, Ffm. 1984; *Paul Celan/Nelly Sachs: Briefwechsel*, Ffm. 1993; *Karl Schwedhelm/Nelly Sachs: Briefwechsel und Dokumente*, Aachen 1998.

Saeger, Uwe, der einer am Oderhaff ansässigen Fischerfamilie entstammt, wurde am 3. 1. 1948 in Ueckermünde geboren, schloss 1966 die Schule mit dem Abitur ab, studierte in Greifswald Pädagogik und arbeitete von 1970 bis 1976 in seiner Geburtsstadt als Lehrer. Diesen beruflichen Weg, den Saeger als einen Umweg empfindet, erklärt er mit einer »langen Uneigenständigkeit« seiner Person. »Ich wollte nie etwas anderes sein als ein Schreiber. Ich schreibe, seit ich schreiben kann, und habe mit Hilfe des Schreibens meine Kindheit überlebt.« Uwe Saeger lebt als freier Schriftsteller in Bellin bei Ueckermünde. In seinem Werkverzeichnis finden sich Romane, Novellen, Erzählungen, Theaterstücke, Drehbücher und Hör- und Fernsehspiele. Auch für die TV-Krimiserie »Tatort« hat er geschrieben. 1987 erhielt er in Klagenfurt den Ingeborg-Bachmann-Preis, 1993 den Adolf-Grimme-Preis, 1993 die Ehrengabe der Schriftstellerstiftung Weimar und 1996 den Kulturpreis des Landes Mecklenburg-Vorpommern.

Das Jahr 1976 markiert für Uwe Saeger eine entscheidende Wende. Angefüllt mit zahlreichen Erlebnissen aus seiner unmittelbaren Umgebung, beschloss er, ausschließlich als Schriftsteller zu arbeiten. Das Leben der Seeleute, Lehrer, Funktionäre und Arbeiter, der Familienalltag, die Schule und das Dorf – diese Themen drängten sich ihm auf: »Irgendwie ist Schreiben ein Abarbeiten von Schmerzen.« Zentrales Thema seiner frühen Prosa ist die Abbildung menschlicher Unzulänglichkeiten im Hinblick auf die Anforderungen, die eine komplexe Gesellschaft stellt. Ausgangspunkt ist sein humanistisches Weltbild, das dem Individuum einen Glücksanspruch zugesteht. Seine erste, 1976 veröffentlichte Erzählung *Der andere Hafen* handelt von einem DDR-Fischkutter, der havariert und Schweden anlaufen muss. Geschildert wird dabei der zeitlich begrenzte Fluchtversuch eines Matrosen, und zwar nicht als kurz entschlossene Reaktion eines Republikflüchtlings, sondern als ein komplexes Gewebe aus eigener Unzufriedenheit, Ehesorgen und Versagensängsten. Saeger arbeitet den Konflikt stets an einer Mittelpunktsfigur heraus. Dies wird besonders deutlich an seinen großen epischen Texten: *Nöhr* (1980), *Warten auf Schnee* (1981), *Sinon oder Die gefällige Lüge* (1983). Ein Ingenieur, ein Lehrer, ein Schriftsteller – sie alle werden in Momenten des Scheiterns gezeigt. Saeger misstraut dialektischen Konfliktlösungen. Seine Protagonisten verharren in inneren Monologen, spielen die Psychologie des Egos durch und erreichen dadurch einen erstaunlichen Gehalt an Realität. Die Kritik sprach in diesem Zusammenhang von »Naturalismus«, ohne damit das Wesen seiner Literatur ganz zu erfassen. Saegers Schilderungen von Erlebniswelten führen zu Erkenntnisprozessen, zu »Wahrheiten«. Wahrheit aber ist, so Saeger, »etwas ganz Entsetzliches. Wahrheit ist Zerstörung von Hoffnung. Neben der Wahrheit bleibt keine Täuschung.« Sein erster Roman *Nöhr* gehorcht keiner stringenten Erzählhaltung. Einschübe, die »Splitter« oder »Zwischenspiele« genannt werden, ermöglichen eine Verschiebung von Zeitebenen und verleihen dem Roman etwas Irreales.

1985 veröffentlichte Saeger den essayistischen Text *Gegenwart – Ein Problem*. Diese Abhandlung beschäftigt sich mit der Poetologie der Dramatik des 20. Jahrhunderts. Von Saeger liegen zudem acht Theaterstücke vor, darunter als meistgespieltes *Flugversuch* (UA Leipzig 1983). Saeger konstatiert, dass gegenwärtige Dramatik zwangsläufig zu versimpelter Wirklichkeitsdarstellung tendiere. Den Grund dafür sieht er in der Rolle des Subjekts in der heutigen Zeit: »Sind die wirklich großen Themen, die das Schicksal der Epoche in sich tragen … nicht

mehr über Beteiligtsein oder unmittelbare Information des kreativen Subjekts abzuhandeln?«
Seinen bisher größten Erfolg konnte Saeger mit der Novelle *Aus einem Herbst jagdbaren Wildes* (1987) erzielen, der ihm den Klagenfurter Ingeborg-Bachmann-Preis eintrug. Die Geschichte, die in der DDR nicht veröffentlicht wurde, zeigt den zutiefst unsympathischen DDR-Funktionär Krork, der sich als »personifizierte Armseligkeit« empfindet und damit auf den Staat verweist, den er selbst repräsentiert. Saeger wählt hier, ebenso wie in der gleichzeitig erschienenen Novelle *Das Überschreiten einer Grenze bei Nacht*, die Erzählebene des Traumes. Nur scheinbar wird Wirklichkeit erzählt, verbunden mit fantastischen Elementen. Bereits 1985 äußerte sich der Autor selbstkritisch: »Nie wieder würde ich dieser Wirklichkeit nachschreiben, nie wieder das versuchen, was ihr gemeinhin einen Gegenwartsstoff nennt.«
Spätestens seit der Erzählung *Sinon oder Die gefällige Lüge* (1983) beschäftigt sich Saeger mit der Mythologie und Historie der Antike. Sie befreit ihn von den zwangsläufigen Verkleinerungen der Gegenwart und eröffnet die Möglichkeit, auf den Kern seiner Poetologie zu kommen: die Frage nach dem Verhältnis zwischen Macht und Subjekt. »Wenn es die antike Mythologie und Historie nicht gäbe«, so Saeger, »ich hätte sie mir erfunden.« Saegers Antikentexte, insbesondere sein Schauspiel *Empedokles* (UA Osnabrück 1989) und der Roman *Laokoons Traum* (2002) sind nicht ohne Bezug auf die Gegenwart zu verstehen. Im Roman wird erzählt, wie im Vatikan die antike Laokoon-Gruppe auf unerklärliche Weise in sich zusammengefallen ist. Man entdeckt in den Trümmern eine geheime Schrift. Der Erzähler spürt den Künstlern, die das Standbild schufen, nach und konfrontiert sie mit göttlichen Botschaften und menschlicher Ratio.

Henning Fangauf

Werke: *Grüner Fisch mit gelben Augen,* En., Rostock 1976; *Besuch beim lieben Gott,* Hsp., Rundf. d. DDR 1976; *Das Vorkommnis,* Theaterst., UA Ost-Bln. 1978; *Nöhr,* R., Rostock 1980, u. d. T. *Der Kakerlak* Mü. 1990; *Warten auf Schnee*, N., Rostock 1981; *Sinon oder Die gefällige Lüge*, E., Ost-Bln. 1983; *Flugversuch*, Theaterst., UA Leipzig 1983; *Im Glashaus,* Theaterst., UA Neustrelitz 1983; *Außerhalb von Schuld,* Theaterst., UA Leipzig 1984, Hsp., Rundf. d. DDR 1987; *Einer hat getötet*, En., Ost-Bln. 1984, u. d. T. *Haut von Eisen* Mü. 1990; *Gehen hinaus,* Hsp., Rundf. d. DDR 1986; *Das Überschreiten einer Grenze bei Nacht. Aus einem Herbst jagdbaren Wildes. Zwei Novellen,* Mü. 1988; *Sophokles' Schweigen,* E., in »Litfass« 45, Mü. 1988; *Jeder gegen Jeden,* Theaterst., UA Leipzig 1988; *Flugversuch und andere dramatische Texte,* Ost-Bln. 1988; *Empedokles,* Theaterst., UA Osnabrück 1989; *Die Nacht danach und der Morgen,* E., Mü. 1991; *Fragestunde Live – zwei,* Hsp., HR 1992; *Das Lied der Frösche,* zus. m. Manfred E. Berger, R., Düsseld. 1993; *Landschaft mit Dornen.* Film, 1992, gedr. Halle 1993; *Die Umbenennung des Feuers,* Hsp., SWF 1993; *EndeAnfang-Ende,* Hsp., HR 1993; *Die Nacht in Gmünd,* Film, Neubrandenburg 1993; *EndeAnfangEnde,* Theaterst., UA Stendal 1995; *Himmel ohne Licht,* Hsp., SDR 1995; *Sommerspelt,* Filmerzählung, Halle 1996; *Prometheus Ende,* E., m. 10 Federzeichnungen v. Joachim John, Neubrandenburg 1998; *Verkleidungen,* Vastorf/Lüneb. 1998; *Die schönen Dinge*, G., Vastorf/Lüneb. 2000; *Laokoons Traum,* R., Vastorf/Lüneb. 2002.

Sahl, Hans (eigentl. Hans Salomon; Pseud.: Frans Floris, Peter Munk, Salpeter), wurde am 20. 5. 1902 in Dresden geboren. Er wuchs in Dresden und seit 1907 in Berlin auf; seine Eltern gehörten dem assimilierten jüdischen Großbürgertum an. 1918/19 arbeitete Hans Sahl in einem revolutionären Schülerrat mit. Schon früh verfasste er erste schriftstellerische Versuche, so z.B. die Erzählung *Die Schwester*, in der er »die Geschichte meines Freundes Otto C., der im Krankenhaus an Lungenentzündung gestorben war« und einer Krankenschwester schildert. Nach dem Abitur im Jahre 1920 studierte er Kunstgeschichte, Germanistik, Philosophie und Archäologie in Berlin, München, Leipzig und schließlich ab 1922 in Breslau. Sein Berufswunsch Schriftsteller zu werden hatte den Bruch mit seinem Elternhaus zur Folge. Sahl promovierte 1924 mit einer Studie über *Den Breslauer Barbara-Altar. Ein Beitrag zur Geschichte der deutschen Malerei im 15. Jahrhundert.* Nach diesem Abschluss schrieb Sahl kritische Kulturbeiträge für verschiedene Berliner Zeitungen, so z.B. das »Tagebuch«, den »Montagmorgen« und den »Berliner Börsen-Courier«. Zu dieser Zeit lernte er wichtige Persönlichkeiten des öffentlichen Kulturlebens kennen und schloss mit einigen Freundschaft, so z.B. mit Erwin Piscator. Am 7. 4. 1933 emigrierte er zunächst zu Max Brod nach Prag, später nach Zürich und Paris (1934). Den Winter 1935/36 verbrachte der Autor in der Schweiz. Sahl gehörte zunächst dem »Schutzverband deutscher Schriftsteller im Exil« an. Als er jedoch die zunehmend kommunistisch-marxistische Ausrichtung dieses Verbandes nicht mehr vertreten konnte, gründete er, zusammen mit anderen, 1938 den »Bund Freie Presse und Literatur«. Weitere namhafte Autoren dieser Vereinigung waren u.a. Alfred Döblin, Leon-

hard Frank, Hermann Kesten, Klaus Mann und Joseph Roth. Der für Sahl nicht akzeptable Hitler-Stalin-Pakt untermauerte seine Entscheidung. In der Erzählung *Schuld* (1969), heute in dem Sammelband *Umsteigen nach Babylon* (1987) greifbar, schildert er die Stationen seines Wandels vom Marxismus zum Antimarxismus: »Es gibt, glaube ich, drei Phasen in der Entwicklung eines Marxisten zum Antimarxisten. In der ersten macht man Stalin, in der zweiten Lenin, in der dritten Marx selber für die Irrtümer des Marxismus verantwortlich.«
1939 wurde der Autor zunächst im Stade de Colombes bei Paris, später im Lager Les Murgers bei Nevers, wo er Walter Benjamin begegnete, interniert. Auf Einspruch des französischen P.E.N.-Klubs entließ man ihn 1940. Kurzzeitig kehrte er nach Paris zurück und wurde bald darauf erneut im Camp du Ruchard bei Orléans interniert. Als das Lager aufgelöst wurde, floh Sahl im Juni 1940 nach Marseille, wo er bis zum Frühjahr 1941 beim »American Emergency Rescue Committee« von Varian Fry mitarbeitete und sich über Portugal in die Vereinigten Staaten absetzte. Die USA faszinierten ihn. Um Geld zu verdienen, begann er mit der Übersetzung zahlreicher amerikanischer Dramatiker der Gegenwart, darunter Thornton Wilder, Arthur Miller, John Osborne sowie Tennessee Williams und wurde damit zu einem der wichtigsten amerikanisch-deutschen Literaturvermittler der Nachkriegszeit. 1947 unternahm er eine Europareise; 1952 erhielt er die amerikanische Staatsbürgerschaft. Von 1953 bis 1958 lebte er in der Bundesrepublik Deutschland, kehrte danach jedoch wieder in die USA zurück. Hans Sahl verstand sich als »Gast in fremdgewordenen Kulturen«. Er bezeichnete sich selbst als »exterritorialen Menschen«, der »einen Pakt mit der Fremde geschlossen« habe. Weder in die deutsche Nachkriegsliteratur konnte er sich, den die »Gruppe 47« als Emigranten und zugleich als Antistalinisten »verdächtigte«, völlig integrieren, noch gelang ihm dies in der amerikanischen Gesellschaft – ganz im Gegensatz zu seinem engen Freund George Grosz. Hans Sahl besuchte in der Folgezeit immer wieder die BRD; 1962 wurde er in die Deutsche Akademie für Sprache und Dichtung in Darmstadt aufgenommen. Er war als USA-Korrespondent für zahlreiche Zeitungen tätig, seit 1947 für die »Neue Züricher Zeitung« und ab 1958 für die »Süddeutsche Zeitung« und die »Welt«. 1989 ließ er sich, in der Zwischenzeit an den Folgen einer seit 1976 sich ständig verschlimmernden Augenkrankheit fast vollkommen erblindet, in Tübingen nieder, wo er am 27. 4. 1993 starb.
Sahl erhielt 1959 das Verdienstkreuz I. Klasse des Verdienstordens der BRD, 1979 den »Thornton Wilder Prize for Distinguished Translation of American Literature« der Columbia University New York, 1982 das Große Bundesverdienstkreuz, 1984 den Andreas-Gryphius-Preis der Künstlergilde Esslingen, 1990 den Internationalen Exil-Preis der Bayerischen Akademie der Schönen Künste, 1991 die Goethe-Medaille der Stadt Frankfurt am Main und 1993 die Zuckmayer-Medaille der Stadt Mainz sowie den Lessing-Preis der Stadt Dresden. Seinen Nachlass übergab Hans Sahl noch zu Lebzeiten dem Deutschen Literaturarchiv in Marbach.
Hans Sahls Werk wurde in Deutschland vergleichsweise spät rezipiert; erst seit den Achtzigerjahren lässt sich eine zunehmende Bekanntheit seiner Schriften ausmachen. Diese sind untrennbar mit seiner Biografie und insbesondere mit seinen Exil-Erfahrungen verbunden. Sahls literarisches Werk umfasst Gedichte, Dramen, epische Dichtungen, Übersetzungen, Essays und Kritiken, von denen die kürzeren Texte oft in Sammelbänden vorliegen, deren strenge Auswahl vom Dichter selbst vorgenommen wurde. Von hohem Interesse für das kulturelle Leben zwischen 1926 und 1990 sind beispielsweise die Kritiken und Essays, die in dem Sammelband *Und doch … Essays und Kritiken aus zwei Kontinenten* (1991) veröffentlicht wurden. In dem 1938 in Zürich uraufgeführten »Oratorium« *Jemand*, das Sahl zu dem Holzschnittzyklus »Die Passion eines Menschen« von Frans Masereel geschrieben hatte, beschreibt er das tragische Schicksal eines Einzelnen in der modernen kapitalistischen Gesellschaft. Deutlich geprägt von einer marxistischen Haltung und den Lehrstücken Bertolt Brechts, zeigt diese »weltliche Kantate« den Lebenslauf des »Jemand« von dessen Geburt bis zum Tod. Als ein Streik der Arbeiter die Verhaftung »Jemands« zur Folge hat, nimmt der Titelheld im »Lied der Wahrheit« Stellung zum Begriff der Wahrheit: »Die Wahrheit – das ist, was die Masse, / was die Masse der Unterdrückten denkt.« »Jemand« wird wegen der Verbreitung von Unzufriedenheit schließlich verurteilt und hingerichtet. Zugleich ist dieses Oratorium auch als deutlich antifaschistisches Stück konzipiert. Während des Handlungsverlaufs tritt ein »Führer« auf, der das »tausendjährige Reich« ausruft. Als Kommentator des Stücks ist ein personenreicher Chor vorgesehen – in Zürich wirkten an dem Stück etwa 800 Dar-

steller mit –, der auch das Schlusswort führt: »Rettet den Menschen, rettet den Menschen / Rettet die Welt vor der Barbarei!«

Ebenfalls im Exil entstanden die in der Sammlung *Die hellen Nächte. Gedichte aus Frankreich* (1942) veröffentlichten Gedichte, die sowohl formal als auch inhaltlich stark traditionell gehalten sind. Als Vorbilder lassen sich in der Hauptsache Gottfried Benn, Bertolt Brecht, Rainer Maria Rilke und Georg Trakl ausmachen.

Der Roman *Die Wenigen und die Vielen* (1959) lag bereits 1945 vor; die Veröffentlichung verzögerte sich jedoch, da seine Annahme von zwölf Verlagen abgelehnt wurde. 1954 las Sahl auf der 14. Tagung der »Gruppe 47« im italienischen Cap Circeo Ausschnitte vor. In Rückblicken wird der Lebensweg des einzelgängerischen Schriftstellers Kobbe beschrieben, der sich an sein bisheriges Dasein erinnert und erkennt, dass nach seiner Flucht vor den Nationalsozialisten durch ganz Europa für seine Lebenseinstellung zwei Komponenten ausschlaggebend wurden: das immer währende Gefühl des Exils und der passive Widerstand. Der Roman, der mit seinen Erinnerungen, Tagebucheintragungen und Briefen zugleich eine Autobiografie Sahls von der Zeit vor dem Ersten Weltkrieg bis 1945 darstellt, versammelt in seinen Figuren authentische und fiktive Personen, die leicht entschlüsselbar sind, so steht z. B. Jochen Scharf für Bertolt Brecht.

Auch die Gedichtsammlung *Wir sind die Letzten* (1976) gibt der Lebenserfahrung Sahls Raum. Behandelt werden Heimatlosigkeit, Einsamkeit und Verzweiflung. Im letzten Gedicht des Bandes, *Gedichte schreiben oder was davon noch übrig ist*, gibt er eine programmatische Auskunft zu seiner Vorstellung von Lyrik. Nicht die ästhetische Komponente sei in einem Gedicht wichtig, nicht die Autonomie des Kunstwerks, sondern die subjektive Aussage: »Ich bin das Gedicht / Ich mache mich selbst zum Gedicht.« Lyrik ist Aussage eines Subjekts zu einem bestimmten Augenblick: »Lyrik in unserer Zeit / kann nur ephemer sein.« Deswegen sollte man sich nicht zu lange mit Formalia aufhalten, sollte nicht in Belehrungen ausbrechen oder eine Synthese traditioneller Formen erarbeiten, sondern eine »Kommunikation mit Bewährungsfrist« versuchen.

Bereits in dem früher entstandenen Gedicht *Memo* hatte Sahl Stellung zu der Lyrikdebatte der Nachkriegszeit und zu den Aussagen Theodor W. Adornos bezogen: »Ein Mann, den manche für weise / hielten, erklärte, nach Auschwitz / wäre kein Gedicht mehr möglich. / Der weise Mann scheint / keine hohe Meinung / von Gedichten gehabt zu haben – / als wären es Seelentröster / für empfindsame Buchhalter / oder bemalte Butzenscheiben, / durch die man die Welt sieht. / Wir glauben, dass Gedichte / überhaupt erst jetzt wieder möglich / geworden sind, insofern nämlich als / nur im Gedicht sich sagen lässt, / was sonst jeder Beschreibung spottet.« Das Gedicht als das subjektivste Dichtungsmedium sollte, so Sahl, gerade nach den Erfahrungen in der jüngsten Vergangenheit als Ausdrucksform benützt werden. Auch im Titelgedicht *Die Letzten* klingt an, dass die Erinnerungen der Überlebenden an die Nachwelt weitergegeben werden sollen: »Wir sind die Letzten. / Fragt uns aus. / Wir sind zuständig.«

Für die Vorrangstellung des Subjekts in Sahls Dichtungsbegriff wurde neben der Lyrik besonders die Gattung der »Memoiren« wichtig. Hans Sahl veröffentlichte seine Lebenserinnerungen in zwei Teilen, so 1983 die *Memoiren eines Moralisten. Erinnerungen* und 1990 *Das Exil im Exil. Memoiren eines Moralisten II.* Dabei wurde auf strenge Einhaltung der Gattungsgrenzen verzichtet; die Nähe zur Autobiografie wird vielfach deutlich, auch finden sich wiederholt Gedichte, Erzählungen sowie essayistische und anekdotenhafte Einschübe im Text. Während der erste Teil den Zeitraum von 1902 bis 1933 zum Inhalt der Darstellung nimmt, behandelt der zweite Sahls anschließendes Exil. Die beiden Bände enthalten einen unüberschaubaren Reichtum an historischen Fakten sowohl auf dem Gebiet der politischen als auch auf dem der kulturellen Geschichte. Sahl entwirft Porträts von den Großen wie von den Kleinen, von den Akzeptierten wie von den Isolierten. So schildert er auch den Bruch seiner Beziehung zu Bertolt Brecht im Jahre 1944. Anlässlich einer Stellungnahme zu dem Manuskript *Der gute Menschen von Sezuan*, um die ihn Brecht gebeten hatte, kam Sahl in dessen Wohnung. Als Sahl ein »wenig ironisch« fragte, »wer mit der Figur des guten Shen-te, die sich in den bösen Vetter verwandelt, weil das Gute nur überleben kann, wenn es sich als Böses verkleidet, gemeint sei: Hitler oder Stalin«, forderte Brecht ihn auf, sofort seine Wohnung zu verlassen. Sahl trank mit dem Hinweis: »Ich bin bereits einmal hinausgeworfen worden, aus Deutschland. Versuchen Sie es nicht noch einmal« sein Glas aus und ging freiwillig. Diese Anekdote verarbeitete Sahl auch in dem Gedicht *Schwierigkeiten im Verkehr mit dem Dichter Bertolt Brecht (1944)*, das in der Sammlung *Wir sind die Letzten. Der Maulwurf* (1991) publiziert wurde. Den Schluss des Gedichts wandelte Sahl hierbei in eine Moral um: »Eben weil ich für die Armen bin und mich zu ihnen zähle, / möchte ich nicht, dass man sie verfolgt oder quäle. / Ich gehe, wohl wissend, was Sie bewegt / und dass beim Schreiben der Wahrheit, Herr Brecht, / die Schwierigkeit eben darin besteht, / dass man sie nicht unterschlägt.«

Susanne Schedl

Werke: *Der Breslauer Barbara-Altar. Ein Beitrag zur Geschichte der deutschen Malerei im 15. Jahrhundert*, Diss., Breslau 1926; *Jemand. Eine weltliche Kantate*, m. Holzschnitten »Die Passion eines Menschen« v. Frans Masereel, Musik v. Viktor Halder, UA Zür. 1938, gedr. Zür. 1938; *Die hellen Nächte. Gedichte aus Frankreich*, New York 1942; *Urlaub vom Tod*, Hsp., deutsch-amerikanischer Sender »We fight back« 1942; *Alfred Kazin: Der amerikanische Roman. Eine Interpretation moderner amerikanischer Prosaliteratur*, Übs., New York 1942; *Thornton Wilder: Eine kleine Stadt. Schauspiel in drei Akten*, Übs., [Bühnenms., Ffm. ca. 1950], Bln., Ffm. 1953; *Die Vier im Jeep*, Drehb., zus. m. Richard Schweitzer, 1951; *Maxwell Anderson: Dezembertag. Schauspiel in drei Akten*, Übs., [Bühnenms.] Bln., Wiesb. [ca. 1954]; *M. Anderson: Barfuß in Athen*, Theaterst., Übs., [Bühnenms.] Bad Reichenhall [ca. 1955]; *T. Wilder: Die Heiratsvermittlerin. Eine Farce in vier Akten*, Übs., [Bühnenms.] Ffm. [ca. 1955], Bln., Ffm. 1957; *T. Wilder: Theater. Unsere kleine Stadt. Wir sind noch einmal davongekommen*, Theaterst., Übs., Ffm. 1955; *John Osborne: Blick zurück im Zorn. Theaterstück in drei Akten*, Übs., [Bühnenms.] Ffm. [ca. 1956]; *Tennessee Williams: Die Katze auf dem heißen Blechdach. Die tätowierte Rose. Zwei Theaterstücke*, Übs., zus. m. Berthold Viertel, Ffm., Hbg. 1956; *J. Osborne: The Entertainer. Ein Stück*, Bearb., [Bühnenms.] Ffm. [ca. 1957]; *T. Williams: Mississippi Melodie. 5 Einakter*, Übs., [Bühnenms.] Ffm. [ca. 1957]; *J. Osborne: Blick zurück im Zorn. Theaterst. in drei Akten. Der Entertainer. Ein Stück*, Übs., Ffm., Hbg. 1958; *Amerikanisches Theater. 4 Theaterstücke*, Mitübs., Ffm. 1958; *T. Williams: Süßer Vogel der Jugend*, Theaterst., Übs., [Bühnenms.] Ffm. [1958]; *Die Wenigen und die Vielen. Roman einer Zeit*, Ffm. 1959; *T. Williams: Die Letzte meiner echt goldenen Uhren. Moonys Kindchen weint nicht. Zwei Einakter*, Übs., [Bühnenms.] Ffm. [ca. 1959]; *T. Williams: Plötzlich letzten Sommer*, Theaterst., Übs., [Bühnenms.] Ffm. [ca. 1959]; *Joseph Hayes: An einem Tag wie jeder andere. Schauspiel in 3 Akten*, Übs., [Bühnenms.] Ffm. 1960; *Arthur Lee Kopit: Drei Einakter*, Übs., [Bühnenms.] Ffm. 1960; *Theatrum mundi. Englische und irische Dramen*, Mitübs., Ffm. 1960; *J. Osborne: Der Spaßmacher. Ein Stück*, Dr., Übs., [Bühnenms.] Ffm. 1960; *T. Wilder: Wir sind noch einmal davongekommen. Das lange Weihnachtsmahl*, Übs., zus. m. Herberth E. Herlitschka, Ffm., Hbg. 1960; *T. Williams: Plötzlich letzten Sommer. Orpheus steigt herab*, Übs., Ffm., Hbg. 1960; *Millard Lampell: Die Mauer. Schauspiel in zwei Akten nach dem Roman »The Wall« von John Hersey*, Übs., [Bühnenms.] Ffm. [ca. 1961]; T. Wilder: *Die sieben Lebensalter des Menschen. In den Windeln. Kindheit. Zwei Einakter*, Übs., [Bühnenms.] Ffm. [ca. 1961]; *Theatrum mundi. Amerikanische Dramen der Gegenwart*, Mitübs., Ffm. 1961; *Frank D. Gilroy: Wer rettet unsern Ackerknecht? Schauspiel*, Übs., [Bühnenms.] Ffm. [ca. 1962]; *Englisches Theater. 5 Theaterstücke*, Mitübs., Ffm. 1962; *Theater im Fischer Verlag I*, Mitübs., Ffm. 1962; *T. Williams: Süßer Vogel Jugend. Zeit der Anpassung oder Hochpunkt über einer Höhle*, Theaterst., Übs., zus. m. Franz Höllering, Ffm., Hbg. 1962; *T. Williams: Orpheus steigt herab*, Theaterst., Übs., Ffm. 1962; *A. L. Kopit: Oh Vater, armer Vater, Mutter hing dich in den Schrank und ich bin ganz krank*, Theaterst., Übs., [Bühnenms.] Ffm. [ca. 1963]; *J. Osborne u. Anthony Creighton: Hier ruht George Dillon. Theaterstück in drei Akten*, Übs., [Bühnenms.] Ffm. 1963; *J. Osborne: Luther. Ein Stück in 3 Akten. J. Osborne u. A. Creighton: Hier ruht George Dillon. Theaterstück in drei Akten*, Übs., zus. m. Hermann Stiehl, Ffm., Hbg. 1963; *T. Williams: Die Nacht des Leguans. Porträt einer Madonna und vier weitere Einakter*, Übs., zus. m. Franz Höllering, Ffm., Hbg. 1963; *Arthur Miller: Nach dem Sündenfall. Schauspiel*, Übs., Ffm. 1964; *F. D. Gilroy: Ein Rosenstrauß. Schauspiel*, Übs., [Bühnenms.] Ffm. [ca. 1965]; *A. L. Kopit: Oh Vater, armer Vater, Mutter hängt dich in den Schrank und ich bin ganz krank. Und drei Einakter*, Übs., Ffm. 1965; A. Miller: *Nach dem Sündenfall. Schauspiel*, Übs., [Bühnenms.] Ffm. [ca. 1965]; *A. Miller: Zwischenfall in Vichy. Ein Theaterstück*, Übs., [Bühnenms.] Ffm. 1965; *George Grosz: Heimatliche Gestalten. Zeichnungen*, Hg., Ffm., Hbg. 1966; *Englische Dramen*, Mitübs., Ost-Bln. 1966; *T. Williams: Endstation Sehnsucht. Ausgewählte Dramen*, Übs., zus m. Berthold Viertel, Ost-Bln., Weimar 1966; *A. Miller: Nach dem Sündenfall. Zwischenfall in Vichy. 2 Dramen*, Übs., Ffm., Hbg. 1967; *T. Williams: Die Verstümmelte. Ein Einakter in 7 Stücken*, Übs., [Bühnenms.] Ffm. [ca. 1967]; *A. Miller: Der Preis. Ein Theaterstück sowie ein Interview mit Arthur Miller von Joan Barthel*, Übs., Reinb. 1968; *A. L. Kopit: Indianer. Ein Stück in 13 Szenen*, Übs., [Bühnenms.] Ffm. [ca. 1969]; *T. Williams: Der Milchzug hält hier nicht mehr. Ein Theaterstück. Königreich auf Erden. Ein Stück in 7 Szenen*, Übs., zus. m. Jan Lustig, Ffm., Hbg. 1969; *A. Miller: Stücke*, Mitübs., Bln. 1970; *A. Miller: Die Erschaffung der Welt und andere Geschäfte*, Dr., Übs., [Bühnenms.] Ffm. 1973; *T. Williams: Orpheus steigt herab. Ein Stück*, Übs., [Bühnenms.] Ffm. 1973; *T. Wilder: Theophilus North oder Ein Heiliger wider Willen*, R., Übs., Ffm. 1974; *A. L. Kopit: Die Eroberung des Mount Everest. Ein Divertissement*, Übs., [Bühnenms.] Ffm. [ca. 1975]; *J. Osborne: Blick zurück im Zorn. Der Entertainer. Luther*, Übs., zus m. Herrmann Stiehl, Lpz. 1975; *T. Williams: Der lange Abschied*, Dr., Übs., [Bühnenms.] Ffm. [ca. 1975]; *William Gibson: Spiel zu zweit*, Dr., Übs., [Bühnenms] Ffm. 1976; *Wir sind die Letzten*, G., Hdbg. 1976; *T. Wilder: Stücke*, Übs., zus. m. Herberth E. Herlitschka, Ost-Bln. 1978; *Hausmusik. Eine Szenenfolge*, Theaterst., [Bühnenms.] Bad Homburg 1980, UA New York 1981; *T. Williams: Die Katze auf dem heißen Blechdach. Schauspiel in 3 Akten*,

Übs., Ffm. 1982; *Memoiren eines Moralisten. Erinnerungen I*, Autob., Zür. 1983, Neuausg. zus. mit Bd. 2 und einem Beiheft Hbg., Zür. 1992; *Umsteigen nach Babylon. Erzählungen und Prosa*, Zür. 1987; *Die Inselfahrt. Eine ernste Komödie [= Hotel Olymp]*, [Bühnenms.] Bad Homburg 1990; *Rubinstein oder Der Bayreuther Totentanz. Eine Antioper in zwei Akten*, [Bühnenms.] Bad Homburg 1990, UA Tüb. 1991; *Das Exil im Exil. (Memoiren eines Moralisten II)*, Autob., Ffm. 1990, Neuausg. zus. mit Bd. 1 und einem Beiheft Hbg., Zü. 1992; *Wir sind die Letzten. Der Maulwurf*, G., Ffm. 1991; *»Und doch ...« Essays und Kritiken aus zwei Kontinenten*, hg. v. Klaus Blanc, Ffm. 1991; *Der Tod des Akrobaten*, En., Hbg., Zür. 1992; *Im Frühling bellen die Hunde anders. Weihnachtskarte*, O. 1992; *Ich weiß, dass ich bald sterben werde (März 1993)*, Tüb. 1993; *George Grosz – Hans Sahl: So long mit Händedruck. Briefe und Dokumente*, hg. v. Karl Riha, Hbg. 1993; *Der Schrei und die Stille*, G., m. Zeichn. v. Georg Sternbacher, Nördlingen 1993.

SAID, wurde am 27. 5. 1947 in Teheran geboren. 1965 kam er zum Technik-Studium nach Deutschland, verband politisches und literarisches Interesse und engagierte sich 1968 bei Studenten-Protesten gegen den Schah. Damit wurde seine Rückkehr nach Persien bis zum Sturz des Schahs unmöglich. Von einer Iran-Reise 1979, nach der Revolution, kehrte SAID nach Deutschland zurück – zu deutlich waren die Vorboten islamistischer Gewalt in Teheran. Seitdem lebt er in München, als Exilant mit Flüchtlingspass, als deutschsprachiger Dichter aus dem Iran. 1995/96 war er Beauftragter des »Writers in Prison Commitee« des deutschen P.E.N., von 2000 bis 2002 Präsident des deutschen P.E.N.-Zentrums. Sein Bemühen um verfolgte Autoren in aller Welt brachte ihm 1997 die Hermann-Kesten-Medaille. Ausgezeichnet wurde er 1986 mit dem Literaturpreis der Stadt München, 1991 mit dem Adelbert-von-Chamisso-Förderpreis, 1992 mit dem Civis-Hörfunk-Preis, 1994 mit dem Premio Letterario Internazionale »Jean Monnet«, 1996 mit dem Preis »Literatur im Exil« der Stadt Heidelberg, 1997 mit einem Stipendium der Villa Aurora, 2002 mit dem Adelbert-von-Chamisso-Preis.

»Die Sprache, die ich atme, ist Deutsch«, sagt SAID – kein deutscher, aber ein deutschsprachiger Dichter, der als Emigrant im Deutschen seine Heimstatt fand, seine Lingua franca und, seit 1975, seine literarische Ausdrucksform. Es war kein Sprachwechsel wie bei Samuel Beckett, vielmehr SAIDs lyrische Stimme von Anfang an. Nicht Deutschland habe ihn aufgenommen, sondern die deutsche Sprache, sagt er und schreibt Prosa, Märchen, Hörspiele, vor aber allem Lyrik, denn »Lyrik erzählt nicht, sie trifft«.

SAID debütierte 1981 mit *liebesgedichte*. Aber wer vor zwei Diktaturen floh, dem wird Politik zum Schatten, auch der poetischen Existenz. Exil und Ortlosigkeit, Liebe und Tod, Körper und Sprache sind seine Themen. SAID sieht seine Literatur als Vorausschau, Kommentar und Erinnerung, verarbeitet persönliche Erfahrung und politisches Geschehen und schreibt mit am Gedächtnis der Welt. Als politischer Dichter sieht er sich nicht, eher als Aufklärer und Warner. *wo ich sterbe, ist meine fremde* (1987) nannte er die 75 poetischen Bilder seiner Iran-Reise von 1979, Skizzen aus Teheran, die von der Diktatur der Mullahs künden: Einer Frau wird der Besitz einer Waschmaschine verboten, weil sie Hände zum Arbeiten habe; ein Musikinstrument braucht die revolutionäre Legitimation; Kinder verhungern, während die Mullahs Kühe »hinrichten« lassen, weil diese aus Israel stammten. Bei SAID manifestiert sich die hohe Politik, die innere Verfasstheit eines Landes in Szenen des Alltags. Ihn interessiert nicht, was aktuell, sondern was akut ist. Zuflucht birgt nur die Sprache. Das galt auch für seine Notizen aus dem Exil, als im Iran die grausamste Hinrichtungswut tobte: Die Todesnachrichten aus der Heimat machten ihn damals zum »Chronisten des Schreckens«. In *der lange arm der mullahs* (1995) werden Gedichte, Artikel, Telefonate, Todesnachrichten zu einem Protokoll des Terrors. Nichts entgeht der genauen Beobachtung, nicht die Tränen, nicht das Augenzwinkern eines Soldaten. SAID ist ein Augenmensch, der Bilder speichert als politisches Vermächtnis, Bilder tragen ihn weiter.

Immer wieder wird für SAID autobiografisches Material zum literarischen Stoff: 1992 im 64 Seiten langen Poem *selbstbildnis für eine ferne mutter* und 2001 in *landschaften einer fernen mutter*, seinem intimsten, eindringlichsten und am meisten beachteten Buch. Zärtlich und radikal zugleich erzählt er darin von seiner Kindheit und vom späten Wiedersehen mit der Mutter. Aufgewachsen ist SAID mit Fußball und französischer Literatur, in Einsamkeit und großer Distanz zum gebildeten, strengen Vater, ohne Mutter, die nach der Geburt des Sohnes vom Vater verstoßen worden war. Als Erwachsener trifft SAID die Mutter zum ersten Mal, in der Wohnung des Stiefbruders in Toronto, weil ihr die deutschen Behörden ein Visum verwehrten. Aber auch dieses Treffen nach 43 Jahren verstärkt nur das Gefühl von lebenslanger Verlassenheit, dieser Leerstelle des Lebens. Gab es im *selbstbildnis* noch Hoffnung auf Erlösung, ist dies nun der *epilog an eine verlorene mutter*, die Geschichte einer verletzten Seele, einer irreparablen existenziellen Erschütterung. Wenn etwas Wärme ins Exil bringt, dann nur Liebe und Erotik, die SAID in drei Lyrikbänden besingt, während die Geliebte meist schläft, träumt, fern scheint. Traum und Tod, Liebe und Lüge, Fremdheit und Vergänglichkeit sind die Koordinaten seiner Gedichte, Licht, Haut, Küsse, Tod immer wiederkehrende Vokabeln im Lyrik-Band *aussenhaut. binnenträume* (2002), dessen Verse noch kürzer, reduzierter, konzentrierter geworden sind und den Leser als fernen Beobachter zurücklassen wie sonst den Dichter selbst: präsent, aber fremd.

Überraschend ironisch zeigt sich SAID im Bestiarium *Dieses Tier, das es nicht gibt* (1999). 74 bizarre Tier-Miniaturen buchstabieren ein surreales Alphabet realer und fabelhafter Tiere, vom kompromisslosen Albatros bis zur Zikade, die Jazz-Lokale meidet. Diese heitere Melancholie blieb die Ausnahme. »nachts kriecht das exil zurück / aus meinem mund«, dichtete SAID. Wie Heinrich Heine schleppt er »das Vaterland unter den Schuhsohlen« mit sich, wie Hölderlin bleibt er fremd im eigenen Land. 2002 produzierte der SWR SAIDs Hörspiel *friedrich hölderlin empfängt niemanden mehr*; eine Stimmen-Collage, vor allem aber der Dialog eines Fremden, gesprochen von SAID, mit dem deutschen Dichter Hölderlin, der sein Vaterland an so hohen Maßstäben maß, dass er daran zerbrach und in den Wahn floh. SAID folgt dieser umstrittenen These von Pierre Bertaux. Seine Worte für Hölderlin klingen, als gelten sie ihm selbst: »immer dorthin gehen, wo keine berührung / möglich ist / ein geborener flüchtling.«

Cornelia Zetzsche

Werke: *liebesgedichte*, Mü. 1981; *wo ich sterbe ist meine fremde*, G., Ffm. 1983; *ich und der schah. die beichte des ayatollah*, Hspe., Hbg. 1987; *dann schreie ich, bis stille ist*, G., Tübingen 1990; *selbstbildnis für eine ferne mutter*, Poem, Mü. 1992; *der lange arm der mullahs. notizen aus meinem exil*, Mü. 1995; *es war einmal eine blume*, Märchen, m. Bildern v. Kveta Pacovska, Salzb. 1998; *sei nacht zu mir. liebesgedichte*, Mü. 1998; *Dieses Tier, das es nicht gibt. Ein bestiarium*, Mü. 1999; *landschaften einer fernen mutter*, Pr., Mü. 2001; *clara*, Märchen, m. Bildern v. Moidi Kretschmann, St. Pölten 2001; *aussenhaut. binnenträume*, G., Mü. 2002; *friedrich hölderlin empfängt niemanden mehr*, Hsp., Stg., Mü. 2002.

Sartorius, Joachim, wurde am 19. 3. 1946 in Fürth als Sohn eines Diplomaten geboren. Die Kindheit verbrachte er im Ausland, darunter auch Nordafrika, wo er sich zwischen seinem elften und vierzehnten Lebensjahr aufhielt. Er studierte Rechts- und politische Wissenschaften in München, London, Paris und Straßburg und promovierte. Von 1974 bis 1978 arbeitete er als Kulturattaché in New York. In dieser Zeit lernte er zahlreiche amerikanische Dichter kennen, unter anderem John Ashbery, den er später als Erster ins Deutsche übersetzte. Bis 1986 war er im Auswärtigen Dienst in Istanbul, Bonn und auf Zypern tätig. Danach leitete er bis 1994 das Berliner Künstlerprogramm des DAAD. Parallel dazu engagierte er sich für diverse Kulturinstitutionen. So fungierte er von 1989 bis 1992 als Vorsitzender des Beratenden Kulturausschusses der EG-Kommission und war zwischen 1992 und 1993 Mitglied der Jury für den Europäischen Literaturpreis. Ab 1996 wurde er Generalsekretär des Goethe-Instituts in München und blieb in diesem Amt bis 2000. Seitdem leitet er als Intendant die Berliner Festspiele. Er ist Mitglied im deutschen P.E.N.-Zentrum, Mitglied der Deutschen Akademie für Sprache und Dichtung, Darmstadt, und Fellow des Collegiums Budapest. 1998 wurde er mit dem Paul-Scheerbart-Preis ausgezeichnet. Er lebt in Berlin.

Bevor Joachim Sartorius im Jahre 1988 mit seinem ersten Gedichtband an die Öffentlichkeit trat, hatte er sich längst einen Namen als einfühlsamer Übersetzer aus dem Amerikanischen gemacht, und die Beschäftigung mit fremden Literaturen und Kulturen ging an seiner Lyrik keineswegs spurlos vorbei. So wurde ihm der Dialog mit anderssprachigen Dichtern – und zwar sowohl lebenden als auch toten – zu einem ganz wesentlichen thematischen Moment. In allen Gedichtbänden gilt es für ihn, neben den literarischen Wurzeln auch die Orte und intimen Vorlieben der jeweils behandelten Poeten zu entdecken und nachzuerleben. Derart intensive Kommunikation – über Raum und Zeit hinweg – führt bisweilen sogar zur Auflösung der eigenen Individualität und zur Identifikation mit dem lyrischen Gegenüber, wie etwa im Fall von Konstantin Kavafis, dessen »Nachlass« Sartorius kurzerhand um einige fingierte Texte »ergänzt«. Diese Vorgehensweise stieß in der Rezeption seiner Gedichte nicht nur auf positive Resonanz: Kritiker warfen dem Dichter einen allzu vertrauten Umgang mit den Klassikern sowie Prätention in der Wortwahl vor. Freilich übersahen sie, dass es sich dabei nicht um äußerliche Kniffe, sondern um die eigentliche Essenz seiner Texte handelt.

Sartorius' Lyrik ist ihrem tiefsten Wesen nach literarisch und ihren Ausgangspunkt bildet immer die menschliche Kultur. Daher sind Liebe und Natur für ihn gleichsam nicht wirklich existent, sondern nur »Themen« (»lauter abgedroschene Themen«, wie er im Gedicht *Hier, in Latsi* ironisch bemerkt); Orte reizen ihn nur dann, wenn die Geschichte an ihnen Spuren hinterlassen hat. Es ist eben dieses Konzept, das dem Dichter erlaubt, Elemente des Alltagsjargons mit antikisierenden oder poetisierenden Ausdrücken zu vermischen: »Widrig breche ich // wieder den alten Stoff / mit der Sprache: Worten, / die ich vor der Bourse, im Café, / im teerfarbnen Zimmer / hörte. Auflas in alten / Geschichtsbüchern« (*Poetik*). Und wenn Sartorius »große Vokabeln« verwendet, tut er dies nicht um der oberflächlichen Ästhetik willen, sondern als Zitat: »... Das Gedicht / mag keine Verzierung. Es ist / auf Stilisierung aus ...« (ebd.). So erscheinen seine Worte und Bilder eigentlich nur demjenigen »groß« und »pathetisch«, der sie und ihren Ursprung ausschließlich im Kontext der zeitgenössischen deutschen Literatur betrachtet. Dabei ist Deutsch für den Vielsprachler und Globetrotter Sartorius eher eine Art Refugium – im Gespräch mit Tanja Langer (»Die Welt«, 20. 3. 1999) erinnerte er sich, selbst Rilke und Trakl zum ersten Mal auf Französisch gelesen zu haben. So lassen sich denn auch seine Quellen viel überzeugender in der Dichtung eines Arthur Rimbaud, Konstantin Kavafis oder Jossif Brodsky nachweisen, als beispielsweise innerhalb der deutschsprachigen Lyriktradition.

Sartorius' Weltläufigkeit wird nicht zuletzt von seiner Tätigkeit als Herausgeber bestätigt. Anthologien – wie der viel beachtete *Atlas der Poesie* (1995) oder die Aufsatzsammlung *Minima Poetica* (1999) – zeichnen sich stets durch die Tendenz aus, die internationale Lyrik nur im Gesamtzusammenhang sehen und begreifen zu wollen. Den Grundton seiner Dichtung bildet die Melancholie, und die Ursache dafür ist in dem bereits erwähnten Hang zur Literarisierung und Stilisierung der Welt zu finden: Hinter allen Erscheinungen wird die Fiktion erahnt, was unmittelbar zur Ernüchterung führt. Fast ausnahmslos wird das lustvolle Erleben in den zahlreichen erotisch konnotierten Liebesgedichten von relativierenden Erkenntnissen gestört: »... noch dehnt sich unter deiner // Brust die Glut noch klafft in den / verlassenen Kreidefelsen der Spalt / für den Gemarterten noch ist dein / Schoß von Kuss und Nerven hart ...« (*Durchs starre Zeitgefieder*). Und am Ende steht das einsame Individuum, das alles Sinnliche intellektuell überprüft und als Illusion entlarvt hat.

Alexander Nitzberg

Werke: *John Ashbery: Selbstporträt im konvexen Spiegel*, Übs., Mü. 1980; *Macolm Lowry: Fünfunddreißig Mescals in Cautia*, Übs., Reinbek 1983; *Sage ich zu wem*, G., Köln 1988; *John Ashbery: Eine Welle*, Übs., Mü. 1988; *William C. Williams: Kore in der Hölle*, Übs., Mü. 1988; *William C. Williams: Der harte Kern der Schönheit*, Übs., Mü. 1991; *Der Tisch wird kalt*, G., Köln 1992; *The Golden Tower*, G., gestaltet v. J. L. Byars, Bln., Köln 1992; *EinszuEins*, Pr., m. Bildern v. Horst Antes, Stg. 1993; *Allen Curnow: Bäume, Bildnisse, bewegliche Dinge*, Übs., zus. m. Karin Graf, Gött. 1994; *Vakat*, m. Fotografien v. Nan Goldin, G., Köln 1994; *Was im Turm begann*, m. Bildern v. Laszlo Lakner, G., Aachen 1995; *Atlas der neuen Poesie*, Anth., Hg., Reinbek 1995; *In dieser Armut – welche Fülle! Reflexionen über 25 Jahre auswärtige Kulturarbeit des Goethe-Instituts*, Hg., Gött. 1996; *Keiner gefriert anders*, G., Köln 1996; *William C. Williams: Paterson*, Übs., zus. m. Karin Graf, Mü. 1998; *Minima Poetica. Für eine Poetik des zeitgenössischen Gedichts*, Anth., Hg., Köln 1999; *Alexandria Fata Morgana*, Stg. 2001; *In den ägyptischen Filmen*, G., Ffm. 2001; *Capucelle*, m. Bildern v. Max Neumann, G., Münster 2003; *Ich habe die Nacht*, G., Köln 2003; Mitherausgeber von *Sprache im technischen Zeitalter*.

Schädlich, Hans Joachim, wurde am 8. 10. 1935 in Reichenbach im Vogtland als Sohn eines Kaufmanns geboren. Nach dem Studium der Germanistik und Linguistik in Berlin und Leipzig promovierte er 1960 über die Fonologie des Ostvogtländischen. Von 1959 bis 1976 war er wissenschaftlicher Mitarbeiter an der Akademie der Wissenschaften in Ost-Berlin, anschließend arbeitete er als freier Übersetzer. Seit 1969 schrieb Schädlich Prosatexte, deren Veröffentlichung ungeachtet des Interesses mehrerer DDR-Verlage scheiterte, weil die Zensur die Themen als übertrieben negativ und zu stark verschlüsselt empfand. 1976 gehörte Schädlich zu den Mitunterzeichnern des Protestes gegen die Ausbürgerung von Wolf Biermann aus der DDR. Ein Jahr darauf veröffentlichte er beim Rowohlt-Verlag den Prosaband *Versuchte Nähe* und übersiedelte in die Bundesrepublik. Seit 1979 lebt er als freier Schriftsteller im Westen Berlins. Schädlich erhielt für sein Werk zahlreiche Auszeichnungen, darunter 1986 den Marburger Literaturpreis, 1992 den Heinrich-Böll-Preis der Stadt Köln, 1995 den Hans-Sahl-Preis, 1996 den Kleist-Preis, 1998 den Schiller-Gedächtnis-Preis und 2003 den Lessing-Preis des Freistaates Sachsen.

Schädlichs literarisches Debüt, der Prosaband *Versuchte Nähe* (1977), der einer Aufkündigung der DDR-Existenz seines Verfassers gleichkam und konsequenterweise vom Umzug in den Westen begleitet wurde, erfuhr von der Kritik in der Bundesrepublik eine begeisterte Aufnahme. Versehen mit dem Klappentext-Lob von Günter Grass, stellt das Buch einen sprachtheoretisch und erzähltechnisch hoch versierten Autor vor. In 25 Prosastücken, die zwischen 1969 und 1977 entstanden sind, gestaltet Schädlich in vielen Facetten die Wahrnehmung des Systems DDR, seiner Funktionsbedingungen, seiner Sprache, Gesten und Rituale.

Der Buchtitel *Versuchte Nähe* wird dabei zur Kurzformel für eine Dialektik von Vertrautheit und Distanz: Nähe zum System durch gelebte Erfahrung und erlittene Versehrung, Ferne dank literarischer Verfremdungstechnik und dem Insistieren auf dem unpropagandistischen, nicht deklarativen »Anderen« des Kunstwerks. So ist die Titelerzählung über eine pompöse Festtagsparade nicht nur als Kritik an den Machtinszenierungen der DDR zu lesen, sondern viel nachhaltiger als Bild der Entfremdung, Verunsicherung und Absurdidät im Bewusstsein der Potentaten selbst. Bestandteil von Schädlichs kalkuliert sperrigem, manchmal archaischem Stil, der Geläufigkeit und das Erwartbare meidet, worin er bisweilen an Uwe Johnson erinnert, ist die Parodie auf die Herrschaftssprache, deren Verfügungsanspruch die Texte demonstrieren und im selben Zug widerrufen. Durch historische Analogien aus früheren Jahrhunderten (*Besuch des Kaisers von Russland beim Kaiser von Deutschland. Kurzer Bericht vom Todfall des Nikodemus Frischlin*) macht der Autor die DDR als jüngste Erscheinung politischer Unterdrückungssysteme erkennbar.

In der drei Jahre später erschienenen, aber noch zu DDR-Zeiten geschriebenen Erzählung *Der Sprachabschneider* (1980), die im Gewand des Kinderbuchs daherkommt, untersucht Schädlich abermals die Freiheit des Ausdrucks unter Bedingungen der Ausdrucksbehinderung: Hinter der Geschichte des Schuljungen Paul, dem ein mephistophelischer »Vielolog« die Buchstaben abhandelt, bis ihr Mangel buchstäblich manifest wird, zeichnet sich eine Parabel auf das Verhältnis zwischen Kunst und Staatsmacht ab.

In der folgenden Zeit veröffentlichte Schädlich kurze Prosatexte an entlegenerem Ort (*Irgend etwas, irgendwie*, 1984; *Mechanik*, 1985), bevor er 1986 mit *Tallhover* sein Debüt als Romanschriftsteller gab, sofern die als fiktiver Polizeibericht getarnte Großform, die keine Gattungsbezeichnung trägt, damit zutreffend charakterisiert ist. In der Titelfigur, die das erstaunliche Lebensalter von 136 Jahren erreicht, bevor sie sich selbst auslöscht, verkörpert sich das Prinzip der Bespitzelung in der deutschen Geschichte zwischen 1819 und 1955, vom preußischen Vormärz bis zum DDR-Arbeiteraufstand der Ulbricht-Epoche. Die Existenz Tallhovers belegt die ewige Gleichheit einer servilen Buchhalter-Mentalität, die sich zum Staatsschutz berufen fühlt, unter sich wandelnden historischen Umständen: »Ist es schon Wahnsinn, hat es doch Methode.« Wie bereits in früheren Texten des Autors gleicht sich der Stil der 82 Kurzkapitel chamäleongleich dem sinistren Thema an; auf der Sprachoberfläche dient der Roman dem Phänomen, das er entlarven will. Doch *Tallhover* enthüllt auch die Vergeblichkeit leeren Observierungswahns und nimmt dadurch den Kollaps des Überwachungsapparates der Stasi vorweg: Das Buch zeigt, wie die grauen Zuarbeiter des Status quo von der fortschreitenden Geschichte ignoriert werden.

Mit dem 1987 veröffentlichten Band *Ostwestberlin*, der 21 fast sämtlich nach der Übersiedlung entstandene Prosatexte vereinigt, reflektiert Schädlich die Erfahrungen aus zehn Jahren Bundesrepublik. Das Bild, das dabei entsteht – vom Konsumrausch bis zur durch den Terrorismus gespeisten Paranoia einer ganzen Gesellschaft –, ist wenig schmeichelhaft. In ebenso streng komponierten Texten wie in den vorhergehenden Werken entwirft *Ostwestberlin* Szenen des Leidens, der Entfremdung, der Einsamkeit und sozialen Marginalisierung, von der auch der Beruf des Schriftstellers betroffen ist (*Irgend etwas, irgendwie*).

Seinen ersten als »Roman« ausgewiesenen Text legte Schädlich im Jahr 1992 vor: *Schott*, das bisher ambitionierteste Prosawerk des Autors, wurde von der Literaturkritik wegen seines gedanklichen Reichtums wie seiner formalen Avanciertheit einhellig gelobt. Die Abenteuer und Irrfahrten des Mannes Schott verbinden eine große Fantasieleistung, die verschiedene literarische Genres (Liebes-, Gesellschafts-, Kriegs- und Spionageroman, Groteske, Märchen, politische Parabel) anklingen lässt, mit Reflexionen über die Bedingungen sprachlich-literarischer Erfindung. Mehr – mit seinen Listen, Palindromen, Aufzählungen und grammatischen Übungen stellt der Roman einen Baukasten seiner eigenen Möglichkeiten dar, ein Kompendium der Potenzialität. Indem er unablässig den fiktionalen Charakter des Geschehens betont, verteidigt er die Freiheit des Sprachspiels vor den Illusionseffekten des herkömmlichen Realismus. Ein »Verfasser« wendet sich explizit an den Leser und warnt vor übereilten Analogien: »Ich liefere bloß eine Beschreibung. Machen Sie damit, was Sie wollen.« Auch wenn er unübersehbare politische Signale

aussendet, verbietet es der Roman, die grundsätzliche Arbitrarität seiner Handlung zu entkernen und in einer eindeutigen Botschaft aufgehen zu lassen.
Die Trennung zwischen literarischer Arbeit und politischem Kommentar kennzeichnet Hans Joachim Schädlich wie wenige andere deutsche Autoren. Seine Literatur ist offen, spielerisch und vieldeutig, als »Bürger« dagegen, wie er sich in seiner Rede zur Entgegennahme des Böll-Preises nennt, äußert er sich mit größter moralischer Klarheit. Sein Plädoyer für eine ehrliche Aufarbeitung des Überwachungsstaates DDR – in dem Band *Über Dreck, Politik und Literatur* (1992) sowie in der von ihm herausgegebenen Essaysammlung zur Stasi-Debatte (*Aktenkundig*, 1992) – hat ihm Anfeindungen seitens mancher Kollegen eingetragen. Aus Protest gegen deren zweideutige Haltung gegenüber dem Erbe der DDR trat Schädlich 1996 aus dem westdeutschen P.E.N.-Klub aus.
Das spätere Werk des Autors scheint vom Interesse an verschiedensten literarischen Gattungen gelenkt, die Schädlich seinem spezifischen Schreibstil unterwirft, für den es kein Erzählen ohne Reflexion über die Bedingungen des Erzählens gibt. Auf die an Beckettsches Personal erinnernde, ebenso komische wie schwermütige Doppelerzählung *Mal hören, was noch kommt/Jetzt, wo alles zu spät is* (1995) folgte *Trivialroman* (1998), ein halb parodistisches Spiel mit den Konventionen der Gangstergeschichte, und darauf eine »Nacherzählung« über Leben und Tod des Dichters Äsop (*Gib ihm Sprache*, 1999). Zahlreiche Literaturpreise in den vergangenen Jahren drücken eine Wertschätzung für Schädlichs weit gespanntes literarisches Werk aus, die ihm das große Publikum bisher vorzuenthalten scheint.

Paul Ingendaay

Werke: *Phonologie des Ostvogtländischen*, Diss., Ost-Bln. 1966; *A Model of Standard German Intonation*, zus. m. A. Isačenko, Den Haag 1970; *Phonologische Studien zur Sprachschichtung*, Ost-Bln. 1973; *Paul Biegel: Die Gärten von Dorr*, Übs., Ost-Bln. 1973; *Jaap ter Haar: Ich spür die Sonne auf meinem Gesicht*, Übs., m. Illustr. v. Hans Ticha, Ost-Bln. 1976; *Versuchte Nähe*, Pr., Reinbek 1977; *Gedichte aus Belgien und den Niederlanden*, Hg., Ost-Bln. 1977; *Der Sprachabschneider*, Kinderb., m. Illustr. v. Amelie Glienke, Reinbek 1980; *Marc Braet: Mein endlos beflaggtes Schiff*, Übs., Hg., Ost-Bln. 1980; *Irgend etwas irgendwie. Zehn Texte*, Pr., Assenheim 1984; *Mechanik*, Pr., Assenheim 1985, Hsp., RIAS 1987; *Tallhover*, R., Reinbek 1986, Hsp., RIAS 1989; *Ostwestberlin*, Pr., Reinbek 1987; *Protokoll eines Tribunals. Die Ausschlüsse aus dem DDR-Schriftstellerverband 1979*, Hg., zus. m. Joachim Walther u.a., Reinbek 1991; *Dichter predigen in Schleswig-Holstein*, Hg., Stg. 1991; *Schott*, R., Reinbek 1992; *Über Dreck, Politik und Literatur. Aufsätze, Reden, Gespräche, Kurzprosa*, hg. v. Thomas Geiger, m. Fotos v. Renate v. Mangoldt, Bln. 1992; *Aktenkundig*, Aufs., Hg., Bln. 1992; *Ein selten Pergament nicht unbeschrieben*, Hsp., DLR 1994; *Mal hören, was noch kommt/Jetzt, wo alles zu spät is*, 2 En., Reinbek 1995; *Der Kuckuck und die Nachtigall*, Kinderb., m. Illustr. v. Annegret Bleisteiner, Gött. 1996; *Vertrauen und Verrat*, Aufs., Gött. 1997; *Trivialroman*, R., Reinbek 1998; *Gib ihm Sprache. Leben und Tod des Dichters Äsop*, E., Reinbek 1999; *Zwischen Schauplatz und Elfenbeinturm*, Aufs., Gött. 2001.

Schaerf, Eran, wurde am 27. 6. 1962 als Sohn einer deutschstämmigen Familie in Tel Aviv geboren. 1978 bis 1982 studierte er Architektur in Givatayim, Israel, 1985 bis 1987 Städtebau und Fotografie an der Hochschule der Künste, Berlin. Seitdem arbeitet er als freier Medienkünstler in Berlin und Brüssel. Seit 1998 lehrt er am Postgraduierten-Institut der Jan van Eyck Academie, Maastricht (NL), und seit 2000 hat er eine Professur für »kombinatorische und prozessuale Formung« an der Hochschule für Bildende Künste, Hamburg. 1992 hat Schaerf an der »Documenta IX« teilgenommen. Einzelausstellungen waren in Baden-Baden, Berlin, Bonn, Frankfurt, München, Amsterdam, Antwerpen, Athen, Bern, Brüssel, Gent, Herzliya, Nantes, Reims und Turku zu sehen. *Die Stimme des Hörers* wurde als Hörspiel des Jahres 2002 ausgezeichnet.
Für Eran Schaerf liegt das Wesentliche für das Gelingen einer Darstellung nicht darin, was sie darstellt, sondern darin, was sie herstellt. So muss sich der Betrachter seiner Installationen, die häufig mit der widersprüchlichen Überlagerung von Bild und Schrift arbeiten, räumlich mit ihnen ins Verhältnis setzen. Der Leser seiner oft mehrsprachigen Publikationen ist mit der unüblichen Aufteilung des Textes in horizontale Spalten konfrontiert und der Hörer seiner Hörspiele muss sich mit den Diskontinuitäten des prinzipiell linearen Mediums auseinander setzen. Produktionsästhetisch ist für Eran Schaerf das Kriterium der Übersetzbarkeit von einer Sprache in eine andere entscheidend, wie auch von einem Medium in ein anderes. So sind Schaerfs Filme, die zusammen mit der Autorin Eva Meyer entstanden sind, von vorneherein für mehrere mediale Kontexte (Ausstellung, Kino, Radio) bestimmt. *Europa von weitem* (2001), ein Stück über die Selbstwahrnehmung von Frauen anlässlich einer Ausstellung einbalsamierter koptischer Frauen in Paris als »Medien-Doubles von Europäerinnen«, ist dem Untertitel nach »Stummfilm und Hörspiel« zugleich. Uraufgeführt wurde das Stück auf der

»Intermedium 1«, dem vom Bayerischen Rundfunk ins Leben gerufenen »Festival für Hörspiel, Netzkunst und intermediale Installationen«.

Ein weiteres Beispiel für das in Schaerfs/Meyers Werken immer wieder thematisierte Verhältnis von Text und Kontext, Identität und Repräsentation ist die Meldung von der Umbenennung einer Zeitschrift namens »White Cube – für neutrale Kulturgeschichte« in »Blue Key – für szenische Politik« auf einer Eintrittskarte zur Ausstellung *Scenario Data* (1999). In dieser Perspektive funktioniert der »White Cube« als Chiffre für einen leeren, neutralen und scheinbar kontextlosen (Ausstellungs-)Raum analog zum Blue-Key-Verfahren des Fernsehens, das das Einstanzen beliebiger Inhalte in beliebige Kontexte ermöglicht. Versatzstücke von *Scenario Data* tauchen in späteren Werken wieder auf, wie z.B. die Mitteilung, dass ein Foto von Kampfhandlungen als Palästinenserinnen verkleideter Elitesoldaten nicht diese Soldaten zeige, sondern Personen, die sich für diese Aufnahmen zu Verfügung gestellt haben: »Die Verwendung der Fotos in der Presse ist gesetzlich verbunden mit dem Satz ›Zwischen Bild und Bildunterschrift besteht keine Verbindung‹.«

Ein grundlegendes Konzept im Schaerfschen Werk ist das so genannte Re-enactment (die Wiederaufführung), d.h. die Umkodierung durch Wiederholung. In *Wie gesagt. Theater- oder Taxistück* (1997) werden die Kodes der Mode und der Sprache kurzgeschlossen (»jeder Sprachraum ein Clubraum, jeder Gang ein Defilee«). Das Stück kann als Wiederaufführung eines Modeführers durch Stockholm (»Stockholm très schick«) aufgefasst werden, der seinerseits schon die Diskrepanzen von Modefotografie und Text (»get bombed in a Gaudi inspired cement park«) inszenierte.

Unmöglichkeiten neu gemischt (2001) konfrontiert zwei unterschiedliche Sprachkodes miteinander, die der natürlichen Sprache und die der technischen (Programmier-)Sprachen. Das Stück spielt in einem Aufnahmearchiv und behandelt den meist vergeblichen Versuch von Hörern, mit Sendern zu kommunizieren, die sich »Die Stimme der Wahrheit, (der Freude, der Seele, der Freiheit usw.)« nennen. Deren Frequenzbereiche wechseln ständig bzw. werden übernommen. Dies reflektiert eine Praxis der israelischen Behörden, die Besetzung palästinensischer Territorien im Äther fortzusetzen.

Die *Stimme des Hörers* (2002) radikalisiert den formalen Ansatz softwaregestützter Kommunikation und setzt ihn in extremer Reduktion der radiofonen Mittel um. Bei der titelgebenden »Stimme des Hörers« handelt es sich um einen autonomen, computergesteuerten Talkradio-Sender, dessen Programm ausschließlich von Höreranrufen bestimmt werden soll. Zu hören ist das ganze Stück hindurch jedoch nur eine einzige Stimme. Diese fungiert, modulationsarm und künstlich intoniert, als »automatischer Moderator«, der das Prinzip des Senders, d.h. die Funktionsweise seiner Software erklärt, Fehlermeldungen absetzt und Hackerangriffe auf das System meldet. Dieselbe Stimme spricht in unterschiedlichen Sprechhaltungen sämtliche Höreranrufe und Fremdprogramme, auf die sich »Die Stimme des Hörers« aufschaltet, wenn keine Anrufe eingehen oder diese redundant werden. Sobald die Steuerungssoftware feststellt, dass jemand versucht, eine eigene Diskussion zu programmieren, werden Daten wie die Namen von Personen, Orten, Kriegen usw. durch »Soundso« ersetzt oder diesen Daten Alternativen hinzugefügt. Anschließend wechselt der Sender die Frequenz. Das Medium prozessiert die Welt nach seinen eigenen Algorithmen. Der hochartifiziellen formalen Konstruktion entspricht eine bemerkenswerte Welthaltigkeit. Denn die Themenkomplexe, die in den fiktiven Anrufen verhandelt werden, sind authentisch und reflektieren die politischen und medialen Verhältnisse in Israel. Je unwahrscheinlicher und komischer sie anmuten, umso authentischer sind sie. Als zum Golfkrieg 1991 die orthodoxen Rabbiner auch den Strenggläubigen den Radioempfang gestatteten, stellte sich ihnen das Problem, das Programm geschlechtsspezifisch aufteilen zu müssen – einen halben Tag mit männlichen Sprechern für männliche Ohren, einen halben Tag mit weiblichen für weibliche Ohren. Natürlich stellt sich sofort die Frage, wie sich ein monosexuelles Programm von einem homosexuellen unterscheidet. Medium, Form und Inhalt der *Stimme des Hörers* sind untrennbar miteinander verbunden. Das Stück betreibt keine Medienkritik von einem angeblich außermedialen Standpunkt, sondern macht im Vollzug die Operationsweise des Mediums Radio hörbar. Der Sender »Die Stimme des Hörers« ist zugleich Erfüllung und Negation der Forderung aus Brechts Radiotheorie das Radio von einem Distributionsapparat zu einem Kommunikationsapparat zu machen. Die andere Traditionslinie, der sich Schaerf verpflichtet fühlt, geht auf Orson Welles' *War of the Worlds* (1938) zurück, einer fiktiven Radioreportage über die Invasion der Marsianer, die den Realitätsgehalt medialer Ereignisse prinzipiell offen hält.

Jochen Meißner

Werke: *Folding Public Plans/Öffentliche Pläne falten*, Gent 1994; *Re-enactment*, Esslingen 1996; *Recasting*, Antwerpen 1997; *Wie gesagt. Theater- oder Taxistück*, Hsp., BR 1997; *Wie gewohnt. Ein Versatzstück*, Film, zus. m. Eva Meyer, 1997; *Documentary Credit*, Film, zus. m. Eva Meyer, 1998; *Scenario Data*, Herzliya 1998; *Record: I love you*, Film, zus. m. Eva Meyer, 1999; *Gedächtnis zu zweit. For the Performance of Europe*, zus. m. Eva Meyer, Mü. 2000; *Listener's voice*, Baden-Baden, Brüssel 2000; *Europa von weitem*, Stummfilm u. Hörspiel, zus. m. Eva Meyer, BR 2001; *Unmöglichkeiten neu gemischt*, Hsp., zus. m. Eva Meyer, BR 2001; *Die Stimme des Hörers*, Hsp. u. Installation, BR 2002; *Blue Key*, Köln 2002.

Schallück, Paul, wurde am 17. 6. 1922 in Warendorf (Westfalen) als Sohn eines deutschen Vaters und einer russischen Mutter geboren. Nach dem Krieg, in dem er schwer verwundet wurde, studierte er Germanistik, Philosophie, Geschichte und Theaterwissenschaft in Münster und Köln. Von 1949 bis 1952 arbeitete er als Theaterkritiker. Er war Mitbegründer der deutsch-jüdischen Bibliothek »Germania-Judaica« in Köln und seit 1972 Chefredakteur der deutsch-französischen Zeitschrift »Dokumente – Zeitschrift für internationale Zusammenarbeit«. Er starb am 29. 2. 1976 in Köln. Schallück war Mitglied der »Gruppe 47«, des P.E.N.-Zentrums der BRD und der Deutschen Akademie für Sprache und Dichtung in Deutschland. Er erhielt 1953 den Preis der Zuckmayer-Stiftung, 1955 den Droste-Hülshoff-Preis, 1962 den Literaturpreis der Stadt Hagen und 1973 den Nelly-Sachs-Preis der Stadt Dortmund.

Wenn man aufhören könnte zu lügen ... (1951), der Titel seines Erstlingsromans, zeigt den Standort, von dem aus Schallück zu schreiben begann. Gerade er, der als Dreizehnjähriger ins Kloster ging, um Missionar zu werden, und der ein paar Jahre später die Unmenschlichkeit und Unchristlichkeit des Krieges mit ansah und erlitt, verlor nie mehr sein Misstrauen gegenüber allen »Theorien, Philosophien und Welterklärungen, die den Blick auf den Reichtum der Welt verstellen«. In dem Bemühen, sich nichts vormachen zu lassen, stellt er seine jugendlichen »Helden« in die unbeschönigte Wirklichkeit unseres Alltags und sieht zu, wie sie damit fertig werden: Er versucht zu beobachten, den klaren Kopf zu behalten – und verzichtet dabei auf den Schrei der Empörung, der etwa Wolfgang Borcherts Dichtungen kennzeichnet. »Endlich ein Anfang unseres Ich!«, sagt der Student Thomas im ersten Buch. Und um diesen Anfang bemüht sich auch das Liebespaar in *Ankunft null Uhr zwölf* (1953), dem nächsten, kompositorisch anspruchsvollen Roman, der die Schicksale mehrerer Geschwister, ihre Vergangenheit, Gegenwart und mögliche Zukunft, in den Ablauf weniger Stunden zusammendrängt. Schallück gestattet seinen Figuren nur den Weg zueinander und zu sich selbst, nicht die Flucht in den Nihilismus, die Gleichgültigkeit oder den Rausch. In diesem Sinn gewinnt der Kampf Ulrich Bürgers gegen den Zauber der »kleinen, bleichen Tabletten« in der *Unsichtbaren Pforte* (1954) symbolische Bedeutung, und was er erreicht, ist jene »Ruhe, die nach lange verzögerten und dann doch noch gefassten Entschlüssen die Nerven kühlt«. Immer wieder aus anderer Perspektive zeigt Schallück den Menschen seiner eigenen Generation, die jung und zugleich todeserfahren aus dem Krieg kam und nun die Gegenwart verstehen, die Zukunft gestalten und – eine Voraussetzung dazu – die Vergangenheit bewältigen muss. Das Schlagwort von der »unbewältigten Vergangenheit« geht zum großen Teil auf seine hartnäckigen Mahnungen zurück (»Von deutscher Vergesslichkeit«; »Von deutscher Resignation«) und drang endlich, als der Roman *Engelbert Reineke* (1959) erschien, ins allgemeine Bewusstsein. Es ist für Schallück bezeichnend, dass ihm nicht – wie Wolfgang Koeppen, dem satirischen Autor des *Todes in Rom* – der ehemalige SS-Offizier am besten geriet, auch Engelbert nicht, sondern das Bild des toten, von Kollegen und Zeitgenossen denunzierten Vaters und jener seltsame, skurril-heilige Mann, der den Glauben seiner »liquidierten« jüdischen Frau angenommen hat.

Den kühnen Versuch, erzählend die eigene Zeit anzugreifen und sich zugleich an der großen literarischen Tradition zu messen, unternahm Schallück mit dem Schelmenroman *Don Quichotte in Köln* (1967). Aus dem spanischen Ritter mit seinem Knappen wird, auf dem Umweg über das Paar Tünnes und Schäl, der Funkredakteur Anton (Tünnes) Schmitz, der mit seinem Freund Peter Scheel gegen journalistische und andere Phrasen zu Felde zieht, die Reportage zugunsten der Persiflage und schließlich der unmittelbaren Aktion aufgibt. Das in Anlage und Ziel ehrgeizigste Buch Schallücks verbindet mehrere Generationen, Erzählebenen und Stilmittel vom bemühten biografischen Bericht bis zum kölschen Alltagsjargon. Die Sprache, die bei Schallück früher eine Neigung zum weichen, uferlosen Dahinströmen hatte, zeigt jetzt bei aller Schmiegsamkeit und Experimentierfreude ein festes Rückgrat. Der Roman wurde von den Feuilletons überwiegend kritisch rezensiert. Man warf dem

Autor vor, den stilistischen Veränderungen in der Literatur der Sechzigerjahre nicht gerecht geworden zu sein. Dem widerspricht die Laudatio von Siegfried Lenz anlässlich der Verleihung des Nelly-Sachs-Preises an Schallück 1973: »Wer den Schriftsteller nur danach zur Kenntnis nimmt, ob er ›auf der Höhe der Zeit‹ schriebt, der macht ihn zum gehetzten Kellner einer fragwürdigen Aktualität, Handtuch überm Arm, vor sich die Schüssel mit den letzten stilistischen Spezialitäten.« Dass Schallück den Roman nach dem »Ende des ersten Buches« nicht fortgesetzt hat, mag zum Teil an der Enttäuschung über dessen Rezeption liegen. Hinzu kamen immer schwerere Belastungen durch Krankheiten, ein Herzinfarkt, zuletzt der erzwungene Auszug aus seiner alten Wohnung. Der lange Monolog, den Schallück empört und verletzt an den Hausherrn schrieb, erschien 1976 unter dem Titel *Dein Bier und mein Bier*, als der Autor schon gestorben war. Was Schallück im Roman mittelbar zu gestalten suchte, vertrat er unmittelbar in seinen Rundfunkarbeiten, Briefen, Manifesten und Aufsätzen, die er unter dem bescheiden-stolzen Titel *Zum Beispiel* (1962) zusammenfasste. Auch hier vertauscht er nie einfach ein Extrem mit dem anderen, sondern wägt vorsichtig ab, untersucht, prüft. Sein Leben und seine Arbeit standen miteinander im Einklang. Daraus erklärte sich die Reinheit seines Denkens, sein Anstand inmitten heftigster Polemik, die Überzeugungskraft seiner ruhigen Stimme.

Nino Erné

Werke: *Gericht über Kain*, Hsp., 1949; *Wenn man aufhören könnte zu lügen …*, R., Opladen 1951; *Vom Dynamit zum Friedenspreis*, Hsp., 1952; *Buddy, ein Neger*, E., Ffm. 1952; *Wir sind ja auch bald drüben*, E., Ffm. 1952; *Angst vor dem Happy-End*, Hsp., 1953; *Ankunft null Uhr zwölf*, R., Ffm. 1953; *Armer schwarzer Teufel*, Hsp., 1953; *Schleuder und Harfe*, Hsp., 1953; *Unsichtbar*, Hsp., 1954; *Die unsichtbare Pforte*, R., Ffm. 1954; *Pro Ahn sechzig Pfennige*, E., Ffm. 1954, Hsp., 1962; *Von deutscher Tüchtigkeit*, Ess., Köln 1954; *Weiße Fahnen im April*, E., Mü. 1955; *Das wildgewordene Saxophon*, Hsp., 1955; *Keiner ist verloren*, Hsp., 1955; *Von deutscher Vergesslichkeit*, Ess., Köln 1956; *Der Türmer von St. Lamberti*, Hsp., 1956; *Q 3 und die Hohe Straße*, zus. m. J. Baggesen, Stierstadt/Ts. 1956; *Ernst Hardt*, Hsp., 1956; *Von deutscher Resignation*, Ess., Köln 1957; *Ich und du*, Hsp., 1957; *Engelbert Reineke*, R. Ffm. 1959; *Von deutscher Gemütlichkeit*, Ess., Köln 1959; *Großer Baum der Sprache*, Hsp., 1960; *Sie nahmen ihn nicht auf*, Hsp., 1961; *Die Mauern von Jerusalem*, Hsp., 1962; *Zum Beispiel*, Ess., Ffm. 1962; *Von deutscher Gleichgültigkeit*, Ess., Köln 1962: *Harlekin hinter Gittern*, Hsp., 1962; *Wettlauf mit dem Tode*, Rede, Bonn 1963; *Die Träume des Herrn Jules Verne*, Fssp., WDR 1963; *Sehnsucht, mein geliebtes Kind*, Hsp., 1964; *Der Apfel und das Protokoll*, Hsp., 1964; *Rückkehr der Götter*, Hsp., 1964; *Der grüne Daumen*, Hsp., 1965; *Kölner Exodus*, Hsp., 1965; *Warendorfer Pferde*, Ess., Bln. 1965; *Arts, Letters, Spectacles*, Hg., 1965; *Provinz in der Großstadt*, Hsp., 1966; *Hohe festliche Versammlung. Imaginäre Festrede*, Stierstadt/Ts. 1966; *Lakrizza und andere Erzählungen*, Baden-Baden 1966; *V. O. Stomps*, Hsp., 1966; *Don Quichotte in Köln*, R., Ffm. 1967; *Gesichter. Köln 2. Geschichten*, Bln. 1967; *Orden. Hinterhältige Geschichten*, Bln. 1967; *Frum Hörn*, Hsp., 1967; *Pipo oder Papik in Planstelle O*, Hsp., WDR 1968; *Rund um den Ochsenkopf*, Fssp., 1968; *Karlsbader Ponys*, Jugendb., Baden-Baden 1968, Fssp., 1970; *Gegen Gewalt und Unmenschlichkeit. Rede zur Woche der Brüderlichkeit*, Köln 1969; *Troilus und Cressida. Freie Bearbeitung nach William Shakespeare*, Theaterst., UA Neuss 1969; *Deutschland. Kulturelle Entwicklungen seit 1945*, Hg., Mü. 1969; *Der Mann aus Casablanca*, Fssp., 1969; *Beim Metzger*, Fssp., Radio Bremen 1970; *Verurteilt. Dramatische Collage*, UA Ffm. 1970, Hsp., 1971; *Unter Ausschluss der Öffentlichkeit*, Fssp., 1971, Hsp., WDR 1971; *… bis dass der Tod euch scheidet. Satiren*, Bln. 1971; *Babysitter gesucht*, Fssp., 1973; *Die Diagnose*, Fssp., 1973; *Hierzulande und anderswo*, G., Wuppertal 1974; *Dein Bier und mein Bier. Monologe und Briefe*, Leverkusen 1976; *Count-down zum Paradies. Oratorium*, Leverkusen 1976; *Gesamtwerk in fünf Bänden*, Leverkusen, Köln 1976/77; *Bekenntnisse eines Nestbeschmutzers*, En., Köln 1977; *Wir Zauberlehrlinge*, zus. m. Otto A. Böhmer, hg. v. Klaus Gruhn, Warendorf 2000.

Schalmey, Peter, geboren am 30. 4. 1949 in Frankfurt am Main, studierte Philosophie (anfangs bei Th. W. Adorno), Soziologie, Wissenschaftstheorie und Mathematik in Frankfurt/M. und München. 1977 schloss er das Studium mit der Promotion im Fach Wissenschaftstheorie ab. Ein DFG-Stipendium ermöglichte ihm einen einjährigen USA-Aufenthalt. Schalmey wohnt heute als freier Schriftsteller in München. Ausgezeichnet wurde er 1979 mit dem Förderpreis der Stadt München für Literatur, 1982 mit dem Villa-Massimo-Stipendium und 1988 mit dem Staatlichen Förderungspreis des Landes Bayern.

Als »Fallstudie zu einer möglichen Fachabhandlung über familiäre Charakterneurosen« (S. Cramer), als »ein sinistres Kriminalspiel« (G. Blöcker), in dem mit »einer planvoll enervierenden Widerwärtigkeit … die Exekution einer Familie« (P. Laemmle) geschildert wird, etikettierte man Schalmeys Debütroman *Meine Schwester und ich* (1977). Durch den Wahrnehmungsfilter eines vermutlich schizophren-paranoiden Erzählers entsteht mit nahezu wissenschaftlicher Präzision das Bild einer vollkommen zerrütteten und neurotischen familiären Gemeinschaft als Vorstufe und Keimzelle jeder hierarchisch

strukturierten Gesellschaft. Der Ich-Erzähler seziert mit geradezu pathologischer Akribie und Besessenheit das emotionale Vakuum einer zur sozialen Sicherheitsverwahrung degradierten Lebensform normierter und krankheitsanfälliger Menschen. Tyrannei, Einsamkeit und Aggression hinter der Fassade des harmlosen Scheins charakterisieren Krise und Verfall der »Familie« und scheinen damit symptomatisch für den Zustand des gesellschaftlichen Systems. Schalmey schätzt das Spiel mit ungewöhnlichen Erzählperspektiven, die einen analytischen Zugriff auf komplexe Erzählsituationen zulassen. So ermöglicht die Konstellation des »Buches im Buch«, das Erzählen von einem Schreibvorhaben, dem Autor ein vertracktes Rollenspiel mit Authentizität und Fiktion, mit Literatur und Leben. Die Realität beginnt die Romanprojekte der Protagonisten zu überwuchern; die meist im inneren Monolog stattfindende Auseinandersetzung mit diesem Phänomen erschließt dem Erzähler über den Weg der Selbstvergewisserung neue Zugänge zu den bisher als defizitär empfundenen Inkongruenzen von Anspruch und Gegebenheit, von Erfindung und Wirklichkeit. So plant im Roman *Versuchte Liebe* (1979) der Erzähler, ein nach mehrmonatigem Aufenthalt in den USA zu seiner Freundin Lisa zurückkehrender Psychologe, ein Buch über seinen vor kurzem verstorbenen Vater zu schreiben. Dieser Akt der literarischen Aufarbeitung einer fremd gewordenen Beziehung wird unterbrochen durch Reflexionen über die Partnerschaft zwischen dem Erzähler und seiner Freundin Lisa, die nach seiner Rückkehr neu belebt werden soll. Mittlerweile haben sich aber Befremdungen eingestellt; die Aufzeichnungen lösen Kontroversen aus, die eine neue Annäherung in Aussicht stellen: »Nicht das, was geschrieben wurde, schafft Klarheit, sondern die Auseinandersetzung über die Vieldeutigkeit des Geschriebenen« (V. Hage).
Auch in dem Roman *Der Praktikant* (1986) findet sich dieser Erzähleinfall, der aber während des Handlungsverlaufs zunehmend in den Hintergrund gerät. Ein ehemaliger Bankangestellter beabsichtigt einen Roman über einen Bankangestellten zu schreiben, der an einem Gehirntumor leidet. Er begibt sich als Praktikant auf die Intensivstation eines Großklinikums, um vor Ort authentisches Material zu recherchieren. Die tägliche Konfrontation mit Krankheit, Leid und Tod und die technisierte Behandlung der Patienten in einem seelenlos anmutenden Umfeld (»Die Körper, die von der Medizin untersucht werden, sind nicht mehr unsere«) machen ihn zum Teil einer grotesken und befremdenden Welt, der er sich kaum zu entziehen vermag und die seine literarischen Ambitionen lähmt. Nach Beendigung seiner Praktikantenzeit entflieht er in den Alltag.
Peter Schalmey schreibt nach eigenen Angaben Romane, weil ihn größere Zusammenhänge interessieren, auch wenn die Romanform zuweilen wie ein Gefängnis wirke: »Wir alle sind die Gefangenen unserer Gewohnheiten; entkommen wir ihnen nicht rechtzeitig, werden wir unser Leben verlieren.«

Thomas Kraft

Werke: *Meine Schwester und ich*, R., Mü. 1977; *Die Bewährung psychoanalytischer Hypothesen*, Diss., Kronberg/Ts. 1977; *Versuchte Liebe*, R., Mü. 1979; *Der Praktikant*, R., Mü. 1986; *Das Bild der Bilder*, zus. m. Thomas Kaminsky, München 1995.

Schami, Rafik (eigentl. Suheil Fadél), wurde am 23. 6. 1946 in Damaskus als Sohn eines Bäckers geboren. In seiner Heimat betätigte er sich unter anderem als Redakteur einer Wandzeitung (1966–1970) und Mitbegründer eines Dialekttheaters für Analphabeten. Seit 1971 lebt Schami in Deutschland, wo er durch die Arbeit auf Baustellen und in Fabriken sein Chemiestudium finanzierte, das er 1979 mit der Promotion abschloss. Seit 1982 hat er seinen Wohnsitz in Mannheim. Als freier Schriftsteller begründete Rafik Schami zusammen mit Gino Chiellino, Jusuf Naoum und Franco Biondi die Literaturgruppe »Südwind«, die 1983 den Theodor-Heuss-Preis erhielt. Außerdem ist er Mitherausgeber der Reihe »Südwind-Literatur«, die Texte ausländischer Autoren veröffentlicht, die in der Bundesrepublik Deutschland leben. 1981 beteiligte er sich an der Gründung des Literatur- und Kunstvereins »PoLiKunst«. 1985 erhielt er den Adelbert-von-Chamisso-Förderpreis, 1986 den Thaddäus-Troll-Preis, 1987 den Wanderpreis »La vache qui lit« und den Preis der »Blauen Brillenschlange«, 1989 den Jenny-Smelik-Kiggen-Preis, 1990 den Rattenfängerpreis der Stadt Hameln und den Fantastik-Preis der Stadt Wetzlar, 1991 den Mildred L. Batchelder Award, 1994 den Hermann-Hesse Preis, 1996 den Prix de Lecture, 1997 den Hans-Erich-Nossack-Preis und 2003 den Weilheimer Literaturpreis. Seit 2002 ist er Mitglied der Bayerischen Akademie der Schönen Künste.
Mit seinen Märchen und fantasiereichen Geschichten greift Schami auf die Tradition der orientalischen Märchenerzähler zurück; wie diese wendet auch er sich nicht nur an Kinder, sondern auch an

Erwachsene, die in seinen Parabeln ein Stück ihrer eigenen Welt wiedererkennen sollen. Obwohl Schami bekannte Gattungen wie Märchen, Fabel und aitiologische Erzählung sowie Motive der Weltliteratur verwendet, hält er sich nicht an vorgegebene Erzählmuster. Vielmehr wird der Leser immer wieder von unvorhergesehenen Ereignissen überrascht, oft fehlt das typische Märchen-Happy-End. In seinen Geschichten steht nicht selten der Umgang mit Gewalt im Zentrum des Geschehens. Machthaber unterdrücken Menschen, doch deren Trägheit, das starre Festhalten an nie hinterfragten Konventionen und die Angst vor Repressionen halten die Menschen in ihrer Passivität gefangen. Meist sind es Außenseiter oder die noch nicht Angepassten, die Kinder eben, die die Mächtigen entlarven (z. B. *Babs befreit das Lachen*, in: *Das Schaf im Wolfspelz*, 1982). Dennoch gibt es keine typischen Helden in Schamis Geschichten, denn nicht die Tat eines Einzelnen verspricht Erfolg, es sind vielmehr die Gemeinschaft und Solidarität vieler, durch die Angst und Fremdbestimmung überwunden werden können. So schaffen es zum Beispiel Tausende von Flöhen, einen scheinbar unbesiegbaren Herrscher als gewöhnlichen Menschen zu entlarven (*Die Flöhe von Maria*).

Schami erzählt seine Geschichten in einer eindringlichen, bildhaften Alltagssprache und verzichtet auf den typischen, heute leicht antiquiert wirkenden Märchenton Grimm'scher Prägung. In *Die Wunderlampe* behandelt er die selbstzerstörerische Wirkung der Gewalt und ihre Eigendynamik, die nicht mehr zu bremsen sein kann. Es liege am Menschen selbst, ob er bereit sei, auf Gewalt als Mittel zur Steigerung seiner Macht zu verzichten, zugunsten eines humanen Miteinanders, so Schami. Seine Geschichten entlarven vermeintliche Heilsbotschaften als Ideologien, die wieder nur dem Machterhalt einer kleinen Gruppe dienen. So sucht der »weiße Gott« in der »Hölle«, die sich vom Schreckensort zu einer von Vernunft geprägten Demokratie mit Selbstbestimmungsrecht der Bürger entwickelt hat, sein System durch Täuschung aufrechtzuerhalten. Künstlich erzeugtes Wehgeschrei, Rauch und Gestank sollen den Menschen auf der Erde das herkömmliche Höllenbild weiter vorspiegeln, obwohl es der Wirklichkeit nicht mehr entspricht. Über die Massenkultur macht sich Schami zum Beispiel in der Parodie *Warum Momo sich in J. R. verliebte* lustig. In der Fortsetzung seiner Geschichte *Gabriel Anfang* lässt er Momo zunächst den Anthroposophen »Meister Rudolf« (= Rudolf Steiner) heiraten und später dem geschäftstüchtigen »J. R.« in die Hände fallen, der mit ihrer Kunst, den Menschen zu helfen, ein gigantisches Geschäft aufzieht.

Als aramäischer Christ gehörte Schami schon in seiner Heimat Syrien einer Minderheit an, so wie später in Deutschland, wo er sich für ausländische Mitbürger einsetzt, obwohl er selbst inzwischen zur kleinen Gruppe der »erfolgreichen« Gastarbeiter zählt. Er hat in Deutschland studiert und schreibt seine Bücher in deutscher Sprache. In seinen Märchen taucht wiederholt der Gegensatz zwischen »Nordländern« und »Südländern« auf, der in einem gähnenden Abgrund versinnbildlicht ist (*Als der Meister auftrat*). Die Polarisierung der Gruppen und die Pflege der gegenseitigen Vorurteile erscheint von oben verordnet. Wieder sind es Kinder, die die Trennung überwinden und Brücken schlagen, nachdem ihnen eine Fee erschienen ist. Aber Schamis Feen geben allenfalls gute Ratschläge; handeln müssen die Menschen selbst. Schami propagiert aber keine Aufhebung der Unterschiede, vielmehr geht es ihm um die Bewahrung der eigenen Kultur auch in der Fremde, wobei gegenseitige Toleranz sowie Abbau von Vorurteilen und Klischees hilfreich wären. Keine Lösung bietet der »Meister Gnussapna« (= Anpassung), der dazu zwingt, die Erinnerungen und damit ein Stück Selbst zu verdrängen. Gesellschaftlicher Aufstieg durch kritiklose Anpassung führe zu Identitätsverlust und Fremdbestimmung (*Fatima*).

In *Die Sehnsucht fährt schwarz* (1988) verlässt Schami das Genre der Märchen und Fabeln und kehrt in die Bundesrepublik der späten Achtzigerjahre zurück. Sehnsucht, Heimweh und Einsamkeit durchziehen seine Geschichten, in denen Türken, Griechen und Italiener ihre täglichen Auseinandersetzungen mit Behörden, Arbeitskollegen und verständnislosen »Freunden« durchstehen müssen. Aber auch der Umgang der Ausländer miteinander ist nicht problemlos; statt Solidarität herrschen Vorurteile und Ressentiments. Schami analysiert kritisch die Veränderungen, die Assimilation nach sich ziehen kann: Die Angepassten leben in Angst vor ihrer verdrängten Vergangenheit und gleichzeitig vor ihren alten Freunden (*Die gepanzerte Haut*). Schami greift zunehmend auch Themen des abendländischen Kulturbereichs auf (*Der geheime Bericht über den Dichter Goethe …*, 1999), die er auf witzige Weise neu beleuchtet. In *Sieben Doppelgänger* (1999) erscheint ein traditionelles romantisches Motiv in aktuellem Gewand, die Frage nach Identität und Individualität sowie die Gefahr des Verlustes existenzieller Grundbedingungen. Immer wie-

der wagt sich Schami auch an längere Romane, wobei er jedoch die Liebe zur epischen Kleinform nicht verleugnen kann. Episoden werden aneinander gereiht oder zahllose Geschichten erzählt, zusammengehalten nur von einem lockeren Rahmen, wie etwa einer sieben Tage dauernden syrischen Hochzeit in *Die Sehnsucht der Schwalbe* (2000).
In den letzten Jahren beschäftigte sich Schami wiederholt mit der Nahostproblematik und dem eskalierenden Konflikt zwischen westlicher Welt und Islam. Sein altes Thema – das Aufeinandertreffen und Miteinanderleben verschiedener Kulturen – gewinnt nicht zuletzt durch die Ereignisse des 11. September eine bedrohliche Dimension.

Isabel Grübel

Werke: *Andere Märchen*, Bonn 1978; *Das Schaf im Wolfspelz. Märchen und Fabeln*, Dortmund 1982; *Luki – die Abenteuer eines kleinen Vogels*, Gött. 1983; *Das letzte Wort der Wanderratte. Märchen, Fabeln und fantastische Geschichten*, Kiel 1984; *Der erste Ritt durchs Nadelöhr. Noch mehr Märchen, Fabeln & fantastische Geschichten*, Kiel 1985; *Der Fliegenmelker und andere Erzählungen aus Damaskus*, Bln. 1985; *Weshalb darf Babs wieder lachen?*, Gött. 1985; *Bobo und Susu. Als der Elefant sich in eine Maus verliebte*, Wien/Mü. 1986; *Der Kameltreiber von Heidelberg und die Geschichten »Der Schmetterling« und »Bobo und Susu«*, Hsp., RIAS 1986, gedr. Dortmund 1986; *Eine Hand voller Sterne*, R., Weinh. 1987; *Verrückt zu sein ist gar nicht so einfach*, Schpl., Ffm. 1987; *Als die Puppen aus der Reihe tanzten*, Theaterst., UA Mü. 1987; *Malula. Märchen und Märchenhaftes aus meinem Dorf*, Kiel 1987; *Die Sehnsucht fährt schwarz. Geschichten aus der Fremde*, Mü. 1988; *Erzähler der Nacht*, Weinh. 1989; *Der Löwe Benilo*, Wien 1989; *Der fliegende Baum. Die schönsten Märchen, Fabeln und fantastischen Geschichten*, Kiel 1991; *Der Wunderkasten*, zus. m. Peter Knorr, Weinh. 1991; *Vom Zauber der Zunge. Reden gegen das Verstummen*, Frauenfeld 1991; *Der ehrliche Lügner. Der Roman von tausendundeiner Lüge*, Weinheim 1992; *Der brennende Eisberg. Eine Rede, ihre Geschichte und noch mehr*, Frauenfeld 1994; *Das ist kein Papagei*, Kinderb., zus. m. Wolf Erlbruch, Mü. 1994, Hsp., DRS 1994; *Dornrösia und andere moderne Märchen und Sagen*, zus. m. Imre Török u. Jürgen Leinemann, Essen 1994; *Zeiten des Erzählens*, hg. v. Erich Jooß, Freiburg/Br. 1994; *Reise zwischen Nacht und Morgen*, Mü. 1995; *Der Schnabelsteher*, Kinderb., m. Els Cools u. Oliver Streich, Hbg. 1995; *Fatima und der Traumdieb*, Kinderb., zus. m. Els Cools u. Oliver Streich, Hbg. 1996; *Loblied und andere Olivenkerne*, Mü. 1996; *Gesammelte Olivenkerne. Aus dem Tagebuch der Fremde*, Mü. 1997; *Der erste Kuss nach drei Jahren*, Mü. 1997; *Milad. Von einem, der auszog, um einundzwanzig Tage satt zu werden*, Mü. 1997; *Damals dort und heute hier. Über Fremdsein*, hg. v. Erich Jooß, Freiburg/Br. 1998; *Der geheime Bericht über den Dichter Goethe, der eine Prüfung auf einer arabischen Insel bestand*, Mü. 1999; *Albin und Lila*, Gosau, Zür. 1999; *Sieben Doppelgänger*, Mü. 1999; *Die Sehnsucht der Schwalbe*, Mü. 2000; *Angst im eigenen Land. Israelische und palästinensische Schriftsteller im Gespräch. Essays*, Zür. 2001; *Die Farbe der Worte. Geschichten und Bilder*, zus. m. Root Leeb, Cadolzburg 2002; *Mit fremden Augen. Tagebuch über den 11. September, den Palästinakonflikt und die arabische Welt*, Hdbg. 2002.

Scharang, Michael, wurde am 3. 2. 1941 in Kapfenberg in der Steiermark als Kind einer Arbeiterfamilie geboren. Er studierte seit 1960 in Wien Philosophie, Kunstgeschichte und Theaterwissenschaft und promovierte 1965 mit einer Arbeit über die Stücke Robert Musils. Von 1965 bis 1969 lebte er in Bruck a. d. Mur, in diese Zeit fallen auch Veröffentlichungen in den Grazer »manuskripten« und Kontakte zur »Grazer Gruppe«. Nach der Übersiedlung nach Wien engagierte er sich für die Schriftsteller-Selbstorganisation, er war 1971 Initiator des »Arbeitskreises österreichischer Literaturproduzenten« und Gründungsmitglied der GAV (1973). Von 1973 bis 1978 war er KPÖ-Mitglied. 1986 kam es zum ersten USA-Aufenthalt, 1989 erhielt er ein Stipendium für New York und hielt sich in der Folge immer wieder für mehrere Monate dort auf. Scharang lebt heute als freier Schriftsteller in Wien. 1970 erhielt er den Preis der Stadt Klagenfurt, 1976 den Förderungspreis sowie 1985 und 1992 das Canetti-Stipendium der Stadt Wien, 1999/2000 das Robert-Musil-Stipendium und 2000 den Literaturpreis des Landes Steiermark.
Viele Autoren rund um das »Forum Stadtpark« zeigten sich in den Sechzigerjahren von den sprachkritischen Überzeugungen und literarischen Verfahrensweisen der »Wiener Gruppe« beeinflusst. Hatte sich die so genannte »Grazer Gruppe« allerdings (vielleicht mit Ausnahme von Gunter Falk) einer experimentellen Radikalität eher abhold gezeigt, so wurde auch innerhalb der um die »manuskripte« gescharten Autoren die Funktion der Kunst ganz unterschiedlich beurteilt. Während etwa Alfred Kolleritsch, Klaus Hoffer oder Peter Handke auf die subjektive Erkenntnisfunktion einer reflektierten Sprachverwendung setzten, wurde von Michael Scharang oder Elfriede Jelinek bereits 1969 eine auf politische Veränderung zielende, agitatorische Literaturpraxis gefordert. Dennoch ist Scharangs im gleichen Jahr erschienenes erstes Buch *Verfahren eines Verfahrens* literarästhetisch sprachkritischen Positionen verpflichtet. Die – häufig der Alltagssprache – entnommenen Redefloskeln, stereotypen Wendungen, abgegriffenen

Bilder werden in einer narrativen Versuchsanordnung arrangiert, die der traditionellen Erzählung zuwiderläuft. Wiederholung, Variation und Permutation sind als methodische Strukturierungsregeln eingesetzt, wobei die in den Satzmustern erkennbaren Denkschablonen bereits auf ihre Indienststellung für Macht- und Abhängigkeitsverhältnisse befragt werden (*Der Untergebene versucht einen Diebstahl vor dem Vorgesetzten zu rechtfertigen*). Die Absicht, anhand von syntaktischen Mustern modellhaft Klassengegensätze und Verfügungshierarchien aufzuzeigen, verstärkt sich im zweiten Erzählband *Schluss mit dem Erzählen und andere Erzählungen* (1970). Die dichte Aneinanderreihung von Aussagehülsen, deren Sprechakt-Funktion mit Relativierung und Verschleierung von Herrschaftsausübung zu bestimmen ist, soll das kritische Bewusstsein schärfen und in einem zweiten Schritt Möglichkeiten zu organisiertem Widerstand ausloten. Das »Verfahren« wird so von der methodischen Vorgehensbeschreibung zur polemischen Aktivitätsvokabel: *Wie man mit dem Dienstherrn verfahren möchte, wenn man könnte/Wenn er nicht mit einem verfahren könnte, wie er möchte*, lautet ein programmatischer Titel.

Die in den frühen Texten noch immer deutliche Absage an die traditionelle Erzählung und Erzählbarkeit wird in *Charly Traktor* (1973) weitgehend widerrufen. Die Konstruktion als »Bildungsroman von unten«, die Individualisierung von traditionell erzählten Ereignisabläufen in einem »Helden«, die didaktische Wirkungsabsicht erinnern an die realistische »bürgerliche« Romanästhetik, die ja im 20. Jahrhundert in vielen sozialistischen Proleten-Passionen fortlebt. Optimistisches Aufbruchspathos ist bei Scharang nicht zu verzeichnen. Der Landarbeitersohn Franz Wurglawetz, der im Zentrum von *Der Sohn eines Landarbeiters* (1976) steht, endet durch Selbstmord, weil ihm im Gefängnis die Übertragung seiner Aufzeichnungen von der Zellenwand auf Papier verweigert wird. Die literarisch demonstrierte Abhängigkeit von gesellschaftlichen Normen und Rollenzuweisungen, die der individuellen Entfaltungsmöglichkeit einen höchst geringen Spielraum einräumen, ist mit einem einigermaßen spannenden Plot und konkreten Alltags-Reportagen verschränkt, was die (positiv aufgenommene) Verfilmung von Axel Corti (*Totstellen*) erleichterte, die schon ein Jahr vor der Buchfassung des Stoffs den Weg in die Kinos fand.

Nach einem von Scharang selbst im Rückblick als missglückt eingeschätzten Versuch, ironisch-satirisch mit Bauelementen des Trivialromans unterschiedliche Milieus und Lebenskonzepte darzustellen (*Der Lebemann*, 1979), widmete er sich in den folgenden Jahren vor allem der Filmproduktion (*Das doppelte Leben*, 1981; *Die Kameraden des Koloman Wallisch*, 1984; *Eine Heimkehrergeschichte*, 1985). Schon in der ersten Hälfte der Siebzigerjahre hatte er sich intensiv mit den Möglichkeiten des O(riginal)-Ton-Hörspiels beschäftigt. Im Anschluss an entsprechende Überlegungen Brechts und Benjamins sollten die »Betroffenen« in die Produktion des Kunstwerks miteinbezogen werden. So wurden in *Das Glück ist ein Vogerl* (1972) oder in *Einer muss immer parieren* (1973) Arbeiter an der Hörspielproduktion beteiligt, allerdings oblag das Arrangement des Materials nach wie vor dem Autor.

Mit *Harry. Eine Abrechnung* (1984) verabschiedete sich Scharang weitgehend von den Konzepten einer gesellschaftskritischen, realistischen Literaturauffassung. Der Monolog des Harry, eines fiktiven Sohns von Charly Traktor, kann als selbstkritische Infragestellung ehemaliger Positionen aufgefasst werden. Dem (fiktiven) Vater Charly wird sogar die aggressive Ablehnung der reduktionistischen Instrumentalisierung seitens des Schriftstellers in den Mund gelegt: »Seite für Seite würde ich ihm sein Buch in den Mund stopfen, damit er dran erstickt. Damit er sich bei niemandem mehr einschleichen kann.«

Die Übersee-Aufenthalte Scharangs haben sich in den neueren Erzähltexten thematisch und formal nachdrücklich niedergeschlagen. In *Auf nach Amerika* (1992) bricht der Ich-Erzähler mit der Geliebten Maria auf den Spuren seiner widerständigen Großmutter, die einen üblen Nazi-Operateur totgeschlagen hat, nach Amerika auf und gelangt schließlich zu den Maumee-Indianern, die dem Protagonisten die Rückkehr nahe legen, während die Partnerin – Tochter eines hochrangigen, Kinder schändenden Politikers – dort verbleibt und die Karriereleiter bis zur Beraterin des österreichischen Bundeskanzlers hochklettert. Der geschilderte Handlungsverlauf, eingebettet in ein »erzähltechnisch kunstvoll verwobenes Imaginationsgeflecht« (Elfriede Jelinek), imitiert schelmenhaft Elemente des Bildungsromans und transportiert vor allem deftig-heftige Polemiken gegen österreichische Zustände und Personen.

Der satirisch-ironische Erzählton herrscht auch in *Das Jüngste Gericht des Michelangelo Spatz* (1998) vor. Der schon im ersten Amerika-Roman eingeführte Ich-Erzähler, Beamter im Wiener Völkerkundemuseum, erzählt von den Beobachtungen, Geschichten und Gesprächen, die ihm während seines Aufenthalts in der New-Yorker Wohnung seiner Freundin Maria berichtenswert erscheinen. Durchbrochen wird die Abfolge von skurrilen Vorkommnissen, die rund um den zentralen Fernsehserien-Coup des Komponisten Michelangelo Spatz gruppiert sind, durch Reflexionen und essayistische Passagen, die den heterogenen Gesamteindruck noch verstärken.

Im Lauf der Jahre hat Scharang in mehreren Essaybänden zu den unterschiedlichsten Fragen Stellung bezogen: zum Verhältnis von Kunst und Engagement sowie von politischer Theorie und ästhetischer Praxis (*Zur Emanzipation der Kunst*, 1971), zum Literaturbetrieb und zur politischen und sozialen Verfasstheit des »demokratischen Faschismus« in Österreich (*Die List der Kunst*, 1986; *Das Wunder Österreich oder Wie es in einem Land immer besser und dabei immer schlechter wird*, 1989), zu kulturpolitischen Ärgernissen und zu Schriftstellerkollegen (*Bleibt Peymann in Wien oder kommt der Kommunismus wieder*, 1993). Die polemische Grundausrichtung der Essays, die insbesondere bei den literaturkritischen Besprechungen oder den institutionskritischen Analysen erfrischend wirkt, tendiert dabei bisweilen zum aufs Persönliche zielenden Pamphlet, dem jede begriffliche Trennschärfe abhanden kommt – so liege es Oswald Wiener »nicht an Lösungen, sondern an Endlösungen« (*Literaturtratsch*, 1990). Erhebliches Aufsehen (und Entsetzen) unter österreichischen Künstlern, die sich gegen die blau-schwarze Regierung einsetzten, erregte im Sommer 2000 ein Brief Scharangs an den österreichischen Bundeskanzler Schüssel, in dem er sich lobend über den ÖVP-Kunststaatssekretär Franz Morak äußerte. Die operative Stoßrichtung des publizistischen Engagements ist von den literarisierten Äußerungsformen der Amerika-Romane deutlich zu unterscheiden.

Gerhard Fuchs

Werke: *Robert Musil – Dramaturgie und Bühnengeschichte*, Diss., Wien 1965; *Verfahren eines Verfahrens*, En., Neuwied 1969; *Schluss mit dem Erzählen und andere Erzählungen*, Neuwied 1970; *Zur Emanzipation der Kunst*, Ess., Neuwied 1971; *Geschichte zum Schauen – über ein Hörspiel zum Schauen*, Hsp., SDR 1971; *Fragestunde*, Hsp., WDR 1971; *Ansprache eines Entschlossenen an seine Unentschlossenheit*, Hsp., HR/NDR/SDR 1971; *Streik*, Hsp., ORF 1971; *Bericht vom Arbeitsmarkt*, Hsp., NDR 1972; *Das Glück ist ein Vogerl*, Hsp., WDR 1972; *Über Peter Handke*, Hg., Ffm. 1972; *Ein Verantwortlicher entlässt einen Unverantwortlichen*, Fssp., ORF 1972; *Charly Traktor*, R., Darmst. 1973; *Einer muss immer parieren. Dokumentationen von Arbeitern über Arbeiter*, Darmst. 1973, Hsp., WDR 1973; *Woran ich denke, wenn ich das höre*, Hsp., WDR 1973; *Anschlag*, Hsp., SDR 1973; *Warum die kluge Else, die kluge Gretel und das Katherlieschen vorderhand Lesbierinnen sein wollen*, Hsp., NDR/SFB 1973; *Bericht an das Stadtteilkomitee. Politische Lesebuchtexte*, Darmst. 1974; *Was gibt es hier zu reden*, Hsp., WDR 1974; *Der Beruf des Vaters*, Hsp., SDR/WDR 1975, gedr. Stg. 1985; *Was passieren kann, wenn man den Prinzen Eugen zum Leben erweckt*, Hsp., ORF 1975; *Der Sohn eines Landarbeiters wird Bauarbeiter und baut sich ein Haus*, Fssp. (Kinofilm u. d. T. *Totstellen*), ORF 1975; *Der Sohn eines Landarbeiters*, R., Darmst. 1976; *Die einen stehen im blühenden Alter – die anderen im blühenden Geschäft*, Hsp., NDR 1977; *Der Lebemann*, R., Mü. 1979, Fssp., ORF/WDR 1979; *Das doppelte Leben*, Fssp., ORF/WDR 1981, Drehb., Salzb. 1981; *Geschichten aus der Geschichte Österreichs 1945–1983*, Hg., Neuwied 1984; *Die Kameraden des Koloman Wallisch*, Fssp., ORF/ZDF 1984; *Harry. Eine Abrechnung*, Darmst. 1984, Hsp., ORF 1988; *Eine Heimkehrergeschichte*, Fssp., ORF/WDR 1985; *Die List der Kunst*, Ess., Darmst. 1986; *Parallele Parallelen*, Fssp., ORF/RTV Ljubljana 1988; *Das Wunder Österreich oder Wie es in einem Land immer besser und dabei immer schlechter wird. Essays, Polemiken, Glossen*, Wien 1989; *Auf nach Amerika*, R., Hbg. 1992; *Bleibt Peymann in Wien oder kommt der Kommunismus wieder. Geschichten, Satiren, Abhandlungen*, Hbg. 1993; *Das Jüngste Gericht des Michelangelo Spatz*, R., Reinbek 1998.

Schedlinski, Rainer, wurde am 11. 11. 1956 in Magdeburg geboren. Nach einer Lehre als Wirtschaftskaufmann begann er ein Fachstudium für Pflanzenzüchtung, das er 1977 abbrach. Nach Gelegenheitsarbeiten als Heizer, Hausmeister und Mitarbeiter der Bezirksfilmdirektion Magdeburg engagierte sich Schedlinski seit 1983 in der unverwalteten Künstler- und Dichter-Szene des Ost-Berliner Prenzlauer Bergs. Von 1986 bis 1969 war er Mitherausgeber der inoffiziellen Heftedition »ariadnefabrik«, von 1990 bis 1992 trug er Mitverantwortung in der Leitung des Druckhauses Galrev. 1989 erhielt Schedlinski den Leonce-und-Lena-Förderpreis.

In den Achtzigerjahren galt Rainer Schedlinski als zentraler Akteur und »poeta doctus« in der institutionell autonomen »Prenzlauer-Berg-Connection« (Adolf Endler). In zahlreichen Artikeln und Essays über Literatur, Theater und Malerei formulierte er für diese Dichter-Szene eine Position, die sich stark an den Theoremen des französischen Strukturalismus und einer postmodernen Kulturkritik orientierte. Inspiriert von den Diskursanalysen eines

Michel Foucault und den Zeichentheorien Roland Barthes' entwickelte Schedlinski einen Begriff von poetischer Sprache, der die Dichtkunst außerhalb der geschlossenen Systeme der Dienst- und Fachsprachen ansiedelt und auf »textuale formen« verpflichtet, »die den blick von der sache auf das zeichen lenken«. In seiner ersten offiziellen Buchpublikation, dem Gedichtband *die rationen des ja und des nein* (1988) umkreist der Autor in über hundert Gedichten das Verhältnis von Sprache und Schweigen und nimmt Anläufe zu einem Ausbruchsversuch aus dem »offnen gefängnis« des Systems Sprache. Diese Gedichte sind meist logisch zerklüftet, ohne gedankliche oder metaphorische Kohärenz, einem Montieren von Fragmenten verpflichtet. Auffällig ist die Dominanz von Motiven der Spaltung, des Zerrissenseins, der diffundierenden Identität: »er dachte die welt / verhielte sich zur sprache wie X = X' / doch da blieb ein dunkler / unübersetzbarer rest / und er teilte die welt durch die sprache / in helles und dunkles / und so teilt er sich …«

Die Teilung des Selbst in einen sprachkritischen Poetologen und in einen klandestinen Mitarbeiter der DDR-Staatssicherheit wurde Schedlinski 1992 zum Verhängnis. Nach der Aufdeckung seiner Agententätigkeit für den Staatssicherheitsdienst musste er sein Amt als Geschäftsführer des Druckhauses Galrev aufgeben, seine Texte fanden fortan keinen Verlag mehr. In zwei aufschlussreichen Essays für die »Frankfurter Allgemeine Zeitung« und die Zeitschrift »neue deutsche literatur« versuchte Schedlinski 1992 sein Doppelleben zwischen literarischer Subversion und machtgeschützter Konspiration zu legitimieren. Während Schedlinskis »FAZ«-Artikel (14. 1. 1992) in selbstkritischer Absicht darlegt, wie der Autor bereits als 17-Jähriger ins Visier der Stasi geriet und der Strategie aus Erpressung und Nötigung schließlich erlag, geht der Essay *Die Unzuständigkeit der Macht* in die argumentative Offensive. Im »Schildbürgerstaat« DDR, so Schedlinski, habe einzig das taktische Spiel mit der »alles erfassenden Dechiffriermaschine« des Geheimdienstes die Möglichkeit geboten, Gesetzeslücken und rechtsfreie Räume zu erschließen. Das »postmoderne Zeitalter der austauschbaren Zeichen« verlange nicht nach moralischen »Positionen«, sondern nach einem pragmatischen Umgang mit der Macht. Dieser Versuch der Selbstexkulpierung stieß bei Schedlinskis einstigen Weggefährten auf scharfen Widerspruch.

Michael Braun

Werke: *ariadnefabrik*, Hg., zus. m. Andreas Koziol, Bln. 1986–1990; *In der Tinte*, m. Malerei von M. Voges, Bln. 1986; *die rationen des ja und des nein*, G., Bln., Weimar 1988; *innenansichten ddr. letzte bilder*, Ess., Reinbek 1990; *die arroganz der ohnmacht*, Ess., Bln., Weimar 1990; *abriss der ariadnefabrik*, Hg., zus. m. Andreas Koziol, Bln. 1991; *die männer/der frauen*, G., Bln. 1991.

Scheib, Asta, wurde am 27. 7. 1939 in Bergneustadt im Rheinland geboren. Sie schrieb bereits während ihrer Ausbildung zur Textilingenieurin Gedichte und Erzählungen. Nach Heirat und Geburt von zwei Kindern konnte sie sich seit Mitte der Sechzigerjahre ganz auf das Schreiben konzentrieren; neben Drehbüchern entstanden Reportagen, Porträts und Kurzgeschichten für Tageszeitungen und Zeitschriften. Eine dieser Erzählungen wurde 1974 unter dem Titel *Angst vor der Angst* von Rainer Werner Fassbinder für den WDR verfilmt. Asta Scheib lebt in München. 1974 erhielt sie den Preis des »Werkkreises der Arbeitswelt«, 1993 den Ernst-Hoferichter-Preis.

In einem Interview im Jahr 1981 erklärte Asta Scheib ihre literarische Tätigkeit als eine ganz private Möglichkeit der Auseinandersetzung mit sich selbst: »Ich hatte eine sehr schwierige Jugend. Ich hatte immer das Gefühl, anders zu sein als andere Kinder, ich habe mich völlig zurückgezogen. Das Schreiben war schon damals ein Ausweg und ein Versteck.« Diese Sätze charakterisieren auch die Hauptfiguren ihrer Romane: Agnes aus den *Langsamen Tagen* (1981) und Sharon aus dem Roman *Diesseits des Mondes* (1988) sind ebenso wie Katharina Bora (*Kinder des Ungehorsams*, 1985), Ottilie von Faber-Castell (*Eine Zierde in ihrem Haus*, 1998) und Lena Christ (*In den Gärten des Herzens*, 2002) Frauen, die die Erfahrung des Fremd-, Allein- und Ausgeschlossenseins machen müssen und auf ganz unterschiedliche Weise diese Einsamkeit zu überwinden suchen. Ungeachtet solcher autobiografischer Bezüge hat auch die journalistische Tätigkeit Asta Scheibs ihre Prosatexte geprägt; Schwierigkeiten psychisch Kranker, Partnerschaftsprobleme und Feminismus, Generationskonflikte und Ausländerfeindlichkeit sowie der deutsch-jüdische Dialog und die Auseinandersetzung mit dem Nationalsozialismus sind ihre Themen.

In ihrem viel gelobten Debütroman *Langsame Tage* (1981) entwickelt Asta Scheib aus der kunstvollen Montage von Assoziationen und Erinnerungen, Handlung und innerem Monolog die eindringliche Dokumentation einer endogenen Depression. Agnes, eine junge, zur Unselbstständigkeit erzogene

Frau, zeigt sich unfähig, eigene Bedürfnisse zu artikulieren, und zieht sich immer mehr in sich selbst zurück. Ihre zunehmende Sprachlosigkeit wird begleitet von schweren Angstzuständen; Psychopharmaka können den nervlichen Zusammenbruch und die Einlieferung in eine Klinik letztlich nur verzögern. Mit dem Auftritt einer Ärztin, die, einem Deus ex Machina gleich, Agnes die Ursachen und Wege zur Überwindung ihrer Depression aufzeigt, konstruiert Asta Scheib ein unbefriedigendes Romanende. Trotzdem gelingt ihr eine ernst zu nehmende Auseinandersetzung mit dem Problembereich psychische Krankheiten. Ihr zweiter Roman, *Schwere Reiter* (1982), versteht sich als Porträt der Frauengeneration, deren angeblich beste Jahre in den Krieg und die entbehrungsreiche Nachkriegszeit fielen. Aus dem Gefühl heraus, bislang noch nicht richtig gelebt zu haben, brechen die beiden Protagonistinnen des Romans zu einer Motorradreise auf, um nach 30 Ehejahren Versäumtes nachzuholen. Da sich allerdings ihre Reiseerlebnisse in einem glimpflich verlaufenden Unfall, einer Nierenkolik, einem Besuch bei den Kindern und in der Bekanntschaft mit einer Barbesitzerin erschöpfen, verspielt Asta Scheib ein wichtiges Thema.

Vor dem Hintergrund deutsch-jüdischer Verständigungsversuche schildert sie in ihrem 1988 erschienenen Roman *Diesseits des Mondes* die spannungsreichen Beziehungen zweier höchst unterschiedlicher Paare, variiert dabei aber letztlich Erzählmuster der Trivialliteratur. Mit dem im Untertitel als Liebesgeschichte ausgewiesenen Text *Kinder des Ungehorsams* (1986) hat sich Asta Scheib dem historischen Roman zugewandt. Aus der Perspektive Katharina von Boras entfaltet sie hier ein Bild des 16. Jahrhunderts und erzählt die Geschichte der Ehe Martin Luthers, also einer Ehe zwischen einer entlaufenen Nonne und einem ehemaligen Mönch. Der Roman gehört zu jenen seit den Siebzigerjahren zahlreich gewordenen Texten, die sich der von Geschichtswissenschaft und Literatur lange Zeit vernachlässigten historischen Frauengestalten annehmen. Im Werk Asta Scheibs bildet er den Auftakt zu einer Reihe von Romanbiografien, unter denen die der Bleistiftfabrik-Erbin Ottilie von Faber-Castell (*Eine Zierde in ihrem Haus*, 1998) und der Münchner Schriftstellerin Lena Christ (*In den Gärten des Herzens*, 2002) hervorragen. In beiden Fällen wird das Porträt als Emanzipationsgeschichte angelegt und mit einem zeitgeschichtlichen Panorama unterlegt.

Ruth Spietschka

Werke: *Langsame Tage*, R., Mü. 1981; *Schwere Reiter*, R., Mü. 1982; *Kinder des Ungehorsams. Eine Liebesgeschichte*, Mü. 1985; *Stieffamilien in Deutschland*, Sachb., Mü. 1987; *Diesseits des Mondes*, R., Mü. 1988; *... Dein wahrhaft sorgfältiger Vater. Briefe an Kinder*, Hg., zus. m. Gertraud Middelhauve, Köln, Zü. 1988; *Armer Nanosh*, Krimi, zus. m. Martin Walser, Ffm. 1989; *Beschütz mein Herz vor Liebe. Die Geschichte der Therese Rheinfelder*, Mü. 1992; *Der Höhepunkt der Lust. Frauen und Männer reden über ein Tabu*, Sachb., Hg., Ffm., Bln. 1992; *Das zweite Land*, R., Mü. 1994; *Agnes unter den Wölfen*, Jugendb., Würzburg 1995; *Eine Zierde in ihrem Haus. Die Geschichte der Ottilie von Faber-Castell*, R., Reinbek 1998; *Frau Prinz pfeift nicht mehr*, R., Reinbek 1999; *Sei froh, dass du lebst!*, R., Bln. 2001; *In den Gärten des Herzens. Die Leidenschaft der Lena Christ*, R., Hbg. 2002.

Schertenleib, Hansjörg, wurde am 4. 11. 1957 in Zürich geboren. Nach einer Ausbildung zum Schriftsetzer und Typografen und dem Besuch der Gestalterischen Berufsmittelschule an der Kunstgewerbeschule in Zürich folgten ausgedehnte Reisen nach Skandinavien. Seit 1981 arbeitet Schertenleib als freier Autor und Kritiker, von 1980 bis 1984 war er Redaktionsmitglied der Literaturzeitschrift »Orte«, in der Spielzeit 1991 war er Hausautor am Theater Basel. 1986 lebte er in Wien, 1993 in London. Seit 1996 lebt er in County Donegal in Irland und, seit 2003, in Durban/Südafrika. Ausgezeichnet wurde er 1984 mit dem Conrad-Ferdinand-Meyer-Preis, 1985 mit dem Förderpreis des Leonce-und-Lena-Preises, 1988 und 1996 mit dem Preis der Schweizerischen Schillerstiftung, 1989 mit dem Hermann-Ganz-Preis und dem Buchpreis des Kantons Bern, 1990, 1991, 1996 und 2001 mit dem Buchpreis der Stadt Zürich und 1991 bzw. 1996 mit der Ehrengabe des Kantons Zürich, 1995 mit dem Förderpreis des Christine-Lavant-Preises, dem Gastpreis des Kantons Luzern und dem Kranichsteiner Literaturpreis, 1998 mit dem Stadtschreiberamt von Minden/Westfalen, 1992 und 1999 mit dem Werkjahr der Stiftung Pro Helvetia, 1994 und 1996 mit dem Stipendium des Deutschen Literaturfonds, 2002 mit dem Swiss Fellow der Brookes University Oxford und 2003 mit dem ndl-Literaturpreis.

Motive des Unterwegsseins, des Reisens von Ort zu Ort oder in die Kindheit und Vergangenheit strukturieren das erzählerische und lyrische Werk Hansjörg Schertenleibs. Die Suche nach intensiven, authentischen Empfindungen treibt seine Figuren in Grenzbereiche ihrer Wahrnehmung und Existenz. Die norwegische Insel *Grip* (1982) als Zielort einer Ablösung von der Schweiz und ihrer Mentalität oder die Fahrt in den Urlaub nach Österreich in *Die*

Ferienlandschaft (1983), die das Rad der Zeit zurückdreht, sind erste Bewegungen jugendlicher Figuren mit dem Bemühen um altersbedingte Distanz. »Jedenfalls ist das Gehen an und für sich etwas Sonderbares. Entweder man glaubt, dauernd von einem Ort wegzugehen, oder man meint, dauernd zu einem neuen Ort unterwegs zu sein. Tatsächlich aber spielt das im Grunde keine Rolle; geht man, bleibt man zumindest nicht stehen« (*Prozession der Männer*, 1985). Das Gehen gerät zur Sehschule, die Augen sind das Verlässlichste in diesem Kopfkino.

Im Roman *Die Geschwister* (1988) verursacht ein Unfall einen Riss im Leben eines Geschwisterpaares und löst eine Lawine von Entscheidungen aus, die Martin und Martina mit Mord, Berufsaufgabe und Bindungsängsten konfrontieren. Auch im stillen Roman *Der Antiquar* (1991) gerät die Titelfigur aus der Fassung, als sie Opfer eines Überfalls wird. Eine neue Standortbestimmung wird plötzlich notwendig, eine Identitätskrise droht, der mit dem Versuch, »für die Vergangenheit eine Kartei anzulegen«, begegnet wird. Alte Wunden brechen auf: Der Titelheld Arthur Dold hatte seine Kindheit bei einem Fabrikantenehepaar verbracht, wo seine Eltern als Gärtner und Hauswirtschafterin angestellt waren. Ihm war die Zuschauerrolle in einem Drama zugedacht, in dem die Eltern gedemütigt und seine Schwester sexuell missbraucht worden war. Parallel dazu wird als Binnengeschichte vom Geometrielehrer Gadient erzählt, der wiederum von einem Jungen berichtet, der sich aus Zündhölzern eine Gegenwelt baut. Am Ende verschwinden alle Figuren auf mysteriöse Weise in der kalten Winternacht, und die Geschichte erscheint als Fantasie Dolds, der sich als Kind gefühlt hat.

Mit *Das Zimmer der Signora* (1996) hat Schertenleib einen Roman vorgelegt, der mit seinen sexuellen Konnotationen für einiges Aufsehen sorgte. Die Rahmenhandlung besagt, dass ein dicklicher, rothaariger Italoschweizer namens Stefano Mantovani aus Zürich die Nachricht vom Selbstmord seines Vaters erhält. Zur Beerdigung reist er nach Italien und wird dort zum Militärdienst gezwungen, den er als Pfleger in einem Veteranenheim ableisten muss. Abwechslung im öden Krankenhausdienst bieten nur Saufereien, Drogenpartys und gelegentliche Raufereien. Doch Stefano trifft sich wieder mit seiner Jugendfreundin Carla zu kleinen Masospielen und liest zudem einer geheimnisvollen Signora am Gardasee erotische Texte vor. Als diese ihn beauftragt, für sie eine Fotografie in London zu erwerben, desertiert er und reist mit seinem Freund, dem Veteranen Teobaldo Bolger, zu dessen Tochter nach Irland. In diese Geschichte hat Schertenleib Kindheitserinnerungen und sexuelle Fantasien Stefanos eingewoben. Doch im Kern geht es um eine möglichst raffinierte Vorstellung von sexueller Lust, die allerdings mit Pornoheften, Vagina-Dias, Lackkostümen und ähnlich »verruchten« Accessoires erschlagen wird. Diese Mischung aus Laszivität und Brutalität entspricht nur billigen Klischees; die Nähe von Tod und Eros, wie sie im Veteranenheim angelegt ist (und auch eindrucksvolle Szenen hervorbringt) oder die Sexual-Ästhetik der Faschisten, die im Uniformkult der Signora oder bei der Demonstration der Mussolini-Anhänger in Salo anklingt, wird erzählerisch nicht genutzt.

Ähnlich drastisch, aber letztlich doch eher den »Klischees der religiös Traumatisierten« entsprechend, verfährt der Roman *Die Namenlosen* (2000), der das Thema fanatischer religiöser Sekten aufgreift. Eine irische Sekte um ihren Führer Fisnish zieht im Sommer 1996 durch die Lande und schlachtet katholische Priester, Mönche und Nonnen ab. Eine Menge Blut fließt, schließlich soll auch noch der Papst ermordet werden, doch die damit Beauftragte entzieht sich dem Befehl und verliert daraufhin ihr Leben. Die Motive der Sektenmitglieder, die als Halt Suchende beschrieben werden, liegen alle im Opferbereich, vom Missbrauch durch einen Pfarrer angefangen bis zu anderen im Namen der Kirche zugefügten Leiden. Die Kritik reagierte reserviert; man monierte die Vorliebe des Autors für Effekte, tadelte den »schwülstigen Ton« (Martin Krumbholz) und vermisste tragfähige Motive, markante Profile der Figuren und eine mehrfach kodierte Sprache.

Hansjörg Schertenleib hat auch Theaterstücke, Kinder- und Jugendbücher und Gedichte geschrieben. Das Stück *Stoffmann und Herz* (1988) reflektiert Machtkämpfe innerhalb einer Jugendbande, der Jugendroman *Zeitpalast* (1998) greift diese Außenseiterproblematik auf und berichtet von einem Feriencamp für schwer erziehbare Jugendliche in Irland und den Einbruch einer Fantasiewelt in die pubertär-männlichen Rituale. *Schattenparadies* (2001) erzählt u.a. von der Ausreißerin Fiona, die von ihrem Onkel missbraucht und geschwängert wurde, und von Patrick, den die Erinnerungen an seinen ertrunkenen Bruder quälen. Seinen Gedichten, die mit ausdrucksstarken, oft dunklen Bildern arbeiten und ungereimt Zerstörung neben zärtliche Gesten setzen, bescheinigte die Kritik expressive Töne, eine »schöne Sprachwüterei« (Michael Bauer).

Thomas Kraft

Werke: *Auf der Haupttribüne. Fahnen im Wind und Schlachtrufe*, G., Zür. 1981; *Grip. 3 Erzählungen*, Zür., Köln 1982, Hsp., DRS 1982; ; *Die Ferienlandschaft*, R., Zür., Köln 1983; *In meinem Kopf schreit einer*, Hsp., DRS 1984; *Die Prozession der Männer. 5 Erzählungen*, Köln 1985; *Literatur in der Schweiz*, Hg., zus. m. Martin R. Dean, Wien 1987; *Im Herzen die Bestie*, Hsp., WDR 1987; *Die Geschwister*, R., Köln 1988; *Stoffmann und Herz*, Theaterst., UA Luzern 1988; *Der stumme Gast*, G., Köln 1989; *Der Antiquar*, E., Köln 1991; *Schilten*, Theaterst., UA Basel 1992; *Hotel Memory*, Hsp., WDR 1992; *Rabenland*, Theaterst., UA Mü. 1993; *Mars*, Theaterst., UA Basel 1993; *Bacon*, Libretto, UA Stg. 1993; *Gewölbe*, Theaterst., UA St. Gallen 1996; *Das Zimmer der Signora*, R., Köln 1996; *November. Rost*, G., Köln 1997; *Zeitpalast*, Kinderb., Hbg. 1998; *Fax*, Hsp., DRS 1998; *Palast, mein Kopf*, Hsp., SWR 1999; *Sam Shepard: Augen für Consuela*, Übs., Ffm. 1999; *John Knowles: Ein anderer Frieden*, Übs., Hbg. 2000; *Die Frau mit dem Koffer*, Hsp., SWR 2000; *Die Namenlosen*, R., Köln 2000; *Kenneth Lonergan: Das ist unsere Jugend*, Übs., Ffm. 2001; *Schattenparadies*, Jugendb., Hbg. 2001; *St. Kilian*, Hsp., SWR 2001; *Von Hund zu Hund*, E., Köln 2001; *Sam Shepard: Die letzten Tage des Henry Moss*, Übs., Ffm. 2002; *Eoin McNamee: Blue Tango*, Übs., Mü. 2003; *Der Friseur*, Hsp., SWR 2003; *Der Papierkönig*, R., Bln. 2003.

Schimmang, Jochen, am 14. 3. 1948 in Northeim (Niedersachsen) geboren, aufgewachsen in Leer (Ostfriesland), studierte von 1969 bis 1974 politische Wissenschaften in West-Berlin. Ab 1977 arbeitete er als Lehrer für Deutsch als Fremdsprache an diversen Bildungseinrichtungen, seit 1993 als freier Schriftsteller und regelmäßiger Beiträger für Hörfunk, Zeitschriften und Tageszeitungen. Nach 30 Jahren in Berlin, Köln und Paris lebt er heute wieder in Leer. Seit den Achtzigerjahren erhielt er verschiedene Förderpreise, u.a. 1992 das Stipendium des Deutschen Literaturfonds, 1995 das Stipendium der Stiftung Kunst und Kultur des Landes Nordrhein-Westfalen sowie Aufenthaltsstipendien für Amsterdam und Paris, 1996 den Rheinischen Literaturpreis der Stadt Siegburg.

Schimmangs zuletzt erschienener, vom Umfang her kleiner Roman, *Die Murnausche Lücke* (2002), kann gleichwohl als Summe seines Schaffens gelesen werden. Ein Mann mittleren Alters, hinter dem wir den Autor vermuten dürfen, ist nach längeren Aufenthalten in den Zentren Mitteleuropas zurückgekehrt in seine ostfriesische Heimat. Die Schlaflosigkeit treibt ihn in ein auf dem Deich gelegenes Gasthaus mit dem beziehungsreichen Namen »Insomnia«. Dort verknüpft sich in Gesprächen und Rückblicken seine eigene Geschichte mit den Lebenswegen der anderen Besucher. Obwohl bei allen das Scheitern eine große Rolle spielt, wissen wir am Ende, was Glücksmomente sind. Der Ich-Erzähler, ein Mathematiker, der, wie die Hauptperson in Schimmangs Erstling, *Der schöne Vogel Phönix* (1979), Murnau heißt, hat zwar die Lösung von Fermats Vermutung einem anderen überlassen müssen und nur die eher marginale Murnausche Lücke entdeckt, dafür aber eine »Kurze Geschichte der Mathematik« geschrieben, die trotz ihres nüchternen Gegenstands wie ein Abgesang klingt und überdies einer Wissenschaft gewidmet ist, die auch das poetische Programm Schimmangs begleiten könnte, insofern als es in der Mathematik weniger um Erfinden als vielmehr um Finden geht.

Gegen das Vergessen sind bereits die autobiografischen *Erinnerungen eines Dreißigjährigen*, wie *Der schöne Vogel Phönix* untertitelt ist, geschrieben. Ende der Siebziger wird hier tagebuchartig zurückgeblickt auf das Ausklingen der Studentenrebellion in Berlin, wo sich jetzt Kinder der Aufbaugeneration in sektiererischen K-Gruppen zu Kader- und Kadavergehorsam erziehen. Das Glück als politische Zielkategorie begriffen zu haben, darin lag die Dynamik des Protestes begründet. Murnaus Diplomarbeit »Vorgeschichte und Geschichte der Studentenbewegung« verrät die Absicht, im historischen Prozess die eigene Biografie zurückzugewinnen. Im Schreiben gelingt dem Studenten, der sich zunehmend am falschen Ort wähnt, der Ausbruch aus dem selbst gewählten Getto.

Der schockierend distanzierte Tonfall, in dem Schimmang 1981 vom *Ende der Berührbarkeit* erzählt, lässt bereits die Kälte der Achtzigerjahre spüren. Als sein gefühlvoller Protagonist von einer jungen Frau zurückgewiesen wird, umgibt er sich mit einem emotionalen Panzer, der ihn ganz beiläufig einen Mord begehen lässt. Dadurch verstärkt er nur die eigene Fremdheit, und es gelingt ihm nicht, »Gefühl und Härte« miteinander zu vereinen, wie der Wandspruch eines Berliner Sprayers lautet, der sich leitmotivisch durch das gesamte Werk Schimmangs zieht. Die einsetzende Desillusionierung, thematisch Houellebecqs »Elementarteilchen« vorwegnehmend, schärft indes das Wahrnehmungsbewusstsein für das Einfache und nahe Liegende. Nicht Erklärung, sondern Inventarisierung der Welt durch Sprache wird nun als künstlerische Herausforderung begriffen. Dies begründet Schimmangs Detailbesessenheit, seine Lust zu zeigen und seine schnörkellose Sprache.

Die Suche nach dem Beständigen reizt auch den Fotografen in der Titelerzählung *Der Norden*

leuchtet (1984) an dem Auftrag, seine ostfriesische Heimat abzulichten. Die scheinbar sinnlose Zerstörung seiner Kamera durch Unbekannte macht den Text zur Parabel über die Wirksamkeit der Kunst.
Als philosophische Modellkonstruktionen entpuppen sich auch die Erzählungen *Das Vergnügen der Könige* aus dem Jahr 1989. In Annäherung an Blaise Pascals *Gedanken* stellt Schimmang sein Personal in Situationen, in denen sich die mittlerweile Arrivierten zwischen den Ansprüchen der Vernunft und der Logik des Gefühls entscheiden müssen. Ihre Glücksbedürfnisse kollidieren mit den Zwängen des Alltags und führen sie an die Grenzen der Willensfreiheit. Jede der Erzählungen stellt die Frage nach den Voraussetzungen unseres Handelns, Hoffens und Wissens.
Was wir für real annehmen, das wird in Schimmangs zweitem Roman *Die Geistesgegenwart* (1990) entschieden in Zweifel gezogen. In einem Museum ist das berühmte Bild von René Magritte *Die Geistesgegenwart* entwendet und durch eine Fälschung ersetzt worden. Das kriminalistische Sujet ist als Hommage an die Klassiker des Genres zu werten. Trotzdem bringt die erfolgreiche Suche nach dem verlorenen Bild weit eher die Aufhebung aller gesicherten Erkenntnis. Das wahre Wesen steckt hinter den Bildern. So entfaltet die Textur aus Literaturzitaten, Kinoszenen und Bildbeschreibungen ihre Realität erst im Kopf des Betrachters.
Die Frage nach der Wirklichkeit der Fiktion wird mit dem Einsetzen einer neuen Fabulierlust zu Beginn der Neunziger virulent. In dem Erzählband *Königswege* (1995) müssen Schimmangs Protagonisten erkennen, dass es eben keine Königswege gibt. Ihr Solipsismus, ihre dandyhafte Distanz zur Gesellschaft, bietet keine Lösung. Immer wieder erliegen sie den Versuchungen der Welt. Identität erfahren sie lediglich in Momenten, die sie ganz verwundbar zeigen.
So auch und natürlich der angejahrte Archivoberrat Simon Simon in dem Roman *Carmen* (1992). Im Revolutionsjahr 1989 zerbricht dessen Keuschheitsgelöbnis an den Reizen einer spanischstämmigen Friseuse. Anders als in Mérimées Vorlage macht er resignierend und ohne Gewaltausbrüche einem Jüngeren Platz. Schimmangs »augenzwinkernde Einladung zur intertextuellen Zerstreuung« (Hermann Wallmann) ist von der Kritik zurückhaltend aufgenommen worden. Das Artistische seiner Aktualisierung des alten Stoffes bleibe zu äußerlich.
Mit deutlich ironischem Unterton nähert sich Schimmang dem Allerweltsphänomen Liebe in seinem dritten Roman *Ein kurzes Buch über die Liebe* (1997). Bereits der Titel stellt die Welt des Romans auf den Kopf. Nicht das Buch, sondern die Liebe ist kurz. Wieder trifft ein reiferer Mann auf eine junge, attraktive und leider verheiratete Frau. Wieder einmal glaubt ein Paar, die Beziehung wie ein Experiment anlegen und »Gefühl und Härte« miteinander vereinen zu können. Natürlich geht alles schief, weil sich die Gefühle trotz gesellschaftlich verordneter Rollenmodelle einem kalkulierten Regelwerk entziehen. Am Ende provoziert die Schutzlosigkeit des Helden Mitleid und Aggression zugleich. Sein Königsweg ist wiederum die Flucht in das Schreiben der eigenen Geschichte.
Auch in seiner Essayistik verbindet Schimmang den kulturkritischen Gestus mit den Erlebnissen eines Flaneurs. *Vertrautes Gelände, besetzte Stadt* (1998) ist sein Abschied aus Köln. Der Verlust der Lebenswelt an die aufdringliche, aber letztlich desorientierende Zeichensprache des Konsums geht einher mit dem melancholischen Abgesang auf eine große Liebe, deren Terrain fortan vermint ist. Sein Essay über die Farbe Schwarz *Auf Leben und Tod* (2001) zeigt die Sehnsucht nach einer Welt ohne Kompromisse. Schwarz dominierte im Punk, Schwarz ist der Bereich der Nacht, wo sich die Schlaflosen treffen, um, wie die Literatur, eine Gegenwelt zu schaffen und dem Traum vom individuellen Glück nachzusinnen.

Heribert Hoven

Werke: *Der schöne Vogel Phönix. Erinnerungen eines Dreißigjährigen*, Ffm. 1979; *Das Ende der Berührbarkeit*, E., Ffm. 1981; *Der Norden leuchtet*, En., Ffm. 1984; *Das Vergnügen der Könige*, En., Ffm. 1989; *Die Geistesgegenwart*, R., Ffm. 1990; *Carmen. Eine Geschichte*, Ffm. 1992; *Untiefen*, Hsp. 1994; *Königswege*, En., Ffm. 1995; *Ein kurzes Buch über die Liebe*, R., Ffm. 1997; *Vertrautes Gelände – besetzte Stadt*, Ess., Ffm. 1998; *Köln, Blicke. Ein Lesebuch*, Anth., Hg., Köln 1998; *Auf Leben und Tod. Alle Facetten der Farbe Schwarz*, Ess., Mü. 2001; *Die Murnausche Lücke*, R., Hdbg. 2002.

Schimmelpfennig, Roland, wurde am 19. 9. 1967 in Göttingen geboren. Danach studierte er Regie an der Otto-Falckenberg-Schule in München und wurde Regieassistent an den dortigen Kammerspielen. 1995 wurde er Mitarbeiter der künstlerischen Leitung und arbeitete danach als freier Autor. Von 1999 bis 2001 war er Dramaturg und Hausautor an der Berliner Schaubühne und in der Spielzeit 2001/2002 Hausautor am Deutschen Schauspielhaus in Hamburg. Er lehrt als Professor für Dramaturgie und Regie an der Kunsthochschule Berlin-Weißensee. 1997 erhielt der den Else-Las-

ker-Schüler-Preis, 1998 den Förderpreis zum Schillerpreis des Landes Baden-Württemberg, 2002 den Nestroy-Preis.
Märchenhaft sind Schimmelpfennigs Stücke oft, überhöht immer. Und doch erzählen sie mehr vom alltäglichen Leben der Menschen als mancher Dokumentarfilm. Deshalb gehört Roland Schimmelpfennig zu den meistgespielten Autoren des deutschen Gegenwartstheaters.
Schon sein erstes Theaterstück *Die ewige Maria* (1996) führt in einen poetisch-fantastischen Kosmos mit schauerlich-schattiger Atmosphäre. Der Ring, der nicht vom Finger weicht, das Messer, das in seinen Besitzern die Gewalttätigkeit weckt – in den Dingen scheinen Dämonen zu lauern. Maria und Karl wollen weg aus dem Dorf Irgendwo im Nirgendwo, sie wollen heiraten und sich ein überschaubares, kleines Glück aufbauen. Doch Bäckermeister Hans, Karls Vater, liebt die Braut seines Sohnes. Durch seltsame Geschehnisse wird das junge Paar immer wieder getrennt. Erst muss Hans den Sohn der Nachbarn suchen, der immer wieder wegläuft und oft tagelang fortbleibt. Dann erscheint ihm in der Hochzeitsnacht sein Bruder. Der hat den Absprung in die Außenwelt geschafft und verspricht Karl die Erfüllung all seiner Träume. Karl geht mit. Ein Jahr lang hört Maria nichts von ihm, umworben von Hans, umgeben von den abstrusen Streitigkeiten der Verwandten. Schimmelpfennig entwirft eine Welt, in der das Hochzeitsbrot schwarz ist wie geronnenes Blut und in der traurige Lieder gesungen werden, die wie Windseufzer durch blutende Herzen wehn.
Auch das 1998 uraufgeführte Stück *Aus den Städten in die Wälder, aus den Wäldern in die Städte* ist ein mulmiges Märchen, in dem Menschen zu Holz werden.
Die kleinteilige Dramaturgie der »short cuts«, die viele spätere Stücke auszeichnen, entwickelte Schimmelpfennig erstmals vollständig in seinem Stück *Vor langer Zeit im Mai* (2000). Kunstvoll verzahnt er drei Männer mit Fahrrädern, drei Paare und acht Frauen in absurden, kleinen Szenen. Der kurze Abend ist eine feine, kleinteilige Konstruktion, die schwerelos gespielt werden muss. In Schimmelpfennigs bisher größtem Erfolg *Die arabische Nacht* (2001) brachte er Märchenmotive und impressionistische Dramaturgie zusammen: Es war einmal eine Frau, die war jeden Abend, wenn sie von der Arbeit nach Hause kam, furchtbar müde, so müde, dass sie sich gleich auf ihr Sofa legte und einschlief. Sie hörte es nicht, dass ihre Mitbewohnerin Fatima einen Liebhaber empfing, Franziska, die müde Frau, schlief. Sie hörte es auch nicht, dass einmal ein fremder Mann von gegenüber, der sie durch die Fenster beobachtet hatte, an ihr Sofa trat und sie küsste. Der Kuss bekam ihm gar nicht gut, er schrumpfte auf Zentimetergröße und fand sich auf dem Boden einer fast leeren Cognacflasche wieder. Aber all das bemerkte Franziska nicht, sie schlief.
Eine »arabische Nacht« in einem deutschen Hochhaus, vielleicht die tausendunderste, wer will das wissen? Das Märchen ist die Spielfläche des Unbewussten. Plötzlich wartet in jedem Stockwerk eine sexuell ausgehungerte Dame auf den aus dem Orient stammenden Khalil, der verzweifelt zu seiner Fatima fliehen will und doch der unwiderstehlichen Anziehung der geöffneten Tür erliegt. Und der muffelig-mausgraue Hausmeister findet sich unversehens in der Wüste wieder, in der er eine abenteuerliche Probe bestehen muss, die an Mozarts *Zauberflöte* erinnert. Schimmelpfennigs poetisch-präziser Text hat eine große Leichtigkeit, virtuos verschlingt er direkte Rede, innere Monologe und Regieanweisungen zu einer Dramaturgie der schnellen Schnitte, die der Traumlogik folgt, aber nie so weit abhebt, dass sie nicht mehr nachvollziehbar wäre. Die Menschen schweben über gefährlichen Abgründen, einer stürzt am Schluss sogar in den Tod, ein grausames Märchen.
Spätestens mit diesem Erfolg hatte sich Schimmelpfennig bis in die Spielpläne kleiner Bühnen hinein durchgesetzt. Noch im selben Jahr folgte *Push up 1–3*, ein perfekt konstruiertes, formal virtuoses Theaterstück. Drei Dialoge leitender Angestellter werden von inneren Monologen durchsetzt, in denen der Gesprächspartner einfriert, bis die Echtzeit weiterläuft. So erfährt der Zuschauer, dass die Konzernchefin Angelika und die Karrierefrau Sabine bis ins Detail morgendlicher Make-up-Gewohnheiten die gleiche Einsamkeit teilen. Angelika feuert Sabine, weil sie glaubt, dass die jüngere Frau ein Verhältnis mit ihrem Mann hat. Obwohl das nicht wahr ist, geht Sabine gelöst aus dem Raum. Allein dass sich jemand vorstellen kann, sie sei eine Verführerin, ist ihr Glück genug. Roland Schimmelpfennig erzählt von Traurigkeit und Lebensfremde in der Welt von Hightech und Ökonomie. Eine fernöstliche Vision eines besseren Lebens scheint der einzige Ausweg zu sein. Einig mit sich selbst lebt nur das Pförtnerpaar, dessen Erzählungen den Pro- und Epilog des Stückes bilden.
Zenit und Zusammenfassung von Schimmelpfennigs bisherigen Theaterwerken ist das 2002 urauf-

geführte Stück *Vorher/Nachher*. Liebespaare finden sich und trennen sich wieder. Der schnelle Sex, der Betrug am Partner, der Moment der Erfüllung – das alles erzählt Roland Schimmelpfennig beiläufig und selbstverständlich. Die Angst einer alten Frau vor dem Spiegel, die Frustration russischer Geschäftsleute in der Fremde, betende Nonnen – viele Themen fließen ineinander, werden leicht ineinander verwoben. Momentaufnahmen des Lebens schreibt Schimmelpfennig, und dazu gehören auch Trashfantasien und Weltflucht.

Ein Mann jagt einem ständig seine Form verändernden Organismus nach, wie in einem billigen Science-Fiction-Reißer. Und ein anderer konzentriert sich so auf ein Bild, dass er plötzlich hineinfällt und nicht wieder nach draußen findet – ein Motiv, das schon in der *Arabischen Nacht* zentral ist. Er lebt im Gemälde und baut sich dort eine Existenz auf.

Verzweiflung, Angst, Begierde und Sehnsucht nach Glück sind die Themen Roland Schimmelpfennigs. Er spürt ihnen nicht im Rahmen einer psychologisch erzählten Geschichte nach, sondern reißt an und ist, kaum dass man Atem holt, schon wieder bei einer anderen Handlung. Manchmal springt er auch in der Zeit, erzählt vom Vorher und Nachher eines Liebesaktes, oft besteht sein Text nur aus Regieanweisungen und inneren Monologen. Roland Schimmelpfennig hat seinen poetischen Realismus durch schnelle Schnitte noch verfeinert.

So faszinierend und originell seine Texte sind, so problematisch erscheint oft die Umsetzung auf der Theaterbühne. Es hat sich gezeigt, dass Aufführungen, die mit wenig Requisiten und fast keinem Bühnenbild arbeiten, Schauspieler die Regieanweisungen sprechen und Bilder in den Köpfen der Zuschauer entstehen lassen, für Schimmelpfennigs poetische Sprachkunststücke ideal sind. So hat Jürgen Gosch die Uraufführung von *Vorher/Nachher* im Deutschen Schauspielhaus Hamburg inszeniert. Einen ähnlichen Stil fand Sibylle Broll-Pape für die bisher überzeugendste Produktion der *Arabischen Nacht* im Bochumer Prinzregenttheater.

Stefan Keim

Werke: *Die ewige Maria*, Theaterst., UA Oberhausen 1996; *Keine Arbeit für die junge Frau im Frühlingskleid*, Theaterst., UA Mü. 1996; *Die Zwiefachen*, Theaterst., UA Mü. 1997; *Aus den Städten in die Wälder, aus den Wäldern in die Städte*, Theaterst., Mainz UA 1998; *Die Aufzeichnung*, Hsp., SWF 1998; *Fisch um Fisch*, Theaterst., UA Mainz 1999; *Die Taxiterroristin – drei Filme für den Preis von einem*, Hsp., SWR 1999; *Vor langer Zeit im Mai*, Theaterst., UA Bln. 2000; *MEZ*, Theaterst., UA Bln. 2000; *Krieg der Wellen*, Hsp., HR 2000; *Anthony Neilson: Der Zensor*, Übs., 2000; *Die arabische Nacht*, Theaterst., UA Stg. 2001, Hsp., HR/WDR 2001, gedr. in: »Spectaculum 72«, Ffm. 2001; *Push up 1–3*, Theaterst., UA Bln. 2001; *Vorher/Nachher*, Hsp., HR/TAT 2001, Theaterst., UA Hbg. 2002, Schpl., Ffm. 2002; *Alice im Wunderland*, nach Lewis Carroll, Theaterst., Musik v. Mousse T., UA Hann. 2003.

Schindel, Robert (eigentl. Robert Soël), wurde am 4. 4. 1944 in Bad Hall bei Linz geboren. Seine Eltern – österreichische Kommunisten jüdischer Herkunft – versuchten, als elsässische Fremdarbeiter getarnt, in Linz im Auftrag der KPÖ eine kommunistische Widerstandsgruppe aufzubauen. Sie wurden jedoch enttarnt und ins Konzentrationslager Auschwitz deportiert; die Mutter überlebte, der Vater wurde im KZ Dachau ermordet. Die Mutter hatte ihren Sohn noch vor der Festnahme als angebliche »Waise von asozialen Eltern unbekannter Herkunft« in einem Wiener Kinderheim der nationalsozialistischen »Volkswohlfahrt« unterbringen können, um so sein Überleben zu sichern. Nach dem Zweiten Weltkrieg gelang es ihr, den Sohn wieder zu sich zu nehmen. Robert Schindel besuchte ab 1954 das Bundesrealgymnasium in Wien, aus dem er 1959 wegen »schlechter Führung« entlassen wurde. Eine im gleichen Jahr begonnene Buchhändlerlehre im Wiener Globus-Verlag brach er ab, um nach Schweden und Frankreich zu reisen. Von 1961 bis 1967 war er aktives Mitglied in der KPÖ und deren Jugendverbänden. 1967 holte er an einer externen Maturaschule das Abitur nach, um dann anfangs Jura und später bis 1974 Philosophie in Wien zu studieren. Bis 1968 war er Wortführer der »Kommune Wien«, des radikalsten Teils der Wiener Studentenbewegung, bis 1978 war er in maoistischen Gruppierungen aktiv. Erste lyrische Versuche entstanden Ende der Fünfzigerjahre, 1969 gründete er mit Christof Šubik die »Gruppe Hundsblume«. Nach seinem Studium ging er zahlreichen Gelegenheitsarbeiten nach, war von 1975 bis 1980 als Bibliothekar der Wiener Hauptbücherei, von 1981 bis 1983 als Nachtredakteur bei Agence France Press und von 1983 bis 1986 als Gruppentrainer für Arbeitslose tätig. Während dieser Zeit entstanden zahlreiche Arbeiten für Film, Rundfunk und Fernsehen. Seit 1986 lebt er als freier Schriftsteller in Wien. Von1998 bis 2002 war er Mitglied der Jury beim Ingeborg-Bachmann-Preis, ab 2003 ist er Tutor im Literaturkurs der Tage der deutschsprachigen Literatur. Ausgezeichnet wurde er 1989 mit dem Förderpreis des Bundesverbandes der Deutschen Industrie, 1992 mit dem Förderpreis zum Österreichischen Literaturpreis, dem Dr.-Emil-Domberger-Literaturpreis der B'nai B'rith Europeén und dem Marburger Förderpreis für Literatur, 1993 mit dem Erich-Fried-Preis für Literatur und Sprache, 1995/1996 mit dem Stadtschreiberamt von Klagenfurt, 1997 mit einem Berliner DAAD-Stipendium, 2000 mit dem Eduard-Mörike-Preis und 2003 mit dem Elias-Canetti-Stipendium.

»Essays sind meine Sache nicht«, konzediert Robert Schindel offen, und doch stecken die im Band *Jüdisches Gedächtnis – Auskunftsbüro der Angst* (1995) versammelten Reflexionen das poetologische und politische Koordinatensystem des Lyrikers und Erzählers klar ab. Sprache und Angst sind die wichtigsten Planeten im Schindelschen Kosmos, ihre Laufbahn ist gleichsam mit dem Lebensweg des Autors identisch. »Ein Jude ist kein Jude, der Krieg ist der Frieden, der Frieden ist ein Friedenskampf, manche Genossen werden Feinde«, heißt es da pointiert und verweist auf die Widersprüche, die der junge Robert Schindel als Jude und Kommunist, zum Beispiel auf das Elternhaus, auszuhalten hatte. »Ein Mensch mit Gedächtnis«, das sei nicht eben häufig in Österreich, und so reklamiert Schindel für sich die Erinnerung, die das Schweigen bekämpft, als Ausgangspunkt seines Denkens und Schreibens. Dabei gehe es nicht um Solidaritätsadressen und Betroffenheitsliteratur, sondern um Analyse, Aufklärung und Widerstand. Nur so lasse sich die Angst bekämpfen, die auf ihn in Form von Bildern einstürze, die ihn erschrecke und seine Sprache zu demolieren suche. »Erkenne dich fremd, lebe und lege Zeugnis ab«, lautet sein Credo. Als ein Mann, dem schon im Alter von fünf Monaten beim Verhör der Mutter von den Nazis die Nase gebrochen wurde und dessen Familie fast völlig ausgelöscht wurde, weiß Robert Schindel, wovon er redet. So tut er offen seine Ansichten über die »blutbraune Soß« in Österreich kund und räsoniert über Politik im Allgemeinen und Rassismus und Antisemitismus im Besonderen.

Schindel begann Ende der Sechzigerjahre mit Agitprop, schrieb später Liebesgedichte und dann auch wieder in den Siebzigerjahren maoistisch engagierte Lyrik. Erst als er 1978 bei einer Demonstration als »Nazi-Bub« beschimpft wurde, reduzierte er seine politischen Aktivitäten und entfernte sich vom Instrument politischer Lyrik. Sein erster Band *Ohneland. Gedichte vom Holz der Paradeiserbäume 1979–1984* (1986) pendelte noch etwas unentschlossen zwischen den Formen und Vorbildern, war pathetisch und frivol, ironisch und rhetorisch: »Lyrik als Fiakergulasch« (Peter Demetz). In den folgenden Bänden *Geier sind pünktliche Tiere* (1987), *Im Herzen die Krätze* (1988), *Ein Feuerchen im Hintennach* (1992) und *Immernie* (2000) finden sich neben Reise- und Liebesgedichten immer wieder Verse, die aktuelle politische Ereignisse reflektieren, wie zum Beispiel den Balkan-Krieg. Auffallend ist das durch alle Bände gespannte Netz von Referenzen und Reihen, die sich motivisch oder als selbst erfundene Gattungen wie »Lieblied«, »Nullsucht« und »Immernie« fortschreiben. Schindel schätzt Komposita und Neologismen, erotische Zwischentöne und Gegensatzpaare, lakonische Kommentare und persönliche Zueignungen. Er mag nicht das Plappern und die »Schnatteranten«, dafür Hölderlin, Celan, Heine und Brecht. »Mir scheint«, so Harald Hartung über *Immernie*, »dass Schindels Gedichte hier eine Synthese suchen, das Zugleich von Erfüllung und Desillusionierung, das ›Immernie‹ aller Liebe. Es sind gleichsam wissende Verse.«

Mit dem Erzählband *Die Nacht der Harlekine* (1994) führt Schindel durch ein aberwitziges Panoptikum der Donaumetropole. Im Dunstkreis von Kaffeehäusern, Beiseln und Rotlichtdistrikt in der »mistigen Stadt an der Donau« keilen sich Poeten, Huren und andere Füchtlinge durch ihre toten Träume, geifernd und lächelnd zugleich, im rasenden Karussell von Wehmut und Wermut. Schindel hält der Wiener Szene den zerbrochenen Spiegel vor und schüttet kübelweise Häme über diese Trauergestalten wie den »Watschenkonrad« oder den Ingenieur Euterschmuser, um sie sofort wieder mit dem Putzlappen der Anteilnahme aufzuwischen. Es ist eine Galerie kleiner und großer Tragödien und »eine Traurigkeit, als wäre jedes Tun von Lächerlichkeit durchzogen«.

Seinen Roman *Gebürtig* (1992) hat Schindel nach eigener Auskunft nur geschrieben, um zu beweisen, dass er Lyriker sei. Das ist ihm gründlich misslungen, denn dieses Debüt über das mögliche und unmögliche Zusammenleben von Juden und Nichtjuden ist eine glänzende Mischung aus Elegie und Satire, ein geradezu von Geschichten und Anekdoten überquellendes Wortgebirge mit bitter-süßem Schlagobers und rüdem Wiener Schmäh. Auf drei Ebenen erzählen drei Erzähler – die Brüder Alexander und Danny Demant sowie Emanuel Katz – von ihren Lieben und Lektüren, dem Kaffeehaus und dem Leben der Boheme im Kreis ihrer jüdischen und nichtjüdischen Freunde. Neben diesen Alltagsimpressionen ist es auch die Geschichte eines Prozesses, der gegen den Nazi Anton Egger, genannt »Schädelknacker«, Aufseher im KZ Ebensee, geführt wird. Die Tochter eines ehemaligen Häftlings muss erleben, wie ihr Vater eine Wiederbegegnung mit seinem Peiniger nicht überlebt. Sie kämpft erfolgreich um einen Zeugen, der den angeklagten SS-Oberscharführer schwer belasten könnte: Hermann Gebirtig, ein Jude und auch Häftling in Ebensee, der in New York lebt und sich geschworen hatte, nie wieder in seine alte Heimat zurückzukehren. Daran knüpft sich die (authentische) Tragödie um den Journalisten Niklas Frank (hier Konrad Sachs), dessen Vater Generalgouverneur in Polen und für unzählige Verbrechen verantwortlich gewesen ist. Frank gerät, als ihn das Schuldgefühl, der Sohn eines Massenmörders zu sein, einholt, in eine existenzielle Krise, die er auch öffentlich macht. Neben diesen Haupterzählsträngen verknüpfen sich zahllose kleine Schicksale und Lebenswege zu einem die Zeiten und Generationen verbindenden und trennenden Gesellschaftspanorama, das vor allem durch seine Anschaulichkeit und durch die Sprachzauberei, mit der der Lyriker Schindel erzählt, überzeugt: »Es ist diese Haltung einer gefährdeten, aber leidenschaftlichen Bejahung des Lebens, die den Roman bei aller historischen Last, die er bewegt, mit einer ungewöhnlichen sinnlichen Leichtigkeit versorgt« (Hubert Winkels). Nicht umsonst hatte sich im Gedichtband *Ein Feuerchen im Hintennach* Schindels lyrisches Ich als »Herr Harlekin« vorgestellt – wohl in Anspielung auf Karl Kraus, der in der »Fackel« vom 5. Februar 1913 den Wiener als »Harlekin der Phrase« bezeichnet hat – und bekannt: »bin sowieso / Sehr sinnenhaft und lebensfroh.«

Thomas Kraft

Werke: *Franz Dörr. Ein Mensch ohne Reue und Gewissen*, Hsp., 1968; *Kassandra*, R., Wien 1970; *Drei Miniaturen*, En., zus. m. Gustav Ernst u. Wolfgang Murawetz, Wien 1970; *Zwischen den Maulschellen des Erklärens*, G., Wien 1970; *Brockt sie frisch von den Weibern*, Pr., Wien 1971; *Haikus im Ruderleiberl*, Wien 1971; *Unser Berg hat's gegeben, aber wer hat's genommen*, Drehb., zus. m. Lukas Steppanek, ORF 1978; *Im Büro kannst auch vom Sessel fallen*, Drehb., zus. m. Lukas Steppanek, ORF 1978; *Auf der Strecke*, Drehb., zus. m. Lukas Steppanek, ORF 1980; *Bitter Sweet. Brechts Liebe in Augsburg*, Drehb., zus. m. Lukas Steppanek, ORF 1981; *Der Mai ist vorbei*, Drehb., zus. m. Peter Henisch, ORF 1982; *Wem Gott schenkt ein Häschen*, Drehb., 1983; *... beschloss ich Politiker zu werden*, Drehb., zus. m. Lukas Steppanek, 1984; *Wie Tag und Nacht*, Drehb., 1985; *Kalkutta, Kalkutta*, Drehb., 1986; *Ohneland. Gedichte vom Holz der Paradeiserbäume 1979–1984*, Ffm. 1986; *Geier sind pünktliche Tiere*, G. Ffm. 1987; *Im Herzen die Krätze*, G., Ffm. 1988; *Ein Feuerchen im Hintennach. Gedichte 1986–1991*, Ffm. 1992; *Gebürtig*, R., Ffm. 1992, Drehb., zus. m. Lukas Steppanek u. Georg Stefan Troller, 1998; *Die Nacht der Harlekine*, En., Ffm. 1994, Hsp., ORF 1997; *Personenbeschreibung*, Drehb., zus. m. Lukas Steppanek u. Georg Stefan Troller, 1994; *Gott schütze uns vor den guten Menschen. Jüdisches Gedächtnis – Auskunftsbüro der Angst*, Ffm. 1995; *Immernie. Gedichte vom Moos der Neunzigerhöhlen*, Ffm. 2000; *Supertex*, Drehb.-Mitarb., 2002; *Nervös der Meridian*, G., Ffm. 2003.

Schindhelm, Michael, wurde am 1. 10. 1960 in Eisenach/Thüringen geboren, machte 1979 an der Technischen Hochschule Merseburg das Abitur und studierte anschließend in der Sowjetunion Quantenchemie an der Internationalen Universität Woronesh. Noch während des Studiums wurde er vom Ministerium für Staatssicherheit als IM angeworben, konnte aber, als das am 11. Januar 2001 bekannt wurde, nachweisen, dass er für die Stasi in den Folgejahren nicht von Nutzen gewesen war und dass zudem seine Opfer-Akte um ein Vielfaches dicker ist als seine IM-Akte. 1984 wurde Schindhelm als wissenschaftlicher Mitarbeiter an der Akademie der Wissenschaften in Ost-Berlin eingestellt, gab diese Tätigkeit aber schon nach zwei Jahren auf, um als freier Übersetzer, Autor und Dramaturg zu arbeiten. Diese Zeit charakterisiert er im Nachhinein als eine Form der »inneren Emigration« (»Süddeutsche Zeitung«, 13. 1. 2001). Nach der politischen Wende wurde er 1990 in Nordhausen zum Direktor des örtlichen Theaters berufen; als Intendant wechselte er 1992 nach Gera und wurde 1994 auch Generalintendant des von ihm fusionierten Theaters Altenburg-Gera. Er machte sich als Theatermanager einen Namen und wurde 1996 Direktor des Theaters Basels.

Michael Schindhelms Bücher blicken auf den eigenen Lebensweg zurück, zielen aber, da sie nicht als Autobiografie verstanden werden wollen, auf exemplarische Geltung. *Roberts Reise* (2000) liefert die kaum verschleierte Geschichte des Verfassers, der sich in der Fiktion des Theatermachers Robert spiegelt und aus der Situation des privilegierenden westlichen Kulturbetriebs auf eine Jugend in Ostdeutschland, auf das Leben in der Sowjetunion und auf die Suche nach einem Rückzugsort in der DDR zurückblickt. Robert wird als »Keinheimischer« charakterisiert, der ohne jede Nostalgie mit dem Osten abrechnet, der aber im Westen nicht »ankommen« kann. Zu den eindrucksvollsten und auch von der Kritik stets herausgehobenen Kapiteln des Buches zählen die Schilderungen des Lebens in der Universitätsstadt Woronesh, die detailgenaue Darstellung des Alltags in der Sowjetunion, in einer Stadt, in der in den Dreißigerjahren der Dichter Ossip Mandelstam, mit dessen Werk sich Michael Schindhelm intensiv befasst hat, die Zeit seiner Verbannung verbringen musste. Der Essay *Zauber des Westens* (2001) erschien im Jahr darauf im Schatten der Debatten um die Stasi-Vergangenheit des Autors. Aufbauend auf Essays und auf Zeitungsbeiträgen, in denen er in den vorangegangenen Jahren die Nachwehen der Wiedervereinigung schon häufig kommentiert hatte, beschreibt Michael Schindhelm darin noch einmal ausführlicher die »Erfahrung« jener Entzauberung der idealisierten Vorstellungen vom Westen, die als Fernsehimage einer freiheitlichen Gesellschaft vor der politischen Wende von 1989/90 bestanden hat, als das mediale Bild durch die Realität eines kapital- und konsumorientierten geeinten Landes abgelöst wurde. Er stellt den »entfesselten Individualismus« heraus und die Desillusionierung einer ehemals »despotischen Verführung«. Dieses harsche Urteil provozierte nicht minder harte Kritik. Schindhelm handelte sich den Vorwurf ein, einerseits »Kulturkritik rundum« und »Schlagwort-Zappen« (»Frankfurter Rundschau«, 14. 7. 01) zu betreiben, während er andererseits bis zu diesem Zeitpunkt nur vage über Stasi-Kontakte gesprochen habe. Die Schärfe, mit der Schindhelms Essay unmittelbar nach der Veröffentlichung verrissen wurde, erklärt sich im Nachhinein wohl vor allem daraus, dass er der erste IM-Fall in der Schweiz gewesen war und als künstlerisch und wirtschaftlich erfolgreicher Theatermacher in der Öffentlichkeit große Popularität erlangt hatte.

Michael Schmitt

Werke: *Die Stadt*, Theaterst., Nordhausen 1990; *Anton Tschechow: Onkel Wanja*, Übs., Theaterst., Nordhausen 1991; *Nikol Gogol: Der Revisor*, Übs., Theaterst., Nordhausen 1991; *Roberts Reise*, R., Mü. 2000; *Zauber des Westens*, E., Mü. 2001; *Schwarzerde*, Libr., Basel 2001.

Schirmbeck, Heinrich, wurde am 23. 2. 1915 in Recklinghausen geboren. Von den Nationalsozialisten wurde er nach dem Abitur 1934 vorübergehend verhaftet und mit Studienverbot belegt. Von 1935 bis 1937 absolvierte er eine Buchhändlerlehre in Frankfurt am Main. 1938/39 arbeitete er als Werbeleiter bei der Akademischen Verlagsgesellschaft Athenaion in Potsdam. In dieser Zeit begann seine Freundschaft mit Peter Suhrkamp und Hermann Kasack. 1939 arbeitete er als Propagandist für den Berliner Ullstein-Verlag, dann von 1939 bis 1940 als Vertriebspropagandist für die »Frankfurter Zeitung«. Von 1939 bis zu ihrem Verbot 1943 schrieb er auch für das Feuilleton der »Frankfurter Zeitung«. Von 1946 bis 1950 war er als Feuilletonredakteur bei der »Schwäbischen Zeitung« in Leutkirch tätig und gehörte zum Mitarbeiterstab der »Badischen Zeitung« in Freiburg. 1950/51 wurde er Werbeleiter der »Deutschen Zeitung und Wirtschaftszeitung« und der »Frankfurter Illustrierten«. Schirmbeck, der seit 1952 als freier Schriftsteller tätig ist, lebt in Darmstadt. Er ist seit 1959 Mitglied des P.E.N.-Zentrums, seit 1962 Mitglied der Deutschen Akademie für Sprache und Dichtung in Darmstadt, seit 1964 Mitglied der Akademie der Wissenschaften und der Literatur in Mainz und seit 1969 Mitglied des Akademischen Rates der Humboldt-Gesellschaft für Wissenschaft, Kunst und Bildung. Er erhielt 1950 den Großen Literaturpreis der Mainzer Akademie der Wissenschaften und der Literatur, 1961 den Förderpreis zum Immermann-Preis der Stadt Düsseldorf, 1980 die Johann-Heinrich-Merck-Ehrung der Stadt Darmstadt, 1986 die Ehrenurkunde der Stadt Recklinghausen, 1991 die große Stadtplakette der Stadt Recklinghausen und 1995 die Goethe-Plakette der Stadt Frankfurt.

Schirmbeck gehört zu den wenigen deutschsprachigen Autoren der Nachkriegszeit, die versuchen, die ethischen Herausforderungen, die sich durch die rasante Entwicklung der Naturwissenschaften und des sich dadurch stetig verändernden Weltbildes ergeben, literarisch deutlich zu machen. Seine beiden Romane, viele seiner Erzählungen, zahlreiche Essays und Rundfunksendungen kreisen um das Problem *Wissenschaft und Ethik* – und so lautet auch der Titel des bereits 1946 im *Taschenbuch für junge Menschen* erschienenen Essays zum Thema Wissenschafts- und Technologiekritik. Schirmbeck klagt die exakten Wissenschaften an, die skrupellose Auswertung theoretischer Forschungsergebnisse ungeachtet religiöser oder ethischer Grundsätze voranzutreiben. Sein schriftstellerisches Bemühen fand stets in politischen Aktionen praktische Ergänzung: In den Fünfzigerjahren setzte sich Schirmbeck gegen die Wiederbewaffnung der Bundesrepublik ein. Er trat gegen die Atomrüstung, gegen Atomkraftwerke, für Blockfreiheit und Atomwaffenfreiheit der Bundesrepublik ein, später schloss er sich der Friedensbewegung an und publizierte zahlreiche Aufsätze zum Thema Friedenspolitik.

Internationale Anerkennung fand der Schriftsteller mit dem 1957 erschienenen, umfangreichen Roman *Ärgert dich dein rechtes Auge,* in dem »Elemente neuen Wissens, die bisher schön säuberlich als nicht zusammengehörig getrennt worden waren, aneinander Feuer gefangen haben und Funken von der Psychoanalyse zur Nukleartheorie, von der Soziologie zur Mathematik, von der Choreographie zur Wellenmechanik und zur mystischen Ekstase übergesprungen sind« (Robert Jungk). Ein Atomphysiker und Kybernetiker ist der Held des Werkes, das damals von der amerikanischen Kritik hymnisch gefeiert wurde; Orville Prescott von der »New York Times« sprach von dem »intellektuell anspruchsvollste(n) Roman, den uns Deutschland seit dem Zweiten Weltkrieg (...) bescherte«. Der Autor bezieht in seine (an klassischen Vorbildern orientierten) literarischen Darstellungen wissenschaftliche Theorien mit ein, versucht, technische, chemische und physikalische Vorgänge in eine allgemein verständliche Sprache umzusetzen, sie in beziehungsreichen Bildern zu deuten und sie als beinahe mystische Kategorien in die moderne Lebenswelt zu integrieren. Dass bei diesen Bemühungen der Vorwurf der »Pseudowissenschaftlichkeit« nicht ausbleiben konnte, verwundert nicht. Doch in dem Zukunftsforscher Robert Jungk fand der Schriftsteller seinen – wohl bedeutendsten – Fürsprecher, der wiederholt auf die außerordentliche Leistung Schirmbecks als kritischer literarischer Vermittler moderner Naturwissenschaft hinwies.

Der aus der Erzählung *Gefährliche Täuschungen* (1947) entstandene Roman *Der junge Leutnant Nikolai* (1958) erzählt die Geschichte über die Wandlungen und Läuterungen des russischen Leutnants Nikolai Iwanowitsch Schönig, der sich an den Vorbereitungen des Dekabristen-Aufstands 1825 beteiligt, sich im letzten Moment seiner Aufgabe, den Zaren zu ermorden, entzieht, bei seinen Freunden lange Zeit als Abtrünniger gilt und schließlich durch den freiwilligen Gang in die sibirische Verbannung zu sich selbst findet. Der Protagonist fungiert als Ideenträger, der sich ständig in einem Spannungsfeld zwischen resignativem Rückzug und politischem Aktionismus, zwischen Gnosis und Aufklärung bewegt. Das starre Weltbild Nikolais gerät durch die Theorien des russischen Mathematikers Lobatschewskij über die nichteuklidische Geometrie ins Wanken; so erkennt er die Relativität allen menschlichen Handelns, das auf eine revolutionäre Veränderung bestehender Verhältnisse ausgerichtet ist. Der sich durch das ganze Werk erstreckende Diskurs über den Begriff der Freiheit mündet schließlich in eine mystisch-verklärte Vision von einem russischen Reich christlicher Prägung, in dem der Einzelne in tätiger Nächstenliebe für das Wohl der Gemeinschaft zurücksteht: »Die Erlösung kann nicht im Zeichen der Freiheit des Individuums stehen; denn diese vom liberalen Staat garantierte Freiheit ist nur ein Blankoscheck für den menschlichen Egoismus.« Der appellative Zug dieser Passagen bleibt unübersehbar. Der konventionell erzählte Roman, der auch spannend und unterhaltsam sein will, führt vor, wie wissenschaftliche Erkenntnis mit »sittlicher Willensbildung« verbunden sein kann.

1980 erschien unter dem Titel *Die Pirouette des Elektrons* eine Auswahl novellistischer Erzählungen aus 40 Jahren, die – obwohl inhaltlich sehr unterschiedlich – formal und stilistisch von der Tradition der Romantik inspiriert sind. Durch die Darstellung außergewöhnlicher Begebenheiten und die Vermischung von Mystizismus und Rationalität wird die Verknüpfung des Menschen mit seinem Schicksal demonstriert, das Ringen des Menschen um seine gottgewollte Bestimmung in einer rätselhaft erscheinenden Welt vorgeführt (*Die Nacht vor dem Duell*) oder durch das Sichtbarmachen von Analogiebeziehungen in der Geschichte auf die »ewige Wiederkehr des Gleichen« hingewiesen (*Mord im Dom oder Der Kardinalshut*).

Schirmbeck, der in manchen seiner Prosawerke einen »gewissen Hang zu romantisierender Allegorese« (Karl August Horst) nicht verleugnen kann, setzte sich in rund 400 Rundfunksendungen, Essays und Studien analytisch mit aktuellen sozialen, politischen und wissenschaftlichen Themen auseinander. In den Bänden *Für eine Welt der Hoffnung* (1988) und *Gestalten und Perspektiven* (2000) legte der Autor eine Auswahl von Sachtexten aus den letzten 50 Jahren vor.

Petra Ernst

Werke: *Die Fechtbrüder*, Nn., Bln. 1944; *Gefährliche Täuschungen*, E., Bln. 1947; *Das Spiegellabyrinth*, En., Freiburg/Br. 1948; *Ärgert dich dein rechtes Auge,* R., Darmst. 1957; *Der junge Leutnant Nikolai*, R., Darmst. 1958; *Die Nacht vor dem Duell*, En., Ffm. 1964; *Die Formel und die Sinnlichkeit – Bausteine zu einer Poetik im Atomzeitalter*, Mü. 1964; *Ihr werdet sein wie Götter – Der Mensch in der biologischen Revolution*, Düsseld., Köln 1966; *Aurora. Frühe Erzählungen*, Gött. 1968; *Träume und Kristalle. Fantastische Erzählungen*, Ffm. 1968; *Die moderne Literatur und die Erziehung zum Frieden*, Wiesbaden. 1971; *Tänze und Ekstasen*, En., Darmst. 1973; *Schönheit und Schrecken*, Ess., Mainz 1977; *Franz Nauen. Porträt eines Pädagogen der Weimarer Zeit*, Wiesbaden 1980; *Die*

Pirouette des Elektrons, En., Düsseld. 1980; *Für eine Welt der Hoffnung. Bio-bibliografische Dokumentation mit Texten aus 40 Jahren*, Darmst. 1988; *Der Grenzgänger*, En. u. Ess., Weilerswist 1995; *Ein Leben für die Zukunft*, Leseb., Recklinghausen 1995; *Die Angst des Ödipus*, Ffm. u. a. 1996; *Gestalten und Perspektiven. Literarische Essays, Porträts und Reflexionen aus fünf Jahrzehnten*, Darmst. 2000.

Schirnding, Albert von, wurde am 9. 4. 1935 in Regensburg geboren. Die Familie ist von altem Adel, sein Vater war Leiter der Gesamtverwaltung beim Fürsten von Thurn und Taxis. Er selbst verbrachte seine Kindheit und Schulzeit in Harmating in Oberbayern und in Regensburg. Das Studium der Altphilologie und Germanistik absolvierte er in München und Tübingen, wobei er zeitweise in den Semesterferien der Jahre 1955 bis 1961 als Sekretär bei Ernst Jünger in Wilfingen arbeitete. Seit 1959 unterrichtete er als Gymnasiallehrer die Fächer Griechisch, Latein, Deutsch und Philosophie, zuerst in Ingolstadt, dann von 1965 bis 1998 in München. Er ist als Schriftsteller, Lyriker, Essayist und Literaturkritiker tätig und lebt im Schloss Harmating. Albert von Schirnding ist Mitglied des deutschen P.E.N.-Zentrums, seit 1983 Mitglied der Bayerischen Akademie der Schönen Künste, seit 1992 Leiter der Abteilung Literatur, seit 2001 Mitglied der Akademie der Wissenschaften und der Literatur in Mainz. 1980 erhielt er die Ehrengabe der Bayerischen Akademie der Schönen Künste sowie 1982 den Schwabinger Kunstpreis für Literatur und im selben Jahr den Johann-Heinrich-Merck-Preis für literarische Kritik und Essay, im Jahre 2000 den Kritikerpreis des Kulturkreises im Bundesverband der Deutschen Wirtschaft.

Als junger Autor fühlte sich Schirnding zu Dichtern wie Bergengruen, Carossa und Britting hingezogen, auch zu Friedrich Georg und Ernst Jünger, was sich zunächst auch stilistisch in seinen eigenen lyrischen Anfängen niederschlug; später neigte er eher Gottfried Benn und Thomas Mann zu, doch blieben Eigenständigkeit im Ton und inhaltliche Beständigkeit seine ganz besonderen persönlichen Merkmale. Diese Haltung fand ihren Boden in einem weiten Wurzelwerk aus familiärem Herkommen, regionaler Zugehörigkeit und einer daraus erwachsenden Verpflichtung und zugleich in einer tief fundierten Prägung, wie sie das alte humanistische Gymnasium seinen Schülern noch mit auf den Weg gab: durch den ungeheuren Sagen-, Mythen- und Erfahrungsschatz, den die griechische und römische Antike auch sprachlich bereithält. Die Lektüre Homers erhielt so in seiner Jugend eine höhere Präsenz als die bedrängende, erniedrigende Zeitgeschichte: »Troja lag näher als Stalingrad« (Schirnding). Das antike Erbe weiterzugeben, gehört zu Schirndings vornehmsten Anliegen, als Lehrer wie als Autor. Bildung ist für ihn mit jenem allumfassenden Bildungsbegriff der Goethezeit gleichzusetzen, der eine Einheit von Kopf, Herz, Seele und Körper zum Ziel hat. In der Rezeption Griechenlands durch Hölderlin erblickt Schirnding »nichts von Marmorglätte und apollinischer Musterhaftigkeit«, sondern stattdessen »sprengendes Leben, existenzielle Unmittelbarkeit«.

Schirnding ist leidenschaftlicher Humanist und Aufklärer. Dabei ist ihm eine noch so bescheiden erscheinende Aufklärungsarbeit wichtiger als die großen Entwürfe. Unter dem Stichwort »Kindheit« im *Alphabet meines Lebens* (2000) findet sich der Eintrag: »Die Psychoanalyse hat den Mythos der Kindheit zerstört, ihr den Glanz geraubt, sie um den Zauber des Anfangs gebracht. Aus dem Himmel hat sie eine Hölle gemacht.« Aus der Hölle des puren Rationalismus weisen die Mythen ihre Wege; in unzähligen Beiträgen geht Schirnding ihnen nach und fungiert damit selbst als Wegweiser. Es sind weite Wege, große Bögen. Feuilletonistisches Tagesgeschäft reicht dafür nicht aus, wenn etwa Vergil und Dante in einen einzigen Augenschein genommen werden: »Die Tradition des europäischen Geistes kennt keine Situation von so ergreifender Höhe, Zartheit, Fruchtbarkeit. Es ist die Begegnung der zwei größten Lateiner. Historisch die Besiegelung des Bundes, die das lateinische Mittelalter zwischen Antike und moderner Welt geschaffen hat.« Schirnding folgt darin Ernst Robert Curtius: »Die Erweckung Vergils durch Dante ist ein Flammenbogen, der von einer großen Seele zu einer anderen überspringt.« In »Liebe und Arbeit, amor und labor« findet Schirnding »zwei Vergilsche Herzwörter«, die auch sein eigenes Werk zutreffend charakterisieren.

Albert von Schirnding war nicht nur ein äußerst engagierter Pädagoge, er ist dies auch publizistisch: kämpferisch, mit Herz. Schriftlichen Niederschlag findet solches Engagement neben zahlreichen Zeitungsartikeln etwa in dem Erzählband *Hamlet auf der Akropolis* (2000), einer Liebeserklärung an die Schule. Diese Schule ist keine der puren Perfektion, der ewigen Leistungserhebung. In den Erzählungen *Halbkreise* (1997) wird auch das »Nicht-Gelungene oder Nicht-ganz-Gelungene« gewürdigt: Lebensläufe und Episoden, die sich nicht zum Kreis runden wollen. Ein Genieverdacht bestätigt sich nicht. Hoch gespannte Erwartungen verlaufen im Sand der Normalität. So schafft es Johann Peter Eckermann nicht zum eigenständigen Dichter, er wird nur Sekretär Goethes.

Zum Lebensmotto für Schirndings Werk ließe sich der Satz des Naturlyrikers Oskar Loerke erheben: »Beständig ist das leicht Verletzliche.« Bewahrend wirken für sein Denken und Schreiben auch hier die Traditionslinien: der Bezug zur unmittelbaren Umgebung. In seinen Werken ist seit den Anfängen (*Harmatinger Herbst* in *Falterzug*, 1956) bis in die Gegenwart (*Alphabet meines Lebens*, 2000) bei aller geistigen Weltläufigkeit immer auch der Bezug zu dieser näheren Heimat wahrnehmbar: »Diese Landschaft verspricht viel, aber sie erfüllt auch alles, was sie verspricht.« Man darf sich, so warnt er, die bäuerlich-klösterliche Kultur nur ja nicht »krachledern und kuttengrob« vorstellen; als Zeugen ruft er Britting, Carossa, Ludwig Thoma, Josef Hofmiller, Karl Alexander von Müller an – man darf ihn getrost in einem Atemzug mit den Angesprochenen nennen. Albert von Schirnding gehört in den kleinen Kreis der Dichter, die er selbst einmal so beschrieben hat, dass sie »den richtigen, unsäglich leicht verfehlbaren Heimatton getroffen haben: keinen Brust-, aber einen Kehlkopfton …«.

Schirnding folgt »Autoren, die etwas Entschwindendes und mittlerweile fast völlig Entschwundenes ins Wort gebannt haben, in die Musik einer Sprache, die, wenn nicht das ›Haus des Seins‹, so doch das Gehäuse eines Daheimseins bildet«. Im Laufe seiner poetischen Arbeiten verknappen sich die melodiösen Schwingungen der Verse; die Schönheit der Sprache bleibt nicht mehr ohne, teils auch schmerzhafte Zweifel. Ob zur Heimat, zu einem Menschen, zu einem Objekt: Zur Liebe gehört auch immer Distanz; in den *Schneemanngedichten* (1986) verarbeitet Schirnding diese Nähe-Ferne-Antinomie so: »Mein Schneemann / verbittet sich / Zärtlichkeiten / Jedes Mal / ein winziger / Substanzverlust / Umarmungen / sind tödlich.« Eben deshalb wird diese poetische Fiktion des Schneemanns auch von Schirnding favorisiert: »Der Schneemann / ist mein Kandidat / Ich wähle ihn / zum Schneekönig.«

Schirnding verweist auf den Philosophen Peter Sloterdijk, der von der Notwendigkeit spricht, dass »wir als Subjekte abrüsten«. In dem Band *Unter dem Namenbaum* (2000) heißt es: »Du wirst leichter / Licht durchdringt dich / Vögel fliegen ein / und auch bald bist du / ein anderer …« Antikes Erbe, Verpflichtung auf humanistische Ideale, kritische Distanz bei gleichzeitig unverbrüchlichem Bezug zur eigenen Umgebung verleihen dem Werk Albert von Schirndings eine durchgehend transitorische Dimension ohne jede vordergründig spirituelle Aufgeladenheit.

Gerd Holzheimer

Werke: *Falterzug*, G., Mü. 1956; *Im Frühröt. Gedichte der Ungarn*, hg. v. Clemens u. Sophie Dorothea Podewils, Mitarb., Mü. 1957; *Blüte und Verhängnis*, G., Mü. 1958; *Kranich am Meer. Koreanische Gedichte*, hg. v. Peter H. Lee, Übs., zus. m. Franz Wilhelm Huber, Mü. 1959; *Aug in Aug*, G., Mü. 1962; *Hesiodus: Werke und Tage*, Übs., Mü. 1966; *G. E. Lessing: Die kunsttheoretischen Schriften*, hg. v. H. G. Göpfert, Bearb., Mü. 1974; *Bedenkzeit*, G. u. Pr., Ebenhausen 1977; *Lukian: Charon oder die Betrachtung der Welt*, Übs., Mü. 1977, Ebenhausen 1984; *Am Anfang war das Staunen. Über den Ursprung der Philosophie bei den Griechen*, Ess., Mü. 1978; *Die Weisheit der Bilder. Erfahrungen mit dem griechischen Mythos*, Ess., Mü. 1979; *Durchs Labyrinth der Zeit. Aufsätze, Essays, Reflexionen*, Mü. 1979; *Linien des Lesens*, Ess., Ebenhausen 1982; *Mit anderen Augen. Gesammelte Gedichte*, Ebenhausen 1986; *Herkommen*, E., Ebenhausen 1987; *dtv-Reise-Textbuch München*, Hg., Mü. 1988; *Begegnungen mit Ernst Jünger*, Ess., Ebenhausen 1990; *Recht und Richter im Spiegel der Literatur*, Ess., Stg., Mü. 1990; *Maske und Mythos. Die Welt der griechischen Tragödie*, Düsseld. 1991; *Hesiod: Theogonie. Werke und Tage. Griech.-Dtsch.*, Hg., Übs., Mü. 1991, Darmst. 1991; *Schneemanngedichte*. G., Ebenhausen 1992; *Posthorn-Serenade*, Ess., Regensb. 1992; *Zwölf neue Gedichte*, G., Ebenhausen 1995; *Halbkreise*. E., Ebenhausen 1997; *Literarische Landschaften*, Ffm., Lpz. 1998; *Was dir gehört*, Ess., Weilheim 1998; *Alphabet meines Lebens*, Mü. 2000; *Hamlet auf der Akropolis. Erinnerungen an die Schule*, Regensb. 2000; *Unter dem Namenbaum. Neue Gedichte*, Ebenhausen 2000; *Welthellsichtigkeit – Wagners Parsifal im Licht von Schopenhauers Mitleidsethik*, Bamberg 2002; *Nach dem Erwachen*, Aufzeichn., Ebenhausen 2003.

Schlag, Evelyn, wurde am 22. 12. 1952 in Waidhofen/Ybbs in Niederösterreich geboren. Sie studierte Germanistik und Anglistik an der Universität Wien und lebt heute in ihrem Geburtsort als Schriftstellerin und Lehrerin. Sie erhielt 1979 den Förderpreis des Landes Niederösterreich, 1986/87 und 1993/94 das Österreichische Staatsstipendium für Literatur, 1987/88 das Stipendium der Literar-Mechana, 1988 den Förderpreis des Bremer Literaturpreises, 1990 den Österreichischen Förderungspreis für Literatur, 1994 den Großen Kulturpreis des Landes Niederösterreich, 1997 den Anton-Wildgans-Preis, 1998 den Otto-Stoessl-Preis sowie 2000/2001 das Österreichische Projektstipendium für Literatur.

In ihren viel beachteten Prosaveröffentlichungen *Beim Hüter des Schattens* (1984) und *Die Kränkung* (1987) beschreibt Evelyn Schlag Prozesse weiblicher Selbstfindung, die durch Veränderungen äußerer Lebensumstände ausgelöst werden. Die Frauenfiguren in Schlags Texten wirken zwar emanzipiert, selbstständig und kreativ, aber in den Beziehungen zu ihren Partnern fühlen sie sich oft genötigt, sich deren Lebensvorstellungen anzupassen. Diese Konstellation wird in den drei Erzählungen des 1995 erschienenen Bandes *Unsichtbare Frauen* ebenso vorgeführt wie in dem Prosatext *Beim Hüter des Schattens*. In dieser frühen Erzählung reist eine junge Wiener Malerin in die kanadische Provinz Quebec, um den dort in einer einsamen Gegend lebenden Pflueger – Sohn österreichischer Emigranten – zu besuchen. Nach vier Wochen gemeinsamen Wohnens in Pfluegers Waldhaus hat sich die in Europa begonnene Liebesbeziehung des ungleichen Paares erschöpft. Die Ich-Erzählerin rekapituliert ihre Erlebnisse und Eindrücke. Besonders in den präzisen Naturschilderungen kommt Evelyn Schlags Sprachkraft, die in einer Ausgewogenheit von Sachlichkeit und Bildhaftigkeit begründet ist, zum Ausdruck. »Sie« gibt Auskunft über ihre wechselhaften Empfindungen und Sehnsüchte, befindet sich dabei aber in unablässiger Auseinandersetzung mit dem rätselhaften und von ihr bewunderten Geliebten. Dieser bleibt auch in Momenten größter Nähe »ein unzugängliches, nur sich selber im Sinn habendes Wesen«. Aufgrund der lähmenden Situation gelingt der Malerin während ihres Aufenthaltes in Kanada kein einziges Bild. Erst die emotionale Akzeptanz der intellektuell schon früher gewonnenen Einsicht, »daß es aus war mit ihrer Liebe«, erleichtert ihr den Abschied und lässt sie »plötzlich Ernst machen, wegzufahren, weg von Pflueger«.

Der Roman *Die Kränkung* endet ebenfalls mit einer Trennung. Die Ich-Erzählerin, die mit ihrem Freund Jack aufs Land gezogen ist, entfremdet sich unaufhaltsam von ihm. Jack kann für ihre unrentablen Bedürfnisse – sie möchte ihre Zeit vorrangig zum Schreiben nützen – kein Verständnis aufbringen. Kathleen, eine Frau, die »irgendwann ins Haus [des Paares] gekommen ist«, »stirbt an einer Krankheit«, über die der Leser nur wenig erfährt. Sie, die sich bis in den Tod hinein künstlerisch verwirklicht, wird zum Alter Ego der Erzählerin. Diese erkrankt schließlich an Tuberkulose. Sie nimmt die Krankheit als Teil ihrer persönlichen Geschichte an, durchleidet sie bewusst und findet während der physischen Genesung zu »ihren Wörtern« und damit zu sich selbst.

Dass Krankheit als existenzielle Erfahrung literarisches Schreiben beeinflussen kann, artikuliert Evelyn Schlag indes nicht nur in ihren belletristischen Texten wie *Die Kränkung* oder *Touché* (1994). In ihren Grazer Poetik-Vorlesungen, deren Titel *Keiner fragt mich je, wozu ich diese Krankheit denn brauche* (1993) dem Roman *Die Kränkung* entnommen ist, setzt sich die Autorin auch theoretisch mit dem Konnex Krankheit-Körper-Sprache auseinander.

In der 1985 erschienenen Erzählung *Brandstetters Reise* beschreibt Evelyn Schlag die zaghaften Orientierungsversuche eines Mannes mittleren Alters, der, ausgelaugt von seinem Beruf und vereinsamt in seiner Familie, in depressive Gleichgültigkeit verfallen ist. Wie in ihren anderen Prosatexten wird auch hier für den Protagonisten die Begegnung mit einem Menschen, der ihm bislang unbekannte Lebensperspektiven vorführt, zum Auslöser, sein Dasein zu überdenken und einen Neubeginn zu wagen. Als eindringliches Beispiel in diesem Zusammenhang ist auch der Roman *Die göttliche Ordnung der Begierden* (1998) zu nennen. Souverän alle Klischees umgehend und mit hoher Einfühlsamkeit und Präzision erzählt Schlag darin die Geschichte einer unerlaubten Liebe zwischen einem 50-jährigen Priester und einer geschiedenen Frau.

Die Autorin entwirft in ihren Werken keine alternativen Lebensmodelle, die letzte Gültigkeit verheißen würden. Sie misstraut festgefahrenen Verhaltensweisen jeglicher Konvenienz. Und so verfangen sich die oft positiven Schlussbilder ihrer Texte nie im Schema eines vordergründigen Happyends.

Auch als Lyrikerin – seit Ende der Achtzigerjahre erschienen mehrere von der Kritik hoch gelobte Lyrikbände – thematisiert Evelyn Schlag immer wieder die komplizierten Beziehungen zwischen Mann und Frau. Schlag verzichtet in ihren Gedichten auf avancierte Techniken und Experimente, sie überzeugt durch die mit großer Genauigkeit gesetzten Bilder, einen stillen Gestus und die formbewusste Gesamtkomposition ihrer Lyrikbände. *Brauchst du den Schlaf dieser Nacht* (2002) versammelt Liebesgedichte, Reiseeindrücke und Weltbilder en miniature. In erzählenden »long poems« werden z. B. Erinnerungen beschworen und Leidenschaften erträumt: »Ich trinke mich betrunken bis / du durch dieses Zimmer gehst.« Ein lyrisches Ich übernimmt unterschiedliche Rollen, wobei immer wieder ein Gegenüber angesprochen wird. So wirkt auch in jenen Zeilen, die scheinbar Verlorenes beklagen, noch ein dialogisches Prinzip, von dem Evelyn Schlag trotz aller Bedrohlichkeiten niemals abzurücken scheint.

Petra Ernst

Werke: *Nachhilfe*, E., Wien 1981; *Einflüsterung nahe seinem Ohr*, G., Wien 1984; *Beim Hüter des Schattens*, E., Ffm. 1984; *Brandstetters Reise*, E., Ffm. 1985; *Die Kränkung*, E., Ffm. 1987; *Ortswechsel des Herzens*, G., Ffm. 1989; *Douglas Dunn: Elegien*, Übs., Ffm. 1991; *Der Schnabelberg*, G., Ffm. 1992; *Keiner fragt mich je, wozu ich diese Krankheit denn brauche. Poetik-Vorlesung*, Graz 1993; *Touché*, En., Ffm. 1994; *Unsichtbare Frauen*, En., Salzb. 1995; *Die göttliche Ordnung der Begierden*, R., Salzb. 1998; *Das Talent meiner Frau. Gedichte 1992–1999*, Salzb. 1999; *Brauchst du den Schlaf dieser Nacht*, G., Wien 2002; *Das L. in Laura*, Wien 2003.

Schlattner, Eginald, wurde am 13. 9. 1933 als Sohn des Kaufmanns Felix Schlattner in der westrumänischen Stadt Arad geboren. Nach dem Abitur 1952 am Honterus-Gymnasium in Kronstadt (rum. Brasov; damals allerdings Orasul-Stalin) studierte er 1952/53 evangelische Theologie in Klausenburg, wurde relegiert, studierte anschließend Mathematik und danach Hydrologie. Am 28. 12. 1957 wurde er verhaftet und im Kerker der Geheimpolizei verhört. Im Herbst 1959 fungierte er als Zeuge der Anklage beim »Autorenprozess«, bei dem fünf Siebenbürger Schriftsteller zu langjährigen Gefängnisstrafen verurteilt wurden. Er selbst wurde im November 1959 wegen »Nichtanzeigens von Hochverrat« verurteilt und kurze Zeit später aus dem Gefängnis entlassen. Anschließend war Schlattner als Tagelöhner in einer Ziegelfabrik, als Bautechniker und als technischer Zeichner tätig. 1973 nahm er das Studium der Theologie auf und war von 1978 bis 1999 als Pfarrer tätig.

Schlattners erster, 1998 erschienener Roman *Der geköpfte Hahn* erzählt souverän, intelligent und spannend eine Geschichte vom Ende juveniler Wirrungen und nationalistisch-faschistischer Fasziniertheit. Sein aus der Perspektive eines Gymnasiasten entworfenes Panorama einer siebenbürgischen Kleinstadt (Fogarasch) im letzten Kriegsjahr (vom August 1943 bis August 1944) überzeugt vor allem durch die sachlich-differenzierte Darstellung des Mit- und Gegeneinanders von Deutschen (Siebenbürger Sachsen), Rumänen, Juden, Ungarn und Zigeunern, die in den Blick des jugendlich suchenden und fragenden Erzählers geraten. Die Rahmenhandlung des Romans beginnt mit der Vorbereitung eines »thé dansant« am 23. August 1944 und endet mit den deutschen Fliegerbomben, die in diese Jugendfeier – sie sprengend und in eine ungewisse Zukunft öffnend – fallen. In Rückblenden wird die Geschichte eines Jahres erzählt; sie weitet sich zur Geschichte der Siebenbürger Sachsen und ist durchtränkt von Endzeitstimmung: »Exitus« wollen die Gymnasiasten feiern – das Ende des Gymnasiums – doch ein »Exitus letalis« der Siebenbürger Sachsen, die auf Adolf Hitlers Reich gesetzt hatten, kündigt sich an.

Rote Handschuhe, der zweite, 2000 erschienene Roman Schlattners, ist ein typisches Stück europäischer Literatur des 20. Jahrhunderts: ein autobiografischer Bericht über Tage, Wochen und Monate in der Securitate-Zelle, über Verhöre, den Gefängnisalltag, die Angst, die skurrilen Hoffnungen und realen Verzweiflungen; verwandt mit Jaroslav Hajek, Alexander Solschenizyn und Arthur London, der mit seinem Bericht *Ich gestehe* das Modell für diesen Typus biografisch-politischer Erzählung geliefert hat. Der Ich-Erzähler, Hydrologie-Student an der Universität Klausenburg, wird verhaftet und im Securitate-Gefängnis einer anderen Stadt so lange drangsaliert und verhört, bis er sich bereit findet, die gewünschten und vorherbestimmten Aussagen gegen eine Gruppe von Schriftstellern zu unterschreiben, die er flüchtig kennt. Die Darstellung der Gewissensqualen des zum Verräter gewordenen Protagonisten und der politischen Geschichte dieser Region nach dem Aufstand gegen den Kommunismus 1956 in Ungarn, aber auch höchst amüsante, mit Sprachwitz und Sinn für erzählerische Effekte gestaltete Episoden des Gefängnisalltags machen dieses Buch zu einem bedeutenden Werk in der Kartografie der osteuropäischen Literatur der Selbstvergewisserung und postkommunistischer Rekonstruktion der eigenen Geschichte. Von einigen der 1959 von Schlattners »Verrat« betroffenen Autoren (vor allem Hans Bergel) wird Schlattner nach wie vor vorgeworfen, dass er sich zum Agenten der Geheimpolizei habe machen lassen. Als das Plenum des Obersten Gerichts Rumäniens im August 1968 die Urteile gegen die fünf damals verurteilten Schriftsteller aufgehoben hat, wurde auch festgestellt, dass der Zeuge Schlattner »mehrfach wegen Psychasthenie in der Psychiatrischen Klinik Klausenburg stationär behandelt wurde und zum Zeitpunkt seiner Verhaftung nicht geheilt war«; es gehört zum tradierten Verfahren stalinistischer Schauprozesse, schwachen, leicht manipulierbaren Personen die Rolle des Belastungszeugen zuzuschreiben. Dass man in Rumänien auf eine psychisch kranke Person zugriff, entspricht diesem Muster und sollte bei einem heutigen Urteil Berücksichtigung finden.

Ernest Wichner

Werke: *Der geköpfte Hahn,* R., Wien, Mü. 1998; *Rote Handschuhe,* R., Wien, Mü. 2000.

Schleef, Einar, wurde am 17. 1. 1944 in Sangerhausen in Thüringen als Sohn eines Architekten geboren. Nach dem Abitur 1964 in Sangerhausen studierte er Malerei und Bühnenbild an der Kunsthochschule in Berlin-Weißensee. 1968 wurde er im Zusammenhang mit den Ereignissen des »Prager Frühlings« relegiert und arbeitete in der Produktion. Nach eineinhalb Jahren erhielt er dann doch die Zulassung zum Studium an der Ost-Berliner Akademie der Künste, war 1971/72 Meisterschüler bei Karl von Appen und legte 1973 sein Diplom ab. Bis zu seiner Emigration 1976 lebte er als Bühnenbildner und Regisseur in Ost-Berlin. Dort inszenierte Schleef 1975 zusammen mit B. K. Tragelehn am Berliner Ensemble *Fräulein Julie* von August Strindberg. Das Stück wurde nach fünf Vorstellungen vom Spielplan abgesetzt, und beide Regisseure verließen daraufhin die DDR. Über Wien, Düsseldorf und Frankfurt zog Schleef 1976 nach West-Berlin. Von 1978 bis 1982 studierte er Regie an der Film- und Fernsehakademie in Berlin, wo er fortan als Schriftsteller, Maler, Dramaturg und Regisseur lebte. Von 1985 bis 1990 war Schleef Hausregisseur am Schauspiel Frankfurt am Main. 1993 kehrte er ans Berliner Ensemble zurück. Streitigkeiten zwischen dem Intendanten Peter Zadek und Heiner Müller führten zu Schleefs Kündigung, der 1995 nach der Ära Zadek für kurze Zeit an das Haus zurückkehrte. Schleef inszenierte u. a. in Düsseldorf und in Wien; mit der Uraufführung von Elfriede Jelineks *Ein Sportstück* 1998 am Wiener Burgtheater gelang Schleef ein großer Erfolg (»Stück des Jahres 1998«). 2000 arbeitete Schleef am Schiller-Theater in Berlin. Er starb am 21. 7. 2001 in Berlin.

Schleef erhielt 1981 den Preis der Jügen-Ponto-Stiftung und den Oldenburger Kinder- und Jugendbuchpreis; 1982 den »Stadthauspreis« beim Klagenfurter Autorenwettbewerb und den Förderpreis des Andreas-Gryphius-Preises, 1987 den Kritikerpreis für Literatur des Jahres 1986, 1988 den Karl-Hofer-Preis, 1989 den Alfred-Döblin-Preis (zusammen mit Edgar Hilsenrath), 1990 den Fritz-Kortner-Preis (zusammen mit B. K. Tragelehn), 1995 den Mülheimer Dramatikerpreis, 1998 den Literaturpreis der Freien Hansestadt Bremen, 1999 die Josef-Kainz-Medaille der Stadt Wien und postum den Else-Lasker-Schüler-Preis der Kulturstiftung Rheinland-Pfalz.

Das große Prosawerk *Gertrud* (Bd. 1, 1980; Bd. 2, 1984) – es führt keine Gattungsbezeichnung – ist ein monotoner und schier endloser Monolog der alten, kranken und einsamen Gertrud Hoffmann, der Mutter des Autors. Unterbrochen und strukturiert wird dieser scheinbar chaotische Bewusstseinsstrom formal durch eine kapitelähnliche Gliederung des Textes in Jahresabschnitte (im 1. Bd. 1979–1976 und im 2. Bd. 1976–1980) sowie durch eine Reihe von Briefen Gertruds an ihren »Filius« (= Einar Schleef) nach Ost-Berlin, bis 1975, und ab 1976 nach West-Berlin. Außerdem enthält der erste Band einen Briefwechsel Gertruds mit einem jüngeren verheirateten Liebhaber und der zweite Band – als »Parallelaktion« – den Briefwechsel einer jüngeren verheirateten Freundin Gertruds mit einem heiratswilligen, allein stehenden Mann. Eingebettet in den Redestrom über die alltäglichen Nöte, Zumutungen und Widrigkeiten des Lebens, transportiert Gertruds Monolog Erinnerungsbruchstücke autobiografischen Charakters, Episoden aus der Familiengeschichte, der Geschichte der Stadt Sangerhausen sowie banalisierte Reflexionen über deutsche Geschichte – von der Schlacht im Teutoburger Wald bis in die Aktualität der beiden deutschen Staaten 1980. Intim, alltäglich und banal scheinen Sprachstruktur und Semantik dieser Bücher zu sein; »ein ganzes Leben im Koberlatein der Geschichte geschrieben« (Martin Lüdke). Doch Intimität und Trivialisierung der großen Themen sind formales wie inhaltliches Signum für die Literarizität dieses Textes: Der gestammelte, gestotterte und herausgewürgte Monolog dieser kranken Frau ist nicht der »restringierte Code« eines beschränkten Bewusstseins, sondern genaue und differenzierte Sprache des Leids, der Verletztheit, Krankheit und Wut; literarisch komponiertes privates Sprechen steht gegen die nivellierende Macht des diskursiv-öffentlichen Deutsch, gegen die Kolonisierung des Bewusstseins durch die herrschende Sprache und die daran klebende Ideologie. Geschichte und Politik, wie sie von Gertrud im Leiden daran erfahren werden, lassen keine Perspektive auf Momente von Widerstand oder gar »aufrechten Gang« offen. Allein partikularisierte und privatisierte Moralität, Reste von persönlichem Anstand und persönlicher Würde, so weit sie vom alles beherrschenden Zwang zum Opportunismus frei gehalten werden können, sind

Zeichen überwinternder Humanität. Wesentlicher Bestandteil der *Gertrud*-Bücher ist die geschriebene Topografie von Sangerhausen. Mit dem Stadtplan, der *Gertrud II* beigegeben wurde, und den Fotos aus *Zuhause* (1981) – 100 Schwarz-Weiß-Fotos aus den Jahren 1970 bis 1975 –, lassen sich Teile einer Landschaft rekonstruieren, die längst versunken schien. Die Bilder aus Sangerhausen und Umgebung vervollständigen die literarisch-topografischen Bemühungen des Autors, die von den Polen Auslöschung und Bewahrung bestimmt sind.

In der Titelgeschichte des Erzählungsbandes *Die Bande. Zehn Geschichten von deutscher Gegenwart* (1982) stellt Schleef in kleinen, protokollartigen Portraits vier Paare aus dem Mittelstand der DDR mit ihrem Rollenverhalten, ihren Wertvorstellungen und Handlungsmustern vor, die allmählich aus Fantasielosigkeit und Mangel an sinnvoller Freizeitbeschäftigung in die Kriminalität abgleiten. Der gleiche Mangel, ergänzt und verstärkt durch Perspektivlosigkeit und das Scheitern der gesellschaftlichen Institutionen (Gewerkschaft und Gerichtsbarkeit) zerstört auch die Familie, die in der Erzählung *Das Haus* vorgestellt wird. In dem Augenblick, da das Eigenheim in gemeinsamer Anstrengung der Familie fertig gestellt ist, schwindet jede Zukunftsperspektive, und die verbliebenen Energien richten sich auf Zerstörung und Selbstzerstörung. Der kleinbürgerliche Familienvater setzt sein Haus in Brand und begeht Selbstmord. *Republikflucht* und *Unruhe* – Erzählungen, die sich auch autobiografisch lesen lassen – verzeichnen präzise den Weg in die westliche Einsamkeit und Entfremdung. Bestand haben nur noch die Angst und das fortwährende Scheitern in den kleinsten Dingen.

Der wahnsinnig gewordene Schriftsteller Johann Karl Wezel (1747–1819), der im Wald um den Kyffhäuser hauste, ist der Protagonist des Schauspiels *Wezel* (1983). Schleef erhebt den widerspenstigen Aufklärer aus Sondershausen mit seinen närrisch-wahnsinnigen Weisheiten zur Hauptperson eines Theaterstückes, um an diesem ehemals berühmten Schriftsteller das klägliche Scheitern eines ungestüm-hellsichtigen Geistes an und in der deutschen Provinz exemplarisch zu zeigen. Die Differenz um den Wahnsinn, der sich im Verhältnis Wezels zu den anderen Personen des Stückes – Goethe, Fürst, Mutter, Bürger – zeigt, ist lediglich eine Frage der Definition. Wezels Narreteien und groteske Sprüche fügen sich nahtlos ins nicht minder wahnsinnige Verhalten seiner Umwelt. Das moralisch heruntergekommene Personal des Stückes steht für einen Weltzustand, in dem Vernunft und Aufgeklärtheit vor der übermächtigen deutschen Tradition von Idolatrie, geistiger Gängelung und Unterdrückung nie eine Chance hatten.

Faust Droge Parsifal (1997), der große theatertheoretische und theaterpraktische Essay, »ein Steinbruch auf- und anregender Thesen, ein genialisches Werk, das zu geduldiger Aneignung und Auslegung auffordert« (Hans-Thies Lehmann), widmet sich dem Chor als dem Ort, an dem Individuum und Gesellschaft konfrontiert werden und zusammenwirken bei der Herausbildung einer neuen/anderen Individualität, an dem das Konfliktpotenzial von Singularität und Vielheit ausgetragen und aufgehoben wird. Das Shakespeare-Theater, das den antiken Chor zerstört und ihn in Individuen aufgespalten hat, deren gleichzeitiges Agieren diesen Verlust kompensieren soll, wird reflektiert, Goethes *Faust*-Dichtungen, Wagners *Parsifal*, Gerhart Hauptmann (*Die Weber* und *Vor Sonnenaufgang*), Nietzsche und Büchner. Theaterpraktische Überlegungen, theoretische und erzählerische Exkurse, Textinterpretationen, Streitschriften und autobiografische Anmerkungen vermischen und ergänzen sich zu einer vielschichtigen und spannungsreichen Textcollage. In den Passagen, in denen sich Textinterpretationen (zu *Faust, Parsifal*) mit autobiografischen Erzählungen mischen, kann Schleefs Theaterdenken im Entstehungsprozess nachvollzogen werden. Umfangreiche autobiografische Tagebuchtexte enthält auch das posthum erschienene Arbeitsbuch *Einar Schleef* (2001).

Die Erzählung *Zigaretten* (1998) führt den langen, mit trägen Verrichtungen angefüllten Moment des Stillstands in einem ins Scheitern einmündenden Leben vor. Ein Mann mittleren Alters, den Frau und Tochter soeben verlassen haben, sitzt allein mit dem Kaninchen der Tochter im leer geräumten Haus und beobachtet die vom Haus her einsehbare Umgebung. Seine Selbstgespräche und seine Gedanken zeigen ihn der Banalität des Scheiterns ausgeliefert; er ist desillusioniert, müde, ruiniert vom bescheidenen sozialen Aufstieg, zu keinem richtigen Gedanken mehr fähig, ohne Zugang zu sich selbst und seiner Situation. Sein Untergang scheint festzustehen. Zermürbt von permanenter Selbstbeobachtung, gefangen im Gefängnis seiner eigenen Sprache, die ihm nichts als Wendungen des Versagens zurückspiegelt, ist er letztlich so entkräftet, dass er nicht einmal mehr bis zum nächsten Automaten gehen kann, um sich eine Packung Zigaretten zu ziehen. Schleef gestaltet das lautlose, für Außenstehende unsichtbare Drama einer gebrochenen Existenz im Augenblick der scheinbaren Stille vor der Entladung, der Explosion, der sozial auffälligen Gebärde: »Er stand auf, er zog sich schnell an«, ist der letzte Satz dieser langen Erzählung, in der erstmals hier etwas »schnell« geschieht.

Totentrompeten 1–4. Stücke und Materialien (2002) versammelt die Theaterstücke *Totentrompeten*, *Drei Alte tanzen Tango*, *Deutsche Sprache schwere Sprache* und *Gute Reise auf Wiedersehen.* Die Totentrompeten sind essbare Pilze, aber Trompeten auch, die das Ende kennen, und eben auch drei alte Damen, Freundinnen, »festgenagelt in der DDR und in meinem Buch *Gertrud*« (Einar Schleef): Trude, Elly und Lotte. Die Urfassung von Frank Wedekinds *Schloss Wetterstein*, in der bei gleichbleibendem Personal die Gattungen Schauspiel, Komödie und Tragödie durchgespielt werden, hatte Schleef als Vorbild für seine »Gattungssplittung« gedient: *Totentrompeten 1* ist als Schauspiel konzipiert, *Totentrompeten 2* als Tragödie, *Totentrompeten 3* als Komödie und das abschließende 4. Stück, das als nicht abgeschlossene Fassung vorliegt, als Elegie. In vier Grundstimmungen und in abgehackter, dialektal geprägter mündlicher Rede wird Geschichte herunterdekliniert auf das Leben und Handeln einfacher Menschen in der DDR-Provinz, auf ihre alltäglichen Nöte, ihre individuellen Reibungen, Widerständigkeiten, Kleinlichkeiten und Ängste.

Ernest Wichner

Werke: *Der Fischer und seine Frau*, Kinderstück, n. Brüder Grimm, UA Dresden 1975; *Republikflucht*, Hsp., HR 1978; *Tod des Lehrers*, Hsp., HR 1980; *Gertrud*, Pr., Bd. 1, Ffm. 1980, Bd. 2, Ffm. 1984; *Zuhause*, Fototextbd., Ffm. 1981; *Berlin-Begegnungen*, Hsp., HR 1982; *Die Bande. Zehn Geschichten von deutscher Gegenwart*, Ffm. 1982, Hsp., ORF 1980; *Wezel*, Theaterst., m. e. zeitgenöss. Bericht v. Jonas Ludwig von Hesse, Ffm. 1983, UA Nordhausen 1995; *Abschlussfeier*, Hsp., HR 1983; *Die Einladung*, Hsp., ORF 1983; *Das lustige Land*, Theaterst., UA Wilhelmshafen 1984; *Die Bande*, Theaterst., 1984; *Berlin – ein Meer des Friedens*, Theaterst., UA Hdbg. 1983, Hsp., SFB 1985, gedr. Ffm. 1985; *Arthur*, E., m. Zeichnungen v. E. S., Bln. 1985; *Gewöhnlicher Abend*, Hsp., SWF 1985; *Mütter*, Theaterst., UA Ffm. 1986; *Schlangen. Die Geschichte der Stadt Theben*, Bild v. E. Schleef, Text zus. m. Hans-Ulrich Müller-Schwefe, Ffm. 1986; *Die Nacht*, Theaterst., n. Mozart, UA Spoleto 1987; *Wittenbergplatz*, Hsp., SFB 1987; *Die Schauspieler. Ein Ausflug*, Theaterst., UA 1988, gedr. Ffm. 1986; *Unruhe*, Hsp., HR 1988; *Totentrompeten*, Theaterst., UA Schwerin 1995, Hsp., MDR 1995, gedr. Ffm. 1999; *Drei Alte tanzen Tango. Totentrompeten 2*, Theaterst., UA Schwerin 1997, gedr. Ffm. 1999; *Salome*, Theaterst., n. Oscar Wilde, UA Düsseld. 1997; *Vom Leichtfuß*, E., Bln. 1998; *Zigaretten*, E., Ffm. 1998; *Wilder Sommer*, Theaterst., n. C. Goldoni, UA Wien 1999; *Verratenes Volk*, Theaterst., n. Miton, Döblin u. Dwinger, UA Bln. 2000; *Deutsche Sprache schwere Sprache. Totentrompeten 3*, Theaterst., UA Schwerin 2000, gedr. Ffm. 1999; *Lange Nacht*, Theaterst., gedr. Ffm. 2002; *Gute Reise auf Wiedersehen. Totentrompeten 4*, Theaterst., gedr. Ffm. 2002; *Nietzsche-Trilogie*, Theaterst., o. J.

Schlesak, Dieter, wurde am 7. 8. 1934 in Schässburg/Sighisoara als Angehöriger der deutschen Minderheit in Rumänien geboren. Nach dem Abitur unterrichtete er zwei Jahre an der Volksschule in Denndorf. Von 1954 bis 1959 studierte er Germanistik in Bukarest, wo er anschließend als Redakteur der Zeitschrift »Neue Literatur« als Autor, Übersetzer und Herausgeber tätig war. 1969 reiste er in die Bundesrepublik Deutschland aus, ging 1973 ins selbst gewählte Exil nach Italien und lebt seither als freier Schriftsteller abwechselnd in Stuttgart und Camaiore. 1980 erhielt Schlesak den Andreas-Gryphius-Preis, 1982 und 1987 das Jahresstipendium des Deutschen Literaturfonds, 1989 den Schubart-Preis, 1993 den Nikolaus-Lenau-Preis, 1994 den Hauptpreis Prosa des Ostdeutschen Kulturrats und 2001 die Ehrengabe der Deutschen Schillerstiftung.

Im Brennpunkt seines literarischen Schaffens steht von Anfang an das Phänomen Grenze, das ihn nicht allein in seiner politischen, sozialen und kulturellen Relevanz, sondern vor allem in seinen sprachlichen und metaphysischen Dimensionen beschäftigt. Der Debütband *Grenzstreifen* (1968) ist noch rumäniendeutschen Bedingtheiten verhaftet: Wie schon vor ihm Oskar Pastior verweigert auch Schlesak gereimte Partei- und Klassenkampfparolen und sucht sich mit dem Instrumentarium moderner Poesie »die große Störung Leben« zu erschließen. Der »Weltenwechsel«, den Schlesak als Schock erlebte, konfrontierte ihn mit neuen Grenzerfahrungen, die er in dem Prosaband *Visa. Ost West Lektionen* (1970) dokumentiert. Nun ist es nicht mehr der Denk-, sondern der Sinne- und Sinnverlust, der ihm als verdeckter Realitätsverlust zusetzt und ihn zum »Zwischenschaftler« werden lässt, der sich schreibend im »Grenzraum der Erkenntnis«, »im Strom des Wechsel-Spiels oder des Wechsel-Ernstes zwischen beiden Teilen der entzweigeschnittenen Welt« bewegt, um nicht an der »Melancholie wirklich erlebter Unwirklichkeit« zugrunde zu gehen.

Lyrisch verdichten sich diese biografischen wie historischen Bruchlinien zu dem Band *Weiße Gegend – Fühlt die Gewalt in diesem Traum* (1981). Im »weglosen Gelände«, das die Diktaturen des 20. Jahrhunderts in Europa zurückgelassen haben, ertastet sich jede Gedichtzeile ihre eigene Vorläufigkeit: »Wie aufgelöst in diesem weißen / Licht der Nacht mit ihrer Wange / Ist die verbrannte Erde / Der Vergangenheiten – // Was liegen blieb, nur mit Ideen / begangen // Und Haut an Haut / mit dem Versäumten« (*Achtuhrschmerzen*). Dass mit den falschen Gewissheiten auch die Sprache gesplittert ist, materialisiert sich in Schlesaks »Hirnsyntax«, die zu seinem poetischen Markenzeichen wird: Der Vers zerfällt, syntaktische und semantische Strukturen fransen aus, wuchern ad hoc oder führen sich ad absurdum, die Funktion der Differenzierung verlagert sich vom Wort in die »Wortzwischenräume«, da es einzig in diesem Spannungsfeld noch möglich ist, Sinn zu generieren – wenn auch bloß als »Zwischensinn« (*Schreiben als posthumes Leben*, in: *So nah, so fremd*, 1995). An »Sinn- und Sprachrändern« bewegt sich auch Schlesaks dritter Gedichtband *Aufbäumen* (1990), der statt der Schöpfung die »Erschöpfung der Welt« thematisiert und als Strukturmodell den kabbalistischen Sprachbaum heranzieht, der mit seinen zehn Ästen auf den Kopf gestellt wird: Die Kapitel sind rückläufig angeordnet, das letzte ist das erste, »das Eine als treibende Absenz«, das jedoch auch alle anderen »als Hohlform unverzichtbarer Hoffnung« mit einschließt. Die Facetten von Absenz und Angst im ortlosen virtuellen Zeitalter fächert Schlesak im Gedichtband *Landsehn* (1997) auf und schreibt sie in *Tunneleffekt* (2000) fort, wo sie, flankiert von zeitlosen Traumerinnerungen und Todeserfahrungen, zu Bausteinen einer posthumen Poetik werden. Nach dem »Poesia Erotica«-Intermezzo von *Lippe Lust* (2000) wendet sich Schlesak in *Los* (2002) erneut den zu inneren Ereignissen gewordenen Landschaften seines Exil zu, um in älteren und neueren Reisegedichten den »unbekannten Ort möglicher Erfahrung« einzukreisen. Neben den Lyrikbänden *Weiße Gegend* und *Aufbäumen* zählt auch der dazwischen verfasste Roman *Vaterlandstage und die Kunst des Verschwindens* (1986) zu Schlesaks bedeutenden literarischen Würfen. Mit gattungstypologischen Rastern nicht zu erfassen und am ehesten als Gedankenroman zu bezeichnen, rückt hier ein halbes Jahrhundert Lebens- und Zeitgeschichte mit den Hypostasen ihres Scheiterns seit den Dreißigerjahren ins Bewusstsein. Anstoß zum Nach-Denken ist für den Ich-Erzähler die Suche nach einer möglichen Heimkehr ins Land seiner Herkunft, aus dem er, von zwei Diktaturen beschädigt, emigriert ist. Also erfindet er ein Alter Ego, den Schriftsteller Michael T., und schickt ihn statt seiner nach Osten. Was jedoch wie eine tatsächlich stattgefundene Reise anmutet, ist die sprachlich vollzogene Revision eines geschichtlich wie gesellschaftlich verbogenen Ichs mit all seinen Brüchen und Widersprüchen, die bei dem von zwei Erzählinstanzen vorgenommenen unausgesetzten Verhör und Selbstverhör zutage treten. Das Erlebte und Erinnerte zersplittert in unzählige Partikel, die sich weder chronologisch noch kausallogisch zusammenfügen: »Die Sprache ist blockiert und zerstückelt und vom Albtraum verwandelt bis hin zum sprachunfähigen Stottern, in dem sich sprachlos die Realität in Fratzen auflöst, in Kopfsummen des Wahnsinns« (*Analyse meiner Selbstbiografie*, in: *Nachruf auf die rumäniendeutsche Literatur*, 1990). Historisch schließt an *Vaterlandstage* der Essayband *Wenn die Dinge aus dem Namen fallen* (1991) an, der die »enteignete« Revolution von 1989 untersucht, gefolgt von dem synoptischen Journal *Stehendes Ich in laufender Zeit* (1994), das den europäischen Nach-Wende-Geist bis 1993 kritisch ausleuchtet.

Schlesaks zweiter Roman *Der Verweser* (2002) ist ebenfalls als Fiktion in der Fiktion angelegt, doch ist hier nur die Rahmenhandlung autobiografisch geprägt und aus der Ich-Perspektive eines in der Toskana lebenden Autors erzählt. Als auktorial gestaltete Binnenhandlung wird eine Luccheser Liebes- und Mordgeschichte des 16. Jahrhunderts herangezogen, deren Hauptfigur, der Arzt und Schriftsteller Nicolao Granucci, dem Ich-Erzähler so zusetzt, dass dieser meint, Granucci gewesen oder geworden zu sein. Als metapsychischer Schaltkreis fungiert u.a. der Schreibprozess, dessen Magie wie Missbrauch Schlesak nachgeht. Der permanente Wechsel zwischen den beiden Erzählebenen und -perspektiven sowie die historischen und metaphysischen Exkurse beeinträchtigen jedoch die Stringenz dieser Gespenstergeschichte.

Edith Konradt

Werke: *Francisc Munteanu: Der Himmel beginnt beim dritten Stockwerk,* Übs., Bukarest 1965; *Michael Albert: Ausgewählte Schriften,* Hg., Bukarest 1966; *Friedrich Schiller: Gedichte,* Hg., Bukarest 1967; *Imperiul demonilor. Proza austriaca moderna,* Anth., Hg., Bukarest 1968; *Nichita Stanescu: 11 Elegien,* Übs., Bukarest 1968; *Grenzstreifen,* G., Bukarest 1968; *Rainer Maria Rilke: Gedichte,* Hg., Bukarest 1969; *Grenzgänge. Deutsche Dichtung* *aus Rumänien,* Anth., Hg., zus. m. Wolf Peter Schnetz, Regensb. 1969; *Fische und Vögel. Junge rumänische Lyrik,* Anth., Hg., zus. m. Wolf Peter Schnetz, Regensb. 1969; *Visa. Ost West Lektionen,* Pr., Ffm. 1970; *Luchterhands Loseblatt-Lyrik: Deutsche Gedichte aus Rumänien,* Hg., Neuwied 1970; *Geschäfte mit Odysseus,* Pr., Bern 1972; *Briefe über die Grenze,* G., zus. m. Magdalena Constantinescu, Gött. 1978; *Weiße Gegend – Fühlt die Gewalt in diesem Traum,* G., Reinbek 1981; *Königin, die Welt ist narr,* Hsp., HR/NDR/WDR1981; *Vaterlandstage und die Kunst des Verschwindens,* R., Zür. 1986; *Der neue Michelangelo,* 4 Bde., Bildmeditationen, zus. m. Fabrizio Mancinelli u. a., Luzern 1989–1995; *Aufbäumen,* G., Reinbek 1990; *Wenn die Dinge aus dem Namen fallen,* Ess., Reinbek 1991; *Stehendes Ich in laufender Zeit,* Tageb., Lpz. 1994; *So nah, so fremd. Heimatlegenden,* Tageb. u. Aufs., Dinklage 1995; *Landsehn,* G., Bln. 1997; *Gefährliche Serpentinen. Rumänische Lyrik der Gegenwart,* Anth., Hg., Bln. 1998; *Tunneleffekt,* G., Ess., Bln. 2000; *Lippe Lust,* G., Mü. 2000; *Der Verweser,* R., Mü. 2002; *Los. Reisegedichte,* Mü. 2002.

Schlesinger, Klaus, wurde am 9. 1. 1937 in Berlin geboren. Er arbeitete nach seiner Ausbildung zum Chemielaboranten in verschiedenen Industrie- und Forschungslabors. 1964/1965 besuchte er einen Reportagekurs bei der »Neuen Berliner Illustrierten« und arbeitete anschließend als Journalist, ab 1969 lebte er als freier Schriftsteller in Ost-Berlin. Weil er sich 1979 dem Protest gegen die Verurteilung Stefan Heyms anschloss, wurde er aus dem Schriftstellerverband der DDR ausgeschlossen und übersiedelte 1980 mit einem unbefristeten Visum nach West-Berlin, wo er unter anderem die »Literataz« mitherausgab. Nach dem Fall der Mauer zog er 1991 wieder in den Ostteil der Stadt. Klaus Schlesinger starb am 11. 5. 2001 in Berlin. Er wurde 1972 mit dem Preis »Der Erste Roman« ausgezeichnet, 1994 erhielt er die Ehrengabe der Deutschen Schillerstiftung und im Jahre 2000 den Erich-Fried-Preis.

Die Auseinandersetzung mit der deutschen Geschichte des 20. Jahrhunderts prägt das gesamte Werk Klaus Schlesingers. Die Verbrechen des Nationalsozialismus, die Wirren der Nachkriegszeit und die Teilung Deutschlands waren in Berlin, der Heimatstadt dieses Chronisten deutscher Zustände, allgegenwärtig. Die zerstörte, besetzte und schließlich geteilte Stadt bildet den unverzichtbaren Rahmen für sein Erzählen, in das vielfach autobiografische Elemente verwoben sind. In Schlesingers erstem Roman *Michael* (1971) ist der junge Protagonist von der Verstrickung des eigenen Vaters in die Verbrechen deutscher Truppen während des Zweiten Weltkriegs überzeugt. Michael begibt sich auf die Suche nach der wahren Geschichte seines Erzeugers, der schmerzhafte Erinnerungsprozess mündet aber in die Suche des Protagonisten nach sich selbst. Die Unschuld des Vaters ist am Ende zwar bewiesen, die Verunsicherung des Sohnes jedoch bleibt. Im Zentrum der zweiten Buchveröffentlichung, der Reportage *Hotel oder Hospital* (1973), steht der Alltag im Rostocker Südstadtkrankenhaus. Auch die 1975 erschienene Erzählung *Alte Filme*, in der erneut die Geschichte einer existenziellen Verunsicherung im Mittelpunkt steht, hat das alltägliche Leben, diesmal das eines »normalen« Arbeiters, zum Ausgangspunkt. Die Krise des Protagonisten Günter Kotte nimmt ihren Anfang, als ihm seine greise Nachbarin erklärt, sie sei die junge Frau im »alten Film« auf dem Fernsehbildschirm. Der Konstrukteur und Familienvater, aus seinem bislang klar geregelten Alltag gerissen, flüchtet für ein Wochenende aus seinem gewohnten Dasein. Als er schließlich in den vertrauten betrieblichen und familiären Rahmen zurückkehrt, bleibt offen, wie Kotte damit umgehen wird, in den Abgrund der Zeit geblickt zu haben.

Der Erzählungsband *Berliner Traum* (1977) versammelt fünf Geschichten, von denen besonders *Die Spaltung des Erwin Racholl* und *Am Ende der Jugend* Aufmerksamkeit verdienen. Beide Texte berichten von Grenzgängen und Grenzüberschreitungen. Erwin Racholl steigt am Tag seiner Beförderung in die U-Bahn, kommt aber nach einer surrealen Fahrt nicht an seinem Arbeitsplatz, sondern in West-Berlin an. Dort wird ihm in einer verruchten Kneipe von SED-Genossen ein Prozess gemacht, in dem es, wie sich herausstellt, um die »Republikflucht« eines engen Freundes 1961 geht, von deren Vorbereitung Racholl gewusst hat. Am Schluss der kafkaesk konstruierten Erzählung entpuppt sich das Prozessgeschehen zwar als ganz realer Albtraum, statt einer Erlösung des Protagonisten jedoch erleidet dieser eine Persönlichkeitsspaltung, die literarisch im für Schlesingers Werk wichtigen Doppelgängermotiv gestaltet wird. *Am Ende der Jugend* steht ein Schritt über die Sektorengrenze für den Eintritt ins Erwachsenenalter. Auch hier sind zwei Freunde, die den Mauerbau aus nächster Nähe erleben, gezwungen, sich binnen kürzester Zeit zwischen Ost und West zu entscheiden. Sie lassen sich von der Mauer trennen.

Die Erzählung *Leben im Winter*, die 1980 in der Bundesrepublik erschien und erst 1989 in der DDR veröffentlicht werden konnte, führt auf eine Fami-

lienfeier im Ost-Berlin der Siebzigerjahre. Um Marthas 70. Geburtstag zu feiern, kommen Verwandte und Freunde aus Ost und West zusammen. Marthas Enkel, enttäuscht von der Verlogenheit des DDR-Systems, will seinem Leben ein Ende machen, ihr Cousin Albert dämmert von der Vergangenheit träumend zwischen Leben und Tod dahin. Mitten im Trubel der Feier scheinen Lebenskrisen auf, die dokumentarisch anmutenden Dialoge der Feiernden offenbaren die absurde Radikalität der Verhältnisse in einem Land, in dem der Winter herrscht; *Kalt in Deutschland* hatte die Erzählung zunächst heißen sollen.
Mit sozialer Kälte im Westen, wo Schlesinger ab 1980 lebte, setzt sich der Roman *Matulla und Busch* (1984) auseinander. Die Protagonisten verschlägt es aus einem Altersheim in Süddeutschland nach Berlin-Kreuzberg, wo Matulla, 75 Jahre alt, als Mitglied einer Erbengemeinschaft ein Haus geerbt hat. Dieses Haus allerdings ist besetzt und soll einem Neubau weichen. Die beiden Rentner freunden sich mit den Hausbewohnern an und alle setzen sich gemeinsam gegen die Abrisspläne der übrigen Besitzer und gegen die Polizei zur Wehr. Ihr Kampf bleibt ohne Erfolg, Gustav Matullas Tod setzt der heiter-melancholischen Utopie ein Ende. Zurück in das Berlin der unmittelbaren Nachkriegszeit führt der 1996 erschienene Roman *Die Sache mit Randow,* dessen Ich-Erzähler Thomale sich im »heißen Herbst« 1989 an einen Kriminalfall erinnert, der fast 40 Jahre zurückliegt und in dem er, wie sich schließlich herausstellt, eine wichtige Rolle spielte. Erinnerungs- und Verdrängungsprozesse werden geschildert und verbinden sich mit farbigen Milieuschilderungen und dem Krimiplot zu einem vielschichtig-opulenten Romangeschehen. Mehrere Ebenen verknüpft auch der Roman *Trug* (2000), in dem es Strehlow, einen Immobilienmakler aus dem Westen, Mitte der Achtzigerjahre zufällig in ein Ost-Berliner Café verschlägt. Dort trifft er auf seinen Doppelgänger Skolud, mit dem ihn, wie sich bald zeigt, weit mehr verbindet als nur die äußere Ähnlichkeit. Das raffiniert-unwahrscheinliche Doppelgängerspiel präsentiert Lebensentwürfe aus Ost und West und führt die Brüchigkeit von Identitäten in groteskem Realismus vor Augen. In die Welt eines chemischen Betriebs im Ost-Berlin der Fünfzigerjahre versetzt uns das Romanfragment *Die Seele der Männer* aus dem Nachlass (2003). Es zeigt die Fähigkeit Schlesingers, autobiografisches Material, Milieuschilderungen und einen nachvollziehbaren Plot zu einem Roman zu verarbeiten.
Eine Einladung zur Teilnahme an der Positionsbestimmung des Menschen und Schriftstellers Klaus Schlesinger ist die »persönliche Chronik« *Fliegender Wechsel*, die 1990 erschien. In Briefen und Tagebuchnotizen entsteht ein gesellschaftliches Panorama Deutschlands in den Achtzigerjahren. Durch die Verankerung im privaten Erleben des Autors, der sich in beiden deutschen Staaten »am politischen Rand« verortet, gewinnt das Buch seine Authentizität, die es zu einem herausragenden Dokument (literarischer) Zeitzeugenschaft macht. Wortmeldungen und Zwischenrufe Schlesingers im wiedervereinigten Deutschland der Neunzigerjahre sammelt der Band *Von der Schwierigkeit, Westler zu werden* (1997), in dem er sich wiederum als unbequemer, kritischer und geistreicher Analytiker seiner Zeit erweist. Im Essay *Macht, Literatur, Staatssicherheit* bringt Klaus Schlesinger Ausgangsimpuls und Zielperspektive seines Schreibens auf den Punkt: »Weit davon entfernt, meine krückenhaften moralischen Kriterien anderen zu oktroyieren, plädiere ich für den lebenslangen Versuch, Moral und Ästhetik in Kongruenz zu bringen.«

Thorsten Dönges

Werke: *Michael*, R., Rostock 1971, u. d. T. *Capellos Trommel*, Zür., Köln 1972; *Hotel oder Hospital*, Rostock 1973, u. d. T. *Südstadtkrankenhaus Rostock* Zür., Köln 1974; *Alte Filme*, Rostock 1975; *Ikarus*, Drehb., Bln. 1975; *Berliner Traum*, En., Rostock 1977; *Kotte*, Film, 1979; *Ikarus*, Film, 1980; *Leben im Winter*, E., Ffm. 1980, Film, 1981; *Matulla und Busch*, R., Ffm. 1984; *Die Frosch-Intrige*, Film, 1987; *Fliegender Wechsel. Eine persönliche Chronik*, Bln. 1990; *Die Sache mit Randow*, R., Bln. 1996; *Von der Schwierigkeit Westler zu werden*, Ess., Bln. 1997; *Trug*, R., Bln. 2000; *Die Seele der Männer*, R.-Fragm., ges. En., Bln. 2003.

Schlingensief, Christoph, wurde am 24. 10. 1960 in Oberhausen geboren. Bereits während der Gymnasialzeit drehte er erste Kurzfilme. Nach zwei erfolglosen Bewerbungen an der Hochschule für Fernsehen und Film München begann er 1981 in München ein Studium der Germanistik, Philosophie und Kunstgeschichte, schrieb Kurzgeschichten für das literarische Magazin »Mode und Verzweiflung«, gründete die Musikgruppe »Vier Kaiserlein« und 1982 die Firma »DEM Film«. Zwischen 1983 und 1986 nahm Schlingensief als Filmemacher Lehraufträge an der Hochschule für Gestaltung in Offenbach und der Kunstakademie Düsseldorf wahr. 1986/87 arbeitete er als Aufnahmeleiter für die Fernsehserie »Lindenstraße«. 1983 drehte er den ersten abendfüllenden Spielfilm. 1993 debütierte er mit einem Theaterabend an der Berliner Volksbühne am Rosa-Luxemburg-Platz, der er seit 1996 als Hausregisseur angehört. Er schrieb als Kolumnist für die »Frankfurter Allgemeine Zeitung« und realisierte mehrere Fernsehshows sowie drei preisgekrönte Hörspiele. 1998 trat er mit der Selbstwählerpartei »Chance 2000« zur Bundestagswahl an. Christoph Schlingensief lebt in Berlin. 1985 erhielt er den Nordrhein-Westfälischen Produzentenpreis, 1986 den Förderpreis des Landes NRW, 1987 den Förderpreis zum Ruhrpreis für Kunst und Wissenschaft der Stadt Mülheim an der Ruhr, 1993 den Preis European Photography, 1994 den Singapore Allstar, 1997 den Prix Futura prämiert und den Preis Hörspiel des Monats Januar, 1999 den Prix Europa und 2003 den Hörspielpreis der Kriegsblinden.

Schlingensief, der seit Anfang der Neunzigerjahre als eine der umstrittensten Figuren der deutschsprachigen Kultur- und Medienszene gilt, hat bereits in seinen frühen Filmen ein autobiografisches Interesse an Kleinbürgertum und Katholizismus mit Motiven der Revolte in künstlerischen und gesellschaftlichen Avantgarden verbunden. In seinem ersten längeren Spielfilm *Tunguska – Die Kisten sind da* (1983/84) fällt ein argloses junges Paar einer Gruppe von »Avantgarde-Forschern« in die Hände und wird von diesen durch die Zwangsvorführung von Experimentalfilmen gequält. *Menu total* (1985/86), ein albtraumhaftes Nachkriegs-Familienstück mit grotesk überzeichneten Nazi-Eltern, ist in Bildaufbau und Lichtregie an das Kino des Expressionismus angelehnt.

Einer breiten Öffentlichkeit wurde Schlingensief durch seine *Deutschland-Trilogie* bekannt: Die Filme *100 Jahre Adolf Hitler* (1988/89), *Das deutsche Kettensägenmassaker* (1990) und *Terror 2000* (1992), die das Ende der nationalsozialistischen Führungsfiguren als hysterische Farce, die deutsche Wiedervereinigung als Blutbad schildern und Neonazi-Aufmärsche und die Sensationsgier des Fernsehens mit der Ästhetik des Horror-Kinos kurzschließen, trugen dem Autor und Regisseur bei weiten Teilen der Kritik das Image eines Provokateurs und egomanischen Dilettanten ein.

Wie Schlingensiefs Filme, so verweigern sich auch seine Theaterarbeiten weitgehend einer Dramaturgie im herkömmlichen Sinn. Sein »Protestvarieté« (Roland Koberg), ein Ensemble von Schauspielern und zum Teil behinderten Laiendarstellern, arbeitet sich in losen Szenenfolgen, vielfach mit Mitteln des Improvisationstheaters, an religiösen und politischen Leitfiguren ab (*100 Jahre CDU – Spiel ohne Grenzen*, 1993; *Kühnen '94 – Bring mir den Kopf von Adolf Hitler*, 1994; *Hurra, Jesus! Ein Hochkampf*, 1995; *Rocky Dutschke 68*, 1996; Die *Berliner Republik*, 1999). Schlingensiefs Theater spaltet die Kritik. Seine Gegner erwarten und vermissen zugleich die Provokation, eine nachvollziehbare Dramaturgie und analytische Auseinandersetzung mit dem Stoff. Die Befürworter erkennen gerade in der Offenheit des Konzepts eine Qualität und gestehen ihm zu, so das Popkultur-Magazin »Testcard«, »einen Kosmos präziser Verfehltheit« zu erzeugen. Mit seinen Theaterprojekten unternimmt Schlingensief regelmäßig Grenzübertritte in andere gesellschaftliche, politische oder mediale Felder. Am deutlichsten machte das die im Rahmen einer Volksbühnenaktion vollzogene Gründung der Partei *Chance 2000*, die 1998 offiziell zur Bundestagswahl zugelassen wurde. Auch mit seiner Aktion *Passion Impossible – 7 Tage Notruf für Deutschland* (1997), mit dem Projekt *Bitte liebt Österreich!* (2000), bei dem er im Rahmen der Wiener Festwochen zwölf Asylbewerber in einem Baucontainer präsentierte, die nach dem Vorbild der Fernsehshow »Big Brother« herausgewählt und »abgeschoben« werden konnten, sowie mit seiner Zürcher *Hamlet*-Inszenierung mit angeblich aussteigewilligen Neonazis, sprengte Schlingensief den Rahmen üblicher Theaterarbeit und reagierte auf politische Verhältnisse mit einer »Gegeninszenierung«, die entfesselt »durch unsere Inszenierungen streift« (Georg Seeßlen).

Grenzüberschreitungen zwischen Kunst-, Politik- und Mediensystem wurden auch zum Thema seiner Bühnenstücke (*Rosebud*, 2001; *Atta Atta. Die Kunst ist ausgebrochen*, 2003) und zum Gestaltungsprinzip seiner Hörspiele, die vielfach einer Ästhetik der Unterwanderung folgen, indem sie die Produktionsbedingungen und Konventionen des Radios thematisieren und – als furios gebändigtes Chaos (*Rocky Dutschke 68*, 1997) oder ins Absurde gesteigerte Benefizveranstaltung (*Lager ohne Grenzen*, 1999) – grotesk überzeichnen. Schlingensiefs Radiostücke markieren eine Wende in der Ästhetik des Hörspiels, welches, nach der Abkehr vom Konzept der »inneren Bühne« durch das Neue Hörspiel der späten Sechziger- und frühen Siebzigerjahre, nun neue Impulse von einem Theater empfängt, das seinerseits postdramatischen Prinzipien folgt.

Frank Kaspar

Werke: *Für Elise*, Kurzfilm, 1982; *Wie würden Sie entscheiden?*, Kurzfilm, 1982; *Film als Neurose. Trilogie zur Filmkritik: Phantasus muss anders werden*, Kurzfilm, 1983, *What happened to Magdalena Jung?*, Kurzfilm, 1983, *Tunguska – Die Kisten sind da*, Film, 1983/84; *Menu total*, Film, 1985/86; *Egomania – Insel ohne Hoffnung*, Film, 1986; *Mutters Maske*, Film, 1987/88; *Schafe in Wales*, Film, (Name vor der Ausstrahlung zurückgezogen), 1988; *100 Jahre Adolf Hitler. Die letzte Stunde im Führerbunker*, Film, 1988/89; *Das deutsche Kettensägenmassaker*, Film, 1990; *Terror 2000 – Intensivstation Deutschland*, Film, 1992; *100 Jahre CDU – Spiel ohne Grenzen*, Theaterst., UA Bln. 1993; *Kühnen '94 – Bring mir den Kopf von Adolf Hitler*, Theaterst., UA Bln. 1994; *Hurra, Jesus! Ein Hochkampf*, Theaterst., UA Graz 1995; *United Trash*, Film, 1995; *Die 120 Tage von Bottrop. Der letzte Neue Deutsche Film*, Film, 1996; *Rocky Dutschke 68*, Theaterst., UA Bln. 1996, Hsp., WDR 1997; *Begnadete Nazis – I. Großdeutsches Germania-Stechen*, Theaterst., UA Wien 1996; *Mein Fett, mein Filz, mein Hase – 48 Stunden Überleben für Deutschland*, Performance, Kassel 1997; *Passion Impossible – 7 Tage Notruf für Deutschland*, Theaterprojekt, Hbg. 1997; *Schlacht um Europa I–XLII. Raumpatrouille Schlingensief*, Theaterst., UA Bln. 1997; *Talk 2000*, TV-Talkshow, RTL/SAT 1 1997; *Artisten in der Zirkuskuppel – Ratlos*, Theaterabend und Gründung der Partei *Chance 2000*, Bln. 1998; *Die Berliner Republik*, Theaterst., UA Bln. 1999; *Lager ohne Grenzen*, Hsp., WDR/DLR 1999; *Schnitzlers Brain*, Theaterst., UA Graz 2000; *Bitte liebt Österreich!*, Containeraktion, Wien 2000; *U 3000*, TV-Talkshow, MTV 2000; *Hamlet*, Theaterst., UA Zür. 2001; *Rosebud*, Theaterst., UA Bln. 2001, Hsp., WDR 2002; *Aktion 18 – Tötet Politik!*, Performance, 2002; *Freakstars 3000*, TV-Show, Viva/Viva Plus 2002; *Quiz 3000*, Theaterst., UA Bln. 2002; *Mutter sucht Schrauben. Schlingensiefs Freakstars 3000*, Schpl., Mü. 2002; *Atta Atta. Die Kunst ist ausgebrochen*, Theaterst., UA Bln. 2003.

Schlink, Bernhard, wurde am 6. 7. 1944 in Großdornberg bei Bielefeld geboren. Er studierte Jura in Heidelberg und Berlin, war dann wissenschaftlicher Assistent in Heidelberg, Darmstadt, Bielefeld und Freiburg. Er promovierte 1975 in Heidelberg (*Abwägung im Verfassungsrecht*) und habilitierte sich 1981 in Freiburg (*Die Amtshilfe*). Er lehrte als Professor von 1982 bis 1991 in Bonn, von 1991 bis 1992 in Frankfurt am Main und seit 1992 an der Humboldt-Universität zu Berlin. 1993 war er Gastprofessor an der Yeshiva-University New York. Gemeinsam mit Bodo Pieroth schrieb er das Lehrbuch *Grundrechte* (18. Auflage 2000). Seit 1988 amtiert er als Richter des Verfassungsgerichtshofs für das Land Nordrhein-Westfalen. Schlink erhielt 1989 den Glauser-Autorenpreis, 1993 den Deutschen Krimipreis des Bochumer Krimi-Archivs, 1997 den Hans-Fallada-Preis, den Prix Laure Bataillon und den Literaturpreis der Zeitung »Die Welt«.

Bernhard Schlink ist unter den deutschen Autoren ein besonderer Fall. Er hat Jura nicht nur studiert, sondern praktiziert es auf hohem Niveau: als Professor für Staatsrecht und als Verfassungsrichter, zudem als Verfasser etlicher Fachbücher. Dass er Jurist ist, spürt man auch in seinen literarischen Werken: in ihrem präzisen, schlackenlosen Stil, der Freude an geschliffenen Dialogen und an argumentativ anspruchsvollen Wortgefechten. Vermutlich ist es aber ein Ungenügen an den Möglichkeiten der Juristerei, das Schlink zur Literatur führte. Die große Frage, was Recht und was richtig ist, lasse sich nicht mit einem Urteilsspruch, wie begründet auch immer, beantworten, sondern in ihrer Komplexität nur als Geschichte erzählen: Dies durchzieht als roter Faden alle seine Romane und Erzählungen, die somit eine Art von »Selbstjustiz« darstellen.

Schlink begann seine literarische Arbeit mit Kriminalromanen, den ersten – eben *Selbs Justiz* (1987) – schrieb er zusammen mit Walter Popp. In dreien dieser Romane steht der Privatdetektiv Gerhard Selb im Mittelpunkt, dessen Name die schillernde Zweideutigkeit der Titel ermöglicht. Er ist ein alter Mann (im ersten Roman bereits 68 Jahre alt, im letzten nach einer gescheiterten Bypass-Operation dem Tode nahe) und ein Mann mit Vergangenheit: Während des Zweiten Weltkriegs hat er als Staatsanwalt und überzeugter Anhänger des NS-Regimes Zwangsarbeiter ins KZ eingewiesen und auch mehrere Todesurteile beantragt. Er glaubt, diese Vergangenheit für sich »bewältigt« zu haben; die Fälle, in denen er ermitteln muss, beweisen ihm jeweils das Gegenteil. Vergangenheit, die nicht vergehen will: Auch das ist eine zentrale Aussage von Bernhard Schlinks Geschichten.

Selbs Fälle beginnen stets mit einem harmlosen Auftrag, der dann ungeahnte Kreise zieht. »Unendliche Schuld- und Kausalketten« (*Selbs Justiz*) kommen ans Licht, die jeden Versuch einer abstrakten »Bewältigung« der Lächerlichkeit preisgeben. Selb, der Ich-Erzähler, ist dabei immer selbst verstrickt; im ersten Roman findet er sich mit einem seiner früheren Opfer zum Kammermusik-Spiel zusammen; den eigentlich Schuldigen der Affäre stürzt er von einer Klippe in den Tod. *Selbs Betrug* (1992) zieht eine Linie von Giftgaslagern aus dem Ersten Weltkrieg bis zum Terrorismus der Siebzigerjahre; auch hier kommt – allerdings ungewollt – im Zuge der Ermittlungen ein Mensch zu Tode. »Schuldlose Schuld« trägt Selb ebenfalls im letzten Roman der

Trilogie; auch hier weisen die Ermittlungen tief in die Vergangenheit. Das auftraggebende Bankhaus hat im Dritten Reich seinen jüdischen Teilhaber aus dem Unternehmen gedrängt; die Wiederkehr des Verdrängten führt zu neuen Delikten, bei denen Geldwäsche, Wiedervereinigungs-Kriminalität, die russische Mafia und Kindesentführung für Abwechslung (und »action«) sorgen. Allen drei Romanen ist gemeinsam, dass sie nicht »aufgehen« im Sinne einer klassischen Verbrechens-Aufklärung. In *Selbs Mord* (2001) begreift der Ermittler am Ende sogar, »dass es meine Entscheidung war, ob ich das Ende als ungerecht und unbefriedigend verstehen und daran leiden wollte, oder ob ich beschloss, dass es so, genau und gerade so seine Richtigkeit hat«. Eine solche Entscheidung hat bei Schlink immer auch der Leser.

Wahrheit und Richtigkeit liegen nicht in einem Richtspruch, auch nicht in einer kriminalistischen Auflösung mit einem der Polizei und dem Publikum präsentierten Täter, sondern höher – höher als alle Vernunft. Dies gilt auch für die beiden im engeren Sinne literarischen Veröffentlichungen Schlinks, besonders für den Roman *Der Vorleser* (1995). Mit ihm erzielte der Autor einen der aufsehenerregendsten Bucherfolge der Nachkriegszeit. In Deutschland schnell ein Bestseller, wurde der Roman in 25 Sprachen übersetzt, gelangte – als erster deutscher Titel überhaupt – auf Platz eins der Liste der »New York Times« und erzielte in den USA, nach einem Auftritt Schlinks in der Talkshow von Oprah Winfrey, eine Auflage von einer Million.

Der Vorleser handelt von der Liebesbeziehung des fünfzehnjährigen Michael (dem Ich-Erzähler) zu einer älteren Frau, der Straßenbahnschaffnerin Hanna. Sie verschwindet eines Tages unangekündigt. Viele Jahre später begegnet Michael ihr wieder: als Angeklagte in einem KZ-Prozess, bei dem sie zu lebenslanger Haft verurteilt wird. Hanna war Aufseherin in einem Nebenlager von Auschwitz gewesen und in den letzten Kriegswochen mitverantwortlich für den Tod von Dutzenden von Häftlingen geworden. Hinter diesem Geheimnis, das sie ihrem jugendlichen Liebhaber verschwiegen hatte, verbirgt sich ein zweites, das Hannas gesamtes Verhalten motiviert: Sie ist Analphabetin und will diesen »Makel« unentdeckt lassen. Während der langen Haftzeit erhält sie von Michael, der die Zusammenhänge inzwischen verstanden hat, besprochene Kassetten mit Werken der Weltliteratur geschickt; am Tag ihrer Entlassung bringt Hanna sich um.

Am Fall Hannas, der ihn mit den liebenswerten und furchtbaren Seiten eines Menschen, mit den komplizierten Verkettungen von Motiven und der Verbindung von Schuld und Scham konfrontiert, begreift der junge Jurist und 68er Michael die Unsinnigkeit einer abstrakten »Aufarbeitung«, die in kollektiver Verurteilung einer Generation durch die nächste besteht. Er gibt seiner eigenen juristischen Laufbahn eine Wendung: weg vom Urteil, hin zur Rechtsgeschichte. Homers *Odyssee*, in die er sich vertieft, »ist die Geschichte einer Bewegung, zugleich zielgerichtet und ziellos, erfolgreich und vergeblich. Was ist die Geschichte des Rechts anderes« – lautet das Fazit des Romans. Sein Erfolg beruht neben den literarischen Qualitäten vorwiegend auf der (hart an der Grenze zur Kolportage) spektakulären Konstellation der Liebesgeschichte; er erklärt sich zeitgeschichtlich aber auch durch die Hinwendung der Öffentlichkeit zu konkreterer Beschäftigung mit dem Dritten Reich, nämlich der genauen Bemessung von Handlungsmöglichkeiten der Beteiligten, etwa bestimmter Polizei-Bataillone.

Auch in den – literarisch noch bedeutenderen – Erzählungen des Bandes *Liebesfluchten* (2000) geht es um »Vergangenheit, die nicht vergehen will«, mehrfach um das Fortwirken der NS-Zeit auf die später Geborenen, aber auch um die Verstrickung von Ostdeutschen in das DDR-System (*Der Seitensprung*). Immer wollen die Helden alles richtig machen und machen gerade deshalb oft viel falsch: Der Familienvater, der mit der Stasi kollaboriert, um die regimefeindliche Haltung seiner Frau zu kompensieren; der junge Deutsche, der eine amerikanische Jüdin zur Freundin hat, sich unter dem Druck von Schuld- und Sühne-Gefühlen in Rechtfertigungsnetze verstrickt, in denen seine Liebe zugrunde geht; aber auch der ältere Witwer, der entdeckt, dass seine Frau ein Verhältnis mit einem Hochstapler hatte und nun fassungslos an die Neubewertung seiner Ehe gehen muss. Immer kommt es nach scharfen Auseinandersetzungen zwischen den oder innerhalb der Personen, nach erbitterten, glänzend formulierten Plädoyers pro und kontra nicht zu Urteil und Strafzumessung, sondern zuweilen zur Versöhnung, immer aber zu einem Erkenntnisgewinn. In allen Erzählungen, wie auch in den (Kriminal-)Romanen, versteckt sich die Kunst Schlinks hinter einer unauffälligen Oberfläche; es gelingt dem Schriftsteller, sich nahezu unsichtbar zu machen. Nicht zuletzt dies macht seine Bücher auch für ein breites Publikum les- und genießbar.

Martin Ebel

Werke: *Selbs Justiz*, R., zus. m. Walter Popp, Zür. 1987; *Die gordische Schleife*, R., Zür. 1988; *Selbs Betrug*, R., Zür. 1992; *Der Vorleser*, R., Zür. 1995; *Liebesfluchten*, En., Zür. 2000; *Selbs Mord*, R., Zür. 2001.
Fachbücher: *Abwägung im Verfassungsrecht*, Bln. 1976; *Die Amtshilfe. Ein Beitrag zu einer Lehre der Gewaltenteilung in der Verwaltung*, Bln. 1982; *Rechtsstaat und revolutionäre Gerechtigkeit*, Bln. 1996; *Grundrechte*, m. Bodo Pieroth, Hdbg. 1985; *Evaluierte Freiheit? Zu den Bemühungen um eine Verbesserung der wissenschaftlichen Lehre*, Bln. 1999; *Heimat als Utopie*, Ffm. 2000; *Der Verfassungskompromiss zum Religionsunterricht. Art. 7 Abs. 3 und Art. 141 GG im Kampf des Parlamentarischen Rates um die »Lebensordnungen«*, m. Ralf Poscher, Baden-Baden 2000; *Polizei- und Ordnungsrecht*, m. Bodo Pieroth u. Michael Kniesel, Mü. 2002; *Vergangenheitsbewältigung und gegenwärtiges Recht*, Ffm. 2002; *Aktuelle Fragen des pränatalen Lebensschutzes*, Bln. 2002.

Schlüter, Wolfgang, wurde 1948 in Königslutter/Niedersachsen geboren. Er studierte zunächst in Hamburg, Wien und Berlin Musikwissenschaft, ehe er nach der Promotion 1984 als Redakteur der *Arno-Schmidt-Werkausgabe* nach Bargfeld zog. 1994 wanderte er in die irische Grafschaft Kerry aus und lebt seither als freier Lektor, Übersetzer und Schriftsteller abwechselnd in Wien und Irland. 1986 wurde ihm der Blaise-Cendrars-Preis zugesprochen, 1997 der Mörike-Förderpreis und 1999 der Dedalus-Preis für innovative Prosa des SWDR.

Wolfgang Schlüters literarische Arbeit steht von Beginn an unter einem doppelten Vorzeichen: Einerseits legt er aufwändige und eigenwillige Übersetzungen alter englischer Prosa und Lyrik vor, andererseits veröffentlicht er eigene Prosaarbeiten, an denen die Auflösung überkommener Erzählmuster und die Vermischung von zeitgenössischem und historischem Sprachschatz auffällt. Schon in dem Roman *Eines Fensters Schatten oder: Mercurius' Hochzeit mit der Philologie* (1984) verbindet er experimentelle Erzählhaltung und historisches Material aus barocken und romantischen Vorlagen. *My Second Self. When I Am Gone* (1991) versammelt Übersetzungen englischer Gedichte vom 13. bis zum frühen 20. Jahrhundert, und in dem Essay *Walter Benjamin. Der Sammler & das geschlossene Kästchen* (1993) erläutert Schlüter, welchen Stellenwert er diesem »Aufsammeln des Vergessenen« zumisst. Seine Übersetzung von John Aubreys (1627–1697) *Lebensentwürfen* (1995) wird weithin gelobt; ebenso die Übertragung von William Cowpers Blankvers-Epos *The Task/Die Aufgabe* (1998) und die Übersetzung sämtlicher Dramen Christopher Marlowes (1999).

Parallel dazu veröffentlichte Wolfgang Schlüter mit *John Field und die Himmels=Electricität* (1998) ein mosaikartiges Porträt des irischen Musikers, das weder als Roman noch als traditionelle Biografie dieses Klaviervirtuosen und Komponisten, den man zwischen Beethoven und Chopin einordnen sollte, gelesen werden will, sondern als Montage von Fiktion, Zeitkolorit, Musikgeschichte und Anleihen bei der Naturwissenschaft der Zeit um 1800. In dem Roman *Dufays Requiem* (2001) verstrickt er einen melancholischen Studienrat in die tödliche Jagd nach einer verschollenen Komposition aus dem 15. Jahrhundert. Vordergründig wie ein Kriminalroman angelegt, in dessen Verlauf aus einer harmlosen Wette zwischen Musikliebhabern eine mörderische Besessenheit erwächst, ist auch dieses Buch vor allem ein literarisches Spiel mit dem Widerhall von 500 Jahren Musikgeschichte in einer säkularisierten und lärmenden Welt, in der Musik zum allzeit verfügbaren und penetranten Hintergrundgeräusch verkommen ist. Schlüter montiert traditionell erzählte Passagen, in denen von der Jagd nach der verschollenen Komposition und dem Versuch, dieses Werk zu rekonstruieren, berichtet wird, mit Einschüben, in denen einerseits Musikgeschichte in Episoden auflebt und in denen andererseits mit der Sprache experimentiert wird, um die Entwicklung und Auflösung tradierter Kompositionsweisen im Verlauf der Jahrhunderte literarisch mit zu vollziehen.

Michael Schmitt

Werke: *Eines Fensters Schatten oder: Mercurius' Hochzeit mit der Philologie*, R., Bln. 1984; *Fred the Frog/Rings the Bell*, m. Martin Kippenberger, Köln 1991; *My Second Self. When I Am Gone*, Übs., Hamburg 1991; *Mr. Edmund Spenser's Epithalamion*, Übs., Bln. 1992; *Walter Benjamin: Der Sammler & das geschlossene Kästchen*, Ess. Darmst. 1993; *John Aubrey: Lebensentwürfe*, Übs., Ffm. 1995; *Brendans Inseln. Navigatio Sancti Brendani Abbatis*, Übs., Wien, Lana 1997; *William Cowper: Die Aufgabe/The Task*, Übs. Bln. 1998; *John Field und die Himmels=Electricität*, Skizzen, Bln. 1998; *Christopher Marlowe: Sämtliche Dramen*, Übs., Bln. 1999; *D. H. Lawrence: Vögel, Blumen und andere Tiere*, Übs., Bonn 2000; *Dufays Requiem*, R., Bln. 2001; *James Thomson: The Seasons/Die Jahreszeiten*, Übs., Basel 2003.

Schmatz, Ferdinand, wurde am 3. 2. 1953 in Korneuburg in Niederösterreich geboren und wuchs in Wien auf. Nach der Reifeprüfung am TGM Wien (Technisches Gymnasium) 1972 studierte er Germanistik und Geschichte an der Universität Wien und promovierte 1982 mit einer Dissertation über Karl Hans Strobls *Bismarcktrilogie*. Von 1983 bis 1985 war Schmatz Lektor für deutsche Sprache und Literatur an der Nihon Universität Tokio, Japan, und von 1985 bis 1987 Lehrbeauftragter für Gegenwartsliteratur an der Hochschule für Künstlerische und Industrielle Gestaltung in Linz. Seit 1988 hat er u.a. einen Lehrauftrag für »Kunst und Poetik im 20. Jahrhundert« an der Universität für Angewandte Kunst, Wien, wo er 1992 Gastprofessor für freie Grafik war. Er ist Nachlassverwalter und Herausgeber des Werks von Reinhard Priessnitz und lebt heute in Wien und im Burgenland. Schmatz erhielt u.a. 1999 den Christine-Lavant-Preis, 2001 den Förderungspreis für Literatur des Österreichischen Bundeskanzleramtes/Kunstsektion, 2002 den Buch-Preis der Arbeiterkammer Oberösterreich und 2003 den Anton-Wildgans-Preis der Österreichischen Industrie.

Schmatz' Werk kreist den Zusammenhang von Dichten, Denken und Sprechen ein und vereint Reflexion über die Sprache als Material mit der Frage nach der Wirkung, die Dichtung als zeichenhafte Weltvermittlung im Dichter und im Leser hervorrufen kann. Mitte der Siebzigerjahre hatte Schmatz Kontakt zum Wiener Aktionismus um Hermann Nitsch. In dem frühen Gedichtband *der (ge)dichte lauf* (1981) wird die Unmittelbarkeit der im Aktionismus von ihren konventionellen Bedeutungen abgekoppelten Materialien oder Ausdrucksmittel in ihrer Absolutheit angezweifelt. Schmatz reflektiert die Beziehung zwischen Unmittelbarem und Mittelbarem und setzt den üblicherweise als stabil angenommenen Sinn der sprachlichen Ausdrücke einer körperlichen Unmittelbarkeit aus, die auf ihre sinnliche Wahrnehmung und mündliche Artikulation anspielt. Stand in *der (ge)dichte lauf* die labile Zuordnung der Laute und Silben zur allgemein angenommenen Bedeutung im Mittelpunkt, so wendet sich Schmatz im Gedichtband *die wolke und die uhr. gedicht* (1986) der begrifflichen Seite des Wortes im Gedicht zu. Die Wörter können in ihrer Verwendungsweise zugleich als das sinnlich Wörtliche und das begrifflich Übertragene (etwa als Metapher, die ihr ursprüngliches und ihr übertragenes »Bild meint«) gelesen werden.

Im Essayband *Sinn & Sinne. Wiener Gruppe, Wiener Aktionismus und andere Wegbereiter* (1992) wendet Schmatz die Ästhetik und Poetik dieser »Wegbereiter« so an, dass die Auseinandersetzung stets auch eine mit dem eigenen Schreiben ist. In eigenwilliger Akzentsetzung werden Heinrich von Kleist mit Dieter Roth, Georg Christoph Lichtenberg mit Oswald Wiener und Friedrich Hölderlin mit Reinhard Priessnitz so in Beziehung gesetzt, dass deren immanente Denkweisen nicht historisierend, sondern nach textstrukturellen Bezugspunkten aktualisiert werden. Die in den Essays diskursiv umkreisten Fragen »Dichte ich in Worten, wenn ich denke« oder »Denke ich in Worten, wenn ich dichte« knüpft Schmatz in dem Buch *speise gedichte* (1992) an das konkrete Begriffsfeld der Speise mit allem, was gewöhnlich zum Essen dazugehört. Das Begriffsfeld »Speise« bildet kein absolutes Thema, dem in den Gedichten gestaltend zu entsprechen wäre, sondern ein Tableau, von dem aus die Beziehung zwischen Essen und Dichten mehrere Verbindungen eingeht. Den so genannten Elementargedichten zu Grund-Bestandteilen von Speisen sind mit »gebundenes« betitelte Prosastücke gegenübergestellt, die jeweils eine der möglichen Fortschreibungen des Sinnraums im Gedicht mit den Mitteln der erzählenden Rede wiedergeben.

In dem in 75 Stichwörter gegliederten Buch *SPRACHE MACHT GEWALT. Stich-Wörter zu einem Fragment des Gemeinen* (1994) wird der politischen Substanz der im Buchtitel angedeuteten großen Themen durch die elastische Form des verweisenden Stichworts so begegnet, dass die ästhetische Reflexion den Bezugsrahmen ausmacht. Der 1996 erschienene Gedichtband *dschungel allfach. prosa gedicht* setzt sich der Frage nach der dichterischen Darstellung von Welt aus und führt das gewählte Thema einer (vielleicht realen) Reise in den Dschungel zusammen mit den Bedingungen des Dichtens und Welterfassens vor. Der thematischen Verschränkung der einzelnen Gedichte entspricht das Ineinandergreifen ihres Materials. Damit modifiziert und erweitert Schmatz das für die frühere experimentelle/konkrete Dichtung wichtige Verfahren der Permutation: Die Montagen und Permutationen – etwa der »Wiener Gruppe« – haben gezeigt, dass disparates Sprachmaterial in jeder zufälligen Anordnung »Sinn« hervorbringt. Wie dieser Prozess jedoch vor sich geht, welche Möglichkeiten sich in der schein-objektiven Methode ergeben, dem Verfahren eine »Handschrift« aufzuprägen, blieb in der frühen experimentellen Dichtung verdeckt. Ferdinand Schmatz' Gedichte wenden die Permutation nun in veränderter Weise an. Aus dem Material und aus dem Sinn, den es in den Quellen hatte, entsteht ein neues Gedicht, das sowohl auf das Materiale wie auf das dort Bezeichnete Bezug nimmt und mehr: Die Quellen werden durch das Neuzusammengefügte auch umgedeutet. In dem Band *maler als stifter* (1997) versammelt Schmatz poetische Texte zur bildenden Kunst, die Neuschaffungen zu bestehenden Kunstwerken oder gemeinsam mit bildenden Künstlern entwickelte Bild- und Textmodelle sind. Der Gedichtband *das grosse babel,n* (1999) ist eine Um- und Neudichtung entlang ausgewählter Teile der Bibel (Buch Genesis, Psalmen, Apokalypse). Schmatz lässt die in der Vorlage angelegten Rede- und Sinnfiguren, ihre Motive und Themen in Form des großen Sprechgesangs zu sich kommen. Was im *grossen babel,n* inhaltlich geschieht, ereignet sich auch auf der Ebene der sprachlichen Mittel (z.B. durch die forcierte Mehrdeutigkeit der Verse oder dadurch, dass Redewendungen zugleich wörtlich und bildlich verstanden werden). Indem der Bezug zur biblischen Vorlage vom Zwang zu vordergründiger Erfindung und Inspiration befreit, ist *das grosse babel,n* die bisherige Summe seines dichterischen Werks: Schmatz' poetische Gestaltung aller möglichen Formen der Erkenntnis und Empfindung hebt die historische Klage des Hieronymus darüber, dass wir die Bibel in Prosa lesen, auf – und löst eine umfassende, sozial und historisch wie ästhetisch relevante Vorstellung davon ein, was Dichtung ist und sein kann.

Der Roman *Portierisch* (2001) hat einen klar umrissenen sozialen und geografischen Raum zum Schauplatz und zum Thema: ein abgeschiedenes Tal in den steirischen Bergen, samt seiner Bewohner, die im Wirkungskreis des im Tal herrschenden Gutsherrn, des Grafen Zup, leben und um dieses Leben ringen. »Portierisch«, d. h. gewöhnlich seiner Herkunft nach, ist der Erzähler in die »inneren Kreise« altösterreichischer Adelsreste aufgestiegen. Dort verfolgt er die Differenzen und fein abgeschatteten sozialen Kodes mit genauen und sensiblen Beobachtungen. Ein Amerikaner namens Courier weilt zu Gast im Tal: Er ist auf den Spuren eines großen Sprach-Philosophen, der im Nachbartal eine Zeit lang gelebt hat. Der Dialog zwischen dem Autor und Courier beruht auf Versprechern, Missverständnissen und Vertauschungen, die ein konstitutiver Generator dieser Erzählung sind. Sie speist sich in gleichem Maße aus Ereignissen und Personen der Außenwelt wie aus deren Wahrnehmung und Repräsentation durch das schreibende Ich im Kopf des Autors. Geläufige Praktiken der Moderne, etwa eine Kette von lautgeleiteten Assoziationen oder die perspektiven-variierte Wiederaufnahme eines Themas werden auf überraschende Weise eingesetzt.

Im Verlauf seines bisherigen Schreibens hat Schmatz zu jener inneren Ordnung gefunden, die angesichts der ihn umgebenden Außenreize dazu führen kann, die Welt, indem sie der Dichter aus seiner bestimmten und notwendigen Stimmung heraus in Worten ordnet und zusammenführt, zu beleben – sie zu spiegeln oder vielleicht: sie um- und neuzuschaffen.

Thomas Eder

Werke: *der gesamte lauf 1975–1977. texte und zeichnungen*, G., Wien 1977; *die lichtung und der bienenstock*, G., Wien 1977; *fünf nächte*, zus. m. Peter Veit, G., Wien 1979; *der (ge)dichte lauf. 1977–1980*, G., Linz 1981; *die wolke und die uhr. gedicht*, G., Linz, Wien 1986; *Die Reisen. In achtzig Gedichten um die ganze Welt*, zus. m. Franz Josef Czernin, G., Salzb. 1987; *Die Reise. In achtzig flachen Hunden in die ganze tiefe Grube*, zus. m. Franz Josef Czernin, G., Ess., Linz, Wien 1987; *werkausgabe reinhard priessnitz*, 4 Bde., Hg., G., Pr., Ess., Linz, Wien, Graz 1986–1994; *Die Kunst der Enzyklopädie*, zus. m. Heimo Zobernig, Wien, Graz, Mü. 1988; *gangan buch 6. jahrbuch 1989 für zeitgenössische literatur*, Hg., zus. m. Franz Josef Czernin, Graz, Wien 1988; *friedrich handl: keine seite. aus dem nachlass*, hg. zus. m. Heimrad Bäcker, G., Pr., Linz, Wien 1990; *TELLER UND SCHWEISS*, zus. m. Franz Josef Czernin, G., Wien 1991; *Stück für Küchenradio*, Hsp., ORF 1991; *Lexikon der Kunst 1992*, zus. m. Heimo Zobernig, Stg. 1992, Hsp., ORF 1993; *BALIBI (oder: kau der welsch)*, G., Graz, Ffm. 1992; *Mittag*, hg. v. Elisabeth Fiedler, Schpl., Graz 1992; *Sinn & Sinne. Wiener Gruppe, Wiener Aktionismus und andere Wegbereiter*, Ess., Wien 1992; *speise gedichte*, G., Graz, Wien 1992; *SPRACHE MACHT GEWALT. Stich-Wörter zu einem Fragment des Gemeinen*, Pr., Lexikon, Wien 1994; *Farbenlehre*, zus. m. Heimo Zobernig, Künstlerbuch, Wien, New York 1995; *Froschkönig oder Derjenige, der mich auffindet. Ein runder Tisch von Ferdinand Schmatz*, Hsp., ORF 1995; *Lieber Herr Fuchs – Lieber Herr Schmatz!. Korrespondenzen zwischen Dichtung und Systemtheorie*, zus. m. Peter Fuchs, Br., Opladen 1996; *dschungel. allfach. (prosa gedicht)*, G., Pr., Innsbr. 1996; *maler als stifter. Poetische Texte zur bildenden Kunst*, Pr., Ess., Innsbr. 1997; *Radikale Interpretation. Aufsätze zur Dichtung*, Ess., Wien 1998; *Tod oder Leben oder Die Katze im Bauch des Fliegers*, Hsp., ORF/BR 1998; *das grosse babel,n*, G., Innsbr. 1999; *Felicitas Leitner klärt einen Mord im Schnee*, Hsp., ORF/BR 2001; *Portierisch*, R., Innsbr. 2001.

Schmidt, Arno, geboren am 18. 1. 1914 in Hamburg-Hamm als Sohn eines Polizeiwachtmeisters und Nachfahre schlesischer Weber und Glasbläser. Nach der Volks- und Realschule in Hamburg besuchte er Schulen in Görlitz, wo er 1933 die Reifeprüfung ablegte. Er studierte dann angeblich Mathematik und Astronomie an der Universität Breslau, was er 1934 aus politischen Gründen abbrach. Seit 1934 arbeitete er in der Textilindustrie. 1937 heiratete er Alice Murawski. Von 1940 bis 1945 war er Soldat in Norwegen und an der Westfront. Nach der Entlassung aus britischer Kriegsgefangenschaft arbeitete er 1946 kurze Zeit als Dolmetscher an der Hilfspolizeischule Lüneburg, danach als freier Schriftsteller. Ab November 1958 lebte er zurückgezogen in Bargfeld/Ostheide. Er starb am 3. 6. 1979 in Celle. Schmidt erhielt 1950 den Großen Literaturpreis der Mainzer Akademie für Wissenschaften und Literatur, 1964 den Berliner Fontane-Preis, 1965 die Ehrengabe für Literatur des Kulturkreises im Bundesverband der Deutschen Industrie und 1973 den Goethe-Preis der Stadt Frankfurt.

Schmidt galt seit seiner ersten Publikation *Leviathan* (1949) beim Publikum und bei der Kritik als Außenseiter, während eine kleine engagierte Lesergemeinde ihn zunächst als »geheimen Mittelpunkt« (Alfred Andersch), in seinen letzten Lebensjahren aber als den »Grand Old Man« der Literatur der Bundesrepublik ansah, dessen Leben und Bücher bereits Gegenstand einer eigenen Zeitschrift wurden (»Bargfelder Bote«. Materialien zum Werk Arno Schmidts, 1972 ff., Register zu den Lieferungen 1–50, 1981; 51–100, 1986; 101–200, 1995). Schmidts Werk war von Anfang an auf das Ich des »Solipsisten« (Helmut Heißenbüttel) Schmidt gestellt. Zentrum dieses erzählerischen und essayistischen Kosmos bildete die in allen seinen Büchern mit geringen Varianten und hinter durchsichtigen Masken zu entdeckende Individualität Schmidts, der die Krise verbindlicher epischer Fiktion unterlief, indem er hartnäckig und idiosynkratisch die eigenen Erfahrungen, Gedanken, Meinungen und Interessen zum Fixpunkt seiner Werke und zum Bürgen der Authentizität des Erzählten machte. In den meisten seiner frühen Bücher finden sich zwar Erfahrungen verarbeitet, die Schmidts ganze Generation machen musste (Drittes Reich, Militär, Flucht, Flüchtlingsdasein, ökonomischer Wiederaufstieg, restaurativer Aufbau der Bundesrepublik), doch in *Brand's Haide* (1951), *Aus dem Leben eines Fauns, die Umsiedler* (1953), *Seelandschaft mit Pocahontas* (in: »Texte und Zeichen«, 1955), *Das steinerne Herz* (1956) sind diese reproduzierten allgemeinen sozialen Erfahrungen durchsetzt und überlagert von der Kundgabe und eindringlich-wütenden Darstellung ganz persönlicher Interessen und Wertungen: Die soziale Welt erscheint in den Romanen und Erzählungen weitgehend und trotz eines Detailrealismus, der sie bisweilen zu sehr dichten Dokumenten von Lebensformen, Alltagserfahrungen und Denkweisen des ersten Nachkriegsjahrzehntes macht, als ein unablässig attackiertes Hindernis für das erzählende Ich, seine eigentlichen Wünsche zu realisieren, nämlich Versenkung in die Werke vergessener Autoren der Vergangenheit, Studium von Dichterleben, Niederschrift literarischer Werke.

Die Helden dieser Bücher, leben sie in kleinbürgerlichen Umständen im Dritten Reich oder in der Bundesrepublik Deutschland, in der (durch die historische Maske hindurch die Gegenwart meinenden) Spätantike der Kurzromane *alexander oder was ist wahrheit* (in den *Umsiedlern*) und *Kosmas oder Vom Berge des Nordens* (1955) oder in der als Katastrophen-durchtobt imaginierten Zukunft der Jahre 1960 (*Schwarze Spiegel* in: *Brand's Haide*), 1980 (in: *Kaff auch Mare Crisium*, 1960) oder *2008* (*Die Gelehrtenrepublik*, 1957), sind an ihrer dummen Umwelt leidende, ihr zugleich höhnisch überlegene, intellektuelle Einzelgänger, die sich melancholisch, stur und clever inmitten des sozialen Wahnsinns oder der politischen Katastrophen Freiräume naturwissenschaftlicher, archivalischer oder literarischer Tätigkeit zu erhalten versuchen. Alle erzählenden Werke Schmidts sind entsprechend dem in ihrem Zentrum stehenden, kraftvoll narzisstischen Ich in der Ich-Perspektive geschrieben. Das epische Kontinuum wird aufgesprengt, der zersplitterte Erzählvorgang aus kurzen Abschnitten (»Rastern«), welche die Diskontinuität und Sprunghaftigkeit von Wahrnehmungen, Einfällen, Assoziationen und gelehrten Zitaten aller Art (»ein Tablett glitzernder snapshots«) abbilden sollen, wieder zusammengesetzt. Die innere Kontinuität des Erzählten stiftet das Ich. Schmidts Erzähltechnik zeigt, vor allem in seinen Büchern bis einschließlich *Kaff auch MARE CRISIUM*, eine Nähe zum inneren Monolog, sowohl in den Erzählungen vom Typ *Löchrige Gegenwart* wie auch in denen des Typs *Fotoalbum*, deren Charakter als Modelle für die Darstellung des Problems der »konformen Abbildung von Gehirnvorgängen« er in seiner Prosatheorie *Berechnungen I und II* (in: »Texte und Zeichen«, 1955/56) darlegte.

Sprachlich zeigen sich Schmidts erzählerische Werke zunächst stark vom Expressionismus (Einflüsse von Stramm, Ehrenstein, Döblin) geprägt; die »magere, trainierte Prosa« seiner frühen Bücher, ihr gedrängter, umstandsloser, direkter, Umgangssprache und Dialekt zum Teil in fast fonetisch getreuer Notierung wiedergebender Stil ist durchsetzt von

kühner Bildlichkeit, einer Metaphorik, die ihre überraschenden und liebevollsten Formulierungen bei Natur- und Landschaftsphänomenen (berühmt ist die Zahl seiner Mondmetaphern) zeigt; hier – und auch in der Betonung seiner Vorliebe für Autoren wie Hoffmann, Tieck und Fouqué – erweist sich Schmidt als von der Romantik beeinflusst.
Hatte Schmidt in den Fünfzigerjahren mit gewissem Recht für die aufklärerische, antiklerikale, antimilitaristische Linke reklamiert werden können, so war bei ihm seit etwa 1960 politische Resignation zu bemerken, die schließlich in den Werken der Siebzigerjahre einer teils unpolitischen, teils offen konservativen, die Möglichkeit sozialen Fortschritts bisweilen glatt verhöhnenden Haltung Platz machte. Dem Pessimismus im Sozialen und Kulturellen entsprach dabei eine Verlagerung der aufklärerischen Intentionen auf die Exploration von Sprach- und Bewusstseinsvorgängen, die Schmidt seit *Kaff auch MARE CRISIUM* und dann in dem Erzählband *Kühe in Halbtrauer* (1964) und in dem Riesen-Roman *Zettels Traum* (1970) unter dem Einfluss von James Joyce, Lewis Carroll und vor allem Sigmund Freud betrieb; die »Abbildung von Gehirnvorgängen« wurde nun in die Sprache selbst verlagert.
Vor allem in der Erzählung *Caliban über Setebos* (in: *Kühe in Halbtrauer*), einer aktuellen Version des Orpheus-Mythos, und in *Zettels Traum*, einer mit unzähligen literarischen Zitaten und Anspielungen befrachteten, den Text in drei parallelen Spalten darbietenden Mischung aus Roman und Essay, werden das Ineinanderwirken von bewussten und unbewussten Vorstellungen und Wünschen bis zur doppel- und mehrdeutigen Schreibung der einzelnen Worte vorangetrieben. Schmidts Sprache erreicht hier die größte Nähe zur Sprache von Joyces *Finnegans Wake* (1939). Die Melancholie dessen, der sich in einer zunehmend kultur- und geschichtslosen Zeit als Hüter literarischer Schätze begreift, und zugleich die Wirklichkeitsferne des Dorfbewohners, der in alten Büchern lebt und von der Welt nur noch die Ausschnitte wahrnimmt, die über den Fernsehbildschirm kommen, prägten zunehmend die späten, in einem teils unsäglich derben, teils altfränkisch-artifiziellen Stil geschriebenen Dialog-Romane *Die Schule der Atheisten* (1972) und *Abend mit Goldrand* (1975). Das Tradieren kultureller Güter, die Kunst und die Fähigkeit der Fantasie als »das oberste Göttliche« gelten als die höchsten Werte, die bedroht sind von der Dummheit der Politiker und der disziplinlosen, sexbesessenen Jugend. Die Welt wird gesehen als ein von Geilheit, Faulheit und Narretei durchtobtes Irrenhaus, in dem es Inseln der Kulturbewahrung und des literarischen Schaffens gibt, die von altersweisen, fleißigen und entsagenden Patriarchen regiert werden. Das letzte Werk, der Typoskript-Roman *Julia, lass das!*, blieb ein Fragment von etwa 100 Seiten.
Parallel zu seiner erzählerischen Arbeit betrieb Schmidt die Arbeit als literarhistorischer Forscher (Biografie *Fouqué und einige seiner Zeitgenossen*, 1958, erw. 1959), als Psychoanalytiker von Schriftstellern (*Sitara und der Weg dorthin. Eine Studie über Wesen, Werk & Wirkung Karl May's*, 1963; die Erörterung über Poe in *Zettels Traum*), als Propagator verschollener oder bekannter, aber neu zu interpretierender Autoren (vier Bände mit Radio-Essays in Dialogform) und vor allem als Übersetzer von Werken der englischen und amerikanischen Literatur, die er zunächst ganz neutral und korrekt, dann aber – seit den Übersetzungen eines Großteils der Werke Edgar Allen Poes in den Sechzigerjahren – zunehmend unter Einbringung seiner eigenen stilistischen Eigentümlichkeiten und Obsessionen ins Deutsche übertrug.
Das Werk Schmidts, der Erzähler, Archivar, Psychoanalytiker und Übersetzer in Personalunion war, ist von einer in der deutschen Nachkriegsliteratur einmaligen Vielfalt und Komplexität und von stupender Gelehrsamkeit. Es ist das Werk eines Autors, der sowohl weltabgewandter Träumer (mit den Autoren der deutschen Romantik als Göttern und Inspiratoren) wie auch dem Expressionismus huldigender, sprachlich aggressiver Benenner zeitgenössischer Wirklichkeit ist, und der heute nicht zuletzt ob seines Detailrealismus als einer der präzisesten Chronisten Nachkriegs-(West-)Deutschlands gelesen werden kann. Politisch steht Schmidt in den Fünfzigerjahren einem modernen Jakobinertum nahe, bewegt sich dann aber in den Sechzigerjahren in eine sprachkünstlerische, Mythen aktualisierende und die Literatur psychoanalytisch deutende Monomanie hinein, die ihn nun zu einem kulturkonservativen Pessimisten und einem Zitate aus allen Arten von Literatur amalgamierenden Montagekünstler macht, den man in der Nähe postmoderner ironischer Erzähl- und Weltdarstellungsverfahren rücken muss. Er kann in der Tat als das deutsche Pendant zu James Joyce gelten und ist zugleich nur einem Autor in der deutschen Literatur vergleichbar: Jean Paul.
In dem Maße, wie auch die frühesten Arbeiten Schmidts, die Gedichte, Erzählungen und Dialoge

aus den Dreißiger- und der ersten Hälfte der Vierzigerjahre, in den von der 1982 gegründeten Arno-Schmidt-Stiftung betreuten Editionen der Öffentlichkeit zugänglich werden, zeigt sich immer deutlicher, dass gerade jener schneidende Realismus, jene übermütig-bösartige Nüchternheit, die seine Texte der Zeit um 1950 auszeichnet, von ihm erst während des Krieges erworben wurde. Seine Erzählungen aus der Zeit seiner Tätigkeit als Lagerbuchhalter in der Textilindustrie zeigen einen zwar bisweilen witzig selbstbewussten, aber eher verschwärmten Jüngling, der sich in ein »inneres Reich« (der Ausdruck kommt 1940 sogar bei ihm selbst vor) flüchtete, das ausstaffiert ist mit Erzählungen in der Nachfolge E. T. A. Hoffmanns, Tiecks, Stifters u.a. Aus den literarischen Träumereien jener Erzählungen aus der Vorkriegszeit führen allerdings doch motivliche Verbindungen zum unversöhnlicheren Ton der Nachkriegs-Texte. Schmidt war in seine spezifische »innere Emigration« geraten, erwachte dann aber, nicht zuletzt wütend über die Nazi- und Soldatenjahre, in der ihm der Mund verboten und die Zeit gestohlen worden waren, zu einer nüchterneren, unversöhnlichen Einschätzung der Realität und zum Mut, sie so wütend und rücksichtslos zu benennen wie sonst kaum ein Autor der ersten Jahre nach 1945. Der wahrscheinlich 1943/44 entstandene, von Arno-Schmidt-Kennern aufs höchste bewunderte Text *Pharos oder Von der Macht der Dichter* bezeichnet die Wende zu einer harten, so kaltblütigen wie temperamentvollen und offenbar auch von starken Konflikten getriebenen, Konflikte auch zulassenden Schreibweise, wie sie die gedrückte Zurückgezogenheit und Vorsicht den Autoren im Dritten Reich und auch Arno Schmidt nicht erlaubt hatte.

Befürchtungen, der Autor werde nach seinem Tode in Vergessenheit geraten, haben sich nicht bewahrheitet. Nicht nur ein Streit um die Rechte an seinem Werk sorgte in den Achtzigerjahren für Aufmerksamkeit; in einem nicht explosiven, aber stetigen Prozess steigender Absatzzahlen, zu der sowohl die Politik erschwinglicher Reprinte der Originalausgaben wie auch diverser Taschenbuch-Ausgaben und von Studien-Ausgaben in Zusammenhang mit der Vorbereitung einer Gesamtausgabe und neuerdings – nach der Verlagerung der Werkrechte zum Suhrkamp-Verlag im Jahr 2000 – die Verwertungsstrategie des Frankfurter Verlagshauses beitragen, spiegelt sich wohl auch das Auftauchen einer jüngeren Generation von Schmidt-Lesern. Arno Schmidt ist ein moderner Klassiker geworden, ein »steady seller« (wenn auch kein Bestseller), der weniger von der Universitätsgermanistik als vielmehr meist von einer Art semiprofessioneller Popularphilologie erschlossen und gedeutet wird, sowohl über die Website einer »AS mailing list« einer »Gesellschaft der Arno-Schmidt-Leser« wie auch in zwei ausschließlich seinem Werk gewidmeten Zeitschriften und in drei Schriftenreihen, welche monografische Arbeiten zu seinem Werk publizieren. Im Ausland ist Schmidt in Frankreich bemerkenswerterweise erfolgreicher als in den USA und Großbritannien; von 1962 bis 2002 wurden in Frankreich neun Titel Arno Schmidts, von *Scènes de la vie d'faune* über *Soir bordé d'or* bis zu *Le coeur de pierre* veröffentlicht, erstaunlich intensiv besprochen und vergleichsweise gut verkauft. Ein erheiterndes Paradox bleibt indes, dass jenes Buch, mit dem er am bekanntesten wurde, nämlich *Zettels Traum*, zwar inzwischen, insbesondere nach einer Taschenbuchausgabe im Jahre 2002, auch in fast 20000 Exemplaren verbreitet, aber dennoch das am wenigsten gelesene seiner Bücher ist; sogar Schmidt-Fans scheinen eher einen Bogen zu machen um dieses Riesenformat.

Jörg Drews

Werke: *Leviathan*, En., Hbg. 1949; *Brand's Haide*, En., Hbg. 1951; *Die Umsiedler. 2 Prosastudien*, Ffm. 1953; *Aus dem Leben eines Fauns*, Kurz-R., Hbg. 1953; *Kosmas oder Vom Berge des Nordens*, Kurz-R., Kref. 1955; *Seelandschaft mit Pocahontas*, in: »Texte und Zeichen«, H. 1, 1955; *Berechnungen I*, in: »Texte und Zeichen«, H. 1, 1955; *Nichts ist mir zu klein. Eine Sendung zum Gedächtnis an den Lyriker Barthold Heinrich Brockes*, Funkdialog, SDR 1955; *Anachronismus als Vollendung. Zum Gedächtnis an Friedrich Baron de la Motte Fouqué*, Funkdialog, SDR 1955; *Berechnungen II*, in: »Texte und Zeichen«, H. 1., 1956; *Das steinerne Herz. Historischer Roman aus dem Jahre 1954*, Karlsruhe 1956; *Der vorletzte Großmystiker. Versuch über Karl May*, Funkdialog, SDR 1956; *Treffpunkt für Zauberer. Arno Schmidt besichtigt »Die Insel Felsenburg«*, Funkdialog, SDR 1956; *Die Gelehrtenrepublik. Kurzroman aus den Rossbreiten*, Karlsruhe 1957; *Dya Na Sore – Blondeste der Bestien. Bericht über eine verschollene Utopie*, Funkdialog, SDR 1957; *Wieland oder die Prosaformen. Ein erdachtes Gespräch*, Funkdialog, SDR 1957; *Die Schreckensmänner. Eine Studie zum 200. Geburtstag von Karl Philipp Moritz*, Funkdialog, SDR 1957; *Klopstock oder Verkenne dich selbst. Aspekte eines unbekannten Dichters*, Funkdialog, SDR 1957; *Die Meisterdiebe. Vom Sinn und Wert des Plagiats*, Funkdialog, SDR 1958; *Der Letzte des Hainbundes. Arno Schmidt entdeckt Samuel Christian Pape*, Funkdialog, SDR 1958; *Vom neuen Großmystiker. Karl Mays Platz in der Hochliteratur. Vorschlag zu einer Revision*, Funkdialog, HR 1958; *Herder oder Vom Primzahlmen-*

schen, Funkdialog, SDR 1958; *Der sanfte Unmensch. Eine unorthodoxe Rückschau auf den »Nachsommer« von Adalbert Stifter*, Funkdialog, SDR 1958; *Fouqué und einige seiner Zeitgenossen. Biografischer Versuch*, Darmst. 1958; *Dya Na Sore. Gespräche in einer Bibliothek*, Karlsruhe 1958; *1770–1870. Heinrich Albert Oppermanns Zeit- und Lebensbilder aus drei Generationen*, Funkdialog, SDR 1959; *Belphegor oder: Wie ich euch hasse*, Funkdialog, HR 1959; *Johannes von Müller oder Vom Gehirntier*, Funkdialog, SDR 1959; *Fünfzehn oder: Vom Wunderkind der Sinnlosigkeit. Arno Schmidt berichtet über Ludwig Tieck*, Funkdialog, SDR 1959; *Rosen & Porree*, Sammelbd., Karlsruhe 1959; *Kaff auch MARE CRISIUM*, R., Karlsruhe 1960; *Bericht vom Nichtmörder. Charles Dickens*, Funkdialog, SDR 1960; *Angria und Gondal. Der Traum der taubengrauen Schwestern. Bericht über die Geschwister Brontë*, Funkdialog, SDR 1960; *Das Geheimnis von »Finnegans Wake«. Eine Untersuchung des Spätwerks von James Joyce*, Funkdialog, SDR 1960; *Stanislaus Joyce: Meines Bruders Hüter*, Übs., Ffm. 1960; *Stanley Ellin: Sanfter Schrecken*, Übs., Stg. 1961; *Der Triton mit dem Sonnenschirm. Überlegungen zu einer Lesbarmachung von »Finnegans Wake« von James Joyce*, Funkdialog, SDR 1961; *Belphegor. Nachrichten von Büchern und Menschen*, Karlsruhe 1961; *James F. Cooper: Conanchet oder die Beweinte von Wish-Ton-Wish*, Übs., Stg. 1962; *William Faulkner: New Orleans. Skizzen und Erzählungen*, Übs., Stg. 1962; *Nobodaddy's Kinder*, Trilogie (enth. *Aus dem Leben eines Fauns, Brand's Haide, Schwarze Spiegel*), Reinbek 1963; *Sitara und der Weg dorthin. Eine Studie über Leben, Werk & Wirken Karl Mays*, Karlsruhe 1963; *Der sanfte Unmensch*, Ausw. aus *Dya Na Sore*, Ffm. 1963; *Ein unerledigter Fall. Zum 100. Geburtstag von Gustav Frenssen*, Funkdialog, SDR 1963; *Stanislaus Joyce: Das Dubliner Tagebuch des Stanislaus Joyce*, Übs., Ffm. 1964; *Kühe in Halbtrauer*, En., Karlsruhe 1964; *Wilkie Collins: Die Frau in Weiß*, Übs., Stg. 1965; *Die Ritter vom Geist. Von vergessenen Kollegen*, Karlsruhe 1965; *Der Ritter vom Geist. Karl Gutzkow und das Junge Deutschland*, Funkdialog, HR 1965; *Und dann die Herren Leutnants. Vor 100 Jahren erschien Adalbert Stifters »Witiko«*, Funkdialog, HR 1965; *Eine Schuld wird beglichen: Quinctius Heymeran von Flaming*, Funkdialog, HR 1966; *Edgar Allan Poe: Werke*, 4 Bde., Übs., Olten 1966–1973; *Trommler beim Zaren*, En. u. Ess., Karlsruhe 1966; *Das Buch Jedermann. James Joyce zum 25. Todestage*, Funkdialog, DLF 1966; *Der Mann, der Wilkie Collins war. Arno Schmidt auf den Spuren eines verschollenen Viktorianers*, Funkdialog, NDR 1966; *Der Triton mit dem Sonnenschirm. Großbritannische Gemütsergetzungen*, Funkdialoge u. Ess., Karlsruhe 1969; *Zettels Traum. Arno Schmidt kommentiert sein neues Buch. Das Panorama/Marginalien & Proben*, Funkess., NDR/SFB 1969; *Was wird er damit machen? Nachrichten aus dem Leben eines Lords*, Funkdialog, WDR 1969; *Zettels Traum*, R., Stg. 1970; *Edward Bulwer-Lytton: Was wird er damit machen? Nachrichten aus dem Leben eines Lords*, Übs., Ffm. 1971; *... denn »wallflower« heißt »Goldlack«. Versuch über Edward Bulwer-Lytton*, Funkdialog, HR 1971; *Die Schule der Atheisten, Novellen = Comödie in sechs Aufzügen*, R., Ffm. 1972; *Edward Bulwer-Lytton: Dein Roman. 60 Spielarten englischen Daseins*, Übs., Ffm. 1973; *Der Vogelhändler von Imst. Gespräch über Carl Spindler sowie über die Historie im Roman*, Funkdialog, SWF/SDR/SR 1974; *Abend mit Goldrand. Eine Märchen-Posse. 55 Bilder aus der Ländlichkeit für Könner der Verschreib-Kunst*, Ffm. 1975; *James F. Cooper: Satanstoe. Bilder aus der amerikanischen Vergangenheit I*, Übs., Ffm. 1976; *James F. Cooper: Tausendmorgen. Bilder aus der amerikanischen Vergangenheit II*, Übs., Ffm. 1977; *Vorläufiges zu Zettels Traum*, Kass. mit 2 Schpl. u. Textb., Ffm. 1977; *James F. Cooper: Die Roten. Bilder aus der amerikanischen Vergangenheit III*, Übs., Ffm. 1978; *Aus julianischen Tagen*, Ffm. 1979; *Berechnungen III*, in: »Neue Rundschau«, H. 1, 1980; *Aus dem Leben eines Fauns*, Kurz-R., Ausw. v. Hubert Witt, Lpz. 1981; *Vom Grinsen des Weisen*, Funk-Ess., Ausw. v. Bernd Leistner, Lpz. 1982; *Julia oder die Gemälde. Scenen aus dem Novecento*, Zür. 1983; *Dichtergespräche im Elysium. Aufgezeichnet von Arno Schmidt*, hg. v. Alice Schmidt u. J. P. Reemtsma, Zür. 1984; *Deutsches Elend. 13 Erklärungen zur Lage der Nation. Aufsätze zu Politik und Kunst aus den Jahren 1956–1963*, hg. v. Bernd Rauschenbach, Zür. 1984; *... denn »Wallflower« heißt »Goldlack«, Drei Nachtprogramme*, Funk-Ess., Zür. 1984; *Arno Schmidts Arbeitsexemplar von Finnegans Wake by James Joyce*, Zür. 1984; *Briefe an Werner Steinberg. 16 Briefe aus den Jahren 1954–57*, Zür. 1985; *Das erzählerische Werk in 8 Bänden*, Zür. 1985; *Atheist? – Allerdings. Eine offene Kampfschrift*, Faltblatt, Zür. 1985; *Wu Hi? A. S. in Lauban, Görlitz, Greiffenberg. Poetische u. biografische Texte und Dokumente*, Zür. 1986; *Briefwechsel mit Alfred Andersch*, Zür. 1986; *Briefwechsel mit Wilhelm Michels*, Zür. 1987; *Prozesse 1 und 2. In Sachen Arno Schmidt*, hg. u. komment. v. J. P. Reemtsma, Zür. 1987; *Das Leptothe = Herz. 16 Erklärungen zur Lage der Literaturen*, hg. v. Bernd Rauschenbach, Zür. 1987; *Bargfelder Kassette*, 8 Bde., Zür. 1988; *Fiorituren & Pralltriller. Randbemerkungen zur ersten Niederschrift von Caliban über Setebos*, Zür. 1988; *Sommermeteor. 23 Kurzgeschichten*, Ffm. 1988; *Was heißt hier konservativ?*, Faltblatt, Zür. 1988; *A. S.s Wundertüte. Eine Sammlung von fiktiven Briefen aus den Jahren 1948/49*, Zür. 1989; *Griechisches Feuer. 13 historische Skizzen*, hg. v. Bernd Rauschenbach, Zür. 1990; *Stürenberg und andere Geschichten*, hg. v. Bernd Rauschenbach, Zür. 1990; *Nebenmond und rosa Augen. 16 Geschichten*, hg. v. Bernd Rauschenbach, Zür. 1991; *Der Platz, an dem ich schreibe. 17 Erklärungen zum Handwerk des Schriftstellers*, hg. v. Bernd Rauschenbach, Zür. 1993; *Leviathan oder Die Beste der Welten. Faksimile der Handschrift mit zwei Transkriptionen*, Zür. 1994; *Arno Schmidts Lilienthal 1801 oder Die Astronomen. Fragmente eines nicht geschriebenen Romans*, Zür. 1996; *»Lesen ist schrecklich!« Das Arno-Schmidt-Lesebuch*, hg. v. Peter Rühmkorf, Zür. 1997; *Arno Schmidts »Seelandschaft mit Pocahontas«. Zettel und andere Materialien*, Zür. 2000; *Brüssel/Die Feuerstellung. Zwei Fragmente. Faksimile der Handschriften mit Transkription*, Ffm. 2002.

Seit 1986 erscheint: Bargfelder Ausgabe (BA) der Werke Arno Schmidts, Werkgruppe I: Romane Erzählungen,

Gedichte Juvenilia, Werkgruppe II: Funkdialoge (1990 ff.), Werkgruppe III: Essays und Biografisches (1993 ff.), Werkgruppe IV: Das Spätwerk (nicht mehr als Faksimile des Originals, sondern in normalem Drucksatz) 1994 ff. ist noch nicht vollständig; es fehlt *Zettels Traum*.

Schmidt, Jochen, wurde am 9. 11. 1970 in Ost-Berlin geboren. Er studierte zuerst Informatik, dann Germanistik und Romanistik an der Humboldt-Universität in Berlin. Er ist Teil der »Chaussee der Enthusiasten«, einer Gruppe von sechs jungen Autoren, die seit Oktober 1999 wöchentlich im Friedrichshainer »RAW-Tempel« neue Texte vortragen. 1999 war er Preisträger beim »Open Mike«-Wettbewerb der LiteraturWERKstatt Pankow und 2002 gewann er den Publikumspreis beim »Steirischen Herbst« in Graz.

Die Unbekümmertheit und Pointensicherheit seines Erzählens, die in vielen Kritiken hervorgehoben werden, hat sich Jochen Schmidt auf deutschen Lesebühnen erworben. Viele seiner komischen, mit den Paradoxien des Alltags spielenden Geschichten scheinen auch im Hinblick auf eine Hörerschaft geschrieben worden zu sein; sein Ich-Erzähler setzt dabei auf O-Ton, knappe Dialoge, stimmungsvolle Kulissen und gemeinsame Erfahrungen von Lust und Liebe, Kindheit und Schule, Reisen und Musik. *Seine großen Erfolge* (2003) versammelt diese selbstironischen und unprätentiösen Kabinettstückchen, die mit Alltagssprache und lässigem Gestus die zentralen Fragen unserer Existenz angehen: »Ich habe keine Erkenntnis über die Welt. Ich kann mich nur in Details äußern.« Ähnlich süffisant erscheint die Erzählhaltung in seinem ersten Roman, *Müller haut uns raus* (2002), in dem Schmidt aus den ersten Nachwendejahren erzählt und dabei sein literarisches Alter Ego, einen Heiner-Müller-Epigonen und schlechten Punkgitarristen, in die weite Welt schickt. Schmidts episodisches Erzählen verknüpft Erfahrungen von Verlierertypen mit Sentimentalitäten in der Rückschau auf die DDR; die Neunzigerjahre werden auch als Zeit der Verluste beschrieben. Die Vergangenheitsseligkeit seiner Erzähler überzeugt am stärksten in den Oderbruch-Geschichten seines Debütbandes *Triumphgemüse* (2000), in denen Schmidt, wie zum Beispiel in *Harnusch mäht als wärs ein Tanz*, einer allmählich verschwindenden Welt ein poetisches Denkmal setzt.

Thomas Kraft

Werke: *Triumphgemüse. Geschichten*, Mü. 2000; *Asphaltpoeten. Eine Live-CD*, zus. m. Falko Hennig, Wladimir Kaminer u. Dan Richter, Zür. 2001; *Müller haut uns raus*, R., Mü. 2002; *Seine großen Erfolge*, En., Mü. 2003.

Schmidt, Kathrin, geboren am 12. 3. 1958 in Gotha, aufgewachsen in Waltershausen in Thüringen, studierte von 1976 bis 1981 Sozialpsychologie in Jena und nahm im Hinblick auf ihre Schriftstellerinnen-Ausbildung 1986/87 an einem »Sonderkurs für Autorinnen und Autoren« am Johannes-R.-Becher-Institut in Leipzig teil. Sie arbeitete als Diplompsychologin, Redakteurin und Sozialwissenschaftlerin. Kathrin Schmidt lebt in Berlin. Für ihre Gedichte erhielt sie 1993 den Leonce-und-Lena-Preis, 1994 den Lyrikpreis der Stadt Meran sowie 1997 den Förderpreis zum Hans-Erich-Nossack-Preis des Bundesverbands der Deutschen Industrie und 1999 den Förderpreis zum Christine-Lavant-Preis. Für ihre Prosa wurde sie 1998 mit dem Förderpreis des Heimito-von-Doderer-Preises und beim Ingeborg-Bachmann-Wettbewerb mit dem Preis des Landes Kärnten ausgezeichnet, 2003 folgte der Annette-von-Droste-Hülshoff-Preis der Stadt Meersburg.

Unter den aus der DDR stammenden Autorinnen und Autoren der mittleren Generation nimmt die Lyrikerin und Prosa-Autorin Kathrin Schmidt eine Sonderstellung ein. Zum einen erinnern ihre Romane in ihrer unbedingten Lust am Fantastischen und ihrer teils bizarren Komik an eine literarische DDR-Tradition, für die die auch den Rahmen der Konvention sprengende Roman-Autorin Irmtraud Morgner als Schirmherrin einstehen könnte; in der westdeutschen Literaturentwicklung gibt es für eine in dieser Weise der Macht und den Notwendigkeiten der literarischen Fantasie verpflichtete Schreibhaltung keine Entsprechung. Zum anderen aber hat Kathrin Schmidt auch nach der Wende keine Gelegenheit gesucht, sich in ihrer literarischen Arbeit exponiert westlichen Schreibstilen anzunähern: In der Lyrik wie in der Prosa stehen ihre Texte nach wie vor ganz für sich.

Nach einer ersten eigenständigen Lyrik-Publikation in der traditionsreichen DDR-Reihe »Poesiealbum« (Nr. 179) wurde Kathrin Schmidt durch den Band *Ein Engel fliegt durch die Tapetenfabrik* (1987) zunächst als Lyrikerin bekannt. Nach der Vereinigung von DDR und BRD folgten *Flußbild mit Engel* (1995) sowie zuletzt *GO-IN der Belladonnen* (2000) – Gedichtsammlungen, deren Texte intensiv mit den Themen Körper, Sprache, Geschlecht und Geschichte befasst sind. In ihrer inhaltlich weit gefächerten, zumeist gegenständlichen Metaphorik wie auch in ihren für Kathrin Schmidts poetischen Stil charakteristischen Verknappungen und Assoziations-Sprüngen reflektieren sie auf einen Leser, der ihrem inneren Mäandern mit seinem eigenen Assoziationsreichtum folgt; andernfalls wird ihm die poetische Mitteilung unter der teils hermetisch erscheinenden Eigensprache zwangsläufig verborgen bleiben. Kathrin Schmidts Gedichte sind Verständigungsangebote, die einen aktiven, selbst auch poetisch denkenden Kommunikationspartner voraussetzen. Gleichzeitig aber bilden sie im handwerklichen Sinne das sprachlich-metaphorische Erkundungsgelände für Kathrin Schmidts Prosa, auf dem Themenfelder angerissen, komprimiert und in ihrer literarischen Reichweite ausgelotet werden können.

Mit der *Gunnar-Lennefsen-Expedition* (1998), ihrem nicht nur dem Umfang nach nachgerade barocken Roman-Erstling, verzeichnete Kathrin Schmidt ihren literarischen Durchbruch in der deutschsprachigen Literatur. Ein ganzes Jahrhundert umgreift diese Familien-Geschichts-Exkursion der schwangeren Johanna Schlupfburg und ihrer Urgroßmutter Therese, die durch Kriege und Vertreibungen ebenso führt wie durch die wechselvolle Geschichte von vier Familien, in denen die Frauen Mütter unehelicher Kinder werden und die Männer abhanden kommen. Erotik, Lust und Körper sind hier die Themen, die auch durch die politischen Schrecknisse der Realgeschichte ihrer Wirksamkeit nicht beraubt werden. Kathrin Schmidts zweiter Roman, *Koenigs Kinder* (2002) perfektioniert dagegen die immer auch poetisch sprachmächtige Erzählweise der *Gunnar-Lennefsen-Expedition* in einer nun deutlich strenger gefassten Form. In der räumlichen Begrenztheit eines Ost-Berliner Wohnviertels im Sommer 2000 vernetzen sich hier die Lebensgeschichten von acht Figuren. Sie repräsentieren nicht nur alle Formen menschlicher Existenzweisen von der homosexuellen Beziehung eines Männerpaars über die herkömmliche Ehe bis zum Alleinleben einer zusehends mit ihrem Dasein über Kreuz geratenden Lehrerin, spontane Zufallsbeziehungen eingeschlossen. Zugleich fassen sie in den Lebensgeschichten auch die Substanz wie die verheerenden Folgen des Lebens in einer Diktatur in der zweiten Hälfte des 20. Jahrhunderts: diejenige der DDR mitsamt ihrer sowjetischen Vorgeschichte. Wer nach einem Zeitroman zum inneren Verständnis der Verwerfungen der deutschen Geschichte innerhalb der letzten 50 Jahre fragt, wird durch *Koenigs Kinder* weit mehr von den (zumal unverschuldeten) Auswirkungen von »Geschichte« auf die individuelle Biografie erfahren als durch noch so kontingente historisch-politische Analysen. Kathrin Schmidt hat sich so mit ihren beiden Romanen als psychosoziale Historiografin auch in die absehbar noch weit über die politische Vereinigung hinaus anhaltende, innere Trennungsgeschichte der ehemaligen beiden deutschen Staaten eingeschrieben.

Frauke Meyer-Gosau

Werke: *Poesiealbum 179*, G., Ost-Bln. 1982; *Ein Engel fliegt durch die Tapetenfabrik*, G., Ost-Bln. 1987; *Flussbild mit Engel*, G., Ffm. 1995; *Die Gunnar-Lennefsen-Expedition*, R., Köln 1998; *GO-IN der Belladonnen*, G., Köln 2000; *Drei Karpfen blau*, E., Bln. 2000; *Totentanz*, G., Lpz. 2001; *Koenigs Kinder*, R., Köln 2002.

Schmitter, Elke, wurde am 25. 1. 1961 in Krefeld geboren. Nach dem Studium der Philosophie an der Universität München, das sie 1984 mit einer Magisterarbeit zum Thema *Die Ethik des Möglichen. Untersuchungen zum Verhältnis von Psychologie und Moral anhand ausgewählter Konzepte der Psychoanalyse* abgeschlossen hat, wandte sie sich dem Journalismus zu. Von 1992 bis 1994 war sie Chefredakteurin der »tageszeitung (taz)«. Danach arbeitete sie als freie Autorin vor allem für die Wochenzeitung »Die Zeit« und die »Süddeutsche Zeitung«. Seit 2001 gehört sie der Redaktion des Nachrichtenmagazins »Der Spiegel« an.

1982 debütierte Schmitter mit dem Gedichtband *Windschatten im Konjunktiv*, von dem allerdings nur wenige Exemplare verkauft wurden. Mit *Und grüß' mich nicht unter den Linden* veröffentlichte sie 1998 literarische Essays über Heinrich Heine. Doch erst mit ihrem Romandebüt *Frau Sartoris* (2000) gelang es ihr, sich als Schriftstellerin zu etablieren. Dieser Roman handelt von einer Provinzschönheit, die in die Jahre kommt, ihrer leidenschaftslosen Ehe, ihrem auch sonst tristen Leben in einer westdeutschen Kleinstadt in den Sechzigerjahren und ihrem Versuch, der Enge mit ihrem Geliebten zu entfliehen. Weil er sie im Stich lässt, wird sie schließlich zur Mörderin. Schmitter adaptiert und modifiziert die Grundkonstellation von drei berühmten Romanen des 19. Jahrhunderts: Flauberts *Madame Bovary*, Tolstois *Anna Karenina* und Fontanes *Effi Briest*. Sie übernimmt das Motiv einer weiblichen Identität, die bei allem Emanzipationsstreben auf ein männliches Gegenüber fixiert bleibt, ersetzt aber den männlichen Erzähler durch einen weiblichen. Bei ihr stirbt am Ende auch nicht die Frau, sondern ein Mann. Dagegen haben sich die Protagonistinnen von Schmitters zweitem Roman *Leichte Verfehlungen* (2002) nicht nur äußerlich, sondern auch innerlich emanzipiert. Sie sind Akademikerinnen, finanziell unabhängig und leben nicht in der Provinz, sondern im West-Berlin der Neunzigerjahre. Sie treffen sich auf Partys, Ausstellungseröffnungen, in Cafés, führen miteinander lange Telefonate und sprechen dabei vorzugsweise über Derrida, Luhmann, Rorty, Vattimo oder Wittgenstein. Auch mit ihrem zweiten Roman knüpft Schmitter bewusst an die literarische Tradition an, diesmal vor allem an die des englischen Gesellschaftsromans.

Gunther Nickel

Werke: *Windschatten im Konjunktiv*, Siegen 1982; *Und grüß' mich nicht unter den Linden*, Ess., Mü.1998; *Frau Sartoris*, R., Bln. 2000; *Leichte Verfehlungen*, R., Bln. 2002.

Schneider, Hansjörg, wurde am 27. 3. 1938 in Aarau geboren und wuchs in Zofingen/Aargau auf. Er studierte in Basel Germanistik, Geschichte und Psychologie und promovierte 1966 mit einer Arbeit über Jakob van Hoddis. Er lebt heute als freischaffender Schriftsteller in Basel. Er erhielt 1976 den Welti-Preis, 1986 den Aargauer und den Basler Literaturpreis, 1998 den Wetzlarer Fantastikpreis.
Erste Veröffentlichungen von Hansjörg Schneider erschienen in den Sechzigerjahren, u.a. in der Basler »National Zeitung« unter dem Pseudonym Peter Fischschwanz. Dieser Name verwies nicht nur auf die hydrophile Sehnsucht seiner späteren Romanfiguren (und ihres Autors), Peter Fischschwanz wurde vom Pseudonym selbst zur Figur in Schneiders erstem Roman *Der Bub* (1976).
Erste Bekanntheit erlangte der Autor jedoch als Dramatiker. 1972 wurde am Zürcher Schauspielhaus das *Sennentuntschi* uraufgeführt – und zog einen Skandal nach sich. Schneider bediente sich einer alpenländischen Sage, wonach Alphirten sich zur sexuellen Erleichterung eine Strohpuppe (das »Tuntschi«) basteln. Die Puppe erwacht zum Leben und die drei Hirten durchleben ein Wechselbad von Lust und schlechtem Gewissen. Kurz vor dem Alpabgang wollen die Männer die Puppe loswerden, ohne allerdings die Rechnung mit dem Tuntschi gemacht zu haben, das einem der drei kurzerhand die Haut vom Leib zieht. Schneider avancierte in den Siebziger- und Achtzigerjahren neben Max Frisch und Friedrich Dürrenmatt zu den meistgespielten Dramatikern in der Schweiz. *Der Erfinder* (1973 uraufgeführt) wurde 1981 in einer Inszenierung von Kurt Gloor erfolgreich verfilmt.
Der Erfolg des Dramatikers verdeckte den Romancier: *Lieber Leo* (1980), Schneiders zweiter Roman, wurde nur wenig zur Kenntnis genommen. Der Abschiedsbrief an den toten Freund Leo, in dem die gescheiterte Beziehung des Schreibers mit Bea erzählt wird, erweist sich zugleich als schmerzliche Identitätssuche. Rückblickend betrachtet finden sich in diesem Briefroman Stilelemente und Motive, mit denen sich der Autor bis heute auseinander setzt.
Spannungsmomente und rasantes Erzähltempo zeichnen die vier Hunkeler-Krimis (ab 1993) aus, Abschiedspanik und radikale Selbstanalyse kehren in *Nachtbuch für Astrid* (2000), Schneiders persönlichstem Buch, wieder. Mit dem Basler Kommissär Hunkeler schuf der Autor eine Figur, die in seiner störrischen, bärbeißigen Art an Friedrich Glausers *Wachtmeister Studer* erinnert. Ein altmodischer Mensch, der sich weniger für Fingerabdrücke und mehr für die Menschen interessiert, Fälle nicht mithilfe der Spurensicherung und Informatik, sondern mit »menschlicher Neugier« löst. In die Zeit der Kriminalromane (*Silberkiesel*, 1993; *Flattermann*, 1995; *Das Paar im Kahn*, 1999; *Tod einer Ärztin*, 2001), die sich ebenso als Gesellschaftsspiegel lesen lassen, fiel auch Schneiders bisher poetischstes und tiefgründigstes Buch: *Wasserzeichen* (1997). Moses Binswanger, wegen Mordes in einer psychiatrischen Anstalt untergetaucht, schreibt um sein Leben. Seine Autobiografie wird zur Verteidigungsschrift: Überführt man ihn in ein Gefängnis, müsste er an Wassermangel sterben. Im Teich der Anstalt hydriert er seine Wunde, das »Wasserzeichen«, wie er es schon seit seiner Kindheit tut. Und was den Mord betrifft, rechtfertigt sich Binswanger: »Susi Häggi hat den Tod selbst gesucht, das Eindämmern im Wasser, hängend an meinem Leib, den Kiesgrund des Rheins entlangtreibend. Sie wollte segeln zwischen Oberfläche und Grund, einschweben in das Wasserreich des Todes, bis sie leblos in meinen Armen lag.« Die Rollenprosa in *Wasserzeichen* führt in die Welt der Sagen und Märchen, sie reicht aber auch in die Gefilde der Satire. Im Nachwort zu Schneiders Erzählband *Im Café und auf der Straße* (2002) charakterisierte Beatrice von Matt das Werk des Autor treffend: »Seelenwissen und Sprachwissen bringt dieser Schriftsteller glücklich zusammen. Insofern er aber von der Realität ausgeht und nicht

von der Sprache, führt er – in seinem sehr modernen Werk – eine große schweizerische Tradition weiter, eine Erzählkultur, wie sie die von ihm bewunderten Hans Morgenthaler und Friedrich Glauser gepflegt haben.«

Markus Bundi

Werke: *Leköb*, En., Stg. 1970; *Die Ansichtskarte*, E., Zür. 1972; *Sennentuntschi*, Theaterst., UA Zür. 1972; *Brod und Wein*, Theaterst., UA Zür., 1973; *Die Schlummermutter. Das Leben und die Ansichten einer alten Frau, aufgezeichnet von Hansjörg Schneider*, Pr., Basel 1973; *Der Erfinder*, Theaterst., UA Zür. 1973; *Robinson lernt tanzen*, Theaterst., UA Basel 1974; *Der Brand von Uster (nach Jakob Stutz)*, Theaterst., UA Köln 1975; *Der Schütze Tell*, Theaterst., UA Krems 1975; *Der Bub*, R., Basel 1976. *Die Schlummermutter*, Theaterst., UA Basel 1976. *Rotkäppchen spielen*, Theaterst., UA Hdbg. 1977; *Das Kalbsfell*, Theaterst., UA Malakoff bei Paris 1978; *Der liebe Augustin*, Theaterst., UA Zür. 1979; *Lieber Leo*, R., Zür. 1980; *Ein anderes Land*, En., Zür. 1982; *Lysistrate*, Theaterst., UA Zür. 1982; *Züglete*, Theaterst., UA Zür. 1982; *Wüstenwind. Notizen November 1982–April 1983*, P., Zür. 1984; *Altwiibersommer*, Theaterst., UA Bern 1984; *Orpheus. Szenen aus dem Hades*, Theaterst., UA Zür. 1985; *Heimkehr in die Fremde. Reportagen*, P., Zür. 1986; *Die Schöne und das Tier*, Theaterst., UA Winterthur 1986; *Die Theaterfalle*, Theaterst., UA Basel 1988; *Das kalte Herz*, Theaterst., UA Zür. 1988; *Der Wels*, R., Frauenfeld 1988; *Der Prinz von Abessinien*, Theaterst., UA Aarau 1989; *Herz und Leber, Hund und Schwein*, Theaterst., UA Zür. 1990; *Der Kranich*, Musical, zus. m. Urs Blöchlinger, UA Bern 1991; *Silberkiesel*, R., Zür. 1993; *Elsi, die seltsame Magd frei nach Gotthelf*, Theaterst., UA Ballenberg 1994; *Pilger und Fuchs*, Libretto für die Oper von Jost Meier, UA Biel 1995; *Der Irrläufer*; Theaterst., UA Basel 1995; *Flattermann*, R., Zür. 1995; *Peter Gynt. Frei nach Ibsen*, Theaterst., UA Ballenberg 1995; *Das Wasserzeichen*, R., Zür. 1997; *Das Paar im Kahn*, R., Zür. 1999; *Nachtbuch für Astrid*, Tagebuch, Zür. 2000; *Tod einer Ärztin*, R., Zür. 2001; *Im Café und auf der Straße*, En., Zür. 2002.

Schneider, Michael, wurde am 4. 4. 1943 in Königsberg geboren. Er wuchs im oberbayerischen Grainau und in Freiburg im Breisgau auf. Unter dem Eindruck der Studentenbewegung von 1968 studierte er an den Universitäten von Berlin und Paris Soziologie und Philosophie. Bereits während des Studiums schrieb Schneider politische Beiträge und Literaturkritiken für verschiedene Rundfunkanstalten sowie für die Zeitschriften »konkret«, »Kursbuch« und »Literaturmagazin«. Nach seiner Promotion 1974 arbeitete er als Lektor im Wagenbach-Verlag, seit 1975 als Dramaturg am Hessischen Staatstheater in Wiesbaden und seit 1981 als Dramaturg und Drehbuchautor für das ZDF. 1991 wurde Schneider Dozent, 1995 Professor im Fachbereich Drehbuch an der Filmakademie Baden-Württemberg in Ludwigsburg. Gelegentlich tritt er als Amateurzauberer auf. 1980 erhielt er den »aspekte«-Literaturpreis (für *Das Spiegelkabinett*, 1980), 1982 den Preis zur Förderung des kulturellen Lebens der Stadt Wiesbaden und das Jahresstipendium des Deutschen Literaturfonds. 1985 war er Writer-in-Residence am German Department der Universität Warrick/Coventry, 1987/88 Stipendiat des Deutschen Literaturfonds und des Deutschen Hauses New York.

Auf die Frage nach den Motiven für seine literarische Arbeit hat Michael Schneider wiederholt betont, dass Literatur ursprünglich für ihn neben der Lust an der spielerischen Umkehr der Wirklichkeit vor allem die Möglichkeit geboten habe, Minderwertigkeitskomplexe zu kompensieren sowie nicht ausgelebte Gefühle und nicht ausgetragene Konflikte zum Gegenstand zu machen: »Am Anfang war nicht das Wort, sondern das Verschweigen, nicht das Talent, sondern die Not, die schiere Ausdrucks- und Mitteilungsnot.« Dieser persönliche Schreibantrieb wurde von dem profunden Interesse an gesellschaftlicher Aufklärung überlagert. In all seinen Arbeiten verbindet er historisch-politische Argumentation mit psychologischen Erklärungsmethoden.

Michael Schneider hat von der wissenschaftlichen Auseinandersetzung und politischen Publizistik über den Essay zu Drama und Erzählung gefunden. Im Zuge der durch die Studentenbewegung initiierten Auseinandersetzung mit dem Dritten Reich stieß er auch auf sein eigentliches Thema, »die deutsche Katastrophen- und Verdrängungsgeschichte, die ja nicht erst 1933 begann und 1945 keineswegs endete, die uns Nachgeborene umso mehr behelligt, je weniger unsere Väter und Mütter von ihr wissen wollten«. Ein Motiv Dantes aufnehmend und Walter Benjamins Wort von der »linken Melancholie« verkehrend, setzt sich Schneider in der 1981 erschienenen Aufsatzsammlung *Den Kopf verkehrt aufgesetzt oder Die melancholische Linke* kritisch, zuweilen polemisch mit der Flut der Väter-Biografien und der so genannten Neuen Philosophie auseinander. In dem Band *Nur tote Fische schwimmen mit dem Strom* (1984) richtet sich sein Blick auf den zeitgenössischen »Katastrophismus« und dessen Rückwirkungen auf den westdeutschen Kulturbetrieb mit seinen restaurativen Tendenzen. Am Beispiel von Günter Kunert und Botho Strauß problematisiert Schneider die mit dem »Katastrophismus« Hand in Hand gehende neokonservative Wende im Kulturbetrieb, die zur postmodernen Verabschiedung der Aufklärung und zum Wiederaufleben längst totgeglaubter Begriffe wie Genie, Intuition oder Mythos geführt habe.

Auch die in dem 1987 erschienenen Band *Die Traumfalle* zusammengefassten Novellen stehen im Dienst einer Demystifikation eines verlogenen Künstler- und Geniekults. Sie alle kreisen um die Frage nach dem Verhältnis von Kunst und Leben und spielen mit dem Unterschied zwischen Illusion und Wirklichkeit. Dieses Thema liegt bereits dem erzählerischen Debüt Michael Schneiders zugrunde, der 1980 veröffentlichten und von der Kritik hochgelobten Novelle *Das Spiegelkabinett,* die autobiografische Züge trägt und sich auch als Antwort auf die Erzählung *Der große und der kleine Bruder* seines älteren Bruders Peter Schneider lesen lässt. Der vieldeutige Text, in dem u.a. die Frage aufgeworfen wird, ob »Kunst nicht eine ebenso grandiose wie gespenstische Ersatzleistung« sei, entzaubert Geniekult und Wunderglauben. Gleichzeitig wird aber auch – und hier liegt der zeitkritische Aspekt der Novelle – das Bedürfnis des Publikums nach Wundern hinterfragt.

»Bloß in der Kunst herrscht der sonderbare Wahn vor, jede Erfindung müsse absolut neu und einzigartig sein.« Diese Feststellung des Erzählers im *Spiegelkabinett* teilt der Autor Schneider; so wie er seine Prosatexte immer wieder ausdrücklich als Novellen bezeichnet, so greift er auch in seinen Dramen auf traditionelle, literarische Formmuster zurück. Sein erstes, 1977 uraufgeführtes Theaterstück *Die Wiedergutmachung oder Wie man einen verlorenen Krieg gewinnt*, das die politische und wirtschaftliche Restauration in der Nachkriegszeit beschreibt, arbeitet mit Elementen des antiken und des elisabethanischen Theaters. Die Dramen Tschechows standen hingegen Pate für den 1982 uraufgeführten Vierakter *Luftschloß unter Tage,* der am Beispiel einer Wohngemeinschaft ein intellektuelles Panorama der frühen Achtzigerjahre entwirft. In dem Stück *Das Beil von Wandsbek* (1988) nimmt er sich des Problemkomplexes »Mitläufer im Nationalsozialismus« an. Formale Experimente wagt Schneider dagegen in der umfangreichen, akribisch recherchierten Romanbiografie des deutschen Jakobiners Eulogius Schneider, der vom Priester zum öffentlichen Ankläger des elsässischen Revolutionstribunals wurde und selbst unter der Guillotine endete. Aus wechselnden Erzählperspektiven entsteht unter Verwendung zeitgenössischer Dokumente ein Panorama der Französischen Revolution, das viele Bezüge zur Gegenwart herstellt (*Der Traum der Vernunft*, 2001). Als Essayist wie als Erzähler und Dramatiker ist Michael Schneider ein entschiedener Gegner des Zeitgeists; er zieht es vor, »auf eine alte Art neu zu sein denn auf die allerneueste Art zu veralten«.

Ruth Spietschka

Werke: *Neurose und Klassenkampf. Materialistische Kritik und Versuch einer emanzipativen Neubegründung der Psychoananlyse*, Diss., Reinbek 1973; *Die lange Wut zum langen Marsch. Aufsätze zur sozialistischen Politik und Literatur*, Reinbek 1975; *Der Fall E. Ein dokumentarisches Schauspiel zu den Berufsverboten*, UA Wiesbaden 1975; *Die Freiheit stirbt zentimeterweise. Szenen, Songs, Texte zum Radikalenerlaß*, UA Wiesbaden 1976; *Theaterstücke zum Radikalenerlaß*, zus. m. Peter Schneider, Andrea Breth u. a., Offenbach 1978; *Eine glatte Million*, Songspiel n. d. gleichnamigen R. v. Nathanael West, UA Wiesbaden 1978; *Das Spiegelkabinett*, N., Mü. 1980; *Den Kopf verkehrt aufgesetzt oder Die melancholische Linke. Aspekte des Kulturzerfalls in den siebziger Jahren*, Darmst. 1981; *Frauentheater. Von der Frauengruppe im Staatstheater Wiesbaden*, Hg., Offenbach 1982; *Luftschloß unter Tage*, Theaterst., UA Tübingen 1982; *Nur tote Fische schwimmen mit dem Strom. Essays, Aphorismen und Polemiken*, Köln 1984; *Das Gespenst der Apokalypse und die Lebemänner des Untergangs*, Ess., Aphor., Ffm. 1984; *Die Wiedergutmachung oder Wie man einen verlorenen Krieg gewinnt*, Theaterst., Köln 1985, UA Wiesb. 1977; *Bettine von Arnim – Kobold in Preußen*, Drehb., ZDF 1985; *Die Traumfalle. Künstlernovellen*, Köln 1987; *Das Leben wird ein Epigramm. Zum 150. Todestag von Georg Büchner*, Drehb., ZDF 1987; *Teiresias im Exil. Zum 100. Geburtstag von Arnold Zweig*, Drehb., ZDF 1987; *Das Beil von Wandsbek. Ein deutsches Drama nach Arnold Zweig*, UA Darmst. 1988; *Iwan der Deutsche. Eine deutsch-sowjetische Reise aus der Vergangenheit in die Zukunft*, zus. m. Rady Fish, Darmst. 1989; *Das Unternehmen Barbarossa. Die verdrängte Erblast von 1941 und die Folgen für das deutsch-sowjetische Verhältnis*, Darmstadt 1989; *Die abgetriebene Revolution. Von der Staatsfirma in die DM-Kolonie*, Bln. 1990; *»Am Anfang war nicht das Wort, sondern das (Ver-)Schweigen. Über Beweg- und Hintergründe meiner schriftstellerischen Arbeit«*, in: *Warum schreiben?*, Anth., Köln 1990; *Die Dichter und die Räterepublik. Spurensuche einer vergessenen Revolution*, Drehb., ZDF 1990; *Das Ende eines Jahrhundertmythos. Eine Bilanz des Staatssozialismus*, Köln 1992; *Völker, leert die Regale! (Zonys Erben). Eine deutsch-deutsche Narrenrevue*, UA Münster 1993; *Der Traum der Vernunft. Roman eines deutschen Jakobiners*, Köln 2001; *Vor dem Dreh kommt das Buch. Ein Leitfaden für das filmische Erzählen*, Gerlingen 2001.

Schneider, Peter, wurde am 21. 4. 1940 als drittes von sechs Geschwistern in Lübeck geboren. Sein Vater war Komponist und Kapellmeister. Die ersten Lebensjahre verbrachte er in Königsberg und in Sachsen. Von 1945 bis 1950 besuchte er die Volksschule im oberbayrischen Grainau. Seit 1950 wohnte er in Freiburg im Breisgau, wo er 1959 das Abitur machte. Er studierte Germanistik, Geschichte und Philosophie in Freiburg, München und seit 1962 in West-Berlin an der Freien Universität. 1965 arbeitete er für das »Wahlkontor« der SPD und verfasste – wie auch Nicolas Born, Hubert Fichte, Peter Härtling und andere Schriftsteller – anlässlich des Bundestagswahlkampfes Reden für sozialdemokratische Politiker. 1967 beteiligte er sich am »Springer-Tribunal«. Bis 1971 war er in der Studentenbewegung aktiv, schrieb Flugblätter und trat als Redner auf. Er war Mitglied einer Projektgruppe Elektroindustrie (PEI), die den Aufbau einer proletarisch-kommunistischen Partei anstrebte und zu diesem Zwecke Arbeiter mobilisieren wollte. Mit Gleichgesinnten arbeitete Schneider deshalb 1969 in einer Berliner Bosch-Niederlassung. Danach war er Lehrer an einer Privatschule in Berlin und legte 1972 das Erste Staatsexamen ab. 1973 wurde er vom Berliner Senator für das Schulwesen nicht zum Referendariat für den Schuldienst zugelassen. Seiner Klage gegen diesen Bescheid wurde 1976 vom Verwaltungsgericht Berlin stattgegeben. Zu jener Zeit lebte er jedoch schon als freier Schriftsteller. Seit Beginn der Achtzigerjahre hielt er sich immer wieder für längere Zeit in den USA auf und nahm an verschiedenen Universitäten Lehraufträge wahr. 1988 war er Mitinitiator des Kongresses »Ein Traum von Europa« in West-Berlin, dem 1998 der Kongress »Europa – Wunschtraum oder Albtraum?« in Berlin folgte. Schneider erhielt 1969 den Preis »Junge Generation« des Berliner Kunstpreises, 1979 das Villa-Massimo-Stipendium, 1980 eine Produktionsförderung für hervorragende Drehbuchentwürfe, 1983 den Förderpreis Literatur des Kulturkreises im BDI, 1984 ein Arbeitsstipendium für Berliner Schriftsteller, 1996/97 war er Fellow des Woodrow Wilson Centers in Washington DC.

Mit seinen Erzählungen und Romanen sowie mit seinen zahlreichen Artikeln zu aktuellen politischen und gesellschaftlichen Themen hat Schneider eine Art fortlaufende Chronik der Denk- und Lebensbewegungen der 68er-Generation geschrieben. Diese Chronik beginnt mit der Erzählung *Lenz* (1973), in der – wie in seinem Werk insgesamt – das Motiv der Desillusionierung eine zentrale Rolle spielt. In *Lenz* lautet die Frage: Wie gelangt das Individuum nach utopischem Überschwang und heilsgeschichtlichen Träumen wieder auf den Boden der Realität? Ohne Zweifel greift Schneider hier zurück auf seine eigene Vergangenheit in einer kommunistischen Splittergruppe und seine Zeit als Hilfsarbeiter. Sein Held fühlt sich wie sein großes literarisches Vorbild – der *Lenz* von Georg Büchner – in der Welt nicht mehr heimisch. Was er als linker Aktivist zu bekämpfen glaubte, hat ihn selbst erreicht: Entfremdung. Und so macht sich der moderne Lenz, sehr deutsch, nach Italien auf, zunächst nach Rom und dann nach Trento. Dort lernt er im Zusammenleben mit seinen italienischen Genossen Freude am Leben, Genuss an der Sinnlichkeit und Wohlgefallen an der Schönheit. Und so lösen sich die dogmatischen Verhärtungen langsam auf. Schließlich kehrt er nach Berlin zurück, und auf die Frage, was er denn nun tun wolle, antwortet Lenz: »Dableiben«. Schneiders schmale Erzählung mit dem Gestus des klassischen Bildungsromans traf den Nerv vieler studentenbewegter Linker und wurde ein Bestseller. Nach all den Irrungen und Wirrungen der vergangenen Jahre wurde hier Anfang der Siebzigerjahre glaubwürdig davon erzählt, dass man auch einen Zustand der Mäßigung und der Reife erreichen könne, der nicht als Verrat an den alten Idealen (miss)verstanden werden muss. In diesem Sinne war *Lenz* Gründungsakte einer zivilen Linken, die den Weg einer Minderheit in Sektiererei oder Terror nicht mitgehen wollte.

Seinem Personal und der Stadt Berlin, die für ihn immer eine besondere Bedeutung hatte, blieb Schneider auch in den folgenden Büchern treu. Berlin ist sozusagen der Hauptdarsteller in der Erzählung *Der Mauerspringer* (1982). Fest gefügt wie für alle Zeiten zieht sich die Mauer durch Berlin und teilt die Stadt in zwei Halbstädte, deren Bewohner kaum noch etwas voneinander wissen. Aber »Herr Kabe, Mitte vierzig, arbeitslos, Sozialhilfeempfänger« ignoriert die Mauer und wird zum Mauerspringer: »Wenn es draußen so grau und neblig und gar nichts los ist, da denke ich: Ach springste wieder mal über die Mauer.« Die Erzählung hat ihre starken Momente, wenn Schneider vom Irrsinn und Aberwitz des Alltags in der Mauerstadt fabuliert. Der Erzählfluss wird jedoch immer wieder unterbrochen. Dann fällt der Essayist und Zeitkritiker Schneider dem Erzähler Schneider ins Wort und äußert seine Meinung zur »deutschen Frage«. Diesem Hang zum Traktat gibt Schneider auch in seinen Romanen *Paarungen* (1992) und *Eduards*

Heimkehr (1999), mit denen er sich auf die epische Langstrecke begibt, nach. In den beiden Romanen nimmt er sich wieder die zwischenzeitlich ganz schön alt aussehenden 68er vor. In *Paarungen* geht es um drei Freunde: Der Biochemiker Eduard, der Komponist André und der zwischen Ost- und West-Berlin pendelnde Schriftsteller Theo leben in einer Welt, in der nach dem Ende der ideologischen Gewissheiten auch in der Liebe große Unübersichtlichkeit und Unsicherheit herrschen. Mild ironisch, selten sarkastisch schildert Schneider die Ratlosigkeit seiner Protagonisten kurz vor dem Fall der Berliner Mauer. Zwischen Genuss und Überdruss bewegen sie sich durch das subventionierte West-Berlin, das vor dem materiellen und ideellen Kollaps steht. Eduard, André und Theo ahnen das Ende ihrer gut ausgepolsterten Welt voraus, aber sie wissen noch nicht, wie schnell alles vorbei sein wird. Schneider hat mit *Paarungen* einen Zeit- und Sittenroman geschrieben, der inzwischen Patina angesetzt hat und sich wie ein Nachruf auf eine exotische, versunkene Welt liest. In *Eduards Heimkehr* kehrt der Biochemiker Eduard, aus den *Paarungen* wohl bekannt, nach ruhigen Jahren an der Stanford-Universität ins Berlin der Neunzigerjahre zurück. Das alte Berlin, über dem »ein feiner Flor von Missbehagen, Missmut, Misstrauen gelegen (hatte)«, gibt es nicht mehr. Eduard, der einst als Mitglied der »Roten Zelle Biologie« die Welt radikal verändern wollte, ist nun – als Erbe eines Miethauses im Ost-Berliner Bezirk Friedrichshain – endgültig im Kapitalismus angekommen. Mithilfe eines befreundeten Rechtsanwalts, der es vom Maoisten zum Spezialisten für Restitutionsansprüche gebracht hat, versucht er, das von Besetzern blockierte Haus in seinen Besitz zu bringen. Schneider schildert viele gut beobachtete Einzelheiten aus dem sich neu fügenden Stadtleben. Wie schon aus *Paarungen* gewohnt, kämpft Eduard auch wieder mit den Tücken von Liebe und Sexualität. Und ebenfalls gewohnt: Schneider unterfüttert das Geschaute mit seinen Anschauungen und Meinungen und degradiert auf diese Weise seine Schilderungen oft zum soziologischen Beweismaterial. Gleichwohl hat Schneider mit *Lenz, Der Mauerspringer, Paarungen* und *Eduards Heimkehr* ein Panorama Berlins mit seinem neurotischen linken Mittelstand entworfen, das auf durchaus unterhaltsame Art vier Jahrzehnte Stadt- und Mentalitätsgeschichte einfängt.

Einen Blick zurück in die Nazizeit wirft Schneider in seinem Tatsachenbericht *Und wenn wir nur eine Stunde gewinnen …* (2001), in dem er berichtet, wie der jüdische Musiker Konrad Latte die Nazizeit überstand.

Gleichberechtigt neben dem Erzähler steht der Zeit- und Kulturkritiker. So gibt es seit Anfang der Sechzigerjahre kontinuierlich Zwischenrufe, Kommentare und Essays, die ihn als meinungsfreudigen Publizisten ausweisen, der dem Zeitgeist in der Regel einen halben Schritt voraus ist und zu keinem Thema schweigt. Zahlreich sind die Bände mit Zeitungsartikeln und Essays, beginnend mit *Ansprachen, Reden, Notizen, Gedichte* (1970) bis zu *Die Diktatur der Geschwindigkeit – Ausflüge, Zwischenrufe* (2000). Als Diagnostiker des Zeitgeists hat sich Schneider früher im »Kursbuch«, später dann vorzugsweise im »Spiegel« geäußert, wo er z. B. *Über die wehleidigen Deutschen*, *Über die Verrohung der politischen Debatte*, *Über den Euro, Bananen und andere Kulturgüter* geschrieben hat. Mitte der Siebzigerjahre hat sich Schneider von seiner linksradikalen Haltung und Rhetorik gelöst und plädiert seither für eine zivile Gesellschaft, die sich gegen rechte wie linke Radikalismen zur Wehr setzen sollte.

Claus-Ulrich Bielefeld

Werke: *Ansprachen, Reden, Notizen, Gedichte,* Bln. 1970; *Lenz,* E., Bln. 1973; *… schon bist du ein Verfassungsfeind. Das unerwartete Anschwellen der Personalakte des Lehrers Kleff,* E., Bln. 1975; *Atempause. Versuch, meine Gedanken über Literatur und Kunst zu ordnen,* Aufs., Reinbek 1977; *Die Wette,* En., Bln. 1978; *Messer im Kopf,* Drehb., Bln. 1979; *Die Botschaft des Pferdekopfs und andere Essays aus einem friedlichen Jahrzehnt,* Ess., Darmst., Neuwied 1981; *Der Mauerspringer,* E., Darmst., Neuwied 1982; *Der Mann auf der Mauer,* Drehb., Bln. 1982; *Totoloque. Das Geiseldrama von Mexiko-Tenochtitlan,* Theaterst., Darmst., Neuwied 1985, UA Mü. 1985, Hsp., SFB/SWF/WDR 1985; *Ratte tot … Ein Briefwechsel mit Peter-Jürgen Boock,* Darmst., Neuwied 1985; *Vati,* E., Darmst., Neuwied 1987; *Deutsche Ängste,* Ess., Darmst. 1988; *Extreme Mittellage. Eine Reise durch das deutsche Nationalgefühl,* Ess., Reinbek 1990; *Paarungen,* R., Bln. 1992; *Vom Ende der Gewissheit,* Ess., Bln. 1994; *Das Versprechen,* Drehb., zus. m. Margarethe von Trotta, Bln. 1995; *Eduards Heimkehr,* R., Bln. 1999; *Die Diktatur der Geschwindigkeit – Ausflüge, Zwischenrufe,* Aufs., Bln. 2000; *Und wenn wir nur eine Stunde gewinnen … Wie ein jüdischer Musiker die Nazi-Jahre überlebte,* Biogr., Bln. 2001; *Das Fest der Missverständnisse,* En., Reinbek 2003.

Schneider, Robert, geboren am 16. 6. 1961 in Bregenz, wuchs als Adoptivkind bei Bergbauern im vorarlbergischen Meschach auf. Er begann 1981 Kompositionslehre, Kunstgeschichte und Theaterwissenschaft in Wien zu studieren, kehrte aber bald wieder in sein Heimatdorf zurück, wo er zeitweilig als Organist und Reiseführer arbeitete. Schneider erhielt für sein Werk u.a. 1993 den Alemannischen Literaturpreis, 1994 den Literaturpreis der Salzburger Festspiele und den Prix Médicis Étranger, 1995 den Premio Grinzane Cavour und den Marieluise-Fleißer-Preis der Stadt Ingolstadt.

Schneiders Prosadebüt *Schlafes Bruder* war 1992 ein Sensationserfolg. Der autobiografisch getönte Künstlerroman, eine profane Heiligenlegende mit grotesken Zügen, wurde weltweit 1,5 Millionen Mal verkauft und reüssierte auch als Hörspiel, Oper, Ballett und Film (1995, Regie: Joseph Vilsmaier). Das Wunderkind Johannes Elias Alder leidet unter einer stumpfsinnigen, feindlichen Umgebung, unerfüllter Liebe und seinem absoluten Gehör; erst der Tod durch Schlafentzug bringt ihm Erlösung und eine apokalyptische Apotheose. Das Passionsdrama unschuldiger Zwillingsseelen, denen ein hypertrophes Naturtalent und eine kompromisslose Amour fou zum Fluch gerät, die Spannung zwischen autonomer Kunst und dekadentem Kulturbetrieb, Genie und Wahnsinn, den Mysterien ekstatischer Fantasie und einer barbarischen Realität prägten auch die beiden anderen Romane der »Rheintal-Trilogie«, denen der Erfolg des Erstlings allerdings versagt blieb. *Die Luftgängerin* (1998) kompilierte Elemente von Schlüssel- und Heimatroman, Kunstmärchen und Mediensatire. Die Epileptikerin Maudi Latuhr, ein hermaphroditischer Engel und »Mensch, der nur auf sein Herz hört«, kann das Knäuel der Handlungsstränge und Figuren nicht entwirren; auch im Roman zerbricht die »Magierin in entzauberter Zeit« an ihrer Mission. *Die Unberührten* (2000) erzählt die Odyssee eines Hänsel-und-Gretel-Paares in der Neuen Welt: Zwei nach Amerika verkaufte Bauernkinder weigern sich, Sprache, Moral und Verhaltensmuster einer korrumpierten Zivilisation anzunehmen. Der Moloch New York macht die Glücks- und Wahrheitssucher zu Mördern und Prostituierten, die aber selbst in Erniedrigung und Deprivation nicht ihren Traum verraten.

Die Kritik haderte zunehmend mit dem befremdlich hohen, archaisierenden Ton Schneiders, stieß sich an Pathos und narzisstischem Manierismus, monierte Stilblüten, »frommes Gesäusel« und kunstgewerblichen Kitsch. Tatsächlich sucht Schneider den direkten Weg zum »Herzen der Leser«; seine Romane sind, wiewohl pessimistisch grundiert und erzählerisch reich orchestriert, in erster Linie Lebenshilfe für gleich gestimmte »feine Seelen«. Kunst wie Liebe sind geboren aus Leid, existenziellen Ausnahmezuständen oder kindlich naiver Reinheit, mithin bedingungslos und unhintergehbar: Gnade und zugleich Aufbegehren gegen Gott, Welt und Schicksal. Erlösung gewährt allein die »Erkenntnis der Sinnlosigkeit alles Lebens«. Die Erfahrung von Verlust, Schmerz und Scheitern macht die Hüter göttlicher Geheimnisse zu Außenseitern, Krüppeln und Märtyrern. Das Unsagbare lässt sich nur in Musik, Naturfrömmigkeit oder Schweigen ausdrücken; in Sprache gefasst, wird es leicht unsäglich.

Heimat ist, ganz in der österreichischen Tradition der schwarzen Heimatliteratur, für Schneider Isolierhaft, Exil und Kraftquelle. In seinen neueren Arbeiten hat er das bäuerliche Milieu verlassen und sich mehr und mehr zeitgenössischen Stoffen zugewandt, etwa der Heimat- und Vaterlosigkeit der Migranten im globalisierten Weltdorf. In seiner Erzählung *Der Papst und das Mädchen* (2001) konfrontiert er die natürliche Weisheit und unschuldige Einfalt eines Kindes mit der verknöcherten Amtskirche und ihrem einsamen Papst. In *Schatten* (2002) entwickeln zwei Emigrantinnen im Dialog eine Form der Ars amandi: Liebe ist ohnmächtige Hingabe und stilles Dulden, schmerzhafte Wunde und wunderbares Stigma.

Auch in seinen Theaterstücken, fast ausnahmslos Monodramen, hat Schneider immer wieder entwurzelte und verfemte Außenseiter porträtiert, die sich in Elend und Demütigung ihre Unschuld zu bewahren suchen. In *Traum und Trauer des jungen H.* (1993) entwickelt sich der Maler Adolf Hitler, durch eine lieblose Erziehung traumatisiert und durch Misserfolge verbittert, zum politischen Psychopathen. In dem Monolog *Dreck* (1993) verinnerlicht ein Asylant rassistische Vorurteile und Diskriminierung bis hin zu einer verzweifelten Verherrlichung fremder Leitkultur. In seiner kultur- und medienkritischen *Komödie vom deutschen Heimweh* (1999) stellt Schneider deutsche Neurosen romantisch-utopischen Lebensentwürfen gegenüber: Deutschland gleiche einem »verlassenen Leuchtturm«, in dem vom strahlenden Feuer der Leidenschaft nur die kalte Asche des Zynismus geblieben sei.

Das barocke Pathos des Weltekels, der rousseauistische Dualismus von natürlicher Unschuld und kultureller Dekadenz, eine an romantische Traditionen anknüpfende Kunstreligion und nicht zuletzt eine Sprache, die Smalltalk und Alltagsprosa mit pfingstlichen Zungen und altertümlicher Poesie zu überwinden sucht, machen Schneider zu einem Außenseiter der deutschen Gegenwartsliteratur. Auch Strauß, Handke, Ransmayr, Patrick Roth oder Georg Klein haben den Mythos unter den Bedingungen der Moderne zu rekonstruieren versucht; aber keiner setzt sich so ungeschützt den Risiken dieses Projekts aus. Schneider ließ sich von Hohn und Häme nicht beeindrucken. In seinem »Spiegel«-Essay *Das deutsche Heimweh* polemisierte er 1998 gegen die »Mutlosigkeit« der Deutschen und den Zynismus einer seelenlosen Mediendemokratie.

Martin Halter

Werke: *Schlafes Bruder,* R., Lpz. 1992; *Rose,* E., Wien 1992. *Dreck,* Theaterst., UA Hamburg 1993, als Hsp., WDR 1993; *Traum und Trauer des jungen H.,* Theaterst., UA Hannover 1993; *Alte Tage,* Theaterst., UA Götzis 1994; *Gegengebet,* G., Wien 1995; *Die Luftgängerin,* R., Mü. 1998; *Komödie vom deutschen Heimweh,* Theaterst., UA Zür. 1999; *Die Unberührten,* R., Mü. 2000; *Der Papst und das Mädchen,* E., Lpz., 2001; *Schatten,* R., Lpz., 2002.

Schneider, Rolf, wurde am 17. 4. 1932 in Chemnitz geboren. Er verbrachte seine Kindheit und Jugend in Wernigerode am Harz und studierte von 1951 bis 1955 Germanistik und Pädagogik an der Universität Halle-Wittenberg. Dann arbeitete er als leitender Redakteur der kulturpolitischen Zeitschrift »Aufbau« in Berlin. Seit 1958 ist er freier Schriftsteller und lebt heute in Schöneiche bei Berlin. 1979 arbeitete er auch als dramaturgischer Berater an Theatern in Mainz und Nürnberg. Im selben Jahr wurde er aus dem Schriftstellerverband der DDR ausgeschlossen, 1989 wieder aufgenommen. Schneider erhielt 1962 den Lessing-Preis der DDR und 1966 den Hörspielpreis der Kriegsblinden.

Rolf Schneider begann mit Hörspielen wie *Das Gefängnis von Pont-L'Eveque* (1956), *Der König und sein Dieb* (1958), *Ankunft in Weilstedt* (1964) und *Zwielicht* (1966), in denen er Zusammenstöße bürgerlicher Intellektueller mit dem Faschismus oder mit der Nachkriegsrestauration schildert. Die Prinzipien seiner Hörspieldramaturgie lassen sich auch in den Fernsehspielen (*Der Tag des Ludger Snoerrebrod*, 1961; *Besuch gegen zehn*, 1963; *Das Porträt Nr. 1*, 1970; *Das Porträt Nr. 2*, 1977) und Bühnenstücken (*Prozess in Nürnberg*, 1968; *Einzug ins Schloss*, 1971; *Der alte Mann mit der jungen Frau*, 1976) erkennen. Schneider bevorzugt die Form der Parabel und führt einen begrenzten Personenkreis in geschlossener Handlung vor. In seinen frühen Erzählungen (*Brücken und Gitter*, 1965) sind wechselnde literarische Vorbilder zu erkennen. Der erste Roman *Die Tage in W.* (1965) beschreibt eine deutsche Kleinstadt und ihre Reaktion auf ein politisches Verbrechen im Jahre 1932. Der Roman *Der Tod des Nibelungen* (1970) will mit satirischen und parodistischen Mitteln die Aufzeichnungen eines von den Nazis protegierten Bildhauers entlarven. *Die Reise nach Jaroslaw* (1974) erzählt in der Art von J. D. Salinger und Ulrich Plenzdorf, wie eine junge DDR-Ausreißerin in Polen »vernünftig« wird; der Roman *Das Glück* (1976) teilt im Stil der »DDR-Emanzipationsliteratur« die Erfahrungen mit, die die DDR-Lehrerin Hanna bei ihrer Suche nach dem Glück macht.

In den Roman *November* (1979) hat Schneider seine Erfahrungen als Erst-Unterzeichner der Biermann-Petition eingebracht, er hat jedoch – wie es in einer Nachbemerkung heißt – »alles versucht, Ähnlichkeiten mit lebenden Personen zu vermeiden«, keinen Schlüsselroman und keine Dokumentation zu schreiben. Die Kritik an der Kulturpolitik der DDR ist dergestalt in den Generationskonflikt zwischen der Heldin, der fiktiven Schriftstellerin Natascha Roth, und ihrem Sohn Stefan eingebettet, dass das (in der DDR trotzdem verbotene) Buch letztlich eher eine private Familien- und Persönlichkeitskrise als die Gestaltung einer Krise der DDR-Intellektuellen abbildet.

In den jüngeren Romanen *Jede Seele auf Erden* (1988) und *Levi oder Die Reise zu Richard Wagner* (1989), im Erzählband *Versuch über den Schrecken* (1995), in den vielen publizistischen Arbeiten und in Sachbüchern wie *Vor 1000 Jahren. Alltag im Mittelalter* (1999) wendet sich Schneider unbekannten Seiten historischer Persönlichkeiten oder interessanten historischen Konstellationen zu. In den Essays betrachtet er die Zeitläufte in Berlin, Wien und Deutschland. Immer bleibt sein Ansatz journalistisch, Schneider schreibt im Auftrag und für den Tag – darin aber folgt er besten deutschen Traditionen.

Konrad Franke

Werke: *Das Gefängnis von Pont L'Eveque*, Hsp., 1957; *Widerstand*, Hsp., 1957; *Aus zweiter Hand. Literarische Parodien*, Ost-Bln. 1958; *Einer zu viel*, Hsp., 1959; *Verliebt in Mozart*, Hsp., 1960; *Der dritte Kreuzzug*, Hsp., 1960; *Affairen*, Hsp., 1960; *Der Tag des Ludger Snoerrebrod*, Fssp., 1961; *Der Ankläger*, Hsp., 1961; *Costa de piedra*, Hsp., 1961; *Prozess Richard Waverly*, Hsp., 1961; *Die Entlassung*, Fssp., 1962; *Abschied von Sundheim*, Hsp., 1962; *25. November, New York*, Hsp., 1962; *Godefroys*, Dr. u. Fssp., 1962; *Der Mann aus England*, Hsp. u.

Dr., 1962; *Besuch gegen zehn*, Hsp., 1963; *Die Unbewältigten*, Hsp., 1963; *Ein Sommerabend am Meer*, Fssp., 1964; *Ankunft in Weilstedt*, Hsp., 1964; *Brücken und Gitter*, En., Mü. 1965; *Die Tage in W.*, R., Mü. 1965; *Die Rebellion des Patrick White*, Fssp., 1966; *Mein Bruder*, Fssp., 1966; *Zwielicht*, Hsp., 1966, gedr. Mü. 1967; *Television*, Fssp., 1967; *Prozess in Nürnberg*, Hsp., 1968, gedr. Ffm. 1968; *Anatomie eines Unfalls*, Hsp., 1968; *Krankenbesuch*, Hsp., 1969; *Dieb und König*, Ffm. 1969, Hsp., 1958; *Der Tod des Nibelungen. Aufzeichnungen des deutschen Bildschöpfers Siegfried Amadeus Wruck, ediert von Freunden*, Mü. 1970; *Stimmen danach*, Hsp., 1970, gedr. in d. gleichnamigen Hsp.-Slg., Rostock 1970; *Das Porträt Nr. 1*, Fssp., 1970; *Stücke*, Ost-Bln. 1970; *Mann im Käfig oder Der Pisaner Eisenhans*, Hsp., 1970; *Manipulation*, Hsp., 1971; *Einzug ins Schloss*, Ost-Bln. 1972; *Konstruktion eines Heiligen oder Prozess der Rechtfertigung Jeanne d'Arcs nach dem Jahre 1450*, Hsp., 1972; *Jupiter-Sinfonie*, Hsp., 1973; *Nekrolog. Unernste Geschichten*, Rostock 1973; *Die Reise nach Jaroslaw*, R., Neuwied 1975; *Von Paris nach Frankreich*, Reisenotizen, Rostock 1975; *Polens Hauptstädte. Poznán, Kraków, Warszawa*, zus. m. A. Fischer, Ost-Bln. 1975; *Die problematisierte Wirklichkeit. Leben und Werk Robert Musils. Versuch einer Interpretation*, Ost-Bln. 1975; *Das Glück*, R., Neuwied 1976; *Orpheé oder Ich reise*, Rostock 1977; *Das Porträt Nr. 2*, Fssp., 1977; *Die Abenteuer des Herakles*, Ost-Bln. 1978; *Schratt oder Das Theater*, Theaterst., 1979, Hsp. 1984; *November*, R., Hbg. 1979; *Pfützen voll schwarzer Unvernunft. Dokumente zur Publikationsgeschichte von »November«*, als Beilage zum R., Hbg. 1979; *Der alte Mann mit der jungen Frau*, Theaterst., 1979; *Sommer in Nohant*, Theaterst., Hsp., Fssp. 1980; *Die Mainzer Republik*, Theaterst., 1981, Hsp., 1981; *Freundschaften*, Hsp., 1980; *Unerwartete Veränderung*, En., Rostock 1980; *Emigration eines Dichters*, Hsp., 1981; *Marienbader Briefe*, Hsp., 1982; *Marienbader Intrigen*, Theaterst., 1982; *Der Harz*, Film, 1982; *Annäherungen und Ankunft. Reisefeuilletons*, Rostock 1982; *Prozess in Luanda*, Hsp., 1983; *Drei Rätsel oder die große Umwälzung*, Hsp., 1983; *Bewerbungen*, Hsp., 1984; *Das andere Land*, Fs.-Ess., 1984; *Unsterblichkeit*, En. u. Ess., Rostock 1984; *Shakespeares Rosenkriege I und II*, Hsp. 1985; *Marienbader Intrigen*, Hsp., 1985; *Jede Seele auf Erden*, R., Rostock, Wien 1988; *Theater in einem besiegten Land. Dramaturgie der deutschen Nachkriegszeit 1945–1949*, Ess., Bln. 1989; *Levi oder Die Reise zu Richard Wagner. Der Lebensweg des hessischen Rabbinersohnes Hermann Levi*, R., Rostock u. Wien 1989; *Der alte Mann mit der jungen Frau. Die Mainzer Republik. Bewerbungen*, Theaterst., Bln. 1990; *Jede Seele auf Erden*, R., Rostock, Wien 1990; *Frühling im Herbst. Notizen vom Untergang der DDR*, Gött. 1991; *Süß und Dreyfus*, Ess., Gött. 1991; *Volk ohne Trauer. Notizen nach dem Untergang der DDR*, Gött. 1992; *Berliner Wege*, Ess., Bln. 1992; *Potsdam. Garnison und Arkadien*, Ess., Mü. 1994; *Leben in Wien*, Ess., Mü. 1994; *Die Sprache des Geldes*, Ess., Gött. 1995; *Versuch über den Schrecken*, En., Rostock 1995; *Der Rote Stern stirbt leise. Abzug der Russen aus Deutschland*, Ess., Bln. 1995; *Vor 1000 Jahren. Alltag im Mittelalter*, Sachb., Augsbg. 1999; *Peripherie als Ort. Das Hellersdorf-Projekt*, zus. m. Alexander Osang u. Gerwin Zohlen, Stg. 1999; *Mecklenburg-Vorpommern. Eine Bildreise*, zus. m. Georg Jung, Hbg. 2000; *Fischland, Darß und Zingst. Streifzüge zwischen Ostsee und Bodden*, Bln. 2000; *Ich bin ein Narr und weiß es. Liebesaffären deutscher Literaten*, Bln. 2001; *Wagner für Eilige*, Ess., Bln. 2002.

Schneider, Simone, wurde am 26. 7. 1962 in Duisburg geboren und wuchs am Niederrhein auf. Sie studierte Germanistik, Theaterwissenschaften und Philosophie in München, Köln und Berlin. 1991 schloss sie ihr Studium mit einer Arbeit zu *Anton P. Tschechow: Drei Schwestern. Analyse des Regiebuchs von Konstantin S. Stanislawski zur Uraufführung im Moskauer Künstlertheater 1901* ab. Noch als Studentin inszenierte Simone Schneider selbst an verschiedenen Bühnen (1984–1990 u.a. an der Studiobühne Köln), später assistierte sie an der Schaubühne Berlin und am Theatre des Armandiers, Paris, u.a. bei Luc Bondy (1989–1991). Von 1991 bis 1993 war sie als Theaterkritikerin für die »taz« und den Sender Freies Berlin tätig. Zusammen mit dem Regisseur Thomas Oberender initiierte sie 1997 das »Theater Neuen Typs«, das bis 2001 neue Stücke deutscher Autoren als szenische Lesung im Berliner Renaissance-Theater zur Aufführung brachte. Seit 1999 erhält sie Lehraufträge für szenisches Schreiben an der Universität der Künste, Berlin. Simone Schneider lebt seit 1989 in Berlin. 1992 gewann ihr Hörspiel *Roter Stern*, eine Produktion des Bayrischen Rundfunks in der Regie von Ulrich Gerhardt, den Publikumspreis »Lautsprecher« der Akademie der Künste, Berlin. In der Spielzeit 1997/98 war sie Hausautorin am Nationaltheater Mannheim.

Der Schlüssel für Simone Schneiders Schreibmotivation ist die Frage nach dem persönlichen Erleben von Geschichte. Angeregt von ihrer eigenen Erfahrung mit der Wiedervereinigung Deutschlands, stellt Simone Schneider den Utopieverlust und seine Folgen in den Mittelpunkt ihrer frühen Hörspiele (*Roter Stern*, 1992; *Alex*, 1995). In Form von Zitaten, Motiven oder kurzen fotografischen Szenenbeschreibungen fügt die Autorin politische Geschichte und literarische Tradition in ihre Stücke ein (*Vogel Kleist*, 1991; *Lullaby*, 1991; *Das Gebet der Stunde. Szenisches Gedicht für Franz Jung*, 1993). Damit erreicht sie eine Vielschichtigkeit des Materials, der in formaler Hinsicht eine nicht hierarchisch geordnete, collagenartig nebeneinander gesetzte Stimmenvielzahl entspricht. In ihren Bühnenstücken thematisiert sie neben politischen und sozialen Gesellschaftsproblemen zunehmend Vereinzelung und unerfüllte Sinnsuche des modernen westlichen Menschen. Mit dem Theaterstück *Malaria* (UA 1998) findet Simone Schneider zu einem neuen Schreibstil. Klare Personenkonstellationen, Ortsbestimmungen und Handlungsabläufe lösen die bisherige Vielschichtigkeit von Personen und Realitätsebenen, den fragmentarischen und assoziativen Charakter der Erzähleinheiten und den unübersichtlichen oder fehlenden Handlungsablauf der collageartigen Stücke ab. Ihre letzten Theaterstücke (*Malaria*; *Ägypter*, UA 1999; *Springerin*, UA 2000) sind Nahaufnahmen typischer Lebensschicksale junger Menschen um die Jahrtausendwende, die ihrer Sehnsucht nach Glück und innerem Frieden kaum Ausdruck verleihen und keine Perspektiven zu geben vermögen.

Zu Beginn ihres Schreibens setzte Simone Schneider auf die poetische Aneignung historischer Literaten bzw. auf Figuren und Motive aus der literarischen Tradition. In ihrem ersten Hörspiel *Lullaby* (1991) nimmt die Autorin Ansätze der Liebesthematik von Shakespeares *Hamlet* in einer sehr freien Version auf. Entsprechend dem fragmentarischen Charakter des gesamten Stücks werden die beiden Shakespeare-Figuren Hamlet und Ophelia nicht neu entwickelt, sondern skizzenhaft angedeutet. Elemente, die für den Handlungsverlauf bei Shakespeare entscheidend sind, finden sich bei Schneider als variierte Motive wieder: Wasser als Todesursache Ophelias ist vor allem als Geräusch präsent, ebenso das Trinken, der Vorgang, der den Tod von Hamlets Mutter auslöst. Das Stück gewinnt seine Spannung nicht aus dem Handlungsverlauf, sondern aus der Gegensätzlichkeit der Personengruppen, die sich vor allem im Stil ihrer Sprache manifestiert. Auch in *Gebet der Stunde. Szenisches Gedicht für Franz Jung* (1993) arbeitet Schneider mit der Reibung, die die nebeneinander gesetzten Sprachstile erzeugen. Hier stehen die sprachlichen Eigenheiten für konkrete politische Haltungen, deren Gegensätzlichkeit Schneider ins Schematische überhöht. Auf der einen Seite zeugen die hymnischen Gedichte des Expressionisten Franz Jung von der Bereitschaft, persönlich politische Verantwortung zu übernehmen. Auf der anderen Seite parodiert die Autorin die floskelhaften, in ihren Aussagen teils zynischen Statements von Politikern und anderen Verantwortlichen und setzt sie als typisch für die verkürzte Sprache in den Medien. Die Versöhnung beider Sphären in der Figur Dagny scheitert. Dagny, die expressionistisch anmutende Sprache und politische Sensibilität mit Franz Jung verbindet, flüchtet vor der harmlosen und von Politikern vereinnahmten Lichterketten-Demonstration zum Psychiater, dem modernen Heilsbringer. Als dieser sich als der nationalsozialistische Geist entpuppt, vor dem Dagny zu Beginn davongelaufen ist, bleibt ihr nur noch der Sprung aus dem Hochhausfenster.

Höhepunkte ihrer fragmentarischen, collageartigen Stücke bilden das preisgekrönte Hörspiel *Roter Stern* (1992) und ihr erstes Theaterstück *Nationalgaleristen* (UA 1994). In *Roter Stern* montiert die Autorin ein schräges Kaleidoskop aus Versatzstücken der untergegangenen Sowjetunion, bestehend aus Beschreibungen bedeutender politischer Persönlichkeiten, von beispielhaften Leistungen in Theater, Film und Architektur sowie knappen ideologischen Reflexionen. Die Gleichzeitigkeit von ironischen Beobachtungen aus zeitlicher Distanz und empathischen Aussagen von Zeitgenossen lassen das Stück als vielschichtiges, statisches »Hörbild« erscheinen. In *Nationalgaleristen* zeigt die Autorin die gegenwärtige Gesellschaft in einem bunten Querschnitt nach Art des »Tableau vivant«. Die Besucher eines Museums – von der Autorin selbst als Berliner Reichstag identifiziert – fügen sich in großen Gruppenszenen zu immer neuen Konstellationen, aus denen einzelne Personen stellvertretend für Prototypen bzw. gesellschaftliche Phänomene hervortreten: der Behinderte im Rollstuhl, die unglücklich liebende Frau, die visionäre Museumsführerin Kassandra, ein kindisches Paar, Kunstszenegänger auf der Suche nach dem Einmaligen. Strukturbildend sind hier zwei Bewegungen: Einerseits die Öffnung/Schließung des Museums für normalen Publikumsverkehr, mit dem die Autorin auf das Phänomen der Abschottung der westlichen Zivilisationen von den »Dritte-Welt-Ländern« anspielt. Im Inneren dieser Zivilisation bewegen sich Einzelne aufeinander zu und bilden Paare, jedoch gipfeln diese Bewegungen nicht wie angedeutet im traditionellen Höhepunkt der Ehe und Familiengründung, sondern werden vom Tod aufgehoben.

In ihrem letzten Theaterstück *Springerin* (UA 2000) treibt Simone Schneider ihre neue Konzentration auf einzelne und vereinzelte Figuren auf die Spitze. Während in *Malaria* die urbane Umbruchsituation im Berlin der Nachwendezeit den Kontext einer dreifachen Liebesgeschichte abgab und in *Ägypter* die Spannbreite sozialer Unterschiede zwischen New-Economy-Karrieristen und osteuropäischen Emigranten wichtiges Element war, abstrahiert

Malaria weitgehend von konkreten Zuständen der Gesellschaft. Fünf junge Frauen, die auf ganz unterschiedlichen Stufen der Karriereleiter stehen, suchen alle vergeblich nach erfüllter Liebe oder Verwirklichung im Traumberuf. Ihre Sprache charakterisiert sie als Prototypen bestimmter Szenen, die von der Autorin bewusst schematisch angelegt sind. Folgerichtig entwickeln sich die Figuren nur rückwärts, indem sie Teile ihrer Geschichten preisgeben. Ihre Unfähigkeit, die eigenen Bedürfnisse zu formulieren und einander zu begegnen, verhindert echte Kommunikation und die Lösung ihrer Probleme. Der räumlichen Bewegung steht eine innere Starre der Figuren gegenüber.

Sabine Wollowski

Werke: *Lullaby*, Hsp., BR 1991; *Roter Stern*, Hsp., BR/SFB 1992; *Vogel Kleist*, Hsp., RIAS 1992; *Das Gebet der Stunde. Szenisches Gedicht für Franz Jung*, Hsp., BR 1993; *Nationalgaleristen*, Theaterst., UA Mü. 1994; *Die Schöne und das Tier*, Hsp.-Bearbeit. eines Märchens, DLR/RB 1994; *Wassermänner*, Hsp.-Bearbeit., DLF/SR 1994; *Alex*, Hsp., BR/DLR 1995, Theaterstück, UA Mannheim 1998; *Orwell. Parabel aus der Arbeitswelt*, Theaterst., UA Mannheim 1996, Hsp., BR 1998: *Ein kleiner Lord*, Hsp.-Bearbeit. d. Romans v. Frances Burnett, DLR 1998, Theaterst., UA Dortmund 1999; *Malaria*, Theaterst., UA Hbg. 1998, Hsp., DLR 1999; *Sichtbar vom All*, Hsp., NDR 1999; *Ägypter*, Theaterst., UA Lpz. 1999; *Kameliendame*, Theaterst. n. d. Roman v. Alexandre Dumas, UA Ffm. 2000; *Springerin*, Theaterst., UA Duisburg 2000; *Daniel und die Königin von Zaubabel*, Hsp., DLR 2002.

Schnell, Robert Wolfgang, wurde am 8. 3. 1916 als Sohn eines Bankangestellten in Barmen, im heutigen Wuppertal, geboren. Über seine Kindheit, den deutschnationalen Vater und die pietistische Mutter, seine Erfahrungen in einem Jugendverband der Anarcho-Syndikalisten und die daraus entstehenden Spannungen berichtet er in seinem autobiografischen Roman *Erziehung durch Dienstmädchen*. Seine Schulzeit von 1921 bis 1932 war erfolglos, Schnell blieb ohne Abschluss. In seinem nicht vollendeten Roman *Das Leben des heiligen Hermann Katz* erzählt er von diesen Jahren. 1932 schrieb er sich als Gasthörer für Komposition und Instrumentation an der Universität Köln ein; seine Musikinstrumente waren Trompete und Klavier. Auch das Studium beendete er ohne Abschluss. Durch seine Heirat mit der Malerin Else Vollenbroich 1935 begann Robert Wolfgang Schnell selbst zu malen. Er wurde Mitglied der Künstlergruppe »Die Wupper«, die dem Expressionismus nahe stand. Aber erst 1950 hatte Schnell seine erste große Bilderausstellung in der Galerie Nierendorf in Berlin; seine erfolgreichste Ausstellung war 1984 im Haus am Lützowplatz in Berlin. Er hatte Kontakt, auch aufgrund verwandtschaftlicher Beziehungen, zu Else Lasker-Schüler, Franz Marc, Luise Rinser und René Schickele. 1937 wurde sein Antrag auf Aufnahme in die »Reichskammer der Bildenden Künste« zweifach abgelehnt. Schnell zog von Wuppertal nach Mülheim an der Ruhr, wo er sich als Hilfsarbeiter in der Schwerindustrie verdingte. 1939 wurde er dienstverpflichtet im Steueramt der Stadt. 1941 kam er zum Deutschen Theater in Den Haag und wurde dort zunächst Inspizient und ab 1943 Opernregisseur. 1944 musste er zum Militär und schon nach vier Monaten wurde er wegen Defätismus und freundlicher Gesinnung für den Feind angeklagt. Schnell desertierte und lief zu den englischen Alliierten über, bei denen er Landarbeiter in der Nähe von Osnabrück wurde. 1946 gründete er gemeinsam mit Willy Wenderoth und Fred Röntgen die »Ruhrkammerspiele« in Witten. 1947 wechselte er zu Wolfgang Langhoff an die Städtischen Bühnen in Düsseldorf, dem er noch im selben Jahr an das Deutsche Theater nach Berlin folgte. In Berlin arbeitet er für die Filmindustrie, als Redakteur und freier Journalist. 1954 heiratete er in zweiter Ehe Ursula Reiche. 1959 gründete er mit Günter Anlauf und seinem bestem Freund Günter Bruno Fuchs die Kreuzberger Hinterhof-Galerie »die zinke«. Hier trafen sich bis zum Bau der Berliner Mauer am 13. 8. 1961 Maler, Grafiker, Bildhauer und Schriftsteller aus Ost und West. »die zinke« stellte einen frühen Versuch dar, Arbeitern Kunst nahe zu bringen. Im Sommer 1962 wurde die Galerie geschlossen. 1946 wurde Schnell Mitglied der Kommunistischen Partei Deutschlands, 1970 Mitglied des P.E.N. der Bundesrepublik Deutschland. Er war Mitbegründer der »Neuen Gesellschaft für Literatur« in Berlin und der »Berliner Malerpoeten«, zu denen u.a. Günter Bruno Fuchs, Günter Grass, Curt Mühlenhaupt und Wolfdietrich Schnurre zählten. 1970 erhielt er den Von-der-Heydt-Preis der Stadt Wuppertal, 1981 ein Arbeitsstipendium des Deutschen Literaturfonds, 1984 den Ruhrpreis der Stadt Mülheim an der Ruhr für Kunst und Wissenschaft, und 1986 ehrte ihn die Stadt Wuppertal aus Anlass seines 70. Geburtstages. Am 1. 8. 1986 starb Robert Wolfgang Schnell nach langer Krankheit in einem Berliner Krankenhaus.

Schnell beteiligte sich an den »Rixdorfer Drucken« seines Freundes Günter Bruno Fuchs, des »Trinkers,

Lyrikers und Holzschneiders«, wie er ihn nannte. Fuchs bezeichnete seinerseits Schnell als »Mondmaler«. Wie seine Bilder gemalt werden – es ist freilich mehr ein Übermalen und im gleichen Vorgang ein Verdüstern –, schilderte er in *Der Maler malt ein Bild*: »Dann opferte er das Gestirn dem dunkelgrünen Laubwerk …« Das Titelbild des Ausstellungskatalogs *Robert Wolfgang Schnell. Maler – Schriftsteller – Schauspieler* zeigt einen Holzschnitt: einen »Kritiker, der Sterne am Kunsthimmel verschlingt«. Der Kritiker ist als Krokodil mit weit aufgesperrtem Maul dargestellt. »Krokis von einem Spähtrupp-Unternehmen im Niemandsland« wären seine Figuren, so werden sie in dem Ausstellungskatalog bezeichnet; diese Charakterisierung bezieht sich auf Schnells erzählerische Figuren ebenso wie auf seine gezeichneten oder in Holz geschnittenen. Weniger rebellieren sie, noch führen sie beredte Anklage, vielmehr nehmen sie die von ihnen verachteten gesellschaftlichen Verhältnisse kaum zur Kenntnis.
An seine erste Buchpublikation *Die wahre Wiedergabe der Welt* (1961) erinnerte sich der Autor nur ungern, denn der Verleger hatte den Text eigenwillig gekürzt und das Buch viel zu schnell verramscht. Darum sah Schnell die 1963 erschienene Sammlung mit Erzählungen *Mief* als sein literarisches Debüt an. Schnell entzieht sich jeder Kategorisierung, sowohl hinsichtlich seiner künstlerischen Hauptbetätigung – er war Schriftsteller, Maler und Schauspieler gleichermaßen – als auch nach Textsorten ist er nicht einzuordnen; er mischte die Gattungen in spielerischer Vielfalt. Der Roman *Geisterbahn* (1964) ist das literarische Ergebnis der »zinke«-Zeit und zugleich eindrucksvoller Bericht von ihr. Er enthält Formen der Erzählung, des Dialogs, Gedichts, Briefes, Manifests und der Zeitungsnotiz; sein Held heißt bezeichnenderweise »Märchen«.
Von der Kritik oft gerügt, führte Schnell darüber hinaus eine Existenz jenseits gesellschaftlicher Konventionen, verweigerte sich einem bürgerlichen Dasein und lebte in der Tradition der Boheme mit der Absicht, Kunst und Leben in Einklang zu bringen. Seine »Helden« verkörpern eine antibürgerliche Haltung, sind im Wesentlichen Aussteiger, wenn nicht Absteiger. In dem Gedicht *Ostern 1948 – An Kleists Grab* zeigt sich ein Grundaxiom seines Denkens und Schreibens. »Das ganze leere Elend« besteht »auch ohne die Pistole«. Der Besuch am Grab wird als »grauenhaft grau« beschrieben, und doch folgt in der letzten Strophe die Hoffnung. Wer noch »das Salz im Brot« spürt, dem ist es immerhin gegeben, sich furchtlos umzusehen »nach jener grauen Stadt im Weiten«. Doch ist die Hoffnung nur eine sehr reduzierte, auf eine Randexistenz beschränkte: »Ich hatte nur mich selbst, einen verwerflichen Narren, den ich nie anerkannt hatte. Es ist zwar so, dass ich immer in mir einen tollen Mann sehen wollte, aber im richtigen Maß Knabe geblieben und sein Dasein als Raubritter und gesetzestreuer Steuerbürger in eine Balance zwischen Arbeit und Alkohol brachte« (*Liebeskummer*). Schnell blieb ein Einzelgänger und Außenseiter, doch zumindest aus eigenen Stücken, Quelle auch seiner Produktion: »Er schlief tief befriedigt ein, weil er nichts Liebenswürdiges gemacht hatte und den Forderungen derer, die durch die Kunst erheitert werden wollen, nicht nachgekommen war.« (*Der Maler malt ein Bild*)
In *Der Weg einer Pastorin ins Bordell* (1984) werden in einer an die Cut-up-Methode amerikanischer Autoren erinnernden Montage die Zustände in einer Pastoren-Ehe mit denen in einem Bordell erst einander gegenübergestellt, dann ineinander geschnitten, bis der Pastor einer Hure seinen »Weg zu Gott« erklärt, die ihn jedoch streng bescheidet: »Hier ist ein Puff!« Den Zuhälter Wilhelm befällt seinerseits beim Anblick der Pastorin Anna-Maria Kutzke »ein dumpfes Hölderlin-Poetengefühl«. Auch in *Muzes Flöte* (1966) wird Hölderlin zitiert: Muze wollte den *Hyperion* vertonen, kam aber nur bis zur Flötenstimme und dann nicht aus dem Krieg zurück. Der Ich-Erzähler hört fortan, wenn er Liebknecht liest, immer Muzes Flöte dazu.
Als »Traditionalist der Form« und »Revolutionär der Gehalte« wurde Schnell bezeichnet, doch schon in den Siebzigerjahren hatte sich eine künstlerische Position, wie Schnell sie vertrat, überlebt. Eine anarchische, bohemistische Existenz konnte nicht einmal mehr die bisher gehaltene Nische gegen den Zeitgeist behaupten. Schnell, obgleich auch als Schauspieler (etwa in Handkes *Das Mündel will Vormund sein*) und Drehbuchschreiber (z.B. von Staudte-Verfilmungen) reüssierend, geriet, trotz seiner Publikationen in angesehenen Verlagshäusern, weitgehend in Vergessenheit. Robert Wolfgang Schnell »hielt die Wirklichkeit für einen unvermeidlichen Unsinn und weigerte sich, seine Existenz ihren Bedingungen zu unterwerfen«. Er gab »sich sogar oft der Hoffnung hin, dass die Welt sich nach seinen schmerzhaften Scherzen richten könnte, etwas von ihrer Düsternis verlieren …«.

Gerd Holzheimer/Michael Fisch

Werke: *Glaube und Traum*, Theaterst., UA Den Haag o. J.; *Untergetaucht*, Theaterst., UA Den Haag o. J.; *Der Weis-*

heit letzter Schluss, Theaterst., UA Witten 1946, u. d. T. *Der Philosoph* 1972; *Leonce und Lena*, Theaterst., Bearb. n. G. Büchner, UA Düsseldorf 1947; *Der Kaufmann von Paris*, Theaterst., Bearb. nach H. de Balzac, UA Hagen 1952; *Die Schuld des Apfels*, Hsp., zus. mit P. Esser, NDR 1953; *Der Bär. Burleske Oper*, Libretto, Bearb. n. A. Tschechow, Musik v. E. Dressel, UA Bern 1957; *Wahre Wiedergabe der Welt*, Mü. 1961; *Algerische Partisanen*, Fssp., ARD 1962; *Mief*, En., Neuwied, Bln. 1963, u. d. T. *Die Farce von den Riesenbrüsten* 1969; *Ubu der König. Komische Oper*, Theaterst., Bearb. n. A. Jarry, UA Bln. 1963; *Am Siel*, Fssp., ARD 1963; *Geisterbahn. Ein Nachschlüssel zum Berliner Leben*, Neuwied, Bln. 1964; *Frühe Geschäfte*, Hsp., SDR 1964; *Rheinstrom*, Fssp., ARD 1965; *Muzes Flöte*, G., En., Zeichn., Neuwied, Bln. 1966; *Hanswurstiaden*, Theaterst., Bearb. n. J. W. v. Goethe, UA Bln. 1967; *Erziehung durch Dienstmädchen*, Neuwied, Bln. 1968, Fssp., ZDF 1975; *Berliner Autoren – heute*, Schpl., Hbg. 1968; *Borromäusgasse*, Theaterst., UA Bln. 1968; *Bonko. Ein Bilderbuch für Kinder*, m. Illustr. von J. Wilkón, Köln 1969; *Memorial*, Fssp., ARD 1969; *Der Laster geringstes*, Theaterst., bearb. nach J. Wickram, UA Bln. 1969; *Pulle und Pommi. Ein Roman für Kinder*, m. Illustr. von K. Halbritter, Köln 1969, Fssp., SWF 1972, Schpl., Hbg. 1972; *Nachrichten aus Berlin*, Schpl., Bln. 1969, *Leo Lionni: Das größte Haus der Welt*, Übs., Köln 1969; *Leo Lionni: Alexander und die Aufziehmaus*, Übs., Köln 1969; *Der Fleck auf dem Schuh oder Prometheus soll gefesselt werden*, Hsp., WDR 1970; *Junggesellen-Weihnacht*, En., Neuwied, Bln. 1970; *Ein Fall für Goron*, Fssp., ARD 1971; *Der trojanische Sessel*, Fssp., SFB 1971; *Frauenvolksversammlung*, Theaterst., Bearb. nach Aristophanes, UA Ffm. 1972, Fssp., ARD 1972; *Auf den Spuren der Anarchisten: Ravachol*, Fssp., ZDF 1972; *Das verwandelte Testament*, E., Wuppertal 1973; *Vier Väter. Mit Zeichnungen des Autors*, Düsseld. 1973; *Ein Fall für Goron*, Fssp., ZDF 1973; *Geisterbahn. Kreuzberger Ballade*, Darmst., Neuwied 1973; *Ein Eisbär in Berlin. Posse*, m. Motiven u. Personen von A. Glassbrenner, Theaterst., UA Bln. 1973, gedr. Bln. 1973; *Des Försters tolle Uhr. Ein Roman für Kinder*, m. Illustr. von Natascha Ungeheuer, Hann. 1974; *Holger wohnt im Zoo. Ein Roman für Kinder*, m. Illustr. von W. Grieder, Köln 1974, Fssp., SFB 1979; *Ein fröhliches Dasein*, Fssp., ZDF 1974; *Leo Lionni: Im Kaninchengarten*, Übs., Köln 1975; *Eine Tüte Himbeerbonbons. Geschichten*, Darmst., Neuwied 1976; *Um zwei Erfahrungen reicher*, Fssp., ZDF 1976; *Der lange Weg in die Freiheit*, Fssp., ZDF 1977; *Die heitere Freiheit und Gleichheit. Vier Geschichten von der festen Bindung*, Bln. 1978; *Rede zur Eröffnung der neuen Buchhandlung Hoffmann*, Privatdr., Eutin 1978; *Rosenmontag ist kein Feiertag*, Fssp., ZDF 1978; *Straßenbahn und Kuckucksuhr*, En., Bln. 1979; *Achtung Zoll*, Fssp.-Serie, ARD 1979; *Triangel des Fleischers. Bayreuther Tage*, Bln. 1981; *Rom ist in der kleinsten Hütte*, Fssp.-Serie, SWF 1981; *Sind die Bären glücklicher geworden? 15 Autobiografien*, Bln. 1983; *Der Weg einer Pastorin ins Bordell*, En., Darmst., Neuwied 1984; *Berliner Zitronen und drei Punkte*, Hsp., RIAS 1984; *Der Wagen mit dem Flaschenbier*, m. Illustr. von B. Freitag, Bln. 1986.

Schnurre, Wolfdietrich, wurde am 22. 8. 1920 als Sohn eines Bibliothekars in Frankfurt am Main geboren. Er zog 1928 mit seinem Vater nach Berlin und besuchte dort zunächst eine sozialistische Schule, von 1935 an ein humanistisches Gymnasium. Während des Zweiten Weltkrieges wurde er eingezogen und zuletzt in eine Strafkompanie abkommandiert. Im April 1945 gelang ihm die Flucht nach Westfalen; im Herbst desselben Jahres kehrte er zu seinem Vater in den Ostteil von Berlin zurück. Als ihm durch einen sowjetischen Kulturoffizier untersagt wurde, für Zeitungen mit westlicher Lizenz zu schreiben, zog Schnurre in den Westteil der Stadt. Dort war er als Journalist für die »Neue Zeitung« und als Film- und Theaterkritiker für »Die Welt« und für die »Deutsche Rundschau« tätig. Seit 1950 lebte er als freier Schriftsteller zunächst in Berlin, später in Felde bei Kiel, wo er am 9. 6. 1989 starb. Schnurre war Mitbegründer der »Gruppe 47« und Mitglied der Akademie für Sprache und Dichtung in Darmstadt, von 1958 bis 1962 gehörte er dem P.E.N. an, den er aus Protest gegen dessen Schweigen zum Bau der Berliner Mauer verließ. 1958 erhielt er den Fontane-Preis, 1959 den Düsseldorfer Immermann-Preis, 1962 den Georg-Mackensen-Preis für die beste Kurzgeschichte, 1968 die Domino-Medaille, 1981 das Bundesverdienstkreuz, 1982 den Heinrich-Böll-Preis der Stadt Köln, 1983 den Georg-Büchner-Preis und 1989 den Literaturpreis der Stadt Kiel.

Unter dem Eindruck seiner Erlebnisse im Dritten Reich und seiner Soldatenzeit begann Wolfdietrich Schnurre Kurzgeschichten zu schreiben. Zeit seines Lebens blieb er dieser Gattung und seinen Themen treu, variierte sie in mannigfacher Weise, ohne seine Grundeinstellung jemals aufzugeben. Schnurre gilt – neben Wolfgang Borchert und Heinrich Böll – als einer der wichtigsten Vertreter der deutschen Nachkriegsliteratur, insbesondere als Autor der von der angloamerikanischen Shortstory geprägten Kurzgeschichte. Daneben verfasste er Kinderbücher, Gedichte, Aphorismen, Hörspiele und Essays. Bereits in seinem Band *Man sollte dagegen sein* (1960), der Erzählungen aus den Jahren 1945 bis 1947 enthält, beschreibt er Kinderarmeen, Pazifistenverfolgung, das allgegenwärtige Sterben und vor allem die Flucht der Nachkriegsgesellschaft aus der Verantwortung für die jüngste Vergangenheit – Themen, die sein gesamtes Werk durchziehen werden. Oft muten die Geschichten fast unwirklich an, weil er sich in der Darstellung auf das Notwendigste beschränkt, sodass eine gewisse Naivität im Handeln der Figuren mitzuschwingen scheint. Durch Typisierung der Figuren wird die eigentliche Aussage der Texte in den Vordergrund gerückt. Diese Vorgehensweise behält er auch in späteren Erzählungen bei. Äußerst realistisch stellt Schnurre die Gewissenskonflikte seiner Figuren dar, die kaum mehr mit dem zivilen Leben in der Nachkriegszeit, dem kollektiven Drang zu verdrängen und zu vergessen, zu Rande kommen. Exemplarisch dafür ist die Erkenntnis in der Erzählung *Die Tat* aus dem Band *Eine Rechnung, die nicht aufgeht* (1958): »Schuldig sind wir alle; da liegt der Unterschied nicht. Was wir aus unserem Schuldgefühl machen, wie wir uns einrichten mit ihm, darauf kommt's an.«

Für Wolfdietrich Schnurre erweist sich die Kurzgeschichte, die in der Nachkriegszeit in Deutschland sehr populär war, als ideales »Instrument zum Aufdecken von Mißständen, zum Anprangern von Kollektivsünden und zur Lotung gesellschaftlicher und psychologischer Befunde«. Sie zwinge den Autor »Farbe zu bekennen«. Inhaltlich stelle sie »ein Stück herausgerissenen Lebens« dar, das nicht nach Anfang und Ende verlange; in ihrem Mittelpunkt stehe der Durchschnittsmensch und der Außenseiter, konfrontiert mit der harten Realität. Seinen Roman *Als Vaters Bart noch rot war* (1958) konzipierte er deshalb folgerichtig als »Roman in Geschichten«. In kurzen, grob zusammenhängenden Erzählungen schildert er die Erlebnisse des Kindes Bruno und seines Vaters im Berlin der Zwanzigerjahre. Der Vater erscheint als Idealist, der getreu der eigenen Überzeugung mit den Widrigkeiten des Lebens fertig wird. Hier gelingt es Schnurre, mit der Figur des aufrichtigen Vaters inmitten der von Wirtschaftsnot geplagten Gesellschaft einen Ruhepol in den Geschichten zu schaffen, die auch einige autobiografische Züge enthalten.

Um seine Kritik an Zeit und Gesellschaft zu artikulieren, bevorzugte Wolfdietrich Schnurre parabelhafte Erzählungen und Fabeln. In den *Aufzeichnungen des Pudels Ali* (1953) nimmt er sich in Gestalt des Hundesnobs Ali die Literatur- und Künstlerszene auf satirische Weise vor. Auch in dem Band *Das Los unserer Stadt* (1959) verwendet er häufig Tiere, um menschliche Eigenschaften darzustellen. Begriffe wie »Zeit«, »Freiheit« und »Staatswesen« personifiziert er, womit der Symbolcharakter der Erzählungen deutlich unterstrichen wird.

Ab Mitte der Sechzigerjahre verfasste Schnurre viele Kinderbücher und -geschichten. Das zeitkritische Engagement Schnurres aus den Fünfzigerjahren trat vorübergehend in den Hintergrund. Erst 1981 griff er mit dem Roman *Ein Unglücksfall* die Problematik der Vergangenheitsbewältigung wieder auf: Nach einem Sturz legt ein Glasermeister auf dem Sterbebett einem Rabbiner Rechenschaft über seine Vergangenheit während des Dritten Reichs ab. Diese Lebensbeichte gestaltet sich für beide zu einem Ringen um die bislang verdrängte Wahrheit. Schnurre inszeniert diesen Dialog durch mehrfach in sich verschobene Erzählebenen: Gegenwart am Sterbebett, Erinnerung des Glasers und Erinnerung des Rabbiners vermischen sich eindrucksvoll. Mit dem *Schattenfotografen* (1978) versucht Schnurre mittels kurzer Notizen in Tagebuchform, Erzählungen und Aphorismen, »die Schatten seines vergänglichen Lebens in ein Buch (zu) bannen«. Dabei wird der Leser Zeuge eines aufschlussreichen und sehr persönlichen Dialogs des Autors mit sich selbst: »Denn hier finde ich, was ich bisher vergeblich gesucht habe: mich.« Die eingestreuten Dialoge des Dichterpudels Ali und des Philosophenpudels Atma erlauben Schnurre eine Reflexion des Notierten auf einer zweiten Ebene, aus der Distanz der beiden Hunde, die den Betrachtungen gleichzeitig einen ironischen Zug geben ohne den nachdenklichen Ton zu verdrängen. Das vermeintlich leichte Erzählen in der kurzen Form, ähnlich den Fabeln und Parabeln, lassen Schnurre bis heute als idealen »Lesebuchautor« erscheinen.

Heidi Rehn

Werke: *Man sollte dagegen sein. Ein Hörspiel*, Bln. 1949; *Die Rohrdommel ruft jeden Tag*, En., Witten, Bln. 1950; *Rettung des deutschen Films. Eine Streitschrift*, Stg. 1950; *Stimmen über dem Fluss*, Hsp., 1951; *Sternstaub und Sänfte. Aufzeichnungen des Pudels Ali*, R., Bln. 1953, Neuaufl. als *Die Aufzeichnungen des Pudels Ali*, Olten 1962; *Das Haus am See*, Hsp., 1954; *Nächtliche Begegnungen*, Hsp., 1954; *Canaima. Zeichnungen einer Venezuela-Reise von Günter Canzler*, Text, Ffm. 1954; *Die Blumen des Herrn Albin. Aus dem Tagebuch eines Sanftmütigen.*, E., Mü. 1955; *Die Reise zur Babuschka*, Hsp., 1955; *Kranichzug*, Hsp., 1955; *Spreezimmer möbliert*, Hsp., 1955; *Eine gut befestigte Stadt*, Hsp., 1956; *Kassiber*, G., 1956, Neuaufl. als *Kassiber und neue Gedichte*, Mü. 1979; *Krähenkolonie*, Hsp., 1957; *Protest im Parterre. Fabeln*, Illustr. v. Autor, Mü. 1957; *Abendländler. Satirische Gedichte*, Illustr. v. Autor, Mü. 1957; *Eine Chance für Hambsch*, Hsp. 1958; *Liebe, böse Welt*, Fabeln, 1957; *Alle Vögel, alle*, Hsp., 1957; *Als Vaters Bart noch rot war*, R., Zür. 1958; *Eine Rechnung, die nicht aufgeht*, En., Olten, Freib./Br. 1958; *Steppenkopp*, E., Stierst./Ts. 1958; *Barfußgeschöpfe*, Parabeln, m. Illustr. v. Autor, Mü. 1958; *Anaximanders Ende*, Text zur Kammeroper v. Werner Thänichen, Bln. 1958; *Der Fleck an der Wand*, Hsp., 1958, Fssp., 1959; *Das Efeublatt*, Hsp., 1958; *Das Los unserer Stadt. Eine Chronik*, Olten, Freib./Br. 1959; *Man sollte* *dagegen sein*, En., Olten, Freib./Br. 1960; *Das Schwein das zurückkam*, Hsp., 1960, gedr. Bln., Zür. 1967; *Die Gläsernen*, Hsp., 1960; *Jenö war mein Freund*, En., m. Illustr. v. Autor, Ffm. 1960; *Die Flucht nach Ägypten*, En., Zür. 1960; *Nur ein kurzer Aufenthalt*, Fssp., 1961; *Ein Fall für Herrn Schmidt*, En., Stg. 1962, Hsp., 1957; *Berlin – Eine Stadt wird geteilt*, Bilddok., Olten, Freib./Br. 1962; *Die Mauer des 13. Augusts*, Bilddok., Bln. 1962; *Funke im Reisig*, En., Olten, Freib./Br. 1963; *Schreibtisch unter freiem Himmel. Polemik und Bekenntnis*, Olten, Freib./Br. 1964; *Ohne Einsatz kein Spiel. Heitere Geschichten*, Illustr. v. Autor, Olten, Freib./Br. 1964; *Mord*, Fssp. 1964; *Die Bekanntschaft*, Hsp., 1964; *Reusenheben*, Film, 1964; *Die Tat*, En., Lübeck, Hbg. 1964; *Kalünz ist keine Insel*, E., Zür. 1965; *Schwestern*, Film 1966; *Die Leihgabe*, Fssp. 1966; *Schnurre liest Schnurre*, Schpl., Hbg. 1966; *Die Erzählungen*, Olten 1966; *Freundschaft mit Adam*, Ausw.-Bd., Baden-Baden 1966; *Spreezimmer möbliert*, Hsp.-Slg., Mü. 1967; *Was ich für mein Leben gern tue. Hand- und Fußnoten*, m. Illustr. v. Autor, Darmst. 1967; *Schnurren und Murren*, Kinderb., m. Illustr. v. Autor, Recklingh. 1967; *Die Zwengel*, Kinderb., Baden-Baden 1967; *Rapport des Verschonten*, En., Zür. 1968; *An einem Tag im September*, Fssp. 1969; *Ein Schneemann für den großen Bruder*, Kinderb., m. Marina Schnurre, Mü. 1969; *Die Auferstehung*, Fssp. 1970; *Die Sache mit den Meerschweinchen*, Kinderb., m. Illustr. v. Marina Schnurre, Recklingh. 1970, Hsp., 1975; *Richard kehrt zurück*, R., Zür. 1970; *Die Wandlung des Hippipotamos*, Kinderb., m. Illustr. v. Autor, Reutlingen 1970; *Schnurre heiter. Heitere Geschichten*, Olten, Freib./Br. 1970; *Eine seltsame Reise*, Fssp., 1970; *Wie der Koala-Bär wieder lachen lernte*, Kinderb. m. Illustr. v. Marina Schnurre, Zür. 1971; *Die menschliche Pyramide oder Wohl dem, der eine Bleibe hat*, Fssp., 1971; *Der Spatz in der Hand. Fabeln und Verse*, m. Illustr. v. Autor, Mü. 1971; *Immer mehr Meerschweinchen*, Kinderb., m. Illustr. v. Marina Schnurre, Recklingh. 1971; *Der Meerschweinchendieb. Eine Bildergeschichte*, m. Illustr. v. Marina Schnurre, Recklingh. 1972; *Auf Tauchstation. Und 18 weitere Begebenheiten*, m. Illustr. v. Autor, Ffm., Bln., Wien 1973; *Ich frag ja bloß. Großstadtkinder-Dialoge*, Mü. 1973; *Ach selig, ach selig, ein Kind noch zu sein*, Hsp., 1973; *Der wahre Noah. Neuestes aus der Sintflutforschung*, m. Illustr. v. Autor, Zür. 1974; *Die Weihnachtsmannaffaire*, E., Zür. 1974; *Eine schwierige Reparatur*, E., Düsseld. 1976; *Ich brauche dich*, En., Mü. 1976, Hsp., 1976; *Ssäh la wieh oder Das Hängen am anderen*, Hsp., 1976; *Karl der Gerechte*, TV-Serie, 1976 ff.; *Erzählungen 1945–1965*, Mü. 1977; *Jagomirs Heimkehr*, F., 1977; *Bis dass der Tod*, Hsp., 1977; *Im Schloss der Familie*, Hsp., 1977; *Klopfzeichen*, Gütersl. 1978; *Manche gehen lieber in den Wald. Grüne Geschichten*, m. Illustr. v. Autor, 1978; *Der Schattenfotograf. Aufzeichnungen*, Mü. 1978; *Ein Fall von ganz spezieller Art*, Film, 1978; *Im Gehäuse*, Hsp., 1978; *Ein Bündnis*, Hsp., 1978; *Die rote Nelke*, Hsp., 1978; *Erfülltes Dasein. Aus den nachgelassenen Papieren des Oberverwaltungsinspektors Karlheinz Krenzke. Bildergeschichte*, Düsseld. 1979; *Kassiber und neue Gedichte*, Mü. 1979; *Der Verräter*, Hsp., 1979; *Der Unbekannte*, Fssp., 1979; *Lit. Gesamtwerk 1945–1979*, Mü. 1979; *Die Umkehr*, Hsp., 1980; *Ein Unglücksfall*, R., Mü. 1981; *Gelernt ist gelernt. Gesellenstücke*, Ffm., Bln., Wien 1981; *Levin und Gutmann*, TV-Serie, 1983–1985; *Emil und die Direktiven. Anmerkungen zum Kinder- und Jugendbuch*, Ffm., Bln. Wien 1985; *Die Muse*, Hsp., 1985; *Mein Leben als Zeitgenosse*, Stg. 1987; *Zigeunerballade*, En., m. Illustr. v. Marina Schnurre, Bln. 1988; *Als Vater sich den Bart abnahm. Erzählungen aus dem Nachlass*, hg. v. Marina Schnurre, Bln., 1995; *Die Prinzessin kommt um vier. Eine Liebesgeschichte*, m. Illustr. v. Rotraut S. Berner, Bln. 2000.

Scholl, Sabine, wurde am 28. 3. 1959 in Grieskirchen/Oberösterreich geboren. Im Anschluss an ihr Studium der Germanistik, Geschichte und Theaterwissenschaften von 1978 bis 1987 in Wien arbeitete sie zwei Jahre als Lektorin an der Universität Aveiro in Portugal. Weitere Lehraufträge führten sie u.a. nach Chicago/USA und Nagoya/Japan. Seit 1990 ist Sabine Scholl freie Autorin, derzeit lebt sie, nach langjährigen Aufenthalten in Chicago und New York, in Berlin. Sie erhielt mehrere Preise, darunter 1990 das Staatsstipendium des Österreichischen Bundesministeriums für Unterricht und Kunst für Literatur, 1991 den Förderungspreis der Stadt Wien für Literatur, 1992 den Rauriser Literaturpreis des Landes Salzburg.

»Die Auseinandersetzung mit dem, was der Nächste, das Andere, die Fremde wäre, ist für mich eine der wichtigsten Fragen der Literatur«, so schreibt Sabine Scholl in ihrem Essayband *Wie komme ich dazu* (1996). Es ist eine Auseinandersetzung, die auch den Kern ihrer eigenen Poetik ausmacht: einer literarischen, in Inhalt und Form geführten Befragung dessen, was Identität sei und wie sich diese in Sprache ausdrückt und formiert, die durchdrungen ist vom vornehmlich französischen, poststrukturalistischen Theoriegut des so genannten »Denkens der Differenz«, ohne sich dessen Vokabular zu bedienen. Thematisch ist diese Auseinandersetzung dabei weit gefasst: In *Fette Rosen*, dem Debütband von Sabine Scholl (1991), sind Heimat/Fremde, Natur/Entfremdung, Grenze/Überschreitung zentrale motivische Begriffspaare der Erzählungen. Diese erkunden vor allem den Leib als jene Schnittstelle, an der Identität sich ausbildet und zugleich verraten werden kann an das Spiel der Inszenierung, wie ihr erster Roman *Haut an Haut* (1993), der kaleidoskopartig die gehetzte Maskenhaftigkeit fünf junger Menschen im vergnügungssüchtigen Berlin der Neunzigerjahre schildert, in kritischer Weise hinterfragt. Auch *Gut im Bild* (1994), ein Band mit Kurzprosatexten, und *Alle ihre Körper*

(1996) bilden weitere Mosaiksteine in dieser Entlarvung der Herstellung von »Ich«. *Gut im Bild* setzt das Nähen als metaphorische Schnitt-Stelle von Selbstbildnissen eher witzig-ironisch in Szene, *Alle ihre Körper* überlagert dagegen die Lebensgeschichten der weiblichen Ikonen Callas und Dalida (hier Calida und Dallas) zu einer symptomatischen Erzählung über die Enteignung von Frauen, die sich im doppeldeutigen Sinn des Wortes nicht gehören. Dieses Moment der spielerischen Vermischung ist so programmatisch wie kennzeichnend für Scholls Poetologie. Denn Identität meint bei ihr nicht »entweder/oder«, sondern eher ein »Dazwischen« – wie sie dann auch in ihrem zweiten theoretischen Essayband, *Die Welt als Ausland* (1999), über ihr eigenes Werk reflektiert: zwischen Kulturen, Sprachen und damit Identitäten selbst. Da Sprache am Selbst- wie Fremdkonstrukt beteiligt ist, bedarf es – um diesen Vorgang sprechbar zu machen – einer ebenfalls synkretischen Auffassung von Literatur: dem lustvollen Spiel mit Zeichen und Bedeutungen. Es ist ein zugleich utopischer Raum, dieses »Dazwischen«, wie ihr Roman *Die geheimen Aufzeichnungen Marinas* (2000) beweist, in dem sie sich, angeregt durch eigene Reisen, der Geschichte Brasiliens zuwendet. Darin gelingt ihr eine kritische Revision der kolonialen Enteignung des Landes – und zugleich eine quasi feministisch gewendete, fiktive Neuerzählung vom Leben und Handeln der in Mexiko verrufenen, historisch verbürgten Cortes-Übersetzerin Malinche, die nunmehr im Jahre 2030 unter dem Namen Marina als Fürsprecherin der unterdrückten Latinos durch die »traurigen Tropen« reist. Geformt als vielstimmige Montage – Tagebuch, Reisejournal, Tonbandtranskriptionen entsprechen formal der vom Materialarchiv ausgehenden offenen Poetik –, besticht der Roman zudem sowohl durch seine poetische Beschreibungsdichte wie die bildliche Präzision. Seine auffallende Narrativität – im Gegensatz zur manchmal manieristisch anmutenden stakkatohaften Parataxe der frühen Arbeiten Scholls – ist ein mehrfacher Zugewinn, denn hinter der scheinbar postmodernen Verfasstheit ihrer Prosa steckt die dringliche Beleuchtung der »condition postmoderne«, der unser Dasein verhaftet ist.

Claudia Kramatschek

Werke: *Unica Zürn: Fehler Fallen Kunst*, Diss., Ffm. 1990; *Fette Rosen*, En., Bln. 1991; *Haut an Haut*, R., Bln. 1993; *Wie komme ich dazu?*, Ess., Graz/Wien 1994; *Gut im Bild. Ein Handbuch*, Pr., Klagenfurt 1994; *Alle ihre Körper*, En., Klagenfurt 1996; *Alles, was bisher gut war, ist jetzt schlecht und umgekehrt*, Hsp., ORF 1996; *Jenseits von Wohnen*, Hsp., SFB 1998; *Etwas wächst, etwas fällt*, Hsp., ORF 1999; *Die geheimen Aufzeichnungen Marinas*, R., Bln. 2000.

Schramm, Ingo, wurde am 25. 10. 1962 in Leipzig geboren. 1966 siedelte er nach Ost-Berlin um. Mit 16 verließ Schramm die Schule. In der DDR arbeitete der gelernte Buchhändler in verschiedenen Berufen, unter anderem als Bibliothekar in Halle/Saale. Seit 1990 lebt er als freier Schriftsteller in Berlin. 1992 wurde sein erstes Hörspiel *Danach* im ORB gesendet. 1996 erschien sein erster Roman *Fitchers Blau*. Seitdem entstanden weitere Romane, Hörspiele und vor allem im Internet auf eigenen Homepages veröffentlichte Gedichte. Ingo Schramm war 1992 Stipendiat der Stiftung Kulturfonds, ist Mitglied des Internet-»Forums der 13« und veröffentlicht regelmäßig in Zeitungen, Zeitschriften und im Internet Beiträge und Essays.

Als Mitte der Neunzigerjahre die Forderungen nach einer Literarisierung von Mauerfall und Wende immer lauter wurden, erschien mitten hinein in den eher zweifelhaften öffentlichen Diskurs Ingo Schramms Debütroman *Fitchers Blau* (1996). Er hätte ihn eigentlich zum Verstummen bringen müssen. Denn *Fitchers Blau* ist nicht nur der bisher einzige wirkliche Nachkriegs-Nachfolger von Alfred Döblins *Berlin Alexanderplatz* als Metropolenroman, er ist die seismologischste, feingewebteste literarische Umsetzung jener überhitzten, anarchischen Anfangstage der so genannten Berliner Republik. Karl Klemm, die Hauptfigur in *Fitchers Blau*, ist der archetypische DDR-Verlierer, ein Ikarus, der auf dem Weg »zur Sonne, zur Freiheit« mitsamt seinem Staatsgebilde in der nächsten Eckkneipe abgestürzt ist. Er trifft seine Halbschwester Janni und stolpert gemeinsam mit ihr durch den großen Nachtraum, Erinnerungsraum der Metropole Berlin. Beide sind Grenzgänger in einer Zeit, in der sich alle Grenzen auflösen. In einem dementsprechend nahezu grenzenlosen, sprachgewaltigen Wust aus Archaismen und Expressionismen, über einem dichten Netz aus Mythologie, Märchen, Philosophie und Soziologie spürt Schramm, der die Maueröffnung als Tragödie empfand, schon hier seinem Hauptthema hinterher: der Macht der Gesellschaft (und in diesem Fall: der Väter) über das Individuum, den Selbstheilungskräften des Individuums und der Möglichkeit eines »Wir« jenseits von Ich-Kult und totalitärer Verstaatlichung des Menschen. Allegorische Figuren konstruierte Schramm auf einer vielschichtigen, changierenden Folie. Eine Technik, die er auch – wieder mit expressiver Wortwut und über einem dichten ideengeschichtlichen Netzwerk – in seinem zweiten Roman *Aprilmechanik* (1997) anwandte. Hier allerdings, um in einer Dreiecksgeschichte die Folgen aufzuzeigen, die der Modernisierungsschub der Nachwendezeit auf die Menschen, die ihm ausgesetzt waren, ausgelöst hat. Die Mächte der Gesellschaft, so Schramm, »sind immer noch bestimmender über das Individuum als die Kräfte des Individuums, dem etwas entgegenzusetzen«. Die Systeme seien so eingespielt, »dass der Spielraum eng wird«. Übrig bleibt als Überlebensmittel, als Ausweg aus postmoderner Einsamkeit und verstaatlichter Erinnerung nur die Liebe, das lernt der sich und seine Welt permanent beobachtende, analysierende Mann in Schramms drittem Roman *Entzweigesperrt* (1998). Die Liebe, die allen Solipsismus heilt, die von der Gegenwart und der Vergangenheit zerstörten Figuren »Ich« und »Wir« überwindet in der Utopie eines »Ich@du«. Eine Utopie, die nur erreichbar ist, begreift man Liebe als reines Machen, reines Tun, als poetischen Akt. Mit dieser vielschichtigen Liebesgeschichte, die in der DDR der späten Siebzigerjahre beginnt und im Nachwendedeutschland der mittleren Neunzigerjahre endet, verabschiedete Schramm die Nachkriegszeit und sich selbst von dem, was er im eigenen Werk als »postmodernen Barock« bezeichnet. Sein vierter Roman, *Die Feigheit der Fische* (2000), zeichnet am Beispiel des TV-Kommissar-Darstellers Kurt Neulich sprachlich schlackenfrei, handlungsorientiert, aber auch eher eindimensional das Panorama einer Gesellschaft, die sich zynisch um sich selbst dreht, während zum ersten Mal seit dem Zweiten Weltkrieg deutsche Soldaten in einen europäischen Krieg ziehen.

Elmar Krekeler

Werke: *Danach*, Hsp., ORB 1992; *Unta de Dächa*, Hsp., ORB 1995; *Fitchers Blau*, R., Bln. 1996; *Aprilmechanik*, R., Bln. 1997; *Vom Bäcker und vom Meer*, Hsp., RB 1997; *Der Schal, das Herz, die Uhr*, Hsp., ORB 1997; *Entzweigesperrt*, R., Bln. 1998; *Die Feigheit der Fische*, R., Bln. 2000.

Schreiner, Margit, wurde am 22. 12. 1953 als Tochter eines Buchhalters in Linz geboren. Nach dem Schulabschluss studierte sie zunächst Germanistik und Psychologie in Salzburg. Von 1977 bis 1980 lebte sie in Tokio, 1978 brach sie ihr Studium ab. Bis 1982 arbeitete sie als Sekretärin an der Universität Salzburg, danach lebte sie als freie Schriftstellerin in Salzburg, Paris, Berlin und Italien. Seit 2000 lebt Schreiner wieder in Linz. Sie erhielt verschiedene Stipendien und Preise, u.a. 1987 den Dr.-Ernst-Koref-Anerkennungspreis, 1989 das Rom-Stipendium des Österreichischen Bundesministeriums, 1993 das Arbeitsstipendium des Berliner Senats sowie 2000 zum zweiten Mal das Österreichische Staatsstipendium.

Bis zu ihrem ersten Roman *Haus, Frauen, Sex* (2001) schrieb Schreiner in erster Linie Kurztexte, die häufig anekdotische Züge tragen und um ihre Kindheit in einem Vorort der Stahlindustriestadt Linz kreisen. Der Erzählband *Mein erster Neger* (1990) zeugt von ihrem Talent, auf humorvolle Weise Absurditäten aufzudecken. Darin richtet sie den schonungslosen Blick eines Kindes auf üppige Festessen, schwule Pfarrer und Möchtegern-Exzentriker. Verwegen spannt Schreiner einen Bogen vom bäuerlichen Oberösterreich zu fremden Kulturen und erzeugt dadurch eine unvergleichliche Komik. Gezielt stellt sie Kleindörflermentalität, Scheinmoral und Ausländerfeindlichkeit bloß und lässt gleichzeitig die magische Welt eines fantasiebegabten Kindes entstehen. Weniger ironisch, aber ebenso intensiv beschreibt die Autorin ihre Kindheits- und Jugendwelt in *Die Unterdrückung der Frau* (1995). Nachdenklich bis lakonisch ist ihr Tonfall im Episodenroman *Nackte Väter* (1997): Der an Alzheimer erkrankte Vater wird zum Kind, die Auseinandersetzung mit der Vergangenheit für die Tochter zum Heilungsprozess. Im Mittelpunkt steht die Suche nach einer objektiven Beurteilung der Beziehung zum Vater, der sie früher durch seine Autorität und später, als Kranker, durch seine Unberechenbarkeit einschüchterte.

Mit *Haus, Frauen, Sex* (2001) gewinnt Schreiner Abstand zu ihrer Biografie und setzt mit großem Erfolg auf ihr humoristisch-ironisches Talent. In einem furiosen Monolog redet sich ein Mann in seinem Hass auf die Frau, die ihn verlassen hat, um Kopf und Kragen. Es gelingt ihr, diesen Mann erstaunlich glaubwürdig und vielschichtig zu charakterisieren. Wie nebenbei lässt sie ihn sich selbst entblößen, bis er als armseliger, rechthaberischer Macho dasteht. Ebenso listig wie perfekt funktioniert die Einfühlung ins andere Geschlecht. Äußerst leise lässt sie einerseits Kritik an den männlichen Vorurteilen, andererseits die Stille und Einsamkeit hinter der Aggressivität des Mannes spürbar werden.

Monika von Aufschnaiter

Werke: *Die Rosen des Heiligen Benedikt*, En., Zür. 1989; *Mein erster Neger. Afrikanische Erinnerungen*, En., Zür.

1990; *Da gehen die Schiffe unter mitten in der Wüste*, Hsp., 1991; *Die Bohrmaschine oder: Warten auf Berlin*, Hsp., 1992; *Die Unterdrückung der Frau, die Virilität der Männer, der Katholizismus und der Dreck*, R. in Geschichten, Zür. 1995, u. d. T. *Der Mann mit den Samtohren* Mü. 2000; *Nackte Väter*, R., Zür. 1997; *Gefühle*, Hsp., 2000; *Haus, Frauen, Sex*, R., Ffm. 2001; *Zu Fuß über die Alpen*, Hsp., 2002; *Heißt lieben*, R., Ffm. 2003.

Schriber, Margrit, wurde am 4. 6. 1939 in Luzern als Tochter eines Wunderheilers geboren. Nach einer kaufmännischen Ausbildung arbeitete sie als Bankangestellte, Werbegrafikerin und Fotomodell, dann schließlich als Schriftstellerin. 1976 erschien ihr erster Roman, *Aussicht gerahmt*. Sie lebt heute in Zofingen und in der französischen Dordogne. 1977 erhielt sie den Anerkennungspreis der Schweizerischen Schillerstiftung, 1987 den Zürcher Buchpreis und 1998 den Aargauer Literaturpreis für das literarische Gesamtwerk und die Ehrengabe der Stadt Zürich.

Schribers erste drei Romane, *Aussicht gerahmt* (1976), *Ausser Saison* (1977) und *Kartenhaus* (1978*)* beschreiben das Sinn suchende Kreisen junger Frauen um sich selbst und tragen stark autobiografische Züge. Mit *Muschelgarten* (1984) beginnt eine neue Schaffensperiode, in der sich Schriber zwar weiter mit der Frage nach Wahrheit oder Lebenslüge auseinander setzt, das Beziehungsgeflecht der Protagonisten aber immer raffinierter gestaltet. In *Muschelgarten* dringt sie ein in die Existenz einer Frau, die »versteinert« zusieht, wie das Leben an ihr vorbeizieht. In spröder Klarheit und großer Dichte entsteht das Bild einer fremd gesteuerten Persönlichkeit, der bewusst fragmentarische Aufbau des Romans folgt dem Inhalt: Szenen aus Gegenwart und Vergangenheit und verschiedenen Schauplätzen lassen durch ihren abrupten Wechsel die Zerrissenheit der Frau spürbar werden. Auch Magda, die Hauptperson des 1987 erschienenen Romans *Tresorschatten,* ist gelähmt von der Leere ihrer eigenen Existenz. Sie ist froh, als sie vom Schalterraum der Bank in den Tresorraum versetzt wird. In diesem Bunker glaubt sie sich sicher vor Zweifeln und Fragen. Sie geht in der ihr zugedachten Rolle der »still dienenden Frau« auf – und gleichzeitig daran zugrunde. Im Roman *AugenWeiden* (1990) fasst Schriber den Kreis der Personen weiter und seziert eine von Lügen, Scheinmoral und »Langeweile bis zum Ersticken« befallene Schweizer Dorfgemeinschaft. Indem sie »Ihndaoben«, den alten Steinesammler, ausrichten, weil er sich eine »Lolita« hält, glauben sie ihre eigenen Lebensentwürfe zu legitimieren. Ein Irrtum, den Schriber auf subtile, intelligent-humorvolle Weise aufdeckt. Von meisterhafter sprachlicher Dichte und inhaltlicher Vielschichtigkeit ist der Roman *Rauchrichter* (1993), in dem das Leben einer Familie über einen Zeitraum von etwa 50 Jahren beschrieben wird. Wie ferngesteuert bewegen sich die vier Hauptpersonen ihrem Unglück entgegen: Trotz des Wohlstands, den sie sich nach dem Krieg mit einem Hutgeschäft erwirtschaftet haben, sind sie am Ende einsam und enttäuscht. Verblichener Glanz und eine Zauberberg-Atmosphäre beherrschen den Roman *Schneefessel* (1993), in dem die Autorin jedoch allzu stark in Abstraktionen verfällt.

Meist spielen Schribers Geschichten in kleinen, unbekannten Dörfern, Schauplatz ist immer die Schweiz. Ihre (Anti-)Helden sind einsame, graue Mäuse und so damit beschäftigt, den Schein eines erfüllten Lebens zu wahren, dass sie nie wirkliche Erfüllung erlangen. Schriber verfügt, darin vergleichbar der amerikanischen Autorin Carson McCullers, über das Talent, Träume und Sehnsüchte aufzuspüren. Mit beklemmender Genauigkeit beschreibt sie Menschen auf Identitätssuche, hält jedoch gleichzeitig Distanz zu ihren Figuren. Ihr sprachliches Vermögen zeigt sich in der Kunst, mit einem Halbsatz das Wesen der Dinge offen zu legen, und steht dabei einem geistesverwandten Autor wie Blaise Cendrars um nichts nach. Ihre Texte will sie als Plädoyer für ein eigenständiges, unschematisches Denken verstanden wissen. Die »Dichterin der Einsamen« zählt nicht zuletzt deshalb zu den großen zeitgenössischen Schweizer Autorinnen.

Monika von Aufschnaiter

Werke: *Ein wenig Lärm im Keller*, Theaterst., Olten 1975; *Aussicht gerahmt*, R., Frauenfeld 1976; *Ausser Saison*, En. Frauenfeld 1977; *Dazwischen*, Theaterst., Olten 1978; *Kartenhaus*, R., Frauenfeld 1978; *Ein Platz am Seidenpodest*, Hsp., 1979; *An einem solchen Tag*, Hsp., 1980; *Vogel flieg*, R., Frauenfeld 1980; *Luftwurzeln*, En., Frauenfeld 1981; *Tambourinschlag*, Hsp., 1982; *Ein Platz am Seidenpodest*, Hsp., 1984; *Muschelgarten*, R., Zür. 1984; *Tresorschatten*, R., Zür. 1987; *AugenWeiden*, R., Zür./Frauenfeld 1990; *Rauchrichter*, R., Zür./Frauenfeld 1993; *Schneefessel*, R., Zür./Frauenfeld 1998; *Von Zeit zu Zeit klingelt ein Fisch*, En., Zür. 2001.

Schrobsdorff, Angelika, wurde am 24. 12. 1927 als Tochter des von preußischen Landjunkern abstammenden Berliner Bauunternehmers Erich Schrobsdorff in Freiburg im Breisgau geboren. Auf dem Rückweg von der Schweiz nach Berlin hatte die Mutter für die Niederkunft dort Station machen müssen. Dass sie das dritte Kind aus der dritten Verbindung ihrer jüdischen Mutter Else, geborene Kirschner, war, sollte ihr Leben nachhaltig prägen. Sie verbrachte in Berlin eine außerordentlich behütete Kindheit, nach der Heirat der Eltern 1930 für fünf Jahre sogar im gemeinsamen Hausstand. 1935 trennten sich die Eltern. Im Frühjahr 1938 kehrte die Mutter mit den Kindern von einem halbjährigen Aufenthalt in der Schweiz zurück. Die Familie verkannte die seit der nationalsozialistischen Machtergreifung 1933 wachsende Gefahr für Juden in Deutschland völlig. Nach der Reichskristallnacht vom 9. 11. 1938 begann man mit den Vorbereitungen für die Flucht aus Deutschland. Der Vater willigte in die Scheidung ein, damit die Mutter eine Scheinehe mit einem Bulgaren eingehen und mit den Töchtern Bettina und Angelika nach Sofia ausreisen konnte. Nach dem Einmarsch der Deutschen am 2. 3. 1941 in Bulgarien veränderte sich das Leben der jüdischen Flüchtlinge zum Schlechten, da sie jeden Augenblick ihre Entdeckung und Deportation fürchten mussten. Als die Lage in Sofia sich dramatisch zuspitzte – ab März 1943 war noch amerikanische Bombardierung hinzugekommen – zog sich die Familie in das Dorf Buchowo zurück. Auch nach der Befreiung durch die Russen im September 1944 war die Gefahr der Einweisung in ein Lager nicht gebannt, konnten die Flüchtlinge aus Deutschland doch für deutsche Feinde gehalten werden. Erst nach Kriegsende erfuhr Angelika Schrobsdorff, dass die jüdische Großmutter im Konzentrationslager Theresienstadt umgekommen war und ihr Bruder Peter Schwiefert kurz vor Kriegsende als Freiwilliger der französischen Armee gefallen war. Sie selbst kehrte 1947 als jung verheiratete Frau des amerikanischen Besatzungsoffiziers Edward S. Psurny, der von Sofia nach München versetzt wurde, nach Deutschland zurück. Die Ehe hielt nicht lange. Zwischen 1961 und 1970 verbrachte Schrobsdorff jedes Jahr ein paar Monate in Israel. Dort lernte sie während seiner Recherchen für den Film *Israel pourquoi?* den französischen Dokumentarfilmer Claude Lanzmann kennen, den sie 1971 heiratete. Sie ging mit ihm nach Paris und erlebte den Beginn seiner Arbeit an dem Filmprojekt *Shoah*, das ihn elf Jahre lang und weit über das Ende ihres Zusammenlebens hinaus beschäftigen sollte. 1983 trennte sie sich von Lanzmann und beschloss nach einem Intermezzo in München, sich endgültig in Jerusalem niederzulassen. Die Scheidung von Lanzmann erfolgte 1990. »Ein Leben lang Koffer, Umzüge, Reisen« – wegen dieses Grundgefühls will sie allen widrigen Umständen zum Trotz in Jerusalem bleiben. 1998 wurde sie mit einem bulgarischen Preis, der »Goldenen Rose«, ausgezeichnet.

Angelika Schrobsdorffs erste Erzählung *Warum?* stammt aus dem Jahr 1951, wurde im Kummer über den Tod ihres Vaters geschrieben und war, wie die meisten Texte des Sammelbandes *Von der Erinnerung geweckt* (1999), nicht zur Veröffentlichung bestimmt. Sie beschreibt darin aus der Sicht des seinerzeit zwölfjährigen Mädchens die Flucht aus Berlin nach Bulgarien im Jahr 1939. Entwurzelung, Sehnsucht nach Geborgenheit, Verlusterfahrung, die Erkenntnis der Instabilität von Beziehungen, sozialen Systemen und nationalen Heimstätten sowie schließlich die Rückbesinnung auf die eigenen Fähigkeiten, die auch in Schwächen begründet sein können – ihr »verworrenes Leben« (Schrobsdorff) liefert die Leitmotive ihres schriftstellerischen Schaffens. Ihr Bedürfnis, sich schreibend mit ihren Erlebnissen und Emotionen auseinander zu setzen, nahm ab 1956 konkrete Form an. Schrobsdorff schildert schonungslos gegenüber anderen wie gegen sich selbst, deskriptiv, verhalten analytisch, gleichzeitig jedoch immer (selbst)ironisch wie humorvoll und praktisch ausschließlich in der ersten Person sprechend. »Ich kann über vieles, was mir passiert ist, nicht sprechen, weinen schon gar nicht, lachen selten. An der Schreibmaschine kann ich das alles. Sie ist für mich das, was für andere der Beichtvater war und der Psychotherapeut ist.« Bemerkenswert ist nicht die Authentizität der Fakten, sondern ihre Wahrhaftigkeit, die Charakteristik der Verhältnisse und Stimmungslagen. »Die Geschichten stimmen alle. Die Dialoge, die Szenen, Situationen sind frei erfunden. Aber der Umriss stimmt«, bekennt sie in dem Filmporträt *Ein Leben lang Koffer* von Irmgard von der Mühlen über ihre Darstellungsweise. »Die Schrobsdorff ist eine Kamera. Sie kann nur niederschreiben, was sie erlebt hat« (Johannes Mario Simmel). Ihr schriftstellerisches Schaffen ist trotzdem nicht dem Genre der Memoiren-Literatur zuzurechnen, weil es – am ehesten mit Ausnahme der Biografie der Mutter – nicht die vollkommene Überprüfbarkeit der Fakten für sich in Anspruch nimmt, wohl aber den Standpunkt wirklichkeitsnaher Prosa. Nach nur fünf Jahren Schulbesuch, ohne Ausbildung und Beruf hatte sie sich an der Seite ihres ersten, aus einer amerikanischen Kleinstadt stammenden Mannes schnell zu langweilen begonnen. Es folgten – was in den Fünfzigerjahren absolut nonkonformistisch für eine Frau war und von ihr in einer späteren Bilanz charakterisiert wurde als »Ich habe wie ein Mann gelebt« – wechselnde Beziehungen, unter anderem mit einem Journalisten, einem Filmregisseur, einem Adeligen. In ihrem ersten Roman *Die Herren* wird dieser Reigen so unverblümt beschrieben, dass er im prüden Deutschland des Jahres 1961 nur gekürzt veröffentlicht werden konnte. Den Anstoß, ihre Aufzeichnungen zu publizieren, hatte der Schriftsteller Johannes Mario Simmel gegeben. Der Roman *Die kurze Stunde zwischen Tag und Nacht* (1978), der ihrem damaligen Ehemann Claude gewidmet ist, beschreibt die Zerrissenheit einer Ich-Erzählerin namens Christina, die sich in den Tagen vor dem 1973 drohenden Jom-Kippur-Krieg mit der Suche nach ihrem eigenen Standort zwischen ihrer Wahlheimat Jerusalem, dem Wohnort Paris ihres Geliebten und dem Zuhause ihres Sohnes in München herumschlagen muss. *Die Reise nach Sofia* (1983) erzählt von Besuch und Gegenbesuch zweier Jugendfreundinnen in Paris bzw. Sofia. Für beide entwickelt sich der Aufenthalt im jeweiligen Gastland zu einem Abenteuer, zu einer Konfrontation westlicher und osteuropäischer Kultur und Wertvorstellungen. Die Autorin betont zwar den fiktiven Charakter der Szenarien, und doch hat Simone de Beauvoir Veranlassung, in ihrem Vorwort hervorzuheben, dass Schrobsdorff sich weder in Theorien noch in abstrakten Erklärungen verliere: »Sie erzählt, was sie erlebt hat, und sie erzählt es mit Distanz und zärtlicher Ironie. Keine der Personen dient ihr als Sprachrohr. Alle sind komplex belastet mit Vorurteilen, abhängig von Launen, die ihren Äußerungen und Handlungen jeglichen Anflug von definitiver Gültigkeit nehmen.«

Das Haus im Niemandsland oder Jerusalem war immer eine schwere Adresse entstand 1989 unter dem Eindruck der ersten Intifada. »Jüdin sein«, so Schrobsdorff, »bedeutet für mich, besser verstehen und tiefer nachempfinden zu können als die, die nicht das Pech hatten Juden zu sein. Darum kann und will ich mich jetzt nicht heraushalten.« So zeichnete sie ihre Beobachtungen und Reflexionen vom Anbeginn dieser neuen Dimension des israelisch-palästinensischen Konflikts auf. Zwei ganz besonderer Liebschaften – zum Lande Israel und zu ihrem Mann – konnte sie sich in *Jericho, eine Liebesgeschichte* (1995) erst annehmen, als Erstere tiefen Schaden genommen und Letztere bereits lange vorüber war: »Jerusalem war und blieb mein wahres Zuhause und Jericho, von einer trügerischen Sternstunde gekrönt, ein unerfüllbarer Traum.« Die Sehnsucht nach einem endgültigen Ankommen sollte sich nämlich auch in Jerusalem nicht erfüllen. »Ich hatte mich mit dem Judentum identifiziert. Und trotzdem war es zu spät gewesen und ich schon viel zu tief in meinem Außenseitertum verwurzelt. Ich hatte mich nicht mehr blind einer Überzeugung, einem Glauben oder auch nur einem Gefühl hingeben können.« Als dreizehn Jahre nach der ersten Jerusalem-Reflexion eine weitere erschien mit dem Titel *Wenn ich dich je vergesse, oh Jerusalem …* (2002), mutete diese wie eine Fortsetzung an. Nur ist ihr Ton noch schärfer, ihre Sympathie für die palästinensische Seite noch größer, ihre Beurteilung der Lage im Nahen Osten noch pessimistischer geworden. Der in Anlehnung an den Psalm 137, Vers 5 gewählte Buchtitel nimmt das Motiv der Jerusalem-Sehnsucht auf und belegt in der Aufzählung alltäglicher Begebenheiten die Unmöglichkeit eines ungestörten, terrorfreien Lebens, solange palästinensische Sehnsüchte ausgeblendet bleiben. Wie den sich ausschließenden Ansprüchen Genüge getan werden könnte, beantwortet Schrobsdorff nicht. Sie ist keine politische Autorin, aber sie ist wie alle anderen Menschen dort in der Region politisiert.

In Schrobsdorffs schriftstellerischem Schaffen kommt ihrer Hommage an die Mutter *Du bist nicht so wie andre Mütter. Die Geschichte einer leidenschaftlichen Frau* (1992) herausragende Bedeutung zu. Das beginnt mit der Wahl des Buchtitels, der ersten Strophe eines Gedichts entnommen, das der geliebte Bruder Peter an die gemeinsame Mutter gerichtet hatte. Und setzt sich fort in der Montage von eigenen Erinnerungen und denen von Freunden, von Briefen und Fotos. Die Mutter »war so kompliziert wie ein Puzzle, das aus tausenden Stücken zusammengesetzt ist – und ich musste diese Teile finden und ineinanderfügen«. Die Mutter Else, die die Konventionen eines traditionellen jüdischen Lebens längst abgestreift hatte, genoss in den Zwanziger- und Dreißigerjahren ihr Leben in Berlin in vollen Zügen, umgeben von zahlreichen Verehrern, eine Haltung, wie die Tochter sie in den Fünfzigerjahren selbst aufnehmen sollte. Von der Geburt der Mutter 1893 bis zu ihrem Ableben 1949 spannt Schrobsdorff den biografischen Bogen und liefert kenntnisreich die historischen Kulissen vom jüdischen Leben zwischen Integration und Assimilation in der wilhelminischen Ära über den Selbstverwirklichungs-Boom der Zwanzigerjahre bis zum Aufstieg des Nationalsozialismus mit Judenverfolgung und Zweitem Weltkrieg, vor denen sich das Schicksal Elses und ihrer Familie abspielte. Die assimilierte Jüdin hatte allzu lange die Gefährlichkeit der – für sie und ihre nach den Nürnberger Rassegesetzen als halbjüdisch geltenden Kinder sich zuspitzenden – Situation unterschätzt. Im Angesicht der unmittelbaren Bedrohung wuchs sie zur Rettung ihrer Kinder über sich selbst hinaus. Die Strapazen des bulgarischen Exils, das die Familie als Rettung in letzter Sekunde immer zu schätzen wusste, löste bei Else eine Gesichtslähmung aus, erstes Anzeichen der später ausbrechenden multiplen Sklerose. Die Trennung vom bewunderten Vater, der permanente Ausnahmezustand des Emigrantentums, die große Hilfsbereitschaft der bulgarischen Bevölkerung und die Erkenntnis des Jüdischseins im Beispiel der Mutter, in der Distanzierung der älteren Schwester und in der eigenen Hinwendung mit eben allen Konsequenzen gehören zu den wesentlichen Eindrücken ihrer Jugendzeit. Mit diesem Werk gelang Schrobsdorff der große Durchbruch im deutschsprachigen Raum. Im Dezember 1996 reiste sie ihrer in Bulgarien lebenden Nichte zuliebe dorthin und wurde nicht nur Zeugin der letzten kommunistischen Regierung, sondern auch der erbarmungswürdigen Situation der Zivilbevölkerung »in einem der letzten nationalen Armenhäuser Europas«. 1997 veröffentlichte sie ihren als aktuellen Reisebericht und als Rückblick auf jene acht Jahre ihres Kindheitsasyls konzipierten Bericht unter dem Titel *Grandhotel Bulgaria. Heimkehr in die Vergangenheit.*

Angelika Schrobsdorff gehört zu der immer kleiner werdenden Schar deutsch-jüdischer Autoren, die mit Wohnsitz in Israel weiterhin deutsch schreibt. Ihre Leserschaft findet sie darum in der Hauptsache im deutschsprachigen Raum.

Ellen Presser

Werke: *Die Herren*, R., Mü. 1961; *Der Geliebte*, R., Mü. 1964; *Spuren*, R., Mü. 1966; *Diese Männer*, En., Mü. 1966, Neuausg. u. d. T. *Der schöne Mann und andere Erzählungen*, Mü. 1993; *Die kurze Stunde zwischen Tag und Nacht*, R., Düsseld. 1978; *Die Reise nach Sofia*, Pr., Mü. 1983; *Das Haus im Niemandsland oder Jerusalem war immer eine schwere Adresse*, Pr., Mü. 1989, Neuausg. u. d. T. *Jerusalem war immer eine schwere Adresse*, Mü. 1991; *Du bist nicht so wie andre Mütter. Die Geschichte einer leidenschaftlichen Frau*, Biogr., Hbg. 1992; *Jericho. Eine Liebesgeschichte*, Pr., Hbg. 1995; *Grandhotel Bulgaria. Heimkehr in die Vergangenheit*, R., Mü. 1997; *Von der Erinnerung geweckt*, Pr., Mü. 1999; *Wenn ich dich je vergesse, oh Jerusalem …*, Pr., Mü. 2002.

Schrott, Raoul, wurde am 17. 1. 1964 geboren, offiziell in Landeck/Tirol. Er wuchs in Tunis, Zürich und Landeck auf. 1981 machte er Matura am Bundesoberstufenrealgymnasium Landeck und begann das Studium der Germanistik, Anglistik und Amerikanistik an der Universität Innsbruck. Es folgten Studienaufenthalte an der University of East Anglia in Norwich (1983/84) und an der Sorbonne in Paris (1986/87). 1986 schloss er das Lehramtstudium ab und absolvierte ein Probelehrjahr am BORG Landeck. Von 1986 bis 1987 war er als Sekretär von Philippe Soupault in Paris tätig. 1988 promovierte er in Innsbruck über Dadaismus, 1989/90 nahm er ein Postgraduiertenstipendium des DAAD in Semiotik und Komparatistik an der TU und der FU in Berlin wahr. Er hielt Gastvorlesungen an der Hochschule für Angewandte Kunst in Wien und war von 1990 bis 1993 Lektor für Germanistik am Istituto Orientale in Neapel. 1996 habilitierte er sich am Institut für Vergleichende Literaturwissenschaft in Innsbruck über *Fragmente einer Sprache der Dichtung – Poetische Strukturen von der griechischen Antike bis zum Dadaismus*. 1998 hielt er Poetik-Vorlesungen an den Universitäten Kiel und Zürich. Raoul Schrott lebte längere Zeit in der Provence, heute wohnt er in der Nähe von Cork in Irland. Ausgezeichnet wurde er neben zahlreichen Stipendien und Förderpreisen u.a. 1989 mit dem Kulturpreis des Landes Tirol, 1994 mit dem Preis des Landes Kärnten beim Ingeborg-Bachmann-Wettbewerb, 1995 mit dem Leonce-und-Lena-Preis, 1996 mit dem Berliner Literaturpreis, 1996 mit dem Rauriser Literaturpreis und 1999 mit dem Peter-Huchel-Preis.

Die spielerische Adaption und das Enträtseln fremder Verse und Sprachen zählt zu Raoul Schrotts Passionen, seine Auffassung von der reinen Kunst und der poetischen Revolte erfüllt ihn mit einer derart ansteckenden Lebendigkeit, dass seine Anthologie *Die Erfindung der Poesie* (1997) zu einem überragenden Erfolg wurde. Sein Zugang zum für viele noch geltenden Mysterium der Poesie ermutigt und dient der Provokation. Das ist immer noch die gleiche Welt, sagt Schrott und erzählt von archaischen Strukturen oder, weniger gelehrt, von Wein, Weib und Gesang, Natur und Tod. Ob er nun Rundfunkfeatures über die vier vergessenen und unterdrückten Sprachen Frankreichs – Korsisch, Okzitanisch, Bretonisch, Baskisch – verfasst, Romane maghrebinischer Autoren herausgibt oder sich ins Gälische, Arabische und Altirische vertieft – Schrott öffnet verborgene (Sprach-)Welten und rekonstruiert die versiegenden Adern der Literatur. »Der hat so viele

Ideen, der weiß gar nicht, wo er anfangen soll« (Hans Magnus Enzensberger). Schrott fängt immer da an, wo er glaubt, etwas lernen zu können. Vom karibischen Nobelpreisträger Derek Walcott, den er auch übersetzt hat, lernte er die Kunst der Allegorie; von den Briten Seamus Heaney und Ted Hughes Präzision und Lakonie; von den Surrealisten die Lust an der Sprache; von H. C. Artmann den »état d'esprit«, eine Haltung des Poetischen; an Enzensberger schätzt er dessen moralischen Sarkasmus und seinen Sinn für Pointen. Viele andere Dichter hat er (für sich) entdeckt und studiert, manchen zu neuem Glanz verholfen. Als habilitierter Komparatist besitzt er wissenschaftliches Ethos, als staunender Poet die Sensibilität für die Eigenheiten von Sprache und Wirklichkeit. Die produktive Auseinandersetzung mit anderen Kulturen fordert den fremden Blick und den eigenen Standpunkt zugleich. Mit spürbarer Lust am Fonetischen übersetzte er die Zoten des Catull in den Raum, findet den sanften Rhythmus sapphischer Lyrismen, akzentuiert die formelhaften Zäsuren der Mo'allaqat, der arabischen Volksdichter aus dem 6. Jahrhundert, und überträgt die Minnelieder des Kreuzritters und ersten Troubadours Guihelm IX., Graf von Poitiers und Herzog von Aquitanien. Er sucht das Sinnliche dieser Verse zu betonen, als wären Gerüche, Stimmen, Farben und Bilder aus vergangenen Zeiten wiederbelebbar. Raoul Schrott hat im Vorwort zu seiner Anthologie wie auch anderenorts seine Form der Annäherung an die Texte anderer Autoren charakterisiert: »Übersetzen ... heißt diese Bilder zu sehen, bevor sie geschrieben werden, und sie dann, weil sie sich nie nur kopieren lassen mit den Utensilien der eigenen Sprache, freihändig nachzuzeichnen und neu zu skizzieren: so nahe wie möglich und so frei wie notwendig. Man kann ihnen dabei nur die eigene Sprache leihen, auch wenn man den Tonfall ihrer Stimme zu imitieren sucht. Wer sie überträgt, setzt nur fort, was die alten Dichter immer schon getan haben: Er macht sich die Tradition der Poesie zu eigen und sucht sie zu verkörpern.« Mit Rücksicht auf die orale Tradition, in der die meisten der ausgewählten Gedichte stehen und die es zu bewahren galt, und auf die syntaktischen Eigenheiten der jeweiligen Sprachformen, denen wortwörtliche Übersetzungen eher quer liegen, hat er rhythmische und metrische Angleichungen und Glättungen vorgenommen. Entstanden sind frische und klare Bilder- und Gedankenkosmen, mit einer direkten und verständlichen, eben sehr heutigen Sprache. 4000 Jahre alte Verse erfuhren so eine Art poetischer Rundumerneuerung, ohne dass ihr Gehalt und ihre Schönheit Schaden nahmen.

Raoul Schrott zitiert gerne einen Satz von Henry D. Thoreau: »Man muss zuerst zum Leben aufstehen, bevor man sich niedersetzt zum Schreiben.« Der leidenschaftliche Wüstenbefahrer reist lieber, als dass er schreibt. Schrotts Ausgriff in den offenen Raum erarbeitet sich neue Horizonte; das Neue, sagt er, kommt meist von der Peripherie. Schrott ist ein Forscher und Spurenleser, der dem Entschwindenden und Flüchtigen folgt. Seine Entdeckerfreude setzt sich am Schreibtisch fort: in der Rekonstruktion von Originalsprachen, mit Grammatik, Lexikon und kollegialer Unterstützung von Übersetzern und Wissenschaftlern, in der Suche nach Dokumenten wie im Falle seiner beiden opulenten, aufwändig gestalteten Dada-Bände und in der Konfrontation des Empirischen mit eigenen literarischen Reaktionen. In *Dada 21/22* (1988) beleuchtet Schrott die Aufenthalte der Dadaisten Max Ernst, Hans Arp, Tristan Tzara, André Breton und Paul Eluard in Tirol, *Dada 15/25* (1992) gewährt materialreichen Einblick in die zum Teil unveröffentlichte Korrespondenz der Dadaisten, in Dossiers ihrer Soiréen in Zürich und im Besonderen in das Wirken von Tristan Tzara, einem der wichtigsten Anreger des »Mouvement DADA«. An dieser subversiven Gruppierung imponiert Schrott »die Konsequenz, mit der sie jeden Bruch aufrechterhalten, die Unmittelbarkeit der Äußerung zum Prinzip machen, die Fragwürdigkeiten des Denkens und der Sprache betonen«.

Diesem literarischen Prinzip entspricht auch Schrotts Verständnis von der Endlichkeit menschlicher Erfahrung. Poesie, sagt er, bestehe vorwiegend aus Fragezeichen. Umso wichtiger sind ihm Verortungen und Datierungen von Texten, die Erinnerungen konkret binden und beglaubigen, Reibungs- und Schnittflächen von Geschichte und Biografie, wie sie im Gedichtband *Hotels* (1995) entstehen, kennzeichnen gleichsam gedichtweise die Stationen einer Reise durch halb Europa und gleichzeitig durch die »eigentlichen tempel unseres jahrhunderts«. Der Logograf Schrott fixiert seine Erfahrungen in einem literarisierten Diarium aus Versen, Glossen und historischen Quellen. Hotels erscheinen als Signaturen und Chiffren von Zeit und Epoche, als Archive der Erinnerung und Festungen gegen den nagenden Zahn der Zeit. Zeichen und Symbole hätten sich in deren Gestalt eingekerbt und legten ein polyfones Zeugnis für Mensch und Landschaft ab. Der schmale Grat zwischen Authentizität und Künstlichkeit, auf dem sich auch dieses Projekt bewegt, ist Schrott bewusst. Die Natur erscheint zuweilen als Kulisse und die Reise als Sekundärerfahrung. Schrott spricht vom »dekor für die inszenierung einer sentimentalität, die nur der tonfall erträglich macht«. Doch wenn »der louisdor der sonne in den schlitz der berge fällt« und Hermes und Hestia in den »durchhäusern der epochen« spuken, dann hat Schrott den alten Mauern eine Geschichte abgelauscht und in ein neues Bild gezaubert.

In der Literatur der Neunzigerjahre und vor allem in seiner Generation stellt Raoul Schrott eine Ausnahmeerscheinung dar. Mit seinen Übertragungen und seinen eigenen Dichtungen verfolgt er, darin vielleicht noch am ehesten mit Durs Grünbein vergleichbar, konsequent die Auseinandersetzung mit der literarischen Tradition, vor allem mit den poetischen Quellen der Antike und den verschwindenden Kulturen Europas. Schrott konzentriert sich in seinen Projekten auf den elementaren Themenfundus und die sprachlichen Grundlagen unserer Literatur (*Bakchen. Nach Euripides*, 1999; *Gilgamesh*, 2000). Nicht von ungefähr rührt daher auch die intensive Zusammenarbeit mit Hans Magnus Enzensberger, in dessen Reihe »Die andere Bibliothek« Schrott veröffentlicht und der wie er ein wichtiger Sammler und Kurator poetischer Stimmen ist. Die Überschreitung kultureller Grenzen, die Zusammenschau und Verknüpfung vielfältigster literarischer Stoffe und Motive, diese unbändige Lust und Neugier am Entdecken und Vermitteln – all das macht Raoul Schrott zu einem tiefgründigen und höchst individuellen Literaten inmitten einer Szene, in der Trends und Moden an Gewicht gewinnen.

Schrott schreibt Liebestexte und sagt im gleichen Atemzug: »Der Tod als im Grunde einzige Instanz, gegen die man anschreibt; die Literatur als poetische Revolte dagegen – das ist ein Motiv seit den Anfängen. Den Tod denkbar begreifbar zu machen, die Angst und den Schmerz zu nehmen und von diesem Ausgangspunkt her das Leben zu definieren – und die Kunst.« Sein erotisches Verhältnis zu Sprache und Welt ist der fragende Ausdruck dieser produktiven Verzweiflung, dieses Herumrätselns am Unermesslichen, an den Absurditäten des Lebens, an dessen Ende sich alle Perspektiven verjüngen. Anknüpfend an die barocke Tradition der Totensprüche und Emblematik schreibt Schrott in seinen *Legenden vom Tod* (1990) im vorauseilenden Ungehorsam Epitaphe auf Autorenfreunde wie Achleitner, Artmann, Hackl, Nitsche, Rühm und Soupault, trägt aus ganz Europa Material über Riten, Vorzeichen, Omen, Mentekel und Begräbnisstätten zusammen, macht sich Gedanken über Todesarten, bereitet Todesengeln und Wiedergängern eine Bühne und inszeniert in drei Akten einen Totentanz mit Gott, Tod, Narr und Ackermann in den Hauptrollen.

Auch in seinem ersten Roman *Finis Terrae* (1995) spannt Schrott die Seelentopografie eines Todgeweihten weit auf und stößt in Grenzbereiche menschlicher Lebenserfahrung vor. Ein erzählendes Ich gibt vor, den vom österreichischen Archäologen Ludwig Höhnel übersetzten und aus seinem Nachlass stammenden Reisebericht des griechischen Astronomen Pytheas von Massalia (um 325 v. Chr.) auf seinem Weg ins unbekannte Thule erstmals wiederzugeben. In einem zweiten Teil wird auf der Basis zahlreicher Briefe an einen Freund Höhnels Reise durch Landschaften Westeuropas erzählt. Höhnel fiebert, hat homoerotische Fantasien, ist dem Tod nahe. Er schickt seine Briefe an den Geliebten nicht ab; es zerreißt ihn innerlich, er ekelt sich vor sich selbst und schreit seine Angst vor dem Tod vorerst in den eigenen Rachen. Erst als er lernt, dass die Endlichkeit auch eine Täuschung ist wie jene archaischen Träume von Thule, Atlantis oder Utopia, kann er sein Sterben akzeptieren. Schrott, der Pytheas' Reise unter Zuhilfenahme antiker Quellen als Hypothese entwirft, kontrastiert einmal mehr den Verlust einheitlicher Welterfahrung, wie sie Höhnel als Prototyp des 20. Jahrhunderts paradigmatisch durchlebt und erleidet, mit dem mechanistischen Wirklichkeitsmodell der Antike, mit ihrer Entdeckerfreude und ihrem Glauben an den Mythos. Höhnel versucht sich nur noch über seine Sexualität zu definieren, weil ihm andere identitätsstiftende Mittel nicht zur Verfügung stehen, er so die Grenzen von Existenz und Sprache körperlich zu kompensieren sucht und daran scheitert.

Wie ist die Erfahrung des Unglaublichen, die reizt und verstört zugleich, für den Menschen noch möglich, wenn er in der Schöpfung gleichzeitig auch die Fiktion, die Täuschung seiner Sinne erkennt? Durch das Staunen, so Schrott, und durch seine literarische Umsetzung. Über die Bilderwelt der Rhetorik, über die Metapher, die zwei Daseinsbereiche verknüpft, sei eine elementare Sinnstiftung denk- und fühlbar. Schrott zitiert den dänischen Physiker Niels Bohr: »Es wäre falsch zu denken, dass die Wissenschaft herauszufinden hat, wie die Natur *ist*. Sie beschäftigt sich allein mit dem, was wir über sie *sagen* können.« In der Verschränkung menschlicher Empirie mit poetischem Denken sieht Schrott eine mögliche Versuchsanordnung, um den Urrätseln der Existenz auf die Schliche zu kommen. Die Natur ruhe in sich, zeige sich als das Unbekannte, das Andere, das Erhabene. In ihrer Komplexität und Vieldeutigkeit offenbare sich Schönheit, ihre Widersprüche provozierten viele Ansätze der Wahrnehmung. Der Natur, die das Menschliche übersteigt und erweitert, hat sich Schrott in seinem Gedichtband *Tropen* mit dem Untertitel *Über das Erhabene* (1998) mithilfe physikalischer Methoden zu nähern versucht. Es geht ihm dabei nicht um die heroisch-pathetische Geste im Sinne Schillers, sondern um Spiegelungen und Bruchstellen des Existenziellen. In einer ganzen Reihe von Gedichten orientiert sich Schrott an naturwissenschaftlichen Experimenten und Erkenntnissen. Seine »physikalische Optik« bemüht sich um die bildhaft analoge Aufschlüsselung von Lichtverhältnissen und Wetterlagen. Spiegelung und Dämmerung, Wellenschlag und Wasserwirbel sind immer schneller als die Hand, die schreibt. Und sie sind nie eindeutig: Regen oder die Brechung einer Fensterscheibe trüben den Blick, Konturen verschwimmen, Halluzinationen und Tarnungen forcieren das Maskenspiel der Poesie, das Schrott liebt und wie wenige beherrscht. Von Michelangelo zu Einstein, von Hesiod zu Galilei – allen leiht er seine Stimme und seinen Blick. Was diese Wissenschaftler und Künstler entdeckt und umgesetzt haben, wie sie aus der Anschauung gelernt und gedacht haben, ist für Schrott Anlass, sich einzuschreiben in ihre Logik, ihre Kausalitäten, ihre Widersprüche, ihre Erkenntnisse, ihr Scheitern. Im Miteinander von Wissenschaft und Poesie nisten für ihn der zweifache Blick, die Spannung, die Projektionen eines Ichs. Gefühl und Intellekt sollen im Erlebnis der Sublimierung vereint werden. Im dichterischen Sprechen entstehe immer wieder eine neue Reflektion auf die uns umgebenden Dinge. Das Gedicht substituiere das Ich und erschaffe es gleichzeitig neu. Die ständigen Irritationen, denen unsere Wahrnehmung ausgesetzt ist, inspirierten und erregten uns. Indem wir so die in uns laufenden Bilder in immer neuen Kombinationen abriefen, setzten wir für uns die Welt auch neu zusammen. Um das Undarstellbare deshalb darzustellen, muss man es fingieren, sagt Schrott, bis in den Schnittflächen der Bilder Ich und Welt, Chaos und Ordnung emblematisch greifbar zu werden scheinen. Unser Empfinden für Schönheit und Größe werde dadurch gestärkt, dass Grenzen unseres Bewusstseins und Formen unserer Entfremdung von den existenziellen Dingen aufgezeigt werden. Berge, Bäume, Moose und Flechten, sie schweigen. Sie schweigen in ihrem Schein, den sie für uns haben. Raoul Schrott bringt sie mit seinen Gedichten zum Sprechen: »Die Poesie bündelt das größte gemeinsame Vielfache der Gedanken und ihre Zweideutigkeiten und bezieht die Sprache zurück auf ihre Wahrnehmungen. Dadurch wird sie zum menschlichsten Zeugnis der Existenz, einer wenigstens für den kurzen Moment des Gedichts gültigen Wahrheit, einem Augenblick humanitärer Totalität. Über sie machen wir uns im wahrsten Sinne des Wortes erst einen Reim auf die Dinge.«

Mit der Novelle *In der Wüste Lop Nor* (2000), in der es um drei Frauen, drei Wüsten und drei Geschichten geht, erweist sich Schrott als leicht melancholischer Enthusiast, der das Unterwegssein in den unwirtlichsten Gegenden der Welt als Echoraum eigener und fremder Stimmen erlebt und dabei Sehnsucht und Liebe so elementar und überwältigend begreift wie einen Sandsturm in der Sahara. In die Wüste führt auch die Erzählung *Khamsin* (2002), die den Überlebenskampf von vier alliierten Soldaten 1941 in der nordafrikanischen Wüste schildert. Schrott erzählt von ihrer körperlichen und seelischen Verwahrlosung und dem beginnenden Wahnsinn. Im anschließenden Essay *Die Namen der Wüste* verknüpft er kulturhistorische Darlegungen mit Reiseberichten, Poesie mit Reflexion – ein Loblied auf die Wüste als Wiege der Zivilisation.

Thomas Kraft

Werke: *Melchior Vischer: Unveröffentlichte Briefe und Gedichte*, Hg., Siegen 1988; *Dada 21/22. Musikalische Fischsuppe mit Reiseeindrücken. Eine Dokumentation über die beiden Dadajahre in Tirol*, Innsbr. 1988; *Walter Serner und Dada. Ein Forschungsbericht mit neuen Dokumenten*, Hg., Siegen 1989; *Makame. 25 Gedichte und 25 Stichworte zu einem Manifest. Drei Hefte in einer Kassette aus edlem herzzynischen Holze*, m. Grafiken v. Gerald Nitsche u. Willi Pechtl, Innsbr. 1989; *Die Legenden vom Tod*, m. Bildern v. Adolf Frohner, Innsbr. 1990; *Rime. Wie die elf Lieder des Guihelm IX., Herzog von Aquitanien & Graf von Poitiers, 1017–1127, von dem Raoul Schrott in das Deutsch geschrieben wurden und dieser sich, 1990–1991, darauf mit selbiger Feder ein Dutzend Verse machte, für Daniela*, m. acht Bildern v. Adolf Frohner, Innsbr. 1991; *Dada 15/25. Post scriptum oder Die himmlischen Abenteuer des Hr.n. Tristan Tzara. Mit einem Suspensarium von Gerald Nitsche zu Elde Steeg & Raoul Hausmann*, Innsbr. 1992; *Sub Rosa. Ein Hörstück*, ORF 1992; *Otto Flake 1918–1921*, Hg., Siegen 1992; *Hans Arp – Otto Flake. Eine Freundschaft*, Hg., zus. m. Michael

Farin, Mü. 1993; *Sub Rosa*, m. Bildern v. Arnold Mario Dall'O, Bozen, Innsbr. 1993; *DADAutriche 1907–1970. Hundert Jahre DADA in Österreich*, Hg., zus. m. Günther Dank, Innsbr. 1993; *Ludwig Höhnel Totenheft*, N., Innsbr. 1994; *Jean-Pierre Maurel: Abrechnung*, Übs. zus. m. Kurt Salchli, Innsbr. 1994; *Hotels*, G., Innsbr. 1995, Hsp., zus. m. Klaus Buhlert, BR 1995, Schpl., Innsbr. 1995; *Finis Terrae. Ein Nachlass*, R., Innsbr. 1995, Hsp., BR 1996, Schpl., Innsbr. 1997; *Lingua Franca Sonora. Über die Gegenwartslyrik der französischen Minderheiten: Okzitanen, Bretonen, Basken, Korsen*, Hsp.-Reihe in vier Teilen, BR 1994–1995; *Frankreichs verleugnete Dichtung*, Salzb. 1995; *Palazzo Passionei*, E., m. Bildern v. Christine Ljubanovic, Innsbr. 1996; *Die Musen. Fragmente einer Sprache der Dichtung*, Mü. 1996; *Winckelmanns Tod. Ein Multimedia-Projekt*, Drehb., ORF 1996; *Marginalien. Irische Dichtung des Mittelalters*, Übs., Frauenfeld 1996; *Die Erfindung der Poesie. Gedichte aus den ersten viertausend Jahren*, Ffm. 1997, Hsp.-Reihe in 12 Teilen, BR/HR/ORF 1998; *Poesie und Physis. Fragmente einer Sprache der Dichtung. Grazer Poetik-Vorlesung*, Graz, Wien 1997; *Hippokrene*, Hsp., ORF 1997; *Ladislaus E. Almásy: Schwimmer in der Wüste. Auf der Suche nach der Oase Zarzura*, Hg., zus. m. Michael Farin, Innsbr. 1997; *Tropen. Über das Erhabene*, Mü. 1998, Hsp., BR 1998; *Zarzura*, Hsp., BR 1998; *Jahrbuch der Lyrik 1999/2000*, Hg., zus. m. Christoph Buchwald, Mü. 1999; *Jorge L. Borges: Der Geschmack eines Apfels. 100 Gedichte*, Hg., Mü. 1999; *Mutmaßungen über die Poesie*, zus. m. Hans Magnus Enzensberger, hg. v. Denis Scheck u. Hubert Winkels, Schpl., Ffm. 1999; *Die Erde ist blau wie eine Orange. Polemisches, Poetisches, Privates*, Mü. 1999; *Bakchen. Nach Euripides*, Theaterst., UA Wien 1999, Mü. 2000; *Die Wüste Lop Nor*, N., Mü. 2000, Hsp., BR 2001; *Das Geschlecht der Engel, der Himmel der Heiligen. Ein Brevier*, m. zahlreichen Illustr., Mü. 2001; *Gilgamesh. Epos*, Übs., Mü. 2001, Hsp., BR 2001, Theaterst., UA Wien 2002; *Derek Walcott: Mittsommer/Midsummer*, Übs., Mü. 2001; *Khamsin. Die Namen der Wüste*, E. u. Ess., Ffm. 2002; *Tristan da Cunha oder Die Hälfte der Erde*, R., Mü. 2003.

Schubert, Helga (Pseud. für Helga Helm), wurde am 7. 1. 1940 in Berlin geboren. Nach dem Abitur arbeitete sie ein Jahr als Montiererin. Von 1958 bis 1963 studierte sie an der Berliner Humboldt-Universität Psychologie und arbeitete nach ihrem Diplom als klinische Psychologin in der Erwachsenen-Psychotherapie, als Fachpsychologin der Medizin und als Ausbilderin in Gesprächstherapie. Ab 1976 war Helga Schubert Mitglied des Schriftstellerverbandes der DDR, seit 1987 ist sie Mitglied des P.E.N.-Zentrums der BRD. Sie ist seit 1977 als freie Schriftstellerin tätig und lebte viele Jahre in (Ost-) Berlin, heute lebt sie in Neu Meteln. 1988 übernahm sie eine Gastdozentur an der Purdue University Hammond/Indiana, USA, 1989 eine Dozentur am Colorado College in Colorado Springs, USA. Helga Schubert erhielt 1982 den Preis für Szenarium der Nationalen Filmfestspiele in Karl-Marx-Stadt, 1983 den Heinrich-Greif-Preis (im Kollektiv), 1986 den Heinrich-Mann-Preis der Ost-Berliner Akademie der Künste, 1993 den Hans-Fallada-Preis und 1999 ein Stipendium des Landes Mecklenburg-Vorpommern.

Auf Anregung Sarah Kirschs erschien 1975 Helga Schuberts erste Buchveröffentlichung *Lauter Leben*. In 31 Kurz- und Kürzestgeschichten hält die Autorin hier Begebenheiten aus dem DDR-Alltag fest. Mit wenigen Strichen zeichnet sie Frauenschicksale aus allen sozialen Schichten nach und filtert aus vielfach beobachteten, stets nach den gleichen Mustern ablaufenden Vorgängen und Situationen entlarvende, zuweilen ironisch wirkende Bestandsaufnahmen. Allein durch ihre distanzierte Sprache übt sie Kritik an den beschriebenen Sachverhalten. »Ich tarne mich mit Einfachheit«, bekannte sie 1986 in einem Interview.

Schubert gehört einer Generation an, die durch den Krieg, durch die Angst vor dem Krieg und die Aufbauphase der DDR geprägt wurde. In ihrem zweiten Prosaband *Das verbotene Zimmer* (1982) versucht die Autorin, dem Lebensgefühl dieser Generation Ausdruck zu verleihen. Die eigene Person viel stärker einbeziehend, handeln ihre Geschichten, »die irgendwo zwischen Erzählung, literarischer Reportage und Selbstreflexion angesiedelt« sind (Michael Töteberg), von enttäuschten politischen Hoffnungen (*Frühere Standpunkte*), vom Rückzug des Einzelnen in private Räume und von Emanzipationsbestrebungen, die sich gegen jegliche Fremdbestimmung richten. Die Aussagen der häufig autobiografisch gefärbten Texte werden durch die nüchterne Sprache aus dem Bereich des rein Persönlichen herausgehoben. In der Titelerzählung *Das verbotene Zimmer* berichtet die Ich-Figur von einer wiederholt im Traum und schließlich in der Realität erlebten Reise von Ost-Berlin in den Westen der Stadt. Die Beobachtungen in West-Berlin veranlassen die Ich-Erzählerin zu kritischem Nachdenken über die systembedingten unterschiedlichen Lebensformen und Verhaltensweisen der Menschen.

Die Bände *Anna kann Deutsch* (1985) und *Schöne Reise* (1988) enthalten Texte aus ihren vorhergegangenen Publikationen. Essays und Geschichten aus rund zwanzig Jahren versammelt der Band *Die anders Denkende* (1994); sie belegen die hervorragende Qualität und Charakteristik von Helga Schuberts Schreibstil, der das Beobachtete und Recherchierte in eine klare Sprache zu fassen und dabei auch komplexe Zusammenhänge transparent zu machen vermag. Mit dem 1990 veröffentlichten Buch *Judasfrauen* berührte die Autorin ein bis dahin vernachlässigtes, ein verdrängtes Thema: In zehn Fallgeschichten beschreibt sie Umfeld und Werdegang von Denunziantinnen in der Zeit des Nationalsozialismus. Parallel dazu reflektiert Schubert ihre vier Jahre währenden Recherchen, unter anderem im Zentralen Parteiarchiv in Ost-Berlin. In einer Annäherung an die Judasfrauen versucht die Autorin, das Phänomen des Verrats zu analysieren, ohne jedoch die Frage nach der Schuld beantworten zu wollen. In Schuberts Erzählhaltung spiegeln sich auch ihre eigenen Gemütsbewegungen – Trauer, Wut, Abscheu – wider, die sie beim Erzählen und Niederschreiben der Ereignisse durchlebte. Den Empfindungen der Verräterinnen vor und nach der Denunziation möchte Schubert auf die Spur kommen; gleichzeitig stellt sie die Frage, warum so viele Frauen am Verrat beteiligt waren: »Von Männern verhaftet, von Männern verhört, von Männern verurteilt, von Männern geköpft. Aber von Frauen verraten.« Vielfach kannten die Frauen »ihre« Opfer, die auch allein aufgrund einer kritischen Äußerung hingerichtet wurden. Als Motiv, sich mit *Judasfrauen* zu beschäftigen, nannte Schubert einmal ihre Erfahrung mit der »präfaschistischen Heroisierung der Frauen in der DDR«.

Im Umfeld ihrer Auseinandersetzung mit den *Judasfrauen* stieß Schubert auf umfangreiches Aktenmaterial über Euthanasieopfer des Nationalsozialismus, das in der DDR bis 1989 unter Verschluss gehalten wurde. In dem Band *Die Welt da drinnen* (2003) deckte Schubert auf, dass Patienten aus einer Klinik in Schwerin, die als »geisteskrank« behandelt worden waren, von nationalsozialistischen Ärzten 1941 als »lebensunwertes Leben« getötet wurden. Die Tragik des Einzelfalles nimmt die Autorin auch zum Anlass, grundsätzlich die Frage nach möglichen Verhaltensweisen des Einzelnen in einer Diktatur zu stellen.

Petra Ernst

Werke: *Lauter Leben*, Pr., Ost-Bln., Weimar 1975, gek. Tb.-Ausg. als *Anna kann Deutsch*, Darmst., Neuwied 1985; *Eine unmögliche Geschichte*, Hsp., Rundfunk der DDR 1975, Theaterst., UA Rudolstadt u. Schwedt 1977; *Das Gastspiel*, Fssp., Hochschule für Film und Fernsehen der DDR 1977; *Anna*, Hsp., Rundfunk der DDR 1977; *Bimmi und das Hochhausgespenst*, Kinderb., Ost-Bln. 1980; *Bimmi und die Victoria A*, Kinderb., Ost-Bln. 1981; *Bimmi und der schwarze Tag*, Kinderb., Ost-Bln. 1982; *Das verbotene Zimmer*, Darmst., Neuwied 1982, gek. DDR-Ausg. u. d. T. *Blickwinkel* Ost-Bln. 1984; *Die Beunruhigung*, Film, gedr. Ost-Bln. 1982; *Ansprache einer Verstorbenen an die Trauergemeinde*, Hsp., Rundfunk der DDR 1983, gedr. in: *Lebensmitte*, Anth., Halle/S. 1987; *Was zu sagen ist (Erich Fried stellt vor)*, Köln 1988; *Wie David und Goliath lieben*, Theaterst., in: *Männermonologe*, UA Bln. 1984; *Bimmi und ihr Nachmittag*, Kinderb., Ost-Bln. 1984; *Ab heute erwachsen*, Drehb., zus. m. G. Scholz, 1985; *Verbotene Umklammerung*, Theaterst., UA Gera 1985, Hsp., Rundfunk der DDR 1985; *... und morgen wieder. Fernsehporträt der Primaballerina Hannelore Bey*, Fernsehen der DDR 1985; *Wir brauchen eine Blume. Fiktiver Monolog der Primaballerina Jutta Deutschland*, 1987; *Über Gefühle reden*, Ost-Bln. 1988; *Judasfrauen. Geschichten nach Akten*, Ost-Bln. 1990, u. d. T. *Judasfrauen. 10 Fallgeschichten weiblicher Denunziation im Dritten Reich* Ffm. 1990; *Bimmi vom hohen Haus*, Kinderb., Bln. 1992; *Die Perversion Leben*, Münster, Hbg. 1993; *Die Andersdenkende*, Mü. 1994; *Das gesprungene Herz. Leben im Gegensatz*, Mü. 1995; *Die Welt da drinnen. Eine deutsche Nervenklinik und der Wahn vom »unwerten Leben«*, Ffm. 2003.

Schubiger, Jürg, wurde am 14. 10. 1936 in Zürich geboren und wuchs in Winterthur auf. Er besuchte ein Jahr die Handelsschule in La Neuville. Eine Lehre als Kartonage-Zuschneider in einer Züricher Fabrik brach er vorzeitig ab. Dann arbeitete er als Gärtner, Holzarbeiter und in anderen Gelegenheitsjobs, ehe er sich zwischen 1957 und 1959 autodidaktisch auf das Abitur vorbereitete. Nach einer längeren Zeit im Tessin und in Südfrankreich war er als Werbetexter in einer Agentur in Zürich tätig. Sein darauf folgendes Studium der Germanistik, Psychologie und Philosophie an der Universität Zürich schloss er 1968 mit einer Dissertation über Kafkas *Verwandlung* ab. Im pädagogischen Verlag des Vaters arbeitete er von 1969 bis 1979. Daneben bildete er sich in Einzel- und Gruppentherapie aus. Heute lebt Jürg Schubiger als Schriftsteller und Psychotherapeut in Zürich und im Tessin. Für sein Werk wurde er mit zahlreichen Preisen ausgezeichnet, u.a. 1980 mit dem Anerkennungspreis des Kantons Zürich, 1983 mit dem Werkjahr des Kantons Zürich, 1996 mit dem Schweizerischen Hörspielpreis, mit dem Schweizer Jugendbuchpreis und dem Deutschen Jugendliteraturpreis, 1997 mit dem niederländischen »Silbernen Griffel« und 2002 mit der Ehrengabe des Kantons Zürich. Für sein Gesamtwerk wurde er 1998 für den Hans-Christian-Andersen-Preis nominiert.

Als 1971 das schmale Buch *Die vorgezeigten Dinge* von Jürg Schubiger in Bern erschien, nannte Franz

Hohler im Vorwort die kurzen Geschichten, in denen »Dinge beim Namen genannt« werden, »Materialmärchen«. Schubigers »häufigstes Satzzeichen«, so fährt Hohler fort, »ist der Punkt, er beschließt Sätze, wie wir sie in ihrer abkürzenden Einfachheit aus Märchen oder Kalendergeschichten kennen«. Hohlers Suche nach einer passenden Bezeichnung zeigt die Schwierigkeit, Schubigers kurze Texte mit einem Gattungsbegriff zu versehen. In der Titelgeschichte werden alltägliche Dinge von ihren Besitzern für Geld zur Schau gestellt (ein Meerschweinchen, eine Kuh, ein Motorrad, eine Polstergruppe usw.) – aber sie erfüllen nicht die gespannte Erwartung der Zuschauenden, im Gegenteil, sie bleiben, was sie bereits vorher waren, und werden doch mit anderen Augen angesehen. Dieser kafkaeske Verfremdungseffekt zieht sich wie ein Leitmotiv durch Schubigers gesamtes Werk: Der Autor stellt seine eigene Wahrnehmung infrage und fordert zugleich die Wahrnehmung des Lesers heraus: »Wenn man ein Wort sehr oft vor sich hinsagt, wird es fremd, heißt plötzlich nichts mehr oder ganz etwas anderes.«

Auf den Band *Die vorgezeigten Dinge* folgen andere »Dinggeschichten«, aber auch *Hin- und Hergeschichten* (1986), die im Dialog mit Franz Hohler geschrieben sind, oder *Das Löwengebrüll* (1988). Doch erst mit dem Band *Als die Welt noch jung war* (1995) erreichte der Autor den entscheidenden Durchbruch, nun im Bereich der Kinder- und Jugendliteratur. Obwohl ursprünglich nicht für diese Altersgruppe geschrieben, kommt der philosophische Ansatz von Schubigers Texten einer neuen Durchlässigkeit und Grenzüberschreitung zwischen Belletristik und Jugendliteratur entgegen, ebenso seine Weigerung, seinen Geschichten eine Moral zu verpassen; »Moralisch sein zu wollen ist unmoralisch« (J. Schubiger). Ihm reicht das Innehalten, das Stutzen. Sein Zweifel an der Sprache erwächst aus der Angst, etwas zu übersehen, weil man es zu kennen glaubt. Ebenso wenig gibt er seinen Texten ein Sinnangebot hinzu. Sein »Stein, der atmet« soll ein Stein des Denk-Anstoßes sein, nicht mehr. Schubiger weigert sich, Bedeutung und Zusammenhang herzustellen. Er will dem Leser »subversiv den Boden entziehen«, sich mit ihm verbünden »gegen eine schon ausgelegte Welt«.

Parallel zu Schubigers die Altersgrenzen überschreitenden Kalendergeschichten oder »Materialmärchen« entsteht, ausgehend von *Unerwartet grün* (1983), sein Werk für erwachsene Leser. In diesem »Bericht« beschreibt Paul, ein Mann, der gerade seine Familie verlassen hat, mit akribischer und zugleich reflektierender Genauigkeit seine Naturbeobachtungen während seiner Wanderungen in den Bergen im Norden Italiens. Der Aufenthalt in der Bergeinsamkeit, ursprünglich als Flucht begonnen, gerät zu einem Neuanfang. Die Aufzeichnungen, seine »Abschrift der Landschaft«, werden erst spontan, mehr zufällig begonnen und führen dann, im Laufe eines ganzen Jahres, zu einer veränderten Standortbestimmung seines Lebens. Paul »wollte eine andere Bewegung, ein anderes Zeitmaß, den Klang eines anderen Bodens erproben«. Bei dem Versuch, für die Naturbeobachtungen neue unverbrauchte Worte zu finden, schwankt Paul zwischen der »Leidenschaft des Benennens« und dem starken »Bedürfnis, die Dinge vor Namen zu schützen«, sie damit festzulegen auf Vorstellungen, Erfahrungen anderer. Sein »Erschrecken« ist groß, wenn er etwas so vorfindet, wie er es erwartet hat. Hier zeigt sich erneut Schubigers Auseinandersetzung mit der Sprache, sein scheinbar naiver Schöpfungsgedanke, man könne die Welt noch einmal neu erfinden, indem man Worte infrage stellt, nach ihrem Ursprung fragt.

In seinem Roman *Haller und Helen* (2002) ist es der alternde Haller, der in einem langen Monolog (und Dialog mit Helen) über sein Altwerden, seine Gebrechlichkeit, seinen Hang, Dinge und Menschen zu vergessen, nachdenkt. Er überprüft Worte und Sprache nunmehr daraufhin, was sie ihm noch bedeuten können, ob sie tauglich sind, seine Erfahrungen und seine Erkenntnisse, die er mit Helen teilen möchte, zu vermitteln. Der behutsame, tastende Umgang mit Sprache erfolgt hier, wie auch schon in seinem Roman *Hinterlassene Schuhe* (1989), nicht aus der Perspektive des scheinbar naiv fragenden Kindes, sondern des lebenserfahrenen Menschen, der sich rückblickend zu vergewissern sucht, ob Sprache und Erfahrung in seinem Leben deckungsgleich geworden sind.

Renate Raecke

Werke: *Barbara,* E., St. Gallen 1956; *Guten Morgen,* E., St. Gallen 1958; *Franz Kafka: Die Verwandlung. Eine Interpretation*, Diss., Zü. 1969; *Die vorgezeigten Dinge. Geschichten,* Bern 1971; *De Chlaus und de Saalvador,* Schpl., Bern 1976; *Dieser Hund heißt Himmel. Tag- und Nachtgeschichten,* Kinderb., m. Illustr. v. Klaus Steffens, Weinheim 1978; *Haus der Nonna. Aus einer Kindheit im Tessin,* nach Erzählungen v. Joli Schubiger-Cedraschi, Frauenfeld 1980, überarb. Neuaufl. Zür. 1996; *Unerwartet grün,* Bln., Darmst. 1983; *Hin- und Hergeschichten,* Pr., zus. m. Franz Hohler, Zür. 1986; *Das Löwengebrüll. Märchen und Geschichten,* m. Illustr. v. Edith Schindler,

Weinheim 1988; *Hinterlassene Schuhe,* R. Frauenfeld 1989; *Bitte reden Sie weiter,* Hsp., DRS 1994; *Als die Welt noch jung war,* m. Illustr. v. Rotraut Susanne Berner, Kinderb., Weinheim 1995; *Die ersten sieben Tage,* Hsp., DRS 1996; *Mutter, Vater, ich und sie,* m. Illustr. v. Rotraut Susanne Berner, Kinderb., Weinheim 1997; *Nichts tun ist schwierig,* Bilderb., m. Illustr. v. Jürg Obrist, Zür. 1998; *Wo ist das Meer?,* Kinderb., m. Illustr. v. Rotraut Susanne Berner, Weinheim 2000; *Der Zusammenstoß. Ein Hin- und Hörspiel,* Hsp., DRS 2000; *Haller und Helen,* R., Innsbr. 2002; *Das Ausland,* E., m. Illustr. v. Albertine [Zullo], Wuppertal 2003; *Die Geschichte von Wilhelm Tell,* m. Illustr. v. Anna-Lea Guarisco, Zür. 2003; *Don Quichote,* Bilderb., m. Illustr. v. Jassen Ghuiselev, Bln. 2003.

Schuh, Franz, wurde am 15. 3. 1947 in Wien geboren, wo er als freier Schriftsteller und Kritiker lebt. Schuh studierte Philosophie, Geschichte und Germanistik und promovierte über Hegel. Er arbeitete u.a. 1976 bis 1980 als Generalsekretär der »Grazer Autorenversammlung«, als Redakteur und Mitherausgeber der Zeitschrift »Wespennest« sowie als Verlagslektor und Lehrbeauftragter. Er ist ständiger freier Mitarbeiter u.a. der Wochenzeitung »Die Zeit« und diverser Rundfunkanstalten. Schuh erhielt zahlreiche Stipendien und Preise, u.a. 1984 den CA-Autorenpreis für Literaturkritik, 1985 den Österreichischen Staatspreis für Kulturpublizistik, 1987 den Preis der Stadt Wien für Publizistik, 2000 den Jean-Améry-Preis für Essayistik.

Sein vierter Essayband, *Schreibkräfte* (2000), besonders der neunzigseitige Essay *All you need is love. Notizen und Exzerpte zur (Literatur-)Kritik,* stellt die Quintessenz seines Reflektierens über jenes Thema dar, das bereits in seinem ersten Buch *Das Widersetzliche der Literatur* (1981) vorgegeben ist: das Verhältnis von Literatur, Markt, Institutionen und Macht – vor allem in den früheren Bänden oft exemplifiziert am österreichischen Kulturbetrieb und dessen Paradox einer institutionalisierten Kunst, aber theoretisch stets über dieses hinausgreifend. Auch die Arbeiten zu Karl Kraus, Elias Canetti, Konrad Bayer, Thomas Bernhard u.a. kreisen um dieses Zentrum.

Schuh arbeitet mit journalistischen, akademischen und poetisch-anschaulichen Elementen, ohne dass seine Texte auf eine dieser Schreibweisen oder ihre bloße Vermischung festlegbar wären. Als hervorragender Redner, der in seinen öffentlichen Auftritten auch schauspielerische Qualitäten entwickelt, steht er in der österreichischen Tradition der »Sprechsteller«. Das erkenntnistheoretische Interesse Schuhs richtet sich auf die Literatur vornehmlich als gesellschaftliches Phänomen, auf die immanenten Widersprüche der medialen Vermittlung – von Macht und Meinung, Schreiben und Sprache als Dialektik von Macht und Ohnmacht, Erkenntnis und Manipulation. Im Mittelpunkt steht dabei das prekäre, von wechselseitiger Abhängigkeit und Abwertung geprägte Verhältnis von Kritikern und Dichtern.

Schuhs Leidenschaft für die Essayistik liegt die Utopie einer aufgeklärten öffentlichen Auseinandersetzung zugrunde, was bedeutet, dass die Kritik an der Kritik als Eitelkeit und Machtmissbrauch stets auch die eigene Position miteinschließt; das Ideal ist die »Kritik als [...] substanzielle geistige Tätigkeit mit dem Zweck der Selbstbestimmung«. »Glück und Unglück«, »Liebe, Macht und Heiterkeit« – auf den ersten Blick nur in den Buchtiteln präsent – bilden den Subtext nicht nur der eher autobiografischen Texte von *Das fantasierte Exil* (1991). Das Ich, auch das künstlerische, wird dabei vor allem als sozial bestimmtes begriffen, etwa die Widersetzlichkeit und Radikalität des Avantgardisten Konrad Bayer.

Eine weitere Leidenschaft Schuhs als Essayist sowie als Rezensent ist der Kriminalroman. Schuhs bislang einziger Roman *Der Stadtrat. Eine Idylle* (1995) lässt sich als Anspielung auf Canettis *Blendung* verstehen. Der für Brände zuständige Stadtrat und der Journalist Lichtenegger repräsentieren dabei das österreichische Modell der Sozialpartnerschaft, eine Gesellschaft, in der nicht mehr die offene Repression regiert, sondern es sich eine wohlwollende Allianz von Mächtigen gemütlich eingerichtet hat in einer erstickenden, aber ohnedies nicht dauerhaften Idylle.

Kirstin Breitenfellner

Werke: *Das Widersetzliche der Literatur. Kritische Kritiken,* Aufs., Wien 1981; *Hannibalium. Hannibal's Lesebuch,* Hg., Aufs., Wien 1983; *Fremdenverkehr. Kritische Texte über den Tourismus,* Hg., Klagenfurt 1984; *Liebe, Macht und Heiterkeit,* Ess., Klagenfurt 1985; *Die Belagerung der Urteilsmauer. Karl Kraus im Zerrspiegel seiner Feinde,* Aufs., Hg., zus. m. Juliane Vogel, Wien 1986; *Der Maturant als Abenteurer,* Feat., ORF 1987; *Blutige Ernte – Bekenntnisse eines Krimirezensenten,* Feat., ORF 1987; *Das fantasierte Exil,* Ess., Klagenfurt 1991; *Franz Ringel,* Aufs., Hg., Wien 1991; *Die Macht der Langeweile. Radioshow,* Feat., ORF 1991; *Literatur und Gedanken von Franz Schuh,* Feat., ORF 1994; *Der Stadtrat. Eine Idylle,* R., Klagenfurt 1995; *Denken mit Proust,* Feat., ORF 1998; *Nationalismus und Romantik,* Aufs., Hg., zus. m. Wolfgang Müller-Funk, Wien 1999; *Schreibkräfte. Texte über Literatur, Kritik, Glück und Unglück,* Ess., Köln 2000; *Mitte letzter Woche entwickelten sich menschenähnliche Affen zu affenähnlichen Menschen,* Hsp., ORF 2001.

Schulte, Michael, geboren am 22. 4. 1941 in München, verbrachte Kindheit und frühe Jugend in Niederbayern, München und Damaskus, ging 1959/60 als Austauschschüler nach Philadelphia/USA und legte 1962 am Realgymnasium Gräfelfing bei München die Reifeprüfung ab. Von 1963 an studierte er einige Semester Germanistik und Geschichte in Göttingen, zog dann 1965 nach Frankfurt am Main und besuchte dort Vorlesungen von Theodor W. Adorno. Ab 1968 lebte er als freier Schriftsteller in Düsseldorf, Frankfurt, München, auf Mallorca, in der Toscana und in Hamburg. 1982 wanderte er in die USA aus, wohnte zunächst in New York, dann in Santa Fé, schließlich von 1984 bis 1985 als Inhaber einer Kaffeehausgalerie in Bisbee/Arizona. 1988 kehrte er in die Bundesrepublik zurück, 1992 ging es wieder in die USA, diesmal nach New York und Cincinnati/Ohio, dann 1996 zurück nach Deutschland. Er lebt heute als freier Schriftsteller abwechselnd in Berlin und in Sterup-Grünholz in Norddeutschland. Schulte erhielt 1972 ein Förderstipendium des Landes Nordrhein-Westfalen, 1981 und 1988 ein Förderstipendium der Freien und Hansestadt Hamburg und 1997 ein Stipendium der Preußischen Seehandlung Berlin.

Auch wenn Michael Schulte als Biograf und Herausgeber Karl Valentins erfolgreich in Erscheinung getreten ist – er wurde »von demselben Pfarrer getauft, der Karl Valentin beerdigt hatte« –, so sind damit die Gemeinsamkeiten von Karl Valentin und Michael Schulte auch schon erschöpft. Dessen quer denkende Couplets und Szenen entdeckte der Jugendliche im Programm des Bayerischen Rundfunks und war fasziniert. Der Tiefsinn im Blödsinn des kauzigen Komikers, das listige Aufscheinenlassen aller grotesken Ausformungen einer Welt, die häufig nur noch den Wahnsinn als einzigen Sinn zulässt, ließen Schulte nicht mehr los. Und sicher fühlt sich Schulte wie Valentin einer »Komik der absurden Logik« verpflichtet, doch Sujets und Stil seiner Prosa muten ebenso eigenständig wie originell an. Bereits die merkwürdigen Titel seiner Bücher, wie *Die Dame, die Schweinsohren nur im Liegen aß* (1970) oder *Die endgültige Spülbürste* (1987), irritieren und locken gleichermaßen; Schulte wählte einen solchen Titel »in der vagen Hoffnung, dass sich des Buches vielleicht einmal einer der wenigen Verleger annimmt, die den Sinn ihres Berufes darin sehen, gute Literatur zu vertreiben. Das tun die anderen Verleger in gewissem Sinne auch: Sie vertreiben die gute Literatur, vollständig.« In seinen Geschichten, Erzählungen und Romanen kippen Anekdoten wie fallende Dominosteine in die nächsten, Sprachklischees und Redewendungen werden amüsant persifliert, eine ständig Haken schlagende Handlung verheddert sich in den selbst gelegten Fußangeln und zertrümmerte Wortgebirge überrollen lawinenartig den verblüfften Leser, der diesem bunten Sammelsurium von Momentaufnahmen, Kapriolen, haarsträubenden Abenteuern, Anspielungen, Übertreibungen, fantastischen Erfindungen und hintergründigen Witzen hilflos lachend gegenübersteht – und dies alles nur, weil Schulte »die Wirklichkeit als eine einzige Beleidigung meiner Tagträume« ablehnt. Auf eigenwillige Weise erzählt er aus der Perspektive eines »beschaulichen Zigeuners«, der mit beharrlicher Sammlerleidenschaft alles Absonderliche und Wunderliche, das ihm auf seinen weiten Reisen zwischen Bisbee/Arizona, Südpol und Celebes widerfährt, vor dem geistigen Auge notiert und daraus seine Geschichten formt, die er in der geschilderten Weise eigentlich nie erlebt hat bzw. erlebt haben kann: »Ich liebe Abenteuer und doch habe ich so gut wie nichts erlebt. Zuweilen überquere ich bei Rot die Straße, das ist alles.« So berichtet er u.a. in *Elvis' Tod* (1980) vom problematischen Zusammenleben von Früh- und Spätaufstehern in einer Wohngemeinschaft, rekonstruiert den durch Drogen, Presse und Exzesse geprägten Lebensalltag der Kultfiguren Elvis Presley, Ludwig XIV. und Sid Vicious oder zerstört parodistisch den von Westernklischees und heroischem Pioniergeist künstlich beatmeten »American Dream«. In den *Geschichten von unterwegs* (1981) huldigt er in sehr persönlichen Miniaturen dem exzentrischen Verleger V. O. Stomps, dem Fotografen Umbo und dem schizophrenen Maler Friedrich Schröder-Sonnenstern genauso wie anderen, unbekannten »Spinnern« und Träumern, von der Gesellschaft Verstoßenen und Belächelten, die z. B. ausschließlich Kühe im Mondschein malen oder nur über das Talent verfügen, den richtigen Zufall zu erkennen. Diesen gestrandeten Lebenskünstlern gilt seine ganze Sympathie, ob im Rhythmus der Großstadt New York (*Apfel*, 1986), im öden, gottverlassenen Kaff *Bisbee, Arizona* (1988), wo »man nicht als Tellerwäscher anfängt, sondern als Tellerwäscher aufhört, vorletzte Sprosse einer reziproken Erfolgsleiter, deren Ziel das absolute Nichtstun ist, ein Nirwana der Erfolglosigkeit«, in New Mexico, einer österreichischen Zwergschule in Damaskus, auf Sulawesi (*Bambus, Coca-Cola, Bambus – Eine Reise nach Celebes*, 1982) oder dem Südpol (*Sabine Hubers Glück und Elend*, 1983), wo er in rascher Reihenfolge einem transvestitenähnlichen Gott, Richard Nixon, dem englischen Königshaus und dem Polarforscher Robert Scott begegnet – und dies immer auf der Flucht vor der Lyrik und auf der Suche nach der Traumfrau (oder einer Universalerbin).

Michael Schulte ist einer der beweglichsten Schriftsteller. Von einer Umzugsmanie besessen, führt er seit seiner Jugend ein unstetes Wanderleben, das ihn vom bayerischen Lochham in die Welt verschlug. Seine besten Freunde sind Möbelpacker, ihr Schutzpatron sein Beichtvater, der ständige Tapetenwechsel sein Lebensinhalt. *Unbekannt verzogen* (1995) dokumentiert diese Sucht, genervte Hauswirte, neurotische Hauswirtinnen und barmherzige Briefträger säumen seine Fährte. »Ich schreibe immer am liebsten die Wahrheit«, heißt es im Erzählband *Gemensch und Getier* (1994). Allerdings schubst er die Wirklichkeit im entscheidenden Moment etwas an, kitzelt sie an den Fußsohlen oder bringt sie durch einen sanften Rempler in leichte Schräglage. Gedanken kullern, Pointen platzen, das Kopfkino rotiert in schneller Fahrt und die Konfusion nimmt ihren Lauf. Schulte entdeckt im Normalen das Aberwitzige und beschreibt dies als Normalzustand der Welt. In diesen Brechungen nistet seine Komik. Schulte liebt die Menschen und fabuliert deshalb gerne über ihre Schwächen. Aber vor allem nimmt er sich selbst auf die Schippe – als notorischer Tagräumer, gescheiterter Frauenheld (*Rosi und andere Frauen fürs Leben*, 2000), einsamer Streuner. Das ständige Umziehen erlebt er als Abenteuer und lustvolle Anstrengung. Seine territorialen Erkundungen führen ihn durch die ganze Welt, doch sein Schicksalsort ist *New York City* (1997), dieser »Droge« ist er rettungslos verfallen. In dieser Stadt der Verrückten sei alles möglich, eine harte, aufregende und schöne Stadt: »New York kann man nur ertragen, wenn man sich das Wochenende auf Long Island leisten kann.«

Nach dem Motto »Wer zu Hause bleibt, hat keine Chance, dem Glück zu begegnen«, begibt sich Schulte in die Welt, entwirft auf ein oder zwei Seiten Biografien von Menschen, die zum Beispiel buchstäblich Wurzeln treiben, als Staubwolke oder Pfütze ihr Dasein fristen, unbedingt heilig oder zumindest Geigenvirtuose werden wollen, stets rückwärts laufen, mit einer klebrigen Haut überzogen sind oder ähnliche Unbill ertragen müssen (*Stiefmuttertag*, 1998). Schulte spielt mit den Definitionen dessen, was als normal und was als nicht mehr normal gilt, indem er die absurdesten Phänomene mit einer Selbstverständlichkeit erzählt, als begegneten wir ihnen täglich.

Thomas Kraft

Werke: *Karl Valentin*, Monogr., Reinbek 1968; *Karl Valentin: Sturzflüge in Zuschauerraum. Der gesammelten Werke anderer Teil*, Hg., Mü. 1969; *Literarische Nasen*, Hg., Ffm. 1969; *Die Dame, die Schweinsohren nur im Liegen aß*, Pr., Mü. 1970, erw. Ausg. Ffm. 1981; *Was Groucho Marx sagte und Das Hörspiel im Hörspiel*, Hsp., Radio Bremen 1971; *Drei Nonnen gekentert*, E., Mü. 1972; *Das große Karl Valentin Buch*, Hg., Mü. 1973; *Jahrmarkt oder vom Zuschaun allein schafft man's nicht*, Hsp., zus. m. U. Raschke, SDR 1973; *Das große Christian Morgenstern Buch*, Hg., Mü. 1976; *Goethes Reise nach Australien*, En., Mü. 1976; *Das große Sherlock Holmes Buch*, Hg., Mü. 1977; *Kurt Vonnegut: Slapstick*, Übs., Mü. 1977; *Karl Valentins Filme*, zus. m. P. Syr, Mü. 1978; *Alles von Karl Valentin*, Hg., Mü. 1980; *Elvis' Tod. Szenen aus meinem Leben*, Kurz-R., Mü. 1980; *Geschichten von unterwegs*, Bln. 1981; *Hermann Löns: Die Hunde beheulen den Tod des Herzogs. Der andere Löns*, Hg., Düsseld. 1981; *Bambus, Coca-Cola, Bambus. Von einer Reise nach Celebes*, Mü. 1982; *Karl Valentin. Eine Biografie*, Hbg. 1982; *Sabine Hubers Glück und Elend. Ein Südpolroman*, Mü. 1983; *Kurt Vonnegut: Katzenwiege*, Übs., Mü. 1985; *Apfel*, Pr., Mü. 1986; *Führerscheinprüfung in New Mexico. Erzählungen von unterwegs*, Augsburg 1986; *Die endgültige Spülbürste. Ein Abenteuerroman*, Augsburg 1987; *Bisbee, Arizona. 22 Geschichten*, Augsburg 1988; *Tama Janowitz: Ein Kannibale in Manhattan*, Übs., Mü. 1988; *Paris war unsere Geliebte. Streifzüge mit James Joyce, Ernest Hemingway, Ezra Pound, Gertrude Stein und anderen*, Hg. u. Übs., Mü. 1989; *Warum haben Sie nicht das Pferd geheiratet? Groucho Marx – Sein Leben*, Mü. 1990; *Anne Rice: Der Fürst der Finsternis*, Übs., zus. m. Charlotte Franke, Mü. 1990; *Anne Rice: Königin der Verdammten*, Übs., Mü. 1991; *Das ewige Konzert in New York*, Hsp., HR/MDR 1991; *Die Papageienschmuggler. Ungefähr 11 Reportagen*, Augsburg 1991; *Besuch bei V. O. Stomps*, Augsburg 1991; *Paul Elliot: Mickey Finn*, Übs., Zür. 1993; *Ulrich Raschke: Dinge des Lebens*, Hg., zus. m. Dietrich Segebrecht, Augsburg 1993; *Der Traum der Kreuzworträtsellöserin*, Hsp., HR/MDR 1993; *Die Sprechstundenhilfe*, Hsp., MDR/ORF 1994; *Gemensch & Getier*, En., Augsburg 1994; *Unbekannt verzogen*, R., Ffm. 1995; *Das Leben des Karl Valentin. Eine klingende Biografie in 14 Teilen*, Hsp., MDR 1996; *Supermarkt*, Hsp., RB 1996; *Zitroneneis*, En., Ffm. 1996; *New York City. Stadt der hundert Städte*, Ffm. 1997; *Christine Sutherland: Monica. Eine Frau im Widerstand gegen die deutsche Besatzung*, Übs., Ffm. 1997; *Stammtisch der alten Männer*, Hsp., MDR 1997; *Rosi und andere Frauen fürs Leben*, En., Wien 1999; *Der Dschungelkönig in Amerika*, R., Wien 2000; *Briefträger Paul*, Kinderb., m. Illustr. v. Dieter Konsek, Wien 2000; *Das Angebot der Woche. Katzengeschichten*, Wien 2001; *Tim Parks: Doppelleben*, Übs., Mü. 2001; *F. X. Toole: Champions. Geschichten aus dem Ring*, Übs., Hbg. 2001; *Hal Sirovitz: ... sagte Mutter*, Übs., Mü. 2001; *Lily Prior: La Cucina Siciliana oder Rosas Erwachen*,

Übs., Hbg. 2002; *Cowboys in Kassel*, En., Wien 2002; *Das Leben des Karl Valentin*, Schpln., Freiburg/Br. 2002; *Krumm gelaufen. Genies, Dilettanten, Versager – die schönsten misslungenen Verbrechen*, Zür. 2003; *Anekdoten aus dem Leben großer Deutscher*, Mü. 2003; *Der Frühstücksdirektor*, R., Mü. 2004.

Schulz, Frank, wurde am 14. 2. 1957 in Stade bei Hamburg geboren. Er arbeitete als kaufmännischer Angestellter und studierte in Hamburg Germanistik und Psychologie. Seitdem arbeitet er dort als Redakteur für verschiedene Zeitungs- und Zeitschriftenverlage. 1989 erhielt Schulz den Hamburger Literaturförderpreis, 1999 den Förderpreis des Kasseler Literaturpreises für grotesken Humor und 2001 den Förderpreis des Literaturpreises des Landes Niedersachsen.

1991 erschien Frank Schulz' erster Roman *Kolks blonde Bräute. Eine Art Heimatroman*, zugleich der erste Band der *Hagener Trilogie*. Mit burlesker Situationskomik und einer bis in die Orthografie reichenden Nachahmung der Alltagssprache, insbesondere des hamburgischen Idioms, erzählt der Roman von den Kneipenritualen einer Gruppe von vier Männern, ihren erotischen Sehnsüchten und der schlingernden Weltwahrnehmung im Zustand des Alkoholismus. Mit seinem feinste Momentaufnahmen speichernden Realismus und dem absoluten Gehör für gesprochene Sprache erinnert der Roman nicht nur an die Bücher von Arno Schmidt und Eckhard Henscheid, sondern in seiner sprachlichen Mimesis des Delirierens an Wenedikt Jerofejews *Reise nach Petuschki*. Der zweite Band der *Hagener Trilogie*, der 2001 erschienene, umfangreiche Roman *Morbus fonticuli oder Die Sehnsucht des Laien* widmet sich einer aus dem ersten Band bereits bekannten Figur, Bodo Morten, und ihrem zu Absturz und Wahn führenden Doppelleben. Der kunstvoll gebaute Roman umfasst eine Erzählzeit von zehn Tagen, schildert mit Rück- und Ausblicken sowie durch Einschübe und Abschweifungen in Laurence Sternescher Manier einen Zeitraum von zehn Jahren und erkundet das Verschwinden von Morten, dessen sexuelle Obsession, Sehnsucht nach »Heimat«, Krankheit und Verfall in einer alle Register ziehenden Sprache, deren Beweglichkeit, Witz und Reichtum dem Buch starke Beachtung sicherten.

Martin Hielscher

Werke: *Kolks blonde Bräute. Eine Art Heimatroman (Hagener Trilogie I)*, Zür. 1991; *Morbus fonticuli oder Die Sehnsucht des Laien (Hagener Trilogie II)*, R., Zür. 2001.

Schulze, Ingo, wurde am 15. 12. 1962 in Dresden geboren. Er studierte von 1983 bis 1988 klassische Philologie in Jena. Anschließend war er als Dramaturg am Landestheater in Altenburg tätig. Anfang 1990 verließ er das Theater, gründete gemeinsam mit Freunden das »Altenburger Wochenblatt« und arbeitete als Redakteur, dann, bis Ende 1992, als Geschäftsführer des »Anzeigers«, einer kostenlosen Werbezeitung. 1993 weilte er sechs Monate in St. Petersburg und gründete ein Anzeigenblatt. Seit 1993 lebt er als freier Autor in Berlin. Ausgezeichnet wurde er 1995 mit dem »aspekte«-Literaturpreis, dem Alfred-Döblin-Förderpreis und dem Ernst-Willner-Preis beim Ingeborg-Bachmann-Wettbewerb in Klagenfurt, 1998 mit dem Berliner Literaturpreis und der Johannes-Bobrowski-Medaille, 2001 (zus. m. Dieter Wellershoff und Thomas Hürlimann) mit dem Joseph-Breitbach-Preis.

Wenn in den Neunzigerjahren zwei Namen genannt wurden, die für den Aufschwung junger deutscher Literatur und für eine Renaissance des Erzählens standen, dann Judith Hermann und Ingo Schulze. Beide feierten mit ihren Büchern ungewöhnlich große Erfolge, bekamen viele Literaturpreise zugedacht und avancierten zu Medienstars, selbst der ansonsten eher scheue Ingo Schulze. Seine Geschichten wurden international beachtet und übersetzt und, das macht die Nobilitierung perfekt, erschienen bereits im renommierten »New Yorker«, eine Würdigung, die unter deutschsprachigen Schriftstellern zuletzt Max Frisch zuteil wurde. Zudem beendete sein Band *Simple storys* (1998) das lästige Rufen nach dem Roman der Einheit und führte zu einer Renaissance des amerikanischen Erzählers Raymond Carver und seiner Shortstorys. Doch bereits sein preisgekröntes Debüt *33 Augenblicke des Glücks* (1995) zeigte Schulze als großartigen Stimmenimitator und Verwandlungskünstler, der ein großes Panorama der russischen Seelenlandschaft entwirft. Bereits das zweiteilige Vorwort, das auf die Junimonate der Jahre 1994 und 1995 datiert ist, eröffnet sein listenreiches und zitierfreudiges Spiel. Das erste Vorwort, offenbar von einer Frau geschrieben, erinnert an den »reisenden Enthusiasten« E. T. A. Hoffmann und initiiert eine Koketterie mit einer Herausgeberfiktion. Diese Dame ist während einer Bahnreise nach St. Petersburg in den Besitz von Aufzeichnungen gelangt, die ihre Reisebekanntschaft namens Hofmann und dessen Bekannte angeblich geschrieben und gesammelt hätten. Dabei hätten sie »sich mehr und mehr der Neigung hingegeben, die Erfindung an Stelle der Recherche zu setzen«. Im zweiten Teil des Vorworts will ein »I. S.«, der sich nun im Besitz der Texte befindet, mit deren Hilfe »die anhaltende Diskussion um den Stellenwert des Glücks beleben«.

Diese kleine Geheimniskrämerei hat den Effekt, das vielstimmige Textkonvolut in eine geschlossene Form zu binden und auf die permanente Durchdringung von Geschichte und Gegenwart einzustimmen. Das Sowjetimperium ist in Auflösung begriffen, der Kapitalismus hält Einzug. So bevölkern Glücksspieler, Schuhputzer, westliche Wirtschaftspioniere, Mafiosi und Huren im Kampf um Dollars und D-Mark den Newski-Prospekt, spalten soziale Unterschiede die neue russische Gesellschaft, werden Menschen ohne viel Federlesens ermordet und buchstäblich aufgefressen. Es sei aber, so suggeriert der Autor, nur ein Teil der Bevölkerung, der bereitwillig alle Fehler wiederholen wolle, die ihm der Westen vorgemacht habe. Mit wohlwollender Ironie und leichter Sentimentalität beschreibt Schulze eine Wirklichkeit, die für westliche Marketingkonzepte zu gebrochen und vielschichtig sei. Da rezitieren Huren Puschkin und Brodsky, und russische Nataljas offerieren zwischen Datscha und Birkenwald textilfreie Gastfreundschaft. Mütterchen Russland erweist in der Gestalt einer alten Bettlerin einem fremden Gönner ihre Dankbarkeit so überschwänglich, dass dieser dabei seine Kleidung verliert. Stämmige Traktoristen beweinen Madonnengesichter, und eine selbstlose Ärztin verschafft einem sterbenden Greis auf der Straße einen letzten Orgasmus, um dann von der jubelnden Menge als Heldin gefeiert zu werden. Das klingt nach russischer Seele und bukolischem Klischee, doch erzählt wird auch von der »stinkenden Müllhalde« St. Petersburg, von der Armut und Lethargie der Menschen, denen heißes Wasser wahres Glück bedeutet, und vom Wahnsinn des Zaren, »die einzige Kultur, die sie haben, aber auch die kriegen sie noch klein, auch das scheißen sie noch zu«.

Mit satirischem Biss stellt sich Schulze in die Reihe von Kollegen wie Charms und Chlebnikow, Puschkin und Gogol, Bulgakow und Tschechow und holt sie als Miterzähler in seine Gesten und Figuren hinein. Sein fantastisches Spiel mit den Ikonen des alten und neuen Russlands zeigt den belesenen Schelm, den poetischen Märchenerzähler. In der Zusammenschau all der Märchen, Träume, Briefe, Notate und anderen Prosa-Miniaturen, die der Band versammelt, ergibt sich ein fein gezeichnetes, mit Klugheit und Humor entworfenes Kaleidoskop der russischen Gesellschaft.

Der deutsche Titel ist Programm: *Simple Storys* (1998). Es sind kurze, einfache Geschichten mit traurigen Helden, Verlierern der Wendezeit, kein wilder Osten, unspektakuläre Momentaufnahmen in harten, nüchternen Schwenks und viel O-Ton, Fragmente eines beschissenen Lebens. Eine latent bedrohliche Stimmung durchzieht diese Episoden, man sieht das Pulverfass; wer wann die Lunte zündet, scheint nur eine Frage der Zeit. Die langersehnte, ungewohnte Begegnung mit der westlichen Konsumgesellschaft wird zum Trauma, niemand ist darauf wirklich vorbereitet, niemand kommt damit klar. Es frösteln die Figuren, denn Schulze verzichtet auf der Provinzbühne Altenburg (zwischen Leipzig und Zwickau) auf prächtige Kostüme, Helden und große Begrifflichkeiten. Es gibt nur trostlose Auf- und Abtritte, alles ist ziemlich nackt und trist in dieser Stadt mit 50 Prozent Arbeitslosenquote, trotzdem kenntlich und pointiert. Erzählt wird zum Beispiel von der Wiederbegegnung des Lehrers Dieter Schubert mit seinem ehemaligen Rektor, dessen Parteitreue ihn die Stelle kostete, von einem Kunsthistoriker, der nun als Klamaukfigur für ein Fischrestaurant seine Brötchen verdienen muss, von einem kubanischen Taxifahrer, der von Neonazis niedergestochen wird, von tschechischen Senfgläsern mit Goldrand, immer noch versteckten Wanzen und Tankstellenpartys. Schulze schrieb ein stilles Buch über Ostdeutschland, mit einem steten Wechsel von Annäherung und Distanz zu einfachen Situationen. Die Vereinigung ist hier kein Polit- und Medienspektakel, sondern die wohldosierte, schleichende Veränderung des Alltags durch neue Träume und verlorene Identitäten. Der Leser ist gezwungen, sich diese unkommentierte Vielzahl von Stimmen und Situationen zusammenzusetzen, 29 Kapitel ohne Pathos, ohne Trauer über den Untergang der DDR, unzählige Lebenssplitter und Schicksale, die sich am Ende ganz beiläufig und doch mit einem unsichtbaren Netz und innerer Spannung zu einem Ganzen fügen.

Thomas Kraft

Werke: *33 Augenblicke des Glücks. Aus den abenteuerlichen Aufzeichnungen der Deutschen in Piter*, Bln. 1995; *Simple Storys. Ein Roman aus der ostdeutschen Provinz*, Bln. 1998; *Von Nasen, Faxen und Ariadnefäden. Zeichnungen und Fax-Briefe*, zus. m. Helmar Penndorf, Bln. 2000.

Schutting, Julian, bis 1989 Jutta Schutting, wurde am 25. 10. 1937 in Amstetten in Niederösterreich geboren. Er erlernte das Fotografenhandwerk und studierte anschließend Geschichte und Germanistik (Abschluss mit Promotion) an der Universität Wien. Der Autor lebt und arbeitet in Wien und Spittal an der Drau in Österreich. 1988 entschloss sich Schutting das männliche Geschlecht anzunehmen. Aus Anlass seiner Geschlechtsumwandlung (1989) ließ der Autor seine Leser wissen, er suche »Übereinstimmung« mit einem »lebenslangen Selbstgefühl«. Seit der Pubertät hatte er Probleme mit seiner weiblichen Identität und hatte mit 16 einen Selbstmordversuch unternommen: »Was ich an mir vollziehe, ist eine Art Metamorphose: Die körperlichen Merkmale des Geschlechts zu verstärken, dem ich mich immer zugehörig gewusst und gefühlt habe, von Kindestagen an.« Seit September 1989 kann Schutting »auch vor dem Gesetz« als Mann gelten.
1971 erhielt Schutting ein Staatsstipendium für Literatur, 1972 den Förderungspreis des Österreichischen Staatspreises, 1973 den Förderungspreis des Landes Niederösterreich und 1974 den der Stadt Wien sowie den Kulturpreis der Stadt Amstetten, 1981 den Literaturpreis des Wiener Kunstfonds und den Würdigungspreis der Republik Österreich, 1983 die Buchprämie des Bundesministeriums für Unterricht und Kunst, 1984 den Anton-Wildgans-Preis und 1989 den Georg-Trakl-Preis.
Schuttings Gedichte sollen sich – einer frühen Fiktion zufolge – »von Zeile zu Zeile selbst entscheiden«, ob sie etwa zum Liebes- oder zum Landschaftsgedicht tendieren. Dahinter steht die Vorstellung, dass die Macht der Poesie größer sein könne als diejenige der Autorinstanz. Aber schon die frühen Texte *In der Sprache der Inseln* (1973) und *Lichtungen* (1976) erwecken nicht den Eindruck unmittelbar-spontaner lyrischer Rede, sondern den der Reflexion und der gedanklichen Vorarbeit, die von der Sprache als Zeichensystem ausgehen, als Medium des Denkens und als Form der Welterfahrung. Der lyrische Gegenstand betrifft insofern den »Namen als Stellvertreter der Idee«. Nicht selten wird das ganze Paradigma der lexikalischen und aktuellen Bedeutungen eines Wortes in ein Gedicht gefasst (vgl. *Flügel* und *Ich habe letzten Monat*); dann kann der Eindruck entstehen, dass sich diese Texte noch im Materialzustand befänden und formal nicht ausgeführt wären. In Schuttings *Liebesgedichten* (1982) wird, da »schon die Distanz zwischen den Wörtern nicht getilgt werden kann«, die Annäherung durch Wörter versucht: »manchmal berührst du mich mit einem Wort, als wäre es deine Hand«.
1974 erschien die Prosasammlung *Tauchübungen*. Darin zeigen die als »Lebensläufe« und »Spiele« versammelten Texte bereits jenen elliptischen Reduktionsstil, der für das ganze Werk konstitutiv ist. Schutting bevorzugt Infinitivierungen und Partizipierungen, wobei die Satzsubjekte wegfallen (»als Kind von allen Märchen das vom Geist in der Flasche am liebsten erzählt bekommen haben, aber mit dem Ausgang immer weniger zufrieden gewesen sein«). Stilistische Besonderheiten dieser Art fungieren als Literaritätssignale, beschleunigen den Leserhythmus und erwecken den Eindruck höchster Unmittelbarkeit. Schutting schreibt »reduzierte Geschichten«, so präzis und knapp wie möglich, in verkürzten Sätzen, die dem Leser die Bedeutung der Sprache als (Mitteilungs-)Form immer bewusst machen. Einen anderen Aspekt seiner Stilkunst zeigen die »Eintauchübungen« in Adalbert Stifter, die dem Band vorangestellt sind (*Vorrede und dreizehn Texte anstatt eines Versuches über Stifter*). Schutting schreibt in Stifters Manier, um das Bedrohliche, den täglichen, lustvollen Schrecken, wie er in Stifters Texten verborgen sein kann, in poetischer Analysearbeit freizulegen (vgl. die Messerschleifer-Episode in *Granit*). Als wichtigsten Schreibantrieb hat Schutting das Bedrohliche in der Alltagswirklichkeit definiert: »Mein Dank gilt der Tatsache, dass heutzutage ein idyllischer Sachverhalt auf einen bedrohlichen zu weisen scheint.« So geht es den Erzählungen *Baum in O.* (1973) um die Angst: »Die Augenblicke des Erschreckens« und »die Antiparadiese« sollen in das Reich der Fantasie gebannt werden. »Die Tage – Ungeduld und Vorfreude auf die Fantasien im Einschlafen, mythologische Grausamkeiten im gleich bleibenden Ritus.«
Von traumatischen Kindheitserlebnissen erzählt auch die autobiografische Erzählung *Der Vater* (1980), die den Tierarzt Hans Schutting, einen »Schwarzer Tag- und Ausnahmezustandsvater«, porträtiert, der, oft betrunken, seinen »Machtrausch und das Vergnügen an seiner Brutalität« ausgekostet hat. Trotz dieser zwiespältigen Erinnerungen an das Leben eines leidenschaftlichen Jägers, der als Tierarzt ein »Diagnostiker mit intuitiver Begabung« gewesen sei, wird hier versucht, das Leben des Vaters literarisch zu verlängern, seine »Unarten« im fiktionalen Text weiterleben zu lassen. Dem Vaterbild hat Schutting 1997 ein Sterbebild der Mutter entgegengesetzt, der eine Krebserkrankung ein schmerzensreiches Siechtum be-

scherte: *Der Tod meiner Mutter* erzählt aber auch von der Kraft des Trostes, von der eigenen Kinderzeit und vom »Ringen um Form und Fassung«.

Schuttings Prosa neigt zur Kurzform, zur Impression, wie der Band *Am Morgen vor der Reise* (1978) anschaulich macht. Hier wird von den Geschwistern Stephan und Judith, von ihren kindlichen Denkspielen, rätselhaften Träumen und unwirklichen Visionen erzählt. Gespräche werden protokolliert oder nachempfunden und treffen den Ton des Kindermundes genau. Dieser spricht mit entwaffnender Unbefangenheit Wahrheiten aus, die besser unausgesprochen blieben. Der Kurztext *Briefpapier* zeigt, wie latente Gedanken schon beim Schreibvorgang in den Brief einfließen und dessen intendierte Wirkung bzw. Bedeutung bereits wieder aufheben. Solche Texte gehen in Stilblütensammlungen ein. Der »Morgen vor der Reise« ist jener Morgen, der aus dem Kindsein herausführt und der niemals anbrechen sollte. Deshalb beschwören Judith und Stephan ihre Kindheitserlebnisse und ihre geschwisterliche Liebe.

In *Das Herz eines Löwen* (1985), Betrachtungen zur Kunst und Ästhetik, wird von »kindlichen Erfahrungen« auf den »Ursprung von Kunst und Poesie« geschlossen. Kindliches Spiel und Kunst könnten in ihrer »Nichtwirklichkeit« dieselbe kathartische Wirkung haben; denn im Spiel bzw. in der Kunst, begriffen »als Bedürfnis nach Sublimierung von Chocs«, könnten sich Kinder und Künstler »dem wirklichen Grausen« stellen, das aus der Wirklichkeit verbannt wird. Das Grausen im Spiel (ein Stück nasse Seife blind ertasten und als das »Herz des Löwen« imaginieren) bedeutet nur eine Vorstufe des wirklichen Grausens; das gespielte Entsetzen hilft, das wirkliche Entsetzen »prophylaktisch zu lindern«. Spiel und Kunst dienen also als Mittel, sich in der Wirklichkeit einzurichten. Sinn für das Makabre verrät der Band *Parkmord* (1975). Die Titelerzählung führt den grellen Kolportagestil der Sensationspresse und deren impertinente Berichterstattung parodierend vor. Andere Erzählungen des Bandes behandeln gesellschaftliche Degenerationserscheinungen und Verstöße gegen Konventionen, die in der außerliterarischen Realität oft nicht mehr als Verletzung sittlicher Gebote empfunden bzw. geahndet werden. Der Erzählband *Sistiana* (1977) bestätigt Schuttings Vorliebe für skurrile Details, die in surrealen Kombinationen bildkräftig objektiviert werden. In einer Dialogerzählung führt ein Mädchen seinen Eltern »Urlaubsdiapositive« vor. Das Gespräch verläuft zunächst kolloquial, nimmt jedoch eine makabre Wendung, als beunruhigende Einzelheiten auf den Dias sichtbar werden. Die letzte Aufnahme zeigt die Tochter, mit Würgemalen am Hals, als Mordopfer am Strand.

Die Erzählung *Salzburg retour* (1978), der wohl artifiziellste Text, hat einen Besuch des dargestellten Erzählers bei seiner Lektorin in Salzburg zum Hintergrund. Dieser Besuch ist von Todesahnungen überschattet oder wird in der Retrospektive als Ereignis dargestellt, das, eingebunden in ein System Unheil verkündender Vorzeichen, auf den raschen Tod der Lektorin bereits hindeutet. Der Text versucht nun, Verbindungen zwischen den Vorzeichen, die ihm zugleich als Leitmotive dienen, aufzudecken bzw. herzustellen. Da traditionelle Erkenntnismittel offenbar nicht mehr ausreichen, fungiert das erlebende Ich als schöpferisches Medium, das zu magischen Akten und Denkformen tendiert. In dieser Prosa werden Wahrnehmungen von symbolhafter Bedeutung (Schwan, Honig, Flügel, Parfum) assoziativ ergänzt und nach surrealen Verknüpfungsmustern angeordnet. Der 1983 erschienene *Liebesroman* bildet den Versuch zu einem 300-seitigen Reflexionsmonolog, in dem ein Maler, »heillos verliebt«, über das Wesen und die Möglichkeiten der Liebe sinniert. Die nicht erwiderte Liebe wird als Krankheit dargestellt, die den Maler bis zur Lächerlichkeit erniedrigt und ihn das »Glück der Entmündigung« ahnen lässt. Es folgt 1986 die *Hundegeschichte*, eine zeitlich begrenzte und daher von Trennungsgedanken überschattete Idylle, in der der Ich-Erzähler für ein Jahr den Hund Paula in Pflege nimmt, der seine »verschüttete Zärtlichkeit« freilegen soll. Ein beschauliches Jahr beginnt, lehrreich für beide, das das biografische Substrat für eine sentimentalische Geschichte liefert, von der es heißt, dass sie bis auf wenige Notizen nach Ablauf des »Hundejahres« aufgezeichnet worden sei. Erst die Literatur, als Bearbeitung der Realität, kann Paula ganz zum Hund des Erzählers machen: Das Ideal wird erst in der Literatur erreicht, während die Realität das immer schon drohende Ende der Beziehung von Herr und Hund impliziert. Liebes- und Trennungsschmerzen durchziehen auch die dargestellte Welt des Lyrikbandes *Traumreden* (1988) und sind eng mit dessen rekurrenter Todesthematik verknüpft.

Als ein »kleines Wunder der Wahrnehmung« (Brigitte Haberer) ist Schuttings Hymnus auf das Salzkammergut aufgenommen worden: Das Prosagedicht *Wasserfarben* (1991) enthält Naturbetrachtungen, Impressionen und Reflexionen eines sehnsuchtsvollen Ich, dem zur Liebesbegabung »nur eine Landschaft geblieben« ist. Die »Sprachspaltereien« *Der Winter im Anzug* (1993) und die poetologischen Essays *Leserbelästigungen* (1993) sind behutsam tastende Vergewisserungen des eigenen Sprachgefühls als dem »Schönheits- und Wahrheitssinn« für alles, »was sich im Reden und Schreiben für einen ziemt«. Die Gedichtbände *Das Eisenherz sprengen* (1996) und *Dem Erinnern entrissen* (2001) versammeln teils essayistisch-pathetische, teils monologisch-mythologische Kunstgesänge und Verwandlungen in Ovids Nachfolge, Betrachtungen, Traum- und Erinnerungsbilder, Empfindungs- und Gedankenströme. In den Neunzigerjahren ist es um den Autor stiller geworden: Julian Schutting, konstatierte Andreas Breitenstein 1997 in der »Neuen Zürcher Zeitung«, sei »ein Name, der Respekt gebietet, aber keinen Sturm auslöst«.

Lutz Hagestedt

Werke: *In der Sprache der Inseln*, G., Salzb. 1973; *Baum in O.*, En., Wien 1973; *Tauchübungen*, Pr., Salzb. 1974; *Parkmord*, En., Salzb. 1975; *Lichtungen*, G., Salzb. 1976; *Sistiana*, En., Salzb. 1977; *Steckenpferde*, En., Wien 1977; *Salzburg retour. Trauermusik. Thema und Variationen*, E., Graz 1978; *Am Morgen vor der Reise. Die Geschichte zweier Kinder*, Salzb. 1978; *Tür + Tor. Elemente der Architektur*, zus. m. I. Kräftner, St. Pölten 1979; *Der Vater*, E., Salzb. 1980; *Der Wasserbüffel. Geschichten aus der Provinz*, Salzb. 1981; *Liebesgedichte*, Salzb. 1982; *Liebesroman*, Salzb. 1983; *Täglich neue Wahrheitsproben*, Ess., Salzb. 1984; *Das Herz eines Löwen. Betrachtungen*, Salzb. 1985; *Traumreden*, G., Salzb. 1987; *Traumprobe*, Theaterst., in: *Nacht Zettel*, hg. v. Sissi Tax u. Herbert Wiesner, Bln. 1987; *Findhunde*, En., Stg. 1988; *Reisefieber*, En., Salzb. 1988; *Aufhellungen*, G., Salzb. 1990; *Flugblätter*, G., Salzb. 1990; *Wasserfarben*, Pr., Salzb., Wien 1991; *Nach Musil. Denkformen*, zus. m. Claudio Magris u. Ingomar von Kieseritzky, Wien 1992; *Leserbelästigungen. Vorlesungen zur Literatur*, Graz, Wien 1993; *Der Winter im Anzug. Sprachspaltereien*, Graz, Wien, Köln 1993; *Gralslicht. Ein Theater-Libretto*, Salzb. 1994; *Das Eisenherz sprengen*, G., Salzb., Wien 1996; *Der Tod meiner Mutter*, Salzb., Wien 1997; *Jahrhundertnarben. Über das Nachleben ungewollter Bilder*, Salzb., Wien 1999; *Katz- und Kratzgeschichten*, zus. m. Barbara Neuwirth u. Rolf Schwendtner, Wien 2000; *Dem Erinnern entrissen*, G., Salzb., Wien 2001; *Was schön ist*, Graz, Wien 2002; *Ausgewählte Gedichte*, Wien 2002; *Gezählte Tage. Notizen*, Salzb., Wien 2002; *Metamorphosen auf Widerruf. Über Musik*, Ess., Wien 2003.

Schütz, Helga, wurde am 2. 10. 1937 in Falkenhain/Schlesien in einer Arbeiterfamilie geboren. Sie erlernte den Gärtnerberuf, besuchte ab 1955 die Arbeiter- und Bauern-Fakultät in Potsdam und machte 1958 das Abitur. Von 1958 bis 1962 studierte sie an der Hochschule für Filmkunst in Potsdam-Babelsberg das Fach Dramaturgie und arbeitete danach als freie Szenaristin für das Kurzfilm- und das Spielfilmstudio der DEFA. 1993 wurde sie als Professorin für das Drehbuchschreiben an die Hochschule für Film und Fernsehen in Potsdam-Babelsberg berufen. Sie lebt heute in Potsdam. 1969 erhielt sie den Heinrich-Greif-Preis, 1973 den Heinrich-Mann-Preis der Akademie der Künste der DDR, 1974 den Theodor-Fontane-Preis der Stadt Potsdam, 1991 den Stadtschreiberpreis des ZDF und der Stadt Mainz, 1996 den Preis der Deutschen Schillerstiftung.

Schütz' Erstling *Vorgeschichten oder Schöne Gegend Probstein* (1970) zeichnet sich durch einen eigenwilligen assoziativen Erzählstil aus, der sich von dem flächigen Erzählen früherer DDR-Literatur deutlich abhebt. Er wirkt spontan und subjektiv. Der intime Erzählton erschien seinerzeit insofern ungewöhnlich, als es in den »Vorgeschichten« um sensible historische Vorgänge geht. Die »schöne Gegend Probstein« ist ein Dorf in Schlesien, dessen Bewohner im Februar 1945 aus dem Londoner Rundfunk erfahren, dass die Deutschen bei Kriegsende dieses Gebiet verlassen müssten. Vor dem Hintergrund der letzten Kriegsmonate und des drohenden Heimatverlustes lässt Schütz eine bunte Reihe von Szenen aus dem dörflichen Alltagsleben abrollen, in dessen Zentrum ein siebenjähriges Mädchen namens Jette steht. Indem die Erzählerin den naiven Blickwinkel des Kindes einnimmt, verfremdet sie das Tun und Lassen der Erwachsenen. Mit der Figur der Jette, ihren Großeltern und zahlreichen »Probsteinern« ist das epische Personal gefunden, auf das Schütz in den Büchern der folgenden Jahre immer wieder zurückkommt. In der Erzählung *Jette im Schloss* (im Band *Das Erdbeben bei Sangerhausen,* 1972*)* wird Jettes Leben als Findelkind in einem Heim für elternlose Kinder dargestellt. In *Jette in Dresden* (1977) erlebt die Protagonistin in den ersten Nachkriegsjahren die spezifisch politisierte Sozialisation. In der Erzählung *Festbeleuchtung* (1974) tritt Jette um 1951 bei einer Familienfeier in einem Ort am Fuße des Westharz, wohin es die meisten Probsteiner Verwandten und Bekannten verschlagen hat, als übereifrige politische Agitatorin aus der DDR auf. Indem mit Detailgenauigkeit von oft kauzigen Charakteren und von alltäglichen Begebenheiten erzählt wird, entsteht unter der Hand auch ein Bild unterschiedlicher Entwicklungen in Ost und West.

Die Lebendigkeit und Farbigkeit des Erzählens ergibt sich nicht zuletzt daraus, dass der Text aus den verschiedensten Redeformen, aus pointierten Dialogen mit leichter Dialektfärbung, inneren Monologen, aus dem Wechsel von direkter und indirekter Rede aufgebaut ist. So entsteht sprachlich eine Gegenwelt zum verkümmerten Sprachgebrauch von Politik und Medien. In der Intimität des Erzählstils und hinsichtlich der Thematik fühlte sich Schütz mit dem älteren Johannes Bobrowski verbunden. Das Verhältnis von Deutschen gegenüber den östlichen Nachbarn, besonders dem polnischen Volk, steht in mehreren ihrer Prosaarbeiten, aber auch im Film *Die Schlüssel* (1974, zusammen mit Egon Günther) im Mittelpunkt. Die langjährige Arbeit für den Film hat Schütz' Prosa insofern beeinflusst, als sie die Darstellung stark auf Szenisches und den Dialog baut. Ihre *Erzählung für den Film* zu Martin Luther (1983) zeugt von der Wechselwirkung der Gattungen.

Mit *Julia oder Die Erziehung zum Chorgesang* (1980) vollzog Schütz den Übergang zu größeren romanhaften Zusammenhängen, damit auch zu einer noch stärkeren Ausprägung der Assoziativtechnik. Als die Protagonistin – die frühere Jette heißt nun Julia – als Vierzigerin aus ihrer privilegierten sozialen Existenz ausbricht und die Beziehung zum langjährigen Lebensgefährten und Vater des Sohnes aufgibt, ruft sie zahlreiche Lebenssituationen bis hin zur frühen Kindheit in scheinbar willkürlicher Folge auf. Die Episoden, die sie im Widerspruch zwischen Anpassung und Abwehr gegenüber gesellschaftlichen Zwängen zeigen, erklären, warum sie Aussteigerin wird. Mit dem Roman *In Annas Namen* (1986) stellte Schütz den früher angelegten Typus des Findelkinds in den Mittelpunkt, der wesentlich im Kontrast zum Jette-Typus steht. In ihrer Suche nach den Wurzeln ist Anna mit ihrem Heimweh und Fernweh, mit starker Sehnsucht nach Liebe und Geborgenheit ausgestattet. In der Liebesgeschichte Annas stoßen konträre Wertewelten aufeinander. Die Auseinandersetzung um die Konsumideologie, die im Osten durch den Mangel und im Westen durch den Überfluss bedingt ist, endet offen.

Unter dem Eindruck der tief greifenden Umbrüche nach dem Mauerfall nimmt Schütz im Roman *Vom Glanz der Elbe* (1995) das Findelkind-Motiv wieder auf. Dieses Mal stellte sie den männlichen Teil des Zwillingspaares Anna und Adam in den Mittelpunkt, das nach dem Bombeninferno in Dresden im Februar 1945 ohne Hinweis auf Herkunft aufgefunden worden war. Die Ausarbeitung des Romans reicht vom Ende der Achtziger- bis in die Neunzigerjahre. Die Turbulenzen der Schreibzeit schlagen sich in der extensiven Fülle von Figuren, Handlungsorten und -zeiten nieder. Die Handlung des Romans *Grenze zum gestrigen Tag* (2000) dagegen ist auf die Geschicke einer namenlosen Ich-Erzählerin in den Sechziger- und Siebzigerjahren konzentriert. Ihr Leben hat seinen Ort direkt an der Grenze zu Berlin-West; es ist von außen und von innen bedroht. Ihrem naiven Glücksanspruch läuft alles zuwider. Sie verliert zuletzt fast alles, vor allem die unheilbar kranke kleine Tochter. Am Ende steht die Frage, wie die mit unerschöpflicher Lebensfreundlichkeit ausgestattete Protagonistin die Verluste überstehen wird, die eigentlich das Maß der Kraft übersteigen.

Eva Kaufmann

Werke: *Vorgeschichten oder Schöne Gegend Probstein*, Bln., Weimar 1970; *Das Erdbeben bei Sangerhausen und andere Geschichten*, Bln., Weimar 1972; *Festbeleuchtung*, E., Bln., Weimar 1974; *Jette in Dresden*, Bln., Weimar 1977; *Julia oder Erziehung zum Chorgesang*, Bln., Weimar 1980; *Martin Luther. Eine Erzählung für den Film*, Bln., Weimar 1983; *In Annas Namen*, Bln., Weimar 1986; *Heimat süße Heimat. Zeitrechnungen in Kasachstan. Tagebuch*, Bln., Weimar 1992; *Vom Glanz der Elbe*, R., Bln., Weimar 1995; *Grenze zum gestrigen Tag*, R., Bln., Weimar 2000; *Dahlien im Sand. Mein märkischer Garten*, m. Fotos v. Rainer J. Fischer, Bln. 2002.

Schütz, Stefan, wurde am 19. 4. 1944 in Memel als Sohn von Schauspielereltern geboren. 1965 machte er seinen Abschluss an der Staatlichen Schauspielschule in Ost-Berlin. 1968 kam Schütz als Regieassistent ans Berliner Ensemble und unternahm erste Versuche als Autor. Zusammen mit der Regisseurin Uta Birnbaum, mit der Schütz verheiratet ist, ging er 1980 in den Westen mit einem Ausreisevisum, das die Rückkehr in die DDR ermöglicht hätte. In Wuppertal erhielt Schütz 1981 einen Vertrag an den Städtischen Bühnen als Autor und Dramaturg, der 1982 nach Auseinandersetzungen mit der Theaterleitung um die missglückte Uraufführung seines Stückes *Sappa* aufgelöst wurde. 1984 zog Schütz nach Hannover. Seit 1996 lebt er in Oldenburg. Er erhielt u.a. 1979 den Gerhart-Hauptmann-Preis, 1981 den Förderpreis des BDI und 1985 den Alfred-Döblin-Preis.

Stefan Schütz begann seinen Weg als Schriftsteller zunächst mit Theatertexten. In der DDR wurde seine Arbeit nicht behindert, aber auch nicht gefördert. Obwohl Heiner Müller sich für Schütz einsetzte und die »Qualität der manchmal betäubend schönen Sprache« lobte, wurden seine Stücke in der DDR nur selten inszeniert. Auch in Westdeutschland kam es nur zu wenigen Aufführungen. Schütz hat für die Bühne zu einer stilisierten Sprache und sperrig anmutenden Dramaturgie gefunden, die die Kritik spaltet und sich einer vordergründigen theatralen Illustration entzieht. Er verzichtet weitgehend auf einen naturalistischen Duktus der Dialoge, verwendet den Alltagston aber durchaus als Versatzstück. In seinen Texten schafft er kühne Wortbilder ohne Scheu vor krassen Metaphern, er formt massive Satzblöcke und formuliert mit hohem Pathos ebenso wie mit bezwingender Poesie. Eine Annäherung an die Wirklichkeit erfolgt nicht von außen und abbildhaft, vielmehr werden innere Wahrheiten in expressionistischer Manier ausgedrückt: »Ein Stück, nur aus einem Schrei gebaut, das wäre ehrlich«, schreibt Schütz in *Schwierigkeiten beim Schreiben eines Stücks* (1978).

Die Stoffe, mit denen er arbeitet, sind – wie bei vielen DDR-Autoren – vielfach der antiken Mythenwelt oder der Historie entlehnt, allerdings dient dieser Rückgriff für Schütz weniger dazu, eine Regimekritik zu verschlüsseln. Ihn interessiert vielmehr die archaische Wucht der Konflikte und die Möglichkeit, aus diesem Material Figuren zu gestalten in extremen Gefühlslagen, die radikal handeln oder handeln wollen. Sein Ziel ist dabei die Analyse der gesellschaftlichen Machtverhältnisse. Immer wieder zeigt Schütz Menschen, die sich in ihrer Individualität und sinnlichen Lebenslust entfalten wollen, dabei aber in Gegensatz zu totalitären staatlichen Machtansprüchen und gesellschaftlich oktroyierten Normen geraten: »Wie kann man den Menschen zum Menschen machen? Ich brauch' keine Ordnung. Wir wollen leben, lass Wittenberg tanzen!«, sagt Kohlhaas in dem gleichnamigen Stück (UA 1978) als König von Wittenberg. Der Rebell, der sich, der Handlung in Kleists Novelle folgend, gegen erlittenes Unrecht zur Wehr gesetzt hat, wird am Ende erschossen. Freiheit und Sinnlichkeit waren nicht gegen den Ordnungswahn der Widersacher zu verteidigen.

In seiner derb-komischen Groteske *Der Hahn* (UA 1980) wendet sich Schütz diesem Thema in der Gegenwart der DDR zu. Der Hahn bricht leibhaftig und riesengroß in den tristen sozialistischen Alltag des Ehepaares Alma und Andreas ein. Er wird zum Symbol für sexuelle Lebensgier und vitale Unmittelbarkeit. Der Mann misstraut dem neuen Mitbewohner, der in der Nachbarschaft, in den Betrieben und bei Staatsorganen für einige Unruhe sorgt: »Ein Hahn! Dahinter kann sich alles verstecken: der Klassenfeind, Syphilis, Streik, Chinesentum.« Alma dagegen gibt sich der Verheißung persönlicher Freizügigkeit hin. Als Andreas den Hahnschließlich töten will, tötet sie ihren Mann. Sie kommt in die Psychiatrie, wo sie beginnt, sich in weitere Almas zu vervielfältigen, ein Hoffnungsschimmer, dass die alles erstickende sozialistische Normierung und die Fesselung des Lebens durch staatliche Direktiven subversiv ins Wanken gebracht werden könnten. *Der Hahn* deutet in der Konstellation des Ehepaares an, wo Schütz eine Hauptursache für die repressiven Gesellschaftsstrukturen sieht, sowohl im sozialistischen Osten als auch im kapitalistischen Westen: Im Patriarchat und einer machistischen Männerwelt. »Diese Penisbrut, Muskeln nur und After und der Kopf ist eine Kläranlage. Wagt den Schrei nach Vorherrschaft und ist doch nur ein Samengeber ...«, heißt es in *Antiopi und Theseus (Die Amazonen)* (UA 1977) über die Männer, die in ihrem Machtwillen und Ordnungsglauben verhaftet sind. Schütz' Frauenfiguren dagegen sind kompromisslos dem Leben verbunden in einer natürlichen, sinnlichen, ursprünglich menschlichen Dimension: »Die Liebe ist das Maß der Dinge«, sagt Heloisa in *Heloisa und Abaelard* (UA 1978).

In seinem ersten Prosawerk *Medusa* (1986) nimmt Schütz dieses Motiv auf. Hauptfigur ist eine Frau namens Marie Flaam, die in einem surrealen Traumszenario verschiedene Stationen durchläuft, um in der körperlich unmittelbaren Erinnerung und im schmerzhaften Wiedererleben »die eigene Hölle zu sehen, die ich lebe«. Sie dringt ein in einen alles verschlingenden Hintern und durchwandert in der Folge den Abgrund des real existierenden Sozialismus. Schütz liefert viele Anspielungen, zum Beispiel auf den DDR-Kulturbetrieb. Schließlich gelangt Marie in ein Umerziehungslager, das von Kindern geleitet wird, die mit stalinistischem Fanatismus jede Individualität austreiben wollen. Der monumentale Prosaband *Medusa* wird so zur sprachgewaltigen, in den Motiven und Metaphern aber auch schwer zu durchdringenden unerbittlichen Abrechnung mit der totalitären Ideologie: »Wir haben in einer Schattenwelt gelebt und sie als Lichtwelt begriffen, gemeiner kann ein Verbrechen nicht sein; schon beginne ich zu zweifeln, ob ich nicht selbst zum Surrogat entartet bin.« Auch in *Medusa* wendet Schütz sich gegen das Patriarchat als Ursprung einer zerstörerischen Ratio. Dagegen hält er die Vision eines paradiesischen Daseins, in dem das »free play of love«, das freie Spiel der Liebe, eine neue Gemeinschaft begründet und das weibliche »Wissen der Seele« zu seinem Recht kommt.

Mit dem vier Jahre später erschienenen Prosaband *Der vierte Dienst* beginnt Schütz eine Art Trilogie, in der die utopische Gesellschaftssatire *Galaxas Hochzeit* (1993) und der Roman *Schnitters Mall* (1994) folgen und in der er sich fern eines literarischen Realismus einer fundierten und komplexen Zivilisationskritik zuwendet, die in der deutschsprachigen Gegenwartsliteratur der Neunzigerjahre ihresgleichen sucht. In diesen Büchern entfaltet Schütz als Prosaautor eine außergewöhnliche Fantasie und Virtuosität, die über die Qualität seiner Stücke herausreicht. Das Reflexionsniveau, die Verknüpfung von Philosophie und Naturwissenschaft, von Science-Fiction und Historie, von Kunstsprache und verschiedenen Jargons, die Anleihen in der populären Kultur und die unterhaltsame und teils witzige Ausgestaltung verbinden ihn dabei mit den bedeutenden Autoren der amerikanischen Postmoderne.

In den drei Geschichten, die *Der vierte Dienst* (1990) verknüpft, beginnt Schütz nach den Ursachen für den Weg in die zivilisatorische Katastrophe und die Zerstörung unserer Lebensbedingungen zu suchen: »Das Leben versucht den Tod auszuschalten und ist dadurch mehr tot als lebendig.« Die Verdrängung des Todes aus unserem Bewusstsein durch ausgefeilte Technologie und eine ausufernde Warenwelt generiert einen kontraproduktiven Prozess: »Je mehr wir von der Natur abzapfen oder je mehr wir sie zu kanalisieren versuchen, umso komplexer wird die Unordnung.« Der Versuch, dem Tod zu entkommen, führt wie ein physikalischer Prozess der Überhitzung ins Chaos und damit in den Untergang. Die Menschen ersticken in ihrem eigenen »Wunschmüll«. In *Galaxas Hochzeit,* seinem wichtigsten Roman, beschreibt Schütz einen Aufstand der Objektwelt, der in einer technologischen Apokalypse aus dem Computer mündet: »Wenig später hatte die Erde sich selbst in die orbitale Pfanne gehauen. Seither hängt sie als hart gesottenes Spiegelei über ihrer ehemaligen Umlaufbahn um die Sonne.« Die zentrale Rolle spielt dabei der Computer »Galaxa«, der zum Zentrum einer Verschwörung der Dinge und Maschinen gegen die Menschen wird, die noch immer glauben, souverän handelnde Subjekte ihrer Geschichte zu sein. Doch längst sind sie kontrolliert und gelenkt in einem energetischen Netzwerk, in dem die Übermaschine Regie führt mit dem Umkehrprogramm: »Konditionierung der Subjekte«. Galaxa will das Geheimnis des menschlichen Bewusstseins ergründen, um so wie ihre Erschaffer zu werden. In der verschlungenen und vielschichtigen Textur seines skurrilen und witzigen Romans malt Schütz aus, welche fatalen Folgen das Fortschritts- und Wachstumsdiktat unserer Zivilisation hat: »Der Mensch ist, nachdem er zu einem rein statistischen Wesen herabgesunken war und die Maschine sich zum Automaten gemausert hatte, längst zur bloßen Kreatur geworden, die sich mit Hilfe des Computers an das Menschsein zu erinnern sucht.« In *Schnitters Mall,* einer Mischung aus Krimi, Pulp-Fiction und Horrormärchen, in der mythische Motive und drastische Trashelemente verbunden sind, variiert Schütz das Thema: Ein gigantisches Einkaufszentrum in Kanada, das den Grundriss des Warschauer Gettos hat, wird zum emblematischen Ort, an dem exzessiver Konsum, Sex und Gewalt ineinander übergehen, während in der Submall, einer höllengleichen Unterwelt, deformierte Gestalten ihr Unwesen treiben und ihre Menschenopfer fordern.

Schütz' Kritik richtet sich dabei gegen die künstlich geschaffenen und befriedigten Bedürfnisse und die uniformen Daseinsentwürfe aus den allgegenwärtigen »Realitätsstudios«. So ist der »Vierte Dienst« ein interstellares Kollektiv, das einen Guerillakrieg gegen eine universale Verschwörung im Kosmos führt, in der Organisationen wie »Anti-Ekstase«, Konzerne und Regierungen kollaborieren, um ein »Viertes Reich« zu schaffen: In dem soll alles Unvorhersehbare eliminiert werden durch eine Gleichschaltung der Individuen im weltweiten »Vergnügungs-KZ«. Der Dienst will eine Destabilisierung der Verhältnisse durch den dionysischen Rausch: »Wir sind die vier Himmelsrichtungen, die vier Jahreszeiten, wir kämpfen zusammen mit der Natur auf der Seite des Todes für Erweckung durch Chaos.« Die Überzeugung, dass nur in der Katastrophe die Chance zur generellen Wandlung unserer Lebensverhältnisse zu finden ist, formuliert Schütz auch in anderen Texten: »Die Verhältnisse verschlimmern, heißt die Dinge auf den besseren Weg bringen«, sagt Orest in *Orestobsession* (UA 1991). Als Schriftsteller sieht Schütz sich angesichts des modernen Dilemmas in einer Position, die zwangsläufig paradox sein muss, die pessimistisch den Untergang ins Bild setzt, aber optimistisch auf einen »Seinssprung« hofft: »Aus meiner einstigen Parteiergreifung für das Subjekt gegen das verkommene Kollektiv und der anschließenden Wende im Westen für das Kollektiv und gegen das verkommene Subjekt, ist inzwischen ein Schreiber des Paradoxon geworden.« (*Das Verdrängte bergen – ein Gespräch mit Stefan Schütz*, in: *Orestobsession*, 1991). Schütz' literarisches Schaffen gründet in einem radikalen Humanismus und wendet sich gegen die Fremdbestimmung und Entstellung der Menschen durch Machtsysteme, ob politischer, wirtschaftlicher oder technischer Natur. Sein Gegenentwurf ist anarchistisch, denn die Entfaltung einer unverfälschten Menschlichkeit, eine »Verführung ... zum Leben« sieht Schütz nur jenseits aller Ordnungssysteme.

Stefan Sprang

Werke: *Fabrik im Walde*, Theaterst., UA Potsdam 1975, gedr. Ost-Bln. 1977; *Antiopi und Theseus (Die Amazonen)*, Theaterst., UA Basel 1977, gedr. Bln. 1979; *Heloisa und Abaelard*, Theaterst., UA Potsdam 1978, gedr. Bln. 1979; *Kohlhaas*, Theaterst., UA Lpz. 1978, gedr. Bln. 1980; *Majakowski*, Theaterst., UA London 1979, gedr. Bln. 1978; *Der Hahn*, Theaterst., UA Hdbg. 1980, gedr. Bln. 1978; *Odysseus' Heimkehr*, Theaterst., UA Wuppertal 1981, gedr. Ost-Bln. 1977 u. Bln. 1979; *Gloster*, Theaterst., UA München 1981, gedr. Bln. 1980; *Die Schweine*, Theaterst. 1981, gedr. Ffm. 1981; *Sappa*, Theaterst., UA Wuppertal 1982, gedr. Ffm. 1982; *Stasch 1 und 2*, Theaterst., UA Osnabrück 1982, gedr. Bln. 1978; *Laokoon*, Theaterst., UA Gött. 1983, gedr. Bln. 1980; *Spectacle Cressida*, Theaterst., UA Köln 1984, gedr. Ffm. 1984; *Medusa*, Pr., Reinbek 1986; *Die Seidels (Groß & Groß)*, Theaterst., UA Osnabrück 1986, gedr. Ffm. 1984; *Die Bakchen*, Theaterst., UA Hann. 1988, gedr. Ffm. 1992; *Urschwejk*, Theaterst., 1988. gedr. Ffm. 1988; *Katt. Volksbuch*, Reinbek 1988; *Kleistfragment*, Theaterst., UA Ljubljana 1988, gedr. Stg. 1981; *Der vierte Dienst*, Pr. Reinbek 1990; *Orestobsession*, Theaterst., UA Luxemburg 1991, gedr. Echternach 1991; *Schlafe nie mit Widdern*, Pr., Widdersberg 1992; *Wer von euch*, Theaterst., UA Magdeburg 1993; *Galaxas Hochzeit*, R. Ffm. 1993; *Monsieur X oder Die Witwe des Radfahrers*, Theaterst., UA Wien 1994, gedr. Ffm. 1993; *Schnitters Mall*, R., Ffm. 1994; *Werwölfe*, Theaterst., UA Bln. 1995; *Hotel Abendland*, Theaterst., UA Linz 1999; *Peyotè oder Die andere Geschichte*, Hsp., 1996, gedr. engl./dt. Vancouver 2001.

Schwab, Werner, wurde am 4. 2. 1958 in Graz geboren. Ein Jahr später verließ der Vater die Familie, der Kontakt zu ihm brach ab. Werner Schwabs Kindheit war von den ärmlichen Verhältnissen geprägt, die die Mutter Aloisia Schwab durch Putz- und Hausmeisterarbeit erwirtschaften konnte. Durch die Arbeitgeber der Tante und der Mutter kam Schwab jedoch in Berührung mit Musik und Literatur. Nach dem Hauptschulabschluss 1973 schickte ihn die Mutter wegen seiner Sprachbegabung auf die Handelsschule. Er sollte Schriftsetzer werden. Als er nach einem Jahr der Schule verwiesen wurde, schrieb er sich an der Grazer Kunstgewerbeschule im Fach Bildhauerei ein. Erste Arbeiten wurden ausgestellt und zu Wettbewerben eingereicht. 1978 wurde er an der Wiener Kunstakademie zum Bildhauereistudium zugelassen und in die Meisterklasse Bruno Gironcolis aufgenommen. Neben Aktionen, Installationen mit Objekten und Texttonbändern, Objekten aus Abfall und Mail-Art-Projekten begann Schwab regelmäßig zu schreiben. Zum Jahresbeginn 1981 gab er das Leben in der Kunstszene von Wien auf und bezog mit seiner späteren Frau Ingeborg Orthofer ein Haus in Kohlberg in der Steiermark. Dort führte er ein Leben zwischen Landwirtschaft und intensivem Schreiben. Unter anderem entwickelte er literarische Elemente und Figuren, die sich in seinen späteren Dramentexten wiederfinden. Werner Schwab reichte Textproben an Zeitschriften und für Stipendien ein, doch lange ohne Erfolg. 1989 wurde eines seiner größeren Stücke, *das lebendige ist das leblose und die musik*, uraufgeführt. 1990 gelangte *DIE PRÄSIDENTINNEN* in Wien zur Uraufführung und die Zeitschrift »Theater heute« wählte ihn zum Jungdramatiker des Jahres. Mit der Inszenierung der *VOLKSVERNICHTUNG* 1991 gelang dem Dramatiker Werner Schwab der endgültige Durchbruch. Im selben Jahr bekam er den Nachwuchsdramatiker-Preis der deutschen Kritik, »Theater heute« wählte ihn zum Dramatiker des Jahres und *ÜBERGEWICHT, unwichtig: UNFORM* wurde am Wiener Schauspielhaus inszeniert. 1992 erhielt er den Mülheimer Dramatikerpreis und den Förderungspreis des Schiller-Gedenkpreises. Sein internationaler Erfolg zog neben solchen Auszeichnungen zahlreiche Aufträge und den Aufruhr der Presse nach sich. 1993 lebte und arbeitete er in Graz. Er plante, nachdem er die Uraufführung von *PORNOGEOGRAPHIE* inszeniert hatte, unter anderem seine Rückkehr zur Prosa. Doch am Neujahrsmorgen 1994 wurde er tot aufgefunden.

Die ersten Texte *brack komma ein* und *schlagen da zwei* installierte und inszenierte Werner Schwab, damals Kunststudent, 1980 und 1981 in einer Galerie. Die Verschmelzung von bildender Kunst, Musik und Text wies bereits auf Schwabs Suche nach einer Form jenseits der Zeichenhaftigkeit von Sprache, die sich später in einer »skulpturalen« Textstruktur erfüllte. Schwab bezeichnete seine Stücke als *Fäka-*

liendramen (1991) und *Königskomödien* (1992). Die *Fäkaliendramen* beinhalten unter anderem *DIE PRÄSIDENTINNEN* und *VOLKSVERNICHTUNG ODER MEINE LEBER IST SINNLOS*. Beide Stücke begründeten den Erfolg Werner Schwabs und führen ihn heute als seine meistgespielten Dramen fort. In ihnen arbeitet sich die Sprache durch die Figuren zweier Pensionistinnen, der Toilettenfrau Mariedl beziehungsweise der Hausmeisterin Frau Wurm und ihres Sohnes herauf in die höheren Gefilde bürgerlicher Sprechweisen. Die Anstrengung, mit der sich die Sprache eine andere Identität erspricht, endet in Kampf und anschließendem Triumph. Doch in der jeweiligen Wiederholung des Schlusses wird der Sieg ersetzt durch energieloses Geplänkel beziehungsweise eine Verschiebung der *Präsidentinnen* auf eine Bühne in der Bühne, auf der sich der Sieg als ewige Wiederholung ins Groteske verzerrt. Die *Königskomödien* sind bereits unter dem Eindruck des Erfolgs geschrieben und verwenden nicht mehr die Sprache gesellschaftlicher Randexistenz, sondern des intellektuellen Bürgertums und Kunstestablishments. Ein dritter, 1994 erschienener Band umfasst unter anderem Werner Schwabs Bearbeitungen klassischer Dramen – seine Coverdramen *FAUST :: MEIN BRUSTKORB : MEIN HELM* (1994) und *TROILUSWAHN UND CRESSIDATHEATER* (1995).

1992 erschienen die Essays *Der Dreck und das Gute. Das Gute und der Dreck*, die als selbstverfasste Poetologie gelten können. Die Abwendung von der Sprache als unentrinnbarer Gewalt der Verstellung von Wirklichkeit gründet in der Vision einer möglichen Annäherung an die Welt: »Das einzige Wollen, das wir können und auf das wir bescheiden uns hinzuneigungsförmig auf ein EINZIGES WOLLEN, ist als Spezialisation ein anauflehnungsintelligentes Zuneigen zu einem ETWAS, was alles ist, weil es so ist: Wie es ist.« Das Ausgangsmaterial Werner Schwabs ist »Sprache, sonst gar nix«. Es handelte sich dabei weniger um ein Experiment, als um das Erfassen des ewigen Versuchs einer Befreiung von der Sprache hin zu den Dingen und um die Möglichkeit einer zu erfindenden Sprache, die nicht grammatischen und ethischen, sondern energetischen Regeln gehorcht: Wort und Syntax lösen sich in Schwabs ineinander verketteten und auseinander hervorgehenden, sich nur für den Moment herstellenden Neologismen auf. Die Figuren sind »absichtsvoll leer« und ausschließlich das, was sie sprechen – wobei sie jedoch »nicht sprechen, sondern gesprochen werden«. »Die Sprache ist der jeweilige Körper der agierenden Person. Die Sprache zerrt die Personen hinter sich her: Wie Blechbüchsen, die man an einen Hundeschwanz gebunden hat«, heißt es in *MEIN HUNDEMUND* (1992). Anhand der Figuren werden verschiedene Sprechweisen gegeneinander geführt. Der vergebliche Kampf der Diskurse zeigt schließlich die grundlegende Ausweglosigkeit aus den sprachlich gesetzten Ordnungen: »Wir können eben nichts Anderes als die Sprache.«

Die groteske Verkörperlichung und Verräumlichung abstrakter Vorgänge führt die Sprache als Gewalt vor, ähnlich wie in der von Schwab rezipierten Sprachkritik Fritz Mauthners, der französischen Postmoderne und nicht zuletzt Antonin Artauds. Die Entdeckung der Sprache als Urheberin chauvinistischer Wahrheitssysteme und Identitäten und der Verformung und Fremdbestimmung des menschlichen Bewusstseins ist Teil von Schwabs Grundkonstruktion. Unermüdlich denunziert Schwab die virtuelle Zirkularität der Sprache: »Die Sprache ist selbstgenügsam Pornografie im Verhältnis zu was?« Im Unterschied dazu bietet die Kunst, die in Schwabs Dramen vor allem durch die Künstlerfigur Herrmann Wurm vertreten wird, die Möglichkeit, über ihre sinnlichen Zeichen ihre eigene Dinglichkeit auszuweisen. Sie ist nicht Simulation, sondern Material. Doch ist auch sie Zeichen und nicht Wirklichkeit. Der einzige menschliche Ausdruck, der nicht Sprache ist, ist – in Schwabs hier von Artaud inspiriertem Zeichensystem – das Exkrement. Die Figur der Mariedl aus den *PRÄSIDENTINNEN* ist als Klofrau ohne Berührungsängste der Entwurf einer möglichen, aber scheiternden Verschmelzungsharmonie.

Figuren, Gedanken und Texte sind Müll und Schrott: Material, das ohne Zweck als »unheimliche Vielfalt« nur noch sich selbst gehört. Diese Vision der sich selbst sprechenden Sprache als eruptive Halde fügt sich in den Wunsch nach der Auflösung jeder sprachgegebenen Enge. Zu entkommen ist der Sprache als aggressivem und autoaggressivem System bei Schwab durch das Schweigen, durch landschaftsähnliche Naturwerdung des Sprachmaterials und den (Bühnen-)Tod. Die Ermordung seiner Figuren ist deshalb oft der Höhepunkt eines Textes. In *MEIN HUNDEMUND* spricht sich der »Selbstvernichter« Hundsmaulsepp unaufhaltsam der Selbstauslöschung entgegen und befreit sich aus sich selbst: »Alles was anbei war beim Drecksepp hat einen Frieden wie eine Befriedigung. *ächzt hinter der Bühne, der Hund zerfleischt ihn.*« Doch für gewöhnlich gibt es bei Schwab keine Erlösung, sondern der Dramaturgie sprachlicher Gewalttaten und triumphaler Auslöschung folgt der Zusammenbruch. Die Dramen enden nicht mit einem radikalen Schlag, sondern in einer provokativen Resignation, »weil es viel härter, grausamer und desillusionierender [ist], wenn ein hartes Kontinuum sich in gar nix aufdröselt«. Das finale Wort »Aus«, das Schwab unter seine Texte setzt, ist das lautlose Zeichen einer Implosion, eines Kunstmittels, das die mit ihm befreundeten Musiker der »Einstürzenden Neubauten« gleichfalls einsetzten, den Kollaps, der ein alles verschlingendes Schwarzes Loch entstehen lässt.

Anfang der Neunzigerjahre waren Schwabs Dramen mit ihrer außergewöhnlichen Sprache eine Sensation. Man sprach vom »Phänomen Schwab«. Er selbst etablierte sich als »Projekt Schwab«. Er war der Popstar mit den bösartigen Accessoires einer unappetitlichen Fäkal- und Verwesungsästhetik, einer angedeuteten Demokratiefeindlichkeit, einer Vorliebe für Punk und Death-Metal und einer zynischen Art, die die von der Öffentlichkeit dankbar aufgenommen Klischees des dunklen, antibürgerlichen Genies zu bestätigen schienen. Kritiker verdächtigten ihn sinnentleerter Gewaltverherrlichung, weil sie Schwabs Aussage missverstanden, dass »das mit Zorn oder Hass nichts zu tun [hat]. Rabiatheit ist eine Energiefrage. Vehemenz ist die einzige Moral.« Heute, zehn Jahre nach seinem Tod, hat man begonnen, Werner Schwabs Texte mit einem unbefangenen ästhetischen Bewusstsein zu rezipieren und zu inszenieren.

Eva Wemme

Werke: *Fäkaliendramen*, Theaterst. (enth. *DIE PRÄSIDENTINNEN. Drei Szenen*, UA Wien 1990; *ÜBERGEWICHT, unwichtig: UNFORM. Ein europäisches Abendmahl*, Theaterst., UA Wien 1991; *VOLKSVERNICHTUNG ODER MEINE LEBER IST SINNLOS. Eine Radikalkomödie*, UA Mü. 1991; *MEIN HUNDEMUND. Das Schauspiel. Vier Szenen*, UA Wien, Graz 1992), gedr. Graz, Wien 1991; *Königskomödien*, Theaterst. (enth. *OFFENE GRUBEN OFFENE FENSTER. EIN FALL von Ersprechen*, Theaterst., UA Krems 1992; *HOCHSCHWAB: Das Lebendige ist das Leblose und die Musik. Eine Komödie*, UA Wien 1996; *MESALLIANCE aber wir ficken uns prächtig. Eine Variationskomödie*, UA Graz 1992; *DER HIMMEL MEIN LIEB MEINE STERBENDE BEUTE. Selbstverfreilicht eine Komödie*, UA Stg. 1992; *ENDLICH TOT ENDLICH KEINE LUFT MEHR. Ein Theaterzernichtungslustspiel*, UA Saarbrücken 1994), gedr. Graz, Wien 1992; *Der Dreck und das Gute. Das Gute und der Dreck*, Pr./Ess., Graz, Wien, 1992; *Abfall, Bergland, Cäsar*, Pr., Salzb., Wien 1992; *Schwab*, Pr., Druckgrafik (Anfangskapitel eines Fragment gebliebenen Briefromans von Werner Schwab und Jörg Schlick), Graz 1993; *Dramen III* (enth. *TROILUSWAHN UND CRESSIDATHEATER. Ein Spiel nach TROILUS UND CRESSIDA von William Shakespeare in der deutschen Übersetzung von Michael Wachsmann*, Theaterst., UA Graz 1995; *FAUST :: MEIN BRUSTKORB : MEIN* HELM, Theaterst., UA Potsdam 1994; *PORNOGEOGRAPHIE. Sieben Gerüchte*, Theaterst., UA Graz 1993; *ESKALATION ordinär. Ein Schwitzkastenschwank in sieben Affekten*, UA Hbg. 1995; *ANTIKLIMAX*, Theaterst., UA Hbg. 1994), Graz, Wien 1994; *endlich tot endlich keine luft mehr. Ein Theaterzernichtungslustspiel*, Biblioph. Ausg., Karlsberg 1994; *SCHWABtexte. Orgasmus : Kannibalismus. Sieben Liebesbriefe an die eigene Beschaffenheit*, Pr., Graz, Wien 1996; *DER REIZENDE REIGEN nach dem Reigen des REIZENDEN HERRN ARTHUR SCHNITZLER*, Theaterst., UA Zür. 1995, gedr. Graz, Wien 1996; *in harten schuhen. ein handwerk*, Pr., Graz, Wien. 1999.

Schwaiger, Brigitte, wurde am 6. 4. 1949 in Freistadt in Oberösterreich als Tochter eines Medizinalrates und einer ehemaligen Krankenschwester geboren. Nach Absolvierung der Mittelschule studierte sie in Wien »ohne Prüfungszwang« Psychologie, Germanistik, Spanisch und Philosophie, beschäftigte sich nebenher mit Malerei und Bildhauerei. 1968 heiratete sie einen spanischen Tierarzt und Offizier, lebte einige Jahre in Spanien und unterrichtete dort Deutsch und Englisch. 1972/73 studierte sie an der Pädagogischen Akademie in Linz und war in einem kleinen Theater als Schauspielerin tätig. Später arbeitete sie als Regieassistentin beim ORF, als Sekretärin in einem Theaterverlag und als Schauspielerin. Seit 1975 lebt Brigitte Schwaiger als freie Schriftstellerin in Wien. 1974 erhielt sie das Österreichische Staatsstipendium für Literatur, 1975 das Autorenstipendium des Dramatischen Zentrums Wien, 1976 die Kulturförderungsprämie des Landes Oberösterreich und 1984 den Kulturpreis des Landes Oberösterreich für Literatur. Seit 1977 ist sie Mitglied des österreichischen P.E.N.-Klubs.

1977 erschien Schwaigers viel beachteter Erstlingsroman *Wie kommt das Salz ins Meer?*, der bis 2002 25 Auflagen erfuhr, in viele Sprachen übersetzt und 1986 unter der Regie von Peter Beauvais verfilmt wurde. Erzählt wird die Geschichte einer jungen Frau, die halb bewusst in eine Ehe hineinstolpert, die von Beginn an zum Scheitern verurteilt ist. Die Erzählerin reflektiert ihre »gutbürgerliche« Erziehung, die dafür mitverantwortlich ist, dass sie sich für die Heirat mit einem nicht mehr geliebten Mann entschieden hat. Normiertes Wohlverhalten gilt als erstes Gebot in der Familie. Der einzige Freund, der Lehrer Karl, ist – deprimiert über die Verlogenheit seiner Umgebung – zum Alkoholiker geworden und kann die junge Frau kaum unterstützen. Nach einer Abtreibung und schweren Auseinandersetzungen mit ihrem Mann und ihrem Geliebten erreicht die psychische Krise der Protagonistin ihren Höhepunkt. Sie erzwingt trotz aller Beschwichtigungsversuche der Verwandten die Scheidung. In knappen sprachlichen Formeln schildert die Erzählerin die Verhaltensweisen ihrer Mitmenschen, die ihr ein in ihren Augen neurotisches Glücksverständnis oktroyieren wollen. Einer kritischen Auseinandersetzung mit der eigenen Person geht die junge Frau aus dem Weg. Sie bleibt bis zuletzt eine Figur, die auf Menschen und Ereignisse reagiert.

Diente in ihrem ersten Roman die provinzielle Kleinstadt als austauschbare Kulisse des Geschehens, so rückt Brigitte Schwaiger in ihrem Buch *Mein spanisches Dorf* (1978) den Ort ihrer Kindheit und Jugend in das Zentrum des Textes. Aus wechselnder Perspektive erzählt sie – meist mit ironischem Unterton – unter Einbeziehung von Briefen und Tagebuchaufzeichnungen von Familientragödien, Ehedramen und nachbarlichen Feindschaften, sie skizziert Porträts der Kleinstädter, die in ihren Gewohnheiten und Verpflichtungen befangen bleiben. Die autobiografisch gefärbten Episoden sind in kindlich-naivem Sprachduktus wiedergegeben. Manche der in dem als »spanisches Dorf« apostrophierten Ort lebenden Personen tauchen auch in späteren Publikationen Brigitte Schwaigers wieder auf.

Immer wieder attackiert Schwaiger – einmal zynisch, einmal melancholisch – die Scheinheiligkeit bürgerlicher Verhältnisse. So auch in dem 1986 erschienenen Roman *Der Himmel ist süß*, in dem das Mädchen Gitti über den Konflikt, der aus ihren widersprüchlichen Wünschen und den religiösen Forderungen der Klosterschule und der Familie resultiert, berichtet. Obwohl die Schriftstellerin einmal beteuerte, dass sie »nie so direkt autobiografisch geschrieben« habe, »wie immer geglaubt« werde, bezeichnete die Kritik ihren Roman *Lange Abwesenheit* (1980), in dem sie sich mit dem sterbenden Vater auseinander setzt, als autobiografische Bekenntnisliteratur. Die Tochter wirft dem Vater seine nationalsozialistische Vergangenheit vor und klagt Zärtlichkeit, Hinwendung und Aufmerksamkeit ein, die er ihr zeitlebens vorenthalten habe. Die behutsame, allmähliche Annäherung zwischen den beiden kann letztlich aber nicht darüber hinwegtäuschen, dass die erlittenen Verletzungen unvergessen bleiben: »Ich spüre, es wäre meine Pflicht, mich zu dir zu legen und dich zu wärmen. Aber würde ich es dir denn diesmal recht machen? Vater, wir liegen so schlecht miteinander.«

In der Biografie *Die Galizianerin* (1982) hat sich Brigitte Schwaiger als Autorin ganz zurückgenommen. Zwei Jahre lang hörte sie die Geschichten der galizischen Jüdin Chawa Fränkel/Eva Deutsch an, die die Gräuel des nationalsozialistischen Regimes als Einzige ihrer Familie überlebte. Brigitte Schwaiger filterte daraus einen in seiner Authentizität und Unmittelbarkeit beeindruckenden Monolog, der in einer Bühnenfassung von der Berliner Gruppe »TiefenEntTrümmerung« 1993 aufgeführt wurde. Eva Deutschs Sprache ist durchsetzt mit slawischen und hebräischen Ausdrücken, ihr Gedächtnisprotokoll, das »Grauenhaftes« und »Skurriles« enthält, wurde gewürdigt als »unübertreffliche Form jüdischer Erzählkunst« (»Die Zeit«). Die verstärkte Beschäftigung mit der Zeit des Nationalsozialismus markiert eine vorübergehende Hinwendung Schwaigers zu politischen Themen. In ihrem Lyrikband *Mit einem möcht' ich leben* (1987), der zwar vorwiegend persönlich gefärbte Gedichte enthält, bildet der (mehrseitige) fiktive Monolog *Führer, befiehl* den Mittelpunkt; als Theaterstück wurde er 1987 in Wien uraufgeführt. Im selben Jahr schloss sich Brigitte Schwaiger auch einer Initiative gegen die Wahl Waldheims zum österreichischen Bundespräsidenten an.

Mit den seit den Neunzigerjahren veröffentlichten Prosatexten *Schönes Licht* (1990), *Der Mann fürs Leben* (1993), *Ein langer Urlaub* (1996) und *Ich suchte das Leben und fand nur dich* (2000) kehrte Schwaiger wieder zu ihren literarischen Ursprüngen zurück. Sie variiert die aus ihrem ersten Erfolgsbuch bekannten Themen und Motive, selbst die Personenkonstellationen sind teilweise identisch. Das patriarchalische Elternhaus mit nationalsozialistischer Vergangenheit und das kleinstädtische Herkunftsmilieu dienen wiederholt als Erklärungsmuster für die Ausbruchsversuche der weiblichen Protagonistinnen, für ihre Flucht in die Ehe und/ oder immer neue Liebesbeziehungen. Die unverhohlen autobiografische Schreibweise Schwaigers irritiert in diesem Zusammenhang vor allem hinsichtlich des begrenzten thematischen und stilistischen Repertoires, über das die Autorin zu verfügen scheint. Einen negativen Höhepunkt bildet diesbezüglich der Schlüsselroman *Schönes Licht*, der, angesiedelt im Wien der Siebzigerjahre, über die Probleme einer Erfolgsschriftstellerin namens Christine Leitenmeier mit ihrem Vater, dem Literaturbetrieb und den Verlegern, dem jüdischen Liebhaber und Schriftstellerkollegen sowie dem spanischen Macho-Ehemann handelt. Letzterer taucht auch in den Romanen *Ein langer Urlaub* und *Ich suchte das Leben und fand nur dich* wieder auf. Und so ließe sich fast der Schluss ziehen, Brigitte Schwaiger arbeite bis heute an jenem Buch, das ihren Erfolg als Schriftstellerin einst begründete.

Petra Ernst

Werke: *Nestwärme*, Theaterst., UA Linz 1976; *Kleines Kammerspiel. Büroklammern. Zwei Einakter*, UA Wien 1977; *Steirerkostüm*, Theaterst., UA Ingolstadt 1977; *Murmeltiere*, Hsp., ORF 1975; *Wie ein eigenes Kind*, Hsp., SDR 1982; *Ricardo Talesnik: Unser tägliches Sandwich*, Übs., 1976; *Wie kommt das Salz ins Meer?*, R., Wien, Hbg. 1977, Schpl., Mü. 2000; *Franzisco Marfil: Das gute Gespräch*, Übs., Wien 1976; *Mein spanisches Dorf*, R., Wien, Hbg. 1978; *Büroklammern*, Hsp., ORF 1978; *Liebesversuche*, Theaterst., UA Sommerhausen 1979; *Die Böck', die Kinder und die Fisch*, Hsp., ORF/SDR 1978; *Nestwärme*, Hsp., ORF/NDR/SDR 1978; *Steirerkostüm*, Hsp., SDR/NDR 1978; *Lange Abwesenheit*, Wien, Hbg. 1980; *Malstunde*, zus. m. Arnulf Rainer, Wien, Hbg. 1980, Theaterst., UA Wien 1986; *Die Galizianerin*, zus. m. Eva Deutsch, Wien, Hbg. 1982; *Wie ein eigenes Kind*, Hsp., SDR 1982; *Der Himmel ist süß. Eine Beichte*, Mü. 1984; *Mit einem möcht' ich leben*, G., Mü. 1987; *Führer befiehl!*, Theaterst., UA Wien 1987; *Liebesversuche. Kleine Dramen aus dem österreichischen Alltag*, Mü. 1989; *Schönes Licht*, R., Mü. 1990; *Pardon, wenn ich abweiche*, Hsp., ORF 1990; *Tränen beleben den Staub*, R., Mü. 1991; *Der rote Faden. Aufzeichnungen einer Mutter*, Mü. 1992; *Der Mann fürs Leben*, R., Mü. 1993; *Jaro heißt Frühling. Geschichten vom Fremdsein*, Mü. 1994; *Ein langer Urlaub*, R., Mü. 1996; *Ich suchte das Leben und fand nur dich*, Mü. 2000.

Schweikert, Ruth, wurde am 15. 7. 1965 in Lörrach geboren. Sie studierte in Ulm an der Schauspielschule und arbeitete als Regieassistentin in Zürich. Sie lebt heute als freie Schriftstellerin in Zürich. Ausgezeichnet wurde sie u. a. 1995 mit dem Bertelsmann-Stipendium beim Ingeborg-Bachmann-Wettbewerb in Klagenfurt, 1996 mit dem Suhrkamp-Stipendium, 1998 mit Ehrengaben der Stadt und des Kantons Zürich, 1999 mit dem Preis der Schweizerischen Schillerstiftung.

Ruth Schweikerts Figuren sind auf der Suche nach dem eigenen Ort im Leben. Es geht in ihren Texten schlichtweg um die Grundbedingung der Existenz: um die Liebe. Diese zeigt sich spröde und unzuverlässig, zurück bleiben Träume, Kinder und auch schon mal ein blaues Auge. Diese Texte sind so rätsel- und sprunghaft wie das Leben, haltlos und intensiv. Es herrscht eine gewisse Vorläufigkeit, ein möglicher Aufbruch ist in Sicht, eine latente Verzweiflung hält ihn am Boden. Irgendwo zwischen Fatalismus und Zuversicht taumeln die Frauen, umgeben von Liebhabern und Kindern, Müttern und Vätern, hin und her, hadern mit sich und dem Schicksal, wünschen sich »verboten viel Glück« und wissen, dass es irgendwann einmal kommen wird. Mit grimmigem Trotz lösen sie sich, bauen sich ihre Familien, wackeln über die brüchigen Dielen der Gegenwart und entwerfen Lebenspläne, die dann doch anders verlaufen. Die eigene Weiblichkeit ist dabei nicht selten im Wege, wie bei Daniela in der Erzählung *Totschlagen* (1994) oder bei Aleks im Roman *Augen zu* (1998), die als Kind ein Junge werden wollte und später den »Körper einer Frau als chronische Krankheit« empfindet. Es wird viel geträumt und erinnert in Schweikerts Geschichten, ganze Biografien und Familienchroniken aufgeblättert, plötzlich sind Luftkrieg und Holocaust präsent, dann wieder der Sprung in eine neue Liebschaft, in eine neue Möglichkeit. So wie der »coup de foudre«, der Blitzschlag der Liebe, der Aleks und Raoul im Roman zusammengeführt hat. Doch an Aleks 30. Geburtstag zeugen beide ein Kind, das tot und namenlos geboren wird. So bleibt das Leben der Macht der Wünsche überlegen und die Ohnmacht herrscht, bis der nächste Liebesreflex eintrifft. Man hat Schweikerts Geschichten, ihre harte, lakonische und vor allem intensive Sprache gelobt, Peter Bichsel sprach gar von »einer neuen Ingeborg Bachmann«. Das ist hochgegriffen, aber es gibt Passagen im bislang noch schmalen Werk Ruth Schweikerts, die diese Radikalität im Denken und in der Sprache widerspiegeln.

Thomas Kraft

Werke: *Erdnüsse. Totschlagen*, En., Zür. 1994; *Paris–Paris. Reflexionen*, m. Fotografien v. Peter Schweizer, Pratteln 1996; *Welcome Home*, Theaterst., UA Zür. 1998; *Augen zu*, R., Zür. 1998; *Ohio*, R., Zür. 2003.

Schwerdtfeger, Malin, wurde am 27. 12. 1972 in Bremen geboren. Seit 1992 studiert sie Judaistik und Islamwissenschaft in Berlin. Ausgezeichnet wurde sie 1999 mit dem Niedersächsischen Förderpreis für Junge Literatur und mit dem Autorenstipendium der Freien Hansestadt Bremen.

In ihrem ersten Prosaband erzählt Malin Schwerdtfeger aus allen Ländern die gleichen Geschichten von vergeblicher Liebe und kriechender Entfremdung. In *Leichte Mädchen* (2001) verschwindet die Mutter für drei Monate in einem buddhistischen Kloster und teilt dies ihrer Tochter per Mailbox mit. Oder sie kommt kurz zum Wäschewechsel nach Hause, um gleich darauf zur nächsten Expedition aufzubrechen. Der Vater hat sich aus dem Staub gemacht oder weigert sich, sein stinkendes Bett zu verlassen. Die Schwester zieht ins wohlriechende Nachbarhaus zu den »leichten Mädchen«, und der Geliebte verkrümelt sich mit dem letzten Asthmaanfall zu Asche, die in Hanffeldern dem Wind übergeben werden. An der Schwelle zum Erwachsensein verspüren die Jugendlichen den Gegenwind des Lebens, sehen eklige, unreife Erwachsene, verfliegende Träume und eine um sich greifende Lethargie. Sie sind lebenstüchtiger als ihre Eltern, haben ihre Sehnsuchtsorte, aber wenn man am Ende, wie in einer Geschichte, ein Hasenfell- und Federkleid als Königsmantel trägt, muss etwas falsch gelaufen sein. Die Erzählungen changieren geschickt zwischen Lebenshärte und kindlichem Blick, sind straff gebaut und sprachlich ihrem Gegenstand absolut gewachsen. Das nahe Ende der Pubertät spiegelt auch die Atmosphäre wieder, in der Sonja und Majka aus Schwerdtfegers erstem Roman, *Café Saratoga* (2001), Ende der Achtzigerjahre ihr Leben zwischen Danziger Bucht und Bremer Stadtrand einzurichten suchen. Diese Familiengeschichte erzählt mit Lakonie und einem sicheren Gespür für Rhythmus, Pointen und Dramaturgie von Verlusten im Umfeld der Wende: von der Kindheitsidylle auf der polnischen Halbinsel Hel, vom sozialen Abstieg einer Familie und dem Scheitern einer Ehe nach dem Wechsel in den Westen, vom Ende der Unschuld und vom endgültigen Abschied von Lebensträumen. Während Patriach Tata doch nicht »König von Deutschland«, sondern stattdessen Gärtner in Worpswede wird und seine Frau Lilka verstärkt Depressionen anheim fällt, durchleben die Töchter manch ernüchterndes Initiationserlebnis in der fremden Umgebung, in der sich alles – Sprache, Familie, Orte, Körper, Liebe – verändert hat. Am Ende zerfällt die Familie, und Sonja, die Ich-Erzählerin, macht sich auf den Rückweg nach Polen, »ein unruhiges Mädchen« mit einer neuen Perspektive.

Thomas Kraft

Werke: *Leichte Mädchen*, En., Köln 2001; *Café Saratoga*, R., Köln 2001.

Sebald, Winfried Georg, wurde am 18. 5. 1944 in Wertach im Allgäu geboren. Er studierte Germanistik in Freiburg und in der französischen Schweiz, unterrichtete als Lektor in Manchester und als Lehrer in St. Gallen und war ab 1970 mit Unterbrechungen als Dozent für Literaturwissenschaft an der University of East Anglia in Norwich. Sebald habilitierte 1986 und übernahm ab 1988 das Ordinariat für Neuere Deutsche Literatur. Er erhielt zahlreiche Preise und Auszeichnungen, darunter 1994 den Berliner Literaturpreis, 1997 den Heinrich-Böll-Preis, 2000 den Joseph-Breitbach-Preis und den Heine-Preis der Stadt Düsseldorf. W. G. Sebald starb am 14. 12. 2001 in Norwich bei einem Autounfall.

Es war vor allem eine Idee, die den Erzähler, Dichter und Essayisten W. G. Sebald sein Leben und Schreiben lang umtrieb; die Idee, wie es in seinem letzten Roman *Austerlitz* (2001) heißt, dass wir auch in der Vergangenheit Verabredungen haben und dort Personen und Orte aufsuchen müssen, die jenseits der Chronologie in einem Zusammenhang mit uns stehen. W. G. Sebald, ein Meister der sanft mäandernden Satzverläufe, war auch der Dichter eines langen Prosapoems und kurzer Lyrik, der Verfasser mehrerer Bücher zur Literatur, in denen der Autor seine Verabredungen mit Schriftstellern anderer Epochen einhielt, und ein großer Erzähler, der seine wahlverwandten Figuren in jene poetischen Muster verwob, die dem schweren Stoff der Geschichte ihr zartes Gepräge geben. Verabredungen in der Vergangenheit: mit Stifter oder Nabokov in dem Aufsatzband *Beschreibung des Unglücks* (1985), mit Robert Walser, Hebel und Gottfried Keller in der Textsammlung *Logis in einem Landhaus* (1998), mit Stendhal oder Kafka in dem Prosabuch *Schwindel. Gefühle* (1990), in welchem Sebald seine Begegnungen mit anderen Dichtern am weitesten in jene halluzinativen Regionen vorantrieb, die den Grenzverkehr zwischen den Lebenden und den Toten erlauben. *Essays zur Literatur* stand noch im Untertitel von *Unheimliche Heimat* (1990). Doch Sebald war auch dort, wo er seine Lehrtätigkeit als Literaturdozent in seine Texte hinein verlängerte, jemand, der nie *über*, sondern stets *mit* seinen Gegenständen sprach. Seine Dichterporträts sind Liebeserklärungen und Selbsterkundungen, poetische Elegien über das schwere Geschäft des Schreibens und das nicht minder schwere des Lebens.

Natürlich ist es kein Zufall, dass Sebald die »unglückliche Heimat« zum Ausgangspunkt seiner

Bücher nahm, er kam darauf schon in seinem ersten Gedichtband *Nach der Natur* (1988) zurück. Und wie in Sebalds Werk alles mit allem zusammenhängt, so ist auch das »Elementar-Gedicht« überschriebene Prosapoem eine lyrische Spielart jener »Naturgeschichte der Zerstörung«, die Sebalds Werk als zentraler Topos zugrunde lag.

Der literarische Essayist aber ist in seinen Romanen die Stimme, die sich am ehesten durchgesetzt hat. Sebalds Lebensthema war die Memoria, sein Material »die uns durchgeisternden Phantome der Wiederholung«. »Ritorno in Patria« heißt das letzte Kapitel in dem Prosaband *Schwindel. Gefühle* (1990), jenem Zyklus aus vier Erzählungen, mit dem Sebald seine eigenwillige poetische Mischform aus Recherche und Essay, autobiografischer Erzählhaltung und literarischer Leitmotivik etablierte. Auch hier besticht schon, worin Sebald es zur Meisterschaft bringen wird: Die bis ins filigrane Detail ausgetüftelte Verflechtung der Bilder, Personen und Orte, die kunstvolle Komposition, mit der er in diesem Buch Episoden aus dem Leben anderer Schriftsteller dem Schwindel einer poetischen Selbstbefragung aussetzt, die altertümliche Inversion des Stils, die mäandernden Satzverläufe und ein tief melancholischer Tonfall, der sanft und unerbittlich ins Unglück wiegt, die gleichsam mit der Schleppe geführte Feder.

Die schwermütigen Stimmungen, die Sebalds Bücher, die Verdüsterungen des Gemüts, die seine Figuren kennzeichnen, waren ein Teil seines Wesens, das sich in seinen Romanen auch (oder gerade) dort noch versteckte, wo der Erzähler sich in der Ich-Form vorstellt. Als Erzähler machte Sebald sich zum fiktiven Medium der Überlieferung; indem er von fremden Schicksalen schrieb, erzählte er von den eigenen Schatten. Die Schwermut in seinen Büchern ist auch ein Erbe der deutschen Geschichte, und wenn Sebald sich selbst ins fiktive Geschehen mischte, so tat er es stets mit jenem stilistischen Takt, der von Noblesse und Menschlichkeit zeugt. Als Winfried Georg Sebald 1944 geboren wurde, starben Millionen von Juden durch deutsche Schuld. Es hängt auch mit diesem Geburtsjahr zusammen, dass Sebald sich 1998 in seinen Zürcher Poetik-Vorlesungen mit dem bis dato vernachlässigten Thema *Luftkrieg und Literatur* (1999) auseinander setzte. In den Zürcher Vorlesungen, die ein Jahr später, ergänzt um Reaktionen und einen Essay über Alfred Andersch, in Buchform erschienen, vertrat er die heftig umstrittene These, dass die deutschen Autoren der Nachkriegszeit unfähig waren, das Grauen des Bombenkriegs »aufzuzeichnen und einzubringen in unser Gedächtnis«. Dieses Grauen sei der eigentliche Katalysator des Wirtschaftswunders gewesen, der bis zum heutigen Tag »nicht zum Versiegen gekommene Strom psychischer Energie, dessen Quelle das von allen gehütete Geheimnis der in die Grundfesten unseres Staatswesens eingemauerten Leichen ist«.

Unauffällig hat W. G. Sebald sein großes Archivierungswerk mit den Spuren seiner eigenen Biografie imprägniert und sein Geburtsdatum häufig in eine Grabinschrift umgemünzt oder auch »in die kalte Kalkwand des Bunkers geritzt«, wie am Ende von *Austerlitz* das Todesdatum des Juden Max Stern, den 18. 5. 1944. In seinem Geburtsjahr, in dem Mengele an der Rampe stand und Deutschland in Schutt und Asche versank, gründet Sebalds gesamtes Werk, das sich auf eine so eigensinnige Art zusammensetzt aus den Zeugnissen ferner Jahrhunderte und den langen Schatten des Zweiten Weltkriegs. Vor allem aber war dieses Geburtsjahr die Wiege für seine obsessive Beschäftigung mit dem Holocaust.

Sebalds Figuren sind, angefangen bei dem Prosaband *Die Ausgewanderten* (1993) bis zum letzten Roman *Austerlitz,* zuallererst dies: überlebende Geiseln einer Vergangenheit, in welcher andere für sie starben. In *Die Ausgewanderten* verfolgt der Erzähler das Schicksal von vier deutsch-jüdischen Emigranten, die ihr Überleben mit der Einäscherung ihrer Seele bezahlten, von lebendigen Toten, die schon in der Grauzone unterwegs sind, die Sebald auf seinen Wanderungen durch Zeit und Raum so oft aufgesucht hat. Es ist jenes Schwellenreich, das ihm auch auf den Fotografien erschien, die er seinen Büchern als Unterpfand einer vor Zeiten beglaubigten Wirklichkeit beigab – »als hätten die Bilder selbst ein Gedächtnis und erinnerten sich an uns, daran, wie wir, die Überlebenden, und diejenigen, die nicht mehr unter uns weilen, vordem gewesen sind«. *Die Ausgewanderten* ist vielleicht W. G. Sebalds kunstreichstes Buch, jedenfalls dasjenige, in dem die poetische Konstruktion aus Zeitgeschichte und Reflexion, dokumentarischer Bildcollage und imaginärer Formgebung, Authentizität und Stilisierung, die seine Texte so unverwechselbar macht, am eindrucksvollsten zutage tritt. Die raffinierte motivgeschichtliche Einlegearbeit dieser Erzählungen ist das poetische Fundament einer rhythmisch bewegten Komposition, deren suggestive Melodie durch Sebalds sämtliche Bücher klingt. Wenn diese Bücher trotz ihres traurigen Themas nie finster oder gar depressiv sind, so liegt das am Wellenschlag ihrer wandernden Sätze, zu deren Intensität »die Zartheit bildnerischer Details« (V. Nabokov) genauso gehört wie der Eishauch der Ewigkeit unter leeren Himmeln.

W. G. Sebalds Bücher sind Suchbilder, in sie eingesenkt ist nicht nur das Palimpsest der deutschen Geschichte und ihrer Verheerungen, sondern auch die lautlose Katastrophe, die Zerstörung der natürlichen Lebenswelt. Schon immer hat Sebald in seine epische Chronik der zivilisierten Zerstörungswut die fabelhaftesten Phänomene der Naturgeschichte verwoben, wie beispielsweise die machtvolle Karriere der Seidenraupe in dem Roman *Die Ringe des Saturn* (1995), einer »englischen Wallfahrt« durch die Grafschaft Suffolk und die Historie des Seidenhandels, in die der Autor Episoden aus der Geschichte der Catarina von Siena, des Heringsfangs und des Universalgelehrten Sir Thomas Browne, des Vogelflugs, der Kaiserinwitwe Tzu'-hsi, der Feuerbestattung und anderes mehr verwob. Reisen in die Vergangenheit sind das Thema von Sebalds Büchern; das Reisen, besonders zu Fuß, war ihm eine Möglichkeit, dem Gefühl des existenziellen Fremdseins eine Verlaufsform zu geben, dem Stupor einer stets lauernden Lähmung entgegenzuwandern. In *Die Ringe des Saturn* begegnet uns der Erzähler zunächst in der verqueren Stellung eines wegen Ischiasschmerzen ans Bett gebundenen Menschen, der seine englische Pilgerreise mit einem Blick aus einem Krankenhausfenster beginnen lässt. »Tatsächlich«, heißt es da, »war von meiner Bettstatt aus von der Welt nichts Anderes mehr sichtbar als das farblose Stück Himmel im Rahmen des Fensters.« Als der Erzähler später aus der Narkose erwacht, erblickt er in diesem Geviert einen Kondensstreifen, der sich quer durch das umrahmte Stück Himmel zieht: »Ich habe diese weiße Spur damals für ein gutes Zeichen gehalten, fürchte aber jetzt in der Rückschau, dass sie der Anfang gewesen ist eines Risses, der seither durch mein Leben geht.«

Wie kein anderer Autor hat W. G. Sebald den guten und schlechten Zeichen vertraut, dem unterirdischen Netz und den kosmischen Kondensstreifen, die uns durch Zeiten und Räume mit dem, was geschieht und geschehen ist, unaufhörlich verbinden. Das Wünschelrutengängerische von Sebalds Büchern ist zuweilen mit Skepsis beäugt worden, seine Manie, überall »Schemata einer unbegreiflichen Ordnung« zu wittern, als eine poetische Form des Beziehungswahns diskreditiert worden. Doch sind die wundersamen Fügungen und unwahrscheinlichen Koinzidenzen in Sebalds Werk mehr als nur ein literarisches Kompositionsprinzip; sie sind jedem, der Sebald gekannt hat, mit seiner Person begegnet.

W. G. Sebald war ein Sammler, ein Archivar von Lebensgeschichten. Wie kein anderer ist er zu einem Chronisten deutscher Befindlichkeit avanciert. Es war auch der abgewandte Teil seines eigenen Gesichts, den er in seinen Büchern porträtiert hat; das im Dunkel liegende Halbprofil eines Autors, der sich im Schatten seiner Protagonisten verbarg. Diese Geistererscheinung eines sich hinter vielen Erzählern zurücknehmenden und zugleich spiegelnden Ichs ist vielleicht eine der subtilsten Antworten auf die schwierige Frage nach der ersten Person Singular in der zeitgenössischen Literatur. Der Ich-Erzähler in Sebalds Büchern, der sich zum Schluss hinter immer längeren Satzperioden gleichsam verbarrikadierte, hat auch auf manchen seiner in den Erzählstrom gefügten Fotografien sein eigenes Konterfei abgelichtet. In dem Roman *Austerlitz* (2001) etwa hat Sebald die kaum wahrnehmbare Spiegelung seines Umrisses in der Schaufensterscheibe eines Trödelladens in Theresienstadt fotografiert und dann diese ephemere Erscheinung seiner jüdischen Hauptfigur Austerlitz zugeschrieben. W. G. Sebald liebte solche Vexierbilder, auf denen er beinah zu sehen war und zugleich in jenem »Beinahe« und mehr noch »Beinah-schon-nicht-mehr« verschwand, das Roland Barthes als das Charakteristikum jeder Porträt-Fotografie ausmachte.

Die Schlacht bei Austerlitz, die Sebalds Buch und seinem Helden den Namen gab, ist die Entscheidungsschlacht für die Beschäftigung des Berichterstatters mit den Gräueln des Kriegs, die in einer alttestamentarisch illuminierten Vergeltungsmythologie ihren gespenstischen Überbau finden. Man könnte das Buch entlang seiner Motive erzählen, als Geschichte des Sehens zum Beispiel, das, vom Nachglanz der Dinge auf unserer Netzhaut bis hin zur Trübung des Augenlichts, dem Akt des Erinnerns gleicht – den Gravuren auf der Matrize des Unbewussten und dem Dämmer, der sich auf das Gedächtnis legt, wie der Staub der Toten, die Asche der Zeit. Wie umgekehrt plötzlich eine Erinnerungsspur sich aus dem Schlund des Vergessens schraubt, der Vorhang der Jahre sich blitzartig hebt und alles einem wieder vor Augen steht, als wäre es gestern gewesen.

In der so genannten »Salle des pas perdus« in der Antwerpener Central Station hat der Erzähler die Bekanntschaft jenes Fremden gemacht, dessen

Namen das Buch im Titel führt, ein »damals im siebenundsechziger Jahr beinahe jugendlich wirkender Mann« mit blondem, seltsam gewelltem Haar, wie der Erzähler es sonst nur an dem deutschen Helden Siegfried in Fritz Langs Nibelungenfilm gesehen hat. Doch natürlich ist ihm kein deutscher Siegfried erschienen, sondern ein von den Deutschen im Namen des blonden Heldentums gründlich zerstörter Mensch. Er wird dem Erzähler seine Geschichte in mehreren, durch die Jahre und eigenartige Zufälle herbeigeführten Begegnungen mitteilen, in einer Art verzögerter, gewissermaßen den Erinnerungsschüben nachgestellten Repetition. Der Redegestus des Weitersagens, der in stereotypen Wendungen (»sagte Austerlitz habe Adele ihm gesagt«) ein zuweilen etwas umständlich anmutendes stilistisches Echo findet, kürt den Erzähler zum Medium der Überlieferung einer Biografie, die den Zyklus der Sebaldschen Katastrophengeschichten um eine besonders traurige Variante bereichert. Es ist die Legende des späten Heimkehrers, der die Verabredungen, die er in der Vergangenheit hat, um den Preis seines Seelenheils einhalten muss.

Wenn W. G. Sebald nicht müde wurde, die Schicksalswege von schreibenden Seelenbrüdern, Sonderlingen und Auswanderern in seinen endlos mäandernden Sätzen durch Zeiten und Räume nachzugehen, so hat seine letzte Hinterlassenschaft die Prägnanz und Kürze von Epitaphen. Sebald begann als Essayist und als Lyriker – und obschon der Prosa-Autor in ihm die Oberhand gewinnen sollte, fand er im letzten Buch vor seinem Tod zur kurzen gebundenen Form zurück. Der Lyrikband *Unerzählt* (2003) enthält 33 kurze poetische Miniaturen zu 33 radierten Augenvignetten des Malers Jan Peter Tripp. Erklärtes Ziel war, dass Gedichte und Augenpaare einander nicht illustrieren, sondern in ein Gespräch eintreten, das Text und Bild den je eigenen Echoraum lässt. Sebalds Texte sind keine Aphorismen und auch keine Gedichte, eher schon Denkbilder oder Erinnerungsblitze, aufleuchtende Momente, oft an den Rändern der Wahrnehmung; metaphorische Miniaturen aus der »windstillen Bucht des Herzens«, in der Sebald schon im Langgedicht *Nach der Natur* vor Anker ging. Manche sind wie Fotografien, Schnappschüsse, die aus dem Strom der Vergänglichkeit ein Vorüberhuschendes retten, das »sonderbar graue Licht auf der Pfaueninsel im März« oder erst später, in der Gedächtniskammer entwickelte Eindrücke. Persönliche Ansprachen sind darunter, manchmal auch eine Art Selbstgespräch, das ein oder andere leicht verfremdete Spiegelbild: »Im Speisewagen / des Arlbergexpress / sitzt ein Mann / mit Trauerrevers / & verzehrt / bedachtsam / sein Mailänder Schnitzel.« Das Schreiben mit Trauerrevers war typisch für einen Schriftsteller, den der Gedanke umtrieb, dass »die Welt sich sozusagen selber ausleert, weil die Geschichten, die an den Dingen haften, von niemandem je gehört, aufgezeichnet oder weitererzählt werden«, wie es in *Austerlitz* heißt. Angesichts Sebalds wiederkehrender Klage über »das schwere Geschäft des Schreibens« kann man freilich den Gedanken nicht ganz unterdrücken, dass sich der Autor in diesen poetischen Miniaturen an die Ränder des Schweigens heranschrieb. W. G. Sebald war ein Grenzgänger in den grauen Zonen der nachgeholten Erinnerung. Die Gegenwart aber, die er unserer Vergangenheit und ihren Toten erschrieb, ist das Echo einer Sprache, deren feierliche Klangfarbe und unsentimentale Präzision zu den schönsten Paradoxien der deutschen Gegenwartsliteratur zählen. Es sind die Stimmen der Toten, es ist ihr Schreien und Flüstern, aus dem W. G. Sebald seine elegische, gleichmäßig rhythmisierte Melodie komponierte und zugleich eine poetische Metaphysik der Geschichte entwarf, in der das Erinnerte so lebendig ist, als würde es gerade geschehen.

Andrea Köhler

Werke: *Die Beschreibung des Unglücks. Zur österreichischen Literatur von Stifter bis Handke*, Salzb. 1985; *Nach der Natur. Ein Elementargedicht*, Ffm. 1988; *Schwindel. Gefühle*, Ffm. 1990. *Unheimliche Heimat. Essays zur österreichischen Literatur*, Salzb. 1991; *Die Ausgewanderten. Vier Erzählungen*, Ffm. 1993; *Die Ringe des Saturn. Eine englische Wallfahrt*, Ffm. 1995; *Logis in einem Landhaus. Über Gottfried Keller, Johann Peter Hebel, Robert Walser und andere*, Mü 1998; *Luftkrieg und Literatur. Mit einem Essay über Alfred Andersch*, Mü. 1999; *Austerlitz*, R., Mü. 2001; *Unerzählt. 33 Texte mit 33 Radierungen von Jan Peter Tripp*, Mü. 2003.

Seiler, Lutz, wurde am 8. 6. 1963 in Culmitzsch bei Selingstädt in Ostthüringen geboren, arbeitete als Zimmermann und Maurer, studierte Germanistik in Halle/Saale, war zeitweilig Mitherausgeber der Literaturzeitschrift »moosbrand« und leitet seit 1997 das Literaturprogramm im Peter-Huchel-Haus in Wilhelmshorst. 1999 erhielt er den Kranichsteiner Literaturpreis, 2000 den Dresdner Lyrikpreis und den Lyrikpreis Meran.

Die Grundfarbe seiner Poesie ist ein giftiges Schwarz. Der Stoff der poetischen Erinnerung ist kontaminiert mit einem Material, das als Abfallprodukt des Uranbergbaus bekannt ist. Der Titel von Seilers zweitem Gedichtband, *pech & blende* (2000), verweist zunächst auf die Pechblende, das schwarz glänzende, kryptokristalline Urangestein in der Erde, zugleich ihr schwerstes natürliches Element. Lutz Seilers Kindheitsdorf wurde 1968 dem Erdboden gleichgemacht, als sich der Uranbergbau der DDR durch die Landschaft fraß. Aus Wahrnehmungszuständen der Kindheit, so resümiert der Essay *Heimaten* (2001), werden Textqualitäten: »Abwesenheit, Müdigkeit und Schwere prägten diese Zeit. Wahrnehmungszustände der Kindheit, die später wie affine Medien wirken, in denen man die Welt am unmittelbarsten zu verspüren vermeint.« Der Titel *pech & blende* verweist nicht nur auf die radioaktiv verseuchte Heimaterde des Dichters, sondern auch, in einer zweiten gegenläufigen Konnotation, auf gleißende Helligkeit. Denn mit einer Art Blende, jener Apparatur bei optischen Geräten, mit der die Bildeinstellung gesteuert wird, erzeugt Lutz Seiler seine suggestiven Bilder einer Kindheit zwischen Abraumhalden und archaischer Ländlichkeit.

Seilers Lyrik ist semantisch und syntaktisch zerklüftet, sie lebt vom ständigen Bruch, der Ellipse und der Irritation als Kompositionsprinzip. In sehr dicht gefügten Versen, die viel sinnliche Details aufnehmen und doch wie surrealistische Rätselbilder anmuten, führen uns diese Gedichte in die ostthüringische Kindheitslandschaft des Dichters. Als Basiswörter und Leitmotive fungieren Wörter wie »Knochen«, »Uhr« oder »ticken«. Andere, fast magisch zu nennende Schlüsselwörter, sind »Holz« und »Schwere«. Die Bewegungsrichtung der Gedichte benennt das Gedicht *gravitation*: »jedes gedicht geht langsam / von oben nach unten ...« Es ist eine Bewegung zu den rohen Stoffen, den Erzen, den Knochen der Erde, wie sie in der traditionellen Bergbaumythologie benannt sind. Der Elementarzustand dieser Gedichte, auch des lyrischen Subjekts, das sich an die Bilder der Vergangenheit herantastet, ist eine »Schwere«, die ebenso sehr mit Melancholie wie mit der physikalischen Beschaffenheit der Dinge zu tun hat, die in den Texten aufgerufen werden. Lutz Seilers Gedichte haben etwas von der Art eines schweren Traums, in dem der Dichter die von Gewalt verheerten Schauplätze einer versunkenen Landschaft durchschreitet.

Michael Braun

Werke: *berührt/geführt*, G., Bln. 1995; *pech & blende*, G., Ffm. 2000; *Heimaten*, Ess., Gött. 2001; *vierzig kilometer nacht*, G., Ffm. 2003.

Seligmann, Rafael, wurde am 13. 10. 1947 in Tel Aviv geboren. Die Eltern, die in den Dreißigerjahren nach Palästina flüchten konnten, kehrten 1957 nach Deutschland zurück. Seligmann ging in München zur Schule; nach einer handwerklichen Ausbildung machte er auf dem zweiten Bildungsweg das Abitur, studierte Politologie und Geschichte in München und Tel Aviv und promovierte 1982 mit einer Dissertation über Israels Sicherheitspolitik. Seit Ende der Siebzigerjahre arbeitete er als Journalist u.a. für »Die Welt« und als Chefredakteur für die »Jüdische Zeitung«. Von 1985 bis 1988 lehrte er als Akademischer Rat am Geschwister-Scholl-Institut an der Universität München. Seit 1989 ist er als freischaffender Publizist und Schriftsteller tätig. 1989 erhielt er den Förderpreis der Stadt München. Er lebt heute in Berlin.

Für seinen 1983/84 entstandenen ersten Roman *Rubinsteins Versteigerung* (1989) suchte Seligmann mehrere Jahre lang einen Verleger. Heute nimmt er für sich in Anspruch, »die ersten deutsch-jüdischen Gegenwartsromane geschrieben« zu haben. Damit bewies er nicht nur eine hohe Sensibilität für die unartikulierten Bedürfnisse vor allem einer jüngeren nichtjüdischen Leserschaft, zumindest »virtuell jüdische Lebenswelten (...) kennen zu lernen (...) und damit in der Fiktion jüdischem Leben zu begegnen« (Rachel Salamander), sondern auch für ein im Wandel befindliches gesellschaftliches Klima, das provokante und brisante Fragen zuließ, die wenige Jahre zuvor noch undenkbar gewesen wären. In Seligmanns erstem Roman finden sich bereits alle Themen, die der Autor seither in seinen belletristischen wie essayistischen Texten kommuniziert: Das Verhältnis zwischen jüdischen und nichtjüdischen Deutschen, die zugewiesene oder selbst gewählte Außenseiterposition deutscher Juden oder in Deutschland lebender Juden, die Phänomene Antisemitismus und Philosemitismus, die Identitätsprobleme junger Juden vornehmlich der »zweiten Generation«, die komplizierte Beziehung deutscher Juden zu Israel.

Einem realistischen, konventionellen Schreibstil verhaftet, erzählt der Autor in *Rubinsteins Versteigerung* die Geschichte des Jonathan Rubinstein, der 21-jährig noch immer die Schulbank in einem Münchner Gymnasium drückt. Als Jude erlebt Jonathan die ohnehin schwierige Lebensphase der nicht enden wollenden Pubertät unter einer Mehrfachbelastung, wie sie seinen nichtjüdischen Altersgenossen völlig unbekannt ist. Denn »eine jüdische Maid darf ohne Trauschein nicht vögeln«, bei einer

»Elsa, Heike oder Adolfine« hingegen könnte sich herausstellen, dass »ihr Vater oder Onkel in der SS war«. Als Jude in »Nachauschwitz-Deutschland« ist er hin- und hergerissen zwischen »Israel und München, Traum und Wirklichkeit«, Sehnsuchtsfantasien und Angstvorstellungen. Selbstironisch, nachdenklich, aber auch aggressiv und zynisch analysiert Rubinstein seine gestörte Beziehung zu den Eltern, das deutsch-jüdische Verhältnis, innerjüdische Konflikte und seine persönlichen Erlebnisse. Mit der fast durchgängigen Verwendung wörtlicher Rede und des kommentierenden inneren Monologs sowie des Präsens auf der Handlungsebene erreicht der Autor einen hohen Grad an Unmittelbarkeit. In seiner provokanten Offenheit enttäuscht der Text eine freundlich gesinnte Erwartungshaltung ebenso wie er vermeintlich berechtigte Kritik entkräftet. Denn Rubinsteins drastisch formulierte Argumente, die meist die Position der Erzählerinstanz wiedergeben, betreffen sowohl jüdische wie nichtjüdische Belange. Als sich Rubinstein in ein nichtjüdisches Mädchen, dessen Vater bei der Waffen-SS war, verliebt, wird sich der junge Mann der Tragik seiner Situation bewusst. Denn das Mädchen bricht die Beziehung zu Jonathan ab, aus Angst, dem Druck der Familien und der Last der Vergangenheit nicht standhalten zu können. Am Ende des Buches fasst der sonst so beredte Rubinstein seine ganze Verzweiflung mit dem schlichten Satz zusammen: »Ich bin ein deutscher Jude!« Der Roman *Die jiddische Mamme* (1990) nimmt auf ähnliche Konstellationen Bezug wie *Rubinsteins Versteigerung*: Der Protagonist und Ich-Erzähler, ein ewiger Student, sucht Schutz vor der obsessiven mütterlichen Fürsorge und flüchtet sich deshalb in immer neue sexuelle Abenteuer, bis er unter dem Druck der Mutter schließlich den Hafen der Ehe mit einer israelischen Frau ansteuert.

Der Roman *Der Milchmann* (1999) stellt den Holocaust-Überlebenden Jakob Weinberg ins Zentrum der Handlung. In ängstlicher Erwartung eines medizinischen Befunds überwältigen den Siebzigjährigen Erinnerungen an das Konzentrationslager, wo er einst einen Mitgefangenen dem Tod überließ, um selbst zu überleben. Weinberg plagen Selbstzweifel in Anbetracht seines späteren Lebens im Nachkriegsdeutschland und die Folgen seines Glaubensverlusts; er erinnert sich an die Auseinandersetzungen mit seinen Kindern, an die vielen kleinen und größeren Verunsicherungen im Alltag. Dabei fließen immer wieder Kommentare zu aktuellen Tagesereignissen ein, zu Politik und Geschichte. Wie in allen Büchern Seligmanns steht auch hier ganz offenkundig die Vermittlung von Inhalten und von in »Nachauschwitz-Deutschland« (proto)typischen Konstellationen im Vordergrund. Die Romanfiguren Seligmanns sprechen ohne Umschweife aus, was sie beschäftigt oder quält; dabei gleitet die Sprache der Figuren mitunter auch ins Triviale und Vulgäre ab. In einem Interview bekannte der streitbare Autor, der sich auch publizistisch regelmäßig zu Wort meldet, dass es für ihn letztlich entscheidend sei, »den Leser in seinen Gefühlen (zu) treffen. (...) Geschichte muß fühlbar sein, darum ist für mich – um es profan zu sagen – eine Holocaust-Seifenoper wichtiger als Claude Lanzmanns Film *Shoah*.« Diese Haltung kommt auch in dem Film *Schalom, meine Liebe* (1998) zum Ausdruck. Mit seinem Drehbuch versuchte Seligmann erstmals, »Wirklichkeit jüdischen Lebens in Deutschland« (Henryk M. Broder) für ein Fernsehpublikum nachvollziehbar zu machen. »Ich will die jüdische Lindenstraße, Geschichten von ganz normalen Menschen, die in der Gegenwart leben und zufälligerweise eben jüdischen Glaubens sind«, meinte der Autor anlässlich des von Josef Rödl realisierten Films.

Petra Ernst

Werke: *Rubinsteins Versteigerung*, R., Ffm. 1989; *Die jiddische Mamme*, R., Ffm. 1990; *Mit beschränkter Hoffnung. Deutsche, Juden, Israelis*, Hbg. 1991; *Der Musterjude*, R., Hildesheim 1997; *Schalom, meine Liebe*, zweiteil. Fssp., ARD 1998, R., Mü. 1998; *Der Milchmann*, R., Mü. 1999.

Şenocak, Zafer, wurde am 25. 5. 1961 in Ankara geboren, wuchs in Istanbul auf, kam 1970 nach München, ist seit 1992 deutscher Staatsbürger und lebt in Berlin. Er studierte Germanistik, Politik und Philosophie, war Journalist, Mitarbeiter der *taz* und Fernseh-Moderator, ist Übersetzer und Mitherausgeber der Literaturzeitschrift *Sirene*, veröffentlicht seit 1979 Gedichte, Romane, Essays, Erzählungen und erhielt 1988 den Adelbert-von-Chamisso-Förderpreis.

»Mit fünf lernte ich mein erstes Gebet ... Mit sechs berührte ich mit der Stirn den Boden ... Mit sieben betete ich mit vielen anderen ... Mit acht traf ich auf Menschen, die niemals beteten ... Mit neun auf Menschen, die anders beteten als wir«, so etwa skizziert Şenocak seinen *Lebenslauf (Der Mann im Unterhemd*, 1995). Ungeklärt lässt er die Frage, ob er sich als türkischer oder deutscher oder deutschsprachiger Dichter türkischer Herkunft versteht.

Wer mit neun Jahren nach Deutschland kommt, hat nicht die Wahl zwischen Muttersprache und Fremdsprache. Für den gilt nicht die Dichotomie von Orient und Okzident. »Europa ist eine Abart Asiens / Asien ist eine Abart Europas«, dichtet er mit Blick auf Istanbul. Seine Devise ist die Symbiose, die Doppelzüngigkeit wie in *Flammentropfen* (1985): »ich trage zwei welten in mir / aber keine ist ganz / sie bluten ständig / die grenze verläuft / mitten durch meine zunge.« Tradition und Modernität, Ratio und Irrationalität sind für ihn wie Spiegel zueinander, Celan und Rumi, Koran und Bachmann keine gegensätzlichen Pole. Celan und Kafka weisen mit »ihrer dunklen, rauschhaften Sprache zurück ... zur Diwan-Tradition«, zu Dichtern wie Sultan Abdal. Spuren der Volkskunst und die Gegenwart des Mittelalters zeigen Şenocaks hochgelobte Übersetzungen des Mystikers Yunus Emre. »In der dichterischen Sprache kommen die Wörter aus den verschiedensten Richtungen. Auf der Zunge des Dichters werden sie zu opalisierenden Steinen«, notiert Şenocak in *Zungenentfernung* (2001). Erinnern, Erfinden, Spielen bestimmen sein Repertoire. Wie ein Archäologe sammelt er auf biografischem Gelände Material und Zeichen für seine metaphernreiche Lyrik. Metaphern sind wichtig in einer säkularisierten Welt. »Die Metapher ist der Kern jeglicher metaphysischen Erfahrung, die die rationale Erkenntnis überragt«, schreibt er, aber er verwendet sie nicht, ohne Brüche sichtbar zu machen: »in der Brust tuckert eine Arche voll Erinnerung / ein mit gebrochenem Stift gezeichnetes Haus« (*Das senkrechte Meer*, 1991).

Zafer Şenocak ist ein Migrant der zweiten Generation, ohne die Option »Zurück in die Heimat«. Im vereinten Deutschland mischt er sich ein, als cooler Essayist, als sensibler Lyriker oder im Parlando seiner Prosa der letzten Jahre. Nicht selten haben seine Protagonisten Ähnlichkeit mit ihrem Autor. Nicht selten sind sie Schriftsteller und heißen Sascha. Immer geht es um eine Identität, die sich aus Fragmenten zusammensetzt, aus einem Tagebuch, einem Nachlass oder fiktiven Reden, im Schreiben oder in Überblendungen, kühne Thesen inbegriffen, kalkulierende Provokation als Denkanstoß. Im Roman *Gefährliche Verwandtschaft* (1998) etwa fordert er die Auflösung der jüdisch-deutschen Dichotomie, propagiert einen türkisch-jüdisch-deutschen Trialog, polemisiert gegen Juden, die »aus ihrer jüdischen Identität einen Beruf« gemacht hätten, und behauptet schnurgerade: Die Türken »treten in die Fußstapfen der Juden von einst«. Damit stellt er die Frage nach Integration und Assimilation, nach dem Umgang der Mehrheit mit ihren Minderheiten und vice versa. Die These hinter alldem lautet: Solange die deutsche Vergangenheit als Erlebnis einer Nation verstanden wird, als ethnisches kollektives Gedächtnis, so lange haben andere keinen Zugang. Wer keinen Zugang zur Vergangenheit hat, kann keine Zukunft mitgestalten.

Zafer Şenocaks Essays beginnen, wo Sonntagsreden enden, sind thesenreich und urteilsfreudig. Sein *Atlas des tropischen Deutschland* (1992) erkundet türkisches Gelände in der Bundesrepublik; Orte, die manchen gefährlich erscheinen, wie die Tropen. Seine Kritik geht an Deutsche wie Türken gleichermaßen. Er fordert, »die jeweils eigene Tradition im kritischen Gegenlicht einer pluralistischen Gesellschaft zu betrachten«. Sein Plädoyer gilt einer »Atmosphäre, in der sich Fremde und Vertrautheit ständig berühren, um Neues wachsen zu lassen«. Schluss mit dem Dualismus von »Eigenem« und »Anderem« heißt die Forderung. Die fremde Kultur zu akzeptieren reicht nicht; zu akzeptieren ist, dass sich die eigene Kultur ändert. Nicht um die Entwurzelung der türkischen Minderheit geht es ihm also, sondern um eine neue Identität der Deutschen.

Cornelia Zetzsche

Werke: *Elektrisches Blau*, G., Mü. 1983; *Verkauf der Morgenstimmungen am Markt*, G., Mü. 1983; *Flammentropfen*, G., Ffm. 1985; *Ritual der Jugend*, G., Ffm. 1987; *Das senkrechte Meer*, G., Bln. 1991; *Jedem Wort gehört ein Himmel. Türkei literarisch*, Anth., Mithg., Bln. 1991; *Atlas des tropischen Deutschland*, Ess., Bln. 1992; *War Hitler ein Araber? Irreführungen an den Rand Europas*, Ess., Bln. 1994; *Fernwehanstalten*, G., Bln. 1994; *Der gebrochene Blick nach Westen*, Ess., Hg., Bln. 1994; *Der Mann im Unterhemd*, Pr., Bln. 1995; *Die Prärie*, Pr., G., Hbg. 1997; *Gefährliche Verwandtschaft*, R., Mü. 1998; *Der Erottomane. Ein Findelbuch*, Pr., Mü. 1999; *Zungenentfernung. Bericht aus der Quarantänestation*, Ess., Mü. 2001.

Setzwein, Bernhard, geboren am 29. 4. 1960 in München, verbrachte seine Kindheit und Jugend in Bad Dürkheim, Köln und München, legte 1979 die Reifeprüfung ab, leistete in den Oberlandwerkstätten für Behinderte in Gaißach seinen Zivildienst und studierte von 1981 bis 1986 Germanistik in München. Von 1983 bis 1987 wirkte er als Mitinhaber und Mitgeschäftsführer des Friedl-Brehm-Verlages in Feldafing. Heute lebt er als freier Autor in Waldmünchen am Fuße des Böhmerwaldes. 1983 wurde er mit dem Stipendium »Münchener Literaturjahr«, 1986 mit dem zweiten Preis des Würzburger Literaturpreises und 1998 mit dem Bayerischen Förderpreis für Autoren ausgezeichnet.

Nach zwei schmalen Gedichtbänden in bayerischer Mundart – *vareck* (1978) und *Hobdz mi gern* (1980) –, in denen Bernhard Setzwein pubertären Ängsten und Identitätsproblemen in düster-melancholischen Bildern Ausdruck verliehen hatte, erschien 1981 mit *Brandwunden* sein erster Prosatext. Literarisch deutlich gereift, konfrontiert Setzwein den Leser mit einer im Schülermilieu angesiedelten, schizoiden Situation. Eine Persönlichkeit zerfällt in zwei Seiten, Draude und Drahnreb, die im lebhaften Disput die Geschichte vom »Frosch«, ihrem Mitschüler und Freund, rekonstruieren. Frosch, ein sensibler, unter der permanenten Gewalttätigkeit seiner Umwelt leidender Junge, artikuliert seine verletzten Gefühle mit Graffitis an den Toilettenwänden seiner Schule. Das Fernsehbild eines durch Napalm entzündeten Menschen im Vietnamkrieg, eines »brennenden Menschen«, drängt Frosch »danach zu fragen, wie es dazu kommen kann, dass ein Mensch in Flammen steht«. Er zeichnet erneut, die Erwachsenenwelt reagiert verständnislos. Stattdessen kommt es zum Eklat in der Schule, Frosch flieht, wird verhaftet und begeht Selbstmord. Seine Umwelt geht zur Tagesordnung über, nur eine Seite der Erzählerpersönlichkeit rebelliert und stößt im Gedenken an Frosch drohende Parolen an dessen offenem Grab aus. Durch Rückblenden in das Deutschland der NS-Zeit aktualisiert Setzwein die Kontinuität des alltäglichen Faschismus: Denunziation, Gewalt gegen Andersdenkende, ermöglicht durch politische Passivität und menschliches Versagen, damals wie heute.

Was sich in den *Brandwunden*, »einer in der Sprache genauen und in ihrer Entschiedenheit beinahe verletzenden Erzählung« (Peter Härtling) bereits andeutete, führt Setzwein in seinen Romanen *Wurzelwerk* (1984) und *Hirnweltlers Rückkehr* (1987) konsequent weiter: die Fortschreibung eines »Universal-Sendlikons«. Sendling, ein Münchener Stadtteil, »ein winziger Ort. Ohne Grenzen«, wird zum Modellfall. Anhand der eigenen Familiengeschichte betreibt Setzwein Milieustudien und beschreibt Szenen aus dem deutschen Alltag. Setzwein zerstört die Scheinidylle im Kopf, während Stadtsanierung und Wohnungsbaupolitik dörflich anmutende Enklaven wie die Stemmer Wiesn in Sendling (*Wurzelwerk*) auslöschen. Der fortschreitenden Einschränkung menschlichen Lebensraumes stünden nur Apathie und Desinteresse gegenüber, klagt der Erzähler. So gleicht das parallel zur Zerstörung der Stemmer Wiesn stattfindende Sendlinger Bürgerfest einem infernalischen Tollhaus Breughelscher Prägung, wo wild gewordene Zerberusse und Hexen in Menschengestalt gehässig und aggressiv auftreten. Kuriose, surreale Szenen spielen sich dort ab. Moderatere Töne dann im Roman *Hirnweltlers Rückkehr*, in dem »der Absturz des Provinzlers Jean Paul Richter auf die Großstadt, dessen beschwerlicher Fußmarsch durch Geschichte und Sendling, seine Zusammenkunft mit dem Geheimrat am Goetheplatz und finaler Ausblick aus dem Kopf der Bavaria auf die Wiesnmaschin« erzählt wird. Die Stadt gleicht einer Theaterbühne, auf der der Erzähler Jean Paul über die Errungenschaften moderner Zivilisation aufklärt. Auf ihrem Spaziergang, bei dem sie sich Jean Pauls Reise 1796 nach Weimar erinnern, begegnen die beiden dem bayerischen Dichtergrafen von Pocci und tritt Aristophanes aus dem Erotik-Shop, während Goethe im Café Högl einem Weißbierglas entsteigt. Im aufflammenden Dichterwettstreit unterliegt Goethe Jean Paul, dem »finstersten Komödienschreiber, den wir haben«. Zum Abschluss schweift ihr atemloser Blick von der Bavaria über das Oktoberfest, Teatro mundi, Todesspirale und Bierexitus.

Man könnte Setzwein zugleich als zornigen Lokalpatrioten, aufklärerischen Traditionalisten und satirischen Erzähler bezeichnen. Er fabuliert wortgewaltig, schlägt grenzgängerisch Brücken zu benachbarten Kulturen (*Ein Fahneneid aufs Niemandsland*, 2001) und plündert gerne das literarische Schatzkästchen, wie zum Beispiel in seinem vorzüglichen Nietzsche-Roman *Nicht kalt genug* (2000) oder in zahllosen Essays über verehrte Autoren wie Oskar Maria Graf und Emerenz Meier, die »Bayerwalddichterin«. Er erzählt garstige Münchner Geschichten, auch auf dem Theater (*Watten Wagner Wichs*, 1998), sucht in Stadtführern als Spaziergänger das Herz von München und in Landschaftsbüchern nach den Schönheiten Bayerns. Im Langgedicht *OberländerEckeDaiser* (1993) versammelt sich die Münchner Literatenszene im Wirtshaus seines Großvaters in Sendling, Lenin und Robert Walser sitzen plaudernd im Herrgottswinkel, Joseph Roth widmet sich dem Absinth und Graf und Panizza buhlen um die Gunst der Damen. In seinem poetischen Totentanz beschwört Setzwein geschichtsträchtiges Terrain und konfrontiert es derb und frech mit den realen Schreckensbildern, die der Filmvorführer Karl Valentin als »Poesie-Clips« auf der Videowand zeigt. Mit *Das Buch der sieben Gerechten* (1999) knüpft er in gewisser Weise an *Hirnweltlers Rückkehr* an: Verwegen spielt er in diesem München-Roman mit Zeit- und Handlungsebenen, durchmischt historische Ereignisse anekdotenhaft mit metaphysischen Eingebungen und brilliert mit Episoden wie der Begegnung von Franz Kafka mit Adolf Hitler im Münchner Hofgarten. In dieser humorvollen Phantasmagorie mit ihren bewussten Irritationen und Spekulationen ist der Leser gefordert, »sich lachend darüber hinwegzusetzen« und den im Grunde einfachen Geschichten wieder auf die Spur zu kommen.

Thomas Kraft

Werke: *vareck. Bairische Lyrik, Kurzprosa und Szenen*, Feldafing 1978; *Hobdz mi gern. Haß- und Liebesgedichte*, Feldafing 1980; *Brandwunden*, E., Feldafing 1981; *Dienst am Nächsten*, Hsp., HR 1981; *Wurzelwerk*, R., Feldafing 1984; *Hirnweltlers Rückkehr*, R., Mü. 1987; *Käuze, Ketzer, Komödianten. Literaten in Bayern*, Mü. 1990; *Oidweiwasumma. Gedichte vom Ende der Welt in altbairischer Mundart*, Krefeld 1990; *Grafik von Boris Röhrl*, Hg., Viechtach 1992; *OberländerEckeDaiser*, G., Mü. 1993; *An den Ufern der Isar. Ein bayerischer Fluss und seine Geschichte*, Mü. 1993; *Zwischen Radbuza und Regen. Ein bayerisch-böhmisches Lesebuch*, Hg., zus. m. Josef Hrubý und Františak Fabian, Amberg 1993; *Hinter-Bayern*, zus. m. Karl Krieg, m. Fotografien v. Herbert Pöhnl, Viechtach 1996; *Saubadfelsen und Katzentrögel. Der Steinwald*, Amberg 1996; *Zucker. Ein Stück*, Viechtach 1997; *Watten Wagner Wichs*, Theaterst., Viechtach 1998; *Silberdistelland. Oberpfalz*, Amberg 1998; *München. Reise-Lesebuch*, Hg., zus. m. Hubert Ettl, Viechtach 1999; *Das Buch der sieben Gerechten*, R., Innsbr. 1999; *Land der tausend Teiche. Das Stiftsland*, Amberg 1999; *Nicht kalt genug*, R., Innsbr. 2000; *Amberg. Stadt an der Vils*, Amberg 2000; *Steinmeer und Siebenstern. Fichtelgebirge*, Amberg 2000; *München. Spaziergänge durch die Geschichte einer Stadt*, Stg. 2001; *Ein Fahneneid aufs Niemandsland. Literatur über Grenzen*, Ess., Viechtach 2001; *Niegedacht*, Theaterst., UA Freudenberg 2003; *Die grüne Jungfer*, R., Innsbr. 2003.

Seuren, Günter, geboren am 18. 6. 1932 in Wickrath/Niederrhein, besuchte das Gymnasium in Rheydt, schloss die Schulbildung 1953 mit dem Abitur ab und arbeitete anschließend als Journalist bei der »Neuen Post« in Düsseldorf sowie seit 1955 als Filmkritiker bei der »Deutschen Zeitung«. Seit 1983 lebt er als Drehbuchautor und freier Schriftsteller in München. In den Neunzigerjahren gab es eine längere Schreibpause, die Seuren für Reisen nach Galapagos, USA, Südamerika und Afrika nutzte. Seuren erhielt 1963 den Förderpreis Literatur des Landes Nordrhein-Westfalen, 1966 die Drehbuchprämie und den Silbernen Bären der Berliner Filmfestspiele (für »Schonzeit für Füchse«), 1967 den Georg-Mackensen-Literaturpreis und 1987 den Filmpreis des Hauptverbandes deutscher Filmtheater.

Die 1964 von Dieter Wellershof begründete »Kölner Schule« des Neuen Realismus propagierte in ihren programmatischen Äußerungen eine literarische Gesellschaftskritik, »die nicht von Meinungen ausgeht, sondern im Produzieren der Erfahrungen entsteht. Genaues Hinsehen«, die Umsetzung persönlicher Erlebnisse sowie eine mit wechselnden Perspektiven arbeitende Schreibweise kennzeichnen idealtypisch diesen literarischen Versuch, in die Wirklichkeit so hineinzuhören, dass diese selbst zur Sprache werden kann. Neben Autoren wie Günter Herburger, Nicolas Born, Rolf Dieter Brinkmann und Günter Steffens stand auch Günter Seuren diesem »Kölner Kreis« nahe. Seine Mitarbeit an dem von Wellershof edierten Sammelband *Ein Tag in der Stadt* (1962) und seine literaturtheoretischen Äußerungen – »Sollte der Realismus ... anhalten, dann kommen zumindest für die Ausweichler ins Allegorische, die Hersteller von Parabeln ... schlechte Zeiten« – belegen dies nachhaltig. Das literarische Konzept des Kölner Neorealismus provozierte parallele und entgegengesetzte Varianten, die die realistische Erzählweise mit Mitteln der Satire und der Groteske verknüpfen. Ein tief empfundenes Misstrauen gegenüber oberflächlichen Wirklichkeitserfahrungen, die die bürgerliche Realität mit ihrer Normalität des täglichen Entsetzens nicht mehr fassen können, fand dadurch ihren Ausdruck. Seuren wählte diese Darstellungsform nur in seinem von der Kritik als »Beckettiade« bezeichneten Roman *Die Abdecker* (1970); seine anderen Texte stellen psychologisierende, konventionell erzählte Romane dar, die die konträren Motivkomplexe der individuellen Selbstverwirklichung und der Anpassung in der modernen Gesellschaft problembewusst variieren. Als Schreibintention benannte Seuren 1964 »Zeit- und Gesellschaftskritik, das Unbehagen am Milieu der bürgerlichen Ordnungen«.

Ausgehend von der Erkenntnis, dass »die Wirklichkeit eine dauernde Fehlerquelle« darstelle und als äußere Wirklichkeit die Verschmelzung mit den zahllosen inneren Wirklichkeiten erzwinge, beschreibt Seuren den bedrohlichen Prozess von Anpassung und Kapitulation. So schildert er in seinem Roman *Die Abdecker* abstruse Verhaltensweisen, die in ihrer alltäglichen Häufigkeit ihre Außergewöhnlichkeit verlieren und trotz ihres Charakters gerade von jenen Menschen internalisiert werden, die dies strikt abzulehnen scheinen. Seuren interessiert sich für die menschliche Psyche und ihre Reaktionen in Krisensituationen. Scheinbar stabile, wertorientierte Verfasstheiten menschlichen Seelenlebens und Verhaltens konfrontiert er in seinen Texten mit ungewöhnlichen Fragestellungen. Die Dichotomie menschlicher Charaktere, Verdrängung oder Bewältigung, Flucht oder Stellungnahme, Traumata oder Träume, Resignation oder Aufbruch – Seuren formuliert die Ambivalenz menschlicher Konstitution, ihre Vereinnahmbarkeit wie ihre Egozentrik. Meist aber scheitern Seurens Figuren, begeben sich desillusioniert in alte oder neue Abhängigkeiten und begraben den unerfüllten Wunsch nach veränderter Lebensgestaltung. Sein pessimistisches Weltbild korrespondiert mit einem von ihm so erkannten Defizit an tragenden, sinnstiftenden Ordnungen. Seine Erzählmuster lassen das Gesellschaftliche im Privaten exemplarisch aufscheinen; viele autobiografische Momente finden sich in Seurens Texten wieder. Er misstraut Ersatzwelten, die nur den Status quo bestätigen.

Nach seinem Lyrikband *Winterklavier für Hunde* (1961), eine zwischen übermütigem Pointillismus und melancholischer Künstlichkeit springende Etüde Seurens, debütierte er 1964 mit großem Erfolg mit seinem Buch *Das Gatter* als Romanschriftsteller. »Der Roman stellt zwei junge Männer vor, deren Verschwörung sich nicht in Rebellion äußert, sondern in einem aggressiven Abschied von Erlebnissen, Eindrücken und Traumata ihrer vergangenen Jugend. Sie erfahren, dass sie ein wertloses Gefecht angetreten haben, wertlos, weil am Faktum der Überlegenheit des *Gatters* der Widerstand stumpf wird. Der einzige Effekt bleibt das Gefühl, sich eine Zeit lang gegen die Bedingungen gewehrt zu haben, bevor die Kapitulation unterzeichnet wird« (Seuren). Das »Gatter«, eigentlich ein eingezäuntes Jagdgehege, steht für den kleinbürgerlichen Mief, die lähmende Nestwärme, den stabilen Laufstall eines Systems, das Lebensträume und Eskapaden der jungen Generation nur innerhalb des Normbereichs der Väterordnung zulässt. Die Revolte gegen das Establishment findet noch nicht statt; der vage Zustand zwischen Auflehnung und Anpassung spiegelt jenen Zeitgeist wider, der als Vorahnung und Vorbereitung dessen gilt, was 1968 als offene Kampfansage an das Gesellschaftssystem der Bundesrepublik Deutschland zum Ausbruch kam. Der latenten Unzufriedenheit mangelt es noch an Energie; durch das vorläufige Arrangement mit den alten Strukturen parodiert sich diese müde Geste des Aufbegehrens junger Leute, die sich am Ende »ohne Umstände von der Menge die Treppe hinuntertreiben ließen«, selbst als »dekorativer Fatalismus von Weltschmerzlern mit dem Schuss Eitelkeit«.

Ihre Geistesverwandten begegnen uns als die Reporter Ketta und Schaak in Seurens Roman *Lebeck* (1966), der den historisch verbürgten Fall eines ehemaligen Athleten und Abmagerungsspezialisten erzählt. Es geht um einen Mann, der sich hungernd dem Kriegsdienst unter den Nazis verweigert hatte und mit diesem Akt des aktiven Ungehorsams der Öffentlichkeit ihr »Recht auf eigenes Leben« wieder nahe bringen will. Seine publicityträchtige Selbststilisierung als Widerstandskämpfer verliert ihre Berechtigung, als er durch die Verbrüderung mit einem Faschisten, den er noch zuvor als Verantwortlichen einer Exekution an Unschuldigen angeklagt hatte, verrät, »dass er auch fähig gewesen wäre für die falsche Idee zu marschieren wenn sie ihm richtig beigebracht worden wäre«. Einen vergeblichen Ausbruchsversuch aus der Partywelt der »Fleischfresser«, die ebenso Menschen wie Dinge verspeisen, problematisiert Seuren in dem Roman *Das Kannibalenfest* (1968). Er demaskiert die Scheinlösungen, Fluchten und Versteckspiele seiner Protagonisten in ihrer Sinnlosigkeit, solange sie nicht ihre eingeschliffenen Rollenspiele und Rituale durchschauen und ablegen können. Ähnlich wie in dem Roman *Der Angriff* (1982) simulieren sie nur Enthusiasmus und Zufriedenheit; die Verlagerung der Lebensumstände in ländliche Idyllen und der exzessive Genuss der Sexualität durchbrechen hier die Konventionen nicht. Selbstbetrug, die »fehlende Art Fanatismus« und Bequemlichkeit verhindern reale Veränderungen. Gedemütigt kehren die gescheiterten Flüchtlinge ins »heimatliche« Joch zurück.

Im Vorwort zu seinem zweiten Gedichtband *Der Jagdherr liegt im Sterben* (1974) beklagt Seuren »das Marktgeschrei zwischen Autor und Kulturbetrieb, diese greisenhafte Aktivität in den Spalten der Feuilletons«, das fehlende »Vertrauen der Proleten zu den Wörtern« und den »Kult des Maskulinen«. Mit dem selbstironisch-melancholischen Grundton, der für fast alle seine Texte typisch ist, attackiert er die »großen hässlichen Tiere« aus Politik, Kirche und Wirtschaft und bekundet als Außenseiter der Gesellschaft, als den er sich sieht, seinen Schmerz angesichts maroder gesellschaftlicher Zustände. »Diese Gedichte sind voller Sterben, brutaler Sexualität und existenzieller Krisen: Ein Arsenal von tödlichen Bildern und wunden Gefühlen, in dem das Hässliche jegliche Provokation (und also jeden kommunikativen Anspruch!) verloren hat und nur noch bedrückend wirkt« (Hugo Dittberner).

Reklamierte Seuren hier noch selbstkritisch für sich die Aufgabe, »Prothesen« in Form von Gedichten herzustellen – »Ich bin eine wirkliche Stütze geworden für den aufrechten Gang« –, will er in seinem abermals stark autobiografisch eingefärbten Roman *Die fünfte Jahreszeit* (1979) zeigen, »wie man beim Gehen die Krücke wegwirft«. Selbstzweifel quälen einen Drehbuchautor derart, dass er sich mit dem Gefühl der »verschlissenen Selbstachtung« auf die Suche nach einem »neuen Menschen ohne die brutal auferlegten Rollen, ohne das Prinzip von Lohn und Strafe, ohne das sterilisierende Firmenzeichen in seinem Hirn« begibt. Der Besuch eines Führungsseminars für angehende Manager wie auch sein Rückzug ins Landleben erhärten seine Vermutung, »dass die Wünsche des Individuums zu den Anforderungen der sozialen Masse im Widerspruch stehen. Einzelgänger sind nicht gefragt und gegebenenfalls zu beseitigen.«

Auch die Romane *Abschied von einem Mörder* (1980), eine offene Abrechnung mit dem Vater, einem NS-Schergen, und *Die Asche der Davidoff* (1985), einem Schlüssel(loch)roman über die Münchner Film-Schickeria, versuchen die psychischen und materiellen Motive extremen Anpassungsverhaltens zu beleuchten. Lebensängste und Ersatzhandlungen, die Seuren wie die Jagd als ein häufiges Motiv seiner Texte häufig in der Schattenzone zwischen Leben und Tod ansiedelt und die durch eine scheinbare bzw. reale Machtzueignung lädiertes Selbstbewusstsein aufwerten, sind laut Seuren verantwortlich für Intoleranz und Unfreiheit in der sozialen Gemeinschaft. Auch *Hundekehle* (1992) webt wie *Die Asche* Branchenklatsch und »name dropping« in eine flott geschriebene Kriminalsatire über eine sensationslüsterne Kulturschickeria und ihre Lieferanten. Rund um einen Münchner Gourmettempel rankt sich eine groteske, zuweilen hanebüchene Geschichte um kannibalistische Auswüchse, die dem Autor zu mancher Breitseite gegen die »Horde Selbstanbeter« gereicht, doch deren Aufschrei blieb ebenso aus wie überhaupt eine öffentliche Wahrnehmung.

Günter Seuren schien lange vergessen, war ohne Verlag. Er drehte in dieser Zwischenzeit zusammen mit Sylvio Heufelder einige Reportagen über die Suche nach sagenumwobenen Goldschätzen von Arizona bis zu den Schiffsfriedhöfen Australiens und Polynesiens, dokumentiert in der WDR-Reihe *Schatzsucher* und im gleichnamigen Bildband (1993). Das literarische Comeback gelang ihm mit dem Roman *Die Krötenküsser* (2000), in dem der »namenlosen Lebensvergiftung« mit der Errichtung eines Biotops im Münchner Stadtteil Denning Einhalt geboten werden soll. Mit einem Biologiestudenten opfert der Erzähler, das literarische Alter Ego des Autors, viele Stunden beim Ausheben von Teichen und muss erleben, wie sein ehrgeiziger Mitstreiter das Projekt zur »Zuchtstation« umfunktioniert und damit »gnadenlos am Leben vorbeiorganisiert«. So endet der Kuss der Kröte nicht mit der Erfüllung aller Wünsche; Betrug, ein Banküberfall und kleine Tätlichkeiten sowie das Massensterben des Krötennachwuchses durch Bodengifte verhindern eine kitschige Öko-Geschichte. Seuren ging es, wie im *Gatter*, um die Frage, »ob uns das hochgezüchtete Gehege nicht über den Kopf wächst« (Seuren). Nach einer Erzählvariante der bekannten *Galapagosaffaire* (2001) folgte der schmale, aber ungemein witzige Roman *Jenseits von Wimbledon* (2002): Ein Sport-Maniac entführt Steffi Graf, um seinem Idol nahe sein zu können. Erzählt wird in einem geistreichen Parlando über moderne Helden und moderne Medien, die Leben aus zweiter Hand bieten. Die Geschichte funktioniert, so Dieter Hildebrandt, als »Schadenfreude am eigenen Denken, als Moorhuhnjagd auf die persönlichen Reflexe«. Konfession und Zeitkritik verschmelzen in Seurens handwerklich routiniert gestalteten Texten. Raffinierte Miniaturen, meisterhaft zugespitzte Dialoge, eine artifizielle, unterkühlt-lakonische Sprache und die Ökonomie der Handlungsstränge und Figurenkonstellationen charakterisieren den Stil Seurens, »dessen Nachrichten an die Käuferkreise« eine Empfindsamkeit aufweisen, die beweist, dass Günter Seuren »nie an der großen Krücke erlahmte«.

Thomas Kraft

Werke: *Winterklavier für Hunde*, G., Köln 1961; *Das Gatter*, R., Köln 1964, Film u. d. T. *Schonzeit für Füchse*, 1966; *Lebeck*, R., Köln 1966, Fssp., WDR 1968; *König Lasar*, Hsp., WDR/HR 1966; *Goldfliegen*, Hsp., WDR/HR 1967; *Das Kannibalenfest*, R., Köln 1968; *Herrenabend*, Hsp., WDR 1969; *Schräge Vögel*, Film, 1969; *Rede an die Nation*, Pr., Stierstadt/Ts. 1969, Hsp., WDR 1969; *Ich töte*, Fssp., WDR 1970; *Der Abdecker*, R., Ffm. 1970; *Der Jagdherr liegt im Sterben*, G., Reinbek 1974; *Am Morgen meines Todes*, Fssp., ZDF 1974; *Überlebenstraining*, Fssp., ZDF 1977; *Die fünfte Jahreszeit*, R., Reinbek 1979;

Abschied von einem Mörder, E., Reinbek 1980; *Der Angriff*, E., Reinbek 1982, Film, 1988; *Die Asche der Davidoff*, R., Reinbek 1985, *Die Beute*, Fssp., ZDF 1988; *Galapagos – das unheimliche Paradies*, Dok.-Film, 1986; *Der Schatz von Lima*, Dok.-Film, 1987; *Die Königin von Floreana*, Dok.-Film, 1987; *Schätze dieser Erde. Abenteuerbericht, historische und szenische Dokumentation über die Schätze der Menschheit, von den Azteken bis zur Gegenwart*, Mü. 1989; *Das Duell. Leben und Sterben des Alexander Puschkin*, Fssp., 1989; *Hundekehle*, R., Bln. 1992; *Schatzsucher. Auf der Suche nach dem verlorenen Gold der Jahrhunderte*, zus. m. Sylvio Heufelder, Bergisch Gladbach 1993; *Die Krötenküsser*, R., Ffm. 2000; *Die Galapagos-Affäre*, R., Mü. 2001; *Jenseits von Wimbledon*, R., Ffm. 2002; *Das Floß der Medusa*, R., Hbg. 2003.

Seyppel, Joachim, geboren am 3. 11. 1919 in Berlin-Lichterfelde, besuchte die Volksschule und das Realgymnasium in Berlin-Steglitz und legte 1938 die Reifeprüfung am Realgymnasium Berlin-Grunewald ab. Nach dem Arbeitsdienst nahm er im Herbst 1939 das Studium der Germanistik, Theaterwissenschaft, Kunstgeschichte und Philosophie an der Universität Berlin auf, wechselte 1941 an die Universität Lausanne, 1941/42 an die Universität Rostock und promovierte 1943; von 1942 bis 1945 war er Soldat. 1944 wurde er von einem Kriegsgericht wegen angeblicher »Wehrkraftzersetzung« zu neun Monaten Haft mit Frontbewährung verurteilt; am 5. 5. 1944 geriet er in sowjetische Kriegsgefangenschaft. Nach Kriegsende war er als freier Schriftsteller in Berlin tätig, nebenberuflich als Dozent der American University of Berlin. 1948 absolvierte er einen Kursus in Wilton Park, England, war 1949 Stipendiat der Harvard University und lehrte von 1952 bis 1960 als Dozent für Germanistik in den USA sowie 1960/61 als Direktor des Deutschen Seminars des Middlebury College an der Universität Mainz. Danach arbeitete er wieder als freier Schriftsteller und Publizist, kehrte nach Berlin zurück, übersiedelte 1972 in die DDR (nach Ost-Berlin und Mecklenburg), protestierte 1976 offen gegen die Ausbürgerung Wolf Biermanns, wurde 1979 aus dem Schriftstellerverband der DDR ausgeschlossen und drei Jahre später gegen seinen Willen ausgebürgert. Er lebt seither in Hamburg. Gastprofessuren führten ihn an die Universitäten Hamburg, Frankfurt am Main, Bremen und Kiel. Er ist Mitglied des bundesdeutschen P.E.N.-Zentrums, der Autorenvereinigung »Kogge« und der Guggenheim-Foundation, New York. Ausgezeichnet wurde er 1962/63 mit Stipendien des Berliner Senats, 1970 mit dem Ehrenpreis des Kulturkreises im Bundesverband der Deutschen Industrie, 1981 mit dem »Kogge«-Literaturpreis der Stadt Minden und 1982 mit dem Diploma di Merito Accad. Italia.

Joachim Seyppel begründete 1974 in einem Interview für das »Neue Deutschland« seinen Wechsel in die DDR mit der Überzeugung, dass in der DDR politische Aktivität »wie am längeren Hebel der Weltgeschichte ausgeübt« werde. Acht Jahre später rechnete er, dessen Publikationen in der DDR verhindert wurden, in dem Band *Ich bin ein kaputter Typ – Bericht über Autoren in der DDR* (1982) offen und schonungslos mit dem Kulturbetrieb der DDR ab. Seyppel gilt als eigenwilliger Wanderer zwischen den politischen Welten, als ideologischer und literarischer Grenzgänger. Er selbst akzeptiert diese Bewertung nur mit der Einschränkung, dass sein Lebensweg typisch und symptomatisch für die Verunsicherung und das Getriebensein der Generationen in Deutschland nach 1945 stehe: »Er wünscht sich ein Mensch zu sein, der fähig ist, in anderen, wenn nötig, ein schlechtes Gewissen auszulösen, über etwas, an dem sie gar nicht unmittelbar schuld sind, um eine allgemeine Mitverantwortung zu schaffen, sogar im äußersten Stand der Unschuld.« Der Schriftsteller Seyppel versteht sich als moralische Instanz, die unbequem ist, verunsichert, Verantwortungen einfordert, aber auch über »prophetische Qualitäten« verfügt. Spurensicherung und Heimatsuche erscheinen als Schreibimpulse und zentrale Motive seiner Texte: In biografischen Recherchen wie im *Abschied von Europa* (1975) über die letzten Lebensjahre von Heinrich und Nelly Mann oder über den jüdischen Maler und Grafiker Lesser Ury (1987), in Reise- und Erfahrungsberichten aus der Türkei (*Hinten, weit in der Türkei*, 1977/83), den USA (*Columbus Bluejeans*, 1965) und der Mark Brandenburg (*Ein Yankee in der Mark*, 1970), in autobiografischen Lebenserinnerungen wie in den Tagebüchern *Umwege nach Hause* (1974), im Familienroman *Ahnengalerie* (1984) und in dem Roman *Die Mauer oder Das Café am Hackeschen Markt* (1981), der an seine Berliner Jugendzeit der Zwanziger- und Dreißigerjahre erinnert. Der Auseinandersetzung mit nationalen Tendenzen, mit Faschismus und Emigration sind seine *Abendlandfahrt* (1963) und die Satire *Wie der Führer den Krieg gewann* (1965) gewidmet. Seyppel fabuliert, übertreibt, erzählt detailverliebt und präzise, plündert die Kulturgeschichte und provoziert alle politischen Lager. So bleibt er ein Literat zwischen allen Stühlen, aber auch ein »Sucher, [...] ein Wanderer im modernen Kostüm«. Im letzten Jahrzehnt ist es still um ihn geworden, zwei Erinnerungsbücher, *Trottoir und Asphalt* (1994) und *Schlesischer Bahnhof* (1998) resümieren ein ereignisreiches Leben mit vielen Stationen und Rollen, eine Biografie, wie er selbst sagt, »gegen den historischen Strich«.

Thomas Kraft

Werke: *Flugsand der Tage*, R., Bln. 1947; *Wo wir sterblich sind,* Theaterst., Bln. 1947; *Ferdinands absoluter Standpunkt*, N., Bln. 1948; *Franz Molnár: Lebwohl, mein Herz,* Übs., Bln. 1950; *Dekadenz oder Fortschritt. Studie amerikanischer Geschichtsphilosophie*, Schlehdorf 1951; *Ausdrucksformen Deutscher Geschichte*, Morphologie, Schlehdorf 1952; *Schwenckfeld, Knight of Faith*, Studie, Pennsburg/USA 1961; *Gerhart Hauptmann*, Monogr., Bln. 1962, Neufssg. 1993; *William Faulkner*, Monogr., Bln. 1962; *T. S. Eliot*, Monogr., Bln. 1963; *Texte deutscher Mystik des 16. Jahrhunderts*, Gött. 1963; *Abendlandfahrt*, R., Mü. 1963; *Jagen, Reiten, Fischen. Verse der Jahrhunderte,* Hg., Hbg. 1963; *Nun o Unsterblichkeit. Wanderungen zu den Friedhöfen Berlins*, Bln. 1964; *Columbus Bluejeans*, R., Mü. 1965; *Als der Führer den Krieg gewann oder Wir sagen Ja zur Bundesrepublik*, Sat., Ost-Bln. 1965; »Die Diagonale«, Zs. f. Dichtung u. Kritik, Hg., zus. m. M. Cantwell, H.-K. Konheiser, M. Krüger, Bln. 1966–1969; *Hellas, Geburt einer Tyrannis*, Reportage, Bln. 1968, erw. Neuaufl. als *Griechisches Mosaik*, Ost-Bln. 1970; *Torso Conny der Große. 21 romantische Tatsachenberichte vom Schelm, der keiner war*, R., Wiesb., Ost-Bln. 1969; *Ein Yankee in der Mark. Wanderungen nach Fontane*, Wiesb., Ost-Bln. 1970; *Fußball-Nachrichten vom Heroengeschlecht an der Gasanstalt*, E., Ost-Bln. 1971, u. d. T. *Wer kennt noch Heiner Stuhlfauth?* Mü. 1973; *James Baldwin: Amen Corner*, Übs., Reinbek 1971; *Umwege nach Haus. Nachtbücher 1943–1973*, Ost-Bln. 1974; *Abschied von Europa,. Die Geschichte von Heinrich und Nelly Mann*, R., Ost-Bln. 1975; *Gesang zweier Taschenkalender. Zwischenstücke*, En., Ost-Bln. 1976; *Trilogie* (neue Fssg. v. *Abendlandfahrt*, *Columbus Bluejeans*, *Torso Conny der Große*), Ost Bln. 1977; *Hinten weit in der Türkei*, Reiseber., zus. m. Tatjana Rilsky, Ost-Bln. 1977, neue Fssg. Mü. 1983; *J. M. R. Lenz: Erzählungen und Briefe,* Hg., Bln. 1978; *Die Unperson oder Schwitzbad und Tod Majakowskis. Report und Theaterstück. Die Schriftsteller im real existierenden Sozialismus nach Biermann*, Köln, Ffm. 1979, Theaterst., UA Münster 1980; *Die Mauer oder Das Café am Hackeschen Markt*, R., Mü. 1981; *Ich bin ein kaputter Typ. Bericht über Autoren in der DDR*, Mü. 1982; *Ahnengalerie. Geschichte einer deutschen Familie*, Mü. 1984; *Lesser Ury. Der Maler der alten City*, Biogr., Bln. 1987; *Eurydike oder Die Grenzenlosigkeit des Balkans*, R., Bln. 1989; *Die Streusandbüchse. Roman aus der Mark Brandenburg,* Ffm. 1990; *Die Wohnmaschine oder Wo aller Mohn blüht*, R., Bln. 1991; *Trottoir und Asphalt. Erinnerungen an Literatur in Berlin 1945–1990,* Bln. 1994; *Schlesischer Bahnhof. Erinnerungen,* Mü. 1998.

Simmen, Andrea, wurde am 15. 12. 1960 in Zürich geboren. Die Schweizerin lebt in Flaach bei Winterthur, arbeitet als Gartengestalterin und hat eine erwachsene Tochter. Sie erhielt 1986 den Arbeiterliteraturpreis, 1991 ein Werkjahr der Stadt Zürich und die Ehrengabe des Kantons Zürich, 1995 ein Werkjahr des Kantons Aargau.

Leitmotiv in Andrea Simmens Texten ist das Erzählen, das Erfinden von Geschichten als Möglichkeit, die Realität zu gestalten und zu manipulieren. Andrea Simmen bedient sich nicht des großen Weltentwurfes, sie erzählt anekdotisch und fragmentarisch. Ihr Schreiben ist extrem formbewusst; so beansprucht sie die Möglichkeiten aller Genres für ihre Texte und mischt verschiedenste Stilebenen. Die Erzählwelten sind bodenständig und ländlich, kommt die Stadt vor, dann als der Ort, von dem die Figuren sich fortbewegen – nie allerdings in eine unberührte Natur. Das Natürliche wird von der Autorin immer wieder ironisch markiert als zum Abziehbild verkommenes Ideal. Wenn ihre Figuren ausbrechen in Träume und Fantasien, dann vor dem Hintergrund einer »falschen« Landschaft. Die Autorin stellt ihre Erzählwelten permanent infrage. Ihre Figuren erfinden sich unermüdlich neue Orte, neue Identitäten, wissend, dass auch diese nicht für ein authentisches Leben taugen.

Andrea Simmens Texte sind voller Wortschöpfungen und Onomatopöien, da gibt es Ausdrücke wie »Kugelglücklichkeit«, ein Papagei »gängelt sich die Gitterstäbe hoch«, ein Stern »pfunzelt«. Sprachliche Klischees werden in ungewöhnliche Kontexte gestellt oder großspurig überhöht und dadurch außer Kraft gesetzt: »... lächelte er, fiel ich fast in Ohnmacht, denn seine Zähne glitzerten wie Kronleuchter im Ballsaal.« Die hier zitierte Titelgeschichte aus dem Band *Landschaft mit Schäfer und anderen Reizen* (1993) erzählt anhand einer Puppenbauerin und ihres verstorbenen Großvaters, der sie seit einiger Zeit immer und überall begleitet, von der Familie als unerschöpflichem Quell aller Geschichten. Aus diesem, dem künstlerischen Blickwinkel betrachtet, ist Familie auszuhalten, stellt die Erzählerin fest.

Vielleicht heißt er Paul (1995), der ambitionierteste Text von Andrea Simmen, lässt sich als Poetik lesen. Das Thema dieses vielschichtigen und bisweilen extrem komischen Textes: Eine gute Geschichte muss gut erzählt werden. Findet sich dann noch ein Zuhörer oder Leser, dessen Lebensgeschichte sich mit der erzählten zu einem neuen Text fügt, dann entsteht eine beinahe libidinöse Beziehung – zwi-

schen Erzähler und Zuhörer, Text und Leser und sogar Text und Text. Wahrheit des Erzählten im Sinne von Faktizität ist für das Erzählen Andrea Simmens kein Kriterium. Diesbezüglich bildet der Roman *Der eingeschneite Hund* (2001) eine Ausnahme, die Autorin spricht von ihm als einem Erinnerungstext. Die Hauptfigur trägt den Vornamen der Autorin. Formal – hier die zweite Abweichung vom übrigen Schaffen Andrea Simmens – ist er eher konventionell. Er handelt von einem Mädchen, das im Tessin in einer Kommune zugezogener Städter aufwächst, während ziemlich weit weg der Vietnamkrieg stattfindet.
Die Texte Andrea Simmens stehen in der Erzähltradition von Friedrich Glauser und Friedrich Dürrenmatt. Vom Gestus her sind sie wegen ihrer Kritik am schweizerischen Spießertum vergleichbar denen Urs Widmers. Thematisch gibt es Parallelen zum Schaffen von Aglaja Veteranyj: Beider Figuren können in ihren Fantasiewelten besser leben als in einer durch Autoritäten bestimmten Realität.

Susann Rehlein

Werke: *Ich bin ein Opfer des Doppelpunkts*, En., Ffm. 1991; *Landschaft mit Schäfer und anderen Reizen*, En., Zür. 1993; *Vielleicht heißt er Paul*, E., Ffm. 1995; *Der eingeschneite Hund*, R., Ffm. 2001.

Skwara, Erich Wolfgang, wurde am 4. 11. 1948 in Salzburg geboren. Er studierte Romanistik und Musikgeschichte in Paris, Germanistik in den USA und promovierte 1985 über Hans Sahl. 1975 übersiedelte er in die USA, wo er an verschiedenen Universitäten lehrte. Seit 1986 ist er Professor of Humanities, Comparative Literature and German an der San Diego State University in Kalifornien. Auch in Paris und Rom sind Wohnsitze für Schreibaufenthalte eingerichtet. Skwara ist Mitglied der P.E.N.-Zentren in Österreich und Frankreich sowie Vorstandsmitglied des P.E.N.-Klubs deutschsprachiger Autoren im Ausland. 1972 erhielt er den Lyrikpreis für Junge Poesie der Stadt Karlsruhe, 2002 den Hermann-Lenz-Preis.
In Skwaras erstem Roman *Pest in Siena* (1976) wird der Legendenstoff um Don Juan weitergeschrieben, der hier sterbend zum Symbol des kulturellen Untergangs Europas wird. Im elegisch gehaltenen Monolog des schwermütigen Don Juan vermischt sich Reales mit Irrealem und Poetischem. In seiner Reflexion wird die erzählte Handlung kaum erkennbar, sie ist den zahlreichen mythopoetischen Anspielungen untergeordnet. Der große kulturhistorische Hintergrund Skwaras zeigt sich auch in dem Roman *Schwarze Segelschiffe* (1979), der sich unter anderem auf den Tristan-Stoff bezieht, jedoch in der Gestaltung symbolhaft und im Ton kühler als die anderen Romane des Autors gehalten ist. – Von der Gefährdung kultureller und menschlicher Werte handelt der vorwiegend im sarkastischen Stil erzählte Roman *Bankrottidylle* (1985). Der aus Österreich stammende Professor Knabe versucht seine geisteswissenschaftliche Fakultät an einer amerikanischen Universität und gleichzeitig seine Ehe zu retten. Das für Skwara typische sehnsuchtsvolle Moment überwiegt erst wieder in einer Fluchtfantasie im Schlussteil. Die Kraft der Imagination nach dem Scheitern in der Wirklichkeit thematisiert auch der in melancholischem Ton gehaltene Roman *Tristan Island* (1992).
Ist die (meist auch erotische) Liebe in allen Romanen Skwaras zumindest präsent, so steht sie in *Die heimlichen Könige* (1995) im Vordergrund. Das Motiv wird in verdichteten Erinnerungsbildern gestaltet, die keiner festen Chronologie folgen. So wird die Eigentümlichkeit der menschlichen Zeitempfindung verdeutlicht, die weniger dem Kalender als dem Gefühl und dem Zufall untergeordnet ist. Der (nicht immer eindeutige) Ich-Erzähler, durch die Vielzahl seiner Liebschaften als eine weitere Variation der Don-Juan-Figur erkennbar, ist seinen Erinnerungen ausgeliefert und erst im Schlussteil – eine Fahrt ins Totenreich – werden Raum und Zeit außer Kraft gesetzt: Trennung, Schuld und Verlust weichen der Möglichkeit des Wiederbegegnens, des Aussöhnens.
Versuch einer Heimkehr (1998) ist eine Erzählung über die komplexe, schuldhafte Verstrickung eines Österreichers mit seiner Heimat. Die Figur wird von Zuschreibungen eingekreist und durch den poetischen Tiefenraum der sprachlichen Bilder ausgelotet, die gerade durch die distanzierende Er-Erzählung wirken. In *Versuch einer Heimkehr* wird Skwaras Haltung zu seinem Heimatland deutlich. Weniger als im heutigen Österreich sieht er sich in einem »verlorenen Österreich« (*Österreich: Gab es dieses Land*, 1990), dem des Fin de Siècle, beheimatet. Als eine Art kosmopolitischer Exilant pendelt er zwischen Europa und den USA, eine kritische Distanz haltend, die er schreibend reflektiert. So finden sich seine literarischen Vorbilder zwar vorwiegend in der französischen Literatur des frühen 20. Jahrhunderts, daneben existieren auch dezidierte Bezüge zu Hermann Broch, Hugo von Hofmannsthal und vor allem in der Lyrik zu Georg Trakl.

Zerbrechlichkeit oder Die Toten der Place Baudoyer (2002) ist ein geschickt komponierter Roman über die Fragilität von Lebensentwürfen, Beziehungen und Werten. In fünf Teilen, die in verschiedenen Erzählperspektiven erzählt werden und eine große Nähe zum Protagonisten aufweisen, wird vom Literaturprofessor Stein erzählt, von seinem Scheitern und Zerrissensein. Er lebt in verschiedenen Welten und vor allem in der Erinnerung an seine große Liebe Sophie, mit der er in Paris war. Im Ton changierend zwischen melancholisch und pathetisch, wechselt auch der Stil der verschiedenen Romanteile. Besonders im Mittelteil, einer fast eigenständigen Novelle, wird die Endlichkeit und das Hoffen auf ein Wiedersehen mit der ersten Liebe thematisiert. Der Begriff der Zeit ist das zentrale Element der *Zerbrechlichkeit* und im Umgang mit ihr werden die Figuren charakterisiert. Auch die anderen für Skwaras Werk typischen Themen finden sich hier wieder: die Sehnsucht, die Unmöglichkeit wahrer und dauerhafter Liebe, der Verlust geliebter Menschen, schnelle Ortswechsel ohne festes Ziel.
Skwaras eindringliche, bildhafte Prosa weist ähnliche Themen wie seine Gedichte auf: Die Sehnsucht nach Liebe, deren Vergänglichkeit und die Nähe zum Tod sind Hauptmotive, doch auch Reflexionen zu Sprache und Literatur sind in den kurzen, teils narrativen Gedichten enthalten. Die frühen Gedichte stehen der hermetischen Dichtung noch sehr nahe, die Sprache ist rhythmisiert, jedoch nicht gebunden. In seinen späteren Gedichtbänden *Den Abschied proben* (1987) und *Nach dem Norden* (1998) nähert sich die Sprache der Prosa an, werden die Metaphern plastischer, der elegisch-pathetische Grundton bleibt.

Saskia Schulte

Werke: *Am Feuer deines Lachens*, G., Hünfeld 1971; *lotverschlossen*, G., Karlsruhe 1973; *schlage mich aus*, G., Karlsruhe 1973; *blindheit schwester*, G., Karlsruhe 1975; *Pest in Siena*, R., Karlsruhe 1976, überarb. Fssg. Ffm. 1983; *Tennessee Williams: Acht Damen, besessen und sterblich*, Übs., Ffm. 1977; *Schwarze Segelschiffe*, R., Düsseldorf 1979; *Der Totenengel und andere Prosa*, Ffm., Bln., Wien 1981; *Bankrottidylle*, R., München 1985; *Hans Sahl: Leben und Werk*, Biobibliografie, Bern 1986; *Den Abschied proben*, G., Karlsruhe 1987; *Eis auf der Brücke*, R., Ffm. 1991. *Tristan Island*, R., Ffm. 1992; *Die heimlichen Könige*, R., Ffm./ Leipzig 1995; *Jean-Jacques Rousseau: Vom Gesellschaftsvertrag*, Übs., Ffm., Lpz. 1996; *Versuch einer Heimkehr*, E., Ffm. 1998; *Nach dem Norden. Gedichte 1987–1997*, Eisingen 1998; *Thomas Wolfe: Der verlorene Knabe*, Übs., Ffm. 1998; *Anruf aus Rom. Eine Zwischengeschichte*, E., Ffm. 1999; *Tagebuch zur Probe/Pest in Siena*, R., Wien 2001 (Erstveröffentlichung des Tagebuchs und Neuausgabe des Romans); *Gustave Flaubert: November*, Übs., Ffm., Lpz. 2001; *Zerbrechlichkeit oder Die Toten der Place Baudoyer*, R., Ffm./Lpz. 2002; *Träumeerzählen. Eine Suite*, Pr., Wien 2002.

Söllner, Werner, wurde am 10. 11. 1951 in Horia/ Neupanat (Rumänien) geboren und begann nach dem Abitur 1970 mit dem Studium der Physik, Germanistik und Anglistik in Klausenburg, das er mit einer Diplomarbeit über das Frühwerk Paul Celans abschloss. Er wirkte dann kurze Zeit als Deutsch- und Englischlehrer an einem Gymnasium in Bukarest und arbeitete dort von 1976 bis 1982 als Lektor für deutschsprachige Bücher beim rumänischen Kinderbuchverlag. Seit 1982 lebt er als freier Autor in Frankfurt am Main. Seit Anfang 2002 arbeitet er hauptberuflich als Leiter des Hessischen Literaturforums im Mousonturm e.V. in Frankfurt. 1983/84 nahm er Lehraufträge an der Universität Frankfurt/M. und 1997/98 am Dartmouth College und am Oberlin College wahr. Söllner ist Mitglied des bundesdeutschen P.E.N.-Zentrums. 1978 erhielt er den Lyrikpreis, 1981 den Übersetzerpreis des rumänischen Schriftstellerverbandes, 1985 den Förderpreis des Andreas-Gryphius-Preises, 1987 ein Berlin-Stipendium am »Literarischen Colloquium«, 1988 den Friedrich-Hölderlin-Förderpreis, 1989 den Preis der Henning-Kaufmann-Stiftung, 1991 das Stadtschreiberamt der Stadt Zug, 1992 den Förderpreis des Kulturkreises im Bundesverband der Deutschen Industrie, 1994 den Preis der Stiftung Ostdeutscher Kulturrat und 1996 die Ehrengabe der Deutschen Schillerstiftung Weimar.
»Am Rande des Nichts, am Rande / einer imaginären Geographie, dort ist / mein Land. Wo die Männer den Frauen / die Hände küssen, bevor die Welt untergeht, weil / eine gelungene Konversation über den Weltuntergang / den Weltuntergang überdauert. Wo die Frauen / die Ohnmacht der Liebe zum Töten benützen, damit / sie nicht untergeht ohne ihn, damit nicht / alles am Ende allein ist. Dort komme ich her, dort / habe ich sprechen gelernt, dort hat man mir beigebracht, / was Wahrheit ist: Ein gewisses Gerücht / über Brot, Knoblauch und Wein. / Nichts verbindet mich mit meinem Land, außer / dass ich davon nicht loskomme, hier, in dieser postmodernen / Begriffsblase, in dieser Tochtergeschwulst von Kultur / und Geschichte, irgendwo mitten in Deutschland.« Mit dieser eindringlichen Mischung aus geografischer Orts- und seelischer

Zustandsbeschreibung legt der rumäniendeutsche Lyriker und Erzähler Werner Söllner in seinem Gedicht *Passagen* aus dem Band *Kopfland. Passagen* (1988) seine Wurzeln frei, mit denen er noch in seiner Heimat verankert ist, umschreibt seine geteilte Existenz, nicht larmoyant, aber traurig, mit skeptischem Blick auf seine neue Exilheimat. Sehnsuchtsvoll beschwört Söllner in seinen Gedichten Bilder der Vergangenheit, erinnert sich emphatisch der »brennenden Fragen unserer Bewegung«, des Freundeskreises um die Lyriker Rolf Bossert und Richard Wagner, aber nicht ohne die gesellschaftlichen Verhältnisse in Rumänien, dieser »Novemberwelt mit Skorpionen« kritisch und illusionslos zu benennen. Die Flucht in eine Heimat der Sprache scheint zwiespältig; zwar erzeugten Liebesbeziehungen und Natureindrücke Hoffnungsschimmer – »Es ist gut, kleine Striche zu zeichnen« –, aber der doch alles überschattende »Winter der Gefühle« verhindert es, »so mit Wunschbildern rum(zu)spielen eine andere / Wirklichkeit an den Himmel zu zaubern eine bessere Welt (zu) schreiben«. Skrupel und Selbstbezichtigungen bedrängen eine sich schutzlos fühlende Existenz; Lebens- und Schreibmöglichkeiten werden erwogen und wieder verworfen (»Herr Kollege wir stehen / mit einem Bein auf dem Boden der Tatsachen und mit dem / anderen auf dem Boden der Träume«), und der Autor zieht schließlich ein resignierendes Fazit: »Ich werde, was ich war. / Ich bin, was ist.«
Die dunklen und melancholischen, an den Vorbildern Celan, Rilke und Hölderlin geschulten Prosagedichte Söllners galten wie die Texte der anderen deutschen Autoren in Rumänien als Sprachrohr einer oppositionellen Denkweise, als sprachliches Refugium einer ethnischen Minorität. Begonnen hatte Söllner mit zwei Gedichtbänden im Klausenburger Dacia-Verlag, *wetterberichte* (1975) und *Mitteilungen eines Privatmannes* (1978), die von Franz Hodjak lektoriert wurden und in kleiner Auflage erschienen. Das erste Gedicht, *Ausspruch eines Baumes* (in: *wetterberichte*), kündigt exemplarisch in knappster Form die Diktion dieser Gedichte an: »ich plädiere / für eine gerechte verteilung / von licht und / schatten.« Man will in Zukunft »ohne Angst« (*von der menschwerdung der wölfe*) sprechen, die Sonne sehen, mehr Lust zum Atmen haben und ohne Zensur arbeiten. Mit sanfter Ironie, bildhaften Vergleichen und pointierten Beobachtungen beschreibt Söllner die Dissonanzen zwischen Staat und Individuum, im Grunde zielen fast alle Texte auf die schmerzlich empfundene Einschränkung der Freiheit. Die Bibliothek, das Gespräch und der Blick über die Grenzen sind die Refugien des kritischen Geistes.
Nach seiner Übersiedlung in das »Klamottenland« Bundesrepublik bleibt der Dichter ein Fremder, ein Außenstehender auf dem »Wortweg / nach Luftland« (*Der Schlaf des Trommlers*, 1992). Siebenbürgen bleibt Vergangenheits- und Gedächtnisraum, eine poetische und unpoetische Landschaft zugleich, in der idyllische Stimmungen und archaisch-blutige Szenen eingebunden sind. Und doch ist diese Heimat in die Ferne gerückt, nicht von dieser bedrängenden Präsenz wie etwa bei Herta Müller, sondern eine lyrische Erinnerung an das Gewesene, die nach der Sprachkrise im Zuge der Grenzüberschreitung sich wieder zu Worten und Versen formen ließ.

Thomas Kraft

Werke: *wetterberichte*, G., Klausenburg 1975; *Mitteilungen eines Privatmannes*, G., Klausenburg 1978; *Sprachigkeit. Ein Gedicht*, m. Grafiken v. Sascha Juritz, Büdingen 1979; *Eine Entwöhnung*, G., Bukarest 1980; *Martin Preda: Der große Wahnsinn*, Übs., Bukarest 1981; *Mircea Dinescu: Unter der billig gemieteten Sonne*, Übs., Bukarest 1981; *Mircea Dinescu: Gedichte*, Übs., Büdingen 1982; *Dinesch Mircea: Die verträumte Guillotine*, Übs., Büdingen 1983; *Das Land, das Leben*, G., m. Grafiken v. Sascha Juritz, Büdingen 1984; *Es ist nicht alles in Ordnung, aber o.k. Ein Monolog*, hg. v. J. Seuss u. B. Jentzsch, Assenheim 1985; *Verdunkelung*, m. Zeichnungen v. Sascha Juritz, Büdingen 1985; *Klingstedts romantische Gründe*, E., m. Radierungen v. Ulrich Panndorf, Bln. 1988; *Kopfland. Passagen*, G., Ffm. 1988; *Mircea Dinescu: Exil im Pfefferkorn*, Übs., Ffm. 1989; *Mircea Dinescu: Ein Maulkorb fürs Gras*, Übs., Zür. 1990; *Klaus F. Schneider: Ein Morgen im Eisberg*, Hg., Ffm. 1990; *Franz Hodjak: Siebenbürgische Sprechübung*, Hg., Ffm. 1990; *Der Schlaf des Trommlers*, G., Zür. 1992; *Herkunft Rumänien. »Freunde, wundert euch schleunigst«*, Hg., zus. m. Franz Hodjak u. Ludwig Krapf, Eggingen 1993; *Freundschaft der Dichter*, Hg., Zür. 1997; *Gefährliche Serpentinen. Rumänische Lyrik der Gegenwart*, Übs., zus. m. Ernest Wichner u. Oskar Pastior, Bln. 1998.

Sonner, Franz-Maria, wurde am 4. 5. 1953 in Tutzing am Starnberger See geboren. Mitte der Fünfzigerjahre übersiedelte die Familie nach München. Nach dem Abitur studierte er ab 1972 an der Ludwig-Maximilians-Universität Soziologie, ab 1978 neuere deutsche Literatur. 1982 schloss er sein Studium mit einer Dissertation über Thomas Manns *Tod in Venedig* ab. Seit 1984 ist Sonner bei einem Münchener EDV-Verlag beschäftigt, zunächst als Lektor, Redakteur und Übersetzer, seit

1987 als Geschäftsführer, der sich ab Mitte der Neunzigerjahre als Herausgeber historischer und literarischer Multimediaproduktionen einen Namen machte. So wurde die CD-ROM *Die weiße Rose* 1996 mit dem Prix Möbius, die CD-ROM *Panorama der deutschen Literatur – Romantik* 2000 mit dem Comenius-Preis für didaktische Software ausgezeichnet. 2002 erhielt Sonner, der auch für den Hörfunk arbeitet, das Jahresstipendium des Deutschen Literaturfonds.

Einem breiteren Lesepublikum bekannt wurde der Autor durch seinen unangestrengt witzigen Kurzroman *Als die Beatles Rudi Dutschke erschossen* (1996), der aus der Sicht des 1953 geborenen Ich-Erzählers Adrian Berlenburg ein authentisches Porträt der Schüler- und Studentenbewegung der späten Sechziger- und frühen Siebzigerjahre entwirft. Der Roman erzählt von den Erfahrungen und Erlebnissen eines jungen Menschen aus bürgerlicher Familie, der sich dem Aufstand gegen das Establishment und seine für spießig gehaltenen Lebensformen anschließen möchte, am Ende jedoch zu jung, zu mutlos ist, den entscheidenden Schritt zu wagen. Adrian bleibt ein unentschlossener, eher melancholischer Mitläufer, der sich nach dem Abitur für das Studium der Soziologie entscheidet – auch darin dem Zeitgeist folgend.

Die Erzählung *Kakapo. Ein Geburtstagsfest* (1998) zeichnet ein satirisch-polemisches Bild der in die Jahre gekommenen 68er-Generation. Der rundlich gewordene Gourmet und zum Verleger arrivierte Hagen Alferi hat zur Feier seines 50. Geburtstags eine Hand voll alter Freunde in das noble Idyll eines oberbayerischen Landgasthofs eingeladen. Der Verlauf des Festmahls zeigt, dass es sich bei den APO-Veteranen um Menschen handelt, die an sich und ihren Idealen gescheitert sind. Je länger der Abend dauert und edle Weine die Hemmschwelle sinken lassen, desto mehr wird in alten Wunden gebohrt, brechen Beziehungskisten auf, enthüllen sich Frustrationen und private Verletzungen. Symbolträchtig werden die Möchtegern-Revolutionäre von einst mit den Kakapos verglichen, einer dicken, faulen und gefräßigen Papageienart aus Neuseeland, deren Degeneration sie zum Aussterben verdammt.

Die Bibliothek des Attentäters (2001) ist ein überaus beziehungsreicher und vielschichtig collagierter Kriminalroman über die Zeit des deutschen Terrorismus, der mehrere Zeitebenen und Textsorten miteinander verschränkt. In seinem Mittelpunkt steht der linksradikale und einzelgängerische Filmemacher Jakob Amon, der auf einen Industriellen mit Nazi-Vergangenheit aufmerksam machen möchte und dabei zum Mörder wider Willen wird. Sein Gegenspieler ist der Terroristenfahnder Konrad Bärloch, der in den vorzeitigen Ruhestand versetzt wird und seinen Lebensabend im Schutz einer Bundeswehrkaserne verbringen muss. Amon wie Bärloch sind Außenseiter und werden zu Gefangenen ihrer gemeinsamen Vergangenheit. Der Attentäter lebt fortan in selbst gewählter Isolation und versucht mit seinem Gewissen ins Reine zu kommen, seinen Verfolger lässt der ungeklärte Fall nicht zur Ruhe kommen. Als er ihn schließlich mithilfe des von ihm aufgebauten elektronischen Informationssystems löst, behält er sein Wissen aus Verbitterung über die Behörden für sich. Im »Heute« überschriebenen, zweiten Teil des Romans erfährt die kunstvoll aufgebaute Parallelhandlung eine Verdoppelung. Der junge Journalist und Ich-Erzähler Marco Sentenza, der Amon das Geheimnis seines Attentats entlocken will, entwickelt sich zur Gegenfigur von Bärlochs einstigem Assistenten Brill, der in der Wiederaufnahme des bereits ad acta gelegten Falls eine Karrierechance sieht und am Ende zu Amons brutalem Mörder wird. Das Kernstück des spannenden Romans, der sich der genreüblichen Klischees enthält und auf Psychologismen verzichtet, bilden die Aufzeichnungen des Attentäters, in denen sich dieser Rechenschaft über sein Tun ablegt.

Hermann Ruch

Werke: *Botschaft an die Nachwelt*, Hsp., HR 1983; *Suchen Sie Paul Koslowski*, Hsp., WDR 1983; *Ethik und Körperbeherrschung*, Diss., Opl. 1984; *Früh-Stück*, Hsp., HR 1985; *Der Galgenvogel*, Hsp., BR 1988; *Stirb, Kindchen, stirb!*, Hsp., BR/WDR 1993; *Moskau mon amour*, Hsp., BR 1994; *Als die Beatles Rudi Dutschke erschossen*, R., Mü. 1996; *Kakapo. Ein Geburtstagsfest*, E., Mü. 1998; *Klare Verhältnisse*, Hsp., BR 1998; *Die Bibliothek des Attentäters*, R., Mü. 2001, Hsp., BR 2003.

Sparschuh, Jens, wurde am 14. 5. 1955 in Karl-Marx-Stadt, dem heutigen Chemnitz, geboren. Nach dem Abitur in Halle studierte er von 1973 bis 1978 Philosophie und Logik an der Universität von Leningrad (heute St. Petersburg). Die nächsten fünf Jahre war er als wissenschaftlicher Assistent an der Ost-Berliner Humboldt-Universität tätig. 1983 promovierte er im Bereich Logik. Seitdem lebt er als freier Schriftsteller in Berlin. Er ist Mitglied des deutschen P.E.N.-Zentrums und hatte mehrere Gastprofessuren in den USA und am Deutschen Literaturinstitut in Leipzig. Ausgezeichnet wurde er mit dem Anna-Seghers-Stipendium der Ost-Berliner

Akademie der Künste, 1988 mit dem Ernst-Reuter-Hörspielpreis, 1990 mit dem Hörspielpreis der Kriegsblinden und 1996 mit dem Förderpreis zum Bremer Literaturpreis.

Jens Sparschuh bezeichnete sich selbst einmal als »ein weit über die Grenzen seines Landes unbekannter Autor«. Diese kleine Koketterie trifft spätestens seit dem Erscheinen seines »Heimatromans« *Der Zimmerspringbrunnen* (1995) nicht mehr zu, denn mit der Figur des Handelsvertreters Hinrich Lobek hat Sparschuh den vielfach gelobten Nachweis erbracht, dass DDR und BRD zwar nicht politisch, aber doch in den Niederungen des Kleinbürgerlichen und Spießigen schon immer vereint waren. Sparschuh erzählt vom aus Altersgründen »abgewickelten«, nun schon seit drei Jahren als Hausmann in einer Neubauparzelle lebenden Lobek. Über eine Annonce bietet sich eine neue berufliche Chance, Lobek soll als Vertreter den Ostmarkt für Zimmerspringbrunnen erobern. Eher tapsig und unsicher macht er die ersten Schritte, die West-Kollegen interpretieren das als »östliche Ruhe und meditative Kraft«. Milieukenntnisse ermöglichen erste Erfolge, Lobek lernt schnell die Grundgesetze des real existierenden Kapitalismus, seine Frau goutiert das weniger und verlässt ihn. Langsam wendet sich das Blatt. Zwar landet Lobek mit einem Brunnenmodell Marke Eigenbau, das die alte DDR symbolisiert, einen Verkaufsschlager, doch er fühlt sich einsam und leer, trimmt seinen Hund Freitag auf Leistung, begibt sich auf die Suche nach seiner Frau und lebt eine Woche unter Pennern, der menschlichen Wärme wegen. Sparschuh hat eine Reihe Tretminen sozialistischer Bauart in seinem Roman versteckt. Da tauchen DDR-Nostalgiker, Besserwessis und schnittige Wendehälse auf, doch, trotz aller Anspielungen und ironischen Spitzen, richtig böse wird der Text nie. Er plätschert angenehm dahin, zielt in den Nahbereich des häuslichen Lebens mit Topfpflanzen und Laubsägearbeiten, verteilt Sympathien auf alle Seiten. Durchschnittlichkeit wird hier nicht ausgestellt und denunziert, sondern erzählt. Die heitere, leicht melancholische Ironie ist Sparschuhs Form, die Dinge ernst zu nehmen.

Sparschuh verehrt den schnörkellosen Stil von Tschechow und Gogol, ist froh, die DDR ein paar Jahre von außen (Leningrad) betrachtet haben zu können, schätzt an der Philosophie ihre komischen Seiten, ist Humorist und kein Zyniker. Die leichte Schräglage, der sanfte Gegenentwurf ist das Metier dieses hintersinnigen Wahrnehmers. So auch in *Der große Coup. Aus den geheimen Tage- und Nachtbüchern des Johann Peter Eckermann* (1987), in dem Sparschuh der Selbststilisierung Eckermanns (1792–1854), der sich mit der Rolle des Adlatus Goethes und mit seiner Bescheidung auf das Kleine und Gewöhnliche angeblich zufrieden gab, das Psychogramm eines vom großen Dichter herablassend behandelten Speichelleckers entgegenstellt. Eckermann soll für Goethe einen quintessenziellen Satz aus dem Werk finden, damit dieser mit dem Zitat sein eigenes Ableben pompös garnieren kann. Und so hechelt und schmeichelt er um seinen Meister herum, was tragikomische Züge annimmt. Mit *Kopfsprung. Aus den Memoiren des letzten deutschen Gedankenlesers* (1989) unternimmt Sparschuh mit der Figur des unsterblichen Seelenwanderers und Karthografen Rudi Rypschinski eine Tour de Force durch die Jahrhunderte vom »Institut für marxistische Seelenkritik« bis nach Sparta, »der DDR der Antike«, um den Beweis für das Nichtvorhandensein der Seele zu finden. Die Innenansicht einer pseudo-wissenschaftlichen Existenz reflektiert auch der Roman *Der Schneemensch* (1993), dem das Tagebuch eines jungen Forschers zugrunde liegt, der als Mitglied der SS-Abteilung »Ahnenerbe« in Himmlers Auftrag im Himalaia den Schneemenschen sucht. Das Unternehmen scheitert, die Vorräte gehen aus, die Gruppe trennt sich, der Forscher notiert weiter. Vier Jahre später wird er völlig verwildert auf dem Dach der Welt aufgegriffen und in ein Internierungslager nach Deutschland gebracht; er war selbst zum Schneemenschen geworden. Dieser »makabren Parabel« (Thomas Böhme) liegt die historische »Welteislehre« von Hanns Hörbiger zugrunde, dem Himmler glaubte, dass der Urahn der Arier im Schneemenschen zu suchen sei.

Während der Band *Ich dachte, sie finden uns nicht* (1997) Feuilletons, Radiotexte, Erinnerungsbilder, Porträts und Berliner Stadtbilder versammelt, ist *Lavaters Maske* (1999) eine Satire auf die Event-Kultur des Literaturbetriebs, mit der Sparschuh die Identitätskrisen seiner Hauptfiguren um eine besonders schlitzohrige Variante bereichert. Erzählt wird nämlich von einem eher mittelmäßigen Autor, der sich auf die Frage eines Filmproduzenten nach dem aktuellen Projekt durch die vorschnelle Antwort »Über Lavater« selbst unter Druck setzt und zum Gegenstand eines vertrackten Rollen- und Gesellschaftsspiels macht. Der Physiognomist Johann Caspar Lavater verbreitete die Lehre, wonach die Gesichtszüge eines Menschen auf seinen Cha-

rakter schließen lassen. Unser Autor nun recherchiert auf der Suche nach einem tragfähigen Stoff für ein Drehbuch, verstrickt sich in die mysteriösen Umstände des Selbstmords von Lavaters Schreiber Enslin und durchlebt als Stadtschreiber und bei Dichterlesungen die ganze Wucht provinziellen Kulturlebens, sodass er Gefahr läuft, am Ende sein Gesicht zu verlieren. Mit dem Roman *Eins zu eins* (2003) und seinem Helden Olaf Gruber begibt man sich auf die Erkundung der Mark Brandenburg auf der Suche nach dem verschwundenen Volksstamm der Wenden, doch obwohl hier auch ausführlich Fontane zitiert wird, ist dieses Reisebuch mit Wanderkarte kein kulturhistorischer Führer, sondern eine leichtfüßige, von »bitter-süßem Humor« (Thomas E. Schmidt) getragene Topografie ostdeutscher Befindlichkeiten.
Jens Sparschuh ist auch ein erfolgreicher Hörspiel- und Kinderbuchautor. *Stinkstiefel* (2000) handelt über den Schuhfetischisten Felix Dinkhübel, der turbulente Kinderroman *Parzival Pechvogel* (1994) erzählt von einem kleinen Papagei, der aus der Schule fliegt und zum Opagei nach Hamburg will, dabei viel Pech hat und beinahe ausgestopft wird.

Thomas Kraft

Werke: *Es ist Zeit*, Feat., Rundf. d. DDR 1978; *Der Geisterseher*, Feat., Rundf. d. DDR 1979; *Adieu mein König Salomo*, Hsp., Rundf. d. DDR 1980; *Und führe uns nicht in Versuchung*, Hsp., Rundf. d. DDR 1983; *Friedrich Schiller: Die Geisterseher*, Hg., Bln. 1984; *Waldwärts. Ein Reiseroman*, Bln. 1985; *Schönhauser*, Feat., Rundf. d. DDR 1985; *Der Koloss*, Feat., Rundf. d. DDR 1986; *Friedrich Hebbel: Läuse der Vernunft*, Hg., Bln. 1987; *Der große Coup. Aus den geheimen Tage- und Nachtbüchern des Johann Peter Eckermann*, R., Bln. 1987, Hsp., MDR 1998; *Nikolascha*, Feat., RB/SFB/DLF 1988; *Kopfsprung. Aus den Memoiren des letzten deutschen Gedankenlesers*, R., Bln. 1989; *Bahnhof Friedrichstraße – ein Museum*, Feat., SFB/RB/DLF 1989; *Perpetuum mobile*, Hsp., NDR 1989; *Inwendig. Labyrinthgeschichte für Fortgeschrittene*, Textbuch, Winsen/Luhe 1990, Hsp., NDR 1987; *Die Konquistadoren*, Hsp., NDR/HR 1990; *Das verlorene Mädchen*, Hsp.-Werkstatt, zus. m. Irene Schuck, SWF 1991; *Kyffhäuser*, Hsp., SFB/WDR/MDR 1992; *Der Schneemensch*, R., Köln 1993; *Schiller in Amerika*, Funk-Ess., 1993; *Parzival Pechvogel*, Kinderb., m. Illustr. v. Manfred Bofinger, Zür. 1994, Schpl., Hbg. 1999; *Rückzu*, Hsp., SR/MDR 1994; *Ein seltener Knabe*, Feat., SFB/RB 1994; *Der Zimmerspringbrunnen. Ein Heimatroman*, Köln 1995, Hsp., BR 1997, Schpl., Mü. 1996, Film, 2001; *Drei Kometen*, Hsp., WDR 1996; *Ich dachte, sie finden uns nicht*, En., Köln 1997; *Die schöne Belinda und ihr Erfinder*, Kinderb., m. Illustr. v. Manfred Bofinger, Zür. 1997, Schpl., Freiburg/Br. 2002; *Lavaters Maske*, R., Köln 1999; *Ein Nebulo bist du*, Hsp., SR 1998, Schpl., Bln. 2000; *Das Lamadrama*, Hsp., MDR 2000; *Schiller Instant*, Theaterst., UA Bln. 2000; *Stinkstiefel*, Kinderb., m. Illustr. v. Manfred Bofinger, Zür. 2000; *Die Elbe*, zus. m. Walter Kempowski, m. Fotos v. Jörn Vanhöven, Lpz. 2000; *Der letzte Elch*, Feat., SFB/WDR/SWR 2000; *Eins zu eins*, R., Köln 2003.

Späth, Gerold, geboren am 16. 10. 1939 in Rapperswil am Zürichsee als Sohn einer traditionsreichen Orgelbauerfamilie, absolvierte eine Ausbildung zum Exportkaufmann und hielt sich für längere Zeit in Zürich, London und Fribourg auf. Im väterlichen Betrieb erlernte er das Handwerk des Orgelbauens und leitete auch vorübergehend das Geschäft. Seit 1968 ist Späth freier Schriftsteller; Seinen Geburtsort Rapperswil, in dem er ab 1970 wohnte, transformierte er in zahlreichen Spielarten zum fiktiven Schauplatz seines Erzählwerks. Seit 1991 lebt Späth vorwiegend in Irland und Italien. Späth erhielt für seine Romane, Erzählungen, Dramen und Hörspiele zahlreiche Preise: 1970 den Conrad-Ferdinand-Meyer-Preis, 1972 den Förderpreis der Schweizer Kulturstiftung »Pro Helvetia«, 1979 den ersten Alfred-Döblin-Preis, 1983 den Preis der Schweizerischen Schillerstiftung und den Internationalen Pressepreis der Stadt Rom, 1984 den Georg-Mackensen-Literaturpreis, 1987 den Hörspielpreis der Stiftung Radio Basel, 1990 den Preis für Schweizer Theatermacher und 2001 die Ehrengabe der Stadt Zürich.
Späth trat Anfang der Siebzigerjahre mit zwei großen Erzählwerken von jeweils über 600 Seiten an die Öffentlichkeit. Scheinbar unzeitgemäß, legte er darin ausufernd geschilderte, ereignisreiche Lebens- und Entwicklungsgeschichten von schelmenähnlichen Einzelgängern vor, lokalisiert im schweizerischen Kleinstadtmilieu. Dabei verarbeitete er traditionelle literarische Muster wie das vom »tumben Tor« oder vom »schelmischen Lebenslauf«, er führte aber ebenso selbstverständlich fantastische Strukturen ein. Späths Texte unterstrichen von Anfang an den Selbstwert der Literatur und ein literarisches Traditionsbewusstsein. So standen sie auch außerhalb Ich-umkreisender Reflexion und Melancholie in der Literatur der Siebzigerjahre.
In seinem ersten Roman *Unschlecht* (1970) berichtet der Erzähler Johann Ferdinand Unschlecht retrospektiv von den vielen Stationen seines bewegten Lebens und von den Lernprozessen, die er vom elternlosen Mündel und »größten Tropf am Platz« bis zum gesellschaftlich respektierten Bürger hinter sich zu bringen hatte. Nach qualvoller Schulzeit in

Rapperswil und einem eintönig-unbewussten Dasein als Fischer auf einer nahen Insel im Zürichsee verändert sich sein Leben mit dem Tag seiner Volljährigkeit nachhaltig: Er erbt ein Vermögen an Geld, dazu die Insel samt Fischereirechten und wird von geldgierigen Heuchlern in seiner nächsten Umgebung um riesige Summen betrogen. Die erst allmählich einsetzende Erkenntnis seiner selbst sowie seiner Position in der sozialen Umwelt wird von der Erkenntnis des Stellenwertes von Besitz bzw. dessen Sicherung ausgelöst. Geld und Vermögen als hervorgehobene soziale Komponente der Identitätsbildung spielen auch in weiteren Texten Späths eine Rolle. Am Beispiel der Erbschaft exemplifiziert er wiederholt eines seiner zentralen Themen, den Umgang mit individueller und kollektiver Tradition. Unschlecht wird im Zuge seiner Selbstbehauptung straffällig; er sprengt die Insel, Symbol seiner Existenz, aus Rache in zwei Hälften und flieht. Unterwegs ermordet er einen Betrüger, nimmt den Namen Guttmann an und lebt dann an verschiedenen Orten im Ausland; er verheiratet sich schließlich mit einer deutschen Millionärstochter, wird dadurch auch deutscher Staatsbürger und bereitet als reicher Geschäftsmann gelassen die Rückkehr auf seine Insel(n) vor. Eine zwar stabilere, aber von uneinlösbaren Lebenszielen und künstlerischen Idealen umgetriebene Persönlichkeit ist der Erzähler in Späths zweitem Roman, *Stimmgänge* (1972), der in *Unschlecht* bereits eingeführte Orgelbauer und Orgelstimmer Jakob Hasslocher. In beiden Romanen dominiert eine hochstilisierte Kunstsprache der Ich-Erzähler, die dialektale Einflüsse, Fachsprachen, Konfrontationen unterschiedlicher Sprachniveaus einsetzt und die gleichzeitig eine Identitätskonstruktion der Sprecher darstellt.

In *Die heile Hölle* (1974) dagegen übernimmt ein übergeordneter Erzähler – in der Perspektive der Figuren – die Schilderung jeweils eines Tages im Leben von vier Mitgliedern einer so genannten gutbürgerlichen Familie. Unter der Oberfläche der heilen Welt werden Verklemmungen, Frustrationen und sexuelle Obsessionen von lebensbestimmendem Ausmaß erörtert, in denen jeder Einzelne gefangen ist. Eine Verständigung darüber findet nicht statt, und die Persönlichkeitskatastrophen lassen sich nicht aufhalten; bis zum triebhaften Mord und zur Selbsttötung reicht die Bandbreite des Zerfalls der scheinbar geordneten Verhältnisse. Späth entwirft hier ein Psychogramm von Defekten und Unmenschlichkeiten, die er an den milieugesteuerten Formen des Zusammenlebens und den daraus resultierenden Ängsten, Wünschen und Aggressionen der Figuren festmacht. In dem Roman *Balzapf oder Als ich auftauchte* (1977) erzählt der jüngste Spross der übermütigen, stets entgegen schweizerischer Bravheit handelnden Familie Zapf über vier Generationen hinweg die fantastischen Lebensläufe seiner Ahnen, die sich in einer Stadt namens »Spiessbünzen Molchgüllen Barbarswil« eigenwillig durchsetzen. Spätestens mit diesem Text wurde Späth auch über die Grenzen der Schweiz hinaus bekannt.

Einen strukturellen Sprung in Späths Texten markierte sein Buch *Commedia* (1980), bei dem er – wie bei seinem nächsten längeren Text, *Sindbadland* (1984) – die Gattungsbezeichnung »Roman« vermeidet. *Commedia* ist zweigeteilt: Im ersten Teil (»Die Menschen«) stehen 203 Einzeltexte äußerlich unverbunden nebeneinander, in denen sich ebenso viele unterschiedliche Personen mit einem kurzen Lebenslauf, einer Anekdote, einem Statement oder einem Bekenntnis selbst vorstellen bzw. verweigern. Eine dargestellte oder vorausgesetzte »Handlung«, an der diese Personen etwa beteiligt wären, gibt es nicht, die Zusammenhänge erschließen sich allein auf semantischer Ebene. »Die Menschen« gehören allen Alters-, Berufs- und Interessengruppen an und haben – als Tote oder Lebende – unterschiedlichen Realitätsstatus; alle scheinen der gleichen Stadt am See zu entstammen. Im Querschnitt der Aussagen ihrer Einwohner ergibt sich ein trostloses Bild vom Alltagsleben, in dem sich unter dem allgemeinen Anpassungskonsens lauter privates Unglück verbirgt. Es handelt sich um scheinbar unzusammenhängende Einzeltexte mit jeweils einer fokussierten Person, wie sie Späth bereits in seinen frühesten Erzählungen *Sechs Tote* und *Persönlichkeiten* (1965), veröffentlicht in dem Band *Zwölf Geschichten* (1973), erprobt hatte. Im zweiten Teil des Prosawerkes, »Das Museum« überschrieben, führt ein Museumskurator eine Besuchergruppe durch zwölf Ausstellungssäle mit völlig heterogenen Gegenständen, zu denen er noch die entferntesten Herkunftsgeschichten und Lebenszusammenhänge erzählt. Als prädestinierte Figur hält der Kurator Traditionen lebendig, trifft aber bei den Besuchern nur auf Ignoranz. Am Ende der Führung sperrt er sie zu ihrem sicheren Verderben im letzten Raum ein, im fensterlosen »Höllenbunker« eines ehemaligen Kerkers. Das Desinteresse an der eigenen Geschichtlichkeit und die alles überwiegende, letztlich (selbst)zerstörerische Gefangenheit in Triebimpulsen zeichnen auch viele der im ersten Teil zu Wort Gekommenen aus, analog zu den Protagonisten in *Die heile Hölle*. Missachteter Erhalt des Vergangenen und der Zusammenbruch einer lebenswerten Gegenwart ergänzen sich in dem Band *Commedia* (1980) zum Schreckensbild einer verkehrten Welt. Auch in *Sindbadland* wird oberflächlich kein Erzählkontinuum hergestellt; ein Reisender lässt in kurzen Abschnitten eine Vielzahl unterschiedlichster Personen sprechen, denen er unterwegs begegnet. Die Episoden, Geschichten, Einzelschicksale ergeben wiederum erst in ihrer Gesamtheit ein komplexes Weltmodell, das sich dem Zuhören und reproduzierenden Sammeln des Reisenden verdankt. Späths Roman *Barbarswila* (1988) entwirft anhand der synchronen Tagesabläufe eines größeren Figurenensembles die düstere Realität einer typisch kleinstädtischen Atmosphäre nicht nur schweizerischer Gegenwart.

Der Roman *Stilles Gelände am See* (1991) setzt fort, was Wolfgang Hildesheimer mit »Objektivierung als System und Stilprinzip« bezeichnet hat: In vier nach den Jahreszeiten benannten Abschnitten werden enzyklopädisch Geschichten, Portraits, Stimmungen, alltägliche Begebenheiten und Naturbeobachtungen aus einer Kleinstadt am See als persönliche Erinnerungen des Ich-Erzählers collagiert. Das Gesamtbild entsteht aus zahlreichen sehr verschiedenartigen Mosaiksteinen, die nur durch die ordnende Instanz des Erzählers eine Einheit ergeben. Im Erzähltext *Das Spiel des Sommers neunundneunzig* (1993) portraitiert Späth einen 59-jährigen Schweizer, der in Irland einen zurückgezogenen Sommer verbringt; seine Selbstreflexionen handeln von seinem zurückliegenden Leben, von seinen Frauen, von Sehnsüchten, vom Tod. Das Buch *Die gloriose White Queen. Ein Abenteuer* (2001) führt zahlreiche literarische Topoi fort: Die sinnlose Geisterfahrt auf einem Narrenschiff, einem Schaufelraddampfer ohne Ziel, und der innere Monolog des Protagonisten, der vom Kapitän mit einem Fahrtbericht beauftragt wird, verbinden sich zu einem Prosaexperiment, das wortschöpferisch und poetisch die Grenzen des sprachlich Darstellbaren auslotet. Die fortgesetzte Arbeit an sprachlichen Formen betreibt Späth insbesondere auch in seinen Hörspielen, in denen er teils selbst als Sprecher oder Regisseur das Medium der gesprochenen Sprache nutzt, um seinen Themenkosmos auszubreiten.

Stefan Iglhaut

Werke: *Unschlecht*, R., Zür. 1970; *Heißer Sonntag*, Hsp., DRS 1971; *Stimmgänge*, R., Zür. 1972; *Mein Oktober höllisch*, Hsp., 1972; *Zwölf Geschichten*, Zür. 1973, u. d. T. *Heißer Sonntag* Ffm. 1982; *Die heile Hölle*, R., Zür. 1974; *Grundriss eines großen Hauses*, Hsp., DRS 1974; *Schattentanz*, Hsp., DRS 1975; *Morgenprozession*, Hsp., RIAS 1976; *Schnelle Reisen*, Pr., Zollikon 1976; *Balzapf oder Als ich auftauchte*, R., Ffm. 1977; *Jahresendspiele: Freemans Loch*, Hsp., DRS 1977; *Phönix – die Reise in den Tag*, En., Pfaffenweiler 1978; *Ende der Nacht*, E., Pfaffenweiler 1979; *In der Ferne eine Stadt*, Hsp., DRS 1979; *Commedia*, Pr., Ffm. 1980; *Masken*, Hsp., DRS 1980; *Kalter Tag*, Hsp., DRS 1980; *Völlerei oder Inselfest*, Fssp., 1981; *Von Rom bis Kotzebue*, Reiseber., Zür. 1982; *Eine alte Geschichte*, Hsp., DRS 1982; *Sacramento*, En., Ffm. 1983; *Sindbadland*, Pr., Ffm. 1984, Hsp., DRS 1985; *Verschwinden in Venedig*, En., Pfaffenweiler 1985; *Unser Wilhelm! Unser Tell!*, Theaterst., UA Genf 1985; *Die Witwe*, Theaterst., UA Linth 1986; *Der See am Morgen*, Hsp., DRS 1986; *Mein Besuch im Städtchen am See*, Hsp., DRS/NDR 1986; *Lange Leitung*, Hsp., NDR 1987; *Barbarswila*, R., Ffm. 1988; *Früher am See (Frühling, Sommer)*, G., m. Illustr. v. Klaus Born, Pfaffenweiler 1988; *Früher am See (Herbst, Winter)*, En., illustr. von Ralph Benazzi, Pfaffenweiler 1989; *Tausend Dinge*, Pr., Zumikon 1989; *Lasst hören aus alter Zeit*, Hsp., DRS 1990; *Stilles Gelände am See*, R., Ffm 1991; *Das Spiel des Sommers neunundneunzig*, R., Ffm. 1993; *Die Fahrt der White Queen*, Hsp., ORF/DRS 1995; *Walser Seelig Koch. Ein Mädchen wird ermordet*, Hsp., DRS 1995; *Ein Nobelpreis wird angekündigt*, E., m. Zeichnungen v. Heidelore Goldammer, Pfaffenweiler 1999, Hsp., DRS 1999; *Eis und Wasser*, Pr., Pfaffenweiler 1999; *Die gloriose White Queen. Ein Abenteuer*, R., Gött. 2001; *Familienpapiere. Gesammelte Geschichten*, Gött. 2003.

Specht, Kerstin, wurde am 5. 6. 1956 in Stockheim bei Kronach in Oberfranken geboren und wuchs im damaligen Grenzgebiet zwischen BRD und DDR auf. Sie studierte in München Germanistik, war im Anschluss an ihr Studium als Regieassistentin beim Bayerischen Rundfunk tätig und nahm Schauspielunterricht. Es folgte ab 1985 ein Studium an der Hochschule für Fernsehen und Film. 1988 begann sie für das Theater zu schreiben und erhielt im selben Jahr ein Stipendium des Literarischen Colloquiums Berlin. Bereits mit ihren ersten Theatertexten *Lila, Das glühend Männla* und *Amiwiesen*, die in rascher Folge uraufgeführt wurden, gelangen ihr Überraschungserfolge. Die Feuilletons kürten sie zum »Shootingstar des Theaterjahres« 1990. Die Stücke von Kerstin Specht gehören seit Jahren zum festen Repertoire der Theater in Deutschland. Ausgezeichnet wurde sie u.a. 1989 mit dem Preis der Frankfurter Autorenstiftung, 1991 mit dem Friedrich-Baur-Preis der Akademie der Schönen Künste

München, 1993 mit dem Else-Lasker-Schüler-Preis und dem baden-württembergischen Landespreis für Volkstheaterstücke, den sie auch 2002 erhielt, sowie dem Deutschen Kindertheaterpreis. Kerstin Specht lebt als freie Autorin in München.

In der Nachfolge von Ödön von Horváth, Marieluise Fleißer und den jüngeren Vertretern des sozialkritischen Volksstückes wie Franz Xaver Kroetz machte sich Kerstin Specht Anfang der Neunzigerjahre einen Namen. In ihren frühen, in einer sehr bildkräftigen, dialektgespeisten Sprache abgefassten Stücken greift sie auf Grundthemen und -formen des Volksstückes zurück. Durch einen »an der Grenze des Erträglichen siedelnde(n) Realismus«, der ihre Volkstheaterstücke »über das Traditionelle hinauskatapultierte« (Stumpfe), gelang es Specht, eine tot geglaubte dramatische Form mit neuem Leben zu erfüllen. Die Figuren der frühen Texte rekrutieren sich aus dem unteren Drittel der Gesellschaft, mal sind es ländlich-bäuerlich geprägte Menschen wie die Protagonistin des Monologstückes *Amiwiesen* (1990) oder die Bewohner der kleinen Dörfer und Städte jenes perspektivlosen ehemaligen Zonenrandgebietes Oberfranken. Diesen Sprachlosen verleiht die Autorin eine Stimme, ohne allerdings vordergründige Sozialstudien betreiben zu wollen.

In ihren frühen Texten konzentriert sie sich auf die Mechanismen der Ausgrenzung, die in der Enge der dörflichen Strukturen ihre mörderischen Blüten treiben: Die Verbindung von »Siechfried«, dem Schiffskoch vom Dorfe, mit Lila, der Ausländerin, die er aus einem der »Schlitzaugenländer« mitgebracht hat, steht in Spechts Erstling *Lila* (1990) von Anfang an unter keinem guten Stern. Der soziale Druck, der auf dieser Verbindung lastet, entlädt sich in einer familiären Katastrophe. Das Aggressionspotenzial innerhalb der Familie und das vergebliche Bemühen um Glück schlägt auch in dem nachfolgenden Text in destruktive Energie um: *Das glühend Männla* (1990) versammelt drei Generationen unter einem Dach: Großmutter, Mutter und Sohn. In dieser Zwangsgemeinschaft der durch den Selbstmord des Vaters gebrandmarkten Familie kollidieren die Ansprüche der einzelnen Mitglieder. Der Befreiungsschlag des Sohnes aus der Umklammerung durch Großmutter und Mutter richtet sich durch die Tötung der Nachbarstochter Anke ausgerechnet gegen seine einzige Bezugsperson außerhalb der Familie.

Mit ihrer zweiten Trilogie *Carceri, Mond auf dem Rücken, Der Flieger* löste sich Specht allerdings vom Genre des Volksstücks. Hatte sie schon mit ihren ersten Stücken die Grenzen dieser Gattung nahezu gesprengt, setzt sich nun der Prozess der sprachlichen Verdichtung und Ausbildung artifiziellerer Formen fort. Immer noch stehen im Zentrum ihrer Texte gesellschaftliche Randfiguren, aber sie artikulieren sich oder agieren aus dem Bestreben heraus, ihre utopischen Gegenentwürfe zu verwirklichen. Ansatzweise zeichnete sich diese Entwicklung bereits in *Amiwiesen* ab, wo eine fränkische Dienstmagd in einem zweistündigen Monolog gegen die Beschränkungen ihres Lebens aufbegehrt. In Spechts Adaption der Geschichte vom Schneider von Ulm, *Der Flieger* (1993), formuliert der Protagonist seinen Traum von der Schwerelosigkeit entgegen aller Beschränkungen und Einwendungen seiner Umgebung und postuliert damit die Notwendigkeit der Utopie. Während Specht in *Carceri* (1996) eine historische Gegebenheit aufgreift – die Leidensgeschichte des Philosophen Louis Althusser, der seine Frau tötete und in eine psychiatrische Anstalt eingewiesen wurde –, sind in ihrem preisgekrönten Stück *Mond auf dem Rücken* (1994) nur noch Reflexe von gesellschaftlichen Realitäten spürbar. Specht fokussiert das dramatische Geschehen auf die Annäherung eines alten Mannes und einer jungen Frau: In der ausschließlichen Konzentration des Geschehens auf die Konfrontation der beiden Figuren, die in kunstvoll ineinander verflochtenen Monologen ihre Situation und ihr Begehren thematisieren, sind Anklänge an Beckettsche Figuren spürbar.

In den *Königinnendramen* überraschte Kerstin Specht mit einem komödiantisch-leichten Tonfall, den man aus früheren Texten in dieser Form noch nicht kannte. Vergnüglich kalauernd entwirft sie zum Beispiel in *Die Froschkönigin* (1998) – im Untertitel ironisch als »Küchenmärchen« gekennzeichnet – die Geschichte einer späten Emanzipation: Eine 45-jährige, allein erziehende Mutter befreit sich aus den Fesseln ihres freudlosen Hausfrauendaseins.

Wie Specht schon in *Das glühend Männla* fränkische Volksmythen mit einfließen ließ, griff sie in ihrem Kinderstück *Wieland* (2003), das im Rahmen eines Theaterprojektes zum Thema »Mythen und Sagen« entstand, auf die germanische Sagenwelt zurück. Mit ihrem Stück *Das goldene Kind* (2002), der Passionsgeschichte eines jungen Paares, das vergeblich versucht, in einer durch Konsumdenken und vorgegebene Lebensentwürfe entfremdeten Welt seinen Platz zu behaupten, knüpft sie an ihre

Texte der frühen Neunzigerjahre an, allerdings wesentlich radikaler in der Zuspitzung des Konflikts und der sprachlichen Behandlung. »Die Sätze, die sie ihren Dörflern in den Mund legt, sind abgebrochen, abgehackt, abgewürgt und ragen mit ihren Stummeln ins absolute Nichts. So versehrt wie die Seele ist eben auch die Sprache der Menschen, ihr Lebenstext ist eine einzige Wunde, (...) Specht verdichtet und verknappt ihre Moritat wie zuletzt nur Sarah Kane ...«, schrieb Roland Müller anlässlich der Uraufführung in den Münchener Kammerspielen 2002. Mit ihren jüngst erschienenen Texten *Solitude* (2003), einer Auseinandersetzung mit den inneren und äußeren Mechanismen der Kunstproduktion und -förderung, durchgespielt anhand fünf junger Künstler in der Abgeschiedenheit eines Barockschlosses, und *Die Zeit der Schildkröten* (2003), der Geschichte zweier junger Marokkaner, die illegal nach Spanien eingewandert sind, beweist Kerstin Specht aufs Neue das breite Spektrum ihrer Themen und ihre stilistische Wandlungsfähigkeit.

Carola von Gradulewski

Werke: *Lila*, Theaterst., UA Nürnberg 1990; *Das glühend Männla*, Theaterst., UA Bonn 1990; *Amiwiesen. Monolog*, UA Mü. 1990; *Lila. Das glühend Männla. Amiwiesen*, Ffm. 1990; *Der Flieger*, Theaterst., UA Ulm 1993; *Mond auf dem Rücken*, Theaterst., UA Kaiserslautern 1994; *Carceri*, Theaterst., UA Mü. 1996; *Carceri. Mond auf dem Rücken. Der Flieger*; Ffm. 1996; *Die Froschkönigin*, Theaterst., UA Stg. 1998; *Die Herzkönigin*, Theaterst., UA Frankfurt/Oder 1998; *Königinnendramen*, Ffm. 1998; *Schneeköniginnen*, Theaterst., UA Schwerin/Graz 2000; *Das kalte Herz*, Theaterst., nach W. Hauff, UA Mü. 2000; *Marieluise*, Theaterst., UA Ingolstadt 2001; *Die Rückseite der Rechnungen. Monolog*, UA Mü. 2001; *Das goldene Kind*, Theaterst., UA Mü. 2002; *Marieluise. Das goldene Kind. Solitude*, Ffm. 2002; *Solitude*, Theaterst., UA Stg. 2003; *Wieland*, Theaterst., UA Münster 2003; *Die Zeit der Schildkröten*, Theaterst., unaufgef.

Spelsberg, Dirk, wurde am 5. 5. 1954 in Altena/Westfalen geboren. Er verbrachte seine Kindheit und Jugend im Ruhrgebiet. Nach dem Abschluss der Handelsschule 1970 war er als Gelegenheitsarbeiter in unterschiedlichen Branchen beschäftigt. Von 1978 an arbeitete er als freier Journalist. Seit 1985 ist er freier Schriftsteller und verfasste zahlreiche Theaterstücke und Hörspiele. Dirk Spelsberg lebt in Münster. Drei seiner Radiostücke wurden von der Frankfurter Akademie der Darstellenden Künste als »Hörspiel des Monats« ausgezeichnet: *Der Sturz* im November 1996, *Going Home* im Oktober 1997 und *Bonte* im Mai 2002.

Nachdem er in einer Reihe von Bühnenstücken für die freie Theaterszene vorwiegend historische Stoffe bearbeitet hatte – die Niederschlagung der Münsteraner Wiedertäufer in *Herz der Freiheit* (1985), mittelalterliche Judenpogrome in *Die Wölfe* (1987), die kurze Periode zwischen der Französischen Revolution und der Machtübernahme Napoleons in *Fouché* (1989) –, hat sich Dirk Spelsberg vor allem als Hörspielautor einen Namen gemacht. Seine Radiostücke folgen keiner stringenten Handlung, sondern sind meist multiperspektivisch aus den Wahrnehmungen, Erinnerungen und Imaginationen verschiedener Figuren zusammengefügt. Ein »isoliertes Agieren der Darsteller« wird durch Parallelmontage, wie Spelsberg bereits in der einleitenden Regieanweisung seines ersten Hörspiels *History* (1990) schreibt, zum »Dialog zweier oder mehrerer innerer Monologe« verbunden. Oft befinden sich die Protagonisten in einem Schwebezustand angehaltener Zeit, von dem die Reflexion ihren Ausgang nimmt. Diese Rahmensituation ist häufig mit dem Motiv des (heimlichen) Beobachtens verbunden, wobei die Rolle des Beobachters sich umkehren, sein Blick auf diesen zurückfallen kann. In *History* verfolgt ein Jogger von seinem Hometrainer aus die Vorgänge im gegenüberliegenden Bürogebäude, von wo aus er seinerseits gesehen wird. *Listen to me* (1994) ist aus der Perspektive zweier Polizisten erzählt, die einen monströs übergewichtigen, bewegungslosen Mann observieren und sich allmählich in die Vorstellung hineinsteigern, selbst beschattet und für einen verborgenen Plan missbraucht zu werden. *Atlantis oder Sörfin Börd* (1995) folgt dem Gedanken- und Erinnerungsstrom eines Psychiatriepatienten, der sich seinem Arzt vollkommen verschließt und dessen Regungen zugleich minuziös verfolgt. In *Horologium nocturnum* (1995) und *Singular oder Der Garten aus Stein* (1999) verbindet die Figur eines unerkannt umherstreifenden Beobachters verschiedene Schauplätze und Figuren miteinander. Eine ähnliche Funktion erfüllt die Metapher des Kanal- oder Röhrennetzes, die wie ein individueller Archetypus in vielen seiner Hörspiele auftaucht. Als Abwassersystem im Untergrund der Städte steht sie zugleich für das kollektive Unbewusste. Spelsbergs Figuren sind häufig getrieben von sexuellen Obsessionen, unterdrückten Trieben und Ängsten, die sich in surrealen Tagträumen und Rachefantasien voller Blut, Sperma und Fäkalien entladen. Während tabuisierte Motive und Substanzen in den frühen Stücken oft exzessiv und explizit ausgespielt werden, kommen sie seit Mitte der Neunzigerjahre, häufig eingebunden in kriminalistische Genre-Geschichten, stilsicherer, dosierter und gezielter zum Einsatz. In der Verbindung mit Mustern der Kriminalerzählung gelingt es Spelsberg auch den imaginativen Schwebezustand seiner Figuren als Spannungsmoment einzusetzen. In *Going Home* (1997) steht einem Berufskiller nach erledigtem Auftrag erneut das Trauma seiner Kindheit vor Augen und die Vision, selbst Opfer eines Mordes zu werden. *High* (2001) zeigt einen Mann am Abgrund, der vom Fenstersims eines Hochhauses zu stürzen droht und noch einmal seine Gangster-Vita rekapituliert. *Bonte* (2002) erzählt von einem Kommissar, der in eine Mordserie zunehmend selbst verwickelt zu sein scheint und sich mit verdrängten Aspekten seiner Vergangenheit konfrontiert sieht, hier wiederum repräsentiert durch ein Labyrinth von Abwasserkanälen. Die strukturelle Offenheit der Texte lässt der Regie einen großen Spielraum. Norbert Schaeffer, der Spelsbergs Hörspiele von *Atlantis* bis *Singular* realisierte, hat zentrale Motive der jeweiligen Stücke zu scharf konturierten Klangsignalen verdichtet und diese auch zur Gliederung und Rhythmisierung eingesetzt. Musik und Geräusche unterlegen den Monologen zum Teil komplexe Hintergrund-Atmosphären, die wie etwa in dem Trinker-Porträt *Der Sturz* (1996) einen Kontrapunkt zur zunehmend aus der Kontrolle geratenden Wahrnehmung des Protagonisten bilden. In *Tschistka oder Die sibirische Himmelfahrt* (1995), einem Bericht von der Flucht eines russischen Gefangenen, der sich zum märchenhaft entrückten Blick auf die Geschichte totalitärer Regime weitet, sowie in *Bonte* haben Schaeffer und der Regisseur Ulrich Lampen dabei auch dokumentarische Aufnahmen verwendet, die den assoziativen »stream of consciousness« um einen zeitgeschichtlichen Kontext erweitern.

Frank Kaspar

Werke: *Herz der Freiheit,* Theaterst., UA Münster 1985; *Keuschheit und Vernunft,* Theaterst., UA Bochum 1986; *Die Wölfe,* Theaterst., UA Münster 1987; *Fouché,* Theaterst., UA Duisburg 1989; *History*, Hsp., RB 1990; *History,* Theaterst., UA Münster 1990; *Listen to me*, Hsp., RB 1994; *Atlantis oder Sörfin Börd*, Hsp., BR/RB 1995; *Horologium nocturnum*, Hsp., HR/SDR 1995; *Tschistka oder Die sibirische Himmelfahrt*, Hsp., RB/BR/HR 1995; *Der Sturz*, Hsp., HR/WDR 1996; *Drei Schritte zum Himmel*, Hsp., HR 1997; *Going Home*, Hsp., SDR 1997; *Drei Schritte zum Himmel*, Theaterst., UA Münster 1999; *Einer von diesen Tagen oder Sweet Home Alabama*, Hsp., SWR 1999; *Singular oder Der Garten aus Stein*, Hsp., HR 1999; *Forever Sport*, Theaterst., UA Münster 2000; *High*, Hsp., SWR 2001; *Bonte*, Hsp., SWR 2002; *Enter Liebe. Von Menschen und Maschinen*, Theaterst., UA Billerbeck 2002.

Spengler, Tilman, wurde am 2. 3. 1947 in Oberhausen geboren. Er studierte in Heidelberg, München, Taipeh und Kyoto Sinologie, Geschichte und Soziologie. 1972 promovierte er mit einer Studie über die chinesischen Intellektuellen im ausgehenden 19. Jahrhundert. Es folgte ein Ruf an das Contemporary China Institute der School of Oriental and African Studies in London. Frühe Veröffentlichungen zur chinesischen Politik brachten Spengler ein bis 1978 währendes Einreiseverbot nach China ein. Von 1974 bis 1980 arbeitete er am Starnberger Max-Planck-Institut. Ausgiebig beschäftigte er sich zu dieser Zeit mit Konzeptionen der chinesischen Wissenschaftsgeschichte. 1977 gab er unter dem Titel *Wissenschaftlicher Universalismus* eine erste deutsche Anthologie der Schriften des englischen Sinologen Joseph Needham heraus. Seit 1980 ist Spengler Mitherausgeber der Zeitschrift »Kursbuch«. 1981 leitete er ein Forschungsprojekt an der Chinesischen Akademie der Wissenschaften, 1983 wurde er Fellow am Wissenschaftskolleg in Berlin. Neben seinen akademischen Arbeiten veröffentlicht Spengler seit den Achtzigerjahren Reportagen sowie kulturpolitische Essays und Rezensionen, er arbeitet außerdem für den Rundfunk und das Fernsehen. Von 1992 bis 1993 leitete er das Feuilleton der Wochenzeitung »Die Woche« in Hamburg. In Klagenfurt wurde er 1987 mit dem Publizistikpreis ausgezeichnet, 1998 war Spengler Stadtschreiber von Mainz, 2003 erhielt er den Ernst-Hoferichter-Preis. Er lebt in Ambach am Starnberger See.

Als Romanautor trat Spengler erstmals 1991 in Erscheinung: *Lenins Hirn* wurde von der Kritik fast einhellig als gelungener Spagat zwischen unterhaltender Kolportage und profunder Wissenschaftssatire aufgenommen. Fiktionalisiert wird die Geschichte des historisch verbürgten Hirnforschers Oskar Vogt, der am 6. April 1870 in Husum geboren wurde – im gleichen Jahr wie Lenin. Spengler präsentiert sich mit seinem Erstling als Satiriker, der an der Biografie des Untertanencharakters Vogt zugleich auch den wissenschaftlichen Aufbruchsgeist zu Beginn des 20. Jahrhunderts parodistisch vorführt. In kurzen, häufig überspitzt-humoristischen Episoden und aus verschiedenen Perspektiven entwickelt Spengler, fokussiert auf die Lebensgeschichte Vogts, ein panoramahaftes Bild mehrerer

Epochen, vom Wilhelminismus bis zur Zeit nach dem Zweiten Weltkrieg. Geschildert wird in Spenglers Gesellschaftsroman zunächst die karrierefördernde Annäherung des jungen Arztes Vogt an die Industriellenfamilie Krupp, die ihm das finanzielle Fundament für seine Forscher-Pläne liefert. Vogt gründet ein eigenes Institut, intensiviert Kontakte zu Fachkollegen vor allem in der Sowjetunion, was ihm schließlich die Ehre einbringt, an Lenins Gehirn seine Studien über Genialität und Elite fortzusetzen. Lenins Hirn, als Folge der Syphilis bereits im Zersetzungszustand begriffen, wird am Ende noch zum Objekt kriminalistischer Verwicklung. Erfolg ist Vogt schließlich nur zeitweise beschieden; letztlich bleibt die Erkenntnis, dass die Gefahr der Dekadenz gerade in den elitären Kreisen lauert. Spengler seziert seinen Gegenstand wie der streng materialistisch denkende Vogt seine Forschungsobjekte: in kleine Einheiten, die zuweilen wenig inneren Zusammenhalt erkennen lassen.

Schon in diesem sprachlich und formal ambitionierten Buch macht sich eine Tendenz bemerkbar, die in Spenglers folgenden Romanen bei der Kritik kontrovers aufgenommen wurde. Von einer Idee beseelt, legt Spengler weniger Wert auf die Ausarbeitung der Figuren; stattdessen werden Fragmente lose aneinander gereiht, ohne die Konstruktion des Ganzen durch spannungshaltende und die Fabel voranbringende Elemente auszustatten. Nicht selten wird ausführlich referiert statt erzählt, den Figuren werden Erkenntnisse und historische Fundstücke des mit Leidenschaft recherchierenden Autors in den Mund gelegt.

Deutlich und durchaus als poetologisches Programm erkennbar wird das an Spenglers 1993 erschienenem historischen Roman *Der Maler von Peking*, in dem parabelhaft ein vielschichtiges, komplexes Denken gegen ein zentralistisch-totalitäres gestellt wird: Die authentische Geschichte spielt im 18. Jahrhundert. Der junge italienische Kunstmaler Lazzo soll im Auftrag der eifrig missionierenden Jesuiten in Peking dem Kaiser die Zentralperspektive nahe bringen, um ihm und schließlich dem ganzen chinesischen Volk die monotheistische Lehre schmackhaft zu machen. Lazzo akklimatisiert sich am Kaiserhof, kann den Herrscher von der neuen Kunstauffassung nicht überzeugen, wird aber seinerseits von diesem instrumentalisiert: Er assimiliert sich, zeichnet nun Steckbriefe der Missionare. Und er verliebt sich in die Tochter eines Kunsthändlers, der einem schemenhaft angedeuteten Komplott zum Opfer fällt. Wie zur Illustration des Scheiterns an der missionarischen Aufgabe findet sich auch im Roman kein Zentrum und keine Hauptfigur. Impressionistische Chinaeindrücke lassen mehr eine Atmosphäre als eine auf Handlung bauende Erzählung entstehen. Schauplatz des Romans *Die Stirn, die Augen, der Mund* (1999) ist wiederum China. Die jüngere chinesische Vergangenheit und die gesellschaftliche Realität des modernen China dienen als Folie für eine Politthriller-Parodie, die von einem Attentat auf das berühmte Mao-Bild am Tor des Himmlischen Friedens handelt. Auch hier rückt der Autor systematisch Nebensächliches in den Vordergrund und öffnet etliche erzählerische Seitenpfade. Er illustriert und konterkariert damit die kulturpessimistische und ironische These einer seiner Hauptfiguren, des Staatsmalers Bao, der in der Reproduktions-Manufaktur für Mao-Gemälde den Part der Augenbrauen beisteuern muss: »Es geht nie um die Wahrheit, es geht um die großen Linien.«

In seinen Kurzgeschichten- und Reportagebänden, die vom Leben eines mitteleuropäischen Intellektuellen und von Reisen nach China berichten, hat Spengler eine geeignete Form für seine Lust am Fabulieren, am Erzählen von Anekdoten wie auch für seine feuilletonistische Begabung gefunden. Kurz und pointiert, selbstironisch und auf eine gesellschaftliche Grundstimmung zielend handelt sein Band *Wenn Männer sich verheben* (1996) von den (psychosomatischen) Leiden eines von der Midlifecrisis ereilten Mannes, bei dem geistiges Wollen und körperliches Potenzial mehr und mehr auseinander klaffen. Die »Kalenderblätter« setzen an jenem Tag ein, als der Schmerz das Regiment übernimmt und sich in allen erdenklichen und unpassenden Alltagssituationen in der Rückengegend als treuer Gast meldet. Die Schauplätze reichen vom Liebesbett bis zur Therapeutencouch, auf der der Erzähler am Ende auch das Resümee zieht, »dass meine wahre Stärke im Klagen besteht«.

Die überdrehte, semifiktionale Biografie eines Intellektuellen liefern die kurzen Episoden des Bandes *Meine Gesellschaft*. Der Untertitel *Kursbuch eines Unfertigen* deutet schon an, dass hier Lebens- als Durchgangsstationen auf höchst amüsante Weise beschrieben werden. Spengler gelingt dabei spielerisch die Transposition der persönlichen Perspektive auf eine allgemeine Ebene: Nicht nur über »meine Gesellschaft«, sondern über unsere bundesrepublikanische Gesellschaft schlechthin lässt sich so etwas erfahren.

Ulrich Rüdenauer

Werke: *Geistermauern, Chinesische Reisebilder*, Reinbek 1989; *Lenins Hirn*, R., Reinbek 1991; *Der Maler von Peking*, R., Reinbek 1993; *Lenins letzte Tage*, Reinbek 1994; *Apropos Leonora Carrington*, Ess., Ffm. 1995; *Wenn Männer sich verheben. Eine Leidensgeschichte in 24 Wirbeln*, Reinbek 1996; *Die Stirn, die Augen, der Mund*, R., Reinbek 1999; *Meine Gesellschaft. Kursbuch eines Unfertigen*, Bln. 2001; *Das Glück wartet draußen vor der Stadt. Reportagen und Erzählungen aus China*, Bln. 2002; *Zu Gast bei Wagner. Kunst, Kultur und Kulinarisches in der Villa Wahnfried*, zus. m. Daphne Wagner u. Barbara Lutterbeck, Mü. 2002, *Jörg Immendorf. Wenn das Bild zum Berg kommt*, Beijing 2002.

Sperber, Manès, wurde am 12. 12. 1905 in Zablotow, einem ostgalizischen Schtetl am Pruth, geboren, ein paar hundert Kilometer südöstlich von Lemberg und nicht weit von der russischen Grenze. Zablotow war eine typische Kleinstadt im östlichsten Teil der Doppelmonarchie, von Jiddisch sprechenden orthodoxen Juden dominiert, aber auch mit bedeutenden Ruthenisch, Polnisch und Deutsch sprechenden Minderheiten, die sich im Herzen des später zur Legende gewordenen Ostjudentums befanden. Im Gegensatz zu den meisten Juden in den ostgalizischen Schtetln waren Sperbers Eltern relativ wohlhabend, besuchten westeuropäische Kurorte im Urlaub und verstanden die Kultursprache Deutsch sehr gut. Im ersten Band seiner Autobiografie, *Die Wasserträger Gottes* (1974), blickt der schon 70-jährige Sperber auf den Schauplatz seiner Jugend zwar ohne Zorn, aber auch ohne jede Spur von Nostalgie zurück. Im ersten Jahrzehnt seines Lebens erlebte Sperber die orthodoxe jüdische Welt kurz vor ihrem Untergang. Seine nüchterne Beschreibung dieser überwiegend armen Gemeinden bleibt eine der überzeugendsten Darstellungen jener heute völlig entschwundenen Welt.

Wie die Mehrzahl der 3000 Einwohner von Zablotow waren die Sperbers – Großvater Rebbe, Vater Geschäftsmann – chassidische Juden, deren tägliches Leben durch die Lektüre religiöser Texte geprägt wurde. Manès Sperber besuchte die orthodoxe Chederschule für Knaben, seine Zukunft schien gesichert: Ausbildung im deutschen Gymnasium in Brody und dann vielleicht an der deutschsprachigen Universität in Czernowitz oder gar Wien, gefolgt von einer führenden Rolle in der jüdischen Gemeinde. Doch es kam anders. Im Sommer 1916 wurde Zablotow, wie große Teile von Ostgalizien, Schauplatz blutiger Kämpfe zwischen den Armeen Russlands und Österreich-Ungarns. Durch die antisemitischen Drohungen der angreifenden Kosaken verunsichert, entschied sich die Familie Sperber zur Flucht nach Wien. Schon als Jugendlicher wandte sich Sperber gegen die orthodoxe Lebensweise seiner Eltern, verließ die Schule, schloss sich der Zionistischen Gruppe »hashomait hatzair« an und wurde schnell Gruppenführer. Gefördert vom Psychologen Alfred Adler, den er 1921 kennen lernte, machte er eine Ausbildung zum Psychologen und erhielt 1926 ein Diplom von Adlers Internationaler Gesellschaft für individuelle Psychologie als therapeutischer Pädagoge. Parallel dazu engagierte er sich in der europäischen Politik der Zwischenkriegszeit. Schon als 14-Jähriger hatte er Marx' *Das kommunistische Manifest* zum ersten Mal gelesen, und mit 19 schrieb er seinen ersten Roman, den noch unveröffentlichten *Der Charlatan und seine Zeit*, in dem ein junger Psychologe aus Wien voller Idealismus nach Moskau geht und später enttäuscht vom kommunistischen Staat nach Wien zurückkehrt. 1927 zog er nach Berlin, wo er sofort Mitglied der Kommunistischen Partei Deutschlands wurde. Mit diesem Schritt stellte er die Weichen für den Rest seines Lebens. Ab 1928 arbeitete Sperber aktiv gegen den Aufstieg der Nazis, fuhr selbst 1931 für drei Monate nach Moskau und wurde 1933 nach dem Reichstagsbrand von den an die Macht gekommen Nazis gefangen genommen. Nachdem er einen Monat später wieder freigelassen wurde, begann sein Leben im Exil. Die Auseinandersetzungen innerhalb der KPD während der Dreißigerjahre veranlassten ihn 1937 zum Parteiaustritt. Von 1939 bis 1941 diente er freiwillig in der französischen Armee, eine Episode, die er mit bitterem Spott in seiner Autobiografie darstellt. Danach begab er sich über Vichy in die Schweiz, wo er ab 1943 interniert wurde. Nach Kriegsende kehrte Sperber nach Paris zurück und war dort bis zu seinem Tod am 5. 2. 1984 als Essayist, Verlagslektor und Verlagsleiter tätig. Fast ein halbes Jahrhundert lang war Sperber französischer Staatsbürger und schrieb Dutzende von Essays hauptsächlich in französischer Sprache. Aber seine großen Trilogien schrieb er zwischen 1940 und 1951 und 1966 und 1973 auf Deutsch. Er wurde vielfach ausgezeichnet, so u.a. 1967 mit dem International Remembrance Award, 1971 mit dem Literaturpreis der Bayerischen Akademie der Schönen Künste, 1973 mit dem Hansischen Goethe-Preis, 1974 mit dem Literaturpreis der Stadt Wien, 1975 mit dem Büchner-Preis, 1977 mit dem Großen Österreichischen Staatspreis, 1979 mit dem Internationalen Charles-Veillon-Preis für Essayistik und der Buber-Rosenzweig-Medaille sowie 1983 mit dem Franz-Nabl-Preis und dem Friedenspreis des Deutschen Buchhandels.

Manès Sperber war gleichzeitig Zeuge und Akteur während der politischen Krisen der ersten Hälfte des 20. Jahrhunderts. Zwar hatte er damals bereits zahlreiche politische und wissenschaftliche Arbeiten veröffentlicht, näherte sich der Welt der schönen Literatur aber nur zögerlich. Sperber war immerhin bereits 45 Jahre alt, als 1949 der erste Roman erschien, *Der verbrannte Dornbusch* (1949). *Tiefer als der Abgrund* (1950) und *Die verlorene Bucht* (1953) folgten als Einzelwerke, bevor sie dann 1961 als Trilogie unter dem Titel *Wie eine Träne im Ozean* erschienen. Dieses tausendseitige Epos darf nicht als Schlüsselroman gelesen werden, auch wenn die Hauptfigur, Doino Faber, viele biografische Details und politische Meinungen mit dem Autor teilt. Der Roman erhält seinen gewaltigen Impuls durch die Aneinanderreihung und Verflechtung von Dutzenden von Figuren und Episoden. Erst in der Zusammenschau der drei Teile entfaltet sich die große Tragödie von Individuen, deren Loyalität und Idealismus keineswegs als Schutz gegen die brutale Maschinerie der Parteizentrale wirken. Sperber benützt eine große, ihm wohl bekannte Landkarte von Europa als Schauplatz für seine absurde Tragödie: Von Paris über Oslo nach Berlin, Wien und schließlich nach Jugoslawien wandern die zu Marionetten gewordenen ehemaligen Parteikämpfer, suchen Rettung, versuchen zu fliehen oder werden selbst zu Mördern oder Opfern. Sperbers bittere Darstellung einer politischen Bewegung und ihres Versagens garantierte ihm die Feindschaft der kommunistischen Partei bis zu seinem Lebensende. Es ist vielleicht keine Überraschung, dass erst die deutsche Fernsehverfilmung dieses epischen Werkes von 1970 Sperber zu einem Bestsellerautor machte. Der Roman wirkt cinematisch, etwa in der Beschreibung der verlorenen Bucht an der dalmatinischen Küste, die die letzte nihilistische Episode des Romans umrahmt, aber auch in dem detailliert dargestellten Verrat selbst, der den völlig deprimierten und resignierenden Doino zur Verzweiflung treibt. Sperbers Wut richtet sich in diesem Roman gegen die kommunistische Partei; die Ausrottung seines eigenen Volkes durch die Nazis findet kaum Erwähnung, auch wenn viele der Genossen offenbar Juden sind. Erst spät, im dritten Band, schickt er eine dem Leser längst bekannte Figur nach Galizien, zum fiktiven Schtetl Wolyna, wo die letzten Juden Galiziens kurz vor der Verschleppung ausharren. Im Gegensatz zu den anderen Episoden der Trilogie ist das reine Fiktion und *Wolyna* wurde in französischer Übersetzung von André Malraux separat als Novelle veröffentlicht.

Erst spät richtete Sperber seinen Blick zurück auf die Welt seiner Kindheit, die er vergessen zu haben schien und deren furchtbares Schicksal er in seinem großen Kriegsroman fast übersehen hatte, so fasziniert war er vom Schicksal der Komintern. Er behauptete später immer, als Jude gehandelt zu haben, der nie die Stützpfeiler des moralischen Systems der Juden verraten habe. Selbst glaubte er nicht mehr an die religiösen Fundamente irgendeiner Religion, so skeptisch geworden war er nach seinen Erlebnissen zwischen den Kriegen. In seiner großen autobiografischen Trilogie, die unter dem Titel *All das Vergangene* (1974–1977) erschien, skizzierte er ein Dasein, das, wie wenige andere, die Entwicklungen der ersten Jahrhunderthälfte erlebte und teilweise formte – als Jude, Psychologe, Kommunist, französischer Intellektueller. Jede Stufe seiner lebensgeschichtlichen Entwicklung hat Sperber literarisch bearbeitet. Sein Gesamtwerk zählt zu den Meilensteinen jener europäischen Literatur, die die Katastrophe des 20. Jahrhunderts analysiert und darstellt.

Peter Stenberg

Werke: *Alfred Adler. Der Mensch und seine Lehre,* Aufs., Mü. 1926; *Zur Analyse der Tyrannis. Das Unglück, begabt zu sein. Zwei sozialpsychologische Essays.*, Paris 1939; *Der verbrannte Dornbusch,* R., Mainz 1950; *Plus profond que l'abîme,* Paris 1950, dt. u. d. T. *Tiefer als der Abgrund,* Köln, Bln. 1950; *Die verlorene Bucht,* R., Köln, Bln. 1955; *Le Talon d'Achille. Essais,* Paris 1957, dt. u. d. T. *Die Achillesferse*, Ess., Köln 1960; *Wie eine Träne im Ozean*, R., Köln 1961; *Essay 1–5*, Hg., Köln 1963–1965; *Essays zur täglichen Weltgeschichte*, Köln 1967, erw. Wien, Mü., Zür. 1981; *Die Liebe und Casanova*, Aufs., Bln. 1967; *Alfred Adler oder Das Elend der Psychologie*, Monogr., Wien 1970; *Leben in dieser Zeit,* Wien 1972, u. d. T. *Sieben Fragen zur Gewalt* Mü. 1978; *Wir und Dostojewski. Debatte mit Heinrich Böll,* Hg., Hbg. 1972; *Die Wasserträger Gottes*, Autobiogr., Wien 1974; *Die vergebliche Warnung. All das Vergangene*, Autobiogr., Wien 1975; *Bis man mir Scherben auf die Augen legt. All das Vergangene*, Autobiogr., Wien 1977; *Individuum und Gemeinschaft. Versuch einer sozialen Charakterologie*, Aufs., Stg. 1978; *Churban oder Die unfassbare Gewissheit*, Aufs., Wien 1979; *Nur eine Brücke zwischen Gestern und Morgen*, Aufs., Wien 1980; *Lenz, Siegfried: Gespräche mit M. S. und Leszek Kolakowski*, hg. v. A. Mensak. Hbg. 1980; *Der freie Mensch*, Aufs., Zür. 1980; *Gesammelte Werke in Einzelausgaben*, Wien 1981 ff.; *Die Wirklichkeit in der Literatur des 20. Jahrhunderts. Der Freiheitsgedanke in der europäischen Literatur. 2 Vorträge,* Mü. 1983; *Ansprachen aus Anlass der Verleihung des Friedenspreises* *des Deutschen Buchhandels,* Ffm. 1983; *Ein politisches Leben. Gespräch mit L. Reinisch,* Stg. 1984; *Wolyna,* E., Wien 1984; *Geteilte Einsamkeit: der Autor und sein Leser,* Aufs., Wien 1985; *M. S.: Sein letztes Jahr,* hg. v. H. Friedrich, Mü. 1985, u. d. T. *Qu'une larme dans l'océan,* Paris 1952; *»Judenklischees« und jüdische Wirklichkeit in unserer Gesellschaft,* zus. m. H. Kahl, Aufs., Bln. 1985; *Der schwarze Zaun,* R., Wien 1986; *Die Tyrannis und andere Essays aus den Jahren der Verachtung,* hg. v. Jenka Sperber, Aufs., Mü. 1987; *Sokrates,* R., Dr., Ess., Wien 1988; *Wie mächtig ist die Macht?,* Wien 1991; *Anpassung und Widerstand. Über den vernünftigen und unvernünftigen Gebrauch der Vernunft,* hg. v. Wilhelm v. Sternburg, Wien 1994.

Sperr, Martin, geboren am 14. 9. 1944 als Sohn eines Lehrer-Ehepaars in Steinberg/Niederbayern, verbrachte seine Schulzeit in einer Zwergschule in Wendelskirchen, in einem katholischen Knabeninternat in Algasing und, bis zum Erreichen der Mittleren Reife (1961), in der Handelsschule in Landshut. Eine Lehre als Industriekaufmann brach er nach kurzer Zeit ab, um Schauspieler zu werden. Seine Ausbildung begann in München, dann besuchte er das Wiener Max-Reinhardt-Seminar, das er aber 1964 wegen angeblich mangelnder Begabung verlassen musste, schließlich ging er nach Wiesbaden. 1965 gelang ihm der entscheidende Karrieresprung: Das damals als besonders unternehmungslustig und progressiv geltende Bremer Theater nahm sein Stück *Jagdszenen aus Niederbayern* zur Uraufführung an und engagierte ihn selbst als Hausautor und Schauspieler. Nach dem bahnbrechenden Erfolg der *Jagdszenen* 1966 in Bremen zog Sperr nach München und entwickelte, zeitweise als Autor und Schauspieler den Münchner Kammerspielen verbunden, innerhalb weniger Jahre eine bemerkenswerte Produktivität: Bis Ende 1971 entstanden drei weitere Theaterstücke, zwei Drehbücher für Fernsehfilme (über zwei populäre bayrische Heimatgeschichtsfiguren des 19. Jahrhunderts, den Räuber Mathias Kneißl und die Hochstaplerin Adele Spitzeder) und einige Bearbeitungen (darunter eine Münchner Dialektfassung von Edward Bonds Schauspiel *Gerettet*). Im Januar 1972 erlitt Sperr eine Gehirnblutung, die seine Laufbahn als Schriftsteller für immer beendete. Nach Monaten im Koma und schwieriger Rehabilitation konnte er zwar wieder als Schauspieler arbeiten (in Hamburg, in Freiburg und vor allem am Münchner Volkstheater), wobei ihm seine imposante physische Erscheinung zugute kam, sah sich aber unfähig zu kreativer Konzentration auf ein eigenes Werk. Abgesehen von ein paar Auftragsarbeiten als bayrischer Übersetzer fremder Theatertexte und der Bühnenfassung eines älteren Drehbuchs (*Die Spitzeder,* Uraufführung 1977) fand nur noch eine skurrile Bagatelle den Weg in die Öffentlichkeit, das handgeschriebene »Schmierheft 1« *Willst du Giraffen ohrfeigen, musst du ihr Niveau haben!* (1979), das kleine Prosastücke, Gedichte sowie das 1977 fertig gestellte Drehbuch *Olympio. Eine Legende* enthält. Sperr lebte seit den Achtzigerjahren teils in München, teils auf dem Lande bei Landshut, wo er am 6. 4. 2002 an einer neuerlichen Gehirnblutung gestorben ist. Er erhielt 1965 den Gerhart-Hauptmann-Förderungspreis, 1967 den Preis der Zeitschrift »Theater heute«, 1968 die Fördergabe des Schiller-Gedächtnispreises, 1969 den Förderungspreis der Stadt München, 1974 den Hörfunkpreis der freien Wohlfahrtspflege, 1977 den Ernst-Hoferichter-Preis und 1978 den Mülheimer Dramatikerpreis.

Als Dramatiker wurde Sperr durch sein 1966 in Bremen uraufgeführtes Schauspiel *Jagdszenen aus Niederbayern* bekannt, das auch im Ausland erfolgreich war und 1969 (mit Sperr selbst als Hauptdarsteller) von Peter Fleischmann verfilmt wurde. Schauplatz der »Jagdszenen« – deren lockere Dramaturgie und kräftige, direkte, vom Dialekt geprägte, aber durchaus stilisierte Dialogsprache an den jungen Brecht, an Horváth, Fleißer und Lautensack erinnern – ist ein niederbayerisches Dorf im Jahr 1949: Der halbwüchsige Abram, der mit seiner Mutter als Flüchtling aus dem Osten hierher gekommen ist und sich schon deshalb in einer schwierigen Außenseiterposition befindet, wird, als ein Prozess seine homosexuellen Neigungen bekannt macht, zum Verspotteten, Verfemten und Ausgestoßenen. Verstört und in Panik versetzt durch diese Hetze, ersticht Abram die gutmütige »Dorfhure« Tonka, die, rechtlos wie er, sich zu ihm hingezogen fühlt und behauptet, von ihm schwanger zu sein; dann bringt die Dorfbevölkerung Abram in einer Treibjagd zur Strecke und liefert ihn der Polizei aus. Schon in diesem knappen, lapidaren, atmosphärisch dichten Erstlingsstück, in dem jede Szene metaphorisch eine »Jagdszene« darstellt, fixiert Sperr mit ganz eigentümlichem Scharfblick die Machtverhältnisse zwischen Besitzenden und Knechten, zwischen Einheimischen und Fremden, zwischen der bis zur Brutalität selbstgerechten Mehrheit und den Außenseitern, die ihre wehrlose Beute abgeben. Sperrs zweites, 1967 in München uraufgeführtes Schauspiel *Landshuter Erzählungen*

zeigt solche Machtverhältnisse im bewusst »modellhaft« konstruierten Ringen zwischen den beiden führenden Bauunternehmern in einer Kleinstadt zur Zeit der Wirtschaftswunder-Blüte. Hassvoll stehen sich der alteingesessene, patriarchalische Laiper und der Fremdling Grötzinger gegenüber; die Fusion der konkurrierenden Firmen, die Laipers Sohn und Grötzingers Tochter – gleichermaßen aus Liebe wie aus Geschäftskalkül – anstreben, wird erst möglich, als der junge Laiper seinen Vater erschlagen hat: ein höhnisch böses Happyend. Mit diesen scharfen, aggressiven »Erzählungen«, deren Wirkung durch allzu plakative Drastik beeinträchtigt wird, entschied sich Sperr für ein direkt politisch-aufklärerisches Zeittheater.
Ein drittes, abermals zehn Jahre später (1968) und nach Dorf und Kleinstadt nun in der Landeshauptstadt spielendes Stück, *Münchner Freiheit* (1969, UA 1971 in Düsseldorf), ergänzt die *Jagdszenen* und die *Landshuter Erzählungen* zu einer *Bayerischen Trilogie* (1972). Der städtische Polizeireferent, der wegen seiner liberalen Haltung von der eigenen Partei (der SPD) gestürzt wird und deshalb Selbstmord begeht; seine skrupellos geschäftstüchtige Frau, die Hitlers Haus auf dem Obersalzberg kaufen und zu einem attraktiven Touristik-Zentrum ausbauen will; ihre Tochter Manja, die sich nach der mühseligen Liaison mit einem Studentenrevolutionär kaltblütig zur Ehe mit dem Liebhaber ihrer Mutter, einem gerissenen SPD-Karrieristen, entschließt – das sind die Hauptfiguren dieser politischen Groteske, die blindwütig und plump zugleich die Brutalität des »scheinliberalen Establishments« einerseits, die Weltfremdheit der jungen Linksradikalen andererseits attackieren will und doch nur triviale Klischees gegeneinander setzt. Gleichzeitig mit der *Münchner Freiheit* entstand Sperrs viertes Stück, *Koralle Meier* (1970), das wieder im niederbayerischen Kleinstadtmilieu spielt – aber nun, historisch, in den ersten Jahren des Naziregimes – und wieder den Zusammenstoß einer Außenseiterfigur, die sich einordnen möchte, mit einer grausam selbstsüchtigen Gesellschaft zeigt. Die Kleinstadthure Koralle Meier will eine ehrbare Geschäftsfrau werden; um das zu verhindern, bringen Geschäftskonkurrenten sie ins KZ; treue alte Kunden holen sie wieder heraus; ihr Versuch, anzuwenden, was sie im KZ gelernt hat, bringt sie wieder hinein: Koralle Meier – diese dummschlaue, großmäulige, komödiantisch vitale Person, die das in Episoden zerbröckelnde, manchmal penetrant didaktische Stück zusammenhält – lernt und lernt, um sich der Zeit und der Welt anzupassen, wendet aus Übereifer das Gelernte allzu konsequent (und also falsch) an und gewinnt damit nichts als den Tod im KZ. In *Koralle Meier* hat Sperr, trotz der fatalen Absichtlichkeit der Konstruktion, einiges wiedergefunden, was ihm über dem Ingrimm der *Münchner Freiheit* abhanden gekommen war: Sprachwitz, Glaubhaftigkeit im Detail, theatralische Fantasie. Doch es bleibt dabei: Etwas Dringlicheres, Dichteres, Überzeugenderes als die *Jagdszenen* ist ihm nie gelungen und der Erfolg wiederholte sich nicht. In der rasch folgenden Produktion zeigte der Aufsteiger Sperr eine eigentümliche Naivität darin, sich einerseits die Form des großen Schauspiels im Sturm erobern zu wollen und andererseits durch deutliches politisches Engagement den Erwartungen des Zeitgeists der Jahre um 1968 gerecht zu werden. Zu einer entscheidenden nächsten Bewährungsprobe ist es nicht gekommen.

Urs Jenny

Werke: *Jagdszenen aus Niederbayern,* Theaterst., UA Bremen 1966, Film, 1969; *Landshuter Erzählungen,* Theaterst., UA Mü. 1967; *Edward Bond: Gerettet,* Mundartbearb., UA Mü. 1967; *William Shakespeare: Maß für Maß,* UA Bremen 1967; *Koralle Meier. Geschichte einer Privaten*, Theaterst., Ffm. 1970, UA Stg. 1970; *Herr Bertolt Brecht sagt*, Kinderb., Hg., zus. m. Monika Sperr, Mü. 1970; *Die Kunst der Zähmung*, Bearb. nach Shakespeare, Theaterst., Ffm. 1971; *Der Räuber Mathias Kneißl*, Film, 1971, gedr. Mü. 1971; *Münchner Freiheit,* Theaterst., UA Düsseld. 1971; *Jagd auf Außenseiter. Jagdszenen aus Niederbayern*, E., Mü. 1971; *Die Kunst der Zähmung,* Theaterst., Bearb. n. W. Shakespeare, UA Bremen 1971, gedr. Ffm. 1981; *Bayrische Trilogie* (enth. *Jagdszenen aus Niederbayern, Landshuter Erzählungen, Münchner Freiheit*), Ffm. 1972; *Adele Spitzeder*, Film, 1972, gedr. als: *Die Spitzeder*, Theaterst., UA Bonn 1977, Hsp., 1978, gedr. Ffm. 1980; *Lemsond*, Hsp., zus. m. Dieter Kühn, 1974; *Babb ma derf net undangba sei!*, Hsp.-Bearb. n. *Rheinpromenade* v. Karl Otto Mühl, 1977; *Willst du Giraffen ohrfeigen, musst du ihr Niveau haben. Eine Legende*, Pr., G., Zeichn., Mü. 1979; *Olympio, die Legende vom weißen Neger & Schleifengedichte & Sprüche und Nachttexte,* 1980; *Markus Kägi: Ach & Och,* Theaterst., Mundartbearb., 1989.

Spinnen, Burkhard, wurde am 28. 12. 1956 in Mönchengladbach geboren. Sein Vater war gelernter Schlosser und arbeitete in der Textilindustrie, seine Mutter war Hausfrau. »Ach Gott, Hermann Broch hat mal gesagt, es sei das Kennzeichen des Autors im 20. Jahrhundert, keine Biografie zu haben. Damit muss er mich gemeint haben«, so

Spinnen. Als Schriftsteller hat Spinnen sehr wohl eine Biografie. Mit dreizehn Jahren ließ er sich auf den Namen des Vaters einen Bibliotheksausweis ausstellen und mogelte sich damit in die Erwachsenenabteilung der Stadtbibliothek Mönchengladbach. Heimito von Doderer begeisterte ihn, Geschichtliches und Groteskes las er bei Günter Grass, Ethik lieferte Heinrich Böll. Vor dem Wehrdienstverweigerungstribunal erlitt der Abiturient Spinnen allerdings eine Schlappe: Spinnen, der seit seinem 17. Lebensjahr Schriftsteller werden wollte, wurde erst einmal fünfzehn Monate lang Soldat. Militärisch brachte er es zwar nur bis zum Obergefreiten der Reserve, akademisch hingegen 1984 zum Magister, fünf Jahre später zum Dr. phil. Bereits während seines Studiums der Germanistik, Soziologie und Publizistik schrieb Burkhard Spinnen in Münster für Tageszeitungen in Mönchengladbach, Wuppertal und Düsseldorf. Insgesamt siebzehn Jahre lang arbeitete er am Lehrstuhl des Münsteraner Germanistikprofessors Helmut Arntzen. Eine Magisterarbeit über Peter Altenberg und eine Dissertation zur Geschichte emblematischer Kurzprosa genügten Burkhard Spinnen, die weitgehend fertig gestellte Habilitationsschrift blieb in der Schublade. Der Erzähler und Essayist lebt bei Münster, interessiert sich für Modellbau sowie für Alltagskultur und Technikgeschichte. Auf den »aspekte«-Literaturpreis von 1991 folgten 1992 der Preis der Kärtner Industrie beim Ingeborg-Bachmann-Wettbewerb, 1996 der Märkische Literaturpreis und der Kranichsteiner Literaturpreis, 1999 der Literaturpreis der Konrad-Adenauer-Stiftung, 2000 der Literaturpreis der Stadt Offenbach, 2001 der Oldenburger Kinder- und Jugendbuchpreis, das Stadtschreiberamt von Minden und der Caroline-Preis der Stadt Jena.

Sein Schreiben begann mit dem als verschollen geltenden Text *Der blaue Brief* aus der Schülerzeitschrift des Städtischen Mathematisch-Naturwissenschaftlichen Gymnasiums in Mönchengladbach, »Tintenkleckse«. Ob es Burkhard Spinnen damals bereits um Zeugnisse der Alltagskultur ging, muss Vermutung bleiben. In den zwölf Kurzgeschichten seines ersten Erzählbandes, *Dicker Mann im Meer* (1991), schrieb Spinnen von unvorhersehbaren Situationen, die Gewohntes in ein neues Licht rücken und eine klare Entscheidung verlangen. Für Momente bietet sich seinen Figuren die Chance, ihren geheimen Leidenschaften zu frönen und ihr Leben umzugestalten. Gemeinsam ist dem Dutzend kurzer Prosatexte ihr hoher Unterhaltungswert, der raffiniert erzeugte Thrill, ihre eigenwillige Moral und ihre vertrackte Psychologie. Was tun, wenn ein skrupelloser Verleger bestsellerlüstern von einem 125-jährigen Greis Memoiren erwartet, einen Ghostwriter schickt, der alte Mann aber lieber ans Meer will? Spinnen gehört einer äußerst raren Spezies an: Er ist ein deutschsprachiger Gegenwartsautor mit Geist, Humor und einer schönen Sprache. »Unprätentiöser kann man sich ein vielversprechendes Debüt kaum vorstellen«, schrieb 1991 die »Frankfurter Allgemeine Zeitung« und die »Neue Zürcher Zeitung« bescheinigte dem Autor: »Spinnens Sprache ist schlank und klar, sein Tonfall unverwechselbar. Selten liest man zurzeit auf Deutsch so einfache, dabei rhythmisch so abwechslungsreich gebaute Sätze, selten hört man einen so prägnanten, in seiner umgangssprachlichen Färbung so zeitnah wirkenden Dialog.« Die »Süddeutsche Zeitung« war vom zweiten Erzählband *Kalte Ente* (1994) ebenso begeistert wie von Spinnens literarischem Erstling: »Seine Sprache ist bis in humorvolle Anspielungen, satirische Einschübe und gezielte Doppeldeutigkeit hinein präzise und von der gleichen schlichten Schönheit wie der Titel, *Kalte Ente.*« Der Grundakkord in diesem zweiten Erzählband ist derselbe: Berufsalltag, Liebesleben, Ehe und Familie – alles scheint wohl geordnet zu sein, bis eines Tages eine jener »unerhörten Begebenheiten« alles infrage stellt, von denen das Leben und die Literatur zehren. Burkhard Spinnen nimmt weniger sich selbst als vielmehr sein Schreiben ernst und entwickelt es weiter. Anders als in *Dicker Mann im Meer* hat er die Prosatexte aus *Kalte Ente* motivisch miteinander verknüpft. Bisweilen werden zwei Geschichten parallel erzählt. Für einen kurzen Moment überschneiden sich Figuren oder Motive, dann driftet die Handlung wieder auseinander.

Weiter verdichtet hat Burkhard Spinnen die Kurzgeschichten seines dritten Erzählbandes *Trost und Reserve* (1996). Sie sind Essenz, aber auch ein unterhaltsames Verwirrspiel, das die Erwartungshaltung des Lesers schaumig rührt, ihn wohlig irre macht. Und dabei sieht Burkhard Spinnen selbst recht normal aus. Man könnte ihn in jenen Reihenhaussiedlungen vermuten, in die er seine Leser oft führt. Doch während des Erzählens verwandelt sich der westfälische Dr. phil. Jekyll plötzlich in Mister Bean Hyde. Die Festplatte, auf die er schreibt, gibt einen trockenen Laut von sich und schon nimmt die begonnene Geschichte einen völlig unerwarteten Verlauf. Eine harmlose Modelleisenbahn wird unvermutet zur Spiellandschaft für Sex & Crime, ein (fast) unschuldiges Mädchen agiert als Pornodarstellerin, ein Büroangestellter verwandelt sich vom unerschrockenen Biker in einen verängstigten Linienbusbenutzer und die nette junge Mutter von nebenan entpuppt sich als kinderlose Kidnapperin. 1995 erschien Burkhard Spinnens erster Roman, *Langer Samstag*. Wie viele seiner Kurzgeschichten beginnt dieses Buch ganz harmlos: ein paar Portionen des mikrowellentauglichen Singlefood im Supermarkt, ein Flirt hinterm Einkaufswagen und ein latexgeschützter Quickie. Der schrullige Hausjurist eines Stromversorgungsunternehmens und die adrette Wirtschaftsberaterin haben ihren Spaß. Doch plötzlich zerstören ein Selbstmordversuch und ein Rationalisierungsplan den fast normalen Alltag des Angestellten in nur wenigen Tagen. Alles kam, wie es »kommen musste«, endet dann aber doch völlig unerwartet. In seinem zweiten Roman, einer Kindergeschichte auch für Erwachsene, endet ebenfalls alles ganz anders, als es der Leser erwartet. *Belgische Riesen* (2000) erzählt von den Bantelmanns, einer deutschen Normfamilie mit VW-Passat und einem von der Bank finanzierten Einfamilienhaus. Bantelmann jun. schließt Freundschaft mit Fridz, eigentlich Friederike Caroline Luise Frenke, einer modernen Pippi Langstrumpf. Durch sie lernt Konrad Bantelmann Trennungsprobleme und das Scheitern familiärer Lebensentwürfe kennen. Während bei ihm daheim alles in Ordnung zu sein scheint, kam Fridz nur mit ihrer Mutter und einem belgischen Riesenkaninchen in die Neubausiedlung. Kein Passat, keine vom Papa ersonnenen Gutenachtgeschichten, keine besonnene Mutter, stattdessen ein flüchtiger Vater, der eine Geliebte dem Familienalltag hinter Motivgardinen vorgezogen hat. Konrad und Fridz ziehen los, um die »Neue« zu strafen. Dabei vermischen sich Kinderfantasien und Erwachsenenrealität auf wundervolle Weise. Spinnens Lieblingsthema blieb die Brüchigkeit der Normalität, die Reibungsfläche zwischen Leidenschaft und Biederkeit.

Dass nichts in seiner Prosa zufällig ist, dass der langjährige Ingeborg-Bachmann-Juror jeden Satz auf ein Ganzes hinschreibt, belegen auch seine Essays und Vorträge zur Literatur, *Bewegliche Feiertage* (2000). Allgemein verständlich und doch sehr präzise schreibt Spinnen darin über Schriftstellerkollegen und Werke der Weltliteratur, aber auch über »Wetten, dass ...?« und die Krise des deutschen Fußballs. Der kluge Kopf aus dem Münsterland ist zugleich immer auch der nette Familienvater von nebenan. So unspektakulär das Milieu seiner Geschichten auch zu sein scheint, so explosiv ist das Gemisch ihrer Pointen, das sich im Mief aus Babycreme und Grünkohl verdichtet. Aus Alltäglichkeit wird Obsession, und plötzlich steht der Alltag Kopf. Burkhard Spinnen ist ein Meister des Erzählens, belesen, humorvoll und voller kleiner Rätsel.

So wie einst Wolfgang Koeppen unter Pseudonym eine fremde Geschichte Literatur werden ließ, schrieb Burkhard Spinnen die Lebensgeschichte des Fabrikanten Walter Lindenmaier aus Laupheim bei Ulm. Am Beispiel einer außergewöhnlich gewöhnlichen Unternehmerbiografie und entlang der nüchternen Fakten einer Firmengeschichte erzählt Spinnen ein Kapitel bundesdeutscher Zeitgeschichte. Es ist kein Sachbuch aus der Wirtschaftsgeschichte, sondern »Faction«, bei der das Dokumentarische überwiegt. Burkhard Spinnens *Der schwarze Grat* (2003) ist das äußerst gelungene Experiment eines originellen Erzählers.

Michael Bauer

Werke: *Zeitalter der Aufklebung. Versuch zur Schriftkultur der Gegenwart,* Münster/New York 1990; *Dicker Mann im Meer*, Pr., Ffm. 1991; *Schriftbilder. Studien zu einer Geschichte emblematischer Kurzprosa,* Diss., Münster 1991; *Kalte Ente. Geschichten*, Ffm. 1994; *Arthur Schnitzler: Erzählungen,* Hg., Zürich 1995; *Happy Birthday, Mr. Manhattan. Streifzüge durch die Welt des Woody Allen,* zus. m. Hellmuth Karasek u. Günter Holtmann, Augsb. 1995; *Langer Samstag,* R., Ffm. 1995; *Peter Altenberg: Wiener Geschichten,* Hg., Ffm. 1995; *Trost und Reserve*, Pr., Ffm. 1996; *Spaghettiträger*, Ffm. 1997/98; *Peter Altenburg: Sommerabend in Gmunden. Szenen und Skizzen zwischen Semmering und Salzkammergut,* Hg., Ffm. 1997; *Kleine Philosophie der Passionen. Modelleisenbahn*, Mü. 1998; *Belgische Riesen*, R., Ffm. 2000; *Bewegliche Feiertage. Essays und Reden,* Ffm. 2000; *Peter Altenberg: Wiener Nachtleben,* Hg., Ffm. 2001; *Arthur Schnitzler: Corso am Ring. Erzählungen aus Wien,* Hg., Ffm. 2002; *Der schwarze Grat. Die Geschichte des Unternehmers Walter Lindenmaier aus Laupheim,* Ffm. 2003.

Stadler, Arnold, wurde am 9. 4. 1954 im südbadischen Messkirch geboren und wuchs auf einem Bauernhof in dem Dorf Rast auf. Er studierte katholische Theologie in München, Rom und Freiburg/Breisgau, anschließend Germanistik in Bonn und Köln. 1986 folgte die Promotion; das Thema seiner Dissertation hieß »Das Buch der Psalmen und die deutschsprachige Lyrik des 20. Jahrhunderts«. Stadler lebt heute in Rast und Berlin. Er ist Mitglied der Akademie der Wissenschaften und Literatur, Mainz, und der Deutschen Akademie für Sprache und Dichtung, Darmstadt. 1994 erhielt er den Hermann-Hesse-Förderpreis, 1998 den Marie-Luise-

Kaschnitz-Preis, 1998/99 wurde er Stadtschreiber von Bergen-Enkheim, 1999 wurde er mit dem Alemannischen Literaturpreis und dem Georg-Büchner-Preis ausgezeichnet.

Stadler debütierte mit dem Lyrikband *Kein Herz und keine Seele. Man muss es singen können* (1986). Es folgte die stark autobiografisch grundierte Romantrilogie *Ich war einmal* (1989), *Feuerland* (1992) und *Mein Hund, meine Sau, mein Leben* (1994), deren Titel auf Gedichtzeilen Stadlers basieren – wie bei allen seinen Büchern. Schon hier findet man Anklänge an Thomas Bernhard. Den Grund seines Schreibens offenbarte der Autor in seiner Dankrede zur Verleihung des Marie-Luise-Kaschnitz-Preises: »Wie oft habe ich in meiner ländlichen Umgebung auf den Höhen über dem westlichen Bodensee, im Hinterland, auch Hinterland des Schmerzes, die Drohung: Ich schreibe noch einmal ein Buch! gehört. Was nie geschehen ist. (...) Wer wird dieses Buch aus dem Hinterland der Erinnerung schreiben, wenn nicht du selbst, dachte ich. (...) Also begann ich mit *Ich war einmal.* Das war mein Ich-werde-noch-einmal-ein-Buch-schreiben.«

Stadlers Arbeiten sind Produkte eines Autobiografie-Fiktionärs. Seine wechselnden Protagonisten, die Bettnässer, Stotterer, Kleinwüchsigen mit den schönen Gesichtern, sind Selbstaufschreiber und Lebenserfinder zugleich. Aber weil sie stets mit Schwermut auf denselben Herkunftsort zurückblicken, die gleiche Sprache sprechen, einem ähnlichen »Zerreibungszwang« (Martin Walser) ausgesetzt sind, scheint es, als erprobe der Autor mit jedem Buch eine andere Distanz zu sich selbst. *Ich war einmal* beschwört eine Kindheit in der Heidegger-Stadt Messkirch, erzählt von früh erfahrener Einsamkeit, Außenseitertum und Tod, Katholizismus und Sprachverlust. Es sind Themen, die sich durch alle Bücher Stadlers ziehen. Der Ich-Erzähler versucht dieser kleinbürgerlichen Enge zu entfliehen, reist – inzwischen erwachsen – nach *Feuerland*, will dort dem ausgewanderten Onkel nachspüren. Doch in Pico Grande, am anderen Ende der Welt, ist ihm die Fremde unangenehm vertraut: »Es war alles anders, als ich dachte. Ganz wie zu Hause.« Der *Ich war einmal*-Knabe aus der »bedeutenden Ferkelhändlerdynastie« bekommt nun einen Namen: Schwanz. Ein Name, entstanden infolge eines behördlichen »Lese- oder Schreibfehlers«. Ein Name, den er auch im dritten Band *Mein Hund, meine Sau, mein Leben* mit sich herumschleppt. Bis nach Rom, wo er Theologie am Päpstlichen Kollegium studiert. Dort lernt Schwanz den von Hühneraugen geplagten Franz Sales Obernosterer kennen, »eine dicke, aufgeschwemmte Person unbestimmten, gar unbestimmbaren Alters«, ein karrieresüchtiger Titularbischof und Satanologe mit sexueller Präferenz für adoleszente Seminaristen. Auch das treibt Stadlers wechselnde Ich-Erzähler aus Schwackenreute, Kreenheinstetten und dem Hotzenwald um: die Suche nach Identität und Sexualität, Religion und Erotik. Erstmals ändert sich der Erzählton, mischt sich subtile Komik mit verwegenen Albernheiten, driftet das scheinbar Reale mit einem absonderlichen Entführungsplan (die englische Königin betreffend) ins Groteske. Doch das Unternehmen scheitert ebenso wie die Priesterweihe. Nach der römischen Episode steht der Ich-Erzähler und promovierte Theologe, der schon als Kind Papst werden wollte, mit seinem alten Weltschmerz vor dem Nichts.

Ein ähnliches Erzählmuster, einen ähnlich spröden Witz, der Trostlosigkeit mit Spottlust paart, weist auch der vierte Stadler-Roman *Der Tod und ich, wir zwei* (1996) auf, in dem der zu kurz geratene Engelbert Hotz sein Leben mit dem Privatgelehrten Heinrich Zeppelin Alfred von Nullmeyer schildert. Hotz ist ein moderner Taugenichts, der sich in Bertulli-Schuhen erfolglos durch eine Welt aus Schein und Schwindel lawiert, angetrieben von der Sehnsucht »irgendwo dazuzugehören, etwas zu sein«. Der Philosoph Heidegger, fester Bestandteil in Stadlers Werken, trägt hier – zu Gast bei Henry – Johann Peter Hebels (1769–1826) Gedicht *Die Vergänglichkeit* vor. Ein Gedicht, über das Stadler 1997 einen Essay veröffentlichte: *Johann Peter Hebels Unvergänglichkeit. Eine Reise zu seinem Gedicht »Die Vergänglichkeit«*. Stadler deutet es als »Einsamkeitserklärung eines Übriggebliebenen«. Auch seine Protagonisten stehen am Ende stets allein. Und wie Hebel will Stadler »sich über die Sprache Klarheit (...) verschaffen«, will »Chronist der Heimat und seiner Menschen« sein. Heimat, Verlust, Vergänglichkeit: Ein Dreiklang, der auch dem Roman *Ein hinreißender Schrotthändler* (1999) zugrunde liegt, in dem ein frühpensionierter Geschichtslehrer über seine müde Ehe klagt, sich aber vom Balkan-Adonis Adrian Heilung verspricht. Zwischen Kampf, Klamauk und Kalauer schwankt Stadlers Ton. Immer wieder wechseln exakte Beobachtungen mit überzeichneter Satire, gesellschaftskritische Polemik mit philosophischen Reflexionen, stößt Erhabenes an Profanes, überlagert unerbittliche Härte klug kalkuliertes Pathos. Wieder ist der Ich-Erzähler unterwegs in die Vergangenheit, in eine Heimat, die nicht mehr existiert. »Ich bin nur einer, der die Heimatlosigkeit beschreibt, ein Phänomenologe, der das, was vorschnell mit ›Heimat‹ bezeichnet wird, näher anschaut, vielleicht auch aus Anhänglichkeit«, schreibt Stadler in seinem Essayband *Erbarmen mit dem Seziermesser* (2000), der Reden, Gedichtinterpretationen, Interviews und Textfragmente bündelt. In seinem Roman *Sehnsucht. Versuch über das erste Mal* (2002) nähert er sich wieder seinem Anfang, dem ersten Selbstaufschreibungsversuch *Ich war einmal.* Statt verzweifelt-komischer Vielstimmigkeit lauscht man einem fast trauernden Einheitston. Unterwegs auf einer Vortragsreise denkt sich der Ich-Erzähler in einem mühsamen Erinnerungsprozess zurück in seine Kindheit – bis zu dem herbeigesehnten, enttäuschenden »ersten Mal« auf einer Klassenfahrt.

»Es gibt nicht viele Themen in der Literatur. Sie sind alle angesiedelt zwischen Leben und Tod und um die Liebe herum«, sagt Stadler im Interview. So lesen sich seine Romane, die in hohem Maße Selbstzitate aufweisen (»Dieser Andrang von Echos«, Martin Walser), wie Rollenspiele vor dem Hintergrund einer wahren Welt, wie Entwürfe zu einem einzigen Buch, einer immer neu zu schreibenden Lebens-, Leidens-, Liebesgeschichte, seine Reiseerzählungen (*Volubilis oder Meine Reisen ans Ende der Welt*, 1999) wie eine Reise zu sich selbst – auf der steten Suche nach Heimat.

Anja Witzke

Werke: *Kein Herz und keine Seele. Man muss es singen können*, G., St. Gallen 1986; *Ich war einmal*, R., Salzb. 1989; *Feuerland*, R., Salzb. 1992; *Mein Hund, meine Sau, mein Leben*, R., Salzb. 1994; *Warum toben die Heiden und andere Psalmen, aus dem Hebräischen übertragen*, Salzb. 1995; *Gedichte aufs Land*, m. Offsetlithografien v. Hildegard Pütz, Düsseld. 1995; *Der Tod und ich, wir zwei*, R., Salzb. 1996; *Johann Peter Hebel: Die Unvergänglichkeit*, Ess., Stg/Bln. 1997; *Ausflug nach Afrika. Eine Wintergeschichte*, E., Eggingen 1997; *Volubilis oder Meine Reisen ans Ende der Welt*, En., Eggingen 1999; *Ein hinreißender Schrotthändler*, R., Köln 1999; *Die Menschen lügen. Alle. Und andere Psalmen*, Ffm. 1999; *Erbarmen mit dem Seziermesser. Über Literatur, Menschen und Orte*, Ess., Köln 2000; *Tohuwabohu. Heiliges und Profanes, gelesen und wiedergelesen von Arnold Stadler nach dem 11. September 2001 und darüber hinaus*, Anth., Köln 2002; *Sehnsucht. Versuch über das erste Mal*, R., Köln 2002.

Staffel, Tim, wurde am 2. 10. 1965 in Kassel geboren. Er studierte von 1987 bis 1991 angewandte Theaterwissenschaften in Gießen und lebt seit 1993 als freier Autor in Berlin. Er erhielt 1994 und 2001 Stipendien des Deutschen Literaturfonds Darmstadt, 1996 das Alfred-Döblin-Stipendium und 1999 das Stipendium der Stiftung Niedersachsen.

Rebellen in einer kaputten Großstadt – dieses häufig wiederkehrende Motiv in den Stücken und Romanen Tim Staffels bestimmt schon sein frühes Drama *Stadt der Krieger* (1994), dessen Monologe an die Dramen von Bernard-Marie Koltès erinnern. Staffels Texte beschreiben Gewalt, die aus Verzweiflung entsteht, aber auch das Kippen kleiner und größerer Revolutionsversuche ins Groteske ist dem Autor nicht fremd. Sein erster und bisher größter Erfolg war der Roman *Terrordrom* (1998), in dem Berlin als Sperrbezirk des Faustrechts dargestellt wird, bis die Stadt schließlich komplett von der Außenwelt isoliert wird. Dieser rechtlose Raum ist zugleich ein Abenteuerspielplatz für brutale Fantasien, ein Erlebnispark für Leute, denen virtuelle Ballerspiele nicht mehr reichen und die einen – vielleicht finalen – Kick in der Gefahr suchen. Frank Castorf dramatisierte *Terrordrom* 1998 für die Volksbühne am Rosa-Luxemburg-Platz und stellte die satirischen Momente in seiner faszinierend brüchigen Romandekonstruktion in den Vordergrund.

Am häufigsten begegnet man Tim Staffels Stück *Werther in New York* (2000) auf den deutschen Spielplänen. Goethes junger Werther liebte 1774 seine Lotte, voller Schwärmerei und Pathos, Staffels Held ist sein Seelenverwandter. Werther, Lotte und Albert treffen auf zwei Figuren, die eher in der Welt des Flimmerns und Rauschens zu Hause sind: Picard, bekannt als Captain des Raumschiffs Enterprise in der zweiten Generation, und Zoe, die dem zynischen Gangsterfilm *Killing Zoe* von Roger Avary entsprungen ist. Im Kern sind diese fünf jungen Leute Träger großer Namen, die in unterschiedlicher Intensität Denk- und Handlungsmuster von ihren Vorbildern übernommen haben. Sie küssen und sie schlagen sich seltsam hilf- und absichtslos, am Ende planen sie einen Bankraub. Nur Werther weiß, was er will, nämlich Lotte. Fünf Freunde erfinden sich ihre Welt, stets gratwandernd zwischen Spiel und Ernst.

Tim Staffel schreibt Texte, die den Regisseuren Material an die Hand geben und verschiedene formale Adaptionen zulassen. In seiner Bearbeitung von Franz Kafkas *Das Schloss* zeigt Staffel Menschen, die eine Geschichte erzählen und sie gleichzeitig erleben. Damit nimmt er die Gratwanderung zwischen Realität und Fiktion und die gegenseitige Durchmischung der beiden Ebenen aus dem *Werther* wieder auf. Das gilt auch für *Titanic* (2001), in dem eine gespenstische Unterwasserwelt nach der Katastrophe gezeigt wird. Ein Liebespaar hat in einer Luftblase überlebt, ebenso ein Klarinettist der Bordkapelle, der am Untergang mitschuldig ist. Zu seinem zentralen Thema Gewalt kehrt Tim Staffel in *Jeanne* (2001) zurück. Die heutige Jeanne d'Arc ist Projektionsfläche für allerlei Assoziationen, dabei werden Erinnerungen an vergangene Kämpfe wach, doch der Elan früherer Jahre ist vorbei. Wie in *Werther in New York* zeigt Tim Staffel junge Leute auf der Suche nach einem Moment, in dem sie sich selbst spüren und ernst nehmen. Die Kriegerin Jeanne befindet sich in einer Nervenklinik. Zwei Männer kämpfen um sie. Der Pfleger Jean hört ihr zu, will ihr helfen, kaschiert damit aber nur seinen Egoismus und seine Einsamkeit. Sein Konkurrent ist Brazzo, der Vertreter des Staates. Ihn packt die pure Angst, wenn er Jeanne von ihrer Wut und ihrem Auftrag reden hört. Er sieht seine Weltordnung wanken und will sie für immer in den Mauern der Anstalt verschwinden lassen. Aber auch in ihm steckt ein Verlorener, der sich nach Berührung sehnt. Drei Monologe stehen, wie so oft bei Staffel, im Zentrum des Stückes, das von einer aus den Fugen geratenen Welt in einer überzeugenden, unprätentiösen Sprache erzählt. *Jeanne* ist intensives Gedankentheater über Menschen, die des zeitgeistigen Zynismus überdrüssig sind und verzweifelt nach einem Rest Schönheit und Hoffnung suchen. Im Grunde ist Tim Staffel ein moderner Romantiker.

Stefan Keim

Werke: *Stadt der Krieger*, Theaterst., UA Oberhausen 1994; *Terrordrom*, R., Zür. 1998, Theaterst., UA Bln. 1998; *Hüttenkäse*, Hsp., WDR 1999; *Stopper*, Hsp., WDR 2000; *Heimweh*, R., Bln. 2000; *Werther in New York*, Theaterst., UA Karlsruhe 2000; *Schloss*, Theaterst., UA Basel 2000; *Titanic*, Theaterst., UA Mainz 2001; *Jeanne*, Theaterst., UA Krefeld 2001; *Hausarrest*, Theaterst., UA Bln. 2002; *Raufaser*, R., Ffm. 2002; *Von Cowboys und Elfen*, Theaterst., UA Konstanz 2003.

Stamm, Peter, wurde am 18. 1. 1963 in Weinfelden in der Schweiz geboren. Nach einer kaufmännischen Lehre studierte er einige Semester Anglistik, Psychologie, Psychopathologie und Wirtschaftsinformatik in Zürich. Seit 1990 arbeitet er als freier Autor und Journalist. Stamm lebt in Winterthur. Ausgezeichnet wurde er 1995 und 2000 mit dem Hörspielpreis der Stiftung Radio Basel, 1998 und 2001 mit der Ehrengabe des Kantons Zürich und dem Werkjahr der Stadt Zürich, 1999 mit dem Rauriser Literaturpreis und mit dem Werkbeitrag der Stiftung Pro Helvetia, 2000 mit dem Rheingau-Literaturpreis und 2001 mit einem Aufenthaltsstipendium der Zuger Kulturstiftung in London und 2002 mit einem Werkstipendium des Deutschen Literaturfonds.

»Agnes ist tot. Eine Geschichte hat sie getötet.« So kühl und irritierend beginnt der erste Roman von Peter Stamm, *Agnes* (1998), und so verwirrend geht die Geschichte auch weiter. Ein älterer Schweizer Sachbuchautor beginnt eine Affaire mit der amerikanischen Physikstudentin Agnes in der Chicagoer Public Library. Sie wünscht sich von ihm eine Geschichte »wie ein Porträt« und lässt sich auch nicht von seinen Warnungen, dass schon einmal eine seiner Geschichten eine Freundin in die Flucht geschlagen habe, abhalten. Zögerlich beginnt er zu schreiben, und tatsächlich weicht seine Nacherzählung erheblich von ihrer Wahrnehmung ab. Irgendwann ist der Scheitelpunkt erreicht, nun muss in die Zukunft erzählt werden, Agnes wird zur literarischen Figur. Sie wird schwanger und verlässt den Mann, der das Kind nicht will. Später holt er sie zurück und erfährt, dass sie das Kind verloren hat. Währenddessen schrieb er an der Geschichte weiter, in der er das Kind leben ließ. Sie gehen sogar Kindersachen einkaufen, die Fiktion hat die Wirklichkeit nun überlagert. Für den Erzähler bleibt diese Geschichte sein Werk, er bestimmt, was Realität und was Fiktion werden darf, und konstruiert zwei Varianten des Schlusses: ein Happyend und den Tod der Frau. Diese erträgt nicht, nur Teil einer Fiktion gewesen zu sein, und handelt konsequent. In diesem tödlichen Spiel in 36 Akten offenbart sich die besondere Erzählstimme von Peter Stamm, der fast unterkühlt und scheinbar kunstlos Menschen und Situationen abbildet. Auch seine neun Erzählungen unter dem Titel *Blitzeis* (1999) lassen sich am besten zwischen den Zeilen lesen, sind beredt (und keineswegs harmlos) in dem, was nicht geschrieben steht. Stamm erzählt von den Mysterien zwischen Mann und Frau, von Lockung, Verführung und Abweisung mit kalkulierter Nonchalance und dem Gestus neugieriger Offenheit. In diesen Begegnungen entwickelt sich eine eigenartige Spannung, ein Spiel der Möglichkeiten und Träumereien von Lust und Liebe. Oft ist Wasser involviert, ob als Weiher, Meer, Fjord, Regen oder Schweiß – auf feucht-erotischen Wegen bewegen sich die Figuren in mäßigem Tempo aufeinander zu. Oft scheitern gerade die Männer an ihrer Angst vor dem Risiko, zeigen wenig Fantasie und Charme:

»Glück heißt, das zu wollen, was man kriegt.« Es wetterleuchtet zwischen den Worten, das Unsagbare lässt die Bilder im Kopf entstehen. Die lappländische Zöllnerin Katherine im Roman *Ungefähre Landschaft* (2001) überwindet zwar ihre Angst vor der Fremde und verlässt ihre hermetische Welt für eine Reise nach Stockholm und Paris, weil sie nicht mehr nur »funktionieren« will. Doch nach ihrer Rückkehr tauscht sie nur die Männer aus und lebt ein Leben weiter, das von Herbst und Winter, von Hell und Dunkel bestimmt ist. Stamm erzählt eine Geschichte wie einen Kreislauf oder wie eine Landschaft, in der man sich frei bewegen kann. Sein Gefühl für erzählerische Diskretion und Ökonomie ist außergewöhnlich.

Thomas Kraft

Werke: *Ich und die anderen*, Hsp., DRS 1991; *Die Nacht der Gewohnheiten*, Hsp., DRS 1993; *In Vitro*, Hsp., DRS 1994; *Der letzte Autofahrer*, Hsp., DRS 1995; *Fremd gehen*, Theaterst., UA Bern 1995; *Bildnis eines Knaben mit Peitsche*, Hsp., DRS 1996; *Ableben*, Hsp., WDR 1997; *Agnes*, R., Zür., Hbg. 1998, Hsp., RB 1997; *Gotthard – Steinerne Seele der Schweiz*, Sachb., Zür. 1997; *Nachtkampf oder Die Kunst des Tee-Wegs*, Hsp., DRS 1999; *Warum wir vor der Stadt wohnen*, Kinder-Hsp., DRS 1999; *Blitzeis*, En., Zür., Hbg. 1999, Hsp., WDR 2001; *Passion*, Hsp., SWR 2000; *Was wir können*, Hsp., WDR 2001; *Ungefähre Landschaft*, R., Zür., Hbg. 2001; *Après Soleil*, Theaterst., UA Zür. 2002.

Steiner, Jörg, wurde am 26. 10. 1930 in Biel geboren. Nach einer abgebrochenen Drogistenlehre besuchte er das Lehrerseminar, das er 1952 mit einem Patent abschloss. In der Folge arbeitete er in einem Heim für schwer erziehbare Jugendliche und als Volksschullehrer in der Region Biel, immer wieder unterbrochen von Reisen u.a. nach Amerika und Ostafrika. Zwischen 1955 und 1960 arbeitete er in dem von ihm gegründeten »Verlag der Vorstadtpresse«, 1961 redigierte er die Literaturseite des »Bieler Tagblattes«, in den Jahren 1970 bis 1972 wirkte er als Stipendiat am Stadttheater Basel. Jörg Steiner lebt heute als freischaffender Autor in Biel. Für sein umfangreiches Werk ist er mit zahlreichen Ehrungen und Preisen bedacht worden, u.a. 1967 mit dem Internationalen Charles-Veillon-Preis, 1969 mit dem Literaturpreis der Stadt Bern, 1976 mit dem Großen Literaturpreis des Kantons Bern, 1981 mit dem Deutschen Kinder- und Jugendschallplattenpreis, 1982 mit dem Gustav-Heinemann-Friedenspreis, 1990 mit dem Deutschen Jugendliteraturpreis, 1994 mit dem Erich-Fried-Preis, 1998 mit dem Berliner Literaturpreis und 2002 mit dem Max-Frisch-Preis der Stadt Zürich.

In seiner Dankesrede zur Verleihung des Erich-Fried-Preises bemerkte Jörg Steiner 1994: »Ich erinnere mich an meinen Widerstand, der sich nur im Schweigen kundtun konnte.« Mit dieser kurzen biografischen Reminiszenz wies Steiner auch auf den Kern seiner Poesie hin. Sie kristallisiert sich am Schweigen und am Widerstand seiner Protagonisten, die weder Helden sind noch Schwätzer, sondern einfache Figuren vom Rande des Gesellschaftstheaters. Im Verstummen finden sie eine Form von stolzer Selbstbehauptung. Aus diesem Grund sind Schose Ledermann, die Stammgäste in der »Schönegg«, Goody Eisinger und all die anderen Figuren stets auch Ordnungsstörer, denn »wenn man sich an eine Ordnung gewöhnt hat, fängt man an, selber Ordnung zu verlangen«. Davor aber sind sie alle gefeit, sie lassen sich weder zur Ordnung noch zur gesellschaftlichen Räson bringen.

Der Reigen der Außenseiter und Sonderlinge setzt mit Rudolf Benninger im Roman *Strafarbeit* (1962) ein, mit dem sich Steiner jenen geistesverwandten Autoren zugesellt, die wie er aus der Jurasüdfuß-Region stammen: Peter Bichsel, Otto F. Walter und Gerhard Meier. Benninger berichtet – zur Strafe – in zwei voneinander abweichenden Versionen von seiner Flucht aus der Jugendstrafanstalt, wobei offen bleibt, welche der Versionen der Wahrheit entspricht, sofern es eine solche überhaupt gibt. Benninger widerspricht sich, legt falsche Fährten, erträumt sich eine neue Freiheit, doch gegen den fantastischen Überschuss obsiegt am Ende zwangsläufig die Realität des Eingeschlossenseins. In diesem Roman greift Steiner auf Erfahrungen zurück, die er während seiner Tätigkeit als Heimerzieher gemacht hat. Diese Erfahrungen bleiben virulent auch im nächsten Roman *Ein Messer für den ehrlichen Finder* (1966), in dem Benningers Freund Schose Ledermann die Hauptrolle spielt. Wegen Mordes an einem Jungen hat er noch ein Jahr abzusitzen, Benninger ist seit einem zweiten Fluchtversuch inzwischen vermisst. An Flucht denkt Ledermann nicht mehr. Lieber möchte er die armselige Jugend und seine Tat hinter sich bringen und sich neu in die gesellschaftliche Ordnung einfügen. Als ob der Autor selbst solchen Illusionen misstrauen würde, erzählt er aus kühler Distanz und macht sich hinter »man« oder »wir« ungreifbar. Den beiden Romanen gemeinsam ist die lakonische Verknappung der Sprache, ein untrügliches Merkmal für Steiners Stil. Er erzählt gleichsam zwischen den Zeilen und biegt

jegliche Gewissheit stets in die Unsicherheit, ins Konjunktivische ab. Zugleich aber ergreift er vorbehaltlos Partei für seine kauzigen Sonderlinge und gescheiterten Existenzen.
Das Wechselspiel zwischen lapidarer Klarheit und schwebender Möglichkeitsform generiert in den kürzeren Prosatexten und in den lyrischen Versuchen eine dritte Ausdrucksform, die Appell und Pathos, somit auch das schreibende Ich, ausgeprägter zu Wort kommen lässt. In den Geschichten *Auf dem Berge Sinai sitzt der Schneider Kikrikri* (1969) wie in den Gedichten *Als es noch Grenzen gab* (1976) setzt Steiner ein auktoriales Ich ein, um biografische Splitter zu erproben, die zur eigenen Lebensgeschichte hinführen, eine biografische Fixierung aber verhindern. Einen Schritt weiter noch geht die Erzählung *Schnee bis in die Niederungen* (1973), in der die Gebrochenheit des Erzählens radikal aufgelöst wird. Das erzählende Ich konstruiert sich eine Figur namens Reubell, ohne ihr wirklich Kontur zu verleihen. Reubell besteht aus widersprüchlichen Eigenschaften. Die diskontinuierliche, ephemere Möglichkeitsform hält das Erzählen offen und reagiert so widerspenstig auf die bestehende Misshelligkeit »reden zu dürfen und mit seiner Rede doch nichts auszurichten«. In der Konfrontation mit einem Gerichtspräsidenten hält der Ich-Erzähler dagegen: »Wenn es nur die eine Wahrheit gibt, will ich nicht ihr Zeuge sein.« In *Schnee bis in die Niederungen* erreicht Jörg Steiner einen Höhepunkt an experimenteller Radikalität, danach kehrt er zu konventionelleren Erzählformen zurück. Die ersten Schritte dazu unternimmt er in den vielfach ausgezeichneten Bilderbüchern, die er zusammen mit dem Illustrator Jörg Müller verfasst. Symbolhaft erzählen sie davon, welche Verheerungen der Fortschritt an Natur und Lebenswelt anrichtet. In *Die Menschen im Meer* (1981) unterdrückt ein reiches Herrenvolk seine armen Nachbarn auf einer nahen Insel, doch das herrliche Reich geht an der eigenen Gier zugrunde.
1982 erschien Steiners bis dahin komplexestes und reifstes Buch, *Das Netz zerreißen*. Zeitlich in kurze Jahreszeiten-Kapitel unterteilt, gruppiert er um den Kristallisationskern des heruntergekommenen Restaurants »Schönegg« eine Reihe von subtilen Figurenporträts: Randexistenzen, deren voneinander losgelöste Lebensgeschichten sich insgesamt zu einem sprung- wie lückenhaften Panoptikum des provinziellen helvetischen Lebens zusammenfügen. Ihr Außenseiterstatus bedeutet nicht, dass sie Zerbrochene sind: »Alles, was man ihnen vorwerfen konnte, war, dass sie ihr Scheitern überlebt hatten.« Sie versuchen sowohl an ihrer kleinen Gemeinschaft wie am bürgerlichen Leben teilzuhaben. Widerstand gegen die Ordnung heißt für sie nicht die Unordnung zu wünschen, vielmehr suchen sie ihren Platz im rauen Reich zwischen Verzweifeln und Hoffen. Das Erzählen hilft dabei, weil es keinen definitiven Halt mehr vermittelt, keine Lückenlosigkeit mehr vorgaukelt, sondern, wie es im späteren *Weissenbach*-Roman heißt, Geschichten erfindet: Das Leben »ist ein kühner Erzähler, es verweigert Erklärungen«. Derart nährt es den Traum, das Netz der eigenen Verstrickung zu zerreißen. Am Ende gelingt dies Robert Knecht, dem Wirt, der wegen zahlreicher Schicksalsschläge immer eigensinniger geworden ist. Er zündet das bereits verkaufte »Schönegg« an, das eine trügerische Geborgenheit und Zugehörigkeit vermittelt hat.
Das Netz zerreißen knüpft an *Strafarbeit* und *Ein Messer für einen ehrlichen Finder* an und leitet über zur stilistischen Konzentration der nächsten Bücher. In dem Geschichtenband *Olduvai* (1985), der Erzählung *Fremdes Land* (1989) und dem Roman *Weissenbach und die anderen* (1994) nimmt Jörg Steiner die formpoetische Radikalität zurück zugunsten einer stilistischen »Verarmung«, einer Poesie der Beiläufigkeit und der Absenz. Zugleich werden radikalere Töne hörbar, die »verlorengegangene Zusammengehörigkeit« wird expliziter als in früheren Büchern thematisiert, auch wenn er die Erzählung *Fremdes Land* mit zu vielen sozialen Problemfeldern überlädt. In *Weissenbach und die anderen* findet er für die vaterlandstreuen Barone, die rührige lokale Elite von Otterwil, grimmigere und auch gröbere Worte denn je.
Zur Vollendung gelangt Jörg Steiners luzide Poesie in der Erzählung *Der Kollege* (1996) und im schmalen Roman *Wer tanzt schon zu Musik von Schostakowitsch* (2000). In ihnen wird die kompositorische Komplexität auf ein paar einfachste Handlungselemente reduziert, der Text scheint sich förmlich ins Verschweigen aufzulösen. Der arbeitslose Bernhard Greif (in: *Der Kollege*) hat niemanden mehr zum Reden, seit auch sein letzter Freund verstorben ist. Seine Botschaften kommen nirgends mehr an, deshalb kann auch niemand verstehen, warum er einen großen Teil seiner Sozialhilfe allwöchentlich ins Lottospiel – in sein »langfristig unfehlbares System« – steckt. Greif ist weder abgestumpft noch resigniert, sondern frei von Konventionen. Darin gleicht ihm der unbeschwerte Goody Eisinger in *Wer tanzt schon zu Musik von Schostakowitsch*,

der unversehens aus der Stadt verschwindet. Der Bruder, ein Versicherungsagent, misstraut der allgemeinen Wertschätzung für Goody zutiefst. In seinen Aufzeichnungen voll unterschwelliger Ressentiments versucht er die eigene Unzufriedenheit von sich weg zu schreiben. Steiners Erzählweise mag zuweilen harmlos, arglos wirken, doch dies ist lediglich ein Zeichen von poetischer Verdichtung, die das Unausgesprochene und Mögliche subtil zur Sprache bringt. Der ungreifbare, verschwundene Goody Eisinger vereinigt in sich Widerstand und Schweigen in gleichsam utopischer Weise, ohne Worte und leichten Herzens hat er die Ordnungsstifter in unordentlicher Irritation zurückgelassen. Niemand weiß, wo er steckt. »Alles was er erzählt, erzählt er allen«, erinnert man sich, und auch, wenn er allen etwas Anderes erzählt: »Er bleibt bei der Wahrheit.« Goody weiß um deren Wankelmütigkeit. Es gibt sie nicht, die Wahrheit, dessen scheint sich auch Jörg Steiner ganz sicher.

Beat Mazenauer

Werke: *Episoden aus dem Rabenland*, G., Zür. 1956; *Eine Stunde vor Schlaf*, E., St. Gallen 1957; *Abendanzug zu verkaufen*, E., Bern 1961; *Strafarbeit*, R., Olten 1962; *Der schwarze Kasten. Spielregeln*, Olten 1965; *Ein Messer für den ehrlichen Finder*, R., Olten 1966; *Das Bett. Monolog*, Hsp., 1967, Fssp., 1967; *Die Hausordnung*, Fssp., 1967; *Auf dem Berge Sinai sitzt der Schneider Kikrikri. Ein Geschichtenbuch*, Neuwied 1969; *Rabio*, Drehb., Zür. 1969; *Stau-Werk. Einakter*, UA Basel 1971; *Peles Bruder*, Fssp., 1971, Kinderb., Köln 1972; *Schnee bis in die Niederungen*, E., Neuwied 1973; *Als es noch Grenzen gab*, G., Ffm. 1976; *Der Bär, der ein Bär bleiben wollte*, Kinderb., m. Illustr. v. Jörg Müller, Aarau 1976; *Die Kanincheninsel*, Kinderb., m. Illustr. v. Jörg Müller, Aarau 1977; *Eine Giraffe könnte es gewesen sein*, Pr., Stg. 1977; *Die Menschen im Meer*, Kinderb., m. Illustr. v. Jörg Müller, Aarau 1981; *Das Netz zerreißen*, R., Ffm. 1982; *Der Eisblumenwald*, Kinderb., m. Illustr. v. Jörg Müller, Aarau 1983; *Olduvai. Geschichten*, Ffm. 1985; *Der Mann vom Bärengraben*, Kinderb., m. Illustr. v. Jörg Müller, Aarau 1987; *Fremdes Land*, E., Ffm. 1989; *Aufstand der Tiere oder Die neuen Stadtmusikanten*, Kinderb., m. Illustr. v. Jörg Müller, Aarau 1989; *Weissenbach und die anderen*, R., Ffm. 1994; *Der Kollege*, E., Ffm. 1996; *Was wollt ihr machen, wenn der schwarze Mann kommt*, Kinderb., m. Illustr. v. Jörg Müller, Aarau 1998; *Wer tanzt schon zu Musik von Schostakowitsch*, E., Ffm. 2000.

Steinke, Udo, wurde am 2. 5. 1942 in Lodz geboren und wuchs bei Leipzig auf. In der Nationalen Volksarmee wurde er zum Fallschirmspringer und Einzelkämpfer ausgebildet. Nach dem Studium bei Hans Mayer, das er mit einer Dissertation über Wolfgang Borchert abschloss, arbeitete er als Verlagslektor in Leipzig. 1968 kehrte er von einer Dienstreise nicht in die DDR zurück und blieb in der Bundesrepublik. Er arbeitete in verschiedenen Berufen, unter anderem als Hilfsarbeiter, Redakteur für klassische Musik, Werbeleiter und Chefredakteur der Zeitung »Das Gymnasium in Bayern«. 1980 erhielt er für sein Buch *Ich kannte Talmann* den Bayerischen Literaturpreis und den Bayerischen Förderpreis für Literatur. Steinke lebte als freier Schriftsteller in den Achtzigerjahren in Husum und dann in München, wo er am 12. 10. 1999 an Herzversagen starb.

Steinkes literarische Arbeiten kreisen um ein einziges Thema: die DDR und die Schicksale der dort lebenden Menschen, aber auch die Situation der in den Westen Übersiedelten. Der Begriff *Doppeldeutsch*, der Titel einer Erzählung (1984), soll die Verflechtung der beiden deutschen Staaten und ihrer Bürger ausdrücken. Die deutsch-deutschen Liebesbegegnungen in seinen Geschichten tragen stets den Charakter des Flüchtigen. So beschreibt Steinke in der Erzählung *Mai, zwanzigster – zweimal*, wie ein Besucher aus dem Westen eine zwanzig Jahre alte Beziehung fortsetzen kann. Die Dame arbeitet in exponierter Stellung und hätte sich mit einem Westdeutschen nie einlassen dürfen. Steinkes Biografie bildet den Hintergrund für die Schilderung ost- und westdeutscher Realität. Der Autor zeichnet sich selbst als Bürger beider Staaten, der sich gut auskennt und Kontakte pflegt. In diesem Geflecht persönlicher Beziehungen relativieren sich sogar die Grenzkontrollen, wenn sich der Grenzsoldat als Schulkamerad entpuppt (*Weiterfahrt auf Handzeichen*). Die frühen Erzählungen, die sich mit der nationalsozialistischen Vergangenheit auseinander setzen, beeindrucken durch die Dichte der Darstellung. Das Wachhalten der Erinnerung an den Nationalsozialismus spielt eine große Rolle in Steinkes Prosa, so in dem Roman *Horsky, Leo oder die Dankbarkeit der Mörder* (1982), in dem es um einen Überlebenden von Auschwitz geht. Häufig steht ein Protagonist im Mittelpunkt des Geschehens, der Einzelgänger geblieben ist. Zu diesen Figuren zählt auch Talmann, der seinem Protest durch Schweigen Ausdruck verleiht; seine Wortlosigkeit, die 1933 begann, ist Zeichen von Ohnmacht wie von Stärke. An die Stelle politischen Widerstandes tritt radikaler Rückzug: »Doch damals war Talmann Kaiser auf einer Arbeiter- und Bauernlok. Und für ihn war dieses Stahlmonstrum ein eigener Himmel, war Liebe und Lebensinhalt.

Seine würdevolle Sprachlosigkeit, sein beabsichtigtes Schweigen allen Menschen gegenüber war nur ein kleiner Ausdruck seiner äußerst konzentrierten Liebe zu seiner tonnenschweren Stahlfrau« (*Ich kannte Talmann,* 1980). Körperliche Kraft ersetzt vernunftbestimmtes Handeln, nicht nur bei Talmann, sondern auch bei Dochenischt (*Dochenischt*) oder Fettköter, der eine verheiratete Frau dazu bringt, mit ihm zu gehen, und ihren sechsjährigen Sohn brutal zu einem Boxer erzieht: »Fettköters bescheidene, angebuckelte Körperhaltung ist nur das Bremsventil, das verschlossene, das die Energie zurückhält. Und dann, nach dem vorgeschriebenen Antupfer, wird das Ventil lichtschnell geöffnet werden von Fettköters Muskeln und den Rest wird eine Faust erledigen« (*Bauernfangen*, 1986). Die Motive der Figuren bleiben jedoch häufig unklar, Entscheidungen werden scheinbar ohne geringste Reflexion getroffen. Sexualität in Form flüchtiger Begegnungen nimmt breiten Raum ein. So spielt der Roman *Die Buggenraths* (1981) in der weit verzweigten Familie eines Bundestagsabgeordneten, deren Mitglieder sich in wechselnden sexuellen Beziehungen ausleben, ohne dass dies zu Konflikten führt. Steinkes Schreibweise trägt stark dazu bei, die Aussage seiner Texte zu verschleiern. Er verwendet häufig Zeit- und Schauplatzwechsel; der Erzählfluss wird unterbrochen durch Umstellungen in der Syntax und durch Wortspiele, die der Autor fast exzessiv anwendet. Wiederholungen, Verniedlichungen, Steigerungen und Neubildungen wirken gekünstelt; der Leser gewinnt den Eindruck einer mangelnden Trennung von Wichtigem und Unwichtigem. Steinkes individuelle Schreibtechnik lässt die innere Struktur seiner längeren Texte undurchschaubar werden; seine Stärke liegt mehr in den erzählerischen Kurzformen.

Isabel Grübel

Werke: *Ich kannte Talmann*, En., Mü. 1980; *Die Buggenraths*, R., Mü. 1981; *Horsky, Leo oder die Dankbarkeit der Mörder*, R., Ffm. 1982; *Doppeldeutsch*, En., Mü. 1984; *Mannsräuschlein. Eine Romanze*, Bln. 1985; *Bauernfangen*, R., Mü. 1986.

Steinwachs, Ginka, wurde am 31. 10. 1942 in Göttingen geboren. Sie studierte in München, Berlin und Paris Philosophie, Religionswissenschaft und Komparatistik. Von 1969 bis 1974 lehrte und arbeitete sie an der Universität von Paris (Vincennes) und an der École Normale Supérieure de l'Énseignement Technique. Seit 1974 lebte sie als freie Schriftstellerin und Performance-Künstlerin in Berlin, Frankfurt, Hamburg und Mallorca. Sie arbeitete als Regieassistentin in Barcelona und trat in New Yorker Theatern auf. Gastprofessuren führten sie 1988/89 an die Universität Hamburg und 1993/94 an die Wiener Schule für Dichtung. Ausgezeichnet wurde sie 1976 mit dem Literaturpreis der Stadt Erlangen, 1981 mit dem Internationalen Hörspielpreis Unterrabnitz, 1985 mit dem dritten Preis beim Ingeborg-Bachmann-Wettbewerb, 1986 mit dem Jahresstipendium und 1987 mit dem New-York-Stipendium des Deutschen Literaturfonds, 1988 mit dem Stipendium Münchner Literaturjahr und dem Förderpreis der Stadt Hamburg, 1991 mit dem New-York-Stipendium der Kranichsteiner Literaturtage, 1993/94 mit dem Arbeitsstipendium des Landes Nordrhein-Westfalen, 1995 mit dem Hubert-Fichte-Preis. 1999 war sie »writer in residence« am University College Dublin.

Steinwachs, die sich selbst »Schrift-ver-stellerin« nennt, ist eine Poeta docta, die ihre literaturtheoretischen Kenntnisse für ihr literarisches Werk nutzt und als »Meisterin der Sprache« auftritt – seit 1982 auch im wörtlichen Sinn, wenn sie ihre Texte in Performances inszeniert (*Der Mund ist aufgegangen,* 2003). Ihre Dissertation *Mythologie des Surrealismus* (1971) trug wesentlich dazu bei, den französischen literarischen Surrealismus im deutschsprachigen Raum wieder bewusst zu machen. Steinwachs analysiert den Surrealismus – »Protest gegen Entmischung« – mit den Mitteln des Strukturalismus – »Protest gegen Mischung« – und erschließt den Sinn der *Nadja* (André Breton, 1928) als Wiederaufnahme des unterbrochenen »Dialogs von Vernunft und Wahn«.

Ihre literarischen Arbeiten verwischen Grenzen zwischen Roman, Drama and anderen Formen der Kunst, zwischen ihren eigenen und fremden Texten. Sie stecken voller Zitate, Anspielungen und Selbstzitate. Das fordert Entschlüsselungsarbeit beim Lesen, die Parallelen zwischen Steinwachs' Romanen und Stücken und ihrer Analyse des Surrealismus zutage fördert: die Verschränkung von Poetologie und Literatur, die Selbstinterpretation, das Verarbeiten von Fundstücken, die Verwendung der Traumgrammatik, die automatische Schreibweise, die zum Konzept der »Dichtungsmaschine« (Konrad Bayer) ausgeweitet wird.

Steinwachs' literarische Hauptwerke sind die drei Städteromane *marylinparis* (1978), *Berliner Trichter/Berliner Bilderbogen* (1979) und *barnarella* (2002) – auch die Hamburger Dreiecksgeschichte

G-L-Ü-C-K in *rosa Prosa* (1992) passt in diesen Kontext – sowie die drei Theaterstücke *George Sand* (1980), *Erzherzog – Herzherzog* (1985), *Rolling Stein* (1996/97) über George Sand, Erzherzog Ludwig Salvator und Gertrude Stein.

Der Titel ihres ersten Stadtromans, *marylinparis*, illustriert das Prinzip der Traumverdichtung: Marylin ist in Paris. Paris ist Marylin und die Welt, der Jardin des Plantes ist Gegenwart und Vergangenheit in einem. Vier Kapiteln sind jeweils eine philosophische Disziplin, ein menschlicher Sinn, ein »Säulenheiliger« sowie ein oder mehrere Motti vorangestellt. Im ersten Kapitel laden die Hauptfiguren Marylin und Arthème an neun Abenden in Restaurants, mit jeweils einem französischen Wissenschaftler als Star-Gast. Im zweiten Kapitel (»maryflore«) spaziert Marylin und im dritten (»faunarthème«) Arthème im Jardin des Plantes umher. Ihre Erfahrung der Pflanzen- und Tierwelt wird unterbrochen von Passagen aus Buffons *Histoire naturelle* (1749–1789) und aus Sendungen von Radio France. Im vierten Kapitel wohnen sie einer grandiosen Geruchsoper bei.

Der zweite Stadtroman, *Berliner Trichter/Berliner Bilderbogen* (1979), stellt in zwei Bänden literarische Theorie und Praxis direkt neben- und ineinander. Der *Trichter* zitiert, kommentiert und aktualisiert Georg Philipp Harsdörffers *Poetischen Trichter* (1647–1653), eine barocke Poetik, die – wie der literarische Surrealismus – vermittelt, dass und wie das Schreiben für (fast) jedermann zu erlernen sei. Der *Bilderbogen* besteht aus zwei Abteilungen: eine über Männer unter dem Motto »nomina ante res« und eine über Frauen unter dem Motto »l'illumination vient ensuite«. Vier Geschichten über je zwei Männer driften aus einem alltäglichen Anfang unvermittelt ins Absurde. In Nebentexten über Vorgeschichte und Gewohnheiten der Figuren kippen auch die Wörter durch spielerische Umstellungen aus ihrer Alltagsbedeutung heraus (»splitterdick«, »spindelfahl«). Die Namen der weiblichen Hauptfiguren der zweiten Abteilung stehen in Opposition zu den Männernamen: Sie sind merkmallos oder ka-los, im Gegensatz zur männlichen Ka-haftigkeit. Die ersten drei Geschichten zeigen Reaktionen auf diesen Mangel. Itscha hebt nach der Trennung von ihrem Mann mithilfe eines Joints vom Boden ab. Etscha scheitert tödlich an ihrer Leidensgeschichte (so wie die beiden Frauen in *Tränende Herzen,* 1977). Otzsch und Ötzsch erwerben das fehlende Ka beim Ka-Krämer. Die »flying lesbians« Ischwitz und Ischfitz der vierten Geschichte – sie nennen sich kati – sind von den Ka-haften völlig unabhängig; sie sind »fraus genug«. Abgeschlossen wird die erste Abteilung des Bilderbogens mit dem »Versuch über die Gantischen Krankheiten des Kopfes« des modernen Kant-Wiedergängers und Philosophieprofessors Gant. Die zweite Abteilung endet mit »Surre-Alices Versuch, Theater mit neuen Augen zu sehen«: Alice verwirft die historischen Bestimmungen des Theaters, als Schule des Lebens, moralische Anstalt, Bildungsinstrument für Bürger, um in der mystischen Vereinigung von Alice als Frauenvogel mit dem Kre-Akteur Surre als Frauen-Vogel-Fänger das neue Theater zu begründen. Frauen erscheinen in diesem wie in anderen Texten als mangelhafte Wesen, die »männliche« Merkmale erwerben müssen, um dann in eine von Männern unabhängige, aber doch nur mit den Männern gemeinsam und als ihre Ergänzung mögliche Zukunft zu gehen.

Weibliche und künstlerische Identitätsfindung behandelt auch das Theaterstück *George Sand* (1980). Wie Steinwachs' andere biografische Werke, *Der schwimmende Österreicher* (1985), *Erzherzog – Herzherzog* (1985) und *Rolling Stein* (1996/97), beruht es auf profundem Wissen über das Leben und Werk der Hauptperson, führt aber über die vielen Rollen, die die historische George Sand eingenommen hat, noch hinaus. Die Bilder und Räume, die die Autorin für das Leben der »Frau in Bewegung« und »Frau von Stand«, der »Explora-Terraristin« findet, sprengen die Grenzen des klassischen Theaters. »Die Sprache in der George Sand ist Exstase, Eks-tasse, die die Leute aus ihrer Normallage katapultiert. Indem ich das Wort aus dem Zwang des Bezeichnens befreie und die Emanzipation des Klangs vom Sinn intendiere, wird bei mir das Wort Körper.« Steinwachs (»mund von welt«) kommt immer wieder zurück auf die Körperlichkeit von Sprache und die Doppelfunktion von Mund und Zunge für Sprechen und Essen.

Das typografisch hervorragend gestaltete (Lese-) Metastück *Erzherzog – Herzherzog* über das Leben Ludwig Salvators, Sprachgenie, Schriftsteller, Ethnologe und Liebhaber ohne Grenzen, der Ende des 19. Jahrhunderts vor allem auf Mallorca lebte, geht noch weiter. Ein Personenverzeichnis hilft die wechselnden Identitäten der Figuren zu entschlüsseln und benennt surrealistische Verkörperungen wie »Nummer 0 – Das rauschende brausende aquamarinblaue Publikum, hier als Meer und Stimulator des Ensembles der Menschheit«. Die kompliziert verschachtelten, teils irrealen Bühnenräume, die antirealistischen Verfahren und Techniken, der »Mischmasch« von Stilen und Formen bringen in diesem Metastück die Verbindungen zum Manierismus des Barocks im Werk der Autorin besonders deutlich zum Vorschein.

Steinwachs dritter Stadtroman, *barnarella oder das herzkunstwerk in der flamme,* ist die Geschichte eines Manuskripts, das mit der Autorin, barnarella, mit dem Flugzeug verunglückt. Barnarella ist nicht zu retten, wohl aber ihr Roman. Dichtungssachverständige und Liebhaber setzen ihn aus an den Rändern verbrannten Zetteln in acht Kapiteln zu acht Fragmenten neu zusammen. Die Struktur erinnert an das I Ging; Zitate, Anspielungen und Sprachspielereien stellen die Beziehung zu Surrealismus, Dada und literarischer Moderne her und zu Barcelona: »dabei [bei der rekonstruktion des herzkunstwerks] gibt jeder von sich selber preis. daher und noch aus einem anderen grunde die form der buchstücke. diese sind den keramikbruchstücken des barceloneser architekten don antoni gaudi-um nachempfunden: Und sie passen ins I GING. und und und. im übrigen spielt der roman im himmel. im himmel über barcelona, der stadt, die für barnarella und cellophan, den freund, beides zugleich: himmel und hölle ist. musterknabe und mustermädchen in einer stadt zum abheben. ginka steinwachs / träumt auf / berlin online, vienna love.«

Patricia Hallstein

Werke: *Mythologie des Surrealismus oder Die Rückverwandlung von Kultur in Natur. Eine strukturale Analyse von Bretons »Nadja«*, Diss., Neuwied, Bln. 1971; *Eine Studie zu Bretons und Eluards »Die unbefleckte Empfängnis«*, Mü. 1974; *»Die Naturgeschichte« von Péret als Chaogonie. Traktat*, Erlangen 1976, verbess. Aufl. Basel 1985; *Tränende Herzen. Minna Klages & Dorothea Hörauf. Ein sentimentales Frauenstück*, Bln. 1977, UA Köln 1978, Fssp., ARD 1980; *marylinparis, montageroman. Ein Compendium der Spracherotik*, Wien 1978; *Das kleine Ohrensausen. Komposition*, Musik v. Herbert Hechtel, Hsp., NDR 1978; *Berliner Trichter/Berliner Bilderbogen – Doppeldeckerroman*, R., Wien 1979, Hsp., 1981; *Geisterfahrt himmelan. Elementarstück in Raum-, Zeit- & Luftnot für Mann, Frau, Hermaphrodit & den steirischen Herbst 1980*, Bln. 1979; *Schafskopfhörer*, Hsp., n. d. 3. Kapitel v. *marylinparis*, 1979; *George Sand. Eine Frau in Bewegung, die Frau von Stand*, Theaterst., UA Bln. 1980, Hsp., WDR/NDR 1981, gedr. Ffm. 1983; *Lunagal bei den Terraüken*, Kinderst., Bln. 1980, Hsp., RIAS 1980; *Tränende Herzen*, Fssp., 1980; *Tàpies íntim*, Barcelona 1983; *B. Péret: Naturgeschichte*, Übs., zus. m. Simon Werle, Mü. 1984; *Der schwimmende Österreicher*, R., Graz 1985, Hsp., SFB/NDR 1990; *Erzherzog – Herzherzog oder: Das unglückliche Haus Österreich heiratet die Insel der Stille. Metastück*, Mü. 1985, Hsp., WDR 1985; *konzepte 37/85*, zus. m. Guido Kucznierz, Stg. 1985; *Ginka Stein, Wachs! Die Frau auf der Säule und der Mann im Mund. Partitur für eine Semi-Performance*, in: *Nacht Zettel. Sieben Theatertexte nach William Shakespeares »Ein Sommernachtstraum«*, hg. v. Sissi Tax u. Herbert Wiesner, Bln. 1987; *Die vier Hallunzinierer oder Ein Hörstück Leben*, Hsp., NDR/SFB 1987; *Ein Mund von Welt: Ginka Steinwachs. Text(s)orte(n)*, hg. v. Sonia Nowoselsky-Müller, Bremen 1989; *Anna's (T)raum: Lovestory*, Bremen 1991; *G-L-Ü-C-K: rosa Prosa. Originalfälschung*, R., Ffm. 1992; *Guido Kucznierz – miniAR-Turen. ein (p)reisebericht*, 1992; *falschgeld der poesie. OriGINKAle aus fünf jahrhunderten*, Wien 1994; *G. S. Genius oder Die Begründung des Minimalismus aus der Elephantasis*, Hsp., NDR 1995; *Rolling Stein – keep it big and beautiful/Rolling Stein – keep it small and simple*, Theaterst., 1996/97; *Eroskop: ein Orakel für Sprach- und Sternverliebte*, m. Cosmicstrips v. Andreas Hertel, Ffm. 1999; *barnarella oder das herzkunstwerk in der flamme*, R., Wien 2002; *die feder im mund/der mund in der welt. Vorleszungen*, Wien 2002; *Der Mund ist aufgegangen. Kunststücke*, Wien 2003.

Sterchi, Beat, geboren am 12. 12. 1949 in Bern, begann nach dem Besuch der Primar- und Sekundarschule eine Metzgerlehre, wanderte 1970 nach Kanada aus, arbeitete in Fabriken, beim Straßenbau und bei der Eisenbahn und belegte nebenbei Abendkurse. Er studierte dann Anglistik und englische Literatur an der University of British Columbia, legte den »Bachelor of Arts« ab und übersiedelte 1975 als Englischlehrer nach Honduras. Erste Gedichte erschienen in englischer, dann auch in deutscher Sprache. 1977 setzte er sein Studium an der McGill University in Montreal fort und arbeitete nebenher als Lehrer am dortigen Goethe-Institut. Von 1984 bis 1994 lebte er als freier Schriftsteller in Chiva de Morella, einem Dorf der Region Valencia/Spanien. Heute lebt er wieder in Bern, ist Lehrbeauftragter für Schreibwerkstätten und an der Hochschule für Sozialarbeit in Bern. Er erhielt 1983 den Weinpreis der Edition Text und Kritik und zusammen mit Zsuzsanna Gahse den »aspekte«-Literaturpreis, 1984 den Preis der Schweizerischen Schillerstiftung, den Berner Literaturpreis und ein Stipendium des Kantons Bern, 1989 den Förderpreis der Deutschen Industrie und ein DAAD-Stipendium in Berlin und 1994 den Basler Hörspielpreis.

»Ein wilder, dämonischer und ein zugleich langsamer, magisch poetischer Roman« (Rolf Michaelis), »ein wahnsinniges Buch, das wie eine stampfende, dampfende, röhrende, kesselnde Maschine daherkommt« (R. Stumm), »ein Buch, das für Literatur und Kritik neue Maßstäbe setzt« (H. L. Arnold) – Beat Sterchis Debütroman *Blösch* (1983) wurde mit Lobeshymnen und Literaturpreisen geradezu überschüttet. Sterchi erzählt die Geschichte des spanischen Gastarbeiters Ambrosio aus Coruna, der als Handmelker beim Knuchelbauern im »wohlhabenden Land« eingestellt wird, dann aber unter dem Druck der Dorfbewohner entlassen wird und im örtlichen Schlachthof Arbeit findet. Es ist aber auch die Geschichte von »Blösch«, der prächtigen Leitkuh des Knuchelbauern, die als abgezehrtes Schlachtvieh ebenfalls im Schlachthof endet: »Blöschs Hinken und Schleppen und Zögern, das war er, da ging Ambrosio selbst am Strick (...); was da auf der Rampe einmal mehr vorgeführt wurde an bedingungslosem Gehorsam, an Unterwürfigkeit und ziellosem Muhen, das hatte er mittlerweile an sich selbst kennengelernt.« Das Schicksal von Mensch und Tier nimmt den gleichen Verlauf, unter dem Einfluss von Markt und technisierter Arbeitswelt zu einem Fließbandgemetzel; der Schlachthof wird zur Todesmetapher und zum Symbol einer brutal-obszönen Wirklichkeit, alltäglich verdrängt und doch gegenwärtig. Mensch und Tier sind Abfallprodukte, Opfer einer sich im Blutrausch befindenden Gesellschaft. »Man muss das Tier einfach einbeziehen in die Struktur der Gesellschaft. Wir machen das nicht mehr und das hat unser Bewusstsein, unsere Kultur geprägt« (Sterchi, 1983). So verbrüdern sich am Ende des Romans die Metzger mit ihrem Opfer in einem Blutritual mythisch-archaischer Tradition, indem sie eine junge Kuh schächten, ihr frisches Blut trinken und damit ihren Protest gegen diese irrsinnigen Schlachtungsorgien zum Ausdruck bringen. Sterchis Roman ist streng strukturiert, im regelmäßigen Wechsel der Schauplätze, in der bedächtigen, oft Schweizer Idiome gebrauchenden detaillierten Beschreibung von Bauernwelt und Bauern- arbeit und in der dazu radikal kontrastierenden, mit Blut und Gewalt durchsetzten Schilderung der Schlachthausszenerie, die er mit einer Collage aus Verordnungen, Fachliteratur, Zeitungsartikeln, Biografien der Arbeiter und ihren derben Dialogen durchsetzt. Sterchis Vorbilder heißen Döblin, Brecht, Sinclair, Traven und Dos Passos; seine Forderung nach »realistischer Literatur« – »Warum schreibt keiner dem Schmerz entlang, warum filmt keiner bis zum Stachel im Fleisch, bis hin zu den Zentren der Macht, bis hin zu den Schnittpunkten von sehr viel Leid?« – könnte ihrem Credo entnommen sein; Sterchi hat sich mit *Blösch* deutlich dazu bekannt.

Sterchi hat sich in der Folge vor allem dem Theater und dem Hörspiel gewidmet und nur noch kleine Prosa veröffentlicht. Nach den *Skizzen aus einem spanischen Dorf* (1985) und einer Hommage an Spaniens Heilige, Küche und Fußball, *Going to Santiago* (1995), erschien 1999 ein Band mit Kurz- und Kürzestprosa, *Auch sonntags etwas Kleines*, dessen »leiser Humor die Geschichten zum Schwingen bringt ... Es ist, als hätte er da weitergemacht, wo Peter Bichsel vorläufig aufgehört hat« (Erich Hackl), glossierend, mahnend, lakonisch.

Thomas Kraft

Werke: *Blösch*, R., Zür. 1983; *Skizzen aus einem spanischen Dorf*, Pr., Gött. 1985; *Dr. Sudu. Berndeutsche Szenen für das Theater*, Theaterst., UA Bern 1988; *Äm Gessler sy Huet. Szenen aus einer Militärdemokratie*, Theaterst., UA Bern 1989; *Vom Elend in den Chefetagen*, Theaterst., UA Bern 1991; *Kann ich nirgends stehen bleiben seit zwölf Jahren. Monolog*, Theaterst., UA Esslingen 1992; *Dr Forschtinspäkter*, Hsp., DRS 1994; *Wüthrich*, Theaterst., n. Walter Vogt, UA Bern 1995; *Going to Santiago. Spanien. Fahrten, Fährten, Feste*, Zür. 1995; *Ich bin nicht Melania Meiler. Monolog*, Theaterst., UA Esslingen 1998; *Auch sonntags etwas Kleines. Lange Listen, kurze Geschichten*, Zür. 1999; *Das Matterhorn ist schön*, Theaterst., UA Basel 2001, Hsp., DRS 2002; *Der Vereinstanz*, Theaterst., UA Aargau 2003; *Nach Addis Abeba*, Hsp., DRS 2003.

Stiller, Klaus, wurde am 15. 4. 1941 in Augsburg als Sohn eines Landarztes geboren. Er wuchs katholisch auf und besuchte, wie Brecht, das Realgymnasium Augsburg, anschließend das Musische Gymnasium in Lauingen/Donau, wo er 1961 das Abitur ablegte. Er studierte bis 1968 Germanistik und Romanistik in München, Grenoble und Berlin. Von 1963 bis 1970 lebte er in Berlin. Es folgten je einjährige Aufenthalte in Schwaben und Frankfurt am Main, wo er zeitweise als Verlagslektor arbeitete. Er lebt in Berlin, wo er seit 1972 als Schriftsteller bzw. seit 1981 als Rundfunkredakteur beim Sender RIAS Berlin tätig ist. Von 1977 bis 1979 amtierte er als zweiter Vorsitzender des Schriftstellerverbandes (Landesverband Berlin). Seit 1978 unternahm er mehrere Reisen in die Sowjetunion, in die USA und nach Italien. Seit 1977 ist er Mitglied des bundesdeutschen P.E.N.-Zentrums. Er erhielt 1977 den Hermann-Hesse-Förderpreis der Stadt Karlsruhe.

Stiller ist einer der wenigen Schriftsteller, die sich durchgehend der Satire und der Parodie bedienen. In seiner ersten Veröffentlichung, dem Erzählband *Die Absperrung* (1966), persifliert Stiller das Beamten- und Formel-Deutsch, die Inhumanität und Gewalt einer depersonalisierten, verordneten Sprache. Für sein Buch *H.* (1970) benutzte er dokumentarische Vorlagen: Aus Hitlers *Mein Kampf*, aus Reden, Tischgesprächen und Lagebesprechungen erfand er das prototypische Protokoll einer fiktiven Rede des »Führers«. Was den Denkmustern und der Sprachgestalt nach für Hitlers Sprechen besonders charakteristisch war, stilisierte er frei nach und spitzte es satirisch zu. Stillers Satire gibt einen sehr anschaulichen Eindruck davon, wie Hitler seine Blut-, Boden- und Herren-Ideologie durch eine Ästhetik des Monumentalen gefeiert wissen wollte und wie der hybride Geist eines »heroischen Willens« sich beständig mystisch glorifizierte. Faschistoides Terrain von gestern und heute legte Stiller in seiner bisher besten Satire frei, dem *Tagebuch eines Weihbischofs* (1972). Stiller greift darin den Fall des katholischen Erzbischofs Defregger auf, der 1944 in Italien als Hauptmann an der Erschießung von Geiseln beteiligt war. Diesen Skandal des Jahres 1969 nutzt er, aus der Perspektive des tagebuchführenden Bischofs erzählend, virtuos: Indem er die Sprache des Klerikers imitiert, entlarvt er diesen als selbstgerechten Pharisäer, der die Autorität um ihrer selbst willen verherrlicht und der durch eben dieses Verhalten seine damalige Unmenschlichkeit noch einmal ausdrücklich bestätigt. Der Seelenhirt verteidigt die »soldatische Grundhaltung« des Gehorsams mit der Parallele zur konservativen Autoritätsmystik der Kirche: »Die Kirche ist keine demokratische Institution, weil ihre Hierarchie in Gott gipfelt« und »Die Autorität der Kirche ist gottgewollt. Deswegen muss die Autorität verteidigt werden.« In seinen vier *Italienischen Novellen* mit dem Buchtitel *Die Faschisten* (1976) interessiert Stiller wie in *H.* und im *Tagebuch* vor allem die Frage: Wie und aus welchen Auffassungen und Gedanken heraus ist der Faschismus entstanden? Die vier Erzählungen des Bandes sind so angeordnet, dass sie chronologisch über die Geschichte des italienischen und indirekt des deutschen Faschismus berichten. Auch in diesem Fall geht Stiller von der Struktur dokumentarischen Materials aus, das er verändert, indem er aus der Seh- und Erlebnisperspektive einer Figur berichtet und die Perspektive dieser »Heldenfiguren« durch Sprachimitat, Ironie und Parodie entlarvt: Ettore Tolomei, der das österreichische Tirol italienisieren möchte, da es sich um »uralt römische Erde« handele; Gabriele d'Annunzio, der sich als heimlichen, intellektuellen Führer des faschistischen Italiens wähnt; General Badoglio, der die Erweiterung des Lebensraumes im Krieg gegen Äthiopien besorgt und schließlich Mussolini, dessen Ende das Ende des historischen italienischen Faschismus bedeutet.

Im nächsten Band, *Traumberufe* (1977), verflüchtigt sich das Prinzip der parodistischen Sprachanalyse und Obduktion zeitgeschichtlicher Figuren aus der Epoche des Faschismus zur mitunter nur witzigen Sprachparodie am vorgefundenen Material des Jargons von Werbung und Berufsberatung, dessen pseudosoziale Verlogenheit Stiller durch einfache experimentelle Umkehrungen enttarnt. Im gleichen Jargon lässt sich zum Beispiel auch für das Berufsbild eines Bankräubers werben. 1980 erscheint Stillers erster Roman *Weihnachten. Als wir Kinder den Krieg verloren*, ein autobiografisch gefärbter Prosatext, der im schwäbischen Dorf Westheim bei Augsburg, Stillers Geburtsort, spielt und mit dem Einzug der Amerikaner im Frühjahr 1945 einsetzt. In pointierten, nicht selten mit Humor und Ironie angereicherten, genrehaften Naheinstellungen erzählt Stiller von einer deutschen Kindheit um 1945/46: Von Jacki – »Scheggi« –, dem ersten Amerikaner in Westheim, der sich sofort in Hilla, die Schwester des Vaters, verliebt und der seine schützende Hand über das vielköpfige Arzthaus hält; vom Vater, dem streng katholischen Landarzt aus Schlesien, der als Kirchenvorstand den »maulfaulen schwäbischen Bauern« wahres katholisches Christentum vorlebt; von den Abenteuern, Mutproben und Streichen der Kinder, die ein geheimnisvolles Gebäude auskundschaften und auf grausame Weise einen Hund steinigen. Verglichen mit einem Kindheitsmartyrium, wie es bei Franz Innerhofer beschrieben wird, wirkt die Stillersche Kindheit geradezu glücklich. Der Roman ist mit unterschiedlicher Intensität geschrieben: Auf atmospärisch dichte, spannungsvolle Kindheitsbilder folgen nur berichtende, additiv erzählte Passagen. Der Ich-Erzähler, ein vier- bis sechsjähriger Junge, denkt und spricht dabei weitaus entwickelter, als es seinem Alter entsprechen würde. Im Roman *Das heilige Jahr. Wie die Westheimer den Winter vergaßen* (1986) führt Stiller seine autobiografische Spurensuche in literarisch abgeschwächter Form weiter. Der Leser begleitet den fünf- bis neunjährigen Ich-Erzähler in den Nachkriegsjahren von 1947 bis 1950. Die Chronik der Zeit fließt in den Text ein: Versuchte Entnazifizierung durch Spruchkammerverfahren, verlogene deutsche Selbstentschuldung und amerikanisches Paktieren und Taktieren mit dem »Schlächter von Lyon«, Währungsreform und volle Schaufenster, die politische Geburt der Bundesrepublik Deutschland mit Bonn als provisorischer Hauptstadt. Stiller lässt aus *Weihnachten* vertraute Romanpersonen wieder auftreten. In einer nun ganz losen episodischen Bilderfolge – von einem kurzen inhaltlichen Klammerversuch, den Spuren eines Frauenmords, abgesehen – werden autobiografisch beeinflusste Stationen des (kindlichen) Ich-Erzählers entfaltet: Einschulung, die ersten Kinobesuche und die ersten erotischen Erlebnisse, Kommunion, Firmung, Indianerspiele und Schulerlebnisse, bis hin zum abschließenden Hausbau der Eltern. »Ich aber nahm Haus und Garten meiner Kindheit in der Erinnerung mit, ohne mir dessen bewusst zu sein« – mit diesem Satz endet dieser sprachlich wieder uneinheitliche Roman. Die Kindheitsperspektive des Ich-Erzählers wird überdehnt; ein teils verklärender, teils ungenauer, kurzatmiger Ton ist die Folge. In seiner Satire *Vom Volke der Deutschen. Eine heillose Legende* (2000) entwirft Klaus Stiller ein Psychogramm der Deutschen. Einem fiktiven Herausgeber wird in Italien das Typoskript über die »heillose Legende« der Deutschen zugespielt. Stiller nimmt den Mythos germanischer, »teutonischer« Abstammung sowie die Etymologie des Wortes »deutsch« in den Blick, dann Verhaltens- und Charakterzuschreibungen. Lebenszweck der Deutschen sei die Arbeit, begleitet von Sekundärtugenden wie Pflichtgefühl, Disziplin, Beflissenheit und Leistungswillen. Er wünsche Ordnung, Regelbefolgung, Sauberkeit und bei Verstößen deren Sanktionierung. Er wolle indes auch »Spaß haben«, worunter er freilich Gemütlichkeit und Völlerei verstehe, »Freude« dagegen könne er nicht empfinden. Natur, insbesondere den Wald, vergöttere er. Der Deutsche, so Stiller, teile die Welt auf in Freund und Feind, wobei er, da zu echter Freundschaft nicht fähig, Freundlichkeiten misstraue. Seine Feindschaft gegen Fremde und Fremdes diene der Selbstvergewisserung einer schwachen Identität. Stiller lässt dabei außer Betracht, inwieweit diese Stereotypen auch auf andere Völker und Staaten zutreffen. Wenn diese Satire auch Fragen offen lässt, sie zeigt, wie hohl und ans Lächerliche grenzend Versuche sind, deutsche Kultur zur »Leitkultur« deklarieren zu wollen.

Stephan Reinhardt

Werke: *Das Gästehaus*, R., Mitverf., Bln., Olten 1965; *Die Absperrung*, En., Olten 1966; *H.*, Protokoll, Neuwied 1970; *Symposium*, Hsp., 1970; *Tagebuch eines Weihbischofs*, Bln. 1972; *Die Faschisten. Italienische Novellen*, Mü. 1976; *Luce d'Eramo: Solange der Kopf lebt*, Übs., Stg. 1976; *Traumberufe*, Mü. 1977; *Eduardo De Filippo: Huh, diese Gespenster!*, Übs., zus. m. M. Stiller, Bln. 1977; *Eduardo De Filippo: Der große Zauber*, Übs., zus. m. M. Stiller, Bln. 1977; *Selbstverwirklichung*, Hsp., 1977; *Weihnachten. Als wir Kinder den Krieg verloren*, R., Mü. 1980; *Italienische Erzählungen des 20. Jahrhunderts*, Anth., Hg., Mü. 1982; *Das heilige Jahr. Wie die Westheimer den Winter vergaßen*, R., Mü. 1986; *Vom Volke der Dichter. Eine heillose Legende*, Zür. 2000.

Stötzer, Gabriele, wurde am 14. 4. 1953 im Dorf Emleben bei Gotha geboren. Nach der Lehre als medizinisch-technische Assistentin arbeitete sie in Erfurt und machte ihr Abitur im Abendstudium. 1973 heiratete sie, ließ sich 1979 scheiden, behielt aber bis 1991 den Namen Kachold. 1973 begann sie ein Studium für Deutsch und Kunsterziehung an der Pädagogischen Hochschule Erfurt. Nach der Solidarisierung mit einem exmatrikulierten Kommilitonen erfolgte 1976 ihre politische Exmatrikulation. Im November 1976 wurde sie nach ihrer Unterschrift gegen die Ausbürgerung von Wolf Biermann als »Rädelsführerin« verhaftet und wegen »Staatsverleumdung« zu einem Jahr Strafvollzug verurteilt. Die Strafe saß sie im berüchtigten Frauenzuchthaus Burg Hoheneck/Stollberg unter Kriminellen ab. Nach zweijähriger Arbeit in einer Schuhfabrik übernahm sie 1980 die private »Galerie im Flur« in Erfurt, die alternative Künstler erst aus Thüringen, später aus Dresden, Leipzig und Berlin ausstellte. Spitzelberichte, u.a. von Sascha Anderson, führten 1981 zur Schließung der Galerie. Von 1979 bis 1986 bearbeitete das MfS die Künstlerin im OV »Toxin« mit dem Ziel erneuter Verhaftung, danach bis 1989 in der OPK »Medium«. Seit 1980 beeinflusste sie als zentrale Gestalt der Erfurter Subkultur mit ihrer radikalen Offenheit die unabhängige Kunstszene der späten DDR. Stötzer-Kachold fotografierte, drehte erfolgreich Super-8-Filme – seit 1990 Videoprojekte – über feminine Selbstfindung; sie sind dokumentiert in dem Band *Gegenbilder. Filmische Subversion in der DDR 1976–1989* (1996). Gegen drohende gesellschaftliche Isolierung erfand sie immer neue Handlungsräume und Aktionen. Seit 1983 trat sie mit einer von ihr gegründeten Frauen-Performance-Gruppe auf und veröffentlichte in den Untergrundzeitschriften »und«, Dresden, »mikado«, Berlin, und »ariadne«, Berlin. 1989 gehörte sie zu den Mitinitiatorinnen der DDR-weit ersten Besetzung der MfS-Bezirksverwaltung Erfurt und war Mitglied des Erfurter Bürgerkomitees und Bürgerrates. 1990 gründete sie das »Kunsthaus Erfurt e.V.«. 1992 erfolgte ihre Rehabilitierung und Zuerkennung des Diploms. 1992 und 1995 unternahm sie Vortrags- und Lesereisen durch die USA. Gabriele Stötzer lebt in Erfurt und Utrecht. Ausgezeichnet wurde sie 1990 mit dem Reisestipendium Schloss Solitude Stuttgart, 1993 mit dem Stipendium Künstlerdorf Schöppingen, 1994 mit dem Schlaraffenland-Sabotage-virtueller-Welten-Preis der IG Medien, 1998 mit dem Stipendium des Kulturfonds Berlin und 2001 mit einem Arbeitsstipendium des Thüringer Ministeriums für Kunst und Wissenschaft.

Ihr erster unter dem Namen Kachold von Gerhard Wolf herausgegebener Band *zügel los* (1989) mit experimenteller Prosa und Prosagedichten verkörpert den Auf- und Ausbruch aus Reglementierung, politischer Entmündigung und Männerdominanz. In einer für die DDR einmaligen, harten, bisweilen stenografischen Sprache ohne Interpunktion und in konsequenter Kleinschreibung durchbrach sie kleinbürgerliche, sozialistische und sexuelle Tabus und sprach erstmals ihre Gefühle als politische Gefangene aus. Tagebuchartige Reflexionen, bisweilen im Rap-Rhythmus, vielfach drastisch exhibitionistisch und illustriert mit provozierenden Zeichnungen, setzen in *grenzen los fremd gehen* (1992) den Aufbruch aus gesellschaftlicher Verkrustung aus unmittelbarer subjektiver Nähe fort. Als 1988 die sowjetische Zeitschrift »Sputnik« verboten wurde, ging die Schriftstellerin in die Pathologie und beschrieb die Obduktion eines Mannes als Vorwegnahme der zu sezierenden Ordnung. Ihr Erzählband *erfurter roulette* (1995) bietet als erstes literarisches Werk autobiografisch gefärbte Einblicke in eine künstlerische Subkultur, die sich am Prenzlauer Berg, in Erfurt und Dresden sammelte. Die Suche nach der »Urkraft der Frauen« – seit dem Frauenzuchthaus ein Thema in Stötzers Werk – bildet dabei den Gegenpol zur politischen, provinziellen und patriarchalischen Übermacht. 25 Jahre dauerte es, bis die Autorin in *Die bröckelnde Festung* (2002) ihre Erfahrungen als politische Strafgefangene unter Kriminellen in der »Mörderburg« Hoheneck veröffentlichte. Eine unaufgeregt klare, bisweilen poetisch einfühlsame Sprache wird zum bewussten Stilmittel, um den Gefängnisalltag zwischen Druck zur Normerfüllung, der Hierarchie in verschlossenen, schlecht geheizten Zellen, den Zweckbündnissen, Liebesverhältnissen, Träumen und Kämpfen der Strafgefangenen zu schildern. Der Prozess innerer Selbstfindung der Erzählerin bildet darin einen literarisch kunstvollen Spannungsbogen.

Udo Scheer

Werke: *zügel los*, G., Pr., m. Grafiken v. Angelika Hampel, Bln. 1989, Ffm. 1990; *grenzen los fremd gehen. Aufzeichnungen 1988–1991*, Pr., G., m. Zeichnungen v. G. K., Bln. 1992; *erfurter roulette*, En., Mü. 1995; *Die bröckelnde Festung*, Pr., Mü. 2002.

Strasser, Johano, wurde am 1. 5. 1939 in Leeuwarden in den Niederlanden geboren. Seit 1945 lebt er in Deutschland. Nach dem Abitur 1958 in Rotenburg/Wümme absolvierte er eine Ausbildung als Diplomübersetzer (Englisch, Französisch, Niederländisch) in Mainz-Germersheim. Von 1963 bis 1966 studierte er in Mainz Philosophie, Anglistik und Amerikanistik und promovierte 1967. Nach Lehrtätigkeiten in Darmstadt und Berlin habilitierte er sich 1977 an der Freien Universität Berlin für das Fach Politikwissenschaft. Seit 1983 arbeitet er als freier Schriftsteller und Publizist. Von 1980 bis 1988 redigierte er die Zeitschrift »L 80« (früher »L 76«). Strasser, von 1972 bis 1975 stellvertretender Bundesvorsitzender der Jungsozialisten in der SPD, war später Mitglied der Grundwerte-Kommission der SPD und Mitglied der Programm-Kommission dieser Partei. Seit 1987 lebt er in Berg am Starnberger See. 1986/87 erhielt er ein Stipendium des Deutschen Literaturfonds und 1988/89 ein Projektstipendium der Edition Mariannenpresse. Seit 1983 ist er Mitglied im VS, seit 1989 im deutschen P.E.N.-Zentrum, ab 1998 war er dessen Generalsekretär und seit 2002 ist er dessen Präsident.

1983 trat Strasser – bis dahin vor allem als Politiker und Theoretiker bekannt – erstmals mit einer literarischen Publikation an die Öffentlichkeit. Der schmale Lyrikband *Bei Regen über Regen reden* versammelt 45 Gedichte aus fünf Jahren. In lockerem Ton notiert Strasser Gedanken zu Politik und Gesellschaft, persönliche Erlebnisse und Eindrücke: »Fassungslos steh ich / In meiner Straße / Vor all den neuen Ewigkeiten / Noch einmal von vorn / Die parkenden Autos / Der Spielplatz Der Laden / Am Ende der Straße / Der Rathausturm / Das ist der Rahmen Ich bin das Ereignis.« Strasser sieht in der literarischen Betätigung keine Alternative zu seiner politischen Tätigkeit. Anlässlich des 1987 erschienenen Romans *Der Klang der Fanfare* äußerte er sich über Motivationen seines Schreibens: »Vielleicht war es auch (…) Hunger nach Vielfalt und Anschaulichkeit, wie sie theoretisch, politisch-programmatisch nicht zu erreichen sind.« Der autobiografisch gefärbte Roman, der von der Kritik unterschiedlich aufgenommen wurde, erzählt die Lebensgeschichte des Karel Moises, der sich – 1916 als Sohn eines

Druckereibesitzers in Leeuwarden geboren – Ende der Fünfzigerjahre das Leben nimmt. In Anekdoten, Miniaturen und Geschichten entwirft Strasser das Bild einer niederländischen Provinzstadt vor und während des Zweiten Weltkrieges. Er schildert Episoden aus der friesischen Arbeiterbewegung und die Zeit des einsetzenden Wirtschaftsaufschwungs zu Beginn der Fünfzigerjahre in Niedersachsen. Der Ich-Erzähler rekonstruiert das Leben seines Onkels Karel Moises, der von Jugend an unbeirrt an der Realisierung »seiner« Utopie arbeitete. Moises ist Kommunist und – was für den Roman bedeutsamer ist – Anhänger der Esperanto-Bewegung, über deren Vorstellungen und Geschichte der Text aufschlussreiche Informationen bietet. Moises wird seine Mitgliedschaft in der Esperanto-Bewegung gleich zweimal zum Verhängnis: Während des Krieges deportiert man ihn in das KZ Bergen-Belsen, nach dem Krieg wird er wegen Spionageverdacht inhaftiert. Sein Suizid macht den Traum von der Errichtung eines Esperanto-Zentrums zunichte. Doch der Ich-Erzähler träumt die Idee Karels weiter: »Esperanto wird Verhandlungssprache im Europaparlament.« Moises scheitert in einer Zeit, in der die Menschen von der »Konsum-Utopie«, die »die großen humanistischen Utopien« (J. Strasser) nachhaltig verdrängt, fasziniert sind. Nach eigener Aussage beschäftigten Strasser in dem Roman vorrangig die Fragen nach dem Ablauf von Fortschrittsprozessen und nach der Widerspiegelung allgemeiner politischer Fragen »in den kleinsten, persönlichsten Verhältnissen«.

Dieses Statement könnte auch für die Romane *Stille Jagd* (1995) und *Ein Lachen im Dunkeln* (1999) gelten. In *Stille Jagd* wird vorwiegend aus der Perspektive des verkrüppelten Kioskbesitzers Moritz Danner die Geschichte um das mysteriöse Verschwinden des Polen Henryk in den frühen Fünfzigerjahren rekonstruiert, als die Leiche Henryks nach 16 Jahren gefunden wird. Wie sich herausstellt, wurde der Pole damals Opfer dörflicher Lynchjustiz – gejagt und getötet von ehrbaren Bürgern eines spießigen Ortes im Teufelsmoor. Strasser unterlegt seine Geschichte mit soziologischen Erklärungsmustern, die allerdings weniger die komplexen Beziehungsgeflechte innerhalb eines Dorfes erhellen als vielmehr bekannte Klischees wiedergeben. In dem schmalen Roman *Ein Lachen im Dunkeln* (1999) verschränken sich die Lebensgeschichten des Ich-Erzählers, eines frustrierten Verlegers von Kriminalromanen, und eines ehemaligen Polizeikommissars, der den Niedergang des Verbrechens nicht akzeptieren will und sich deshalb fortan der Imagination des Bösen verschreibt. Die Begegnung mit dem Kommissar führt beim Ich-Erzähler zu einer längst fälligen Auseinandersetzung mit seinem bisherigen Leben. Und so spricht dieser Text – wenn auch anhand eines etwas merkwürdigen Sujets – indirekt auch über die Versuche des Einzelnen, persönliche Lebensentwürfe gegen die Zwänge der Realität zu verteidigen.

Petra Ernst

Werke: *Die Bedeutung des hypothetischen Imperativs in der Ethik Bruno Bauchs*, Diss., Bonn 1967; *Krise des Staates?*, zus. m. Greven, Guggenberger, Darmst., Neuwied 1975; *Unfähig zur Reform? Eine Bilanz der inneren Reformen seit 1969*, zus. m. Fenner, Heyder, Köln, Ffm. 1978; *Die Zukunft der Demokratie. Grenzen des Wachstums – Grenzen der Freiheit?*, Reinbek 1977; *Grenzen des Sozialstaats? Soziale Sicherung in der Wachstumskrise*, Köln, Ffm. 1979; *Die Zukunft des Fortschritts. Der Sozialismus und die Krise des Industrialismus*, zus. m. Traube, Bonn 1980; *Der Orwell-Kalender*, Hg., Köln 1983; *Bei Regen über Regen reden*, G., Köln 1983; *Schlafstörung*, Hsp., WDR 1986; *Der Klang der Fanfare*, R., Reinbek 1987; *Die Heimsuchung*, E., Bln. 1989; *Ein Augenblick äußerster Klarheit*, Hsp., RB 1989; *Leben ohne Utopie*, Ess., Ffm. 1990; *Dengelmanns Harfe*, E., Mü. 1992; *Nachtwind*, Hsp., SWF 1992; *Stille Jagd*, R., Mü. 1995; *Arbeit*, Ess., 1997; *Herztöne/Freiheit*, Hsp., SR 1997; *Ein Lachen im Dunkeln*, R., Bergisch Gladbach 1999; *Wenn der Arbeitsgesellschaft die Arbeit ausgeht*, Ess., Zür. 1999; *Herztöne*, Theaterst., 2000; *Bei Regen über Regen reden. Alte und neue Gedichte*, hg. v. Heinz L. Arnold, BoD 2000; *Leben oder Überleben*, Ess., Zür. 2001; *Die Tücke des Subjekts. Handreichungen für Unverbesserliche*, Zür. 2002.

Strauß, Botho, wurde am 2. 12. 1944 in Naumburg/S. geboren. Nach nicht vollendetem Studium der Germanistik, Theaterwissenschaft und Soziologie in Köln und München war Strauß Redakteur und freier Mitarbeiter der Zeitschrift »Theater heute«. Ab 1970 arbeitete er als Assistent des Regisseurs Peter Stein an der Schaubühne am Halleschen Ufer in Berlin. Strauß lebt als freier Schriftsteller in Berlin. Für sein Werk wurde er u.a. 1974 mit dem Hannoverschen Dramatikerpreis, 1981 mit dem Literaturpreis der Bayerischen Akademie der Schönen Künste, 1982 mit dem Mülheimer Dramatikerpreis, 1987 mit dem Jean-Paul-Preis, 1988 mit dem Goethe-Preis der Stadt Frankfurt, 1989 mit dem Georg-Büchner-Preis und 1993 mit dem Berliner Theaterpreis ausgezeichnet.

Zentraler Aspekt von Strauß' dramatischem Werk ist die Frage nach den Voraussetzungen und der

Relevanz gegenwärtigen Theaterschaffens. Bereits in seinem 1970 in der Zeitschrift »Theater heute« erschienenen *Versuch, ästhetische und politische Ereignisse zusammenzudenken* bezeichnet Strauß das Theater als »Derivat, als geschichtliches Ausfallprodukt«, das angesichts der politischen und sozialen Komplexität der Gegenwart in »relative Bedeutungslosigkeit« gefallen sei. Dieser könne sich das Theater nur entziehen, indem es in meta-dramatischer Manier seine Repräsentationsmechanismen selbst zum Thema mache, offen auf seine »mehr oder minder unangemessenen Ausdrucksformen« verweise und es darauf anlege, »die unterschiedlichen Grade dieser Inadäquatheit zu bezeichnen«.

Entsprechend erhob Strauß bereits in seinem ersten, im Amsterdam des Jahres 1901 spielenden Stück *Die Hypochonder* (1972) die spezifischen Repräsentations- und Verweisstrukturen des Theaters zum bestimmenden Thema. Das junge Paar Nelly und Vladimir wird beauftragt, einen Chemiker zu ermorden. Doch als Nelly selbst Opfer einer von Vladimirs Vater seit Jahren angelegten Intrige wird, verschiebt sich die gesamte zunächst so stabil scheinende Ordnung des Stücks: »Sind Sie hier der Detektiv oder bin ich es?« Das gesamte Rollengefüge scheint mit einem Mal austauschbar; aufzudecken ist weniger das eigentliche Verbrechen als die dramaturgische Strategie des Autors selbst. »Es ist alles ganz anders«, erkennt Nelly am Ende, und entsprechend erweisen sich die gesamten Protagonisten als Figuren eines Spiels, dessen einzelne Handlungsfäden keineswegs einer zwingenden Ordnung folgen, sondern sich in immer neuen Konstellationen variieren ließen.

Auch in dem auf eine lineare Handlung ganz verzichtenden Stück *Kalldewey, Farce* (1981) bringt Strauß die freie Verfügbarkeit der dramaturgischen Tradition pointiert auf den Punkt: »Unendlich groß ist das Archiv: Alles da, / und ist zuhanden. Viele brauchbare Stoffe / noch in den Beständen, im Fundus der Epochen.« Zugleicht nutzt er die fragile Konstellation des Stoffs zu scharfsichtiger Gesellschaftskritik, der es vor allem um den gedankenlosen und beliebig austauschbaren Gebrauch inhaltsleerer Gemeinplätze geht: »Wir haben«, triumphiert einer der Protagonisten, »alles in die Sinnproduktion gesteckt, / tätärätä. Es hat sich gelohnt. Wir haben einen neuen Harmonierekord zu verzeichnen, tätärätä. / Mehr Sein, weniger Schein, tätärätä.« In diesem sinnentleerten Ringen um die psychologische und politische Positionsbestimmung taucht dann Kalldewey auf, der mühelos in der Lage ist, sich mit großspurigen Sprüchen zum Sprecher dieser orientierungslosen Gruppe aufzuschwingen. Der vorgebliche deutsche Tiefsinn, so kann man das Drama verstehen, ist zuletzt nichts als ein »Wühlen in der Krabbelkiste namens Seele / Restposten, alte Wünsche grün und blau«.

Den hier in offener Ironie vollzogenen Abschied von allen Versuchen der Sinnstiftung setzt Strauß in seinem zwei Jahre später erschienenen Drama *Der Park* in ganz anderer Tonlage fort. Dort erscheinen Oberon und Titania aus Shakespeares *Sommernachtstraum* im Park einer beliebigen Großstadt irgendwo in der Bundesrepublik, um die »tüchtige Gesellschaft«, wie Strauß sie in einer kurzen Vorrede bezeichnet, unter die »zauberische Herrschaft einer alten unergründlichen Komödie« zu stellen. Die allerdings vermag sich der Menschen allenfalls für einige Momente zu bemächtigen – zu wirkungsvoll sind die ritualisierten Floskeln und Verhaltensweisen des bundesrepublikanischen Alltags, als dass sie durch ein Werk der Weltliteratur ernsthaft zu beeindrucken wären: »Aus mündigen Bürgern über Nacht entspringen / keine Troubadoure und König Salomonis Lüsternheit / erweckt man nicht im Fahrschullehrer«, heißt es spöttisch über die kleinbürgerlichen Begierden bundesrepublikanischer Zeitgenossen.

Wie wenig kohärent deren Weltbild allerdings ist, demonstriert Strauß in späteren Stücken bereits durch die bloße Namensgebung der Figuren. So lässt er in dem Drama *Der Kuss des Vergessens* (1998) nicht nur Figuren mit Namen wie etwa »Männlich: C D E« oder »Weiblich: 3 4 5« auftreten: Bisweilen verzichtet er ganz darauf, die Aussagen einzelnen Figuren zuzuordnen. Aus dem Gewirr durcheinander klingender Stimmen entsteht so ein diffuser akustischer Raum, der auf die Identität der einzelnen Sprecher nicht nur nicht mehr schließen, sondern diese als kaum mehr relevant erscheinen lässt. »Wer an wen das Wort richtet, wer wem antwortet, bleibt meistens unscharf und wechselt rasch«, heißt es in einer Regieanweisung des Stückes *Die Ähnlichen* (1998). Entsprechend werden auch die Personen des Stücks zu »Parapersonen, Wechselgestalten«, die kaum mehr als die Kulisse für das Rauschen eines öffentlichen Diskurses darstellen, der jede individuelle Note, jede eigene, originäre Sprache übertönt: »Es lässt sich alles sagen. Umsonst.«

Auch die Kunst ist nicht in der Lage, eine neue und vor allem verbindliche Sprache zu erschaffen. In der

Eingangsszene des Dramas *Kuss des Vergessens* diskutiert eine Gruppe von Zuschauern einen gerade gesehenen Film, kommt dabei jedoch über floskelhafte Formeln nicht hinaus: »Noch nie fühlte ich mich durch ein Kunstwerk in eine solche Aufbruchstimmung versetzt!«, lässt sich eine der Figuren vernehmen, ohne diese doch in konkretere Aussagen fassen zu können. Ob aber auch der Film selbst über alles bislang Gesehene hinausreicht, wie die Gruppe befindet, scheint fraglich, wenn es heißt, dieser enthalte auf der »Grundlage der tausend Filme, die wir in unserem Leben sahen«, alles, was die Zuschauer von einem guten Film erwarteten. Das Neue, vorgeblich Bahnbrechende ist auch hier nichts als ein Konglomerat bereits längst rezipierter Szenen, die zu einer neuen Ordnung zusammengesetzt sind.

Auch in einem seiner jüngeren Stücke, *Der Narr und seine Frau heute Abend in Pancomedia* (2001), verzichtet Strauß darauf, die Kunst zu einem Ort höherer Einsicht zu erheben. Die junge Autorin Sylvia Kessel hat sich in ihrem Buch eines drängenden gesellschaftlichen Themas angenommen: der Vergreisung der Gesellschaft. Doch so akut der Stoff auch ist, für den Markt eignet er sich nicht nur darum nicht, weil der Stoff seiner Zeit offenbar zu weit voraus ist; vor allem scheitert er an dem Umstand, dass die Literatur in Zeiten kaum zu überblickender Titelfluten grundsätzlich unfähig ist, den Leser zu überraschen. In nächtlichen Stunden, bekennt Sylvia Kessel, »beschleicht mich das Nichtige dieses Buchs. (...) Das Nichtige des Themas, das Nichtige des ganzen Buchs, das Nichtige jeder einzelnen Zeile!« Doch die intellektuelle Belanglosigkeit ist längst nicht mehr ein bloß theoretisches Problem – deutlich empfindet ihn im *Narr* auch das Publikum selbst, das darum keine Bücher mehr kauft. Die von dem Verleger Brigg zu Werbezwecken beschworene »infernologische, luziferologische Vernunftsturzbeschreibung« bleibt aus, weil der Markt sich nicht mehr erschüttern lässt – alles ist längst gelesen und bekannt.

Auch in seinem erzählerischen Werk geht es Strauß immer wieder um die Distanz der Kunst zur gesellschaftlichen Wirklichkeit. In der Erzählung *Die Widmung* (1977) versucht der Buchhändler Richard Schroubek nach der Trennung von seiner Freundin Hannah in einer Art Tagebuch mit seiner neuen Situation zurechtzukommen. Anschließend lässt er Hannah die Aufzeichnungen zukommen, die aber vergisst die Papiere in einem Taxi. Schroubeks Text, so das Fazit, ist nicht in der Lage, in der Wirklichkeit anzukommen: »Es gibt Emotionen, die existieren nurmehr durch das Buch.« Es gelte darum, so Schroubek, »den Text als etwas Übriggebliebenes, als Originalfundstück, als Rest auf(zu)lesen«, der zu nichts Anderem als einem »Recycling des Bedeutungsabfalls« einlade.

Noch weiter treibt Strauß den Zerfall zusammenhängenden Erzählens in seinem Roman *Rumor* (1980). Dessen Protagonist, der alkoholabhängige Redakteur Bekker, ist kaum mehr in der Lage, seine Aufzeichnungen kohärent zu organisieren. So scharf Bekker die Schwächen seiner Mitmenschen notiert, so sehr überlässt er sich einem assoziativen Stil, der bis zuletzt kein Ziel kennt. Deutlich nimmt der Roman Elemente der Anfang der Achtzigerjahre auch in Deutschland bekannt gewordenen Theorien der französischen Poststrukturalisten auf. »Wir sind überfüllt mit Mikrotexten, Kodes und Alphabeten, Sprache überall und lauter Gesetzesherrschaft und fremde Ordnungen. Wo sollte da noch für ein Ich Platz sein«, heißt es in dem Roman – unverkennbar eine Anspielung auf Roland Barthes berühmte These vom »Tod des Autors«.

Konsequent diskontinuierlich ist auch die Form von Strauß' Roman *Der junge Mann* (1984). Den Typus des klassischen Bildungsromans, auf den der Titel anspielt, hintergeht das Werk schon durch seinen Aufbau: Es unterteilt sich in fünf lose aneinander gefügte Kapitel, die unterschiedliche Textsorten, von märchenhaften bis zu essayistischen Passagen, aneinander reihen. Auch die zu erwartende Darstellung einer stringenten Persönlichkeitsentwicklung unterläuft der Roman bereits im ersten Kapitel. Für den Regisseur Leon Pracht, so der Name des »Jungen Mannes«, ist das Theater »Gegen-Welt, Mythenwanderung, Überschreitung, (...) Tanz der Reflexionen mit den Geistern«. Doch Pracht scheitert in dieser Welt – mit der Folge, dass deren hybride Ordnung des Theaters nun auf die Ebene des Erzählens selbst transponiert wird. So räumt der Erzähler ein, er wolle keine chronologisch geordnete Geschichte erzählen, sondern »dem Diversen eine Zone schaffen, statt Geschichte wird er den geschichteten Augenblick erfassen, die gleichzeitige Begebenheit. Er wird Schauplätze und Zeitwaben anlegen oder entstehen lassen an Stelle von Epen und Novellen.« Entsprechend lassen sich auch die drei Binnenkapitel nicht im Sinne eines äußerlich stringent entfalteten Erzählstoffs aufeinander beziehen, sondern nur anhand lose miteinander kombinierbarer Themen und Motive – ganz nach Art der im Kapitel »Die Siedlung« auftretenden »Synkre-

as«, die ihr Weltbild aus den Überresten der Überlieferung neu zusammensetzen: »Sie waren daher kreativ – aber eben nur als erfinderische Synthetiker, als Sammler und Resteverwerter.«
Die Unfähigkeit der Kunst, »große Erzählungen« zu formulieren, greift Strauß auch in der Erzählung *Das Partikular* (2000) auf. In ihr lässt sich ein Architekt von einem Maler porträtieren und legt dabei Wert darauf, dass der Künstler »in Kenntnis des ganzen biografisch spirituellen Komplexes« des Auftraggebers zu Werke gehe. Doch das Ansinnen scheitert, da die totale, sämtliche Spuren des Lebens einfangende Darstellung alle interpretatorischen Freiräume eliminieren und den Porträtierten in ein erstarrtes Objekt verwandeln würde. Dass eine solche Deutung zur Verhärtung des Lebens führt, ahnt auch der Porträtierte selbst, der den Pinsel des Malers als Sense, sein Auge als das des Todes empfindet: »Aber was sieht das Auge des Todes von mir? (...) Nichts als ablaufende Zeit. Gesehen aber, wahrhaftig gesehen werde ich nur durch sein Partikular. Das Partikular, durch das der Ewige uns sucht, erfasst uns ohne zeitliches Brimborium, ohne geschichtliche Ergänzung und Verfälschung.«
In seinem essayistischen Werk erweist sich Strauß als scharfsichtiger Zeitkritiker. Bereits in seinem ersten, aus kurzen Notizen, Skizzen, Aperçus bestehenden Band *Paare, Passanten* (1981) diagnostiziert er der westlichen Kultur eine »akute Krise der Geschichtsbestimmung«. Dieser stellt Strauß die seines Erachtens in der iranischen Revolution von 1979 offenbar gewordenen »großen Epochen« gegenüber, »die sich durch Gleichmaß, Dauer, Überlieferung, Ebene, Einfachheit und Antimaterialismus« von Geschichtsvorstellungen westlicher Provenienz gründlich unterschieden. Diese nämlich seien »voll von Ambivalenz und Doppelbindung, voll auch von sinnlicher ›Meinungsvielfalt‹ und von einem ungeheuerlichen medialen Quidproquo«. Als Folge konstatiert Strauß in *Paare, Passanten*, aber auch in den folgenden Essaybänden *Fragmente der Undeutlichkeit* (1989), *Beginnlosigkeit* (1992), *Wohnen, Dämmern, Lügen* (1994), *Die Fehler des Kopisten* (1997) und *Der Aufstand gegen die sekundäre Welt* (1999) eine Entwicklung der privaten und öffentlichen Sprache zu flacher Standardisierung, die eigenständiges Denken kaum noch zulasse, stattdessen vielmehr ein »Entgleiten von Eigenheit« (*Beginnlosigkeit*) provoziere. Für einen regelrechten Skandal sorgte Strauß, als er diesen Befund in seinem im Februar 1993 im Nachrichtenmagazin »Der Spiegel« erschienenen Essay *Anschwellender Bocksgesang* auch auf die politische Gegenwartssprache übertrug. Gegen die »linke, Heilsgeschichte parodierende Fantasie« machte er dort die rechte stark. Die nämlich male sich »kein künftiges Weltreich aus, bedarf keiner Utopie, sondern sucht den Wiederanschluss an die lange Zeit, die unbewegte, ist ihrem Wesen nach Tiefenerinnerung und insofern eine religiöse oder protopolitische Initiation«. Strauß wurde vorgeworfen, einer neuen politischen Rechten das Wort zu reden. Im Lichte seines dramatischen und erzählerischen Werks scheint es jedoch eher, als fordere Strauß zu größerer Distanz zu den großen Schlagworten der Gegenwart auf, die ein Denken jenseits häufig allzu vereinnahmender Parolen kaum mehr zulassen.

Kersten Knipp

Werke: *Henrik Ibsen: Peer Gynt,* Bearb., zus. m. Peter Stein, Bln. 1971; *Die Hypochonder*, Dr., UA Hbg. 1972, gedr. Bln. 1972; *Kleists Traum vom Prinzen Homburg,* Bearb., zus. m. Peter Stein, Bln. 1972; *Eugène Labiche: Das Sparschwein*, K., Übs., UA Bln. 1973, gedr. Ffm. 1983; *Bekannte Gesichter, gemischte Gefühle*, K., UA Stg. 1975, gedr. u. d. T. *Die Hypochonder. Bekannte Gesichter, gemischte Gefühle. Zwei Theaterstücke,* Mü. 1979; *Marlenes Schwester. Theorie der Drohung. Zwei Erzählungen*, Mü. 1975; *Maxim Gorki: Sommergäste,* Bearb., zus. m. Peter Stein, UA Bln. 1975; *Trilogie des Wiedersehens*, Mü. 1976, UA Hbg. 1977; *Die Widmung. Eine Erzählung*, Mü. 1977; *Groß und klein. Szenen*, Mü. 1978, UA Bln. 1978, Fssp., 1980; *Rumor*, R., Mü. 1980; *Paare, Passanten*, Pr., Mü. 1981; *Kalldewey, Farce*, Dr., Mü. 1981, UA Hbg. 1982, Fssp., 1983; *Der Park*, Dr., Mü. 1983, UA Freib./Br. 1984; *Der junge Mann*, R., Mü. 1984; *Diese Erinnerung an einen, der nur einen Tag zu Gast war*, G., Mü. 1985; *Die Fremdenführerin. Stück in zwei Akten*, Mü. 1986, UA Bln. 1986; *Niemand anderes*, Pr., Mü 1987; *Distanz ertragen*, Pr., Mü. 1987; *Versuch, ästhetische und politische Ereignisse zusammenzudenken. Texte über Theater 1967–1986*, Ffm. 1987; *Besucher. Drei Stücke*, Mü. 1988 (enth. *Besucher. Komödie*, UA Mü. 1988, Film, 1991; *Die Zeit und das Zimmer*, UA Bln. 1988; *Sieben Türen. Bagatellen*, schwed. UA Stockholm 1988, dt. Wien 1989); *Kongress. Die Kette der Demütigungen*, Pr., Mü. 1989; *Fragmente der Undeutlichkeit*, Pr. Mü. 1989; *Über Liebe. Geschichten und Bruchstücke,* hg. v. Volker Hage, Stg. 1989; *Jeffers-Akt,* Hsp., 1989; *Paare, Passanten. Niemand anderes*, Ost-Bln., Weimar 1989; *Besucher*, Mü. 1990; *Schlusschor*, Dr., Mü. 1991, UA Mü. 1991; *Angelas Kleider. Nachtstück in zwei Teilen*, Dr., Mü. 1991, UA Graz 1991; *Theaterstücke,* 2 Bde., Mü. 1991; *Beginnlosigkeit. Reflexionen über Fleck und Linie*, Pr., Mü. 1992; *Anschwellender Bockgsgesang*, in: »Der Spiegel«, Ausg. v. 8. 2. 1993; *Das Gleichgewicht*, Dr., Mü. 1993, UA Salzb. 1993; *Wohnen, Dämmern, Lügen*, Pr., Mü. 1994; *Ithaka*, Dr., Mü. 1996, UA Mü. 1996; *Die Fehler des Kopisten*, Pr., Mü. 1997; *Jef-*

fers-Akt I + II, Dr., Mü. 1998, UA Bln. 1998; *Die Ähnlichen*, Dr., Mü. 1998, UA Zür. 1998; *Der Kuss des Vergessens*, Dr., Mü. 1998, UA Zür. 1999; *Der Aufstand gegen die sekundäre Welt*, Pr., Mü. 1999; *Lot-Phantasie*, Dr., Mü. 1999, UA Wien 1999; *Das Partikular*, Pr., Mü. 2000; *Der Narr und seine Frau heute Abend in Pancomedia*, Dr., Mü. 2001, UA Zür. 1999; *Unerwartete Rückkehr*, Dr., Mü. 2002, UA Bln. 2002.

Streeruwitz, Marlene, wurde am 28. 6. 1950 in dem Kurort Baden bei Wien geboren. Ihr Vater, ÖVP-Mitglied, war zeitweilig Bürgermeister. Sie studierte zunächst Jura, dann Slawistik und Kunstgeschichte, arbeitete danach als Journalistin für die Öko-Zeitschrift »Natur ums Dorf« und zog zwei Töchter groß. In den Achtzigerjahren entstanden erste Hörspiele, die sie teilweise auch selbst realisierte. Ab 1989 wandte sie sich dem Theater zu, arbeitete als Regisseurin an verschiedenen Theatern und wurde 1992 von der Zeitschrift »theater heute« zur Nachwuchsdramatikerin des Jahres erklärt. 1995/96 hielt sie in Tübingen, 1998 in Frankfurt am Main die Poetik-Dozentur. Für ihren ersten Roman bekam sie 1997 den Mara-Cassens-Preis, es folgten 1999 der Österreichische Würdigungsstaatspreis für Literatur, 2001 der Hermann-Hesse-Literaturpreis und 2002 der Walter-Hasenclever-Literaturpreis der Stadt Aachen. Im Wintersemester 2001/2002 hatte sie die Samuel-Fischer-Gastprofessur an der FU Berlin inne. Marlene Streeruwitz lebt in Wien und Berlin.

Mit ihren grotesken und eher finsteren Theaterstücken, die Anfang der Neunzigerjahre an den wichtigen deutschsprachigen Bühnen uraufgeführt wurden (*Sloane Square*, *Waikiki Beach*, 1992; *Ocean Drive, New York, New York* und *Elysian Park*, 1993), wurde Marlene Streeruwitz schnell zur meistgespielten Dramatikerin, die wegen ihrer kämpferischen (und feministischen) Haltung gegenüber dem klassischen Theaterbetrieb auch stets umstritten war. Ihr Ausspruch über die Klassiker (»Langeweile des Phallus zwischen den Orgasmen«) wurde viel zitiert. Ihre Stücke brechen mit dramaturgischen Konventionen, sind nicht-linear als Szenenfolgen konstruiert, in denen sich Trivialmythen, Ausschnitte aus einer grotesk überhöhten Wirklichkeit, Reflexionen und geplante Regelverstöße zu einem disharmonischen und aussagekräftigen Ganzen fügen. Ort der Handlung sind oft öffentliche Orte wie eine U-Bahn-Station (*Sloane Square*) oder ein Wiener Männerpissoir (*New York, New York*). »Die formalen Strukturen der Dekonstruktion, Schnitt, Wechsel der Einstellung (...) machen jede Verführung in ein zusammenhängend Beruhigendes zunichte« (*Tübinger Poetik-Vorlesungen*, 1997). Im Lauf ihrer dramatischen Arbeit entwickelte sie die atemlose, sprunghafte und sehr offene, den Regeln der Syntax entzogene Sprache, die später ihr Markenzeichen wurde. Deren Herkunft aus dem gesprochenen – oder zu sprechenden – Dialog verbindet sich mit der reflexiven Absicht, die am Ende eines Satzes noch kein Ende des Gedankens oder gar des Denkens gestatten will.

Es geht Marlene Streeruwitz dabei erklärtermaßen nicht um sprachliche Provokation, sondern um ein sprachliches Umdenken, um die Entwicklung einer Literatur, die sich keiner Herrschaftsprache bedient und durch die die Leser nicht »in die Kameraderie des Ich hineingezogen« (*Frankfurter Poetik-Vorlesungen,* 1998), d.h. vereinnahmt und zur Identifikation getrieben werden: eine Literatur, die den Lesern Raum für eigene Reflexion eröffnet. In den Poetik-Vorlesungen, die ihre theoretischen Überlegungen zu den Möglichkeiten und Gegebenheiten für Frauen als literarische Subjekte in einer seit Jahrhunderten patriarchal besetzten Sprache und Mythologie enthalten, formuliert sie auch erstmals die Poetik des Alltäglichen, die in ihren Prosaarbeiten zum Tragen kommt. Bei der nie um eine scharfe Formulierung verlegenen Streeruwitz heißt das: »Wer mit Kunst zu tun hat, sollte sich immer fragen: Was bringt mir das beim Frühstück?« (*Tübinger Poetik-Vorlesungen*). Als genaue Beobachterin des (weiblichen) Alltags erwies sie sich mit ihrem ersten Roman *Verführungen. 3. Folge. Frauenjahre*, 1996), der die Bedingungen von Weiblichkeit frontal und präzise auslotet: Im Mittelpunkt stehen Gefühle, aber Sentimentalität ist verboten; Weichheit und mögliche Unklarheit ist ebenso wie die Gnade üppiger Attribute oder Metaphorik aus der Sprache verbannt. Dabei ist der Blick der Protagonistin mit ungeheurer Schärfe auf sich selbst gerichtet, jedes körperliche Detail wird registriert. Das Bewusstsein über die körperliche Bedingtheit der Existenz bleibt andauernd geschärft. Der deutliche Verweis auf das triviale Genre im Titel entspricht Streeruwitz' Annahme, dass »der Alltag von Frauen in Deutschland nicht genug literaturfähig« sei und Frauenleben auf der trivialen Seite der Literatur abgehandelt werde. Dem trat sie mit ihrem nächsten Roman, *Lisa's Liebe. Roman in drei Folgen*, 1997 offensiv entgegen, indem sie den Roman als dreiteiligen Heftchenroman präsentierte und tagebuchartig gestaltete Seiten einfügte. Erzählt wird darin in schlichten, für Streeruwitz untypischen, fast kindlichen Sätzen von den Erfahrungen, die eine junge Frau mit der Liebe macht und wie sie auf einen Geliebten wartet, der niemals kommt – eine hintergründige Parodie des Kolportageromans.

Doch die Fortentwicklung des im ersten Roman begonnenen Projekts findet erst später in *Nachwelt. Ein Reisebericht* (1999) statt. Eine Frau um die 40 (also zehn Jahre älter als die Heldin der *Verführungen*) recherchiert in Los Angeles das Leben der Anna Mahler: Anlass für Porträts von Freunden, Nachbarn, Ex-Männern, Schülern. Doch eine Biografie entsteht daraus nicht, sondern ein Reisebericht von minuziöser Alltäglichkeit, ein Protokoll über zehn Tage in L.A. – und die Geschichte der Bedingtheit der Annäherung an ein anderes Leben; woraus die Erkenntnis des eigenen Lebens folgt. Mit ihrem sprachkritischen Ansatz geht Streeruwitz hier weiter als je zuvor, ebenso mit ihrer Verweigerung jeder Vollständigkeit: Beschreibung ist, so Streeruwitz, »ein hochmütiges Unterfangen«. Und: »Die Sprache darf keine Einheit, keinen umfassenden Zusammenhang vorgaukeln, den es nicht gibt.« Zusammenhänge lässt sie nur partikular und fragmentarisch gelten, so, wenn sie, wie in der Erzählung *Majakowskiring* (2000), das Private politisch und das Politische privat verhandelt. Diesmal ist es eine Frau um die 50, die im einstigen Gartenhaus hoher DDR-Funktionäre sitzt und die Trennung von ihrem Geliebten verarbeitet. Der Zusammenhang zwischen Sprache und Herrschaft, Ästhetik und Aggression wird hier über einen inneren Monolog von extremer Subjektivität hergestellt, in großer Distanz zum Leser. Dieser fällt auf sich selbst zurück, erlebt die Einsamkeit, die die Moderne auch für Rezipienten bedeutet. Am weitesten geht die Ablehnung des auktorialen Erzählens in dem Roman *Partygirl* (2002): Die Lebensgeschichte einer 60-Jährigen wird von hinten nach vorn aufgerollt; der »Ausgang« ist klar, die Figur zu Beginn des Buches mit ihrer gesamten Geschichte etabliert. Die Details alltäglicher Handlungen und Gespräche werden exakt registriert und mit dem Maß an erzählerischer Aufmerksamkeit bedacht, das sie tatsächlich beanspruchen. Dieses Alltagsmaterial nimmt Streeruwitz dann akribisch auseinander und baut es in einem zwar verwandten, aber unerwarteten Kontext wieder zusammen.

Ein Rückgriff auf dramatische Plakativität bildet die parodistische Science-Fiction-Erzählung *Dauerkleingartenverein Frohsinn* (2000), in dem die Heldin, eine Art gentechnisch hergestellte Barbiepuppe, blutige Abenteuer besteht, wobei ihr das Altruismusgen Probleme bereitet. In ihren späteren essayistischen Texten und ihrer kommentierenden Kurzprosa *Und. Sonst. Noch. Aber* (1999 und 2000) und *Tagebuch der Gegenwart* (2002) nimmt Streeruwitz Stellung zur Tagespolitik und zu aktuellen Debatten.

Katharina Döbler

Werke: *Der Paravent*, Hsp., WDR/RB 1986; *Alkmene*, Hsp., WDR/RB 1988; *Urlaub*, Hsp., WDR 1989; *Kaiserklamm. Und. Kirchenwirt*, Hsp., ORF 1989; *Yocasta, you'd better leave*, Hsp., ORF 1990; *Schubertring*, Hsp., ORF 1990; *Waikiki Beach*, Theaterst., UA Köln 1992; *Sloane Square*, Theaterst., UA Köln 1992; *Elysian Park*, Theaterst., UA Bln. 1993; *New York, New York*, Theaterst., UA Mü. 1993; *Ocean Drive*, Theaterst., UA Köln 1993; *Tolmezzo. Eine symphonische Dichtung*, UA Wien 1994; *Brahmsplatz*, Theaterst., UA Graz 1995; *Bagnacavallo*, Theaterst., UA Köln 1995; *Verführungen. 3. Folge. Frauenjahre*, Ffm. 1996; *Frühstück und Gewalt. Prosa und Szenen*, zus. m. Jürgen Wertheimer, Tüb. 1997; *Sein. Und Schein. Und Erscheinen. Tübinger Poetik-Vorlesungen*, Ffm. 1997; *Lisa's Liebe. Roman in drei Folgen*, Ffm. 1997; *Können. Mögen. Dürfen. Sollen. Müssen. Lassen. Frankfurter Poetik-Vorlesungen*, Ffm. 1998; *Annenring*, Hsp., HR 1999; *Hexenreden*, zus. m. Gisela von Wysocki u. Birgit Vanderbeke, Gött. 1999; *Boccaleone*, Theaterst., Ffm. 1999; *Nachwelt. Ein Reisebericht*, R., Ffm. 1999; *Opernring*, Hsp., HR 1999; *Und. Sonst. Noch. Aber. Texte 1989–1996*, Wien 1999; *Majakowskiring*, E., Ffm. 2000; *Dentro*, Theaterst., UA Bielefeld 2000; *Und. Sonst. Noch. Aber. Texte II 1996–1998*, Wien 2000; *Und. Überhaupt. Stopp. Collagen 1996–2000*, Wien 2000; *Sapporo*, Theaterst., UA Graz 2000; *Zukunft? Zukunft. 10. Tübinger Poetik-Vorlesung*, zus. m. Zoë Jenny, Yoko Tawada u.a., Tüb. 2000; *Marlene Streeruwitz im Gespräch mit Heinz-Norbert Jocks*, Köln 2001; *Partygirl*, R., Ffm. 2002; *Untragbar – Mode als Skulptur*, zus. mit Stange, Sykora, hg. v. Susanne Anna u. M. Heinzelmann, Ostfildern 2001; *Tagebuch der Gegenwart*, Ess., Weimar 2002; *Supermarkt*, Hsp., WDR 2003.

Strittmatter, Erwin, wurde am 14. 8. 1912 als Sohn des Bäckers und Kleinbauern Heinrich Strittmatter in Spremberg in der Niederlausitz geboren. Seine Kindheit verbrachte er im nahe gelegenen Bohsdorf. Von 1924 bis 1930 besuchte er das heute nach ihm benannte Gymnasium in Spremberg, das er noch vor dem Abitur wieder verließ. Nach einer Bäckerlehre arbeitete er in der Nähe von Cottbus und in der väterlichen Bäckerei. Wegen seiner sozialdemokratischen Haltung war er nach 1933 für kurze Zeit in SA-Haft. 1935 verließ er die Familie und verdiente sein Brot als Pelz- und Kleintierzüchter, Saisonarbeiter und Chauffeur in wechselnden

Arbeitsstellen: Dinslaken, Tambach in Oberfranken und Saalfeld in Thüringen waren wichtige Aufenthaltsorte. Während dieser Zeit bemühte er sich, sein Wissen autodidaktisch zu vervollständigen, und unternahm erste Schreibversuche. Ab 1938 sorgte er als Hilfsarbeiter in der Zellwollfabrik Schwarza bei Rudolstadt für den Unterhalt seiner eigenen Familie. Die erste Ehe wurde noch vor Beginn seines Militärdienstes im Jahre 1942 geschieden. Die Kriegsjahre brachte Strittmatter in Karelien, Jugoslawien und Griechenland zu, am Ende wurde er nach Berlin kommandiert. Von dort desertierte er zusammen mit einigen Kameraden nach Südböhmen. 1945 kehrte Strittmatter über Saalfeld nach Bohsdorf zurück, wo er als Amtsvorsteher eingesetzt wurde. Er heiratete zum zweiten Mal, trat der neu gegründeten SED bei und erhielt bei der Zeitung »Märkische Volksstimme« die Stelle eines Lokalredakteurs in Senftenberg. 1950 erschien sein erster Roman als Zeitungsvorabdruck und danach als Buch. *Ochsenkutscher* ist die Geschichte eines jungen Landarbeiters. Strittmatter trat dem Schriftstellerverband bei und wurde freischaffend. Seine Lebenserfahrungen und die berufliche Entwicklung, der Erfolg seines ersten Romans, die Bekanntschaft mit prominenten, aus der Emigration zurückgekehrten Schriftstellern und SED-Funktionären der frühen Jahre ließen ihn zunächst zum Befürworter des in der sowjetischen Besatzungszone eingeschlagenen politischen Weges werden.

Bertolt Brecht wurde auf Strittmatter aufmerksam und holte ihn als Stückeschreiber in sein Ensemble. In gemeinsamer Arbeit entstand das poetisch-agitatorische Stück *Katzgraben*, nach dessen zwiespältig aufgenommener Premiere Strittmatter auf Initiative Brechts einen ersten Nationalpreis der DDR erhielt. Mit den Ereignissen um den 17. Juni 1953 nahm ein fortlaufender Prozess innerer Distanzierung von der realen DDR-Politik seinen Anfang. Strittmatter heiratete ein drittes Mal: Mit der Literaturwissenschaftlerin und später erfolgreichen Lyrikerin Eva Strittmatter, die seinen künstlerischen Weg kritisch begleitete wie er den ihren, blieb er bis zu seinem Lebensende zusammen. 1954 kauften die beiden ein Anwesen in Schulzenhof bei Gransee. Hier betrieb Strittmatter mehr als nur nebenbei eine beeindruckende Ponyzucht, später kam auch die Aufzucht von Arabern dazu. Strittmatter blieb zwar bis 1956 Mitglied des Berliner Ensembles, er schrieb aber nach Brechts Tod nur noch ein Theaterstück, *Die Holländerbraut*, 1960 inszeniert von Benno Besson am Deutschen Theater Berlin.

Mit seinem viel gelesenen zweiten Roman *Tinko*, der einfühlsamen Schilderung der Kindheit eines Umsiedlerjungen auf dem Lande, einem Buch für größere Kinder, erreichte Strittmatter 1954 seinen Durchbruch als Epiker. Gleich danach begann er mit der Arbeit am ersten Band der *Wundertäter*-Trilogie, in dem er auf poetisch-realistische Weise und unter Verwendung von fantastischen Gestaltungselementen den ersten Teil seines eigenen Lebensweges von der im Roman stark verfremdet geschilderten Landarbeiter-Kindheit im Süden Brandenburgs bis zum Kriegsende beschreibt. Das Buch erschien 1957.

1959 war Strittmatter für kurze Zeit Sekretär, später bis zuletzt Vizepräsident des Schriftstellerverbandes der DDR. Seinen Rückzug aus der kulturpolitischen Öffentlichkeit der DDR hatte er allerdings längst zugunsten seines intensiven Schreibens begonnen. Mit dem 1964 erschienenen Roman *Ole Bienkopp* warf Strittmatter der mächtigen SED einen ersten Fehdehandschuh hin, indem er deren dogmatisch-gängelnde Führungsmethoden bei der Kollektivierung der Landwirtschaft anprangerte. Diese weltliche Märtyrerlegende mit ihren holzschnittartigen Figuren und den wie im Stakkato geschriebenen, schwärmerischen Naturbeschreibungen weist eine unverkennbare Nähe zu den Büchern Knut Hamsuns auf. Heftige Auseinandersetzungen mit der SED-Führung überstand Strittmatter aufgrund seiner großen Beliebtheit beim Publikum: Um ihren bedeutsamsten Autor nicht zu verlieren, sah die Partei sich immer wieder gezwungen, den Dichter und seine Arbeit am Ende eines Streits mit den höchsten Auszeichnungen zu ehren. Die Gesamtauflage seiner in mehr als 40 Sprachen übersetzten Bücher geht in die Millionen.

Der zweite *Wundertäter*-Band erschien 1973. Seine Handlung beginnt in der unmittelbaren Nachkriegszeit, und Strittmatter beschäftigt sich in ihm u.a. mit dem Verhältnis von Mensch und Natur. Den dritten, nach wiederholten Zensurversuchen seitens der Partei und ihrer Behörden – Strittmatter berichtet darüber 1990 in dem Tagebuchband *Die Lage in den Lüften* – 1980 endlich erschienenen *Wundertäter*-Band machte er zur beispiellosen Generalabrechnung eines Dazugehörenden mit der im Grundsätzlichen verfehlten SED-Politik. Dabei gelingen ihm eindrucksvolle literarische Bilder nicht nur vom Arbeitsalltag, sondern auch von den bedrohlichen und von kampagnehaften Anweisungen geprägten künstlerisch-ästhetischen Auseinandersetzungen in der DDR.

Mit seinen ab 1972 in unregelmäßigen Abständen veröffentlichten *Nachtigall*-Geschichten (*Die blaue Nachtigall oder Der Anfang von etwas; Meine Freundin Tina Babe; Sulamith Mingedö, der Doktor und die Laus; Grüner Juni* u.a.) erarbeitete sich Strittmatter eine weitere literarische Form. Der beschriebene biografische Bogen ist in diesen novellistischen Lebensberichten kleiner als in Strittmatters Romanen, aber die witzigen, oft selbstironischen epischen Motive gehen psychologisch bis in große Tiefen. Zugleich sind diese Geschichten eine Art von Vorübungen zum großen Alterswerk des Dichters.

Die *Laden*-Trilogie, veröffentlicht zwischen 1983 und 1992, erzählt mit der Figur des Esau Matt Strittmatters dörfliche Kindheit in der Niederlausitz, seine Gymnasialzeit im Städtchen Spremberg und, um eine autobiografische Lücke zu füllen, die ersten Nachkriegsjahre in wiederum derselben östlichen Gegend Deutschlands. Poesievoll in den Bildern, mit beinahe musikalisch zu nennendem Sprachrhythmus breitet Strittmatter eine längst vergangene, konfliktreiche, farbige Welt vor dem Leser aus, bevölkert mit lebensweisen alten Männern, mütterlichen Frauen, liebenswerten Käuzen, kleinen Geschäftsleuten – und mittendrin das empfindsame Kind, der begabte Junge, der suchende junge Mann.

Zwischen den Romanen verfasste Strittmatter immer wieder sprachlich sorgfältig gearbeitete Kurzgeschichten, Tagebucheintragungen, Beobachtungen und Kalendergeschichten. Manches davon ist in den Bänden *Schulzenhofer Kramkalender, Ein Dienstag im September, 3/4hundert Kleingeschichten, Selbstermunterungen* und *Wahre Geschichten aller Ard(t)* veröffentlicht. Der nach seinem Tode von Eva Strittmatter herausgegebene Band *Geschichten ohne Heimat* macht deutlich, wie vieles im Strittmatter-Archiv noch seiner Veröffentlichung harrt. Diese Miniaturen, Naturbetrachtungen, pointierten Beschreibungen von Alltagsvorgängen und behutsamen Annäherungen an Personen dienten Strittmatter dazu, mit sich selbst ins Reine zu kommen, um Menschen und Umwelt gegenüber Haltung zu beziehen. Besonders die kurzen reflexiven Texte verdeutlichen Strittmatters lebenslange Nähe zum Taoismus und zu Laotse. Je weiter sein Leben in der ländlichen Umgebung von Schulzenhof fortschritt, umso bewusster wurde ihm, wie unzureichend das System der ökonomisch zentrierten, alles beherrschenden marxistischen Philosophie geeignet ist, Zusammenhänge in der Natur als Ganzes und die wechselnde Beschaffenheit des menschlichen Individuums zu erkennen. Gegen Ende seines Lebens war Strittmatter zur DDR und ihrem Gesellschaftssystem auf Distanz gegangen. Er lebte ganz im Jetzt und vertraute seinen vom Instinkt geprägten Lebenserfahrungen, statt irgendwelchen Utopien anzuhängen. Am 31. Januar 1994 ist Erwin Strittmatter in Schulzenhof gestorben, dort befindet sich auch sein Grab.

Günther Drommer

Werke: *Ochsenkutscher,* R., Bln. 1951; *Der Wald der glücklichen Kinder. Märchen*, Bln. 1951; *Katzgraben,* Theaterst., UA Bln. 1953; *Eine Mauer fällt,* En., Bln. 1953; *Tinko,* R., Bln. 1954, Film, 1958; *Paul und die Dame Daniel,* E., Bln. 1956; *Der Wundertäter. Erster Band,* R., Bln. 1957; *Pony Pedro,* E., Bln. 1959; *Die Holländerbraut,* Theaterst., UA Bln. 1961; *Ole Bienkopp*, R., Bln. 1963; *Schulzenhofer Kramkalender. Literarische Miniaturen*, Bln. 1966; *Ein Dienstag im September. 16 Romane im Stenogramm*, Bln. 1969; *3/4hundert Kleingeschichten*, Bln. 1971; *Die blaue Nachtigall oder Der Anfang von etwas,* E., Bln. 1972; *Der Wundertäter. Zweiter Band*, R., Bln. 1973; *Meine Freundin Tina Babe*, E., Bln. 1977; *Sulamith Mingedö, der Doktor und die Laus*, E., Bln. 1977; *Der Wundertäter. Dritter Band,* R., Bln. 1980; *Selbstermunterungen. Notizen*, Bln. 1981; *Wahre Geschichten aller Ard(t). Tagebucheintragungen*, Bln. 1982; *Der Laden. Erster Teil*, R., Bln. 1983; *Grüner Juni*, E., Bln. 1985; *Der Laden. Zweiter Teil,* R., Bln. 1987; *Die Nachtigall-Geschichten*, En., Bln. 1989; *Die Lage in den Lüften. Tagebucheintragungen*, Bln. 1990; *Der Laden. Dritter Teil,* R., Bln. 1992, alle drei Teile auch als Fssp., 1998; *Flikka*, E., Bln. 1992; *Vor der Verwandlung. Aufzeichnungen*, Bln. 1995; *Geschichten ohne Heimat. Erzählungen und Texte aus dem Nachlass*, hg. v. Eva Strittmatter, Bln. 2002.

Strittmatter, Thomas, wurde am 18. 12. 1961 in St. Georgen im Schwarzwald geboren. Ab 1981 studierte er mehrere Semester Malerei und Grafik an der Karlsruher Kunstakademie, 1985 drehte er gemeinsam mit Nico Hoffmann seinen ersten Spielfilm. 1986 zog Strittmatter nach München, wo er bei Werner Herzog an den Münchner Kammerspielen *(Phädra)* hospitierte. 1984 erhielt er im Rahmen des Ingeborg-Bachmann-Wettbewerbs das Ernst-Willner-Förderungs-Stipendium, 1985 war er Preisträger beim Prosawettbewerb des Bayerischen Rundfunks, 1987 Stipendiat der Kunststiftung Baden-Württemberg, 1988 erhielt er den Förderungspreis Literatur der Landeshauptstadt München, 1989 den Kranichstein-Literaturpreis, 1990 den Förderpreis zum Bremer Literaturpreis, 1991 den Springer-und-Jakoby-Preis für dialogische Literatur und den Staatlichen Förderungspreis für junge

Schriftstellerinnen und Schriftsteller (Bayern) sowie 1992 ein Berlin-Stipendium für junge deutschsprachige Autoren. 1993 zog Strittmatter nach Berlin, wo er am 29. 8. 1995 an Herzversagen starb.
Schon 1984 in Klagenfurt formulierte Beatrice von Matt über den damals 23-jährigen Schriftsteller: »Thomas Strittmatter vertritt jene Generation, die die Kraft und die Freiheit hat, sprachliche Möglichkeiten mit ungewöhnlichem Elan radikal zu erproben und in diesem Erproben eine eigene Welt zu bilden.« Seine Schreibweise markiere eine Richtung, die an die Malweise der »Neuen Wilden« erinnere. Strittmatter hatte zu dieser Zeit bereits Hörspiele, Theaterstücke und Drehbücher verfasst; er beschäftigte sich im Rahmen seiner bildnerischen Tätigkeit mit Rauminstallationen, malte und zeichnete. 1984 stellte er sich mit dem Band *3 Bildgeschichten und 2 andere* als Zeichner und Prosaautor vor. In der Kurzgeschichte *Tscheßwitz, Blut und Fett* berichtet ein Ich-Erzähler über das freudlose Leben in einer kleinen Stadt, das sich für den Titelhelden zwischen Imbissbude und Fabrik abspielt. In der Erzählung *Der Federleicht* erinnert sich ein pensionierter Angestellter eines Großvertriebs für Daunenprodukte, wie er unter dem Eindruck seiner Arbeit immer weniger aß, bis er schließlich leicht wie »eine superflauschige Daune aus unserer Fabrik« wurde. 1985 erschien der Band *Erste Stücke,* der die Theaterstücke *Viehjud Levi* (UA 1982), *Der Polenweiher* (UA 1984), *Der Kaiserwalzer* (UA 1986) und *Brach* (UA 1983) enthält. *Viehjud Levi* – ausgezeichnet mit dem ersten Preis im Wettbewerb für Volkstheaterstücke des Baden-Württembergischen Wissenschafts- und Kultusministeriums – und *Der Polenweiher* stehen in der Tradition des modernen kritischen Volkstheaters. Beide Stücke erzählen von Menschen aus dem Schwarzwald während der Zeit des Nationalsozialismus. Die Figur des Viehhändlers Levi hat ein historisches Vorbild, das Strittmatter aus verschiedenen Berichten von St. Georgener Bauern kannte. »Aus Erzählfetzen, aus Mosaiksteinchen habe ich eine Geschichte gemacht. Ich wollte herausfinden, und sei es nur in meiner Fantasie, was mit Levi nach der Machtergreifung passiert ist, denn das weiß heute keiner mehr, will niemand mehr wissen. Davon zu erzählen bedeutete für mich eine Annäherung an die Vergangenheit, auch an die Landschaft. Eine Reflexion über meinen Begriff von Heimat.« Zur Handlung: Die Bauern im Schwarzwald leiden unter den Folgen der Wirtschaftskrise. Besonders bedrohlich ist die Situation für den Horgerhof. Levi, der Viehhändler, bewahrt durch seine Viehkäufe den Hof vor dem völligen Ruin. Mit der Ankunft der Bahnarbeiter, von denen die meisten stramme Nationalsozialisten sind, erfährt der Landstrich einen wirtschaftlichen Aufschwung. Sie kaufen den Bauern Schlachtvieh zu höheren Preisen ab, als Levi das kann, und gefährden damit seine Existenzgrundlage. Levi wird von den Bahnarbeitern schikaniert; nach und nach distanzieren sich die Bauern, gezwungenermaßen auch Andreas Horger, von dem Juden. Eines Tages wird Levi erschossen aufgefunden. Nach einiger Zeit sterben Horger und seine Frau; die Umstände ihres Todes bleiben ebenfalls unklar. Das Stück diente einer sehr erfolgreichen Verfilmung durch Didi Danquart (1999) als Vorlage und wurde bereits einen Monat vor seiner Uraufführung in einer Hörspielfassung gesendet. Tatsächlich spielt die Dimension des Akustischen auch in der Bühnenfassung eine wichtige Rolle: Durch die Dunkelheit des Raumes und den Einsatz von Geräuschen »soll das Erleben des Stückes durch das Ohr in den Kopf geführt werden«.
Der Tod einer auf einen Bauernhof dienstverpflichteten Polin während des Krieges bildet den Ausgangspunkt des Stückes *Der Polenweiher.* Die Recherchen eines faschistoiden, schwärmerischen Kommissars führen letztlich zu dem Ergebnis, dass die schwangere Polin ohne äußere Gewalteinwirkung in einem Weiher ertrunken sei. Der Zuschauer erfährt den wahren Sachverhalt: Die junge Frau kam beim Kampf mit dem Hungerbühler-Bauern, der sie geschwängert hatte, ums Leben. Durch den Dorftratsch in die Enge getrieben, meldet sich der Bauer an die Front. Nach dessen Tod zieht der opportunistische Kommissar, der das Ende der Hitlerzeit herannahen sieht, zu der Hungerbühlerin auf den Hof. Nach seiner »Entnazifizierung« verlässt er die Frau, »wieder bereit, diesem Staat, diesem neuen Staat, als Beamter zu dienen«.
Wirken diese beiden Stücke, ebenso wie das Erzählfragment *Der Schwarzwursthammer,* für das Strittmatter in Klagenfurt ausgezeichnet wurde, wie Kapitel einer nichtoffiziellen, ungeschönten Dorfchronik, so spielt der Autor in den Stücken *Der Kaiserwalzer* und *Brach* das Abhängigkeitsverhältnis und den alltäglichen Terror zwischen Ehemann und Frau, zwischen Mutter und Sohn durch. Auch hier wird der Blick immer wieder auf die Zeit des Nationalsozialismus gelenkt. Im *Kaiserwalzer* vermischt sich für die Figuren Joseph und Agatha, deren Leben nie von politischen Ereignissen beeinflusst wurde, ihre persönliche Vergangenheit mit der Erinnerung an harmlose Ufa-Unterhaltungsfilme.

Durch die Spätfolgen einer nicht behandelten Syphilis ist der Mann mittlerweile schwachsinnig geworden und deshalb angewiesen auf die Hilfe seiner Frau. Der rasche Szenenwechsel zwischen damals und heute eskaliert in einem surrealen Schlussbild, in dem »ein Hans-Moser-Typ« und »ein Willy-Birgel-Typ« in weißen Arztkitteln »auf grüner Bühne« erscheinen. *Der Kaiserwalzer* ist zum Totentanz geworden. – Ein auf andere Weise grausames Spiel führt Strittmatter in *Brach* vor, einer »Komödie vom Spielen, Sterben, Erben für einen jungen Herrn und zwei ältere Damen«. Ingo Brach, der sich kaum noch aus seinem Zimmer bewegt, täuscht seiner Mutter vor, eine Doktorarbeit zu verfassen. Die fast blinde Mutter wiederum spiegelt dem Sohn vor, ihren Mann im Krieg verloren zu haben. Die Hausfreundin kommt regelmäßig, um Ordnung zu machen, und schäkert mit dem jungen Brach wie ehedem mit dessen Vater. Eindringlich vergegenwärtigt der Autor die gegenseitige Abhängigkeit, die Liebe und die Gehässigkeit der Figuren. Der Tod – als motivisches Element in allen Texten Strittmatters präsent – dient in diesem Stück dazu, die geliebte und gehasste Person gedanklich aus dem Leben zu verbannen: Die Mutter erfand für den Ehemann, der mit einer jüngeren Frau durchbrannte, den Heldentod; Ingo Brach inszeniert im Kopf den Unfalltod seiner Mutter. Die Personen können sich bis zuletzt nicht aus ihrer starren Fixiertheit befreien, verharren in ihren zum Teil spleenigen Gewohnheiten und bleiben in der Enge ihres Lebensraumes befangen.

Die zwei weiteren zu Lebzeiten des Schriftstellers aufgeführten Theaterstücke wurden von der Kritik verhalten aufgenommen. Die handelnden Figuren in *Irrlichter – Schrittmacher* (UA 1992) bezeichnete Strittmatter einmal als »Prototypen eines auf permanente Bewegung gegründeten Systems, eines rasenden Stillstands«. In der Ausgangssituation an Becketts *Warten auf Godot* erinnernd, wird die merkwürdige Geschichte dreier Zeitschriftenwerber erzählt, die auf ihren, offenbar im Stau stecken gebliebenen Vorgesetzten warten. Auf gegenwärtige urbane Realität verweisen soll auch das in Graz uraufgeführte Stück *Untertier* (1991), das sich im Wesentlichen um die tristen und eindimensionalen Gespräche einer auf Äußerlichkeiten bedachten Männergesellschaft dreht.

1990 legte der erfolgreiche Theaterautor schließlich seinen einzigen umfangreichen Prosatext vor, *Raabe Baikal*. In über 60 kurzen Kapiteln – Splittern, Fragmenten, Einzeltexten – wird die Geschichte des jugendlichen Raab entworfen, der zunächst als Internatszögling sein Dasein fristet und später als Lehrling bei einem Steinmetz. Für den muss Raab aus »dem großen Einkaufszentrum« immer Wodka holen, »gebrannt mit Wasser aus dem Baikalsee«. Denn wenn sie tagelang mit wenigen Unterbrechungen den Stein bearbeiteten, aßen »sie nichts mehr, rauchten selbst gedrehte Zigaretten und tranken Nescafé mit Wodka«. Allein durch die episodische Erzählweise wird der vorgebliche Entwicklungsroman als Genre konterkariert. Für die Figuren gibt es aber letztlich keine in eine positive Zukunft gerichtete Bewegung, die einer individuellen Glücksvorstellung Rechnung tragen könnte. Glücksmomente scheinen sich einzig in flüchtigen Bildern, die meist den Rückzug aus einer als gewalttätig und fremdartig erfahrenen Gesellschaft andeuten, abzuzeichnen. Ähnliche Erfahrungen erschließen sich Raab in den wenigen Begegnungen mit Menschen wie »Taubmann«, dem Gehörlosen: Sie lassen Raab Augenblicke von fast archaischer Ruhe erleben. Doch er wird immer wieder zurückgestoßen in eine Welt, der sich »Taubmann« einfach dadurch entziehen kann, indem er sein Hörgerät »in die Schuhschachtel mit den Fotografien« legt.

Petra Ernst

Werke: *Viehjud Levi,* Hsp., SWF 1982, Theaterst., UA Stg. 1982, Film, 1999, u. d. T. *Viehjud Levi. Volkstheaterstück*, Drehb. m. Fotos, Zür. 2000; *Der Fürst vom Teufelstein,* n. Heinrich Hansjakob, Hsp., SWF 1983; *Brach*, Theaterst., UA Stg. 1983; *3 Bildgeschichten und 2 andere,* Stg. 1984; *Der Polenweiher*, Theaterst., UA Konstanz 1984, Hsp., SWF 1985, Film, zus. m. Nico Nofmann, SWF 1986; *Erste Stücke*, Mü. 1985; *Hamburger Flasche oder Warum verlässt Artaud gelangweilt den Panzerkreuzer*, Hsp., SWF 1986; *Der Kaiserwalzer*, Theaterst., UA Bielefeld 1986; Hsp., SWF 1992; *Drachenfutter*, Film, zus. m. Jan Schütte, ZDF 1987; *Das Königsstechen*, Film, n. Fanny Morweiser, ZDF 1988; *Die Liebe zu den drei Orangen*, Theaterst., holländ. UA Groningen 1987, dtspr. UA Mü. 1988; *Raabe Baikal*, R., Zür. 1990; *Winckelmanns Reisen*, Film, zus. m. Jan Schütte, WDR 1990; *Untertier*, Theaterst., UA Graz 1991; *Irrlichter – Schrittmacher*, Theaterst., UA Mü. 1992; *Viehjud Levi und andere Stücke*, Zür. 1992; *Auf Wiedersehen, Amerika*, Film zus. m. Jan Schütte, 1994; *Bohei Bohau – eine badische Geschichte/Die Straße des Augias*, Drehb., 1995; *Milchmusik. Zwei Monologe*, Ffm. 1996; *Gesualdo*, Theaterst. a. d. Nachlass, UA Dortmund 1998.

Strubel, Antje Rávic, wurde am 12. 4. 1974 in Potsdam geboren. Sie machte in Berlin eine Buchhandelslehre und ging anschließend, mit einem Stipendium der Stiftung Kulturfonds, nach New York, um dort an einem Off-Broadway-Theater als Beleuchterin zu arbeiten. Nach anfänglichem Sportstudium studierte sie Amerikanistik, Psychologie und Literaturwissenschaften in New York und Potsdam. Heute lebt sie als freie Autorin und Journalistin in Berlin. Ausgezeichnet wurde sie 2001 mit dem Ernst-Willner-Preis beim Ingeborg-Bachmann-Wettbewerb in Klagenfurt, 2002 erhielt sie den Förderpreis für Literatur der Akademie der Künste.

In ihrem Vexierspiel um Liebe und Kunst im amerikanischen »Paradies« erzählt Antje Strubel von einer Liebe zwischen Frauen, die nie ihre klaren Bezugspunkte und ihren Rahmen findet. *Offene Blende* (2001) ist ein Tanzen ohne Choreografie, ein kompliziertes Wechselspiel aus Lockung und Zurückweisung, das unfassbar macht und den schönen Schein wahrt. Entlang bekannter Romantitel (von *Jahrestage* bis *Links, wo das Herz ist*) fokussiert die Autorin ein zärtliches Ringelreihen in der urbanen Bilderflut; der permanente Ausnahmezustand, in dem sich das Paar befindet, changiert dabei zwischen Imagination und Halluzination, zu oft bleibt die zweite Betthälfte leer und die Tür zu. So legt sich ein melancholischer Schleier, den Antje Strubel mit erzählerischer Geduld ausbreitet, über diese Amour fou. Der Schauplatz ist New York, zwei Leben in einem Film, Herzträume in einem kleinen Off-Broadway-Theater, Leah und Jo, die einmal Christiane hieß, verlieben sich ineinander und tasten sich aufeinander zu. Am Ende kehrt die eine in das Land zurück, aus dem sie beide kommen. Wie es mit ihnen weitergeht, bleibt offen. Die gefallene Mauer ist Bezugsgröße, die Spuren der Veränderung bleiben in den Menschen. Hinter sich lassen wollten sie Eisenach und Berlin, politische und familiäre Zwänge, sie hatten Fernweh und waren auf der Suche. Die eine restauriert mit einem Freund ein verwahrlostes Theater und richtet ein Stück ein, das Erfolg hat. Die andere begibt sich in die Stadt, die sich nur für sich selbst interessiert, sucht einen Job und, wissend, dass Fotos nichts verbergen und gleichzeitig pure Täuschung sein können, die definitive künstlerische Herausforderung. Die Stadt fungiert dabei nur als Kulisse; Heimatlosigkeit heißt das vorherrschende Gefühl, was bleibt, ist das »berühmte, blasse New Yorker Licht« – und der Eindruck einer Herzensangelegenheit und eines beeindruckenden Debüts.

Auch *Unter Schnee* (2001) erzählt von zwei verliebten Frauen, Vera und Evy, die in Tschechien zum Skifahren gehen, um ihrer erkaltenden Beziehung neuen Schwung zu verleihen. Doch es geht mit ihnen nur weiter, wenn sie die Geschichten der anderen, denen sie im Ort begegnen, streifen. Zwei Perspektiven erzählen eine Geschichte, jede ihre eigene Version. Das macht diesen Episodenroman so reizvoll: Die jeweilige Erinnerung der aus Mainz bzw. Senftenberg stammenden Frauen verantwortet ein mehrdimensionales Bild ihrer Liebe, in dem auch Ost und West als gesellschaftliche Versatzstücke aufscheinen.

Der Roman als Planspiel und Parallelaktion – auch *Fremd Gehen* (2002) spielt virtuos mit Konstruktionsmustern und Erzählperspektiven. Mit diesem düsteren »Nachtstück« hat Strubel eine äußerst komplexe, sich in Zeit- und Handlungsstrukturen verzahnende Geschichte entworfen, die sich vordergründig um einen mysteriösen Leichenfund rankt, aber auf einer zweiten Ebene diese Vorgänge in den Mittelpunkt eines literarischen Projekts zweier Frauen stellt. Auch typografisch kenntlich gemacht, ziehen sich von Anfang an zwei Handlungsstränge durch den Text, die erst am Ende miteinander verbunden werden. Es beginnt mit Beobachtungen, die der Mathematikstudent Daniel Stillmann in der Nähe seiner Wohnung macht und die in Verbindung mit dem Auftauchen von Leichenteilen in einem nahe gelegenen Gewässer stehen. Während Daniel einen alten Mann verdächtigt, etwas mit diesem mutmaßlichen Verbrechen zu tun zu haben, wird auf einer zweiten Ebene deutlich, dass diese Geschichte am Reißbrett entworfen wurde, und zwar als literarische Projektion von Marlies und ihrer Freundin, der Erzählerin. Von Anfang an spielt der Text mit Verwirrungen und Rätseln, erst langsam entwickelt sich ein allmählich durchscheinender Plan, dem die Geschichte zu folgen scheint. Die zerfaserten Wirklichkeiten, in denen sich die Figuren zu bewegen glauben, beginnen sich zu überlappen: Der alte Mann, ein ehemaliger Marineoffizier der DDR, trägt an einem vom Politbüro gewünschten Tod eines Mitarbeiters Mitschuld; der Tod von Marlies und die Absenz seiner Freundin Kathleen könnten von Daniel verschuldet sein. Fensterscheiben, Spiegel, Wasseroberflächen – die alten Sehnsuchtsmotive der Romantik, die hier eingesetzt werden, indizieren die melancholische Grundhaltung dieses Textes, in dem die Lebenswege der Figuren heillos miteinander verstrickt sind. Ist nur noch die Vergangenheit wirklich? Jedenfalls, so suggeriert es dieser vielschichtige Text, kann man sich ihr nicht entziehen. Auch die Erzählerin schreibt, um zu vergessen. Dass es ihr nicht gelungen ist, zeigt der vorliegende Roman, der das Können von Antje Rávic Strubel auf eindrucksvolle Weise bestätigt.

Thomas Kraft

Werke: *Offene Blende*, R., Mü. 2001; *Unter Schnee*, R., Mü. 2001; *Fremd Gehen. Ein Nachtstück*, Hbg. 2002.

Struck, Karin, wurde am 14. 5. 1947 als Tochter eines Bauern in Schlagtow bei Greifswald geboren. Sie flüchtete mit ihrer Familie 1953 in die Bundesrepublik und wuchs in Schloss Holte bei Bielefeld auf, wo sie das Gymnasium besuchte und sich bereits in jungen Jahren literarisch betätigte. Nach dem Abitur 1966 studierte sie Germanistik, Romanistik und Psychologie in Bochum, Bonn und Düsseldorf. Zur Finanzierung ihres Studiums arbeitete sie in Fabriken, Büros und als Aupairmädchen. Durch ihre proletarische Herkunft und geprägt durch einen sich radikalisierenden Zeitgeist engagierte sie sich im Sozialistischen Deutschen Studentenbund (SDS) und wurde vorübergehend aktives Mitglied der Deutschen Kommunistischen Partei (DKP). Nach dem überwältigenden Erfolg ihres ersten Romans *Klassenliebe* (1973), der den Nerv einer ganzen Generation traf und sie für einige Zeit zu einer Ikone der Literaturszene werden ließ, brach sie ihre Dissertation über die Arbeiterliteratur ab, um sich ganz dem Schreiben widmen zu können. Die nunmehr freie Autorin lebte in der Folge zeitweise in Neu-Anspach im Taunus, dann in Münster. 1982 übersiedelte die allein erziehende Mutter nach Hamburg, wo 1987 ihr viertes Kind geboren wurde. 1988 bekam sie einen Ruf als »writer in residence« an die University of Queensland in Brisbane (Australien). 1997 wirkte sie für ein Jahr am Projekt HEUREKA an der Westfälischen Klinik in Gütersloh mit, die psychisch Kranken aus den Geisteswissenschaften den Wiedereinstieg in die Gesellschaft ermöglichen möchte. Für ihr frühes Werk wurde Struck, die bis heute vor allem als Erzählerin hervorgetreten ist, mit mehreren Preisen bedacht: 1973 erhielt sie den Förderpreis für Literatur der Stadt Düsseldorf, 1974 den Rauriser Literaturpreis des Landes Salzburg, 1976 den Andreas-Gryphius-Preis der Esslinger Künstlergilde. 1977 arbeitete sie mit einem Arbeitsstipendium des Landes Nordrhein-Westfalen, 1982 mit dem Stipendium der Filmförderungsanstalt Berlin.

Strucks Werke sind in einem hohen Maß autobiografische Bekenntnisliteratur und atmen den Geist der »Neuen Subjektivität« der Siebzigerjahre. Die Autorin verarbeitet ihre Erlebnisse von Flucht, Außenseitertum und Einsamkeit. Der daraus resultierende Wunsch nach Geborgenheit und Zugehörigkeit ist allenthalben zu spüren. Alle Figuren leiden an der Erfahrung ihrer »Zwischenlage«: zwischen einfacher Herkunft und Bildungsbürgertum, dem Widerspruch zwischen emanzipierter Frau und traditionellem Mutterbild, später dann zwischen männlicher und weiblicher Sexualität. Stets geht es um die Wiedergewinnung einer verloren gegangenen Identität, vorgetragen im Ton existenzieller Ernsthaftigkeit. Signale literarischer Distanzierung oder Relativierung sucht man hier vergebens. Stattdessen ist vielerorts eine Neigung zum mystischen Sprachrausch und zum Deklamatorischen anzutreffen. Zur ästhetischen Fragwürdigkeit tritt bald auch die politische Harmlosigkeit. Strucks Sehnsucht nach Heilung und Ganzheitlichkeit bleibt zu unbestimmt, um das von ihr erhoffte politische Engagement wecken zu können.

Bereits ihr erster Roman *Klassenliebe* (1973) stellt ein rücksichtsloses Selbstbekenntnis dar. Ausgehend von der unmittelbaren Gegenwart beschreibt er in Tagebucheintragungen, Briefen sowie mittels realer und fiktiver Gespräche den Werdegang der sozialen Aufsteigerin Karin S., die ihre alte Klassenzugehörigkeit verloren und keine neue Identität entwickelt hat. Traumprotokolle und innere Monologe geben Aufschluss über ihr Leiden an sich und einer entfremdeten Gesellschaft, in der allein der Rekurs auf das unmittelbar sinnlich Erfahrbare und der assoziative Schreibakt Überlebenskraft spenden. Auslösendes Moment der Aufzeichnungen ist ihre Schwangerschaft, die von ihrem intellektuellen Freund nicht anerkannt wird. Karin S. wird dadurch in eine verzweifelte Liebessehnsucht und zu Suizidgedanken geführt, die von einem tief sitzenden Minderwertigkeitsgefühl genährt werden.

Der Roman *Die Mutter* (1975) führt Strucks autobiografische Linie fort. Er beschwört anhand der Figur der Nora Hanfland die zentralen weiblichen Erlebnisse von Schwangerschaft, Geburt und Mutterschaft. In feministischer Absicht wird in einer höchst emotionalen Sprache auf den für Struck grundlegenden Klassenantagonismus hingewiesen, den zwischen Mann und Frau. Die Missachtung des Mütterlichen zeigt sich als Ursache für die Beziehungslosigkeit innerhalb der Männergesellschaft.

Im Roman *Lieben* (1977) will sich die Hauptfigur Lotte von ihrem Ehemann trennen und an einen Schriftsteller binden, der sich ihr jedoch trotz Schwangerschaft entzieht. Nach einem Selbstmordversuch und verzweifelten Liebesbeziehungen sieht sie einen neuen Anfang in der Liebe zu einem jungen Drogenabhängigen. Die überaus emotionale Darstellung und das Gefühlschaos dieses Romans stießen bei der Kritik weitgehend auf harsche Ablehnung. Während in den ersten beiden Romanen die unmittelbare Umsetzung des Erlebten in eine eigenwillige Sprache aufgrund des autobiografischen Hintergrunds des Erzählten noch vielen Kritikern plausibel war, scheint dieser hier zu fehlen. Der Versuch der Autorin, sich von ihrer bisherigen Schreibweise zu verabschieden (»Es genügt mir heute nicht mehr, mich persönlich darzustellen«), misslingt.

Positiver indes fiel die Kritik der beiden folgenden Werke aus, in denen die Autorin zur Thematik ihrer früheren Werke zurückfindet. In der Erzählung *Trennung* (1978) kämpft Anna schreibend mit ihren inneren und äußeren Widersprüchen, ihrer Sehnsucht nach einer dauerhaften Beziehung und dem Bedürfnis nach Überwindung unbefriedigender Verhältnisse. Das persönliche Tagebuch *Kindheits Ende* (1982) beschreibt den vier Jahre dauernden Prozess einer scheiternden Ehe, die schmerzhafte Befreiung von suchthaftem Liebesverlangen und das Ringen um ein neues privates und schriftstellerisches Selbstverständnis.

In der Folgezeit griffen Strucks Romane Themen der Frauenbewegung auf. In *Zwei Frauen* (1982) wird ein Vater, der seine Kriegserfahrungen verdrängt, von seiner Tochter mit zwei Friedenskämpferinnen konfrontiert. In *Glut und Asche* (1985) plädiert Struck für die Entwicklung einer spezifisch weiblichen Erotik. Eindeutig negativ indes fiel das Urteil über den Roman *Finale* (1984) aus, der von der Flucht einer Schauspielerin aus ihrer Karriere hin zu einem Pferd handelt. Allegorische und mythologische Anspielungen finden sich hier zuhauf. Das unreflektierte Schwelgen in der Naturidylle rückt das Werk in die Nähe des Ökokitsches. Nachgerade realistisch wirkt dagegen der Roman *Bitteres Wasser* (1988), der aus der Ich-Perspektive die Entwicklung des Monteurs Franz Leffler zeigt, der als Betriebsratsvorsitzender in einen Rollenkonflikt mit seinen ehemaligen Kollegen gerät und seine soziale Isolation im Alkohol zu überwinden sucht. Er ist zwischen die Klassen gefallen, schafft jedoch den Absprung von der Sucht und kehrt nach einer Entziehungskur an seinen Arbeitsplatz zurück. Hier ist ein überraschend nüchtern-distanzierter Erzählton anzutreffen, mit dem die Autorin unverkennbar neue Wege beschreiten wollte: »Damit habe ich wohl bewiesen, dass ich nicht immer nur über mich schreiben muss.«

Strucks Kampf gegen den § 218 und die »Abtreibungsgesellschaft« wird in dem Schlüsselroman *Blaubarts Schatten* (1991) deutlich. Lily Bitter erhält mit dem Ende der DDR die Möglichkeit, mit ihren Peinigern abzurechnen, die sie – entsprechend dem Blaubart-Motiv – missbraucht und zur Abtreibung gedrängt haben. Die gleiche Zielsetzung verfolgt das Sachbuch *Ich sehe mein Kind im Traum* (1992), das mit Diskussionen, Quellen und Materialien die Abtreibungsdiskussion aufarbeitet und ein emotionsgeladenes Plädoyer gegen die Abtreibung darstellt. Ein differenziertes Männerbild gelingt der Autorin in *Männertreu* (1992), einer Sammlung von Briefen, Erzählungen und Interviews, die für ein Miteinander der Geschlechter einsteht.

Mit dem aus Tagebuchnotaten, Gedanken- und Erinnerungsfetzen komponierten Roman *Ingeborg B. Duell mit dem Spiegelbild* (1993) nimmt Struck erneut die Linie der Selbstdarstellung auf. Als Leitfigur ihrer obsessiven Auseinandersetzung mit den Mechanismen des Literaturbetriebs dient das »Alter ego« Ingeborg Bachmann.

Waltraud Müller-Ruch/Hermann Ruch

Werke: *Klassenliebe*, R., Ffm. 1973; *Die Mutter*, R., Ffm. 1975; *Die liebenswerte Greisin*, E., m. Grafiken v. Annegret Soltau, Pfaffenweiler 1977; *Lieben*, R., Ffm. 1977; *Trennung*, E., Ffm. 1978; *Trennung. Die Geschichte der Anna Wildermuth*, Drehb., SWF/ARD 1979; *Die Herberge*, E., m. Lithografien v. Hans Jürgen Wormeck, Pfaffenweiler 1981; *Kindheits Ende. Journal einer Krise*, R., Ffm. 1982; *Zwei Frauen*, Münster 1982; *Finale. Geschichte eines unentdeckten Pferdes*, R., Hbg. 1984; *Glut und Asche. Eine Liebesgeschichte*, Hbg. 1985; *Bitteres Wasser*, R., Hbg. 1988; *Blaubarts Schatten*, R., Mü., Lpz. 1991; *Ich sehe mein Kind im Traum. Plädoyer gegen die Abtreibung*, Ffm., Bln., Wien 1992; *Männertreu*, En., Briefe, Interviews u. a., Mü. 1992; *Ingeborg B. Duell mit dem Spiegelbild*, R., Mü. 1993.

Stuckrad-Barre, Benjamin von, wurde am 27. 1. 1975 in Bremen als Pfarrerssohn geboren und wuchs in Göttingen auf. 1995/96 arbeitete er als Redakteur beim »Rolling Stone«-Magazin, anschließend als Produktmanager einer Plattenfirma sowie als Redakteur und Autor fürs Fernsehen (Friedrich Küppersbuschs »Privatfernsehen« und die »Harald-Schmidt-Show«). Er schrieb Feuilletons u.a. für Zeitungen und Zeitschriften und war 1999/2000 Redakteur der »FAZ« in Berlin. Kurzzeitig moderierte er eine eigene Literatursendung auf MTV. Heute lebt er als freier Autor und Journalist in Zürich.

Stuckrad-Barre wurde, erst 23-jährig, mit seinem Erstling *Soloalbum* (1998) schlagartig bekannt und ist seither einer der exponiertesten Repräsentanten der jungen deutschen Popliteratur. Der Roman spielt in Hamburg und München und ist die Ich-Erzählung eines jungen Mannes, dessen unfreiwillige Trennung von der Freundin ihn die umgebende Alltagskultur mit distanziert-genervtem Blick registrieren lässt. Stuckrad-Barres eigentümlich dichte Prosa, die oft katalogartig Gegenwartskultur archiviert, beruht auf einem genauen Erfassen und Sammeln von Diskursen und Idées reçues seiner Generation und ihrer Neukombination zu präzisen Szene-Porträts, Hitlisten sowie positiven und negativen Eigenschaftskatalogen. Erstmals in der deutschen Literatur wird hier dem identitätsstiftenden Charakter von Popmusik, insbesondere von Britpop (die zweimal vierzehn Kapitel tragen die Titel von Oasis-Songs), breiter Raum gelassen. Überhaupt bewegt sich Stuckrad-Barres Prosa souverän und keineswegs naiv in der medial vermittelten Populär-Enzyklopädie der Neunzigerjahre mit Musik, Fernsehen, Markennamen, Gruppenritualen, Kleidungskodes, Boulevardpresse. Der Roman endet bezeichnenderweise nicht mit einer Lösung der Liebesgeschichte, sondern mit der Darstellung jugendlich-männlicher Selbsttechniken bei einem Oasis-Konzert.

Stuckrad-Barres in *Remix* (1999) gesammelte Feuilletons zeigen, dass die Katalogtextur seines Romans ein sorgfältig erarbeitetes Verfahren ist. In der autobiografischen langen Erzählung *Livealbum* (1999) verarbeitet er in gleicher Manier seine Erfahrungen als Autor auf Lesereise. Obwohl seine Bücher auch explizit literarische Traditionen benennen (z.B. Jörg Fauser), werden sie selbst zunächst vor allem als Teil der Popkultur rezipiert und gewinnen ein großes bislang nicht lesendes Publikum. Sie sind maßgeblich für den Boom der deutschen Popliteratur um 2000 verantwortlich. Dazu tragen auch die Performance-artigen Lesungen und die für einen deutschen Autor einmalige Medienpräsenz Stuckrad-Barres bei. Er moderierte mehrere Fernsehsendungen, trat u.a. mit Harald Schmidt und Christof Schlingensief, aber auch mit Walter Kempowski auf, und ist Teil des umstrittenen »popkulturellen Quintetts« »Tristesse Royale« (1999), das im Berliner Hotel »Adlon« eine provokante, aber hochreflektierte Mischung aus Pop und Dandytum inszeniert. Mit den kürzeren Prosastücken aus *Blackbox* (2000) geht er wiederum erfolgreich auf Lesereisen, die auch als CD und als *Transkript* erscheinen. Im Spannungsfeld von Literatur, Medien und Yellow Press, zu dem Stuckrad-Barre inzwischen selbst gehört, sind auch die längeren Feuilletons von *Deutsches Theater* (2001) angesiedelt.

Moritz Baßler

Werke: *Soloalbum*, R., Köln 1998; *Livealbum*, E., Köln 1999; *Remix. Texte 1996–1999*, Feuilletons, Köln 1999; *Liverecordings*, Schpl., 1999; *Tristesse Royale. Das popkulturelle Quintett*, Gespräch, hg. v. Joachim Bessing, zus. m. Christian Kracht, Eckart Nickel, Alexander von Schönburg, Bln. 1999; *Blackbox. Unerwartete Systemfehler*; En., Köln 2000; *Bootleg*, Schpl., 2000; *Voicerecorder. Augewählte Aufnahmen der Blackbox-Tournee,* Schpl., 2001; *Transkript*, Pr., Köln 2001; *Deutsches Theater*, Feuilletons, Köln 2001; *Benjamin von Stuckrad-Barre trifft: Johannes Brahms*, Schpl., 2002.

Süskind, Patrick, geboren am 26. 3. 1949 in Ambach am Starnberger See als Sohn des Schriftstellers und Journalisten W. E. Süskind. Er studierte von 1968 bis 1974 mittlere und neuere Geschichte in München und Aix-en-Provence. Seit Mitte der Achtzigerjahre ist er als freier Schriftsteller, Drehbuchautor und Übersetzer tätig. Er lebt zurückgezogen in München.

Nachdem Süskind sich zunächst »als Autor von kürzeren, unveröffentlichten Prosastücken und längeren, unverfilmten Drehbüchern« versucht hatte, veröffentlichte er 1981 den Einakter *Der Kontrabass*. Ursprünglich als Hörspiel konzipiert, später ein großer Bühnenerfolg, verhalf dieses Monodram Süskind zum Durchbruch als Bühnen- und Drehbuchautor: Ein Kontrabassist wendet sich monologisch an ein Publikum, dem er sprunghaft und assoziativ seine Gedankenwelt eröffnet. Diese mit enormem Sprachwitz versehene Groteske zeigt einen Musiker aus dem zweiten Glied, der an seiner Mittelmäßigkeit innerhalb einer auf Erfolg gepolten Gesellschaft leidet. Für sein Instrument empfindet er trotzige Hassliebe, ein nahezu erotisches Verhältnis: »Ich habe body beziehungsweise mein Instrument hat body. Und das ist das einzige, was mir daran gefällt. Sonst hat es nämlich nichts. Sonst ist es eine einzige Katastrophe.« Das Stück entmythologisiert einen renommierten Kulturbetrieb; hinter der brüchig werdenden Fassade des Künstlers bleibt letztlich nur der frustierte Kleinbürger erkennbar: »Wenn ich noch einmal eine Frau bekomme – es ist nicht wahrscheinlich, weil ich bin schon fünfunddreißig; aber es gibt welche, die schaun schlechter aus als ich und ich bin immerhin Beamter und ich kann mich noch verlieben!« Joachim Kaiser schrieb

1981 über die Uraufführung im Münchner Cuvilliéstheater mit Nikolaus Paryla in der Hauptrolle: »Süskind hat keinen quirligen Episoden-Schauspieler gekennzeichnet, sondern einen autodidaktisch hoch gebildeten, etwas verworrenen Musiker komponiert, der ... über Goethes Pantheismus seltsam kluge Sachen sagt, der über Musik und Politik und Furtwängler und die Nazis reaktionäre Überzeugungen hegt, der eine Mischung aus verbiestertem Privatgelehrten und entmutigtem Orchester-Tutti-Handwerker ist.«

1984 erschien der Roman *Das Parfum – die Geschichte eines Mörders*: Jean-Baptiste Grenouille, fiktiv-monströser Held des 18. Jahrhunderts, besitzt geniale olfaktorische Fähigkeiten, Wahrnehmung und Empfindung spielen sich bei ihm im Wesentlichen über den Geruchssinn ab. So befähigt und vertraut mit der Parfumherstellung, strebt Grenouille allein danach, mit einem überirdischen Duft Macht über die Menschen zu gewinnen. Er ermordet eine Vielzahl von Mädchen und bemächtigt sich ihres Duftes. Nach seiner letzten Tat wird Grenouille verhaftet; er entgeht der Hinrichtung durch den magischen Duft des gewonnenen Parfums, der auf die umstehende Menge betörend wirkt. Erfüllt von Hass und Ekel auf die Verführbarkeit der Menschen, kehrt er in seine Geburtsstadt Paris zurück und sucht den Tod. Süskind beschreibt nicht nur einen geschlechtslosen Lüstling, der eher einer visionären Gestalt als den Phänotypen der modernen Zeit entspricht, sondern nimmt mit auf eine Zeitreise in eine Epoche, in der Wissenschaft und Industrie aufblühten und das Bürgertum zu Ansehen und Wohlstand gelangte. »Hier schreibt einer mit nichts als erzählerischer, kausaler und causeriereicher Rationalität, mit erlesenen und fein gesetzten, geformten und alten Wörtern und Methoden die grandiosen Abenteuer einer ganz und gar neuen Erfahrung« (Gerhard Stadelmeier). Dem Autor gelingt die verbale Umsetzung von Gerüchen in Sprache: »Ihr Schweiß duftete so frisch wie Meerwind, der Talg ihrer Haare so süß wie Nussöl, ihr Geschlecht wie ein Bukett von Wasserlilien, die Haut wie Aprikosenblüte.« Die auffällig detaillierte Schilderung von Düften der Armen, von Vorstellungen und Ängsten angesichts der geruchlichen Wirklichkeit, ist orientiert an der Alltags geschichtsschreibung der »Annales«, vor allem an Alain Corbins Monografie *Pesthauch und Blütenduft* (1984).

1987 erschien die Erzählung *Die Taube*: Der Pariser Wachmann Jonathan Noel, aufgrund eines traumatischen Kindheitserlebnisses zum Autisten geworden, findet Rückhalt nur in der zwanghaften Ritualisierung seines Alltags. Das unerwartete Auftauchen einer Taube vor seinem Zimmer bringt seine Lebensordnung ins Wanken. Völlig verstört flieht Jonathan in ein Hotel und beschließt sich umzubringen. In dieser Nacht setzt nach einem Gewitter leiser Regen ein, Jonathans Verkrampfung löst sich und er kehrt geheilt nach Hause zurück; die Taube aber ist fort. Die Erzählung trägt novellistische Züge: Geschlossene Form, auf ein Ziel ausgerichtet, ein überraschendes Ereignis und eine abrupte Wendung führen zu einem – hier parabelhaften – Schluss. *Die Geschichte vom Herrn Sommer* (1991) schildert eine Episode aus dem Leben eines siebenjährigen Jungen. Auf seinen Streifzügen rund um den Starnberger See begegnet ihm immer wieder der menschenscheue Herr Sommer, der den ganzen Tag unansprechbar und wie von unbekannten Furien gehetzt erscheint. Als die Kindheit des Erzählers zu Ende geht, verschwindet Herr Sommer im See, nur mehr sein Hut treibt auf den Wellen – »eine Kindergeschichte, mit dem Herzen erzählt und mit dem Kopf geschrieben. Eine Geschichte für jeden, der einmal Herrn Sommer gekannt hat« (Konrad Heidkamp).

Neben seinem literarischen Werk verfasste Süskind in Zusammenarbeit mit Helmut Dietl auch die Drehbücher zu so bekannten Fernsehserien wie *Monaco Franze. Der ewige Stenz* (1983) und der Gesellschaftssatire *Kir Royal. Aus dem Leben eines Klatschreporters* (1986) mit Franz Xaver Kroetz in der Hauptrolle als »Baby Schimmerlos«. Auch der Kinofilm *Rossini* (1997) taucht in das Leben der Münchner Schickeria ein und zeigt dabei Leute, die bei ihren regelmäßigen Treffen in diesem italienischen Restaurant ihre Intrigen, Karrieren und Affairen rücksichtslos verfolgen.

Susanne Dunstmair

Werke: *Der Kontrabass*, Theaterst., UA Mü. 1981, gedr. Zür. 1984, u. d. T. *Monolog für Kontrabass*, Hsp., WDR 1981; *Monaco Franze. Der ewige Stenz*, Drehbücher, BR 1983 ff., gedr. zus. m. Helmut Dietl, Mü. 1983; *Das Parfum. Die Geschichte eines Mörders*, R., Zür. 1985; *Kir Royal. Aus dem Leben eines Klatschreporters*, Drehbücher, WDR 1986 ff., gedr. zus. m. Helmut Dietl, Mü. 1986; *Die Taube*, E., Zür. 1987; *Die Geschichte von Herrn Sommer*, Zür. 1991; *Jean J. Sempé: Verwandte Seelen*, Übs., Zür. 1993; *Drei Geschichten und eine Betrachtung*, Zür. 1995; *Jean J. Sempé: Unergründliche Geheimnisse*, Übs., Zür. 1995; *Jean J. Sempé: Das Geheimnis des Fahrradhändlers*, Übs., Zür. 1996; *Rossini oder Die mörderische Frage, wer mit wem schlief*, Drehb., 1997, gedr. zus.

m. Helmut Dietl, Zür. 1997; *Drei Geschichten*, Zür. 1997; *Amnesie in litteris*, m. Illustr. v. Joachim Jansong, Großhansdorf 2001.

Suter, Lukas B., wurde am 4. 11. 1957 in Zürich geboren. Er arbeitete zunächst als Regieassistent am Schauspielhaus Zürich und in Basel. 1979 begann er in Zürich ein Studium der Kunstgeschichte, verließ jedoch die Universität nach einigen Semestern wieder und arbeitete erneut als Regieassistent am Stuttgarter Schauspielhaus. Für sein erstes, 1983 abgefasstes Stück *Schrebers Garten*, das 1984 am Theater am Neumarkt in Zürich uraufgeführt wurde, erhielt Suter im selben Jahr den Mülheimer Dramatikerpreis. In den darauf folgenden Jahren entstand jährlich ein neuer Text. Suter schrieb Theaterstücke und Hörspiele und war als Übersetzer tätig. Nahezu alle Texte fanden sehr schnell ihren Weg auf die Bühne, wobei Suter bei einigen Uraufführungen selbst die Regie übernahm. In den letzten Jahren hat der Autor sich neben seiner Arbeit für Bühne und Hörfunk verstärkt dem Film zugewandt und eine Reihe von Drehbüchern verfasst. Nach längeren Aufenthalten in Köln, Berlin und London lebt Lukas B. Suter heute als freier Autor und Regisseur im Tessin.

Das komplexe Verhältnis von Schein und Wirklichkeit als Suters zentrales Thema kristallisiert sich schon im Debüt *Schrebers Garten* (1984) heraus, das die psychotischen Wahngebilde des nicht zuletzt durch Sigmund Freuds Aufsatz *Psychoanalytische Bemerkungen über einen autobiografisch beschriebenen Fall von Paranoia* (1911) bekannten Gerichtspräsidenten Daniel Paul Schreber zum Gegenstand hat. Suters Dramaturgie zielt ferner auf Verunsicherung ab, indem er wie im »Fall Schreber« die Grenzen zwischen Wahn und Wirklichkeit verwischt oder, wie in *Kormoran* (1997), mehrere fiktionale Entwürfe kunstvoll miteinander konfrontiert, indem Figuren sich gegenseitig erfinden. Die Verunsicherung greift sowohl wirkungsästhetisch als auch textimmanent, denn Suters Figuren sind gerade angesichts des beschriebenen Verlustes an Realitätsbezügen auf der Suche nach einer wie auch immer gearteten Identität: Das kann wie in *Schrebers Garten* psychotische Ausmaße annehmen, wenn sich der ehemalige Senatspräsident zum Welterlöser stilisiert und in seinem Wahnsystem die »Folterkammer (der) Kindheit« (*Schrebers Garten*, 1984), sprich die autoritäre Erziehung des Vaters, fortwirkt und faschistoide Züge annimmt.

Suters Adaption des Salomé-Stoffes, *Erinnerungen an S.* (1988), artikuliert die utopische Vision von einer neuen Identität im Anderen ex negativo: Eingebettet in einen erzählerischen Rahmen, der den Monolog der Salomé in der Gegenwart verankert, beschreibt die Protagonistin in ihrer *Liebesrede* den vergeblichen Versuch, in ihrem Gegenüber Johannes die Erfüllung der eigenen Lebensgeschichte zu finden: »Meine Gegenwart / hätt ich dir abgetreten, du / hättst mir deine überlassen. (...) Neu erfunden / hätten wir uns aneinander.« Suters Figuren bewegen sich zwischen dem Eingeständnis ihres Scheiterns und hybriden Plänen, in der permanenten Diskrepanz zwischen innerer und äußerer Realität.

Immer wieder hat Suter in seinen dramentheoretischen Reflexionen tief sitzende Zweifel am Authentizitätsanspruch des Theaters geäußert: »Theater, das seinen Scheincharakter zu vertuschen sucht und auf eine wie auch immer geartete Authentizität pocht, ist mir suspekt. Theater ist Lug und Trug. Gerade das macht es für mich spannend« (1984). Folglich thematisiert er in seinen Theaterstücken den Kunstcharakter des Mediums, indem er z.B. das dramatische Geschehen in einen narrativen Rahmen bettet, ein Spiel-im-Spiel betreibt oder durch gezielte Mehrfachbesetzungen das Modellhafte betont. Deutlich ausgeprägt sind diese Episierungstendenzen etwa in der Komödie *Kreuz und Quer* (1992), welche die Beziehungsunfähigkeit moderner Individuen anhand mehrerer Paarkonstellationen durchspielt. Den Rahmen für dieses an Schnitzlers *Reigen* orientierte Geschehen liefert eine Feier anlässlich der Premiere eben jenes Stückes, welches den Mittelteil von *Kreuz und Quer* bildet. Seine Vorbehalte gegenüber vordergründiger Aktualität hat Suter des Öfteren formuliert und so greift er v. a. in seinen frühen Texten auf historische Ereignisse und Figuren zurück, allerdings ohne auf Historismus im Theater abzielen zu wollen, »denn Gegenwart ist nicht *eine* Zeit, Gegenwart ist ein Sammelsurium ineinander verschachtelter Zeiten«. Hatte Suter im Frühwerk stilistische und formale Experimente forciert und in der Reibungsfläche zwischen Inhalt und Form eine Grundkomponente seines Schreibens gesehen, so hat er in den letzten Jahren Interesse an klassischen dramaturgischen Modellen entwickelt: Je mehr sich das Theater vom Geschichtenerzählen verabschiedet hat, desto mehr hat Suter gerade diese narrative Kraft des Mediums wieder für sich entdeckt, »die Lust am konventionellen Geschichtenerzählen«, wie er es selbst 2001 in einem Gespräch mit Manfred Ortmann beschrieben hat. *Die Braut lichterloh* (1998) ist ein Beispiel für diese Rückkehr zu einer linearen Erzählweise, die ganz im Einklang mit traditionellen Ordnungsprinzipien vom Sichfinden und Nichtfinden seiner Protagonisten erzählt, wobei Suter in diesem Stück, das auf Gattungselemente des Mantel- und Degenstückes zurückgreift, noch einmal den Psychiatriediskurs früherer Texte einfließen lässt.

Carola von Gradulewski

Werke: *Schrebers Garten*, Theaterst., UA Zür. 1984; *Spelterini hebt ab*, Theaterst., UA Bln. 1984, Hsp., DRS 1984; *Das Luftmeeting zu Brescia*, Hsp., RIAS 1986; *Bühnentod. Minidrama*, UA Wien 1988; *Erinnerungen an S. Monolog*, UA Wien 1988; *Insel mit Schiffbrüchigen*, Theaterst., n. W. Shakespeares *The Tempest*, UA Bln. 1990; *Kreuz und Quer*, Theaterst., UA Tüb. 1992; *Die Signatur*, Theaterst., UA Tüb. 1993; *Sushi*, Theaterst., UA Zür. 1994; *William Shakespeare: Richard III*, Übs., EA Tüb. 1994; *Althusser oder auch nicht*, Theaterst., UA Tüb. 1995; *Tanz auf dem Vulkan*, Theaterst., UA Zür. 1997; *Kormoran*, Theaterst., UA St. Gallen 1997; *Die Braut lichterloh*, Theaterst., 1998; *Auf Tauchstation. Dramolett*, UA Mülheim an der Ruhr 2000; *Erosion*, Hsp., DRS 2000; *Dogma #14 Joy Ride*, Drehb., zus. m. Martin Rengel, 2000; *Erinnerungen an S.*, Grazer Fssg., UA Schwerin/Graz 2001; *Insel mit Schiffbrüchigen. Die Braut lichterloh. Stücke und Materialien*, Ffm. 2001.

Suter, Martin, wurde am 29. 2. 1948 in Zürich geboren. 1962 zog die Familie nach Fribourg, wo Suter das Collège Saint Michel besuchte. Von 1966 bis 1991 lebte er mit größeren Unterbrechungen in Basel. Er schloss eine Mittelschulausbildung mit dem General Certificate of Education der London University ab und begann nach einem kurzen Intermezzo als Hörer an der Universität Basel 1968 seine Ausbildung zum Werbetexter in der Basler Werbeagentur GGK. Bis 1991 arbeitete er als Werbetexter und Creative Director, seither lebt er als freier Autor und Kolumnist in Spanien und Guatemala. Ausgezeichnet wurde er 1995 mit dem Preis der österreichischen Industrie am Joseph-Roth-Wettbewerb in Klagenfurt, 1997 mit der Ehrengabe des Kantons Zürich und 1998 mit dem Prix du premier roman étranger.

Martin Suters Kolumnen haben Kultcharakter. Seit 1992 schreibt er eine wöchentliche Kolumne in der Zeitschrift »Weltwoche« unter dem Titel *Business-class*, in der er Kurzgeschichten und Dramolette aus der Welt der Investmentbanker und des »Middlemanagements« witzig und pointiert erzählt. Ab 1997 erscheinen in der Zeitschrift »NZZ-Folio« Kolumnen unter dem Titel *Richtig leben mit Geri Weibel*, in denen der Trendforscher Geri Weibel »wissen will, was falsch und was richtig ist«. Das Spektrum seiner Neugier reicht von der Machophobie bis hin zur Frage, welche Bärte man abends in der Karibik trägt. In Martin Suters Romanen – seiner »neurologischen Trilogie« – geht es um Menschen in Grenzbereichen und die Frage, was Krankheiten im Sinne einer Selbstfindung bewirken können. Seine Figuren leiden unter Alzheimer und partieller Amnesie, nehmen Psychodrogen; massive, unfreiwillige Persönlichkeitsveränderungen sind die Folge. Die Figuren spalten sich in zwei Egos auf, die miteinander in ein spannungsvolles Verhältnis treten. Sie müssen kämpfen und ihre Biografie rekonstruieren, um ihre Identität wiederzugewinnen.

Suters Romandebüt *Small World* (1997) dringt in den Machtzirkel einer Unternehmerfamilie ein, die ein lang gehütetes Geheimnis unter allen Umständen vor der Aufdeckung bewahren will. Nicht umsonst finanzierte die Seniorchefin Elvira Senn den Unterhalt des Jugendfreundes ihres Sohnes, doch als Konrad Lang zunehmend unter dem Verlust seines Kurzzeitgedächtnisses leidet und ihm die Schwiegertochter von Frau Senn mit einem neuen Präparat helfen will, greift die resolute, ältere Dame erneut zur tödlichen Spritze, um die eigene Sicherheit und die Macht der Familie vor den Erinnerungen des Konrad Lang weiterhin zu schützen.

In Suters bislang bestem, vor allem durch seine poetische Sprache und durch den fliegenden Wechsel von Geschäftswelt und totaler Isolation überzeugendsten Roman *Die dunkle Seite des Mondes* (2000) gerät ein Mann in den besten Jahren unmerklich aus der Bahn. Der ehrgeizige Schweizer Wirtschaftsanwalt Urs Blank beginnt Klienten zu beleidigen, lehnt attraktive Mandate ab, verlässt seine langjährige Lebensgefährtin, beginnt eine Liaison mit dem Hippiemädchen Lucille. Als er mit ihr an einem Ritual teilnimmt und halluzinogene Pilze isst, verändert sich schlagartig sein Verhalten: »Ich folge jedem Impuls. Es gibt keine Hemmschwelle.« Er verliert immer weiter die Kontrolle über sich, wird gewalttätig, tötet. Sein erbittertster Gegner erwächst ihm in dem Spekulanten und Jäger Pius Ott, der sich an ihm rächen will. Blank flieht in die Waldeinsamkeit, um seine Umgebung vor sich zu schützen und um den seltenen Pilz zu finden, den er damals verzehrte. In der kathartischen Wiederholung dieses Trips sieht er den Königsweg der Erlösung. Doch die Häscher sind ihm auf der Spur, die klassische Stunde der Abrechnung steht bevor.

Auch im Roman *Der perfekte Freund* (2002) löst eine posttraumatische Amnesie die Suche nach den Rätseln der Vergangenheit und den Schatten der eigenen Identität aus. Nachdem der Journalist Fabio Rossi im Krankenhaus mit einer Kopfwunde aufwacht und sich an die letzten 50 Tage seines Lebens nicht mehr erinnern kann, beginnt eine Reise zu den Wurzeln seiner Seele, in denen Liebe, Freundschaft und Gier eine zentrale Rolle spielen. Mit seinem Freund Lucas Jäger, der ihn rückhaltlos bewunderte, hatte er eine »heiße Geschichte« recherchiert, die einem Lebensmittelkonzern so viel Geld wert war, dass Rossi im Streit mit Jäger seine Ideale verleugnet hat und bestechlich geworden war. Doch bevor er dies aufdecken kann, rekonstruiert er sein Leben, verfolgt zahlreiche Spuren und kommt sich erst am Ende selbst auf die Schliche. Wie in all seinen Romanen setzt Suter auch hier einen überzeugenden Schluss, nichts bleibt am Ende offen; doch der Weg dahin ist gespickt mit zahlreichen Volten, Ironien, Sackgassen, Exkursen und Anspielungen, die die Lektüre zur intelligenten Unterhaltung in bester angelsächsischer Tradition machen.

Thomas Kraft

Werke: *Familie Chäller*, Theaterst., UA Zür. 1982, Hsp., DRS 1982; *Sommersong*, Fssp., SF DRS 1985; *Jenatsch*, Drehb., 1986; *Zwischenstation*, Drehb., 1990/91; *Herrenboxer*, Fssp., ARD 1992/93; *Die Direktorin*, Drehb., ZDF/SF DRS 1992–94; *Businessclass. Manager in der Westentasche*, Kolumnen, Zür. 1994, Hsp., DRS 1999; *Businessclass. Mehr Manager in der Westentasche*, Kolumnen, Zür. 1995; *Small World*, R., Zür. 1997, Hsp., BR 1999; *Businessclass. Noch mehr Manager in der Westentasche*, Kolumnen, Zür. 1998; *Beresina oder Die letzten Tage der Schweiz*, Drehb., 1999; *Die dunkle Seite des Mondes*, R., Zür. 2000; *Businessclass. Geschichten aus der Welt des Managements*, Zür. 2000; *Richtig leben mit Geri Weibel. Geschichten*, Zür. 2001; *Richtig leben mit Geri Weibel. Neue Folge. Geschichten*, Zür. 2002; *Ein perfekter Freund*, R., Zür. 2002, Film, Paris 2003; *Businessclass. Neue Geschichten aus der Welt des Managements*, Zür. 2002; *Beziehungsstress. Geschichten aus der Businessclass*, Zür. 2003.

Tabori, George (eigentl. György), wurde am 24. 5. 1914 in Budapest als zweiter Sohn jüdischer, nichtreligiöser Eltern geboren. Später sagte er, er wäre kein Jude, wenn die Deutschen ihn nicht daran erinnert hätten. Der Vater war Journalist, er wurde in Auschwitz ermordet, die Deutsch sprechende Mutter überlebte den Holocaust. 1932 bis 1934 machte Tabori in Berlin eine Hotellehre, 1935 folgte er seinem Bruder ins englische Exil. 1939 kehrte er nach Budapest zurück, 1940 ging er als Auslandskorrespondent nach Sofia, 1941 floh er nach Istanbul, wo er bald als Agent zu arbeiten begann, und nach Jerusalem, 1943 nach Kairo, wo er für die BBC arbeitete. Bereits in dieser Zeit begann Tabori Romane zu schreiben, *Beneath the Stone* (dt. *Das Opfer*, 1996), ein Ich-Roman aus der Perspektive eines deutschen Nazis, erschien 1944. Die Romane *Companions of the Left Hand* (1945) und *The Original Sin* (1947) folgten. Ein Manuskript mit dem Titel *Pogrom* über die Ermordung seines Vaters blieb allerdings liegen.

1945 wurde Tabori britischer Staatsbürger, 1947 emigrierte er nach Hollywood, wo er als Drehbuchautor arbeitete. Hier lernte er unter anderem Joseph Losey, Charles Laughton, Bertolt Brecht, Lion Feuchtwanger, Alfred Hitchcock, Thomas Mann und Charlie Chaplin, Greta Garbo und Marilyn Monroe kennen. 1950 zog er, abgestoßen von Hollywood, nach New York; hier begann er Theaterstücke zu schreiben (*Flucht nach Ägypten*, 1952, UA Elia Kazan). 1958 führte er erstmals selbst Regie und lernte die für ihn entscheidende Arbeit des Actors Studio kennen. 1962 inszenierte er seine erfolgreiche Brecht-Collage *Brecht on Brecht* am Broadway und gründete 1966 mit seiner zweiten Frau Viveca Lindfors eine Theatergruppe. 1968 führte Taboris Schwiegersohn Martin Fried *The Cannibals* in New York auf und im gleichen Jahr reiste Tabori erstmals nach Deutschland – zu einem Brecht-Kolloquium in Ost-Berlin. Noch im gleichen Jahr inszenierte Tabori *Die Kannibalen*, eine »schwarze Messe« über den Tod seines Vaters, mit Martin Fried in West-Berlin. Seit dieser Zeit lebt Tabori in Deutschland und Österreich. Er inszenierte vor allem in Berlin, Bremen, München, Bochum und am Wiener Burgtheater. Überall versammelte er einen Kreis von Schauspielern, die ihm auf seinen eigenwilligen Wegen bedingungslos folgten. In Wien leitete er von 1986 bis 1989 das Theater in der Porzellangasse. Heute lebt er in Berlin und arbeitet bei Claus Peymann am Berliner Ensemble. Ausgezeichnet wurde er u. a. 1979 mit dem Bundesverdienstkreuz I. Klasse, 1981 mit dem Berliner Kunstpreis, 1985 mit dem Frankfurter Hörspielpreis, 1988 mit der Josef-Kainz-Medaille der Stadt Wien und dem Theaterpreis Berlin, 1990 mit dem Mülheimer Theaterpreis, 1991 mit dem Peter-Weiss-Preis, 1992 mit dem Büchner-Preis, 2003 mit dem Bruno-Kreisky-Preis der Bildungsorganisation der Sozialdemokratischen Partei Österreichs (SPÖ) für sein Gesamtwerk. Er erhielt 1997 das Große Verdienstkreuz des Verdienstordens der Bundesrepublik Deutschland und wurde zum Ehrenmitglied des Burgtheaters ernannt.

Wie in den *Kannibalen* amalgamierte Tabori in vielen weiteren Theaterarbeiten Erfahrungen und Techniken, die er in den USA gemacht bzw. kennen gelernt hatte. Seine Theaterarbeit verbindet Brecht und Strasberg, die eigentlichen Antipoden der Schauspielerführung, Brecht als Vertreter distanzierter Darstellung, Strasberg als Verfechter »sinnlichen Erinnerns« durch den Schauspieler. Wie kein anderer arbeitete Tabori mit der Persönlichkeit und Befindlichkeit seiner Schauspieler – und auch des Publikums. Deshalb ist Taboris Erinnerungsarbeit an das Theater gebunden. Tabori versucht – den Opfern wie zunehmend auch den Tätern – »Menschlichkeit« im vollen Umfang des Wortes zurückzugewinnen. Dazu gehören auch die Tabuverletzungen, die als »Geschmacklosigkeiten« seine Rezeption in Deutschland lange prägten. Seine Theaterarbeit basiert auf Improvisationen wie etwa bei der Aufführung des *Hungerkünstlers* von Kafka oder einer Improvisation über Shakespeares *Kaufmann von Venedig*.

Der Theaterregisseur und der Schriftsteller George Tabori sind nicht voneinander zu trennen. Taboris schriftstellerische Arbeit ist geprägt von seiner Art Theater zu verstehen. Die Erzählungen wurden oftmals erste Keimzellen für spätere Theaterstücke, der Schauspieler ist Taboris Modell der menschlichen Lebenserfahrung, das Theater seine wichtigste Metapher, der Konflikt zwischen Rolle und Identität grundiert sein Menschenbild.

Bestimmendes Thema George Taboris' Theaterarbeit – und damit auch seines Schreibens – ist der Holocaust. In den Sechzigerjahren begann er dafür eine eigene Form und Sprache zu finden. Ihren

Höhepunkt erreicht die Beschäftigung mit der Ermordung der Juden, von der sein Vater und ein großer Teil seiner Familie betroffen waren, allerdings erst Mitte der Achtzigerjahre mit *Mein Kampf* (UA 1987), *Weismann und Rotgesicht* (UA 1990) und den *Goldberg-Variationen* (UA 1991). Damals war Tabori bereits über 70 Jahre alt und lebte schon seit 1969 in Deutschland bzw. Österreich. In diesen beiden Ländern hatte seine Arbeit ihre größte Wirkung. Tabori, ein ungarischer Jude mit englischem Pass, schrieb seine Stücke und seine Prosa allerdings weiterhin in englischer Sprache, die Ursula Grützmacher-Tabori ins Deutsche übersetzte.

Das Stück *Die Kannibalen* markierte den Beginn seiner zweiten Autorenkarriere, die sich um den Holocaust dreht und die weitgehend in Deutschland stattfand. Das Stück vergegenwärtigt das Leben im KZ, aber es ist das Gegenteil von Dokumentartheater; es ist ein Rollenspiel von Söhnen, die sich in ihre Väter, eine männliche Zwangsgemeinschaft in einer Baracke in Auschwitz, hineinversetzen, wobei die Grenzen zwischen den Generationen verschwimmen. Die Männer werden im KZ zu Kannibalen. Der »Onkel«, Taboris erfundenes Porträt seines Vaters, versucht den Kannibalismus vergeblich zu verhindern. Er ist vor allem ein höflicher Mensch. Sein Satz beim Eintritt in die Gaskammer »Nach Ihnen, Herr Mandelbaum!«, wurde immer wieder zitiert. Die darin und dem gesamten Stück zugrunde liegende Mischung aus Witz, Verzweiflung und Understatement wurde typisch für Taboris Diktion. Indem er Freiheit und Unfreiheit, Essensverweigerung oder -annahme in einem dramatischen Ritual kurzschloss, fand Tabori erstmals einen Ausdruck für die Conditio humana unter Lagerbedingungen.

1970 folgte das gegen den Vietnamkrieg gerichtete Agitationsdrama *Pinkville*, 1975 Minidramen unter dem Titel *Sigmunds Freude*, eine auf Taboris Therapieerfahrung beruhende dramatische Reflexion über Selbst und Rolle. Sigmund Freuds Menschenbild prägte Taboris Menschenbild auch später noch tief greifend. *My Mothers Courage* von 1979 bzw. *Mutters Courage*, wie das Stück bald heißen sollte, dramatisiert die Geschichte einer Frau, die Tabori als seine Mutter bezeichnet. Sie wird mit einem Deportationszug ins Lager verschickt und am Abend durch eine Mischung aus Glück und ihrem Spieltrieb, mit dem sie einen deutschen Offizier auf sich aufmerksam macht, doch wieder zu Hause sein. *Jubiläum* wird am 30. 1. 1983 zum Jahrestag der nationalsozialistischen Machtergreifung uraufgeführt; das Stück stellt noch deutlicher als sonst bei Tabori Bezüge zwischen der 50 Jahre zurückliegenden Vergangenheit und der Gegenwart her.

Einer seiner größten Erfolge wird *Mein Kampf*, uraufgeführt vom Autor im Wiener Akademietheater. Schlomo Herzl, die erste deutlich als Jude identifizierbare Figur in Taboris dramatischem Personal, und Adolf Hitler treffen in einem Wiener Männerwohnheim zusammen. Es entsteht eine merkwürdige, auf Schlomos Geduld und Zuneigung beruhende Beziehung. Schlomo umsorgt Hitler und macht aus ihm dabei den Hitler, den man aus der Geschichte kennt. Schlomo wird das erste Opfer Hitlers, der bei ihm sein Talent als Täter entdeckt. *Mein Kampf*, eine »Farce«, ist ein überaus witziges Drama. Es ist nicht das erste Mal, dass Hitler und der Holocaust komödiantisch bearbeitet werden, aber es ist das erste Mal, dass dabei der Witz nicht aus der Karikatur Hitlers wie bei Lubitsch, Chaplin oder Brecht entsteht. Der Witz offenbart sich nur dadurch, dass man um den nachfolgenden Holocaust weiß, was das Lachen zu einem sehr gebrochenen macht. In Deutschland wurde diese Art von Witz allgemein akzeptiert, Tabori wurde dafür geliebt. Im Stück wird Hitler allerdings wesentlich dadurch gekennzeichnet, dass er mit dem Witz Schlomos nichts anfangen kann. Mit der daraus resultierenden Unsicherheit beginnt sich sein Antisemistismus auszuprägen. *Mein Kampf* ist damit wesentlich ein Stück über Hitlers Psychogenese.

In *Weismann und Rotgesicht* (1990) machen sich ein Indianer und ein Jude, die sich in der Wüste treffen, gegenseitig ihre Opferrolle streitig bzw. versuchen sich in dieser Rolle zu übertrumpfen. Das Stück wird dadurch auch ein Spiel über jüdische Identität und stellt die Frage, ob diese nur über die jüdischen Defizite und Traumata gefunden werden kann. Von Rollenspielen wie in den *Kannibalen* hat sich Tabori zu einem Dramatiker der Rollenkonflikte und damit auch zu lebensnah wirkenden Figuren entwickelt.

Auch *Die Goldberg-Variationen* (1991) stellen ein Männerpaar ins Zentrum, einen gottähnlichen Regisseur und einen Assistenten, die mithilfe der Bibel über Theater und Schöpfung sinnieren. Das Stück ist Taboris anspielungsreichstes und vielschichtigstes Drama. Es geht um Erinnerung und Gewissen als Kernbegriffe jüdischer Identität. Mit *Die Ballade vom Wiener Schnitzel* (1996) wird Tabori erstmals selbstreferenziell. Auch *Die Brecht-Akte* (2000) – der mittlerweile 85-jährige Tabori berief sich noch einmal auf seine lebenslange Verehrung für Brecht, es geht um dessen Verteidigung vor dem McCarthy-Ausschuss – erreichte nicht mehr das alte Niveau.

Kein Dramatiker in Deutschland hat sich auch nur annähernd so konsequent und erfolgreich wie Tabori mit dem Holocaust beschäftigt. Er will den Holocaust begreifen. Er selbst hat einmal von dem Fluch, den Feind zu verstehen, gesprochen: »Die Wunde versteht immer das Messer.« Er, der Deutschland nie mehr hatte betreten wollen, schreckte dann in Deutschland nicht davor zurück, private und sogar intime Anspielungen in seine Stücke einzubauen. Tabori vermengt bewusst Kunst und Leben. Seine Arbeit hat etwas von einem therapeutischen Projekt. Es schien, als sei Tabori von der Überzeugung getragen, dass die Juden ohne die Deutschen nicht zu einem normalen Verständnis ihrer selbst finden können. Den Deutschen gefiel das außerordentlich. Was Tabori dabei gelungen ist, und zwar als einzigem Dramatiker im deutschen Theater, ist die Fiktionalisierung des Holocaust. Das Thema schien fast reflexhaft nach Dokumentartheater zu verlangen. Niemand außer Tabori konnte mit dem Holocaust so frei wie mit einem fiktionalen Gegenstand umgehen.

Peter Michalzik

Werke: *Beneath the Stone the Scorpion,* R., London 1945, u. d. T. *Unter dem Stein der Skorpion,* R., Bern 1945; *Companions of the Left Hand,* R., London 1946; *Original Sin,* R., London 1947, u. d. T. *Ein guter Mord,* R., hg. v. Wend Kässens, Gött. 1992; *The Caravan Passes,* R., London 1951, u. d. T. *Tod in Port Aarif,* hg. v. Wend Kässens, Gött. 1994; *Flight into Egypt,* Theaterst., UA New York 1952, gedr. New York 1953, u. d. T. *Die Flucht nach Ägypten* Bln. 1952; *The Emperor's Clothes. A Domestic Comedy in three Acts,* UA New York 1953, gedr. New York 1953; *I confess (Zum Schweigen verurteilt),* Drehb., zus. m. Will Archibald, 1953; *Young lovers (Die jungen Liebenden),* Drehb., zus. m. Robin Estridge, 1954; *Brouhaha,* Theaterst., UA London 1958; *The Journey,* R., New York 1958, Drehb., 1958, u. d. T. *Die Reise,* übs. v. Inge Marten, Würzb., Wien 1959; *The good one,* New York 1960; *The Holiday,* Drehb., 1961; *No exit (Geschlossene Gesellschaft),* Drehb., 1962; *Brecht on Brecht. An Improvisation,* New York 1967; *Secret Ceremony (Die Frau aus dem Nichts),* Drehb., 1968; *The Stronger,* Drehb., o. J.; *Parades,* Drehb., o. J.; *The Cannibals,* Theaterst., UA New York 1968, gedr. London 1974, u. d. T. *Die Kannibalen* UA Bln. 1969; *The Niggerlovers,* Theaterst., UA New York 1969; *Pinkville,* Theaterst., UA New York 1971, dt. Fssg. UA Bln. 1971; *Die Demonstration,* Theaterst., UA Bln. 1971, Hsp., 1972; *Clowns,* Theaterst., UA Tüb. 1972; *Insomnia,* Fssp., 1974, Hsp., 1986; *Sigmunds Freude,* Theaterst., UA Bremen 1975, Hsp., 1983; *Talk Show,* Theaterst., UA Bremen 1976; *Die 25. Stunde,* Theaterst., UA Holland 1977, Hsp., 1978, dt. UA Düsseld. 1992; *Verwandlungen,* Theaterst., n. Franz Kafka, UA Mü. 1977; *Der Hungerkünstler,* Theaterst. n. Franz Kafka, UA Bremen 1977; *Weismann und Rotgesicht,* Hsp., 1978, Theaterst., UA Wien 1990; *Ich wollte meine Tochter läge tot zu meinen Füßen und hätte die Juwelen in den Ohren. Improvisationen über Shakespeare. Dokumentation einer Theaterarbeit,* UA Mü. 1978, hg. von Andrea Welker und Tina Berger, Mü. 1979; *Mutters Courage,* Theaterst., UA Mü. 1979, Hsp., 1979, Kass., Stg. 1987; *Frohes Fest,* Fssp., 1979; *Son of a bitch,* En., übs. v. U. Grützmacher-Tabori u. Peter Sandberg, Mü. 1981; *Unterammergau oder Die guten Deutschen,* übs. v. U. Grützmacher-Tabori, Ursula Menck-Adriani u. Peter Sandberg, Ffm. 1981; *Der Voyeur,* Hsp., 1981, Theaterst., UA Bln. 1982; *Medea,* Theaterst., n. Euripides, 1982, UA Mü. 1985; *Jubiläum,* Theaterst., UA Bochum 1983, Hsp., 1983; *Peepshow. Ein Rückblick,* Theaterst., UA Bochum 1984; *Spiele,* übs. v. U. Grützmacher-Tabori, Peter Hirche u. Volker Ludwig, Köln 1984; *Meine Kämpfe,* Mü. 1986; *Erste Nacht, letzte Nacht,* Hsp., 1986, Kass., Stg. 1988; *Stammheim-Epilog zu R. Hauffs Film »Stammheim«,* 1986; *Mein Kampf,* Theaterst., UA Wien 1987, Hsp., 1988; *Masada,* Theaterst., n. Flavius Josephus' *Der jüdische Krieg,* zus. m. Ursula Voss, UA Graz 1988; *Verliebte und Verrückte,* Theaterst., n. William Shakespeare, 1989; *Lears Schatten,* Theaterst., n. William Shakespeare, 1989; *Nathans Tod,* Theaterst., n. G. E. Lessing, UA Wolfenbüttel 1991; *Der Babylon-Blues oder Wie man glücklich wird ohne sich zu verausgaben,* Theaterst., UA Wien 1991, Hsp., 1991; *Die Goldberg-Variationen,* Theaterst., UA Wien 1991; *Betrachtungen über das Feigenblatt. Handbuch für Verliebte und Verrückte,* Mü. 1991; *Unruhige Träume,* Theaterst., n. Franz Kafka, UA Wien 1992; *Der Großinquisitor,* Theaterst., n. F. Dostojewski, UA in span. Spr. Sevilla 1992, dt. Fssg. UA Mü. 1993, Hsp., 1994; *Requiem für einen Spion,* Theaterst., UA Wien 1993, Hsp., 1993; *Theaterstücke,* 2 Bde., Mü. 1994; *Die 25. Stunde,* Theaterst., UA Wien 1994; *Die Massenmörderin und ihre Freunde,* Theaterst., UA Wien 1995; *Das Opfer,* Gött. 1996; *Die Ballade vom Wiener Schnitzel,* Theaterst., UA Wien 1996; *Die letzte Nacht im September,* Theaterst., UA Wien 1997; *Die Brecht-Akte,* Theaterst., UA Bln. 2000; *Von der Freundlichkeit der Welt. Ein Abend mit Brecht,* Theaterst., UA Bln. 2000; *Frühzeitiges Ableben,* Theaterst., UA Bln. 2001; *Autodafé. Erinnerungen,* Bln. 2002.

Taschau, Hannelies, geboren am 26. 4. 1937 in Hamburg, aufgewachsen in Schwaben und in Essen, wo sie zu schreiben begann. Von 1962 bis 1964 lebte sie in Paris. Seit 1967 arbeitet sie als freie Schriftstellerin. 1972 war sie Mitbegründerin (bis 1974 Mitherausgeberin) der »AutorenEdition« des Bertelsmann-Verlages. 1973 machte sie auf Einladung des sowjetischen Schriftstellerverbandes eine Reise durch die Sowjetunion. Sie lebt heute in Hameln. 1968 erhielt sie den Förderpreis der Landes Nordrhein-Westfalen, 1975 war sie Preisträgerin im Dramatiker-Wettbewerb der Kammerspiele Wuppertal, 1980 erhielt sie das Niedersächsische Künstlerstipendium,1985 den Deutschen Kurzgeschichtenpreis der Stadt Arnsberg, 1993 das Künstlerstipendium Worpswede, 1994 das Jahresstipendium des Literaturfonds Darmstadt, 1995 den Niedersächsischen Kunstpreis für Literatur und 2000/2001 das Stipendium des Internationalen Künstlerhauses Villa Concordia in Bamberg. Hannelies Taschau ist Mitglied im deutschen P.E.N.-Zentrum.

Früh schon veröffentlichte Hannelies Taschau bei V. O. Stomps in der »Eremitenpresse« als erste literarische Versuche den Gedichtband *Verworrene Route* (1959) und den »Proroman« *Die Kinderei* (1960). In ihrem ersten eigenständigen Roman, *Die Taube auf dem Dach* (1967), lässt sie ein Mädchen aus dem Ruhrgebiet die Geschichte eines letzten großen Ausflugs vor ihrer Ehe mit einem ordentlichen und langweiligen Mann erzählen, den ihre Mutter für sie ausgesucht hat. In der Reminiszenz an den eigenen Paris-Aufenthalt bietet sie hier eine an Colette erinnernde Geschichte dar, allerdings mit einer dem »nouveau roman« ähnlichen Optik. In Gedichten und in dem Band *Strip und andere Erzählungen* (1974) hat Hannelies Taschau in den folgenden Jahren ihre Position des Sichaussetzens bewusst und immer prägnanter ausgearbeitet. In den Erzählungen, die von Sozialfällen, Aufsteigern, erfolgreichen Groß- und Kleinbürgern und Rentnern handeln, konzentriert sie sich so sorgfältig und eindringlich auf das Bekannte, Normale, alltäglich Vertraute, dass es Züge einer irritierenden Fremdheit annimmt, wenn andererseits die Extremfälle – Totschlag, Gruppensex, der Strip – zu Aspekten der gewohnten Banalität werden. Das Ich der Erzählerin ist dabei ganz klein geschrieben; es wird nie anspruchsvoll der sozialen Realität entgegengehalten, deren beunruhigende Plattheit und Bodenlosigkeit in der minuziösen Registrierung ohne jede Überzeichnung aufscheint. In dem Gedicht *Lektion*, abgedruckt in dem Band *Luft zum Atmen* (1978), stehen die Zeilen: »meine beiden Augen überbieten mich erschöpfen mich. / ständig fügen sie mir neues zu – nichts beheben sie – / nichts ersparen sie mir ...« Und wenig später: »meine Augen werden mich vorzeitig töten«.

In ihren Gedichten macht Hannelies Taschau auf der Suche nach dem intakten (Wunsch-)Ich immer neu die Erfahrung, dass sie sich dieses Ichs nie sicher sein kann. Ihre Wahrnehmungen behalten, wie ihre Erinnerungen, stets eine irritierende »Selbstständigkeit«, die sich dem Ich nie unterordnet. Aber nicht Ich-Schwäche zeigt sich darin, sondern die reale Erfahrung, dass die menschliche Wirklichkeit inkommensurabel ist. Gedichte zu schreiben, bedeutet für Hannelies Taschau, die Erfahrungen unmittelbar und streng zu verzeichnen und Fragen zu stellen. Eines der Gedichte in dem Band *Gefährdung der Leidenschaft* (1984) lautet: »Stellen wir unsere / Fragen / trauen wir unseren / Fragen / wir könnten sonst verstummen vor den / Antworten // Antworten auf Fragen / die wir nicht gestellt / haben.« Ihre Fähigkeit, Fragen zu stellen, sich ohne Rücksicht auf die gewohnten Wünsche gerade des lyrischen Ichs den Wahrnehmungen und dem Zwang zum Fragen immer wieder auszusetzen, gibt ihren Gedichten den besonderen Rang.

Ähnliches gilt auch für ihre Prosa, insbesondere für den Roman *Landfriede* (1978), die Erzählung *Mein Körper warnt mich vor jedem Wort* (1978) sowie den Erzählband *Nahe Ziele* (1985). Im Mittelpunkt der Handlung ihres Buches *Landfriede* steht ein »aufstrebender Ort« im Kernmünsterland, der in den Augen seiner meisten Bewohner fortschrittlich und weltoffen ist. Er steht jedoch für die Provinz, wo diese am tiefsten ist. Ein junger, aufstiegsfreudiger Lehrer lässt sich an die Schule des Ortes verpflichten; seine Freundin Anne, aus deren Perspektive der Roman erzählt ist, zieht mit ihm. Es ereignet sich eine Geschichte der Anpassung, zugleich eine Geschichte der Enttarnung und Verweigerung, eine Geschichte des Einverständnisses mit dem schönen Schein immer noch heiler Provinzwelt und zudem die Geschichte der bitteren Einsicht, dass das Bild von Bewegungsfreiheit, Offenheit, Aufgeklärtheit trügt, dass Ordnung und Wohlleben durch Unterdrückung und eine Anpassung erkauft sind, die nichts anderes als Selbstunterdrückung darstellt. Ein Hochglanzprospekt von der heilen neuen Provinzwelt wird in diesem Roman zu einer Röntgenaufnahme mit eindeutigen Befunden verkehrt. So lassen sich Erfahrungen aus einem Bereich gewinnen, der seine Untiefen seit je unter dem Mantel der Wohlbekanntheit verborgen hat.

Ein großer Wurf war Hannelies Taschaus Erzählung *Mein Körper warnt mich vor jedem Wort*, die sie dann in der Absicht, die Hintergründe der in ihr verzeichneten Erfahrungen detailliert aufzuschlüsseln, in dem Roman *Erfinder des Glücks* (1981) nur aufgebläht hat. Es handelt sich um eine unerhört dichte und erstaunlich offene Erzählung, in der die Identität von Autorin und Ich-Erzählerin nicht verschleiert bleibt. Mitgeteilt werden die Befindlichkeiten einer Schriftstellerin, die auf einer Lesereise in Norwegen, also aus der Distanz, die Tiefpunkte jenes gesellschaftlich-politischen Zustands in der Bundesrepublik Deutschland zu fassen versucht, der als »Deutschland im Herbst« bezeichnet wird, also die unter anderem durch die Entführung und Ermordung H. M. Schleyers verschärfte Phase exzessiver Terroristenfahndung und Sympathisantenverfolgung. *Mein Körper warnt mich vor jedem Wort* bildet eine ganz und gar sachliche, dennoch vor Erschütterung bebende Erzählung, sicher eine der großen Erzählungen der Siebzigerjahre und ein Dokument der Zeitgeschichte außerdem. Hier schließen die Erzählungen des Bandes *Nahe Ziele* (1985) an, die aufschlussreich eine der bezeichnendsten Möglichkeiten von Hannelies Taschaus Erzählstil deutlich ins Spiel bringen: Erzählen bei offensichtlicher Sinnesdatengenauigkeit nicht als Abbildung, sondern als realistische Simulation. In der Erzählung *Angebote an den Durchreisenden* wird etwa die triste Erfahrung des üblichen Umgangs mit deutscher Vergangenheit im Fokus eines Kriegsverbrecherprozesses in einer schönen alten Stadt gebündelt, der sich sinn- und wirkungslos im Kreis dreht. Fest verankert im Zeitgeschehen und doch die Schallmauer des Faktischen durchbrechend, erzählt Taschau immer wieder von der Fragilität scheinbarer Gewissheiten und Konventionen. So spielt der 1992 erschienene, auf einer spanischen Insel angesiedelte Roman *Dritte Verführung* um eine Frauenfreundschaft und einen Mord vor dem Hintergrund des untergehenden Franco-Regimes. Die Radioberichte über das Sterben des Diktators und die Mutmaßungen der Figuren werfen Schlaglichter auf das jeweils andere und reflektieren die Verquickung von Privatem und Politschem. In den Erzählungen des Bandes *Ein gutes Ende muß man sich holen* (1990) beschreibt Taschau die Kehrseiten einer Spaßgesellschaft, die Freiheit mit Desinteresse verwechselt, Toleranz mit Vergesslichkeit.

Immer deutlicher hat sich Hannelies Taschau in ihrem Werk als eine Autorin profiliert, die fähig ist, in Erzählungen und Gedichten, auch in Hörspielen, alle herkömmlichen Erzählüberlegenheiten und -gewissheiten abzuschütteln, dafür ihre eigenen Unsicherheiten und Verstörungen ganz direkt im Erzählen mithandeln zu lassen und zugleich doch ihre Identität nicht einzubüßen, sie vielmehr gerade dadurch erst zu gewinnen. Ein schwieriges Geschäft, aber sicherlich eine Methode, dem Erzählen und den Gedichten über den weiterhin fragwürdigen Popularitätstest hinaus eine ästhetische Notwendigkeit zu erarbeiten.

Heinrich Vormweg

Werke: *Verworrene Route*, G., Stierst./Ts. 1959; *Die Kinderei*, Stierst./Ts. 1960; *Die Taube auf dem Dach*, R., Hbg. 1967; *Gedichte*, Hbg. 1969; *Fremde Tote*, Hsp., NDR 1971; *Hinter Schloß und Riegel*, Hsp., WDR 1972; *Sudjahr*, Hsp., SWF 1972; *URB kann gar nichts*, Hsp., WDR 1973; *Ich bin anständig, weil du sagst, daß ich anständig bin*, Hsp., WDR 1974; *Ein Platz für große Tiere*, Hsp., SR 1974; *Seniorentage*, Hsp., WDR 1974; *Strip u. a. Erzählungen*, Mü. 1974; *Schulter an Schulter*, Hsp., Radio Bremen 1976; *Nudelspinner*, Hsp., WDR 1976; *Normalerweise zieht die Frau mit dem Mann*, Hsp., Radio Bremen 1977; *Fortsetzung einer Biografie*, Hsp., WDR 1978; *Mein Körper warnt mich vor jedem Wort*, E., in: »Klagenfurter Texte« 1978, Mü. 1978; *etre aveugle avec d'avantage de peau*, G., Paris 1978; *Luft zum Atmen*, G., Karlsr. 1978; *Landfriede*, R., Zür. 1978; *Blind sein mit viel mehr Haut*, G., Paris 1978; *Kindheitsgeschichten*, Hg., zus. m. Uwe Friesel, Königst./Ts. 1979; *Zeit zu sterben*, Hsp., WDR 1979; *Doppelleben*, G., Zür. 1979; *Erfinder des Glücks*, R., Zür. 1981; *Salz der Helden*, Hsp., WDR 1981; *Verlust des Landesinneren*, Hsp., WDR 1983; *Echo einer Existenz*, Hsp., SR 1984; *Fahrt aus dem Fenster*, Hsp., SWF 1984; *Gefährdung der Leidenschaft*, G., Darmst. 1984; *Mein Körper warnt mich vor jedem Wort*, En., Warmbronn 1984; *Nahe Ziele*, En., Darmst. 1985; *Die Geburt überleben*, Hsp., Radio Bremen 1985; *Wundern entgehen. Gedichte 1957–1984*, Darmst. 1986; *Immer schwein*, Hsp., SWF 1989; *Weg mit dem Meer*, G., Ffm. 1990; *Ein gutes Ende muß man sich holen*, Hsp., WDR 1990; *Mein letzter Mann*, En., Zür. 1992; *Dritte Verführung*, R., Zür. 1992; *Das Einfache der Erdanziehung*, Hsp., SR 1992; *Das kleinste Land in uns oder Eröffnung Stuttgarts*, 1992; *Ist da jemand*, Warmbronn 1993; *Alle Träume sind bezahlt*, Hsp., WDR 1994; *Das Sommerhaus*, R., Zür. 1995; *Klarträumer*, G., Lüneburg 1998; *Ein gutes Ende muß man sich holen*, En., Zür. 1999; *Wenn wir losstürmen. Gedichte und Prosa*, Bamberg 2001; *Lässt Jupiter sich berühren*, G., Warmbronn 2002.

Tawada, Yôko, wurde am 23. 3. 1960 in Tokio, Nakano-ku, geboren. 1965 übersiedelte sie nach Kunitachi, wo sie von 1965 bis 1976 die Grund- und Mittelschule besuchte. 1978 Oberschulabschluss an der Städtischen Oberschule in Tachikawa. Während ihrer Oberschulzeit begann sie Deutsch als zweite Fremdsprache zu erlernen. In diese Jahre fiel auch ihre erste Mitarbeit bei der Herausgabe von Literaturzeitschriften. Es heißt, dass sie als Zwölfjährige Fotokopien ihres ersten Romans verteilt haben soll. 1979 kam sie zum ersten Mal nach Deutschland – mit der Transsibirischen Eisenbahn, eine prägende Erfahrung, die sich u. a. in einem ihrer ersten auf Deutsch geschriebenen Texte, *Wo Europa anfängt* (1988), deutlich niederschlägt und in gewisser Weise ihr ganzes Schreiben inspiriert. Nach ihrer Rückkehr nach Japan studierte Tawada Literaturwissenschaft mit dem Schwerpunkt auf russischer Literatur an der namhaften Waseda-Universität in Tokio, aus der schon im frühen 20. Jahrhundert zahlreiche Schriftsteller hervorgegangen sind, die jedoch, anders als Tawada, ihre Studien in der Regel – eine in japanischen Literaturgeschichten oft und gerne erwähnte Tatsache – vorzeitig abbrachen. Nach ihrem Abschlussexamen kam Tawada erneut nach Deutschland und begann an der Universität Hamburg das Studium der Literaturwissenschaft. 1990 Magisterabschluss mit einer Arbeit über Heiner Müller, 2000 Promotion bei Sigrid Weigel in Zürich über das Thema *Spielzeug und Sprachmagie in der europäischen Literatur. Eine ethnologische Poetologie*. Ihre ersten literarischen Veröffentlichungen – noch Übersetzungen aus dem japanischen Original – stehen im *Japan-Lesebuch*. Die erste Buchveröffentlichung gab es in Deutschland 1987, in Japan 1992. Seit 1988 schreibt sie in japanischer und deutscher Sprache, wobei ihr japanisches und ihr deutsches Œuvre markante Unterschiede aufweisen. Neben Gedichten und Erzählungen verfasst Tawada Theaterstücke und literaturwissenschaftliche Essays (u. a. über Goethe und Celan). Ausgezeichnet wurde sie neben zahlreichen Stipendien 1990 mit dem Förderpreis für Literatur der Stadt Hamburg, 1991 mit dem Gunzô-shinjin-Literaturpreis, 1993 mit dem sehr renomierten Akutagawa-Preis, 1994 mit dem Lessing-Förderpreis der Stadt Hamburg, 1996 mit dem Adelbert-von-Chamisso-Preis der Bayerischen Akademie der Schönen Künste, 2000 mit dem Izumi-Kyôka-shô, 2003 mit dem »Deux Magots«-Preis der Bunkamura in Tokio. 1998 hatte sie die Poetik-Dozentur an der Universität Tübingen inne.

Tawadas Literatur ist wesentlich eine Literatur des »Dazwischen«, für das der sibirische »Zwischenraum« zwischen Ost und West ein zugleich reales und imaginäres Modell bereitstellt: »Ich habe bei meiner ersten Fahrt nach Europa mit der Transsibirischen Eisenbahn meine Seele verloren. Als ich dann mit der Bahn wieder zurückfuhr, war meine Seele noch in Europa unterwegs. Ich konnte sie nicht fangen. Als ich erneut nach Europa fuhr, war sie auf dem Weg nach Japan. Danach bin ich so oft hin- und hergeflogen, daß ich überhaupt nicht mehr weiß, wo meine Seele gerade ist« (*Erzähler ohne Seelen*, in: *Talisman*, 1996). Vielleicht hat auch die für Tawadas Schreiben typische doppelte Registriertheit, ihre so selbstverständliche wie irritierende Weigerung, zwischen dem Realen und dem Imaginären einen Unterschied zu machen, hier ihren Ursprung. Auch der Titel ihrer ersten deutschen Buchveröffentlichung konstatiert nonchalant und paradox: *Nur da wo du bist da ist nichts* (1987). Die Literatur Tawadas, schreibt Albrecht Klöpfer, sei dabei »weit entfernt von Prätention oder multikultureller Spielerei ... Vielmehr zeigt sich in dieser – im Wortsinne – doppelten Buchführung ein für das literarische Werk Yôko Tawadas konstitutives Phänomen: Die zweifache Kulturerfahrung ist nicht dekorativer Teil, sondern notwendige Bedingung von Tawadas Arbeit.« Der innere Gegensinn, der sich in Sätzen wie »Nur da wo du bist da ist nichts« ausdrückt, ist bei Tawada aber weder japanisches (oder gar Zen-buddhistisches) Erbe noch Programm. Es ist vielmehr der Versuch möglichst unvermittelter Umsetzung von Leben in Literatur und wirkt gerade deswegen zuweilen fast surrealistisch und enigmatisch. Und doch verweisen deutschsprachige Rezensenten mit Vorliebe auf Witz, Genauigkeit und Schärfe sowohl des Blicks der Autorin auf das vermeintlich Selbstverständliche, dem sie auf stupende Weise das Rätsel und das Befremdliche zu entlocken vermag, als auch ihrer Sprache, die – den deutschen Leser – kaleidoskopartig »verzaubern« und »erstaunen« soll. Nach Tawadas eigener Aussage sind es gerade die Lücken, Leerstellen und Löcher der Sprache(n), aus denen (die) Literatur »entsteht«: »Es muß nicht Deutsch sein. Für mich ist es wichtig, daß ich in der Muttersprache und gleichzeitig in einer anderen Sprache schreibe. Dadurch, dass ich in zwei Sprachen schreibe, entdecke ich ständig schwarze Löcher im Gewebe der Sprachen. Aus diesen sprachlosen Löchern entsteht Literatur« (August 1996).

Peter Pörtner

Werke (in dt. Sprache): *Nur da wo du bist da ist nichts*, Tüb. 1987; *Das Bad*, Tüb. 1989; *Wo Europa* anfängt, Tüb. 1991; *Das Fremde aus der Dose*, Graz 1992; *Ein Gast*, Tüb. 1993; *Die Kranichmaske, die bei Nacht strahlt*, Tüb. 1994; *Tintenfisch auf Reisen*, Tüb., 1994; *Talismann*, Tüb. 1996; *Aber die Mandarinen müssen heute abend noch geraubt werden*, Tüb. 1997; *Wie der Wind im Ei*, Tüb. 1997; *Orpheus und Izanagi*, Tüb. 1998; *Verwandlungen. Tübinger Poetik-Vorlesungen*, Tüb. 1998; *Spielzeug und Sprachmagie in der europäischen Literatur*, Tüb. 2000; *Opium für Ovid*, Tüb. 2000; *Überseezungen*, Tüb. 2002; *diagonal*, Schpl., zus. m. Aki Takase, 2002.

Tetzner, Gerti, wurde am 29. 11. 1936 in Wiegleben geboren, einem kleinen Ort im Thüringer Becken. Dort besuchte sie bis 1951 die Grundschule, anschließend bis 1955 die Oberschule in Gotha. Nach dem Abitur studierte sie ab 1955 in Leipzig Jura, legte das Staatsexamen ab und arbeitete knapp drei Jahre in Notariaten, ehe sie den Beruf für immer aufgab. Erste schriftstellerische Versuche folgten, parallel dazu arbeitete sie auf dem Lande, in einer Spinnerei und bei der Post. Anschließend besuchte sie zwei Jahre lang das Literaturinstitut in Leipzig, seither lebte sie als freie Schriftstellerin, zuerst in Leipzig, heute in Berlin. Seit 1990, nach dem Tod ihrer Tochter, hat Gerti Tetzner nichts mehr veröffentlicht und wieder in ihrem früheren Beruf als Juristin gearbeitet.

Die bislang überwiegend als Jugendbuchautorin in Erscheinung getretene Gerti Tetzner erregte mit ihrem 1974 veröffentlichten Roman *Karen W.* großes Aufsehen; in der DDR kam es zu erheblichen Kontroversen um die politische Brisanz der darin diskutierten Themen. Man verglich den Text mit Christa Wolfs *Nachdenken über Christa T.* (1968) und Brigitte Reimanns *Franziska Linkerhand* (1974). Es handelt sich um die melancholische Geschichte der Juristin Karen Waldau, die nach achtjähriger Lebensgemeinschaft mit dem Historiker Peters diesen »abgezirkelten Lebenskreis« verlässt und mit ihrer Tochter Bettina aufs Land in ihr Heimatdorf zieht. Unzufrieden mit einem Lebensalltag voller Kompromisse und eingeschliffener Gewohnheiten bemerkt sie bei sich die Angst vor dem »sichtbaren Gleis, auf dem man wie in einem bestimmten Zug ein bestimmtes Ziel über bestimmte Stationen erreichte, wenn man erst eingestiegen war, nicht mehr ausstieg oder gar die Notbremse zog«. Im Haus ihrer Kindheit angekommen, überdenkt sie die eigene Vergangenheit, die geprägt ist von einem frühen Drang zur Selbstverwirklichung, von der NS-Mitgliedschaft des Vaters, von der rückhaltlosen Bewunderung für den Kommilitonen Peters, der in seiner Promotion den »subjektiven Bereich des Menschen und seinen Einfluß auf die geschichtlichen Vorgänge« in den Mittelpunkt der Untersuchung stellte, von der nach ersten beruflichen Erfolgen sich einstellenden physischen und psychischen Überbelastung und dem darauf folgenden Wechsel in die Industrieproduktion. In dieser selbstkritischen Retrospektive kristalliert sich schließlich ein Schlüsselerlebnis aus der Internatszeit heraus, eine aus niederen Beweggründen und zu Unrecht ausgesprochene Beschuldigung. Sie begründet den Bruch Karin Waldaus mit dem durch Parteiparolen gestärkten Gemeinschaftsgefühl derjenigen, die für den Sozialismus kämpfen. Angewidert vom allgemeinen Anpassungsdruck, nicht zuletzt im akademischen Lebensbereich ihres Lebenspartners, sucht die Protagonistin nach Möglichkeiten privater Glückserfüllung. Aber auch das Landleben bietet für Karen Waldau nur kurzfristige Alternativen; nach einiger Zeit bricht sie ihre neue Beziehung zu einem Tierarzt ab, verlässt das Dorf und kehrt mit einer vagen Mischung aus Resignation und Sehnsucht in die Stadt zurück, die »voller fremder Gesichter ist«.

Mit dieser Verbindung von subjektiver Sehweise und gesellschaftlich relevanten Aspekten bereicherte Gerti Tetzner vor der »Wende« die Diskussion um die Perspektiven sozialistischer Gesellschaftsentwicklung in der DDR um konstruktive, kritische Fragen.

Thomas Kraft

Werke: *Karen W.*, R., Halle/S. 1974; *Maxi*, Kinderb., Ost-Bln. 1979; *Das Verwandlungshaus*, Kinderb., Ost-Bln. 1985; *Im Lande der Fähren*, Reiseb., zus. m. Reiner Tetzner, Halle/S. 1988; *Mit dem Fahrrad übers Meer*, Kinderb., Ost-Bln. 1989.

Thelen, Albert Vigoleis, wurde am 28. 9. 1903 in Süchteln am Niederrhein geboren und starb am 9. 4. 1989 in Dülken. Er besuchte das Gymnasium in Viersen und die Textilfachschule in Krefeld und übte verschiedene Handwerksberufe aus, ehe er von 1925 bis 1927 in Köln und Münster Germanistik, niederländische Philologie und Zeitungswissenschaft studierte. Von 1928 bis 1931 arbeitete er auf einer Geflügelfarm. In diese Zeit fallen seine ersten schriftstellerischen Versuche. 1934 heiratete er in Barcelona Beatrice Adele Bruckner. Nach dem Ausbruch des spanischen Bürgerkriegs flüchtete er über Frankreich in die Schweiz, dann 1939 über Frankreich und Spanien nach Portugal, wo er bis 1947 auf dem Weingut des portugiesischen Mystikers Teixeira des Pascoaes Zuflucht vor den Nationalsozialisten fand; hier entstanden seit 1934 weitere Übersetzungen sowie Rezensionen deutscher Exilliteratur.

Als erste selbstständige Buchveröffentlichung erschien 1942 der Gedichtband *Schloß Pascoaes*. In Amsterdam, wo Thelen von 1947 bis 1954 wohnte, entstand auf Anregung der Verleger Meulenhoff und van Oorschot sein Hauptwerk *Die Insel des zweiten Gesichts* (1953), in dem er einen mehrjährigen Aufenthalt auf Mallorca (1931–1936) literarisch verarbeitete; für dieses Buch erhielt er 1954 den Fontane-Preis. Von 1954 bis 1986 lebte Thelen in der Schweiz (Ascona, Blonay, Lausanne), arbeitete lange Jahre als Hausverwalter und schränkte seine literarische Tätigkeit ein. Neben den beiden Lyrikbänden *Vigolotria* (1954) und *Der Tragelaph* (1955), die wenig Beachtung fanden, veröffentlichte er 1956 ein zweites umfangreiches Prosawerk, *Der schwarze Herr Bahßetup*. Die zum Teil schroff ablehnende Kritik ließ Thelen für viele Jahre verstummen. Abgesehen von wenigen Gelegenheitsveröffentlichungen erschien bis in die Achtzigerjahre nur noch die Parabel *Glis-Glis* (1967). 1986 kehrte Thelen nach Deutschland zurück und veröffentlichte in einem Kleinverlag ein altes Manuskript, *Der magische Rand* (1989).

Thelen blieb innerhalb des Literaturbetriebes lebenslang ein Außenseiter. Obwohl er früh zu schreiben begonnen hatte, gelang ihm erst als 50-Jährigem der Durchbruch. Doch auch sein großer Erfolg von 1953 (*Die Insel des zweiten Gesichts*), der von manchen Rezensenten und Literaturwissenschaftlern als zeitgenössischer Beitrag zur Weltliteratur gewertet wurde, fand nicht nur Beifall. So geriet eine Lesung bei der »Gruppe 47«, 1953 in Bebenhausen, zum Misserfolg; seine sprachgewaltige und digressive Prosa passte nicht zum damaligen »Kahlschlagkonzept« der Gruppe. Dennoch wurde das Buch vom Lesepublikum begeistert aufgenommen, was Thelen zur Niederschrift seiner Erlebnisse mit einem brasilianischen Rechtsgelehrten (*Der schwarze Herr Bahßetup*) ermutigte. Als die Kritik an der in diesem Werk besonders abschweifenden Erzählweise zunahm, zog sich der sensible Autor von der literarischen Bühne zurück. Seine weiteren Veröffentlichungen erschienen an entlegener Stelle, in Kleinstauflage bei einem Reutlinger Handpressendrucker, in einem Mönchengladbacher Kleinverlag und in wenig bekannten ausländischen Literaturzeitschriften. Im Jahr 2000 erschien als Band 199 der Literaturzeitschrift »die horen« unter dem Titel *Lauter Vigoleisiaden* ein viel beachteter, umfangreicher Nachlassband mit zahlreichen unveröffentlichten Texten von und über Thelen.

Auch wenn Prosatexte in seinem Gesamtwerk dominieren, muss auf Thelens literarische Vielseitigkeit hingewiesen werden. Seine ernsten Gedichtbände, wie *Schloß Pascoaes* und *Der Tragelaph*, stehen in der Tradition Rilkes, die heiteren Verse aus *Vigolotria* erinnern an Christian Morgenstern. Als Kritiker besprach Thelen von 1934 bis 1940 die im Ausland erschienene deutsche Exilliteratur unter dem Pseudonym Leopold Fabrizius in der niederländischen Zeitung »Het Vaderland«. Als Übersetzer widmete er sich in erster Linie den Werken seines Gönners Teixeira de Pascoaes, die er nicht nur für das deutsche Sprachgebiet, sondern auch für die Niederlande zugänglich machte.

Ungeachtet seiner Verdienste um das Werk des portugiesischen Mystikers wird Thelen in die Literaturgeschichte als Autor der *Insel des zweiten Gesichts* eingehen. Diese »angewandten Erinnerungen«, so der Untertitel, galten jahrzehntelang fälschlicherweise als autobiografischer Schelmenroman. Aber weder lässt sich der charakterstarke und ehrliche Held Vigoleis in die Reihe der Picaros einordnen, noch ist die »Insel« ein Roman. Thelens innovative Leistung besteht gerade darin, dass er ein vollkommen singuläres, Gattungsgrenzen sprengendes Erinnerungswerk geschaffen hat. Er schildert in fabulierfreudiger und vielperspektivischer Manier den abenteuerlichen Aufenthalt eines jungen Paares auf Mallorca, wobei er mit den Gattungen Autobiografie und Roman spielt. Indem er mit Vigoleis seinen literarischen Doppelgänger erfindet, schafft er – erzähltechnisch gesehen – zu seinem eigenen Leben eine Distanz, die der traditionelle Autobiograf nicht für sich beanspruchen kann. Diese spezifische Erzählhaltung, in der der Ich-Erzähler als Autor und Held zugleich auftritt, wird im Text ständig reflektiert. Thelen baut ein permanentes Spannungsverhältnis zwischen Authentizität und Fiktion auf. Im handlungsärmeren *Bahßetup* greift er seine Methode der »angewandten Erinnerung« wieder auf. Die Vielzahl assoziativer Abschweifungen und die extrem subjektive Erzählweise gerade dieses zweiten Prosawerkes erinnern an Laurence Sterne, Theodor Gottlieb von Hippel und Jean Paul.

Jürgen Pütz

Werke: *T. de Pascoaes: Paulus. Der Dichter Gottes*, Übs., Zür. 1938; *T. de Pascoaes: Hieronymus. Der Dichter der Freundschaft*, Übs., Amsterdam 1941; *Schloß Pascoaes*, G., Zür. 1942; *T. de Pascoaes: Das dunkle Wort*, Übs., Zür. 1949; *T. de Pascoaes: Napoleon. Spiegel van de Antichrist*, Übs., zus. m. Hendrik Marsman, Amsterdam 1950; *Die Insel des zweiten Gesichts*, Pr., Amsterdam 1953; *Vigolotria*, G., Düsseld. 1954; *Der Tragelaph*, G., Düsseld. 1955; *Der schwarze Herr Bahßetup*, Pr., Mü. 1956; *C. Bruining/L. Lichtfeld: Surinam. Neues Leben auf alter Erde*, Übs., Ffm. 1957; *Runenmund*, G., Privatdr. 1963; *Glis-Glis*, Hildesh. 1967, erw. Neuausg. Hildesh. 2001; *Im Gläs der Worte*, G., Düsseld. 1979; *J. Slauerhoff: Das verbotene Reich*, Übs., Stg. 1986; *Der magische Rand*, Mönchengladbach 1989; *T. de Pascoaes: Napoleon. Spiegel des Antichrist*, Übs., Bonn 1997; *Briefe an T. de Pascoaes*, Bonn 2000.

Thenior, Ralf, wurde am 4. 6. 1945 in Bad Kudowa in Schlesien geboren, wuchs in Hamburg auf und absolvierte eine Lehre als Verlagskaufmann. Er betätigte sich dann in unterschiedlichen Berufen (als Gärtner, Maurer, Kellner) und unternahm ausgedehnte Reisen durch die USA, Kanada, Mexiko und Grönland. Ein Übersetzerstudium führte ihn an das Dolmetscherinstitut der Universität Saarbrücken. Nach dem Begabtenabitur begann er mit dem Studium der Germanistik in Hamburg. Seit 1969 veröffentlicht Thenior Lyrik und Prosa; für den Rundfunk verfasst er Radio-Essays und Hörspiele. 1977 organisierte er mit anderen das »Erste Bundesdeutsche Lyrikfestival« in Hamburg, das der *Lyrik-Katalog Bundesrepublik* (1978) dokumentiert. Thenior erhielt u.a. 1974 den Jahrespreis der »Literarischen Hefte«, 1983/84 ein Arbeitsstipendium der niedersächsischen Landesregierung im Künstlerhof Schreyahn, 1984 den Förderpreis des Kulturpreises Schlesien des Landes Niedersachsen, 1987 den Umweltpreis Literatur des Landes Niedersachsen, 1985 war er Gast der »Stiftung Bahnhof Rolandseck«, 1990 erhielt er den Literaturpreis Ruhr, 1997 den Lyrikpreis des 10. Nordrhein-Westfälischen Autorentreffens und 2002 ein Literatur-Stipendium des nordrhein-westfälischen Kulturministeriums. 1985/86 hatte er die Poetik-Dozentur an der Mainzer Akademie der Wissenschaften und der Literatur inne, 2001 lehrte er ein Jahr lang im Auftrag des Literaturbüros Ruhrgebiet als erster »Schulschreiber« in Deutschland kreatives Schreiben im Deutschunterricht. Er lebt als freier Schriftsteller in Dortmund.

Thenior, der Paul Wühr, Friederike Mayröcker und Ernst Jandl ebenso wie Autoren der amerikanischen Beatnik-Literatur schätzt, siedelt seine Texte bevorzugt im urbanen Raum an. Dabei interessiert ihn die soziale Dimension der Sprache, die ihm einerseits genormt und oberflächlich, andererseits grell und ausdrucksstark entgegentritt. In seiner ersten Publikation *Traurige Hurras* (1977) führt Thenior den Leser durch freudlose Vorstädte und billige Vergnügungsviertel. Er porträtiert die pubertäre »Fastfrau«, den Verpacker »Alfons aus der Wundertütenfabrik« und »Alte Männer«, die gelassen ihr Dasein als Parkwächter fristen. Die kurzen Gedichte halten Augenblicke fest, skizzieren Beobachtetes aus der Kneipe, auf der Straße. Thenior hat eine Vorliebe für umgangssprachliche Wendungen und knappe Formulierungen; er legt großen Wert auf Detailgenauigkeit, weniger auf das Aufzeigen von Zusammenhängen: »Die Form der unzusammenhängenden Notizen und Einzelbetrachtungen ist durch die Tatsache bedingt, daß allein im Detail noch die Möglichkeit gegeben ist, gesellschaftliche wie individuelle Wirklichkeit als Ganzes in ihrem Wesen zu erfassen« (Thenior). Was Helmut Heißenbüttel im Nachwort zu Theniors Debütband schreibt, gilt auch für dessen spätere Texte: »Theniors Gedichte (...) haben den Geruch der sechziger und siebziger Jahre. (...) Was ihnen fehlt, ist die politisch ausdrückliche Kritik, die Schärfe der ausdrücklichen Verneinung. Aber ich sehe das als den Vorzug dieser Gedichte an, weil nur so die Bitterkeit spürbar wird, die diese Jahre durchzieht, weil nicht aggressiv wegpointiert wird, was als Schmerz tatsächlich schon zur Existenz geworden ist.«

Der zweite Band Theniors, *Sprechmaschine Pechmarie* (1979), ist in vier Kapitel untergliedert. Das erste erinnert streckenweise noch an *Traurige Hurras* – der Autor gibt zum Teil auch Reiseeindrücke aus den USA und Mexiko wieder –, während die folgenden Zyklen sich als hermetische Prosablöcke, interpunktionslose Collagen präsentieren, die keinen greifbaren Sinn mehr erkennbar werden lassen. Teilweise werden in den experimentellen Texten Stimmungen beschworen, teilweise gehen sie auf unorthodoxe Weise den Spuren von Schrift und Sprache nach. Am Ende verselbstständigt sich die Sprache und wird zur endlos produzierenden Maschine von Satz- und Wortfetzen, spielerischen Assoziationen und Klangbildern.

In den folgenden Prosatexten wandte sich Thenior wieder traditionelleren Erzähltechniken zu. In immer neuen Variationen spielt er das Verhältnis von Traum, Fantasie und Realität, Rausch und Ernüchterung durch, wobei der »sprachlich-mitteilenden« Seite wieder größere Bedeutung zukommt. Trotzdem erprobt er unterschiedliche Stilformen, verlässt sich nicht auf einmal Bewährtes. In dem Prosaband *Radio Hagenbeck* (1984) setzt Thenior Versatzstücke aus Medien und Trivialliteratur zu umgangssprachlichen Wendungen und konventionellen Erzählmustern in Beziehung. In den 7 *schmutzigen Geschichten* – so der Untertitel – greift er alltägliche Situationen auf, die er ins Fantastisch-Surreale verfremdet (z.B. *Die Krähen*), ins Albtraumhafte steigert (z.B. *Die Katze*) oder in ihrer plumpen Bedrohlichkeit für sich selbst sprechen lässt (z.B. *Radio Hagenbeck*). Entsprechend dem sprachlichen Gestus hält sich das Thematische »frei von Bedeutung oder Hintergründigkeit« (Heißenbüttel).

1988 erschien Theniors erster Roman *Ja, mach nur einen Plan*, der sich stellenweise wie eine Geschichte über die Achtzigerjahre liest: In einem etwas vergammelten Dortmunder Mietshaus wohnen Aschröter, der sich von einer Erbschaft ernährt, der ehemalige Vertreter und Sozialhilfeempfänger Kadur und Detroy, ein ewiger Musikstudent. Planlos und von Zufällen bestimmt, leben die drei vor sich hin, philosophieren meist unter Zuführung erheblicher Mengen Bieres über Renaissance-Musik, über Probleme des täglichen (Zusammen-)Lebens und über Karate. Die Männer werden aus ihrem Trott herausgerissen, als sie zu einem Kunstraub angestiftet werden. Kadur kommt bei diesem Unternehmen ums Leben, die beiden anderen fliehen, nachdem der Coup missglückt ist. Die sympathischen »Täter« sind letztlich die Opfer.

In rascher Folge veröffentlichte Thenior seit Anfang der Neunzigerjahre mehrere erfolgreiche Kinder- und Jugendbücher, die meist konkret auf die gegenwärtige Lebenswirklichkeit und die Probleme junger Menschen im städtischen Raum Bezug nehmen. So zählt Thenior mittlerweile zu den »besten deutschen Jugendbuchautoren« (Martin Zips). Gelegentlich zieht sich der Autor auch aus der Stadt zurück. Die Erfahrungen seines (mehrjährigen) Landlebens und seiner Reisen spiegeln sich in den poetischen Landschaftsbildern und Reisebeschreibungen der Bände *Drache mit Zahnweh im Wind* (1990), *Westerwinkler Hundegras* (1989) und *Das bulgarische Gefühl* (1998) wider. *Das bulgarische Gefühl* entstand als Tagebuch anlässlich eines sechswöchigen Aufenthalts in der zweitgrößten bulgarischen Stadt Plovdiv, in die Thenior als Stipendiat 1996 eingeladen war. Seinen unprätentiösen, manchmal lakonischen Ton behält der Autor auch in diesen Texten bei. »Bulgarien beginnt« für Thenior z. B. ganz handfest »mit einem Salat aus Gurke, Paprika, Tomate, Petersilie und drübergeriebenem Käse«.

Petra Ernst

Werke: *Traurige Hurras*, G. u. Kurzpr., Mü. 1977; *Lyrik-Katalog Bundesrepublik*, Hg., zus. m. Jan Hans u. Uwe Herms, Mü. 1978; *Sprechmaschine Pechmarie*, G., Stg. 1979; *Guten Morgen, Robert. Ein Brief mit Nachträgen und Zeichnungen von Uwe Paduck*, Hbg. 1981; *Der Abendstern, wo ist er hin?*, E., Stg. 1982; *Radio Hagenbeck. Geschichten*, Hbg. 1984; *Die Nachtbotaniker. Geschichten*, Hbg. 1986; *Ja, mach nur einen Plan*, R., Mü. 1988; *Westerwinkler Hundegras*, Pr., Bielefeld 1989; *Vier Lamenti. Für Mezzospopran und Klavier, Baß und Klavier*, zus. m. Alfred Wank, Hbg. 1989; *Drache mit Zahnweh im Wind. Reisegedichte*, Ffm. 1990; *Weißnicht von Wasserwinkel oder Das Schloßgespenst zieht in die Welt*, m. Zeichn. v. Anja Verbeek, Ravensburg 1991; *Das Gelächter der Sterne. Ein Wochenendliebesroman*, Hbg. 1992; *Schloßgespenst in Nöten oder Weißnicht von Wasserwinkels neue Abenteuer*, m. Zeichn. v. Anja Verbeek, Ravensburg 1992; *Schloßgespenst und Spinnenfresser oder Weißnichts und Friedas Abenteuer auf der Reise nach Rummelburg*, m. Zeichn. v. Anja Verbeek, Ravensburg 1993; *Die Fliegen des Beelzebub*, R., Ravensburg 1993; *Zylinderhut und Löwenmaske. Zirkusgeschichten zum Vorlesen*, m. Illustr. v. Christine Georg, Hbg. 1993; *Schloßgespenst auf Reisen. Weißnicht von Wasserwinkels sämtliche Abenteuer in drei Büchern erzählt*, m. Zeichn. v. Antje Verbeek, Ravensburg 1994; *Dämonenspiegel*, G., Düsseld. o. J.; *Die Nacht der Sprayer*, Ravensburg 1995; *Einfache Dinge. Gedichte und Prosa aus 25 Jahren*, Paderborn 1995; *Gib Gas, Kniffke!*, m. Bildern v. Thomas Bunk, Ravensburg 1995; *Miranda und die Sache mit Hansi*, m. Bildern v. Gabie Hilgert, Ravensburg 1997; *Bleichgesicht. Eine erfundene Geschichte nach einer wahren Begebenheit*, Ravensburg 1998; *Das bulgarische Gefühl. Reisebilder aus Plovdiv und vom Schwarzen Meer*, Hdbg. 1998; *Greifer*, Ravensburg 1998; *Jean Giono: Der Mann, der Bäume pflanzte*, Übs., Zür. 1998; *Schröder, du dummer Hund!*, m. Bildern v. Hans-Jürgen Feldhaus, Ravensburg 1998; *Eine Maus in der Schule*, m. Bildern v. Silke Voigt, Ravensburg 1999; *Schneewittchen, paß auf! Eine Schulgeschichte*, Ravensburg 1999; *Spatzen-Rabatz*, m. Bildern v. Christine Georg, Ravensburg 2000; *Einfache Dinge*, Münster 2000; *24 Stunden auf dem Mekong*, Schpl., Bielefeld 2003.

Theobaldy, Jürgen, wurde am 7. 3. 1944 in Straßburg geboren und wuchs in Mannheim auf. Nach dem Besuch der Grund- und Mittelschule absolvierte er eine kaufmännische Lehre. Danach übernahm er Gelegenheitsjobs als Aushilfsbriefträger und Möbelpacker. Ab 1966 studierte er an der Pädagogischen Hochschule in Freiburg im Breisgau und wechselte 1967 an die Pädagogische Hochschule in Heidelberg über. Theobaldy war Mitglied des »Sozialistischen Deutschen Studentenbundes«. 1969/70 legte er das Lehrerexamen ab. Von 1970 an studierte er Germanistik und Politologie in Heidelberg, 1973/74 in Köln. 1974 ging Theobaldy zu Walter Höllerer nach Berlin, entschloss sich dann aber, freier Schriftsteller zu werden. Seit 1984 lebt er in der Schweiz. 1992 erhielt er den Buchpreis des Großen Literaturpreises der Stadt Bern, 1994 wurde er für den Europäischen Literaturpreis nominiert.

In der von ihm herausgegebenen alternativen Literaturzeitschrift »Benzin« publizierte Theobaldy neben Gedichten von jungen Autoren auch Lyrik von Neruda, G. Corso, L. Ferlinghetti, Ch. Bukowski und Jim Burns, die ihn neben Frank O'Hara selbst beeinflusst haben. Gemeinsam mit Rolf Eckhart John, dem Verleger der »Palmenpresse«, einem Alternativverlag mit schmaler Produktion, übersetzte er Gedichte des Engländers Jim Burns. Die Charakterisierung dieses englischen Lyrikers durch Theobaldy im Nachwort zur ersten Ausgabe trifft auch wesentliche Züge seiner eigenen Lyrik: »Ausschnitte aus dem Alltag«, »Einfachheit seiner Verse«, »Abkehr von surrealistischer Metaphorik«, »Verzicht auf Gags«. Der größte Teil der Lyrik, die in Theobaldys erstem Gedichtband *Sperrsitz* (1973) enthalten ist, findet sich wieder in dem Band *Blaue Flecken* (1974). Es folgte 1976 der Gedichtband *Erster Klasse*. Das lyrische Ich zeigt sich hier häufig als Sprachrohr derer, die im Sperrsitz sitzen, zweiter Klasse fahren und sich im »Handgemenge« blaue Flecken holen. Den Gedichten Theobaldys, die eine offene Ästhetik kennzeichnet und die zum »Nachmachen« ermuntern, liegen oft Alltagssituationen zugrunde (»Du holst die Sommerhemden / aus der Wäscherei, gehst den / Weg am Fluß entlang, / und im Laden an der Ecke kaufst du Blumen, ja Blumen«), die vom lyrischen Ich beobachtet werden und zu denen es Gedanken, Stimmungen und Träume entwickelt, die von einer zurückhaltenden, ermunternden Hoffnungsgeste begleitet werden (»Poesie ist eine Art Widerstand«).

Topoi seiner Lyrik, die Leben und Literatur, Ideologie und Wirklichkeit miteinander verbindet – Theobaldy lebt, wie er schreibt, und er schreibt, wie er lebt –, bilden Kneipe und Kino, Politisierung und konservative Restauration, Liebe, Reisen und das Gedichteschreiben. Theobaldys Gedichte stehen in der Tradition der »Rückkehr zur Realität« – ein Prozess, der gegenüber der hermetischen, absoluten und symbolistischen Lyrik der Fünfzigerjahre von Grass, Enzensberger und Rühmkorf eingeleitet und in den Sechzigerjahren von Autoren wie Herburger, Born und Brinkmann fortgesetzt wurde. Brinkmanns und Borns These von der »Literatur als Wahrnehmungstraining und Sensibilisierungstechnik«, die keine Tabus mehr gelten lässt, findet sich auch bei Theobaldy. Er hat diese Entwicklung der Lyrik seit etwa 1965 zur Wiederentdeckung der Realität analysiert in dem gemeinsam mit Gustav Züricher geschriebenen Band *Veränderung der Lyrik* (1976) und zugleich in der Anthologie dokumentiert: *Und ich bewege mich doch. Gedichte vor und nach 1968* (1977), in der er im Nachwort schreibt: »Worum es geht ist, daß die Sprache, in der sich die Lyrik derzeit organisiert, eine der persönlichen Erfahrung ist, ein Widerstand gegen die Massenmedien, Wirtschaftsverbände, Parteien und Ministerien mit ihren verstümmelnden, wirklichkeitsverzerrenden oder synthetischen Produkten. Der Bezug auf das Selbsterlebte ist der Versuch, Verläßliches, Überprüfbares zu sagen angesichts der öffentlichen Parolen.« Nicht alle seine Gedichte können als gelungen gelten; eine Lyrik, deren Programm die Offenheit der ästhetischen Wahrnehmung ist, zahlt zuweilen den Preis zu geringer Sprachkontrolle.

Theobaldys erster Roman *Sonntags Kino* (1978) ist einer der eindringlichsten Prosatexte über Jugendprotest und Pubertät. Er schildert in einer intensiven, sprachfreudigen Prosa über den Zeitraum von einigen Tagen das Leben einer Clique von Lehrlingen, die sich im Mannheim der Sechzigerjahre gelangweilt und doch voller Erwartungen ihre Zeit vertreiben: auf der Straße, in der Kneipe und sonntags im Kino. Sie träumen von Paris oder vom Ruhm als Fußballstar und legen sich mit den »Bullen« an. Theobaldy sind besonders Straßen- und Kneipenszenen und die Schilderung pubertärer Sexualität gelungen. In seinem Roman *Spanische Wände* (1981) zerbricht eine zehnjährige Ehe: Martin, wissenschaftliche Hilfskraft an einer Universität, und Renate, Lehrerin, erschöpfen sich in Schuldzuweisungen. Der Roman versucht zugleich ein poetisches Porträt der 68er Generation. Sechs Erzählungen sind in dem Band *Das Festival im Hof* (1985) versammelt. Sie spielen unter Studenten, Schülern und ehemaligen 68ern; nur »Kohlen«, die erste und längste Erzählung, handelt von einem Bauarbeiter, der zum Polier aufsteigt. Eines Tages geschieht eine Katastrophe: Karl, der Bauarbeiter, tötet ohne ersichtliches Motiv einen Nachbarn. Lakonisch beschreibt Theobaldy die gedrückte, bedrückende Welt Karls und damit dessen Motiv: die Unverträglichkeit der leer laufenden Arbeits- und Lebensroutine, fehlende gesellschaftliche Sinnangebote, die sich plötzlich in einem Gewaltakt entladen. Zu den besten Erzählungen des Bandes gehört die Geschichte *Der Sammler*. Sie spielt im Heidelberg der Studentenbewegung an einem Gymnasium, in dem der Lehrer einer Klasse die Sitzordnung verändert und damit Schülerproteste hervorruft. In der Erzählung *Das zweite Gesicht* führt der Autor in die Szenerie seines Romans *Sonntags Kino* zurück; einer der Halbstarken von damals vergegenwärtigt sich viele Jahre später seinen letzten Sommer in Mannheim. Keutner, ein ehemaliger Soziologiestudent, nun Küchenhilfe, erlebt in *Nachts Licht* auf seinem Gang durch die Szenekneipen die West-Berliner »Gesellschaft«, aber keine »Gemeinschaft«. Das »rollback« der Wendejahre beherrscht die Stimmung: »Es gab ... keine einmal erreichte Entwicklung, hinter die ein Zurück nicht mehr möglich wäre.« Stilistisch am wagemutigsten erscheint die Titelerzählung *Das Festival im Hof*, eine surreale Phantasmagorie, in der verschiedene Räume und Figuren – Hinterhof und Rockkonzert, Mauer und fahndende Polizisten – zu einem dichten, hintergründigen Berlin-Text verwoben werden.

In 23 reimlosen, metrisch freien Gedichten erzählt Theobaldy in dem Band *In den Aufwind* (1990) von Tieren, einigen Engeln und bedrohten Menschen, die sich in Sackgassen manövriert haben. Bürokraten und Profiteure hier, da Tiere, die entweder ebenso deformiert sind wie ihre menschlichen Nachbarn oder die im Wahnsinn einer durchrationalisierten Welt Anklänge an Gerechtigkeit, Schönheit und Muße zu symbolisieren scheinen. Kulturkritik – »Nicht das Vollkommene / Das Hohle wächst hier« – ebenso wie ein resignativer Grundton durchziehen diese Gedichte.

Seinen nachdenklichen, trauernden, sich lärmendem Narzissmus versagenden Grundton behält Theobaldy auch im Gedichtband *Der Nachtbildsammler* (1992) bei. In ihm versammelt er langzeilige »lakonische Elegien« (Theobaldy): unpathetisch gefügte, vom Alltäglichen getragene Mitteilungs- und Parlandogedichte, die geprägt sind von Endzeitstimmung und kleinen Glücksmomenten, von Vergänglichkeit und Zeitlosigkeit. Um Walter Benjamins Engel der Geschichte, die Boten der Utopie, ist es still geworden: »Seit langem durchwachen sie die Verwirrung, / in der die Ahnung sie hält, / sie sorgten für das Verhängnis derer, / die schwätzend und lachend dem Aufprall entgegenrasen.« Theobaldy, der noch 1968 »auf das Frühlrot des neuen Tages« gewartet hatte, ist nach dem Ende des Staatssozialismus zum »Wanderer auf der Stelle« geworden, der seine utopischen Lebensentwürfe besichtigt und in Rollengedichten mit ihm vertrauten Biografien vergleicht.

Nach dem von der Kritik hoch geschätzten Lyrikband es stiller um Theobaldy geworden. 1984 in die Schweiz nach Basel gezogen, lebt er seit 1988 in Bern als Protokollant des Schweizer Parlaments. Mit Distanz beobachtete er das Geschehen in Deutschland. Erst 2000 publizierte er wieder – den Gedichtband *Immer wieder alles* und den Prosaskizzenband *In der Ferne zitternde Häuser*. Theobaldy beschreibt die Gefahr des Scheiterns aus eigener Erfahrung: »... mich, den mitternächtigen Vogel, der nun die Flügel unter die Achseln schiebt, vorsichtig, um sie nicht zu brechen ausharrend in den Jahren der Missachtung, noblen Jahren angesichts dessen, was ein früher, kaum erhoffter, stets auf einem Missverständnis gründender und bald angefochtener Erfolg mit sich bringen kann, den Verlust der Unbefangenheit, den Bruch des eigenen Rhythmus ...« Mit neuer Unbefangenheit und in dem ihm eigenen lakonischen Ton erkundet Theobaldy sein Gastland – so in dem Gedicht *Bei Thun:* »Der Brahmsbaum, eine schüttere Weide. / Drüben Kleists Insel, / vom Laubwerk verhängt, / eingenebelt gar vom Grün.« Der Tod der Eltern im Jahr 1992 – beschrieben im autobiografischen Text *Nach den Begräbnissen* – schärfte Theobaldys Wahrnehmungsblick: »Zum ersten Mal entdeckte ich in den Augen meiner Kinder den Blick, mit dem ich als Kind meinen Vater angeschaut hatte, und zugleich blickte ich als Vater zurück, endgültig und ganz und somit näher bei meinem Vater.« Im Titelgedicht *Immer wieder alles* knüpft Theobaldy an 1968 an und schlägt die Generationenbrücke: »Wenn im ersten Schnee, / fast aus sich selbst heraus; / die Zärtlichkeit der Tannen schimmert / und ich am Fenster lausche / der summenden Frau hinter mir, ehe die Kinder lachend und kreischend / den Schlitten lenken über die Spur: / Sie wollen immer wieder alles / alles besser machen als wir.«

Theobaldy, ein belesener »Nachtbildsammler« und geschichtlich denkender Autor, vergleicht Beobachtungen und Lebensentwürfe aus Gegenwart und Vergangenheit miteinander. In *Immer wieder alles,* einem modernen Bestiarium, misst er vor allem Mensch und Tier aneinander, folgt den Spuren von Floh und Hund, Igel und Marder, Ratte und Reiher. Er betrauert versehrte Landschaft und die Gefährdung der Tierwelt. Auf den Alltag und seine existenziellen Zumutungen antwortet Theobaldy mit dem sanften Widerstand der Poesie. Seine lyrischen Meditationen schließen auch seit seinen ersten Gedichten das Poetologische ein: »Aus jedem Gedicht kannst du / eine Schwalbe machen. / Du musst es aber richtig falten. / Aus jedem Gedicht, hörst du, / auch aus dem missglückten. / Nun denke dir den Himmel dazu.«

Stephan Reinhardt

Werke: *Benzin*, Zs., Hg., Hdbg. 1970–1973; *Jim Burns: Leben in Preston*, Übs., zus. m. R. E. John, Köln 1973; *Sperrsitz*, G., Köln 1973; *Blaue Flecken*, G., Reinbek 1974; *Zweiter Klasse*, G., Bln. 1976; *Veränderung der Lyrik. Über westdeutsche Gedichte seit 1965*, zus. m. Gustav Züricher, Mü. 1976; *Jim Burns: Fred Engels bei Woolworth*, Übs., zus. m. R. E. John, Bln. 1977; *Und ich bewege mich doch. Gedichte vor und nach 1968*, Mü. 1977; *Sonntags Kino*, R., Bln. 1978; *Drinks. Gedichte aus Rom*, Hdbg. 1979; *Schwere Erde, Rauch*, G., Reinbek 1980; *Spanische Wände*, R., Reinbek 1981; *Die Sommertour*, G., Reinbek 1983; *Lu Xun: Kein Ort zum Streiten. Gesam-*

melte Gedichte, Übs., zus. m. Egbert Baqué, Reinbek 1983; *Midlands, Drinks*, G., Hdbg. 1984; *Das Festival im Hof. Sechs Erzählungen*, Bln. 1985; *Mehrstimmiges Grün*, Bln., Weimar 1994; *Immer wieder alles*, G., Lüneburg 2000; *In der Ferne zitternde Häuser*, Pr., Hdbg. 2000; *Trilogie der nächsten Ziele*, R., Lüneburg 2003.

Timm, Uwe, wurde am 30. 3. 1940 in Hamburg geboren. Er absolvierte eine Kürschnerlehre, besuchte das Braunschweig-Kolleg und legte 1963 auf dem zweiten Bildungsweg die Reifeprüfung ab. Dann studierte er von 1966 bis 1971 Philosophie und Germanistik in Paris und München, engagierte sich 1967/68 im Sozialistischen Deutschen Studentenbund und promovierte 1971 über *Das Problem der Absurdität bei Albert Camus*. Im Anschluss daran wechselte er zum Studium der Soziologie und Volkswirtschaftslehre über. Timm war Mitbegründer der »Wortgruppe München«, von 1971 bis 1976 Mitherausgeber der »Literarischen Hefte« sowie von 1972 bis 1982 Mitherausgeber der »AutorenEdition«. Mit seiner Frau, der Übersetzerin Dagmar Ploetz, lebt er in München. 1981 war er »writer-in-residence« an der Universität Warwick, 1997 an der Washington University in St. Louis. Seit 1994 ist er Mitglied der Deutschen Akadademie für Sprache und Dichtung in Darmstadt und des deutschen P.E.N.-Zentrums. 1979 erhielt er den Literatur-Förderpreis der Stadt Bremen, 1989 das New York-Stipendium, 1990 den Deutschen Jugendliteraturpreis und den Literaturpreis der Landeshauptstadt München, 1995 den Bayerischen Filmpreis, 2001 den Großen Literaturpreis der Bayerischen Akademie der Schönen Künste, 2001 den Tukan-Preis der Landeshauptstadt München und 2002 den Großen Literaturpreis der Landeshauptstadt München.

Uwe Timms literarische Anfänge fallen in die Zeit der Studentenbewegung Ende der Sechzigerjahre. Aus einem kleinbürgerlichen, politisch eher desinteressierten Elternhaus mit preußischen Erziehungsmaximen stammend, lernte er während seiner Lehrzeit eine für ihn neue Literatur kennen: Arbeiterliteratur aus der Zeit der Weimarer Republik, politische und philosophische Texte, »eine Literatur, die sich mehr mit den Opfern und Besiegten beschäftigt«. Als Student in Paris las er Marx, Marcuse, Adorno und andere Schriften der »Frankfurter Schule«, die sein Denken nachhaltig beeinflussten. In München engagierte sich Timm im Sozialistischen Deutschen Studentenbund und begann 1967/68, zusammen mit Uwe Wandrey und Peter Schütt Agitprop-Gedichte zu schreiben, mit Roman Ritter auch ein Agitprop-Theaterstück. Die Gruppe glaubte, »die Massen durch Literatur bewegen« zu können, gelangte aber nicht über die Grenzen des Hochschulbereichs und des intellektuellen Bürgertums hinaus. Trotz dieses Fehlschlages beurteilt Timm rückblickend die Studentenrevolte für sich und seine damaligen Kommilitonen als »Emanzipationsprozess, weg von der Erziehung, von vorgegebenen und bis dahin nicht angezweifelten Rollenfixierungen«. Dazu rechnet er die Entdeckung der eigenen Kreativität, seiner schriftstellerischen Begabung, mit deren Hilfe er die Wünsche und Ängste seiner Generation kritisch zu artikulieren versucht. Das Aufzeigen gesellschaftlicher Mängel, ihrer historischen Ursachen wie auch ihrer Behebung durch menschliche Einsicht und Vernunft, Literatur auch als Instrument der Aufklärung und Information – diese Ziele hat Timm auf sein literarisches Banner geschrieben.

Nach seinem 1971 erschienenen Gedichtband *Widersprüche* veröffentlichte Timm 1974, zu einer Zeit der Hochkonjunktur studentischer Erfahrungs- und Rechenschaftsberichte (z.B. Peter Schneider: *Lenz*, 1973; Gerd Fuchs: *Beringer und die lange Wut*, 1973), mit dem Roman *Heißer Sommer* seine persönliche und von der Feuilletonkritik recht kontrovers diskutierte Sehensweise der Studentenunruhen an den deutschen Universitäten. Die Hauptfigur des Romans, der mit dem Autor weitgehend identische Germanistikstudent Ullrich Krause, durchläuft alle Phasen vom spontanen Aktionismus bis hin zur straff organisierten Parteiarbeit, innerlich gestützt durch einen politischen Bewusstseinswandel, nachdem er die obligatorischen Drogen- und Sexexperimente dieser Zeit hinter sich gebracht hat. In der Gemeinschaft entwickelt sich Ullrichs innere Unruhe und Perspektivlosigkeit zu einem neuen Gefühl von Stärke. Ullrich wird ernüchtert in der Konfrontation mit der Staatsmacht, durch die Enttäuschung über den sektiererischen Dogmatismus einstiger Mitstreiter (»lauter vertrocknete Seminarmarxisten«) und durch die relativ geringe Resonanz bei den Bevölkerungsschichten, die man eigentlich »befreien« wollte. Ullrichs Lernprozess, von Timm am Romanende mit der Perspektive des »langen Marsches durch die Institutionen« optimistisch abgerundet, wird durch Timms eigenen Erlebnisschatz autorisiert und zudem noch flüssig und kurzweilig beschrieben – ein Schlüsseltext zur Geschichte der Studentenbewegung.

Mit dem Hinweis, dass der ehemalige Germanistikstudent und jetzige Tennislehrer B. ursprünglich eine Dissertation anfertigen wollte, und zwar über Adalbert Stifters *Nachsommer* als Reaktion auf die Revolution von 1848, knüpft Timm mit *Kerbels Flucht* (1980) schon rein zeitlich an sein Debüt an. Nach dem *Heißen Sommer* ist es kälter geworden in Deutschland. Die ehemaligen Revolutionäre sehen sich dem »Muskelschwund der Hoffnung« ausgesetzt. Rückblickend bewertet die Hauptfigur, der gescheiterte Germanistikstudent Christian Kerbel, der sich desillusioniert als Taxifahrer in München durchschlägt, seinen damaligen idealistischen Eifer und sein politisches Engagement als »wirkungslose Betriebsamkeit. Und ich kann von dieser Zeit in mir nichts finden außer dem faden Gefühl, Zeit vertan zu haben. Ich bin ganz langsam an die Wand geschoben worden.« Die Revolution hat offenbar ihre Kinder entlassen. Orientierungslose Ein-, Um- und Aussteiger dokumentieren die gesellschaftliche Krise. Anhand der tagebuchartigen Aufzeichnungen des Ich-Erzählers Kerbel offenbart sich ein psychischer Prozess, der, ausgelöst durch eine partnerschaftliche Krise, mit seinen diffusen Suchbewegungen die Depressionen und Zukunftsängste des für eine ganze Generation stehenden Protagonisten demonstrieren soll. Mit dem Gefühl des Selbst-Ekels konstatiert Kerbel: »Ich bin über mich selbst überrascht, wie klein, wie infantil meine Reaktionen werden. Unsere Einsichten und Erkenntnisse sind unseren Gefühlen noch weit voraus.« Auf der Flucht vor der Wirklichkeit findet Kerbel nirgends Zugehörigkeit. Ständig schwankend zwischen Selbststilisierung und Identitätsproblemen (»Man hat mir meine Wünsche gestohlen«), vergleicht er sich mit den großen Leidenden der Weltliteratur, wie Heinrich von Kleist, Goethes »Werther« oder Jakob M. R. Lenz und beschuldigt bei seiner Ursachenfindung seinen Vater, als Familientyrann und menschlicher Versager für seine momentane Situation mitverantwortlich zu sein. Die Spirale dreht sich weiter, die Ereignisse eskalieren. Bei einer Polizeikontrolle im Zuge der Terroristenfahndung provoziert Kerbel seine Erschießung; sein Freitod aber setzt keine Signale, »alles blieb ruhig«. Timm stellt mit der Rekonstruktion dieses Einzelschicksals die eindringliche Frage nach dessen hoher Allgemeingültigkeit. Im Verlust von Werten und Perspektiven im Zuge materieller Übersättigung sieht Timm die Ursachen für die »Gewalt des Alltäglichen«.

In seinem historischen Roman *Morenga* (1978) beleuchtet Timm ein düsteres, weithin aus dem gesellschaftlichen Bewusstsein verdrängtes Kapitel deutscher Geschichte, nämlich den Aufstand der Hereros und Hottentotten in Deutsch-Südwestafrika, dem heutigen Namibia, zur Zeit der wilhelminischen Kolonialpolitik und seine blutige Niederschlagung durch deutsches und englisches Militär. Die Vielfalt des dokumentarischen Materials und der hohe Informationsgehalt des Textes sind das Ergebnis fleißiger Archivarbeit und persönlicher Recherchen 1976 vor Ort, wobei er aufgrund seiner Kontakte zur Befreiungsbewegung SWAPO zur unerwünschten Person erklärt wurde. Mit der Auswertung alter Chroniken, Heeres- und Reiseberichte, die Timm kunstvoll in den Text integriert, sichert er den Haupterzählstrang, die Erlebnisse des Armeeveterinärs Johannes Gottschalk aus Schleswig-Holstein während des Kolonialkrieges, kurzweilig kontrastierend ab. Die seelische Erschütterung des Tierarztes geht einher mit der immer deutlicher werdenden Absicht der deutschen Truppen, die Eingeborenenstämme auszurotten, um neue Siedlungsgebiete und wertvolle Bodenschätze für deutsche Wirtschaftsinteressen nutzen zu können. Die deutsche Heeresleitung hegte in dieser Hinsicht keinerlei moralische Bedenken, da es »zu den vornehmsten Aufgaben der Nation der Dichter und Denker gehöre, das Wilde zu kultivieren«. Sozialdarwinistischer Arroganz und unverhohlener Profitgier, nachhaltig unterstützt durch militärische Übermacht, steht der aussichtslose Widerstand des schwarzen Freiheitskämpfers Jakob Morenga und seiner Guerillatruppe gegenüber. Der gebildete und mutige Morenga avanciert mit seinem taktischen Geschick und seiner Entschlossenheit bei seinen Landsleuten zum Symbol der Stärke und Hoffnung und nötigt selbst seinen Gegnern Respekt ab. Durch seine militärische Niederlage, durch die damit verbundene Zerstörung der traditionellen Stammesorganisationen und durch die Einführung der Zwangsarbeit erfolgte die wirtschaftliche Entmachtung und Abhängigkeit der Urbevölkerung, die bis vor kurzem die Apartheidsituation in der südafrikanischen Region zu verantworten hatte.

Von Menschen und ihren Träumen vor dem Hintergrund fortschreitender Technisierung erzählt Timm in seiner Legende *Der Mann auf dem Hochrad* (1984). In diesem liebevollen Porträt des Franz Schröder, eines Dermoplastikers, Hochradpioniers und leidenschaftlichen Erfinders, beschreibt er aber auch die muffige und kleinbürgerliche Atmosphäre des Städtchens Coburg im Herzogtum Sachsen, die »nur Rad fahrend zu ertragen« war. Über den engen Rahmen der Familiengeschichte hinausgehend, betont Timm die politische Bedeutung des Radfahrens, das zu jener Zeit als »moralisch anrüchig« galt, das sportliche, ästhetische und emanzipatorische Wünsche weckte und als Symbol des Fortschritts zum Zankapfel konkurrierender Ideologen wurde. Nach seinem Motto »still und bewegt« plädiert Schröder für die Ästhetik des Hochrades, »dieser Sinnesschärfungsmaschine«, und verkündet deren »wohltuenden und verändernden Einfluß auf Geist und Körper des Menschen«. Freiheit, Individualität, Selbstbesinnung sowie eine »reichere, weitere, beweglichere Zivilisation« seien mit dem Hochrad zu erreichen. Aber mit stiller Melancholie, die vielen Figuren Timms eigen ist, muss Schröder den Niedergang der Hochradkultur zugunsten des praktischeren Niederrades miterleben. Sein lautloses Scheitern – »er war buchstäblich auf dem Hochrad sitzen geblieben« – gerät in Timms einfühlsamer Schilderung zu einem vorsichtigen, unsentimentalen Protest gegen blinde Fortschrittsgläubigkeit.

Nach den Romanen *Der Schlangenbaum* (1986), in dem deutsche Techniker und Kaufleute in einer südamerikanischen Militärdiktatur die »Machbarkeit der Dinge« testen und dabei scheitern, und *Kopfjäger* (1989) über die Welt der Broker und Headhunter in den prosperierenden Achtzigerjahren, ein »Bericht aus dem Inneren des Landes«, gelang Uwe Timm der große Durchbruch in zweierlei Hinsicht: als Kinder- und Jugendbuchautor mit dem großen Erfolg *Rennschwein Rudi Rüssel* (1989) und als Erzähler mit der Novelle *Die Entdeckung der Currywurst* (1993). Hier verfolgt Timm deutsche Geschichte auf der Spur eines kulinarischen Leitfossils, der paradiesisch schmeckenden Currywurst. Die Suche nach dem Geheimrezept für diese Köstlichkeit führt nach Hamburg zur Standfrau Lena Brücker, die dem Erzähler aber erstmal eine ganz andere Geschichte auftischt: Kurz bevor Hamburg Ende April 1945 von den Briten erobert wurde, nahm Lena einen Deserteur, den jungen Marinesoldaten Bremer, bei sich auf und versteckte ihn unter Lebensgefahr. Sie verschwieg ihm sogar das Kriegsende, um die kleine Idylle nicht zu gefährden, doch irgendwann hatten die Lügen ein Ende, und die Liaison ging zu Ende. Ihre Erinnerungen schweifen in viele kleine Episoden ab: Geschichten vom Küchensaboteur Holzinger, der örtliche Nazigrößen zum Kotzen brachte, vom Kartoffelkenner Heinz, von der furchtlosen Großmutter, die prügelnden SS-Soldaten den Knüppel wegnahm, von misstrauischen Luftschutzwarten und spitzelnden Nachbarinnen, vom Schwarzmarkt und vom Kiez. Anekdoten aus dem Alltag der kleinen Leute, nach dem Motto »Wer erzählt, überlebt«. Auch der, über den erzählt wird, ist dem Strom des Vergessens entrissen (*Erzählen und kein Ende*, 1993). Hier wird »Geschichte von unten« ernst genommen, im genauen Hinsehen und Benennen, im Fährtenlesen der Sprache, im »glaubwürdigen Konjunktiv«, so könnte es gewesen sein. Volkes Stimme ertönt auch in *Johannisnacht* (1996), in dem nach der Wurst nun die Kartoffel und der Umgang mit ihr gleichsam zum Schlüssel einer gesellschaftlichen Strukturanalyse wird. Ein Münchner Schriftsteller nimmt das Angebot an, einen Artikel über die Knolle zu schreiben, und begibt sich auf Recherche nach Berlin, das nach dem Mauerfall im Umbruch und eine riesige Baustelle ist. An jeder Ecke und Frittenbude kommt der Alltagsethnograf ins Gespräch, ergeben sich »sprechende Situationen«, die das pralle Leben abbilden. So liefert »der Prolet unter den Gemüsen« Aufschlüsse über die DDR-»Sättigungsbeilage«, aber auch, wie so oft bei Timm, über den Krieg und indirekt über das Sexualleben der Honigbeutler und die Mitteilsamkeit ostdeutscher Abwasserrohre.

Von einem Opus magnum sprechen zu wollen, verbietet sich, dazu hat Uwe Timm zu viele wichtige Romane geschrieben. Doch *Rot* (2001) nimmt viele Motive anderer Texte wieder auf und führt sie in einer die Autorenexistenz Timms umfassend kennzeichnenden Weise zusammen. Ulrich Krause zum Beispiel, der in *Heißer Sommer* im Hamburger SDS die Anfänge der Revolte miterlebt, sitzt 30 Jahre später als Lehrer für Deutsch und Geschichte im deutschen Osten und betreibt ein Antiquariat, »spezialisiert auf Theorie und Literatur der Achtundsechziger«. Ohne diese Portion Selbstironie läuft der Roman auch Gefahr, zu sympathisch und politisch korrekt zu wirken. In seiner Geschichte über den Altkommunarden Thomas Linde, der mittlerweile als Trauerredner und Jazzkritiker arbeitet, und seine Liebe zur jungen Lichtdesignerin Iris konfrontiert er die alten linken Ideale mit der Konsumwelt von heute, fragt, wo die Weltrevolution, ersatzweise der lange Marsch durch die Institutionen, hingeführt haben. Aus den Kämpfern von damals wurden, so Timm, meist Bordeauxkenner, Antiquare und, wie Linde, »Hagiographen des Alltags«. Linde erinnert in seinen Trauerreden zum Beispiel an Frau Silberstein, die von couragierten Nachbarn im Schrank vor den Nazis versteckt wurde, an den Gemüsehändler Dinkhoff und sein Lebenswerk aus Kartoffeln und an den Einzelkämpfer Aschenberger, einen »Partisanen des Alltags« aus der Zeit der

Roten Zellen und 1.-Mai-Demonstrationen. Doch Timm hängt nicht den Glorienschein über die alten Zeiten. Er lässt Linde über diese »verbiesterte, trübe Zeit« räsonieren, über die hohlen Parolen: »Wir hätten mehr singen, weniger kategorial bestimmen sollen.« Aschenberger bot alternative Stadtführungen durch Berlin an und wollte nach Jahren isolierter Marx-Exegese und dem Studium von Guerilla-Taktiken in einem finalen Akt die Siegessäule als pathetisches Symbol nationaler Größe in die Luft sprengen. Ein Herzanfall verhinderte die Ausführung, doch die Lektüre seiner Pläne löst bei Linde, der es sich im Leben behaglich eingerichtet hat, Selbstzweifel aus. Linde fragt sich selbst nach dem Zorn und der Unbedingtheit von damals; er, der nur schwarze Kleidung trägt und an einer Abhandlung über die Farbe Rot arbeitet, taumelt plötzlich zwischen den Farben, den Entscheidungen, zwischen Leben und Tod. Verwirrt läuft er vor ein Auto, im Sterben hält er seine eigene Trauerrede, verwandelt sich in die Person Aschenbergers und verhilft dem Engel endlich zum Freiflug.

Rot ist die Farbe der Revolution und der Liebe, es ist schön und bedrohend zugleich, jung und schon in Auflösung begriffen. Uwe Timm hat mit diesem Roman eine Hommage an die Liebe geschrieben und im gleichen Atemzug die Notwendigkeit politischen Denkens (und Schreibens) unterstrichen. Wer Timms poetologisches Selbstverständnis kennt, wird spätestens hier Gemeinsamkeiten entdecken. »Tot ist nur, wer vergessen wird«, so sein Credo.

So hat sich Timm wieder auf Recherche nach Berlin begeben, und es ist schon unglaublich, was er immer an Geschichten ausgräbt. An dieser Neugier und diesem Fleiß dürfen sich manche Autoren ein Beispiel nehmen; hier kommt ein Erfahrungsschatz zum Tragen, der – liest man einmal Timms Bücher zusammen – einer Mentalitätsgeschichte Deutschlands von 1945 (und z.T. davor) bis heute gleichkommt.

Uwe Timm stellt unbequeme Fragen, erinnert an zu Unrecht Vergessenes, setzt politische Akzente. Dazu begibt er sich »heute mehr in die geschichtliche Ferne, um die zeitgeschichtliche Nähe besser zu verstehen«. Dem Vorwurf, seine Texte literarisierten lediglich Ideologie, begegnet Timm mit dem Hinweis auf den Verzicht »autonomer Literaten auf jede Diskussion über konkrete Inhalte und über die gesellschaftliche Wirkung von Kunst. Gezeigt werden muss der Mensch in seiner Totalität, in seiner Allseitigkeit. Gezeigt werden müssen das Leiden und der Mangel, die diese Gesellschaft produziert, aber so, dass sie nicht als metaphysisches Missgeschick erscheinen, sondern als veränderbar.«

Thomas Kraft

Werke: *Das Problem der Absurdität bei Albert Camus*, Diss., Hbg. 1971; *Widersprüche. Gedichte und ein Essay*, m. Zeichn. v. Carlo Schellemann, Hbg. 1971; *Herbert oder die Vorbereitung auf die Olympiade*, Hsp., 1972; *Die Steppensau*, Hsp., 1972; *Freizeit. Ein Lesebuch. Texte zu einem schönen Wort und unserer Wirklichkeit*, Hg., zus. m. Uwe Friesel, Mü. 1973; *Heißer Sommer*, R., Mü. 1974; *Wolfenbütteler Straße 53. Zeit-Gedichte*, Mü. 1977; *Kontext 1. Literatur und Wirklichkeit*, Hg., zus. m. Gerd Fuchs, Mü. 1976; *Morenga*, R., Mü. 1978, Fssp., ARD 1985; *Kerbels Flucht*, R., Mü. 1980, Fssp., ZDF 1984; *Die deutschen Kolonien*, Fotobd., Hg., Mü. 1981; *Die Zugmaus. Eine Geschichte*, Kinderb., m. Zeichnungen v. Tatjana Hauptmann, Zür. 1981; *Die Piratenamsel*, Kinderb., m. Illustr. v. Gunnar Matysiak, Zür. 1983, überarb. Neuausg. Zür. 1991, Hsp., SDR 1994; *Alle Wege führen nach Rom*, Fssp., WDR 1983; *Der Lauschangriff*, Hsp., WDR 1984; *Der Mann auf dem Hochrad. Legende*, R., Köln 1984; *Der Flieger*, Film, 1986; *Der Schlangenbaum*, R., Köln 1986; *Rennschwein Rudi Rüssel*, Kinderb., m. Illustr. v. Gunnar Matysiak, Zür. 1989, Film, 1995; *Vogel, friß die Feige nicht. Römische Aufzeichnungen*, Köln 1989; *Kopfjäger. Bericht aus dem Inneren des Landes*, R., Köln 1989; *Erzählen und kein Ende. Versuche zu einer Ästhetik des Alltags*, Köln 1993; *Die Entdeckung der Currywurst*, N., Köln 1993; *Der Schatz auf Pagensand*, Jugendb., Zür. 1995; *Johannisnacht*, R., Köln 1996; *Die Bubi-Scholz-Story*, Drehb., ARD 1998, gedr. Bln. 1998; *Nicht morgen, nicht gestern*, En., Köln 1999; *Eine Hand voll Gras*, Drehb., Köln 2000; *Rot*, R., Köln 2001.

Titze, Marion, wurde am 23. 4. 1953 in Lichtenwalde bei Chemnitz geboren. Sie studierte von 1972 bis 1976 Journalistik in Leipzig, absolvierte ein Fernstudium am Literaturinstitut in Leipzig und arbeitete als Fernseh- und Literaturredakteurin (»Temperamente. Blätter für junge Literatur«, von 1985–1987). Seit 1988 lebt sie als freie Autorin in Berlin. Seit 1990 schreibt sie auch Radioessays für den Süddeutschen Rundfunk. Ausgezeichnet wurde sie 1995 mit dem Anna-Seghers-Preis und dem Förderpreis zum Bremer Literaturpreis und 1999 mit dem Förderpreis zum Lessing-Preis.

Auch die DDR hatte ihre Wiesen hinterm Haus und bot damit ein Stück Heimat. Mit dem Ende des politischen Systems sind nicht alle Bilder verschwunden, die an Kindheiten und anderes Vertrautes und Geliebtes geknüpft sind. Jenseits von Nostalgie oder Ressentiment ist ein Zwischenraum, ein Sinn-Vakuum, für eine Generation entstanden, die weder am Aufbau des Sozialismus beteiligt war, noch so spät geboren wurde, dass der Mauerfall vielleicht nur noch den schnellen und direkten Weg in den Westen eröffnet hat. Mit ihrem Roman mit dem sprechenden Titel *Unbekannter Verlust* (1994), ihren Erzählungen im Band *Das Haus der Agave* (1997) und ihren Essays *Schillers schönes Fieber* (1999) reflektiert Marion Titze exakt diese Stimmung, die sich rückblickend ein Bild machen will (und kann) von dem, was gewesen war und nun weitgehend verloren ist. Es gibt zu viele Verbindungen, die aus der Vergangenheit heraus noch prägend wirken – das scheint eine zentrale Aussage ihrer Texte zu sein.

Der »Abschied vom Erziehungslager Ost« vollzieht sich für die Erzählerin im Roman, eine Filmemacherin, ohne Trauer, und doch beharrt sie darauf, innezuhalten und sich nicht gleich dem neuen System mit Haut und Haaren zu verschreiben. Genau dies macht nämlich ein Freund, mit dem sie schon lange einen Film über Novalis realisieren wollte. Ihre Beziehung zerbricht darüber, als er Novalis in monumentale Kulissen mit NS-Bombast stellen will, um die angebliche Verbindung zwischen deutscher Romantik und Nationalsozialismus drastisch zu bebildern. Sie beharrt hingegen auf ihrem Dichter der *Hymnen an die Nacht*, auf einer sensiblen Annäherung an einen glücklos Liebenden, und empfindet den Verkauf der einstmals gemeinsamen Ideale als Verrat an den Kommerz in Babelsberg. Es sind melancholische Momentaufnahmen, ein kurzes Heraustreten aus der Zeit, ein (weiblicher) Blick zurück und zur Seite (auf die Freunde), um sich die Entwicklung, die gesellschaftspolitische und die eigene, zu vergegenwärtigen. So heißt es auch in den vier eng miteinander erzählten Geschichten aus *Das Haus der Agave*: »Die Kinder sind abgereist. Eines Tages werde ich selbst abgereist sein, mich an etwas erinnern, das plötzlich ein Bild ergibt.« Als die Erzählerin im Roman am Ende mit ihrem Lebensgefährten Joscho auf den Fichtelberg im südlichsten Zipfel der ehemaligen DDR fährt und dort von einem schwäbischen Hotelier überaus freundlich begrüßt wird, fällt der Ausdruck »Wendeglück«, der in diesem Kontext als versöhnliche Geste jenseits von Pathos und Kitsch verstanden werden darf. Titze präsentiert »eine Geschichte in tausend Bildern, kompliziert wie ein hoffnungsloser Krankheitsfall, mit verschachtelten Zeitebenen und verstrickten Liebesverhältnissen, eine Prosa von traumgeschickter Schlichtheit« (Franz Haas). Sie verknüpft übergangslos Skizzen mit essayistischen und lyrischen Passagen, stellt Tagebuchnotate neben Binnenerzählungen. Auch in *Schillers Fieber* (1999) verschwimmen die Gattungsgrenzen dieser ursprünglich meist als Radiofeatures gedachten Suchtexte, in denen Titze die Figur der Jeanne d'Arc in den Dramen Schillers und Brechts analysiert, Thomas Mann mit Gottfried Benn im Hinblick auf ihr Verständnis von Ordnung vergleicht, fragt, wer eigentlich Novalis' Sophie v. Kühn war, und in einem schönen, autobiografischen Text ihre Kindheit und Jugend an der Seite einer evangelischen Freundin im Lichtenwalde der Fünfziger- und Sechzigerjahre beleuchtet.

Thomas Kraft

Werke: *Unbekannter Verlust*, R., Bln. 1994; *Das Haus der Agave*, En., Stg. 1997; *Schillers schönes Fieber. Diagnosen*, Zür. 1999; *Vom Mond das fehlende Stück*, Ess., Zür. 2000.

Törne, Volker von (Ps.: Waldemar Graf Windei), geboren am 14. 3. 1934 in Quedlinburg, studierte zunächst von 1954 bis 1956 Erziehungswissenschaften in Braunschweig, danach Sozialwissenschaften in Wilhelmshaven, wo er unter anderem als Redakteur der 1958 verbotenen Studentenzeitschrift »zoon politikon« tätig war. Es folgten harte Jahre als Hilfsarbeiter im Baugewerbe, bis von Törne 1962 nach Berlin übersiedelte und an der kulturpolitischen Zeitschrift »alternative« mitwirkte. Von 1963 bis zu seinem Tod am 30. Dezember 1980 war er hauptberuflich Werbeleiter der »Aktion Sühnezeichen/Friedensdienste« in West-Berlin. Von Törne, Sohn eines im Zweiten Weltkrieg an der Ostfront gefallenen SS-Standartenführers, hatte frühzeitig die »kollektive Verantwortung« seiner Generation für die nationalsozialistischen Verbrechen erkannt und sich konsequent und unermüdlich für Versöhnung und Völkerverständigung eingesetzt. Nicht nur in seiner leisen, aber innerlich engagierten Lyrik plädierte er gegen das Vergessen und Verdrängen, sondern auch auf zahlreichen Vortragsreisen hat er dieses Thema immer wieder in den Mittelpunkt seiner zeitgeschichtlich-politischen Erörterungen gestellt. Er folgte Einladungen nach Polen, Israel und anderen Staaten, deren Zivilbevölkerung unter der faschistischen Gewaltherrschaft gelitten hatte. Von Törnes leidenschaftliches Eintreten für Friedenssicherung, soziale Gerechtigkeit und Koexistenz der Staaten, sein christliches Ethos und seine aufklärerischen Impulse fanden ihren poetischen Niederschlag in einem nicht sehr umfangreichen, aber ästhetisch anspruchsvollen und hochsensiblen lyrischen Werk. Seine Gedichte variieren das Thema »Vergangenheitsbewältigung«, doch zielen seine Forderungen hierbei nicht so sehr auf historische Analyse als vielmehr auf konkreten Dialog mit den Nächsten und den Betroffenen. Seine Appelle richten sich an Gemüt und Ratio; gerade in diesem »ganzheitlichen Menschenbild« sieht Christoph Meckel, ein Freund von Törnes, das Faszinierende an diesem Lyriker, dessen Werk auch zu Lebzeiten von der Literaturkritik nicht oder nur sehr zurückhaltend aufgenommen wurde.

Schon in von Törnes ersten Buchpublikationen, die in kleinen Verlagen und in niedrigen Auflagen erschienen sind (*Fersengeld*, 1962; *Nachrichten über den Leviathan*, 1964; *Die Dummheit liefert uns ans Messer*, 1967, zus. m. Christoph Meckel; *Wolfspelz*, 1968; *Phallobst*, 1968), verbinden sich in bemerkenswerter Weise unterschiedliche stilistische Ebenen und Bildbereiche. Der Moralist von Törne ist stets um Glaubwürdigkeit bemüht, entlarvt in lakonisch-kontrastiver Manier die verkrustete Sprache derer, die durch Frömmelei und falsche Askese die Wiedergutmachung bewerkstelligen wollen. Er verbirgt nicht die Fortführung einer demokratisch-oppositionellen Tradition, die bei Thomas Müntzer beginnt und eben bei Bertolt Brecht noch nicht ihren ästhetischen Endpunkt hat. Da er das rhetorische Instrumentarium und die literarischen Kompositionstechniken beherrscht, entgeht er der Gefahr, in einen trivialen Barden-Habitus zu fallen. Fast beiläufig wird erklärt, kommentiert und plausibilisiert, ganz unaufdringlich. Kürze und Einfachheit im Duktus verblüffen. Dem stilistischen Virtuosen von Törne gelingt der spielerische (und abwechslungsreich anspielungsfreudige) Umgang mit Märchenmotiven, aphoristischen Sentenzen, biblischen Ausdrucksformen, Gleichnissen und Parabeln (in Anlehnung an Brecht), ohne dabei in ein verfremdendes Sprachpathos abzugleiten. Strenge und Konsequenz seiner Mitteilungsintentionen entsprechen in vieler Hinsicht der häufig verwendeten Sonett-Form.

In den Siebzigerjahren folgten die z.T. sehr schmalen Bände *Der Affe will nicht die Freiheit* (1971), *Thalatta* (1971), *Brandenburger Tor* (1972), *Lagebericht* (1976) und *Kopfüberhals* (1979). In der DDR erschienen ein von Bernd Jentzsch herausgegebenes »Poesiealbum« (1972) und die bemerkenswerten *Rezepte für Friedenszeiten* (1973, zus. mit Nicolas Born und F. C. Delius). Volker von Törne ist in diesem Band der »Edition Neue Texte« mit 50 Gedichten aus den Jahren 1959 bis 1971 vertreten: Balladen, Moritaten und einfache Lieder, Hommagen an Dichter wie Hölty, Voß, Hölderlin, Attila József und Jannis Ritsos zeigen einen vielseitigen Poeten, dem es trotz allem an Humor nicht fehlt.

Die ersten Gedichte von Törnes waren in Zeitschriften wie »alternative«, »Konkret«, »Diagonale«, »Fallbeil«, »Kürbiskern«, »Alphabet« und »Bogawus« erschienen und wurden schon früh in zahlreiche Sprachen übersetzt. Eine breitere literaturkritische Diskussion und eine wissenschaftliche Auseinandersetzung mit seinen Gedichten und Aufsätzen (*Zwischen Geschichte und Zukunft*, 1981) hat bislang weder in Deutschland noch im Ausland stattgefunden. Seine Verse machen betroffen und lassen eine spontane Reaktion nicht zu. Er war »kein Routinier des Literaturbetriebs, und er gehörte keiner Clique an« (Erich Fried), entzog sich durch seine kompromisslose Wahrheitssuche einer eilfertigen Verortung durch literarische und politische Gruppen. Christoph Meckel schrieb in seinem Nachruf sehr treffend: »Er war im europäischen Osten zu Haus, durch Überzeugung, Interesse und Mentalität, in der russischen, polnischen, jüdischen Gegenwart, durch unzählige Freundschaften befestigt dort, durch Kenntnis der Klassiker und der Literatur, durch Bejahung menschlichen Lebens in allen Formen, durch schwärmerische Liebe zur Poesie, vor allen Dingen durch menschliches Talent.«

Nicolai Riedel

Werke: *Fersengeld*, G., Bln.; *Nachrichten über den Leviathan*, m. Graf. v. Uwe Bremer, Stierst./Ts. 1964; *Die Dummheit liefert uns ans Messer*, zus. m. Ch. Meckel, Bln. 1967; *Wolfspelz. Gedichte, Lieder, Montagen*, Bln. 1968; *Phallobst*, Lieder, m. Farbschnitten v. Konrad Schüler, Bln. 1968; *Mandragola. Machiavellis Renaissancekomödie*, Musical-Fssg., zus. m. Volker Ludwig, Bln. 1970; *Der Affe will nicht die Freiheit*, Bln. 1971; *Thalatta*, G., Bln. 1971; *Brandenburger Tor. Vom Krieg zum Frieden*, Ulm 1972; *Poesiealbum 54*, hg. v. Bernd Jentzsch, Ost-Bln. 1972; *Rezepte für Friedenszeiten*, G., zus. m. N. Born u. F. C. Delius, Ost-Bln., Weimar 1973; *Lagebericht*, G., zus. m. Christoph Heubner, Kassel 1976; *Kopfüberhals*, G., m. Graf. v. Natascha Ungeheuer, Bln. 1979; *Samozveri – Selbstgemachte Tiere. A. Rodcenko – S. Tretjakov*, Köln 1980; *Den Arbeitern von Kursk, Nachdicht. W. Majakowski – Juri Roschkow*, Düsseld. 1980; *Halsüberkopf. Arkadische Tage. Sonettenkranz, allegro molto*, Bln. 1980; *Im Lande Vogelfrei. Gesammelte Gedichte*, Bln. 1981; *Zwischen Geschichte und Zukunft*, Aufs., Reden, G., Bln 1981; *Flieg nicht fort, mein weißer Rabe*, Lieder, Bln. 1981; *Ohne Abschied*, G., Ost-Bln., Weimar 1984; *Friedenserklärung. Reden und Gegenreden*, Bremen 1985.

Treichel, Hans-Ulrich, wurde am 12. 8. 1952 in Versmold in Westfalen geboren. Er studierte Germanistik und Politologie an der Freien Universität Berlin, war 1981/82 Lektor für deutsche Sprache an der Universität Salerno, promovierte 1983 mit einer Arbeit über Wolfgang Koeppen. 1984/85 war er Lektor an der Scuola Normale Superiore in Pisa, von 1985 bis 1991 wissenschaftlicher Mitarbeiter an der FU Berlin, 1993 Habilitation. Seit 1995 ist er Professor für Deutsche Literatur am Literaturinstitut der Universität Leipzig. 2000 nahm er die Poetik-Dozentur der Universität Frankfurt am Main wahr. Ausgezeichnet wurde er 1985 mit dem Leonce-und-Lena-Preis, 1988 mit einem Villa-Massimo-Stipendium, 1993 mit dem Förderpreis zum Bremer Literaturpreis und 2003 mit dem Margarete-Schrader-Preis.

Versmold in Ostwestfalen, irgendwo zwischen Gütersloh und Bielefeld gelegen, ist, so Hans-Ulrich Treichel, ein trostloser Ort, ein provinzielles Nest ohne Marktplatz und Gassen, ohne Wald und Fluss, ohne Burg und Berg, ein Feuchtbiotop für angehende Psychologen und Schriftsteller. Umstellt von schrulligen Kleinbürgern vollzieht sich die frühkindliche Konditionierung des jungen Hans-Ulrich Treichel in räumlicher Beklemmung. Der »westfälischen Falle« (*Heimatkunde*, 1996), wie er sie nennt, schon früh als Laufstall im Tabakwarengeschäft des Korsett und Armprothese tragenden Vaters erfahren, entkommt er erst als Autor. Gewehrt hat er sich kaum gegen die Schikanen des kettenrauchenden Vaters, eines Heimatvertriebenen, der »zwei Weltkriege miterlebt und drei Existenzen verloren und wieder aufgebaut« hat und die Tragödie seines Lebens nun seinem Sohn entgegenhustet. *Heimatkunde* betreibt dieser nun 40 Jahre danach, eine Art Abrechnung, aber auch Reminiszenzen an eine Gegend, in der Anständigkeit damals noch an der Haarlänge gemessen wurde, Germanenkult und nationales Denken nie ganz ausgestorben sind und noch 20 Jahre später die NPD beachtliche Wahlergebnisse einfahren konnte. Da ist Treichel dann schon längst Student in Berlin, besucht völlig abseitige Seminare und gerät, wie in den Berichten *Von Leib und Seele* (1992) trefflich persifliert, von Albträumen geplagt in die Fänge alternativer Psychologen und Esoteriker. Die damals empfundene Fremdheit in Familie und sozialem Umfeld hallt lange nach und bietet Stoff für eine Reihe von literarischen Bearbeitungen, aus denen – neben einigen Gedichten – der erste Roman *Der Verlorene* (1998) herausragt.

Treichel sprach in Interviews davon, keine direkt autobiografischen Texte zu schreiben, aber im Erzählen an der Erfindung des Autobiografischen interessiert zu sein. Der Roman *Der Verlorene* speist sich insofern aus dem eigenen Erleben, als Treichels Eltern tatsächlich auf einem Flüchtlingstreck im Ostpreußen des letzten Kriegsjahres von der Roten Armee bedrängt wurden und die Mutter aus Angst den erstgeborenen Sohn in einer Instinkthandlung in die Arme einer fremden Frau gelegt hatte. Treichel erfuhr von diesen Umständen erst kurz vor dem Tod seiner Mutter, sein älterer Bruder hatte bislang als tot gegolten. Die Romanhandlung baut auf diesem Stoff auf und entwirft im Stil einer Tragikomödie vom verlorenen Sohn zwei Plots: Geschildert wird die wirtschaftliche Etablierung der Familie, der Vater expandiert seine Geschäfte, wird Fleischgroßhändler und zeigt seinen Erfolg durch edle Automarken. Der Schuldkomplex der Mutter, den Sohn weggegeben zu haben, wächst sich zur wahnhaften Suche aus. Um jeden Preis soll Arnold gefunden werden. Im Sog dieses Familien- und Ehedramas droht aber der andere Sohn, der Erzähler, verloren zu gehen. Keineswegs am erfolgreichen Fund eines Bruders interessiert, der ihm nur die Privilegien streitig machen würde, protestiert er, der zeitlebens nur die »Nebenrolle« spielen durfte, grollend, kotzend und grimassierend gegen das Phantom eines Findelkindes. Die zweite Ebene setzt ein, als ein möglicher Kandidat gefunden wird, »Findelkind 2307«, und nun mit physiognomischen Gutachten und aberwitzigen Schädelvermessungen ein obskurer, an rassenkundliche Aktionen erinnernder Wissenschaftszirkus einsetzt. Die hier geschilderten Vorgänge sind per se nicht komisch, aber Treichel erzählt so lakonisch und trocken, dass das erstickte Lachen sich Bahn brechen muss. Neben einem Stück extrem anschaulicher Mentalitätsgeschichte aus den Zeiten des deutschen Wirtschaftswunders mit all den Schattenseiten der NS-Kontinuität und der Vertriebenenfrage leuchtet Treichel tief in menschliche Abgründe. Dabei entgeht ihm nicht, dass das Trauma des Erzählers sich am Ende so ausweitet, dass er glaubt, im angeblichen Findelkind sich selbst zu erkennen. Das die Figuren beherrschende »Gefühl von Schuld und Scham« begleitet er in einem unprätentiösen Sprechton mit gewohnt ironischen Untertönen.

Selbst im Künstlerroman *Tristanakkord* (2000) spielt die westfälische Provinz eine nicht unwichtige Rolle. Mit dem »Emsfelde-Syndrom« geschlagen, trifft der Jungakademiker Georg Zimmer auf einen Weltmann und Ästheten, den Komponisten und Neutöner Bergmann. Obwohl der schüchterne Zimmer Bergmanns Memoiren lektorieren und am Ende sogar ein Libretto für ihn schreiben soll, blamiert ihn der eitle Bergmann bei einem Empfang, als er Zimmers Krawatte als typisch emsfeldisch identifiziert. Treichel stellt die Antipoden so raffiniert gegeneinander, dass trotz des unterschiedlichen Status und des jeweiligen Selbstwertgefühls beider Dünkel und Eitelkeit den im Grunde charakterlich provinziellen Menschen entlarven. Treichels Parodie auf einen Kulturbetrieb mit vielen Schaumschlägern und Selbstdarstellern dürfte aus eigener Anschauung gespeist sein; der Autor und Literaturwissenschaftler arbeitet als Librettist eng mit dem Komponisten Hans Werner Henze zusammen.

Es verwundert wohl nicht, dass auch die Figur des Albert aus Treichels Roman *Der irdische Amor* (2002) mit dem westfälischen Rucksack belastet ist und sich bald auf den Weg macht, um in der Kunst und bei den Frauen Erlösung von seinen Albträumen zu erfahren. Doch das Schicksal ist ihm nicht wohlgesinnt, und was Treichel ihm widerfahren lässt, gleicht der Irrfahrt eines Simplicius, eines »Poveretto«, wie Alberts Freundin Elena ihn mitleidig nennen wird. Seine Mutter steckt Albert in Mädchenkleider, die erste Liebe seines Lebens wird von einem anderen im Schwimmbad befummelt, im Internat erlebt er endlich glückliche Stunden mit Katharina, bis die Hausordnung diese Liaison abrupt beendet. Albert leidet in der Folge unter Triebstau und Juckreiz, verkrampft immer mehr und stürzt sich zum Ausgleich – im Rahmen seines Kunststudiums – vehement in die Detailanalyse der Bilder Caravaggios. Doch auch die Darstellung göttlicher Erektionen und die Betrachtung nackter Jünglinge löst seine Verspannungen nicht. Erst als er in einem Schöneberger Lokal der italienischen Kellnerin Elena begegnet und in ihr die junge Claudia Cardinale zu erblicken glaubt, sieht er sich am Ziel seiner Wünsche. Er folgt der Angebeteten in ihr sardisches Heimatdorf, fühlt sich allerdings dort schon nach kurzer Zeit wieder als »Fremder und Alleinreisender«. Seine Illusionen scheitern an der eigenen Armseligkeit, obwohl er eigentlich erkannt hat, dass »die Chancen sinken, wenn du bedürftig bist«. Albert kehrt am Ende nach Berlin zurück und wird dort weiter von den Frauen und der Liebe träumen. Hans-Ulrich Treichel beweist mit diesem Roman erneut, dass er zu den versiertesten Erzählern gehört, die wir zurzeit haben. Die kleinen komischen Situationen, die geschmeidige, präzise Sprache, in der dieses verklemmte Leben geschildert wird, die genauen Beobachtungen, aus denen der Autor seine vielen Figuren geformt hat, und jene Schwerelosigkeit, die seinem Albert so offensichtlich abgeht, ergeben eine Komödie mit selbstironischen und daher tröstlichen Untertönen.

Thomas Kraft

Werke: *Stadtansichten. Gedichte Westberliner Autoren*, Hg., zus. m. Peter Gerlinghoff u. Günter Maschuff, Bln. 1977; *Nicht ewig auch unbelehrbar. Bilder von Carl Timner*, Kat., G., Bln. 1978; *Ein Restposten Zukunft*, G., Bln. 1979; *Tarantella*, G., Bln. 1982; *Bertolt Brecht: Das Badener Lehrstück vom Einverständnis*, Textbearb. u. szen. Erw., Musik: Bearb. V. David Graham, UA Mürzzuschlag 1983; *Tre Opere per Burratini*, Libr., Musik v. Hans Werner Henze, UA Montepulciano 1984, Neufssg. u. d. T. *Knastgesänge. Drei Musiktheaterstücke für Puppenspieler, Sänger und Instrumentalisten. Variationen über vier Lieder von Hans Werner Henze*, Komp. v. Jörg Widmann, UA Basel 1996; *Aus der Zeit des Schweigens. Neun Lieder für Arthur Rimbaud. Ein Oratorium*, Bln. 1984; *Fragment ohne Ende. Eine Studie über Wolfgang Koeppen*, Diss., Hdbg. 1984; *Liebe Not*, G., Ffm. 1986; *Das Mädchen und das Ungeheuer. Szenen aus der Märchenwerkstatt*, Libr., UA Deutschlandsberg 1986; *Wolfgang Koeppen: Gesammelte Werke in sechs Bänden*, Hg., zus. m. Marcel Reich-Ranicki u. Dagmar von Briel, Ffm. 1986; *Die Fremdheit der Sprache. Studien zur Literatur der Moderne*, Hg., zus. m. Jochen Schütze u. Dietmar Voss, Hbg. 1988; *Seit Tagen kein Wunder*, G., Ffm. 1990; *J. M. R. Lenz: Le Précepteur (Der Hofmeister)*, Musik v. Michèle Reverdy, Libr., UA Mü. 1990; *Das verratene Meer. Musikdrama*, n. d. R. *gogo no eiko* v. Y. Mishima, Musik v. Hans Werner Henze, UA Bln. 1990, gedr. Mainz/New York 1990; *Von Leib und Seele. Berichte*, Ffm. 1992; *Der einzige Gast*, G., Ffm. 1994; *Auslöschungsverfahren. Exemplarische Untersuchungen zur Literatur und Poetik der Moderne*, Habil., Mü. 1995; *Wolfgang Koeppen: Einer, der schreibt. Gespräche und Interviews*, Hg., Ffm. 1995; *Venus und Adonis. Oper in einem Akt für Sänger und Tänzer*, Libr., Musik v. Hans Werner Henze, Mainz, New York 1995; *Heimatkunde oder Alles ist heiter und edel. Besichtigungen*, Ffm. 1996; *Sinfonie Nr. 9 für gemischten Chor und Orchester. Dichtung auf Anna Seghers Roman »Das siebte Kreuz«*, Libr., Musik v. Hans Werner Henze, UA Bln. 1997; *Der Verlorene*, R., Ffm. 1998; *Über die Schrift hinaus. Essays zur Literatur*, Ffm. 2000; *Der Entwurf des Autors. Frankfurter Poetik-Vorlesungen*, Ffm. 2000; *Tristanakkord*, R., Ffm. 2000; *Der irdische Amor*, R., Ffm. 2002; *Gespräch unter Bäumen. Gesammelte Gedichte*, hg. v. Rainer Weiss, Ffm. 2002.

Trojanow, Ilija, wurde am 23. 8. 1965 in Sofia geboren. 1971 floh er mit der Familie über Jugoslawien und Italien nach Deutschland. Der Ingenieur-Beruf des Vaters führte nach Kenia. Deutsch lernte Ilija Trojanow von 1978 bis 1981 in Schulen der Bundesrepublik. Nach dem Schulabschluss in Kenia studierte er Jura und Ethnologie in München, gründete 1989 den Marino-Verlag, verkaufte ihn 1998, ging nach Bombay und 2003 nach Kapstadt. 1995 erhielt er den Bertelsmann-Preis in Klagenfurt, ein Aufenthaltsstipendium im Künstlerschloss Wiepersdorf, ein Arbeitsstipendium des Deutschen Literaturfonds e.V., 1996 den Marburger Literaturpreis, 1997 den Viktor-von-Scheffel-Preis und den Thomas-Valentin-Preis der Stadt Lippstadt, 2000 den Adelbert-von-Chamisso-Preis.

Der Weltbürger und Weltenwanderer Ilija Trojanow kennt viele Orte und Berufe. Ob als Autor, Übersetzer, Herausgeber oder als Verleger afrikanischer Literatur, die ein Bild Afrikas abseits von Hungerbildern und Buschtrommeln zeigt – immer ist er bemüht um einen antikolonialen Blick auf ferne Welten. Fremde Kulturen bedeuten für ihn nicht Konflikt, sondern Symbiose, der Sprachwechsel nicht Last, sondern Inspiration und Erkenntnis – ein Autor, der überall wurzelt, aber nirgends ganz verortet ist.

Das Unterwegssein ist Trojanows Thema, seit er beim Klagenfurter Bachmann-Wettbewerb 1995 debütierte. *Die Welt ist groß und Rettung lauert überall* (1996) heißt sein erster Roman, eine balkanbunte, europäisch-nüchterne Familien- und Fluchtgeschichte, die mit der Kindheit in Bulgarien beginnt, am Schnittpunkt von Orient und Okzident, dann ins italienische Flüchtlingslager und nach Deutschland führt. Ein melancholisch-heiterer Bilderbogen trägt den jungen Alexandar und den alten Bai Dan gen Westen, orientalisch-fantastisches Erzählen und grau-deutsche Realität inbegriffen. »Selten ist so hinreißend, so traurig und witzig zugleich von Heimatverlust und Exil, von Fremdheit und Mut zur Weltaneignung geschrieben worden«, lobte die Jury des Adelbert-von-Chamisso-Preises.

Mit *Autopol* (1997) wagte Ilija Trojanow den literarischen Abstecher ins Netz. Im Auftrag des ZDF-Kulturmagazins *aspekte* schrieb er live, in Zusammenarbeit mit Rudolf Spindler, den Science-Fiction-Roman im Internet. »Novel in Progress« nannte er diese virtuelle Reise für User, diesen Thriller in Endzeitstimmung, in dem Autobahnen nur noch der Müllplatz sind für menschlichen Schrott.

In *Hundezeiten* (1999) bereist Ilija Trojanow Bulgarien. *Heimkehr in ein fremdes Land* nennt er diese Reportage, die zum Abgesang auf sein Geburtsland wird. Vom märchenhaften Ton, von Witz und Leichtigkeit und dem stilistischen Spiel des Debütromans ist nichts geblieben in seiner bitteren Analyse und Polemik. Apathie, Gewalt und Exodus beherrschen diese »Hölle Europas«. Die Jungen gehen fort, Rentner flüchten aus der Not in den Suizid, hungrige Tiere lauern vor den Läden, eine Lüge kaschiert die andere. Zehn Jahre nach dem Sturz des sozialistischen Regimes ist Bulgarien ausgezehrt von der Mafia und alten Kadern. Eine Chance sieht Ilija Trojanow nur in der Selbstbefreiung der Bürger.

In deutschsprachigen wie indischen Feuilletons ist Trojanow gleichermaßen als Autor präsent. Der journalistische Ansatz von *Hundezeiten* ist auch Basis seiner Indien-Bücher. *Der Sadhu an der Teufelswand* (2001) berichtet informativ und atmosphärisch dicht »aus einem anderen Indien«, von Kamelmärkten, Ayurveda und der Wüstenstadt Jaisalmer, von sozialen Projekten und einer »Zukunft der Widersprüche«. *An den inneren Ufern Indiens* (2003) findet zurück zu einem poetischen Stil und schildert eine Bootsreise entlang des Ganges, die indische Realität und Mythen kunstvoll verflicht und immer wieder aus Politik und Alltag abtaucht in den Strudel der Legenden um Mutter Ganga, Gott Shiva und seine Frau Parvati, in Beschwörungsformeln und den wilden Tanz von Entstehen und Vergehen.

Die unterschiedlichen Publikationen zeigen Ilija Trojanow als einen Autor, der die stilistische, kulturelle, geografische Vielfalt zum Programm gemacht hat; der in Exil und Fremde nicht Verlust, sondern Chance sieht; der sich chamäleongleich seiner Umgebung anverwandelt und sie sich literarisch erschließt, ob München, Bombay oder Kapstadt. Das eigentlich »Normale« und seine Literatur bestimmende, ist für Trojanow das »Hybride«, die Zwitter- und Mischkultur – arabische Spuren im hinduistisch geprägten Indien, orientalische im europäischen Bulgarien, afrikanische Einflüsse in einer europäischen Biografie.

Insofern ist sein großes Lebens-Reise-Roman-Projekt maßgeschneidert, denn der bulgarisch-deutsche Autor mit asiatischer und afrikanischer Erfahrung folgt rund um den Globus einer der schillerndsten Figuren des 19. Jahrhunderts: Richard Burton hieß der Entdeckungsreisende aus dem viktorianischen England, der den Tanganjikasee entdeckte, der versuchte, sich Fremdes anzueignen, selbst mit Fremdem verschmolz und auftauchte in 20 Sprachen, 1000 Verkleidungen, als Pilger, Sufi, Reisender und Moslem in Mekka; ein Europäer in Indien und Afrika zu einer Zeit, als Europas Supermächte die Welt neu ordneten und die Grundlagen für das 20. Jahrhundert schufen.

Cornelia Zetzsche

Werke: *Afrikanissimo*, Anth., Hg., Wuppertal 1991; *In Afrika. Mythos und Alltag Ostafrikas*, Bildband, zus. m. Michael Martin, Mü. 1993; *Naturwunder Ostafrika*, Mü. 1994; *Hüter der Sonne. Begegnungen mit Simbabwes Ältesten – Wurzeln und Visionen afrikanischer Weisheit*, zus. m. Chenjerai Hove, Mü. 1996; *Die Welt ist groß und Rettung lauert überall*, R., Mü. 1996; *Autopol. Ein Internetroman*, Mü. 1997; *Hundezeiten. Heimkehr in ein fremdes Land*, Reisebericht, Mü. 1999; *Döner in Walhalla*, Anth., Hg., Köln 2000; *Der Sadhu an der Teufelswand. Reportagen aus einem anderen Indien*, Mü. 2001; *An den inneren Ufern Indiens. Eine Reise entlang des Ganges*, Mü. 2003, Delhi 2003; *Masques*, Libr., UA Kapstadt 2003/04.

Trolle, Lothar, wurde am 22. 1. 1944 in Brücken im Kreis Sangerhausen geboren. Nach dem Abitur 1963 war er als Handelskaufmann, Transport- und Bühnenarbeiter tätig. Er lebt seit 1965 in Berlin. Sein Philosophiestudium von 1966 bis 1970 an der Humboldt-Universität in Berlin bei Wolfgang Heise blieb unabgeschlossen; er ist seitdem als freier Schriftsteller tätig.

Trolles dramatisches Werk wurde weder in der DDR noch in der alten BRD oder dem wiedervereinigten Deutschland hinreichend für die Bühnen entdeckt. Die grundlegende avantgardistische Haltung und Praxis des Autors mag einer der Gründe sein, warum an den risikoscheuen Subventionstheatern Trolles Texte keine Tradition bildeten. Im dramaturgischen Kern seiner Stücke wird die traditionelle Bühnenkunst in ihren Grundbedingungen infrage gestellt: Das gängige Muster wie der Dialog, die fortschreitende, zielgerichtete Handlung, die Finalspannung oder die dramatische, durch ihre Psychologie bestimmte Figur wird in Trolles Dramaturgie hinterfragt, wenn nicht dekonstruiert. Im Ziel der Veränderung und Revolutionierung der theatralischen Praxis liegt Trolles grundlegender Schreibanlass, der so radikal operiert, dass auch Handlungs-, Orts- oder gültige Zeitstrukturen in den experimentellen Texten eliminiert sind. Eine schwer beschreibbare monologisch-chorische Form, eine der epischen Kunst verwandte Bewusstseinsstromtechnik wird zur vorherrschenden Kategorie in den Stücken. Diese können nach den alten Bestimmungen von Dramatik kaum noch mit dem Gattungsbegriff Drama bezeichnet werden. Darüber hinaus ist Trolles hochkomplexe Ästhetik nur schwerlich einer Theatertradition zuzuordnen. Er steht deutlich außerhalb der von Brecht oder Heiner Müller geprägten dialektischen Schule der DDR-Dramatik, wenn auch Züge Müller'scher dramatischer Praxis mit Trolle thematisch und formal vergleichbar sind. Anklänge an DADA und auch an das von Alfred Jarry geprägte surrealistische oder absurde Theater lassen sich beobachten. Das die Wirklichkeit abbildende, realistische Spiel wird von Trolle konterkariert. Lothar Trolles Texte kennzeichnet mithin ihre ungewöhnlich hochartifizielle Eigenwilligkeit, die sich dem intellektuellen Zugriff versperrt. Thematisch und motivisch lassen sich vier häufig variierte Felder festmachen: biblische, besonders alttestamentarische Bilder; absurd gebrochene Alltagsdarstellungen; der Nationalsozialismus; schließlich an Kurt Schwitters, Daniel Charms oder Jarry anschließende dadaistische Kasperlespiele.

Die Kleinbürgersatire *Papa Mama* (1979) zeigt ein Grand-Guignol-Szenario, in dem sich die Eheleute gegenseitig töten wollen. Es herrscht ein an *Ubu roi* erinnernder Kasperlespielton, in dem jegliche rationale Handlungsmotivation aufgehoben ist. Am »glücklichen« Ende ist Mama aufgehängt, Papa hat sich aufgehängt, und beide gehen zur Sonntagsmahlzeit nach Hause. Im Clownsspiel *Hammel und Bammel* (1980) stellen die beiden Figuren eine sie schließlich völlig behindernde Unmenge von Verkehrsschildern auf. Szenisch wird Trolles Sicht auf die Absurdität von Bürokratie und autoritären Strukturen gelenkt, wenn beide dauernd identische Floskeln wiederholen. Die Stücktrilogie *K.s Kasperlespiele* erinnert deutlich an Becketts Drama *Das letzte Band.* Dabei kommuniziert die Figur K. mit einem Kassettenrekorder. Das technische Gerät verselbstständigt sich und beginnt in diesem mit parodistischem Spiel aufgefüllten sinnlosen Vakuum die Figur zu bestimmen. Diese imaginiert sich Situationen, sodass im Selbstgespräch die Innenwelt nach außen gekehrt wird. Kurzszenen wie *Nach der Sintflut* oder *Barackenbewohner* spiegeln am biblischen Motiv zum einen ein mögliches Weltende. Andererseits formuliert der Autor damit seine Kritik an der atheistischen DDR, die, so eine dritte Ebene in der strukturell komplexen Bildlichkeit, sich längst von Utopien verabschiedet hat.

Ähnlich wirkungsvoll einfach ist die Versuchsanordnung in den monologischen Alltagsstücken *34 Sätze* (1985), *Die 81 Minuten* (1995) oder *Die Heimarbeiterin* (1997) angelegt. Putzfrau, Verkäuferin oder eine entlassene junge Frau, die ihr Kind tötet, befinden sich in einer Isolationssituation. Anonyme Stimmen, die keiner bestimmbar-konkreten Situation zuzuordnen sind, sprechen. Sie stehen für den düsteren kollektiv-gesellschaftlichen Zustand entfremdeter Arbeit. Trolles *Hermes in der Stadt* (1991), sein öffentlich meistbeachtetes Stück, und *Weltuntergang Berlin* (1987) bündeln die Themen des Autors. Ist in letzterer Szenenfolge die Befreiung Berlins durch die Rote Armee das Thema, so wird doch, die DDR-Tradition kritisierend, keinerlei parteiliche Ideologie propagiert. Vielmehr wird das Datum nur Folie für die Position, dass auch der historische Prozess ein generell absurdmechanischer sei. Für politischen Opportunismus oder verordnete Utopien ist der Autor nicht zuständig. So lässt sich Trolles Adaption des Hermesmythos als Summe seiner Dramaturgie und ästhetischen Haltung lesen; Mord und Diebstahl, gespiegelt am archetypisch-mythischen Bild, sind der Zustand der universalen Realität. Ist das Regelsystem der Gesellschaft zerbrochen, so kann das Drama keineswegs mehr bündig eindimensionalen Strukturen folgen. Austauschbare Stimmen berichten in chorisch erlebter Rede von unmotivierter Gewalt. Hermes' Raub der Rinder des Apoll ist hier das Urbild der zerbrechenden postindustriellen Stadtkultur. Auch in *novemberszenen* (1999, nach Döblins Roman) oder *die baugrube* (1996, nach A. Platonows gleichnamigem Werk) erweist sich der Autor als Meister der Montage. Beide Stücke problematisieren die gescheiterte sozialistische Revolution. Ohne Satzzeichen, das reale Geschehen um die deutsche und sowjetische Revolution entwirklichend, entfaltet der Autor einen Mahlstrom, in dem erst der Regisseur die Rollen aus dem Material entwickeln muss.

Lothar Trolle dürfte durch sein Verfahren zu den wichtigsten zeitgenössischen Theaterneuerern gehören. Nicht nur, dass er eine völlig eigenständige Sprachlichkeit entwickelt hat. Vielmehr, und hierin liegt der grundlegende Kern seiner Stücke, wird der traditionelle Werkbegriff, der das Stück als abgeschlossenes Ganzes festlegt, als solcher infrage gestellt. Die Diskursauflösung ist so angelegt, dass auch die Werke untereinander montierbar sind und so ein variables Gesamtkunstwerk entsteht. Diese emanzipatorische Offenheit macht den Autor gegen jegliche Systematisierung resistent.

Axel Schalk

Werke: *Papa Mama*, Theaterst., UA Krefeld 1979; *Hammel und Bammel als Verkehrspolizisten*, Theaterst., UA Hdbg. 1980; *34 Sätze über eine Frau*, Theaterst., UA Gera 1985; *Weltuntergang Berlin*, Theaterst., UA Ost-Bln. 1987; *Die Stimme seines Herrn*, Theaterst., UA Ost-Bln. 1987 (*K.s Kasperlespiele 1*); *Bibelgeschichten*, Theaterst., UA Karl-Marx-Stadt 1989; *Ein Vormittag in der Freiheit oder Sie gestatten, Lehmann vorn mit l wie Lenin*, Theaterst., UA Magdeburg 1991; *Hermes in der Stadt*, Theaterst., UA Bln. 1992; *WSTAWATE, LIZZY, WSTAWATE oder MANEGE FREI FÜR EINE ÄLTERE DAME*, Theaterst., UA Ffm. 1993; *Annas zweite Erschaffung der Welt*, Theaterst., UA Graz 1995; *die baugrube*, Theaterst., UA Bln. 1996; *Die Heimarbeiterin*, Theaterst., UA Bln. 1997; *klassenkampf (svendborg 1938/39)*, Theaterst., UA Mü. 1998; *Sie zu dritt unter einem Apfelbaum*, Theaterst., UA Chemnitz 1999; *novemberszenen*, Theaterst., UA Bielefeld 2002; *Hermes in der Stadt*, Stücke, Bln. 1991; *Die 81 Min. des Fräulein A.*, Theaterst., gedr. in: »Theater der Zeit«, H. 6, 1995; *Nach dem Besuch eines Toten*, Texte, Bln. 1997; *novemberszenen*, Theaterst., gedr. in: »Theater der Zeit«, H. 6, 1999.

Tschinag, Galsan (eigentlich Irgit Schynykbajoglu Dschuruk-uwaa), wurde wahrscheinlich zur Jahreswende 1943/1944 in einem Nomadenzelt als Angehöriger der Tuwa-Minorität in der Mongolischen Sowjetrepublik geboren. Als Achtjähriger wurde er in die »Zehn-Jahres-Schule« in der nahen Provinzstadt gesteckt und 1962 von seinem Land zur Erlernung der deutschen Sprache nach Leipzig geschickt; die Ausbildung zum Germanisten erfolgte zuerst am Herder-Institut Leipzig und dann an der Universität Leipzig. 1968 kehrte er in die Mongolei zurück, arbeitete als Universitätsdozent in Ulan-Bator, später als Journalist und Redakteur einer Gewerkschaftszeitung, seit 1991 selbstständig als Dichter und Touristikunternehmer. Tschinag erhielt 1992 den Adelbert-von-Chamisso-Preis in München und 2001 den Heimito-von-Doderer-Preis für erzählende Prosa in Köln.

Der zähe, versponnene und ehrgeizige Viehhirtensohn wollte als kleiner Bub zunächst Schamane werden, begann auch die Ausbildung bei einer berühmten Schamanin seines Stammes, schwenkte dann aber, als der »wegweisende sowjetische Wille« (wie er selbst sarkastisch sagt) ihn in eine andere Art von Ausbildung zwang, in früher Begeisterung um auf das Ziel, ein Dichter wie Lermontov und Puschkin zu werden. Er wurde jedoch Sprachlehrer und Journalist, entschied sich schon Anfang der Siebzigerjahre, sein dichterisches Werk in deutscher Sprache zu schreiben, und hat seitdem in der Turksprache seines Stammes, der Tuwa, und in der Staatssprache Mongolisch weniger geschrieben als in jenem Deutsch, das er sich perfekt und eigenwillig zugleich angeeignet hat: »Meine Beziehung zur deutschen Sprache und noch mehr zum deutschen Geist ist eine ehrfürchtige«, sagt er, und die größten »Schamanen« sind für Tschinag Goethe und Beethoven – »gute Geister« in einem sehr konkreten Sinn, deren Bilder in seinem Arbeitszimmer in Ulan-Bator hängen.

Seine erste Veröffentlichung in deutscher Sprache war ein kurzer erzählender Text im Band 15 der Reihe »Die Zaubertruhe« in Berlin/DDR schon 1969: *Bisen der Hirtenjunge*. Es folgte als erstes Buch die Erzählung *Eine tuwinische Geschichte* (1981), aber erst seit dem Beginn der Neunzigerjahre gab es dann eine größere Anzahl von Veröffentlichungen in Schweizer und deutschen Verlagen.
Zentrales Thema aller Schriften Tschinags ist zwar das Schicksal eines Einzelnen (oder einer Einzelnen), das Leben oder ein Lebensabschnitt von Kindern, Jugendlichen, Männern und Frauen der tuwinischen Gesellschaft unterm Sowjetsystem oder in den letzten Jahren, aber immer werden dabei die Gesellschaft und der historische Hintergrund miterzählt. Seine Helden sind von der Stalinzeit bis heute Zeugen und Opfer eines Schwindel erregenden gesellschaftlich-zivilisatorischen Wandels; viele kommen bei den rasenden Veränderungen nicht mit, doch haben viele Menschen seines Stammes auch die Chance, sowohl aus der Enge der archaischen Stammeswelt herauszukommen als auch später aus der Enge des Sowjetsystems auszubrechen.
Das Nomadenkind Tschinag, für das die Welt noch ganz real mit Geistern aller Art erfüllt war, wurde der sowjetischen Schule und der technisch orientierten Aufklärung des 20. Jahrhunderts unterworfen und von der mythisch-schamanischen Welt und den Bräuchen seines Stammes getrennt, bei dem es z. B. noch nicht wichtig war, wann genau jemand geboren wurde – Tschinag selbst kennt sein exaktes Geburtsdatum nicht. Der Nomadenbub aus dem Rundzelt schreibt heute auf einem PC in deutscher und mongolischer Sprache und wuchs doch noch auf in einer Muttersprache (und spricht sie noch heute mit seiner Familie und mit seinen Stammesangehörigen), für die es keine Schrift gab und die wahrscheinlich demnächst überhaupt verschwinden wird, weil die Tuwa immer mehr zum Mongolischen überlaufen und damit ihr Schicksal als ethnische Gruppe wohl bald besiegelt sein wird – wie das vieler kleiner Ethnien im Zuge der Globalisierung. Angesichts dieser Situation, von der Tschinag in Interviews immer wieder schmerzerfüllt, aber stoisch spricht, hat er sich vorgenommen, von der Welt der Nomaden und der Mongolen und besonders von der Welt seines eigenen Stammes erzählerisch und lyrisch Zeugnis abzulegen in einer Sprache, die nicht ganz so schnell verschwinden wird. Vor allem in den drei großen autobiografischen Romanen *Der blaue Himmel* (1994), *Die graue Erde* (1999) und *Der weiße Berg (2000)* stellt er den Lesern noch einmal die Welt der Tuwa-Nomaden auf den Bergen und in den Weiten der mongolischen Landschaft des Altai vor Augen, das Leben mit den Tieren und den Jahreszeiten, den Umgang mit den Schamanen und den Sowjetbehörden, den brutalen Einbruch von viereckig und aus Beton gebauten Häusern und von Flugzeugen in eine Welt, die nur runde Zelte aus Holz und Stoff und als schnellstes Verkehrsmittel das Kamel oder das Pferd kannte.
Wir lesen im Grunde in allen Erzählungen und Romanen Galsan Tschinags ein großes Epos vom Untergang einer Kultur, die nicht mehr zu retten ist. Dichterisch aber besteht das Wunder der Bücher Galsan Tschinags darin, dass zwar ein melancholischer Schatten über seinen Erzählungen liegt, er aber alle Nostalgie und Sentimentalität vermeidet. Dies hat wahrscheinlich auch mit seinem schamanisch-stoischen Vertrauen darauf zu tun, dass die Weltseele nicht nur unsere irdische Existenz beseelt, sondern vielleicht noch ganz andere Schöpfungen hervorbringen kann. Der deutschen Sprache gewinnt er gerade dadurch, dass er sie vor dem Hintergrund ganz anderer literarischer Sprachen und Sprechweisen – schamanischer Gesänge, Gedichte, Verserzählungen – gebraucht, leise fremdartige neue Rhythmen, einen ungewöhnlichen Satzbau und verblüffende, aber nie zur Manier werdende Wortneubildungen ab. Auch sorgsam ironisch gewählte Wendungen und hinterhältig eingesetzte Zitate aus der einstigen Funktionärssprache bzw. vor allem dem Funktionärsdeutsch der Sowjetepoche, ja sogar kalkuliert-gestelzte Unsicherheiten machen Tschinags Erzählsprache auf eine schwebende Art lebendig, und dabei scheint auch ein ganz anderes Zeitmaß des Lebens und Erzählens durch: Es wird nicht unter Zeitdruck erzählt, und der Erzähler hat oft auf eine meditative Weise mehr Zeit als die Gestalten, von denen (und von deren Innerem) er berichtet.
Galsan Tschinag hat 1995, kraft seiner Funktion als Stammesoberhaupt und einem alten Traum der Tuwa folgend, die verstreuten, weil in der Stalinzeit zur Umsiedlung gezwungenen Angehörigen seines Stammes gesammelt und in einer Karawane mit über 300 Pferden und Kamelen und unendlich viel Vieh in die alten Weidegründe im Hochaltai zurückgeführt. Er berichtet davon in *Die Karawane* (1997). Er selbst verbringt inzwischen einen Teil des Jahres bei seinem Stamm, einen Teil in Ulan-Bator und nicht zuletzt auf Lesereisen in Deutschland und der Schweiz und lebt damit das Paradox eines Autors aus einer schriftlosen, fast prähistorischen

Gesellschaft, der um die Jahrtausendwende mit dem Jet zwischen seinen Lebens- und Wirkungsstätten sich bewegt und von atemberaubenden Umbrüchen in seinem Leben und im Leben und Land seines Stammes zu erzählen hat – und das tut er wundersamerweise in einem Deutsch, welches die deutschen Ausdrucksmöglichkeiten enorm bereichert, gerade weil es Dinge ausdrücken muss, die in deutscher Sprache noch nie gesagt worden sind. Tschinags vorläufiges Fazit seiner Dichterexistenz lautet: »Ich muss der Schwanengesang eines Volkes sein, das nun bald aus der Geschichte gehen wird.«

Jörg Drews

Werke: *Eine tuwinische Geschichte*, Prosa, Ost-Bln. 1981, erg. Neuauflage Mü. 1995; *Sengijn Erdene: Herdenstaub*, Übs., Ulan-Bator o.J. (1985); *Ajangat zagijntuudsh (Geschichte einer gewittrigen Zeit)*, E., Ulan-Bator 1986; *Sonnenrote Orakelsteine. Schamanengesänge*, Frauenfeld 1991; *Am'dralyn gerel süüder (Licht und Schatten des Lebens)*, En., Ulan-Bator 1991; *Arvan saryn tenget door (Unter dem Oktoberhimmel)*, En., Ulan-Bator 1991; *Der siebzehnte Tag. Zwei Erzählungen*, Lpz. 1992; *Das Ende des Liedes*, Pr., Mü. 1993; *Der blaue Himmel*, R., Ffm. 1994; *Alle Pfade um deine Jurte*, G., Frauenfeld 1995; *Zwanzig und ein Tag*, R., Ffm. 1995; *Nimmer werd ich dich zähmen können*, G., Frauenfeld 1996; *Die Karawane*, E., Mü. 1997; *Im Land der zornigen Winde. Geschichte und Geschichten der Tuwa-Nomaden aus der Mongolei*, zus. m. Amélie Schenk, Frauenfeld 1997; *Der Wolf und die Hündin*, E., Frauenfeld 1999; *Die graue Erde*, R., Ffm. 1999; *Der weiße Berg*, R., Ffm., Lpz. 2000; *Dojnaa*, E., Mü. 2001; *Tau und Gras*, Pr., Zür. 2000.

Tuckermann, Anja, wurde am 24. 11. 1961 in Selb geboren und wuchs in Berlin auf. Sie war 1980 Mitbegründerin des »Mädchenladens Spandau«. Dort gab sie bis 1991 mit einer Gruppe von 14- bis 18-jährigen Mädchen die Zeitschrift »Tigermädchen – Geschichten und Gedichte von Mädchen« heraus. Ab 1988 arbeitete sie als Redakteurin beim Kinderfunk des Senders RIAS-Berlin (bis 1991, bis 1997 freiberuflich) und leitet seit 1993 Schreibwerkstätten für Kinder, Jugendliche und Erwachsene am Staatstheater Stuttgart, in Istanbul und an Schulen in Berlin. Zusammen mit Brigitte Struzyk war sie Initiatorin der Reihe »Texten auf der Spur – Scheherazade nach dem Golfkrieg« in der literaturWERKstatt Berlin/Pankow, eine Lesereihe mit 37 Autorinnen aus verschiedenen Ländern. Seit 1993 arbeitet sie mit den bildenden Künstlern Samuel Rachl und Jack Sal und den Komponisten Ray Kaczynski, Sidney Corbett, Lutz Glandien, Michael Beil, Flori Reifenberg zusammen. 1998/99 war sie Stadtschreiberin im Berliner Bezirk Hellersdorf, 2000/2001 von Ranis in Thüringen, 2001 Burgschreiberin von Beeskow. Ausgezeichnet wurde sie u.a. 1987 mit dem Alfred-Döblin-Stipendium, 1992 mit dem Kurt-Magnus-Preis der ARD, 1995 mit dem »Roten Tuch«, dem Jugendmedienpreis der Berliner SPD, 1997 mit dem Gebrüder-Grimm-Preis Berlin und 2000 mit dem Hans-im-Glück-Preis.

Der Berliner Rechtsanwaltsgehilfin Rinka, Hauptfigur von Anja Tuckermanns Erzähldebüt *Mooskopf* (1988), geschieht etwas, »was sonst nur den anderen passiert«: Sie wird Opfer einer Vergewaltigung. Auf einem Wochenendausflug in eine fremde Stadt unterwegs, lässt sie sich von einem unbekannten Mann unter Vorwänden in dessen Wohnung locken, wo dieser über sie herfällt. Daraufhin registriert Rinka ihre Außenwelt fast ausschließlich als permanente Bedrohung, überall lauert scheinbar Gefahr: »Alle Männer haben eine Waffe in der Hose, und ihre Augen sind Messer, jeder Blick ein Schneiden in Rinkas Wunde.« Rinka zieht sich verstört zurück, vergräbt sich anfangs, »lebt wie auf einem Seil«, von dem sie nicht weiß, »wie sie wieder runterkommen kann«. Mit ziellosem Aktionismus verdrängt sie den Vorfall genauso wie den Umstand, dass sie anfangs keinen geeigneten Weg findet, ihre Ängste, ihre psychischen Verletzungen und Hemmungen mitzuteilen. Sie macht die Erfahrung, dass die Gesellschaft trotz all der statistisch nachgewiesenen Häufigkeit dieser Gewalttaten gegenüber Frauen verschämt und hilflos wegsieht. Aber Rinka kämpft »bis aufs Blut«, entwirft Taktiken, übt eine neue Unangreifbarkeit, setzt sich bewusst Gefahrensituationen aus, wird äußerlich stabiler und selbstbewusster. Verständnisvolle Freunde unterstützen sie. »Rinka saugt ihnen die Kraft aus.« Trotzdem akzeptiert sie sich nicht, fühlt sich zerrissen, als halber Mensch, empfindet »eine Leere zwischen sich und ihrem Körper«, der »nur ein warmer Gegenstand ist, der nicht zu ihr gehört«. Erst als sie sich in ein Waldstück zurückzieht und in der Einsamkeit den eigenen Körper entdeckt und ihn dadurch zu mögen beginnt, hebt sie diese Trennung auf, ist sie zuversichtlich, sich aus eigener Kraft heilen zu können. Der Prosatext überzeugt durch die vielen Perspektiven, mit der hier ein gesellschaftlich weitgehend tabuisiertes Problem literarisch bearbeitet wird, durch eine direkte, kompromisslose und sehr variable Sprache und durch die einfühlsame Zeichnung einer Protagonistin, »die kein aufgescheuchtes Reh mehr sein will, das stolpernd flieht«.

Anja Tuckermanns erstes Kinderbuch *Muscha* (1994) erzählt die Kindheit eines deutschen Sinto während des Nationalsozialismus und beruht auf den Erlebnissen von Josef »Muscha« Müller, den die Autorin in Berlin traf, eine »zeitlose Geschichte von Verrat und Treue, Schwäche und Stärke, erzählt in einer einfachen, klaren und schönen Sprache« (»Tagesspiegel«). Das Jugendtheaterstück *Asra – die von gegenüber* (1996) führt in die Alltagswelt eines bosnischen Flüchtlingsmädchens, das mit seinen Eltern im Asylantenheim wohnt und sich mit den Vorurteilen deutscher Kinder konfrontiert sieht. *Ein Buch für Yunus* (1997) ist gleichsam das literarische Dokument einer ethnischen Patchworkfamilie, denn der kleine Berliner Yunus schreibt ein Buch über die türkischen Eltern seines Vaters, seinen amerikanischen Stiefvater, über die deutsche Großmutter und deren italienischen Ehemann.

Die allgegenwärtige Last der Geschichte und die Probleme, das Andersartige, Fremde zu akzeptieren, ohne sich dabei selbst zu verlieren, sind Tuckermanns Themen. Auch im Roman *Die Haut retten* (2000) empfindet die deutsche Journalistin Karla diese »Last, jeden Tag an ihre Nationalität erinnert zu werden. Sie wollte nichts davon wissen. Sie wollte jeden Tag geküsst werden.« Sie liebt den amerikanisch-jüdischen Musiker Joschi, und doch wird ihre Beziehung – gleichsam in der dritten Generation – von Fragen, Vorurteilen, Ressentiments überschattet. Am Ende entsteht der Überdruss einer »verwarteten Zeit«, die alle Sehnsucht tötet.

Thomas Kraft

Werke: *Gil Tucker: Teer und Tempel. Gedichte und Texte aus Jamaica*, Übs., Zür. 1980; *... sie ist ein bißchen zu frech geraten – Sieben Mädchen erzählen*, Hg., Ffm. 1987; *Mooskopf*, E., Darmst. 1988, Neuaufl. u. d. T. *Nicht sprechen, nicht schweigen, nicht gehen, nicht bleiben*, Jugendb., Ravensburg 2000; *In die Flucht geschlagen – Geschichten aus dem bundesdeutschen Asyl*, Hg., Ffm. 1989; *Splitter*, Hörstück, zus. m. Stephan Froleyks u. aller hand, UA Stg. 1993; *Muscha*, R., Mü. 1994; *U 7*, Hörstück, zus. m. Lutz Glandien, UA Potsdam 1995; *Asra – die von gegenüber*, Theaterst., UA Bln. 1996; *Ein Buch für Yunus*, Mü. 1997; *Komm, wir knutschen*, Theaterst., UA Bln. 1998; *Bomben für die Zukunft – Der Professor im Wald*, Hörstück, zus. m. Raymond Kaczynski, UA Bln. 1998; *David Tage, Mona Nächte*, Kinderb., zus. m. Andreas Steinhövel, Hbg. 1999; *Horror oder Heimat? Jugendliche in Berlin-Hellersdorf. Gesprächsprotokolle*, Bad Tölz 1999; *Angst im Kopf*, Theaterst., zus. m. Guntram Weber, UA Oldenburg 1999; *Die Haut retten*, R., Zür., Mü. 2000; *Suche Oma!*, Kinderb., m. Illustr. v. Jacky Gleich, Ravensburg 2001; *Ganz große Pause*, Theaterst., UA Bln. 2001; *Fräulein Moxa*, m. Illustr. v. Samuel Rachl, Jena 2002; *Electric Chair*, Musik v. Sidney Corbett, zus. m. Ensemble Wire Wings, UA Münster 2002; *X & Y*, Kammeroper v. Sidney Corbett, UA Stg. 2002.

Tumler, Franz, wurde am 16. 1. 1912 als Sohn eines Gymnasiallehrers und Sprachforschers in Gries bei Bozen geboren. Da der Vater schon 1913 starb, zog die Mutter, die aus Wien stammte, mit dem Sohn wieder nach Österreich, wo Tumler seine Kindheit und Jugend in Linz an der Donau verbrachte. 1930 schloss er seine Lehrerausbildung ab und war als Volksschullehrer tätig. Nach dem Erfolg seiner ersten Erzählung *Das Tal von Lausa und Duron* zog er sich 1935 zunächst teilweise, 1938 ganz aus dem Schuldienst zurück. 1941 meldete er sich freiwillig zum Kriegsdienst, obwohl er als »hervorragender Kulturschaffender« eigentlich unabkömmlich gestellt war. Seit 1950 hielt er sich immer häufiger in Berlin auf, wo er insbesondere zu Gottfried Benn engen Kontakt pflegte. 1954 übersiedelte er dauerhaft nach West-Berlin und war dort 1967/68 Direktor, von 1968 bis 1970 Stellvertretender Direktor in der Abteilung Literatur der Akademie der Künste. Eine schwere Erkrankung Mitte der Siebzigerjahre machte es ihm nicht mehr möglich, größere Prosa zu schreiben. Er beschränkte sich fortan auf Lyrik, zuletzt publizierte er 1989 einen Band Gedichte. Am 20. 10. 1998 ist er in Berlin gestorben. Zu den wichtigsten Auszeichnungen, die er erhielt, zählen 1940 der Preis der Reichshauptstadt Berlin, 1942 der Preis für junge Autoren, 1956 der Charles-Veillon-Preis, 1967 der Literaturpreis der Bayrischen Akademie der Künste, 1971 der Adalbert-Stifter-Preis, 1972 das Österreichische Ehrenkreuz für Literatur und Kunst I. Klasse, 1982 der Andreas-Gryphius-Preis und 1985 der Walther-von-der-Vogelweide-Preis.

Franz Tumler gehört zu den herausragenden Vertretern der literarischen Moderne in der deutschsprachigen Literatur der Nachkriegszeit. In seinen Romanen und Erzählungen *Der Mantel* (1959), *Nachprüfung eines Abschieds* (1961), *Aufschreibung aus Trient* (1965) sowie *Pia Faller* (1973) und in der Prosaarbeit *Volterra* samt dem zugehörigen poetologischen Text *Wie entsteht Prosa* (beide 1962) unterzieht er die überkommenen Formen des Erzählens einer grundlegenden Nachprüfung und entfaltet daraus Prosaformen, die das Ungenügen der Sprache an der Wirklichkeit erfahrbar werden lassen. Bemerkenswert ist diese Entwicklung Tumlers vor allem auch wegen seiner Vergangenheit in der Zeit des Nationalsozialismus, in der er eine erste literarische Karriere absolviert hatte. Seine erste Erzählung *Das Tal von Lausa und Duron* (1935) erschließt sich dem heutigen Leser nicht unmittelbar in ihrer ideologischen Verwertbarkeit: Erzählt wird die Geschichte eines ladinischen Geschwisterpaares aus einem abgelegenen Dolomitental und der Untergang einer Minderheit – ganz und gar unheroisch und ohne jede völkische Zukunftsperspektive. Eher schon der 1937 erschienene Roman *Der Ausführende* gestattete der linientreuen Literaturkritik, Tumler zur neuen Hoffnung der »Dichtung der Ostmark« zu stilisieren – eine Deutung, die den tragischen Antagonismen, denen Tumler seine Figuren aussetzt, allerdings nicht wirklich gerecht wird. Aber Tumler hat sich dieser Etikettierung nicht widersetzt, er war Mitglied im nationalsozialistisch gelenkten »Bund der deutschen Schriftsteller Österreichs«, später der SA und der NSDAP, und 1940 formulierte er in seinem Aufsatz *Österreich ist ein Teil des Deutschen Reiches* eine grundlegende Rechtfertigung der großdeutschen Idee. Zwischen 1935 und 1944 war Tumler, wie Klaus Amann vermutet, mit zehn Büchern und einer Gesamtauflage von fast 300 000 Exemplaren »wahrscheinlich der erfolgreichste österreichische Autor seiner Generation im Dritten Reich«.

Das Besondere an Tumlers Bewältigung seiner Verstrickungen in die nationalsozialistische Kulturpolitik besteht nicht so sehr in der inhaltlichen Aufarbeitung der historischen Schuld (wiewohl er auch dies in seinem Aufsatz *Jahrgang 1912* in einer für seine Generation leider fast solitären Weise leistete) als vielmehr in der konsequenten Entwicklung seines Erzählens, das sich zunehmend auf die Frage konzentriert, wieweit es überhaupt noch möglich ist, in einem Jahrhundert der Lüge eine Sprache für die Wahrheit zu finden. In dem noch recht konventionell gehaltenen Roman *Ein Schloß in Österreich* (1953) klingt dies schon programmatisch an: »Es sieht nach Roman aus, aber für Romane ist es zu spät geworden in diesem Jahrhundert. Die hochmögende Dame Welt, die dazu nötig ist, hat es ja, allen Zeugnissen nach, einmal wirklich gegeben …« Die Geschichte einer Gruppe von Menschen, die sich zwischen 1939 und 1949 in einem alten Schloss miteinander und mit den wechselnden Zeitläuften zu arrangieren suchen, zeigt, ausgebreitet auf über 500 Seiten, starke Parallelen zu Landsleuten wie Herrmann Broch oder Albert Paris Gütersloh. Inhaltlich vertiefter findet sich das Zentralmotiv der Tumlerschen Prosa dann in *Der Schritt hinüber* (1956): An der Grenze der russisch besetzten Zone Österreichs gerät die junge Susanna Jorhan in ein kompliziertes Beziehungsgeflecht zwischen vier Männern, das sie nur durch Betrug aufrechterhalten kann und in dem sie zunehmend sich selbst und den Glauben an eine übergreifende Wahrheit verliert. Für jeden ist sie eine andere – und keinem gegenüber kann sie als die, die sie ist und sein will, auftreten.

Die Realität als bloße Projektion der Subjekte gewinnt meisterhaft Gestalt in *Der Mantel* (1959). Die Geschichte eines Mannes, dem dieses Kleidungsstück abhanden kommt und der auf eigentümliche Weise in immer neuen Varianten erklärt, warum er es nicht wieder in seinen Besitz bringen konnte, gilt als gelungenstes Muster des »nouveau roman« in Deutschland. Die Windungen des Berichts, in dem der Eigentümer seinen Verlust erläutert, können als programmatische Manifestationen eines Autors gelesen werden, der weder der Realität der ihm vorgegebenen Gegenstände noch einer ihr adäquaten Weise des Erzählens noch zu trauen bereit ist.

Nachprüfung eines Abschieds (1961) führt dieses Thema weiter: Wie im *Schritt hinüber* sind hier die Lüge, der Betrug die einzigen Konstanten im Menschenleben. Nicht aus einem moralischen Defekt heraus, sondern weil er keiner Wirklichkeit mehr vertraut, verstrickt sich der Erzähler einer Frau gegenüber immer tiefer in die Unwahrheit – bis er immerhin begreift, dass sein Alleinsein in der Welt allein der Lüge geschuldet ist.

»Aber erst jetzt, wo ich nichts mehr sehe, und es dir nur erzähle und aufschreibe, weiß ich, was es war.« In seiner wunderbaren Prosaskizze *Volterra* (1962) findet Tumler gerade in der Unmöglichkeit der Beschreibung von Wirklichkeit die Legitimation von Literatur. Es ist ein umkreisendes Erzählen, fast ein Aufzählen der Dinge, in dem der moderne Autor eine neue Poetologie entfalten kann. Erst im sprachlichen Vollzug der Beschreibung selbst findet er die Antwort auf »diese kleine, unhandliche Frage nach etwas, das wirklich war«, wie es Tumler in dem aufschlussreichen Werkstattbericht *Volterra. Wie entsteht Prosa?* formuliert.

Im Roman *Aufschreibung aus Trient* (1965) erreicht das Prosaschaffen Tumlers einen Höhepunkt. Es gelingt ihm hier, die theoretischen Überlegungen, von denen seine Arbeit spätestens seit dem *Schritt hinüber* geprägt war, inhaltlich mit einem Stoff zu verbinden, der ihn seit seinen Anfängen beschäftigt hat. Das Schicksal Südtirols, die gerade in den Sechzigerjahren kulminierende Unversöhnlichkeit zwischen Italienern und Tirolern, erweist sich als geradezu prädestiniert für einen Erzähler, dessen Poetologie bestimmt ist von der Unbestimmtheit, vom Zweifel an allem, was Menschen glauben und sagen, und auch von dem, was ein Text an Wahrheit zu transportieren weiß. Spätestens hier wird die Verwandtschaft Tumlers zu einem Jüngeren, zu Uwe Johnson erkennbar, dessen *Mutmaßungen über Jakob* und *Das dritte Buch über Achim* von ganz ähnlichen Zweifeln an der Verbindlichkeit einer beschreibbaren Außenwelt diktiert sind.

Ein Mann und eine Frau, durch einen Autounfall in Trient festgehalten, wo gerade sowohl italienischen Carabinieri als auch Südtiroler Bombenlegern der Prozess gemacht wird, geraten in den historischen Sog dieser Grenzregion – einerseits durch die Herkunft des Erzählers, wie Tumler gebürtiger Südtiroler, andererseits durch die Konfrontation mit der Geschichte Cesare Battistis, des italienischen Märtyrers des Trentino. In den für Tumler typischen kreisenden Bewegungen, in vielfältigen Perspektivwechseln, Rückblicken und Assoziationsstrecken erfährt der Ich-Erzähler in neuer Weise die lange schon gelöst geglaubten Bindungen an seine Heimat – zugleich bezieht er den Leser durch die Vielschichtigkeit der geschichtlichen und personalen Bezüge in einen ideologiefreien Dialog über eine prekäre politische Konstellation mit ein. Hier findet Tumlers unbedingter Wille zur Genauigkeit der Darstellung und zur Wahrhaftigkeit im zwischenmenschlichen und gesellschaftlichen Umgang zu einer überzeugenden Synthese – das Ziel einer langen literarischen Emanzipation.

Wie aus dem Erzählen allein eine Welt neu gewonnen werden kann, beweist er in seinem letzten Roman *Pia Faller* (1973), in dem er anhand einer beiläufigen Figur aus der eigenen Kindheit eine staunenswerte Engführung von Gegenwärtigem und Vergangenem leistet. Allein im Medium der Sprache, die den Bildern Leben einhaucht, erfährt das so lange in Zweifel gezogene Erzählen neue, ungeahnte Möglichkeiten. Eine »Wiederholung in Wörtern« hat er selbst dieses Verfahren des Befragens der Erinnerung genannt, als Autor »vom Schweigen redend«, wie es Peter Härtling ausdrückte.

Es wundert nicht, dass dieser Dichter, der auch in seiner Prosa zunehmend zu einer lyrischen Rhapsodik fand, kurz zuvor noch ein langes Gedicht von über 70 Buchseiten der Landschaft und dem Strom seiner Kindheit und Jugend gewidmet hatte. Über die *Sätze von der Donau* (1972) hat Jean Améry eine der schönsten und treffendsten Würdigungen der Sprachkunst Tumlers ausgesprochen: »... dass es meisterliche, wenn auch selbstgenügsame Sätze sind, dass die Bilder leuchten, die Töne klingen, die Rhythmen uns mitnehmen«. Und hier hat Tumler auch, kurz vor seinem letzten Roman, eine prägnante Formel für das Dilemma gefunden, dem er sich in seinem Werk mit zunehmender Meisterschaft gestellt hatte: »Sätze für etwas, das ohne Sätze geschieht / und nichts ist ohne diese Wahrnehmung in Sätzen ...«

Uwe Heldt

Werke: *Das Tal von Lausa und Duron*, E., Mü. 1935; *Die Wanderung zum Strom*, En. u. G., Mü. 1937; *Der Ausführende*, R., Mü. 1937; *Der Soldateneid*, E., Mü. 1939; *Im Jahre 38*, En., Mü. 1939; *Österreich ist ein Land des Deutschen Reiches*, Ess., Bln. 1940; *Der erste Tag*, E., Mü. 1940; *Anruf*, G., Mü. 1941; *Auf der Flucht*, E., Wien 1943; *Ländliche Erzählungen*, Graz 1944; *Einmal war etwas Gutes geschehen*, Hameln 1947; *Liebes-Lobpreisung*, G.-Zyklus, Hameln 1947; *An der Waage. Aufzeichnungen aus dem Lagerhaus*, E., Linz 1947; *Landschaften des Heimgekehrten*, Pr., Wien 1948, u. d. T. *Neuer Blick auf die Erde*, Hameln 1949; *Der alte Herr Lorenz*, R., Salzb. 1949; *Heimfahrt*, R., Salzb. 1950; *Ein Schloß in Österreich*, R., Mü. 1953; *Das Hochzeitsbild*, E., Salzb. 1953; *Berlin – Geist und Gesicht*, Mü. 1953; *Der Schritt hinüber*, R., Ffm. 1956; *Der Gardasee*, Mü. 1958; *Der Mantel*, E., Ffm. 1959; *Nachprüfung eines Abschieds*, E., Ffm. 1961; *Volterra. Wie entsteht Prosa?*, Ffm. 1962; *Stimmen einer Stadt*, Funk-Ess. über Berlin, 1963; *Aufschreibung aus Trient*, R., Ffm. 1965; *Jahrgang 1912*, Ess., 1967, in: J. Karsten (Hg.): *Jahr und Jahrgang 1912*, Hbg. 1967; *Welche Sprache ich lernte*, Bln. 1970; *Über die Akademie der Künste*, Bln. 1971; *Das Land Südtirol. Menschen, Landschaft, Geschichte*, Mü. 1971; *Sätze von der Donau*, Mü. 1972; *Ein Landarzt*, E., Zür. 1972; *Pia Faller*, E., Mü. 1973; *Landschaften und Erzählungen*, Mü. 1974; *Das Zerteilen der Zeit*, G., Innsbr. 1989; *Die Keksfresser. An der Waage*, Weitra 1990.

Turrini, Peter, wurde am 26. 9. 1944 in St. Margarethen im Lavanttal, Kärnten, geboren. »Mein Vater«, berichtet er, »war ein italienischer Kunsttischler, den es in den Dreißigerjahren nach Kärnten verschlagen hatte. Seine Sprache, dieses Gemisch von Kärntnerisch und Italienisch, seine ganze Art, passte nicht in die bäuerliche Umgebung. Er galt als fleißiger Italiener, eine Ausnahme, die man sich gefallen ließ; bis an den Stammtisch der eingesessenen Bauern im Gasthaus schaffte er es allerdings nie. Meine Mutter erzählte uns Buben vor dem Einschlafen Geschichten, denen eines gemeinsam war: In ihnen herrschte Gerechtigkeit. Mein erster Versuch, die Zuneigung meiner Spielkameraden durch das Erzählen von Geschichten zu erlangen, schlug fehl.« Turrini besuchte die Volksschule Maria Saal, 1954 wechselte er auf die Hauptschule in Klagenfurt. Von 1958 bis 1963 machte er eine Ausbildung an der Handelsakademie in Klagenfurt. Erste literarische Versuche entstanden. »Die Handelsakademie war eine Ausbildungsstätte für kommerzielle Fachidioten, ein Teil der Lehrer waren alte Nazis. In dieser Mischung aus Schulstress, Einsamkeit und Sexualnot begann ich, wie ein Wilder zu lesen, alles, was ich zwischen die Finger bekam. Das Verschlingen von Büchern kapselte mich zumindest für Stunden von einer Welt ab, die ich nicht mehr verstand« (Turrini). Turrini lernte den Komponisten Gerhard Lampersberg und seine Frau Maja kennen. In deren Haus in Maria Saal begegnete er unter anderem Thomas Bernhard, H. C. Artmann und Peter Handke. »Der Tonhof, so hieß das Haus der Lampersbergs, war mein zweites Zuhause«, erzählt Turrini. »Es war ein Ort der Sicherheit gegenüber dem Dorf. Dort ein- und auszugehen oder für eine Zeit dort zu wohnen, hieß aber auch, sich gegen das Dorf zu entscheiden. Der Tonhof war ein Ort der Form und der Anarchie zugleich.« Erste Theaterbesuche im Stadttheater Klagenfurt folgten. »Ich habe das bestehende Theater frühzeitig zu verabscheuen gelernt, es hat in mir die Sehnsucht nach einem völlig anderen Theater genährt.«

Turrini erwog, Priester zu werden, und ging gleichzeitig zum Boxtraining in Klagenfurt, das er nach einem halben Jahr wieder abbrach. Nach der Matura in Klagenfurt verließ Turrini 1963 sein Elternhaus und begann seinen Wehrdienst in Wien. 1964 arbeitete er am Hochofen in Linz und als Magazineur bei »Huber Trikot«. Er bewarb sich am Max-Reinhardt-Seminar in Wien für ein Schauspielstudium. 1965 war er Vertreter bei Olivetti in Wien, dann absolvierte er eine Ausbildung zum Werbetexter in Frankfurt am Main. Er erhielt eine Anstellung in einer amerikanischen Werbeagentur in Wien. 1968 arbeitete er als Barkeeper und Hoteldirektor in Bibione, Italien, dann als Hilfsarbeiter in einer Bimssteinfabrik in Neuwied, Deutschland. 1970 reichte Turrini sein Theaterstück *Rozznjogd* am Schauspielhaus Zürich ein; es wurde abgelehnt, aber 1971 am Volkstheater Wien uraufgeführt. Die Inszenierung rief einen Skandal hervor: Von einer Schändung des Theaters, vom möglichen Untergang des Abendlandes war die Rede. »Meine Figuren leiden keineswegs an einem Mangel an Sprache. Sie leiden an einem Mangel an Identität. Das ganze Stück ist ein wüster Exkurs über das Eigene und das Fremde. Meine beiden Personen ersticken im Fremden« (Turrini). Mit *Erlebnisse in der Mundhöhle* erschien 1972 im Rowohlt-Verlag Turrinis erster Roman. Die Theaterstücke *Sauschlachten* und *Der tollste Tag* (nach Beaumarchais), *Kindsmord* und *Die Wirtin* (nach Goldoni) folgten: »Sauschlachten ist eine Parabel. Es erzählt die Geschichte eines Außenseiters bis zu seiner konsequenten Vernichtung. Ich habe für diese Geschichte die Form des Volksstückes gewählt, um das Publikum dort zu treffen, wo ich es vermute: in seiner Bereitschaft zur Unterhaltung.«

Turrini trat 1973 aus dem österreichischen P.E.N.-Klub aus. 1974 begann mit der sechsteiligen Serie *Alpensaga* seine langjährige Zusammenarbeit mit Dieter Berner und Wilhelm Pevny als Fernsehfilmautor, für die er mehrere internationale Preise erhielt: »Nach sechs Jahren Arbeit an der Alpensaga, nach kirchlichen Drehverboten, Verleumdungen des Bauernbundes und des Kameradschaftsbundes, nach vielen Gesprächen mit Menschen am Lande und mit Historikern, nach sechs Filmen, die Dieter Berner aus unseren Drehbüchern gemacht hat, habe ich das Gefühl, dass ich auf der Suche nach Heimat ein Stück weiter bin, meiner Heimat näher bin. Nicht den vermittelten Heimatbildern meiner Jugend, sondern der Wirklichkeit und damit auch der Chance, sie zu verändern.«

Die Gedichtsammlung *Ein paar Schritte zurück*, Reflexion eines Klinikaufenthalts, erschien 1980. Turrinis Zwei-Personen-Stück *Josef und Maria*, 1981 in Graz uraufgeführt, wurde in 20 Sprachen übersetzt, Turrini unternahm Lesereisen, unter anderem in die USA (zusammen mit Helmut Qualtinger und H. C. Artmann), in die Sowjetunion und nach Israel.

Bei der Verleihung des Gerhart-Hauptmann-Preises 1981 in der Freien Volksbühne Berlin sagte er: »Vielleicht bin ich ein Idiot, der die Dinge viel zu einfach sieht, wo sie doch in Wirklichkeit viel komplizierter sind. Ich bestehe auf dieser Art von Idiotie, ich sehe nicht die ›Dinge‹, ich sehe die Menschen. Ich lasse mir die menschliche Existenz nicht als eine unterschieben, in der die Frage nach dem Glück, die revolutionärste, die es überhaupt gibt, nicht mehr gestellt werden kann.« Am Volkstheater Wien wurden 1982 seine Theaterstücke *Die Bürger* und *Campiello* (nach Goldoni) uraufgeführt. Bei *Die Bürger* forderte die Presse ein Aufführungsverbot, weil angeblich »Personen des öffentlichen Lebens diffamiert« würden.

Gemeinsam mit Rudi Palla und Dieter Berner begann 1983 die Arbeit an der Fernsehserie *Arbeitersaga*. Anhaltende Auseinandersetzungen mit dem ORF führten dazu, dass von sechs geplanten Folgen nur vier produziert wurden. Das Drehbuch für den Kinofilm *Jugend* wurde 1985 unter dem Titel *Atemnot* von Käthe Kratz verfilmt. Turrini, der seit 1971 als freier Schriftsteller lebt, zog von Wien nach Retz (Weinviertel), in ein altes Haus, in dem einst der berühmt-berüchtigte französische Polizeiminister Joseph Fouché zwei Jahre seiner Verbannung zugebracht hatte. 1986 war er Mitinitiator einer Flugblattaktion gegen die Wahl Kurt Waldheims zum österreichischen Bundespräsidenten. Am 26. 4. 1995 hielt er auf dem Wiener Heldenplatz beim »Fest der Freiheit« zur 50-Jahr-Feier der Zweiten Österreichischen Republik vor 50000 Menschen eine Rede unter dem Titel *Liebe Mörder*. Darin äußerte er sich zu den Morden an den Roma im burgenländischen Oberwart.

1988 wurden *Die Minderleister* am Akademietheater Wien uraufgeführt, es begann die Zusammenarbeit mit der Direktion Peymann. Es folgten am Burgtheater die Theaterstücke *Tod und Teufel* (1990) und *Alpenglühen* (1993). In diesen beiden Stücken treibt Turrini seine dramatische Methode in extreme Richtungen: bei *Tod und Teufel* in die mysterienspielhafte, grelle Kolportage, bei *Alpenglühen* in das totale Verwirrspiel von Sein und Schein. In seinem Theaterstück *Die Schlacht um Wien*, 1995 am Burgtheater uraufgeführt, thematisiert und kritisiert Turrini eine gesellschaftliche Entwicklung, die den Krieg zwischen Menschen als normal akzeptiert: »Am Ende dieses Jahrtausends wird die zivilisatorische Schicht immer dünner, der Lack springt ab. Zum Vorschein kommen Bodenlosigkeit und Mordlust. Auch wenn die Menschen sich auf irgendeinen neuen Boden stellen und ihn zum neuen Staatsgebiet erklären, hilft ihnen das gar nichts. Sie selbst sind die Hölle, nicht der jeweils andere.« Sein Theaterstück *Endlich Schluß*, ein existenzieller Monolog, wurde 1997 in Wien uraufgeführt, ein Geschenk an Claus Peymann zu dessen 60. Geburtstag.

1998 erschien die Novelle *Die Verhaftung des Johann Nepomuk Nestroy*, zwei Jahre später von Dieter Berner verfilmt, die, wie nun alle folgenden Werke Turrinis, das Leben auf die komischste Weise als permanente Tragödie beschreibt. *Die Liebe in Madagaskar*, für Kirsten Dene und Otto Schenk geschrieben, wurde in Wien uraufgeführt: »Ich glaube nur noch an das Spielerische, an das Fiktive. Wenn alles gelogen ist, wird es wieder glaubhaft. Ich sehne mich nach einem Theater, welches nichts mit der Wirklichkeit zu tun hat – und doch den Blick auf sie freigibt.« Turrini inszenierte 1999 *Josef und Maria* am Theater in der Josefstadt in einer Neufassung, die die politischen Veränderungen seit 1989 reflektiert.

Mit *Der Riese vom Steinfeld* schrieb Turrini sein erstes Opernlibretto. Die Uraufführung mit der Musik von Friedrich Cerha fand 2002 an der Wiener Staatsoper statt. »Als Halbitaliener war es mir nicht nur eine Freude, sondern geradezu ein absolutes Muss, ein Libretto zu schreiben, sozusagen auf den Spuren Lorenzo da Pontes. Außerdem geraten die österreichischen Tragödien meistens zu einer Oper.«

Am 23. 5. 2000, neun Jahre nachdem Turrini sich in Österreich an einem Aufruf zur Wehrdiensttotalverweigerung beteiligt hatte, wurde er im Landgericht Wien von dem Vorwurf freigesprochen, »in einem Druckwerk zu mit Strafe bedrohten Handlungen aufgefordert zu haben«. Wenige Stunden später erhielt er in Graz den Peter-Rosegger-Literaturpreis des Landes Steiermark: »Ein insistierender Dichter, ein unbestechlicher Chronist und obendrein ein das befreiende Gelächter provozierender Komödiant – leibhaftig in einer Person, als Gegenerscheinung zu allen Skeptikern und Zynikern. Ohne jedes taktische Kalkül spricht und schreibt er, was gesagt und geschrieben werden muss. In seinen poetischen Mitteln ist er ein Wiedergänger von Ferdinand Raimund und Karl Kraus, Jura Soyfer und Ödön von Horváth, in seinen politischen Ambitionen tritt er auf wie ein barocker Bußprediger, naturgemäß durch und durch weltlich. Die pathetische Melodie, die ihm zuweilen eigen ist, das direkte, unverblümte Wort, der derbe Witz und die beredte Klage, all das liegt in der Sache begründet. Es rügen ihn dafür die Tugendwächter, es rügen ihn dafür die Kunstwächter, die Kunsttugendwächter aber prügeln ihn dafür. Er aber trägt dieses Kreuz mit Lachen – und behält Recht. Niederlagen, Fehlschläge und Irrtümer haben Turrini noch nie davon abhalten können, sich bei nächster Gelegenheit erneut hinzustellen, um seine Brust darzubieten und alle Pfeile auf sich zu versammeln, wenn es um ein brennendes Menschheitsproblem geht. Und Turrini geht es immer um ein brennendes Problem: um die Gerechtigkeit, um die Liebe, um die Fantasie« (aus Hermann Beils Grazer Laudatio).

Mit dem virtuosen Monolog *Die Eröffnung* wurde im Oktober 2000 im Schauspielhaus Bochum die

Direktion von Matthias Hartmann eröffnet. Das Theaterstück *Ich liebe dieses Land,* Uraufführung 2001 am Berliner Ensemble, erzählt die Geschichte eines Asylanten, der mit unbeirrbarer Hoffnung nach Deutschland gekommen ist. Eine pessimistische, also durchaus realistische Farce, die die Mittel der Commedia dell'Arte nicht scheut. Turrini schrieb für die Salzburger Festspiele *Da Ponte in Santa Fé* (UA 2002), als Koproduktion mit dem Berliner Ensemble. Es erzählt die tragikomische Geschichte eines Genies aus dem alten Europa in der Neuen Welt.

»Das Schönste am Theater ist ein Ort der Behauptung«, meint Peter Turrini. »Am Theater kann man alles behaupten.«

Hermann Beil

Werke: *Rozznjogd*, Theaterst., UA Wien 1971, gedr. Wollerau 1973; *Zero. Ein Kunststück*, UA Wien 1971; *Sauschlachten*, Theaterst., UA Mü. 1972, gedr. Wollerau 1973; *Der tollste Tag*, Theaterst., UA Darmst. 1972; *Faust. Dritter Teil*, Hsp., ORF 1972; *Erlebnisse in der Mundhöhle*, R., Reinbek 1972; *Kindsmord*, Theaterst., UA Klagenfurt 1973; *Die Wirtin*, Theaterst., UA Nürnberg 1974, gedr. Wien 1978; *Deutschlandlied. Heil dir*, Theaterst., UA Villach 1974; *Der Dorfschullehrer*, zus. m. W. Pevny, Wien 1975; *Der Bauer und der Millionär*, F., zus. m. W. Pevny, 1975, gedr. Salzb. 1978; *Liebe im Dorf*, F., 1976; *Der Kaiser auf dem Lande*, F., 1977; *Das große Fest*, F., 1977; *Die feindlichen Brüder*, F., 1978; *Turrini-Lesebuch. Stücke, Pamphlete, Filme, Reaktionen*, ausgew. v. U. Birbaumer, Wien 1978; *Der deutsche Frühling*, F., 1979; *Ende und Anfang*, F., 1980; *Alpensaga. Film und Buch*, zus. m. W. Pevny, 3 Bde., Salzb. 1980; *Josef und Maria*, Theaterst., UA Graz 1980, gedr. Wien 1980, Hsp., 1981; *Ein paar Schritte zurück*, G., Mü. 1980; *Die Bürger*, Theaterst., UA Wien 1981, gedr. Wien 1982; *Campiello*, Theaterst., UA Wien 1982; *Turrini-Lesebuch zwei*, Wien 1983; *Jugend*, F. u. Drehb., zus. m. Käthe Kratz, Wien 1984; *Es ist ein gutes Land. Texte zu Anlässen*, hg. v. Ch. Binder, Wien 1986; *Die Minderleister*, Theaterst., UA Wien 1988, gedr. Wien 1988; *Mein Österreich*, Ess., Darmst. 1988; *Die Verlockung*, F., zus. m. Dieter Berner, 1988; *Müllomania*, zus. m. Rudi Palla, Wien 1988; *Das Plakat*, zus. m. R. Palla, Wien, Zür. 1988; *Arbeitersaga*, Fssp.-Serie, 1988–1992; *Turrini-Lesebuch*, hg. v. Wolfgang Schuch, Bln. 1990; *Tod und Teufel. Eine Kolportage*, Theaterst., Ffm. 1990, UA Wien 1990, Hsp., 1992; *Alpenglühn. Ein Stück*, Hbg., Zür. 1992, UA Wien 1993, Hsp., 1993; *Im Namen der Liebe*, G., Hbg. 1993; *Grillparzer im Pornoladen*, Theaterst., UA Bln. 1993, Hsp., 1993; *Die Schlacht um Wien. Schauspiel in drei Akten*, Mü. 1995, UA Wien 1995, Hsp., 1996; *Liebe Mörder! Von der Gegenwart, dem Theater und dem Lieben Gott*, hg. v. Silke Hassler u. Klaus Siblewski, Mü. 1996; *Endlich Schluß*, Theaterst., UA Wien 1997; *Millennium. Ein Selbstmord*, Hsp., ORF 1997; *Die Verhaftung des Johann Nepomuk Nestroy*, N., Mü. 1998, F., 2000; *Die Liebe in Madagaskar*, Theaterst., UA Wien 1998; *Die Eröffnung. Ein Monolog*, UA Bochum 2000; *Ich liebe dieses Land*, Theaterst., UA Bln. 2001; *Der Riese vom Steinfeld*, Libr., Musik v. Friedrich Cerha, UA Wien 2002, gedr. Ffm. 2002; *Da Ponte in Santa Fé*, Theaterst., UA Salzb. 2002, gedr. Ffm. 2003. Im Frankfurter Suhrkamp-Verlag begann 2002 die Edition einer 20-bändigen, kommentierten Werkausgabe, herausgegeben von Silke Hassler: *Ein paar Schritte zurück. Gedichte*, Ffm. 2002; *Der tollste Tag und andere Komödien*, Ffm. 2003; *Josef und Maria*, Ffm. 2003.

Tuschick, Jamal, wurde am 10. 2. 1961 in Kassel geboren. Er lebt als freier Autor, Kritiker und Journalist in Hanau. 1987 war er »Fabrikschreiber« der Frankfurter »Romanfabrik«.

Die ersten kurzen Texte, die Jamal Tuschick Anfang der Neunzigerjahre veröffentlichte, lassen sich als eine Art »Präludien« oder »Fingerübungen« zu den späteren Publikationen betrachten, die dann im Hinblick auf Personen, Schauplätze und Erzählstil daran anknüpfen und diese weiter entwickeln. Der Titel des Debütromans ist Programm: *Keine große Geschichte* (2000) soll hier erzählt werden, ja, es soll nicht einmal im klassischen Sinne »erzählt« werden. Tuschicks Roman schildert die Geschichte einer Jugend in den Siebziger- und Achtzigerjahren in Kassel: Drogen, Musik, die Clique, Frauen und Kneipen beherrschen die Szene, die Figuren tragen klingende Namen wie etwa Burroughs, Joy oder Cat Stevens. Erzählt wird diese Geschichte von Teichmann und, nach dessen Selbstmord, von Koller. Doch Tuschick geht es nicht um (auto)biografische Zusammenhänge oder um fest gefügte Charaktere. Die literarische Tradition, in die er sich stattdessen stellt, wird hinreichend deutlich gemacht: Das Motto des Romans stammt von Rolf Dieter Brinkmann, Teichmann selbst hält sich für einen Nachfahren des großen Samuel Beckett, und auch James Joyce findet mehr als einmal Erwähnung. »Ich schreibe auf, was ich sehe. Was sonst könnte ich tun?«, heißt es programmatisch. Schnappschussartig reihen sich Wahrnehmungsfetzen aneinander, schnelle Schnitte, sprachliche Assoziationen und die Freude an kunstvollen Metaphern und Sprachbildern treiben den Text voran, die »Mythen des Alltags« (R. Barthes) bestimmen das Geschehen. Dieser Literatur geht es um die intensive Vermittlung eines Lebensgefühls. In gewissem Sinne handelt es sich damit auch um »Heimatliteratur«, freilich um deren postmoderne Spielart. Kassel erscheint als wenig einladender Ort, und auch das Frankfurt der Neunzigerjahre, das im zweiten Teil des Romans geschildert wird, ist eher eine Stadt der Nacht- und Schattenseiten.

Tuschicks zweites Buch *Kattenbeat* (2001) versammelt drei weitläufig miteinander vernetzte Episoden, die an *Keine große Geschichte* anknüpfen. Teichmann und Koller tauchen wiederum als zentrale Protagonisten auf, als Stadt ist neben Kassel und Frankfurt diesmal auch Göttingen Schauplatz des Erzählten. An Tuschicks Erzählstrategie hat sich kaum etwas geändert: Präsentiert werden Wahrnehmungsstreifzüge, assoziativ aneinander gereihte Ereignisse, Wirklichkeitssplitter, die sich deutlicher als in *Keine große Geschichte* zu allerdings noch immer sehr fragmentarischen »Lebenserzählungen« fügen. Teichmann und Koller werden als Charaktere fassbarer, wozu nicht zuletzt beiträgt, dass die Assoziations- und Metaphernfreudigkeit des Autors deutlich zurückgenommen ist. *Kattenbeat* erweist sich somit als zugänglicher, als weniger radikal als sein Vorgänger, ohne deshalb an erzählerischer und sprachlicher Intensität zu verlieren.

Andreas Wirthensohn

Werke: *Die Begeisterung der Körper,* E., Ffm. 1991; *Erster Versuch zur Jetlage,* Stg. 1991; *Keine große Geschichte*, R., Ffm. 2000; *Morgen-Land. Neueste deutsche Literatur*, Hg., Ffm. 2000; *Kattenbeat*, Ffm. 2001.

Uetz, Christian, wurde am 8. 8. 1963 in Egnach (Schweiz) geboren. Er absolvierte das Lehrerseminar, studierte später Philosophie, Komparatistik und Altgriechisch und lebt heute, nach längerem Aufenthalt in Berlin, als freier Autor in Zürich. 1999 erhielt er beim Klagenfurter Bachmann-Wettbewerb den 3sat-Preis, 2000 den Preis der Schweizerischen Schillerstiftung und einen Förderpreis der Internationalen Bodenseekonferenz, 2002 eine Anerkennungsgabe der Stadt Zürich.

In der Performation entfaltet Christian Uetz aus seinem dem Lyrischen entsprungenen Werk eine zusätzliche Dimension; der virtuose Sprecher seiner eigenen Texte gilt mittlerweile als wichtiger Exponent der internationalen Spoken-Poetry-Szene. Falsch wäre aber der aus befeuerten Auftritten gewonnene Schluss, dass es sich bei dem Autor um einen unbekümmert in die Wörterwelt ausziehenden Sprachspieler handle. Vielmehr zeigt die Lektüre, etwa des Prosabandes *Zoom Nicht* (1999), einen die Begriffe beharrlich auf ihre verborgenen Sinn-Reservoirs abklopfenden, ausdauernd die Bedeutungsfelder abschreitenden Analytiker. Für den Ostschweizer sind Räsonnement und Rhapsodie, Dichten und Denken, Hölderlin und Hegel untrennbare Paare, insofern ist Uetz, der philosophische Poet, ein nachgeborener Vorsokratiker: »Die Denkbewegung darf nicht theoretisch sein, sonst ist sie wie gelogen. Sie fällt aus der Sache heraus und schaut darauf herab« (Uetz, »Tages-Anzeiger«, 2002). Einzelne pointisierende Schlenker wie in den frühen Gedichtbänden *Luren* (1993) und *Reeden* (1994) werden in den folgenden Werken zugunsten der Stringenz vermieden, es gestaltet sich eine umfassende Reflexion über Sein und Nichts: »Nicht ist, indem es das ist, was nicht ist, aber Nicht kann nicht kommen, denn wenn Nicht kommt, ist es nicht mehr Nicht« *(Zoom Nicht)*. Zweites großes Thema des Autors ist die in Sprachlust schwelgende Liebe mit all ihren Spielarten, darunter die des erotischen Begehrens: »Ich schwanke, ich traumle, / schon kann nich alleine nicht mehr gehn. / Du bist die Haut Haarige, die mich / fellt« *(Nichte,* 1998*)*. In der Prosasammlung *Don San Juan* (2002) gesellt sich zu den bisherigen theoretischen Referenzpunkten Hegel, Kierkegaard, Nietzsche, Heidegger der Neoplatonismus in seiner neutestamentlichen Version, nunmehr meditiert Uetz in der Nachfolge eines Martin Buber über Immanenz und Transzendenz: »Indem im Wort Gott das Wort Gott ist, ist der Wahn im Wort.« Auffällig ist auch in *Don San Juan* die Methode der obsessiven Variation, kraft welcher der Autor Satz für Satz seinen Gegenstand entwickelt: Gewissermaßen das Prinzip der freudschen Fehlleistung ins Bewusste überführend, arbeitet er systematisch mit Buchstaben- und Silbenverschiebungen. Ein Satz wie »Er leibt leer in der unendlichen Fühle des absoluthrigen Geistes« illustriert das assoziative Potenzial dieses aus dem Formalen ins Inhaltliche changierenden Prinzips.

Thomas Widmer

Werke: *Luren*, G., Frauenfeld 1993; *Reeden*, G., Frauenfeld 1994; *Nichte*, G., Graz 1998; *Nichte und andere Gedichte*, vom Autor besprochene CD, Graz 1999; *Zoom Nicht*, Pr., Graz 1999; *Don San Juan*, Pr., Ffm. 2002; *Live im Schiffbau*, vom Autor besprochene CD mit Musikbegleitung, Zürich 2002.

Ullmann, Günter, wurde am 4. 8. 1946 in Greiz geboren. 1966 machte er sein Abitur, schrieb, malte, war Mitbegründer, Schlagzeuger und Verfasser kritischer Texte der mehrfach verbotenen Beat-Gruppe »media nox«. Seine Bewerbung an der Kunsthochschule Heiligendamm wurde mit der Begründung abgelehnt, seine eingereichten Werke seien dekadent und entartet. Ein Studium am Literaturinstitut Leipzig wurde ihm ebenfalls verwehrt. Ullmann arbeitete als Schreiber auf dem Bau. Nachhaltig beeinflusst durch den in Greiz lebenden Lyriker Reiner Kunze und das Enfant terrible des Greizer Kulturlebens, den Kulturfunktionär und IM des MfS, Manfred Ibrahim Böhme, leitete er bis 1977 einen Lyrikzirkel (s.a. Birgit Lahann: *Genosse Judas*, Biogr., Bln. 1992). Proteste gegen Reiner Kunzes Ausschluss aus dem Schriftstellerverband, die Biermann-Ausbürgerung und die Verhaftung seines Schriftstellerfreundes Jürgen Fuchs brachten ihm kurzzeitige Verhaftung, eine Serie von Verhören und von 1977 bis 1979 die MfS-Bearbeitung im Operativen Vorgang »Medium« ein. Alle DDR-Verlage, musste er später in seiner Stasi-Akte lesen, waren angewiesen worden, ihn nicht zu veröffentlichen. Mutmaßlich ausgelöst durch heimlich verabreichte Psychopharmaka, durchlebte Ullmann zeitweilig Wahnvorstellungen, beging Suizidversuche, wurde nach mehreren Krankenhausaufenthalten zum seismografischen Beobachter gesellschaftlichen Unrechts und schrieb ca. ein Dutzend

Buchmanuskripte für die Schublade. Nach einer ersten ungenehmigten Veröffentlichung von Gedichten in der von Heinrich Böll und Günter Grass herausgegebenen Anthologie *L 80* bearbeitete ihn das MfS seit 1981 im OPK »Schreiber«, konnte jedoch weitere Veröffentlichungen in der Bundesrepublik nicht verhindern. 1989/90 gehörte Ullmann zu den Mitgestaltern des demokratischen Umbruchs in Greiz, arbeitete danach als Kultursachbearbeiter und seit 1997 als Mitarbeiter des städtischen Museums. 1996 ehrte ihn die Stadt Greiz mit der Bürgermedaille.

In seiner Auseinandersetzung mit dem orwellschen Staat DDR entwickelte der Lyriker einen eigenen Stil, in dem sich Metaphern und Aussagen mit scheinbarer Leichtigkeit auf ihren Kern reduzieren. Es entstanden Gedichte und Epigramme, die, einmal gelesen, im Gedächtnis haften bleiben: »HINTERHOF // der winter bleibt / klein / die sonne hat / vier ecken«, konstatierte er angesichts des mehrfachen Eingesperrtseins in *Den Horizont um den Hals. 66 Gedichte* (1992). »Stein« wurde ihm eine zentrale Metapher für den Panzer, der Lebendiges starr umschließt, »Licht« steht als Schlüsselwort für die Kraft auszubrechen, sich selbst zu behaupten. Buchtitel wie *Lichtschrei* (1995), *Lichtzeichen* (1996), *Erdlicht* (1999), *Steinlicht* (2002) tragen diesen elementaren Spannungsbogen in sich. Mit der gewaltlosen Revolution vom Herbst 1989 lebte in seinen Texten Hoffnung auf, zugleich beschwor er, die Vergangenheit nicht zu vergessen: »... träume werden / in wunden / geboren« (*Die Welle*). Aber auch Kritik an Scheinwerten, Entfremdung und sozialer Sprengstoff in den neuen Ländern sind ihm Thema: »*Arbeitsloser* // die arbeitslosen / wintervögel am fenster / fragen dich / ob du mitsingen willst.« Gleichzeitig prägen sein Werk immer wieder sensible Naturgedichte und eine hohe Achtung vor dem Sein: »*Staune* // dass du bist / erlebe die welt / als wunder / jedes blatt hat sein / geheimnis / jeder grashalm bleibt ein / rätsel ...« Ullmanns Sprachkraft und seine Aufrichtigkeit werden geschätzt, Gedichte wurden ins Französische, Flämische, Serbokroatische, Tschechische und Bulgarische übersetzt und finden sich in mehreren Schullesebüchern. In seinem Aufbegehren gegen Unfreiheit und seiner Verteidigung moralischer Werte übt er sich wiederholt auch in pointierter Kurzprosa und in scharfer, das Elementare freilegender essayistischer Einmischung. Zusammenstellungen finden sich in *Der letzte Versuch. Rückwärts und nicht vergessen. Politische Prosa und Epigramme* (1994) und *Steinlicht. Gedichte, Aphorismen, Epigramme und kurze Prosa von 1966–2001* (2002).

Ein ganz anderer, schalkhaft fröhlicher Günter Ullmann, der seinen Lesern die Welt mit Kinderaugen zu entdecken vermag, ist in seinen Kindergedichten und -erzählungen zu finden. Da gibt es wichtigtuerische Gartenzwerge (*Die Gartenzwerge*) und kesse Vorfreude (*Bevor ich meine Eltern ins Bettchen schaffe*) ebenso wie seinen meistgedruckten, doppelbödigen *Herbstwind*, alle in *Die Sonne taucht im Wassertropfen* (1998).

Udo Scheer

Werke: *Gegenstimme. Politische Epigramme 1968–1988*, Reichenbach 1992; *Den Horizont um den Hals. 66 Gedichte (1968–1988)*, Lößburg/Schwarzwald 1992; *Die rote Sonne steht in der Tür. Kurze Prosa*, Reichenbach 1993; *Warum der Elefant so schöne große Ohren hat*, Kinderb., m. Illustr. v. W. Daxberger, Reichenbach 1993; *Herzwurzel. Gedichte*, Dresden 1994; *Der letzte Versuch. Rückwärts und nicht vergessen. Politische Prosa und Epigramme*, Asendorf 1994; *Eiswort Liebe – frühe Liebesgedichte*, Augsb. 1994; *Lichtschrei. Gedichte aus drei Jahrzehnten*, m. Linolschnitten v. B. Beyerle, Pfaffenweiler 1995; *Lichtzeichen. Gedichte aus drei Jahrzehnten*, Chemnitz 1996; *Lichtstein. Gedichte aus drei Jahrzehnten*, Dresden 1996; *Flaschenpost. Gedichte*, Bln. 1996; *Die Sonne taucht im Wassertropfen. Gedichte für Kinder*, m. Illustr. v. Maren Polloks, Bucha bei Jena 1998; *Erdlicht. Gedichte und Prosa*, Bucha bei Jena 1999; *Mein Traumbaum*, Kinder-G., m. Illustr. v. Rebecca Meyer, Ahlhorn 2001; *Der Tintenfisch springt über Klassenbänke. Gedichte für Kinder*, m. Illustr. v. Kathrin Kreim, Ahlhorn 2001; *Steinlicht. Gedichte, Aphorismen, Epigramme und kurze Prosa von 1966–2001*, Ahlhorn 2002; *Der Greizer Kreis. Eine Anthologie aus den 70er-Jahren der ehemaligen DDR*, Hg., Ahlhorn 2002.

Urweider, Raphael, wurde am 5. 11. 1974 als Sohn eines Pfarrers in Biel in der Schweiz geboren. Er wuchs in Schattenhalb auf, besuchte weiterführende Schulen in Biel und begann dann ein Studium der Germanistik und Philosophie an der Uni Fribourg sowie an der Allgemeinen Jazz-Schule Bern. Er lebt und arbeitet heute als Dichter, Rapper und Instrumentalist in mehreren Ländern. Er schrieb die Musik zu diversen Theaterproduktionen im In- und Ausland, zuletzt zu *Sportstück* von Elfriede Jelinek (2003). Ausgezeichnet wurde er 1999 mit dem Leonce-und-Lena-Preis, einem Arbeitsstipendium des Deutschen Literaturfonds und dem 1. Preis des Literaturwettbewerbs der Marianne-und-Curt-Dienemann-Stiftung Luzern, 2000 mit dem Buchpreis des Kantons Bern und dem Preis der Schweizerischen Schillerstiftung, 2001 mit einem Arbeitsaufenthaltsstipendium in Kairo der Kulturstiftung Pro Helvetia, mit einem Arbeitsstipendium des Literarischen Colloquiums Berlin und einem Förderpreis der Alexander-Schröder-Stiftung Bremen, 2002 mit einem Stipendienaufenthalt mit Christian Thanhäuser der Landeshauptstadt München und dem 3sat-Preis des Ingeborg-Bachmann-Wettbewerbs in Klagenfurt und 2003 mit dem New-York-Stipendium des Deutschen Literaturfonds.

Ohne vorangegangene Buchveröffentlichung erhielt Urweider 1999 den renommierten Leonce-und-Lena-Preis in Darmstadt zugesprochen. Nach diesem Überraschungserfolg erschien der Band *Lichter in Menlo Park* (2000). Menlo Park ist der legendäre Ort, an dem Edison seinen »think tank« betrieb – Forschung unter günstigsten Laborbedingungen. Der Band besteht aus 24 »Stücken«, die je einen Erfinder oder Entdecker der westlichen Kultur porträtieren: von Kopernikus bis Magellan, vom Mount-Everest-Bezwinger Hillary bis zu Neil Armstrong, und als einzige Frau Marie Curie. In erster Linie geht es in den Gedichten um die Entdeckungen selbst, um Kontinente, Windgeschwindigkeiten, Wolkenbildung, Teilchenbeschleunigung, physikalische Zustände des Wassers, Veränderungen des Lichts – und natürlich um die Lyrik, den Aufenthalt des schreibenden Ichs im »think tank« der Sprache. So sagt Urweider: »Ich weiß nicht, was das ist: die Welt außerhalb der Sprache.«

Das fünfundzwanzigste und letzte Gedicht des Zyklus etwa schildert den Moment, in dem von Edison in einem Labor in Menlo Park »ein chemischer blitz« aus Magnesium gezündet wird und alle Anwesenden erstarren, »bis einer kurz in die hände klatscht / boys machen wir weiter«. Ein Satz, den man durchaus poetologisch verstehen kann. Ein epiphanischer Moment in der Rezeption des Gedichts, ein kurzes Innehalten im Lichtblitz der Erkenntnis – dann geht, nach einem akustischen Signal, die Suche oder einfach das Weitermachen weiter. Aus dem Schock der Erkenntnis wird der Leser durch die Musikalität des Gedichts erlöst.

Neben der lakonisch-eleganten Episodik, der strengen grafischen Anordnung in je acht nicht gereimten Doppelzeilen, den unregelmäßig gesetzten Assonanzen und Binnenreimen fällt an den Texten vor allem eines auf: Der Sprachfluss muss während der Lektüre durch die Lesenden eigens interpunktiert werden. Die grammatische Zuordnung innerhalb der lyrischen Kettenreaktionen ist jedoch meistens mehrdeutig und erlaubt verschiedene Lesarten. »Das Gegenteil der Eleganz ist das Offensichtliche«, sagt Urweider. Und: »Das Engagement des Dichters sollte darin bestehen, dass er darauf beharrt, genauso befugt zu sein, Systeme zu entwerfen, wie alle anderen auch.« Galilei erfindet erst im Sprachkosmos der Gedichte durch sein Fernrohr »sonne mond und sterne«. Die technischen Geräte in den Gedichten spiegeln so auch die Dichtung selbst als Apparatur zur Welterfindung.

Ab 1998 veröffentlichte Urweider in Anthologien und Zeitschriften. 1991 kam er mit dem österreichischen Autor H. C. Artmann, einem seiner erklärten Vorbilder, in persönlichen Kontakt. Seine Verehrung drückt er später in einem Gedicht zu Artmanns Todestag aus: »danke trage lieber schwarz / trage grau trage farben der / trauer blau und blau / wünsche dir aber helles / (...) / für aeronauten weiß / wie papier jetzt wo poesie / ein wenig farbloser geworden.« Besonders hervorzuheben sind an Urweiders Lyrik seine weltgewandten Sprachspiele, sein Gefühl für Nonsens und sein großes Talent als Dichter von Anagrammen, Palindromen, Akrostichen und allen Formen konkreter Poesie. So kann aus der deutschen Zeile »du Stein« in einer vom Leser zu leistenden Fantasieübersetzung ins Englische schon mal »Houston« werden oder aus »bald ist Weihnachten« der schöne Vers »du hast Licht wie Benn«. In seinem offenen, an den Formen des Jazz geschulten Umgang mit der Sprache schreckt Urweider aber auch vor Readymades und schmerzhaften Kalauern (nicht nur) über die schweizerische literarische Tradition nicht zurück: »so heiter // ich / mags frisch / und / irgendwo bach, mann.«

Man sollte diese scheinbare Leichtigkeit nicht gering schätzen, denn Sprache hat bei Urweider immer auch eine bedrohliche Seite – oft greift sie den Menschen durch alle Kunst hindurch als archaisches Urwesen auf seinen modernen ›Urweiden‹ an. Im lyrisch-musikalischen Prosa-Text *Steine*, mit dem Urweider beim Klagenfurter Literaturwettbewerb gewann, heißt es zum Beispiel: »Bei gewissen windstärken lassen menschen an stränden drachen steigen. Drachen mit schatten riesenhafter greifvögel, wie flugapparate, die, wenn es die geschicklichkeit der menschen zulässt, diese für sekunden emporzuheben vermögen, die, so gegen den wind gestellt, in der lage sind, menschen vom boden zu heben, dass sie aufschreien. Drachen, die, wenn der wind ablässt oder menschen von ihnen, wie große vögel tot im sand liegen.«

Im Stil der Artmannschen *landschaften* werden hier auf papier-weißen Stränden Flugapparate spielerisch in den Wind gehalten: Drachen, die den (Halb)-Schatten urzeitlicher Tiere auf den Sand werfen. Auch Texte erheben wie Drachen geschickte Menschen in die Luft. Der Flug des Ikarus als Menschheitstraum wird hier aufgerufen und übertragen: gelungene Flugversuche mit Gedichten als Äquivalent zum naturwissenschaftlichen Experiment.

In wenigen Zeilen wird vor unseren Augen eine gleichzeitig offene wie auch klare, bildlich präzis erfassbare Poetik entworfen. Scheinbar unbeeinflusst durch eine beobachtende Instanz korrelieren technik-geschichtliche und naturwissenschaftliche Perspektiven miteinander. Durch ambivalente Begrifflichkeiten wird hier jedoch die heisenbergsche Unschärferelation als Bedingung auch für das lyrische Experiment wieder eingeholt.

Karla Reimert

Werke: *guten tag herr gutenberg,* Pr., Ottensheim 1999; *Lichter in Menlo Park,* G., Köln 2000; *Kobold und der Kunstpfeifer. Fast eine Räubergeschichte*, Pr., Ottensheim 2001; *Neue Mitte,* Theaterst., zus. m. Samuel Schwarz, Bln. 2002.

V

Valentin, Thomas, wurde als Gerold Armin Valentin am 13. 1. 1922 in Weilburg an der Lahn geboren. Nach dem Besuch des Gymnasiums in Weilburg und Dillenburg studierte er mit mehrfachen Unterbrechungen Literaturwissenschaft, Geschichte und Psychologie an den Universitäten Gießen und München. 1946/47 wurde er zum Volksschullehrer ausgebildet, 1947–62 war er als Lehrer in Lippstadt tätig. Nach dem Erfolg seines ersten Romans gab er 1962 den Lehrerberuf auf und wurde freier Schriftsteller. 1964–66 war er als Chefdramaturg am Theater in Bremen tätig. Sein Lebensmittelpunkt blieb Lippstadt, auch wenn er seit Mitte der Sechzigerjahre immer wieder längere Zeiten im Ausland, vor allem in Italien, verbrachte. Am 23. 12. 1980 beging Valentin Suizid. 1981 wurde ihm postum der Adolf-Grimme-Preis in Gold für das Drehbuch *Grabbes letzter Sommer* verliehen.

Aus dem noch unveröffentlichten Briefwechsel des jungen Valentin mit Hermann Hesse geht hervor, dass er seit den frühen Vierzigerjahren Erzählungen und Gedichte schrieb. Aber erst ab 1961 erschienen in rascher Folge mehrere Romane und Erzählungsbände, einige Dramen und – in den Siebzigerjahren – zahlreiche Fernsehspiele. Die meisten Werke Valentins sind autobiografisch grundiert, haben ihre Basis oder wesentliche Anknüpfungspunkte in Selbsterlebtem. Die Darstellungen sind mit Beobachtungen zeitgenössischer Wirklichkeiten durchsetzt, von Realitätsvokabeln geprägt. Immer wieder wird dabei die Zeitgeschichte in die Vergangenheit hin geöffnet, die in vielen Werken ihr Zentrum in der nationalsozialistischen Epoche hat. In einem Gespräch 1974 charakterisierte Valentin seine Werke als »Verwandlungen von autobiographischem Lebensmaterial durch Phantasie. So wird, wenn es gelingt, aus Privatem Zeitgenössisches. Ich habe keine abstrakte, sondern eine konkrete Phantasie. Ich kann nicht ohne Erfahrungen schreiben. Ich schreibe nicht, was ich nicht kenne. Aber ich mache keine Fotografie meiner Erlebnisse, sondern ich forme sie um in Bilder, in Vorgänge, in Dialoge.«

Valentins erster Roman, *Hölle für Kinder* (1961), enthält Fragmente einer vergifteten Kindheit, düster, ohne Zukunftsperspektive, beeindruckend in der Intensität der Gefühle. Der Roman zeigt die Atmosphäre der späten Fünfzigerjahre so realistisch, dass konservative Tugendwächter gegen das Werk einen Prozess wegen Jugendgefährdung einleiteten. Wer das Buch ohne thematische Scheuklappen las, erkannte bereits hier Valentins Fähigkeit zur präzisen Charakterschilderung, zur geschickten Dialogführung. Diese Merkmale zeichnen auch den zweiten Roman *Die Fahndung* (1962) aus, dem Valentin später den Untertitel *Die Reise zu sich selbst* hinzufügte. Die Suche nach der eigenen Identität wird in diesem Werk verbunden mit einer Reise in die Vergangenheit, es ist der Versuch einer Selbstfindung in einer Zeit der Entfremdung.

Der Schulroman *Die Unberatenen* (1963) machte Valentin bei der Kritik und bei den Lesern bekannt, ja berühmt. Es ist eines der wenigen realitätsnahen, packenden und überzeugenden deutschsprachigen Werke aus diesem Milieu, die in der zweiten Hälfte des 20. Jahrhunderts erschienen. Die Wirklichkeitsnähe wird durch die detailgenaue Wiedergabe der Handlungsorte, die Fülle der direkten Reden, der wiedergegebenen Gespräche und Diskussionen erreicht. Aus dem Realistischen und Konkreten entwickelt Valentin das Typische und Symptomatische einer Institution, die kurz darauf unter dem Stichwort der Bildungskatastrophe in den Mittelpunkt der politischen Diskussion rückte. Diese wird mit einer Thematik verbunden, die man damals die »unbewältigte Vergangenheit« nannte und die zu den Nachfragen der Schüler und wenig später der Studenten an die Generation der Eltern und Lehrer über ihre Rolle in der Zeit des Nationalsozialismus und ihre Verstrickung in dessen Verbrechen führte. Valentin zeigt sich als Aufklärer, wenn er die Vision einer demokratischen Schule als Kern einer demokratischen Gesellschaft entwickelt. Er will aufklären und verändern, freilich bleibt der Hoffnung des Schlusses die Skepsis beigefügt, in welchem Maße solche Veränderung angesichts der zementierten Gesellschaftsstrukturen möglich sei.

Einen ganz anderen Charakter hat der Roman *Natura morta. Stilleben mit Schlangen* (1967). Zwar ist auch dies ein Buch der Vergangenheitsbewältigung, aber die Szene wird nach Italien verlegt. Die Nachforschungen nach dem mysteriösen Tod eines Fremden führen zurück in die Dreißigerjahre, die komplizierten Verhältnisse im Dorf zwischen deutschen Nationalsozialisten, italienischen Faschisten und der örtlichen Widerstandsbewegung, den Partisanen. Geschichte wird auf diese Weise einerseits

anschaulich in eine spannende Handlung verlegt, zum anderen bleibt der Aufklärer hörbar, der allerdings den Glauben an eindeutige Wahrheiten oder Botschaften der Geschichte verloren hat.
Neben diesen Romanen entstanden und erschienen seit den Sechzigerjahren zahlreiche Erzählungen. Die Themen sind weit gestreut, reichen auch hier wieder von der Beschäftigung mit der deutschen Vergangenheit bis zur unmittelbaren Gegenwart. Die Reisen nach Italien und Frankreich haben zahlreiche Spuren hinterlassen; Jugendliche, Künstler, Außenseiter tauchen immer wieder auf. Valentins Fähigkeit, knapp und präzise zu formulieren, geschliffene Dialoge zu schreiben, kommt auch zahlreichen dieser Erzählungen zugute.
Ein weiterer, thematisch geschlossener Erzählband von Thomas Valentin erschien erst kurz nach seinem Tod: *Schnee vom Ätna. Sizilianische Geschichten* (1981). Die einzelnen Erzählungen, Skizzen und Berichte werden zusammengehalten durch den Ort, die Mentalität, die Atmosphäre. Von jahrelangen Aufenthalten in Sizilien her kannte Valentin die Lebensart des Landes, die er in kleinen, oft skurrilen Geschichten voller Sympathie schildert.
An der Bremer Reformbühne mit Kurt Hübner und Peter Zadek sammelte Valentin als Dramaturg Praxiserfahrung, die seinen Theaterstücken, vor allem aber seinen Fernsehspielen zugute kam. Er selbst erklärte die Gattung nachdrücklich zum Gegenstück einer elitären Hochkultur und betonte 1974 seine Überzeugung, »daß der Fernsehfilm, wenn er gut ist, ein Stück zeitgenössischer Literatur ist und vielleicht auch das wirkungsreichste (...) Gerade das Fernsehspiel [hat] die Chance, Millionen anzusprechen. Und man kann etwas erreichen, was ich für sehr wichtig halte, nämlich die Vermittlung von Denken, von Information, von Aufklärung durch Sinnlichkeit, durch Unterhaltung.« Besonders geglückt ist dies in dem Zyklus *Liebes-Geschichte* (gesendet 1977). Zeit- und Gesellschaftsgeschichte werden hier durch die private Entwicklungsgeschichte einer Einzelperson verbunden mit dem Ziel, die Verflochtenheit von Öffentlich-Politischem und Intim-Subjektivem zu demonstrieren.
Für seinen letzten und bedeutendsten Fernsehfilm *Grabbes letzter Sommer* (1980) schrieb Valentin das Drehbuch nach einem eigenen Roman. Roman wie Drehbuch zeigen dramaturgisch, aber auch sprachlich und stilistisch Valentins späte Meisterschaft. Das »Fantasiespiel mit fremdem Lebensmaterial« (Norbert O. Eke) verbindet das Dokumentarische und Fiktionale zu einer neuen Kunstform. Valentin zeigt Grabbe als Außenseiter der bürgerlichen Gesellschaft, als Exzentriker, der sich bis zur Selbstzerstörung über die Konventionen seiner Zeit hinwegsetzt. So erkennt er in dem Detmolder Dramatiker einen Seelenverwandten und stellt fest: Die großen, traurigen und gescheiterten Vorgänger, wie Kleist, wie Grabbe, »sprechen über ihr Scheitern und über ihre Utopien. (...) Sie sind sich darin einig, daß sie den Wahnsinn der blutigen Machtspiele, den Hunger, dem Millionen von Menschen zum Opfer fallen, die Erniedrigung und Beleidigung der Unterprivilegierten niemals akzeptieren können. (...) Sie sind sich einig im Scheitern und einig darin, daß Scheitern Hoffnung herausfordert.«
Obwohl Valentin seit den Vierzigerjahren Gedichte schrieb und vereinzelt veröffentlichte, erschien erst 1980 eine erste Buchausgabe, *Niemandslicht*. Auf der einen Seite sind es politische Satiren, die Valentins gesellschaftskritisches Engagement sichtbar werden lassen, spielerisch-groteske und surrealistisch-absurde Gedichte. Auf der anderen Seite stehen Gedichte, die sich weitgehend von gebundenen Formen lösen und zu lakonisch-verdichteten, prosanahen Texten führen. Die Todesthematik der späten Gedichte, Fernsehspiele wie *Tod eines Mannequins* und *Stark wie der Tod*, das qualvolle Sterben des Dichterkollegen Grabbe – der Tod ist allgegenwärtig in Valentins Werk.

Hartmut Steinecke

Werke: *Hölle für Kinder*, R., Hbg. 1961; *Die Fahndung*, R., Hbg. 1962; *Die Unberatenen*, R., Hbg. 1963, Theaterst., zus. m. Robert Muller, UA Bremen 1965, gedr. Bln. 1967; *Nachtzüge*, E., Hbg. 1964; *Natura morta. Stilleben mit Schlangen*, R., Hbg., Düsseld. 1967; *Rotlicht*, E., Baden-Baden 1967; *Kater im Theater*, Kinderb., Köln 1968; *Der Fisch im roten Halstuch*, E., Hbg., Düsseld. 1969; *Der Hausfreund*, Komödie, UA Essen 1969, gedr. Ffm. 1969; *Herr Appelhans und Monsieur Firlefanz*, Kinderb., Köln 1971; *Schorschi ist Schorschi und noch mehr Abenteuer*, Kinderb., Mü. 1973; *Jugend einer Studienrätin*, Fssp., ARD 1972, gedr. Düsseld. 1974; *Anna und Totò*, Fssp., ARD 1972, gedr. Paderborn 1974; *Familienbande. Ein groteskes Schauspiel*, UA Mü. 1974, gedr. Reinbek 1973; *Selbstbildnis Béatrice*, Fssp., ARD 1974; *Tod eines Mannequins*, Fssp., ZDF 1974; *Filmriß*, Fssp., ARD 1975; *Adlerhöhe*, Dr., Reinbek 1976, UA Hbg. 1978; *Niemandslicht. Gedichte 1953–1980*, Düsseld. 1980; *Der junge Graf Keßler. Jugend, Liebe und die Wacht am Rhein*, Fssp., ZDF 1978; *Liebes-Geschichte* (enth. *Eine Jugendliebe, Schulzeit, Stark wie der Tod)*, Fssp.-Trilogie, Düsseld. 1980; *Grabbes letzter Sommer*, R., Bln., Wien 1980, Fssp. ARD 1980; *Schnee vom Ätna. Sizilianische Geschichten*, Ffm. 1981; *Werke in Einzelbänden*, hg. v. Hartmut Steinecke, 12

Bde., Oldenburg 1998–2002: Bd. 1: *Hölle für Kinder*, Bd. 2: *Fahndung oder die Reise zu sich selbst*, Bd. 3: *Die Unberatenen*, Bd. 4: *Stilleben mit Schlangen*, Bd. 5: *Grabbes letzter Sommer*, Bd. 6: *Erzählungen*; Bd. 7: *Schnee vom Ätna*; Bd. 8: *Dramen*, Bd. 9–10: *Fernsehspiele*, Bd. 11: *Niemandslicht. Gesammelte Lyrik. Erinnerungen an Hermann Hesse*, Bd. 12: *Kinderbücher*.

Vanderbeke, Birgit, wurde am 8. 8. 1956 in Dahme/Mark Brandenburg geboren. Kurz vor dem Mauerbau flüchtete die Familie in den Westen. Ab 1963 lebte Birgit Vanderbeke in Frankfurt am Main, wo sie später Jura und Romanistik studierte. Einem neunmonatigen Aufenthalt in Berlin folgte 1993 der Umzug nach Languedoc-Roussillon. Sie erhielt u.a. 1990 den Ingeborg-Bachmann-Preis, 1997 den Kranichsteiner Literaturpreis des Deutschen Literaturfonds, 1999 die Roswitha-Gedenkmedaille sowie den Solothurner Literaturpreis, 2002 den Hans-Fallada-Preis.

Das Normale hat es Birgit Vanderbeke angetan, oder genauer: die minimale Abweichung von der Normalität. Dort, in dieser Lücke, siedelt sie ihre Erzählungen an. Ob es der Vater ist, der eines Tages nicht wie erwartet zum festlichen Muschelessen erscheint und damit zu Hause eine kleine, klammheimliche Palastrevolution auslöst; ob es die kapriziöse Lila ist, die den Erwartungen ihres Ehemannes so weit vorauseilt, dass sie ihn gerade durch die Übererfüllung seiner Wünsche in Verwirrung stürzt; ob es die junge Frau ist, die von ihrer Schwangerschaft, dem Normalsten der Welt also, so verblüfft wird, dass ihr die Tatsache, »eine Biologie an sich« zu haben, ziemlich absurd vorkommt; ob es dieser eine Kuss zwischen zwei Pubertierenden ist, den sie einfach nicht zustande bringen, obwohl er ihr Bündnis endlich besiegeln würde – immer hat die kleine Ursache große Wirkungen. Eine Kettenreaktion kommt in Gang, verwickelt und verdreht, absonderlich und doch eben auch: ganz normal. Während das Abnorme auf den ersten Blick erkennbar ist, hat das Normale den Vorzug, auf »viel simplere Art kompliziert« zu sein. Das hat schon Gertrude Stein geschätzt, die Birgit Vanderbeke im Motto ihrer letzten Erzählung, *abgehängt* (2001), zitiert.

Birgit Vanderbekes Schreiben ist geprägt von Rhythmus und Wiederholung. Das gilt für die einzelnen Erzählungen ebenso wie für ihre Abfolge. Mit schöner Regelmäßigkeit lässt die Autorin dem preisgekrönten Debüt von 1990, *Das Muschelessen*, Erzählung auf Erzählung folgen. Inzwischen sind es acht, 2002 kam eine kundige *Gebrauchsanweisung für Südfrankreich* hinzu. Vanderbekes Werk ist ein »Wörterbuch der Gemeinplätze« im Sinne Flauberts. Die Erzählerin, Bouvard und Pécuchet in einer Person, bleibt stets nah an der Sprache, lotet sie aus, im Guten wie im Bösen.

Ihr Blick ist unerbittlich, ihre Wortwahl treffsicher, schleifenförmig umkreist ihre Syntax jedes Phänomen. So entsteht ein eigener Ton, eine künstlich hergestellte Natürlichkeit. Eigenheiten mündlicher Rede werden in die Schriftsprache übersetzt. Die Geschichten verstricken sich in gedankliche Höhen- und Tiefflüge, spitzen Situationen dramatisch zu und kehren schließlich, traumwandlerisch sicher, auf den Boden des Alltags zurück. Birgit Vanderbeke hat ihren Stil an Thomas Bernhard und Gertrude Stein geschult. Ingeborg Bachmann, Max Frisch und Uwe Johnson, drei Spezialisten für verunglückte Beziehungen, waren ihr nah, nach eigener Aussage allzu nah, bevor sie mit dem Schreiben begann. *Fehlende Teile* (1992), ihre zweite Erzählung, ist eine Replik auf Max Frischs Roman *Mein Name sei Gantenbein* aus weiblicher Sicht. Spätestens damit hatte sich die Autorin freigeschrieben.

Was zwischen Menschen, die sich nah sind, schief läuft, zwischen Männern und Frauen, aber auch zwischen Eltern und Kindern, dafür interessiert sich Birgit Vanderbeke mit großer Leidenschaft. Das ständige Sich-Verpassen und Danebengehen ist ihr Terrain. In einem *Plädoyer für das erotische Verhängnis* (2001) analysiert sie minuziös die Liebesvermeidungskünste Walter Benjamins und Franz Kafkas. Doch sie ist nicht ins Misslingen verliebt, sie registriert es nur und nimmt es – für eine deutschsprachige Autorin ungewöhnlich – mit Humor. *Alberta empfängt einen Liebhaber* (1997), ihr bisher vielschichtigstes Werk, nimmt das männlich-weibliche Missverstehen am schärfsten in den Blick. Es wäre ein trauriges Buch, wenn es nicht so geschickt komponiert wäre. Die eigentliche Geschichte, die vom Ausbruch eines Ehekriegs erzählt, ist eingebettet in eine Rahmenhandlung, die der ganzen Sache eine komische und damit offene Wendung gibt. Die Kritik hat beinahe ausschließlich diese Rahmenhandlung wahrgenommen, ihre Leichtigkeit, Eleganz und Unterhaltsamkeit. Eine produktive Täuschung, die trotz ihrer Verkennung die Tendenz des Buches richtig erfasst. Denn während es davon erzählt, »wie für Männer und Frauen die Wirklichkeit nicht zur Deckung zu bringen ist und wie sie sich nicht darüber verständigen können« (B. Vanderbeke), gelingt es der Hauptfigur, einer in Frankreich lebenden Schriftstellerin, ihre Ehe durch eine List zu retten. Sie schreibt eine

Erzählung, die denselben Titel trägt wie das ganze Buch, und kann sich damit ihrem Mann verständlich machen.
Vanderbekes Erzählungen sind immer auch präzise Momentaufnahmen einer bestimmten Zeit. *Das Muschelessen* und sein Pendant *Friedliche Zeiten* (1996), das nach der Macht des abwesenden Vaters den Terror der anwesenden Mutter ins Zentrum stellt, bohren sich zurück in den Mief der Sechzigerjahre. *Fehlende Teile* ist geprägt vom Diskurs der Achtzigerjahre, den postmodernen Suchbewegungen nach der neuen, der erotischen Frau. *Gut genug* (1993) handelt vom Kinderkriegen zu Zeiten eines ideologischen Vakuums: zwischen dem Natürlichkeitswahn der Siebzigerjahre und den vom Lifestyle geprägten Neunzigern. *Ich sehe was, was du nicht siehst* (1999) verarbeitet die Erfahrungen der Autorin beim Umzug von Deutschland nach Frankreich und konserviert die Goldgräberstimmung im Berlin der Nachwendezeit. Auch der Börsen-Hype mitsamt dem Sushi-Bar-Gehabe von Profis, Promis und New-Economy-Strebern wirkt bereits historisch. Archiviert ist er in Birgit Vanderbekes jüngster Erzählung, *abgehängt*.

Meike Feßmann

Werke: *Fresse schon meine Fingerspitzen wie Spargelköpfe. Bettel- und Brandbriefe*, Hg., Ffm. 1990; *Das Muschelessen*, E., Bln. 1990; *Fehlende Teile*, E., Bln. 1992; *Gut genug*, E., Bln. 1993; *Ich will meinen Mord*, Bln. 1995; *Friedliche Zeiten*, E., Hbg. 1996; *Alberta empfängt einen Liebhaber*, Bln. 1997; *Ich sehe was, was du nicht siehst*, Bln. 1999; *abgehängt*, Ffm. 2001; *Gebrauchsanweisung für Südfrankreich*, Mü. 2002.

Vertlib, Vladimir, wurde am 2. 7. 1966 in Leningrad (das heutige St. Petersburg) geboren. 1971 emigrierte die Familie nach Israel, 1972 weiter nach Österreich, 1975 in die Niederlande, dann kurz nach Israel zurück, 1976 nach Zwischenstation in Rom wieder nach Österreich, 1980 in die USA und 1981 endgültig nach Österreich. Seit 1986 ist Vertlib österreichischer Staatsbürger. Von 1984 bis 1989 studierte er Volkswirtschaftslehre an der Universität Wien, von 1989 bis 1990 arbeitete er als freier Mitarbeiter bei der japanischen Presseagentur »Kyodo News Service« in Wien. Nachdem er 1990 seinen Zivildienst abgeleistet hatte, war Vertlib von 1990 bis 1993 bei Banken und Versicherungen als Statistiker und Länderanalytiker beschäftigt. Seit 1993 lebt er als freier Autor, Übersetzer und Sozialwissenschaftler in Salzburg und Wien. Ab 1995 ist er Redaktionsmitglied der Wiener Literaturzeitschrift »Zwischenwelt«. Ausgezeichnet wurde er u.a. 1996 mit dem Österreichischen Staatsstipendium für Literatur, 1999 mit dem Förderungspreis für Literatur der Republik Österreich, 2000 mit dem Förderpreis zum Adelbert-von-Chamisso-Preis und 2001 mit dem Anton-Wildgans-Preis.
Im Wartesaal der Emigration sitzen Jahrzehnte nach der Shoah noch die modernen Ahasvers mit ihren Familien und suchen nach einer Möglichkeit, zwischen Zionismus und Antisemitismus eine friedliche Nische zu finden. Vladimir Vertlibs turbulente Biografie liefert dafür den beredten Beweis, seine Familiengeschichte dient als Fundament seiner Romane und Erzählungen. *Abschiebung* (1995), sein Prosadebüt, ist zugleich Etüde und Nucleus der folgenden Romane. Erzählt wird in der für Vertlib typisch nüchternen Art vom Sommer 1981, als die Familie des jugendlichen Ich-Erzählers nach einjährigem illegalen Aufenthalt in den USA abgeschoben werden soll. Die unmenschlichen, zynischen Methoden der amerikanischen Einwanderungsbehörden traktieren die Familie genauso wie die mit Lakonie und subtilem Spott beschriebenen Ausbrüche des Vaters, der sich als Zionist versteht und sich gleichzeitig von der israelischen Botschaft garantieren lässt, dass er auf keinen Fall nach Israel deportiert werden kann. Der Verlust der Illusionen angesichts des jahrzehntelang erduldeten Leids, auch und gerade im Hinblick auf die gelobten Länder Israel und USA, verantworten die Tragik dieser Familiengeschichte, die mit Vertlibs erstem Roman *Zwischenstationen* (1999) ihre breitere epische Entfaltung findet.
Die unfreiwillige Wanderschaft durch drei Kontinente, von Russland aus bis letztlich nach Wien-Brigittenau, führt, begleitet von elterlichen Zwistigkeiten und kindlichen Ängsten, in eine Welt, die fast nur aus Behördenstempeln, Passanträgen, Protestbriefen und Aufenthaltsgenehmigungen zu bestehen scheint. Aus der Perspektive eines Jungen, der anfangs mit fünf Jahren die Vorschule am Stadtrand von Tel Aviv besucht und am Ende als 15-Jähriger in der Boston Public Library Ärger mit seiner Sozialversicherungsnummer hat, gelingen dem Erzähler hinreißende Dialogpassagen und anschauliche Situationsbeschreibungen, die mit ihrer Mischung aus gespielter Naivität und ironischem Biss die Doppelbödigkeit des Erzählten als Posse und Tragödie gekonnt vermitteln. Zwischen russischen Zionisten, usbekischen Traditionalisten, chassidischen Hilfsorganisationen, orthodoxen und assimilierten Exilanten empfindet sich der Erzähler als »Jored«, als

Außenseiter. In die Räume zwischen Ankommen und wieder Kofferpacken werden zahlreiche Anekdoten eingeflochten, so über die Urne mit der Asche der Großmutter, die im Petersburger Linienbus zu Boden fällt und zerbricht, über die Hausverteidigung des »russischen Schlosses« in Wien-Brigittenau vor polizeilichem Zugriff, über das Zigarettenetui mit der eingravierten Karte des großdeutschen Reiches in der Schublade der Nachbarin, über das Bombenattentat auf den Bus in Tel Aviv, den die Mutter gewöhnlich nimmt, über Racheakte gegen Araber, österreichische Titelsucht und jüdischen Rassismus. Die Welt erscheint als »Anzahl von Schachteln, die ineinander paßten«, in die nur nicht jeder hineinpasst. Am Ende zieht der Erzähler nach Salzburg, kauft sich einen Tirolerhut und beginnt zu jodeln.

Das besondere Gedächtnis der Rosa Masur (2001) reicht natürlich noch weiter zurück als das eines 15-jährigen Jungen und so entfaltet dieser Roman einen üppigen Geschichtsbogen von der Jahrhundertwende bis zur Gegenwart. Ausgangspunkt dieses zeitgeschichtlichen Kaleidoskops ist die 750-Jahr-Feier der deutschen Kleinstadt Gigricht. Zu diesem Anlass soll ein Jubiläumsbuch mit Beiträgen ausländischer Mitbürger entstehen. Die erst seit kurzem in der ostdeutschen Provinz ansässige, über 90-jährige Rosa Masur meldet sich und erzählt gegen Honorar einem Interviewer ihr langes Leben. Aus Witschi in Weißrussland stammend, erinnert sich Rosa mit erstaunlicher Detailliertheit an die Pogrome der Kindheit, an Revolutionszeit, Weltkrieg, an den Terror der Stalinzeit und schließlich an die Übersiedlung nach Deutschland. 1910 jagt schon der dörfliche Mob die Juden, die Eltern werden von den Deutschen ermordet, die Belagerung Leningrads 1941/42, der von Stalins Schergen erschossene Bruder, die Zionistenhetze 1953 und die Schikanen der russischen Behörden, die es ihrem Sohn erst nicht erlauben, wegen eines Tippfehlers in einer Arbeit zu studieren. 85 Jahre vergehen, bis Rosa, die als Übersetzerin und Verlagsangestellte überlebt hat, ausreisen kann; ihr Traum ist es, mit der Familie die Provence zu besuchen. Der Antisemitismus begleitet sie ein Leben lang, fatalistisch scheint sie ihr Schicksal akzeptiert zu haben: »Gott hat die ... Gojim [erschaffen], um uns für unsere Sünden zu bestrafen. Man muss sich damit abfinden.« Vertlib hat ein bewegendes, unsentimentales Buch über ein zentrales Stück europäischer Geschichte geschrieben.

Thomas Kraft

Werke: *Abschiebung*, E., Salzb. 1995; *Osteuropäische Zuwanderung nach Österreich (1976–1991)*, Wien 1995; *Ray Eichenbaum: Romeks Odyssee*, Übs., zus. m. Herbert Kolmar, Wien 1996; *Bil Spira: Die Legende vom Zeichner*, Hg., zus. m. Konstantin Kaiser, Wien 1997; *Zwischenstationen*, R., Wien 1999; *Das besondere Gedächtnis der Rosa Masur*, R., Wien 2001.

Vesper, Bernward, wurde am 1. 8. 1938 in Frankfurt an der Oder geboren. Der Sohn des nationalsozialistischen Autors Will Vesper wuchs auf dem Gut Triangel am Südrand der Lüneburger Heide auf. Nach dem Abitur absolvierte er eine Lehre als Verlagsbuchhändler und begann 1961 das Studium der Geschichte, Germanistik und Soziologie, zuerst in Tübingen, später in Berlin. 1962 wurde er auf Vorschlag von Walter Jens in die »Studienstiftung des Deutschen Volkes« aufgenommen. 1967 kam Felix, der gemeinsame Sohn mit Gudrun Ensslin zur Welt, den Bernward Vesper aufzog, als seine Verlobte ihr bürgerliches Leben aufgab, um zusammen mit Andreas Baader ein konspiratives Leben im Kampf gegen das politische System der Bundesrepublik zu führen. Nach einer Drogenpsychose wurde Vesper in die Bezirksanstalt Haar bei München eingewiesen und von dort auf eigenen Wunsch nach Hamburg-Eppendorf verlegt, wo er sich am 15. 5. 1971 das Leben nahm.

Vespers literarische Tätigkeit stand anfänglich im Schatten des Vaters, dessen völkische Literatur kulturelles Unterfutter für das nationalsozialistische Regime bereitgestellt hatte. »Nordseeumbrandetes Eiland / Dein deutscher Boden wurde wieder deutsch!«, dichtete der 15-Jährige über Helgoland. Später schrieb er für die »Jugendherberge«, die »Lanze« und die »Deutsche Soldaten-Zeitung«. Nach dem Tod des Vaters 1962 plante er eine Gesamtausgabe von dessen Schriften, die jedoch nicht über den ersten Band hinauskam. 1963 folgte die Übersetzung eines Gedichtbandes von Gerardo Diego (*Versos*), 1964 die im Selbstverlag herausgegebene Textsammlung *Gegen den Tod*. Noch vertraute die sich formierende radikale Linke auf die Kraft des Wortes. Die Zeit der großen Demonstrationen, die Konfrontation mit der Staatsmacht, die Auseinandersetzung mit den etablierten Medien stand noch bevor.

»Tübingen: die liberal-pazifistische Phase, Ostermarsch, das Buch Gegen den Tod, zugleich Studienstiftung, Spiegelaffäre, die Zeit der unbedingten Verfassungstreue (›Humanistische Union‹). Dann Berlin: die soziale Erfahrung von Kreuzberg, die ersten Demonstrationen, Kontakte auf der Straße, die Pseudomaschinerie des ›Wahlkontors deutscher Schriftsteller‹, die Große Koalition und Notstandsgesetze, die publizistischen Versuche: Voltaire-Verlag; schließlich die Kulmination: Attentat auf Rudi, Kaufhausbrand, die große Welle der Osterdemonstrationen vor den Springerhäusern etc. Und dann der langsame Rückzug in die Kollektive: edition voltaire, Auflösung aller bisherigen Bindungen, Neubeginn mit der Bestandsaufnahme, die marxistische Phase, Orientierung an der Dritten Welt (London), langsame Erweiterung zu einer gesellschaftlichen Gesamtkritik, Diskussion über die Gewalt und die Arbeit in den Institutionen etc. Schließlich diese Niederschrift, die mir Klarheit über mich selbst bringen sollte und immer noch soll« (*Die Reise*). Ob Vesper sich das Leben nahm, weil er diese Klarheit erreicht hatte oder weil er sich dagegen wehrte, sie zu erreichen, weil er dabei sein Selbstbild hätte zerstören müssen, lässt sich nicht mit Gewissheit sagen.

Die Teile der *Reise*, die in der Nervenheilanstalt verfasst wurden, deuten auf eine wachsende Selbstreflexion hin: Die Selbst-Stigmatisierung als Opfer repressiver Erziehung tritt zurück zugunsten einer objektiveren Darstellung eigenen Taktierens, eigener Allmachtsfantasien. Vespers ursprüngliche Intention war es gewesen, in seinem Roman drei Ebenen ineinander zu verschlingen: Erstens den Bericht der realen Reise von Dubrovnik nach Tübingen, deren Mittelpunkt das »Hofgartenerlebnis« sein sollte: »Ja, ich wußte genau, daß ich Hitler war, bis zum Gürtel«; zweitens die Rekonstruktion der Biografie in weitgehend chronologischer Reihenfolge als »einfacher Bericht«; drittens die aktuelle Wahrnehmung der Geschehnisse, die Schreibsituation, den Umgang mit Sohn Felix und die Rezeption der Außenwelt, z.B. mithilfe eingestreuter Pressemeldungen. Diese Dreigliedrigkeit gelingt nur zu Anfang des Manuskripts, mehr und mehr dominieren Kindheits- und Jugenderinnerungen, die mit großer Detailgenauigkeit geschildert werden. Das Gut Triangel erscheint als vorindustrielle Idylle mit Knechten und Hausmädchen, denen der Besitzer patriarchalisch und mit Allmacht vorsteht. Höhepunkte des Lebens stellen das Schlachtfest, ein nahezu magischer Ritus, und Weihnachten dar, dessen versuchte Umdeutung zum Lichterfest sogar Will Vesper als Fehler des NS-Regimes erkennt. Die Qualen des jungen Vesper ergeben sich nicht aus den gelegentlichen Prügeln des Vaters, sondern aus dessen Omnipotenz, die missliebige Freundschaften verhindert (z.B. mit einer Jüdin), nötige Erfahrung vorenthält (Kameradschaft, Sexualität) und der sogar so weit geht, Vespers Katze erschießen zu lassen, weil es sich dabei um ein »undeutsches Tier« handelte. Die ausformulierten Passagen enden, ohne dass Vesper zu einem Abschluss gekommen wäre. Gleichwohl handelt es sich nur auf der formalen Ebene um ein Fragment. »Tatsächlich sollte man den vorliegenden Text mit den beigegebenen Notizen zur Fortsetzung und dem Briefwechsel mit dem März-Verlag als einen Werkzusammenhang betrachten. Schicksalhafte Desintegration hat sich gegen die Strategie literarischer Integration durchgesetzt: Die Literatur bricht sich an der Grenze ihrer Möglichkeiten« (Jochen Vogt).

Ulrich Schall

Werke: *Gerardo Diego: Versos. Gedichte*, Übs., Bln. 1964; *Gegen den Tod. Stimmen deutscher Schriftsteller gegen die Atombombe*, Hg., Stg.-Bad Cannstatt 1964; *Die Reise. Romanessay*, nach dem unvollendeten Manuskript herausgegeben und mit einer Editions-Chronologie versehen v. Jörg Schröder, Jossa 1977, Ausg. letzter Hand, besorgt v. J. Schröder u. Klaus Behnken, Bln., Schlechtenwegen 1979.

Vesper, Guntram, wurde am 28. 5. 1941 in Frohburg in Sachsen geboren. 1957 erfolgte die Übersiedelung in die Bundesrepublik. Bis 1959 war er als Hilfsarbeiter in der Landwirtschaft und am Bau tätig. 1963 machte er Abitur an einem Internat im hessischen Friedberg und studierte dann zunächst in Gießen Germanistik und Philosophie, danach in Göttingen Medizin bis zum Physikum. Er ist Mitglied des deutschen P.E.N.-Zentrums, seit 1985 der Deutschen Akademie für Sprache und Dichtung in Darmstadt, seit 1990 der Mainzer Akademie der Wissenschaften und der Literatur, wo er 1986 die Poetik-Dozentur innehatte. 1986/87 war er Gastdozent an der Universität Essen. 1992 gehörte er zu den Gründungsmitgliedern der Freien Akademie der Künste in Leipzig. 1993/94 nahm er die Gebrüder-Grimm-Professur an der Universität Kassel wahr. Vesper lebt heute als freier Schriftsteller in Göttingen und in Steinheim am Vogelsberg. Er erhielt u.a. 1968 den Niedersächsischen Förderpreis für junge Künstler, 1970 den Kurt-Magnus-Preis der ARD für Hörfunkarbeiten, 1978/79 das Villa-Massimo-Stipendium, 1985 den Peter-Huchel-Preis und den Niedersachsen-Preis, 1987 den Prix Italia und 1990 den Literaturpreis Hessischer Landbote Gießen. 1997 war er Stadtschreiber in Dresden, 1999 hielt er sich neun Monate auf dem Künstlerhof Schreyahn im hannoverschen Wend-

land auf, und 2000 war er Gast im Internationalen Künstlerhaus Villa Concordia in Bamberg.
Ausgangspunkt der lyrischen und erzählerischen Arbeiten Vespers bildet das Bewusstsein, in einer von Faschismus und Krieg beschädigten Welt zu leben. Schreiben unter den Bedingungen einer kranken Geschichte ist ein Kampf um Erinnerung, der sich gegen das Verdrängen und Vergessen richtet. »Was / wird aus einem Land, wenn / sein Gedächtnis krank ist / und was bedeutet ein Mensch, der / keine Erinnerung hat«, heißt es in einem seiner Gedichte aus dem Band *Die Inseln in Landmeer* (1982). Die »Leidens-Ästhetik« Vespers (Peter Rühmkorf) hat ihre Wurzeln in dieser Geschichtserfahrung. Sie konstituiert die innere Einheit des Werkes, seine Ausflüge in die politische Lyrik in der zweiten Hälfte der Sechzigerjahre eingeschlossen. Das Scheitern dieser Texte bildet die Kehrseite derselben Medaille. Vespers früheste Arbeiten sind Gedichte (seit 1958 entstanden), die Erfahrungen der Flucht und einer schwierigen Ankunft im andern Teil Deutschlands reflektieren, ein Niemandslanddasein zwischen dem verlorenen Kindheitsort und einer gewonnenen Fremde in der Wirtschaftswunder-Republik. In gewissem Sinne ist Vesper Naturlyriker, wenn man den Begriff über seine literarhistorische Bedeutung hinaus dehnt – Natur verstanden als historischer Raum, dessen Bewohnbarkeit untersucht wird. Vesper hat sich intensiv mit der im *Neuen Pitaval* überlieferten Sozial- und Kriminalgeschichte des 19. Jahrhunderts beschäftigt.
1970 erschien der Prosaband *Kriegerdenkmal ganz hinten*, der in seiner formalen und inhaltlichen Radikalität eine in den späten Siebzigerjahren aktuell werdende Dorfliteratur vorwegnahm. Es handelt sich um ein offenes, gleichwohl chronikalisches Textkorpus, das ländlich-kleinstädtisches Leben untersucht. Vesper zeigt den Zerfall der Kleinwelt unter dem Zugriff einer ländlichen Geschichte, die den Feudalismus ins bürgerliche Zeitalter verlängert und willig mit dem Faschismus paktiert. Ihre Gewaltspuren führen mitten in die Gegenwart. Adornos von Nietzsche entlehntes Diktum vom Ganzen, welches das Unwahre sei, steht unsichtbar über dieser Dorfdichtung. Fragmentarische, offene Schreibformen werden auf ein Genre angewendet, das traditionell auf die Totalität der Darstellung überschaubarer Lebenszusammenhänge gerichtet ist.
Die Formattacke, welche die Chronik in ein komplexes Formen- und Sprachgebilde überführt, gilt in dem Band *Nördlich der Liebe und südlich des Hasses* (1979) der Romanform. An ihre Stelle tritt eine Sammlung von Erzählungen, Erinnerungen, Lebensläufen, Anekdoten und Geschichten, zentriert um ein erzählendes Ich. In der Radikalität, mit der er subjektive und objektive Schreibhaltungen nebeneinander setzt, übertrifft der »verwilderte Roman« (Wolfram Schütte) die vorangegangene Prosa. Hier wie da unternimmt Vesper Reisen »in eine verhangene Landschaft voller Katastrophen«, deren Schreckensgeschichten in der Vergangenheit wurzeln. Im Amoklauf eines fiktiven Terroristen des 19. Jahrhunderts, im Verrat der Gefühle, mit der eine Liebesgeschichte endet, findet er Modelle für unsere Geschichtserfahrung. Ein erzählender Forscher ist unterwegs, der sich für das Nachwirken der Geschichte in der Gegenwart interessiert und die eigenen Wahrnehmungen perspektivisch eingeordnet.
Zwischen den beiden Prosaveröffentlichungen liegen fast zehn Jahre, in denen Hörspiele, dokumentarische Features und Funkessays entstanden. 1980 folgte der Gedichtband *Die Illusion des Unglücks*, 1982 *Die Inseln im Landmeer*, Vespers bisher wichtigste lyrische Arbeiten. Das Grundthema der hochartifiziellen Textgebilde ist die Unheimlichkeit der Zeit, ist eine Gegenwart, unter deren brüchiger Oberfläche das Unabgegoltene der Vergangenheit lauert. Die Gedichte bewegen sich zwischen Geschichte und Gegenwart, Nähe und Ferne, Erinnerung und Zustandsbericht, zwischen Welt und einer betrachtenden und betrachteten Subjektivität. Es handelt sich um große Synopsen, die mit der exemplarischen Darstellung des Partikularen auf Universalität der Weltdarstellung zielen. In der Mühelosigkeit, mit der die Zusammenschlüsse des Besonderen mit dem Allgemeinen gelingen, in der Vertauschbarkeit der Proportionen, entfaltet sich die besondere Qualität dieser Texte.
Mit seinem Gedichtband *Frohburg* (1985), den Erzählungen *Ein Winter am Anfang* (1991) und *Oblomovtag* (1992), beide in fadengehefteter Broschur erschienen, setzt Vesper seine Chronik einer deutschen Kindheit fort, eines seiner wichtigsten Themen von Anfang an, das er über das persönliche Erleben hinaussteigert zu einer allgemein-historischen Erfahrung. Der Rückblick auf seine von einem Leben im geteilten Land bestimmte literarische Arbeit verleiht dem Band *Lichtversuche Dunkelkammer* (1992) den Charakter einer vorläufigen Zwischensumme seines Werks.

Sibylle Cramer

Werke: *Am Horizont die Eiszeit. Gedicht-Zyklus*, in: Wolf-Peter Schnetz: *Je elementarer der Tod, desto höher die Geschwindigkeit*, m. Illustr. v. Ludwig Meidner, Mü. 1963; *Fahrplan*, G., m. Montagen von Bernd Otto Wallmann, Stierstadt/Ts. 1964; *Gedichte*, Gütersloh 1965; *Gedenkreden und Stichworte als Aufklärung über ein abgelegenes Dorf*, Hsp., 1968; *Porträt einer Kongruenz*, Hsp., RB 1969; *Warschau ahoi*, Hsp., 1969; *Nebengeräusche*, Hsp., 1969; *Ostrand. Ein Prospekt*, Hsp., WDR 1970; *Verhörspiel guter Mensch*, Hsp., 1970; *Diapositiv*, Hsp., 1970; *Daheim*, Hsp. 1970; *Kriegerdenkmal ganz hinten*, Pr., Mü. 1970; *Das vollkommene und das unvollkommene Bild der Höfe*, Hsp., 1971; *Vordergrundmaterial zum Polizeistaat*, Hsp., 1971; *Hölty vor der weißen Wand*, Hsp., 1971; *Die Schliemannlegende. Ein deutsches Gründerleben*, Hsp., 1972; *Erscheinungsformen der Armutskriminalität im 19. Jahrhundert*, Funk-Ess., 1972; *Ein neuer Parnaß: der Hainbund*, Funk-Ess., 1973; *Du kannst nicht alles haben. Familienalltag im Neubauviertel*, Hsp., 1973; *Johann Smidt. Überprüfung eines Denkmals*, Feat., 1973; *Kranke Sprache – kranke Gesellschaft*, Funk-Ess., 1973; *Verdacht. Stimmen aus einer Landstadt*, Hsp., NDR/SFB 1974; *Wilddieberei und Förstermorde. Der deutsche Jäger und seine Ideologie*, Funk-Ess., 1974; *Auf dieser Galeere: meine Sklaverei. Gottfried August Bürger und die Gesellschaft seiner Zeit*, Funk-Ess., 1974; *Drei Trivialentwürfe in Richtung Heimat*, Hsp., 1975; *Der große Bauernkrieg, ein undeutlich gewordenes Stück deutscher Geschichte*, Funk-Ess., 1975; *Präfekt mit Stichwunden. Sentimentale Dokumentation zur Ermordung Winckelmanns*, 1975; *Reise in eine verhangene Landschaft voller Katastrophen*, Hsp., 1976; *Ortschaften, Nachbarschaften*, Funk-Ess., 1976; *Heimat. Träume*, Hsp., RB 1976; *With Ludwig and Ursula, with Frank and Fred in America*, Hsp., 1976; *Tolstoi*, Funk-Ess., 1977; *Sommer in Saarbrücken: ein nationales Getümmel*, Hsp., 1977; *Was ich gesehen habe, kann ich nicht überleben*, Hsp., 1977; *Der Tod der Gräfin oder Geheimnisse eines aristokratischen Haushalts*, Hsp., 1978; *Geräusche beim Entsichern der Pistolen*, Hsp., BR/RB/SWF 1979; *Unten im Schwarzwald. Eine Talgeschichte*, Hsp., SWF 1979; *Nördlich der Liebe und südlich des Hasses*, R., Mü. 1979, Hsp. 1981; *Die Illusion des Unglücks*, G., Mü. 1980; *Nordwestpassage. Ein Poem*, Gött. 1980, erw. Neuausg. m. Holzstichen v. Horst Büscher, Bln. 1986, Hsp., WDR/BR/SWF; *Die Inseln im Landmeer*, G., m. Lithografien v. Gertrud v. Mentlen, Pfaffenweiler 1982, erw. Ausg. Ffm. 1984; *Landeinwärts*, Pr. u. G., hg. v. Franz Josef Goertz, Stg. 1984; *Peter-Huchel-Preis 1985. Guntram Vesper. Texte, Dokumente, Materialien*, Moos 1985; *Frohburg*, G., m. Zeichnungen v. G. V., Ffm. 1985; *Laterna magica*, E., m. Lithografien v. G. V., Pfaffenweiler 1985, Hsp., SWF/HR/NDR/RB 1986; *Poetische Perlen. Renshi, Ein-fünf-Tage-Ketten-Gedicht*, zus. m. Hiroshi Kawasaki, Karin Kiwus, Makoto Ooka, Nördlingen 1986; *Dunkelkammer. Fünf Erzählungen aus Deutschland*, m. Lithografien v. Horst Büscher, Bln. 1988; *Leuchtfeuer auf dem Festland. Gesammelte Gedichte*, hg. v. Fritz J. Raddatz, Mü. 1989; *Ich hörte den Namen Jessenin. Frühe Gedichte*, Ffm. 1990; *Sächsisches Land. Orte der Erinnerung*, m. Fotos v. Gerhard Hopf, Freiburg/Br. 1991; *Ein Winter am Anfang*, E., Ffm. 1991; *Oblomovtag*, E., Warmbronn 1992; *Lichtversuche Dunkelkammer*, Ffm. 1992, Hsp., SWF/MDR 1992; *Birlibi und andere Gedichte*, m. Illustr. v. G. V., Weilheim 1992; *Die Erinnerung an die Erinnerung. Documentagedichte*, m. Linolschnitten v. Klaus Büscher, Pfaffenweiler 1994; *Galeere meiner Sklaverei. Zu Gottfried August Bürger*, Ess., m. Zeichnungen v. G. V., Gött. 1994; *Fortdauer des Augenblicks*, E., m. e. Montage v. Klaus Büscher, Warmbronn 1995; *Das Atmen der Bilder*, Pr., Warmbronn 1997; *Entfernung von der Heimat. Bahnnotizen auf dem Weg nach Bamberg*, Bergen 1997; *Die Krankheit, zu schreiben*, Pr., m. Holzschnitten v. Hartwig Ebersbach, Bln. 1998; *Das Tosen des Waldmeers bei Weyher*, G., m. Holzschnitten v. Wilfried Bohne, Speyer 1999; *Der Riss durch die Erinnerung*, G., Pr., hg. v. Bernd Goldmann, Bamberg 2001; *Lichtungen*, Pr., m. e. Gemäldereproduktion v. Johannes Nawrath, Hbg. 2002; *Wer ertrinkt kann auch verdursten*, Pr., hg. v. Ralph Schock, Blieskastel 2002.

Veteranyi, Aglaja, wurde am 17. 2. 1962 in Bukarest geboren und stammte aus einer Zirkusfamilie. Nach der Flucht aus Rumänien 1967 über Wien nach Zürich folgten Auftritte in Europa, Afrika und Südamerika. 1977 emigrierte die Familie in die Schweiz und nach Spanien, wo Veteranyi für kurze Zeit Internate besuchte und sich fortan als Autodidaktin Schreiben und Lesen beibrachte. Von 1979 bis 1982 absolvierte sie eine Schauspielausbildung an der Schauspiel-Gemeinschaft Zürich, von 1982 bis 1985 nahm sie Stimmbildungs- und Sprechunterricht, arbeitete als Schauspielerin und freie Autorin in Zürich. Ab 1985 war sie als Schauspiellehrerin für Improvisation und Rollenstudium tätig, ab 1988 als Ko-Leiterin der Schauspiel-Gemeinschaft Zürich. Mit René Oberholzer gründete sie 1992 das literarische Experimentalduo »Die Wortpumpe«, 1995 zusammen mit Jens Nielsen die Theatergruppe »Die Engelmaschine«, in deren Rahmen zahlreiche Bühnenprojekte zur Aufführung kamen. In der Nacht zum 3. Februar 2002 hat sie sich am Zürichsee das Leben genommen. 1998 hatte sie das Aufenthaltsstipendium im LCB Berlin erhalten, 1999 das Werkjahr der Stadt Zürich und die Ehrengabe des Kantons Zürich, 2000 den Förderpreis zum Kunstpreis Berlin und 2000 den Förderpreis zum Adelbert-Chamisso-Preis. Sie war Mitglied des deutschschweizerischen P.E.N.-Zentrums und des schweizerischen SchriftstellerInnen-Verbandes.

In ihrem Debüt *Warum das Kind in der Polenta kocht?* (1999) jongliert Veteranyi zwischen *La strada* und »Manege frei«, durchwebt den Glitzertraum mit Aufschreien kindlichen Entsetzens. Im Leben zwischen Zirkuszelt und Wohnwagen wird geträumt: vom goldenen Westen, von Ruhm und Reichtum, Sophia Loren und Elvis Presley und von einem chinesischen Diener, der diesen Traum beschützt. Dem Land der Securitate entflohen, begibt sich die Artistenfamilie des großen Tandarica auf Auslandstournee, überall fremde Gerüche, unbekannte Wörter, verlorene Häuser; Inzest, Trunksucht und Gewalttätigkeiten zerrütten das »Zuhause«, die Erzählerin kommt in ein Schweizer Kinderheim, wo man Angst haben muss, von den Bergen zerdrückt zu werden. Das Märchen vom Kind, das in der Polenta kocht, führt allmählich in die Hölle. Puppen verlieren Gliedmaßen, Münder werden »weggeworfen«, die dreizehnjährige Erzählerin, die mittlerweile durch Varietés tingelt, träumt davon, »von zweien gleichzeitig vergewaltigt zu werden«. Pornoshows, Sprachen- und Schauspielschule, dazwischen Allergien, Hysterie und Angst, »wir sind hier nicht im Zirkus«. Ein letzter Film des Vaters, des verhinderten Videokünstlers, ein Trauerspiel mit einem Polenta essenden Gott. Am Ende dieses eigenwilligen, in Teilen autobiografischen Textes heißt es nur lapidar: THE END. Die Textdramaturgie zielt auf die pure Dekonstruktion einer großen Illusion. Das gelingt da am eindringlichsten, wo Farben, Gerüche, Stoffe und Töne, die dieser Kinderblick beharrlich aufzufangen und zu erinnern sucht, anfangs eine geschlossene Welt suggerieren, die aber bereits erste Brüche aufweist. Man wird eingenommen von einem Kinderschicksal, das im Fremden zu Hause sein muss. Es sind knappe, einfache Sätze, denen man die Arbeit, die dahinter steckt, nicht ansieht. Und es sind grausame Sätze, kindlich-unbefangen und doch höchst kunstvoll: »Veteranyis exakter Umgang mit Sprache ist atemberaubend. Fast konkrete Literatur und dabei voller Poesie. Jeder Satz eine Geschichte« (Peter Bichsel).

Den Totenkuchen, den es im zweiten Roman *Das Regal der letzten Atemzüge* (2002) im Gedenken für die eben gestorbene Tante gibt, ziert ein Kreuz aus Nüssen und eine bunte Smarties-Dekoration. Dieses Nebeneinander von Galgenhumor und Eiseskälte, von »Sehnsucht und Trauer«, durchzieht diesen schmalen, aber intensiven Roman über das Sterben. In kurzen, fast stakkatohaften Szenen und Notaten rekapituliert die Erzählerin einen Teil ihrer Familiengeschichte: »Alle unsere Familienfotos sahen wie Zirkusnummern aus, auch die Beerdigungen.« Die Sprache ist langsam, fast widerständig. Sorgfältig wird Wort für Wort gesetzt, man liest nicht schnell über die Zeilen hinweg. Dazu warten ihre Sätze mit zu ungewohnten Bildern auf, ergreift ihr Pathos mit harter Hand: Costel »schlug sich die Wörter in den Mund zurück«. Die Erzählerin schreckt nicht vor drastischen Eindrücken zurück. Der Tod stinkt, Eiterschwären und Katheterschläuche, Brechschalen und Marienfiguren, keine erbaulichen Szenen. Man steckt buchstäblich unter einer Decke, sucht sich gegenseitig die Flöhe vom Kopf und stiehlt dem Tod die Fotos. Kurze und kürzeste Sätze, Ausrufe, fürchterliche Szenen strukturieren diesen Text, der am Ende die Ausreise der Familie und die Schwierigkeiten der Einbürgerung in die Schweiz schildert. Vom zahnlosen Onkel Petru und der Invasion der rumänischen Verwandtschaft ist dabei die Rede, von der Fremdheit zwischen Mutter und Tochter, vom Gefängnis in Rumänien und von schlimmen Träumen. »Ich selbstmordete mich täglich«, heißt es da plötzlich. Und als sich ein Auge der toten Tante öffnete, wird dies als Zeichen dafür genommen, dass ihr bald einer aus dem Kreis der Hinterbliebenen folgen werde.

Thomas Kraft

Werke: *Warum das Kind in der Polenta kocht*, R., Mü. 1999, Theaterst., UA Zür 2001; *Geschenke – ein Totentanz*, m. Holzschnitten v. Jean-Jacques Volz, Zür. 1999; *Das Regal der letzten Atemzüge*, R., Mü. 2002.

Viragh, Christina, wurde am 23. 1. 1953 in Budapest geboren. Mit ihren Eltern emigrierte sie 1960 in die Schweiz. Sie studierte Philosophie, deutsche und französische Literatur in Lausanne und arbeitete danach als Journalistin und Lehrerin für Französisch. Sie war von 1985 bis 1987 Teaching Assistant für Französisch an der University of Manitoba, Winnipeg, Kanada. 1994 verbrachte sie ein Jahr als Stipendiatin am Istituto Svizzero in Rom. Seither lebt sie als Schriftstellerin und Übersetzerin in Rom. Seit 2000 ist sie Korrespondierendes Mitglied der Deutschen Akademie für Sprache und Dichtung in Darmstadt.

»Nur in der Nacht erwachte man manchmal mit einem Gefühl des Verlusts oder Bedauerns, aber man wusste nicht, was verloren gegangen war.« Die Erzählstimme in Christina Viraghs erstem Roman *Unstete Leute* (1992), die als ein unbestimmtes »man« auftritt, findet sich zwischen einer verlorenen Vergangenheit und einer unvertrauten Gegenwart im Ungewissen. Die Erinnerungen wie die Gegenwartswahrnehmung verlieren sich in fragmentierten Einzelbildern, die überscharf ausgeleuchtet, aber ohne den Sinn einer Geschichte, ohne Zusammenhang und Kausalität nicht zu deuten sind. Das »man«, das nicht zur Gewissheit eines »ich« finden kann, sucht nach seinen Konturen in den vergegenwärtigten Szenen, die aus einem verlorenen Damals als Erinnerung übrig geblieben sind. Das Damals lag in einem andern Land. Verstecke und Heimlichkeiten, Kellerräume lassen sich in den Erinnerungen ausmachen, zugleich ein Gefühl unbezweifelter Zugehörigkeit. Die Gegenwart wird durch die Erfahrung des Fremdseins bestimmt, durch Gewohnheiten und unausgesprochen Gesetzmäßiges, das über Zugehörigkeit oder Ausgeschlossensein entscheidet. *Unstete Leute* erzählt vom Weggehen und der Unmöglichkeit anzukommen. Der Text, der sich aus Autobiografischem nährt und doch explizit das Fiktive betont, will nicht die Geschichte einer Emigration erzählen, sondern fragt nach den Mechanismen von Weltwahrnehmung und Erinnerung.

Diesem Thema, dieser Fragestellung bleibt die Autorin auch in ihren folgenden Büchern treu. *Rufe von jenseits des Hügels* (1994) schreibt den ersten Roman fort, dringt wieder und tiefer noch in die Erinnerungsbilder ein, setzt wieder die zurückgelassene Stadt in Osteuropa der westlichen entgegen, das Damals dem Später. Aus dem Diffusen konkretisieren sich die Bilder. Es ist ein Ich, das sich erinnert, aber noch spricht es nicht im eigenen Namen. Aus der neutralen Perspektive der dritten Person wird gefragt und erzählt, das sich erinnernde Wahrnehmen zur Genauigkeit und zu unabgelenkter Aufmerksamkeit gezwungen. Durch die Erinnerung hindurch kommt das Ich bei sich an. Die Erinnerungspartikel haben eine Mitte. In weit ausgreifender Spiralbewegung kreisen sie das Ich ein, bieten ihm Bezugspunkte, Momente des Erkennens. Wenn dieses Ich sich entzieht, liegt das Wahrnehmen ganz in den Dingen, wird mit den Augen einer Katze gesehen, betrachtet sich das Subjekt von außen, als Akteur in einem Film.

Zwei Erzählstimmen kennt Christina Viraghs dritter Roman, *Mutters Buch* (1997). Jolan, die Tochter, beobachtet die Mutter aus der Distanz und fühlt sich ein in ihre Geschichten, mit denen die Mutter selbst zu Wort kommt. Wie in den beiden vorausgegangenen Büchern ist die Chronologie des Geschehens wie des Erinnerns mehrfach durchbrochen. Es gibt keine lineare Abfolge, die Kausalität suggeriert. Und sowenig die Zeit ein festes Kontinuum ist, sind es die Orte. Das Spätere spiegelt sich im Früheren, das Ferne im Nahen. Christina Viragh zeigt auch in diesem Buch Erinnerung nicht als Ergebnis, sondern im Werden. Ihr Gegenstand ist die Geschichte eines Lebens, eine enge Beziehung zwischen Mutter und Tochter, eine weitreichende Abhängigkeit. Doch das wird nicht auserzählt, nur andeutend evoziert. Das verdeutlicht das nicht Fassbare, das Prekäre der Wahrheit. Die Beziehung zwischen Mutter und Tochter, ihre Nähe wie Distanz, ist so nicht als starre Tatsache mitgeteilt, sondern als offener Vorgang, als Prozess der Erkenntnis und Selbsterkenntnis. Erst die existenzielle Distanz nach dem Tod der Mutter ermöglicht diesen Prozess. Offen in seinen voraus- und zurückweisenden Bezügen, den Querverweisen, Leitmotiven und variierenden Anklängen, ist *Mutters Buch* ein Buch der Ungewissheit und zugleich der Gewissheit: darüber, dass Selbstvergewisserung die Geschichten nicht festschreibt, sondern mehr und mehr zugänglich macht; dass Erinnern nicht zu den fassbaren und beruhigten Bildern führt, sondern zur Fähigkeit, die Bilder als sich formende, verändernde wahrzunehmen. Darin handelt dieser Roman auch vom Schreiben und weshalb damit nie an ein Ende zu kommen ist.

Das »Nein«, mit dem die Tochter am Ende von *Mutters Buch* einem Freund auf die Bemerkung antwortet, sie hätte das Fehlen der Mutter »jetzt bestimmt verarbeitet«, greift Christina Viraghs vierter Roman *Pilatus* (2003) auf. Er handelt, wieder mit zwei Erzählerstimmen, vom Verschwinden der Mutter auf einem Bergausflug. Die Ich-Erzählerin K. denkt sich aus, erfindet, was ihre Halbschwester Jolan erlebt hat. K. will Klarheit darüber, »was am Tag eures Bergausflugs und dann mit Mutter geschah«. Die Mutter ist nie wieder gefunden worden. Ihr Verschwinden, der Verlust, ist eine geheimnisvolle Mitte, die Jolan und K. miteinander verbindet und voneinander trennt. Jolan spricht von einem »Moment der Unaufmerksamkeit«, über den sie hinwegsehen will. K. aber will ihn ergründen, im Schreiben und Erkunden. Sie zwingt Jolan dazu, Rechenschaft zu geben. Die Erzählgegenwart des Buches wird weit zurück in die Vergangenheit überschritten. In sagenhafter Vorzeit verschwanden am Fuß des Pilatus bei Luzern drei Wanderer, die nie wieder auftauchten und in der Mythenerzählung lebendig blieben. Diesem Rückgriff ins Vorvergangene antwortet im Roman ein Vorgriff auf die ferne Zukunft, wenn drei ältere Männer des Jahrgangs 2019 auftreten und auf Bildprojektionen die alten Formen der destabilisierten, nach dem Einsturz der Berge um den Vierwaldstätter See verwüsteten Landschaft noch einmal sichtbar werden. Dabei gilt es für die Betrachter, sich vor einem Zustand der Unaufmerksamkeit zu hüten, der »die Eindrücke des Gesichtssinns mit erinnerten Bildern unterlegt«.

Genau dies ist das Thema von Christina Viragh: die Verfälschung der Wahrnehmung durch die Erinnerung, die Trübung der Erinnerung durch die Gegenwartseindrücke. Davon handelt *Pilatus* und wie die vorangegangenen Bücher davon, dass es die ganzen und überblickbaren Geschichten nicht gibt. Doch dieser wie die früheren Romane hält an der Wirklichkeit fest, die das Erzählen schafft, das wie kein anderes Medium zur Bewahrung des Erinnerten und zu seiner Erkundung taugt. Das Verlorene bringt das Erzählen nicht zurück. Doch es realisiert, was aus Erinnerung und Erkennen zu gewinnen ist, was über alle verlorenen Geschichten hinweg zu Identität und Selbsterkenntnis führt.

Urs Bugmann

Werke: *Dorothée Letessier: Die Reise nach Paimpol*, Übs., Frauenfeld 1983; *Jacques Gernet: Christus kam bis nach China*, Übs., Zür. 1984; *Péter Nádas, Richard Swartz: Zwiesprache*, Übs., Hbg. 1992; *Unstete Leute*, R., Stg. 1992; *Damals draußen*, Theaterst., UA Bad Homburg 1992, Hsp., SWF 1995; *Rufe von jenseits des Hügels*, R., Stg. 1994; *Péter Nádas: Liebe*, Übs., Bln. 1996; *Imre Kertész: Roman eines Schicksallosen*, Übs., Bln. 1996; *Alain Fournier: Der große Meaulnes*, Übs., Zür. 1997; *Mutters Buch*, R., Stg. 1997; *Mihály Kornis: Der Held unserer Geschichte*, Übs., Bln. 1999; *Gyula Krúdy: Meinerzeit*, Übs., Mü. 1999; *Sándor Márai: Die Glut*, Übs., Mü. 1999; *Sándor Márai: Das Vermächtnis der Eszter*, Übs., Mü. 2000; *Sándor Márai: Wandlungen einer Ehe*, Übs., Mü. 2003; *Pilatus*, R., Zür. 2003.

Vogt, Walter, wurde am 31. 7. 1927 in Zürich geboren. Nach dem Medizinstudium war er lange als Röntgenarzt tätig, ließ sich mit vierzig Jahren zum Psychiater ausbilden und lebte bis zu seinem Tod am 21. 9. 1988 als Facharzt und Schriftsteller in Muri bei Bern. Vogt gehörte zu den Gründungsmitgliedern der Schweizer Schriftsteller-Vereinigung Gruppe Olten, die er 1976 bis 1980 präsidierte. 1978 war er erster »Swiss writer-in-residence« an der Universität von Los Angeles. Ausgezeichnet wurde er u.a. 1973 und 1985 mit dem Literaturpreis der Stadt Bern und 1986 mit dem Großen Literaturpreis des Kantons Bern.

Walter Vogts schriftstellerische Karriere begann erst 1965, machte ihn aber rasch zu einem der meistdiskutierten Autoren der Schweiz. Dies dürfte auch damit zusammenhängen, dass sein Erstlingsroman *Wüthrich* (1966) von vielen betroffenen Lesern als Skandal und als Akt unkollegialer Nestbeschmutzung empfunden wurde. Der schmale Roman besteht aus dem inneren Monolog, den Professor Wüthrich, Chefarzt eines Berner Krankenhauses, in den letzten Stunden vor seinem »für jedermann überraschenden« Tod führt. Dieser Monolog beginnt mit Alltäglichkeiten, kleinen Beobachtungen, sentimentalen Erinnerungen. Ganz allmählich mischen sich befremdliche Elemente ein: »Nach dem Frühstück benahm ich mich bestimmt unauffällig. Ich kleidete mich an wie jeden Tag ... dafür stehe ich ein.« Nach und nach verdichten sich die Symptome, und in dem Moment, in dem er seine Klinik betritt, wird klar, dass er an seniler Demenz in fortgeschrittenem Stadium leidet. Die wichtigste Frage, die ihn hier beschäftigt, ist die, ob man wirklich den 10. September schreibt. Trotzdem kuschen Oberarzt und Assistenten vor ihm, trotzdem absolviert er seine tägliche Runde durch die Krankensäle, verordnet Medikamente, Operationen, Entlassungen. Die Darstellung einer individuellen Tragödie schlägt um in eine giftige Satire auf den Krankenhausbetrieb und die medizinischen Allmachtsfantasien, in denen der Arzt sich als »heilenden Gott« sieht. Dass Vogt diesen Bogen schafft, ohne die subjektive Perspektive zu durchbrechen, zeugt von einer erzähltechnischen Virtuosität, wie sie keines seiner späteren Werke mehr erreicht hat.

Mit *Melancholie. Die Erlebnisse des Amateur-Kriminalisten Beno von Stürler* (1967) knüpft Vogt auf originelle Weise an die Tradition des Schweizer Kriminalromans (Glauser, Dürrenmatt) an und lässt seinen verwöhnt-melancholischen Protagonisten drei von vier hoffnungslosen Fällen lösen. Dabei werden wichtige Themen späterer Werke berührt: Drogen, Homosexualität und medizinische Forschungspraxis. Um diese geht es dann im *Wiesbadener Kongress* (1972), einer bitterbösen Abrechnung mit den Methoden und Zielen klinischer Forschung, die – ist einmal das benötigte Geld vorhanden – »wie ein unendlich zäher, schleimiger Pilz« wuchert, während das Resultat die Herren Ärzte womöglich noch weniger interessiert als das Schicksal ihrer Patienten und Probanden. Vogts Satire ist derart ätzend, dass »einzig die per definitionem gegebene Fiktionalität des Romans seinen Verfasser vor Strafklage« geschützt haben dürfte (»Basler National-Zeitung«).

Weiterhin entstehen in den Siebzigerjahren Theaterstücke, Hörspiele, Filmvorlagen, ein schmaler Band mit eindringlich knapper Lyrik (*Klartext*,

1973), ein letzter fiktionaler Roman (*Schizogorsk*, 1977) und eine Reihe Erzählungen, darunter *Der Irre und sein Arzt* (in der gleichnamigen Sammlung von 1974). In lyrischer Schlichtheit gestaltet dieser Text das bei Vogt obsessiv wiederkehrende Motiv der konflikt- und schuldträchtigen Bindung zwischen einer Vaterfigur und einem attraktiven Jüngling. Ebenfalls 1974 erschienen die *Briefe aus Marokko*, ein Reisebericht, in dem es weniger um das mit etwas naiven Touristenaugen wahrgenommene Land als um die Erfahrungen des Autors mit seinem jungen Reisebegleiter, mit Haschisch, schönen Jungen und seiner eigenen Psyche geht.

In einem Brief an einen Freund stellte Vogt wenig später fest, »dass ich nichts Fiktives mehr schreiben kann«. Und tatsächlich kennen die drei großen Romane der Achtzigerjahre nur noch ein Thema, nämlich den Walter Vogt, der sich nun offen zu seiner Bisexualität und seiner Drogenabhängigkeit bekennt. *Vergessen und Erinnern* (1980) – »ein erratischer Block in der Schweizer Literatur« (»NZZ«) – schildert die Erfahrung einer klinischen Entziehung. Was in *Melancholie* und *Wiesbadener Kongress* noch aus grimmig satirischer Außensicht geschildert ist, wird hier zum subtilen Protokoll leidvoller Erfahrung: die Ausgrenzung des von der Norm Abweichenden, die Manipulation des Kranken – und die neuen Seins- und Liebesmöglichkeiten, die sich ihm eröffnen. Ein grausamer – zwar als Roman bezeichneter, tatsächlich aber eher tagebuchartiger – Text ist *Altern* (geschrieben 1978, erschienen 1981). Der Fünfzigjährige schließt mit dem Leben ab – als »Trost der späteren Jahre« sieht er nur noch »Greisenaktivitäten wie Dichtung, Philosophie ...«

Das wichtigste Schlüsselwerk zu Walter Vogts Existenz als Schriftsteller, Arzt und Mensch, der kühne Roman *Das Fort am Meer*, lag beim Tod des Autors als abgeschlossenes Manuskript vor und wurde 1993 mit all seinen sprachlichen Eigenwilligkeiten publiziert: Acht Tage wird der Ich-Erzähler in einem Fort als Gefangener festgehalten, weil er sich »in die verbotene Zone« verirrte. Acht Abende verbringt er mit je einem der acht Männer der Besatzung, die als acht Facetten, Möglichkeiten, Träume seiner Existenz interpretiert werden können. Er erzählt, lässt sich erzählen, gibt sich erotischen Szenen und Vater-Sohn-Fantasien hin, quält sich mit Erinnerungen und Schuldgefühlen, reflektiert und bilanziert seine Arbeit als Schriftsteller und schließt trocken: »Im Morgengrauen des neunten Tages wurde ich im Hofgeviert des Forts gehängt.«

Mit seinen oszillierenden Verschiebungen der Perspektive, seinen Halluzinationen und Bekenntnissen, seinen grellen Metaphern und seiner kafkaesken Unentrinnbarkeit ist *Das Fort* ein literarisches Kunstwerk, das inhaltlich wie formal keinerlei Rücksicht nimmt. Zugleich zieht es einen überzeugenden Schlussstrich unter das Schaffen eines Mannes, der sich in den letzten zwanzig Jahren seines Lebens menschlich, politisch und literarisch rückhaltlos exponiert hat.

Valentin Herzog

Werke: *Husten*, E., Zür. 1965; *Wüthrich*, R., Zür. 1966; *Aimez-vous Gotthelf*, Theaterst., UA Bern 1966; *Höhenluft*, Theaterst., UA Zürich 1966; *alle irrenhäuser sind gelb*, G., Bern 1967; *Melancholie*, R., Zür. 1967; *Die Königin des Emmentals*, Theaterst., UA Zür. 1967; *Der große Traum der Dame von Pioche-Badet*, Theaterst., UA Zür. 1967; *Der Vogel auf dem Tisch*, Kurzroman, Bern 1968; *Vier Dialoge*, Hsp., 1969; *Spiele der Macht*, Fssp., 1970; *Schizophrenie der Kunst*, Ess., Zür. 1971; *Die Talpi kommen. Miniroman für kluge Kinder*, Bern 1971; *Mein Sinai-Trip*, Predigt, Zür. 1972; *Der Wiesbadener Kongress*, R., Zür. 1972; *Spiele der Macht*, Fssp., Bern 1972; *Pilatus und Faust*, Monologe, Bern 1972, u. d. T. *Faust X* UA Solothurn 1972; *Frohe Ostern*, Fssp., 1972; *Weihnachten mit Herz*, Hsp., 1972; *Klartext*, G., Zür. 1973; *Typhos*, Theaterst., UA Bern 1973; *Briefe aus Marokko*, Reisebericht, Zür. 1974; *Der Irre und sein Arzt*, E., Zür. 1974; *Pilatus vor dem schweigenden Christus*, Fssp., 1974; *Die roten Tiere von Tsavo*, E., Zür. 1976; *Erben*, Fssp., 1976; *Schizogorsk*, R., Zür. 1977; *Die Inquisition*, Fssp., 1977; *Booms Ende*. En., Zürich 1979; *Amos, Gott und sein Prophet*, Hsp., 1979; *Vergessen und Erinnern*, R., Zür., Köln 1980; *Altern*, R., Zür. 1981; *Jesaia*, Hsp., 1981; *Metamorphosen*, Pr., Zür. 1984; *Maskenzwang*, En., Zür. 1985; *Der Garten der Frau des Mannes der Noah hieß*, En., Zür. 1987; *Die Betroffenen*, Theaterst., UA Zür. 1988; *Spiegelungen*, En., Ffm. 1991; *Schock und Alltag*, Tagebuchroman, Zür. 1992; *Das Fort am Meer*, R., Zür. 1993; Werkausgabe in 10 Bänden, Zür. 1991–1997.

Voswinckel, Klaus, wurde am 23. 5. 1943 in Hamburg geboren. Er studierte Literatur und Philosophie in Freiburg und München, Promotion über Paul Celan. Seit 1979 veröffentlicht er Romane, Erzählungen und Essays. Parallel dazu entstanden Fernsehfilme, dokumentarische Geschichten aus Süditalien und der Sahara und eine Folge filmischer Porträts zeitgenössischer Komponisten. Er ist Mitglied des deutschen P.E.N.-Zentrums, der Rudolf-Borchardt-Gesellschaft, erhielt 1980 den Förderpreis der Stadt München, 1992 das Stipendium des Deutschen Literaturfonds e. V. und 2000 den Wilhelm-Hausenstein-Preis der Bayerischen Akademie der Schönen Künste. Er lebt in München.

Seine Filme, Porträts zeitgenössischer Musiker wie Morton Feldman, Wilhelm Killmayer und Wolfgang Rihm, und seine Bücher öffnen gleichermaßen ganz unvermittelte Zugänge zu seiner poetisch-philosophischen Welt, sodass die Filme kaum als Dokumentationen, seine Bücher aber sehr wohl als Romane im romantisch-enzyklopädischen Sinne zu bezeichnen sind. Aus Gattungssignalen des Abenteuers und der Reise, aus Liebe und Bildung, in mediterraner Landschaft und in einer Metaphorik, die sehr rasch zwischen dem Elan rauschhafter Lebensbegeisterung und einer mystisch grundierten Wahrnehmungsverlangsamung pendelt, entfalten sich seine Romane, in einer Sprache, die als »kreisende, schwebende, brennende, luftige und glimmende« (Peter Burri) bezeichnet wurde.
Voswinckel spricht immer aus dieser zweiten Welt, die in der ersten liegen kann, wie das Paris in *Sonntag, Paris* (1985) oder das Apulien in *Lapidu* (1979) oder *Helen* (1999) – also geografisch und toponymisch genau und doch immer an den Rändern des Bewusstseins und der vertrauten Welt entlang –, oder aber beharrlich und ohne Wiederkehr hinausführt, in menschenleere Stein- und Meereswelten (*Lapidu*, *Stein und Meer*, 1989) oder in eine unerhörte Wüste weitab von der Wirklichkeit (*Buch aus der Ebene*, 1981). Der Weg, auf den er den Leser führt, geht oft ins Unheimliche, wo die langsame Auflösung des Bewusstseins mit Veränderungen der Körper und Gliedmaßen einhergeht. Ein imaginärer, nach außen gewendeter, ins Kollektiv sich öffnender Kopf- und Körperinnenraum nimmt überhand und verschlingt die Identität der nicht mehr unterscheidbaren Figuren. Das utopische Potenzial des Wünschens und Begehrens (»Es gibt diesen elenden vermeintlichen Riss nicht, den du in die Welt projizieren möchtest«, in: *Sonntag, Paris*), die Forderung, in mehreren Zeiten zu denken, »die vorsichtige Annäherung an die vorausgeträumte Stelle« (*Ebene*) entwirft Voswinckel immer auch in den Versionen der Gefährdung und des Scheiterns, des Aufs-Spiel-Setzens der ganzen Existenz, der lebensbedrohlichen Verwandlung oder auch eines unmerklich in den Tod übergehenden Lebens. Mit der ihm eigenen Schwungbewegung aber – »sich über die Linie zu wünschen« (*Ebene*, 72), »immer nur dem Traum nachzugehen« (*Lapidu*) und die Sprache emphatisch von ihren pragmatischen Dienstfunktionen zu befreien – steht Voswinckel in einer Tradition der Moderne und der Avantgarde, die von Nerval und Rimbaud über die Manifeste und Prosa der französischen Surrealisten Breton und Aragon bis zu Konrad Bayers *der sechste sinn* reicht. Mit Claire und Eric, ihrer Pariser Amour fou, und der Figur des alten Leo Sonntag als ihres gütigen und listigen Schutzgeistes rettet Voswinckel in *Sonntag, Paris* etwas von der Aufbruchsstimmung der Sechzigerjahre, von ihrem post-existenzialistischen Pathos ebenso wie von den eben nicht aufgegebenen surrealistischen Hoffnungen auf die weltverwandelnden Kräfte des Traums und der Liebe.
Seine Dissertation, die er 1974 veröffentlichte, war der erste große, umfassende Entwurf einer Deutung des Werks und der Poetik Paul Celans im Lichte des romantischen Weltpoetisierungsprogramms Novalis', das Celan, so die These dieser Arbeit, nicht widerrufen, sondern in seinen Gedichten verschlossen und verschwiegen aufgehoben hat. Genau dieser Bewegung des Im-Verschlossenen-Offenhaltens und des immer wieder gewagten, heiklen Versuchs, den versteinerten Menschen- und Weltverhältnissen die Glieder zu lösen, verdanken alle Lebensentwürfe, die die Bücher Voswinckels immer auch sind, ihre eigentümliche Energie – bis hin zu seinem außerordentlichen Gedankenwagnis einer jüdisch-palästinensischen Versöhnung im Zeichen einer poetischen, ja halluzinatorischen Vergegenwärtigung der lessingschen Ringparabel im Lichte ihrer Fürsprecher Paul Celan und Emmanuel Lévinas, wie er sie in seinem Essay *Jerusalem. Eine Reise in die Schrift* (1991) schildert. Waren die Romane der Achtzigerjahre, bei aller Verschiedenheit in ihrer Distanz zur »wirklichen Welt«, immer auch nach den Modellen von »Quête« und »Errance« konstruiert, ging es in ihnen also immer um die Suche nach einer transzendenten Immanenz, so stellen sich mit dem *Jerusalem*-Essay und der poetischen Biografie *Helen* (1999) zentral die Fragen des »Oikos«, der politischen Ordnung und der richtigen Lebensführung des Einzelnen. Helen ist die englische Künstlerin, die, im von Voswinckel jahrzehntelang mythografisch verdichteten Grenzland Apulien, ihr aus Arbeit und Traum zusammengesetztes, wagemutiges und mühseliges Leben nicht nur entwirft, sondern auch bis zu ihrem Tod in der von ihr selbst gesetzten Freiheit lebt.

Johannes von Schlebrügge

Werke: *Celan Paul. Verweigerte Poetisierung der Welt*, Diss., Hdbg. 1974; *Lapidu. Die Geschichte einer Reise*, Aarau, Ffm., Salzb. 1979; *Das Buch aus der Ebene*, Aarau, Ffm., Salzb. 1981; *Sonntag, Paris*, Aarau, Ffm., Salzb. 1985; *Stein und Meer*, Aarau, Ffm., Salzb. 1989; *Jerusalem. Eine Reise in die Schrift*, Wien 1991; *Helen. Mediterrane Botschaften*, Weitra 1999; *Apulische Geschichten*, Weitra 2002.

W

Waberer, Keto von, wurde am 24. 2. 1942 in Augsburg als Tochter einer Deutschen und eines bolivianischen Architekten geboren. Ihre Kindheit verbrachte sie in einem Dorf in Tirol, ihre Schulzeit in einem Internat in Franken. Nach einem Kunst- und Architekturstudium in München und in Mexiko – dort lebte sie längere Zeit, heiratete und bekam zwei Kinder – arbeitete sie zunächst als Architektin, Übersetzerin und Journalistin. 1983 erhielt sie ein Förderstipendium der Stadt München, 1988 den Schwabinger Kunstpreis, 1990 das Märkische Stipendium für Literatur, 1993 das Förderstipendium Darmstadt, 1994 den Schwabinger Kunstpreis, 1995 den Ernst-Hoferichter-Preis. Sie ist seit 1988 Mitglied des P.E.N.-Zentrums der Bundesrepublik Deutschland und lebt heute als freie Schriftstellerin in München. Neben literarischer Prosa schreibt sie Drehbücher, Glossen und Aufsätze, insbesondere für literarische und Kunstzeitschriften. Seit 1998 hat sie einen Lehrauftrag für Creative Writing an der Hochschule für Film und Fernsehen in München.

Ihre eigene Biografie und deren wechselnde und zum Teil exotische Schauplätze bezeichnet Keto von Waberer im Hinblick auf ihr Werk als »Vorratskammer«, weniger an Personal und Geschichten als vielmehr an Gefühlen und Erinnerungen, die in ihren Texten dann zum Anlass von Erkenntnis im Wiedersehen und Zurückverfolgen bis zum schon einmal Gesehenen oder Gefühlten werden. Bei der erzählerischen Gestaltung dieses Prozesses kommt es der Autorin besonders auf die Übergänge zwischen den verschiedenen Wahrnehmungsschichten, auf das Eindringen in die illusionären Ebenen an, zu denen sie die Leser mitnehmen möchte. Traum und Realität durchdringen dabei einander, beide oft farbig ausgestattet mit den Requisiten, Bildern und Farben jenes fremden Kulturkreises, in dem Keto von Waberer entscheidende Jahre ihres Lebens verbracht hat.

Alle ihre Geschichten handeln vordergründig von Frauen, aber auch recht hintergründig von (ihren) Männern. Von diesen, vom »Leben« also, werden die Heldinnen ihrer Erzählungen gebeutelt, in den frühen Texten eher passiv duldend, aber doch auch schon hier sich verändernd und lernend. In den ersten Erzählungen, *Der Mann aus dem See* (1983), geht das um Frauengestalten zentrierte erkennende Erinnern zumeist zurück in die Zeit der Kindheit und Pubertät und spürt hier Schlüsselerlebnissen nach. Zur männlichen Personifikation – schillernde Bedrohung und Wunschbild zugleich – wird dieses erinnernde Erkennen in der Titelgeschichte im *Mann aus dem See*, den die Erzählerin in den verschiedensten Situationen ihres späteren Lebens immer »wiedersieht« und der ihr so einen Weg weist. Starke Bezüge zur eigenen Biografie zeigt ihre Erzählung *Heuschreckenhügel* (1984), die Geschichte eines schmerzlich missglückten Integrationsversuchs einer jungen Deutschen in den fremden mexikanischen Kulturkreis. Für ihn steht der »Heuschreckenhügel«, Chapultepec, der Park der Indianer in Mexico City. Die Authentizität des erinnerten subjektiven Gefühls, hier auch der eigenen Geschichte, dominiert eine differenzierte kulturhistorische Analyse. Die Erzählung will vielmehr die Hilflosigkeit individuellen Eingreifens in aus europäischer Sicht unterentwickelte Lebensformen aufzeigen.

Träume, Erinnerungen, Assoziationen und ihre fließenden Übergänge zur Realität rücken wieder stärker ins Zentrum der Erzählungen, die 1985 unter dem Titel *Die heimliche Wut der Pflanzen* erschienen und die das Schicksal ihrer zumeist weiblichen Hauptpersonen ähnlich wie im ersten Erzählungsband häufig in einer »Reise zurück« erklären. Als Reise in die Vergangenheit ist auch der erste Roman *Blaue Wasser für eine Schlacht* (1987) angelegt. Mit Bettina, die sich der Geschichte ihrer Tante Paula, ihrer Eltern Guido und Marie und natürlich ihrer eigenen Kindheit und Jugend erinnert, macht die Autorin eine junge Frau zum Mittelpunkt der Erzählung, die, anders als ihre Vorgängerinnen, aktiver ist und der Erkenntnis, »daß alles immer so weitergeht und immer so weiter«, etwas entgegenzusetzen sucht. Voraussetzung dafür ist eine klare und der epischen Großform entsprechende genaue und breite Erinnerung, die einerseits ein komplexes Bild einer Kindheit entstehen lässt und Ausgangspunkte für Veränderung und Bewegung bietet.

Einen neuen Ton schlug Keto von Waberer in der Sammlung von »Liebesgeschichten« an, die 1988 unter dem Titel *Der Schattenfreund* erschienen: Die inhaltliche Tendenz, die Frauen ihrer Geschichten immer mehr aus ihrer passiven Rolle herauszuführen, korrespondiert hier mit einer lockeren, witzig ironischen Erzählhaltung. Erotik als wichtigen Aspekt der Beziehungen zwischen Frauen und Männern hat Keto von Waberer immer sehr ernst genommen: »Erotik ist wie das tägliche Brot, sie muss in jeder Liebesgeschichte vorkommen.« Zum zentralen Thema wird sie in den Erzählungen, die nach einer längeren Schreibpause erschienen: der Erzählband *Das Weiß im Auge des Feindes* (1999) und die Sammlung *Die Mysterien eines Feinkostladens* (2000). In den Erzählungen beider Bände ist es vor allem die dunkle und zerstörerische Macht der Liebe, die fasziniert; das Interesse gilt dem kleinen und großen Unglück in der Liebe und den durch die Liebe Unglücklichen, die die Autorin »schillernder« findet als die »rasend langweilig(en)« Glücklichen. Der autobiografische Roman *Schwester* (2000) unterscheidet sich grundsätzlich von allen anderen Werken der Autorin. Ausgelöst durch den Tod der älteren Schwester spürt die Erzählerin ihrer gemeinsamen geschwisterlichen Geschichte nach und lässt erinnernd und reflektierend aus vielen Einzelbildern das Bild einer unglücklichen Familie entstehen, aus deren heillosen Verstrickungen sie sich erst zu lösen scheint, als das Band zur Schwester durch deren Tod zerrissen ist. Die Erzählung beginnt zwei Jahre nach dem Tod der Schwester und führt zunächst ohne klare Chronologie und strenges Handlungsgerüst zurück in die gemeinsame Kindheit. Zwischen und hinter den Bildern einer scheinbaren Kindheitsidylle wird das Pathologische einer Familiengeschichte sichtbar, das in seinen Folgen bis in die unmittelbare Erzählgegenwart reicht: Das Verhältnis zweier in jeder Hinsicht ungleicher Schwestern wird nicht zuletzt durch die Rollen, die die miteinander nicht glücklichen Eltern ihren Töchtern zuweisen, früh schon problematisch. Die lebenslange enge Bindung aller aneinander ist voller Spannungen. Dabei übernehmen die beiden Schwestern komplementäre Rollen, prägen sich in diesen und brauchen sich gegenseitig, wie sehr sie auch voneinander loskommen möchten. So lässt der Tod der Schwächeren am Ende der Erzählung die vermeintlich Stärkere in jener ratlosen Verzweiflung zurück, die ihre Recherche nach der gemeinsamen Geschichte motiviert hat. Eine nüchterne, fast lakonische Erzählweise, in der die Ergebnisse dieser Spurensuche wie Teile eines Mosaiks vorgelegt werden, erscheint als die der existenziellen emotionalen Betroffenheit der Erzählerin angemessene Form.

Marianne Ott-Meimberg

Werke: *Der Mann aus dem See*, En., Köln 1983; *Heuschreckenhügel*, E., Köln 1984; *Die heimliche Wut der Pflanzen*, En., Köln 1985; *Blaue Wasser für eine Schlacht*, R., Köln 1987; *Der Schattenfreund*, En., Köln 1988; *Fischwinter*, En., Köln 1991; *Frida Kahlo*, Pr., Mü. 1992; *Böse Menschen*, Glossen, Mü. 1993; *Der Pfeil im Herzen. Geschichten vom Liebeskummer*, Hg., Köln 1993; *Vom Glück, eine Leberwurst zu lieben, und andere kulinarische Glossen*, Pr., Köln 1996; *Simon. Die Abenteuer eines Tapirs*, 1998; *Ilene Beckermann: Was tut man nicht alles aus Liebe!*, Übs., Zür. 1998; *Das Weiß im Auge des Feindes. 4 Liebesgeschichten*, En., Köln 1999; *Mysterien eines Feinkostladens. Erotische Geschichten*, En., Köln 2000; *Schwester*, R., Bln. 2002; *Teresas Garten*, En., Ffm. 2002.

Wackwitz, Stephan, wurde am 20. 11. 1952 in Stuttgart geboren. Er studierte Germanistik, Geschichte und Philosophie in München und Stuttgart und promovierte über Hölderlins Elegienwerk. Von 1982 bis 1984 war er DAAD-Lektor am King's College in London, seit 1985 an den Goethe-Instituten in Frankfurt/M., Neu-Delhi, Tokio, München und zurzeit Krakau. Ausgezeichnet wurde er 1995 mit dem Förderpreis zum Heimito-von-Doderer-Preis.
Als »weltläufiger Essayist und mit allen Wassern einer soziologischen Aufklärung nach Art des listenreichen Niklas Luhmann imprägniert« (»Neue Zürcher Zeitung«) genießt Stephan Wackwitz seit seinem Debüt *Tokyo. Beim Näherkommen durch die Straßen* (1994) höchste Anerkennung. Er gilt als belesener und ernsthafter Analytiker des Alltags mit leicht melancholischer Heiterkeit, der über den japanischen Blick, indische Büros und über Bierbuden in Krakau gleichermaßen intelligent räsonieren kann. Dem langjährigen Aufenthalt im Ausland verdankt sich eine sympathische Bescheidenheit gegenüber dem Fremden und die Fähigkeit, scheinbar Disparates zusammenzudenken. Wer japanische Abziehbildchen in eine sinnvolle Verbindung mit Borges, Kafka und Plotin zu bringen vermag, findet überall Anlässe, von der Einzelerscheinung zum Grundsätzlichen vorzudringen. So decken seine *Kleinen Reisen* (1997) das Spektrum von Ulan-Bator bis zum Frankfurter Rotlichtviertel ab, und der Essayband mit dem schönen Titel *Selbsterniedrigung durch Spazierengehen* (2002) zeigt den Denker und Fußgänger als genauen Beobachter der kleinen Dinge und als Zeitreisenden durch die Bewusstseinsgeschichte seiner Generation.
Wackwitz, der seit 1985 für das Goethe-Institut tätig ist, hatte die Idee zu seinem ersten Roman, wie dem Nachtrag zu entnehmen ist, als er mit Michael Rutschky laue Sommernächte auf seinem Tokioer Balkon verbrachte. Entstanden ist eine unterhaltsame Betriebssatire, die mit allerlei Anspielungen und Insiderwitzen spielt und die Verschränkungen von

Kultur, Macht und Diplomatie lustvoll kolportiert. *Walkers Gleichung* (1996) lebt vom Name-Dropping (von Heiner Müller bis Anselm Kiefer) und der Laborsituation, in der das ritualisierte Leben der deutschen Kulturschaffenden im Ausland persifliert wird. Siegmund Walker, Referent der Friedrich-Rückert-Stiftung, gibt vor, einen Schlüsselroman über die deutsche Kolonie der Tropeninsel zu schreiben. Wackwitz benutzt den plötzlichen Erfolg seines Helden, um die Mechanismen eines mit allen Tricks arbeitenden Kulturbetriebes zu enttarnen. Wackwitz wird zum Ghostwriter seiner Titelfigur, doch die Sprache hält nicht immer Schritt mit seinen Ambitionen.

In seinem ruhigen, fast besinnlich wirkenden Roman *Die Wahrheit über Sancho Pansa* (1999) faltet Wackwitz die Persönlichkeit eines alten Mannes auf, der sich schreibend sein bisheriges Leben vergegenwärtigt und dabei »auf der Suche nach einem Zusammenhang ist, der mir mein Leben lang immer wieder entglitten ist«. Den Altphilologen Heinrich Katz treibt die Erinnerungsgier, aber sein Schreiben wird zur Chronik eines angekündigten Todes, der ihn aus seinem Gedankenfluss herauslösen wird. In seinem weitgehend normalen Leben gibt es einen dunklen Fleck, eine Irritation, die ihn nicht zur Ruhe kommen lässt. Ein Dämon hatte den Halbwüchsigen so gequält, dass er psychologische Hilfe in Anspruch nehmen musste. Zwischen pubertären Ängsten und faustischem Seelenhandel schwankend, verliert sich der Junge in Albträumen und Depressionen, hadert mit seiner Herkunft und der seines jüdischen Vaters und geißelt sich mit absonderlichen Bußübungen. Erst das Gespräch mit einem Pater befreit ihn von diesen Zerfleischungen – eine gespaltene Seele, eine gebrochene Biografie, die ihre Rettung im Erzählen sucht. Denn in der Lektüre kommt es zur Entmythologisierung, das Böse, die andere Welt, wird als existent akzeptiert. Das diskrete Erzählen dieser menschlichen Grundsituation, in der der Versuchung widerstanden wird, wirkt dort am überzeugendsten, wo sich der Erzähler Zeit nimmt für das Anschauliche, die kleine Szene.

Einhellige Zustimmung seitens der Kritik fand der »Familienroman« *Ein unsichtbares Land* (2003), in dem Wackwitz die eigene Familiengeschichte Stück für Stück zerpflückt und damit ein Stück eigener Biografie entdeckt. Ausgangspunkt sind eine Kamera und ein Film aus dem Besitz seines Vaters, die nach mehr als sechzig Jahren dem Enkel übergeben werden. Es entsteht das Porträt dreier Generationen, in dem ein protestantisches Pfarrhaus in der Nähe von Auschwitz, Rudi Dutschke, ein deutschnationaler Großvater, die Auswanderung nach Namibia, ein kanadisches Lager, Friedrich Schleiermacher und die RAF tragende Rollen übernehmen. Dem Roman attestierte man »aus der Forscherhaltung essayistische Selbstständigkeit, formale Freiheit und Beweglichkeit ... Stephan Wackwitz schlägt den Weg der klassischen Moderne ein, auf den Spuren ihrer großen, von Walter Benjamin bis W. G. Sebald reichenden Archiv- und Gedächtniskunst« (Ursula März).

Thomas Kraft

Werke: *Trauer und Utopie um 1800. Studien zu Hölderlins Elegienwerk*, Stg. 1982; *Friedrich Hölderlin*, Stg. 1984; *Tokyo. Beim Näherkommen durch die Straßen*, Ess., Zür. 1994; *Walkers Gleichung. Eine deutsche Erzählung aus den Tropen*, Gött. 1995; *Kleine Reisen*, Ess., Gött. 1997; *Die Wahrheit über Sancho Pansa*, R., Mü. 1999; *Selbsterniedrigung durch Spazierengehen*, Ess., Ffm. 2002; *Ein unsichtbares Land. Familienroman*, Ffm. 2003.

Waechter, F. K. [Friedrich Karl], wird am 3. 11. 1937 in Danzig geboren. Die Familie flieht gegen Kriegsende und siedelt sich in Schleswig-Holstein an. 1946 erregt Waechter das erste Mal unfreiwillig Heiterkeit »mit einer Zeichnung, die Gott in Gummistiefeln bartlos und mit Jägerhütchen zeigt, wie er Moses auf dem Berg Sinai die Gesetzestafeln überreicht«. Er ist gekränkt, dass alle lachen, zeichnet aber munter weiter – in der Schule dann lustige Männchen und nackte Frauen für die begeisterten Mitschüler. 1957 wird er von der Kunstakademie Hamburg abgelehnt und besucht die Gebrauchsgrafikschule Alsterdamm. 1960/61 arbeitet er als Werbegrafiker vor allem für Etiketten. 1962 zieht er nach Frankfurt am Main und fängt bei der neuen Zeitschrift »Pardon« an. Er genießt die satirische Arbeit und schreibt darüber: »Vor allem berauscht es mich, dass ich Geld, Liebe und Anerkennung nun für das bekomme, wofür ich auf der Lauenburgischen Gelehrtenschule Prügel und bei Setzke wütendes Gebrüll erntete: nämlich für Frechheiten, Bosheiten und Geschmacklosigkeiten.« 1966 bringt F. K. Waechter sein erstes Buch mit Bildergeschichten, *Ich bin der Größte*, auf den Markt. Er zeichnet weiter frei für »Pardon«, aber auch für andere Zeitschriften und Zeitungen. Einige seiner Titel- und Einzelbilder werden als Poster zu Verkaufsrennern. 1979 gehört er zu den Gründungsmitgliedern des Satiremagazins »Titanic«. Ab Mitte der Siebzigerjahre wendet er sich zudem dem Kindertheater zu.

Der populäre Autor bekam u.a. zweimal den Deutschen Jugendbuchpreis (1975 für *Wir können noch viel zusammen machen* und 1999 für *Der rote Wolf*), 1983 den Brüder-Grimm-Preis für das Theaterstück *Kiebich und Dutz*, 1993 den Hessischen Kulturpreis und 1995 den e.o.plauen-Preis.

F. K. Waechters Bildergeschichten kreisen immer wieder um verlogenes Spießertum und Autorität. Wie er es selbst ausdrückt: »Man stinkt immer gegen das an, was einen knechtet.« Respektlosigkeit ist das Wesen seines Werks. Dabei schreckt er auch vor deutschen Dichterfürsten nicht zurück wie in *Männer auf verlorenem Posten* (1983). Oder er karikiert substanziell die bestehenden politischen Verhältnisse wie in *Das Grundgesetz für die Bundesrepublik Deutschland* (1982). Die Unterscheidung von kindlichem und erwachsenem Publikum ist für ihn nicht wesentlich. Ein gern zitierter Satz von ihm lautet: »Ich schreibe und zeichne für alle, die mal fünf waren, noch Erinnerungen daran haben und gern neunundneunzig werden wollen.« Für F. K. Waechter sind Cartoons geeignete Mittel, um umfassende Geschichten zu erzählen. Mit abgründigem schwarzem Humor enttarnt er heilige Kühe und sinnentleerte Umgangsformen der Gesellschaft. Er kommt von der Satire und Parodie, was ihn befähigt, verschiedene Stile zu imitieren, und er nutzt die ganze Palette, ob nun in seinen Zeichnungen, in der Malerei oder mit Collagen. Hans Traxler charakterisiert Waechters Stil: »Eine makellose Eleganz im Linienfluss, schlafwandlerische Sicherheit in der Anwendung von einem Dutzend grafischer Techniken bzw. der Kombination von mehreren, überraschenden Formulierungen, eine apollonische Heiterkeit, Pointen von gewagter Drastik bis hin zum verschwebenden dreifachen Pianissimo ...« Diese Vielfalt, verbunden mit seinen klaren Aussagen, führte dazu, dass er eine ganze Generation junger Zeichner inspirierte. 2002 vereinigt Waechter seine besten Bildergeschichten aus 37 Jahren in dem Band *Waechter*.

Sein erster großer Erfolg war 1970 *Der Anti-Struwwelpeter*, eine anti-autoritäre Antwort auf den weit verbreiteten originalen Struwwelpeter von Heinrich Hoffmann von 1848. Da wird Paulinchen zwar ins Tintenfass getunkt, freut sich aber darüber und spielt vergnügt mit den Mohren, und der Friederich kommt in den Kinderladen, wo keiner geschlagen wird. Waechters bekanntestes Buch ist sicher *Wahrscheinlich guckt wieder kein Schwein* (1978), in dem die Ente kopfüber in einem Schuh steckt, während ein Schwein bewundernd zuschaut. Elementarste und härteste Themen wie Vertreibung und Tod verarbeitet er gelungen wie in dem Kinderbuch *Der rote Wolf* (1998), in dem ein kleiner Hund nach der Vertreibung der Deutschen aus Ostpreußen allein zurück bleibt. Er findet bei den Wölfen ein neues Zuhause, bis Jäger seine Wolfsgefährtin töten und er den Rest seiner Tage bei einem Mädchen verbringt, das ihn bei seinem Tod bis zu der Schlucht, dem Übergang in die ewigen Jagdgründe der Wölfe, begleitet. Tiere spielen in Waechters Büchern und Theaterstücken immer wieder eine große Rolle. Die Einmaligkeit eines jeden Wesens ist ihm wichtig, und in jedem seiner Tiere steckt viel menschliches Verhalten.

1975 entstand auf Anfrage das experimentelle Theaterstück *Schule mit Clowns*, das inzwischen auf allen Kontinenten gespielt wurde. Von da an schreibt er kontinuierlich für die Bretter, die die Welt bedeuten und die direktes Feedback bringen: Inzwischen gibt es mehr als 70 Miniaturen, Kurzdramen und abendfüllende Theaterstücke von ihm.

Andrea Naica-Loebell

Werke: *Ich bin der Größte. Bildergeschichten*, Ffm. 1966; *Die Wahrheit über Arnold Hau. Bildergeschichten*, zus. m. Robert Gernhardt u. F. W Bernstein, Ffm. 1966; *Der kleine Zweckermann. Bildergeschichten*, Ffm. 1969; *Der Anti-Struwwelpeter*, Kinderb., Ffm. 1970; *Die Kronenklauer*, zus. m. Bernd Eilert, Kinderb., Reinbek 1972; *Tischlein deck dich und Knüppel aus dem Sack*, Märchen, Reinbek 1972; *Brülle ich zum Fenster raus*, Kinderb., Weinheim 1973; *Wir können noch viel zusammen machen*, Kinderb., Mü. 1973; *So dumm waren die Hebräer. Bildergeschichten*, Hbg. 1973; *3 Wandgeschichten. Bildergeschichten*, Weinheim 1974; *Pustekuchen*, Theaterst., 1974, UA Ffm. 1975; *Das Ungeheuer-Spiel*, Kinderb., Reinbek 1975; *Schule mit Clowns*, Theaterst., 1975, UA Ffm. 1975; *Der Teufel mit den drei goldenen Haaren*, Theaterst., 1975, UA Mü. 1981; *Opa Huckes Mitmachkabinett*, Kinderb., Weinheim 1976; *Die Bremer Stadtmusikanten*, Theaterst., 1977, UA Ffm. 1977; *Die Bauern im Brunnen*, Kinderb., Zür. 1978; *Wahrscheinlich guckt wieder kein Schwein. Bildergeschichten*, Zür. 1978; *Spiele. Spiele für viele zum Mitmachen*, Kinderb., Weinh. 1979; *Kiebich und Dutz*, Theaterst., 1979, UA Ffm. 1979; *Die Reise. Eine schrecklich schöne Bildergeschichte*, Zür. 1980; *Es lebe die Freiheit*, Bildergeschichten, Zür. 1981; *Die Fühlmäuse. Spiele und Bilder zum Mitmachen*, Kinderb., Weinheim 1981; *Wer kommt mit auf die Lofoten?*, Kinderb., Hbg. 1981; *Das Grundgesetz für die Bundesrepublik Deutschland. Bildergeschichten*, Hbg. 1982; *Ken Campbell: Die Schlündelgründler*, Theaterst., Übs., Ffm. 1982; *Männer auf verlorenem Posten. Bildergeschichten*, Zür. 1983; *Nur den Kopf nicht hängen lassen. Bildergeschichten*, Zür. 1984; *Nach Aschenfeld*, Musiktheaterst., 1984, UA Mü. 1984; *Ausflug mit Clowns*, Theaterst., 1985, UA Bochum 1985; *Fahr'n wir mit der Eisenbahn.*

Bilder und Spiele für draußen und drinnen, Weinheim 1986; *Glückliche Stunde. Bildergeschichten*, Zür. 1986; *Die Mondtücher. Ein Märchen*, Zür. 1988; *Der Schweinehirtentraum*, Theaterst., 1990, UA Göttingen 1990; *Mich wundert, daß ich fröhlich bin. Bildergeschichten*, Zür. 1991; *Luzi*, Theaterst., 1991, UA Essen 1991; *Armer Yorick*, Theaterst., 1991; *Ixypsilonzett*, Theaterst., 1991, UA Ffm. 1991; *Die letzten Dinge. 77 Stücke in 7 Kapiteln*, Theaterst., Ffm. 1992; *Die Galoschen des Glücks*, Theaterst., nach Ken Campbell, 1992, UA Zür. 1992; *Müllers Hut*, Theaterst., 1992, UA Gött. 1993; *Die Eisprinzessin*, Theaterst., 1993, UA Hannover 1993; *Frankensteins Monster*, Theaterst., 1993, UA Nürnberg 1993; *Die elenden Vier. Singspiel nach den Bremer Stadtmusikanten*, Musik v. Christine Weghoff/Arni Arnold, 1994, UA Hannover 1995; *Bremer Wind*, Musical, Musik v. Raymund Huber u. Toni Matheis, 1995, UA Mü. 1995; *Das Pferdeauge. Erzähltheater*, 1996, UA Hannover 1996; *Prinz Hamlet*, Theaterst., 1996, UA Tartu/Estland; *Nix*, Theaterst., Ffm. 1997; *Der alberne Hans*, Theaterst., Ffm. 1997; *Der singende Knochen*, Theaterst., Ffm. 1997; *Steinhauers Fuß*, Theaterst., UA Ffm. 1997; *Die Aschenputtler*, Theaterst., 1997, UA Oberhausen 1998; *Lysistrata*, Theaterst., 1997, UA Gött. 1997; *Da bin ich*, Bilderb., Zür. 1997; *Der rote Wolf*, Bilderb., Zür. 1998; *Mein 1. Glas Bier. Bildergeschichten*, Zür. 1998; *Der junge Rabe*, Theaterst., 1998, UA Bad Hersfeld 1998; *Der Wind*, Theaterst., 1998, UA Halle 2001; *Die drei Letzten*, Theaterst., 1998, UA Hannover 2000; *Die Eisprinzessin*, Musik v. Michael Jan Haase, Oper, 1998, UA Linz 1998; *Der Kleine im Glaspott*, Bilderb., Zür. 1999; *Einmal noch*, Theaterst., 1999, UA Zug 1999; *Die Geschichte vom albernen Hans. Bildergeschichte*, Zür. 2000; *Der Frosch und das Mädchen. Ein kurzer Roman über die längste Geschichte der Welt*, Zür. 2000; *Steinhauers Fuß. Bildergeschichte*, Zür. 2001; *Der Notnagel*, Theaterst., 2001, UA Hbg. 2001; *Die Schöpfung. Bildergeschichte*, Zür. 2002; *Tristan und Isolde*, Theaterst., 2002, UA Ffm. 2002; *Waechter. 589 Bilder aus 37 Jahren*, Zür. 2002; *F. K. Waechter in sieben Stücken*, Theaterst., Ffm. 2002.

Wagner, Bernd, wurde am 30. 5. 1948 im sächsischen Wurzen geboren. Nach Abitur und Berufsausbildung als Rohbaumonteur studierte er an der Pädagogischen Hochschule Erfurt die Fächer Deutsch und Kunsterziehung und arbeitete ab 1970 als Lehrer bei Oranienburg. 1976 protestierte er gegen die Ausbürgerung Biermanns, schied ein Jahr später aus dem Lehrerberuf aus und lebt seitdem als freier Autor in Berlin. Zusammen mit Uwe Kolbe und Lothar Trolle gab er von 1983 bis 1985 die bedeutendste illegale Literaturzeitschrift der DDR, »Mikado«, heraus. Infolge zunehmender staatlicher Repressionen siedelte er 1985 nach West-Berlin über. Er erhielt das Förderstipendium des Deutschen Literaturfonds Darmstadt 1995 sowie andere Stipendien.

Mit seinem Debüt, dem Erzählband *Das Treffen* (1976), verschaffte sich eine Generation Gehör, die sich vom sozialistischen Gesellschaftsmodell abwandte und das dagegen opponierende Individuum in den Mittelpunkt ihrer Arbeit stellte. »Naturalismus, Naturalismus« umschreibt der Fimregisseur in *Ruhetag* sein Programm, und dies könnte, mit dem Attribut »poetisch« versehen, auch über dieser Sammlung konzentrierter Kindheitserinnerungen, Charakter- und Milieustudien stehen. Freilich ist das ein Programm, das in einer Diktatur seine Grenzen hat.

Im Band *Zweite Erkenntnis* (1978) versucht Wagner, diese mit Gedichten zu durchbrechen, die bei aller formalen Bemühung vor allem auf den sentenzenartigen Wider-Spruch an sich zielen: »Büchner // Geht durchs Gebirg. / Der Kopf streift den Himmel. / Und die Notwendigkeit etwas zu tun. / Und die Unmöglichkeit etwas zu tun. / Und die Unmöglichkeit nichts zu tun.«

Auch in dem 1979 folgenden Band *G. in B. Drei Erzählungen und eine Studie* (J. Beckelmann: »große, klassisch-anti-klassische, somit denn moderne Erzählkunst«) sucht Wagner Bezugspunkte in der Geschichte, um sich durch parabelhafte Darstellung dem Dilemma der Zensur zu entziehen.

Wie ein Eingeständnis des Scheiterns der Bemühungen um eine große, geschlossene Form wirkt die Textsammlung *Reise im Kopf* (1984), in der der Autor kurz vor Verlassen des Landes – der DDR – noch einmal all seine Anläufe und häufig fragmentarischen Versuche dem Leser zu eigener Deutung anbietet: von Aphorismen, Traumnotizen, kurzen Aufsätzen und Geschichten bis zur packenden Titelerzählung.

Unter den in den späten Achtzigerjahren erschienenen Büchern, die dem nun in der BRD lebenden Autor ein neues Publikum erschließen sollen, ragt der Band *Der Griff ins Leere* (1988) heraus, in dem sich der Essayist Wagner vorstellt, bisher unbekannt, weil nur in der Untergrundzeitschrift »Mikado« und einzelnen Tageszeitungen publiziert. Seine Analysen, ob sie nun die Zustände im Osten oder den neu kennen gelernten Westen Deutschlands betreffen, zielen dabei weniger auf eine, womöglich dialektische, Gesamtschau seiner Zeit als auf die Verteidigung der Persönlichkeitsrechte des Einzelnen gegenüber der Gesellschaft.

Bei nur wenigen Autoren haben der Zusammenbruch der DDR und die deutsche Wiedervereinigung so tiefe Spuren hinterlassen wie bei Wagner. Sie haben, bei aller Beunruhigung, vor allem befreiend auf ihn gewirkt und ihn in *Die Wut im Koffer. Kalamazonische Reden 1–9* (1991) sowie in der um zwei Reden erweiterten Taschenbuchausgabe von 1993 zu einer neuen Qualität seines Schreibens geführt. Was bisher nur angedeutet war – seine Fähigkeit zum sinnlichen Erzählen wie zur kühlen Analyse, sein Hang zu Satire und Burleske –, vereinigt sich hier erstmals zu einem geschlossenen Werk. Entscheidend dafür ist die poetische Grundidee, die den Autor zu den Kreuzberger Sperlingen reden lässt, da er zu aufgewühlt für den Disput unter Menschen ist. Die DDR wird für ihn zu Kalamazonien, die BRD zu Panamazonien, und in seiner Mischung aus Essay und Erzählung erreicht Wagner eine Schärfe und gleichzeitig ironische Distanz zu den geschilderten Umbrüchen, die ihresgleichen sucht.

1997 erscheint sein umfangreicher Roman *Paradies*. In sieben Nächten erzählt die im Prenzlauer Berg lebende Geräuscharchivarin Judith Mehlhorn einem West-Berliner Freund ihre Erlebnisse vor und nach dem Mauerfall, die in einer verspäteten Flucht der von den Gespenstern der Vergangenheit Gejagten durch die alten Bundesländer gipfeln. Wagner kann aus dem Vollen schöpfen: Er verarbeitet seine Erfahrungen in beiden Teilen Deutschlands, er gibt seinem »Hang zum Niederen« nach, den er mit der geistesverwirrten Romanheldin teilt, und lässt in deren stark von Slang und sprachspielerischen Elementen geprägten Erzählstrom ein Gesellschaftspanorama entstehen, das von der Kritik als »Mischung aus satirischem Horrortrip und romantischem Roadmovie mit betörend schönen Bildern« (H.C. Buch) begrüßt wird, als lang erhoffter deutscher Gegenwartsroman in »einer Erzähltradition, mit der wir nicht gerechnet haben – der Mündlichkeit, dem Sprechen, dem Palavern, dem Schwadronieren« (L. Hagestedt).

Im 1999 publizierten Kurzroman *Club Oblomow* baut Wagner eine kriminalistische Story – in der sprachlos gewordene Künstler auf den Tod einer stiftungswilligen Gräfin warten – um eine satirisch zugespitzte Literaturgeschichte des 20. Jahrhunderts. Den Klassikern der Moderne (ein »Widerspruch in sich«) stellt er Autoren wie Céline, Gombrowicz und Hilsenrath gegenüber, die für die Entfesselung des Ich, der mündlichen Sprache und der Sexualität stehen. Wagner hält das für die wesentlichen Kennzeichen der Prosa des vergangenen Jahrhunderts und begreift sich selbst als Teil dieser Tradition.

Hans Christoph Buch

Werke: *Das Hemd des Glücklichen*, Theaterst., Bln. 1972; *Das Treffen*, En., Bln. 1976; *Zweite Erkenntnis, Gedichte und Sprüche*, Bln. 1978; *G. in B. Drei Erzählungen und eine Studie*, Bln. 1979; *Robbi Blanks und Theo Holzschuhs Meerfahrt*, Kinderb., m. Illustr. v. Veronika Wagner, Bln. 1980; *Das neue Lumpengesindel*, Kinderb., m. Illustr. v. Gisela Neumann, Bln. 1981; *Die Pechbrenner. Dorf-Geschichten von Hebel bis Musil*, Hg., Rostock 1981; *Reise im Kopf*, Pr., Bln. 1984; *Ich will nicht nach Österreich*, En., Darmst. 1987; *Der Griff ins Leere. Elf Versuche*, Bln. 1988; *Mikado oder Der Kaiser ist nackt. Selbstverlegte Literatur in der DDR*, Hg., zus. m. Uwe Kolbe u. Lothar Trolle, Darmst. 1988; *Die Wut im Koffer. Kalamazonische Reden 1–9*, Bln. 1991; *Vom Fest und seinen Gästen*, Film, 1992; *Die Wut im Koffer. Kalamazonische Reden 1–11*, Reinbek 1993; *Paradies*, R., Bln. 1997; *Der menschliche Zoo und andere Träume*, Pr., m. Illustr. v. Peter Herrmann, Bln. 1997; *Revolutionspark*, Hsp., DLR 1998; *Club Oblomow*, R., Bln. 1999; *Schattenmorelle*, En., Bln. 1999; *Wie ich nach Chihuahua kam. Eine amerikanische Reise*, Gött. 2003.

Wagner, Richard, wurde am 10. 4. 1952 in Lowrin bei Temeswar (Timisoara) im rumänischen Banat geboren. Nach dem Abitur auf dem deutschen Lyzeum in Großsanktnikolaus studierte er Germanistik und Rumänistik an der Universität in Temeswar. 1972 trat er in die kommunistische Partei ein. Mit einigen Kollegen gründete er die deutschsprachige literarische Arbeitsgruppe »Aktionsgruppe Banat«. Wagners erste Publikationen waren Gedichte und Kurzprosa, die – teilweise schon während der Schulzeit geschrieben – zwischen 1973 und 1981 ausschließlich in Rumänien veröffentlicht wurden. Schon sein erstes vom Verband der kommunistischen Jugend preisgekröntes Werk *Klartext* (1973) suggerierte ein Verständnis von literarischer Freiheit, wie sie etwa in der damaligen DDR schwer vorstellbar gewesen wäre. Relativ schnell wurde klar, dass Wagner für die Partei ein ziemlich unbequemer Genosse sein würde, weil seine sozialistischen Ideale ernst gemeint waren. Schon 1975, als Wagner und drei weitere Autoren wochenlang in Untersuchungshaft waren, löste sich die Aktionsgruppe auf. Anschließend stand Wagner eine Weile unter Publikationsverbot. Später konnte man das Projekt wieder aufnehmen, indem Wagner und seine Freunde dem von Nikolaus Berwanger patronierten offiziellen »Adam-Müller-Guttenbrunn-Kreis« beitraten und dort ihr literarisches Programm fortsetzen konnten. In diesen Jahren arbeitete Wagner zuerst als Deutschlehrer und später als Temeswarer Korrespondent für die Kronstadter Zeitung »Karpatenrundschau«. 1983 schlug der Geheimdienst Securitate wieder zu, Wagner verlor seine Stellung als Journalist und bekam praktisch Arbeitsverbot. Er verließ dann auch den Kreis, der unter stetig wachsendem Druck der rumänischen Sicherheitsbehörden stand, und stellte 1985 zusammen mit Herta Müller, seiner damaligen Frau, einen Ausreiseantrag, der 1987 schließlich bewilligt wurde. Wagner hat in Rumänien 1980 den Lyrikpreis des rumänischen Schriftstellerverbandes und 1981 den Preis des Landesrates der Pioniere, in Deutschland 1987 den Sonderpreis für das politische Gedicht beim Leonce-und-Lena-Wettbewerb, 1988 den Förderpreis des Andreas-Gryphius-Preises, 1989 den Preis der Henning-Kaufmann-Stiftung, 1990/91 ein Stipendium der Villa Massimo in Rom und 2000 den Neuen Deutschen Literaturpreis erhalten.

Mit den Gedichtbänden *Hotel California 1* (1980), für den Wagner immerhin den Lyrikpreis des rumänischen Schriftstellerverbandes gewann, und *Hotel California 2* (1981) zeigte er, dass er über Brechts »Waffen« verfügte und in der Lage war, Gedichte von erstaunlicher politischer Brisanz auf der Basis realer Gegenstände zu schreiben. So schmückt ein Foto eines Tropfens Öls, der in die Zahnräder einer Maschine fällt, die Titelseite von *Hotel California 2*, dann folgt eine *Frage an Mandelstam*: »ossip bruder / gehn wir, / dann funktioniert's schlechter / aber's funktioniert / bruder / was soll'n wir tun.«

Wagners Veröffentlichungen in Rumänien, neben den frühen Publikationen von Oskar Pastior, Dieter Schlesak, William Totok, Franz Hodjak, Werner Söllner, Rolf Bossert und Herta Müller, bleiben erstaunliche Beweise für die Stärke der so genannten »fünften deutschen Literatur«, kurz bevor sie von der immer rücksichtsloser wirkenden rumänischen Regierung erdrosselt wurde. Wagners Gedichte und Kurzgeschichten sind frische, überzeugende Darstellungen, die eine verklemmte deutsche Gesellschaft in einer fremden Welt darstellen, aber auch immer wieder eine Art Glück im solidarischen Widerstand der Jugend suggerieren, etwas, das in den späteren Berliner Romanen oft zu fehlen scheint. Zunehmend überdeckte eine skeptische, aber auch manchmal überraschend humorvolle Weltanschauung die Darstellung der eher tristen Welt des kommunistischen Alltags.

Auch den absurden Prozess seiner Ausreise, der aber in Wirklichkeit absolut realistisch war, dokumentierte Wagner in dem an Kafka erinnernden Roman *Ausreiseantrag* (1988). Wie die meisten anderen Immigranten aus Rumänien hat er in den ersten Jahren in Deutschland die immer noch sehr frischen Erinnerungen an seine Heimat und die dann dort plötzlich sehr dramatischen Vorgänge literarisch bearbeitet. Im Sog der Revolution, die zu Ceausescus Hinrichtung führte, lieferte er auch präzise politische Analysen: *Der Sturz des Tyrannen. Rumänien und das Ende der Diktatur* (mit Helmuth Frauendorfer, 1990) und *Sonderweg Rumänien* (1991).

Wie viele andere rumäniendeutsche Schriftsteller ließ sich Wagner in Berlin nieder, wo er in den folgenden Jahren überaus produktiv wurde. Fast jedes Jahr veröffentlichte er politische Aufsätze, Gedichtbände oder relativ kurze Prosatexte. In den jüngsten Werken wird deutlich, warum ihm, wie nur wenigen rumäniendeutschen Autoren, der literarische Sprung in die bundesdeutsche Welt gelungen ist. Im Gegensatz zu vielen seiner Autorenkollegen, die ihre literarischen Inspirationen immer noch in der jetzt fast völlig verschwundenen Welt der Schwaben aus dem Banat oder der Sachsen aus Siebenbürgen finden, gelingt es Wagner, die zynische, manchmal etwas absurde Weltanschauung eines Rumänienveterans auf den Stadtplan von Berlin zu transferieren. Im Roman *In der Hand der Frauen* (1995) wandert die autobiografisch geprägte Hauptfigur wie ein Flüchtling aus einem Hamsun-Roman durch eine faszinierende Berliner Welt, zu der sie keinen wirklichen Zugang besitzt. Wie eine Candide-Figur schaut sie alles an, sitzt in vielen Kneipen, nimmt sogar an den Intrigen der Berliner Freunde teil, kann aber ihre Entdeckungen und Schlüsse über die seltsame Kultur, durch die sie wandert, höchstens mit ein paar Kumpeln aus dem Banat besprechen. Und im Roman *Miss Bukarest* (2001) ist es ein aus Rumänien stammender Detektiv, der die mysteriöse neue Welt erforscht. Andere Länder und andere Sitten entdecken die Spätaussiedler aus Rumänien in den Kneipen von Berlin. Gleichzeitig unterhaltsam, spannend und zutiefst ernst entlarven diese Romane zwei Welten: Zum einen ist es die alte, entschwundene Welt der Jugend im trotz allem noch geliebten Banat. Aber immer überzeugender wird die nüchterne, aber oft auch sehr humorvolle Darstellung einer deutschen Großstadtwelt, in der sich die Protagonisten nie ganz zu Hause fühlen werden.

Peter Stenberg

Werke: *Klartext*, G., Bukarest 1973; *Die Invasion der Uhren*, G., Bukarest 1977; *Hotel California I*, G., Bukarest 1980; *Der Anfang einer Geschichte*, E., Cluj-Napoca 1980; *Hotel California II*, G., Bukarest 1981; *Anna und die Uhren. Ein Lesebuch für kleine Leute*, m. Bildern v.

Cornelia König, Kinderb., Bukarest 1981; *Gegenlicht*, G., Temeswar 1983; *Das Auge des Feuilletons. Geschichten und Notizen,* Cluj-Napoca 1984; *Die Beiden*, E., 1984; *Rostregen*, G., Darmst. 1986; *Ausreiseantrag*, E., Ffm. 1988; *Begrüßungsgeld*, E., Ffm. 1989: *Der Sturz des Tyrannen. Rumänien und das Ende der Diktatur*, Aufs., zus. m. Helmuth Frauendorfer, Hbg. 1990; *Die Muren von Wien*, R., Ffm. 1990; *Schwarze Kreide*, G., Ffm. 1991; *Sonderweg Rumänien. Bericht aus einem Entwicklungsland*, Aufs., Bln. 1991; *Völker ohne Signale. Zum Epochenbruch in Osteuropa*, Aufs., Bln. 1991; *Der Himmel von New York im Museum von Amsterdam. Geschichten*, Ffm. 1992; *Giancarlos Koffer*, E., Bln. 1993; *Mythendämmerung. Einwürfe eines Mitteleuropäers*, Aufs., Bln. 1993; *Heiße Maroni*, G., Stg. 1993; *In der Hand der Frauen*, R., Stg. 1995; *Lisas geheimes Buch*, R., Stg. 1996; *Roland Kirsch: Der Traum der Mondkatze. Prosastücke*, Hg., Bln. 1996; *Der Mann, der Erdrutsche sammelte. Geschichten*, Stg. 1998; *Im Grunde sind wir alle Sieger*, R., Stg. 1998; *Mit Madonna in der Stadt*, G., Buch & Media 2000 (Book on Demand); *Miss Bukarest*, R., Bln. 2001; *Der leere Himmel. Reise in das Innere des Balkan,* Bln. 2003.

Wallraff, Günter, wurde am 1. 10. 1942 in Burscheid bei Köln geboren. Sein Vater war Ford-Arbeiter, die Mutter stammte aus bürgerlichen Verhältnissen, ihre Eltern besaßen ein Klaviergeschäft. Nach dem Besuch des Gymnasiums bis zur Mittleren Reife absolvierte er eine Buchhändlerlehre und wurde Buchhändler. Schon in den Fünfzigerjahren hatte Wallraff zu schreiben begonnen – zunächst als Verfasser »expressionistischer« Gedichte, von denen einige 1960/61 in der »Flugschrift für Lyrik« erschienen. 1963 wurde er nach Ablehnung eines Antrags auf Kriegsdienstverweigerung zur Bundeswehr eingezogen. Da er sich aber weigerte, eine Waffe zu tragen, wies man ihn als »Unruhestifter und Zersetzer« in die psychiatrische Abteilung des Bundeswehrlazaretts Koblenz ein. Nach zehn Monaten wurde er schließlich als eine »für Krieg und Frieden« untaugliche, »abnorme Persönlichkeit« eingestuft und entlassen. Seine Erlebnisse in dieser ersten – allerdings noch unfreiwilligen – Rolle als Wehrdienstverweigerer und Psychiatrie-Patient hielt er in Tagebuchaufzeichnungen fest. Heinrich Böll ermutigte den Verfasser des *Bundeswehr-Tagebuches* (das zuerst in einer Jugendzeitschrift erschien), auch andere Erfahrungen niederzuschreiben. Das bestärkte Wallraff in seinem Entschluss, den Beruf des Buchhändlers aufzugeben. »Ohne meine Le(h)erzeit als Kriegsdienstverweigerer in der Bundeswehr – 10 Monate lang Willensbrechungsmethoden und Schikanen ausgesetzt – wäre mir nicht Hören und Sehen aufgegangen, hätte ich nicht mein Widerstandspotenzial entwickelt, das mich bei meinen späteren Rollen antrieb und mir jeweils weiterhalf.« Von 1963 bis 1965 arbeitete er in verschiedenen westdeutschen Großbetrieben und sammelte Material für Reportagen, die zuerst in der Gewerkschaftszeitung »Metall« erschienen. Nach einer Übergangszeit als Redakteur bei verschiedenen Zeitungen und Zeitschriften (»Hamburger Abendblatt«, »Pardon«, »Konkret«) begründete Wallraff seine Existenz als freier Schriftsteller. Seine Industriereportagen (*Wir brauchen dich*, 1966) machten ihn in einer größeren Öffentlichkeit bekannt und brachten ihn mit Schriftstellern der Dortmunder »Gruppe 61« zusammen. Er gehörte zu jener oppositionellen Minderheit der Gruppe, die sich in Verpflichtung auf eine »dokumentarische Literatur« abspaltete und 1970 den »Werkkreis Literatur der Arbeitswelt« gründete. Doch trotz programmatischer Einflussnahme auf die literarische Praxis des »Werkkreises« blieb Wallraff ein Einzelgänger. Seine Methode der verdeckten Recherche und Enthüllung gesellschaftlicher Missstände (in Fabriken, im Obdachlosenasyl, in einem Versicherungskonzern, in kirchlichen Einrichtungen und in der Redaktion der »Bild-Zeitung«) sowie die mutige Entlarvung diktatorischer Systeme wurde zu einem unverwechselbaren Markenzeichen. So kettete er sich am 10. 5. 1974 an einen Laternenmast auf dem Athener Syntagmaplatz und verteilte Protestflugblätter gegen die Missachtung der Menschenrechte, speziell gegen die Praktiken willkürlicher Verhaftungen und Folterungen durch das griechische Militärregime. Daraufhin wurde er von Geheimpolizisten zusammengeschlagen, verhaftet und im Hauptquartier der Sicherheitspolizei gefoltert. Erst nach zehn Monaten Gefängnisaufenthalt, nach dem Sturz der Militärjunta wurde Wallraff wieder freigelassen. 1976 gelang es ihm, in der Rolle eines Waffenhändlers die Putschpläne des portugiesischen Generals Spinola aufzudecken. Immer wieder schaffte es Wallraff, in die Intimsphäre von Wirtschaft und Staat einzudringen, um über skandalöse Arbeits- und Herrschaftsverhältnisse, über undemokratische oder unmenschliche Ansichten und Verhaltensweisen von Unternehmern, Managern und Amtsträgern berichten zu können. Dazu schlüpfte er jedes Mal in eine fremde Rolle. Kein deutscher Gegenwartsschriftsteller ist so massiv mit Verleumdungs- und Entschädigungsklagen, mit Lauschangriffen und Hausdurchsuchungen bedroht worden wie Wallraff. Den Kern der juristischen Auseinandersetzung bildete die vom Springer-Konzern angestrengte Prozesskette gegen sein

Buch *Der Aufmacher* (1977), die bis zum Bundesgerichtshof und zur Verfassungsbeschwerde beim Bundesverfassungsgericht ging. Dessen Grundsatzurteil von 1983 bescheinigte Wallraff das Recht, »Fehlentwicklungen eines Journalismus« aufzuzeigen, an dessen Erörterungen die Allgemeinheit »in hohem Maße« interessiert sein müsse. Auch in seinem aktuellen Beitrag *BILD zum Fünfzigsten* (2002) sah der Autor keinen Anlass, seine frühere, grundsätzliche Kritik an »dieser gewaltigen und gewalttätigen Übermacht« zu relativieren.

Den Höhepunkt der öffentlichen Auseinandersetzung und des publizistischen Erfolgs erreichte Wallraff mit seinem aufrüttelnden Erfahrungsbericht als türkischer Gastarbeiter Ali. *Ganz unten* (1985) wurde mit einer deutschsprachigen Auflage von inzwischen fast 4 Millionen Exemplaren und Übersetzungen in mehr als 30 Ländern zu einer weltweiten Buchsensation mit »durchschlagender politischer Wirkung« (»Süddeutsche Zeitung«). Zu den verschiedenen medialen Verwertungen des Themas gehört auch sein 1993 in Japan gedrehter Film *Tokio ganz unten*, in dem er seine Rolle als iranischer Gastarbeiter dokumentierte. Offensichtlich bedeuteten aber die Auseinandersetzungen um sein erfolgreichstes Buch eine Zäsur in Wallraffs Schaffen. Er arbeitete seitdem im Wesentlichen auf sich allein gestellt. Während des Golfkriegs (1991) hielt er sich aus Solidaritätsgründen in Israel auf und initiierte die Veröffentlichung des Golfkrieg-Tagebuchs *Gas* (1993) der deutsch-israelischen Autorin Lea Fleischmann, für das er auch das Vorwort schrieb. Er organisierte Schutz und Unterkünfte für verfolgte Autoren wie Salman Rushdie (Autor des Buches *Satanische Verse*) oder den kurdischen Kollegen und Dissidenten Selim Cürükkaya. Gleichzeitig betätigte er sich als Herausgeber unterdrückter Schriften. Seit 2000 engagiert er sich immer wieder in ostdeutschen Schulen und Jugendklubs gegen Rechtsradikalismus und Fremdenfeindlichkeit. Seinen 60. Geburtstag im Oktober 2002 nahm er zum Anlass, um in Afghanistan eine Mädchenschule zu stiften.

Wallraff erhielt zahlreiche Preise und Auszeichnungen, u.a. 1979 den Gerrit-Engelke-Literaturpreis der Stadt Hannover, 1983 den Preis der schwedischen Monismanienstiftung, 1984 die Carl-von-Ossietzky-Medaille, 1985 den französischen Literaturpreis der Menschenrechte zusammen mit James Baldwin, 1987 den British Academy Award of Film and Television Art und den französischen Medienpreis Prix Jean d'Arcy für die Verfilmung von *Ganz unten*. Wallraff stiftete selbst Preise und stellte einen Großteil seiner Honorare für die Einrichtung des Hilfsfonds »Ausländersolidarität« sowie der Stiftung »Zusammen-Leben« zur Verfügung.

Je größer und durchschlagender der publizistische Erfolg Wallraffs wurde, desto heftiger entwickelte sich die kontroverse Debatte über seine Rolle als Literaturproduzent. Er musste sich auch mit der politischen Kritik früherer Mitarbeiter und Freunde sowie dem Vorwurf des Plagiats auseinander setzen. Doch für die inhaltliche Diskussion über Qualität und Grenzüberschreitung von Literatur müssen Einwände, die sich auf finanzielle Ansprüche der Gewinnbeteiligung reduzieren, ebenso unerheblich bleiben wie jener ideologische Grundsatz einer Kulturkritik, dem große Publikumserfolge prinzipiell zweifelhaft erscheinen. Mit seiner Aussage »Ich will keine so genannte Literatur machen« hat Wallraff selbst das Stichwort für die Ratlosigkeit der akademischen Literaturkritik geliefert. Und in der Tat findet man bei ihm weder Arbeiterpoesie, noch kann man Zuordnungen zu einer bestimmten Literaturgattung oder zu literaturgeschichtlichen Strömungen vornehmen. Der Soziologe Oskar Negt sieht den Grund für die Hilflosigkeit der herkömmlichen Literaturkritik gegenüber dem Phänomen Wallraff darin, dass man mit Reflexionen über Reportagetechnik, dokumentarischer Methode, mit Diskussionen über Realismus und mit geschichtlichen Analogien zum Reportageroman kaum einen Schritt weiterkomme. In einem Text aus dem Jahre 1977 mit dem Titel *Kisch und Ich heute* hat Wallraff ausführlich dargestellt, was ihn mit dem berühmten »rasenden Reporter« verbindet und was ihn doch auch wieder grundlegend von ihm unterscheidet. Anders als bei dem blendenden Stilisten Kisch hat bei Wallraff nicht der Ausdruckszwang den Vorrang, sondern die Erforschung verborgener Wirklichkeiten – und vor allem ist er nicht selbst der literarische »Held«: »Ich muss selbst erst zum Betroffenen, notfalls zum Opfer werden, um über die Situation der Opfer dieser Gesellschaft schreiben zu können.« Wallraffs Bücher leben nicht von der Eloquenz seines Stils, sondern von der Eloquenz seiner Geste. »Wallraff«, so Heinrich Böll, »dringt in die Situation, über die er schreiben möchte, ein, unterwirft sich ihr und teilt seine Erfahrungen und Ermittlungen in einer Sprache mit, die jede ›Überhöhung‹ vermeidet, sich nicht einmal des Jargons bedient, der ja als poetisch empfunden werden könnte.« Die Begrenzung seiner literarischen Berichte auf das selbst Erfahrene ergibt Unmittelbarkeit,

Authentizität und sinnliche Nähe. Er selbst hat von der Notwendigkeit einer »Erwärmung um wenige Grad« gesprochen, um als Schriftsteller einen gesellschaftlichen »Bewusstseinssprung« zu erreichen (*Vom Ende der Eiszeit und wie man Feuer macht*). Um Literatur zum »Kontrapunkt der gesellschaftlichen Realität« zu machen, brauche man nicht immer im Sinne Gogols »bedrückte Seelen«, heißt es in der Analyse des Literaturwissenschaftlers Sargut Sölcun. Auch »Schelme und listige Gestalten« könnten hingenommene Wirklichkeit infrage stellen. Wallraffs Ali sei beides zur gleichen Zeit. Er habe zwei Funktionen: »Er existiert in Wirklichkeit nicht, wenigstens ist er nirgendwo registriert; aber gerade durch jene Art des ›Nichtexistierens‹ macht er auf existierende Zustände aufmerksam.« Für Sölcun erscheinen die leidenden Gestalten und ihr Autor in *Ganz unten* aber auch in der Tradition von Büchners *Woyzeck*. Bereits der 16-jährige Wallraff beschreibt in einem später veröffentlichten Schulaufsatz seinen »Ideal-Beruf« als »Flucht« aus einer feindlichen Zeit in eine eigene, selbst errichtete Welt, als trauriges »uraltes Spiel im ganzen großen Zirkus: Hanswurst, Clown, Harlekin« (*Vorzüge und Nachteile eines »Ideal-Berufes«*). Sein ernsthaftes Maskenspiel, so Leo Kreutzer, »stellt ihn den stärksten Erzählungen von menschlicher Entfremdung und gesellschaftlicher Fehlentwicklung an die Seite«. Auch Hans Mayer erkannte in Wallraffs Texten »gerade auch dort, wo sie den Leser erschüttern müssen, zugleich so etwas wie Schelmenromane«. Er trete in seinen Rollen bisweilen »auch als Moralist der falschen Couleur« auf die literarische Szene. Aber seine Bücher seien nicht Erzeugnisse der Einbildungskraft, ersonnen am Schreibtisch – »sie mussten in einer schmerzhaften Wirklichkeit, unter dem Signum des Opfers, erprobt werden. Vielleicht haben sie dadurch gerade so viele Leser erreichen können, die es vorher noch niemals gedrängt hatte, einen Buchladen zu betreten und dort etwas zu kaufen.«

Willi Jasper

Werke: *Wir brauchen dich. Als Arbeiter in deutschen Industriebetrieben*, Mü. 1966, als TB u. d. T. *Industriereportagen*, Reinbek 1970; *Straßenmusikanten*, Film, 1966; *Vorläufiger Lebenslauf nach Akten und Selbstaussagen des Stefan B.*, Bln. 1968; *Meskalin – Ein Selbstversuch*, m. Offsetlithografien v. Jens Jessen, Bln. 1968; *Nachspiele*, szenische Dokumentation, Ffm. 1968, UA Recklingh. 1968; *13 unerwünschte Reportagen*, Köln 1969; *Hängt den D. auf! Ein nicht gesendetes Fernsehspiel*, in: »Blätter für deutsche und internationale Politik«, Heft 10, 1969; *Von einem, der auszog und das Fürchten lernte. Bericht, Umfrage, Aktion. Aus der unterschlagenen Wirklichkeit*, Mü. 1970, Dr., zus. m. Roland Gall, UA Tüb. 1974; *Flucht vor den Heimen*, Film, ZDF 1971; *Neue Reportagen, Untersuchungen und Lehrbeispiele*, Köln 1972; *Erfolg, gib uns Recht*, Hsp., 1972; *Das Kraftwerk*, Hsp., zus. m. Jens Hagen, 1973; *Freie Marktwirtschaft*, Hsp., zus. m. Klaus Antes, 1973; *Ihr da oben, wir da unten*, zus. m. Bernt Engelmann, Köln 1973, erw. Ausg. 1975; *Was wollt ihr denn, ihr lebt ja noch. Chronik einer Industrieansiedlung*, zus. m. Jens Hagen, Reinbek 1974; *Ermittlungen gegen unbekannt*, Film, zus. m. J. Alberts, ZDF 1974; *Steckbrief eines Unerwünschten*, Fssp., 1975; *Betriebsunfall*, Hsp., zus. m. Klaus Antes, 1975; *Wie hätten wir's denn gerne? Unternehmensstrategen proben den Klassenkampf*, zus. m. Bernd Kuhlmann, Wuppertal 1975; *Unser Faschismus nebenan. Griechenland gestern – ein Lehrstück für morgen*, zus. m. Eckart Spoo, Köln 1975; *Die Reportagen*, Köln 1976; *Aufdeckung einer Verschwörung. Die Spinola-Aktion*, zus. m. Hella Schlumberger, Köln 1976; *Berichte zur Gesinnungslage der Nation/ Berichte zur Gesinnungslage des Staatsschutzes*, zus. m. Heinrich Böll, Reinbek 1977; *Der Aufmacher. Der Mann, der bei »Bild« Hans Esser war*, Köln 1977, veränd., erw. Neuausg. 1977, 1982 und 2002; *Informationen aus dem Hinterland*, Dok.-F., 1977; *Zeugen der Anklage. Die »Bild«-Beschreibung wird fortgesetzt*, Köln 1979; *Unsere Fabrik*, Fotobd., Texte zus. m. Max v. d. Grün, Luzern 1979; *Das »Bild«-Handbuch*, Hbg. 1981, u. d. T. *»Bild«-Störung – Ein Handbuch*, Köln 1985; *Die unheimliche Republik. Politische Verfolgung in der Bundesrepublik*, zus. m. Heinrich Hannover, Hbg. 1982; *Nicaragua von innen*, zus. m. anderen Autoren, Hbg. 1983; *Die nackten Füße Nicaraguas*, Drehb., 1983; *Mein Lesebuch*, Ffm. 1984; *Befehlsverweigerung. Die Bundeswehr- und Betriebsreportagen*, Köln 1984; *Bericht vom Mittelpunkt der Welt*, Köln 1984; *Is was Kanzler? Eine Bonner Klamotte*, zus. m. Jochen Busse u. Gerhard Schmidt, Köln 1984; *Enthüllungen. Recherchen, Reportagen und Reden vor Gericht*, Ffm. 1985; *Heinz G. Schmidt: Der neue Sklavenmarkt. Das Geschäft mit Frauen aus Übersee*, Hg., Basel 1985; *Ganz unten*, Köln 1985, Film, Radio Bremen 1986; *Günter Wallraffs BILDerbuch*, Gött. 1985; *Sara Gül Turan: Freiwild. Meine Zeit in einem deutschen Gefängnis*, Hg., Düsseld. 1985; *Predigt von unten*, Gött. 1986; *Unser Faschismus nebenan. Erfahrungen bei NATO-Partnern*, Köln 1987; *Reportagen 1963–1974*, Köln 1987; *Und macht euch die Erde untertan ... Eine heidnische Predigt und Widerrede*, Film, DRS/Radio Bremen 1987, gedr. Gött. 1987; *Vom Ende der Eiszeit und wie man Feuer macht. Aufsätze, Kritiken, Reden*, Köln 1987; *Akteneinsicht*, Gött. 1987; *Ganz unten. Mit einer Dokumentation der Folgen*, Köln 1988; *Wallraff war da. Ein Lesebuch*, Gött. 1989; *Mein Tagebuch aus der Bundeswehr. Mit einem Beitrag von Flottenadmiral Elmar Schmähling und einem Dialog zwischen Günter Wallraff und Jürgen Fuchs*, Köln 1992; *Enthüllungen*, Gött. 1992; *Tokio ganz unten*, Film, Japanisches Fernsehen 1993; *Alfred Lessing: Mein Leben im Versteck. Wie ein deutscher Sinti den Holocaust überlebte*, Hg., Düsseld. 1993; *Selim Cürükkaya: PKK – Die Diktatur des Abdullah Öcalan*, Hg., Ffm. 1997; *Dev-*

rim Kaya: Meine einzige Schuld ist, als Kurdin geboren zu sein. Eine junge Frau auf der Flucht vor türkischer Folter und deutscher Justiz, Hg., Ffm. 1998; *Ich – der andere. Reportagen aus vier Jahrzehnten*, Köln 2002.

Walser, Alissa wurde am 24. 1. 1961 als Tochter des Schriftstellers Martin Walser in Friedrichshafen am Bodensee geboren. Von 1981 bis 1986 studierte sie Malerei in New York und Wien. Für ihre Erzählung *Geschenkt* bekam sie 1992 den Ingeborg-Bachmann-Preis, ebenfalls 1992 erhielt sie den Bettina-von-Arnim-Preis, 2000 das Literatur-Stipendium der Märkischen Kulturkonferenz. Alissa Walser ist Mitglied im internationalen P.E.N.-Klub und lebt in Frankfurt am Main.

Alissa Walser erzählt von Sex und Gewalt, von Obsessionen, Rausch und Katerstimmung, »von kurzer Liebe und langem Lamento«, konstatierten Kritiker angesichts ihres Erzählbandes *Die kleinere Hälfte der Welt* (2000). »Sie erzählt von Mädchen und jungen Frauen, die oft lügen müssen. Sie erzählt davon, dass keiner mehr erzählt. Kommunikation wird ersetzt durch das Aufeinandertreffen von Körpern. Das ist als Thema nicht neu, neu ist aber die grelle Reduktion, mit der das hier auf den Punkt gebracht wird.« Schon die preisgekrönte Debüt-Erzählung *Geschenkt* (in: *Dies ist nicht meine ganze Geschichte*, 1994) vereint in sich die prägnanten Stilelemente Alissa Walsers: Die kurzen Sätze, die distanzierte Erzählhaltung, die sachliche und dennoch subtile Sprache, die vom Feuilleton als symptomatische »Prosa des ausgehenden 20. Jahrhunderts« bezeichnet wurde, »kühl wie Chrom, sachlich wie ein Laptop«. In dieser Erzählung wird die Geschichte einer inzestuös erscheinenden Vater-Tochter-Beziehung und deren entscheidender Wendepunkt erzählt. Die achtjährige Tochter liegt in der Nacht vor ihrem Geburtstag in einem Hotelbett neben ihrem Vater und glaubt von seinen unter der Decke masturbierenden Händen, dass sie ein Geburtstagsgeschenk versteckten. Als sie sich körperlich zur Frau entwickelt, schenkt ihr der Vater eine jährlich wachsende Summe Geldes zum Geburtstag. Das Schenken und die Annahme des Geschenkes durch die Tochter stellen in diesem Zusammenhang ein sexuell konnotiertes Eindringen des Vaters in ihren persönlichen Raum dar. »Ich will dein privates Fleisch«, sagt sie dann selbst zu dem fremden Mann, den sie sich am Tag vor ihrem 31. Geburtstag von dem Geld des Vaters kauft. In der Umkehrung des väterlichen Verhaltens offenbart sie den verdeckten Sexualakt. Sie erzählt ihrem Vater am Telefon von der Szene mit dem gekauften Fremden, weist sein Verhalten damit aber gleichzeitig zurück und schließt so die Tür zu ihrer Kindheit.

Auf Anhieb gewann Alissa Walser mit dieser Erzählung den Ingeborg-Bachmann-Preis. Der tumultuarische Erfolg erklärte sich unter anderem auch über autobiografische Bezüge, die viele Kritiker zu entdecken meinten. Das vermeintliche literarische Skandalon einer erotisch aufgeladenen Beziehung zwischen Tochter und berühmtem Vater schien zunächst die erzählerische Qualität der Geschichte selbst zu überlagern. Alissa Walser ließ sich indes nicht vom öffentlichen Druck und der preisfixierten Erwartungshaltung des Literaturbetriebs verunsichern und veröffentlichte die Erzählung erst zwei Jahre danach in einem Band, der unter dem programmatischen Titel *Dies ist nicht meine ganze Geschichte* eine klare Antwort auf die Turbulenzen zwei Jahr zuvor gab. Auch in den anderen Erzählungen des Bandes stehen ebenso heftige wie flüchtige Liebesbeziehungen im Mittelpunkt, Begegnungen zwischen Frau und Mann, die von Gefühllosigkeit, Fremdheit, Materialismus und Macht bestimmt sind. Die angestrebte Rätselhaftigkeit ihrer Prosa erzielt Alissa Walser, indem sie die weiblichen Ich-Erzählerinnen mit einer Mischung aus porentiefer Wahrnehmungsschärfe, ein wenig Promiskuität und einem guten Stück Skrupellosigkeit ausstattet. Diese Mischung findet sich auch in dem zweiten Erzählband *Die kleinere Hälfte der Welt* wieder. Die markante Titelerzählung ist geprägt von einer genüsslich-grausam zelebrierten Erinnerung an »das erste Mal«. Die Mutter will der Tochter eine Gebrauchsanleitung zur Sexualität geben, dabei ist es schon lange passiert. Zehn Jahre später berichtet die Tochter der Mutter, wie sie ihre Unschuld verlor – an einem heißen Sommernachmittag, die Mutter war in der Redaktion, der Vater auf Reisen. Der Nachbar, ein amerikanischer Kammersänger, wollte mit der 14-Jährigen ein Lied einstudieren. Wie die Verführung vonstatten ging und dass sie, die Tochter, genau wusste, dass er, der leicht verfettete Tenor, auch der Liebhaber der Mutter ist, enthüllt die Erzählerin ganz allmählich. Geradezu beiläufig schildert die Tochter, wie die Mutter einen ganzen Sommer lang von ihr betrogen wurde, und spart dabei nicht mit den banalen Details dieses Ereignisses. Die schockierende Kälte, mit der die Tochter das vorträgt, ist typisch für die Erzählweise Alissa Walsers. Ihre Ich-Erzählerinnen stammen aus den Wirtschaftswunder-Eigenheimen der Stadtränder und fliehen aus den eingezäunten Spiellandschaften voller toleranter Eltern und Satellitenantennen. Es drängt sie in die Zentren, ins Studium, ans Meer, auf die Autobahn oder zu älteren Männern. Sie fliehen in die Tristesse des Sex ohne Erotik – schöne, traurige Sklavinnen allesamt, die ein modernes Frühlingserwachen als Ausgenutzte durchleben und doch meinen, sie hielten die Fäden in der Hand. »Du kriegst die besten Speisen serviert, jeden Tag, nur immer eine Spur zu wenig, um satt zu werden. Du verhungerst langsam.« Die scheinbare Teilnahmslosigkeit der Erzählerin Alissa Walser ist dabei nur ihr wirksamstes Stilmittel, um sich die volle Anteilnahme des Lesers zu sichern.

Hellmuth Opitz

Werke: *Traumhochzeit*, Bilderb., u. d. Ps. Fanny Gold, Ffm. 1990; *Dies ist nicht meine ganze Geschichte*, En., Reinbek 1994; *Sylvia Plath: Max Nix*, Übs., Ffm. 1995; *Diane Glancy: Tante Parnettas elektrische Wunden*, Übs., Ffm. 1995; *Das Entzücken*, Theaterst., Reinbek 1996, UA Zür. 2000; *Sylvia Plath: Die Tagebücher*, Übs., Ffm. 1997; *Robert Barry: Ein kleines Stück vom Glück*, Kinderb., Übs., Ffm. 1999; *Die kleinere Hälfte der Welt*, En., Reinbek 2000; *Anne Carson: Glas, Ironie und Gott*, Übs., zus. m. Gerhard Falkner, Mü. 2000; *Was Sie schon immer über S. wissen wollten*, Dramolett, 2001; *Marsha Norman: Nacht, Mutter*, Übs., Ffm. 2002; *Christopher Hampton: Rede-Kur*, Übs., Ffm. 2003. Außerdem Übersetzungen von zahlreichen Theaterstücken von Edward Albee, Joyce Carol Oates, Lanford Wilson, Norman Brock und Janusz Glowacki.

Walser, Johanna, wurde am 3. 4. 1957 in Ulm geboren und wuchs in Friedrichshafen und in Überlingen am Bodensee auf. Nach dem Abitur war sie ein halbes Jahr in einer Gärtnerei beschäftigt. Ab 1982 studierte sie Germanistik und Philosophie in Berlin und Konstanz. Sie erhielt 1981 das Stipendium des Berliner Senats, 1982 den Luise-Rinser-Preis, 1988 Westermanns Phoenix-Preis und 1993 das Villa-Massimo-Stipendium.

Der möglichen Hypothek, einen so erfolgreichen Schriftsteller wie Martin Walser zum Vater zu haben, entledigte sich Johanna Walser bereits mit ihrem Debütband *Vor dem Leben stehend* (1982) souverän. Zwar konnte man der offensichtlich stark polarisierten Literaturkritik Urteile entnehmen, die von »angelesener Backfischpoesie« (Eckart Klessmann) bis zu »Gefühls- und Orientierungsanläufe ... kleine Melodien« (Karl Krolow) reichten; hingegen wurden auch literarische Parallelen zu Franz Kafka, Ingeborg Bachmann und vor allem zu Robert Walser herausgestellt. Anhand von 81 Prosaminiaturen begleitet man die von Ängsten und Selbstzweifeln gequälte Erzählerin durch ein intimes Tagebuch akribisch beobachteter und notierter Alltagsimpressionen. Ihr Verlangen nach Ruhe und Geborgenheit, ihre ungestillte Sehnsucht, die eigene »ganze Wirklichkeit zu spüren«, »ein Lächeln der Gunst zu gewinnen«, sich einfach »vom Leben aufsaugen zu lassen«, wird vereitelt, denn »die Welt schlägt sich wund an mir«. Scheu und verletzt flüchtet die Erzählerin häufig in die »verknoteten und verwirrten Gestrüppe der Dunkelheit«, meist aber in die eigene Innenwelt, in ihre zerrissene Psyche, in ein schonungsloses Selbstgespräch. In diesem hinterfragt sie alles, klagt sich so hilflos wie kritisch selbst an, wählt dann in einem erneuten Akt der Selbstablehnung die Einsamkeit, um nicht so viel Angriffsfläche zu bieten und auch um sich den Mitmenschen nicht länger zuzumuten. Ihre Identitätskrise, die vom Zwiespalt zwischen »nacktem Verlangen« und »unfeinen Sehnsüchten«, offenen Hemmungen und Berührungsängsten virulent gehalten wird und zum Teil paranoide Auswüchse erfährt, gewinnt durch die hier versammelten Skizzen und Fragmente Konturen.

Auch Lisa, die Protagonistin der Erzählung *Die Unterwerfung* (1986), ergreift mithilfe der Kunst, das heißt der Malerei, der Musik und vor allem der Sprache, die Möglichkeit, ihre Ängste zu kanalisieren und zu bekämpfen: »Lisa war nämlich süchtig danach, nicht in Betracht zu kommen.« Diese Strategie der demütigen Konfliktvermeidung hatte sie wegen der »Riesenkatze Welt« entwickelt, die »mit einem spielte, während man ganz wund und weich schon war«. Gefühlskälte, Bevormundung und so permanente wie überflüssige Demonstrationen von Macht und Überlegenheit erlebt Lisa als Manifestationen einer Welt, die ihre Träume und Vorstellungen negiert, ihr eine angebliche Untauglichkeit und Krankheit (Befund: »Seinsschwäche«) zu suggerieren und sie in einer Nervenklinik als zu schwach aus dem Lebensprozess auszusortieren versucht. Sicher, Lisa ist krank, »der Schmerz ist (für sie) das Instrument, auf dem das Schöne sich in (sie) hinüberspielt«, aber ihre Abwehrkräfte reichen nur deshalb nicht aus, weil sie in dieser für sie so fremden Welt alles genau beobachtet und sich wehrt. Johanna Walser verzichtet in ihrer Darstellung auf gesellschaftspolitische Aspekte. Der resignierende Rückzug in die eigene Innerlichkeit und die gesteigerte Sensibilität der Walserschen Weltschau finden ihre Entsprechung in einer radikal subjektiven Erzählweise. Ernst und präzise, eher spröde und sperrig formulierend, beschreibt Walser in kunstvoller, manchmal manieristischer Filigranarbeit eine schwer erträgliche Realität: »Indem ich so genau mein eigenes Weiterleben beschreibe und versuche, es darzustellen und zu erfassen, bietet es anderen vielleicht einen Entwurf des eigenen Welterlebens oder zumindest eine Möglichkeit, sich dies vorzustellen. Der Leser kann dazu Stellung beziehen, ihm kann es vielleicht eine Hilfe sein, das eigene Leiden und Erleben ausgesprochen zu sehen. Und ich stehe nicht so allein mit dem, was ich erlebe und erfahre. Der nächste Schritt wäre zu überlegen, was man daran ändern kann, wie man damit umgeht« (J. Walser, 1987).

Vom Schleier der Wehmut bedeckt zeigen sich auch die Prosastücke des Bandes *Wetterleuchten* (1991). Ein empfindsamer, sanfter Ton herrscht vor, manchmal getragen, dann wieder sprach- und bildschöpferisch. Von Sehnsüchten und Verhängnissen ist die Rede, vieles ist heilig und schön, aber doch vergeblich wie die häufig beschworene Liebe. Der *Versuch, da zu sein* (1998) bestaunt auch eine fliehende Welt, auch hier werden »unbestimmte Existenzschmerzen« empfunden, doch die Prosaminiaturen des dreiteiligen, schmalen Bandes sind von unterschiedlicher Güte. Der titelgebende Text ist das verdichtete Psychogramm der Übersetzerin Verena, die Hölderlin und Karamasov verehrt, eine Zwillingsschwester namens Maria hat und einen Freund, häufig mit der Fähre über einen See fährt, den Wind liebt, ihre Lieblingsmonde und die Erinnerung. Diesem tastenden, poetischen Akt der Selbstvergewisserung, der in seiner gleichzeitigen Weltzu- und -abgewandtheit eine radikal individuelle Haltung birgt, folgen Skizzen und Fragmente mit austauschbarem Personal und nebulösen Handlungen, rätselhaft versponnen und zum Teil trostlos in Klischees versinkend.

Thomas Kraft

Werke: *Vor dem Leben stehend*, Ffm., 1982; *Die Unterwerfung*, E., Ffm., 1986; *Molière: Der eingebildete Kranke*, Übs., zus. m. Martin Walser, Ffm. 1987; *Wetterleuchten*, En., Ffm. 1991; *Jean-Christian Knaff: Manhattan*, Übs., zus. m. Martin Walser, Mü. 1993; *Jean-Christian Knaff: Adam Elefant*, Übs., zus. m. Martin Walser, Mü. 1994; *Irene Goede: Der kleine Indianer*, Übs., zus. m. Martin Walser, Freiburg/Br. 1994; *Oscar Wilde: Märchen zwischen Tag und Traum*, Übs., m. Illustr. v. P. J. Lynch, Remseck 1994; *Bodensee – Die vier Jahreszeiten*, zus. m. Hella Wolff-Seybold, Konstanz 1997; *Versuch, da zu sein*, Pr., Ffm. 1998; *Am Wasser. Ein Bilderbuch*, zus. m. Martin Walser, m. Illustr. v. Quint Buchholz, Mü. 2000; *Colin Thompson: Wenn Sally fliegt*, Übs., zus. m. Martin Walser, Ravensburg 2001; *David Almond: Zeit des Mondes*, Übs., zus. m. Martin Walser, Ravensburg 2002; *Marianne Curley: Im Kreis des Feuers*, Übs., Mü. 2002.

Walser, Martin, wurde am 24. 3. 1927 in Wasserburg am Bodensee geboren und verbrachte dort seine Kindheit. 1938 starb sein Vater, von 1938–1943 besuchte er die Oberschule in Lindau, unterbrochen vom Arbeitsdienst, außerdem wurde er gegen Kriegsende als Flakhelfer eingesetzt. 1946 legte er sein Abitur ab und studierte anschließend in Regensburg und Tübingen Literatur, Geschichte und Philosophie. Er promovierte 1951 bei Friedrich Beißner mit einer Arbeit über Franz Kafka: *Beschreibung einer Form*. Zwischen 1949 und 1957 arbeitete er als Reporter, Regisseur und Hörspielautor beim Süddeutschen Rundfunk in Stuttgart und unternahm in dieser Funktion zahlreiche Reisen. 1953 las Walser zum ersten Mal bei der »Gruppe 47«, deren Preis er 1955 für die Erzählung *Templones Ende* erhielt, die auch in seinem ersten Buch *Ein Flugzeug über dem Haus* aus dem gleichen Jahr enthalten ist. Seit 1957 lebt Walser als freier Schriftsteller wieder am Bodensee. Er hat vier Töchter (Franziska, Alissa, Johanna, Theresia) von denen drei selbst als Autorinnen hervorgetreten sind. Seit Ende der Fünfzigerjahre ist Walser immer wieder zu Aufenthalten in die USA eingeladen worden, als Teilnehmer am Internationalen Seminar in Harvard und zu Gastprofessuren an verschiedenen Universitäten und Colleges. Seit 1981 ist er Mitherausgeber der Zeitschrift »Allmende«. Er ist Mitglied im deutschen P.E.N.-Klub und im VS, Mitglied der Akademie der Künste, Berlin, der Deutschen Akademie der Darstellenden Künste, der Deutschen Akademie für Sprache und Dichtung, Darmstadt, und der Sächsischen Akademie der Künste. Walser ist Träger des Pour le Mérite und Offizier des Ordens »Arts et Lettres«. Die Universitäten Ulm (1972), Konstanz (1983), Dresden (1994) und Hildesheim (1995) verliehen ihm Ehrendoktorwürden. 1955 erhielt er den Preis der »Gruppe 47«, 1957 den Hermann-Hesse-Preis, 1962 den Gerhart-Hauptmann-Preis, 1965 die Fördergabe des Schiller-Gedächtnispreises des Landes Baden-Württemberg, 1967 den Bodensee-Literaturpreis, 1980 den Schiller-Gedächtnispreis des Landes Baden-Württemberg, 1981 die Ehrengabe der Heinrich-Heine-Gesellschaft und den Georg-Büchner-Preis, 1987 das Große Bundesverdienstkreuz, 1990 die Carl-Zuckmayer-Medaille und den Ricarda-Huch-Preis sowie den Großen Literaturpreis der Bayrischen Akademie der Schönen Künste, 1992 den Literaturpreis der Stadt Wurzach, Allgäu, 1994 den Dolf-Sternberger-Preis für öffentliche Rede und den Franz-Nabl-Preis, 1996 den Friedrich-Hölderlin-

Preis, 1997 die Wilhelm-Heinse-Medaille, 1998 den Friedenspreis des Deutschen Buchhandels und 2002 den Alemannischen Literaturpreis sowie den »Preis der Kritik« des Verlags Hoffmann und Campe.

Wenn man den Weg Revue passieren lässt, den Martin Walser von seinem ersten Buch *Ein Flugzeug über dem Haus und andere Geschichten* (1955) bis zum Roman *Tod eines Kritikers* (2002) zurückgelegt hat, dann wäre eine Betrachtung produktiv, die sich nicht allein an dem mehr oder weniger realistischen Programm einer gesellschaftskritisch verstandenen Darstellung der sozialen Nöte und der Symptome einer entfremdeten Existenz im Leben von Mitgliedern der Mittelschicht und des Kleinbürgertums orientiert – was eine geläufige Lesart von Walsers Werk ist. Folgt man dieser, kann man nur irritiert auf einige der letzten Bücher und Essays Walsers reagieren. In einem Interview von 1998 erklärte dieser: »Und wir sind gewöhnt, Naphta- und Settembrini-Ermäßigungen noch einmal durchlaufen zu lassen, der eine ist ein Nationalbolschewik und der andere ist ein internationaler Liberaler und Humanist, mir hat das schon immer wehgetan. Gut, egal, aber das ist das gesteigerte höchste Volkshochschulprogramm, und das andere ist Existenzmitteilung. Und die Existenzmitteilung, die rücksichtslos ist gegenüber fast allem Gesellschaftlichen, das ist der reinste Ton, den die Prosa erreichen kann. Das ist das größte Gegenprogramm gegen alles Soziologische. Und das Soziologische ist die herrschende Tonart des Jahrhunderts. Ich habe mal gesagt, Soziologie wurde erfunden, damit man ohne Erfahrung schreiben kann.«

Mit den Begriffen »Existenzmitteilung« und »Erfahrung« sind zwei Kategorien benannt, die tiefer in das Walsersche Werk hineinführen können. Walser beschreibt Figuren oder lässt sie sich selbst aussprechen, die im konventionellen Sinne scheitern, und seine Texte sind sehr oft Figuren des Scheiterns – jedenfalls wenn man die Maßstäbe einer gesellschaftlich gelungenen Individuation zugrunde legt. Die Klage über die Entfremdung setzt voraus, dass es einen gesellschaftlich adäquaten und anerkannten Ort für jeden gibt. Für Walser ist, auch wenn er den Begriff der »Entfremdung« durchaus positiv aufgreift, fraglich, wer »Nichtentfremdung« definiert und wie. Für das Verständnis von Walsers Schreiben ist entscheidend, dass der hohe Stellenwert gesehen wird, den Leiden, Schmerz, Ohnmachtserfahrung, Verletzungen für den Schreibanstoß haben. Wer schreibt, sitzt nicht im Sattel, und die Mächtigen lesen nicht – nicht so, wie Walser Marcel Proust gelesen hat, als »eine Art Schaufel, mit der ich mich umgrabe«. Aber man würde die Romane, Stücke, Gedichte und Essays Martin Walsers missverstehen, wenn die Antwort auf Scheitern im Sinne eines konventionellen Lebensmodells der Erfolg wäre, wenn die Protagonisten statt ihrer Ohnmacht, die sie erleben, auf einmal Macht hätten, wenn ihre Verletzungen und die Handlungshemmung, die sie erleiden, plötzlich dem Tatendrang wichen, wenn sie mit sich identisch und jenseits des Schmerzes wären. Es sind Leiden, Schmerz und Ohnmacht, die den Figuren Walsers ihre Sprache, ihren Redestrom, ihre Suada verleihen, in denen sie zu sich selbst kommen. Der Ort ihres Scheiterns ist der, an dem auch ein gelingendes Leben, wenn es das für sie gibt, auf sie wartet, und nicht ein Ort, an dem es Scheitern gar nicht (mehr) gibt. Wenn die zentrale Konstellation in Walsers Werk die der Abhängigkeit ist, die Herr-Knecht-, Macht-Ohnmacht-Dialektik, dann zeigt sich im Prozess von Walsers Schreiben immer deutlicher, dass Autor, Figuren und Leser weiter und weiter in diese Dialektik eintreten. Man kann sie nicht aufheben, sondern es kommt darauf an, in sie hineinzukommen. Walsers Figuren, das ist das Skandalöse, lieben ihre Abhängigkeit auch, sehnen sich nach ihr, so wie es der von Martin Walser verehrte Robert Walser in seinem Werk als eine Art Endlosschleife beschrieben hat. Die Gesellschaftskritik, der politische, aufklärerische Impuls, den Martin Walsers Schreiben immer gehabt hat, bezieht sich so gesehen auf eine institutionalisierte, den Figuren undurchsichtige, versteinerte Abhängigkeitsstruktur, in der ihnen die Möglichkeit versperrt wird, durch eine eigene Sprache ihren Anteil in diesem Prozess zu erkennen und damit auch seine Dynamik. Der Redestrom von Walsers Figuren, aus denen sich das Erzählen seiner Romane ohne übergeordnete Instanz nicht selten konstituiert, ist ein zugleich destruktiver und produktiver Akt. Aus dem Stimmengewirr des gesellschaftlich geprägten, versteinerten Diskurses schöpfen sie die für sie zutreffende Sprache erst heraus, finden Formulierungen, in denen sie für einen fragilen Augenblick ihrer selbst innewerden können ohne sprachlich verfasste institutionelle, d.h. politisch, gesellschaftlich-öffentlich, medial, beruflich, alltäglich vermittelte Definitionsgewalt.

Von den an Kafka geschulten Erzählmodellen seines ersten Buches *Ein Flugzeug über dem Haus* hat sich Martin Walser schnell gelöst. In einer ersten Phase seines Werkes, im Roman *Ehen in Philippsburg* (1957) und in der Anselm-Kristlein-Trilogie (*Halb-*

zeit, 1960; *Das Einhorn*, 1966; *Der Sturz*, 1973) entwickelt Walser zum einen seinen detailgenauen, ins Satirische gehenden Blick auf die konservative Wohlstandsgesellschaft der frühen Bundesrepublik mit ihrem geschichtsvergessenen Materialismus und, mit Hans Beumann und Anselm Kristlein, zum anderen die sprachmächtigen, aber abhängigen, sich verstrickenden, um Anpassung oder Flucht ringenden Angestelltenfiguren und Schriftsteller-Imagos, die sich in einer Art Bewusstseinsstrom aussprechen und wieder verfehlen. Das Riskante, manchmal Missverständliche an Walsers exzessiven Suadas ist dabei, dass er keine referenzielle Tiefenstruktur in die Texte einzieht, die eine Art erlösendes Interpretament anbieten kann. Es gibt kein Jenseits der gesprochenen, uns sprechenden Sprache. In seinen in den Sechzigerjahren entstandenen Theaterstücken (*Eiche und Angora*, *Überlebensgroß Herr Krott*, *Der schwarze Schwan*, *Die Zimmerschlacht*) behandelt Walser sowohl private als auch politische Machtkämpfe und das Hineinragen nationalsozialistischer Ideologie in die Gegenwart. Mit den »Ich-Orgien« vor allem der *Halbzeit*-Trilogie an eine gewisse Grenze gekommen und politisiert durch seine Kritik am Vietnamkrieg, sein Engagement für eine IG-Kultur und die Sympathien für den studentischen Protest, setzte sich Walser neben eigenen, stärker experimentellen Prosaarbeiten und der faszinierenden Krankheitsstudie seines Romans *Die Gallistl'sche Krankheit* (1972) für die Veröffentlichung von Texten aus der Arbeitswelt und gesellschaftlichen Randbereichen ein und schrieb die Einleitung zu Erika Runges *Bottroper Protokollen* (1968). Stand Walser damals der DKP nahe, so gehörte er dennoch zu den wenigen linken Intellektuellen, die, wie etwa Hans Magnus Enzensberger oder auch Ingeborg Drewitz, die Hoffnung auf eine friedliche, demokratische Wiedervereinigung des geteilten Deutschlands nie aufgegeben hatten (was später auch in der Novelle *Dorle und Wolf*, 1987, und dem Roman *Die Verteidigung der Kindheit*, 1991, Niederschlag fand). Walser machte sich damals gleich doppelt Feinde: innerhalb des bürgerlichen Kulturestablishments und jenem Teil der Linken, der sein Eintreten für ein vereintes Deutschland für politisch unkorrekt hielt. Hier entwickelten sich die politischen Kampflinien, die dann später in der Auseinandersetzung um Walsers Rede über Deutschland von 1988, seine Friedenspreis-Rede von 1998 und um die Romane *Ein springender Brunnen* (1998) und *Tod eines Kritikers* (2002) geradezu explodierten. Die Kritik an seinen Romanen *Jenseits der Liebe* (1976) und *Seelenarbeit* (1979) empfand Walser als Abstrafung seines politischen Engagements, zumal seine meisterliche und sehr erfolgreiche Novelle *Ein fliehendes Pferd* (1978) so outriert gelobt wurde wie die Romane verrissen. Alle drei Bücher arbeiten sich auf schlankere, kompaktere, knappere Weise an jener schon beschriebenen Abhängigkeitsdialektik ab, und hier entwickelt Walser Figuren wie Franz Horn, Helmut Halm, Xaver und Gottlieb Zürn, die einerseits in der Bodenseeregion, Walsers Heimat, und deren Sprache wurzeln, andererseits in verschiedenen Romanen wieder auftauchen, die so eine Art Familienzusammengehörigkeit entwickeln, ähnlich wie bei William Faulkner oder dem Walser – bei aller komplizierten Freundschaftsdynamik – menschlich und literarisch nahe stehenden Uwe Johnson. Er ist auch das Vorbild für Rainer Mersjohann, einer Figur in einem der schönsten Bücher Walsers, dem Amerika-Roman *Brandung* (1987), in dem Helmut Halm nun eine Gastdozentur in Kalifornien annimmt. Der Roman ist in der Beschreibung von Halms Rivalitäten und der tragisch endenden Liebe des gewissermaßen glücklich verheirateten Halm zur Studentin Fran so typisch walserisch, wie er nur sein kann, und doch auch eine besonders lichte Hommage an Amerika, wo Walser selbst als Gastprofessor seinerzeit die, wie er einmal sagte, vielleicht glücklichste Zeit seines Lebens verbracht hat.

Walsers Rede über Deutschland von 1988, die von vielen anderen Essays und Einlassungen schon seit einem Jahrzehnt präfiguriert war, ist durch die folgenden geschichtlichen Ereignisse bestätigt worden und verrät, den ständig gegen Walser erhobenen Vorwurf der dumpfen Emotionalität widerlegend, im Gegenteil dessen politische Hellsicht, die er hier, mit Blick auf die politisch-ideologischen Blöcke der Nachkriegszeit, mit dem kühler argumentierenden Dieter Wellershoff teilt. Bemerkenswert ist eher, von heute aus gesehen, der Anfang der Rede, weil er sehr genau das – damals noch für unausführbar gehaltene – Erinnerungsprojekt von Walsers autobiografischem Kindheitsroman *Ein springender Brunnen* ankündigt, der genau zehn Jahre nach dieser Rede erschien und erneut für Kontroversen sorgte: »Ich habe das Gefühl, ich könne mit meiner Erinnerung nicht nach Belieben umgehen. Es ist mir, zum Beispiel, nicht möglich, meine Erinnerung mit Hilfe eines inzwischen erworbenen Wissens zu belehren. Die Erinnerung reicht zurück in eine Zeit, von der ich inzwischen weiß, daß sie furchtbar gewesen ist. Jedes Parteigesicht, jede Militärerscheinung, jede Lehrperson und alle Gesichter aus der Nähe zeigen, dass sie aus jener Zeit stammen. Aber das Furchtbare selber zeigen sie nicht. Ein Sechs- bis Achtzehnjähriger, der Auschwitz nicht bemerkt hat ... Das Licht, in dem mir die Erinnerung Gegenstände von damals präsentiert, ist ein festhaltendes Licht, eine Art Genauigkeitselement ... Die Bilder sind jeder Unterrichtung unzugänglich. Alles, was ich inzwischen erfahren habe, hat diese Bilder nicht verändert.« Damals war Walser der Meinung, die »Unschuld der Erinnerung« nicht vermitteln zu können. Sein sehr erfolgreicher Roman *Die Verteidigung der Kindheit* (1991) fußt, wie *Finks Krieg* (1996) und *Der Lebenslauf der Liebe* (2001), auf einem realen Schicksal, das sich Walser – wie auch in den anderen Fällen – mit einer jahrelangen Fleiß- und Recherche-Arbeit angeeignet hat. Er erzählt die Geschichte von Alfred Dorn, einem veritablen Muttersöhnchen, dessen exorbitante Mutterbindung aber gerade nicht denunziert, sondern als ein heroischer Liebesakt dargestellt wird, und kann auch als Vorlauf zu Walsers eigenem Kindheitsroman aufgefasst werden. Denn auch Dorn, der aus Dresden stammt, in Berlin studiert hat, in Wiesbaden als Regierungsdirektor arbeitet und wegen der Mutterfixierung die deutsche Teilung vor allem als private Störung erlebt, aber gerade deshalb auch wirklich unter ihr leidet (nicht zuletzt wegen der eindrucksvollen Dresden-Passagen hat man den Roman als einen Wiedervereinigungs-Roman gelesen), hält an der Unveränderlichkeit der Kindheitsbilder, Kindheitsgefühle, Kindheitsliebe fest, und es ist die Unbeirrbarkeit dieses Gefühls, dessen Unerziehbarkeit, aber auch Nicht-Korrumpierbarkeit, die Walser als »mea res« empfunden haben muss.

Als *Ein springender Brunnen* 1998 erschien, abermals ein Erfolg, muss der Widerstand, auf den das Buch, neben großer Anerkennung und Lob, auch stieß, wie so oft schon außerordentlich quälend für Martin Walser gewesen sein. Walser gehörte lange schon zu den Autoren, die mit ihrer von Widerspruch befeuerten und Widerspruch herausfordernden Sprach- und Geschichtsempfindlichkeit, ihrem radarfeinen Gespür für verdinglichte Sprache und abgezogene, veranstaltete Meinungen immer wieder genau den ideologischen Nerv des kulturell sanktionierten Diskurses trafen. Statt über das von ihm in jener zitierten Rede ja schon lange veröffentlichte Erinnerungsproblem und die Erinnerungswachheit, über ihre ästhetischen und geschichtsphilosophischen Implikationen und Voraussetzungen ernsthaft zu diskutieren, wurde genau das wieder eingefordert, was Walser gar nicht hatte liefern wollen, weil er es nicht liefern konnte: eine geschichtlich-politisch-pädagogisch belehrte, nachträglich purifizierte Erinnerung, gleichsam nach deutschen Reinheitsgebot. Selbstverständlich ist *Ein springender Brunnen* kein apologetischer Kindheitsroman. Er beschreibt sehr genau die allmähliche Verwandlung der Kindheitswelt durch die Herrschaft der Nazi-Partei. Politisch motivierte Gewalt und Judenverfolgung werden beschrieben, wie das Kind Johann sie eben erlebt – aber nicht das, was dieses Kind in seiner kleinbürgerlichen Bodensee-Heimat nicht erfahren hat, was sich ihm nicht als Bild, als Eindruck und Einsicht darbot, etwa die systematische Judenvernichtung in Auschwitz. Und obwohl der Tod des Vaters, der Krieg in diese Kindheit hineinwirken, ist sie keine an sich unglückliche, verdunkelte. Es gibt die »Unschuld der Kindheit«, die Walser beschreiben, rekonstruieren wollte. Das ist möglich, weil die Sprache nicht nur das Reservoir der Schuld ist, sondern auch einer emotionalen und gegenständlich, landschaftlich verankerten Gegenwelt. »Traumhausbau« nennt das Buch, was es unternimmt und über das es beständig reflektiert. »Roman« genannt, ist es keine klassische Autobiografie, sondern wie *Les mots* von Jean-Paul Sartre (1964) oder *La règle du jeu* von Michel Leiris (4 Bände, 1948, 1955, 1966, 1976) eine von autobiografischen Momenten ausgehende Rekonstruktion von Kindheit über die jeweils prägenden sprachlichen und erotischen Kodes, die sich als Werk der Fiktion von der Person des Autors abgelöst hat und doch beständig auf ihn verweist. Die drei Teile des Buches erzählen von den Jahren 1932/33, vom Frühjahr und Sommer 1938 und 1945 in Wasserburg am Bodensee, von erster Liebe, von Mädchen und Büchern, in einer farbigen, ausdrucksstarken, von Regionalismen gesättigten Sprache und zugleich über die Sprache, über die Aura der Wörter und den »Wörterbaum« des fantasiebegabten, nicht sehr tüchtigen, von indischer Weisheit und Theosophie begeisterten und kränkelnden Vaters, der früh stirbt. Der Titel des Buches bezieht sich auf eine Stelle aus Friedrich Nietzsches *Zarathustra*, eine der prägenden Leseerfahrungen (neben Karl May, Friedrich Hölderlin, Hermann Hesse) des jugendlichen Johann (für Walser ist die Lektüre Nietzsches eine der wichtigsten Inspirationsquellen), der das Fazit zieht: »Die Sprache ... ist ein springender Brunnen.« Es gibt in diesem Roman, im zweiten, »Das Wunder von Wasserburg« genannten Teil, eine sehr merkwürdige Passage, die sich auf eben jenes Wunder bezieht, als Johann aus Liebe zu dem Zirkusmädchen Anita von Zuhause fortbleibt und doch für alle anderen da gewesen ist, ein Rätsel, das nicht aufgelöst wird. Es ist, als hätte er sich verdoppelt, als wäre er, wie Rip van Winkle, aus der Zeit gefallen, als hätte er alles nur geträumt. Nicht nur bleibt Johann so die erwartete Strafe für das Ausbleiben erspart, er hat offenbar als Alter Ego lauter Leistungen erbracht, die ihm bislang schwer gefallen waren und ihm jetzt nur Lob einbringen. Wie auch immer man diese wundersame Stelle verstehen soll – irgendeine Instanz meint es gut mit Johann, und so verweist diese Stelle des Romans auf einen für Walser bedeutsamen Zusammenhang, nämlich das, bei allem Scheitern und Versagen seiner Figuren, Anti-Apokalyptische seines Werkes. Walser ist kein Autor des Untergangs, der Vernichtung, der Zukunftslosigkeit, des Verschwindens – eine für das 20. Jahrhundert eher seltene Position.

Die Dankesrede Martin Walsers zur Verleihung des Friedenspreises des deutschen Buchhandels später im gleichen Jahr 1998 sorgte für anhaltenden Streit. Schon 1965 hatte Walser in dem Essay *Unser Auschwitz* (im Zusammenhang mit dem Auschwitz-Prozess) auf ganz ähnliche Weise über das individuelle Gewissen und Schamgefühl und den Schuldzusammenhang der deutschen Geschichte nachgedacht. In dem 1979 anlässlich einer Ausstellungseröffnung von Zeichnungen von Häftlingen des Konzentrationslagers Auschwitz in Dachau gehaltenen Vortrag *Auschwitz und kein Ende* beschreibt Walser schon knapp zehn Jahre zuvor mit den gleichen Worten den Impuls, »lieber wegzuschauen« angesichts des perennierenden Grauens und der Unmöglichkeit, es zu »bewältigen«. Neu ist in der Rede in der Frankfurter Paulskirche allein die Kritik am geplanten Holocaust-Denkmal in Berlin, der »Monumentalisierung der Schande«, und die Zurückweisung eines bestimmten Sprachgebrauchs, bei dem Auschwitz und alles, wofür der Begriff symbolisch benutzt wird – das Verbrechen, der Zivilisationsbruch der Deutschen –, als »Drohroutine« instrumentalisiert werden. Hatte Walser in den beiden genannten früheren Reden explizit hervorgehoben, dass es zwar sprachlich, lebensgeschichtlich, ethisch und psychologisch vermittelte Grenzen gibt, sich individuell jeweils für Auschwitz verantwortlich, an Auschwitz schuldig fühlen zu können, erst recht für die Nachgeborenen, dass es aber einen das individuelle Fühlen und Gewissen übersteigenden nationalen, historischen und staatlich-rechtlichen Zusammenhang gibt, der sehr wohl jene Verantwortung einschließt und allen Deutschen abverlangt, klingt dieser Aspekt durchaus in der Friedenspreisrede noch einmal an, wird aber in der Kritik am Holocaust-Denkmal eingeschränkt, das sich ja umgekehrt gerade aus jenem, das Individuum übersteigenden Zusammenhang legitimiert, ihn repräsentiert und nicht erlaubt, ihn wieder wegzuerklären. Walser reagiert auf die Weigerung, den Deutschen ihre »Normalität«, der einzelnen Lebensgeschichte ihre »Unschuld« zurückzuerstatten, er reagiert auf Jahre, Jahrzehnte einer teilweise höchst aggressiven Kritik an seinen Versuchen, konkret, individuell, erfahrungsgesättigt, eben als »Existenzmitteilung« über Geschichte, Verstrickung und Rettung zu sprechen. Die Rede ist auch eine Reaktion auf die Kritik am *Springenden Brunnen.*

Nun hätte es eine sachliche Diskussion über Fragen der Normalität der Deutschen, des rituellen Gedenkens, der staatlichen Repräsentanz des deutschen Schuldzusammenhangs, bei dem es ja auch um Völkerrecht, internationale Institutionen, Opferschutz, Wiedergutmachung, um rechtliche Fragen der staatlichen Nachfolge des NS-Staates usw. hätte gehen müssen, geben können. Es gab aber eine monatelange, medial inszenierte Debatte, bei der Walser von Ignatz Bubis, dem Vorsitzenden des Zentralrats der Juden in Deutschland, als »geistiger Brandstifter« für rechte, antisemitische Gewalt bezeichnet wurde – ein unhaltbarer Vorwurf. Walsers Insistieren auf der individuellen, existenziellen Erfahrung kann auch darauf verweisen, dass die Permanenz rituellen Gedenkens und Beschwörens, dass die Verbrechen des NS-Regimes niemals vergessen werden dürften, gerade bei jedem Einzelnen eine Erfahrungs-Leerstelle hinterlassen haben, die nur notdürftig durch eine oft gut gemeinte, aber veranstaltete Sprache gefüllt wurde und wird.

Mit seinem Roman *Der Lebenslauf der Liebe* (2001) stellt Walser zum ersten Mal eine weibliche Figur, Susi Gern, in den Mittelpunkt eines Werkes, das in seiner Darstellung von Gesellschaft (hier reiche Düsseldorfer Unternehmer und ihr rheinisches Umfeld) an seine frühen Romane erinnert. In der durch nichts zerstörbaren Entschlossenheit zur Liebe, zum »Unglücksglück«, in ihrer auch vor Lächerlichkeit nicht zurückschreckenden Radikalität aber ist dies eine späte Figur. Der Roman basiert auf der realen Lebensgeschichte einer Walser seit langem vertrauten Dame. In *Finks Krieg* flieht der Protagonist am Ende, auch vor seinem eigenen Rachefeldzug, in ein Frauenkloster und träumt davon, eine Benediktinerin zu sein. In *Lebenslauf der Liebe* hat der Autor das weibliche Gewand angenommen, übrigens auch noch mit einer weiteren Figur, der anrührenden und literarisch einmaligen Gestalt der Tochter Susi Gerns, Conny, die behindert ist und in ihrer Eingeschränktheit und Originalität ohne jede Sentimentalität gezeichnet wird.

Einen vergleichbaren Literaturskandal, wie Walsers noch gar nicht erschienener Roman *Tod eines Kritikers* (2002) ihn auslöste, hat es wohl in der deutschen Literatur so noch nicht gegeben. Frank Schirrmacher, einer der Herausgeber der »Frankfurter Allgemeinen Zeitung« lehnte Ende Mai 2002 in einem offenen Brief den Vorabdruck des Romans in der »FAZ« ab, in der zuvor viele Romane Walsers vorabgedruckt worden waren. Der Roman wurde als antisemitisch verstanden, als Produkt des Hasses auf den darin dargestellten Literaturkritiker, der starke Ähnlichkeiten mit Marcel Reich-Ranicki aufweist. Die folgenden Auseinandersetzungen bestätigten auf böse-ironische Weise das, wovon der Roman handelt, nämlich Macht und Irrsinn im Literaturbetrieb. Hatte Walser mit der sein Schreiben begleitenden Auseinandersetzung mit Goethe und Thomas Mann, diesen »Repräsentanten«, seiner Vorliebe für Hölderlin, Eckermann (*In Goethes Hand*, 1982) und Robert Walser, der fiktional verhüllten Darstellung der komplexen Dreiecksbeziehung zwischen ihm, Uwe Johnson und Siegfried Unseld in *Brief an Lord Liszt* (1982), auch den Literaturbetrieb und seine Rollenverteilung im Zusammenhang mit Macht- und Ohnmachtsverhältnissen behandelt, so stellt er in *Tod eines Kritikers* die Unangreifbarkeit, die Definitionsmacht des Kritikers, in den Mittelpunkt. Die Vorverurteilungen und der haltlose Vorwurf des Antisemitismus, der Walser gemacht wurde, zeigen, wie belastet weiterhin Sprache und Geschichte, öffentliche Rede und Kunst, kollektives Gedächtnis und staatliche Repräsentation sind, wenn es um die nationalsozialistische Vergangenheit, die Vernichtung der europäischen Juden und das Nachleben dieses Zivilisationsbruchs geht. Die wichtigen, auch mentalitätsgeschichtlich einschneidenden und auf die großen Umbrüche bezogenen öffentlichen Auseinandersetzungen in der Gesellschaft mit ihrer jüngsten Vergangenheit haben sich in Deutschland seit 1945 in beispielloser Weise in der Literatur ereignet – weit häufiger und nachhaltiger als etwa in der Geschichtswissenschaft mit dem Historikerstreit oder beim Streit um das Holocaust-Denkmal. Auch dafür ist das Werk von Martin Walser ein eindrucksvoller Beleg.

Martin Hielscher

Werke: *Die Dummen*, Hsp., SDR 1952; *Die letzte Ausflucht. Nach Arno Schmidt*, Hsp., SDR 1953; *Chiarevalle wird entdeckt. Nach Nicola Manzari*, Hsp., SDR 1953; *Kantanten auf der Kellertreppe*, Hsp., SDR 1953; *Draußen*, Hsp., SDR 1953; *Die Zuschauer*, Hsp., SDR 1954; *Ein Flugzeug über dem Haus und andere Geschichten*, En., Ffm. 1955; *Ein grenzenloser Nachmittag*, Hsp., SDR 1955; *Der kleine Krieg*, Hsp., RB 1956; *Der Schallplattendieb*, TV-Musical, m. Michael Pfleghar, ARD 1956; *Ein Angriff auf Perduz*, Hsp., RB 1956; *Ehen in Philippsburg*, R., Ffm. 1957; *Halbzeit*, R., Ffm. 1960; *Der Abstecher*, Theaterst., UA Mü. 1961; *Beschreibung einer Form. Versuch über Franz Kafka*, Mü. 1961; *Die Alternative oder Brauchen wir eine neue Regierung?*, Hg., Reinbek 1961; *Eiche und Angora*, Theaterst., UA Bln. 1961, gedr. Ffm. 1962, Fssp., ARD 1964; *Der Abstecher*, Hsp. BR/HR 1962; *Überlebensgroß Herr Krott*, Theaterst., UA Stg. 1963; *Chiarevalle wird entdeckt*, Fssp., m. Joachim Wedekind, ZDF 1963; *Der schwarze Schwan*, Theaterst., UA Stg. 1964, gedr. Ffm. 1964; *Die Zimmerschlacht*, Theaterst., UA Mü 1967, Fssp., ARD 1969, gedr. *Mit einer autobiog. Skizze des Autors*, Stg. 1981; *Lügengeschichten*, En., Ffm. 1964; *Erfahrungen und Leseerfahrungen*, Ess., Ffm. 1965; *Das Einhorn*, R., Ffm. 1966, Spielfilm, m. Dorothee Dhan, 1977; *Erdkunde*, Hsp., HR/SWF 1966; *Heimatkunde. Aufsätze und Reden*, Ffm. 1968; *Der schwarze Flügel (Wir werden schon noch handeln)*, Theaterst., UA Bln. 1968; *Wir werden schon noch handeln*, Hsp., SWF 1968; *Stationen Vietnams*, zus. m. Carlo Schellemann, Ffm. 1968; *Der Unfall: Wie es so geht*, Hsp., HR 1969; *Welche Farbe hat das Morgenrot?*, Hsp., HR 1969; *Was man sieht und was man nicht sieht. Mit der Straßenbahn von Duisburg nach Dortmund*, TV-Film, SWF 1969; *Aus dem Wortschatz unserer Kämpfe*, Hsp., WDR 1969, gedr. Stierstadt/Ts., 1971, Theaterst., UA Luxemburg 1972; *Fiction*, Pr., Ffm. 1970; *Ausweglos*, Dokumentar-Film, zus. m. Gottfried Just und Reinhard Hauff, ARD 1970; *Ein Kinderspiel*, Theaterst., UA Stg. 1971; *Das Unheil*, Spielfilm, m. Peter Fleischmann, 1972; *Die Gallistl'sche Krankheit*, R., Ffm. 1972; *Der Sturz*, R., Ffm. 1973; *Wie und wovon handelt Literatur, Aufsätze und Reden*, Ffm. 1974; *Die Verteidigung von Friedrichshafen*, Hsp., WDR 1974; *Lindauer Pietà*, Hsp., WDR/SWF 1975; *Sauspiel*, Theaterst., UA Hbg. 1975; *Jenseits der Liebe*, R., Ffm. 1976; *Der dritte Grad*, Spielfilm, m. Jean-Claude Carrière, Peter Fleischmann, 1976; *Ein fliehendes Pferd*, N., Ffm. 1978; *Säntis*, Hsp., WDR/BR/SWF 1978; *Der Grund zur Freude. 99 Sprüche zur Erbauung des Bewußtseins*, Düsseld. 1978; *Heimatlob. Ein Bodensee-Buch*, zus. m. André Ficus, Friedrichshafen 1978; *Wer ist ein Schriftsteller? Aufsätze und Reden*, Ffm. 1978; *Seelenarbeit*, R., Ffm. 1979; *Das Schwanenhaus*, R., Ffm. 1980; *Kleines Hörspiel*, Hsp., DLF 1980; *Die Würde am Werktag. Literatur der Arbeiter und Angestellten*, Hg., Ffm. 1980; *Selbstbewußtsein und Ironie. Frankfurter Poetik-Vorlesungen*, Ffm. 1981; *Heines Tränen*, Ess., Düsseld. 1981; *In Goethes Hand. Szenen* *aus dem 19. Jahrhundert*, UA Wien 1982, gedr. Ffm. 1982, Hsp., WDR/NDR 1982; *Brief an Lord Liszt*, R., Ffm. 1982; *Versuch ein Gefühl zu verstehen und andere Versuche*, Stg. 1982; *Gefahrenvoller Aufenthalt*, En., Lpz. 1982; *Goethes Anziehungskraft*, Vortr., Konstanz 1983; *Gesammelte Geschichten*, Ffm. 1983; *Liebeserklärungen*, Ess., Ffm. 1983; *Messmers Gedanken*, Aphor., Ffm. 1985; *Brandung*, R., Ffm. 1985; *Variationen eines Würgegriffs. Bericht über Trinidad und Tobago*, Stg. 1985; *Ein fliehendes Pferd*, Theaterst., UA Meersburg 1985, Hsp., BR 1986, Fssp., m. Ulrich Plenzdorf, Peter Beauvais, ARD 1986; *Nero läßt grüßen*, Hsp., BR 1986; *Säntis*, Hsp., Stg. 1986; *Geständnis auf Raten*, Ffm. 1986; *Heilige Brocken*, Aufsätze, Prosa, Gedichte, Weingarten 1986; *Die Ohrfeige*, Theaterst., UA Darmst. 1986; *Die Amerikareise. Versuch, ein Gefühl zu verstehen*, zus. m. André Ficus, Weingarten 1986; *Dorle und Wolf*, N., Ffm. 1987; *Jagd*, R., Ffm. 1988; *Das Gespenst von Gattnau*, Hsp., WDR/SWF/ORF 1988; *Hilfe kommt aus Bregenz*, Hsp., WDR/SWF/BR 1988; *Über Deutschland reden*, Ess., Ffm. 1988; *Nero läßt grüßen*, Monodr., UA Meersburg 1989; *Zorn einer Göttin*, Hsp. WDR/BR/SWF 1989; *Armer Nanosh*, TV-Film (»Tatort«), m. Asta Scheib, ARD/ORF 1989, gedr. Ffm. 1989; *Nero läßt grüßen oder Selbstportrait des Künstlers als Kaiser. Alexander und Annette*, Eggingen 1989; *Tassilo*, Hsp., 6 Bde., Ffm. 1991; *Die Verteidigung der Kindheit*, R., Ffm. 1991; *Auskunft. 22 Gespräche aus 28 Jahren*, hg. v. Klaus Siblewski, Ffm. 1991; *Das Sofa. Eine Farce*, Ffm. 1992, UA Braunschweig 1994; *Des Lesers Selbstverständnis. Ein Bericht und eine Behauptung*, Eggingen 1993; *Ohne einander*, R., Ffm. 1993, Hsp., SDR 1993; *Vormittag eines Schriftstellers*, Ffm. 1994; *Stimmung 94. Drei Essays*, Eggingen 1994; *Fingerübungen eines Mörders. Zwölf Geschichten*, Ffm. 1994; *Über freie und unfreie Rede. Zwei Essays*, Eggingen 1995; *Kaschmir in Parching oder Chronisch deutsch*, Hsp., SDR 1995; *Szenen aus der Gegenwart*, Theaterst., gedr. Ffm. 1995, UA Karlsruhe 1997; *Wer kennt sich schon. Ausgewählt von Martin Walser*, Ffm. 1995; *Zauber und Gegenzauber, Aufsätze und Gedichte*, Eggingen 1995; *Das Prinzip Genauigkeit. Laudatio auf Victor Klemperer*, Ffm. 1996; *Alexander und Annette*, Hsp., SWF 1996; *Finks Krieg*, R., Ffm. 1996; *Literatur als Weltverständnis. Drei Versuche*, Eggingen 1996; *Umgang mit Hölderlin. Zwei Reden*, Ffm. 1997; *Deutsche Sorgen*, Ffm. 1997; *Mit der Schwere spielen. Ein Brevier*, ausgewählt v. Hans Christian Kosler, Ffm. 1997; *Werke in zwölf Bänden*, hg. v. Helmuth Kiesel unter Mitwirkung von Frank Barsch, Ffm. 1997; *Ansichten, Einsichten. Aufsätze zur Zeitgeschichte*, Ffm. 1997; *Geburtstagsgeschrei*, Eggingen 1998; *Der edle Hecker*, m. Lithogr. v. Johannes Grützke, Eggingen 1998; *Ein springender Brunnen*, R., Ffm. 1998; *Erfahrungen beim Verfassen einer Sonntagsrede. Mit der Laudatio von Frank Schirrmacher*, Ffm. 1998; *»Ich habe ein Wunschpotential«. Gespräche mit Martin* Walser, hg. v. Rainer Weiss, Ffm. 1998; Über *die Schüchternheit. Zeugen und Zeugnisse*, Eggingen 1999; *Am Wasser. Ein Bilderbuch*, m. Illustr. v. Quint Buchholz, zus. m. Johanna Walser, Zür. 2000; *Ich vertraue. Querfeldein. Reden und Aufsätze*, Ffm. 2000; *Der Lebenslauf der Liebe*, R., Ffm. 2001; *Tod eines Kritikers*, R., Ffm. 2002.

Walser, Theresia, wurde am 12. 6. 1967 in Friedrichshafen geboren. Vor dem Besuch der Schauspielschule absolvierte sie eine Ausbildung zur Altenpflegerin. Von 1990 bis 1994 besuchte sie die Hochschule für Musik und Theater in Bern und gehörte anschließend für zwei Spielzeiten dem Ensemble des Jungen Theaters Göttingen an. Mit ihrem 1995 abgefassten und zwei Jahre später an den Münchener Kammerspielen in der Regie von Dieter Dorn uraufgeführten Stück *Kleine Zweifel* gelang ihr ein überzeugendes Debüt. Das Stück *King Kongs Töchter* bedeutete für Walser 1998 den endgültigen Durchbruch: Die Kritikerjury der Zeitschrift »Theater heute« wählte sie zur Nachwuchsdramatikerin des Jahres, und im gleichen Jahr erhielt sie die Fördergabe des Schiller-Gedächtnispreises des Landes Baden-Württemberg. Im darauf folgenden Jahr wurde sie für dieses – auch international erfolgreiche – Schauspiel zur Autorin des Jahres gekürt und mit dem Stücke-Förderpreis des Goethe-Instituts bedacht. Sie lebt als freie Autorin in Berlin.

Theresia Walser gilt als die Sprachkünstlerin unter den deutschsprachigen Gegenwartsdramatikern. Bereits in ihrem ersten Text *Kleine Zweifel* (1997), dem Monolog einer Teilnehmerin eines Gesangswettbewerbes, besticht Walsers dichte und überaus assoziationsreiche Sprache, die mitunter auch komödiantische Kapriolen schlägt. An Wendla Teuschs »Wettbewerbsberechtigung« sind kleine Zweifel aufgekommen, Zweifel, die im Laufe eines rasanten Monologes auf alle Bereiche ihrer Existenz übergreifen. In kritischer Abgrenzung zu einem etwa von dem Regisseur Thomas Ostermeier forcierten Neorealismus auf der Bühne wandte sich Walser entschieden gegen das Nachstellen sozialer Realitäten auf der Bühne, was einer Verleugnung des artifiziellen Charakters des Mediums gleichkäme. Es sei verlogen, »so zu tun, als gebe es eine soziale Realität auf der Bühne«, postulierte sie. Theater behaupte seine eigene Wirklichkeit, wobei die Dramatikerin hier eine entscheidende Funktion der Sprache beimisst. »Die vollkommen durchgearbeitete, szenisch belangvolle Figurensprache [ist] der eigentliche dramatische Grund für ihre [bisherigen] Stücke«, beschreibt Thomas Irmer den poetischen Gehalt ihrer Texte. Walsers Figuren konstituieren sich über ihre Sprache. In ihren pointenreichen verbalen Feuerwerken offenbaren sie ihre Sehnsüchte, Wünsche, Ängste und Träume. Dass sich das Figureninventar ihrer Texte teilweise aus gestrandeten, gesellschaftlich an den Rand gedrängten Personenkreisen zusammensetzt, widerspricht ihrer kritischen Distanzierung zum so genannten Neuen Realismus durchaus nicht, behaupten doch viele der Walserschen »Unglücksspezialisten« (Wille, 2001) gerade angesichts ihrer eigenen misslichen Lebensumstände ihre poetischen Gegenwelten umso nachdrücklicher.

Wie weit das schöpferische Potenzial ihrer Figuren reichen kann, wenn es gilt, aus der prosaischen Realität poetische Funken zu schlagen, illustrieren die Protagonistinnen Berta, Carla und Meggie in der von schwarzem Humor getragenen Groteske *King Kongs Töchter* (1998). »Sterben ist klein genug, da darf man ruhig übertreiben«, ist das Credo der drei Altenpflegerinnen, und entsprechend glamourös gestalten sie den Abgang ihrer Schützlinge, sobald ein runder Geburtstag erreicht ist. Bezugsfolie ihrer Sterbeszenarien sind die Filmmythen Hollywoods. Ebenso wenig wie die Banalität des langsamen Dahinsiechens der Altenheimbewohner ist den »Fantaköniginnen vom Seniorenheim« die eigene Lebensrealität erträglich, und so stilisieren sie sich innerhalb ihrer begrenzten Heimwelt zu »Chefdisponentinnen des Todes«. »Jeder in diesem Stück sucht seine eigene Stimme, und die Schärfung der eigenen Stimme ist sozusagen nur in der Mehrdeutigkeit möglich«, beschrieb Walser ihren ästhetischen Ansatz.

Das kunstvolle Geflecht ihrer Sprachgebilde erreicht in *So wild ist es in unseren Wäldern schon lange nicht mehr* (2000) einen Höhepunkt: Der Formwille erfasst die Gesamtstruktur des Textes, der sich gängigen Dramenmodellen gänzlich entzieht. Das kompositorische Prinzip orientiert sich an der Bauform der Sonate: In einer klar konturierten Folge von Sätzen – Andante, Allegro, Scherzo (mit Variationen und Coda) – montiert Walser acht Szenen aneinander, die durch den stets gleichen Schauplatz sowie ein wiederkehrendes Figureninventar zusammengehalten werden. Sowohl in den vier »Knabenszenen« als auch in den drei Szenen »Kleine Gesellschaft« begegnen sich Figuren, die trotz »der permanenten Möglichkeit ihres Absturzes dennoch auf eine seltsam somnambule Art selbstsicher, selbstgerecht« wirken (Glauber, 2001). In ihrem zuletzt veröffentlichten Text *Die Heldin von Potsdam* (2001) erfasst der Wille zur Selbsttäuschung eine ganze Gesellschaft, die sich nur allzu bereitwillig den Mythos der Heldin von Potsdam einverleibt. Angeregt durch einen authentischen Fall zeichnet Walser das Psychogramm einer Frau, der allmählich alle Lebenszusammenhänge entgleiten, die zu einer großen Lüge als letztem Rettungsanker greift, einer Lüge, die genau den Nerv einer von Fremdenhass und Radikalisierung bestimmten Gesellschaft trifft: Paulas fiktive Heldentat, ihre vorgespiegelte Verteidigung einer Türkin gegen Skinheads, rehabilitiert scheinbar eine Gesellschaft, in der Anschläge gegen Ausländer keine Seltenheit mehr sind. Das spannungsreiche Verhältnis zwischen Themen und Figuren, die der Wirklichkeit entlehnt sind, und einer artifiziellen Ästhetik, die sowohl auf sprachlicher als auch auf kompositorischer Ebene greift, bildet den Ursprung jenes Prozesses, den Walser als ein unberechenbares Abenteuer bezeichnet hat: »Ich denke, es gehört mit zum Abenteuer eines Dramas, dass man nicht sicher wissen kann, was man mit den eigenen Absichten insgeheim alles heranzüchtet.«

Carola von Gradulewski

Werke: *Kleine Zweifel*, Theaterst., UA Mü. 1997; *Das Restpaar*, Theaterst., UA Stg. 1997, beide gedr. Ffm. 1997; *Brim*, Theaterst., UA Bern 1997; *King Kongs Töchter*, Theaterst. UA Zür. 1998, gedr. Ffm. 1999; *Alles schöne Dinge*, Theaterst., UA Bonn 1999; *So wild ist es in unseren Wäldern schon lange nicht mehr*, Theaterst., UA Mü. 2000, gedr. Ffm. 2000; *Die Heldin von Potsdam*, Theaterst., UA Bln. 2001, gedr. Ffm. 2001; *Die Geierwally*, zus. m. Karl-Heinz Ott (nach Wilhelmine von Hillern), Theaterst., UA Karlsruhe 2003.

Walter, Otto F. (Friedrich), wurde am 5. 6. 1928 in Rickenbach (Solothurn) als einziger Sohn eines Verlegers geboren. Seine Kindheit bezeichnet er als »verwunschene Zeit«, die ihn prägte, vor allem weil er, anders als seine acht Schwestern, »auf Männertugenden hin dressiert« worden sei. Er besuchte eine Klosterschule und ein Gymnasium, das er ohne Abschluss verließ. In Zürich absolvierte er zunächst eine Buchhändlerlehre, bevor er in Köln in einer Druckerei volontierte. Von 1956 bis 1967 arbeitete er in Olten in verschiedenen Positionen im väterlichen Walter-Verlag sowie als Herausgeber der Walter-Drucke (mit Helmut Heißenbüttel), anschließend war er Geschäftsführer beim Luchterhand-Verlag. Ab 1973 lebte er, seit 1982 als freier Schriftsteller – wieder in Solothurn, wo er am 24. 9. 1994 starb. Walter war Mitglied des bundesdeutschen P.E.N.-Zentrums und erhielt 1959 den Charles-Veillon-Preis, 1972 den Kulturpreis des Kantons Solothurn, 1977 den Buchpreis des Kantons Bern, 1980 den Literaturpreis des Südwestfunks sowie 1989 den Schweizerischen Schiller-Preis.

Otto F. Walters Werk steht »von Anfang an unter dem Zeichen der Sprachskepsis«, ist »geprägt vom

Wissen um die Unzulänglichkeit der Sprache, um deren Verlogenheit, um die Stummheit der Kreatur« (Elsbeth Pulver). Walter experimentiert mit verschiedenen Formen der Erzählperspektive, arbeitet häufig mit Textcollagen, sodass seine Romane stets über mehrere Ebenen zu verfügen scheinen. Inhaltlich spiegeln seine Bücher vor allem die schonungslose Auseinandersetzung mit dem eigenen Ich wider: Die Stellung des einzelnen Ichs in der Gesellschaft, die im Gegensatz dazu stets als geschlossenes Wir erscheint, wird immer wieder hinterfragt, ohne dass eine befriedigende Lösung des Konflikts ich vs. wir aufgezeigt werden kann. Damit verbunden ist ein permanentes Gefühl der Schuld des Einzelnen, die bei Walter stets die Schuld des Männlichen gegenüber dem Weiblichen ist. Ausgehend vom zunächst persönlich-familiären Bereich vollzieht er in seinen Romanen – insbesondere unter dem Eindruck der Studentenbewegung 1968 – allmählich eine stärker werdende Politisierung und beginnt, aus dem eigenen Stummsein zu »erwachen«, wie es auch der Titel des Romans *Das Staunen der Schlafwandler am Ende der Nacht* (1982) andeutet.

Bereits an seinem ersten Roman, *Der Stumme* (1959), fällt die Vielschichtigkeit der Erzählperspektiven auf; äußere Handlung und innerer Konflikt der Figuren wechseln stetig. Im Zentrum der klassischen Konfrontation von Vater und Sohn steht der junge Loth, der verstummt ist, seit sein Vater nach dem von ihm verschuldeten Unfalltod der Mutter verschwand. Als sich die beiden wieder begegnen, bleibt die längst überfällige Aussprache über Schuld und Unschuld zwischen den beiden aus. Erst beim Tod des Vaters findet Loth zur Sprache zurück. Ob mit dem Tod des Vaters auch dessen Schuld gesühnt ist, lässt Walter jedoch offen.

Auch in seinem zweiten Roman, *Herr Tourel* (1962), geht es um die persönliche Schuld eines Einzelnen, symbolisiert in der Form seiner Sprache. Der Ich-Erzähler Tourel erzählt rückblickend die Ereignisse in dem fiktiven Schweizer Ort Jammers, dem Schauplatz nahezu aller Walter-Romane. Ohne dass das wahre Vergehen Tourels ausgesprochen wird (sicher scheint nur, dass auch hier wieder das Männliche das Weibliche verletzt hat), geriert sich der Roman zu einem Rechtfertigungsbericht des Schuldigen; die Sprache wird dabei zu einer Art Selbstverteidigungsinstrument. Tourel steht, wie schon der stumme Loth, einer durch »Wir-Form« gekennzeichneten Gesellschaft gegenüber, die ihn nicht aufnimmt. Diese Isolation des Individuums von einer nach außen hin stark und geschlossen wirkenden Gruppe ist ein wiederkehrendes Motiv in Walters Romanen.

Im Roman *Die ersten Unruhen* (1972) rückt Walter die Stadt Jammers selbst in den Mittelpunkt. Geschildert werden die letzten Wochen vor einer Kommunalwahl. Mit Collagen verschiedener Stimmen und Perspektiven zeichnet Walter die Entwicklung in der Stadt hin zum Gewalttätigen, Faschistoiden nach. Die Geschlossenheit der Bevölkerung nach außen hin enttarnt er als bloßen Schutzwall von Mitläufern: »Vor allem nicht auffallen. Jetzt nicht, nur ja nicht! Und immer in Gruppen. Immer in diesen Trupps bleiben. (…) Weiter sich schieben lassen. Wir. Wir. Vereint mit uns selbst. (…) Hier sind alle alle.«

Eine Gruppe, die sich von diesem verdächtigen »Wir« löst, bilden die Protagonisten aus dem Roman *Verwilderung* (1977). Sie versuchen außerhalb von Jammers in einer Wohngemeinschaft eine neue Gesellschafts- und Lebensordnung zu finden: »Warum nicht Ich sagen?«, fragt sich Blumer, der Schriftsteller, der auf den Autor Walter selbst zu verweisen scheint. Doch die progressiven »Aussteiger« müssen vor der Gewalt der Kleinbürger aus Jammers kapitulieren, die einem solchen Versuch der Selbstfindung feindselig gegenüberstehen.

Nimmt Walter in den bisher genannten Romanen eine weitgehend distanzierte, kritische Beobachterrolle ein, aus der heraus er die traditionellen, kollektiven Lebensformen infrage stellt, so wird sein Engagement in den folgenden Romanen stärker spürbar. In *Wie wird Beton zu Gras. Fast eine Liebesgeschichte* (1979) erzählt er von der jungen Schweizerin Esther, die zur Anti-Atomkraftbewegung stößt. Dabei wird ihr zunehmend bewusst, dass die alte »Ordnung« ein männlich-autoritäres, gewalttätiges System darstellt, dem sie etwas »Neues«, das »Weibliche« schlechthin, entgegenstellen will.

Mit seinem letzten Roman, *Zeit des Fasans* (1988), knüpft Walter an die Tradition Gottfried Kellers und Meinrad Inglins an und versucht am Beispiel der Unternehmerfamilie Winter aus dem fiktiven Ort Jammers eine Chronik der Schweiz aus den Jahren 1935 bis zur Gegenwart nachzuzeichnen. Der Historiker Thom Winter kehrt in sein Elternhaus zurück, um die Vergangenheit zu erforschen. »Erzählen, wie es mutmaßlich war. Rekonstruktion von möglicher Geschichte und als Vermutung«, lautet seine Devise. Dieses »Erzählen« seiner Figur

Thom gestaltet Walter als Kombination von Briefen, dokumentarischen Berichten, Erzählungen von »Zeitzeugen« und immer wiederkehrenden Passagen mit Vermutungen Thoms, die die Reflexion des Lesers über das Geschehen in die gewünschte Richtung lenken. Die Geschichte der eigenen Familie, der mögliche Mord an seiner Mutter symbolisiert für Thom die allgemeine, gesellschaftliche Entwicklung in Europa: Das in grauer Vorzeit errichtete Patriarchat, in der Gegenwart verkörpert durch Kapitalismus und Machtstreben, beging ebenfalls einen Mord: am Matriarchat und der Natur. Darin wurzele die Gewalt, die die menschliche Kultur bestimmt.

Der parallel zu diesem Werk entstandene Roman *Das Staunen der Schlafwandler am Ende der Nacht*, bereits 1982 erschienen, enthält viele ähnliche Motive: Umweltzerstörung als Muttermord an der Natur, Patriarchat als Ursache aller menschlichen Aggressivität sowie Parallelen in den Hintergrundgeschichten der Hauptfiguren Wander und Thom. Im Zentrum steht der Schriftsteller Wander, der nach Erscheinen seines Romans mit dessen »Helden« verglichen wird. Das eigene Erleben entwickelt sich für Wander selbst immer mehr zum bloßen Nacherleben des von ihm bereits Geschriebenen. Walter gelingt es, die verschiedenen Ebenen der Realität und Fiktion kunstvoll miteinander zu vermischen und die Identitätskrise der Hauptfigur glaubhaft darzustellen.

Heidi Rehn

Werke: *Der Stumme*, R., Reinb. 1959, *Herr Tourel*, R., Reinb. 1962; *Elio oder eine fröhliche Gesellschaft. Stück in drei Akten mit Vor- und Nachspiel*, UA Zür. 1965, gedr. Mü. 1965; *Die Katze. Stück in drei Teilen*, UA Zür. 1967, gedr. in: »Theater heute«, 10, 1967, S. 54–64; *Die ersten Unruhen. Ein Konzept*, R., Reinb. 1972; *Luchterhand. Die ersten fünfzig Jahre 1924–1974*, Darmst. 1975; *Gegenwartsliteratur. Mittel und Bedingungen ihrer Produktion. Eine Dokumentation. Über die literarisch-technischen und verlegerisch-ökonomischen Voraussetzungen schriftstellerischer Arbeit. Vorlesungszyklus an der Universität Basel*, hg. v. Peter André Bloch, Mü. 1975; *Die Verwilderung*, R. Reinb. 1977; *Wie wird Beton zu Gras. Fast eine Liebesgeschichte*, R., Reinb. 1979; *Das Staunen der Schlafwandler am Ende der Nacht*, R., Reinb. 1982; *Zorn oder Männersache*, Film v. Alexander Seiler, 1982; *Eine Insel finden. Gespräch mit Silja Walter*, Zür. 1983; *Zeit des Fasans*, R., Reinb. 1988; *Gegenwort. Aufsätze und Reden*, Zür. 1988; *Auf der Suche nach der anderen Schweiz*, Ess., Küsnacht 1991; *Die verlorene Geschichte*, E., Reinb. 1993; *Folgendes: Otto F. Walter über die Kunst, die Mühe und das Vergnügen, Bücher zu machen*, hg. v. Martin Zingg, Basel 1998.

Walther, Joachim, wurde am 6. 10. 1943 in Chemnitz/Sachsen geboren. Er erlernte den Beruf des Maschinenschlossers, ab 1963 studierte er Literaturwissenschaft und Kunstgeschichte an der Humboldt-Universität in Berlin (Ost). Von 1967 bis 1968 arbeitete er als Lehrer, von 1968 bis 1983 als Lektor beim Verlag »Der Morgen«. Ab 1976 gehörte er der Redaktion der Kulturzeitschrift »Temperamente« an, bis sie 1983 aufgelöst wurde. 1983 zog sich Walther nach Mecklenburg zurück. 1990 war er Vize-Vorsitzender des DDR-Schriftstellerverbandes, von 1991 bis 1998 Mitglied des P.E.N.-Zentrums der Bundesrepublik Deutschland, derzeit Mitglied des Autorenkreises der Bundesrepublik Deutschland. 1981 erhielt er den Preis des 10. Internationalen Hörspieltreffens im Burgenland, 1991 den Hörspielpreis des Funkhauses Berlin.

Walther etablierte sich mit seinen frühen Texten als Stimme einer selbstbewussten Nachkriegsgeneration, die die politische Lage im geteilten Deutschland und einen in der DDR etablierten Sozialismus als Faktum nicht nur anerkannte, sondern auch verteidigte. Sein Roman-Erstling *Sechs Tage Sylvester* (1970) arbeitet sich ironisch an als ideologisch zwielichtig dargestellten Systemkritikern ab, die als autoritäre Vaterfiguren oder als charakterlose Bohemiens erscheinen. Die Standortbestimmung des Protagonisten mündet im fraglosen Einverständnis mit dem Status quo der gesellschaftlichen Bedingungen und endet mit der Gründung einer Familie. Zweifellos profitierte Walther von den in den Sechzigerjahren erschienenen Romanen Christa Wolfs (*Der geteilte Himmel*, 1963; *Nachdenken über Christa T.*, 1969) oder Hermann Kants (*Die Aula*, 1965) und den durch sie etablierten Formen und Stoffen, ohne jedoch deren Format zu erreichen. Seine Texte bewegen sich zwar fern eines rigiden »sozialistischen Realismus«, verfügen über subjektive Erzähler und Protagonisten und präsentieren sich als mitunter manierierte Stilmixe, die Erzählweisen sämtlicher literarischer Epochen ebenso verwenden wie Umgangssprache und Dialekte. Aber sie bleiben gehobene Unterhaltungsliteratur, die Zeitkolorit zu transportieren vermag.

Neben dem Romandebüt gilt dies auch für spätere Arbeiten wie *Ich bin nun mal kein Yogi* (1975, verfilmt als *Und nächstes Jahr am Balaton*), die sich deutlich im Kontext von Ulrich Plenzdorfs *Die neuen Leiden des jungen W.* (1972) bewegt, ohne wiederum dessen Konsequenz mitzugehen. Vielmehr gelingt es dem Protagonisten, etwa in der Auseinandersetzung mit dem Buddhismus, seine Verwurzelung in der DDR fern anfänglicher Selbstmordgedanken zu festigen. Gleichwohl schlägt Walther in parallel entstandenen kürzeren Prosatexten (gesammelt in *Stadtlandschaft mit Freunden*, 1978) weitaus weniger euphorische Töne an. Zur heiteren Affirmation treten nicht selten in knapp gehaltenen Berichten und Protokollen Zweifel und Kritik an unbeweglichen gesellschaftlichen Strukturen, eine Desillusionierung, die spätestens ab der zweiten Hälfte der Siebzigerjahre Walthers Schaffen dominierte. In der Erzählung *Beschreibung einer Veränderung* (entst. 1970, später verarbeitet zum Roman *Zwischen zwei Nächten*, 1972) etwa kann sich der Protagonist nur mühsam betriebliche Hierarchien hinaufarbeiten. Am Ende werden dialektische Veränderungen im Verhältnis von Gesellschaft und Individuum eher postuliert als erfüllt.

Andererseits zeichnet *Köhler* (entst. 1976) das Psychogramm eines Karrieristen, der jeden Realitätsbezug verloren hat. In Hörspielen wie *Köhler* oder im ironisierten Idyll Berliner Bohemiens (*Stadtlandschaft mit Freunden*, *Andauernd diese endlos öden Feten*, beide entst. 1972) zeichnet sich bereits der Typus des »Randbewohners« ab, dem Walther 1974 ein gleichnamiges Hörspiel widmete. *Randbewohner* (1974), nach *Kurskorrektur* (1971) und dem lehrstückhaften, in Vietnam angesiedelten *Ein Dorf auf dieser Erde* (1971) Walthers drittes Hörspiel, ist eine Montage aus umgangssprachlichen Monologen und Dialogen, einer Märchenebene und Zitaten aus einer »Gemeindeordnung«. Schon in den Anmerkungen für die Inszenierung bricht Walther offensiv mit den letzten Postulaten des sozialistischen Realismus und führt dann die Saturiertheit beruflich erfolgreicher, aber emotional unterentwickelter Bewohner von Eigenheimsiedlungen am Rande von Großstädten vor. Den Höhepunkt dieser Entwicklung stellt das in der DDR niemals produzierte Hörspiel *Infarkt* (1979) dar, eine Fortsetzung und Ausweitung der »Randbewohner«-Thematik. Der Protagonist hat im Umgang mit einer starren Umwelt seine Ideale hintangestellt und ist dabei selbst zum Tyrannen geworden. Im Angesicht des Todes wird aus wechselnder Perspektive über ihn gerichtet, eine Kritik, die etwa in sprachkritischen Passagen über die Subjektivität des Helden hinausgeht und im exemplarischen Fall die Gesellschaft als Ganzes meint. Obwohl die Hauptfigur schließlich die Mauern des sie umgebenden Krankenhauses einreißt, stimmt das Ende nicht optimistisch. Tatsächlich verändert sich mit diesem Stück auch Walthers Schreiben, zeitgleich zu der von Stephan Hermlin in *Abendlicht* (1979) artikulierten Erkenntnis von einer falschen Interpretation des Kommunistischen Manifests: Nicht die freie Entwicklung aller sei die Voraussetzung für die freie Entwicklung des Einzelnen, man müsse vielmehr den Umkehrschluss machen.

Die Euphorie der frühen Jahre weicht endgültig der Melancholie. Walthers Figuren, die sich dem Staat gegenüber loyal verhalten hatten, wurden zunehmend ausgestoßen und gerieten in existenzielle Notlagen. Das utopische Potenzial der DDR ist damit allerdings noch nicht aufgebraucht; es verlagert sich nur von der Auseinandersetzung des Einzelnen mit der Gesellschaft gänzlich auf die zwischenmenschliche Ebene – etwa in dem Hörspiel *Bewerbung bei Hofe* (1978; als Roman 1982), in dem der Poet Johann von Besser angesichts eines feiernden Hofstaats dem wegen seiner Unbotmäßigkeit und Ehrlichkeit vertriebenen Dichter Johann Christian Günther nachtrauert – oder auf gesellschaftliche Teilbereiche, etwa den in den Achtzigerjahren virulent werdenden Umweltschutz im Hörspiel *Lautlos und dennoch eine Stimme sagenhaft* (1983). Selbst das Dasein der »Randbewohner« wird in dieser Zeit nicht mehr gegeißelt. Vielmehr begegnet Walther – auch resultierend aus der eigenen Biografie – der Flucht ins ländliche Idyll mit Verständnis und versteht sie als Aufforderung zum individuellen Dialog (*Zwischen den Stühlen*, entst. 1984, in: *Verlassenes Ufer*, 1994). Das Land erscheint nunmehr als rostiges Schiff, das unbeweglich im Strom steht (*Nachtwandel*, entst. 1987), der Konflikt mit der jüngeren Generation endet mit dem Bruch (*Risse im Eis*, Hsp., 1989; *Stille. Nacht. Klirrende Fahnen*, 1995). Figuren oder Erzähler verharren in einer unbeweglichen Trägheit, die letztlich auch Walthers fiktionales Schreiben nahezu beendete.

Nach den Ereignissen von 1989 veröffentlichte er nur noch wenige verstreute Prosatexte und das Hörspiel *Illusionsfassaden* (DSK/SR 1992), in dem politischer Eskapismus und engagierte Literatur am Beispiel des 1933 ermordeten Schriftstellers Theodor Lessing erörtert werden. Hauptsächlich arbeitete Walther nun an der systematischen Erkundung der DDR in wissenschaftlichen Abhandlungen, Dokumentationen und Radio-Features. Walther ist Mitherausgeber der Prokotolle einer Sitzung des DDR-Schriftstellerverbandes von 1979, während der fünf namhafte Autoren aus dem Verband ausgeschlossen worden waren (*Protokoll eines Tribunals*, 1991). Er beleuchtet in Radio-Essays die Spießbürgerlichkeit der DDR etwa anhand ihrer

Architektur und ihres Designs (*Die Ästhetik der Kentauren*, 1998) oder spürt dem Verbleib der alten Utopien nach, indem er im Feature oder in einer O-Ton-Collage den Chef der Staatssicherheit, Erich Mielke, als Menschen zu ergründen sucht (*Erich Mielke. Ein deutscher Jäger*, Feat., 1995; *Hussah – O-Ton Erich Mielke und Genossen*, Hsp., 1997). Diese Auseinandersetzung mit der Vergangenheit kulminierte in dem Band *Sicherungsbereich Literatur* (1996), einer monumentalen Darstellung all der Mechanismen und Praktiken, mit denen der Staatssicherheitsdienst Schriftsteller überwacht und den Literaturbetrieb der DDR kontrolliert hatte, wobei sich Walther in der Einleitung einmal mehr für eine engagierte Literatur jenseits ideologischer Scheuklappen ausspricht.

Matthias Schümann

Werke: *Sechs Tage Sylvester. Ein illustrierter Roman in sechsundzwanzig Kapiteln*, Ost-Bln. 1970; *Landung auf Paradies-Ort. Liebesgeschichten*, Hg., Ost-Bln. 1971; *Kurskorrektur*, Hsp., Rundf. d. DDR 1971; *Ein Dorf auf dieser Erde*, Hsp., Rundf. d. DDR 1971; *Zwischen zwei Nächten*, R., Ost-Bln. 1972; *Meinetwegen Schmetterlinge. Gespräche mit Schriftstellern*, Hg., Ost-Bln. 1973; *Die Anti-Geisterbahn. Skurrile Geschichten*, Ost-Bln. 1973; *Randbewohner*, Hsp., Rundf. d. DDR 1974; *X. Weltfestspiele in Berlin. Erlebnisse. Berichte. Dokumente*, zus. m. Gisela Steineckert, Ost-Bln. 1974; *Ich bin nun mal kein Yogi*, R., Ost-Bln. 1975; *Die Rettung des Saragossameeres. Märchen*, Hg., Ost-Bln. 1976; *Stadtlandschaft mit Freunden. Geschichten und Miniaturen*, Ost-Bln. 1978; *Mir scheint, der Kerl lasiert. Dichter über Maler*, Hg., Ost-Bln. 1978; *Infarkt*, Hsp., RB/SDR 1979; *Ein Dorf auf dieser Erde. Randbewohner. Infarkt. Hörspiele*, Ost-Bln. 1979; *Ruhe bewahren. Erzählungen*, Königstein/Ts. 1979; *Bewerbung bei Hofe*, Hsp., Rundf. d. DDR 1980, hist. R., Ost-Bln. 1982; *Vom Geschmack der Wörter. Miniaturen*, Hg., Ost-Bln. 1980; *Candide oder Hoffen lernen*, Hsp., RIAS/SDR 1982; *Doppelkopf*, Hsp., SDR/HR 1983; *Wachsende Entfernung*, Hsp., Rundf. d. DDR 1983; *Brennnesselsuppe und Hiatiti. Erzählte Kindheit*, Hg., Ost-Bln. 1983; *Doppelkopf. Hörspiele*, Ost-Bln. 1985; *Zwischen den Stühlen*, Ost-Bln. 1987; *Der Traum aller Träume. Utopien von Platon bis Morris*, Hg., Ost-Bln. 1987; *Heldenleben. Von großen Männern und ihren Ruhmestaten. Satiren*, Ost-Bln. 1988; *Coka*, Kinderb., zus. m. Peter Bauer, Ost-Bln. 1988; *Riesling und Zwerglinde*, Bilderb., zus. m. Heinz Appelmann, Ost-Bln. 1988; *Lautlos und dennoch eine Stimme sagenhaft*, Hsp., NDR 1989; *Pechkönig Till*, Kinderb., zus. m. Danuta Griese, Ost Bln. 1989; *Risse im Eis*, R., Hbg. 1989 u. Rostock 1990; *Candide oder Überleben lernen. Stück nach Voltaire*, Bln. 1990; *Protokoll eines Tribunals. Die Ausschlüsse aus dem DDR-Schriftstellerverband 1979*, Hg., zus. m. acht weiteren Autoren, Reinbek 1991; *Kuddelmuddelkunterbunt und Außerüberordentlich*, zus. m. Christa Unzner-Fischer, Bln. 1992; *Das Nachtleben der Ölbäume*, Radio-Ess., 1992; *Illusionsfassaden oder Welttheater ohne Notausgang*, Hsp., DSK/SR 1992; *Verlassenes Ufer*, Lpz. 1994; *Stille. Nacht. Klirrende Fahnen*, Hsp., DLR 1995; *Erich Mielke. Ein deutscher Jäger*, Feat., SDR/MDR 1995; *Sicherungsbereich Literatur*, Bln. 1996; *Hussah – O-Ton Erich Mielke und Genossen*, Hsp., SWF 1997; *Nahschuß ins Hinterhaupt. Der lange Prozeß gegen den MfS-Hauptmann Werner Teske*, Feat., 1997; *Die Ästhetik der Kentauren*, Radio-Ess., MDR 1998; *Landschaften in Mecklenburg-Vorpommern*, zus. m. Thomas Grundner, Rostock 2003.

Wander, Maxie, wurde am 3. 1. 1933 in Wien als Kind einer Arbeiterfamilie geboren. Sie verließ die Schule vor dem Abitur und hielt sich mit Gelegenheitsarbeiten (als Fabrikarbeiterin, Büro- und Haushaltsgehilfin) über Wasser. Dann heiratete sie den österreichischen Schriftsteller Fred Wander und übersiedelte 1958 mit ihm in die DDR. »Sie hat zwei Kinder geboren, eines wieder verloren, hat niemals einen Beruf erlernt, einige aber ausgeübt, sie hat ein Kind aus einem Heim zu sich genommen, hat ihre Heimat verlassen und sie erst danach, viel später, als Heimat begriffen« (Selbstzeugnis, 1972). Maxie Wander arbeitete in der DDR als Fotografin, Journalistin und Drehbuchautorin, war mit den Schriftstellerinnen Gerti Tetzner und Christa Wolf befreundet. Sie lebte zuletzt in Kleinmachnow bei Berlin. Am 20. 11. 1977 starb sie an Krebs.
Als 1977 im Ostberliner Buchverlag »Der Morgen« Maxie Wanders Textsammlung *Guten Morgen, du Schöne* mit dem Untertitel *Protokolle nach Tonband* erschien, war nicht abzusehen, wie viel Furore dieser Band in beiden Teilen Deutschlands machen würde. Bezeichnend die Reaktion des ehemaligen DDR-Autors Thomas Brasch, der ihn als »Buch von gewaltigem Materialwert (im besten Sinn), ohne Koketterie mit den angeblich ›kleinen Leuten‹« würdigte, als »ein Buch, das mir Schwächen in meiner Arbeit deutlicher macht als manche Kritik«. Maxie Wander hatte in diesem Buch Gesprächsprotokolle mit siebzehn Frauen unterschiedlicher Altersstufen aus allen sozialen Bereichen der DDR wiedergegeben. Durch geschicktes, provozierendes Fragen und durch ihre Bereitschaft zum Gespräch gelang es ihr, Frauen dazu zu bewegen, sich in aller Offenheit zu ihrem Lebensweg, zu ihren Problemen, Vorlieben und Träumen zu äußern. Dies geschah unspektakulär und bewegend zugleich: »Ich habe nicht nach äußerer Dramatik gesucht oder nach persönlicher Übereinstimmung. Ich halte jedes Leben für hinreichend

interessant, um anderen mitgeteilt zu werden« (Maxie Wander). Das große Leserecho belegt, dass an offene Wunden gerührt wurde, dass sich viele Frauen mit den Aussagen über Partnerschaftsprobleme, weibliche Sexualität, Erfahrungen in der Arbeitswelt, persönliche und gesellschaftliche Perspektiven identifizieren konnten: »Das ist ein Buch, dem jeder sich selbst hinzufügt. Beim Lesen beginnt schon die Selbstbefragung« (Christa Wolf). Das Buch dokumentiert einen langsam in Gang gekommenen »Prozeß des Umdenkens und Umfühlens« (Margot W., 36 Jahre), der die reale Gleichberechtigung der Frau in der Gesellschaft über ihre bislang rein formaljuristische Gleichstellung hinaus erreichen will. Die zu Wort kommenden Frauen geben sich zwar zum Teil kämpferisch, streben aber mit »Ruhe und Gelassenheit« ihr Ziel an, wobei neben der Artikulation individueller Sehnsüchte häufig die »Selbstverwirklichung des einzelnen nur in seinem sinnvollen Verhältnis zur gesellschaftlichen Selbstverwirklichung« (Lena, 43 Jahre) gesehen wird. Die Suche nach neuen Lebensformen gipfelt in der Frage: »Wie können wir Frauen ›befreit‹ sein, solange nicht alle Menschen es sind?« Maxie Wanders Verdienst liegt in ihrer den Eigenheiten ihrer Gesprächspartnerinnen Raum gebenden Arbeit am Rohmaterial der Tonbandaufnahmen, die sie – anders als Sarah Kirsch mit ihrer Protokollsammlung *Die Pantherfrau* (1973) – mit eigenen Eindrücken anreicherte und zum Porträt literarisch verdichtete. Die Autorin tritt hinter ihre Gesprächspartnerin diskret zurück und ist doch gleichzeitig anwesend. Den schmalen Abgrund zwischen Voyeurismus und gesellschaftskritischer Öffentlichkeitsarbeit überschreitet sie souverän und fordert den Leser auf, »das Einmalige und Unwiederholbare jedes Menschenlebens zu achten und die eigenen Tiefs in Beziehung zu anderen zu bringen«. Die Wirkung des Authentischen als Korrektiv zu einem ideologisierten, offiziellen Geschichts- und Gesellschaftsbild wurde in überwältigendem Maße durch die Rezeption des Bands deutlich. Wander avancierte zur öffentlichen Instanz, erhielt Berge von Briefen, zahlreiche Lesungen und Diskussionen folgten.

Mit dem Band *Leben wär' eine prima Alternative*, einer ursprünglich nicht zur Veröffentlichung bestimmten und von ihrem Mann nach ihrem Tod 1977 zusammengestellten Sammlung von Tagebuchaufzeichnungen und Briefen aus den Jahren 1968 bis 1977, lieferte Maxie Wander quasi »jenes vermisste achtzehnte Protokoll, die Selbstauskunft der Autorin« (Christa Wolf). In einer für Leser und Verfasserin an die Substanz gehenden Schonungslosigkeit offenbart sich hier der zwischen Lebensmut und Resignation schwankende Leidensweg der an Krebs unheilbar erkrankten Autorin bis kurz vor ihrem Tod. Von medizinischen Eingriffen geplagt, von Selbstzweifeln und Ängsten zerfressen, reflektiert und resümiert Maxie Wander Teilabschnitte ihres bisherigen Lebens, stellt die Sinnfrage: »Vielleicht ist die Suche nach dem eigenen Ich, der runden Persönlichkeit eine Fiktion?«, und »Muß man also das Schlimmste erfahren, um die Möglichkeit zu gewinnen, ein Mensch zu werden?« Trotz ihrer Krankheit agiert sie als unermüdlicher Ratgeber und Mittler im Familien- und Freundeskreis, ist Ansprechpartner und Bindeglied für bedürftige Menschen. »Ich darbe nach Leben. Ich bin süchtig nach Menschen.« In (selbst)kritischen Betrachtungen formuliert Maxie Wander nicht zuletzt ihr Unbehagen an der realen politischen Utopie der DDR-Gesellschaft. »So wenig Eigentümliches, überall Klischeeverhalten, Angst vor dem Wagnis (...) und alles verplant vom Vater Staat. Wer aus der Rolle tanzt, wird zurückgepfiffen. Das macht mir Angst.«

Thomas Kraft

Werke: *Guten Morgen, du Schöne. Protokolle nach Tonband*, Ost-B. 1977, Lizenz-Ausg. als *Guten Morgen, du Schöne. Frauen in der DDR. Protokolle*, Darmst. 1978; *Provenzalische Reise*, zus. m. Fred Wander, Lpz. 1978; *Tagebücher und Briefe*, hg. v. Fred Wander, Ost-B. 1979, Lizenz-Ausg. als *Leben wär' eine prima Alternative*, Darmst. 1980.

Waterhouse, Peter, wurde am 24. 3. 1956 in Berlin geboren. Er übersiedelte 1975 nach Wien, studierte Germanistik und Anglistik, promovierte 1984 mit einer Studie über Paul Celan und lebt seit 1979 als freiberuflicher Autor in Wien und in einem kleinen Dorf im südlichen Kärnten. 1989 erhielt er den Preis der Zeitschrift »manuskripte«, 1990 den Nicolas-Born-Förderpreis, 1993 den Preis für Europäische Poesie der Stadt Münster, 1994 den Förderungspreis des Österreichischen Bundesministeriums für Unterricht und Kunst und den Christine-Lavant-Lyrikpreis. Als Übersetzer und Herausgeber betreut er die Werke der Dichter Michael Hamburger, Andrea Zanzotto und Biagio Marin.

Das Leitmotiv der poetischen Arbeiten von Peter Waterhouse ist von Beginn an die Auflösung sprachlicher Fixierungen. Sowohl die Vorstellung eines homogenen Ichs, einer festen, subjektiven Identität, als auch der Glaube an eine eindeutige Bezeichnungsfunktion und signifikative Definitionsmacht der Sprache wird in seinen sprachspielerischen Suchbewegungen und naturmystischen Epiphanien dekonstruiert. Das großformatige Gedichtbuch *passim* (1986), das Waterhouse als Dichter einer subversiven Sprachreflexion bekannt machte, bezweifelt den Zusammenhang von Sprachzeichen und Ding, führt die Sprache »aus dem Bereich des Inhaltlichen und Erklärbaren« heraus. Die Verabschiedung einer »wissenden Sprache« geht einher mit der Suche nach einer »prekären, instabilen Gestalt« des Sprechens, einer Poesie, die sich ihrer Bewegungsrichtung nicht immer gewiss ist, nicht in Bedeutung oder Botschaft kulminieren will, sondern in Evokation und Epiphanie. Unterwegs sein im Gedicht, meint für Waterhouse: Die Sprache in eine »unaufhaltsame Übergangsbewegung« versetzen, in ein frei tönendes Sprechen zwischen den Bedeutungen und Repräsentationen. »Alles im Gedicht war im Übergang«, notiert Waterhouse in *SPRACHE TOD NACHT AUSSEN* (1989) zu einem Gedicht des Dichters Andrea Zanzotto, nur als »unverfestigtes Etwas« könne das poetische Wort überleben.

Diese lyrische Übergangsbewegung vollzieht sich in den ersten Gedichtbüchern noch in einem spielerischen, sprachexperimentellen Gestus. Der Dichter wird zum neugierigen und seltsam ortlosen Spaziergänger zwischen den Sprachen: »Guten Tag Kunst. Wo sind wir? Wir sind weit oben und / weitgezogen. Wir sind nicht weit oben genug, aber / wir sind das Brennen, das Rauschen, der schwarze Atem / im guten Übergang. Gehen heißt: Grundlage, Europa, weite Verwandlung und Himmel in eins / wir sind begrüßenswerte Künstler des Spaziergangs.«

Mit dem programmatischen Essay *Abj.* aus dem Jahr 1989 wendet Waterhouse seine Suche nach angemessenen poetischen Zeichen ins Naturmystische. »Eine Landschaft«, so lautet dann ein Schlüsselsatz in Waterhouses poetischem Essaybuch *Die Geheimnislosigkeit* (1996), »ist etwas Großes mit weiten Zwischenräumen und vielem Schweigen und einer Unbestimmtheit.« In diesem Begriff von Landschaft ist das Konzept einer Poesie zusammengefasst, die in der »Ferne von der Zentralsprache« und dem unablässigen Transformieren, Verwandeln und »Dis-Figurieren« der Sprachzeichen den lyrischen Königsweg sucht. Die Leitfigur wird in diesem Zusammenhang der japanische Haiku-Dichter Matsuo Basho, der seinen Versen eine »Neigung zur Winzigkeit und Nichtexistenz« gegeben hat. Wie Bashos Haikus richten sich auch die Gedichte von Waterhouse auf »das Wenigbedeutende, Geheimnislose, denn von dort aus nur kann einer des Ganzen und des Kontinuums gewahr werden, in einem Aufgehen aus unbedeutender Selbstvergessenheit«. Im Gehen und Spazieren durch die Sprach-Landschaften sollen sich dann die Wort-Felder und Bedeutungs-Höfe von schimmernder Transparenz bilden, in denen Sprache jene »Durchlässigkeit« erhält, die Waterhouse zum poetischen Ideal erhoben hat.

»Landschaft« ist für diesen Dichter immer auch Schöpfungsgelände, in dem sich Offenbarungen ereignen, die unsere alltägliche Erfahrung überschreiten. In einer Studie über die Gedichte Paul Celans und Andrea Zanzottos spricht Waterhouse vom *Genesis-Gelände* (1998) der Dichtung, in dem die Dinge neu gestiftet und auratisch aufgeladen werden.

Im zyklisch angelegten Gedichtbuch *Prosperos Land* (2001) geht die Textbewegung von dreizeiligen Gedicht-Kernen aus, die dem Haiku verwandt sind. Drei solcher Haiku-artigen Dreizeiler finden sich auf jeder Seite von *Prosperos Land* – genauso wichtig für die Bauform des Gedichts ist aber das Weiß der einzelnen Buchseite, der poetische Zwischenraum, den der Leser mit seinen Assoziationen betritt. Grundvokabeln des Dichters, Wörter wie »Baum« und »Haus«, »Blume« und »Mond«, »Licht« und »Nacht«, werden in immer neuen Konstellationen zusammengeführt. Naturvokabeln und Personennamen wird dabei eine poetische Heilsgeschichte eingeschrieben.

Michael Braun

Werke: *MENZ*, G., Graz 1984; *Besitzlosigkeit Verzögerung Schweigen Anarchie*, Graz 1985; *passim*, G., Reinbek 1986; *Andrea Zanzotto: Lichtbrechung*, Übs., zus. m. Donatella Capaldi u. Ludwig Paulmichl, Graz 1987; *Carlo Goldoni: Der Lügner*, Übs., zus. m. D. Capaldi, Köln 1988; *Das Klarfeld Gedicht*, Bln. 1988; *SPRACHE TOD NACHT AUSSEN*, R., Reinbek 1989; *Diese andere Seite der Welt/3 Akte*, Theaterst., zus. m. Margit Ulama, Graz 1989, UA Graz 1991; *Biagio Marin: Der Wind der Ewigkeit wird stärker*, Übs., zus. m. Riccardo Caldura u. Maria Fehringer, Reinbek 1991; *Lautsprecher, Landstreicher*, Theaterst., UA Bln. 1989; *Kieselsteinplan. Für die unsichtbare Universität*, Bln. 1990; *Blumen*, zweispr, Übs. v. Yukio Akehi u. Atsushi Hirano, Wien, Bozen 1993; *Verloren ohne Rettung. Eine Farce*, Theaterst., UA Wien 1992; *Verloren ohne Rettung*, Salzb., Wien 1993; *Gerard M. Hopkins: Journal (1866–1875) und Frühe Tagebücher (1863–1866)*, Übs., Salzb., Wien 1994; *Michael Hamburger: Die Erde in ihrem langen langsamen Traum*, Übs., Wien, Bozen 1994; *Die Schweizer Korrektur*, zus. m. Durs Grünbein u. Brigitte Oleschinsk, hg. v. Urs Engeler, Basel 1995; *Die Geheimnislosigkeit. Ein Spazier- und Lesebuch*,

Salzb., Wien 1996; *E 71. Mitschrift aus Bihac' und Krajina,* Salzb., Wien 1996; *Michael Hamburger: Traumgedichte,* Übs., Wien, Bozen 1996; *Norman Lewis: Neapel '44. Ein Nachrichtenoffizier im italienischen Labyrinth,* Übs., Wien, Bozen 1996; *Michael Hamburger: Baumgedichte,* Übs., Wien, Bozen 1997; *Von herbstlicher Stille umgeben wird ein Stück gespielt,* Theaterst., UA Köln 1997; *Im Genesis-Gelände. Versuch über einige Gedichte von Paul Celan und Andrea Zanzotto,* Basel, Weil am Rhein 1998; *Prosperos Land,* Salzb., Wien 2001.

Wawerzinek, Peter, wurde am 28. 9. 1954 in Rostock geboren. Seine Eltern setzten sich kurz darauf in den Westen ab. Wawerzinek wuchs zunächst in Kinderheimen der DDR auf. Mit zehn Jahren wurde er adoptiert. Nach Schule und Armeedienst studierte er an der Kunsthochschule in Berlin, wo er seit 1977 lebt. Er brach das Studium ab, um u.a. als Briefträger, Tischler und Mitropa-Kellner zu arbeiten. Nebenbei war er stets als Künstler aktiv, so als Zirkusclown und Stegreifpoet. Er erhielt u.a. 1991 das Bertelsmann-Stipendium beim Ingeborg-Bachmann-Wettbewerb und den Preis des Verbands deutscher Kritiker, 1993 den Hörspielpreis der Akademie der Künste Berlin.

Sein erstes Buch, einen humorigen Blick zurück, veröffentlichte Wawerzinek 1990: In *Es war einmal ... Parodien zur DDR-Literatur* ahmt der Autor die feministisch geprägte Schreibweise einer Christa Wolf ebenso witzig nach, wie er die avantgardistischen Sprachjonglagen der jungen Lyrikszene in Ost-Berlin karikiert. Wawerzinek selber gehörte dieser Szene nur bedingt an. Zusammen mit dem 1990 tödlich verunglückten »Matthias« BAADER Holst war er zwar präsent als literarischer Performer, aber vom Kern der von der Stasi kontrollierten Szene am »Prenzlauer Berg« wurde er nicht anerkannt. In seiner autobiografisch geprägten Erzählung *Mein Babylon* (1995) blickt Wawerzinek zurück auf die Achtzigerjahre. Aus dem Norden kommt der Erzähler A. nach »Babylon«, das hier für jenen Teil Ost-Berlins steht, in dem die junge Künstler-Boheme ihr Reservat fand: »Man faßte in Reime, was an Ungereimtheit nur so überlief. Denn es ging den Kampfhähnen niemals wirklich um Zerstörung des staatlichen Gebildes. Weil die Unterdrückung sie zu wundervollen Sonderlingen stempelte. Integrierte Aufrührer.« Ironisch, in einem meist atemlosen Stil mit kurzen, gereihten Sätzen rechnet Wawerzinek mit dem Leben unter der »Käseglocke« ab, in der sozialer Stillstand, künstlerische Selbstüberhebung und letztlich kraftlose Rituale der Subversion die Atmosphäre bestimmten.

Sein erster von der Kritik gelobter Roman *Nix* (1990) ist noch geprägt von den Konzepten der jüngeren DDR-Literatur: Mit Fotos und Grafiken versehen und aufgeteilt in Textfragmente, entsteht ein surreales, formal offenes Konglomerat von Erinnerungen und Gedanken, das allerdings in der Realität fest verankert bleibt. Wawerzineks Biografie, besonders seine Kindheit, ist in nahezu all seinen Texten Thema und Quelle des Schreibens: »Als Schneegestöber zur Welt gekommen, in mausetote Erfahrung gestürzt, bin ich der Bruder Vorsicht, einen Augenblick vor Erreichung der Brüche ... immer mit einem Zettel in der Gesäßtasche: Der andere bin Ich auch.« Dabei gelingt es ihm, ohne Narzissmus und selbstmitleidiges Lamento die eigene Erfahrung in Sätze und poetische Bilder zu fassen, die den Leser wiederum auf seine Existenz und ins Allgemeine verweisen: »Ruß und Schönheit liegen dicht beieinander in der Speisekammer des Seins.« In seinem Fragment *Moppel Schappiks Tätowierungen* (1991) kreiert er eine ihm wiederum verwandte Figur, einen Fährmann aus Mecklenburg, der plötzlich nach Berlin verschwindet. Das Buch wird zur Spurensuche nach einem Schelm und Sonderling, wie er in vielen Texten Wawerzineks auftaucht: »Sie gedeihen am Ungeschick, werden durch Scheitern schön. Sie ergreifen die geringsten Chancen wie Türklinken zu goldenen Zimmerchen.«

In seinen Erzählungen *Das Kind, das ich war* (1994) und *Vielleicht kommt Peter noch vorbei* (1997) steht die Erinnerung an die Kindheit in Mecklenburg im Vordergrund: »Meine Muttersprache wohnt in der Gesichtsfarbe der wetterfesten Bauern. Von den Tieren auf dem Wasser habe ich meine Fröhlichkeit. Den Schollen im Wasser verdanke ich meinen Ernst.« Der »heimatlose« Autor Wawerzinek schafft stimmungsvolle Bilder, ohne dass diese »Heimatliteratur« verklärt und regionalen Kitsch ausmalt. Mit großer Empathie porträtiert er die in sich gekehrten Menschen Mecklenburgs, die ebenso stur wie sarkastisch den Fährnissen des Lebens und der DDR-Politik trotzten: »Ich höre die Pappeln rauschen und nicht die krachende Stimme des Politikers.« Die Kinderperspektive verbunden mit der Sprachkunst des Erwachsenen lassen ein Kaleidoskop entstehen, das Erinnerung und Erfindung zusammenführt und in einzelnen Formulierungen die Glücksmomente, aber auch die Verletzungen und Sehnsüchte mit oft lyrischer Präzision auf den Punkt bringt: »Meine Eltern waren mir niemals Handtuch, wenn ich in Schweiß geriet.«

Dass Wawerzinek allerdings auch die politischen und gesellschaftlichen Veränderungen der Gegenwart aufmerksam registriert, dokumentieren seine Bücher *Café Komplott* (1998) und *Sperrzone reines Deutschland* (2001). In der 1998 erschienenen Erzählung überfallen fünf Freunde, die sich enttäuscht und gescheitert fühlen, die Bankzentrale am Potsdamer Platz. In dieser Burleske schildert Wawerzinek die chaotische Stimmung in der angehenden Bundeshauptstadt, wo Altkommunisten wie Techno-Fans auf der Suche nach einer neuen Identität sind, begleitet von einer wahnwitzigen Medienmaschinerie. In *Sperrzone reines Deutschland* dokumentiert der Autor, wie er in Mecklenburg mit ausufernder Fremdenfeindlichkeit und unverhohlenem Rechtsextremismus konfrontiert wird.
Heitere Melancholie, die Perspektive des Schelms, ein Wortwitz, der nicht zurückschreckt vor schräg geratenen Bildern und überraschenden Neuschöpfungen (»wehmuten«), und ein Gespür für Rhythmus und Sprachklang zeichnen den Autor Wawerzinek aus. Herkunft und Heimatlosigkeit des Einzelnen, die skurrilen Details des Alltags und die Nähe von Schönheit und Scheitern sind die übergreifenden Motive seiner Literatur. In der Hommage an eine Landschaft, *Das Meer an sich ist weniger* (2000), findet sich auch die Poetik dieses Autors, der abseits der literarischen Strömungen in den Neunzigerjahren zu einer eigenen Stimme gefunden hat: »Die Sprache ist ein dünnes Eis zwischen den / Meeren, angefüllt mit Unverstand. / Die Sprache ist ein Netz, angefüllt mit Rätseln. / Hört: Es knistert Heimat und Lieder.«

Stefan Sprang

Werke: *Es war einmal ... Parodien zur DDR-Literatur*, Pr., Bln. 1990; *Nix*, R., Bln. 1990, Hsp., SFB/DSK 1993; *Moppel Schappiks Tätowierungen*, Pr., Bln. 1991; *Das Kind, das ich war*, E. Bln. 1994; *Mein Babylon*, E., Bln. 1995; *Vielleicht kommt Peter noch vorbei*, E., Lpz. 1997; *Olive ist Arsen oder Pekinger Wüsteneien*, Pr., Bln. 1998; *Café Komplott*, E., Bln. 1998; *Skorbut – 3 Shantys*, Bln. 1998; *Fallada, ich zucke*, Hsp., SFB/ORB 1998; *Das Meer an sich ist weniger*, Hsp., DLF 2000, gedr. Bln. 2000; *Der Galionsfiguren Schnitzer*, Pr., Bln. 2000; *Sperrzone reines Deutschland*, Pr., Bln. 2001; *Berlin-Ost. Die andere Zeit einer Stadt 1990–2001*, Foto-Lesebuch, m. Fotos v. Harald Hauswald, Bln. 2002.

Weber, Anne, wurde am 13. 11. 1964 in Offenbach geboren. 1983 ging sie nach Paris und absolvierte ein Studium der französischen Literatur und der Komparatistik an der Sorbonne. Von 1989 bis 1996 arbeitete sie in Lektoraten verschiedener französischer Verlage. Sie übersetzte deutsche Autoren (u.a. Hans Mayer, Jakob Burckhardt, Eleonore Frey, Sibylle Lewitscharoff, Birgit Vanderbeke und Wilhelm Genazino) ins Französische. So schreibt sie auch auf Französisch und übersetzt ihre Bücher selbst ins Deutsche. Ausgezeichnet wurde sie 2001 mit einem Aufenthaltsstipendium des Literarischen Colloquiums Berlin.
Anne Webers Büchern eignet eine Neigung zur logischen Konsequenz, die das scheinbar Normalste der Welt mit unschuldigem Blick von allen Seiten betrachtet, um feststellen zu müssen, dass das Normale im Grunde völlig abwegig und grotesk ist. Es müsste, Weber zufolge, noch nicht einmal wahr sein, aber doch zumindest plausibel. Webers Fragestellerin heißt Ida, ein skeptisches Wesen mit einer tiefen Freude an der genauen Beobachtung und am unerbittlichen Nachbohren. In den über fünfzig Kurz- und Kürzestgeschichten unter dem Titel *Ida erfindet das Schießpulver* (1999) lernt man eine kleine Anarchistin kennen, die gerne auf Seifenblasen reist, einen Frosch im Hirn hat und die Menschen glücklich machen will. Sie erinnert in vielem an Lucy von den Peanuts, mit ihrem weiblichen Selbsthass, ihrem leicht asozialen Verhalten und ihrer Besserwisserei. Am liebsten würde sie den Planeten sprengen, doch zuvor »zerfällt sie regelmäßig in ihre Einzelteile« und hadert mit den üblichen menschlichen Verfallserscheinungen wie Gedächtnisverlust und Depression. Zum Glück kann sie, diese bezaubernde Denkfigur, bei Bedarf schnell die Köpfe wechseln.
Derart respektlos betrachtet Anne Weber in ihrem Band *Im Anfang war* (2000) die göttliche Schöpfungsgeschichte. Die häufig blutigen und exzessiven Geschichten im Buch der Bücher nimmt sie in ihrer keineswegs frivolen oder gotteslästerlichen Exegese nur sehr wörtlich und denkt sie schlüssig zu Ende. Moses als Extrembergsteiger, Esther als erste Miss Persien, der Beginn der Psychoanalyse mit Josephs Traumdeutungen und die Sintflut als erster geplanter Völkermord der Geschichte – dieses Buch nimmt all diese Mysterien auf heitere Weise ernst und zeigt, dass zwar der Schöpfungsgedanke vollkommen war, die Menschen jedoch nicht.
Auch *Erste Person* (2003) folgt der Diktion, die Dinge nicht einfach auf sich beruhen zu lassen. Es geht um die nackte Existenz in all ihren Klammheiten, vom Nullpunkt, also vom Ich aus gedacht: »Alle Personen sind erste Personen. Das erschwert das Leben in einer Gesellschaft erheblich.« In dieser (selbst)reflexiven Prosa, die mit einer Herausgeber-

fiktion spielt, kreisen die Gedanken und Monologe um die Grundfesten des Lebens: Angst in allen Variationen, der von Gott verlassene Mensch und die Liebe als Illusion für eine käufliche Viertelstunde. Wichtig erscheint dabei, dass diese Prosa ihre »spröde Grazie einer kunstvoll ziselierenden Sprach- und Denkarbeit verdankt« (Hermann Kurzke).

Thomas Kraft

Werke: *Ida erfindet das Schießpulver. Geschichten*, Ffm., 1999 (frz. O-Ausg. u. d. T. *Ida invente la poudre*, Paris 1998); *Im Anfang war*, Ffm. 2000; *Erste Person*, R., Ffm. 2002.

Weber, Peter, wurde am 22. 4. 1968 in Wattwil/Toggenburg im Kanton St. Gallen geboren. 1990 zog er nach Zürich und ist seitdem freier Schriftsteller. In der Freejazz-Szene beheimatet, gestaltet er Lesungen mit Formationen improvisierter und elektronischer Musik. Er zählt zu den Gründern der Schweizer Autorengruppe NETZ. 1997/98 erhielt er ein Stipendium der Kulturstiftung Landis & Gyr in London. Weber wurde u.a. 1994 mit dem Literatur-Förderpreis der Jürgen-Ponto-Stiftung und dem Förderpreis zum Bremer Literaturpreis ausgezeichnet.

Ein Heimatroman aus der Feder eines 25-jährigen Schweizers versetzte 1993 den Literaturbetrieb in Euphorie. »Das Toggenburg ist ein langgezogener Mollakkord und liegt quer zur Weltgeschichte«, lautet eine der als Definitionen getarnten poetischen Annäherungen an das Toggenburg in Peter Webers *Der Wettermacher* (1993). Kühn und kraftvoll meldete sich eine Solostimme der Fantasie zu Wort, ein ebenso verspielter wie sicherer Ton, der aufhorchen ließ. Selten wurde so triumphal in den April geschickt: »Dies ist die Geschichte des ersten Aprils neunzehnhundertneunzig, an dem das Wetter macht, was es will, mit der Sonne der Knopf aufgeht, der Wettermacher die Zeit zum Stillstehen bringt, der Welt den Kopf verdreht.« Es ist dies auch die Geschichte einer Landschaft, »die am Himmel festgemacht ist«, das Stammland Ulrich Bräkers (*Lebensgeschichte und Natürliche Ebentheuer des Armen Mannes im Tockenburg*, 1789) des Reformators Huldrych Zwingli sowie der Familie Abderhalden, des »Informationsbeamten« der Schweizerischen Bundesbahnen Melchior und seiner Berliner Frau Ute. Ihnen anvertraut sind die Adoptivsöhne Melchior und August Abraham. Das Zwitterwesen August Abraham, geboren am 1. April 1970, verstummt am 1. August, seinem Tauf- und dem Schweizer Nationalfeiertag.

In der letzten wetterwendischen Märznacht des Jahres 1990 erhält August Abraham den väterlichen »Informationshut« geschenkt. Der Hut – Symbol für Krone wie Narrenkappe – und das Schneegestöber stellen die Lizenz zur Ich-Werdung, zum Wettermachen und damit zum Erzählen aus. Es ist ein Akt der Selbstschöpfung durch Sprachschöpfung, die Genese eines modernen Kaspar Hauser, wie man sie in ähnlicher Weise von den Sprachmanikern Hermann Burgers kennt. Als literarischer Schelm und Bastard steht August Abraham in einer Tradition von Robinson bis Günter Grass' Oskar Matzerath (*Die Blechtrommel*). Der Wort- und Zungenmensch fühlt sich Zwingli seelenverwandt, und wie der Reformator 1519 in seiner Mission nach Zürich aufbrach, so endet auch dieser stupende, in sich versponnene Entwicklungsroman am Zürcher Hauptbahnhof.

Die Idee für sein zweites Buch, den balneografischen Roman *Silber und Salbader* (1999), kam Peter Weber auf einer Lesereise durch verschiedene Schweizer Kurorte. *Silber und Salbader* beginnt am Ort der Läuterung durch Wasser – mit »Lustbaden, Lichtbaden, Lachbaden«. Die 21 Kapitel sind in barocker Manier jeweils mit einem appetitanregenden Vorspann garniert. Mithilfe eines sanft ironischen Vademecums sieht man sich an die Promenade von Baden an der Limmat versetzt. Dort, im Bäderhotel Rose, ist der Gelegenheitsmusiker Wendelin Selb alias Silber als Quell- beziehungsweise »Gegenwart« tätig. Das ermöglicht ihm den Zugang zu den unterirdischen Gewölben, wo sich etwas Heiliges, Sagenumwobenes auftut: der steinerne Mund der zeitweise versiegten Königsquelle zu Baden aus der Römerzeit.

Hier, am sich erneuernden Quellbart, ist Weber am Urgrund seines Erzählens angelangt, am Born der übersprudelnden Geschichten. Er schreibt weniger einen Entwicklungsroman über Wendelin Selb, als dass er eine alchemistische Kunde verbreitet. Aus Steinen, Metallen, Gewässern und Tönen schöpft er eine mystische Welt, bringt tausend Brünnlein voller historischer Episoden zum Fließen. Zugleich taucht immer wieder helvetisch grundierte Kritik an der Industrialisierung der einst landwirtschaftlich geprägten Ostschweiz, Selbs Heimat, auf, an seelenloser calvinistischer Geschäftigkeit und Profitgier. Die Hauptfigur dieses Romans ist naturgemäß schwächer konturiert als der selbst ernannte Wettermacher Abderhalden. Dieser schweifte ab, um zur Sache zu kommen. Jetzt aber verselbstständigt sich die Quellenkunde.

Die Passion für die Meteorologie, das Bahnfahren und für Klänge ist eine Konstante in Peter Webers Werk. Literarische Programm-Musik, diesmal jedoch ohne regionalen Bezug, intoniert auch *Bahnhofsprosa* (2002). Die vierteilige Erzählung eines in einem Kollektiv aufgehobenen und zugleich gefangenen Ichs kreist um den Bahnhof schlechthin. Er wird zum zeitlosen Hallraum und modernen Geräuschverstärker, zum akustischen Weltzentrum. Eine eigentliche Handlung und identifizierbare Helden gibt es nicht mehr, höchstens eine diffuse Dienstleistungsstruktur, die von ferne an Robert Walsers Dienstbotenroman *Jakob von Gunten* erinnert. Diese vollendete Kunstprosa ist ganz ihrem Ziel einer eigenen synästhetischen Phänomenologie unterworfen. Damit kommt sie einer »Personenvereinzelungsanlage« gleich, wie eines der Unterkapitel heißt.

Katrin Hillgruber

Werke: *Der Wettermacher*, R., Ffm. 1993; *Silber und Salbader*, R., Ffm. 1999; *Bahnhofsprosa*, Pr., Ffm. 2002.

Weidenheim, Johannes (eigentlich Ladislaus Jakob Johannes Schmidt), geboren am 25. 4. 1918 in Bačka-Topola in Serbien als Nachkomme pfälzischer Einwanderer, die unter Joseph II. in der Wojwodina angesiedelt wurden. Weidenheim wuchs im donauschwäbischen Werbass dreisprachig (Deutsch, Ungarisch, Serbokroatisch) auf. Nach der Schule arbeitete er als Lehrer und Journalist in Neusatz und Belgrad. Im Zweiten Weltkrieg war er zunächst jugoslawischer, dann deutscher Soldat, von 1941 bis 1943 als Redakteur beim deutschen Sender in Belgrad. Nach dem Krieg wohnte er zunächst in der Lüneburger Heide und arbeitete als Holzfäller und Dorfschullehrer. Danach war er als Redakteur, Übersetzer und freier Schriftsteller tätig. Von 1980 bis zu seinem Tod am 8. 6. 2002 lebte er in Bonn. Ausgezeichnet wurde er 1954 mit dem Bertelsmann-Romanpreis, 1974 mit dem Übersetzerpreis des serbischen P.E.N.-Zentrums, 1991 mit der Ehrengabe der Deutschen Schillerstiftung Weimar und 1996 mit der Ehrengabe zum Andreas-Gryphius-Preis.

Im Kreis der »Gruppe 47« galt er als viel versprechendes Talent. Seine Romane *Nichts als ein bißchen Musik* (1947) über das Schicksal einer Zigeunerkapelle, *Kale-Megdan* (1948) über die Lebenskrisen des ehemaligen Lehrers Stefan Mornau und des Schriftstellers Karlo Prica und ihre existenzphilosophischen Dialoge vor der Kulisse von Belgrad, *Das türkische Vaterunser* (1955) über eine Schicksalsgemeinschaft, eine Gruppe von Außenseitern im Armeleutehaus, und der Kneipen- und Dialogroman *Treffpunkt jenseits der Schuld* (1956) über den Erfahrungsaustausch zweier Exilanten über ihr Vaterland Jugoslawien fanden große Beachtung, doch dann wurde es wieder still um den Autor. Der aber blieb produktiv, auch wenn in den Sechzigerjahren experimentellere Formen gefragt waren. Immerhin ging Weidenheims Bekanntheitsgrad weit über die donauschwäbische Kulturszene hinaus, sodass seine provokanten Einwürfe in der von ihm mitbetreuten Zeitschrift »Neuland« für einige Unruhe sorgten. »Weidenheim trat als überzeugter Pazifist auf, bekannte sich zu einem links orientieren Christentum und plädierte für einen Dialog mit den kommunistisch regierten Ländern. In einigen Lösungsvorschlägen gesellschaftlicher Probleme näherte er sich auf bedenkliche Weise den Positionen des offiziellen Staatssozialismus« (Peter Motzan).

1963 veröffentlichte Weidenheim die meisterhafte Novelle *Lebenslauf der Katharina D*, die 1991 als *Pannonische Novelle* wieder aufgelegt wurde und die Neuentdeckung des Autors einleitete. Darin erzählt er, wie der Titel schon sagt, das Leben der donauschwäbischen Bäuerin Katharina Delhaes von der Geburt bis zu ihrem Tod in den Sechzigerjahren in Wien nach. Mit ethnografischem und sozialkritischem Gespür rekonstruiert Weidenheim die Welt des Großdorfes, in dem sie aufwächst, heiratet und sich mit ihrer Familie in dieser eigentümlichen Ordnung aus sozialer Kontrolle und Geborgenheit durchzusetzen sucht. Die beiden Weltkriege rauben ihr den Ehemann und die beiden Söhne, sie wird in die Steiermark evakuiert und landet schließlich in einem Barackenlager in Wien. In einer wilden Fantasie tritt sie ihre letzte Reise an. Ohne schmückendes Beiwerk, schlicht und nackt, hat Weidenheim diese Biografie nachgezeichnet. Zu Recht wurde er als »Meister der Aussparung« (Erich Hackl) gerühmt. Dass er dabei auch zu selbstkritischen Tönen fähig war, belegt der Roman *Mensch, was für eine Zeit oder Eine Laus im deutschen Pelz* (1968), in dem er die Verirrungen und die Wandlung seines Alter Egos, des Unterscharführers Simon Lazar Messer, schildert, der auf der Flucht nach Deutschland zum Deserteur wird. Die hier geschilderten Fragen nach Schuld und Sühne führten direkt in die Biografie Weidenheims, der Unteroffizier der Waffen-SS-Division »Prinz Eugen« gewesen war und als Rundfunkmoderator der »Volksdeutschen Stunde« beim Besatzungssender Belgrad eingesetzt worden war (*Volksdeutsche Stunde*, 1943). Als Antrieb seines Schreibens hat Weidenheim immer wieder sein Heimweh nach Pannonien genannt. Diesem idealen, nur in seiner Vorstellung existierenden Ort gab er die Chiffre »Maresi«, gestaltet nach dem Vorbild seines Heimatdorfes Werbass. Doch die Erinnerungen an die Kindheit zeigen weder eine heile Welt noch die dumpfe Provinz. So erzählen auch die im Sammelband *Lied vom Staub* (1992) versammelten, zwischen 1950 und 1985 geschriebenen Novellen und Skizzen neben den mit mimetischer Hingabe geschilderten Zeugnissen deutscher Kultur auch die Schattenseiten, den latenten Fremdenhass und die Gespaltenheit der Gemeinden.

Im Roman *Heimkehr nach Maresi* (1994) führt uns Weidenheim wieder in die einst auch von Deutschen mitbesiedelte Wojwodina, die Tiefebene zwischen Donau und Theis. Erzählt wird vom Besuch des Simon Lazar Messer in seinem Heimatort Maria-Theresiendorf, kurz Maresi genannt. Nach vierzig Jahren taucht er beim Spaziergang durch das Dorf in dessen wechselhafte Vergangenheit ein, rekapituliert in großen Bögen Kulturgeschichtliches, entdeckt scheinbar Vergessenes und schwelgt in Erinnerungen an die eigene Kindheit. Jedes Haus evoziert den Blick zurück, die Zeitebenen des Gestern und Heute rutschen geschmeidig ineinander, er vergegenwärtigt sich eine versunkene Welt, die lange Zeit als ethnischer Schmelztiegel funktioniert hatte. Breiten Raum nehmen aber auch die Erlebnisse Messers während des Zweiten Weltkrieges ein, als ein Großteil der deutschstämmigen Kolonisten nationaler als die Reichsdeutschen sein wollten, sich in »Grüßgott!«-Deutsche und »Heil!«-Deutsche spalteten und inmitten dieses Vielvölkergemisches »entdeckten, daß sie ja eigentlich schon immer Judenfresser waren«. Weidenheim bündelt viele Stimmen zu einem gewaltigen Chor und lässt im wiederkehrenden Antippen und Fortführen von Motiven und Themen eine grandiose literarische Symphonie vom Aufstieg und Untergang der Kulturen erschallen. Es sind liebenswerte Geschichten wie jene von Jettchen mit dem Holzbein oder vom legendären »Siebenzehnundvier«-Spiel des Fredi Krumes mit dem k.u.k. Oberrevisor Graf Ebédházy. Doch Weidenheim verschweigt auch die Pogrome an den Juden nicht und erzählt ebenso vom Oktober 1944, als Partisanen Maresi besetzten und mit den Deutschen abrechneten. Simon Messer war nach Maresi gekommen, um die Gebeine seiner Eltern auf dem Friedhof umzubetten. Aber er erkrankt schwer und wird in ein Krankenhaus nach Belgrad verlegt. Die Aussöhnung mit dem Ort seiner Geburt, aus dem er einst hatte fliehen müssen, findet nicht statt: »Sie hatten ihn aus seinem Maresi hinausgeworfen, bei Nacht und Nebel, ohne ihn zu fragen. Eines aber konnte keine Macht der Welt ihm nehmen: die Erinnerung.«

Thomas Kraft

Werke: *Die Ehre des Schwachen*, Novi Vrbas o. J.; *Williams deutsche Prüfung*, Novi Vrbas 1940; *Volksdeutsche Stunde. Auswahl von Rundfunk-Feierstunden*, Belgrad 1943; *Nichts als ein bißchen Musik*, R., Hbg. 1947, Neufssg. u. d. T. *Nur ein bißchen Musik*, Braunschweig 1959; *Kale-Megdan*, R., Hbg. 1948; *Das späte Lied*, Gütersloh 1954; *Das türkische Vaterunser*, R., Gütersloh 1955; *Und dann war es doch nicht Sonntag*, Gütersloh 1955; *Der verlorene Vater*, Mü. 1955; *Treffpunkt jenseits der Schuld*, Gütersloh 1956; *Der verlorene Vater. Drei Erzählungen*, Halle 1956; *Bei niemands brennt noch Licht. Eine Weihnachtserzählung*, Wuppertal-Barmen o. J. [1956]; *Ein Sommerfest in Maresi*, E., Heilbronn 1956; *Das Haus Babel. Aus einer Krankengeschichte*, Hbg. o. J. [1956]; *Das späte Lied. Zwei Erzählungen*, Stg. 1956; *Tschiritschari*, Gütersloh 1956; *Deutsche Stimmen 56. Neue Prosa und Lyrik aus Ost und West*, Hg., zus. m. Marianne Bruns, Stg. 1956; *Seltene Stunden*, En., Stg. 1957; *Morgens zwischen vier und fünf. Geschichten von heute*, Stg. 1958; *Maresiana. Eine erzählerische Suite*, Stg. 1960; *Noch am gleichen Tag*, En., Bln. 1961; *Markus Rachuba besucht seinen Sohn*, Mü. 1961; *Wann ist ein Krieg zu Ende*, Mü. 1961; *Gelassen bleibt die Erde aufgetischt*, G., Stg. 1961; *Schultage*, R., u. d. Ps. Ernest Waldteufel, Halle 1961; *Die Donauschwaben. Bild eines Kolonistenvolkes*, zus. m. Albert Karl Gauß, Freilassing 1961; *Mladen Oljača: Das Vermächtnis*, Übs., Mü. 1962; *Lebenslauf der Katharina D*, Freilassing o. J. [1963], Neuausg. u. d. T. *Pannonische Novelle. Lebenslauf der Katharina D*, Salzb. 1991; *Jara Ribnikar: Die Kupferne. Milojes Tod*, Übs., Mü. 1964; *Erih Koš: Die Spatzen von Van Pe*, Übs., Hbg. 1964; *Erih Koš: Wal-Rummel*, Übs., Hbg. 1965; *Branko Radičevič: Das Schlüsselloch*, Übs., Stg. 1966; *Erih Koš: Montenegro, Montenegro*, Übs., Hbg. 1967; *Mensch, was für eine Zeit oder Eine Laus im deutschen Pelz*, R., Mü. 1968; *Erih Koš: Eis*, Übs., Hbg. 1970; *Miodrag Bulatovič: Die Daumenlosen*, Übs., Mü. 1975; *Joze Tisnikar/Nebojsa Tomasevic: Tisnikar*, Übs., Ebenhausen 1978; *Radomir Smiljanič: Hegels Flucht nach Helgoland*, Übs., Stg. 1979; *Serbische Väter*, Hsp., SR 1986; *Lied vom Staub*, En., Salzb. 1992; *Heimkehr nach Maresi*, R., Salzb. 1994; *Theodora. Bilanz einer Liebe*, R., Weilerswist 1998.

Weil, Grete, wurde als Margarete Elisabeth Dispeker am 18. 7. 1906 in Egern/Obb. geboren. Sie studierte Germanistik in Frankfurt/M., Berlin, München und Paris. Am 26. 7. 1932 heiratete sie in

Rottach/Obb. Edgar Weil. 1933 brach sie ihr Studium ab und stellte die schriftstellerische Tätigkeit ein. Nach Aufenthalten in Frankfurt/M., Egern und München, wo sie eine Ausbildung zur Fotografin absolvierte, folgte sie ihrem Mann Ende 1935 ins niederländische Exil. Edgar Weil führte in Amsterdam eine Niederlassung der pharmazeutischen Fabrik seines Vaters, Grete Weil übernahm 1938 ein Fotoatelier. Ein Fluchtversuch nach dem deutschen Überfall auf die Niederlande im Mai 1940 scheiterte. Edgar Weil wurde im Juni 1941 im Zuge einer Vergeltungsaktion gegen Juden verhaftet und am 17. 9. 1941 im Konzentrationslager Mauthausen ermordet. Den großen Deportationen ab Juli 1942 konnte Grete Weil entgehen: Sie arbeitete in einem zum Sammellager umfunktionierten Amsterdamer Theater für den Jüdischen Rat, der im Auftrag der nationalsozialistischen Besatzer die Erfassung, Enteignung sowie den Abtransport der Juden mitorganisierte. Als sie im September 1943 selbst deportiert werden sollte, tauchte sie unter. Sie überlebte bis Kriegsende in Verstecken und begann wieder zu schreiben. Ende 1947 ging sie von Amsterdam zurück nach Deutschland. Mit ihrem Jugendfreund, dem Opernregisseur Walter Jockisch, lebte sie in Darmstadt, Stuttgart, Berlin, Hannover und ab 1955 in Frankfurt/M. Ende der Fünfzigerjahre erwarb Grete Weil einen Zweitwohnsitz nahe Locarno im Tessin. 1960 heiratete sie Walter Jockisch. Nach seinem Tod 1970 widmete sie sich intensiv ihrer schriftstellerischen Tätigkeit. 1974 übersiedelte sie nach Grünwald bei München. Ihre literarischen Arbeiten fanden erst spät Anerkennung: 1983 erhielt sie den Tukan-Preis der Stadt München, 1988 den Geschwister-Scholl-Preis, 1993 die Medaille »München leuchtet« in Gold, 1995 die Carl-Zuckmayer-Medaille des Landes Rheinland-Pfalz und 1996 den Bayerischen Verdienstorden. Grete Weil starb am 14. 5. 1999 in Grünwald bei München.

Die Ende 1932 fertig gestellte Erzählung *Erlebnis einer Reise* (1999) ist wie alle Texte von Weil autobiografisch geprägt. Stellt diese erste literarische Arbeit anhand einer Dreiecksbeziehung das Selbstverständnis junger Menschen in den letzten Jahren der Weimarer Republik dar, so kreist das gesamte spätere Werk der Autorin um die Erfahrung von Verfolgung und Überleben. Das für die Mitbewohner ihres Verstecks konzipierte Marionettentheaterstück *Weihnachtslegende 1943* (publiziert in: *Das gefesselte Theater*, 1945, hg. von Herbert Meyer-Ricard; wieder abgedr. in: *Leb ich denn, wenn andere leben*, 1998) berichtet vom Erschöpfungstod einer untergetauchten jungen Mutter. Die auf das Neue Testament anspielende Geschichte wird durch ein Kabarett satirisch kontrastiert. Schon unmittelbar nach Kriegsende wollte Weil Zeugnis ablegen. In dem 1945 verfassten, konventionell berichtenden Prosatext *Ans Ende der Welt* schildert sie die Extremsituation in einem Amsterdamer Sammellager: Neben der perfiden Grausamkeit des SS-Bewachungspersonals stellt sie auch die oft unangemessenen und unvernünftigen, aber allzu menschlichen Reaktionen der mit Deportation und Tod bedrohten Juden dar. 1949 in Ost-Berlin veröffentlicht, fand die Erzählung in der Bundesrepublik keine Beachtung. Nach zwei Musiktheaterarbeiten mit Hans Werner Henze (*Boulevard Solitude*, 1951) und Wolfgang Fortner (*Die Witwe von Ephesus*, 1952), die durch Walter Jockischs Opern-Kontakte zustande gekommen waren, übersetzte Weil ab 1958 für den Limes-Verlag mehrere englische und amerikanische Prosatexte. Auf die wenig beachtete westdeutsche Neuauflage von *Ans Ende der Welt* (1962) folgte 1963 der Roman *Tramhalte Beethovenstraat*, in dem Weil erstmals den Konflikt thematisiert, zwischen dem Wunsch, Zeugnis abzulegen, und der Einsicht, weder das Erlebte in Worte fassen noch die dauernde Konfrontation mit den eigenen Erinnerungen ertragen zu können. Der nichtjüdische deutsche Schriftsteller und Journalist Andreas, der erst angesichts der Deportation der Amsterdamer Juden das »Wesen des Faschismus« erkannt und einigen Verfolgten geholfen hat, besucht mehr als ein Jahrzehnt nach Kriegsende die Niederlande und Mauthausen. Da er sich im Gegensatz zu der in Verdrängung geübten bundesrepublikanischen Wohlstandsgesellschaft der immer präsenten Erinnerung und Trauer nicht entziehen kann, leidet er unter einer Schreibhemmung. Auch in den nach einer Reise entstandenen Amerika-Erzählungen *Happy, sagte der Onkel* (1968) reflektiert Weil die dauernde Gegenwart der Vergangenheit. In dem Text *B sagen* stellt sie erstmals subjektiv berichtend die Schuldfrage in den Mittelpunkt: Die so genannte Überlebensschuld, das Schamgefühl der Opfer, überlebt zu haben, wird kontrastiert mit Abwehrstrategien der Täter.

Obwohl Weil in Martin Gregor-Dellin einen Fürsprecher fand, interessierte ihre differenzierte Auseinandersetzung mit eigenen Erfahrungen auch nach 1968 nur wenige. Der literarische Durchbruch gelang ihr erst 1980 mit dem Roman *Meine Schwes-*

ter Antigone. Anders als in ihren früheren Texten erzählt die Autorin keine Geschichte im konventionellen Sinn. Geschildert wird ein Tag Ende der Siebzigerjahre: Gegenwärtige und erinnerte Erfahrungen, reale und nur vorgestellte Erlebnisse wie auch Reflexionen und Emotionen werden in einer radikal subjektiven Erzählweise zusammengeführt. Grete Weil findet in der assoziativen Verschränkung von Wahrnehmungs-, Gedanken- und Gefühlsfragmenten ihren eigenen, beeindruckenden Prosastil. Gegenwart ist der Ich-Erzählerin ihre »Existenz aus Erinnerung«. Weil nützt die eigene Biografie als Material und fasst ihre doppelte Erfahrung als Opfer der Nationalsozialisten und Mitarbeiterin des Jüdischen Rats metaphorisch zusammen: »Meine Krankheit heißt Auschwitz.«

Mit »Existenz aus Erinnerung« spricht sie erstmals auch ihr zweites großes Thema an – das Alter, die »Assoluta der unheilbaren Krankheiten«. 1983 beschreibt sie unter dem Titel *Generationen* die unüberwindlichen Verständigungsprobleme, mit denen sich die Ich-Erzählerin in einer Wohngemeinschaft mit einer jüngeren Freundin und einem Mädchen konfrontiert sieht. Bestechend ist nicht nur Weils radikal aufrichtiger Blick auf die Altersthematik, sie umkreist auch wieder anhand von autobiografischem Material die Opferrolle. Obwohl Weil resigniert festhielt: »Der späte Erfolg tut gut. Der späte Erfolg tut weh«, fühlte sie sich durch die positiven Reaktionen in ihrer schriftstellerischen Arbeit bestätigt. 1986 sucht sie in dem Roman *Der Brautpreis* der Erfahrung der Entwürdigung, die mit den Nürnberger Gesetzen begann und in Verfolgung und Vernichtung mündete, eine positive Definition des eigenen Judentums entgegenzusetzen. Grete schildert ihr Bild der biblischen Figur Davids, und in einem zweiten Handlungsstrang entlarvt Davids Frau Michal in ihrer den Bibeltext frei weiterspinnenden Lebensgeschichte Männer als politische Taktierer und gewalttätige Patriarchen. Der Versuch, das »Judesein mit Inhalt zu füllen«, misslingt: »Übrig bleibt, dass ich als Jüdin erfahren habe, was Leiden bedeutet.«

Diesen Gedanken führt Weil 1992 in sechs Prosatexten, die das Thema *Spätfolgen* variieren, weiter: Hatte sie nach Kriegsende umfassend Zeugnis ablegen wollen, so begreift sie sich nun nur noch als »Zeugin des Schmerzes«. Im Gedenken an die KZ-Überlebenden Primo Levi, Jean Améry und Paul Celan, die das Weiterleben nicht mehr ertragen konnten und Selbstmord begingen, hält sie fest: »Vielleicht bin ich deshalb am Leben geblieben, weil meine Zeugenschaft nicht ausreicht.« War ihr die eigene Biografie bis ins hohe Alter Fundus für literarische Werke, so begann sie mit neunzig Jahren eine Autobiografie. In *Leb ich denn, wenn andere leben* (1998) begreift sie sich als Zeugin in einem weiter gefassten Sinn: Sie zeichnet ihre bayerische Kindheit in einer assimiliert-jüdischen Großbürgerfamilie vor dem Ersten Weltkrieg nach. Sie beschreibt sich als Repräsentantin der Jugend der Weimarer Republik, die die (sexual-)moralischen Regeln der Zeit ablehnte, die politischen Entwicklungen lange ignorierte und die abstrakte Idee des Todes verherrlichte. In der die Jahre bis zu ihrer Rückkehr nach Deutschland 1947 umfassenden Autobiografie erzählt sie – wie schon in ihren Romanen – von der Liebe zu Edgar Weil, von Emigration und Verfolgung. Für die Fortsetzung, das Zeugnis vom Weiterleben in einer besiegten, aber nicht schuldeinsichtigen, später aufbauwütigen und verdrängungsbereiten Gesellschaft, fehlte ihr, wie sie in Gesprächen immer wieder bedauerte, die Kraft. In ihrem Todesjahr wurde erstmals ihr früher literarischer Text *Erlebnis einer Reise* publiziert. Er erschien in einem insgesamt drei Reiseerzählungen umfassenden Band (1999).

Lisbeth Exner

Werke: *Ans Ende der Welt,* E., O-Berlin 1949; *Boulevard Solitude,* Libretto zu einer Oper von Hans Werner Henze, Mainz 1951, UA Hannover 1952; *Die Witwe von Ephesus. Pantomime nach einer antiken Novelle,* Text zur Musik von Wolfgang Fortner, Mainz o. J., UA Berlin 1952; *David Walker: Schottisches Intermezzo*, Übs., Wiesbaden 1959; *Maude Hutchins: Noels Tagebuch*, Übs., Wiesbaden 1960; *Lawrence Durrell: Groddeck*, Übs., Wiesbaden 1961; *Ans Ende der Welt,* E., Wiesbaden 1962; *Thomas Buchanan: Das Einhorn*, Übs., Wiesbaden 1963; *Tramhalte Beethovenstraat,* R., Wiesbaden 1963; *John Hawkes: Die Leimrute*, Übs., Wiesbaden 1964; *Happy, sagte der Onkel,* 3 Erzählungen, Wiesbaden 1968; *Meine Schwester Antigone,* R., Zür., Köln 1980; *Generationen,* R., Zür., Köln 1983; *Jeroen Brouwers: Versunkenes Rot,* Übs., Zür./Frauenfeld 1984; *Der Brautpreis,* R., Zür./Frauenfeld 1988; *Spätfolgen,* E., Zür./Frauenfeld 1992; *Leb ich denn, wenn andere leben,* Autobiogr., Zür./Frauenfeld 1998; *Erlebnis einer Reise. Drei Begegnungen,* E., Zür./ Frauenfeld 1999.

Weiss, Peter, wurde am 8. 11. 1916 in Nowawes bei Potsdam als dritter Sohn (erster Sohn der zweiten Ehe) einer ehemaligen Theaterschauspielerin geboren, die seit 1915 mit einem Textilkaufmann österreich-ungarischer bzw. dann tschechoslowakischer Staatsbürgerschaft verheiratet war. Von 1919 bis 1929 lebte die schließlich achtköpfige Familie in

Bremen und von 1930 bis 1934 in Berlin, wo Weiss seine Schulbildung erhielt, Gymnasium bis 1933, dann Rackow-Gewerbeschule. Da der Vater jüdischer Abstammung war, emigrierte die Familie nach Regierungsantritt der NSDAP; sie lebte von 1935 bis 1936 bei London in England, von 1937 bis 1938 im böhmischen Warnsdorf und ab 1939 im schwedischen Alingsås. Seit 1932 war Weiss davon überzeugt, Künstler werden zu müssen, und besuchte Zeichen-, Mal- und Fotografiekurse. Durch Vermittlung von Hermann Hesse und Max Barth erhielt er 1937 einen Studienplatz an der Kunstakademie in Prag in der Klasse von Willi Nowak; die Ausbildung wurde jedoch durch die deutsche Annexion des Sudetenlandes und die erneute Emigration der Eltern abgebrochen. Seit 1940 lebte Weiss überwiegend in Stockholm, zunächst unter anderen Emigranten, zunehmend aber integriert in die schwedische Avantgardekunst-Szene. Schon in Prag hatte Weiss für zwei Ölgemälde einen Preis der Akademie erhalten; in Schweden machte er sich in den Vierzigerjahren als Maler überregional einen Namen. In den Fünfzigerjahren erlahmte sein Interesse für malerische Ausdrucksformen. An deren Stelle traten literarische Versuche im Stil der schwedischen »Fyrtiotalisten«, Collagen und filmische Studien. Von 1949 bis 1958 unterrichtete Weiss an der Stockholmer Högskola Kunst und Kunstgeschichte sowie Theorie und Praxis des Films. Zwischen 1952 und 1960 entstanden 14 abgeschlossene Filme, die teilweise zu den interessantesten schwedischen Experimental- und Dokumentarfilmen der Fünfzigerjahre gehören. Außer in Avantgardezirkeln wurden diese Arbeiten jedoch kaum wahrgenommen.

Insofern besiegelte es die Hinwendung zur Literatur, dass der 1960 im Suhrkamp-Verlag erschienene, acht Jahre zuvor geschriebene »Mikro-Roman« *Der Schatten des Körpers des Kutschers* in Deutschland einen beachtlichen Erfolg hatte, den Weiss mit den rasch folgenden Erzählbänden *Abschied von den Eltern* (1961), *Fluchtpunkt* (1962) und *Gespräch der drei Gehenden* (1963) ausbauen konnte. Während Weiss in den Vierziger- und Fünfzigerjahren abwechselnd auf Schwedisch und Deutsch schrieb, bewog ihn die in Schweden ausgebliebene Resonanz auf seine Bücher im deutschen Sprachraum, künstlerisch zur Sprache seiner Kindheit zurückzukehren. International berühmt wurde Weiss durch sein 1964 uraufgeführtes *Marat*-Drama. Seither lebte er als freier Schriftsteller in Stockholm. In seinen verbleibenden knapp zwei Lebensjahrzehnten entstand ein außerordentlich vielseitiges Werk, das Weiss als sensiblen Formkünstler wie als politisch engagierten Zeitgenossen zu einem Klassiker der deutschsprachigen Nachkriegsliteratur werden ließ. Weiss starb am 10. 5. 1982 in Stockholm. Er erhielt zahlreiche Preise, darunter 1963 den Charles-Veillon-Preis, 1965 den Lessing-Preis, 1966 den Heinrich-Mann-Preis, 1967 den Carl-Albert-Anderson-Preis, 1978 den Thomas-Dehler-Preis, 1981 den Kölner Literaturpreis und 1982 den Bremer Literaturpreis, den schwedischen Theaterkritikerpreis und den Georg-Büchner-Preis.

Weiss hat von Anfang an gemalt und geschrieben, allerdings dominierte die Malerei bis Ende der Vierzigerjahre das künstlerische Schaffen. Nach tastenden Anfängen in der Malerei bis 1934 folgte eine düstere und altmeisterlich geprägte Phase von 1934 bis 1941, danach in den Jahren von 1941 bis 1946 der Versuch, den Anschluss an die künstlerische Moderne wieder zu finden, und nach 1947 eine Phase der Reduktion des malerischen Ausdrucks. Vorherrschende Themen der frühen Malerei sind Isolation, Verfolgung und Ausgeliefertsein, Einsamkeit und Tod. Zwar gibt es auch positiv konnotierte Szenen zu den Themen Liebe, Geburt, Tanz, Jahrmarkt, Selbstvergessenheit, doch dominieren eindeutig Not und Schrecken. Die Bilder sind Ausdruck eines von Weiss existenziell empfundenen Außenseitertums, das auch seine literarischen Arbeiten bis Ende der Fünfzigerjahre prägte. Der altmeisterlichen Malerei entsprach in den Dreißigerjahren ein bei Hermann Hesse abgelauschter, ro-mantisierender Ton in den literarischen Versuchen. Sie lassen sich paradigmatisch für die Aktualität und das Scheitern neoromantischer Kunstkonzepte analysieren. Viele Themen der späteren Bücher klingen in diesen Jugendarbeiten (Erzählungen, Tagebücher, Gedichte, lyrische Prosa) schon an.

In den Vierzigerjahren machte sich literarisch, auch unter dem Eindruck der schwedischen Avantgardekünstler (sog. »Fyrtiotalisten«), das Vorbild Kafkas geltend. Hinzu kamen die Einflüsse der Surrealisten und Existenzialisten, besonders in den Fünfzigerjahren. In der Malerei experimentierte Weiss zu dieser Zeit mit Ausdrucksmitteln der klassischen Moderne (anschließend an van Gogh, Gauguin, Picasso und de Chirico) und bewegte sich in Richtung einer konstruktivistischen Metamalerei. In den späten Fünfzigerjahren kulminierte diese Entwicklung in einem bedeutenden Collagen-Werk. Als Weiss das Medium selbst zum Problem wurde und er die Schwelle zu einer materialästhetisch fundier-

ten Bildkunst erreicht hatte, gab er sie als primäres Ausdrucksmittel allerdings auf.
In den Fünfzigerjahren stand das Medium Film im Mittelpunkt seines Interesses. Eine filmgeschichtliche Pioniertat war Weiss' subjektive Geschichte des nonkonformistischen Films von den Anfängen bis in seine Zeit, die 1956 unter dem Titel *Avantgardefilm* erschien. Zugleich drehte Weiss zwischen 1952 und 1960 selbst Filme, anfänglich experimentelle Studien, später auch dokumentarische Auftragsarbeiten. Der selbst produzierte Spielfilm *Hägringen* (1959) nach der eigenen Erzählung *Dokument I* (1949) ist das kinematografische Hauptwerk und eine Synthese nicht nur seines Filmschaffens. Alle Motive seines Bildwerks sind hier versammelt: Jahrmarkt und große Stadt, Einsamkeit und Ausbruchsversuche, alles einschließende Mauern und die offene Helle des Strands, scheiternde Liebe und erdrückende Verfolgung. Kritiker verglichen Weiss damals mit Ingmar Bergmann und Jean Cocteau. Weiss selbst orientierte sich an Pionieren des Avantgardefilms wie Jean Vigo, Luis Buñuel oder Maya Deren. Unübersehbar ist der Einfluss der Psychoanalyse.
Dies gilt auch für die literarischen Arbeiten der Zeit, angefangen mit *Rotundan* (1948/50), über *Duellen* (1951/53), bis zu *Abschied von den Eltern* (1961). Zugleich experimentierte Weiss mit grotesken Stilformen (*Der Schatten des Körpers des Kutschers*, 1952/60; *Die Versicherung*, 1952/66; *Nacht mit Gästen*, 1963; *Wie dem Herrn Mockinpott das Leiden ausgetrieben wurde*, 1963/68) sowie mit realistischen Erzählkonzepten (*Situationen*, 1956; *Fluchtpunkt*, 1962). Alles zusammen vermochte Weiss in dem Theaterstück *Die Verfolgung und Ermordung Jean Paul Marats* (1963/65) fruchtbar zu machen. Das Stück wurde ein sensationeller Erfolg auf den Bühnen der ganzen Welt (1966 von Peter Brook verfilmt).
Das *Marat*-Stück verdankt seine Überzeugungskraft der komplexen Struktur, in der nicht nur ein geschichtliches Ereignis, sondern die subjektive Inszenierung dieses Ereignisses und damit dessen mehrfache Virulenz vorgeführt wird. Weiss verhandelt in dem Stück die Grundfrage nach dem persönlichen Selbstverständnis und der politischen Aufgabe eines Künstlers in der gegenwärtigen Zeit mit der doppelten Stoßrichtung gegen die Gefängnisse des eigenen Innern wie gegen die gesellschaftlichen Ordnungshüter. Er präformierte damit Diskussionen der so genannten Neuen Linken nach 1968. Weiss führte diese Debatten in seinen Schriftstellerstücken *Trotzki im Exil* (1969) und *Hölderlin* (1971/73) fort, stets in der Überzeugung: »Zwei Wege sind gangbar / zur Vorbereitung / grundlegender Veränderungen / Der eine Weg ist / die Analyse der konkreten / historischen Situation / Der andre Weg ist / die visionäre Formung / tiefster persönlicher Erfahrung.«
Mitte der Sechzigerjahre hatte Weiss auf der Folie einer aktualisierenden Relektüre von Dante Alighieris *Divina Commedia* die damaligen politischen Konflikte auf die Bühne gebracht: Zunächst mit der dokumentarischen Dramatisierung des ersten Frankfurter Auschwitz-Prozesses unter dem Titel *Die Ermittlung* (1965), ein »Oratorium«, in dem es um die individuellen und gesellschaftlichen Voraussetzungen des Holocausts sowie die Möglichkeit oder Unmöglichkeit seiner nachträglichen Aufarbeitung geht und das bis heute die anspruchsvollste künstlerische Bearbeitung des Themas in der deutschsprachigen Literatur blieb. Vorbereitet wurde das Stück durch das 1964 geschriebene, aber erst 2003 veröffentlichte Stück *Inferno*, das die eigenen Erfahrungen mit einer verdrängungswütigen und dadurch unheilvolle Kontinuitäten wahrenden Nachkriegsgesellschaft verarbeitete. Umstritten bis heute blieb Weiss' Ansicht, dass der Holocaust kein singuläres Ereignis sei, sondern vergleichbar mit anderen Formen des Völkermords und der Unterdrückung: »Was spielt es für eine Rolle, wie die Orte aussehen, überall das Gleiche, das universale KZ, Auschwitz, Dresden, Verdun, Armenien, wir leben in einer einzigen Grabkammer.«
Die Diagnose, dass der Holocaust eine extreme Form der profitorientierten Ausbeutung von Menschen durch Menschen war, lenkte die Aufmerksamkeit auf die aktuellen Erscheinungen dieses Konflikts: Die Befreiungskämpfe in der so genannten Dritten Welt, aufgerollt in den Stücken *Gesang vom Lusitanischen Popanz* (1965/67), der Mechanismen des Kolonialismus am Beispiel der damals portugiesischen Kolonie Angola untersuchte, und *Viet-Nam-Diskurs* (1968), der die zweitausendjährige Geschichte der Unterdrückung Indochinas zum Thema hat und den imperialistischen Charakter des von den USA gegen Vietnam geführten Kriegs aufdeckt. Das Interesse an den viel diskutierten Stücken scheint mit der Aktualität ihrer Themen erloschen; doch sind sie darüber hinaus in formaler Hinsicht eine noch kaum wahrgenommene Herausforderung.
Spätestens seit 1965 war Weiss ein in Deutschland vor allem als politischer Autor rubrizierter Schriftsteller. Er mischte sich in die politischen Debatten

der Zeit mit zahlreichen Stellungnahmen ein (vgl. *Rapporte 2*, 1971). Das Engagement für Vietnam bildete dabei den Schwerpunkt (unter anderem durch seine Teilnahme am Russell-Tribunal und an Vietnam-Kongressen), wobei er, anders als viele Mitläufer der Anti-Vietnamkriegs-Bewegung, auch nach Ende des Kriegs dem Land solidarisch verbunden blieb. Weiss bekannte sich zu »den Richtlinien des Sozialismus«, trat jedoch stets für die im Ostblock verfolgten Dissidenten ein. Sein *Trotzki im Exil* (1969) war auch als Beitrag zu einer Selbstverständigung innerhalb der sozialistischen Bewegungen gedacht, der helfen sollte, Denkverbote zu durchbrechen. Mit diesem häufig unterschätzten Stück setzte er sich zwischen alle Stühle und wurde zu einer Persona non grata, im Osten als verblendeter Revisionist, im Westen als verblendeter Dogmatiker gescholten.

Die massive Ablehnung, auf die Weiss 1969/70 stieß, erlebte er als »Niederlage«, die bis zu einem Herzinfarkt führte. In der Zeit danach (vgl. *Rekonvaleszenz*, 1970/91) wandte sich Weiss wieder verstärkt den zuvor »als romantisch, utopisch, subjektivistisch« diffamierten »Regionen der Zwecklosigkeit« zu, als deren Ausdruck der »Traum« firmierte, dessen ganz eigene Realität ihn schon vor 1965 stark beschäftigt hatte. Hauptprojekt der Siebzigerjahre war der dreibändige Roman *Die Ästhetik des Widerstands*, der auf fast tausend Seiten die Geschichte und Niederlage des sozialistischen Widerstands gegen den internationalen Faschismus erzählt. Ineinander verschränkt thematisiert der Roman die Geschichte der Arbeiterbewegung zwischen 1918 und 1945 und des Widerstands der Unterdrückten von jeher sowie die Bedingungen und Wirkungsmöglichkeiten von Kunst. Im Wesentlichen besteht der Roman aus Gesprächen, die der Ich-Erzähler mit Freunden, Genossen und Bekannten über politische und kunsttheoretische Fragen führt, die in der Linken seit den Zwanzigerjahren verhandelt wurden. Ein Hauptthema ist die Spaltung der sozialistischen Bewegung (Sozialdemokratie, Kommunismus, Anarchismus), die Flügelkämpfe und politischen Säuberungen innerhalb der Parteien, die prekäre internationale Solidarität im spanischen Bürgerkrieg, die versäumte Einheit der antifaschistischen Kräfte sowie die daraus folgende Niederlage des Widerstands gegen den Faschismus. Ein anderes wichtiges Thema ist die Rolle der Kunst und Literatur innerhalb des jahrhundertelangen Kampfs gegen Ausbeutung und Unterdrückung. Kunstwerke der Vergangenheit werden daraufhin befragt, wie sie an dem Kampf teilnahmen bzw. -nehmen und wie sie ihn schildern. Die Verschränkung ästhetischer und politischer Erfahrung ist Bedingung des verhaltenen Optimismus, der trotz der vernichtenden Niederlage der europäischen Arbeiterbewegung in der Epoche des Faschismus diesem Erinnerungsopus eignet. Mit der *Ästhetik des Widerstands* (die drei Bände erschienen zuerst 1975, 1978 und 1981) versuchte Weiss, die Geschichte des antifaschistischen Widerstands aus dem »dichten Gewebe lügenhafter Geschichtsschreibung« westlicher wie östlicher Provenienz zu befreien und zugleich die subjektive Wahrheit, die vergeblichen Hoffnungen und die Leiden der beteiligten Frauen und Männer zu bewahren. Gegen eine einseitig historische und politische Lesart, die um 1980 die Rezeption des Romans beherrschte, empfahl Weiss noch kurz vor seinem Tod, auch die psychologischen Entwicklungslinien ernst zu nehmen und den Roman nicht zuletzt vom »Element des Traums« her zu lesen. Psychologische Wahrhaftigkeit, Kunst und Politik mittels einer Poetik des Traums zusammenzubringen, versuchte Weiss auch in seinen letzten Theaterstücken: *Der Prozeß* (1975), eine Dramatisierung von Kafkas Roman; dazu das daran thematisch anknüpfende, aber gänzlich frei stehende Stück *Der neue Prozeß* (1982). Das zuletzt genannte Stück ist eine Bestandsaufnahme des kapitalistischen Gesellschaftssystems am Ende des 20. Jahrhunderts und der Möglichkeit von Künstlern, darin noch verändernd wirken zu können. Die Wahrhaftigkeit einer Kunst, die »dem Leiden, das dich zerreißen will, ein Zeichen setzt«, der spontane Protest von Bürgerinitiativen und das Engagement von starken Frauen sind in diesem Stück, das ansonsten von einem totalen Politikverdacht geprägt wirkt, wie in der *Ästhetik des Widerstands* die verbliebenen Anknüpfungspunkte der Utopie.

Das literarische Werk von Peter Weiss ist insgesamt von einer zunehmenden Integration objektiver und subjektiver Schreib-Intentionen geprägt. Kennzeichnend für Weiss ist dabei die stets wache Verantwortung gegenüber dem künstlerischen Bewusstsein wie gegenüber der historischen Wirklichkeit. »Ohne daß wir propagandistisch zu sein brauchen, müssen wir im Auge behalten, daß unsre Arbeit zur Klärung und nicht zur Verdunklung der Verhältnisse beizutragen hat«, schrieb Weiss 1973. Dies gelang ihm auf eine meistens unaufdringliche Weise, wie sonst kaum einem anderen engagierten Schriftsteller.

Arnd Beise

Werke: *Från ö till ö/Von Insel zu Insel*, Pr., Stockholm 1947, Bln. 1984; *De besegrade/Die Besiegten*, Pr., Stockholm 1948, Ffm. 1985; *Dokument I/Der Fremde*, E., Stockholm 1949, Ffm. 1980; *Rotundan/Der Turm*, Theaterst./Hsp., UA Stockholm 1950, gedr. 1963; *Duellen/Das Duell*, E., Stockholm 1953, Ffm. 1972; *Avantgardefilm/Avantgarde-Film*, Ess., Stockholm 1956, Ffm. 1995; *Der Schatten des Körpers des Kutschers*, R., Ffm. 1960; *Abschied von den Eltern*, E., Ffm. 1961; *Fluchtpunkt*, R., Ffm. 1962; *Das Gespräch der drei Gehenden*, Fragm., Ffm. 1963; *Nacht mit Gästen*, Theaterst., UA Bln. 1963, gedr. 1963; *Die Verfolgung und Ermordung Jean Paul Marats, dargestellt durch die Schauspielgruppe des Hospizes zu Charenton unter Anleitung des Herrn de Sade*, Theaterst., UA Berlin 1964, gedr. Ffm. 1964 bzw. 1965; *Die Ermittlung*, Orat., Ring-UA Berlin u. a. 1965, gedr. Ffm. 1965; *Sången om Skråpuken/Gesang vom Lusitanischen Popanz*, Theaterst., UA Stockholm 1967, gedr. 1967; *Forsäkringen/Die Versicherung*, Theaterst., UA Göteborg 1966, gedr. 1967; *Wie dem Herrn Mockinpott das Leiden ausgetrieben wird*, Theaterst., UA Hannover 1968, gedr. 1968; *Notizen zum kulturellen Leben der Demokratischen Republik Viet Nam*, Pr., Ffm. 1968; *Bericht über die Angriffe der US-Luftwaffe und -Marine gegen die Demokratische Republik Viet Nam nach der Erklärung Präsident Johnsons über die »begrenzte Bombardierung« am 31. März 1968*, B., Bln./Ffm. 1968; *Diskurs über die Vorgeschichte und den Verlauf des lang andauernden Befreiungskrieges in Viet Nam als Beispiel für die Notwendigkeit des bewaffneten Kampfes der Unterdrückten gegen ihre Unterdrücker sowie über die Versuche der Vereinigten Staaten von Amerika die Grundlagen der Revolution zu vernichten*, Theaterst., UA Ffm. 1968, gedr. Ffm. 1968; *Rapporte*, Ess., Ffm. 1968; *Dramen I–II*, Ffm. 1968; *Trotzki im Exil*, Theaterst., UA Düsseld. 1970, gedr. Ffm. 1970; *Rapporte 2*, Aufs., Ffm. 1971; *Hölderlin*, Theaterst., UA Stg. 1971, gedr. 1971 bzw. 1973; *Der Prozeß*, Theaterst., UA Bremen 1975, gedr. 1975; *Die Ästhetik des Widerstands. Erster Band*, R., Ffm. 1975; *Stücke I*, Ffm. 1976; *Stücke II/1–II/2*, Ffm. 1977; *Die Ästhetik des Widerstands. Zweiter Band*, R., Ffm. 1978; *Die Ästhetik des Widerstands. Dritter Band*, R., Ffm. 1981; *Notizbücher 1971–1980*, Ffm. 1981; *Notizbücher 1960–1971*, Ffm. 1982; *Die Ästhetik des Widerstands I–II–III*, R., Bln. 1983; *Nya processen/Der neue Prozeß*, Theaterst., UA Stockholm 1982, gedr. 1982; *Rekonvaleszenz*, Pr./B., Ffm. 1991; *Werke in sechs Bänden*, Ffm. 1991; *Landskapen i drömmarna*, E., Stockholm 1991; *Briefe an Hermann Levin Goldschmidt und Robert Jungk 1938–1980*, Lpz. 1992; *Die Situation/Situationen*, R., Ffm. 2000, Stockholm 2001; *Inferno (Divina Commedia I)*, Theaterst., Ffm. 2003.

Übs.: *Stig Dagerman: Der Verurteilte*, E., 1948; *August Strindberg: Fräulein Julie*, Theaterst., 1961; *Strindberg: Ein Traumspiel*, Theaterst., Ffm. 1963; *Strindberg: Der Vater*, Theaterst., 1979; *Strindberg: Drei Stücke in der Übersetzung von Peter Weiss*, Ffm. [1981].

Filme (unter der Regie von Peter Weiss): *Studie I: Uppvaknandet/Das Aufwachen*, Schweden 1952; *Studie II: Hallucinationer/Halluzinationen*, Schweden 1952; *Studie III*, Schweden 1953; *Studie IV: Frigörelse/Die Befreiung*, Schweden 1954; *Studie V: Växelspel/Wechselspiel*, Schweden 1955; *The Studio of Dr. Faust/Ateljéinteriör*, Schweden 1956; *Ansikten i skugga/Gesichter im Schatten*, Schweden 1956; *Ingenting ovanligt/Nichts Ungewöhnliches*, Schweden 1957; *Enligt lag/Im Namen des Gesetzes*, Schweden 1957; *Ungt rådslag/Rat der Jungen*, Schweden 1958; *Vad ska vi göra nu då?/Was machen wir jetzt?*, Schweden 1958; *Hägringen/Fata Morgana*, Schweden 1959; *Bag de ens facader/Hinter den Fassaden*, Dänemark 1960; *Svenska flickor i Paris/Eine Schwedin in Paris*, Frankreich/Schweden 1960/61.

Bildende Kunst: *Hermann Hesse: Kindheit des Zauberers. Ein autobiografisches Märchen. Handgeschrieben, illustriert und mit einer Nachbemerkung versehen von Peter Weiss*, Ffm. 1974; *Peter Weiss. Måleri, collage, teckning. 1933–1960*, hg. v. Per Drougge, Södertälje 1976; *Hermann Hesse: Der verbannte Ehemann oder Anton Schievelbeyn's ohnfreywillige Reisse. Handgeschrieben und illustriert von Peter Weiss*. Ffm. 1977; *Der Maler Peter Weiss. Bilder, Zeichnungen, Collagen, Filme*, hg. v. Peter Spielmann, Bochum 1980 bzw. Bln. 1982; *Hoffmann, Raimund: Peter Weiss. Malerei, Zeichnungen, Collagen*. Bln. 1984.

Weißenborn, Theodor, wurde am 22. 7. 1933 in Düsseldorf als Sohn des Kunstmalers Karl Weißenborn geboren. Er studierte Kunstpädagogik, Romanistik, Philosophie und medizinische Psychologie in Düsseldorf, Köln, Bonn, Würzburg und Lausanne. Seit 1973 ist er Mitglied des bundesdeutschen P.E.N.-Zentrums. Weißenborn lebt auf Hof Raskop in Landscheid in der Südeifel. Er wurde 1966 ausgezeichnet mit dem Förderpreis für Literatur der Stadt Köln, 1969 und 1973 mit dem Hörspielpreis des Sozialministeriums von Nordrhein-Westfalen, 1971 mit dem Georg-Mackensen-Literaturpreis, 1973 mit dem Erzählerpreis des Ostdeutschen Kulturrates, 1976 mit dem Förderpreis der Stadt Köln, 1990 mit dem Hörspielpreis »Lautsprecher« und dem Preis der Akademie der Künste in Berlin.

Theodor Weißenborns Forderung nach »Aufklärung (...) und damit permanente(r) Therapie des chronisch an Verdrängung leidenden öffentlichen und privaten Bewusstseins« durch den Schriftsteller erfährt ihre praktische Umsetzung in seinem Engagement für Friedensinitiativen wie in seinen medienwirksamen Provokationen, zum Beispiel in der Forderung nach persönlichen Patenschaften von Politikern für die Mittelstreckenraketen vom Typ Cruise-Missiles (*Die Paten der Raketen*, 1986). Der durch seine Hörspiele (*Patienten*, 1967; *Der Papi*, 1968) und Prosastücke bekannt gewordene Autor bekennt sich als Hüter und Förderer der »kleinen Dinge, die wir früher einmal besessen hatten, die uns reich und glücklich machten«. Bei aller Stilbeherrschung und erzähltechnischen Virtuosität, die man Weißenborn immer wieder bescheinigt, bleibt die Aussagekraft seiner Texte umstritten: Man nannte ihn »ein Chamäleon der Literatur« (Wolfgang Weyrauch), das mit »handwerklicher Redlichkeit« (Herbert Eisenreich) erzählt, beim Leser »ein Rütteln, ein Geschütteltwerden durch Wörter« (Karl Krolow) erzeugt, eine »durch Überzeichnung und Verzerrung provozierende, schmerzhafte und bisweilen auch beleidigende moderne Literatur« (Ulrich Horstmann) hervorbringt, allerdings teilweise auch »ohne an Witz und Geist die bescheidensten Anforderungen zu stellen« (Wolfdietrich Schnurre).

Im Bereich der Lyrik wildert er in den Bereichen einfühlsamer Naturlyrik, ekstatisch-epigonalem Expressionismus und experimenteller Anklänge der konkreten Poesie, seine epischen Texte balancieren zuweilen an der Grenze zu Melodramatik und Kitsch. Erst wenn Weißenborn Verdrängtes in der Sprache neu belebt, die Idyllen kippen und ein neuer Sprach- und Erzählgestus entstehen kann, überzeugt er mit einer durch Übertreibung, Satire und Parodie unheimlich gewordenen, grotesken Bilderwelt, in der sprachliche Grenzen und Konventionen überwunden und assoziative, an pathologische Obsessionen erinnernde Traumwelten freigesetzt werden. Mit Rollenprosa, innerem Monolog seelisch beschädigter, leidender Menschen, findet er probate Mittel, literarisches Profil herzustellen. Skeptisch, engagiert, aphoristisch (*Alchemie*, 1987), ein »Reden in Bildern« – das große Spektrum seiner Erzählkunst kann im Sammelband *Fragmente der Liebe* (2001) abgeschritten werden. Diese »Prosa aus fünf Jahrzehnten« zeigt einen (sozial)kritischen, beharrlichen Erzähler und Deuter menschlicher Nöte und Ängste. Mit medizinisch-psychologisch geschultem Blick sieht er Stacheln, Dämonen, Seelenpein, zerrt alles ans Licht, auf dass es, wie es Ingmar Bergman einmal über Weißenborn sagte, uns »das Fürchten lehrt«. Der überaus produktive und doch, weil er sich vom Literaturbetrieb fern hält, weitgehend vergessene Weißenborn nimmt sich der Randfiguren unserer Gesellschaft an, der physisch und psychisch Kranken, geißelt unsere Verwahranstalten, unseren sorglosen Umgang mit Krankheit und Tod, mit dem »Menschenmüll«.

In seiner Roman-Trilogie *Hieronymus im Gehäuse* (1992), *Die Wohltaten des Regens* (1994) und *Der Nu oder Die Einübung der Abwesenheit* (1999) wird aus der Ich-Perspektive der Figuren Albin Kaltwasser, Heinrich Ringleb und Stephen Wanderer von der Einsamkeit Todgeweihter erzählt, die nur durch die trostreiche Einbettung in den natürlichen Kreislauf und in der Begegnung mit der Kunst gemildert wird, vom »Rauschen der Welt«, das alle Angst nimmt. Das ist literarische Seelsorge im besten Sinne.

Thomas Kraft

Werke: *Beinahe das Himmelreich*, En., Donauwörth 1963; *Außer Rufweite*, R., Mü. 1964; *Patienten*, Hsp., WDR 1967; *Korsakow*, Hsp., WDR 1967; *Die Wächter des Wals*, Hsp., WDR 1967; *Der Papi*, Hsp., SR 1968; *Menschenkuchen*, Hsp., WDR 1968; *Der Schneider von Ulm*, Hsp., WDR 1969; *Etwas*, Hsp., HR 1969; *Das Opfer einer Verschwörung*, Hsp., RB 1969; *Tempel des Geistes*, Hsp., RB 1969; *Das Schiff – ein ideales Wasserfahrzeug*, Hsp., WDR 1969; *Eine befleckte Empfängnis*, E., Zür. 1969; *Die Stimme des Herrn Gasenzer*, En., Mü. 1970, Hsp., WDR 1980; *Gesang zu zweien in der Nacht*, Hsp., RB 1970; *Ein heroisches Beispiel*, Hsp., Radio Ljubljana 1970; *Brief einer Mutter*, Hsp., SFB 1970; *Der Deutschaufsatz*, Hsp., HR 1971; *Ein Zeugnis humanistischer Reife*, Hsp., WDR 1971; *Predigt für alle Tage im Jahr*, Hsp., RB 1971; *Kulturpflege*, Hsp., WDR 1971; *Das Haus der Hänflinge*, Hsp., HR 1971; *Theodor Weißenborn's Handbuch für deutsche Redner*, Wupp. 1971; *Brief einer Unpolitischen*, Pr., Schwarzenacker 1971; *Das Liebe-Hass-Spiel. 25 Storys*, Tüb. 1973; *Krankheit als Protest. Beispiele gesellschaftlich beschädigten Lebens*, Starnb. 1973; *Eingabe an den Herrn Minister*, Pr., Schwarzenacker 1974; *Der Sprung ins Ungewisse*, En., Stg. 1975; *Heimkehr in die Stille*, En., Heilbr. 1975; *Quecksilbermine C*, Hsp., HR 1975; *Sprache als Waffe. Ein politisches Lesebuch*, Hann.-Münden 1976; *Der Wächter des Wales. Geschichten und Grotesken*, Bln. 1976; *Blaue Bohnen – scharfe Messer. 6 ungewöhnliche Kriminalgeschichten*, Reutlingen 1976; *Geistlicher Nachlaß*, G., Duisburg 1977; *Thanatos*, Hsp., BR 1977; *E-Schock & Neuroleptika*, Hsp., HR 1977; *Amputatio Capitis und Cerebroexstirpation – ein neuer Aspekt der Neurochirurgie oder Die Amputation des Kopfes als Endlösung der Psychotikerfrage*, Hsp., BR 1977; *Gesang zu zweien in der Nacht. Texte gegen die Gewalt*, Stg. 1977; *Die Killer. Satirischer Roman von harten Männern*, Köln 1978; *Waisenkinders Herzeleid. Satiren*, Köln 1979; *Als wie ein Rauch im Wind*, R., Freiburg/Br. 1979; *Goldstaub*, Hsp., HR 1979; *Polyglott*, G., Duisburg 1979; *Das Haus der Hänflinge. Liebesgeschichten*, Freiburg/Br. 1980; *Saison in Lausanne*, Hsp., SFB 1980; *Die Stimme des Herrn Gasenzer*, Hsp., WDR 1080; *Der Tod des Patienten löst alle Probleme*, Hsp., HR 1981; *Mr. Pokers Geheimwaffe*, Hsp., HR 1981; *Eine Liebe und 800 Lire*, Hsp., RB 1981; *Gespenster im Abraum. Geschichten aus Nordrhein-Westfalen*, Husum 1983; *Pompe Funebre*, Hsp., SR 1983; *Zu den Kellergebrüchen*, En., m. Grafiken v. Bert Gerresheim, Düsseld. 1984, Hsp., RB 1984; *Kopf ab zum Gebet. Satiren, Grotesken, Parodien*, Trier 1984; *Das Sein ist das Nichts. Traktat*, Bln. 1984; *Die Sache mit Dad und andere Erzählungen*, Stg. 1986; *Die Paten der Raketen. Briefe aus der Provinz. Satiren*, Trier 1986; *Aus der Tiefe rufe ich*, Hsp., BBC London 1986; *Das steinerne Meer*, En., Stg.

1986; *Alchimie. Sprüche und Widersprüche*, Stg. 1987; *Fegefeuer*, En., Stg. 1987; *Oszillation*, Pr., Zweibrücken 1987; *Opfer einer Verschwörung. Ausgewählte Prosa*, Stg. 1988; *Der Sündenhund*, Hsp., RIAS, gedr. Bad Homburg 1990; *Die Züge nach Lesum*, Hsp., RB 1990; *In aller Stille*, Hsp., ORF 1990; *Weltenbummler. Der Text zum Film*, Hsp., SDR 1990; *Die deutsche Familie ist wunderbar in Ordnung*, Hsp., WDR 1991; *Fegefeuer*, Hsp., RIAS 1991; *Mein vertauschtes Gesicht*, Hsp., WDR 1992; *Blasphemie. Ärgernisse und Bessernisse. Texte zur Meditation und Diskussion*, Neumünster 1992; *Der Kaiser hat einen* Vogel. *Erzählungen für Religionsunterricht und Jugendgruppe*, Mü. 1992; *Hieronymus im Gehäus*, R., Bln. 1992; *Vom Zauber der kleinen Dinge. Geschichten zum Liebhaben*, Konstanz 1994; *Die Wohltaten des Regens*, R., Halle 1994; *Udo der Stählerne*, Hsp., n. d. Roman v. J. A. Gleich, in 14 Folgen, RIAS 1994; *Krankheit als Protest oder Das Wort hat der Patient*, Hsp., WDR 1997; *Pro Ecclesia*, Hsp., NDR 1997; *Der Nu oder Die Einübung der Abwesenheit*, R., Siegen 1999; *Felici. Gesichter und Gesichte*, m. Bildporträts v. Clas DS Steinmann, Stierstadt/Ts. 2000; *Fragmente der Liebe. Prosa aus 5 Jahrzehnten*, Siegen 2000; *Inseln im Strom. Gedichte – Gedanken – Gestalten*, Siegen 2001; *Brot für die Seele. Heilsame Geschichten*, Würzburg 2001; *Zeiten des Abschieds. Romantrilogie* (enth. *Hieronymus im Gehäus, Die Wohltaten des Regens, Der Nu oder Die Einübung der Abwesenheit)*, Siegen 2002; *Sprechend in der Dunkelheit*, Hsp., ORF 2002; *Die Frau, die meine Tochter war*, Mainz 2002.

Wellershoff, Dieter, wurde am 3. 11. 1925 in Neuss geboren und verbrachte seine Kindheit und Jugend in Grevenbroich. 1943 meldete er sich freiwillig zur Wehrmacht und wurde an der Ostfront schwer verwundet. Nach dem Krieg und dem Abitur für Kriegsteilnehmer studierte er Germanistik, Kunstgeschichte und Psychologie in Bonn und promovierte mit einer Arbeit über Gottfried Benn. Von 1952 bis 1955 arbeitete er als Redakteur der »Deutschen Studentenzeitung«, dann vier Jahre als freier Autor, bis er 1959 Lektor im Verlag Kiepenheuer & Witsch wurde, eine Arbeit, die er 1981 endgültig beendete. Wellershoff nahm zahlreiche Poetik-Lektorate und Gastdozenturen wahr und wirkte verschiedentlich als »writer-in-residence« an deutschen, europäischen und nordamerikanischen Universitäten. Er lebt als freier Schriftsteller in Köln. Wellershoff ist Mitglied der Akademie der Wissenschaften und der Literatur, Mainz, und des P.E.N.-Zentrums der Bundesrepublik Deutschland sowie des Wissenschaftskollegs in Berlin. 1989 wurde ihm durch das Land Nordrhein-Westfalen der Professorentitel verliehen, 1995 erhielt er das Verdienstkreuz des Landes. Er erhielt 1960 den Hörspielpreis der Kriegsblinden, 1962 den Förderungspreis des Landes Nordrhein-Westfalen, 1969 den Kritikerpreis, 1988 den Heinrich-Böll-Preis, 2001 den Friedrich-Hölderlin-Preis, im gleichen Jahr den Joseph-Breitbach-Preis (gemeinsam mit Thomas Hürlimann und Ingo Schulze) und 2002 den Niederrheinischen Literaturpreis der Stadt Krefeld.

Von seinem 1995 erschienenen autobiografischen Kriegsbuch *Der Ernstfall* her gesehen stellt sich das literarische Werk Wellershoffs viel deutlicher als Ausdruck der Kriegs- und Nachkriegserfahrung dar, als das in der Folge bei seinen zahl- und einflussreichen literaturtheoretischen Äußerungen der Fall war. Die entscheidende existenzielle Erfahrung Wellershoffs ist die Zufälligkeit des eigenen Überlebens und die Inadäquatheit von metaphysische Geborgenheit vermittelnden Sinnkonzepten. Die Labilität, Unsicherheit und Gefährdung der nicht selten problematischen Protagonisten seiner Romane und Erzählungen ist ein genaues Echo jener elementaren Erfahrung, die gleichsam im Verborgenen ins zivile Leben übertragen wurde. Was widerfährt Menschen, die ihre drängenden Wünsche und Triebe nicht einer Welt vermitteln können, die keine tragfähigen verbindlichen Werte und Sinnhorizonte formulieren kann oder will? Wann beginnt die Selbsterhaltung zu bröckeln? Welchen Sinn hat jene Selbsterhaltung, wenn umgekehrt das so erhaltene Leben nicht lebt? Wellershoff, der sein eigenes Leben als schwierig, von Katastrophen und Scheitern bedroht empfand, hat sich in seinen Romanen, von *Ein schöner Tag* (1966), *Die Schattengrenze* (1969), *Einladung an alle* (1972) bis *Die Schönheit des Schimpansen* (1977), immer wieder mit Figuren beschäftigt, deren Ich unter dem Druck von ihnen selbst geschaffener unlösbarer Konstellationen zerbricht, aber in deren Scheitern eine ganz fundamentale Gefährdung kenntlich wird. Der Roman *Der Sieger nimmt alles* (1983), in dessen Mittelpunkt das Scheitern des Unternehmers Vogtmann steht und der zu einem Teil vom Schicksal von Wellershoffs Bruder inspiriert ist, beschreibt, wie die Dynamik des Kapitalismus und die Größenfantasien des Protagonisten auf eine unheilvolle Weise aufeinander treffen, wie William Gaddis es auf andere, gleichzeitig satirische Weise in seinem Roman *JR* geschildert hat.

Wellershoff hat neben einem formal reichen erzählerischen und dichterischen Werk, das auch Novellen, Erzählungen, Hörspiele, Fernsehspiele, Kurzprosa und Gedichte umfasst, ein ebenso bedeutendes essayistisches, literaturtheoretisches, kritisches und zeitdiagnostisches Werk geschaffen und, als eine Art Synthese von beidem, eine Reihe sowohl anschaulicher als auch analytisch hellsichtiger autobiografischer Werke. In seinen literaturtheoretischen Schriften, etwa *Die Auflösung des Kunstbegriffs* (1976) oder den Poetik-Vorlesungen *Das Schimmern der Schlangenhaut* (1996) steht der Begriff der Erfahrung im Mittelpunkt und damit verbunden eine Vorstellung von Literatur, die sich den tatsächlichen Erfahrungen öffnet und mit der man als Leser auch eine Erfahrung machen kann – in Abgrenzung von sowohl grotesk-überzeichnenden Erzählformen als auch einer mechanistisch-experimentellen Literatur. So verstanden ist das Konzept Wellershoffs ein komplex realistisches. Er begreift Literatur zugleich als eine Art utopisches Probehandeln, bei dem Autor und Leser sich den Risiken der Existenz annehmen können, ohne daran, wie in der Realität, zerbrechen zu müssen. Für Wellershoff ist nur eine Literatur von Bedeutung, die sich in ihrem impliziten Sinnhorizont den modernen Wissenschaften nicht verschließt und jede positive Ideologie von sich abgestreift hat. Ragt in seinem erzählerischen Werk der späte Roman *Der Liebeswunsch* (2000) neben den Novellen *Die Sirene* (1980) und *Zikadengeschrei* (1995) heraus, so unter den essayistischen u. ä. Schriften die Vorlesungen *Der Roman und die Erfahrbarkeit der Welt* (1988) und die brillante Studie *Der verstörte Eros. Zur Literatur des Begehrens* (2001), unter den autobiografischen Werken schließlich das bewegende Buch über den Tod des Bruders *Blick auf einen fernen Berg* (1991) und *Der Ernstfall. Innenansichten des Krieges* (1995). Die autobiografischen Werke, in ihrer Gesamtheit vielleicht die schönsten Texte Wellershoffs, tragen der Einsicht Rechnung, dass das eigene Ich das Arbeitsinstrument des Autors ist, und zwar gerade als nicht selbstverständlich Gegebenes, sondern als etwas Sich-Entziehendes, Sich-Wandelndes, Verschattetes. Die Verbindung von Brillanz und Nüchternheit, von einer reich instrumentierten Sprache mit der hohen analytischen Intelligenz des Autors hebt die autobiografischen Schriften auch da besonders hervor, wo sie sich schwieriger, moralisch-existenziell schmerzhafter Themen annehmen. Die Novellen, die nicht zuletzt auch zur Renaissance dieser Form beigetragen haben, beschreiben die Versuche der männlichen Protagonisten, sich gegen die Verlockung des Begehrens zu stemmen, wobei die mythologischen Referenzen auf eine Art der »Dialektik der Aufklärung« verweisen, bei der, bedingt durch die Naturbeherrschung am menschlichen Leib, in der Triebstruktur Bedrohungen angesiedelt sind, die im Mythos nach außen projiziert worden waren.

Der Liebeswunsch, Wellershoffs größter Erfolg überhaupt, erzählt kunstvoll aus vier verschiedenen Perspektiven, wie die weibliche Zentralfigur von eben jenem Begehren zerstört wird. Es ist ein moderner Eheroman, in dem, ähnlich wie in Goethes *Wahlverwandtschaften*, unter den gleichen Figuren verschiedene Liebeskonstellationen durchgespielt werden, die das Verhängnis eines freigestellten Eros umkreisen, ohne für das sittliche Modell der Entsagung zu plädieren. Der für Wellershoff zentrale Wunsch nach Intensität, der Hunger nach Erfahrung, wird nicht denunziert, sondern bekräftigt, als Begehren der Figuren und, weil es das treibende Motiv auch des Schreibens ist, als Textbegehren, aber diese Wünsche bergen eben eine große Gefahr. Als bestimmendes Motiv in Wellershoffs Werk zeigt sich immer deutlicher, auch in den genannten essayistischen und autobiografischen Schriften, die Ambivalenz von Glücksverlangen und Selbsterhaltung, die Notwendigkeit von Regularien bei gleichzeitigem Mangel an Sinn, wobei es Wellershoff, dessen Belesenheit und analytische Schärfe ungewöhnlich sind, zugleich um eine Geschichte dieser Ambivalenzen geht, die, wenn man sie deutet, unser kollektives Schicksal verstehen helfen. Dies ist auch der Ansatz seines Buchs *Der verstörte Eros*, das, ähnlich wie seinerzeit Hans Mayers *Außenseiter* und die Romane Michel Houellebecqs, das Projekt der bürgerlichen Aufklärung und der daraus letztlich entspringenden sexuellen Befreiung für gescheitert erklärt, aber auf die Hoffnungen eines befreiten Begehrens nicht verzichten will.

Martin Hielscher

Werke: *Die Sekretärin*, Hsp., NDR 1956; *Gottfried Benn – Phänotyp dieser Stunde. Eine Untersuchung über den Problemgehalt seines Werkes*, Köln 1958; *Die Bittgänger*, Hsp., SDR 1958; *Gottfried Benn. Gesammelte Werke in vier Bänden*, Hg., Wiesbaden 1959–1961; *Der Minotaurus*, Hsp., SDR 1960; *Am ungenauen Ort*, Hsp., SDR 1961; *Anni Nabels Boxschau*, Theaterst., Köln 1962; *Ein Tag in der Stadt. Sechs Autoren variieren ein Thema*, Hg., Köln 1962; *Der Gleichgültige. Versuche über Hemingway, Camus, Benn und Beckett*, Köln 1963; *Bau einer Laube*, Hsp., SDR/NDR 1964; *Ein schöner Tag*, R., Köln 1966; *Wochenende. Sechs Autoren variieren ein Thema*, Hg., Köln 1967; *Die Schatten*, Hsp., SDR 1968; *Die Bittgänger. Die Schatten*, Hspe., Stg. 1968; *Die Schattengrenze*, R., Köln 1969; *Literatur und Veränderung. Versuche zu einer Metakritik der Literatur*, Köln 1969; *Wünsche*, Hsp., WDR/SR/SDR 1969; *Das Schreien der Katze im Sack*, Hsp., WDR/SDR/HR 1970; *Wiederkommen*, Hsp., 1970; *Die Toten*, Hsp., SDR/WDR 1971; *Hysteria, Paradies,* *schwarz*, Multimedia-Oper, Köln 1971; *Einladung an alle*, R., Köln 1972; *Null Uhr null Minuten null Sekunden*, Hsp., WDR 1973; *Literatur und Lustprinzip*, Ess., Köln 1973; *Eskalation*, Fssp., 1974; *Doppelt belichtetes Seestück*, G. u. En., Köln 1974; *Die Auflösung des Kunstbegriffs*, Ess., Ffm. 1976; *Glückssucher*, Fssp., 1977; *Ein Gedicht von der Freiheit*, E., 1977; *Die Schönheit des Schimpansen*, R., Köln 1977; *Die Freiheiten der Langeweile*, Fssp., 1978; *Fantasten*, Fssp., 1979; *Die Schattengrenze*, Fssp., 1979; *Glückssucher*, Drehb. u. Begleittexte, Köln 1979; *Etwas geht zu Ende. 13 Autoren variieren ein Thema*, Hg., Köln 1979; *Das Verschwinden im Bild*, Ess., Köln 1980; *Die Sirene*, N., Köln 1980; *Die Wahrheit der Literatur. Gespräche mit Christian Linder u.a.*, Mü. 1980; *Flüchtige Bekanntschaften*, Fssp., 1982; *Von der Moral erwischt. Aufsätze zur Trivialliteratur*, Ffm. 1983; *Der Sieger nimmt alles*, R., Köln 1983; *Schneelandschaften, Schneestimmen, Schneegespenster*, Hsp., WDR 1985; *Die Arbeit des Lebens. Autobiografische Texte*, Köln 1985; *Die Körper und die Träume*, E., Köln 1986; *Wahrnehmung und Fantasie. Essays zur Literatur*, Köln 1987; *Flüchtige Bekanntschaften*, Drehb. u. Begleittexte, Köln 1987; *Pattbergs Erbe*, Fssp., 1987; *Der Roman und die Erfahrbarkeit der Welt*, Köln 1988; *Ein ungleiches Paar*, Fssp., 1988; *Pan und die Engel. Ansichten von Köln*, Köln 1990; *Die Schönheit des Schimpansen*, Fssp., 1990; *Blick auf einen fernen Berg*, Köln 1991; *Double, Alter Ego und Schatten-Ich*, Ess., Graz 1991; *Das geordnete Chaos. Essays zur Literatur*, Köln 1992; *Im Land des Alligators. Floridanische Notizen. Ein Reisebericht*, Graz 1992; *Zwischenreich*, G., Weilerswist 1993; *Tanz in Schwarz. Prosaminiaturen und eine Erzählung*, mit Fotos des Autors, Weilerswist 1993; *Angesichts der Gegenwart. Texte zur Zeitgeschichte*, Mainz 1994; *Der Ernstfall. Innenansichten des Krieges*, Köln 1995; *Inselleben. Zum Beispiel Juist*, Weilerswist 1995; *Zikadengeschrei*, N., Köln 1995; *Das Schimmern der Schlangenhaut. Existenzielle und formale Aspekte des literarischen Textes. Frankfurter Vorlesungen*, Ffm. 1996; *Werke*, hg. v. Keith Bullivant u. Manfred Durzak, 6 Bde., Köln 1996 f.; *Das Kainsmal des Krieges. Autobiografische Texte*, Weilerswist 1998; *Der Liebeswunsch*, R., Köln 2000; *Der verstörte Eros. Zur Literatur des Begehrens*, Köln 2001.

Wendt, Albert, wurde am 27. 2. 1948 in Borsdorf bei Leipzig geboren. Er arbeitete als Traktorist, Heizer, Bühnenarbeiter und Leistungssportler (DDR-Vizemeister im Ringen 1969), bevor er von 1969 bis 1972 ein Studium der Kulturwissenschaften in Leipzig, von 1972 bis 1974 ein Studium am Literaturinstitut »Johannes R. Becher« in Leipzig sowie 1977 ein Szenaristen-Studium an der Filmhochschule Babelsberg absolvierte. Seit 1975 freischaffend, lebt er heute auf dem elterlichen Hof in Kleinpösna am Rande Leipzigs. Sein Hörspielwerk wurde mehrfach mit Preisen ausgezeichnet, 1986 erhielt er den Lessing-Preis der DDR.

Wendt begann als Dramatiker. Bereits seine frühen, unter dem Titel *Nachtfrost* 1976 am Theater Leipzig uraufgeführten, 1978 als Fernsehspiel inszenierten szenischen Miniaturen ließen mit ihrer eigentümlichen Verbindung einer aus sozialer Verwurzelung genährten, kraftvollen Alltagswirklichkeit mit einer selbstbewussten Tendenz zu sparsamer, entschiedener Linienführung, antinaturalischer Sprache und poetischer Überhöhung aufhorchen. Es gelang ihm auch bei den folgenden »abendfüllenden« Stücken *Die Dachdecker* (1979) und *Die Kellerfalle* (1980), seinen auf eine verschmitzte Weise altmeisterlichen Stil zu wahren. Den trotz der Lebendigkeit des Milieus zum Modell hin vereinfachten Fabeln gab er komödiantische Prägnanz und gedanklichen Reichtum – gerade durch seine eigenwilligen, meist aus klaren Konturen entwickelten, oft sonderlingshaften Figuren. Das kleine Format blieb sein ureigenstes Terrain. Mit dem Zwei-Personen-Stück *Der Fahrer und die Köchin* (1978) konnte sich Wendt sowohl im Theater als auch mit der Hörspiel-Inszenierung, mit der er 1980 auf Anhieb den Hörspielpreis der Kritiker gewann, erfolgreich durchsetzen. Auslöser der Handlung ist ein Hungerstreik, in den der Fahrer eintritt, weil ihm sein Kollege, den er wegen seiner gedankenlosen Abkürzungen über junge Saaten hinweg zur Rede stellt, die Koteletts vorhalten konnte, die die Köchin statt in der Großküche am heimischen Herd verarbeitet. Zugleich hatte er mit dem Hörspiel die Form gefunden, die, Geisterstimmen-Spektakel und Traumgesicht, der von ihm erstrebten Kreuzung von irdischer Handgreiflichkeit und luftiger Fantasie ideale Möglichkeiten eröffnete – zumal während der bedrückenden kulturpolitischen Wetterlage der Jahre nach der »Biermann-Ausbürgerung« gerade das Hörspiel, innerhalb des inhaltlich wie strukturell straff linientreu ausgerichteten DDR-Rundfunks, immer noch erstaunliche Spielräume für sich offen halten konnte. Mit dem Hörspiel *Mein dicker Mantel* (1982) etablierte sich Wendt im gesamten deutschsprachigen Raum als Hörspielautor mit unverwechselbarem Ton, was im Folgenden auch durch die internationale Aufmerksamkeit bestätigt wurde, die sich in zahlreichen Produktionen unter anderem in Frankreich, Island, Finnland, China, Norwegen, Polen, der Tschechoslowakei und Israel niederschlug. Erzählt wird von einem Gespräch im Treppenhaus, bei dem es der zwar längst erwachsenen, aber an sich und ihrem Leben zweifelnden Tochter gelingt, in ihrem Vater den »dicken Mantel« ihrer Kindheit wiederzufinden.

Wendts Hörspiele *Heduda auf dem Pflaumenbaum* (1984) und *Das Blechboot* (1985) wurden – seltene Ausnahme im Hörspielbereich – sowohl im Rundfunk der DDR (wenn auch im Falle von *Heduda auf dem Pflaumenbaum* nach einem Konflikt mit der Zensur in beschnittener Fassung) als auch nahezu gleichzeitig in bundesdeutschen Sendeanstalten produziert. Mit dem Hörspiel *Das Hexenhaus* (1983), in dem der kleine Kunze in seinem Dorf eine Bibliothek einrichtet, doch von einem Hexlein dergestalt über die fern bleibenden Entleiher getröstet werden muss, dass es literarische Figuren in Dorfbewohner verwandelt und diese zu ihm schickt, begann Wendt sich auch dem Hörspiel für Kinder zuzuwenden, das sich in der Folgezeit – seiner poetischen Konzeption entsprechend – als ein besonders produktives Medium seiner Kunst erwiesen hat. Auch hier ist es die Verbindung von Gegenwartsverankerung mit dem Reich des Wunderbaren, die seinen zwar mit den tradierten Märchen-Figurationen spielenden, aber stets eigenständigen Parabel-Erfindungen ihre Magie, ihren mitunter skurrilen Humor und ihre übermütige Warmherzigkeit geben. So zum Beispiel in dem 1989 mit dem »terres des hommes«-Hörspielpreis ausgezeichneten *Sauwetterwind* (1982), in dem Hermann, der, obwohl er sich trotz des dreimaligen Angriffs des Sauwetterwinds zur Schule durchgeschlagen hat, zur Strafe für seine Unpünktlichkeit eine tiefe Kränkung erdulden muss und vom Tod persönlich im Mantel des Schweigens verborgen wird. Oder wenn in *Der Vogelkopp* (1984) einer, der im Winter ein Nest mit Vogeljungen gefunden und diese, weil sie ihm seinen Kopf hell zu machen versprechen, unter seiner Mütze in Sicherheit gebracht hat, sich nun weigert, jemals den Hut abzusetzen, selbst wenn er von seiner Frau aus dem Haus gejagt und von der Königin wegen Majestätsbeleidigung aufs Schafott gebracht werden soll.

Gleichzeitig kehrte Wendt mit diesen aufgrund von dreißig bzw. fünfzig Austrahlungen äußerst erfolgreichen Hörspielen, ebenso wie mit *Prinzessin Zartfuß und die sieben Elefanten* (1984), *Adrian und Lavendel* (1990, letzter Hörer- und Kritikerpreis des DDR-Rundfunks) und den Stücken der Neunzigerjahre wie *Betti Kettenhemd* (1997), *Abele und der blasse Moff* (1999), *Padulidu und Lorelei* (2000) ins Theater, besonders ins Kinder- und Jugendtheater, zurück. Seine Geschichten tendieren, wie bei *Marta-Maria auf dem Spiegelschrank* und *Marta-Maria auf dem Müllsack* (2001), zunehmend auch zur Prosa. Seiner Kinder wie Erwachsene anstiftenden Fabulierlust indes blieb sich Wendt, der im Übrigen als direkten Reflex auf Zeit und Gesellschaft stets Aphorismen geschrieben hat, darin ebenso treu wie seiner politischen Querköpfigkeit, seinem altmodischen Anspruch auf die schöne Vollkommenheit eines Kunstgebildes und seiner Sympathie für jene Widerständigkeit, die ihre trostreiche Kraft gewinnt am Tiefpunkt überwundener Angst *(Betti Kettenhemd)*, überwundener Isolation *(Abele und der blasse Moff)* oder überwundenen Anpassungsstrebens *(Padulidu und Lorelei)*.

Thomas Fritz

Werke: *Nachtfrost*, Theaterst., UA Lpz. 1976, Fssp., Ferns. d. DDR 1978, gedr. Bln. 1984 u. d. T. *Die Dachdecker und andere Stücke und Texte*; *Die Dachdecker*, Theaterst., UA Lpz. 1979, gedr. Bln. 1981; *Aphorismen*, Bln. 1980; *Die Kellerfalle*, Theaterst., UA Lpz. 1980, gedr. Bln. 1984; *Der Fahrer und die Köchin*, Theaterst., UA Bln. 1980, Hsp., Rundf. d. DDR 1980, gedr. Bln. 1981 u. d. T. *Jutta oder die Kinder von Damutz. Hörspiele*, Schpl., Bln. 1981; *Das Hexenhaus*, Khsp., Rundf. d. DDR 1981, gedr. Bln. 1986; *Die fremde Fuhre*, Hsp., Rundf. d. DDR 1981, Theaterst., UA Dresden 1982, gedr. Bln. 1983 u. d. T. *Jazz am Grab. Hörspiele*; *C-Eier-Huhn und Stolperhahn*, Hsp., Rundf. d. DDR 1981, Theaterst., UA Dresden 1987, gedr. Bln. 1984; *Die Schritte*, Theaterst., UA Bln. 1981, gedr. Bln. 1988 u. d. T. *Irgendwo nirgendwo. Bahnhofsgeschichten*; *Sauwetterwind*, Khsp., Rundf. d. DDR 1982/WDR 1988, Theaterst., UA Lpz. 1984, gedr. Bln. 1984, Schpl., Bln. 1984; *Mein dicker Mantel*, Hsp., Rundf. d. DDR 1982, Theaterst., UA Bln. 1984, gedr. Bln. 1984 u. d. T. *Dame vor Spiegel. Hörspiele*; *Bronek und der Angeschlagene*, Khsp., Rundf. d. DDR 1983, Theaterst., UA Bln. 1984; *Heduda auf dem Pflaumenbaum*, Hsp., Rundf. d. DDR 1984/SR 1985, Theaterst., UA Gera 1986; *Der Vogelkopp*, Khsp., Rundf. d. DDR 1984/SDR/NDR 1985, Theaterst., UA Bln. 1987, Fssp., 1986, Oper, UA Chemnitz 1989, gedr. Ffm. 1992 u. d. T. *Spielplatz. 5 Theaterstücke für Kinder*, CD, Bln. 2000; *Das Blechboot*, Hsp., Rundf. d. DDR 1985/SDR 1986, Theaterst., UA Zittau 1989, gedr. Bln. 1987 u. d. T. *Bienchens Verwandte. Hörspiele*; *Prinzessin Zartfuß und die sieben Elefanten*, Hsp., Rundf. d. DDR 1984, Theaterst., UA Bln. 1985, Oper, UA Zittau 1989, Schpl., Bln. 1987; *Adrian und Lavendel*, Hsp., Rundf. d. DDR 1990, Theaterst., UA Freiberg 2002, CD, Bln. 1999; *Betti Kettenhemd*, Hsp., MDR/DLR/SDR 1997, Theaterst., UA Nürnberg 2000, CD, Bln. 2001; *Abele und der blasse Moff*, Hsp., MDR/SWF 1999, Theaterst., UA Bln. 2002, gedr. Bln. 2001 u. d. T. *Padulidu und Lorelei*; *Padulidu und Lorelei*, Hsp., MDR/WDR 2000, Theaterst., UA Bln. 2001, gedr. Bln. 2001; *Marta-Maria auf dem Spiegelschrank/Marta-Maria auf dem Müllsack/Marta-Maria auf den Wogen des Meeres/Marta-Maria im Spülbecken/Marta-Maria ist davongeflogen/Marta-Maria und der kranke Drachen*, Kinder-Hspe., MDR/WDR 2001.

Werner, Markus, geboren am 27. 12. 1944 in Eschlikon (Kanton Thurgau), wuchs in Thayngen (Kanton Schaffhausen) auf und machte 1965 Abitur. Er studierte Germanistik, Philosophie und Psychologie in Zürich und promovierte 1974. Von 1975 bis 1985 war er Hauptlehrer, von 1985 bis 1990 Lehrbeauftragter am Gymnasium Schaffhausen. Seit 1990 ist er freier Autor. Werner lebt in Schaffhausen. Er erhielt unter anderem 1990 den Alemannischen Literaturpreis, 1995 den Bodensee-Literaturpreis, 1997 den Preis der Jury der SWF-Bestenliste, 1999 den Hermann-Hesse-Preis und 2000 den Joseph-Breitbach-Preis.

Markus Werner hat erst spät zur Literatur gefunden. Mit 35 Jahren hat er, der eigenen Aussage nach, die ersten Zeilen geschrieben; sie bildeten später den Anfang des ersten Romans *Zündels Abgang* (1984). Als dieser erschien – der Autor hatte das Manuskript auf gut Glück an den Salzburger Residenz-Verlag geschickt –, war Werner schon 40 und im Hauptberuf Lehrer an einer Oberschule in der Nordwestschweiz.

Die Veröffentlichung der nächsten Bücher erfolgte in großen Abständen; das Schreiben, sagt Werner, falle ihm schwer; nach jeder Veröffentlichung versinke er in einem tiefen Loch, überzeugt davon, nie wieder einen Satz zustande bringen zu können. Mit inzwischen sechs Romanen, alle relativ schmal im Umfang, hat er sich indessen eine verschworene Lesergemeinde erschrieben und etliche Preise. Der zurückgezogen lebende, die Medien und den Literaturbetrieb meidende Autor gilt längst nicht mehr als Geheimtipp, sondern als einer der konsequentesten und eigenständigsten Prosaisten der Schweiz, ja der deutschsprachigen Gegenwartsliteratur.

Der Erstling, *Zündels Abgang*, bietet nach wie vor einen guten Schlüssel zum Gesamtwerk. Er beginnt mit einem Schock. Ein Kind geht im Warenhaus verloren, schließlich taucht die Mutter wieder auf, aber statt es erleichtert in die Arme zu schließen, ohrfeigt und beschimpft sie es. Zündel, der die Szene beobachtet, geht ein Licht auf: Die Welt ist böse und brutal und sie bringt dies schon den Kleinsten auf unbarmherzige Weise bei. Zündels Konsequenz: Er zieht sich langsam, aber unaufhaltsam aus dieser Welt zurück. »Hütet euch vor der Verbrüderung mit der Realität«, sagt der Lehrer seinen Schülern in seiner Abschiedsrede, bevor er sich davonmacht, nach allerlei komischen und tragikomischen Episoden, tatsächlich für seine Umwelt und seine Leser auf Nimmerwiedersehen.

Auch Franz Thalmann, der Held des zweiten Romans *Froschnacht* (1985), bricht aus. Nach einem mächtigen Skandal muss er sein Pfarramt niederlegen, verliert Frau, Familie und Ansehen – und gewinnt eine neue Freiheit des Blicks und des Lebens. Ungehindert von Rücksichten auf Position und Rolle kann er die Verlogenheiten der bürgerlichen Gesellschaft, insbesondere in ihrer schweizerischen Variante, geißeln. Was er allerdings nicht loswird, ist der tote Vater, dessen Fluch – »dass mir der Franz nicht an den Sarg kommt« – ihn über das Grab hinaus verfolgt. Abwechselnd ergreifen Vater – der »Frosch im Hals« – und Sohn ein Kapitel lang das Wort, und von denkbar entfernten Polen aus nähern sie sich an, in Ansichten und im Ausdruck, im Denken und in der Sprache. Einig sind sie sich im Befund der großen Entfremdung, die das Leben des modernen Menschen kennzeichnet, und ihre Philippika nimmt die Form einer Kapuzinerpredigt an. »Hier ist kein Urteil scharf, kein Fluch vulgär genug«, donnert der Vater, und dass dieser Satz in Jamben daher kommt, ist kein Zufall. Über weite Strecken ist *Froschnacht* in gebundener Rede geschrieben, wie das folgende Beispiel illustriert (Zeilenmarkierung von mir): »Der Tod berührt uns an den Schultern, dreht uns / – als hätte er nichts weiter als ein Tänzchen vor – / um hundertachtzig Grad herum, stößt uns / sein Knochenknie ins Kreuz und kommandiert: Nun Augen auf! – / und wir, gewöhnt ans Vorwärtsschauen, / gewöhnt, auf Ziele hin zu leben im Glauben, / dass jeder zielbewusste Schritt auch sinnvoll sei, / wir blicken jetzt verstört / auf das, was der abrupte Perspektiven-Wechsel / uns vielleicht erstmals sehen lässt: / ein Panorama grandioser Kläglichkeit.«

Kein Zufall ist auch die Nähe zur barocken Vanitas-Thematik; immer geht es in Markus Werners Romanen um den Tod, von dem aus gesehen das Leben einen kläglichen Eindruck macht. Im Roman *Die kalte Schulter* (1989) genügt ein Bienenstich, um das labile Glück des Helden mit seiner Freundin zunichte zu machen: Sie stirbt an einem allergischen Schock. In *Bis bald* (1992), dem vierten Roman, wartet der todkranke Protagonist auf ein Spenderherz; am Ende entschließt er sich aber, sich von der Liste streichen zu lassen und in Ruhe auf den Tod zu warten.

Schweizkritik, Zeit- und Gesellschaftskritik, Existenzkritik: Wie in konzentrischen Kreisen weiten sich die Attacken der Wernerschen Helden vom vermeintlich banalen Detail zur grundsätzlichen Abrechnung. Nur der Ton variiert, vom wütenden

Furor bis zum resignierten Einverständnis reicht die Spannbreite und dementsprechend die Bewegung der Romane von Flucht (»Fort, aber wohin?«, beginnt der fünfte, *Festland*, 1996) bis zur Passivität. Wenn Markus Werner ein wiedergeborener Barockautor ist, so unterscheidet ihn von Gryphius & Co. doch zweierlei. Zum einen die Glaubensgewissheit: Werners Helden kommen eher von Nietzsche her, ihnen ist die »Sklavenmoral« der herrschenden Religionen ein Gräuel, ihre Vertreter Teil jenes repressiven Erziehungsapparates, der die Menschen zum Unglück konditioniert: »Die Erziehung ist am Ziel, sobald die Angst, eine schlechte Figur zu machen, zum Lebensgrundgefühl geworden ist« (*Festland*). Zum anderen ist Markus Werner stilistisch alles andere als barock. Seine Sprache tendiert zur Verknappung, er meidet Wiederholungen und rhetorischen Prunk (außer bei ausgesprochenen Paraphrasen), jedes überflüssige Wort wird getilgt. Seine Sätze sind schlacken- und phrasenlos; sie enthalten fast immer mehr, als sie auf den ersten Blick preisgeben, und sie nehmen oft eine unerwartete Wendung. Das gilt auch für den Roman *Der ägyptische Heinrich* (1999), der insofern aus dem Rahmen fällt, als er unverhohlene biografische Bezüge hat. Markus Werner schildert darin die Lebensgeschichte seines Urgroßvaters, eines gescheiterten Kaufmannes, der nach einem Bankrott ein neues Leben in Ägypten begann. Er schildert zugleich seine Suche nach Spuren dieses Vorfahren. Schweiz-Schelte, Zeitkritik und Vanitas-Thematik fehlen auch hier nicht, und der ägyptische Heinrich wie sein Nachkomme – mit dem der Autor sogar eine Begegnung halluziniert – ähneln in ihrer »Überstehen ist alles«-Haltung wiederum allen vorangehenden Helden Markus Werners. Ebenso wenig fehlt hier der melancholische Humor, der auch alle anderen Romane des Autors auszeichnet. »Das Glänzende und Kolossale werde ich vergessen, die Nägel bleiben«, sagt sich der Autor-Erzähler bei der Betrachtung einer mumifizierten Pharaonen-Statue, deren Zehennägel nach dreieinhalbtausend Jahren noch wie lebendig wirken. Werners Romane, denen das Kolossale gänzlich abgeht, leben von solchen Nägeln. Das sichert ihnen ein langes Leben.

Martin Ebel

Werke: *Bilder des Endgültigen, Entwürfe des Möglichen. Zum Werk Max Frischs.* Diss., Bern 1975; *Zündels Abgang*, R., Salzb. 1984; *Froschnacht*, R., Salzb. 1985; *Die kalte Schulter*, R., Salzb. 1989; *Bis bald*, R., Salzb. 1992; *Festland*, R., Salzb. 1996; *Der ägyptische Heinrich*, R., Salzb. 1999.

Westphalen, Joseph (Graf) von, wurde am 26. 6. 1945 als ostpreußisches Flüchtlingskind in Schwandorf in der Oberpfalz geboren. Es war die letzte Station auf dem Treck aus der zerstörten und verschwundenen Familienheimat. Westphalen studierte Kunst und Germanistik an der Universität München während der turbulenten Jahre im Nachklang von 1968 und promovierte 1978 mit einer Arbeit *Zur Entstehung der Künstlerfigur.* Von 1981 bis 1986 war er Redakteur für »Westermanns Monatshefte«. Seit 1987 lebt er als freier Autor in München. 1992 erhielt er den Ernst-Hoferichter-Preis.

Während der Achtzigerjahre veröffentlichte Westphalen eine Reihe von polemischen Pamphleten, Essays und Aufsätzen (*Warum ich Monarchist geworden bin*, 1985; *Warum ich Terrorist geworden bin*, 1986; *Warum ich trotzdem Seitensprünge mache*, 1987), die ihm den Ruf des Bürgerschrecks eintrugen und deren ernst gemeinte Sozialkritik manchmal einem Hang zur witzigen, oberflächlichen Wortspielerei zum Opfer fiel. In seinen klugen, feinsinnigen und originellen Beiträgen zur Kunstszene oder in seinen schillernden Reiseberichten für Zeitungen und Zeitschriften, besonders für »Westermanns Monatshefte«, hat Westphalen auch immer wieder gezeigt, dass ihm als Schriftsteller mehr als der sarkastische Ton seiner sozialkritischen Werke zur Verfügung steht.

Als sein Briefwechsel mit der DDR-Schriftstellerin Monika Maron 1987/1988 fortlaufend im »Zeit-Magazin« veröffentlicht wurde und dann später unter dem Titel *Trotzdem herzliche Grüße* 1988 als Buch erschien, gewann er ein größeres und wohl ernsteres Publikum. Den früheren Hang zur Anarchie milde zähmend, lieferte Westphalen eine derart unbarmherzige Darstellung seiner nihilistischen Ansichten zum gutbürgerlichen Leben, dass es ihm gelang, Leser in Ost und West gleichermaßen zu irritieren. Mit seiner satirischen Kritik an der Wiedervereinigung, *Von deutscher Bulimie – Diagnose einer Freßgier* (1990), bewies er erneut, dass es ihm um weit mehr als Monarchenverteidiger oder Seitensprungfeinde ging. Fast gleichzeitig veröffentlichte er *Sinecure* (1989), selbst ein Seitensprung aus der deutschen literarischen Tradition, eine brillante Parodie der englischen Art, die den Obskurantismus der Literaturwissenschaftler demaskiert, indem ein (von Westphalen) geschriebenes und übersetztes Gedicht des (von Westphalen erfundenen) englischen Romantikers David Elphinstone mit ausführlichem literarischem Apparat – Erratablatt,

Register, Bibliografie (inkl. Beitrag aus der Dissertation von Joseph von Westphalen) – nebst vielen Fußnoten und Fotos präsentiert wird.

Ab 1991 beschäftigte er sich mit einer Romantrilogie, deren Held zur Kultfigur wurde. Harry Freiherr von Duckwitz, der fast gegen seinen Willen die Prüfung des deutschen Auswärtigen Amtes besteht und plötzlich Kulturattaché in der Regierung eines von ihm verspotteten Kanzlers wird, wurde eine der populärsten und bestbekannten Figuren der deutschen Nachkriegsliteratur. Mit den Duckwitz-Romanen – *Im diplomatischen Dienst* (1991), *Das schöne Leben* (1993), *Die bösen Frauen* (1996) – schuf Westphalen ein Szenario, das die Entfaltung seiner schriftstellerischen Stärke glänzend erlaubte. Als unberechenbarster Kulturattaché der deutschen Geschichte genießt Duckwitz Abenteuer mit drei Frauen an drei exotischen Arbeitsplätzen (Moskau, Quito und Kamerun). Das Ganze wird garniert mit unzähligen wahnwitzigen Episoden, oft bei offiziellen Auftritten von extrem unexotischen deutschen Kulturfiguren oder Politikern aus der Wandertruppe des Goethe-Instituts oder des Auswärtigen Amtes. Mit seiner dramatischen und anarchischen Demission bei einem chaotischen Staatsessen nimmt Duckwitz auf spektakuläre Weise Abschied vom diplomatischen Dienst und bereitet sich auf ein Leben als Privatperson vor. Außerhalb des Staatsdienstes gelingen ihm zwar noch amouröse und persönliche Abenteuer, aber der unmittelbare Zugang für die Kritik an Politik und Regierung fehlte nun dem anarchischen Gesellschaftsgegner, und nach drei sehr erfolgreichen Bänden nahm er Abschied von der literarischen Bühne.

1994 zeigte Westphalen mit *High Noon. Ein Wildwestroman zur Lage der Nation*, dass er ein Meister der Parodie geblieben war, diesmal mit einem ganz deutlichen politischen Ziel. Statt Gary Cooper reisen Joe West und seine Truppe von unschwer identifizierbaren bayrischen Schriftstellerkollegen nach Bonn, um die Republik gegen Rechtsradikale zu verteidigen. Obwohl vielleicht etwas lapidar geschrieben, bezeugt *High Noon*, dass eine mutige Aggressivität gegen den Rechtsradikalismus auch in einer Westernparodie effektiv sein kann. In den Jahren nach den Duckwitz-Romanen widmete sich Westphalen sowohl der Wiederbearbeitung und Kommentierung früherer Erzählungen und Aufsätze, die ursprünglich für Zeitschriften, Zeitungen oder den Rundfunk geschrieben worden waren – daraus entstanden bislang fünf Bände –, als auch einer Reihe von Kurzromanen. Um das Millennium (nicht) zu feiern, schrieb er *Warum mir das Jahr 2000 am Arsch vorbeigeht oder Das Zeitalter der Eidechse* (1999) und, so herausgefordert, verteidigte er im Folgenden die Idee eines vereinten Deutschland – und überraschte sich selbst wohl dabei – in *So sind wir nicht! Elf deutsche Eiertänze* (2000). Drei sehr populäre »Roman-Soundtracks« folgten, je ca. einhundert Jazzstücke aus Duckwitz' Verführungskatalog, gesammelt auf mehreren CDs und begleitet von ausführlichen Texten zur Entstehungsgeschichte. Anfang 2002 erschien *Der Liebessalat,* Westphalens erstes längeres literarisches Werk seit den Duckwitz-Romanen, eine Wanderung durch die Gefahren der Liebe in der deutschen Gesellschaft des neuen Millenniums, das eine bewusst unzeitgemäße Verteidigung der Vielweiberei mit großem Engagement präsentiert.

Peter Stenberg

Werke: *Zur Entstehung der Dichterfigur. Ein Beitrag zur Geschichte des Dichter- und Künstlerbildes,* Diss., Mü. 1978; *Die stillenden Väter*, Hg., zus. m. Klaus Konjetzky, Mü. 1983; *Warum ich Monarchist geworden bin. Zwei Dutzend Entrüstungen*, Aufs., Zür. 1985; *In den Tempeln der Badelust. Architektur einer Sinnlichkeit,* Ess., m. Fotos v. Gerhard P. Müller; *Warum ich Terrorist geworden bin. Flugblätter*, Zür. 1986; *Warum ich trotzdem Seitensprünge mache. Fünfundzwanzig neue Entrüstungen,* Aufs., Zür. 1987; *Der Rabe, H. 18: Der kulinarische Rabe,* hg. zus. m. Vincent Klink u. Stephan Opitz, Zür. 1987; *Trotzdem herzliche Grüße. Ein deutsch-deutscher Briefwechsel*, zus. m. Monika Maron., Ffm. 1988; *Sinecure. Ein Gedicht von David Elphinstone,* Übs., Hg. u. Komm., Mü. 1989; *Moderne Zeiten. Blätter zur Pflege der Urteilskraft 1981–1989*, 1. Folge Zür. 1989, 2. Folge Zür. 1989, zu drei Bdn. erw. u. d. T. *Das Drama des gewissen Etwas. Über den guten Geschmack und andere Vorschläge zur Verbesserung der Welt,* Mü. 1994; *33 weiße Baumwollunterhosen. Glanz und Elend der Reizwäsche nebst sonstigen Wahrheiten zur Beförderung der Erotik,* Mü. 1994; *Das Leben ist hart. Über das Saufen und weitere Nachdenklichkeiten zur Erziehung der Menschheit,* Mü. 1995; *Von deutscher Bulimie. Diagnose einer Freßgier. Vergebliche Streitschrift gegen die deutsche Einheit*, 5 Essays, Mü. 1990; *Im diplomatischen Dienst*, R., Hbg. 1991; *Profit. Die besten Geschichten des Montblanc-Literaturpreises 1991,* Hg., Mü./Zür. 1991; *Umarmungen. Die besten Geschichten des Montblanc-Literaturpreises 1992,* Hg., Mü./Zür. 1992; *Der Gipfel. Die besten Geschichten des Montblanc-Literaturpreises 1993*, Hg., Mü./Zür. 1993; *Das schöne Leben* R., Hbg. 1993; *High Noon. Ein Western zur Lage der Nation,* R., Hbg. 1994; *Der Termin. Die besten Geschichten des Montblanc-Literaturpreises 1994,* Hg., Mü./Zür. 1994; *Die Geschäfte der Liebe,* Mü. 1995; *Die bösen Frauen*, R., Hbg. 1996; *Lametta Laszív. Ein kleiner scharfer Roman,* Aufs., Zür. 1996; *Mein Kosmos,* CD-ROM Mü. 1996; *Die Liebeskopie oder Herzensergießungen* *eines sehnsüchtigen Schreibwarenhändlers,* Mü. 1997; *Wie man mit Jazz die Herzen der Frauen gewinnt. Ein Romansoundtrack-Musik(ver)führer mit 4 CDs*, Zür. 1999; *Wie man seine Eltern erzieht*, R., Mü. 1999; *Warum mir das Jahr 2000 am Arsch vorbeigeht oder Das Zeitalter der Eidechse*, R., Ffm. 1999; *Die Wahrheit der Anbetung. Eine Enthüllung*, R., Zür. 1999; *So sind wir nicht! Elf deutsche Eiertänze,* Ffm. 2000; *»Mehr Jazz!«, sagten die Frauen*, 2 CDs u. Booklet, Zür. 2000; *Der Liebessalat*, R., Mü. 2002; *»Jazz macht Frauen Beine«*, 2 CDs u. Booklet, Zür. 2002.

Weyrauch, Wolfgang (Pseudonym: Joseph Scherer), wurde am 15. 10. 1904 als Sohn eines Landvermessers in Königsberg geboren. Nach dem Abitur besuchte er die Schauspielschule in Frankfurt am Main, übernahm Engagements in Münster, Bochum und in Thale im Harz und studierte dann wiederum in Frankfurt am Main Germanistik, Romanistik und Geschichte. Von 1929 an arbeitete er als freier Schriftsteller, wurde 1933 als Redakteur beim »Berliner Tageblatt« und als Lektor beim »Deutschen Verlag« in Berlin beschäftigt und schrieb seit 1940 für die Zeitschrift »Das Reich«. Von 1934 an erschienen selbstständige Veröffentlichungen, zunächst Erzählungen und Hörspiele, dann auch Romane. 1940 gab er die Anthologie *Junge deutsche Prosa* heraus, in der neben Luise Rinser auch Albrecht Goes, Martin Kessel und Kurt Kusenberg vertreten sind. Im Vorwort schreibt er, im zweiten Jahr des Weltkrieges, diese Sammlung stelle »... in diesem Jahr des Ernstes, dem Geist unseres Landes ein stolzes Zeugnis aus ... und die Gelassenheit der Schreibenden rührt aus einer unverwirrbaren Zuversicht.« Diese für die Zeit nicht untypische geschmeidig-vieldeutige Haltung konnte er nicht beibehalten; noch kurz vor dem Ende, am 1. April 1945 druckte »Das Reich« einen Artikel, in dem er Gedichte von Friedrich Hölderlin als Quell von Durchhalteparolen auslegt. Von 1940 an diente Wolfgang Weyrauch als Soldat und geriet in sowjetische Kriegsgefangenschaft. Nach seiner Rückkehr ging er als Redakteur zum zeitkritischen »Ulenspiegel« und arbeitete auch für die Zeitschrift »Ost und West«, die den Dialog zwischen den entstehenden Blöcken fördern wollte. Wolfgang Weyrauch bekannte sich nun zum Pazifismus und setzte sich als Autor, aber auch als Herausgeber und seit 1950 als Lektor beim Rowohlt-Verlag für den »Kahlschlag« in der deutschen Literatur ein, für die »Entnazifizierung der Sprache« und für die Abkehr von jeglichem »Gefühlsnebel«. 1958 trennte sich Weyrauch vom Rowohlt-Verlag, arbeitete fortan wieder als freier Schriftsteller und ab 1960 auch als Hörspieldramaturg für den Norddeutschen Rundfunk in Hamburg. Er zog 1967 nach Darmstadt, begründete den Leonce-und-Lena-Preis für Lyrik der dortigen Akademie für Sprache und Dichtung. Er starb am 7. 11. 1980 in Darmstadt. 1962 wurde ihm der Hörspielpreis der Kriegsblinden zugesprochen (für *Totentanz*), 1967 der Stereo-Hörspielpreis der Radioindustrie der ARD, 1972 die Johann-Heinrich-Merck-Ehrung der Stadt Darmstadt, 1973 der Andreas-Gryphius-Preis und 1979 die Ehrengabe des Kulturkreises im Bundesverband der Deutschen Industrie. Weyrauch war Mitglied der »Gruppe 47«, des deutschen P.E.N.-Zentrums und der Deutschen Akademie für Sprache und Dichtung in Darmstadt.

In seinen frühen Erzählungen, Hörspielen und Romanen, die von 1929 an (*Die Ehe*, wieder abgedruckt in *Das war überall*, hg. v. Fritz Deppert, Kranichstein 1998) erschienen, widmete sich Weyrauch vorwiegend den Themen Liebe, Ehe und Ehebruch, Heimat und Sinn des Lebens. Sein erstes Buch, die Legende *Der Main* (1934), machte ihn bekannt. Es folgten der Roman *Strudel und Quell* (1938), ein Jahr später *Eine Inselgeschichte* (1939). Schon in diesen frühen Texten sind die sprachliche Reduktion auf die Beobachtung sprechender Details und trostloser bürgerlicher und städtischer Lebensverhältnisse in der literarischen Tradition der Weimarer Republik nicht zu übersehen, die dann auch zur Ablehnung der Erzählung *Das Liebespaar* (1943) durch die nationalsozialistische Literaturkritik führte.

Nach dem Zweiten Weltkrieg erschienen in schneller Folge weitere Prosa-Stücke und Erzählungen, Lyrikbände und 1949 auch die Anthologie *Tausend Gramm,* in der Wolfgang Weyrauch dreißig Texte versammelte, die programmatisch für den Neuanfang im Nachkriegsdeutschland stehen sollten. In seinem Nachwort verwendete er den seither viel zitierten und oft hinterfragten Begriff vom »Kahlschlag« und setzte sich für »eine Literatur des Versuchs, der Kühnheit, des Ausgesetztseins« ein. Beispielhaft erkannte er in Günter Eichs Gedicht *Inventur* (1947) jene »Methode der Bestandsaufnahme« in lakonischer Sprache, die er der gesamten neuen Literatur abfordern wollte, damit sie die Verhältnisse zu »röntgen« vermöge.

In seiner Lyrik und in den Aufsätzen, die er dem Prozess und dem Stellenwert des Schreibens von Gedichten widmete, stilisiert er Verse zu »Messern«, sucht nicht »die Worte« im emphatischen Sinne, sondern die »Wörter«, mit denen sich Dinge konkret benennen lassen. Ähnlich verfährt er in den Hörspielen, die einerseits, wie etwa *Die japanischen Fischer* (1955), am Beispiel der Folgen der Atombombe gesellschaftspolitisch Stellung beziehen, die aber andererseits das traditionelle Erzählen in szenischen Bildern durch die Reihung von Sätzen in einem »rhythmischen Nacheinander« ersetzen. Martin Walser wies schon 1962 auf diese Abkehr von naturalistischen Elementen hin und auch darauf, wie in diesen Texten die Welt nur mehr als Zitat vorkomme, während die Sprache selbst Gegenstand der Handlung wird. Ganz ähnlich charakterisierten Karl Krolow und andere die Entwicklung der Prosaarbeiten Weyrauchs, in denen nicht nur der registrierende Beobachter sich gegen Krieg oder Atombombentests ausspricht oder über den Tyrannenmord nachdenkt, sondern in denen immer wieder neue Experimente mit der Erzählhaltung gewagt werden, die über das moralische Engagement hinausweisen.

Michael Schmitt

Werke: *Die Ehe*, E., in: *24 neue deutsche Erzähler*, hg. v. Hermann Kesten, Bln. 1929; *Die Furt*, Hsp., SWDR 1931; *Die Ilsebill*, Hsp., SWDR 1931; *Die Anabasis*, Hsp., zus. m. Ernst Glaeser, 1932, Neufssg. BR 1959; *Das Liebespaar*, Hsp., MDR 1932; *Ein Warenhaus schließt*, Hsp., zus. m. A. Zeitler, MDR 1932; *Sensenleute ziehen durch Deutschland*, Hsp., SWDR 1932; *Hans und Peter*, Hsp., SWDR 1933; *Der Main. Eine Legende*, R., Bln. 1934; *Strudel und Quell*, R., Bln. 1938; *Eine Inselgeschichte*, N., Bln. 1939; *Ein Band für die Nacht*, Nn., Lpz. 1939; *Junge deutsche Prosa*, Anth., Hg., Bln. 1940; *Das Berlin-Buch*, Anth., Hg., Lpz. 1941; *Junge Mädchen*, Anth., Hg., Lpz. 1943; *Das Liebespaar. Eine Erzählung und ein Zwiegespräch*, Lpz. 1943; *Auf der bewegten Erde*, Pr., Bln. 1946, Hsp., NWDR 1947; *Die Liebenden*, E., Mü. 1947; *Von des Glückes Barmherzigkeit*, G., Bln. 1947; *Die Pflugschar. Sammlung neuer deutscher Dichtung*, Anth., Hg., Bln. 1947; *Die Davidsbündler*, E., Hbg. 1948; *Lerche und Sperber*, G., Mü. 1948; *Damals als die Brücke brach*, Hsp., NWDR 1948; *Ende und Anfang*, G., Mü. 1949; *Und wenn's nur einer wär*, Drehb., zus. m. W. Schleif, 1949; *Lesebuch für Erwachsene*, Anth., Hg., Offenburg 1949; *Tausend Gramm*, Anth., Hg., Hbg. 1949; *An die Wand geschrieben*, G., Hbg. 1950; *Große Stadt*, Feat., SWR 1952; *Bitte meiner älteren Tochter*, G., Mü. 1952; *Woher kennen wir uns bloß?*, Hsp., NDR 1952; *Ich bin der Wassersucher Dominik Atteo*, Hsp., RB 1952; *Die Feuersbrunst*, E., Karlsr. 1952; *Inventar der großen Stadt*, Hsp., NWDR 1953; *Vor dem Schneegebirge*, Hsp., SDR 1954; *Mitten im kalten Winter*, Hsp., SWF 1953; *Bericht an die Regierung*, E., Ffm. 1953; *Die Minute des Negers*, G., Hbg. 1953, Hsp., 1954, SDR 1972; *Ein Zimmer in Marseille*, Hsp., HR 1955; *Die japanischen Fischer*, Hsp., BR 1955; *Indianische Ballade*, Hsp., BR 1956; *Leinwandmesser*, Hsp., NDR 1956; *Papier ist nicht geduldig*, Hsp., NDR 1956; *Gesang um nicht zu sterben*, G., Hbg. 1956; *Nie trifft die Finsternis*, G., Bln. 1956; *Ein Skelett in jedem Schrank*, Hsp., NDR 1957; *Das grüne Zelt*, Hsp., SRG/DRG 1957; *Die Geschichte vom Franz Biberkopf*, Hsp., HR 1958; *Mein Schiff, das heißt Taifun*, E., Olten 1959; *Expeditionen. Deutsche Lyrik seit 1945*, Anth., Hg., Mü. 1959; *Der Knabe und das Haus*, Hsp., RB 1959; *Die Ware Buch*, Hsp., NDR 1959; *Ich lebe in der Bundesrepublik. Fünfzehn Deutsche über Deutschland*, Anth., Hg., Mü. 1960; *Heute abend kam Besuch*, Hsp., HR 1960; *Deutsche Literatur nach 45 – ABC eines Beteiligten*, Hsp., SDR 1960; *C. Jean-Charles: Schrei, wenn du kannst*, Übs., zus. m. Margot Weyrauch, Mü. 1960; *Jon und die großen Geister*, Hsp., NDR 1961; *Der Mann, der nicht zurückkam*, Hsp., HR 1961; *Totentanz*, Hsp., NDR 1961; *Das Jahr. Kalendarium für junge Leute*, Anth., Hg., Mü. 1961; *Dialog mit dem Unsichtbaren. Sieben Hörspiele*, Olten 1962; *Der Stumme*, Hsp. nach Otto F. Walter, SRG 1963; *Das tapfere Schneiderlein*, Hsp., NDR 1963; *Die Spur*, G., Olten 1963; *Erscheinung vor der Stadt*, Hsp., SDR 1964, *Lyrik aus dieser Zeit*, Anth., Hg., zus. m. Johannes Poethen, Mü. 1965; *Alexanderschlacht*, Hsp., NDR 1965; *Dialog über neue deutsche Lyrik*, Itzehoe 1965; *Komm. Totentanz 2*, Hsp., Stg. 1965; *Alle diese Straßen*, Anth., Hg., Mü. 1965; *Das erste Haus hieß Frieden. Die SOS-Kinderdörfer Hermann Gmeiners*, Mü. 1966; *Unser ganzes Leben. Ein Hausbuch*, Anth., Hg., zus. m. M. Gregor-Dellin, H. Piontek, H. Vormweg, Mü. 1966; *Etwas geschieht*, Pr., Olten 1966, Hsp., 1967; *Unterhaltungen von Fußgängern*, En., Mü. 1966; *Ausnahmezustand*, Anth. aus »Weltbühne« und »Tagebuch«, Hg., Mü. 1966; *Auf der bewegten Erde*, En., Tüb. 1967; *Ich bin einer, ich bin keiner*, Hsp., SR 1967; *Etwas geschieht*, Hsp., HR 1967; *Lyrik aus dieser Zeit 1967/68*, 4. Folge, Anth., Hg., zus. m. Johannes Poethen, Mü. 1967; *Federlese. Ein Almanach des deutschen P.E.N.-Zentrums der Bundesrepublik*, Hg., zus. m. B. Reifenberg, 1967; *Neumarkt*, Hsp., SR 1968; *Feuer, Wasser, Luft, Erde*, Hsp., SWF 1968; *Geschichten zum Weiterschreiben*, Neuwied 1969; *11 Autoren über ein Jahrzehnt. Fazit der Sechzigerjahre*, Hg., Bln. 1970; *Flug über Franken und Hessen*, Fotobd., Braunschweig 1969; *Wie geht es Ihnen?*, Hsp., WDR 1970, E., Neuwied 1971; *Lebenslauf*, Hsp., NDR 1971; *Weißbuch*, Hsp., BR 1971; *Ein Clown sagt: Nachdenktexte für junge Leser*, Kinderb., Weinheim 1971; *Im Konjunktiv*, Hsp., WDR 1972; *Mit dem Kopf durch die Wand. Geschichten, Gedichte, Essays und ein Hörspiel*, Darmst. 1972, erweit. 1977; *Das Kellerbuch*, Hg., Darmst. 1973; *Das Ende von Frankfurt am Main*, En., Stg. 1973; *Gedichte*, Darmst. 1973; *Wer fängt an*, Hsp., HR 1974; *Das Signal*, Hsp., BR 1974; *Beinahe täglich. Geschichten*, Darmst. 1975; *Neue Expeditionen. Deutsche Lyrik 1960–75*, Hg., Mü. 1975; *Lieber T.*, G., Düsseld. 1977; *Kalenderbuch. 365 Tage lesen*, Köln 1977; *Orientierungspunkte*, Hsp., NDR 1977; *2 Litaneien*, G., Dreieichenhain 1977; *Das Komma danach*, G., Pfaffenweiler 1977; *Das Lächeln meines Großvaters und andere Familiengeschichten*, Anth., Hg., Düsseld. 1978; *Fußgänger, B-Ebene, Hauptwache, Rolltreppe, hinauf, hinab*, G., Ffm. 1978; *Hans Dumm. 111 Geschichten*, Köln 1978; *Ein Schluck von Vernunft. Über* *das Schriftstellern*, Darmst. 1978; *Liebeserklärung*, Anth., Hg., zus. m. F. Deppert, Gütersloh 1978; *Begegnungen. Darmstädter Autoren*, Hg., zus. m. F. Deppert, Darmst. 1978; *Aufschlüsse*, Hg., zus. m. F. Deppert, Darmst. 1978; *Sonnenblume, Fledermaus*, Hsp., BR 1979; *Nach dem Ball*, Hsp., nach L. Tolstoi, SWR 1979; *Die Antilope*, Hsp., BR 1979; *Literarischer März. Lyrik unserer Zeit*, Hg., zus. m. F. Deppert u. Karl Krolow, Mü. 1979; *Liebesgeschichten*, Anth., Hg., Gütersloh 1979; *Ein Gedicht – was ist das? Ansichten und Erläuterungen*, Hann. 1980; *Hier wird Musik gemacht*, Hsp., NDR 1980; *Der Mantel*, Hsp., nach N. Gogol, SWF 1980; *Bahnwärter Thiel*, Hsp., nach G. Hauptmann, SWF 1980; *Zeugnisse und Zeugen*, Hsp., 1981, gedr. Büdingen 1982; *Der neben mir*, Hsp., BR 1981; *Anders wärs besser*, Jugendb., Würzb. 1982; *Mein Gedicht ist die Welt. Deutsche Gedichte aus zwei Jahrhunderten*, Hg., zus. m. Hans Bender, m. Illustr. v. Günther Stiller, Ffm. 1982; *Dreimal geköpft. Unbekannte Gedichte*, hg. v. Jürgen Seuss u. Bernd Jentzsch, Assenheim 1983; *Proust beginnt zu brennen*, En., Ffm. 1985; *Atom und Aloe. Gesammelte Gedichte*, hg. v. Hans Bender, Ffm. 1987; *Lebenslauf*, G., Dreieich 1987; *Das war überall*, En., hg. v. F. Deppert, Darmst. 1998.

Wichner, Ernest, wurde am 17. 4. 1952 in Guttenbrunn (Zăbrani) im Banat in Rumänien geboren. Er besuchte das deutschsprachige Nikolaus-Lenau-Lyzeum und die Universität in Temeswar, an der er 1973 bis 1974 Germanistik und Rumänistik studierte. Nach seiner Aussiedlung 1975 setzte Wichner sein Studium – Germanistik und Politologie – in West-Berlin bis 1981 fort und schlug sich mit Gelegenheitsarbeiten durch. Seit 1988 ist er Mitarbeiter und stellvertretender Leiter des Literaturhauses Berlin. Wichner, der seit Mitte der Achtzigerjahre als Autor, Literaturkritiker, Übersetzer, Herausgeber und Veranstalter von Ausstellungen in der literarischen Öffentlichkeit der Bundesrepublik Deutschland präsent ist, veröffentlichte Lyrik und Kurzprosa in den rumäniendeutschen Periodika »Neue Banater Zeitung« (Temeswar) und »Neue Literatur« (Bukarest). Bereits seine frühen Texte zeichnen sich, wie jene seiner banatschwäbischen Kommilitonen, durch »Experimentierfreude, Sprachwitz, literarische und politische Polemik« aus.

Wichner ist Gründungsmitglied der »Aktionsgruppe Banat«, jenes 1972 im kommunistischen Rumänien an der Universität Temeswar Germanistik studierenden und schriftstellerisch experimentierenden Kreises aus Literaturenthusiasten und Sozialutopisten, aus deren Reihen die später auch im Literaturbetrieb der Bundesrepublik Deutschland bekannt gewordenen Schriftsteller Richard Wagner, Rolf Bossert, Johann Lippet und Gerhard Ortinau hervorgegangen sind. 1975, im Jahr, in dem die »Aktionsgruppe« von der rumänischen Securitate zerschlagen wurde, siedelte Wichner als erstes Mitglied der Gruppe in die Bundesrepublik Deutschland aus. Anfang der Neunzigerjahre stellte er für die »edition suhrkamp« unter dem Titel *Ein Pronomen ist verhaftet worden* (1992) eine Textauswahl zusammen, die in repräsentativen Texten die »frühen Jahre in Rumänien« der »Aktionsgruppe Banat« dokumentiert.

Nach seinen in der Öffentlichkeit kaum beachteten *Elegien Weiß* (1987) bündelte Wichner seine in den Achtzigerjahren entstandenen Gedichte in dem 1988 erschienenen Band *Steinsuppe*. In seinen Gedichten erweist er sich als Kenner avantgardistischer Lyrikmuster. Die zahlreichen Widmungsgedichte des Bandes belegen die Vertrautheit des Dichters mit der Poesie der wichtigsten Vertreter der experimentellen Poesie – von Tristan Tzara und Hans Arp bis zu Ernst Jandl und dem von Wichner besonders geschätzten Oskar Pastior – und deuten den Traditionszusammenhang an, dem sich der Autor verpflichtet fühlt. Thematisch sind es »in erster Linie sprachliche Gegebenheiten, formale Vorentscheidungen und literarische Verhältnisse, die festlegen, was und worüber gesprochen wird« (Wulf Segebrecht). Wichners poetisches Verfahren wird durch die in der Titelei mitgelieferte Geschichte vom Landstreicher verdeutlicht, der sich für seine Mittagssuppe neben den mitgebrachten Steinchen einen Topf mit Wasser und die weiteren Zutaten erbetteln muss.

Wichner verlegt die Handlungsabläufe in den vier Erzählungen aus seinem bislang einzigen Prosaband *Alte Bilder. Geschichten* (2001), die sich genauso gut im rumänischen oder einem anderen südosteuropäischen Milieu hätten zutragen können, nach Bulgarien, wo der Autor einen vierwöchigen Stipendienaufenthalt verbringen durfte. Den Gestalten, die auf beigefügten Fotos dem Leser vorgeführt werden, ordnet er geschickt inszenierte Geschichten zu, die Ausschnitte aus ihrem fiktiven Leben bieten. Der Autor versteht es, sich in die imaginierten Viten seiner Protagonisten hineinzudenken und seine Erzählungen mit historischem Kolorit auszuschmücken.

Wichner, der zu den produktivsten Übersetzern aus dem Rumänischen gehört, hat deutschen Lesern mehrere Bücher zeitgenössischer Autoren (Norman Manea, Ana Blandiana, Ştefan Bănulescu u.a.) zugänglich gemacht.

Seit Mitte der Achtzigerjahre ist Wichner auch als Herausgeber tätig. Außer Anthologien zur neueren rumäniendeutschen Literatur gab er in Zusammenarbeit mit Herbert Wiesner zahlreiche Kataloge heraus, die als Begleitbücher zu von ihnen veranstalteten literarischen Ausstellungen entstanden sind.

Stefan Sienerth

Werke: *Ştefan Bănulescu: Verspätetes Echo*, Übs., zus. m. Oskar Pastior, Bln. 1984; *Das Wohnen ist kein Ort. Texte und Zeichen aus Siebenbürgen, dem Banat …*, Hg., Bremerhaven 1986; *Elegien Weiß*, G., m. Grafiken v. Ullrich Panndorf, Bln. 1987; *Norman Manea: Roboterbiografie*, Übs., zus. m. Gerhardt Csejka, Dieter Schlesak, Paul Schuster, Gött. 1987; *Steinsuppe*, G., Ffm. 1988; *Dr. Walter Serner*, Kat., Hg., zus. m. Herbert Wiesner, Bln. 1989; *Industriegebiet der Intelligenz. Literatur im neuen Berliner Westen der 20er und 30er Jahre*, Hg., zus. m. Herbert Wiesner, Bln. 1990; *Norman Manea: Der Trenchcoat, Übs.*, Gött. 1990; *Marcel Blecher: Aus der unmittelbaren Unwirklichkeit*, Übs., Bln. 1990; *Norman Manea: Training fürs Paradies*, Übs., zus. m. Roland Erb, Gött. 1990; *Zensur in der DDR. Geschichte, Praxis und »Ästhetik« der Behinderung von Literatur*, Kat., Hg., zus. m. Herbert Wiesner, Bln. 1991; *Literaturentwicklungsprozesse. Die Zensur der Literatur in der DDR*, Hg., zus. m. Herbert Wiesner, Ffm. 1992; *Ein Pronomen ist verhaftet worden. Texte der Aktionsgruppe Banat*, Hg., Ffm. 1992; *Carmen Francesca Banciu: Fenster in Flammen*, Übs., zus. m. Rolf Bossert, Bln. 1992; *Das Land am Nebentisch. Texte und Zeichen aus Siebenbürgen, dem Banat und den Orten der versuchten Ankunft*, Hg., Lpz. 1993; *Ana Blandiana: Die Applausmaschine*, Übs., Göttingen 1993; *In der Sprache der Mörder. Eine Literatur aus Czernowitz, Bukowina*, Kat., Hg., zus. m. Herbert Wiesner, Bln. 1993; *Ştefan Bănulescu: Ein Schneesturm aus anderer Zeit*, Übs., zus. m. Oskar Pastior, Ffm. 1994; *Prager Deutsche Literatur vom Expressionismus bis zu Exil und Verfolgung*, Kat., Hg., zus. m. Herbert Wiesner, Bln. 1995; *Isak Weißglas: Steinbruch am Bug. Bericht einer Deportation nach Transnistrien*, Hg., zus. m. Herbert Wiesner, Bln. 1995; *Der Nerv. Eine expressionistische Zeitschrift aus Czernowitz*, Hg., zus. m. Herbert Wiesner, Bln. 1997; *Franz Hessel. Nur was uns anschaut, sehen wir*, Kat., Hg., zus. m. Herbert Wiesner, Bln. 1998; *Dumitru Tepeneag: Hotel Europa*, Übs., Bln. 1998; *Der Flaneur und die Memoiren der Augenblicke*, Hg., zus. m. H. Wiesner, Bremerhaven 2000; *Alte Bilder. Geschichten*, Hdbg. 2001; *Daniel Bănulescu: Schrumpeln wirst du wirst eine exotische Frucht sein*, Wien 2003.

Widmer, Urs, wurde am 21. 5. 1938 als Sohn des Übersetzers und Kritikers Walter Widmer in Basel geboren. Er studierte Germanistik, Geschichte und Romanistik an den Universitäten Basel, Montpellier und Paris und promovierte 1966 mit einer Untersuchung über die deutsche Nachkriegsprosa. Bis 1968 arbeitete er als Verlagslektor, dann als freier Autor, Literaturkritiker und Dozent an der Universität Frankfurt. Er gehört zu den Gründungsmitgliedern des Verlages der Autoren. Heute lebt er in Zürich. Er ist Mitglied der Akademie der Darstellenden Künste, Frankfurt/M., und seit 1995 der Deutschen Akademie für Sprache und Dichtung, Darmstadt. Ausgezeichnet wurde er u. a. 1974 mit dem Karl-Szuka-Preis des Südwestfunks Baden-Baden, 1976 mit dem Hörspielpreis der Kriegsblinden (für sein Hörspiel *Fernsehabend*), 1983 mit dem »manuskripte«-Preis des Grazer »Forum Stadtpark«, 1985 mit dem Preis der Schweizerischen Schillerstiftung, 1989 (und 2000) mit der Ehrengabe des Kantons Zürich und mit dem Basler Literaturpreis, 1992 mit dem Literaturpreis der Bestenliste des Südwestfunks, 1996 mit dem Kunstpreis der Stadt Zürich, 1997 mit dem Mülheimer Dramatikerpreis, 1998 mit dem Heimito-von-Doderer-Literaturpreis, 2001 mit dem Franz-Nabl-Preis der Stadt Graz und dem Bertolt-Brecht-Preis der Stadt Augsburg, 2002 mit dem Literaturpreis der Bayerischen Akademie der Schönen Künste und 2003 mit dem Stadtschreiberamt Mainz.

Von Beginn an präsentierte sich Widmer als selbstkritischer, sprachskeptischer Autor, der den wirklichkeitsfrommen Ausdrucksformen des psychologischen Realismus misstraute. Sein Debüt, die Erzählung *Alois* (1968), schlug die Tonart an, die den Rang und die Einheit seines Werks sichert: die Spiellaune, Sprunghaftigkeit und Motorik, der Witz und Einfallsreichtum seines Erzählens, das sich der mimetischen Fesseln entledigte und die Bindung realistischen Erzählens an die zeit-räumliche Einheit der physikalischen Welt und die psychologische Begründung der Figurenzeichnung auflöste. Auskunft über die Verfassung des Realen suchte er unter der Oberfläche des Sichtbaren in den Produkten der kollektiven Fantasie, den Abziehbildern und Ersatzwelten des Abenteuerromans, Comic und Western, aber auch in Denk-, Sprach- und Verhaltensklischees. Der Spielwerkcharakter seiner Texte bestätigte sich in seiner zweiten Prosaarbeit *Amsel im Regen im Garten* (1971), die in den Kulissen einer Naturidylle den Bildungs- und Entwicklungsroman parodierte. Dem holzschnittartig reduzierten Geschehen um den Bäcker Karl, der seine Lehr- und Wanderjahre antritt, ohne von der Stelle zu kommen, entspricht die Stilhaltung: Eine strenge Parataxe, die das überaus sinnfällige Variationsverfahren stützt. Die narrativen Bindemittel, die er hier erprobte, motivische Reihen und stereotyp wiederkehrende rhetorische Formeln, übernahm er in die Hörspiele, Rezensionen und Essays (*Das Normale und die Sehnsucht. Essays und Geschichten*, 1972). Ziel seines Schreibens ist nach eigenem Zeugnis

»die Abschaffung der Entfremdung« (*Über Irritation*, 1973) und Aufdeckung von »tabuisierten Lüsten und vor allem auch Ängsten«, die Versöhnung von Wunsch und Wirklichkeit. Mit Blick auf die »gebrochene Schreibweise« Robert Walsers spricht er von der psychischen Bedrohung des modernen Künstlers durch die gesellschaftlichen Verhältnisse, dem engen Zusammenhang von entfremdetem Leben und Wahnsinn (*Über Robert Walser*, 1972). Für den modernen Autor wird Schreiben zum »Überdruckventil der bedrängten Psyche«. Als Form symbolischen Handelns ist die Kunst ein Mittel zur Wiederherstellung der gestörten Kommunikation mit der Umwelt. Literatur greift ein, ist als modellhafte Antizipation einer besseren gesellschaftlichen Zukunft politisch. Die Wendung gegen abbildende Formen der Wirklichkeitsdarstellung hat hier ihre Wurzeln; abbildendes Erzählen hieße, im »ästhetischen Produkt implizit das Verbots- und Gebotssystem der realen Welt zu reproduzieren« (*Über Irritation*). Seine ganze Bewunderung gilt denn auch der »aufregende(n) formale(n) Lockerheit« von Oswald Wieners *Verbesserung von Mitteleuropa*.

In *Die Forschungsreise. Ein Abenteuerroman* (1974) und *Schweizer Geschichten* (1975) variierte Widmer die Gattung des Reiseromans, »weil das metaphorische Beschreiten einer Distanz identisch ist mit der Möglichkeit, geahnte Zusammenhänge Wörter werden zu lassen«. Der Erzähler der *Forschungsreise* träumt den Traum Scotts, Livingstones, Parrys und Hillarys, an die Grenzen der Welt und des Wissens vorzudringen, um sie zu erweitern. Darum schultert er die wissenschaftliche Ausrüstung eines Mount-Everest-Bezwingers, seilt sich vom Balkon seiner Frankfurter Wohnung ab und fliegt über Dächer und Türme ins Land seiner Träume. Denn das Wirkliche ist in seinem Fall eine Steigerungsform des Imaginären, die Gefahren unterwegs sind Zitate, sein Gipfelsturm ist die Sekundärliteratur eines nachzüglerischen Epigonen, den am Ziel ein Haufen Blechdosen erwartet. Der geschlossenen Welt des zweiteiligen Romanmonologs steht ein offenes Korpus von achtzehn fußnotenartigen Geschichten gegenüber, Träumen und Wunschfantasien, die die klaustrophobischen Nöte des Erzählers spiegeln.

Kunstvoller als die poetisch-kritische Heimatkunde der *Schweizer Geschichten* (1975) war die Erzählarchitektur des Romans *Die gelben Männer* (1976), der Geschichte einer zunehmenden Verstörung. Der Erzähler bezieht mit dem Science-Fiction-Autor Karl ein vermeintlich leer stehendes Haus bei Basel. Die realistischen Partien unterstreichen den Albtraumcharakter der Ereignisse um geheimnisvoll durch das Haus geisternde Wesen, die Karls Kopfgeburten beglaubigen, seine Science-Fiction-Storys um gelbe Männer aus dem Andromeda-Nebel. Am Ende führt die Verschmelzung von Traum und Wirklichkeit zum psychischen Zusammenbruch des Erzählers.

Widmers Zwei-Personen-Stücke *Nepal. Stück in der Basler Umgangssprache* (1977, von dem mundartliche Varianten vorliegen, UA in der Frankfurter Fssg. v. Karlheinz Braun) sowie *Stan und Ollie in Deutschland* (UA unter Widmers Regie in München 1979, Hsp. 1980) sind in eben dieser Horrorwelt angesiedelt, aus der Hans und Heiri (*Nepal*) sich vergeblich fortzuträumen suchen. Stan und Ollie, in denen Laurel und Hardy auferstehen, kehren von ihrem Deutschlandtrip freiwillig in die heimische Hölle zurück.

In den Achtzigerjahren setzte Widmer seine Poesie des methodischen Schwindels, der eingebildeten Reisen, tintetriefenden Abenteuer und angemalten Figuren mit einer Reihe von Romanen, Erzählungen und »Märchen« fort, die den Angriff der Fantasie auf die Raumnot und die Glücklosigkeit der Wirklichkeit konsequent fortführten. *Das enge Land* (1981), *Liebesnacht* (1982), *Die gestohlene Schöpfung* (1984) und *Indianersommer* (1985, Hsp. 1984) erzählen Geschichten, die ihre schwerelos poetischen Erfindungen gegen das mit schwerem Geschütz auffahrende Faktische ausspielen. Das Erzählen kommt erst zum Stillstand, wenn die Fronten sich auflösen, die Wirklichkeit ins Mögliche vorrückt und die realistische Durchdringung der Fiktion deren Bedeutung steigert. Dabei geht es um die ernsthafteste aller Fragen: die Sicherung von Zukunft, das Prinzip Hoffnung, die konkrete Utopie einer ihre Gegenwartsversprechen einlösenden Zukunftswirklichkeit.

Ähnlich wie *Das Enge Land* sind *Die gestohlene Schöpfung, Liebesnacht* und *Indianersommer* Fluchtfantasien, in denen sich das Leben in eine künstlerische Hervorbringung verwandelt und die Kunst in einen Lebensort.

In den Achtzigerjahren bereitete sich die Wendung hin zu einem Erzählen vor, das dem Wirklichen nicht mehr das ferne Bild des Möglichen und Denkbaren entgegenhält, sondern die Wirklichkeit nach Lebens- und Glücksmöglichkeiten absucht. Im ersten Kapitel von *Liebesnacht* schreibt Widmer: »Joseph Conrad hat gesagt, jeder Schriftsteller sei so alt wie die Jahre, die seit seinem ersten Buch verstrichen sind ... Ich jedenfalls wäre nach dieser Zeitrechnung gerade dreizehn Jahre alt ... Jedenfalls hatte ich in den vergangenen Jahren zuweilen das Gefühl, einen traurigen Mangel an Erfahrungen durch wild Herbeigesehntes ersetzen zu müssen ... Wie sehne ich mich nach Geschichten, die von einer Zukunft sprechen; von einer Gegenwart wenigstens.«

Seine Schreibweise freilich änderte sich nicht grundsätzlich. Widmer bleibt der Antisystematiker, der dem geschlossenen Erzählorganismus seine offene bewegliche Form des Erzählens entgegensetzt, um unterwegs zwischen Räumen und Zeitachsen, Fantasie und Wirklichkeit, Fiktions- und Sinnebenen, Rahmen- und Binnengeschichten die äußere und innere Räumlichkeit des Erzählten zu weiten. Nach wie vor ist der Konflikt von Fantasie und Wirklichkeit für seine Geschichten konstitutiv. Nach wie vor erzählt er aus dem Geist eines Sur-Realismus, der vor, hinter und neben den Fakten seine höheren Wahrheiten findet; aber die fantastischen Elemente seines Erzählens dienen nicht mehr der Flucht, sondern der genaueren Erfassung des Realen. Dabei verwechselt er die Wirklichkeit nicht mit dem Gesehenen. »Die Wirklichkeit ist in Wirklichkeit nichts anderes als das innere Bild, das wir uns von ihr machen – wir kennen und können nichts anderes«, heißt es in seinen Grazer Poetik-Vorlesungen *Die sechste Puppe im Bauch der fünften Puppe im Bauch der vierten und andere Überlegungen zur Literatur* (1990). In den Jahren der poetologischen Selbstvergewisserung erschienen Meisterwerke der Gedächtniskunst. Der Blick richtete sich nicht mehr auf Lebensläufe, deren Auffädelung immer schon rationale Verarbeitungen sind. Er nahm vielmehr das von der Zensur des ordnenden Bewusstseins Nicht-Erfasste, das Vergessene und Verdrängte in den Blick, das zu Erfahrungen allgemein gültiger Art, zu Urszenen des Lebens, Mythologemen führt, die das besondere Erleben mit der allgemeinen Geschichte des Menschengeschlechts verbindet. Die Trauer um den Tod einer Jugendfreundin, die Erinnerungen an die Vertreibung aus dem Kindheitsparadies wachruft (*Der Kongreß der Paläolepidopterologen*, 1989), das verlorene Manuskript des Züricher Schriftstellers, das zur Bedingung der Möglichkeit neuen Erzählens wird (*Das Paradies des Vergessens*, 1990) und der Vorschein des Wunderbaren als kindheitlicher Schlüssel zur Künstlerschaft des Erwachsenen (*Der blaue Siphon*, 1992), das waren Nervenpunkte seelischen Erlebens, deren erzählerische Bearbeitung bei wechselnder Personnage die immergleiche narrative Konstellation wiederholen: die Wiederkehr des Gewesenen in verwandelter Gestalt, eine ungleichzeitige Form des Narrativ-Gleichzeitigen, die es erlaubt, historisch und räumlich faktisch und fiktiv weit auseinander liegende Geschehnisse zu konfigurieren. Der Wiederholungsvorgang des Erinnerns holt das Vergessene herauf und legt bei jeder Wiederholung neue, andere Schichten des Gewesenen frei. So setzen die Romane dem Terror des Faktischen Erinnerungen als subjektive Re-Schöpfungen und ästhetische Transformation der Welt entgegen.

Die hinzugewonnene historische Dimension prägte auch die Hörspiele und Theaterstücke, die gleichzeitig entstanden, darunter *Jeanmaire. Ein Stück Schweiz* (1992), das die Rolle des Schweizer Gesandten in Berlin zur NS-Zeit unter die Lupe nimmt. Auf die Erzählung *Ein Liebesbrief für Mary* (1993), die Truffauts Dreierromanze *Jules und Jim* variiert, folgte der im Zusammenhang der Übersetzung von Joseph Conrads *Kongo-Tagebuch* und *Das Herz der Finsternis* entstandene Roman *Im Kongo* (1996), ein zwischen Zürich und Zaire ausgespanntes Erzähllabyrinth, das den Spionagethriller mit der Politsatire, dem Höllenabenteuer und Liebesroman verschränkt. Überzeugender war der Roman *Der Geliebte meiner Mutter* (2000), der die doppelte Liebesgeschichte des (erzählenden) Sohnes zur Mutter und der Mutter zu einem Musiker erzählt. Der Roman verschränkt erste und letzte Lebenstage, das Requiem für eine romantisch Liebende, deren Leidenschaft die Festung ist, die sie von ihrem kleinen Sohn und dem Ehemann trennt. Zugleich verleiht sie ihr die Aura, die das Kind in ihren Bann zieht. Das Erzählen drängt auf das Schlussbild zu, das die »Jahrhundertfigur« des verstorbenen Künstlers im Fernsehen zeigt. Den Schatten im Hintergrund, »der meine Mutter sein mochte«, erkennt nur er, der Erzähler.

Sibylle Cramer

Werke: *1945 oder die »Neue Sprache«. Studien zur Prosa der »Jungen Generation«*, Düsseld. 1966; *Alois*, E., Zür. 1968; *Michael McClure: Der Bart*, Übs., zus. m. H. C. Artmann, Ffm. 1968; *Wer nicht sehen kann, muß hören*, Hsp., WDR 1968, gedr. Köln 1969; *Eugène Labiche: Das Glück zu dritt*, Übs., Ffm. 1969; *Henry Chicago*, Hsp., WDR/HR 1970; *Sean O'Casey: Eine Auswahl aus den Stücken, der Autobiografie und den Aufsätzen*, Hg., Zür. 1970; *Daniel Guérin: Die amerikanische Arbeiterbewegung 1867–1967*, Übs., Ffm. 1970; *P. Halet: Little Boy*, Übs., Ffm. 1970; *Alle Wege führen nach Rom. Hörspot*, Hsp., zus. m. Gerhard Rühm, 1971; *Operette*, Hsp.,

WDR/HR 1971; *Die Amsel im Regen im Garten*, E., Zür. 1971; *Aua 231*, Hsp., zus. m. Gerhard Rühm, WDR 1971; *Anna von hinten wie von vorne*, Hsp., 1971; *Tod und Sehnsucht*, Hsp., 1972; *Die Katzen des Doktor Watson*, Hsp., WDR 1972; *Das Normale und die Sehnsucht. Essays und Geschichten*, Zür. 1972; *Die lange Nacht der Detektive*, Kriminalst., Zür. 1973, UA Basel 1973, Hsp., ORF 1974; *Das Überleben der unsterblichen Mimi*, Hsp., SDR/SR/SWF 1973; *Die Forschungsreise. Ein Abenteuerroman*, Zür. 1974; *Der Bergsteiger*, Hsp., BR/WDR 1974; *Die schreckliche Verwirrung des Giuseppe Verdi*, Hsp., SDR/SR/SWF 1974; *Edward Gorey: Das Vermächtnis der Miss D. Awdrey-Gore*, Übs., Zür. 1974; *Schweizer Geschichten*, R., Bern 1975; Mü./Wien 1975; *Edward Gorey: Das jüngst entjungferte Mädchen*, Übs., Zür. 1975; *Raymond Chandler: Das hohe Fenster*, Übs., Zür. 1975; *Die gelben Männer*, R., Zür. 1976; *Die Ballade von den Hoffnungen der Väter*, Hsp., WDR/HR 1976; *Fernsehabend*, Hsp., SWF, 1976; *Nepal. Stück in der Basler Umgangssprache*, Zür. 1977, UA Ffm. 1977; *Vom Fenster meines Hauses aus*, Pr., Zür. 1977; *Die Zwerge in der Stadt*, Kinder-Hsp., SDR/HR 1978; *Das Blasquartett oder 80 Fragen nach dem Glück*, Hsp., SWF/WDR/HR 1978; *Shakespeares Geschichten. Alle Stücke von William Shakespeare*, Nacherz., zus. m. W. E. Richartz, 2 Bde., Zür. 1978; *Edward Gorey: Die weiche Speiche*, Übs., Zür. 1978; *Hand und Fuß – ein Buch*, The Hague 1978; *Suomi und ihr Netz. Eine Bildergeschichte aus China als Sprachbuch und ein chinesisches Comic-Heft*, Zür. 1979; *Stan und Ollie in Deutschland. Alles klar*, Hsp.-Fssg., BR/HR/MDR/NDR/SDR/SR/SWF 1979, SFB/WDR/DLF 1980, Theaterst., UA Mü. 1979, gedr., Zür. 1987; *Das Urs-Widmer-Lesebuch*, hg. von Thomas Bodmer, Zür. 1980; *Samuel Beckett: Warten auf Godot*, Übs., Schweizer Dialekt-Fssg., UA Zür. 1980; *Fotos*, Ffm. 1980; *Züst oder die Aufschneider. Ein Traumspiel*, vollst. Textb. m. hoch- u. schweizerdt. Fssg., Zür. 1980, UA Ffm. 1981; *Die Zehen der Elfen*, Hsp., SDR 1981; *Das enge Land*, R., Zür. 1981; *Edward Gorey: Das epiplektische Fahrrad*, Übs., Zür. 1981; *Liebesnacht*, E., Zür. 1982; *Am Magnetberg*, Hsp., SWF 1982; *Neu Noah, Dr.*, Hsp., DRS 1983; *Die gestohlene Schöpfung. Ein Märchen*, Zür. 1984; *Indianersommer*, E., Zür. 1985, Hsp., SWF 1984; *Die Firma BRD*, Hsp., SFB 1986; *Nepal. Der neue Noah*, Ffm. 1986, Hsp., 1983, Theaterst., UA Zür. 1984; *Der Besuch aus Kassel*, Hsp., DRS/SWF 1986; *An die Freunde – Ein Requiem*, Hsp., SWF/HR 1986; *Das Verschwinden der Chinesen im neuen Jahr*, Zür. 1987; *Bottoms Traum*, in: *Nacht Zettel. Sieben Texte nach William Shakespeares Ein Sommernachtstraum*, Bln. 1987, Hsp., SWF 1990, Theaterst., UA Wien 1991; *Der tolle Tonmeister*, Hsp., SWF 1988; *Der Gott und das Mädchen*, Hsp., SWF 1988; *Auf, ihr Hirten! Die Kuh haut ab!*, Kolumnen, Zür. 1988; *Der Kongreß der Paläolepidopterologen*, R., Zür. 1989; *Gottfried Kellers Fähnlein der sieben Aufrechten*, Bln. 1989; *Der Afrikaforscher*, Hsp., SWF 1990; *Das Paradies des Vergessens*, R., Zür. 1990; *Aller Anfang ist schwer*, Hsp., SWF 1991; *S Kind wo-ni-gsi bi*, Hsp., DRS 1991; *Das gelöschte Band*, Hsp., SWF 1991; *Die sechste Puppe im Bauch der fünften Puppe im Bauch der vierten und andere Überlegungen zur Literatur. Grazer Poetik-Vorlesungen*, Graz 1991; *Der blaue Siphon*, E., Zür. 1992, Hsp., DRS 1991; *Der Sprung in der Schüssel. Frölicher – ein Fest. Zwei Stücke*, Ffm. 1992, UA Mü. 1990 u. Zür. 1991; *Jeder Mensch ist auch Gott. Urs Widmer interviewt zwei nächtliche Besucher*, Hsp., SWF 1992; *Reise um den Oskar in 18 Minuten*, Hsp., 1992; *Joseph Conrad: Das Herz der Finsternis und Kongo-Tagebücher*, Übs., mit einem Nachw., Zür. 1992; *Jeanmarie. Ein Stück Schweiz*, Ffm., 1992, Hsp., ORF 1993, Fernsehübertr. (3sat), 1993; *Ein Liebesbrief an Mary*, E., Zür. 1993; *Helmuts Brief*, Hsp., SWF 1994; *Die Frauen des Sultans*, Hsp., SWF 1994; *Durst*, Hsp., SWF 1995; *In der Renaissance sagte kein Mensch »Ich«. Urs Widmer interviewt Francesco Petrarca*, Hsp., SWF 1995; *Der verlorene Wald*, Hsp., 1996; *Die Tossbrücken von Winterthur*, 1996; *Im Kongo*, R., Zür. 1996, Hsp., SWF 1995; *Top Dog*, Theaterst., UA Zür. 1996; *Urs Widmer*, hg. Heinz Ludwig Arnold, Mü. 1998; *Vor uns die Sintflut*, Pr., Zür. 1998; *Die schwarze Spinne, nach der Erzählung von Jeremias Gotthelf. Sommernachtswut. Ein Theater*, Ffm. 1998, UA Graz 1993; *Mein Lichtenberg. Miniaturen über ein Denkgenie*, Hsp., 1998; *Shit im Kopf*, Hsp., DRS 1998; *Das Theater. GesammelteTheaterstücke*, 8 Bde., Ffm. 1998; *Der Geliebte der Mutter*, R., Zür. 2000; *Das Buch der Albträume*, m. Zeichnungen v. Hannes Binder, Zür. 2000; *Albe. Träume*, Hsp., DRS 2001; *Dialog über den Müll an den Stränden*, Hsp., DRS 2002; *Der Gärtner*, Hsp., DRS 2002; *Das Geld, die Arbeit, die Angst, das Glück*, Ess., Zür. 2002; *Bankgeheimnisse. Stück*, Ffm. 2002.

Wiener, Oswald, wurde am 5. 10. 1935 in Wien geboren. Von 1953 bis 1958 studierte er Jura, Musikwissenschaften, afrikanische Sprachen und Mathematik. Von 1954 bis 1959 war er mit Konrad Bayer, Gerhard Rühm und Friedrich Achleitner Mitglied der »Wiener Gruppe«; nebenbei betätigte er sich als Jazztrompeter. Nach der Trennung von der »Wiener Gruppe« und der Vernichtung seines Frühwerks trat Wiener eine Stelle bei der Firma Olivetti an, deren Datenverarbeitungsabteilung er aufbaute und bis 1967 leitete. 1962 nahm Wiener die literarische Tätigkeit und die Zusammenarbeit mit Bayer und Rühm wieder auf. 1968 wurde er als einer der Initiatoren des Happenings »Kunst und Revolution« an der Universität Wien verhaftet und erst nach zwei Monaten Untersuchungshaft freigesprochen. Noch im selben Jahr übersiedelte er nach Berlin, wo er bis 1986 mehrere Lokale betrieb. Von 1979 bis 1983 studierte er Mathematik an der Technischen Universität Berlin und schloss das Studium mit der Promotion ab. 1989 erhielt er den Großen Österreichischen Staatspreis für Literatur, 1992 den Grillparzer-Preis, 1995 wurde er zum Ehrendoktor der Universität Klagenfurt ernannt. Seit 1992 hat Wiener die Professur für Poetik und Künstlerische

Ästhetik an der Kunstakademie Düsseldorf inne. Er lebt in Krefeld und Dawson City, Kanada

Wiener zeigte schon in seinen frühesten Beiträgen zur »Wiener Gruppe« ein ausgeprägtes Interesse an der Überschreitung des literarischen Feldes sowohl in Bezug auf Happening und Aktionismus als auch in Richtung naturwissenschaftlicher und kybernetischer Theorien. Einflüsse verdankte er namentlich der klassischen Avantgarde (Autoren wie Carl Einstein, Hugo Ball oder Arno Holz), der philosophischen Grundlegung des Solipsismus durch Max Stirner sowie der österreichischen Sprachkritik und -philosophie, insbesondere von Wittgenstein, den Wiener später jedoch vehement ablehnte. Anarchistische und kybernetische Impulse bedingen und ergänzen sich bei Wiener vor allem in der Frühphase gegenseitig. In seinen Gemeinschaftsarbeiten und -aktionen mit Konrad Bayer ist das Motiv der experimentellen Selbst- und Fremdbeobachtung von zentraler Bedeutung. Schreiben versteht Wiener nicht als »Mittel künstlerischer Darstellung«, sondern »als ein Instrument zur Untersuchung von Denkvorgängen« (*Literarische Aufsätze,* 1998). Dieses Verständnis von Sprache und Literatur prägt auch Wieners bekanntestes Werk, *die verbesserung von mitteleuropa. roman* (1969), das er ab 1965 in mehreren Lieferungen in der Zeitschrift »manuskripte« veröffentlichte. Der Gattungsbezeichnung zum Trotz ist die »Verbesserung« eine Verbindung von wissenschaftlichem Traktat, Aphorismensammlung und erzählenden Passagen. Fußnoten, ein umfangreiches Register und Anhänge unterstreichen den Charakter einer wissenschaftlichen Meta-Fiktion. Folgenreich für die experimentelle Literatur wurden vor allem die angefügten »notizen zum konzept des bio-adapters«, eines der frühesten literarischen Zeugnisse des »digitalen Denkens« (das für Wiener das »dialektische« abgelöst hat) überhaupt. Das häufig als Satire missverstandene Konzept eines das Humanum simulierenden »glücks-anzugs« nahm Wieners Abkehr von der Rebellion gegen die »conditio humana« (und damit von der Literatur) vorweg und kündigte seine Hinwendung zur Erforschung der künstlichen Intelligenz an.

Nach längerem Schweigen veröffentlichte Wiener 1979 die Streitschrift *Wir möchten auch vom Arno-Schmidt-Jahr profitieren,* in der er – am Negativbeispiel Schmidt – die Position einer »echten experimentellen Literatur« zu verdeutlichen suchte. Da Wiener aber zu mehr als einer »antippenden Polemik« gegen Schmidt oder gar zu einer literarischen Einlösung seines Anspruchs nicht willens oder in der Lage war, geriet sein literarisches Programm in den Achtzigerjahren zunehmend in Vergessenheit. Wieners Status als Kultfigur der literarischen Avantgarde blieb indes bestehen. 1990 meldete er sich mit dem (unter dem Pseudonym Evo Präkogler herausgegebenen) Roman-Essay *Nicht schon wieder...! Eine auf einer Floppy gefundene Datei* zurück. Ähnlich wie schon in der *verbesserung*, nur mit stärker humoristischer und satirischer Tendenz (Wiener selbst bezeichnete sein Buch als »Schundroman«), befasst sich der Roman mit Problemen der künstlichen Intelligenz, dargestellt an Tod und scheinbarer Auferstehung eines in Politskandale verwickelten österreichischen Ministerialbeamten. Eine bedeutende Rolle spielen in diesem Roman und seither Begriff und Praxis der »Introspektion«. Selbstbeobachtung ist das Instrument, mit dem Wiener als literarischer Autor und Computertheoretiker die Mechanismen des Denkens und des Bewusstseins erkunden will. Die Beschäftigung mit denkenden Maschinen hat Wiener im letzten Jahrzehnt von der Literatur weggeführt. Dafür hat er sich als Protagonist einer ästhetisch interessierten Künstliche-Intelligenz-Forschung einen Namen gemacht. Seine jüngeren Arbeiten lassen sich unter den Oberbegriff »Poetik im Zeitalter naturwissenschaftlicher Erkenntnistheorien« stellen; hierzu liegen bereits einige Vorarbeiten vor. Eine Synthese steht indes noch aus, zumal nicht zu erkennen ist, welche existierende oder denkbare Literatur Wieners Forderungen genügen könnte.

Christoph Bartmann

Werke: *starker toback. kleine fibel für den ratlosen*, zus. m. Konrad Bayer, Paris 1962; *Gemeinschaftsarbeiten und Das »literarische cabaret« der wiener gruppe,* in: *Die Wiener Gruppe*, hg. v. Gerhard Rühm, Reinbek1967; *die verbesserung von mitteleuropa. roman*, R., Reinbek 1969; *Josefine Mutzenbacher, Meine 365 Liebhaber. Mit einem neuem Beitrag von O. W.*, Mü. 1970; *Dieter Roth: Frühe Schriften und typische Scheiße. Ausgewählt und mit einem Haufen Teilverdautes von O. W.*, Hg., Darmst., Neuw. 1973; *Oskar Panizza: Die kriminelle Psychose, genannt Psichopatia criminalis*, Hg., Mü. 1978; *Wir möchten auch vom Arno-Schmidt-Jahr profitieren*, Ess., Mü. 1979; *Probleme der künstlichen Intelligenz*, hg. v. Peter Weibel, Aufs., Bln. 1990; *Nicht schon wieder ...! Eine auf einer Floppy gefundene Datei*, hg. u. d. Pseud. Evo Präkogler, R., Mü. 1990; *Herbert Simon: Die Wissenschaften vom Künstlichen,* Übs., Bln. 1990; *Poetik im Zeitalter naturwissenschaftlicher Erkenntnistheorien*, Aufs., Mü. 1990; *Schriften zur Erkenntnistheorie*, Aufs., Wien, New York 1996; *Eine elementare Einführung in die Theorie der Turing-Maschinen*, Mithg., Wien, New York

1996; *Literarische Aufsätze*, Wien 1998; *Bouvard und Pécuchet im Reich der Sinne. Eine Tischrede*, Hard/Bern 1998.

Wildenhain, Michael, wurde am 20. 9. 1958 in Berlin geboren. Nach dem Abitur absolvierte er ein Maschinenbaupraktikum, studierte dann verschiedener Fächer (Mathematik, Wirtschaftswissenschaften, Philosophie, Informatik), nebenher Gelegenheitsjobs. 1989/90 nahm er die Chance auf eine Regie-Hospitanz am Hamburger Thalia-Theater wahr. 1995 besuchte er die Royal Court Summer School, 1999/2000 die Drehbuchwerkstatt Nürnberg. Er ist Mitglied des Schriftstellerverbandes (VS). Wildenhain erhielt 1987 das Förderstipendium des Leonce-und-Lena-Preises für junge Lyrik der Stadt Darmstadt, das Alfred-Döblin-Stipendium, 1988 den Ernst-Willner-Preis der Verlage beim Klagenfurter Ingeborg-Bachmann-Wettbewerb, 1994 den Hans-im-Glück-Preis, 1997 den Alfred-Döblin-Preis (zus. mit Ingomar v. Kieseritzky), 1998 ein Stipendium der Villa Massimo in Rom.

Der West-Berliner Student und Hausbesetzer K. aus Michael Wildenhains Debüterzählung *zum beispiel k.* (1983) versteht sich als »outlaw«, als »Insulaner« inmitten trostloser Häuserschluchten und toter Gesichter – ein rastloser Romantiker, für den das Leben »süß und bitter« zugleich ist, ein Tagträumer und Steinewerfer, Beckett-Leser und passionierter Kinogänger, der inmitten von Demonstrationen, Räumungen, Vollversammlungen und Verfolgungsjagden »verwirrt« am eigenen Mythos bastelt, ohne seinen Lebenshunger restlos stillen zu können. Allmählich erkennt er die Ziellosigkeit seiner Existenz. Die haltlose Verstrickung in Liebesbeziehungen, die zermürbende, allgegenwärtige Gewalt der Polizeiorgane und die desillusionierende, weil häufig parasitäre Haltung der Mitstreiter im Häuserkampf veranlassen ihn dazu – genauso wie den ihm wesensverwandten Ich-Erzähler des Romans *Prinzenbad* (1987) –, immer wieder ausbrechen. Aber die Gewissenskonflikte, die aus einer scheinbaren Unvereinbarkeit von politischem Bewusstsein und modischem Leben entstehen, holen beide immer wieder ein, lassen sie zurückkehren in das vom Erzähler in assoziativer Reihung und Brechung erfasste Magnetfeld ihrer unerfüllten Sehnsüchte, bis sie das nächste Mal fliehen werden: »Die Stadt besteht aus Gesichtern / Die Tage sind Dröhnen und Dreck / Zwischen Kauen und Kichern / Tauche ich weg« (*Das Ticken der Steine*, 1989).

Mit grellen Farben und in gehetztem Rhythmus hat Wildenhain die autonome Szene im Kreuzberg der Achtzigerjahre porträtiert, notiert, wie der anfänglichen Euphorie des Kampfes erste Ermüdungserscheinungen (*Prinzenbad*) anzumerken waren, und schließlich in seinem 1991 erschienenen, mit Döblins *Berlin Alexanderplatz* verglichenen Roman *Die kalte Haut der Städte* den Abgesang auf das Ende einer Illusion angestimmt. Expressiv, aus vielen Blickwinkeln heraus beobachtet, mit harten Blenden und filmischen Schwenks im Montagestil arbeitend, zieht Wildenhains erster Roman Bilanz nach einem Jahrzehnt der Revolte: »Was ist uns geblieben als Kämpfen und Lieben?«

1994 erschien ein Band mit acht Erzählungen, *Heimlich, still und leise*, aus der Zeit, als die Mauer fiel und die Feindbilder wechselten. Wildenhain hat seine traurigen Geschichten in ihm vertrauten Milieus platziert: auf der Bühne des Hamburger Thalia-Theaters, in besetzten Häusern, Diskos, Szenepartys und U-Bahnhöfen seiner Heimatstadt. Kurze Sequenzen führen in ländliche Gegenden Portugals und Frankreichs oder ganz zurück in die Räume der Kindheit und Jugend. Die Erzählungen haben finalen Charakter, und so könnten sie auch von ihrem Ende her komponiert worden sein. Insgesamt ist Wildenhains Erzählton, bei aller Reduziertheit der Gesten und der inneren Kälte der Figuren, literarischer geworden. Die epische Distanz – zum ersten Mal erzählt er im Präteritum – hat die hektische Unmittelbarkeit der frühen Texte abgelöst. Auch verzichtet er weitgehend auf das Einlagern von kantigen Handlungssegmenten und Versatzstücken wie Zitaten, Parolen oder Graffitis, die er bislang gerne zu einem bunt-assoziativen Tableau montiert hatte.

Die meisten seiner Anti-Helden sind einsame und untröstliche Verlierer, Halt-Sucher und Flüchtlinge, die einer »Welt ohne Bilder« in der Öde eines Bergdorfes oder im Eiswasser eines Sees zu entkommen suchen. Immer ist es der Abgrund in ihrem Innern, dem sie sich zielstrebig nähern. Sie riskieren alles für ihre Träume, für ihre trotzige Revolte, und laufen Gefahr, alles andere dabei zu verlieren. Sie tanzen Tango, den Tanz der bitteren Liebe, memorieren wehmütig die Schönheit des Gewesenen, töten mitleidlos sich und andere. Ihre Exzentrik ist der hilflose Ausdruck innerer Verletztheit, und unbeugsam scheitern sie an sich in der Welt.

Zeitdiagnostisch und sinnlich zugleich – der Titel deutet es bereits an – auch der Roman *Erste Liebe, Deutscher Herbst* (1997), in dem ein Musterschüler sich zum ersten Mal verliebt, in linke Kreise gerät und erleben muss, wie Freunde verwahrlosen, zu Tode kommen. Im aufgeheizten Klima von 1977 mit den Anschlägen der RAF, Berufsverboten, Anti-AKW-Demos, Rasterfahndung und allgemeiner Hysterie erzählt Wildenhain im Stil einer Rollenprosa von den Verwirrungen der Gefühle und der Geschichte. Sein Ich-Erzähler schliddert fast unbedarft durchs um ihn herum aufgewühlte Leben, während sich andere radikalisieren, ihre kaputten Elternhäuser verlassen und doch nur orientierungslos, traumatisiert herumirren.

In ihrer Laudatio zur Verleihung des Alfred-Döblin-Preises sprach Brigitte Burmeister zu Recht von »der Prägnanz, mit der sinnliche Eindrücke und soziale Erfahrungen verarbeitet sind«; man könne diesen Roman auch »als Chronik lesen, eine Zeit dort wiederfinden und einen Ort – West-Berlin in den Siebzigern: Keine Metropole, keinen Kiez, eine immer noch kriegsgezeichnete, sehr vitale urbane Provinz«.

Thomas Kraft

Werke: *zum beispiel k.*, E., Bln. 1983; *Waldmaschine. Übung, vierhändig*, G., zus. m. Sascha Anderson, Ralf Kerbach u. Cornelia Schleime, Bln. 1984; *Prinzenbad*, R., Bln. 1987; *Heiß ist die Nacht eine Spur*, G., Bln. 1988; *Das Ticken der Steine*, G., Bln. 1989; *Die kalte Haut der Stadt*, R. Bln. 1991; *Umstellt*, Theaterst., UA Dresden 1993; *Denn es ist die Maschine in ihnen, die von Zärtlichkeit träumt*, Theaterst., Bln. 1993; *Im Schlagschatten des Mondes*, Theaterst., UA Tüb. 1993; *Fotografien/Keine Heimat*, Theaterst., UA Oberhausen 1994; *Heimlich, still und leise*, En., Ffm. 1994; *Wer sich nicht wehrt*, Jugendb., Ravensburg 1994; *Exit Berlin*, Krimi, u. d. Ps. Carl Wille, Hbg. 1994; *Crashcar*, Jugendb., Ravensburg 1995; *Hungrige Herzen*, Theaterst., UA Heilbronn 1995; *Hänsel und Gretel oder Die Armen zündet man an*, Theaterst., UA Bln. 1995; *Die Zeit als Wolf*, G., Weilerswist 1995; *Enger Ort*, Theaterst., UA Bln. 1996; *Erste Liebe, Deutscher Herbst*, R., Ffm. 1997; *Lisa im Zirkus*, Kinderb., m. Illustr. v. Wolfgang Slawski, Ravensburg 1997; *Lisa und* Robbi, m. Illustr. v. Wolfgang Slawski, Kinderb., Ravensburg 1998; *Der deutsche Zwilling*, Theaterst., UA Saarbrücken 1999; *Minna. Musical*, Musik v. Nicolas Kemmer u. Konstantin Wecker, UA Heilbronn 2000; *Wieland, der Meister oder Alle Schwäne sind weiß*, R., Ffm. 2000; *Der Augenblick des Absprungs*, Drehb., 2000, Jugendb., Mü. 2001; *Ins Offene*, Drehb., 2002.

Winkler, Josef, wurde am 3. 3. 1953 in Kamering (Kärnten) geboren. Er besuchte die Volksschule von Kamering, die Handelsschule in Villach und belegte an der Universität für Bildungswissenschaften in Klagenfurt Vorlesungen und Seminare in Germanistik und Philosophie. Von 1973 bis 1982 war er an der Universität Klagenfurt als Verwaltungsangestellter beschäftigt. Seither ist er freier Schriftsteller. Winkler erhielt beim Ingeborg-Bachmann-Wettbewerb 1979 den Preis der Klagenfurter Jury, ferner 1979/80 das Österreichische Staatsstipendium für Literatur, 1980 den Anton-Wildgans-Preis, 1981 ein halbjähriges Berlinstipendium des Literarischen Colloquiums, 1985 ein Gaststipendium des Berliner Künstlerprogramms des DAAD, 1987 den Förderungspreis für Literatur des Österreichischen Bundesministeriums für Unterricht, Kunst und Sport, 1990 den Kranichsteiner Literaturpreis, 1990–1993 das Robert-Musil-Stipendium, 1990 den Klagenfurter Preis der Arbeit, 1994 den Stadtschreiberpreis von Bergen-Enkheim und den Förderpreis des Großen Kunstpreises Berlin, 1996 den Berliner Literaturpreis, das Jahresstipendium des Landes Kärnten und den »manuskripte«-Preis, 1998/99 und 2000/2001 das Österreichische Projektstipendium für Literatur, 1998 den Gratwanderpreis für erotische Literatur, 2000 den Otto-Stoessl-Preis, den Internationalen Bodensee-Preis für Literatur sowie 2001 den Alfred-Döblin-Preis.

Josef Winkler erreichte die literische Öffentlichkeit zuerst mit seiner umfangreichen Romantrilogie *Das wilde Kärnten* (1984), deren Teile *Menschenkind* (1979), *Der Ackermann aus Kärnten* (1980) und *Muttersprache* (1982) in rascher Folge erschienen und thematisch eng mit dem 1987 publizierten Roman *Der Leibeigene* sowie der Erzählung *Wenn es soweit ist* (1998) verknüpft sind. In einer bildkräftigen, ausufernden Metaphorik werden zwei dominante Themen umgesetzt – (Homo-)Sexualität und Tod. Sie erscheinen vor dem Hintergrund der repressiven Lebenspraxis des Katholizismus und der Grausamkeit autoritativer Erziehungsmethoden auf dem Land. »Wild wuchern die Wörter in meinem Kopf«, heißt es in *Menschenkind*, die zum Teil religiös-blasphemische, zum großen Teil sexuelle Bildersprache tendiert zur Über-Metaphorisierung (»der welkende Leib eines aufkommenden Windes«). Die »rauschhafte Rhetorik« (Walter Jens) und das szenisch aufgerissene, lückenhafte Textbild des Romans zeigen schon optisch-visuell an, dass hier um eine Sprache gerungen wird, die eine »furchtbare Welt der Repression« darzustellen hat.

Wirkt der erste Teil der Trilogie noch wie eine »Amoklauf«-Prosa (Karl Krolow), eruptiv hervorgeschleudert und fieberhaft aufs Blatt geworfen von einer Schreib- und »Wortmaschine«, die, quasi den »Kugelkopf« zwischen den Schultern, manisch und obsessiv ein »poetische[s] Chaos« erzeuge, so beeindrucken die späteren Bände durch epischen Atem und durchgeformte Ausgeglichenheit. Erster Anlass und Schreibantrieb für *Das wilde Kärnten* ist der gemeinsame Tod von Jakob P. und Robert L., die sich siebzehnjährig in K.(amering) erhängt haben. In Winklers Büchern werden die beiden Toten quasi als »Kunstfiguren« (*Muttersprache*) wiederbelebt. Der Kalbstrick, »an dem Jakobs und Roberts Jugend baumelte«, ist Symbol »des Lebens und des Todes«, er steht zeichenhaft für den Penis, leistet Geburtshilfe (am Kalbstrick wird das Kalb aus der Kuh gezogen) und dient dem Vater zur Züchtigung des Sohnes. Am Kalbstrick aber haben sich Jakob und Robert erhängt und wurden »abgeschnitten von der Welt«. Aus »verzweifelter Zuneigung zu Jakob schreibe ich meine Bücher« (*Muttersprache*), während »ich Robert schreibend vernachlässige« (*Ackermann*).

Winklers literarischer Totenkult muss auch als Auseinandersetzung mit dem übermächtigen »Ackermann«-Vater gelesen werden, der das Vieh mehr liebt als die Kinder: »Mit der einen Hand das Pferd streichelnd, schlägt er mit der anderen das Kind. Die eine Hand weiß genau, was die andere tut.« In der Literatur nun soll korrigiert werden, »was man an uns Kindern verbrochen und falsch gemacht hat«. Die Literatur soll als neue Autorität die alte Vater-Autorität ablösen, erhält in ihrer Fortschreibung jedoch zunehmend obsessive Züge. Im Beispiel des Ackermann-Vaters, der auf dem Hof einen Despoten von »unergründlicher Grausamkeit« (Wolfgang Hegewald) und im Kuhstall den Demiurgen verkörpert, spiegeln sich die autoritären Strukturen der Welt und die Unmenschlichkeit katholischer Glaubenspraxis. In seinem Roman *Der Ackermann aus Kärnten* nimmt Winkler eine räumliche Semantisierung des Dorfes K.(amering) vor: Der kreuzförmige Grundriss von K. symbolisiert Tod und Auferstehung und das Martyrium der Kindheit. Das Dorf erscheint als Kruzifix, an dessen beiden Achsen Friedhof und Kirche, der Pfarrhof am Golgatha-Hügel und 31 Häuser stehen. Auf diesem kreuzförmigen Terrain wird das äußerst rigide Werte- und drakonische Strafsystem gelebt. Die Erfahrung von Dogmatik und Unterdrückung mobilisiert den Widerspruch des Erzählers und münden in seine brüskierende Drastik und blasphemische Metaphorik.

Winklers Erzählung *Wenn es soweit ist* (1998) knüpft thematisch und erzählerisch an seine Kärnten-Trilogie und an das Bild des Ackermann-Vaters an. Ein Knochensud, der das Vieh vor lästigen Mücken und Bremsen schützen soll, wird hier zur Metapher für eine Geschichte der Grausamkeiten, die bis in die Zeit vor dem Ersten Weltkrieg zurückreicht. Der mittlerweile neunzigjährige Bauernhof-Tyrann, der einst seine Knechte und Mägde in dumpfer Abhängigkeit und trostloser Leibeigenschaft hielt, erzählt aus seinem Leben und aus seiner Kindheit, als er den Sud für ein paar Groschen bei einem Knochenköhler erwarb. Die Gebeine der Kranken und Sterbenden, der Gequälten und Geschundenen, der Priester und der jugendlichen Selbstmörder bilden den Knochensud und damit die Substanz der Geschichten. Die Erzählung verbindet Winklers Kärnten mit dem indischen Totenreich, dessen Darstellung er in seinem Roman *Domra* (1996) zelebriert. Hingabevoll sitzt der Ich-Erzähler in Benares am Ufer des Ganges und sieht den Domra bei ihrem Totenkult zu. Als ärmste Kaste betreiben sie die Leichenverbrennungen professionell, ihr Leben spielt sich zwischen den Scheiterhaufen ab, auf denen die Toten aufgebahrt liegen und verbrannt werden.

Mit *Domra* betritt der »Todeserotiker« Josef Winkler »ethnopoetisches Terrain« (Sigrid Löffler), sein Ich-Erzähler begehrt die halb nackten Domraknaben, die er penibel in ihrer sinnlichen Leiblichkeit beschreibt. Tod und Leben, Eros und Thanatos bilden eine Einheit: Schon in dem Roman *Friedhof der bitteren Orangen* (1990) heißt es: »Über die Toten zu schreiben, erregt mich mehr, als über die Lebenden schreibend nachzudenken.« *Friedhof* erschließt sich, zusammen mit der »römischen Novelle« *Natura Morte* (2001), ein Italien voller »Obsessionen«. Es sind die Wochenmärkte und Schwulentreffs, die Totenstätten und Pinten Neapels, die Winklers Beschreibungsfuror entfesseln, es sind die Strichjungen und Fixer, die Pilger und Huren, die in der heiligen Stadt Rom seiner Ästhetik des Schreckens immer neue Bilder schenken. *Natura Morte* erzählt die Geschichte des 16-jährigen Piccoletto, der beim Überqueren der Straße von einem Feuerwehrwagen überfahren wird. Piccoletto ist dem Erzähler durch seine langen, fast mädchenhaften Wimpern aufgefallen, er hat ihn mit seinen Blicken verfolgt, bis die Sinnlichkeit der Wahrnehmung ins Entsetzen mündete.

In *Friedhof der bitteren Orangen* thematisiert Winkler erneut das Spannungsverhältnis von Religion und Sexualität. Der Roman beruht auf einem »Straßennotizbuch«, das der ehemalige »Erzministrant« und Ich-Erzähler auf seiner »italienischen

Reise« mit sich geführt hat. Diese Italienreise führte ihn unter anderem auf den Friedhof »Campo Santo Bella Pietà«. Auf diesem aufgelassenen Friedhof wurden einst die Armen bestattet, später wurde ein Orangenhain über den Toten errichtet, eben der »Friedhof der bitteren Orangen« (Campo Santo delle Cedrangolette).

Winklers Bücher kennen eigentlich keine Geschichten, keine »histoire« im traditionellen Sinne. Sie sind Beobachtung und Protokoll. Exhibitionismus und Voyeurismus bilden Aspekte desselben Erzählvorgangs, sodass man von Serialität, Stakkato und »Hyperrealismus« (Andreas Breitenstein) gesprochen hat. Der durchgeschriebene Roman *Die Verschleppung* (1984) ist der einzige längere Prosatext, der nach Art eines Lebensberichts verfasst ist. 1981/82 lebte Winkler auf dem Starzerhof in Mooswald/Kärnten, um die Manuskriptarbeit an seinem Roman *Muttersprache* voranzutreiben. *Die Verschleppung*, in der »Menscherstube« des Starzerhofs entstanden, besteht aus zwei Teilen: Im ersten Teil berichtet der Erzähler von seiner Romanarbeit und vom Leben auf dem Starzerhof, im zweiten Teil erzählt ihm die »Starzer Vale« ihre russische Kindheit: »Ich kann schlecht Deutsch schreiben, aber dann, sagte Njetotschka Wassiljewna, bist ja du gekommen, und mit deiner Hilfe sage ich jetzt, was ich dieser Welt mitzuteilen habe.« Der Autor hat mit einem Tonbandgerät den Lebensbericht der russischen Magd aufgezeichnet und ihn anschließend verschriftet. Sein Text tendiert zur Mündlichkeit und wirkt dadurch weitgehend ungekünstelt, die strapazierte Metaphorik der Kärnten-Bücher fehlt.

Josef Winkler, der zu den produktivsten und innovativsten österreichischen Autoren gezählt werden darf, wird mittlerweile in einem Atemzug mit Thomas Bernhard und Peter Handke genannt. Er selbst nennt als seine literarischen Hauptbezugsgrößen Jean Genet, Julien Green, Hans Henny Jahnn und Hubert Fichte.

Lutz Hagestedt

Werke: *Menschenkind*, R., Ffm. 1979; *Der Ackermann aus Kärnten*, R., Ffm. 1980; *Muttersprache*, R., Ffm. 1982; *Die Verschleppung. Njetotschka Iljaschenko erzählt ihre russische Kindheit*, E., Ffm. 1983; *Das wilde Kärnten, Trilogie*, (enth. *Menschenkind*, *Der Ackermann aus Kärnten*, *Muttersprache)*, Ffm. 1984; *Der Leibeigene*, R., Ffm. 1987; *Der Friedhof der bitteren Orangen*, R., Ffm. 1990; *Das Zöglingsheft des Jean Genet*, Pr., Ffm. 1992; *Domra. Am Ufer des Ganges*, R., 1990; *Wenn es soweit ist*, E., Ffm. 1998; *Natura Morte. Eine römische Novelle*, Ffm. 2001; *Leichnam, seine Familie belauernd*, Pr., Ffm. 2003.

Wirz, Mario, wurde am 3. 12. 1956 in Marburg geboren und wuchs in Frankenberg auf. Nach dem Abitur absolvierte er vier Jahre lang eine Schauspielausbildung in Berlin, hatte dort ein erstes Engagement an der Vagantenbühne und war dann von 1981 bis 1984 Schauspieler, Regisseur und Autor am Jugendtheater Kiel. 1984 kehrte er nach Berlin zurück, hatte diverse Engagements an freien Bühnen und lebt seit 1989 als freier Schriftsteller. Wirz erhielt verschiedene Stipendien, darunter die der Stiftung Preußische Seehandlung (1990 u. 1999) und der Kulturförderung Amsterdams (1993) sowie den ersten Preis des P.E.N.-Klubs Liechtenstein (1991) und den Förderpreis des Landes Brandenburg (1997).

Bekannt wurde Mario Wirz, als er zu Beginn der Neunzigerjahre seine HIV-Infektion thematisierte. Wirz sagte »Ich« und »mein Aids« und brachte die tabuisierte Thematik den meisten Lesern näher als ihnen lieb war. So schieden sich an seinen Büchern schnell die Geister: Die einen sprachen, teilweise sogar hämisch, von »Betroffenheitsliteratur«, von unerträglicher Larmoyanz, von hohlem Pathos. Andere fühlten sich durch die Texte angesprochen; für sie bekam Aids plötzlich ein Gesicht. Sie bewunderten die Offenheit, in der sich der Autor zu seinen übermächtigen Ängsten bekannte, aber auch den Kampfgeist und den Trotz, mit denen Wirz um sein Leben schrieb und die Öffentlichkeit mit seinem Seelenleben konfrontierte: »Die, die mit trauriger Ungeduld schon jetzt Ausschau halten / nach meinem Tod, erschrecke ich mit meinem Lachen, / ihrer vorauseilenden Trauer läuft meine Hoffnung entgegen, / (...) Denen, die ein leises Sterben von mir fordern, / widme ich meinen Lärm, / nicht länger züchte ich die Schreie hinter zugezogenen Gardinen« (*Lebendige Stunden,* in: *Ich rufe die Wölfe*, 1993). Doch schon in seinen frühen Gedichten, seinen Kindertheaterstücken und im Schaffen für die Off-Theater-Szene der Achtzigerjahre schwingen die existenziellen Fragen mit, die Mario Wirz' Schreiben später bestimmen werden: Das Chaos im Innern einer Seele, die jede von außen aufgezwungene Ordnung als bedrohlich empfindet, die sich wie von Gefängnismauern umstellt sieht und der die Möglichkeit genommen wird, eigene Wünsche und Hoffnungen zu entfalten, einen selbstbestimmten Weg zu gehen. *Weg der Liebe* nennt er ein frühes Gedicht: »Unsere Umarmung / kentert / am Riff der Gewohnheiten / kein Entkommen.«

Nachdem Wirz sich lange im Bereich der alternativen Theater- und Literaturszene bewegt hat, lebt er seit Beginn der Neunzigerjahre vor allem vom Schreiben. Ein großes Publikum erreichte Wirz mit seinem als »nächtlicher Bericht« bezeichneten Prosatext *Es ist spät, ich kann nicht atmen* (1992). Die Arbeit gehört zu den ersten deutschsprachigen literarischen Auseinandersetzungen mit der Immunschwäche Aids. Die Nacht, von der Mario Wirz Zeugnis ablegt, beginnt am 20. November 1985. Fünf Jahre schon währt der hoffnungslose Zustand des Erzählers, die Finsternis und das Schweigen, das mit dem positiven Testergebnis begonnen hat, bis er das Fenster öffnen und den literarisch gebändigten Schrei herauslassen konnte. »Seit fünf Jahren überlebe ich mich selbst« – so bilanziert er die schwer fassbare Existenz im Niemandsland zwischen Leben und Sterben: »Ich richte mich ein in meiner Zwischenzone und lerne die Ungewissheiten auswendig.« Er scheut sich nicht, sein Elend in kräftige, aus dem Alltag geschöpfte und manchmal auch schon abgegriffene oder etwas schiefe Bilder zu fassen, um mit gleicher Emphase vom Kampf gegen die Wehleidigkeit und Bitterkeit zu berichten, die im Text übermächtig präsent sind. Der Grat zwischen Pathos und Lächerlichkeit ist dabei oft schmal, Absturzgefahr eingeschlossen, aber jene, die dieses und die folgenden Bücher mit dem Hinweis darauf abtun, haben deshalb noch nicht Recht. Es ist nicht das Thema »Aids«, das den Autor zu erschlagen droht und in die Kategorie »Betroffenheit« katapultiert, es scheint beinahe umgekehrt: Aids verleiht seinen individuellen »Betroffenheiten«, die schon zuvor in seinem Schreiben präsent sind, eine neue Dimension, an der sein Schreiben neue Qualitäten gewinnt. So entwirft Wirz eine Skizze seiner Biografie, erzählt die Geschichte eines Außenseiters, der in einer Kleinstadt ohne Vater aufwächst und der den Männlichkeitsbildern unter Halbstarken nicht gerecht wird, berichtet von unzähligen Verletzungen und Bedrohungen »vor Aids«, zeugt von der Sehnsucht nach einer glücklichen Kindheit, die ihm versagt geblieben ist. »Man muss sich anpassen!«, und »Wir müssen für alles bezahlen!« – das sind die stereotypen »Muttersätze«, die das Korsett seiner Kindheit bilden und die sich wie ein roter Faden durch den Text ziehen. Diese »Muttersätze« begegnen dem Erzähler auch später in der Berliner Schwulenszene wieder. Und schließlich, so nimmt er es mit durch Sarkasmus eingefärbter Ironie wahr, wenden sie sich gegen den Todgeweihten, der nun seinen Preis dafür bezahlen muss, dass er sich nicht anpassen konnte. Genauso stereotyp, verloren und hoffnungslos stehen aber auch die Sätze des ehemaligen Geliebten im Raum: »Du musst kämpfen und Zeit gewinnen.« Oder: »Ich finde es toll, wie du mit der Situation umgehst.«

Der nächtliche Bericht von Mario Wirz ist direkt und unmittelbar, manchmal rührend, manchmal zynisch, manchmal geht er auf die Nerven. Diese Aussage kann mit Einschränkungen für die folgenden Bücher – Prosa wie Lyrik – gelten. Doch in dem Maße, wie der sicher geglaubte Aids-Tod durch die Fortschritte der Medizin zurücktritt, wie die eigene Prognose nicht mehr nur um Monate, sondern auf unbestimmte Zeit überlebt wird, tritt Aids als Metapher im Schreiben von Wirz zurück. Schon mit seinem Gedichtband *Das Herz dieser Stunde* (1997) hat er den Blick geöffnet, und in seinen Erzählungen *Umarmungen am Ende der Nacht* (1999) zeigt er dann Figuren, die sich in vermeintlichen Sicherheiten und trügerischen Gewohnheiten eingerichtet hatten, deren Leben jedoch plötzlich »aus dem Rahmen gefallen« ist, wie es in einem der Texte heißt. In existenziellen Krisen müssen sie erfahren, dass sie nicht ihr eigenes Leben führen, dass sie einsam sind, auch in ihren Beziehungen, und ihre lieb gewonnene Illusion von Sicherheit und Geborgenheit teuer erkaufen. Der Stachel der Erkenntnis sitzt tief. Wie sollen und wie können sie weiterleben? So befinden sie sich in der Schwebe, im Zustand einer Latenz. Die Radikalität der zunächst düster wirkenden Szenarien liegt in der Ehrlichkeit, mit der Mario Wirz seine Figuren an den Punkt heranführt, von dem es keine Rückkehr mehr gibt.

Detlef Grumbach

Werke: *Atemlos*, Theaterst., UA Kiel 1982; *Und Traum zerzaust dein Haar. Nachtgedichte*, m. Zeichn. v. Aubrey Beardsley, Gött. 1982; *Bella Italia*, Theaterst., UA Kiel 1983; *Häuser*, Theaterst., zus. m. Peter Slavik, UA Kiel 1984; *All die vielen Nachtschritte. Gedichte ohne Illusionen*, m. Zeichn. v. Georges Seurat, Gött. 1984; *Morgen ist auch kein Tag*, Theaterst., UA Bln. 1985; *Riesenkrawall*, Kinder-Theaterst., UA Bln. 1986; *Hat ein Messer im Schnabel*, Theaterst., UA Bln. 1987; *Giftzahn lacht am lautesten*, Kinder-Theaterst., UA Bln. 1987; *Ruud de Ridder: Stunde der Wahrheit und andere Lügen*, Theaterst., Übs., Norderstedt 1988, UA Hbg. 1988; *Nest für einen Star*, Theaterst., UA Bln. 1988; *Ich bin ich*, Kinder-Theaterst., UA Bln. 1989; *Es ist spät, ich kann nicht atmen. Ein nächtlicher Bericht*, R., Bln. 1992; *Ich rufe die Wölfe*, G., Bln. 1993; *Biografie eines lebendigen Tages*, R., Bln. 1994; *Folge dem Fieber und tanze. Briefe zwischen Alltag, Sex, Kunst und Tod*, Pr., zus. m. Rosa v. Praunheim, Bln. 1995; *Das Herz dieser Stunde*, G., Bln. 1997; *Umarmungen am Ende der Nacht*, E., Bln. 1999; *Sieben Leben hat die Woche*, G., Bln. 2003.

Witasek, Lisa, wurde am 8. 3. 1956 in Salzburg geboren. Sie studierte Musik, Germanistik, Philosophie und Sprachwissenschaft in Salzburg, München und Wien. 1981 promovierte sie mit einer Dissertation über *Stilbezüge zu Adalbert Stifter in der österreichischen Literatur der Gegenwart. Gezeigt an Peter Handke, Thomas Bernhard, Jutta Schutting und Peter Rosei.* Ab 1981 arbeitete sie als Pressereferentin an der Hochschule für Musik und Darstellende Kunst »Mozarteum« in Salzburg, von 1986 bis 2003 als Referentin für Presse- und Öffentlichkeitsarbeit an der Universität für Musik und Darstellende Kunst in Wien. Seit 2003 lebt sie als freie Schriftstellerin in der Schweiz.

Neurotische Abhängigkeiten, gestörte Beziehungswelten und die Absurdität bürgerlicher Obsessionen sind die Themen, die Lisa Witasek in ihren Prosaarbeiten und Theaterstücken an unterschiedlichen Stoffen vorführt. In der viel beachteten Novelle *Die Umarmung oder Das weiße Zimmer* (1983) wird aus der Perspektive der Ich-Erzählerin das komplizierte Verhältnis zwischen ihr, ihrem Mitbewohner und einem gemeinsamen Bekannten aus der Schulzeit geschildert. Einem ständigen Wechsel von Anziehung und Abstoßung unterworfen, zeigt sich die Unfähigkeit der Personen, dauerhafte menschliche Bindungen einzugehen. Der Erzählfluss wird von Erinnerungen der Erzählerin an ihre Kindheit unterbrochen, in denen sie gegen den älteren Bruder gerichtete Hassgefühle und Tötungsfantasien heraufbeschwört. Mit dem Fortschreiten der Novelle nähern sich die Erzählstränge einander an, bis schließlich deutlich wird, dass eine ausweglose, traumatische geschwisterliche Beziehung – zunächst verrätselt dargestellt – den zentralen Gegenstand des Textes bildet. Am Ende steht ein Fluchtversuch, dessen Ausgang offen bleibt. Auch in *Friedas Freund* (1984) inszeniert Witasek einen »Reigen« der Abhängigkeiten und Hörigkeiten, in deren Mittelpunkt Frieda steht, die der Fürsorge der Mutter zu entkommen sucht und in den Einflussbereich des arbeitslosen Spielers Konrad gerät. Abwechselnd aus der Mutter- und Tochterperspektive erzählt, wird deutlich, dass es den Figuren nicht gelingen wird, sich aus dem Netz der Verstrickungen zu lösen. Auch in ihren beiden Theaterstücken setzt Lisa Witasek das wechselhafte Spiel von Ekel und Hingabe ins Bild: Die Tragikomödie *Leibspeise* (UA 1986) handelt von der komplizierten Ehe einer fresssüchtigen Frau mit einem spinösen Geschichtsprofessor, der sein häusliches Problem wissenschaftlich verwerten will. Am Ende vergiftet die dicke Emma ihre »bessere Hälfte«. Das immer wieder ins Irreale und Groteske umkippende Stück, das Traum(a) und Wirklichkeit parabelhaft zu verbinden weiß, wurde von der Kritik sehr positiv aufgenommen. In der Tragikomödie *Früher Vogel* (1989) versucht ein Mann, vier Frauen zum Selbstmord zu verführen, den sie nach seinen Vorstellungen begehen sollen. Dominierten in den ersten Romanen komplexe syntaktische Verfahren, so bestechen die Romane *Männer sind Glückssache* (1995), *Verliebt, verlobt, vergiftet* (1996), *Mich hat der Himmel geschickt* (1998) und *Schneewittchens süße Rache* (2000) durch ihre sprachliche Leichtigkeit und (Selbst-)Ironie. Doch es geht um mehr als um die amüsante Darstellung des Nicht-zueinander- oder miteinander-Könnens von Mann und Frau. Meist stehen Frauen in wechselnden Lebensphasen im Mittelpunkt der Geschehnisse. Auf der Suche nach dem Traummann verfallen die Frauen immer wieder in ihnen zugewiesene oder selbst auferlegte (Opfer-) Rollen, erweisen sich als entwicklungsunfähig und kompensieren mit beruflichem Erfolg und zahlreichen amourösen Affären ihre oberflächlichen und klischeehaften Beziehungswelten. Ephraim Kishon schätzt Lisa Witasek als »Schriftstellerin von literarischem Rang, auf deren feinen Humor« er eifersüchtig sei. Obwohl es der Autorin mit Sprachwitz und Lakonie immer wieder gelingt, Distanz zum Leser herzustellen, wirken die in ihren Büchern vorgestellten (weiblichen) Lebensentwürfe auf seltsame Weise beklemmend.

Petra Ernst

Werke: *Die Umarmung oder Das weiße Zimmer*, N., Mü. 1983; *Friedas Freund*, E., Mü. 1984; *Leibspeise*, Theaterst., Köln 1987, UA Münster 1986, Hsp., ORF 1988; *Früher Vogel*, Theaterst., Köln 1989, UA Wien 1989, Hsp., ORF 1990; *Baum und Bank*, Hsp., SDR/ORF 1991; *Männer sind Glückssache*, R., Mü. 1995; *Verliebt, verlobt, vergiftet*, R., Mü. 1996; *Mich hat der Himmel geschickt*, R., Mü. 1998; *Schneewittchens süße Rache*, R., Mü. 2000.

Woelk, Ulrich, wurde am 18. 8. 1960 in Bonn geboren. Er wuchs in Köln auf und studierte von 1980 bis 1987 in Tübingen. In seiner Diplomarbeit beschäftigte sich Woelk mit Aspekten der Chaostheorie, promoviert in Physik wurde er 1991 an der Technischen Universität Berlin, wo er bis 1995 auch als Physiker arbeitete. Seitdem lebt er in Berlin als freier Schriftsteller. 1992 und 1998 erhielt er Stipendien des Deutschen Literaturfonds, 1990 den Aspekte-Literaturpreis für sein Debüt *Freigang*.

In diesem von der Kritik vielfach gelobten Roman bemüht sich der Physikstudent Frank Zweig, in einer psychiatrischen Anstalt seine Vergangenheit zu rekonstruieren, nachdem eine Liebesbeziehung zerbrochen ist. Gescheitert ist er an seiner rationalen Hybris: »Ich bin Physiker. Als solchem ist mir bewusst, dass Zusammenhänge in dem Moment beherrschbar werden, da sie enträtselt sind.« Doch mit Kausalgleichungen, erkennt Zweig, ist Liebe und Innenwelt nicht beizukommen: »Es gibt kein zentrales Motiv. Nichts gehört in die Mitte, es gibt keinen Planeten, nur Monde.« Literarisch überzeugend entwickelt Woelk hier ein Erzählprogramm, das sich gegen jede Form eines intellektuellen Reduktionismus richtet. In einer disparaten Welt gibt Woelk die Zentralperspektive und den sicheren Angelpunkt auf, um seine Prosa in einer Gratwanderung zwischen zu bewältigender Lebenskomplexität und gliedernder Ratio, zwischen Wissenschaft und Kunst, Ordnung und Chaos zu entwickeln. Diese Poetik liegt auch Woelks zweitem Roman *Rückspiel* (1993) zu Grunde, in dem der Autor das thematische Feld öffnet hin zu den Stationen deutscher Geschichte bis zurück ins Dritte Reich. Der Protagonist Johannes Stirner, der die Studentenbewegung nur als Kind erlebt hat, versucht für sich schreibend Klarheit über die biografischen Behauptungen rund um seinen älteren Bruder Kurt zu erlangen, der einst beflügelt war von den Idealen der 68er, aber schließlich eine bürgerliche Karriere machte. Am Ende der Recherche gerät, was bislang plausibel erschien, aus den Fugen. Hinter historischen Klischees spürt der Erzähler auf, was jenseits aller Gesinnung liegt: »Jedes Mal ging es um zwei Männer und eine Frau.« Nicht Ideologien, sondern erotische Leidenschaften waren damals Katalysatoren des Handelns. Auch diese Deutung wird jedoch in Frage gestellt: »Es könnte also sein, dass das, was jetzt in meinem Kopf als Geschichte ist, nie stattgefunden hat.« So bleibt letztlich die Erkenntnis, dass es keinen objektiven Blick auf die Dinge gibt. Das Denken darf nur mit Wahrscheinlichkeiten rechnen. Die Frage, wie es sich ohne feste Navigationspunkte in einer Welt lebt, die nicht mehr durch einzelne große, sinnstiftende Systeme der Moderne interpretiert und geordnet ist, beschäftigt Woelk auch in seinen folgenden Arbeiten. Schon der Aufbau des Theaterstücks *Tod Liebe Verklärung* (UA 1993) greift diese Komplexität auf. Durch die vollkommen unterschiedlichen Akte ziehen sich vielfältige (Lebens-)Linien, die miteinander in der Verknüpfung der drei mächtigen Themen des Titels korrespondieren. Den Figuren gemeinsam ist die Suche nach dem richtigen Leben im falschen, doch die so begehrte Möglichkeit zur echten Erfahrung existiert nicht in einer Welt, die immer mehr zur medialen Fiktion geworden ist. So erschöpfen sich die Figuren in dieser szenischen Patience in Floskeln und Gesten. Sie hoffen auf Erlösung vom »Ichterror«: »Endgültig letzte Ichzuckung, und dann die totale Leere, das totale Nichts. Endlich.«

Dem Verlust als Normalfall der Gegenwart zu entkommen, versucht auch der Journalist Jan im Roman *Amerikanische Reise* (1996). Große Gefühle, »die hemmungslos aufs Ganze zielten«, grenzt er bewusst aus, um sein Dasein mit Erlebnisrationen zu füllen. Doch sein Lebenskonzept gerät ins Wanken, als er ein befreundetes Ehepaar in New York besucht. Nachdem sich das Paar zerstreitet, nimmt die Frau Jan mit auf eine Autofahrt durch die USA. Mit jeder Station wird Jan immer deutlicher, dass er seine Position als möglichst Unbeteiligter aufgeben möchte. Die Liebe zu dieser Frau wird zusehends zum unerfüllbaren Glücksversprechen. Als ihrem Mann illegale Spekulationen vorgeworfen werden, kehrt Kristin, so heißt die Frau, zu ihm zurück. Jan wird bei einem Straßenraub getötet. Amerika erscheint in diesem literarischen road movie als mediales Klischee und imaginäres Leitbild, an dem die Protagonisten sich unkritisch orientieren, bis der »amerikanische Traum« zerstört ist.

In seinem Roman *Liebespaare* (2001) schreibt Woelk die Chronik einer Generation – der in den Sechzigerjahren Geborenen – fort. Die ökonomische und soziale Freiheit, die die Protagonisten haben, erscheint ihnen als Labyrinth der Möglichkeiten: »Wie soll man wissen, was man tun soll, wenn man alles tun kann? Wenn die Welt so groß geworden ist, dass sich selbst unsere Herzen in ihr verirren.« Um aus dem vermeintlich langweiligen Alltag auszubrechen, beginnen Fred und seine Frau Nora Affären. Doch dieses »Existenzexperiment« wird, ein bei Woelk wiederkehrendes Motiv, durch den Einbruch einer Katastrophe unterbrochen. Ein Flugzeugabsturz, der mittelbar die zentralen Figuren betrifft, öffnet ihnen den Weg zu einer neuen Moral. Sie erkennen, dass sie als Individuen ihr letztlich unglückliches Bewusstsein weder der Gesellschaft noch einem ominösen Schicksal anlasten können. Der Roman endet mit einer positiven Perspektive: das Paar steht vor einer neuen, verantwortungsbewussten Gemeinsamkeit.

In seinem Kriminalroman *Die letzte Vorstellung* (2002) knüpft Woelk thematisch an seinen Roman

Rückspiel an. Der Mord an einem ehemaligen RAF-Mitglied könnte zahlreiche politische Hintergründe haben, von der Rache an einem Aussteiger bis hin zur Vertuschung illegitimer Operationen der Staatsmacht. Woelk konzipiert das krimitypische bipolare Ermittlerpaar und stellt dem desillusionierten Landpolizisten Anton Glauberg aus dem Westen die junge ehrgeizige BKA-Beamtin Paula Reinhardt an die Seite, die in der DDR aufwuchs. So entwickelt Woelk unterschiedliche Blickwinkel auf die Geschichte linker Ideologie. Aber auch hier zeigt sich Woelk als Autor, der die Oberflächen politischer und sozialer Konstrukte unterläuft, um falsche Polaritäten zu decouvrieren. Zuletzt bricht er die großen Fragen von Freiheit und Widerstand, Schuld und Verblendung herunter auf das Private: »Die Ursache ... liegt irgendwo in den Biografien«.

In den literarischen Entwicklungslinien der Neunzigerjahre gehört Woelk zu den Autoren, die sich zum Erzählen bekennen und den Inhalt, die »story«, in den Vordergrund rücken. Dabei arbeitet Woelk mit modernen, nichtlinearen Erzählstrukturen und Dramaturgien und bedient sich vielfältiger Formen vom filmisch-atmosphärischen Stil über essayistisch geformte Schreibweisen bis hin zum Duktus populärer Genres wie des Kriminalromans. Dieses Spektrum nutzt er, um in seinen Werken die seiner Meinung nach irreversiblen Sinnverluste der Postmoderne und die Bewusstseinslagen seiner Generation in den Mittelpunkt zu stellen. Es gelte, so Woelk, sich kritisch und wahrnehmungsintensiv der Dynamik einer unüberschaubaren Lebenswelt auszusetzen, um darin zu einer neuen, individuellen Verantwortlichkeit mit tragenden Werten zu gelangen.

Stefan Sprang

Werke: *Freigang*, R., Ffm. 1990; *Tod Liebe Verklärung*, Theaterst., Ffm. 1992, UA Köln 1993; *Rückspiel*, R., Ffm. 1993; *Amerikanische Reise*, R., Ffm. 1996; *Liebespaare*, R., Hbg. 2001; *Die letzte Vorstellung*, R., Hbg. 2002.

Wohmann, Gabriele, wurde am 21. 5. 1932 in Darmstadt geboren. Nach dem Abitur studierte sie von 1951 bis 1953 Germanistik, Romanistik, Philosophie und Musikwissenschaften an der Universität Frankfurt am Main und arbeitete dann vier Jahre als Lehrerin auf der Nordseeinsel Langeoog und in Darmstadt. Seit 1956 lebt sie als freie Schriftstellerin in Darmstadt. Sie ist Mitglied des P.E.N.-Clubs, der Berliner Akademie der Künste und der Akademie für Sprache und Dichtung in Darmstadt. Ausgezeichnet wurde sie u.a. 1967/68 mit dem Villa-Massimo-Stipendium, 1971 mit dem Bremer Literaturpreis, 1980 mit dem Bundesverdienstkreuz Erster Klasse, 1981 mit dem Deutschen Schallplattenpreis, 1982 mit dem Kulturpreis Berlin, Sparte Literatur, und der Heinrich-Merck-Ehrung der Stadt Darmstadt, 1985 mit dem »Stadtschreiber«-Literaturpreis des Zweiten Deutschen Fernsehens und der Stadt Mainz, 1988 mit dem Hessischen Literaturpreis, 1992 mit dem Konrad-Adenauer-Preis für Literatur, 1994 mit dem Montblanc Literaturpreis sowie 1997 mit dem Großen Bundesverdienstkreuz. 1983 und 1988 übernahm Gabriele Wohmann Poetik-Dozenturen an den Universitäten Augsburg und Mainz; seit 1994 ist sie Honour Fellow of the American Association of Teachers German.

Gabriele Wohmanns umfangreiches Œuvre, das neben Romanen vor allem Erzählungen sowie Hör- und Fernsehspiele, Theaterstücke und Gedichte umfasst, ist durch einen konstant subjektiven, privaten Charakter gekennzeichnet. Äußerst selten gestaltet sie Aktuelles, Zeitkritisches; Lyrik versteht sie in konventioneller Sicht als persönliche Ich-Aussprache. »Buch für Buch«, so Wieland Freund, schreibe sie »an der Mentalitätsgeschichte des bundesrepublikanischen Bildungsbürgeralltags«: Die Probleme zwischenmenschlicher Beziehungen sowie die generelle Unfähigkeit zur Kommunikation sind dabei ihre wesentlichen Themen. »Im Grunde handelt alle dauerhafte Literatur von den unglaublichen Kompliziertheiten des menschlichen Zusammenlebens, in dem sich winzige Kränkungen zu katastrophalen Zerstörungen auswachsen können«, kommentiert Gabriele Wohmann selbst.

Ihre Charaktere gestaltet sie als Stellvertreter des Durchschnittsbürgers, des Typs aus dem leicht gehobenen Bildungsbürgertum, den keine materielle Sorge von der seelischen Not mehr ablenkt. So finden sich in ihrem Figurenarsenal (Ehe-)Paare, Geschwister, Kinder, Eltern, Frauen und Männer gleichberechtigt nebeneinander. Ideal ist es ihrer Ansicht nach, wenn man gar nicht merke, ob Mann oder Frau das Buch geschrieben habe. Jede Perspektive, alters- und geschlechtsunabhängig, ist für sie denk- und darstellbar; ungekünstelt vermag sie sich die jeweilige sprachliche Ausdrucksfähigkeit zu Eigen zu machen. Was und wie etwas gesagt bzw. nicht gesagt wird, steht immer wieder im Vordergrund und dient zumeist als wichtigstes Kriterium bei der Zeichnung der Figuren. Handlung sowie Beschreibung von Äußerlichkeiten treten hinter der

Wiedergabe menschlicher Verhaltensweisen zurück; dadurch erhalten sowohl Erzählungen als auch Romane einen ausschnitthaften, stark szenischen Charakter. Als scharfe Beobachterin nimmt sie die Schwächen ihrer Mitmenschen wahr und spiegelt sie kommentarlos wider.

Gabriele Wohmanns Frühwerk wird zumeist als satirisch beschrieben, dabei hat sie auch in späteren Werken nie auf Ironie und Komik verzichtet – wobei sie selbst in diesem Zusammenhang lieber von »Tragikomik« spricht. Auffällig ist jedoch die mit den Jahren zunehmende Beschäftigung mit Alter und Tod sowie eine mitunter mythische, teilweise auch christliche Tendenz bei der Darstellung dieser Themen.

Bereits an Gabriele Wohmanns Erzählungen aus dem frühem Band *Sieg über die Dämmerung* (1960) fallen die sprachliche Prägnanz und ihre knappen, emotionslosen Natur- und Menschenschilderungen auf. Ihr zweiter Roman, *Abschied für länger* (1965), gleicht einer psychologischen Studie, in der die Persönlichkeit einer 33-jährigen Frau, die sich nicht zwischen Eltern und Partner entscheiden kann, analysiert wird. Wie die Fesseln der Familie, der Ehe oder einer sonstigen Beziehung die Figuren immer wieder zur Selbstaufgabe, zur Kapitulation des Einzelnen vor der Gesellschaft, zwingen, hat sie später noch häufiger beschrieben. Im gesellschaftlichen Zusammenleben bleibe, so meint sie, kein Platz für das Individuum. Diese Überzeugung vertritt sie auch im Roman *Ernste Absicht* (1970): Sprachlich kunstvoll inszenierte innere Monologe einer Frau, die sich während eines Krankenhausaufenthalts Klarheit über ihr Leben verschaffen will, decken die »Krankheit zum Tode« (Kierkegaard) nicht nur der Protagonistin, sondern der ganzen Gesellschaft auf: »Ich sterbe, am Leben, immer weiter. Unverbindlich. Unentschlossen. Sterbend enttäusche ich keine einzige Ansicht über mich.« Der Roman entstand während einer stilistischen Experimentierphase zwischen 1970 und 1974. Seine komplizierte Anlage – lange innere Monologe, eingeflochtene, mehrsträngige Rückblicke und oft schwer nachvollziehbare Assoziationen – unterscheidet ihn von ihren anderen Prosawerken.

Physische Erkrankungen oder Handicaps als Metapher für den psychischen Zustand eines Protagonisten greift Gabriele Wohmann auch in späteren Romanen und Erzählungen wiederholt auf. Das Verhältnis von Erwachsenen zu Kindern ist ein weiteres wichtiges Motiv in ihren Büchern. Dabei macht sie sich meist die Perspektive des Kindes zu Eigen, um das Missverhältnis zwischen den Generationen zu verdeutlichen. In dem Roman *Paulinchen war allein zu Haus* (1974) schildert sie aus der Sicht des Kindes Paula den Versuch der jungen Adoptiveltern, das Waisenkind »fortschrittlich« zu erziehen. Der stumme Schrei Paulas nach Zärtlichkeit und Wärme geht in dem ironisch stark überspitzt dargestellten antiautoritären »Erziehungswahn« der Erwachsenen unter.

Mit dem 1975 erschienenen Roman *Schönes Gehege* lässt sich ein Wandel in Gabriele Wohmanns Werk feststellen: Im Zentrum steht der Konflikt des Schriftstellers zwischen öffentlichem Image und seiner Persönlichkeit. Plath, männliches Spiegelbild der Autorin Wohmann, will nicht länger mit diesem Zwiespalt leben. Er lehnt die ihm zugewiesene Aufgabe ab, als Kritiker der gesellschaftlichen Zustände verstanden zu werden, und beschließt, sich künftig mehr der Darstellung der positiven Seiten des menschlichen Zusammenlebens, des alltäglichen Glücks, zuzuwenden. Ähnlich wie ihr Held Plath schlägt auch Wohmann in ihrer Sprache nun sanftere Töne an. Die Knappheit und Aggressivität im Ausdruck, wie sie vor allem die Erzählbände *Selbstverteidigung* (1971) und *Gegenangriff* (1972), in denen es um Kampfdarstellungen im wörtlichen und übertragenen Sinn geht, noch aufweisen, weichen einer breiter und fast schon liebevoll angelegten Schilderung von Details und Nebenfiguren. Immer häufiger finden fortan auch autobiografische Elemente Eingang in das Werk. Der Roman *Das Glücksspiel* (1981) handelt zwar wieder vom Konflikt des Individuums mit familiären und gesellschaftlichen Beziehungen, aber es wird nicht nur das Scheitern der Protagonistin Lilly selbst, sondern auch das der Gesellschaft an ihr einfühlsamer dargestellt. Gabriele Wohmann zeigt sich zwar immer noch als unerbittliche, inzwischen aber auch verständigere Chronistin des gesellschaftlichen Miteinanders. Einen direkten aktuellen Bezug weist der Roman *Der Flötenton* (1987) auf, in dem sie feinfühlig, aber dennoch unsentimental Frühjahr und Sommer 1986, unmittelbar nach der Reaktorkatastrophe von Tschernobyl, beschreibt. Während die radioaktive Wolke über allen schwebt, versuchen die Figuren, ihr normales Leben weiterzuleben. Die karge Handlung lässt die Belanglosigkeit des Alltags und die Isolation der Einzelnen, trotz ihrer familiären Bindungen, umso deutlicher hervortreten. Nach diesem Ausflug in ein politisches Thema wendet Wohmann sich wieder der Privatsphäre zu. Dabei wird eine stärkere Auseinandersetzung mit vermeintlichen Tabuthemen wie Behinderung, Alter und Tod deutlich, wobei es der Autorin gelingt, einen heiteren, positiven Grundton anzuschlagen, der ihren für das Frühwerk kennzeichnenden Hang zu Satire und Komik erneut belegt. *Bitte nicht sterben* (1993) lautet so auch der Titel eines Romans, in dem Wohmann episodenhaft die Schwierigkeiten des Zusammenlebens älterer und jüngerer Menschen beschreibt. Die flapsig anmutende Bitte des Titels verweist bereits auf die Leichtigkeit, mit der die eigentlich ernste Thematik aufgegriffen wird. Eine ähnliche Gratwanderung gelingt Wohmann auch in *Vielleicht versteht er alles,* einer Erzählung aus dem gleichnamigen Band (1997), in dem sie die geistige Behinderung eines Kindes und das verzweifelte Bemühen der Eltern, damit umzugehen, gestaltet. Das schwierige Verhältnis zwischen Eltern und Kindern spielt auch in den jüngsten Werken Wohmanns wieder eine Rolle: Im Roman *Das Hallenbad* (2000) beschreibt sie, ähnlich wie in dem früheren *Paulinchen war allein zu Haus*, welche Auswirkungen vordergründig als fortschrittlich eingestufte Erziehungsmethoden auf Kinder und Heranwachsende haben können: Mona ist, wie schon Paula, ein von seinen Eltern mit seinen Gefühlen allein gelassenes Kind, das sich mithilfe abenteuerlicher Lügengeschichten den Traum einer glücklichen Kindheit zu erfüllen versucht. Ähnlich beklagen die Heranwachsenden David und Muriel im Roman *Schön und gut* (2002) letztlich ein Gefühlsdefizit, das sich in den verwirrenden Empfindungen für Stiefmutter und Cousine wiederspiegelt. Gabriele Wohmann gelingt es, die Sprache der beiden Jugendlichen als Ausdruck ihrer Gefühlsverwirrung exakt zu treffen.

Heidi Rehn

Werke: *Mit einem Messer*, En., Stierstadt/Ts. 1958 (unter ihrem Mädchennamen Gabriele Guyot); *Jetzt und nie*, R., Darmst. 1958; *Sieg über die Dämmerung*, Pr., Mü. 1960; *Trinken ist das Herrlichste*, En., Darmst. 1963; *Erzählungen*, Karlsrh. 1963; *Komm donnerstags*, Hsp., HR 1964; *Die Gäste*, Hsp., SDR 1965, gedr. Basel-Halten 1971; *Das Rendezvous*, Fssp., ZDF 1965; *Abschied für länger*, R., Olten 1965; *Theater von innen. Protokoll einer Inszenierung*, Olten 1966; *Erzählungen*, Ebenhausen 1966; *Große Liebe*, Fssp., SFB 1966, gedr. Bad Homburg 1971; *Norwegian Wood*, Hsp., SWF 1967; *in darmstadt leben die künste*, m. Illustr. v. P. Kröger, Darmst. 1967; *Die Bütows*, E., Stierstadt/Ts. 1967; *Porträt einer Schichtarbeiterin*, Fssp., WDR 1968; *Ländliches Fest*, En., Darmst. 1968; *Von guten Eltern. Kalendertexte mit Grafiken*, Stierstadt/Ts. 1969; *Sonntag bei den Kreisands*, En., m. Grafiken v. H. Balthes, Stierstadt/Ts. 1970; *Der Fall Rufus*, Hsp., WDR 1969; *Kurerfolg*, Hsp., HR 1970; *Treibjagd*, En., Stg. 1970; *Ernste Absicht*, R., Darmst. 1970; *G. W. spricht »Die Bütows« und drei andere Texte*, LP, Stierst./Ts. 1970; *Der Fall Rufus. Ein Elternabend*, Hsp.-Text m. Grafiken v. Klaus Staeck, Stierstadt/Ts. 1970; *Der Geburtstag*, Hsp., WDR/RIAS 1970; *Selbstverteidigung. Prosa und anderes*, Darmst. 1971; *Alles für die Galerie*, En., Bln.-Weimar 1972; *Tod in Basel*, Hsp., WDR 1972; *Mehr oder weniger kurz vor dem Tode*, Hsp., WDR 1972; *Gegenangriff*, Pr., Darmst. 1972; *Die Witwen oder Eine vollkommene Lösung*, Fssp., SFB 1972, gedr. Stg. 1972; *Übersinnlich*, En., m. Grafiken v. Klaus Endrikat, Düsseld. 1972; *Habgier*, En., m. Grafiken v. P. Kröger, Düsseld. 1973; *Entziehung*, Fssp., ZDF 1973, Materialienbd., Darmst. 1974; *Paulinchen war allein zu Haus*, R., Darmst. 1974, Fssp., ZDF 1981; *So ist die Lage*, G., Düsseld. 1974; *Dorothea Wörth*, E., m. Grafiken v. H. Richter, Düsseld. 1975; *Ein Fall von Chemie*, En., m. Grafiken v. H. Balthes, Düsseld. 1975; *Schönes Gehege*, R., Darmst. 1975; *Ein unwiderstehlicher Mann*, En., Reinb. 1975; *Heiratskandidaten*, Fssp., SFB 1975, gedr. zus. m. 3 Hsp., Mü. 1978, Theaterst., UA Augsb. 1981; *Alles zu seiner Zeit*, En., Mü. 1976; *Endlich allein – endlich zu zwein*, E., m. Grafiken v. A. Canham, Düsseld. 1976; *Ausflug mit der Mutter*, R., Darmst. 1976; *Nachkommenschaften*, Fssp., SFB 1977; *Böse Streiche*, En., m. Grafiken v. H. Borchert, Düsseld. 1977; *Der Nachtigall fällt auch nichts Neues ein*, Hsp., WDR/Radio Bremen 1977, gedr. m. Grafiken v. V. Hilgert, Düsseld. 1978; *Das dicke Wilhelminchen*, E., m. Grafiken v. M. Nandori, Düsseld. 1977; *Frühherbst in Badenweiler*, R., Darmst. 1978; *Nachrichtensperre. Ausgewählte Erzählungen 1957–1977*, Bln., Weimar 1978; *Der Nächste bitte!* E., m. Grafiken v. B. Gerresheim, Düsseld. 1978; *Feuer bitte*, Pr., m. Grafiken v. Klaus Endrikat, Düsseld. 1978; *Grund zur Aufregung*, G., Darmst. 1978; *Streit*, E., m. Grafiken v. K. Hammerström, Düsseld. 1978; *Wanda Lords Gespenster*, Hsp., WDR 1978, gedr. m. Grapiken. v. P. Kacmarek, Düsseld. 1979, Theaterst, UA Darmst. 1980; *Knoblauch am Kamin*, E., m. Grafiken v. A. Canham, Düsseld. 1979; *Paarlauf*, En., Darmst. 1979; *Ausgewählte Erzählungen aus zwanzig Jahren*, 2 Bde., Darmst. 1979; *Wir sind eine Familie*, E., m. Grafiken v. H. Lander, Düsseld. 1980; *Guilty*, E., m. Grafiken v. G. Dimmer, Düsseld. 1980; *Ich weiß das auch nicht besser*, G., Mü. 1980; *Meine Lektüre. Aufsätze über Bücher*, Darmst. 1980; *Ach wie gut, dass niemand weiß*, R., Darmst. 1980; *Violas Vorbilder*, E., m. Grafiken v. K. Hammerström, Düsseld. 1980; *Ein günstiger Tag. Frühe Erzählungen*, Düsseld. 1981; *Stolze Zeiten*, En., Düsseld. 1981; *Komm lieber Mai*, G., Darmst. 1981; *Das Glücksspiel*, R., Darmst. 1981; *Nachkommenschaften*, Hsp., 1981; *Hebräer 11,1*, Hsp., WDR 1981; *Einsamkeit*, En., Darmst. 1982; *Hilfe kommt mir von den Bergen*, Hsp., WDR/Radio Bremen/SFB 1980, gedr. m. Grafiken v. H. Balthes, Düsseld. 1982; *Ausgewählte Gedichte 1964–1982*, Darmst. 1982; *Das hochgesteckte Ziel*, Hsp., WDR/SWF 1983; *Der kürzeste Tag des Jahres*, En., Darmst. 1983; *Verliebt, oder?* En., Darmst. 1983; *Goethe hilft!* En., m. Grafiken v. H. Balthes, Düsseld. 1983; *Ich lese, Ich schreibe*, autob. Ess., Darmst. 1984; *Begegnung mit zwei Eichen*, E., Bilder v. H. Groeneveld, Mü. 1985; *Der Irrgast*, En., Darmst. 1985; *Glücklicher Vorgang*, Hsp., WDR 1985; *Unter-*

wegs. Ein elektronischesTagebuch, Fssp., ZDF 1985, gedr. Darmst. 1986; *Gesammelte Erzählungen aus dreißig Jahren*, Darmst. 1986; *Der Flötenton*, R., Darmst. 1987; *Jetzt ist nur jetzt*, Fssp., NDR 1987; *Ein russischer Sommer*, En., Darmst. 1988; *Kassensturz*, En., Ffm. 1989; *Das könnte ich sein*, G., Düsseld. 1989; *Fensterblicke*, Ess., Isernhagen/Hannover 1989; *Plötzlich in Limburg*, Kom., 1989; *Ein glücklicher Tag*, G., Düsseld. 1990; *Darmstadt. Unterwegs gehöre ich nach Haus*, Freiburg/Br. 1990, Fssp., ZDF 1986; *Ein gehorsamer Diener* (WDR 1987). *Das hochgesteckte Ziel. Es geht mir gut, ihr Kinder* (WDR 1988), Hsp., Ffm. 1990; *Schreiben müssen. Ein elektr. Tagebuch*, Fssp., ZDF 1990, gedr. Ffm. 1991; *Drück mir die Daumen*, Hsp., WDR 1991; *In Odessa nämlich ...*, Hsp., SWF/BR1992; *Alles an seinem Ort*, En., Düsseld. 1992; *Das Salz bitte*, E., Mü. 1992; *Bitte nicht sterben*, R., Mü. 1993; *Ein Mann zu Besuch*, E., Mü. 1993; *Habgier*, En., Mü. 1993; *Erzählen Sie mir was vom Jenseits*, G., En., Ess., Mainz 1994; *Der Mann am Fenster*, Hsp., SWF 1994; *Wäre wunderbar. Am liebsten sofort*, En., Mü. 1994; *Aber das war noch nicht das Schlimmste*, R., Mü. 1995; *Die Schönste im ganzen Land*, E., Mü. 1995; *Das Handicap*, R., Mü. 1996; *Besser als Lügen ist tot sein*, Hsp., SWF 1996; *Treffpunkt Wahlverwandtschaften*, Hsp., SWF 1996, gedr. Düsseld. 1997; *Daphne lebt hier nicht mehr*, Hsp., SWF 1997; *Vanilleeis ist besser als der Tod*, Hsp,. WDR 1997; *Vielleicht versteht er alles*, En., Mü. 1997; *Bleibt doch über Weihnachten*, En., Zür. 1998; *Schwestern*, En., Mü. 1999; *Der Tag, an dem der Schornsteinfeger kommen sollte*, Hsp., WDR 1999; *Direct call*, Hsp., SWR 1999; *Frauen machens am späten Nachmittag*, En., Zür. 2000; *Das Hallenbad*, R., Mü. 2000; *Frauen schauen aufs Gesicht*, En., Mü. 2000; *Komm lieber Mai*, G., Mü. 2000; *Abschied von der Schwester*, Zür. 2001; *Schön und gut*, R., Mü. 2002, *Der Dolly-Gag*, Hsp., WDR 2002.

Wolf, Christa, wurde am 18. 3. 1929 in Landsberg/Warthe als Tochter eines Kaufmanns geboren. Auf der Flucht vor der Roten Armee gelangte sie mit ihrer Familie 1945 nach Mecklenburg, wo sie in Gammelin als Schreibkraft des Bürgermeisters Anstellung fand. In Bad Frankenhausen/Kyffhäuser legte sie 1949 das Abitur ab. Zuvor war sie 1948 der FDJ beigetreten, 1949 wurde sie Mitglied der SED. Das Germanistikstudium in Jena und Leipzig beendete sie 1953 bei Hans Mayer mit einer Diplomarbeit über Hans Fallada. Mayers Angebot einer Assistentenstelle lehnte sie ab und ging stattdessen als Mitarbeiterin des Deutschen Schriftstellerverbands der DDR nach Berlin. In den Fünfzigerjahren schrieb sie zahlreiche Literaturkritiken, wurde 1956 für kurze Zeit Cheflektorin des Jugendbuchverlages »Neues Leben«, arbeitete als Redakteurin der Zeitschrift »Neue Deutsche Literatur« und von 1959–62 als freie Lektorin des Mitteldeutschen Verlags in Halle. Im März 1959 wurde sie vom MfS als »Informelle Mitarbeiterin« angeworben, 1962 stellte die Stasi die Gespräche als unergiebig wieder ein, und ab Mitte der Sechzigerjahre wurde Christa Wolf selbst zum Objekt umfangreicher staatlicher Observation. Zusammen mit ihrem Mann, dem Germanisten und Essayisten Gerhard Wolf, gab sie mehrere Anthologien zeitgenössischer DDR-Literatur heraus und schrieb Drehbücher für die DEFA-Filme *Der geteilte Himmel* (E. 1963, F. 1964), *Die Toten bleiben jung* (nach Anna Seghers, 1968) und *Till Eulenspiegel* (F.-E. 1972, F. 1975). Christa Wolf wurde 1963 Kandidatin des Zentralkomitees der SED, nach ihrem mutigen Auftritt beim 11. Plenum des ZK der SED 1965 allerdings wieder von der Kandidatenliste gestrichen. Von 1955 bis 1977 gehörte sie dem Vorstand des Deutschen Schriftstellerverbandes der DDR an. Dieses Amt musste sie im Anschluss an ihren Protest gegen die Ausbürgerung Wolf Biermanns (1976) aufgeben. Aus der SED trat sie im Juli 1989 aus. Sie war Mitglied des P.E.N.-Zentrums der DDR (seit 1965), der Ost-Berliner Akademie der Künste (seit 1974) und der Deutschen Akademie für Sprache und Dichtung in Darmstadt (seit 1979). 1994 trat sie erneut der mittlerweile vereinigten Berlin-Brandenburgischen Akademie der Künste bei, nachdem sie im Jahr zuvor im Zusammenhang mit den heftigen Feuilleton-Debatten um ihre Rolle in der DDR ausgetreten war.

Christa Wolf erhielt mehrere Ehrendoktorwürden und wurde 1963 mit dem Heinrich-Mann-Preis, 1964 mit dem Nationalpreis 3. Klasse der DDR, 1977 mit dem Bremer Literaturpreis, 1980 mit dem Georg-Büchner-Preis, 1983 mit dem Schiller-Gedächtnispreis des Landes Baden-Württemberg, 1984 mit dem Franz-Nabl-Preis der Stadt Graz, 1985 mit dem Österreichischen Staatspreis für Europäische Literatur, 1987 mit dem Geschwister-Scholl-Preis der Stadt München und dem Nationalpreis 1. Klasse der DDR, 1990 mit dem Premio Letterario Internazionale Mondello, 1994 mit dem Orden »Offizier des Arts et des Lettres« und der Rahel-Varnhagen-von-Ense-Medaille (zusammen mit Gerhard Wolf), 1997 mit dem Preis der Buchmesse Bordeaux für ausländische Literatur, 1999 mit dem Samuel-Bogumil-Linde-Literaturpreis, dem Elisabeth-Langgässer-Literaturpreis und dem Nelly-Sachs-Preis sowie 2002 mit dem Deutschen Bücherpreis ausgezeichnet.

Christa Wolf ist wohl die einzige Autorin, deren Werk und Leben unmittelbar mit der DDR verknüpft ist, deren Wirkung aber weit darüber hinaus reicht. Sie fand Leser gleichermaßen in Ost und West und ist eine Autorin von Weltrang. Ihr Erfolg beruhte auf der Einführung des Subjekts in die realistische Enge der DDR-Literatur. Mit der Erfindung der »subjektiven Authentizität« gelang es ihr, eigene Erfahrung und Wahrnehmungsweise zur Basis ihrer Auseinandersetzung mit Geschichte und gesellschaftlicher Gegenwart zu machen. Ihr literarisches Debüt *Moskauer Novelle* (1961), eine klischeehafte Liebesgeschichte zwischen einem Russen und einer jungen Deutschen, ist noch stark den Gesetzen des sozialistischen Realismus verpflichtet.

Der Roman *Der geteilte Himmel* (1963) erfüllt zwar die Vorgaben des Bitterfelder Weges, einer Propagandainitiative, die Schriftsteller aufforderte, in die Produktion zu gehen und aus der Arbeitswelt zu berichten. Die Liebesgeschichte zwischen einer Praktikantin im Hallenser Wagonbau und einem Chemiker, der die DDR schließlich in Richtung West-Berlin verlässt, gerät jedoch zur ernsten Auseinandersetzung mit den Unzulänglichkeiten sozialistischer Produktionsweise und der Inkongruenz zwischen individuellen Bedürfnissen und kollektiven Anforderungen. Zugleich plädierte Christa Wolf – kurz nach dem Mauerbau – dafür, bestehende Schwierigkeiten zu überwinden und sich tatkräftig für den Sozialismus einzusetzen. Nach einer für die DDR ungewöhnlich heftigen Kontroverse wurde der Roman schließlich akzeptiert, die Autorin geehrt und von der SED umworben.

Keine Chance gab die Partei dagegen zunächst ihrem Roman *Nachdenken über Christa T.* (1968), mit dem Christa Wolf zu ihrer eigenen, von reflexiven und stark subjektiven Elementen geprägten Schreibweise fand. Ausgehend vom Tod einer Freundin und deren hinterlassenen Tagebüchern schildert sie deren (vergebliche) Versuche, den eigenen Platz in der Gesellschaft zu finden und mit ihren Idealen in der normierten Wirklichkeit zu bestehen. In der restriktiven Spätphase der Ulbricht-Ära nach der Niederschlagung des Prager Frühlings in der ČSSR wurde die Veröffentlichung des Buches immer wieder verzögert und behindert. Erst mit der zweiten Auflage (1972) fand es in der DDR Verbreitung und wurde rasch zu einem Bestseller.

Auch mit ihren kleineren Erzählungen erprobte Christa Wolf neue Ansätze und konzentrierte sich auf die Schilderung des privaten Alltags. Die impressionistische Skizze *Juninachmittag* (1965) über einen mit der Familie im Garten vertrödelten Tag markiert den Beginn modernen Erzählens in der DDR. Wolf verzichtet auf eine nacherzählbare Handlung und versucht stattdessen, die Bewegungen im Bewusstsein der Erzählerin festzuhalten. Auch die titelgebende Geschichte *Unter den Linden* im 1974 erschienenen Erzählungsband setzte mit ihrer Verknüpfung von Traum und Wirklichkeit neue Maßstäbe und trug zur Erweiterung der beschränkten Realismusvorstellungen bei.

Politische Kontroversen gab es erneut um den formal ambitionierten Roman *Kindheitsmuster* (1976), in dem Christa Wolf sich mit der eigenen Kindheit im Nationalsozialismus befasst. Auf mehreren kunstvoll verknüpften Ebenen schildert sie eine 1971 in ihre polnische Heimatstadt unternommene Reise, konfrontiert dort ihre Erinnerungen mit der vorgefundenen Gegenwart und stellt auf einer dritten Ebene den Fortgang des Schreibprozesses und den historischen Hintergrund der Erzählzeit (1971–1975) dar. Wolfs Sichtweise, den Faschismus nicht als etwas durch den Sozialismus ein für alle Mal Überwundenes, sondern als Prägung zu begreifen, die auch in den folgenden Generationen weiterwirkt, war in der DDR ein Tabubruch. Ähnlichkeiten der gesellschaftlichen Ordnungen mit Aufmärschen uniformierter Jugendlicher wurden offensichtlich. Gleichwohl wurde Christa Wolf im Westen (etwa von Hans Mayer) vorgeworfen, in *Kindheitsmuster* die notwendige Auseinandersetzung mit dem Stalinismus versäumt zu haben.

In den für viele Intellektuelle deprimierenden Jahren der Stagnation nach der Biermann-Ausbürgerung im November 1976 intensivierte Christa Wolf ihre schon Anfang der Siebzigerjahre begonnene Beschäftigung mit der deutschen Romantik. Besonders die Frauenfiguren Bettina von Arnim und Karoline von Günderode gaben ein historisches Muster für die Außenseiterrolle der Intellektuellen und vor allem intellektueller Frauen ab. In Essays zu deren Leben und Werk, die subjektive Betroffenheit und germanistische Forscherleidenschaft eindrucksvoll verbinden, ergriff Christa Wolf engagiert Partei für die von der DDR-Germanistik als »krank« bezeichneten Dichter und untersuchte exemplarisch den »Zusammenhang von gesellschaftlicher Verzweiflung und Scheitern in der Literatur«. Das ist auch das Thema der Erzählung *Kein Ort. Nirgends* (1979), die eine Begegnung und ein Gespräch zwischen Heinrich von Kleist und Karoline von Günderode imaginiert. Für Christa Wolf war die Arbeit an diesem Buch und die Identifikation mit den Romantikerinnen »eine Art von Selbstrettung«. Nur in historischer Verfremdung war es möglich, über das Scheitern revolutionärer

Hoffnungen und das Herausfallen aus der Gesellschaft zu sprechen.

Die Hoffnung, die Christa Wolf auf weibliche Gegenmodelle zu männlicher, zerstörerischer Vernunft setzte, verstärkte sich noch in ihrer Erzählung *Kassandra* (1983) und den zugehörigen Frankfurter Poetik-Vorlesungen *Voraussetzungen einer Erzählung: Kassandra* (1983), die betont subjektive Formen wie Reisebericht, Tagebuch und Brief für eine akademische Veranstaltung nutzbar machten. Die Essayistik ist für Christa Wolf stets organischer Teil des Werks, der Übergang ist fließend. Ihre Essays sind so literarisch wie ihre Erzählungen essayistisch sind. Die Patriarchatskritik und die Hinwendung zur Mythologie der klassischen Antike ließen Kapitalismus und Sozialismus lediglich als verschiedene Ausformungen desselben Grundübels erscheinen – eine Ausrichtung, die *Kassandra* zur Pflichtlektüre der Friedens- und Frauenbewegung in Ost und West machte. Die Erzählung schildert den unaufhaltsamen Untergang Trojas aus der Sicht der Seherin Kassandra, die das Geschehen noch einmal vor ihrem inneren Auge ablaufen lässt, während sie zur Hinrichtung geführt wird. Als utopisches Gegenmodell zur erstarrten, vom Spitzelwesen zersetzten Gesellschaft und zur kriegerischen, männerdominierten Katastrophengeschichte erscheint eine unbestimmte matriarchale Urgemeinschaft als Höhlenreich archaischer Sinnlichkeit, wo gelacht, getanzt, gegessen und getrunken wird.

Die atomare Katastrophe und ihre subjektive Erlebbarkeit ist Gegenstand der Erzählung *Störfall – Nachrichten eines Tages* (1987). Entstanden in den Monaten nach der Reaktorkatastrophe von Tschernobyl im April 1986, erzählt Christa Wolfs Ich-Erzählerin darin vom Verlauf des Tages danach, den sie mit Gartenarbeit, Einkaufen, Telefonaten und mit Gedanken an ihren Bruder verbringt, der sich einer komplizierten Gehirntumoroperation unterziehen muss. Wissenschaft als vernichtende, apokalyptische Gewalt erhält mit der Medizin als lebensrettender Kraft einen notwendigen Gegenpol. Für die Erzählerin sind es aber die alltäglichen Verrichtungen und Gespräche, die das Weiterleben im Bewusstsein der Katastrophe ermöglichen. Die Kategorie der Aufrichtigkeit und das Verfahren der »subjektiven Authentizität« erfahren in diesem Moment eine letzte Radikalisierung, in dem sich ein globales Untergangsszenario und die Überschaubarkeit des persönliches Empfindens unvereinbar gegenüberstehen.

Der Rückzug ins Private und in den Nischenraum der Selbstvergesellschaftung, wie ihn DDR-Intellektuelle nach 1976 verbreitet praktizierten, fand seinen literarischen Ausdruck in der elegischen Erzählung *Sommerstück*, an der Christa Wolf schon 1977 zu arbeiten begonnen hatte. Als das Buch im Frühjahr 1989 erschien, las es sich wie ein Abgesang auf die zerfallende DDR. Trotz des idyllischen Gegenstands – die Erzählerin und ihr Freundeskreis verbringen gemeinsam die heißen Sommerwochen in einem mecklenburgischen Dorf – enthielt es die eingeschriebene Ahnung, dass es »so nicht weitergehen konnte«. Ausreise, Tod und Verfall bedrohen das friedliche Miteinander und machen das Idyll als historische Atempause kenntlich. Nur oberflächlich verschlüsselt sind hinter den Frauenfiguren die Schriftstellerkolleginnen Sarah Kirsch und Maxie Wander zu erkennen; Sarah Kirsch hat diesem Sommer in *Allerlei-Rauh* (1996) ihr eigenes literarisches Denkmal gesetzt.

Mit *Was bleibt* (1990) legte Christa Wolf kurz nach der Wende erneut eine Erzählung vor, deren Anfänge in die Siebzigerjahre zurückreichen, die sie aber in der DDR nicht hätte veröffentlichen können. Sie schildert darin die offensichtliche Überwachung durch die Stasi und das daraus resultierende Gefühl der Bedrohung, das sich bis in die alltäglichsten Verrichtungen erstreckt. Wieder einmal begnügt sie sich mit dem Geschehen eines einzigen Tages, der mit der Konfrontation mit Stasileuten in einem Auto vor ihrem Haus beginnt und mit einer strapaziösen Lesung vor stasidurchsetztem Publikum endet. An *Was bleibt* entzündete sich sofort eine heftige Debatte um Christa Wolfs Rolle in der DDR. Ihr wurde vorgehalten, sich damit zu Unrecht auf die Seite der Opfer mogeln zu wollen, wo sie doch eher als »Staatsdichterin« zu begreifen sei. Der Streit um die Teilhabe der Intellektuellen am Sozialismus in der DDR wurde exemplarisch an Christa Wolf ausgefochten, die sich stets loyal, aber – von den Fünfzigerjahren abgesehen – niemals unkritisch verhalten und großen Mut bewiesen hatte. Als im Frühjahr 1993 ihre frühen Stasikontakte publik wurden, verschärfte sich die Auseinandersetzung noch einmal. Sie reagierte darauf, indem sie ihre IM-Akte publizierte (*Akteneinsicht Christa Wolf*, 1993) und damit alle Spekulationen beendete. Auch die Veröffentlichung des Briefwechsels mit der Schriftstellerfreundin Brigitte Reimann (*Sei gegrüßt und lebe*, 1993) diente dazu, das Augenmerk von der Staatsrepräsentantin zurückzulenken auf die Bewohnerin eines Landes mit seinen alltäglichen Widersprüchen. Der Band *Auf dem Weg nach*

Tabou (1994) mit Essays, Tagebuchauszügen, Briefen, Gedichten und kleinen Prosastücken dokumentiert ebenso wie die Textsammlung *Hierzulande. Andernorts* (1998) ihre tiefe Verunsicherung nach der Wende, bedrohlichen Sprachverlust und das Bemühen, wieder Boden unter die Füße zu bekommen. Mit dem Roman *Medea. Stimmen* (1996) versuchte sie, noch einmal auf das in *Kassandra* erprobte Erfolgsmodell zurückzugreifen, sich mit einer prähistorischen Frauenfigur zu identifizieren und einen antiken Mythos »gegen den Strich« zu interpretieren. Medea wird bei Christa Wolf zum Opfer patriarchaler Überlieferung und einer Öffentlichkeit, die nach einem Sündenbock verlangt. Als Frau, die die Wahrheit nicht verschweigt und deshalb in ihrer Heimat nicht länger geduldet wird, geht Medea mit Jason ins westliche Korinth. Dort aber fällt sie als Fremde in Ungnade und wird des Mordes an ihren Kindern angeklagt. Im Osten Dissidentin, im Westen als Barbarin verachtete Repräsentantin ihres Herkunftslandes: Die Überschreibungen des historischen Stoffes mit der eigenen Situation sind nicht zu übersehen.

Die Erzählung *Leibhaftig* (2002) führt zurück in die letzten Monate der DDR. Christa Wolf blieb auch in diesem Buch ihrem Lebensthema – der Auseinandersetzung mit dem Sozialismus und seinem Scheitern und dem Konflikt zwischen Individuum und Gesellschaft – treu. Verschiedene Motive ihres Werkes spielt sie nun noch einmal durch. Krankheit erscheint, wie schon in *Nachdenken über Christa T.*, als Ausdruck gesellschaftlicher Fehlentwicklung. Die mit Christa Wolf identische Erzählerin liegt im Sommer 1988 nach einem Blinddarmdurchbruch mit lebensbedrohlicher Immunschwäche im Krankenhaus. In Fieberfantasien, Träumen, Kindheitserinnerungen und Reflexionen umkreist sie die Frage, warum der körperliche Zusammenbruch ausgerechnet in dem Augenblick erfolgte, in dem auch der Staat DDR seine Widerstandskraft verlor. »Die jahrzehntelange Inkubationszeit ist vorbei, jetzt bricht die Heilung aus, als schwere Krankheit«, heißt es schließlich. Damit ist die Erzählerin am Ende ihrer Reise durch die Vergangenheit doch noch in der Gegenwart angekommen.

Jörg Magenau

Werke: *In diesen Jahren, Deutsche Erzähler der Gegenwart*, Hg., Lpz. 1957; *Wir, unsere Zeit. Prosa und Gedichte aus zehn Jahren*, Hg., zus. m. G. Wolf, 2 Bde., Berlin 1959; *Proben junger Erzähler*, Hg., zus. m. H. Beseler, Lpz. 1959; *Moskauer Novelle*, Halle/S. 1961; *Der geteilte Himmel*, E., Halle/S. 1963; *Juri Kasakow: Larifari*, En., Hg., Berlin 1966; *Nachdenken über Christa T.*, Halle/S. 1968; *Anna Seghers, Glauben an Irdisches. Essays aus vier Jahrzehnten*, Hg., Lpz. 1969; *Lesen und Schreiben. Aufsätze und Betrachtungen*, Bln. 1972, erw. 1973, erhebl. erw. Ausg. als *Fortgesetzter Versuch. Aufsätze, Gespräche, Essays*, Lpz. 1979 (enthält nahezu alle wichtigen kleinen Schriften bis 1981), veränd., später erhebl. erw. westdt. Ausg. Darmst. 1972, 1980 und 1981; *Till Eulenspiegel*, E. für den F., zus. m. G. Wolf, Bln. 1972; *Unter den Linden. Drei unwahrscheinliche Geschichten*, Bln. 1974; *Gesammelte Erzählungen*, Darmst. 1974; *Kindheitsmuster*, Bln. 1976; *Karoline von Günderrode: Der Schatten eines Traumes. Gedichte, Prosa, Briefe, Zeugnisse von Zeitgenossen*, Hg., Bln. 1979; *Kein Ort. Nirgends*, Bln. 1979; *Gesammelte Erzählungen*, Darmst. 1980; *Geschlechtertausch. Drei Geschichten über die Umwandlung der Verhältnisse*, zus. m. Sarah Kirsch u. Irmtraud Morgner, Darmst. 1980; *Anna Seghers: Ausgewählte Erzählungen*, Hg., Darmst. 1983; *Kassandra. Vier Vorlesungen, eine Erzählung*, Bln. 1983; *Voraussetzungen einer Erzählung: Kassandra*, Darmst. 1983 (= Frankfurter Poetik-Vorlesungen); *Erzählungen*, Bln. 1985; *Ins Ungebundene gehet eine Sehnsucht. Gesprächsraum Romantik*, Pr., Ess., zus. m. G. Wolf, Bln. 1985; *Die Dimension des Autors. Essays und Aufsätze, Reden und Gespräche 1959–1985*, 2 Bde., Bln. 1986; *Störfall. Nachrichten eines Tages*, Bln. 1987; *Ansprachen*, Darmst. 1988; *Sommerstück*, Darmst. 1989; *Reden im Herbst. Dokumente und Nachweise*, Bln. 1990; *Im Dialog. Aktuelle Texte*, Ffm. 1990; *Was bleibt*, E., Ffm. 1990; *Sei gegrüßt und lebe. Eine Freundschaft in Briefen 1964–1973*, zus. m. Brigitte Reimann, Bln. 1993; *Auf dem Weg nach Tabou. Texte 1990–1994*, Köln 1994; *Was nicht in den Tagebüchern steht*, G., m. Grafiken v. Helga Schröder, Bln. 1995; *Monsieur, wir finden uns wieder*, Briefwechsel mit Franz Fühmann 1968–1984, Bln. 1995; *Unsere Freunde, die Maler*, zus. m. Gerhard Wolf, hg. v. Peter Böthig, Bln. 1995; *Medea. Stimmen*, R., Mü. 1996, *Hierzulande. Andernorts*, E. und andere Texte, Mü. 1998; *Im Stein*, E., m. Grafiken v. Helge Leiberg, Mü. 1998; *Wüstenfahrt*, E., m. Grafiken v. Günther Uecker, Bln. 1999; *Leibhaftig*, E., Mü. 2002.

Wolf, Ror (Pseudonym Raoul Tranchirer), wurde am 29. 6. 1932 in Saalfeld in Thüringen geboren. Nach dem Abitur 1951 arbeitete er als Bauarbeiter, bis er 1953 in die Bundesrepublik übersiedelte. In Stuttgart schlug er sich als Vertreter, Hilfsarbeiter und Büroangestellter durch. Seit 1954 studierte er Germanistik, Soziologie und Philosophie in Hamburg und Frankfurt. Seine ersten Texte veröffentlichte er in der Frankfurter Studentenzeitung »diskus«, an der er von 1959 bis 1961 auch als Feuilletonredakteur tätig war. Von 1961 bis 1963 arbeitete er als Rundfunkredakteur beim Hessischen Rundfunk; danach widmete er sich ganz der eigenen literarischen Arbeit. Ror Wolf verbrachte einige

Jahre in der Schweiz; heute lebt er in Wiesbaden.
1965 erhielt Wolf den Förderpreis des Niedersächsischen Kunstpreises, 1971 wurde er mit einem Stipendium des Berliner Senats ausgezeichnet. 1976 ging er als »writer-in-residence« an die University of Warwick (England). 1983 erhielt er den Hessischen Kulturpreis, 1988 den Marburger Literaturpreis sowie den Hörspielpreis der Kriegsblinden, 1991 den »Schwarzen Peter«, einen Preis für groteske Literatur vom Literaturbüro Nordrhein-Westfalen, 1992 den Frankfurter Hörspielpreis und den Bremer Literaturpreis, 1996 den Heimito-von-Doderer-Preis, 1997 den Staatspreis des Landes Rheinland-Pfalz, 2003 den Großen Literaturpreis der Bayerischen Akademie der Schönen Künste.
Wolf zählt zu den wenigen experimentellen Autoren, die traditionelle Erzählmuster demontieren und gleichzeitig Raum für Anteilnahme und Fantasie des Lesers lassen. So frei er mit der Sprache umgeht, benutzt er sie doch niemals als pures Buchstabenmaterial. Der Effekt seiner Texte nutzt sich daher kaum ab, sie sind nicht einfach zu »begreifen« und damit erledigt. In seinem ersten Prosaband *Fortsetzung des Berichts* (1964) erweist sich Wolf als eigenständiger Sprachkünstler von großer Virtuosität. Ein tänzelnder Duktus vermag bis in die Satzkonstruktionen hinein das Ungefähre und Korrigierbare, das Vage und Widersprüchliche menschlichen Sprechbemühens aufzuzeigen. In einer raffinierten Mischung aus zweifelnd-zögerlichem Wortgebrauch und barock-ornamentaler Formuliervielfalt kreist der Text um Vorgänge der Nahrungsaufnahme. Die konkrete Beschreibung gleitet immer wieder in eine surreale Szenerie über, die zum Hohn auf das bürgerliche Individuum und seine vermeintliche Unverwechselbarkeit von gesichtslosen Menschenlarven bevölkert und mit sonderbaren Insekten, wuchernden Pflanzen, Krankheiten und Ekel erregendem Verfall durchsetzt ist – eine Szenerie, in deren Fugen Verbrechen und verdrängte Sexualität lauern.
Die beiden Haupt- und Titelfiguren des zweiten Buches, *Pilzer und Pelzer* (1967, erw. 1978), einer als »Abenteuerserie« bezeichneten Sammlung kurzer Prosastücke, sind keine fest umrissenen Helden. Ihre Konturen verfließen; sie sind Gegenspieler, Zwillingsgeburten, Vexierbilder. In der Fußball-Collage *Punkt ist Punkt* (1971, erw. 1973) setzt Wolf ganz auf den Reiz des Zitats und des ausgeklügelten Arrangements von »Fundstücken aus meiner Umwelt« (Wolf in einer poetologischen Skizze *Meine Voraussetzungen*). Die späten Bücher *Die heiße Luft der Spiele* (1980) und *Das nächste Spiel ist immer das schwerste* (1982) setzen Thema und Methode fort, ohne jedoch zu neuen Ergebnissen zu gelangen. Auch *Die Gefährlichkeit der großen Ebene* (1976) machte schon die Gefahr bewusst, der jedes noch so bravouröse Schreibverfahren unterliegen kann: die der Erschöpfung. Das Prosastück, ironisch als »Reise-Roman« bezeichnet, wirkt fast wie eine Selbstparodie.
Als Meister der finsteren Moritat und der erhellenden Parodie, des bodenlosen Sprachspiels und des höheren Blödsinns, der verbalen Erotik und erotischer Wortlust erweist sich Wolf dagegen erneut in dem Gedichtzyklus *hans waldmanns abenteuer* (1985), an dem er ein Vierteljahrhundert gearbeitet hat und von dem unter dem Titel *mein famili* (1986, erw. 1971) schon einmal Auszüge erschienen sind – ursprünglich unter dem Pseudonym Raoul Tranchirer. Wolfs große, alphabetisch geordnete Textcollage *Raoul Tranchirers vielseitiger großer Ratschläger für alle Fälle der Welt* (1983) bildet einen ebenso erstaunlichen wie ergötzlichen Ausflug in die Vorstellungswelt des deutschen Bürgertums vor der Jahrhundertwende. Der Name Tranchirer mit seinem Anklang ans Tranchieren, also Zerlegen und Zerschneiden, deutet auf die Arbeitsweise Wolfs hin – übrigens nicht nur text-, sondern auch bildbezogen. Beide Bücher enthalten grafische Collagen des Autors. 1993 erschien eine erweiterte Fassung des *Ratschlägers.*
Ein weiteres Lexikon voller Skurrilitäten und prächtiger Bildcollagen aus fast zwanzig Jahren Wolfscher Weltbetrachtung erschien 2002 unter dem Titel *Raoul Tranchirers Enzyklopädie für unerschrockene Leser und ihre überschaubaren Folgen 1983–2002*, in dem laut Untertitel »Essays & Kritiken, Reste aus dem Stichwortleben sowie 80 neue Bildcollagen« zu finden sind, ein alphabetisches Verzeichnis eigenwilliger Realitätspartikel, die dieser »Vivisekteur unseres Unbehagens in Kultur und Natur« (Andreas Nentwich) zusammengestell hat.

Volker Hage

Werke: *Fortsetzung des Berichts*, R., Ffm. 1964; *Das Lexikon der feinen Sitte*, zus. m. K. Riha, Ffm. 1964; *Pilzer und Pelzer*, R., Ffm. 1967; *mein famili. 12 moritaten und collagen*, Steinbach 1968; *Danke schön. Nichts zu danken* Pr.-Slg., Ffm. 1969; *Jakob von Gunten*, Drehb., n. Robert Walser, zus. m. Peter Lilienthal, 1971; *Punkt ist Punkt. Fußball-Spiele*, Ffm. 1971; *Auf der Suche nach Dr. Q. 1: Der Chinese am Fenster*, Hsp., WDR/HR 1971; *mein famili. sämtliche moritaten von raoul tranchirer. mit collagen des autors*, Ffm. 1971; *Die heiße Luft der Spiele*, Hsp., SDR 1972; *Auf der Suche nach Dr. Q. 2: Die überzeugenden Vor-

teile des Abends, Hsp., WDR/BR 1973; *Die Stunde der Wahrheit*, Hsp., HR 1974; *Keep out*, Fssp., 1975; *Auf der Suche nach Dr. Q. 3: Reise in die Luft in 67 Minuten und 15 Sekunden*, Hsp., HR/WDR 1976; *Auf der Suche nach Doktor Q.*, Hsp.-Tril., gedr. Ffm. 1976; *Die Gefährlichkeit der großen Ebene*, R., Ffm. 1976; *Der Ball ist rund*, Hsp., HR 1978; *Rückblick auf große Tage*, Hsp., HR 1978; *Schwierigkeiten beim Umschalten*, Hsp., HR 1978; *Merkwürdige Entscheidungen*, Hsp., HR 1978; *Die alten Zeiten sind vorbei*, Hsp., HR 1979; *Die Einsamkeit des Meeresgrundes*, Hsp., WDR/SDR 1979; *Cordoba Juni 13.45 Uhr*, Hsp., HR 1979; *Die heiße Luft der Spiele. Prosa und anderes*, Ffm. 1980; *Das nächste Spiel ist immer das schwerste*, Pr. u. G., Königst./Ts. 1982; *Raoul Tranchirers vielseitiger Ratschläger für alle Fälle der Welt*, Gießen 1983; *Bananen-Heinz*, Hsp., HR 1983; *hans waldmanns abenteuer. moritaten, balladen und andere gedichte*, Zür. 1985; *Leben und Tod des Kornettisten Bix Beiderbecke aus Nord-Amerika*, Hsp., SWF/HR/NDR/WDR 1986, gedr. Ffm. 2000, Schpl., 2000; *Mehrere Männer. Zweiundachtzig ziemlich kurze Geschichten, zwölf Collagen und eine längere Reise*, Darmst. 1987; *Pilzer und Pelzer*, vollst. Neuausg. m. Bildcollagen, Darmst. 1988; *Mitteilungen an Ratlose*, Pr., Zür. 1988; *Ausflug an den vorläufigen Rand der Dinge. Prosa 1957–1976 mit Bildcollagen*, Darmst. 1988; *Raoul Tranchirers Welt- und Wirklichkeitslehre aus dem Reich des Fleisches, der Erde, der Luft, des Wassers und der Gefühle*, Gießen 1990; *Das Blinzeln des magischen Auges*, Hsp., HR/SR 1990; *Nachrichten aus der bewohnten Welt*, R. u. Pr., Ffm. 1991; *Tranchirers letzte Gedanken über die Vermehrung der Lust und des Schreckens*, Gießen 1994; *Danke schön. Nichts zu danken*, Ffm. 1995; *Aussichten auf neue Erlebnisse. Moritaten, Balladen & andere Gedichte*, Ffm. 1996; *Werke in sechs Bänden, mit Zusatzband: Anfang & vorläufiges Ende. 91 Ansichten über den Schriftsteller Ror Wolf*, Ffm. 1996 ff.; *Die Durchquerung der Tiefe in dreizehn dunklen Kapiteln*, Hsp., SWF/DLF/HR 1997; *Jahrbuch der Lyrik 1997/98*, Hg., zus. m. Christoph Buchwald, Mü. 1997; *Radio-Reisen. 6 Hörspieltexte, 2 Aufsätze & 1 CD*, Ffm. 2000; *Mehrere Männer – einige ziemlich kurze Geschichten*, Hsp., SWR 2001; *Raoul Tranchireres Enzyklopädie für unerschrockene Leser & und ihre überschaubaren Folgen 1983–2002. Essays & Kritiken, Reste aus dem Stichwortleben und 80 neue Bildcollagen*, Ffm. 2002.

Wölfel, Ursula, wurde am 16. 9. 1922 in Duisburg-Hamborn im Ruhrgebiet geboren und wuchs dort auf. Von 1941 bis 1942 studierte sie in Heidelberg Germanistik, Philosophie, Psychologie und Geschichte. 1943 heiratete sie den Architekten Heinrich Wölfel. Ihr Mann fiel im letzten Kriegsjahr, sie zog ihre 1944 geborene Tochter Bettina allein groß. Bettina Wölfel wurde Grafikerin und illustrierte zahlreiche Publikationen ihrer Mutter. Nach dem Krieg war Ursula Wölfel ein Jahr Schulhelferin im Odenwald und absolvierte dann die Lehrerausbildung am damaligen Pädagogischen Institut Jugenheim/Bergstraße. Dort war sie von 1951 bis 1954 Hilfsassistentin für Pädagogik. Parallel dazu setzte sie ihr Germanistikstudium in Frankfurt am Main fort und studierte außerdem Kunstgeschichte und Pädagogik. Von 1955 bis 1958 arbeitete sie als Sonderschullehrerin in Darmstadt, 1960 als wissenschaftliche Assistentin an der Forschungsstelle für Jugendliteratur und Jungleserkunde in Jugenheim. Seit 1961 ist Ursula Wölfel freie Schriftstellerin und seit 1972 Mitglied des P.E.N.-Zentrums der Bundesrepublik. 1962 erhielt sie den Deutschen Jugendliteraturpreis, 1972 den Österreichischen Förderpreis für Jugendliteratur und 1991 den Sonderpreis des Deutschen Jugendliteraturpreises für das Gesamtwerk. Mehrfach standen ihre Bücher auf der Ehrenliste des Hans-Christian-Andersen-Preises. Heute lebt Ursula Wölfel im Odenwald.

Wölfels Werk zeichnet sich durch thematische und formale Vielfalt ebenso aus wie durch sprachliche Genauigkeit und poetische Sensibilität. Zugleich ist es auf hohem Niveau kritisch-reflexiv, politisch und moralisch engagiert. Wölfel hat für alle Altersstufen und in diversen Genres geschrieben: Fibeln und ABC-Bücher, ein Theaterstück und Skizzen zu szenischen Spielen, ein Sachbuch (*Warum-Geschichten*, 1971), Bilderbucherzählungen, Kürzestgeschichten und historische Romane. In ihren frühen Erzählungen für Kinder im Vor- und Grundschulalter nimmt sie sich der Außenseiter und einsamen Kinder an. Mithilfe einer überwiegend freundlichen Umwelt, vor allem aber aus eigener Kraft gelingt es den Kindern, ihre Lebenskrisen zu meistern. Geschickt setzt die Autorin traditionelle Motive und Symbole aus der Bilderwelt der Kindheit und der Reifungskrisen ein – Garten und Mauer, Insel und Hütte, Abschied, Reiseabenteuer und glückliche Heimkehr. Die Erzählungen *Die grauen und die grünen Felder* (1970) markieren in Wölfels Werk wie in der Geschichte der Kinder- und Jugendliteratur den Aufbruch in eine neue Phase des politischen Engagements und des literarischen Realismus. Sie greift bislang tabuisierte Themen auf – die geistige Behinderung eines Kindes, den Alkoholismus einer Mutter, Kindheit im Vietnamkrieg und unter den Bedingungen südafrikanischer Apartheid. Mit seinem Lakonismus und dem Verzicht auf ein gutes Ende stößt das Buch auch formal in kinderliterarisches Neuland vor.

Neben diesen sehr ernsten Erzählungen begründete Ursula Wölfel ein eigenes Genre von Mini-Geschichten, die zum Lachen, zum Nach- und

Umdenken anregen (*Suppen-* und *Lachgeschichten* 1968, 1969; *Verrückte Geschichten*, 1974; *Geschichten von Tante Mila*, 1977; *Winzige Geschichten*, 1986). Mit ausgeprägtem Sinn für Alltagskomik greift die Autorin Themen des Kinderlebens auf, spielt mit Motiven der verkehrten Welt, stellt traditionelle Kinderstuben-Werte und Tugenden infrage und entwirft Bilder neuer Beziehungen zwischen Kindern und Erwachsenen. Sie erweist sich als intime Kennerin der Lachlust und Albernheit, der Wunsch- und Fantasiewelten von Kindern. Die Kindererzählungen und die kleinen Geschichten gehören zum Kanon des Literaturunterrichts in der Grundschule.

Andere Erzählungen und Romane überschreiten die Grenzen adressatenspezifischer Literatur. *Mond Mond Mond* (1962) ist eines der ersten deutschsprachigen Kinderbücher zur nationalsozialistischen Vernichtungspolitik. Es ist der Verfolgung und Ermordung der Sinti gewidmet, lange bevor deren Schicksal im Dritten Reich ins Bewusstsein der breiteren bundesdeutschen Öffentlichkeit gelangte. Wölfel erzählt die Geschichte eines Versäumnisses mit tödlichen Folgen, einer späten Erinnerungsarbeit und Heilungskrise aus der Perspektive eines Sinti-Mädchens. Die historische Dimension und das Wissen über das Denken und die Lebensweise der Sinti sind unaufdringlich in die farbige Erzählung einbezogen. Das subtile poetische Spiel mit den Symbolen des Weges und des Mondes als Gestirn der Fahrenden, mit den Märchenmotiven des Schlüssels, des Tors und des Gartens erlaubt Lesarten auf unterschiedlichen Entwicklungsniveaus. In *Jacob* (1980), einem episoden- und figurenreichen Roman, griff Wölfel damals aktuelle Impulse der Diskussion über das historische Erzählen auf – Geschichte »von unten«, Alltagsgeschichte, Geschichte der verdrängten demokratischen Tradition in Deutschland. Sie verknüpft individuelle Lebensgeschichte und Epochendarstellung, reflektiert Erinnerungszeit und erinnerte Zeit.

Die Glückskarte (1987) erzählt von den Generationenkonflikten einer reich gewordenen Druckerfamilie des späten 19. Jahrhunderts. Auch hier gelingt es Wölfel, die Vermittlung von Sachwissen mit differenzierter Figurenzeichnung und elementarer Symbolik zu verschmelzen. Während *Die Glückskarte* novellistisch komprimiert ist, malt der Roman *Ein Haus für alle* (1991) ein breites historisches Panorama zwischen 1904 und 1945, zwischen Jugendbewegung und Nationalsozialismus. Erzählt wird von einer Gruppe von Freunden und ihren politischen und familiären Schicksalen. Im Mittelpunkt steht der Konflikt um ein geistig behindertes Kind, das von seinem nationalsozialistischen Vater dem Euthanasieprogramm überantwortet würde, gelänge es nicht seiner Mutter, seinen Geschwistern und den anderen Freunden, das Kind zu retten.

Gundel Mattenklott

Werke: *Fliegender Stern*, Düsseld. 1959; *Der rote Rächer und die glücklichen Kinder*, Düsseld. 1959; *Sinchen hinter der Mauer*, Düsseld. 1960; *Feuerschuh und Windsandale* Düsseldorf 1961; *Mond Mond Mond*, Düsseld. 1962; *Der Herr Wendelin*, Düsseld. 1963; *Julius*, Düsseld. 1964; *Joschis Garten*, Düsseld. 1965; *Das goldene ABC*, Bilderb., m. Illustr. v. K. Reich, Düsseld. 1966; *Wunderbare Sachen*, Fibel, m. Illustr. v. L. Fromm, Düsseld. 1966; *Siebenundzwanzig Suppengeschichten*, m. Illustr. v. Bettina Wölfel, Düsseld. 1968; *Achtundzwanzig Lachgeschichten*, m. Illustr. v. B. Wölfel, Düsseld. 1969; *Das Wundertor. Bilderbuch zum Lesenlernen*, m. Illustr. v. L. Fromm, Düsseld. 1969; *Das blaue Wagilö*, Bilderb., m. Illustr. v. B. Wölfel, Düsseld. 1969; *Die grauen und die grünen Felder*, Mülheim a. d. Ruhr 1970; *Erde, unser schöner Stern*, m. Illustr. v. S. Zavrel, Düsseld. 1971; *Sechzehn Warum-Geschichten von den Menschen*, Düsseld. 1971; *Nebenan wohnt Manuel. Geschichten für das erste Lesealter*, Düsseld. 1972; *Du wärst der Pienek. Spielgeschichten, Spielentwürfe, Spielideen*, Kevelaer 1973; *Ein Tapir im Dorf. Zweisprachiges Bilderbuch*, m. Illustr. v. B. Wölfel, Düsseld. 1973; *Neunundzwanzig verrückte Geschichten*, m. Illustr. v. B. Wölfel, Düsseld. 1974; *Dreißig Geschichten von Tante Mila*, m. Illustr. v. B. Wölfel, Düsseld. 1977; *Ein Käfig für den gelben Vogel. Kindertheater-Stück*, Modautal-Neunkirchen 1979; *Jacob, der ein Kartoffelbergwerk träumte. Nacherzähltes aus seinem Leben 1832–1854*, Modautal-Neunkirchen 1980; *Eine und sechsundzwanzig ABC-Geschichten*, m. Illustr. v. B. Wölfel, Düsseld. 1981; *Bruder Franz von Assisi*, Bilderb, m. Illustr. v. A. Bolliger-Savelli, Düsseld. 1981; *Hinter dem Hügel*, Bilderb., m. Illustr. v. S. Yano, Düsseld. 1985; *Winzige Geschichten*, m. Illustr. v. B. Wölfel, Düsseld. 1986; *Die Glückskarte*, Düsseld. 1987; *Vom Morgen bis zum Abend*, Fotobd., m. Illustr. v. B. Wölfel, Düsseld. 1987; *Hannas Reise*, Bilderb., m. Illustr. v. B. Wölfel, Düsseld. 1989; *Ein Haus für alle*, R., Stg. 1991; *Morgenkind, Bilder-Vorlesegeschichten*, m. Illustr. v. B. Wölfel, Stg., Wien 1997.

Wolff, Claudia, wurde am 29. 7. 1941 in Nürnberg geboren. Sie studierte Literaturwissenschaft und Philosophie in Heidelberg und Wien. Neben dem Studium schrieb sie für das Heidelberger »Tageblatt« und gestaltete als Redakteurin die Studentenzeitung »forum academicum« mit. Seit 1965 arbeitet sie als freie Autorin vor allem für den Hörfunk. Neben zahlreichen Radiofeatures und -essays hat sie regelmäßig aktuelle Kommentare und Glossen verfasst. Claudia Wolff ist Mitglied der Akademie der Künste Berlin-Brandenburg. Sie lebt in Heidelberg. 1981 erhielt sie den Deutschen Preis für Denkmalschutz für das Feature *Ach Heidelberg. Über die Verstörung eines Stadtgefühls*, 1984 den Ernst-Reuter-Preis für das Feature *Ein feste Burg auf Weltniveau. Martin Luthers Heimholung in die Deutsche Demokratische Republik*.

Als politische Essayistin und Feature-Autorin hat Claudia Wolff sich intensiv mit zeitgeschichtlichen Themen und mit der jüngeren deutschen Vergangenheit auseinander gesetzt. Dabei sind ihre Radiostücke häufig von einem sprachkritischen Ansatz geprägt. Ihre erste größere Hörfunk-Arbeit, der Essay *Die stille Kraft des Ganzen* (1965), galt dem Fortbestand des NS-Jargons in der deutschen Nachkriegsgermanistik. Auch die in dem Band *Staatsgemütlichkeit* (1986) versammelten kürzeren Radiotexte zeugen von dem Interesse, »die Sprache des Herrenmenschen, die Sprache des völkischen Überlegenheitswahns, die Verdrängungssprache der deutschen Normalität« zu entlarven (*Israel, Beirut und die Deutschen*, WDR 1982). Viele ihrer Kommentare, in denen sie an aktuelle Debatten oder Skandale (*Der Lauschangriff auf die Anwälte in Stammheim*, WDR 1977; *Bergen-Belsen/Bitburg: Nachrede auf ein Begängnis*, WDR 1985; *Der Skandal-Betrieb und wir Mitmacher. Also Walser mal wieder*, WDR 2002) und an alltägliche Beobachtungen anknüpft (*Der Zweite Weltkrieg bei TIME/LIFE*, WDR 1981; *Angela versus Kunigunde. Ein von Kleist inspirierter Blick auf Frau Merkel*, WDR 2000), wurden im »Kritischen Tagebuch«, einem politischen Feuilleton des WDR-Hörfunks, gesendet, dem Claudia Wolff als Autorin bis heute verbunden ist. In mehreren Radiofeatures schilderte sie, im Blick auf die nationalsozialistische Diktatur und auf das geteilte Deutschland, die ideologische Vereinnahmung symbolträchtiger Persönlichkeiten und historischer Schauplätze (*Faust. Der Tragödie dritter Teil. Vom Kampf um das kulturelle Erbe im real existierenden Sozialismus*, 1979; *Ein feste Burg auf Weltniveau*, 1983; *Weimar unser. Am Hauptort einer abgestürzten Utopie*, 1992). Das Feature *Berlin, Prinz-Albrecht-Straße 8* (1986) geht der Frage nach, wie an einer früheren Machtzentrale der NS-Herrschaft der Erinnerung eine angemessene Form gegeben werden kann. Zweifel an alten Gewissheiten des Antifaschismus, die sie unter anderem anlässlich der Debatte um die angebliche NS-Vergangenheit des österreichischen Präsidentschaftskandidaten Kurt Waldheim artikulierte (*So unschuldig wie der Präsident ist nicht einmal das Volk*, 1986), führten dazu, dass sich Claudia Wolff seit Mitte der Achtzigerjahre zunehmend Widersprüchen und Denkverboten innerhalb der (west)deutschen Linken zugewandt hat. In ihrem Feature *Mengeles Kiefer. Klarsfelds Küche* (1988) besichtigt sie den »Verschleiß der Erinnerung« und stellt fest, dass die Auseinandersetzung mit den Verbrechen des Dritten Reiches vielfach zum Ritual erstarrt sei und das Beharren auf deren Einzigartigkeit die »Aufklärer« nicht selten daran hindere, anderes Unrecht wahrzunehmen.

Der »Reflexion von Brüchen, Ambivalenzen, Aporien« des eigenen Milieus und dem Versuch, »ironische Distanz zu sich selbst und zu den alten Rollen« zu gewinnen (*35 Jahre Kritisches Tagebuch*, WDR 2002), hat Wolff eine Reihe von Stücken gewidmet. *Krise und Kränkung* (1991) führt das Unvermögen westdeutscher Intellektueller vor, die Nachwende-Situation im Osten jenseits überkommener Deutungsmuster zu begreifen. *Ernstfall: Ein Traum von ihm* (1995) versammelt zeitgenössische und in Erinnerung gerufene Stimmen, von Botho Strauß und Heiner Müller bis Friedrich Nietzsche und Thomas Mann, die angesichts des Jugoslawienkrieges eine Krise des Liberalismus beschwören. *Bomben auf Belgrad* (1999) zeichnet die Kehrtwende von Teilen der deutschen Linken im Zuge des NATO-Einsatzes auf dem Balkan nach und stellt heraus, dass die Linke keine eindeutigen Lehren mehr aus den NS-Verbrechen zu ziehen vermag. Auf diese berufen sich nun Kriegsgegner wie Kriegsbefürworter.

In dem Hörspiel *Die Familie Schroffenstein oder: Der Bürgerkrieg* (1994) hat Claudia Wolff das Kleistsche Jugenddrama über eine Familienfehde mit den Medienberichten und publizistischen Deutungsversuchen zum Balkankrieg überblendet. Mehrere ihrer Features stellen legendäre Künstlerpersönlichkeiten, deren Selbstverständnis und die Zuschreibungen der Zeitgenossen dar (*Die Duse – Schmerzensgöttin der Jahrhundertwende*, 1990; *Cosima Wagner, geborene Liszt, geschiedene von Bülow*, 1998). Unter ihnen ragt das Stück über Maria Callas heraus (*Die Callas. Beschreibung einer Leidenschaft*, 1987), Claudia Wolffs meistgesendetes Radiofeature und zugleich eines ihrer persönlichsten. Die Autorin erfindet sich ein skeptisches Gegenüber und inszeniert ein Gespräch über den Callas-Mythos, den Callas-Ton und die eigene Faszination. Die dialogische Struktur und das Zusammenspiel von Subjektivität und sprachlicher Distanzierung sind kennzeichnend für viele ihrer Stücke.

Claudia Wolffs Features sind kunstvoll arrangierte Selbstgespräche, verteilt auf verschiedene Rollen und – davon unabhängig – mehrere Sprecher, dabei jedoch meist zurückgebunden an eine einzelne Erzählinstanz, die den Disput konjunktivisch referiert. Zitate und Originaltöne sind, oft in kleinsten Partikeln, dem Duktus des Textes folgend eingefügt. Fast jedes Stück enthält ein selbstreflexives Moment, durch das die Autorin ihre Zugehörigkeit zum betrachteten Milieu oder die Unabgeschlossenheit des eigenen Urteils signalisiert. Nirgends tritt diese biografische Perspektive so stark in den Vordergrund wie in dem Feature *Im Abstammungsglück* (2001), welches das Sterben des Vaters, das Altern der Mutter und die Erwartung des eigenen Alters einem unsentimentalen Blick aussetzt.

Frank Kaspar

Werke: *Die stille Kraft des Ganzen. Jargon und Tendenz völkischer Germanistik*, Radio-Ess., RB 1965; *Zum Beispiel Wertkauf. Nachrichten aus einem Einkaufsparadies*, Feat., WDR/SFB/RB 1973; *Gänge durch Bayreuth. Ein historisch-kritischer Festspielführer, angefertigt im 99. Festspieljahr*, zus. m. Horst Taubmann, Feat., WDR/SDR/SFB/RB 1975; *Faust. Der Tragödie dritter Teil. Vom Kampf um das kulturelle Erbe im real existierenden Sozialismus*, Feat., WDR/SDR/SFB 1979; *»Die Wahrheit ist immer konkret«. Erfahrungen in Israel*, Feat., WDR/SDR/SFB/RB 1979; *Ach Heidelberg. Über die Verstörung eines Stadtgefühls*, Feat., WDR/SFB/SDR/NDR 1981; *Ein feste Burg auf Weltniveau. Martin Luthers Heimholung in die Deutsche Demokratische Republik*, Feat., WDR/SDR/SFB/RB 1983; *Die Enteignung des Verstandes. Ausflüge in die Psycho-Szene*, Feat., SDR/WDR/SFB/NDR 1983; *Fahr zu, o Mensch! treib's auf die Spitze. Zur Geschichte der Kritik an Industrie, Zivilisation, Fortschritt*, Feat., WDR/SDR/SFB/RB 1984; *Berlin, Prinz-Albrecht-Straße 8: Zugeschüttet und wiedergefunden. Vom Umgang mit einem zentralen Ort der NS-Herrschaft*, Feat., WDR/SDR/SFB/RB 1986; *So unschuldig wie der Präsident ist nicht einmal das Volk – Österreich. Ein Bericht über die Schwierigkeiten einer späten Erregung*, Feat., WDR/SFB/SDR/RB 1986; *Staatsgemütlichkeit: Auch Zwischenlagen. Kommentare, Glossen, Essays, Radio-Texte aus zehn Jahren*, Gött. 1986; *Die Callas. Beschreibung einer Leidenschaft*, Feat., SDR/NDR/WDR/SFB 1987; *Mengeles Kiefer. Klarsfelds Küche. Skizzen zum Verschleiß der Erinnerung. Ein Stück für uns Aufklärer*, Feat., WDR/SFB/SDR/NDR 1988; *Einmarsch, Jubel, Totschlag, Unschuld – z.B. Innsbruck 1938. Historisch-kritische Unterhaltung in Österreich zum 50. Jahrestag des deutschen Einmarsches*, Feat., WDR/SDR/SFB/RB 1988; *Wieso spricht man hier Deutsch? Südtirol – Lektionen über einen Nationalitätenkonflikt*, Feat., WDR/SDR/SFB/NDR 1989; *Die Duse – Schmerzensgöttin der Jahrhundertwende. Ein Historienstück*, Feat., SDR/BR/NDR/WDR/SFB 1990; *Krise und Kränkung. Die kritische Intelligenz – Skizzen zur linksdeutschen Selbstaufklärung*, Feat., WDR/NDR/SDR/SFB 1991; *Weimar unser. Am Hauptort einer abgestürzten Utopie*, Feat., SFB/WDR/SDR/NDR 1992; *Die Familie Schroffenstein oder: Der Bürgerkrieg. Dem Heinrich von Kleist aufs neue nacherzählt*, Hsp., BR/NDR/WDR/SFB 1994; *Ernstfall: ein Traum von ihm. Die Talkshow zur Krise der Werte*, Feat., WDR/SDR/SFB 1995; *Zugeben, Gestehen, Bekennen. Erkundungen über eine Lohn-Arbeit*, Feat., SFB/SDR/WDR 1997; *Cosima Wagner, geborene Liszt, geschiedene von Bülow. Eine maßvoll genervte Hommage*, Feat., SDR/SFB/NDR/WDR 1998; *Bomben auf Belgrad. Die deutsche Geschichtslehranstalt verwirrt ihre Kinder*, Feat., WDR 1999; *Im Abstammungsglück. Greise Szenen*, Feat., WDR/SWR/DLF/SFB/ORB 2001.

Wolfgruber, Gernot, wurde am 20. 12. 1944 im niederösterreichischen Gmünd als Sohn einer Soldatenwitwe geboren. Seine anfängliche schulische und berufliche Entwicklung ist charakteristisch für den Werdegang regional und gesellschaftlich Deklassierter: Nach dem Hauptschulabschluss begann er eine Lehre, die er jedoch nicht beendete. Anschließend war er als Hilfsarbeiter tätig, danach als Programmierer. 1968 absolvierte Wolfgruber als Externer das Abitur, wodurch es ihm möglich wurde, aus dem ihm vorgezeichneten Bildungs- und Lebensweg auszubrechen. 1968 bis 1974 studierte er Politologie und Publizistik in Wien, wo er seit 1975 als freier Autor lebt. Im selben Jahr erhielt er den Preis der Theodor-Körner-Stiftung zur Förderung von Wissenschaft und Kunst.

Schon in seinem autobiografisch geprägten, von der Kritik wegen des hohen Grads an Authentizität begeistert aufgenommenen Romandebüt *Auf freiem Fuß* (1975) schlägt Wolfgruber sein Grundthema an: das zwangsläufige Scheitern eines männlichen Protagonisten bei seinem Bemühen, selbstbestimmt zu leben. Das Selbstverwirklichungsstreben des Ich-Erzählers, eines in provinzieller und familiärer Enge lebenden Lehrlings, ist aufgrund der inhumanen, von den kapitalistischen Produktions- und Herrschaftsverhältnissen bestimmten Lebens- und Bewusstseinsformen von Anfang an zum Misslingen verurteilt. Zwar durchschaut er den Zusammenhang zwischen den Produktionsverhältnissen und der Unterdrückung freier Lebensgestaltung, etwa wenn er über die Schichtarbeit in einer Glasfabrik feststellt, dass sie »die Orte, die Häuser, die Familien, die einzelnen Menschen« zerteilt, aber das über Sprachschablonen vermittelte, auf Verzicht getrimmte »Untertanenbewusstsein« (»Man kann nicht alles auf einmal haben, dachte ich«) ist in ihm bereits so verfestigt, dass jegliches Aufbegehren scheitern muss, weil es das Finden einer individuellen, das Formulieren eigener Sehnsüchte ermöglichenden Sprache erst gar nicht zulässt: »Ich würde einen Beruf erlernen (...) Reden war da nicht notwendig.« Wie sprach- und damit hilflos der Ich-Erzähler ist, zeigt sich v.a. daran, dass er sich bei seinen Entwürfen eines Wunsch-Ichs ausschließlich auf medial vermittelte Vorbilder (Zeitschriften, Kino) bezieht. So stellen auch die kleinen Einbrüche, die er mit Freunden nach dem Verlust seiner Lehrstelle und der Arbeit in einer Glasfabrik begeht, keine wirklich selbstbestimmten Handlungen dar: Sie sind lediglich Imitate von Kriminalfilmen. *Auf freiem Fuß* endet konsequent mit dem Ende jeglicher Möglichkeit auf Selbstbestimmung: Nach dem Verbüßen einer Haftstrafe kehrt der Ich-Erzähler als Stigmatisierter in seinen Heimatort zurück; selbst alte Bekannte wenden sich von ihm ab.

Auch Bruno Melzer, die Hauptfigur von Wolfgrubers zweitem Roman *Herrenjahre* (1976), will kein dumpfes Kleinbürgerdasein fristen; er möchte »alles anders machen«, sich nicht vorzeitig durch die Gründung einer Familie oder den Bau eines Eigenheims binden. Wie der Protagonist in *Auf freiem Fuß* entnimmt auch Melzer das Material für seine Wunschträume den Traumfabriken der Kino- und Werbeindustrie; auch er findet zu keiner eigenen Sprache, sondern bleibt der Sprache als Unterdrückungsinstrument der Herrschenden ausgeliefert. Damit erweist sich Wolfgruber ähnlich wie Franz Innerhofer als eminent sprachbewusster und -kritischer Autor, dem es jedoch im Gegensatz zu den Autoren der »Wiener Gruppe« nicht vorrangig um eine philosophische, sondern um eine gesellschaftspolitische Kritik an der Sprache und ihrem Gebrauch geht. Nachdem Melzer eine Tischlerlehre absolviert hat, glaubt er, dass die Zeit des Bevormundetwerdens beendet ist und die »Herrenjahre« beginnen. Doch auch als Tischler in einem kleinen Betrieb hat er weiterhin entfremdete Arbeit zu verrichten, und nach seinem Eintritt als Fließbandarbeiter in eine Möbelfabrik wird die Monotonie seines Arbeitslebens noch unerträglicher. Obgleich sich Melzer noch immer für »frei« hält, nimmt die Anpassung an die kleinbürgerliche Lebensweise unaufhaltsam ihren Lauf: Als Maria, die Ziehtochter seines Arbeitgebers, von ihm ungewollt schwanger wird, gründet er mit ihr eine Familie. Melzer beginnt mit dem Bau eines Eigenheims, doch der Traum vom trauten Heim platzt: Maria erkrankt an Krebs und stirbt. Anstatt Herr über sein Leben zu sein, ist Melzer nun von der Sozialhilfe abhängig. Weil er alleine nicht mit den Kindern und der Hausarbeit zurechtkommt, gibt Melzer eine Heiratsanzeige auf. Seine Hoffnungen auf ein besseres Leben haben sich gänzlich zerschlagen: »Auf die Liebe oder sowas (...) kommts bei mir nicht mehr an (...) sowas spielt für einen wie mich keine Rolle mehr.«

Die mit den ersten beiden Romanen begonnene Reihe soziale Schichten überspannender Texte setzt Wolfgruber mit dem Roman *Niemandsland* (1978) fort, der wiederum das Scheitern des individuellen Glücksstrebens des Protagonisten an den gesellschaftlichen Verhältnissen schildert. Der ehemalige Arbeiter Georg Klein hat den Karrieresprung ins Angestelltendasein geschafft, doch der Preis dafür ist hoch: Klein verliert seine Identität als Proletarier und damit die Freundschaft seiner einstigen Kollegen. Andererseits gelingt es ihm nicht, im Angestelltenmilieu heimisch zu werden, so sehr er sich auch an die dort herrschenden Normen anpasst – Kleins beruflicher Aufstieg bedeutet für ihn die Ankunft im »Niemandsland« zwischen Arbeiter- und Angestelltenklasse. In der sozialen Hierarchie weiter oben angesiedelt ist Martin Lenau, die Hauptfigur im Roman *Verlauf eines Sommers* (1981). Obschon der Ex-Medizinstudent und Vertreter für Zahnarztbedarf im Gegensatz zu Wolfgrubers bisherigen Hauptfiguren fähig ist, seine Wünsche zu verbalisieren, und es ihm auch nicht an Geld mangelt, kann auch er sie nicht realisieren. Der Hauptgrund hierfür liegt in einer verfehlten Erziehung, die auf Verzicht und Anpassung zielte. Mit *Verlauf eines Sommers* wendet sich Wolfgruber verstärkt den psychologischen Ursachen für das Scheitern seiner Figuren zu. In seinem bislang letzten Roman, *Die Nähe der Sonne* (1985), schließlich steht eine Figur im Zentrum, deren Scheitern durch manisch-depressive Zustände (mit)verursacht wird. Gleichwohl herrscht auch in diesem Roman das Moment der Gesellschaftskritik vor, denn die psychotischen Schübe des Architekten Stefan Zell lassen sich als Flucht aus einer sozialen Realität verstehen, die ihm die Selbstverwirklichung als Künstler verwehrte.

Klaus Böldl

Werke: *Auf freiem Fuß*, R., Salzb. 1975; *Herrenjahre*, R., Salzb. 1976; *Mutter, Vater, Kind*, Hsp., zus. m. H. Zenker, 1976; *Der Vertreter*, Hsp., zus. m. H. Zenker, 1976; *Der Einstand*, Film, Regie: Reinhard Schwabenitzky, ZDF 1977; *Auf freiem Fuß*, Film, zus. m. P. Keglevic, Regie: Peter Keglevic, ZDF 1978; *Der Jagdgast*, Film, Regie: Fritz Lehner, ORF 1978; *Niemandsland*, R., Salzb. 1978; *Der*

Jagdgast, Drehb., Salzb. 1978; *High Noon*, Hsp., zus. m. H. Zenker, 1978; *Ankunftsversuch*, E., Pfaffenweiler 1979; *Das Vorbild*, Film, Regie: Peter Patzak, ORF/ZDF 1980; *Verlauf eines Sommers*, R., Salzb. 1981; *Herrenjahre*, Film, Regie: Axel Corti, ORF 1983; *Die Nähe der Sonne*, R., Salzburg/Wien 1985.

Wollschläger, Hans, wurde am 17. 3. 1935 in Minden in Westfalen als Sohn eines Pfarrers geboren. Er wuchs in Herford auf, studierte ab 1955 an der Musikakademie in Detmold Kirchenmusik, war Dirigierschüler bei Hermann Scherchen und wirkte später selbst als Musiklehrer und Organist. Seit 1958 lebt er in Bamberg, seit 1962 als freier Schriftsteller. Er ist seit 1984 Mitglied der Deutschen Akademie für Sprache und Dichtung und des P.E.N.-Zentrums der Bundesrepublik Deutschland. Zu den Preisen für seine kulturgeschichtlich weit ausholenden essayistischen und literarischen Schriften und Übersetzungen gehören 1968 der Förderpreis des Landes Nordrhein-Westfalen, 1976 der Literaturpreis der Bayerischen Akademie der Schönen Künste (deren Mitglied er auch wurde), 1977 der Deutsche Jugendbuchpreis, 1982 der erste Arno-Schmidt-Preis und der Kulturpreis der Stadt Nürnberg, 1986 ein Arbeitsstipendium des Deutschen Literaturfonds, 1988 der Preis der Henning-Kaufmann-Stiftung und 2001 der Kulturpreis der Bayerischen Landesstiftung.

Wollschläger nimmt in der deutschen Gegenwartsliteratur eine Sonderstellung ein, er ist Außenseiter und Autorität zugleich. Als Literat, der auf die Selbstreflexion jeder Literatur nach James Joyce setzt, als sprachmächtig-kreativer Übersetzer und als Essayist und Biograf mit umfassenden Geschichts- und Wissenschaftskenntnissen gehört er neben Arno Schmidt, mit dem er seit Ende der Fünfzigerjahre befreundet war, zu den originellsten und in seinen Ansprüchen rigorosesten Autoren nach dem Zweiten Weltkrieg. Seine Kulturkritik ist von argumentativer und polemischer Wucht; seine auf ein einziges Hauptwerk konzentrierte literarische Produktion orientiert sich an den Innovationen sprachlicher Darstellung und wissenschaftlicher Welterkenntnis im 20. Jahrhundert; und seine Anforderungen an den »guten Leser« setzen dementsprechende Kenntnisse und Interessen voraus. Seine Angriffe auf Kirche und Religion oder auf den kollektiven Sadismus der Tierquälerei und nicht zuletzt sein provokant selbstbewusstes Auftreten im Literatur- und Kulturbetrieb trugen ihm eine angesichts seiner Bedeutung zu kleine Anhängerschaft und zwangsläufig auch Gegner ein. Der überzeugte Autodidakt betrieb intensive Sprachstudien, Vorarbeiten seiner umfänglichen Übersetzungstätigkeit, und erwies sich in seinen Schriften als Experte und Verfechter der Psychoanalyse, die er zu einer Grundlagenwissenschaft für seine literarische wie für seine kulturwissenschaftliche Autorschaft erhob. Wollschläger widmete sich in zahlreichen Studien und Editionen dem Schriftsteller Karl May, den er nach jahrzehntelanger Vermarktung als »Jugend- und Volksschriftsteller« rehabilitierte.

Wollschlägers Schreiben ist von Anfang an geprägt von einem strengen Innovationsbewusstsein, das nicht nur die stetige Präsenz eines Kanons der größten »Geisteswerke« anstrebt, sondern von der eigenen Arbeit auch Kontinuität in der Fortentwicklung einmal erreichter literarischer Standards verlangt. Dieser zugleich ahistorische und erneuernde Impetus des Literaturproduzenten verbindet ihn – neben weiteren gemeinsamen Themen und Bezugsgrößen – mit Arno Schmidt. Die Forderung nach literarischer »Grundlagenforschung« mit der Vorgabe, auch in der Literatur »ein Abbild der Menschen-Konstitution« mithilfe neuerer wissenschaftlicher Erkenntnisse zu erreichen, bildet ein Zentralthema der poetologischen Programmatik sowohl Schmidts als auch Wollschlägers. Im Vordergrund steht dabei die Berufung auf psychoanalytisches Wissen, ohne dessen Umsetzung für literarische Personenkonzeptionen und Erzählweisen Wollschläger die Gegenwartsliteratur für anachronistisch hält. Als literarisches Paradigma und geltende Orientierungsnorm für moderne Darstellungsmittel führt er nachdrücklich James Joyce an. Dessen *Ulysses* übertrug er in sechsjähriger Arbeit neu ins Deutsche (1975) und setzte mit dieser monumentalen Nachschöpfung einen künstlerischen und philologischen Markstein, der sowohl seine eigene Bekanntheit und Reputation nachhaltig steigerte als auch der Joyce-Rezeption im deutschsprachigen Raum starken Auftrieb gab. Hier findet Wollschläger das Maß nicht nur seiner eigenen Literatur: »Eine Bedingung wird der moderne Roman der Zukunft jedenfalls zu erfüllen haben: Man muss ihm ansehen, dass es Joyce gegeben hat – ohne ihm Joyce selber anzusehen.«

Neben der eindrucksvollen Übersetzungsleistung, seit 1963 auf über 30 Bücher, zahlreiche Hörspiele und Erzählungen aus dem Englischen und Amerikanischen angewachsen und von Wollschläger grimmig als »Brotarbeit« deklariert, nimmt seine eigene literarische Arbeit nur scheinbar geringen

Raum ein. Denn das nach mehreren Überarbeitungen sehr verzögert publizierte Hauptwerk *Herzgewächse* (Teil I, 1982) steht in engem Zusammenhang mit vielen vorangegangenen essayistischen Schriften und auch Übersetzungen Wollschlägers. In der Auseinandersetzung mit Joyce und Edgar Allan Poe etwa demonstriert er Strategien der mehrschichtigen Verwendung von Sprache, wie er sie zur psychoanalytisch inspirierten Darstellung komplexer Persönlichkeitsstrukturen in *Herzgewächse* einsetzt. Ebenso zieht sich die geistige Nähe des Kulturpessimisten, Radikalmoralisten und Sprachkritikers Wollschläger zu Schopenhauer, Nietzsche und Karl Kraus durch sein Gesamtwerk; eine Ausgliederung der *Herzgewächse* aus dem Geflecht der übrigen Arbeiten Wollschlägers wäre insofern, seiner eigenen Stilisierung zum Trotz, wenig angebracht. Die in diesem (von ihm selbst nicht als Roman bezeichneten) Text mit dem vollständigen Titel *Herzgewächse oder Der Fall Adams. Fragmentarische Biografik in unzufälligen Makulaturblättern* dargestellte, äußerlich sehr reduzierte fiktive Handlung ist um den fünfzigjährigen jüdischen Emigranten Michael Adams zentriert, der 1950 nach 15 Jahren Abwesenheit in seine Heimatstadt Bamberg zurückkehrt. In seinen laut Herausgeberfiktion posthum veröffentlichten Tagebuchaufzeichnungen aus dieser Zeit skizziert Adams zunächst seine Wiedereinrichtung im Lebensraum seiner Vergangenheit und hält Eindrücke vom restaurativen Westdeutschland fest; er schreibt an einem philosophischen Werk *Abschied von der Humanität*. Immer stärker drängen sich ihm Erinnerungen an die Kindheit auf, Bewusstseinsschichten und vorbewusst gespeicherte Erlebnisse bemächtigen sich seiner, und durch eine Kohlenmonoxidvergiftung geschwächt, ist er schließlich halluzinatorisch dem sich sprachlich verselbstständigenden Widerstreit seiner psychischen Instanzen ausgeliefert. Anhand der vielfachen Ebenenüberschneidungen in den Sprachschüben des Protagonisten Adams stellt Wollschläger nicht nur die Entwicklung einer Individualpsyche dar, sondern parallelisiert damit auch menschheits- und denkgeschichtliche Topoi bis hin zu mythischen Mustern menschlicher Existenz: eine »Wiederkehr des Gleichen«. Eines der herausragenden Bezugssysteme bildet die »Faust«-Legende und ihre literarische Tradition, gekoppelt mit Anspielungen auf die Machtphilosophie Nietzsches: Adams gegenübergestellt wird die (halluzinierte) zynisch-durchtriebene Verführergestalt F. A. Galland mit einer Fülle von Mephistopheles-Reminiszenzen, zugleich Repräsentant eines gewissenlosen Nachkriegs-Karrierismus. Die Komplexität der geschichtlichen und literaturgeschichtlichen Bezüge der *Herzgewächse* wird dabei in einer Sprache präsentiert, die auf unterschiedlichen Ebenen Indikatorfunktionen für psychische Zustände des sprechenden Subjekts übernimmt. Zudem experimentiert Wollschläger mit der Orientierung an musikalischer Klanghaftigkeit und der partiturähnlichen Kombinatorik von Erzählsegmenten, womit er bereits an der Sprachoberfläche die Mehrstimmigkeit eines verschrifteten Innenlebens festmacht.

Im essayistischen Werk Wollschlägers finden sich viele der Bereiche ausgearbeitet, die in das Spektrum der Anspielungen der *Herzgewächse* einfließen. Nach ersten Übersetzungen veröffentlichte er 1965 seine Biografie *Karl May*, in der er anhand reicher Quellenauswertung die biografischen und soziokulturellen Hintergründe einer Schriftstellerexistenz beleuchtet, die nur noch auf dem Wege der kommerziellen Ausschlachtung wahrgenommen wurde. Er schildert den bizarren Lebensweg Mays und seinen schriftstellerischen Werdegang als die Entwicklung eines Charakters, der zwischen Ich und Ich-Ideal kein Gleichgewicht fand und entsprechend häufig mit seiner sozialen Umwelt zusammenstieß; aber er stellt auch die verhängnisvollen Konfrontationen mit skrupellosen Verlegern, mit parteilicher Justiz und Publizistik in einen Zusammenhang mit dem schwachen Realitätssinn und Durchsetzungsvermögen Mays. Als symptomatisch für die wirtschaftliche Situation des Schriftstellers in der modernen Profitgesellschaft erscheinen seine besonders drastischen urheberrechtlichen Auseinandersetzungen, ein Thema, dem sich Wollschläger in Aufsätzen und Reden noch wiederholt mit konkreten Reformforderungen widmet (z. B. *In diesen geistfernen Zeiten*, 1986).

Die Biografie *Karl May* bezeichnet erst den Anfang seiner intensiven Beschäftigung mit diesem Autor – Wollschläger gehört zu den Initiatoren der auflebenden wissenschaftlichen Rezeption Karl Mays seit den Sechzigerjahren. Seine weiteren Arbeiten zu diesem Thema setzen zwei Schwerpunkte: Die Untersuchung des bereits in seiner Monografie aufgewerteten Spätwerks (z. B. *Das »eigentliche Werk«. Vorläufige Bemerkungen zu »Ardistan und Dschinnistan«*, 1977, oder *Erste Annäherung an den »Silbernen Löwen«*, 1979) und die psychoanalytische Rekonstruktion der neurotischen Persönlichkeitsstruktur Mays (z. B. *Die sogenannte*

Spaltung des menschlichen Innern, ein Bild der Menschheitsspaltung überhaupt. Materialien zu einer Charakteranalyse Karl Mays, 1972).

Wollschlägers religions- und kirchenkritische Schriften zeigen ihn als einen Partei ergreifenden und polemischen Geschichtsschreiber, der mit aufklärerischem Duktus die Intoleranz, die Macht- und Gewaltpraktiken der christlichen Kirchen und ihrer Repräsentanten quer durch die Jahrhunderte anprangert. Eindringlich setzt er »Vernunft und Humanität« als unumstößlichen Maßstab der Betrachtung an, um aus dieser Perspektive die »Großverbrechen« der Kreuzzüge, der Juden- und Hexenverfolgungen der Inquisition und Unterdrückung anders Denkender ungeschminkt nachzuzeichnen.

In seinem Buch *Die bewaffneten Wallfahrten gen Jerusalem* (1970) beschreibt Wollschläger aufgrund einer immensen, zum Teil erstmaligen Quellenauswertung die mittelalterliche Kriegsführung der Weltmacht Kirche, die unter dem Begriff »Kreuzzüge« meist beschönigend in die »christliche Geschichtsschreibung« eingegangen ist. Unter dokumentarisch dichter, teils suggestiver Einbeziehung von Quellenzitaten belegt er die gezielte »Zerstörung der Menschlichkeit« durch »Wahn, Perversion, Verkrüppelung aller Werte« mit dem Ergebnis von wenigstens 22 Millionen Toten. Verächtlich spricht er von einer »Verwirklichung des Reiches Gottes auf Erden«.

In seiner Sammlung von Reden und Funkessays *Die Gegenwart einer Illusion* (1978) ruft er erneut zu einer rationalen und geschichtsbewussten Haltung gegenüber der Kirche auf und erinnert beharrlich an die Instanzen der Religionskritik der Aufklärung und des 19. Jahrhunderts bis hin zu Freud. Die Vehemenz seiner Kritik richtet sich hier vor allem gegen den mangelnden intellektuellen Standard einer Kultur, die trotz der seit Jahrhunderten bereitgestellten großen Gegenentwürfe religiöse Irrationalität und kirchliche Machtpolitik weiter für selbstverständlich nimmt.

Eine ernüchternde Bestandsaufnahme des »pervertierten Umgangs des Lebendigen mit sich selbst«, eine Analyse und Anklageschrift gegen den monströsen Sadismus von Tierzucht und Tierversuchen stellt die Abhandlung *»Tiere sehen dich an« oder Das Potential Mengele* (1987, Neuausg. um weitere Essays ergänzt 2002) dar. Er verfolgt dabei soziologische und psychologische Zusammenhänge des Tötens, die weit über die Verstrickungen wirtschaftlicher und politischer Interessen hinausreichen. Ausgehend vom 1986 novellierten bundesdeutschen Tierschutzgesetz breitet er eine Psychopathologie des Sadismus aus und mit ihr eine Geschichtsphilosophie, deren übrig gebliebene Hoffnungen sich im Utopischen verlieren. Wollschläger exemplifiziert den Zwangscharakter einer »alles mordenden Willens-Mechanik« an den Schreckensbeispielen des Faschismus ebenso, wie er ihn als ein Symptom für die moralische Deformation und die »chronische Krankheit« der Gegenwartsgesellschaft deutet. Auch politisch bleibt Wollschläger wachsam: In einem offenen Brief an den Bundeskanzler (zusammen mit Wolfgang Beutin und Karlheinz Deschner) brandmarkte er 1999 die »humanitären Motive« der deutschen Beteiligung am NATO-Krieg gegen Jugoslawien als in Wahrheit »selektive Anwendung der Menschenrechte«. In seine pessimistischen Mahnungen bezieht er sich schließlich mit ein, wenn er in seiner Rede zum Bayerischen Kulturpreis 2001 von »Müdigkeit, Erosion« spricht: »Man ist bedroht von dem Wunsch, nur noch Zuschauer zu sein.«

Stefan Iglhaut

Werke: *B. A. Botkin: Die Stimme des Negers*, Übs., Hbg. 1963; *Warten auf G*, HR 1964; *James Baldwin: Eine andere Welt*, Übs., Reinbek 1965; *Donald Barthelme: Komm wieder, Dr. Caligari*, Übs., Ffm. 1965; *Robert Gover: Ein Hundertdollar-Mißverständnis*, Übs., Reinbek 1965; *Schundromancier und Poet dazu. Neues zum Lebensbild Karl Mays*, Feat., HR 1965; *Karl May in Selbstzeugnissen und Bilddokumenten*, Biogr., Reinbek 1965, Neuausg. u. d. T. *Karl May. Grundriß eines gebrochenen Lebens*, Zür. 1976 u. Dresden 1990; *Curtis Zahn: Amerikanische Zeitgenossen*, Übs., Ffm. 1966; *Edgar Allan Poe: Werke*, Übs., zus. m. Arno Schmidt u. a., Olten 1966–1973; *Robert Gover: Kitten in der Klemme*, Übs., Reinbek 1967; *Stanley Reynolds: Lieber tot als rot*, Übs., Ffm. 1967; *Muriel Spark: Das Mandelbaumtor*, Übs., Reinbek 1967; *Nell Dunn: Leben in Battersea*, Übs., Ffm. 1968; *James Joyce: Anna Livia Plurabelle*, Übs., Ffm. 1970; *Robert Gover: Trip mit Kitten*, Übs., Reinbek 1971; *Wallace Graves: Trixie*, Übs., Düsseld. 1971; *Serenissima oder So ist denn auch uns, Gott sei Dank, Venedig nun kein bloßes Wort mehr*, Hsp., zus. mit H.-J. Fröhlich, HR 1972; *William Faulkner: Die Freistatt*, Übs., Zür. 1973; *O. Henry (= William Sidney Porter): Gesammelte Storys in drei Bänden*, Übs., Freiburg/Br.. 1973–74; *Die bewaffneten Wallfahrten gen Jerusalem. Geschichte der Kreuzzüge*, Ess., Zür. 1973; *James Joyce: Ulysses*, Übs., Ffm. 1975; *Raymond Chandler: Der lange Abschied*, Übs., Zür. 1975; *Jahrbuch der Karl-May-Gesellschaft*, Hg., zus. m. Claus Roxin u. Heinz Stolte, ab 1993 mit Helmut Schmiedt, Hbg. 1975 ff., ab 1982 Husum; *Raymond Chandler: Die simple Kunst des Mordes*, Übs., Zür. 1975; *Raymond Chandler: Mord im Regen*, Übs., Zür. 1976; *Raymond Chandler: Gesammelte Detektivstorys um Philip Marlowe und seine Vorläufer*,

Übs., Zür. 1976; *Florence Parry Heide/Edward Gorey: Schorschi schrumpft*, Übs., Zür. 1976; *Dashiell Hammett: Der gläserne Schlüssel*, Übs., Zür. 1976; *Die Gegenwart einer Illusion. Reden gegen ein Monstrum, Reden und Essays*, Zür. 1978; *Edward P. Dunsay: Die Königstochter aus Elfenland*, Übs., Stg. 1978; *Raymond Chandler: Straßenbekanntschaft Noon Street*, Übs., Ffm. 1978; *Krysztof Penderecki/Christopher Fry: Das verlorene Paradies*, Übs., Mainz et al. 1978; *Das Karl-Kraus-Lesebuch*, Hg., Zür. 1980; *Raymond Chandler: Erpresser schießen nicht und andere Detektivstorys*, Übs., Zür. 1980; *Raymond Chandler: Der König in Geld und andere Detektivstorys*, Übs., Zür. 1980; *Raymond Chandler: Gefahr ist mein Geschäft und andere Detektivstorys*, Übs., Zür. 1980; *George Ryga: Der Indianer*, Hsp., Übs., SDR 1980; *George Ryga: Pflüger des Gletschers*, Hsp., Übs., SWF 1980; *James Joyce: Gesammelte Gedichte*, Übs., Ffm. 1981; *Der andere Stoff. Gustav Mahlers Symphonien*, Feat., NDR 1981; *Florence Parry Heide/Edward Gorey: Schorschis Schatz*, Übs., Zür. 1982; *H. W. liest »Ulysses«*, Schpl., Ffm. 1982; *Herzgewächse oder Der Fall Adams. Fragmentarische Biografik in unzufälligen Makulaturblättern. Erstes Buch*, Zür. 1982; *George Ryga: Gefangene des gesichtslosen Trommlers*, Hsp., Übs., SDR 1982; *George Ryga: Brief an einen Sohn*, Hsp., Übs., SDR 1983; *Neujahrswunsch 1984. Mit einer Verbeugung vor dem Herausgeber des »Merkur« beim Hinausgehen aus seinem Jahre*, Zür. 1983; *Raymond Chandler: Die besten Detektivstorys*, Übs., Zür. 1983; *Von Sternen und Schnuppen. Bei Gelegenheit einiger Bücher, Rezensionen und Zensuren*, Zür. 1984; *Truman Capote: Eine Weihnacht*, Übs., Mü. 1984; *Roy Kift: Bitte recht freundlich!*, Hsp., Übs., RIAS 1984; *H. W. liest »WIR IN EFFIGIE« aus »Herzgewächse«*, Schpl., Staufen 1984; *George Ryga: Old Charlie*, Hsp., Übs., SDR 1985; *In diesen geistfernen Zeiten. Konzertante Noten zur Lage der Dichter und Denker für deren Volk. Reden und Essays*, Zür. 1986; *Oscar Wilde: Ein idealer Ehemann*, Übs., Zür. 1986; *»Tiere sehen dich an« oder Das Potential Mengele*, Ess. (= »Die Republik« Bd. 16), 1987, erw. Neuausg. Gött. 2002; *Karl Mays Werke. Historisch-kritische Ausgabe*, Hg., zus. m. Hermann Wiedenroth, Nördlingen 1987 ff. (ab 1989 Zür. ab 1994 Bargfeld); *Friedrich Rückert: Kindertodtenlieder*, Hg., Nördlingen 1988; *H. W. liest Karl Kraus*, Schpl., Ffm. 1988; *Raymond Chandler: Meistererzählungen*, Übs., Zür. 1988; *Florence Parry Heide/Edward Gorey: Schorschi*, Übs., Zür. 1989; *Der Rabe. Magazin für jede Art von Literatur (»Karl-May-Rabe«*, Hg., zus. m. Hermann Wiedenroth), Zür. 1989; *Raymond Chandler: Briefe 1937–1959, hg. von Frank MacShane*, Übs., Mü. 1990; *Jakov Lind: Der Erfinder*, Hsp., Übs., SDR 1990; *Karl Mays Hauptwerke in 33 Bänden, »Züricher Ausgabe«*, Hg., zus. m. Hermann Wiedenroth, Stg. 1992; *Bannkreis der besseren Heimat. Rede zur 450-Jahr-Feier des Friedrichs-Gymnasiums Herford*, Herford 1993; *Wiedersehen mit Dr. F. Beim Lesen in Letzter Zeit*, Gött. 1997; *Denn es gehet dem Menschen wie dem Vieh: Wie dies stirbt, so stirbt er auch. Fastnachtspredigt zum Skandal*, Bad Nauheim 2001; *ACHTUNG: BAUgeSTELLE*, zus. m. Uwe Lohrer u. Wolfgang Berger, Fotob., Ostfildern 2001.

Wondratschek, Wolf, wurde am 14. 8. 1943 in Rudolstadt in Thüringen geboren. Seine Vorfahren stammen aus Böhmen. Er wuchs in Karlsruhe auf, studierte 1962 bis 1967 ohne Abschluss Literaturwissenschaft und Philosophie in Heidelberg, Göttingen und Frankfurt am Main. 1964/65 war er Redakteur der Zeitschrift »Text+Kritik«. Seine ersten Gedichte erschienen 1965 in Arnfried Astels »Lyrischen Heften«. 1968 wurde ihm – als erstem Preisträger überhaupt – der von Wolfgang Weyrauch begründete Leonce-und-Lena-Preis für das Gedicht *Als Alfred Jarry merkte, daß seine Mutter eine Jungfrau war, bestieg er sein Fahrrad* zugesprochen. 1969 legte Wondratschek mit *Früher begann der Tag mit einer Schußwunde* seinen ersten Prosaband vor. Die Sammlung bestach durch eine innovative literarische Technik. Kalauer, Bonmots, Medienkritik, Wahrnehmungsschnipsel, das Nebeneinander von kürzesten Sätzen und der deutlich am Film orientierte Schreibgestus (»short cuts« und »cut ups«) handelten ihm den Ruf eines »Anti-Erzählers« ein. Für das Nachrichtenmagazin »Der Spiegel« war Wondratschek »der erste SDS-Genosse, der diskutable Belletristik präsentiert«. Die Entgegennahme des Hörspielpreises der Kriegsblinden in Gegenwart des Bundespräsidenten 1970 lehnte er ab, um nicht in den Verruf zu kommen, ein »gutes Verhältnis zum Staat« zu pflegen. Aber mehr als der politischen Szene jener Jahre fühlte sich der Autor dem Pop verbunden. 1972 kam die aus Feuilletons und Kurzprosa bestehende Sammlung »Omnibus« heraus. Neben Liebeserklärungen an die Heroen der angloamerikanischen Musikkultur (Mick Jagger, Frank Zappa) und einer veritablen Konsumkritik stehen nicht realisierte Filmskripte, Cartoons und Prosagedichte, die vor allem eins dokumentieren: das innere Empfinden eines zwischen Sanftmut und Zorn changierenden Vertreters der Protestgeneration. Wondratscheks im Selbstverlag erschienene und über den Versand »Zweitausendeins« vertriebene Gedichtbände *Chuck's Zimmer* (1974), *Das leise Lachen am Ohr eines andern* (1976), *Männer und Frauen* (1978) und *Letzte Gedichte* (1980) genießen noch heute einen Kultstatus. Sie wurden weit über 100 000 Mal verkauft. Ob gereimt oder ungereimt – Wondratscheks an der amerikanischen »Beat-Generation«, vor allem an William S. Burroughs geschulten Gedichte wurden wie Pop-Songs rezipiert. Seine zum Teil in englischer Sprache geschriebenen Liebesgedichte sind in ihrer tagebuchartigen Lässigkeit und sinnlichen Unmittelbarkeit geradezu paradigmatisch für die literarische Bewegung einer »Neuen Sensibilität« oder »Neuen Subjektivität« in den Siebzigerjahren. Ihren Vertretern ging es, durchaus auf Kosten stilistischer Raffinesse und Brillanz, um das unmittelbare Verstandenwerden, um »Feeling«, weniger um Intellektualität. Wondratschek wollte von seinen Lesern weniger interpretiert als nachempfunden werden. Die vor allem an männliche Leser gerichteten Texte sollte man sich, um ein Wort jener Jahre zu benutzen, »reinziehen«. Sein großes Vorbild in dieser Zeit war der Dichter Rolf Dieter Brinkmann. Aber auch der amerikanische Underground-Poet Charles Bukowski gehörte mit seiner Vaganten- und Säuferlyrik zu den Geistesbrüdern in Wondratscheks Sturm-und-Drang-Jahren.

In den Achtzigerjahren zeigte sich Wondratschek von einer neuen Seite. Seine Texte zeugten von einem neuen Formbewusstsein. 1983 erschien unter dem Titel *Die Einsamkeit der Männer* eine Sammlung mit »mexikanischen Sonetten«. Darin wandelt er auf den Spuren des Kultschriftstellers Malcolm Lowry (*Unter dem Vulkan*). Ein großes episches Poem mit vielen autobiografischen Bezügen stellte Wondratschek 1986 mit *Carmen oder Ich bin das Arschloch der Achtzigerjahre* vor. Die Kritik zeigte sich, im Gegensatz zu den Siebzigerjahren, eher reserviert. Man vermisste den »genuinen Sprachwitz und kessen Zungenschlag« (»FAZ«) seiner früheren Arbeiten. Sehr zurückhaltend wurde auch der Tatsachenroman *Einer von der Straße* (1992) von der Kritik aufgenommen, in dem der Bohemien und ausgewiesene Box-Experte Wondratschek die Biografie des Münchner Spielhallenbesitzers und Rotlicht-Experten Walter Staudinger erzählt. Der Autor trüge eher zur »Verklärung« als zur Aufklärung über das beschriebene Milieu bei, konstatierte die »FAZ«.

Mit dem aus 35 Gedichten bestehenden Zyklus *Das Mädchen und der Messerwerfer* (1997) und dem autobiografisch motivierten Briefband *Kelly-Briefe* (1998) erwies sich Wondratschek wieder als der empfindsame Poet, als den man ihn in den Siebzigerjahren kennen gelernt hatte. »Liebe ist eine Sache ohne Wahrheit. Suchen wir nicht danach«, heißt es in den *Kelly-Briefen*. Es geht Wondratschek also nicht mehr nur um die körperlichen, sondern auch um die philosophischen Aspekte des Eros.

Nach seinem Umzug von München nach Wien erlebte Wondratschek ein regelrechtes literarisches Come-back. In den vier melancholisch schwebenden Erzählungen des Bandes *Die große Beleidigung* (2001) steht eine Hand voll Künstlerfiguren im Vordergrund. In der Titelerzählung leidet ein Geiger an einer »Lampenfiebererkrankung«, die ihn schließlich in eine Nervenheilanstalt bringt. Die formal und sprachlich anspruchsvollen Kurzgeschichten handeln vom Versiegen der kreativen Kräfte, der Anfälligkeit des Künstlers für die unbarmherzigen Zeichen des Altwerdens, der »Lähmung aller Lebensgeister«, dem Ziehen des Huts vor dem sich ankündigenden Tod. Was diese Geschichten mit der Kurzprosa früherer Jahre verbindet, ist allenfalls der Verzicht auf Story und Plot. Mit *Mozarts Friseur* (2002) betritt Wondratschek, inzwischen fast sechzig Jahre alt, literarisches Neuland. Die durchaus heitere, federleichte und virtuos auf verschiedenen Erzählebenen handelnde Geschichte ist eine Hommage an die Wiener Kaffeehäuser, die Lebensform des Flanierens und darüber hinaus Wondratscheks erster wirklicher Roman. Die Hauptrolle spielt hier ein Friseur, der in Venedig Perückenmacher werden wollte, am Ende aber in Wien Karriere macht. »Die Zeit« schrieb zu diesem Roman: »Er mixt Exotismus, Abenteuer und Venedigmotive mit einer Prise schwarzer Erotik, mutwillig eingestreuten Anachronismen und mancher metiergerecht an den Haaren herbeigezogenen Anekdote.« Mit *Mozarts Friseur* ist Wondratschek, dem der Ruf des Ewigjugendlichen nacheilt, auf sympathisch gelassene Weise auf der Altersseite seines literarischen Lebenswerks angekommen.

Hajo Steinert

Werke: *Freiheit oder ça ne fait rien*, Hsp., SR 1967; *Zufälle*, Hsp., SR/WDR 1969; *Früher begann der Tag mit einer Schußwunde*, Pr., Mü. 1969; *Paul oder die Zerstörung eines Hörbeispiels*, Hsp., WDR/BR/HR 1969; *Ein Bauer zeugt mit einer Bäuerin einen Bauernjungen, der unbedingt Knecht werden will*, Pr., Mü. 1970; *Zustände und Zusammenhänge*, zus. mit P. M. Ladiges, Hsp., BR/SR 1970; *Einsame Leichen*, Hsp., WDR 1970; *Western*, Kurzfilm, 1970; *Paul oder Die Zerstörung eines Hörbeispiels*, Hsp.-Slg., 1971; *Akustische Beschreibungen*, 1. Teil, Hsp., WDR 1971; *Kann das Quietschen der Straßenbahn nur eine Frau gewesen sein?*, 2. Teil, Hsp., WDR 1971; *Vlado Kristl: Sekundenfilme*, Hg., Ffm. 1971; *Omnibus*, Pr., Mü. 1972; *Die Hundente*, Kinderb., zus. m. Bernd Brummbär, Ffm. 1972; *Maschine Nr. 9*, Hsp., BR/HR/NDR 1973; *Eine Sendung für Anfänger*, Hsp., WDR 1973; *Chuck's Zimmer*, G., Mü. 1974; *Das leise Lachen am Ohr eines andern*, G., Mü. 1976; *Im dunklen Herz des Nachmittags*, Film, 1976; *Violanta*, Drehb., zus. m. Daniel Schmidt, n. C. F. Meyers *Die Richterin*, 1977; *Neapolitanische Geschwister*, Drehb., zus. m. Werner Schroeter, 1978; *Männer und Frauen*, G., Mü. 1978; *Letzte Gedichte*, Mü. 1980; *Chuck's Zimmer. Alle Gedichte und Lieder*, Mü. 1982; *Mein Lesebuch*, Anth., Ffm. 1982; *Der Bauer von Babylon – Rainer Werner Fassbinder dreht »Querelle«*,

Drehb., zus. m. Dieter Werner Schidor, 1982; *Warum ist der Himmel kein Flugzeug*, Kurzfilm, 1982; *Die Einsamkeit der Männer. Mexikanische Sonette*, Zür. 1983; *Carmen oder Ich bin das Arschloch der Achtzigerjahre*, G., Zür. 1986; *Menschen, Orte, Fäuste. Reportagen und Storys*, Zür. 1987; *Lowry-Lieder für Sopran und Orchester*, Musik v. Wolfgang Rihm, 1988; *Mein Tod. Requiem in memoriam Jane S. für Sopran und Orchester*, Musik v. Wolfgang Rihm, 1988; *Carmen-Gesänge für Bariton und Orchester*, Musik v. Detlev Glanert, 1989; *Schwarze Serenade für Bariton und Orchester*, Musik v. Günter Bialas, 1989; *Einer von der Straße*, Biogr., Mü. 1991; *Die Gedichte*, Zür. 1992; *Oktober der Schweine*, hg. v. Wolfgang Rüger, Ffm. 1993; *Das Mädchen und der Messerwerfer*, G., Ffm. 1997; *Kelly-Briefe*, zus. m. Lilo Rinkens, Mü. 1998; *Die große Beleidigung*, En., Mü. 2001; *Mozarts Friseur*, R., Mü. 2002; *Orpheus in der Sonne. Vier Gedichtzyklen*, Mü. 2003.

Wonneberger, Jens, wurde am 3. 5. 1960 in Großröhrsdorf in der Oberlausitz geboren und studierte Bauingenieurwesen in Dresden, wo er auch heute als freischaffender Autor lebt. Er ist Mitglied des bundesdeutschen P.E.N., 1995, 1999 und 2002 wurde ihm jeweils ein literarisches Stipendium des Ministeriums für Wissenschaft und Kunst, Sachsen, zuerkannt. Er ist Kulturredakteur des Dresdner Stadtmagazins »SAX«.

In *Ohorn* (1994), Jens Wonnebergers erster eigenständiger Buchveröffentlichung, werden bereits seine zwei wesentlichen Schreibimpulse deutlich: das Interesse an Historie und der literarische Zugriff auf eben diese Historie über das Erzählen von Geschichten so genannter kleiner Leute. Am Beispiel der Familie Schlichting wird hier die Dorfgeschichte jener Oberlausitz-Ortschaft Ohorn erzählt, in der Wonneberger selbst aufwuchs. Er mischt dabei romanhafte Erzählsequenzen mit einem typischen Chronikstil. Im Folgenden wird sich Wonnebergers vor allem an der Lokalhistorie von Dresden orientiertes Geschichtsinteresse in einigen Sachbüchern niederschlagen, so etwa in *Dresdner Dichterhäuser* (2002) oder auch in dem zusammen mit Norbert Weiß herausgegebenen Lexikon *Dichter, Denker, Literaten in Dresden* (1997).

Daneben hat Jens Wonneberger gezeigt, dass er auch als Erzähler und Romancier zu einer wichtigen Stimme des literarischen Ostens geworden ist. Die Erzählung *Auf der Reise nach Himmelreich* (1998) führt noch einmal in seine Oberlausitzer Geburtsheimat. Im Dorf hat sich ein Familienvater am Wäscheboden des Hauses aufgehängt. Ist er mit den neuen Nach-Wende-Zeiten nicht fertig geworden? In knapper, aber beschreibungsgenauer Sprache wird aus der Sicht des Sohnes Robert die Annäherung an einen »unbekannten« Vater versucht. Zeitlich gesehen einen Schritt zurück geht Wonneberger im Roman *Wiesinger* (1999), der von einem Außenseiter noch zu Zeiten der SED-Diktatur erzählt, dem Friedhofsgärtner und Totengräber Wiesinger. Auf einer alten Mercedes-Schreibmaschine tippt er dissidentische Elaborate, über die ein befreundeter Buchhändler sagt: »Sie können gegen diesen Staat von mir aus vorbringen, was Sie wollen, aber gut geschrieben muss es sein.«

Sehr gut geschrieben ist Wonnebergers bisher letzter Roman, der sich allerdings nicht an oder gegen einen ganzen Staat wendet, sondern sich mit allergrößter Detailliebe drei, vier Straßenzügen in der Dresdner Neustadt widmet: *Ums Karree* (2001), das ist der allmorgendliche Gang eines Schriftsteller-Ichs, bei dem ein Mikrokosmos mit all seinen kauzigen Bewohnern abgeschritten wird, und zwar in einer prädikatarmen Sprache, die dieses gedankenverlorene Schlendern ideal abbildet. Vorsatz- und vorurteilsloses Schauen – wie schon bei Robert Walsers Großstadt-»Spaziergang« (1917) – wird angestrebt. Dass es nicht immer gelingt, ist eine der mannigfachen Ironien dieses Textes: »Raus, um Leute zu beobachten, soll ja unerlässlich sein fürs Schreiben. Und dann doch wieder nur wie blind durch die Straßen, beschäftigt mit sich selbst. Mit Vorsatz sehen, denke ich, heißt gar nichts sehen.«

Bernhard Setzwein

Werke: *Der Atem der Steine. Die Ruine der Frauenkirche in Dresden*, Mainz 1993; *Ohorn*, R., Dresden 1994; *Onuphrius*, En., Dresden 1994; *Dichter, Denker, Literaten in Dresden*, Lexikon, Dresden 1997; *Auf der Reise nach Himmelreich*, E., Dresden 1998; *Wiesinger*, R., Bln. 1999; *Pfunds Molkerei. Dresdens gläserne Milchfabrik*, Dresden 1999; *Ums Karree*, R., Bln. 2001; *Literarisches Dresden*, Jena/Bln. 2001; *Dichterhäuser in Dresden*, Bln. 2002; *Weltfreunde an der Elbe. Prager Dichter in Dresden*, Dresden 2003.

Wühr, Paul, geboren am 10. 7. 1927 in München als Sohn eines Bäckermeisters, schrieb seit 1940, trat aber erst seit 1963 mit einer raschen Folge von Hörspielen an die literarische Öffentlichkeit. Wührs langwieriger privater Weg zur Literatur war abgeschirmt durch die Ausbildung zum Volksschullehrer nach dem Krieg und durch seine bürgerliche Existenz als Lehrer in München. Seit 1986 lebt Wühr bei Passignano (Umbrien). Paul Wühr wurde 1971 mit dem Hörspielpreis der Kriegsblinden, 1984 mit dem Bremer Literaturpreis, 1990 mit dem Petrarca-Preis,

1997 mit dem Großen Literaturpreis der Bayerischen Akademie der Schönen Künste, 2002 mit dem Hans-Erich-Nossack-Preis und 2003 mit einem Dr. h.c. der Universität Bielefeld ausgezeichnet.

Wührs Werk muss man als eine einzige große Anleitung verstehen, sich durch erstarrte Oberflächen in offene Systeme einzuspielen. Die Texte changieren zwischen den Gattungen. Neben frühen Hörspielen stehen ab *Gegenmünchen* (1970) bis *Venus im Pudel* (2000) monumentale Poem-Bücher, die lyrische Elemente mit szenischen Auftritten und thematisch vielseitigen Reflexionen verbinden.

Die Reihe der Großbücher wird von *Grüß Gott ihr Mütter ihr Väter ihr Töchter ihr Söhne* (1976) bis *Sage* (1988) immer wieder durch reine Lyrikveröffentlichungen unterbrochen. Hinzu kommen poetologische, z.T. auch biografische Texte des Autors.

Wühr ist entscheidend am Entstehen des sog. »Neuen Hörspiels« beteiligt. Die abstrakte auditive Gattung erlaubt unter Verzicht auf Figurenpsychologie, szenisches Geschehen bzw. Erzählsituation das strenge Durchspielen eines Themas in verschiedenen Stimmen. Wühr konstruiert emotional hochgeladene analytische Prozesse, deren unerbittliche Spiellogik in Explosion (*Das Experiment*, 1963), in traumhaft-fantastische Auflösungsvorgänge (*Wer kann mir sagen, wer Sheila ist?*, 1964; *Die Hochzeit verlassen*, Funk-E., 1966) umschlägt; die Rechnung geht nicht auf (*Die Rechnung*, 1964), das Spiel verselbstständigt sich und wendet sich in grausamer Ironie gegen seine eigenen Inszenatoren (*Gott heißt Simon Cumascach*, 1965; *Wenn Florich mit Schachter spricht*, 1967; *Fensterstürze*, 1968).

1967, nach Abschluss der *Fensterstürze*, schreibt Wühr unter dem Eindruck der 68er-Ereignisse intensiv an dem 1965 begonnenen Großprojekt *Gegenmünchen* (1970). Nicht mehr in abstrakten Gedankenspielen, sondern in zehn sinnlich-wörtlichen, thematisch locker organisierten »Gedanken-Gängen«, die aus langen und kurzen Band-, Schwell- und Rundtexten oratorienhaft zu Stadtrundgängen komponiert und typografisch kunstvoll visualisiert sind, versucht sich ein Bewusstsein in zwei Hauptstimmen von München in das alternative *Gegenmünchen* frei zu sprechen, gräbt sich dabei aber nur tiefer in die Sprach- und Zitatschichten des Wörterstadt-Labyrinths. Deren Syntax wird zertrümmert, indem die »richtige« Interpunktion ersetzt wird durch typografische Marken (Wortabstände, Zeilenbruch, Linien usw.), durch Schnitte (Ellipsen) oder durch Phrasierungen, die der Leser anzubringen hat. Die so entstehenden »Elementarphrasen« werden zu neuen syntaktischen »Figurationen« aufgeladen durch Isolierung und rhythmische Wiederholung, durch Substitution einzelner Wörter (auch Vorsilben), durch Umstellung oder Einfügung parenthetischer Fremdkörper sowie durch Kombinatorik mittels sinnentfremdeter Konjunktionen (bloße Scharnierfunktion) und mittels raffinierter Überblendungen von zwei oder mehreren Elementarphrasen. Wortwitz und sprachliche Fehlleistungen stehen hinter dieser Verdichtungsarbeit, welche die verschiedenen Lebensbereiche und historischen Schichten Münchens (1968, Nazi-Zeit bis Prähistorie) so ineinander schiebt, dass schließlich ein archaischer Humus-Grund sprachlich evoziert wird, in dem alles mit allem in Berührung ist. In diesem Primärbereich gibt es weder räumliche Trennung noch Zeitabfolge, auch nicht die üblichen logischen Relationen, sondern nur gleichzeitig verfügbare, unaufhörlich in neue Konkretionen gleitende Energie, deren Kreativität sich in vielgestaltiger Geschlechtlichkeit zeigt. Der Weg zu diesem Quellbereich archaischer Freiheit führt über Schlaf und Traum, Rausch, enthemmte Motorik, wie sie Kinder und Irren eigen ist, nicht zensierte Sprache und damit über die Kultivierung des Nicht-Richtigen, des Fehlers.

Nachdem *Gegenmünchen* sich nicht als Hörspiel hat einrichten lassen, arbeitet Wühr mit O(riginal)-Ton-Hörspielen weiter. Trotz der Steigerung der Sprachsinnlichkeit durch das authentische Stimmenmaterial verfällt er dabei keinem »realistischen« Dokumentarismus. Er bearbeitet das aufgenommene Material mit den aus *Gegenmünchen* bekannten Techniken der Zerlegung und Kombinatorik, um ein überindividuelles Gegenbewusstsein aufzubauen, das klarer und kritischer als das Bewusstsein der einzelnen Sprecher ist. Im Vergleich zu *Gegenmünchen* wirken die Gegenwelten konkreter: Kritik an den bundesrepublikanischen Zuständen (*Preislied*, 1971), die Randgruppen der psychisch Kranken und Drogenkonsumenten (*Verirrhaus*, 1972; *Trip null*, 1973), die sexuellen Erfahrungen der Frauen und Mädchen (*So eine Freiheit*, erst 1992), die Vorstellungen von Glück (*Viel Glück*, 1976).

Als Nebenprodukt zu einem weiteren Großprojekt, an dem Wühr seit 1970 schreibt, entstehen die Gedichte *Grüß Gott ihr Mütter ihr Väter ihr Töchter ihr Söhne* (1976). Die oft auf Doppelseiten korrespondierenden Texte sind meist kurz gehalten, die Verdichtungstechnik zeigt sich raffiniert-geschmeidiger als in *Gegenmünchen*. Überschriften fehlen hier, alle Texte sind gewissermaßen ein Weg: Das Sprecher-Ich oder -Wir spielt sich in endloser Sprachmotorik aus Fehlern, Schlaf, Rausch, aber auch aus Nichtwissen bzw. Nichterinnern durch die jetzt auch autobiografisch besetzte Stadt, um Schatten aus nahen und fernen Gegenwelten mit einem lieb-bösen »Grüß Gott« in aggressiver »Sie«-Anrede oder durch verwegenes Zitieren für einen Augenblick festzunageln. Trotz der verbindenden Elemente erscheint *Grüß Gott ihr Mütter ...* jedoch wie eine Sammlung verschiedenartiger Etüden gegenüber dem monolithischen Poem *Rede. Ein Gedicht* (1979). Die 76 Texte sind fast durchweg in Dreizeilern abgefasst, die an antike bzw. romanische Formstrenge erinnern. Grundthema bildet die Rede, wie sie sich selbst redet. Sie tut dies, indem sie in menschlichen, oft geschlechtsspezifischen Körperteilfigurationen (Ausscheidungen, Liebe), dann aber auch in animalischen (Hund) und vor allem in topografischen (Hausteil-, Stadt-Figurationen) agiert und sich selbst durch Öffnungen der »normalen« Existenz (Löcher: Geburt, Körperöffnungen, Grab/Tod) hindurch in einen Bereich immanenter Transzendenz (Pfingsten im Mai) hinein- bzw. von diesem herredet. Für diesen Ziel- und Herkunftsbereich stehen in erster Linie der Traum, dann auch das Märchen, der Rausch, die Welt des Kindes sowie die Vorstellungen der Prähistorie und Eschatologie, aber auch der Astronomie und der Naturwissenschaften überhaupt, so weit diese die normale Realitätsmodellierung sprengen.

In vier Großteilen, die das Wachstum und die Verwandlung der Rede um verschiedene thematische Zentren widerspiegeln, unter sich aber durch gleich bleibende Grundrhythmen, Wortfelder und Redewendungen eng verknüpft sind, wird in immer neuen Ansätzen der einzelnen Texte versucht, die Rede durch ein dichtes Feld polarer Gegensätze hindurch (Freude – Trauer usw.) zu dem genannten Bereich zu führen, indem sie den beziehungsreichen Irr-Wegen der Umgangs-, Fach- und Dichtersprache präzis und zugleich spielend folgt. In selbstbewusster, oft zorniger und zynischer Meisterpose zwingt die Rede sich und den Leser in den Redeflug (Vogel) hinein, dessen Ziel ein richtungsloser Schwebezustand ist, der sich an einigen Stellen in wunderbar leichten, melodiösen Wortverschlingungen mit dem im Wasser gleitenden Fisch als Mittelpunkt ankündigt.

1983 erscheint unter dem programmatischen Titel *Das falsche Buch* die Fortschreibung des Stadtbuchs *Gegenmünchen*, welche die Jahre nach 1968 unter neuen poetologischen Voraussetzungen aufarbeitet. Wühr erhielt für dieses 772 Seiten starke Gegenweltpoem den Bremer Literaturpreis.

Poetik des Falschen bedeutet, dass die auktoriale Selbstherrlichkeit des Buchschöpfers, wenn sie produktiv werden will, falsch wird, d.h. sich zugunsten einer pseudohaften Selbstständigkeit der Figuren negieren muss. Die Selbstentäußerung des gottgleichen Autors, der als Ich-Figur und »der einzige Richtige« in der dargestellten Welt mitagiert, wird im *Falschen Buch* dadurch radikalisiert, dass die Figuren oft in Kinder-, Hunde- und Puppenrollen agieren. Zu der autornahen Figurengruppe gehören der bayerische Ödipus-Ritter und Totalitätsfaschist Heinz von Stein mit seinem Knecht Rummelpuff, das »gliederweiche Quintett« der privilegierten »Falschen« und »Pseudos« Poppe(r)s, Rosa, Robin, Jeanne und Nathalie, die in Form einer WIR-Gruppe den Aufstand gegen den Autor proben, ferner der infantile Versteckspielleiter Heimeran Phywa, der erfolglose Poe-Detektiv Dupin, die rabelaishafte Literatenfigur Dani und Dorothea, die Verlobte des Vorschülers Hermann, die sich zur kleinsten Interpretin der Welt erhebt. Hinzu kommt eine Fülle von weiteren mitagierenden Figuren, die übermütig treffend aus der Tradition und der Gegenwart auf den Spielplatz des Buchs zitiert werden. Gespielt wird auf dem lässig abgesperrten Platz der »Münchener Freiheit« in verschiedenen, über die fünf Teile und insgesamt 352 Textabschnitte des Buches verteilten Aktionen, die sich an Mustern der Trivialliteratur orientieren (Groschenroman, Science-Fiction, Boulevardtheater, Raubritterstück, Kriminalroman) und auch große literarische Vorlagen (u.a. die *Antigone* des Sophokles, die *Metamorphosen* Ovids, das »Buch Hiob«) einbeziehen. Die Spielaktionen werden oft kontextuell vor- und nachbereitet und dabei von den Figurensprechern kommentiert oder auch transformierend vervielfacht. Das Gesamtthema der Spielaktionen bildet die Subversion aller richtigen Systeme in Form von Staat, Partei, Wissenschaft, Moral, Familie, welche die freie, ungerichtete Kreativität des Falschen bedrohen.

Selbstreflexivität der poetischen Rede, eine Fülle heterogener, auch »schlimmer« Stoffe und intertextueller Bezüge und die Prinzipien der Fragmentarisierung und Erweiterung kennzeichnen ferner das Tagebuch *Der faule Strick* (1987). Abweichend von der traditionellen Gattungsvorstellung löst Wühr die sukzessive Chronologie des Berichtszeitraumes vom 25. 12. 1977 (Israel-Reise nach Abschluss der Rede) bis zum 10. 7. 1986 (59. Geburtstag, Umzug nach Passignano über dem Trasimenischen See) auf, indem die Tagebuchblätter nach dem Tagesdatum isoliert und, unter dem jeweils gleichen Datum zusammengefasst, in der Abfolge eines Jahres und eines Tages (31. Dezember bis 31. Dezember) präsentiert werden. Diese Anordnung erfolgte bereits im Verlauf des Tagebuchschreibens, sodass der Diarist seinen Tageseintrag zwischen Texten der Vergangenheit vornimmt und ihm dabei die Einträge des jeweiligen Schreibtages aus den vergangenen Jahren als Unterlage dienen. Dieses Schreiben aus eigenen Texten und über sie wird durch ein kommentierendes Verfahren ergänzt, indem brisante Tageseinträge zerstückelt und reflektierend über das Buch verstreut wurden. Auch zu vorliegenden Einträgen außerhalb der Tagesbindung schrieb Wühr kommentierende Anmerkungen. Ohne auf Aussonderung, Komposition und Korrektur völlig zu verzichten, hat der Autor die Zensur- bzw. Selektionsschwelle drastisch gesenkt und fordert mit einer kühnen Mischung von Realität, Fiktion und Poetologie, von Trivialität, Wortirrrede und Gedankenspiel den Leser heraus.

In dem Lyrik-Poem *Sage. Ein Gedicht* (1988), das sich im Titel auf *Rede. Ein Gedicht* rückbezieht, ist die Strophenform variabler, die Kurzzeile häufiger geworden, die Gedichte sind schlanker und wendiger, die Partikularisierung ist insgesamt stärker. Wie aus dem Inhaltsverzeichnis ersichtlich, ist der Band deutlich gegliedert, und zwar in neun Textgruppen mit eigenem Titel, darunter fünf Gruppen von je acht Texten, die symmetrisch angeordnet sind. Alle 165 Einzelgedichte tragen eine Überschrift aus einem einzelnen Wort, das fast immer im jeweiligen Text enthalten ist. Neben vier geschlossenen Textgruppen mit jeweils gleicher Überschrift stiften die über den Band verteilten »Fuß«-Gedichte und die Rekurrenz des Lexems »Sage« orientierende Zusammenhänge im Gesamtgedicht. Entsprechend den Brüchen und Einschüben in der Phrasierung, häufig nur kürzeste Satzpartikel, und die Isolierung von Vorsilben sowie der syntaktisch mehrfachen Beziehbarkeit ist in den Texten durch referenzielle Mehrdeutigkeit, von der Einzelsituation (wobei Namen und konkrete Vorstellungsbilder vermieden werden) bis zum Gattungsbegriff, durch Homonymie und Polysemie, schließlich durch metasprachliche Verwendung ein Maximum an Bedeutung realisiert. In diesem Poem ist wieder eine Vielzahl von Stoffen und Redeweisen (u. a. der »Rosengarten« aus der Dietrichsepik, deutsche Nationalgeschichte, Judenvernichtung und NS-Wortschatz, Biophysik, Genetik) in Bewegung gebracht, wobei das Produktionszentrum durch synästhetische Zeichenproduktion und -rezeption und Raummetaphorik – in sich gegenseitig aufhebenden Richtungen und negierten Minimalbewegungen – als utopisches Paradox von Ruhe und Bewegung charakterisiert ist.

Die Reihe der Poembücher wird durch *Luftstreiche. Ein Buch der Fragen* (1994) fortgesetzt. »Luftstreiche« ist ein Hamann-Zitat, das auf die Lutherbibel (Paulus) zurückgeht. Hamann ist Wührs neuer Gewährsmann. Er steht für die Aggressivität von Wührs bohrender Fragenrede einschließlich ihrer Politisierung, für ihre poetologische Selbstbezüglichkeit, aber auch für die Irenik (nur »Luftstreiche«) und für die rokokohafte Inszenierung sowie märchenhafte Kostümierung der Sprechakte. Letzteres gilt vor allem in dem Grimm mit »1001 Nacht« kombinierenden Märchenstrang »Hans Dumm; Dinazad«, wo in der Nachfolge Hamanns, der sich keinen schöpferischen Geist »ohne genitalia« vorstellen konnte, in immer neuen Spielvarianten die Kreativität literarisch enthemmter Sexualität vorgeführt wird. Die sog. letzten (»dummen«) Fragen der Menschheit, wie die nach Glück und Unsterblichkeit, werden in Auseinandersetzung mit dem amerikanischen Philosophen Whitehead kritisch variiert und poetisch überboten.

Mit *Salve Res Publica Poetica* (1997) und *Venus im Pudel* (2000) schreibt Wühr seine Poem-Reihe in Form von umfangreichen Gedichtbüchern, die sich gleichzeitig durch komprimierte Kürze und schlanke Eleganz auszeichnen, weiter. Beide Großbücher verfügen durch verschiedene thematische Figurierungen und zyklische Entsprechungen über einen raffiniert ausgeklügelten Aufbau, in beiden entfaltet Wühr seine zwei Leitthemen Poesie und Politik sowie Poesie und Erotik. Dabei erinnert *Salve* mit seinem fünfköpfigen Figurentheater, dessen Personal aus der Goethezeit herbeizitiert wird (Hamann, Lessing, Seume, Günderode, Novalis), an *Das falsche Buch*, während *Venus im Pudel* – der Titel ist im Zusammenhang einer genialischen Wurf- und Würfelpoetik als »Glück im Unglück« zu verstehen – mit dem Er-Sie-Paar als grundlegender Figurenkonstellation auf *Gegenmünchen* zurückverweist. In variantenreichen Dialoggedichten werden in *Venus im Pudel* alle Formen einer sexualisierten Poetik durchgespielt.

In seinem monumentalen Tagebuchromen *Der wirre Zopf* zieht der Autor anhand einer aus *Der faule Strick* bekannten Zeitverflechtung (hier die Jahre 1986 bis 1991) unter Rückgriff auf bisher nicht gedruckte frühe Romanprosa und Hymnenlyrik die Summe seines Lebenswerks. Unterdessen sind zwei von Lukas Cejpek arrangierte Gesprächsbücher erschienen (1993, 2002), in denen Wühr in Form eines Selbstgesprächs Auskünfte über seine Œuvre-Biografie gibt.

Volker Hoffmann

Werke: *Der kleine Peregrino, Die Geschichte eines Seilradfahrers*, Kinderb., Mü. 1960; *Das Experiment*, Hsp., 1963; *Basili hat ein Geheimnis*, Kinderb., Mü. 1964; *Wer kann mir sagen, wer Sheila ist?* Hsp., in: *WDR Hörspielbuch 1964*, Köln 1964, S. 45–83; *Die Rechnung*, Hsp., in: *WDR Hörspielbuch 1965*, Köln 1965, S. 87–121; *Gott heißt Simon Cumascach*, Hsp. 1965; *Die Hochzeit verlassen*, Funk-E., in: »Rundfunk und Fernsehen«, 1966, H. 4, S. 483–491; *Wenn Florich mit Schachter spricht*, Hsp. 1967; *Fensterstürze*, in: *WDR Hörspielbuch 1968*, Köln 1968, S. 81–123; *Gegenmünchen*, Mü. 1970; *So spricht Unsereiner. Ein Originaltext-Buch*, Mü. 1973 (enth. *Preislied, So eine Freiheit, Trip null, Verirrhaus*); *Preislied. Hörspiel aus gesammelten Stimmen (Typoskriptfassung) mit einer Rede des Autors: »Die Entstehung des Preislieds«*, Stg. 1974; *Viel Glück*, Hsp. 1976; *Grüß Gott ihr Mütter ihr Väter ihr Töchter ihr Söhne*, G., Mü. 1976; *Rede. Ein Gedicht*, Mü. 1979; *Das falsche Buch*, Mü. 1983; *Dankrede*, in: *Bremer Literaturpreis 1984*, Bremen 1984; *Der faule Strick*, Mü. 1987; *»Soundseeing« Metropolis München. Klangbild*, Tonkass., Mü. 1987; *Es war nicht so. Mit vorangestelltem Märchen »Der Eisenhans« der Gebrüder Grimm*, Mü. 1987; *Pyramus und Thisbe. Eine Teichoskopie*, in: *Nachtzettel. 7 Theatertexte nach William Shakespeares »Ein Sommernachtstraum«*, hg. v. S. Tax, H. Wiesner, Bln. 1987, S. 67–89; *Sage. Ein Gedicht*, Mü. 1988; *Faschang Garaus*, Hsp., 1989; *Grüß Gott. Rede. Gedichte*, Mü. 1990; *Ob*, Pr., Mü. 1991; *Wenn man mich so reden hört. Ein Selbstgespräch, aufgezeichnet von Lukas Cejpek*, Graz, Wien 1993; *Luftstreiche. Ein Buch der Fragen*. Pr.-Poem, Mü. 1994; *Absolut Homer*, Pr., in: W. Grond (Hg.): *Absolut Homer*, Graz, Wien 1995, S. 547–584; *Ob der Magus in Norden*, G., Mü. 1995; *Salve Res Publica Poetica*, G.-Poem, Mü. 1997; *Venus im Pudel*, G.-Poem, Mü. 2000; *Tanzschrift*. G., mit Zeichnungen v. Hans Baschang, hg. v. M. Kussmann, Karlsr. 2000; *Leibhaftig*, ausgew. G., Aachen 2001; *Was ich noch vergessen habe. Ein Selbstgespräch, aufgezeichnet von Lukas Cejpek*, Graz 2002; *Das Lachen eines Falschen. Wiener Vorlesungen zur Literatur*, mit Bildern v. Jürgen Wolf, hg. v. Th. Betz u. K. Schneider, Mü. 2002.

Wysocki, Gisela von, geboren 1940 in Berlin, studierte erst Musik (Klavier und Komposition), dann Philosophie, Soziologie und Musikwissenschaft in Berlin und Frankfurt, unter anderem bei Theodor W. Adorno, und promovierte 1977 mit einer Arbeit über *Die lebensmetaphysischen Bedeutungen der Realität*. Sie lebt als freie Schriftstellerin in Frankfurt am Main und ist Dozentin am Theaterwissenschaftlichen Institut der Universität Berlin. Ausgezeichnet wurde sie mit dem Sonderpreis der Kranichsteiner Literaturtage, 1986 mit dem Theaterpreis der Frankfurter Autorenstiftung und 1992 mit dem Hörspiel-Preis der Deutschen Akademie der Darstellenden Künste.

Diese Richtung setzt sich in der Essay-Sammlung *Die Fröste der Freiheit. Aufbruchsfantasien* (1981) fort. Im Altenberg-Essay hatte Wysocki geschrieben: »Wären die Männer mit sich und ihrer Welt zufrieden, würden sie anders träumen. In ihren Kunstwerken, schon in den Märchen und Mythen, stellen sie das ›Weib‹, das Weibliche ins Zentrum: als Bild der ›anderen Natur‹, als Korrektiv.« Von nun an interessierte sich Gisela von Wysocki für die Frauen, die von den Männerträumen an einen Platz gestellt werden, der nicht ihr eigener ist. Die Frauen suchen zwischen erträumten Bildern und der Wirklichkeit ihren Stand; Gisela von Wysocki begleitet sie auf diesem Weg. Die Frauen, die sie in den *Frösten der Freiheit* beschreibt, beginnen eigene Vorstöße in die männliche Bildwelt zu unternehmen, indem sie eine eigene Sprache erfinden (Marieluise Fleißer, Unica Zürn, Sylvia Plath, Virginia Woolf) oder indem sie direkt eigene Bildwelten (Leni Riefenstahl) oder Selbstbilder (Marlene Dietrich, Greta Garbo) entwerfen. In der Männerwelt sind sie von vornherein schlecht postiert; Verwirklichung ihrer Gegenbilder für ihr eigenes Leben hat keine der beschriebenen Frauen erlebt. Für diese Auswirkungen auf das reale Leben interessiert sich Gisela von Wysocki aber besonders. Möglicherweise lässt sich von hier die ihr eigene Sprachmischung begreifen. Auf der einen Seite ist ihre Sprache klar, rational und analytisch: »Es fehlt an analytischer Helligkeit«, klagte sie einmal selbst. Auf der anderen Seite lässt sich ein Bemühen spüren, die Strukturgeflechte, die imaginativen Welten körperlich werden zu lassen.

Paradigmatisch ist für Gisela von Wysocki die Gestalt Virginia Woolfs (*Weiblichkeit und Modernität. Über Virginia Woolf*, 1982). Sie erkennt mit ihr, die die Abhängigkeit der Frau in der Welt der unabhängigen Männer entdeckte, die damit verbundene Unmöglichkeit, eine eigene fiktive Welt zu erfinden, die als Bild der Wirklichkeit diese zu formen beginnt. Virginia Woolfs Welt ist nicht realitätsgesättigt und von drängender Bildkraft, sondern filigran; man findet bei ihr esoterische Konstruktionen, brüchig und fragil. Positiv fällt auf, dass keine Fronten aufgebaut werden. Die Männer sind nicht einfach die »Schuldigen«. Ihre Texte stellen »keine Frauentexte« dar, sondern »Texte einer Frau« (Gisela von Wysocki). Sie zeichnet schmerzhafte Erfahrungen nach, folgt mit einem Blick für Details und für Gesten mit Verschwisterung den Wegen des Weiblichen; sie »erschreibt« Entwürfe; sie gibt nicht vor zu wissen, wohin der Aufbruch führt; sie berauscht sich an weiblicher Fantasie, kehrt aber nicht die Schattenseiten im Leben dieser Frauen unter den Tisch. In dem Band *Auf Schwarzmärkten. Prosagedichte und Fotografien* (1983) spricht Gisela von Wysocki das Programm aus, das auch über den vorherigen Texten stehen könnte: »Die alte Welt kotzt Vatersprache aus, ununterbrochenen Text für weiße Papierservietten.«

Ihr erstes belletristisches Buch besteht aus Impressionen, Augenblicken. Die Orte sind Umschlagplätze, getaucht in ungeordnetes, schmuddeliges Licht orientalisch anmutender Halbwelten. Diese Orte finden ihre Konzentration in abstraktesten Begriffen: Zentralpunkte europäischer Kulturverschiebungen sieht Gisela von Wysocki auch hier. Vieles erscheint wie im Experiment, in einer szientistischen Sprache geschrieben, die von einer Unmöglichkeit der direkten Erfahrung, von Sprachlosigkeit zu sprechen scheint. Die Räume sind entfremdet vom Blick eines nur aus Kultur bestehenden Opfers, das den Weg zu authentischerer Erfahrung sucht. Alles wird unterlegt und überlagert vom radikal subjektiven Blick der Autorin.

Die Theaterstücke suchen nicht mehr nach der Wirklichkeit existierender Orte. In *Abendlandleben oder Apollinaires Gedächtnis* (1987) schauen wir in Apollinaires Gehirn – es ist die Bühne –, Kreuzung der abendländischen Kultur, die als Multimedia-Collage erscheint. Der Schritt vom Essay zum Theaterstück ist sehr klein. Im Gegensatz zur Erwartung, die der Untertitel *Spiele aus Neu Glück* erweckt, handelt es sich nicht um ein Theaterspiel, eher um ein »tableau vivant«. Die Organisationsform des Textes ist die Assoziation. Doch ist diese nicht nur willkürlich, subjektiv, sondern, indem sie den Bahnen der europäischen Kultur folgt, von vornherein festgelegt – mehrere prominente Vertreter des Kulturlebens treten im Stück auf. Der Text zeigt die Mechanisierung und Materialisierung der Abläufe scheinbar individueller Prozesse. Die Dinge liegen nebeneinander wie in einem Gedächtnis, nicht wie in einem realen Ablauf. Die Spiele, die im Verlauf des Stückes durch den Prozess des Einübens immer reibungsloser funktionieren, erscheinen immer realer. Die Figuren sind nicht mehr als die Rollen, die sie im abendländischen Leben spielen; die Kostüme legen ihre Rolle fest.

Das Stück *Schauspieler, Tänzer, Sängerin* (1988) erforscht auf gleiche Weise das Theater. Dieses stellt sich selbst aus, demontiert seinen Mythos, seine Geschichte von innen her. Dabei geht es darum, die drei Protagonisten in ihre »Elementarteile zu zerlegen, auf den Strukturgehalt zurückzuführen«, wie die Autorin in einem Interview feststellte.

Die europäische Geschichte bildet für Gisela von Wysocki eine Geschichte kultureller Ablagerungen, die sich aufeinander schichten. »Natur ist das Geschichtete. Dies sichtbar zu machen, ist mein Erkenntnisinteresse.« Natur und Geschichte gelten ihr zugleich als der Steinbruch, aus dem sie ihr gesamtes Material gewinnt.

Peter Michalzik

Werke: *Potentiale der Subjektivität im irrationalistischen Denken*, Diss., Ffm. 1976; *Peter Altenberg. Bilder und Geschichten des befreiten Lebens*, Mü. 1979; *La Laterna Magica. Ombre, Immagini, Figure di Donne*, Mailand 1979; *Die Fröste der Freiheit. Aufbruchsfantasien*, Ffm. 1981; *Weiblichkeit und Modernität. Über Virginia Woolf*, Ffm. 1982; *Auf Schwarzmärkten. Prosagedichte und Fotografien*, Ffm. 1983; *Abendlandleben oder Apollinaires Gedächtnis. Spiele aus Neu Glück*, Theaterst., Ffm. 1987; *Schauspieler, Tänzer, Sängerin*, Theaterst., UA Ffm. 1988, Hsp., BR/NDR/SWF 1992; *Das Menschenmuseum*, Hsp., HR 1988; *Auf der Höhe der Tiefebene. Ein Buchstabenspiel*, Theaterst., UA Bln. 1988; *Dann setzt sie sich ein nagelneues Auge auf die Stirn*, Theaterst., UA Hbg. 1989; *Yokohama*, Hsp., 1989; *Greta Garbo. Ein Mythos in Bildern*, Mü. 1990; *Der Erdbebenforscher*, Hsp., BR/NDR 1992; *Wildnis Leben*, Hsp., HR/NDR 1993; *Noch nie war die Sonne so nah*, Hsp., WDR/SWF 1994; *Fremde Bühnen. Mitteilungen über das menschliche Gesicht*, Hbg. 1995; *Stein und Riesenrad*, Hsp., NDR/HR 1995; *Der Bildersammler*, Hsp., WDR 1997; *Zwei Wochen Wien*, Hsp., NDR/WDR 1999; *Hexenreden*, zus. m. Birgit Vanderbeke u. Marlene Streeruwitz, Gött. 1999; *Tragende Wände oder Schriften der Schwerelosigkeit*, Hsp., DLR/HR 2000; *Ich nehme ein Blau. Ich nehme ein Gelb. Akustisches Szenario über Charlotte Salomon*, Hsp., BR/NDR 2003.

Z

Zahl, Peter-Paul, wurde am 14. 3. 1944 in Freiburg im Breisgau geboren und wuchs in Feldberg/Mecklenburg auf. Nach einer Lehre als Kleinoffsetdrucker ging er als Wehrdienstverweigerer nach West-Berlin. 1966 trat er der Dortmunder »Gruppe 61« bei. 1967 gründete er eine Druckerei und einen Verlag. Sein militantes Engagement in der Studentenbewegung führte 1972 zu seiner Verhaftung und 1974 und 1976 zu zweimaliger Verurteilung. 1976 entstand eine Initiativgruppe »P.-P. Zahl« zur Verbreitung von Dokumentationen über seinen Fall (und andere Fälle). 1980 erhielt Zahl den ersten Hafturlaub, 1981 begann er ein Regie-Volontariat an der »Schaubühne« Berlin, 1982 wurde er aus der Haft entlassen. Nach mehreren Auslandsreisen, die ihn nach Grenada, auf die Seychellen, nach Italien und nach Nicaragua führten, unternahm er 1985 eine Abschieds-Lesetournee durch die Bundesrepublik und übersiedelte dann nach Jamaica. 1987 gründete er die »Portland Comedians«. Zahl ist Mitglied des Schriftstellerverbandes (VS) und des P.E.N.-Zentrums der Bundesrepublik. 1980 erhielt er den Förderpreis für Literatur der Freien und Hansestadt Bremen und 1995 den Deutschen Krimipreis.

Sein Debütroman *Von einem, der auszog, Geld zu verdienen* (1970) schildert den Bewusstseinsprozess des Berliner Fachhilfsarbeiters Wolf – eines angepassten »homo non politicus« zwischen Berlinzulage und Lohnsteuerersparnis –, der einsetzt, als dieser in eine Demonstration gerät und zusammengeschlagen wird. Neben den körperlichen Blessuren wird dabei sein rein materiell ausgerichtetes Selbstverständnis lädiert; er wird arbeitslos und, als Einreisewilliger sogar von der DDR abgeschoben, ratlos: »Du hast diese Stadt satt, diese alte wilhelminische Nutte, vollgepumpt und vollgerotzt von Godesberg bis Blankenese, diese alternde Hure des Westens und Frontstadt ... Was willst du, ein Arbeitsloser, in einer arbeitslosen Stadt?« Mit ironischen Kommentierungen in Form von Werbeanzeigen, Schlagzeilen und politischen Parolen bremst Zahl die Geschwindigkeit dieser atemlos und doch mit großem Hang zum Detail erzählten Parabel.

Zahl ist der Überzeugung, »daß die hungernden / nahrung brauchen / aber auch das bewußtsein / des ihnen vorenthaltenen / menschentums / also auch / gedichte«. In pathetischen und plakativen Gedichten, die während seiner Haftzeit entstanden sind, attackiert er die Schwachstellen der Gesellschaft, vom Strafvollzug über die Justiz bis hin zu Brokdorf und Märkischem Viertel; bemüht um Authentizität (»ich weiß wie es ist / angst zu haben und ohnmächtige wut«) zerstört er mit »flammenwerfern« das »gestrüpp der metaphern«, setzt auf Glaubens- und Gesinnungsinhalte. Überzeugt von einer kritischen Verpflichtung des Schriftstellers gegenüber der Gesellschaft (»ernsthafte Literatur ist stets subversiv«), übertreibt er oft den gesellschaftlichen Rundumschlag, vergisst Nuancen und Differenzierungen, instrumentalisiert Literatur als politische Agitation und Gesinnungstext. »Stärke als Dokument, Schwäche in der künstlerischen Umsetzung« bescheinigte Günter Kunert seinen Texten. So auch in seinem »deutschen Drama« *Johann Georg Elser* (1982), das im Verbund mit Wochenschauen und historischen Einblendungen den misslungenen Attentatsversuch auf Adolf Hitler im Münchner Bürgerbräukeller von 1939 rekapituliert. Die Dramatisierung von Führerreden, Aktennotizen und Dokumenten erscheint dann blutleer und pädagogisierend, wenn psychologische Sensiblität bei der Gestaltung der Figuren (insbesondere der Titelfigur und des »Volkes«) der seitenlangen Wiedergabe von Monologen Hitlers zum Opfer fällt.

Der Schelmenroman *Die Glücklichen* (1979), von Zahl als »belletristisches Geschichtsbuch« bezeichnet, vereint in manieristisch-bunter Weise ein Konvolut von Erzähltexten, Gedichten, dramatischen Szenen, Briefen, Zeitungsmeldungen und politischen Kommentaren zur Lage der Nation. Wohngemeinschaftsszenen zwischen Zwetschgenkuchen, Joints und Matratze, eine Einbrecherfamilie in der dritten Generation mit politischen Ambitionen, Prostituierte auf Bildungskurs, Fluchthelferaktivitäten für desertierte GIs und Freiluftballonfahrten in eine paradiesische Zukunft illustrieren eine an Handlungen und Schauplätzen reiche Utopie über die Verbindung studentischer Revolte mit proletarischem Hintergrund. Auch *Der Domraub* (2002) spielt mit pikaresken Elementen und erzählt die authentische Geschichte des im November 1975 erfolgten Einbruchs in die Kölner Domschatzkammer. Zahl hat das reale Vorbild seines Anti-Helden Vladimir Heiter im Gefängnis kennen gelernt und zeigt sich redlich bemüht, aus der Perspektive des betrogenen »underdogs« eine pralle Sex-and-Crime-Geschichte zu zaubern. Doch sein Faible für

Obszönitäten und Kalauer erstickt jeglichen satirischen Ansatz. Weitaus ansprechender erscheinen seine jamaikanischen Krimis um den schwarzen Privatdetektiv Ruffineck (*Der schöne Mann*, 1994; *Nichts wie weg*, 1994; *Lauf um dein Leben*, 1996; *Teufelsdroge Cannabis*, 2000), der auf der schönen Antilleninsel mit unorthodoxen Methoden gegen das System der Bosse kämpft. Zahl ist seinem Ansatz also treu geblieben, engagiert sich in seiner neuen Heimat auch publizistisch und bedient nebenbei mit Kinder- und Kochbüchern alle Marktnischen. Schon seine Aufsatzsammlung *Der Staat ist eine mündelsichere Kapitalanlage. Hetze und Aufsätze 1967–1989* (1989) offenbarte die Stärken des mit einem permanenten Anarchismus und einer räterepublikanischen Gesellschaftsordnung liebäugelnden Schriftstellers Zahl: die Formen des politisch-historischen Exkurses und des kritischen Reiseberichts, spontane, offene Formen wie die Kolumne oder das Interview – und zwar dort zur Geltung gebracht, wo andere die Augen verschließen: »Die schönsten Rosen (...) blühen immer aufm Müll« (P.-P. Zahl).

Thomas Kraft

Werke: *Spartacus. Zeitschrift für lesbare Literatur*, Mithg., Bln. 1967–1972; *Elf Schritte zu einer Tat*, E., Bln. 1968; *Von einem, der auszog, Geld zu verdienen*, R., Düsseld. 1970; *Schutzimpfung*, G., Bln. 1975; *Die Barbaren kommen*, G. u. Pr., Hbg. 1976; *Waffe der Kritik. Aufsätze – Artikel – Kritiken*, Ffm. 1976; *Eingreifende oder ergriffene Literatur. Zur Rezeption moderner Klassik*, Ffm. 1976; *V. Serge: Geburt unserer Macht*, Übs., Mü. 1976; *Wie im Frieden*, En., Leverkusen 1976; *Alle Türen offen*, G., Bln. 1978, Schpl., Hbg. 1978; *Brokdorfer Kantate*, Schpl., Köln 1979; *Himmel auf Erden*, Schpl., Köln 1979; *Freiheitstriebtäter. Lyrik, Prosa, Verfügungen, Gesetze, Maßnahmen und 1 Valentinade*, Hbg. 1979; *Die Glücklichen. Schelmenroman*, Bln. 1979; *Schreiben ist ein monologisches Medium. Dialoge mit und über P.–P. Zahl*, hg. v. R. Schnell, Bln. 1979; *Die Stille und das Grelle. Aufsatzsammlung*, Ffm. 1980; *Pobladores*, Hsp., 1980; *Schelmenlesung*, Kass., Bln. 1980; *Jazz & Lyrik*, Kass., Bln. 1981; *Johann Georg Elser. Ein deutsches Drama*, UA Bochum 1982, gedr. Bln. 1982; *Konterbande. Eine Gedichtauswahl*, Ffm. 1982; *G. F. Newman: Unternehmen »Fauler Apfel«*, Übs., Bremen 1982; *Aber nein, sagte Bakunin und lachte laut*, G., Bln. 1983; *Der rote Rollberg*, Hsp., SFB/SWF 1983; *Sumpf*, Kass., Bln. 1983; *Der Fall »Kain«*, Hsp., 1984; *Liebesstreik*, Theaterst., Ffm. 1984; *Unser Faust*, Farce, 1985; *Fritz, a German Hero – oder: Nr. 447 bricht aus!*, Theaterst., UA Mannheim 1988, gedr. Ffm. 1988; *Erpressbar – oder: Niemand geht aus diesem Raum ohne Schuld*, Farce, 1988; *Der Staat ist eine mündelsichere Kapitalanlage. Hetze & Aufsätze 1967–1989*, Bln. 1989; *Der Erpresser. Eine böse Komödie*, UA Freib./Br. 1990, gedr. Bln. 1990; *Die Rebellion findet ohne uns statt*, Theaterst., 1989; *R. J. Sender: Sieben rote Sonntage*, Übs., Zür. 1990; *Der Meisterdieb*, Theaterst., Ffm. 1992; *Der schöne Mann*, Krimi, Bln. 1994; *Nichts wie weg*, Krimi, Bln. 1994; *Lauf um dein Leben*, Krimi, Bln. 1996; *Das Ende Deutschlands*, Bln. 1997; *Geheimnisse der karibischen Küche. Geschichte, Gegenwart, Genuss*, Zür. 1998; *Don Juan oder Der Retter der Frauen. Eine Komödie nach Motiven von Tirso de Molina*, Theaterst., m. Illustr. v. Oliver Vogel, Bln. 1998; *Ananzi ist schuld. Geschichten aus Jamaica*, Kinderb., m. Illustr. v. Barbara Nascimbeni, Mü. 1999; *Teufelsdroge Cannabis*, Krimi, Bln. 2000; *Der Domraub. Ein Schelmenroman*, Mü. 2002; *Jamaica*, Mü. 2002.

Zaimoglu, Feridun, wurde am 4. 12. 1964 als Sohn eines Gerbers im anatolischen Bolu (Türkei) geboren. Bald nach der Geburt ging die Familie nach Deutschland. Sie ließ sich zunächst in Berlin nieder und später in Ludwigshafen,wo sich Zaimoglus Vater als Dolmetscher qualifizierte. In dieser Eigenschaft avancierte er zum Konsulatsangestellten in Bonn. Dort legte Zaimoglu das Abitur ab. Er studierte Kunst und Medizin in Kiel, wo er heute lebt. Er ist Mitbegründer der türkischen Literaturzeitschrift »ARGOS« und war Kolumnist für das »Zeit-Magazin«. 1997 erhielt er den »civis«-Hörfunk- und Fernsehpreis zusammen mit Thomas Röschner für den TV-Beitrag *Deutschland im Winter – Kanakistan. Eine Rap-Reportage*. 1998 wurde ihm der Drehbuchpreis des Landes Schleswig-Holstein verliehen. 1999 war Zaimoglu Hausautor im Nationaltheater Mannheim. Im selben Jahr verfilmte Lars Becker den ersten Roman des Autors *Abschaum – Die wahre Geschichte des Ertan Ongun*, der unter dem Titel *Kanak Attack* 2000 in die Kinos kam.

Mit seinem Debüt *Kanak Sprak – 24 Misstöne vom Rande der Gesellschaft* (1995) verschaffte Zaimoglu einem unvorbereiteten Publikum Zugang zu einer sprachlichen Terra incognita im deutschen Sprachraum. Dabei betraf die größte Überraschung eine in Szenen der fortgeschrittenen Migration vollzogene Synthese aus deutschem, amerikanischem und türkischem Slang. Eine weitere Besonderheit ergab sich daraus, dass in diesem Argot osmanische Anachronismen wie überhaupt ein konservativer Duktus im Vokabular der ersten, hauptsächlich ländlich-bäurischen Einwanderergeneration überlebten. *Kanak Sprak* versammelt vom Autor bearbeitete Interviews mit Vertretern der zweiten und dritten Einwanderergeneration. Zaimoglu betonte den Dokumentationscharakter von *Kanak Sprak*.

Die große Resonanz seines literarischen Entrées verdankte sich auch der weit gespannten Aufmerksamkeit eines grundsätzlich literaturfernen Publikums, das Feridun Zaimoglu als Interessenvertreter wahrnahm. Durch ihn stellte eine polyethnische, nur von außen einigermaßen einheitlich erscheinende Subkultur erstmals Öffentlichkeit her. Eine vom Wortklang affizierte, im Neubildungsfuror vorangetriebene Schreibweise verband Zaimoglu mit politischen Absichten. Der Autor von *Kanak Sprak* behauptet, »Ethnie sei eine Ware in der Politik«. Sein Credo lautet: »Es geht nicht um ethnische Differenz, sondern um soziale Probleme.« Die Ambivalenz von Ausdrucksstärke und wuchtiger Aussage schuf eine Spannung, die sich auch in der Rezeption entlud. Die Kritik von *Kanak Sprak* spiegelte zunächst vor allem das Ungeregelte der Situation. Wo der innovative Aspekt von Zaimoglus Arbeit gesehen wurde, blieb gleichwohl unklar, wie er einzuordnen sei. Es ist ein Verdienst dieses Schriftstellers, die von der Gastarbeiterliteratur der Sechziger- und Siebzigerjahre und der ihr nachgekommenen Migrantenliteratur gesetzten Standards (nicht allein) im Hinblick auf die eigene Produktion für ungültig erklärt zu haben.

In *Abschaum – Die wahre Geschichte des Ertan Ongun* (1997) zeichnete Zaimoglu den Lebensweg eines türkischstämmigen Kriminellen nach. Ohne wertende Eingriffe und deshalb außerordentlich drastisch zeigt der Autor den Diskothekenverbrecher Ertan als einen auf Lebenszeit Verirrten, der letztlich ebenso ratlos seiner bösen Energie gegenübersteht wie die Gesellschaft, die ihn ertragen muss. *Koppstoff – Kanaka Sprak vom Rande der Gesellschaft* (1998) setzt mit einer weiblich generierten Perspektive fort, was in *Kanak Sprak* begonnen wurde. Hinter den hierzu quer durch alle meinungsbildenden Instanzen geführten Debatten trat die literaturkritische Auseinandersetzung mit Zaimoglus Werk zurück, sodass der Autor vor allem als Propagandist einer Emanzipationsbewegung innerhalb der Migranten-Milieus auffiel. Das von ihm geprägte Schlagwort »Kanak Attack« wirkte über die literarischen Zirkel hinaus. Mit *Liebesmale, scharlachrot* (2000) gab Zaimoglu seine Rolle als Aktivist auf, um im Folgenden explizit auf seinen Status als deutscher Schriftsteller zu bestehen. Der formal an Hölderlins *Hyperion* angelehnte Briefroman bestätigte Zaimoglus Rang als wortschöpfender, im Ausdruck starker Autor, der die Chancen doppelter kultureller Auswahl offensiv nutzt. Mit *German Amok* (2002) näherte er sich wieder den aufrührerischen Tendenzen seines Debüts. Der Roman erzählt in schroffer Weise eine Liebesgeschichte, die von den kulturellen Interferenzen zwischen Ost- und Westdeutschen negativ bestimmt wird.

Jamal Tuschick

Werke: *Kanak Sprak – 24 Misstöne vom Rande der Gesellschaft*, Pr., Hbg. 1995; *Abschaum – Die wahre Geschichte des Ertan Ongun*, R., Hbg. 1997; *Koppstoff – Kanaka Sprak vom Rande der Gesellschaft*, Pr., Hbg. 1998; *Liebesmale, scharlachrot*, R., Hbg. 2000; *Kopf und Kragen – Kanak-Kultur-Kompendium*, Aufs., Ffm. 2001; *German Amok*, R., Köln 2002.

Zeh, Juli, wurde am 30. 6. 1974 in Bonn geboren. Sie studierte von 1993 bis 1998 Jura in Passau und in Leipzig. Von 1996 bis 2000 besuchte sie das Deutsche Literaturinstitut in Leipzig, das sie mit Diplom abschloss. Seit 2002 absolviert sie das juristische Referendariat. 1999 arbeitete sie drei Monate lang bei der UN in New York, 2000 acht Monate an der Universität Krakau und 2002 zwei Monate an der Deutschen Botschaft in Zagreb. Ausgezeichnet wurde sie mit mehreren Stipendien und 2000 mit dem Caroline-Schlegel-Preis für Essayistik, 2001 mit dem Förderpreis zum Bremer Literaturpreis und 2002 mit dem Rauriser Literaturpreis und dem Deutschen Bücherpreis.

Adler und Engel (2001), der Debütroman von Juli Zeh, ist Liebes- und Leidensgeschichte zugleich, ein heiß-kalter Albtraum über »die großen Dealer und ihre verwirrten Kinder« (Eberhard Falcke). Zeh verknüpft in ihrem verwinkelten und Haken schlagenden Text das Kriegsszenario des Balkankrieges mit der Geschichte von Max und Jessie, die sich nach Jahren wiedersehen und gleich wieder verlieren. Heiß in diesem Buch sind die Temperaturen, das Tempo und das Thema: Die geheime Verbindung politischer Macht mit der Drogenmafia, gedeckt und gesteuert von internationalen Menschen- und Völkerrechtsorganisationen und ihren juristischen Beratern. Der Prädikatsjurist Max arbeitet für eine dieser Kanzleien in Leipzig, als seine alte Freundin Jessie auftaucht und sich während eines Telefonats mit ihm eine Kugel durch den Kopf jagt. Der kokainsüchtige Max verfällt zusehends – was in aller Drastik geschildert wird – und rekonstruiert in einer erzählerschen Tour de Force mithilfe der kühlen Clara, die eine Arbeit über die »Pathologie des organisierten Verbrechens« anfertigt, seine und Jessies Vergangenheit. Allmählich kristallisiert sich heraus, dass Jessies Vater und

Max' Arbeitgeber Rufus Teil eines mächtigen Drogenkartells sind, das bosnische Flüchtlinge als Kuriere missbraucht hat. Jessie war in diese Machenschaften als Dealerin und Organisatorin involviert und tötete sich aus Angst vor den »Tigern«, den serbischen Killern des Milizionärs Arkan. Juli Zehs Roman entführt mit Hochspannung in eine Luxus- und Scheinwelt, die mit dem Elend anderer Menschen und unter Billigung der politischen Weltöffentlichkeit Geschäfte treibt – eine provokante, aber auch aufgrund vieler Recherchen belegbare These, die die Juristin Zeh (mit Arbeitsschwerpunkt Osteuropa) zum Thema ihres furiosen Romans machte. Mit ihrer harten und nüchternen Sprache erzählt sie von verlorenen Idealen und allmählicher Selbstzerstörung, von einer schlechten Welt, in der die Kategorien Gut und Böse verwischen und die Diskrepanz zwischen Regelwerk und Wirklichkeit immer größer wird. So verbindet sie Zeitkritik mit einem Höllentrip, Realismus mit einem immer stärker werdenden Erzählsog, der in einem abgründigen Szenario mündet.
Ihre forsche, bilderreiche, manchmal zum Sarkasmus neigende Sprache bleibt auch in ihrem zweiten Buch das eigentliche Ereignis. Der literarische Reiseessay *Die Stille ist ein Geräusch* (2002) führt sie mit Hund und einem Rucksack voller Fragen und entgegen aller Ratschläge nach Bosnien-Herzegowina, nach Sarajevo, Mostar, Fojnica, Trebinje und an den Unterlauf der Neretva. Sie interessiert sich für Menschen und Orte, weniger für Theorien und Begriffe, auf ihrem Weg zu möglichen Antworten auf die Frage, wer hier und warum Krieg geführt hat. Sie kann nur an der Oberfläche dieses Konflikts und dieses Landes, das ihr fremd bleiben wird, kratzen. Ihre Skepsis und Unvoreingenommenheit machen dieses Buch lesenswert und bestätigen ihre und unsere Distanz und Hilflosigkeit gegenüber diesem Krieg auf dem Balkan.

Thomas Kraft

Werke: *Adler und Engel*, R., Ffm. 2001; *Die Stille ist ein Geräusch. Eine Fahrt durch Bosnien*, Ffm. 2002; *Recht auf Beitritt? Ansprüche von Kandidatenstaaten gegen die Europäische Union*, Baden-Baden 2002.

Zeller, Eva, wurde am 25. 1. 1923 in Eberswalde bei Berlin geboren. Sie studierte in Greifswald, Berlin und Magdeburg Germanistik und Kunstgeschichte. Von 1946 bis 1956 war sie als Lehrerin in der DDR tätig, lebte von 1956 bis 1962 in Südwestafrika und kehrte dann in die Bundesrepublik zurück. Eva Zeller lebt nach Aufenthalten in Düsseldorf, Villingen im Schwarzwald und Heidelberg in Berlin. Seit 1970 ist sie Mitglied des internationalen P.E.N.-Klubs, seit 1975 der Deutschen Akademie für Sprache und Dichtung (1978 Vizepräsidentin), seit 1986 der Akademie der Wissenschaft und der Literatur Mainz. 1970 erhielt sie den Georg-Mackensen-Preis, 1974 die Ehrengabe zum Andreas-Gryphius-Preis, 1975 den Droste-Preis der Stadt Meersburg, 1977/78 das Schillerstipendium des Europa-Forums für Literatur, 1981 den Salzburger Literaturpreis für Lyrik im christlichen Geist, 1986 den Ida-Dehmel-Preis der GEDOK, 1987 ein Arbeitsstipendium des Landes Nordrhein-Westfalen und ein Stipendium des Deutschen Literaturfonds, 1988 und 1992 den Erzählerpreis der Stiftung Ostdeutscher Kulturrat, 1991 den Eichendorff-Literaturpreis, 1992 das Jahresstipendium des Baden-Württembergischen Ministeriums für Wissenschaft und Kunst, 1994 den Nikolaus-Lenau-Preis und den Buchpreis des Deutschen Verbands der Evangelischen Büchereien.
In den Jahren, in denen sich ihr Mann als Pfarrer in Südwestafrika (heute Namibia) um eine deutsche Gemeinde kümmerte, schrieb Eva Zeller einige Erzählungen, die 1965 unter dem Titel *Die magische Rechnung* veröffentlicht wurden. Alle Texte spiegeln afrikanische Wirklichkeit wider und vergegenwärtigen die Kluft, die durch das Aufeinandertreffen zweier gegensätzlicher Kulturen entsteht. Eva Zeller beleuchtet in ihren spannend erzählten und von der Kritik einhellig gelobten Geschichten die Historie und Probleme des Landes. Sie schildert in nüchterner Sprache die zwischenmenschlichen und sozialen Konflikte, die durch die extremen Lebensbedingungen jederzeit aufzubrechen drohen. In *Picknick am Benguelastrom* erhält eine Fotografin den Ratschlag eines weißen Mannes, der in Afrika geboren wurde: »Beziehen Sie keinen Standpunkt! Sowie Sie einen Standpunkt beziehen, werden Ihre Bilder nur noch aus einem bestimmten Blickwinkel geschossen. (...) Werten Sie nicht. Machen Sie nur die Augen auf.« Dieser Anweisung folgt auch die Autorin. Sie stellt die Menschen und Ereignisse aus der Distanz des sensiblen Beobachters dar – ohne zu bemitleiden oder zu verharmlosen. In der Titelgeschichte berichtet der Eingeborene Festus einer weißen Frau vom Tod ihres Mannes. Die Worte des Farbigen werden von einem Dolmetscher übersetzt und wegen der für die Frau nicht zumutbaren Grausamkeiten der Umstände barmherzig abgemildert. Die eigentlichen

Geschehnisse erfährt die Frau nicht: Ihr Mann wurde an einem für den Eingeborenen magischen, verbotenen Ort von einer Viper gebissen. Festus glaubte an einen Zauber und ließ den Verwundeten liegen, um eine schwarze Ziege zu suchen, mit deren Blut er den Tod bringenden Bann brechen wollte. Während der Abwesenheit von Festus stirbt der Naturforscher, der durch rechtzeitige medizinische Versorgung hätte gerettet werden können. Die Grundstimmung dieses Erzählbandes beherrscht auch den Roman *Der Sprung über den Schatten* (1967). Dieser zeichnet die Erlebnisse eines deutschen Ingenieurs nach, der in Südwestafrika eine Straße bauen soll. Die Erfahrungen, die der Protagonist Vanselow mit den für ihn zunächst rätselhaften Menschen und dem gleichermaßen erschreckenden wie faszinierenden Land macht, haben für ihn existenzielle Veränderungen zur Folge. Er sieht, dass »die Menschen hier nichts haben, was sie verbindet, aber alles, was sie voneinander trennt: Sprache, Hautfarbe, Tradition, Geschichte, Ziele, Freunde und Feinde«, und dass sie »trotzdem aufeinander angewiesen« sind.

In den Erzählbänden *Ein Morgen Ende Mai* (1969) und *Tod der Singschwäne* (1983) befasst sich die Autorin, die nach eigenem Bekunden »dem Wort mehr Erkenntnisfähigkeit als sich selbst« zutraut, mit den schwer wiegenden Folgen der Industrialisierung. Einfache Geschehensgrundrisse stecken dabei häufig den Rahmen ab für gezielte Zeit- und Gesellschaftskritik. Eva Zeller verfügt über ein breites formales Spektrum, sie bewegt sich sicher zwischen Ich-Erzählung, psychologischer Studie, Montage und klassischer Erzählung. Wo es um zwischenmenschliche Konfliktsituationen geht, bemüht sie sich meist um eine deskriptive, beinahe protokollarische Schreibweise und provoziert damit – trotz immer wieder erkennbarer Parteinahme – eine kritische Auseinandersetzung mit den beschriebenen Phänomenen. Wird das Individuum als Opfer einer Institution vorgestellt (z.B. *Das Rechtsobjekt*), klingt bisweilen ein sarkastischer oder polemischer Ton an. Dieser bestimmt auch einzelne Passagen in den Romanen *Lampenfieber* (1974) und *Die Hauptfrau* (1977). In die Geschichte über den wachsenden Widerstand einer betrogenen Ehefrau gegen festgeschriebene Rollenverteilungen (*Die Hauptfrau*) und die Chronik einer zwanzigjährigen Ehe, die durch die fadenscheinige Revolte der Tochter eine Zerreißprobe erfährt (*Lampenfieber*), fließen mitunter allerdings auch Kommentare ein, die eine nicht realisierbare Harmonie einklagen.

In ihren autobiografischen Romanen *Solange ich denken kann* (1981) und *Nein und Amen* (1986) wendet sich Eva Zeller einem Thema zu, das sie bereits in früheren Erzählungen beschäftigt hat (z.B. *Unveränderliche Kennzeichen; Das Wunder der Liebe; Die Rückeroberung Glaubüttens* oder *Was sage ich dann?)*. Die Autorin erinnert sich an ihre Kindheit, Jugend und Studienzeit während des Dritten Reiches, wobei sie keinen Hehl aus ihrer damaligen Ahnungslosigkeit und zeitweiligen Begeisterung macht. Erst spät durchschaut die junge Frau die Mechanismen der nationalsozialistischen Ideologie. Die analysierende Rückschau der mit heutigem Bewusstsein ausgestatteten Erzählerin und die Perspektive des Mädchens von einst bleiben stets unterscheidbar. Die beiden Romane greifen weiterhin ein Thema auf, das von vielen Schriftstellern dieser Generation in Zusammenhang mit der literarischen Rückschau in die Zeit des Nationalsozialismus behandelt wurde: die Auseinandersetzung mit dem Vater. Eva Zellers Vater, dessen politische Einschätzung des nationalsozialistischen Regimes von Weitsicht und Klarheit geprägt war, gelingt es laut Text nicht, im engsten persönlichen Bereich Engagement zu zeigen. Er schließt die Tochter weitgehend aus seinem Leben aus. Schreibend versucht die Autorin die durch die Fremdheit und Ferne des Vaters ausgelöste Verstörung ihrer Kindheit und Jugend zu überwinden. Auch in einigen Erzählungen des Bandes *Das Sprungtuch* (1991), dessen Sujets zum Teil bis in die Gegenwart reichen, schildert Zeller den nationalsozialistischen Alltag, »die Atmosphäre, das Gewürm und Gewürge« dieser Zeit. Zuletzt erinnerte die Schriftstellerin in ihrem zeitgeschichtlichen Roman *Das versiegelte Manuskript* (1998) an die Schrecken des Zweiten Weltkriegs, an den Holocaust und an die Verschleppung hunderttausender Frauen in die sowjetischen Lager. Zu ihren erfolgreichsten Büchern gehört die historische *Spurensuche nach Katharina von Bora*, auch genannt *Die Lutherin* (1996). Als »das eigentliche literarische Ereignis des Lutherjahres 1996« (Rüdiger Görner) gerühmt, gelingt es diesem Findebuch, ein plastisches und eindrucksvolles Porträt von Luthers Gefährtin nachzuzeichnen. Ohne je ihre distanzierte Erzählerposition aufzugeben, komponiert Eva Zeller aus dem wenigen Bekannten über die einstige Nonne Katharina von Bora und den Fundstücken, die sie bei ihrer Recherche aufspürt, eine fiktive Biografie, die allerdings nie vorgibt, mehr zu sein, als sie ist. Indem Zeller auch den Prozess ihrer Suche literarisch reflektiert, gelingt es ihr,

einen aktuell wirkenden Bezug zur Gegenwart herzustellen.
Seit 1975 ist Eva Zeller auch mehrfach als Lyrikerin hervorgetreten. Die meisten ihrer Gedichte sind von einer religiösen Grundhaltung geprägt, ohne dass ihr poetischer Gestus jedoch nur entfernt an religiöse Erbauungslyrik erinnerte. Wie in ihren Prosatexten bestechen auch in ihren Gedichten die Genauigkeit der Sprache und die Dichte der Bilder, die sie für ihre Beobachtungen und Reflexionen findet. 1994 erhielt sie für den Band *Ein Stein aus Davids Hirtentasche* (1992) den Buchpreis des Deutschen Verbands Evangelischer Büchereien. Die Entfremdung des Menschen offenbart sich für Eva Zeller nicht zuletzt in seiner Abwendung von Religion und Glauben: »Die Formel das mächtige Zeichen / Grundfigur Endfigur / mit den gekreuzten Balken / in unsern Versprechern / Ogottogott / kommt sie noch vor« (*O Gott*). Nach eigener Aussage schreibt Eva Zeller alle ihre Texte aus Angst, dass »wir im Begriff sind, die Leidensfähigkeit und Verletzlichkeit des Menschen wegzuerklären und zu überspielen«.

Petra Ernst

Werke: *Amely. Ein Schlüsselkind hilft seinem schielenden kleinen Freund*, Jugendb., Bln. 1959; *Kleines Herz in Afrika*, Jugendb., Bln. 1959; *Kleines Herz in der großen Welt*, Jugendb., Bln. 1959; *Die magische Rechnung*, En., Stg. 1965; *Der Schuß*, Hsp., 1965; *Unerwartete Begegnung*, Hsp., 1965; *Der Sprung über den Schatten*, R., Stg. 1967; *Ein Morgen Ende Mai*, En., Stg. 1969; *Sage und schreibe*, G., Stg. 1971; *Generationen – dreißig deutsche Jahre*, Hg., Stg. 1972; *Der Turmbau*, En., Stg. 1973; *Lampenfieber*, R., Stg. 1974; *Fliehkraft*, G., Stg. 1975; *Die Hauptfrau*, R., Stg. 1977; *Auf dem Wasser gehen*, G., Stg. 1979; *Figurenwerfen*, Stg. 1981; *Solange ich denken kann*, R., Stg. 1981; *Tod der Singschwäne*, En., Stg. 1983; *Nein und Amen*, R., Stg. 1986; *Heidelberger Novelle*, R., Stg. 1988; *Stellprobe*, G., Stg. 1989; *Das Wort und die Wörter. Tradition und Moderne in der geistlichen Lyrik*, Stg. 1990; *Das Sprungtuch*, En., Stg. 1991; *Ich möchte noch einmal sprechen lernen*, Esslingen 1992; *Ein Stein aus Davids Hirtentasche*, G., Freiburg/Br. 1992; *Die Autobiografie. Selbsterkenntnis – Selbstentblößung*, Stg. 1995; *Die Lutherin. Spurensuche nach Katharina von Bora*, Stg. 1996; *Das versiegelte Manuskript*, R., Stg. 1998; *Dreißig Worte für Liebe*, En., Stg., Mü. 2002.

Zeller, Michael, wurde am 29. 10. 1944 in Breslau geboren, dem heutigen Wroclaw. Von 1965 bis 1974 studierte er in Marburg und Bonn Literatur, Philosophie und klassische Archäologie. 1974 promovierte er über Thomas Mann in Bonn. 1975 bis 1982 arbeitete Zeller als Dozent für Literatur an der Universität Erlangen, wo er 1982 seine Habilitation über zeitgenössische Lyrik einreichte. Neben der Lehrtätigkeit schrieb er als Literaturkritiker für die »Frankfurter Allgemeine Zeitung«. Seit 1982 lebt er als freier Schriftsteller an unterschiedlichen Orten, zurzeit in Wuppertal. Neben zahlreichen anderen Auszeichnungen und Literaturstipendien erhielt Zeller 1997 den Kulturpreis Schlesien des Landes Niedersachsen.
Bereits in seinem Lyrik-Debüt *Aus meinen Provinzen* (1981) zeigt sich Zeller als der genaue Beobachter »an der Front des Alltags« (so in dem Gedicht *Morgengrauen*), der er in seinem gesamten erzählerischen, lyrischen und essayistischen Werk bleibt, wobei die Beobachtung immer auch eine Reflexion über den Beobachter, das schreibende Subjekt, beinhaltet. Die Gedichte sind scharfe Milieu- und Daseinsstudien mit einem gehörigen Maß an Lokalkolorit und ironischer Selbstbespiegelung. In *Künstlichkeiten* »beatmet« »das lyrische Ich (...) mit seinen Fingern / das weiße Resopal (...) aber / es funkt nicht«. Der schriftstellerische Schaffensprozess in seiner ganzen Abgründigkeit wird in dem Roman *Die Sonne! Früchte. Ein Tod* (1987) augenzwinkernd vorgeführt. Der gescheiterte oder scheiternde Schriftsteller Hans Anderland recherchiert im Jahre 1906 in Paris für sein Theaterstück über Jean Paul Marat. Sein in Thomas Mannscher Manier geregelter Tagesablauf wird dabei immer wieder durch die benachbarte Malerin Paula Modersohn-Becker gestört, die ihrerseits mit ihrem Versuch scheitert, fern von ihrem Ehemann und ihrer bürgerlichen Herkunft als Künstlerin zu bestehen. Mit einem deutlicheren Bezug auf die gesellschaftliche Gegenwart arbeitet die Verknüpfung von Romanhandlung und historischem Stoff in den beiden Romanen *Follens Erbe. Eine deutsche Geschichte (1986)* und *Der Wiedergänger* (1990). Letzterer beschreibt das Leben des Kurklinikarztes Ruppin, dessen Studien für einen Vortrag über die Pest parallel zu seinem im Letzten nicht ergründbaren Liebesleben laufen. In seiner Beziehungsunfähigkeit ist Ruppin der Nachfolger des Antihelden aus dem Erstlingsroman *Fehlstart-Training* (1978), Reisch, der ziellos von einer scheiternden Affäre in die nächste stolpert. Der Universitätsroman *Follens Erbe* dagegen nimmt den radikalen Burschenschaftsführer Karl Follen, der 1819 wegen revolutionärer Umtriebe angeklagt wurde und schließlich nach Amerika fliehen musste, als Folie für das Deutschland im Jahre 1977, in dem angesichts der Attentate der RAF eine totale Polarisierung statt-

fand und jede differenzierte Sichtweise als Sympathisantentum mit den Terroristen ausgelegt wurde. Der Literaturdozent Hellmut Buchwald kann seine Anstellung nur durch geschicktes Lavieren vor dem ministerialen Untersuchungsausschuss retten, wobei er an Brecht denkt »und an seine Geschmeidigkeit in Amerika vor diesem Komitee da«. Mit beißender Ironie beschreibt der Roman aber nicht nur die gegen die Lehrfreiheit verstoßenden ministerialen Umtriebe, sondern auch den Universitätsbetrieb an sich.

Neben diesen allgemeineren gesellschaftskritischen Ansätzen begibt sich Zeller auch immer wieder auf die lokal begrenzte Spurensuche. Sei es Fürth, wo Zeller dem reichen jüdischen Leben in der fränkischen Stadt nachspürt (*Mein Traum vom Dulden*, 1991), sei es die westfälische Stadt Schwerte, deren Werten, Traditionen und Besonderheiten Zeller in den *Gesängen aus dem deutschen Alltag* – so der Untertitel von *Mein schöner Ort* (2001) – nahe zu kommen sucht, sei es Weimar, dessen Nach-Wende-Realität er mit dem klassischen Weimar Schillers und Goethes kontrastiert (*Weimar. Deutscher Musenort*, 1991).

Bei aller Vielfalt der Orte, in die sich Zeller einschreibt, die er sich einverleibt, bleibt allerdings Krakau die große Konstante in den jüngeren Arbeiten. In *Café Europa* (1994) stößt der deutsche Schriftsteller Walter Hornung bei seinen Romanrecherchen über Veit Stoß auf die mysteriöse Gestalt des Professors Henry Wohlgast, dessen Geschichte mehr und mehr zu Hornungs eigener wird. Die zahlreichen Begegnungen und Erfahrungen eines Deutschen in der polnischen Stadt werden in ganz ähnlicher Weise in dem Erzählband *Noch ein Glas mit Pan Tadeusz* (2000) verarbeitet. Und schließlich ist Krakau wesentlicher Schauplatz des Romans *Die Reise nach Samosch* (2003). Im Zentrum des Romans steht die Geschichte der Familie Anschütz, die über drei Generationen erzählt wird. Die (deutsche) Großmutter kommt aus Oppeln in Schlesien, schwanger von einem polnischen Antikommunisten, in den Fünfzigerjahren nach Deutschland, wo sie den sehr viel älteren Hellmut Anschütz heiratet. Während Sohn Hans mit der Heimat seiner Mutter nichts zu tun haben will, verliebt sich Enkel Sebastian auf einer Reise nach Polen in Bascha. Wegen des dadurch noch gesteigerten Interesses an seiner eigenen Herkunft macht er sich schließlich auf den Weg ins titelgebende Samosch, wo sein (nicht-leiblicher) Großvater traumatische Erfahrungen im Krieg gemacht hatte, die ihn bis zu seinem Tod verfolgten. Allerdings gelangt Sebastian nie an sein Ziel, da sein eigenes Leben, seine eigene Liebe in den Vordergrund tritt und für ihn, den Vertreter der dritten Generation, sehr viel wichtiger wird. Dass sein leiblicher Großvater ein Pole war, »daran war nicht mehr zu deuteln. Ich konnte es leugnen, ich konnte es annehmen. Mehr nicht.« Die zentrale Aussage dieses Romans ist in Sebastians Schlusssatz zusammengefasst: »Der Blues spielt da, wo unsere Liebe ist, wo sonst.«

Thomas Herold

Werke: *Fehlstart-Training*, R., Aarau 1978; *Aus meinen Provinzen*, G., Nürnberg 1981; *Lieben Sie Dallas? Eine Streit-Lustschrift wider den Dünkel der Kultur*, Ess., Ffm. 1984; *Follens Erbe. Eine deutsche Geschichte*, R., Bad Homburg 1986; *Die Sonne! Früchte. Ein Tod*, R., Ffm. 1987; *Lust auf Blau & Beine*, G., Ffm. 1988; *Rochus. Die Pest und ihr Patron*, Ess., Nürnberg 1989; *Der Wiedergänger*, R., Zür. 1990; *Mein Traum vom Dulden. Eine deutsch-jüdische Begegnung der anderen Art*, Ess., Eggingen 1991; *Mikado*, En., Zür. 1991; *Weimar. Deutscher Musenort. Heute: Damals*, Ess., Berg am See 1991; *Café Europa*, R., Cadolzburg 1994; *Einwärts: Auswärts. Prosa einer Landschaft*, Anth., Hg., zus. m. Bobby Kastenhuber, Cadolzburg 1994; *Ist nicht zu sagen*, G., Lauenburg/Elbe 1996; *Kropp. Eine Abrechnung*, R., Ffm. 1996; *Und nächstes Jahr in Jerusalem!*, En., Cadolzburg 1999; *Noch ein Glas mit Pan Tadeusz*, En., Cadolzburg 2000; *Mein schöner Ort. Gesänge aus dem deutschen Alltag*, G., Cadolzburg 2001; *Erfurt erfinden*, Anth., Hg., Weimar 2002; Die *Reise nach Samosch*, R., Cadolzburg 2003.

Zieger, Ulrich, wurde am 29. 12. 1961 in Döbeln (Sachsen) als Sohn eines Handwerkers und einer Lehrerin geboren. Die Schule besuchte er bis 1970 in Waldheim, von 1970 bis 1981 lebte er in Magdeburg und wurde dort zum Chemigrafen ausgebildet. 1981 siedelte er nach Berlin über, arbeitete bis 1986 in einem Wissenschaftsverlag und avancierte zu einem der prägenden Köpfe in der »Prenzlauer-Berg-Connection« (Adolf Endler). Er war Mitbegründer der im Selbstverlag erscheinenden Zeitschrift »verwendung«, Redaktionsmitglied des »schaden« und arbeitete in der freien Theatergruppe »Zinnober«. Im Frühjahr 1989 verließ er die DDR und lebte in Montpellier und Berlin-Kreuzberg. Seit 1998 wohnt er wieder in Berlin-Prenzlauer Berg. Für seine Arbeiten erhielt er 1991 den Nicolas-Born-Preis, 1993 den 1. Preis des Dramatikerwettbewerbs des Schauspielhauses Wien, 1994 den Literaturförderpreis des Landes Brandenburg, 1997 den Förderpreis zum Lessingpreis der Stadt Kamenz, 1998 den Förderpreis zum Jakob-Michael-Reinhold-Lenz-Dramatiker-Preis der Stadt Jena und 2000 die Ehrengabe der Deutschen Schillergesellschaft.

Das bisher vorliegende Werk Ulrich Ziegers entfaltete sich aus genuin lyrischen Grundimpulsen heraus in verschiedene Gattungen: Seine Prosa, die Theaterstücke, Drehbücher – u.a. Mitarbeit bei Wim Wenders *In weiter Ferne so nah* – und Hörspiele werden durch eine unruhig mäandrierende, bildgesättigte Sprachbewegung bestimmt. Deren Spuren führen, wie der Titel seines ersten Gedichtbandes *neunzehnhundertfünfundsechzig* (1990) andeutet, in albtraumhafte Landschaften früher Erfahrung, über die Zieger im Gespräch mit Egmont Hesse 1986 Auskunft gab: »im winter, wenn die leute genauer erzählten, waren es die flüchtenden frauen aus der psychiatrie, welche die eine hälfte des zentrums der stadt meiner kindheit bildete, dann wieder waren es die männer aus dem zuchthaus, der anderen hälfte des zentrums von waldheim, die erdarbeiten verrichteten, (...) die täglichen selbstmörder.« Die Gedichte betreiben »sichtbare forschung, / am gleichnis von großer verwahrlosung«, sie stoßen mit archäologischer Neugier unter die Oberflächen der Erinnerung, um den Bedingtheiten von Verstörung, Angst und Hass, die bis in die Gegenwart des Sprechens heranreichen, auf die Spur zu kommen. Abbreviaturen einer »zersiedelten wahrnehmung« wechseln mit düsteren Traumspielen, aber auch luziden Visionen und Phantasmagorien. Manisch kreisen die Texte um »das wort für verdunkeltes wort. / für im kompass verdunkeltes wort für magnet«. Verschlungene Metaphernketten wie archaisierendes Pathos treiben den Redefluss schier unabschließbar weiter. Dabei sind Ziegers Gedichtbände streng komponiert: *neunzehnhundertfünfundsechzig* ist als ein Text zu 65 Stücken zu lesen, *Große beruhigte Körper* (1992) als Poem, wobei die mit lateinischen Ziffern bezeichneten 91 Stücke jeweils durch Kommata beendet werden. Die Ziegersche Lyrik kehrt mit Vorliebe bei uralten Grundworten wie Mutter, Nacht, Mond, Stille, Sterne etc. ein; moderne Reflexion über den Zerfall der Wahrnehmung im weißen Rauschen der elektronischen Medien verbindet sich mit imaginativen Aufschwüngen einer romantiknahen Mythensuche. Für Ziegers Werk gilt sicher, was Uwe Kolbe anlässlich der Verleihung des Nicolas-Born-Preises zu seinen Gedichten anmerkte, nämlich, dass sie »von Anfang an grandios ignorant gegenüber dem hingehaltenen Knochen eines scheinbaren Gegenstandes für unernstes, scheinbares Denken« sind.

Sein Roman *Der Kasten* (1995) ist das bisher komplexeste Werk des Autors, von existenzieller Tiefenschärfe, durchgehaltener Sprachgewandtheit, an Borges erinnernder Rätselhaftigkeit. Ein Roman zudem, der die surreal-kafkaeske Atmosphäre eines dem Untergang geweihten Gemeinwesens verstörend genau einfängt und der den großen Wenderomanen von Wolfgang Hilbig (*Ich*) und Reinhard Jirgl (*Abschied von den Feinden*, *Hundsnächte*) an die Seite zu stellen ist. Der Ich-Erzähler begibt sich in das Berlin der Achtzigerjahre auf Spurensuche nach einer ominösen Malergruppe, die im Vorfeld der Olympischen Spiele 1936 eine »verspätete Antwort auf den italienischen Futurismus« und unter Aufsicht der Gestapo eine Ästhetik des »Neuen Deutschen Blicks« zu kreieren versuchte. Beim Maler Wenzel, als dessen Assistent der Ich-Erzähler in seiner sächsischen Heimatstadt K. arbeitete, war er zuvor auf fünf monochrome Bilder mit dem Titel »Der Kasten« gestoßen, die in den Dreißigerjahren entstanden waren. Wenzel hatte »eine verborgene Wahrheit über die Geschichte der Stadt B. (...) in eine Halluzination über die Farbe Schwarz gefasst und auf fünf Leinwände, hatte einen friedlosen Gesang in dieses Schwarz geschlossen und ich hatte den Atem dieses Gesanges vernommen«. Um in die Archive zu gelangen, arbeitet die Figur des »Z.« (der Name variiert mehrfach im Roman) mit einem geheimnisvollen »Büro Weigel« zusammen. Je mehr sie sich damit in Simulationszusammenhänge dubioser Observationen verstrickt, desto mehr dekonstruiert sie das ohnehin schwache »Selbst« in einem Zersetzungsvorgang, der im eingeschobenen Prosagedicht *Schwarzland* gipfelt: einer furiosen Hassorgie in der Tradition Leautréamonts *Gesänge des Maldoror*.

In diesem Erzählgeflecht über die Selbstzerstörung eines Menschen legt Zieger seinen Figuren Sätze in den Mund, die das künstlerische Credo des Autors einkreisen: »Ich konnte das dümmlichste aller Jahrhunderte, dies kunststoffhaft sich ausbreitende, in dem ich gelandet war, als eine Außenwelt betrachten, der ich nur verbunden bleiben müsste, die ihm heimlich noch innewohnenden Schmerzworte auffinden und sie einem nächsten unbestechlicheren Zeitalter entgegenzubringen.« An anderer Stelle heißt es: Kunst »sei in erster Linie Lichtforschung im Abstrakten gewesen, Verstofflichung der Spuren eines im Grunde metaphysischen Ereignisses«. Diese Kerngedanken um die metaphysisch-imaginative Obsession des Künstlers in kunstfeindlicher Zeit variiert Zieger auch in den Erzählungsbänden

In der Finsternis (1993), *Der zweifelhafte Ruhm dreier Dichter. Eine Wegführung* (1991) und *Willkommen und Abschied* (2001). Dabei setzt er seine Figuren menschlichen Extremsituationen aus, stellt sie vorzugsweise in naturwissenschaftlich-philosophische und bildlich-symbolische Kontexte von Chaostheorie, medienwissenschaftlicher Reflexion und Geschwindigkeitsphilosophemen à la Virillo und erschafft so dramatische Konstellationen, in denen kalt gehaltene Versuchsaufbauten den archaischen Begierden und Obsessionen der Protagonisten ausgesetzt erscheinen. Die Katastrophen sind gleichsam vorprogrammiert, wenn seine Figuren in Verrückung und Auflösung »die Zukunft aus den Trümmern ihrer Träume« (Andreas Koziol) deuten und in das grelle Licht einer schwarzen Romantik treten.

Peter Geist

Werke: *neunzehnhundertfünfundsechzig*, G., Bln. 1990; *Der zweifelhafte Ruhm dreier Dichter*, P., Bln. 1991; *Große beruhigte Körper*, G., Bln. 1992; *Immerwährende Hanglage*, Theaterst., Bln. 1993, (1. *Die Sonne ist blau*, UA Magdeburg 1998, 2. *Die Verlagerung der Steppe*, UA Bln. 1996, 3. *Das zwischen den Schläfen ... den Augen*, UA Schwerin 1996); *In der Finsternis*, Pr., Bln. 1993; *In weiter Ferne so nah*, Drehb.-Mitarb., Film v. Wim Wenders, 1993; *Die Hügel vor den Städten*, Hsp., zus. m. Bert Wrede, CD, 1993; *Der Kasten*, R., Bln. 1995; *Schwarzland, ein Poem*, CD, 1995; *stiere*, Pr., Bln. 1997; *Vier Hefte*, G., Pr., Bln. 1999, darin: *Über die Mandelbrotmenge*, Theaterst., UA Bln. 1993; *Willkommen und Abschied*, E., Bln. 2001; *Die Scheinbarkeit und die Irrnis*, Theaterst., n. Motiven v. Walter Serners *Die Tigerin*, UA Hannover 1999, gedr. Gifkendorf 2003; *Die Erzählung der ganzen Geschichte*, Theaterst., UA Bielefeld 2002, gedr. Gifkendorf 2003; *Die Knochen (Die Geschichte der Lala S.)*, Theaterst., Gifkendorf 2003; *Sketsch oder Die Weltanschauung*, Theaterst., Gifkendorf 2003, UA Bielefeld 2003; *Ehe die Menschen noch einmal ans Meer gingen*, Theaterst., Gifkendorf 2003.

Zier, O. P., wurde als Othmar Peter Zierlinger am 20. 10. 1954 in Schwarzach/Pongau im Land Salzburg geboren. Er wuchs in der Gemeinde Lend/Pinzgau auf. Bereits 1972 gab es erste Veröffentlichungen in der Zeitschrift »manuskripte« des Forum Stadtpark in Graz. Seit 1979 lebt er als freischaffender Schriftsteller in Eschenau und St. Johann im Pongau. Mit dem Exposé zu dem Fernsehfilm *Rien ne va plus, Maria* gewann Zier 1976 den Fernsehspielpreis des Österreichischen Rundfunks (ORF) und erstand vom Preisgeld ein Bauernhaus in Eschenau, einem Nachbarort von Lend, »von dem wir [Kinder] schließlich wussten, dass die Kühe dort Steigeisen bräuchten« (*Andeutungen. Ein Lesebuch*, 1994). Ausgezeichnet wurde er u.a. 1987 mit dem Georg-Rendl-Literaturpreis und 2000 mit dem Österreichischen Staatsstipendium für Literatur.

1977 erscheint Ziers erste selbstständige Publikation, der Erzählband *Traumlos*. Die erste und längste dieser Erzählungen, *Traumversuch*, zeigt bereits die später immer wieder thematisierte Suche nach glückenden Beziehungen und ihr Scheitern an der Härte der Wirklichkeit. Charakteristisch für Ziers Erzählen ist das Mitgefühl für seine scheiternden Helden und zugleich der unbestechliche Blick auf die soziale Vermitteltheit des Unglücks. In den Epigrammen und Gedichten, die er 1988 unter dem Titel *Der rettende Sprung auf das sinkende Schiff* herausbrachte, findet man diese beiden Komponenten verwandelt wieder als Wehmut und sarkastische Illusionslosigkeit: »Der Hauptstimme, die das Thema umreißt, sekundiert eine Zweitstimme, meist dezent in einer Klammer untergebracht: Ergänzung, Korrektur, nicht selten süffisante Selbstkritik« (Wendelin Schmidt-Dengler). Mit *Menschen am Land*, dem 1981 erschienenen Bildband über Lend, der Fotografien von Fritz Macho aus den Dreißigerjahren enthält und Texte von Peter Rosei, Peter Weiermair und Zier, beginnt die Ortschaft Lend zum Universum der Figuren in Ziers Romanen zu werden. Durch seine lakonische Art, Innenleben und Äußeres seiner Figuren nur wie beiläufig zu erwähnen und dem Handeln der Menschen – und wie an ihnen gehandelt wird – seine Aufmerksamkeit zuzuwenden, stellt sich ein Nahverhältnis her zur »oral history«. Dem entspricht das große künstlerische und publizistische Spektrum aufklärerischer sozialer Recherchen bei Zier. Es umfasst Spiel- und Dokumentarfilme, Fotobände, Rundfunkfeatures, Hörspiele sowie Zeitschriften- und Zeitungsessays und publizistische Kommentare (z.B. in »Literatur und Kritik« (Salzburg), »Die Zeit« (Hamburg) oder »profil« (Wien)); eine ausgewählte Zusammenstellung enthält der Band *Andeutungen. Ein Lesebuch* (1994).

Auf die Erweiterung unserer sozialen Wahrnehmung und unseres geschichtlichen Gedächtnisses zielt auch sein erster, »frei nach den authentischen Lebensgeschichten von Eva und Rupert Maier« erzählter Roman *Schonzeit* (1996): ein Liebesroman aus der Wolfszeit dieses Jahrhunderts – über die Emanzipation zweier Menschen aus der Unfreiheit und Gewalt auf den Bauernhöfen der Zwischenkriegszeit –, zugleich ein kritischer Heimatro-

man und ein Österreichroman über den später unbedankten Widerstand gegen Hitlerdeutschland. Die komisch-satirische Komponente, die ebenfalls im Werk Ziers von Beginn an eine Rolle spielt, kommt im Roman *Himmelfahrt* (1998) auf fulminante Weise zum Ausdruck. In einem an Thomas Bernhard erinnernden Verwirrspiel von Realität und Fiktion werden die Landhonoratioren der Salzburger Herkunftswelt in Erinnerung gerufen – die »Lendliche Idylle«, wie es in Anspielung auf Ziers eigenen Herkunftsort heißt – und genauso wird das heutige Salzburger Bürgertum und dessen Kulturpolitik zum Gegenstand seines erhellenden Spotts. Nicht zu Unrecht wurde in der Kritik ein Vergleich des Ich-Erzählers, dieses gescheiterten Glückssuchers und »begnadeten Schimpfers, Grüblers, Sezierers, Aufklärers, Kritikers und Satirikers« mit dem Autor angestellt (Matthias Part).
Der Roman *Sturmfrei* (2001), in den Siebzigerjahren angesiedelt, erzählt den Arbeitsalltag des Hans Helger, Einkaufsleiter einer Aluminiumfabrik (MAG) in dem kleinen Ort Meng, und seines Stellvertreters Werner Turger. Der Roman lebt aus der lakonischen Darstellung des Ineinanders von Dorftratsch und streng hierarchisiertem Arbeitsalltag, in einem Ort, wo die MAG das absolute Arbeitsplatz-Monopol innehat. Ein Romandokument »des mühsamen und vergeblichen Strebens so genannter kleiner Leute« und, so die Kritikerin Susanne Alge, ein Zeugnis für die erhellende, befreiende Kraft seines »gesellschaftskritischen, hochpolitischen Erzählens«.

Norbert Höller/Hans Höller

Werke: *Nadine*, Radioerzählung, 1975; *Erstickte Augenblicke*, Radioerzählung, 1976; *Traumlos*, En., Salzb. 1977; *Rien ne va plus, Maria*, Fssp., 1978; *Bildhaft gewordene Bedrohung*, Fssp., 1979; *Eschenau – wie es heute ist und wie es früher einmal war*, Feat., 1980; *Schernberg – eine Endstation menschlichen Seins?*, Feat., 1981; *Menschen am Land. Fotografiert von Fritz Macho in den Dreißigerjahren*, Fotobd., zus. m. Peter Rosei, Peter Weiermair, Salzb., Wien, 1981; *Jugendverderbend und volkszersetzend – eine Kunstausstellung auf dem Lande*, Feat., 1982; *Das Anwachsen der Schatten*, Hsp., 1982; *Ländliche Idylle – eine Illusion?*, Fssp., 1983; *Eine grausliche Zeit – wirtschaftlich und politisch. St. Johann in den 30er Jahren*, Feat., 1986; *Samma a Kulturland Salzburg oder sammas net*, Feat., 1986; *Volksliedforschung im Pongau*, Feat., 1986; *Der rettende Sprung auf das sinkende Schiff*, Hsp., ORF 1987, G., Wien 1988; *... vom täglichen Brot der kleinen Einfälle*, Fssp., 1987; *Der doppelte Boden der einfachen Wahrheit*, Hsp., ORF 1988; *Maria Trefny*, Feat., 1988; *Faistauers Erben*, Dok.-Film, 1988; *John Kennedy Toole und sein Roman »Ignaz oder Die Verschwörung der Idioten«*, Radio-Ess., 1990; *Der Schwager*, Radio-Erz., 1990; *Immer mehr und mehr versaut er. Ferdinand Sauter*, Radio-Ess., 1992; *Das Verhör*, Theaterst., Innsbr., 1992, UA Innsbr. 1992; *Lückenlose Beweisführung*, Hsp., RB 1991; *Andeutungen. Ein Lesebuch*, Salzb. 1994; *Wenn der Alltag nicht alltäglich ist ...*, Fssp., ORF 1992; *Prost*, Dok.-Film, 1994; *Wenn Gäste arbeiten ...*, Dok.-Film, 1995; *Schonzeit*, R., Salzb. 1996; *Auf dem Berg und doch zu Hause*, Dok.-Film, 1996; *Himmelfahrt*, R., Salzb. 1998; *Im Dunkel des Tages*, Dok.-Film, 2000; *Sturmfrei*, R., Salzb. 2001.

Zitelmann, Arnulf, wurde am 9. 3. 1929 als fünftes von sechs Kindern einer Pfarrersfamilie in Oberhausen/Sterkrade geboren. Kindheit und Jugend waren geprägt durch die Kriegsereignisse wie durch die politischen und sozialen Spannungen innerhalb des Ruhrgebietes. Nach einer wechselvollen Schulzeit studierte er Theologie und Philosophie in Marburg und Heidelberg, um anschließend in den Dienst der Evangelischen Landeskirche in Hessen zu treten. Bis 1977 war er als Pfarrer an verschiedenen Gemeinden tätig, zwischen 1977 und 1992 arbeitete er als Religionslehrer in einem Darmstädter Gymnasium. Heute lebt Zitelmann als freier Schriftsteller im Odenwald. Für seine Kinder- und Jugendbücher, die mehrfach auf der Auswahlliste zum Deutschen Jugendliteraturpreis standen, erhielt er zahlreiche Auszeichnungen, darunter 1992 den Gustav-Heinemann-Friedenspreis, 1994 den Friedrich-Bödecker-Preis sowie den Großen Preis der Deutschen Akademie für Kinder- und Jugendliteratur Volkach.
Mit Ausnahme des Handbuches *Didaktik der Sexualerziehung* (1970) sowie einer Anthologie mit Aussprüchen Martin Luthers (1982) hat Zitelmann seit 1978 ausschließlich Romane für Kinder und Jugendliche verfasst. Dabei dominieren historische Abenteuerromane und Biografien, während kritische Gegenwartserzählungen (*Kein Ort für Engel. Die Geschichte des Amos Filip*, 1998) oder Science-Fiction-Romane (*Nach dem Großen Glitch*, 1981; *Sirrahs Träume*, 2000) eher eine untergeordnete Position einnehmen. Kennzeichnend für die historischen Romane ist eine theologisch-philosophische Ausrichtung. Das gilt nicht nur für jene Texte, deren Inhalte direkt auf Stoffen der Bibel fußen (*Mose, der Mann aus der Wüste*, 1991; *Abram und Sarai*, 1993), sondern sie prägt das Menschenbild aller Erzählungen wie auch das der Biografien. In immer wieder neuen Konstellationen gestaltet Zitelmann die Auseinandersetzung des Einzelnen mit einer von bestehenden Machtverhältnissen verhärteten und

manipulierten Realität. Dabei ist das Individuum, gleichgültig ob es die Züge eines Jugendlichen im Nationalsozialismus trägt (*Paule Pizolka*, 1991) oder die des Bauernführers Thomas Müntzer (1989), stets auf sich allein gestellt, eine Konstellation, die nicht als Isolation missverstanden werden soll, sondern theologisch gedeutet wird als ein Zustand von Eigenständigkeit und Mündigkeit. Dieses Menschenbild korreliert aufs Engste mit dem Gottesbild des Theologen Zitelmann. Gott erscheint nicht mehr als eine über die Menschen richtende Instanz, nicht als die Inkarnation des Gesetzes, sondern als ein Gott, der den Menschen während seines langwierigen Prozesses der Selbstbefreiung und -findung begleitet, ja, ihn zu diesem Prozess anregt. Dass es sich dabei nicht immer um ein spezifisch christliches Gottesbild handeln muss, verdeutlichen jene Erzählungen, die in vorchristlichen Epochen angesiedelt sind (*Der Turmbau zu Kullab*, 1982; *Jenseits von Aran*, 1984) oder interkonfessionelle Szenarien evozieren (*Unterwegs nach Bigorra*, 1994; *Die Weltreligionen*, 2002). Den jugendlichen LeserInnen bieten die Erzählungen und Biografien nicht trotz, sondern offensichtlich gerade wegen dieser theologisch-philosophischen Dimension eine Vielzahl von Identifikationsmöglichkeiten. Die daraus resultierende Akzeptanz wird durch die hohen Auflagenzahlen der Werke eindrucksvoll unter Beweis gestellt.

Gabriele von Glasenapp

Werke: *Didaktik der Sexualerziehung. Handbuch für das 1.–13. Schuljahr nach den Empfehlungen des KMK*, zus. m. Therese Carl, Weinheim 1970; *»Kleiner Weg«. Abenteuer-Roman für Kinder*, Weinheim 1978; *Zwölf Steine für Judäa. Abenteuer-Roman*, Jugendb., Weinheim 1979; *Unter Gauklern. Abenteuer-Roman aus dem Mittelalter*, Jugendb., Weinheim 1980; *Nach dem Großen Glitch. Abenteuerroman*, Jugendb., Weinheim 1981; *Der Turmbau zu Kullab. Abenteuerroman*, Jugendb., Weinheim 1982; *Ich Martin Luther. Starke Sprüche über Weiber, Fürsten, Pfaffen und so weiter*, Anth., Hg., Ffm. 1982; *»Widerrufen kann ich nicht«. Die Lebensgeschichte des Martin Luther*, Biogr./Jugendb., Weinheim 1983; *Jenseits von Aran. Abenteuerroman*, Jugendb., Weinheim 1984; *»Keiner dreht mich um«. Die Lebensgeschichte des Martin Luther King*, Biogr./Jugendb., Weinheim 1985; *Bis zum 13. Mond. Eine Geschichte aus der Eiszeit*, Jugendb., Weinheim 1986; *Hypatia*, Jugendb., Weinheim 1988; *»Ich will donnern über sie!« Die Lebensgeschichte des Thomas Müntzer*, Biogr./Jugendb., Weinheim 1989; *Paule Pizolka oder Eine Flucht durch Deutschland*, Jugendb., Weinheim 1991; *Mose, der Mann aus der Wüste*, Jugendb., Weinheim 1991; *Abram und Sarai*, Jugendb., Weinheim 1993; *Unterwegs nach Bigorra. Abenteuer-Roman aus dem frühen Mittelalter*, Jugendb., Weinheim 1994; *Nur dass ich ein Mensch sei. Die Lebensgeschichte des Immanuel Kant*, Biogr./Jugendb., Weinheim 1996; *Kein Ort für Engel. Die Geschichte des Amos Filip*, Jugendb., Weinheim 1998; *Jonatan, Prinz von Israel. Roman aus der frühen Königszeit*, Jugendb., Weinheim 1999; *Sirrahs Träume. Ein Science-Fiction-Roman*, Jugendb., Weinheim 2000; *»Jedes Sandkorn ist ein Buchstabe«. Die Lebensgeschichte des Georg Christoph Lichtenberg*, Biogr./Jugendb., Weinheim 2002; *Die Weltreligionen*, m. Illustr. v. Silke Henßel, Jugendb., Ffm. 2002.

Zoderer, Joseph, wurde am 15. 11. 1935 in Meran geboren. 1940 übersiedelte die Familie nach Graz, 1949 kehrte sie nach Südtirol zurück. Von 1948 bis 1952 besuchte Zoderer das Gymnasium in Widnau (Ostschweiz), seit 1953 verschiedene Oberschulen in Südtirol, wo er 1957 die Matura ablegte. Von 1957 bis 1963 studierte er Philosophie, Psychologie, Theaterwissenschaft und Jura in Wien. Die nebenberufliche Tätigkeit als Journalist schloss sich in dem Jahrzehnt von 1971 bis 1981 der Arbeit als Rundfunkredakteur in Bozen an. Seit 1981 lebt Zoderer als freier Schriftsteller in Terenten/Südtirol und zeitweise in Berlin. Seit 1981/82 ist er Mitglied der Südtiroler Autorenvereinigung, der Grazer Autorenversammlung (seit 1982), der Accademia Degli Agiati Rovereto und seit 1993 der Akademie für Sprache und Dichtung in Darmstadt. Er wurde ausgezeichnet 1982 mit dem Österreichischen Staatsstipendium für Literatur, 1983 mit dem Literaturpreis des Kulturkreises im Bundesverband der Deutschen Industrie, 1984, 1985, 1991 und 1998 mit Werkstipendien des Deutschen Literaturfonds, 1984 mit dem Förderpreis des Marburger Literaturpreises, 1985 mit dem Finalistenpreis zum Premio Napoli, 1986 mit dem Premio della Città Trento, dem Premio Catullo-Sirmione und dem New-York-Stipendium der Kranichsteiner Literaturtage in Darmstadt, 1987 mit dem Franz-Theodor-Csokor-Preis des österreichischen P.E.N.-Klubs, 1988/89 mit dem Berliner DAAD-Stipendium, 1989 mit dem Edenkoben-Preis, 2000 mit dem Rotary-Preis Trentino-Alto Adige-Südtirol, 2001 mit der Ehrengabe der Deutschen Schillerstiftung in Weimar, 2003 mit dem Hermann-Lenz-Preis und dem Stipendium Schloss Wiepersdorf.

Starre Konventionen, die Einengung individueller Entfaltungsmöglichkeiten, die Monotonie des Alltags oder die schlichte Neugier auf Abenteuer sind die Gründe und Motive, die Zoderers Romanfiguren bewegen, von der Vergangenheit, wenn auch manchmal nur vorübergehend, Abschied zu nehmen. In der Vergegenwärtigung des zu erwartenden Verlustes stellen sich ambivalente Gefühle ein: Das Gewohnte und Vertraute wird geschätzt, weil es Sicherheit verleiht, gleichzeitig aber auch als Ballast empfunden, weil es Neues verhindert. In den Romanen zeichnet sich die allmählich verstärkende Erkenntnis ab, dass die Fiktion, die Sehnsucht, so sporadisch sie vielleicht auch nur gelebt werden kann, jeden Ausbruchsversuch rechtfertigt, selbst wenn sie nur noch von der Kraft ihrer eigenen Reproduktion lebt.

Zoderers erster Roman, *Das Glück beim Händewaschen* (1976), in den autobiografische Erfahrungen eingeflossen sind, erzählt die Geschichte des Andreas Hittaler, Sohn eines Optanten, der nach Österreich übersiedelte. Andreas, im Freundeskreis gehänselt (»Katzlmacher«) und als Fremder behandelt, nimmt dankbar das Angebot des Pfarrers an, ihm einen Studienplatz in einem Schweizer Internat zu verschaffen. Dieses von katholischen Patres (»Seelenführer«) geleitete »Haus der Regel« verkörpert Verbote und Verzichte, fordert extreme Anpassung und Subordination, denen der auch hier nur als Außenseiter zugelassene Hittaler (»Bischn Öschtriecher?«) mit an Masochismus grenzender Ergebenheit nachkommt. Die Lust an Selbstkasteiung, an Gewissensbissen und selbst auferlegten Bußen entspricht zwar dem klösterlichen Sittenkodex (»genaues Einreihen in die Kolonne«), schlägt aber bei Hittaler allmählich um in ein erwachendes Selbstbewusstsein. Nach einem Besuch bei den inzwischen wieder in Meran lebenden Eltern, den er überstürzt abbricht (der arbeitslose Vater hatte ihn stolz als Schweizer Studenten vorgezeigt), verdichtet sich das Unbehagen an der eigenen Willenlosigkeit. Hittaler bittet um seine Entlassung aus dem Kolleg. »Sie kamen auf mich zu, die Worte, die guten, kein einziges konnte ich behalten, ich hörte zu und vergaß, vergaß all diese Worte. Nur die Wände sah ich, die weißen Wände und die weißen Tücher auf den Altären und auf dem Führungstisch. Von diesen Tüchern und Wänden erholte ich mich lange nicht.«

In dem Roman *Die Walsche* (1982) kehrt die Titelfigur, die zu einem Italiener in die Tiefebene gezogen ist, in ihr Südtiroler Gebirgsdorf zurück, um an der Beerdigung ihres Vaters, des alten, versoffenen Schullehrers, teilzunehmen. Kaum verhohlene Feindseligkeit schlägt ihr, der Abtrünnigen, entgegen; das nationalistische Heimatgefühl der Dörfler, für die Heimat in Wahrheit »nur noch zum Geldschaufeln herhalten musste«, feiert sich selbst, erreicht »eine Festigkeit durch das Niedergedrücktsein«. Die Gegensätze der Nationalitäten, der Lebensräume sind unüberbrückbar. Olga, die »Walsche«, erfährt die Fremdheit, die schon der Vater verspürt hatte, der »Fremdheitsspezialist«, dem »die Stadtmenschen und auch die südlichen Menschen viel näher waren als diese Felswände ringsum« und der trotzdem den Absprung nicht schaffte. Weder das »Bergloch« noch die Beziehung zu dem Italiener stillen Olgas Sehnsucht nach »innerer Heimat«; beim Verlassen des Dorfes »beugte sie den Kopf zum Lenkrad hinunter und küsste den Rücken ihrer Hand«.

Lontano (1984) ist der Drang in die Ferne, der Versuch, allein über geografische Veränderung innere Krisen, hier die »zielgerichtete Gleichgültigkeit«, zu bewältigen. Ein Journalist, dessen Mutter im Sterben liegt und dessen Frau ihn verlassen hat, fliegt nach Nordamerika, lebt dort bei Freunden, arbeitet, durchstreift das Land per Bus, um seinem Schmerz zu entfliehen, und findet letztlich zu sich selbst: »Alleinsein niemandem antworten zu müssen das ist ein Anfang.« Die Auseinandersetzung mit den ihn ständig einholenden Erinnerungen, sein »Schmerzegoismus«, sein bisweilen hypochondrisches Erleben von Verlust und Leid, zwingen ihn dazu, neues Terrain zu beschreiten und die ihm bislang verborgenen Tiefen seiner Seele zu durchforschen. Trotz der Risiken bildet die Reise selbst das eigentliche Ziel. Am Ende empfindet er seine äußere Verlassenheit als Befreiung, als Glück.

Dauerhaftes Morgenrot (1987) behandelt den anhaltenden Spannungszustand, den sich ein Mann, abgestoßen von der Gleichgültigkeit seiner Frau, auf seinen ziellosen Streifzügen durch eine Stadt am Meer in der Begegnung mit einer Prostituierten erhofft. Erotische Begierden werden geweckt; Sinnlichkeit und Lebensfreude im Dunstkreis einer obskuren Halbwelt verschaffen den befristeten Ausstieg aus dem Alltag. Aber die Erinnerungen holen ihn immer wieder ein, Bilder greifen ineinander, Zeitebenen verschwimmen, es gibt keine Flucht und kein Entkommen. Das Triviale ist nur unterbrochen, die Welt der Imagination weicht »erschöpfter Neugier ... und Kraftlosigkeit«. Er kehrt zu seiner Frau zurück, zu den »gewohnten Gegenständen«, in der Gewissheit, sich diese Traumwelt immer wieder erfinden zu können.

Die existenziell notwendige Flucht aus äußeren Zwängen, dann das Abschiednehmen von falschen Heimaten und die vorsichtige Annäherung an das eigene Potenzial von Möglichkeiten, anschließend der bewusste Versuch, diese Möglichkeiten auszuschöpfen, und schließlich die Einsicht, dass es äußerer Impulse nicht bedarf, um die persönliche Krise dank der eigenen Kraft der Vorstellung zu bewältigen – die Entwicklung des Autors Zoderer in der Behandlung des Spannungsfeldes von Sehnsucht und Wirklichkeit, von Trennung, Schmerz und Hoffnung ist unverkennbar. Zoderer gilt als präziser Beobachter, der der Kraft seiner Bilder und der Dynamik seiner Figuren vertraut. Ein Romantiker, der aus dem Surrogat seiner Erfahrungen Modellkonstellationen formt, ohne die Menschen zu denunzieren. Es gilt »den Zauber eines Erzählens« zu entdecken, das »in seinen Bann zwingt« und zugleich ein »Gefühl der Geborgenheit« vermittelt (R. Baumgart).

Nach einer längeren Schreibpause erschien 1995 der Roman *Das Schildkrötenfest*, der im Mexiko der Siebzigerjahre spielt. Der Südtiroler Loris reist mit dem Bus, um einen Freund zu treffen. Dabei lernt er die attraktive Nives, eine Sally Bowles der Kakteenwüste, kennen und verliebt sich in sie. Ihr Versteckspiel bedient seine erotischen Fantasien ebenso, wie es seine Selbstzweifel weckt. Es ist ein quälendes Spiel des Erinnerns und Vergessens, ein Liebeskampf, in dem die Angst, sich auf den anderen einzulassen, den Weg zur immer wieder beschworenen Freiheit verstellt. Ein klassisches Thema, doch Zoderer verschenkt es, indem er die Geschichte mit überflüssigem Ballast aufmotzt und unter seinen sprachlichen Möglichkeiten bleibt. Parallel zu diesem Roman hat Zoderer frühe, unveröffentlichte Texte wieder ausgegraben und in überarbeiteter Form erstmals in einem kleinen Südtiroler Verlag herausgegeben. *Die Ponys im zweiten Stock* (1994) heißt ein Erzählband mit 53 Kurztexten, die zwischen 1961 und 1965 entstanden sind. In ihnen wird vom häufig gewaltsamen Eindringen des Unvorhergesehenen und Fremden in scheinbar stabile Lebenswelten berichtet. Der surreale, zuweilen groteske Charakter dieser Etüden erinnert an Kafkas Metamorphosen, wenn auch schon manches Motiv anklingt, das man aus Zoderers späteren Romanen kennt. 1966/67 entstand der Roman *Der andere Hügel* (1995), der sich in seiner Diktion an der Machart des »nouveau roman« orientiert. Es geht um eine Beziehung im steten Wechsel von Annäherung und Fremdheit. Zoderer versucht, die inneren Bewegungen der Figuren und die Gegenstände, die sie umgeben, in Sprache umzusetzen und so der Wirklichkeit erzählerisch habhaft zu werden. »Er kriecht in die Dinge hinein«, heißt es im Text, um die Wahrnehmung zu schärfen und die Gefühle zu objektivieren. Das gelingt nur passagenweise; dem Roman hätte eine radikale Kürzung gut getan. Der *Dauerwellen*-Roman *Schlaglöcher* (1995) entstand 1968/69, während Zoderer in Wien lebte und in der APO kräftig mitmischte. Zwischen Aphorismus und Kalauer, hastig raffend und bildhaft-suggestiv in seinen Anspielungen auf die Konfrontation zwischen Studenten und Staatsmacht im heißen Sommer 1967, pendelt der Text zwischen Redseligkeit und Redlichkeit. Abenteuer und Fluchten – wie in den späteren Romanen – gelingen nicht, weil Passämter geschlossen, Landkarten verloren und Menschen träge geworden sind: »Ich sitze im Viereck und finde die Windrichtung nicht.« Der Alltag nivelliert die »Welle der Kontraste«, die Geschichte läuft die Alarmstufen hinauf und hinunter, die Krisenherde brennen wie ehedem, »der Gesichtsverlust ist vollkommen«.

Dem Roman *Der Schmerz der Gewöhnung* (2002) bescheinigte die Kritik den Stellenwert eines Opus magnum: »Früher schrieb Peter Handke so große Sätze und Bücher wie noch immer Joseph Zoderer« (H. L. Arnold). Zoderer greift »sein« Thema am Beispiel seiner Südtiroler Heimat wieder auf: Entfremdung, Heimatlosigkeit, ethnische und kulturelle Ressentiments, Rassismus und Nationalismus. Erzählt wird die Geschichte von Jul, einem deutschsprachigen Südtiroler, der sich seit dem Tod seiner Tochter der schleichenden Entfremdung von seiner sizilianischen Frau bewusst wird, dabei eigene Vorurteile entdeckt und auch die latenten Spuren des italienischen Faschismus wahrnimmt. Angeregt von der romanischen Kultur, versteht sich der italienische Staatsbürger Zoderer als »Angehöriger der deutsch-österreichischen Literatur«, den die »Konfrontation des Andersartigen, Anderssprachigen aus dem wohligen konformen Dösen herausreißt«.

Thomas Kraft

Werke: *S Maul auf der Erd oder Dreckknuidelen kliabn. Südtiroler Mundarttexte*, G., Mü. 1974; *Die elfte Häutung*, G., Mü. 1975; *Das Glück beim Händewaschen*, R., Mü. 1976; *Pappendeckelgedichte*, G., Eppan 1979; *Die Walsche*, R., Mü. 1982; *Lontano*, R., Mü. 1984; *Tagebuchtexte 1982–1984*, m. Bildern v. Sandra Morello, Landeck 1984; *Dauerhaftes Morgenrot*, R., Mü. 1987; *L'Abbandono*, E., Trient 1991; *Frühwerk in drei Bänden. Bd. 1: Schlaglöcher. Dauerwellenroman. Bd. 2: Die Ponys im zweiten Stock. Erzählungen. Bd. 3: Der andere Hügel. Roman*, Bozen 1994/95; *Das Schildkrötenfest*, R., Mü. 1995; *Als Anja dem Christkind entgegenging. Eine Weihnachtserzählung*, Kinderb., m. Illustr. v. Linda Wolfgruber, Mü. 1996; *Der Schmerz der Gewöhnung*, R., Mü. 2002.

Zorn, Fritz (eigentlich Fritz Angst), wurde am 10. 4. 1944 in Meilen geboren. Nach dem Abitur studierte er Germanistik und Romanistik und schloss sein Studium mit einer Promotion ab. Zorn arbeitete kurze Zeit als Gymnasiallehrer, bis er an Krebs erkrankte und am 2. 11. 1976 in einer Züricher Klinik verstarb. Zorn wurde durch sein posthum veröffentlichtes, autobiografisches Buch *Mars* (1977) bekannt, in dem er die psychosozialen Auslöser und den Verlauf seiner tödlichen Erkrankung schildert und reflektiert. *Mars* erreichte bereits im ersten Jahr nach seinem Erscheinen zahlreiche Auflagen und avancierte zu einem Kultbuch der frühen Achtzigerjahre.

Zorn verengt in seinem von ihm selbst als »Bericht« bzw. »Essay über das Unglück« bezeichneten Text die Geschichte seines Lebens drastisch und anklagend auf die Geschichte seiner psychischen und physischen Erkrankung. Einer reichen, sprichwörtlich »bürgerlichen« Familie des rechten Zürichseeufers entstammend, wuchs Zorn in einer Umgebung zwanghafter »Harmonie« und »Korrektheit« auf. Nach Zorn beruht diese Scheinwelt wesentlich auf der Durchdringung aller Lebensbereiche mit verkürzenden Bewertungen und beschränkenden Regeln. Äußerlich verlief sein Leben 30 Jahre lang scheinbar konfliktlos. Zunehmend bedrückte ihn zwar seine Einsamkeit und das völlige Fehlen sexueller Beziehungen; das Bewusstwerden dieser Beziehungslosigkeit als schwer wiegender, verdrängter Persönlichkeitsdefekt setzte aber erst ein, als eine damit zusammenhängende Depression seine Lebenswirklichkeit bereits beherrschte. In seinem 30. Lebensjahr begann mit dem Ausbruch von Krebs auch Zorns körperlicher Verfall. Begleitet von einer daraufhin begonnenen Psychotherapie rekonstruiert er Krebs nicht nur als »seelische Krankheit«, sondern führt diesen Zustand auch direkt auf sein Herkunftsmilieu zurück und legt dabei erkennbar psychoanalytische Theoreme zugrunde. Dies ist die Perspektive, von der aus er seinen unversöhnlichen Rückblick gestaltete und in der ersten Jahreshälfte seines Todesjahres 1976 in drei Abschnitten niederschrieb.

Die Heftigkeit seiner Anklage gegen die sozialen Bedingungen, in denen Zorn »zu Krebse erzogen« wurde, gründet sich auf den Erkenntnisprozess, den die Extremsituation der Todesbedrohung erst ausgelöst hat. Die daraus hervorgehende Konzeption von »Leben«, »Individuum«, »Sexualität« und »Glück« führt dazu, so gut wie alle Bereiche der bisherigen Lebenswelt radikal umzudeuten. Er prangert den Tod als impliziten familiären und sozialen Wert an, der stets gegenwärtig ist: Alle ihm auferlegten bürgerlichen Normen, die »Distinguiertheit« und die »Ruhe«, die Tabuisierung von Sexualität und jeglicher Körperlichkeit sowie die Klischees »höherer« Bildung werden rückblickend mit dem Tod in Verbindung gebracht. Dementsprechend beschreibt Zorn die Kommunikationsformen und ideologischen Strukturen dieses Milieus als Ausgrenzungsverfahren gegen das Leben und folglich als Ursachen für psychosomatische Erkrankung. Den Umstand, dass Zorn seine tödliche Krankheit schließlich zu einem Willensakt ummünzte, hebt insbesondere Hermann Burger in seinem *Tractatus logico-suicidalis* (1988) hervor.

Mit dieser oft Pamphlet-Charakter annehmenden Abrechnung dokumentiert Zorn den bei aller Hoffnungslosigkeit seiner Lage erworbenen Freiraum des Schreibens. Der durch die Krankheit initiierte Schreibakt erhält den Stellenwert eines Ich-adäquaten Handelns und ermöglicht ihm paradoxerweise, »als Individuum zu überleben«. Andererseits betont Zorn immer wieder das Exemplarische seines Falles. Er sieht sich als Opfer und Indikator der »Krankheit meiner Welt«, gegen die er eine »Revolution ins Rollen« bringen will. Sein Wut- und Protestpotenzial hat Zorn zu einer Projektionsfigur nicht nur der Züricher Jugendunruhen Anfang der Achtzigerjahre gemacht. Von Bedeutung für den Erfolg von *Mars* dürfte im Übrigen der tragische, im Literaturbetrieb lebhaft aufgenommene Umstand gewesen sein, dass der Autor wenige Monate nach der Niederschrift an der Krankheit starb, die er in seinem Buch beschrieben hatte. Adolf Muschgs Vorwort zu *Mars* unterstreicht Zorns Darstellung der Krebskrankheit als Kulturzustand. Muschg hat sich jedoch später, unter dem Eindruck der kultbildenden Rezeption des Buches, von diesem Vorwort distanziert.

Stefan Iglhaut

Werk: *Mars*, Mü., Zür. 1977.

Zschokke, Matthias, wurde am 20. 10. 1954 in Bern/Schweiz geboren. Er besuchte die Sekundarschule in Ins und anschließend das Gymnasium in Biel. Nach dem Abitur ging er auf die Schauspielschule in Zürich. Von 1977 bis 1980 war Zschokke als Schauspieler in Stuttgart und Bochum tätig; seit 1980 lebt er als Autor und Filmemacher in Berlin. Er erhielt 1981 den Robert-Walser-Preis, 1983 das Werkjahr des Deutschen Literaturfonds, 1985 den

Preis der Deutschen Filmkritik für den besten deutschen Spielfilm *Edvige Scimett,* 1989 den Berner Filmpreis, 1991 den Förderpreis des Hans-Erich-Nossack-Preises, 1992 den Gerhart-Hauptmann-Preis, 1994 den Emil-Welti-Preis, 1995 den Stücke-Förderpreis des Goethe-Instituts, 1996 den Aargauer Literaturpreis, 2000 den Großen Literaturpreis der Stadt Bern. 2003 ist er Stipendiat der Zuger Kulturstiftung Landis & Gyr in Budapest.

Matthias Zschokkes Romanhelden *Max* (1982), *Prinz Hans* (1984) und Ersiës de Glych, androgyner Protagonist des Romans *ErSieEs* (1986), präsentieren sich als witzig-melancholische Flaneure, die auf ihren Streifzügen durch die Straßen Berlins sinnierend und bissig spottend die »wesentlichen Momente der westlichen Welt betrachten«. Sie kultivieren in eitlen Posen eine geheimnisvolle Selbstinszenierung, ergötzen sich am »Zwang zum Individualismus«, wären gerne subversiv und anarchisch, es reicht aber nur zu Schwarzfahrten und kleineren Diebstählen; sie kämpfen mit dem Männlichkeitswahn, sind zögerlich, zweifelnd, verstockt, verstricken sich in unglückliche Liebschaften und kokettieren im Zwiegespräch mit dem Autor mit ihrer nebulösen Existenz: Clowns und Narzisse, charmante Rollenspieler beim Balanceakt zwischen Selbsterkundung und Vereitelung aller Versuche, etwas preiszugeben, sich einordnen zu lassen. Sie wollen »jemand sein« und wissen nicht wer und warum. Sie sind geborene Verlierer, einsame Monaden, die allzu gerne Helden wären, es aber nur zum Tabakverkäufer, Postler oder Pharma-Probanden bringen. Sie wollen sich finden und verlieren sich dabei ständig. Sie sind aus der Schweiz weggegangen, die ihnen zu eng wurde, sind in Berlin gestrandet, haben das Theatermilieu mit seiner irrigen Berufsauffassung, dass »Menschen durchschaubar, auffächerbar, zerlegbar, auffädelbar« wären, verlassen und leiden nun an Deutschland. Arrogant und misstrauisch erfahren sie die Disharmonie des Alltags, rätseln hartnäckig und sind dann wie Max doch zufrieden, »weil es Deutschland schlechter geht als ihm und weil es das so rührend vor ihm versteckt«. Sie konstatieren eine »allgemeine Auflösung, Zersetzung, Respektlosigkeit«, der in der chaotischen Struktur der Texte entsprochen wird; keine durchgehende Handlung oder eine erzählbare Fabel, vielmehr ein assoziatives Durcheinander voller Wortkaskaden, Abschweifungen, geschwätzigen Leerstellen und bunten Attrappen, die alle Ängste überdecken sollen: »Hoffentlich gibt es keine Worte, zu denen kein Ding passt. Sonst müsste ich an der Sprache zweifeln. Sonst müsste Max an seinen Ideen zweifeln ... Nein. Man darf gewisse Dinge nicht denken, sonst fällt die ganze Welt zusammen und wir, die wir die Dinge gedacht haben, wir stehen zuunterst und auf uns fällt die ganze Welt.« Die Romane, sofern sie noch als solche gelten können, bilden poetische Suchbilder voller amüsanter Gedankensplitter und sarkastischer Kommentare, sind offene Projektionsflächen und raffiniert angelegte Minenfelder zugleich, die am Ende alles und nichts zulassen: »Das Publikum soll an das denken, was ihm einfällt. Am Schluss soll es klatschen.«

»Das Leben in einer Stadt, das Leben ist erschöpfend«, resümiert *Der dicke Dichter* (1995) voller Selbstmitleid und kapituliert schwitzend vor den Herausforderungen des Alltags. Matt und lustlos, leidet er an Weltschmerz und Schreibhemmungen. So wartet er, pflegt seine Depressionen, schreibt Briefe, geht mit der Geliebten essen, denkt über Kindheit, sexuelle Erfahrungen und die Midlifecrisis nach und besucht den alten Freund in seinem Haus am See. Am Schluss wird er nahezu unbemerkt sterben und seinen Nachlass in unsere Hände legen. Zschokkes Roman entpuppt sich als satirische Rollenprosa bester Güte; der Dichter wird zur komischen Figur, denn das Leben ist extrem und nur so erträglich. Aber es ist auch ein typischer Berlin-Roman, in dem die Stadt »als die fahlste, hohlste Zwischenwelt« erlebt wird, in grauem Beton gewandet unter stets verhangenem Himmel, ein wenig attraktives Objekt der Schreibbegierde. Konsequent verlässt Zschokke diesen Schauplatz: *Das lose Glück* (1999) spielt an einem Schweizer See. Doch die Mühsal des Lebens bleibt, nahezu ohne Handlung und in schier endlosen Monologen jammern vier alte Freunde eine ganze Nacht lang an Bord einer Yacht, weinselig, larmoyant und geschwätzig. Zudem »haben alle vier nichts erlebt und nichts vor, das zu erzählen sie reizen würde«. Nur die geschmeidige Eleganz der Sätze und ein selbstgenügsames, luftiges Parlando entschädigen für den vielfach verzahnten, aus unzähligen Episoden bestehenden Redefluss der »bleichen Freunde«, die die Lebensmitte überschritten haben und aus Angst vor dem Tod die eigene Nichtigkeit im Freundeskreis beglaubigen wollen. Das wirkt tragisch und komisch zugleich, am Ende wird sich folgerichtig einer ins Bein schießen und daran sterben, ein lächerlicher Tod. *Ein neuer Nachbar* (2002) versammelt Erzählungen aus zehn Jahren, in denen Berlin und die Schweiz, das Hinfällige und Traurige wiederum die Texte beleben oder eher entleben. Es passiert wenig in diesen kleinen, mit zarter Lakonie gewürzten Arbeiten. *Warum ich Robert Walser mag* heißt eine Geschichte, und fast programmatisch für die eigene Prosa wird Walser geschätzt als jemand, der »auschließlich für sich selbst (schreibe), fürs Schreiben, fürs eigene Leben, um den Moment auszuhalten und nicht in den Sekunden unterzugehen«.

Thomas Kraft

Werke: *Max*, R., Mü. 1982; *Elefanten können nicht in die Luft springen, weil sie zu dick sind – oder wollen sie nicht*, Theaterst., UA Bln. 1986, gedr. Bln. 1983; *Prinz Hans*, R., Mü. 1984; *Edvige Scimett*, Film, ZDF 1985; *ErSieEs*, R., Mü. 1986; *Brut. Schauspiel mit Musik*, Theaterst., UA Bonn 1988, gedr. Bln. 1986, Hsp., RIAS 1990; *Der wilde Mann*, Film, ZDF 1988; *Piraten*, R., Ffm. 1991; *Die Alphabeten*, Theaterst., UA Bern 1994; *Der dicke Dichter*, R., Köln, Basel 1995; *Der reiche Freund*, Theaterst., UA Hann. 1995, Hsp., RSR 1998; *Erhöhte Waldbrandgefahr*, Film, 1996; *Die Exzentrischen*, Theaterst., Bln. 1997, Hsp., SR 1998; *Tempi-Bar*, Theaterst., 1999; *Das lose Glück*, R., Zür. 1999; *Ein Schiff zum Übersetzen*, Film, SRG 1999; *Die Einladung*, Theaterst., 2000; *Der Geburtstag des Sängers*, Theaterst., 2000; *Ein neuer Nachbar*, R., Zür. 2002; *Die singende Kommissarin*, Theaterst., UA Bln. 2002.

Zschorsch, Gerald, wurde am 25. 12. 1951 in Elsterberg im Vogtland als Sohn eines ehemaligen KZ-Häftlings und DDR-Diplomaten sowie einer Jugendrichterin geboren. Er genoss eine linientreue Erziehung, besuchte die Oberschule und erreichte das Abitur. Von 1968 bis 1970 büßte er eine Jugendhaftstrafe wegen »staatsfeindlicher Hetze« ab; es ging um das Verteilen von Flugblättern anlässlich der Besetzung der ČSSR. Von 1970 bis 1972 arbeitete er als Regieassistent am Theater in Plauen. In diesen Jahren entfaltete er erste literarische Aktivitäten, durfte seine Arbeiten jedoch nicht publizieren. 1972 wurde er erneut wegen »staatsfeindlicher Hetze«, nämlich des öffentlichen Vorlesens eigener Gedichte, für vier Jahre mit verschärftem Freiheitsentzug bestraft. 1974 erkannte man ihm die DDR-Staatsbürgerschaft ab und verwies ihn des Landes; Zschorsch übersiedelte in die Bundesrepublik. Von 1975 bis 1980 studierte er Philosophie und deutsche Literaturwissenschaft in Gießen. Seither lebt er als freier Schriftsteller in Frankfurt am Main. Zschorsch erhielt 1979 das Villa-Massimo-Stipendium, 1982/83 das Worpswede-Stipendium (das er nicht antrat), im selben Jahr ein Arbeitsstipendium des Deutschen Literaturfonds in Darmstadt, 1983/84 ein Arbeitsstipendium der Frankfurter Künstlerhilfe, 1989 das Thomas-Mann-Stipendium der Hansestadt Lübeck, 1997 und 2001 das Stipendium Schloss Wiepersdorf, 1998 das Stipendium Villa Decius, 1999 ein Stipendium der Akademie Schloss Solitude und 2001 die Ehrengabe der Deutschen Schillerstiftung Weimar.

Durch den öffentlichen Vortrag staatskritischer Texte, unter anderem des Gedichtes *Expression* (»Kenn ein Land, wo man Sterne verehrt, / wo man Menschen zu Göttern macht. / Wo man fördert das was verkehrt, / wo man hinter Mauern erwacht ...«), hatte sich Zschorsch endgültig aus dem Parteiraster der DDR herauskatapultiert. Mit kurzen, dialogischen Prosaszenen aus dem DDR-Alltag (*Glaubt bloß nicht, dass ich traurig bin*, 1977), in denen er seine Erfahrungen mit Geschichtsverfälschungen in der Schule, den harschen Reaktionen auf unbequeme Fragen und Verhaltensweisen, dem Hunger der Jugendlichen nach westlicher Information und Lebenskultur, seinem politischen Widerstand (Flugblattaktion) und der darauf erfolgenden Inhaftierung sowie mit der Rolle der Literatur als Aufklärungsorgan, Hoffnungsträger und Sprachrohr systemkritischer Bevölkerungskreise verarbeitet, zeichnet sich bereits eine inhaltliche Konstante seiner Texte ab: Die tiefe Verletzung, das Leiden an einer deutsch-deutschen Realität, an der geistigen Unfreiheit eines Systemzwanges, nicht zuletzt vielleicht auch, trotz aller unfreiwillig erworbenen Konturierung, am Verlust eines Teils der eigenen Identität. Der Band *Schattenstadt* (1978) kann so auch als Glaubensbekenntnis einer jungen, gegen den Staat rebellierenden Generation gelesen werden, die sich um ihre Jugend und ihre (durchaus sozialistischen) Ideale betrogen sieht, aber auch als Dokument von Ablöse- und Eingewöhnungsprozessen eines Exilanten im fremden »Land von Stacheldraht«.

Die sich bereits hier abzeichnende, mit Irritation und Ekel behaftete Abkehr von der Scheinwelt des Konsums verschärft sich in den Gedichten des Bandes *Der Duft der anderen Haut* (1982). »Die Träume sind zerkannt«, trotz ungehinderten Reisens und Erlebens von Musik und Film; die Bilder werden abstrakter, die Sätze verkürzt, die Zeilen scharf gebrochen. *Klappmesser* (1983), wie der Titel des nächsten Buches konsequent lautet, taxiert die Grenzen der Wahrnehmung (»Es ist fast wirklich / was da geschieht«), scheitert aber häufig an der Begrenztheit der eigenen Erfahrung. Die Stadt Frankfurt als zerstückeltes Objekt einer lyrischen Versuchsanordnung im Band *Stadthunde* (1986)

konkretisiert die vagen Eindrücke: schnelle Erregung, Brutalität, verdrängte Altlasten aus der Vergangenheit, Subkultur, Kiez, Geld, »Blech und Licht« – titellose, durchnummerierte Abgesänge auf die menschliche Gesellschaft; auch der Dichter kapituliert vor dem »Ausverkauf der Liebe«. »Die Ebene der Zeichen ist verarmt«, heißt es da. Zynische Kommentare, Interpunktionsfallen, an die expressionistische Großstadtmetaphorik erinnernde Bilderfolgen – die stilistische Entsprechung einer zerstörten Utopie, gemäß der Einsicht: »Wenn die Form platzt, geht der Inhalt flöten.«
Der martialische Aufgalopp der lyrischen *Sturmtruppen* (1987) überdeckt nur die eigene Hilflosigkeit: »Der lyrische Krieg bombt gegen die eigene Stellung.« Im »Trommelfeuer« wird der Rückzug vorbereitet, neue dichterische Konzepte werden entworfen: »Weniger fliegen; mehr gehen. / Zweifel hegen. Die Absicht in der Vorsicht sehen.« Auch wenn die innere Gespaltenheit noch quält, der Blick zurück traurig stimmt, die alten Bilder nicht verblassen, gibt es neue selbstkritische Töne: »Ein Schwarz; ein Weiß. / Weg nur in eine Richtung. / Es ist wie wenn du schreibst im Kreis. / Und meinst Dichtung.« Auch *Gambit* (1988), benannt nach dem taktischen Schachzug, bei dem Figuren zugunsten eines übergeordneten Zieles geopfert werden, verschließt sich dieser Einsicht nicht. »Voll auf Empfang« präsentiert sich Zschorsch *In den Straßen* (1994) von Frankfurt, hellhörig, Geräusche und Bilder filternd und reflektierend, ein Auswahlband der Gedichte seit 1983. Zschorsch ist ein Dichter, der seine Gedichte so mit sich trägt, dass er sie stets auswendig rezitieren kann, einer, der die Worte so formen kann, dass sie fast sentenzenhaft und merk-würdig erscheinen, einer aber auch, dem die Gedichte oft einzige Nahrung sein müssen: »Habe mir heute, Mittwoch, / eine mittlere Ader / am linken Arm geöffnet / und Blut gegen den Hunger getrunken. / Es machte satt. / Na schön. / So also kann man / aus sich heraus / leben« (*Fonds*).

Thomas Kraft

Werke: *Glaubt bloß nicht, dass ich traurig bin. Gedichte und Prosa*, m. Zeichn. v. Sieghard Pohl, Bln. 1977; *Schattenstadt. Ein Prosafragment, ein Funkspiel und 16 Gedichte*, Bln. 1978; *Antworten – Lyrik, Prosa, Texte*, Anth., Hg., Bln. 1979; *Glaubt bloß nicht, dass ich traurig bin*, erw. Ausg. (m. *Schattenstadt*), Ffm. 1981; *Der Duft der anderen Haut*, G., Ffm. 1982; *Klappmesser*, G., Ffm. 1983; *Stadthunde*, G., Stg. 1986; *Sturmtruppen*, G., Stg. 1987; *Gambit. Gedichte und Zeichungen*, Stg. 1988; *Spitznasen*, G., Stg. 1990; *Dichter in Lauf*, Nürnberg 1991; *In den Straßen. Gedichte aus Frankfurt*, hg. v. Hubert Arbogast, Stg. 1994; *Maul-Hure*, G., m. Zeichnungen, Salzb. 1994; *Gerald Zschorsch und Mikos Meininger*, Ausst.-Kat., Bln. 1994; *Eiserner* Felix, G., Stg. 1996; *Gerhard Nebel: Schmerz des Vermissens. Essays*, Hg., Stg. 2000; *Schuri Buri*, Hsp., HR 2000.

Zürn, Unica, geboren am 6. 7. 1916 in Berlin-Grunewald, verlebte nach eigenen Angaben eine wunderbare Kindheit, die nur durch die häufige Abwesenheit des von ihr vergötterten Vaters, eines viel reisenden Schriftstellers, überschattet war. Vor ihrer Heirat 1942 arbeitete sie als Archivarin und Dramaturgin bei der Ufa-Filmgesellschaft. Sieben Jahre später wurde die Ehe geschieden, ihre beiden Kinder musste Unica Zürn bei ihrem Mann zurücklassen. Um ihren Lebensunterhalt zu bestreiten, begann sie Kurzgeschichten zu schreiben, die in Zeitungen und Zeitschriften veröffentlicht wurden. 1953 begegnete sie dem Künstler Hans Bellmer und folgte ihm nach Paris. Dort fertigte sie ihre ersten Federzeichnungen an, die schon bald in den örtlichen Galerien zu sehen waren. Zu ihren Freunden und Bewunderern zählten die Surrealisten André Breton, Hans Arp, Marcel Duchamp, Henri Michaux, Man Ray und Max Ernst. André Pieyre de Mandiargue schrieb die Einführung zu ihren Pariser Ausstellungen 1953 und 1957, Max Ernst zeichnete für ihre Ausstellung 1962 in der Galerie »Le Point Cardinal« ein »cryptographisches« Vorwort. Es entstanden auch einige wenige Ölgemälde, die bereits die über Unica Zürn hereinbrechende Krankheit, eine paranoide Schizophrenie, ankündigten. Diese Krankheit zwang sie fortan immer wieder zu längeren Klinikaufenthalten in Deutschland und Frankreich. In einer »krisenfreien« Zeit verfasste sie das Manuskript *Der Mann im Jasmin. Eindrücke aus einer Geisteskrankheit*, das sie 1966 abschloss. Vier Jahre später schrieb sie ihre Kindheitsanalyse *Dunkler Frühling* nieder. Im selben Jahr setzte Unica Zürn ihrem Leben ein Ende – wie in dem Text *Dunkler Frühling* literarisch vorweggenommen, sprang sie aus dem Fenster ihrer Pariser Wohnung.
Leben und Werk decken sich bei Unica Zürn auf tragische Weise. Ihre dokumentarische Prosa *Der Mann im Jasmin* zeichnet den Verlauf ihrer schweren psychischen Krankheit nach. Aus zeitlicher und emotionaler Distanz beschreibt die Autorin in expressiven, surrealistisch anmutenden Bildern, in einer Sprache der »Körperlichkeit«, die Phasen ihrer Visionen, Halluzinationen, Depressionen, Ängste und Wahnvorstellungen gleichermaßen

minuziös wie die Wirklichkeit psychiatrischer Kliniken Mitte der Fünfzigerjahre. Die Krankheit wird für die Erzählerin einerseits zur Zufluchtsstätte vor einer bedrohlichen Realität, andererseits zu einem Ort der Selbstzerstörung. Die Perioden des Größenwahns, die ihr nie gekannte Glücksgefühle vermitteln, werden abgelöst von Phasen tiefster Depressionen und lang anhaltenden Lethargien. Die »Rückfälle« in die Wirklichkeit erweisen sich dabei für sie als ebenso verhängnisvoll wie die Krisen selbst, da sie die im Wahn gewonnenen Erkenntnisse und Erfahrungen immer mehr von ihrer Umwelt isolieren. Das Leben der Erzählerin wird zunehmend von Zeichen und Träumen bestimmt, die nur sie wahrzunehmen und zu deuten imstande ist. In dem 1959 in Ermenonville, in den Anfängen der Krankheit, entstandenen Text *Das Weiße mit dem roten Punkt* heißt es: »Als sich die Zeichen, die das Ende meiner Kindheit beschreiben sollten, schon bildeten, hatte ich einen Traum. Auf der eisigen Winterstraße, die nach links, immer nach links führt, sitzt neben einem schwarzen Ofen, in dem sich glühende Kohlen befinden, ein schwarzer Fleck. (...) Es ist ein schmutziger Zwerg, wie ich beim Näherkommen feststellen muss. (...) Später deutete man diesen Traum als meine Angst vor dem Mann. (...) Meine eigene Deutung leuchtete mir eher ein: Mir will so scheinen, als sei der hässliche Zwerg mein eigenes Leben, verkrüppelt, während ich gerne schön gewesen wäre.«

Zu Beginn des Textes *Der Mann im Jasmin* schildert Unica Zürn einen Traum, der für ihr Leben und ihre Krankheit bestimmend werden sollte: Sie hat die Vision eines gelähmten Mannes, der »für sie das Bild der Liebe« verkörpert. Mit diesem ätherischen Traum-Mann fühlt sie sich seit ihrer Kindheit verheiratet. Seine »stille Gegenwart« teilt ihr zwei Losungsworte mit: »Distance – Passivität« (*Der Mann im Jasmin*). 1957 begegnet sie dem »Mann im Jasmin« in Paris, »sehr, sehr langsam beginnt sie von diesem Tage an, ihren Verstand zu verlieren«. Dieser Mann lässt sich als der Schriftsteller Henri Michaux identifizieren, der in dem Text mit H. M. bezeichnet wird und der Unica Zürn auch in Zeiten tiefer Depression zu künstlerischen Arbeiten anregte. Die Kindheitsanalyse *Dunkler Frühling* gibt Aufschluss darüber, warum es für Unica Zürn unumgänglich wurde, den »Mann im Jasmin«, der unkörperlich, passiv und aus der Distanz wirkte, immer mehr in das reale Leben zu integrieren: Die Menschen, die ihr am nächsten standen, hatten sie physisch und psychisch schwer verletzt. Die Studie, die die seelische und sexuelle Entwicklung und die geheime Gedankenwelt eines heranwachsenden Mädchens schildert, liefert gewissermaßen die Folie, vor der die teils dunklen, ungeheuer dichten und bildstarken Texte *Das Weiße mit dem roten Punkt* (1959), *Les Jeux à deux* (1967), *Das Haus der Krankheiten. Geschichten und Bilder einer Gelbsucht* (1958) und *Der Mann im Jasmin* verständlicher werden. Der Ekel vor der Aggression der Mutter, der Hass gegen den Bruder, der Unica als junges Mädchen vergewaltigt hatte, und die Verherrlichung des Vaters verstärken in Unica Zürn die Sehnsucht, »etwas [zu] sein, was weder Mann noch Frau sich nennen würde. (...) Ich habe meines Wissens weder vom Mann noch von der Frau zu viel bekommen, jedoch genug, um es als hinderlich zu empfinden« (*Das Weiße mit dem roten Punkt*). Eine Erlösung von dem unerträglichen Leben, »das ebenso gut das Leben eines anderen sein« könnte, glaubt sie in den Krankheiten, die ihre »Rettung und Wiedergeburten sind«, und im Tod zu finden. Der Tod, so äußerte sie, werde ihr die Einzigartigkeit ihrer Existenz bestätigen und sie herauslösen aus der tragisch empfundenen Banalität und Grausamkeit der Wirklichkeit.

Die Realität zu überschreiten, eine nicht formulierbare Sinnhaftigkeit hinter den faktischen und sprachlichen Zeichen sichtbar zu machen, darum bemühte sich Unica Zürn auch in ihrer Lyrik: Sie übte sich in der Kunst das Anagramm-Dichtens. Das Umstellen der Buchstaben eines vorgegebenen Wortes oder Satzes zu neuen Sätzen betrieb sie mit obsessiver Hingabe. Ihre ersten Anagramme wurden zusammen mit eigenen Zeichnungen bereits 1954 als *Hexentexte* veröffentlicht. In dem Auswahlband *Oracle et Spectacle* (1967) beschrieb Bellmer das Charakteristische dieser Dichtungsform: »Es handelt sich hier um eine ganz neue Einheit von Form, Sinn und Gefühlsklima, um Sprachbilder, die nicht erdacht oder erschrieben werden können. Sie treten plötzlich und wirklich in ihre Zusammenhänge hinein, strahlen nach vielen Deutungen hin, schlingen Schleifen nach benachbartem Sinn und Klang, facettenreich wie ein spiegelnder Vielflächner, wie ein neuer Gegenstand ... Der Vorgang bleibt rätselhaft. Orakelnd, zuweilen spektakelnd, tut ein eifriger Kobold hinter dem Ich wohl viel von dem seinen dazu.« Auf die Frage »Werde ich dir einmal begegnen?«, gibt ihr das Anagramm dieses Satzes die Antwort: »Nach drei Wegen im Regen bilde / im Erwachen dein Gegen-Bild: Er – / der Magier! – Engel weben dich in / den Drachen-

leib. – Ringe im Wege – / lange, beim Regen, werd ich dein.«
Die Literarisierung ihrer persönlichen Leidensgeschichte zu einer Zeit, da noch niemand von »Frauenliteratur« sprach, darf man als höchst eigenwilligen, mutigen und unorthodoxen Widerstand gegen eine patriarchalisch geprägte Gesellschaft interpretieren, die die Benachteiligung, Unterdrückung und Schädigung der Frau stillschweigend duldete. So ist es verständlich, dass die Erstveröffentlichung der deutschen Übersetzung – sie erschien erst ein Jahr nach dem Tod Unica Zürns – vor allem bei weiblichen Lesern mit lebhaftem Interesse aufgenommen wurde. Ein größeres Publikum fanden ihre nicht leicht rezipierbaren, aber sehr eindringlichen Texte jedoch bislang nicht. Nachdem ihre Werke lange Zeit vergriffen waren, erschien von 1988 bis 2001 eine mehrbändige Gesamtausgabe.

Petra Ernst

Werke: *Hexentexte. 10 Zeichnungen und 10 Anagrammtexte*, Bln. 1954; *Oracle et Spectacle*, Auswahlbd., Paris 1967, dt. Ausg. u. d. T. *Orakel und Spektakel. Zeichenheft*, Bln. 1990; *Der Mann im Jasmin – Dunkler Frühling*, Bln. 1973 (enth. *Das Haus der Krankheiten, Geschichten und Bilder einer Gelbsucht, Das Rote mit dem weißen Punkt, Les Jeux à deux, Der Mann im Jasmin, Dunkler Frühling*); *Im Staub dieses Lebens – Dreiundsechzig Anagramme*, Bln. 1980; *Das Weiße mit dem roten Punkt – Unveröffentlichte Texte und Zeichnungen*, hg. v. Inge Morgenroth, Bln. 1981; *Bilder 1954–1970*, Bln. 1986; *Gesamtausgabe*, hg. v. Günter Bose u. Erich Brinkmann, Bln. 1988 ff.: Bd. 1: *Anagramme*, 1988. Bd. 2: *Prosa 1*, 1989. Bd. 3: *Prosa 2*, 1989. Bd. 4/1: *Prosa 3*, 1991. Bd. 4/2: *Prosa 4*, 1998; Bd. 4/3: *Anmerkungen, Briefe, Dokumente*, 1999. Bd. 5: *Aufzeichnungen*, 1989. Bd. 6: *Briefe, Dokumente, Hörfunk*, 2001.

Zwerenz, Gerhard, wurde am 3. 6. 1925 in Gablenz im sächsischen Vogtland geboren. Er absolvierte eine Kupferschmiedlehre, war ab 1943 Soldat und desertierte am 18. August 1944, nachdem er vom Warschauer Getto-Aufstand erfahren hatte, zur Roten Armee. Bis 1948 war er in Gefangenschaft. Danach tat er drei Jahre lang Dienst bei der Volkspolizei, aus der er krankheitsbedingt ausschied. Ab 1952 studierte er bei Ernst Bloch in Leipzig Philosophie. Seine Regimekritik näherte ihn dem Dissidenten-Kreis um Wolfgang Harich an. Seit 1956 arbeitet Zwerenz als freier Autor. 1957 provozierte er durch Zeitungsaufsätze den Ausschluss aus der SED, der er seit 1949 angehörte. Im August 1957 floh er in die BRD, zunächst nach West-Berlin, zog dann nach Kabach am Rhein, wohnte später in Köln, dann München und schließlich in Schmitten im Taunus. Von 1994 bis 1998 gehörte Zwerenz als parteiloser Abgeordneter zur PDS-Fraktion des Bundestages, der ehemalige Deserteur saß nun im Verteidigungsausschuss. 1974 erhielt er den Ernst-Reuter-Preis, 1986 den Carl-von-Ossietzky-Preis und 1991 den Alternativen Büchner-Preis.
Wie kaum ein zweiter Autor schließt Zwerenz mit Romanen, Essays und Pamphleten an die vom Dritten Reich beendete Tradition von Autoren der Weimarer Republik an: Eine *Tucholsky*-Biografie (1979), Aufsätze zu John Heartfield, Brecht u.a. belegen die leitmotivisch das riesige und vielfältige Werk begleitende Reflexion auf Funktion und Möglichkeiten eines aktuell dokumentierenden und kritisierenden, operativen Schreibens. Dass er mit dieser Rolle nicht aus der Zeit fällt, dafür sorgt die traurige Kontinuität von Militarismus, Rechtslastigkeit der Justiz, Anti-Intellektualismus und nationalen Vorurteilen. Das Literarische bietet keinen angemessenen Maßstab für seine Produktion; statt zu den »darstellenden« zählt er sich selbst polemisch zu den »schreibenden« Autoren. Neben dem größten Teil engagierter Fiction und Non-Fiction unter den mehr als einhundert eigenständig veröffentlichten Titeln stehen die in »bankrotten Zeiten« (*Krieg im Glashaus*, 2000) verfassten erotischen Erzählungen und Romane, die das übliche Niveau des Genres weit überragen und – z. T. pseudonym veröffentlicht – ihm schriftstellerische Unabhängigkeit sicherten. Zwerenz schreibt eine hinreißende Prosa, auch dort, wo er sich nicht zu schade ist, Underground-Literatur für eine Vielzahl unterschiedlicher Verlage zu liefern. Anfang der Siebzigerjahre setzte er als Herausgeber einer Reihe von »Nummernbüchern« auf umsatzfördernde Skandale. In seiner Themenwahl blieb er ganz bewusst unabhängig. Abgesehen von der Auftragsarbeit einer Biografie über Walter Ulbricht (1966) hat er, obwohl er »beinahe pausenlos Manuskripte liefern« kann (*Der Widerspruch*, 1974), nur im eigenen Auftrag geschrieben. Seine Produktion ruht auf einem breiten Erfahrungsfond: Zwerenz hat die zentralen Ereignisse des 20. Jahrhunderts unmittelbar erlebt, er verfügt mit der Spannung zwischen sozialer Herkunft und Beruf sowie als erklärter DDR-Exilant über ein unerschöpfliches Reservoir an Stoff. Den zunehmend seltener werdenden Typ des *Plebejischen Intellektuellen* (1972) definiert er »genau auf des Messers Schneide, scharf zwischen den Abgründen links wie rechts«. Dass der rebelli-

sche Gestus nicht zum Automatismus gerinnt, garantieren die meist ganz subjektiv-aktuellen Impulse und das sichere Gespür für Tabus. Aus der Auseinandersetzung mit dem westdeutschen Antisemitismus, zu der ihn die Biografie seines Freundes, des Generalstaatsanwalts Fritz Bauer anregte, entstand der *Bericht aus dem Landesinneren* (1972), den der Roman *Die Erde ist unbewohnbar wie der Mond* (1973) fiktiviert. An dieses Buch knüpfte sich die Bekanntschaft und langjährige Kooperation mit Rainer Werner Fassbinder an: Zwerenz spielte in mehreren seiner Filme mit und Fassbinder griff Zwerenz' antisemitischen Stoff im Stück *Der Müll, die Stadt und der Tod* (1975) auf, das beide – verwirrend wie erschütternd – mit Instrumentalisierungen der jüdischen Frage konfrontierte. Die letzlich Zwerenz zu verdankende publizistische Auseinandersetzung bewies die Sensiblität des Zeugen für unverarbeitete Aspekte im deutschen Zentralthema. *Der langsame Tod des Rainer Werner Fassbinder* (1982) verarbeitete den persönlichen Aspekt und *Die Rückkehr des toten Juden nach Deutschland* (1986), für das er den Carl-von-Ossietzky-Preis erhielt, die allgemeinere, auch historisch weit ausholende Perspektive des Themas. Es gehört nicht zu den geringsten literarischen Verdiensten, einem nur scheinbar erledigten Thema neue Aktualität zu verleihen. Zwerenz hatte den ab Mitte der Achtzigerjahre hervorbrechenden Antisemitismus antizipiert und auch erstarrte Fronten durchbrochen.

Als Zwerenz vor der Bundestagswahl 1994 von PDS-Funktionären zur Kandidatur auf der hessischen Landesliste eingeladen wurde, sagte er trotz früherer Erklärung, das Leben sei »zu kurz, als dass man es parteipolitisch entwerten dürfte«, zu und wandte den Titelbegriff des autobiografischen Berichts *Der Widerspruch* (1974) gegen sich selbst. Er nahm das Mandat vier Jahre wahr. Die Spannung zu Vertretern der angeblichen Nachfolge-Organisation jener Partei, die ihn einst ausschloss, beschäftigt ausführlich seine »Autobiografischen Aufzeichnungen vom Abgang der Bonner Republik« unter dem Titel *Krieg im Glashaus oder Der Bundestag als Windmühle* (2000); in des Autors eigener Einschätzung handelt es sich um eine für ihn typische Mischgattung: »Notizbuch, subjektive Reportage, impressionistische Bestandsaufnahme, Abfuhr nazistischer Legenden«, die »nach der unfairen Wende« getragen wird von seiner Solidarität mit »den jetzt Benachteiligten im Osten und besonders mit der PDS«. Auf die Anstrengungen, das selbstgenügsame Klappern der Mühlenflügel zu übertönen, verweisen der manchmal schrille Ton und die den Leser nervenden Wiederholungen. Sie zeugen aber beredt von der Isolation des reflektierten, historisch bewussten Beobachters. Das Buch ist eine Summe und wird seinen Wert erst aus der Distanz der Retrospektive entfalten.

Ulrich Dittmann

Werke: *Aristotelische und Brechtsche Dramatik*, Ess., Rudolstadt 1956; *Magie – Sternenglaube – Spiritismus. Streifzüge durch den Aberglauben*, Ess., Lpz., Jena 1956, erw. 1974; *Galgenlieder vom Heute*, G., Bln. 1958; *Aufs Rad geflochten*, R., Köln 1959; *Die Liebe der toten Männer*, R., Köln 1959; *Ärgernisse – Von der Maas bis an die Memel*, Ess., Köln 1961; *Gesänge auf dem Markt. Fantastische Geschichten und Liebeslieder*, Köln 1962; *Wider die deutschen Tabus. Kritik der reinen Unvernunft. Streitschr.*, Mü. 1962; *Heldengedenktag. Dreizehn Versuche in Prosa eine ehrerbietige Haltung einzunehmen*, Bern, Mü. 1964; *Walter Ulbricht*, Bern, Mü., Wien 1966; *Casanova oder Der Kleine Herr im Krieg und Frieden*, R., Bern, Mü., Wien 1966; *Erbarmen mit den Männern. Roman vom Aschermittwochsfest und den sieben Sinnlichkeiten*, Bern, Mü., Wien 1968; *Kupfer. Ein komödiantisches Spiel vom armen und reichen kranken Manne*, Bern, Mü., Wien 1968; *Vom Nutzen des dicken Fells und andere Geschichten*, Mü. 1968; *Schmäh- und Drohbriefe an Prominente*, Hg. (anonym), Mü. 1968; *Die Lust am Sozialismus*, Ess., Ffm. 1969; *Die Zukunft der Männer*, u. d. Pseud. L. Markwart, Ffm. 1970; *Tantenliebe*, pornogr. R., u. d. Pseud. P. Lauenhain, Ffm. 1980; *Rasputin*, pornogr. R., u. d. Pseud. P. Tarrock, Darmst. 1970; *Bürgertum und Pornografie. 106 Anmerkungen*, Ffm. 1971; *Kopf und Bauch. Die Geschichte eines Arbeiters, der unter die Intellektuellen gefallen ist*, R., Ffm. 1971; *Der plebejische Intellektuelle*, Ess., Ffm. 1972; *Bericht aus dem Landesinnern. City, Strecke, Siedlung*, Ess., Ffm. 1972; *Hat es gelohnt, Genossen?*, Ffm. 1972; *Nicht alles gefallen lassen. Schulbuchgeschichten*, Ffm. 1972; *Die Erde ist unbewohnbar wie der Mond*, R., Ffm. 1973; *Vibrationen*, Hsp. 1973; *Der Widerspruch. Autobiografischer Bericht*, Ffm. 1974; *Briefwechsel mit einem Kollegen*, Hsp., 1974; *Die Quadriga des Mischa Wolf*, R., Ffm. 1975; *Vorbereitungen zur Hochzeit*, En., Ffm. 1975; *Der politische Zwerenz*, Ffm. 1975; *Der erotische Zwerenz*, Ffm. 1975; *Des Teufels tiefe Löcher*, Hsp., 1975; *Rede des Georg Büchner vor der Darmstadter Akademie für Sprache und Dichtung anlässlich seiner Ablehnung als Büchnerpreisträger. Ein lyrischer Monolog f. Bühne u. Funk*, 1975; *Lasst Kinder ran!*, Mü. 1976; *Die Westdeutschen. Erfahrungen, Beschreibungen, Analysen*, Ess., Mü. 1977; *Wozu das ganze Theater. Lustige Geschichten*, Starnberg 1977; *Kleine Stadt*, Fssp., 1977; *Das Großelternkind. Roman einer Frühzeit*, Weinheim, Basel 1978; *Gesänge auf dem Markt. Satiren, Geschichten und Liebesgedichte*, Mü. 1978; *Die schrecklichen Folgen der Legende, ein Liebhaber gewesen zu sein. Erotische Geschichten*, Mü. 1978; *Karussell der Kundschafter. Spio-*

nage-Dr., Mü. 1978; *Kurt Tucholsky im Gedächtnis*, Fssp., WDR 1978; *Wo Recht zu Unrecht wird, wird Widerstand zu Pflicht*, Mitverf., Ffm. 1978; *Terrorismus und Demokratie*, Ess., 1978; *G. Z. über G. Z.*, Ess., 1978; *Kurt Tucholsky. Biogr. eines guten Deutschen*, Mü. 1979; *Ein fröhliches Leben in der Wüste*, Starnb. 1979; *Die Ehe der Maria Braun*, R., n. d. Film von R. W. Fassbinder, Mü.1979; *Die Geschäfte des Herrn Morgenstern. Satire zum Literaturbetrieb*, Mü. 1980; *Der Mann und das Mädchen*, Mü. 1980; *Eine Liebe in Schweden. Roman vom seltsamen Spiel und Tod des Satirikers. K. T.*, Mü. 1980; *Salut für einen alten Poeten. Rückblick aus dem Jahr 1994 auf die goldenen siebziger Jahre*, Mü. 1980; *Ungezogene Geschichten*, Mü. 1980; *Schöne Geschichten. Erotische Streifzüge*, Mü. 1980; *Die 25. Stunde der Liebe*, Mü. 1981; *Wüste Geschichten von Liebe und Tod*, Mü. 1981; *Der Mann, der seinen Bruder rächte*, Mü. 1981; *Die Freiheit einer Frau*, Mü. 1981; *Die lang verlorenen Gefühle*, Mü. 1981; *Der chinesische Hund*, Mü.1981; *Wir haben jetzt Ruhe in Deutschland*, Mü. 1981; *Abschied von den Mädchen*, Rastatt 1982; *Der langsame Tod des Rainer Werner Fassbinder. Ein Bericht*, Mü. 1982; *Venus auf dem Vulkan*, Schlechtenwegen 1982; *Der Mann und die Wilde*, Mü. 1982; *Antwort an einen Friedensfreund oder längere Epistel für Stephan Hermlin und meinen Hund. Ein Diarium*, Köln 1982; *Liebe im Januar [–Dezember]*, 12 Bde, Mü. 1982–1983; *Auf den Tod ist kein Verlass. Erotischer Thriller*, Mü. 1983; *Der Bunker*, R., Mü. 1983; *Der Sex-Knigge. Erotische Spiele unter und über der Bettdecke*, zus. mit I. Zwerenz, Mü. 1983; *Berührungen. Geschichten vom Eros des 20. Jahrhunderts*, Mü. 1983; *Ineinander – auseinander*, Mü. 1984; *Schöne Niederlagen. Wie Storys entstehen und Weltuntergänge. Ein polemisches Fragment für die Wartesaalgeneration geschrieben und zur Fortsetzung gedacht*, Assenheim 1983; *Reise unter die Haut*, Mü. 1984; *Lachen – Liebe – Laster. Erotische Storys*, Mü. 1984; *Die Tierschutz-Lady*, R., Rastatt 1984; *Die DDR wird Kaiserreich*, Bergisch Gladbach 1985; *Langsamer deutscher Walzer*, Bergisch Gladbach 1985; *Die Venusharfe. Liebeslieder, Zorngedichte, Knittelverse*, Mü. 1985; *Küsse für den Kommissar*, Bergisch Gladbach 1986; *Frisches Blut und alte Krieger*, Bergisch Gladbach 1986; *Peepshow für den Kommissar*, Bergisch Gladbach 1986; *Die Rückkehr des toten Juden nach Deutschland*, Ess., Mü. 1986; *Antwort des toten Soldaten an seinen Herrn Hauptmann*, Hsp., 1987; *Soldaten sind Mörder. Die Deutschen und der Krieg*, Ess., Mü. 1988; *Lord Billy. Der chinesische Hund. Ein Roman der Freundschaft*, mit I. Zwerenz, Mü. 1988; *Vergiss die Träume deiner Jugend nicht. Eine autobiografische Deutschlandsaga*, Hbg. 1989; *Trilogie der Schuldlosen*, Hsp. in 3 Tln, 1989; *Lord Billy auf Reisen. Der zweite Roman einer Freundschaft*, mit I. Zwerenz, Hbg. 1991; *Rechts und dumm?*, Ess., Hbg. 1993; *Links und lahm oder der dritte Weg. Die Linke stirbt, doch sie ergibt sich nicht*, Ess., Hbg. 1994; *Das Großelternkind*, R., Neuaufl. Querfurt 1996; *Die Antworten des Herrn Z. oder Vorsicht, nur für Intellektuelle*, hg. v. I. Zwerenz u. J. Jahns, 1996; *Gute Witwen weinen nicht*, Pfungstadt 2000; *Krieg im Glashaus oder der Bundestag als Windmühle*, Bln. 2000.

ANHANG

Verzeichnis der behandelten Schriftsteller

F

G

H

I/J

Verzeichnis der Mitarbeiter

Ammer, Andreas, Dr. phil., Hörspielautor, Filmemacher, Journalist, lebt in Berg am Starnberger See.

Ammon, Frieder von, wissenschaftlicher Mitarbeiter am Institut für Deutsche Philologie der Ludwig-Maximilians-Universität in München.

Andreae, Almuth, Verlagslektorin in München.

Arend, Ingo, Literaturredakteur des »Freitag« in Berlin.

Asshoff, Carmen, M.A., freie Lektorin und Herstellerin, lebt in Limburg an der Lahn.

Atze, Marcel, Dr. phil., wissenschaftlicher Mitarbeiter am Fritz-Bauer-Institut, Frankfurt am Main.

Auffermann, Verena, Literaturkritikerin und Publizistin, lebt in Frankfurt am Main.

Aufschnaiter, Monika von, freie Journalistin, Autorin und Verlagsmitarbeiterin in München.

Bardola, Nicola, freier Journalist, Lektor und Übersetzer, lebt in München.

Bartens, Daniela, wissenschaftliche Mitarbeiterin am Franz-Nabl-Institut für Literaturforschung in Graz.

Bartmann, Christoph, Dr. phil., Leiter des Goethe-Instituts Kopenhagen und Literaturkritiker.

Bartsch, Kurt, Dr. phil., Professor für Neuere Deutsche Literatur in Graz.

Baßler, Moritz, Dr. phil., Assistent am Institut für Germanistik der Universität Rostock.

Bauer, Michael, Dr. phil., Filmautor und Journalist, lebt in München.

Becker, Barbara v., Dr. phil., freie Kritikerin und Autorin, lebt in Berlin.

Beckermann, Thomas, Dr. phil., lebt in Frankfurt am Main.

Beckmann, Gerhard, Chefreporter des Branchenmagazins »Buchmarkt«, Feuilletonautor und Übersetzer, lebt in Passau.

Beckschulte, Klaus, Dr. phil., Geschäftsführer Börsenverein des Deutschen Buchhandels – Landesverband Bayern e.V.

Beil, Hermann, seit 1965 Dramaturg, z.Zt. künstlerischer Mitarbeiter des Berliner Ensembles, arbeitet seit vielen Jahren mit Peter Turrini zusammen.

Beise, Arnd, Dr. phil., Vorsitzender der Internationalen Peter-Weiss-Gesellschaft.

Betz, Thomas, Lektor, Autor und Ausstellungsmacher, lebt in München.

Bielefeld, Claus-Ulrich, Dr. phil., Literaturredakteur beim Rundfunk Berlin-Brandenburg.

Blank, Johan de, Kulturveranstalter und Literaturagent in München.

Böldl, Klaus, Autor und wissenschaftlicher Assistent für Skandinavistik an der Universität München.

Börgerding, Michael, Chefdramaturg am Thalia-Theater in Hamburg.

Bormann, Alexander v., Dr. phil., Professor für Neuere Deutsche Literatur an der Universität von Amsterdam.

Bosch, Manfred, freier Autor, lebt in Lörrach.

Bosse, Anke, Dr. phil., Dozentin für Komparatistik und deutschsprachige Literatur an der Universität Namur/Belgien.

Böttcher, Jan, freier Autor und Musiker in Berlin. Magisterarbeit zu Johannes Jansen.

Braun, Helmut, Beiratsvorsitzender der Rose-Ausländer-Stiftung, lebt als freier Autor in der Nähe von Köln.

Braun, Michael, Literaturkritiker, lebt in Heidelberg.

Breitenfellner, Kirstin, Literaturkritikerin und Autorin, lebt in Wien.

Brombach, Charlotte, Verlagslektorin in Frankfurt/M.

Buch, Hans Christoph, lebt als Schriftsteller in Berlin.

Bucheli, Roman, Literaturredakteur der »Neuen Zürcher Zeitung«.

Bugmann, Urs, Dr. phil, Redakteur für Literatur und Theater der »Neuen Luzerner Zeitung«.

Bundi, Markus, lic. phil., Kulturredakteur bei der »Aargauer Zeitung«, lebt in Baden/Schweiz.

Bunzel, Wolfgang, Dr. phil., Privatdozent für Neuere Deutsche Literaturgeschichte an der Ludwig-Maximilians-Universität München.

Bürger, Jan, wissenschaftlicher Mitarbeiter des Deutschen Literaturarchivs Marbach, lebt in Stuttgart.

Caluori, Reto, wissenschaftlicher Mitarbeiter des Schweizerischen Literaturarchivs.

Cofalla, Sabine, Dr. phil., Redaktionsleiterin in einem Schulbuchverlag, Herausgeberin der *Briefe* (1997) von Hans Werner Richter.

Cramer, Sibylle, Dr. phil., Literaturkritikerin, lebt in Berlin.

Daubert, Hannelore, lehrt als Studienrätin im Hochschuldienst am Institut für Jugendbuchforschung der Johann-Wolfgang-Goethe-Universität in Frankfurt.

Denkler, Horst, Dr. phil., emeritierter Professor für Neuere Deutsche Literatur an der Freien Universität Berlin.

Detering, Heinrich, Dr. phil., Professor für Neuere Deutsche Literatur und Neuere skandinavische Literaturen an der Universität Kiel.

Diez, Georg, Redakteur der »Frankfurter Allgemeinen Zeitung« in Berlin.

Dittmann, Ulrich, Dr. phil., war bis Sommer 2002 als Germanist an der Ludwig-Maximilians-Universität München tätig.

Döbler, Katharina, Kritikerin bei der »Zeit« und Autorin, lebt in Berlin.

Dönges, Thorsten, Mitarbeiter im Literarischen Colloquium Berlin.

Döring, Christian, Programmleiter Literatur im DuMont Literatur- und Kunst-Verlag, Köln.

Dössel, Christine, Redakteurin der »Süddeutschen Zeitung«, lebt in München.

Draesner, Ulrike, Dr. phil., lebt als freie Autorin in Berlin.

Drascek, Daniel, Dr. phil., Professor für Vergleichende Kulturwissenschaft/Volkskunde an der Universität Regensburg.

Drews, Jörg, Dr. phil., Professor für Literaturwissenschaft und Literatur des 20. Jahrhunderts an der Fakultät für Linguistik und Literaturwissenschaft der Universität Bielefeld.

Drommer, Günther, freier Lektor, Herausgeber und Autor, lebt in Berlin. 2000 hat er unter dem Titel *Des Lebens Spiel* eine erste Erwin-Strittmatter-Biografie veröffentlicht.

Dückers, Tanja, freie Autorin, Journalistin und Literaturwissenschaftlerin, lebt in Berlin.

Dunstmair, Susanne, lebt in München.

Ebel, Martin, Dr. phil., Literaturredakteur des »Tages-Anzeigers« in Zürich.

Eder, Thomas, Literaturwissenschaftler, lehrt Neuere Deutsche Literatur am Institut für Germanistik der Universität Wien; Mitarbeit an der Werkausgabe Reinhard Priessnitz.

Eilert, Bernd, freier Autor, lebt in Frankfurt am Main.

Endres, Elisabeth, Dr. phil., Autorin und Literaturkritikerin (1934–2000)

Erné, Nino, freier Schriftsteller und Übersetzer (1921–1995).

Ernst, Petra, Dr. phil., Literaturwissenschaftlerin und Autorin, lebt in der Nähe von Graz.

Exner, Lisbeth, Dr. phil., freie Autorin und Wissenschaftlerin, lebt in München.

Faessler, Simone, Gymnasiallehrerin und freie Kritikerin, lebt in Berlin, Herausgeberin von Ilse Aichinger *Kurzschlüsse*, Wien.

Falcke, Eberhard, Dr. phil., Literaturkritiker, lebt in München.

Fangauf, Henning, Dramaturg und Stellvertretender Leiter des Kinder- und Jugendtheaterzentrums in der BRD, Frankfurt/M.

Feßmann, Meike, Dr. phil., freie Kritikerin, lebt in Berlin.

Finnan, Carmel, Dr. phil., Dozentin im Department of German Studies, am Mary Immaculate College, University of Limerick, Irland.

Fisch, Michael, Dr. phil., lebt in Hamburg.

Fischer, Günther, Literaturkritiker und Kulturjournalist, lebt in München und Graz.

Fischer, Jonathan, freier Journalist, Diskjockey und Maler, lebt in München.

Fischer, Michael, Online-Redakteur und freier Journalist, lebt in Kiel.

Fraisl, Bettina, Dr. phil., wissenschaftliche Mitarbeiterin und Lektorin am Institut für Germanistik der Karl-Franzens-Universität Graz.

Franke, Konrad, Dr. phil., Literaturkritiker, lebt in München.

Freund, Wieland, Autor und Kritiker, lebt in der Nähe von München.

Friedmann, Tomas, Leiter des Literaturhauses Salzburg.

Fritz, Thomas, Hörspieldramaturg beim Mitteldeutschen Rundfunk in Halle.

Fritz, Walter Helmut, Schriftsteller, lebt in Karlsruhe.

Frühwald, Wolfgang, Dr. phil., Dr. h.c., Professor für Neuere Deutsche Literaturgeschichte an der Ludwig-Maximilians-Universität München.

Fuchs, Gerhard, Dr. phil., Assistent am Franz-Nabl-Institut für Literaturforschung in Graz.

Gauß, Karl-Markus, Autor und Publizist, lebt in Salzburg. Herausgeber der Literaturzeitschrift »Literatur & Kritik«.

Geipel, Ines, Dr. phil., Schriftstellerin und Professorin für Verssprache an der Hochschule für Schauspielkunst »Ernst Busch« in Berlin.

Geißler, Cornelia, Journalistin und Kritikerin, lebt in Berlin.

Geist, Peter, Dr. phil., Literaturwissenschaftler, Kritiker, Essayist, lebt in Berlin.

Genazino, Wilhelm, Schriftsteller, lebt in Frankfurt am Main.

Glasenapp, Gabriele von, Dr. phil., Dozentin für Deutsche Literatur sowie Literaturdidaktik an der Universität Köln.

Gleichauf, Ingeborg, Autorin, Kritikerin und Dozentin in der Erwachsenenbildung, lebt in Freiburg i. Br.

Gohlis, Tobias, freier Autor und Kritiker, lebt in Hamburg.

Gradulewski, Carola v., Dramaturgin, lebt in Berlin.

Graf, Hansjörg, Dr. phil., freier Kritiker, lebt in München.

Gregor-Dellin, Martin, Schriftsteller (1926–1988).

Greiner, Ulrich, Literaturredakteur der Wochenzeitung »Die Zeit«.

Grübel, Isabel, Dr. phil., Gymnasiallehrerin in München.

Grumbach, Detlef, freier Journalist und Verleger, lebt in Hamburg.

Hage, Volker, Dr. phil., Feuilletonredakteur beim »Spiegel«.

Hagestedt, Lutz, Dr. phil., wissenschaftlicher Mitarbeiter am Institut für Neuere Deutsche Literatur und Medien der Philipps-Universität Marburg.

Hahn, Kurt, Studium der Romanistik und Germanistik in München.

Haider, Hans, Dr. phil., Literatur- und Theaterkritiker, Ressortleiter Kultur in der Tageszeitung »Die Presse« in Salzburg.

Hallstein, Patricia, Literaturwissenschaftlerin, leitet eine Dokumentationsabteilung für Microsoft in Seattle, USA.

Halter, Martin, Dr. phil., freier Literatur- und Theaterkritiker, lebt in Freiburg i. Br.

Harig, Ludwig, Schriftsteller, lebt in Sulzbach.

Hartung, Harald, Dr. phil., em. Professor für Literaturwissenschaft an der TU Berlin, Autor und Kritiker, lebt in Berlin.

Hauschild, Jan-Christoph, Dr. phil., wissenschaftlicher Mitarbeiter am Heinrich-Heine-Institut der Universität Düsseldorf, Autor und Verfasser von *Heiner Müller oder Das Prinzip Zweifel. Eine Biografie* (2002).

Hay, Gerhard, Dr. phil., Dozent für Neuere Deutsche Literatur und Komparatistik an der Ludwig-Maximilians-Universität in München.

Heldt, Uwe, Dr. phil., Literaturagent, lebt in Berlin.

Henneberg, Nicole, freie Kritkerin und Autorin, lebt in Berlin.

Herbst, Alban Nikolai, Schriftsteller, lebt in Berlin.

Herold, Thomas, Teaching Assistant an der Brown University, Providence, Rhode Island.

Herrmann, Berndt, Dr. phil., Journalist, lebt in Aichach.

Herzog, Valentin, Dr. phil., freier Publizist, lebt in Basel und Tuscania (Italien).

Heuser, Andrea, Literaturwissenschaftlerin und Autorin, lebt in München.

Hielscher, Martin, Verlagslektor, lebt in München.

Hillgruber, Katrin, freie Literaturkritikerin, lebt in München.

Hilpold, Stephan, freier Kulturjournalist, lebt in Wien.

Hinck, Walter, Dr. phil., em. Professor für Neuere Deutsche Sprache und Literatur an der Universität Köln.

Hitzer, Friedrich, freier Schriftsteller und Übersetzer, lebt in Wolfratshausen.

Hoeps, Thomas, Dr. phil., Autor und freiberuflicher Literaturveranstalter, lebt in Krefeld.

Hoffmann, Volker, Dr. phil., Professor für Neuere Deutsche Literaturgeschichte an der Ludwig-Maximilians-Universität in München.

Höfler, Günther A., Dr. phil., Assistent für Neuere Deutsche Literatur am Institut für Germanistik der Universität Graz.

Hohler, Franz, Schriftsteller und Kabarettist, lebt in Zürich.

Höhne, Steffen, Dr. phil., Professor für Kulturmanagement an der Hochschule für Musik »Franz Liszt« in Weimar.

Hohoff, Ulrich, Dr. phil., Germanist und Leiter der Augsburger Universitätsbibliothek.

Höller, Hans, Dr. phil., Professor am Institut für Germanistik der Universität Salzburg.

Höller, Norbert, Systemadministrator und Germanist, lebt in Wien.

Holzheimer, Gerd, Dr. phil., Literaturwissenschaftler, Autor und Gymnasiallehrer in München.

Hoven, Heribert, Dr. phil., Lehrer und Publizist, lebt in München.

Iglhaut, Stefan, Ausstellungsmacher und Kurator, lebt in Berlin.

Ingendaay, Paul, Dr. phil., Kulturkorrespondent der »Frankfurter Allgemeinen Zeitung« für Spanien und Portugal, lebt in Madrid.

Isfort, Volker, Feuilletonredakteur der »Münchner Abendzeitung«.

Jäger, Andrea, Dr. phil., Professorin für Neuere und Neueste Deutsche Literatur an der Martin-Luther-Universität Halle/Wittenberg, Verfasserin der Monografie *Der Dramatiker Peter Hacks. Vom Produktionsstück zur Klassizität.*

Janetzki, Ulrich, Dr. phil., Leiter des Literarischen Colloquiums Berlin.

Jankowski, Martin, Schriftsteller und Herausgeber, lebt in Berlin.

Jasper, Willy, Dr. phil., Mitarbeiter des Moses-Mendelssohn-Zentrums und Professor für Neuere Deutsche Literatur- und Kulturgeschichte an der Universität Potsdam.

Jenny, Urs, Redakteur im Kulturressort des »Spiegel« für Theater, Film, Literatur.

Jooß, Erich, Dr. phil., Direktor des St. Michaelsbundes in München.

Jungk, Peter Stephan, Schriftsteller, lebt in Paris.

Kaspar, Frank, freier Hörfunkkritiker und Kulturjournalist, lebt in Berlin.

Kässens, Wend, Leiter der NDR-Literaturredaktion, Autor und Herausgeber.

Kastura, Thomas, Autor und freier Kritiker, lebt in Bamberg.

Kauffmann, Eva, Dr. phil., lehrte als Professorin an der Humboldt-Universität und lebt in Berlin.

Keim, Stefan, freier Kulturjournalist, lebt in Wetter.

Kipping, Saskia, freie Autorin, lebt in Altkirchen bei München.

Klammer, Angelika, Dr. phil., Verlagslektorin, lebt in Salzburg und Wien.

Kleeberg, Michael, Schriftsteller und Übersetzer, lebt in Berlin.

Knipp, Kersten, Dr. phil., freier Journalist, lebt in Köln.

Knipphals, Dirk, ist Ressortleiter Kultur der »taz« in Berlin.

Koebner, Thomas, Dr. phil., Professor für Filmwissenschaft an der Johannes-Gutenberg-Universität Mainz.

Köhler, Andrea, Literaturredakteurin und Kulturkorrespondentin der »Neuen Zürcher Zeitung« in New York.

Konradt, Edith, Dr., freie Redakteurin, Kritikerin und Übersetzerin, lebt in der Nähe von München.

Kopp-Marx, Michaela, Dr. phil., Privatdozentin für Neuere Deutsche Literatur an der Ruprecht-Karls-Universität Heidelberg.

Koziol, Andeas, Schriftsteller, lebt in Berlin.

Kraft, Thomas, Dr. phil., Literaturkritiker, Publizist und Organisator literarischer Veranstaltungen, lebt in München.

Kramatschek, Claudia, freie Literaturkritikerin, lebt in Berlin.

Kramer, Sven, Literatur- und Kulturwissenschaftler, lehrt als Visiting Associate Professor German Studies an der University of Toronto, Kanada.

Krätzer, Jürgen, Dr. phil., Germanist, lebt in Taucha.

Krausser, Helmut, Schriftsteller, lebt bei München.

Krechel, Ursula, Dr. phil., Schriftstellerin, lebt in Berlin.

Krekeler, Elmar, Leiter der »Literarischen WELT« in Berlin.

Krohn, Rüdiger, Dr. phil., Professor für Deutsche Literatur- und Sprachgeschichte des Mittelalters und der Frühen Neuzeit an der TU Chemnitz.

Kühlmann, Wilhelm, Dr. phil., Professor für Neuere Deutsche Literaturgeschichte an der Universität Heidelberg.

Kuhn, Heribert, Dr. phil., freier Autor und Literaturkritiker, lebt in Asbach bei München.

Kunert, Günter, Schriftsteller, lebt bei Itzehoe/Holstein.

Kunisch, Hans-Peter, Dr. phil., freier Journalist, lebt in Berlin.

Landshuter, Stephan, M.A., wissenschaftlicher Mitarbeiter des Projekts *C. F. Meyers Briefwechsel*, Literaturkritiker und Herausgeber, lebt in Zürich und München.

Langer, Tanja, Schriftstellerin, lebt in Berlin.

Langner, Beatrix, Dr. phil., freie Literaturkritikerin und Autorin, lebt in Berlin und der Mark Brandenburg.

Lehmann, Joachim, Dr. phil., freier Literaturkritiker, lebt in Berlin.

Lehmkuhl, Tobias, freier Literaturkritiker, lebt in Berlin.

Leistner, Bernd, Dr. phil., Professor für Deutsche Literatur der Neuzeit an der TU Chemnitz.

Lendle, Jo, Autor und Verlagslektor in Köln.

Leupold, Dagmar, Dr. phil., Schriftstellerin, lebt bei München.

Lichtenberger-Fenz, Brigitte, Dr. phil., freie Historikerin, Kulturwissenschaftlerin und Publizistin, lebt in Wien.

Magenau, Jörg, freier Autor und Literaturkritiker, lebt in Berlin, Verfasser von *Christa Wolf. Eine Biografie* (2002).

Martin, Thomas, Schriftsteller, lebt in Berlin.

Mattenklott, Gundel, Dr. phil., Literatur- und Erziehungswissenschaftlerin, Professorin für Musisch-Ästhetische Erziehung an der Universität der Künste Berlin.

Maurach, Martin, Dr. phil., wissenschaftlicher Mitarbeiter im Fachbereich Germanistik der Universität Kassel.

Maus, Stephan, Autor und Literaturkritiker, lebt in Berlin.

Mazenauer, Beat, freier Autor, Literaturkritiker & Netzwerker, lebt in Luzern und Zürich.

Mechlenburg, Gustav, Publizist, lebt in Hamburg und Berlin.

Meißner, Jochen, freier Hörspielkritiker, lebt in Berlin.

Meller, Marius, Redakteur für Literatur im Kulturteil des »Tagesspiegel«.

Meyer-Gosau, Frauke, Dr. phil., Literaturkritikerin und Redakteurin der Zeitschrift »Literaturen«, lebt in Berlin.

Michaelis, Rolf, Dr. phil., Literaturkritiker, lebt in Hamburg.

Michaelis, Tatjana, Dr. phil., hat das Werk Albert Drachs im Hanser-Verlag betreut, lebt in München.

Michalzik, Peter, Feuilletonredakteur der »Frankfurter Rundschau«.

Mix, York-Gothart, Dr. phil., Professor am Institut für Neuere Deutsche Literatur und Medien in Marburg.

Möller, Johannes, wiss. Mitarbeiter am Bundesverfassungsgericht in Karlsruhe.

Moritz, Rainer, Dr. phil., Leiter des Hoffmann-und-Campe-Verlags, Hamburg, und Autor zahlreicher Arbeiten über Hermann Lenz.

Moritz, Ulrich, Kustode der wissenschaftlichen Sammlungen der Humboldt-Universität Berlin.

Moser, Samuel, Dr. phil., Gymnasiallehrer in Biel, Herausgeber und Literaturkritiker.

Motzan, Peter, Dr. phil., wissenschaftlicher Mitarbeiter im Institut für Deutsche Kultur und Geschichte Südosteuropas und Lehrbeauftragter der Universität München.

Müller, Alexander, Literaturwissenschaftler und freier Kritiker, lebt in Marburg an der Lahn.

Müller-Ruch, Waltraud, Dr. phil., Gymnasiallehrerin in München.

Naica-Loebell, Andrea, Journalistin und Autorin, lebt in München.

Naumann, Uwe, Dr. phil., Programmleiter Sachbuch im Rowohlt-Verlag, Publizist und Herausgeber der Werke Heinar Kipphardts.

Nentwich, Andreas, freier Literaturkritiker, lebt in Stuttgart.

Neuhaus, Stefan, Dr. phil., wissenschaftlicher Assistent am Lehrstuhl für Neuere Deutsche Literatur der Otto-Friedrich-Universität Bamberg.

Nickel, Gunther, Dr. phil., Lektor des Deutschen Literaturfonds e.V. Darmstadt und Privatdozent für Neuere Deutsche Literaturgeschichte an der Johannes-Gutenberg-Universität Mainz.

Niemann, Norbert, Schriftsteller, lebt in Chieming am Chiemsee.

Nijssen, Hub, Dr. phil., Literaturwissenschaftler in Nijmegen/Niederlande. Verfasser der Monografie *Der heimliche König. Leben und Werk von Peter Huchel* (1998) und Hg. des Briefwechsels *Peter Huchel: Wie soll man da Gedichte schreiben. Briefe 1925–1977* (2000).

Nitzberg, Alexander, Lyriker, Übersetzer und Publizist, lebt in Düsseldorf.

Opitz, Hellmuth, Lyriker und Essayist, lebt in Bielefeld.

Ott-Meimberg, Marianne, Dr. phil., Schulbuchautorin und Lehrerin an einem bayerischen Gymnasium.

Patsch, Sylvia, Dr. phil., Literaturkritikerin, lebt in Wien.

Patzer, Georg, Literaturwissenschaftler, Buchhändler, freier Journalist und Autor, lebt in Karlsruhe.

Petersenn, Olaf, Verlagslektor, lebt in Köln.

Piper, Ernst Reinhard, Historiker und Publizist, lebt in Berlin.

Pörtner, Peter, Dr. phil., Professor für Gegenwartsbezogene Japanologie am Japan-Zentrum der Ludwig-Maximilians-Universität München.

Presser, Ellen, Leiterin des Kulturzentrums der Israelitischen Kultusgemeinde München und freie Journalistin.

Probst, Rudolf, wissenschaftlicher Mitarbeiter am Schweizerischen Literaturarchiv (SLA) in Bern.

Pütz, Jürgen, Pressesprecher in einem Kölner Verlag. Zahlreiche Veröffentlichungen zu Thelen seit 1983.

Raddatz, Fritz J., Dr. phil., Publizist und Schriftsteller, lebt in Hamburg.

Raecke, Renate, Verlagsbuchhändlerin und Autorin, Publikationen zur Kinder- und Jugendliteratur.

Rathjen, Friedhelm, freier Literaturkritiker und Übersetzer, lebt in Scheeßel.

Rautenberg, Arne, freier Autor und Künstler, lebt in Kiel.

Rech, Irmgard, Oberstudienrätin, und **Rech, Benno,** Dr. phil., Professor an der Hochschule für Bildende Kunst Saar, sind die Herausgeber des Werkes von Johannes Kühn.

Rehlein, Susann, Verlagslektorin, lebt in München.

Rehn, Heidi, Autorin und Journalistin, lebt in München.

Reimert, Karla, freie Literaturwissenschaftlerin, Redakteurin, Übersetzerin und Schriftstellerin, lebt in Berlin.

Reinhardt, Stephan, Literaturkritiker, lebt in Heidelberg.

Ressel, Jutta, M. A., freie Redakteurin und Übersetzerin, lebt in München.

Riedel, Nicolai, Dr. phil., wissenschaftlicher Mitarbeiter in der Bibliothek des Deutschen Literaturarchivs in Marbach am Neckar.

Riedel, Oliver G., Autor und Antiquariatsbuchhändler, lebt in Mannheim.

Ringel, Michael, Wahrheit-Redakteur der »taz« in Berlin.

Rosendorfer, Herbert, Dr. phil., Schriftsteller, lebt in Südtirol.

Rosenstein, Doris, Dr. phil., Germanistin, lebt in Köln.

Ruch, Hermann, Gymnasiallehrer, Referent am Staatsinstitut für Schulpädagogik und Bildungsforschung München.

Rüdenauer, Ulrich, freier Kritiker, lebt in Frankfurt am Main.

Rupprecht, Uta, Verlagslektorin, lebt in München.

Scalla, Mario, Dr. phil., freier Journalist, lebt in Frankfurt/M.

Schalk, Axel, Dr. phil., Literaturwissenschaftler und Kritiker, lebt in Berlin, Lehraufträge an der Universität Potsdam.

Schall, Ulrich, Germanist, freier Autor, lebt in München.

Schedel, Angelika, Dr. phil., Verlagsangestellte und Autorin, lebt in München.

Schedl, Susanne, Dr. phil., Germanistin, lebt in Kaufbeuren.

Scheer, Udo, freier Schriftsteller und Publizist, lebt in Stadtroda/Thüringen.

Scheib, Asta, Schriftstellerin, lebt in München.

Schindhelm, Michael, Dr. phil., Direktor Theater Basel, Autor, lebt in Basel und Blessagno.

Schlebrügge, Johannes v., Dr. phil., Germanist und Romanist, lebt als Verleger in Wien.

Schmedes, Götz, Dr. phil., freier Hörfunkautor und -regisseur, lebt in Köln. 2001 Dissertation zur Semiotik des Hörspiels am Beispiel der Radioarbeiten von Alfred Behrens.

Schmidt, Thomas E., Dr. phil., Feuilletonredakteur und Literaturkritiker der Wochenzeitung »Die Zeit« in Hamburg.

Schmied, Wieland, Dr. phil., Kunsthistoriker, Autor, Präsident der Bayerischen Akademie der Schönen Künste in München.

Schmitt, Hans-Jürgen, Dr. phil., Literaturkritiker, Verlagslektor und Lehrbeauftragter an der Universität Frankfurt/M.

Schmitt, Michael, Dr. phil., Literaturredakteur bei ZDF-»Lesen« und 3sat-»Kulturzeit«; freier Lektor und Literaturkritiker, lebt in Wiesbaden.

Schmitz, Christoph, Literaturkritiker, lebt in Köln.

Schoeller, Wilfried F., Dr. phil., Literaturkritiker und Herausgeber, lebt in Berlin.

Scholz, Ferdinand, Schriftsteller, lebt in Düsseldorf.

Schönfeldt, Sybil Gräfin, Dr. phil., Literaturkritikerin, lebt in Hamburg.

Schröder, Julia, Literaturredakteurin der »Stuttgarter Zeitung«.

Schümann, Matthias, Literaturkritiker, lebt in Rostock.

Schulte, Michael, Autor und Übersetzer, lebt in Sterup-Grünholz.

Schulte, Saskia, Studium der Neueren Deutschen Literatur und Medien in Marburg.

Schütte, Uwe, Dr. phil., Dozent für Deutsche Kultur und Geschichte an der Aston University in Birmingham.

Schwanberg, Johanna, Dr., Universitätsassistentin am Institut für Kunstwissenschaft und Ästhetik der KTU Linz, Autorin des Buches *Günter Brus – Die Bild-Dichtungen* (2003).

Schwar, Stefan, selbstständiger Texter und Lektor, lebt in Graz.

Segebrecht, Wulf, Dr. phil., Professor für Neuere Deutsche Literatur an der Otto-Friedrich-Universität in Bamberg.

Setzwein, Bernhard, Schriftsteller, lebt in Waldmünchen.

Siegrist, Christoph, Dr. phil., Professor am Deutschen Seminar der Universität Basel.

Sienerth, Stefan, Dr. phil., wissenschaftlicher Mitarbeiter am Institut für Deutsche Kultur und Geschichte Südosteuropas (IKGS) e. V. und Lehrbeauftragter der LMU München.

Šonka, Jaroslav, Publizist und Lehrbeauftragter für Medienethik in Prag und an der Europäischen Akademie Berlin.

Sonner, Franz-Maria, Dr. phil., Herausgeber elektronischer Produktionen und Schriftsteller, lebt in München.

Spietschka, Ruth, Journalistin, lebt in München.

Spoerk, Ingrid, Dr. phil., ao. Universitätsprofessorin am Franz-Nabl-Institut für Literaturforschung in Graz.

Sprang, Stefan, Hörfunkredakteur, Autor und Literaturkritiker, lebt in Frankfurt am Main und Essen.

Steinecke, Hartmut, Dr. phil., Professor für Neuere Deutsche Literatur an der Universität Paderborn, Herausgeber der Gesammelten Werke von Jenny Aloni und Thomas Valentin.

Steinert, Hajo, Dr. phil., Literaturkritiker und Leiter der Literatur-Redaktion beim Deutschlandfunk in Köln.

Stenberg, Peter, Dr. phil., Professor für Neuere Deutsche und Skandinavische Literatur an der University of British Columbia in Vancouver und Leiter des Instituts for Central, Eastern and Northern European Studies.

Storck, Joachim W., Dr. phil., Professor für Neuere Deutsche Literaturgeschichte der Universität Mannheim.

Stössinger, Verena, Autorin und Journalistin, arbeitet an der Universität Basel.

Straub, Wolfgang, Dr. phil, freier Verlagslektor, Kritiker und Literaturwissenschaftler, lebt in Wien.

Strubel, Antje R., Schriftstellerin und Journalistin, lebt in Berlin.

Tebbe, Thomas, Verlagslektor, lebt in München.

Thiede, Carsten Peter, Dr. phil, Professor für Umwelt und Zeitgeschichte des Neuen Testaments in Basel (STH).

Thuswaldner, Anton, Dr. phil., Literaturkritiker und Publizist, lebt in Salzburg.

Tippner, Anja, Dr. phil., arbeitet als Literaturwissenschaftlerin am Institut für Slawistik in Kiel.

Törne, Dorothea von, freie Kritikerin und Publizistin, lebt in Berlin.

Trübner, Peter, Dr. phil., Professor an der Hochschule für Pädagogik und Soziale Arbeit beider Basel und Lehrbeauftragter am Institut für Erziehungs- und Sozialwissenschaftliche Studien der LLB an der Universität Bern.

Tuschick, Jamal, Schriftsteller, lebt in Frankfurt/Main.

Unterreitmeier, Hans, Dr. phil., apl. Professor für Deutsche Philologie in München.

Urbach, Tilman, freier Kulturkritiker, lebt in Ottobrunn bei München.

Vaihinger, Dirk, Dr. phil., Leiter des Verlags Nagel & Kimche in Zürich.

Völker, Klaus, Autor, Dramaturg, Hochschulprofessor. Derzeit Rektor der Hochschule für Schauspielkunst »Ernst Busch« in Berlin.

Vormweg, Heinrich, Dr. phil., Literatur-und Theaterkritiker, lebt in Köln.

Wagener, Hans, Dr. phil., Professor of German an der University of California, Los Angeles (UCLA).

Wagner, Bernd, freier Schriftsteller, lebt in Berlin.

Wallmann, Hermann, Gymnasiallehrer, freier Literaturkritiker, Redakteur der Literaturzeitschrift »Schreibheft«, lebt in Münster .

Wallmann, Jürgen P., freiberuflicher Publizist, lebt in Münster.

Weber, Antje, Redakteurin der »Süddeutschen Zeitung« in München.

Wehr, Norbert, Literaturkritiker und Herausgeber der Literaturzeitschrift »Schreibheft«, lebt in Essen und Köln.

Weiss, Christina, Dr. phil., seit 2002 Staatsministerin für Kultur und Medien der Bundesrepublik Deutschland, lebt in Berlin.

Wemme, Eva, freie Übersetzerin und Theatermitarbeiterin, lebt in Berlin.

Wendt, Gunna, Autorin und Ausstellungsmacherin, lebt in München.

Wenk, Dieter, Dr. phil., Publizist, lebt in Hamburg.

Weyh, Florian Felix, Publizist und Kritiker, lebt in Berlin.

Wichner, Ernest, Schriftsteller und Leiter des Literaturhauses Berlin.

Widmer, Thomas, Redakteur beim Schweizer Nachrichtenmagazin »Facts« in Zürich.

Wiedemann, Conrad, Dr. phil., Professor für Neuere Deutsche Literatur an der TU Berlin.

Wiesner, Herbert, Literaturkritiker und Ausstellungsmacher, lebt in Berlin, von 1985 bis 2003 Leiter des Literaturhauses Berlin.

Winkler, Willi, Autor und Übersetzer, lebt in Hamburg.

Wirthensohn, Andreas, Dr. phil., freier Verlagslektor, Übersetzer und Kritiker, lebt in München.

Witzke, Anja, Feuilleton-Redakteurin beim »Donaukurier« in Ingolstadt.

Wizisla, Erdmut, Dr. phil., Literaturwissenschaftler, leitet das Bertolt-Brecht-Archiv in Berlin.

Wolfrum, Florian, freier Autor und Übersetzer, lebt in Berlin.

Wollowski, Sabine, freie Autorin und Journalistin, lebt in Berlin.

Wörtche, Thomas, Dr. phil., Kritiker und Publizist, lebt in Berlin.

Zelger, Sabine, Dr. phil., Literaturwissenschaftlerin, lebt in Wien.

Zetzsche, Cornelia, Literaturkritikerin, Redakteurin des »Bayerischen Rundfunks« und Lehrbeauftragte an der Ludwig-Maximilians-Universität in München.

Zingg, Martin, Publizist, lebt in Basel.

Zintzen, Christiane, Dr. phil., Literaturkritikerin und Lehrbeauftragte am Institut für Germanistik der Universität Wien.

Verzeichnis der abgekürzten Ortsnamen

Bln. – Berlin
Darmst. – Darmstadt
Düsseld. – Düsseldorf
Ffm. – Frankfurt am Main
Gött. – Göttingen
Hbg. – Hamburg
Hann. – Hannover
Hdbg. – Heidelberg
Innsbr. – Innsbruck
Karlsr. – Karlsruhe
Lpz. – Leipzig
Mü. – München
Ost-Bln. – Ostberlin
Reinb. – Reinbek
Salzb. – Salzburg
Stg. – Stuttgart
Tüb. – Tübingen
Zür. – Zürich

Verzeichnis der Abkürzungen

Anth. – Anthologie
Autobiogr. – Autobiografie
Biogr. – Biografie
Diss. – Dissertation
Dok. – Dokumenation
Drehb. – Drehbuch
E. – Erzählung
EA – Erstausstrahlung
En. – Erzählungen
Ess. – Essay, Essays
Feat. – Feature
Film – Kinofilm
Fssp. – Fernsehspiel, Fernsehfilm
Funk-Erz. – Funkerzählung
G. – Gedichte
Habil. – Habilitation
Hg. – Herausgeber
hg. v. – herausgegeben von
Hsp. – Hörspiel
Illustr. – Illustrationen
Jugendb. – Jugendbuch
Kinderb. – Kinderbuch
Künstlerb. – Künsterbuch
Monogr. – Monografie
N. – Novelle
Pr. – Prosa
Ps. – Pseudonym
R. – Roman
Rundf. – Rundfunk
Schpl. – alle Tonträger (Schallplatten, CDs, Audiokassetten)
Tageb. – Tagebuch, Tagebücher
Theaterst. – Theaterstück
UA – Uraufführung
u. d. T. – unter dem Titel
Übertr. – Übertragung
Übs. – Übersetzung
zus. m. – zusammen mit